有斐閣 判例六法

2023
令和 5 年版

編集代表
佐伯仁志
酒巻　匡
道垣内弘人
荒木尚志

編集委員

中央大学教授　佐伯仁志
早稲田大学教授　酒巻匡
専修大学教授　道垣内弘人
東京大学教授　荒木尚志
東京大学教授　斎藤誠
東京大学教授　松下淳一
東京大学教授　神作裕之
東京大学教授　宍戸常寿

編集協力者（五十音順。［　］内は、担当分野を示す）

神戸大学教授　青木哲［民事訴訟法］
京都大学教授　池田公博［刑事訴訟法］
一橋大学教授　石田剛［民法］
法政大学教授　今井猛嘉［刑法］
東京大学教授　大澤裕［刑事訴訟法］
東京大学教授　垣内秀介［民事訴訟法］
九州大学教授　笠原武朗［商法］
東京大学教授　加藤貴仁［商法］
東京大学教授　川出敏裕［刑事訴訟法］
東京大学准教授　神吉知郁子［労働法］
神戸大学教授　窪田充見［民法］
東北大学教授　久保野恵美子［民法］
慶應義塾大学教授　小泉直樹［知的財産法］
東京大学教授　小島慎司［憲法］
神戸大学教授　榊素寛［商法］
慶應義塾大学教授　笹倉宏紀［刑事訴訟法］
学習院大学教授　佐瀬裕史［民事訴訟法］
慶應義塾大学教授　佐藤隆之［刑事訴訟法］
千葉大学教授　下井康史［行政法］
東京大学教授　白石忠志［経済法］
東京大学教授　水津太郎［民法］
東京大学教授　滝澤紗矢子［経済法］
早稲田大学教授　道垣内正人［国際私法］
岡山大学准教授　土岐将仁［労働法］
中央大学教授　徳本広孝［行政法］
関西学院大学教授　中原茂樹［行政法］
北海道大学教授　西村裕一［憲法］
東京大学教授　橋爪隆［刑法］
東京大学教授　林知更［憲法］
東京大学教授　森田宏樹［民法］
立教大学教授　山口敬介［民法］
学習院大学教授　横山久芳［知的財産法］

はしがき

判例は、裁判所が具体的事件を裁断するために、法令の意味内容を明らかにしたり、判断基準を提示したり、法の一般原則を具体化したりしたものですが、法の実務において常に参照され、わが国の法体系の重要な一部をなしています。このような判例は長年にわたって膨大な数が蓄積されていますが、この判例六法は、法令に加えて、それらの判例を主要法令の条文に即して整理し、各条文に織り込んで、できるだけ簡潔に提示するものです。本年版において収録した法令の数は一四〇件、うち判例を付した法令（行政法総論を含む）の数は三三件、収録した判例の数は約一二、六〇〇件です。

本年版では、労働基準法第三十七条第一項の時間外及び休日の割増賃金に係る率の最低限度を定める政令、民法第四百四条第五項の規定に基づき、令和五年四月一日から令和八年三月三十一日までの期における基準割合を告示する件を新たに収録しました。また、民事訴訟法（手続ＩＴ化）、刑法（「拘禁刑」の創設）をはじめ、民事執行法、刑事訴訟法、消費者契約法などの重要改正を織り込みました。なお、民法については、平成二九年に公布された改正（債権関係）前の旧規定を併せて掲載し、改正前後の対応関係を記した「民法改正条数対照表」を加えています（本書六六二頁及び添付資料）。

先輩編集委員が、本書を企画し、刊行したのは平成元年（一九八九年）のことでしたが、それは、現代の社会生活や法実務において判例の重要性が増しており、それらの知識なしには法の正しい理解はあり得ないという考えによるものでした。従来は、法令集と判例集は別個に存在し、これらを合体させたものはあまり存在しませんでしたので、法令と判例を一体として読むことができる六法を作ることとしたのです。

本書では、判例を各条文に織り込んで、条文と一体的に理解できるように工夫しています。そのために、重要な判例を精選し、かつ各判例の内容をできるだけ簡潔に正確に提示するよう心がけました。法令を判例が示す実例や具体的判断基準と一緒に読むことによって、「生きた法」として理解できることを願っています。

また本書では、法分野の全体にわたって重要な判例を提示するという趣旨から、個々の条文に対応させるのが難しい判例も体系的に整理して収録しています。その典型例が、「行政法総論」という成文法典のない分野についても判例を整理して提示したことですが、法典のある分野でも、個々の条

はしがき

文に分解するよりもまとめて提示するほうが体系的理解に役立つ重要事項については、条文に準じた柱を立てて、これに関する判例を整理しました（民事訴訟法における「証明責任」や労働組合法における「争議行為」など）。また、民法七〇九条（不法行為）のように、一つの重要な条文のもとに多数の関連判例が整理されている箇所もあります。

本書では、民法、商法など、片かなで書かれていた法令を、創刊以来、読みやすいように平がなで表示してきました。この編集方針は、法令をあるがままに提示する法令集としての性格からは離れますが、法令をより親しみやすい形で提供することも大いに意義があると考えて採用したものです。本書の創刊以来、片かな法令の平がな現代語化の動きが進行して、主要な法令の多くが、順次、平がな化されましたので、本書の編集方針は、社会の動きをいわば先取りしたものと考えています。

以上のように、本書は、法令集として、主要な法令をできるだけもれなく収録し、見出しや参照条文をつけてその理解を助けることを基本としつつ、純粋の法令集としての性格からは少し離れて、法令と判例が織りなす法の全体を体系的に提示する書物となっています。本書が、法律を学び始めた学生の皆さんや、各種国家試験を受験している方々等の、多様で幅広い需要に応えられるものであることを願っています。

有斐閣は、本書に加えて、法律実務家や実務家を目指して高度な学習をされている方々に向けて、収録法令等を大幅に拡充した「有斐閣 判例六法プロフェッショナル」を刊行しています。読者の方々がそれぞれの必要に応じて、二種の「判例六法」を活用してくださることを期待しています。

私どもは、読者の方々から忌憚のないご批判やご注意をいただき、それを糧として本書を一層充実したものとしていきたいと考えております。これまで同様、ご協力を切にお願い申し上げます。

令和四年（二〇二二年）九月一日

編集代表　佐伯仁志
酒巻匡
道垣内弘人
荒木尚志

はしがき

—平成二年版（創刊）—

この「判例六法」は、かなり思い切った工夫を加えた新形式の六法であって、私どもが編集している三種の六法（以下「三六法」という）とも、他で発行されているどの六法とも異なっている。新形式というのは、判例を整理した形で引用するとともに、若干の通達・約款などを付けたこと、片かなの条文を平がなに書き換えたことの二点である。この一方の形式を採用した六法は既に存在するが、双方の形式を併せたものは、この六法が初めてであろう。

私どもがこのような六法を編纂した趣旨は、法律を学び始めた学生諸君から法律実務家・研究者に至るまでの幅広い需要に応えて、法律の成文と判例などをあわせて織りなされている、現在の社会における「生きた法」を、親しみやすい形で、わかりやすく、かつ、正確に提示することであった。そのために、本書は以下の種々の工夫を試みた。

まず判例については、一方で、条文ごとに、明文のない問題については制度ごとに、見出しをつけて整理して掲載することとした。整理のしかたについては、あるいは法分野ごとに、それに関する学問のこれまでの経緯と現状に応じて、また同じ法分野の中でも条文の性質により、やや異なった方式をとっている。条文の項・号、さらには出てくる言葉の順序を尊重する整理のしかたと、右の点にあまりこだわらないで、より体系的にする整理のしかたとである。また、普通の意味では判例といえないものでも講学上意味を持つものをも掲載しているが、特に憲法については、＊印をつけてその趣旨を明らかにした。他方で、各判決は具体的事件に対する解決としての意味が重要であるから、必要に応じ事案などを簡単に注記した。判例における具体的事案についての解決の面と、判文中に述べられた法規の具体化などである一般論（法準則）との二面の扱い方は難しい問題だが、本書は「判例六法」の趣旨から、後者に重点を置きながら調和を図っている。

「判例六法」においては、判例の採用方針、その掲げ方など、多くの点に困難な問題がある。本六法は、前述のとおり、初学者から専門家に至るまでの広い読者の利用に資することを目標としたので、その困難も大きかった。かくして、二四件の法令に判例を付け、成文法典のない行政法総論の部分の判例を体系化して加えた結果、採録判例件数（累計）は、約八、四〇〇件に上ったが、クロス・リファランスを多くし、索引にも判例見出しなどの事項を含ませたので、検索の便と同時に、判例の全体像の把握しやすさとが得られたものと信じている。なお、判例百選等に扱われているものは、そのことを示した。更に詳しく調べようとする読者の便宜を図ったものである。

前述したように、行政庁の通達等や約款をも引用しているのは、この「判例六法」の特色の一つである。いうまでもなく、それらは、判例（判決）と同様の権威を持つものではなく、裁判により効力が否定される可能性のあるものである。しかし、その中には、現実にきわめて多く行われており、その意味で講義でも屢々言及されたり、一般人が知っておいてよいものも少なくない。それゆえ本六法は、その若干を引用してみた。読者の反響に応じ、今後収録するものを増やすことも考えている。収録法令は、「ポケット六法」の約六割で、「基本的に必要な法令」ぎりぎりを収め得たものと考えている。さらに、主要な法令には参照条文もつけた。

ところで、この六法を編集し公刊することの意義については、私どもの間でかなりの議論が交わされた。法律を学ぶ学生にとっては、まず関係条文を発見してこれを読む練習をすることが大切であって、判例の正しい理解は別の方法（講義、教科書等）で求めるほうがよいとか、六法は客観的資料としての意味があるもので、判例の選択・要約・整理という主観的判断を免れ難い行為を介入させたものはその本来の性質を変えてしまうのではないか、などの考え方も検討された。しかし、現行の諸六法が、索引、参照条文、さらには条文見出し（戦前の法令には付けられていなかった）まで付けていることは、既に純客観的資料の提供から離れていること（条文見出

創刊はしがき

しには、編集者による差異が見られる）を示すものであって、判例の収録は、既に踏み出された道に歩を進めるにすぎないともいえること、本六法のような形の判例付六法への要望はきわめて強いと思われることなどから、種々の工夫を加えて編集することに踏み切った次第である。

片かなの法律（日本国憲法制定前の法律ということになる）を平がなにすることについては、更に問題があった。先の資料としての意味のほか、読者に、とりわけ学生には、条文そのもの（片かな）を読み、それに慣れるという必要が一方で強いからである。しかし、結局私どもが決断したのは、次の理由による。理想を強調することによって若い人たちの法律に対する違和感をそのままにしておくよりは、とにかくまず法律を親しみやすい形にして提供して、これに近づいてもらうほうがよいこと、有斐閣による調査の結果からも、私どもの経験からも、学生の間に一種類の六法しか使わない者は少なく、二種類以上を使用している者がほとんどであることから、初めに平がなで慣れておいて後に原文の片かなのものを使うようにするのも一つのゆき方かと考えられること、平がなで判例の要約等を入れているので、条文もそうしたほうが全体としての調和がとれること、などである。

こうなると、もはや本六法は、第二次大戦前の六法のように、純客観的ないしそれにごく近い資料集の性格のものからは離れ、ある意味では教科書に近いものになったということもいえよう（本六法中の「行政法総論」や民法七〇九条の部分を見られたい）。このことは、一方で、右に述べた「主観性」を必然的に伴うものとし、採録判例・判旨の要約法・判例の整理法の適否など、多くの問題をかかえ込むものとなる。編集に著しく時間をとったのは、このためである。しかしこのことは、このような書物に伴うやむを得ない問題点であり、私どもは利用者各位の忌憚のない批判を頂いて、毎年よりよいものにしてゆくよう努めたいと決心している。しかしこのことは他方、大学における講義をより充実したものにするという利点をもたらすものと考えられる。本六法にある程度の事柄は、一言援用すればよく、短い時間をより有効に、制度・条文の多面的説明や、法的思考能力の養成に用いることを可能とすることが期待されるからである。またより専門的な利用者にとっても、各位の当面される問題に関して、本六法は豊富な情報を提供し、問題の解決を助けるものと思う。

この「判例六法」は、私ども編集代表及び編集委員合計七名と、各分野につき数名ずつの編集協力者二七名の大人数を動員し、出来上がった。しかし、これは、三六法のこれまでの編集委員及び有斐閣関係者による長年の編集の経験と技術の蓄積の上に、そして有斐閣関係者の絶大な協力のもとに、はじめて編集・刊行が可能となったものということができる。この機会に、それらの方々に対して、厚くお礼を申し上げる次第である。

このようにして、私どもは、この新しい「判例六法」について大きな抱負をいだいていると同時に、その持つ問題点も十分自覚しているつもりである。現在私どもが編集している三六法に対すると同様、読者各位の率直な御希望・御意見を頂き、この六法のねらいとするところがよりよく実現されるよう御協力くださることを切にお願いするものである。

平成元年（一九八九年）九月二五日

編集代表　星　野　英　一
松　尾　浩　也
塩　野　　　宏

有斐閣判例六法の変遷

平成二年版
判例六法　創刊
（四六判・一六一四頁、収録法令六五件、収録判例約八四〇〇件）
編集委員
星野英一
松尾浩也
塩野　宏
樋口陽一
前田　庸
青山善充
菅野和夫

平成四年版
判例六法　判型変更
（菊判・一四三六頁、収録法令七三件、収録判例約八八〇〇件）

平成二〇年版
判例六法Professional　創刊
（A5判・三八六六頁、収録法令四一一件、収録判例約一一八〇〇件）
判例六法　判型変更
（B6変型判・二四八四頁、収録法令一〇二件、収録判例約一一五〇〇件）

平成三〇年版
判例六法　判型変更
（B6判・二三一二頁）

令和五年版
判例六法　編集委員体制変更
（扉裏参照）

歴代編集委員

（五十音順）

青山善充（平成二～二二年版）
荒木尚志（平成二三年版～）
井上正仁（平成一五～二七年版）
岩原紳作（平成一五～二四年版）
神作裕之（平成二五年版～）
斎藤　誠（平成一九年版～）
佐伯仁志（平成二七年版～）
酒巻　匡（平成二八年版～）
塩野　宏（平成二～一四年版）
宍戸常寿（令和五年版～）
菅野和夫（平成二～二二年版）
高木　光（平成一五～一八年版）
道垣内弘人（平成三一年版～）
中田裕康（平成二一～三〇年版）
西田典之（平成一五～一八年版）
能見善久（平成一五～二〇年版）
長谷部恭男（平成一五～令和四年版）
樋口陽一（平成二～一四年版）
星野英一（平成二～一四年版）
前田　庸（平成二～一四年版）
松尾浩也（平成二～一四年版）
松下淳一（平成二三年版～）
山口　厚（平成一九～二六年版）

歴代編集協力者

（五十音順。［　］内は、担当分野を示す）

青木　哲［民事訴訟法］（平成三〇年版～）
厚谷襄児［経済法］（平成二～一四年版）
荒木尚志［労働法］（平成一三～二二年版）
安念潤司［憲法］（平成二～一九年版）
池田公博［刑事訴訟法］（平成二八年版～）
石川健治［憲法］（平成一五～二六年版）
石田　剛［民法］（平成三一年版～）
一ノ澤直人［商法］（平成一五～二四年版）
今井猛嘉［刑法］（平成一九年版～）
岩城謙二［民法］（平成二～一四年版）
宇賀克也［行政法］（平成二～一四年版）
大内伸哉［労働法］（平成一三～三一年版）
大澤　裕［刑事訴訟法］（平成一三年版～）
大塚　直［民法］（平成二～一七年版）
大渕哲也［著作権法］（平成一六～二八年版）
大村敦志［民法］（平成一八～二一年版）
岡田外司博［経済法］（平成一五～二九年版）
奥　博司［民事訴訟法］（平成七～二九年版）
屋宮憲夫［経済法］（平成二～一四年版）
貝瀬幸雄［民事訴訟法］（平成二～二二年版）
垣内秀介［民事訴訟法］（平成二三年版～）
笠原武朗［商法］（平成一九年版～）
角　紀代恵［民法］（平成一五～三〇年版）
加藤貴仁［商法］（平成二七年版～）
加藤雅信［民法］（平成二～一四年版）
川出敏裕［刑事訴訟法］（平成二八年版～）
神吉知郁子［労働法］（令和三年版～）
神作裕之［商法］（平成一九～二四年版）
木下　崇［商法］（平成一五～二四年版）
京藤哲久［刑法］（平成二～一八年版）
窪田充見［民法］（平成二三年版～）
久保野恵美子［民法］（平成三一年版～）
小泉直樹［知的財産法］（平成二九年版～）
小島慎司［憲法］（平成二九年版～）
斎藤　誠［行政法］（平成九～一八年版）
佐伯仁志［刑法］（平成五～二六年版）
榊　素寛［商法］（平成二五年版～）
酒巻　匡［刑事訴訟法］（平成五～二七年版）
笹倉宏紀［刑事訴訟法］（平成二八年版～）
佐瀬裕史［民事訴訟法］（平成三〇年版～）
佐藤岩昭［民法］（平成二～一七年版）
佐藤隆之［刑事訴訟法］（平成一九年版～）
宍戸常寿［憲法］（平成二〇～令和四年版）
下井康史［行政法］（平成一五年版～）
周　劍龍［商法］（平成一五～二四年版）
白石忠志［経済法］（平成一五年版～）
水津太郎［民法］（平成三一年版～）
高木　光［行政法］（平成二～一四年版）
高橋朋子［民法］（平成二～三〇年版）
滝澤紗矢子［経済法］（平成三〇年版～）
田中　開［刑事訴訟法］（平成二～二七年版）
津村政孝［刑事訴訟法］（平成二～一二年版）
道垣内弘人［民法］（平成一五～三〇年版）
道垣内正人［国際私法］（平成三年版～）
土岐将仁［労働法］（令和二年版～）
徳本広孝［行政法］（平成二〇年版～）
戸波江二［憲法］（平成二～一四年版）
中田裕康［民法］（平成四～二〇年版）
長沼範良［刑事訴訟法］（平成二～二七年版）
中原茂樹［行政法］（平成一七年版～）
西田典之［刑法］（平成二～一四年版）
西村裕一［憲法］（平成二七年版～）
野村修也［商法］（平成一五～二四年版）
野村豊弘［民法］（平成二～一四年版）
橋爪　隆［刑法］（平成二九年版～）
長谷部恭男［憲法］（平成二～一四年版）
林　知更［憲法］（令和五年版～）
林　陽一［刑法］（平成二～二八年版）
平嶋竜太［工業所有権法］（平成一六～二八年版）
松下淳一［民事訴訟法］（平成五～二二年版）
松下満雄［経済法］（平成二～一四年版）
水野紀子［民法］（平成二～三〇年版）
水町勇一郎［労働法］（平成一四～令和二年版）
森田宏樹［民法］（平成二二年版～）
山川隆一［労働法］（平成二～一三年版）
山口　厚［刑法］（平成二～一八年版）
山口敬介［民法］（令和三年版～）
山田誠一［民法］（平成二～一七年版）
山本　弘［民事訴訟法］（平成二～二九年版）
横山久芳［知的財産法］（平成三〇年版～）
和田　肇［労働法］（平成二～一二年版）
和田吉弘［民事訴訟法］（平成三～一三年版）
渡辺康行［憲法］（平成一六～二八年版）

凡例

一 基準日

1 法令の内容は、令和四年九月一日現在。

2 判例の収録範囲は、主として令和四年四月一日までに公刊された判例集・法律雑誌に登載されたもの。

二 収録した法令及び判例

1 **収録法令** 一四〇件（うち、参考法令三三件、特別刑法二一件）

2 **判例付き法令** 三二件、及び行政法総論（うち参照条文付き一〇件）

3 **判例** 約一二六〇〇件（延べ件数）

三 法令について

1 **法令の分類** 公法・民事法・刑事法・社会法・産業法の五部門に分けた。

2 **判例付き法令等の表示** 判例・参照条文付きの法令及び行政法総論には◉を付し、日本国憲法、民法、会社法、刑法については大きな文字で組んだ。判例付きで参照条文の付かない法令には●を、判例付きでない法令には○を、抜粋法令及び特別刑法には＊を付した。

3 **法令名索引・目次**

(1) 法令名索引 前見返しにあり、全収録法令を五十音順で配列している。完全な法令名のほか、略称や通称の主なものも掲げた（例：独占禁止法）。

(2) 目次 一一頁にあり、全収録法令を公布年・法令番号を付して示している。

4 **柱** 各ページ欄外に法令名・条数を記載し、さらに判例付きの法令については、原則として◇（◆）【補充項目の見出し】、編名、章名をも表示した。

5 **印刷の爪掛け** 判例付きの憲法、民法ほか主要な法律及び行政法総論と判例年月日索引には、印刷の爪掛けを付けた。

6 **法令名略語** 参照条文及び索引での引用を簡明にするために編集者が作成した法令名略語の一覧表を巻末に示した。

7 **原典** 条文の原典は官報及び法令全書である。

8 **原典の加工**

(1) 原典が片仮名のものは平仮名に改めた。

(2) 濁点のないものには濁点を付し、句点（。）のないものには句点を付した。ただし、読点（、）・仮名遣い・送り仮名は原典どおりとした。

(3) 漢字は新字体にした。

9 **公布** 法令の題名の下に、括弧内二行組みで公布の年月日、及び法令番号を示している。たとえば（明治四〇・四・二四法四五）は、明治四〇年四月二四日法律第四五号として公布されたことを示す（「法」・「最高裁規」等の略称については、二三九四頁の法令略称解参照）。公布文等は、特に重要なものだけを掲載した。

10 **施行** 法令の題名の次に、施行の年月日を掲げ、さらに括弧内で施行日を定める根拠規定を示している。附則が施行日を具体的な日付まで定めているときは単に「附則」とし（憲法では「補則」）、その他の場合は「附則参照」とした。また附則以外の法令で施行日を定めているときは、その法令の公布年・法令番号を記載した。

11 **改正** 改正の欄では、改正法令の公布年と法令番号とを列挙している。特に重要な改正はゴチックで示した（改正する法令の施行前に、改正する法令自体が改正されることもまれにはある。この場合は後の改正法令を括弧に入れて示した。例：商法（昭和二六法二〇九））。○印法令の改正については、最終改正のみを掲げた。また、題名に改正があった法令は、改正法令の公布年・法令番号とともに、旧題名を示した。なお、特別刑法については、全て省略した。

12 **法令ごとの目次** 原典に目次が付されている法令ではそのまま、原典に目次が付されていない法令では、本文の編・章・節・款・目名とそこに含まれる条数の範囲を抽出したものを「目次」として、本文の前に掲げた。また、法令に明文のない事項についての判例を◇（◆）【補充項目の見出し】を立てて掲げたときは、それがどのような形でどこに掲げられているか分かるよう、目次に組み込んで示している。さらに、行政法総論においては、判例の分類の見出しの一部も掲げた。

13 **改正織込みの原則**　改正規定の施行期日のいかんに関わりなく、公布された改正法令は本文中に織り込むことを原則とした。ただし、施行期日が令和七年四月一日以降となるものは、例外として本文に改正を織り込まず、本文の条文の次に改正後の規定又は改正規定を小さな文字で掲げた。

14 **改正前の規定**　改正規定の施行期日が令和五年四月一日以降のものは改正前の規定を小社ウェブサイト（http://www.yuhikaku.co.jp/）に公開し、令和六年四月一日から七年三月三一日までのものは本文の新条文の次に改正前の規定を小さな文字で掲げた。また、表記の平易化等のための刑法改正（平成七法九一）に関連して、講学上必要と思われる旧規定については、改正後の規定の次に罫囲みで併記した。さらに、借地借家法（平成三法九〇）については、参考のため同法によって廃止された「借地法」・「借家法」中、講学上必要と思われる規定を関連条文の後に[参考]として掲載した。そのほか、判例の理解のために参考となる旧条文を当該各判例の傍らに掲げた。

15 **条文見出し**　昭和二四年以降の法令（及び昭和二二年、同二三年の法令の一部）には条文見出しが付いているので、（ ）を用いて条文の右肩（まれには下）にそのまま表示した。それ以前の法令で見出しが付いていないものについては、編集委員が見出しを付し、【 】に入れて条文番号の下に収めた。なお、二つ以上の見出しが項ごとの内容に対応しているときは「、」で、一つの条や項のときは「・」で区別した（例：日本国憲法一三条【個人の尊重・幸福追求権・公共の福祉】、同一四条【法の下の平等、貴族の禁止、栄典】）。

16 **条名表示**　二桁以上の数字では、百、十等を省いて示した（例：第三百二十二条→第三二二条）。

17 **改正条の明示**　前年版から改正のあった条文には、条名に傍線を付した。

18 **項番号**　二つ以上の項を持つ条文については、各項の冒頭に①、②などの記号を付して項数を示し、見やすくした。

19 **附則の取扱い**　各法令の附則中、施行期日を定める規定及び経過規定などは、原則として省略した。また、特別刑法については、原則として附則は省略した。なお、改正法令の「附則」の下にある括弧書きは、改正法令の公布年月日・法令番号を示す。

20 **抄録法令**　法令名及び章名、節名等の下にそれぞれ（抄）と記載し、また省略した条、項又は号には、（略）、（前略）、（後略）などと記載して、省略部分を明示した。

21 **抜粋法令**　抜粋収録したものには、法令名の下に（抜粋）と明示した。

22 **参考法令**　条文の後又は判例欄において、内容を補充するための重要な法令の規定を、[参考]を付して関係条文の形で掲載した。

23 **注記**　その他、必要に応じ注記を加えた。

四　参照条文について

1 **参照法令の範囲**　参照法令は、本書に収録した法令のほか、有斐閣ポケット六法の収録法令も掲げた。

2 **略語・略記**

(1) 原条文との関係　+印があれば、それ以下の参照条文は原条文の全体にかかる。❶や❷があればその印以下は原条文の第一項又は第二項にかかり、[一]や[二]があればその印以下は原条文の第一号又は第二号にかかる。

(2) 上見出し　【　↓の間の字句を上見出しという。原条文の規定のなかから、必要な概念を取り出して示したもの。

(3) 参照条文の条・項・号　右の上見出しについて参照すべき法令名を略語で示し（その法令自体の場合は省略）、条数の次の①②はその項数、[一][二]は号数を示す。

(4) 条数の区切り方　同じ法令の条数は「・」で、異なる法令の間は「、」で区切る。

(5) その他の記号　ETCは「……など」の意味。二三㊇とは「第二三条の参照条文を参照せよ」の意味。

五　判例について

1 **判例の選択・配置**

(1) 最高裁判所の判例を中心としつつ、広く下級裁判所の裁判例にも目配りして重要なものを選んだ。

(2) 判例は、原則として関連する法文の後に配置したが、特定の法文から切り離して整理する方が適切な場合は、編・章・節に相当する場合（◇【補充項目の見出し】）、条文に相当する場合（◆【補充項目の見出し】）に分けてまとめた（例：◇【罪刑法定主義】、◆【物権的請求権】）。

(3) 特に成文法典のない行政法の通則的事項の判例は、全面的に体系的な整理を行い、「◉行政法総論」として収録した。

(4) また憲法については、必要な限度で最高裁判所の少数意見、及び判例となり得なかった下級審の裁判例等を加えた（後出「6 判例の表示方法 (5) ＊の付いた判例」参照）。

(5) なお、判例以外に参考として若干の通達等も取り上げた。

2 判例の整理・要約・相互関連

(1) 判例の整理に際しては、実務上の便宜と法学教育上の効率性を併せ考え、体系的な分類を徹底した。

(2) 判例の要約は、判例集に記載されている要旨への安易な依存を避けて、判例の全文から正確な判旨を抽出することに努めた。必要な場合にはやや詳細な摘示をも行った。

(3) 要約文中の法令名は、原則として判例の文言にあるものをそのまま掲げたが、一部、一般に用いられる略称を掲げたものもある（例：日米安全保障条約）。

(4) 判例の相互関連を示すため、記号を用いてクロス・リファレンスを施した。また巻末に判例年月日索引を置いて、全ての判例の掲載条数・番号が直ちに分かるようにした。

3 判例の出典 主要なものは、大審院判決録・判例集、最高裁判所判例集など公的刊行のもの及び私的刊行の判例タイムズ、判例時報であるが、そのほかにも多くの資料を用いた（後見返しの「判例集・法律雑誌略称解」を参照）。なお、未登載のものについては、一部のものを除いて、事件番号を明記した。事件番号が複数ある場合には、最初のもののみとした。

4 判例の用字・用語・文体・読み仮名

(1) 現代仮名遣い、平仮名、口語体を用い、用字・用語は現在の法令・公用文の用字・用語法に従った。

(2) 難読文字には、［ ］を用いて読み仮名を付したが、不要と思われるものは省いた。難読文字は原則として常用漢字表外文字と定義し読み仮名を付した。

5 判例評釈案内 判例の末尾に判例百選の判例番号等を示し、検討の手引とした。

(1) 調査の範囲 判例評釈案内は、別冊ジュリスト「判例百選シリーズ」を中心に、有斐閣発行の雑誌に限って調査した。なお、調査した判例評釈雑誌の範囲は、後見返しに掲げた「判例評釈雑誌略称解」を参照されたい。

(2) 掲載の仕方 判例評釈案内は、その判例につき、掲げた判例の要約の論点を含む評釈一つだけを選択して掲載した。

6 判例の表示方法

(1) 判例部分を実線で囲い、かつ文字を青色として条文と区別した。

(2) 見出しの記号 分類のための見出しは、必要に応じ大見出し＝一・二・三など漢数字、中見出し＝1・2・3などアラビア数字、小見出し＝イ・ロ・ハ……、細分類見出し＝a・b・c……の四段階とした（なお、民法七〇九条に限り、更に細分化した見出しを用いている）。全てゴチックで組み、検索しやすくした。

(3) 判例の目次 掲載判例数が一〇〇件以上の場合、各々の冒頭に目次を付し、検索しやすくした。目次には大見出し、中見出しとそこに含まれる判例番号を示した。

(4) 判例番号 判例は、条文又は◇（◆）【補充項目の見出し】ごとに①・②・③……の一連番号を付して掲げた。本年版において新たに収録した判例については、一連番号中で表示方法を変え（❶・❷・❸……）、一見してそれと分かる形で掲げた。ただし、要約文中、出典部分、クロス・リファレンス、索引では区別しない（後出「(8) 出典部分の記号」、「(9) 判例の相互関係の記号」、「六 索引について」参照）。また、通達等には［参］のマークを付して掲げた。

(5) ＊の付いた判例 憲法では、厳密な意味では判例といえないものでも講学上重要な意味を持つものにはアステリスク（＊）を付し、小さな文字で組んで、一見してそれと分かる形で掲げた。＊の付いた判例の内容は次のとおり。

イ　最高裁判所判決の意見・補足意見・反対意見

ロ　最高裁判所のした裁判で傍論性が強いといえるもの（「念のため」説示の場合が典型的な例である）

ハ　最高裁判所のした裁判で、そのあと明示的に判例変更されたもの（実質的に判例変更と見る余地が大きいものでも、明示的に変更の言及がされていないときは、＊を付けていない）

ニ　下級審のした裁判で傍論性が強いといえるもの

ホ　下級審のした裁判で、上級審によって否定されたもの

a　当該の論点で違った判断が出されたもの（黙示的であるが、そう解されるものを含む）

b　当該の論点を上級審が取り上げていないことの意味が、その論点は取り上げるべきではないという点にあると解されるもの

(6)　★の付いた判例

行政手続法　同法施行以後の判例にはその判例番号の下に★を付し、施行以前の判例で対応する条文に掲げたものと区別した。

行政不服審査法　平成二六年法律第六八号による全部改正法の施行以後の判例にはその判例番号の下に★を付し、施行以前の判例で対応する条文に掲げたものと区別した。

行政機関の保有する情報の公開に関する法律　同法に関する判例にはその判例番号の下に★を付し、地方公共団体の条例に関するものと区別した。

民法　平成二九年法律第四四号及び平成三〇年法律第七二号による改正前の同法の下での判例のうち、改正により位置づけが変わり、又は、変更される可能性がある判例には★を付し、それ以外の判例と区別した。

(7)　判例の要約に使用した記号（要約文中の記号）

イ　〈　〉　事案の説明　どのような事案・背景の事件かを示す場合、あるいは既出判例の事案を受けての判示であることを示す場合に、その旨を〈　〉内に簡潔に示した。

ロ　〔　〕　条文改正前の判例である旨の表示　判例を掲げた条文の全部又は一部が改正された場合で、改正前の判例であることの注記が必要なものは、たとえば〔昭和六二法一〇一による改正前の事件〕と、その旨を注記した。なお、次の上欄に掲げた法律では、それぞれ下欄に掲げた事件を単に〔旧法事件〕と表示した。

民事執行法　昭和五四年法律第四号による削除前の旧民事訴訟法第六編の事件

民事保全法　平成元年法律第九一号による削除前の旧民事訴訟法第六編及び旧民事執行法第三章の事件

刑法　明治四〇年法律第四五号による全部改正前の旧刑法の事件

刑事訴訟法　昭和二三年法律第一三一号による全部改正前の旧刑事訴訟法の事件及び日本国憲法の施行に伴う刑事訴訟法の応急的措置に関する法律の事件

特許法　昭和三四年法律第一二一号による廃止前の旧特許法の事件

著作権法　昭和四五年法律第四八号による全部改正前の旧著作権法の事件

ハ　［　］　法令改正の注記　要約文中の法令名・条数等で、その後題名改正・条数移動等があり、その結果、現在の法令名・条数等と混乱を生ずるおそれのあるときは、必要に応じて［　］内に小さな文字で現行の法令名・条数等を注記した。

なお、次の上欄に掲げた法律では、要約文中に新法の条数を掲げ、［　］内に旧法の対応条数を注記した。

行政不服審査法　平成二六年法律第六八号による全部改正前の旧行政不服審査法

民事訴訟法　平成八年法律第一〇九号による改正前の旧民事訴訟法

破産法　平成一六年法律第七五号による廃止前の旧破産法

(8)　出典部分の記号

イ　（　）　裁判所・裁判形式・年月日・出典・評釈案内の表示　要約に続けて

（　）に判例の出典等を記載した。たとえば（最判昭60・7・19民集三九・五・一三二六、民百選Ⅰ[八版]八二）は、最高裁判所、判決、昭和六〇年七月一九日言渡し、最高裁判所民事判例集三九巻五号一三二六頁登載、民法判例百選Ⅰ総則・物権［第八版］82事件を表す。また、【平10ワ七八六五】は、平成一〇年（ワ）第七八六五号事件を表す。

ロ　前出・後出の表示　一つの条文中に同一判例が二箇所以上に分かれて掲げられる場合は、初出のもの又はより重要な部分を抽出したものにだけ出典等を掲げ、他は、たとえば（最判昭57・11・26前出[3]）のように簡略化して掲げた。

ハ　〈　〉著名事件の通称　著名な判例でいわゆる通称が付されているものには〈　〉で、たとえば〈信玄公旗掛松事件〉〈踏んだり蹴ったり判決〉などと表示した。

ニ　……　判例やその要約に対する注記　掲載した判例の正確な理解を助けるために注記が必要なときは、出典欄の後に……に続けて記述した。判例変更があった場合や、争われた法令が既に改正され掲げた判例の争点がなくなっているときなども、必要に応じてここに注記した。

(9)　判例の相互関係の記号

イ　判例の末尾の↓

a　判例の末尾の（　）の下に↓で参照すべき判例を示した。同一判例であることもあり、別の判例であることもある。なお、判決・決定の全体像を示すとの観点から論点の異なるものを掲げた場合もある。

同一条文内では単に↓[5]などと判例番号のみを掲げ、他の条文のときは条数（又は掲載箇所を［　］内に示した◇（◆）【補充項目の見出し】）を、他の法令のときは法令名略語、条数を付けて判例番号を掲げた。

b　複数の判例を参照すべき場合は、次のように表示した。

↓五〇条[判]――五〇条の判例全部を参照せよ、の意味。

↓一二三条[2][3][6]――一二三条の判例[2]、[3]、[6]を参照せよ、の意味。

↓民七〇九条[4]～[8]――民法七〇九条の判例[4]から[8]を参照せよ、の意味。

ロ　判例分類見出しの後の↓　ある事項についての判例が論点や争点を共通にしながら他の条文の判例として分類・整理されて掲げられている場合には、判例分類見出しの下に↓二八条[5]～[8]などと表示し、他の条文の判例として掲げられていることを示した。

ハ　◇マークの後の↓　いくつかの判例が共通して他の判例を参照すべきことを示す。

◇[5]～[7]↓四一五条[3]――判例[5]から判例[7]について、四一五条判例[3]を参照せよ、の意味。

◇↓八九六条[1]～[3]――その条文の判例全体について、八九六条判例[1]から[3]を参照せよ、の意味。

六　索引について

1　**総合事項索引**　本書の全収録法令（参考法令等を除く）にわたる総合事項索引を巻末に付けた。ある事項がどのような法令のどの条文に規定されているかが分かるようになっている。また、若干の講学上の概念なども、どの条文・判例を参照すべきかが分かるように、項目として掲げた。

2　**事件名索引**　「○○事件」「○○訴訟」「○○判決」など、判例の通称としての「事件名」を付した判例を五十音順に配列し、事件名からも判例を検索できるようにした。

3　**判例年月日索引**　収録判例の全てを年月日順に掲げた。掲載箇所を法令名略語・条数・判例番号で示す。

目次

◇ゴシック体は判例付き法令

❖公法

❖民事法

◈ 刑　事　法

◇社会法

◇産業法

◉日本国憲法（昭和二一・一一・三）

施行　昭和二二・五・三（補則参照）

目次

朕は、日本国民の総意に基いて、新日本建設の礎が、定まるに至つたことを、深くよろこび、枢密顧問の諮詢及び帝国憲法第七十三条による帝国議会の議決を経た帝国憲法の改正を裁可し、ここにこれを公布せしめる。

御名御璽

昭和二十一年十一月三日

内閣総理大臣兼
外務大臣　吉田茂
国務大臣　男爵　幣原喜重郎
司法大臣　木村篤太郎
内務大臣　大村清一
文部大臣　田中耕太郎
農林大臣　和田博雄
国務大臣　斎藤隆夫
逓信大臣　一松定吉
商工大臣　星島二郎
厚生大臣　河合良成
国務大臣　植原悦二郎
運輸大臣　平塚常次郎
大蔵大臣　石橋湛山
国務大臣　金森徳次郎
国務大臣　膳桂之助

日本国憲法

日本国民は、正当に選挙された国会における代表者を通じて行動し、われらとわれらの子孫のために、諸国民との協和による成果と、わが国全土にわたつて自由のもたらす恵沢を確保し、政府の行為によつて再び戦争の惨禍が起ることのないやうにすることを決意し、ここに主権が国民に存することを宣言し、この憲法を確定する。そもそも国政は、国民の厳粛な信託によるものであつて、その権威は国民に由来し、その権力は国民の代表者がこれを行使し、その福利は国民がこれを享受する。これは人類普遍の原理であり、この憲法は、かかる原理に基くものである。われらは、これに反する一切の憲法、法令及び詔勅を排除する。

日本国民は、恒久の平和を念願し、人間相互の関係を支配する崇高な理想を深く自覚するのであつて、平和を愛する諸国民の公正と信義に信頼して、われらの安全と生存を保持しようと決意した。われらは、平和を維持し、専制と隷従、圧迫と偏狭を地上から永遠に除去しようと努めてゐる国際社会において、名誉ある地位を占めたいと思ふ。われらは、全世界の国民が、ひとしく恐怖と欠乏から免かれ、平和のうちに生存する権利を有することを確認する。

われらは、いづれの国家も、自国のことのみに専念して他国を無視してはならないのであつて、政治道徳の法則は、普遍的なものであり、この法則に従ふことは、自国の主権を維持し、他国と対等関係に立たうとする各国の責務であると信ずる。

日本国民は、国家の名誉にかけ、全力をあげてこの崇高な理想と目的を達成することを誓ふ。

⊛【国民主権↓一【平和主義・国際主義↓九・九八②

一　平和的生存権の裁判規範性

[1] 前文中に定める「平和のうちに生存する権利」は裁判規範として現実的・個別的内容を持つものとして具体化されていない。（札幌高判昭51・8・5行裁二七・八・一一七五〈長沼事件二審〉憲百選Ⅱ[五版]一八二）↓九条＊[6]＊[8]

＊[2] 「平和のうちに生存する権利」は単なる消極的な反射的利益ではなく、森林法三章一節の保安林制度の保護法益である。（札幌地判昭48・9・7判タ二九八・一四〇〈長沼事件一審〉憲百選Ⅱ[七版]一六五）↓九条＊[7]＊[11]・八一条＊[15]

＊[3] 平和的生存権は、憲法上の法的権利であり、裁判所にその保護・救済を求め法的強制措置の発動を請求する具体的権利性が肯定される場合がある。（名古屋高判平20・4・17判タ一三一三・一三七、重判平20憲二）↓九条＊[9]

二　平和的生存権と自衛権

＊[4] 前文にも明らかなように、日本国民は平和のうちに生存する権利を有するのであるから、我が国が自国の平和と安全を維持し、その存立を全うするために必要な自衛の措置をとり得ることは国家固有の権能の行使として当然のことである。（最大判昭34・12・16刑集一三・一三・三二二五〈砂川事件〉憲百選Ⅱ[七版]一六三）↓九条[2]・八一条[8]

第一章　天皇

第一条【天皇の地位・国民主権】 天皇は、日本国の象徴であり日本国民統合の象徴であつて、この地位は、主権の存する日本国民の総意に基く。

⊛【天皇の権能↓三・四・六・七・九六②【皇位継承↓二【国民主権↓前文①、行政情報公開一、内一【明憲一・三・四

一　天皇と民事裁判権

[1] 天皇は日本国の象徴であり日本国民統合の象徴であることに鑑み、天皇には民事裁判権が及ばないと解するのが相当である。（最判平元・11・20民集四三・一〇・一一六〇、憲百選Ⅱ[七版]一六二）

[2] 皇后が日本国の象徴であり日本国民統合の象徴である天皇の配偶者であることは、皇后に対する民事裁判権を否定する理由とならない。（東京高決昭51・9・28東高民二七・九・二一七）

二 天皇の基本的人権

[3] 天皇も憲法第三章にいう国民に含まれ、憲法の保障する基本的人権の享有主体であって、その地位の世襲制、象徴としての地位、職務からくる最小限の特別扱いのみが認められるから、天皇にもプライバシーの権利や肖像権が保障される。（富山地判平10・12・16判タ九九五・七六〈コラージュ事件一審〉……控訴審（名古屋高金沢支判平12・2・16判タ一〇五六・一八八、重判平12憲五）も同旨。上告審（最決平12・10・27判例集未登載）で上告棄却）→二一条[81]

三 国民主権と外国人の公務就任

[4] 住民の権利義務を直接形成し、その範囲を確定するなどの公権力の行使に当たる行為を行い、若しくは地方公共団体の重要な施策に関する決定を行い、又はこれらに参画することを職務とする「公権力行使等地方公務員」の職務遂行は、住民の生活に直接間接に重大な関わりを有するので、国及び地方公共団体による統治の在り方について日本国の統治者たる国民が最終的な責任を負うとの国民主権の原理に照らすと、原則として日本国籍を有する者の就任が想定されている。地方公共団体が、公権力行使等地方公務員の職とこれへの昇任に必要な経験を積むために経るべき職とを包含する一体的な管理職の任用制度を構築し、日本国民である職員に限って管理職への昇任を可能とすることには合理的な理由があり、労働基準法三条、憲法一四条一項に違反しない。この理は、特別永住者についても異ならない。（最大判平17・1・26民集五九・一・一二八、憲百選Ⅰ[七版]四）

*[5] 特別永住者は、地方公務員となることにつき、職業選択の自由を保障されており、住所地を有する地方公共団体の自治の担い手の一人でもあることに照らすと、地方公共団体における自己統治の過程に密接に関係する職員以外の職員となることを制限される場合には、厳格な合理性が要求される。（最大判平17・1・26前出[4]……泉裁判官反対意見）

第二条【皇位の継承】 皇位は、世襲のものであつて、国会の議決した皇室典範の定めるところにより、これを継承する。

⦿†【皇位継承→典一―四、二四【元号②【明憲二

第三条【天皇の国事行為に対する内閣の助言と承認】 天皇の国事に関するすべての行為には、内閣の助言と承認を必要とし、内閣が、その責任を負ふ。

⦿†【天皇の国事行為→四、六、七、九六②【明憲五五

第四条【天皇の権能の限界、天皇の国事行為の委任】 ① 天皇は、この憲法の定める国事に関する行為のみを行ひ、国政に関する権能を有しない。

② 天皇は、法律の定めるところにより、その国事に関する行為を委任することができる。

⦿❶【憲法の定める国事行為→三、六、七、九六② ❷国事代行†明憲四

第五条【摂政】 皇室典範の定めるところにより摂政を置くときは、摂政は、天皇の名でその国事に関する行為を行ふ。この場合には、前条第一項の規定を準用する。

⦿†【摂政→典一六―二一【明憲一七

第六条【天皇の任命権】 ① 天皇は、国会の指名に基いて、内閣総理大臣を任命する。

② 天皇は、内閣の指名に基いて、最高裁判所の長たる裁判官を任命する。

⦿❶【国会の指名→六七、国会六五②、八六 ❷【最高裁判所の長の任命→裁三九①

第七条【天皇の国事行為】 天皇は、内閣の助言と承認により、国民のために、左の国事に関する行為を行ふ。

一 憲法改正、法律、政令及び条約を公布すること。

二 国会を召集すること。

三 衆議院を解散すること。

四 国会議員の総選挙の施行を公示すること。

五 国務大臣及び法律の定めるその他の官吏の任免並びに全権委任状及び大使及び公使の信任状を認証すること。

六 大赦、特赦、減刑、刑の執行の免除及び復権を認証すること。

七 栄典を授与すること。

八 批准書及び法律の定めるその他の外交文書を認証すること。

九 外国の大使及び公使を接受すること。

十 儀式を行ふこと。

⦿[一]【憲法改正→九六【法律の制定→四一、五九【法律の公布→七四、国会六六【政令→七三㊅、七四【条約→七三㊂、六一、九八② [二]【国会の召集→五二―五四、国会一―二の二 [三]【衆議院の解散→四五、五四①、六九 [四]【総選挙→五四① [五]【国務大臣の任免→六八【官吏の任免→七三㊃ [六]【恩赦の決定→七三㊆ [七]【栄典→一四②③ †明憲五―一六、七三

一 法令の公布

[1] 公式令の廃止後も、特に国家がこれに代わる他の適当な方法をもって法令の公布を行うことが明らかな場合でない限り、法令の公布は官報をもって行われるものと解するのが相当であり、たとえ事実上、法令の内容が一般国民の知り得る状態に置かれたとしても、いまだ法令の公布があったとすることはできない。（最大判昭32・12・28刑集一一・一四・三四六一、行政百選Ⅰ[七版]四五）

[2] 法令は、「一般国民の知り得べき状態に置かれ」たとき、公布されたものと解すべきであり、一般の希望者が法令の掲載された官報を閲覧・購入しようと思えばできた最初の時点がこれに当たる。（最大判昭33・10・15刑集一二・一四・三三一三、憲百選Ⅱ[七版]二〇二）

二 衆議院の解散

*[3] 憲法六九条は、同条所定の場合に限り解散ができるとする趣旨の規定ではない。憲法は、いかなる場合に解散をなし得るかについては何らの規定も設けておらず、政治的裁量に委ねている。解散権を形式上、天皇に帰属せしめ、政治上の責任を負う内閣の助言と承認の下にこれを行使せしめるのが、本条の趣旨である。（東京高判昭29・9・22行裁五・九・二一八一〈苫米地事件二審〉憲百選Ⅱ[七版]一七二）

[4] 解散権と司法審査（最大判昭35・6・8民集一四・七・一

二〇六〈苫米地事件上告審〉憲百選Ⅱ[七版]一九〇）↓八一条[10]

三　内閣の助言と承認

[5] 天皇の国事行為には、内閣による事前の助言と事後の承認が必要である。（東京高判昭29・9・22前出[3]）

*[6] 天皇は国事行為について自らの意思決定に基づき発議する権限は有し得ない。（東京地判昭28・10・19行裁四・一〇・二五四〇〈苫米地事件一審〉憲百選[初版]八四）

第八条【皇室の財産授受】 皇室に財産を譲り渡し、又は皇室が、財産を譲り受け、若しくは賜与することは、国会の議決に基かなければならない。

参+八八

第二章　戦争の放棄

第九条【戦争の放棄、戦力及び交戦権の否認】 ① 日本国民は、正義と秩序を基調とする国際平和を誠実に希求し、国権の発動たる戦争と、武力による威嚇又は武力の行使は、国際紛争を解決する手段としては、永久にこれを放棄する。

② 前項の目的を達するため、陸海空軍その他の戦力は、これを保持しない。国の交戦権は、これを認めない。

参+【平和主義↓前文①②、戦争抛棄約【国際主義↓前文③、九八②、国連憲章【自衛、安保約、武力攻撃事態【国連平和維持【児童約三八

一　戦争放棄の範囲

[1] 本条一項では侵略戦争のみが放棄されている。（札幌地判昭48・9・7後出[7]）

二　戦力の意味

[2] 本条二項がいわゆる自衛のための戦力の保持をも禁じたものであるか否かは別として、同条項が禁止した戦力とは、我が国がその主体になって指揮権・管理権を行使し得る戦力をいうもので、我が国が指揮権・管理権を行使し得ない外国の軍隊は、たとえ我が国に駐留するとしても本条にいう戦力には該当しない。（最大判昭34・12・16刑集一三・一三・三二二五〈砂川事件〉憲百選Ⅱ[七版]一六三）↓前文*[4]・八一条[8]

*[3] 我が国が外部からの武力攻撃に対する自衛に使用する目的で米国軍隊の駐留を許容していることは、指揮権の有無にかかわらず本条二項前段にいう戦力の保持に当たる。（東京地判昭34・3・30下刑一・三・七七六〈砂川事件・伊達判決〉）

[4] 本条にいう戦力とは、外敵に対する実力的な戦闘行動を目的とする人的、物的手段としての組織体一般を意味する。（札幌地判昭48・9・7後出[7]）

*[5] 本条にいう戦力とは侵略的戦争遂行能力を有する人的、物的組織体を意味する。（水戸地判昭52・2・17判タ三四五・一六六〈百里基地訴訟一審〉重判昭52憲一）

*[6] 本条二項が自衛のための戦力の保持を禁じているか否かは一義的に明確とはいえない。（札幌高判昭51・8・5行裁二七・八・一一七五〈長沼事件二審〉憲百選Ⅱ[五版]一八二）↓前文[7]

三　自衛隊の合憲性

[7] 自衛隊は本条二項にいう戦力に当たる。（札幌地判昭48・9・7判タ二九八・一四〇〈長沼事件一審〉憲百選Ⅱ[七版]一六五）↓前文[2]・八一条*[15]

[8] 自衛隊が一見極めて明白に本条二項にいう戦力に当たるとはいえない。（札幌高判昭51・8・5前出[6]）↓前文[7]

[9] イラク特措法［平成二一年八月一日失効］に基づく航空自衛隊の空輸活動は、政府と同じ憲法解釈に立った場合であっても、武力行使を禁止した同法二条二項、活動地域を非戦闘地域に限定した同条三項に違反し、かつ、本条一項に違反する活動を含む。（名古屋高判平20・4・17判タ一三一三・一三七、重判平20憲二）↓前文[3]

四　自衛隊と民法九〇条

[10] 本条の規範がそのまま民法九〇条にいう「公の秩序」の内容を形成することはなく、自衛隊基地設置のために国と私人の間で売買契約を締結することは社会的に許容されない行為であるという社会の一般的観念は確立していなかったから、そのような契約は民法九〇条違反にならない。（最判平元・6・20民集四三・六・三八五〈百里基地訴訟上告審〉憲百選Ⅱ[七版]一六六）↓九八条[1]

五　安保条約の合憲性↓[2]・八一条[8]

六　交戦権の意義

[11] 本条にいう交戦権とは、敵の兵力の殺傷・破壊の権利など、国際法上、交戦国が国家として持つ権利の総称をいう。（札幌地判昭48・9・7前出[7]）↓前文*[2]

七　本条と平和的生存権↓前文[判]

第三章　国民の権利及び義務

一　外国人

[1] 基本的人権の保障は、権利の性質上日本国民のみをその対象としていると解されるものを除き、我が国に在留する外国人に対しても等しく及ぶものと解すべきであり、政治活動の自由についても、我が国の政治的意思決定又はその実施に影響を及ぼすものを除き、その保障が及ぶが、その保障は在留制度の枠内で与えられているにすぎないから、在留期間中の基本的人権の保障を受ける行為を在留期間の更新の際に消極的な事情としてしんしゃくされないことまでの保障が与えられていると解することはできない。（最大判昭53・10・4民集三二・七・一二二三〈マクリーン事件〉憲百選Ⅰ[七版]一）↓行総◆【Ⅱ】[108]

[2] 人たることにより当然享有する人権は、不法入国者といえどもこれを有する。（最判昭25・12・28民集四・一二・六八三、行政百選Ⅱ[三版]一二二）

[3] いわゆる政治犯罪人不引渡しの原則はいまだ確立した一般的な国際慣習法であると認められず、逃亡犯罪人引渡法は一般に条約の有無を問わず政治犯罪人の不引渡しを規定したものではない。（最判昭51・1・26判タ三三四・一〇五、憲百選Ⅰ[五版]一〇）

イ　法の下の平等↓一四条[3][74]～[76]

ロ　選挙権↓一五条[15][16]

ハ　地方選挙権↓九三条[2]

ニ　公務就任↓一条[4]*[5]・一四条[78]

ホ　社会保障↓二五条[4]

ヘ　指紋押なつ制度↓一三条[28][29]

ト　外国渡航の自由↓二二条[25]～[30]

二　法人

[4] 基本的人権の保障は、性質上可能な限り、内国の法人にも適用されるものと解すべきであり、会社は、自然人たる国民と同様、国や政党を支持、推進し又は反対するなどの

政治的行為をなす自由を有する。（最大判昭45・6・24民集二四・六・六二五〈八幡製鉄事件〉憲百選Ⅰ[七版]八）↓一五条[7]

[5] 税理士法四九条二項［現六項］の定める公的な目的を有し、会員には実質的に脱退の自由が保障されていない強制加入団体である税理士会が、政党など政治資金規正法上の政治団体に金員を寄付するために、会員から特別会費を徴収する旨の決議をすることは、税理士会の目的の範囲外の行為を目的とするものとして無効である。（最判平8・3・19民集五〇・三・六一五〈南九州税理士会事件〉憲百選Ⅰ[七版]三六）↓一九条[5]

[6] 司法書士会の活動範囲には、その目的を遂行する上で直接又は間接に必要な範囲で、他の司法書士会との間で業務その他について提携、協力、援助等をすることも含まれるのであって、大規模な自然災害により被災した地域の司法書士会に復興支援拠出金を寄付するために特別に負担金を徴収することは、権利能力の範囲内であり、同会がいわゆる強制加入団体であることを考慮しても、公序良俗に反するなど会員の協力義務を否定すべき特段の事情がある場合を除き、多数決原理に基づき自ら決定することができる。（最判平14・4・25判タ一〇九一・二一五〈群馬司法書士会事件〉重判平14憲二）↓民三四条[16]

[7] 強制加入の法人である弁護士会は、特定の政治的な主義、主張や目的に出たり、中立性、公正を損なうような活動をすることは許されないが、国家秘密法に反対する総会決議は、専ら法理論上の見地から理由を明示して、法案を国会に提出することに反対する旨の意見を表明したものであり、弁護士会の目的を逸脱するものということはできない。（東京高判平4・12・21判例集未登載……上告審（最判平10・3・13判例集未登載）で原審の認定判断を正当として上告棄却）

三　天皇↓一条[3]

四　私人間における人権

[8] 憲法の自由権と平等権の規定は、国又は公共団体の統治行動に対して個人の基本的な自由と平等とを保障する目的に出たもので、専ら国又は公共団体と個人との関係を規律するものであり、私人相互の関係を直接規律することを予定するものではない。私人間においては、権利の矛盾、対立の調整は原則として私的自治に委ねられ、その侵害の態様、程度が社会的に許容し得る限界を超えるときは、立法措置によって是正を図り、又は、民法一条、九〇条や不法行為に関する諸規定等によって適切な調整を図る方途も存在する。（最大判昭48・12・12民集二七・一一・一五三六〈三菱樹脂事件〉憲百選Ⅰ[七版]九）↓一四条[6]・一九条[4]、労契三条[7]、労基三条[7]

[9] 男性の定年年齢を六〇歳、女性の定年年齢を五五歳と定める就業規則は、性別による不合理な差別を定めたものとして民法九〇条の規定により無効である。（最判昭56・3・24民集三五・二・三〇〇〈日産自動車事件〉憲百選Ⅰ[七版]一一）↓一四条[8]、民九〇条[9]、雇均六条[5]

[10] 入会権者の資格を、一定の時点に部落民であった者の男子孫に限定する入会団体の慣習は、入会団体の団体としての統制の維持という点からも、入会権の行使における各世帯間の平等という点からも合理性を有しておらず、男女の本質的平等を定める日本国憲法の基本的理念に照らし、入会権を別異に取り扱うべき合理的理由はないから、性別のみによる不合理な差別として民法九〇条の規定により無効である。（最判平18・3・17民集六〇・三・七七三、重判平18憲四）↓一四条[17]、民九〇条[10]・◘【入会権】〔二九四条の後〕[17]

[11] 私企業における女性の結婚退職制は、公の秩序に反し無効である。（東京地判昭41・12・20労民一七・六・一四〇七〈住友セメント事件〉重判昭41・42憲三）↓二四条[7]

[12] 私人間における権利の調整は、原則として私的自治に委ねられるが、個人の基本的な自由や平等が侵害され、その侵害の態様、程度が憲法の法の下の平等の規定の趣旨を超えるときは、民法一条、九〇条や不法行為に関する諸規定等によって適切な解決が図られるべきである。日本国籍を有しない者はゴルフクラブの会員となることができないとする取扱いは、憲法一四条の趣旨に照らし、社会的に許容し得る限界を超え、違法である。（東京地判平7・3・23判タ八七四・二九八）

[13] 私人相互の関係についても、私的自治に対する一般的制限規定である民法一条、九〇条や不法行為に関する諸規定等を解釈するに当たって、憲法一四条一項、国際人権B規約及び人種差別撤廃条約を基準として、私人による基本的な自由や平等に対する侵害を無効ないし違法とすべきであり、公衆浴場における入浴マナーに関連して行われた外国人一律入浴拒否は、違法であり不法行為に当たる。（札幌地判平14・11・11判タ一一五〇・一八五、国際百選[二版]五一）

[14] 私人間において一定の集団に属する者の全体に対する人種差別的な発言が行われた場合には、当該発言が、憲法一三条、一四条一項や人種差別撤廃条約の趣旨に照らし、合理的理由を欠き、社会的に許容し得る範囲を超えて、他人の法的利益を侵害するときは、民法七〇九条による損害賠償を通じて、同条約の趣旨を私人間においても実現すべきである。（大阪高判平26・7・8判時二二三二・三四〈京都朝鮮学園事件〉メディア百選[二版]七七……上告審（最決平26・12・9【平26オ一五三九】）で上告棄却）

五　特殊な法関係と人権

1　刑事収容施設被収容関係

[15] 憲法上保護されている閲読の自由も、未決拘禁者については、逃亡及び罪証隠滅の防止という勾留の目的のためのほか、監獄内の規律及び秩序の維持上放置することのできない程度の障害が生ずる相当の蓋然性があると認められ、かつ、障害発生の防止のために必要かつ合理的な範囲にとどまる限りで、一定の制限を受ける。（最大判昭58・6・22民集三七・五・七九三〈よど号ハイジャック新聞記事抹消事件〉憲百選Ⅰ[七版]一四）

[16] 監獄内においては、拘禁の目的に照らし、必要な限度で、被拘禁者の自由に対して合理的制限を加えられるが、その制限が必要かつ合理的かどうかは、制限の必要性の程度と制限される基本的人権の内容、具体的制限の態様の衡量によって決せられる。喫煙を許すと、罪証隠滅、火災発生のおそれがあり、他面、たばこは嗜好〔しこう〕品にすぎないので、その制限は必要かつ合理的なものである。（最大判昭45・9・16民集二四・一〇・一四一〇、憲百選Ⅰ[七版]A4）↓一三条[11]

[17] 死刑判決を受けて上告中の未決拘禁者と雑誌編集者との接見を不許可とした拘置所長の処分が適法とされた事例（東京高判平7・8・10判時一五四六・三、メディア百選[二版]一二）↓二一条[48]

[18] 未決拘禁者と一四歳未満の者との接見を禁止した措置が違法とされた事例（最判平3・7・9民集四五・六・一〇四九、行政百選Ⅰ[七版]四八）↓七三条[5]

[19] 死刑確定者の拘禁の趣旨、目的、特質に鑑みれば、死刑確定者の信書の発送の許否は、死刑確定者の心情の安定に

も十分配慮して、死刑の執行に至るまでの間、社会から厳重に隔離してその身柄を確保するとともに、拘置所内の規律及び秩序が放置することができない程度に害されることがないようにするために、信書の制限が必要かつ合理的であるか否かを判断して決定すべきものであり、具体的場合における右判断は拘置所長の裁量に委ねられている。死刑廃止に反対する新聞投書への反論投稿を不許可とした本件での拘置所長の判断に裁量の範囲を逸脱した違法があるとはいえない。（最判平11・2・26判タ一〇〇六・一二五、重判平11刑訴九）

*[20] 他人に対して自己の意見、感情を表明し、伝達することは、人として最も基本的な欲求の一つであって、発信の自由は憲法の保障する基本的人権に含まれ、死刑確定者といえども、刑の執行を受けるまでは、この権利を有し、それに対する制限は一定の必要性・合理性が存する場合に限られる。本件処分は、合理的理由なしに発信の権利を制限したものであり、違法である。（最判平11・2・26前出[19]……河合裁判官反対意見）

2 公務員関係

イ 政治的意見表明↓二一条[50]～[56]

ロ 労働基本権↓二八条[7]～[14]

3 在学・在校関係

[21] 大学は、国公立であると私立であるとを問わず、学生の教育と学術の研究を目的とする公共的な施設であり、そのために必要な事項を学則等により一方的に制定し、学生を規律する包括的権能を有する。特に私立学校においては、建学の精神に基づく独自の伝統ないし校風と教育方針を実践することが認められ、学生の勉学を特に重視しあるいは比較的保守的な校風を有する大学が、学生の政治活動につきかなり広範な規律を及ぼしても、不合理な制限とはいえない。（最判昭49・7・19民集二八・五・七九〇〈昭和女子大事件〉憲百選Ⅰ七版一〇）↓七六条[7]

[22] 中学校長は、教育の実現のため、生徒を規律する校則を定める包括的権能を有しているが、具体的に生徒の服装等にいかなる程度の規制を加えることが適切であるかは、中学校長の専門的、技術的な判断に委ねられている。丸刈りは今なお男子児童生徒の髪形の一つとして社会的に承認され、特に郡部においては広く行われ、必ずしも特異な髪形とは言えないことなどに照らすと、本件丸刈り校則は著しく不合理であることが明らかであるとはいえない。（熊本地判昭60・11・13行裁三六・一一＝一二・一八七五〈丸刈り訴訟〉憲百選Ⅰ七版A5）

[23] 私立高校の校則が直接憲法の基本権保障規定に違反するかどうかを論ずる余地はない。バイクについて免許を取らない、乗らない、買わないの三ない原則を定めた校則は、社会通念上不合理であるとはいえない。（最判平3・9・3判タ七七〇・一五七、憲百選Ⅰ七版二二）

[24] 私立学校は建学の精神に基づく独自の伝統ないし校風と教育方針によって教育活動を行うことを目的とし、生徒もそのような教育を受けることを希望して入学するものである。普通自動車運転免許の取得の制限は、交通事故から生徒の生命身体を守り、非行化を防止し、勉学に専念する時間を確保するためであり、非行を防止するため、パーマの禁止は、高校生にふさわしい髪型を維持し、非行を防止するためであるというのであるから、本件校則は社会通念上不合理なものとはいえず、民法一条、九〇条に違反するものではない。（最判平8・7・18判タ九三六・二〇一）

第一〇条【国民の要件】日本国民たる要件は、法律でこれを定める。

⊛国籍【人権B規約二四3、児童約七・八、女子差別撤廃約九【明憲一八

[1] 領土の変更に伴う国籍の変更については、国籍法に規定がなく、国際法上も確定した原則がなく、条約によるのが通例であるので、憲法は、領土の変更に伴う国籍の変更について条約で定めることを認めた趣旨と解するのが相当であり、違憲の問題は生じない。朝鮮人男性と婚姻した内地人女性で日本の法律上朝鮮人としての法的地位を取得した者は、平和条約によって日本国籍を喪失する。（最大判昭36・4・5民集一五・四・六五七、渉外百選三版一二五）

[2] 父母両系血統主義を採る国籍法二条一号が、専ら生来的な取得について規定しており、その結果、出生後の認知だけでは日本国籍の生来的な取得を認めないものと解されるとしても、国籍の取得はできる限り子の出生時に確定的に決定されることが望ましく、また、出生後に認知されるか否かは出生の時点では未確定であることから、合理的根拠のある区別である。（最判平14・11・22判タ一一一一・一二七、国私百選補正一〇六）

[3] 国籍法三条一項の規定は、日本国民である父から出生後認知された非嫡出子のうち、父母が法律上の婚姻をしていない者のみが日本国籍を取得できないという区別を生じさせている。血統主義を基調としつつ、我が国との密接な結び付きの指標となる一定の要件を設けて、これらを満たす場合に限り出生後における日本国籍の取得を認めることとした立法目的には合理的な根拠が認められるが、立法目的との間における合理的関連性は内外における社会的環境の変化等によって失われており、今日において同項の規定が本件区別を生じさせていることは、憲法一四条一項に違反する。（最大判平20・6・4民集六二・六・一三六七、憲百選Ⅰ七版二六……平成二〇法八八による改正前の国籍法事件）↓八一条*[29][34]

[4] 国籍法一二条において、出生により日本国籍との重国籍となるべき子のうち、国外で出生した者について、父母等の届出により出生の日から三箇月以内に日本国籍を留保する意思表示がされなければ、出生時から日本国籍を有しないものとすることを定め、日本で出生した者との区別を設けたことは、合理的理由のない差別ではなく、憲法一四条一項に違反しない。（最判平27・3・10民集六九・二・二六五、重判平27憲四）

第一一条【基本的人権の享有】国民は、すべての基本的人権の享有を妨げられない。この憲法が国民に保障する基本的人権は、侵すことのできない永久の権利として、現在及び将来の国民に与へられる。

⊛一二・一三・八二②・九七、人保、男女参画基、刑訴一、警一・二②、破防二・三、人権A規約〈とくに二〉、人権B規約〈とくに二〉

第一二条【自由・権利の保持の責任とその濫用の禁止】この憲法が国民に保障する自由及び権利は、国民の不断の努力によつて、これを保持しなければならない。又、国民は、これを濫用してはならないのであつて、常に公共の福祉のためにこれを利用する責任を負ふ。

⊛【公共の福祉↓一三・二二・二九②、民一①、刑訴一【権利濫

用の禁止↓民一③、人権A規約五、人権B規約五

第一三条【個人の尊重・幸福追求権・公共の福祉】 すべて国民は、個人として尊重される。生命、自由及び幸福追求に対する国民の権利については、公共の福祉に反しない限り、立法その他の国政の上で、最大の尊重を必要とする。

⊛九七【人間の尊厳↓人権B規約一六、人種差別撤廃約【家族生活における個人の尊重↓二四②、民二【幸福追求権↓人権A規約一二、人権B規約六、一七、児童約六、一六、三九【公共の福祉↓一二、二二、二九②、民一①、刑訴一、人権A規約四、人権B規約四【国民の権利の尊重↓警一、破防二・三、刑訴一、警職一、軽犯四【人保、個人情報、行手【権利実現のための措置↓人権A規約二、人権B規約二、女子差別撤廃約三・五、児童約四

一　個人の尊重

[1]　本条は個人の尊厳と人格価値の尊重を宣言したものである。（最大判昭23・3・24裁時九・八）

[2]　近代法の根本理念の一つであり、また日本国憲法のよって立つところでもある個人の尊厳という思想は、相互の人格が尊重され、不当な干渉から自我が保護されることによって初めて確実なものとなる。（東京地判昭39・9・28後出[20]）↓二一条[25]、民七〇九条[54]

[3]　人間として生存する以上、平穏、自由で人間たる尊厳にふさわしい生活を営むことも、最大限度尊重されるべきであって、本条はその趣旨に立脚し、憲法二五条も反面からこれを裏付けており、このような、個人の生命、身体、精神及び生活に関する利益は、各人の人格に本質的なものであって、その総体を人格権ということができる。（大阪高判昭50・11・27判タ三三〇・一一六〈大阪国際空港公害訴訟二審〉憲法の基本判例[二版]八）↓[39]

[4]　本条は、国際人権規約B規約二七条とともに、少数民族に属する個人に対し少数民族たるアイヌ民族固有の文化を享有する権利を保障しており、アイヌ民族は先住民族でもあるので、アイヌ文化に対する影響を少なくするなどの対策を講じないまま、アイヌ民族の聖地といわれる二風谷地域にダム建設の事業認定をしたことは裁量権を逸脱して違法である。（札幌地判平9・3・27判タ九三八・七五〈二風谷ダム事件〉国際百選[三版]五〇）↓行総◆【II】[68]

*[5]　憲法秩序の根幹的価値に関わる人権侵害が現に個別の国民ないし個人に生じている場合に、それを是正しない立法不作為は、国家賠償法上の違法をいうことができる。従軍慰安婦制度は、徹底した女性差別、民族差別思想の現れであり、女性の人格の尊厳を根底から侵し、民族の誇りを踏みにじるものであって、現在においても克服すべき根源的人権問題である。日本国憲法の下でも国には被害者を保護すべき条理上の法的作為義務が課せられており、遅くとも従軍慰安婦に関する内閣官房長官談話が出された平成五年以降三年を経過した平成八年八月末には合理的期間を経過したといえるから、当該立法不作為が国家賠償法上も違法となったと認められる。（山口地下関支判平10・4・27判時一六四二・二四）

[6]　患者が、自己の宗教上の信念に反するとして、輸血を伴う医療行為を拒否する意思決定をする権利は、人格権の一内容として尊重されなければならない。手術の際に輸血以外には救命手段がない事態が生ずる可能性を否定し難いと判断した場合には輸血するとの方針を説明すべきであったにもかかわらず、その方針を説明せず、輸血の可能性があることを告げないまま手術を施行し輸血をした場合、輸血を伴う手術を受けるか否かについて意思決定をする権利を原告から奪ったものであり、人格権侵害として精神的苦痛を慰謝すべき責任を負う。（最判平12・2・29民集五四・二・五八二、憲百選I[七版]二三）↓民七〇九条[37]

[7]　ハンセン病患者の隔離等を規定するらい予防法［平成八法二八により廃止］は、憲法二二条の居住・移転の自由を制限するとともに、ハンセン病患者の人生の発展可能性を大きく損なうものであり、人権制限は人としての社会生活全般にわたるものであるので、広く本条に根拠を有する人格権そのものに対するものと捉えるのが相当である。（熊本地判平13・5・11判タ一〇七〇・一五一〈ハンセン病訴訟〉憲百選II[七版]一九二）↓八一条[37]

二　幸福追求権

1　一般的自由

[8]　賭博行為は、一見各人に任された自由行為に属するように見えるが、怠惰浪費の弊風を生じ、勤労の美風を害し、副次的犯罪を誘発し又は国民経済の機能に重大な障害を与えるおそれすらあるので、公共の福祉に反する。（最大判昭25・11・22刑集四・一一・二三八〇、憲百選I[七版]一五）↓刑一八五条[7]

*[9]　本条にいう「この憲法が保障する自由及び権利」は憲法三章に列挙されているものに限る。（最大判昭23・3・24前出[1]……栗山裁判官意見）

*[10]　憲法の人権と自由の保障リストは歴史的に認められた重要性のあるものだけを拾ったもので、網羅的ではなく、それ以外にも特に名称が付されていない権利や自由があり、それらは一般的な自由又は幸福追求の権利の一部をなしている。（最大判昭33・9・10民集一二・一三・一九六九、憲百選I[七版]一〇五……田中（耕）等二裁判官補足意見）

[11]　喫煙の自由が本条の保障する基本的人権に含まれるとしても、あらゆる時、所において保障されなければならないものではない。（最大判昭45・9・16民集二四・一〇・一四一〇、憲百選I[七版]A4）↓三章[16]

[12]　ストーカー規制法は、個人の身体、自由及び名誉に対する危害の発生を防止し、国民の生活の安全と平穏に資することを目的としており、右目的を達成するため、社会的に逸脱したつきまとい等の行為を規制の対象とした上で、中でも相手方に対する法益侵害が重大で、刑罰による抑制が必要な場合に限って、相手方の処罰意思に基づき刑罰を科すこととしたものであり、しかも、法定刑は、刑法等の関係法令と比較しても特に過酷ではない。（最判平15・12・11刑集五七・一一・一一四七、重判平15憲四）

2　肖像・名誉・プライバシー

[13]　個人の私生活の自由の一つとして、何人も、承諾なしに、みだりに容貌・姿態を撮影されない自由を有し、これを肖像権と称するかどうかは別として、警察官が、正当な理由なく個人の容貌等を撮影することは、本条の趣旨に反し、許されないが、現に犯罪が行われ若しくは行われた後間がないと認められる場合で、証拠保全の必要性・緊急性があり、その撮影が一般的に許容される限度を超えない相当な方法をもって行われるときには、警察官による撮影は許容される。（最大判昭44・12・24刑集二三・一二・一六二五〈京都府学連デモ事件〉憲百選I[七版]一六）↓刑訴一九七条[28]

[14]　自動速度監視装置による運転者の容貌の写真撮影は、現に速度違反が行われている場合に、犯罪の性質、態様からいって緊急に証拠保全をする必要があり、その方法も一般的に許容される限度を超えない相当なものであるから、同

乗者の容貌を撮影することになっても本条に違反しない。(最判昭61・2・14刑集四〇・一・四八、刑訴百選[五版]一〇)↓刑訴一九七条[30]

[15] Nシステム等による車両ナンバー等の読み取りは、正当な目的のために相当とされる範囲において相当な方法で個人の私生活上の情報を収集し適切に管理するもので、本条に反しない。警察は、警察法二条一項により、強制力を伴わない限り犯罪捜査に必要な諸活動を行うことが許されており、公道上で何人も確認し得る車両データを収集し利用することは、適法である。(東京高判平21・1・29判タ一二九五・一九三、重判21憲二……上告審（最判平21・11・27【平21オ七〇二】）で上告棄却)

[16] GPS捜査によるプライバシーの侵害可能性（最大判平29・3・15刑集七一・三・一三、憲百選II[七版]一一二）↓三五条[12]、刑訴一九七条[3]・二一八条[26]

[17] 写真週刊誌のカメラマンが、裁判所の許可なく、小型カメラを法廷に持ち込み、手錠をされ、腰縄を付けられた状態の容貌等を隠し撮りし公表する行為は、社会生活上受忍すべき限度を超えて、人格的利益を侵害するものである。同様に、容貌等を描写したイラスト画の公表行為については、写真とは異なるイラスト画の特質を参酌しても、不法行為法上違法である。(最判平17・11・10民集五九・九・二四二八、メディア百選[二版]五〇)↓民七〇九条[57]

[18] 名誉を違法に侵害された者は、人格権としての名誉権に基づき、侵害行為の差止めを求めることができる。(最大判昭61・6・11民集四〇・四・八七二〈北方ジャーナル事件〉憲百選I[七版]六八)↓[59]・二一条[17][95]、民◆【差止請求権】［七〇九条の後］[1]

[19] 前科等は、人の名誉、信用に直接関わる事項であり、前科等のある者もこれをみだりに公開されないという法律上の保護に値する利益を有しており、市区町村長が弁護士法二三条の二に基づく照会に漫然と応じ、前科等の全てを報告することは、公権力の違法な行使に当たる。(最判昭56・4・14民集三五・三・六二〇、憲百選I[七版]一七)↓国賠一条[2]

[20] 私事をみだりに公開されないという保障は、不法な侵害に対して法的救済が与えられる人格的な利益であり、いわゆる人格権に包摂されるが、なおこれを一つの権利と呼ぶことを妨げるものではなく、プライバシーの侵害に対し法的救済が与えられるためには、公開された内容が、私生活上の事実又は事実らしく受け取られるおそれがあり、一般人の感受性を基準にして当該個人の立場に立った場合公開を欲しないであろうと認められ、一般の人々にいまだ知られていない事柄であることを必要とする。(東京地判昭39・9・28下民一五・九・二三一七〈「宴のあと」事件〉憲百選I[七版]六〇)↓[2]・二一条[25]、民七〇九条[54]

[21] ある者の前科等に関わる事実が著作物で実名を使用して公表された場合に、その者のその後の生活状況、当該刑事事件の歴史的又は社会的な意義、その者の当事者としての重要性、その者の社会的活動及びその影響力について、その著作物の目的、性格等に照らした実名使用の意義及び必要性を併せて判断し、前科等に関わる事実を公表されない法的利益がこれを公表する理由に優越する場合には、その公表によって被った精神的苦痛の賠償を求めることができる。(最判平6・2・8民集四八・二・一四九〈ノンフィクション「逆転」事件〉憲百選I[七版]六一)↓民七〇九条[56]

[22] 小説の登場人物として同定される人物であって公的立場にない者が、公共の利益に関わらないプライバシーにわたる事項を公表されることにより、その精神的苦痛が倍加されて、平穏な日常生活や社会生活を送ることが困難となるおそれがあり、加えて、そうした重大な損失は、当該小説の読者が新たに加わるごとに増加するため、事後的には回復困難である場合には、名誉、プライバシー、名誉感情の侵害を理由に、人格権に基づき、当該小説の公表の差止めを求めることができる。(最判平14・9・24判タ一一〇六・七二〈「石に泳ぐ魚」事件〉憲百選I[七版]六二)↓二一条[26][94]

[23] 表現の自由とプライバシー権等の侵害との調整においては、表現行為が社会の正当な関心事であり、かつその表現内容・方法が不当なものでない場合には、違法なプライバシー権等の侵害とはならない。社会一般の意識として犯罪報道における被疑者の特定は犯罪事実と並んで重要な関心事であり、凶悪重大な事件において、現行犯逮捕されたような場合には、実名報道も許される。そのような場合に当たる本件では、一九歳の少年の顔写真を掲載したことをもって、プライバシー権の侵害とはいえない。(大阪高判平12・2・29判時一七一〇・一二一、メディア百選[二版]四八)↓少六一条[2]

[24] 少年法六一条の禁止する推知報道かどうかは、記事等により、不特定多数の一般人がその者を当該事件の本人であると推知することができるかどうかを基準にして判断すべきであるが、本件記事には本人と特定するに足りる事項の記載がないから、少年と面識等のない不特定多数の一般人が、少年が当該事件の本人であることを推知することができるとはいえず、本件記事が本人の名誉を毀損し、プライバシーを侵害するとしても、それによって不法行為が成立するか否かについては、被侵害利益ごとに違法性阻却事由の有無等を審理し、個別具体的に判断しなければならない。(最判平15・3・14民集五七・三・二二九〈長良川事件報道訴訟〉憲百選I[七版]六七)↓二一条[27]、少六一条[1]

[25] 家庭裁判所調査官が、担当した少年保護事件を題材とした論文を精神医学関係者向けの雑誌・書籍に掲載して公表した行為が不法行為法上違法となるか否かは、少年のプライバシー情報の性質・内容、公表当時における少年の年齢・社会的地位、公表の目的・意義、プライバシー情報を開示する必要性、プライバシー情報が伝達される範囲と具体的被害の程度、表現媒体の性質など、事実を公表されない法的利益と公表する理由に関する諸事情を比較衡量することによって判断すべきである。(最判令2・10・9民集七四・七・一八〇七、重判令2民三)↓民七〇九条[58]

[26] 検索事業者がプライバシーに属する事実を含む記事等が掲載されたウェブサイトのURL並びに当該ウェブサイトの表題及び抜粋を検索結果の一部として提供する行為が違法となるかは、当該事実の性質・内容、プライバシーに属する事実が伝達される範囲と具体的被害の程度、被害者の社会的地位・影響力、記事等の目的・意義、掲載時の社会的状況とその後の変化、記事等において当該事実を記載する必要性などを比較衡量して判断すべきで、当該事実を公表されない法的利益が優越することが明らかな場合には、検索事業者に対して当該URL等情報の削除を求めることができる。(最決平29・1・31民集七一・一・六三、憲百選I[七版]六三)↓二一条[28]、民◆【差止請求権】［七〇九条の後］[3]

[27] ツイッターを運営する事業者に対し、プライバシーに属する事実を摘示するツイートの削除を求めることができるか否かは、当該事実の性質及び内容、当該事実が伝達される範囲と被害者が被る具体的被害の程度、被害者の社会的地位や影響力、当該ツイートの目的や意義、当該ツイートがされた時の社会的状況とその後の変化などを比較衡量し

て判断すべきで、被害者の当該事実を公表されない法的利益が当該ツイートを一般の閲覧に供し続ける理由に優越する場合には、当該ツイートの削除を求めることができる。（最判令4・6・24【令2受一四四二】）

[28] 個人の私生活上の自由の一つとして、何人もみだりに指紋の押なつを強制されない自由を有し、国家機関が正当な理由もなく指紋の押なつを強制することは、本条の趣旨に反し許されない。しかし、外国人登録法〔平成二一法七九により廃止〕の指紋押なつ制度〔平成一一法一三四により廃止〕は、外国人の居住関係及び身分関係を明確にするための最も確実な制度であり、その立法目的には合理性・必要性がある。また、本件当時の制度内容は、押なつ義務が三年に一度で、押なつ対象指紋も一指のみであり、その強制も罰則による間接強制にとどまるものであって、精神的・肉体的に過度の苦痛を伴うものとまではいえず、その方法においても相当なものであった。（最判平7・12・15刑集四九・一〇・八四二、憲百選Ⅰ〔七版〕二）

[29] 協定永住資格を有する在日韓国人のした再入国の許可申請に対して、法務大臣が、申請者が外国人登録法〔平成二一法七九により廃止〕上の指紋押なつを拒否していることを理由に申請を不許可とする判断には、裁量権の逸脱又は濫用があったとはいえない。（最判平10・4・10民集五二・三・七七六）

[30] 外国人に対し外国人登録原票に登録した事項の確認の申請を義務付ける制度は、本邦に在留する外国人の居住関係及び身分関係を明確ならしめ、もって在留外国人の公正な管理に資するという行政目的を達成するため、外国人登録原票の登録事項の正確性を維持、確保する必要から設けられたものであって、その立法目的には十分な合理性があり、その必要性も肯定できる。そして、確認を求められる事項は、職業、勤務所等の情報を含むが、いずれも人の人格、思想、信条、良心等の内心に関わる情報とはいえず、同制度は申請者に過度の負担を強いるものではなく、一般的に許容される限度を超えない相当なものであり、本条に違反しない。（最判平9・11・17刑集五一・一〇・八五五、重判平9憲一……外国人登録法〔平成二一法七九により廃止〕に関する事案）

[31] 他人の保有する個人の情報が、真実に反して不当であって、その程度が社会的受忍限度を超え、そのため個人が社会的受忍限度を超えて損害を被るときには、その個人は、名誉権ないし人格権に基づき、当該他人に対し不真実、不当な情報の訂正ないし抹消を請求し得る場合がある。（東京高判昭63・3・24判タ六六四・二六〇、重判昭63行政八）

＊[32] 聞きたくない音を聞かされることのない利益は、本条の幸福追求権に含まれると解することもできないものではないが、違法性の判断は、侵害行為の態様との相関関係においてなされなければならない。（最判昭63・12・20判タ六八七・七四、憲百選Ⅰ〔七版〕二〇……伊藤裁判官補足意見）

[33] 氏名は個人の人格の象徴であって人格権の一内容を構成するものというべきであるが、氏に関する人格権の内容は憲法の趣旨を踏まえつつ定められる法制度をまって初めて具体的に捉えられるところ、民法七五〇条は、自らの意思に関わりなく氏を改めることを強制しておらず、また、民法の規定においては、氏が身分関係の変動に伴って改められることが性質上予定されていることに鑑みると、同条は本条に違反するとはいえない。（最大判平27・12・16民集六九・八・二五八六、憲百選Ⅰ〔七版〕二九）→一四条[13]・二四条[4]、民七〇九条[67]・七五〇条[7]

[34] 郵便局職員に対するネームプレートの着用の義務付けには、「したくないことは強制されない」という一般的な行動の自由以上に氏名権として独自の保護に値する要素があるとはいい難く、その目的、必要性、氏名表示の態様、不利益の程度を総合すると、郵政事業の経営のために、民間企業が実施しているのと同様にネームプレートの着用を義務付けることには正当な理由がある。氏名の表示がプライバシーの侵害につながることはあり得るが、勤務中に氏名だけを表示するという態様にとどまる限り、当該職員の私的な行動にまで影響が及ぶことは想定し難く、氏名の表示によって侵害される個人的なプライバシーは存在しない。（仙台高判平9・8・29労判七二九・七六）

[35] 犯罪捜査に当たった警察官が被疑者の弁護士の所属団体及び所属政党を調査し、捜査報告書に記載することは、当該弁護士のプライバシーを侵害するとすることはできないが、検察官が当該捜査報告書を裁判所に証拠資料として提出したことは軽率であり、捜査報告書が何人にも閲覧できる状態に置かれ、プライバシー侵害の結果が生じた以上、職務上の義務に違背した違法行為となる。（東京高判平12・10・25判タ一〇四六・二九六、重判平12憲二①）

[36] 重要な外国国賓講演会への出席希望者をあらかじめ把握するため、大学が学生に提供を求めた学籍番号、氏名、住所及び電話番号は、秘匿されるべき必要性が必ずしも高いものではないにせよ、プライバシーに係る情報として法的保護に値し、本人の意思に基づかずにみだりにこれを他者に開示することは許されず、無断でそれらの個人情報を警察に開示した大学の行為は、プライバシーを侵害するものとして不法行為を構成する。（最判平15・9・12民集五七・八・九七三〈江沢民早大講演会訴訟〉憲百選Ⅰ〔七版〕一八）→民七〇九条[55]

[37] 個人の私生活上の自由の一つとして、何人も個人に関する情報をみだりに第三者に開示又は公表されない自由を有するが、住民基本台帳ネットワークによって管理、利用等される本人確認情報は個人の内面に関わるような秘匿性の高い情報ではなく、それが法令等の根拠に基づかずに又は正当な行政目的の範囲を逸脱して開示又は公表される具体的な危険がないので、行政機関が住基ネットにより住民の本人確認情報を管理、利用等する行為は、当該個人がこれに同意していないとしても、右の自由を侵害するものではない。（最判平20・3・6民集六二・三・六六五、憲百選Ⅰ〔七版〕一九）

[38] 自衛隊イラク派遣反対活動に関する情報を収集する自衛隊情報保全隊の行為が国家賠償法上違法であるかどうかの判断には、情報収集行為の目的、必要性、態様、情報の管理方法、情報の私事性、秘匿性の程度、個人の属性、被侵害利益の性質、その他の事情を総合考慮する必要がある。（仙台高判平28・2・2判時二二九三・一八、重判平28憲三）→行政情報公開◆【行政機関個人情報保護】〔附則の後〕[5]

3 環境権

＊[39] 差止請求の根拠としての人格権は、実定法の規定を待たなくとも当然に承認されるべき基本的権利であり、それに基づく差止請求が容認される以上、環境権理論の当否については判断する必要はない。（大阪高判昭50・11・27前出＊[3]）

[40] 実定法上何らの根拠もなく、権利の主体、客体及び内容の不明確な環境権なるものを排他的効力を有する私法上の権利であるとすることは法的安定を害し許されない。（名古屋高判昭60・4・12下民三四・一～四・四六一〈名古屋新幹線公害訴訟〉環境百選〔二版〕三五）

[41] 環境権は実定法上明文の根拠はないが、権利の主体となる権利者の範囲、権利の対象となる環境の範囲、権利の内容は、具体的・個別的な事案に即して考えるならば、必ずしも不明確であるとはいえず、環境権に基づく差止請求は適法である。もっとも、環境権に基づく差止請求も人格権に基づく請求と基本的に同一である。（仙台地判平6・1・31判タ八五〇・一六九〈女川原発訴訟〉重判平6行政五……控訴審（仙台高判平11・3・31判時一六八〇・四六、重判平11行政八）も同旨）

[42] 良好な景観の恵沢を享受する利益（景観利益）は、法律上保護に値する。（最判平18・3・30民集六〇・三・九四八、民百選II[八版]八九）↓民七〇九条[79]

4 公正な手続

[43] 本条、憲法三一条は、国民の権利、自由が実体的のみならず手続的にも尊重さるべきことを要請する趣旨を含むが、多数の申請人のうちから特定の候補者を選定するについては、事実の認定につき恣意、独断を疑われることのないよう配慮すべきであり、そのような手続によらない個人タクシーの免許申請の拒否処分は違法である。（東京地判昭38・9・18行裁一四・九・一六六六〈個人タクシー免許申請事件〉運輸百選七九）↓行手五条[1]

5 その他

[44] 自己消費目的の酒類製造の自由が制約されるとしても、そのような規制が立法府の裁量権を逸脱し、著しく不合理であることが明白であるとはいえないから、本条に違反しない。（最判平元・12・14刑集四三・一三・八四一〈どぶろく裁判〉憲百選I[七版]二一）

[45] わいせつ表現物の流入、伝播によって我が国内の健全な性的風俗が害されることを実効的に阻止するために、その流入を一般的に、いわば水際で阻止することもやむを得ないので、単なる所持を目的とするか否かに関わりなく、わいせつ表現物の規制に違反した者に対して一律に刑罰をもって臨んでも、本条、憲法三一条に違反しない。（最判平7・4・13刑集四九・四・六一九、メディア百選[初版]六二）

[46] 公立図書館での図書廃棄と著作者の人格的利益（最判平17・7・14民集五九・六・一五六九、憲百選I[七版]七〇）↓二一条[82]

[47] 性同一性障害者につき性別の取扱いの変更の審判が認められるための要件として「現に子がいないこと」を求めることは、合理性を欠くものとはいえないから国会の裁量権の範囲を逸脱するものとはいえず、本条、憲法一四条一項に違反しない。（最決平19・10・19家月六〇・三・三六）

*[48] 性同一性障害者につき性別の取扱いの変更の審判が認められるための要件として「現に未成年の子がいないこと」を求める性同一性障害者の性別の取扱いの特例に関する法律三条一項三号の規定は、本条、一四条一項に違反しない。（最決令3・11・30判タ一四九五・七九）

[49] 性同一性障害者につき性別の取扱いの変更の審判が認められるための要件として「生殖腺がないこと又は生殖腺の機能を永続的に欠く状態にあること」を求める規定は、規定の目的、意思に反して身体への侵襲を受けない自由の制約の態様、現在の社会的状況等を総合的に衡量すると、現時点では、本条、憲法一四条一項に違反するものとはいえない。（最決平31・1・23判タ一四六三・七四、重判令元憲二）

*[50] 性同一性障害者につき性別の取扱いの変更の審判が認められるための要件として「現に婚姻をしていないこと」を求める性同一性障害者の性別の取扱いの特例に関する法律三条一項二号の規定は、本条、一四条一項、二四条に違反しない。（最決令2・3・11【令元ク七九一】重判令2憲一）

[51] 放送法六四条一項は、受信料の支払義務が日本放送協会との受信契約により発生するものとしており、任意に受信契約を締結しない受信設備設置者については、承諾の意思表示を命ずる判決の確定によって強制的に受信契約を成立させるものである。受信料の支払義務を受信契約により発生させることとするのは、日本放送協会が、受信設備設置者の理解を得て、その負担により支えられて存立することが期待される事業体であることに沿っており、契約の内容も日本放送協会の目的にかない適正かつ公平なものであることが求められているので、放送法六四条一項は、本条及び憲法二一条、二九条に違反しない。（最大判平29・12・6民集七一・一〇・一八一七、憲百選I[七版]七七）↓二一条[45]・二九条[19]、民一六六条[21]・四一四条[5]・五二二条[1]、民執一七七条[2]

三 人権の限界

1 公共の福祉による制限

[52] 本条は、公共の福祉という基本原則に反する場合には、生命に対する国民の権利といえども、立法上制限ないし剥奪されることを当然予想している。（最大判昭23・3・12刑集二・三・一九一、憲百選II[七版]一一五）↓三六条[1]、刑一一条[1]

[53] 言論の自由といえども、国民の無制約な恣意のままに許されているのではなく、常に公共の福祉によって調整されなければならない。（最大判昭24・5・18刑集三・六・八三九、憲百選I[七版]四八）↓二一条[2]

[54] 憲法の保障する各種の基本的人権は、それぞれに関する各条文に制限の可能性が明示されていると否とに関わりなく、憲法一二条、本条の規定からしてその濫用が禁ぜられ、公共の福祉の制限の下に立ち、絶対無制限のものではない。（最大判昭32・3・13刑集一一・三・九九七〈チャタレー事件〉憲百選I[七版]五一）↓二一条[4]

2 比較衡量論

[55] 公務員の労働基本権も、国民生活全体の利益の保障という見地からの制約を当然の内在的制約として内包しており、その制限は、労働基本権を尊重確保する必要と国民生活全体の利益を維持増進する必要とを比較衡量し、合理性の認められる必要最小限度のものにとどめなければならない。（最大判昭41・10・26刑集二〇・八・九〇一〈全逓東京中郵事件〉憲百選II[七版]一三九）↓二八条*[8]

[56] 取材の自由が、公正な裁判の実現という憲法上の要請によってどこまで制約を受けるかは、諸般の事情を比較衡量して決せられるべきである。（最大決昭44・11・26刑集二三・一一・一四九〇〈博多駅事件〉憲百選I[七版]七三）↓二一条[36]、刑訴九九条[4]

3 二重の基準論

[57] 個人の経済活動の自由に関する限り、個人の精神的自由等に関する場合と異なって、社会経済政策の実施の一手段として、これに一定の合理的規制措置を講ずることは、憲法が予定し、かつ、許容するところである。（最大判昭47・11・22刑集二六・九・五八六〈小売市場事件〉憲百選I[七版]九一）↓二二条[18]

[58] 職業の自由は、それ以外の憲法の保障する自由、殊にいわゆる精神的自由に比較して、公権力による規制の要請が強く、憲法二二条一項が「公共の福祉に反しない限り」としたのも、特にこの点を強調する趣旨に出たものと考えら

れる。（最大判昭50・4・30民集二九・四・五七二〈薬事法距離制限違憲判決〉憲百選Ⅰ[七版]九二）→二二条[18]

[59] 主権が国民に属する民主制国家では、国民が一切の主義主張等を表明し情報を相互に受領することによって、自由な意思をもって自己が正当と信ずるものを採用することにより多数意見が形成され、その過程を通じて国政が決定されるのであるから、表現の自由、とりわけ、公共的事項に関する表現の自由は、特に重要な憲法上の権利として尊重されなければならない。（最大判昭61・6・11前出[18]）→二一条[95]、民◆【差止請求権】［七〇九条の後］[1]

第一四条【法の下の平等、貴族の禁止、栄典】①すべて国民は、法の下に平等であつて、人種、信条、性別、社会的身分又は門地により、政治的、経済的又は社会的関係において、差別されない。

②華族その他の貴族の制度は、これを認めない。

③栄誉、勲章その他の栄典の授与は、いかなる特権も伴はない。栄典の授与は、現にこれを有し、又は将来これを受ける者の一代に限り、その効力を有する。

㊜❶【平等→人権A規約二2・三、人権B規約二1・三・二六、児童約二、女子差別撤廃約、人種差別撤廃約、二四・二六①・四四、男女参画基、差別的言動、国公二七、地公一三、教基四、自治二四四③、労基三・四、労組五②四、雇均、育介、生活保護二 ❷❸【栄典の授与→七七 ＋明憲一九

一 法の下の平等の意味

[1] 本条は、人格の価値が全ての人間について平等であり、人種、宗教、男女の性、職業、社会的身分等の差異に基づいて、あるいは特権を有し、あるいは特別に不利益な待遇を与えられてはならないという大原則を示したものであるが、平等の原則の範囲内において、各人の年令、自然的素質等の各事情を考慮して、道徳、正義、合目的性等の要請より適当な具体的規定をすることを妨げるものではない。（最大判昭25・10・11後出＊[23]）→[18]

[2] 本条一項に列挙された事由は例示的なものであって、必ずしもそれに限るものではないが、同項は国民に対し絶対的な平等を保障したものではなく、事柄の性質に即応して合理的と認められる差別的取扱いをすることは否定されない。（最大判昭39・5・27民集一八・四・六七六、公務員百選二二）→[19]

[3] 本条の趣旨は、特段の事情の認められない限り、外国人に対しても類推適用される。（最大判昭39・11・18刑集一八・九・五七九）

二 信条による差別

[4] 解雇が、共産党員若しくはその同調者であること自体を理由として行われたものではなく、被用者の具体的言動をもって、会社の生産を現実に阻害し、若しくはその危険を生ぜしめる行為であるという理由でなされた場合には、本条違反の問題は起こり得ない。（最判昭30・11・22民集九・一二・一七九三〈レッド・パージ事件〉労働百選[五版]七）

[5] 特定のイデオロギーを存立の条件とし、かつ、労働者に対してもその承認、支持を要求する事業は、その事業が特定のイデオロギーと本質的に不可分であり、しかも労働者に対してそのイデオロギーの承認、支持を求めることが事業の本質からみて客観的に妥当である場合に限って、その存在を認められる。（大阪地判昭44・12・26労民二〇・六・一八〇六〈日中旅行社事件〉憲百選Ⅰ[四版]三三）

[6] 企業者は、経済活動の一環としてする契約締結の自由を有し、自己の営業のために労働者を雇い入れるか、いかなる条件でこれを雇うかについて、法律その他による特別の制限がない限り、原則として自由にこれを決定することができるのであって、企業者が特定の思想、信条を有する者をそのゆえをもって雇い入れることを拒んでも、それを当然に違法視することはできない。（最大判昭48・12・12民集二七・一一・一五三六〈三菱樹脂事件〉憲百選Ⅰ[七版]九）↓三章[8]・一九条[4]、労契三条[1]

三 性別による差別

[7] 刑法一七七条の強姦罪の規定は、本条に反しない。（最大判昭28・6・24刑集七・六・一三六六）

[8] 男性の定年年齢を六〇歳、女性の定年年齢を五五歳と定める就業規則は、女性であることのみを理由として差別するものであり、性別による不合理な差別である。（最判昭56・3・24民集三五・二・三〇〇〈日産自動車事件〉憲百選Ⅰ[七版]一二）↓三章[9]、民九〇条[9]、雇均六条[5]

[9] 世帯主に支給される家族手当等の支給を、共働き女性について制限している給与規定は、本条の理念に基づく労基法四条に違反し、民法九〇条（一条の二［現二条］）により無効である。（仙台高判平4・1・10労民四三・一・一〈岩手銀行事件〉労働百選[八版]一七）

[10] 厚生労働大臣が、［平成二三厚労一三による改正前の］労災法施行規則別表第一に定める障害等級表において、外貌の醜状障害について男女に差を設けていることは、合理的理由なく性別による差別的取扱いをするものとして、本条一項に違反する。（京都地判平22・5・27判タ一三三一・一〇七、社会保障百選[五版]五六）

[11] 地方公務員災害補償法の定める遺族補償年金制度は、憲法二五条の趣旨を実現するために設けられた社会保障の性格を有するところ、地方公務員災害補償法三二条一項ただし書の規定が、妻以外の遺族について一定の年齢に達していることを受給の要件とする一方、妻については年齢要件を定めないことは、合理的な理由を欠くものとはいえない。（最判平29・3・21判タ一四三九・七〇、重判平29憲四）

[12] 女性について六箇月の再婚禁止期間を定める民法七三三条一項［平成二八法七一による改正前のもの］の規定のうち一〇〇日を超えて再婚禁止期間を設ける部分が本条一項、憲法二四条二項に違反するとされた事例（最大判平27・12・16民集六九・八・二四二七、憲百選Ⅰ[七版]二八）↓二四条[3]・八一条[16][35]、民七三三条[2]

[13] 夫婦が婚姻の際に定めるところに従い夫又は妻の氏を称すると定める民法七五〇条の規定は、文言上性別に基づく法的な差別的取扱いを定めているわけではないので、本条一項に違反しない。（最大判平27・12・16民集六九・八・二五八六、憲百選Ⅰ[七版]二九）↓一三条[33]・二四条[4]、民七五〇条[1]

[14] 国籍法の父系優先血統主義（東京高判昭57・6・23行裁三三・六・一三六七、憲百選Ⅰ[五版]三六）

[15] 国籍法二条一号と本条一項（最判平14・11・22判タ一一一一・一二七、国私百選[補正]一〇六）↓一〇条[2]

[16] 国籍法三条一項と本条一項（最大判平20・6・4民集六二・六・一三六七、憲百選Ⅰ[七版]二六）↓一〇条[3]

[17] 入会権者の資格を男子孫に限定する入会団体の慣習（最判平18・3・17民集六〇・三・七七三、重判平18憲四）↓三章[10]、民九〇条[10]・◘【入会権】［二九四条の後］[17]

四 社会的身分による差別

[18] 親子の関係は、社会的身分に該当しない。（最大判昭25・10・11後出＊[23]）↓[1]

[19] 社会的身分とは、人が社会において占める継続的な地位をいうから、高齢であるということはそれに当たらない。（最大判昭39・5・27前出[2]）

[20] 社会的身分とは出生によって決定される社会的な地位又は身分をいい、嫡出子か嫡出子でないかはそれに当たる。（東京高決平5・6・23高民四六・二・四三、憲百選Ⅰ〔三版〕三三）

五　尊属殺・尊属傷害致死重罰規定の合憲性

[21] 尊属に対する尊重報恩は、社会生活上の基本的道義というべく、このような自然的情愛ないし普遍的倫理の維持は、刑法上保護に値するものであるから、被害者が尊属であることを類型化し、法律上、刑の加重要件とする規定を設けても本条に違反しないが、刑法二〇〇条［平成七法九一により削除］は、尊属殺の法定刑を死刑又は無期懲役のみに限っている点において、その立法目的達成のための必要な限度をはるかに超え、本条一項に違反して無効である。（最大判昭48・4・4刑集二七・三・二六五〈尊属殺違憲判決〉憲百選Ⅰ〔七版〕二五）

＊[22] 尊属がただ尊属なるがゆえに特別の保護を受けるべきであるとか、卑属の尊属殺人は特に強い道義的非難に値するとかの理由によって、尊属殺人に関する特別の規定を設けることは、一種の身分制道徳の見地に立つもので、個人の尊厳と人格価値の平等を基本的な立脚点とする民主主義の理念と抵触する疑いが濃厚であり、尊属殺人に関し、普通殺人と区別して特別の規定を設けること自体が本条に抵触する。（最大判昭48・4・4前出[21]……田中（二）等六裁判官意見）

＊[23] 尊属親に対する殺人、傷害致死等が一般の場合に比して重く罰せられているのは、法が子の親に対する道徳的義務を特に重要視したものであり、夫婦、親子、兄弟等の関係を支配する道徳は、人倫の大本、古今東西を問わず承認されている人類普遍の道徳原理、すなわち学説上いわゆる自然法に属し、不合理な差別ではない。（最大判昭25・10・11刑集四・一〇・二〇三七〈尊属傷害致死合憲判決〉憲百選〔二版〕六）→[7]

[24] 刑法二〇五条二項［平成七法九一により削除］の尊属傷害致死罪の法定刑の加重程度は、尊属殺人罪の場合における差異のような著しいものではなく、本条に反しない。（最判昭49・9・26刑集二八・六・三二九、重判昭49刑七）

六　嫡出でない子

[25] 民法九〇〇条四号ただし書前段［平成二五法九四により削除］の規定の立法理由は、法律上の配偶者との間に出生した嫡出子の立場を尊重するとともに、他方、被相続人の子である非嫡出子の立場にも配慮して、非嫡出子に嫡出子の二分の一の法定相続分を認めることにより、非嫡出子を保護しようとしたものであり、法律婚の尊重と非嫡出子の保護の調整を図ったものであって、現行民法が法律婚主義を採用している以上、その立法理由には合理的な根拠があり、非嫡出子の法定相続分を二分の一としたことが右立法理由との関連において著しく不合理であり、立法府に与えられた合理的な裁量判断の限界を超えたものということはできない。（最大決平7・7・5民集四九・七・一七八九、憲百選Ⅰ〔五版〕三一）

＊[26] 嫡出子と非嫡出子との法定相続分における区別は、憲法二四条二項が個人の尊厳を立法上の原則としている趣旨に相容れず、出生について何の責任も負わない非嫡出子をそのことを理由に法律上差別することは、婚姻の尊重・保護という立法目的の枠を超えるものであり、立法目的と手段との実質的関連性は認められない。本件規定が制定当初において合理性があったとしても、その後の社会意識の変化、諸外国の立法の趨勢［すうせい］、国内における立法改正の動向、批准された条約等により、少なくとも今日の時点においては、立法目的と手段との間の実質的関連性は失われている。（最大決平7・7・5前出[25]……中島等五裁判官反対意見）

[27] 昭和二二年民法改正以降の社会の動向、我が国における家族形態の多様化やこれに伴う国民の意識の変化、諸外国の立法のすう勢及び我が国が批准した条約の内容とこれに基づき設置された委員会からの指摘、嫡出子と嫡出でない子の区別に関わる法制等の変化、これまでの当審判例における度重なる問題の指摘等を総合的に考察すれば、家族という共同体の中における個人の尊重がより明確に認識されてきたことは明らかであり、法律婚という制度自体は我が国に定着しているとしても、父母が婚姻関係になかったという、子にとっては自ら選択ないし修正する余地のない事柄を理由としてその子に不利益を及ぼすことは許されず、子を個人として尊重し、その権利を保障すべきだとの考えが確立されてきているといえる。以上を総合すれば、民法九〇〇条四号ただし書前段［平成二五法九四により削除］の規定は、遅くとも本件相続の開始時である平成一三年七月当時においては、立法府の裁量権を考慮しても合理的根拠が失われており本条に違反していたというべきである。（最大決平25・9・4民集六七・六・一三二〇、憲百選Ⅰ〔七版〕二七）→八一条[43]、民九〇〇条[2]

[28] 市町村長が住民票に法定の事項を記載することが国家賠償法上違法と評価されるのは、職務上通常尽くすべき注意義務を尽くすことなく漫然と右行為をしたと認め得るような場合に限られる。戸籍法が嫡出子と非嫡出子とを区別して戸籍に記載すべきものとしており、住民票でも嫡出子と非嫡出子とを区別して続柄を記載することとしていた以上、市長が注意義務を尽くさずに漫然と記載をしたということはできない。（最判平11・1・21判タ一〇〇二・九四、重判平11行政五）

[29] 戸籍法四九条二項一号は、それ自体が嫡出でない子について嫡出子との間で子又はその父母の法的地位に差異をもたらすものではないから、不合理な差別的取扱いを定めたものとはいえず、本条一項に違反しない。（最判平25・9・26民集六七・六・一三八四、重判平25憲五）

七　選挙制度

1　投票価値の平等—衆議院

[30] 各選挙人の投票価値の平等は憲法の要求するところであるが、他の政策目的との関連において、調和的に実現されるべきである。投票価値の不平等が、一般に合理性を有するものとは到底考えられない程度に達しているときは、特段の正当化理由がない限り、憲法違反となる。本件選挙における約五対一の偏差は、選挙権平等の要求に反する程度になっており、また、憲法上要求される合理的期間内に是正されなかったものと認めざるを得ない。そして、選挙区割及び議員定数の配分は不可分一体をなし、全体として違憲となる。しかし、選挙は違法と宣言するにとどめ、無効としない。（最大判昭51・4・14民集三〇・三・二二三〈議員定数不均衡違憲判決〉憲百選Ⅱ〔七版〕一四八）→八一条[41]、行訴三一条[6]

＊[31] 議員定数配分規定中、訴訟の提起された選挙区に関する部分に限り違憲無効であり、これに基づく同選挙区の選挙も無効であるが、それは他の選挙区全部について違憲の瑕疵［かし］を来すものではない。（最大判昭51・4・14前出[30]）

……岡原等五裁判官反対意見）

[32] 昭和五五年六月施行の総選挙当時の投票価値の最大一対三・九四の較差は、一般的に合理性を有するものとは考えられない程度に達していたが、昭和五〇年に議員定数配分が改正され、最大一対二・九二の較差に是正されたことにより、昭和五一年大法廷判決（前出[30]）によって違憲と判断された右改正前の投票価値の不平等状態は一応解消されたものと評価することができ、本件選挙の時点において、憲法上要求される合理的期間内における是正がされなかったものと断定することは困難なので、本件選挙当時の定数配分規定は違憲ではない。（最大判昭58・11・7民集三七・九・一二四三、重判昭58憲二）

＊[33] 較差が一対二を超える定数配分は、ある選挙区の選挙人に二票以上の投票権を与えることになるから、許されない。（最大判昭58・11・7前出[32]……横井裁判官反対意見）

[34] 昭和五八年一二月施行の総選挙当時の投票価値の最大一対四・四〇の較差は、既に違憲状態に達していた昭和五五年六月の衆議院選挙当時から本件選挙までの間に較差の是正が何ら行われなかったのであり、合理的期間内の是正が行われなかったものとして、違憲と断定せざるを得ず、定数配分規定は全体として違憲である。しかし、選挙は違法と宣言するにとどめ、無効としない。（最大判昭60・7・17民集三九・五・一一〇〇、憲百選II[六版]一五四）

[35] 平成二年二月施行の総選挙当時の投票価値の最大一対三・一八の較差の示す投票価値の不平等状態は、憲法の選挙権の平等の要求に反する程度に至っていたが、本件選挙の依拠した昭和六一年の議員定数の改正の結果、昭和六一年七月施行の衆議院議員総選挙当時の較差が最大一対二・九二に縮小し、その後、昭和六一年選挙の施行日より本件選挙の日までは約三年七箇月であることなどを考慮すれば、憲法上要求される合理的期間内における是正がなされなかったものとはいえず、配分規定を違憲とすることはできない。（最大判平5・1・20民集四七・一・六七、重判平5憲七）

[36] 衆議院議員選挙区画定審議会設置法三条一項が選挙区間の人口較差が二倍未満になることを基準とする一方で、二項が各都道府県にあらかじめ定数一を配分していることについて、投票価値の平等は最も重要かつ基本的な基準であるが、国会は、都道府県という単位や人口密度、人口の集中化と過疎化の現象などの要素も考慮することができるのであり、これらの要素を考慮して同条一項、二項のとおり区割りの基準を定めたことは国会の裁量の範囲を逸脱するとはいえない。本件区割規定が制定された直近の人口の最大較差一対二・一三七、本件選挙の際の較差一対二・三〇九は、一般に合理性を有するとは考えられない程度に達しているとはいえない。（最大判平11・11・10民集五三・八・一四四一……平成二四法九五による区画審設置法改正前の事案）↓＊[37]・四三条[3]

＊[37] 区画審設置法三条二項のいわゆる一人別枠方式の採用自体に憲法上の正当性は認められず、その違憲状態は法制定の当初から存在していたのであるから、是正のための合理的期間の有無を考慮する余地はない。（最大判平11・11・10前出[36]……河合等四裁判官反対意見。平成二四法九五による区画審設置法改正前の事案）

[38] 平成一二年一〇月の国勢調査を基にした平成一四年の区割規定の改正の結果、選挙区間の人口の最大較差は一対二・〇六四と一対二を極めて僅かに超えるものにすぎず、国会が本件区割規定を定めたことは国会の裁量の範囲を逸脱するとはいえない。平成一七年九月施行の選挙当日に最大較差が一対二・一七一であった選挙区間の投票価値の不平等が、憲法の投票価値の平等の要求に反する程度に至っていたとはいえない。（最大判平19・6・13民集六一・四・一六一七、重判平19憲二）

[39] 平成二一年八月三〇日施行の総選挙時において選挙区間の投票価値の較差は最大二・三〇四倍に達しており、衆議院議員選挙区画定審議会設置法三条のうち一人別枠方式に係る部分［平成二四法九五による改正前の同条二項］及び同条に従って平成一四年に改定された公職選挙法別表第一の定める選挙区割りは、憲法の投票価値の平等の要求に反する程度に至っていたが、憲法上要求される合理的期間内における是正がなされなかったとはいえず、右各規定は違憲とはいえない。（最大判平23・3・23民集六五・二・七五五、憲百選II[七版]一五三）↓四三条[2]

[40] 平成二四年一二月一六日施行の総選挙時において選挙区間の投票価値の較差は最大二・四二五倍に達しており、公職選挙法一三条一項及び別表第一［平成二四法九五による改正前のもの］の定める選挙区割りは、前回の平成二一年選挙時と同様に、憲法の投票価値の平等の要求に反する状態にあったが、国会における是正の実現に向けた取組が平成二三年大法廷判決（前出[39]）の趣旨を踏まえた立法裁量権の行使として相当なものでなかったとはいえないから、憲法上要求される合理的期間内における是正がされなかったとはいえず、右規定は違憲とはいえない。（最大判平25・11・20民集六七・八・一五〇三、重判平25憲二）↓八一条[40]

[41] 衆議院議員選挙区画定審議会設置法三条二項の削除及びいわゆる〇増五減を内容とする平成二四年法律九五号と、その〇増五減を前提として区割りを改める平成二五年法律六八号が成立した後にも、一人別枠方式を削除した新しい区割基準に基づく定数の再配分がなされず、平成二六年一二月一四日施行の総選挙時において選挙区間の投票価値の較差は二・一二九倍に達しており、右改正後の公職選挙法一三条一項及び別表第一に基づく選挙区割りは、なお憲法の投票価値の平等の要求に反する状態にあったといえる。しかし、立法府では、平成二三年大法廷判決（前出[39]）を受けて右改正による是正の取組がなされ、更なる法改正に向けて衆議院に設置された検討機関において選挙制度の見直しの検討が続けられているので、平成二三年大法廷判決及び平成二五年大法廷判決（前出[40]）の趣旨を踏まえた立法裁量権の行使として相当なものでなかったとはいえず、憲法上要求される合理的期間を徒過したものとはいえない。（最大判平27・11・25民集六九・七・二〇三五、憲百選II[七版]一四九）

[42] 平成二八年法律四九号及び平成二九年法律五八号による改正は、平成三二年以降、アダムズ方式による各都道府県への定数配分を行うこととした上で、それまでの較差是正措置として〇増六減の措置を採るものである。平成二四年法律九五号から右平成二九年改正法までの立法措置によって、平成二九年一〇月二二日施行の総選挙時における選挙区間の投票価値の最大較差は、一対一・九七九に縮小している。そうすると、右選挙当時において、本件選挙区割りは、憲法の投票価値の平等の要求に反する状態にあったということはできない。（最大判平30・12・19民集七二・六・一二四〇、重判令元憲五）

2 投票価値の平等—参議院

[43] 各選挙区にいかなる割合で議員数を配分するかは、選挙人の選挙権の享有に極端な不平等を生じさせるような場合は格別、国会の権限に属する立法政策の問題であって、一

対四の較差の程度では違憲問題は生じない。（最大判昭39・2・5民集一八・二・二七〇）

[44] 参議院地方選出議員の選挙制度の仕組みの下では、投票価値の平等の要求は人口比例主義を基本とする選挙制度の場合と比較して一定の譲歩、後退を免れず、また、事実上都道府県代表的な意義ないし機能を有する要素を加味することも、国会に委ねられた裁量権の合理的行使として是認し得るので、いわゆる逆転現象が一部の選挙区において見られたとしても、一対五・二六の最大較差の定数配分規定は、著しい不平等が生じていたとするには足りない。（最大判昭58・4・27民集三七・三・三四五、憲百選Ⅱ〔三版〕一五六）→四三条[7]

[45] 平成四年七月施行の選挙当時の一対六・五九の較差が示す選挙区間における投票価値の不平等は、参議院（選挙区選出）議員の選挙制度の仕組み、是正の技術的限界、参議院議員のうち比例代表選出議員の選挙については各選挙人の投票価値に何らの差異もないこと等を考慮しても、投票価値の平等の有すべき重要性に照らして、もはや到底看過することができないと認められる程度に達していたものというほかはなく、これを正当化すべき特別の理由も見いだせない以上、本件選挙当時、違憲の問題が生ずる程度の著しい不平等状態が生じていた。しかし、選挙区間における議員一人当たりの選挙人数の較差が到底看過することができないと認められる程度に達した時から本件選挙までの間に国会が本件定数配分規定を是正する措置を講じなかったことをもって、不平等状態が相当期間継続し、その立法裁量権を超えるものと断定することは困難である。（最大判平8・9・11民集五〇・八・二二八三、憲百選Ⅱ〔五版〕一六三）

＊[46] 議員一人当たりの選挙人数の最大較差が五倍を超え、付加配分区間における定数二人を超える議員についてのそれが三倍を超える状況が定着したとみられる昭和五〇年代半ば頃までには、平等原則に反する違憲状態となっており、本件選挙当時、国会における是正のための合理的期間をはるかに超えていた。（最大判平8・9・11前出[45]……大野等六裁判官反対意見）

[47] 平成六年の四増四減の法改正によって、人口較差は従来の一対六・四八から選挙当時の一対四・八一に減少し、いわゆる逆転現象は消滅し、その後の平成七年の国勢調査によれば較差は一対四・七九に縮小した。参議院議員の選挙制度の仕組みの下では、右の較差の示す投票価値の不平等は到底看過することができないと認められる程度に達しているとはいえず、立法裁量権の限界を超えるものとはいえない。（最大判平10・9・2民集五二・六・一三七三、重判平10憲七）

[48] 平成六年の定数配分規定の改正の結果、議員一人当たりの人口の較差は最大一対六・四八から一対四・八一に縮小し、いわゆる逆転現象は消滅することとなり、平成一〇年七月施行の選挙当時には最大一対四・九七に縮小していたので、本件改正は立法裁量権の限界を超えるものとはいえず、本件選挙当時において本件定数配分規定が憲法に違反するに至っていたものとすることはできない。（最大判平12・9・6民集五四・七・一九九七、重判平12憲八）

＊[49] 選挙権の不平等を国会の「広範な裁量権」によって正当化することは、内容審査を十分にしないで合憲判断を行うに等しい。最高裁判所の違憲審査権は、たとえ国会議員の地位取得に直接影響を及ぼす問題であっても厳正に行使されなければならない。定数訴訟に係る累次の最高裁判所判決を明示的に変更する時期が来ている。（最大判平12・9・6前出[48]……福田裁判官追加反対意見）

[50] 四人区のうち人口の少ない三選挙区の定数を二人ずつ削減した平成一二年の法改正により、いわゆる逆転現象は解消したものの、選挙区間の議員一人当たりの選挙人数の較差は改正前とほとんど変わらず、平成一三年七月の参議院議員選挙の時点では、最大一対五・〇六に達していたが、本件法改正は、憲法が選挙制度の具体的な仕組みの決定につき国会に委ねた立法裁量権の限界を超えるものではなく、本件選挙当時において本件定数配分規定が憲法に違反するに至っていたとすることはできない。（最大判平16・1・14民集五八・一・五六、憲百選Ⅱ〔七版〕一五四②）

＊[51] 要考慮事項の中で、各事項の憲法上の位置付けの相違等を十分に考慮に入れた政策判断がなされたかどうかは違憲審査の対象であり、憲法が直接保障する投票価値の平等と、憲法上の直接の保障があるとはいえないそれ以外の非人口的要素の位置付けの問題は、単なる立法政策上の問題ではなく法問題であって、司法権が判断しなければならず、その判断に当たっては、当然、憲法上直接の保障がある事項、とりわけ投票価値の平等を重視しなければならない。（最大判平16・1・14前出[50]……亀山等四裁判官補足意見）

[52] 平成一六年七月の参議院議員選挙当時における議員一人当たりの選挙人数の最大較差は一対五・一三となったが、これは平成一六年大法廷判決が合憲とした選挙当時の最大較差と大きく異なるものではなく、同判決の言渡しから本件選挙までの期間は約六箇月にすぎず、投票価値の不平等を是正する措置を講ずるための期間として十分ではなかった。本件選挙後、平成一八年の法改正によって最大較差が一対四・八四に縮小したことを考慮すると、本件選挙までの間に本件定数配分規定を改正しなかったことは国会の裁量権の限界を超えたものではない。（最大判平18・10・4民集六〇・八・二六九六、重判平18憲一）

[53] 平成一九年七月の参議院議員選挙当時における議員一人当たりの選挙人数の最大較差は一対四・八六であり、前回選挙当時に比べて縮小した。また、本件選挙後には参議院改革協議会が設置され定数較差について今後検討が行われるとされていること、現行の選挙制度の仕組みの変更には相応の時間を要し、本件選挙までにそのような見直しを行うことは困難であったことを考慮すると、本件選挙までの間に本件定数配分規定を改正しなかったことは国会の裁量権の限界を超えたものではないが、なお大きな不平等が存する状態であり、投票価値の較差の縮小が求められる。そのためには現行の選挙制度の仕組みの見直しが必要であるが、国会における速やかで適切な検討が望まれる。（最大判平21・9・30民集六三・七・一五二〇、重判平21憲二）

[54] 平成二二年七月一一日施行の参議院議員通常選挙当時、選挙区間における投票価値の較差は最大で一対五・〇〇に達しており、選挙区間におけるその不均衡は違憲の問題が生ずる程度の著しい不平等状態に至っていたが、平成二一年大法廷判決（前出[53]）が参議院の選挙制度の仕組み自体の見直しの必要性を指摘したのが本件選挙の約九箇月前であったこと、仕組み自体の見直しには参議院の在り方をも踏まえた高度に政治的な判断を要し、相応の時間を要すること等からすれば、本件選挙までの間に本件定数配分規定を改正しなかったことが国会の裁量権の限界を超えるとはいえない。より適切な民意の反映のためには、都道府県を単位として選挙区の定数を設定する現行の方式を改める等の見直しが必要である。（最大判平24・10・17民集六六・一〇・三三五七、憲百選Ⅱ〔七版〕一五〇）→四二条[7]

[55] 平成二五年七月二一日施行の参議院議員通常選挙当時、

投票価値の較差は最大四・七七倍に達しており、選挙区間における投票価値の不均衡は、平成二四年の公職選挙法の一部を改正する法律（平成二四法九四）の成立後も前回の平成二二年選挙当時と同様に違憲の問題が生ずる程度の著しい不平等状態にあったが、右法律が平成二八年に施行される通常選挙に向けて選挙制度の抜本的な見直しについて引き続き検討を行い結論を得るものとする旨を附則に定める等、平成二四年大法廷判決（前出54）の趣旨に沿った方向で検討が進められていることからすれば、本件選挙までの間に更に本件定数配分規定の改正がされなかったことが国会の裁量権の限界を超えるとはいえない。できるだけ速やかに、現行の選挙制度の仕組み自体の見直しを内容とする立法的措置が必要である。（最大判平26・11・26民集六八・九・一三六三、重判平26憲一）

56　二院制の下で、参議院議員につき衆議院議員とは異なる選挙制度を採用して、参議院に独自の機能を発揮させようとすることも、国会の裁量権の合理的行使として是認し得るものであり、具体的な選挙制度の仕組みの決定に当たり、政治的に一つのまとまりを有する単位である都道府県の意義や実体等を一つの要素として考慮すること自体が否定されるべきものではない。平成二七年の公職選挙法の一部を改正する法律（平成二七法六〇）は、都道府県を各選挙区の単位とする選挙制度の仕組みを見直すべく、人口の少ない一部の選挙区を合区する手法を導入するもので、これによって選挙区間の最大較差は二・九七倍（本件選挙当時は三・〇八倍）にまで縮小しており、この改正は、平成二四年大法廷判決（前出54）及び平成二六年大法廷判決（前出55）の趣旨に沿うものといえる。また、同法の附則は、次回の通常選挙に向けて選挙制度の抜本的な見直しについて引き続き検討を行い必ず結論を得る旨定めており、更なる較差の是正の方向性が示されているといえる。こうした評価は、多くの選挙区が都道府県を単位としたままであることによって左右されない。したがって、平成二八年七月一〇日施行の参議院議員通常選挙当時、選挙区間における投票価値の不均衡は、違憲の問題が生ずる程度の著しい不平等状態にあったものとはいえない。（最大判平29・9・27民集七一・七・一一三九、重判平29憲一）

57　平成三〇年の公職選挙法の一部を改正する法律（平成三〇法七五）は、選挙区選出議員に関しては一選挙区の定数を二人増員する措置を講ずるにとどまり、同法の審議における附帯決議でも選挙区間の較差の是正等について明確な言及はないが、同法による改正は、参議院議員の選挙制度について容易に成案を得ることができず、合区の解消を強く望む意見も存在する中で、合区を維持して較差を二・九九倍（本件選挙当時は三・〇〇倍）とするもので、立法府の検討過程において較差の是正を指向する姿勢が失われたとはいえない。したがって、令和元年七月二一日施行の参議院議員通常選挙当時、選挙区間における投票価値の不均衡は、違憲の問題が生ずる程度の著しい不平等状態にあったものとはいえない。（最大判令2・11・18民集七四・八・二一一一、重判令3憲一）

3　投票価値の平等—地方議会

58　選挙区の人口と配分された定数との比率の平等が最も重要かつ基本的な基準とされる地方公共団体の議会の議員の選挙の制度において、全選挙区間で最大一対七・四五の較差が示す選挙区間における投票価値の不平等は、通常考慮し得る諸般の要素をしんしゃくしてもなお、一般的に合理性を有するものとは考えられない程度に達しており、それを正当化する特別の理由を見出すこともできず、また、合理的期間内における是正も行われなかったので、本件配分規定は、本件選挙当時、公職選挙法一五条七項［現八項］に違反するものであった。（最判昭59・5・17民集三八・七・七二一、憲百選II［七版］一五二）

59　公職選挙法二七一条二項［現二七一条］に基づくいわゆる特例選挙区については、都道府県議会が、その設置の必要性を判断し、かつ、地域間の均衡を図るための諸般の要素を考慮した上で設置を決定したときは、原則としては同議会に与えられた裁量権の合理的な行使として承認されるが、当該区域の人口が議員一人当たりの人口の半数を著しく下回る場合は、右設置は認められない。（最判平元・12・18民集四三・一二・二一三九）

60　公職選挙法二七一条二項［現二七一条］に基づくいわゆる特例選挙区の設置には、当該郡市の区域が島部のように地理的に極めて特殊な状況にあって隣接の郡市の区域に合区することが著しく困難であるなどの特別の事情があることを要しない。（最判平元・12・21民集四三・一二・二二九七）

61　投票価値の最大較差が、特例選挙区を含めた場合に一対三・九八、それを除いた場合に一対二・八一であるとき、公職選挙法一五条七項［現八項］に違反しない。（最判平元・12・18前出59）

62　投票価値の最大較差が、特例選挙区を含めた場合に一対四・五二、それを除いた場合に一対三・八一であるとき、公職選挙法一五条七項［現八項］の投票価値の平等の要求に反する程度に至っていたが、合理的期間内に是正がなされなかったものと断定することは困難である。（最判平元・12・21前出60）

63　平成元年七月施行の東京都議会議員選挙における定数配分において、全選挙区間での最大一対三・〇九の議員一人当たり人口較差、逆転現象及び人口比定数と現定数とのかい離が示す投票価値の不平等は、公職選挙法一五条七項［現八項］の選挙権の平等の要求に反する程度に至っており、合理的期間内の是正も行われていなかったので、本件配分規定は、違法なものであった。（最判平3・4・23民集四五・四・五五四）

64　平成三年四月施行の愛知県議会議員選挙において、配当基数が〇・三一一六と〇・三一二二の二選挙区を特例選挙区として存置したことは、当該地域から代表を確保する必要性、隣接の郡市との合区の困難性の有無・程度に照らせば、同議会の裁量権の合理的な行使として是認される。また、全選挙区間での最大較差一対二・八九、特例選挙区を含めた一対五・〇二の較差は、一般的に合理性を有するとは到底考えられない程度に達しているとはいえない。（最判平5・10・22民集四七・八・五一四七）

65　平成二五年六月施行の東京都議会議員選挙当時、特例選挙区以外の選挙区間の人口の最大較差は一対一・九二であったが、公職選挙法一五条八項ただし書の趣旨、条例が同項ただし書を適用して各選挙区に対する定数の配分を定めた趣旨等を総合すれば、本件条例による定数配分が議会の合理的裁量の限界を超えるとはいえない。（最判平27・1・15判タ一四一一・五四、重判平26憲三）

4　選挙制度一般

66　重複立候補制を採用するかどうかは国会が裁量により決定できる事項であり、重複立候補をできる者が候補者届出政党の候補者に限られていることも、選挙制度を政策本位、政党本位のものとするためと解され、国会の裁量の範囲に属するものであり、立候補の自由や選挙権の行使を不当に制限するものとはいえない。選挙運動の規模が候補者の数に応じて拡大されることは、名簿届出政党等の間に取扱い上の差異を設けるものではあるが、国会の裁量の範囲を超えるとはいえない。（最大判平11・11・10民集五三・八・一五七七、憲百選II 七版 一五二①）↓一五条18

67 候補者届出政党の候補者がこれに所属しない候補者に比べて選挙運動の点で優遇されていること、特に候補者届出政党のみ政見放送が認められていることも、候補者間の差異が合理性を有するとは到底考えられない程度に達しているとまでは断定し難い。（最大判平11・11・10民集五三・八・一七〇四、憲百選II 七版 一五二②）↓四三条4

＊68 小選挙区選挙の候補者のうち、候補者届出政党に所属しない者と、これに所属する者との間に存在する選挙運動上の差別は、合理性を有するとは到底いえない程度に達しており、違憲である。（最大判平11・11・10前出67……河合等五裁判官反対意見）

八 その他

69 憲法が各地方公共団体の条例制定権を認める以上、地域によって差別を生ずることは当然に予期されるから、売春の取締りについて各別に条例を制定する結果、その取扱いに差別を生ずることがあっても違憲とはいえない。（最大判昭33・10・15刑集一二・一四・三三〇五、憲百選I 七版 三二）

70 障害福祉年金と児童扶養手当の併給調整条項は、不合理な差別とはいえない。（最大判昭57・7・7民集三六・七・一二三五〈堀木訴訟上告審〉憲百選II 七版 一三二）↓二五条2

71 租税法の定立については、国家財政、社会経済、国民所得、国民生活等の実態についての正確な資料を基礎とする立法府の政策的、技術的な判断に委ねるほかなく、裁判所は、基本的にはその裁量的判断を尊重せざるを得ない。所得税法［昭和四〇法三三による全部改正前のもの］が給与所得について、事業所得と異なり、必要経費につき実額控除の代わりに概算控除の制度を設けた目的は正当であり、また、給与所得控除の額は必要経費との対比で相当性を欠くとはいえないので、具体的に採用されている給与所得制度も合理性を有する。（最大判昭60・3・27民集三九・二・二四七〈サラリーマン税金訴訟〉憲百選I 七版 三二）

72 被保険者のうち低所得者について、一律に保険料を賦課しないものとする旨の規定又は保険料を全額免除する旨の規定を設けていない介護保険条例と、老齢退職年金給付から保険料を特別徴収する制度（介護保険法一三五条）は、著しく合理性を欠くものではなく、経済的弱者を合理的理由なく差別したものではない。（最判平18・3・28判タ一二〇八・七八〈旭川市介護保険条例違憲訴訟〉重判平18憲九）

73 保険料負担能力のない二〇歳以上六〇歳未満の者のうち、学生とそれ以外の者との間で、国民年金への加入及び保険料免除規定の適用に関し区別したことは、合理的理由のない差別的取扱いではない。（最判平19・9・28民集六一・六・二三四五〈学生無年金障害者訴訟〉憲百選II 七版 一三四）↓二五条6

74 旧軍人軍属及びその遺族に対する年金・恩給の支給において、元日本国籍を有していた台湾住民である軍人軍属が国籍条項のために給付を受けることができないとされているのは、台湾住民である軍人軍属に対する補償問題が日本国政府と中華民国政府の外交交渉によって解決されることが予定されたことに基づくものであり、それには十分な合理的根拠があるので、本件国籍条項は本条に違反するものとはいえない。（最判平4・4・28判タ七八七・五八〈台湾人元日本兵損失補償請求事件〉憲百選I 七版 六）

75 在日韓国人の軍人軍属の公務上の負傷等に関して援護の措置を講ずるか否かは、補償問題の解決を政府間の外交交渉に委ねるべく当該軍人軍属を援護法の適用から除外した同法附則二項を廃止することをも含めて、高度な政治、外交上の問題でもあり、日韓請求権協定の締結後、援護の措置を講ずることなく同項を存置したとしても、複雑かつ高度に政策的な考慮と判断に基づく立法府の裁量の範囲を著しく逸脱したものとはいえない。（最判平13・4・5判タ一〇六三・一〇九、重判平13憲九①）

76 ゴルフクラブへの外国人の入会を制限する旨の理事会決議が民法九〇条に違反して無効となるのは、ゴルフクラブ側の結社の自由を制限してまでも平等権を保護しなければならないほどに、当該外国人の平等権に対する重大な侵害がなされ、その侵害の態様、程度が社会的に許容し得る限界を超えるといえるような、極めて例外的な場合に限られる。（東京高判平14・1・23判時一七七三・三四）

77 同性愛者による青年の家利用の申請の承認不承認の決定に当たり、元来異性愛者を前提とした男女別室宿泊の原則を、性的行為が行われる可能性という観点から同性愛者に機械的に適用し、結果的にその宿泊利用を一切拒否する事態を招来することは著しく不合理であり、したがって、東京都教育委員会の不承認処分は、青年の家が青少年の教育施設であることを考慮しても、同性愛者の利用権を不当に制限し、結果的、実質的に不当な差別的取扱いをしたものであり、その裁量権を逸脱したものである。（東京高判平9・9・16判タ九八六・二〇六〈東京都青年の家事件〉憲百選I 七版 三〇）

78 地方公務員の管理職選考試験の受験において、外国籍の職員の受験を拒否したことが、本条一項に反しないとされた事例（最大判平17・1・26民集五九・一・一二八、憲百選I 七版 四）↓一条4＊5

79 定年制は、定年に達した全ての者に機械的かつ一律に適用されるほか、使用者の側からは、人事の刷新・経営の改善を図るためという合理的理由があり、労働者にとっても、終身雇用制との深い関連の下で、解雇権の行使から身分保障が図られているのであって、また、若年労働者に雇用や昇進の機会を開くという面があり、一応の合理性がある。平成二年当時は、六〇歳定年制への移行段階にあり、五五歳定年制が既に合理性を欠くに至っていたとはいい難い。（東京高判平8・8・26労民四七・四・三七八〈アール・エフ・ラジオ日本事件〉）

80 国立大学の教員及び助手について六〇歳の定年制を設けることは、定員数に限度があり、能力が減退した者の交替、若年者の採用の必要性も認められ、一般公務員と別異に取り扱わねばならない理由はないので、本条一項、国際人権規約B規約二六条に違反しない。（東京地判平9・4・14判時一六一七・一四〇）

＊81 婚姻外の児童につき児童が認知されたことにより児童扶養手当の支給対象外とする児童扶養手当法施行令［平成一〇政二二四による改正前のもの］の規定は、父母が婚姻を解消した児童及び事実婚を解消した後に父から認知された児童に比較して婚姻外の児童をその社会的な地位又は身分により経済的関係において明らかに差別するものであり、右差別は著しく不合理なものであるから、本条一項に違反し無効である。（広島高判平12・11・16判タ一一〇一・九八）↓七三条6

82 地方公共団体が住宅を供給する場合に、入居者をどのようなものとするのかについては、地方公共団体に一定の裁量があるところ、入居者が暴力団員であることが判明した場合に市営住宅の明渡しを請求することができる旨を定める条例の規定は、暴力団員について合理的な理由のない差別をするものでなく、本条一項に違反しない。（最判平27・3・27民集六九・二・四一九、憲百選Ⅰ[七版]一〇六）↓二二条[24]

[83] 国籍法一二条と本条一項（最判平27・3・10民集六九・二・二六五、重判平27憲四）↓一〇条[4]

第一五条【公務員選定罷免権、公務員の本質、普通選挙の保障、秘密投票の保障】① 公務員を選定し、及びこれを罷免することは、国民固有の権利である。

② すべて公務員は、全体の奉仕者であつて、一部の奉仕者ではない。

③ 公務員の選挙については、成年者による普通選挙を保障する。

④ すべて選挙における投票の秘密は、これを侵してはならない。選挙人は、その選択に関し公的にも私的にも責任を問はれない。

❶【公務員の選定及び罷免↓四三、七九②－④、九三、自治七六－八八【政党助成【独立行政法人の役職員↓独行法二①　❷【全体の奉仕者↓国公八二①[三]、九六①、地公二九①[三]、三〇【憲法尊重擁護義務↓九九　❸【成年普通選挙↓一四、四四、公選九①②、自治一八　❹【秘密投票↓公選四六④、五二＋人権B規約二五、女子差別撤廃約七、八

一　参政権

[1] 公職選挙法二五二条所定の選挙犯罪の処刑者について、一般犯罪の処刑者よりも厳しく選挙権、被選挙権停止の処遇をしても、不当に国民の参政権を奪うものとはいえない。（最大判昭30・2・9刑集九・二・二一七、憲百選Ⅱ[七版]一四六）

[2] 選挙運動の総括主宰者が公職選挙法二五一条の二［昭和三七法一一二による全部改正前のもの］所定の選挙犯罪を行った場合、候補者の当選は公正な選挙の結果とはいえず、いわゆる連座制によりその当選を無効とすることは選挙制度の本旨にかなう。（最大判昭37・3・14民集一六・三・五三七、憲百選Ⅱ[三版]一六五）

[3] 選挙運動の総括主宰者等が特定の選挙犯罪を犯し刑に処せられたときに、公職の候補者が五年間立候補することを禁止する公職選挙法二五一条の二の規定は、本条及び三一条、九三条に違反しない。（最判平8・7・18判タ九二一・一〇六）

[4] 選挙運動の組織的選挙運動管理者が特定の選挙犯罪を犯し禁錮以上の刑に処せられたときに、候補者の当選を無効とし、五年間立候補を禁止する公職選挙法二五一条の三の規定は、本条及び憲法前文、一条、二一条、三一条に違反しない。（最判平9・3・13民集五一・三・一四五三、憲百選Ⅱ[七版]一六〇）

[5] 連座の対象者として公職の候補者等の秘書を挙げている公職選挙法二五一条の二第一項五号の規定は、本条及び三一条に違反しない。（最判平10・11・17判タ九九一・一〇〇、重判平10憲八）

[6] 立候補の自由は選挙権の自由な行使と表裏の関係にあるものとして本条の保障する重要な基本的人権の一つであり、労働組合が立候補の取りやめの要求に従わない組合員を処分することはその統制権の限界を超え、違法である。（最大判昭43・12・4刑集二二・一三・一四二五〈三井美唄労組事件〉憲百選Ⅱ[七版]一四四）↓二八条[4]、労組二章[13]

[7] 会社の政治資金の寄附は、国民個々の選挙権の自由な行使を直接に侵害するものではない。（最大判昭45・6・24民集二四・六・六二五〈八幡製鉄事件〉憲百選Ⅰ[七版]八）↓三章[4]

＊[8] 法律の定める投票の方法が選挙権を有する国民の一部につき、投票の機会を確保し得ないときは、国会はそれを改正する義務を負い、在宅投票制度を廃止してそれを復活しない立法不作為は違憲である。（札幌高判昭53・5・24高民三一・二・二三一〈在宅投票制度廃止違憲訴訟二審〉憲百選Ⅱ[初版]一五七）↓五一条＊[5][4]・八一条[36]

＊[9] ALS（筋萎縮性側索硬化症）の患者が選挙権を行使できるような投票制度が公職選挙法上設けられていない状態は、本条一項、三項に違反する。（東京地判平14・11・28判タ一一一四・九三〈ALS患者選挙権国賠訴訟〉）↓五一条[4]・八一条[36]

[10] 自ら選挙の公正を害した者への制限は別として、国民の選挙権又はその行使を制限するには、その制限なしには公正を確保しつつ選挙権の行使を認めることが事実上不可能ないし著しく困難であるとのやむを得ない事由が必要である。在外国民の国政選挙への参加を比例代表選出議員の選挙に限定する措置には、そうした事由があるとはいえない。（最大判平17・9・14民集五九・七・二〇八七、憲百選Ⅱ[七版]一四七）↓八一条[38]

[11] 国会議員が本件選挙までに精神的原因による投票困難者の選挙権行使の機会を確保するための立法措置を執らなかったという立法不作為は、国民に憲法上保障されている権利行使の機会を確保するために所要の立法措置を執ることが必要不可欠であり、それが明白であるにもかかわらず、国会が正当な理由なく長期にわたってこれを怠る場合には当たるとはいえない。（最判平18・7・13判タ一二二二・一三五、重判平18憲二）↓国賠一条[75]

[12] 成年被後見人の選挙権を一律に否定する公職選挙法一一条一項一号は、それなくしては選挙の公正を確保しつつ選挙を行うことが事実上不能ないし著しく困難であると認められる「やむを得ない」制限とはいえず、本条一項及び三項、四三条一項並びに四四条ただし書に違反する。（東京地判平25・3・14判タ一三八八・六二、重判平25憲一〇……平成二五法二一による公職選挙法改正前の事案）

＊[13] 受刑者の選挙権を一律に制限する公職選挙法一一条一項二号が受刑者の選挙権を一律に制限していることは、やむを得ない事由があるとはいえず、本条一項及び三項、四三条一項並びに四四条ただし書に違反する。（大阪高判平25・9・27判時二二三四・二九、重判平25憲一一）

[14] 公職選挙法二一条一項の定める三箇月記録要件は、国会に委ねられた裁量権を逸脱した合理性を欠く許容し難いものではない。（東京高判平25・2・19判タ一三八九・一四六）

[15] 国会議員の選挙権を有する者を日本国民に限っている公職選挙法九条一項の規定は本条、一四条に違反しない。（最判平5・2・26判タ八一二・一六六、憲百選Ⅰ[三版]三）

[16] 国会議員の被選挙権を有する者を日本国民に限っている公職選挙法一〇条一項は、本条及び国際人権規約B規約二五条に違反しない。（最判平10・3・13裁時一二一五・五）

[17] 国会が、参議院議員の選挙制度の仕組みを決定するに当たり、国政上の重要な役割に鑑みて、政党を媒体として国民の政治意思を国政に反映させる名簿式比例代表制を採用することは、その裁量の範囲に属することが明らかであ

る。名簿式比例代表制は、政党の選択という意味を持たない投票を認めない制度であるから、非拘束名簿式比例代表制の下において、参議院名簿登載者個人には投票したいが、その者の所属する参議院名簿届出政党等には投票したくないという投票意思が認められないことをもって、国民の選挙権を侵害するものとはいえない。（最大判平16・1・14民集五八・一・一、憲百選Ⅱ〔七版〕一五四①）→四三条5

二　**直接選挙**

18　政党等があらかじめ名簿を届け出、選挙人が政党等を選択して投票する方式では、投票の結果すなわち選挙人の総意により当選人が決定される点で、選挙人が候補者個人を直接選択して投票する方式と異なるところはなく、比例代表選挙が直接選挙に当たらないということはできない。（最大判平11・11・10民集五三・八・一五七七、憲百選Ⅱ〔七版〕一五二①）→一四条66

三　**全体の奉仕者**

1　**公務員の政治的意見表明の制限**→二一条50～56

2　**公務員の労働基本権の制限**→二八条7～14

四　**投票の秘密**

19　公選投票賄賂罪の適用に当たって、何人が何人に投票したかを審理することは許されない。（最大判昭24・4・6刑集三・四・四五六、憲百選〔初版〕一〇五）

20　選挙権のない者又はいわゆる代理投票をした者の投票が何人に対してなされたかは、議員の当選の効力を定める手続において取り調べてはならない。（最判昭25・11・9民集四・一一・五二三、憲百選Ⅱ〔七版〕一五九）

21　詐偽投票における投票の事実の立証を目的とする、司法警察員の投票済投票用紙の差押えは、本条四項に違反する。（大阪地堺支決昭61・10・20判タ六二一・二三三、重判昭61憲七）

＊22　投票の秘密といえども選挙の公正の確保のために制約を受けることがあるが、投票の秘密の保持の要請の方が選挙犯罪の捜査の要請より優越した価値を有しており、選挙犯罪の捜査において投票の秘密を侵害するような捜査方法を採ることが許されるのは極めて例外的な場合に限られる。そのような例外的場合に当たらない本件投票用紙の差押えは本条四項前段に違反する。（最判平9・3・28判タ九三九・九八、重判平9憲七……福田裁判官補足意見）

第一六条【請願権】 何人も、損害の救済、公務員の罷免、法律、命令又は規則の制定、廃止又は改正その他の事項に関し、平穏に請願する権利を有し、何人も、かかる請願をしたためにいかなる差別待遇も受けない。

〔参〕請願【明憲三〇】

1　請願は、これを受理した官公署に対し特別の法律上の拘束を課するものではない。（東京地判昭32・1・31行裁八・一・一三三）

第一七条【国及び公共団体の賠償責任】 何人も、公務員の不法行為により、損害を受けたときは、法律の定めるところにより、国又は公共団体に、その賠償を求めることができる。

〔参〕国賠、民七一五、一般法人七八

一　**国家賠償法の判例**→国賠〔判〕

二　**立法行為と国家賠償**→五一条4＊5・八一条36～38・一五条＊8

三　**立法による賠償責任の限定**

1　旧公衆電気通信法一〇九条が、電電公社の故意重過失の存否にかかわらず、公社が役務の提供をしなかった場合の損害賠償額を限定していることは、全国規模での低廉な役務の提供、利用者間の料金負担の公平、損害賠償事務の公平迅速な処理のために必要であり、賠償額が無意味に近いほど低額であるともいえず、著しく不合理で本条に反するとは解し得ない。（東京高判平2・7・12判タ七三四・五五〈世田谷ケーブル火災事件〉重判平2行政四）

2　書留郵便物について、損害賠償を郵便物の亡失・毀損の場合に限定し、請求人も郵便物の差出人と受取人に限定する郵便法六八条、七三条〔平成一四法一二一による改正前のもの〕は、低廉迅速であまねく公平な郵便制度の設営という立法目的は正当であるが、郵便業務従事者の故意又は重大な過失による不法行為についてまで免責又は責任制限を認める点で、本条が立法府に付与した裁量の範囲を逸脱しており、違憲無効である。

訴訟法上の送達に係る特別送達郵便物については、適正な手順に従い確実に受送達者に送達されることが特に強く要請され、裁判所書記官等が送達した場合には送達を実施した公務員の軽過失による損害についても国家賠償法一条一項に基づく損害賠償を請求し得ることから、特別送達郵便物について郵便業務従事者の軽過失に基づく国の損害賠償責任を免除・制限している同法の規定は、必要性・合理性を欠いており、違憲無効である。（最大判平14・9・11民集五六・七・一四三九、憲百選Ⅱ〔七版〕一二八）→八一条33

第一八条【奴隷的拘束及び苦役からの自由】 何人も、いかなる奴隷的拘束も受けない。又、犯罪に因る処罰の場合を除いては、その意に反する苦役に服させられない。

〔参〕労基五、六九、人保、人権B規約八、児童約一九

1　裁判員としての職務に従事し又は裁判員候補者として裁判所に出頭することは、それが司法権の行使に対する国民の参加という点で参政権と同様の権限を国民に付与するものであること、裁判員法等が辞退に関し柔軟な制度を設けていること等を考慮すれば、本条後段が禁ずる「苦役」に当たらない。（最大判平23・11・16刑集六五・八・一二八五、憲百選Ⅱ〔七版〕一七五）→三七条3

2　心神喪失者等医療観察法による処遇は、心神喪失等の状態で重大な他害行為を行った者の精神障害を改善し、社会への復帰を促進するために医療等を行うものであるから、本条後段及び三六条に違反しない。（最決令3・6・9裁判集刑三二九・七三）

第一九条【思想及び良心の自由】 思想及び良心の自由は、これを侵してはならない。

〔参〕二〇、二一、二三、破防三①、人権B規約一八1、一九1、児童約一四

1　最高裁判所裁判官国民審査における投票の方法（最大判昭27・2・20民集六・二・一二二、憲百選Ⅱ〔七版〕一七八）→七九条1

2　民法七二三条にいう名誉の回復に適当な処分として謝罪広告を新聞紙等に掲載すべきことを加害者に命ずること

は、それが単に事態の真相を告白し陳謝の意を表明するにとどまる程度のものであれば、代替執行の手続によって強制執行しても、加害者の倫理的な意思、良心の自由を侵害するものではない。（最大判昭31・7・4民集一〇・七・七八五、憲百選Ⅰ[七版]三三）→民四一四条⑦・七二三条②

*③ 謝罪の強制は、本人の欲しない意思表明の公表を強制するものであって、本条に反する。（最大判昭31・7・4前出②……藤田裁判官反対意見）

④ 企業者が、雇用の自由を有し、思想、信条を理由として雇入れを拒んでもこれを目して違法とすることができない以上、企業者が、労働者の採否決定に当たり、労働者の思想、信条を調査し、そのためその者からこれに関連する事項についての申告を求めることも、違法ではない。（最大判昭48・12・12民集二七・一一・一五三六〔三菱樹脂事件〕憲百選Ⅰ[七版]九）→三章⑧・一四条⑥、労契三条⑦、労基三条①

⑤ 税理士会が強制加入団体であり、その会員に実質的に脱退の自由が保障されていないことからすると、その目的の範囲を判断するに当たっては、会員の思想・信条の自由との関係で特別の考慮が必要である。税理士会が政党など政治資金規正法上の政治団体に対して金員を寄付することは、その寄付をするかどうかが選挙における投票の自由と表裏を成すものとして会員各人が市民としての個人的な政治的思想等に基づいて自主的に決定すべき事柄である以上、たとい税理士に係る法令の制定改廃に関する要求を実現するためであっても、税理士会の目的の範囲外の行為である。（最判平8・3・19民集五〇・三・六一五〔南九州税理士会事件〕憲百選Ⅰ[七版]三六）→三章⑤

⑥ 市立小学校の音楽専科の教諭に対して入学式の国歌斉唱の際にピアノ伴奏を求めることを内容とする校長の職務命令は直ちに同人の歴史観ないし世界観を否定するものでも、特定の思想を持つことを強制したり禁止したりするものでもなく、その目的及び内容において不合理とはいえないから、同人の思想及び良心の自由を侵すものとして本条に反するとはいえない。（最判平19・2・27民集六一・一・二九一、重判平19憲三）

*⑦ 公的儀式の場で公的機関が参加者にその意思に反してでも一律に行動すべく強制することに対する否定的評価や、このような行動に自分は参加してはならないという信念・信条に反する行為を強制することは憲法違反となり得る。ピアノ伴奏を命じる職務命令によって達せられる公共の利益の具体的内容を明らかにし、その利益と思想及び良心の保護の必要とを慎重に考量しなければならない。（最判平19・2・27前出⑥……藤田裁判官反対意見）

⑧ 都立高校の教諭に対して卒業式の際に国旗に向かって起立し国歌を斉唱することを命ずる校長の職務命令は、同人の歴史観ないし世界観を否定するものでも、特定の思想を強制したり禁止したりするものでもなく、個人の思想及び良心の自由を直ちに制約するものではない。同命令には個人の歴史観ないし世界観に由来する行動と異なる外部的行為を求める限りで同人の思想及び良心の自由を間接的に制約する面はあるものの、その目的及び内容並びに制約を介して生ずる制約の態様等を総合的に較量すれば、制約を許容し得る程度の必要性及び合理性が認められ、本条に反しない。（最判平23・5・30民集六五・四・一七八〇、憲百選Ⅰ[七版]三七）

⑨ 卒業式の際の国旗に対する不起立行為の動機、原因が個人の歴史観ないし世界観等に起因し、その性質、態様も物理的に式次第の遂行を妨げず、その結果、影響も客観的評価が困難であるといった事情の下では、懲戒における減給以上の処分の選択には慎重な考慮が必要であり、減給処分の選択が許されるのは、過去の処分歴等に鑑み、学校の規律や秩序の保持等の必要性と処分による不利益の内容との権衡の観点から当該処分の選択の相当性を基礎付ける具体的な事情が認められることを要する。過去に入学式の際の服装等に係る職務命令違反による戒告一回の処分歴があることのみを理由にした都立養護学校の教諭に対する減給処分は、懲戒権者としての裁量権の範囲を超え、違法である。（最判平24・1・16判タ一三七〇・八〇①、自治百選[四版]七八）→行総◆【Ⅱ】103

⑩ 放送受信契約に基づく放送受信料の支払義務を定めた放送法三二条［現六四条］は、国会で承認された受信料の支払を強制するのみで、日本放送協会が放送する番組の視聴を強制するものでも一般放送事業者の視聴を禁止するものでもないことから、本条、二一条、一三条に違反しない。（東京高判平22・6・29判時二一〇四・四〇……上告審（最決平23・5・31【平22オ一五九四】）で上告棄却）

第二〇条【信教の自由】 ① 信教の自由は、何人に対してもこれを保障する。いかなる宗教団体も、国から特権を受け、又は政治上の権力を行使してはならない。

② 何人も、宗教上の行為、祝典、儀式又は行事に参加することを強制されない。

③ 国及びその機関は、宗教教育その他いかなる宗教的活動もしてはならない。

参 一四①・一九・二一・八九、破防三①、国公二七、教基四・一五②、労基三、人権B規約一八・二七、児童約一四【明憲二八】

一 信教の自由

① 精神異常平癒を祈願するため、宗教行為の一種としてなされた加持祈禱〔きとう〕行為であっても、他人の生命、身体等に危害を及ぼす有形力の行使により被害者を死に致したものである以上、それは信教の自由の保障を逸脱したものである。（最大判昭38・5・15刑集一七・四・三〇二、憲百選Ⅰ[七版]三八）

② 信教の自由の保障は、何人も自己の信仰と相いれない信仰を持つ者の信仰に基づく行為に対して、それが自己の信教の自由を妨害するものでない限り寛容であるべきことを要請しており、宗教的人格権なるものは法的利益として認めることができない。（最大判昭63・6・1後出⑩）→民七〇九条66

③ 従業員は、講習課目として行われるものであっても、自己の信仰と異なる宗教の行事に参加することを拒む権利がある。（名古屋地判昭38・4・26労民一四・二・六六八、宗教百選[初版]五）

④ 寺院への入場料に対して課税する文化観光税は、特に宗教を対象としこれを規制したものとは認め難いので、本条に反しない。（奈良地判昭43・7・17行裁一九・七・一二二一、宗教百選[二版]九）

⑤ キリスト教の牧師が、目的及び手段において相当な範囲内の牧会活動として、警察に追われている犯人を蔵匿した行為は、正当な業務行為として罪とならない。（神戸簡判昭50・2・20刑月七・二・一〇四、憲百選Ⅰ[七版]四〇）

⑥ 宗教法人法八一条の解散命令の制度は、専ら宗教法人の世俗的側面を対象とする世俗的目的によるものであって、宗教団体や信者の精神的・宗教的側面に容かいする意図に

よるものではなく、その制度の目的も合理的である。本件抗告人の代表役員及び多数の幹部は、大量殺人を目的としてサリンを大量に生成するという、著しく公共の福祉を害すると明らかに認められ、宗教団体の目的を著しく逸脱した行為をしたことが明らかであり、他方、解散命令によって抗告人やその信者らの宗教上の行為に生ずる支障は間接的で事実上のものにとどまるので、本件解散命令は必要でやむを得ない法的規制であるといえる。また、本件命令は法八一条に基づき司法審査により発せられたもので、手続の適正も担保されている。（最決平8・1・30民集五〇・一・一九九〈宗教法人オウム真理教解散命令特別抗告審〉憲百選Ⅰ[七版]三九）→八一条＊[20]

[7] かつて無差別大量殺人行為を行った宗教団体及びその構成員といえども、その信教の自由等の制限が許されるためには、当該団体が再び無差別大量殺人行為の準備行為を開始する一般的、抽象的な危険が存するだけではなく、その具体的な危険が存することが必要であり、かつ、その場合においても、公安審査委員会による観察処分による制限の程度は、右の危険の発生の防止のために必要かつ合理的な範囲にとどまるべきものであるが、当該宗教法人に対する当該観察処分はその範囲にとどまるので、適法である。（東京地判平13・6・13判タ一〇六九・二四五〈アレフ観察処分取消請求事件〉重判平13憲七）

二　政教分離

[8] 政教分離規定は、国家と宗教との分離を制度的に保障することにより、間接的に信教の自由の保障を確保しようとするものであるが、現実に国家と宗教との完全な分離を実現することは、実際上不可能に近く、それを貫こうとすれば、かえって社会生活の各方面に不合理な事態を生ずることとなる。したがって、本条の政教分離原則は、国家と宗教との関わり合いが相当とされる限度を超えることを許さないとするものであり、本条三項にいう宗教的活動とは、その目的が宗教的意義を持ち、その効果が宗教に対する援助、助長、促進又は圧迫、干渉等になるような行為をいい、この基準に照らせば、市が体育館の建設に際して行った神式地鎮祭はこれに当たらない。（最大判昭52・7・13民集三一・四・五三三〈津地鎮祭事件〉憲百選Ⅰ[七版]四二）

＊[9] 政教分離原則は国家と宗教との徹底した分離を意味し、本条三項の宗教的活動は、特定の宗教の布教、教化、宣伝を目的とする行為のほか、祈禱、礼拝、儀式、祝典、行事等およそ宗教的信仰の表現である一切の行為を包括する概念と解すべきであるから、神職が主宰し神社神道固有の祭式にのっとって行われた地鎮祭はこれに当たる。（最大判昭52・7・13前出[8]……藤林等五裁判官反対意見）

[10] 社団法人隊友会のした殉職自衛官の護国神社への合祀申請行為に協力した自衛隊職員の行為は、宗教との関わり合いが間接的であり、その意図、目的も、自衛隊員の社会的地位の向上と士気の高揚を図ることにあり、また、宗教を援助、助長し、又は他の宗教に圧迫、干渉を加える効果を持つものとは認め難いので、本条にいう宗教的活動ということはできない。（最大判昭63・6・1民集四二・五・二七七〈殉職自衛官合祀事件〉憲百選Ⅰ[七版]四三）→[2]

[11] 箕面市が旧忠魂碑を移設し敷地を無償で貸与した行為について、その目的は小学校の校舎の建替え等のため、戦没者記念碑的な性格を有する施設を他の場所に移設したものであって専ら世俗的なものと認められ、その効果も、特定の宗教を援助、助長、促進し又は他の宗教に圧迫、干渉を加えるものとは認められず、したがって、箕面市の右各行為は、宗教との関わり合いの程度が我が国の社会的、文化的諸条件に照らし、信教の自由の保障の確保という制度の根本目的との関係で相当とされる限度を超えるものとは認められず、本条三項により禁止される宗教的活動には当たらない。（最判平5・2・16民集四七・三・一六八七〈箕面忠魂碑・慰霊祭訴訟〉憲百選Ⅰ[七版]四六）→八九条[7]

[12] 箕面市戦没者遺族会への補助金の支出及び市職員による書記事務への従事の目的は遺族の福祉増進にあり、遺族の福祉増進の面での金銭的ないし事務補助による援助が結果として市遺族会の宗教性を帯びた活動に対する間接的な援助となる面があるとしても、その効果は、間接的、付随的なものにとどまっており、特定の宗教を援助、助長、促進し、又は他の宗教に圧迫、干渉を加えるものとは認められず、本条三項により禁止される宗教的活動に当たらない。（最判平11・10・21判タ一〇一八・一六六〈箕面市遺族会補助金訴訟〉重判平11憲四）→八九条[4]

＊[13] 天皇、内閣総理大臣の靖国神社公式参拝は、その目的が宗教的意義を持ち、その行為の態様から見て特定の宗教への関心を呼び起こし、その直接的、顕在的な影響及び将来予想される間接的、潜在的な動向を総合考慮すれば、公式参拝における国と靖国神社との宗教上の関わり合いは政教分離原則に照らし相当とされる限度を超えるので、右公式参拝は本条三項の禁止する宗教的活動に当たる。

岩手県による靖国神社への玉ぐし料等の支出は、宗教性が濃厚である上、特定の宗教団体への関心を呼び起こす効果を持ち、同神社の宗教活動を援助するもので、それによって生じる県と同神社との関わり合いは相当とされる限度を超えるので、右支出は本条三項の禁ずる宗教的活動に当たる。（仙台高判平3・1・10行裁四二・一・一〈岩手靖国訴訟〉自治百選[四版]A11）

[14] 靖國神社・護國神社が挙行した宗教上の祭祀である例大祭等に際して、県が玉串料等を奉納したことは、県が特定の宗教団体の挙行する重要な宗教上の祭祀に関わり合いを持ったことになり、慣習化した社会的儀礼とはいえず、また、その関わり合いは、一般人に対して、県が特定の宗教団体を特別に支援しており、それらの宗教団体が特別のものとの印象を与え、特定の宗教への関心を呼び起こす。本件玉串料の奉納は、その目的が宗教的意義を持ち、その効果が特定の宗教に対する援助、助長、促進になり、県と靖國神社等との関わり合いが我が国の社会的・文化的諸条件に照らし相当とされる限度を超えるものであって、本条三項の禁止する宗教的活動に当たる。（最大判平9・4・2民集五一・四・一六七三〈愛媛玉串料訴訟〉憲百選Ⅰ[七版]四四）

＊[15] 国が宗教との関わり合いを持つ行為は、原則として禁止されるとした上で、ただ実際上国家と宗教との分離が不可能で分離に固執すると不合理な結果を生ずる場合に限って、例外的に許容される。県が戦没者を慰霊するという意図を実現するためには、靖國神社の祭祀に当たって玉串料等を奉納する以外にも、宗教と関わり合いを持たないでこれを行う方法があったので、本件の県の行為は宗教との分離が実際上不可能な場合には当たらず、本条三項に違反する。（最大判平9・4・2前出[14]……尾崎裁判官意見）

＊[16] 戦没者に対する追悼、慰霊は、人間自然の普遍的な情感であり、靖國神社や護國神社は多くの国民から我が国の戦没者の追悼、慰霊の中心的施設と意識され、現実の問題として、戦没者全ての御霊を象徴する施設は靖國神社や護國神社をおいてほかに存在しない。国民一般の意識では、例大祭は宗教的儀式とは考えられておらず、玉串料が宗教的

意義ある供与と意識されているともいえず、金額も極めて微少で宗教との関わり合いは最低限度のものであり、継続的な供与も社会的儀礼の範囲を超えていない。（最大判平9・4・2前出[14]……三好裁判官反対意見）

[17] 昭和六〇年の被控訴人（当時内閣総理大臣）の行った本件公式参拝は、本条三項所定の宗教的活動に該当する疑いがあるが、政教分離原則は、国家と宗教との分離を制度的に保障し、もって信教の自由を間接的に保障しようとするものであって、国民各個人に対する具体的権利として保障したものではなく、国の機関が政教分離原則に違反する行為をしたとしても、直ちに、信仰の自由に対する国民個人の具体的権利・利益が侵害されたものとは認め難いから、本件公式参拝により、控訴人の信仰の自由に関する具体的権利が侵害されたものとは、到底認め難い。（大阪高判平4・7・30判タ七八九・九四〈大阪靖国訴訟〉憲百選Ⅰ[六版]四九）

[18] 神社に参拝する行為自体は、他人の信仰生活等に対して圧迫、干渉を加えるような性質のものではないから、他人が特定の神社に参拝することによって、自己の心情ないし宗教上の感情が害され、不快の念を抱いたとしても、これを被侵害利益として、直ちに損害賠償を求めることはできない。（最判平18・6・23判タ一二一八・一八三〈小泉首相靖国神社参拝訴訟〉重判平18憲六）

[19] 大阪市が、町会に対して、地蔵像建立あるいは移設のため、市有地の無償使用を承認するなどした行為は、その目的及び効果に鑑み、宗教との関わり合いが我が国の社会的・文化的諸条件に照らし信教の自由の確保という制度の根本目的との関係で相当とされる限度を超えるものとは認められず、本条三項あるいは八九条の規定に違反しない。（最判平4・11・16判タ八〇二・八九〈大阪地蔵像違憲訴訟〉憲百選Ⅰ[五版]五三）

[20] 村が観音像を設置したことは、その目的が宗教的意義を持つことを免れず、その効果が特定の宗教に対する援助、助長、促進になると認めるべきであり、これによってもたらされる村と観音信仰との関わり合いが我が国の社会的、文化的諸条件に照らし相当とされる限度を超えるものであって、本条三項の禁止する宗教的活動に当たる。（松山地判平13・4・27判タ一〇五八・二九〇）

[21] 市が町内会に対し市有地を無償で神社施設の敷地としての利用に供する行為が、本条一項後段の禁止する宗教団体に対する特権の付与に当たるとされた事例（最大判平22・1・20民集六四・一・一〈空知太神社訴訟〉憲百選Ⅰ[七版]四七）→八九条[7][9]、自治二四二条の二[25]

*[22] 過去の判例上、目的効果基準が機能せしめられてきたのは、問題となる行為等においていわば「宗教性」と「世俗性」とが同居しておりその優劣が微妙であるときに、そのどちらを重視するかの決定に際してであって、本件における憲法問題は、本来、目的効果基準の適用の可否が問われる以前の問題というべきである。（最大判平22・1・20前出[21]……藤田裁判官補足意見）

[23] 都市公園内に孔子等を祀る廟〔びょう〕を設けることを許可する際に、敷地使用料全額を免除する那覇市長の行為は、施設の性格、免除がされた経緯、無償提供の態様、これらに対する一般人の評価等、諸般の事情を考慮し、社会通念に照らして総合的に判断すると、市と宗教との関わり合いが、我が国の社会的、文化的諸条件に照らし、信教の自由の保障の確保という制度の根本目的との関係で相当とされる限度を超えるものとして、本条三項に違反する。（最大判令3・2・24民集七五・二・二九、重判令3憲六）

[24] 知事らが大嘗祭に関連して行われる主基斎田抜穂の儀に参列した行為は、宗教と関わり合いを持つ行為ではあるが、その程度が我が国の社会的、文化的諸条件に照らして、信教の自由の保障の確保という制度の根本目的との関係で相当とされる限度を超えるものとは認められず、政教分離原則に違反しない。（最判平14・7・9判タ一一〇五・一三六）

[25] 知事が大嘗祭に参列し拝礼した行為は、宗教と関わり合いを持つ行為ではあるが、その程度が我が国の社会的、文化的諸条件に照らして、信教の自由の保障の確保という制度の根本目的との関係で相当とされる限度を超えるものとは認められず、政教分離原則に違反しない。（最判平14・7・11民集五六・六・一二〇四、憲百選Ⅰ[七版]四五）

[26] 神道儀式としての性格を有する大嘗祭及び宗教的な要素をもつ即位の礼について、公的な皇室行事として宮廷費をもって執行したことは、政教分離規定に違反するのではないかとの疑義は一概に否定できない。しかし、政教分離原則に反する国の行為が私人に対する関係で直ちに違法と評価されるものではなく、本件行為が個人の思想・良心の自由、信教の自由を侵害したと評価することもできないので、損害賠償請求は失当である。（大阪高判平7・3・9行裁四六・二＝三・二五〇〈即位の礼・大嘗祭訴訟〉）

[27] 献穀祭は、皇室及び各神社における重要な祭祀である新嘗祭への新穀の献納を目的として一貫して神道の方式により各種の儀式が行われる点で、宗教的意義を色濃く帯びている。近江八幡市が新穀献納のために組織した奉賛会に対する補助金四八万円の支出は、多額な上に宗教的行為に直接関係するものであって、本条に違反し、違法である。（大阪高判平10・12・15判時一六七一・一九、重判平10憲五）

[28] 市長が、神社の鎮座二一〇〇年を記念する大祭に係る諸事業の奉賛を目的とする団体の発会式に出席して祝辞を述べた行為は、その目的及び効果を総合的に考慮すれば、宗教との関わり合いの程度が、我が国の社会的、文化的諸条件に照らし、信教の自由の保障の確保という制度の根本目的との関係で相当とされる限度を超えるものとは認められず、本条一項後段、三項、八九条に反しない。（最判平22・7・22判タ一三三〇・八一、自治百選[四版]一一〇）

三 信教の自由・政教分離と教育

[29] 公立小学校における日曜日の参観授業の実施は校長の裁量権の範囲内であり、宗教行為に参加する児童について、出席を免除すると、公教育の宗教的中立性を保つ上で好ましくないのみならず、当該児童の公教育上の成果を阻害することにもなるので、出席しなかった児童を欠席扱いにしても違法とはいえない。（東京地判昭61・3・20行裁三七・三・三四七〈日曜授業訴訟〉憲百選Ⅰ[七版]A6）

[30] 高等専門学校において、信仰上の理由によって剣道の必修実技の履修を拒否した学生に対して、正当な理由のない履修拒否と区別することなく、代替措置が不可能というわけでもないのに、代替措置について何ら検討することもなく、体育科目を不認定とした担当教員らの評価を受けて、原級留置処分をし、さらに、不認定の主たる理由及び全体成績について勘案することなく、二年続けて原級留置となったため退学処分をしたという校長の措置は、裁量権の範囲を超える違法なものである。信仰上の理由から剣道実技に参加できない学生に対して代替措置を採ることは、その方法、態様のいかんを問わず、本条三項に違反するということはできない。（最判平8・3・8民集五〇・三・四六九〈エホバの証人剣道拒否事件〉憲百選Ⅰ[七版]四一）

第二一条【集会・結社・表現の自由、通信の秘密】

① 集会、結社及び言論、出版その他一切の表現の自由は、これを保障する。

② 検閲は、これをしてはならない。通信の秘密は、これを侵してはならない。

参 一九・二〇・二三・八二②、人権B規約一九－二二・一七、児童約一二・一三・一五・一七、差別的言動、刑一三三、刑訴一〇〇、通信傍受、破防三①【団体規制↓破防【政党助成【明憲二六・二九

一 表現の自由一般

[1] 表現の自由といえども無制限に保障されているものではなく、公共の福祉による合理的でやむを得ない程度の制限を受けることがあり、その制限が容認されるかどうかは、制限が必要とされる程度と、制限される自由の内容及び性質、これに加えられる具体的制限の態様及び程度等を較量して決せられるべきである。（最判平5・3・16後出[92]）↓二六条[8]

二 犯罪の扇動

[2] [旧] 食糧管理法に基づく主要食糧の政府への売渡しをしないように扇動することは、法律上の重要な義務の不履行を慫慂〔しょうよう〕し、公共の福祉を害するものであって、言論の自由の限界を逸脱するものであるから、これを処罰しても本条に反しない。（最大判昭24・5・18刑集三・六・八三九、憲百選Ⅰ[七版]四八）↓一三条[53]

[3] 破壊活動防止法三九条及び四〇条の「せん動」は、公共の安全を脅かす現住建造物等放火罪、騒擾〔そうじょう〕罪等の重大犯罪を引き起こす可能性のある社会的に危険な行為であるから、公共の福祉に反し、表現の自由の保護を受けるに値しないものとして、制限を受けるのはやむを得ず、それを処罰することは本条一項に反しない。（最判平2・9・28刑集四四・六・四六三〈沖縄デー破防法事件〉憲百選Ⅰ[七版]四九）

三 性表現

[4] 刑法一七五条のわいせつ文書とは、いたずらに性欲を興奮又は刺激せしめ、かつ、普通人の正常な性的羞恥心を害し、善良な性的道義観念に反するものをいい、春本ではなく芸術作品であるという理由からそのわいせつ性を否定することはできない。性的秩序を守り、最少限度の性道徳を維持することは公共の福祉の内容をなす。（最大判昭32・3・13刑集一一・三・九九七〈チャタレー事件〉憲百選Ⅰ[七版]五二）↓一三条[54]、刑一七五条[2]

[5] 個々の章句の部分のわいせつ性の有無は、文書全体との関連において判断されなければならないが、特定の章句の部分についてわいせつ性の有無が判断されている場合でも、その判断が文書全体との関係においてなされていれば不当ではない。芸術的・思想的価値のある文書であってもわいせつ性を持つ場合には、性生活に関する秩序及び健全な風俗を維持するため、これを処罰の対象とすることが国民生活全体の利益に合致するものと認められるから、それは本条に反しない。（最大判昭44・10・15刑集二三・一〇・一二三九〈サド「悪徳の栄え」事件〉憲百選Ⅰ[七版]五二）↓刑一七五条[3]

＊[6] 刑法一七五条にいうわいせつ文書に該当するかどうかは、わいせつの概念を絶対普遍のものとして一律的に判断すべきではなく、作品等の芸術性・思想性等との関連において評価するなど、わいせつ概念の相対性を承認して、総合的に判断しなければならない。（最大判昭44・10・15前出[5]……田中（二）裁判官反対意見）↓刑一七五条[3]

[7] 文書のわいせつ性の判断に当たっては、当該文書の性に関する露骨で詳細な描写叙述の程度とその手法、右描写叙述の文書全体に占める比重、文書に表現された思想等と右描写叙述との関連性、文書の構成や展開、さらには芸術性・思想性等による性的刺激の緩和の程度、これらの観点から該文書を全体として見たときに、主として読者の好色的興味に訴えるものと認められるか否かなどの諸点を検討することが必要である。（最判昭55・11・28刑集三四・六・四三三〈「四畳半襖の下張」事件〉憲百選Ⅰ[七版]五三）↓刑一七五条[5]

[8] 修正済みの写真であっても、修正の範囲が狭くかつ不十分で現実の性交等の状況を詳細、露骨かつ具体的に伝える写真を随所に含み、しかも、物語性や芸術性・思想性など性的刺激を緩和させる要素は全く見当たらず、全体として、専ら見る者の好色的興味に訴える書物は、刑法一七五条にいう「わいせつな図画」に当たる。（最判昭58・3・8刑集三七・二・一五、メディア百選[二版]五八）

＊[9] ハード・コア・ポルノとは異なり、準ハード・コア・ポルノは、芸術性や思想性の要素を含み、ある程度の社会的価値を持つものがあり得るから、本条の保障の範囲外ということはできず、「わいせつな文書、図画」に当たるかどうかの判断に当たっては、性表現による害悪の程度と作品の社会的価値との利益衡量が不可欠である。（最判昭58・3・8前出[8]……伊藤裁判官補足意見）

[10] 電磁的記録又は電磁的記録に係る記録媒体のわいせつ性は、同記録が視覚情報であるときには、それをコンピュータにより画面に映し出した画像やプリントアウトしたものなど同記録を視覚化したもののみを見て、判断するのが相当であり、頒布行為に芸術性・思想性が含まれているとしても、そのことを考慮するべきではない。（最判令2・7・16刑集七四・四・三四三、重判令2刑五）

[11] 青少年保護条例により、特に卑わいな姿態若しくは性行為を被写体とした写真を掲載する刊行物を有害図書として自動販売機への収納を禁止することは、青少年の健全な育成を阻害する有害環境を浄化するための規制に伴う必要やむを得ない制約であるから、本条一項に違反しない。（最判平元・9・19刑集四三・八・七八五、憲百選Ⅰ[七版]五〇）

[12] 監視機能を備えた自動販売機であっても、対面販売の実質を有していない以上、有害図書類の収納を禁止し、その違反に刑罰を科す規制を適用することは、本条一項、二二条一項、三一条に違反しない。（最判平21・3・9刑集六三・三・二七、重判平21憲五）

[13] インターネット異性紹介事業を利用して児童を誘引する行為の規制等に関する法律七条一項、三二条一号所定の罰則を伴う届出制度は、正当な立法目的を達成するための手段として必要かつ合理的なものであり、本条一項に違反しない。（最判平26・1・16刑集六八・一・一、メディア百選[二版]一一五）

四 名誉毀損

[14] 民事上の不法行為たる名誉毀損については、その行為が公共の利害に関する事実に係り専ら公益を図る目的に出た場合には、摘示された事実が真実であることが証明されたときは違法性がなく、また、右事実が真実であることが証明されなくても、行為者においてその事実を真実と信ずるについて相当の理由があるときには、右行為には故意過失がなく、結局、不法行為は成立しない。（最判昭41・6・23民集二〇・五・一一一八、メディア百選[二版]二五）↓民七〇九条[45]

15 刑法二三〇条の二の規定は、人格権としての個人の名誉の保護と言論の保障との調和を図ったものであり、事実が真実であることの証明がない場合でも、行為者がその事実を真実であると誤信し、その誤信したことについて、確実な資料、根拠に照らし相当の理由があるときは、犯罪の故意がなく、名誉毀損の罪は成立しない。（最大判昭44・6・25刑集二三・七・九七五〈夕刊和歌山時事事件〉憲百選Ⅰ[七版]六四）→刑二三〇条の二[13]

16 私人の私生活上の行状であっても、その携わる社会的活動の性質及びこれを通じて社会に及ぼす影響力の程度などのいかんによっては、その社会的活動に対する批判ないし評価の一資料として、刑法二三〇条の二第一項にいう「公共の利害に関する事実」に当たる場合がある。（最判昭56・4・16刑集三五・三・八四〈月刊ペン事件〉憲百選Ⅰ[七版]六五）→刑二三〇条の二[2][5]

17 人格権としての個人の名誉の保護と表現の自由との調整（最大判昭61・6・11後出[95]）→一三条[18][59]

18 法的な見解の表明は、単に事実を摘示するものとはいえない意見ないし論評に当たる。（最判平16・7・15民集五八・五・一六一五〈「新・ゴーマニズム宣言」事件〉メディア百選[二版]三六）

19 公務員の地位における行動に対する批判・論評は、それによって当該公務員の社会的評価が低下することがあっても、その目的が専ら公益を図るものであり、かつ、その前提としている事実が主要な点において真実であることの証明があったときは、人身攻撃に及ぶなど論評としての域を逸脱したものでない限り、名誉侵害の不法行為の違法性を欠く。（最判平元・12・21民集四三・一二・二二五二、憲百選Ⅰ[七版]六六）→民七〇九条[60]

20 スキャンダル報道について、いわゆる配信サービスの抗弁が退けられた事例（最判平14・1・29民集五六・一・一八五、メディア百選[初版]九五）→民七〇九条[50]

21 新聞社が通信社からの配信に基づき新聞に記事を掲載した場合において、両者が報道主体としての一体性を有すると評価でき、通信社が配信記事に摘示された事実を真実と信ずるについて相当の理由があるときは、特段の事情のない限り、新聞社が自己の掲載した記事に摘示された事実を真実と信ずるについても相当の理由がある。（最判平23・4・28民集六五・三・一四九九、メディア百選[二版]七九）→民七〇九条[51]

22 テレビ放送をされる報道番組の場合、新聞記事等とは異なり、視聴者は、音声及び映像により次々と提供される情報を瞬時に理解することを余儀なくされるため、録画等の方法を講じない限り、その意味内容を十分に検討したり再確認したりできないのであるから、当該報道番組により摘示された事実につき、それが真実であることの証明があるといえるかどうかの判断は、番組の全体的な構成、これに登場した者の発言の内容や、画面に表示されたフリップやテロップ等の文字情報の内容を重視すべきことはもとより、映像の内容、効果音、ナレーション等の映像及び音声に係る情報の内容並びに放送内容全体から受ける印象等を総合的に考慮して、判断すべきである。（最判平15・10・16民集五七・九・一〇七五〈テレビ朝日ダイオキシン訴訟〉メディア百選[二版]八九）→民七〇九条[41]

23 インターネットの個人利用者による表現行為の場合も、名誉毀損罪が成立しないのは、行為者が摘示した事実を真実であると誤信したことについて、確実な資料、根拠に照らして相当の理由があるときに限られ、より緩やかな要件で同罪の成立を否定すべきではない。（最決平22・3・15刑集六四・二・一、メディア百選[二版]一一二）

24 他人の名誉を毀損したメディア自身に謝罪広告の掲載を命ずる判決も、その内容が単に事態の真相を告白し陳謝の意を表明するにとどまる程度のものであれば、本条に違反しないとした事例（最判平16・7・15【平16オ九一一】メディア百選[二版]七二）→一九条[2]

五 プライバシーの侵害

25 小説なり映画なりが芸術的価値を有するとしても、それが当然にプライバシー侵害の違法性を阻却するものではなく、また、公共の秩序、利害に直接関係のある事柄の場合とか社会的に著名な存在である場合には一定の合理的な限界内で私生活の側面でも報道、論評等が許されるにとどまる。（東京地判昭39・9・28下民一五・九・二三一七〈「宴のあと」事件〉憲百選Ⅰ[七版]六〇）→一三条[2][20]、民七〇九条[54]

26 公共の利益に係わらない者のプライバシーにわたる事項を表現内容に含む小説の公表により、名誉、プライバシー、名誉感情が侵害され、重大で回復困難な損害を被るおそれがある場合は、人格権に基づいて当該小説の出版を差し止めることができる。（最判平14・9・24判タ一一〇[22]六・七二〈「石に泳ぐ魚」事件〉憲百選Ⅰ[七版]六二）↓一三条[22]

27 プライバシーの侵害については、事実を公表されない法的利益とこれを公表する理由とを比較衡量し、前者が後者に優越する場合に不法行為が成立する。（最判平15・3・14民集五七・三・二二九〈長良川事件報道訴訟〉憲百選Ⅰ[七版]六七）→一三条[21][24]

28 検索事業者に対してプライバシーに属する事実を含む記事等が掲載されたウェブサイトのURL等情報を検索結果から削除するように求めることができるのは、比較衡量の結果、当該事実を公表されない利益の優越が明らかな場合である。（最決平29・1・31民集七一・一・六三、憲百選Ⅰ[七版]六三）→一三条[26]、民◆【差止請求権】[七〇九条の後][3]

29 肖像等に顧客吸引力を有する者は、その肖像等を時事報道、論説、創作物等に使用されることもあるのであって、その使用を正当な表現行為等として受忍すべき場合もあるから、肖像等を無断で使用する行為は、①肖像等それ自体を独立して鑑賞の対象となる商品等として使用し、②商品等の差別化を図る目的で肖像等を商品等に付し、③肖像等を商品等の広告として使用するなど専ら肖像等の有する顧客吸引力の利用を目的とする場合には、パブリシティ権を侵害するものとして不法行為法上違法となる。（最判平24・2・2民集六六・二・八九、商標百選[二版]一一七）

六 営利的言論

30 あん摩師、はり師、きゅう師及び柔道整復師法〔現・あん摩マッサージ指圧師、はり師、きゅう師等に関する法律〕七条は、業務内容、施術所、施術者の技能・経歴などについての広告を禁止しているが、適応症の広告を無制限に許容するときは、患者の吸引のため虚偽誇大に流れ、一般大衆を惑わすおそれがあり、その結果適時適切な医療を受ける機会を失わせる結果となるので、一定事項以外の広告を禁止することは、国民の保健衛生上の見地から、公共の福祉を維持するためやむを得ない措置である。（最大判昭36・2・15刑集一五・二・三四七、憲百選Ⅰ[七版]五四）

31 風俗案内所が青少年の育成や周辺の生活環境に及ぼす影響の程度に鑑みれば、風俗案内所の表示物等に関する京都府条例の規制は、右目的達成のための手段として必要性、合理性がある。（最判平28・12・15判タ一四三五・八六、憲百選Ⅰ[七版]Ａ９）→二二条[16]

32 不当景品類及び不当表示防止法七条二項に規定する場合において事業者がした表示を措置命令の対象となる優良誤認表示とみなすことは、目的を達成するための手段として必要かつ合理的なものであるため、同項は、本条一項、二二条一項に違反しない。（最判令4・3・8【令3行ツ三三】）

七　差別的表現

[33] 私人間において人種差別撤廃条約所定の人種差別に該当する行為を行った者に対する、損害賠償及び差止請求が認容された事例（大阪高判平26・7・8判時二二三二・三四〈京都朝鮮学園事件〉メディア百選[二版]七）→三章[14]

34 一定の表現活動をヘイトスピーチと定義した上で、市長が当該表現活動に係る表現の内容の拡散を防止するために必要な措置等をとること等を規定する大阪市ヘイトスピーチへの対処に関する条例二条、五条から一〇条は、同条例が規定するヘイトスピーチの抑止を図るという目的が合理的で正当なものであり、右規定による表現の自由の制限が合理的で必要やむを得ない限度にとどまることなどから、本条一項に違反しない。（最判令4・2・15判タ一四九八・二四）

八　象徴的表現

[35] 国民体育大会のソフトボール会場に掲揚されていた日の丸を焼却する行為は、それが政治的意志表明の意図をもって行われた象徴的表現行為であったとしても、当該行為に適用される器物損壊罪、建造物侵入罪、業務妨害罪は、表現行為を規制の対象とするものではないから、これらの罪で処罰しても、本条に違反しない。（福岡高那覇支判平7・10・26判タ九〇一・二六六）

九　知る権利・報道の自由・アクセス権

[36] 報道機関の報道は、国民が国政に関与するにつき、重要な判断の資料を提供し、国民の「知る権利」に奉仕するものであるから、事実の報道の自由も本条の保障の下にあり、取材の自由も本条の精神に照らし、十分尊重に値する。しかし、取材の自由も公正な裁判の実現のために制約を受け、諸般の事情を比較衡量した結果、取材活動によって得られたものを証拠として提出させることによって将来の取材の自由が妨げられるおそれがあるという不利益を受忍しなければならない場合がある。（最大決昭44・11・26刑集二三・一一・一四九〇〈博多駅事件〉憲百選Ⅰ[七版]七三）→刑訴九九条[4]

[37] 報道機関の取材ビデオテープに対する捜査機関の差押処分は、右テープが重大な被疑事件の解明にほとんど不可欠であり、報道機関による右テープの放映自体には支障を来さないなどの具体的事情の下においては、本条に違反しない。（最決平元・1・30刑集四三・一・一九〈日本テレビビデオテープ差押事件〉メディア百選[二版]七）→刑訴二一八条[4]

[38] 報道機関の取材ビデオテープに対する捜査機関の差押処分は、右テープが悪質な被疑事件の全容解明に重要な証拠価値を持つものであり、放映の機会が奪われるというものでなく、取材協力者のためその身元を秘匿する利益がほとんど存在せず、犯罪者の協力により犯罪現場を撮影したものであるとき、本条に違反しない。（最決平2・7・9刑集四四・五・四二一〈TBSビデオテープ差押事件〉憲百選Ⅰ[七版]七四）→刑訴二一八条[5]

[39] 国家公務員法一〇〇条一項にいう秘密とは非公知の事実であって、実質的にもそれを秘密として保護するに値すると認められるものをいい、その判定は司法判断に服する。報道機関が取材の目的で公務員に対して秘密の漏示を唆した場合に、公務員に対し根気強く執拗〔しつよう〕に説得ないし要請を続けることは、それが真に報道の目的から出たものであり、その手段・方法が法秩序全体の精神に照らし相当なものとして社会通念上是認されるものである限りは、実質的に違法性を欠くが、社会通念上是認できない態様のものである場合には、正当な取材活動の範囲を逸脱し、違法性を帯びる。（最決昭53・5・31刑集三二・三・四五七〈外務省秘密漏洩事件〉憲百選Ⅰ[七版]七五）→刑三五条[7]

[40] 本条の保障は公の福祉に反しない限り、言いたいことは言わせなければならないということであり、いまだ言いたいことの内容も定まらず、これからその内容を作り出すための新聞記者の取材に関し、その取材源について、司法権の公正な発動について必要不可欠な証言の義務をも犠牲にして、証言拒絶の権利までも保障したものではない。（最大判昭27・8・6刑集六・八・九七四〈石井記者事件〉憲百選Ⅰ[五版]七七）→刑訴一二六条[7]

[41] 新聞が真実を報道することは、表現の自由に属し、そのための取材活動も認められなければならないが、その活動が公判廷における審判の秩序を乱し、被告人その他訴訟関係人の正当な権利を不当に害することは許されず、写真撮影の許可等を裁判所の裁量に委ねている刑訴規則二一五条は憲法に違反しない。（最大決昭33・2・17刑集一二・二・二五三〈北海タイムス事件〉メディア百選[二版]二）

[42] 報道関係者の取材源がみだりに開示されると、報道関係者と取材源となる者との間の信頼関係が損なわれ、将来にわたる自由で円滑な取材活動が妨げられ、報道機関の業務に深刻な影響を与え以後その遂行が困難になるので、取材源の秘密は民訴法一九七条一項三号の「職業の秘密」に当たる。取材源の秘密は取材の自由を確保するために必要なものとして重要な社会的価値を有するから、報道が公共の利益に関わり、その取材の手段、方法が一般の刑罰法令に触れるとか、取材源となった者が開示を承諾しているなどの事情がなく、民事事件が社会的意義や影響のある重大な民事事件であるため、取材源の秘密の社会的価値を考慮してもなお公正な裁判を実現すべき必要性が高く、そのために証言を得ることが必要不可欠であるといった事情が認められない場合には、取材源の秘密は保護に値し、証人は原則として取材源に係る証言を拒絶できる。（最決平18・10・3民集六〇・八・二六四七、憲百選Ⅰ[七版]七一）→民訴一九七条[5]

[43] 私人間において、当事者の一方が情報の収集、管理、処理につき強い影響力を持つ日刊新聞紙を全国的に発行する者である場合でも、本条の規定から直接に反論文掲載請求権が他方の当事者に生ずるものではない。反論権の制度は、名誉・プライバシーの保護に資するが、新聞発行者に対して負担を課するものであり、その負担が批判的記事の掲載をちゅうちょさせ、憲法の保障する表現の自由を間接的に侵す危険も存するので、反論権を認めるのに等しい反論文掲載請求権をたやすく認めることはできない。（最判昭62・4・24民集四一・三・四九〇〈サンケイ新聞事件〉憲百選Ⅰ[七版]七六）→民七〇九条[46]・七二三条[3]

[44] 放送事業者又は制作業者から取材を受けた者が、取材で得られた素材が一定の内容、方法により放送に使用されるものと期待あるいは信頼したとしても、その期待や信頼は原則として法的保護の対象とならない。期待や信頼が保護されないときは、特段の事情がない限り、放送事業者や制作業者に、編集段階で番組の趣旨、内容が変更されたことを取材対象者に説明すべき法的な説明義務が認められる余

地はない。（最判平20・6・12民集六二・六・一六五六、メディア百選[二版]九八）→民七〇九条[32]

[45] 放送は、本条が規定する表現の自由の保障の下で、国民の知る権利を実質的に充足し、健全な民主主義の発達に寄与するものとして、国民に広く普及されるべきものである。放送法は、この放送の意義が反映された同法一条の定める目的を実現するため、公共放送事業者と民間放送事業者との二本立て体制を採り、民主的かつ多元的な基盤に基づきつつ自律的に運営される事業体としての日本放送協会に公共の福祉のための放送を行わせている。同法の定める受信料制度は、日本放送協会が特定の個人、団体又は国家機関等から財政面での支配を受けるのではなく、受信設備設置者全体の公平な負担によって支えられる事業体であることを示すことで、日本放送協会の公共的性格を財源の面から特徴付けている。放送についての具体的制度の在り方は、憲法上一義的に定まるものではなく、右の受信料制度はなお合理的で立法裁量の範囲内にあると解されるので、このような制度の枠を離れて、受信設備を用いて放送を視聴する自由は憲法上保障されてはいない。（最大判平29・12・6民集七一・一〇・一八一七、憲百選Ⅰ[七版]七七）→一三条[51]・二九条[19]、民一六六条[21]・四一四条[5]・五二二条[7]、民執一七七条[2]

[46] 各人がさまざまな意見、知識、情報に接し、これを摂取する自由は、本条一項の趣旨・目的からの派生原理である。筆記行為の自由は、本条一項の規定の精神に照らして尊重されるべきであり、傍聴人が法廷においてメモを取ることは、その見聞する裁判を認識、記憶するためになされるものである限り、尊重に値し、故なく妨げられてはならない。（最大判平元・3・8民集四三・二・八九〈レペタ法廷メモ訴訟〉憲百選Ⅰ[七版]七二）→八二条[7]、刑訴二八八条[3]

[47] 本条は刑事確定訴訟記録の閲覧を権利として要求できることまでを認めたものではない。（最決平2・2・16判タ七二六・一四四、憲百選Ⅱ[五版]二〇五）→八二条[8]

[48] 本来一般人が自由に立ち入ることの許されていない施設である拘置所に在監中の被勾留者に報道関係者が直接面会して取材を行う自由が本条によって保障されているものではない。（東京高判平7・8・10判時一五四六・三、メディア百選[二版]一二）

[49] 取材の自由は、報道機関の取材行為に国家機関が介入することからの自由を意味するものであり、そこから、国に対して一定の行為を請求する積極的な権利が導かれるものではないから、記者クラブに加入していないフリーのジャーナリストが裁判所から判決要旨の交付を受けられなくても、取材の自由・報道の自由が侵害されたことにはならない。（東京地判平12・10・5判時一七四一・九六）

一〇 公務員の政治的意見表明

[50] 行政の中立性が確保され、これに対する国民の信頼が維持されることは、国民全体の重要な利益にほかならず、したがって、公務員の政治的中立性を損なうおそれのある公務員の政治的行為を禁止することは、それが合理的で必要やむを得ない限度にとどまる限り、本条に反しない。国家公務員法一〇二条一項及び人事院規則による公務員の政治的行為の禁止については、その禁止の目的は正当であり、禁止の目的と禁止される行為との間には合理的な関連性があり、かつ、禁止により得られる利益と失われる利益との均衡の点では、禁止により得られる国民全体の共同利益の重要性に比べ、失われる利益は、単に行動の禁止に伴う限度での間接的、付随的な制約にすぎず、両者は均衡を失するものではないので、それは本条に反しない。（最大判昭49・11・6刑集二八・九・三九三〈猿払事件上告審〉憲百選Ⅰ[七版]一二）→七三条[9]～*[11]・八一条[30]

*[51] 非管理職である現業公務員で、その職務内容が機械的労務の提供にとどまるものが、勤務時間外に、国の施設を利用することなく、かつ、職務を利用し、若しくはその公正を害する意図なしで行われた政治的行為にまで、刑事罰が適用される限度において、国家公務員法一一〇条一項一九号［令和三法七五により削除。現一一一条の二第二号］は違憲となる。（旭川地判昭43・3・25下刑一〇・三・二九三〈猿払事件一審〉憲百選Ⅱ[七版]一九四）

[52] 機械的労務に携わる非管理職の現業公務員が特定の内閣の不支持を宣明する横断幕を持ってメーデーの集団示威行進に参加した行為について懲戒処分を行うことは、適法である。（最判昭55・12・23民集三四・七・九五九〈全逓プラカード事件〉憲百選Ⅰ[七版]A3）

[53] 自衛官が、集会において自衛隊の制服及び官職を利用して、不特定多数の者に対して公然と政府の政策を批判し自衛隊を誹謗〔ひぼう〕する演説等をする行為は、自衛隊の職務の能率的で安定した運営を阻害し、その規律を乱す行為であるから、自衛隊法四六条二号［現四六条一項二号］にいう「隊員たるにふさわしくない行為」に当たるとしてこれに懲戒処分を課しても、本条に反しない。（最判平7・7・6判タ八八八・一〇〇、重判平7憲二）

[54] 司法に対する国民の信頼は、具体的な裁判の内容の公正や裁判運営の適正はもとより、外見的にも中立・公正な裁判官の態度によって支えられるから、裁判官は、外見上も中立・公正を害さないように自律、自制することが要請され、政治的な勢力との間には一線を画さなければならない。裁判所法五二条一号は、裁判官に対して、組織的、計画的又は継続的な政治上の活動を能動的に行う行為であって、裁判官の独立及び中立・公正を害するおそれがあるものをなすことを禁止する規定であるが、この規定は、その禁止の目的が、裁判官の独立及び中立・公正を確保し、裁判に対する国民の信頼を維持するとともに、司法と立法・行政とのあるべき関係を規律することにあるから、正当であり、右禁止と禁止目的との間には合理的な関連性が存し、禁止により得られる利益はそれによって失われる利益よりも大きいから、本条に違反しない。もっとも、裁判官が審議会の委員等として立法作業に関与し賛成・反対の意見を述べる行為や、裁判官が職名を明らかにして論文・講演等において特定の立法の動きに反対である旨述べる行為であって、個人的意見の表明にすぎないと認められるものは、禁止の対象には含まれない。（最大決平10・12・1民集五二・九・一七六一〈寺西裁判官事件〉憲百選Ⅱ[七版]一七七）→七八条[7]・八二条[5]

[55] 国家公務員法一〇二条一項の文言、趣旨、目的や規制される政治活動の自由の重要性に加え、同項の規定が刑罰法規の構成要件となることを考慮すると、同項にいう「政治的行為」とは、公務員の職務の遂行の政治的中立性を損なうおそれが、現実的に起こり得るものとして実質的に認められるものを指す。管理職的地位になく、職務の内容や権限に裁量の余地のない国家公務員が、勤務時間外の休日に、職務と関係なく、公務員により組織される団体の活動としての性格もなく行われた政党機関紙の配布行為に、公務員の職務の遂行の政治的中立性を損なう実質的なおそれは認められない。（最判平24・12・7刑集六六・一二・一三三七〈堀越事件〉憲百選Ⅰ[七版]一三）→[50][56]・七三条[12]

[56] 厚労省大臣官房社会統計課の筆頭課長補佐による政党機

関紙の配布は、勤務外であっても、当該公務員による裁量権を伴う職務権限の行使の過程でその政治的傾向が職務内容に現れる蓋然性を高め、職務遂行の政治的中立性が損なわれるおそれが実質的に生ずるので、同配布行為への国家公務員法一〇二条一項等の罰則規定の適用は本条、憲法三一条に違反しない。(最判平24・12・7刑集六六・一二・一七二二〈宇治橋事件〉重判平25憲八②)→50 55・七三条12

一一　学校内の表現の自由

57 高校進学者選抜の資料としての調査書に、思想信条そのものを了知させるものではない、ビラまきなどの校則違反行為その他の事実を記載しても、生徒の表現の自由を侵害したとはいえない。(最判昭63・7・15判タ六七五・五九〈麹町中学校内申書事件〉憲百選Ⅰ[七版]三四)

58 県立高等学校の校長が、生徒会の担当教諭に対する職務命令として、教諭が寄稿した回想文を生徒会誌から削除するよう指示した行為が、本条一項、二項前段に違反しないことは明らかである。(最判平16・7・15判タ一一六七・一三七)

一二　選挙運動・選挙報道

1　文書頒布等の制限

59 公職の選挙につき文書図画の無制限の頒布、掲示を認めるときは、選挙運動に不当の競争を招き、選挙の自由公正を害するおそれがあるので、かかる弊害を防止するため選挙運動期間中に限り、文書図画の頒布、掲示に一定の規制をする公職選挙法の規定は憲法上許された必要かつ合理的制限である。(最大判昭30・3・30刑集九・三・六三五、憲百選Ⅱ[七版]一五六)

60 公職選挙法の法定外文書頒布罪を言語障害者に適用しても本条一項に違反しない。(大阪高判平3・7・12判タ八二七・五六)

2　戸別訪問の禁止

61 本条は絶対無制限の言論の自由を保障してはおらず、公共の福祉のために、その時、所、方法等につき合理的制限の存することは容認しており、選挙の公正を期するために種々の弊害を伴う戸別訪問を禁止しても違憲ではない。(最大判昭25・9・27刑集四・九・一七九九)

62 戸別訪問一律禁止規定は、買収、利益誘導、生活の平穏の侵害などの弊害を防止し、選挙の自由と公正を確保するという正当な目的を有し、右の目的と一律禁止との間には合理的関連性があり、またこの付随的制約によって失われる利益よりも選挙の公正という得られる利益ははるかに大きいため、この規定は合理的で必要やむを得ない限度を超えておらず違憲ではない。(最判昭56・6・15刑集三五・四・二〇五、憲百選Ⅱ[三版]一六三)

*63 弊害防止論のみでは戸別訪問一律禁止を合憲とする論拠として不十分であるが、選挙運動に対する諸規制は選挙運動という一種の競争を公平に行わせるためのルールであり、その設定は、合理的とは考えられないような特段の事情がない限り、憲法四七条によって国会の裁量に委ねられている。(最判昭56・7・21刑集三五・五・五六八、憲百選Ⅱ[七版]一五八……伊藤裁判官補足意見)

3　事前運動の禁止

64 公職の選挙につき、常時選挙運動を許容すれば、不当、無用な競争を招き、不正行為の発生等により選挙の公正を害するおそれや、経済力の差による不公平が生じ、選挙の腐敗を招来するおそれがあるので、事前運動を禁止することは、必要かつ合理的な制限である。(最大判昭44・4・23刑集二三・四・二三五、憲百選Ⅱ[五版]一六九)

4　政見放送と番組編集権

65 公職選挙法一五〇条の二の規定は、テレビ放送が直接かつ即時に全国の視聴者に到達して強い影響力を有することに鑑み、他人の名誉を傷つけ善良な風俗を害する等政見放送の品位を損なう言動を禁止したものであるから、右規定に反する言動がそのまま放送される利益は、法的に保護された利益といえない。(最判平2・4・17民集四四・三・五四七、憲百選Ⅱ[七版]一五七)→民七〇九条31

5　選挙に関する報道

66 公職選挙法二三五条の二第二号のいう選挙に関する「報道又は評論」とは、当該選挙に関する一切の報道・評論を指すのではなく、特定の候補者の得票について有利又は不利に働くおそれがある報道・評論をいう。(最判昭54・12・20刑集三三・七・一〇七四、メディア百選[二版]八七)

一三　ビラ貼り・ビラ配り

67 都市の美観風致を維持することは、公共の福祉を保持するゆえんであるから、電柱等への非営利的ビラの貼り付けを禁止の対象に含む規定も、必要かつ合理的な制限といえる。(最大判昭43・12・18刑集二二・一三・一五四九〈屋外広告物条例違反事件〉憲百選Ⅰ[七版]五五)

68 軽犯罪法一条三三号前段は、主として他人の家屋その他の工作物に関する財産権、管理権を保護するためにみだりにこれらの物に貼り札をする行為を規制の対象とするもので、公共の福祉のため、必要かつ合理的な制限である。(最大判昭45・6・17刑集二四・六・二八〇、憲百選Ⅰ[七版]A7)

69 私鉄の駅構内において、駅係員の許諾を受けないでビラの配付や演説を繰り返し、駅管理者の退去要求を無視して構内に滞留した行為について、鉄道営業法三五条及び刑法一三〇条後段の各規定を適用して処罰しても本条に反しない。(最判昭59・12・18刑集三八・一二・三〇二六、憲百選Ⅰ[七版]五七)

*70 私鉄の「駅前広場」も、その具体的状況によってはパブリック・フォーラムたる性質を強く持つことがあり得、その場合、そこでのビラ配付を鉄道営業法三五条違反として処罰することは憲法に違反する疑いが強い。(最判昭59・12・18前出69……伊藤裁判官補足意見)

*71 事案の具体的な事情に照らし、表現の価値の有する利益が美観風致の維持の利益に優越するときは、大分県屋外広告物条例の定める刑事罰を科することは適用において違憲となる。(最判昭62・3・3刑集四一・二・一五、憲百選Ⅰ[七版]五六……伊藤裁判官補足意見)

72 政治的意見を記載したビラの配布は表現の自由の行使であるが、一般に人が自由に出入りすることのできない集合住宅の共用部分に管理権者の意思に反して立ち入ることは、管理権者の管理権とそこで私的生活を営む者の私生活の平穏を侵害するものであるから、刑法一三〇条前段を適用しても本条一項に違反しない。(最判平20・4・11刑集六二・五・一二一七、憲百選Ⅰ[七版]五八)

73 分譲マンションの各住戸に政党の活動報告等を記載したビラ等を投かんする目的でその共用部分に管理組合の意思に反して立ち入った行為に刑法一三〇条前段を適用しても本条一項に違反しない。(最判平21・11・30刑集六三・九・一七六五、刑百選Ⅱ[八版]一七)

一四　集会の自由・公の施設での表現の自由

*74 メーデー集会のための皇居外苑の使用を許可しなかった本件処分は、表現の自由又は団体行動権自体の制限を目的とするものではなく、公園の管理、保存の支障や公園としての本来の利用の阻害を考慮してなされたもので、本条及

び憲法二八条に違反するものではない。（最大判昭28・12・23民集七・一三・一五六一〈皇居外苑使用不許可事件〉憲百選I[七版]八〇）→三二条[3]・八一条[12]

[75] 道路において演説その他の方法により人寄せをすることは、場合によっては公共の安全を害するおそれがないでもないから、それを警察署長の許可にかからしめ、無許可の街頭演説を処罰することは、公共の福祉のため必要であり、本条に反しない。（最判昭35・3・3刑集一四・三・二五三、憲百選I[五版]六五……昭和三五法一〇五による廃止前の道路交通取締法事件）

[76] 新東京国際空港の安全確保に関する緊急措置法〔現・成田国際空港の安全確保に関する緊急措置法〕三条一項一号に基づく工作物使用禁止命令により保護される利益は、新空港等の設置・管理、航空機の航行、乗客等の生命・身体の安全の確保であり、しかもこれらの安全の確保は、高度かつ緊急の必要性があるのに対して、制限される利益は、多数の暴力主義的破壊活動者が当該工作物を集合の用に供する利益にすぎないから、右禁止は、集会の自由に対する必要かつ合理的な制限である。また、同号は、過度に広範な規制を行うものでも、その規定する要件が不明確なものでもない。（最大判平4・7・1民集四六・五・四三七、憲百選II[七版]一〇九）→三一条[7]・三五条[8]、行手一三条[1]

[77] 広島市暴走族追放条例による規制が、規制目的の正当性、手段としての合理性、規制により得られる利益と失われる利益との均衡の観点に照らし、本条一項に違反しないとした事例（最判平19・9・18刑集六一・六・六〇一、憲百選I[七版]八四）→三一条[4]

[78] 地方自治法二四四条にいう公の施設として集会の用に供する施設が設けられている場合に、管理者が正当な理由なく住民の利用を拒否するときは、集会の自由を不当に制限することにつながるおそれがある。集会の目的や集会を主催する団体の性格そのものを理由として、あるいは、主催者が集会を平穏に行おうとしているのに、他のグループ等がこれを実力で阻止・妨害しようとしていることを理由として、施設の利用を拒むことは、本条の趣旨に反する。しかし、集会の実質的な主催者が、違法な実力行使を繰り返し、対立する他のグループとの間で暴力による抗争を繰り返してきたという客観的事実から見て、当該施設で集会が開かれたならば、対立する両グループの構成員ばかりでなく、施設の職員、通行人、付近住民等の生命、身体、財産が侵害される事態の生ずることが具体的に明らかに予見される場合には、施設の利用を拒否しても、本条に反しない。（最判平7・3・7民集四九・三・六八七、憲百選I[七版]八一）

[79] 帰宅途中何者かに殺害された労働組合幹部の合同葬の会場として市福祉会館を使用したい旨の申請に対して、不許可処分をしたことが違法とされた事例（最判平8・3・15民集五〇・三・五四九、自治百選[四版]五七）

[80] 学校施設は、道路や公民館等とは異なり、学校教育上の支障がないからといって目的外使用を当然に許可しなくてはならないものではなく、学校施設の目的及び用途と目的外使用の目的、態様等との関係に配慮した合理的な裁量判断により使用許可をしないこともできる。（最判平18・2・7民集六〇・二・四〇一、行政百選I[七版]七三）→行総◘【II】[136]

[81] 県立美術館の管理運営上の支障を生ずる蓋然性が客観的に認められる場合には、管理者において、収蔵美術品の特別観覧許可申請を不許可とし、あるいはカタログの閲覧を拒否しても、公の施設の利用の制限についての地方自治法二四四条二項の「正当な理由」があるものとして許される。（名古屋高金沢支判平12・2・16判タ一〇五六・一八八〈コラージュ事件控訴審〉憲百選II[七版]A13……上告審（最判平12・10・27判例集未登載）で上告棄却）→一条[3]

[82] 公立図書館は、そこで閲覧に供された図書の著作者にとって、その思想、意見等を公衆に伝達する公的な場でもあるから、その職員が、図書の廃棄について、著作者又は著作物に対する独断的な評価や個人的な好みによって不公正な取扱いをしたときは、当該著作者の人格的利益を侵害し、国家賠償法上違法となる。（最判平17・7・14民集五九・六・一五六九、憲百選I[七版]七〇）

一五　デモ行進

1　公安条例による規制

[83] 集団示威運動等につき、単なる届出制ではなく、一般的な許可制を定めてこれを事前に抑制することは憲法の趣旨に反するが、特定の場所又は方法につき、合理的かつ明確な基準の下に、あらかじめ許可を受けさせ、又は届出をさせて、公共の福祉が著しく侵されるような場合にこれを禁止しても憲法に違反せず、さらにまた、これらの行動について公共の安全に対し明らかな差し迫った危険が予見される場合には、これを許可せず又は禁止しても憲法に違反しない。（最大判昭29・11・24刑集八・一一・一八六六〈新潟県公安条例事件〉憲百選I[七版]八二）

[84] 地方公共団体は、条例によって集団行動による表現の自由について、法と秩序を維持するに必要最小限度の措置を事前に講ずることができる。右の限度にとどまるか否かは、「許可」・「届出」のいずれが要求されているかという概念ないし用語によって判断すべきでなく、また、不許可とすべき事情の存否の認定が公安委員会の裁量に属し、公安委員会が一定時間までに不許可の意思表示をしない場合には許可があったものとみなす規定がなく、規制の対象となる集団行動が行われる場所に関して、包括的な定めしかなされていなくとも、憲法に反しない。（最大判昭35・7・20刑集一四・九・一二四三〈東京都公安条例事件〉憲百選I[七版]A8）

[85] 市の公安条例を、その規定が明確であり、法律の定めにも反していないとして合憲とした事例（最大判昭50・9・10刑集二九・八・四八九〈徳島市公安条例事件〉憲百選I[七版]八三）→三一条[7]・八一条＊[45]・九四条[2]、刑◘【罪刑法定主義】〔一編名の後〕[10]

2　道路交通法による規制

[86] 道路交通法七七条二項によれば、道路における集団行動に許可が与えられないのは、それが道路の機能を著しく害すると認められ、警察署長が許可に条件を付しても、かかる事態の発生を阻止できないと予測される場合に限られるから、右規定は明確かつ合理的な基準によって集団行進の自由を制限するものであり、憲法に違反しない。（最判昭57・11・16刑集三六・一一・九〇八、憲百選I[七版]八五）

一六　結社の自由

[87] 「暴力団員による不当な行為の防止等に関する法律」は、暴力団への自発的加入を犯罪としたり、団体の活動の規制や解散を定めるものではなく、同法三条による指定を受けても、指定暴力団構成員の暴力的要求行為が規制されるだけであるから、本条に違反しない。（福岡地判平7・3・28判タ八九四・九二）

一七　事前の抑制、特に検閲の禁止

1　検閲の意義

[88] 本条にいう検閲とは、行政権が主体となって、思想内容

等の表現物を対象とし、その全部又は一部の発表の禁止を目的として、対象とされる一定の表現物につき網羅的・一般的に発表前にその内容を審査した上、不適当と認めるものの発表を禁止することを、その特質として備えるものをいう。検閲の禁止については公共の福祉を理由とする例外も認められない。（最大判昭59・12・12民集三八・一二・一三〇八〈札幌税関検査訴訟〉憲百選Ⅰ[七版]六九）↓三一条[2]・八一条[28]、行総❷【Ⅱ】[32]

2 税関検査

[89] 税関検査は、事前に発表そのものを禁止するものではなく、関税徴収手続に付随して行われ、検査の主体となる税関は思想内容の規制をその独自の使命とする機関ではないから、本条にいう検閲に当たらない。（最大判昭59・12・12前出[88]）

[90] 我が国において既に頒布販売されているわいせつ表現物を税関検査による輸入規制の対象とすることが本条一項に違反しないとした上で、本件写真集は、全体としてみたときに主として見る者の好色的興味に訴えるものではなく、関税定率法二一条一項四号［現・関税法六九条の一一第一項七号に相当］に該当しないとした事例（最判平20・2・19民集六二・二・四四五、メディア百選[二版]六二）

3 教科書検定

＊[91] 教科書検定は、その審査が思想内容に及ぶときは、検閲に該当する。（東京地判昭45・7・17行裁二一・七・別冊一〈第二次教科書訴訟一審〉憲百選Ⅰ[七版]八七）

[92] 教科書検定は、不合格となった図書が一般図書として発行されることを何ら妨げるものではなく、発表禁止目的や発表前の審査などの特質がないから、検閲に当たらないし、普通教育の場における、教育の中立・公正、一定程度の水準の維持という要請に応えるものであり、不適切な図書のみについて、教科書という特殊な形態での発行を禁ずるものにすぎないから、これによる表現の自由の制限は、合理的で必要やむを得ない限度のものである。しかし、検定における合否の判定、条件付合格の条件の付与等についての教科用図書検定調査審議会の判断の過程に看過し難い過誤があって、文部大臣の判断がこれに依拠してなされたときには、右判断は、裁量権の範囲を逸脱したものとして国家賠償法上違法となる。（最判平5・3・16民集四七・五・三四八三〈第一次教科書訴訟〉憲百選Ⅰ[七版]八八）↓[1]・二六条[8]

[93] 高等学校用日本史教科用図書の原稿本における「七三一部隊」の生体実験の記述を全部削除する必要がある旨の修正意見について、文部大臣の判断過程に看過し難い過誤があり、裁量権の範囲を逸脱した違法があるとした事例（最判平9・8・29民集五一・七・二九二一〈第三次教科書訴訟〉行政百選Ⅰ[七版]七九②）

4 裁判所による事前差止め

[94] 小説による名誉・プライバシーの侵害と差止請求（最判平14・9・24前出[26]）↓一三条[22]

[95] 表現行為に対する事前抑制は、本条の趣旨に照らして厳格かつ明確な要件の下においてのみ許容され、差止めの対象が公務員又は公職選挙の候補者に対する評価、批判等の表現行為に関するものである場合には、その頒布の事前差止めは原則として許されないが、その表現内容が真実でなく、又はそれが専ら公益を図る目的のものでないことが明白であって、かつ、被害者が重大にして著しく回復困難な損害を被るおそれがあるときは、例外的に事前差止めが許される。

仮処分による表現物の事前差止めは、検閲に当たらないが、仮処分命令を発するに当たっては、口頭弁論又は債務者の審尋を行い、表現内容の真実性等の主張立証の機会を与えることを原則とすべきである。（最大判昭61・6・11民集四〇・四・八七二〈北方ジャーナル事件〉憲百選Ⅰ[七版]六八）↓一三条[18][59]

5 その他の事前抑制

[96] デモ行進の事前許可制（最大判昭29・11・24前出[83]）

[97] 受刑者が受信し又は発信した信書の一部を、監獄内の規律及び秩序の維持に障害を生ずること並びに受刑者の教化を妨げることを理由として抹消しても、本条に違反しない。（最判平10・4・24判タ九七三・一〇八）↓三四条[5]

[98] 監獄法四六条二項は、その文言上は、特に必要があると認められる場合に限って、親族でないものとの間の信書の発受を許しているようにみえるが、その必要性は広く認められ、監獄内の規律・秩序の維持等の点で放置できない程度の障害が発生する相当の蓋然性があると認められる場合に限って制限が許されると解するのが相当であるから、本条に違反しない。（最判平18・3・23判タ一二〇八・七二……平成一八法五八による刑事施設ニ於ケル刑事被告人ノ収容等ニ関スル法律（旧監獄法）廃止前の事案）

一八 通信の秘密↓三五条[11]

[99] 信書の秘密保持について定める郵便法九条［現八条］にいう信書には、封をした書状のほか開封の書状、はがきも含まれ、秘密には、これらの信書の内容のほか、その発信人や宛先の住所、氏名等も含まれる。（大阪高判昭41・2・26高刑一九・一・五八、憲百選Ⅰ[二版]四六）

第二二条【居住・移転及び職業選択の自由、外国移住及び国籍離脱の自由】 ① 何人も、公共の福祉に反しない限り、居住、移転及び職業選択の自由を有する。

② 何人も、外国に移住し、又は国籍を離脱する自由を侵されない。

参 ❶【公共の福祉↓一二・一三【居住移転↓人権B規約一二1・3、女子差別撤廃約一五4、児童約一〇 ❷【外国移住↓人権B規約一二2―4、児童約二二【国籍離脱↓国籍一一―一三・一八、一九 ＋明憲二二

一 職業選択の自由と営業の自由・職業の自由

[1] 本条一項が職業選択の自由を保障するという中には、広く一般に、いわゆる営業の自由を保障する趣旨を包含する。（最大判昭47・11・22後出[18]）↓一三条[57]

[2] 職業は、その選択すなわち職業の開始、継続、廃止において自由であるばかりでなく、選択した職業の遂行自体すなわちその職業活動の内容、態様においても原則として自由であることが要請される。（最大判昭50・4・30後出[19]）↓一三条[58]

二 職業選択の自由の制限と公共の福祉

1 各種の職業規制

[3] 職業安定法によって有料職業紹介事業を禁止することは、労働者に不利な契約を成立させることに起因する弊害を除去しようとする目的を持つものであるから、憲法に違反しない。（最大判昭25・6・21刑集四・六・一〇四九、憲百選Ⅰ[二版]六九……平成一一法八五による職業安定法改正前の事案）

[4] 公衆浴場法による適正配置規制は、公衆浴場の偏在・濫立によって生ずる、国民保健及び環境衛生上の弊害を防止しようとするものであるから、憲法に違反しない。（最大

判昭30・1・26刑集九・一・八九、憲百選Ⅰ[七版]八九）

5 自動車運送事業の免許制は、我が国の交通及び道路運送の実情に照らして、公共の福祉に沿うものと認められるから、自家用自動車を有償運送の用に供することを禁止している道路運送法の規定「平成一八法四〇改正前のもの」は本条に違反しない。（最大判昭38・12・4刑集一七・一二・二四三四、憲百選Ⅰ[七版]九〇）

6 租税の適正かつ確実な賦課徴収を図るという国家の財政目的のための職業の許可制による規制は、その必要性と合理性についての立法府の判断が、政策的、技術的な裁量の範囲を逸脱し、著しく不合理なものでない限り、本条一項に違反しない。酒税法が酒類の販売業についても免許制を採用しているのは、酒類製造者に納税義務を課し、酒類販売業者を介しての代金の回収を通じてその税負担を消費者に転嫁するという仕組みをとっていることに伴うものであるから、立法府の裁量の範囲を逸脱するものではない。（最判平4・12・15民集四六・九・二八二九、憲百選Ⅰ[七版]九四）

7 酒類販売業について免許制を存置することの必要性・合理性については、平成元年四月当時疑問の余地があったが、なお立法府の政策的・技術的裁量の範囲を逸脱するものではなかった。（最判平10・3・26判タ九七三・一二二）

8 近時、酒類販売業に関するいわゆる規制緩和論が高まり、これを受けて、免許制の運用が大幅に緩和されているとはいえ、本件当時（平成二年六月一日から平成五年五月一八日まで）、酒類販売業免許制を維持することの合理性が失われるには至っていなかった。（最判平14・6・4判タ一〇九四・一一七）

9 司法書士法一九条「現七三条」一項、二五条「現七八条」一項は、登記制度が国民の権利義務等社会生活上の利益に重大な影響を及ぼすものであることに鑑みて、司法書士及び公共嘱託登記司法書士協会以外の者が、他人の嘱託を受けて、登記に関する手続について代理する業務及び登記申請書類を作成する業務を行うことを禁止し、これに違反した者を処罰することにしたものであり、公共の福祉に合致した合理的な規定であるから、本条一項に違反しない。（最判平12・2・8刑集五四・二・一、憲百選Ⅰ[七版]九五）

10 旅行業務に関する取引の公正の維持、旅行の安全の確保及び旅行者の利便の増進を図ることを目的として、旅行業を営む者について登録制度を採用し、無登録の者が旅行業を営むことを禁止・処罰する旅行業法の規定は、本条一項に違反しない。（最判平27・12・7裁判集刑三一八・一六三）

11 水稲等の耕作の業務を営む者について農業共済組合への当然加入制を定める農業災害補償法の規定は、職業の遂行それ自体を禁止するものではなく、職業活動に付随して、その規模等に応じて一定の負担を課するという態様の規制であることなどを勘案すれば、立法府の政策的、技術的な裁量の範囲を逸脱し著しく不合理であることが明白とはいえない。（最判平17・4・26判タ一一八二・一五二、重判平17憲八）

12 病床過剰地域であることを理由としてされた医療法の規定に基づく病院開設中止の勧告に従わずに開設された病院について、健康保険法上の保険医療機関の指定を拒否することは、職業の自由に対する不当な制約ではない。（最判平17・9・8判タ一二〇〇・一三二、社会保障百選[五版]一一）

13 旧薬事法「平成一八法六九による改正前のもの」の下では適法だった郵便等販売に対する新たな規制は、それを事業の柱としてきた者の職業活動の自由を相当程度制約するから、厚生労働大臣が制定した郵便等販売を規制する新薬事法施行規則の規定が、新薬事法の委任の範囲を逸脱しないためには、立法過程における議論や新薬事法の諸規定から授権の趣旨が明確に読み取れることを要する。（最判平25・1・11民集六七・一・一〈市販薬ネット販売権訴訟〉憲百選Ⅱ[七版]A19）→行総◆【Ⅱ】12、行訴四条15

14 要指導医薬品について薬剤師の対面による販売・授与を義務づける医薬品医療機器等法の規定は、要指導医薬品の市場規模やその規制の期間に照らして見れば、職業活動の内容及び態様に対する規制にとどまり、その制限の程度が大きいものではなく、本条一項に違反しない。（最判令3・3・18民集七五・三・五五二、重判令3憲八）

15 営業の許可制が職業の自由に対する強力な制限であること、ダンスホール営業の許可制によってダンス表現の自由が制約されること、現在では客にダンスと飲食をさせるという指標により男女間の享楽的雰囲気を過度に醸成するおそれのある営業類型とみなすことが困難になったという立法事実の変遷を踏まえると、風営法二条一項三号「平成二七法四五による改正前のもの」にいう「ダンス」とは、男女が組になり、かつ、身体を接触して踊るのが通常の形態とされているダンスを指すものと解すべきである。（大阪高判平27・1・21【平26う七〇五】重判平26憲八……最決平28・6・7【平27あ二三五】で上告棄却）

16 京都府風俗案内所の規制に関する条例が、青少年が多く利用する施設等から一定の範囲内における風俗案内所の営業を禁止・処罰することは、公共の福祉に適合する目的達成のための手段として必要性、合理性があり、風営法を踏まえても京都府議会の合理的な裁量の範囲を超えるものではないから、本条一項に違反しない。（最判平28・12・15判タ一四三五・八六、憲百選Ⅰ[七版]A9）→二一条31

17 入れ墨（タトゥー）の施術は医師のみがなし得るとする解釈適用によれば同施術業を営む者の職業選択の自由を侵害するおそれがあることから、同施術が医師法一七条の医行為に該当しないとされた事例（大阪高判平30・11・14判時二三九九・八八……最決令2・9・16刑集七四・六・五八一で上告棄却）

2 積極目的の規制と消極目的の規制

18 個人の経済活動に対しては、社会公共の安全と秩序を維持するという消極的目的のために必要で合理的な限度でその規制が許されるのみならず、経済的劣位に立つ者を保護するための積極的な社会経済政策の実施の一環として、これに一定の合理的規制を講ずることができ、立法府がその裁量権を逸脱し、当該法的規制措置が著しく不合理であることの明白である場合に限って、これを違憲とすることができる。（最大判昭47・11・22刑集二六・九・五八六〈小売市場事件〉憲百選Ⅰ[七版]九一）→7・一三条54

19 一般に営業の許可制は、自由な職業活動が社会公共に対してもたらす弊害を防止するための消極的、警察的措置である場合には、許可制に比べてより緩やかな規制によってはその目的を達成することができない、と認められることを要し、この要件は、許可制そのものについてのみならず、その内容についても要求され、許可制の採用自体が是認される場合であっても、個々の許可条件については、更に個別的にその適否を判断しなければならない。薬事法「昭和五〇法三七による改正前のもの」に基づく薬局等の適正配置規制は、不良医薬品の供給や医薬品濫用の危険を防止するための警察的措置であるが、目的と手段の均衡を欠くものであるから、本条一項に違反する。（最大判昭50・4・30民集二九・四・五七二〈薬事法距離制限違憲判決〉憲百選Ⅰ[七版]九二）↓[2]・一三条[58]

[20] 公衆浴場法による適正配置規制は、公衆浴場業者の廃転業を防止し、健全で安定した経営を行えるようにして国民の保健福祉を維持しようとするものであり、積極的、社会経済政策的な規制目的に出た立法であるから、立法府のとった手段がその裁量権を逸脱し、著しく不合理であることが明白でない以上、憲法に違反しない。（最判平元・1・20刑集四三・一・一）

[21] 生糸の一元輸入措置及び価格安定制度を定める法律は、積極的な社会経済政策の実施の一手段として個人の経済活動に対し一定の合理的規制措置を講ずるものであり、立法府がその裁量権を逸脱し、当該規制措置が著しく不合理であることが明白でないから、憲法に違反しない。（最判平2・2・6訟月三六・一二・二二四二〈西陣ネクタイ訴訟〉憲百選Ⅰ[七版]九三）

[22] たばこ事業法二二条に基づくたばこ小売販売業の許可制は、従前のたばこ小売人指定制度に基づく小売人を保護することを目的とするものであるから、公共の福祉に適合する目的のための必要かつ合理的な措置であり、右許可制に基づく適正配置規制も、著しく不合理であることが明白であるとはいえない。（最判平5・6・25判タ八二三・一七六）

[23] 視覚障害者であるあん摩マッサージ指圧師の生計の維持が著しく困難とならないようにするため必要があると認めるときは、あん摩マッサージ指圧師に係る学校・養成施設で視覚障害者以外の者を教育・養成するものについての認定等をしないことができると定める法律の規定は、重要な公共の利益のために必要かつ合理的な措置であることについての立法府の判断が、その政策的、技術的な裁量の範囲を逸脱し、著しく不合理であることが明白であるとはいえないため、本条一項に違反しない。（最判令4・2・7判タ一四九七・五二）

三　居住・移転の自由

[24] 西宮市営住宅条例四六条一項柱書及び同項六号の規定のうち、入居者が暴力団員であることが判明した場合に市営住宅の明渡しを請求することができる旨を定める部分により制限される利益は、社会福祉的観点から供給される市営住宅に暴力団員が入居し、入居し続ける利益にすぎないため、本件規定は公共の福祉による必要かつ合理的なものであり、本条一項に違反しない。（最判平27・3・27民集六九・二・四一九、憲百選Ⅰ[七版]一〇六）↓一四条[82]

四　外国渡航の自由

[25] 本条二項の「外国に移住する自由」には、外国へ一時旅行する自由も含まれるが、この自由も、公共の福祉のための合理的制限に服するのであり、「著しく且つ直接に日本国の利益又は公安を害する行為を行う虞があると認めるに足りる相当の理由がある者」に旅券の発給を拒否できる旨定めている旅券法一三条一項五号［現七号］は本条に違反しない。（最大判昭33・9・10民集一二・一三・一九六九、憲百選Ⅰ[七版]一〇五）

[26] ジャーナリストの生命・身体の安全の確保を理由に、取材目的での海外渡航を制限することが、本条二項、憲法二一条一項及び一四条に反しないとされた事例（東京高判平29・9・6訟月六四・一・一三三……最決平30・3・15【平29行ツ三九七】で上告棄却）

[27] 外国移住の自由は、その性質上、外国人に対しても保障されるが、本邦外の地域に赴く意図を持って出国しようとする外国人は、入国審査官から旅券に出国の証印を受けなければならないことを定めた出入国管理令二五条の規定は、出入国の公正な管理を行う目的を持つものであるから、本条に違反しない。（最大判昭32・12・25刑集一一・一四・三三七七、憲百選Ⅰ[七版]A1）

[28] 本条は、外国人が日本国に入国する自由については何ら規定していない。（最大判昭32・6・19刑集一一・六・一六六三、憲百選[初版]三二）

[29] 我が国に在留する外国人は、外国へ一時旅行する自由を憲法上保障されているものではない。（最判平4・11・16裁判集民一六六・五七五、憲百選Ⅰ[七版]A2）

[30] 指紋押なつ拒否と再入国申請不許可（最判平10・4・10民集五二・三・七七六）↓一三条[29]

第二三条【学問の自由】 学問の自由は、これを保障する。

⊛一九、二一、教基二、破防三①、人権A規約一五

一　学問の自由と大学の自治

[1] 大学の教授その他の研究者は、その研究の結果を教授する自由を、一般の場合よりもある程度で広く認められ、また大学における学問の自由を保障するため、研究者の人事、大学の施設や学生の管理について、大学の自治が認められるが、学生の集会は学問の自由と大学の自治の範囲において認められるものにすぎず、それが真に学問的な研究又はその結果の発表のためのものではなく、実社会の政治的社会的活動に当たる場合には、大学の有する特別の学問の自由と自治は享有しない。（最大判昭38・5・22刑集一七・四・三七〇〈ポポロ事件〉憲百選Ⅰ[七版]八六）

[2] 私立大学の教員にとって、教授会に出席して審議に参加することや、講義を担当することは、義務であるばかりでなく、権利としての側面を持つ。（仙台地判平11・12・22判タ一〇六七・一八五、重判平12憲一）

二　学問の自由と普通教育

[3] 学問の自由は、学問研究の自由ばかりでなくその結果を教授する自由も含むが、大学教育の場合と異なり、普通教育においては、教師に完全な教授の自由を認めることは許されない。（最大判昭51・5・21刑集三〇・五・六一五〈旭川学テ事件〉憲百選Ⅱ[七版]一三六）↓二六条[1][2][4]

三　教科書検定↓二六条[8]・二一条[92]

第二四条【家族生活における個人の尊厳と両性の平等】

① 婚姻は、両性の合意のみに基いて成立し、夫婦が同等の権利を有することを基本として、相互の協力により、維持されなければならない。

② 配偶者の選択、財産権、相続、住居の選定、離婚並びに婚姻及び家族に関するその他の事項に関しては、法律は、個人の尊厳と両性の本質的平等に立脚して、制定されなければならない。

⊛一四①・一三、女子差別撤廃約一五・一六、人権A規約一〇、人権B規約二三、児童約五・九・一〇・一八・二〇―二二【個人の尊厳と両性の本質的平等↓民二

一　結婚退職制と婚姻の自由

[1] 結婚を退職事由と定めることは、女子労働者に対して結婚するか従前の職にとどまるかの選択を迫る結果となり、

かかる精神的、経済的理由により配偶者の選択、結婚の時期等につき、結婚の自由を著しく制約するものである。（東京地判昭41・12・20労民一七・六・一四〇七〈住友セメント事件〉重判昭41・42憲三）→三章⑪

二　夫婦別産制の合憲性

② 民法七六二条一項の規定は、夫と妻の双方に平等に適用されるばかりでなく、配偶者の一方の財産取得に他方が協力しているとしても、財産分与請求権、相続権、扶養請求権等を行使することによって、夫婦間の実質的平等が確保されるから、同条項は憲法に違反しない。（最大判昭36・9・6民集一五・八・二〇四七、民百選Ⅲ［二版］一〇）→民七六二条①

三　女性の再婚禁止期間

③ 婚姻をするについての自由は本条一項の趣旨に照らし十分尊重に値するところ、女性について六箇月の再婚禁止期間を定める民法七三三条一項［平成二八法七一による改正前のもの］については、婚姻に対する直接的な制約を課すことを内容とするという事柄の性質を十分に考慮に入れた上で検討をすることが必要である。女性の再婚後に生まれた子につき父性の推定の重複を回避し、父子関係をめぐる紛争の発生を未然に防ぐという同規定の立法目的及び一〇〇日の再婚禁止期間を設ける部分は合理性を有する一方、医療や科学技術の発達、婚姻及び家族の実態の変化、婚姻をするについての自由が十分尊重されるべきものであること等からすれば、同規定のうち一〇〇日を超えて女性の再婚を禁止する部分は、遅くとも平成二〇年当時において、憲法一四条一項及び本条二項に違反するに至っていたが、同規定を改廃する立法措置をとらなかった立法不作為は、国家賠償法一条一項の規定の適用上違法の評価を受けるものではない。（最大判平27・12・16民集六九・八・二四二七、憲百選Ⅰ［七版］二八）→一四条⑫・八一条⑯㉟、民七三三条②

四　夫婦同氏制の合憲性

④ 婚姻及び家族に関する法制度を定めた法律の規定が本条に適合するかどうかは当該法制度の趣旨や同制度を採用することにより生ずる影響につき検討し、当該規定が個人の尊厳と両性の本質的平等の要請に照らして合理性を欠き、国会の立法裁量の範囲を超えるものとみざるを得ないような場合に当たるか否かという観点から判断すべきところ、夫婦が同一の氏を称することは家族という一つの集団を構成する一員であることを対外的に公示し識別する機能を有していること、夫婦同氏制それ自体に男女間の形式的な不平等が存在するわけではないこと、他方でアイデンティティの喪失感を抱いたり社会的な信用・評価を維持することが困難になったりする等の不利益は婚姻前の氏の通称使用が広まることで一定程度緩和され得ることからすれば、民法七五〇条は本条に違反しない。（最大判平27・12・16民集六九・八・二五八六、憲百選Ⅰ［七版］二九）→一三条㉝・一四条⑬、民七五〇条①

⑤ 民法七五〇条の規定及び同条を受けて夫婦が称する氏を婚姻届の必要的記載事項と定めた戸籍法七四条一号は本条に違反しない。社会の変化や選択的夫婦別氏制の導入に関する国民意識の変化等を踏まえても、平成二七年大法廷判決（前出④）を変更すべきものとは認められない。（最大決令3・6・23判タ一四八八・九四、重判令3憲一〇）→民七五〇条②

＊⑥ 民法七五〇条及び戸籍法七四条一号について、法が夫婦別氏の選択肢を設けていないことが本条の保障する婚姻の自由を制約している状況は個人の尊厳と両性の本質的平等の要請に照らし平成三〇年の時点で合理性を欠いており、国会が夫婦別氏の選択肢を定めるために所要の措置を執っていないことは本条に違反するが、必要な法の改正がされないまま夫婦が称する氏の記載のない届出を受理することはできないから、抗告人らの申立てを却下すべきものとした原審の判断は結論において是認することができる。（最大決令3・6・23前出⑤……三浦裁判官意見）

五　嫡出でない子→一四条㉕〜㉙

第二五条【生存権、国の社会的使命】①　すべて国民は、健康で文化的な最低限度の生活を営む権利を有する。

②　国は、すべての生活部面について、社会福祉、社会保障及び公衆衛生の向上及び増進に努めなければならない。

参＊一三　❶【生存権の保障→生活保護〈とくに一・三〉】＊人権A規約九―一二、女子差別撤廃約一一―一四、児童約三・二三―二七

一　生存権の権利性

① 国家は、国民一般に対して概括的に本条に定める責務を負担しこれを国政上の任務としたのであるけれども、個々の国民に対して具体的、現実的にかかる義務を有するのではない。（最大判昭23・9・29刑集二・一〇・一二三五、憲百選［初版］六九）

② 本条でいう「健康で文化的な最低限度の生活」は、極めて抽象的・相対的な概念であって、その具体的内容は、その時々における文化の発達の程度、経済的・社会的条件、一般的な国民生活の状況等との相関関係において判断決定されるべきものであり、具体的な立法にあっては、国の財政事情等、多方面にわたる政策的判断を必要とするものであるから、具体的にどのような立法措置を講ずるかの選択決定は、立法府の広い裁量に委ねられており、それが著しく合理性を欠き明らかに裁量の逸脱・濫用となるような場合を除き、裁判所の審理判断の対象にはならない。したがって、他の公的年金給付との併給を禁止していた児童扶養手当法［昭和四八法九三による改正前のもの］四条三項三号の規定は、本条に違反しない。（最大判昭57・7・7民集三六・七・一二三五〈堀木訴訟上告審〉憲百選Ⅱ［七版］一三二）

＊③ 本条の規定は、全ての国民が健康で文化的な最低限度の生活を営み得るように国政を運営すべきことを国の責務として宣言したにとどまり、直接個々の国民に対して具体的権利を賦与したものではなく、具体的権利は、憲法の趣旨を実現するために制定された生活保護法によって、初めて与えられる。（最大判昭42・5・24民集二一・五・一〇四三〈朝日訴訟〉憲百選Ⅱ［七版］一三一）

④ 社会保障上の施策における外国人の処遇については、国は、特別の条約の存しない限り、当該外国人の属する国との外交関係、国際情勢、国内の政治・経済・社会的諸事情に照らした政治的判断により決定でき、限られた財源下での福祉的給付に当たり自国民を在留外国人より優先的に扱うことも許されるから、障害福祉年金の支給対象者から在留外国人を除外することは立法府の裁量の範囲に属する。（最判平元・3・2判タ七四一・八七〈塩見訴訟〉憲百選Ⅰ［七版］五）

⑤ 生活保護法が本邦に不法に残留する外国人を保護の対象にしていないことは、本条に違反しない。（最判平13・9・

25判タ一〇八〇・八三、社会保障百選[五版]五）

[6] 平成元年改正前の国民年金法の下において、傷病により障害の状態となったが初診日に二〇歳以上の学生で国民年金に任意加入していなかったために障害基礎年金等を受給することができない者に対し、無拠出制の年金を支給する旨の規定を設けるなどの立法措置を講じなかったことが、著しく合理性を欠くということはできない。（最判平19・9・28民集六一・六・二三四五〈学生無年金障害者訴訟〉憲百選Ⅱ[七版]一三四）↓一四条[73]

[7] 生活保護基準中の老齢加算に係る部分を改定するに際し、老齢に起因する特別な需要があるか、改定後の生活扶助基準の内容が健康で文化的な生活水準を維持できるものであるか、及びその廃止の具体的な方法等を判断するに当たっては、厚生労働大臣に専門技術的、政策的な裁量権が認められており、老齢加算を段階的に廃止した大臣の判断の過程及び手続に過誤、欠落はない。（最判平24・2・28民集六六・三・一二四〇、憲百選Ⅱ[七版]一三五）

二 損失補償の根拠としての本条の意味

[8] 予防接種による副反応事故によって被害ないし損失を受けた者は、本条一項によって、国に対し直接補償を求めることができるが、予防接種法に基づく救済制度がある場合、その給付が損失に照らして極めて低額、不当なものでない限り、差額について補償請求を認めることはできない。（名古屋地判昭60・10・31判タ五七三・一〇）

三 環境権↓一三条＊[39]〜[42]

第二六条【教育を受ける権利、教育の義務】 ① すべて国民は、法律の定めるところにより、その能力に応じて、ひとしく教育を受ける権利を有する。

② すべて国民は、法律の定めるところにより、その保護する子女に普通教育を受けさせる義務を負ふ。義務教育は、これを無償とする。

㊎❶【教育を受ける権利↓教基四 ❷【教育の義務↓教基五、学教一六—二一 ＋人権A規約一三—一五、女子差別撤廃約一〇、児童約二八—三三

一 学習権

[1] 本条の背後には、子どもはその学習要求を充足するための教育を自己に施すことを大人一般に対して要求する権利を有するとの観念があるから、子どもの教育は、教育を施す者の支配的権能ではなく、子どもの学習をする権利に対応し、その充足を図り得る者の責務に属する。（最大判昭51・5・21刑集三〇・五・六一五〈旭川学テ事件〉憲百選Ⅱ[七版]一三六）↓[2][4]・二三条[3]

二 教育権の所在

[2] 親は、子どもに対する自然的関係により、子女の教育の自由を有するが、この自由は、主として家庭教育等学校外における教育や学校選択の自由に表れるものであり、私学教育における自由や教師の教授の自由も、一定の範囲においては認められるが、それ以外の領域においては、国は、子どもが自由かつ独立の人格として成長することを妨げるような介入は別として、国政の一部として教育政策を樹立、実施し、教育内容についてもこれを決定する権能を有する。（最大判昭51・5・21前出[1]）↓[4]・二三条[3]

[3] 本条を根拠として、身体障害を有する子を普通学級と特殊学級とのいずれに所属させるべきかの決定権が当該子又はその親に属すると解することはできない。（札幌高判平6・5・24判タ八五四・一〇二）

三 学習指導要領の法的性格

[4] 中学校学習指導要領は、必ずしも法的拘束力を持って地方公共団体を制約し、教師を強制するのに適切でなく、そのような制約・強制する趣旨であるかどうか疑わしいものを幾分含んでいるとしても、教師による創造的・弾力的な教育や、地方ごとの特殊性を反映した個別化の余地が十分残されているから、教育の機会均等の確保、全国的な一定の水準等の目的のために、必要かつ合理的な基準を設定したものということができる。（最大判昭51・5・21前出[1]）↓[2]・二三条[3]

[5] 高等学校学習指導要領に違反する教師の教育活動を理由とした処分が、処分権者の裁量権を逸脱したものでないとした事例（最判平2・1・18民集四四・一・一〈伝習館高校事件〉憲百選Ⅱ[七版]一三七）

四 教育の費用

[6] 本条二項の意味は、授業料を徴収しないことにあり、教科書、学用品その他教育に必要な一切の費用まで無償としなければならないことを定めたものではない。（最大判昭39・2・26民集一八・二・三四三〈教科書費国庫負担請求事件〉憲百選Ⅱ[七版]A11）

[7] 国が高校入学希望者数に見合う公立高校を設置するための施策をとらず、私立高校の学費を公立高校のそれと同額にする施策をとっていないとしても、教育の機会均等に反することの明白な場合に当たるとはいえない。（大阪高判昭59・11・29判タ五四一・一三二）

五 教科書検定↓二一条＊[91]〜[93]

[8] 教科書検定は、普通教育においては教育内容が正確かつ中立・公正であり、全国的に一定の水準を維持し、児童・生徒の心身の発達段階に応じたものでなければならないという要請に応えるものである上に、右検定を経た教科書を使用することが、教師に憲法上認められた教育上の裁量権の余地を奪うものでもないから、本条に違反しない。（最判平5・3・16民集四七・五・三四八三〈第一次教科書訴訟〉憲百選Ⅰ[七版]八八）↓二一条[7][92]

六 その他

[9] 本条とこれを受けた教育基本法〔平成一八法一二〇による全部改正前のもの〕一条に言及して、身体障害を有する受検者につき、高等学校の全課程を無事に履修する見通しがないという判断に基づいてした入学不許可処分に、裁量権の逸脱・濫用があったとされた事例（神戸地判平4・3・13行裁四三・三・三〇九、憲百選Ⅱ[七版]一三八）

第二七条【勤労の権利及び義務、勤労条件の基準、児童酷使の禁止】 ① すべて国民は、勤労の権利を有し、義務を負ふ。

② 賃金、就業時間、休息その他の勤労条件に関する基準は、法律でこれを定める。

③ 児童は、これを酷使してはならない。

㊎❶人権A規約六【雇用機会の男女平等↓雇均、育介 ❷【勤労基準↓労基、最賃、人権A規約七、女子差別撤廃約一一・六 ❸労基五六、人権A規約一〇3、人権B規約二四、児童約〈とくに三二、三四—三六〉、児童買春

第二八条【勤労者の団結権】 勤労者の団結する権利及び団体交渉その他の団体行動をする権利は、これを保障する。

㊎＋【団結権↓労組五—一三の一三、国公一〇八の二—一〇八の

七、地公五二―五六、行執労四・七【団体交渉権↓労組一四―一八、行執労八―一二、国公一〇八の五、地公五五【争議の制限禁止↓労調三六―四三、行執労一七・一八、国公九八②③、地公三七、破防三【人権A規約八

一　労働基本権の一般的限界

[1]　勤労者の団体交渉においても、刑法所定の暴行罪又は脅迫罪に該当する行為が行われた場合、常に同法三五条の適用があるわけではない。（最大判昭24・5・18刑集三・六・七七二〈板橋造兵廠食糧デモ事件〉憲百選Ⅱ[三版]一四二）

[2]　いわゆる生産管理は、企業経営の権能を権利者の意思を排除して非権利者が行うものであるから、違法性は阻却されない。（最大判昭25・11・15刑集四・一一・二二五七〈山田鋼業事件〉憲百選Ⅱ[七版]A12）↓刑三五条[9][14]、労組◆【補章　争議行為】［二三条の二三の後］[7]

[3]　使用者に対する経済的地位の向上と直接関係があるとはいえない政治的目的のために争議行為を行うことは、私企業の労働者であると公務員であるとを問わず、本条の保障を受けない。（最大判昭48・4・25刑集二七・四・五四七〈全農林警職法事件〉憲百選Ⅱ[七版]一四一）↓[10]・八一条[26]

二　労働組合の統制権の限界

[4]　労働組合が組合員に対し、勧告又は説得の域を超え、立候補を取りやめることを要求し、これに従わないことを理由に当該組合員を統制違反者として処分するのは、その統制権の限界を超えるものであって違法である。（最大判昭43・12・4刑集二二・一三・一四二五〈三井美唄労組事件〉憲百選Ⅱ[七版]一四四）↓一五条[6]、労組二章[13][14]

[5]　ユニオン・ショップ協定のうち、締結組合以外の他の労働組合に加入している者及び締結組合から脱退し又は除名されたが他の労働組合に加入し又は新たな労働組合を結成した者について使用者の解雇義務を定める部分は、民法九〇条により無効である。（最判平元・12・14民集四三・一二・二〇五一〈三井倉庫港運事件〉労働百選[一〇版]八三）↓民九〇条[5]、労組二章[2]

[6]　従業員と使用者との間でされた同従業員が特定の労働組合に所属し続けることを義務付ける内容の合意が公序良俗に反し無効であり、同合意に違反して同従業員のした同組合からの脱退が有効であるとされた事例（最判平19・2・2民集六一・一・八六〈東芝労働組合小向支部・東芝事件〉労働百選[一〇版]八四）↓民九〇条[7]、労組二章[7]

三　公務員の労働基本権

[7]　公務員も本条にいう「勤労者」に当たる。（最大判昭40・7・14民集一九・五・一一九八〈和歌山市教組事件〉公務員百選七五）↓労組二章[4]

＊[8]　公務員も本条にいう勤労者にほかならない以上、原則として労働基本権の保障を受け、ただその担当する職務の内容に応じて、私企業における労働者とは異なる制限を受けるにすぎない。公務員の労働基本権の制限は、合理性の認められる必要最小限度のものにとどめられなければならず、国民生活に及ぼす障害を避けるために必要やむを得ない場合について考慮されるべきであり、その違反に対して刑事罰を科することには特に慎重を要し、また、制限に見合う代償措置を講ずることが必要である。（最大判昭41・10・26刑集二〇・八・九〇一〈全逓東京中郵事件〉憲百選Ⅱ[七版]一三九）↓一三条[55]

＊[9]　地方公務員法三七条一項、六一条四号［令和三法七五により削除。現六二条の二］の規定が、全ての地方公務員の一切の争議行為を禁止し、そのあおり等の行為を全て処罰する趣旨であると解するならば、これらの規定は違憲の疑いを免れず、あおり等の行為のうち、争議行為に通常随伴して行われる行為のごときは、処罰の対象とされるべきではない。（最大判昭44・4・2刑集二三・五・三〇五〈都教組事件〉憲百選Ⅱ[七版]一四〇）

[10]　公務員が争議行為を行うことは、その地位の特殊性と職務の公共性に反するばかりでなく、公務の停廃によって、国民全体の共同利益に重大な影響を及ぼすので、その労働基本権を必要やむを得ない限度で制限することは、十分合理的な理由がある。公務員の勤務条件は、国会の制定する法律、予算によって定められるから、公務員が政府に対して争議行為を行うことは的外れであって、国会の議決権を侵すおそれがあるし、また、使用者によるロックアウトや失業の可能性がなく、市場の抑制力が働かない。人事院制度による代償措置も講ぜられている。（最大判昭48・4・25前出[3]）↓八一条[26]

＊[11]　公務員の争議行為を禁止することに対する代償措置が、迅速公平にその機能を果たさず実際上画餅に等しいと見られる事態が生じた場合には、公務員は、代償措置の正常な運用を要求して、相当と認められる範囲を逸脱しない手続態様で争議行為を行うことが許される。（最大判昭48・4・25前出[3]……岸等二裁判官の追加補足意見）

[12]　公務員の勤務条件は、国会において法律、予算の形で決定され、労使間の自由な団体交渉に基づく合意によって決定すべきものとはされていないから、団体交渉権や争議権の保障はないが、このことは、公共企業体等労働関係法［現・行政執行法人の労働関係に関する法律］の適用を受ける五現業、三公社の職員についても、直ちに又は基本的に妥当する。（最大判昭52・5・4刑集三一・三・一八二〈全逓名古屋中郵事件〉憲百選Ⅱ[七版]一四二）

[13]　公共企業体等労働関係法［現・行政執行法人の労働関係に関する法律］一七条一項の規定が本条に違反しないことの根拠として名古屋中郵事件判決［前出[12]］が挙げた各事由は、地方公営企業職員についても基本的には全て妥当するから地方公営企業労働関係法［現・地方公営企業等の労働関係に関する法律］一一条一項の規定は本条に違反しない。（最判昭63・12・8民集四二・一〇・七三九）

[14]　人事院勧告の実施が凍結されても、国家公務員の労働基本権の制約に対する代償措置がその本来の機能を果たしていなかったということができないとした事例（最判平12・3・17判タ一〇三一・一六二、重判平12憲七）

第二九条【財産権】

① 財産権は、これを侵してはならない。

② 財産権の内容は、公共の福祉に適合するやうに、法律でこれを定める。

③ 私有財産は、正当な補償の下に、これを公共のために用ひることができる。

㊂❷【財産権の内容↓民一　❸【公用徴収↓収用【補償↓収用六八―九〇の四　†明憲二七

一　財産権制限の合憲性と補償の要否

[1]　土地区画整理事業において、土地台帳地積に基づいて換地予定地の指定がなされても、本換地処分において、実測地積との差積に対する代償が交付されるのであれば憲法に違反しない。（最大判昭32・12・25民集一一・一四・二四二三、憲百選Ⅰ[三版]一〇四）↓国賠◆【損失補償】［附則の後］[13]

[2]　農地法二〇条［現一八条］一項ないし五項による農地所有者の所有権の制限は、農業経営の民主化のため小作農の

自作農化促進、小作農の地位の安定向上を重要施策としている現状の下では、この程度の不自由さは公共の福祉に適合する合理的な制限である。（最大判昭35・2・10民集一四・二・一三七、憲百選Ⅰ二版七五）↓八一条17

3　ため池の決壊の原因となる使用行為は、財産権の保障のら ち外にあり、県の条例によって、ため池の堤とうに竹木や農作物を植え、又は建物その他の工作物を設置する等の行為が禁止され、財産権の行使をほとんど全面的に禁止される結果となっても、本条に違反しない。（最大判昭38・6・26刑集一七・五・五二一〈奈良県ため池条例事件〉憲百選Ⅰ七版九八）↓国賠◆【損失補償】［附則の後］8

4　平和条約の締結によって生じた在外資産の喪失による損害は、戦争中から戦後占領時代にかけての国の存亡に関わる非常事態において、国民が等しく受忍しなければならなかった戦争損害の一種であるから、これに対する補償は、憲法の全く予想しないところである。（最大判昭43・11・27民集二二・一二・二八〇八、行政百選Ⅱ七版二五四）↓国賠◆【損失補償】［附則の後］15

5　ソ連の捕虜としてシベリアの収容所で長期間強制労働に服せしめられたことによる損害の回復が、日ソ共同宣言六項後段の請求権放棄によって実際上不可能になったことは、戦争損害の一つであるから、これに対する補償は、本条三項の予想しないところである。（最判平9・3・13民集五一・三・一二三三〈シベリア抑留補償請求事件〉重判平9憲五）↓国賠◆【損失補償】［附則の後］16

6　旧日本軍の軍属が、第二次世界大戦終了後、捕虜に対する虐待の嫌疑を受けて、連合国の裁判によって死刑その他の刑罰を執行されても、この種の損害は戦争損害の一種であるから、これに対する補償は、本条三項の予想しないところである。（最判平13・11・22判タ一〇八〇・八一、重判平13憲九②）↓国賠◆【損失補償】［附則の後］17

7　いわゆる軍隊慰安婦関係の上告人らが被った損失は、憲法の施行前の行為によって生じたものであるから、本条三項は適用されない。（最判平16・11・29判タ一一七〇・一四四、憲百選Ⅰ七版七）

8　法律で一旦定められた財産権の内容を事後の法律で変更しても、それが公共の福祉に適合する場合には、憲法に違反しない。農地法八〇条［現四七条］による売払いの対価を、坪当たり平均約二円五〇銭から時価の一〇分の七に変更する措置は、地価の高騰による利益を全て旧所有者に収得させるのは相当でないという公益上の要請と、旧所有者の権利に対する配慮とを調和させることを図ったものであるから、公共の福祉に適合する。（最大判昭53・7・12民集三二・五・九四六、憲百選Ⅰ七版九九）

9　船主責任制限法によって船舶所有者の責任を制限することは、債権者の財産権を侵害するものであるが、海運業の高度の危険性、責任制限制度の国際性などからみて、公共の福祉のためのやむを得ない制限であって、本条に違反しない。（最大決昭55・11・5民集三四・六・七六五、重判昭56商八）↓商六九〇条1

10　持分価格二分の一以下の共有者の分割請求を禁止する森林法一八六条［昭和六二法四八による改正前のもの］の規定は、森林の細分化を防止して森林経営の安定を図ることを目的とするものであるが、右の目的と規制の手段との間には合理的関連性がないし、他の形態による森林の細分化は許容しておきながら右の共有者についてのみ分割請求を認めないことは、必要な限度を超えて厳格な禁止であり、また、現物分割においても、当該共有物の性質等に応じた合理的な分割ができ、共有森林につき現物分割を許しても直ちに森林の細分化を来すものではないから、同条は本条二項に違反する。（最大判昭62・4・22民集四一・三・四〇八〈森林法違憲判決〉憲百選Ⅰ七版九六）↓民二五六条2

11　証券取引法［現・金融商品取引法］一六四条一項によれば、上場会社は、その役員・主要株主が自社株の短期売買で得た利益の提供を求めることができるが、同項は、証券取引市場の公平性、公正性を維持するとともに、これに対する一般投資家の信頼を確保するという正当な目的を有し、規制手段が必要性・合理性に欠けることが明らかであるとはいえないので、本条に違反しない。（最大判平14・2・13民集五六・二・三三一、憲百選Ⅰ七版九七）

12　利益提供行為を禁止している証券取引法四二条の二［現・金融商品取引法三九条に相当］第一項三号は、証券市場の中立性及び公正性に対する一般投資家の信頼喪失を防ぐという正当な目的に基づいている。また右規定が、平成三年の同法改正前に締結された損失保証契約の履行を請求する場合を含め、利益提供行為を禁止することも、立法目的達成の手段として必要性又は合理性に欠けるものではなく、本条に違反しない。（最判平15・4・18民集五七・四・三六六、金商百選三三）↓民九〇条45

13　農地の転用を規制する農地法［平成一〇法五六による改正前のもの］四条一項、五条一項は、農業経営の安定を図り農地の環境を保全することを目的としており、立法当初と比較して農地をめぐる社会情勢が変化したことを考慮しても、なお立法目的に正当性が認められるし、規制手段も、規制目的を達成するための合理性を欠いていないから、本条に違反しない。（最判平14・4・5刑集五六・四・九五、重判平14憲五）

14　昭和一三年に決定された都市計画における道路予定地として六〇年以上にわたり建築制限を受けてきたことによる損失について、本条三項に基づく補償請求をすることができないとされた事例（最判平17・11・1判タ一二〇六・一六八、行政百選Ⅱ七版二五三）

15　消費者契約法九条一号［現一項一号］は、消費者契約の解除に伴う損害賠償の額を予定し、又は違約金を定める条項であって、その額が同号に定める額を超えるものは、当該超える部分を無効と定めている。消費者が不当な出えんを強いられることを防止するという立法目的は正当であり、また同号の規定はそのような立法目的達成のための手段として、必要性や合理性を欠いていないから、本条に違反しない。（最判平18・11・27判タ一二三二・八二）

16　区分所有権の行使については、他の区分所有権の行使との調整が不可欠であり、区分所有者の集会の決議等による他の区分所有者の意思を反映した行使の制限は、区分所有権自体に内在するものである。区分所有権の右性質に鑑みると、団地内全建物一括建替えにつき、団地全体では区分所有法六二条一項の議決要件と同一の議決要件を定め、各建物単位では区分所有者の数及び議決権数の過半数を相当超える議決要件を定める同法七〇条一項は、なお合理性を失うものではない。（最判平21・4・23判タ一二九九・一二一、重判平21憲七）

17　市営と畜場の廃止に当たり市が利用業者等に対してした支援金の支出が、国有財産法一九条、二四条二項の類推適用又は本条三項に基づく損失補償金の支出として適法とはいえないとされた事例（最判平22・2・23判タ一三二二・六五、自治百選四版四八）↓国賠◆【損失補償】［附則の後］11

18　市議会議員政治倫理条例の規定のうち、議員の二親等以内の親族が経営する企業は同市の工事等の請負契約等を辞退しなければならず、当該議員は当該企業の辞退届を徴して提出するよう努めなければならない旨を定める部分は、憲法二一条一項、二二条一項及び本条に違反しない。（最判平26・5・27判タ一四〇五・八三、重判平26憲四）↓自治九二条の二[1]

[19] 放送法六四条一項による契約締結の強制は本条に違反しない。（最大判平29・12・6民集七一・一〇・一八一七、憲百選Ⅰ[七版]七七）↓一三条[51]・二一条[45]、民一六六条[21]・四一四条[5]・五二二条[1]、民執一七七条[2]

二 収用の目的

[20] 収用全体の目的が「公共のため」のものであれば、たまたま特定の者が利益を享受する結果となっても、本条に違反しない。（最判昭29・1・22民集八・一・二二五、憲百選Ⅰ[六版]一〇五）

[21] 収用が正当な補償の下に行われた場合、その後になって収用目的が消滅しても、法律上当然にこれを被収用者に返還しなければならないわけではないが、当該収用物件につき、公共の用に供しないことを相当とする事実が生じた場合にまで、これを国に保有させる合理的理由はなく、農地法八〇条［現四七条］の買収農地売払制度も、このような趣旨で設けられたものである。（最大判昭46・1・20民集二五・一・一、行政百選Ⅰ[七版]四七）↓七三条[4]

[22] 日米安全保障条約六条、日米地位協定二条一項により、日本は、日米地位協定二五条に定める合同委員会を通じて締結される日米両国間の協定によって合意された施設及び区域を駐留軍の用に供する条約上の義務を負うが、この義務を履行するために必要な土地等を所有者との間の合意に基づいて取得することができないときに当該土地を強制的に使用し又は収用することは、右義務を履行するために必要であり、その合理性も認められるから、本条三項の私有財産を公共のために用いることに当たる。（最大判平8・8・28民集五〇・七・一九五二〈沖縄代理署名訴訟〉憲百選Ⅱ[七版]一六七）

[23] 駐留軍用地特措法一五条及び同法の一部を改正する法律（平成九法三九）附則二項が規定する暫定使用は、条約上の義務を履行するために必要で、合理性も認められ、また、右暫定使用に伴う損失補償も、その時期、内容等の点で何ら不合理な点はない。（最判平15・11・27民集五七・一〇・一六六五〈象のオリ訴訟〉重判平15憲八）↓三一条[8]、国賠◆【損失補償】［附則の後］[22]

三 「正当な補償」の意義

[24] 本条三項にいう「正当な補償」とは、その当時において成立することを考えられる価格に基づき、合理的に算出された相当な額をいうのであって、必ずしも右の価格と完全に一致することを要しないから、自作農創設特別措置法が、田の最高買収価格を自作収益価格である標準賃貸価格の四十倍と定めたことは正当である。（最大判昭28・12・23民集七・一三・一五二三、憲百選Ⅰ[七版]一〇〇）↓国賠◆【損失補償】［附則の後］[21]

[25] 土地収用法に基づいて土地を収用する場合、その補償は、完全な補償、すなわち、収用の前後を通じて被収用者の財産価値を等しくならしめるようになされなければならず、金銭をもって補償する場合には、被収用者が近傍において被収用地と同等の代替地等を取得することを得るに足りる金額でなければならない。（最判昭48・10・18民集二七・九・一二一〇、憲百選Ⅰ[七版]一〇一）↓国賠◆【損失補償】［附則の後］[24][25]

[26] 事業認定の告示時における相当な価格に、権利取得裁決時までの物価変動に応ずる修正率を乗じて、権利取得裁決時における補償金の額を決定することとしている土地収用法七一条の規定は、被収用者が、収用の前後を通じて被収用者の有する財産価値を等しくさせるように補償が受けられるようにするものであるから、本条三項に違反しない。（最判平14・6・11民集五六・五・九五八、重判平14憲六）

[27] 本条三項は補償の時期については言明していないから、補償が財産の供与と交換的に同時に履行されることが憲法によって保障されているものではない。（最大判昭24・7・13刑集三・八・一二八六、行政百選Ⅱ[七版]二四九）

[28] 公共用地の取得に関する特別措置法（平成一一法一六〇による改正前のもの）が規定する緊急裁決に関わる補償に関する措置に不合理な点はないから、緊急裁決の制度が本条三項に違反するとはいえない。（最判平15・12・4判タ一一四三・一九七〈成田空港訴訟〉重判平15憲九）↓国賠◆【損失補償】［附則の後］[35]

四 直接憲法に基づく補償の請求

[29] 河川附近地制限令の規定により「河川附近地」に指定された土地につき、県知事の許可を受けなければ砂利の採取ができなくなった者は、その損失を具体的に立証して、直接本条三項に基づいて補償請求する余地が全くないわけではないから、同令による右の制限が損失補償に関する規定を伴っていなくとも、憲法に違反するものではない。（最大判昭43・11・27刑集二二・一二・一四〇二、憲百選Ⅰ[七版]一〇二）↓国賠◆【損失補償】［附則の後］[7][9]

[30] 国家が生命身体に特別の犠牲を課すことは、もともと違憲違法な許されない行為であり、補償を伴ってもこれを公共のために用いることはできないから、予防接種事故によって損害を受けた者は本条三項に基づき損失補償請求をすることができない。（東京高判平4・12・18高民四五・三・二一二、重判平4行政七）↓国賠一条[36]・◆【損失補償】［附則の後］[36]

第三〇条【納税の義務】 国民は、法律の定めるところにより、納税の義務を負ふ。

㊇＋八四【明憲二一】

第三一条【法定の手続の保障】 何人も、法律の定める手続によらなければ、その生命若しくは自由を奪はれ、又はその他の刑罰を科せられない。

㊇＋【法定の手続↓七七、刑訴、警職、人権B規約九、児童約三七【明憲二三】

一 法規定の明確性、過度の広汎性

[1] 刑罰法規が曖昧不明確のゆえに本条に違反するものと認めるべきかどうかは、通常の判断能力を有する一般人の理解において、具体的場合に当該行為がその適用を受けるものかどうかの判断を可能ならしめるような基準が読みとれるかどうかによって決定される。いわゆる公安条例が、集団行進等について、抽象的に「交通秩序を維持すること」と定めているにすぎない場合でも、その意味は一般人がさほど困難なく判断することができるから、本条に違反するとはいえない。（最大判昭50・9・10刑集二九・八・四八九〈徳島市公安条例事件〉憲百選Ⅰ[七版]八三）↓二一条[85]・八一条＊[45]・九四条[2]、刑◆【罪刑法定主義】［一編名の後］[10]

[2] 表現の自由を規制する法律の規定について限定解釈をすることが許されるのは、その解釈により、規制の対象となるものとそうでないものとが明確に区別され、かつ、合憲

的に規制し得るもののみが規制の対象となることが明らかにされる場合でなければならず、また、一般国民の理解において、具体的場合に当該表現物が規制の対象となるかどうかの判断を可能ならしめるような基準をその規定から読みとることができるものでなければならない。関税定率法二一条一項三号［現・関税法六九条の一一第一項七号に相当］の「風俗を害すべき書籍、図画」等とは、わいせつな書籍、図画等を指すものと解すべきであり、右規定は広汎又は不明確の故に憲法二一条一項に違反するものではない。（最大判昭59・12・12民集三八・一二・一三〇八〈札幌税関検査訴訟〉憲百選Ⅰ[七版]六九）↓二一条[88][89]・八一条[28]

[3] 青少年保護育成条例が禁止する「淫行」とは、広く青少年に対する性行為一般をいうものではなく、青少年を誘惑し、威迫し、欺罔［ぎもう］し又は困惑させる等その心身の未成熟に乗じた不当な手段により行う性交又は性交類似行為のほか、青少年を単に自己の性的欲望を満足させるための対象として扱っているとしか認められないような性交又は性交類似行為をいい、このような解釈は通常の判断能力を有する一般人の理解にもかなうものであるから、処罰の範囲が不明確であるとはいえない。（最大判昭60・10・23刑集三九・六・四一三、憲百選Ⅱ[七版]一〇八）↓刑◆【罪刑法定主義】［一編名の後］[2][11]

[4] 広島市暴走族追放条例にいう「集会」は、暴走行為を目的として結成された集団である本来的な意味における暴走族の外、服装、旗、言動などにおいてこのような暴走族に類似し社会通念上これと同視することができる集団によって行われるものに限定されると解されるので、同条例は、憲法二一条一項、本条に違反しない。（最判平19・9・18刑集六一・六・六〇一、憲百選Ⅰ[七版]八四）↓二一条[77]

二 刑事裁判における適正手続の保障

[5] 関税法一一八条一項の規定は、同項所定の犯罪に関係ある船舶、貨物等が被告人以外の第三者の所有に属する場合においてもこれを没収する旨規定していながら、その所有者たる第三者に対し、告知、弁解、防御の機会を与えるべきことを定めていないから、同項によって第三者の所有物を没収することは、本条及び憲法二九条に違反する。（最大判昭37・11・28刑集一六・一一・一五九三、憲百選Ⅱ[七版]一〇七）↓八一条[18]、刑一九条[13]

[6] 訴訟手続の公正を担保することや、上訴審に原判決の当否を審査するための資料を提供すること等の公判調書を作成する本来の目的等を踏まえ、公判調書を整理すべき期間を具体的にどのように定めるかは、本条の保障と直接には関係のない事項であって、刑事訴訟法四八条三項は本条に違反しない。（最決平27・8・25刑集六九・五・六六七）↓刑訴四八条[3]

三 行政手続への本条の適用↓三五条[7]・三八条[2]

[7] 行政手続については、それが刑事手続でないとの理由のみで、その全てが本条の保障のらち外にあるわけではないが、行政手続は、刑事手続とは性質を異にし、また行政目的に応じて多種多様であるから、行政処分の相手方に事前の告知、弁解、防御の機会を与えるかどうかは、行政処分により制限を受ける権利利益の内容、性質、制限の程度、行政処分により達成しようとする公益の内容、程度、緊急性などを総合較量して決定されるべきであり、常にそのような機会を与えることを必要とするものではない。（最大判平4・7・1民集四六・五・四三七、憲百選Ⅱ[七版]一〇九）↓二一条[76]・三五条[8]、行手一三条[1]

[8] 暫定使用の権原の発生を規定する、駐留軍用地特措法一五条及び同法の一部を改正する法律（平成九法三九）附則二項は、土地の所有者などに意見を述べる機会を与えていることなどに鑑みると、本条の法意に反しない。（最判平15・11・27民集五七・一〇・一六六五〈象のオリ訴訟〉重判平15憲八）↓二九条[23]、国賠◆【損失補償】［附則の後］[35]

[9] 逃亡犯罪人引渡法三五条一項が、同法一四条一項に基づく逃亡犯罪人の引渡命令につき、行政手続法第三章の規定の適用を除外し、右命令の発令手続において改めて当該逃亡犯罪人に弁明の機会を与えていないことは、法の定める手続全体からみて逃亡犯罪人の手続保障に欠けるものとはいえず、本条の法意に反しない。（最決平26・8・19判タ一四〇六・五〇、重判平26憲一二）↓行手一三条[2]

[10] 逃亡犯罪人引渡法一〇条一項三号による東京高等裁判所の決定に対して不服申立てをすることができないことは、本条及び八一条に反しない。（最決令元・11・12裁時一七三五・二）

[11] 心神喪失者等医療観察法の目的の正当性、同法の規定する処遇及びその要件の必要性、合理性、相当性、手続保障の内容等に鑑みれば、同法による処遇制度は、憲法一四条及び二二条一項に違反せず、本条の法意に反しない。（最決平29・12・18刑集七一・一〇・五七〇、重判平30憲一二）

四 条例による罰則の定め↓九四条[1]

五 余罪と量刑

[12] 刑事裁判において、起訴されていない犯罪事実を余罪として認定し、実質上これを処罰する趣旨で量刑の資料に考慮し被告人を重く処罰することは、本条及び憲法三九条に反するが、量刑の一事情としていわゆる余罪をも考慮することは、必ずしも禁ぜられるところではない。（最大判昭41・7・13刑集二〇・六・六〇九、憲百選Ⅰ[初版]六八）↓刑訴三三三条[3]

六 被告人の防御権

[13] 日本語を理解しない被告人に日本語で記載された起訴状の謄本を送達しても、公判手続全体を通じて、被告人が自己に対する訴追事実を明確に告げられ、これに対する防御の機会を与えられるならば、本条に違反しない。（東京高判平2・11・29高刑四三・三・二〇二、刑訴百選[八版]四四）

第三二条【裁判を受ける権利】 何人も、裁判所において裁判を受ける権利を奪はれない。

㊇＋三七【裁判所↓七六、裁【公正迅速な裁判↓三七①、民訴二【人権B規約一四Ⅰ【明憲二四

一 裁判を受ける権利

[1] 本条は、全て国民が憲法又は法律に定められた裁判所においてのみ裁判を受ける権利を有し、裁判所以外の機関によって裁判がなされないことを保障したものであって、訴訟法で定める管轄権を有する具体的裁判所において裁判を受ける権利を保障したものではない。（最大判昭24・3・23刑集三・三・三五二、憲百選Ⅱ[四版]一三一）

[2] 憲法は、民事法規については法律がその効果を遡及せしめることを禁じていないから、出訴期間を新法によって遡及して短縮しても、その期間が著しく不合理で、実質上裁判の拒否と認められるような場合でない限り、本条に違反することはない。（最大判昭24・5・18民集三・六・一九九、憲百選Ⅱ[三版]一三〇）

[3] メーデーのための皇居外苑使用許可申請に対する不許可処分の取消しを求める訴えの利益が、メーデーの期日の経過によって消滅したと解しても、裁判そのものを拒否した

ことにはならない。（最大判昭28・12・23民集七・一三・一五六一〈皇居外苑使用不許可事件〉憲百選Ⅰ[七版]八〇）↓二一条＊[74]・八一条[12]

[4] 国税犯則取締法二条〔平成二九法四により廃止。現・国税通則法一三二条に相当〕による裁判官の許可は、国家機関相互間における内部的行為にすぎないから、これに対する独立の不服申立ては認められないが、不服のある者は、右許可自体の違法を理由として、これに基づく強制処分の取消しを求めることができるから、裁判を受ける権利を奪うものではない。（最大決昭44・12・3刑集二三・一二・一五二五、憲百選Ⅱ[二版]一二六）

[5] 地方裁判所の審理に判事補の参与を認める最高裁判所規則は、憲法に反しない。（最決昭54・6・13刑集三三・四・三四八、憲百選Ⅱ[五版]一九四）↓七七条[2]

[6] 下級審のした裁判に対して最高裁判所に抗告することを許すか否かは、憲法八一条に定める場合を除いて立法政策に委ねられた問題であるから、高等裁判所の許可があった場合に限って最高裁判所への抗告を認めているいわゆる許可抗告の制度（民訴法三三七条）は、本条に違反しない。（最決平10・7・13判タ九八三・一七〇、重判平10憲二）

[7] 少額訴訟の判決に対する異議後の判決に対して控訴をすることができないとする民訴法三八〇条一項は、本条に違反しない。（最判平12・3・17判タ一〇三二・一四五、民訴百選[三版]A52）↓民訴三八〇条[1]

[8] いかなる事由を理由に上告を許容するかは、憲法八一条に規定するところを除いて立法政策の問題であるから、旧法と異なって、判決に影響を及ぼすことが明らかな法令の違反があることを理由として最高裁判所へ上告することを許容しない現行民訴法三一二条及び三一八条は、本条に違反しない。（最判平13・2・13判タ一〇五八・九六、憲百選Ⅱ[七版]一二七）↓民訴三一八条[1]

[9] 少年の保護事件に係る補償に関する法律五条一項の補償に関する決定は、家庭裁判所が職権により補償の要否及び内容について判断するもので、刑事補償法上の裁判とは性質を異にするから、上訴を認めなくても、本条に違反しない。（最決平13・12・7刑集五五・七・八二三、重判平13刑訴九）

[10] 婚姻費用の分担に関する処分の審判に対する抗告審が抗告の相手方に対し抗告状及び抗告理由書の副本を送達せず、反論の機会を与えることなく不利益な判断をしたとしても、本条に違反しない。（最決平20・5・8家月六〇・八・五一、民訴百選[四版]A1）↓民訴◆【民事裁判権の限界】〔二編名の後〕[27]

＊[11] インカメラ審理は、本条の裁判を受ける権利をより充実させるものである以上、新たな立法により情報公開訴訟にインカメラ審理を導入しても、憲法八二条に違反しない。（最決平21・1・15民集六三・一・四六、行政百選Ⅰ[七版]三九……泉裁判官補足意見）↓行政情報公開五条[58]、民訴二二三条[5]

[12] 刑訴法四〇三条の二第一項は、即決裁判手続の制度を実効あらしめるため、被告人に対する手続保障と科刑の制限を前提に、同手続による判決において示された罪となるべき事実の誤認を理由とする控訴の申立てを制限しているものと解されるから、同規定には相応の合理的な理由があり、本条に違反しない。（最判平21・7・14刑集六三・六・六二三、刑訴百選[一〇版]五九）↓刑訴三五〇条の二二[1]・四〇三条の二[1]

二 非訟事件手続と裁判を受ける権利↓八二条[1]〜[5]

第三三条【逮捕の要件】 何人も、現行犯として逮捕される場合を除いては、権限を有する司法官憲が発し、且つ理由となつてゐる犯罪を明示する令状によらなければ、逮捕されない。

〔参照〕【現行犯↓刑訴二一二【現行犯逮捕↓刑訴二一三—二一七【緊急逮捕↓刑訴二一〇・二一一【令状↓刑訴一九九ETC、警職三【人権B規約九【明憲二三

一 緊急逮捕の合憲性

[1] 刑訴法二一〇条に定める厳格な制約の下に、罪状の重い一定の犯罪のみについて、緊急やむを得ない場合に限り、逮捕後直ちに裁判官の審査を受けて逮捕状の発行を求めることを条件とし、被疑者の逮捕を認めることは、憲法に違反しない。（最大判昭30・12・14刑集九・一三・二七六〇、憲百選Ⅱ[七版]一一〇）↓刑訴二一〇条[1]

二 別件逮捕・勾留

[2] 「別件」と「本件」とが社会的事実として一連の密接な関係がある場合には、「別件」についての第一次逮捕・勾留中に「本件」について被疑者を取り調べていても、それは専ら「本件」のためにするものではなく、「別件」について当然しなければならない取調べをしたものであるから適法であり、「本件」についての第二次逮捕・勾留も、第一次のそれと実質的に同一の被疑事実について逮捕・勾留の期間の制限を免れるためにしたのでなければ適法である。（最決昭52・8・9刑集三一・五・八二一〈狭山事件〉憲百選Ⅰ[二版]九六）↓刑訴一九九条[5]

第三四条【抑留・拘禁の要件、不法拘禁に対する保障】 何人も、理由を直ちに告げられ、且つ、直ちに弁護人に依頼する権利を与へられなければ、抑留又は拘禁されない。又、何人も、正当な理由がなければ、拘禁されず、要求があれば、その理由は、直ちに本人及びその弁護人の出席する公開の法廷で示されなければならない。

〔参照〕【弁護人依頼権↓三七③、刑訴三〇【拘禁理由及び弁護人依頼権の告知↓刑訴七六・七七・二〇三—二〇五【勾留理由の開示↓刑訴八二—八六【公開法廷↓八二①、裁六九【人身の自由の回復↓人保【人権B規約九・一一

一 弁護人依頼権

[1] 現に被疑者を取調べ中であるなど捜査の中断による支障が顕著な場合を除いて、捜査機関は、弁護人又は弁護人となろうとする者から被疑者との接見の申出があったときは、原則としていつでも接見の機会を与えなければならない。（最判昭53・7・10民集三二・五・八二〇〈杉山事件〉刑訴百選[五版]一四）

[2] 「捜査の中断による支障が顕著な場合」とは、捜査機関が、弁護人等の接見等の申出を受けた時に、現に被疑者を取調べ中であるとか、実況見分、検証等に立ち会わせている場合のほか、間近い時に取調べ等をする確実な予定がある場合を含む。（最判平3・5・10民集四五・五・九一九〈浅井事件〉刑訴百選[七版]三六）↓刑訴三九条[10]

[3] 刑訴法三九条三項本文の予定している接見等の制限は、単に接見等の日時を弁護人等の申出とは別の日時とするか、接見等の時間を申出より短縮させることができるにすぎないものであって、接見交通権を制約する程度が低く、

また、捜査機関において接見等の指定ができるのは、現に被疑者を取調べ中であるなど、接見等を認めると取調べの中断等により捜査に顕著な支障が生ずる場合に限られ、しかも、右の場合にも、捜査機関は、弁護人等と協議してできる限り速やかな接見等の日時を指定しなければならないから、本条前段の弁護人依頼権を実質的に損うものではない。（最大判平11・3・24民集五三・三・五一四、憲百選Ⅱ[七版]一二〇）↓刑訴三九条[5]

[4] 弁護人を選任することができる者の依頼により弁護人となろうとする者と被疑者との逮捕直後の初回の接見は、身体を拘束された被疑者にとっては、弁護人の選任を目的とし、かつ、今後捜査機関の取調べを受けるに当たっての助言を得るための最初の機会であって、本条の保障の出発点を成すものであるから、捜査機関としては、弁護人等の申出に沿った接見を認めたのでは捜査に顕著な支障が生ずるために、接見指定ができる場合であっても、たとい比較的短時間ではあっても時間を指定した上で即時又は近接した時点での接見を認めるべきである。（最判平12・6・13民集五四・五・一六三五、刑訴百選[一〇版]三四）↓刑訴三九条[9]

[5] 在監者の信書の発受に関する制限を定めた監獄法五〇条及び監獄法施行規則一三〇条の規定は憲法二一条、本条、三七条三項に違反しない。〔平成一八法五八による刑事施設ニ於ケル刑事被告人ノ収容等ニ関スル法律（旧監獄法）廃止前の事案〕（最判平15・9・5判タ一一四六・二一八、重判平16刑訴四）↓二一条[97][98]、刑訴三九条[21]

二　法廷秩序維持のための監置決定等の合憲性

[6] 法廷等の秩序維持に関する法律による制裁は従来の刑事的行政的処罰のいずれにも属しない特殊の処罰であり、裁判所又は裁判官の面前における現行犯的行為に対して適用されるものであるから、令状の発付、勾留理由の開示、訴追、弁護人依頼権等刑事裁判に関し憲法の要求する諸手続の範囲外にあるのみならず、常に証拠調べを要求されることもない。（最大決昭33・10・15刑集一二・一四・三二九一、憲百選Ⅱ[七版]一二三）

第三五条【住居の不可侵】① 何人も、その住居、書類及び所持品について、侵入、捜索及び押収を受けることのない権利は、第三十三条の場合を除いては、正当な理由に基いて発せられ、且つ捜索する場所及び押収する物を明示する令状がなければ、侵されない。

② 捜索又は押収は、権限を有する司法官憲が発する各別の令状により、これを行ふ。

参❶【押収及び捜索↓刑訴九九—一二七【差押え↓刑訴二一八—二二〇【傍受令状↓通信傍受三—一〇【警職六　❷【令状の方式↓刑訴一〇七・二一九　＊人権B規約一七、明憲二五

一　令状記載事項の特定性

[1] 捜索すべき場所として、「東京都千代田区神田一ツ橋二丁目九番地、教育会館内東京都教職員組合本部」、差し押えるべき物として、「会議議事録、闘争日誌、指令、通達類、連絡文書、報告書、メモその他本件に関係ありと思料せられる一切の文書及び物件」と記載された許可状は、場所及び物の明示に欠けるところがない。（最大決昭33・7・29刑集一二・一二・二七七六、刑訴百選[一〇版]A5）↓刑訴二一九条[2][3]

二　緊急逮捕前の捜索・差押えの合憲性

[2] 緊急逮捕の場合に、捜索・差押えが、緊急逮捕に先行したとはいえ、時間的にこれに接着し、場所的にも逮捕の現場と同一で、その対象が緊急逮捕する場合の必要の限度内のものであれば、違憲とする理由はない。（最大判昭36・6・7刑集一五・六・九一五、刑訴百選[一〇版]A7）

三　所持品検査と違法収集証拠

[3] 所持品の検査は口頭による質問と密接に関連し、職務質問の効果を上げる上で必要性、有効性の認められる行為であるから、明文の規定はないが、強制にわたらない限り、警職法二条一項による職務質問に付随してこれを行うことができる場合がある。（最判昭53・6・20刑集三二・四・六七〇、行政百選Ⅰ[七版]一〇六）↓行総◘【Ⅲ】[26]、刑訴一九七条[22]

[4] 証拠物の押収等の手続に、令状主義の精神を没却するような重大な違法があり、これを証拠として許容することが、将来における違法な捜査の抑制の見地からして相当でないと認められる場合においては、その証拠能力は否定されると解すべきところ、本人の承諾なく、その上着内ポケットに手を差し入れて所持品を取り出した上検査する行為は、職務質問に付随する所持品検査の許容限度を逸脱したものであるが、その違法性は必ずしも重大とはいえないから、証拠能力は肯定すべきである。（最判昭53・9・7刑集三二・六・一六七二、刑訴百選[一〇版]九〇）↓刑訴一九七条[23]・三一七条[32]

[5] 被疑者の逮捕手続には、逮捕状の呈示がなく、逮捕状の緊急執行もされていない違法があり、これを糊塗〔こと〕するため、警察官が逮捕状に虚偽事項を記入し、公判廷において事実と反する証言をするなどの経緯全体に表れた警察官の態度を総合的に考慮すれば、本件逮捕手続の違法の程度は、令状主義の精神を没却するような重大なものであり、本件逮捕の当日に採取された被疑者の尿に関する鑑定書の証拠能力は否定される。（最判平15・2・14刑集五七・二・一二一、刑訴百選[一〇版]九二）↓刑訴三一七条[37]

四　行政調査と令状主義

[6] 現行犯の場合には、法律が、司法官憲によらずまた司法官憲の発した令状によらないでその犯行の現場において捜索、押収等をなし得べきことを規定したからといって、本条違反の問題は生じないから、国税犯則取締法三条一項〔平成二九法四により廃止。現・国税通則法一三五条に相当〕が裁判官の許可状なしに臨検、捜索、差押えをなし得る場合を定めていても、違憲ではない。（最大判昭30・4・27刑集九・五・九二四、憲百選Ⅱ[七版]一一三）

[7] 当該手続が刑事責任追及を目的とするものでないとの理由のみで、その手続における一切の強制が当然に本条による保障の枠外にあるということはできないが、所得税法〔昭和四〇法三三による全部改正前のもの〕六三条による検査は、その性質上、刑事責任追及を目的とするものではないし、結果的に所得税逋脱〔ほだつ〕の事実の発覚につながる可能性があるとしても、右検査が、実質上、刑事責任追及のための資料の取得収集に直接結びつく作用を一般的に有するものと認めるべきではなく、また、強制の度合いも、直接的物理的な強制と同視すべきほどに、相手方の自由意思を著しく拘束するものではないから、右検査が、あらかじめ裁判官の発する令状によることをその一般的要件としないからといって、本条に違反するものではない。（最大判昭47・11・22刑集二六・九・五五四〈川崎民商事件〉憲百選Ⅱ[七版]一一四）↓三八条[2]・八一条[19]

[8] 新東京国際空港の安全確保に関する緊急措置法〔現・成田国際空港の安全確保に関する緊急措置法〕三条三項に基づく立入り等は、裁判官の発する令状を要しないが、同条一

項に基づく使用禁止命令が既に発せられている工作物についてその命令の履行を確保するために必要な限度においてのみ認められるものであり、その立入りの必要性が高いこと、刑事責任追及のための資料収集に直接結びつくものではないこと、強制の程度、態様が直接的物理的なものでないこと、などを総合判断すれば、本条の法意に反するものではない。（最大判平4・7・1民集四六・五・四三七、憲百選Ⅱ[七版]一〇九）↓二一条[76]・三一条[7]、行手一三条[1]

[9]　税関職員が郵便物の輸出入の簡易手続として郵便物を開披し内容物を特定するために必要とされる検査を行うことが関税の公平確実な賦課徴収等の行政上の目的を達成するための手続であること、国際郵便物の内容物に対するプライバシー等の期待が低いこと、発送人又は名宛人の占有状態を直接的物理的に排除するものではなく権利制約の程度が低いこと等からすれば、税関職員が裁判官の発する令状を得ずに、発送人又は名宛人の承諾を得ることなく上記検査を行うことが［平成二四法三〇による改正前の］関税法七六条並びに［平成二三法七による改正前の］同法一〇五条一項一号及び三号により許容されていると解することは、本条の法意に反しない。（最判平28・12・9刑集七〇・八・八〇六、重判平29憲一一）

五　強制採尿

[10]　捜査機関は、捜索差押令状によって被疑者に対する強制採尿を行うことができるが、右令状には、強制採尿は医師をして医学的に相当と認められる方法により行わせなければならない旨の条件の記載が不可欠である。（最決昭55・10・23刑集三四・五・三〇〇、刑訴百選[一〇版]二七）↓刑訴二一八条[14]

六　通話内容の検証

[11]　重大な犯罪に係る被疑事件について、被疑者が罪を犯したと疑うに足りる十分な理由があり、かつ、当該電話により被疑事実に関連する通話の行われる蓋然性があるとともに、電話傍受以外の方法によってはその罪に関する重要かつ必要な証拠を得ることが著しく困難であるなどの事情が存する場合において、電話傍受により侵害される利益の内容、程度を慎重に考慮した上で、なお電話傍受を行うことが犯罪捜査上真にやむを得ないと認められるときは、法律の定める手続に従ってこれを行うことも憲法上許されるのであり、対象の特定に資する適切な記載のある検証許可状によって電話傍受を実施することは法律上許される。［平成一一法一三八により刑訴法二二二条の二が追加される前の事案］（最決平11・12・16刑集五三・九・一三二七、憲百選Ⅰ[七版]五九）↓刑訴二一八条[25]

七　GPS捜査

[12]　本条の保障対象には、「住居、書類及び所持品」に準ずる私的領域に「侵入」されることのない権利が含まれる。GPS捜査は、個人のプライバシーが強く保護されるべき場所や空間に関わるものも含めて個人の行動を継続的、網羅的に把握することを必然的に伴う点で個人のプライバシーを侵害し得る。個人のプライバシーの侵害を可能とする機器をその所持品に秘かに装着することで、合理的に推認される個人の意思に反して私的領域に侵入するGPS捜査は、個人の意思を制圧して憲法の保障する重要な法的利益を侵害するものとして、刑訴法上の強制処分に当たる。GPS捜査が今後も広く用いられ得る有力な捜査手法であるならば、その特質に着目して憲法、刑訴法の諸原則に適合する立法的な措置が講じられることが望ましい。（最大判平29・3・15刑集七一・三・一三、憲百選Ⅱ[七版]一一二）↓刑訴一九七条[3]・二一八条[26]

第三六条【拷問及び残虐刑の禁止】　公務員による拷問及び残虐な刑罰は、絶対にこれを禁ずる。

㊟＋三八②、刑一九五、人権B規約七、児童約三七

死刑の合憲性

[1]　火あぶり、はりつけ、さらし首、釜ゆで等、死刑の執行の方法等がその時代と環境において人道上の見地から一般に残虐性を有するものと認められる場合には、憲法に違反するが、刑罰としての死刑そのものが、一般に直ちに残虐な刑罰に該当するとは考えられない。（最大判昭23・3・12刑集二・三・一九一、憲百選Ⅱ[七版]一一五）↓一三条[52]

[2]　刑法一一条二項所定の拘置は、死刑の執行行為に必然的に付随する前置手続であって、死刑の執行に至るまで継続すべきものとして法定されているのであるから、死刑判決確定後三〇年間にわたる拘置の後に死刑を執行しても、残虐な刑罰には当たらない。（最決昭60・7・19判タ五六〇・九一、重判昭60憲七）

第三七条【刑事被告人の権利】　①　すべて刑事事件においては、被告人は、公平な裁判所の迅速な公開裁判を受ける権利を有する。

②　刑事被告人は、すべての証人に対して審問する機会を充分に与へられ、又、公費で自己のために強制的手続により証人を求める権利を有する。

③　刑事被告人は、いかなる場合にも、資格を有する弁護人を依頼することができる。被告人が自らこれを依頼することができないときは、国でこれを附する。

㊟❶三一・三二・八二、刑訴二〇―二六　❷刑訴一四三―一六四❸三四、刑訴三〇・三六・三七・三七の二・三七の四・七六―七八・二〇四・二〇五・二八九・二九〇【弁護士↓弁護　＋人権B規約一〇・一四1―3

一　「公平な裁判所」の意義

[1]　「公平な裁判所の裁判」とは、構成その他において偏頗［へんぱ］なき裁判所の裁判をいう。（最大判昭23・5・5刑集二・五・四四七、憲百選[初版]四四）

[2]　係属中の事件につきその審判に当たる裁判官が、裁判官会議によってたまたま何らかの知識を得ることとなっても、何ら事件に関して予断を抱いたことになるものではない。（最決昭49・7・18判タ三一二・一八八、憲百選Ⅰ[二版]一〇七）

[3]　憲法上、刑事裁判の基本的な担い手は裁判官とされているものの、憲法は国民の司法参加を許容しており、これを採用する場合には、適正な刑事裁判を実現するための諸原則が確保されている限り、その内容を立法政策に委ねている。裁判員制度の仕組みを考慮すれば、公平な「裁判所」における法と証拠に基づく適正な裁判が行われること（三一条、三二条、本条一項）は制度的に十分保障されており、憲法が定める刑事裁判の諸原則を確保する上での支障はなく、七六条一項、二項、三項、八〇条一項にも違反しない。（最大判平23・11・16刑集六五・八・一二八五、憲百選Ⅱ[七版]一七五）↓一八条[7]・七六条[22][24]

[4]　裁判員制度による審理裁判を受けるか否かに関する選択権が被告人に認められていなくとも、同制度は三二条及び本条に違反しない。（最判平24・1・13刑集六六・一・一）

[5]　裁判員法七一条以下が定める区分審理決定がなされた場合の審理及び裁判は、全体として、公平な裁判所による法

と証拠に基づく適正な裁判が行われることが制度的に十分保障されているため、本条一項に違反しない。（最判平27・3・10刑集六九・二・二一九、重判平27刑訴四）

二　迅速な裁判の保障

[6]　個々の刑事事件について、現実に本条一項の保障に明らかに反し、審理の著しい遅延の結果、迅速な裁判を受ける被告人の権利が害せられたと認められる異常な事態が生じた場合には、これに対処すべき具体的規定がなくても、もはや当該被告人に対する手続の続行を許さず、その審理を打ち切るという非常救済手段をとることも認められるのであり、一五年余にわたって公判期日が全く開かれなかった場合には、判決で免訴の言渡しをすべきである。（最大判昭47・12・20刑集二六・一〇・六三一〈高田事件〉憲百選Ⅱ[七版]一二六）

[7]　さして複雑とも思われない事件の審理に、一、二審を通じて二五年の年月を費やしても、その間被告人が病気になったことのほか、相当期間実質審理が行われており、弁護人が証人に対して反対尋問権を行使し、被告人側から訴訟の促進について格別の申出もなかった等の事情がある場合には、いまだ本条によって審理を打ち切るべきではない。（最判昭55・2・7刑集三四・二・一五〈峯山事件〉重判昭55憲五）↓刑訴一条[7]

三　被告人の証人審問権

[8]　裁判所は、被告人側から証人の尋問請求がない場合においても、義務として現実に尋問の機会を被告人に与えなければ、証人その他の者の供述を録取した書類又はこれに代わるべき書類を証拠とすることができないものではない。（最大判昭23・7・19刑集二・八・九五二、憲百選Ⅰ[二版]一〇九）

[9]　刑訴法一五七条の三、一五七条の四［現一五七条の五、一五七条の六］に基づいて、証人尋問の際、被告人から証人の状態を認識できなくする遮蔽措置が採られ、あるいはビデオリンク方式によることとされ、さらにはビデオリンク方式によった上で遮蔽措置が採られても、被告人の証人審問権は侵害されていない。（最判平17・4・14刑集五九・三・二五九、憲百選Ⅱ[七版]一八六）↓八二条[6]

[10]　刑訴法二九九条の四、二九九条の五は、被告人の証人審問権を侵害するものではなく、本条二項前段に違反しない。（最決平30・7・3刑集七二・三・二九九、重判平30刑訴一）↓刑訴二九九条の四[1]

四　弁護人依頼権

[11]　弁護人依頼権は被告人が自ら行使すべきもので、裁判所、検察官等は被告人がこの権利を行使する機会を与え、その行使を妨げなければよいのであって、憲法は弁護人依頼権を特に被告人に告げる義務を裁判所に負わせているものではない。（最大判昭24・11・30刑集三・一一・一八五七）↓刑訴三〇条[1]

[12]　被告人がその責めに帰すべき事由により控訴趣意書提出期間内に控訴趣意書を提出できるような適当な時期に弁護人選任の請求をしなかったような場合は、裁判所が控訴趣意書提出期間経過後に弁護人を選任しても、被告人の憲法上の権利の行使を妨げたことにはならない。（最大判昭28・4・1刑集七・四・七一三、憲百選Ⅰ[二版]一一一）↓刑訴三六条[7]

[13]　被告人らが、国選弁護人を通じて権利擁護のため正当な防御活動を行う意思がないことを自らの行動によって表明し、その後も一体となって右のような状況を維持存続させた場合には、被告人らの各国選弁護人の再選任請求は、誠実な権利の行使とはほど遠いものであって、形式的な国選弁護人選任請求があっても、裁判所としてはこれに応ずる義務はない。（最判昭54・7・24刑集三三・五・四一六、刑訴百選[一〇版]A29）↓刑訴三六条[5]

第三八条【自己に不利益な供述、自白の証拠能力】

①　何人も、自己に不利益な供述を強要されない。

②　強制、拷問若しくは脅迫による自白又は不当に長く抑留若しくは拘禁された後の自白は、これを証拠とすることができない。

③　何人も、自己に不利益な唯一の証拠が本人の自白である場合には、有罪とされ、又は刑罰を科せられない。

⊛十三六　❶【黙秘権↓刑訴二九一④・三一一①・一九八②、人権B規約一四3(g)、児童約四〇2(b)(iv)　❷刑訴三一九①・九一　❸刑訴三一九②

一　不利益供述の拒否・黙秘権

[1]　本条一項は何人も自己が刑事上の責任を問われるおそれがある事項について供述を強要されないことを保障したものであるから、氏名は、原則として同項にいう不利益な事項に該当しない。（最大判昭32・2・20刑集一一・二・八〇二、憲百選Ⅰ[二版]一一三）↓刑訴三〇条[3]

[2]　本条一項の保障は、純然たる刑事手続においてばかりでなく、実質上、刑事責任追及のための資料の取得収集に直接結びつく作用を一般的に有する手続には、等しく及ぶ。（最大判昭47・11・22刑集二六・九・五五四〈川崎民商事件〉憲百選Ⅱ[七版]一一四）↓三五条[7]・八一条[19]、行総◆【Ⅲ】[22]

[3]　道路交通取締法二四条一項及びその委任に基づく同法施行令六七条［現行の道路交通法七二条一項に相当］によれば、操縦者、乗務員その他の従業者は、警察官が交通事故に対する処理をなすにつき必要な限度においてのみ、報告義務を負担するのであって、それ以上、刑事責任を問われるおそれのある事故の原因その他の事項までも右報告義務ある事項に含まれない。（最大判昭37・5・2刑集一六・五・四九五、憲百選Ⅱ[七版]一一七）

[4]　麻薬取扱者たることを自ら申請して免許された者は、当然麻薬取締法規の命ずる一切の制限又は義務に服することを受諾しているものというべきであるから、麻薬取扱者として麻薬を処理した以上、たとえその麻薬が取締法規に触れるものであっても、これを記帳する義務を負う。（最判昭29・7・16刑集八・七・一一五一、憲百選Ⅱ[七版]一一八）

[5]　供述拒否権の告知を要するものとすべきかどうかは、立法政策の問題であるから、国税犯則取締法［平成二九法四により廃止］に供述拒否権告知の規定を欠き、収税官吏が犯則嫌疑者に対し同法一条［現・国税通則法一三一条に相当］の規定に基づく質問をするに当たりあらかじめ右の告知をしなかったからといって、その質問手続が本条一項に違反することとなるものではない。（最判昭59・3・27刑集三八・五・二〇三七、憲百選Ⅱ[七版]一一九）

[6]　道路交通法六七条二項［現三項］の規定による警察官の呼気検査は、酒気を帯びて車両等を運転することの防止を目的として運転者らから呼気を採取してアルコール保有の程度を調査するものであって、その供述を得ようとするものではないから、右検査を拒んだ者を処罰する同法一二〇条一項一一号［現一一八条の二に相当］の規定は、本条一項に違反しない。（最判平9・1・30刑集五一・一・三三五、

刑訴百選[一〇版]A9）↓刑訴二一八条[22]

[7] 死体を検案して異状を認めた医師は、自己がその死因等につき診療行為における業務上過失致死等の罪責を問われるおそれがある場合にも、医師法二一条の届出義務を負うとすることは、本条一項に反しない。（最判平16・4・13刑集五八・四・二四七、医事法百選[二版]二）

[8] 公判前整理手続において被告人に対し主張明示義務及び証拠調べ請求義務を定めている刑訴法三一六条の一七は、自己に不利益な供述を強要するものとはいえない。（最決平25・3・18刑集六七・三・三二五、刑訴百選[一〇版]五五）↓刑訴三一六条の一七[1]

二 刑事免責制度

[9] 憲法は、証人に刑事免責を付与することによって自己負罪拒否特権を失わせて供述を強制する制度を導入することを禁止してはいないが、刑事訴訟法がこの制度を採用していない以上、刑事免責を付与して得られた供述を事実認定の証拠とすることは許されない。このことは、国際司法共助の過程でこの制度を利用して得られた証拠についても、同様である。（最大判平7・2・22刑集四九・二・一〈ロッキード事件丸紅ルート上告審〉憲百選II[七版]一七四）↓刑訴三一七条[49]

三 自白の証拠能力・証明力

[10] 偽計によって被疑者が心理的強制を受け、その結果虚偽の自白が誘発されるおそれのある場合には、右の自白はその任意性に疑いがあるものとして、証拠能力を否定すべきものである。（最大判昭45・11・25刑集二四・一二・一六七〇、刑訴百選[一〇版]七一）

[11] 公判廷における被告人の自白があるときは、他の補強証拠なしに犯罪事実の認定ができる。（最大判昭23・7・29刑集二・九・一〇一二、憲百選II[七版]A10……旧刑訴法事件）

[12] 共同審理を受けている共犯者（共同被告人）であっても、被告人本人との関係においては被告人以外の者であり、被害者その他の純然たる証人とその本質を異にするものではないから、その供述は、自由心証に任さるべき完全独立な証明力を有する。（最大判昭33・5・28刑集一二・八・一七一八〈練馬事件〉刑訴百選[一〇版]A43）↓刑訴三一九条[20][23]

第三九条【**遡及処罰の禁止・一事不再理**】何人も、実行の時に適法であつた行為又は既に無罪とされた行為については、刑事上の責任を問はれない。又、同一の犯罪について、重ねて刑事上の責任を問はれない。

㊇⁺三一、刑訴三三七㊀・四三五・四三六、人権B規約一四7・一五、児童約四〇2(a)

一 遡及処罰の禁止

[1] 行為当時の最高裁判所の判例の示す法解釈に従えば無罪となるべき行為を処罰しても本条に違反しない。（最判平8・11・18刑集五〇・一〇・七四五、重判平8刑二）↓刑◘【罪刑法定主義】〔一編名の後〕[5]

[2] 公訴時効を廃止する等した刑法及び刑事訴訟法の一部を改正する法律（平成二二法二六）は行為時点における違法性の評価や責任の重さを遡って変更するものではなく、またその経過措置として同法施行の際公訴時効が完成していない罪について改正後の刑訴法二五〇条一項を適用するとした同法附則三条二項は被疑者・被告人となり得る者につき既に生じていた法律上の地位を著しく不安定にするようなものでもないから、同規定は本条及び憲法三一条に違反せず、それらの趣旨にも反しない。（最判平27・12・3刑集六九・八・八一五、刑訴百選[一〇版]四二）↓刑訴二五〇条[1]

[3] 強制わいせつ罪等を非親告罪とした刑法の一部を改正する法律（平成二九法七二）の経過措置として、同法により非親告罪とされた罪であって同法の施行前に犯したものについて、施行時に既に告訴されることがなくなっているものを除き、同法の施行後は告訴がなくても公訴を提起することができるとした同法附則二条二項は本条に違反せず、その趣旨にも反しない。（最判令2・3・10刑集七四・三・三〇三、重判令2刑訴一）

二 上訴と二重の危険

[4] 「二重の危険」における危険とは、同一の事件においては、訴訟手続の開始から終末に至るまでの一の継続的状態をいうものであり、三審級のいずれの手続も継続する危険の各部分にすぎないから、下級審における無罪又は有罪判決に対し、検察官が上訴をなし有罪又はより重い刑の判決を求めることは、被告人を二重の危険にさらすものではなく、本条に違反して重ねて刑事上の責任を問うものでもない。（最大判昭25・9・27刑集四・九・一八〇五、憲百選II[七版]一二二）

三 余罪と量刑↓三一条[12]

四 二重処罰

[5] 刑法五六条、五七条の再犯加重の規定は、本条に違反しない。（最大判昭24・12・21刑集三・一二・二〇六二）↓刑五六条[1]

[6] 法人税の逋脱に対する刑罰は、脱税者の不正行為の反社会性・反道徳性に対する制裁であるのに対して、追徴税は、納税義務違反を防止するための行政上の措置であるから、両者を併科しても、本条に違反しない。（最大判昭33・4・30民集一二・六・九三八、憲百選II[七版]一二二）↓行総◘【III】[13]

第四〇条【**刑事補償**】何人も、抑留又は拘禁された後、無罪の裁判を受けたときは、法律の定めるところにより、国にその補償を求めることができる。

㊇⁺【刑事補償↓人権B規約一四6【一七

一 「無罪の裁判」の意義

[1] 犯罪後の法令によって刑が廃止されたために免訴の裁判があった場合には、刑事補償の請求はできない。（最決昭35・6・23刑集一四・八・一〇七一）

[2] 少年法二三条二項による不処分決定は、当該事件について刑事訴追をし、又は家庭裁判所の審判に付することを妨げる効力を有しないから、非行事実が認められないことを理由とするものであっても、刑事補償法一条一項にいう「無罪の裁判」には当たらず、このように解しても本条に違反しない。（最決平3・3・29刑集四五・三・一五八、憲百選II[七版]一三〇）↓国賠◆【損失補償】〔附則の後〕[38]、少二三条[2]

二 不起訴となった事実に基づく抑留・拘禁と刑事補償

[3] 不起訴となった事実に基づく抑留又は拘禁であっても、そのうちに実質上は無罪となった事実についての抑留又は拘禁であると認められるものがあるときは、その部分は本条にいう「抑留」及び「拘禁」に含まれる。（最大決昭31・12・24刑集一〇・一二・一六九二、憲百選II[七版]一二九）

第四章　国会

第四一条【国会の地位・立法権】 国会は、国権の最高機関であつて、国の唯一の立法機関である。

⊛五九、七三㈠㈥、七七、九四、内閣府七、行組一二、一三、国公一六【明憲五、六、三七

第四二条【両院制】 国会は、衆議院及び参議院の両議院でこれを構成する。

⊛【両議院関係↓国会八三―九八【衆議院の優越↓五九②、六〇、六一、六七②【明憲三三

[1] 憲法は、議院内閣制の下で、限られた範囲について衆議院の優越を認め、機能的な国政の運営を図る一方、立法を始めとする多くの事柄について参議院にも衆議院とほぼ等しい権限を与え、参議院議員の任期をより長期とすることによって、多角的かつ長期的な視点からの民意を反映し、衆議院との権限の抑制、均衡を図り、国政の運営の安定性、継続性を確保しようとしたものと解される。（最大判平24・10・17民集六六・一〇・三三五七、憲百選Ⅱ[七版]一五〇）↓一四条[54]

第四三条【両議院の組織・代表】 ① 両議院は、全国民を代表する選挙された議員でこれを組織する。

② 両議院の議員の定数は、法律でこれを定める。

⊛❶【国民の代表↓前文①、国会一〇九の二、公選九九の二【選挙↓一五③④、四四、四七、公選【あっせん利得　❷【議員定数↓公選四①②　⊕明憲三四、三五

[1] **選挙制度と全国民の代表**

本条一項にいう議員の国民代表的性格とは、両議院の議員は、その選出方法がどのようなものであるかにかかわらず、特定の階級、党派、地域住民など一部の国民を代表するものではなく全国民を代表するものであって、選挙人の指図に拘束されることなく独立して全国民のために行動すべき使命を有することを意味する。右規定は、議員定数の配分につき厳格な人口比例主義を唯一、絶対の基準とすべきことまで要求するものではなく、参議院地方選出議員の仕組みについて事実上都道府県代表的な意義ないし機能を有する要素を加味することとも抵触しない。（最大判昭58・4・27民集三七・三・三四五、憲百選Ⅱ[三版]一五六）↓一四条[44]

[2] 国会議員は、いずれの地域から選出されたかを問わず、全国民を代表して国政に関与することが要請され、相対的に人口の少ない地域に対する配慮は、そのような活動の中で考慮されるべきであって、殊更にある地域の選挙人と他の地域の選挙人との間に投票価値の不平等を生じさせるだけの合理性があるとはいい難い。（最大判平23・3・23民集六五・二・七五五、憲百選Ⅱ[七版]一五三）↓一四条[39]

[3] 代表民主制の下における選挙制度は、選挙された代表者を通じて、国民の利害や意見が公正かつ効果的に国政の運営に反映されることを目標とし、政治における安定の要請をも考慮しながら、各国の実情に即して具体的に決定されるべきもので、論理的に要請される一定不変の形態が存在するわけではない。我が憲法もこうした理由から、国会議員の選挙について、議員は全国民を代表するものでなければならないという制約の下で、選挙制度の仕組みの具体的決定を原則として国会の広い裁量に委ねており、国会が新たな選挙制度の仕組みを採用した場合は、その具体的定めが国会の広い裁量の限界を超える場合に、初めて憲法に違反することになる。（最大判平11・11・10民集五三・八・一四四一）↓一四条[36]

[4] 小選挙区制は、民意を集約して政権の安定につながる特質を有する反面、野党や少数派政党等への政権交代を促す特質をも有する制度で、特定の政党等にとってのみ有利な制度ではない。死票を多く生む可能性はあるが、相対多数で当選人が決定される点や当選人の得票数の和より死票数の方が多くなり得る点では中選挙区制と異ならず、国民の総意を議席に反映させる合理的方法の一つであって、これによって選出された議員が全国民の代表であるという性格と矛盾抵触するものではなく、小選挙区制の採用が国会の裁量の限界を超えるということはできない。（最大判平11・11・10民集五三・八・一七〇四、憲百選Ⅱ[七版]一五二②）↓一四条[67]

[5] 名簿式比例代表制の下において、名簿登載者の氏名の記載のある投票を所属政党に対する投票として計算することには、合理性が認められる。名簿登載者の得票数の多寡に応じて各政党における当選人となるべき順位を定める方式は、投票の結果により当選人が決定される点において、選挙人が候補者個人を直接選択して投票する方式と異なるところはないので、非拘束名簿式比例代表制による比例代表選挙が直接選挙に当たらないということはできず、本条一項に違反するとはいえない。（最大判平16・1・14民集五八・一・一、憲百選Ⅱ[七版]一五四①）↓一五条[17]

[6] 平成三〇年法律第七五号による公職選挙法の改正によって、参議院（比例代表選出）議員の選挙について、政党等の判断により、優先的に当選人となるべき候補者を定めることができるとする特定枠制度が導入された。当該改正後の参議院（比例代表選出）議員の選挙制度は、投票の結果すなわち選挙人の総意により当選人が決定される点において、選挙人が候補者個人を直接選択して投票する方式と異ならない。そうすると、当該改正後の参議院（比例代表選出）議員の選挙に関する公職選挙法の規定は、本条一項等に違反しない。（最判令2・10・23判タ一四八二・四二）

第四四条【議員及び選挙人の資格】 両議院の議員及びその選挙人の資格は、法律でこれを定める。但し、人種、信条、性別、社会的身分、門地、教育、財産又は収入によつて差別してはならない。

⊛一四①、一五③【議員の資格↓公選一〇①㈠㈡②、一一、一一の二【選挙人の資格↓公選九①、一一、二五二

第四五条【衆議院議員の任期】 衆議院議員の任期は、四年とする。但し、衆議院解散の場合には、その期間満了前に終了する。

⊛公選二五六、二六〇①【解散↓七㈢、六九

第四六条【参議院議員の任期】 参議院議員の任期は、六年とし、三年ごとに議員の半数を改選する。

⊛公選二五七、二六〇①

第四七条【選挙に関する事項】 選挙区、投票の方法その他両議院の議員の選挙に関する事項は、法律でこれを定める。

⊛公選【選挙区↓公選一三、一四【投票↓一五④、公選三五―六〇

[1] **衆参同日選挙の合憲性**
選挙期日は、本条により、立法府が自由に定め得るから、いわゆる衆参同日選挙が違憲であるとはいえない。（名古屋高判昭62・3・25行裁三八・二＝三・二七五、憲百選II[七版]一七三）

第四八条【両議院議員兼職の禁止】 何人も、同時に両議院の議員たることはできない。
参 国会一〇八【明憲三六

第四九条【議員の歳費】 両議院の議員は、法律の定めるところにより、国庫から相当額の歳費を受ける。
参【歳費↓国会三五

第五〇条【議員の不逮捕特権】 両議院の議員は、法律の定める場合を除いては、国会の会期中逮捕されず、会期前に逮捕された議員は、その議院の要求があれば、会期中これを釈放しなければならない。

参【法律の定める場合↓国会三三―三四の三【明憲五三

[1] 一 **逮捕許諾権の性格**
議院の逮捕許諾権は、議員に対する逮捕の適法性及び必要性を判断して不当不必要な逮捕を拒否し得る権能である。（東京地決昭29・3・6判時二二・三、憲百選II[七版]一六八）

[2] 二 **期限付逮捕許諾の可否**
議院が適法にしてかつ必要な逮捕と認める限り、逮捕の許諾は無条件でなければならない。（東京地決昭29・3・6前出[1]）

[3] 三 **不逮捕特権の範囲**
不逮捕特権は不起訴特権までも包含するものではない。（東京地判昭37・1・22判時二九七・七〈第一次国会乱闘事件〉憲百選II[七版]一六九）

第五一条【議員の発言・表決の免責】 両議院の議員は、議院で行つた演説、討論又は表決について、院外で責任を問はれない。
参 五八②、国会一一六、一一九、一二〇、一二二【明憲五二

[1] 一 **免責の対象**
免責特権の対象となる行為は、本条に列挙された行為に限定されず議員の国会における意見の表明と見られる行為やこれに付随する行為も含まれるが、当該行為が免責特権の対象となる行為の範囲内にあるかどうかの認定権は裁判所にある。（東京高判昭44・12・17高刑二二・六・九二四〈第二次国会乱闘事件〉重判昭44憲六）

[2] 国会議員が国会での質疑、演説、討論等の中でした個別の国民の名誉又は信用を低下させる発言につき、国家賠償法一条一項にいう違法な行為があったものとして国の損害賠償責任が肯定されるためには、当該国会議員がその職務とは関わりなく違法又は不当な目的をもって事実を摘示し、あるいは虚偽であることを知りながらあえてその事実を摘示するなど、国会議員がその権限の趣旨に明らかに背いてこれを行使したものと認め得るような特別の事情があることを必要とする。（最判平9・9・9民集五一・八・三八五〇、憲百選II[七版]一七〇）

[3] 二 **訴追の要件**
院内における議員の犯罪行為の訴追には、議院ないし議長の告発は要しない。（東京高判昭44・12・17前出[1]）

[4] 三 **立法行為と国家賠償法一条**
国会議員の立法行為は、本質的に政治的なものであって、その性質上法的規制の対象になじまず、特定個人に対する損害賠償責任の有無という観点から、あるべき立法行為を措定して具体的立法行為の適否を法的に評価するということは、原則として許されないため、国会議員の立法行為は、例外的な場合を除き、国家賠償法一条一項の規定の適用上、違法の評価を受けない。（最判昭60・11・21民集三九・七・一五一二〈在宅投票制度廃止違憲訴訟上告審〉憲百選II[七版]一九一）↓八一条[36]

[5] 現行の国家賠償法において、本条は、国会議員が、議院において演説、討論又は表決をなすに当たり故意又は重大な過失によって違法に他人に損害を加えたとしても、国から国家賠償法一条二項によって求償を受けることがないことを憲法上保障するにとどまり、本条のために国会議員の立法行為又は立法不作為によって国が国家賠償法による賠償責任を負わないことにはならない。（札幌高判昭53・5・24高民三一・二・二三一〈在宅投票制度廃止違憲訴訟二審〉憲百選II[初版]一五七）↓一五条[8]

第五二条【常会】 国会の常会は、毎年一回これを召集する。
参【国会の召集↓七②【常会の召集↓国会一①②、二、五【明憲四一

第五三条【臨時会】 内閣は、国会の臨時会の召集を決定することができる。いづれかの議院の総議員の四分の一以上の要求があれば、内閣は、その召集を決定しなければならない。
参【臨時会↓七②、国会一①③、二の三、五【臨時会の要求↓国会三【明憲四三

第五四条【衆議院の解散・特別会、参議院の緊急集会】 ① 衆議院が解散されたときは、解散の日から四十日以内に、衆議院議員の総選挙を行ひ、その選挙の日から三十日以内に、国会を召集しなければならない。
② 衆議院が解散されたときは、参議院は、同時に閉会となる。但し、内閣は、国に緊急の必要があるときは、参議院の緊急集会を求めることができる。
③ 前項但書の緊急集会において採られた措置は、臨時のものであつて、次の国会開会の後十日以内に、衆議院の同意がない場合には、その効力を失ふ。
参❶【解散↓七③、六九【総選挙↓七④、公選三一【特別会の召集↓七②、国会一①③、二の二、五 ❷【緊急集会↓国会九九―一〇二の五 ❸国会一〇二の四 ＋明憲四五、八、七〇

第五五条【資格争訟の裁判】 両議院は、各〻その議員の資格に関する争訟を裁判する。但し、議員の議席を失はせるには、出席議員の三分の二以上の多数による議決を必要とする。
参【資格争訟↓国会一一一―一一三【議員の資格↓四四

第五六条【定足数、表決】 ① 両議院は、各〻その総議員の三分の一以上の出席がなければ、議事を開き議決することができない。

② 両議院の議事は、この憲法に特別の定のある場合を除いては、出席議員の過半数でこれを決し、可否同数のときは、議長の決するところによる。

⊛❷【特別の定め→五五、五七①、五八②、五九②、九六① †明憲四六、四七

第五七条【会議の公開、会議録、表決の記載】 ① 両議院の会議は、公開とする。但し、出席議員の三分の二以上の多数で議決したときは、秘密会を開くことができる。

② 両議院は、各〻その会議の記録を保存し、秘密会の記録の中で特に秘密を要すると認められるもの以外は、これを公表し、且つ一般に頒布しなければならない。

③ 出席議員の五分の一以上の要求があれば、各議員の表決は、これを会議録に記載しなければならない。

⊛❶【秘密会→国会六二 ❷【秘密記録の非公表→国会六三 †明憲四八

第五八条【役員の選任、議院規則・懲罰】 ① 両議院は、各〻その議長その他の役員を選任する。

② 両議院は、各〻その会議その他の手続及び内部の規律に関する規則を定め、又、院内の秩序をみだした議員を懲罰することができる。但し、議員を除名するには、出席議員の三分の二以上の多数による議決を必要とする。

⊛❶【議長→国会一七—二〇【役員→国会一六 ❷【院内の秩序→国会一一四—一二〇【懲罰→国会一二一—一二四【国会一二四の二—一二四の四 †明憲五一

第五九条【法律案の議決、衆議院の優越】 ① 法律案は、この憲法に特別の定のある場合を除いては、両議院で可決したとき法律となる。

② 衆議院で可決し、参議院でこれと異なつた議決をした法律案は、衆議院で出席議員の三分の二以上の多数で再び可決したときは、法律となる。

③ 前項の規定は、法律の定めるところにより、衆議院が、両議院の協議会を開くことを求めることを妨げない。

④ 参議院が、衆議院の可決した法律案を受け取つた後、国会休会中の期間を除いて六十日以内に、議決しないときは、衆議院は、参議院がその法律案を否決したものとみなすことができる。

⊛❶四一【法律案の提出→七二、国会五六①、一〇一【議決→五六【特別の定め→五九②③、九五、五四②③ ❸【両院協議会→国会八四、八八—九八 ❹【国会の休会→国会一五 †明憲五、六、三七

第六〇条【衆議院の予算先議、予算議決に関する衆議院の優越】 ① 予算は、さきに衆議院に提出しなければならない。

② 予算について、参議院で衆議院と異なつた議決をした場合に、法律の定めるところにより、両議院の協議会を開いても意見が一致しないとき、又は参議院が、衆議院の可決した予算を受け取つた後、国会休会中の期間を除いて三十日以内に、議決しないときは、衆議院の議決を国会の議決とする。

⊛❶【予算の提出→七三五、八六、内五 ❷国会八三【両院協議会→国会八五①、八八—九八【国会の休会→国会一五 †明憲六五

第六一条【条約の承認に関する衆議院の優越】 条約の締結に必要な国会の承認については、前条第二項の規定を準用する。

⊛†【条約→七三四、七三三、九八【国会八五

第六二条【議院の国政調査権】 両議院は、各〻国政に関する調査を行ひ、これに関して、証人の出頭及び証言並びに記録の提出を要求することができる。

⊛†国会一〇三【証人の出頭・証言→国会一〇六、議院証言【記録の提出の要求→国会一〇四【会計検査の要求→国会一〇五

一 国政調査権の限界

[1] 国政調査のため、証人尋問、記録の提出要求を行い得ることは本条により明らかであるが、これ以上の強制力を有する住居侵入、捜索、押収、逮捕のごときは許されていない。（札幌高判昭30・8・23高刑八・六・八四五）

二 国政調査権と司法権

[2] 国政調査権は議院等に与えられた補助的権能と解するのが一般であるが、その範囲は議案の審議上必要、有益である事項に及び、その判断は重大かつ明白な過誤のない限り、議院等の自主的判断に待つのが適当である。（東京地判昭55・7・24刑月一二・七・五三八、憲百選Ⅱ[七版]一七二）

[3] 捜査機関の見解を表明した報告書ないし証言が、当該事件について並行調査を行った委員会の議事録等に公表されたからといって、直ちに裁判官に予断を抱かせるものではなく、裁判の公平も害しない。（東京地判昭31・7・23判タ六〇・一〇七〈二重煙突事件〉憲百選Ⅱ[三版]一七六）

三 国政調査のための特別委員会の性格

[4] ある事項について調査をするため本会議の決議によって特別に設置された委員会は、当該事項の調査に関する限り、設置決議をした議院の国政調査権を包括的に委譲されており、当委員会の委員以外の議員は、委員会の調査に付された事件については議員としての権限を有しない。（東京高判昭25・4・27刑集五・二・三四二）

第六三条【閣僚の議院出席の権利と義務】 内閣総理大臣その他の国務大臣は、両議院の一に議席を有すると有しないとにかかはらず、何時でも議案について発言するため議院に出席することができる。又、答弁又は説明のため出席を求められたときは、出席しなければならない。

⊛†【国務大臣と議席→六七①、六八①但【出席の要求→国会七一 【明憲五四

第六四条【弾劾裁判所】 ① 国会は、罷免の訴追を受けた裁判官を裁判するため、両議院の議員で組織する弾劾裁判所を設ける。

② 弾劾に関する事項は、法律でこれを定める。

⊛❶【弾劾→七八【罷免の訴追→国会一二六①【裁判官訴追委員会→国会一二六—一二八【弾劾裁判所→国会一二五、一二八 ❷国会一二五—一二九

第五章 内閣

第六五条【行政権】 行政権は、内閣に属する。

◎【行政権↓七三、内一【内閣の組織・責任↓六六、内一・二、内閣府【行政運営における公正と透明性↓行手【行政機関の保有する情報の公開↓行政情報公開【明憲五五①

> [1] **人事院の合憲性**
> 本条は、内閣以外の機関が行政権を行使することを例外的に許容している。人事院設置の理由は、国家公務員が政党の影響を受けて一部の奉仕者となることを極力避けることにあり、その設置目的は民主主義に適合し、また国家目的からしても必要であるから、人事院を本条に違反した国家機関とすることはできない。（福井地判昭27・9・6行裁三・九・一八二三、憲百選Ⅱ[七版]A14）

第六六条【内閣の組織、国会に対する連帯責任】 ① 内閣は、法律の定めるところにより、その首長たる内閣総理大臣及びその他の国務大臣でこれを組織する。

② 内閣総理大臣その他の国務大臣は、文民でなければならない。

③ 内閣は、行政権の行使について、国会に対し連帯して責任を負ふ。

◎❶【内閣の組織↓内二、内閣府【内閣総理大臣↓六①・六七、七〇・七二【国務大臣↓七㊄・六八 ❸内一②【行政権↓六五【国会に対する責任↓三・六九 ＋明憲五五①

第六七条【内閣総理大臣の指名、衆議院の優越】 ① 内閣総理大臣は、国会議員の中から国会の議決で、これを指名する。この指名は、他のすべての案件に先だつて、これを行ふ。

② 衆議院と参議院とが異なつた指名の議決をした場合に、法律の定めるところにより、両議院の協議会を開いても意見が一致しないとき、又は衆議院が指名の議決をした後、国会休会中の期間を除いて十日以内に、参議院が、指名の議決をしないときは、衆議院の議決を国会の議決とする。

◎❶【内閣総理大臣の指名↓六①、国会六五②・八六① ❷【両議院の協議会↓国会八六②・八八―九八【国会の休会↓国会一五

第六八条【国務大臣の任命及び罷免】 ① 内閣総理大臣は、国務大臣を任命する。但し、その過半数は、国会議員の中から選ばれなければならない。

② 内閣総理大臣は、任意に国務大臣を罷免することができる。

◎七㊄【国務大臣の任命資格↓六六②【国務大臣の数↓内二②【国務大臣と行政機関の長↓内三、内閣府六、行組五

第六九条【内閣不信任決議の効果】 内閣は、衆議院で不信任の決議案を可決し、又は信任の決議案を否決したときは、十日以内に衆議院が解散されない限り、総辞職をしなければならない。

◎【解散↓七㊂・五四①【総辞職↓七〇・七一【自治一七八

第七〇条【内閣総理大臣の欠缺・新国会の召集と内閣の総辞職】 内閣総理大臣が欠けたとき、又は衆議院議員総選挙の後に初めて国会の召集があつたときは、内閣は、総辞職をしなければならない。

◎【内閣総理大臣の欠缺↓国会六四、内九【国会の召集↓七㊁・五二・五三・五四①【総辞職↓七一

第七一条【総辞職後の内閣】 前二条の場合には、内閣は、あらたに内閣総理大臣が任命されるまで引き続きその職務を行ふ。

◎【内閣総理大臣の任命↓六①・六七【内閣の職務↓六五・七三

第七二条【内閣総理大臣の職務】 内閣総理大臣は、内閣を代表して議案を国会に提出し、一般国務及び外交関係について国会に報告し、並びに行政各部を指揮監督する。

◎内五・六【内閣総理大臣↓六六①【議案の提出↓内五【国会への報告↓九一【行政各部の指揮監督↓内六、行組一・二

> [1] 内閣総理大臣は、内閣の明示の意思に反しない限り、行政各部に対し、随時、その所掌事務について一定の方向で処理するよう指導、助言等の指示を与える権限を有する。民間航空会社に対し特定機種の航空機の選定購入を勧奨するよう運輸大臣に働き掛けることは、この指示に当たる。（最大判平7・2・22刑集四九・二・一〈ロッキード事件丸紅ルート上告審〉憲百選Ⅱ[七版]一七四）↓刑一九七条[8]

第七三条【内閣の職務】 内閣は、他の一般行政事務の外、左の事務を行ふ。

一 法律を誠実に執行し、国務を総理すること。

二 外交関係を処理すること。

三 条約を締結すること。但し、事前に、時宜によつては事後に、国会の承認を経ることを必要とする。

四 法律の定める基準に従ひ、官吏に関する事務を掌理すること。

五 予算を作成して国会に提出すること。

六 この憲法及び法律の規定を実施するために、政令を制定すること。但し、政令には、特にその法律の委任がある場合を除いては、罰則を設けることができない。

七 大赦、特赦、減刑、刑の執行の免除及び復権を決定すること。

◎【一般行政事務↓六五、内三、内閣府六、行組五① [一]【法律↓七㊀・五九・七四【国務↓七二 [二]【外交関係↓七二・九八② [三]【条約↓七㊀㊃・六一・九八② [四]【官吏に関する事務↓国公一② [五]【予算↓六〇①・八六、内五、財二七―三〇・一九 [六]【政令↓七㊀・七四、内一一【罰則の委任↓三一 [七]七㊅

> **一 罰則の委任**
> [1] 本条六号ただし書が、法律の委任のある場合において、政令で罰則を設けることができることを表明していることは、一点の疑いを挟む余地がない。（最大判昭25・2・1刑集四・二・七三、憲百選Ⅱ[四版]二〇〇）
> [2] 明治憲法下の罰則の委任（最大判昭27・12・24刑集六・一一・一三四六、憲百選Ⅱ[七版]二〇三）↓九八条[2]
>
> **二 犯罪構成要件の再委任**
> [3] 犯罪構成要件の再委任も、委任する法律の趣旨に反しない限り、憲法上許される。（最大判昭33・7・9刑集一二・一一・二四〇七、憲百選Ⅱ[七版]A18）
>
> **三 委任の範囲**
> [4] 農地法施行令一六条四号［昭和四六政一一三による改正前のもの］は、農地法八〇条［現四七条］が明らかに売払い

の対象として予定しているものを除外しているため、収用目的が消滅した買収農地を被収用者に回復させるという同条の趣旨に反し、委任の範囲を超えて無効である。（最大判昭46・1・20民集二五・一・一、行政百選Ⅰ七版四七）↓二九条21

5　被勾留者と一四歳未満の者との接見を原則として禁止する監獄法施行規則［平成三年改正以前のもの］一二〇条及び一二四条の各規定は、法律によらないで被勾留者の接見の自由を著しく制限するものであって、監獄法五〇条の委任の範囲を超え、無効である。〔平成一八法五八による刑事施設ニ於ケル刑事被告人ノ収容等ニ関スル法律（旧監獄法）廃止前の事案〕（最判平3・7・9民集四五・六・一〇四九、行政百選Ⅰ七版四八）

6　児童扶養手当法四条一項各号は、類型的にみて世帯の生計維持者としての父による現実の扶養を期待できない児童を支給対象児童として定めているが、父によって認知された婚姻外懐胎児童については、同項各号に準ずる状態が続いており、それを支給対象から除外する同法施行令一条の二第三号括弧書［平成一〇政二二四による改正前のもの］は法の委任の趣旨に反する。（最判平14・1・31民集五六・一・二四六、憲百選Ⅱ七版二〇六）↓行総◆【Ⅱ】8

7　郵便等販売を規制する薬事法施行規則の規定が薬事法の委任の範囲を逸脱して無効であるとされた事例（最判平25・1・11民集六七・一・一〈市販薬ネット販売権訴訟〉憲百選Ⅱ七版A19）↓二二条13、行総◆【Ⅱ】12、行訴四条15

8　国家公務員共済組合法（平成二四法六三による改正前のもの）附則一二条の一二第四項及び厚生年金保険法等の一部を改正する法律（平成八法八二）附則三〇条一項は、退職一時金に付加して返還すべき利子の利率の定めを白地で包括的に政令に委任するものということはできず、憲法四一条及び本条六号に違反しない。（最判平27・12・14民集六九・八・二三四八、行政百選Ⅰ七版四六）↓行総◆【Ⅱ】3

四　人事院規則への委任

9　人事院規則一四―七は、国家公務員法一〇二条一項に基づき、一般職に属する国家公務員の職責に照らして必要と認められる政治的行為の制限を規定したものであり、また同法の委任の範囲も逸脱していないので、憲法三一条違反ではない。（最判昭33・5・1刑集一二・七・一二七二、憲百選Ⅱ七版二〇五）

10　国家公務員法一〇二条一項が人事院規則に定めを委任している政治的行為とは、公務員の政治的中立性を損なうおそれがあり、公務員組織の内部秩序を維持する見地から課される懲戒処分とともに、国民全体の共同利益を擁護する見地から科される刑罰をも根拠づける違法性を帯びるものを指すので、懲戒処分と刑罰の対象となる政治的行為の定めを一様に委任しているからといって憲法の許容する委任の限度を超えるものではない。（最大判昭49・11・6刑集二八・九・三九三〈猿払事件上告審〉憲百選Ⅰ七版一二）↓二一条50

*11　国家公務員法一〇二条一項は、懲戒処分の対象と刑罰の対象とを区別することなく一律にその定めを人事院規則に委任している点において違憲である。（最大判昭49・11・6前出10……大隅等四裁判官反対意見）

12　国家公務員法一〇二条一項にいう「政治的行為」とは、公務員の職務の遂行の政治的中立性を損なうおそれが、現実的に起こり得るものとして実質的に認められるものを指し、同項はそのような行為の類型の具体的な定めを人事院規則に委任したものであるから、同項が懲戒処分の対象と刑罰の対象とを区別することなく規制対象の定めを人事院規則に委任しているからといって、憲法上禁止される白紙委任には当たらない。（最判平24・12・7刑集六六・一二・一七二二〈宇治橋事件〉重判平25憲八②）↓10・二一条50 55

五　56　課税要件の委任↓八四条4

第七四条【法律・政令の署名】　法律及び政令には、すべて主任の国務大臣が署名し、内閣総理大臣が連署することを必要とする。

🔗【法律↓七㈠・五九・七三㈠【政令↓七㈠・七三㈥【主任の国務大臣↓内三、内閣府六、行組五①【明憲五五②

第七五条【国務大臣の特典】　国務大臣は、その在任中、内閣総理大臣の同意がなければ、訴追されない。但し、これがため、訴追の権利は、害されない。

🔗【訴追↓刑訴一九九・二〇七・二四七・二五六

第六章　司法

第七六条【司法権・裁判所、特別裁判所の禁止、裁判官の独立】　①　すべて司法権は、最高裁判所及び法律の定めるところにより設置する下級裁判所に属する。

②　特別裁判所は、これを設置することができない。行政機関は、終審として裁判を行ふことができない。

③　すべて裁判官は、その良心に従ひ独立してその職権を行ひ、この憲法及び法律にのみ拘束される。

🔗三二・三七　❶【司法権↓裁三①、人保一【最高裁判所↓七七・七九・八一、裁六―一四の二【下級裁判所↓八〇、裁二・一五―三八【裁判所以外の機関の行う裁判↓五五・六四　❷裁三②、特許一二一―一七六、国公三③④、地公八⑧⑨　❸【裁判官↓六②・七九・八〇、裁五・三九―五二【司法権の独立↓七八、裁四八・八一　+裁判員、明憲五七・六〇・六一

一　司法権と立法権

1　両院において議決を経たものとされ適法な手続によって公布された法律については、裁判所は、両院の自主性を尊重すべく、制定の議事手続に関する事実を審理して、その有効無効を判断すべきではない。（最大判昭37・3・7民集一六・三・四四五〈警察法改正無効事件〉憲百選Ⅱ七版一八〇）

2　議院の自律権は権力分立の原理から導かれるもので、衆・参各議院が、その組織、議事運営、その他議院の内部事項に関して、他の国家機関から干渉、介入されることなく自主的に決定する権能をいう。訴訟の前提問題として、自律権の範囲に属する事項である法律案の受理手続の適法性が争われている場合は、裁判所は、独自に適法・違法の判断をすべきではなく、当該争点に関する議院の自律的判断を尊重して請求の当否を判断すべきである。（東京高判平9・6・18判時一六一八・六九）

二　司法権と部分社会

3　普通地方公共団体の議会から出席停止の懲罰を科された議員がその取消しを求める訴えは、法令の規定に基づく処分の取消しを求めるものであって、その性質上、法令の適用によって終局的に解決し得る。普通地方公共団体の議会の議員に対する出席停止の懲罰は、議会の自律的な権能に基づくものとして、議会に一定の裁量が認められるべきであるが、その性質や議員活動に対する制約の程度に照らすと、裁判所は、常にその適否を判断することができる。

（最大判令2・11・25民集七四・八・二二二九、重判令3憲二）→自治一三四条5

4 町議会議員が町所有の土地を不法に占拠しているとして町議会が議員辞職勧告決議等をしたことが、同議員に対する名誉毀損に当たるとしてされた国家賠償請求は、法律上の争訟に当たり裁判所の審判権が及ぶ。（最判平6・6・21判タ八七一・一四〇、重判平6憲一）

5 会議録には県議会議長が取消しを命じた発言を掲載しない旨を定めた県議会規則の規定は、議長に議場における秩序の維持等の権限を認めた地方自治法の規定を前提として定められたものと解され、そうすると、議事を速記法によって速記し、会議録を関係者等に配布する旨を定めた県議会規則の規定も、県議会議員に対して議事における発言が会議録に記載される権利利益を付与したものとはいえないから、議長の議員に対する発言の取消命令の適否は、司法審査の対象とはならない。（最判平30・4・26判タ一四五〇・一九、重判平30憲一）

6 市議会運営委員会が市議会議員に対する厳重注意処分の決定をし、市議会議長がこれを公表したことにより、同議員の名誉が毀損されたとしてされた国家賠償請求は、私法上の権利利益の侵害を理由とするものであり、その性質上、法令の適用による終局的な解決に適しないものとはいえないから、法律上の争訟に当たる。普通地方公共団体の議会の議員に対する懲罰等の措置が当該議員の私法上の権利利益を侵害することを理由とする国家賠償請求の当否を判断するに当たっては、当該措置が議会の内部規律の問題にとどまる限り、議会の自律的な判断を尊重し、これを前提として請求の当否を判断すべきである。（最判平31・2・14民集七三・二・一二三、重判令元憲一〇）→自治一三四条4

7 大学は、一般市民社会とは異なる特殊な部分社会を形成しているから、単位認定行為のような内部的問題は、一般市民法秩序と直接の関係を有することを肯認するに足る特殊の事情がない限り司法審査の対象とはならない。（最判昭52・3・15民集三一・二・二三四〈富山大学単位不認定事件〉憲百選Ⅱ七版一八二）

8 公立の工業高等専門学校における原級留置措置は、それにより、学生は通常であれば履修できる次学年の定期試験を受験できない不利益や、原級の全科目を再履修しなければならない不利益を被るから、学生の権利に重大な利害関係があるものとして、司法審査の対象となる。（大阪高決平3・8・2判タ七六四・二七九、重判平3憲一）

9 入学試験の合否判定の当否には、本来、裁判所の審判権が及ばないが、国が財政基盤を整え、運用の大枠に関与する公の営造物としての国立大学法人において、合否判定に際し、合理的な理由なく年齢、性別、社会的身分等による差別が行われたことが明白な場合には、他事考慮により合否が左右されたものとして裁量権の逸脱、濫用に当たり、かかる他事考慮の有無やその許容性については、裁判所が具体的に法令を適用して審判し得る。（東京高判平19・3・29判タ一二七三・三一〇、重判平19憲一）→行総◘【Ⅰ】48

10 政党が党員に対してした処分が一般市民法秩序と直接の関係を有しない内部的問題にとどまる限り、裁判所の審判権は及ばず、一般市民としての権利利益を侵害する場合でも、審理は、当該政党の自律的に定めた規範が公序良俗に反するなど特段の事情がない限りその規範に照らし、またその規範がないときは条理に基づき、処分が適正な手続にのっとってなされたか否かの点に限られる。（最判昭63・12・20判タ六九四・九二〈共産党除名処分事件〉憲百選Ⅱ七版一八三）

11 政党等の政治結社の内部的自律権をできるだけ尊重すべきものとし、名簿届出政党等による名簿登載者の除名について選挙長ないし選挙会の審査の対象を形式的な事項にとどめる公職選挙法の趣旨に鑑みると、名簿届出政党等による名簿登載者の除名が不存在又は無効であることは、除名届が適法にされている限り、当選訴訟における当選無効の原因とならない。（最判平7・5・25民集四九・五・一二七九〈日本新党比例代表選出繰上当選訴訟上告審〉憲百選Ⅱ七版一五五）

*12 政党による党員の除名が民主的かつ公正な適正手続に従ってなされたものでない場合には、公序良俗に反するものとして無効であり、当該除名を前提としてなされた公職選挙法一一二条二項（平成六法二による改正前のもの）による繰上補充による当選人の決定は、その存立の基礎を失い無効となる。（東京高判平6・11・29判タ八七一・八四、重判平6憲七……前出11の一審）

三 法律上の争訟と宗教問題→民訴◘【民事裁判権の限界】〔二編名の後〕7〜16

13 訴訟が具体的な権利義務ないし法律関係に関する紛争の形式をとる場合でも、信仰の対象の価値又は宗教上の教義に関する判断が訴訟の帰趨〔きすう〕を左右する前提問題となり、訴訟の争点及び当事者の主張立証の核心となっているときには、その訴訟は実質において法令の適用によっては終局的解決の不可能なものであって、法律上の争訟に当たらない。（最判昭56・4・7民集三五・三・四四三〈板まんだら事件〉憲百選Ⅱ七版一八四）

*14 宗教上の判断が必要であるため裁判所の審判権が及ばない問題が前提問題にすぎない場合には、これを法律上の争訟に当たらないものということはできず、裁判所は審判権の及ばない問題について具体的な主張立証がない場合等と同視して判断をすべきである。（最判昭56・4・7前出13……寺田裁判官意見）

*15 特定の者が宗教法人の代表役員の地位にあるか否かが争われている事件で、代表役員の選任が「血脈相承」という宗教的儀式による場合、宗教儀式の意義及び存否は裁判所の判断の対象とならないが、選任の有無はそれを推認させる間接事実や選任に対する宗教法人の自律的決定の存否を主張立証させることで判断が可能であり、法律上の争訟性が欠けるとはいえない。（最判平5・9・7民集四七・七・四六六七、憲百選Ⅱ七版一八五……大野裁判官反対意見）

16 具体的な権利義務ないし法律関係に関する訴訟であっても、宗教団体内部でされた懲戒処分の効力が請求の当否を決する前提問題となり、その効力の有無が当事者間の紛争の本質的争点をなすとともに、それが宗教上の教義信仰の内容に深く関わっているときは、その訴訟は、法律上の争訟に当たらない。（最判平元・9・8民集四三・八・八八九〈蓮華寺事件〉民訴百選Ⅰ補正一）

17 宗教法人における檀徒の地位が具体的な権利義務ないし法律関係を含む法律上の地位に当たるか否かは、当該宗教法人の規則等における檀徒の位置付けによるが、檀信徒名簿が備え付けられ、檀徒であることが代表役員の補佐機関たる総代の選任要件であり、法人の維持経営に係る諸般の事項の決定につき、総代を通じて檀徒の意見が反映される体制となっており、檀徒による法人の維持経営の妨害行為が除名処分事由とされている場合には、檀徒の地位は法律上の地位ということができる。（最判平7・7・18民集四九・七・二七一七、重判平7憲一）

四　民事訴訟と行政権↓行訴一条[13]・九条[3][9]

[18]　国営空港における航空機の離着陸のためにする供用は、運輸大臣の有する空港管理権と航空行政権という二種の権限の総合的判断に基づいた不可分一体的な行使の結果とみるべきであるから、航空機の離着陸の差止めを求める請求は、航空行政権の行使の取消し変更ないしその発動を求める請求を包含することとなり、行政訴訟の方法による請求が可能かどうかはともかく、狭義の民事訴訟の手続により求めることは、不適法である。（最大判昭56・12・16民集三五・一〇・一三六九〈大阪国際空港公害訴訟〉憲百選Ⅰ[七版]二四）

[19]　自衛隊機の運航に関する防衛庁長官の権限の行使は、運航に伴う騒音等により影響を受ける周辺住民との関係において公権力の行使に当たり、自衛隊機の離着陸等の差止め及び騒音の規制を民事上の請求として求めることは、行政訴訟としてどのような請求が可能かはともかく、不適法である。条約に基づいて飛行場を使用する米軍機の離着陸等の差止めを国に対して請求するのは、国に対してその支配の及ばない第三者の行為の差止めを請求するもので、主張自体失当として棄却を免れない。（最判平5・2・25民集四七・二・六四三〈厚木基地騒音公害訴訟〉憲百選Ⅰ[五版]二九）

[20]　国又は地方公共団体が専ら行政権の主体として国民に対して行政上の義務の履行を求める訴訟は、法規の適用の適正ないし一般公益の保護を目的とするものであって裁判所法三条一項にいう法律上の争訟に当たらず、これを認める特別の規定もないから、不適法である。（最判平14・7・9民集五六・六・一一三四、行政百選Ⅰ[七版]一〇九）↓行訴一条[9]、民訴◘【民事裁判権の限界】［二編名の後］[6]

五　特別裁判所の意味

[21]　家庭裁判所は一般的に司法権を行う通常裁判所の系列に属する下級裁判所として設置されたものであり、特別裁判所ではない。（最大判昭31・5・30刑集一〇・五・七五六、憲百選Ⅱ[七版]A15）

[22]　裁判員制度における裁判体は、地方裁判所に属するものであり、その第一審判決に対しては控訴・上告が認められており、特別裁判所には当たらない。（最大判平23・11・16刑集六五・八・一二八五、憲百選Ⅱ[七版]一七五）↓三七条[3]

六　裁判官の良心

[23]　裁判官が良心に従うというのは、裁判官が有形無形の外部の圧力や誘惑に屈しないで自己内心の道徳感に従うという意味である。（最大判昭23・11・17刑集二・一二・一五六五、憲百選Ⅱ[七版]一七六）

[24]　裁判員法が規定する評決制度の下で、裁判官が時に自らの意見と異なる結論に従わざるを得ない場合があるとしても、それは憲法に適合する法律に拘束される結果であるから、本条三項に違反しない。（最大判平23・11・16前出[22]）

第七七条【最高裁判所の規則制定権】　① 最高裁判所は、訴訟に関する手続、弁護士、裁判所の内部規律及び司法事務処理に関する事項について、規則を定める権限を有する。

② 検察官は、最高裁判所の定める規則に従はなければならない。

③ 最高裁判所は、下級裁判所に関する規則を定める権限を、下級裁判所に委任することができる。

⊛【規則↓裁一二、民訴三 ❶【訴訟に関する手続↓三二【弁護士↓弁護 ❷【検察官↓検察三—六 ❸【下級裁判所↓七六①、裁一二

一　法律と裁判所規則

[1]　刑事手続を法律で定めても違憲ではない。（最判昭30・4・22刑集九・五・九一一、憲百選Ⅱ[七版]二〇七）

[2]　地方裁判所における審理に判事補の参与を認める最高裁判所規則は、二人合議制を採用したものではなく、また、不公平な裁判所による裁判がなされるものではなく、被告人の重要な利害や刑事訴訟の基本構造に関する事項を規定するものでもないので憲法に反しない。（最決昭54・6・13刑集三三・四・三四八、憲百選Ⅱ[五版]一九四）

二　規則制定への関与と裁判官の忌避

[3]　最高裁判所が、最高裁判所規則を制定するとともに、これをめぐる訴訟の上告事件を担当することは、現行司法制度上予定されているというべきであるから、同訴訟において、同規則の制定に関する裁判官会議に参加したことを理由に、最高裁判所裁判官について忌避の申立てをすることはできない。（最決平3・2・25民集四五・二・一一七、重判平3憲四）

三　裁判所規則と違憲審査↓八一条[4]

第七八条【裁判官の身分の保障】　裁判官は、裁判により、心身の故障のために職務を執ることができないと決定された場合を除いては、公の弾劾によらなければ罷免されない。裁判官の懲戒処分は、行政機関がこれを行ふことはできない。

⊛【身分の保障↓裁四八【公の弾劾↓六四、国会一二五—一二九【裁判官の懲戒↓裁四九【明憲五八②③

裁判官に対する懲戒処分

[1]　積極的政治運動を理由に懲戒を受けた事例（最大決平10・12・1民集五二・九・一七六一〈寺西裁判官事件〉憲百選Ⅱ[七版]一七七）↓二一条[54]・八二条[5]

[2]　裁判官は、職務遂行に際してはもとより、職務を離れた私人としての生活においても、その職責と相いれない行為をしてはならず、また、裁判所や裁判官に対する国民の信頼を傷つけることのないよう慎重に行動すべき義務を負う。このことからすると、裁判官は、一般に、捜査が相当程度進展している具体的被疑事件について、その一方当事者である被疑者に加担するような実質的に弁護活動に当たる行為は、差し控えるべきである。このことは、被疑者が裁判官の配偶者である場合でも異ならない。（最大決平13・3・30判タ一〇七一・九九、重判平13憲一）

[3]　裁判所法四九条にいう「品位を辱める行状」とは、職務上の行為であると、純然たる私的行為であるとを問わず、およそ裁判官に対する国民の信頼を損ね、又は裁判の公正を疑わせるような言動をいう。裁判官の職にあることが広く知られている状況の下で、判決が確定した担当外の民事訴訟事件に関し、その内容を十分に検討した形跡を示さず、表面的な情報のみを掲げて、私人である当該訴訟の原告が訴えを提起したことが不当であるとする一方的な評価を不特定多数の閲覧者に公然と伝える行為は、当該原告の感情を傷つけるものであり、また裁判の公正を疑わせるものでもあるから、「品位を辱める行状」に当たる。（最大決平30・10・17民集七二・五・八九〇、重判平30憲二）

[4]　裁判官が、フェイスブック上の実名が付された自己のア

カウントにおいて、自らが裁判官であることが知られている状況の下で、多数のフェイスブックの会員に向けて、犯罪被害者遺族が自身について裁判官訴追委員会に対する訴追請求をしていることなどに言及する投稿をした際、当該遺族が自身を非難するよう東京高裁事務局等に洗脳されている旨の表現を用いて当該遺族を侮辱した行為は、裁判官に対する国民の信頼を損ねる言動であるから、裁判所法四九条にいう「品位を辱める行状」に当たる。（最大決令2・8・26判タ一四八〇・九八）

第七九条【最高裁判所の裁判官、国民審査、定年、報酬】① 最高裁判所は、その長たる裁判官及び法律の定める員数のその他の裁判官でこれを構成し、その長たる裁判官以外の裁判官は、内閣でこれを任命する。

② 最高裁判所の裁判官の任命は、その任命後初めて行はれる衆議院議員総選挙の際国民の審査に付し、その後十年を経過した後初めて行はれる衆議院議員総選挙の際更に審査に付し、その後も同様とする。

③ 前項の場合において、投票者の多数が裁判官の罷免を可とするときは、その裁判官は、罷免される。

④ 審査に関する事項は、法律でこれを定める。

⑤ 最高裁判所の裁判官は、法律の定める年齢に達した時に退官する。

⑥ 最高裁判所の裁判官は、すべて定期に相当額の報酬を受ける。この報酬は、在任中、これを減額することができない。

参❶【最高裁判所↓七六①・七七・八一【長たる裁判官↓六②、裁五①・三九①【その他の裁判官↓七㊄、裁五①③・三九②③【任命資格↓裁四一・四六 ❷一五①、裁三九④【総選挙↓七㊃・五四、公選三一 ❺裁五〇 ❻【報酬↓裁五一【報酬の保障↓裁四八 ＊明憲五七②

[1] **最高裁判所裁判官の国民審査** 国民審査制度の実質はいわゆる解職の制度とみることができるから、白票を罷免を可としない票に数えても思想良心の自由に反しない。（最大判昭27・2・20民集六・二・一二二、憲百選Ⅱ[七版]一七八）

[2] 最高裁判所裁判官の国民審査権が、国民主権の原理に基づく主権者の権能の一つである点で選挙権と同様の性質を有することなどに照らせば、審査権又はその行使を制限することはやむを得ないと認められる事由がなければならず、これはそのような制限なしには国民審査の公正を確保しつつ審査権の行使を認めることが事実上不可能ないし著しく困難な場合に限られる。したがって、最高裁判所裁判官国民審査法が在外国民に審査権を全く認めていないことは本条二項、三項、一五条一項に違反する。（最大判令4・5・25【令2行ツ二五五】）

第八〇条【下級裁判所の裁判官・任期・定年、報酬】① 下級裁判所の裁判官は、最高裁判所の指名した者の名簿によつて、内閣でこれを任命する。その裁判官は、任期を十年とし、再任されることができる。但し、法律の定める年齢に達した時には退官する。

② 下級裁判所の裁判官は、すべて定期に相当額の報酬を受ける。この報酬は、在任中、これを減額することができない。

参❶【下級裁判所↓七六①、裁二【下級裁判所の裁判官↓裁五②③【任命↓裁四〇・四二―四六【補職↓裁四七【定年↓裁五〇 ❷【報酬↓裁五一【報酬の保障↓裁四八

[1] **判事補への任官拒否** 判事補候補者の指名は、司法権の独立を保障する趣旨から最高裁判所の広範な裁量に委ねられているが、裁判所法所定の欠格事由がない者について欠格事由があるとする等、判断の基礎とされた重要な事実に誤認があったり、思想・信条を理由とする等憲法上許容し得ない理由に基づく等、その判断が明白に合理性を欠く場合には、裁量権の逸脱ないし濫用であって、違法となる。（大阪地判平12・5・26判時一七三六・七七）

第八一条【法令審査権と最高裁判所】 最高裁判所は、一切の法律、命令、規則又は処分が憲法に適合するかしないかを決定する権限を有する終審裁判所である。

参＊九八①【違憲問題の裁判↓裁一〇㈠㈢、刑訴規二五六【最高裁判所の終審↓民訴三二七①・三三六、刑訴四〇五、四三三【国公一④

一 違憲審査権の性格

[1] 本条は、米国憲法の解釈として樹立せられた違憲審査権を明文をもって規定したものである。（最大判昭23・7・7後出[6]）

[2] 本条は下級裁判所が違憲審査権を有することを否定する趣旨を持つものではない。（最大判昭25・2・1刑集四・二・七三、憲百選Ⅱ[四版]二〇〇）

[3] 現行の制度の下では、特定の者の具体的な法律関係につき紛争の存する場合にのみ裁判所にその判断を求めることができるのであり、裁判所が具体的事件を離れて抽象的に法律命令等の合憲性を判断できるとの見解には、憲法上及び法令上、何らの根拠も存しない。（最大判昭27・10・8民集六・九・七八三〈警察予備隊違憲訴訟〉憲百選Ⅱ[七版]一八七）

[4] 地方裁判所及び家庭裁判所の支部を廃止する最高裁判所規則が違憲であるとして、具体的な紛争を離れて管轄区域内に居住する国民としての立場で取消しを求める訴えは、規則の抽象的な憲法適合性の判断を求めるもので法律上の争訟に当たらない。（最判平3・4・19民集四五・四・五一八、行政百選Ⅱ[五版]一四七）

二 違憲審査の対象

1 国家行為の形式

[5] 条約を審査対象としたもの（最大判昭34・12・16後出[8]）

[6] 裁判は一般的抽象的規範を制定するものではなく個々の事件について具体的処置をつけるものであるから、その本質は一種の処分である。一切の処分は行政処分たると裁判たるとを問わず、終審として最高裁判所の違憲審査権に服する。（最大判昭23・7・7刑集二・八・八〇一、憲百選Ⅱ[七版]一八九……刑集で言渡日が「八日」となっているのは誤記）

[7] 東京高等裁判所が行う逃亡犯罪人引渡法一〇条一項三号の決定は、刑訴法上の決定ではないから、それに対して刑訴法の特別抗告を許さなくとも本条に違反しない。（最決平2・4・24刑集四四・三・三〇一〈中国民航ハイジャック事件〉重判平2国際二）

2 統治行為

[8] 日米安全保障条約は、主権国としての我が国の存立の基礎に極めて重大な関係を持つ高度の政治性を有するものであり、その内容が違憲か否かの判断は、純司法的機能を使命とする司法裁判所の審査には原則としてなじまず、一見極めて明白に違憲無効と認められない限りは、裁判所の司法審査権の範囲外にある。（最大判昭34・12・16刑集一三・一三・三二二五〈砂川事件〉憲百選II[七版]一六三）↓九条[2]

[9] 日米安全保障条約及び日米地位協定が違憲無効であることが一見極めて明白でない以上、裁判所としては、これが合憲であることを前提として、これらの条約に基づく義務を履行するために制定された駐留軍用地特別措置法の憲法適合性について審査すべきである。（最大判平8・8・28民集五〇・七・一九五二〈沖縄代理署名訴訟〉憲百選II[七版]一六七）↓二九条[22]

[10] 直接国家統治の基本に関する高度に政治性のある国家行為は、それが法律上の争訟となり、有効無効の判断が法律上可能である場合であっても裁判所の審査権の外にあり、その判断は主権者たる国民に対して政治的責任を負う政府、国会等の政治部門の判断に任され最終的には国民の政治判断に委ねられている。これは、司法権の憲法上の本質に内在する制約である。（最大判昭35・6・8民集一四・七・一二〇六〈苫米地事件上告審〉憲百選II[七版]一九〇）↓七条[4]

*[11] いかに高度の政治性を有する国家行為といえども形式上司法審査の対象となる以上は司法審査に服さなければならない。（最大判昭35・6・8前出[10]……河村（大）裁判官意見）

3 立法手続↓七六条[7]

三 違憲審査の技術

1 憲法判断の回避

[12] 判決を求める法律上の利益が失われたとして上告を棄却しながら、「なお、念のため」として憲法判断に及んだ例（最大判昭28・12・23民集七・一三・一五六一〈皇居外苑使用不許可事件〉憲百選I[七版]八〇）↓二一条*[74]・三二条[3]

[13] 上告人の死亡により訴訟が終了したとしながら、「なお、念のため」として憲法判断に及んだ例（最大判昭42・5・24民集二一・五・一〇四三〈朝日訴訟〉憲百選II[七版]一三二）↓二五条[3]

*[14] 違憲審査権を行使し得るのは具体的争訟の裁判に必要な限度に限られ、当該事件の裁判の主文の判断に直接かつ絶対必要な場合にだけ立法その他の国家行為の憲法適否に関する審査決定をなすべきである。（札幌地判昭42・3・29下刑九・三・三五九〈恵庭事件〉憲百選II[七版]一六四）

[15] 憲法の基本原理に対する黙過し得ない重大な違反の状態が発生している疑いが生じ、その結果、当事者をも含めた国民の権利が侵害され、又はその危険があると考えられ、裁判所が憲法問題以外の論点によってその訴訟を終局させたのでは、紛争を根本的に解決できないと認められる場合には、裁判所には憲法判断を行う義務がある。（札幌地判昭48・9・7判タ二九八・一四〇〈長沼事件一審〉憲百選II[七版]一六五）↓九条[7]

[16] 民法七三三条一項〔平成二八法七一による改正前のもの〕を改廃しない立法不作為の国家賠償法上の違法性を否定しつつ、同項の憲法適合性について判断をした事例（最大判平27・12・16民集六九・八・二四二七、憲百選I[七版]二八）↓[35]・一四条[12]・二四条[3]、民七三三条[2]

2 主張適格

[17] 法律関係の違憲性の主張は適用される法規の違憲性の判断に即するべきであり、当該法律関係と無関係の法規や法律全体の違憲性を理由とすることは許されない。（最大判昭35・2・10民集一四・二・一三七、憲百選I[二版]七五）↓二九条[2]

[18] 第三者の所有物を没収する場合において、その没収に関して当該所有者に対し、何ら告知、弁解、防御の機会を与えることなく、その所有権を奪うことは、憲法の容認しないところである。かかる没収の言渡しを受けた被告人は、たとえ第三者の所有物に関する場合であっても、被告人に対する付加刑である以上、没収の裁判の違憲を理由として上告をなし得ることは当然である。（最大判昭37・11・28刑集一六・一一・一五九三、憲百選II[七版]一〇七）↓三一条[5]

[19] 所得税法〔昭和四〇法三三による全部改正前のもの〕七〇条一〇号の刑罰規定の内容をなす同法六三条の規定は、当該事案に適用される場合に、その内容に何ら不明確な点は存しないとしたもの（最大判昭47・11・22刑集二六・九・五五四〈川崎民商事件〉憲百選II[七版]一一四）↓三五条[7]

*[20] 第三者の憲法上の権利主張の適格の有無については、第三者の憲法上の権利の性質、当事者と第三者との関係、第三者が独立の手続において自らの憲法上の権利を擁護する機会を有するか、当事者に対して右適格を認めないときに第三者の権利の実効性が失われるおそれがあるかどうか等を考慮し、当事者に右適格を与えるのが相当と認められる場合は格別、そうでない限りは許されない。宗教法人に対する解散命令により、その信徒の信教の自由が侵害される旨を主張する適格が、当該宗教法人に認められる余地はあるが、宗教法人は、その信徒の権利を代表的に主張し得るにとどまるので、個々に特定された信徒の宗教ないし宗教上の信条が真摯に形成・保持され、かつ当該解散命令が信徒各自の信教の自由に重大な不利益を課すことを具体的に認め得る事情の存在が明らかとならない限り、右主張について実体的憲法判断を加えることを要しない。（東京高決平7・12・19高民四八・三・二五八〈宗教法人オウム真理教解散命令抗告審決定〉……二〇条[6]の原審）↓二〇条[6]

[21] 公職選挙法二〇四条の選挙無効訴訟において、選挙人は、同法二〇五条一項所定の選挙無効の原因として、他者の選挙権の制限に係る同法九条一項〔平成二七法四三による改正前のもの〕並びに一一条一項二号及び三号の規定の違憲を主張することはできない。（最決平26・7・9判タ一四〇七・四七、憲百選II[七版]一八八）↓行訴四二条[3]

[22] 公職選挙法二〇四条の選挙無効訴訟において、選挙人は、同法二〇五条一項所定の選挙無効の原因として、被選挙権の制限に係る同法一〇条一項二号の規定の違憲を主張することはできない。（最判平29・10・31判タ一四四五・七〇）

[23] 公職選挙法二〇四条の選挙無効訴訟において、選挙人は、同法二〇五条一項所定の選挙無効の原因として、年齢満一八歳及び満一九歳の日本国民につき衆議院議員の選挙権を有するとしている同法九条一項の規定の違憲を主張することはできない。（最決平31・2・28判タ一四六〇・一九）

[24] 最高裁判所裁判官国民審査法三六条の審査無効訴訟において、審査人は、同法三七条一項所定の審査無効の原因として、年齢満一八歳及び満一九歳の日本国民につき衆議院議員の選挙権を有するとしている公職選挙法九条一項の規定の違憲を主張することはできない。（最決平31・3・12判タ一四六〇・一一六、重判令元行政九）

3 合憲限定（拡張）解釈

*[25] 法律の規定は、可能な限り、憲法の精神に即し、これと

調和し得るよう、合理的に解釈されるべきものである。（最大判昭44・4・2刑集二三・五・三〇五〈都教組事件〉憲百選Ⅱ[七版]一九三）↓二八条＊[9]

[26] 国家公務員法上、違法とされる争議行為とそうでないものを区別し、さらに、違法とされる争議行為のうち違法性の強いものあおり行為のみを刑事制裁の対象とするような不明確な限定解釈は、かえって犯罪構成要件の保障機能を失わせ、憲法三一条に反する疑いすらある。（最大判昭48・4・25刑集二七・四・五四七〈全農林警職法事件〉憲百選Ⅱ[七版]一四二）↓二八条[3][10]

＊[27] 基本的人権を侵害するような広範にすぎる制限、禁止の法律も常に全面的に無効としなければならないわけではなく、公務員の争議行為の禁止のように、人権の侵害に当たる場合がむしろ例外で、原則としては、その大部分が合憲的な制限、禁止の範囲内にある場合には、できる限り解釈によって規定内容を合憲の範囲にとどめる方法（合憲的制限解釈）、又はこれが困難な場合には、具体的な場合における当該法規の適用を憲法に違反するものとして拒否する方法（適用違憲）によって処理すべきである。（最大判昭48・4・25前出[26]……田中（二）等五裁判官意見）

[28] 解釈により、規制の対象となるものとそうでないものとが明確に区別され、かつ、合憲的に規制し得るもののみが規制の対象となることが明らかにされる場合であって、一般国民の理解において、具体的場合において当該表現物が規制の対象となるかどうかの判断を可能ならしめるような基準をその規定から読みとることができる場合には限定解釈が許される。（最大判昭59・12・12民集三八・一二・一三〇八〈札幌税関検査訴訟〉憲百選Ⅰ[七版]六九）↓二一条[88]・三一条[2]

＊[29] 立法不作為の違憲状態の解消は第一次的に立法府に委ねられるが、立法府が既に下した立法政策の方向で考えれば合理的な選択の余地は極めて限られている場合には、司法権が現行法の合理的拡張解釈により違憲状態の解消を目指すことは、全く許されないことではない。（最大判平20・6・4後出[34]……藤田裁判官意見）↓一〇条[3]

4 適用違憲の手法

[30] 被告人の行為につき罰則を適用する限度においてという限定を付して右罰則を違憲と判断することは、法令が当然に適用を予定している場合の一部につきその適用を違憲と判断するものであって、ひっきょう法令の一部を違憲とするに等しい。（最大判昭49・11・6刑集二八・九・三九三〈猿払事件上告審〉憲百選Ⅰ[七版]一二）↓二一条[50]

＊[31] 適用違憲判決を行った例（旭川地判昭43・3・25下刑一〇・三・二九三〈猿払事件一審〉憲百選Ⅱ[七版]一九四）↓二一条＊[51]

[32] 駐留軍用地特別措置法が、憲法前文、九条、一三条、二九条三項に照らして法令として違憲ではないと判断した後、改めて、同法の沖縄県内での適用を憲法前文、九条、一三条、二九条等に違反するという主張を退けた例（最大判平8・8・28前出[9]）

5 一部の意味の違憲

[33] 郵便法六八条、七三条［平成一四法一二一による改正前のもの］の規定のうち、書留郵便物について郵便業務従事者の故意又は重過失によって損害が生じた場合に、また、特別送達郵便物について郵便業務従事者の軽過失によって損害が生じた場合に、それぞれ国の不法行為責任を免除又は制限している部分が、憲法一七条に違反して無効であるとされた事例（最大判平14・9・11民集五六・七・一四三九、憲百選Ⅱ[七版]一二八）↓一七条[2]

[34] 国籍法三条一項が日本国籍の取得について、父母の婚姻によって嫡出子となったという過剰な要件を課した点が憲法一四条に違反するとした上で、日本国民である父と日本国民でない母との間に出生し、父から出生後に認知されたにとどまる子についても、届出による国籍取得が認められるとした事例（最大判平20・6・4民集六二・六・一三六七、憲百選Ⅰ[七版]二六……平成二〇法八八による改正前の国籍法事件）↓＊[29]・一〇条[3]

[35] 女性について六箇月の再婚禁止期間を定める民法七三三条一項［平成二八法七一による改正前のもの］の規定のうち一〇〇日を超えて再婚禁止期間を設ける部分が、憲法一四条一項及び二四条二項に違反するとされた事例（最大判平27・12・16前出[16]）↓一四条[12]・二四条[3]、民七三三条[2]

6 立法行為に対する国賠訴訟

[36] 国会議員の立法行為は、立法の内容が憲法の一義的な文言に違反しているにもかかわらず国会があえて当該立法を行うというごとき例外的な場合を除き国家賠償法一条一項の規定の適用上、違法の評価を受けない。（最判昭60・11・21民集三九・七・一五一二〈在宅投票制度廃止違憲訴訟上告審〉憲百選Ⅱ[七版]一九一）↓五一条[4]＊[5]・一三条＊[5]

[37] らい予防法［平成八法二八により廃止］は、昭和二八年制定当時からハンセン病予防の必要を超えて過度な人権の制限を課すもので、公共の福祉による合理的な制限を逸脱していた。スルフォン剤に対する評価の確定、重病患者の激減、新発見患者の顕著な減少、ハンセン病に関する国際会議の動向などの制定以降の諸事情や、隔離規定の存続による人権被害の重大性と司法的救済の必要性に鑑みれば、他にはおよそ想定し難い極めて特殊で例外的な場合として、遅くとも昭和四〇年以降に隔離規定を改廃しなかった国会議員の立法上の不作為につき、国家賠償法上の違法性を認めるのが相当である。（熊本地判平13・5・11判タ一〇七〇・一五一〈ハンセン病訴訟〉憲百選Ⅱ[七版]一九二）↓一三条[7]

[38] 在外国民に国政選挙における選挙権行使の機会を確保するためには、在外選挙制度を設けるなどの立法措置を執ることが必要不可欠であったにもかかわらず、そのための法律案が昭和五九年に廃案となった後、平成八年一〇月二〇日の衆議院議員総選挙の実施に至るまで一〇年以上の長きにわたって国会が何らの立法措置も執らなかったことは、国家賠償法一条一項の適用上違法の評価を受ける。（最大判平17・9・14民集五九・七・二〇八七、憲百選Ⅱ[七版]一四七）↓一五条[10]

[39] 最高裁判所裁判官の国民審査について、在外国民に審査権の行使を認める制度を創設する立法措置が必要不可欠であり、このことが明白であるにもかかわらず、国会が正当な理由なく長期にわたってこれを怠ったことは、国家賠償法一条一項の適用上違法の評価を受ける。（最大判令4・5・25【令2行ツ二五五】）↓七九条[2]

7 違憲判断の特殊な方法

イ 合理的期間論

[40] 憲法上要求される合理的期間内における是正がされなかったといえるか否かを判断するに当たっては、単に期間の長短のみならず、是正のために採るべき措置の内容、そのために検討を要する事項、実際に必要となる手続や作業等の諸般の事情を総合考慮して、国会における是正の実現に向けた取組が司法の判断の趣旨を踏まえた立法裁量権の行使として相当なものであったといえるか否かという観点から評価すべきである。（最大判平25・11・20民集六七・

八・一五〇三、重判平25憲一）↓一四条[40]

ロ　事情判決の法理

[41]　衆議院の議員定数配分が選挙権の平等に反しており違憲であるとしながら、選挙を無効にすることによって生ずる憲法の所期しない結果を回避するため、それに基づく選挙の効力を維持した例（最大判昭51・4・14民集三〇・三・二二三〈議員定数不均衡違憲判決〉憲百選Ⅱ[七版]一四八）↓一四条[30]

ハ　将来効・不遡及効

＊[42]　事情判決的処理がなされた定数配分規定について国会がなお是正をしないため同一の配分規定による選挙が行われたときは、その選挙を直ちに無効とするか、又は一定期間経過後に無効の効果を生ずるとの判決をすべきである。（最大判昭60・7・17民集三九・五・一一〇〇、憲百選Ⅱ[六版]一五四……木戸口裁判官補足意見）↓一四条[34]

[43]　民法九〇〇条四号ただし書前段〔平成二五法九四により削除〕の規定が遅くとも本件相続の開始時である平成一三年七月当時において憲法一四条一項に違反していたとする本決定の判断が、先例としての事実上の拘束力という形で既に解決済みの遺産分割等の効力にも効果が及ぶとすることは、著しく法的安定性を害することになる。本決定の違憲判断は、本件相続の開始時から本決定までの間に開始された他の相続につき、本件規定を前提としてされた遺産の分割の審判その他の裁判、遺産の分割の協議その他の合意等により確定的なものとなった法律関係に影響を及ぼすものではないと解すべきである。（最大決平25・9・4民集六七・六・一三二〇、憲百選Ⅰ[七版]二七）↓一四条[27]、民九〇〇条[2]

8　合憲判決の方法

イ　黙示的合憲判断

[44]　当事者においてある法令が憲法に適合しない旨を主張した場合に裁判所が有罪判決の理由中にその法令の適用を挙示したときは、その法令は憲法に適合するものであるとの判断を示したものにほかならない。（最大判昭23・12・1刑集二・一三・一六六一、憲百選Ⅱ[三版]二〇〇）

ロ　合憲判断の範囲

＊[45]　合憲性の判断は、裁判における具体的事実に対する当該法令の適用に関して必要とされる範囲においてすれば足りるとともに、また、その限度にとどめるのが相当であると考えられ、他の事案についての適用関係一般にわたる判断に及ぶべき理由はない。（最大判昭50・9・10刑集二九・八・四八九〈徳島市公安条例事件〉憲百選Ⅰ[七版]八三……高辻裁判官意見）↓二一条[85]・三一条[7]・九四条[2]

9　憲法判例の変更

＊[46]　最高裁判所が憲法解釈を変更するに当たっては、変更の要否ないしは適否について特段の吟味を施すべきものであり、殊に僅少差の多数によって変更を行うことは運用上極力避けるべきである。（最大判昭48・4・25前出[26]……田中（二）等五裁判官意見）

[47]　行為当時の最高裁判所の判例の示す法解釈に従えば無罪となるべき行為を処罰しても本条に違反しない。（最判平8・11・18刑集五〇・一〇・七四五、重判平8刑二）↓三九条[1]

第八二条【裁判の公開】　①　裁判の対審及び判決は、公開法廷でこれを行ふ。

②　裁判所が、裁判官の全員一致で、公の秩序又は善良の風俗を害する虞があると決した場合には、対審は、公開しないでこれを行ふことができる。但し、政治犯罪、出版に関する犯罪又はこの憲法第三章で保障する国民の権利が問題となつてゐる事件の対審は、常にこれを公開しなければならない。

㊜＋三四、三七①　❷裁七〇、人訴二二、特許一〇五の七、不正競争一三、民訴九一②、刑訴五三③、民訴九二【出版に関する犯罪↓二一①　＋明憲五九

一　訴訟事件と非訟事件

[1]　純然たる訴訟事件につき、当事者の意思いかんにかかわらず終局的に、事実を確定し当事者の主張する権利義務の存否を確定する裁判が、憲法所定の例外の場合を除き、公開の法廷における対審及び判決によってなされないとするならば、そのことは本条に違反するとともに、憲法三二条が基本的人権として裁判請求権を認めた趣旨にも反する。（最大決昭35・7・6民集一四・九・一六五七、憲百選Ⅱ[七版]一二四）↓民訴◘【民事裁判権の限界】〔一編名の後〕[21]

[2]　法律上の実体的権利義務自体につき争いがあり、これを確定するには、公開の法廷における対審及び判決によらなければならないが、家事審判法に基づく夫婦同居の審判は、夫婦同居の義務等の実体的権利義務自体を確定する趣旨のものではなく、これら実体的権利義務の存することを前提として、同居の時期、場所、態様等について具体的内容を定め、また必要に応じてこれに基づき給付を命ずる処分であると解されるから、憲法に違反しない。（最大決昭40・6・30民集一九・四・一〇八九、憲百選Ⅱ[七版]一二五）↓民訴◘【民事裁判権の限界】〔一編名の後〕[22]

[3]　家事審判法に基づく遺産分割審判は、相続権、相続財産等の存在を前提としてなされるものであるが、審判手続において右前提事項に関する判断を行っても、その判断には既判力が生ぜず、別に、民事訴訟を提起して争うことができるから、憲法に違反しない。（最大決昭41・3・2民集二〇・三・三六〇、家族百選[五版]九二）↓民九〇七条[3]、民訴◘【民事裁判権の限界】〔一編名の後〕[24]

[4]　民事上の秩序罰としての過料を科する作用は、国家の後見的民事監督の作用であり、その実質においては一種の行政処分としての性格を有するから、法律上、裁判所がこれを科することにしている場合でも、公開の法廷における対審及び判決による必要はない。（最大決昭41・12・27民集二〇・一〇・二二七九、憲百選Ⅱ[七版]一二六）

[5]　裁判官に懲戒を課する作用は固有の意味における司法権の作用ではなく、純然たる訴訟事件の裁判に当たらないことは明らかである上、懲戒を行う裁判所は申立てを端緒として職権で事実を探知し、証拠調べを行って自ら処分するのであって訴訟事件とは全く構造を異にするため、分限事件については本条一項の適用はない。（最大決平10・12・1民集五二・九・一七六一〈寺西裁判官事件〉憲百選Ⅱ[七版]一七七）↓二一条[54]・七八条[1]

二　ビデオリンク方式等

[6]　いわゆるビデオリンク方式・遮蔽措置を定めた刑訴法一五七条の三、一五七条の四〔現一五七条の五、一五七条の六〕は、本条一項、三七条一項、二項前段に違反しない。（最判平17・4・14刑集五九・三・二五九、憲百選Ⅱ[七版]一八六）↓三七条[9]

三　傍聴とメモ採取

[7]　本条は、裁判を一般に公開して裁判が公正に行われることを制度として保障するが、各人が裁判所に対して傍聴することを権利として要求できることまでを認めたものでな

いことはもとより、傍聴人に対して法廷でメモを取ることを権利として保障しているものでもない。（最大判平元・3・8民集四三・二・八九〈レペタ法廷メモ訴訟〉憲百選Ⅰ[七版]七二）→二一条[46]、刑訴二八八条[3]

[8] 四 刑事確定記録の閲覧
本条は、刑事確定記録の閲覧を権利として要求できることまでを認めたものではない。（最決平2・2・16判タ七二六・一四四、憲百選Ⅱ[五版]二〇五）→二一条[47]

第七章 財政

第八三条【財政処理の基本原則】 国の財政を処理する権限は、国会の議決に基いて、これを行使しなければならない。

㊇【国会↓四一・六六③・九一【財

第八四条【課税】 あらたに租税を課し、又は現行の租税を変更するには、法律又は法律の定める条件によることを必要とする。

㊇【租税↓三〇、財三、自治二二三【明憲六二①・六三

一 租税制度と立法裁量↓一四条[71]・二二条[6]

二 租税法律主義

1 租税法律主義

[1] 日本国憲法の下では、租税の創設・改廃はもとより、納税義務者、課税標準、徴税の手続は全て法律に基づいて定められなければならないと同時に、法律に基づいて定めるところにまかせられている。（最大判昭30・3・23民集九・三・三三六、租税百選[二版]一）

[2] パチンコ球遊器に対する物品税の課税がたまたま通達を機縁として行われたものであっても、通達の内容が法の正しい解釈に合致する以上、それに基づく課税処分は法の根拠に基づく処分と解するに妨げがない。（最判昭33・3・28民集一二・四・六二四、憲百選Ⅱ[七版]A16）

[3] 課税要件を定めた条例の規定が立法趣旨に照らした合理的解釈によっても具体的意義を明確にできない不確定、不明確な概念を用いている場合には、租税の賦課徴収に課税権者の恣意が介入する余地を否定できず、租税法律主義の原則にもとり、本条及び憲法九二条に違反する。（仙台高秋田支判昭57・7・23行裁三三・七・一六一六〈秋田市国民健康保険税条例訴訟〉租税百選[五版]五）

[4] 租税法律主義の下で租税法規を解釈するに際しては、ある事項を課税要件として追加するかどうかについて法律に明文の規定がない場合、通常はその事項は課税要件ではないと解釈すべきで、「政令の定めるところによる」との抽象的な委任文言を根拠として、解釈によりある事項を課税要件として追加し、政令以下の法令においてその細目を規定することは許されない。（東京高判平7・11・28行裁四六・一〇＝一一・一〇四六、租税百選[七版]四）↓行総◘【Ⅱ】[14]

[5] 資産デフレに歯止めをかける目的で損益通算を廃止した改正後の租税特別措置法の規定を、駆け込み売却のおそれなどを考慮して、納税義務が成立する暦年終了時ではなく暦年当初から適用したとしても、合理的な制約として容認され、本条の趣旨には反しない。（最判平23・9・22民集六五・六・二七五六、憲百選Ⅱ[七版]一九七）

2 租税類似の公課

[6] 本条の規定が適用される「租税」とは、国又は地方公共団体が、課税権に基づき、その経費に充てるための資金を調達する目的をもって、特別の給付に対する反対給付としてでなく、一定の要件に該当する全ての者に対して課する金銭給付を意味するが、租税以外の公課であっても、賦課徴収の強制の度合い等の点において租税に類似する性質を持つものについては、本条の趣旨が及ぶ。市が徴収する国民健康保険の保険料には、本条の趣旨が及ぶが、賦課要件がどの程度明確に定められるべきかは、当該公課の性質等を総合考慮して判断すべきである。保険料の賦課総額の確定が市長に委任されていても、条例において、その算定基準が明確に規定され、賦課総額が確定されれば保険料率が自動的に算定される仕組みとなっていれば、本条の趣旨に反しない。（最大判平18・3・1民集六〇・二・五八七〈旭川市国民健康保険条例違憲訴訟〉憲百選Ⅱ[七版]一九六）

[7] 農業共済組合が組合員に対して賦課徴収する共済掛金及び賦課金については、当然加入制が採られ賦課徴収の強制の度合いにおいて租税に類似するもので本条の趣旨が及ぶ。具体的な決定を農業共済組合の自治に委ね、その組合員による民主的な統制の下に置いた法の趣旨は、その賦課に関する規律として合理性を有する。（最判平18・3・28判タ一二〇八・七六）↓行総◘【Ⅰ】[25]

第八五条【国費の支出及び国の債務負担】 国費を支出し、又は国が債務を負担するには、国会の議決に基くことを必要とする。

㊇【国費の支出と国会の議決↓八六―八八、財三一・三二【国の債務負担と国会の議決↓財四・五・七・一五【明憲六二③

第八六条【予算】 内閣は、毎会計年度の予算を作成し、国会に提出して、その審議を受け議決を経なければならない。

㊇【会計年度↓財一一【予算の作成・提出↓七二・七三・八八、財一四―三〇、国会三二①、裁八三①、国公一三④、内五【予算の審議・議決↓六〇【予算の成立↓財四六①【予算の執行↓財三一―三六、四六②【予備費↓八七、財二四【継続費↓財一四の二【繰越明許費↓財一四の三【明憲六四

第八七条【予備費】 ① 予見し難い予算の不足に充てるため、国会の議決に基いて予備費を設け、内閣の責任でこれを支出することができる。

② すべて予備費の支出については、内閣は、事後に国会の承諾を得なければならない。

㊇❶財二四・三五・三八② ❷財三六 ＋明憲六九・六四②

第八八条【皇室財産・皇室の費用】 すべて皇室財産は、国に属する。すべて皇室の費用は、予算に計上して国会の議決を経なければならない。

㊇＋八【明憲六六

第八九条【公の財産の支出又は利用の制限】 公金その他の公の財産は、宗教上の組織若しくは団体の使用、便益若しくは維持のため、又は公の支配に属しない慈善、教育若しくは博愛の事業に対し、これを支出し、又はその利用に供してはならない。

㊇＋二〇・二三

一 宗教上の組織・団体への公金支出↓二〇条[11]～*[22]

[1] 憲法二〇条一項後段にいう「宗教団体」、本条にいう

「宗教上の組織若しくは団体」とは、特定の宗教の信仰、礼拝又は普及等の宗教的活動を行うことを本来の目的とする組織ないし団体を指す。（最判平5・2・16民集四七・三・一六八七〈箕面忠魂碑・慰霊祭訴訟〉憲百選Ⅰ[七版]四六）→二〇条[11]

[2] 靖國神社及び護國神社は本条にいう宗教上の組織又は団体に当たることが明らかであり、県がこれら団体の挙行する重要な宗教上の祭祀に際して玉串料等を奉納することによってもたらされる県と宗教団体との関わり合いは、我が国の社会的・文化的諸条件に照らし相当とされる限度を超える。（最大判平9・4・2民集五一・四・一六七三〈愛媛玉串料訴訟〉憲百選Ⅰ[七版]四四）→二〇条[14]

*[3] 宗教団体の使用のための県の公金の支出は、本条に違反するとの一点において違憲と判断すべきであり、それが憲法二〇条三項に違反するかどうかを判断する必要はなく、本条の解釈についていわゆる目的効果基準を適用する必要もない。（最大判平9・4・2前出[2]……園部裁判官意見）

[4] 日本遺族会及び箕面市戦没者遺族会は、いずれも特定の宗教の信仰、礼拝、普及等の宗教的活動を行うことを本来の目的とする組織ないし団体ではなく、憲法二〇条一項後段にいう「宗教団体」にも本条にいう「宗教上の組織若しくは団体」にも当たらない。（最判平11・10・21判タ一〇一八・一六六〈箕面市遺族会補助金訴訟〉重判平11憲四）→二〇条[12]

[5] 祭神、氏子集団、神官及び社殿を備え、宗教法人法に基づく法人格を取得している神社は本条にいう「宗教上の組織若しくは団体」、二〇条一項後段にいう「宗教団体」に当たり、その社殿の修復維持のために村が公金を支出することは本条に反する。（高知地判平10・7・17判時一六九九・六七）

*[6] 神社を国立大学構内に存置しておくことは、本条の精神に明らかに反するが、このことによって個人の信教の自由が侵害されたものとはいえないとして、国立大学法人に対する私人の損害賠償請求が棄却された事例（東京高判平16・7・14判タ一一七九・一九〇）

[7] 町内会とは別個の社会的実体を有する氏子集団が、神社物件を管理し祭事を行っている場合、この集団は、本条にいう「宗教上の組織若しくは団体」に当たる。市が町内会に対し市有地を無償で神社施設の敷地としての利用に供している行為は、氏子集団に対して、通常必要とされる対価を支払うことなく便宜を享受せしめ、その直接の効果として氏子集団が神社を利用した宗教活動を行うことを容易にしているので、社会通念に照らして総合的に判断すると、本件利用提供行為は、市と本件神社ないし神道との関わり合いが、我が国の社会的文化的諸条件に照らし、信教の自由の保障の確保という制度の根本目的との関係で相当とされる限度を超えるものとして、本条の禁止する公の財産の利用提供に当たり、ひいては憲法二〇条一項後段の禁止する宗教団体に対する特権の付与にも該当する。（最大判平22・1・20民集六四・一・一〈空知太神社訴訟〉憲百選Ⅰ[七版]四七）→二〇条[21]*[22]

[8] 町内会に対し無償で神社施設の敷地としての利用に供してきた市有地につき、そうした形での市と宗教団体との関わり合いを是正解消するために、市がこれを同町内会に譲与したことは、憲法二〇条三項、本条に違反しないとされた事例（最大判平22・1・20民集六四・一・一二八〈富平神社訴訟〉重判平22憲四②）

二 政教分離

[9] 市が町内会に対し無償で神社施設の敷地としての利用に供していた市有地につき、氏子集団による右神社施設の一部の移転や撤去等と併せて右市有地の一部を氏子総代長に賃貸することは、無償提供行為の違憲性を解消するための手段として合理的かつ現実的なものであり、本条、二〇条一項後段に違反しないとされた事例（最判平24・2・16民集六六・二・六七三〈空知太神社訴訟差戻後上告審〉重判平24憲八）→二〇条[21]

三 寺院境内地の無償譲与

[10] 社寺等に無償で貸し付けてある国有財産の処分に関する法律が、国有地である寺院等の境内地その他の付属地を無償貸付け中の寺院等に譲与又は時価の半額で売り払うことにしたのは、明治初年に国が寺院等から無償で取り上げた財産をその寺院等に返還するものであって、かかる沿革上の理由に基づく国有財産の整理は本条の趣旨に反しない。（最大判昭33・12・24民集一二・一六・三三五二、憲百選Ⅱ[七版]一九八）

四 公の支配の意義

[11] 本条の規定する「公の支配」に属する事業とは、国又は公共団体が人事、組織、予算等について根本的に支配することまで必要とする趣旨ではなく、私立学校に対する公的助成は、その目的及び効果において、私立学校の自主性、独立性を害し、あるいは私立学校の基礎となっている特定の信念、主義、思想等を助長することにより、思想、良心及び学問に対する国家の公正、中立性が損なわれない限り許される。（千葉地判昭61・5・28行裁三七・四＝五・六九〇）

[12] 教育事業に対して公の財産を支出し、又は利用させるためには、その教育事業が公の支配に服することを要するが、その程度は、国又は地方公共団体等の公権力が当該教育事業の運営、存立に影響を及ぼすことにより、右事業が公の利益に沿わない場合にはこれを是正しうる途が確保され、公の財産が濫費されることを防止し得ることをもって足り、必ずしも、当該事業の人事、予算等に公権力が直接的に関与することを要しない。（東京高判平2・1・29高民四三・一・一、憲百選Ⅱ[七版]一九九）

第九〇条【決算検査、会計検査院】 ① 国の収入支出の決算は、すべて毎年会計検査院がこれを検査し、内閣は、次の年度に、その検査報告とともに、これを国会に提出しなければならない。

② 会計検査院の組織及び権限は、法律でこれを定める。

参❶【収入支出↓財二【会計年度↓財一二【決算↓財三七、三八【国会への提出↓財四〇、国会七二、一〇五 ＋明憲七二

第九一条【財政状況の報告】 内閣は、国会及び国民に対し、定期に、少くとも毎年一回、国の財政状況について報告しなければならない。

参＋【国会への報告↓財四六②、七二【国民への報告↓財四六

第八章　地方自治

第九二条【地方自治の基本原則】 地方公共団体の組織及び運営に関する事項は、地方自治の本旨に基いて、法律でこれを定める。

【地方公共団体→自治一の三【地方自治の本旨→自治一・一の二・二⑪―⑮、地公一

[7] **地方税法上の非課税措置と地方自治の本旨**

憲法上地方公共団体に認められる課税権は地方公共団体一般に対し抽象的に認められた租税の賦課徴収の権能であり、憲法は特定の地方公共団体に具体的税目についての課税権を認めてはいない。（福岡地判昭55・6・5判タ四一七・五一〈大牟田市電気税訴訟〉租税百選[七版]八）

第九三条【地方公共団体の機関、その直接選挙】 ① 地方公共団体には、法律の定めるところにより、その議事機関として議会を設置する。

② 地方公共団体の長、その議会の議員及び法律の定めるその他の吏員は、その地方公共団体の住民が、直接これを選挙する。

❶【地方公共団体→自治一の三【議会→自治八九　❷【地方公共団体の長→自治一三九【選挙→一五③④、公選九②―⑤、自治一一・一七

[1] **一　本条二項にいう地方公共団体と特別区**

本条二項にいう地方公共団体とい得るためには、法律で地方公共団体とされているだけでは足りず、事実上住民が経済的文化的に密接な共同生活を営み、共同体意識を持っているという社会的基盤が存在し、沿革的にも現実の行政の上においても、相当程度の自主立法権、自主行政権、自主財政権等地方自治の基本的権能を付与された地域団体であることを必要とするので、特別区は、本条二項の地方公共団体とは認められない。（最大判昭38・3・27刑集一七・二・一二一、憲百選Ⅱ[七版]二〇〇）

[2] **二　住民の意義**

本条二項にいう「住民」とは、地方公共団体の区域内に住所を有する日本国民を意味し、在留外国人に対して地方公共団体における選挙権を保障したものということはできないが、在留外国人のうちでも永住者等であってその居住する地方公共団体と特段に緊密な関係を持つに至った者について、その意思を日常生活に密接な関連を有する地方公共団体の公共的事務に反映させるべく、地方公共団体の長、その議会の議員等に対する選挙権を付与する立法措置を講ずることは、憲法上禁止されていない。（最判平7・2・28民集四九・二・六三九、憲百選Ⅰ[七版]三）

第九四条【地方公共団体の権能】 地方公共団体は、その財産を管理し、事務を処理し、及び行政を執行する権能を有し、法律の範囲内で条例を制定することができる。

【地方公共団体の事務→自治二②―⑩・二五二の一九・二五二の二二・二八一・二八一の二【財産の管理→自治二〇八―二四四の四【条例→自治一四、九六①㊀【普通地方公共団体に対する国又は都道府県の関与等→自治二四五―二五二

[1] **一　条例と罰則**

条例は公選の議員をもって組織する地方公共団体の議会の議決を経て制定される自治立法であるから行政府の制定する命令等とは性質を異にしており、地方自治法二条三項七号及び一号〔平成一一法八七により削除〕のように相当に具体的な内容の事項につき、一四条五項〔現三項〕のように限定された刑罰の範囲内で条例に罰則の定めを授権しても憲法三一条に違反しない。〔平成一一法八七による地方自治法改正前の事件〕（最大判昭37・5・30刑集一六・五・五七七、憲百選Ⅱ[七版]二〇八）

二　条例と財産権→二九条[3]

三　法律と条例

[2] 条例が国の法令に違反するかどうかは、両者の対象事項と規定文言とを対比するのみでなく、それぞれの趣旨、目的、内容及び効果を比較し、両者の間に矛盾抵触があるかどうかによってこれを決しなければならない。（最大判昭50・9・10刑集二九・八・四八九〈徳島市公安条例事件〉憲百選Ⅰ[七版]八三）↓二一条[85]・三一条[7]・八一条＊[45]

[3] 昭和五九法七六による改正後の風営法は、風俗営業の場所的規制について全国的に一律に施行されるべき最高限度の規制を定めたものであり、良好な環境の保持という法と同一の目的を持って市町村が条例により更に強度の規制をすることは、同法により排斥される。（大阪高判平10・6・2判タ九八六・一九七）

[4] 普通地方公共団体は国とは別途に課税権の主体となることが憲法上予定されているが、他方で、租税の税目、課税客体、課税標準、税率その他の事項については、憲法上、法律でその準則が定められることが予定されており、その範囲内で課税権は行使されるべきであるから、法定普通税の課税要件等に関する地方税法の強行規定の内容を、法定外地方税の形を採りつつも実質的に変更している神奈川県臨時特例企業税条例は、違法無効である。（最判平25・3・21民集六七・三・四三八〈神奈川県臨時特例企業税事件〉憲百選Ⅱ[七版]二〇一）↓[2]

四　条例制定請求権の意義

[5] 地方自治法は住民による条例の制定（改廃）請求を手続的にも議員及び長の発案権の行使に準ずるものとして取り扱う趣旨と解されるので、条例案の内容に対する長の事前審査権は原則として認められない。（東京高判昭43・11・28行裁一九・一一・一八一七〈練馬区長準公選事件〉）

五　住民投票の結果の拘束力

[6] 市長がその事務の執行について市民投票における有効投票の賛否いずれか過半数の意思を尊重するものと規定するにとどまる条例の下で住民投票の結果に法的拘束力を肯定すると、間接民主制によって市政を執行しようとする現行法の制度原理と整合しない結果を招来することにもなりかねないので、市長に有効投票の賛否いずれか過半数の意思に従うべき法的義務があると解することはできない。（那覇地判平12・5・9判タ一〇五八・一二四、自治百選[四版]二五）↓自治一四条[8]

第九五条【特別法の住民投票】 一の地方公共団体のみに適用される特別法は、法律の定めるところにより、その地方公共団体の住民の投票においてその過半数の同意を得なければ、国会は、これを制定することができ

ない。

㊜【特別法の制定と住民投票↓国会六七、自治二六一・二六二】

第九章　改正

第九六条【改正の手続、その公布】　①　この憲法の改正は、各議院の総議員の三分の二以上の賛成で、国会が、これを発議し、国民に提案してその承認を経なければならない。この承認には、特別の国民投票又は国会の定める選挙の際行はれる投票において、その過半数の賛成を必要とする。

②　憲法改正について前項の承認を経たときは、天皇は、国民の名で、この憲法と一体を成すものとして、直ちにこれを公布する。

㊜【国民投票↓憲改二―一三五【改正の発議↓国会六八の二―六八の六　❷【公布↓七㈠【国民投票無効訴訟↓憲改一二七―一三四【再投票↓憲改一三五　㊟明憲七三

第十章　最高法規

第九七条【基本的人権の本質】　この憲法が日本国民に保障する基本的人権は、人類の多年にわたる自由獲得の努力の成果であつて、これらの権利は、過去幾多の試錬に堪へ、現在及び将来の国民に対し、侵すことのできない永久の権利として信託されたものである。

㊜前文①②・一一

第九八条【最高法規、条約及び国際法規の遵守】

①　この憲法は、国の最高法規であつて、その条規に反する法律、命令、詔勅及び国務に関するその他の行為の全部又は一部は、その効力を有しない。

②　日本国が締結した条約及び確立された国際法規は、これを誠実に遵守することを必要とする。

㊜❶前文①・八一　❷前文【条約↓七㈠㈣・六一・七三㈢

第九九条【憲法尊重擁護の義務】　天皇又は摂政及び国務大臣、国会議員、裁判官その他の公務員は、この憲法を尊重し擁護する義務を負ふ。

㊜【天皇↓一【摂政↓五【国務大臣↓六六①【国会議員↓四三【裁判官↓七九・八〇【憲法破壊団体員と公務員↓国公三八㈣、地公一六㈣

第十一章　補則

第一〇〇条【憲法施行期日、準備手続】　①　この憲法は、公布の日から起算して六箇月を経過した日（昭和二二・五・三）から、これを施行する。

②　この憲法を施行するために必要な法律の制定、参議院議員の選挙及び国会召集の手続並びにこの憲法を施行するために必要な準備手続は、前項の期日よりも前に、これを行ふことができる。

第一〇一条【経過規定―参議院未成立の間の国会】　この憲法施行の際、参議院がまだ成立してゐないときは、その成立するまでの間、衆議院は、国会としての権限を行ふ。

第一〇二条【同前―第一期の参議院議員の任期】　この憲法による第一期の参議院議員のうち、その半数の者の任期は、これを三年とする。その議員は、法律の定めるところにより、これを定める。

第一〇三条【同前―公務員の地位】　この憲法施行の際現に在職する国務大臣、衆議院議員及び裁判官並びにその他の公務員で、その地位に相応する地位がこの憲法で認められてゐる者は、法律で特別の定をした場合を除いては、この憲法施行のため、当然にはその地位を

一　国務に関する行為の意義

[1]　国が行う私法上の行為は、本条一項にいう「国務に関するその他の行為」には当たらない。（最判平元・6・20民集四三・六・三八五〈百里基地訴訟上告審〉憲百選Ⅱ[七版]一六六）↓九条[10]

二　明治憲法下の法令の効力

[2]　明治二三年法律八四号（命令ノ条項違犯ニ関スル罰則ノ件）は、広範な概括的委任規定であり、新憲法下では違憲無効の法律として新憲法施行と同時に失効した。罰則の設定は新憲法下では法律事項であり、火薬類の所持の制限及び禁止に対し罰則を課する銃砲火薬類取締法施行規則四五条は、罰則設定を委任する規定を本法たる法律に有しないため、昭和二二年法律七二号（日本国憲法施行の際現に効力を有する命令の規定の効力等に関する法律）一条により昭和二三年一月一日以降無効となった。（最大判昭27・12・24刑集六・一一・一三四六、憲百選Ⅱ[七版]二〇三）

三　明治憲法前の法令の効力

[3]　明治六年太政官布告六五号の定める死刑の執行方法の基本的事項は旧憲法下においても法律事項に該当し、その限度で同布告は旧憲法下において法律としての効力を有していた。したがって、昭和二二年法律七二号は同布告の効力とは関連がなく、同布告は新憲法下においても法律と同一の効力を有するものとして存続する。（最大判昭36・7・19刑集一五・七・一一〇六、憲百選Ⅱ[七版]A17）

四　占領法規

[4]　いわゆるポツダム命令はその実質内容が合憲であるものに限り、平和条約発効後も各種の経過規定により効力を持続するが、昭和二五年政令三二五号（占領目的阻害行為処罰令）は白紙委任的罰則規定であって条約発効後は当然失効している。（最大判昭28・7・22刑集七・七・一五六二〈政令三二五号事件〉憲百選Ⅱ[七版]二〇四）

五　条約の国内法上の効力

[5]　本条二項の規定は、我が国において、条約は批准・公布によりそのまま国法の一形式として受け入れられ、特段の立法措置を待つまでもなく国内法関係に適用され、かつ、条約が一般の法律に優位する効力を有することを定めている。「市民的及び政治的権利に関する国際規約」は、抽象的・一般的な原則の宣言にとどまるものではなく、国内法として法律に優位する直接的効力を有する。（徳島地判平8・3・15判時一五九七・一一五、重判平8国際二）

六　条約と憲法の効力関係↓八一条[8]

七　確立された国際法規↓三章[3]

失ふことはない。但し、この憲法によつて、後任者が選挙又は任命されたときは、当然その地位を失ふ。

○大日本帝国憲法（明治二二・二・一一）

施行　明治二三・一一・二九（上諭第四段参照）

目次

告　文

皇朕レ謹ミ畏ミ
皇祖
皇宗ノ神霊ニ誥ケ白サク皇朕レ天壌無窮ノ宏謨ニ循ヒ惟神ノ宝祚ヲ承継シ旧図ヲ保持シテ敢テ失墜スルコト無シ顧ミルニ世局ノ進運ニ膺リ人文ノ発達ニ随ヒ宜ク
皇祖
皇宗ノ遺訓ヲ明徴ニシ典憲ヲ成立シ条章ヲ昭示シ内ハ以テ子孫ノ率由スル所ト為シ外ハ以テ臣民翼賛ノ道ヲ広メ永遠ニ遵行セシメ益〻国家ノ丕基ヲ鞏固ニシ八洲民生ノ慶福ヲ増進スヘシ茲ニ皇室典範及憲法ヲ制定ス惟フニ此レ皆
皇祖
皇宗ノ後裔ニ貽シタマヘル統治ノ洪範ヲ紹述スルニ外ナラス而シテ朕カ躬ニ逮テ時ト倶ニ挙行スルコトヲ得ルハ洵ニ
皇祖
皇宗及我カ
皇考ノ威霊ニ倚藉スルニ由ラサルハ無シ皇朕レ仰テ
皇祖
皇宗及
皇考ノ神祐ヲ禱リ併セテ朕カ現在及将来ニ臣民ニ率先シ此ノ憲章ヲ履行シテ愆ラサラムコトヲ誓フ庶幾クハ
神霊此レヲ鑒ミタマヘ

憲法発布勅語

朕国家ノ隆昌ト臣民ノ慶福トヲ以テ中心ノ欣栄トシ朕カ祖宗ニ承クルノ大権ニ依リ現在及将来ノ臣民ニ対シ此ノ不磨ノ大典ヲ宣布ス

惟フニ我カ祖我カ宗ハ我カ臣民祖先ノ協力輔翼ニ倚リ我カ帝国ヲ肇造シ以テ無窮ニ垂レタリ此レ我カ神聖ナル祖宗ノ威徳ト並ニ臣民ノ忠実勇武ニシテ国ヲ愛シ公ニ殉ヒ以テ此ノ光輝アル国史ノ成跡ヲ貽シタルナリ朕我カ臣民ハ即チ祖宗ノ忠良ナル臣民ノ子孫ナルヲ回想シ其ノ朕カ意ヲ奉体シ朕カ事ヲ奨順シ相与ニ和衷協同シ益〻我カ帝国ノ光栄ヲ中外ニ宣揚シ祖宗ノ遺業ヲ永久ニ鞏固ナラシムルノ希望ヲ同クシ此ノ負担ヲ分ツニ堪フルコトヲ疑ハサルナリ

朕祖宗ノ遺烈ヲ承ケ万世一系ノ帝位ヲ践ミ朕カ親愛スル所ノ臣民ハ即チ朕カ祖宗ノ恵撫慈養シタマヒシ所ノ臣民ナルヲ念ヒ其ノ康福ヲ増進シ其ノ懿徳良能ヲ発達セシメムコトヲ願ヒ又其ノ翼賛ニ依リ与ニ倶ニ国家ノ進運ヲ扶持セムコトヲ望ミ乃チ明治十四年十月十二日ノ詔命ヲ履践シ茲ニ大憲ヲ制定シ朕カ率由スル所ヲ示シ朕カ後嗣及臣民及臣民ノ子孫タル者ヲシテ永遠ニ循行スル所ヲ知ラシム

国家統治ノ大権ハ朕カ之ヲ祖宗ニ承ケテ之ヲ子孫ニ伝フル所ナリ朕及朕カ子孫ハ将来此ノ憲法ノ条章ニ循ヒ之ヲ行フコトヲ愆ラサルヘシ

朕ハ我カ臣民ノ権利及財産ノ安全ヲ貴重シ及之ヲ保護シ此ノ憲法及法律ノ範囲内ニ於テ其ノ享有ヲ完全ナラシムヘキコトヲ宣言ス

帝国議会ハ明治二十三年ヲ以テ之ヲ召集シ議会開会ノ時（明治二三・一一・二九）ヲ以テ此ノ憲法ヲシテ有効ナラシムルノ期トスヘシ

将来若此ノ憲法ノ或ル条章ヲ改定スルノ必要ナル時宜ヲ見ルニ至ラハ朕及朕カ継統ノ子孫ハ発議ノ権ヲ執リ之ヲ議会ニ付シ議会ハ此ノ憲法ニ定メタル要件ニ依リ之ヲ議決スルノ外朕カ子孫及臣民ハ敢テ之カ紛更ヲ試ミルコトヲ得サルヘシ

朕カ在廷ノ大臣ハ朕カ為ニ此ノ憲法ヲ施行スルノ責ニ任スヘク朕カ現在及将来ノ臣民ハ此ノ憲法ニ対シ永遠ニ従順ノ義務ヲ負フヘシ

御名御璽

明治二十二年二月十一日

内閣総理大臣　伯爵　黒田清隆
枢密院議長　伯爵　伊藤博文
外務大臣　伯爵　大隈重信
海軍大臣　伯爵　西郷従道
農商務大臣　伯爵　井上馨
司法大臣　伯爵　山田顕義
大蔵大臣兼内務大臣　伯爵　松方正義
陸軍大臣　伯爵　大山巌
文部大臣　子爵　森有礼
逓信大臣　子爵　榎本武揚

大日本帝国憲法

第一章　天皇

第一条　大日本帝国ハ万世一系ノ天皇之ヲ統治ス

第二条　皇位ハ皇室典範ノ定ムル所ニ依リ皇男子孫之ヲ継承ス

第三条　天皇ハ神聖ニシテ侵スヘカラス

第四条　天皇ハ国ノ元首ニシテ統治権ヲ総攬シ此ノ憲法ノ条規ニ依リ之ヲ行フ

第五条　天皇ハ帝国議会ノ協賛ヲ以テ立法権ヲ行フ

第六条　天皇ハ法律ヲ裁可シ其ノ公布及執行ヲ命ス

第七条　天皇ハ帝国議会ヲ召集シ其ノ開会閉会停会及衆議院ノ解散ヲ命ス

第八条①天皇ハ公共ノ安全ヲ保持シ又ハ其ノ災厄ヲ避クル為緊急ノ必要ニ由リ帝国議会閉会ノ場合ニ於テ法律ニ代ルヘキ勅令ヲ発ス

②此ノ勅令ハ次ノ会期ニ於テ帝国議会ニ提出スヘシ若議会ニ於テ承諾セサルトキハ政府ハ将来ニ向テ其ノ効力ヲ失フコトヲ公布スヘシ

第九条　天皇ハ法律ヲ執行スル為ニ又ハ公共ノ安寧秩序ヲ保持シ及臣民ノ幸福ヲ増進スル為ニ必要ナル命令ヲ発シ又ハ発セシム但シ命令ヲ以テ法律ヲ変更スルコトヲ得ス

第一〇条　天皇ハ行政各部ノ官制及文武官ノ俸給ヲ定メ及文武官ヲ任免ス但シ此ノ憲法又ハ他ノ法律ニ特例ヲ掲ケタルモノハ各〻其ノ条項ニ依ル

第一一条　天皇ハ陸海軍ヲ統帥ス

第一二条　天皇ハ陸海軍ノ編制及常備兵額ヲ定ム

第一三条　天皇ハ戦ヲ宣シ和ヲ講シ及諸般ノ条約ヲ締結ス

第一四条①天皇ハ戒厳ヲ宣告ス

②戒厳ノ要件及効力ハ法律ヲ以テ之ヲ定ム

第一五条　天皇ハ爵位勲章及其ノ他ノ栄典ヲ授与ス

第一六条　天皇ハ大赦特赦減刑及復権ヲ命ス

第一七条①摂政ヲ置クハ皇室典範ノ定ムル所ニ依ル

②摂政ハ天皇ノ名ニ於テ大権ヲ行フ

第二章　臣民権利義務

第一八条　日本臣民タルノ要件ハ法律ノ定ムル所ニ依ル
第一九条　日本臣民ハ法律命令ノ定ムル所ノ資格ニ応シ均ク文武官ニ任セラレ及其ノ他ノ公務ニ就クコトヲ得
第二〇条　日本臣民ハ法律ノ定ムル所ニ従ヒ兵役ノ義務ヲ有ス
第二一条　日本臣民ハ法律ノ定ムル所ニ従ヒ納税ノ義務ヲ有ス
第二二条　日本臣民ハ法律ノ範囲内ニ於テ居住及移転ノ自由ヲ有ス
第二三条　日本臣民ハ法律ニ依ルニ非スシテ逮捕監禁審問処罰ヲ受クルコトナシ
第二四条　日本臣民ハ法律ニ定メタル裁判官ノ裁判ヲ受クルノ権ヲ奪ハル、コトナシ
第二五条　日本臣民ハ法律ニ定メタル場合ヲ除ク外其ノ許諾ナクシテ住所ニ侵入セラレ及捜索セラル、コトナシ
第二六条　日本臣民ハ法律ニ定メタル場合ヲ除ク外信書ノ秘密ヲ侵サル、コトナシ
第二七条①日本臣民ハ其ノ所有権ヲ侵サル、コトナシ
②公益ノ為必要ナル処分ハ法律ノ定ムル所ニ依ル
第二八条　日本臣民ハ安寧秩序ヲ妨ケス及臣民タルノ義務ニ背カサル限ニ於テ信教ノ自由ヲ有ス
第二九条　日本臣民ハ法律ノ範囲内ニ於テ言論著作印行集会及結社ノ自由ヲ有ス
第三〇条　日本臣民ハ相当ノ敬礼ヲ守リ別ニ定ムル所ノ規程ニ従ヒ請願ヲ為スコトヲ得
第三一条　本章ニ掲ケタル条規ハ戦時又ハ国家事変ノ場合ニ於テ天皇大権ノ施行ヲ妨クルコトナシ
第三二条　本章ニ掲ケタル条規ハ陸海軍ノ法令又ハ紀律ニ牴触セサルモノニ限リ軍人ニ準行ス

第三章　帝国議会

第三三条　帝国議会ハ貴族院衆議院ノ両院ヲ以テ成立ス
第三四条　貴族院ハ貴族院令ノ定ムル所ニ依リ皇族華族及勅任セラレタル議員ヲ以テ組織ス
第三五条　衆議院ハ選挙法ノ定ムル所ニ依リ公選セラレタル議員ヲ以テ組織ス
第三六条　何人モ同時ニ両議院ノ議員タルコトヲ得ス
第三七条　凡テ法律ハ帝国議会ノ協賛ヲ経ルヲ要ス
第三八条　両議院ハ政府ノ提出スル法律案ヲ議決シ及各〻法律案ヲ提出スルコトヲ得
第三九条　両議院ノ一ニ於テ否決シタル法律案ハ同会期中ニ於テ再ヒ提出スルコトヲ得ス
第四〇条　両議院ハ法律又ハ其ノ他ノ事件ニ付各〻其ノ意見ヲ政府ニ建議スルコトヲ得但シ其ノ採納ヲ得サルモノハ同会期中ニ於テ再ヒ建議スルコトヲ得ス
第四一条　帝国議会ハ毎年之ヲ召集ス
第四二条　帝国議会ハ三箇月ヲ以テ会期トス必要アル場合ニ於テハ勅命ヲ以テ之ヲ延長スルコトアルヘシ
第四三条①臨時緊急ノ必要アル場合ニ於テ常会ノ外臨時会ヲ召集スヘシ
②臨時会ノ会期ヲ定ムルハ勅命ニ依ル
第四四条①帝国議会ノ開会閉会会期ノ延長及停会ハ両院同時ニ之ヲ行フヘシ
②衆議院解散ヲ命セラレタルトキハ貴族院ハ同時ニ停会セラルヘシ
第四五条　衆議院解散ヲ命セラレタルトキハ勅命ヲ以テ新ニ議員ヲ選挙セシメ解散ノ日ヨリ五箇月以内ニ之ヲ召集スヘシ
第四六条　両議院ハ各〻其ノ総議員三分ノ一以上出席スルニ非サレハ議事ヲ開キ議決ヲ為スコトヲ得ス
第四七条　両議院ノ議事ハ過半数ヲ以テ決ス可否同数ナルトキハ議長ノ決スル所ニ依ル
第四八条　両議院ノ会議ハ公開ス但シ政府ノ要求又ハ其ノ院ノ決議ニ依リ秘密会ト為スコトヲ得
第四九条　両議院ハ各〻天皇ニ上奏スルコトヲ得
第五〇条　両議院ハ臣民ヨリ呈出スル請願書ヲ受クルコトヲ得
第五一条　両議院ハ此ノ憲法及議院法ニ掲クルモノ、外内部ノ整理ニ必要ナル諸規則ヲ定ムルコトヲ得
第五二条　両議院ノ議員ハ議院ニ於テ発言シタル意見及表決ニ付院外ニ於テ責ヲ負フコトナシ但シ議員自ラ其ノ言論ヲ演説刊行筆記又ハ其ノ他ノ方法ヲ以テ公布シタルトキハ一般ノ法律ニ依リ処分セラルヘシ
第五三条　両議院ノ議員ハ現行犯罪又ハ内乱外患ニ関ル罪ヲ除ク外会期中其ノ院ノ許諾ナクシテ逮捕セラル、コトナシ
第五四条　国務大臣及政府委員ハ何時タリトモ各議院ニ出席シ及発言スルコトヲ得

第四章　国務大臣及枢密顧問

第五五条①国務各大臣ハ天皇ヲ輔弼シ其ノ責ニ任ス
②凡テ法律勅令其ノ他国務ニ関ル詔勅ハ国務大臣ノ副署ヲ要ス
第五六条　枢密顧問ハ枢密院官制ノ定ムル所ニ依リ天皇ノ諮詢ニ応ヘ重要ノ国務ヲ審議ス

第五章　司法

第五七条①司法権ハ天皇ノ名ニ於テ法律ニ依リ裁判所之ヲ行フ
②裁判所ノ構成ハ法律ヲ以テ之ヲ定ム
第五八条①裁判官ハ法律ニ定メタル資格ヲ具フル者ヲ以テ之ニ任ス
②裁判官ハ刑法ノ宣告又ハ懲戒ノ処分ニ由ルノ外其ノ職ヲ免セラル、コトナシ
③懲戒ノ条規ハ法律ヲ以テ之ヲ定ム
第五九条　裁判ノ対審判決ハ之ヲ公開ス但シ安寧秩序又ハ風俗ヲ害スルノ虞アルトキハ法律ニ依リ又ハ裁判所ノ決議ヲ以テ対審ノ公開ヲ停ムルコトヲ得
第六〇条　特別裁判所ノ管轄ニ属スヘキモノハ別ニ法律ヲ以テ之ヲ定ム
第六一条　行政官庁ノ違法処分ニ由リ権利ヲ傷害セラレタリトスルノ訴訟ニシテ別ニ法律ヲ以テ定メタル行政裁判所ノ裁判ニ属スヘキモノハ司法裁判所ニ於テ受理スルノ限ニ在ラス

第六章　会計

第六二条①新ニ租税ヲ課シ及税率ヲ変更スルハ法律ヲ以テ之ヲ定ムヘシ
②但シ報償ニ属スル行政上ノ手数料及其ノ他ノ収納金ハ前項ノ限ニ在ラス
③国債ヲ起シ及予算ニ定メタルモノヲ除ク外国庫ノ負担トナルヘキ契約ヲ為スハ帝国議会ノ協賛ヲ経ヘシ
第六三条　現行ノ租税ハ更ニ法律ヲ以テ之ヲ改メサル限ハ旧ニ依リ之ヲ徴収ス
第六四条①国家ノ歳出歳入ハ毎年予算ヲ以テ帝国議会ノ協賛ヲ経ヘシ
②予算ノ款項ニ超過シ又ハ予算ノ外ニ生シタル支出アルトキハ後日帝国議会ノ承諾ヲ求ムルヲ要ス
第六五条　予算ハ前ニ衆議院ニ提出スヘシ
第六六条　皇室経費ハ現在ノ定額ニ依リ毎年国庫ヨリ之ヲ支出シ将来増額ヲ要スル場合ヲ除ク外帝国議会ノ協賛ヲ要セス
第六七条　憲法上ノ大権ニ基ツケル既定ノ歳出及法律ノ結果ニ由リ又ハ法律上政府ノ義務ニ属スル歳出ハ政府ノ同意ナクシテ帝国議会之ヲ廃除シ又ハ削減スルコトヲ得ス
第六八条　特別ノ須要ニ因リ政府ハ予メ年限ヲ定メ継続費トシテ帝国議会ノ協賛ヲ求ムルコトヲ得
第六九条　避クヘカラサル予算ノ不足ヲ補フ為ニ又ハ予算ノ外ニ生シタル必要ノ費用ニ充ツル為ニ予備費ヲ設クヘシ
第七〇条①公共ノ安全ヲ保持スル為緊急ノ需用アル場合ニ於テ内外ノ情形ニ因リ政府ハ帝国議会ヲ召集スルコト能ハサルトキハ勅令ニ依リ財政上必要ノ処分ヲ為スコトヲ得
②前項ノ場合ニ於テハ次ノ会期ニ於テ帝国議会ニ提出シ其ノ承諾

ヲ求ムルヲ要ス

第七一条　帝国議会ニ於テ予算ヲ議定セス又ハ予算成立ニ至ラサルトキハ政府ハ前年度ノ予算ヲ施行スヘシ

第七二条①国家ノ歳出歳入ノ決算ハ会計検査院之ヲ検査確定シ政府ハ其ノ検査報告ト倶ニ之ヲ帝国議会ニ提出スヘシ

②会計検査院ノ組織及職権ハ法律ヲ以テ之ヲ定ム

第七章　補則

第七三条①将来此ノ憲法ノ条項ヲ改正スルノ必要アルトキハ勅命ヲ以テ議案ヲ帝国議会ノ議ニ付スヘシ

②此ノ場合ニ於テ両議院ハ各〻其ノ総員三分ノ二以上出席スルニ非サレハ議事ヲ開クコトヲ得ス出席議員三分ノ二以上ノ多数ヲ得ルニ非サレハ改正ノ議決ヲ為スコトヲ得ス

第七四条①皇室典範ノ改正ハ帝国議会ノ議ヲ経ルヲ要セス

②皇室典範ヲ以テ此ノ憲法ノ条規ヲ変更スルコトヲ得ス

第七五条　憲法及皇室典範ハ摂政ヲ置クノ間之ヲ変更スルコトヲ得ス

第七六条①法律規則命令又ハ何等ノ名称ヲ用ヰタルニ拘ラス此ノ憲法ニ矛盾セサル現行ノ法令ハ総テ遵由ノ効力ヲ有ス

②歳出上政府ノ義務ニ係ル現在ノ契約又ハ命令ハ総テ第六十七条ノ例ニ依ル

○皇室典範

（昭和二二・一・一六法三）

施行　昭和二二・五・三（附則参照）
最終改正　平成二九法六三

目次

第一章　皇位継承

第一条【資格】皇位は、皇統に属する男系の男子が、これを継承する。

第二条【順序】①　皇位は、左の順序により、皇族に、これを伝える。

一　皇長子
二　皇長孫
三　その他の皇長子の子孫
四　皇次子及びその子孫
五　その他の皇子孫
六　皇兄弟及びその子孫
七　皇伯叔父及びその子孫

②　前項各号の皇族がないときは、皇位は、それ以上で、最近親の系統の皇族に、これを伝える。

③　前二項の場合においては、長系を先にし、同等内では、長を先にする。

第三条【順序の変更】皇嗣に、精神若しくは身体の不治の重患があり、又は重大な事故があるときは、皇室会議の議により、前条に定める順序に従つて、皇位継承の順序を変えることができる。

第四条【即位】天皇が崩じたときは、皇嗣が、直ちに即位する。

第二章　皇族

第五条【皇族の範囲】皇后、太皇太后、皇太后、親王、親王妃、内親王、王、王妃及び女王を皇族とする。

第六条【親王・内親王・王・女王】嫡出の皇子及び嫡男系嫡出の皇孫は、男を親王、女を内親王とし、三世以下の嫡男系嫡出の子孫は、男を王、女を女王とする。

第七条【天皇の兄弟姉妹としての親王・内親王】王が皇位を継承したときは、その兄弟姉妹たる王及び女王は、特にこれを親王及び内親王とする。

第八条【皇太子・皇太孫】皇嗣たる皇子を皇太子という。皇太子のないときは、皇嗣たる皇孫を皇太孫という。

第九条【養子の禁止】天皇及び皇族は、養子をすることができない。

第一〇条【立后及び婚姻】立后及び皇族男子の婚姻は、皇室会議の議を経ることを要する。

第一一条【皇族の身分の離脱】①　年齢十五年以上の内親王、王及び女王は、その意思に基き、皇室会議の議により、皇族の身分を離れる。

②　親王（皇太子及び皇太孫を除く。）、内親王、王及び女王は、前項の場合の外、やむを得ない特別の事由があるときは、皇室会議の議により、皇族の身分を離れる。

第一二条【同前】皇族女子は、天皇及び皇族以外の者と婚姻したときは、皇族の身分を離れる。

第一三条【同前】皇族の身分を離れる親王又は王の妃並びに直系卑属及びその妃は、他の皇族と婚姻した女子及びその直系卑属を除き、同時に皇族の身分を離れる。但し、直系卑属及びその妃については、皇室会議の議により、皇族の身分を離れないものとすることができる。

第一四条【同前】①　皇族以外の女子で親王妃又は王妃となつた者が、その夫を失つたときは、その意思により、皇族の身分を離れることができる。

②　前項の者が、その夫を失つたときは、同項による場合の外、やむを得ない特別の事由があるときは、皇室会議の議により、皇族の身分を離れる。

③　第一項の者は、離婚したときは、皇族の身分を離れる。

④　第一項及び前項の規定は、前条の他の皇族と婚姻した女子に、これを準用する。

第一五条【皇族の身分の取得】皇族以外の者及びその子孫は、女子が皇后となる場合及び皇族男子と婚姻する場合を除いては、皇族となることがない。

第三章　摂政

第一六条【設置】①　天皇が成年に達しないときは、摂政を置く。

②　天皇が、精神若しくは身体の重患又は重大な事故により、国事に関する行為をみずからすることができないときは、皇室会議の議により、摂政を置く。

第一七条【就任の順序】①　摂政は、左の順序により、成年に達した皇族が、これに就任する。

一　皇太子又は皇太孫
二　親王及び王
三　皇后
四　皇太后
五　太皇太后
六　内親王及び女王

②　前項第二号の場合においては、皇位継承の順序に従い、同項第六号の場合においては、皇位継承の順序に準ずる。

第一八条【順序の変更】摂政又は摂政となる順位にあたる者に、精神若しくは身体の重患があり、又は重大な事故があるときは、皇室会議の議により、前条に定める順序に従つて、摂政又は摂政となる順序を変えることができる。

第一九条【更迭】摂政となる順位にあたる者が、成年に達しないため、又は前条の故障があるために、他の皇族が、摂政となつたときは、先順位にあたつていた皇族が、成年に達し、又は故障がなくなつたときでも、皇太子又は皇太孫に対する場合を除いては、摂政の任を譲ることがない。

第二〇条【廃止】第十六条第二項の故障がなくなつたときは、皇室会議の議により、摂政を廃する。

第二一条【特典】摂政は、その在任中、訴追されない。但し、これがため、訴追の権利は、害されない。

第四章　成年、敬称、即位の礼、大喪の礼、皇統譜及び陵墓

第二二条【成年】天皇、皇太子及び皇太孫の成年は、十八年とする。

第二三条【敬称】①　天皇、皇后、太皇太后及び皇太后の敬称は、陛下とする。

②　前項の皇族以外の皇族の敬称は、殿下とする。

第二四条【即位の礼】皇位の継承があつたときは、即位の礼を行う。

第二五条【大喪の礼】天皇が崩じたときは、大喪の礼を行う。

第二六条【皇統譜】天皇及び皇族の身分に関する事項は、これを皇統譜に登録する。

第二七条【陵墓】天皇、皇后、太皇太后及び皇太后を葬る所を陵、その他の皇族を葬る所を墓とし、陵及び墓に関する事項は、これを陵籍及び墓籍に登録する。

第五章　皇室会議

第二八条【議員】① 皇室会議は、議員十人でこれを組織する。
② 議員は、皇族二人、衆議院及び参議院の議長及び副議長、内閣総理大臣、宮内庁の長並びに最高裁判所の長たる裁判官及びその他の裁判官一人を以て、これに充てる。
③ 議員となる皇族及び最高裁判所の長たる裁判官以外の裁判官は、各〻成年に達した皇族又は最高裁判所の長たる裁判官以外の裁判官の互選による。
第二九条【議長】 内閣総理大臣たる議員は、皇室会議の議長となる。
第三〇条【予備議員】① 皇室会議に、予備議員十人を置く。
② 皇族及び最高裁判所の裁判官たる議員の予備議員については、第二十八条第三項の規定を準用する。
③ 衆議院及び参議院の議長及び副議長たる議員の予備議員は、各〻衆議院及び参議院の議員の互選による。
④ 前二項の予備議員の員数は、各〻その議員の員数と同数とし、その職務を行う順序は、互選の際、これを定める。
⑤ 内閣総理大臣たる議員の予備議員は、内閣法の規定により臨時に内閣総理大臣の職務を行う者として指定された国務大臣を以て、これに充てる。
⑥ 宮内庁の長たる議員の予備議員は、内閣総理大臣の指定する宮内庁の官吏を以て、これに充てる。
⑦ 議員に事故のあるとき、又は議員が欠けたときは、その予備議員が、その職務を行う。
第三一条【衆議院解散の際の特例】 第二十八条及び前条において、衆議院の議長、副議長又は議員とあるのは、衆議院が解散されたときは、後任者の定まるまでは、各〻解散の際衆議院の議長、副議長又は議員であつた者とする。
第三二条【議員の任期】 皇族及び最高裁判所の長たる裁判官以外の裁判官たる議員及び予備議員の任期は、四年とする。
第三三条【招集】① 皇室会議は、議長が、これを招集する。
② 皇室会議は、第三条、第十六条第二項、第十八条及び第二十条の場合には、四人以上の議員の要求があるときは、これを招集することを要する。
第三四条【定足数】 皇室会議は、六人以上の議員の出席がなければ、議事を開き議決することができない。
第三五条【表決】① 皇室会議の議事は、第三条、第十六条第二項、第十八条及び第二十条の場合には、出席した議員の三分の二以上の多数でこれを決し、その他の場合には、過半数でこれを決する。
② 前項後段の場合において、可否同数のときは、議長の決するところによる。
第三六条【利害関係議事の参与禁止】 議員は、自分の利害に特別の関係のある議事には、参与することができない。
第三七条【権限】 皇室会議は、この法律及び他の法律に基く権限のみを行う。

附　則

① この法律は、日本国憲法施行の日（昭和二二・五・三）から、これを施行する。
② 現在の皇族は、この法律による皇族とし、第六条の規定の適用については、これを嫡男系嫡出の者とする。
③ 現在の陵及び墓は、これを第二十七条の陵及び墓とする。
④ この法律の特例として天皇の退位について定める天皇の退位等に関する皇室典範特例法（平成二十九年法律第六十三号）は、この法律と一体を成すものである。

○国籍法

（昭和二五・五・四 法 一 四 七）

施行 昭和二五・七・一（附則）
最終改正 令和四法六八

（この法律の目的）

第一条 日本国民たる要件は、この法律の定めるところによる。

（出生による国籍の取得）

第二条 子は、次の場合には、日本国民とする。

一 出生の時に父又は母が日本国民であるとき。

二 出生前に死亡した父が死亡の時に日本国民であつたとき。

三 日本で生まれた場合において、父母がともに知れないとき、又は国籍を有しないとき。

（認知された子の国籍の取得）

第三条① 父又は母が認知した子で十八歳未満のもの（日本国民であつた者を除く。）は、認知をした父又は母が子の出生の時に日本国民であつた場合において、その父又は母が現に日本国民であるとき、又はその死亡の時に日本国民であつたときは、法務大臣に届け出ることによつて、日本の国籍を取得することができる。

② 前項の規定による届出をした者は、その届出の時に日本の国籍を取得する。

（帰化）

第四条① 日本国民でない者（以下「外国人」という。）は、帰化によつて、日本の国籍を取得することができる。

② 帰化をするには、法務大臣の許可を得なければならない。

第五条① 法務大臣は、次の条件を備える外国人でなければ、その帰化を許可することができない。

一 引き続き五年以上日本に住所を有すること。

二 十八歳以上で本国法によつて行為能力を有すること。

三 素行が善良であること。

四 自己又は生計を一にする配偶者その他の親族の資産又は技能によつて生計を営むことができること。

五 国籍を有せず、又は日本の国籍の取得によつてその国籍を失うべきこと。

六 日本国憲法施行の日以後において、日本国憲法又はその下に成立した政府を暴力で破壊することを企て、若しくは主張し、又はこれを企て、若しくは主張する政党その他の団体を結成し、若しくはこれに加入したことがないこと。

② 法務大臣は、外国人がその意思にかかわらずその国籍を失うことができない場合において、日本国民との親族関係又は境遇につき特別の事情があると認めるときは、その者が前項第五号に掲げる条件を備えないときでも、帰化を許可することができる。

第六条 次の各号の一に該当する外国人で現に日本に住所を有するものについては、法務大臣は、その者が前条第一項第一号に掲げる条件を備えないときでも、帰化を許可することができる。

一 日本国民であつた者の子（養子を除く。）で引き続き三年以上日本に住所又は居所を有するもの

二 日本で生まれた者で引き続き三年以上日本に住所若しくは居所を有し、又はその父若しくは母（養父母を除く。）が日本で生まれたもの

三 引き続き十年以上日本に居所を有する者

第七条 日本国民の配偶者たる外国人で引き続き三年以上日本に住所又は居所を有し、かつ、現に日本に住所を有するものについては、法務大臣は、その者が第五条第一項第一号及び第二号の条件を備えないときでも、帰化を許可することができる。日本国民の配偶者たる外国人で婚姻の日から三年を経過し、かつ、引き続き一年以上日本に住所を有するものについても、同様とする。

第八条 次の各号の一に該当する外国人については、法務大臣は、その者が第五条第一項第一号、第二号及び第四号の条件を備えないときでも、帰化を許可することができる。

一 日本国民の子（養子を除く。）で日本に住所を有するもの

二 日本国民の養子で引き続き一年以上日本に住所を有し、かつ、縁組の時本国法により未成年であつたもの

三 日本の国籍を失つた者（日本に帰化した後日本の国籍を失つた者を除く。）で日本に住所を有するもの

四 日本で生まれ、かつ、出生の時から国籍を有しない者でその時から引き続き三年以上日本に住所を有するもの

第九条 日本に特別の功労のある外国人については、法務大臣は、第五条第一項の規定にかかわらず、国会の承認を得て、その帰化を許可することができる。

第一〇条① 法務大臣は、帰化を許可したときは、官報にその旨を告示しなければならない。

② 帰化は、前項の告示の日から効力を生ずる。

（国籍の喪失）

第一一条① 日本国民は、自己の志望によつて外国の国籍を取得したときは、日本の国籍を失う。

② 外国の国籍を有する日本国民は、その外国の法令によりその国の国籍を選択したときは、日本の国籍を失う。

第一二条 出生により外国の国籍を取得した日本国民で国外で生まれたものは、戸籍法（昭和二十二年法律第二百二十四号）の定めるところにより日本の国籍を留保する意思を表示しなければ、その出生の時にさかのぼつて日本の国籍を失う。

第一三条① 外国の国籍を有する日本国民は、法務大臣に届け出ることによつて、日本の国籍を離脱することができる。

② 前項の規定による届出をした者は、その届出の時に日本の国籍を失う。

（国籍の選択）

第一四条① 外国の国籍を有する日本国民は、外国及び日本の国籍を有することとなつた時が十八歳に達する以前であるときは二十歳に達するまでに、その時が十八歳に達した後であるときはその時から二年以内に、いずれかの国籍を選択しなければならない。

② 日本の国籍の選択は、外国の国籍を離脱することによるほかは、戸籍法の定めるところにより、日本の国籍を選択し、かつ、外国の国籍を放棄する旨の宣言（以下「選択の宣言」という。）をすることによつてする。

第一五条① 法務大臣は、外国の国籍を有する日本国民で前条第一項に定める期限内に日本の国籍の選択をしないものに対して、書面により、国籍の選択をすべきことを催告することができる。

② 前項に規定する催告は、これを受けるべき者の所在を知ることができないときその他書面によつてすることができないやむを得ない事情があるときは、催告すべき事項を官報に掲載してすることができる。この場合における催告は、官報に掲載された日の翌日に到達したものとみなす。

③ 前二項の規定による催告を受けた者は、催告を受けた日から一月以内に日本の国籍の選択をしなければ、その期間が経過した時に日本の国籍を失う。ただし、その者が天災その他その責めに帰することができない事由によつてその期間内に日本の国籍の選択をすることができない場合において、その選択をすることができるに至つた時から二週間以内にこれをしたときは、この限りでない。

第一六条① 選択の宣言をした日本国民は、外国の国籍の離脱に努めなければならない。

② 法務大臣は、選択の宣言をした日本国民で外国の国籍を失つていないものが自己の志望によりその外国の公務員の職（その国の国籍を有しない者であつても就任することができる職を除く。）に就任した場合において、その就任が日本の国籍を選択した趣旨に著しく反すると認めるときは、その者に対し日本の国籍の喪失の宣告をすることができる。

③ 前項の宣告に係る聴聞の期日における審理は、公開により行わなければならない。
④ 第二項の宣告は、官報に告示してしなければならない。
⑤ 第二項の宣告を受けた者は、前項の告示の日に日本の国籍を失う。

（国籍の再取得）

第一七条① 第十二条の規定により日本の国籍を失つた者で十八歳未満のものは、日本に住所を有するときは、法務大臣に届け出ることによつて、日本の国籍を取得することができる。
② 第十五条第二項の規定による催告を受けて同条第三項の規定により日本の国籍を失つた者は、第五条第一項第五号に掲げる条件を備えるときは、日本の国籍を失つたことを知つた時から一年以内に法務大臣に届け出ることによつて、日本の国籍を取得することができる。ただし、天災その他その者の責めに帰することができない事由によつてその期間内に届け出ることができないときは、その期間は、これをすることができるに至つた時から一月とする。
③ 前二項の規定による届出をした者は、その届出の時に日本の国籍を取得する。

（法定代理人がする届出等）

第一八条 第三条第一項若しくは前条第一項の規定による国籍取得の届出、帰化の許可の申請、選択の宣言又は国籍離脱の届出は、国籍の取得、選択又は離脱をしようとする者が十五歳未満であるときは、法定代理人が代わつてする。

（行政手続法の適用除外）

第一八条の二 第十五条第一項の規定による催告については、行政手続法（平成五年法律第八十八号）第三十六条の三の規定は、適用しない。

（省令への委任）

第一九条 この法律に定めるもののほか、国籍の取得及び離脱に関する手続その他この法律の施行に関し必要な事項は、法務省令で定める。

（罰則）

第二〇条① 第三条第一項の規定による届出をする場合において、虚偽の届出をした者は、一年以下の懲役又は二十万円以下の罰金に処する。

＊令和四法六八（令和七・六・一六までに施行）**による改正**
第一項中「懲役」を「拘禁刑」に改める。（本文未織込み）

② 前項の罪は、刑法（明治四十年法律第四十五号）第二条の例に従う。

附　則（抄）

② 国籍法（明治三十二年法律第六十六号）は、廃止する。

刑法等の一部を改正する法律の施行に伴う関係法律整理法中経過規定
（令和四・六・一七法六八）（抄）

第四四一条から第四四三条まで（刑法の同経過規定参照）
第五〇九条（刑法の同経過規定参照）

刑法等の一部を改正する法律の施行に伴う関係法律整理法
附　則（令和四・六・一七法六八）（抄）

（施行期日）

① この法律は、刑法等一部改正法（刑法等の一部を改正する法律（令和四法六七））施行日から施行する。ただし、次の各号に掲げる規定は、当該各号に定める日から施行する。
一 第五百九条の規定　公布の日
二 （略）

○国会法

（昭和二二・四・三〇 法 七九）

施行　昭和二二・五・三（附則参照）
最終改正　令和四法二九

目次

第一章　国会の召集及び開会式

第一条【召集詔書の公布】① 国会の召集詔書は、集会の期日を定めて、これを公布する。

② 常会の召集詔書は、少なくとも十日前にこれを公布しなければならない。

③ 臨時会及び特別会（日本国憲法第五十四条により召集された国会をいう）の召集詔書の公布は、前項によることを要しない。

第二条【常会の召集期】常会は、毎年一月中に召集するのを常例とする。

第二条の二【特別会・常会の併合】特別会は、常会と併せてこれを召集することができる。

第二条の三【選挙後の臨時会】① 衆議院議員の任期満了による総選挙が行われたときは、その任期が始まる日から三十日以内に臨時会を召集しなければならない。但し、その期間内に常会が召集された場合又はその期間が参議院議員の通常選挙を行うべき期間にかかる場合は、この限りでない。

② 参議院議員の通常選挙が行われたときは、その任期が始まる日から三十日以内に臨時会を召集しなければならない。但し、その期間内に常会若しくは特別会が召集された場合又はその期間が衆議院議員の任期満了による総選挙を行うべき期間にかかる場合は、この限りでない。

第三条【臨時会召集決定の要求】臨時会の召集の決定を要求するには、いずれかの議院の総議員の四分の一以上の議員が連名で、議長を経由して内閣に要求書を提出しなければならない。

第四条　削除

第五条【議員の集会】議員は、召集詔書に指定された期日に、各議院に集会しなければならない。

第六条【議長・副議長の選挙】各議院において、召集の当日に議長若しくは副議長がないとき、又は議長及び副議長が共にないときは、その選挙を行わなければならない。

第七条【事務総長の議長代行】議長及び副議長が選挙されるまでは、事務総長が、議長の職務を行う。

第八条【開会式】国会の開会式は、会期の始めにこれを行う。

第九条【開会式の主宰】① 開会式は、衆議院議長が主宰する。

② 衆議院議長に事故があるときは、参議院議長が、主宰する。

第二章　国会の会期及び休会

第一〇条【常会の会期】常会の会期は、百五十日間とする。但し、会期中に議員の任期が満限に達する場合には、その満限の日をもつて、会期は終了するものとする。

第一一条【臨時会・特別会の会期】臨時会及び特別会の会期は、両議院一致の議決で、これを定める。

第一二条【会期の延長】① 国会の会期は、両議院一致の議決で、これを延長することができる。

② 会期の延長は、常会にあつては一回、特別会及び臨時会にあつては二回を超えてはならない。

第一三条【会期決定に関する衆議院の優越】前二条の場合において、両議院の議決が一致しないとき、又は参議院が議決しないときは、衆議院の議決したところによる。

第一四条【会期の起算】国会の会期は、召集の当日からこれを起算する。

第一五条【休会】① 国会の休会は、両議院一致の議決を必要とする。

② 国会の休会中、各議院は、議長において緊急の必要があると認めたとき、又は総議員の四分の一以上の議員から要求があつたときは、他の院の議長と協議の上、会議を開くことができる。

③ 前項の場合における会議の日数は、日本国憲法及び法律に定める休会の期間にこれを算入する。

④ 各議院は、十日以内においてその院の休会を議決することができる。

第三章　役員及び経費

第一六条【役員の種類】各議院の役員は、左の通りとする。

一　議長
二　副議長
三　仮議長
四　常任委員長
五　事務総長

第一七条【議長・副議長の定員】各議院の議長及び副議長は、各〻一人とする。

第一八条【議長・副議長の任期】各議院の議長及び副議長の任期は、各〻議員としての任期による。

第一九条【議長の職務権限】各議院の議長は、その議院の秩序を保持し、議事を整理し、議院の事務を監督し、議院を代表する。

第二〇条【議長の委員会への出席・発言】議長は、委員会に出席し発言することができる。

第二一条【副議長の議長代行】各議院において、議長に事故があるとき又は議長が欠けたときは、副議長が、議長の職務を行う。

第二二条【仮議長】① 各議院において、議長及び副議長に共に事故があるときは、仮議長を選挙し議長の職務を行わせる。

② 前項の選挙の場合には、事務総長が、議長の職務を行う。

③　議院は、仮議長の選任を議長に委任することができる。

第二三条【議長・副議長の選挙】各議院において、議長若しくは副議長が欠けたとき、又は議長及び副議長が共に欠けたときは、直ちにその選挙を行う。

第二四条【事務総長の議長代行】前条前段の選挙において副議長若しくは議長に事故がある場合又は前条後段の選挙の場合には、事務総長が、議長の職務を行う。

第二五条【常任委員長の選挙】常任委員長は、各議院において各々その常任委員の中からこれを選挙する。

第二六条【議院の職員】各議院に、事務総長一人、参事その他必要な職員を置く。

第二七条【事務総長の選挙、職員の任免】①　事務総長は、各議院において国会議員以外の者からこれを選挙する。

②　参事その他の職員は、事務総長が、議長の同意及び議院運営委員会の承認を得てこれを任免する。

第二八条【事務総長、参事の職務】①　事務総長は、議長の監督の下に、議院の事務を統理し、公文に署名する。

②　参事は、事務総長の命を受け事務を掌理する。

第二九条【参事の事務総長代行】事務総長に事故があるとき又は事務総長が欠けたときは、その予め指定する参事が、事務総長の職務を行う。

第三〇条【役員の辞任】役員は、議院の許可を得て辞任することができる。但し、閉会中は、議長において役員の辞任を許可することができる。

第三〇条の二【常任委員長の解任】各議院において特に必要があるときは、その院の議決をもつて、常任委員長を解任することができる。

第三一条【役員の兼職禁止】①　役員は特に法律に定めのある場合を除いては、国又は地方公共団体の公務員と兼ねることができない。

②　議員であつて前項の職を兼ねている者が、役員に選任されたときは、その兼ねている職は、解かれたものとする。

第三二条【経費の独立予算計上】①　両議院の経費は、独立して、国の予算にこれを計上しなければならない。

②　前項の経費中には、予備金を設けることを要する。

第四章　議員

第三三条【不逮捕特権】各議院の議員は、院外における現行犯罪の場合を除いては、会期中その院の許諾がなければ逮捕されない。

第三四条【逮捕許諾請求の手続】各議院の議員の逮捕につきその院の許諾を求めるには、内閣は、所轄裁判所又は裁判官が令状を発する前に内閣へ提出した要求書の受理後速かに、その要求書の写を添えて、これを求めなければならない。

第三四条の二【被逮捕議員の通知】①　内閣は、会期前に逮捕された議員があるときは、会期の始めに、その議員の属する議院の議長に、令状の写を添えてその氏名を通知しなければならない。

②　内閣は、会期前に逮捕された議員について、会期中に勾留期間の延長の裁判があつたときは、その議員の属する議院の議長にその旨を通知しなければならない。

第三四条の三【釈放要求の発議】議員が、会期前に逮捕された議員の釈放の要求を発議するには、議員二十人以上の連名で、その理由を附した要求書をその院の議長に提出しなければならない。

第三五条【歳費】議員は、一般職の国家公務員の最高の給与額（地域手当等の手当を除く。）より少なくない歳費を受ける。

第三六条【退職金】議員は、別に定めるところにより、退職金を受けることができる。

第三七条　削除

第三八条【調査研究等手当】議員は、国政に関する調査研究、広報、国民との交流、滞在等の議員活動を行うため、別に定めるところにより手当を受ける。

第三九条【議員の兼職禁止】議員は、内閣総理大臣その他の国務大臣、内閣官房副長官、内閣総理大臣補佐官、副大臣、大臣政務官、大臣補佐官及び別に法律で定めた場合を除いては、その任期中国又は地方公共団体の公務員と兼ねることができない。ただし、両議院一致の議決に基づき、その任期中内閣行政各部における各種の委員、顧問、参与その他これらに準ずる職に就く場合は、この限りでない。

第五章　委員会及び委員

第四〇条【委員会の種類】各議院の委員会は、常任委員会及び特別委員会の二種とする。

第四一条【常任委員会】①　常任委員会は、その部門に属する議案（決議案を含む。）、請願等を審査する。

②　衆議院の常任委員会は、次のとおりとする。

一　内閣委員会
二　総務委員会
三　法務委員会
四　外務委員会
五　財務金融委員会
六　文部科学委員会
七　厚生労働委員会
八　農林水産委員会
九　経済産業委員会
十　国土交通委員会
十一　環境委員会
十二　安全保障委員会
十三　国家基本政策委員会
十四　予算委員会
十五　決算行政監視委員会
十六　議院運営委員会
十七　懲罰委員会

③　参議院の常任委員会は、次のとおりとする。

一　内閣委員会
二　総務委員会
三　法務委員会
四　外交防衛委員会
五　財政金融委員会
六　文教科学委員会
七　厚生労働委員会
八　農林水産委員会
九　経済産業委員会
十　国土交通委員会
十一　環境委員会
十二　国家基本政策委員会
十三　予算委員会
十四　決算委員会
十五　行政監視委員会
十六　議院運営委員会
十七　懲罰委員会

第四二条【常任委員】①　常任委員は、会期の始めに議院において選任し、議員の任期中その任にあるものとする。

②　議員は、少なくとも一箇の常任委員となる。ただし、議長、副議長、内閣総理大臣その他の国務大臣、内閣官房副長官、内閣総理大臣補佐官、副大臣、大臣政務官及び大臣補佐官は、その割り当てられた常任委員を辞することができる。

③　前項但書の規定により常任委員を辞した者があるときは、その者が属する会派の議員は、その委員を兼ねることができる。

第四三条【専門員・調査員】常任委員会には、専門の知識を有する職員（これを専門員という）及び調査員を置くことができる。

第四四条【合同審査会】各議院の常任委員会は、他の議院の常任委員会と協議して合同審査会を開くことができる。

第四五条【特別委員会】①　各議院は、その院において特に必要があると認めた案件又は常任委員会の所管に属しない特定の案件を審査するため、特別委員会を設けることができる。

② 特別委員は、議院において選任し、その委員会に付託された案件がその院で議決されるまで、その任にあるものとする。

③ 特別委員長は、委員会においてその委員がこれを互選する。

第四六条【委員の各派割当選任】 ① 常任委員及び特別委員は、各会派の所属議員数の比率により、これを各会派に割り当て選任する。

② 前項の規定により委員が選任された後、各会派の所属議員数に異動があつたため、委員の各会派割当数を変更する必要があるときは、議長は、第四十二条第一項及び前条第二項の規定にかかわらず、議院運営委員会の議を経て委員を変更することができる。

第四七条【委員会の審査と会期】 ① 常任委員会及び特別委員会は、会期中に限り、付託された案件を審査する。

② 常任委員会及び特別委員会は、各議院の議決で特に付託された案件（懲罰事犯の件を含む。）については、閉会中もなお、これを審査することができる。

③ 前項の規定により懲罰事犯の件を閉会中審査に付する場合においては、その会期中に生じた事犯にかかるものでなければならない。

④ 第二項の規定により閉会中もなお審査することに決したときは、その院の議長から、その旨を他の議院及び内閣に通知する。

第四八条【委員長の職務権限】 委員長は、委員会の議事を整理し、秩序を保持する。

第四九条【定足数】 委員会は、その委員の半数以上の出席がなければ、議事を開き議決することができない。

第五〇条【表決】 委員会の議事は、出席委員の過半数でこれを決し、可否同数のときは、委員長の決するところによる。

第五〇条の二【委員会の法律案提出】 ① 委員会は、その所管に属する事項に関し、法律案を提出することができる。

② 前項の法律案については、委員長をもつて提出者とする。

第五一条【公聴会】 ① 委員会は、一般的関心及び目的を有する重要な案件について、公聴会を開き、真に利害関係を有する者又は学識経験者等から意見を聴くことができる。

② 総予算及び重要な歳入法案については、前項の公聴会を開かなければならない。但し、すでに公聴会を開いた案件と同一の内容のものについては、この限りでない。

第五二条【傍聴と秘密会】 ① 委員会は、議員の外傍聴を許さない。但し、報道の任務にあたる者その他の者で委員長の許可を得たものについては、この限りでない。

② 委員会は、その決議により秘密会とすることができる。

③ 委員長は、秩序保持のため、傍聴人の退場を命ずることができる。

第五三条【議院への報告】 委員長は、委員会の経過及び結果を議院に報告しなければならない。

第五四条【少数意見の報告】 ① 委員会において廃棄された少数意見で、出席委員の十分の一以上の賛成があるものは、委員長の報告に次いで、少数意見者がこれを議院に報告することができる。この場合においては、少数意見者は、その賛成者と連名で簡明な少数意見の報告書を議長に提出しなければならない。

② 議長は、少数意見の報告につき、時間を制限することができる。

③ 第一項後段の報告書は、委員会の報告書と共にこれを会議録に掲載する。

第五章の二　参議院の調査会

第五四条の二【調査会の設置】 ① 参議院は、国政の基本的事項に関し、長期的かつ総合的な調査を行うため、調査会を設けることができる。

② 調査会は、参議院議員の半数の任期満了の日まで存続する。

③ 調査会の名称、調査事項及び委員の数は、参議院の議決でこれを定める。

第五四条の三【委員の選任、調査会長】 ① 調査会の委員は、議院において選任し、調査会が存続する間、その任にあるものとする。

② 調査会の委員は、各会派の所属議員数の比率により、これを各会派に割り当て選任する。

③ 前項の規定により委員が選任された後、各会派の所属議員数に異動があつたため、委員の各会派割当数を変更する必要があるときは、議長は、第一項の規定にかかわらず、議院運営委員会の議を経て委員を変更することができる。

④ 調査会長は、調査会においてその委員がこれを互選する。

第五四条の四【委員会に関する規定の準用】 ① 調査会については、第二十条、第四十七条第一項、第二項及び第四項、第四十八条から第五十条の二まで、第五十一条第一項、第五十二条、第六十条、第六十九条から第七十三条まで、第百四条から第百五条まで、第百二十条、第百二十一条第二項並びに第百二十四条の規定を準用する。

② 前項において準用する第五十条の二第一項の規定により調査会が提出する法律案については、第五十七条の三の規定を準用する。

第六章　会議

第五五条【議事日程、緊急会議】 ① 各議院の議長は、議事日程を定め、予めこれを議院に報告する。

② 議長は、特に緊急の必要があると認めたときは、会議の日時だけを議員に通知して会議を開くことができる。

第五五条の二【議事協議会】 ① 議長は、議事の順序その他必要と認める事項につき、議院運営委員長及び議院運営委員会が選任する議事協議員と協議することができる。この場合において、その意見が一致しないときは、議長は、これを裁定することができる。

② 議長は、議事協議会の主宰を議院運営委員長に委任することができる。

③ 議長は、会期中であると閉会中であるとを問わず、何時でも議事協議会を開くことができる。

第五六条【議案の発議と委員会付託】 ① 議員が議案を発議するには、衆議院においては議員二十人以上、参議院においては議員十人以上の賛成を要する。但し、予算を伴う法律案を発議するには、衆議院においては議員五十人以上、参議院においては議員二十人以上の賛成を要する。

② 議案が発議又は提出されたときは、議長は、これを適当の委員会に付託し、その審査を経て会議に付する。但し、特に緊急を要するものは、発議者又は提出者の要求に基き、議院の議決で委員会の審査を省略することができる。

③ 委員会において、議院の会議に付するを要しないと決定した議案は、これを会議に付さない。但し、委員会の決定の日から休会中の期間を除いて七日以内に議員二十人以上の要求があるものは、これを会議に付さなければならない。

④ 前項但書の要求がないときは、その議案は廃案となる。

⑤ 前二項の規定は、他の議院から送付された議案については、これを適用しない。

第五六条の二【本会議における議案の趣旨説明】 各議院に発議又は提出された議案につき、議院運営委員会が特にその必要を認めた場合は、議院の会議において、その議案の趣旨の説明を聴取することができる。

第五六条の三【委員会の中間報告】 ① 各議院は、委員会の審査中の案件について特に必要があるときは、中間報告を求めることができる。

② 前項の中間報告があつた案件について、議院が特に緊急を要すると認めたときは、委員会の審査に期限を付け又は議院の会議において審議することができる。

③ 委員会の審査に期限を付けた場合、その期間内に審査を終ら

なかつたときは、議院の会議においてこれを審議するものとする。但し、議院は、委員会の要求により、審査期間を延長することができる。

第五六条の四【同一議案審議の禁止】 各議院は、他の議院から送付又は提出された議案と同一の議案を審議することができない。

第五七条【修正の動議】 議案につき議院の会議で修正の動議を議題とするには、衆議院においては議員二十人以上、参議院においては議員十人以上の賛成を要する。但し、法律案に対する修正の動議で、予算の増額を伴うもの又は予算を伴うこととなるものについては、衆議院においては議員五十人以上、参議院においては議員二十人以上の賛成を要する。

第五七条の二【予算修正の動議】 予算につき議院の会議で修正の動議を議題とするには、衆議院においては議員五十人以上、参議院においては議員二十人以上の賛成を要する。

第五七条の三【予算増額修正と内閣の意見陳述】 各議院又は各議院の委員会は、予算総額の増額修正、委員会の提出若しくは議員の発議にかかる予算を伴う法律案又は法律案に対する修正で、予算の増額を伴うもの若しくは予算を伴うこととなるものについては、内閣に対して、意見を述べる機会を与えなければならない。

第五八条【予備審査】 内閣は、一の議院に議案を提出したときは、予備審査のため、提出の日から五日以内に他の議院に同一の案を送付しなければならない。

第五九条【内閣提出案の修正・撤回】 内閣が、各議院の会議又は委員会において議題となつた議案を修正し、又は撤回するには、その院の承諾を要する。但し、一の議院で議決した後は、修正し、又は撤回することはできない。

第六〇条【他院提出議案の説明】 各議院が提出した議案については、その委員長（その代理者を含む）又は発議者は、他の議院において、提案の理由を説明することができる。

第六一条【発言時間の制限】 ① 各議院の議長は、質疑、討論その他の発言につき、予め議院の議決があつた場合を除いて、時間を制限することができる。

② 議長の定めた時間制限に対して、出席議員の五分の一以上から異議を申し立てたときは、議長は、討論を用いないで、議院に諮らなければならない。

③ 議員が時間制限のため発言を終らなかつた部分につき特に議院の議決があつた場合を除いては、議長の認める範囲内において、これを会議録に掲載する。

第六二条【公開の停止】 各議院の会議は、議長又は議員十人以上の発議により、出席議員の三分の二以上の議決があつたときは、公開を停めることができる。

第六三条【秘密記録の非公表】 秘密会議の記録中、特に秘密を要するものとその院において議決した部分は、これを公表しないことができる。

第六四条【内閣総理大臣欠缺の通知】 内閣は、内閣総理大臣が欠けたとき、又は辞表を提出したときは、直ちにその旨を両議院に通知しなければならない。

第六五条【議決の奏上・送付】 ① 国会の議決を要する議案について、最後の議決があつた場合にはその院の議長から、衆議院の議決が国会の議決となつた場合には衆議院議長から、その公布を要するものは、これを内閣を経由して奏上し、その他のものは、これを内閣に送付する。

② 内閣総理大臣の指名については、衆議院議長から、内閣を経由してこれを奏上する。

第六六条【法律公布の期限】 法律は、奏上の日から三十日以内にこれを公布しなければならない。

第六七条【特別法の制定】 一の地方公共団体のみに適用される特別法については、国会において最後の可決があつた場合は、別に法律で定めるところにより、その地方公共団体の住民の投票に付し、その過半数の同意を得たときに、さきの国会の議決が、確定して法律となる。

第六八条【会期不継続】 会期中に議決に至らなかつた案件は、後会に継続しない。但し、第四十七条第二項の規定により閉会中審査した議案及び懲罰事犯の件は、後会に継続する。

第六章の二　日本国憲法の改正の発議

第六八条の二【憲法改正原案の発議】 議員が日本国憲法の改正案（以下「憲法改正案」という。）の原案（以下「憲法改正原案」という。）を発議するには、第五十六条第一項の規定にかかわらず、衆議院においては議員百人以上、参議院においては議員五十人以上の賛成を要する。

第六八条の三【同前―事項ごとの区分】 前条の憲法改正原案の発議に当たつては、内容において関連する事項ごとに区分して行うものとする。

第六八条の四【同前―修正の動議】 憲法改正原案につき議院の会議で修正の動議を議題とするには、第五十七条の規定にかかわらず、衆議院においては議員百人以上、参議院においては議員五十人以上の賛成を要する。

第六八条の五【憲法改正の発議・提案】 ① 憲法改正原案について国会において最後の可決があつた場合には、その可決をもつて、国会が日本国憲法第九十六条第一項に定める日本国憲法の改正（以下「憲法改正」という。）の発議をし、国民に提案したものとする。この場合において、両議院の議長は、憲法改正の発議をした旨及び発議に係る憲法改正案を官報に公示する。

② 憲法改正原案について前項の最後の可決があつた場合には、第六十五条第一項の規定にかかわらず、その院の議長から、内閣に対し、その旨を通知するとともに、これを送付する。

第六八条の六【国民投票の期日の議決】 憲法改正の発議に係る国民投票の期日は、当該発議後速やかに、国会の議決でこれを定める。

第七章　国務大臣等の出席等

第六九条【内閣官房副長官、副大臣及び大臣政務官の出席、政府特別補佐人の出席】 ① 内閣官房副長官、副大臣及び大臣政務官は、内閣総理大臣その他の国務大臣を補佐するため、議院の会議又は委員会に出席することができる。

② 内閣は、国会において内閣総理大臣その他の国務大臣を補佐するため、両議院の議長の承認を得て、人事院総裁、内閣法制局長官、公正取引委員会委員長、原子力規制委員会委員長及び公害等調整委員会委員長を政府特別補佐人として議院の会議又は委員会に出席させることができる。

第七〇条【発言の通告】 内閣総理大臣その他の国務大臣並びに内閣官房副長官、副大臣及び大臣政務官並びに政府特別補佐人が、議院の会議又は委員会において発言しようとするときは、議長又は委員長に通告しなければならない。

第七一条【委員会の出席請求】 委員会は、議長を経由して内閣総理大臣その他の国務大臣並びに内閣官房副長官、副大臣及び大臣政務官並びに政府特別補佐人の出席を求めることができる。

第七二条【会計検査院長・検査官及び最高裁判所長官の出席説明】 ① 委員会は、議長を経由して会計検査院長及び検査官の出席説明を求めることができる。

② 最高裁判所長官又はその指定する代理者は、その要求により、委員会の承認を得て委員会に出席説明することができる。

第七三条【報告の配付・送付】 議院の会議及び委員会の会議に関する報告は、議員に配付すると同時に、これを内閣総理大臣その他の国務大臣並びに内閣官房副長官、副大臣及び大臣政務官並びに政府特別補佐人に送付する。

第八章　質問

第七四条【質問】 ① 各議院の議員が、内閣に質問しようとするときは、議長の承認を要する。

② 質問は、簡明な主意書を作り、これを議長に提出しなければならない。

③ 議長の承認しなかつた質問について、その議員から異議を申

し立てたときは、議長は、討論を用いないで、議院に諮らなければならない。

④ 議長又は議院の承認しなかつた質問について、その議員から要求があつたときは、議長は、その主意書を会議録に掲載する。

第七五条【答弁】① 議長又は議院の承認した質問については、議長がその主意書を内閣に転送する。

② 内閣は、質問主意書を受け取つた日から七日以内に答弁をしなければならない。その期間内に答弁をすることができないときは、その理由及び答弁をすることができる期限を明示することを要する。

第七六条【口頭質問】質問が、緊急を要するときは、議院の議決により口頭で質問することができる。

第七七条及び第七八条　削除

第九章　請願

第七九条【請願書の提出】各議院に請願しようとする者は、議員の紹介により請願書を提出しなければならない。

第八〇条【請願の処理】① 請願は、各議院において委員会の審査を経た後これを議決する。

② 委員会において、議院の会議に付するを要しないと決定した請願は、これを会議に付さない。但し、議員二十人以上の要求があるものは、これを会議に付さなければならない。

第八一条【内閣への送付】① 各議院において採択した請願で、内閣において措置するを適当と認めたものは、これを内閣に送付する。

② 内閣は、前項の請願の処理の経過を毎年議院に報告しなければならない。

第八二条【請願と各議院の独立】各議院は、各別に請願を受け互に干預しない。

第十章　両議院関係

第八三条【両院間の議案の送付及び回付】① 国会の議決を要する議案を甲議院において可決し、又は修正したときは、これを乙議院に送付し、否決したときは、その旨を乙議院に通知する。

② 乙議院において甲議院の送付案に同意し、又はこれを否決したときは、その旨を甲議院に通知する。

③ 乙議院において甲議院の送付案を修正したときは、これを甲議院に回付する。

④ 甲議院において乙議院の回付案に同意し、又は同意しなかつたときは、その旨を乙議院に通知する。

第八三条の二【法律案、予算・条約の返付】① 参議院は、法律案について、衆議院の送付案を否決したときは、その議案を衆議院に返付する。

② 参議院は、法律案について、衆議院の回付案に同意しないで、両院協議会を求めたが衆議院がこれを拒んだとき、又は両院協議会を求めないときは、その議案を衆議院に返付する。

③ 参議院は、予算又は衆議院先議の条約を否決したときは、これを衆議院に返付する。衆議院は、参議院先議の条約を否決したときは、これを参議院に返付する。

第八三条の三【衆議院優越発動に関する通知】① 衆議院は、日本国憲法第五十九条第四項の規定により、参議院が法律案を否決したものとみなしたときは、その旨を参議院に通知する。

② 衆議院は、予算及び条約について、日本国憲法第六十条第二項又は第六十一条の規定により衆議院の議決が国会の議決となつたときは、その旨を参議院に通知する。

③ 前二項の通知があつたときは、参議院は、直ちに衆議院の送付案又は回付案を衆議院に返付する。

第八三条の四【憲法改正原案の返付】① 憲法改正原案について、甲議院の送付案を乙議院が否決したときは、その議案を甲議院に返付する。

② 憲法改正原案について、甲議院は、乙議院の回付案に同意しなかつた場合において両院協議会を求めないときは、その議案を乙議院に返付する。

第八三条の五【送付案の継続審査】甲議院の送付案を、乙議院において継続審査し後の会期で議決したときは、第八十三条による。

第八四条【法律案に関する両院協議会】① 法律案について、衆議院において参議院の回付案に同意しなかつたとき、又は参議院において衆議院の送付案を否決し及び衆議院の回付案に同意しなかつたときは、衆議院は、両院協議会を求めることができる。

② 参議院は、衆議院の回付案に同意しなかつたときに限り前項の規定にかかわらず、その通知と同時に両院協議会を求めることができる。但し、衆議院は、この両院協議会の請求を拒むことができる。

第八五条【予算・条約に関する両院協議会】① 予算及び衆議院先議の条約について、衆議院において参議院の回付案に同意しなかつたとき、又は参議院において衆議院の送付案を否決したときは、衆議院は、両院協議会を求めなければならない。

② 参議院先議の条約について、参議院において衆議院の回付案に同意しなかつたとき、又は衆議院において参議院の送付案を否決したときは、参議院は、両院協議会を求めなければならない。

第八六条【内閣総理大臣指名の通知、両院協議会】① 各議院において、内閣総理大臣の指名を議決したときは、これを他の議院に通知する。

② 内閣総理大臣の指名について、両議院の議決が一致しないときは、参議院は、両院協議会を求めなければならない。

第八六条の二【憲法改正原案に関する両院協議会】① 憲法改正原案について、甲議院において乙議院の回付案に同意しなかつたとき、又は乙議院において甲議院の送付案を否決したときは、甲議院は、両院協議会を求めることができる。

② 憲法改正原案について、甲議院が、乙議院の回付案に同意しなかつた場合において両院協議会を求めなかつたときは、乙議院は、両院協議会を求めることができる。

第八七条【案件の返付と両院協議会】① 法律案、予算、条約及び憲法改正原案を除いて、国会の議決を要する案件について、後議の議院が先議の議院の議決に同意しないときは、その旨の通知と共にこれを先議の議院に返付する。

② 前項の場合において、先議の議院は、両院協議会を求めることができる。

第八八条【両院協議会拒否の禁止】第八十四条第二項但書の場合を除いては、一の議院から両院協議会を求められたときは、他の議院は、これを拒むことができない。

第八九条【両院協議会—組織】両院協議会は、各議院において選挙された各〻十人の委員でこれを組織する。

第九〇条【同前—議長】両院協議会の議長には、各議院の協議委員において夫々互選された議長が、毎会更代してこれに当る。その初会の議長は、くじでこれを定める。

第九一条【同前—定足数】両院協議会は、各議院の協議委員の各〻三分の二以上の出席がなければ、議事を開き議決することができない。

第九一条の二【同前—欠席協議委員】① 協議委員が、正当な理由がなくて欠席し、又は両院協議会の議長から再度の出席要求があつてもなお出席しないときは、当該協議委員の属する議院の議長は、当該協議委員は辞任したものとみなす。

② 前項の場合において、その協議委員の属する議院は、直ちにその補欠選挙を行わなければならない。

第九二条【同前—表決】① 両院協議会においては、協議案が出席協議委員の三分の二以上の多数で議決されたとき成案となる。

② 両院協議会の議事は、前項の場合を除いては、出席協議委員の過半数でこれを決し、可否同数のときは、議長の決するところによる。

第九三条【同前—成案の審議】① 両院協議会の成案は、両院協議会を求めた議院において先ずこれを議し、他の議院にこれを送付する。

② 成案については、更に修正することができない。

第九四条【同前—成案不成立の報告】両院協議会において、成案を得なかつたときは、各議院の協議委員議長は、各ゝその旨を議院に報告しなければならない。

第九五条【同前—各議院議長の意見陳述】各議院の議長は、両院協議会に出席して意見を述べることができる。

第九六条【同前—国務大臣等の出席の要求】両院協議会は、内閣総理大臣その他の国務大臣並びに内閣官房副長官、副大臣及び大臣政務官並びに政府特別補佐人の出席を要求することができる。

第九七条【同前—傍聴の禁止】両院協議会は、傍聴を許さない。

第九八条【両院協議会規程の制定】この法律に定めるものの外、両院協議会に関する規程は、両議院の議決によりこれを定める。

第十一章　参議院の緊急集会

第九九条【請求と集会】① 内閣が参議院の緊急集会を求めるには、内閣総理大臣から、集会の期日を定め、案件を示して、参議院議長にこれを請求しなければならない。

② 前項の規定による請求があつたときは、参議院議長は、これを各議員に通知し、議員は、前項の指定された集会の期日に参議院に集会しなければならない。

第一〇〇条【議員の不逮捕特権】① 参議院の緊急集会中、参議院の議員は、院外における現行犯罪の場合を除いては、参議院の許諾がなければ逮捕されない。

② 内閣は、参議院の緊急集会前に逮捕された参議院の議員があるときは、集会の期日の前日までに、参議院議長に、令状の写を添えてその氏名を通知しなければならない。

③ 内閣は、参議院の緊急集会前に逮捕された参議院の議員について、緊急集会中に勾留期間の延長の裁判があつたときは、参議院議長にその旨を通知しなければならない。

④ 参議院の緊急集会前に逮捕された参議院の議員は、参議院の要求があれば、緊急集会中これを釈放しなければならない。

⑤ 議員が、参議院の緊急集会前に逮捕された議員の釈放の要求を発議するには、議員二十人以上の連名で、その理由を附した要求書を参議院議長に提出しなければならない。

第一〇一条【議員の発議権】参議院の緊急集会においては、議員は、第九十九条第一項の規定により示された案件に関連のあるものに限り、議案を発議することができる。

第一〇二条【請願】参議院の緊急集会においては、請願は、第九十九条第一項の規定により示された案件に関連のあるものに限り、これをすることができる。

第一〇二条の二【終会の宣告】緊急の案件がすべて議決されたときは、議長は、緊急集会が終つたことを宣告する。

第一〇二条の三【案件の奏上・送付】参議院の緊急集会において案件が可決された場合には、参議院議長から、その公布を要するものは、これを内閣を経由して奏上し、その他のものは、これを内閣に送付する。

第一〇二条の四【衆議院の同意を求める案件の提出】参議院の緊急集会において採られた措置に対する衆議院の同意については、その案件を内閣から提出する。

第一〇二条の五【読替規定】第六条、第四十七条第一項、第六十七条及び第六十九条第二項の規定の適用については、これらの規定中「召集」とあるのは「集会」と、「会期中」とあるのは「緊急集会中」と、「国会において最後の可決があつた場合」とあるのは「参議院の緊急集会において可決した場合」と、「国会」とあるのは「参議院の緊急集会」と、「両議院」とあるのは「参議院」と読み替え、第百二十一条の二の規定の適用については、「会期の終了日又はその前日」とあるのは「参議院の緊急集会の終了日又はその前日」と、「閉会中審査の議決に至らなかつたもの」とあるのは「委員会の審査を終了しなかつたもの」と、「前の国会の会期」とあるのは「前の国会の会期終了後の参議院の緊急集会」と読み替えるものとする。

第十一章の二　憲法審査会

第一〇二条の六【憲法審査会の設置】日本国憲法及び日本国憲法に密接に関連する基本法制について広範かつ総合的に調査を行い、憲法改正原案、日本国憲法に係る改正の発議又は国民投票に関する法律案等を審査するため、各議院に憲法審査会を設ける。

第一〇二条の七【憲法改正原案等の提出】① 憲法審査会は、憲法改正原案及び日本国憲法に係る改正の発議又は国民投票に関する法律案を提出することができる。この場合における憲法改正原案の提出については、第六十八条の三の規定を準用する。

② 前項の憲法改正原案及び日本国憲法に係る改正の発議又は国民投票に関する法律案については、憲法審査会の会長をもつて提出者とする。

第一〇二条の八【合同審査会】① 各議院の憲法審査会は、憲法改正原案に関し、他の議院の憲法審査会と協議して合同審査会を開くことができる。

② 前項の合同審査会は、憲法改正原案に関し、各議院の憲法審査会に勧告することができる。

③ 前二項に定めるもののほか、第一項の合同審査会に関する事項は、両議院の議決によりこれを定める。

第一〇二条の九【準用規定等】① 第五十三条、第五十四条、第五十六条第二項本文、第六十条及び第八十条の規定は憲法審査会について、第四十七条（第三項を除く。）、第五十六条第三項から第五項まで、第五十七条の三及び第七章の規定は日本国憲法に係る改正の発議又は国民投票に関する法律案に係る憲法審査会について準用する。

② 憲法審査会に付託された案件についての第六十八条の規定の適用については、同条ただし書中「第四十七条第二項の規定により閉会中審査した議案」とあるのは、「憲法改正原案、第四十七条第二項の規定により閉会中審査した議案」とする。

第一〇二条の一〇【憲法審査会に関する事項の制定】第百二条の六から前条までに定めるもののほか、憲法審査会に関する事項は、各議院の議決によりこれを定める。

第十一章の三　国民投票広報協議会

第一〇二条の一一【国民投票広報協議会】① 憲法改正の発議があつたときは、当該発議に係る憲法改正案の国民に対する広報に関する事務を行うため、国会に、各議院においてその議員の中から選任された同数の委員で組織する国民投票広報協議会を設ける。

② 国民投票広報協議会は、前項の発議に係る国民投票に関する手続が終了するまでの間存続する。

③ 国民投票広報協議会の会長は、その委員がこれを互選する。

第一〇二条の一二【同前】前条に定めるもののほか、国民投票広報協議会に関する事項は、別に法律でこれを定める。

第十一章の四　情報監視審査会

第一〇二条の一三【情報監視審査会の設置】行政における特定秘密（特定秘密の保護に関する法律（平成二十五年法律第百八号。以下「特定秘密保護法」という。）第三条第一項に規定する特定秘密をいう。以下同じ。）の保護に関する制度の運用を常時監視するため特定秘密の指定（同項の規定による指定をいう。）及びその解除並びに適性評価（特定秘密保護法第十二条第一項に規定する適性評価をいう。）の実施の状況について調査し、並びに各議院又は各議院の委員会若しくは参議院の調査会からの第百四条第一項（第五十四条の四第一項において準用する場合を含む。）の規定による特定秘密の提出の要求に係る行政機関の長（特定秘密保護法第三条第一項に規定する行政機関の長をいう。以下同じ。）の判断の適否等を審査するため、各議院に情報監視審査会を設ける。

第一〇二条の一四【政府による報告】 情報監視審査会は、調査のため、特定秘密保護法第十九条の規定による報告を受ける。

第一〇二条の一五【調査目的での特定秘密の提出又は提示の要求】 ① 各議院の情報監視審査会から調査のため、行政機関の長に対し、必要な特定秘密の提出（提示を含むものとする。以下第百四条の三までにおいて同じ。）を求めたときは、その求めに応じなければならない。

② 前項の場合における特定秘密保護法第十条第一項及び第二十三条第二項の規定の適用については、特定秘密保護法第十条第一項第一号イ中「各議院又は各議院の委員会若しくは参議院の調査会」とあるのは「各議院の情報監視審査会」と、「第百四条第一項（同法第五十四条の四第一項において準用する場合を含む。）又は議院における証人の宣誓及び証言等に関する法律（昭和二十二年法律第二百二十五号）第一条」とあるのは「第百二条の十五第一項」と、「審査又は調査であって、国会法第五十二条第二項（同法第五十四条の四第一項において準用する場合を含む。）又は第六十二条の規定により公開しないこととされたもの」とあるのは「調査（公開しないで行われるものに限る。）」と、特定秘密保護法第二十三条第二項中「第十条」とあるのは「第十条（国会法第百二条の十五第二項の規定により読み替えて適用する場合を含む。）」とする。

③ 行政機関の長が第一項の求めに応じないときは、その理由を疎明しなければならない。その理由をその情報監視審査会において受諾し得る場合には、行政機関の長は、その特定秘密の提出をする必要がない。

④ 前項の理由を受諾することができない場合は、その情報監視審査会は、更にその特定秘密の提出が我が国の安全保障に著しい支障を及ぼすおそれがある旨の内閣の声明を要求することができる。その声明があつた場合は、行政機関の長は、その特定秘密の提出をする必要がない。

⑤ 前項の要求後十日以内に、内閣がその声明を出さないときは、行政機関の長は、先に求められた特定秘密の提出をしなければならない。

第一〇二条の一六【運用改善の勧告】 ① 情報監視審査会は、調査の結果、必要があると認めるときは、行政機関の長に対し、行政における特定秘密の保護に関する制度の運用について改善すべき旨の勧告をすることができる。

② 情報監視審査会は、行政機関の長に対し、前項の勧告の結果とられた措置について報告を求めることができる。

第一〇二条の一七【審査目的での特定秘密の提出要求及び議院等への提出勧告】 ① 情報監視審査会は、第百四条の二（第五十四条の四第一項において準用する場合を含む。）の規定による審査の求め又は要請を受けた場合は、各議院の議決により定めるところにより、これについて審査するものとする。

② 各議院の情報監視審査会から審査のため、行政機関の長に対し、必要な特定秘密の提出を求めたときは、その求めに応じなければならない。

③ 前項の場合における特定秘密保護法第十条第一項及び第二十三条第二項の規定の適用については、特定秘密保護法第十条第一項第一号イ中「各議院又は各議院の委員会若しくは参議院の調査会」とあるのは「各議院の情報監視審査会」と、「第百四条第一項（同法第五十四条の四第一項において準用する場合を含む。）又は議院における証人の宣誓及び証言等に関する法律（昭和二十二年法律第二百二十五号）第一条」とあるのは「第百二条の十七第二項」と、「審査又は調査であって、国会法第五十二条第二項（同法第五十四条の四第一項において準用する場合を含む。）又は第六十二条の規定により公開しないこととされたもの」とあるのは「審査（公開しないで行われるものに限る。）」と、特定秘密保護法第二十三条第二項中「第十条」とあるのは「第十条（国会法第百二条の十七第三項の規定により読み替えて適用する場合を含む。）」とする。

④ 第百二条の十五第三項から第五項までの規定は、行政機関の長が第二項の求めに応じない場合について準用する。

⑤ 情報監視審査会は、第一項の審査の結果に基づき必要があると認めるときは、行政機関の長に対し、当該審査の求め又は要請をした議院又は委員会若しくは参議院の調査会の求めに応じて報告又は記録の提出をすべき旨の勧告をすることができる。この場合において、当該勧告は、その提出を求める報告又は記録の範囲を限定して行うことができる。

⑥ 第百二条の十五第三項から第五項までの規定は、行政機関の長が前項の勧告に従わない場合について準用する。この場合において、同条第三項及び第四項中「その特定秘密の提出」とあり、並びに同条第五項中「先に求められた特定秘密の提出」とあるのは、「その勧告に係る報告又は記録の提出」と読み替えるものとする。

⑦ 情報監視審査会は、第一項の審査の結果を、当該審査の求め又は要請をした議院又は委員会若しくは参議院の調査会に対して通知するものとする。

第一〇二条の一八【職員に対する適性評価】 各議院の情報監視審査会の事務は、その議院の議長が別に法律で定めるところにより実施する適性評価（情報監視審査会の事務を行つた場合に特定秘密を漏らすおそれがないことについての職員又は職員になることが見込まれる者に係る評価をいう。）においてその事務を行つた場合に特定秘密を漏らすおそれがないと認められた者でなければ、行つてはならない。

第一〇二条の一九【特定秘密の利用の制限】 第百二条の十五及び第百二条の十七の規定により、特定秘密が各議院の情報監視審査会に提出されたときは、その特定秘密は、各議院の情報監視審査会の委員及び各議院の議決により定める者並びにその事務を行う職員に限り、かつ、その調査又は審査に必要な範囲で、利用し、又は知ることができるものとする。

第一〇二条の二〇【準用規定】 情報監視審査会については、第六十九条から第七十二条まで及び第百四条の規定を準用する。

第一〇二条の二一【情報監視審査会に関する事項の制定】 この法律及び他の法律に定めるもののほか、情報監視審査会に関する事項は、各議院の議決によりこれを定める。

第十二章　議院と国民及び官庁との関係

第一〇三条【議員の派遣】 各議院は、議案その他の審査若しくは国政に関する調査のために又は議院において必要と認めた場合に、議員を派遣することができる。

第一〇四条【官公署に対する報告・記録提出の要求】 ① 各議院又は各議院の委員会から審査又は調査のため、内閣、官公署その他に対し、必要な報告又は記録の提出を求めたときは、その求めに応じなければならない。

② 内閣又は官公署が前項の求めに応じないときは、その理由を疎明しなければならない。その理由をその議院又は委員会において受諾し得る場合には、内閣又は官公署は、その報告又は記録の提出をする必要がない。

③ 前項の理由を受諾することができない場合は、その議院又は委員会は、更にその報告又は記録の提出が国家の重大な利益に悪影響を及ぼす旨の内閣の声明を要求することができる。その声明があつた場合は、内閣又は官公署は、その報告又は記録の提出をする必要がない。

④ 前項の要求後十日以内に、内閣がその声明を出さないときは、内閣又は官公署は、先に求められた報告又は記録の提出をしなければならない。

第一〇四条の二【特定秘密を含む報告・記録提出と情報監視審査会】 各議院又は各議院の委員会が前条第一項の規定によりその内容に特定秘密である情報が含まれる報告又は記録の提出を求めた場合において、行政機関の長が同条第二項の規定により理由を疎明してその求めに応じなかつたときは、その議院又は委員会は、同条第三項の規定により内閣の声明を要求することに代えて、その議院の情報監視審査会に対し、行政機関の長がその求めに応じないことについて審査を求め、又はこれを要請することができる。

第一〇四条の三【特定秘密の利用の制限】 第百四条の規定により、その内容に特定秘密である情報を含む報告又は記録が各議院又は各議院の委員会に提出されたときは、その報告又は記録は、その議院の議員又は委員会の委員及びその事務を行う職員に限り、かつ、その審査又は調査に必要な範囲で、利用し、又は知ることができるものとする。

第一〇五条【会計検査の要求】 各議院又は各議院の委員会は、審査又は調査のため必要があるときは、会計検査院に対し、特定の事項について会計検査を行い、その結果を報告するよう求めることができる。

第一〇六条【証人等の旅費・日当】 各議院は、審査又は調査のため、証人又は参考人が出頭し、又は陳述したときは、別に定めるところにより旅費及び日当を支給する。

第十三章　辞職、退職、補欠及び資格争訟

第一〇七条【議員辞職の許可】 各議院は、その議員の辞職を許可することができる。但し、閉会中は、議長においてこれを許可することができる。

第一〇八条【議員の退職】 各議院の議員が、他の議院の議員となつたときは、退職者となる。

第一〇九条【同前】 各議院の議員が、法律に定めた被選の資格を失つたときは、退職者となる。

第一〇九条の二【同前】 ① 衆議院の比例代表選出議員が、議員となつた日以後において、当該議員が衆議院名簿登載者（公職選挙法（昭和二十五年法律第百号）第八十六条の二第一項に規定する衆議院名簿登載者をいう。以下この項において同じ。）であつた衆議院名簿届出政党等（同条第一項の規定による届出をした政党その他の政治団体をいう。以下この項において同じ。）以外の政党その他の政治団体で、当該議員が選出された選挙における衆議院名簿届出政党等であるもの（当該議員が衆議院名簿登載者であつた衆議院名簿届出政党等（当該衆議院名簿届出政党等に係る合併又は分割（二以上の政党その他の政治団体の設立を目的として一の政党その他の政治団体が解散し、当該二以上の政党その他の政治団体が設立されることをいう。次項において同じ。）が行われた場合における当該合併後に存続する政党その他の政治団体若しくは当該合併により設立された政党その他の政治団体又は当該分割により設立された政党その他の政治団体を含む。）を含む二以上の政党その他の政治団体の合併により当該合併後に存続するものを除く。）に所属する者となつたとき（議員となつた日において所属する者である場合を含む。）は、退職者となる。

② 参議院の比例代表選出議員が、議員となつた日以後において、当該議員が参議院名簿登載者（公職選挙法第八十六条の三第一項に規定する参議院名簿登載者をいう。以下この項において同じ。）であつた参議院名簿届出政党等（同条第一項の規定による届出をした政党その他の政治団体をいう。以下この項において同じ。）以外の政党その他の政治団体で、当該議員が選出された選挙における参議院名簿届出政党等であるもの（当該議員が参議院名簿登載者であつた参議院名簿届出政党等（当該参議院名簿届出政党等に係る合併又は分割が行われた場合における当該合併後に存続する政党その他の政治団体若しくは当該合併により設立された政党その他の政治団体又は当該分割により設立された政党その他の政治団体を含む。）を含む二以上の政党その他の政治団体の合併により当該合併後に存続するものを除く。）に所属する者となつたとき（議員となつた日において所属する者である場合を含む。）は、退職者となる。

第一一〇条【欠員の通知】 各議院の議員に欠員が生じたときは、その院の議長は、内閣総理大臣に通知しなければならない。

第一一一条【資格争訟】 ① 各議院において、その議員の資格につき争訟があるときは、委員会の審査を経た後これを議決する。

② 前項の争訟は、その院の議員から文書でこれを議長に提起しなければならない。

第一一二条【同前―弁護人】 ① 資格争訟を提起された議員は、二人以内の弁護人を依頼することができる。

② 前項の弁護人の中一人の費用は、国費でこれを支弁する。

第一一三条【同前―被告議員の地位】 議員は、その資格のないことが証明されるまで、議院において議員としての地位及び権能を失わない。但し、自己の資格争訟に関する会議において弁明はできるが、その表決に加わることができない。

第十四章　紀律及び警察

第一一四条【議長の内部警察権】 国会の会期中各議院の紀律を保持するため、内部警察の権は、この法律及び各議院の定める規則に従い、議長が、これを行う。閉会中もまた、同様とする。

第一一五条【警察官の派出】 各議院において必要とする警察官は、議長の要求により内閣がこれを派出し、議長の指揮を受ける。

第一一六条【会議の紀律】 会議中議員がこの法律又は議事規則に違いその他議場の秩序をみだし又は議院の品位を傷けるときは、議長は、これを警戒し、又は制止し、又は発言を取り消させる。命に従わないときは、議長は、当日の会議を終るまで、又は議事が翌日に継続した場合はその議事を終るまで、発言を禁止し、又は議場の外に退去させることができる。

第一一七条【同前】 議長は、議場を整理し難いときは、休憩を宣告し、又は散会することができる。

第一一八条【同前】 ① 傍聴人が議場の妨害をするときは、議長は、これを退場させ、必要な場合は、これを警察官庁に引渡すことができる。

② 傍聴席が騒がしいときは、議長は、すべての傍聴人を退場させることができる。

第一一八条の二【同前】 議員以外の者が議院内部において秩序をみだしたときは、議長は、これを院外に退去させ、必要な場合は、これを警察官庁に引渡すことができる。

第一一九条【同前】 各議院において、無礼の言を用い、又は他人の私生活にわたる言論をしてはならない。

第一二〇条【侮辱に対する訴え】 議院の会議又は委員会において、侮辱を被つた議員は、これを議院に訴えて処分を求めることができる。

第十五章　懲罰

第一二一条【懲罰の手続】 ① 各議院において懲罰事犯があるときは、議長は、先ずこれを懲罰委員会に付し審査させ、議院の議を経てこれを宣告する。

② 委員会において懲罰事犯があるときは、委員長は、これを議長に報告し処分を求めなければならない。

③ 議員は、衆議院においては四十人以上、参議院においては二十人以上の賛成で懲罰の動議を提出することができる。この動議は、事犯があつた日から三日以内にこれを提出しなければならない。

第一二一条の二【次の会期における懲罰】 ① 会期の終了日又はその前日に生じた懲罰事犯で、議長が懲罰委員会に付することができなかつたもの並びに懲罰委員会に付され、閉会中審査の議決に至らなかつたもの及び委員会の審査を終了し議院の議決に至らなかつたものについては、議長は、次の国会の召集の日から三日以内にこれを懲罰委員会に付することができる。

② 議員は、会期の終了日又はその前日に生じた事犯で、懲罰の動議を提出するいとまがなかつたもの及び動議が提出され議決に至らなかつたもの並びに懲罰委員会に付され、閉会中審査の議決に至らなかつたもの及び委員会の審査を終了し議院の議決に至らなかつたものについては、前条第三項に規定する定数の議員の賛成で、次の国会の召集の日から三日以内に懲罰の動議を提出することができる。

③ 前二項の規定は、衆議院にあつては衆議院議員の総選挙の後最初に召集される国会において、参議院にあつては参議院議員

の通常選挙の後最初に召集される国会において、前の国会の会期の終了日又はその前日における懲罰事犯については、それぞれこれを適用しない。

第一二一条の三【閉会中の行為に対する懲罰】① 閉会中、委員会その他議院内部において懲罰事犯があるときは、議長は、次の国会の召集の日から三日以内にこれを懲罰委員会に付することができる。

② 議員は、閉会中、委員会その他議院内部において生じた事犯について、第百二十一条第三項に規定する定数の議員の賛成で、次の国会の召集の日から三日以内に懲罰の動議を提出することができる。

第一二二条【懲罰の種類】懲罰は、左の通りとする。

一 公開議場における戒告
二 公開議場における陳謝
三 一定期間の登院停止
四 除名

第一二三条【除名議員の再選】両議院は、除名された議員で再び当選した者を拒むことができない。

第一二四条【不当欠席議員の懲罰】議員が正当な理由がなくて召集日から七日以内に召集に応じないため、又は正当な理由がなくて会議又は委員会に欠席したため、若しくは請暇の期限を過ぎたため、議長が、特に招状を発し、その招状を受け取つた日から七日以内に、なお、故なく出席しない者は、議長が、これを懲罰委員会に付する。

第十五章の二 政治倫理

第一二四条の二【政治倫理綱領及び行為規範】議員は、各議院の議決により定める政治倫理綱領及びこれにのつとり各議院の議決により定める行為規範を遵守しなければならない。

第一二四条の三【政治倫理審査会】政治倫理の確立のため、各議院に政治倫理審査会を設ける。

第一二四条の四【同前】前条に定めるもののほか、政治倫理審査会に関する事項は、各議院の議決によりこれを定める。

第十六章 弾劾裁判所

第一二五条【弾劾裁判所】① 裁判官の弾劾は、各議院においてその議員の中から選挙された同数の裁判員で組織する弾劾裁判所がこれを行う。

② 弾劾裁判所の裁判長は、裁判員がこれを互選する。

第一二六条【訴追委員会】① 裁判官の罷免の訴追は、各議院においてその議員の中から選挙された同数の訴追委員で組織する訴追委員会がこれを行う。

② 訴追委員会の委員長は、その委員がこれを互選する。

第一二七条【裁判員訴追委員兼任の禁止】弾劾裁判所の裁判員は、同時に訴追委員となることができない。

第一二八条【予備員】各議院は、裁判員又は訴追委員を選挙する際、その予備員を選挙する。

第一二九条【裁判官弾劾法】この法律に定めるものの外、弾劾裁判所及び訴追委員会に関する事項は、別に法律でこれを定める。

第十七章 国立国会図書館、法制局、議員秘書及び議員会館

第一三〇条【国立国会図書館】議員の調査研究に資するため、別に定める法律により、国会に国立国会図書館を置く。

第一三一条【法制局】① 議員の法制に関する立案に資するため、各議院に法制局を置く。

② 各法制局に、法制局長一人、参事その他必要な職員を置く。

③ 法制局長は、議長が議院の承認を得てこれを任免する。但し、閉会中は、議長においてその辞任を許可することができる。

④ 法制局長は、議長の監督の下に、法制局の事務を統理する。

⑤ 法制局の参事その他の職員は、法制局長が議長の同意及び議院運営委員会の承認を得てこれを任免する。

⑥ 法制局の参事は、法制局長の命を受け事務を掌理する。

第一三二条【議員秘書】① 各議員に、その職務の遂行を補佐する秘書二人を付する。

② 前項に定めるもののほか、主として議員の政策立案及び立法活動を補佐する秘書一人を付することができる。

第一三二条の二【議員会館】議員の職務の遂行の便に供するため、議員会館を設け、各議員に事務室を提供する。

第十八章 補則

第一三三条【期間の計算】この法律及び各議院の規則による期間の計算は、当日から起算する。

附 則（抄）

① この法律は、日本国憲法施行の日（昭和二二・五・三）から、これを施行する。

② 議院法は、これを廃止する。

⑪ 内閣は、当分の間毎年、国会に、前項の法律（東京電力福島原子力発電所事故調査委員会法）の規定により送付を受けた東京電力福島原子力発電所事故調査委員会の報告書を受けて講じた措置に関する報告書を提出しなければならない。

〇公職選挙法（抄）

（昭和二五・四・一五 法一〇〇）

施行 昭和二五・五・一（附則）
最終改正 令和四法六八

目次

第一章 総則（抄）

（この法律の目的）
第一条 この法律は、日本国憲法の精神に則り、衆議院議員、参議院議員並びに地方公共団体の議会の議員及び長を公選する選挙制度を確立し、その選挙が選挙人の自由に表明せる意思によつて公明且つ適正に行われることを確保し、もつて民主政治の健全な発達を期することを目的とする。

（この法律の適用範囲）
第二条 この法律は、衆議院議員、参議院議員並びに地方公共団体の議会の議員及び長の選挙について、適用する。

（公職の定義）
第三条 この法律において「公職」とは、衆議院議員、参議院議員並びに地方公共団体の議会の議員及び長の職をいう。

（議員の定数）
第四条① 衆議院議員の定数は、四百六十五人とし、そのうち、二百八十九人を小選挙区選出議員、百七十六人を比例代表選出議員とする。
② 参議院議員の定数は二百四十八人とし、そのうち、百人を比例代表選出議員、百四十八人を選挙区選出議員とする。
③ 地方公共団体の議会の議員の定数は、地方自治法（昭和二十二年法律第六十七号）の定めるところによる。

（選挙事務の管理）
第五条 この法律において選挙に関する事務は、特別の定めがある場合を除くほか、衆議院（比例代表選出）議員又は参議院（比例代表選出）議員の選挙については中央選挙管理会が管理し、衆議院（小選挙区選出）議員、参議院（選挙区選出）議員、都道府県の議会の議員又は都道府県知事の選挙については都道府県の選挙管理委員会が管理し、市町村の議会の議員又は市町村長の選挙については市町村の選挙管理委員会が管理する。

（中央選挙管理会）
第五条の二① 中央選挙管理会は、委員五人をもつて組織する。
② 委員は、国会議員以外の者で参議院議員の被選挙権を有する者の中から国会の議決による指名に基いて、内閣総理大臣が任命する。
③ 前項の指名に当つては、同一の政党その他の政治団体に属する者が、三人以上とならないようにしなければならない。
④ 内閣総理大臣は、委員が次の各号のいずれかに該当するに至つた場合は、その委員を罷免するものとする。ただし、第二号及び第三号の場合においては、国会の同意を得なければならない。
一 参議院議員の被選挙権を有しなくなつた場合
二 心身の故障のため、職務を執行することができない場合
三 職務上の義務に違反し、その他委員たるに適しない非行があつた場合
⑤ 委員のうち同一の政党その他の政治団体に属する者が三人以上となつた場合においては、内閣総理大臣は、くじで定める二人以外の委員を罷免するものとする。
⑥ 国会は、第二項の規定による委員の指名を行う場合においては、同時に委員と同数の予備委員の指名を行わなければならない。予備委員が欠けた場合においては、同時に委員の指名を行うときに限り、予備委員の指名を行う。
⑦ 予備委員は、委員が欠けた場合又は故障のある場合に、その職務を行う。
⑧ 第二項から第五項までの規定は、予備委員について準用する。
⑨ 委員の任期は、三年とする。但し、補欠委員の任期は、その前任者の残任期間とする。
⑩ 前項の規定にかかわらず、委員は、国会の閉会又は衆議院の解散の場合に任期が満了したときは、あらたに委員が、その後最初に召集された国会における指名に基いて任命されるまでの間、なお、在任するものとする。
⑪ 委員は、非常勤とする。
⑫ 委員長は、委員の中から互選しなければならない。
⑬ 委員長は、中央選挙管理会を代表し、その事務を総理する。
⑭ 中央選挙管理会の会議は、その委員の半数以上の出席がなければ開くことができない。
⑮ 中央選挙管理会の議事は、出席委員の過半数で決し、可否同数のときは委員長の決するところによる。
⑯ 中央選挙管理会の庶務は、総務省において行う。
⑰ 前各項に定めるものの外、中央選挙管理会の運営に関し必要な事項は、中央選挙管理会が定める。

第五条の三から第五条の五まで （略）

（参議院合同選挙区選挙管理委員会）
第五条の六① 二の都道府県の区域を区域とする参議院（選挙区選出）議員の選挙区内の当該二の都道府県（以下「合同選挙区都道府県」という。）は、協議により規約を定め、共同して参議院合同選挙区選挙管理委員会を置くものとする。
② 参議院（選挙区選出）議員の選挙のうち二の都道府県の区域を区域とする選挙区において行われるもの（以下「参議院合同選挙区選挙」という。）に関する事務は、第五条の規定にかかわらず、参議院合同選挙区選挙管理委員会が管理する。この場合において、参議院合同選挙区選挙管理委員会が管理する事務は、地方自治法第二条第九項第一号に規定する第一号法定受託事務とみなして、同法その他の法令の規定を適用する。
③―⑲ （略）

第五条の七から第五条の一〇まで （略）

（選挙に関する啓発、周知等）
第六条① 総務大臣、中央選挙管理会、参議院合同選挙区選挙管理委員会、都道府県の選挙管理委員会及び市町村の選挙管理委員会は、選挙が公明かつ適正に行われるように、常にあらゆる

機会を通じて選挙人の政治常識の向上に努めるとともに、特に選挙に際しては投票の方法、選挙違反その他選挙に関し必要と認める事項を選挙人に周知させなければならない。

② 中央選挙管理会、参議院合同選挙区選挙管理委員会、都道府県の選挙管理委員会及び市町村の選挙管理委員会は、選挙の結果を選挙人に対して速やかに知らせるように努めなければならない。

③ 選挙人に対しては、特別の事情がない限り、選挙の当日、その選挙権を行使するために必要な時間を与えるよう措置されなければならない。

（選挙取締の公正確保）

第七条 検察官、都道府県公安委員会の委員及び警察官は、選挙の取締に関する規定を公正に執行しなければならない。

（特定地域に関する特例）

第八条 交通至難の島その他の地において、この法律の規定を適用し難い事項については、政令で特別の定をすることができる。

第二章　選挙権及び被選挙権

（選挙権）

第九条① 日本国民で年齢満十八年以上の者は、衆議院議員及び参議院議員の選挙権を有する。

② 日本国民たる年齢満十八年以上の者で引き続き三箇月以上市町村の区域内に住所を有する者は、その属する地方公共団体の議会の議員及び長の選挙権を有する。

③ 日本国民たる年齢満十八年以上の者でその属する市町村を包括する都道府県の区域内の一の市町村の区域内に引き続き三箇月以上住所を有していたことがあり、かつ、その後も引き続き当該都道府県の区域内に住所を有するものは、前項に規定する住所に関する要件にかかわらず、当該都道府県の議会の議員及び長の選挙権を有する。

④ 前二項の市町村には、その区域の全部又は一部が廃置分合により当該市町村の区域の全部又は一部となつた市町村であつて、当該廃置分合により消滅した市町村（この項の規定により当該消滅した市町村に含むものとされた市町村を含む。）を含むものとする。

⑤ 第二項及び第三項の三箇月の期間は、市町村の廃置分合又は境界変更のため中断されることがない。

（被選挙権）

第一〇条① 日本国民は、左の各号の区分に従い、それぞれ当該議員又は長の被選挙権を有する。

一 衆議院議員については年齢満二十五年以上の者
二 参議院議員については年齢満三十年以上の者
三 都道府県の議会の議員についてはその選挙権を有する者で年齢満二十五年以上のもの
四 都道府県知事については年齢満三十年以上の者
五 市町村の議会の議員についてはその選挙権を有する者で年齢満二十五年以上のもの
六 市町村長については年齢満二十五年以上の者

② 前項各号の年齢は、選挙の期日により算定する。

（選挙権及び被選挙権を有しない者）

第一一条① 次に掲げる者は、選挙権及び被選挙権を有しない。

一 削除
二 禁錮以上の刑に処せられその執行を終わるまでの者
三 禁錮以上の刑に処せられその執行を受けることがなくなるまでの者（刑の執行猶予中の者を除く。）
四 公職にある間に犯した刑法（明治四十年法律第四十五号）第百九十七条から第百九十七条の四までの罪又は公職にある者等のあつせん行為による利得等の処罰に関する法律（平成十二年法律第百三十号）第一条の罪により刑に処せられ、その執行を終わり若しくはその執行の免除を受けた者でその執行を終わり若しくはその執行の免除を受けた日から五年を経過しないもの又はその刑の執行猶予中の者
五 法律で定めるところにより行われる選挙、投票及び国民審査に関する犯罪により禁錮以上の刑に処せられその刑の執行猶予中の者

> **＊令和四法六八**（令和七・六・一六までに施行）**による改正**
> 第一項第二号及び第三号中「禁錮」を「拘禁刑」に改め、第五号中「禁錮以上の刑」を「拘禁刑」に改める。（本文未織込み）

② この法律の定める選挙に関する犯罪に因り選挙権及び被選挙権を有しない者については、第二百五十二条の定めるところによる。

> **＊令和四法六八**（令和七・六・一六までに施行）**による改正**
> 第二項中「因り」を「より」に改める。（本文未織込み）

③ 市町村長は、その市町村に本籍を有する者で他の市町村に住所を有するもの又は他の市町村において第三十条の六の規定による在外選挙人名簿の登録がされているものについて、第一項又は第二百五十二条の規定により選挙権及び被選挙権を有しなくなるべき事由が生じたこと又はその事由がなくなつたことを知つたときは、遅滞なくその旨を当該他の市町村の選挙管理委員会に通知しなければならない。

（被選挙権を有しない者）

第一一条の二 公職にある間に犯した前条第一項第四号に規定する罪により刑に処せられ、その執行を終わり又はその執行の免除を受けた者でその執行を終わり又はその執行の免除を受けた日から五年を経過したものは、当該五年を経過した日から五年間、被選挙権を有しない。

第三章　選挙に関する区域（抄）

（選挙の単位）

第一二条① 衆議院（小選挙区選出）議員、衆議院（比例代表選出）議員、参議院（選挙区選出）議員及び都道府県の議会の議員は、それぞれ各選挙区において、選挙する。

② 参議院（比例代表選出）議員は、全都道府県の区域を通じて、選挙する。

③ 都道府県知事及び市町村長は、当該地方公共団体の区域において、選挙する。

④ 市町村の議会の議員は、選挙区がある場合にあつては、各選挙区において、選挙区がない場合にあつてはその市町村の区域において、選挙する。

（衆議院議員の選挙区）

第一三条① 衆議院（小選挙区選出）議員の選挙区は、別表第一で定め、各選挙区において選挙すべき議員の数は、一人とする。

② 衆議院（比例代表選出）議員の選挙区及び各選挙区において選挙すべき議員の数は、別表第二で定める。

③ 別表第一に掲げる行政区画その他の区域に変更があつても、衆議院（小選挙区選出）議員の選挙区は、なお従前の区域による。ただし、二以上の選挙区にわたつて市町村の境界変更があつたときは、この限りでない。

④ 前項ただし書の場合において、当該市町村の境界変更に係る区域の新たに属することとなつた市町村が二以上の選挙区に分かれているときは、当該区域の選挙区の所属については、政令で定める。

⑤ 衆議院（比例代表選出）議員の二以上の選挙区にわたつて市町村の廃置分合が行われたときは、第二項の規定にかかわらず、別表第一が最初に更正されるまでの間は、衆議院（比例代表選出）議員の選挙区は、なお従前の区域による。

⑥ 地方自治法第六条の二第一項の規定による都道府県の廃置分合があつても、衆議院（比例代表選出）議員の選挙区は、なお従前の区域による。

⑦ 別表第二は、国勢調査（統計法（平成十九年法律第五十三

号）第五条第二項本文の規定により十年ごとに行われる国勢調査に限る。以下この項において同じ。）の結果によつて、更正することを例とする。（後略）

（参議院選挙区選出議員の選挙区）

第一四条① 参議院（選挙区選出）議員の選挙区及び各選挙区において選挙すべき議員の数は、別表第三で定める。

② 地方自治法第六条の二第一項の規定による都道府県の廃置分合があつても、参議院（選挙区選出）議員の選挙区及び各選挙区において選挙すべき議員の数は、なお従前の例による。

（地方公共団体の議会の議員の選挙区）

第一五条① 都道府県の議会の議員の選挙区は、一の市の区域、一の市の区域と隣接する町村の区域を合わせた区域又は隣接する町村の区域を合わせた区域のいずれかによることを基本とし、条例で定める。

② 前項の選挙区は、その人口が当該都道府県の人口を当該都道府県の議会の議員の定数をもつて除して得た数（以下この条において「議員一人当たりの人口」という。）の半数以上になるようにしなければならない。この場合において、一の市の区域の人口が議員一人当たりの人口の半数に達しないときは、隣接する他の市町村の区域と合わせて一選挙区を設けるものとする。

③ 一の市の区域の人口が議員一人当たりの人口の半数以上であつても議員一人当たりの人口に達しないときは、隣接する他の市町村の区域と合わせて一選挙区を設けることができる。

④ 一の町村の区域の人口が議員一人当たりの人口の半数以上であるときは、当該町村の区域をもつて一選挙区とすることができる。

⑤ 一の市町村（地方自治法第二百五十二条の十九第一項の指定都市（以下「指定都市」という。）にあつては、区（総合区を含む。第六項及び第九項において同じ。）。以下この項において同じ。）の区域が二以上の衆議院（小選挙区選出）議員の選挙区に属する区域に分かれている場合における前各項の規定の適用については、当該各区域を市町村の区域とみなすことができる。

⑥ 市町村は、特に必要があるときは、その議会の議員の選挙につき、条例で選挙区を設けることができる。ただし、指定都市については、区の区域をもつて選挙区とする。

⑦ 第一項から第四項まで又は前項の規定により選挙区を設ける場合においては、行政区画、衆議院（小選挙区選出）議員の選挙区、地勢、交通等の事情を総合的に考慮して合理的に行わなければならない。

⑧ 各選挙区において選挙すべき地方公共団体の議会の議員の数は、人口に比例して、条例で定めなければならない。ただし、特別の事情があるときは、おおむね人口を基準とし、地域間の均衡を考慮して定めることができる。

⑨ 指定都市に対し第一項から第三項までの規定を適用する場合における市の区域（市町村の区域に係るものを含む。）は、当該指定都市の区域を二以上の区域に分けた区域とする。この場合において、当該指定都市の区域を分けるに当たつては、第五項の場合を除き、区の区域を分割しないものとする。

⑩ 前各項に定めるもののほか、地方公共団体の議会の議員の選挙区及び各選挙区において選挙すべき議員の数に関し必要な事項は、政令で定める。

第一五条の二から第一八条まで　（略）

第四章　選挙人名簿（抄）

（永久選挙人名簿）

第一九条① 選挙人名簿は、永久に据え置くものとし、かつ、各選挙を通じて一の名簿とする。

② 市町村の選挙管理委員会は、選挙人名簿の調製及び保管の任に当たるものとし、毎年三月、六月、九月及び十二月（第二十二条及び第二十四条第一項において「登録月」という。）並びに選挙を行う場合に、選挙人名簿の登録を行うものとする。

③ 選挙人名簿は、政令で定めるところにより、磁気ディスク（これに準ずる方法により一定の事項を確実に記録しておくことができる物を含む。以下同じ。）をもつて調製することができる。

④ 選挙を行う場合において必要があるときは、選挙人名簿の抄本（前項の規定により磁気ディスクをもつて選挙人名簿を調製している市町村の選挙管理委員会にあつては、当該選挙人名簿に記録されている全部若しくは一部の事項又は当該事項を記載した書類。以下同じ。）を用いることができる。

（選挙人名簿の記載事項等）

第二〇条① 選挙人名簿には、選挙人の氏名、住所（次条第二項に規定する者にあつては、その者が当該市町村の区域内から住所を移す直前に住民票に記載されていた住所）、性別及び生年月日等の記載（前条第三項の規定により磁気ディスクをもつて調製する選挙人名簿にあつては、記録）をしなければならない。

② 選挙人名簿は、市町村の区域を分けて数投票区を設けた場合には、その投票区ごとに編製しなければならない。

③ 前二項に規定するもののほか、選挙人名簿の様式その他必要な事項は、政令で定める。

（被登録資格等）

第二一条① 選挙人名簿の登録は、当該市町村の区域内に住所を有する年齢満十八年以上の日本国民（第十一条第一項若しくは第二百五十二条又は政治資金規正法（昭和二十三年法律第百九十四号）第二十八条の規定により選挙権を有しない者を除く。次項において同じ。）で、その者に係る登録市町村等（当該市町村及び消滅市町村（その区域の全部又は一部が廃置分合により当該市町村の区域の全部又は一部となつた市町村であつて、当該廃置分合により消滅した市町村をいう。第三項において同じ。）をいう。以下この項及び次項において同じ。）の住民票が作成された日（他の市町村から登録市町村等の区域内に住所を移した者で住民基本台帳法（昭和四十二年法律第八十一号）第二十二条の規定により届出をしたものについては、当該届出をした日。次項において同じ。）から引き続き三箇月以上登録市町村等の住民基本台帳に記録されている者について行う。

② 選挙人名簿の登録は、前項の規定によるほか、当該市町村の区域内から住所を移した年齢満十八年以上の日本国民のうち、その者に係る登録市町村等の住民票が作成された日から引き続き三箇月以上登録市町村等の住民基本台帳に記録されていた者であつて、登録市町村等の区域内に住所を有しなくなつた日後四箇月を経過しないものについて行う。

③ 第一項の消滅市町村には、その区域の全部又は一部が廃置分合により当該消滅市町村の区域の全部又は一部となつた市町村であつて、当該廃置分合により消滅した市町村（この項の規定により当該消滅した市町村に含むものとされた市町村を含む。）を含むものとする。

④ 第一項及び第二項の住民基本台帳に記録されている期間は、市町村の廃置分合又は境界変更のため中断されることがない。

⑤ 市町村の選挙管理委員会は、政令で定めるところにより、当該市町村の選挙人名簿に登録される資格を有する者を調査し、その者を選挙人名簿に登録するための整理をしておかなければならない。

（登録）

第二二条① 市町村の選挙管理委員会は、政令で定めるところにより、登録月の一日現在により、当該市町村の選挙人名簿に登録される資格を有する者を同日（同日が地方公共団体の休日（以下この項及び第二百七十条第一項において「地方公共団体の休日」という。）に当たる場合（当該市町村の区域の全部又は一部を含む区域において選挙が行われる場合において、登録月の一日が当該選挙の期日の公示又は告示の日から当該選挙の期日の前日までの間にあるときを除く。）には、同日の直後の地方公共団体の休日以外の日。以下この項において「通常の登録日」という。）に選挙人名簿に登録しなければならない。ただし、市町村の選挙管理委員会は、天災その他特別の事情がある場合には、政令で定めるところにより、登録の日を通常の登録日後に変更することができる。

② 前項の規定による登録は、当該市町村の区域の全部又は一部を含む区域において選挙が行われる場合において、登録月の一日が当該選挙の期日の公示又は告示の日から当該選挙の期日の前日までの間にあるとき（同項ただし書の規定により登録の日を当該選挙の期日後に変更する場合を除く。）には、同項本文の規定にかかわらず、登録月の一日現在（当該市町村の選挙人名簿に登録される資格のうち選挙人の年齢については、当該選挙の期日現在）により、行わなければならない。

③ 市町村の選挙管理委員会は、選挙を行う場合には、政令で定めるところにより、当該選挙に関する事務を管理する選挙管理委員会（衆議院比例代表選出議員又は参議院比例代表選出議員の選挙については中央選挙管理会、参議院合同選挙区選挙については当該選挙に関する事務を管理する参議院合同選挙区選挙管理委員会）が定める日（以下この条において「選挙時登録の基準日」という。）現在（当該市町村の選挙人名簿に登録される資格のうち選挙人の年齢については、当該選挙の期日現在）により、当該市町村の選挙人名簿に登録される資格を有する者を当該選挙時登録の基準日に選挙人名簿に登録しなければならない。

④ 第一項の規定による登録は、選挙時登録の基準日と登録月の一日とが同一の日となる場合には、行わない。

第二三条　削除

（異議の申出）

第二四条① 選挙人は、選挙人名簿の登録に関し不服があるときは、次の各号に掲げる区分に応じ、当該各号に定める期間又は期日に、文書で当該市町村の選挙管理委員会に異議を申し出ることができる。

一 第二十二条第一項の規定による選挙人名簿の登録（当該市町村の区域の全部又は一部を含む区域において選挙が行われる場合において、登録月の一日が当該選挙の期日の公示又は告示の日から当該選挙の期日の前々日までの間にあるとき（同項ただし書の規定により登録の日を当該選挙の期日後に変更する場合を除く。）を除く。）　当該登録が行われた日の翌日から五日間

二 第二十二条第一項の規定による選挙人名簿の登録（当該市町村の区域の全部又は一部を含む区域において選挙が行われる場合において、登録月の一日が当該選挙の期日の公示又は告示の日から当該選挙の期日の前々日までの間にあるとき（同項ただし書の規定により登録の日を当該選挙の期日後に変更する場合を除く。）に限る。）及び同条第三項の規定による選挙人名簿の登録　当該登録が行われた日の翌日

② 市町村の選挙管理委員会は、前項の異議の申出を受けたときは、その異議の申出を受けた日から三日以内に、その異議の申出が正当であるかないかを決定しなければならない。その異議の申出を正当であると決定したときは、その異議の申出に係る者を直ちに選挙人名簿に登録し、又は選挙人名簿から抹消し、その旨を異議申出人及び関係人に通知し、併せてこれを告示しなければならない。その異議の申出を正当でないと決定したときは、直ちにその旨を異議申出人に通知しなければならない。

③ 行政不服審査法（平成二十六年法律第六十八号）第九条第四項、第十九条第二項（第三号及び第五号を除く。）、第二十三条、第二十四条、第二十七条、第三十一条（第五項を除く。）、第三十二条第一項及び第三項、第三十九条、第四十一条第一項及び第二項、第四十四条並びに第五十三条の規定は、第一項の異議の申出について準用する。（後略）

④ 第二百十四条の規定は、第一項の異議の申出について準用する。

（訴訟）

第二五条① 前条第二項の規定による決定に不服がある異議申出人又は関係人は、当該市町村の選挙管理委員会を被告として、決定の通知を受けた日から七日以内に出訴することができる。

② 前項の訴訟は、当該市町村の選挙管理委員会の所在地を管轄する地方裁判所の専属管轄とする。

③ 前項の裁判所の判決に不服がある者は、控訴することはできないが、最高裁判所に上告することができる。

④ 第二百十三条、第二百十四条及び第二百十九条第一項の規定は、第一項及び前項の訴訟について準用する。（後略）

第二六条から第三〇条まで　（略）

第四章の二　在外選挙人名簿（抄）

（在外選挙人名簿）

第三〇条の二① 市町村の選挙管理委員会は、選挙人名簿のほか、在外選挙人名簿の調製及び保管を行う。

② 在外選挙人名簿は、永久に据え置くものとし、かつ、衆議院議員及び参議院議員の選挙を通じて一の名簿とする。

③ 市町村の選挙管理委員会は、第三十条の五第一項の規定による申請に基づき在外選挙人名簿の登録を行い、及び同条第四項の規定による申請に基づき在外選挙人名簿への登録の移転（選挙人名簿から抹消すると同時に在外選挙人名簿の登録を行うことをいう。以下同じ。）を行うものとする。

④ 在外選挙人名簿は、政令で定めるところにより、磁気ディスクをもつて調製することができる。

⑤ 選挙を行う場合において必要があるときは、在外選挙人名簿の抄本（前項の規定により磁気ディスクをもつて在外選挙人名簿を調製している市町村の選挙管理委員会にあつては、当該在外選挙人名簿に記録されている全部若しくは一部の事項又は当該事項を記載した書類。第二百五十五条の四第一項第一号及び第二百七十条第一項第三号において同じ。）を用いることができる。

（在外選挙人名簿の記載事項等）

第三〇条の三① 在外選挙人名簿には、選挙人の氏名、最終住所（選挙人が国外へ住所を移す直前に住民票に記載されていた住所をいう。以下同じ。）又は申請の時（選挙人が第三十条の五第一項の規定による申請書を同条第二項に規定する領事官又は同項に規定する総務省令・外務省令で定める者に提出した時をいう。同条第一項及び第三項において同じ。）における本籍、性別及び生年月日等の記載（前条第四項の規定により磁気ディスクをもつて調製する在外選挙人名簿にあつては、記録）をしなければならない。

② 市町村の選挙管理委員会は、市町村の区域を分けて数投票区を設けた場合には、政令で定めるところにより、在外選挙人名簿を編製する一以上の投票区（以下「指定在外選挙投票区」という。）を指定しなければならない。

③ 前二項に規定するもののほか、在外選挙人名簿の様式その他必要な事項は、政令で定める。

（在外選挙人名簿の被登録資格等）

第三〇条の四① 在外選挙人名簿の登録（在外選挙人名簿への登録の移転に係るものを除く。以下同じ。）は、在外選挙人名簿に登録されていない年齢満十八年以上の日本国民（第十一条第一項若しくは第二百五十二条又は政治資金規正法第二十八条の規定により選挙権を有しない者を除く。次項及び次条において同じ。）で、同条第一項の規定による申請がされ、かつ、在外選挙人名簿に関する事務についてその者の住所を管轄する領事官（領事官の職務を行う大使館若しくは公使館の長又はその事務を代理する者を含む。以下同じ。）の管轄区域（在外選挙人名簿に関する事務についての領事官の管轄区域として総務省令・外務省令で定める区域をいう。同項及び同条第三項第二号において同じ。）内に引き続き三箇月以上住所を有するものについて行う。

② 在外選挙人名簿への登録の移転は、在外選挙人名簿に登録されていない年齢満十八年以上の日本国民で最終住所の所在地の市町村の選挙人名簿に登録されている者のうち、次条第四項の規定による申請がされ、かつ、国外に住所を有するものについて行う。

第三〇条の五（**在外選挙人名簿の登録の申請等**）① 年齢満十八年以上の日本国民で、在外選挙人名簿に関する事務についてその者の住所を管轄する領事官の管轄区域内に住所を有するものは、政令で定めるところにより、文書で、最終住所の所在地の市町村の選挙管理委員会（その者が、いずれの市町村の住民基本台帳にも記録されたことがない者である場合には、申請の時におけるその者の本籍地の市町村の選挙管理委員会）に在外選挙人名簿の登録の申請をすることができる。

② 前項の規定による申請は、政令で定めるところにより、在外選挙人名簿に関する事務について当該申請をする者の住所を管轄する領事官（当該領事官を経由して当該申請をすることが著しく困難である地域として総務省令・外務省令で定める地域にあつては、総務省令・外務省令で定める者。以下この章において同じ。）を経由してしなければならない。

③ 前項の場合において、領事官は、政令で定めるところにより、次の各号に掲げる場合の区分に応じ、当該各号に定める日以後速やかに、第一項の規定による申請書にその申請をした者に係る前条第一項に定める在外選挙人名簿に登録される資格（次条第一項及び第三十条の十三第二項において「在外選挙人名簿の被登録資格」という。）に関する意見を付して、当該申請をした者の最終住所の所在地の市町村の選挙管理委員会（当該申請をした者が、いずれの市町村の住民基本台帳にも記録されたことがない者である場合には、申請の時におけるその者の本籍地の市町村の選挙管理委員会）に送付しなければならない。

一 次号に掲げる場合以外の場合　当該申請の時の属する日

二 当該申請の時の属する日が当該申請書に当該領事官の管轄区域内に住所を有することとなつた日として記載された日から三箇月を経過していない場合　当該記載された日から三箇月を経過した日

④ 年齢満十八年以上の日本国民で国外に転出をする旨の住民基本台帳法第二十四条の規定による届出（以下この項において「国外転出届」という。）がされた者のうち、当該国外転出届がされた市町村の選挙人名簿に登録されているもの（当該市町村の選挙人名簿に登録されていない者で、当該国外転出届に転出の予定年月日として記載された日までに、当該市町村の選挙人名簿に登録される資格を有することとなるものを含む。）は、政令で定めるところにより、同日までに、文書で、当該市町村の選挙管理委員会に在外選挙人名簿への登録の移転の申請をすることができる。

⑤ 市町村の選挙管理委員会は、前項の規定による申請があつた場合には、政令で定めるところにより、外務大臣に対し、当該申請をした者（当該市町村の選挙人名簿から抹消された者を除く。次項において同じ。）の国外における住所に関する意見を求めなければならない。

⑥ 外務大臣は、前項の規定により第四項の規定による申請をした者の国外における住所に関する意見を求められたときは、政令で定めるところにより、市町村の選挙管理委員会に対し、当該申請をした者の国外における住所に関する意見を述べなければならない。

第三〇条の六（**在外選挙人名簿の登録等**）① 市町村の選挙管理委員会は、前条第一項の規定による申請をした者が当該市町村における在外選挙人名簿の被登録資格を有する者である場合には、遅滞なく、当該申請をした者を在外選挙人名簿に登録しなければならない。

② 市町村の選挙管理委員会は、前条第四項の規定による申請をした者が当該市町村における第三十条の四第二項に定める在外選挙人名簿への登録の移転をされる資格（第三十条の十三第二項において「在外選挙人名簿の被登録移転資格」という。）を有する者である場合には、遅滞なく、当該申請をした者について在外選挙人名簿への登録の移転をしなければならない。

③ 市町村の選挙管理委員会は、衆議院議員又は参議院議員の選挙の期日の公示又は告示の日から選挙の期日までの期間においては、前二項の規定にかかわらず、在外選挙人名簿の登録又は在外選挙人名簿への登録の移転を行わない。

④ 市町村の選挙管理委員会は、第一項の規定による登録をしたときは、前条第三項の規定により同条第一項の規定による申請書を送付した領事官を経由して、同項の規定による申請をした者に、在外選挙人名簿に登録されている者であることの証明書（以下「在外選挙人証」という。）を交付しなければならない。

⑤ 市町村の選挙管理委員会は、第二項の規定による在外選挙人名簿への登録の移転をしたときは、在外選挙人名簿に関する事務について前条第四項の規定による申請をした者の住所を管轄する領事官を経由して、当該申請をした者に、在外選挙人証を交付しなければならない。

第三〇条の七　削除

第三〇条の八（**在外選挙人名簿の登録等に関する異議の申出**）① 選挙人は、在外選挙人名簿の登録又は在外選挙人名簿への登録の移転に関し不服があるときは、これに関する処分の直後に到来する次に掲げる期間又は期日に、文書で当該市町村の選挙管理委員会に異議を申し出ることができる。

一 第二十二条第一項の規定による選挙人名簿の登録が行われた日の翌日から五日間

二 衆議院議員又は参議院議員の選挙に係る第二十二条第三項の規定による選挙人名簿の登録が行われた日の翌日

② 市町村の選挙管理委員会は、前項の異議の申出を受けたときは、その異議の申出を受けた日から三日以内に、その異議の申出が正当であるかないかを決定しなければならない。その異議の申出を正当であると決定したときは、その異議の申出に係る者を直ちに在外選挙人名簿に登録し、若しくは在外選挙人名簿から抹消し、又はその者について在外選挙人名簿への登録の移転をし、若しくは在外選挙人名簿からの抹消と同時に選挙人名簿の登録（選挙人名簿の登録については、当該市町村の選挙人名簿に登録される資格を有する場合に限る。）をし、その旨を異議申出人及び関係人に通知し、併せてこれを告示しなければならない。その異議の申出を正当でないと決定したときは、直ちにその旨を異議申出人に通知しなければならない。

③ 行政不服審査法第九条第四項、第十九条第二項（第三号及び第五号を除く。）、第二十三条、第二十四条、第二十七条、第三十一条（第五項を除く。）、第三十二条第一項及び第三項、第三十九条、第四十一条第一項及び第二項、第四十四条並びに第五十三条の規定は、第一項の異議の申出について準用する。（後略）

④ 第二百十四条の規定は、第一項の異議の申出について準用する。

第三〇条の九（**在外選挙人名簿の登録等に関する訴訟**）① 第二十五条第一項から第三項までの規定は、在外選挙人名簿の登録及び在外選挙人名簿への登録の移転に関する訴訟について準用する。（後略）

② 第二百十三条、第二百十四条及び第二百十九条第一項の規定は、前項において準用する第二十五条第一項及び第三項の訴訟について準用する。（後略）

第三〇条の一〇から第三〇条の一六まで　（略）

第五章　選挙期日（抄）

第三一条（**総選挙**）① 衆議院議員の任期満了に因る総選挙は、議員の任期が終る日の前三十日以内に行う。

② 前項の規定により総選挙を行うべき期間が国会開会中又は国会閉会の日から二十三日以内にかかる場合においては、その総選挙は、国会閉会の日から二十四日以後三十日以内に行う。

③ 衆議院の解散に因る衆議院議員の総選挙は、解散の日から四十日以内に行う。

④ 総選挙の期日は、少なくとも十二日前に公示しなければならない。

⑤ 衆議院議員の任期満了に因る総選挙の期日の公示がなされた

後その期日前に衆議院が解散されたときは、任期満了に因る総選挙の公示は、その効力を失う。

（通常選挙）

第三二条① 参議院議員の通常選挙は、議員の任期が終る日の前三十日以内に行う。

② 前項の規定により通常選挙を行うべき期間が参議院開会中又は参議院閉会の日から二十三日以内にかかる場合においては、通常選挙は、参議院閉会の日から二十四日以後三十日以内に行う。

③ 通常選挙の期日は、少なくとも十七日前に公示しなければならない。

（一般選挙、長の任期満了に因る選挙及び設置選挙）

第三三条① 地方公共団体の議会の議員の任期満了に因る一般選挙又は長の任期満了に因る選挙は、その任期が終る日の前三十日以内に行う。

② 地方公共団体の議会の解散に因る一般選挙は、解散の日から四十日以内に行う。

③ 地方公共団体の設置による議会の議員の一般選挙及び長の選挙は、地方自治法第六条の二第四項又は第七条第七項の告示による当該地方公共団体の設置の日から五十日以内に行う。

④ 地方公共団体の議会の議員の任期満了に因る一般選挙の期日の告示がなされた後その任期の満了すべき日前に当該地方公共団体の議会の議員がすべてなくなつたとき、又は地方公共団体の長の任期満了に因る選挙の期日の告示がなされた後その任期の満了すべき日前に当該地方公共団体の長が欠け、若しくは退職を申し出たときは、更にこれらの事由に因る選挙の告示は、行わない。但し、任期満了に因る選挙の期日前に当該地方公共団体の議会が解散されたとき、又は長が解職され、若しくは不信任の議決に因りその職を失つたときは、任期満了に因る選挙の告示は、その効力を失う。

⑤ 第一項から第三項までの選挙の期日は、次の各号の区分により、告示しなければならない。

一 都道府県知事の選挙にあつては、少なくとも十七日前に
二 指定都市の長の選挙にあつては、少なくとも十四日前に
三 都道府県の議会の議員及び指定都市の議会の議員の選挙にあつては、少なくとも九日前に
四 指定都市以外の市の議会の議員及び長の選挙にあつては、少なくとも七日前に
五 町村の議会の議員及び長の選挙にあつては少なくとも五日前に

第三三条の二から第三四条の二まで （略）

第六章 投票（抄）

（選挙の方法）

第三五条 選挙は、投票により行う。

（一人一票）

第三六条 投票は、各選挙につき、一人一票に限る。ただし、衆議院議員の選挙については小選挙区選出議員及び比例代表選出議員ごとに、参議院議員の選挙については選挙区選出議員及び比例代表選出議員ごとに一人一票とする。

第三七条から第四一条まで （略）

（共通投票所）

第四一条の二① 市町村の選挙管理委員会は、選挙人の投票の便宜のため必要があると認める場合（当該市町村の区域を分けて数投票区を設けた場合に限る。）には、投票所のほか、その指定した場所に、当該市町村の区域内（衆議院小選挙区選出議員の選挙若しくは都道府県の議会の議員の選挙において当該市町村が二以上の選挙区に分かれているとき又は第十五条第六項の規定による選挙区があるときは、当該市町村の区域内における当該選挙区の区域内）のいずれの投票区に属する選挙人も投票をすることができる共通投票所を設けることができる。

② 市町村の選挙管理委員会は、前項の規定により共通投票所を設ける場合には、投票所において投票をすること及び共通投票所において投票をした選挙人が投票所又は他の共通投票所において投票をすることを防止するために必要な措置を講じなければならない。

③ 天災その他避けることのできない事故により、共通投票所において投票を行わせることができないときは、市町村の選挙管理委員会は、当該共通投票所を開かず、又は閉じるものとする。

④ 市町村の選挙管理委員会は、前項の規定により共通投票所を開かず、又は閉じる場合には、直ちにその旨を告示しなければならない。

⑤―⑧ （略）

（選挙人名簿又は在外選挙人名簿の登録と投票）

第四二条① 選挙人名簿又は在外選挙人名簿に登録されていない者は、投票をすることができない。ただし、選挙人名簿に登録されるべき旨の決定書又は確定判決書を所持し、選挙の当日投票所に至る者があるときは、投票管理者は、その者に投票をさせなければならない。

＊令和四法四八（令和八・五・二四までに施行）による改正後

① 選挙人名簿又は在外選挙人名簿に登録されていない者は、投票をすることができない。ただし、選挙人名簿に登録されるべき旨の決定書又は確定判決の判決書の正本若しくは謄本若しくは電子判決書（民事訴訟法（平成八年法律第百九号）第二百五十二条第一項に規定する電子判決書（同法第二百五十三条第二項の規定により裁判所の使用に係る電子計算機に備えられたファイルに記録されたものに限る。）をいう。）に記録されている事項を記載した書面であつて裁判所書記官が当該書面の内容が当該ファイルに記録されている事項と同一であることを証明したもの（第二百二十条第三項及び第四項において「電子判決書記録事項証明書」という。）を所持し、選挙の当日投票所に至る者があるときは、投票管理者は、その者に投票をさせなければならない。

② 選挙人名簿又は在外選挙人名簿に登録された者であつても選挙人名簿又は在外選挙人名簿に登録されることができない者であるときは、投票をすることができない。

（選挙権のない者の投票）

第四三条 選挙の当日（第四十八条の二の規定による投票にあつては、投票の当日）、選挙権を有しない者は、投票をすることができない。

（投票所における投票）

第四四条① 選挙人は、選挙の当日、自ら投票所に行き、投票をしなければならない。

② 選挙人は、選挙人名簿又はその抄本（当該選挙人名簿が第十九条第三項の規定により磁気ディスクをもつて調製されている場合には、当該選挙人名簿に記録されている全部若しくは一部の事項又は当該事項を記載した書類。次項、第五十五条及び第五十六条において同じ。）の対照を経なければ、投票をすることができない。

③ 第九条第三項の規定により都道府県の議会の議員及び長の選挙権を有する者が、従前住所を有していた現に選挙人名簿に登録されている市町村において当該都道府県の議会の議員又は長の選挙の投票をする場合には、前項の選挙人名簿又はその抄本の対照を経る際に、引き続き当該都道府県の区域内に住所を有することを証するに足りる文書を提示し、又は引き続き当該都道府県の区域内に住所を有することの確認を受けなければならない。

（投票用紙の交付及び様式）

第四五条① 投票用紙は、選挙の当日、投票所において選挙人に交付しなければならない。

② 投票用紙の様式は、衆議院議員又は参議院議員の選挙については総務省令で定め、地方公共団体の議会の議員又は長の選挙については当該選挙に関する事務を管理する選挙管理委員会が

定める。

（投票の記載事項及び投函(かん)）

第四六条① 衆議院（比例代表選出）議員又は参議院（比例代表選出）議員の選挙以外の選挙の投票については、選挙人は、投票所において、投票用紙に当該選挙の公職の候補者一人の氏名を自書して、これを投票箱に入れなければならない。

② 衆議院（比例代表選出）議員の選挙の投票については、選挙人は、投票所において、投票用紙に一の衆議院名簿届出政党等（第八十六条の二第一項の規定による届出をした政党その他の政治団体をいう。以下同じ。）の同項の届出に係る名称又は略称を自書して、これを投票箱に入れなければならない。

③ 参議院（比例代表選出）議員の選挙の投票については、選挙人は、投票所において、投票用紙に公職の候補者たる参議院名簿登載者（第八十六条の三第一項の参議院名簿登載者をいう。以下この章から第八章までにおいて同じ。）一人の氏名を自書して、これを投票箱に入れなければならない。ただし、公職の候補者たる参議院名簿登載者の氏名を自書することに代えて、一の参議院名簿届出政党等（同項の規定による届出をした政党その他の政治団体をいう。以下同じ。）の同項の届出に係る名称又は略称を自書することができる。

④ 投票用紙には、選挙人の氏名を記載してはならない。

（記号式投票）

第四六条の二① 地方公共団体の議会の議員又は長の選挙の投票（次条、第四十八条の二及び第四十九条の規定による投票を除く。）については、地方公共団体は、前条第一項の規定にかかわらず、条例で定めるところにより、選挙人が、自ら、投票所において、投票用紙に氏名が印刷された公職の候補者のうちその投票しようとするもの一人に対して、投票用紙の記号を記載する欄に○の記号を記載して、これを投票箱に入れる方法によることができる。

②③（略）

（点字投票）

第四七条 投票に関する記載については、政令で定める点字は文字とみなす。

（代理投票）

第四八条① 心身の故障その他の事由により、自ら当該選挙の公職の候補者の氏名（衆議院比例代表選出議員の選挙の投票にあつては衆議院名簿届出政党等の名称及び略称、参議院比例代表選出議員の選挙の投票にあつては公職の候補者たる参議院名簿登載者の氏名又は参議院名簿届出政党等の名称及び略称）を記載することができない選挙人は、第四十六条第一項から第三項まで、第五十条第四項及び第五項並びに第六十八条の規定にかかわらず、投票管理者に申請し、代理投票をさせることができる。

② 前項の規定による申請があつた場合においては、投票管理者は、投票立会人の意見を聴いて、投票所の事務に従事する者のうちから当該選挙人の投票を補助すべき者二人を定め、その一人に投票の記載をする場所において投票用紙に当該選挙人が指示する公職の候補者（公職の候補者たる参議院名簿登載者を含む。）一人の氏名、一の衆議院名簿届出政党等の名称若しくは略称又は一の参議院名簿届出政党等の名称若しくは略称を記載させ、他の一人をこれに立ち会わせなければならない。

③ 前二項の場合において必要な事項は、政令で定める。

（期日前投票）

第四八条の二① 選挙の当日に次の各号に掲げる事由のいずれかに該当すると見込まれる選挙人の投票については、第四十四条第一項の規定にかかわらず、当該選挙の期日の公示又は告示があつた日の翌日から選挙の期日の前日までの間、期日前投票所において、行わせることができる。

一 職務若しくは業務又は総務省令で定める用務に従事すること。

二 用務（前号の総務省令で定めるものを除く。）又は事故のためその属する投票区の区域外に旅行又は滞在をすること。

三 疾病、負傷、妊娠、老衰若しくは身体の障害のため若しくは産褥(じょく)にあるため歩行が困難であること又は刑事施設、労役場、監置場、少年院若しくは少年鑑別所に収容されていること。

> **＊令和四法五二（令和六・四・一施行）による改正**
> 第三号中「、少年鑑別所若しくは婦人補導院」は「若しくは少年鑑別所」に改められた。（本文織込み済み）

四 交通至難の島その他の地で総務省令で定める地域に居住していること又は当該地域に滞在をすること。

五 その属する投票区のある市町村の区域外の住所に居住していること。

六 天災又は悪天候により投票所に到達することが困難であること。

② 市町村の選挙管理委員会は、二以上の期日前投票所を設ける場合には、一の期日前投票所において投票をした選挙人が他の期日前投票所において投票をすることを防止するために必要な措置を講じなければならない。

③ 天災その他避けることのできない事故により、期日前投票所において投票を行わせることができないときは、市町村の選挙管理委員会は、期日前投票所を開かず、又は閉じるものとする。

④ 市町村の選挙管理委員会は、前項の規定により期日前投票所を開かず、又は閉じる場合には、直ちにその旨を告示しなければならない。市町村の選挙管理委員会が当該期日前投票所を開く場合も、同様とする。

⑤—⑧（略）

（不在者投票）

第四九条① 前条第一項の選挙人の投票については、同項の規定によるほか、政令で定めるところにより、第四十二条第一項ただし書、第四十四条、第四十五条、第四十六条第一項から第三項まで、第四十八条及び第五十条の規定にかかわらず、不在者投票管理者の管理する投票を記載する場所において、投票用紙に投票の記載をし、これを封筒に入れて不在者投票管理者に提出する方法により行わせることができる。

② 選挙人で身体に重度の障害があるもの（身体障害者福祉法（昭和二十四年法律第二百八十三号）第四条に規定する身体障害者、戦傷病者特別援護法（昭和三十八年法律第百六十八号）第二条第一項に規定する戦傷病者又は介護保険法（平成九年法律第百二十三号）第七条第三項に規定する要介護者であるもので、政令で定めるものをいう。）の投票については、前条第一項及び前項の規定によるほか、政令で定めるところにより、第四十二条第一項ただし書、第四十四条、第四十五条、第四十六条第一項から第三項まで、第四十八条及び第五十条の規定にかかわらず、その現在する場所において投票用紙に投票の記載をし、これを郵便又は民間事業者による信書の送達に関する法律（平成十四年法律第九十九号）第二条第六項に規定する一般信書便事業者、同条第九項に規定する特定信書便事業者若しくは同法第三条第四号に規定する外国信書便事業者による同法第二条第二項に規定する信書便（以下「郵便等」という。）により送付する方法により行わせることができる。

③ 前項の選挙人で同項に規定する方法により投票をしようとするもののうち自ら投票の記載をすることができないものとして政令で定めるものは、第六十八条の規定にかかわらず、政令で定めるところにより、あらかじめ市町村の選挙管理委員会の委員長に届け出た者（選挙権を有する者に限る。）をして投票に関する記載をさせることができる。

④ 特定国外派遣組織に属する選挙人で国外に滞在するもののうち選挙の当日前条第一項第一号に掲げる事由に該当すると見込まれるものの投票については、同項及び第一項の規定によるほか、政令で定めるところにより、第四十二条第一項ただし書、第四十四条、第四十五条、第四十六条第一項から第三項まで、

第四十八条及び第五十条の規定にかかわらず、国外にある不在者投票管理者の管理する投票を記載する場所において、投票用紙に投票の記載をし、これを封筒に入れて不在者投票管理者に提出する方法により行わせることができる。

⑤ 前項の特定国外派遣組織とは、法律の規定に基づき国外に派遣される組織のうち次の各号のいずれにも該当する組織であつて、当該組織において同項に規定する方法による投票が適正に実施されると認められるものとして政令で定めるものをいう。

一 当該組織の長が当該組織の運営について管理又は調整を行うための法令に基づく権限を有すること。

二 当該組織が国外の特定の施設又は区域に滞在していること。

⑥ 特定国外派遣組織となる組織を国外に派遣することを定める法律の規定に基づき国外に派遣される選挙人（特定国外派遣組織に属するものを除く。）で、現に特定国外派遣組織が滞在する施設又は区域に滞在しているものは、この法律の規定の適用については、当該特定国外派遣組織に属する選挙人とみなす。

⑦―⑨（略）

⑩ 不在者投票管理者は、市町村の選挙管理委員会が選定した者を投票に立ち会わせることその他の方法により、不在者投票の公正な実施の確保に努めなければならない。

（在外投票等）

第四九条の二① 在外選挙人名簿に登録されている選挙人（当該選挙人のうち選挙人名簿に登録されているもので政令で定めるものを除く。以下この条において同じ。）で、衆議院議員又は参議院議員の選挙において投票をしようとするものの投票については、第四十八条の二第一項及び前条第一項の規定によるほか、政令で定めるところにより、第四十四条、第四十五条第一項、第四十六条第一項から第三項まで、第四十八条及び次条の規定にかかわらず、次の各号に掲げるいずれかの方法により行わせることができる。

一 衆議院議員の総選挙又は参議院議員の通常選挙にあつてはイに掲げる期間、衆議院議員又は参議院議員の再選挙又は補欠選挙にあつてはロに掲げる日に、自ら在外公館の長（各選挙ごとに総務大臣が外務大臣と協議して指定する在外公館の長を除く。以下この号において同じ。）の管理する投票を記載する場所に行き、在外選挙人証及び旅券その他の政令で定める文書を提示して、投票用紙に投票の記載をし、これを封筒に入れて在外公館の長に提出する方法

イ 当該選挙の期日の公示の日の翌日から選挙の期日前六日（投票の送致に日数を要する地の在外公館であることその他特別の事情があると認められる場合には、あらかじめ総務大臣が外務大臣と協議して指定する日）までの間（あらかじめ総務大臣が外務大臣と協議して指定する日を除く。）

ロ 当該選挙の期日の告示の日の翌日から選挙の期日前六日までの間で、あらかじめ総務大臣が外務大臣と協議して指定する日

二 当該選挙人の現在する場所において投票用紙に投票の記載をし、これを郵便等により送付する方法

②―④（略）

⑤ 在外選挙人名簿に登録されている選挙人で、衆議院議員又は参議院議員の選挙において投票をしようとするものの投票については、前条第二項から第九項までの規定は、適用しない。

（選挙人の確認及び投票の拒否）

第五〇条① 投票管理者は、投票をしようとする選挙人が本人であるかどうかを確認することができないときは、その本人である旨を宣言させなければならない。その宣言をしない者は、投票をすることができない。

② 投票の拒否は、投票立会人の意見を聴き、投票管理者が決定しなければならない。

③ 前項の決定を受けた選挙人において不服があるときは、投票管理者は、仮に投票をさせなければならない。

④ 前項の投票は、選挙人をしてこれを封筒に入れて封をし、表面に自らその氏名を記載して投票箱に入れさせなければならない。

⑤ 投票立会人において異議のある選挙人についても、また前二項と同様とする。

第五一条（略）

（投票の秘密保持）

第五二条 何人も、選挙人の投票した被選挙人の氏名又は政党その他の政治団体の名称若しくは略称を陳述する義務はない。

第五三条から第五五条まで（略）

（繰上投票）

第五六条 島その他交通不便の地について、選挙の期日に投票箱を送致することができない状況があると認めるときは、都道府県の選挙管理委員会（市町村の議会の議員又は長の選挙については、市町村の選挙管理委員会）は、適宜にその投票の期日を定め、開票の期日までにその投票箱、投票録、選挙人名簿又はその抄本及び在外選挙人名簿又はその抄本を送致させることができる。

（繰延投票）

第五七条① 天災その他避けることのできない事故により、投票所において、投票を行うことができないとき、又は更に投票を行う必要があるときは、都道府県の選挙管理委員会（市町村の議会の議員又は長の選挙については、市町村の選挙管理委員会）は、更に期日を定めて投票を行わせなければならない。この場合において、当該選挙管理委員会は、直ちにその旨を告示するとともに、更に定めた期日を少なくとも二日前に告示しなければならない。

② 衆議院議員、参議院議員又は都道府県の議会の議員若しくは長の選挙について前項に規定する事由を生じた場合には、市町村の選挙管理委員会は、当該選挙の選挙長（衆議院比例代表選出議員若しくは参議院比例代表選出議員の選挙又は参議院合同選挙区選挙については、選挙分会長）を経て都道府県の選挙管理委員会にその旨を届け出なければならない。

第五八条から第六〇条まで（略）

第七章 開票（抄）

第六一条から第六六条まで（略）

（開票の場合の投票の効力の決定）

第六七条 投票の効力は、開票立会人の意見を聴き、開票管理者が決定しなければならない。その決定に当つては、第六十八条の規定に反しない限りにおいて、その投票した選挙人の意思が明白であれば、その投票を有効とするようにしなければならない。

（無効投票）

第六八条① 衆議院（比例代表選出）議員又は参議院（比例代表選出）議員の選挙以外の選挙の投票については、次の各号のいずれかに該当するものは、無効とする。

一 所定の用紙を用いないもの

二 公職の候補者でない者又は第八十六条の八第一項、第八十七条第一項若しくは第二項、第八十七条の二、第八十八条、第二百五十一条の二若しくは第二百五十一条の三の規定により公職の候補者となることができない者の氏名を記載したもの

三 第八十六条第一項若しくは第八項の規定による届出をした政党その他の政治団体で同条第一項各号のいずれにも該当していなかつたものの当該届出に係る候補者、同条第九項後段の規定による届出に係る候補者又は第八十七条第三項の規定に違反してされた届出に係る候補者の氏名を記載したもの

四 一投票中に二人以上の公職の候補者の氏名を記載したもの

五 被選挙権のない公職の候補者の氏名を記載したもの

六 公職の候補者の氏名のほか、他事を記載したもの。ただし、職業、身分、住所又は敬称の類を記入したものは、この限りでない。

七 公職の候補者の氏名を自書しないもの

八　公職の候補者の何人を記載したかを確認し難いもの

② 衆議院（比例代表選出）議員の選挙の投票については、次の各号のいずれかに該当するものは、無効とする。

一　所定の用紙を用いないもの

二　衆議院名簿届出政党等以外の政党その他の政治団体（第八十六条の二第十項の規定による届出をした政党その他の政治団体を含む。）の名称又は略称を記載したもの

三　第八十六条の二第一項の規定による届出をした政党その他の政治団体で同項各号のいずれにも該当していなかつたもの又は第八十七条第五項の規定に違反して第八十六条の二第一項の衆議院名簿を重ねて届け出ている政党その他の政治団体の名称又は略称を記載したもの

四　第八十六条の二第一項の衆議院名簿登載者の全員につき、同条第七項各号に規定する事由が生じており又は同項後段の規定による届出がされている場合の当該衆議院名簿に係る政党その他の政治団体の名称又は略称を記載したもの

五　一投票中に二以上の衆議院名簿届出政党等の第八十六条の二第一項の規定による届出に係る名称又は略称を記載したもの

六　衆議院名簿届出政党等の第八十六条の二第一項の規定による届出に係る名称及び略称のほか、他事を記載したもの。ただし、本部の所在地、代表者の氏名又は敬称の類を記入したものは、この限りでない。

七　衆議院名簿届出政党等の第八十六条の二第一項の規定による届出に係る名称又は略称を自書しないもの

八　衆議院名簿届出政党等のいずれを記載したかを確認し難いもの

③ 参議院（比例代表選出）議員の選挙の投票については、次の各号のいずれかに該当するものは、無効とする。

一　所定の用紙を用いないもの

二　公職の候補者たる参議院名簿登載者でない者、第八十六条の三第二項において準用する第八十六条の二第七項後段の規定による届出に係る参議院名簿登載者若しくは第八十六条の八第一項、第八十七条第一項若しくは同条第六項において準用する同条第四項、第八十八条、第二百五十一条の二若しくは第二百五十一条の三の規定により公職の候補者となることができない参議院名簿登載者の氏名を記載したもの又は参議院名簿届出政党等以外の政党その他の政治団体の名称若しくは略称を記載したもの。ただし、代表者の氏名の類を記入したもので第八号ただし書に該当する場合は、この限りでない。

三　第八十六条の三第一項の規定による届出をした政党その他の政治団体で同項各号のいずれにも該当していなかつたもの若しくは同条第二項において準用する第八十六条の二第十項の規定による届出をしたもの又は第八十七条第六項において準用する同条第五項の規定に違反して第八十六条の三第一項の参議院名簿を重ねて届け出ている政党その他の政治団体の同項の規定による届出に係る参議院名簿登載者の氏名又はその届出に係る名称若しくは略称を記載したもの

四　参議院名簿登載者の全員につき、第八十六条の三第二項において準用する第八十六条の二第七項各号に規定する事由が生じており又は第八十六条の三第二項において準用する第八十六条の二第七項後段の規定による届出がされている場合の当該参議院名簿に係る政党その他の政治団体の名称又は略称を記載したもの

五　一投票中に二人以上の参議院名簿登載者の氏名又は二以上の参議院名簿届出政党等の第八十六条の三第一項の規定による届出に係る名称若しくは略称を記載したもの

六　一投票中に一人の参議院名簿登載者の氏名及び当該参議院名簿登載者に係る参議院名簿届出政党等以外の参議院名簿届出政党等の第八十六条の三第一項の規定による届出に係る名称又は略称を記載したもの

七　被選挙権のない参議院名簿登載者の氏名を記載したもの

八　公職の候補者たる参議院名簿登載者の氏名又は参議院名簿届出政党等の第八十六条の三第一項の規定による届出に係る名称及び略称のほか、他事を記載したもの。ただし、公職の候補者たる参議院名簿登載者の氏名の記載のある投票については当該参議院名簿登載者に係る参議院名簿届出政党等の同項の規定による届出に係る名称若しくは略称又は職業、身分、住所若しくは敬称の類（当該参議院名簿登載者が同項後段の規定により優先的に当選人となるべき候補者としてその氏名及び当選人となるべき順位が同項の参議院名簿に記載されている者（同条第二項において読み替えて準用する第八十六条の二第九項後段の規定により優先的に当選人となるべき候補者としてその氏名及び当選人となるべき順位が同項の規定による届出に係る文書に記載された者を含む。以下同じ。）である場合にあつては、当該参議院名簿登載者に係る参議院名簿届出政党等の第八十六条の三第一項の規定による届出に係る名称若しくは略称、当選人となるべき順位又は職業、身分、住所若しくは敬称の類）を、参議院名簿登載者の氏名の記載のない投票で参議院名簿届出政党等の同項の規定による届出に係る名称又は略称を記載したものについては本部の所在地、代表者の氏名又は敬称の類（当該参議院名簿届出政党等の届出に係る参議院名簿登載者のうちに同項後段の規定により優先的に当選人となるべき候補者としてその氏名及び当選人となるべき順位が同項の参議院名簿に記載されている者がある場合にあつては、その記載に係る順位、本部の所在地、代表者の氏名又は敬称の類）を記入したものは、この限りでない。

九　公職の候補者たる参議院名簿登載者の氏名又は参議院名簿届出政党等の第八十六条の三第一項の規定による届出に係る名称若しくは略称を自書しないもの

十　公職の候補者たる参議院名簿登載者の何人又は参議院名簿届出政党等のいずれを記載したかを確認し難いもの

第六八条の二（**同一氏名の候補者等に対する投票の効力**）① 同一の氏名、氏又は名の公職の候補者が二人以上ある場合において、その氏名、氏又は名のみを記載した投票は、前条第一項第八号の規定にかかわらず、有効とする。

② 第八十六条の二第一項の規定による届出に係る名称又は略称が同一である衆議院名簿届出政党等が二以上ある場合において、その名称又は略称のみを記載した投票は、前条第二項第八号の規定にかかわらず、有効とする。

③ 第八十六条の三第一項の規定による届出に係る参議院名簿登載者（公職の候補者たる者に限る。以下この条において同じ。）の氏名、氏若しくは名又は参議院名簿届出政党等の名称若しくは略称が同一である参議院名簿登載者又は参議院名簿届出政党等が二以上ある場合において、これらの氏名、氏若しくは名又は名称若しくは略称のみを記載した投票は、前条第三項第十号の規定にかかわらず、有効とする。

④ 第一項又は第二項の有効投票は、開票区ごとに、当該候補者又は当該衆議院名簿届出政党等のその他の有効投票数に応じてあん分し、それぞれこれに加えるものとする。

⑤ 第三項の有効投票は、開票区ごとに、当該参議院名簿登載者のその他の有効投票数又は当該参議院名簿届出政党等のその他の有効投票数（当該参議院名簿届出政党等に係る各参議院名簿登載者の有効投票数を含まないものをいう。）に応じてあん分し、それぞれこれに加えるものとする。

第六八条の三（**特定の参議院名簿登載者の有効投票**）　前条第三項及び第五項の規定を適用する場合を除き、第八十六条の三第一項後段の規定により優先的に当選人となるべき候補者としてその氏名及び当選人となるべき順位が同項の参議院名簿に記載されている者である参議院名簿登載者の有効投票（前条第五項の規定によりあん分して加えられた有効投票を含む。）は、当該参議院名簿登載者に係る参議院名簿届出政党等の有効投票とみなす。

第六九条から**第七四条**まで　（略）

第八章　選挙会及び選挙分会

（第七五条から第八五条まで）（略）

第九章　公職の候補者

（衆議院小選挙区選出議員の選挙における候補者の立候補の届出等）

第八六条① 衆議院（小選挙区選出）議員の選挙において、次の各号のいずれかに該当する政党その他の政治団体は、当該政党その他の政治団体に所属する者を候補者としようとするときは、当該選挙の期日の公示又は告示があつた日に、郵便等によることなく、文書でその旨を当該選挙長に届け出なければならない。

一　当該政党その他の政治団体に所属する衆議院議員又は参議院議員を五人以上有すること。

二　直近において行われた衆議院議員の総選挙における小選挙区選出議員の選挙若しくは比例代表選出議員の選挙又は参議院議員の通常選挙における比例代表選出議員の選挙若しくは選挙区選出議員の選挙における当該政党その他の政治団体の得票総数が当該選挙における有効投票の総数の百分の二以上であること。

② 衆議院（小選挙区選出）議員の候補者となろうとする者は、前項の公示又は告示があつた日に、郵便等によることなく、文書でその旨を当該選挙長に届け出なければならない。

③ 選挙人名簿に登録された者が他人を衆議院（小選挙区選出）議員の候補者としようとするときは、本人の承諾を得て、第一項の公示又は告示があつた日に、郵便等によることなく、文書で当該選挙長にその推薦の届出をすることができる。

④ 第一項の文書には、当該政党その他の政治団体の名称、本部の所在地及び代表者（総裁、会長、委員長その他これらに準ずる地位にある者をいう。以下この条から第八十六条の七まで、第百四十二条の二第三項、第百六十九条第七項、第百七十五条第九項及び第百八十条第二項において同じ。）の氏名並びに候補者となるべき者の氏名、本籍、住所、生年月日及び職業その他政令で定める事項を記載しなければならない。

⑤ 第一項の文書には、次に掲げる文書を添えなければならない。ただし、直近において行われた衆議院議員の総選挙の期日後に第八十六条の六第一項又は第二項の規定による届出をした政党その他の政治団体で同条第九項の規定による届出をしていないもの（同条第四項の規定により添えた文書の内容に異動があつたものにあつては、選挙の期日の公示又は告示の日の前日までに同条第七項の規定による届出をしたものに限る。次条第二項において「衆議院名称届出政党」という。）が、第一項の規定による届出をする場合においては、第一号に掲げる文書及び第二号に掲げる文書のうち政令で定めるものの添付を省略することができる。

一　政党その他の政治団体の綱領、党則、規約その他これらに相当するものを記載した文書

二　第一項各号のいずれかに該当することを証する政令で定める文書

三　当該届出が第八十七条第三項の規定に違反するものでないことを代表者が誓う旨の宣誓書

四　候補者となるべき者の候補者となることについての同意書及び候補者となるべき者が第八十六条の八第一項、第八十七条第一項若しくは第二項、第八十七条の二、第二百五十一条の二又は第二百五十一条の三の規定により公職の候補者となることができない者でないことを当該候補者となるべき者が誓う旨の宣誓書

五　候補者となるべき者の選定を当該政党その他の政治団体において行う機関の名称、その構成員の選出方法及び候補者となるべき者の選定の手続を記載した文書並びに当該候補者となるべき者の選定を適正に行つたことを当該機関を代表する者が誓う旨の宣誓書

六　その他政令で定める文書

⑥ 第二項及び第三項の文書には、候補者となるべき者の氏名、本籍、住所、生年月日及び職業その他政令で定める事項を記載しなければならない。

⑦ 第二項及び第三項の文書には、第八十六条の八第一項、第八十七条第一項若しくは第二項、第八十七条の二、第二百五十一条の二又は第二百五十一条の三の規定により公職の候補者となることができない者でないことを当該候補者となるべき者が誓う旨の宣誓書、当該候補者となるべき者の所属する政党その他の政治団体の名称（二以上の政党その他の政治団体に所属するときは、いずれか一の政党その他の政治団体の名称）を記載した文書及び当該記載に関する当該政党その他の政治団体の代表者の証明書その他政令で定める文書を添えなければならない。

⑧ 第一項の公示又は告示があつた日に届出のあつた候補者が二人以上ある場合において、その日後、当該候補者が死亡し、当該届出が取り下げられたものとみなされ、当該候補者が候補者たることを辞したものとみなされ、又は次項後段の規定により当該届出が却下されたときは、前各項の規定の例により、当該選挙の期日前三日までに、候補者の届出をすることができる。

⑨ 次の各号のいずれかに該当する事由があることを知つたときは、選挙長は、第一項から第三項まで又は前項の規定による届出を却下しなければならない。第一項又は前項の規定により届出のあつた者につき除名、離党その他の事由により当該候補者届出政党に所属する者でなくなつた旨の届出が当該選挙の期日の前日までに当該候補者届出政党から文書でされたときも、また同様とする。

一　第一項又は前項の規定による政党その他の政治団体の届出が第一項各号のいずれにも該当しない政党その他の政治団体によつてされたものであること。

二　第一項又は前項の規定による政党その他の政治団体の届出が第八十七条第三項の規定に違反してされたものであること。

三　第一項から第三項まで又は前項の規定により届出のあつた者が第八十六条の八第一項、第八十七条第一項若しくは第二項、第八十七条の二、第八十八条、第二百五十一条の二又は第二百五十一条の三の規定により公職の候補者となり、又は公職の候補者であることができない者であること。

⑩ 前項後段の文書には、当該届出に係る事由が、除名である場合にあつては当該除名の手続を記載した文書及び当該除名が適正に行われたことを代表者が誓う旨の宣誓書を、離党である場合にあつては当該候補者が候補者届出政党に提出した離党届の写しを、その他の事由である場合にあつては当該事由を証する文書を、それぞれ、添えなければならない。

⑪ 候補者届出政党は、第一項の規定により候補者の届出をした場合には同項の公示又は告示があつた日に、第八項の規定により候補者の届出をした場合には当該選挙の期日前三日までに選挙長に届出をしなければ、その候補者の届出を取り下げることができない。

⑫ 候補者（候補者届出政党の届出に係るものを除く。以下この項において同じ。）は、第二項又は第三項の規定により届出のあつた候補者にあつては第一項の公示又は告示があつた日に、第八項の規定により届出のあつた候補者にあつては当該選挙の期日前三日までに選挙長に届出をしなければ、その候補者たることを辞することができない。

⑬ 第一項から第三項まで、第八項、第十一項若しくは前項の規定により届出があつたとき、第九項の規定により届出を却下したとき又は候補者が死亡し若しくは第九十一条第一項若しくは第二項若しくは第百三条第四項の規定に該当するに至つたことを知つたときは、選挙長は、直ちにその旨を告示するとともに、当該都道府県の選挙管理委員会に報告しなければならない。

⑭ 第一項第一号に規定する衆議院議員又は参議院議員の数の算定、同項第二号に規定する政党その他の政治団体の得票総数の算定（第七項の文書にその名称を記載された政党その他の政治団体

の得票総数を含む。次条第十四項及び第百五十条第八項において同じ。）の算定その他第一項の規定の適用について必要な事項は、政令で定める。

（衆議院比例代表選出議員の選挙における名簿による立候補の届出等）

第八六条の二① 衆議院（比例代表選出）議員の選挙においては、次の各号のいずれかに該当する政党その他の政治団体は、当該政党その他の政治団体の名称（一の略称を含む。）並びにその所属する者の氏名及びそれらの者の間における当選人となるべき順位を記載した文書（以下「衆議院名簿」という。）を当該選挙長に届け出ることにより、その衆議院名簿に記載されている者（以下「衆議院名簿登載者」という。）を当該選挙における候補者とすることができる。

一 当該政党その他の政治団体に所属する衆議院議員又は参議院議員を五人以上有すること。

二 直近において行われた衆議院議員の総選挙における小選挙区選出議員の選挙若しくは比例代表選出議員の選挙又は参議院議員の通常選挙における比例代表選出議員の選挙若しくは選挙区選出議員の選挙における当該政党その他の政治団体の得票総数が当該選挙における有効投票の総数の百分の二以上であること。

三 当該選挙において、この項の規定による届出をすることにより候補者となる衆議院名簿登載者の数が当該選挙区における議員の定数の十分の二以上であること。

② 前項の規定による届出は、当該選挙の期日の公示又は告示があつた日に、郵便等によることなく、当該衆議院名簿に次に掲げる文書を添えて、しなければならない。ただし、衆議院名称届出政党が、同項の規定による届出をする場合においては、第二号に掲げる文書及び第三号に掲げる文書のうち政令で定めるものの添付を省略することができる。

一 政党その他の政治団体の名称、本部の所在地及び代表者の氏名並びに衆議院名簿登載者の氏名、本籍、住所、生年月日及び職業その他政令で定める事項を記載した文書

二 政党その他の政治団体の綱領、党則、規約その他これらに相当するものを記載した文書

三 前項各号のいずれかに該当することを証する政令で定める文書

四 当該届出が第八十七条第五項の規定に違反するものでないことを代表者が誓う旨の宣誓書

五 衆議院名簿登載者の候補者となることについての同意書及び第八十六条の八第一項又は第八十七条第一項若しくは第四項の規定により公職の候補者となることができない者でないことを当該衆議院名簿登載者が誓う旨の宣誓書

六 衆議院名簿登載者の選定及びそれらの者の間における当選人となるべき順位の決定（以下単に「衆議院名簿登載者の選定」という。）を当該政党その他の政治団体において行う機関の名称、その構成員の選出方法並びに衆議院名簿登載者の選定の手続を記載した文書並びに当該衆議院名簿登載者の選定を適正に行つたことを当該機関を代表する者が誓う旨の宣誓書

七 その他政令で定める文書

③ 衆議院名簿に記載する政党その他の政治団体の名称及び略称は、第八十六条の六第六項の規定による告示に係る名称及び略称でなければならないものとし、同項の告示に係る政党その他の政治団体にあつては当該告示に係る名称及び略称でなければならない。この場合において、同項の告示に係る政党その他の政治団体以外の政党その他の政治団体にあつては同項の規定により告示された名称及び略称並びにこれらに類似する名称及び略称並びにその代表者若しくはいずれかの選挙区における衆議院名簿登載者の氏名が表示され又はそれらの者の氏名が類推されるような名称及び略称以外の名称及び略称でなければならない。この場合において、同項の告示に係る政党その他の政治団体の当該告示に係る名称又は略称がその代表者若しくはいずれかの選挙区における衆議院名簿登載者の氏名が表示され又はそれらの者の氏名が類推されるような名称又は略称となつているときは、当該政党その他の政治団体は、この項前段の規定の適用については、同条第六項の規定による告示に係る政党その他の政治団体でないものとみなす。

④ 第一項第一号又は第二号に該当する政党その他の政治団体は、第八十七条第一項の規定にかかわらず、当該衆議院（比例代表選出）議員の選挙と同時に行われる衆議院（小選挙区選出）議員の選挙における当該政党その他の政治団体の届出に係る当該衆議院（比例代表選出）議員の選挙区の区域内にある衆議院（小選挙区選出）議員の選挙区における候補者（候補者となるべき者を含む。次項及び第六項において同じ。）を、当該衆議院（比例代表選出）議員の選挙において、当該政党その他の政治団体の届出に係る衆議院名簿の衆議院名簿登載者とすることができる。

⑤ 各衆議院名簿の衆議院名簿登載者（当該選挙と同時に行われる衆議院小選挙区選出議員の選挙における候補者であつて、前項の規定により、当該衆議院名簿の衆議院名簿登載者とされたものを除く。）の数は、選挙区ごとに、当該衆議院（比例代表選出）議員の選挙において選挙すべき議員の数を超えることができない。

⑥ 第一項第一号又は第二号に該当する政党その他の政治団体が、第四項の規定により、当該選挙と同時に行われる衆議院（小選挙区選出）議員の選挙における候補者を二人以上当該政党その他の政治団体の届出に係る衆議院名簿の衆議院名簿登載者とする場合には、第一項の規定にかかわらず、それらの者の全部又は一部について当選人となるべき順位を同一のものとすることができる。

⑦ 当該選挙の期日までに、次の各号のいずれかに該当する事由が生じたことを知つたときは、選挙長は、第一項の規定による届出に係る衆議院名簿における当該衆議院名簿登載者に係る記載を抹消するとともに、直ちにその旨を当該衆議院名簿届出政党等に通知しなければならない。衆議院名簿登載者につき除名、離党その他の事由により当該衆議院名簿届出政党等に所属する者でなくなつた旨の届出が当該選挙の期日の前日までに当該衆議院名簿届出政党等から文書でされたときも、また同様とする。

一 衆議院名簿登載者が死亡したこと。

二 衆議院名簿登載者が第八十六条の八第一項、第八十七条第一項若しくは第四項又は第八十八条の規定により公職の候補者となり、又は公職の候補者であることができない者であること。

三 衆議院名簿登載者が第九十一条第三項又は第百三条第四項の規定に該当するに至つたこと。

四 第一項第一号又は第二号に該当する政党その他の政治団体が、第四項の規定により、当該選挙と同時に行われる衆議院（小選挙区選出）議員の選挙における候補者（候補者となるべき者を含む。）を当該政党その他の政治団体の届出に係る衆議院名簿の衆議院名簿登載者とした場合において、当該衆議院名簿登載者が当該衆議院（小選挙区選出）議員の選挙区の区域内にある衆議院（比例代表選出）議員の選挙区における候補者でなくなり、又は第一項若しくは第九項の規定による届出のあつた日において当該衆議院（比例代表選出）議員の選挙区の区域内にある衆議院（小選挙区選出）議員の選挙区における候補者とならなかつたこと。

⑧ 前項後段の文書には、当該届出に係る事由が、除名である場合にあつては当該除名の手続を記載した文書及び当該除名が適正に行われたことを代表者が誓う旨の宣誓書を、離党である場合にあつては当該衆議院名簿登載者が衆議院名簿届出政党等に提出した離党届の写しを、その他の事由である場合にあつては当該事由を証する文書を、それぞれ、添えなければならない。

⑨ 第一項の規定による届出の後（この項の規定による届出があつたときは、当該届出の後）衆議院名簿登載者でなくなつた者の数が第一項の規定による届出の時における衆議院名簿登載者

の数の四分の一に相当する数を超えるに至つたときは、衆議院名簿届出政党等は、当該選挙の期日前十日までの間に、同項及び第二項（第二号から第四号までを除く。）の規定の例により、当該衆議院名簿登載者でなくなつた者の数を超えない範囲内において、衆議院名簿登載者の補充の届出をすることができる。この場合においては、当該届出の際現に衆議院名簿登載者である者の当選人となるべき順位をも変更することができる。

⑩　衆議院名簿届出政党等は、前項に規定する日までに、郵便等によることなく、文書で選挙長に届け出ることにより、衆議院名簿を取り下げることができる。この場合においては、取下げの事由を証する文書を添えなければならない。

⑪　第一項の規定による届出が同項各号のいずれにも該当しない政党その他の政治団体によつてされたものであること若しくは第三項若しくは第五項若しくは第八十七条第五項の規定に違反してされたものであることを知つたとき又は第一項の規定による届出に係る衆議院名簿につき第九項に規定する期限経過後において衆議院名簿登載者の全員が第七項の規定により当該衆議院名簿における記載を抹消すべき者であることを知つたときは、選挙長は、当該届出を却下しなければならない。

⑫　第九項の規定による届出が同項の規定に違反してされたものであること又は当該届出の結果当該衆議院名簿登載者の数が第五項の規定に違反することとなつたことを知つたときは、選挙長は、当該届出を却下しなければならない。

⑬　第一項、第九項若しくは第十項の規定による届出があつたとき、第七項の規定により衆議院名簿における衆議院名簿登載者に係る記載を抹消したとき又は第十一項若しくは前項の規定により届出を却下したときは、選挙長は、直ちにその旨を告示するとともに、中央選挙管理会に報告しなければならない。

⑭　第一項第一号に規定する衆議院議員又は参議院議員の数の算定、同項第二号に規定する政党その他の政治団体の得票総数の算定その他同項の規定の適用について必要な事項は、政令で定める。

（参議院比例代表選出議員の選挙における名簿による立候補の届出等）

第八六条の三①　参議院（比例代表選出）議員の選挙においては、次の各号のいずれかに該当する政党その他の政治団体は、当該政党その他の政治団体の名称（一の略称を含む。）及びその所属する者（当該政党その他の政治団体が推薦する者を含む。第九十八条第三項において同じ。）の氏名を記載した文書（以下「参議院名簿」という。）を選挙長に届け出ることにより、その参議院名簿に記載されている者（以下「参議院名簿登載者」という。）を当該選挙における候補者とすることができる。この場合においては、候補者とする者のうちの一部の者について、優先的に当選人となるべき候補者として、その氏名及びそれらの者の間における当選人となるべき順位をその他の候補者とする者の氏名と区分してこの項の規定により届け出る文書に記載することができる。

一　当該政党その他の政治団体に所属する衆議院議員又は参議院議員を五人以上有すること。

二　直近において行われた衆議院議員の総選挙における小選挙区選出議員の選挙若しくは比例代表選出議員の選挙又は参議院議員の通常選挙における比例代表選出議員の選挙若しくは選挙区選出議員の選挙における当該政党その他の政治団体の得票総数が当該選挙における有効投票の総数の百分の二以上であること。

三　当該参議院議員の選挙において候補者（この項の規定による届出をすることにより候補者となる参議院名簿登載者を含む。）を十人以上有すること。

②　（略）

（衆議院議員又は参議院比例代表選出議員の選挙以外の選挙における候補者の立候補の届出等）

第八六条の四①　公職の候補者（衆議院議員又は参議院比例代表選出議員の候補者を除く。以下この条において同じ。）となろうとする者は、当該選挙の期日の公示又は告示があつた日に、郵便等によることなく、文書でその旨を当該選挙長に届け出なければならない。

②　選挙人名簿に登録された者が他人を公職の候補者としようとするときは、本人の承諾を得て、前項の公示又は告示があつた日に、郵便等によることなく、文書でその推薦の届出をすることができる。

③　前二項の文書には、公職の候補者となるべき者の氏名、本籍、住所、生年月日、職業及び所属する政党その他の政治団体の名称（二以上の政党その他の政治団体に所属するときは、いずれか一の政党その他の政治団体の名称とし、次項に規定する証明書に係る政党その他の政治団体の名称をいうものとする。）その他政令で定める事項を記載しなければならない。

④　第一項及び第二項の文書には、次の各号に掲げる選挙の区分に応じ当該各号に定める宣誓書、所属する政党その他の政治団体の名称を記載する場合にあつては当該記載に関する当該政党その他の政治団体の証明書（参議院選挙区選出議員の候補者については、当該政党その他の政治団体の代表者の証明書）その他政令で定める文書を添えなければならない。

一　参議院（選挙区選出）議員の選挙　第八十六条の八第一項、第八十七条第一項、第八十七条の二、第二百五十一条の二又は第二百五十一条の三の規定により当該選挙において公職の候補者となることができない者でないことを当該公職の候補者となるべき者が誓う旨の宣誓書

二　都道府県の議会の議員の選挙　当該選挙の期日において第九条第二項又は第三項に規定する住所に関する要件を満たす者であると見込まれること及び第八十六条の八第一項、第八十七条第一項、第二百五十一条の二又は第二百五十一条の三の規定により当該選挙において公職の候補者となることができない者でないことを当該公職の候補者となるべき者が誓う旨の宣誓書

三　市町村の議会の議員の選挙　当該選挙の期日において第九条第二項に規定する住所に関する要件を満たす者であると見込まれること及び第八十六条の八第一項、第八十七条第一項、第二百五十一条の二又は第二百五十一条の三の規定により当該選挙において公職の候補者となることができない者でないことを当該公職の候補者となるべき者が誓う旨の宣誓書

四　地方公共団体の長の選挙　第八十六条の八第一項、第八十七条第一項、第二百五十一条の二又は第二百五十一条の三の規定により当該選挙において公職の候補者となることができない者でないことを当該公職の候補者となるべき者が誓う旨の宣誓書

⑤　参議院（選挙区選出）議員又は地方公共団体の議会の議員の選挙については、第一項の公示又は告示があつた日に届出のあつた公職の候補者が、その選挙における議員の定数を超える場合において、その日後、当該候補者が死亡し又は公職の候補者たることを辞したものとみなされたときは、前各項の規定の例により、参議院（選挙区選出）議員又は都道府県若しくは市の議会の議員の選挙にあつてはその選挙の期日前三日までに、町村の議会の議員の選挙にあつてはその選挙の期日前二日までに、当該選挙における公職の候補者の届出をすることができる。

⑥　地方公共団体の長の選挙については、第一項の告示があつた日に届出のあつた候補者が二人以上ある場合において、その日後、当該候補者が死亡し又は候補者たることを辞したものとみなされたときは、第一項から第四項までの規定の例により、都道府県知事又は市長の選挙にあつてはその選挙の期日前三日までに、町村の長の選挙にあつてはその選挙の期日前二日までに、当該選挙における候補者の届出をすることができる。

⑦　地方公共団体の長の選挙について第一項、第二項又は前項の規定により届出のあつた候補者が二人以上ある場合において、その選挙の期日の前日までに、当該候補者が死亡し又は候補者たることを辞したものとみなされたため候補者が一人となつた

ときは、選挙の期日は、第三十三条第五項（第三十四条の二第五項において準用する場合を含む。）、第三十四条第六項又は第百十九条第三項の規定により告示した期日後五日に当たる日に延期するものとする。この場合においては、当該選挙に関する事務を管理する選挙管理委員会は、直ちにその旨を告示しなければならない。

⑧ 前項又は第百二十六条第二項の場合においては、その告示があつた日から当該選挙の期日前三日までに、第一項から第四項までの規定の例により、当該地方公共団体の長の候補者の届出をすることができる。

⑨ 第一項、第二項、第五項、第六項又は前項の規定により届出のあつた者が第八十六条の八第一項、第八十七条第一項、第八十七条の二、第八十八条、第二百五十一条の二又は第二百五十一条の三の規定により当該選挙において公職の候補者となり、又は公職の候補者であることができない者であることを知つたときは、選挙長は、その届出を却下しなければならない。

⑩ 公職の候補者は、第一項又は第二項の規定により届出のあつた公職の候補者にあつては第一項の公示又は告示があつた日に、第五項、第六項又は第八項の規定により届出のあつた公職の候補者にあつては当該各項に定める日までに選挙長に届出をしなければ、その候補者たることを辞することができない。

⑪ 第一項、第二項、第五項、第六項、第八項若しくは前項の規定による届出があつたとき、第九項の規定により届出を却下したとき又は公職の候補者が死亡し、若しくは第九十一条第二項若しくは第百三条第四項の規定に該当するに至つたことを知つたときは、選挙長は、直ちにその旨を告示するとともに、当該選挙に関する事務を管理する選挙管理委員会（参議院合同選挙区選挙については、当該選挙に関する事務を管理する参議院合同選挙区選挙管理委員会）に報告しなければならない。

（候補者の選定の手続の届出等）

第八六条の五① 第八十六条第一項各号のいずれかに該当する政党その他の政治団体は、当該政党その他の政治団体の衆議院（小選挙区選出）議員の候補者となるべき者の選定及び衆議院名簿登載者の選定（以下この条において「候補者の選定」という。）の手続を定めたときは、その日から七日以内に、郵便等によることなく、文書でその旨を総務大臣に届け出なければならない。

② 前項の文書には、当該政党その他の政治団体の名称、本部の所在地及び代表者の氏名並びに候補者の選定を行う機関の名称、その構成員の選出方法及び候補者の選定の手続を記載するものとする。

③ 第一項の文書には、当該政党その他の政治団体の綱領、党則、規約その他これらに相当するものを記載した文書及び第八十六条第一項各号のいずれかに該当することを証する政令で定める文書を添えなければならない。

④ 第一項の規定による届出をした政党その他の政治団体は、同項の規定により届け出た事項に異動があつたときは、その異動の日から七日以内に、郵便等によることなく、文書でその異動に係る事項を総務大臣に届け出なければならない。

⑤ 総務大臣は、第一項の規定による届出があつたときは、速やかに、当該届出に係る政党その他の政治団体の名称、本部の所在地及び代表者の氏名並びに候補者の選定を行う機関の名称、その構成員の選出方法及び候補者の選定の手続を告示しなければならない。これらの事項につき前項の規定による届出があつた場合も、同様とする。

⑥ 第一項の規定による届出をした政党その他の政治団体は、第三項の文書の内容に異動があつたときは、その異動の日から七日以内に、文書でその異動に係る事項を総務大臣に届け出なければならない。

⑦ 第一項の規定による届出をした政党その他の政治団体が解散し、又は第八十六条第一項各号のいずれかに該当する政党その他の政治団体でなくなつたときは、その代表者は、その事実が生じた日から七日以内に、文書でその旨を総務大臣に届け出なければならない。この場合においては、総務大臣は、その旨の告示をしなければならない。

（衆議院比例代表選出議員の選挙における政党その他の政治団体の名称の届出等）

第八六条の六① 第八十六条の二第一項に規定する政党その他の政治団体のうち同項第一号又は第二号に該当する政党その他の政治団体は、衆議院議員の総選挙の期日から三十日以内（当該期間が衆議院の解散の日にかかる場合にあつては、当該解散の日までの間）に、郵便等によることなく、文書で、当該政党その他の政治団体の名称及び一の略称を中央選挙管理会に届け出るものとする。この場合において、当該名称及び略称は、その代表者若しくはいずれかの選挙区において衆議院名簿登載者としようとする者の氏名が表示され、又はそれらの者の氏名が類推されるような名称及び略称であつてはならない。

② 第八十六条の二第一項に規定する政党その他の政治団体のうち同項第一号又は第二号に該当する政党その他の政治団体は、衆議院議員の総選挙の期日後二十四日を経過する日から当該衆議院議員の任期満了の日前九十日に当たる日又は衆議院の解散の日のいずれか早い日までの間に同項第一号又は第二号に該当することとなつたときは、前項前段の規定にかかわらず、その該当することとなつた日から七日以内（当該期間が衆議院の解散の日にかかる場合にあつては、当該解散の日までの間）に、郵便等によることなく、文書で、当該政党その他の政治団体の名称及び一の略称を中央選挙管理会に届け出るものとする。この場合においては、同項後段の規定を準用する。

③ 前二項の文書には、当該政党その他の政治団体の名称及び一の略称、本部の所在地、代表者の氏名その他政令で定める事項を記載しなければならない。

④ 第一項及び第二項の文書には、当該政党その他の政治団体の綱領、党則、規約その他これらに相当するものを記載した文書及び当該政党その他の政治団体が第八十六条の二第一項第一号又は第二号に該当することを証する政令で定める文書を添えなければならない。

⑤ 第一項又は第二項の規定による届出をした政党その他の政治団体は、これらの規定による届出をした日後衆議院議員の任期満了の日前九十日に当たる日又は衆議院の解散の日のいずれか早い日までの間に、これらの規定により届け出た事項に異動があつたときは、その異動の日から七日以内（当該期間が衆議院の解散の日にかかる場合にあつては、当該解散の日までの間）に、郵便等によることなく、文書でその異動に係る事項を中央選挙管理会に届け出なければならない。

⑥ 中央選挙管理会は、第一項又は第二項の規定による届出があつたときは、速やかに、これらの規定による届出に係る政党その他の政治団体の名称及び略称、本部の所在地並びに代表者の氏名を告示しなければならない。これらの事項につき前項の規定による届出があつたときも、同様とする。

⑦ 第一項又は第二項の規定による届出をした政党その他の政治団体は、第四項の文書の内容に異動があつたときは、その異動の日から七日以内に、文書でその異動に係る事項を中央選挙管理会に届け出なければならない。

⑧ 第一項又は第二項の規定による届出をした政党その他の政治団体が、これらの規定による届出をした日後衆議院議員の任期満了の日前九十日に当たる日又は衆議院の解散の日のいずれか早い日までの間に、解散し又は第八十六条の二第一項第一号若しくは第二号に該当する政党その他の政治団体でなくなつたときは、その代表者は、その事実が生じた日から七日以内に、文書でその旨を中央選挙管理会に届け出なければならない。この場合においては、中央選挙管理会は、その旨の告示をしなければならない。

⑨ 第一項又は第二項の規定による届出をした政党その他の政治団体は、衆議院議員の任期満了の日前九十日に当たる日又は衆議院の解散の日のいずれか早い日後においても、郵便等によることなく、文書で、中央選挙管理会に当該届出を撤回する旨の

届出をすることができる。この場合においては、中央選挙管理会は、その旨の告示をしなければならない。

⑩ 衆議院（比例代表選出）議員の再選挙及び補欠選挙における第一項、第二項、第五項又は第七項から前項までの規定の適用について必要な事項は、政令で定める。

（参議院比例代表選出議員の選挙における政党その他の政治団体の名称の届出等）

第八六条の七① 第八十六条の三第一項に規定する政党その他の政治団体のうち同項第一号又は第二号に該当する政党その他の政治団体は、参議院議員の任期満了の日前九十日に当たる日から七日を経過する日までの間に、郵便等によることなく、文書で、当該政党その他の政治団体の名称及び一の略称を中央選挙管理会に届け出るものとする。この場合において、当該名称及び略称は、その代表者若しくは参議院名簿登載者としようとする者の氏名が表示され、又はそれらの者の氏名が類推されるような名称及び略称であつてはならない。

② 前項の文書には、当該政党その他の政治団体の名称及び一の略称、本部の所在地、代表者の氏名その他政令で定める事項を記載しなければならない。

③ 第一項の文書には、当該政党その他の政治団体の綱領、党則、規約その他これらに相当するものを記載した文書及び当該政党その他の政治団体が第八十六条の三第一項第一号又は第二号に該当することを証する政令で定める文書を添えなければならない。

④ 中央選挙管理会は、第一項の期間経過後速やかに、同項の規定による届出に係る政党その他の政治団体の名称及び略称、本部の所在地並びに代表者の氏名を告示しなければならない。

⑤ 第一項の規定による届出をした政党その他の政治団体は、前項の規定による告示があつた日以後においても、郵便等によることなく文書で、中央選挙管理会に当該届出を撤回する旨の届出をすることができる。この場合においては、中央選挙管理会は、その旨の告示をしなければならない。

⑥ 参議院（比例代表選出）議員の再選挙及び補欠選挙における第一項の規定の適用について必要な事項は、政令で定める。

（被選挙権のない者等の立候補の禁止）

第八六条の八① 第十一条第一項、第十一条の二若しくは第二百五十二条又は政治資金規正法第二十八条の規定により被選挙権を有しない者は、公職の候補者となり、又は公職の候補者であることができない。

② 第二百五十一条の二第一項各号に掲げる者又は第二百五十一条の三第一項に規定する組織的選挙運動管理者等の選挙に関する犯罪により公職の候補者となり、又は公職の候補者であることができない者については、これらの条の定めるところによる。

（重複立候補等の禁止）

第八七条① 一の選挙において公職の候補者となつた者は、同時に、他の選挙における公職の候補者となることができない。

② 衆議院（小選挙区選出）議員の選挙において、一の政党その他の政治団体の届出に係る候補者は、当該選挙において、同時に、他の政党その他の政治団体の届出に係る候補者であることができない。

③ 衆議院（小選挙区選出）議員の選挙において、候補者届出政党は、一の選挙区においては、重ねて候補者の届出をすることができない。

④ 一の衆議院名簿の公職の候補者たる衆議院名簿登載者は、当該選挙において、同時に、他の衆議院名簿の公職の候補者たる衆議院名簿登載者であることができない。

⑤ 衆議院（比例代表選出）議員の選挙において、衆議院名簿届出政党等は、一の選挙区においては、重ねて衆議院名簿を届け出ることができない。

⑥ 前二項の規定は、参議院（比例代表選出）議員の選挙について準用する。（後略）

（衆議院小選挙区選出議員又は参議院選挙区選出議員たることを辞した者等の立候補制限）

第八七条の二 国会法（昭和二十二年法律第七十九号）第百七条の規定により衆議院（小選挙区選出）議員若しくは参議院（選挙区選出）議員たることを辞した者又は第九十条の規定により衆議院（小選挙区選出）議員若しくは参議院（選挙区選出）議員たることを辞したものとみなされた者は、当該辞し、又は辞したものとみなされたことにより生じた欠員について行われる補欠選挙（通常選挙と合併して一の選挙として行われる選挙を除く。）における候補者となることができない。

（選挙事務関係者の立候補制限）

第八八条 左の各号に掲げる者は、在職中、その関係区域内において、当該選挙の公職の候補者となることができない。

一 投票管理者
二 開票管理者
三 選挙長及び選挙分会長

（公務員の立候補制限）

第八九条① 国若しくは地方公共団体の公務員又は行政執行法人（独立行政法人通則法（平成十一年法律第百三号）第二条第四項に規定する行政執行法人をいう。以下同じ。）若しくは特定地方独立行政法人（地方独立行政法人法（平成十五年法律第百十八号）第二条第二項に規定する特定地方独立行政法人をいう。以下同じ。）の役員若しくは職員は、在職中、公職の候補者となることができない。ただし、次の各号に掲げる公務員（行政執行法人又は特定地方独立行政法人の役員及び職員を含む。次条及び第百三条第三項において同じ。）は、この限りでない。

一 内閣総理大臣その他の国務大臣、内閣官房副長官、内閣総理大臣補佐官、副大臣、大臣政務官及び大臣補佐官
二 技術者、監督者及び行政事務を担当する者以外の者で、政令で指定するもの
三 専務として委員、顧問、参与、嘱託員その他これらに準ずる職にある者で臨時又は非常勤のものにつき、政令で指定するもの
四 消防団長その他の消防団員（常勤の者を除く。）及び水防団長その他の水防団員（常勤の者を除く。）
五 地方公営企業等の労働関係に関する法律（昭和二十七年法律第二百八十九号）第三条第四号に規定する職員で、政令で指定するもの

② 衆議院議員の任期満了による総選挙又は参議院議員の通常選挙が行われる場合においては、当該衆議院議員又は参議院議員は、前項本文の規定にかかわらず、在職中その選挙における公職の候補者となることができる。地方公共団体の議会の議員又は長の任期満了による選挙が行われる場合において当該議員又は長がその選挙における公職の候補者となる場合も、また同様とする。

③ 第一項本文の規定は、同項第一号、第二号、第四号及び第五号に掲げる者並びに前項に規定する者がその職に伴い兼ねている国若しくは地方公共団体の公務員又は行政執行法人若しくは特定地方独立行政法人の役員若しくは職員たる地位に影響を及ぼすものではない。

（立候補のための公務員の退職）

第九〇条 前条の規定により公職の候補者となることができない公務員が、第八十六条第一項から第三項まで若しくは第八項、第八十六条の二第一項若しくは第九項、第八十六条の三第一項若しくは同条第二項において準用する第八十六条の二第九項又は第八十六条の四第一項、第二項、第五項、第六項若しくは第八項の規定による届出により公職の候補者となつたときは、当該届出の日に当該公務員たることを辞したものとみなす。

（公務員となつた候補者の取扱い）

第九一条① 第八十六条第一項又は第八項の規定により候補者として届出のあつた者（候補者届出政党の届出に係るものに限る。）が、第八十八条又は第八十九条の規定により公職の候補者となることができない者となつたときは、当該届出は、取り下

げられたものとみなす。

② 第八十六条第二項、第三項若しくは第八項又は第八十六条の四第一項、第二項、第五項、第六項若しくは第八項の規定により公職の候補者として届出のあつた者（候補者届出政党の届出に係るものを除く。）が、第八十八条又は第八十九条の規定により公職の候補者となることができない者となつたときは、その候補者たることを辞したものとみなす。

③ 衆議院（比例代表選出）議員又は参議院（比例代表選出）議員の選挙において、衆議院名簿登載者又は参議院名簿登載者が第八十八条又は第八十九条の規定により公職の候補者となることができない者となつたときは、その者は、公職の候補者たる衆議院名簿登載者又は参議院名簿登載者でなくなるものとする。

（供託）

第九十二条① 第八十六条第一項から第三項まで若しくは第八項又は第八十六条の四第一項、第二項、第五項、第六項若しくは第八項の規定により公職の候補者の届出をしようとするものは、公職の候補者一人につき、次の各号の区分による金額又はこれに相当する額面の国債証書（その権利の帰属が社債、株式等の振替に関する法律（平成十三年法律第七十五号）の規定による振替口座簿の記載又は記録により定まるものとされるものを含む。以下この条において同じ。）を供託しなければならない。

一 衆議院（小選挙区選出）議員の選挙　三百万円
二 参議院（選挙区選出）議員の選挙　三百万円
三 都道府県の議会の議員の選挙　六十万円
四 都道府県知事の選挙　三百万円
五 指定都市の議会の議員の選挙　五十万円
六 指定都市の長の選挙　二百四十万円
七 指定都市以外の市の議会の議員の選挙　三十万円
八 指定都市以外の市の長の選挙　百万円
九 町村の議会の議員の選挙　十五万円
十 町村長の選挙　五十万円

② 第八十六条の二第一項の規定により届出をしようとする政党その他の政治団体は、選挙区ごとに、当該衆議院名簿の衆議院名簿登載者一人につき、六百万円（当該衆議院名簿登載者が当該衆議院比例代表選出議員の選挙と同時に行われる衆議院小選挙区選出議員の選挙における候補者（候補者となるべき者を含む。）である場合にあつては、三百万円）又はこれに相当する額面の国債証書を供託しなければならない。

③ 第八十六条の三第一項の規定により届出をしようとする政党その他の政治団体は、当該参議院名簿の参議院名簿登載者一人につき、六百万円又はこれに相当する額面の国債証書を供託しなければならない。

（公職の候補者に係る供託物の没収）

第九十三条① 第八十六条第一項から第三項まで若しくは第八項又は第八十六条の四第一項、第二項、第五項、第六項若しくは第八項の規定により届出のあつた公職の候補者の得票数が、その選挙において、次の各号の区分による数に達しないときは、前条第一項の供託物は、衆議院（小選挙区選出）議員又は参議院（選挙区選出）議員の選挙にあつては国庫に、地方公共団体の議会の議員又は長の選挙にあつては当該地方公共団体に帰属する。

一 衆議院（小選挙区選出）議員の選挙　有効投票の総数の十分の一
二 参議院（選挙区選出）議員の選挙　通常選挙における当該選挙区内の議員の定数をもつて有効投票の総数を除して得た数の八分の一。ただし、選挙すべき議員の数が通常選挙における当該選挙区内の議員の定数を超える場合においては、その選挙すべき議員の数をもつて有効投票の総数を除して得た数の八分の一
三 地方公共団体の議会の議員の選挙　当該選挙区内の議員の定数（選挙区がないときは、議員の定数）をもつて有効投票の総数を除して得た数の十分の一
四 地方公共団体の長の選挙　有効投票の総数の十分の一

② 前項の規定は、同項に規定する公職の候補者の届出が取り下げられ、又は公職の候補者が当該候補者たることを辞した場合（第九十一条第一項又は第二項の規定に該当するに至つた場合を含む。）及び前項に規定する公職の候補者の届出が第八十六条第九項又は第八十六条の四第九項の規定により却下された場合に、準用する。

（名簿届出政党等に係る供託物の没収）

第九十四条① 衆議院（比例代表選出）議員の選挙において、衆議院名簿届出政党等につき、選挙区ごとに、三百万円に第一号に掲げる数を乗じて得た金額と六百万円に第二号に掲げる数を乗じて得た金額を合算して得た額が当該衆議院名簿届出政党等に係る第九十二条第二項の供託物の額に達しないときは、当該供託物のうち、当該供託物の額から当該合算して得た額を減じて得た額に相当する額の供託物は、国庫に帰属する。

一 当該衆議院名簿届出政党等の届出に係る衆議院名簿の衆議院名簿登載者のうち、当該選挙と同時に行われた衆議院（小選挙区選出）議員の選挙の当選人とされた者の数
二 当該衆議院名簿届出政党等に係る当選人の数に二を乗じて得た数

② 第八十六条の二第十項の規定により衆議院名簿を取り下げ、又は同条第十一項の規定により同条第一項の規定による届出を却下された政党その他の政治団体に係る第九十二条第二項の供託物は、国庫に帰属する。

③ 参議院（比例代表選出）議員の選挙において、参議院名簿届出政党等につき、第一号に掲げる数が第二号に掲げる数に達しないときは、当該参議院名簿届出政党等に係る第九十二条第三項の供託物のうち六百万円に同号に掲げる数から第一号に掲げる数を減じて得た数を乗じて得た金額に相当する額の供託物は、国庫に帰属する。

一 当該参議院名簿届出政党等に係る当選人の数に二を乗じて得た数
二 第八十六条の三第一項の規定による届出のときにおける参議院名簿登載者の数

④ 第八十六条の三第二項において準用する第八十六条の二第十項の規定により参議院名簿を取り下げ、又は第八十六条の三第二項において準用する第八十六条の二第十一項の規定により第八十六条の三第一項の規定による届出を却下された政党その他の政治団体に係る第九十二条第三項の供託物は、国庫に帰属する。

第十章　当選人（抄）

（衆議院比例代表選出議員又は参議院比例代表選出議員の選挙以外の選挙における当選人）

第九十五条① 衆議院（比例代表選出）議員又は参議院（比例代表選出）議員の選挙以外の選挙においては、有効投票の最多数を得た者をもつて当選人とする。ただし、次の各号の区分による得票がなければならない。

一 衆議院（小選挙区選出）議員の選挙　有効投票の総数の六分の一以上の得票
二 参議院（選挙区選出）議員の選挙　通常選挙における当該選挙区内の議員の定数をもつて有効投票の総数を除して得た数の六分の一以上の得票。ただし、選挙すべき議員の数が通常選挙における当該選挙区内の議員の定数を超える場合においては、その選挙すべき議員の数をもつて有効投票の総数を除して得た数の六分の一以上の得票

三　地方公共団体の議会の議員の選挙　当該選挙区内の議員の定数（選挙区がないときは、議員の定数）をもつて有効投票の総数を除して得た数の四分の一以上の得票

四　地方公共団体の長の選挙　有効投票の総数の四分の一以上の得票

② 当選人を定めるに当り得票数が同じであるときは、選挙会において、選挙長がくじで定める。

（衆議院比例代表選出議員の選挙における当選人の数及び当選人）

第九五条の二① 衆議院（比例代表選出）議員の選挙においては、各衆議院名簿届出政党等の得票数を一から当該衆議院名簿届出政党等に係る衆議院名簿登載者（当該選挙の期日において公職の候補者たる者に限る。第百三条第四項を除き、以下この章及び次章において同じ。）の数に相当する数までの各整数で順次除して得たすべての商のうち、その数値の最も大きいものから順次に数えて当該選挙において選挙すべき議員の数に相当する数になるまでにある商で各衆議院名簿届出政党等の得票数に係るものの個数をもつて、それぞれの衆議院名簿届出政党等の当選人の数とする。

② 前項の場合において、二以上の商が同一の数値であるため同項の規定によつてはそれぞれの衆議院名簿届出政党等に係る当選人の数を定めることができないときは、それらの商のうち、当該選挙において選挙すべき議員の数に相当する数になるまでにあるべき商を、選挙会において、選挙長がくじで定める。

③ 衆議院名簿において、第八十六条の二第六項の規定により二人以上の衆議院名簿登載者について当選人となるべき順位が同一のものとされているときは、当該当選人となるべき順位が同一のものとされた者の間における当選人となるべき順位は、当該選挙と同時に行われた衆議院（小選挙区選出）議員の選挙における得票数の当該選挙区における有効投票の最多数を得た者に係る得票数に対する割合の最も大きい者から順次に定める。この場合において、当選人となるべき順位が同一のものとされた衆議院名簿登載者のうち、当該割合が同じであるものがあるときは、それらの者の間における当選人となるべき順位は、選挙会において、選挙長がくじで定める。

④ 衆議院（比例代表選出）議員の選挙においては、各衆議院名簿届出政党等の届出に係る衆議院名簿登載者のうち、それらの者の間における当選人となるべき順位に従い、第一項及び第二項の規定により定められた当該衆議院名簿届出政党等の当選人の数に相当する数の衆議院名簿登載者を、当選人とする。

⑤ 第一項、第二項及び前項の場合において、当該選挙と同時に行われた衆議院（小選挙区選出）議員の選挙の当選人とされた衆議院名簿登載者があるときは、当該衆議院名簿登載者は、衆議院名簿に記載されていないものとみなして、これらの規定を適用する。

⑥ 第一項、第二項及び第四項の場合において、当該選挙と同時に行われた衆議院（小選挙区選出）議員の選挙においてその得票数が第九十三条第一項第一号に規定する数に達しなかつた衆議院名簿登載者があるときは、当該衆議院名簿登載者は、衆議院名簿に記載されていないものとみなして、これらの規定を適用する。

（参議院比例代表選出議員の選挙における当選人の数及び当選人となるべき順位並びに当選人）

第九五条の三① 参議院（比例代表選出）議員の選挙においては、各参議院名簿届出政党等の得票数（当該参議院名簿届出政党等に係る各参議院名簿登載者（当該選挙の期日において公職の候補者たる者に限る。第百三条第四項を除き、以下この章及び次章において同じ。）の得票数を含むものをいう。）を一から当該参議院名簿届出政党等に係る参議院名簿登載者の数に相当する数までの各整数で順次除して得たすべての商のうち、その数値の最も大きいものから順次に数えて当該選挙において選挙すべき議員の数に相当する数になるまでにある商で各参議院名簿届出政党等の得票数（当該参議院名簿届出政党等に係る各参議院名簿登載者の得票数を含むものをいう。）に係るものの個数をもつて、それぞれの参議院名簿届出政党等の当選人の数とする。

② 前項の場合において、二以上の商が同一の数値であるため同項の規定によつてはそれぞれの参議院名簿届出政党等に係る当選人の数を定めることができないときは、それらの商のうち、当該選挙において選挙すべき議員の数に相当する数になるまでにあるべき商を、選挙会において、選挙長がくじで定める。

③ 各参議院名簿届出政党等（次項に規定する参議院名簿届出政党等を除く。）の届出に係る参議院名簿において、参議院名簿登載者の間における当選人となるべき順位は、その得票数の最も多い者から順次に定める。この場合において、その得票数が同じである者があるときは、それらの者の間における当選人となるべき順位は、選挙会において、選挙長がくじで定める。

④ 参議院名簿届出政党等であつて、その届出に係る参議院名簿登載者のうちに第八十六条の三第一項後段の規定により優先的に当選人となるべき候補者としてその氏名及び当選人となるべき順位が参議院名簿に記載されている者である参議院名簿登載者があるものの届出に係る各参議院名簿において、当該参議院名簿登載者の当選人となるべき順位は、その他の参議院名簿登載者の当選人となるべき順位より上位とし、当該その他の参議院名簿登載者の間における当選人となるべき順位は、その得票数の最も多い者から順次に定める。この場合において、当該その他の参議院名簿登載者のうちにその得票数が同じである者があるときは、前項後段の規定を準用する。

⑤ 参議院（比例代表選出）議員の選挙においては、各参議院名簿届出政党等の届出に係る参議院名簿登載者のうち、それらの者の間における当選人となるべき順位に従い、第一項及び第二項の規定により定められた当該参議院名簿届出政党等の当選人の数に相当する数の参議院名簿登載者を、当選人とする。

（当選人の更正決定）

第九六条 第二百六条、第二百七条第一項又は第二百八条第一項の規定による異議の申出、審査の申立て又は訴訟の結果、再選挙を行わないで当選人（衆議院比例代表選出議員の選挙にあつては衆議院名簿届出政党等に係る当選人の数又は当選人、参議院比例代表選出議員の選挙にあつては参議院名簿届出政党等に係る当選人の数若しくは当選人となるべき順位又は当選人。以下この条において同じ。）を定めることができる場合においては、直ちに選挙会を開き、当選人を定めなければならない。

（衆議院比例代表選出議員又は参議院比例代表選出議員の選挙以外の選挙における当選人の繰上補充）

第九七条① 衆議院（比例代表選出）議員又は参議院（比例代表選出）議員の選挙以外の選挙について、当選人が死亡者であるとき又は第九十九条、第百三条第二項若しくは第四項若しくは第百四条の規定により当選を失つたときは、直ちに選挙会を開き、第九十五条第一項ただし書の規定による得票者で当選人とならなかつたもの（衆議院小選挙区選出議員又は地方公共団体の長の選挙については、同条第二項の規定の適用を受けた得票者で当選人とならなかつたもの）の中から当選人を定めなければならない。

② 参議院（選挙区選出）議員又は地方公共団体の議会の議員の選挙について、第百九条第五号若しくは第六号の事由がその選挙の期日から三箇月以内に生じた場合において第九十五条第一項ただし書の規定による得票者で当選人とならなかつたものがあるとき又はこれらの事由がその選挙の期日から三箇月経過後に生じた場合において同条第二項の規定の適用を受けた得票者で当選人とならなかつたものがあるときは、直ちに選挙会を開き、その者の中から当選人を定めなければならない。

③ 衆議院（小選挙区選出）議員又は地方公共団体の長の選挙について、第百九条第五号又は第六号の事由が生じた場合において、第九十五条第二項の規定の適用を受けた得票者で当選人と

ならなかつたものがあるときは、直ちに選挙会を開き、その者の中から当選人を定めなければならない。

（衆議院比例代表選出議員又は参議院比例代表選出議員の選挙における当選人の繰上補充）

第九七条の二① 衆議院（比例代表選出）議員の選挙について、当選人が死亡者である場合、第九十九条、第九十九条の二第一項（同条第五項において準用する場合を含む。）若しくは第百三条第二項若しくは第四項の規定により当選を失つた場合又は第二百五十一条、第二百五十一条の二若しくは第二百五十一条の三の規定により当選が無効となつた場合において、当該当選人に係る衆議院名簿の衆議院名簿登載者で当選人とならなかつたものがあるときは、直ちに選挙会を開き、その者の中から、その衆議院名簿における当選人となるべき順位に従い、当選人を定めなければならない。

② 第九十五条の二第五項及び第六項の規定は、前項の場合について準用する。

③ 第一項の規定は、参議院（比例代表選出）議員の選挙について準用する。（後略）

（被選挙権の喪失と当選人の決定等）

第九八条① 前三条の場合において、第九十五条第一項ただし書の規定による得票者、同条第二項の規定の適用を受けた得票者、衆議院名簿登載者又は参議院名簿登載者で、当選人とならなかつたものが、その選挙の期日後において被選挙権を有しなくなつたとき又は第二百五十一条の二若しくは第二百五十一条の三の規定により当該選挙に係る第二百五十一条の二第一項各号に掲げる者若しくは第二百五十一条の三第一項に規定する組織的選挙運動管理者等の選挙に関する犯罪によつて当該選挙に係る選挙区（選挙区がないときは、選挙の行われる区域）において行われる当該公職に係る選挙において公職の候補者となり若しくは公職の候補者であることができない者となつたときは、これを当選人と定めることができない。衆議院名簿登載者で当選人とならなかつたものが、第二百五十一条の二又は第二百五十一条の三の規定により当該選挙と同時に行われた衆議院（小選挙区選出）議員の選挙に係る第二百五十一条の二第一項各号に掲げる者又は第二百五十一条の三第一項に規定する組織的選挙運動管理者等の選挙に関する犯罪によつて当該衆議院（小選挙区選出）議員の選挙に係る選挙区において行われる当該衆議院（小選挙区選出）議員の選挙において公職の候補者となり又は公職の候補者であることができない者となつたときも、また同様とする。

② 衆議院（小選挙区選出）議員の選挙に係る第九十六条又は第九十七条の場合において、候補者届出政党が届け出た候補者であつた者のうち、第九十五条第一項ただし書の規定による得票者で当選人とならなかつたものにつき除名、離党その他の事由により当該候補者届出政党に所属する者でなくなつた旨の届出が、文書で、第九十六条又は第九十七条に規定する事由が生じた日の前日までに選挙長にされているときは、これを当選人と定めることができない。

③ 衆議院（比例代表選出）議員又は参議院（比例代表選出）議員の選挙に係る第九十六条又は前条の場合において、衆議院名簿登載者又は参議院名簿登載者で、当選人とならなかつたものにつき除名、離党その他の事由により当該衆議院名簿届出政党等又は参議院名簿届出政党等に所属する者でなくなつた旨の届出が、文書で、これらの条に規定する事由が生じた日の前日までに選挙長にされているときは、これを当選人と定めることができない。衆議院名簿又は参議院名簿を取り下げる旨の届出が、文書で、これらの条に規定する事由が生じた日の前日までに選挙長にされている場合の当該衆議院名簿の衆議院名簿登載者又は参議院名簿の参議院名簿登載者で、当選人とならなかつたものについても、また同様とする。

④ 第八十六条第十項の規定は第二項の届出について、第八十六条の二第八項及び第十項後段（これらの規定を第八十六条の三第二項において準用する場合を含む。）の規定は前項の届出について準用する。

（被選挙権の喪失に因る当選人の失格）

第九九条 当選人は、その選挙の期日後において被選挙権を有しなくなつたときは、当選を失う。

（衆議院比例代表選出議員又は参議院比例代表選出議員の選挙における所属政党等の移動による当選人の失格）

第九九条の二① 衆議院（比例代表選出）議員の選挙における当選人（第九十六条、第九十七条の二第一項又は第百十二条第二項の規定により当選人と定められた者を除く。以下この項から第四項までにおいて同じ。）は、その選挙の期日以後において、当該当選人が衆議院名簿登載者であつた衆議院名簿届出政党等以外の政党その他の政治団体で、当該選挙における衆議院名簿届出政党等であるもの（当該当選人が衆議院名簿登載者であつた衆議院名簿届出政党等（当該衆議院名簿届出政党等に係る合併又は分割（二以上の政党その他の政治団体の設立を目的として一の政党その他の政治団体が解散し、当該二以上の政党その他の政治団体が設立されることをいう。）が行われた場合における当該合併後に存続する政党その他の政治団体若しくは当該合併により設立された政党その他の政治団体又は当該分割により設立された政党その他の政治団体を含む。）を含む二以上の政党その他の政治団体の合併により当該合併後に存続するものを除く。第四項において「他の衆議院名簿届出政党等」という。）に所属する者となつたときは、当選を失う。

② 衆議院（比例代表選出）議員の選挙における当選人が、除名、離党その他の事由により当該当選人が衆議院名簿登載者であつた衆議院名簿届出政党等に所属する者でなくなつた場合は、当該衆議院名簿届出政党等は、直ちに文書でその旨を選挙長に届け出なければならない。この場合において、選挙長は、直ちにその旨を当該当選人に通知しなければならない。

③ 前項前段の文書には、当該届出に係る事由が、除名である場合にあつては当該除名の手続を記載した文書を、離党である場合にあつては当該当選人が衆議院名簿届出政党等に提出した離党届の写しを、その他の事由である場合にあつては当該事由を証する文書を、それぞれ、添えなければならない。

④ 第二項の通知を受けた当選人は、当該当選人がその選挙の期日以後において他の衆議院名簿届出政党等に所属していない場合には、当該当選人がその選挙の期日以後において他の衆議院名簿届出政党等に所属していないことを誓う旨の宣誓書を、当該通知を受けた日から五日以内に選挙長に提出しなければならない。

⑤ 前各項の規定は、衆議院（比例代表選出）議員の選挙における当選人で第九十六条、第九十七条の二第一項又は第百十二条第二項の規定により当選人と定められたものについて準用する。（後略）

⑥ 前各項の規定は、参議院（比例代表選出）議員の選挙における当選人について準用する。（後略）

（無投票当選）

第一〇〇条① 衆議院（小選挙区選出）議員の選挙において、第八十六条第一項から第三項まで又は第八項の規定による届出のあつた候補者が一人であるとき又は一人となつたときは、投票は、行わない。

② 衆議院（比例代表選出）議員の選挙において、第八十六条の二第一項若しくは第九項の規定による届出に係る衆議院名簿登載者の総数がその選挙において選挙すべき議員の数を超えないとき若しくは超えなくなつたとき又は同条第一項の規定による届出をした衆議院名簿届出政党等が一であるとき若しくは一となつたときは、投票は、行わない。

③ 参議院（比例代表選出）議員の選挙において、第八十六条の三第一項又は同条第二項において準用する第八十六条の二第九項の規定による届出に係る参議院名簿登載者の総数がその選挙において選挙すべき議員の数を超えないとき又は超えなくなつたときは、投票は、行わない。

④ 参議院（選挙区選出）議員若しくは地方公共団体の議会の議員の選挙において第八十六条の四第一項、第二項若しくは第五項の規定による届出のあつた候補者の総数がその選挙において選挙すべき議員の数を超えないとき若しくは超えなくなつたとき又は地方公共団体の長の選挙において同条第一項、第二項、第六項若しくは第八項の規定による届出のあつた候補者が一人であるとき若しくは一人となつたときは、投票は、行わない。

⑤ 前各項又は第百二十七条の規定により投票を行わないこととなつたときは、選挙長は、直ちにその旨を当該選挙の各投票管理者に通知し、併せてこれを告示し、かつ、当該選挙に関する事務を管理する選挙管理委員会（衆議院比例代表選出議員又は参議院比例代表選出議員の選挙については中央選挙管理会、参議院合同選挙区選挙については当該選挙に関する事務を管理する参議院合同選挙区選挙管理委員会）に報告しなければならない。

⑥ 第一項から第四項まで（第二項の規定の適用がある場合であつて、衆議院比例代表選出議員の選挙が衆議院小選挙区選出議員の選挙と同時に行われる場合を除く。）又は第百二十七条の場合においては、選挙長は、その選挙の期日から五日以内に選挙会を開き、当該公職の候補者をもつて当選人と定めなければならない。

⑦ 前項に規定する場合を除くほか、衆議院（比例代表選出）議員の選挙において、第八十六条の二第一項又は第九項の規定による届出に係る衆議院名簿登載者の総数がその選挙において選挙すべき議員の数を超えないとき又は超えなくなつたときは、選挙長は、次条第四項の規定による通知があつた日又はその翌日に選挙会を開き、当該衆議院名簿登載者をもつて当選人と定めなければならない。この場合においては、第九十五条の二第五項及び第六項の規定を準用する。

⑧ 前二項に規定する場合を除くほか、衆議院（比例代表選出）議員の選挙において、第八十六条の二第一項の規定による届出をした衆議院名簿届出政党等が一であるとき又は一となつたときは、選挙長は、次条第四項の規定による通知があつた日又はその翌日に選挙会を開き、当該衆議院名簿届出政党等の届出に係る衆議院名簿登載者のうち、その衆議院名簿における当選人となるべき順位に従い、その選挙において選挙すべき議員の数に相当する数の衆議院名簿登載者をもつて当選人と定めなければならない。この場合においては、第九十五条の二第三項、第五項及び第六項の規定を準用する。

⑨ 前三項の場合において、当該公職の候補者の被選挙権の有無は、選挙立会人の意見を聴き、選挙長が決定しなければならない。

第一〇一条から第一〇二条まで　（略）

（当選人が兼職禁止の職にある場合等の特例）

第一〇三条① 当選人で、法律の定めるところにより当該選挙に係る議員又は長と兼ねることができない職にある者が、第百一条第二項、第百一条の二第二項、第百一条の二の二第二項又は第百一条の三第二項の規定により当選の告知を受けたときは、その告知を受けた日にその職を辞したものとみなす。

② 第九十六条、第九十七条、第九十七条の二又は第百十二条の規定により当選人と定められた者で、法律の定めるところにより当該選挙に係る議員又は長と兼ねることができない職にあるものが第百一条第二項、第百一条の二第二項、第百一条の二の二第二項又は第百一条の三第二項の規定により当選の告知を受けたときは、前項の規定にかかわらず、当該選挙に関する事務を管理する選挙管理委員会（衆議院比例代表選出議員又は参議院比例代表選出議員の選挙については中央選挙管理会、参議院合同選挙区選挙については当該選挙に関する事務を管理する参議院合同選挙区選挙管理委員会）に対し、その告知を受けた日から五日以内にその職を辞した旨の届出をしないときは、その当選を失う。

③ 前項の場合において、同項に規定する公務員がその退職の申出をしたときは、当該公務員の退職に関する法令の規定にかかわらず、その申出の日に当該公務員たることを辞したものとみなす。

④ 一の選挙につき第九十六条、第九十七条、第九十七条の二又は第百十二条の規定により当選人と定められた者が、他の選挙につき第八十六条第一項から第三項まで若しくは第八項の規定による届出のあつたものであるとき、第八十六条の二第一項若しくは第九項の規定による届出に係る衆議院名簿登載者であるとき、第八十六条の三第一項若しくは同条第二項において準用する第八十六条の二第九項の規定による届出に係る参議院名簿登載者であるとき又は第八十六条の四第一項、第二項、第五項、第六項若しくは第八項の規定による届出のあつたものであるときは、第九十一条又は第一項の規定にかかわらず、第百一条第二項、第百一条の二第二項、第百一条の二の二第二項又は第百一条の三第二項の規定により一の選挙の当選の告知を受けた日から五日以内にその選挙に関する事務を管理する選挙管理委員会（衆議院比例代表選出議員又は参議院比例代表選出議員の選挙については中央選挙管理会、参議院合同選挙区選挙については当該選挙に関する事務を管理する参議院合同選挙区選挙管理委員会）にその当選を辞する旨の届出をしないときは、他の選挙について、その公職の候補者に係る候補者の届出が取り下げられ若しくはその公職の候補者たることを辞したものとみなし、若しくはその公職の候補者たる衆議院名簿登載者若しくは参議院名簿登載者でなくなり、又はその当選を失う。

第一〇四条から第一〇八条まで　（略）

第十一章　特別選挙

（第一〇九条から第一一八条まで）（略）

第十二章　選挙を同時に行うための特例

（第一一九条から第一二八条まで）（略）

第十三章　選挙運動（抄）

（選挙運動の期間）

第一二九条 選挙運動は、各選挙につき、それぞれ第八十六条第一項から第三項まで若しくは第八項の規定による候補者の届出、第八十六条の二第一項の規定による衆議院名簿の届出、第八十六条の三第一項の規定による参議院名簿の届出（同条第二項において準用する第八十六条の二第九項の規定による届出に係る候補者については、当該届出）又は第八十六条の四第一項、第二項、第五項、第六項若しくは第八項の規定による公職の候補者の届出のあつた日から当該選挙の期日の前日まででなければ、することができない。

第一三〇条から第一三四条まで　（略）

（選挙事務関係者の選挙運動の禁止）

第一三五条① 第八十八条に掲げる者は、在職中、その関係区域内において、選挙運動をすることができない。

② 不在者投票管理者は、不在者投票に関し、その者の業務上の地位を利用して選挙運動をすることができない。

（特定公務員の選挙運動の禁止）

第一三六条 次に掲げる者は、在職中、選挙運動をすることができない。

一 中央選挙管理会の委員及び中央選挙管理会の庶務に従事する総務省の職員、参議院合同選挙区選挙管理委員会の職員並びに選挙管理委員会の委員及び職員
二 裁判官
三 検察官
四 会計検査官
五 公安委員会の委員
六 警察官
七 収税官吏及び徴税の吏員

（公務員等の地位利用による選挙運動の禁止）

第一三六条の二① 次の各号のいずれかに該当する者は、その地位を利用して選挙運動をすることができない。

一 国若しくは地方公共団体の公務員又は行政執行法人若しく

は特定地方独立行政法人の役員若しくは職員
二　沖縄振興開発金融公庫の役員又は職員（以下「公庫の役職員」という。）

②　前項各号に掲げる者が公職の候補者若しくは公職の候補者となろうとする者（公職にある者を含む。）を推薦し、支持し、若しくはこれに反対する目的をもつてする次の各号に掲げる行為又は公職の候補者若しくは公職の候補者となろうとする者（公職にある者を含む。）である同項各号に掲げる者が公職の候補者として推薦され、若しくは支持される目的をもつてする次の各号に掲げる行為は、同項に規定する禁止行為に該当するものとみなす。

一　その地位を利用して、公職の候補者の推薦に関与し、若しくは関与することを援助し、又は他人をしてこれらの行為をさせること。

二　その地位を利用して、投票の周旋勧誘、演説会の開催その他の選挙運動の企画に関与し、その企画の実施について指示し、若しくは指導し、又は他人をしてこれらの行為をさせること。

三　その地位を利用して、第百九十九条の五第一項に規定する後援団体を結成し、その結成の準備に関与し、同項に規定する後援団体の構成員となることを勧誘し、若しくはこれらの行為を援助し、又は他人をしてこれらの行為をさせること。

四　その地位を利用して、新聞その他の刊行物を発行し、文書図画を掲示し、若しくは頒布し、若しくはこれらの行為を援助し、又は他人をしてこれらの行為をさせること。

五　公職の候補者又は公職の候補者となろうとする者（公職にある者を含む。）を推薦し、支持し、若しくはこれに反対することを申しいで、又は約束した者に対し、その代償として、その職務の執行に当たり、当該申しいで、又は約束した者に係る利益を供与し、又は供与することを約束すること。

（教育者の地位利用の選挙運動の禁止）

第一三七条　教育者（学校教育法（昭和二十二年法律第二十六号）に規定する学校及び就学前の子どもに関する教育、保育等の総合的な提供の推進に関する法律（平成十八年法律第七十七号）に規定する幼保連携型認定こども園の長及び教員をいう。）は、学校の児童、生徒及び学生に対する教育上の地位を利用して選挙運動をすることができない。

（年齢満十八年未満の者の選挙運動の禁止）

第一三七条の二①　年齢満十八年未満の者は、選挙運動をすることができない。

②　何人も、年齢満十八年未満の者を使用して選挙運動をすることができない。ただし、選挙運動のための労務に使用する場合は、この限りでない。

（選挙権及び被選挙権を有しない者の選挙運動の禁止）

第一三七条の三　第二百五十二条又は政治資金規正法第二十八条の規定により選挙権及び被選挙権を有しない者は、選挙運動をすることができない。

（戸別訪問）

第一三八条①　何人も、選挙に関し、投票を得若しくは得しめ又は得しめない目的をもつて戸別訪問をすることができない。

②　いかなる方法をもつてするを問わず、選挙運動のため、戸別に、演説会の開催若しくは演説を行うことについて告知をする行為又は特定の候補者の氏名若しくは政党その他の政治団体の名称を言いあるく行為は、前項に規定する禁止行為に該当するものとみなす。

（署名運動の禁止）

第一三八条の二　何人も、選挙に関し、投票を得若しくは得しめ又は得しめない目的をもつて選挙人に対し署名運動をすることができない。

（人気投票の公表の禁止）

第一三八条の三　何人も、選挙に関し、公職に就くべき者（衆議院比例代表選出議員の選挙にあつては政党その他の政治団体に係る公職に就くべき者又はその数、参議院比例代表選出議員の選挙にあつては政党その他の政治団体に係る公職に就くべき者又はその数若しくは公職に就くべき順位）を予想する人気投票の経過又は結果を公表してはならない。

（飲食物の提供の禁止）

第一三九条　何人も、選挙運動に関し、いかなる名義をもつてするを問わず、飲食物（湯茶及びこれに伴い通常用いられる程度の菓子を除く。）を提供することができない。ただし、衆議院（比例代表選出）議員の選挙以外の選挙において、選挙運動（衆議院小選挙区選出議員の選挙において候補者届出政党が行うもの及び参議院比例代表選出議員の選挙において参議院名簿届出政党等が行うものを除く。以下この条において同じ。）に従事する者及び選挙運動のために使用する労務者に対し、公職の候補者（参議院比例代表選出議員の選挙における候補者たる参議院名簿登載者で第八十六条の三第一項後段の規定により優先的に当選人となるべき候補者としてその氏名及び当選人となるべき順位が参議院名簿に記載されているものを除く。）一人について、当該選挙の選挙運動の期間中、政令で定める弁当料の額の範囲内で、かつ、両者を通じて十五人分（四十五食分）（第百三十一条第一項の規定により公職の候補者又はその推薦届出者が設置することができる選挙事務所の数が一を超える場合においては、その一を増すごとにこれに六人分（十八食分）を加えたもの）に、当該選挙につき選挙の期日の公示又は告示のあつた日からその選挙の期日の前日までの期間の日数を乗じて得た数分を超えない範囲内で、選挙事務所において食事するために提供する弁当（選挙運動に従事する者及び選挙運動のために使用する労務者が携行するために提供された弁当を含む。）については、この限りでない。

（気勢を張る行為の禁止）

第一四〇条　何人も、選挙運動のため、自動車を連ね又は隊伍を組んで往来する等によつて気勢を張る行為をすることができない。

（連呼行為の禁止）

第一四〇条の二①　何人も、選挙運動のため、連呼行為をすることができない。ただし、演説会場及び街頭演説（演説を含む。）の場所においてする場合並びに午前八時から午後八時までの間に限り、次条の規定により選挙運動のために使用される自動車又は船舶の上においてする場合は、この限りでない。

②　前項ただし書の規定により選挙運動のための連呼行為をする者は、学校（学校教育法第一条に規定する学校及び就学前の子どもに関する教育、保育等の総合的な提供の推進に関する法律第二条第七項に規定する幼保連携型認定こども園をいう。以下同じ。）及び病院、診療所その他の療養施設の周辺においては、静穏を保持するように努めなければならない。

第一四一条から第一四一条の三まで　（略）

（文書図画の頒布）

第一四二条①　衆議院（比例代表選出）議員の選挙以外の選挙においては、選挙運動のために使用する文書図画は、次の各号に規定する通常葉書及びビラのほかは、頒布することができない。この場合において、ビラについては、散布することができない。

一　衆議院（小選挙区選出）議員の選挙にあつては、候補者一人について、通常葉書　三万五千枚、当該選挙に関する事務を管理する選挙管理委員会に届け出た二種類以内のビラ　七万枚

一の二　参議院（比例代表選出）議員の選挙にあつては、公職の候補者たる参議院名簿登載者（第八十六条の三第一項後段の規定により優先的に当選人となるべき候補者としてその氏名及び当選人となるべき順位が参議院名簿に記載されている者を除く。）一人について、通常葉書　十五万枚、中央選挙管理会に届け出た二種類以内のビラ　二十五万枚

二　参議院（選挙区選出）議員の選挙にあつては、候補者一人について、当該選挙区の区域内の衆議院（小選挙区選出）議員の選挙区の数が一である場合には、通常葉書　三万五千

枚、当該選挙に関する事務を管理する選挙管理委員会（参議院合同選挙区選挙については、当該選挙に関する事務を管理する参議院合同選挙区選挙管理委員会。以下この号において同じ。）に届け出た二種類以内のビラ　十万枚、当該選挙区の区域内の衆議院（小選挙区選出）議員の選挙区の数が一を超える場合には、その一を増すごとに、通常葉書　二千五百枚を三万五千枚に加えた数、当該選挙に関する事務を管理する選挙管理委員会に届け出た二種類以内のビラ　一万五千枚を十万枚に加えた数（その数が三十万枚を超える場合には、三十万枚）

三　都道府県知事の選挙にあつては、候補者一人について、当該都道府県の区域内の衆議院（小選挙区選出）議員の選挙区の数が一である場合には、通常葉書　三万五千枚、当該選挙に関する事務を管理する選挙管理委員会に届け出た二種類以内のビラ　十万枚、当該都道府県の区域内の衆議院（小選挙区選出）議員の選挙区の数が一を超える場合には、その一を増すごとに、通常葉書　二千五百枚を三万五千枚に加えた数、当該選挙に関する事務を管理する選挙管理委員会に届け出た二種類以内のビラ　一万五千枚を十万枚に加えた数（その数が三十万枚を超える場合には、三十万枚）

四　都道府県の議会の議員の選挙にあつては、候補者一人について、通常葉書　八千枚、当該選挙に関する事務を管理する選挙管理委員会に届け出た二種類以内のビラ　一万六千枚

五　指定都市の選挙にあつては、長の選挙の場合には、候補者一人について、通常葉書　三万五千枚、当該選挙に関する事務を管理する選挙管理委員会に届け出た二種類以内のビラ　七万枚、議会の議員の選挙の場合には、候補者一人について、通常葉書　四千枚、当該選挙に関する事務を管理する選挙管理委員会に届け出た二種類以内のビラ　八千枚

六　指定都市以外の市の選挙にあつては、長の選挙の場合には、候補者一人について、通常葉書　八千枚、当該選挙に関する事務を管理する選挙管理委員会に届け出た二種類以内のビラ　一万六千枚、議会の議員の選挙の場合には、候補者一人について、通常葉書　二千枚、当該選挙に関する事務を管理する選挙管理委員会に届け出た二種類以内のビラ　四千枚

七　町村の選挙にあつては、長の選挙の場合には、候補者一人について、通常葉書　二千五百枚、当該選挙に関する事務を管理する選挙管理委員会に届け出た二種類以内のビラ　五千枚、議会の議員の選挙の場合には、候補者一人について、通常葉書　八百枚、当該選挙に関する事務を管理する選挙管理委員会に届け出た二種類以内のビラ　千六百枚

② 前項の規定にかかわらず、衆議院（小選挙区選出）議員の選挙においては、候補者届出政党は、その届け出た候補者に係る選挙区を包括する都道府県ごとに、二万枚に当該都道府県における当該候補者届出政党の届出候補者の数を乗じて得た数以内の通常葉書及び四万枚に当該都道府県における当該候補者届出政党の届出候補者の数を乗じて得た数以内のビラを、選挙運動のために頒布（散布を除く。）することができる。ただし、ビラについては、その届け出た候補者に係る選挙区ごとに四万枚以内で頒布するほかは、頒布することができない。

③ 衆議院（比例代表選出）議員の選挙においては、衆議院名簿届出政党等は、その届け出た衆議院名簿に係る選挙区ごとに、中央選挙管理会に届け出た二種類以内のビラを、選挙運動のために頒布（散布を除く。）することができる。

④ 衆議院（比例代表選出）議員の選挙においては、選挙運動のために使用する文書図画は、前項の規定により衆議院名簿届出政党等が頒布することができるビラのほかは、頒布することができない。

⑤ 第一項の通常葉書は無料とし、第二項の通常葉書は有料とし、政令で定めるところにより、日本郵便株式会社において選挙用である旨の表示をしたものでなければならない。

⑥ 第一項から第三項までのビラは、新聞折込みその他政令で定める方法によらなければ、頒布することができない。

⑦ 第一項及び第二項のビラは、当該選挙に関する事務を管理する選挙管理委員会（参議院比例代表選出議員の選挙については中央選挙管理会、参議院合同選挙区選挙については当該選挙に関する事務を管理する参議院合同選挙区選挙管理委員会。以下この項において同じ。）の定めるところにより、当該選挙に関する事務を管理する選挙管理委員会の交付する証紙を貼らなければ頒布することができない。この場合において、第二項のビラについて当該選挙に関する事務を管理する選挙管理委員会の交付する証紙は、当該選挙の選挙区ごとに区分しなければならない。

⑧ 第一項のビラは長さ二十九・七センチメートル、幅二十一センチメートルを、第二項のビラは長さ四十二センチメートル、幅二十九・七センチメートルを、超えてはならない。

⑨ 第一項から第三項までのビラには、その表面に頒布責任者及び印刷者の氏名（法人にあつては名称）及び住所を記載しなければならない。この場合において、第一項第一号の二のビラにあつては当該参議院名簿登載者に係る参議院名簿届出政党等の名称及び同号のビラである旨を表示する記号を、第二項のビラにあつては当該候補者届出政党の名称を、第三項のビラにあつては当該衆議院名簿届出政党等の名称及び同項のビラである旨を表示する記号を、併せて記載しなければならない。

⑩ 衆議院（小選挙区選出）議員又は参議院議員の選挙における公職の候補者は、政令で定めるところにより、政令で定める額の範囲内で、第一項第一号から第二号までの通常葉書及びビラを無料で作成することができる。この場合においては、第百四十一条第七項ただし書の規定を準用する。

⑪ 地方公共団体は、前項の規定（参議院比例代表選出議員の選挙に係る部分を除く。）に準じて、条例で定めるところにより、公職の候補者の第一項第三号から第七号までのビラの作成について、無料とすることができる。

⑫ 選挙運動のために使用する回覧板その他の文書図画又は看板（プラカードを含む。以下同じ。）の類を多数の者に回覧させることは、第一項から第四項までの頒布とみなす。ただし、第百四十三条第一項第二号に規定するものを同号に規定する自動車又は船舶に取り付けたままで回覧させること、及び公職の候補者（衆議院比例代表選出議員の選挙における候補者で当該選挙と同時に行われる衆議院小選挙区選出議員の選挙における候補者である者以外のもの並びに参議院比例代表選出議員の選挙における候補者たる参議院名簿登載者で第八十六条の三第一項後段の規定により優先的に当選人となるべき候補者としてその氏名及び当選人となるべき順位が参議院名簿に記載されているものを除く。）が第百四十三条第一項第三号に規定するものを着用したままで回覧することは、この限りでない。

⑬ 衆議院議員の総選挙については、衆議院の解散に関し、公職の候補者又は公職の候補者となろうとする者（公職にある者を含む。）の氏名又はこれらの者の氏名が類推されるような事項を表示して、郵便等又は電報により、選挙人にあいさつする行為は、第一項の禁止行為に該当するものとみなす。

第一四二条の二（パンフレット又は書籍の頒布）① 前条第一項及び第四項の規定にかかわらず、衆議院議員の総選挙又は参議院議員の通常選挙においては、候補者届出政党若しくは衆議院名簿届出政党等又は参議院名簿届出政党等は、当該候補者届出政党若しくは衆議院名簿届出政党等又は参議院名簿届出政党等の本部において直接発行するパンフレット又は書籍で国政に関する重要政策及びこれを実現するための基本的な方策等を記載したもの又はこれらの要旨等を記載したものとして総務大臣に届け出たそれぞれ一種類のパンフレット又は書籍を、選挙運動のために頒布（散布を除く。）することができる。

② 前項のパンフレット又は書籍は、次に掲げる方法によらなければ、頒布することができない。

一　当該候補者届出政党若しくは衆議院名簿届出政党等又は参

議院名簿届出政党等の選挙事務所内、政党演説会若しくは政党等演説会の会場内又は街頭演説の場所における頒布

二　当該候補者届出政党若しくは衆議院名簿届出政党等又は参議院名簿届出政党等に所属する者（参議院名簿登載者を含む。次項において同じ。）である当該衆議院議員の総選挙又は参議院議員の通常選挙における公職の候補者の選挙事務所内、個人演説会の会場内又は街頭演説の場所における頒布

③　第一項のパンフレット又は書籍には、当該候補者届出政党若しくは衆議院名簿届出政党等又は参議院名簿届出政党等に所属する者である当該衆議院議員の総選挙又は参議院議員の通常選挙における公職の候補者（当該候補者届出政党若しくは衆議院名簿届出政党等又は参議院名簿届出政党等の代表者を除く。）の氏名又はその氏名が類推されるような事項を記載することができない。

④　第一項のパンフレット及び書籍には、その表紙に、当該候補者届出政党若しくは衆議院名簿届出政党等又は参議院名簿届出政党等の名称、頒布責任者及び印刷者の氏名（法人にあつては名称）及び住所並びに同項のパンフレット又は書籍である旨を表示する記号を記載しなければならない。

第一四二条の三（ウェブサイト等を利用する方法による文書図画の頒布）①　第百四十二条第一項及び第四項の規定にかかわらず、選挙運動のために使用する文書図画は、ウェブサイト等を利用する方法（インターネット等を利用する方法（電気通信（電気通信事業法（昭和五十九年法律第八十六号）第二条第一号に規定する電気通信をいう。以下同じ。）の送信（公衆によつて直接受信されることを目的とする電気通信の送信を除く。）により、文書図画をその受信をする者が使用する通信端末機器（入出力装置を含む。以下同じ。）の映像面に表示させる方法をいう。以下同じ。）のうち電子メール（特定電子メールの送信の適正化等に関する法律（平成十四年法律第二十六号）第二条第一号に規定する電子メールをいう。以下同じ。）を利用する方法を除いたものをいう。以下同じ。）により、頒布することができる。

②　選挙運動のために使用する文書図画であつてウェブサイト等を利用する方法により選挙の期日の前日までに頒布されたものは、第百二十九条の規定にかかわらず、選挙の当日においても、その受信をする者が使用する通信端末機器の映像面に表示させることができる状態に置いたままにすることができる。

③　ウェブサイト等を利用する方法により選挙運動のために使用する文書図画を頒布する者は、その者の電子メールアドレス（特定電子メールの送信の適正化等に関する法律第二条第三号に規定する電子メールアドレスをいう。以下同じ。）その他のインターネット等を利用する方法によりその者に連絡をする際に必要となる情報（以下「電子メールアドレス等」という。）が、当該文書図画に係る電気通信の受信をする者が使用する通信端末機器の映像面に正しく表示されるようにしなければならない。

第一四二条の四（電子メールを利用する方法による文書図画の頒布）①　第百四十二条第一項及び第四項の規定にかかわらず、次の各号に掲げる選挙においては、それぞれ当該各号に定めるものは、電子メールを利用する方法により、選挙運動のために使用する文書図画を頒布することができる。

一　衆議院（小選挙区選出）議員の選挙　公職の候補者及び候補者届出政党

二　衆議院（比例代表選出）議員の選挙　衆議院名簿届出政党等

三　参議院（比例代表選出）議員の選挙　参議院名簿届出政党等及び公職の候補者たる参議院名簿登載者（第八十六条の三第一項後段の規定により優先的に当選人となるべき候補者としてその氏名及び当選人となるべき順位が参議院名簿に記載されている者を除く。）

四　参議院（選挙区選出）議員の選挙　公職の候補者及び第二百一条の六第三項（第二百一条の七第二項において準用する場合を含む。）の確認書の交付を受けた政党その他の政治団体（第八十六条の四第三項（同条第五項においてその例によることとされる場合を含む。）の規定により当該公職の候補者が所属するものとして記載されたものに限る。）

五　都道府県又は指定都市の議会の議員の選挙　公職の候補者及び第二百一条の八第二項（同条第三項において準用する場合を含む。）において準用する第二百一条の六第三項の確認書の交付を受けた政党その他の政治団体

六　都道府県知事又は市長の選挙　公職の候補者及び第二百一条の九第三項の確認書の交付を受けた政党その他の政治団体

七　前各号に掲げる選挙以外の選挙　公職の候補者

②　前項の規定により選挙運動のために使用する文書図画を頒布するために用いられる電子メール（以下「選挙運動用電子メール」という。）の送信をする者（その送信をしようとする者を含むものとする。以下「選挙運動用電子メール送信者」という。）は、次の各号に掲げる者に対し、かつ、当該各号に定める電子メールアドレスに送信をする選挙運動用電子メールでなければ、送信をすることができない。

一　あらかじめ、選挙運動用電子メールの送信をするように求める旨又は送信をすることに同意する旨を選挙運動用電子メール送信者に対し通知した者（その電子メールアドレスを当該選挙運動用電子メール送信者に対し自ら通知した者に限る。）　当該選挙運動用電子メール送信者に対し自ら通知した電子メールアドレス

二　前号に掲げる者のほか、選挙運動用電子メール送信者の政治活動のために用いられる電子メール（以下「政治活動用電子メール」という。）を継続的に受信している者（その電子メールアドレスを当該選挙運動用電子メール送信者に対し自ら通知した者に限り、かつ、その通知をした後、その自ら通知した全ての電子メールアドレスを明らかにしてこれらに当該政治活動用電子メールの送信をしないように求める旨を当該選挙運動用電子メール送信者に対し通知した者を除く。）であつて、あらかじめ、当該選挙運動用電子メール送信者から選挙運動用電子メールの送信をする旨の通知を受けたもののうち、当該通知に対しその受信している政治活動用電子メールに係る自ら通知した全ての電子メールアドレスを明らかにしてこれらに当該選挙運動用電子メールの送信をしないように求める旨の通知をしなかつたもの　当該選挙運動用電子メールの送信をする旨の通知に対し、当該選挙運動用電子メールの送信をしないように求める旨の通知をした電子メールアドレス以外の当該政治活動用電子メールに係る自ら通知した電子メールアドレス

③　衆議院（比例代表選出）議員の選挙において、公職の候補者たる衆議院名簿登載者（当該選挙と同時に行われる衆議院小選挙区選出議員の選挙における候補者である者を除く。）が、電子メールを利用する方法により選挙運動のために行う文書図画の頒布は、第一項の規定により当該衆議院名簿届出政党等が行う文書図画の頒布とみなす。この場合における前項の規定の適用については、同項中「送信をする者（その送信をしようとする者」とあるのは、「送信をする衆議院名簿登載者（その送信をしようとする衆議院名簿登載者」とする。

④　参議院（比例代表選出）議員の選挙において、公職の候補者たる参議院名簿登載者（第八十六条の三第一項後段の規定により優先的に当選人となるべき候補者としてその氏名及び当選人となるべき順位が参議院名簿に記載されている者に限る。）が、電子メールを利用する方法により選挙運動のために行う文書図画の頒布は、第一項の規定により当該参議院名簿届出政党等が行う文書図画の頒布とみなす。この場合における第二項の規定の適用については、同項中「送信をする者（その送信をしようとする者」とあるのは、「送信をする参議院名簿登載者（その送信をしようとする参議院名簿登載者」とする。

⑤　選挙運動用電子メール送信者は、次の各号に掲げる場合に応じ、それぞれ当該各号に定める事実を証する記録を保存しなければならない。

一　第二項第一号に掲げる者に対し選挙運動用電子メールの送信をする場合　同号に掲げる者がその電子メールアドレスを当該選挙運動用電子メール送信者に対し自ら通知したこと及びその者から選挙運動用電子メールの送信をするように求めがあつたこと又は送信をすることに同意があつたこと。

二　第二項第二号に掲げる者に対し選挙運動用電子メールの送信をする場合　同号に掲げる者がその電子メールアドレスを当該選挙運動用電子メール送信者に対し自ら通知したこと、当該選挙運動用電子メール送信者が当該電子メールアドレスに継続的に政治活動用電子メールの送信をしていること及び当該選挙運動用電子メール送信者が同号に掲げる者に対し選挙運動用電子メールの送信をする旨の通知をしたこと。

⑥　選挙運動用電子メール送信者は、第二項各号に掲げる者から、選挙運動用電子メールの送信をしないように求める電子メールアドレスを明らかにして電子メールの送信その他の方法により当該電子メールアドレスに選挙運動用電子メールの送信をしないように求める旨の通知を受けたときは、当該電子メールアドレスに選挙運動用電子メールの送信をしてはならない。

⑦　選挙運動用電子メール送信者は、選挙運動用電子メールの送信に当たつては、当該選挙運動用電子メールを利用する方法により頒布される文書図画に次に掲げる事項を正しく表示しなければならない。

一　選挙運動用電子メールである旨

二　当該選挙運動用電子メール送信者の氏名又は名称

三　当該選挙運動用電子メール送信者に対し、前項の通知を行うことができる旨

四　電子メールの送信その他のインターネット等を利用する方法により前項の通知を行う際に必要となる電子メールアドレスその他の通知先

（インターネット等を利用する方法により当選を得させないための活動に使用する文書図画を頒布する者の表示義務）

第一四二条の五①　選挙の期日の公示又は告示の日からその選挙の当日までの間に、ウェブサイト等を利用する方法により当選を得させないための活動に使用する文書図画を頒布する者は、その者の電子メールアドレス等が、当該文書図画に係る電気通信の受信をする者が使用する通信端末機器の映像面に正しく表示されるようにしなければならない。

②　選挙の期日の公示又は告示の日からその選挙の当日までの間に、電子メールを利用する方法により当選を得させないための活動に使用する文書図画を頒布する者は、当該文書図画にその者の電子メールアドレス及び氏名又は名称を正しく表示しなければならない。

（インターネット等を利用する方法による候補者の氏名等を表示した有料広告の禁止等）

第一四二条の六①　何人も、その者の行う選挙運動のための公職の候補者の氏名若しくは政党その他の政治団体の名称又はこれらのものが類推されるような事項を表示した広告を、有料で、インターネット等を利用する方法により頒布される文書図画に掲載させることができない。

②　何人も、選挙運動の期間中は、前項の禁止を免れる行為として、公職の候補者の氏名若しくは政党その他の政治団体の名称又はこれらのものが類推されるような事項を表示した広告を、有料で、インターネット等を利用する方法により頒布される文書図画に掲載させることができない。

③　何人も、選挙運動の期間中は、公職の候補者の氏名若しくは政党その他の政治団体の名称又はこれらのものが類推されるような事項が表示されていない広告であつて、当該広告に係る電気通信の受信をする者が使用する通信端末機器の映像面にウェブサイト等を利用する方法により頒布される選挙運動のために使用する文書図画を表示させることができる機能を有するものを、有料で、インターネット等を利用する方法により頒布される文書図画に掲載させることができない。

④　前二項の規定にかかわらず、次の各号に掲げる選挙においては、それぞれ当該各号に定める政党その他の政治団体は、選挙運動の期間中において、広告（第一項及び第百五十二条第一項の広告を除くものとする。）であつて、当該広告に係る電気通信の受信をする者が使用する通信端末機器の映像面にウェブサイト等を利用する方法により頒布される当該政党その他の政治団体が行う選挙運動のために使用する文書図画を表示させることができる機能を有するものを、有料で、インターネット等を利用する方法により頒布する文書図画に掲載させることができる。

一　衆議院議員の選挙　候補者届出政党及び衆議院名簿届出政党等

二　参議院議員の選挙　参議院名簿届出政党等及び第二百一条の六第三項（第二百一条の七第二項において準用する場合を含む。）の確認書の交付を受けた政党その他の政治団体

三　都道府県又は指定都市の議会の議員の選挙　第二百一条の八第二項（同条第三項において準用する場合を含む。）において準用する第二百一条の六第三項の確認書の交付を受けた政党その他の政治団体

四　都道府県知事又は市長の選挙　第二百一条の九第三項の確認書の交付を受けた政党その他の政治団体

（選挙に関するインターネット等の適正な利用）

第一四二条の七　選挙に関しインターネット等を利用する者は、公職の候補者に対して悪質な誹謗中傷をする等表現の自由を濫用して選挙の公正を害することがないよう、インターネット等の適正な利用に努めなければならない。

第一四三条から第一四五条まで　（略）

（文書図画の頒布又は掲示につき禁止を免れる行為の制限）

第一四六条①　何人も、選挙運動の期間中は、著述、演芸等の広告その他いかなる名義をもつてするを問わず、第百四十二条又は第百四十三条の禁止を免れる行為として、公職の候補者の氏名若しくはシンボル・マーク、政党その他の政治団体の名称又は公職の候補者を推薦し、支持し若しくは反対する者の名を表示する文書図画を頒布し又は掲示することができない。

②　前項の規定の適用については、選挙運動の期間中、公職の候補者の氏名、政党その他の政治団体の名称又は公職の候補者の推薦届出者その他選挙運動に従事する者若しくは公職の候補者と同一戸籍内に在る者の氏名を表示した年賀状、寒中見舞状、暑中見舞状その他これに類似する挨拶状を当該公職の候補者の選挙区（選挙区がないときはその区域）内に頒布し又は掲示する行為は、第百四十二条又は第百四十三条の禁止を免れる行為とみなす。

第一四七条　（略）

（あいさつ状の禁止）

第一四七条の二　公職の候補者又は公職の候補者となろうとする者（公職にある者を含む。）は、当該選挙区（選挙区がないときは選挙の行われる区域）内にある者に対し、答礼のための自筆によるものを除き、年賀状、寒中見舞状、暑中見舞状その他これらに類するあいさつ状（電報その他これに類するものを含む。）を出してはならない。

（新聞紙、雑誌の報道及び評論等の自由）

第一四八条①　この法律に定めるところの選挙運動の制限に関する規定（第百三十八条の三の規定を除く。）は、新聞紙（これに類する通信類を含む。以下同じ。）又は雑誌が、選挙に関し、報道及び評論を掲載するの自由を妨げるものではない。但し、虚偽の事項を記載し又は事実を歪曲して記載する等表現の自由を濫用して選挙の公正を害してはならない。

②　新聞紙又は雑誌の販売を業とする者は、前項に規定する新聞紙又は雑誌を、通常の方法（選挙運動の期間中及び選挙の当日において、定期購読者以外の者に対して頒布する新聞紙又は雑誌については、有償でする場合に限る。）で頒布し又は都道府県

の選挙管理委員会の指定する場所に掲示することができる。

③　前二項の規定の適用について新聞紙又は雑誌とは、選挙運動の期間中及び選挙の当日に限り、次に掲げるものをいう。ただし、点字新聞紙については、第一号ロの規定（同号ハ及び第二号中第一号ロに係る部分を含む。）は、適用しない。

一　次の条件を具備する新聞紙又は雑誌

イ　新聞紙にあつては毎月三回以上、雑誌にあつては毎月一回以上、号を逐つて定期に有償頒布するものであること。

ロ　第三種郵便物の承認のあるものであること。

ハ　当該選挙の選挙期日の公示又は告示の日前一年（時事に関する事項を掲載する日刊新聞紙にあつては、六月）以来、イ及びロに該当し、引き続き発行するものであること。

二　前号に該当する新聞紙又は雑誌を発行する者が発行する新聞紙又は雑誌で同号イ及びロの条件を具備するもの

（新聞紙、雑誌の不法利用等の制限）

第一四八条の二①　何人も、当選を得若しくは得しめ又は得しめない目的をもつて新聞紙又は雑誌の編集その他経営を担当する者に対し金銭、物品その他の財産上の利益の供与、その供与の申込若しくは約束をし又は饗応接待、その申込若しくは約束をして、これに選挙に関する報道及び評論を掲載させることができない。

②　新聞紙又は雑誌の編集その他経営を担当する者は、前項の供与、饗応接待を受け若しくは要求し又は前項の申込を承諾して、これに選挙に関する報道及び評論を掲載することができない。

③　何人も、当選を得若しくは得しめ又は得しめない目的をもつて新聞紙又は雑誌に対する編集その他経営上の特殊の地位を利用して、これに選挙に関する報道及び評論を掲載し又は掲載させることができない。

（新聞広告）

第一四九条①　衆議院（小選挙区選出）議員の選挙については、候補者は、総務省令で定めるところにより、同一寸法で、いずれか一の新聞に、選挙運動の期間中、五回を限り、選挙に関して広告をし、候補者届出政党は、総務省令で定めるところにより、当該都道府県における当該候補者届出政党の届出候補者の数（十六人を超える場合においては、十六人とする。）に応じて総務省令で定める寸法で、いずれか一の新聞に、選挙運動の期間中、総務省令で定める回数を限り、選挙に関して広告をすることができる。

②　衆議院（比例代表選出）議員の選挙については、衆議院名簿届出政党等は、総務省令で定めるところにより、当該選挙区における当該衆議院名簿届出政党等の衆議院名簿登載者の数（二十八人を超える場合においては、二十八人とする。以下この章において同じ。）に応じて総務省令で定める寸法で、いずれか一の新聞に、選挙運動の期間中、総務省令で定める回数を限り、選挙に関して広告をすることができる。

③　参議院（比例代表選出）議員の選挙については、参議院名簿届出政党等は、総務省令で定めるところにより、参議院名簿登載者の数（二十五人を超える場合においては、二十五人とする。以下この章において同じ。）に応じて総務省令で定める寸法で、いずれか一の新聞に、選挙運動の期間中、総務省令で定める回数を限り、選挙に関して広告をすることができる。

④　衆議院議員又は参議院（比例代表選出）議員の選挙以外の選挙については、公職の候補者は、総務省令で定めるところにより、同一寸法で、いずれか一の新聞に、選挙運動の期間中、二回（参議院選挙区選出議員の選挙にあつては五回（参議院合同選挙区選挙にあつては、十回）、都道府県知事の選挙にあつては四回）を限り、選挙に関して広告をすることができる。

⑤　前各項の広告を掲載した新聞紙は、第百四十二条又は第百四十三条の規定にかかわらず、新聞紙の販売を業とする者が、通常の方法（定期購読者以外の者に対して頒布する新聞紙については、有償でする場合に限る。）で頒布し又は都道府県の選挙管理委員会の指定する場所に掲示することができる。

⑥　衆議院議員、参議院議員又は都道府県知事の選挙においては、無料で第一項から第四項までの規定による新聞広告をすることができる。ただし、衆議院（比例代表選出）議員の選挙にあつては当該衆議院名簿届出政党等の当該選挙区における得票総数が当該選挙区における有効投票の総数の百分の二以上、参議院（比例代表選出）議員の選挙にあつては当該参議院名簿届出政党等の得票総数（当該参議院名簿届出政党等に係る各参議院名簿登載者（当該選挙の期日において公職の候補者たる者に限る。）の得票総数を含むものをいう。）が当該選挙における有効投票の総数の百分の一以上である場合に限る。

（政見放送）

第一五〇条①　衆議院（小選挙区選出）議員又は参議院（選挙区選出）議員の選挙においては、それぞれ候補者届出政党又は参議院（選挙区選出）議員の候補者は、政令で定めるところにより、選挙運動の期間中日本放送協会及び基幹放送事業者（放送法（昭和二十五年法律第百三十二号）第二条第二十三号に規定する基幹放送事業者をいい、日本放送協会及び放送大学学園（放送大学学園法（平成十四年法律第百五十六号）第三条に規定する放送大学学園をいう。第百五十二条第一項において同じ。）を除く。以下同じ。）のラジオ放送（放送法第二条第十六号に規定する中波放送又は同条第十七号に規定する超短波放送をいう。第三項及び第百五十一条第二項において同じ。）又はテレビジョン放送（同法第二条第十八号に規定するテレビジョン放送をいう。第三項並びに第百五十一条第二項及び第三項において同じ。）の放送設備により、公益のため、その政見（衆議院小選挙区選出議員の選挙にあつては、当該候補者届出政党が届け出た候補者の紹介を含む。以下この項において同じ。）を無料で放送することができる。この場合において、日本放送協会及び基幹放送事業者は、その録音し若しくは録画した政見又は次に掲げるものが録音し若しくは録画した政見をそのまま放送しなければならない。

一　候補者届出政党

二　参議院（選挙区選出）議員の候補者のうち、次に掲げる者

イ　第二百一条の四第二項の確認書の交付を受けた政党その他の政治団体で次の(1)又は(2)に該当するものの同条第一項に規定する推薦候補者

(1)　当該政党その他の政治団体に所属する衆議院議員又は参議院議員を五人以上有すること。

(2)　直近において行われた衆議院議員の総選挙における小選挙区選出議員の選挙若しくは比例代表選出議員の選挙又は参議院議員の通常選挙における比例代表選出議員の選挙若しくは選挙区選出議員の選挙における当該政党その他の政治団体の得票総数が当該選挙における有効投票の総数の百分の二以上であること。

ロ　第二百一条の六第三項（第二百一条の七第二項において準用する場合を含む。）の確認書の交付を受けた政党その他の政治団体でイ(1)又は(2)に該当するものの第二百一条の四第一項に規定する所属候補者

＊令和四法一六（令和六・四・五までに施行）による改正前

①　衆議院（小選挙区選出）議員又は参議院（選挙区選出）議員の選挙においては、それぞれ候補者届出政党又は参議院（選挙区選出）議員の候補者は、政令で定めるところにより、選挙運動の期間中日本放送協会及び基幹放送事業者（放送法（昭和二十五年法律第百三十二号）第二条第二十三号に規定する基幹放送事業者をいい、日本放送協会及び放送大学学園（放送大学学園法（平成十四年法律第百五十六号）第三条に規定する放送大学学園をいう。第百五十二条第一項において同じ。）を除く。以下同じ。）のラジオ放送又はテレビジョン放送（放送法第二条第十六号に規定する中波放送又は同条第十八号に規定するテレビジョン放送をいう。以下同じ。）の放送設備により、公益のため、その政見（衆議院小選挙区選出議員の選挙にあつては、当該候補者届出政党が届け出た候補者の紹介を含む。以下この項

において同じ。）を無料で放送することができる。この場合において、日本放送協会及び基幹放送事業者は、その録音し若しくは録画した政見又は次に掲げるものが録音し若しくは録画した政見をそのまま放送しなければならない。

一・二　（略）

② 前項各号に掲げるものは、政令で定めるところにより、政令で定める額の範囲内で、同項の政見の放送のための録音又は録画を無料ですることができる。

③ 衆議院（比例代表選出）議員、参議院（比例代表選出）議員又は都道府県知事の選挙においては、それぞれ衆議院名簿届出政党等、参議院名簿届出政党等又は都道府県知事の候補者は、政令で定めるところにより、選挙運動の期間中日本放送協会及び基幹放送事業者のラジオ放送又はテレビジョン放送の放送設備により、公益のため、その政見（衆議院比例代表選出議員の選挙にあつては参議院名簿登載者、参議院比例代表選出議員の選挙にあつては参議院名簿登載者の紹介を含む。以下この項において同じ。）を無料で放送することができる。この場合において、日本放送協会及び基幹放送事業者は、その政見を録音し又は録画し、これをそのまま放送しなければならない。

④ 第一項の放送のうち衆議院（小選挙区選出）議員の選挙における候補者届出政党の放送に関しては、当該都道府県における届出候補者を有する全ての候補者届出政党に対して、同一放送設備を使用し、当該都道府県における当該候補者届出政党の届出候補者の数（十二人を超える場合においては、十二人とする。）に応じて政令で定める時間数を与える等同等の利便を提供しなければならない。

⑤ 第一項の放送のうち参議院（選挙区選出）議員の選挙における候補者の放送又は第三項の放送に関しては、それぞれの選挙ごとに当該選挙区（選挙区がないときは、その区域）の全ての公職の候補者（衆議院比例代表選出議員の選挙にあつては衆議院名簿届出政党等、参議院比例代表選出議員の選挙にあつては参議院名簿届出政党等）に対して、同一放送設備を使用し、同一時間数（衆議院比例代表選出議員の選挙にあつては当該選挙区における当該衆議院名簿届出政党等の衆議院名簿登載者の数、参議院比例代表選出議員の選挙にあつては参議院名簿登載者の数に応じて政令で定める時間数）を与える等同等の利便を提供しなければならない。

⑥ 参議院（選挙区選出）議員の候補者のうち第一項第二号イ又はロに掲げる者は、政令で定めるところにより、その者に係る同号イ又はロに規定する政党その他の政治団体が同号イ(1)又は(2)に該当することを証する政令で定める文書を当該選挙に関する事務を管理する都道府県の選挙管理委員会（参議院合同選挙区選挙については、当該選挙に関する事務を管理する参議院合同選挙区選挙管理委員会）に提出しなければならない。ただし、当該選挙と同時に行われる参議院（比例代表選出）議員の選挙において、当該政党その他の政治団体が次に掲げる政党その他の政治団体である場合（政令で定める場合を除く。）は、この限りでない。

一　第八十六条の三第一項第一号又は第二号に該当する政党その他の政治団体として同項の規定による届出をした政党その他の政治団体

二　任期満了前九十日に当たる日から七日を経過する日までの間に第八十六条の七第一項の規定による届出をした政党その他の政治団体で同条第五項の規定による届出をしていないもの（同条第三項の規定により添えた文書の内容に異動がないものに限る。）

⑦ 中央選挙管理会は、政令で定めるところにより、前項各号に掲げる政党その他の政治団体に関し必要な事項を、当該参議院（比例代表選出）議員の選挙と同時に行われる参議院（選挙区選出）議員の選挙に関する事務を管理する都道府県の選挙管理委員会（参議院合同選挙区選挙については、参議院合同選挙区選挙管理委員会）に通知しなければならない。

⑧ 第一項第二号イ(1)に規定する衆議院議員又は参議院議員の数及び同号イ(2)に規定する政党その他の政治団体の得票総数の算定に関し必要な事項は、政令で定める。

⑨ 第一項から第五項までの放送の回数、日時その他放送に関し必要な事項は、総務大臣が日本放送協会及び基幹放送事業者と協議の上、定める。この場合において、衆議院（比例代表選出）議員の選挙における衆議院名簿届出政党等又は参議院（比例代表選出）議員の選挙における参議院名簿届出政党等の放送に関しては、その利便の提供について、特別の考慮が加えられなければならない。

（政見放送における品位の保持）

第一五〇条の二　公職の候補者、候補者届出政党、衆議院名簿届出政党等及び参議院名簿届出政党等は、その責任を自覚し、前条第一項又は第三項に規定する放送（以下「政見放送」という。）をするに当たつては、他人若しくは他の政党その他の政治団体の名誉を傷つけ若しくは善良な風俗を害し又は特定の商品の広告その他営業に関する宣伝をする等いやしくも政見放送としての品位を損なう言動をしてはならない。

（経歴放送）

第一五一条①　衆議院（小選挙区選出）議員、参議院（選挙区選出）議員又は都道府県知事の選挙においては、日本放送協会は、その定めるところにより、公職の候補者の氏名、年齢、党派別（衆議院小選挙区選出議員の選挙にあつては、当該候補者に係る候補者届出政党の名称）、主要な経歴等を関係区域の選挙人に周知させるため、放送をするものとする。

② 前項の放送の回数は、公職の候補者一人について、衆議院（小選挙区選出）議員の選挙にあつてはラジオ放送によりおおむね十回及びテレビジョン放送によりおおむね五回及びテレビジョン放送により一回、その他の選挙にあつてはラジオ放送によりおおむね五回及びテレビジョン放送により一回とする。ただし、日本放送協会は、事情の許す限り、その回数を多くするように努めなければならない。

③ 参議院（選挙区選出）議員又は都道府県知事の選挙においては、前二項に定めるもののほか、日本放送協会及び基幹放送事業者は、政令で定めるところにより、テレビジョン放送による政見放送を行う際にテレビジョン放送による経歴放送をするものとする。

（政見放送及び経歴放送を中止する場合）

第一五一条の二①　第百条第一項から第四項までの規定に該当し投票を行うことを必要としなくなつたときは、政見放送（衆議院小選挙区選出議員の選挙において行われるものを除く。）及び経歴放送の手続は、中止する。

② 一の都道府県において行われるすべての衆議院（小選挙区選出）議員の選挙において、第百条第一項の規定に該当し投票を行うことを必要としなくなつたときは、当該都道府県において行われる衆議院（小選挙区選出）議員の選挙に係る政見放送の手続は、中止する。

③ 天災その他避けることのできない事故その他特別の事情により、政見放送又は経歴放送が不能となつた場合においては、これに代わるべき政見放送又は経歴放送は行わない。

（選挙放送の番組編集の自由）

第一五一条の三　この法律に定めるところの選挙運動の制限に関する規定（第百三十八条の三の規定を除く。）は、日本放送協会又は基幹放送事業者が行なう選挙に関する報道又は評論について放送法の規定に従い放送番組を編集する自由を妨げるものではない。ただし、虚偽の事項を放送し又は事実をゆがめて放送する等表現の自由を濫用して選挙の公正を害してはならない。

第一五一条の四　削除

（選挙運動放送の制限）

第一五一条の五　何人も、この法律に規定する場合を除く外、放送設備（広告放送設備、共同聴取用放送設備その他の有線電気通信設備を含む。）を使用して、選挙運動のために放送をし又は放送をさせることができない。

（挨拶を目的とする有料広告の禁止）

第一五二条① 公職の候補者又は公職の候補者となろうとする者（公職にある者を含む。次項において「公職の候補者等」という。）及び第百九十九条の五第一項に規定する後援団体（次項において「後援団体」という。）は、当該選挙区（選挙区がないときは選挙の行われる区域。次項において同じ。）内にある者に対する主として挨拶（年賀、寒中見舞、暑中見舞その他これらに類するもののためにする挨拶及び慶弔、激励、感謝その他これらに類するもののためにする挨拶に限る。次項において同じ。）を目的とする広告を、有料で、新聞紙、雑誌、ビラ、パンフレット、インターネット等を利用する方法により頒布される文書図画その他これらに類するものに掲載させ、又は放送事業者（放送法第二条第二十六号に規定する放送事業者をいい、日本放送協会及び放送大学学園を除く。次項において同じ。）の放送設備により放送をさせることができない。

② 何人も、公職の候補者等又は後援団体に対して、当該選挙区内にある者に対する主として挨拶を目的とする広告を、新聞紙、雑誌、ビラ、パンフレット、インターネット等を利用する方法により頒布される文書図画その他これらに類するものに有料で掲載させ、又は放送事業者の放送設備により有料で放送をさせることを求めてはならない。

第一五三条から第一六〇条まで　削除

（公営施設使用の個人演説会等）

第一六一条① 公職の候補者（衆議院比例代表選出議員の選挙における候補者で当該選挙と同時に行われる衆議院小選挙区選出議員の選挙における候補者である者以外のもの並びに参議院比例代表選出議員の選挙における候補者たる参議院名簿登載者で第八十六条の三第一項後段の規定により優先的に当選人となるべき候補者としてその氏名及び当選人となるべき順位が参議院名簿に記載されているものを除く。次条から第百六十四条の三までにおいて同じ。）、候補者届出政党及び衆議院名簿届出政党等は、次に掲げる施設（候補者届出政党にあつてはその届け出た候補者に係る選挙区を包括する都道府県の区域内にあるもの、衆議院名簿届出政党等にあつてはその届け出た衆議院名簿に係る選挙区の区域内にあるものに限る。）を使用して、個人演説会、政党演説会又は政党等演説会を開催することができる。

一　学校及び公民館（社会教育法（昭和二十四年法律第二百七号）第二十一条に規定する公民館をいう。）

二　地方公共団体の管理に属する公会堂

三　前二号のほか、市町村の選挙管理委員会の指定する施設

② 前項の施設については、政令の定めるところにより、その管理者において、必要な設備をしなければならない。

③ 市町村の選挙管理委員会は、第一項第三号の施設の指定をしたときは、直ちに、都道府県の選挙管理委員会に、報告しなければならない。

④ 前項の報告があつたときは、都道府県の選挙管理委員会は、その旨を告示しなければならない。

（公営施設以外の施設使用の個人演説会等）

第一六一条の二 公職の候補者、候補者届出政党及び衆議院名簿届出政党等は、前条第一項に規定する施設以外の施設（建物その他の施設の構内を含むものとし、候補者届出政党にあつてはその届け出た候補者に係る選挙区を包括する都道府県の区域内にあるもの、衆議院名簿届出政党等にあつてはその届け出た衆議院名簿に係る選挙区の区域内にあるものに限る。）を使用して、個人演説会、政党演説会又は政党等演説会を開催することができる。

（個人演説会等における演説）

第一六二条① 個人演説会においては、当該公職の候補者は、その選挙運動のための演説をすることができる。

② 個人演説会においては、当該公職の候補者以外の者も当該公職の候補者の選挙運動のための演説をすることができる。

③ 候補者届出政党が開催する政党演説会においては、演説者は、当該候補者届出政党が届け出た候補者の選挙運動のための演説をすることができる。

④ 衆議院名簿届出政党等が開催する政党等演説会においては、演説者は、当該衆議院名簿届出政党等の選挙運動のための演説をすることができる。

第一六三条から第一六四条の二まで　（略）

（他の演説会の禁止）

第一六四条の三① 選挙運動のためにする演説会は、この法律の規定により行う個人演説会、政党演説会及び政党等演説会を除くほか、いかなる名義をもつてするを問わず、開催することができない。

② 公職の候補者以外の者が二人以上の公職の候補者の合同演説会を開催すること、候補者届出政党以外の者が二以上の候補者届出政党の合同演説会を開催すること及び衆議院名簿届出政党等以外の者が二以上の衆議院名簿届出政党等の合同演説会を開催することは、前項に規定する禁止行為に該当するものとみなす。

第一六四条の四　（略）

（街頭演説）

第一六四条の五① 選挙運動のためにする街頭演説（屋内から街頭へ向かつてする演説を含む。以下同じ。）は、次に掲げる場合でなければ、行うことができない。

一　演説者がその場所にとどまり、次項に規定する標旗を掲げて行う場合（参議院比例代表選出議員の選挙においては、公職の候補者たる参議院名簿登載者で第八十六条の三第一項後段の規定により優先的に当選人となるべき候補者としてその氏名及び当選人となるべき順位が参議院名簿に記載されている者以外のものの選挙運動のために行う場合に限る。）

二　候補者届出政党又は衆議院名簿届出政党等が第百四十一条第二項又は第三項の規定により選挙運動のために使用する自動車又は船舶で停止しているものの車上又は船上及びその周囲で行う場合

② 選挙運動のために前項第一号の規定による街頭演説をしようとする場合には、公職の候補者（衆議院比例代表選出議員の選挙にあつては、衆議院名簿届出政党等）は、あらかじめ当該選挙に関する事務を管理する選挙管理委員会（衆議院比例代表選出議員又は参議院比例代表選出議員の選挙については中央選挙管理会、参議院合同選挙区選挙については当該選挙に関する事務を管理する参議院合同選挙区選挙管理委員会）の定める様式の標旗の交付を受けなければならない。

③ 前項の標旗は、次の各号に掲げる選挙の区分に応じ、当該各号に定める数を交付する。

一　衆議院（比例代表選出）議員又は参議院（比例代表選出）議員の選挙以外の選挙　公職の候補者一人について、一（参議院合同選挙区選挙にあつては、二）

二　衆議院（比例代表選出）議員の選挙　衆議院名簿届出政党等について、その届け出た衆議院名簿に係る選挙区ごとに、当該衆議院（比例代表選出）議員の選挙において選挙すべき議員の数に相当する数

三　参議院（比例代表選出）議員の選挙　公職の候補者たる参議院名簿登載者一人について、六

④ 第一項第一号の標旗は、当該公務員の請求があるときは、これを提示しなければならない。

（夜間の街頭演説の禁止等）

第一六四条の六① 何人も、午後八時から翌日午前八時までの間は、選挙運動のため、街頭演説をすることができない。

② 第百四十条の二第二項の規定は、選挙運動のための街頭演説をする者について準用する。

③ 選挙運動のための街頭演説をする者は、長時間にわたり、同一の場所にとどまつてすることのないように努めなければならない。

第一六四条の七から第一六五条の二まで　（略）

（特定の建物及び施設における演説等の禁止）

第一六六条 何人も、次に掲げる建物又は施設においては、いかなる名義をもつてするを問わず、選挙運動のためにする演説及

び連呼行為を行うことができない。ただし、第一号に掲げる建物において第百六十一条の規定による個人演説会、政党演説会又は政党等演説会を開催する場合は、この限りでない。

一 国又は地方公共団体の所有し又は管理する建物（公営住宅を除く。）

二 汽車、電車、乗合自動車、船舶（第百四十一条第一項から第三項までの船舶を除く。）及び停車場その他鉄道地内

三 病院、診療所その他の療養施設

第一六七条から第一七八条の二まで （略）

（衆議院議員又は参議院議員の選挙における選挙運動の態様）

第一七八条の三① 衆議院議員の選挙においては、比例代表選出議員の選挙に係る選挙運動の制限に関するこの章の規定は、小選挙区選出議員の選挙に係る選挙運動が、この法律において許される態様において比例代表選出議員の選挙に係る選挙運動にわたることを妨げるものではない。

② 衆議院議員の選挙においては、小選挙区選出議員の選挙に係る選挙運動の制限に関するこの章の規定は、候補者届出政党である衆議院名簿届出政党等が行う比例代表選出議員の選挙に係る選挙運動が、この法律において許される態様において小選挙区選出議員の選挙に係る選挙運動にわたることを妨げるものではない。

③ 参議院議員の選挙においては、比例代表選出議員の選挙に係る選挙運動の制限に関するこの章の規定は、選挙区選出議員の選挙に係る選挙運動が、この法律において許される態様において比例代表選出議員の選挙に係る選挙運動にわたることを妨げるものではない。

第十四章 選挙運動に関する収入及び支出並びに寄附

（第一七九条から第二〇一条まで）（略）

第十四章の二 参議院（選挙区選出）議員の選挙の特例

（第二〇一条の二から第二〇一条の四まで）（略）

第十四章の三 政党その他の政治団体等の選挙における政治活動

（第二〇一条の五から第二〇一条の一五まで）（略）

第十五章 争訟 （抄）

（地方公共団体の議会の議員及び長の選挙の効力に関する異議の申出及び審査の申立て）

第二〇二条① 地方公共団体の議会の議員及び長の選挙において、その選挙の効力に関し不服がある選挙人又は公職の候補者は、当該選挙の日から十四日以内に、文書で当該選挙に関する事務を管理する選挙管理委員会に対して異議を申し出ることができる。

② 前項の規定により市町村の選挙管理委員会に対して異議を申し出た場合において、その決定に不服がある者は、その決定書の交付を受けた日又は第二百十五条の規定による告示の日から二十一日以内に、文書で当該都道府県の選挙管理委員会に審査を申し立てることができる。

（地方公共団体の議会の議員及び長の選挙の効力に関する訴訟）

第二〇三条① 地方公共団体の議会の議員及び長の選挙において、前条第一項の異議の申出若しくは同条第二項の審査の申立てに対する都道府県の選挙管理委員会の決定又は裁決に不服がある者は、当該都道府県の選挙管理委員会を被告とし、その決定書若しくは裁決書の交付を受けた日又は第二百十五条の規定による告示の日から三十日以内に、高等裁判所に訴訟を提起することができる。

② 地方公共団体の議会の議員及び長の選挙の効力に関する訴訟は、前条第一項又は第二項の規定による異議の申出又は審査の申立てに対する都道府県の選挙管理委員会の決定又は裁決に対してのみ提起することができる。

（衆議院議員又は参議院議員の選挙の効力に関する訴訟）

第二〇四条 衆議院議員又は参議院議員の選挙において、その選挙の効力に関し異議がある選挙人又は公職の候補者（衆議院小選挙区選出議員の選挙にあつては候補者又は候補者届出政党、衆議院比例代表選出議員の選挙にあつては衆議院名簿届出政党等、参議院比例代表選出議員の選挙にあつては参議院名簿届出政党等又は参議院名簿登載者（第八十六条の三第一項後段の規定により優先的に当選人となるべき候補者としてその氏名及び当選人となるべき順位が参議院名簿に記載されている者を除く。））は、衆議院（小選挙区選出）議員又は参議院（選挙区選出）議員の選挙にあつては当該選挙に関する事務を管理する都道府県の選挙管理委員会（参議院合同選挙区選挙については、当該選挙に関する事務を管理する参議院合同選挙区選挙管理委員会）を、衆議院（比例代表選出）議員又は参議院（比例代表選出）議員の選挙にあつては中央選挙管理会を被告とし、当該選挙の日から三十日以内に、高等裁判所に訴訟を提起することができる。

（選挙の無効の決定、裁決又は判決）

第二〇五条① 選挙の効力に関し異議の申出、審査の申立て又は訴訟の提起があつた場合において、選挙の規定に違反することがあるときは選挙の結果に異動を及ぼす虞がある場合に限り、当該選挙管理委員会又は裁判所は、その選挙の全部又は一部の無効を決定し、裁決し又は判決しなければならない。

② 前項の規定により当該選挙管理委員会又は裁判所がその選挙の一部の無効を決定し、裁決し又は判決する場合において、当選に異動を生ずる虞のない者を区分することができるときは、その者に限り当選を失わない旨をあわせて決定し、裁決し又は判決しなければならない。

③ 前項の場合において、当選に異動を生ずる虞の有無につき判断を受ける者（以下本条中「当該候補者」という。）の得票数（一部無効に係る区域以外の区域における得票数をいう。以下本条中同じ。）から左に掲げる各得票数を各別に差し引いて得た各数の合計数が、選挙の一部無効に係る区域における選挙人の数より多いときは、当該候補者は、当選に異動を生ずる虞のないものとする。

一 得票数の最も多い者から順次に数えて、当該選挙において選挙すべき議員の数に相当する数に至る順位の次の順位にある候補者の得票数

二 得票数が前号の候補者より多く、当該候補者より少い各候補者のそれぞれの得票数

④ 前項の選挙の一部無効に係る区域における選挙人とは、第二項の規定による決定、裁決又は判決の直前（判決の場合にあつては高等裁判所の判決の基本たる口頭弁論終結の直前）に当該選挙の一部無効に係る区域において行われた選挙の当日投票できる者であつた者とする。

⑤ 衆議院（比例代表選出）議員又は参議院（比例代表選出）議員の選挙については、前三項の規定は適用せず、第一項の規定により選挙の一部を無効とする判決があつた場合においても、衆議院名簿届出政党等又は参議院名簿届出政党等に係る当選人の数の決定及び当選人の決定は、当該再選挙の結果に基づく新たな決定に係る告示がされるまでの間（第三十三条の二第六項の規定により当該再選挙を行わないこととされる場合にあつては、当該議員の任期満了の日までの間）は、なおその効力を有する。

（地方公共団体の議会の議員又は長の当選の効力に関する異議の申出及び審査の申立て）

第二〇六条① 地方公共団体の議会の議員又は長の選挙において、その当選の効力に関し不服がある選挙人又は公職の候補者は、第百一条の三第二項又は第百六条第二項の規定による告示の日から十四日以内に、文書で当該選挙に関する事務を管理する選挙管理委員会に対して異議を申し出ることができる。

② 前項の規定により市町村の選挙管理委員会に対して異議を申し出た場合において、その決定に不服がある者は、その決定書の交付を受けた日又は第二百十五条の規定による告示の日から二十一日以内に、文書で当該都道府県の選挙管理委員会に審査を申し立てることができる。

（地方公共団体の議会の議員及び長の当選の効力に関する訴訟）

第二〇七条① 地方公共団体の議会の議員及び長の選挙において、前条第一項の異議の申出若しくは同条第二項の審査の申立てに対する都道府県の選挙管理委員会の決定又は裁決に不服がある者は、当該都道府県の選挙管理委員会を被告とし、その決定書若しくは裁決書の交付を受けた日又は第二百十五条の規定による告示の日から三十日以内に、高等裁判所に訴訟を提起することができる。

② 第二百三条第二項の規定は、地方公共団体の議会の議員及び長の当選の効力に関する訴訟を提起する場合に、準用する。

（衆議院議員又は参議院議員の当選の効力に関する訴訟）

第二〇八条① 衆議院議員又は参議院議員の選挙において、当選をしなかつた者（衆議院小選挙区選出議員の選挙にあつては候補者届出政党、衆議院比例代表選出議員の選挙にあつては衆議院名簿届出政党等、参議院比例代表選出議員の選挙にあつては参議院名簿届出政党等を含む。）で当選の効力に関し不服があるものは、衆議院（小選挙区選出）議員又は参議院（選挙区選出）議員の選挙にあつては当該選挙に関する事務を管理する都道府県の選挙管理委員会（参議院合同選挙区選挙については、当該選挙に関する事務を管理する参議院合同選挙区選挙管理委員会）を、衆議院（比例代表選出）議員又は参議院（比例代表選出）議員の選挙にあつては中央選挙管理会を被告とし、第百一条第二項、第百一条の二第二項、第百一条の二の二第二項若しくは第百一条の三第二項又は第百六条第二項の規定による告示の日から三十日以内に、高等裁判所に訴訟を提起することができる。ただし、衆議院（比例代表選出）議員の選挙においては、当該選挙と同時に行われた衆議院（小選挙区選出）議員の選挙における選挙又は当選の効力に関する事由を理由とし、当選の効力に関する訴訟を提起することができない。

② 衆議院（比例代表選出）議員の当選の効力に関し訴訟の提起があつた場合において、衆議院名簿届出政党等に係る当選人の数の決定に過誤があるときは、裁判所は、当該衆議院名簿届出政党等に係る当選人の数の決定の無効を判決しなければならない。この場合においては、当該衆議院名簿届出政党等につき失われることのない当選人の数を併せて判決するものとする。

③ 前項の規定は、参議院（比例代表選出）議員の選挙の当選の効力に関する訴訟の提起があつた場合について準用する。（後略）

（当選の効力に関する争訟における選挙の無効の決定、裁決又は判決）

第二〇九条① 前三条の規定による当選の効力に関する異議の申出、審査の申立て又は訴訟の提起があつた場合においても、その選挙が第二百五条第一項の場合に該当するときは、当該選挙管理委員会又は裁判所は、その選挙の全部又は一部の無効を決定し、裁決し又は判決しなければならない。

② 第二百五条第二項から第五項までの規定は、前項の場合に準用する。

（当選の効力に関する争訟における潜在無効投票）

第二〇九条の二① 当選の効力に関する異議の申出、審査の申立て又は訴訟の提起があつた場合において、選挙の当日選挙権を有しない者の投票その他本来無効なるべき投票であつてその無効原因が表面に現れない投票で有効投票に算入されたことが推定され、かつ、その帰属が不明な投票があることが判明したときは、当該選挙管理委員会又は裁判所は、第九十五条又は第九十五条の二若しくは第九十五条の三の規定の適用に関する各公職の候補者又は各衆議院名簿届出政党等若しくは各参議院名簿届出政党等の有効投票の計算については、その開票区ごとに、各公職の候補者又は各衆議院名簿届出政党等若しくは各参議院名簿届出政党等の得票数（各参議院名簿届出政党等の得票数にあつては、当該参議院名簿届出政党等に係る各参議院名簿登載者（当該選挙の期日において公職の候補者たる者に限る。以下この項及び次項において同じ。）の得票数を含むものをいう。）から、当該無効投票数を各公職の候補者又は各衆議院名簿届出政党等若しくは各参議院名簿届出政党等の得票数（各参議院名簿届出政党等の得票数にあつては、当該参議院名簿届出政党等に係る各参議院名簿登載者の得票数を含むものをいう。）に応じてあん分して得た数をそれぞれ差し引くものとする。

② 前項の場合において、各参議院名簿届出政党等に係る各参議院名簿登載者の有効投票及び当該参議院名簿届出政党等の有効投票（当該参議院名簿届出政党等に係る各参議院名簿登載者の有効投票を含まないものをいう。）の計算については、その開票区ごとに、各参議院名簿登載者の得票数及び当該参議院名簿届出政党等の得票数（当該参議院名簿届出政党等に係る各参議院名簿登載者の得票数を含まないものをいう。以下この項において同じ。）から、前項の規定によりあん分して得た数を各参議院名簿登載者の得票数及び当該参議院名簿届出政党等の得票数に応じてあん分して得た数をそれぞれ差し引くものとする。

第二一〇条から**第二一二条**まで　（略）

（争訟の処理）

第二一三条① 本章に規定する争訟については、異議の申出に対する決定はその申出を受けた日から三十日以内に、審査の申立てに対する裁決はその申立てを受理した日から六十日以内に、訴訟の判決は事件を受理した日から百日以内に、これをするように努めなければならない。

② 前項の訴訟については、裁判所は、他の訴訟の順序にかかわらず速かにその裁判をしなければならない。

（争訟の提起と処分の執行）

第二一四条 本章に規定する異議の申出、審査の申立て又は訴訟の提起があつても、処分の執行は、停止しない。

第二一五条から**第二一八条**まで　（略）

（選挙関係訴訟に対する訴訟法規の適用）

第二一九条① この章（第二百十条第一項を除く。）に規定する訴訟については、行政事件訴訟法第四十三条の規定にかかわらず、同法第十三条、第十九条から第二十一条まで、第二十五条から第二十九条まで、第三十一条及び第三十四条の規定は、準用せず、また、同法第十六条から第十八条までの規定は、一の選挙の効力を争う数個の請求、第二百七条若しくは第二百八条の規定により一の選挙における当選の効力を争う数個の請求、第二百十条第二項の規定により公職の候補者であつた者の当選の効力を争う数個の請求、第二百十一条の規定により公職の候補者等であつた者の当選の効力若しくは立候補の資格を争う数個の請求又は選挙の効力を争う請求とその選挙における当選の効力に関し第二百七条若しくは第二百八条の規定によりこれを争う請求とに関してのみ準用する。

② 第二百十条第一項に規定する訴訟については、行政事件訴訟法第四十三条の規定にかかわらず、同法第十三条、第十七条及び第十八条の規定は、準用せず、また、同法第十六条及び第十九条の規定は、第二百十条第一項の規定により公職の候補者であつた者の当選の無効又は立候補の禁止を争う数個の請求に関してのみ準用する。

第二二〇条　（略）

第十六章　罰則（抄）

（買収及び利害誘導罪）

第二二一条① 次の各号に掲げる行為をした者は、三年以下の懲役若しくは禁錮又は五十万円以下の罰金に処する。

一　当選を得若しくは得しめ又は得しめない目的をもつて選挙人又は選挙運動者に対し金銭、物品その他の財産上の利益若しくは公私の職務の供与、その供与の申込み若しくは約束をし又は供応接待、その申込み若しくは約束をしたとき。

二　当選を得若しくは得しめ又は得しめない目的をもつて選挙人又は選挙運動者に対しその者又はその者と関係のある社寺、学校、会社、組合、市町村等に対する用水、小作、債権、寄附その他特殊の直接利害関係を利用して誘導をしたとき。

三　投票をし若しくはしないこと、選挙運動をし若しくはやめたこと又はその周旋勧誘をしたことの報酬とする目的をもつて選挙人又は選挙運動者に対し第一号に掲げる行為をしたとき。

四　第一号若しくは前号の供与、供応接待を受け若しくは要求し、第一号若しくは前号の申込みを承諾し又は第二号の誘導に応じ若しくはこれを促したとき。

五　第一号から第三号までに掲げる行為をさせる目的をもつて選挙運動者に対し金銭若しくは物品の交付、交付の申込み若しくは約束をし又は選挙運動者がその交付を受け、その交付を要求し若しくはその申込みを承諾したとき。

六　前各号に掲げる行為に関し周旋又は勧誘をしたとき。

②　中央選挙管理会の委員若しくは中央選挙管理会の庶務に従事する総務省の職員、参議院合同選挙区選挙管理委員会の委員若しくは職員、選挙管理委員会の委員若しくは職員、投票管理者、開票管理者、選挙長若しくは選挙分会長又は選挙事務に関係のある国若しくは地方公共団体の公務員が当該選挙に関し前項の罪を犯したときは、四年以下の懲役若しくは禁錮又は百万円以下の罰金に処する。公安委員会の委員又は警察官がその関係区域内の選挙に関し同項の罪を犯したときも、また同様とする。

③　次の各号に掲げる者が第一項の罪を犯したときは、四年以下の懲役若しくは禁錮又は百万円以下の罰金に処する。

一　公職の候補者

二　選挙運動を総括主宰した者

三　出納責任者（公職の候補者又は出納責任者と意思を通じて当該公職の候補者のための選挙運動に関する支出の金額のうち第百九十六条の規定により告示された額の二分の一以上に相当する額を支出した者を含む。）

四　三以内に分けられた選挙区（選挙区がないときは、選挙の行われる区域）の地域のうち一又は二の地域における選挙運動を主宰すべき者として第一号又は第二号に掲げる者から定められ、当該地域における選挙運動を主宰した者

＊令和四法六八（令和七・六・一六までに施行）**による改正**
第一項中「懲役若しくは禁錮」を「拘禁刑」に改め、第二項中「懲役若しくは禁錮」を「拘禁刑」に改め、第三項中「懲役若しくは禁錮」を「拘禁刑」に改める。（本文未織込み）

（多数人買収及び多数人利害誘導罪）

第二百二十二条①　左の各号に掲げる行為をした者は、五年以下の懲役又は禁錮に処する。

一　財産上の利益を図る目的をもつて公職の候補者又は公職の候補者となろうとする者のため多数の選挙人又は選挙運動者に対し前条第一項第一号から第三号まで、第五号又は第六号に掲げる行為をし又はさせたとき。

二　財産上の利益を図る目的をもつて公職の候補者又は公職の候補者となろうとする者のため多数の選挙人又は選挙運動者に対し前条第一項第一号から第三号まで、第五号又は第六号に掲げる行為をすることを請け負い若しくは請け負わせ又はその申込をしたとき。

②　前条第一項第一号から第三号まで、第五号又は第六号の罪を犯した者が常習者であるときも、また前項と同様とする。

③　前条第三項各号に掲げる者が第一項の罪を犯したときは、六年以下の懲役又は禁錮に処する。

＊令和四法六八（令和七・六・一六までに施行）**による改正**
第一項中「左の」を「次の」に、「懲役又は禁錮」を「拘禁刑」に改め、同項第二号中「申込」を「申込み」に改め、第三項中「懲役又は禁錮」を「拘禁刑」に改める。（本文未織込み）

（公職の候補者及び当選人に対する買収及び利害誘導罪）

第二百二十三条①　次の各号に掲げる行為をした者は、四年以下の懲役若しくは禁錮又は百万円以下の罰金に処する。

一　公職の候補者たること若しくは公職の候補者となろうとすることをやめさせる目的をもつて公職の候補者若しくは公職の候補者となろうとする者に対し又は当選を辞させる目的をもつて当選人に対し第二百二十一条第一項第一号又は第二号に掲げる行為をしたとき。

二　公職の候補者たること若しくは公職の候補者となろうとすることをやめたこと、当選を辞したこと又はその周旋勧誘をしたことの報酬とする目的をもつて公職の候補者であつた者、公職の候補者となろうとした者又は当選人であつた者に対し第二百二十一条第一項第一号に掲げる行為をしたとき。

三　前二号の供与、供応接待を受け若しくは要求し、前二号の申込みを承諾し又は第一号の誘導に応じ若しくはこれを促したとき。

四　前各号に掲げる行為に関し周旋又は勧誘をなしたとき。

②　中央選挙管理会の委員若しくは中央選挙管理会の庶務に従事する総務省の職員、参議院合同選挙区選挙管理委員会の委員若しくは職員、選挙管理委員会の委員若しくは職員、投票管理者、開票管理者、選挙長若しくは選挙分会長又は選挙事務に関係のある国若しくは地方公共団体の公務員が当該選挙に関し前項の罪を犯したときは、五年以下の懲役若しくは禁錮又は百万円以下の罰金に処する。公安委員会の委員又は警察官がその関係区域内の選挙に関し同項の罪を犯したときも、また同様とする。

③　第二百二十一条第三項各号に掲げる者が第一項の罪を犯したときは、五年以下の懲役若しくは禁錮又は百万円以下の罰金に処する。

＊令和四法六八（令和七・六・一六までに施行）**による改正**
第一項中「懲役若しくは禁錮」を「拘禁刑」に改め、第二項中「懲役若しくは禁錮」を「拘禁刑」に改め、第三項中「懲役若しくは禁錮」を「拘禁刑」に改める。（本文未織込み）

（新聞紙、雑誌の不法利用罪）

第二百二十三条の二①　第百四十八条の二第一項又は第二項の規定に違反した者は、五年以下の懲役又は禁錮に処する。

②　第二百二十一条第三項各号に掲げる者が前項の罪を犯したときは、六年以下の懲役又は禁錮に処する。

＊令和四法六八（令和七・六・一六までに施行）**による改正**
第二百二十三条の二中「懲役又は禁錮」を「拘禁刑」に改める。
（本文未織込み）

（買収及び利害誘導罪の場合の没収）

第二百二十四条　前四条の場合において収受し又は交付を受けた利益は、没収する。その全部又は一部を没収することができないときは、その価額を追徴する。

（おとり罪）

第二百二十四条の二①　第二百五十一条の二第一項若しくは第三項又は第二百五十一条の三第一項の規定に該当することにより公職の候補者又は公職の候補者となろうとする者（以下この条において「公職の候補者等」という。）の当選を失わせ又は立候補の資格を失わせる目的をもつて、当該公職の候補者等以外の公職の候補者等その他の公職の候補者等の選挙運動に従事する者と意思を通じて、当該公職の候補者等に係る第二百五十一条の二第一項各号に掲げる者又は第二百五十一条の三第一項に規定する組織的選挙運動管理者等を誘導し又は挑発してその者をして第二百二十一条、第二百二十二条、第二百二十三条、第二百二十三条の二又は第二百四十七条の罪を犯させた者は、一年以

上五年以下の懲役又は禁錮に処する。

② 第二百五十一条の二第一項各号に掲げる者又は第二百五十一条の三第一項に規定する組織的選挙運動管理者等が、第二百五十一条の二第一項若しくは第三項又は第二百五十一条の三第一項の規定に該当することにより当該公職の候補者等の当選を失わせ又は立候補の資格を失わせる目的をもつて、当該公職の候補者等以外の公職の候補者等その他の公職の候補者等の選挙運動に従事する者と意思を通じて、第二百二十一条から第二百二十三条の二まで又は第二百四十七条の罪を犯したときは、一年以上六年以下の懲役又は禁錮に処する。

＊令和四法六八（令和七・六・一六までに施行）**による改正**
第二二四条の二中「懲役又は禁錮」を「拘禁刑」に改める。（本文未織込み）

（候補者の選定に関する罪）

第二二四条の三① 衆議院（小選挙区選出）議員の候補者となるべき者の選定、衆議院名簿登載者の選定又は参議院名簿登載者の選定（第八十六条の三第一項後段の規定により優先的に当選人となるべき候補者としてその氏名及び当選人となるべき順位が参議院名簿に記載される者又は同条第二項において読み替えて準用する第八十六条の二第九項後段の規定により優先的に当選人となるべき候補者としてその氏名及び当選人となるべき順位が同項の規定による届出に係る文書に記載される者の選定並びにそれらの者の間における当選人となるべき順位の決定を含む。）につき権限を有する者が、その権限の行使に関し、請託を受けて、財産上の利益を収受し、又はこれを要求し、若しくは約束したときは、これを三年以下の懲役に処する。

② 前項の利益を供与し、又はその申込み若しくは約束をした者は、三年以下の懲役又は百万円以下の罰金に処する。

③ 第一項の場合において、収受した利益は、没収する。その全部又は一部を没収することができないときは、その価額を追徴する。

＊令和四法六八（令和七・六・一六までに施行）**による改正**
第一項及び第二項中「懲役」を「拘禁刑」に改める。（本文未織込み）

（選挙の自由妨害罪）

第二二五条 選挙に関し、次の各号に掲げる行為をした者は、四年以下の懲役若しくは禁錮又は百万円以下の罰金に処する。

一 選挙人、公職の候補者、公職の候補者となろうとする者、選挙運動者又は当選人に対し暴行若しくは威力を加え又はこれをかどわかしたとき。

二 交通若しくは集会の便を妨げ、演説を妨害し、又は文書図画を毀棄し、その他偽計詐術等不正の方法をもつて選挙の自由を妨害したとき。

三 選挙人、公職の候補者、公職の候補者となろうとする者、選挙運動者若しくは当選人又はその関係のある社寺、学校、会社、組合、市町村等に対する用水、小作、債権、寄附その他特殊の利害関係を利用して選挙人、公職の候補者、公職の候補者となろうとする者、選挙運動者又は当選人を威迫したとき。

＊令和四法六八（令和七・六・一六までに施行）**による改正**
第二二五条中「懲役若しくは禁錮」を「拘禁刑」に改め、第二号中「毀棄し」を「毀棄し」に改める。（本文未織込み）

（職権濫用による選挙の自由妨害罪）

第二二六条① 選挙に関し、国若しくは地方公共団体の公務員、行政執行法人若しくは特定地方独立行政法人の役員若しくは職員、中央選挙管理会の委員若しくは中央選挙管理会の庶務に従事する総務省の職員、参議院合同選挙区選挙管理委員会の委員若しくは職員、選挙管理委員会の委員若しくは職員、投票管理者、開票管理者又は選挙長若しくは選挙分会長が故意にその職務の執行を怠り又は正当な理由がなくて公職の候補者若しくは選挙運動者に追随し、その居宅若しくは選挙事務所に立ち入る等その職権を濫用して選挙の自由を妨害したときは、四年以下の禁錮に処する。

② 国若しくは地方公共団体の公務員、行政執行法人若しくは特定地方独立行政法人の役員若しくは職員、中央選挙管理会の委員若しくは中央選挙管理会の庶務に従事する総務省の職員、参議院合同選挙区選挙管理委員会の委員若しくは職員、選挙管理委員会の委員若しくは職員、投票管理者、開票管理者又は選挙長若しくは選挙分会長が選挙人に対し、その投票しようとし又は投票した被選挙人の氏名（衆議院比例代表選出議員の選挙にあつては政党その他の政治団体の名称又は略称、参議院比例代表選出議員の選挙にあつては被選挙人の氏名又は政党その他の政治団体の名称若しくは略称）の表示を求めたときは、六月以下の禁錮又は三十万円以下の罰金に処する。

＊令和四法六八（令和七・六・一六までに施行）**による改正**
第二二六条中「禁錮」を「拘禁刑」に改める。（本文未織込み）

（投票の秘密侵害罪）

第二二七条 中央選挙管理会の委員若しくは中央選挙管理会の庶務に従事する総務省の職員、参議院合同選挙区選挙管理委員会の委員若しくは職員、選挙管理委員会の委員若しくは職員、投票管理者、開票管理者、選挙長若しくは選挙分会長、選挙事務に関係のある国若しくは地方公共団体の公務員、立会人（第四十八条第二項の規定により投票を補助すべき者及び第四十九条第三項の規定により投票に関する記載をすべき者を含む。以下同じ。）又は監視者が選挙人の投票した被選挙人の氏名（衆議院比例代表選出議員の選挙にあつては政党その他の政治団体の名称又は略称、参議院比例代表選出議員の選挙にあつては被選挙人の氏名又は政党その他の政治団体の名称若しくは略称）を表示したときは、二年以下の禁錮又は三十万円以下の罰金に処する。その表示した事実が虚偽であるときも、また同様とする。

＊令和四法六八（令和七・六・一六までに施行）**による改正**
第二二七条中「禁錮」を「拘禁刑」に改める。（本文未織込み）

（投票干渉罪）

第二二八条① 投票所（共通投票所及び期日前投票所を含む。次条及び第二百三十二条において同じ。）又は開票所において正当な理由がなくて選挙人の投票に干渉し又は被選挙人の氏名（衆議院比例代表選出議員の選挙にあつては政党その他の政治団体の名称又は略称、参議院比例代表選出議員の選挙にあつては被選挙人の氏名又は政党その他の政治団体の名称若しくは略称）を認知する方法を行つた者は、一年以下の禁錮又は三十万円以下の罰金に処する。

② 法令の規定によらないで投票箱を開き、又は投票箱の投票を取り出した者は、三年以下の懲役若しくは禁錮又は五十万円以下の罰金に処する。

＊令和四法六八（令和七・六・一六までに施行）**による改正**
第一項中「禁錮」を「拘禁刑」に改め、第二項中「懲役若しくは禁錮」を「拘禁刑」に改める。（本文未織込み）

（選挙事務関係者、施設等に対する暴行罪、騒擾罪等）

第二二九条 投票管理者、開票管理者、選挙長、選挙分会長、立会人若しくは選挙監視者に暴行若しくは脅迫を加え、投票所、開票所、選挙会場若しくは選挙分会場を騒擾し又は投票、投票箱その他関係書類（関係の電磁的記録媒体（電子的方式、磁気的方式その他人の知覚によつては認識することができない方式で作られる記録であつて電子計算機による情報処理の用に供されるものに係る記録媒体をいう。以下同じ。）を含む。）を抑留し、毀壊し若しくは奪取した者は、四年以下の懲役又は禁錮に処する。

＊令和四法六八（令和七・六・一六までに施行）による改正
第二二九条中「懲役又は禁錮」を「拘禁刑」に改める。（本文未織込み）

（多衆の選挙妨害罪）

第二三〇条① 多衆集合して第二百二十五条第一号又は前条の罪を犯した者は、次の区別に従つて処断する。選挙に関し、多衆集合して、交通若しくは集会の便を妨げ、又は演説を妨害した者も、同様とする。

一 首謀者は、一年以上七年以下の懲役又は禁錮に処する。

二 他人を指揮し又は他人に率先して勢を助けた者は、六月以上五年以下の懲役又は禁錮に処する。

三 付和随行した者は、二十万円以下の罰金又は科料に処する。

② 前項の罪を犯すため多衆集合し当該公務員から解散の命令を受けることが三回以上に及んでもなお解散しないときは、首謀者は、二年以下の禁錮に処し、その他の者は、二十万円以下の罰金又は科料に処する。

＊令和四法六八（令和七・六・一六までに施行）による改正
第一項第一号及び第二号中「懲役又は禁錮」を「拘禁刑」に改め、第二項中「禁錮」を「拘禁刑」に改める。（本文未織込み）

第二三一条から第二三四条まで （略）

（虚偽事項の公表罪）

第二三五条① 当選を得又は得させる目的をもつて公職の候補者若しくは公職の候補者となろうとする者の身分、職業若しくは経歴、その者の政党その他の団体への所属、その者に係る候補者届出政党の候補者の届出、その者に係る参議院名簿届出政党等の届出又はその者に対する人若しくは政党その他の団体の推薦若しくは支持に関し虚偽の事項を公にした者は、二年以下の禁錮又は三十万円以下の罰金に処する。

② 当選を得させない目的をもつて公職の候補者又は公職の候補者となろうとする者に関し虚偽の事項を公にし、又は事実をゆがめて公にした者は、四年以下の懲役若しくは禁錮又は百万円以下の罰金に処する。

＊令和四法六八（令和七・六・一六までに施行）による改正
第一項中「禁錮」を「拘禁刑」に改め、第二項中「懲役若しくは禁錮」を「拘禁刑」に改める。（本文未織込み）

第二三五条の二から第二三五条の四まで （略）

（氏名等の虚偽表示罪）

第二三五条の五 当選を得若しくは得しめ又は得しめない目的をもつて真実に反する氏名、名称又は身分の表示をして郵便等、電報、電話又はインターネット等を利用する方法により通信をした者は、二年以下の禁錮又は三十万円以下の罰金に処する。

＊令和四法六八（令和七・六・一六までに施行）による改正
第二三五条の五中「禁錮」を「拘禁刑」に改める。（本文未織込み）

（あいさつを目的とする有料広告の制限違反）

第二三五条の六① 第百五十二条第一項の規定に違反して広告を掲載させ又は放送をさせた者（後援団体にあつては、その役職員又は構成員として当該違反行為をした者）は、五十万円以下の罰金に処する。

② 第百五十二条第二項の規定に違反して、公職の候補者若しくは公職の候補者となろうとする者（公職にある者を含む。）又は後援団体の役職員若しくは構成員を威迫して、広告を掲載させ又は放送をさせることを求めた者は、一年以下の懲役若しくは禁錮又は三十万円以下の罰金に処する。

＊令和四法六八（令和七・六・一六までに施行）による改正
第二三五条の六の見出し中「あいさつ」を「挨拶」に改め、第二項中「懲役若しくは禁錮」を「拘禁刑」に改める。（本文未織込み）

第二三六条から第二三八条の二まで （略）

（事前運動、教育者の地位利用、戸別訪問等の制限違反）

第二三九条① 次の各号の一に該当する者は、一年以下の禁錮又は三十万円以下の罰金に処する。

一 第百二十九条、第百三十七条、第百三十七条の二又は第百三十七条の三の規定に違反して選挙運動をした者

二 第百三十四条の規定による命令に従わない者

三 第百三十八条の規定に違反して戸別訪問をした者

四 第百三十八条の二の規定に違反して署名運動をした者

② 候補者届出政党、衆議院名簿届出政党等又は参議院名簿届出政党等が第百三十四条の規定による命令に違反して選挙事務所を閉鎖しなかつたときは、当該候補者届出政党、衆議院名簿届出政党等又は参議院名簿届出政党等の役職員又は構成員として当該違反行為をした者は、一年以下の禁錮又は三十万円以下の罰金に処する。

＊令和四法六八（令和七・六・一六までに施行）による改正
第一項中「一に」を「いずれかに」に、「禁錮」を「拘禁刑」に改め、第二項中「禁錮」を「拘禁刑」に改める。（本文未織込み）

（公務員等の選挙運動等の制限違反）

第二三九条の二① 国又は地方公共団体の公務員、行政執行法人又は特定地方独立行政法人の役員又は職員及び公庫の役職員（公職にある者を除く。）であつて、衆議院議員又は参議院議員の選挙において当該公職の候補者となろうとするもので次の各号に掲げる行為をしたものは、第百二十九条の規定に違反して選挙運動をした者とみなし、二年以下の禁錮又は三十万円以下の罰金に処する。

一 当該公職の候補者となろうとする選挙区（選挙区がないときは、選挙の行われる区域。以下この項において「当該選挙区」という。）において職務上の旅行又は職務上出席した会議その他の集会の機会を利用して、当該選挙に関し、選挙人にあいさつすること。

二 当該選挙区において、その地位及び氏名（これらのものが類推されるような名称を含む。）を表示した文書図画を当該選挙に関し、掲示し、又は頒布すること。

三 その職務の執行に当たり、当該選挙区内にある者に対し、当該選挙に関し、その者に係る特別の利益を供与し、又は供与することを約束すること。

四 その地位を利用して、当該選挙に関し、国又は地方公共団体の公務員、行政執行法人又は特定地方独立行政法人の役員又は職員及び公庫の役職員をして、その職務の執行に当たり、当該選挙区内にある者に対し、その者に係る特別の利益を供与させ、又は供与することを約束させること。

＊令和四法六八（令和七・六・一六までに施行）による改正
第一項中「禁錮」を「拘禁刑」に改め、第一号中「あいさつする」を「挨拶する」に改める。（本文未織込み）

② 第百三十六条の二の規定に違反して選挙運動又は行為をした者は、二年以下の禁錮又は三十万円以下の罰金に処する。

＊令和四法六八（令和七・六・一六までに施行）による改正
第二項中「禁錮」を「拘禁刑」に改める。（本文未織込み）

第二四〇条から第二五〇条まで （略）

（当選人の選挙犯罪による当選無効）

第二五一条 当選人がその選挙に関しこの章に掲げる罪（第二百三十五条の六、第二百三十六条の二、第二百四十五条、第二百四十六条第二号から第九号まで、第二百四十八条、第二百四十

九条の二第三項から第五項まで及び第七項、第二百四十九条の三、第二百四十九条の四、第二百四十九条の五第一項及び第三項、第二百五十二条の二、第二百五十二条の三並びに第二百五十三条の罪を除く。）を犯し刑に処せられたときは、その当選人の当選は、無効とする。

（総括主宰者、出納責任者等の選挙犯罪による公職の候補者等であつた者の当選無効及び立候補の禁止）

第二五一条の二① 次の各号に掲げる者が第二百二十一条、第二百二十二条、第二百二十三条又は第二百二十三条の二の罪を犯し刑に処せられたとき（第四号及び第五号に掲げる者については、これらの罪を犯し禁錮以上の刑に処せられたとき）は、当該公職の候補者又は公職の候補者となろうとする者（以下この条において「公職の候補者等」という。）であつた者の当選は無効とし、かつ、これらの者は、第二百五十一条の五に規定する時から五年間、当該選挙に係る選挙区（選挙区がないときは、選挙の行われる区域）において行われる当該公職に係る選挙において公職の候補者となり、又は公職の候補者であることができない。この場合において、当該公職の候補者等であつた者で衆議院（小選挙区選出）議員の選挙における候補者であつたものが、当該選挙と同時に行われた衆議院（比例代表選出）議員の選挙における当選人となつたときは、当該当選人の当選は、無効とする。

一 選挙運動（参議院比例代表選出議員の選挙にあつては、参議院名簿登載者（第八十六条の三第一項後段の規定により優先的に当選人となるべき候補者としてその氏名及び当選人となるべき順位が参議院名簿に記載されている者を除く。）のために行う選挙運動に限る。次号を除き、以下この条及び次条において同じ。）を総括主宰した者

二 出納責任者（公職の候補者（参議院比例代表選出議員の選挙における候補者たる参議院名簿登載者で第八十六条の三第一項後段の規定により優先的に当選人となるべき候補者としてその氏名及び当選人となるべき順位が参議院名簿に記載されているものを除く。以下この号において同じ。）又は出納責任者と意思を通じて当該公職の候補者のための選挙運動に関する支出の金額のうち第百九十六条の規定により告示された額の二分の一以上に相当する額を支出した者を含む。）

三 三以内に分けられた選挙区（選挙区がないときは、選挙の行われる区域）の地域のうち一又は二の地域における選挙運動を主宰すべき者として公職の候補者又は第一号に掲げる者から定められ、当該地域における選挙運動を主宰した者

四 公職の候補者等の父母、配偶者、子又は兄弟姉妹で当該公職の候補者等又は第一号若しくは前号に掲げる者と意思を通じて選挙運動をしたもの

五 公職の候補者等の秘書（公職の候補者等に使用される者で当該公職の候補者等の政治活動を補佐するものをいう。）で当該公職の候補者等又は第一号若しくは第三号に掲げる者と意思を通じて選挙運動をしたもの

＊**令和四法六八**（令和七・六・一六までに施行）**による改正**
第一項中「禁錮以上の刑」を「拘禁刑」に改める。（本文未織込み）

② 公職の候補者等の秘書という名称を使用する者又はこれに類似する名称を使用する者について、当該公職の候補者等がこれらの名称の使用を承諾し又は容認している場合には、当該名称を使用する者は、前項の規定の適用については、公職の候補者等の秘書と推定する。

③ 出納責任者が第二百四十七条の罪を犯し刑に処せられたときは、当該出納責任者に係る公職の候補者であつた者の当選は、無効とし、かつ、その者は、第二百五十一条の五に規定する時から五年間、当該選挙に係る選挙区（選挙区がないときは、選挙の行われる区域）において行われる当該公職に係る選挙において、公職の候補者となり、又は公職の候補者であることができない。この場合においては、第一項後段の規定を準用する。

④ 前三項の規定（立候補の禁止及び衆議院比例代表選出議員の選挙における当選の無効に関する部分に限る。）は、第一項又は前項に規定する罪に該当する行為が、次の各号のいずれかに該当する場合には、当該行為に関する限りにおいて、適用しない。

一 第一項又は前項に規定する罪に該当する行為が当該行為をした者以外の者の誘導又は挑発によつてされ、かつ、その誘導又は挑発が第一項若しくは前項又は次条第一項の規定に該当することにより当該公職の候補者等の当選を失わせ又は立候補の資格を失わせる目的をもつて、当該公職の候補者等以外の公職の候補者等その他その公職の候補者等の選挙運動に従事する者と意思を通じてされたものであるとき。

二 第一項又は前項に規定する罪に該当する行為が第一項若しくは前項又は次条第一項の規定に該当することにより当該公職の候補者等の当選を失わせ又は立候補の資格を失わせる目的をもつて、当該公職の候補者等以外の公職の候補者等その他その公職の候補者等の選挙運動に従事する者と意思を通じてされたものであるとき。

⑤ 前各項の規定（第一項後段及び第三項後段の規定並びに前項の規定（衆議院比例代表選出議員の選挙における当選の無効に関する部分に限る。）を除く。）は、衆議院（比例代表選出）議員の選挙については、適用しない。

（組織的選挙運動管理者等の選挙犯罪による公職の候補者等であつた者の当選無効及び立候補の禁止）

第二五一条の三① 組織的選挙運動管理者等（公職の候補者又は公職の候補者となろうとする者（以下この条において「公職の候補者等」という。）と意思を通じて組織により行われる選挙運動において、当該選挙運動の計画の立案若しくは調整又は当該選挙運動に従事する者の指揮若しくは監督その他当該選挙運動の管理を行う者（前条第一項第一号から第三号までに掲げる者を除く。）をいう。）が、第二百二十一条、第二百二十二条、第二百二十三条又は第二百二十三条の二の罪を犯し禁錮以上の刑に処せられたときは、当該公職の候補者等であつた者の当選は無効とし、かつ、これらの者は、第二百五十一条の五に規定する時から五年間、当該選挙に係る選挙区（選挙区がないときは、選挙の行われる区域）において行われる当該公職に係る選挙において公職の候補者となり、又は公職の候補者であることができない。この場合において、当該公職の候補者等であつた者で衆議院（小選挙区選出）議員の選挙における候補者であつたものが、当該選挙と同時に行われた衆議院（比例代表選出）議員の選挙における当選人となつたときは、当該当選人の当選は、無効とする。

＊**令和四法六八**（令和七・六・一六までに施行）**による改正**
第一項中「禁錮以上の刑」を「拘禁刑」に改める。（本文未織込み）

② 前項の規定は、同項に規定する罪に該当する行為が、次の各号のいずれかに該当する場合には、当該行為に関する限りにおいて、適用しない。

一 前項に規定する罪に該当する行為が当該行為をした者以外の者の誘導又は挑発によつてされ、かつ、その誘導又は挑発が前条第一項又は前項の規定に該当することにより当該公職の候補者等の当選を失わせ又は立候補の資格を失わせる目的をもつて、当該公職の候補者等以外の公職の候補者等その他その公職の候補者等の選挙運動に従事する者と意思を通じてされたものであるとき。

二 前項に規定する罪に該当する行為が前条第一項又は前項の規定に該当することにより当該公職の候補者等の当選を失わせ又は立候補の資格を失わせる目的をもつて、当該公職の候補者等以外の公職の候補者等その他の公職の候補者等の選挙運動に従事する者と意思を通じてされたものであるとき。

三　当該公職の候補者等が、前項に規定する組織的選挙運動管理者等が同項に規定する罪に該当する行為を行うことを防止するため相当の注意を怠らなかつたとき。

③　前二項の規定（第一項後段の規定及び前項の規定（衆議院比例代表選出議員の選挙における当選の無効に関する部分に限る。）を除く。）は、衆議院（比例代表選出）議員の選挙については、適用しない。

第二五一条の四及び第二五一条の五　（略）

（選挙犯罪による処刑者に対する選挙権及び被選挙権の停止）

第二五二条①　この章に掲げる罪（第二百三十六条の二第二項、第二百四十条、第二百四十二条、第二百四十四条、第二百四十五条、第二百五十二条の二、第二百五十二条の三及び第二百五十三条の罪を除く。）を犯し罰金の刑に処せられた者は、その裁判が確定した日から五年間（刑の執行猶予の言渡しを受けた者については、その裁判が確定した日から刑の執行を受けることがなくなるまでの間）、この法律に規定する選挙権及び被選挙権を有しない。

②　この章に掲げる罪（第二百五十三条の罪を除く。）を犯し禁錮以上の刑に処せられた者は、その裁判が確定した日から刑の執行を終わるまでの間若しくは刑の時効による場合を除くほか刑の執行の免除を受けるまでの間及びその後五年間又はその裁判が確定した日から刑の執行を受けることがなくなるまでの間、この法律に規定する選挙権及び被選挙権を有しない。

＊令和四法六八（令和七・六・一六までに施行）による改正
第二項中「禁錮以上の刑」を「拘禁刑」に改める。（本文未織込み）

③　第二百二十一条、第二百二十二条、第二百二十三条又は第二百二十三条の二の罪につき刑に処せられた者で更に第二百二十一条から第二百二十三条の二までの罪につき刑に処せられた者については、前二項の五年間は、十年間とする。

④　裁判所は、情状により、刑の言渡しと同時に、第一項に規定する者（第二百二十一条から第二百二十三条の二までの罪につき刑に処せられた者を除く。）に対し同項の五年間若しくは刑の執行猶予中の期間について選挙権及び被選挙権を有しない旨の規定を適用せず、若しくはその期間のうちこれを適用すべき期間を短縮する旨を宣告し、第一項に規定する者で第二百二十一条から第二百二十三条の二までの罪につき刑に処せられたもの及び第二項に規定する者に対し第一項若しくは第二項の五年間若しくは刑の執行猶予の言渡しを受けた場合にあつてはその執行猶予中の期間のうち選挙権及び被選挙権を有しない旨の規定を適用すべき期間を短縮する旨を宣告し、又は前項に規定する者に対し同項の十年間の期間を短縮する旨を宣告することができる。

第二五二条の二から第二五三条まで　（略）

（刑事事件の処理）

第二五三条の二①　当選人に係るこの章に掲げる罪（第二百三十五条の六、第二百三十六条の二、第二百四十五条、第二百四十六条第二号から第九号まで、第二百四十八条、第二百四十九条の二第三項から第五項まで及び第七項、第二百四十九条の三、第二百四十九条の四、第二百四十九条の五第一項及び第三項、第二百五十二条の二、第二百五十二条の三並びに第二百五十三条の罪を除く。）、第二百五十一条の二第一項各号に掲げる者若しくは第二百五十一条の三第一項に規定する組織的選挙運動管理者等に係る第二百二十一条、第二百二十二条、第二百二十三条若しくは第二百二十三条の二の罪、出納責任者に係る第二百四十七条の罪又は第二百五十一条の四第一項各号に掲げる者に係る第二百二十一条から第二百二十三条の二まで、第二百二十五条、第二百二十六条、第二百三十九条第一項第一号、第三号若しくは第四号若しくは第二百三十九条の二の罪に関する刑事事件については、訴訟の判決は、事件を受理した日から百日以内にこれをするように努めなければならない。

②　前項の訴訟については、裁判長は、第一回の公判期日前に、審理に必要と見込まれる公判期日を、次に定めるところにより、一括して定めなければならない。

一　第一回の公判期日は、事件を受理した日から、第一審にあつては三十日以内、控訴審にあつては五十日以内の日を定めること。

二　第二回以降の公判期日は、第一回の公判期日の翌日から起算して七日を経過するごとに、その七日の期間ごとに一回以上となるように定めること。

③　第一項の訴訟については、裁判所は、特別の事情がある場合のほかは、他の訴訟の順序にかかわらず速やかにその裁判をしなければならない。

第二五四条から第二五五条の四まで　（略）

第十七章　補則（第二五六条から第二七五条まで）（略）

別表（略）

附　則（平成三〇・七・二五法七五）（抄）

（施行期日）

第一条　この法律は、公布の日から起算して三月を経過した日（平成三〇・一〇・二五）から施行する。

（参議院議員の定数に関する特例）

第三条　参議院議員の定数は、新法第四条第二項の規定にかかわらず、平成三十一年七月二十八日又は平成三十一年に行われる通常選挙の期日の前日のいずれか遅い日までの間は、二百四十二人とし、当該遅い日の翌日から平成三十四年七月二十五日までの間は、二百四十五人とする。

附　則（令和四・四・六法一六）（抄）

（施行期日）

第一条　（前略）第二条（公職選挙法の一部改正）及び次条第三項の規定は、公布の日から起算して二年を超えない範囲内において政令で定める日から施行する。

（適用区分）

第二条①②　（略）

③　第二条の規定による改正後の公職選挙法の規定は、同条の規定の施行の日以後その期日を公示され又は告示される衆議院議員、参議院議員又は都道府県知事の選挙について適用し、同条の規定の施行の日の前日までにその期日を公示され又は告示された衆議院議員、参議院議員又は都道府県知事の選挙については、なお従前の例による。

附　則（令和四・五・二五法四八）（抄）

（施行期日）

第一条　この法律は、公布の日から起算して四年を超えない範囲内において政令で定める日から施行する。ただし、次の各号に掲げる規定は、当該各号に定める日から施行する。

一　（前略）附則第百二十五条の規定　公布の日

二―五　（略）

（政令への委任）

第一二五条　この附則に定めるもののほか、この法律の施行に関し必要な経過措置は、政令で定める。

附　則（令和四・五・二五法五二）（抄）

（施行期日）

第一条　この法律は、令和六年四月一日から施行する。ただし、次の各号に掲げる規定は、当該各号に定める日から施行する。

一　（前略）附則（中略）第三十八条の規定　公布の日

二―四　（略）

（政令への委任）

第三八条　（前略）この法律の施行に関し必要な経過措置は、政令で定める。

刑法等の一部を改正する法律の施行に伴う関係法律整理法（令和四・六・一七法六八）（抄）

中経過規定

第四四一条から第四四三条まで　（刑法の同経過規定参照）

第五〇九条　（刑法の同経過規定参照）

刑法等の一部を改正する法律の施行に伴う関係法律整理法

附　則（令和四・六・一七法六八）（抄）

（施行期日）

①　この法律は、刑法等一部改正法（刑法等の一部を改正する法律（令和四法六七））施行日から施行する。ただし、次の各号に掲げる規定は、当該各号に定める日から施行する。

一　第五百九条の規定　公布の日

二　（略）

〇裁判所法

（昭和二二・四・一六 法　五　九）

施行　昭和二二・五・三（附則参照）
最終改正　令和四法六八

目次

第一編　総則

第一条（この法律の趣旨） 日本国憲法に定める最高裁判所及び下級裁判所については、この法律の定めるところによる。

第二条（下級裁判所） ① 下級裁判所は、高等裁判所、地方裁判所、家庭裁判所及び簡易裁判所とする。

② 下級裁判所の設立、廃止及び管轄区域は、別に法律でこれを定める。

第三条（裁判所の権限） ① 裁判所は、日本国憲法に特別の定のある場合を除いて一切の法律上の争訟を裁判し、その他法律において特に定める権限を有する。

② 前項の規定は、行政機関が前審として審判することを妨げない。

③ この法律の規定は、刑事について、別に法律で陪審の制度を設けることを妨げない。

第四条（上級審の裁判の拘束力） 上級審の裁判所の裁判における判断は、その事件について下級審の裁判所を拘束する。

第五条（裁判官） ① 最高裁判所の裁判官は、その長たる裁判官を最高裁判所長官とし、その他の裁判官を最高裁判所判事とする。

② 下級裁判所の裁判官は、高等裁判所の長たる裁判官を高等裁判所長官とし、その他の裁判官を判事、判事補及び簡易裁判所判事とする。

③ 最高裁判所判事の員数は、十四人とし、下級裁判所の裁判官の員数は、別に法律でこれを定める。

第二編　最高裁判所

第六条（所在地） 最高裁判所は、これを東京都に置く。

第七条（裁判権） 最高裁判所は、左の事項について裁判権を有する。

一　上告

二　訴訟法において特に定める抗告

第八条（その他の権限） 最高裁判所は、この法律に定めるものの外、他の法律において特に定める権限を有する。

第九条（大法廷・小法廷） ① 最高裁判所は、大法廷又は小法廷で審理及び裁判をする。

② 大法廷は、全員の裁判官の、小法廷は、最高裁判所の定める員数の裁判官の合議体とする。但し、小法廷の裁判官の員数は、三人以上でなければならない。

③ 各合議体の裁判官のうち一人を裁判長とする。

④ 各合議体では、最高裁判所の定める員数の裁判官が出席すれば、審理及び裁判をすることができる。

第一〇条（大法廷及び小法廷の審判） 事件を大法廷又は小法廷のいずれで取り扱うかについては、最高裁判所の定めるところによる。但し、左の場合においては、小法廷では裁判をすることができない。

一　当事者の主張に基いて、法律、命令、規則又は処分が憲法に適合するかしないかを判断するとき。（意見が前に大法廷でした、その法律、命令、規則又は処分が憲法に適合するとの裁判と同じであるときを除く。）

二　前号の場合を除いて、法律、命令、規則又は処分が憲法に適合しないと認めるとき。

三　憲法その他の法令の解釈適用について、意見が前に最高裁判所のした裁判に反するとき。

参考 **最高裁判所裁判事務処理規則**（昭和二二・一一・一最高裁規六）（抜粋）

第九条【小法廷と大法廷との関係】 ① 事件は、まず小法廷で審理する。

② 左の場合には、小法廷の裁判長は、大法廷の裁判長にその旨を通知しなければならない。

一　裁判所法第十条第一号乃至第三号に該当する場合

二　その小法廷の裁判官の意見が二説に分れ、その説が各〻同数の場合

三　大法廷で裁判することを相当と認めた場合

③ 前項の通知があつたときは、大法廷で更に審理し、裁判をしなければならない。この場合において、大法廷では、前項各号にあたる点のみについて審理及び裁判をすることを妨げない。

④ 前項後段の裁判があつた場合においては、小法廷でその他について審理及び裁判をする。

⑤ 裁判所法第十条第一号に該当する場合において、意見が前にその法律、命令、規則又は処分が憲法に適合するとした大法廷の裁判と同じであるときは、第二項及び第三項の規定にかかわらず、小法廷で裁判をすることができる。

⑥ 法令の解釈適用について、意見が大審院のした判決に反するときも、また前項と同様とする。

第一二条【違憲裁判の要件】 法律、命令、規則又は処分が憲法に適合しないとの裁判をするには、八人以上の裁判官の意見が一致しなければならない。

第一一条（裁判官の意見の表示） 裁判書には、各裁判官の意見を表示しなければならない。

＊令和四法四八（令和八・五・二四までに施行）による改正後

第一一条（裁判官の意見の表示） 裁判書又は電子判決書（民事訴訟法（平成八年法律第百九号）第二百五十二条第一項に規定する電子判決書をいう。）若しくは電子決定書（同法第百二十二条において準用する同法第二百五十二条第一項の規定により作成された電磁的記録（電子的方式、磁気的方式その他人の知覚によつては認識することができない方式で作られる記録であつて、電子計算機による情報処理の用に供されるものをいう。第六十条において同じ。）をいう。）には、各裁判官の意見を表示しなければならない。

第一二条（司法行政事務） ① 最高裁判所が司法行政事務を行うのは、裁判官会議の議によるものとし、最高裁判所長官が、これを総括する。

② 裁判官会議は、全員の裁判官でこれを組織し、最高裁判所長官が、その議長となる。

第一三条（事務総局） 最高裁判所の庶務を掌らせるため、最高裁判所に事務総局を置く。

第一四条（司法研修所） 裁判官の研究及び修養並びに司法修習生

の修習に関する事務を取り扱わせるため、最高裁判所に司法研修所を置く。

第一四条の二（裁判所職員総合研修所） 裁判所書記官、家庭裁判所調査官その他の裁判官以外の裁判所の職員の研究及び修養に関する事務を取り扱わせるため、最高裁判所に裁判所職員総合研修所を置く。

第一四条の三（最高裁判所図書館） 最高裁判所に国立国会図書館の支部図書館として、最高裁判所図書館を置く。

第三編　下級裁判所

第一章　高等裁判所

第一五条（構成） 各高等裁判所は、高等裁判所長官及び相応な員数の判事でこれを構成する。

第一六条（裁判権） 高等裁判所は、左の事項について裁判権を有する。

一　地方裁判所の第一審判決、家庭裁判所の判決及び簡易裁判所の刑事に関する判決に対する控訴

二　第七条第二号の抗告を除いて、地方裁判所及び家庭裁判所の決定及び命令並びに簡易裁判所の刑事に関する決定及び命令に対する抗告

三　刑事に関するものを除いて、地方裁判所の第二審判決及び簡易裁判所の判決に対する上告

四　刑法第七十七条乃至第七十九条の罪に係る訴訟の第一審

第一七条（その他の権限） 高等裁判所は、この法律に定めるものの外、他の法律において特に定める権限を有する。

第一八条（合議制） ① 高等裁判所は、裁判官の合議体でその事件を取り扱う。但し、法廷ですべき審理及び裁判を除いて、その他の事項につき他の法律に特別の定があるときは、その定に従う。

② 前項の合議体の裁判官の員数は、三人とし、そのうち一人を裁判長とする。但し、第十六条第四号の訴訟については、裁判官の員数は、五人とする。

第一九条（裁判官の職務の代行） ① 高等裁判所は、裁判事務の取扱上さし迫つた必要があるときは、その管轄区域内の地方裁判所又は家庭裁判所の判事にその高等裁判所の判事の職務を行わせることができる。

② 前項の規定により当該高等裁判所のさし迫つた必要をみたすことができない特別の事情があるときは、最高裁判所は、他の高等裁判所又はその管轄区域内の地方裁判所若しくは家庭裁判所の判事に当該高等裁判所の判事の職務を行わせることができる。

第二〇条（司法行政事務） ① 各高等裁判所が司法行政事務を行うのは、裁判官会議の議によるものとし、各高等裁判所長官が、これを総括する。

② 各高等裁判所の裁判官会議は、その全員の裁判官でこれを組織し、各高等裁判所長官が、その議長となる。

第二一条（事務局） 各高等裁判所長官が、その高等裁判所の庶務を掌らせるため、各高等裁判所に事務局を置く。

第二二条（支部） ① 最高裁判所は、高等裁判所の事務の一部を取り扱わせるため、その高等裁判所の管轄区域内に、高等裁判所の支部を設けることができる。

② 最高裁判所は、高等裁判所の支部に勤務する裁判官を定める。

第二章　地方裁判所

第二三条（構成） 各地方裁判所は、相応な員数の判事及び判事補でこれを構成する。

第二四条（裁判権） 地方裁判所は、次の事項について裁判権を有する。

一　第三十三条第一項第一号の請求以外の請求に係る訴訟（第三十一条の三第一項第二号の人事訴訟を除く。）及び第三十三条第一項第一号の請求に係る訴訟のうち不動産に関する訴訟の第一審

二　第十六条第四号の罪及び罰金以下の刑に当たる罪以外の罪に係る訴訟の第一審

三　第十六条第一号の控訴を除いて、簡易裁判所の判決に対する控訴

四　第七条第二号及び第十六条第二号の抗告を除いて、簡易裁判所の決定及び命令に対する抗告

第二五条（その他の権限） 地方裁判所は、この法律に定めるものの外、他の法律において特に定める権限及び他の法律において裁判所の権限に属するものと定められた事項の中で地方裁判所以外の裁判所の権限に属させていない事項についての権限を有する。

第二六条（一人制・合議制） ① 地方裁判所は、第二項に規定する場合を除いて、一人の裁判官でその事件を取り扱う。

② 次に掲げる事件は、裁判官の合議体でこれを取り扱う。ただし、法廷ですべき審理及び裁判を除いて、その他の事項につき他の法律に特別の定めがあるときは、その定めに従う。

一　合議体で審理及び裁判をする旨の決定を合議体でした事件

二　死刑又は無期若しくは短期一年以上の懲役若しくは禁錮に当たる罪（刑法第二百三十六条、第二百三十八条又は第二百三十九条の罪及びその未遂罪、暴力行為等処罰に関する法律（大正十五年法律第六十号）第一条ノ二第一項若しくは第二項又は第一条ノ三第一項の罪並びに盗犯等の防止及び処分に関する法律（昭和五年法律第九号）第二条又は第三条の罪を除く。）に係る事件

> ***令和四法六八**（令和七・六・一六までに施行）**による改正**
> 第二号中「懲役若しくは禁錮」を「拘禁刑」に改める。（本文未織込み）

三　簡易裁判所の判決に対する控訴事件並びに簡易裁判所の決定及び命令に対する抗告事件

四　その他の法律において合議体で審理及び裁判をすべきものと定められた事件

③ 前項の合議体の裁判官の員数は、三人とし、そのうち一人を裁判長とする。

第二七条（判事補の職権の制限） ① 判事補は、他の法律に特別の定のある場合を除いて、一人で裁判をすることができない。

② 判事補は、同時に二人以上合議体に加わり、又は裁判長となることができない。

第二八条（裁判官の職務の代行） ① 地方裁判所において裁判事務の取扱上さし迫つた必要があるときは、その所在地を管轄する高等裁判所は、その管轄区域内の他の地方裁判所、家庭裁判所又はその高等裁判所の裁判官に当該地方裁判所の裁判官の職務を行わせることができる。

② 前項の規定により当該地方裁判所のさし迫つた必要をみたすことができない特別の事情があるときは、最高裁判所は、その地方裁判所の所在地を管轄する高等裁判所以外の高等裁判所の管轄区域内の地方裁判所、家庭裁判所又はその高等裁判所の裁判官に当該地方裁判所の裁判官の職務を行わせることができる。

第二九条（司法行政事務） ① 最高裁判所は、各地方裁判所の判事のうち一人に各地方裁判所長を命ずる。

② 各地方裁判所が司法行政事務を行うのは、裁判官会議の議によるものとし、各地方裁判所長が、これを総括する。

③ 各地方裁判所の裁判官会議は、その全員の判事でこれを組織し、各地方裁判所長が、その議長となる。

第三〇条（事務局） 各地方裁判所の庶務を掌らせるため、各地方裁判所に事務局を置く。

第三一条（支部・出張所） ① 最高裁判所は、地方裁判所の事務の一部を取り扱わせるため、その地方裁判所の管轄区域内に、地方裁判所の支部又は出張所を設けることができる。

② 最高裁判所は、地方裁判所の支部に勤務する裁判官を定める。

第三章　家庭裁判所

第三十一条の二（構成） 各家庭裁判所は、相応な員数の判事及び判事補でこれを構成する。

第三十一条の三（裁判権その他の権限） ①　家庭裁判所は、次の権限を有する。

一　家事事件手続法（平成二十三年法律第五十二号）で定める家庭に関する事件の審判及び調停

二　人事訴訟法（平成十五年法律第百九号）で定める人事訴訟の第一審の裁判

三　少年法（昭和二十三年法律第百六十八号）で定める少年の保護事件の審判

②　家庭裁判所は、この法律に定めるものの外、他の法律において特に定める権限を有する。

第三十一条の四（一人制・合議制） ①　家庭裁判所は、審判又は裁判を行うときは、次項に規定する場合を除いて、一人の裁判官でその事件を取り扱う。

②　次に掲げる事件は、裁判官の合議体でこれを取り扱う。ただし、審判を終局させる決定並びに法廷ですべき審理及び裁判を除いて、その他の事項につき他の法律に特別の定めがあるときは、その定めに従う。

一　合議体で審判又は審理及び裁判をする旨の決定を合議体でした事件

二　他の法律において合議体で審判又は審理及び裁判をすべきものと定められた事件

③　前項の合議体の裁判官の員数は、三人とし、そのうち一人を裁判長とする。

第三十一条の五（地方裁判所の規定の準用） 第二十七条乃至第三十一条の規定は、家庭裁判所にこれを準用する。

第四章　簡易裁判所

第三十二条（裁判官） 各簡易裁判所に相応な員数の簡易裁判所判事を置く。

第三十三条（裁判権） ①　簡易裁判所は、次の事項について第一審の裁判権を有する。

一　訴訟の目的の価額が百四十万円を超えない請求（行政事件訴訟に係る請求を除く。）

二　罰金以下の刑に当たる罪、選択刑として罰金が定められている罪又は刑法第百八十六条、第二百五十二条若しくは第二百五十六条の罪に係る訴訟

②　簡易裁判所は、禁錮以上の刑を科することができない。ただし、刑法第百三十条の罪若しくはその未遂罪、同法第百八十六条の罪、同法第二百三十五条の罪若しくはその未遂罪、同法第二百五十二条、第二百五十四条若しくは第二百五十六条の罪、古物営業法（昭和二十四年法律第百八号）第三十一条から第三十三条までの罪若しくは質屋営業法（昭和二十五年法律第百五十八号）第三十条から第三十二条までの罪に係る事件又はこれらの罪と他の罪とにつき刑法第五十四条第一項の規定によりこれらの罪の刑をもつて処断すべき事件においては、三年以下の懲役を科することができる。

> **＊令和四法六八（令和七・六・一六までに施行）による改正**
> 第二項中「禁錮」を「拘禁刑」に改め、ただし書中「懲役」を「拘禁刑」に改める。（本文未織込み）

③　簡易裁判所は、前項の制限を超える刑を科するのを相当と認めるときは、訴訟法の定めるところにより事件を地方裁判所に移さなければならない。

第三十四条（その他の権限） 簡易裁判所は、この法律に定めるものの外、他の法律において特に定める権限を有する。

第三十五条（一人制） 簡易裁判所は、一人の裁判官でその事件を取り扱う。

第三十六条（裁判官の職務の代行） ①　簡易裁判所において裁判事務の取扱上さし迫つた必要があるときは、その所在地を管轄する地方裁判所は、その管轄区域内の他の簡易裁判所の裁判官又はその地方裁判所の判事に当該簡易裁判所の裁判官の職務を行わせることができる。

②　前項の規定により当該簡易裁判所のさし迫つた必要をみたすことができない特別の事情があるときは、その簡易裁判所の所在地を管轄する高等裁判所は、同項に定める裁判官以外のその管轄区域内の簡易裁判所の裁判官又は地方裁判所の判事に当該簡易裁判所の裁判官の職務を行わせることができる。

第三十七条（司法行政事務） 各簡易裁判所の司法行政事務は、簡易裁判所の裁判官が、一人のときは、その裁判官が、二人以上のときは、最高裁判所の指名する一人の裁判官がこれを掌理する。

第三十八条（事務の移転） 簡易裁判所において特別の事情によりその事務を取り扱うことができないときは、その所在地を管轄する地方裁判所は、その管轄区域内の他の簡易裁判所に当該簡易裁判所の事務の全部又は一部を取り扱わせることができる。

第四編　裁判所の職員及び司法修習生

第一章　裁判官

第三十九条（最高裁判所の裁判官の任免） ①　最高裁判所長官は、内閣の指名に基いて、天皇がこれを任命する。

②　最高裁判所判事は、内閣でこれを任命する。

③　最高裁判所判事の任免は、天皇がこれを認証する。

④　最高裁判所長官及び最高裁判所判事の任命は、国民の審査に関する法律の定めるところにより国民の審査に付される。

第四十条（下級裁判所の裁判官の任免） ①　高等裁判所長官、判事、判事補及び簡易裁判所判事は、最高裁判所の指名した者の名簿によつて、内閣でこれを任命する。

②　高等裁判所長官の任免は、天皇がこれを認証する。

③　第一項の裁判官は、その官に任命された日から十年を経過したときは、その任期を終えるものとし、再任されることができる。

第四十一条（最高裁判所の裁判官の任命資格） ①　最高裁判所の裁判官は、識見の高い、法律の素養のある年齢四十年以上の者の中からこれを任命し、そのうち少くとも十人は、十年以上第一号及び第二号に掲げる職の一若しくは二に在つた者又は左の各号に掲げる職の一若しくは二以上に在つてその年数を通算して二十年以上になる者でなければならない。

一　高等裁判所長官

二　判事

三　簡易裁判所判事

四　検察官

五　弁護士

六　別に法律で定める大学の法律学の教授又は准教授

②　五年以上前項第一号及び第二号に掲げる職の一若しくは二に在つた者又は十年以上同項第一号から第六号までに掲げる職の一若しくは二以上に在つた者が判事補、裁判所調査官、最高裁判所事務総長、裁判所事務官、司法研修所教官、裁判所職員総合研修所教官、法務省の事務次官、法務事務官又は法務教官の職に在つたときは、その在職は、同項の規定の適用については、これを同項第三号から第六号までに掲げる職の在職とみなす。

③　前二項の規定の適用については、第一項第三号乃至第五号及び前項に掲げる職に在つた年数は、司法修習生の修習を終えた後の年数に限り、これを当該職に在つた年数とする。

④　三年以上第一項第六号の大学の法律学の教授又は准教授の職に在つた者が簡易裁判所判事、検察官（副検事を除く。）又は弁護士の職に就いた場合においては、その簡易裁判所判事、検察官又は弁護士の職に在つた年数については、前項の規定は、これを適用しない。

第四十二条（高等裁判所長官及び判事の任命資格） ①　高等裁判所長官及び判事は、次の各号に掲げる職の一又は二以上に在つて

その年数を通算して十年以上になる者の中からこれを任命する。
一 判事補
二 簡易裁判所判事
三 検察官
四 弁護士
五 裁判所調査官、司法研修所教官又は裁判所職員総合研修所教官
六 前条第一項第六号の大学の法律学の教授又は准教授

② 前項の規定の適用については、三年以上同項各号に掲げる職の一又は二以上に在つた者が裁判所事務官、法務事務官又は法務教官の職に在つたときは、その在職は、これを同項各号に掲げる職の在職とみなす。

③ 前二項の規定の適用については、第一項第二号乃至第五号及び前項に掲げる職に在つた年数は、司法修習生の修習を終えた後の年数に限り、これを当該職に在つた年数とする。

④ 三年以上前条第一項第六号の大学の法律学の教授又は准教授の職に在つた者が簡易裁判所判事、検察官又は弁護士の職に就いた場合においては、その簡易裁判所判事、検察官（副検事を除く。）又は弁護士の職に在つた年数については、前項の規定は、これを適用しない。司法修習生の修習を終えないで簡易裁判所判事又は検察官に任命された者の第六十六条の試験に合格した後の簡易裁判所判事、検察官（副検事を除く。）又は弁護士の職に在つた年数についても、同様とする。

第四三条（判事補の任命資格） 判事補は、司法修習生の修習を終えた者の中からこれを任命する。

第四四条（簡易裁判所判事の任命資格）① 簡易裁判所判事は、高等裁判所長官若しくは判事の職に在つた者又は次の各号に掲げる職の一若しくは二以上に在つてその年数を通算して三年以上になる者の中からこれを任命する。
一 判事補
二 検察官
三 弁護士
四 裁判所調査官、裁判所事務官、司法研修所教官、裁判所職員総合研修所教官、法務事務官又は法務教官
五 第四十一条第一項第六号の大学の法律学の教授又は准教授

② 前項の規定の適用については、同項第二号乃至第四号に掲げる職に在つた年数は、司法修習生の修習を終えた後の年数に限り、これを当該職に在つた年数とする。

③ 司法修習生の修習を終えないで検察官に任命された者の第六十六条の試験に合格した後の検察官（副検事を除く。）又は弁護士の職に在つた年数については、前項の規定は、これを適用しない。

第四五条（簡易裁判所判事の選考任命）① 多年司法事務にたずさわり、その他簡易裁判所判事の職務に必要な学識経験のある者は、前条第一項に掲げる者に該当しないときでも、簡易裁判所判事選考委員会の選考を経て、簡易裁判所判事に任命されることができる。

② 簡易裁判所判事選考委員会に関する規程は、最高裁判所がこれを定める。

第四六条（任命の欠格事由） 他の法律の定めるところにより一般の官吏に任命されることができない者の外、左の各号の一に該当する者は、これを裁判官に任命することができない。
一 禁錮以上の刑に処せられた者
二 弾劾裁判所の罷免の裁判を受けた者

＊令和四法六八（令和七・六・一六までに施行）による改正
第四六条中「外、左の各号の一」を「ほか、次の各号のいずれか」に改め、第一号中「禁錮」を「拘禁刑」に改める。（本文未織込み）

第四七条（補職） 下級裁判所の裁判官の職は、最高裁判所がこれを補する。

第四八条（身分の保障） 裁判官は、公の弾劾又は国民の審査に関する法律による場合及び別に法律で定めるところにより心身の故障のために職務を執ることができないと裁判された場合を除いては、その意思に反して、免官、転官、転所、職務の停止又は報酬の減額をされることはない。

第四九条（懲戒） 裁判官は、職務上の義務に違反し、若しくは職務を怠り、又は品位を辱める行状があつたときは、別に法律で定めるところにより裁判によつて懲戒される。

第五〇条（定年） 最高裁判所の裁判官は、年齢七十年、高等裁判所、地方裁判所又は家庭裁判所の裁判官は、年齢六十五年、簡易裁判所の裁判官は、年齢七十年に達した時に退官する。

第五一条（報酬） 裁判官の受ける報酬については、別に法律でこれを定める。

第五二条（政治運動等の禁止） 裁判官は、在任中、左の行為をすることができない。
一 国会若しくは地方公共団体の議会の議員となり、又は積極的に政治運動をすること。
二 最高裁判所の許可のある場合を除いて、報酬のある他の職務に従事すること。
三 商業を営み、その他金銭上の利益を目的とする業務を行うこと。

第二章 裁判官以外の裁判所の職員

第五三条（最高裁判所事務総長）① 最高裁判所に最高裁判所事務総長一人を置く。

② 最高裁判所事務総長は、最高裁判所長官の監督を受けて、最高裁判所の事務を掌理し、事務総局の職員を指揮監督する。

第五四条（最高裁判所の裁判官の秘書官）① 最高裁判所に最高裁判所長官秘書官一人及び最高裁判所判事秘書官十四人を置く。

② 最高裁判所長官秘書官は、最高裁判所長官の、最高裁判所判事秘書官は、最高裁判所判事の命を受けて、機密に関する事務を掌る。

第五五条（司法研修所教官）① 最高裁判所に司法研修所教官を置く。

② 司法研修所教官は、上司の指揮を受けて、司法研修所における裁判官の研究及び修養並びに司法修習生の修習の指導をつかさどる。

第五六条（司法研修所長）① 最高裁判所に司法研修所長を置き、司法研修所教官の中から、最高裁判所が、これを補する。

② 司法研修所長は、最高裁判所長官の監督を受けて、司法研修所の事務を掌理し、司法研修所の職員を指揮監督する。

第五六条の二（裁判所職員総合研修所教官）① 最高裁判所に裁判所職員総合研修所教官を置く。

② 裁判所職員総合研修所教官は、上司の指揮を受けて、裁判所職員総合研修所における裁判所書記官、家庭裁判所調査官その他の裁判官以外の裁判所の職員の研究及び修養の指導をつかさどる。

第五六条の三（裁判所職員総合研修所長）① 最高裁判所に裁判所職員総合研修所長を置き、裁判所職員総合研修所教官の中から、最高裁判所が、これを補する。

② 裁判所職員総合研修所長は、最高裁判所長官の監督を受けて、裁判所職員総合研修所の事務を掌理し、裁判所職員総合研修所の職員を指揮監督する。

第五六条の四（最高裁判所図書館長）① 最高裁判所に最高裁判所図書館長一人を置き、裁判所の職員の中からこれを命ずる。

② 最高裁判所図書館長は、最高裁判所長官の監督を受けて最高裁判所図書館の事務を掌理し、最高裁判所図書館の職員を指揮監督する。

③ 前二項の規定は、国立国会図書館法の規定の適用を妨げない。

第五六条の五（高等裁判所長官秘書官）① 各高等裁判所に高等

裁判所長官秘書官各一人を置く。
② 高等裁判所長官秘書官は、高等裁判所長官の命を受けて、機密に関する事務をつかさどる。

第五七条（裁判所調査官） ① 最高裁判所、各高等裁判所及び各地方裁判所に裁判所調査官を置く。
② 裁判所調査官は、裁判官の命を受けて、事件（地方裁判所においては、知的財産又は租税に関する事件に限る。）の審理及び裁判に関して必要な調査その他他の法律において定める事務をつかさどる。

第五八条（裁判所事務官） ① 各裁判所に裁判所事務官を置く。
② 裁判所事務官は、上司の命を受けて、裁判所の事務を掌る。

第五九条（事務局長） ① 各高等裁判所、各地方裁判所及び各家庭裁判所に事務局長を置き、裁判所事務官の中から、最高裁判所が、これを補する。
② 各高等裁判所の事務局長は、各高等裁判所長官の、各地方裁判所の事務局長は、各地方裁判所長の、各家庭裁判所の事務局長は、各家庭裁判所長の監督を受けて、事務局の事務を掌理し、事務局の職員を指揮監督する。

第六〇条（裁判所書記官） ① 各裁判所に裁判所書記官を置く。
② 裁判所書記官は、裁判所の事件に関する記録その他の書類の作成及び保管その他他の法律において定める事務を掌る。
③ 裁判所書記官は、前項の事務を掌る外、裁判所の事件に関し、裁判官の命を受けて、裁判官の行なう法令及び判例の調査その他必要な事項の調査を補助する。
④ 裁判所書記官は、その職務を行うについては、裁判官の命令に従う。
⑤ 裁判所書記官は、口述の書取その他書類の作成又は変更に関して裁判官の命令を受けた場合において、その作成又は変更を正当でないと認めるときは、自己の意見を書き添えることができる。

＊令和四法四八（令和八・五・二四までに施行）による改正後
第六〇条（裁判所書記官） ①（略）
② 裁判所書記官は、裁判所の事件に関する記録その他の書類又は電磁的記録の作成及び保管その他他の法律において定める事務を掌る。
③ 裁判所書記官は、前項の事務を掌るほか、裁判所の事件に関し、裁判官の命を受けて、裁判官の行う法令及び判例の調査その他必要な事項の調査を補助する。
④（略）
⑤ 裁判所書記官は、口述の書取その他書類又は電磁的記録の作成又は変更に関して裁判官の命令を受けた場合において、その作成又は変更を正当でないと認めるときは、自己の意見を書き添え、又は併せて記録することができる。

第六〇条の二（裁判所速記官） ① 各裁判所に裁判所速記官を置く。
② 裁判所速記官は、裁判所の事件に関する速記及びこれに関する事務を掌る。
③ 裁判所速記官は、その職務を行うについては、裁判官の命令に従う。

第六一条（裁判所技官） ① 各裁判所に裁判所技官を置く。
② 裁判所技官は、上司の命を受けて、技術を掌る。

第六一条の二（家庭裁判所調査官） ① 各家庭裁判所及び各高等裁判所に家庭裁判所調査官を置く。
② 家庭裁判所調査官は、各家庭裁判所においては、第三十一条の三第一項第一号の審判及び調停、同項第二号の裁判（人事訴訟法第三十二条第一項の附帯処分についての裁判及び同条第三項の親権者の指定についての裁判（以下この項において「附帯処分等の裁判」という。）に限る。）並びに第三十一条の三第一項第三号の審判に必要な調査その他他の法律において定める事務を掌り、各高等裁判所においては、同項第一号の審判に係る抗告審の審理及び附帯処分等の裁判に係る控訴審の審理に必要な調査その他他の法律において定める事務を掌る。
③ 最高裁判所は、家庭裁判所調査官の中から、首席家庭裁判所調査官を命じ、調査事務の監督、関係行政機関その他の機関との連絡調整等の事務を掌らせることができる。
④ 家庭裁判所調査官は、その職務を行うについては、裁判官の命令に従う。

第六一条の三（家庭裁判所調査官補） ① 各家庭裁判所に家庭裁判所調査官補を置く。
② 家庭裁判所調査官補は、上司の命を受けて、家庭裁判所調査官の事務を補助する。

第六二条（執行官） ① 各地方裁判所に執行官を置く。
② 執行官に任命されるのに必要な資格に関する事項は、最高裁判所がこれを定める。
③ 執行官は、他の法律の定めるところにより裁判の執行、裁判所の発する文書の送達その他の事務を行う。
④ 執行官は、手数料を受けるものとし、その手数料が一定の額に達しないときは、国庫から補助金を受ける。

第六三条（廷吏） ① 各裁判所に廷吏を置く。
② 廷吏は、法廷において裁判官の命ずる事務その他最高裁判所の定める事務を取り扱う。
③ 各裁判所は、執行官を用いることができないときは、その裁判所の所在地で書類を送達するために、廷吏を用いることができる。

第六四条（任免） 裁判官以外の裁判所の職員の任免は、最高裁判所、各高等裁判所、各地方裁判所又は各家庭裁判所がこれを行う。

第六五条（勤務裁判所の指定） 裁判所調査官、裁判所事務官（事務局長たるものを除く。）、裁判所書記官、裁判所速記官、家庭裁判所調査官、家庭裁判所調査官補、執行官及び裁判所技官の勤務する裁判所は、最高裁判所の定めるところにより最高裁判所、各高等裁判所、各地方裁判所又は各家庭裁判所がこれを定める。

第六五条の二（裁判官以外の裁判所の職員に関する事項） 裁判官以外の裁判所の職員に関する事項については、この法律に定めるものの外、別に法律でこれを定める。

第三章　司法修習生

第六六条（採用） ① 司法修習生は、司法試験に合格した者（司法試験法（昭和二十四年法律第百四十号）第四条第二項の規定により司法試験を受け、これに合格した者にあつては、その合格の発表の日の属する年の四月一日以降に法科大学院（学校教育法（昭和二十二年法律第二十六号）第九十九条第二項に規定する専門職大学院であつて、法曹に必要な学識及び能力を培うことを目的とするものをいう。）の課程を修了したものに限る。）の中から、最高裁判所がこれを命ずる。
② 前項の試験に関する事項は、別に法律でこれを定める。

第六七条（修習・試験） ① 司法修習生は、少なくとも一年間修習をした後試験に合格したときは、司法修習生の修習を終える。
② 司法修習生は、その修習期間中、最高裁判所の定めるところにより、その修習に専念しなければならない。
③ 前項に定めるもののほか、第一項の修習及び試験に関する事項は、最高裁判所がこれを定める。

第六七条の二（修習給付金の支給） ① 司法修習生には、その修習のため通常必要な期間として最高裁判所が定める期間、修習給付金を支給する。
② 修習給付金の種類は、基本給付金、住居給付金及び移転給付金とする。
③ 基本給付金の額は、司法修習生がその修習期間中の生活を維持するために必要な費用であつて、その修習に専念しなければならないことその他の司法修習生の置かれている状況を勘案して最高裁判所が定める額とする。
④ 住居給付金は、司法修習生が自ら居住するため住宅（貸間を含む。以下この項において同じ。）を借り受け、家賃（使用料を

含む。以下この項において同じ。）を支払つている場合（配偶者が当該住宅を所有する場合その他の最高裁判所が定める場合を除く。）に支給することとし、その額は、家賃として通常必要な費用の範囲内において最高裁判所が定める額とする。

⑤ 移転給付金は、司法修習生がその修習に伴い住所又は居所を移転することが必要と認められる場合にその移転について支給することとし、その額は、路程に応じて最高裁判所が定める額とする。

⑥ 前各項に定めるもののほか、修習給付金の支給に関し必要な事項は、最高裁判所がこれを定める。

第六七条の三（修習専念資金の貸与等）① 最高裁判所は、司法修習生の修習のため通常必要な期間として最高裁判所が定める期間、司法修習生に対し、その申請により、無利息で、修習専念資金（司法修習生がその修習に専念することを確保するための資金であつて、修習給付金の支給を受けてもなお必要なものをいう。以下この条において同じ。）を貸与するものとする。

② 修習専念資金の額及び返還の期限は、最高裁判所の定めるところによる。

③ 最高裁判所は、修習専念資金の貸与を受けた者が災害、傷病その他やむを得ない理由により修習専念資金を返還することが困難となつたとき、又は修習専念資金の貸与を受けた者について修習専念資金を返還することが経済的に困難である事由として最高裁判所の定める事由があるときは、その返還の期限を猶予することができる。この場合においては、国の債権の管理等に関する法律（昭和三十一年法律第百十四号）第二十六条の規定は、適用しない。

④ 最高裁判所は、修習専念資金の貸与を受けた者が死亡又は精神若しくは身体の障害により修習専念資金を返還することができなくなつたときは、その修習専念資金の全部又は一部の返還を免除することができる。

⑤ 前各項に定めるもののほか、修習専念資金の貸与及び返還に関し必要な事項は、最高裁判所がこれを定める。

第六八条（罷免等）① 最高裁判所は、司法修習生に成績不良、心身の故障その他のその修習を継続することが困難である事由として最高裁判所の定める事由があると認めるときは、最高裁判所の定めるところにより、その司法修習生を罷免することができる。

② 最高裁判所は、司法修習生に品位を辱める行状その他の司法修習生たるに適しない非行に当たる事由として最高裁判所の定める事由があると認めるときは、最高裁判所の定めるところにより、その司法修習生を罷免し、その修習の停止を命じ、又は戒告することができる。

第五編　裁判事務の取扱

第一章　法廷

第六九条（開廷の場所）① 法廷は、裁判所又は支部でこれを開く。

② 最高裁判所は、必要と認めるときは、前項の規定にかかわらず、他の場所で法廷を開き、又はその指定する他の場所で下級裁判所に法廷を開かせることができる。

第七〇条（公開停止の手続） 裁判所は、日本国憲法第八十二条第二項の規定により対審を公開しないで行うには、公衆を退廷させる前に、その旨を理由とともに言い渡さなければならない。判決を言い渡すときは、再び公衆を入廷させなければならない。

第七一条（法廷の秩序維持）① 法廷における秩序の維持は、裁判長又は開廷をした一人の裁判官がこれを行う。

② 裁判長又は開廷をした一人の裁判官は、法廷における裁判所の職務の執行を妨げ、又は不当な行状をする者に対し、退廷を命じ、その他法廷における秩序を維持するのに必要な事項を命じ、又は処置を執ることができる。

第七一条の二（警察官の派出要求）① 裁判長又は開廷をした一人の裁判官は、法廷における秩序を維持するため必要があると認めるときは、警視総監又は道府県警察本部長に警察官の派出を要求することができる。法廷における秩序を維持するため特に必要があると認めるときは、開廷前においてもその要求をすることができる。

② 前項の要求により派出された警察官は、法廷における秩序の維持につき、裁判長又は一人の裁判官の指揮を受ける。

第七二条（法廷外における処分）① 裁判所が他の法律の定めるところにより法廷外の場所で職務を行う場合において、裁判長又は一人の裁判官は、裁判所の職務の執行を妨げる者に対し、退去を命じ、その他必要な事項を命じ、又は処置を執ることができる。

② 前条の規定は、前項の場合にこれを準用する。

③ 前二項に規定する裁判長の権限は、裁判官が他の法律の定めるところにより法廷外の場所で職務を行う場合において、その裁判官もこれを有する。

第七三条（審判妨害罪） 第七十一条又は前条の規定による命令に違反して裁判所又は裁判官の職務の執行を妨げた者は、これを一年以下の懲役若しくは禁錮又は千円以下の罰金に処する。

＊**令和四法六八**（令和七・六・一六までに施行）**による改正**
第七三条中「これを」を削り、「懲役若しくは禁錮又は千円」を「拘禁刑又は二万円」に改める。（本文未織込み）

第二章　裁判所の用語

第七四条（裁判所の用語） 裁判所では、日本語を用いる。

第三章　裁判の評議

第七五条（評議の秘密）① 合議体でする裁判の評議は、これを公行しない。但し、司法修習生の傍聴を許すことができる。

② 評議は、裁判長が、これを開き、且つこれを整理する。その評議の経過並びに各裁判官の意見及びその多少の数については、この法律に特別の定がない限り、秘密を守らなければならない。

第七六条（意見を述べる義務） 裁判官は、評議において、その意見を述べなければならない。

第七七条（評決）① 裁判は、最高裁判所の裁判について最高裁判所が特別の定をした場合を除いて、過半数の意見による。

② 過半数の意見によつて裁判をする場合において、左の事項について意見が三説以上に分れ、その説が各〻過半数にならないときは、裁判は、左の意見による。

一 数額については、過半数になるまで最も多額の意見の数を順次少額の意見の数に加え、その中で最も少額の意見

二 刑事については、過半数になるまで被告人に最も不利な意見の数を順次利益な意見の数に加え、その中で最も利益な意見

第七八条（補充裁判官） 合議体の審理が長時日にわたることの予見される場合においては、補充の裁判官が審理に立ち会い、その審理中に合議体の裁判官が審理に関与することができなくなつた場合において、あらかじめ定める順序に従い、これに代つて、その合議体に加わり審理及び裁判をすることができる。但し、補充の裁判官の員数は、合議体の裁判官の員数を越えることができない。

第四章　裁判所の共助

第七九条（裁判所の共助） 裁判所は、裁判事務について、互に必要な補助をする。

第六編　司法行政

第八〇条（司法行政の監督） 司法行政の監督権は、左の各号の定めるところによりこれを行う。

一 最高裁判所は、最高裁判所の職員並びに下級裁判所及びそ

の職員を監督する。

二 各高等裁判所は、その高等裁判所の職員並びに管轄区域内の下級裁判所及びその職員を監督する。

三 各地方裁判所は、その地方裁判所の職員並びに管轄区域内の簡易裁判所及びその職員を監督する。

四 各家庭裁判所は、その家庭裁判所の職員を監督する。

五 第三十七条に規定する簡易裁判所の裁判官は、その簡易裁判所の裁判官以外の職員を監督する。

第八一条（監督権と裁判権との関係） 前条の監督権は、裁判官の裁判権に影響を及ぼし、又はこれを制限することはない。

第八二条（事務の取扱方法に対する不服） 裁判所の事務の取扱方法に対して申し立てられた不服は、第八十条の監督権によりこれを処分する。

第七編　裁判所の経費

第八三条（裁判所の経費） ① 裁判所の経費は、独立して、国の予算にこれを計上しなければならない。

② 前項の経費中には、予備金を設けることを要する。

附　則（抄）

① この法律は、日本国憲法施行の日（昭和二二・五・三）から、これを施行する。

② 裁判所構成法、裁判所構成法施行条例、判事懲戒法及び行政裁判法は、これを廃止する。

附　則（令和四・五・二五法四八）（抄）

（施行期日）

第一条 この法律は、公布の日から起算して四年を超えない範囲内において政令で定める日から施行する。ただし、次の各号に掲げる規定は、当該各号に定める日から施行する。

一 （前略）附則第百二十五条の規定　公布の日

二―五 （略）

（政令への委任）

第一二五条 （前略）この法律の施行に関し必要な経過措置は、政令で定める。

刑法等の一部を改正する法律の施行に伴う関係法律整理法中経過規定

（令和四・六・一七法六八）（抄）

第四四一条から第四四三条まで （刑法の同経過規定参照）

（裁判所法の一部改正に伴う経過措置）

第四七五条① 刑法等一部改正法等（刑法等の一部を改正する法律（令和四法六七）及び刑法等の一部を改正する法律の施行に伴う関係法律の整理等に関する法律（令和四法六八））の施行前にした行為に係る裁判所法第二十四条（第二号に係る部分に限る。）及び第三十三条第一項（第二号に係る部分に限る。）の規定の適用については、旧拘留に当たる罪は、拘留に当たる罪とみなす。

② 刑法等一部改正法等の施行前にした行為に係る第九条の規定による改正後の裁判所法第二十六条第二項（第二号に係る部分に限る。）の規定の適用については、無期の懲役又は禁錮に当たる罪はそれぞれ無期拘禁刑に当たる罪と、有期の懲役又は禁錮に当たる罪はそれぞれその罪について定めた刑と長期及び短期を同じくする有期拘禁刑に当たる罪とみなす。

③ 刑法等一部改正法等の施行前に犯した罪に係る刑をもって処断すべき事件における簡易裁判所が科することのできる刑については、なお従前の例による。

第五〇九条 （刑法の同経過規定参照）

刑法等の一部を改正する法律の施行に伴う関係法律整理法

附　則（令和四・六・一七法六八）（抄）

（施行期日）

① この法律は、刑法等一部改正法（刑法等の一部を改正する法律（令和四法六七））施行日から施行する。ただし、次の各号に掲げる規定は、当該各号に定める日から施行する。

一 第五百九条の規定　公布の日

二 （略）

○裁判員の参加する刑事裁判に関する法律（平成一六・五・二八 法 六 三）

施行 平成二一・五・二一（附則参照）
最終改正 令和四法六八

目次

第一章 総則

（趣旨）

第一条 この法律は、国民の中から選任された裁判員が裁判官と共に刑事訴訟手続に関与することが司法に対する国民の理解の増進とその信頼の向上に資することにかんがみ、裁判員の参加する刑事裁判に関し、裁判所法（昭和二十二年法律第五十九号）及び刑事訴訟法（昭和二十三年法律第百三十一号）の特則その他の必要な事項を定めるものとする。

（対象事件及び合議体の構成）

第二条① 地方裁判所は、次に掲げる事件については、次条又は第三条の二の決定があった場合を除き、この法律の定めるところにより裁判員の参加する合議体が構成された後は、裁判所法第二十六条の規定にかかわらず、裁判員の参加する合議体でこれを取り扱う。

一 死刑又は無期の懲役若しくは禁錮に当たる罪に係る事件

> **＊令和四法六八（令和七・六・一六までに施行）による改正**
> 第一号中「無期の懲役若しくは禁錮」を「無期拘禁刑」に改める。（本文未織込み）

二 裁判所法第二十六条第二項第二号に掲げる事件であって、故意の犯罪行為により被害者を死亡させた罪に係るもの（前号に該当するものを除く。）

② 前項の合議体の裁判官の員数は三人、裁判員の員数は六人とし、裁判官のうち一人を裁判長とする。ただし、次項の決定があったときは、裁判官の員数は一人、裁判員の員数は四人とし、裁判官を裁判長とする。

③ 第一項の規定により同項の合議体で取り扱うべき事件（以下「対象事件」という。）のうち、公判前整理手続による争点及び証拠の整理において公訴事実について争いがないと認められ、事件の内容その他の事情を考慮して適当と認められるものについては、裁判所は、裁判官一人及び裁判員四人から成る合議体を構成して審理及び裁判をする旨の決定をすることができる。

④ 裁判所は、前項の決定をするには、公判前整理手続において、検察官、被告人及び弁護人に異議のないことを確認しなければならない。

⑤ 第三項の決定は、第二十七条第一項に規定する裁判員等選任手続の期日までにしなければならない。

⑥ 地方裁判所は、第三項の決定があったときは、裁判所法第二十六条第二項の規定にかかわらず、当該決定の時から第三項に規定する合議体が構成されるまでの間、一人の裁判官で事件を取り扱う。

⑦ 裁判所は、被告人の主張、審理の状況その他の事情を考慮して、事件を第三項に規定する合議体で取り扱うことが適当でないと認めたときは、決定で、同項の決定を取り消すことができる。

（対象事件からの除外）

第三条① 地方裁判所は、前条第一項各号に掲げる事件について、被告人の言動、被告人がその構成員である団体の主張若しくは当該団体の他の構成員の言動又は現に裁判員候補者若しくは裁判員に対する加害若しくはその告知が行われたことその他の事情により、裁判員候補者、裁判員若しくは裁判員であった者若しくはその親族若しくはこれに準ずる者の生命、身体若しくは財産に危害が加えられるおそれ又はこれらの者の生活の平穏が著しく侵害されるおそれがあり、そのため裁判員候補者又は裁判員が畏怖し、裁判員候補者の出頭を確保することが困難な状況にあり又は裁判員の職務の遂行ができずこれに代わる裁判員の選任も困難であると認めるときは、検察官、被告人若しくは弁護人の請求により又は職権で、これを裁判官の合議体で取り扱う決定をしなければならない。

② 前項の決定又は同項の請求を却下する決定は、合議体でしなければならない。ただし、当該前条第一項各号に掲げる事件の審判に関与している裁判官は、その決定に関与することはできない。

③ 第一項の決定又は同項の請求を却下する決定をするには、最高裁判所規則で定めるところにより、あらかじめ、検察官及び被告人又は弁護人の意見を聴かなければならない。

④ 前条第一項の合議体が構成された後は、職権で第一項の決定をするには、あらかじめ、当該合議体の裁判長の意見を聴かなければならない。

⑤ 刑事訴訟法第四十三条第三項及び第四項並びに第四十四条第一項の規定は、第一項の決定及び同項の請求を却下する決定について準用する。

⑥ 第一項の決定又は同項の請求を却下する決定に対しては、即時抗告をすることができる。この場合においては、即時抗告に関する刑事訴訟法の規定を準用する。

第三条の二① 地方裁判所は、第二条第一項各号に掲げる事件について、次のいずれかに該当するときは、検察官、被告人若しくは弁護人の請求により又は職権で、これを裁判官の合議体で取り扱う決定をしなければならない。

一 公判前整理手続による当該事件の争点及び証拠の整理を経た場合であって、審判に要すると見込まれる期間が著しく長期にわたること又は裁判員が出頭しなければならないと見込まれる公判期日若しくは公判準備が著しく多数に上ることを回避することができないときにおいて、他の事件における裁判員の選任又は解任の状況、第二十七条第一項に規定する裁判員等選任手続の経過その他の事情を考慮し、裁判員の選任が困難であり又は審判に要すると見込まれる期間の終了に至るまで裁判員の職務の遂行を確保することが困難であると認めるとき。

二　第二条第一項の合議体を構成する裁判員の員数に不足が生じ、かつ、裁判員に選任すべき補充裁判員がない場合であって、その後の審判に要すると見込まれる期間が著しく長期にわたること又はその期間中に裁判員が出頭しなければならないと見込まれる公判期日若しくは公判準備が著しく多数に上ることを回避することができないときにおいて、他の事件における裁判員の選任又は解任の状況、第四十六条第二項及び同項において準用する第三十八条第一項後段の規定による裁判員及び補充裁判員の選任のための手続の経過その他の事情を考慮し、裁判員の選任が困難であり又は審判に要すると見込まれる期間の終了に至るまで裁判員の職務の遂行を確保することが困難であると認めるとき。

② 前条第二項、第三項、第五項及び第六項の規定は、前項の決定及び同項の請求を却下する決定について準用する。

③ 第一項の決定又は同項の請求を却下する決定をするには、あらかじめ、当該第二条第一項各号に掲げる事件の係属する裁判所の裁判長の意見を聴かなければならない。

（弁論を併合する事件の取扱い）

第四条① 裁判所は、対象事件以外の事件であって、その弁論を対象事件の弁論と併合することが適当と認められるものについては、決定で、これを第二条第一項の合議体で取り扱うことができる。

② 裁判所は、前項の決定をした場合には、刑事訴訟法の規定により、同項の決定に係る事件の弁論と対象事件の弁論とを併合しなければならない。

（罰条変更後の取扱い）

第五条 裁判所は、第二条第一項の合議体で取り扱っている事件の全部又は一部について刑事訴訟法第三百十二条の規定により罰条が撤回又は変更されたため対象事件に該当しなくなったときであっても、当該合議体で当該事件を取り扱うものとする。ただし、審理の状況その他の事情を考慮して適当と認めるときは、決定で、裁判所法第二十六条の定めるところにより、当該事件を一人の裁判官又は裁判官の合議体で取り扱うことができる。

（裁判官及び裁判員の権限）

第六条① 第二条第一項の合議体で事件を取り扱う場合において、刑事訴訟法第三百三十三条の規定による刑の言渡しの判決、同法第三百三十四条の規定による刑の免除の判決若しくは同法第三百三十六条の規定による無罪の判決又は少年法（昭和二十三年法律第百六十八号）第五十五条の規定による家庭裁判所への移送の決定に係る裁判所の判断（次項第一号及び第二号に掲げるものを除く。）のうち次に掲げるもの（以下「裁判員の関与する判断」という。）は、第二条第一項の合議体の構成員である裁判官（以下「構成裁判官」という。）及び裁判員の合議による。

一　事実の認定

二　法令の適用

三　刑の量定

② 前項に規定する場合において、次に掲げる裁判所の判断は、構成裁判官の合議による。

一　法令の解釈に係る判断

二　訴訟手続に関する判断（少年法第五十五条の決定を除く。）

三　その他裁判員の関与する判断以外の判断

③ 裁判員の関与する判断をするための審理は構成裁判官及び裁判員で行い、それ以外の審理は構成裁判官のみで行う。

第七条 第二条第三項の決定があった場合においては、構成裁判官の合議によるべき判断は、構成裁判官が行う。

第二章　裁判員

第一節　総則

（裁判員の職権行使の独立）

第八条 裁判員は、独立してその職権を行う。

（裁判員の義務）

第九条① 裁判員は、法令に従い公平誠実にその職務を行わなければならない。

② 裁判員は、第七十条第一項に規定する評議の秘密その他の職務上知り得た秘密を漏らしてはならない。

③ 裁判員は、裁判の公正さに対する信頼を損なうおそれのある行為をしてはならない。

④ 裁判員は、その品位を害するような行為をしてはならない。

（補充裁判員）

第一〇条① 裁判所は、審判の期間その他の事情を考慮して必要があると認めるときは、補充裁判員を置くことができる。ただし、補充裁判員の員数は、合議体を構成する裁判員の員数を超えることはできない。

② 補充裁判員は、裁判員の関与する判断をするための審理に立ち会い、第二条第一項の合議体を構成する裁判員の員数に不足が生じた場合に、あらかじめ定める順序に従い、これに代わって、裁判員に選任される。

③ 補充裁判員は、訴訟に関する書類及び証拠物を閲覧することができる。

④ 前条の規定は、補充裁判員について準用する。

（旅費、日当及び宿泊料）

第一一条 裁判員及び補充裁判員には、最高裁判所規則で定めるところにより、旅費、日当及び宿泊料を支給する。

（公務所等に対する照会）

第一二条① 裁判所は、第二十六条第三項（第二十八条第二項（第三十八条第二項（第四十六条第二項及び第九十二条第二項において準用する場合を含む。）、第四十七条第二項及び第九十二条第二項において準用する場合を含む。）、第三十八条第二項（第四十六条第二項において準用する場合を含む。）、第四十七条第二項及び第九十二条第二項において準用する場合を含む。）の規定により選定された裁判員候補者又は裁判員若しくは補充裁判員について、裁判員又は補充裁判員の選任又は解任の判断のため必要があると認めるときは、公務所又は公私の団体に照会して必要な事項の報告を求めることができる。

② 地方裁判所は、裁判員候補者について、裁判所の前項の判断に資するため必要があると認めるときは、公務所に照会して必要な事項の報告を求めることができる。

第二節　選任

（裁判員の選任資格）

第一三条 裁判員は、衆議院議員の選挙権を有する者の中から、この節の定めるところにより、選任するものとする。

（欠格事由）

第一四条 国家公務員法（昭和二十二年法律第百二十号）第三十八条の規定に該当する場合のほか、次の各号のいずれかに該当する者は、裁判員となることができない。

一　学校教育法（昭和二十二年法律第二十六号）に定める義務教育を終了しない者。ただし、義務教育を終了した者と同等以上の学識を有する者は、この限りでない。

二　禁錮以上の刑に処せられた者

＊令和四法六八（令和七・六・一六までに施行）による改正
第二号中「禁錮」を「拘禁刑」に改める。（本文未織込み）

三　心身の故障のため裁判員の職務の遂行に著しい支障がある者

（就職禁止事由）

第一五条① 次の各号のいずれかに該当する者は、裁判員の職務に就くことができない。

一　国会議員

二　国務大臣

三　次のいずれかに該当する国の行政機関の職員

イ　一般職の職員の給与に関する法律（昭和二十五年法律第

九十五号）別表第十一指定職俸給表の適用を受ける職員（ニに掲げる者を除く。）

ロ　一般職の任期付職員の採用及び給与の特例に関する法律（平成十二年法律第百二十五号）第七条第一項に規定する俸給表の適用を受ける職員であって、同表七号俸の俸給月額以上の俸給を受けるもの

ハ　特別職の職員の給与に関する法律（昭和二十四年法律第二百五十二号）別表第一及び別表第二の適用を受ける職員

ニ　防衛省の職員の給与等に関する法律（昭和二十七年法律第二百六十六号。以下「防衛省職員給与法」という。）第四条第一項の規定により一般職の職員の給与に関する法律別表第十一指定職俸給表の適用を受ける職員、防衛省職員給与法第四条第二項の規定により一般職の任期付職員の採用及び給与の特例に関する法律第七条第一項の俸給表に定める額の俸給（同表七号俸の俸給月額以上のものに限る。）を受ける職員及び防衛省職員給与法第四条第五項の規定の適用を受ける職員

四　裁判官及び裁判官であった者

五　検察官及び検察官であった者

六　弁護士（外国法事務弁護士を含む。以下この項において同じ。）及び弁護士であった者

七　弁理士

八　司法書士

九　公証人

十　司法警察職員としての職務を行う者

十一　裁判所の職員（非常勤の者を除く。）

十二　法務省の職員（非常勤の者を除く。）

十三　国家公安委員会委員及び都道府県公安委員会委員並びに警察職員（非常勤の者を除く。）

十四　判事、判事補、検事又は弁護士となる資格を有する者

十五　学校教育法に定める大学の学部、専攻科又は大学院の法律学の教授又は准教授

十六　司法修習生

十七　都道府県知事及び市町村（特別区を含む。以下同じ。）の長

十八　自衛官

②　次のいずれかに該当する者も、前項と同様とする。

一　禁錮以上の刑に当たる罪につき起訴され、その被告事件の終結に至らない者

二　逮捕又は勾留されている者

＊令和四法六八（令和七・六・一六までに施行）による改正

第二項第一号中「禁錮」を「拘禁刑」に改め、第二号中「勾留されている」を「勾留されている」に改める。（本文未織込み）

（辞退事由）

第一六条　次の各号のいずれかに該当する者は、裁判員となることについて辞退の申立てをすることができる。

一　年齢七十年以上の者

二　地方公共団体の議会の議員（会期中の者に限る。）

三　学校教育法第一条、第百二十四条又は第百三十四条の学校の学生又は生徒（常時通学を要する課程に在学する者に限る。）

四　過去五年以内に裁判員又は補充裁判員の職にあった者

五　過去三年以内に選任予定裁判員であった者

六　過去一年以内に裁判員候補者として第二十七条第一項に規定する裁判員等選任手続の期日に出頭したことがある者（第三十四条第七項（第三十八条第二項（第四十六条第二項において準用する場合を含む。）、第四十七条第二項及び第九十二条第二項において準用する場合を含む。第二十六条第三項において同じ。）の規定による不選任の決定があった者を除く。）

七　過去五年以内に検察審査会法（昭和二十三年法律第百四十七号）の規定による検察審査員又は補充員の職にあった者

八　次に掲げる事由その他政令で定めるやむを得ない事由があり、裁判員の職務を行うこと又は裁判員候補者として第二十七条第一項に規定する裁判員等選任手続の期日に出頭することが困難な者

イ　重い疾病又は傷害により裁判所に出頭することが困難であること。

ロ　介護又は養育が行われなければ日常生活を営むのに支障がある同居の親族の介護又は養育を行う必要があること。

ハ　その従事する事業における重要な用務であって自らがこれを処理しなければ当該事業に著しい損害が生じるおそれがあるものがあること。

ニ　父母の葬式への出席その他の社会生活上の重要な用務であって他の期日に行うことができないものがあること。

ホ　重大な災害により生活基盤に著しい被害を受け、その生活の再建のための用務を行う必要があること。

参考　**裁判員の参加する刑事裁判に関する法律第十六条第八号に規定するやむを得ない事由を定める政令**（平成二〇・一・一七政三）

裁判員の参加する刑事裁判に関する法律（以下「法」という。）第十六条第八号に規定する政令で定めるやむを得ない事由は、次に掲げる事由とする。

一　妊娠中であること又は出産の日から八週間を経過していないこと。

二　介護又は養育が行われなければ日常生活を営むのに支障がある親族（同居の親族を除く。）又は親族以外の同居人であって自らが継続的に介護又は養育を行っているものの介護又は養育を行う必要があること。

三　配偶者（届出をしていないが、事実上婚姻関係と同様の事情にある者を含む。）、直系の親族若しくは兄弟姉妹又はこれらの者以外の同居人が重い疾病又は傷害の治療を受ける場合において、その治療に伴い必要と認められる通院、入院又は退院に自らが付き添う必要があること。

四　妻（届出をしていないが、事実上婚姻関係と同様の事情にある者を含む。）又は子が出産する場合において、その出産に伴い必要と認められる入院若しくは退院に自らが付き添い、又は出産に自らが立ち会う必要があること。

五　住所又は居所が裁判所の管轄区域外の遠隔地にあり、裁判所に出頭することが困難であること。

六　前各号に掲げるもののほか、裁判員の職務を行い、又は裁判員候補者として法第二十七条第一項に規定する裁判員等選任手続の期日に出頭することにより、自己又は第三者に身体上、精神上又は経済上の重大な不利益が生ずると認めるに足りる相当の理由があること。

（事件に関連する不適格事由）

第一七条　次の各号のいずれかに該当する者は、当該事件について裁判員となることができない。

一　被告人又は被害者

二　被告人又は被害者の親族又は親族であった者

三　被告人又は被害者の法定代理人、後見人、後見監督人、保佐人、保佐監督人、補助人又は補助監督人

四　被告人又は被害者の同居人又は被用者

五　事件について告発又は請求をした者

六　事件について証人又は鑑定人になった者

七　事件について被告人の代理人、弁護人又は補佐人になった者

八　事件について検察官又は司法警察職員として職務を行った者

九　事件について検察審査員又は審査補助員として職務を行い、又は補充員として検察審査会議を傍聴した者

十　事件について刑事訴訟法第二百六十六条第二号の決定、略式命令、同法第三百九十八条から第四百条まで、第四百十二条若しくは第四百十三条の規定により差し戻し、若しくは移

送された場合における原判決又はこれらの裁判の基礎となった取調べに関与した者。ただし、受託裁判官として関与した場合は、この限りでない。

（その他の不適格事由）

第一八条 前条のほか、裁判所がこの法律の定めるところにより不公平な裁判をするおそれがあると認めた者は、当該事件について裁判員となることができない。

（準用）

第一九条 第十三条から前条までの規定（裁判員の選任資格、欠格事由、就職禁止事由、辞退事由、事件に関連する不適格事由及びその他の不適格事由）は、補充裁判員に準用する。

（裁判員候補者の員数の割当て及び通知）

第二〇条① 地方裁判所は、最高裁判所規則で定めるところにより、毎年九月一日までに、次年に必要な裁判員候補者の員数をその管轄区域内の市町村に割り当て、これを市町村の選挙管理委員会に通知しなければならない。

② 前項の裁判員候補者の員数は、最高裁判所規則で定めるところにより、地方裁判所が対象事件の取扱状況その他の事項を勘案して算定した数とする。

（裁判員候補者予定者名簿の調製）

第二一条① 市町村の選挙管理委員会は、前条第一項の通知を受けたときは、選挙人名簿に登録されている者の中から裁判員候補者の予定者として当該通知に係る員数の者（公職選挙法（昭和二十五年法律第百号）第二十七条第一項の規定により選挙人名簿に同法第十一条第一項若しくは第二百五十二条又は政治資金規正法（昭和二十三年法律第百九十四号）第二十八条の規定により選挙権を有しなくなった旨の表示がなされている者を除く。）をくじで選定しなければならない。

② 市町村の選挙管理委員会は、前項の規定により選定した者について、選挙人名簿に記載（公職選挙法第十九条第三項の規定により磁気ディスクをもって調製する選挙人名簿にあっては、記録）をされている氏名、住所及び生年月日の記載（次項の規定により磁気ディスクをもって調製する裁判員候補者予定者名簿にあっては、記録）をした裁判員候補者予定者名簿を調製しなければならない。

③ 裁判員候補者予定者名簿は、磁気ディスク（これに準ずる方法により一定の事項を確実に記録しておくことができる物を含む。以下同じ。）をもって調製することができる。

（裁判員候補者予定者名簿の送付）

第二二条 市町村の選挙管理委員会は、第二十条第一項の通知を受けた年の十月十五日までに裁判員候補者予定者名簿を当該通知をした地方裁判所に送付しなければならない。

（裁判員候補者名簿の調製）

第二三条① 地方裁判所は、前条の規定により裁判員候補者予定者名簿の送付を受けたときは、これに基づき、最高裁判所規則で定めるところにより、裁判員候補者の氏名、住所及び生年月日の記載（次項の規定により磁気ディスクをもって調製する裁判員候補者名簿にあっては、記録。第二十五条及び第二十六条第三項において同じ。）をした裁判員候補者名簿を調製しなければならない。

② 裁判員候補者名簿は、磁気ディスクをもって調製することができる。

③ 地方裁判所は、裁判員候補者について、死亡したことを知ったとき、第十三条に規定する者に該当しないと認めたとき、第十四条の規定により裁判員となることができない者であると認めたとき又は第十五条第一項各号に掲げる者に該当すると認めたときは、最高裁判所規則で定めるところにより、裁判員候補者名簿から消除しなければならない。

④ 市町村の選挙管理委員会は、第二十一条第一項の規定により選定した裁判員候補者の予定者について、死亡したこと又は衆議院議員の選挙権を有しなくなったことを知ったときは、前条の規定により裁判員候補者予定者名簿を送付した地方裁判所にその旨を通知しなければならない。ただし、当該裁判員候補者予定者名簿を送付した年の次年が経過したときは、この限りでない。

（裁判員候補者の補充の場合の措置）

第二四条① 地方裁判所は、第二十条第一項の規定により通知をした年の次年において、その年に必要な裁判員候補者を補充する必要があると認めたときは、最高裁判所規則で定めるところにより、速やかに、その補充する裁判員候補者の員数をその管轄区域内の市町村に割り当て、これを市町村の選挙管理委員会に通知しなければならない。

② 前三条の規定は、前項の場合に準用する。この場合において、第二十二条中「第二十条第一項の通知を受けた年の十月十五日までに」とあるのは「速やかに」と、前条第一項中「した裁判員候補者名簿」とあるのは「追加した裁判員候補者名簿」と、同条第四項ただし書中「送付した年の次年」とあるのは「送付した年」と読み替えるものとする。

（裁判員候補者への通知）

第二五条 地方裁判所は、第二十三条第一項（前条第二項において読み替えて準用する場合を含む。）の規定による裁判員候補者名簿の調製をしたときは、当該裁判員候補者名簿に記載をされた者にその旨を通知しなければならない。

（呼び出すべき裁判員候補者の選定）

第二六条① 対象事件につき第一回の公判期日が定まったときは、裁判所は、必要な員数の補充裁判員を置く決定又は補充裁判員を置かない決定をしなければならない。

② 裁判所は、前項の決定をしたときは、審判に要すると見込まれる期間その他の事情を考慮して、呼び出すべき裁判員候補者の員数を定めなければならない。

③ 地方裁判所は、裁判員候補者名簿に記載をされた裁判員候補者の中から前項の規定により定められた員数の呼び出すべき裁判員候補者をくじで選定しなければならない。ただし、裁判所の呼出しに応じて次条第一項に規定する裁判員等選任手続の期日に出頭した裁判員候補者（第三十四条第七項の規定による不選任の決定があった者を除く。）については、その年において再度選定することはできない。

④ 地方裁判所は、検察官及び弁護人に対し前項のくじに立ち会う機会を与えなければならない。

（裁判員候補者の呼出し）

第二七条① 裁判所は、裁判員及び補充裁判員の選任のための手続（以下「裁判員等選任手続」という。）を行う期日を定めて、前条第三項の規定により選定された裁判員候補者を呼び出さなければならない。ただし、裁判員等選任手続を行う期日から裁判員の職務が終了すると見込まれる日までの間（以下「職務従事予定期間」という。）において次の各号に掲げるいずれかの事由があると認められる裁判員候補者については、この限りでない。

一 第十三条に規定する者に該当しないこと。

二 第十四条の規定により裁判員となることができない者であること。

三 第十五条第一項各号若しくは第二項各号又は第十七条各号に掲げる者に該当すること。

四 第十六条の規定により裁判員となることについて辞退の申立てがあった裁判員候補者について同条各号に掲げる者に該当すること。

② 前項の呼出しは、呼出状の送達によってする。

③ 呼出状には、出頭すべき日時、場所、呼出しに応じないときは過料に処せられることがある旨その他最高裁判所規則で定める事項を記載しなければならない。

④ 裁判員等選任手続の期日と裁判員候補者に対する呼出状の送達との間には、最高裁判所規則で定める猶予期間を置かなければならない。

⑤ 裁判所は、第一項の規定による呼出し後その出頭すべき日時までの間に、職務従事予定期間において同項各号に掲げるいずれかの事由があると認められるに至った裁判員候補者について

は、直ちにその呼出しを取り消さなければならない。

⑥　裁判所は、前項の規定により呼出しを取り消したときは、速やかに当該裁判員候補者にその旨を通知しなければならない。

第二七条の二（非常災害時における呼出しをしない措置）　裁判所は、前条第一項本文の規定にかかわらず、第二十六条第三項の規定により選定された裁判員候補者のうち、著しく異常かつ激甚な非常災害により、郵便物の配達若しくは取集が極めて困難である地域又は交通が途絶し若しくは遮断された地域に住所を有する者については、前条第一項の規定による呼出しをしないことができる。

第二八条（裁判員候補者の追加呼出し）①　裁判所は、裁判員等選任手続において裁判員及び必要な員数の補充裁判員を選任するために必要があると認めるときは、追加して必要な員数の裁判員候補者を呼び出すことができる。

②　第二十六条第三項及び第四項、第二十七条第一項ただし書及び第二項から第六項まで並びに前条の規定は、前項の場合に準用する。この場合において、第二十六条第三項中「前項の規定により定められた員数」とあるのは、「裁判所が必要と認めた員数」と読み替えるものとする。

第二九条（裁判員候補者の出頭義務、旅費等）①　呼出しを受けた裁判員候補者は、裁判員等選任手続の期日に出頭しなければならない。

②　裁判所の呼出しに応じて裁判員等選任手続の期日に出頭した裁判員候補者には、最高裁判所規則で定めるところにより、旅費、日当及び宿泊料を支給する。

③　地方裁判所は、裁判所の呼出しに応じて裁判員等選任手続の期日に出頭した裁判員候補者については、最高裁判所規則で定めるところにより、裁判員候補者名簿から消除しなければならない。ただし、第三十四条第七項の規定による不選任の決定があった裁判員候補者については、この限りでない。

第三〇条（質問票）①　裁判所は、裁判員等選任手続に先立ち、第二十六条第三項（第二十八条第二項において準用する場合を含む。）の規定により選定された裁判員候補者が、職務従事予定期間において、第十三条に規定する者に該当するかどうか、第十四条の規定により裁判員となることができない者でないかどうか、第十五条第一項各号若しくは第二項各号又は第十七条各号に掲げる者に該当しないかどうか及び第十六条各号に掲げる者に該当するかどうか並びに不公平な裁判をするおそれがないかどうかの判断に必要な質問をするため、質問票を用いることができる。

②　裁判員候補者は、裁判員等選任手続の期日の日前に質問票の送付を受けたときは、裁判所の指定に従い、当該質問票を返送し又は持参しなければならない。

③　裁判員候補者は、質問票に虚偽の記載をしてはならない。

④　前三項及び次条第二項に定めるもののほか、質問票の記載事項その他の質問票に関し必要な事項は、最高裁判所規則で定める。

第三一条（裁判員候補者に関する情報の開示）①　裁判長（第二条第三項の決定があった場合は、裁判官。第三十九条を除き、以下この節において同じ。）は、裁判員等選任手続の期日の二日前までに、呼び出した裁判員候補者の氏名を記載した名簿を検察官及び弁護人に送付しなければならない。

②　裁判長は、裁判員等選任手続の期日の日に、裁判員等選任手続に先立ち、裁判員候補者が提出した質問票の写しを検察官及び弁護人に閲覧させなければならない。

第三二条（裁判員等選任手続の列席者等）①　裁判員等選任手続は、裁判官及び裁判所書記官が列席し、かつ、検察官及び弁護人が出席して行うものとする。

②　裁判所は、必要と認めるときは、裁判員等選任手続に被告人を出席させることができる。

第三三条（裁判員等選任手続の方式）①　裁判員等選任手続は、公開しない。

②　裁判員等選任手続の指揮は、裁判長が行う。

③　裁判員等選任手続は、第三十四条第四項及び第三十六条第一項の規定による不選任の決定の請求が裁判員候補者の面前において行われないようにすることその他裁判員候補者の心情に十分配慮して、これを行わなければならない。

④　裁判所は、裁判員等選任手続の続行のため、新たな期日を定めることができる。この場合において、裁判員等選任手続の期日に出頭した裁判員候補者に対し当該新たな期日を通知したときは、呼出状の送達があった場合と同一の効力を有する。

第三三条の二（被害者特定事項の取扱い）①　裁判官、検察官、被告人及び弁護人は、刑事訴訟法第二百九十条の二第一項又は第三項の決定があった事件の裁判員等選任手続においては、裁判員候補者に対し、正当な理由がなく、被害者特定事項（同条第一項に規定する被害者特定事項をいう。以下この条において同じ。）を明らかにしてはならない。

②　裁判長は、前項に規定する裁判員等選任手続において裁判員候補者に対して被害者特定事項が明らかにされた場合には、当該裁判員候補者に対し、当該被害者特定事項を公にしてはならない旨を告知するものとする。

③　前項の規定による告知を受けた裁判員候補者又は当該裁判員候補者であった者は、裁判員等選任手続において知った被害者特定事項を公にしてはならない。

第三四条（裁判員候補者に対する質問等）①　裁判長は、裁判員候補者が、職務従事予定期間において、第十三条に規定する者に該当するかどうか、第十四条の規定により裁判員となることができない者でないかどうか、第十五条第一項各号若しくは第二項各号若しくは第十七条各号に掲げる者に該当しないかどうか若しくは第十六条の規定により裁判員となることについて辞退の申立てがある場合において同条各号に掲げる者に該当するかどうか又は不公平な裁判をするおそれがないかどうかの判断をするため、必要な質問をすることができる。

②　陪席の裁判官、検察官、被告人又は弁護人は、裁判長に対し、前項の判断をするために必要と思料する質問を裁判長が裁判員候補者に対してすることを求めることができる。この場合において、裁判長は、相当と認めるときは、裁判員候補者に対して、当該求めに係る質問をするものとする。

③　裁判員候補者は、前二項の質問に対して正当な理由なく陳述を拒み、又は虚偽の陳述をしてはならない。

④　裁判所は、裁判員候補者が、職務従事予定期間において、第十三条に規定する者に該当しないと認めたとき、第十四条の規定により裁判員となることができない者であると認めたとき又は第十五条第一項各号若しくは第二項各号若しくは第十七条各号に掲げる者に該当すると認めたときは、検察官、被告人若しくは弁護人の請求により又は職権で、当該裁判員候補者について不選任の決定をしなければならない。裁判員候補者が不公平な裁判をするおそれがあると認めたときも、同様とする。

⑤　弁護人は、前項後段の場合において同項の請求をするに当たっては、被告人の明示した意思に反することはできない。

⑥　第四項の請求を却下する決定には、理由を付さなければならない。

⑦　裁判所は、第十六条の規定により裁判員となることについて辞退の申立てがあった裁判員候補者について、職務従事予定期間において同条各号に掲げる者に該当すると認めたときは、当該裁判員候補者について不選任の決定をしなければならない。

第三五条（異議の申立て）①　前条第四項の請求を却下する決定に対しては、対象事件が係属する地方裁判所に異議の申立てをすることができる。

②　前項の異議の申立ては、当該裁判員候補者について第三十七条第一項又は第二項の規定により裁判員又は補充裁判員に選任

する決定がされるまでに、原裁判所に対し、申立書を差し出し、又は裁判員等選任手続において口頭で申立ての趣旨及び理由を明らかにすることによりしなければならない。

③ 第一項の異議の申立てを受けた地方裁判所は、合議体で決定をしなければならない。

④ 第一項の異議の申立てに関しては、即時抗告に関する刑事訴訟法の規定を準用する。この場合において、同法第四百二十三条第二項中「受け取つた日から三日」とあるのは、「受け取り又は口頭による申立てがあつた時から二十四時間」と読み替えるものとする。

（理由を示さない不選任の請求）

第三六条① 検察官及び被告人は、裁判員候補者について、それぞれ、四人（第二条第三項の決定があつた場合は、三人）を限度として理由を示さずに不選任の決定の請求（以下「理由を示さない不選任の請求」という。）をすることができる。

② 前項の規定にかかわらず、補充裁判員を置くときは、検察官及び被告人が理由を示さない不選任の請求をすることができる員数は、それぞれ、同項の員数にその選任すべき補充裁判員の員数が一人又は二人のときは一人、三人又は四人のときは二人、五人又は六人のときは三人を加えた員数とする。

③ 理由を示さない不選任の請求があつたときは、裁判所は、当該理由を示さない不選任の請求に係る裁判員候補者について不選任の決定をする。

④ 刑事訴訟法第二十一条第二項の規定は、理由を示さない不選任の請求について準用する。

（選任決定）

第三七条① 裁判所は、くじその他の作為が加わらない方法として最高裁判所規則で定める方法に従い、裁判員等選任手続の期日に出頭した裁判員候補者で不選任の決定がされなかつたものから、第二条第二項に規定する員数（当該裁判員候補者の員数がこれに満たないときは、その員数）の裁判員を選任する決定をしなければならない。

② 裁判所は、補充裁判員を置くときは、前項の規定により裁判員を選任する決定をした後、同項に規定する方法に従い、その余の不選任の決定がされなかつた裁判員候補者から、第二十六条第一項の規定により決定した員数（当該裁判員候補者の員数がこれに満たないときは、その員数）の補充裁判員を裁判員に選任されるべき順序を定めて選任する決定をしなければならない。

③ 裁判所は、前二項の規定により裁判員又は補充裁判員に選任された者以外の不選任の決定がされなかつた裁判員候補者については、不選任の決定をするものとする。

（裁判員が不足する場合の措置）

第三八条① 裁判所は、前条第一項の規定により選任された裁判員の員数が選任すべき裁判員の員数に満たないときは、不足する員数の裁判員を選任しなければならない。この場合において、裁判所は、併せて必要と認める員数の補充裁判員を選任することができる。

② 第二十六条（第一項を除く。）から前条までの規定は、前項の規定による裁判員及び補充裁判員の選任について準用する。この場合において、第三十六条第一項中「四人（第二条第三項の決定があつた場合は、三人）」とあるのは「選任すべき裁判員の員数が一人又は二人のときは一人、三人又は四人のときは二人、五人又は六人のときは三人」と、前条第一項中「第二条第二項に規定する員数」とあるのは「選任すべき裁判員の員数」と読み替えるものとする。

（宣誓等）

第三九条① 裁判長は、裁判員及び補充裁判員に対し、最高裁判所規則で定めるところにより、裁判員及び補充裁判員の権限、義務その他必要な事項を説明するものとする。

② 裁判員及び補充裁判員は、最高裁判所規則で定めるところにより、法令に従い公平誠実にその職務を行うことを誓う旨の宣誓をしなければならない。

（最高裁判所規則への委任）

第四〇条 第三十二条から前条までに定めるもののほか、裁判員等選任手続に関し必要な事項は、最高裁判所規則で定める。

第三節　解任等

（請求による裁判員等の解任）

第四一条① 検察官、被告人又は弁護人は、裁判所に対し、次の各号のいずれかに該当することを理由として裁判員又は補充裁判員の解任を請求することができる。ただし、第七号に該当することを理由とする請求は、当該裁判員又は補充裁判員についてその選任の決定がされた後に知り、又は生じた原因を理由とするものに限る。

一 裁判員又は補充裁判員が、第三十九条第二項の宣誓をしないとき。

二 裁判員が、第五十二条若しくは第六十三条第一項に定める出頭義務又は第六十六条第二項に定める評議に出席する義務に違反し、引き続きその職務を行わせることが適当でないとき。

三 補充裁判員が、第五十二条に定める出頭義務に違反し、引き続きその職務を行わせることが適当でないとき。

四 裁判員が、第九条、第六十六条第四項若しくは第七十条第一項に定める義務又は第六十六条第二項に定める意見を述べる義務に違反し、引き続きその職務を行わせることが適当でないとき。

五 補充裁判員が、第十条第四項において準用する第九条に定める義務又は第七十条第一項に定める義務に違反し、引き続きその職務を行わせることが適当でないとき。

六 裁判員又は補充裁判員が、第十三条（第十九条において準用する場合を含む。）に規定する者に該当しないとき、第十四条（第十九条において準用する場合を含む。）の規定により裁判員若しくは補充裁判員となることができない者であるとき又は第十五条第一項各号若しくは第二項各号若しくは第十七条各号（これらの規定を第十九条において準用する場合を含む。）に掲げる者に該当するとき。

七 裁判員又は補充裁判員が、不公平な裁判をするおそれがあるとき。

八 裁判員又は補充裁判員が、裁判員候補者であつたときに、質問票に虚偽の記載をし、又は裁判員等選任手続における質問に対して正当な理由なく陳述を拒み、若しくは虚偽の陳述をしていたことが明らかとなり、引き続きその職務を行わせることが適当でないとき。

九 裁判員又は補充裁判員が、公判廷において、裁判長が命じた事項に従わず又は暴言その他の不穏当な言動をすることによつて公判手続の進行を妨げたとき。

② 裁判所は、前項の請求を受けたときは、次の各号に掲げる場合の区分に応じ、当該各号に規定する決定をし、その余の場合には、構成裁判官の所属する地方裁判所に当該請求に係る事件を送付しなければならない。

一 請求に理由がないことが明らかなとき又は請求が前項ただし書の規定に違反してされたものであるとき　当該請求を却下する決定

二 前項第一号から第三号まで、第六号又は第九号に該当すると認めるとき　当該裁判員又は補充裁判員を解任する決定

③ 前項の規定により事件の送付を受けた地方裁判所は、第一項各号のいずれかに該当すると認めるときは、当該裁判員又は補充裁判員を解任する決定をする。

④ 前項の地方裁判所による第一項の請求についての決定は、合議体でしなければならない。ただし、同項の請求を受けた裁判所の構成裁判官は、その決定に関与することはできない。

⑤ 第一項の請求についての決定をするには、最高裁判所規則で定めるところにより、あらかじめ、検察官及び被告人又は弁護人の意見を聴かなければならない。

⑥ 第二項第二号又は第三項の規定により裁判員又は補充裁判員

を解任する決定をするには、当該裁判員又は補充裁判員に陳述の機会を与えなければならない。ただし、第一項第一号から第三号まで又は第九号に該当することを理由として解任する決定をするときは、この限りでない。
⑦　第一項の請求を却下する決定には、理由を付さなければならない。

（**異議の申立て**）
第四二条①　前条第一項の請求を却下する決定に対しては、当該決定に関与した裁判官の所属する地方裁判所に異議の申立てをすることができる。
②　前項の異議の申立てを受けた地方裁判所は、合議体で決定をしなければならない。ただし、前条第一項の請求を受けた裁判所の構成裁判官は、当該異議の申立てがあった決定に関与していない場合であっても、その決定に関与することはできない。
③　第一項の異議の申立てに関しては、即時抗告に関する刑事訴訟法の規定を準用する。この場合において、同法第四百二十二条及び第四百二十三条第二項中「三日」とあるのは、「一日」と読み替えるものとする。

（**職権による裁判員等の解任**）
第四三条①　裁判所は、第四十一条第一項第一号から第三号まで、第六号又は第九号に該当すると認めるときは、職権で、裁判員又は補充裁判員を解任する決定をする。
②　裁判所が、第四十一条第一項第四号、第五号、第七号又は第八号に該当すると疑うに足りる相当な理由があると思料するときは、裁判長は、その所属する地方裁判所に対し、理由を付してその旨を通知するものとする。
③　前項の規定による通知を受けた地方裁判所は、第四十一条第一項第四号、第五号、第七号又は第八号に該当すると認めるときは、当該裁判員又は補充裁判員を解任する決定をする。
④　前項の決定は合議体でしなければならない。ただし、第二項の裁判所の構成裁判官は、その決定に関与することはできない。
⑤　第一項及び第三項の規定による決定については、第四十一条第五項及び第六項の規定を準用する。

（**裁判員等の申立てによる解任**）
第四四条①　裁判員又は補充裁判員は、裁判所に対し、その選任の決定がされた後に生じた第十六条第八号に規定する事由により裁判員又は補充裁判員の職務を行うことが困難であることを理由として辞任の申立てをすることができる。
②　裁判所は、前項の申立てを受けた場合において、その理由があると認めるときは、当該裁判員又は補充裁判員を解任する決定をしなければならない。

（**補充裁判員の解任**）
第四五条　裁判所は、補充裁判員に引き続きその職務を行わせる必要がないと認めるときは、当該補充裁判員を解任する決定をすることができる。

（**裁判員の追加選任**）
第四六条①　裁判所は、第二条第一項の合議体を構成する裁判員の員数に不足が生じた場合において、補充裁判員があるときは、その補充裁判員の選任の決定において定められた順序に従い、補充裁判員を裁判員に選任する決定をするものとする。
②　前項の場合において、裁判員に選任すべき補充裁判員がないときは、裁判所は、不足する員数の裁判員を選任しなければならない。この場合においては、第三十八条の規定を準用する。

（**補充裁判員の追加選任**）
第四七条①　裁判所は、補充裁判員を新たに置き、又は追加する必要があると認めるときは、必要と認める員数の補充裁判員を選任することができる。
②　裁判員の選任に関する第二十六条（第一項を除く。）から第三十五条まで及び第三十六条（第二項を除く。）の規定並びに第三十七条第二項及び第三項の規定は、前項の規定による補充裁判員の選任について準用する。この場合において、第三十六条第一項中「四人（第二条第三項の決定があった場合は、三人）」とあるのは、「選任すべき補充裁判員の員数が一人又は二人のときは一人、三人又は四人のときは二人、五人又は六人のときは三人」と読み替えるものとする。

（**裁判員等の任務の終了**）
第四八条　裁判員及び補充裁判員の任務は、次のいずれかに該当するときに終了する。
一　終局裁判を告知したとき。
二　第三条第一項、第三条の二第一項又は第五条ただし書の決定により、第二条第一項の合議体が取り扱っている事件又は同項の合議体で取り扱うべき事件の全てを一人の裁判官又は裁判官の合議体で取り扱うこととなったとき。

第三章　裁判員の参加する裁判の手続

第一節　公判準備及び公判手続

（**公判前整理手続**）
第四九条　裁判所は、対象事件については、第一回の公判期日前に、これを公判前整理手続に付さなければならない。

（**第一回の公判期日前の鑑定**）
第五〇条①　裁判所は、第二条第一項の合議体で取り扱うべき事件につき、公判前整理手続において鑑定を行うことを決定した場合において、当該鑑定の結果の報告がなされるまでに相当の期間を要すると認めるときは、検察官、被告人若しくは弁護人の請求により又は職権で、公判前整理手続において鑑定の手続（鑑定の経過及び結果の報告を除く。）を行う旨の決定（以下この条において「鑑定手続実施決定」という。）をすることができる。
②　鑑定手続実施決定をし、又は前項の請求を却下する決定をするには、最高裁判所規則で定めるところにより、あらかじめ、検察官及び被告人又は弁護人の意見を聴かなければならない。
③　鑑定手続実施決定があった場合には、公判前整理手続において、鑑定の手続のうち、鑑定の経過及び結果の報告以外のものを行うことができる。

（**裁判員の負担に対する配慮**）
第五一条　裁判官、検察官及び弁護人は、裁判員の負担が過重なものとならないようにしつつ、裁判員がその職責を十分に果たすことができるよう、審理を迅速で分かりやすいものとすることに努めなければならない。

（**出頭義務**）
第五二条　裁判員及び補充裁判員は、裁判員の関与する判断をするための審理をすべき公判期日並びに公判準備において裁判所がする証人その他の者の尋問及び検証の日時及び場所に出頭しなければならない。

（**公判期日等の通知**）
第五三条　前条の規定により裁判員及び補充裁判員が出頭しなければならない公判期日並びに公判準備において裁判所がする証人その他の者の尋問及び検証の日時及び場所は、あらかじめ、裁判員及び補充裁判員に通知しなければならない。

（**開廷の要件**）
第五四条①　裁判員の関与する判断をするための審理をすべき公判期日においては、公判廷は、裁判官、裁判員及び裁判所書記官が列席し、かつ、検察官が出席して開く。
②　前項の場合を除き、公判廷は、裁判官及び裁判所書記官が列席し、かつ、検察官が出席して開く。

（**冒頭陳述に当たっての義務**）
第五五条　検察官が刑事訴訟法第二百九十六条の規定により証拠により証明すべき事実を明らかにするに当たっては、公判前整理手続における争点及び証拠の整理の結果に基づき、証拠との関係を具体的に明示しなければならない。被告人又は弁護人が同法第三百十六条の三十の規定により証拠により証明すべき事実を明らかにする場合も、同様とする。

（**証人等に対する尋問**）
第五六条　裁判所が証人その他の者を尋問する場合には、裁判員は、裁判長に告げて、裁判員の関与する判断に必要な事項について尋問することができる。

（裁判所外での証人尋問等）

第五七条① 裁判員の関与する判断に必要な事項について裁判所外で証人その他の者を尋問すべき場合において、構成裁判官にこれをさせるときは、裁判員及び補充裁判員はこれに立ち会うことができる。この尋問に立ち会った裁判員は、構成裁判官に告げて、証人その他の者を尋問することができる。

② 裁判員の関与する判断に必要な事項について公判廷外において検証をすべき場合において、構成裁判官にこれをさせるときも、前項前段と同様とする。

（被害者等に対する質問）

第五八条 刑事訴訟法第二百九十二条の二第一項の規定により被害者等（被害者又は被害者が死亡した場合若しくはその心身に重大な故障がある場合におけるその配偶者、直系の親族若しくは兄弟姉妹をいう。）又は当該被害者の法定代理人が意見を陳述したときは、裁判員は、その陳述の後に、その趣旨を明確にするため、これらの者に質問することができる。

（被告人に対する質問）

第五九条 刑事訴訟法第三百十一条の規定により被告人が任意に供述をする場合には、裁判員は、裁判長に告げて、いつでも、裁判員の関与する判断に必要な事項について被告人の供述を求めることができる。

（裁判員等の審理立会い）

第六〇条 裁判所は、裁判員の関与する判断をするための審理以外の審理についても、裁判員及び補充裁判員の立会いを許すことができる。

（公判手続の更新）

第六一条① 公判手続が開始された後新たに第二条第一項の合議体に加わった裁判員があるときは、公判手続を更新しなければならない。

② 前項の更新の手続は、新たに加わった裁判員が、争点及び取り調べた証拠を理解することができ、かつ、その負担が過重にならないようなものとしなければならない。

（自由心証主義）

第六二条 裁判員の関与する判断に関しては、証拠の証明力は、それぞれの裁判官及び裁判員の自由な判断にゆだねる。

（判決の宣告等）

第六三条① 刑事訴訟法第三百三十三条の規定による刑の言渡しの判決、同法第三百三十四条の規定による刑の免除の判決及び同法第三百三十六条の規定による無罪の判決並びに少年法第五十五条の規定による家庭裁判所への移送の決定の宣告をする場合には、裁判員は公判期日に出頭しなければならない。ただし、裁判員が出頭しないことは、当該判決又は決定の宣告を妨げるものではない。

② 前項に規定する場合には、あらかじめ、裁判員に公判期日を通知しなければならない。

第二節 刑事訴訟法等の適用に関する特例等

（刑事訴訟法等の適用に関する特例）

第六四条① 第二条第一項の合議体で事件が取り扱われる場合における刑事訴訟法の規定の適用については、次の表の上欄に掲げる同法の規定中同表の中欄に掲げる字句は、それぞれ同表の下欄に掲げる字句とする。

第四十三条第四項、第六十九条、第七十六条第三項、第八十五条、第百八条第三項、第百二十五条第一項、第百六十三条第一項、第百六十九条、第二百七十八条の二第二項、第二百九十七条第二項、第三百十六条の十一	合議体の構成員	合議体の構成員である裁判官
第八十一条	逃亡し又は罪証を隠滅すると疑うに足りる相当な理由	逃亡し若しくは罪証を隠滅すると疑うに足りる相当な理由又は裁判員、補充裁判員若しくは選任予定裁判員に、面会、文書の送付その他の方法により接触すると疑うに足りる相当な理由
第八十九条第五号	被害者その他事件の審判に必要な知識を有すると認められる者若しくはその親族の身体若しくは財産に害を加え又はこれらの者を畏怖させる行為をすると疑うに足りる相当な理由があるとき。	被害者その他事件の審判に必要な知識を有すると認められる者若しくはその親族の身体若しくは財産に害を加え若しくはこれらの者を畏怖させる行為をすると疑うに足りる相当な理由があるとき、又は裁判員、補充裁判員若しくは選任予定裁判員に、面会、文書の送付その他の方法により接触すると疑うに足りる相当な理由があるとき。
第九十六条第一項第四号	被害者その他事件の審判に必要な知識を有すると認められる者若しくはその親族の身体若しくは財産に害を加え若しくは加えようとし、又はこれらの者を畏怖させる行為をしたとき。	被害者その他事件の審判に必要な知識を有すると認められる者若しくはその親族の身体若しくは財産に害を加え若しくは加えようとし、若しくはこれらの者を畏怖させる行為をしたとき、又は裁判員、補充裁判員若しくは選任予定裁判員に、面会、文書の送付その他の方法により接触したとき。
第百五十七条の四、第百五十七条の六第一項、第三百十六条の三十九第一項から第三項まで、第四百三十五条第七号ただし書	裁判官	裁判官、裁判員
第二百五十六条第六項	裁判官	裁判官又は裁判員
第三百四条第一項	裁判長又は陪席の裁判官	裁判長、陪席の裁判官又は裁判員
第三百十六条の十五第一項	裁判所又は裁判官	裁判所、裁判官又は裁判官及び裁判員

第二号		
第三百二十一条第二項	裁判所若しくは裁判官	裁判所、裁判官若しくは裁判員
第三百七十七条第一号	法律に従つて判決裁判所を構成しなかつたこと。	法律に従つて判決裁判所を構成しなかつたこと。ただし、裁判員の構成にのみ違法がある場合であつて、判決が裁判員の参加する刑事裁判に関する法律（平成十六年法律第六十三号）第六条第一項に規定する裁判員の関与する判断を含まないものであるとき、又はその違法が裁判員が同法第十五条第一項各号若しくは第二項各号に掲げる者に該当することであるときは、この限りでない。
第四百三十五条第七号本文	原判決に関与した裁判官	原判決に関与した裁判官若しくは裁判員

② 第二条第一項の合議体で事件が取り扱われる場合における組織的な犯罪の処罰及び犯罪収益の規制等に関する法律（平成十一年法律第百三十六号）第二十二条第四項の規定の適用については、同項中「合議体の構成員」とあるのは、「合議体の構成員である裁判官」とする。

（訴訟関係人の尋問及び供述等の記録媒体への記録）

第六五条① 裁判所は、対象事件（第五条本文の規定により第二条第一項の合議体で取り扱うものとされた事件を含む。）及び第四条第一項の決定に係る事件の審理における裁判官、裁判員又は訴訟関係人の尋問及び証人、鑑定人、通訳人又は翻訳人の供述、刑事訴訟法第二百九十二条の二第一項の規定による意見の陳述並びに裁判官、裁判員又は訴訟関係人による被告人の供述を求める行為及び被告人の供述並びにこれらの状況（以下「訴訟関係人の尋問及び供述等」という。）について、審理又は評議における裁判員の職務の的確な遂行を確保するため必要があると認めるときは、検察官及び被告人又は弁護人の意見を聴き、これを記録媒体（映像及び音声を同時に記録することができる物をいう。以下同じ。）に記録することができる。ただし、事案の内容、審理の状況、供述又は陳述をする者に与える心理的な負担その他の事情を考慮し、記録媒体に記録することが相当でないと認めるときは、この限りでない。

② 前項の規定による訴訟関係人の尋問及び供述等の記録は、刑事訴訟法第百五十七条の六第一項及び第二項に規定する方法により証人を尋問する場合（同項第四号の規定による場合を除く。）においては、その証人の同意がなければ、これをすることができない。

③ 前項の場合において、その訴訟関係人の尋問及び供述等を記録した記録媒体は、訴訟記録に添付して調書の一部とするものとする。ただし、その証人が後の刑事手続において同一の事実につき再び証人として供述を求められることがないと明らかに認められるときは、この限りでない。

④ 刑事訴訟法第四十条第二項、第百八十条第二項及び第二百七十条第二項の規定は前項の規定により訴訟記録に添付して調書の一部とした記録媒体の謄写について、同法第三百五条第五項及び第六項の規定は当該記録媒体がその一部とされた調書の取調べについて、それぞれ準用する。

第四章　評議

（評議）

第六六条① 第二条第一項の合議体における裁判員の関与する判断のための評議は、構成裁判官及び裁判員が行う。

② 裁判員は、前項の評議に出席し、意見を述べなければならない。

③ 裁判長は、必要と認めるときは、第一項の評議において、裁判員に対し、構成裁判官の合議による法令の解釈に係る判断及び訴訟手続に関する判断を示さなければならない。

④ 裁判員は、前項の判断が示された場合には、これに従ってその職務を行わなければならない。

⑤ 裁判長は、第一項の評議において、裁判員に対して必要な法令に関する説明を丁寧に行うとともに、評議を裁判員に分かりやすいものとなるように整理し、裁判員が発言する機会を十分に設けるなど、裁判員がその職責を十分に果たすことができるように配慮しなければならない。

（評決）

第六七条① 前条第一項の評議における裁判員の関与する判断は、裁判所法第七十七条の規定にかかわらず、構成裁判官及び裁判員の双方の意見を含む合議体の員数の過半数の意見による。

② 刑の量定について意見が分かれ、その説が各々、構成裁判官及び裁判員の双方の意見を含む合議体の員数の過半数の意見にならないときは、その合議体の判断は、構成裁判官及び裁判員の双方の意見を含む合議体の員数の過半数の意見になるまで、被告人に最も不利な意見の数を順次利益な意見の数に加え、その中で最も利益な意見による。

（構成裁判官による評議）

第六八条① 構成裁判官の合議によるべき判断のための評議は、構成裁判官のみが行う。

② 前項の評議については、裁判所法第七十五条第一項及び第二項前段、第七十六条並びに第七十七条の規定に従う。

③ 構成裁判官は、その合議により、裁判員に第一項の評議の傍聴を許し、第六条第二項各号に掲げる判断について裁判員の意見を聴くことができる。

（補充裁判員の傍聴等）

第六九条① 補充裁判員は、構成裁判官及び裁判員が行う評議並びに構成裁判官のみが行う評議であって裁判員の傍聴が許されたものを傍聴することができる。

② 構成裁判官は、その合議により、補充裁判員の意見を聴くことができる。

（評議の秘密）

第七〇条① 構成裁判官及び裁判員が行う評議並びに構成裁判官のみが行う評議であって裁判員の傍聴が許されたものの経過並びにそれぞれの裁判官及び裁判員の意見並びにその多少の数（以下「評議の秘密」という。）については、これを漏らしてはならない。

② 前項の場合を除き、構成裁判官のみが行う評議については、裁判所法第七十五条第二項後段の規定に従う。

第五章　区分審理決定がされた場合の審理及び裁判の特例等

第一節　審理及び裁判の特例

第一款　区分審理決定

（区分審理決定）

第七一条① 裁判所は、被告人を同じくする数個の対象事件の弁論を併合した場合又は第四条第一項の決定に係る事件と対象事件の弁論を併合した場合において、併合した事件（以下「併合事件」という。）を一括して審判することにより要すると見込まれる審判の期間その他の裁判員の負担に関する事情を考慮し、その円滑な選任又は職務の遂行を確保するため特に必要があると認められるときは、検察官、被告人若しくは弁護人の請求により又は職権で、併合事件の一部を一又は二以上の被告事件ごとに区分し、この区分した一又は二以上の被告事件ごとに、順次、審理する旨の決定（以下「区分審理決定」という。）をすることができる。ただし、犯罪の証明に支障を生ずるおそれがあるとき、被告人の防御に不利益を生ずるおそれがあるときその他相当でないと認められるときは、この限りでない。

② 区分審理決定又は前項の請求を却下する決定をするには、最高裁判所規則で定めるところにより、あらかじめ、検察官及び被告人又は弁護人の意見を聴かなければならない。

③ 区分審理決定又は第一項の請求を却下する決定に対しては、即時抗告をすることができる。

（区分審理決定の取消し及び変更）

第七二条① 裁判所は、被告人の主張、審理の状況その他の事情を考慮して、区分事件（区分審理決定により区分して審理することとされた一又は二以上の被告事件をいう。以下同じ。）ごとに審理することが適当でないと認めるときは、検察官、被告人若しくは弁護人の請求により又は職権で、区分審理決定を取り消す決定をすることができる。ただし、区分事件につき部分判決がされた後は、この限りでない。

② 裁判所は、被告人の主張、審理の状況その他の事情を考慮して、適当と認めるときは、検察官、被告人若しくは弁護人の請求により又は職権で、区分審理決定を変更する決定をすることができる。この場合においては、前条第一項ただし書の規定を準用する。

③ 前二項の決定又はこれらの項の請求を却下する決定をするには、最高裁判所規則で定めるところにより、あらかじめ、検察官及び被告人又は弁護人の意見を聴かなければならない。

④ 前条第三項の規定は、前項に規定する決定について準用する。

（審理の順序に関する決定）

第七三条① 裁判所は、二以上の区分事件があるときは、決定で、区分事件を審理する順序を定めなければならない。

② 裁判所は、被告人の主張、審理の状況その他の事情を考慮して、適当と認めるときは、決定で、前項の決定を変更することができる。

③ 前二項の決定をするには、最高裁判所規則で定めるところにより、あらかじめ、検察官及び被告人又は弁護人の意見を聴かなければならない。

（構成裁判官のみで構成する合議体による区分事件の審理及び裁判）

第七四条 裁判所は、区分事件に含まれる被告事件の全部が、対象事件に該当しないとき又は刑事訴訟法第三百十二条の規定により罰条が撤回若しくは変更されたため対象事件に該当しなくなったときは、構成裁判官のみで構成する合議体でその区分事件の審理及び裁判を行う旨の決定をすることができる。

（公判前整理手続等における決定）

第七五条 区分審理決定並びに第七十二条第一項及び第二項、第七十三条第一項及び第二項並びに前条の決定は、公判前整理手続及び期日間整理手続において行うことができる。第七十一条第一項並びに第七十二条第一項及び第二項の請求を却下する決定についても、同様とする。

（区分審理決定をした場合の補充裁判員に関する決定）

第七六条 裁判所は、区分審理決定をした場合において、第二十六条第一項に規定する必要な員数の補充裁判員を置く決定又は補充裁判員を置かない決定をするときは、各区分事件の審理及び裁判（以下「区分事件審判」という。）並びに第八十六条第一項に規定する併合事件審判について、それぞれ、これをしなければならない。

第二款　区分事件審判

（区分事件の審理における検察官等による意見の陳述）

第七七条① 区分事件の審理において、証拠調べが終わった後、検察官は、次条第二項第一号及び第三号から第五号まで並びに第三項各号に掲げる事項に係る事実及び法律の適用について意見を陳述しなければならない。

② 区分事件の審理において、証拠調べが終わった後、被告人及び弁護人は、当該区分事件について意見を陳述することができる。

③ 区分事件の審理において、裁判所は、区分事件に含まれる被告事件に係る被害者参加人（刑事訴訟法第三百十六条の三十三第三項に規定する被害者参加人をいう。第八十九条第一項において同じ。）又はその委託を受けた弁護士から、第一項に規定する事項に係る事実又は法律の適用について意見を陳述することの申出がある場合において、審理の状況、申出をした者の数その他の事情を考慮し、相当と認めるときは、公判期日において、同項の規定による検察官の意見の陳述の後に、訴因として特定された事実の範囲内で、申出をした者がその意見を陳述することを許すものとする。

④ 刑事訴訟法第三百十六条の三十八第二項から第四項までの規定は、前項の規定による意見の陳述について準用する。

⑤ 刑事訴訟法第三百十六条の三十七の規定は、第三項の規定による意見の陳述をするための被告人に対する質問について準用する。

（部分判決）

第七八条① 区分事件に含まれる被告事件について、犯罪の証明があったときは、刑事訴訟法第三百三十三条及び第三百三十四条の規定にかかわらず、部分判決で有罪の言渡しをしなければならない。

② 部分判決で有罪の言渡しをするには、刑事訴訟法第三百三十五条第一項の規定にかかわらず、次に掲げる事項を示さなければならない。

一　罪となるべき事実
二　証拠の標目
三　罰条の適用並びに刑法（明治四十年法律第四十五号）第五十四条第一項の規定の適用及びその適用に係る判断
四　法律上犯罪の成立を妨げる理由となる事実に係る判断
五　法律上刑を減免し又は減免することができる理由となる事実に係る判断

③ 部分判決で有罪の言渡しをする場合は、次に掲げる事項を示すことができる。

一　犯行の動機、態様及び結果その他の罪となるべき事実に関連する情状に関する事実
二　没収、追徴及び被害者還付の根拠となる事実並びにこれらに関する規定の適用に係る判断

④ 区分事件の審理において第二項第四号又は第五号に規定する事実が主張されたときは、刑事訴訟法第三百三十五条第二項の規定にかかわらず、部分判決において、これに対する判断を示さなければならない。

⑤ 第六十三条の規定は、第一項の規定による部分判決の宣告をする場合について準用する。

第七九条 区分事件に含まれる被告事件について、刑事訴訟法第三百二十九条の規定による管轄違いの判決、同法第三百三十六条の規定による無罪の判決、同法第三百三十七条の規定による免訴の判決又は同法第三百三十八条の規定による公訴棄却の判決の言渡しをしなければならない事由があるときは、部分判決でその旨の言渡しをしなければならない。

（部分判決に対する控訴の申立て）

第八〇条 部分判決に対しては、刑事訴訟法第三百七十二条の規定にかかわらず、控訴をすることができない。

（管轄違い等の部分判決後の弁論の分離）

第八一条 第七十九条の部分判決は、当該部分判決をした事件に係る弁論を刑事訴訟法第三百十三条第一項の決定により分離した場合には、その決定を告知した時に、終局の判決となるものとする。

（区分事件審判に関する公判調書）

第八二条① 区分事件審判に関する公判調書は、刑事訴訟法第四十八条第三項の規定にかかわらず、各公判期日後速やかに、遅くとも当該区分事件についての部分判決を宣告するまでにこれを整理しなければならない。ただし、部分判決を宣告する公判期日の調書及び公判期日から部分判決を宣告する日までの期間

が十日に満たない場合における当該公判期日の調書は、それぞれその公判期日後十日以内に、整理すれば足りる。

② 前項の公判調書に係る刑事訴訟法第五十一条第一項の規定による異議の申立ては、同条第二項の規定にかかわらず、遅くとも当該区分事件審判における最終の公判期日後十四日以内（前項ただし書の規定により部分判決を宣告する公判期日後に整理された調書については、整理ができた日から十四日以内）にこれをしなければならない。

（公訴の取消し等の制限）

第八三条① 区分事件に含まれる被告事件についての公訴は、刑事訴訟法第二百五十七条の規定にかかわらず、当該区分事件について部分判決の宣告があった後は、これを取り消すことができない。

② 刑事訴訟法第四百六十五条第一項の規定による正式裁判の請求があった被告事件について、区分審理決定があったときは、同法第四百六十六条の規定にかかわらず、当該被告事件を含む区分事件について部分判決の宣告があった後は、当該請求を取り下げることができない。

③ 前項の区分審理決定があった場合には、同項の請求に係る略式命令は、刑事訴訟法第四百六十九条の規定にかかわらず、当該被告事件について終局の判決があったときに、その効力を失う。

（区分事件審判における裁判員等の任務の終了）

第八四条 区分事件審判に係る職務を行う裁判員及び補充裁判員の任務は、第四十八条の規定にかかわらず、次の各号のいずれかに該当するときに終了する。

一 当該区分事件について部分判決の宣告をしたとき。

二 当該区分事件に含まれる被告事件の全部について刑事訴訟法第三百三十九条第一項の規定による公訴を棄却する決定がされたとき。

三 当該区分事件について第七十四条の決定がされたとき。

（区分事件の審理における公判手続の更新）

第八五条 前条の規定により区分事件審判に係る職務を行う裁判員の任務が終了し、新たに第二条第一項の合議体に他の区分事件審判に係る職務を行う裁判員が加わった場合には、第六十一条第一項の規定にかかわらず、公判手続の更新は行わないものとする。

第三款 併合事件審判

（併合事件審判）

第八六条① 裁判所は、すべての区分事件審判が終わった後、区分事件以外の被告事件の審理及び区分事件の審理（当該区分事件に含まれる被告事件に係る部分判決で示された事項に係るもの（第三項の決定があった場合を除く。）を除く。）並びに併合事件の全体についての裁判（以下「併合事件審判」という。）をしなければならない。

② 裁判所は、前項の規定により併合事件の全体についての裁判をする場合においては、部分判決がされた被告事件に係る当該部分判決で示された事項については、次項の決定があった場合を除き、これによるものとする。

③ 裁判所は、構成裁判官の合議により、区分事件の審理又は部分判決について刑事訴訟法第三百七十七条各号、第三百七十八条各号又は第三百八十三条各号に掲げる事由があると認めるときは、職権で、その旨の決定をしなければならない。

（併合事件審判のための公判手続の更新）

第八七条 第八十四条の規定により区分事件審判に係る職務を行う裁判員の任務が終了し、新たに第二条第一項の合議体に併合事件審判に係る職務を行う裁判員が加わった場合には、第六十一条第一項の規定にかかわらず、併合事件審判をするのに必要な範囲で、区分事件の公判手続を更新しなければならない。

（刑事訴訟法第二百九十二条の二の意見の陳述）

第八八条 区分事件に含まれる被告事件についての刑事訴訟法第二百九十二条の二第一項の規定による意見の陳述又は同条第七項の規定による意見を記載した書面の提出は、併合事件審判における審理において行うものとする。ただし、併合事件審判における審理において行うことが困難である場合その他当該被告事件を含む区分事件の審理において行うことが相当と認めるときは、当該区分事件の審理において行うことができる。

（併合事件審理における検察官等による意見の陳述）

第八九条① 併合事件審判における審理において行う刑事訴訟法第二百九十三条第一項の規定による検察官の意見の陳述、同条第二項の規定による被告人及び弁護人の意見の陳述並びに同法第三百十六条の三十八第一項の規定による区分事件に含まれる被告事件に係る被害者参加人又はその委託を受けた弁護士の意見の陳述は、部分判決で示された事項については、することができない。

② 裁判長は、前項に規定する意見の陳述が部分判決で示された事項にわたるときは、これを制限することができる。

第二節 選任予定裁判員

第一款 選任予定裁判員の選定

（選任予定裁判員）

第九〇条① 裁判所は、区分審理決定をした場合において、必要があると認めるときは、裁判員等選任手続において、第八十四条の規定により区分事件審判に係る職務を行う裁判員又は補充裁判員の任務が終了した後に他の区分事件審判又は併合事件審判に係る職務を行う裁判員又は補充裁判員に選任されるべき必要な員数の選任予定裁判員を、各区分事件審判又は併合事件審判ごとに、あらかじめ選定することができる。この場合において、選任予定裁判員の員数は、裁判所が定めるものとする。

② 前項の規定により選任予定裁判員を選定する場合における第二十六条第二項、第二十七条第一項ただし書、第三十五条第二項及び第三十六条第二項の規定の適用については、第二十六条第二項中「前項の決定をした」とあるのは「選任予定裁判員を選定することとした」と、第二十七条第一項ただし書中「期日から」とあるのは「期日及び第九十七条第一項の規定により選任予定裁判員を裁判員に選任する決定がされると見込まれる日から」と、第三十五条第二項中「第三十七条第一項又は第二項の規定により裁判員又は補充裁判員に選任する」とあるのは「第九十一条第一項の規定により選任予定裁判員に選定する」と、第三十六条第二項中「補充裁判員を置く」とあるのは「裁判員の員数を超える員数の選任予定裁判員を選定する」と、「選任すべき補充裁判員の」とあるのは「選定すべき選任予定裁判員の員数のうち裁判員の員数を超える」と、「三人又は四人のときは二人、五人又は六人のときは三人」とあるのは「三人以上の奇数及びそれに続く偶数の員数のときは当該偶数の員数の二分の一の員数」とする。

（選任予定裁判員の選定）

第九一条① 裁判所は、くじその他の作為が加わらない方法として最高裁判所規則で定める方法に従い、裁判員等選任手続の期日に出頭した裁判員候補者で不選任の決定がされなかったものから、前条第一項の規定により裁判所が定めた員数（当該裁判員候補者の員数がこれに満たないときは、その員数）の選任予定裁判員を裁判員（補充裁判員を置くときは、補充裁判員を含む。）に選任されるべき順序を定めて選定する決定をしなければならない。

② 裁判所は、前項の規定により選任予定裁判員に選定された者以外の不選任の決定がされなかった裁判員候補者については、不選任の決定をするものとする。

（選任予定裁判員が不足する場合の措置）

第九二条① 裁判所は、前条第一項の規定により選定された選任予定裁判員の員数が選定すべき選任予定裁判員の員数に満たないときは、不足する員数の選任予定裁判員を選定することができる。

② 第二十六条（第一項を除く。）から第三十六条（第二項を除く。）まで及び前条の規定は、前項の規定による選任予定裁判員

の選定について準用する。この場合において、第二十六条第二項中「前項の決定をした」とあるのは「不足する員数の選任予定裁判員を選定することとした」と、第二十七条第一項ただし書中「期日から」とあるのは「期日及び第九十七条第一項の規定により選任予定裁判員を裁判員に選任する決定がされると見込まれる日から」と、第三十五条第二項中「第三十七条第一項又は第二項の規定により裁判員又は補充裁判員に選任する」とあるのは「第九十二条第二項において読み替えて準用する第九十一条第一項の規定により選任予定裁判員に選定する」と、第三十六条第一項中「四人（第二条第三項の決定があった場合は、三人）」とあるのは「選定すべき選任予定裁判員の員数が一人又は二人のときは一人、三人以上の奇数及びそれに続く偶数の員数のときは当該偶数の員数の二分の一の員数」と、前条第一項中「前条第一項の規定により裁判所が定めた」とあるのは「不足する」と読み替えるものとする。

第二款　選任予定裁判員の選定の取消し

（請求による選任予定裁判員の選定の取消し）

第九三条① 検察官、被告人又は弁護人は、裁判所に対し、次の各号のいずれかに該当することを理由として選任予定裁判員の選定の取消しを請求することができる。ただし、第二号に該当することを理由とする請求は、当該選任予定裁判員についてその選定の決定がされた後に知り、又は生じた原因を理由とするものに限る。

一　選任予定裁判員が、第十三条に規定する者に該当しないとき、第十四条の規定により裁判員となることができない者であるとき、又は第十五条第一項各号若しくは第二項各号若しくは第十七条各号に掲げる者に該当するとき。

二　選任予定裁判員が、不公平な裁判をするおそれがあるとき。

三　選任予定裁判員が、裁判員候補者であったときに、質問票に虚偽の記載をし、又は裁判員等選任手続における質問に対して正当な理由なく陳述を拒み、若しくは虚偽の陳述をしていたことが明らかとなり、裁判員又は補充裁判員の職務を行わせることが適当でないとき。

② 前項の請求を受けた裁判所は、同項各号のいずれかに該当すると認めるときは、当該選任予定裁判員の選定を取り消す決定をする。

③ 前項の決定又は第一項の請求を却下する決定をするには、最高裁判所規則で定めるところにより、あらかじめ、検察官及び被告人又は弁護人の意見を聴かなければならない。

④ 第二項の規定により選任予定裁判員の選定を取り消す決定をするには、当該選任予定裁判員に陳述の機会を与えなければならない。

⑤ 第一項の請求を却下する決定には、理由を付さなければならない。

（異議の申立て）

第九四条① 前条第一項の請求を却下する決定に対しては、当該決定に関与した裁判官の所属する地方裁判所に異議の申立てをすることができる。

② 前項の異議の申立てを受けた地方裁判所は、合議体で決定をしなければならない。

③ 第一項の異議の申立てに関しては、即時抗告に関する刑事訴訟法の規定を準用する。

（職権による選任予定裁判員の選定の取消し）

第九五条① 裁判所は、第九十三条第一項各号のいずれかに該当すると認めるときは、職権で、選任予定裁判員の選定を取り消す決定をする。

② 第九十三条第三項及び第四項の規定は、前項の規定による決定について準用する。

③ 裁判所は、次の各号に掲げるいずれかの事由が生じたことにより、選任予定裁判員をその選定に係る区分事件審判又は併合事件審判に係る職務を行う裁判員又は補充裁判員に選任する必要がなくなった場合には、職権で、当該選任予定裁判員の選定を取り消す決定をする。

一　第七十二条第一項の規定により区分審理決定が取り消されたとき。

二　第七十二条第二項の規定により区分審理決定が変更され、区分事件に含まれる被告事件の全部についての審判が他の区分事件審判又は併合事件審判として行われることとなったとき。

三　第一号に掲げる場合のほか、その職務を行うべき区分事件に含まれる被告事件の全部又は区分事件以外の被告事件の全部について刑事訴訟法第三百三十九条第一項の規定による公訴を棄却する決定がされたとき。

四　区分事件について第七十四条の決定がされたとき。

④ 裁判所は、前項に規定する場合のほか、選任予定裁判員をその選定に係る区分事件審判又は併合事件審判に係る職務を行う裁判員又は補充裁判員に選任する必要がなくなったと認めるときは、当該選任予定裁判員の選定を取り消す決定をすることができる。

（選任予定裁判員の申立てによる選定の取消し）

第九六条① 選任予定裁判員は、裁判所に対し、第十六条第八号に規定する事由（その選定がされた後に知り、又は生じた原因を理由とするものに限る。）により裁判員又は補充裁判員の職務を行うことが困難であることを理由として選定の取消しの申立てをすることができる。

② 裁判所は、前項の申立てを受けた場合において、その理由があると認めるときは、当該選任予定裁判員の選定を取り消す決定をしなければならない。

第三款　選任予定裁判員の裁判員等への選任

第九七条① 裁判所は、第八十四条の規定により区分事件審判に係る職務を行う裁判員及び補充裁判員の任務が終了したときは、第三十七条の規定にかかわらず、当該区分事件審判の次の区分事件審判又は併合事件審判に係る職務を行う裁判員又は補充裁判員に選任されるために選定されている選任予定裁判員で、指定する裁判員等選任手続の期日に出頭したものから、その選定において定められた順序に従い、当該職務を行う裁判員（補充裁判員を置くときは、補充裁判員を含む。第五項において同じ。）を選任する決定をするものとする。

② 裁判所は、前項に規定する選任予定裁判員を同項に規定する期日に呼び出さなければならない。

③ 前項の呼出しは、選任予定裁判員に通知して行う。

④ 裁判所は、第一項に規定する区分事件審判又は併合事件審判に係る職務を行う裁判員又は補充裁判員に選任されるために選定されている選任予定裁判員のうち、同項の規定により裁判員又は補充裁判員に選任された者以外の者については、選定を取り消す決定をしなければならない。

⑤ 第一項の規定により選任予定裁判員を裁判員に選任する場合における第二十七条の二、第二十九条第一項及び第二項並びに第三十八条第一項の規定の適用については、第二十七条の二中「前条第一項本文」とあるのは「第九十七条第二項」と、「第二十六条第三項の規定により選定された裁判員候補者」とあるのは「同条第一項に規定する選任予定裁判員」と、「前条第一項の」とあるのは「同条第二項の」と、第二十九条第一項及び第二項中「裁判員候補者」とあるのは「選任予定裁判員」と、第三十八条第一項中「前条第一項」とあるのは「第九十七条第一項」とする。

第四款　雑則

（公務所等に対する照会に関する規定の準用）

第九八条 第十二条第一項の規定は、選任予定裁判員についてその選定の取消しの判断のため必要がある場合について準用する。

（最高裁判所規則への委任）

第九九条　前三款に定めるもののほか、選任予定裁判員の選定及び裁判員又は補充裁判員への選任に関する手続に関し必要な事項は、最高裁判所規則で定める。

第六章　裁判員等の保護のための措置

（不利益取扱いの禁止）

第一〇〇条　労働者が裁判員の職務を行うために休暇を取得したことその他裁判員、補充裁判員、選任予定裁判員若しくは裁判員候補者であること又はこれらの者であったことを理由として、解雇その他不利益な取扱いをしてはならない。

（裁判員等を特定するに足りる情報の取扱い）

第一〇一条①　何人も、裁判員、補充裁判員、選任予定裁判員又は裁判員候補者若しくはその予定者の氏名、住所その他の個人を特定するに足りる情報を公にしてはならない。これらであった者の氏名、住所その他の個人を特定するに足りる情報についても、本人がこれを公にすることに同意している場合を除き、同様とする。

② 前項の規定の適用については、区分事件審判に係る職務を行う裁判員又は補充裁判員の職にあった者で第八十四条の規定によりその任務が終了したものは、すべての区分事件審判の後に行われる併合事件の全体についての裁判（以下「併合事件裁判」という。）がされるまでの間は、なお裁判員又は補充裁判員であるものとみなす。

（裁判員等に対する接触の規制）

第一〇二条①　何人も、被告事件に関し、当該被告事件を取り扱う裁判所に選任され、又は選定された裁判員若しくは補充裁判員又は選任予定裁判員に接触してはならない。

② 何人も、裁判員又は補充裁判員が職務上知り得た秘密を知る目的で、裁判員又は補充裁判員の職にあった者に接触してはならない。

③ 前二項の規定の適用については、区分事件審判に係る職務を行う裁判員又は補充裁判員の職にあった者で第八十四条の規定によりその任務が終了したものは、併合事件裁判がされるまでの間は、なお裁判員又は補充裁判員であるものとみなす。

第七章　雑則

（運用状況の公表）

第一〇三条　最高裁判所は、毎年、対象事件の取扱状況、裁判員及び補充裁判員の選任状況その他この法律の実施状況に関する資料を公表するものとする。

（指定都市の区及び総合区に対するこの法律の適用）

第一〇四条　地方自治法（昭和二十二年法律第六十七号）第二百五十二条の十九第一項の指定都市においては、第二十条第一項並びに第二十一条第一項及び第二項、第二十二条並びに第二十三条第四項（これらの規定を第二十四条第二項において準用する場合を含む。）並びに第二十四条第一項の規定中市に関する規定は、区及び総合区にこれを適用する。

（事務の区分）

第一〇五条　第二十一条第一項及び第二項、第二十二条並びに第二十三条第四項（これらの規定を第二十四条第二項において準用する場合を含む。）の規定により市町村が処理することとされている事務は、地方自治法第二条第九項第一号に規定する第一号法定受託事務とする。

第八章　罰則

（裁判員等に対する請託罪等）

第一〇六条①　法令の定める手続により行う場合を除き、裁判員又は補充裁判員に対し、その職務に関し、請託をした者は、二年以下の懲役又は二十万円以下の罰金に処する。

> **＊令和四法六八**（令和七・六・一六までに施行）**による改正**
> 第一項中「懲役」を「拘禁刑」に改める。（本文未織込み）

② 法令の定める手続により行う場合を除き、被告事件の審判に影響を及ぼす目的で、裁判員又は補充裁判員に対し、事実の認定、刑の量定その他の裁判員として行う判断について意見を述べ又はこれについての情報を提供した者も、前項と同様とする。

③ 選任予定裁判員に対し、裁判員又は補充裁判員として行うべき職務に関し、請託をした者も、第一項と同様とする。

④ 被告事件の審判に影響を及ぼす目的で、選任予定裁判員に対し、事実の認定その他の裁判員として行うべき判断について意見を述べ又はこれについての情報を提供した者も、第一項と同様とする。

（裁判員等に対する威迫罪）

第一〇七条①　被告事件に関し、当該被告事件の審判に係る職務を行う裁判員若しくは補充裁判員若しくはこれらの職にあった者又はその親族に対し、面会、文書の送付、電話をかけることその他のいかなる方法をもってするかを問わず、威迫の行為をした者は、二年以下の懲役又は二十万円以下の罰金に処する。

> **＊令和四法六八**（令和七・六・一六までに施行）**による改正**
> 第一項中「懲役」を「拘禁刑」に改める。（本文未織込み）

② 被告事件に関し、当該被告事件の審判に係る職務を行う裁判員若しくは補充裁判員の選任のために選定された裁判員候補者若しくは当該裁判員若しくは補充裁判員の職務を行うべき選任予定裁判員又はその親族に対し、面会、文書の送付、電話をかけることその他のいかなる方法をもってするかを問わず、威迫の行為をした者も、前項と同様とする。

（裁判員等による秘密漏示罪）

第一〇八条①　裁判員又は補充裁判員が、評議の秘密その他の職務上知り得た秘密を漏らしたときは、六月以下の懲役又は五十万円以下の罰金に処する。

> **＊令和四法六八**（令和七・六・一六までに施行）**による改正**
> 第一項中「懲役」を「拘禁刑」に改める。（本文未織込み）

② 裁判員又は補充裁判員の職にあった者が次の各号のいずれかに該当するときも、前項と同様とする。

一　職務上知り得た秘密（評議の秘密を除く。）を漏らしたとき。

二　評議の秘密のうち構成裁判官及び裁判員が行う評議又は構成裁判官のみが行う評議であって裁判員の傍聴が許されたもののそれぞれの裁判官若しくは裁判員の意見又はその多少の数を漏らしたとき。

三　財産上の利益その他の利益を得る目的で、評議の秘密（前号に規定するものを除く。）を漏らしたとき。

③ 前項第三号の場合を除き、裁判員又は補充裁判員の職にあった者が、評議の秘密（同項第二号に規定するものを除く。）を漏らしたときは、五十万円以下の罰金に処する。

④ 前三項の規定の適用については、区分事件審判に係る職務を行う裁判員又は補充裁判員の職にあった者で第八十四条の規定によりその任務が終了したものは、併合事件裁判がされるまでの間は、なお裁判員又は補充裁判員であるものとみなす。

⑤ 裁判員又は補充裁判員が、構成裁判官又は現にその被告事件の審判に係る職務を行う他の裁判員若しくは補充裁判員以外の者に対し、当該被告事件において認定すべきであると考える事実若しくは量定すべきであると考える刑を述べたとき、又は当該被告事件において裁判所により認定されると考える事実若しくは量定されると考える刑を述べたときも、第一項と同様とする。

⑥ 裁判員又は補充裁判員の職にあった者が、その職務に係る被告事件の審判における判決（少年法第五十五条の決定を含む。以下この項において同じ。）に関与した構成裁判官であった者又は他の裁判員若しくは補充裁判員の職にあった者以外の者に対し、当該判決において示された事実の認定又は刑の量定の当否

を述べたときも、第一項と同様とする。

⑦　区分事件審判に係る職務を行う裁判員又は補充裁判員の職にあった者で第八十四条の規定によりその任務が終了したものが、併合事件裁判がされるまでの間に、当該区分事件審判における部分判決に関与した構成裁判官であった者又は他の裁判員若しくは補充裁判員の職にあった者以外の者に対し、併合事件審判において認定すべきであると考える事実（当該区分事件以外の被告事件に係るものを除く。）若しくは量定すべきであると考える刑を述べたとき、又は併合事件審判において裁判所により認定されると考える事実（当該区分事件以外の被告事件に係るものを除く。）若しくは量定されると考える刑を述べたときも、第一項と同様とする。

（裁判員の氏名等漏示罪）

第一〇九条　検察官若しくは弁護人若しくはこれらの職にあった者又は被告人若しくは被告人であった者が、正当な理由がなく、被告事件の裁判員候補者の氏名、裁判員候補者が第三十条（第三十八条第二項（第四十六条第二項において準用する場合を含む。）、第四十七条第二項及び第九十二条第二項において準用する場合を含む。次条において同じ。）に規定する質問票に記載した内容又は裁判員等選任手続における裁判員候補者の陳述の内容を漏らしたときは、一年以下の懲役又は五十万円以下の罰金に処する。

＊令和四法六八（令和七・六・一六までに施行）**による改正**
第一〇九条中「懲役」を「拘禁刑」に改める。（本文未織込み）

（裁判員候補者による虚偽記載罪等）

第一一〇条　裁判員候補者が、第三十条に規定する質問票に虚偽の記載をして裁判所に提出し、又は裁判員等選任手続における質問に対して虚偽の陳述をしたときは、五十万円以下の罰金に処する。

（裁判員候補者の虚偽記載等に対する過料）

第一一一条　裁判員候補者が、第三十条第三項又は第三十四条第三項（これらの規定を第三十八条第二項（第四十六条第二項において準用する場合を含む。）、第四十七条第二項及び第九十二条第二項において準用する場合を含む。）の規定に違反して、質問票に虚偽の記載をし、又は裁判員等選任手続における質問に対して正当な理由なく陳述を拒み、若しくは虚偽の陳述をしたときは、裁判所は、決定で、三十万円以下の過料に処する。

（裁判員候補者の不出頭等に対する過料）

第一一二条　次の各号のいずれかに当たる場合には、裁判所は、決定で、十万円以下の過料に処する。

一　呼出しを受けた裁判員候補者が、第二十九条第一項（第三十八条第二項（第四十六条第二項において準用する場合を含む。）、第四十七条第二項及び第九十二条第二項において準用する場合を含む。）の規定に違反して、正当な理由がなく出頭しないとき。

二　呼出しを受けた選任予定裁判員が、第九十七条第五項の規定により読み替えて適用する第二十九条第一項の規定に違反して、正当な理由がなく出頭しないとき。

三　裁判員又は補充裁判員が、正当な理由がなく第三十九条第二項の宣誓を拒んだとき。

四　裁判員又は補充裁判員が、第五十二条の規定に違反して、正当な理由がなく、公判期日又は公判準備において裁判所がする証人その他の者の尋問若しくは検証の日時及び場所に出頭しないとき。

五　裁判員が、第六十三条第一項（第七十八条第五項において準用する場合を含む。）の規定に違反して、正当な理由がなく、公判期日に出頭しないとき。

（即時抗告）

第一一三条　前二条の決定に対しては、即時抗告をすることができる。

附　則（抄）

（施行期日）

第一条　この法律は、公布の日から起算して五年を超えない範囲内において政令で定める日（平成二一・五・二一。ただし、第一二条第二項の規定は、平成二〇・七・一五―平成二〇政一四一）から施行する。ただし、次の各号に掲げる規定は、当該各号に定める日から施行する。

一　（略）

二　第二十条から第二十三条まで、第二十五条、第百条、第百一条、第百四条、第百五条（中略）の規定　公布の日から起算して四年六月を超えない範囲内において政令で定める日（平成二〇・七・一五―平成二〇政一四一）

三　第十七条第九号の規定（審査補助員に係る部分に限る。）　刑事訴訟法等の一部を改正する法律（平成十六年法律第六十二号）附則第一条第二号に定める日又はこの法律の施行の日のいずれか遅い日（平成二一・五・二一）

四　第七十七条第三項から第五項までの規定　犯罪被害者等の権利利益の保護を図るための刑事訴訟法等の一部を改正する法律（平成十九年法律第九十五号）の施行の日又はこの法律の施行の日のいずれか遅い日（平成二一・五・二一）

刑法等の一部を改正する法律の施行に伴う関係法律整理法

中経過規定　（令和四・六・一七法六八）（抄）

第四四一条から第四四三条まで　（刑法の同経過規定参照）

（裁判員の参加する刑事裁判に関する法律の一部改正に伴う経過措置）

第四九四条①　刑法等一部改正法等（刑法等の一部を改正する法律（令和四法六七）及び刑法等の一部を改正する法律の施行に伴う関係法律の整理等に関する法律（令和四法六八））の施行前にした行為に係る第五十七条の規定による改正後の裁判員の参加する刑事裁判に関する法律（次項において「新裁判員法」という。）第二条第一項（第一号に係る部分に限る。）の規定の適用については、無期の懲役又は禁錮に当たる罪に係る事件は、それぞれ無期拘禁刑に当たる罪に係る事件とみなす。

②　刑法等一部改正法等の施行前にした行為に係る新裁判員法第十五条第二項（第一号に係る部分に限る。）の規定の適用については、懲役又は禁錮に当たる罪につき起訴された者は、それぞれ拘禁刑に当たる罪につき起訴された者とみなす。

第五〇九条　（刑法の同経過規定参照）

刑法等の一部を改正する法律の施行に伴う関係法律整理法

附　則（令和四・六・一七法六八）（抄）

（施行期日）

①　この法律は、刑法等一部改正法（刑法等の一部を改正する法律（令和四法六七））施行日から施行する。ただし、次の各号に掲げる規定は、当該各号に定める日から施行する。

一　第五百九条の規定　公布の日

二　（略）

＊弁護士法（抜粋）

（昭和二四・六・一〇 法 二〇五）

（弁護士の使命）

第一条① 弁護士は、基本的人権を擁護し、社会正義を実現することを使命とする。

② 弁護士は、前項の使命に基き、誠実にその職務を行い、社会秩序の維持及び法律制度の改善に努力しなければならない。

（弁護士の職務）

第三条① 弁護士は、当事者その他関係人の依頼又は官公署の委嘱によつて、訴訟事件、非訟事件及び審査請求、再調査の請求、再審査請求等行政庁に対する不服申立事件に関する行為その他一般の法律事務を行うことを職務とする。

② 弁護士は、当然、弁理士及び税理士の事務を行うことができる。

（弁護士の資格）

第四条 司法修習生の修習を終えた者は、弁護士となる資格を有する。

（法務大臣の認定を受けた者についての弁護士の資格の特例）

第五条 法務大臣が、次の各号のいずれかに該当し、その後に弁護士業務について法務省令で定める法人が実施する研修であつて法務大臣が指定するものの課程を修了したと認定した者は、前条の規定にかかわらず、弁護士となる資格を有する。

一 司法修習生となる資格を得た後に簡易裁判所判事、検察官、裁判所調査官、裁判所事務官、法務事務官、司法研修所、裁判所職員総合研修所若しくは法務省設置法（平成十一年法律第九十三号）第四条第一項第三十五号若しくは第三十七号の事務をつかさどる機関で政令で定めるものの教官、衆議院若しくは参議院の議員若しくは法制局参事、内閣法制局参事官又は学校教育法（昭和二十二年法律第二十六号）による大学で法律学を研究する大学院の置かれているものの法律学を研究する学部、専攻科若しくは大学院における法律学の教授若しくは准教授の職に在つた期間が通算して五年以上になること。

二 司法修習生となる資格を得た後に自らの法律に関する専門的知識に基づいて次に掲げる事務のいずれかを処理する職務に従事した期間が通算して七年以上になること。

イ 企業その他の事業者（国及び地方公共団体を除く。）の役員、代理人又は使用人その他の従業者として行う当該事業者の事業に係る事務であつて、次に掲げるもの（第七十二条の規定に違反しないで行われるものに限る。）

(1) 契約書案その他の事業活動において当該事業者の権利義務についての法的な検討の結果に基づいて作成することを要する書面の作成

(2) 裁判手続等（裁判手続及び法務省令で定めるこれに類する手続をいう。以下同じ。）のための事実関係の確認又は証拠の収集

(3) 裁判手続等において提出する訴状、申立書、答弁書、準備書面その他の当該事業者の主張を記載した書面の案の作成

(4) 裁判手続等の期日における主張若しくは意見の陳述又は尋問

(5) 民事上の紛争の解決のための和解の交渉又はそのために必要な事実関係の確認若しくは証拠の収集

ロ 公務員として行う国又は地方公共団体の事務であつて、次に掲げるもの

(1) 法令（条例を含む。）の立案、条約その他の国際約束の締結に関する事務又は条例の制定若しくは改廃に関する議案の審査若しくは審議

(2) イ(2)から(5)までに掲げる事務

(3) 法務省令で定める審判その他の裁判に類する手続における審理又は審決、決定その他の判断に係る事務であつて法務省令で定める者が行うもの

三 検察庁法（昭和二十二年法律第六十一号）第十八条第三項に規定する考試を経た後に検察官（副検事を除く。）の職に在つた期間が通算して五年以上になること。

四 前三号に掲げるもののほか、次のイ又はロに掲げる期間（これらの期間のうち、第一号に規定する職に在つた期間及び第二号に規定する職務に従事した期間については司法修習生となる資格を得た後のものに限り、前号に規定する職に在つた期間については検察庁法第十八条第三項に規定する考試を経た後のものに限る。）が、当該イ又はロに定める年数以上になること。

イ 第一号及び前号に規定する職に在つた期間を通算した期間 五年

ロ 第二号に規定する職務に従事した期間に第一号及び前号に規定する職に在つた期間を通算した期間 七年

（秘密保持の権利及び義務）

第二三条 弁護士又は弁護士であつた者は、その職務上知り得た秘密を保持する権利を有し、義務を負う。但し、法律に別段の定めがある場合は、この限りでない。

（報告の請求）

第二三条の二① 弁護士は、受任している事件について、所属弁護士会に対し、公務所又は公私の団体に照会して必要な事項の報告を求めることを申し出ることができる。申出があつた場合において、当該弁護士会は、その申出が適当でないと認めるときは、これを拒絶することができる。

② 弁護士会は、前項の規定による申出に基き、公務所又は公私の団体に照会して必要な事項の報告を求めることができる。

（職務を行い得ない事件）

第二五条 弁護士は、次に掲げる事件については、その職務を行つてはならない。ただし、第三号及び第九号に掲げる事件については、受任している事件の依頼者が同意した場合は、この限りでない。

一 相手方の協議を受けて賛助し、又はその依頼を承諾した事件

二 相手方の協議を受けた事件で、その協議の程度及び方法が信頼関係に基づくと認められるもの

三 受任している事件の相手方からの依頼による他の事件

四 公務員として職務上取り扱つた事件

五 仲裁手続により仲裁人として取り扱つた事件

六 弁護士法人（第三十条の二第一項に規定する弁護士法人をいう。以下この条において同じ。）若しくは弁護士・外国法事務弁護士共同法人（外国弁護士による法律事務の取扱い等に関する法律（昭和六十一年法律第六十六号）第二条第六号に規定する弁護士・外国法事務弁護士共同法人をいう。以下同じ。）の社員若しくは使用人である弁護士又は外国法事務弁護士法人（同条第五号に規定する外国法事務弁護士法人をいう。以下この条において同じ。）の使用人である弁護士としてその業務に従事していた期間内に、当該弁護士法人、当該弁護士・外国法事務弁護士共同法人又は当該外国法事務弁護士法人が相手方の協議を受けて賛助し、又はその依頼を承諾した事件であつて、自らこれに関与したもの

七 弁護士法人若しくは弁護士・外国法事務弁護士共同法人の社員若しくは使用人である弁護士又は外国法事務弁護士法人の使用人である弁護士としてその業務に従事していた期間内に、当該弁護士法人、当該弁護士・外国法事務弁護士共同法人又は当該外国法事務弁護士法人が相手方の協議を受けた事件で、その協議の程度及び方法が信頼関係に基づくと認められるものであつて、自らこれに関与したもの

八 弁護士法人若しくは弁護士・外国法事務弁護士共同法人の社員若しくは使用人又は外国法事務弁護士法人の使用人である場合に、当該弁護士法人、当該弁護士・外国法事務弁護士共同法人又は当該外国法事務弁護士法人が相手方から受任している事件

九 弁護士法人若しくは弁護士・外国法事務弁護士共同法人の

社員若しくは使用人又は外国法事務弁護士法人の使用人である場合に、当該弁護士法人、当該弁護士・外国法事務弁護士共同法人又は当該外国法事務弁護士法人が受任している事件（当該弁護士が自ら関与しているものに限る。）の相手方からの依頼による他の事件

（懲戒事由及び懲戒権者）

第五六条① 弁護士及び弁護士法人は、この法律（弁護士・外国法事務弁護士共同法人の社員又は使用人である弁護士及び外国法事務弁護士法人の使用人である弁護士にあつては、この法律又は外国弁護士による法律事務の取扱い等に関する法律）又は所属弁護士会若しくは日本弁護士連合会の会則に違反し、所属弁護士会の秩序又は信用を害し、その他職務の内外を問わずその品位を失うべき非行があつたときは、懲戒を受ける。

② 懲戒は、その弁護士又は弁護士法人の所属弁護士会が、これを行う。

③ 弁護士会がその地域内に従たる法律事務所のみを有する弁護士法人に対して行う懲戒の事由は、その地域内にある従たる法律事務所に係るものに限る。

（非弁護士の法律事務の取扱い等の禁止）

第七二条 弁護士又は弁護士法人でない者は、報酬を得る目的で訴訟事件、非訟事件及び審査請求、再調査の請求、再審査請求等行政庁に対する不服申立事件その他一般の法律事件に関して鑑定、代理、仲裁若しくは和解その他の法律事務を取り扱い、又はこれらの周旋をすることを業とすることができない。ただし、この法律又は他の法律に別段の定めがある場合は、この限りでない。

（譲り受けた権利の実行を業とすることの禁止）

第七三条 何人も、他人の権利を譲り受けて、訴訟、調停、和解その他の手段によつて、その権利の実行をすることを業とすることができない。

◉行政法総論

目次

◇【I　行政上の法律関係】

一　法律関係の性質

1　公法と私法

[1]　行政処分、裁判などの国の行為は個別的・具体的であり、公権力を行使して法規範を定立する限りにおいて憲法九八条一項にいう国務に関する行為に該当するが、国を当事者とする本件売買契約は、私人と対等の立場で行った私法上の行為であって、法規範の定立を伴わないから、国務に関する行為には該当しない。（最判平元・6・20民集四三・六・三八五〈百里基地訴訟〉憲百選II[七版]一六六）↓憲九八条[1]

[2]　公営住宅の使用関係には、公の営造物の利用関係として公法的な一面があることは否定し得ないが、入居者が使用許可を受けて事業主体と入居者との間に公営住宅の利用関係が設定された後は、両者の法律関係は基本的には私人間の家屋賃貸借関係と異なるところはない。（最判昭59・12・13民集三八・一二・一四一一〈都営住宅明渡し事件〉行政百選I[七版]九）↓[53]

[3]　現業公務員は、一般職の国家公務員として、国の行政機関に勤務するものであり、しかも、その勤務関係の根幹をなす任用、分限、懲戒、服務等については、国家公務員法及びそれに基づく人事院規則の詳細な規定がほぼ全面的に適用されており、その勤務関係は、基本的には、公法的規律に服する公法上の関係である。（最判昭49・7・19民集二八・五・八九七、行政百選I[七版]八）↓行訴八条[1]

2　法令の効力・遡及適用↓憲七条[1][2]・二九条[8]・三九条[2]・八四条[5]

[4]　暦年途中の租税法規の変更及びその暦年当初からの適用が、納税者の地位に対する合理的な制約であり憲法八四条に違反しないとされた理由として、変更されるのが納税者の納税義務それ自体ではなく、土地建物等の譲渡で生じた損失により暦年終了時に損益通算をして租税負担の軽減を図ることを納税者が期待し得る地位にとどまること、暦年当初から適用しなければ駆け込み売却が多数行われ、資産デフレからの脱却という立法目的を阻害するおそれがあったことなどが考慮された事例（最判平23・9・22民集六五・六・二七五六、租税百選[七版]三）

3　登記・相隣関係等民法の適用関係

[5]　政府の自作農創設特別措置法に基づく農地買収処分は、国家が権力的手段をもって農地の強制買上げを行うものであって、対等の関係にある私人相互の経済取引を本旨とする民法上の売買とは、その本質を異にするから、私経済上の取引の

安全を保障するために設けられた民法一七七条の規定は、自作農創設特別措置法による農地買収処分には、その適用を見ないものと解すべきである。（最大判昭28・2・18民集七・二・一五七、行政百選I[六版]九）↓民一七七条[16]

[6] 自作農創設特別措置法に基づく農地買収処分には民法一七七条は適用されないが、いかなる原因によるものであれ、不動産物権の変動があった場合において、これと抵触する物権の変動が生じるおそれがある場合には、原則として民法一七七条が適用されると解するのが相当であり、自創法三〇条に基づく未墾地買収処分による所有権取得について、国は登記なくして第三者に対抗することはできない。（最判昭41・12・23民集二〇・一〇・二一八六）↓民一七七条[18]

[7] 滞納者の財産を差し押さえた国の地位はあたかも民訴法上の強制執行における差押債権者の地位に類するものであり、租税債権がたまたま公法上のものであることは、この関係において国が一般の債権者より不利益の取扱いを受ける理由となるものではないから、滞納処分による差押えの関係においても民法一七七条の適用がある。（最判昭31・4・24民集一〇・四・四一七、不動産百選[二版]二四）↓民一七七条[19]

[8] 登記を具備していない所有者において当該土地が税務署長から自己の所有として取り扱われるべきことを強く期待することがもっともと思われる事情があった場合には、国は登記の欠缺〔けんけつ〕を主張するについて正当の利益を有する第三者には当たらず、差押え並びにその登記を含む一連の公売処分は滞納者の所有に属しない目的物件を対象としたものとして無効となる。（最判昭35・3・31民集一四・四・六六三、行政百選I[七版]一一……[7]の破棄差戻し後再度の上告に対する判旨）

[9] 固定資産税の負担者は、当該固定資産の所有者であることを原則とするが、地方税法は、課税上の技術的考慮から、土地については土地登記簿又は土地補充課税台帳に、家屋については建物登記簿又は家屋補充課税台帳に、一定の時点に、所有者として登記又は登録されている者を所有者として、その者に課税する方式を採用している。したがって、真実の所有者でない者が課税され納付した場合には、真の所有者は、所有者として登記又は登録されている者に対する関係においては不当利得を得たことになる。（最判昭47・1・25民集二六・一・一、租税百選[七版]九五）

[10] 当初適法に供用開始行為がなされ道路として使用が開始された場合には、その後に至って、道路管理者が対抗要件を欠くため道路敷地の使用権原をもって後に敷地の所有権を取得した第三者に対抗し得ないことになっても、敷地所有権に加えられた道路法所定の制限は消滅しない。（最判昭44・12・4民集二三・一二・二四〇七、行政百選I[七版]六三）

[11] 建築基準法六五条〔現六三条〕は、防火地域又は準防火地域内にある外壁が耐火構造の建築物について、その外壁を隣地境界線に接して設けることができる旨規定しているが、これは、同条所定の建築物に限り、その建築については民法二三四条一項の規定の適用が排除される旨を定めたものと解するのが相当である。（最判平元・9・19民集四三・八・九五五、行政百選I[七版]一〇）↓民二三四条[1]

[12] 建築基準法四二条二項に基づく道路指定土地内に同法四四条一項に違反する建築物であるブロック塀が設置されても、隣接する土地の地上建物の所有者は、日常生活に支障が生じたといえないことが明らかである場合には、当該ブロック塀の収去を求める私法上の請求権を有しない。（最判平5・11・26判時一五〇二・八九、重判平5民三）

[13] 建築基準法四二条一項五号に基づいて道路位置の指定がされ、現実に開設されている私道を通行することについて、日常生活上不可欠の利益を有する者は、敷地の所有者が右通行を受忍することによって通行者の通行利益を上回る著しい損害を被るなど特段の事由のない限り、敷地所有者に対して通行妨害行為の排除及び将来の妨害行為の禁止を求める権利（人格権的権利）を有する。（最判平9・12・18民集五一・一〇・四二四一）↓民◆【物権的請求権】〔一七五条の前〕[6]

[14] 前出[13]と同旨。このことは、建築基準法四二条二項の規定による指定を受け現実に開設されている道路の場合であっても、何ら異なるものではない。（最判平12・1・27判時一七〇三・一三一）↓民◆【物権的請求権】〔一七五条の前〕[7]

[15] 地方公共団体が、道路を一般交通の用に供するために管理しており、その管理の内容・態様によれば、社会通念上、道路が当該地方公共団体の事実上支配に属する客観的関係にあると認められる場合には、当該地方公共団体は、道路法上の道路管理権の有無にかかわらず、道路敷地について占有権を有する。（最判平18・2・21民集六〇・二・五〇八、自治百選[四版]五六）

4 取締法規・強行法規と公序良俗

[16] 食品衛生法は取締法規にすぎないから、同法の許可を得ていない者の取引であっても、売買契約の私法上の効力には消長を及ぼさない。（最判昭35・3・18民集一四・四・四八三、行政百選I[七版]一三）↓民九〇条[36]

[17] 臨時物資需給調整法に基づく加工水産物配給規則は、無資格者による取引の効力を認めない趣意であって、この意味における強行法規である。（最判昭30・9・30民集九・一〇・一四九八、行政百選I[六版]一三）

[18] 独禁法一九条に違反した契約の効力については、その契約が公序良俗に反するとされるような場合は格別として、同条が強行法規であるからとの理由で直ちに無効であると解すべきではない。（最判昭52・6・20民集三一・四・四四九、行政百選I[七版]一四）↓民九〇条[39]、独禁◆【違反行為の私法上の効力】〔二六条の後〕[1]

[19] 認定司法書士が委任者を代理して裁判外の和解契約を締結することが、非弁護士の法律事務の取扱い等を禁じる弁護士法七二条に違反する場合であっても、当該契約は、内容及び締結に至る経緯等に照らし公序良俗違反の性質を帯びるような特段の事情がない限り無効にはならない。（最判平29・7・24民集七一・六・九六九、重判平29民二）

[20] 無免許者が宅地建物取引業を営むために宅建業者から名義を借り、当該名義による取引の利益を両者で分配する旨の合意は、無免許者が宅地建物取引業を営むことを禁じた宅地建物取引業法一二条一項、宅建業者が自己名義で他人に宅地建物取引業を営ませることを禁止した同法一三条一項の趣旨に反するものとして公序良俗に反し、無効である。（最判令3・6・29民集七五・七・三三四〇）↓民九〇条[42]

[21] 保険契約の内容を公正妥当ならしめ保険契約者を保護するという点においては、行政的監督は補充的なものにすぎないから、主務大臣の認可を受けないでもそれだけで直ちに約款が無効とされるべきものではなく、保険業者が普通保険約款を一方的に変更し、変更につき主務大臣の認可を受けないでその約款に基づいて保険契約を締結したとしても、その変更が保険業者の恣意的な目的に出たものでなく、変更された条項が強行法規や公序良俗に違反しあるいは特に不合理なものでない限り、契約は有効である。（最判昭45・12・24民集二四・一三・二一八七、行政百選I[六版]一五）

[22] 宅地に転用するための農地の売買契約につき、買主が農地法五条による許可申請手続に協力しない場合であっても、同人が右売買代金の支払を既に完了しているときは、特段の事情のない限り、売主は買主が右協力をしないことを理由に売買契約を解除することはできない。（最判昭51・12・20民集三〇・一一・一〇六四、行政百選I[四版]一二）

◇[16]〜[18]↓自治二条[3][4]

二 法律による行政の原理↓自治二二八条[1]

[23] 漁港の区域内の水域の利用を著しく阻害し漁港法〔平成一三法九二による題名改正後の漁港漁場整備法〕上存置が許されないことが明白な鉄杭を漁港管理者たる町の町長が強行的に撤去することは、同法及び行政代執行法上適法と認めること

のできないものであっても、緊急の事態に対処するためにとられたやむを得ない措置であると解される場合があり、その場合には、民法七二〇条の法意に照らしても、撤去に直接要した費用を町の経費として支出したことが違法であるとはいえない。（最判平3・3・8民集四五・三・一六四、行政百選Ⅰ[七版]一〇二）

[24] 憲法八四条は、国民に対して義務を課し又は権利を制限するには法律の根拠を要するという法原則を租税について厳格化した形で明文化したものというべきである。したがって、国、地方公共団体等が賦課徴収する租税以外の公課であっても、その性質に応じて、法律又は法律の範囲内で制定された条例によって適正な規律がされるべきものである。（最大判平18・3・1民集六〇・二・五八七〈旭川市国民健康保険条例違憲訴訟〉行政百選Ⅰ[七版]二三）→◘【Ⅱ】[20]、自治一四条[7]、憲一四条[72]・八四条[6]

[25] 農業共済組合は、農業災害補償法に基づき、国の農業災害対策の一つである農業災害補償制度の運営を担当する組織として設立が認められたものであり、農作物共済に関しては農業共済組合への当然加入制が採られ、共済掛金及び賦課金が強制徴収され、賦課徴収の強制の度合いにおいては租税に類似する性質を有するものであるから、これに憲法八四条の趣旨が及ぶと解すべきであるが、その賦課について法律によりどのような規律がされるべきかは、賦課徴収の強制の度合いのほか、農作物共済に係る農業災害補償制度の目的、特質等をも総合考慮して判断する必要がある。（最判平18・3・28判タ一二〇八・七六）

[26] 貸金業法の各役員定義規定は監査役の列記の有無につき差異を設けているから、監査役を列記しない類型の定義規定にいう「これらに準ずる者」に監査役を含めて解することは、その定義に含まれる者の範囲に関する解釈が、事業を営むのに必要な登録の取消し等の不利益処分の要件に関するものであることに鑑みて困難である。（最判平26・7・18民集六八・六・五七五）

[27] 被爆者援護法一八条一項は、一般疾病医療費の支給対象者として被爆者と規定するにとどまり、被爆者が日本国内に居住地若しくは現在地を有すること又は日本国内で医療を受けたことを支給要件としていないことなどから、在外被爆者が日本国外で医療を受けた場合にも適用される。（最判平27・9・8民集六九・六・一六〇七、重判平27行政一〇）

[28] 小学校における大腸菌O－一五七による集団食中毒の発生において、国が疫学調査の結果、原因食材に関して公表したことにつき、当該公表は関係者に対し、行政上の制裁等、法律上の不利益を課すことを予定したものでなく、明示の法的根拠を必要としないが、目的、方法、生じた結果の諸点から是認できるものであることを要するとして、調査報告の曖昧な内容をそのまま公表した方法が相当性を欠き、国家賠償法上違法とされた事例（東京高判平15・5・21判時一八三五・七七、消費百選[初版]七四）→国賠一条[100]

三 行政上の権利

1 権利の融通性・相続対象性

[29] いわゆる恩給担保において、恩給金受領の委任と受領する恩給金による債務の弁済充当についての合意はもとより有効であるが、その委任契約の解除権の放棄の特約をすることは、恩給権を担保に供することを禁止した恩給法一一条に対する脱法行為として無効である。（最判昭30・10・27民集九・一一・一七二〇、行政百選Ⅰ[六版]一七）

[30] 普通地方公共団体の議会の議員の報酬請求権は、公法上の権利ではあるが、当該普通地方公共団体の条例に譲渡禁止の規定がない限り譲渡することができる。（最判昭53・2・23民集三二・一・一一、自治百選[四版]A21）→自治二〇三条[1]

[31] 生活保護法の規定に基づき要保護者又は被保護者が国から生活保護を受けるのは、単なる国の恩恵ないし社会政策の実施に伴う反射的利益ではなく、法的権利であって、保護受給権とも称すべきものと解されるが、この権利は、被保護者自身の最低限度の生活を維持するために当該個人に与えられた一身専属の権利であって、他にこれを譲渡することもできず、相続の対象ともならない。（最大判昭42・5・24民集二一・五・一〇四三〈朝日訴訟〉行政百選Ⅰ[七版]一六）→憲二五条[3]、行訴九条[40]、民八九六条[14]

[32] 住宅に困窮する低額所得者に対して低廉な家賃で住宅を提供することを目的とし、入居資格を限定している公営住宅法の趣旨に鑑みれば、公営住宅の入居者が死亡した場合には、その相続人が当該公営住宅を使用する権利を当然に承継すると解する余地はない。（最判平2・10・18民集四四・七・一〇二一、重判平2民七）→民八九六条[15]

[33] 住宅地区改良法に基づき建設された改良住宅の入居者が死亡した場合に、死亡時同居者に限り市長の承認を受けて引き続き当該住宅に居住できると定める市営住宅条例の規定は、住宅地区改良事業の施行に伴い住宅を失った者等の居住の安定を図るために使用権の承継者を限定する趣旨であり、同事業に伴い住宅を失った者の全てについて無条件に改良住宅への入居を認めていない同法の趣旨に照らして不合理とはいえない。（最判平29・12・21民集七一・一〇・二六五九、重判平30行政一……同居人の相続による使用権承継を否定した原審の判断は是認できるとされた事例）

[34] 年金給付の受給権者が死亡した場合に、一定の遺族が自己の名で未支給の年金の支給を請求することができるものとする国民年金法一九条一項は、相続とは別の立場から支給を認めたものであり、死亡した受給権者が有していた右年金給付に係る請求権が同条の規定を離れて別途相続の対象となるものではない。（最判平7・11・7民集四九・九・二八二九、行政百選Ⅰ[七版]六六）→行訴四条[5]

[35] 被爆者援護法には実質的に国家補償的配慮が制度の根底にあることや、同法に基づく健康管理手当に係る受給権は所定の各要件の充足により得られる具体的給付を求める権利として規定されていることから、同手当の受給権は申請者の一身専属の権利ではなく、相続の対象となる。（最判平29・12・18民集七一・一〇・二三六四、重判平30行政一〇）→民訴一二四条[3]

2 公物の使用

[36] 道路の通行の自由権は公法関係から由来するものであるが、各自が日常生活上諸般の権利を行使するについて欠くことのできないものであるから、これに対しては民法上の保護を与えるべきであり、この権利が妨害されたときは不法行為の問題となり、妨害が継続するときは、排除を求めることができる。（最判昭39・1・16民集一八・一・一、行政百選Ⅰ[七版]一七）→民七二二条[4]

[37] 公共福祉用財産である皇居外苑をいかなる態様及び程度において国民に利用させるかは国有財産の管理権の内容であるが、その利用の許否はその利用が公共福祉用財産の、公共の用に供せられる目的にそうものである限り、管理権者の単なる自由裁量に属するものではない。（最大判昭28・12・23民集七・一三・一五六一〈皇居外苑使用不許可事件〉行政百選Ⅰ[七版]六五）→憲二一条[74]

[38] 公水使用権は、それが慣習によるものであると行政庁の許可によるものであるとを問わず、公共用物たる公水の上に存する権利であることに鑑み、河川の全水量を独占排他的に利用し得る絶対不可侵の権利ではなく、使用目的を充たすに必要な限度の流水を使用し得るにすぎないものである。（最判昭37・4・10民集一六・四・六九九、行政百選Ⅰ[七版]一八）

[39] 〈[38]を前提にして〉公水使用権は、使用目的に必要な限度を超えて他人による流水の使用を排斥する権限を含むものではないので、土地改良区が河川法二三条の許可により、かんがい目的で取水した水が、自らが維持管理している水路に流れている場合、その水について必要な限度で排他的使用権を有するが、直ちに第三者に対し当該水路への排水を禁止するこ

とはできないとされた事例（最判令元・7・18判時二四三三・五七）

40 都市公園法二条の二は、都市公園では構成土地物件に対する私権制限等が予定されていることから、公園の設置要件として公園の区域等を公告し、公園としての供用開始を明らかにし、当該区域で同法の適用範囲を画する趣旨であるが、市の公園条例による公告は、公園の利用開始を明らかにするにすぎず、区域の公告が予定されていないので、条例による公告をもって同法二条の二の公告がされたとはいえない。（最判令元・7・18判時二四三二＝二四三三・七三……公園内の土地明渡し等請求に係る事例）→◘【II】45

41 郵政省庁舎管理規程に基づく広告物等の掲示の許可は、専ら庁舎等における広告物の掲示等の方法によってする情報、意見等の伝達、表明等の一般的禁止を特定の場合に解除するという意味及び効果を有する処分であるが、許可を受けた者に対し、右行為のために当該場所を使用する何らかの公法上又は私法上の権利を設定、付与する意味ないし効果を有するものではなく、国有財産法一八条三項［現六項］にいう行政財産の目的外使用の許可にも当たらない。（最判昭57・10・7民集三六・一〇・二〇九一、行政百選I［四版］七二）

四 特別の法律関係→憲三章15～24

42 自律的な法規範を持つ社会ないし団体にあっては、当該規範の実現を内部規律の問題として自治的措置に任せ、必ずしも、裁判に待つを適当としないものがあり、地方議会の議員に対する出席停止の懲罰はこれに該当する。（最大判昭35・10・19民集一四・一二・二六三三、行政百選II［七版］一四四）→自治一三四条3

43 行政の中立性が確保され、これに対する国民の信頼が維持されることは、国民全体の重要な利益にほかならず、したがって、公務員の政治的中立性を損なうおそれのある公務員の政治的活動を禁止することは、それが合理的で必要やむを得ない限度にとどまる限り、憲法二一条に違反しない。（最大判昭49・11・6刑集二八・九・三九三〈猿払事件〉憲百選I［七版］一二）→憲二一条50

44 禁錮以上の刑に処せられたため失職した地方公務員に対して、一般の退職手当を支給しない旨を定める条例の規定は、地方公務員を私企業労働者に比べて不当に差別したものとはいえない。（最判平12・12・19判時一七三七・一四一、重判平12憲三）

45 国は公務員に対し、国が公務遂行のために設置すべき場所、施設若しくは器具等の設置管理又は公務員が国若しくは上司の指示の下に遂行する公務の管理に当たって、公務員の生命及び健康等を危険から保護するよう配慮すべき義務を負う。（最判昭50・2・25民集二九・二・一四三、行政百選I［七版］二六）→50 66、国賠一条25～31

46 大学は国公私立を問わず、その設置目的を達成するために必要な事項を学則等により一方的に制定し、それによって在学する学生を規律する包括的権能を有し、特に私立大学においては、建学の精神に基づく独自の伝統ないし校風と教育方針を実践するためにかなり広範な規律を及ぼすことができる。（最判昭49・7・19民集二八・五・七九〇〈昭和女子大事件〉憲百選I［七版］一〇）→憲三章21

47 大学は自律的、包括的な権能を有し、一般市民社会とは異なる特殊な部分社会を形成しているのであるから、このような特殊な部分社会である大学における法律上の係争の全てが当然に裁判所の司法審査の対象になるものではなく、一般市民法秩序と直接の関係を有しない内部的な問題は右司法審査の対象から除かれる。（最判昭52・3・15民集三一・二・二三四〈富山大学単位不認定事件〉行政百選II［七版］一四五）→憲七六条7、行訴一条4

48 行政主体である国立大学法人の設置する大学に在学する学生とその国立大学法人との在学を巡る法律関係は、学校法人立の大学におけるそれと同じく在学契約関係である。（東京高判平19・3・29判タ一二七三・三一〇、重判平19憲一）→憲七六条9、民九〇条24～26

49 国立大学の全学生を正会員とし、学長を会長として、課外活動を推進する目的で設立された権利能力なき社団について、大学及びその教育活動と密接な関連を有する大学内部の団体であり、大学により設立が承認されたのであるから、当該団体の運営が承認の趣旨に反するものとなり、改善が困難であるなど相当の理由がある場合には、大学はその解散を決定することができるとされた事例（最判平16・4・20民集五八・四・八四一、重判平16労働二）

50 未決勾留の拘禁関係は、勾留の裁判に基づき被勾留者の意思にかかわらず形成され法令等の規定により規律されるもので、当事者の一方又は双方が相手方に対して信義則上の安全配慮義務を負うべき特別な社会的接触の関係ではないから、国は、拘置所に収容された被勾留者に対して損害賠償責任を生じさせる信義則上の安全配慮義務を負わない（国が当該被勾留者に対して国家賠償法一条一項に基づく責任を負う場合はあり得る）。（最判平28・4・21民集七〇・四・一〇二九、重判平28行政七）→憲三章15 16、民四一五条6

五 法の一般原則

1 信義則・信頼保護

51 租税法規に適合する課税処分について、法の一般原理である信義則の法理の適用により、右課税処分を違法なものとして取り消すことができる場合があるとしても、法律による行政の原理なかんずく租税法律主義の原則が貫かれるべき租税法律関係においては、右法理の適用については慎重でなければならず、租税法規の適用における納税者間の平等公平という要請を犠牲にしてもなお当該課税処分に係る課税を免れしめて納税者の信頼を保護しなければ正義に反するといえるような特別の事情が存する場合に、初めて右法理の適用を考えるべきものである。（最判昭62・10・30判時一二六二・九一、租税百選［七版］一七）

52 地方公共団体が一定内容の継続的な施策を定めるにとどまらず、特定の者に対して右施策に適合する特定内容の活動をすることを促す個別的、具体的な勧告ないし勧誘を伴い、その活動が相当長期にわたる当該施策の継続を前提として初めてこれに投入する資金又は労力に相応する効果を生じ得る性質のものである場合には、その者と当該地方公共団体との間に右施策の維持を内容とする契約が締結されたものとは認められない場合であっても、右のような密接な交渉を持つに至った当事者間の関係を律すべき信義衡平の原則に照らし、その施策の変更に当たってはかかる信頼に対して法的保護が与えられなければならない。（最判昭56・1・27民集三五・一・三五、行政百選I［七版］二五）→自治二五二条の六の二7、国賠一条41、民七〇九条89

53 公営住宅の使用関係については、公営住宅法及びこれに基づく条例が特別法として民法及び借家法に優先して適用されるが、法及び条例に特別の定めがない限り、原則として一般法である民法及び借家法の適用があり、その契約関係を規律するについては、信頼関係の法理の適用がある。（最判昭59・12・13前出2）→民◆【不動産賃貸借の解除】［六二〇条の後］4

54 実定法上の受給要件を欠いていても、申請人側に帰責事由がなく、また行政当局により永年にわたり受給権者としての取扱いがされてきた場合には、信頼関係が成立し、国民年金の支給拒否は違法となる。（東京高判昭58・10・20行裁三四・一〇・一七七七）

55 健康管理手当の受給権を取得した被爆者が国外に居住地を移した場合に同受給権を失う旨の通達及びこれに基づく行政実務は、被爆者援護法等の解釈を誤る違法なものであったにもかかわらず、当該通達に従い違法な事務処理をしていた普通地方公共団体ないしその機関自身が、受給権者によるその権利の不行使を理由として消滅時効の主張をすることは、当該被爆者について同通達に基づく失権の取扱いに対し出訴するなどして自己の権利を行使することが合理的に期待できる事情があったなどの特段の事情のない限り、信義則に反し許されないとされた事例（最判平19・2・6民集六一・一・一二二、行政百選I〔七版〕二七）→国賠一条[96]、民一条[5]

[56] 郵政事務官として採用された者が、禁錮以上の刑に処せられたという失職事由が発生した後も約二六年一一か月にわたり勤務を継続した場合に、国（旧日本郵政公社、郵便事業株式会社が逐次承継）において国家公務員法七六条及び三八条二号に基づき失職した旨を主張することは、その者が失職事由発生の事実を隠して事実上勤務を継続していたにすぎず、また、右規定が欠格事由を看過してされた任用を法律上当然に無効とする強行規定であることから、信義則に反し権利の濫用に当たるとはいえないとされた事例（最判平19・12・13判時一九九五・一五七、重判平20労働二）

[57] 赤色信号を看過した証拠であるパトカー車載カメラ映像の提示に係る被告人の求めに対し、映像が存在するにもかかわらず警察官らが無いと述べたとしても、それは交通反則告知書の受領拒否に対し公訴提起を予定する道交法一三〇条二号該当性を否定する事情にならないとして、その肯定が信義に反するとした原判決に法令の解釈適用の誤りがあるとされた事例（最判令元・6・3刑集七三・三・一、重判令元行政四）

[58] 町との間で、町の所有する干拓地に土砂を搬入する契約を締結した者が、搬入についての周辺住民らの同意が得られず、土砂の搬入ができなかったことについて、町に適切に搬入開始準備を行うことができるようにする信義則上の義務違反があったとされた事例（広島高判平16・11・19判時一八九一・六三）→国賠一条[121]

2　平等原則

[59] 市が要綱によって飼犬・飼猫の不妊手術を受けさせた市民に補助金を交付するに当たり、手術を行う獣医師を獣医師会の支部所属の者に限定したことは、行政効率の点で必ずしも必要性が高いものとはいえず、それらの者と競業関係にある支部に所属しない獣医師の営業上の利益に対する十分な配慮を欠いている点で適切であったとは言い難いうらみがあるが、国家賠償法上違法とまではいえないとされた事例（最判平7・11・7判時一五五三・八八）

[60] 米の供出の割当の方法・時期については行政庁の裁量に任されていたと解さざるを得ないが、その場合においても行政庁は、何らいわれがなく特定の個人を差別的に取り扱いこれに不利益を及ぼす自由を有するものではなく、この意味においては、行政庁の裁量権には一定の限界がある。（最判昭30・6・24民集九・七・九三〇、行政百選I〔四版〕八二）

[61] 地方公共団体の住民ではないが、その区域内に事務所、家屋敷などを有し、当該地方公共団体に地方税を納付する義務を負う者など、住民に準ずる地位にある者に対して、公の施設の利用について合理的な理由なく差別的取扱いをすることは、憲法一四条一項が保障する法の下の平等の原則を具体化した地方自治法二四四条三項に違反する。したがって、地方公共団体の水道事業において別荘にかかる給水契約者の基本料金を他の契約者と比較して大幅に改定した簡易水道事業給水条例の規定は無効である。（最判平18・7・14民集六〇・六・二三六九、行政百選II〔七版〕一五五）→行訴三条[36]

3　比例原則

[62] 転回禁止区域における転回は運転免許停止処分の事由に該当するにすぎないが、当該違反行為がさきの免許停止処分の期間満了の日から起算して一年以内になされたことや、過去に多数の違反歴があるという事情を考慮して行った公安委員会の免許取消処分は、法令の範囲内における適正な裁量権の行使の範囲にとどまる。（最判昭39・6・4民集一八・五・七四五、行政百選I〔初版〕八一）

[63] 学力調査の実施に反対する目的で、校長に対して職務命令の撤回を要求し、職員朝礼を延引させて学力調査開始時刻を遅らせるなどした教員の行為は、重大な服務上の義務違反行為であるが、混乱を招いた責任の一端は学校行政を行う側や当該教員に同調し協力した組合員にもあり、当該教員らにのみその責任を負わせるのは相当ではないから、懲戒免職処分は過酷に失し、社会通念上著しく妥当を欠き、裁量権の範囲を超えているとされた事例（最判昭59・12・18判自一一・四八、教育百選〔三版〕八七）

[64] 生活保護法二七条に基づく指示に対する違反を理由とした保護の廃止処分は、被保護者の最低限度の生活の保障を奪う重大な処分であるから、違反行為に至る経緯や違反行為の内容等を総合的に考慮し、違反の程度が重大である必要があり、それに至らない程度の違反行為については、保護の変更や停止などのより軽い処分を選択すべきである。（福岡地判平10・5・26判時一六七八・七二）

[65] 診療報酬の不正請求を理由とした保険医療機関指定の取消しは、利得額が小さく悪質性がさほど高いとはいえない不正行為に対する処分として必要にして十分であり、これに加えて、五年間の保険医登録取消処分をすることはあまりに酷であり、違法であるとされた事例（神戸地判平20・4・22【平16行ウ五九】）

◇[62]〜[65]→◘【II】[102][103][128]

4　時効

[66] 会計法三〇条が金銭債権につき五年の消滅時効期間を定めたのは、国の権利義務を早期に決済する必要があるなど主として行政上の便宜を考慮したことに基づくものであり、国の安全配慮義務違反に基づく損害賠償請求権には行政上の便宜を考慮する必要はないので同条は適用されず、その消滅時効期間は民法一六七条一項［平成二九法四四による改正前］により一〇年である。（最判昭50・2・25前出[45]）→自治二三六条[3]、民一六六条[24]

[67] 旧国税徴収法の下において、徴税機関が未納税額につき納付を催告し、その後六箇月以内に差押え等の手段をとったときには、民法一五三条［平成二九法四四による改正前］の準用により時効の中断が認められる。（最判昭43・6・27民集二二・六・一三七九、租税百選〔七版〕一〇）→民一五〇条[3]

[68] 被相続人に対する地方税の徴収金の納付又は納入の告知の効力は相続人に引き継がれているので、相続人に対する納付等を求める旨の通知は単なる催告としての効力を有するにとどまり、同通知は地方税法一八条の二第一項一号に基づく消滅時効の中断［完成猶予］の効力を有しない。（最判令2・6・26民集七四・四・七五九、重判令2行政三）

[69] 国税徴収法の定める第二次納税義務の納付告知は、確定した主たる納税義務の徴収手続上の一処分としての性格を有するものであり、主たる納税義務が発生し存続する限り、必要に応じていつでも課される可能性のある義務の発生を知らしめるものにすぎないから、国税の更正、決定等の期間制限についての国税通則法七〇条が類推適用されることはない。（最判平6・12・6民集四八・八・一四五一、重判平6行政二）

[70] 公共用財産が、長年の間事実上公の目的に供用されることなく放置され、公共用財産としての形態、機能を全く喪失し、その物の上に他人の平穏かつ公然の占有が継続したが、そのため実際上公の目的が害されるようなこともなく、もはやその物を公共用財産として維持すべき理由がなくなった場合には、黙示的に公用が廃止されたものとして、これについて取得時効の成立を妨げない。（最判昭51・12・24民集三〇・一一・一一〇四、行政百選I〔七版〕三二）→民一六二条[24]

[71] 公有水面埋立法［昭和四八法八四による改正前］二二条による埋立免許を受けて工事が完成したが、同法二二条による竣功［しゅんこう］認可がされていない埋立地について、前記[70]の事情が認められる場合には、公有水面に復元されることなく私法上所有権の客体となる土地として存続することが確定し、同時に黙示的に公用が廃止されたものとして取得時効の対象となる。（最判平17・12・16民集五九・一〇・二九三一、重判平17民二）→民八六条[2][3][11]・一六二条[25]

[72] 耕作するなどして農地を継続的に占有している者について、賃借権の時効取得を認めることは、農地法三条所定の許可による規制の趣旨に反するものではないので、時効による農地の賃借権の取得について同条の適用はなく、同条一項の許可がなくとも賃借権の時効取得が認められる。(最判平16・7・13判時一八七一・七六)

[73] 公立病院における診療は、私立病院のそれと本質的な差違はなく、診療に関する法律関係は本質上私法関係なので、診療債権の消滅時効は、地方自治法二三六条一項所定の五年ではなく、民法一七〇条一号［平成二九法四四による改正前］により三年である。(最判平17・11・21民集五九・九・二六一一)

[74] 厚生年金保険法四七条に基づく障害年金の支分権（支払期月ごとに支払うものとされる保険給付の支給を受ける権利）は、同法三六条所定の支払期の到来により発生し、受給権者は裁定の請求により障害年金の支給を受けられるので、上記支分権の消滅時効は、当該裁定を受ける前であっても支払期が到来した時から進行する。(最判平29・10・17民集七一・八・一五〇一、重判平30行政二)

5 双方代理

[75] 普通地方公共団体の長が地方公共団体を代表して行う契約締結行為についても、長が契約の相手方を代表又は代理することにより、当該地方公共団体の利益が害されるおそれがある場合があるので、民法一〇八条［平成二九法四四による改正前］が類推適用される。しかし、議会が長の行為を追認したときには、同法一一六条の類推適用により、本人たる地方公共団体に法律効果が帰属する。(最判平16・7・13民集五八・五・一三六八、行政百選I[七版]六)→民一〇八条[2]

6 相殺

[76] 地方公務員である公立学校の教員に対し、欠勤分について過払いがあったとして、後日給与から減額した措置は、過払い分の不当利得返還請求権を自働債権とし、給与請求権を受働債権とする相殺にほかならないが、相殺が許容されるのは労働基準法二四条一項本文の法意を害さない例外的な場合に限られる。(最判昭45・10・30民集二四・一一・一六九三、行政百選I[六版]三六)

7 不当利得

[77] 権利確定主義による租税の賦課徴収は、いわば未必所得に対する租税の前納的性格を有し、後に債権が回収不能になった場合には課税の前提が失われるのであるから、貸倒れの発生とその価額が格別の認定判断を待つまでもなく客観的に明白で、課税庁に認定判断を留保する合理的必要性が認められない場合には、既に徴収したものは、法律上の原因を欠く利得としてこれを納税者に返還すべきものである。(最判昭49・3・8民集二八・二・一八六、行政百選I[七版]三三……昭和三七法四四による改正前の旧所得税法（昭和二二法二七）についての事件)

[78] 登録免許税は、登記の時に納税義務が成立し、納税すべき額が確定する自動確定の国税であり、納税義務者は過大納付をなして登記を受けた場合には、当然に還付請求権を取得し、還付金請求訴訟を提起することができる。登録免許税法三一条二項の規定する過誤納金の還付に関する通知請求は、還付請求について専らこの手続によるという手続の排他性を規定するものではない。(最判平17・4・14民集五九・三・四九一、行政百選II[七版]一六一)→行訴三条[18]、民執四二条[2]

8 住所

[79] 法令において人の住所につき法律上の効果を規定している場合、反対の解釈をなすべき特段の事由のない限り、その住所とは各人の生活の本拠を指す。大学の学生であって、P村内にある寮にて起臥［きが］し、主食の配給も特別の場合を除いてはP村で受けており、住民登録法に基づく登録もP村においてなしているか、単に手続を懈怠しているにすぎないXらの生活の本拠は、いずれも本件名簿調製期日まで三箇月間は寮にあったものと解すべきである。(最大判昭29・10・20民集八・一〇・一九〇七、憲百選II[三版]一五二)→民二二条[5]

[80] 選挙権の要件としての住所は、その人の生活に最も関係の深い一般的生活、全生活の中心をもってその者の住所と解すべきである。(最判昭35・3・22民集一四・四・五五一、行政百選I[七版]三〇)→民二二条[3]

[81] 公職選挙法にいう住所とは生活の本拠を指し、一定の場所が、ある者の住所であるか否かは、客観的に生活の本拠たる実体を備えているか否かにより決すべきものであるから、次点者を繰上当選させるために住所を移転させる強固な意思をもって転出届をしただけでは、住所の移転があったものとはいえない。(最判平9・8・25判時一六一六・五二)

[82] 国民健康保険法五条の規定する、被保険者の要件としての市町村の区域内に「住所を有する者」とは、市町村の区域内に継続的に生活の本拠を有する者をいう。同条は、日本国籍を有しない者で在留資格を有しないものを被保険者から一律に除外する趣旨を定めたものではないが、同要件に該当するには、単に居住の事実だけでは足りず、少なくとも当該市町村を居住地とする外国人登録をして、在留特別許可を求めており、入国の経緯、在留期間等に照らし、当該市町村の区域内で安定した生活を継続的に営み、将来にわたってこれを維持し続ける蓋然性が高いと認められることが必要である。(最判平16・1・15民集五八・一・二二六、社会保障百選[五版]一六)→国賠一条[22]

[83] 都市公園内に不法に設置されたキャンプ用テントを起居の場所として日常生活を営んでいるという事実関係の下では、社会通念上、右テントの所在地は客観的に生活の本拠としての実体を具備しておらず、同所に住所を有するものとはいえないとして、住民基本台帳法に基づく転居届の不受理処分が適法とされた事例(最判平20・10・3判時二〇二六・一一、自治百選[四版]一〇)→民二二条[6]

9 期間

[84] 公職選挙法三四条六項五号の「少くとも七日前に」の意味は、選挙期日の前日を第一日として逆算して七日目に当たる日以前を指す。(最判昭34・6・26民集一三・六・八六二、行政百選I[六版]三五……昭和五八法六六による公職選挙法改正前の事案)

六 行政組織上の関係

1 行政機関相互の関係

[85] 消防法七条に基づく消防長の同意は、知事に対する行政機関相互間の行為であって、これにより対国民との直接の関係においてその権利義務を形成し又はその範囲を確定する行為とは認められない。(最判昭34・1・29民集一三・一・三二、行政百選I[七版]二〇)→行訴三条[23]

[86] 地方公営企業の管理者は、訓令等の事務処理上の明確な定めにより、その権限に属する一定の範囲の財務会計上の行為をあらかじめ特定の補助職員に専決させることとしている場合であっても、地方公営企業法上、右財務会計上の行為を行う権限を法令上本来的に有するものとされている以上、地方自治法二四二条の二第一項四号にいう「当該職員」に該当する。［平成一四法四による改正前の事案］(最判平3・12・20民集四五・九・一四五五、行政百選I[七版]二二①)

[87] 全国新幹線鉄道整備法九条に基づく認可は、いわば上級行政機関としての運輸大臣が下級行政機関としての日本鉄道建設公団に対し、その作成した本件工事実施計画の整備計画との整合性等を審査してなす監督手段としての承認の性質を有するもので、行政機関相互の行為と同視すべきものであり、行政行為として外部に対する効力を有するものではない。(最判昭53・12・8民集三二・九・一六一七、行政百選I[七版]二)→行訴三条[24]

[88] 自治大臣は、その権限に属する特定範囲の事項について、補助機関に代理権を授与することができるのであり、自治省組織令二三条によれば、「規正法に基づく自治大臣の権限の行使に関すること」は自治省選挙部政治資金課の所掌事務と

されており、一方、自治省文書決裁規程二条は、法令の質疑、解釈に対する回答の決裁権者・文書施行名義者を課長と定めているのであるから、自治省選挙部政治資金課長は、右訓令の定めによって、自治大臣から、規正法の執行に関し都道府県の選挙管理委員会を指揮監督する上で必要となる規正法の質疑、解釈についての回答の決裁・発出に関する代理権を授与されているものということができる。（最判平7・2・24民集四九・二・五一七、自治百選[三版]一七）

2　国と地方公共団体、地方公共団体相互の関係

[89]　国の委任を受けてその事務を処理する関係にある地方公共団体の長に対する指揮監督につき、いわゆる上命下服の関係にある国の本来の行政機構の内部における指揮監督の方法と同様の方法を採用することは、その本来の地位の自主独立性を害し、ひいては、地方自治の本旨にもとる結果となるおそれがあるため、地方自治法一四六条は自主独立性の尊重と国の指揮監督権の実効性の確保との間の調和を図るものとしていわゆる職務執行命令等訴訟の制度を採用している。（最判昭35・6・17民集一四・八・一四二〇〈砂川事件職務執行命令訴訟〉行政百選I[四版]四六……平成三法二四による地方自治法改正前の事案）→行訴四二条[8]、自治二四五条の八[1]

[90]　地方教育行政の組織及び運営に関する法律五四条二項は、文部大臣に地方教育委員会に対して本件学力調査のような調査を行うことを要求する権限を認めたものではないが、要求に応じて地方教育委員会が行った調査は、そのために当然に手続上違法となるものではない。（最大判昭51・5・21刑集三〇・五・六一五、行政百選I[七版]二一）→◘【II】[17]、憲二六条[4]

[91]　都道府県教育委員会が県費負担教職員に対しその非違行為を理由に懲戒処分をする場合、手続要件として地方教育行政の組織及び運営に関する法律三八条に定められた市町村教育委員会の内申が必要であり、内申なしに行うことは許されないのが原則であるが、市町村教育委員会が服務監督者としてとるべき措置を怠り、人事管理上著しく適正を欠くと認められる場合には、例外的に内申がなくても行うことができる。（最判昭61・3・13民集四〇・二・二五八、自治百選[四版]一二五）

[92]　都道府県警察職員は国家公安委員会によって任免される警視総監・道府県警察本部長の指揮監督の下に置かれ、警視以下の警察職員（地方警察職員）は警視総監・道府県警察本部長によって任免されるが、これらの任免権・指揮監督権は、都道府県職員としての警視総監・道府県警察本部長が都道府県警察の長として行使するものであって、それによって地方県警察職員の行為が国の公権力の行使となるものではない。（最判昭54・7・10民集三三・五・四八一、行政百選II[七版]二三二）→国賠一条[10]

[93]　国民健康保険事業の事業主体としての保険者である市町村ないし国民健康保険組合は、専ら、法の命ずるところにより、国の事務である国民健康保険事業の実施という行政作用を担当する行政主体としての地位に立ち、また国及び国の機関としての都道府県知事に保険者の業務に関する強い監督権を認めているから、知事の付属機関として設置されている国民健康保険審査会自体は保険者に対する一般的な指揮監督権を有しないものの、保険者のした保険給付等に関する処分の審査に関する限り、審査会と保険者は、一般的な上級行政庁とその指揮監督に服する下級行政庁の場合と同様の関係に立ち、右処分の適否については、審査会の裁決に優越的効力が認められ、保険者はこれによって拘束されることが制度上予定されているとみるべきであり、保険者は審査会のした裁決につき取消訴訟を提起することはできない。（最判昭49・5・30民集二八・四・五九四、行政百選I[七版]一）→行訴四二条[6]

3　特殊法人等の地位→◘【I】[48][49]、民訴二二〇条[15][24]

[94]　国民金融公庫［現在は株式会社日本政策金融公庫に統合］は政府がその全額を出資する公法人であり、大蔵大臣の認可、監督、計画、指示の下に、一般の金融機関から資金の融通を受けることを困難とする国民大衆に対して、必要な事業資金等の供給を目的とするものであって、政府の行政目的の一端を担うものであるから、国に対して経済的な利益を主張するにも一般の私人とは立場を異にする面があることは否定できないが、政府から独立した法人として、自立的に経済活動を営むものである以上、前記のような公法人であるというだけで、自らの経済的利益を前提とする信義則違反、権利濫用の主張をすることが許されなくなるものではない。（最判平6・2・8民集四八・二・一二三、行政百選I[四版]四九）

[95]　〈宅地建物取引業法六四条の二に基づいて国土交通大臣が指定する社団法人で、理論上の指定法人に当たる〉宅地建物取引業保証協会がその内部規約において弁済業務保証金による弁済の対象となる損害賠償債権又は違約金債権の内容及び範囲に制限を加えて、宅地建物取引業法六四条の八第二項所定の認証を拒否することは許されない。（最判平10・6・11判時一六四九・一一〇、商法百選六七）

4　国立大学法人の地位→◘【I】[48][49]

5　強制加入制→[25]、憲三章[5]〜[7]・二二条[11]、自治二六〇条の二[3][4]

6　職務命令の瑕疵［かし］

[96]　地方公共団体の職員は、上司の職務上の命令に忠実に従わなければならず（地方公務員法三二条）、職務命令に重大かつ明白な瑕疵がない限り、これに従う義務を負うので、職務命令たる旅行命令に従って旅行をした場合には、旅行命令に重大かつ明白な瑕疵がない限り、旅費の支給を受けることができ、それが不当利得になるものではない。（最判平15・1・17民集五七・一・一、自治百選[四版]七〇）→憲一九条[6][7]、自治一〇〇条[5]・二四九条[7]・二四三条の二の二[3]

[97]　公立中学校の教諭に対して当該学校の式典における慣例上の儀礼的な所作として国歌斉唱の際の起立斉唱行為を求める職務命令は、教諭の思想及び良心の自由についての間接的な制約となる面はあるが、職務命令の目的及び内容並びに制約の態様等を総合較量すれば、右の制約を許容し得る程度の必要性及び合理性が認められる。（最判平23・6・14民集六五・四・二一四八）→憲一九条[8]、◘【II】[102][103]、行訴三条[25]

7　業務上の注意義務（刑法）

[98]　薬事法六九条の二［現・医薬品、医療機器等の品質、有効性及び安全性の確保等に関する法律六九条の三］の緊急命令など各種の強制的な監督権限行使の前提となるべき重大な危険の存在が認められる場合、非加熱製剤の製造、使用や安全確保に係る薬務行政の担当者には、刑事法上、薬品による危害発生の防止の業務に従事する者としての注意義務が生じ、防止措置の中には、法律上の強制的な監督措置だけではなく、任意の措置を促す行政指導も含まれる。（最決平20・3・3刑集六二・四・五六七、刑百選I[八版]五六）→刑三八条[32]

[99]　市が国から占用許可を得て海浜公園として管理していた砂浜上にある国所有の海岸保全施設（かぎ形突堤）を国が維持管理している場合、国が砂浜についても安全管理の基本的責任を負うべきであるから、国の担当者には、自ら又は市に要請して安全措置を講じ、当該施設の瑕疵に起因する陥没等による砂浜利用者等の死傷事故発生を未然に防止すべき業務上の注意義務がある。（最決平26・7・22刑集六八・六・七七五、重判平26刑二）

◘【II　行政の行為類型】

一　行政立法

1　委任立法

イ　委任の方法→[16]

[1]　命令で罰則を規定するためには、基本たる法律に具体的に委任する旨の規定が存在することを必要とする。（最大判昭27・12・24刑集六・一一・一三四六、憲百選II[七版]二〇三）→憲

七三条[2]

[2] 酒税法五四条は、その帳簿の記載等の義務の主体及びその義務の内容たる製造、貯蔵又は販売に関する事実を帳簿に記載すべきこと等を規定し、ただ、その義務の内容の一部たる記載事項の詳細を命令の定めるところに一任しているにすぎないのであって、立法権がかような権限を行政機関に賦与するがごときは憲法上差し支えないことは、憲法七三条六号本文及びただし書の規定に徴し明白である。（最大判昭33・7・9刑集一二・一一・二四〇七、行政百選Ⅰ[六版]五〇……昭和二三法一〇七による改正前の事件）→憲七三条[3]

[3] 国家公務員共済組合法（平成二四法六三による改正前のもの）附則一二条の一二第四項及び厚生年金法等の一部を改正する法律（平成八法八二）附則三〇条一項は、同一の組合員期間に対する退職一時金と退職共済年金等との重複支給を避けるため、支給済みの退職一時金に付加して返還すべき利子の利率について、予定運用収入に係る利率との均衡を考慮して定める利率とする趣旨で政令に委任したものと理解できるから、当該利率の定めを包括的に白地で委任したとはいえず、憲法四一条及び七三条六号に違反しない。（最判平27・12・14民集六九・八・二三四八、行政百選Ⅰ[七版]四六）→憲七三条[8]

[4] 高速道路株式会社に対し料金の徴収施設等での車両の通行方法を定めることを委任する道路整備特別措置法二四条三項は、憲法三一条・四一条・七六条六号に抵触する旨、当該委任に基づく定めに違反した被告人が主張した事案で、同項につき、同会社は国土交通省令で定めるところにより通行方法を定めることができるものとされ、かつ、定めるに当たっては国土交通大臣の認可を受けることとされているから、実質的には同会社に定めを委任しておらず、上記省令に委任したものであって、その委任はいわゆる白紙委任とはいえないとされた事例（最決平22・9・27判時二一二六・一四三）

ロ 委任の範囲

[5] 農地法施行令一六条は、買収農地のうち農地法八〇条一項［現四七条］の認定の対象となるべき土地を買収後新たに生じた公用等の目的に供する緊急の必要があり、かつ、その用に供されることが確実なものに制限しているが、これは明らかに法が売払いの対象として予定しているものを除外しているので無効である。（最大判昭46・1・20民集二五・一・一、行政百選Ⅰ[七版]四七……昭和四六政一三による農地法施行令一六条改正前の事件）→憲七三条[4]、行訴三条[7]

[6] 銃砲刀剣類所持等取締法が美術品として価値のある刀剣類の登録のための鑑定の基準を文部省令で定めるものとしているのは、その判断が専門技術的な検討を必要とするためであり、いかなる鑑定の基準を定めるかについては、法の委任の趣旨を逸脱しない範囲内において、所管行政庁に専門技術的な観点からの一定の裁量権が認められる。（最判平2・2・1民集四四・二・三六九、行政百選Ⅰ[五版]四七……角田等二裁判官の反対意見がある）

[7] 監獄法四五条は、被勾留者には一般市民としての自由が保障されることから、外部の者との接見は原則としてこれを許し、これを許すと支障を来す場合があることを考慮して接見に合理的な制限を加えることができるとしているにすぎないと解され、この理は被勾留者との接見を求める者が幼年者であっても異なることはないから、原則として被勾留者と幼年者との接見を許さないこととする一方で、例外として限られた場合に監獄の長の裁量によりこれを許すとしている監獄法施行規則［平成三法務二二による改正前のもの］一二〇条及び一二四条は、それ自体、法律によらないで、被勾留者の接見の自由を著しく制限するものであって、監獄法五〇条の委任の範囲を超え無効である。〔平成一八法五八による刑事施設ニ於ケル刑事被告人ノ収容等ニ関スル法律（旧監獄法）廃止前の事案〕（最判平3・7・9民集四五・六・一〇四九、行政百選Ⅰ[七版]四八）→憲七三条[5]、国賠一条[21]

[8] 児童扶養手当法四条一項五号［平成二二法四〇による改正前のもの］の「その他前各号に準ずる状態にある児童で政令で定めるもの」との委任により、児童扶養手当の支給対象につき定める同法施行令一条の二第三号括弧書［平成一〇政二二四による改正前のもの］が、婚姻外懐胎児童のうち「父から認知された児童」を支給対象から除外したことは、法の趣旨、目的に照らし支給対象児童との均衡を欠くので、法の委任の趣旨に反し無効である。（最判平14・1・31民集五六・一・二四六、憲百選Ⅱ[七版]二〇六）→憲七三条[6]

[9] 子の名には常用平易な文字を用いなければならない旨を戸籍法五〇条一項が定め、常用平易な文字の範囲については、同条二項の委任を受けた戸籍法施行規則六〇条が限定列挙しているが、社会通念上、常用平易であることが明らかな文字を定めなかった場合、同条は、法による委任の趣旨を逸脱するものとして無効である。この場合、戸籍事務管掌者は、当該文字を用いた出生届を受理しないことは許されず、家庭裁判所は、常用平易な文字かどうかについての審査・決定権限を有する。（最決平15・12・25民集五七・一一・二五六二、重判平15行政八）

[10] 貸金業の規制等に関する法律施行規則［現・貸金業法施行規則］一五条二項の規定のうち、貸金業者が弁済を受けた債権に係る貸付けの契約を契約番号その他により明示することをもって、貸金業の規制等に関する法律［現・貸金業法］一八条一項一号から三号までに掲げる事項の記載に代えることができる旨定めた部分は、他の事項の記載により法定事項の記載に代えることを定めており、同項六号の委任の範囲を逸脱した違法な規定として無効である。（最判平18・1・13民集六〇・一・一、民百選Ⅱ[八版]五六）

[11] 地方自治法八五条一項は、公職選挙法中の選挙関係規定を地方自治法八〇条三項による解職の投票に準用する定めであって、解職の請求について政令で規定することを許容するものではないから、農業委員会委員は在職中、議員の解職請求代表者となれない旨の地方自治法施行令の規定は、地方自治法八五条一項に基づく政令の定めとして許される範囲を超えており、その資格制限が請求手続にまで及ぼされる限りで無効である。（最大判平21・11・18民集六三・九・二〇三三、行政百選Ⅰ[七版]四九）→自治八五条[2]

[12] 新薬事法［平成一八法六九による改正後のもの］三六条の五等の文理及び立法過程の議論からは、第一類及び第二類医薬品の郵便等販売を一律に禁ずる内容の省令の制定を委任する趣旨は規制の範囲や程度等に応じたものとして明確には読み取れないので、新薬事法施行規則［平成二一厚労一〇による改正後のもの］のうち、店舗販売業者に対する前記医薬品の店舗での対面による販売及び情報提供の義務付け、郵便等販売の禁止を定める各規定は、新薬事法の趣旨に適合せず、同法の委任の範囲を逸脱した違法なものとして無効である。（最判平25・1・11民集六七・一・一、行政百選Ⅰ[七版]五〇）→憲二二条[13]・七三条[7]、行訴四条[15]

[13] いわゆるふるさと納税（個人住民税に係る特例控除の対象となる寄附金）の制度を利用できる地方団体を総務大臣の指定に係らしめた地方税法三七条の二及び三一四条の七の改正規定に基づく告示（平成三一年総務省告示一七九号）の二条三号は、改正規定の施行前における募集実績自体を指定拒否事由とする基準を含むが、改正規定の趣旨等や立法過程の議論を斟酌［しんしゃく］しても、このような基準を委任する授権の趣旨が明確に読み取れないので、当該部分は委任の範囲を逸脱したものとして無効である。（最判令2・6・30民集七四・四・八〇〇〈泉佐野市ふるさと納税事件〉重判令2行政四）→自治二四五条[3]

[14] 法律が租税に関し政令以下の法令に委任することが許されるのは、徴収手続の細目を委任するとか、あるいは、個別的・具体的な場合を限定して委任するなど、租税法律主義の本質を損なわないものに限られる。（東京高判平7・11・28行

裁四六・一〇＝一一・一〇四六、租税百選[七版]四）→憲八四条[4]

[15] 高等学校等就学支援金支給法二条一項五号［平成二五法九〇による改正前］は、教育の機会均等の確保の見地から支給対象とすべき各種学校の範囲の確定を文部科学省令に委任しているにもかかわらず、外交的、政治的判断に基づいて、外国人学校の「高等学校の課程に類する課程を置く」学校を支給対象とする旨の省令の規定を削除したことは、同号による委任の趣旨を逸脱するものとして違法無効である。（大阪地判平29・7・28賃社一六九三・二六、重判平29憲九）→行訴三七条の三[12]

2 委任立法の種類

[16] 人事院規則による政治的行為の制限の規定は、国家公務員法による委任の範囲内であり、憲法三一条に違反しない。（最判昭33・5・1刑集一二・七・一二七二、憲百選II[七版]二〇五）→憲七三条[9][11]

[17] 国の教育行政機関が法律の授権に基づいて義務教育に属する普通教育の内容及び方法について遵守すべき基準を設定する場合には、教育に関する機会均等の確保と全国的な一定の水準の維持という目的のために必要かつ合理性の認められる大綱的なそれにとどめられるべきである。（最大判昭51・5・21刑集三〇・五・六一五、行政百選I[初版]四七）→◘【I】[90]、憲二六条[4]

[18] 高等学校学習指導要領は法規としての性質を有する。（最判平2・1・18判時一三三七・三①〈伝習館高校事件〉教育百選[三版]二九……なお、民集四四・一・一、行政百選I[七版]五二を参照）

[19] 北海道海面漁業調整規則三六条の漁業禁止の規定及びその罰則である同法五五条は日本国民が我が国領海及び公海と隣接して一体をなす外国の領海においてした行為にも適用される。（最判昭46・4・22刑集二五・三・四五一、行政百選I[七版]五三）→刑三条[7]

[20] 恒常的な生活困窮者について、国民健康保険料の減免の対象としていない旭川市国民健康保険条例一九条は、国民健康保険法が、そうした者については生活保護法による医療扶助等の保護を予定し、被保険者としていないこと等から、保険者が条例により、特別の理由がある者に対し、保険料を減免することができる旨定める国民健康保険法七七条の委任の範囲を超えるものではない。（最大判平18・3・1民集六〇・二・五八七〈旭川市国民健康保険条例違憲訴訟〉行政百選I[七版]二三）→◘【I】[24]、自治一四条[7]、憲八四条[6]

3 行政規則

イ 通達

[21] パチンコ球遊器について、長年の非課税扱いを改めても、これを改める通達の内容が法の正しい内容に合致するものである以上、課税処分は違法とはならない。（最判昭33・3・28民集一二・四・六二四、行政百選I[七版]五四）→憲八四条[2]

[22] 通達は、原則として、法規の性質を持つものではなく、上級行政機関が関係下級行政機関及び職員に対してその職務権限の行使を指揮し、職務に関して命令するために発するものであり、このような通達は右機関及び職員に対する行政組織内部における命令にすぎないから、これらのものがその通達に拘束されることはあっても、一般の国民は直接これに拘束されるものではなく、このことは、通達の内容が、法令の解釈や取扱いに関するもので、国民の権利義務に重大な関わりを持つようなものである場合においても別段異なるところはない。（最判昭43・12・24民集二二・一三・三一四七、行政百選I[七版]五五）→行訴三条[22]、商一九条[3]

[23] ストックオプションの権利行使益の所得区分について、課税庁が従来の取扱いを変更するには、法令改正によることが望ましく、それによらないとしても、通達を発するなどして変更後の取扱いを納税者に周知させ、定着するよう必要な措置を講ずべきである。（最判平18・10・24民集六〇・八・三一二八、重判平19行政三②）

[24] 一般に、通達は、国民に対して直接の法的拘束力を有するものではないにしても、法の統一的な解釈、運用について直接の権限と責任を有する上級行政機関たる国の担当者が、重大な結果を伴う通達を発出し、これに従った取扱いを継続するに当たっては、その内容が法の内容と整合する適法なものか否かについて、慎重に検討すべき職務上の注意義務が存する。（最判平19・11・1民集六一・八・二七三三〈韓国人元徴用工在外被爆者事件〉行政百選II[七版]二二〇）→国賠一条[96]・◆【損失補償】［附則の後］[27]

[25] 水俣病認定のための運用指針は、多くの申請を迅速かつ適切に判断するための基準としてその限度での合理性を有するが、個々の具体的な症候と原因物質との間の個別的な因果関係の有無等に係る個別具体的な判断により水俣病と認定する余地を排除するものではない。（最判平25・4・16民集六七・四・一一一五、行政百選I[七版]七八）→行訴三七条の三[7]

[26] 通達に基づく行政措置として一定の範囲の外国人に対して生活保護が事実上実施されてきたとしても、立法措置を経ることなく生活保護法が一定の範囲の外国人に適用され又は準用される余地はなく、外国人は事実上の保護の対象となり得るにとどまり、同法に基づく受給権を有しない。（最判平26・7・18判自三八六・七八、社会保障百選[五版]七九）

ロ 指導要綱

[27] 指導要綱は、法令の根拠に基づくものではなく、市において、事業主に対する行政指導を行うための内部基準である。（最判平5・2・18民集四七・二・五七四、行政百選I[七版]九八）→行手三二条[3]

二 行政行為

1 行政行為の概念・法的効果

[28] 「行政庁の処分」とは、行政庁の法令に基づく行為の全てを意味するのではなく、公権力の主体たる国又は公共団体が行う行為のうちで、その行為により直接国民の権利義務を形成し又はその範囲を確定することが法律上認められているものをいう。（最判昭39・10・29民集一八・八・一八〇九〈東京都ごみ焼却場事件〉行政百選II[七版]一四八）

[29] 道路法四七条の規定に基づく車両制限令一二条所定の道路管理者の認定は、車両の通行の禁止又は制限を解除する性格を有する許可とは法的性格を異にし、基本的には裁量の余地のない確認的行為の性格を有するものであるが、認定に当たって、具体的事案に応じ道路行政上比較衡量的判断を含む合理的な行政裁量を行使することが全く許容されないと解するのは相当でない。（最判昭57・4・23民集三六・四・七二七、行政百選I[七版]一二三）

[30] 毒物及び劇物取締法は、輸入業者等の営業に対する規制を、専ら設備の面から登録を制限することをもって足りるものとし、毒物及び劇物がどのような用途の製品に使われるかについては、特定毒物の場合の他は直接規制の対象とせず、他の個々の法律の規制に委ねていると解されるから、製品の使用により人体に対する危害が生じるおそれがあることを理由に登録を拒否することは許されない。（最判昭56・2・26民集三五・一・一一七〈ストロングライフ事件〉行政百選I[七版]六〇）

[31] 関税定率法二一条三項［現・関税法六九条の一一第三項に相当］に基づく税関長の通知は、観念の通知ではあるが、それにより適法に輸入できなくなるという法律上の効果を及ぼすものであるから、行政庁の処分に当たる。（最判昭54・12・25民集三三・七・七五三〈税関ポルノ検閲事件〉行政百選II[五版]一六五）→行訴三条[10]

[32] 関税定率法二一条三項［現・関税法六九条の一一第三項に相当］に基づく税関長の通知は、輸入申告に対する行政庁側の最終的な拒否の態度を表明するものであり、実質的な拒否処分として機能しているから、抗告訴訟の対象となる行政庁の処分に当たる。（最大判昭59・12・12民集三八・一二・一三〇八〈札幌税関検査訴訟〉行政百選II[七版]一五九）→憲二一条[88]、行

訴三条17

33　食品衛生法一六条〔現二七条〕に基づき食品等の輸入の届出をした者に対して検疫所長が行う当該食品等が同法六条〔現一二条〕に違反する旨の通知は、それにより当該食品等について輸入の許可を受けられなくなるという法的効力を有するから、取消訴訟の対象となる。（最判平16・4・26民集五八・四・九八九、重判平16行政四）↓行訴三条17

34　源泉徴収による所得税の税額は、いわば自動的に確定するのであって、納税の告知により確定されるものではなく、納税の告知は、滞納処分の不可欠の前提となる徴収処分であるが、支払者は、納税の告知に対する抗告訴訟において、その前提問題たる納税義務の存否又は範囲を争うことができる。（最判昭45・12・24民集二四・一三・二二四三、行政百選Ⅰ七版六二）

35　地代家賃統制令に基づく家賃台帳はいわゆる公証行為であるが、その行為により新たに国民の権利義務を形成し、あるいはその範囲を確認する性質を有するものではないから、行政庁の処分には当たらない。（最判昭39・1・24民集一八・一・一一三、行政百選Ⅰ四版六八）

36　勧告審決にあっては、違反行為の存否は勧告審決の適否につき何ら影響を及ぼすものではなく、違反行為の不存在は勧告審決を取り消すべき原因とならない反面、勧告審決は違反行為の存在を確定するものではない。（最判昭53・4・4民集三二・三・五一五、行政百選Ⅰ四版七三……平成一七法三五による独禁法改正前の事案）

2　行政行為の成立・様式

37　一般に、一定の法律効果の発生を目的とする行政庁の行為につき、法律がその要件、手続及び形式を具体的に定めている場合には、同様の効果を生ぜしめるために法律の定める手続、形式以外のそれによることは原則として認めない趣旨である。（最判昭59・11・29民集三八・一一・一一九五、行政百選Ⅰ六版一二二）

38　出入国管理及び難民認定法四九条三項所定の法務大臣の裁決につき、同法施行規則四三条〔平成一三法務七六による改正前のもの〕が裁決書によって行うと規定した趣旨は、その判断の慎重、適正を期するとともに、後続する手続を行う機関に対し退去強制令書の発付の事前手続を終了したことを明らかにするため、行政庁の内部において文書を作成すべきこととしたものにすぎず、書面の作成を裁決の成立要件とするものではない。（最判平18・10・5判時一九五二・六九、重判平18行政八）↓行手◇【Ⅰ　手続違反の効果】〔附則の後〕9

39　給油取扱所の変更の枠を確保するためにあたかも許可処分があったかのような状況を作出するために許可書の写しが交付されても、周辺住民の同意書の提出を待って許可書の原本を交付することとされていた場合には、いまだ許可処分の外部的意思表示がされたものとはいえない。（最判昭57・7・15民集三六・六・一一四六〈高砂市ガソリンスタンド事件〉行政百選Ⅰ七版五七）

40　行政行為は表示によって成立するものであり、また表示行為が当該行政機関の内部的意思決定と相違していても、表示行為が正当な権限を有する者によりなされたものである限り、表示されたとおりの行政行為があったものとされる。（最判昭29・9・28民集八・九・一七七九、行政百選Ⅰ四版六一）

41　特定の公務員の任免のような行政庁の処分は、特別の規定のない限り、意思表示の一般的法理に従い、その意思表示が相手方に到達した時にその効力を生じる。（最判昭29・8・24刑集八・八・一三七二、行政百選Ⅰ四版六三）

42　出奔〔しゅっぽん〕して所在不明になった地方公務員に対する懲戒免職処分の効力は、人事発令通知書及び処分理由説明書を右職員の最後の住所においてその妻に交付し、かつ県の公報に掲載することによって発生する。（最判平11・7・15判時一六九二・一四〇、行政百選Ⅰ七版五八）

43　行政処分は原則としてそれが相手方に告知された時にその効力が発生するが、法律が特別の定めをしている場合にはその定めによる。そして特別の定めとは明文の規定に限らず、当該法律全体の趣旨からそのように解される場合を含み、税理士法は、税理士に対する懲戒処分の効力の発生時期をその処分の確定した時としていると解される。（最判昭50・6・27民集二九・六・八六七、行政百選Ⅰ六版六二）

44　商標法七七条五項により準用される特許法一九一条の規定に基づく公示送達は、送達を受けるべきものの住所、居所その他送達をすべき場所が知れない時にこれをすることができるとされているが、商標権者が商標登録を受けた後、その本店所在地を変更し、これにつき特許庁に対する届出をしていないが、商業登記手続を終了している場合には、公示送達の要件が具備しているとはいえない。（最判昭56・3・27民集三五・二・四一七）

45　農地委員会が議決した農地買収計画は、自作農創設特別措置法六条五項の規定による公告手続を経ない限り外部に対して効力を生じない。（最判昭33・11・4民集一二・一五・三二六八、行政百選Ⅰ四版六二）

46　自作農創設特別措置法に基づく農地買収において、買収計画書・買収令書にその根拠法条を三条とのみ表示し、一項又は五項の各号のいずれによるものであるかを記載しなくても、買収計画又は買収処分が当然無効になるものではない。（最判昭37・4・17民集一六・四・八四三、行政百選Ⅱ四版一三一）

47　自作農創設特別措置法三条の規定による農地の買収においては、その買収令書においてその目的たる農地を特定することを要する。（最判昭26・3・8民集五・四・一五一、行政百選Ⅰ五版八二）

3　行政行為の効力

イ　公定力

48　行政処分はたとえ違法であっても、その違法が重大かつ明白で当該処分を当然無効ならしめるものと認めるべき場合を除いては、適法に取り消されない限り完全にその効力を有する。本件農地賃借権設定の裁定を取り消す旨の訴願裁決は違法ではあるが当然無効と解することもできない。（最判昭30・12・26民集九・一四・二〇七〇、行政百選Ⅰ七版六七）

49　免許停止処分の理由となった交通事故につきその後の刑事裁判で傷害の事実の証明がないとして無罪になった場合でも、右処分は無効となるものでなく、右処分歴に基づき反則者に当たらないとしてなされた速度違反事件の公訴の提起は、適法である。（最決昭63・10・28刑集四二・八・一二三九）

50　被告会社の個室付浴場営業の規制を主たる動機、目的とする児童遊園設置の認可申請をいれた本件認可処分は、行政権の濫用に相当する違法性があり、被告会社に対し営業を規制し得る効力を有しない。（最判昭53・6・16刑集三二・四・六〇五、行政百選Ⅰ七版六八）

51　土地収用法三六条五項に基づき知事が行う署名等代行事務は、駐留軍用地特別措置法五条に基づく使用認定から土地収用法四七条の二に基づく使用裁決に至る一連の手続を構成する事務の一つであり、使用裁決の申請は有効な使用認定の存在を前提として行われるべき手続であるから、使用認定にこれを当然に無効とするような瑕疵〔かし〕がある場合は、署名等代行事務に関する職務執行命令は違法となるが、そうでない場合は、使用認定が別途取り消されるまでは、何人も、使用認定の有効を前提としてこれに引き続く一連の手続を構成する事務を遂行すべきものである。〔平成一一法八七による地方自治法改正前の事案〕（最大判平8・8・28民集五〇・七・一九五二〈沖縄県知事「代理署名」職務執行命令訴訟〉自治百選四版一二二）↓自治二四五条の八3

52　特許法における特許の無効審決が確定する以前であっても、特許権侵害訴訟を審理する裁判所は、特許に無効理由が存在することが明らかであるか否か判断することができ、審理の結果、当該特許に無効理由が存在することが明らかであるときは、当該特許権に基づく差止め又は損害賠償の請求は、特段の事情がない限り、権利の濫用に当たり許されない。(最判平12・4・11民集五四・四・一三六八、特許百選[五版]一七)

53 特許出願をした特許を受ける権利の共有者の一人から、同人の承継人として特許権の設定登録を受けた無権利者に対する、当該共有者による特許権持分の移転登録手続請求が、特許の成立及び有効性についての特許庁の第一次的判断権の尊重を理由に棄却することは相当でないとして、認容された事例(最判平13・6・12民集五五・四・七九三、特許百選[四版]二三)

54 介護保険法上の指定居宅サービス事業者が不正の手段によって指定を受けたとしても、知事による指定の取消しはされておらず、指定を無効とするほどの瑕疵もない場合には、事業者が介護報酬の支払を受けたことに法律上の原因がないとは言えないため、市から受領した居宅介護サービス費等につき同法二二条三項[平成一七法七七による改正前]に基づく返還義務を負わない。(最判平23・7・14判時二一二九・三一、社会保障百選[五版]一一二)

ロ 不可変更力・実質的確定力・一事不再理

55 農地の買収計画についての異議の申立て却下に対する訴願を認容した裁決は、行政処分であることはいうまでもないが、実質的にみればその本質は法律上の争訟を裁判するものである。かかる性質を有する裁決は、他の一般行政処分とは異なり、特別の規定がない限り、裁決庁自らにおいて取り消すことはできない。(最判昭29・1・21民集八・一・一〇二、行政百選I[七版]六九)

56 異議の決定、訴願の裁決等は、一定の争訟手続に従い、なかんずく当事者を手続に関与せしめて、紛争の終局的解決を図ることを目的とするものであるから、それが確定すると、当事者がこれを争うことができなくなるのはもとより、行政庁も、特別の規定のない限り、それを取り消し又は変更し得ない拘束を受けるに至る。(最判昭42・9・26民集二一・七・一八八七、行政百選I[七版]七〇)

57 農地買収計画を地主と小作人の協定を相当と認めて取り消した後、地主の協定違反を理由に再び買収計画を立てたからといって、一事不再理の原則に反して違法とすべきではない。(最判昭28・3・3民集七・三・二一八、行政百選I[二版]六五)

58 行政処分を行った後、処分行政庁が先の行政処分を取り消し、これと異なった行政処分をすることは、常に必ずしも違法とはいえず、通常の行政処分に関しては、ひとたび申請が退けられても、再度の申請をすることは必ずしも許されないわけではないが、農地調整法改正法附則三条三項による裁定は、農地所有者と昭和二〇年一一月二三日現在の賃借人との間の賃借権回復に関する争いを解決するための行政処分であり、右裁定によって両者間の私法上の権利関係が定まるわけであるから、法律関係の安定の要求からも、市町村農地委員会が一度した裁定を取り消して異なる裁定をすることは許されず、申請者は裁定に対して不服があれば訴願、訴訟によって争うべきである。(最判昭29・5・14民集八・五・九三七、行政百選I[四版]七九)

ハ 瑕疵の治癒・補正

59 農地買収計画につき異議・訴願の提起があるにもかかわらず、これに対する決定・裁決を経ないで爾後〔じご〕の手続を進行させたという違法は、買収処分の無効原因となるものではなく、事後において決定・裁決があったときは、これにより買収処分の瑕疵は治癒される。(最判昭36・7・14民集一五・七・一八一四、行政百選I[七版]八五)

60 農地法施行法二条一項一号の規定に基づき、自作農創設特別措置法の規定による公告のあった買収計画に係る農地について従前の例により買収することができるのは、買収計画の公告・承認後遅滞なく買収令書を交付する場合とか、買収令書の交付又は公告の瑕疵を補正する意味で、後日重ねて買収令書の交付を行う場合に限られる。(最判昭43・6・13民集二二・六・一一九八、行政百選I[五版]八七)

61 更正における付記理由不備の瑕疵は、後日これに対する審査裁決において処分の具体的根拠が明らかにされたとしても、それにより治癒されない。(最判昭47・12・5民集二六・一〇・一七九五、行政百選I[七版]八六)

62 町長が、条例に定める要件を考慮しないで昇給等により給与の調整をした場合において、その後に、過去の期間について同様の昇給の特例措置をとる権限を町長に付与するとともに、改正前の条例の規定に基づいて支給された給与を改正後の規定による給与の内払いとみなすものとする旨の条例の改正がなされたときは、町長の調整は遡って適法となる。(最判平5・5・27判時一四六〇・五七)→自治二〇四条の二[5]

63 建築基準法八六条の二第一項に基づく同一敷地内建築認定申請につき、法の趣旨に沿った説明の欠落という瑕疵はあるが、最も利害関係が強い隣接土地所有者等に対して処分前に説明措置がとられていたなどの事情の下では、その後の追加説明により当該瑕疵は治癒されたとした事例(東京地判平28・2・16判時二三一三・一八、重判平29行政二)

ニ 違法行為の転換

64 自作農創設特別措置法施行令四三条による場合と同令四五条による場合とによって、市町村農地委員会が買収計画を相当と認める理由を異にするものとは認められないから、村農地委員会が同令四三条により定めた買収計画を、四五条を適用して相当と認めて訴願を退けた県農地委員会の裁決を違法であるとはいえない。(最大判昭29・7・19民集八・七・一三八七、行政百選I[七版]八七)

65 国の県に対するバイオマス利活用整備交付金に関し、補助金等に係る予算の執行の適正化に関する法律(以下「法」という)二二条に基づく財産処分の承認を法七条三項による交付決定条件に基づくものと転換することが、両承認は補助金交付の趣旨に反する財産処分の防止という共通の目的を有し、県の不利益にならず、県と処分庁が仮に法二二条の承認ができないと認識していた場合に本件条件に基づく承認申請及び承認を控えたことをうかがわせる事情もないとして、適法とされた事例(最判令3・3・2民集七五・三・三一七、重判令3行政三……転換の要件については宇賀裁判官の補足意見を参照)

ホ 違法性の承継

66 自作農創設特別措置法七条が買収計画に対して異議訴訟を認めているのは、その違法の場合に行政庁に是正の機会を与え、所有者に権利保護の簡便な道を開いただけであり、異議訴訟上の手続をとらなかったからといって、買収処分取消しの訴訟においてその違法を攻撃する機会を失わせる趣旨ではない。都道府県農地委員会は承認に際し買収計画の内容の当否を審査する権限を有し、都道府県知事は買収計画又はその承認に対し再議に付す権限を有するから、その権限の適正な行使がない結果違法な買収計画に基づいて買収処分が行われたならばその買収処分は違法となり、当事者は買収処分の取消しの訴訟でそれを主張し得る。(最判昭25・9・15民集四・九・四〇四、行政百選I[五版]八三)

67 建築安全条例に基づく安全認定は、建築主に対し建築確認申請手続において接道義務違反がないものとして扱われる地位を与えること、旧条例〔平成一二東京都条例一七五による改正前のもの〕の下では建築確認における接道要件充足の有無の判断と安全認定における安全上の支障の有無の判断は一体的に行われていたこと、両者は避難又は通行の安全の確保という同一の目的を有すること、安全認定は建築確認と結合して初めてその効果を発揮すること、周辺住民など安全認定の適否を争う者に手続的保障が十分に与えられているとはいえないことを考慮すると、安全認定の違法は建築確認に承継さ

れる。（最判平21・12・17民集六三・一〇・二六三一、行政百選Ⅰ七版八四）

68　土地収用法に基づく事業認定と収用裁決は、両処分の主体、法律要件及び法律効果は異なるものの、両処分が相結合して、当該事業において必要とされる土地を取得するという法的効果を完成させる一連の行政行為となっているものであり、このような場合には先行行為たる事業認定に違法があった場合には、その違法は当然に後行行為たる収用裁決に承継される。（札幌地判平9・3・27判タ九三八・七五〈二風谷ダム事件〉環境百選三版七九）

69　土地収用法に基づく事業認定と収用裁決はそれぞれ独立した行政処分であるが、両者が相結合して一つの効果の実現を目指し、これを完成させる関係にある。先行処分である事業認定の違法性は、後行処分である収用裁決に承継され、それは事業認定の違法性が重大かつ明白である場合に限定されない。（東京地判平16・4・22判時一八五六・三二〈圏央道あきる野IC事業認定・収用裁決取消訴訟〉）

70　事業認定については取消訴訟を提起する機会が保障されており、現に事業認定取消訴訟の一審・二審で原告の請求が棄却されている場合、事業認定とは独立した行政処分である収用裁決の取消訴訟の審理において事業認定の違法性を主張することは許されないとされた事例（東京高判平24・1・24判時二二一四・三）

へ　後発的瑕疵

71　更正処分の後になされた青色申告の承認の取消処分の取消しによって、更正処分は後発的、遡及的に生じた法律状態には適合しないことになるが、そのような場合における納税者の救済は専ら更正の請求によって図られるべきであって、課税処分についての抗告訴訟において右のような違法事由を無効又は取消原因として主張することはできない。（最判昭57・2・23民集三六・二・二一五、租税百選四版九八）

4　取消し・撤回

イ　職権取消しの違法

72　取消しにより名宛人の権利又は法律上の利益が害される行政庁の処分につき、処分を職権で取り消すに足りる瑕疵があるか否かが争われたときは、裁判所の審理判断は、処分時の事情に照らし、処分に違法又は不当があると認められるか否かとの観点から行われるべきであり、違法等の存在が認められないときには、職権取消しは違法となる。（最判平28・12・20民集七〇・九・二二八一……沖縄県知事による公有水面埋立承認取消しが違法とされた事例）→自治二五一条の七 7

ロ　職権取消しの制限

73　農地賃貸借契約の更新拒絶の許可は、それによって直ちに申請者だけが特定の利益を受けるのではなく、利害の反する賃貸借の両当事者を拘束する法律関係が形成されるものであるから、申請者側に詐欺等の不正行為があったことが顕著でない限り、処分をした行政庁もこれに拘束され処分後には取消しができない。（最判昭28・9・4民集七・九・八六八、行政百選Ⅰ六版九二）

74　農地買収令書発付後約三年四箇月を経過した後に、買収目的地の十分の一に満たない部分が宅地であったとして買収令書の全部を取り消すのは、買収農地の売渡しを受けるべき者の利益を犠牲に供してもなお買収令書の全部を取り消さなければならない特段の公益上の必要がある場合でない限り、違法である。（最判昭33・9・9民集一二・一三・一九四九、行政百選Ⅰ四版一〇二）

75　農地買収計画及び農地売渡処分は、既に法定の不服申立期間の徒過によってその効力を争い得なくなったものであっても、処分をした行政庁その他正当な権限を有する行政庁においては、自らその違法又は不当を認めて、処分の取消しによって生ずる不利益と、取消しをしないことによってかかる処分に基づき既に生じた効果をそのまま維持することの不利益とを比較考量し、しかも該処分を放置することが公共の福祉の要請に照らし著しく不当であると認められるときに限り、これを取り消すことができる。（最判昭43・11・7民集二二・一二・二四二一、行政百選Ⅰ七版八八）

76　被災者生活再建支援法［令和二法六九による改正前］に基づく被災者生活再建支援金の支給決定についての、大規模半壊世帯に該当するとの支給要件の認定に誤りがあることを理由とする取消しは、決定の効果維持により生ずる不利益が取消しにより生ずる不利益に比較して重大であり、取消しを正当化するに足りる公益上の必要があるとして適法とされた事例（最判令3・6・4民集七五・七・二九六三、重判令3行政二）

ハ　職権取消しの効果

77　国民金融公庫［現在は株式会社日本政策金融公庫に統合］が行う恩給担保金融に関する法律に基づいて、恩給受給者に対して恩給を担保にして貸付けをすることを法律上義務づけられ、恩給局長がなす恩給裁定の有効性について自ら審査することができない国民金融公庫が、裁定を有効なものと信頼して扱い、恩給担保の設定をして国から恩給給与金を受領して貸付金の弁済に充当し、恩給受給者に対する貸付金の弁済が終わったものとして処理してから長期間を経過したのち、恩給裁定が取り消された場合、国が裁定取消しの効果を国民金融公庫に対して主張し、不当利得返還請求をなすことは許されない。（最判平6・2・8民集四八・二・一二三、行政百選Ⅰ四版四九）

78　厚生年金保険法による障害年金の支給について、本来の年金額よりも多額の裁定がなされて支給された場合、それを取り消さずにその効果を維持することによる公益上の不利益は極めて大きく、取り消すことによる不利益と比較考量すると、職権による取消しは適法であり、国は過払の年金額につき不当利得返還請求権を有するとされた事例（東京高判平16・9・7判時一九〇五・六八、社会保障百選五版四二）

ニ　撤回

79　都有行政財産たる土地につき使用許可によって与えられた使用権は、それが期間の定めのない場合であれば、当該行政財産本来の用途又は目的上の必要を生じたときはその時点において原則として消滅すべきものであり、また、権利自体に右のような制約が内在して付与されているものとみるのが相当であるから、将来にわたるその取消しに当たり損失補償を必要としない。（最判昭49・2・5民集二八・一・一、行政百選Ⅰ七版九〇）→国賠◆【損失補償】［附則の後］10

80　指定の撤回によって相手方の被る不利益を考慮しても、なおそれを撤回すべき公益上の必要性が高いと認められる場合には、法令上その撤回について直接明文の規定がなくとも、指定医師の指定の権限を付与されている医師会は、その権限において指定を撤回することができる。（最判昭63・6・17判時一二八九・三九〈実子あっせん指定医取消事件〉行政百選Ⅰ六版九三）

81　地方公務員等共済組合法上の療養費及び高額療養費（同法五三条）並びに入院附加金（同法五四条）は、同法四三条一項［現四二条一項］に基づく給付決定により受給権が発生するが、一部負担金払戻金及び入院者見舞金は、同法に基づく給付と位置付ける規定がないから、その支給は、定款又は要綱に従って成立する贈与契約に基づくものであるとして、地方公務員共済組合が行った不当利得の返還請求書の交付が、給付決定の撤回及び贈与契約の解除の意思表示とされた事例（最判平24・3・6判時二一五二・四一、重判平24行政五）→行訴三条6

5　附款

82　集団示威運動の許可に付される条件は、合理的かつ必要最小限度の範囲内で付すことができるにすぎないが、本件では、隊列（隊伍の幅、長さ、梯団［ていだん］の人数）、方法（だ行進、うず巻行進、いわゆるフランスデモ、シュプレヒコール、旗ざお、プラカード、宣伝カー）その他あらゆる事項にわたっており、もはや当該範囲内で当該運動を制限する

ものとはいえない。（東京地判昭42・5・10下刑九・五・六三八、重判昭41・42憲二）

[83] 廃棄物処理法に基づき市長が許可に際して定める処理区域の指定は、一定の外部的な事実の成否に許可の効力の発生又は消滅をかからしめる附款ではなく、当該区域内の営業を一律、全面的に許すものであり、許可の内容そのものであって許可と一体不可分の関係に立つ。（奈良地決昭56・8・14行裁三二・八・一四四二……抗告審（大阪高決昭56・12・26行裁三二・一二・二三四六）は、処理区域の限定は付款であるとしている）

[84] 小学校教員の期限付き任用も退職勧奨の円滑な運用を期する上で必要があり、本人が了承している場合には違法とはいえない。（最判昭38・4・2民集一七・三・四三五、行政百選Ⅰ[七版]九二）

6 更新

[85] もともと河川敷地は公共用物であり、平水時には本来一般公衆の自由な使用に供せられるべきものであるから、特定人に対し本来の用法を超えて特別の使用権を設定する占用許可にあってはその占用期間についても、目的を阻害することのないよう必要最低限の期間を設定すべきであって、占用期間が占用目的に照らして極めて短期間であり、従前の占用の経緯やその実態さらには右公共用物であることからの制約を考慮に入れても、なお使用権を存続期間として到底合理的な意味を持ち得ないような例外的事情の存する場合を除いては、占用期間の定めは更新を予定するものではなく、当該占用許可に基づく使用権は右期間の満了によって当然消滅する。（東京地判昭53・6・26行裁二九・六・一一九七）

[86] 電波法に基づく免許につき、免許期間が満了後直ちに再免許が与えられ、継続して事業が維持されている場合には、当初の免許期間の満了と再免許は、単なる形式にすぎず、免許期間の更新とその実質において異なるところはない。（最判昭43・12・24民集二二・一三・三二五四〈東京12チャンネル事件〉行政百選Ⅱ[七版]一七三）↓行訴九条[6]

[87] 児童福祉法二四条に基づく保育所入所措置に期限が付された場合、措置事由が一定の期間の経過によって消滅することが相当の蓋然性をもって見込まれるものは格別として、措置期間の満了をもって入所措置が当然に失効するものとすることは、措置事由を具備した児童についての入所措置を措置権者の義務としている法の趣旨に合致しないので、期限の更新が予定されている入所措置は、措置権者が更新申請の受理を拒み、あるいは退所を求めるなどの方法で期限の更新を拒絶する処分をしたときに初めてその効力が消滅するものと解するのが相当である。（大阪高決平元・8・10行裁四〇・八・九八五）↓行訴二五条[21]

7 行政行為の無効

イ 重大明白

[88] 国家機関の公法的行為（行政処分）はそれが当該国家機関の権限に属する処分としての外観的形式を具有する限り、仮にその処分に関し違法の点があったとしても、その違法が重大かつ明白である場合の外は、これを法律上当然無効となすべきではなく、もとの国籍を失うものとした認定に瑕疵があったとしても、帰化の許可処分は無効ではない。（最大判昭31・7・18民集一〇・七・八九〇、行政百選Ⅰ[四版]八九）

[89] 行政処分が当然無効であるというためには、処分に重大かつ明白な瑕疵がなければならず、ここに重大かつ明白な瑕疵というのは「処分の要件の存在を肯定する処分庁の認定に重大・明白な瑕疵がある場合」であり、瑕疵が明白であるというのは、処分成立の当初から、誤認であることが外形上、客観的に明白である場合を指す。（最判昭36・3・7民集一五・三・三八一、行政百選Ⅰ[四版]九一）

[90] 瑕疵が客観的に明白であるということには、当該行政処分に欠けている具体的法定要件が間違いなく当該行政処分の法律要件であることが特別の専門的知識や経験をまたないでも、一般人の正常な判断をもってすれば明白であったということ、すなわち「瑕疵が瑕疵であること」が明白であったということと、当該行政処分がなされた具体的状況の下において問題の具体的法定要件が欠けていることが特別の専門的知識や研究をまたないでもその概観によって一般人の目に明白であったということ、すなわち「瑕疵があること」が明白であったということの二つの意味があり、行政行為の無効原因としてはこの二つの意味において明白であることを要する。（東京地判昭35・4・20行裁一一・四・八七二）

[91] 自作農創設特別措置法に基づく買収処分において、登記簿上の面積において同一であるが別個に存在している土地の地番が誤って表示されている場合、その過誤は単なる地番の表示の誤記にすぎないとはいえず、むしろ買収の対象を誤った重大かつ明白な瑕疵に当たる。（最判昭40・8・17民集一九・六・一四一二、行政百選Ⅰ[五版]八八）

[92] 道路位置廃止処分は、所定の権利者の承諾を欠いていても、その欠缺［けんけつ］が申請関係書類上明白であるのにこれを看過してされたというような特別な場合を除いて、当然無効にはならない。（最判昭47・7・25民集二六・六・一二三六、行政百選Ⅰ[四版]九〇）

[93] 人間の生命、身体、健康及び環境という権利、利益が侵害される危険に比べると、原子炉設置許可処分における法的安定性や当事者・第三者保護の要請は、同処分の判断の基礎となる安全審査に重大な瑕疵がある場合、取るに足らないものである。よって、同処分については、原子炉の潜在的危険性が重大であり、特段の事情があると言えるので、無効要件としては違法の重大性で足り、明白性の要件は不要である。（名古屋高金沢支判平15・1・27判時一八一八・三〈もんじゅ訴訟〉環境百選[三版]九二……[125]の原審）

ロ 根幹の過誤

[94] 処分における内容上の過誤が課税要件の根幹についてのそれであって、課税行政の安定とその円滑な運営の要請を斟酌［しんしゃく］してもなお、不服申立期間の徒過による不可争的効果の発生を理由として被課税者に処分による不利益を甘受させることが、著しく不当と認められるような例外的な事情がある場合には、前記の過誤による瑕疵は、処分を当然無効にする。（最判昭48・4・26民集二七・三・六二九、行政百選Ⅰ[七版]八三）

[95] 雇用対策法一七条［平成一三法三五による改正後の二二条］が職業転換給付金が求職者等の生活や求職活動を支えるための給付であることを考慮して、これに課税することを禁止していることに照らせば、この禁止に反してなされた国民健康保険税の賦課処分には課税要件の根幹についての過誤があるものというべきであり、[94]にいう例外的事情がある場合に当たる。（最判平9・11・11判時一六二四・七四、重判平9行政四）

[96] 無限連鎖講を運営する法人でない社団に対する複数の増額更正処分の取消訴訟において、法人でない社団の要件を具備するとの課税庁の認定に合理的な理由が認められ、仮にその認定に誤りがあるとしてもそれが各更正の成立当初から外形上客観的に明白とはいえないことや、[94]にいう例外的な事情もないことから各更正が当然無効とはいえないとされた事例（最判平16・7・13判時一八七四・五八）

[97] 行政処分は、直接国民の権利義務に影響を与えるものであるから、その内容が一義的に明確であって、特定し得るものでなければならず、このような意味での特定性を欠くものは、行政処分としての外形を有していても無効である。（名古屋地判平15・5・8判タ一一二六・一〇六……核燃料サイクル開発機構が高レベル放射性廃棄物の処分予定地選定のために実施した地質調査結果に関する文書開示請求につき、「調査対象を具体的に示すことにつながりうる情報」として不開示とした決定が無効とされた事例）↓[47]

8 行政行為における裁量

イ 類型

a 権利侵害行為

98 農地に関する賃借権の設定移転は本来個人の自由契約に任せられていた事項であって、法律が小作権保護の必要上これに制限を加え、その効力を承認にかからせているのは、結局個人の自由の制限であり、法律が承認について客観的な基準を定めていない場合でも、法律の目的に必要な限度においてのみ行政庁も承認を拒むことができるのであって、農地調整法の趣旨に反して承認を与えないのは違法である。承認するかしないかは農地委員会の自由な裁量に任せられているのではない。（最判昭31・4・13民集一〇・四・三九七、行政百選Ⅰ[七版]七二）

b 人事管理・教育

99 国家公務員法は、同法所定の懲戒事由がある場合に、懲戒権者が、懲戒処分をすべきかどうか、また、懲戒処分をするときにいかなる処分を選択すべきかを決するについては、公正であるべきことを定め、平等取扱いの原則及び不利益取扱いの禁止に違反してはならないことを定めている以外に、具体的な基準を設けておらず、懲戒権者の裁量に任せている。（最判昭52・12・20民集三一・七・一一〇一〈神戸税関事件〉行政百選Ⅰ[七版]八〇）→行訴三〇条[7]

100 国家公務員法は休職処分についての具体的な基準を設けていないのであるから、公務員が刑事事件について起訴された場合に、休職処分を行うか否かは任命権者の裁量に委ねられており、第一審裁判所において無罪判決が言い渡された場合に、休職処分を撤回するか否かも同様である。（最判昭63・6・16判時一三〇〇・四九）

101 国家公務員の分限免職処分について、対象公務員が懲戒処分について人事院の判定を受けた後に新たな非違行為を始めるなどの事情を認定し、その行為、態度等は本人の素質・性格等によるものであり、職務の円滑な遂行に支障を生ずる高度の蓋然性が認められるとして、裁量権の逸脱・濫用はないとされた事例（最判平16・3・25判時一八七一・二二、重判平16労働二）

102 都立学校の入学式や卒業式等で国歌斉唱の際に国旗に向かって起立して斉唱することを命ずる校長の職務命令に従わなかったことを理由とする教員の懲戒において、戒告、減給を超えて停職処分の選択が許されるには、処分歴等に鑑み、学校の規律や秩序の保持等の必要性と処分による不利益の内容との権衡の観点から停職処分を選択することの相当性を基礎付ける具体的な事情が認められなければならない。（最判平24・1・16判時二一四七・一二七②、重判平24憲七②……過去三回の不起立行為により減給処分を受けていたことのみを理由に停職処分を選択した都教委の判断は、停職期間の長短にかかわらず、重きに失するとして、裁量権の範囲を超えるとされた事例）

103 102の準則により、戒告を超えて減給処分を選択する場合にも、「相当性を基礎付ける具体的な事情」が必要であるとし、過去に入学式での服装等に係る職務命令違反による戒告一回の処分歴があることのみを理由とした減給処分は、重きに失するとして裁量権の範囲を超えるとされた事例（最判平24・1・16判タ一三七〇・八〇①、自治百選[四版]七八）

104 教育委員会が、再任用職員等の採用候補者選考に当たり、公立高等学校の教職員らが102と同様の職務命令に違反したことを、特に重視すべき要素であると評価して不合格等の判断をしたことが著しく合理性を欠くとはいえないとされた事例（最判平30・7・19判時二三九六・五五、重判平30行政四）

105 暴言・暴行を理由とする停職二月の処分を受けた消防職員が、当該処分の審査請求後、被害者に報復を示唆したことは、懲戒制度の適正な運用と審査請求手続の公正を害する行為であり、非難の程度が相当に高いとの評価及び同種の非違行為が反復される危険性があるとの評価も不合理とはいえないとの事情を総合考慮すると、消防長による停職六月の処分は、社会観念上著しく妥当を欠くものではなく、裁量権の範囲の逸脱、又はその濫用とはいえない。（最判令4・6・14【令3行ヒ二六四】）

106 学長が学生の行為に対し懲戒処分を発動するに当たり、その行為が懲戒に値するものであるかどうか、懲戒処分のうちいずれの処分を選ぶべきかを決するについては、当該行為の軽重のほか、本人の性格及び平素の行状、右行為の他の学生に及ぼす訓戒的効果等の諸般の要素を考量する必要があり、これらの点の判断は、学内の事情に通暁し直接教育の衝に当たるものの裁量に任すのでなければ、適切な結果を期待することができない。（最判昭29・7・30民集八・七・一五〇一〈京都府立医大事件〉行政百選Ⅰ[四版]二四）

c 政治的判断

107 旅券法一三条一項五号〔現七号〕の旅券発給拒否事由には、旅券の発給を受けようとする者の渡航自体により著しくかつ直接に日本国の利益又は公安を害するおそれがあると認めるに足りる相当の理由がある場合を包含し、相当の理由があるかどうかについては、申請者の地位、経歴、人柄、旅行の目的等の主観的要件のほか、国際情勢その他客観的事実をも考慮して判断すべきである。（最判昭44・7・11民集二三・八・一四七〇、行政百選Ⅰ[初版]七七）

108 在留期間の更新事由が概括的に規定されその判断基準が特に定められていないのは、更新事由の有無の判断を法務大臣の裁量に任せ、その裁量権の範囲を広汎なものとする趣旨からである。法務大臣は、在留期間の更新の許否を決するに当たっては、外国人に対する出入国の管理及び在留の規制の目的である国内の治安と善良の風俗の維持、保健・衛生の確保、労働市場の安定などの国益の保持の見地に立って、申請者の申請事由の当否のみならず、当該外国人の在留中の一切の行状、国内の政治・経済・社会等の諸事情、国際情勢、外交関係、国際礼譲など諸般の事情をしんしゃくし、時宜に応じた的確な判断をしなければならないのであるが、このような判断は、事柄の性質上、出入国管理行政の責任を負う法務大臣の裁量に任せるのでなければとうてい適切な結果を期待することができない。（最大判昭53・10・4民集三二・七・一二二三〈マクリーン事件〉行政百選Ⅰ[七版]七六）→憲三章[7]

d 科学的、専門技術的判断

109 温泉法が温泉の掘削を知事の許可にかからせた趣旨は、温泉源を保護しその利用の適正化を図るという公益的見地から出たものであり、その判断は主として、専門技術的な判断を基礎とする行政庁の裁量により決定されるべき事柄であって、裁判所が行政庁の判断を違法視し得るのは、その判断が行政庁に任された裁量権の限界を超える場合に限られる。（最判昭33・7・1民集一二・一一・一六一二、行政百選Ⅰ[二版]六九）

110 技術的能力を含めた原子炉施設の安全性に関する審査は、当該原子炉施設そのものの工学的安全性、平常運転時における従業員、周辺住民及び周辺環境への放射線の影響、事故時における周辺地域への影響等を、原子炉設置予定地の地形、地質、気象等の自然的条件、人口分布等の社会的条件及び当該原子炉設置者の技術的能力との関連において、多角的、総合的見地から検討するものであり、しかも、右審査の対象には、将来の予測に係る事項も含まれているのであって、右審査においては、原子力工学はもとより、多方面にわたる極めて高度な最新の科学的、専門技術的知見に基づく総合的判断が必要とされるものであり、原子炉等規制法は同法二四条一項三号及び四号所定の基準の適用については、各専門分野の学識経験者等を擁する原子力委員会の科学的、専門技術的知見に基づく意見を尊重して行う内閣総理大臣の合理的な判断に委ねる趣旨であると解される。（最判平4・10・29民集四六・七・一一七四〈伊方原発訴訟〉行政百選Ⅰ[七版]七七）→行訴七条[4]・三七条の三[7]

[参考] **核原料物質、核燃料物質及び原子炉の規制に関する法律**（昭和三二・六・一〇法一六六）（抜粋）（平成二四法四七に

よる改正前の条文）

第二四条（許可の基準）① 主務大臣は、第二十三条第一項の許可の申請があつた場合においては、その申請が次の各号に適合していると認めるときでなければ、同項の許可をしてはならない。

一・二 （略）

三 その者（原子炉を船舶に設置する場合にあつては、その船舶を建造する造船事業者を含む。）に原子炉を設置するために必要な技術的能力及び経理的基礎があり、かつ、原子炉の運転を適確に遂行するに足りる技術的能力があること。

四 原子炉施設の位置、構造及び設備が核燃料物質（使用済燃料を含む。以下同じ。）、核燃料物質によつて汚染された物（原子核分裂生成物を含む。以下同じ。）又は原子炉による災害の防止上支障がないものであること。

② （略）

[111] 公害健康被害の補償等に関する法律による水俣病の認定に当たり、都道府県知事は、個々の患者の病状等に関する医学的判断のみならず、患者の原因物質に対するばく露歴や生活歴及び種々の疫学的な知見や調査の結果等を十分考慮して総合的に行う必要があるが、当該認定自体は、客観的事象としての水俣病のり患の有無という現在又は過去の確定した客観的事実を確認する行為であって、処分庁の裁量に委ねられるべき性質のものではない。（最判平25・4・16前出[25]）↓行訴三七条の三[7]

[112] 高等学校用の教科書図書の検定における合否の判定等の判断は、学術的、教育的な専門技術的判断であるから、文部大臣の合理的な裁量に委ねられている。（最判平5・3・16民集四七・五・三四八三〈第一次教科書訴訟〉行政百選Ⅰ[七版]七九①）

[113] 道路運送法九条二項一号〔平成一二法八六による改正前〕にいう「能率的な経営の下における適正な原価を償い、かつ、適正な利潤を含むものであること」という基準は抽象的、概括的なものであり、右基準に合致するか否かは、行政庁の専門技術的な知識経験と公益上の判断を必要とし、ある程度の裁量的要素がある。（最判平11・7・19判時一六八八・一二三、行政百選Ⅰ[六版]七六）↓行手五条[2]、独禁七条[7]

e その他

[114] 汚物取扱業の許可は、清掃法の目的と清掃計画とに照らし、市町村がその責務である汚物処理の事務を円滑完全に遂行するのに必要適切であるかという観点からこれを決すべきものであるから、市町村長の自由裁量に委ねられている。（最判昭47・10・12民集二六・八・一四一〇、行政百選Ⅰ[七版]七四）

[115] 既存の許可業者等によって一般廃棄物の適正な収集と運搬が行われており、これを踏まえて市町村の一般廃棄物処理計画が作成されている場合には、市町村長は別の業者によってなされた一般廃棄物収集運搬業の許可申請の審査に当たって、適正な収集と運搬を継続的かつ安定的に実施させるためには、既存の許可業者等のみに引き続きこれを行わせることが相当であるとして、申請内容が一般廃棄物処理計画に適合しないと判断することもできる。〔平成一一法八七による廃棄物の処理及び清掃に関する法律改正前の事例〕（最判平16・1・15判時一八四九・三〇）

[116] 公益法人の設立の許可につき、民法三四条〔平成一八法五〇による改正前〕は具体的な許可基準を定めておらず、主務官庁の広汎な裁量に任せているから、不許可処分において主務官庁が一定の事実を基礎として不許可が相当であるという結論に至った判断過程に一応の合理性が認められれば、裁量の範囲を超え又はそれを濫用したものとはいえない。（最判昭63・7・14判時一二九七・二九……公益社団法人及び公益財団法人の認定等に関する法律（平成一八法四九）制定前の事例）

[117] 教育委員会法〔昭和三一法一六二により廃止〕三四条四項ただし書にいう「急施を要する場合」に該当するか否かは、会議の招集権者である委員長が、その当時における客観的情勢その他諸般の事情に照らし、その裁量判断により決することもできる。（最判昭36・4・27民集一五・四・九二八、行政百選Ⅰ[四版]八〇）

[118] 医師が罰金以上の刑に処せられた場合に、医師法七条二項〔現一項〕に基づいて免許を取り消し、又は医業の停止を命じるかどうか、医業の停止を命じるとしてその期間をどの程度にするかは、医道審議会の意見を聴く前提の下で、免許権者である厚生大臣の合理的な裁量に委ねられている。（最判昭63・7・1判時一三四二・六八、医事法百選[初版]五）

[119] 弁護士法五六条一項所定の「品位を失うべき非行」に当たるとしてなされた弁護士会の懲戒処分は、全く事実の基礎を欠くか、又は社会通念上著しく妥当性を欠き、裁量権の範囲を超え又は裁量権を濫用してされたと認められる場合に限り、違法となる。（最判平18・9・14判時一九五一・三九）

[120] 宅地建物取引業法に基づく宅建業者に対する不利益処分は、その営業継続を不能にする事態を招き、既存の取引関係者の利害にも影響するところが大きいところ、業務の停止に関する権限がその裁量により行使されるべきことは同法六五条二項の規定上明らかであり、同法六六条に基づくもののうち、停止事由に該当し特に情状が重いときになされる免許の取消しについてもその要件の認定に裁量の余地があり、これらの処分の選択、その権限行使の時期等は、知事等の専門技術的判断に基づく合理的裁量に委ねられている。（最判平元・11・24民集四三・一〇・一一六九、行政百選Ⅱ[七版]二二二）↓国賠一条[45][57]

[121] 風俗営業等の規制及び業務の適正化等に関する法律二六条により一営業所につき営業許可の取消処分がなされた場合に、同一営業主体につき同法八条二号に基づきなされる取消処分は裁量的であるが、当該裁量権の有無に関する法解釈の誤りは、なされた取消処分が客観的にみて裁量の範囲内と認められる限り、直ちに処分の違法をもたらすものではない。（東京高判平11・3・31判時一六八九・五一）

[122] 土地区画整理事業における仮換地の指定には、土地区画整理法八九条一項所定の基準の枠内で、施行者の合目的的な見地からする裁量的判断が認められるが、指定された仮換地が、従前の宅地の状況と比較して、同項所定の要素を総合的に考慮してもなお社会通念上不照応である場合には違法なものとなる。（最判平元・10・3金判八三六・三三）

[123] 土地収用法による補償の額は「相当な価格」等の不確定概念をもって定められているものではあるが、通常人の経験則及び社会通念に従って、客観的に認定され得るものであり、かつ認定すべきものであって、補償の範囲及びその額の決定につき収用委員会に裁量権は認められない。（最判平9・1・28民集五一・一・一四七、行政百選Ⅱ[七版]二〇九）

ロ 裁量権の逸脱・濫用等↓行政情報公開五条[33]

[124] 原子炉設置許可処分の取消訴訟における裁判所の審理、判断は、原子力委員会若しくは原子炉安全専門審査会の専門技術的な調査審議及び判断を基にしてされた内閣総理大臣の判断に不合理な点があるか否かという観点から行われるべきであって、現在の科学技術水準に照らし、右調査審議において用いられた具体的審査基準に不合理な点があり、あるいは当該原子炉施設が右の具体的審査基準に適合するとした原子力委員会若しくは原子炉安全専門審査会の調査審議及び判断の過程に看過し難い過誤、欠落があり、内閣総理大臣の判断がこれに依拠してなされたと認められる場合には、内閣総理大臣の判断に不合理な点があるものとして許可処分は違法となる。（最判平4・10・29前出[110]）↓行手一〇条[7]、行訴七条[4]・三〇条

[125] [110]の準則を適用して、高速増殖炉「もんじゅ」に係る原子炉設置許可処分について、国の安全審査に見過ごせない過誤

や欠落があったとはいえないので、違法でなく、したがって、無効でないとされた事例（最判平17・5・30民集五九・四・六七一〈もんじゅ訴訟〉重判平17行政三……93の上告審）

126 改正原子炉等規制法施行後（平成二五年七月八日）に提起された人格権に基づく妨害予防請求としての原子炉施設の運転差止請求訴訟において、請求認容には原告の生命、身体に直接的かつ重大な被害が生じる具体的な危険が存在する必要があるとして、その有無に関する裁判所の審理判断につき、110の準則を用いた上で、被保全権利につき疎明がないとされた事例（福岡高宮崎支決平28・4・6判時二二九〇・九〇〈川内原発仮処分事件〉環境百選[三版]九五）

127 出入国管理及び難民認定法に基づき「日本人の配偶者」の在留資格で本邦に在留していたが「短期滞在」の在留資格に変更され、婚姻無効確認訴訟の係属中在留資格の更新がなされてきた外国人に対しなされた更新不許可処分が、資格を変更した際の経緯を考慮していない点において裁量権の濫用又は逸脱に当たるとされた事例（最判平8・7・2判時一五七八・五一、行政百選Ⅰ[五版]二九）

128 出入国管理及び難民認定法二六条〔平成二一法七九による改正前〕に基づく再入国許可処分において、申請者が外国人登録法に違反して指紋の押なつを拒否しているという事情を、許可することが相当でない事由として法務大臣が考慮すること自体は許される。〔平成二一法二三四による外国人登録法改正前の事案〕（最判平10・4・10民集五二・三・七七六）

129 在留期間の更新をせずに、長期間日本に滞在し、在留特別許可を求めて入管当局に出頭した外国人に対してなされた退去強制令書発付処分が、既に確立した裁量基準から逸脱しており、比例原則にも反するとして取り消された事例（東京地判平15・9・19判時一八三六・四六）

130 法務省入国管理局策定の在留特別許可に係るガイドラインから窺われる考慮要素からは許可を与えるべき積極要素しか見当たらないにもかかわらず、許可を付与しなかった裁決は、裁量権が広範なものであることを考慮したとしても、社会通念に照らし著しく妥当性を欠き、裁量権の範囲を逸脱し又はこれを濫用したものとして違法であるとされた事例（大阪高判平25・12・20判時二二三八・三）

131 土地収用法二〇条三号にいう「事業計画が土地の適正且つ合理的な利用に寄与するものであること」という要件の存否についての判断は、具体的には本件事業認定に係る事業計画の内容、右事業計画が達成されることによってもたらされるべき公共の利益、右事業計画策定及び本件事業認定に至るまでの経緯、右事業計画において収用の対象とされている本件土地の状況、その有する私的ないし公共的価値の諸要素、諸価値の比較衡量に基づく総合判断として行われるべきものであり、ある範囲において裁量判断の余地が認められるが、判断に当たり、本来最も考慮すべき諸要素、諸価値を不当、安易に軽視し、その結果当然尽くすべき考慮を尽くさず、又は本来考慮に入れるべきでない事項を考慮に入れ若しくは本来過大に評価すべきでない事項を過大に評価し、これらのことにより判断が左右されたものと認められる場合には、裁量判断の方法ないしその過程に誤りがあるものとして違法となる。（東京高判昭48・7・13行裁二四・六＝七・五三三〈日光太郎杉事件〉環境百選[三版]七七）

132 信仰上の理由による剣道実技の履修拒否を、正当な理由のない履修拒否と区別することなく、代替措置が不可能というわけでもないのに、代替措置について何ら検討することもなく、体育科目を不認定とした担当教員らの評価を受けて、原級留置処分をし、さらに、不認定の主たる理由及び全体成績について勘案することなく、二年続けて原級留置となったため進級等規程及び退学内規に従って学則にいう「学力劣等で成業の見込みがないと認められる者」に当たるとし、退学処分をしたという上告人の措置は、考慮すべき事項を考慮しておらず、又は考慮された事実に対する評価が明白に合理性を欠き、その結果、社会観念上著しく妥当を欠く処分をしたものと評するほかはなく、本件各処分は、裁量権の範囲を超える違法なものといわざるを得ない。（最判平8・3・8民集五〇・三・四六九〈エホバの証人剣道拒否事件〉行政百選Ⅰ[七版]八一）

133 都市施設に関する都市計画の決定又は変更は、その基礎とされた重要な事実に誤認があること等により重要な事実の基礎を欠くこととなる場合、又は、事実に対する評価が明らかに合理性を欠くこと、判断の過程において考慮すべき事情を考慮しないこと等によりその内容が社会通念に照らし著しく妥当性を欠くものと認められる場合に限り、裁量権の範囲を逸脱し又はこれを濫用したものとして違法となる。（最判平18・11・2民集六〇・九・三二四九〈小田急高架化訴訟上告審（本案）〉行政百選Ⅰ[七版]七五）

134 国有地ではなく民有地を公園の区域と定めた建設大臣の判断が合理性を欠くものである場合、その建設大臣の判断は、他に特段の事情のない限り、社会通念に照らし著しく妥当性を欠くものとなるので、公園設置にかかる都市計画決定は、裁量権の範囲を超え又はその濫用があったものとして違法となる。（最判平18・9・4判時一九四八・二六〈林試の森公園訴訟〉重判平18行政七……国有地を公園の区域とすることが林業試験場の樹木に悪影響を及ぼすか等を審理させるために原審に差し戻した事例）

135 都市計画法（平成一一年改正前）六条一項の定める都市計画に関する基礎調査の結果が客観性、実証性を欠くために、土地利用、交通等の不合理な現状認識及び将来見通しに依拠してなされた都市計画決定は、同法（平成九年改正前）一三条一項一四号［現一九号］、六号［現一一号］の趣旨に違反して違法である。（東京高判平17・10・20判時一九一四・四三）

136 公立学校施設の目的外使用を許可するか否かは、原則として、その管理者の裁量に委ねられており、行政財産である学校施設の目的及び用途と目的外使用の目的、態様等との関係に配慮した合理的な裁量判断により使用許可をしないこともできる。その裁量権行使の逸脱濫用の司法審査においては、判断要素の選択や判断過程に合理性を欠くところがないかを検討し、その判断が、重要な事実の基礎を欠くか、又は社会通念に照らし著しく妥当性を欠くと認められる場合に限って違法となる。（最判平18・2・7民集六〇・二・四〇一、行政百選Ⅰ[七版]七三……公立小中学校教職員の職員団体による教育研究集会のための公立中学校の使用不許可処分に、裁量権の逸脱があるとされた事例）

137 国有財産法上の目的外使用許可と同様、用途又は目的を妨げない限度で許可される一般公共海岸区域の占用の許可申請について、たとえ用途又は目的を妨げないときであっても、海岸法の目的等を勘案した裁量判断として占用を不許可とすることができるところ、当該許可なくしては適法に認可を得た採石業を行うことが相当に困難になり、申請にかかる桟橋の設置が環境や交通に格別の影響を与えることをうかがわせる事情がないにもかかわらずなされた不許可処分は、考慮すべきでない事項を考慮し、他方、当然考慮すべき事項を十分考慮しておらず、その結果、社会通念に照らし著しく妥当性を欠き、裁量権の範囲を超え又はその濫用があったものとして違法となる。（最判平19・12・7民集六一・九・三二九〇、自治百選[四版]五五）

138 生活保護法八条一項に基づく「生活保護法による保護の基準」（厚生省告示）の老齢加算部分の改定に際し、七〇歳以上の高齢者には老齢加算に見合う特別な需要が認められないとした厚生労働大臣の裁量判断の適否に係る裁判所の審理では、判断の過程及び手続に過誤、欠落があるか否か等の観点から、統計等の客観的な数値との合理的関連性や専門的知見との整合性の有無等について審査がされるべきであり、また、三年間の段階的な廃止を内容とする激変緩和措置については、生活扶助額の減額が被保護者の期待的利益の喪失を通じて生活に看過し難い影響を及ぼすか否かの観点から、生活への影響の程度等について統計等の客観的な数値との合理的関連性等を含めて審査がされるべきであるとして、原審に差し戻された事例（最判平24・4・2民集六六・六・二三六七、行政百選Ⅰ[七版]五一②）→憲二五条[1]～[7]

三 行政上の契約・協定→[87]

1 行政上の契約

[139] 干拓地の入植者と国との間で、入植者が国の基本計画に示された方針に従って営農を行うことを内容とする契約上の義務に違反したときには国が売買の予約完結権を行使することができる旨定めた売買予約契約のある場合、入植者が当該基本計画に示された稲作許容面積を超えて作付けしたことを理由とする国の予約完結権の行使が適法であるとされた事例（仙台高秋田支判平7・7・11判時一五四五・二六、重判平7行政八）

[140] 水道法一五条一項にいう「正当の理由」とは水道事業者の正常な企業努力にもかかわらず給水契約の締結を拒まざるを得ない理由を指すものであり、近い将来において需要量が給水量を上回り水不足が生じることが確実に予見される地域にあっては、需要の抑制策の一つとして、新たな給水申込みのうち、需要量が特に大きく、現に居住している住民の生活用水を得るためではなく住宅を供給する事業を営む者が住宅分譲目的でしたものについて、給水契約を拒むことは許される。（最判平11・1・21民集五三・一・一三、自治百選[四版]四三）

[141] 本件条例の水道加入金に関する定めは、水道法一四条一項の供給条件の一つとして給水契約を規律する効力を有するから、水道加入金の納入を拒絶することを明示してなされた給水申込みに対しては、水道法一五条一項の規定に基づく受諾義務は生じない。（東京高判平9・10・23高民五〇・三・三七二）

[参考] **水道法**（昭和三二・六・一五法一七七）（抜粋）

（供給規程）

第一四条① 水道事業者は、料金、給水装置工事の費用の負担区分その他の供給条件について、供給規程を定めなければならない。

②―⑦（略）

（給水義務）

第一五条① 水道事業者は、事業計画に定める給水区域内の需要者から給水契約の申込みを受けたときは、正当の理由がなければ、これを拒んではならない。

②③（略）

[142] 地方自治法二三四条二項及びそれを受けた同法施行令一六七条の二第一項の制限に違反して締結された随意契約は違法であるが、私法上無効になるのは、違反が何人の目にも明らかである場合や契約の相手方において随意契約の方法による当該契約の締結が許されないことを知り又は知り得べかりし場合のように当該契約の効力を無効としなければ随意契約の締結に制限を加える前記法及び令の規定の趣旨を没却する結果となる特段の事情が認められる場合に限られる。（最判昭62・5・19民集四一・四・六八七、行政百選Ⅰ[五版]九七）→自治二条[3]・二四二条の二[21]

[143] 地方公共団体が第三セクターたる法人の事業に関して法人の債権者と締結した損失補償契約を、債務保証契約禁止を定めた法人に対する政府の財政援助の制限に関する法律三条の類推解釈で直ちに違法、無効とすることは、当該規定の性質や文言、議会による公益性審査の意義等に照らすと相当でなく、当該契約の適法性、有効性は、契約締結に係る公益上の必要性についての長の判断に裁量権の逸脱、濫用があったか否かによる。（最判平23・10・27判時二一三三・三、自治百選[四版]六四……公金支出の差止めを求めた住民訴訟が、第三セクターの清算と金融機関への関連債務弁済によって公金支出の蓋然性がないとして却下された事案における付言説示。宮川裁判官の補足意見がある）

[144] 委託契約に基づき土地開発公社が先行取得を行った土地について、当該委託契約の義務の履行として地方公共団体が当該土地を買い取る契約は、以下の場合に違法となる。①委託に関する地方公共団体の判断に裁量権の範囲の著しい逸脱又は濫用があり、委託契約を無効としなければ地方自治法二条一四項、地方財政法四条一項の趣旨を没却する結果となる特段の事情があり、同契約が私法上無効である場合。②委託契約は無効でないが、違法であって地方公共団体が取消権又は解除権を有している場合や、委託契約が著しく合理性を欠き、契約締結に予算執行の適正確保の見地から看過し得ない瑕疵が存在し、かつ客観的に地方公共団体が同契約を解消し得る特殊な事情がある場合にもかかわらず、漫然と買取りの契約を締結した場合。（最判平20・1・18民集六二・一・一、行政百選Ⅰ[七版]九五）

[145] 市と公社の契約に、市が自己都合で契約を解消できる条項が存在せず、また公社が契約解消に応ずる蓋然性が大きいと認めるに足りる事情が認められないとして、[144]の②の要件を満たさないとされた事例（最判平21・12・17判時二〇六七・一八）

[146] 普通地方公共団体が締結した支出負担行為たる契約が違法であっても私法上無効ではない場合には、[144]の②と同趣旨の条件を満たさない限り、契約に基づく債務の履行として支出命令を行う権限を有する職員は、当該契約の是正を行う職務上の権限を有していても、違法な契約に基づいて支出命令を行ってはならないという財務会計法規上の義務を負うものでなく、支出命令は違法にならない。（最判平25・3・21民集六七・三・三七五……地区集会所建物の取壊しに際して集会所を事務所として使用していた協議会との間で締結された移転補償契約に基づいて支出命令をした町長に損害賠償責任はないとされた事例）

[147] 地方公共団体には、開発利益の実現とその影響を受ける環境の保全目的での公金支出や利害調整の判断に政策的・技術的裁量が認められるとして、湿地の維持保全目的で、市が賃借人として入会集団たる賃貸人との間で締結した土地賃貸借契約が、賃貸人にかなり有利な内容であるとしても、契約を締結した市の判断に相応の合理性があり、裁量権の著しい逸脱ないし濫用はなく、契約に基づく公金の支出に違法な点はないとされた事例（最判平23・12・2判時二一四〇・一四、自治百選[四版]四四）

[148] 広域連合が締結した、し尿中継槽の用地を確保するための土地賃借契約に関する原審の判断には、当該土地の賃借目的や必要性、用地確保の緊急性や困難性といった事情の有無を十分に考慮せず、鑑定評価を経ずに定められた賃料が私的鑑定で適正とされた賃料と比較して高額であることで直ちに契約を違法に締結されたものと評価して、賃料の約定を私法上無効とした点に違法があるとされた事例（最判平25・3・28裁判集民二四三・二四一）→自治二条[2]

[149] 市が、土地開発公社の取得した土地につき、その用途に係る事業計画を変更の上、簿価に基づき正常価格の約一・三五倍の価格で買い取る売買契約を不動産鑑定等を実施せず締結したことが、前記簿価に一定の算定根拠があること等から、明らかに合理性を欠くものとはいえず、適法とされた事例（最判平28・6・27判時二三一四・二五、重判平28行政一）

2 入札による契約

[150] 指名競争入札は、指名業者間での受注価格についての競争により、国の財源を最も効率的に使用できる契約を締結する趣旨の制度であり、参加者間で談合が行われた場合には、制度の根幹が否定される。よって、談合に基づく入札は当然無効であり、これを契約の申込みとする契約も、公序良俗違反性を別途検討するまでもなく、当然無効である。（東京高判平13・2・8審決集四七・六九〇、経済百選[二版]一〇〇）→◘【Ⅲ】[16]、独禁◆【違反行為の私法上の効力】［二六条の後］[4]

151 地方公共団体が、指名競争入札に参加させようとする者を指名するに当たり、①工事現場等への距離が近く現場に関する知識等を有していることから契約の確実な履行が期待できることや、②地元の経済の活性化にも寄与することなどを考慮し、地元企業を優先する指名を行うことについては、その合理性を肯定することができるものの、①又は②の観点からは村内業者と同様の条件を満たす村外業者もあり得るのであり、価格の有利性確保（競争性の低下防止）の観点を考慮すれば、考慮すべき他の諸事情にかかわらず、およそ村内業者では対応できない工事以外の工事は村内業者のみを指名するという運用について、常に合理性があり裁量権の範囲内であるということはできない。（最判平18・10・26判時一九五三・一二二、行政百選Ⅰ[七版]九四）→自治二三四条③

3 随意契約 [21]→自治二条③・二三四条①②・二四二条の二

4 行政上の委託

152 社会保険診療報酬支払基金が保険者等から診療報酬の支払委託を受ける関係は公法上の契約関係であり、基金が右委託を受けたときは、診療担当者に対しその請求に係る診療報酬につき、自ら審査したところに従い、自己の名において支払をする法律上の義務を負う。（最判昭48・12・20民集二七・一一・一五九四、行政百選Ⅰ[七版]四）

5 協定

153 廃棄物処理法の関連諸規定からすると、産業廃棄物処分業者が公害防止協定において、事業や処理施設を将来廃止する旨を約束することは処分業者の自由な判断で行えることであり、その結果、知事の許可が効力を有する期間内に事業や施設が廃止されることがあっても、同法に抵触するものではないので、町と処分業者が締結した公害防止協定における、協定所定の使用期限を超えて廃棄物の処分を行ってはならない旨の定めは、同法の趣旨に違反しない。（最判平21・7・10判時二〇五八・五三、行政百選Ⅰ[七版]九三）

154 公害防止協定の法的性質は、協定上の個々の条項を仔細に検討して決すべきものであるが、一般的には、公害を防止して公共の利益を図るという行政目的を達成するため、行政活動の手段として用いられる特殊な法形式である。（札幌地判昭55・10・14判時九八八・三七〈伊達火力発電所事件〉環境百選[三版]四）

四 行政指導

1 行政手続法における行政指導規定→行手三二条③・三三条①

2 行政指導の不作為と刑事罰→◆【Ⅰ】98

3 行政指導と独禁法→行手◈【行政指導と独禁法】[三六条の二の後]①

◆【Ⅲ 行政上の一般的制度】

一 行政上の義務履行確保制度

1 代執行

1 行政代執行により履行の確保される行政上の義務は、いわゆる「為す義務」たる作為義務のうち代替的なものに限られ、庁舎の明渡しないしは立退きのごとき、いわゆる「与える義務」は含まれない。（大阪高決昭40・10・5行裁一六・一〇・一七五六〈茨木市庁舎事件〉自治百選[三版]四八）

2 違反建築については、消防、防災上極めて危険である場合は別として隣家の日照通風を妨げたというだけでは、代執行の要件に当たるとみるのはかなり疑問であり、また、元来行政上の強制執行は国民の私権に深く関わりを持つものであるから、たとえこれをなすべき法律上の要件を具備したからといって、行政庁が常に必ずこれをなすべき義務と責任を負うものではなく、行政庁の合理的判断に基づく自由裁量に委ねられている。（東京高判昭42・10・26高民二〇・五・四五八）

3 道路管理者である東京都が、新宿西口地下道に動く歩道を設置するための環境整備工事として、路上生活者の段ボール小屋を、居住者を警察官が排除した後に撤去した行為は、道路法七一条に基づき除却命令を発し、行政代執行の手続を採った場合には、命令や行政代執行の戒告の相手方や目的物の特定などの点で困難を来し、実効性が期し難かったと認められるので、やむを得ない事情に基づくものであり、その妨害に対して、業務妨害罪としての要保護性を失わせる法的瑕疵[かし]は認められないとされた事例（最決平14・9・30刑集五六・七・三九五、行政百選Ⅰ[七版]一〇二）→刑二三四条①

2 給付の拒否・公表→⑨、行手三二条②

3 行政罰

イ 違法阻却事由→行手◈【行政指導と独禁法】[三六条の二の後]①

ロ 過失犯の処罰

4 道路交通法七〇条の安全運転義務は、同法の他の各条に定められている運転者の具体的個別的義務を補充する趣旨で設けられているから、同条後段の過失犯処罰の規定は、他の各条に義務違反につき過失犯の処罰が定められていない場合には、その構成要件を満たす限りで適用される。（最判昭48・4・19刑集二七・三・三九九、行政百選Ⅰ[六版]一一七）

5 行政取締法規が行政目的の実現に資するという性格上、行政違反の客観的状態を事実そのものとして予防禁圧しようとし、それゆえ行政義務の履行を強制する手段としての行政罰則も、多くは過失犯をも処罰対象とすることとなり、特に問題の行政違反状態が通常は故意によってではなく、むしろ過失によって生ずることが多いような類のものである場合においてはなおさらであることを考慮すると旧船舶の油による海水の汚濁の防止に関する法律五条が、その内容自体において過失犯をも処罰する法意であることは明らかである。（東京高判昭54・9・20高刑三二・二・一七九……上告審（最決昭57・4・2刑集三六・四・五〇三、刑百選Ⅰ[六版]四九）も同趣旨で上告を棄却）

ハ 業務主処罰

6 旧入場税法（昭和二二法一四二による改正前のもの）一七条の三は、代理人、使用人その他の従業者が入場税を逋脱[ほだつ]し又は逋脱しようとした行為に対し、事業主として右行為者らの選任、監督その他違反行為を防止するために必要な注意を尽くさなかった過失の存在を推定した規定と解すべく、したがって事業主において右に関する注意を尽したことの証明がなされない限り、事業主もまた刑責を免れ得ない。（最大判昭32・11・27刑集一一・一二・三一一三、行政百選Ⅰ[六版]一一八）→刑◈【Ⅰ 犯罪の主体・行為・結果】[三五条の前]③

ニ 共謀共同正犯

7 廃棄物の処理を委託した排出事業者において、受託者が硫酸ピッチ入りドラム缶を不法投棄することを確定的に認識していたわけではないが、不法投棄に及ぶ可能性を強く認識しながら処理を委託した場合、同事業者は、受託者による同ドラム缶の不法投棄について未必の故意による共謀共同正犯の責任を負う。（最決平19・11・14刑集六一・八・七五七、重判平20行政三）

ホ 行政上の秩序罰

8 横浜市空き缶等及び吸い殻等の散乱の防止等に関する条例による喫煙禁止地区における路上喫煙行為については、条例の趣旨からすると、喫煙者が禁止地区と認識しなかったことに過失がない場合には、過料の制裁を科すことはできない。（東京高判平26・6・26判時二二三三・一〇三）

9 足立区反社会的団体の規制に関する条例に基づき報告義務を負う相手方が、報告の公表に伴い構成員に危害が及ぶとの具体的懸念から報告を拒否した事案において、区長は、相手方に合理的で納得性の高い説明を尽くし、権利自由を不当に侵害することのないようできる限り努力したにもかかわらず報告に応じない場合に限って過料に処することができるとき

れた事例（東京高判平25・10・31判時二二一七・三）

[10] [9]の改正条例により区長に報告する義務に違反した場合に団体に課される直接の制裁は過料のみであり、当該義務違反に加え、条例上はその活動により区民の安全等に脅威又は不安を与える場合になされる勧告や勧告に従わない場合の措置命令が予定されており、当該命令に従わないときに発動できる立退命令は、報告義務違反に対する過剰な制裁とはいえない。（東京高判平30・7・18〔平30行コ一五〕）

[11] レンタカー業者は、道路交通法五一条の四第四項所定の放置違反金納付命令の対象となる「車両の使用者」に当たり、また、同条一六項及び一七項によれば、公安委員会は、同命令の後に運転者が反則金を納付した場合、命令を取り消さなければならず、あるいは既納付の放置違反金を還付しなければならないので、命令に先立ち運転者を特定し、責任を追及すべきであったとはいえず、命令が適法とされた事例（広島高岡山支判令3・7・15【令3行コ八】）

へ 併科

[12] 国税通則法六七条に定める重加算税は、行政機関の行政手続により違反者に課されるもので、これによって納税義務違反の発生を防止し、もって徴税の実を挙げようとする趣旨に出た行政上の措置であり、違反者の不正行為の反社会性ないし反道徳性に着目してこれに対する制裁として課される刑罰とは趣旨、性格を異にするから、重加算税のほかに刑罰を科しても憲法三九条に違反しない。（最判昭45・9・11刑集二四・一〇・一三三三）

[13] 法人税法（昭和二五法七二による改正前のもの）四三条の追徴税は過少申告・不申告による納税義務違反の発生を防止するための行政上の措置であるから、罰金を併科しても憲法三九条に反しない。（最大判昭33・4・30民集一二・六・九三八、行政百選Ⅰ[七版]一一一）

[14] 刑訴法一六〇条は秩序罰としての過料を規定したものであり、同法一六一条は刑罰としての罰金、拘留を規定したものであって、両者は目的、要件及び実現の手続を異にし、必ずしも二者択一の関係にないから併科を妨げない。（最判昭39・6・5刑集一八・五・一八九、行政百選Ⅰ[四版]一一三）→刑訴一六〇条[7]

[15] 独禁法違反のカルテル行為について刑事事件で罰金刑が確定し、国から不当利得返還請求訴訟が提起されている場合でも、課徴金の納付を命じることは、憲法三九条、二九条、三一条に反しない。（最判平10・10・13判時一六六二・八三、行政百選Ⅰ[七版]一一二）→独禁七条の二[3]

[16] 課徴金制度は、民法上の不当利得制度と類似する機能は持つが、談合による入札により不当な利得を得た者が独禁法上の課徴金を支払ったことは、国が被った損失が回復されていない場合には、その不当利得返還請求権に影響を及ぼさない。（東京高判平13・2・8審決集四七・六九〇、経済百選[二版]一〇〇）→◘【Ⅱ】[150]

4 民事上の執行

[17] 農業災害補償法により、農業共済組合が組合員に対して有する債権については行政上の強制徴収の手段が認められている以上、民訴法上の強制執行の手段によってこれらの債権の実現を図ることは法の趣旨に反する。（最大判昭41・2・23民集二〇・二・三二〇、行政百選Ⅰ[七版]一〇八）

[18] 市条例に基づく建築工事中止命令に従わない者に対して、市がその履行を求めて提起した工事続行禁止請求訴訟が不適法とされた事例（最判平14・7・9民集五六・六・一一三四〈宝塚市パチンコ店規制条例事件〉行政百選Ⅰ[七版]一〇九）→行訴一条[9]、民訴◘【民事裁判権の限界】［二編名の後］[6]

二 即時執行

[19] 鉄道営業法四二条一項により鉄道係員に付与された排除の権限の行使に当たって、相手方が自発的な退去に応じない場合、又は危険が切迫する等やむを得ない事情がある場合には、警察官の出動を要請するまでもなく、鉄道係員において当該具体的事情に応じて必要最小限度の強制力を用い得る。（最大判昭48・4・25刑集二七・三・四一八〈国労久留米駅事件〉行政百選Ⅰ[七版]九九）→刑三五条[12]

[参考] **鉄道営業法**（明治三三・三・一六法六五）（抜粋）
第四二条【退去強制】 ①左ノ場合ニ於テ鉄道係員ハ旅客及公衆ヲ車外又ハ鉄道地外ニ退去セシムルコトヲ得

一 有効ノ乗車券ヲ所持セス又ハ検査ヲ拒ミ運賃ノ支払ヲ肯セサルトキ

二・三 （略）

四 其ノ他車内ニ於ケル秩序ヲ紊ルノ所為アリタルトキ

② （略）

[20] 退去強制令書に執行者の署名捺印［なついん］を要求した外国人登録令施行規則一九条（昭和二五政二九五による改正前）の趣旨は、執行に関する責任の所在を明らかにするにとどまり、これを令書執行の要件とするものではない。（最判昭25・12・28民集四・一二・六八三、行政百選Ⅱ[三版]一一二）

三 行政調査

1 行政調査と憲法

[21] 現行犯の場合には裁判官の許可なく捜索・押収をなす権限を収税官吏に認めている国税犯則取締法三条一項［平成二九法四による改正後の国税通則法一三五条一項］は憲法三五条に違反しない。（最大判昭30・4・27刑集九・五・九二四、行政百選Ⅰ[六版]一〇八）→憲三五条[6]

[22] 憲法三五条一項の規定は、本来、主として刑事責任追及の手続における強制について、それが司法権による事前の抑制の下におかれるべきことを保障した趣旨であるが、当該手続が刑事責任追及を目的とするものでないとの理由のみで、その手続における一切の強制が当然に右規定による保障の枠外にあると判断することは相当ではない。（最大判昭47・11・22刑集二六・九・五五四〈川崎民商事件〉行政百選Ⅰ[七版]一〇三）→憲三五条[7]〜[9]

2 行政調査と犯罪捜査

[23] 法人税法一五六条［現・国税通則法七四条の八］によれば、同法一五三条ないし一五五条の規定する税務調査の質問・検査の権限は、犯罪の証拠資料を取得収集し、保全するためなど、犯則事件の調査あるいは捜査のための手段として行使することは許されない。しかし、質問・検査権限の行使に当たって、取得収集される証拠資料が後に犯則事件の証拠として利用されることが想定できたとしても、そのことによって直ちに、質問・検査権限が犯則事件の調査あるいは捜査のための手段として行使されたことにはならない。〔平成二三法一一四による法人税法改正前の事案。現在は質問検査権については国税通則法に規定されている〕（最決平16・1・20刑集五八・一・二六、行政百選Ⅰ[七版]一〇五）

3 質問検査の方法

[24] 質問検査の範囲、程度、時期、場所等実定法上特段の定めのない実施の細目については、質問検査の必要があり、かつ、これと相手方の私的利益との衡量において社会通念上相当な限度にとどまる限り、権限ある税務職員の合理的な選択に委ねられているものと解され、その理由、必要性の具体的告知も法律上一律の要件とされているものではない。（最決昭48・7・10刑集二七・七・一二〇五〈荒川民商事件〉行政百選Ⅰ[七版]一〇四）

[25] 任意捜査における有形力の行使は、個人の意思を制圧し、身体、財産等に制約を加えて強制的に捜査目的を実現する行為など特別の根拠規定がなければ許容することが相当でない手段にわたらない限り、必要性、緊急性を考慮して、具体的事情の下で相当と認められる限度で許される。（最決昭51・3・16刑集三〇・二・一八七、刑訴百選[一〇版]一……事案は呼気検査）→刑訴一九七条[7]

[26] 職務質問に付随して行う所持品検査は、所持人の承諾を得て、その限度においてこれを行うのが原則であるが、捜索に至らない程度の行為は、強制にわたらない限り、所持品検査

の必要性、緊急性、これによって侵害される個人の法益と保護されるべき公共の利益との権衡などを考慮し、具体的状況の下で相当と認められる限度で許容される場合がある。（最判昭53・6・20刑集三二・四・六七〇、行政百選Ⅰ[七版]一〇六）↓刑訴一九七条㉒

㉗ 前出㉖と同旨（最判昭53・9・7刑集三二・六・一六七二、行政百選Ⅰ[六版]一一二）↓刑訴一九七条㉓

㉘ 警察法二条一項が「交通の取締」を警察の責務として定めていることに照らすと、交通の安全及び交通秩序の維持などに必要な警察の諸活動は、強制力を伴わない任意手段による限り、一般的に許容されるべきものであるが、それが国民の権利、自由の干渉にわたるおそれのある事項にかかわる場合には、任意手段によるからといって無制限に許されるべきものでないことも同条二項及び警職法一条などの趣旨に鑑み明らかである。（最決昭55・9・22刑集三四・五・二七二、行政百選Ⅰ[七版]一〇七……事案は自動車の一斉検問）↓刑訴一九七条㉑

㉙ 警察官は、異常な挙動その他周囲の事情から合理的に判断して何らかの犯罪を犯したと疑うに足りる相当の理由のある者を停止させて質問し、また、現行犯人を現認した場合には速やかに検挙又は逮捕に当たる職責を負うから、右職責を遂行する目的のために被疑者をパトカーで追跡することも許される。（最判昭61・2・27民集四〇・一・一二四、行政百選Ⅱ[七版]二一六）

㉚ 巡査から挙動不審者として職務質問を受け、派出所まで任意同行を求められた者が、突如逃走した場合に、巡査が単に職務質問をしようとして追跡しただけでは、人の自由を拘束したものではなく、巡査の職務行為として適法である。（最判昭30・7・19刑集九・九・一九〇八）

4 行政調査の違法と課税処分の効力

㉛ 課税処分は課税標準の存在を根拠としてなされるものであるから、その適否は、原則として客観的な課税要件の存否によって決せられるべきものである。仮に、税務調査手続に何らかの違法があったとしても、それが全く調査を欠き、あるいは公序良俗に違反する方法で課税処分の基礎となる資料を収集したなどの重大なものでない限り、課税処分の取消理由とはならない。（大阪地判平2・4・11判時一三六六・二八）

四 行政手続↓行手[判]

◆【Ⅳ 行政過程における私人】

一 申請等の効果

[1] 公衆浴場法に基づく営業許可申請において、いずれも許可基準を満たす競願関係が生じた場合には、行政庁はその申請の前後により先願者に許可を与えなければならず、その先願後願の関係は、申請書の提出の時を基準とすべきで、申請の受付ないし受理というような行政庁の行為によって定めるべきものではない。（最判昭47・5・19民集二六・四・六九八、行政百選Ⅰ[七版]六四）

[2] 公認会計士たる地位の喪失は、公認会計士がその業務を廃止した時ではなく、協会がこれに基づいて登録を抹消した時に生じるものと解するのが公認会計士法の趣旨、目的に合致する。（最判昭50・9・26民集二九・八・一三三八、行政百選Ⅰ[七版]一二七）

[3] 土地改良法に基づく共同施行の土地改良事業において、換地計画を定めるにつき所有権等の権利を有する者全員の同意を要件としているのは、権利者の保護を第一義とする趣旨であるから、各権利者は換地計画に同意すべき法律上の義務を負わない。（最判昭59・1・31民集三八・一・三〇、行政百選Ⅰ[七版]一二九）

[4] 国籍法一〇条の規定により国籍離脱の効力が生じるためには、その者が二重国籍であること及び法務大臣に対する届出がなされることを要するから、国籍離脱届が提出され、大臣によって受理及びその告示がなされたとしても、その後、認知の無効の審判によりもともと外国の国籍を有する者でなかったことになった場合には、国籍離脱の効力が生じる余地はない。（東京高判平4・4・15行裁四三・四・六三二……昭和五九法四五による国籍法改正前の事案）

[5] 戸籍事務管掌者は、戸籍の届出について法令違反の有無を審査する権限を有するが、裁判所の確定審判に基づく戸籍の届出の場合には、その審判に関する審査の範囲は審判の無効をもたらす重大な法令違反の有無に限られるので、親権者変更の確定審判に基づく戸籍の届出については、当該審判が無効のためその判断内容に係る効力が生じない場合を除き、当該審判の法令違反を理由に不受理とする処分はできない。（最決平26・4・14民集六八・四・二七九、重判平26行政一〇）

二 申請等の瑕疵［かし］

[6] 国籍離脱の届出が本人の意思に基づかず、父の名義でなされた場合には、届出は無効であり、右国籍離脱を前提としてなされた国籍回復に関する許可も無効である。（最大判昭32・7・20民集一一・七・一三一四、行政百選Ⅱ[四版]一三五）↓民訴一三四条の二[1]

[7] 所得税法が更正の請求の制度を設けているのは、申告の過誤の是正は法律が特に認めた場合に限る趣旨であるから、確定申告書の記載内容の過誤の是正については、その錯誤が客観的に明白かつ重大であって、法の定めた方法以外にその是正を許さないならば、納税義務者の利益を著しく害すると認められる特段の場合でなければ記載内容の錯誤を主張することは許されない。（最判昭39・10・22民集一八・八・一七六二、行政百選Ⅰ[七版]一二五）

[8] 納税義務者本人が第三者名義でその納税申告をすることは法の全く予定しないところであり、外観上一見して納税義務者本人の通称ないし別名と判断できるような場合でない限り、本人の申告としての効果は生じない。（最判昭46・3・30刑集二五・二・三五九、行政百選Ⅰ[七版]一二六）

[9] 納税者が税理士に納税申告の手続を委任した場合、納税者本人において、税理士が隠蔽仮装行為による過少申告を行うことを認識し、又は容易に認識することができた場合には、当該行為は納税者本人の行為と同視することができ、国税通則法六八条一項所定の重加算税賦課の対象となるが、税理士の選任監督につき納税者に何らかの落ち度があるというだけでは、当該行為を本人の行為と同視することはできない。（最判平18・4・25民集六〇・四・一七二八、租税百選[七版]一〇〇）

三 申請等の撤回

[10] 公務員の退職願は、それ自体で独立に法的意義を有する行為ではないから、免職辞令の交付前はこれを撤回することは自由であるが、信義に反すると認められるような特段の事情のある場合には、その撤回は許されない。（最判昭34・6・26民集一三・六・八四六、行政百選Ⅰ[七版]一二八）

四 第三者による権限行使の請求

[11] 弁護士法五八条一項に基づく懲戒請求が事実上又は法律上の根拠を欠く場合において、請求者が、そのことを知りながら又は通常人であれば普通の注意を払うことによりそのことを知り得たのに、あえて懲戒を請求するなど、懲戒請求が弁護士懲戒制度の趣旨目的に照らし相当性を欠くと認められるときには、違法な懲戒請求として不法行為を構成する。（最判平19・4・24民集六一・三・一一〇二、重判平19民一二）↓独禁四五条[1]

○内閣法（昭和二二・一・一六 法五）

施行 昭和二二・五・三（附則参照）
最終改正 令和四法四三

第一条【職権、連帯責任】① 内閣は、国民主権の理念にのっとり、日本国憲法第七十三条その他日本国憲法に定める職権を行う。
② 内閣は、行政権の行使について、全国民を代表する議員からなる国会に対し連帯して責任を負う。

第二条【組織、国務大臣の数】① 内閣は、国会の指名に基づいて任命された首長たる内閣総理大臣及び内閣総理大臣により任命された国務大臣をもつて、これを組織する。
② 前項の国務大臣の数は、十四人以内とする。ただし、特別に必要がある場合においては、三人を限度にその数を増加し、十七人以内とすることができる。

第三条【行政事務の分担管理、無任所大臣】① 各大臣は、別に法律の定めるところにより、主任の大臣として、行政事務を分担管理する。
② 前項の規定は、行政事務を分担管理しない大臣の存することを妨げるものではない。

第四条【閣議】① 内閣がその職権を行うのは、閣議によるものとする。
② 閣議は、内閣総理大臣がこれを主宰する。この場合において、内閣総理大臣は、内閣の重要政策に関する基本的な方針その他の案件を発議することができる。
③ 各大臣は、案件の如何を問わず、内閣総理大臣に提出して、閣議を求めることができる。

第五条【内閣の代表】内閣総理大臣は、内閣を代表して内閣提出の法律案、予算その他の議案を国会に提出し、一般国務及び外交関係について国会に報告する。

第六条【行政各部の指揮監督】内閣総理大臣は、閣議にかけて決定した方針に基いて、行政各部を指揮監督する。

第七条【権限疑義の裁定】主任の大臣の間における権限についての疑義は、内閣総理大臣が、閣議にかけて、これを裁定する。

第八条【中止権】内閣総理大臣は、行政各部の処分又は命令を中止せしめ、内閣の処置を待つことができる。

第九条【内閣総理大臣の臨時代理】内閣総理大臣に事故のあるとき、又は内閣総理大臣が欠けたときは、その予め指定する国務大臣が、臨時に、内閣総理大臣の職務を行う。

第一〇条【主任国務大臣の臨時代理】主任の国務大臣に事故のあるとき、又は主任の国務大臣が欠けたときは、内閣総理大臣又はその指定する国務大臣が、臨時に、その主任の国務大臣の職務を行う。

第一一条【政令の限界】政令には、法律の委任がなければ、義務を課し、又は権利を制限する規定を設けることができない。

第一二条【内閣官房等の設置】① 内閣に、内閣官房を置く。
② 内閣官房は、次に掲げる事務をつかさどる。
一 閣議事項の整理その他内閣の庶務
二 内閣の重要政策に関する基本的な方針に関する企画及び立案並びに総合調整に関する事務
三 閣議に係る重要事項に関する企画及び立案並びに総合調整に関する事務
四 行政各部の施策の統一を図るために必要となる企画及び立案並びに総合調整に関する事務
五 前三号に掲げるもののほか、行政各部の施策に関するその統一保持上必要な企画及び立案並びに総合調整に関する事務
六 内閣の重要政策に関する情報の収集調査に関する事務
七 国家公務員に関する制度の企画及び立案に関する事務
八 国家公務員法（昭和二十二年法律第百二十号）第十八条の二（独立行政法人通則法（平成十一年法律第百三号）第五十四条第一項において準用する場合を含む。）に規定する事務に関する事務
九 国家公務員の退職手当制度に関する事務
十 特別職の国家公務員の給与制度に関する事務
十一 国家公務員の総人件費の基本方針及び人件費予算の配分の方針の企画及び立案並びに調整に関する事務
十二 第七号から前号までに掲げるもののほか、国家公務員の人事行政に関する事務（他の行政機関の所掌に属するものを除く。）
十三 行政機関の機構及び定員に関する企画及び立案並びに調整に関する事務
十四 各行政機関の機構の新設、改正及び廃止並びに定員の設置、増減及び廃止に関する審査を行う事務
③ 前項の外、内閣官房は、政令の定めるところにより、内閣の事務を助ける。
④ 内閣官房の外、内閣に、別に法律の定めるところにより、必要な機関を置き、内閣の事務を助けしめることができる。

第一三条【内閣官房長官】① 内閣官房に内閣官房長官一人を置く。
② 内閣官房長官は、国務大臣をもつて充てる。
③ 内閣官房長官は、内閣官房の事務を統轄し、所部の職員の服務につき、これを統督する。

第一四条【内閣官房副長官】① 内閣官房に、内閣官房副長官三人を置く。
② 内閣官房副長官の任免は、天皇がこれを認証する。
③ 内閣官房副長官は、内閣官房長官の職務を助け、命を受けて内閣官房の事務（内閣人事局の所掌に属するものを除く。）をつかさどり、及びあらかじめ内閣官房長官の定めるところにより内閣官房長官不在の場合その職務を代行する。

第一五条【内閣危機管理監】① 内閣官房に、内閣危機管理監一人を置く。
② 内閣危機管理監は、内閣官房長官及び内閣官房副長官を助け、命を受けて第十二条第二項第一号から第六号までに掲げる事務のうち危機管理（国民の生命、身体又は財産に重大な被害が生じ、又は生じるおそれがある緊急の事態への対処及び当該事態の発生の防止をいう。次条第二項第一号において同じ。）に関するもの（国の防衛に関するものを除く。）を統理する。
③ 内閣危機管理監の任免は、内閣総理大臣の申出により、内閣において行う。
④ 国家公務員法第九十六条第一項、第九十八条第一項、第九十九条並びに第百条第一項及び第二項の規定は、内閣危機管理監の服務について準用する。
⑤ 内閣危機管理監は、在任中、内閣総理大臣の許可がある場合を除き、報酬を得て他の職務に従事し、又は営利事業を営み、その他金銭上の利益を目的とする業務を行つてはならない。

第一六条【国家安全保障局】① 内閣官房に、国家安全保障局を置く。
② 国家安全保障局は、次に掲げる事務をつかさどる。
一 第十二条第二項第二号から第五号までに掲げる事務のうち我が国の安全保障（第二十一条第三項において「国家安全保障」という。）に関する外交政策、防衛政策及び経済政策の基本方針並びにこれらの政策に関する重要事項に関するもの（危機管理に関するもの並びに内閣広報官及び内閣情報官の所掌に属するものを除く。）
二 国家安全保障会議設置法（昭和六十一年法律第七十一号）第十二条の規定により国家安全保障局が処理することとされた国家安全保障会議の事務
三 国家安全保障会議設置法第六条の規定により国家安全保障会議に提供された資料又は情報その他の前二号に掲げる事務に係る資料又は情報を総合して整理する事務
③ 国家安全保障局に、国家安全保障局長を置く。
④ 国家安全保障局長は、内閣官房長官及び内閣官房副長官を助け、命を受けて局務を掌理する。

⑤　前条第三項から第五項までの規定は、国家安全保障局長について準用する。
⑥　国家安全保障局に、国家安全保障局次長二人を置く。
⑦　国家安全保障局次長は、国家安全保障局長を助け、局務を整理するものとし、内閣総理大臣が内閣官房副長官補の中から指名する者をもつて充てる。

第一七条【内閣官房副長官補】①　内閣官房に、内閣官房副長官補三人を置く。
②　内閣官房副長官補は、内閣官房長官、内閣官房副長官及び内閣危機管理監を助け、命を受けて内閣官房の事務（第十二条第二項第一号に掲げるもの並びに国家安全保障局、内閣広報官、内閣情報官及び内閣人事局の所掌に属するものを除く。）を掌理する。
③　第十五条第三項から第五項までの規定は、内閣官房副長官補について準用する。

第一八条【内閣広報官】①　内閣官房に、内閣広報官一人を置く。
②　内閣広報官は、内閣官房長官、内閣官房副長官及び内閣危機管理監を助け、第十二条第二項第二号から第五号までに掲げる事務について必要な広報に関することを処理するほか、同項第二号から第五号までに掲げる事務のうち広報に関するものを掌理する。
③　第十五条第三項から第五項までの規定は、内閣広報官について準用する。

第一九条【内閣情報官】①　内閣官房に、内閣情報官一人を置く。
②　内閣情報官は、内閣官房長官、内閣官房副長官及び内閣危機管理監を助け、第十二条第二項第二号から第五号までに掲げる事務のうち特定秘密（特定秘密の保護に関する法律（平成二十五年法律第百八号）第三条第一項に規定する特定秘密をいう。）の保護に関するもの（内閣広報官の所掌に属するものを除く。）及び第十二条第二項第六号に掲げる事務を掌理する。
③　第十五条第三項から第五項までの規定は、内閣情報官について準用する。

第二〇条【内閣人事局】①　内閣官房に、内閣人事局を置く。
②　内閣人事局は、第十二条第二項第七号から第十四号までに掲げる事務をつかさどる。
③　内閣人事局に、内閣人事局長を置く。
④　内閣人事局長は、内閣官房長官を助け、命を受けて局務を掌理するものとし、内閣総理大臣が内閣官房副長官の中から指名する者をもつて充てる。

第二一条【内閣総理大臣補佐官】①　内閣官房に、内閣総理大臣補佐官五人以内を置く。
②　内閣総理大臣補佐官は、内閣総理大臣の命を受け、国家として戦略的に推進すべき基本的な施策その他の内閣の重要政策のうち特定のものに係る内閣総理大臣の行う企画及び立案について、内閣総理大臣を補佐する。
③　内閣総理大臣は、内閣総理大臣補佐官の中から、国家安全保障に関する重要政策を担当する者を指定するものとする。
④　内閣総理大臣補佐官は、非常勤とすることができる。
⑤　第十五条第三項及び第四項の規定は内閣総理大臣補佐官について、同条第五項の規定は常勤の内閣総理大臣補佐官について準用する。

第二二条【秘書官】①　内閣官房に、内閣総理大臣に附属する秘書官並びに内閣総理大臣及び各省大臣以外の各国務大臣に附属する秘書官を置く。
②　前項の秘書官の定数は、政令で定める。
③　第一項の秘書官で、内閣総理大臣に附属する秘書官は、内閣総理大臣の、国務大臣に附属する秘書官は、国務大臣の命を受け、機密に関する事務をつかさどり、又は臨時に命を受け内閣官房その他関係各部局の事務を助ける。

第二三条【内閣事務官】①　内閣官房に、内閣事務官その他所要の職員を置く。
②　内閣事務官は、命を受けて内閣官房の事務を整理する。

第二四条【内閣官房の内部組織】　この法律に定めるもののほか、内閣官房の所掌事務を遂行するため必要な内部組織については、政令で定める。

第二五条【内閣官房の主任の大臣】①　内閣官房に係る事項については、この法律にいう主任の大臣は、内閣総理大臣とする。
②　内閣総理大臣は、内閣官房に係る主任の行政事務について、法律又は政令の制定、改正又は廃止を必要と認めるときは、案をそなえて、閣議を求めなければならない。
③　内閣総理大臣は、内閣官房に係る主任の行政事務について、法律若しくは政令を施行するため、又は法律若しくは政令の特別の委任に基づいて、内閣官房の命令として内閣官房令を発することができる。
④　内閣官房令には、法律の委任がなければ、罰則を設け、又は義務を課し、若しくは国民の権利を制限する規定を設けることができない。
⑤　内閣総理大臣は、内閣官房の所掌事務について、公示を必要とする場合においては、告示を発することができる。
⑥　内閣総理大臣は、内閣官房の所掌事務について、命令又は示達をするため、所管の諸機関及び職員に対し、訓令又は通達を発することができる。

第二六条【内閣人事局の事務の分掌】　内閣総理大臣は、管区行政評価局及び沖縄行政評価事務所に、内閣官房の所掌事務のうち、第十二条第二項第十三号及び第十四号に掲げる事務に関する調査並びに資料の収集及び整理に関する事務を分掌させることができる。

附　則（抄）

①　この法律は、日本国憲法施行の日（昭和二二・五・三）から、これを施行する。
②　復興庁が廃止されるまでの間における第二条第二項の規定の適用については、同項中「十四人」とあるのは「十五人」と、同項ただし書中「十七人」とあるのは「十八人」とする。
③　国際博覧会推進本部が置かれている間における第二条第二項の規定の適用については、前項の規定にかかわらず、同条第二項中「十四人」とあるのは「十六人」と、同項ただし書中「十七人」とあるのは「十九人」とする。
⑤　内閣人事局は、第二十条第二項に規定する事務のほか、当分の間、国家公務員制度改革基本法（平成二十年法律第六十八号）第二章に定める基本方針に基づいて行う国家公務員制度改革の推進に関する企画及び立案並びに当該国家公務員制度改革に関する施策の実施の推進に関する事務をつかさどる。

○国家行政組織法（昭和二三・七・一〇 法一二〇）

施行 昭和二四・六・一（附則参照）
最終改正 令和三法三六

（目的）
第一条 この法律は、内閣の統轄の下における行政機関で内閣府及びデジタル庁以外のもの（以下「国の行政機関」という。）の組織の基準を定め、もつて国の行政事務の能率的な遂行のために必要な国家行政組織を整えることを目的とする。

（組織の構成）
第二条① 国家行政組織は、内閣の統轄の下に、内閣府及びデジタル庁の組織と共に、任務及びこれを達成するため必要となる明確な範囲の所掌事務を有する行政機関の全体によつて、系統的に構成されなければならない。
② 国の行政機関は、内閣の統轄の下に、その政策について、自ら評価し、企画及び立案を行い、並びに国の行政機関相互の調整を図るとともに、その相互の連絡を図り、全て、一体として、行政機能を発揮するようにしなければならない。内閣府及びデジタル庁との政策についての調整及び連絡についても、同様とする。

（行政機関の設置、廃止、任務及び所掌事務）
第三条① 国の行政機関の組織は、この法律でこれを定めるものとする。
② 行政組織のため置かれる国の行政機関は、省、委員会及び庁とし、その設置及び廃止は、別に法律の定めるところによる。
③ 省は、内閣の統轄の下に第五条第一項の規定により各省大臣の分担管理する行政事務及び同条第二項の規定により当該大臣が掌理する行政事務をつかさどる機関として置かれるものとし、委員会及び庁は、省に、その外局として置かれるものとする。
④ 第二項の国の行政機関として置かれるものは、別表第一にこれを掲げる。

第四条 前条の国の行政機関の任務及びこれを達成するため必要となる所掌事務の範囲は、別に法律でこれを定める。

（行政機関の長）
第五条① 各省の長は、それぞれ各省大臣とし、内閣法（昭和二十二年法律第五号）にいう主任の大臣として、それぞれ行政事務を分担管理する。
② 各省大臣は、前項の規定により行政事務を分担管理するほか、それぞれ、その分担管理する行政事務に係る各省の任務に関連する特定の内閣の重要政策について、当該重要政策に関して閣議において決定された基本的な方針に基づいて、行政各部の施策の統一を図るために必要となる企画及び立案並びに総合調整に関する事務を掌理する。
③ 各省大臣は、国務大臣のうちから、内閣総理大臣が命ずる。ただし、内閣総理大臣が自ら当たることを妨げない。

第六条 委員会の長は、委員長とし、庁の長は、長官とする。

（内部部局）
第七条① 省には、その所掌事務を遂行するため、官房及び局を置く。
② 前項の官房又は局には、特に必要がある場合においては、部を置くことができる。
③ 庁には、その所掌事務を遂行するため、官房及び部を置くことができる。
④ 官房、局及び部の設置及び所掌事務の範囲は、政令でこれを定める。
⑤ 庁、官房、局及び部（その所掌事務が主として政策の実施に係るものである庁として別表第二に掲げるもの（以下「実施庁」という。）並びにこれに置かれる官房及び部を除く。）には、課及びこれに準ずる室を置くことができるものとし、これらの設置及び所掌事務の範囲は、政令でこれを定める。
⑥ 実施庁並びにこれに置かれる官房及び部には、政令の定める数の範囲内において、課及びこれに準ずる室を置くことができるものとし、これらの設置及び所掌事務の範囲は、省令でこれを定める。
⑦ 委員会には、法律の定めるところにより、事務局を置くことができる。第三項から第五項までの規定は、事務局の内部組織について、これを準用する。
⑧ 委員会には、特に必要がある場合においては、法律の定めるところにより、事務総局を置くことができる。

（審議会等）
第八条 第三条の国の行政機関には、法律の定める所掌事務の範囲内で、法律又は政令の定めるところにより、重要事項に関する調査審議、不服審査その他学識経験を有する者等の合議により処理することが適当な事務をつかさどらせるための合議制の機関を置くことができる。

（施設等機関）
第八条の二 第三条の国の行政機関には、法律の定める所掌事務の範囲内で、法律又は政令の定めるところにより、試験研究機関、検査検定機関、文教研修施設（これらに類する機関及び施設を含む。）、医療更生施設、矯正収容施設及び作業施設を置くことができる。

（特別の機関）
第八条の三 第三条の国の行政機関には、特に必要がある場合においては、前二条に規定するもののほか、法律の定める所掌事務の範囲内で、法律の定めるところにより、特別の機関を置くことができる。

（地方支分部局）
第九条 第三条の国の行政機関には、その所掌事務を分掌させる必要がある場合においては、法律の定めるところにより、地方支分部局を置くことができる。

（行政機関の長の権限）
第一〇条 各省大臣、各委員会の委員長及び各庁の長官は、その機関の事務を統括し、職員の服務について、これを統督する。

第一一条 各省大臣は、主任の行政事務について、法律又は政令の制定、改正又は廃止を必要と認めるときは、案をそなえて、内閣総理大臣に提出して、閣議を求めなければならない。

第一二条① 各省大臣は、主任の行政事務について、法律若しくは政令を施行するため、又は法律若しくは政令の特別の委任に基づいて、それぞれその機関の命令として省令を発することができる。
② 各外局の長は、その機関の所掌事務について、それぞれ主任の各省大臣に対し、案をそなえて、省令を発することを求めることができる。
③ 省令には、法律の委任がなければ、罰則を設け、又は義務を課し、若しくは国民の権利を制限する規定を設けることができない。

第一三条① 各委員会及び各庁の長官は、別に法律の定めるところにより、政令及び省令以外の規則その他の特別の命令を自ら発することができる。
② 前条第三項の規定は、前項の命令に、これを準用する。

第一四条① 各省大臣、各委員会及び各庁の長官は、その機関の所掌事務について、公示を必要とする場合においては、告示を発することができる。
② 各省大臣、各委員会及び各庁の長官は、その機関の所掌事務について、命令又は示達をするため、所管の諸機関及び職員に対し、訓令又は通達を発することができる。

第一五条 各省大臣、各委員会及び各庁の長官は、その機関の任務（各省にあつては、各省大臣が主任の大臣として分担管理する行政事務に係るものに限る。）を遂行するため政策について行政機関相互の調整を図る必要があると認めるときは、その必要性を明らかにした上で、関係行政機関の長に対し、必要な資料の提出及び説明を求め、並びに当該関係行政機関の政策に関し意見を述べることができる。

第一五条の二① 各省大臣は、第五条第二項に規定する事務の遂行のため必要があると認めるときは、関係行政機関の長に対し、必要な資料の提出及び説明を求めることができる。

② 各省大臣は、第五条第二項に規定する事務の遂行のため特に必要があると認めるときは、関係行政機関の長に対し、勧告することができる。

③ 各省大臣は、前項の規定により関係行政機関の長に対し勧告したときは、当該関係行政機関の長に対し、その勧告に基づいてとつた措置について報告を求めることができる。

④ 各省大臣は、第二項の規定により勧告した事項に関し特に必要があると認めるときは、内閣総理大臣に対し、当該事項について内閣法第六条の規定による措置がとられるよう意見を具申することができる。

（副大臣）

第一六条① 各省に副大臣を置く。

② 副大臣の定数は、それぞれ別表第三の副大臣の定数の欄に定めるところによる。

③ 副大臣は、その省の長である大臣の命を受け、政策及び企画をつかさどり、政務を処理し、並びにあらかじめその省の長である大臣の命を受けて大臣不在の場合その職務を代行する。

④ 副大臣が二人置かれた省においては、各副大臣の行う前項の職務の範囲及び職務代行の順序については、その省の長である大臣の定めるところによる。

⑤ 副大臣の任免は、その省の長である大臣の申出により内閣が行い、天皇がこれを認証する。

⑥ 副大臣は、内閣総辞職の場合においては、内閣総理大臣その他の国務大臣がすべてその地位を失つたときに、これと同時にその地位を失う。

（大臣政務官）

第一七条① 各省に大臣政務官を置く。

② 大臣政務官の定数は、それぞれ別表第三の大臣政務官の定数の欄に定めるところによる。

③ 大臣政務官は、その省の長である大臣を助け、特定の政策及び企画に参画し、政務を処理する。

④ 各大臣政務官の行う前項の職務の範囲については、その省の長である大臣の定めるところによる。

⑤ 大臣政務官の任免は、その省の長である大臣の申出により、内閣がこれを行う。

⑥ 前条第六項の規定は、大臣政務官について、これを準用する。

（大臣補佐官）

第一七条の二① 各省に、特に必要がある場合においては、大臣補佐官一人を置くことができる。

② 大臣補佐官は、その省の長である大臣の命を受け、特定の政策に係るその省の長である大臣の行う企画及び立案並びに政務に関し、その省の長である大臣を補佐する。

③ 大臣補佐官の任免は、その省の長である大臣の申出により、内閣がこれを行う。

④ 大臣補佐官は、非常勤とすることができる。

⑤ 国家公務員法（昭和二十二年法律第百二十号）第九十六条第一項、第九十八条第一項、第九十九条並びに第百条第一項及び第二項の規定は、大臣補佐官の服務について準用する。

⑥ 常勤の大臣補佐官は、在任中、その省の長である大臣の許可がある場合を除き、報酬を得て他の職務に従事し、又は営利事業を営み、その他金銭上の利益を目的とする業務を行つてはならない。

（事務次官及び庁の次長等）

第一八条① 各省には、事務次官一人を置く。

② 事務次官は、その省の長である大臣を助け、省務を整理し、各部局及び機関の事務を監督する。

③ 各庁には、特に必要がある場合においては、長官を助け、庁務を整理する職として次長を置くことができるものとし、その設置及び定数は、政令でこれを定める。

④ 各省及び各庁には、特に必要がある場合においては、その所掌事務の一部を総括整理する職を置くことができるものとし、その設置、職務及び定数は、法律（庁にあつては、政令）でこれを定める。

（秘書官）

第一九条① 各省に秘書官を置く。

② 秘書官の定数は、政令でこれを定める。

③ 秘書官は、それぞれ各省大臣の命を受け、機密に関する事務を掌り、又は臨時命を受け各部局の事務を助ける。

（官房及び局の所掌に属しない事務をつかさどる職等）

第二〇条① 各省には、特に必要がある場合においては、官房及び局の所掌に属しない事務の能率的な遂行のためこれを所掌する職で局長に準ずるものを置くことができるものとし、その設置、職務及び定数は、政令でこれを定める。

② 各庁には、特に必要がある場合においては、官房及び部の所掌に属しない事務の能率的な遂行のためこれを所掌する職で部長に準ずるものを置くことができるものとし、その設置、職務及び定数は、政令でこれを定める。

③ 各省及び各庁（実施庁を除く。）には、特に必要がある場合においては、前二項の職のつかさどる職務の全部又は一部を助ける職で課長に準ずるものを置くことができるものとし、その設置、職務及び定数は、政令でこれを定める。

④ 実施庁には、特に必要がある場合においては、政令の定める数の範囲内において、第二項の職のつかさどる職務の全部又は一部を助ける職で課長に準ずるものを置くことができるものとし、その設置、職務及び定数は、省令でこれを定める。

（内部部局の職）

第二一条① 委員会の事務局並びに局、部、課及び課に準ずる室に、それぞれ事務局長並びに局長、部長、課長及び室長を置く。

② 官房には、長を置くことができるものとし、その設置及び職務は、政令でこれを定める。

③ 局、部又は委員会の事務局には、次長を置くことができるものとし、その設置、職務及び定数は、政令でこれを定める。

④ 官房、局若しくは部（実施庁に置かれる官房及び部を除く。）又は委員会の事務局には、その所掌事務の一部を総括整理する職又は課（課に準ずる室を含む。）の所掌に属しない事務の能率的な遂行のためこれを所掌する職で課長に準ずるものを置くことができるものとし、これらの設置、職務及び定数は、政令でこれを定める。官房又は部を置かない庁（実施庁を除く。）にこれらの職に相当する職を置くときも、同様とする。

⑤ 実施庁に置かれる官房又は部には、政令の定める数の範囲内において、その所掌事務の一部を総括整理する職又は課（課に準ずる室を含む。）の所掌に属しない事務の能率的な遂行のためこれを所掌する職で課長に準ずるものを置くことができるものとし、これらの設置、職務及び定数は、省令でこれを定める。官房又は部を置かない実施庁にこれらの職に相当する職を置くときも、同様とする。

第二二条 削除

（官房及び局の数）

第二三条 第七条第一項の規定に基づき置かれる官房及び局の数は、内閣府設置法（平成十一年法律第八十九号）第十七条第一項の規定に基づき置かれる官房及び局の数と合わせて、九十七以内とする。

第二四条 削除

（国会への報告等）

第二五条① 政府は、第七条第四項（同条第七項において準用する場合を含む。）、第八条、第八条の二、第十八条第三項若しくは第四項、第二十条第一項若しくは第二項又は第二十一条第二項若しくは第三項の規定により政令で設置される組織その他これらに準ずる主要な組織につき、その新設、改正及び廃止をしたときは、その状況を次の国会に報告しなければならない。

② 政府は、少なくとも毎年一回国の行政機関の組織の一覧表を官報で公示するものとする。

附　則

第二六条 この法律は、昭和二十四年六月一日から、これを施行する。但し、第二十七条の規定は、公布の日から、これを施行する。

第二七条 この法律の施行に関し必要な細目は、他に別段の定のある場合を除く外、政令でこれを定める。

別表第一（第三条関係）

省	委員会	庁
総務省	公害等調整委員会	消防庁
法務省	公安審査委員会	出入国在留管理庁 公安調査庁
外務省		
財務省		国税庁
文部科学省		スポーツ庁 文化庁
厚生労働省	中央労働委員会	
農林水産省		林野庁 水産庁
経済産業省		資源エネルギー庁 特許庁 中小企業庁
国土交通省	運輸安全委員会	観光庁 気象庁 海上保安庁
環境省	原子力規制委員会	
防衛省		防衛装備庁

別表第二（第七条関係）

省	副大臣の定数	大臣政務官の定数
総務省	二人	三人
法務省	一人	一人
外務省	二人	三人
財務省	二人	二人
文部科学省	二人	二人
厚生労働省	二人	二人
農林水産省	二人	二人
経済産業省	二人	二人
国土交通省	二人	三人
環境省	二人	二人
防衛省	一人	二人

別表第三（第十六条、第十七条関係）

公安調査庁
国税庁
特許庁
気象庁
海上保安庁

○国家公務員法（抄）（昭和二二・一〇・二一 法 一二〇）

施行 昭和二三・七・一（附則）
最終改正 令和四法六八

目次

第一章 総則

（この法律の目的及び効力）

第一条① この法律は、国家公務員たる職員について適用すべき各般の根本基準（職員の福祉及び利益を保護するための適切な措置を含む。）を確立し、職員がその職務の遂行に当り、最大の能率を発揮し得るように、民主的な方法で、選択され、且つ、指導さるべきことを定め、以て国民に対し、公務の民主的且つ能率的な運営を保障することを目的とする。

② この法律は、もつぱら日本国憲法第七十三条にいう官吏に関する事務を掌理する基準を定めるものである。

③ 何人も、故意に、この法律又はこの法律に基づく命令に違反し、又は違反を企て若しくは共謀してはならない。又、何人も、故意に、この法律又はこの法律に基づく命令の施行に関し、虚偽行為をなし、若しくはなそうと企て、又はその施行を妨げてはならない。

④ この法律のある規定が、効力を失い、又はその適用が無効とされても、この法律の他の規定又は他の関係における適用は、その影響を受けることがない。

⑤ この法律の規定が、従前の法律又はこれに基く法令と矛盾し又はてい触する場合には、この法律の規定が、優先する。

（一般職及び特別職）

第二条① 国家公務員の職は、これを一般職と特別職とに分つ。

② 一般職は、特別職に属する職以外の国家公務員の一切の職を包含する。

③ 特別職は、次に掲げる職員の職とする。

一 内閣総理大臣
二 国務大臣
三 人事官及び検査官
四 内閣法制局長官
五 内閣官房副長官
五の二 内閣危機管理監
五の三 国家安全保障局長
五の四 内閣官房副長官補、内閣広報官及び内閣情報官
六 内閣総理大臣補佐官
七 副大臣
七の二 大臣政務官
七の三 大臣補佐官
七の四 デジタル監
八 内閣総理大臣秘書官及び国務大臣秘書官並びに特別職たる機関の長の秘書官のうち人事院規則で指定するもの
九 就任について選挙によることを必要とし、あるいは国会の両院又は一院の議決又は同意によることを必要とする職員
十 宮内庁長官、侍従長、東宮大夫、式部官長及び侍従次長並びに法律又は人事院規則で指定する宮内庁のその他の職員
十一 特命全権大使、特命全権公使、特派大使、政府代表、全権委員、政府代表又は全権委員の代理並びに特派大使、政府代表又は全権委員の顧問及び随員
十一の二 日本ユネスコ国内委員会の委員
十二 日本学士院会員
十二の二 日本学術会議会員
十三 裁判官及びその他の裁判所職員
十四 国会職員
十五 国会議員の秘書
十六 防衛省の職員（防衛省に置かれる合議制の機関で防衛省設置法（昭和二十九年法律第百六十四号）第四十一条の政令で定めるものの委員及び同法第四条第一項第二十四号又は第二十五号に掲げる事務に従事する職員で同法第四十一条の政令で定めるもののうち、人事院規則で指定するものを除く。）
十七 独立行政法人通則法（平成十一年法律第百三号）第二条第四項に規定する行政執行法人（以下「行政執行法人」という。）の役員

④ この法律の規定は、一般職に属するすべての職（以下その職を官職といい、その職を占める者を職員という。）に、これを適用する。人事院は、ある職が、国家公務員の職に属するかどうか及び本条に規定する一般職に属するか特別職に属するかを決定する権限を有する。

⑤ この法律の規定は、この法律の改正法律により、別段の定がなされない限り、特別職に属する職には、これを適用しない。

⑥ 政府は、一般職又は特別職以外の勤務者を置いてその勤務に対し俸給、給料その他の給与を支払つてはならない。

⑦ 前項の規定は、政府又はその機関と外国人の間に、個人的基礎においてなされる勤務の契約には適用されない。

第二章　中央人事行政機関

（人事院）

第三条① 内閣の所轄の下に人事院を置く。人事院は、この法律に定める基準に従つて、内閣に報告しなければならない。

② 人事院は、法律の定めるところに従い、給与その他の勤務条件の改善及び人事行政の改善に関する勧告、採用試験（採用試験の対象官職及び種類並びに採用試験により確保すべき人材に関する事項を除く。）、任免（標準職務遂行能力、採用昇任等基本方針、幹部職員の任用等に係る特例及び幹部候補育成課程に関する事項（第三十三条第一項に規定する根本基準の実施につき必要な事項であつて、行政需要の変化に対応するために行う優れた人材の養成及び活用の確保に関するものを含む。）を除く。）、給与（一般職の職員の給与に関する法律（昭和二十五年法律第九十五号）第六条の二第一項の規定による指定職俸給表の適用を受ける職員の号俸の決定の方法並びに同法第八条第一項の規定による職務の級の定数の設定及び改定に関する事項を除く。）、研修（第七十条の六第一項第一号に掲げる観点に係るものに限る。）の計画の樹立及び実施並びに当該研修に係る調査研究、分限、懲戒、苦情の処理、職務に係る倫理の保持その他職員に関する人事行政の公正の確保及び職員の利益の保護等に関する事務をつかさどる。

③ 法律により、人事院が処置する権限を与えられている部門においては、人事院の決定及び処分は、人事院によつてのみ審査される。

④ 前項の規定は、法律問題につき裁判所に出訴する権利に影響を及ぼすものではない。

（国家公務員倫理審査会）

第三条の二① 前条第二項の所掌事務のうち職務に係る倫理の保持に関する事務を所掌させるため、人事院に国家公務員倫理審査会を置く。

② 国家公務員倫理審査会に関しては、この法律に定めるもののほか、国家公務員倫理法（平成十一年法律第百二十九号）の定めるところによる。

（職員）

第四条① 人事院は、人事官三人をもつて、これを組織する。

② 人事官のうち一人は、総裁として命ぜられる。

③ 人事院は、事務総長及び予算の範囲内においてその職務を適切に行うため必要とする職員を任命する。

④ 人事院は、その内部機構を管理する。国家行政組織法（昭和二十三年法律第百二十号）は、人事院には適用されない。

（人事官）

第五条① 人事官は、人格が高潔で、民主的な統治組織と成績本位の原則による能率的な事務の処理に理解があり、かつ、人事行政に関し識見を有する年齢三十五年以上の者のうちから、両議院の同意を経て、内閣が任命する。

② 人事官の任免は、天皇が認証する。

③ 次の各号のいずれかに該当する者は、人事官となることができない。

一 破産手続開始の決定を受けて復権を得ない者

二 禁錮以上の刑に処せられた者又は第四章に規定する罪を犯し、刑に処せられた者

＊令和四法六八（令和七・六・一六までに施行）による改正
第二号中「禁錮」を「拘禁刑」に改める。（本文未織込み）

三 第三十八条第二号又は第四号に該当する者

④ 任命の日以前五年間において、政党の役員、政治的顧問その他これらと同様な政治的影響力を有する政党員であつた者又は任命の日以前五年間において、公選による国若しくは都道府県の公職の候補者となつた者は、人事院規則で定めるところにより、人事官となることができない。

⑤ 人事官の任命については、そのうちの二人が、同一の政党に属し、又は同一の大学学部を卒業した者となることとなつてはならない。

（宣誓及び服務）

第六条① 人事官は、任命後、人事院規則の定めるところにより、最高裁判所長官の面前において、宣誓書に署名してからでなければ、その職務を行つてはならない。

② 第三章第七節の規定は、人事官にこれを準用する。

（任期）

第七条① 人事官の任期は、四年とする。但し、補欠の人事官は、前任者の残任期間在任する。

② 人事官は、これを再任することができる。但し、引き続き十二年を超えて在任することはできない。

③ 人事官であつた者は、退職後一年間は、人事院の官職以外の官職に、これを任命することができない。

（退職及び罷免）

第八条① 人事官は、左の各号の一に該当する場合を除く外、その意に反して罷免されることがない。

一 第五条第三項各号の一に該当するに至つた場合

二 国会の訴追に基き、公開の弾劾手続により罷免を可とすると決定された場合

三 任期が満了して、再任されず又は人事官として引き続き十二年在任するに至つた場合

② 前項第二号の規定による弾劾の事由は、左に掲げるものとする。

一 心身の故障のため、職務の遂行に堪えないこと

二 職務上の義務に違反し、その他人事官たるに適しない非行があること

③ 人事官の中、二人以上が同一の政党に属することとなつた場合においては、これらの者の中一人以外の者は、内閣が両議院の同意を経て、これを罷免するものとする。

④ 前項の規定は、政党所属関係について異動のなかつた人事官の地位に、影響を及ぼすものではない。

（人事官の弾劾）

第九条① 人事官の弾劾の裁判は、最高裁判所においてこれを行う。

② 国会は、人事官の弾劾の訴追をしようとするときは、訴追の事由を記載した書面を最高裁判所に提出しなければならない。

③ 国会は、前項の場合においては、同項に規定する書面の写を訴追に係る人事官に送付しなければならない。

④ 最高裁判所は、第二項の書面を受理した日から三十日以上九十日以内の間において裁判開始の日を定め、その日の三十日以前までに、国会及び訴追に係る人事官に、これを通知しなければならない。

⑤ 最高裁判所は、裁判開始の日から百日以内に判決を行わなければならない。

⑥ 人事官の弾劾の裁判の手続は、裁判所規則でこれを定める。

⑦ 裁判に要する費用は、国庫の負担とする。

（人事官の給与）

第一〇条 人事官の給与は、別に法律で定める。

（総裁）

第一一条① 人事院総裁は、人事官の中から、内閣が、これを命ずる。

② 人事院総裁は、院務を総理し、人事院を代表する。

③ 人事院総裁に事故のあるとき、又は人事院総裁が欠けたときは、先任の人事官が、その職務を代行する。

（人事院会議）

第一二条① 定例の人事院会議は、人事院規則の定めるところにより、少なくとも一週間に一回、一定の場所において開催することを常例としなければならない。

② 人事院会議の議事は、すべて議事録として記録しておかなければならない。

③ 前項の議事録は、幹事がこれを作成する。

④ 人事院の事務処理の手続に関し必要な事項は、人事院規則で

これを定める。

⑤ 事務総長は、幹事として人事院会議に出席する。

⑥ 人事院は、次に掲げる権限を行う場合においては、人事院の議決を経なければならない。

一 人事院規則の制定及び改廃
二 削除
三 第二十二条の規定による関係大臣その他の機関の長に対する勧告
四 第二十三条の規定による国会及び内閣に対する意見の申出
五 第二十四条の規定による国会及び内閣に対する報告
六 第二十八条の規定による国会及び内閣に対する勧告
七 第四十八条の規定による試験機関の指定
八 第六十条の規定による臨時的任用及びその更新に対する承認、臨時的任用に係る職員の員数の制限及びその資格要件の決定並びに臨時的任用の取消（人事院規則の定める場合を除く。）
九 第六十七条の規定による給与に関する法律に定める事項の改定案の作成並びに国会及び内閣に対する勧告
十 第八十七条の規定による事案の判定
十一 第九十二条の規定による処分の判定
十二 第九十五条の規定による補償に関する重要事項の立案
十三 第百三条第五項の規定による審査請求に対する裁決
十四 第百八条の規定による国会及び内閣に対する意見の申出
十五 第百八条の三第六項の規定による職員団体の登録の効力の停止及び取消し
十六 その他人事院の議決によりその議決を必要とされた事項

（**事務総局及び予算**）

第一三条① 人事院に事務総局及び法律顧問を置く。

② 事務総局の組織及び法律顧問に関し必要な事項は、人事院規則でこれを定める。

③ 人事院は、毎会計年度の開始前に、次の会計年度においてその必要とする経費の要求書を国の予算に計上されるように内閣に提出しなければならない。この要求書には、土地の購入、建物の建造、事務所の借上、家具、備品及び消耗品の購入、俸給及び給料の支払その他必要なあらゆる役務及び物品に関する経費が計上されなければならない。

④ 内閣が、人事院の経費の要求書を修正する場合においては、人事院の要求書は、内閣により修正された要求書とともに、これを国会に提出しなければならない。

⑤ 人事院は、国会の承認を得て、その必要とする地方の事務所を置くことができる。

（**事務総長**）

第一四条 事務総長は、総裁の職務執行の補助者となり、その一般的監督の下に、人事院の事務上及び技術上のすべての活動を指揮監督し、人事院の職員について計画を立て、募集、配置及び指揮を行い、又、人事院会議の幹事となる。

（**人事院の職員の兼職禁止**）

第一五条 人事官及び事務総長は、他の官職を兼ねてはならない。

（**人事院規則及び人事院指令**）

第一六条① 人事院は、その所掌事務について、法律を実施するため、又は法律の委任に基づいて、人事院規則を制定し、人事院指令を発し、及び手続を定める。人事院は、いつでも、適宜に、人事院規則を改廃することができる。

② 人事院規則及びその改廃は、官報をもつて、これを公布する。

③ 人事院は、この法律に基いて人事院規則を実施し又はその他の措置を行うため、人事院指令を発することができる。

（**人事院の調査**）

第一七条① 人事院又はその指名する者は、人事院の所掌する人事行政に関する事項に関し調査することができる。

② 人事院又は前項の規定により指名された者は、同項の調査に関し必要があるときは、証人を喚問し、又は調査すべき事項に関係があると認められる書類若しくはその写の提出を求めることができる。

③ 人事院は、第一項の調査（職員の職務に係る倫理の保持に関して行われるものに限る。）に関し必要があると認めるときは、当該調査の対象である職員に出頭を求めて質問し、又は同項の規定により指名された者に、当該職員の勤務する場所（職員として勤務していた場所を含む。）に立ち入らせ、帳簿書類その他必要な物件を検査させ、又は関係者に質問させることができる。

④ 前項の規定により立入検査をする者は、その身分を示す証明書を携帯し、関係者の請求があつたときは、これを提示しなければならない。

⑤ 第三項の規定による立入検査の権限は、犯罪捜査のために認められたものと解してはならない。

（**国家公務員倫理審査会への権限の委任**）

第一七条の二 人事院は、前条の規定による権限（職員の職務に係る倫理の保持に関して行われるものに限り、かつ、第九十条第一項に規定する審査請求に係るものを除く。）を国家公務員倫理審査会に委任する。

（**給与の支払の監理**）

第一八条① 人事院は、職員に対する給与の支払を監理する。

② 職員に対する給与の支払は、人事院規則又は人事院指令に反してこれを行つてはならない。

（**内閣総理大臣**）

第一八条の二① 内閣総理大臣は、法律の定めるところに従い、採用試験の対象官職及び種類並びに採用試験により確保すべき人材に関する事務、標準職務遂行能力、採用昇任等基本方針、幹部職員の任用等に係る特例及び幹部候補育成課程に関する事務（第三十三条第一項に規定する根本基準の実施につき必要な事務であつて、行政需要の変化に対応するために行う優れた人材の養成及び活用の確保に関するものを含む。）、一般職の職員の給与に関する法律第六条の二第一項の規定による指定職俸給表の適用を受ける職員の号俸の決定の方法並びに同法第八条第一項の規定による職務の級の定数の設定及び改定に関する事務並びに職員の人事評価（任用、給与、分限その他の人事管理の基礎とするために、職員がその職務を遂行するに当たり発揮した能力及び挙げた業績を把握した上で行われる勤務成績の評価をいう。以下同じ。）、研修、能率、厚生、服務、退職管理等に関する事務（第三条第二項の規定により人事院の所掌に属するものを除く。）をつかさどる。

② 内閣総理大臣は、前項に規定するもののほか、各行政機関がその職員について行なう人事管理に関する方針、計画等に関し、その統一保持上必要な総合調整に関する事務をつかさどる。

（**内閣総理大臣の調査**）

第一八条の三① 内閣総理大臣は、職員の退職管理に関する事項（第百六条の二から第百六条の四までに規定するものに限る。）に関し調査することができる。

② 第十七条第二項から第五項までの規定は、前項の規定による調査について準用する。この場合において、同条第二項中「人事院又は前項の規定により指名された者は、同項」とあるのは「内閣総理大臣は、第十八条の三第一項」と、同条第三項中「第一項の調査（職員の職務に係る倫理の保持に関して行われるものに限る。）」とあるのは「第十八条の三第一項の調査」と、「対象である職員」とあるのは「対象である職員若しくは職員であつた者」と、「同項の規定により指名された者に、当該職員」とあるのは「当該職員」と、「立ち入らせ」とあるのは「立ち入り」と、「検査させ、又は関係者に質問させる」とあるのは「検査し、若しくは関係者に質問する」と読み替えるものとする。

（**再就職等監視委員会への権限の委任**）

第一八条の四 内閣総理大臣は、前条の規定による権限を再就職等監視委員会に委任する。

（内閣総理大臣の援助等）

第一八条の五① 内閣総理大臣は、職員の離職に際しての離職後の就職の援助を行う。

② 内閣総理大臣は、官民の人材交流（国と民間企業との間の人事交流に関する法律（平成十一年法律第二百二十四号）第二条第三項に規定する交流派遣及び民間企業に現に雇用され、又は雇用されていた者の職員への第三十六条ただし書の規定による採用その他これらに準ずるものとして政令で定めるものをいう。第五十四条第二項第七号において同じ。）の円滑な実施のための支援を行う。

（官民人材交流センターへの事務の委任）

第一八条の六① 内閣総理大臣は、前条に規定する事務を官民人材交流センターに委任する。

② 内閣総理大臣は、前項の規定により委任する事務について、その運営に関する指針を定め、これを公表する。

（官民人材交流センター）

第一八条の七① 内閣府に、官民人材交流センターを置く。

② 官民人材交流センターは、この法律及び他の法律の規定によりその権限に属させられた事項を処理する。

③ 官民人材交流センターの長は、官民人材交流センター長とし、内閣官房長官をもつて充てる。

④ 官民人材交流センター長は、官民人材交流センターの事務を統括する。

⑤ 官民人材交流センター長は、官民人材交流センターの所掌事務を遂行するために必要があると認めるときは、関係行政機関の長に対し、資料の提出、意見の開陳、説明その他必要な協力を求め、又は意見を述べることができる。

⑥ 官民人材交流センターに、官民人材交流副センター長を置く。

⑦ 官民人材交流副センター長は、官民人材交流センター長の職務を助ける。

⑧ 官民人材交流センターに、所要の職員を置く。

⑨ 内閣総理大臣は、官民人材交流センターの所掌事務の全部又は一部を分掌させるため、所要の地に、官民人材交流センターの支所を置くことができる。

⑩ 第三項から前項までに定めるもののほか、官民人材交流センターの組織に関し必要な事項は、政令で定める。

（人事記録）

第一九条① 内閣総理大臣は、職員の人事記録に関することを管理する。

② 内閣総理大臣は、内閣府、デジタル庁、各省その他の機関をして、当該機関の職員の人事に関する一切の事項について、人事記録を作成し、これを保管せしめるものとする。

③ 人事記録の記載事項及び様式その他人事記録に関し必要な事項は、政令でこれを定める。

④ 内閣総理大臣は、内閣府、デジタル庁、各省その他の機関によつて作成保管された人事記録で、前項の規定による政令に違反すると認めるものについて、その改訂を命じ、その他所要の措置をなすことができる。

（統計報告）

第二〇条① 内閣総理大臣は、政令の定めるところにより、職員の在職関係に関する統計報告の制度を定め、これを実施するものとする。

② 内閣総理大臣は、前項の統計報告に関し必要があるときは、関係庁に対し随時又は定期に一定の形式に基いて、所要の報告を求めることができる。

（権限の委任）

第二一条 人事院又は内閣総理大臣は、それぞれ人事院規則又は政令の定めるところにより、この法律に基づく権限の一部を他の機関をして行なわせることができる。この場合においては、人事院又は内閣総理大臣は、当該事務に関し、他の機関の長を指揮監督することができる。

（人事行政改善の勧告）

第二二条① 人事院は、人事行政の改善に関し、関係大臣その他の機関の長に勧告することができる。

② 前項の場合においては、人事院は、その旨を内閣に報告しなければならない。

（法令の制定改廃に関する意見の申出）

第二三条 人事院は、この法律の目的達成上、法令の制定又は改廃に関し意見があるときは、その意見を国会及び内閣に同時に申し出なければならない。

（人事院規則の制定改廃に関する内閣総理大臣からの要請）

第二三条の二① 内閣総理大臣は、この法律の目的達成上必要があると認めるときは、人事院に対し、人事院規則を制定し、又は改廃することを要請することができる。

② 内閣総理大臣は、前項の規定による要請をしたときは、速やかに、その内容を公表するものとする。

（業務の報告）

第二四条① 人事院は、毎年、国会及び内閣に対し、業務の状況を報告しなければならない。

② 内閣は、前項の報告を公表しなければならない。

（人事管理官）

第二五条① 内閣府、デジタル庁及び各省並びに政令で指定するその他の機関には、人事管理官を置かなければならない。

② 人事管理官は、人事に関する部局の長となり、前項の機関の長を助け、人事に関する事務を掌る。この場合において、人事管理官は、中央人事行政機関との緊密な連絡及びこれに対する協力につとめなければならない。

第二六条 削除

第三章　職員に適用される基準（抄）

第一節　通則

（平等取扱いの原則）

第二七条 全て国民は、この法律の適用について、平等に取り扱われ、人種、信条、性別、社会的身分、門地又は第三十八条第四号に該当する場合を除くほか政治的意見若しくは政治的所属関係によつて、差別されてはならない。

（人事管理の原則）

第二七条の二 職員の採用後の任用、給与その他の人事管理は、職員の採用年次、合格した採用試験の種類及び第六十一条の九第二項第二号に規定する課程対象者であるか否か又は同号に規定する課程対象者であつたか否かにとらわれてはならず、この法律に特段の定めがある場合を除くほか、人事評価に基づいて適切に行われなければならない。

（情勢適応の原則）

第二八条① この法律及び他の法律に基づいて定められる職員の給与、勤務時間その他勤務条件に関する基礎事項は、国会により社会一般の情勢に適応するように、随時これを変更することができる。その変更に関しては、人事院においてこれを勧告することを怠つてはならない。

② 人事院は、毎年、少くとも一回、俸給表が適当であるかどうかについて国会及び内閣に同時に報告しなければならない。給与を決定する諸条件の変化により、俸給表に定める給与を百分の五以上増減する必要が生じたと認められるときは、人事院は、その報告にあわせて、国会及び内閣に適当な勧告をしなければならない。

第二九条から第三二条まで 削除

第二節　採用試験及び任免（抄）

（任免の根本基準）

第三三条① 職員の任用は、この法律の定めるところにより、その者の受験成績、人事評価又はその他の能力の実証に基づいて行わなければならない。

② 前項に規定する根本基準の実施に当たつては、次に掲げる事項が確保されなければならない。

一　職員の公正な任用

二　行政需要の変化に対応するために行う優れた人材の養成及び活用

③　職員の免職は、法律に定める事由に基づいてこれを行わなければならない。

④　第一項に規定する根本基準の実施につき必要な事項であつて第二項第一号に掲げる事項の確保に関するもの及び前項に規定する根本基準の実施につき必要な事項は、この法律に定めのあるものを除いては、人事院規則でこれを定める。

第三三条の二　（略）

第一款　通則

（定義）

第三四条①　この法律において、次の各号に掲げる用語の意義は、当該各号に定めるところによる。

一　採用　職員以外の者を官職に任命すること（臨時的任用を除く。）をいう。

二　昇任　職員をその職員が現に任命されている官職より上位の職制上の段階に属する官職に任命することをいう。

三　降任　職員をその職員が現に任命されている官職より下位の職制上の段階に属する官職に任命することをいう。

四　転任　職員をその職員が現に任命されている官職以外の官職に任命することであつて前二号に定めるものに該当しないものをいう。

五　標準職務遂行能力　職制上の段階の標準的な官職の職務を遂行する上で発揮することが求められる能力として内閣総理大臣が定めるものをいう。

六　幹部職員　内閣府設置法（平成十一年法律第八十九号）第五十条若しくは国家行政組織法第六条に規定する長官、同法第十八条第一項に規定する事務次官若しくは同法第二十一条第一項に規定する局長若しくは部長の官職又はこれらの官職に準ずる官職であつて政令で定めるもの（以下「幹部職」という。）を占める職員をいう。

七　管理職員　国家行政組織法第二十一条第一項に規定する課長若しくは室長の官職又はこれらの官職に準ずる官職であつて政令で定めるもの（以下「管理職」という。）を占める職員をいう。

②　前項第五号の標準的な官職は、係員、係長、課長補佐、課長その他の官職とし、職制上の段階及び職務の種類に応じ、政令で定める。

（欠員補充の方法）

第三五条　官職に欠員を生じた場合においては、その任命権者は、法律又は人事院規則に別段の定のある場合を除いては、採用、昇任、降任又は転任のいずれか一の方法により、職員を任命することができる。但し、人事院が特別の必要があると認めて任命の方法を指定した場合は、この限りではない。

（採用の方法）

第三六条　職員の採用は、競争試験によるものとする。ただし、係員の官職（第三十四条第二項に規定する標準的な官職が係員である職制上の段階に属する官職その他これに準ずる官職として人事院規則で定めるものをいう。第四十五条の二第一項において同じ。）以外の官職に採用しようとする場合又は人事院規則で定める場合には、競争試験以外の能力の実証に基づく試験（以下「選考」という。）の方法によることを妨げない。

第三七条　削除

（欠格条項）

第三八条　次の各号のいずれかに該当する者は、人事院規則で定める場合を除くほか、官職に就く能力を有しない。

一　禁錮以上の刑に処せられ、その執行を終わるまで又はその執行を受けることがなくなるまでの者

＊令和四法六八（令和七・六・一六までに施行）による改正
第一号中「禁錮」を「拘禁刑」に改める。（本文未織込み）

二　懲戒免職の処分を受け、当該処分の日から二年を経過しない者

三　人事院の人事官又は事務総長の職にあつて、第百九条から第百十二条までに規定する罪を犯し、刑に処せられた者

四　日本国憲法施行の日以後において、日本国憲法又はその下に成立した政府を暴力で破壊することを主張する政党その他の団体を結成し、又はこれに加入した者

（人事に関する不法行為の禁止）

第三九条　何人も、次の各号のいずれかに該当する事項を実現するために、金銭その他の利益を授受し、提供し、要求し、若しくは授受を約束したり、脅迫、強制その他これに類する方法を用いたり、直接たると間接たるとを問わず、公の地位を利用し、又はその利用を提供し、要求し、若しくは約束したり、あるいはこれらの行為に関与してはならない。

一　退職若しくは休職又は任用の不承諾

二　採用のための競争試験（以下「採用試験」という。）若しくは任用の志望の撤回又は任用に対する競争の中止

三　任用、昇給、留職その他官職における利益の実現又はこれらのことの推薦

（人事に関する虚偽行為の禁止）

第四〇条　何人も、採用試験、選考、任用又は人事記録に関して、虚偽又は不正の陳述、記載、証明、採点、判断又は報告を行つてはならない。

（受験又は任用の阻害及び情報提供の禁止）

第四一条　試験機関に属する者その他の職員は、受験若しくは任用を阻害し、又は受験若しくは任用に不当な影響を与える目的を以て特別若しくは秘密の情報を提供してはならない。

第二款　採用試験

（採用試験の実施）

第四二条　採用試験は、この法律に基づく命令で定めるところにより、これを行う。

（受験の欠格条項）

第四三条　第四十四条に規定する資格に関する制限の外、官職に就く能力を有しない者は、受験することができない。

（受験の資格要件）

第四四条　人事院は、人事院規則により、受験者に必要な資格として官職に応じ、その職務の遂行に欠くことのできない最小限度の客観的且つ画一的な要件を定めることができる。

（採用試験の内容）

第四五条　採用試験は、受験者が、当該採用試験に係る官職の属する職制上の段階の標準的な官職に係る標準職務遂行能力及び当該採用試験に係る官職についての適性を有するかどうかを判定することをもつてその目的とする。

（採用試験における対象官職及び種類並びに採用試験により確保すべき人材）

第四五条の二①　採用試験は、次に掲げる官職を対象として行うものとする。

一　係員の官職のうち、政策の企画及び立案又は調査及び研究に関する事務をその職務とする官職その他これらに類する官職であつて政令で定めるもの（第三号に掲げるものを除く。）

二　定型的な事務をその職務とする係員の官職その他の係員の官職（前号及び次号に掲げるものを除く。）

三　係員の官職のうち、特定の行政分野に係る専門的な知識を必要とする事務をその職務とする官職として政令で定めるもの

四　係員の官職より上位の職制上の段階に属する官職のうち、民間企業における実務の経験その他これに類する経験を有する者を採用することが適当なものとして政令で定めるもの

②　採用試験の種類は、次に掲げるとおりとする。

一　総合職試験（前項第一号に掲げる官職への採用を目的とした競争試験をいう。）であつて、一定の範囲の知識、技術その他の能力（以下この項において「知識等」という。）を有する

者として政令で定めるものごとに、受験者が同号に掲げる官職の属する職制上の段階の標準的な官職に係る標準職務遂行能力及び同号に掲げる官職についての適性を有するかどうかを判定することを目的として行うそれぞれの採用試験

二　一般職試験（前項第二号に掲げる官職への採用を目的とした競争試験をいう。）であつて、一定の範囲の知識等を有する者として政令で定めるものごとに、受験者が同号に掲げる官職の属する職制上の段階の標準的な官職に係る標準職務遂行能力及び同号に掲げる官職についての適性を有するかどうかを判定することを目的として行うそれぞれの採用試験

三　専門職試験（前項第三号に掲げる官職への採用を目的とした競争試験をいう。）であつて、同号に規定する特定の行政分野に応じて一定の範囲の知識等を有する者として政令で定めるものごとに、受験者が同号に掲げる官職の属する職制上の段階の標準的な官職に係る標準職務遂行能力及び同号に掲げる官職についての適性を有するかどうかを判定することを目的として行うそれぞれの採用試験

四　経験者採用試験（前項第四号に掲げる官職への採用を目的とした競争試験をいう。）であつて、同号に規定する職制上の段階その他の官職に係る分類に応じて一定の範囲の知識等を有する者として政令で定めるものごとに、受験者が同号に掲げる官職の属する職制上の段階の標準的な官職に係る標準職務遂行能力及び同号に掲げる官職についての適性を有するかどうかを判定することを目的として行うそれぞれの採用試験

③　採用試験により確保すべき人材に関する事項は、前項各号に掲げる採用試験の種類ごとに、政令で定める。

④　前三項の政令は、人事院の意見を聴いて定めるものとする。

（採用試験の方法等）

第四五条の三　採用試験の方法、試験科目、合格者の決定の方法その他採用試験に関する事項については、この法律に定めのあるものを除いては、前条第二項各号に掲げる採用試験の種類に応じ、人事院規則で定める。

（採用試験の公開平等）

第四六条　採用試験は、人事院規則の定める受験の資格を有するすべての国民に対して、平等の条件で公開されなければならない。

（採用試験の告知）

第四七条①　採用試験の告知は、公告によらなければならない。

②　前項の告知には、その採用試験に係る官職についての職務及び責任の概要及び給与、受験の資格要件、採用試験の時期及び場所、願書の入手及び提出の場所、時期及び手続その他の必要な受験手続並びに人事院が必要と認めるその他の注意事項を記載するものとする。

③　第一項の規定による公告は、人事院規則の定めるところにより、受験の資格を有するすべての者に対し、受験に必要な事項を周知させることができるように、これを行わなければならない。

④　人事院は、受験の資格を有すると認められる者が受験するように、常に努めなければならない。

⑤　人事院は、公告された採用試験又は実施中の採用試験を、取り消し又は変更することができる。

（試験機関）

第四八条　採用試験は、人事院規則の定めるところにより、人事院の定める試験機関が、これを行う。

（採用試験の時期及び場所）

第四九条　採用試験の時期及び場所は、国内の受験資格者が、無理なく受験することができるように、これを定めなければならない。

第三款　採用候補者名簿

（第五〇条から第五三条まで）（略）

第四款　任用

（採用昇任等基本方針）

第五四条①　内閣総理大臣は、公務の能率的な運営を確保する観点から、あらかじめ、次条第一項に規定する任命権者及び法律で別に定められた任命権者と協議して職員の採用、昇任、降任及び転任に関する制度の適切かつ効果的な運用を確保するための基本的な方針（以下「採用昇任等基本方針」という。）の案を作成し、閣議の決定を求めなければならない。

②　採用昇任等基本方針には、第三十三条の二に規定する基本的事項のほか、次に掲げる事項を定めるものとする。

一　職員の採用、昇任、降任及び転任に関する制度の適切かつ効果的な運用に関する基本的な指針

二　第五十六条の採用候補者名簿による採用及び第五十七条の選考による採用に関する指針

三　第五十八条の昇任及び転任に関する指針

四　管理職への任用に関する基準その他の指針

五　任命権者を異にする官職への任用に関する指針

六　職員の公募（官職の職務の具体的な内容並びに当該官職に求められる能力及び経験を公示して、当該官職の候補者を募集することをいう。次項において同じ。）に関する指針

七　官民の人材交流に関する指針

八　子の養育又は家族の介護を行う職員の状況を考慮した職員の配置その他の措置による仕事と生活の調和を図るための指針

九　前各号に掲げるもののほか、職員の採用、昇任、降任及び転任に関する制度の適切かつ効果的な運用を確保するために必要な事項

③　前項第六号の指針を定めるに当たつては、犯罪の捜査その他特殊性を有する職務の官職についての公募の制限に関する事項その他職員の公募の適正を確保するために必要な事項に配慮するものとする。

④　内閣総理大臣は、第一項の規定による閣議の決定があつたときは、遅滞なく、採用昇任等基本方針を公表しなければならない。

⑤　第一項及び前項の規定は、採用昇任等基本方針の変更について準用する。

⑥　任命権者は、採用昇任等基本方針に沿つて、職員の採用、昇任、降任及び転任を行わなければならない。

（任命権者）

第五五条①　任命権は、法律に別段の定めのある場合を除いては、内閣、各大臣（内閣総理大臣及び各省大臣をいう。以下同じ。）、会計検査院長及び人事院総裁並びに宮内庁長官及び各外局の長に属するものとする。これらの機関の長の有する任命権は、その部内の機関に属する官職に限られ、内閣の有する任命権は、その直属する機関（内閣府及びデジタル庁を除く。）に属する官職に限られる。ただし、外局の長（国家行政組織法第七条第五項に規定する実施庁以外の庁にあつては、外局の幹部職）に対する任命権は、各大臣に属する。

②　前項に規定する機関の長たる任命権者は、幹部職以外の官職（内閣が任命権を有する場合にあつては、幹部職を含む。）の任命権を、その部内の上級の国家公務員（内閣が任命権を有する幹部職にあつては、内閣総理大臣又は国務大臣）に限り委任することができる。この委任は、その効力が発生する日の前に、書面をもつて、これを人事院に提示しなければならない。

③　この法律、人事院規則及び人事院指令に規定する要件を備えない者は、これを任命し、雇用し、昇任させ若しくは転任させてはならず、又はいかなる官職にも配置してはならない。

（採用候補者名簿による採用）

第五六条　採用候補者名簿による職員の採用は、任命権者が、当該採用候補者名簿に記載された者の中から、面接を行い、その結果を考慮して行うものとする。

（選考による採用）

第五七条　選考による職員の採用（職員の幹部職への任命に該当するものを除く。）は、任命権者が、任命しようとする官職の属

する職制上の段階の標準的な官職に係る標準職務遂行能力及び当該任命しようとする官職についての適性を有すると認められる者の中から行うものとする。

（**昇任、降任及び転任**）

第五八条① 職員の昇任及び転任（職員の幹部職への任命に該当するものを除く。）は、任命権者が、職員の人事評価に基づき、任命しようとする官職の属する職制上の段階の標準的な官職に係る標準職務遂行能力及び当該任命しようとする官職についての適性を有すると認められる者の中から行うものとする。

② 任命権者は、職員を降任させる場合（職員の幹部職への任命に該当する場合を除く。）には、当該職員の人事評価に基づき、任命しようとする官職の属する職制上の段階の標準的な官職に係る標準職務遂行能力及び当該任命しようとする官職についての適性を有すると認められる官職に任命するものとする。

③ 国際機関又は民間企業に派遣されていたこと等の事情により、人事評価が行われていない職員の昇任、降任及び転任（職員の幹部職への任命に該当するものを除く。）については、前二項の規定にかかわらず、任命権者が、人事評価以外の能力の実証に基づき、任命しようとする官職の属する職制上の段階の標準的な官職に係る標準職務遂行能力及び当該任命しようとする官職についての適性を判断して行うことができる。

（**条件付任用**）

第五九条① 職員の採用及び昇任は、職員であつた者又はこれに準ずる者のうち、人事院規則で定める者を採用する場合その他人事院規則で定める場合を除き、条件付のものとし、職員が、その官職において六月の期間（六月の期間とすることが適当でないと認められる職員として人事院規則で定める職員にあつては、人事院規則で定める期間）を勤務し、その間その職務を良好な成績で遂行したときに、正式のものとなるものとする。

② 前項に定めるもののほか、条件付任用に関し必要な事項は、人事院規則で定める。

（**臨時的任用**）

第六〇条① 任命権者は、人事院規則の定めるところにより、緊急の場合、臨時の官職に関する場合又は採用候補者名簿がない場合には、人事院の承認を得て、六月を超えない任期で、臨時的任用を行うことができる。この場合において、その任用は、人事院規則の定めるところにより人事院の承認を得て、六月の期間で、これを更新することができるが、再度更新することはできない。

② 人事院は、臨時的任用につき、その員数を制限し、又は、任用される者の資格要件を定めることができる。

③ 人事院は、前二項の規定又は人事院規則に違反する臨時的任用を取り消すことができる。

④ 臨時的任用は、任用に際して、いかなる優先権をも与えるものではない。

⑤ 前各項に定めるもののほか、臨時的に任用された者に対しては、この法律及び人事院規則を適用する。

（**定年前再任用短時間勤務職員の任用**）

第六〇条の二① 任命権者は、年齢六十年に達した日以後にこの法律の規定により退職（臨時的職員その他の法律により任期を定めて任用される職員及び常時勤務を要しない官職を占める職員が退職する場合を除く。）をした者（以下この条及び第八十二条第二項において「年齢六十年以上退職者」という。）又は年齢六十年に達した日以後に自衛隊法（昭和二十九年法律第百六十五号）の規定により退職（自衛官及び同法第四十四条の六第三項各号に掲げる隊員が退職する場合を除く。）をした者（以下この項及び第三項において「自衛隊法による年齢六十年以上退職者」という。）を、人事院規則で定めるところにより、従前の勤務実績その他の人事院規則で定める情報に基づく選考により、短時間勤務の官職（当該官職を占める職員の一週間当たりの通常の勤務時間が、常時勤務を要する官職でその職務が当該短時間勤務の官職と同種の官職を占める職員の一週間当たりの通常の勤務時間に比し短い時間である官職をいう。以下この項及び第三項において同じ。）（一般職の職員の給与に関する法律別表第十一に規定する指定職俸給表の適用を受ける職員が占める官職及びこれに準ずる行政執行法人の官職として人事院規則で定める官職（第四項及び第六節第一款第二目においてこれらの官職を「指定職」という。）を除く。以下この項及び第三項において同じ。）に採用することができる。ただし、年齢六十年以上退職者又は自衛隊法による年齢六十年以上退職者がこれらの者を採用しようとする短時間勤務の官職に係る定年退職日相当日（短時間勤務の官職を占める職員が、常時勤務を要する官職でその職務が当該短時間勤務の官職と同種の官職を占めているものとした場合における第八十一条の六第一項に規定する定年退職日をいう。次項及び第三項において同じ。）を経過した者であるときは、この限りでない。

② 前項の規定により採用された職員（以下この条及び第八十二条第二項において「定年前再任用短時間勤務職員」という。）の任期は、採用の日から定年退職日相当日までとする。

③ 任命権者は、年齢六十年以上退職者又は自衛隊法による年齢六十年以上退職者のうちこれらの者を採用しようとする短時間勤務の官職に係る定年退職日相当日を経過していない者以外の者を当該短時間勤務の官職に採用することができず、定年前再任用短時間勤務職員のうち当該定年前再任用短時間勤務職員を昇任し、降任し、又は転任しようとする短時間勤務の官職に係る定年退職日相当日を経過していない定年前再任用短時間勤務職員以外の職員を当該短時間勤務の官職に昇任し、降任し、又は転任することができない。

④ 任命権者は、定年前再任用短時間勤務職員を、指定職又は指定職以外の常時勤務を要する官職に昇任し、降任し、又は転任することができない。

第五款　休職、復職、退職及び免職

（**休職、復職、退職及び免職**）

第六一条 職員の休職、復職、退職及び免職は任命権者が、この法律及び人事院規則に従い、これを行う。

第六款　幹部職員の任用等に係る特例（抄）

（**適格性審査及び幹部候補者名簿**）

第六一条の二① 内閣総理大臣は、次に掲げる者について、政令で定めるところにより、幹部職（自衛隊法第三十条の二第一項第六号に規定する幹部職を含む。第二号及び次項において同じ。）に属する官職（同条第一項第二号に規定する自衛官以外の隊員が占める職を含む。次項及び第六十一条の十一において同じ。）に係る標準職務遂行能力（同法第三十条の二第一項第五号に規定する標準職務遂行能力を含む。次項において同じ。）を有することを確認するための審査（以下「適格性審査」という。）を公正に行うものとする。

一　幹部職員（自衛隊法第三十条の二第一項第六号に規定する幹部隊員を含む。次号及び第六十一条の九第一項において同じ。）

二　幹部職員以外の者であつて、幹部職の職責を担うにふさわしい能力を有すると見込まれる者として任命権者（自衛隊法第三十一条第一項の規定により同法第二条第五項に規定する隊員（以下「自衛隊員」という。）の任免について権限を有する者を含む。第三項及び第四項、第六十一条の六並びに第六十一条の十一において同じ。）が内閣総理大臣に推薦した者

三　前二号に掲げる者に準ずる者として政令で定める者

② 内閣総理大臣は、適格性審査の結果、幹部職に属する官職に係る標準職務遂行能力を有することを確認した者について、政令で定めるところにより、氏名その他政令で定める事項を記載した名簿（以下この条及び次条において「幹部候補者名簿」という。）を作成するものとする。

③ 内閣総理大臣は、任命権者の求めがある場合には、政令で定めるところにより、当該任命権者に対し、幹部候補者名簿を提示するものとする。

④ 内閣総理大臣は、政令で定めるところにより、定期的に、及び任命権者の求めがある場合その他必要があると認める場合には随時、適格性審査を行い、幹部候補者名簿を更新するものとする。
⑤ 内閣総理大臣は、前各項の規定による権限を内閣官房長官に委任する。
⑥ 第一項（第三号を除く。）及び第二項から第四項までの政令は、人事院の意見を聴いて定めるものとする。

（幹部候補者名簿に記載されている者の中からの任用）
第六一条の三① 選考による職員の採用であつて、幹部職への任命に該当するものは、任命権者が、幹部候補者名簿に記載されている者であつて、当該任命しようとする幹部職についての適性を有すると認められる者の中から行うものとする。
② 職員の昇任及び転任であつて、幹部職への任命に該当するものは、任命権者が、幹部候補者名簿に記載されている者であつて、職員の人事評価に基づき、当該任命しようとする幹部職についての適性を有すると認められる者の中から行うものとする。
③ 任命権者は、幹部候補者名簿に記載されている職員の降任であつて、幹部職への任命に該当するものを行う場合には、当該職員の人事評価に基づき、当該任命しようとする幹部職についての適性を有すると認められる幹部職に任命するものとする。
④ 国際機関又は民間企業に派遣されていたこと等の事情により人事評価が行われていない職員のうち、幹部候補者名簿に記載されている者の昇任、降任又は転任であつて、幹部職への任命に該当するものについては、任命権者が、前二項の規定にかかわらず、人事評価以外の能力の実証に基づき、当該任命しようとする幹部職についての適性を判断して行うことができる。

（内閣総理大臣及び内閣官房長官との協議に基づく任用等）
第六一条の四① 任命権者は、職員の選考による採用、昇任、降任及び転任であつて幹部職への任命に該当するもの、幹部職員の幹部職以外の官職への昇任、降任及び転任（第八十一条の二第一項の規定による降任及び転任を除く。）並びに幹部職員の退職（政令で定めるものに限る。第四項において同じ。）及び免職（次項及び第三項において「採用等」という。）を行う場合には、政令で定めるところにより、あらかじめ内閣総理大臣及び内閣官房長官に協議した上で、当該協議に基づいて行うものとする。
② 前項の場合において、災害その他緊急やむを得ない理由により、あらかじめ内閣総理大臣及び内閣官房長官に協議する時間的余裕がないときは、任命権者は、同項の規定にかかわらず、当該協議を行うことなく、職員の採用等を行うことができる。
③ 任命権者は、前項の規定により職員の採用等を行つた場合には、内閣総理大臣及び内閣官房長官に通知するとともに、遅滞なく、当該採用等について、政令で定めるところにより、内閣総理大臣及び内閣官房長官に協議し、当該協議に基づいて必要な措置を講じなければならない。
④ 内閣総理大臣又は内閣官房長官は、幹部職員について適切な人事管理を確保するために必要があると認めるときは、任命権者に対し、幹部職員の昇任、降任、転任、退職及び免職（第八十一条の二第一項の規定による降任及び転任を除く。以下この項において「昇任等」という。）について協議を求めることができる。この場合において、協議が調つたときは、任命権者は、当該協議に基づいて昇任等を行うものとする。

（管理職への任用に関する運用の管理）
第六一条の五① 任命権者は、政令で定めるところにより、定期的に、及び内閣総理大臣の求めがある場合には随時、管理職への任用の状況を内閣総理大臣に報告するものとする。
② 内閣総理大臣は、第五十四条第二項第四号の基準に照らして必要があると認める場合には、任命権者に対し、管理職への任用に関する運用の改善その他の必要な措置をとることを求めることができる。

（任命権者を異にする管理職への任用に係る調整）
第六一条の六 内閣総理大臣は、任命権者を異にする管理職（自衛隊法第三十条の二第一項第七号に規定する管理職を含む。）への任用の円滑な実施に資するよう、任命権者に対する情報提供、任命権者相互間の情報交換の促進その他の必要な調整を行うものとする。

（人事に関する情報の管理）
第六一条の七① 内閣総理大臣は、この款及び次款の規定の円滑な運用を図るため、政令で定めるところにより、内閣府、デジタル庁、各省その他の機関に対し、当該機関の幹部職員、第六十一条の九第二項第二号に規定する課程対象者その他これらに準ずる職員として政令で定めるものの人事に関する情報の提供を求めることができる。
② 内閣総理大臣は、政令で定めるところにより、前項の規定により提出された情報を適正に管理するものとする。
第六一条の八 （略）

第七款 幹部候補育成課程

（第六一条の九から第六一条の一一まで）（略）

第三節 給与（抄）

（給与の根本基準）
第六二条 職員の給与は、その官職の職務と責任に応じてこれをなす。

第一款 通則

（法律による給与の支給）
第六三条 職員の給与は、別に定める法律に基づいてなされ、これに基づかずには、いかなる金銭又は有価物も支給することはできない。

（俸給表）
第六四条① 前条に規定する法律（以下「給与に関する法律」という。）には、俸給表が規定されなければならない。
② 俸給表は、生計費、民間における賃金その他人事院の決定する適当な事情を考慮して定められ、かつ、等級ごとに明確な俸給額の幅を定めていなければならない。

（給与に関する法律に定めるべき事項）
第六五条① 給与に関する法律には、前条の俸給表のほか、次に掲げる事項が規定されなければならない。
一 初任給、昇給その他の俸給の決定の基準に関する事項
二 官職又は勤務の特殊性を考慮して支給する給与に関する事項
三 親族の扶養その他職員の生計の事情を考慮して支給する給与に関する事項
四 地域の事情を考慮して支給する給与に関する事項
五 時間外勤務、夜間勤務及び休日勤務に対する給与に関する事項
六 一定の期間における勤務の状況を考慮して年末等に特別に支給する給与に関する事項
七 常時勤務を要しない官職を占める職員の給与に関する事項
② 前項第一号の基準は、勤続期間、勤務能率その他勤務に関する諸要件を考慮して定められるものとする。
第六六条 削除

（給与に関する法律に定める事項の改定）
第六七条 人事院は、第二十八条第二項の規定によるもののほか、給与に関する法律に定める事項に関し、常時、必要な調査研究を行い、これを改定する必要を認めたときは、遅滞なく改定案を作成して、国会及び内閣に勧告をしなければならない。

第二款 給与の支払

（第六八条から第七〇条まで）（略）

第四節 人事評価

（人事評価の根本基準）

第七〇条の二 職員の人事評価は、公正に行われなければならない。

（**人事評価の実施**）

第七〇条の三① 職員の執務については、その所轄庁の長は、定期的に人事評価を行わなければならない。

② 人事評価の基準及び方法に関する事項その他人事評価に関し必要な事項は、人事院の意見を聴いて、政令で定める。

（**人事評価に基づく措置**）

第七〇条の四① 所轄庁の長は、前条第一項の人事評価の結果に応じた措置を講じなければならない。

② 内閣総理大臣は、勤務成績の優秀な者に対する表彰に関する事項及び成績の著しく不良な者に対する矯正方法に関する事項を立案し、これについて、適当な措置を講じなければならない。

第四節の二 研修

（第七〇条の五から第七〇条の七まで）（略）

第五節 能率（抄）

（**能率の根本基準**）

第七一条① 職員の能率は、充分に発揮され、且つ、その増進がはかられなければならない。

② 前項の根本基準の実施につき、必要な事項は、この法律に定めるものを除いては、人事院規則でこれを定める。

③ 内閣総理大臣は、職員の能率の発揮及び増進について、調査研究を行い、その確保のため適切な方策を講じなければならない。

第七二条 削除

（**能率増進計画**）

第七三条① 内閣総理大臣及び関係庁の長は、職員の勤務能率の発揮及び増進のために、次に掲げる事項について計画を樹立し、その実施に努めなければならない。

一 職員の保健に関する事項

二 職員のレクリエーションに関する事項

三 職員の安全保持に関する事項

四 職員の厚生に関する事項

② 前項の計画の樹立及び実施に関し、内閣総理大臣は、その総合的企画並びに関係各庁に対する調整及び監視を行う。

第七三条の二（略）

第六節 分限、懲戒及び保障（抄）

（**分限、懲戒及び保障の根本基準**）

第七四条① すべて職員の分限、懲戒及び保障については、公正でなければならない。

② 前項に規定する根本基準の実施につき必要な事項は、この法律に定めるものを除いては、人事院規則でこれを定める。

第一款 分限（抄）

第一目 降任、休職、免職等（抄）

（**身分保障**）

第七五条① 職員は、法律又は人事院規則で定める事由による場合でなければ、その意に反して、降任され、休職され、又は免職されることはない。

② 職員は、この法律又は人事院規則で定める事由に該当するときは、降給されるものとする。

（**欠格による失職**）

第七六条 職員が第三十八条各号（第二号を除く。）のいずれかに該当するに至つたときは、人事院規則で定める場合を除くほか、当然失職する。

（**離職**）

第七七条 職員の離職に関する規定は、この法律及び人事院規則でこれを定める。

（**本人の意に反する降任及び免職の場合**）

第七八条 職員が、次の各号に掲げる場合のいずれかに該当するときは、人事院規則の定めるところにより、その意に反して、これを降任し、又は免職することができる。

一 人事評価又は勤務の状況を示す事実に照らして、勤務実績がよくない場合

二 心身の故障のため、職務の遂行に支障があり、又はこれに堪えない場合

三 その他その官職に必要な適格性を欠く場合

四 官制若しくは定員の改廃又は予算の減少により廃職又は過員を生じた場合

第七八条の二（略）

（**本人の意に反する休職の場合**）

第七九条 職員が、左の各号の一に該当する場合又は人事院規則で定めるその他の場合においては、その意に反して、これを休職することができる。

一 心身の故障のため、長期の休養を要する場合

二 刑事事件に関し起訴された場合

（**休職の効果**）

第八〇条① 前条第一号の規定による休職の期間は、人事院規則でこれを定める。休職期間中その事故の消滅したときは、休職は当然終了したものとし、すみやかに復職を命じなければならない。

② 前条第二号の規定による休職の期間は、その事件が裁判所に係属する間とする。

③ いかなる休職も、その事由が消滅したときは、当然に終了したものとみなされる。

④ 休職者は、職員としての身分を保有するが、職務に従事しない。休職者は、その休職の期間中、給与に関する法律で別段の定めをしない限り、何らの給与を受けてはならない。

（**適用除外**）

第八一条① 次に掲げる職員の分限（定年に係るものを除く。次項において同じ。）については、第七十五条、第七十八条から前条まで及び第八十九条並びに行政不服審査法（平成二十六年法律第六十八号）の規定は、適用しない。

一 臨時的職員

二 条件付採用期間中の職員

② 前項各号に掲げる職員の分限については、人事院規則で必要な事項を定めることができる。

第二目 管理監督職勤務上限年齢による降任等

（**管理監督職勤務上限年齢による降任等**）

第八一条の二① 任命権者は、管理監督職（一般職の職員の給与に関する法律第十条の二第一項に規定する官職及びこれに準ずる官職として人事院規則で定める官職並びに指定職（これらの官職のうち、病院、療養所、診療所その他の国の部局又は機関に勤務する医師及び歯科医師が占める官職その他のその職務と責任に特殊性があること又は欠員の補充が困難であることによりこの条の規定を適用することが著しく不適当と認められる官職として人事院規則で定める官職を除く。）をいう。以下この目及び第八十一条の七において同じ。）を占める職員でその占める管理監督職に係る管理監督職勤務上限年齢に達している職員について、異動期間（当該管理監督職勤務上限年齢に達した日の翌日から同日以後における最初の四月一日までの間をいう。以下この目及び同条において同じ。）（第八十一条の五第一項から第四項までの規定により延長された期間を含む。以下この項において同じ。）に、管理監督職以外の官職又は管理監督職勤務上限年齢が当該職員の年齢を超える管理監督職（以下この項及び第三項においてこれらの官職を「他の官職」という。）への降任又は転任（降給を伴う転任に限る。）をするものとする。ただし、異動期間に、この法律の他の規定により当該職員について他の官職への昇任、降任若しくは転任をした場合又は第八十一条の七第一項の規定により当該職員を管理監督職を占めたまま引き続き勤務させることとした場合は、この限りでない。

② 前項の管理監督職勤務上限年齢は、年齢六十年とする。ただし、次の各号に掲げる管理監督職を占める職員の管理監督職勤務上限年齢は、当該各号に定める年齢とする。
一 国家行政組織法第十八条第一項に規定する事務次官及びこれに準ずる管理監督職のうち人事院規則で定める管理監督職
　年齢六十二年
二 前号に掲げる管理監督職のほか、その職務と責任に特殊性があること又は欠員の補充が困難であることにより管理監督職勤務上限年齢を年齢六十年とすることが著しく不適当と認められる管理監督職として人事院規則で定める管理監督職
　六十年を超え六十四年を超えない範囲内で人事院規則で定める年齢
③ 第一項本文の規定による他の官職への降任又は転任（以下この目及び第八十九条第一項において「他の官職への降任等」という。）を行うに当たつて任命権者が遵守すべき基準に関する事項その他の他の官職への降任等に関し必要な事項は、人事院規則で定める。

（管理監督職への任用の制限）

第八一条の三 任命権者は、採用し、昇任し、降任し、又は転任しようとする管理監督職に係る管理監督職勤務上限年齢に達している者を、その者が当該管理監督職を占めているものとした場合における異動期間の末日の翌日（他の官職への降任等をされた職員にあつては、当該他の官職への降任等をされた日）以後、当該管理監督職に採用し、昇任し、降任し、又は転任することができない。

（適用除外）

第八一条の四 前二条の規定は、臨時的職員その他の法律により任期を定めて任用される職員には適用しない。

（管理監督職勤務上限年齢による降任等及び管理監督職への任用の制限の特例）

第八一条の五① 任命権者は、他の官職への降任等をすべき管理監督職を占める職員について、次に掲げる事由があると認めるときは、当該職員が占める管理監督職に係る異動期間の末日の翌日から起算して一年を超えない期間内（当該期間内に次条第一項に規定する定年退職日（以下この項及び次項において「定年退職日」という。）がある職員にあつては、当該異動期間の末日の翌日から定年退職日までの期間内。第三項において同じ。）で当該異動期間を延長し、引き続き当該管理監督職を占める職員に、当該管理監督職を占めたまま勤務をさせることができる。
一 当該職員の職務の遂行上の特別の事情を勘案して、当該職員の他の官職への降任等により公務の運営に著しい支障が生ずると認められる事由として人事院規則で定める事由
二 当該職員の職務の特殊性を勘案して、当該職員の他の官職への降任等により、当該管理監督職の欠員の補充が困難となることにより公務の運営に著しい支障が生ずると認められる事由として人事院規則で定める事由
② 任命権者は、前項又はこの項の規定により異動期間（これらの規定により延長された期間を含む。）が延長された管理監督職を占める職員について、前項各号に掲げる事由が引き続きあると認めるときは、人事院の承認を得て、延長された当該異動期間の末日の翌日から起算して一年を超えない期間内（当該期間内に定年退職日がある職員にあつては、延長された当該異動期間の末日の翌日から定年退職日までの期間内。第四項において同じ。）で延長された当該異動期間を更に延長することができる。ただし、更に延長される当該異動期間の末日は、当該職員が占める管理監督職に係る異動期間の末日の翌日から起算して三年を超えることができない。
③ 任命権者は、第一項の規定により異動期間を延長することができる場合を除き、他の官職への降任等をすべき特定管理監督職群（職務の内容が相互に類似する複数の管理監督職（指定職を除く。以下この項及び次項において同じ。）であつて、これらの欠員を容易に補充することができない年齢別構成その他の特別の事情がある管理監督職として人事院規則で定める管理監督職をいう。以下この項において同じ。）に属する管理監督職を占める職員について、当該職員の他の官職への降任等により当該特定管理監督職群に属する管理監督職の欠員の補充が困難となることにより公務の運営に著しい支障が生ずると認められる事由として人事院規則で定める事由があると認めるときは、当該職員が占める管理監督職に係る異動期間の末日の翌日から起算して一年を超えない期間内で当該異動期間を延長し、引き続き当該管理監督職を占めている職員に当該管理監督職を占めたまま勤務をさせ、又は当該職員を当該管理監督職が属する特定管理監督職群の他の管理監督職に降任し、若しくは転任することができる。
④ 任命権者は、第一項若しくは第二項の規定により異動期間（これらの規定により延長された期間を含む。）が延長された管理監督職を占める職員について前項に規定する事由があると認めるとき（第二項の規定により延長された当該異動期間を更に延長することができるときを除く。）、又は前項若しくはこの項の規定により異動期間（前三項又はこの項の規定により延長された期間を含む。）が延長された管理監督職を占める職員について前項に規定する事由が引き続きあると認めるときは、人事院の承認を得て、延長された当該異動期間の末日の翌日から起算して一年を超えない期間内で延長された当該異動期間を更に延長することができる。
⑤ 前各項に定めるもののほか、これらの規定による異動期間（これらの規定により延長された期間を含む。）の延長及び当該延長に係る職員の降任又は転任に関し必要な事項は、人事院規則で定める。

第三目 定年による退職等

（定年による退職）

第八一条の六① 職員は、法律に別段の定めのある場合を除き、定年に達したときは、定年に達した日以後における最初の三月三十一日又は第五十五条第一項に規定する任命権者若しくは法律で別に定められた任命権者があらかじめ指定する日のいずれか早い日（次条第一項及び第二項ただし書において「定年退職日」という。）に退職する。
② 前項の定年は、年齢六十五年とする。ただし、その職務と責任に特殊性があること又は欠員の補充が困難であることにより定年を年齢六十五年とすることが著しく不適当と認められる官職を占める医師及び歯科医師その他の職員として人事院規則で定める職員の定年は、六十五年を超え七十年を超えない範囲内で人事院規則で定める年齢とする。
③ 前二項の規定は、臨時的職員その他の法律により任期を定めて任用される職員及び常時勤務を要しない官職を占める職員には適用しない。

（定年による退職の特例）

第八一条の七① 任命権者は、定年に達した職員が前条第一項の規定により退職すべきこととなる場合において、次に掲げる事由があると認めるときは、同項の規定にかかわらず、当該職員に係る定年退職日の翌日から起算して一年を超えない範囲内で期限を定め、当該職員を当該定年退職日において従事している職務に従事させるため、引き続き勤務させることができる。ただし、第八十一条の五第一項から第四項までの規定により異動期間（これらの規定により延長された期間を含む。）を延長した職員であつて、定年退職日において管理監督職を占めている職員については、同条第一項又は第二項の規定により当該定年退職日まで当該異動期間を延長した場合であつて、引き続き勤務させることについて人事院の承認を得たときに限るものとし、当該期限は、当該職員が占めている管理監督職に係る異動期間の末日の翌日から起算して三年を超えることができない。
一 前条第一項の規定により退職すべきこととなる職員の職務の遂行上の特別の事情を勘案して、当該職員の退職により公務の運営に著しい支障が生ずると認められる事由として人事

院規則で定める事由

二　前条第一項の規定により退職すべきこととなる職員の職務の特殊性を勘案して、当該職員の退職により、当該職員が占める官職の欠員の補充が困難となることにより公務の運営に著しい支障が生ずると認められる事由として人事院規則で定める事由

②　任命権者は、前項の期限又はこの項の規定により延長された期限が到来する場合において、前項各号に掲げる事由が引き続きあると認めるときは、人事院の承認を得て、これらの期限の翌日から起算して一年を超えない範囲内で期限を延長することができる。ただし、当該期限は、当該職員に係る定年退職日（同項ただし書に規定する職員にあつては、当該職員が占めている管理監督職に係る異動期間の末日）の翌日から起算して三年を超えることができない。

③　前二項に定めるもののほか、これらの規定による勤務に関し必要な事項は、人事院規則で定める。

（定年に関する事務の調整等）

第八一条の八　内閣総理大臣は、職員の定年に関する事務の適正な運営を確保するため、各行政機関が行う当該事務の運営に関し必要な調整を行うほか、職員の定年に関する制度の実施に関する施策を調査研究し、その権限に属する事項について適切な方策を講ずるものとする。

第二款　懲戒

（懲戒の場合）

第八二条①　職員が次の各号のいずれかに該当する場合には、当該職員に対し、懲戒処分として、免職、停職、減給又は戒告の処分をすることができる。

一　この法律若しくは国家公務員倫理法又はこれらの法律に基づく命令（国家公務員倫理法第五条第三項の規定に基づく訓令及び同条第四項の規定に基づく規則を含む。）に違反した場合

二　職務上の義務に違反し、又は職務を怠つた場合

三　国民全体の奉仕者たるにふさわしくない非行のあつた場合

②　職員が、任命権者の要請に応じ特別職に属する国家公務員、地方公務員又は沖縄振興開発金融公庫その他その業務が国の事務若しくは事業と密接な関連を有する法人のうち人事院規則で定めるものに使用される者（以下この項において「特別職国家公務員等」という。）となるため退職し、引き続き特別職国家公務員等として在職した後、引き続いて当該退職を前提として職員として採用された場合（一の特別職国家公務員等として在職した後、引き続き一以上の特別職国家公務員等として在職し、引き続いて当該退職を前提として職員として採用された場合を含む。）において、当該退職までの引き続く職員としての在職期間（当該退職前に同様の退職（以下この項において「先の退職」という。）、特別職国家公務員等としての在職及び職員としての採用がある場合には、当該先の退職までの引き続く職員としての在職期間を含む。以下この項において「要請に応じた退職前の在職期間」という。）中に前項各号のいずれかに該当したときは、当該職員に対し、同項に規定する懲戒処分を行うことができる。定年前再任用短時間勤務職員が、年齢六十年以上退職者となつた日までの引き続く職員としての在職期間（要請に応じた退職前の在職期間を含む。）又は第六十条の二第一項の規定によりかつて採用されて定年前再任用短時間勤務職員として在職していた期間中に前項各号のいずれかに該当したときも、同様とする。

（懲戒の効果）

第八三条①　停職の期間は、一年をこえない範囲内において、人事院規則でこれを定める。

②　停職者は、職員としての身分を保有するが、その職務に従事しない。停職者は、第九十二条の規定による場合の外、停職の期間中給与を受けることができない。

（懲戒権者）

第八四条①　懲戒処分は、任命権者が、これを行う。

②　人事院は、この法律に規定された調査を経て職員を懲戒手続に付することができる。

（国家公務員倫理審査会への権限の委任）

第八四条の二　人事院は、前条第二項の規定による権限（国家公務員倫理法又はこれに基づく命令（同法第五条第三項の規定に基づく訓令及び同条第四項の規定に基づく規則を含む。）に違反する行為に関して行われるものに限る。）を国家公務員倫理審査会に委任する。

（刑事裁判との関係）

第八五条　懲戒に付せらるべき事件が、刑事裁判所に係属する間においても、人事院又は人事院の承認を経て任命権者は、同一事件について、適宜に、懲戒手続を進めることができる。この法律による懲戒処分は、当該職員が、同一又は関連の事件に関し、重ねて刑事上の訴追を受けることを妨げない。

第三款　保障

第一目　勤務条件に関する行政措置の要求

（勤務条件に関する行政措置の要求）

第八六条　職員は、俸給、給料その他あらゆる勤務条件に関し、人事院に対して、人事院若しくは内閣総理大臣又はその職員の所轄庁の長により、適当な行政上の措置が行われることを要求することができる。

（事案の審査及び判定）

第八七条　前条に規定する要求のあつたときは、人事院は、必要と認める調査、口頭審理その他の事実審査を行い、一般国民及び関係者に公平なように、且つ、職員の能率を発揮し、及び増進する見地において、事案を判定しなければならない。

（判定の結果採るべき措置）

第八八条　人事院は、前条に規定する判定に基き、勤務条件に関し一定の措置を必要と認めるときは、その権限に属する事項については、自らこれを実行し、その他の事項については、内閣総理大臣又はその職員の所轄庁の長に対し、その実行を勧告しなければならない。

第二目　職員の意に反する不利益な処分に関する審査

（職員の意に反する降給等の処分に関する説明書の交付）

第八九条①　職員に対し、その意に反して、降給（他の官職への降任等に伴う降給を除く。）、降任（他の官職への降任等に該当する降任を除く。）、休職若しくは免職をし、その他職員に対し著しく不利益な処分を行い、又は懲戒処分を行おうとするときは、当該処分を行う者は、当該職員に対し、当該処分の際、当該処分の事由を記載した説明書を交付しなければならない。

②　職員が前項に規定する著しく不利益な処分を受けたと思料する場合には、同項の説明書の交付を請求することができる。

③　第一項の説明書には、当該処分につき、人事院に対して審査請求をすることができる旨及び審査請求をすることができる期間を記載しなければならない。

（審査請求）

第九〇条①　前条第一項に規定する処分を受けた職員は、人事院に対してのみ審査請求をすることができる。

②　前条第一項に規定する処分及び法律に特別の定めがある処分を除くほか、職員に対する処分については、審査請求をすることができない。職員がした申請に対する不作為についても、同様とする。

③　第一項に規定する審査請求については、行政不服審査法第二章の規定を適用しない。

（審査請求期間）

第九〇条の二　前条第一項に規定する審査請求は、処分説明書を受領した日の翌日から起算して三月以内にしなければならず、処分があつた日の翌日から起算して一年を経過したときは、することができない。

（**調査**）

第九一条① 第九十条第一項に規定する審査請求を受理したときは、人事院又はその定める機関は、直ちにその事案を調査しなければならない。

② 前項に規定する場合において、処分を受けた職員から請求があつたときは、口頭審理を行わなければならない。口頭審理は、その職員から請求があつたときは、公開して行わなければならない。

③ 処分を行つた者又はその代理者及び処分を受けた職員は、すべての口頭審理に出席し、自己の代理人として弁護人を選任し、陳述を行い、証人を出席せしめ、並びに書類、記録その他のあらゆる適切な事実及び資料を提出することができる。

④ 前項に掲げる者以外の者は、当該事案に関し、人事院に対し、あらゆる事実及び資料を提出することができる。

（**調査の結果採るべき措置**）

第九二条① 前条に規定する調査の結果、処分を行うべき事由のあることが判明したときは、人事院は、その処分を承認し、又はその裁量により修正しなければならない。

② 前条に規定する調査の結果、その職員に処分を受けるべき事由のないことが判明したときは、人事院は、その処分を取り消し、職員としての権利を回復するために必要で、且つ、適切な処置をなし、及びその職員がその処分によつて受けた不当な処置を是正しなければならない。人事院は、職員がその処分によつて失つた俸給の弁済を受けるように指示しなければならない。

③ 前二項の判定は、最終のものであつて、人事院規則の定めるところにより、人事院によつてのみ審査される。

（**審査請求と訴訟との関係**）

第九二条の二 第八十九条第一項に規定する処分であつて人事院に対して審査請求をすることができるものの取消しの訴えは、審査請求に対する人事院の裁決を経た後でなければ、提起することができない。

第三目　公務傷病に対する補償

（**公務傷病に対する補償**）

第九三条① 職員が公務に基き死亡し、又は負傷し、若しくは疾病にかかり、若しくはこれに起因して死亡した場合における、本人及びその直接扶養する者がこれによつて受ける損害に対し、これを補償する制度が樹立し実施せられなければならない。

② 前項の規定による補償制度は、法律によつてこれを定める。

（**法律に規定すべき事項**）

第九四条 前条の補償制度には、左の事項が定められなければならない。

一 公務上の負傷又は疾病に起因した活動不能の期間における経済的困窮に対する職員の保護に関する事項

二 公務上の負傷又は疾病に起因して、永久に、又は長期に所得能力を害せられた場合におけるその職員の受ける損害に対する補償に関する事項

三 公務上の負傷又は疾病に起因する職員の死亡の場合におけるその遺族又は職員の死亡当時その収入によつて生計を維持した者の受ける損害に対する補償に関する事項

（**補償制度の立案及び実施の責務**）

第九五条 人事院は、なるべくすみやかに、補償制度の研究を行い、その成果を国会及び内閣に提出するとともに、その計画を実施しなければならない。

第七節　服務

（**服務の根本基準**）

第九六条① すべて職員は、国民全体の奉仕者として、公共の利益のために勤務し、且つ、職務の遂行に当つては、全力を挙げてこれに専念しなければならない。

② 前項に規定する根本基準の実施に関し必要な事項は、この法律又は国家公務員倫理法に定めるものを除いては、人事院規則でこれを定める。

（**服務の宣誓**）

第九七条 職員は、政令の定めるところにより、服務の宣誓をしなければならない。

（**法令及び上司の命令に従う義務並びに争議行為等の禁止**）

第九八条① 職員は、その職務を遂行するについて、法令に従い、且つ、上司の職務上の命令に忠実に従わなければならない。

② 職員は、政府が代表する使用者としての公衆に対して同盟罷業、怠業その他の争議行為をなし、又は政府の活動能率を低下させる怠業的行為をしてはならない。又、何人も、このような違法な行為を企て、又はその遂行を共謀し、そそのかし、若しくはあおつてはならない。

③ 職員で同盟罷業その他前項の規定に違反する行為をした者は、その行為の開始とともに、国に対し、法令に基いて保有する任命又は雇用上の権利をもつて、対抗することができない。

（**信用失墜行為の禁止**）

第九九条 職員は、その官職の信用を傷つけ、又は官職全体の不名誉となるような行為をしてはならない。

（**秘密を守る義務**）

第一〇〇条① 職員は、職務上知ることのできた秘密を漏らしてはならない。その職を退いた後といえども同様とする。

② 法令による証人、鑑定人等となり、職務上の秘密に属する事項を発表するには、所轄庁の長（退職者については、その退職した官職又はこれに相当する官職の所轄庁の長）の許可を要する。

③ 前項の許可は、法律又は政令の定める条件及び手続に係る場合を除いては、これを拒むことができない。

④ 前三項の規定は、人事院で扱われる調査又は審理の際人事院から求められる情報に関しては、これを適用しない。何人も、人事院の権限によつて行われる調査又は審理に際して、秘密の又は公表を制限された情報を陳述し又は証言することを人事院から求められた場合には、何人からも許可を受ける必要がない。人事院が正式に要求した情報について、人事院に対して、陳述及び証言を行わなかつた者は、この法律の罰則の適用を受けなければならない。

⑤ 前項の規定は、第十八条の四の規定により権限の委任を受けた再就職等監視委員会が行う調査について準用する。この場合において、同項中「人事院」とあるのは「再就職等監視委員会」と、「調査又は審理」とあるのは「調査」と読み替えるものとする。

（**職務に専念する義務**）

第一〇一条① 職員は、法律又は命令の定める場合を除いては、その勤務時間及び職務上の注意力のすべてをその職責遂行のために用い、政府がなすべき責を有する職務にのみ従事しなければならない。職員は、法律又は命令の定める場合を除いては、官職を兼ねてはならない。職員は、官職を兼ねる場合においても、それに対して給与を受けてはならない。

② 前項の規定は、地震、火災、水害その他重大な災害に際し、当該官庁が職員を本職以外の業務に従事させることを妨げない。

（**政治的行為の制限**）

第一〇二条① 職員は、政党又は政治的目的のために、寄附金その他の利益を求め、若しくは受領し、又は何らの方法を以てするを問わず、これらの行為に関与し、あるいは選挙権の行使を除く外、人事院規則で定める政治的行為をしてはならない。

② 職員は、公選による公職の候補者となることができない。

③ 職員は、政党その他の政治的団体の役員、政治的顧問、その他これらと同様な役割をもつ構成員となることができない。

（**私企業からの隔離**）

第一〇三条① 職員は、商業、工業又は金融業その他営利を目的とする私企業（以下営利企業という。）を営むことを目的とする

会社その他の団体の役員、顧問若しくは評議員の職を兼ね、又は自ら営利企業を営んではならない。

② 前項の規定は、人事院規則の定めるところにより、所轄庁の長の申出により人事院の承認を得た場合には、これを適用しない。

③ 営利企業について、株式所有の関係その他の関係により、当該企業の経営に参加し得る地位にある職員に対し、人事院は、人事院規則の定めるところにより、株式所有の関係その他の関係について報告を徴することができる。

④ 人事院は、人事院規則の定めるところにより、前項の報告に基き、企業に対する関係の全部又は一部の存続が、その職員の職務遂行上適当でないと認めるときは、その旨を当該職員に通知することができる。

⑤ 前項の通知を受けた職員は、その通知の内容について不服があるときは、その通知を受領した日の翌日から起算して三月以内に、人事院に審査請求をすることができる。

⑥ 第九十条第三項並びに第九十一条第二項及び第三項の規定は前項の審査請求のあつた場合について、第九十二条の二の規定は第四項の通知の取消しの訴えについて、それぞれ準用する。

⑦ 第五項の審査請求をしなかつた職員及び人事院が同項の審査請求について調査した結果、通知の内容が正当であると裁決された職員は、人事院規則の定めるところにより、人事院規則の定める期間内に、その企業に対する関係の全部若しくは一部を絶つか、又はその官職を退かなければならない。

（他の事業又は事務の関与制限）

第一〇四条 職員が報酬を得て、営利企業以外の事業の団体の役員、顧問若しくは評議員の職を兼ね、その他いかなる事業に従事し、若しくは事務を行うにも、内閣総理大臣及びその職員の所轄庁の長の許可を要する。

（職員の職務の範囲）

第一〇五条 職員は、職員としては、法律、命令、規則又は指令による職務を担当する以外の義務を負わない。

（勤務条件）

第一〇六条① 職員の勤務条件その他職員の服務に関し必要な事項は、人事院規則でこれを定めることができる。

② 前項の人事院規則は、この法律の規定の趣旨に沿うものでなければならない。

第八節　退職管理（抄）

第一款　離職後の就職に関する規制

（他の役職員についての依頼等の規制）

第一〇六条の二① 職員は、営利企業等（営利企業及び営利企業以外の法人（国、国際機関、地方公共団体、行政執行法人及び地方独立行政法人法（平成十五年法律第百十八号）第二条第二項に規定する特定地方独立行政法人を除く。）をいう。以下同じ。）に対し、他の職員若しくは行政執行法人の役員（以下「役職員」という。）をその離職後に、若しくは役職員であつた者を、当該営利企業等若しくはその子法人（当該営利企業等に財務及び営業又は事業の方針を決定する機関（株主総会その他これに準ずる機関をいう。）を支配されている法人として政令で定めるものをいう。以下同じ。）の地位に就かせることを目的として、当該役職員若しくは役職員であつた者に関する情報を提供し、若しくは当該地位に関する情報の提供を依頼し、又は当該役職員をその離職後に、若しくは役職員であつた者を、当該営利企業等若しくはその子法人の地位に就かせることを要求し、若しくは依頼してはならない。

② 前項の規定は、次に掲げる場合には適用しない。

一 職業安定法（昭和二十二年法律第百四十一号）、船員職業安定法（昭和二十三年法律第百三十号）その他の法令の定める職業の安定に関する事務として行う場合

二 退職手当通算予定職員を退職手当通算法人の地位に就かせることを目的として行う場合（独立行政法人通則法第五十四条第一項において読み替えて準用する第四項に規定する退職手当通算予定役員を同条第一項において準用する次項に規定する退職手当通算法人の地位に就かせることを目的として行う場合を含む。）

三 官民人材交流センター（以下「センター」という。）の職員が、その職務として行う場合

③ 前項第二号の「退職手当通算法人」とは、独立行政法人（独立行政法人通則法第二条第一項に規定する独立行政法人をいう。以下同じ。）その他特別の法律により設立された法人でその業務が国の事務又は事業と密接な関連を有するもののうち政令で定めるもの（退職手当（これに相当する給付を含む。）に関する規程において、職員が任命権者又はその委任を受けた者の要請に応じ、引き続いて当該法人の役員又は当該法人に使用される者となつた場合に、職員としての勤続期間を当該法人の役員又は当該法人に使用される者としての勤続期間に通算することと定めている法人に限る。）をいう。

④ 第二項第二号の「退職手当通算予定職員」とは、任命権者又はその委任を受けた者の要請に応じ、引き続いて退職手当通算法人（前項に規定する退職手当通算法人をいう。以下同じ。）の役員又は退職手当通算法人に使用される者となるため退職することとなる職員であつて、当該退職手当通算法人に在職した後、特別の事情がない限り引き続いて選考による採用が予定されている者のうち政令で定めるものをいう。

（在職中の求職の規制）

第一〇六条の三① 職員は、利害関係企業等（営利企業等のうち、職員の職務に利害関係を有するものとして政令で定めるものをいう。以下同じ。）に対し、離職後に当該利害関係企業等若しくはその子法人の地位に就くことを目的として、自己に関する情報を提供し、若しくは当該地位に関する情報の提供を依頼し、又は当該地位に就くことを要求し、若しくは約束してはならない。

② 前項の規定は、次に掲げる場合には適用しない。

一 退職手当通算予定職員（前条第四項に規定する退職手当通算予定職員をいう。以下同じ。）が退職手当通算法人に対して行う場合

二 在職する局等組織（国家行政組織法第七条第一項に規定する官房若しくは局、同法第八条の二に規定する施設等機関その他これらに準ずる国の部局若しくは機関として政令で定めるもの、これらに相当する行政執行法人の組織として政令で定めるもの又は都道府県警察をいう。以下同じ。）の意思決定の権限を実質的に有しない官職として政令で定めるものに就いている職員が行う場合

三 センターから紹介された利害関係企業等との間で、当該利害関係企業等又はその子法人の地位に就くことに関して職員が行う場合

四 職員が利害関係企業等に対し、当該利害関係企業等若しくはその子法人の地位に就くことを目的として、自己に関する情報を提供し、若しくは当該地位に関する情報の提供を依頼し、又は当該地位に就くことを要求し、若しくは約束することにより公務の公正性の確保に支障が生じないと認められる場合として政令で定める場合において、政令で定める手続により内閣総理大臣の承認を得た職員が当該承認に係る利害関係企業等に対して行う場合

③ 前項第四号の規定による内閣総理大臣が承認する権限は、再就職等監視委員会に委任する。

④ 前項の規定により再就職等監視委員会に委任された権限は、政令で定めるところにより、再就職等監察官に委任することができる。

⑤ 再就職等監視委員会が第三項の規定により委任を受けた権限に基づき行う承認（前項の規定により委任を受けた権限に基づき再就職等監察官が行う承認を含む。）についての審査請求は、再就職等監視委員会に対して行うことができる。

（再就職者による依頼等の規制）

第一〇六条の四① 職員であつた者であつて離職後に営利企業等

の地位に就いている者（退職手当通算予定職員であった者であつて引き続いて退職手当通算法人の地位に就いている者（以下「退職手当通算離職者」という。）を除く。以下「再就職者」という。）は、離職前五年間に在職していた局等組織に属する役職員又はこれに類する者として政令で定めるものに対し、国、行政執行法人若しくは都道府県と当該営利企業等若しくはその子法人との間で締結される売買、貸借、請負その他の契約又は当該営利企業等若しくはその子法人に対して行われる行政手続法（平成五年法律第八十八号）第二条第二号に規定する処分に関する事務（以下「契約等事務」という。）であつて離職前五年間の職務に属するものに関し、離職後二年間、職務上の行為をするように、又はしないように要求し、又は依頼してはならない。

② 前項の規定によるもののほか、再就職者のうち、国家行政組織法第二十一条第一項に規定する部長若しくは課長の職又はこれらに準ずる職であつて政令で定めるものに、離職した日の五年前の日より前に就いていた者は、当該職に就いていた時に在職していた局等組織に属する役職員又はこれに類する者として政令で定めるものに対し、契約等事務であつて離職した日の五年前の日より前の職務（当該職に就いていたときの職務に限る。）に属するものに関し、離職後二年間、職務上の行為をするように、又はしないように要求し、又は依頼してはならない。

③ 前二項の規定によるもののほか、再就職者のうち、国家行政組織法第六条に規定する長官、同法第十八条第一項に規定する事務次官、同法第二十一条第一項に規定する事務局長若しくは局長の職又はこれらに準ずる職であつて政令で定めるものに就いていた者は、当該職に就いていた時に在職していた府省その他の政令で定める国の機関、行政執行法人若しくは都道府県警察（以下「局長等としての在職機関」という。）に属する役職員又はこれに類する者として政令で定めるものに対し、契約等事務であつて局長等としての在職機関の所掌に属するものに関し、離職後二年間、職務上の行為をするように、又はしないように要求し、又は依頼してはならない。

④ 前三項の規定によるもののほか、再就職者は、在職していた府省その他の政令で定める国の機関、行政執行法人若しくは都道府県警察（以下この項において「行政機関等」という。）に属する役職員又はこれに類する者として政令で定めるものに対し、国、行政執行法人若しくは都道府県と営利企業等（当該再就職者が現にその地位に就いているものに限る。）若しくはその子法人との間の契約であつて当該行政機関等においてその締結について自らが決定したもの又は当該行政機関等による当該営利企業等若しくはその子法人に対する行政手続法第二条第二号に規定する処分であつて自らが決定したものに関し、職務上の行為をするように、又はしないように要求し、又は依頼してはならない。

⑤ 前各項の規定は、次に掲げる場合には適用しない。

一 試験、検査、検定その他の行政上の事務であつて、法律の規定に基づく行政庁による指定若しくは登録その他の処分（以下「指定等」という。）を受けた者が行う当該指定等に係るもの若しくは行政庁から委託を受けた者が行う当該委託に係るものを遂行するために必要な場合、又は国の事務若しくは事業と密接な関連を有する業務として政令で定めるものを行うために必要な場合

二 行政庁に対する権利若しくは義務を定めている法令の規定若しくは国、行政執行法人若しくは都道府県との間で締結された契約に基づき、権利を行使し、若しくは義務を履行する場合、行政庁の処分により課された義務を履行する場合又はこれらに類する場合として政令で定める場合

三 行政手続法第二条第三号に規定する申請又は同条第七号に規定する届出を行う場合

四 会計法（昭和二十二年法律第三十五号）第二十九条の三第一項に規定する競争の手続、行政執行法人が公告して申込みをさせることによる競争の手続又は地方自治法（昭和二十二年法律第六十七号）第二百三十四条第一項に規定する一般競争入札若しくはせり売りの手続に従い、売買、貸借、請負その他の契約を締結するために必要な場合

五 法令の規定により又は慣行として公にされ、又は公にすることが予定されている情報の提供を求める場合（一定の日以降に公にすることが予定されている情報を同日前に開示するよう求める場合を除く。）

六 再就職者が役職員（これに類する者を含む。以下この号において同じ。）に対し、契約等事務に関し、職務上の行為をするように、又はしないように要求し、又は依頼することにより公務の公正性の確保に支障が生じないと認められる場合として政令で定める場合において、政令で定める手続により内閣総理大臣の承認を得て、再就職者が当該承認に係る役職員に対し、当該承認に係る契約等事務に関し、職務上の行為をするように、又はしないように要求し、又は依頼する場合

⑥ 前項第六号の規定による内閣総理大臣が承認する権限は、再就職等監視委員会に委任する。

⑦ 前項の規定により再就職等監視委員会に委任された権限は、政令で定めるところにより、再就職等監察官に委任することができる。

⑧ 再就職等監視委員会が第六項の規定により委任を受けた権限に基づき行う承認（前項の規定により委任を受けた権限に基づき再就職等監察官が行う承認を含む。）についての審査請求は、再就職等監視委員会に対して行うことができる。

⑨ 職員は、第五項各号に掲げる場合を除き、再就職者から第一項から第四項までの規定により禁止される要求又は依頼を受けたとき（独立行政法人通則法第五十四条第一項において準用する第一項から第四項までの規定により禁止される要求又は依頼を受けたときを含む。）は、政令で定めるところにより、再就職等監察官にその旨を届け出なければならない。

第二款　再就職等監視委員会

（設置）

第一〇六条の五① 内閣府に、再就職等監視委員会（以下「委員会」という。）を置く。

② 委員会は、次に掲げる事務をつかさどる。

一 第十八条の四の規定により委任を受けた権限に基づき調査を行うこと。

二 第百六条の三第三項及び前条第六項の規定により委任を受けた権限に基づき承認を行うこと。

三 前二号に掲げるもののほか、この法律及び他の法律の規定によりその権限に属させられた事項を処理すること。

（職権の行使）

第一〇六条の六 委員会の委員長及び委員は、独立してその職権を行う。

（組織）

第一〇六条の七① 委員会は、委員長及び委員四人をもつて組織する。

② 委員は、非常勤とする。

③ 委員長は、会務を総理し、委員会を代表する。

④ 委員長に事故があるときは、あらかじめその指名する委員が、その職務を代理する。

（委員長及び委員の任命）

第一〇六条の八① 委員長及び委員は、人格が高潔であり、職員の退職管理に関する事項に関し公正な判断をすることができ、法律又は社会に関する学識経験を有する者であつて、かつ、役職員又は自衛隊員としての前歴（検察官その他の職務の特殊性を勘案して政令で定める者としての前歴を除く。）を有しない者のうちから、両議院の同意を得て、内閣総理大臣が任命する。

② 委員長又は委員の任期が満了し、又は欠員を生じた場合において、国会の閉会又は衆議院の解散のために両議院の同意を得ることができないときは、内閣総理大臣は、前項の規定にかかわらず、委員長又は委員を任命することができる。

③前項の場合においては、任命後最初の国会において両議院の事後の承認を得なければならない。この場合において、両議院の事後の承認を得られないときは、内閣総理大臣は、直ちにその委員長又は委員を罷免しなければならない。

（委員長及び委員の任期）

第一〇六条の九① 委員長及び委員の任期は、三年とする。ただし、補欠の委員長及び委員の任期は、前任者の残任期間とする。

② 委員長及び委員は、再任されることができる。

③ 委員長及び委員の任期が満了したときは、当該委員長及び委員は、後任者が任命されるまで引き続きその職務を行うものとする。

（身分保障）

第一〇六条の一〇 委員長及び委員は、次の各号のいずれかに該当する場合を除いては、在任中、その意に反して罷免されることがない。

一 破産手続開始の決定を受けたとき。

二 禁錮以上の刑に処せられたとき。

> **＊令和四法六八（令和七・六・一六までに施行）による改正**
> 第二号中「禁錮」を「拘禁刑」に改める。（本文未織込み）

三 役職員又は自衛隊員（第百六条の八第一項に規定する政令で定める者を除く。）となつたとき。

四 委員会により、心身の故障のため職務の執行ができないと認められたとき、又は職務上の義務違反その他委員長若しくは委員たるに適しない非行があると認められたとき。

（罷免）

第一〇六条の一一 内閣総理大臣は、委員長又は委員が前条各号のいずれかに該当するときは、その委員長又は委員を罷免しなければならない。

（服務）

第一〇六条の一二① 委員長及び委員は、職務上知ることのできた秘密を漏らしてはならない。その職を退いた後も同様とする。

② 委員長及び委員は、在任中、政党その他の政治的団体の役員となり、又は積極的に政治運動をしてはならない。

③ 委員長は、在任中、内閣総理大臣の許可のある場合を除くほか、報酬を得て他の職務に従事し、又は営利事業を営み、その他金銭上の利益を目的とする業務を行つてはならない。

（給与）

第一〇六条の一三 委員長及び委員の給与は、別に法律で定める。

（再就職等監察官）

第一〇六条の一四① 委員会に、再就職等監察官（以下「監察官」という。）を置く。

② 監察官は、委員会の定めるところにより、次に掲げる事務を行う。

一 第百六条の三第四項及び第百六条の四第七項の規定により委任を受けた権限に基づき承認を行うこと。

二 第百六条の四第九項の規定による届出を受理すること。

三 第百六条の十九及び第百六条の二十第一項の規定による調査を行うこと。

四 前三号に掲げるもののほか、この法律及び他の法律の規定によりその権限に属させられた事項を処理すること。

③ 監察官のうち常勤とすべきものの定数は、政令で定める。

④ 前項に規定するもののほか、監察官は、非常勤とする。

⑤ 監察官は、役職員又は自衛隊員としての前歴（検察官その他の職務の特殊性を勘案して政令で定める者としての前歴を除く。）を有しない者のうちから、委員会の議決を経て、内閣総理大臣が任命する。

（事務局）

第一〇六条の一五① 委員会の事務を処理させるため、委員会に事務局を置く。

② 事務局に、事務局長のほか、所要の職員を置く。

③ 事務局長は、委員長の命を受けて、局務を掌理する。

（違反行為の疑いに係る任命権者の報告）

第一〇六条の一六 任命権者は、職員又は職員であつた者に再就職等規制違反行為（第百六条の二から第百六条の四までの規定に違反する行為をいう。以下同じ。）を行つた疑いがあると思料するときは、その旨を委員会に報告しなければならない。

（任命権者による調査）

第一〇六条の一七① 任命権者は、職員又は職員であつた者に再就職等規制違反行為を行つた疑いがあると思料して当該再就職等規制違反行為に関して調査を行おうとするときは、委員会にその旨を通知しなければならない。

② 委員会は、任命権者が行う前項の調査の経過について、報告を求め、又は意見を述べることができる。

③ 任命権者は、第一項の調査を終了したときは、遅滞なく、委員会に対し、当該調査の結果を報告しなければならない。

（任命権者に対する調査の要求等）

第一〇六条の一八① 委員会は、第百六条の四第九項の届出、第百六条の十六の報告又はその他の事由により職員又は職員であつた者に再就職等規制違反行為を行つた疑いがあると思料するときは、任命権者に対し、当該再就職等規制違反行為に関する調査を行うよう求めることができる。

② 前条第二項及び第三項の規定は、前項の規定により行われる調査について準用する。

（共同調査）

第一〇六条の一九 委員会は、第百六条の十七第二項（前条第二項において準用する場合を含む。）の規定により報告を受けた場合において必要があると認めるときは、再就職等規制違反行為に関し、監察官に任命権者と共同して調査を行わせることができる。

（委員会による調査）

第一〇六条の二〇① 委員会は、第百六条の四第九項の届出、第百六条の十六の報告又はその他の事由により職員又は職員であつた者に再就職等規制違反行為を行つた疑いがあると思料する場合であつて、特に必要があると認めるときは、当該再就職等規制違反行為に関する調査の開始を決定し、監察官に当該調査を行わせることができる。

② 任命権者は、前項の調査に協力しなければならない。

③ 委員会は、第一項の調査を終了したときは、遅滞なく、任命権者に対し、当該調査の結果を通知しなければならない。

（勧告）

第一〇六条の二一① 委員会は、第百六条の十七第三項（第百六条の十八第二項において準用する場合を含む。）の規定による調査の結果の報告に照らし、又は第百六条の十九若しくは前条第一項の規定により監察官に調査を行わせた結果、任命権者において懲戒処分その他の措置を行うことが適当であると認めるときは、任命権者に対し、当該措置を行うべき旨の勧告をすることができる。

② 任命権者は、前項の勧告に係る措置について、委員会に対し、報告しなければならない。

③ 委員会は、内閣総理大臣に対し、この節の規定の適切な運用を確保するために必要と認められる措置について、勧告することができる。

（政令への委任）

第一〇六条の二二 第百六条の五から前条までに規定するもののほか、委員会に関し必要な事項は、政令で定める。

第三款 雑則

（第一〇六条の二三から第一〇六条の二七まで）

（略）

第九節 退職年金制度

（退職年金制度）
第一〇七条① 職員が、相当年限忠実に勤務して退職した場合、公務に基く負傷若しくは疾病に基き退職した場合又は公務に基き死亡した場合におけるその者又はその遺族に支給する年金に関する制度が、樹立し実施せられなければならない。
② 前項の年金制度は、退職又は死亡の時の条件を考慮して、本人及びその退職又は死亡の当時直接扶養する者のその後における適当な生活の維持を図ることを目的とするものでなければならない。
③ 第一項の年金制度は、健全な保険数理を基礎として定められなければならない。
④ 前三項の規定による年金制度は、法律によつてこれを定める。

（意見の申出）
第一〇八条 人事院は、前条の年金制度に関し調査研究を行い、必要な意見を国会及び内閣に申し出ることができる。

第十節　職員団体

（職員団体）
第一〇八条の二① この法律において「職員団体」とは、職員がその勤務条件の維持改善を図ることを目的として組織する団体又はその連合体をいう。
② 前項の「職員」とは、第五項に規定する職員以外の職員をいう。
③ 職員は、職員団体を結成し、若しくは結成せず、又はこれに加入し、若しくは加入しないことができる。ただし、重要な行政上の決定を行う職員、重要な行政上の決定に参画する管理的地位にある職員、職員の任免に関して直接の権限を持つ監督的地位にある職員、職員の任免、分限、懲戒若しくは服務、職員の給与その他の勤務条件又は職員団体との関係についての当局の計画及び方針に関する機密の事項に接し、そのためにその職務上の義務と責任とが職員団体の構成員としての誠意と責任とに直接に抵触すると認められる監督的地位にある職員その他職員団体との関係において当局の立場に立つて遂行すべき職務を担当する職員（以下「管理職員等」という。）と管理職員等以外の職員とは、同一の職員団体を組織することができず、管理職員等と管理職員等以外の職員とが組織する団体は、この法律にいう「職員団体」ではない。
④ 前項ただし書に規定する管理職員等の範囲は、人事院規則で定める。
⑤ 警察職員及び海上保安庁又は刑事施設において勤務する職員は、職員の勤務条件の維持改善を図ることを目的とし、かつ、当局と交渉する団体を結成し、又はこれに加入してはならない。

（職員団体の登録）
第一〇八条の三① 職員団体は、人事院規則で定めるところにより、理事その他の役員の氏名及び人事院規則で定める事項を記載した申請書に規約を添えて人事院に登録を申請することができる。
② 職員団体の規約には、少なくとも次に掲げる事項を記載するものとする。
一　名称
二　目的及び業務
三　主たる事務所の所在地
四　構成員の範囲及びその資格の得喪に関する規定
五　理事その他の役員に関する規定
六　次項に規定する事項を含む業務執行、会議及び投票に関する規定
七　経費及び会計に関する規定
八　他の職員団体との連合に関する規定
九　規約の変更に関する規定
十　解散に関する規定
③ 職員団体が登録される資格を有し、及び引き続いて登録されているためには、規約の作成又は変更、役員の選挙その他これらに準ずる重要な行為が、すべての構成員が平等に参加する機会を有する直接かつ秘密の投票による全員の過半数（役員の選挙については、投票者の過半数）によつて決定される旨の手続を定め、かつ、現実にその手続によりこれらの重要な行為が決定されることを必要とする。ただし、連合体である職員団体又は全国的規模をもつ職員団体にあつては、すべての構成員が平等に参加する機会を有する構成団体ごと又は地域若しくは職域ごとの直接かつ秘密の投票による投票者の過半数で代議員を選挙し、この代議員の全員が平等に参加する機会を有する直接かつ秘密の投票による全員の過半数（役員の選挙については、投票者の過半数）によつて決定される旨の手続を定め、かつ、現実に、その手続により決定されることをもつて足りるものとする。
④ 前項に定めるもののほか、職員団体が登録される資格を有し、及び引き続いて登録されているためには、前条第五項に規定する職員以外の職員のみをもつて組織されていることを必要とする。ただし、同項に規定する職員以外の職員であつた者でその意に反して免職され、若しくは懲戒処分としての免職の処分を受け、当該処分を受けた日の翌日から起算して一年以内のもの又はその期間内に当該処分について法律の定めるところにより審査請求をし、若しくは訴えを提起し、これに対する裁決若しくは裁判が確定するに至らないものを構成員にとどめていること、及び当該職員団体の役員である者を構成員としていることを妨げない。
⑤ 人事院は、登録を申請した職員団体が前三項の規定に適合するものであるときは、人事院規則で定めるところにより、規約及び第一項に規定する申請書の記載事項を登録し、当該職員団体にその旨を通知しなければならない。この場合において、職員でない者の役員就任を認めている職員団体を、そのゆえをもつて登録の要件に適合しないものと解してはならない。
⑥ 登録された職員団体が職員団体でなくなつたとき、登録された職員団体について第二項から第四項までの規定に適合しない事実があつたとき、又は登録された職員団体が第九項の規定による届出をしなかつたときは、人事院は、人事院規則で定めるところにより、六十日を超えない範囲内で当該職員団体の登録の効力を停止し、又は当該職員団体の登録を取り消すことができる。
⑦ 前項の規定による登録の取消しに係る聴聞の期日における審理は、当該職員団体から請求があつたときは、公開により行わなければならない。
⑧ 第六項の規定による登録の取消しは、当該処分の取消しの訴えを提起することができる期間内及び当該処分の取消しの訴えの提起があつたときは当該訴訟が裁判所に係属する間は、その効力を生じない。
⑨ 登録された職員団体は、その規約又は第一項に規定する申請書の記載事項に変更があつたときは、人事院規則で定めるところにより、人事院にその旨を届け出なければならない。この場合においては、第五項の規定を準用する。
⑩ 登録された職員団体は、解散したときは、人事院規則で定めるところにより、人事院にその旨を届け出なければならない。

第一〇八条の四 削除

（交渉）
第一〇八条の五① 当局は、登録された職員団体から、職員の給与、勤務時間その他の勤務条件に関し、及びこれに附帯して、社交的又は厚生的活動を含む適法な活動に係る事項に関し、適法な交渉の申入れがあつた場合においては、その申入れに応ずべき地位に立つものとする。
② 職員団体と当局との交渉は、団体協約を締結する権利を含まないものとする。
③ 国の事務の管理及び運営に関する事項は、交渉の対象とすることができない。
④ 職員団体が交渉することのできる当局は、交渉事項について

適法に管理し、又は決定することのできる当局とする。

⑤ 交渉は、職員団体と当局があらかじめ取り決めた員数の範囲内で、職員団体がその役員の中から指名する者と当局の指名する者との間において行なわなければならない。交渉に当たつては、職員団体と当局との間において、議題、時間、場所その他必要な事項をあらかじめ取り決めて行なうものとする。

⑥ 前項の場合において、特別の事情があるときは、職員団体は、役員以外の者を指名することができるものとする。ただし、その指名する者は、当該交渉の対象である特定の事項について交渉する適法な委任を当該職員団体の執行機関から受けたことを文書によつて証明できる者でなければならない。

⑦ 交渉は、前二項の規定に適合しないこととなつたとき、又は他の職員の職務の遂行を妨げ、若しくは国の事務の正常な運営を阻害することとなつたときは、これを打ち切ることができる。

⑧ 本条に規定する適法な交渉は、勤務時間中においても行なうことができるものとする。

⑨ 職員は、職員団体に属していないという理由で、第一項に規定する事項に関し、不満を表明し、又は意見を申し出る自由を否定されてはならない。

（人事院規則の制定改廃に関する職員団体からの要請）

第一〇八条の五の二① 登録された職員団体は、人事院規則の定めるところにより、職員の勤務条件について必要があると認めるときは、人事院に対し、人事院規則を制定し、又は改廃することを要請することができる。

② 人事院は、前項の規定による要請を受けたときは、速やかに、その内容を公表するものとする。

（職員団体のための職員の行為の制限）

第一〇八条の六① 職員は、職員団体の業務にもつぱら従事することができない。ただし、所轄庁の長の許可を受けて、登録された職員団体の役員としてもつぱら従事する場合は、この限りでない。

② 前項ただし書の許可は、所轄庁の長が相当と認める場合に与えることができるものとし、これを与える場合においては、所轄庁の長は、その許可の有効期間を定めるものとする。

③ 第一項ただし書の規定により登録された職員団体の役員として専ら従事する期間は、職員としての在職期間を通じて五年（行政執行法人の労働関係に関する法律（昭和二十三年法律第二百五十七号）第二条第二号の職員として同法第七条第一項ただし書の規定により労働組合の業務に専ら従事したことがある職員については、五年からその専ら従事した期間を控除した期間）を超えることができない。

④ 第一項ただし書の許可は、当該許可を受けた職員が登録された職員団体の役員として当該職員団体の業務にもつぱら従事する者でなくなつたときは、取り消されるものとする。

⑤ 第一項ただし書の許可を受けた職員は、その許可が効力を有する間は、休職者とする。

⑥ 職員は、人事院規則で定める場合を除き、給与を受けながら、職員団体のためその業務を行ない、又は活動してはならない。

（不利益取扱いの禁止）

第一〇八条の七 職員は、職員団体の構成員であること、これを結成しようとしたこと、若しくはこれに加入しようとしたこと、又はその職員団体における正当な行為をしたことのために不利益な取扱いを受けない。

第四章　罰則

第一〇九条 次の各号のいずれかに該当する者は、一年以下の懲役又は五十万円以下の罰金に処する。

一 第七条第三項の規定に違反して任命を受諾した者

二 第八条第三項の規定に違反して故意に人事官を罷免しなかつた閣員

三 人事官の欠員を生じた後六十日以内に人事官を任命しなかつた閣員（此の期間内に両議院の同意を経なかつた場合には此の限りでない。）

四 第十五条の規定に違反して官職を兼ねた者

五 第十六条第二項の規定に違反して故意に人事院規則及びその改廃を官報に掲載することを怠つた者

六 第十九条の規定に違反して故意に人事記録の作成、保管又は改訂をしなかつた者

七 第二十条の規定に違反して故意に報告しなかつた者

八 第二十七条の規定に違反して差別をした者

九 第四十七条第三項の規定に違反して採用試験の公告を怠り又はこれを抑止した職員

十 第八十三条第一項の規定に違反して停職を命じた者

十一 第九十二条の規定によつてなされる人事院の判定、処置又は指示に故意に従わなかつた者

十二 第百条第一項若しくは第二項又は第百六条の十二第一項の規定に違反して秘密を漏らした者

十三 第百三条の規定に違反して営利企業の地位についた者

十四 離職後二年を経過するまでの間に、離職前五年間に在職していた局等組織に属する役職員又はこれに類する者として政令で定めるものに対し、契約等事務であつて離職前五年間の職務に属するものに関し、職務上不正な行為をするように、又は相当の行為をしないように要求し、又は依頼した再就職者

十五 国家行政組織法第二十一条第一項に規定する部長若しくは課長の職又はこれらに準ずる職であつて政令で定めるものに離職した日の五年前の日より前に就いていた者であつて、離職後二年を経過するまでの間に、当該職に就いていた時に在職していた局等組織に属する役職員又はこれに類する者として政令で定めるものに対し、契約等事務であつて離職した日の五年前の日より前の職務（当該職に就いていたときの職務に限る。）に属するものに関し、職務上不正な行為をするように、又は相当の行為をしないように要求し、又は依頼した再就職者

十六 国家行政組織法第六条に規定する長官、同法第十八条第一項に規定する事務次官、同法第二十一条第一項に規定する事務局長若しくは局長の職又はこれらに準ずる職であつて政令で定めるものに就いていた者であつて、離職後二年を経過するまでの間に、局長等としての在職機関に属する役職員又はこれに類する者として政令で定めるものに対し、契約等事務であつて局長等としての在職機関の所掌に属するものに関し、職務上不正な行為をするように、又は相当の行為をしないように要求し、又は依頼した再就職者

十七 在職していた府省その他の政令で定める国の機関、行政執行法人若しくは都道府県警察（以下この号において「行政機関等」という。）に属する役職員又はこれに類する者として政令で定めるものに対し、国、行政執行法人若しくは都道府県と営利企業等（再就職者が現にその地位に就いているものに限る。）若しくはその子法人との間の契約であつて当該行政機関等においてその締結について自らが決定したもの又は当該行政機関等による当該営利企業等若しくはその子法人に対する行政手続法第二条第二号に規定する処分であつて自らが決定したものに関し、職務上不正な行為をするように、又は相当の行為をしないように要求し、又は依頼した再就職者

十八 第十四号から前号までに掲げる再就職者から要求又は依頼（独立行政法人通則法第五十四条第一項において準用する第十四号から前号までに掲げる要求又は依頼を含む。）を受けた職員であつて、当該要求又は依頼を受けたことを理由として、職務上不正な行為をし、又は相当の行為をしなかつた者

＊令和四法六八（令和七・六・一六までに施行）**による改正**
第一〇九条中「懲役」を「拘禁刑」に改め、第三号中「此の」を「この」に改め、第十三号中「ついた」を「就いた」に改める。（本文未織込み）

第一一〇条① 次の各号のいずれかに該当する者は、三年以下の懲役又は百万円以下の罰金に処する。
一 第二条第六項の規定に違反した者
二 削除
三 第十七条第二項（第十八条の三第二項において準用する場合を含む。次号及び第五号において同じ。）の規定による証人として喚問を受け虚偽の陳述をした者
四 第十七条第二項の規定により証人として喚問を受け正当の理由がなくてこれに応ぜず、又は同項の規定により書類又はその写の提出を求められ正当の理由がなくてこれに応じなかつた者
五 第十七条第二項の規定により書類又はその写の提出を求められ、虚偽の事項を記載した書類又は写を提出した者
五の二 第十七条第三項（第十八条の三第二項において準用する場合を含む。）の規定による検査を拒み、妨げ、若しくは忌避し、又は質問に対して陳述をせず、若しくは虚偽の陳述をした者（第十七条第一項の調査の対象である職員（第十八条の三第二項において準用する場合にあつては、同条第一項の調査の対象である職員又は職員であつた者）を除く。）
六 第十八条の規定に違反して給与を支払つた者
七 第三十三条第一項の規定に違反して任命をした者
八 第三十九条の規定による禁止に違反した者
九 第四十条の規定に違反して虚偽行為を行つた者
十 第四十一条の規定に違反して受験若しくは任用を阻害し又は情報を提供した者
十一 第六十三条の規定に違反して給与を支給した者
十二 第六十八条の規定に違反して給与の支払をした者
十三 第七十条の規定に違反して給与の支払について故意に適当な措置をとらなかつた人事官
十四 第八十三条第二項の規定に違反して停職者に俸給を支給した者
十五 第八十六条の規定に違反して故意に勤務条件に関する行政措置の要求の申出を妨げた者
十六及び十七 削除
十八 第百条第四項（同条第五項において準用する場合を含む。）の規定に違反して陳述及び証言を行わなかつた者
十九 削除
二十 第百八条の二第五項の規定に違反して団体を結成した者
② 前項第八号に該当する者の収受した金銭その他の利益は、これを没収する。その全部又は一部を没収することができないときは、その価額を追徴する。

＊令和四法六八（令和七・六・一六までに施行）**による改正後**
第一一〇条① 次の各号のいずれかに該当する者は、三年以下の拘禁刑又は百万円以下の罰金に処する。
一 （略）
現二 （改正により削る）
二 第十七条第二項（第十八条の三第二項において準用する場合を含む。次号及び第四号において同じ。）の規定による証人として喚問を受け虚偽の陳述をした者（改正前の三）
三 第十七条第二項の規定により証人として喚問を受け正当の理由がなくてこれに応ぜず、又は同項の規定により書類若しくはその写しの提出を求められ正当の理由がなくてこれに応じなかつた者（改正前の四）
四 第十七条第二項の規定により書類又はその写しの提出を求められ、虚偽の事項を記載した書類又は写しを提出した者（改正前の五）
五 （略、改正前の五の二）
六―十五 （略）
現十六及び十七 （改正により削る）
十六 何人たるを問わず第九十八条第二項前段に規定する違法な行為の遂行を共謀し、唆し、若しくはあおり、又はこれらの行為を企てた者（改正により追加）
十七 （略、改正前の十八）
十八 第百二条第一項に規定する政治的行為の制限に違反した者（改正により追加）
現十九 （改正により削る）
十九 （略、改正前の二十）
② （略）

第一一一条 第百九条第二号より第四号まで及び第十二号又は前条第一項第一号、第三号から第七号まで、第九号から第十五号まで、第十八号及び第二十号に掲げる行為を企て、命じ、故意にこれを容認し、そそのかし又はそのほう助をした者は、それぞれ各本条の刑に処する。

＊令和四法六八（令和七・六・一六までに施行）**による改正後**
第一一一条 第百九条第二号から第四号まで若しくは第十二号又は前条第一項第一号から第七号まで、第九号から第十五号まで若しくは第十七号若しくは第十九号に掲げる行為を企て、命じ、故意にこれを容認し、唆し又はその幇助をした者は、それぞれ各本条の刑に処する。

第一一一条の二 次の各号のいずれかに該当する者は、三年以下の禁錮又は百万円以下の罰金に処する。
一 何人たるを問わず第九十八条第二項前段に規定する違法な行為の遂行を共謀し、唆し、若しくはあおり、又はこれらの行為を企てた者
二 第百二条第一項に規定する政治的行為の制限に違反した者

＊令和四法六八（令和七・六・一六までに施行）**により第一一一条の二削る**（本文未織込み）

第一一二条 次の各号のいずれかに該当する者は、三年以下の懲役に処する。ただし、刑法（明治四十年法律第四十五号）に正条があるときは、刑法による。
一 職務上不正な行為（第百六条の二第一項又は第百六条の三第一項の規定に違反する行為を除く。次号において同じ。）をすること若しくはしたこと、又は相当の行為をしないこと若しくはしなかつたことに関し、営利企業等に対し、離職後に当該営利企業等若しくはその子法人の地位に就くこと、又は他の役職員をその離職後に、若しくは役職員であつた者を、当該営利企業等若しくはその子法人の地位に就かせることを要求し、又は約束した職員
二 職務に関し、他の役職員に職務上不正な行為をするように、又は相当の行為をしないように要求し、依頼し、若しくは唆すこと、又は要求し、依頼し、若しくは唆したことに関し、営利企業等に対し、離職後に当該営利企業等若しくはその子法人の地位に就くこと、又は他の役職員をその離職後に、若しくは役職員であつた者を、当該営利企業等若しくはその子法人の地位に就かせることを要求し、又は約束した職員
三 前号（独立行政法人通則法第五十四条第一項において準用する場合を含む。）の不正な行為をするように、又は相当の行為をしないように要求し、依頼し、又は唆した行為の相手方であつて、同号（同項において準用する場合を含む。）の要求又は約束があつたことの情を知つて職務上不正な行為をし、又は相当の行為をしなかつた職員

＊令和四法六八（令和七・六・一六までに施行）**による改正** 第一一二条中「懲役」を「拘禁刑」に改める。（本文未織込み）

第一一三条 次の各号のいずれかに該当する者は、十万円以下の過料に処する。
一 第百六条の四第一項から第四項までの規定に違反して、役職員又はこれらの規定に規定する役職員に類する者として政令で定めるものに対し、契約等事務に関し、職務上の行為をするように、又はしないように要求し、又は依頼した者（不

正な行為をするように、又は相当の行為をしないように要求し、又は依頼した者を除く。）

二　第百六条の二十四第一項又は第二項の規定による届出をせず、又は虚偽の届出をした者

附　則（抄）

第一条　この法律は、昭和二十三年七月一日から施行する。

第四条　職員に関し、その職務と責任の特殊性に基づいて、この法律の特例を要する場合には、別に法律又は人事院規則（人事院の所掌する事項以外の事項については、政令）をもつて、当該特例を規定することができる。ただし、当該特例は、第一条の精神に反するものであつてはならない。

第六条　労働組合法（昭和二十四年法律第百七十四号）、労働関係調整法（昭和二十一年法律第二十五号）、労働基準法（昭和二十二年法律第四十九号）、船員法（昭和二十二年法律第百号）、最低賃金法（昭和三十四年法律第百三十七号）、じん肺法（昭和三十五年法律第三十号）、労働安全衛生法（昭和四十七年法律第五十七号）及び船員災害防止活動の促進に関する法律（昭和四十二年法律第六十一号）並びにこれらの法律に基づく命令は、職員には適用しない。

第七条　第百八条の六の規定の適用については、国家公務員の労働関係の実態に鑑み、労働関係の適正化を促進し、もつて公務の能率的な運営に資するため、当分の間、同条第三項中「五年」とあるのは「七年以下の範囲内で人事院規則で定める期間」とする。

附　則（令和三・六・一一法六一）（抄）

（施行期日）

第一条　この法律は、令和五年四月一日から施行する。ただし、（中略）附則第十五条（中略）の規定は、公布の日から施行する。

（その他の経過措置の政令等への委任）

第一五条　附則第三条から前条までに定めるもののほか、この法律の施行に関し必要な経過措置は、政令（人事院の所掌する事項については、人事院規則）で定める。

刑法等の一部を改正する法律の施行に伴う関係法律整理法中経過規定

（令和四・六・一七法六八）（抄）

第四四一条から第四四三条まで　（刑法の同経過規定参照）

第五〇九条　（刑法の同経過規定参照）

刑法等の一部を改正する法律の施行に伴う関係法律整理法

附　則（令和四・六・一七法六八）（抄）

（施行期日）

① この法律は、刑法等一部改正法（刑法等の一部を改正する法律（令和四法六七））施行日から施行する。ただし、次の各号に掲げる規定は、当該各号に定める日から施行する。

一　第五百九条の規定　公布の日

二　（略）

●地方自治法（抄）

（昭和二二・四・一七 法 六 七）

施行 昭和二二・五・三（附則参照）

改正（平成二九年以前の改正は重要なもののみ掲げる）昭和二二法一六九、昭和二三法一七九、昭和二五法一〇一（昭和二五法一四三）・法一四三、昭和二七法三〇六、昭和二八法二一二、昭和二九法一九三、昭和三一法一四七、昭和三八法九九、平成三法二四、平成六法四八、平成九法六七、平成一〇法五四、平成一一法八七（平成一一法一二二）、平成一四法四、平成一六法五七、平成一八法五〇・法五三、平成二三法三五、平成二四法七二、平成二九法五四、平成三〇法六・法七・法二三・法四四・法四六・法四九・法五二・法五三・法六六・法六八・法七八（令和一法二六）・法九五・法一〇二、平成三一法三・法四・法六・法一四、令和一法一・法七・法一一・法一二・法一六・法一七・法二六・法三七・法五七・法六二・法六三、令和二法二・法五・法八・法一二・法一六・法二六・法三一・法三三・法四一・法六二・法七五、令和三法五・法七・法九・法三〇・法三一・法三六・法三七・法三九・法四三・法四四・法五〇・法五四・法六三・法八二、令和四法一・法四・法一六・法三三・法三四・法三七・法四四・法四八・法四九・法五二・法五三・法五六・法六八

目次

第一編　総則

第一条【この法律の目的】 この法律は、地方自治の本旨に基いて、地方公共団体の区分並びに地方公共団体の組織及び運営に関する事項の大綱を定め、併せて国と地方公共団体との間の基本的関係を確立することにより、地方公共団体における民主的にして能率的な行政の確保を図るとともに、地方公共団体の健全な発達を保障することを目的とする。

第一条の二【地方公共団体の役割、国と地方公共団体の役割分担の原則等】 ① 地方公共団体は、住民の福祉の増進を図ることを基本として、地域における行政を自主的かつ総合的に実施する役割を広く担うものとする。

② 国は、前項の規定の趣旨を達成するため、国においては国際社会における国家としての存立にかかわる事務、全国的に統一して定めることが望ましい国民の諸活動若しくは地方自治に関する基本的な準則に関する事務又は全国的な規模で若しくは全国的な視点に立つて行わなければならない施策及び事業の実施その他の国が本来果たすべき役割を重点的に担い、住民に身近な行政はできる限り地方公共団体にゆだねることを基本として、地方公共団体との間で適切に役割を分担するとともに、地方公共団体に関する制度の策定及び施策の実施に当たつて、地方公共団体の自主性及び自立性が十分に発揮されるようにしなければならない。

一　地方公共団体の役割と契約裁量→行総◆【Ⅱ】147
二　地方公共団体の役割と長の交際費等→二三二条6 7

第一条の三【地方公共団体の種類】 ① 地方公共団体は、普通地方公共団体及び特別地方公共団体とする。

② 普通地方公共団体は、都道府県及び市町村とする。

③ 特別地方公共団体は、特別区、地方公共団体の組合及び財産区とする。

憲法上の地方公共団体→憲九三条7

第二条【地方公共団体の法人格、事務、地方自治行政の基本原則】 ① 地方公共団体は、法人とする。

② 普通地方公共団体は、地域における事務及びその他の事務で法律又はこれに基づく政令により処理することとされるものを処理する。

③ 市町村は、基礎的な地方公共団体として、第五項において都道府県が処理するものとされているものを除き、一般的に、前項の事務を処理するものとする。

④ 市町村は、前項の規定にかかわらず、次項に規定する事務のうち、その規模又は性質において一般の市町村が処理することが適当でないと認められるものについては、当該市町村の規模及び能力に応じて、これを処理することができる。

⑤ 都道府県は、市町村を包括する広域の地方公共団体として、第二項の事務で、広域にわたるもの、市町村に関する連絡調整に関するもの及びその規模又は性質において一般の市町村が処理することが適当でないと認められるものを処理するものとする。

⑥ 都道府県及び市町村は、その事務を処理するに当つては、相互に競合しないようにしなければならない。

⑦ 特別地方公共団体は、この法律の定めるところにより、その事務を処理する。

⑧ この法律において「自治事務」とは、地方公共団体が処理する事務のうち、法定受託事務以外のものをいう。

⑨ この法律において「法定受託事務」とは、次に掲げる事務をいう。

一　法律又はこれに基づく政令により都道府県、市町村又は特別区が処理することとされる事務のうち、国が本来果たすべき役割に係るものであつて、国においてその適正な処理を特に確保する必要があるものとして法律又はこれに基づく政令に特に定めるもの（以下「第一号法定受託事務」という。）

二　法律又はこれに基づく政令により市町村又は特別区が処理することとされる事務のうち、都道府県が本来果たすべき役割に係るものであつて、都道府県においてその適正な処理を特に確保する必要があるものとして法律又はこれに基づく政令に特に定めるもの（以下「第二号法定受託事務」という。）

⑩ この法律又はこれに基づく政令に規定するもののほか、法律に定める法定受託事務は第一号法定受託事務にあつては別表第一の上欄に掲げる法律についてそれぞれ同表の下欄に、第二号法定受託事務にあつては別表第二の上欄に掲げる法律についてそれぞれ同表の下欄に掲げるとおりであり、政令に定める法定受託事務はこの法律に基づく政令に示すとおりである。

⑪ 地方公共団体に関する法令の規定は、地方自治の本旨に基づき、かつ、国と地方公共団体との適切な役割分担を踏まえたものでなければならない。

⑫ 地方公共団体に関する法令の規定は、地方自治の本旨に基づいて、かつ、国と地方公共団体との適切な役割分担を踏まえて、これを解釈し、及び運用するようにしなければならない。この場合において、特別地方公共団体に関する法令の規定は、この法律に定める特別地方公共団体の特性にも照応するように、これを解釈し、及び運用しなければならない。

⑬ 法律又はこれに基づく政令により地方公共団体が処理することとされる事務が自治事務である場合においては、国は、地方公共団体が地域の特性に応じて当該事務を処理することができるよう特に配慮しなければならない。

⑭ 地方公共団体は、その事務を処理するに当つては、住民の福祉の増進に努めるとともに、最少の経費で最大の効果を挙げるようにしなければならない。

⑮ 地方公共団体は、常にその組織及び運営の合理化に努めるとともに、他の地方公共団体に協力を求めてその規模の適正化を図らなければならない。

⑯ 地方公共団体は、法令に違反してその事務を処理してはならない。なお、市町村及び特別区は、当該都道府県の条例に違反してその事務を処理してはならない。

⑰ 前項の規定に違反して行つた地方公共団体の行為は、これを無効とする。

7　**一　区域内の事務**
長崎県の管轄漁業取締区域内で逃走を開始した船につい

て、同県漁業取締船が継続追跡中に発した漁業法に基づく漁業取締規則による停船命令は、その場所が同県の管轄外であっても、法令の根拠に基づく適法な公務の執行である。（最判昭40・5・20判時四一三・八二、自治百選[四版]Ａ４）

二　経済性原則（一四項）

[2] 地方公共団体の長が不動産を賃借し、あるいはその賃料を変更する契約を締結することは、当該不動産の賃借目的やその必要性、契約締結に至る経緯、契約内容に影響を及ぼす社会的、経済的要因等を総合考慮した合理的な裁量に委ねられているので、当該契約における賃料が鑑定評価等において適正とされた賃料の額を超える場合でも、前記のような総合考慮の上でなお、長の判断に裁量権の逸脱又は濫用がなければ、当該賃料をもって直ちに契約の締結が本条一四項等に反し違法とはならない。（最判平25・3・28裁判集民二四三・二四一）→行総◆【Ⅱ】[148]

三　法令違反の行為の効力（一七項）

[3] 地方自治法二三四条二項及びそれを受けた同法施行令一六七条の二第一項の制限に違反して締結された随意契約は違法であるが、それが私法上無効となるのは、違反が何人の目にも明らかである場合や契約の相手方において随意契約の方法による当該契約の締結が許されないことを知り又は知り得べかりし場合のように当該契約の効力を無効としなければ随意契約の締結に制限を加える前記法令の規定の趣旨を没却する結果となる特段の事情が認められる場合に限られる。（最判昭62・5・19民集四一・四・六八七、自治百選[三版]四四）→二四二条の二[21]、行総◆【Ⅱ】[142]～[148]

[4] 第三セクターと県の間で締結された、県派遣職員の給与等を県が負担する旨定める協定は、地方公務員法二四条一項、三〇条及び三五条に違反するが、同協定は公序良俗に反するものであるとまでは言えず、これを無効としなければ前記各規定の趣旨を没却する特段の事情もないので、協定は私法上有効とされた事例（最判平16・1・15民集五八・一・一五六、自治百選[四版]六三）→二〇四条[6]・二三二条の二[10]・二四二条の二[41]

第三条【名称】①　地方公共団体の名称は、従来の名称による。

②　都道府県の名称を変更しようとするときは、法律でこれを定める。

③　都道府県以外の地方公共団体の名称を変更しようとするときは、この法律に特別の定めのあるものを除くほか、条例でこれを定める。

④　地方公共団体の長は、前項の規定により当該地方公共団体の名称を変更しようとするときは、あらかじめ都道府県知事に協議しなければならない。

⑤　地方公共団体は、第三項の規定により条例を制定し又は改廃したときは、直ちに都道府県知事に当該地方公共団体の変更後の名称及び名称を変更する日を報告しなければならない。

⑥　都道府県知事は、前項の規定による報告があつたときは、直ちにその旨を総務大臣に通知しなければならない。

⑦　前項の規定による通知を受けたときは、総務大臣は、直ちにその旨を告示するとともに、これを国の関係行政機関の長に通知しなければならない。

第四条【事務所の設定又は変更】①　地方公共団体は、その事務所の位置を定め又はこれを変更しようとするときは、条例でこれを定めなければならない。

②　前項の事務所の位置を定め又はこれを変更するに当つては、住民の利用に最も便利であるように、交通の事情、他の官公署との関係等について適当な考慮を払わなければならない。

③　第一項の条例を制定し又は改廃しようとするときは、当該地方公共団体の議会において出席議員の三分の二以上の者の同意がなければならない。

第四条の二【休日】①　地方公共団体の休日は、条例で定める。

②　前項の地方公共団体の休日は、次に掲げる日について定めるものとする。

一　日曜日及び土曜日

二　国民の祝日に関する法律（昭和二十三年法律第百七十八号）に規定する休日

三　年末又は年始における日で条例で定めるもの

③　前項各号に掲げる日のほか、当該地方公共団体において特別な歴史的、社会的意義を有し、住民がこぞつて記念することが定着している日で、当該地方公共団体の休日とすることについて広く国民の理解を得られるようなものは、第一項の地方公共団体の休日として定めることができる。この場合においては、当該地方公共団体の長は、あらかじめ総務大臣に協議しなければならない。

④　地方公共団体の行政庁に対する申請、届出その他の行為の期限で法律又は法律に基づく命令で規定する期間（時をもつて定める期間を除く。）をもつて定めるものが第一項の規定に基づき条例で定められた地方公共団体の休日に当たるときは、地方公共団体の休日の翌日をもつてその期限とみなす。ただし、法律又は法律に基づく命令に別段の定めがある場合は、この限りでない。

第二編　普通地方公共団体（抄）

第一章　通則

第五条【普通地方公共団体の区域】①　普通地方公共団体の区域は、従来の区域による。

②　都道府県は、市町村を包括する。

町村の区域―境界の確定基準→九条[7]

第六条【都道府県の廃置分合及び境界変更】①　都道府県の廃置分合又は境界変更をしようとするときは、法律でこれを定める。

②　都道府県の境界にわたつて市町村の設置又は境界の変更があつたときは、都道府県の境界も、また、自ら変更する。従来地方公共団体の区域に属しなかつた地域を市町村の区域に編入したときも、また、同様とする。

③　前二項の場合において財産処分を必要とするときは、関係地方公共団体が協議してこれを定める。但し、法律に特別の定があるときは、この限りでない。

④　前項の協議については、関係地方公共団体の議会の議決を経なければならない。

第六条の二【都道府県の申請による合併】①　前条第一項の規定によるほか、二以上の都道府県の廃止及びそれらの区域の全部による一の都道府県の設置又は都道府県の廃止及びその区域の全部の他の一の都道府県の区域への編入は、関係都道府県の申請に基づき、内閣が国会の承認を経てこれを定めることができる。

②　前項の申請については、関係都道府県の議会の議決を経なければならない。

③　第一項の申請は、総務大臣を経由して行うものとする。

④　第一項の規定による処分があつたときは、総務大臣は、直ちにその旨を告示しなければならない。

⑤　第一項の規定による処分は、前項の規定による告示によりその効力を生ずる。

第七条【市町村の廃置分合及び境界変更】①　市町村の廃置分合又は市町村の境界変更は、関係市町村の申請に基き、都道府県知事が当該都道府県の議会の議決を経てこれを定め、直ちにその旨を総務大臣に届け出なければならない。

②　前項の規定により市の廃置分合をしようとするときは、都道府県知事は、あらかじめ総務大臣に協議し、その同意を得なければならない。

③　都道府県の境界にわたる市町村の設置を伴う市町村の廃置分

合又は市町村の境界の変更は、関係のある普通地方公共団体の申請に基づき、総務大臣がこれを定める。

④ 前項の規定により都道府県の境界にわたる市町村の設置の処分を行う場合においては、当該市町村の属すべき都道府県について、関係のある普通地方公共団体の申請に基づき、総務大臣が当該処分と併せてこれを定める。

⑤ 第一項及び第三項の場合において財産処分を必要とするときは、関係市町村が協議してこれを定める。

⑥ 第一項及び前三項の申請又は協議については、関係のある普通地方公共団体の議会の議決を経なければならない。

⑦ 第一項の規定による届出を受理したとき、又は第三項若しくは第四項の規定による処分をしたときは、総務大臣は、直ちにその旨を告示するとともに、これを国の関係行政機関の長に通知しなければならない。

⑧ 第一項、第三項又は第四項の規定による処分は、前項の規定による告示によりその効力を生ずる。

1 **市町村合併処分の取消訴訟対象性**　市町村合併につき本条一項により都道府県知事のなす処分は、関係市町村民の権利義務に関する直接の処分ではなく、合併前市町村の住民は、合併の適否について訴えの利益を有しない。（最判昭30・12・2民集九・一三・一九二八、自治百選四版〔一二〕）

第七条の二【未所属地域の編入】① 法律で別に定めるものを除く外、従来地方公共団体の区域に属しなかつた地域を都道府県又は市町村の区域に編入する必要があると認めるときは、内閣がこれを定める。この場合において、利害関係があると認められる都道府県又は市町村があるときは、予めその意見を聴かなければならない。

② 前項の意見については、関係のある普通地方公共団体の議会の議決を経なければならない。

③ 第一項の規定による処分があつたときは、総務大臣は、直ちにその旨を告示しなければならない。前条第八項の規定は、この場合にこれを準用する。

第八条【市及び町の要件、市町村相互間の変更】① 市となるべき普通地方公共団体は、左に掲げる要件を具えていなければならない。

一 人口五万以上を有すること。

二 当該普通地方公共団体の中心の市街地を形成している区域内に在る戸数が、全戸数の六割以上であること。

三 商工業その他の都市的業態に従事する者及びその者と同一世帯に属する者の数が、全人口の六割以上であること。

四 前各号に定めるものの外、当該都道府県の条例で定める都市的施設その他の都市としての要件を具えていること。

② 町となるべき普通地方公共団体は、当該都道府県の条例で定める町としての要件を具えていなければならない。

③ 町村を市とし又は市を町村とする処分は第七条第一項、第二項及び第六項から第八項までの例により、村を町とし又は町を村とする処分は同条第一項及び第六項から第八項までの例により、これを行うものとする。

第八条の二【市町村の廃置分合・境界変更の勧告】① 都道府県知事は、市町村が第二条第十五項の規定によりその規模の適正化を図るのを援助するため、市町村の廃置分合又は市町村の境界変更の計画を定め、これを関係市町村に勧告することができる。

② 前項の計画を定め又はこれを変更しようとするときは、都道府県知事は、関係市町村、当該都道府県の議会、当該都道府県の区域内の市町村の議会又は長の連合組織その他の関係のある機関及び学識経験を有する者等の意見を聴かなければならない。

③ 前項の関係市町村の意見については、当該市町村の議会の議決を経なければならない。

④ 都道府県知事は、第一項の規定により勧告をしたときは、直ちにその旨を公表するとともに、総務大臣に報告しなければならない。

⑤ 総務大臣は、前項の規定による報告を受けたときは、国の関係行政機関の長に対し直ちにその旨を通知するものとする。

⑥ 第一項の規定による勧告に基く市町村の廃置分合又は市町村の境界変更については、国の関係行政機関は、これを促進するため必要な措置を講じなければならない。

第九条【市町村境界争論の調停、裁定、確定の訴え】① 市町村の境界に関し争論があるときは、都道府県知事は、関係市町村の申請に基づき、これを第二百五十一条の二の規定による調停に付することができる。

② 前項の規定によりすべての関係市町村の申請に基いてなされた調停により市町村の境界が確定しないとき、又は市町村の境界に関し争論がある場合においてすべての関係市町村から裁定を求める旨の申請があるときは、都道府県知事は、関係市町村の境界について裁定することができる。

③ 前項の規定による裁定は、文書を以てこれをし、その理由を附けてこれを関係市町村に交付しなければならない。

④ 第一項又は第二項の申請については、関係市町村の議会の議決を経なければならない。

⑤ 第一項の規定による調停又は第二項の規定による裁定により市町村の境界が確定したときは、都道府県知事は、直ちにその旨を総務大臣に届け出なければならない。

⑥ 前項の規定による届出を受理したとき、又は第十項の規定による通知があつたときは、総務大臣は、直ちにその旨を告示するとともに、これを国の関係行政機関の長に通知しなければならない。

⑦ 前項の規定による告示があつたときは、関係市町村の境界について第七条第一項又は第三項及び第七項の規定による処分があつたものとみなし、これらの処分の効力は、当該告示により生ずる。

⑧ 第二項の規定による都道府県知事の裁定に不服があるときは、関係市町村は、裁定書の交付を受けた日から三十日以内に裁判所に出訴することができる。

⑨ 市町村の境界に関し争論がある場合において、都道府県知事が第一項の規定による調停又は第二項の規定による裁定に適しないと認めてその旨を通知したときは、関係市町村は、裁判所に市町村の境界の確定の訴を提起することができる。第一項又は第二項の規定による申請をした日から九十日以内に、第一項の規定による調停に付されないとき、若しくは同項の規定による調停により市町村の境界が確定しないとき、又は第二項の規定による裁定がないときも、また、同様とする。

⑩ 前項の規定による訴訟の判決が確定したときは、当該裁判所は、直ちに判決書の写を添えてその旨を総務大臣及び関係のある都道府県知事に通知しなければならない。

＊令和四法四八（令和八・五・二四までに施行）による改正後

⑩ 前項の規定による訴訟の判決が確定したときは、当該裁判所は、直ちに電子判決書（民事訴訟法（平成八年法律第百九号）第二百五十二条第一項に規定する電子判決書をいい、同法第二百五十三条第二項の規定により裁判所の使用に係る電子計算機に備えられたファイルに記録されたものに限る。第七十四条の二第十項において同じ。）に記録されている事項を出力することにより作成した書面を添えてその旨を総務大臣及び関係のある都道府県知事に通知しなければならない。

⑪ 前十項の規定は、政令の定めるところにより、市町村の境界の変更に関し争論がある場合にこれを準用する。

1 **市町村境界の確定基準**　〈明治年間以降の法的な措置がない場合の〉町村の境界確定は、まず、江戸時代における関係町村の係争地域に対する支配・管理等の状況により、おおよその区分線が了知可能ならば、その線を基準とし、知り得ない場合は、係争地域の歴史的沿革に加え、明治以降の関係町村の行政権行使の実状、国・都道府県の行政機関の管轄、住民の社会・経済生活上の便益、地勢上の特性等の自然的条件、地積などを考慮の上、もっとも衡平妥当な線を境界と定めるのが相当である。（最判昭61・5・29民集四〇・四・六〇三、自治百選[四版]九）

[2] 東京都大田区が品川区に対して提起した、東京湾内の埋立地に係る本条九項訴訟において、[7]の準則中、地勢上の特性に基づき、等距離線（両区の水際線への最短距離が等しい点を結んだ線）を基礎に、適宜修正を加えて境界線を確定することが相当であるとされた事例（東京地判令元・9・20判時二四四二・三八……原告帰属地と被告帰属地の割合は、約二〇・七対約七九・三（%）とされた）

第九条の二【市町村境界の決定】① 市町村の境界が判明でない場合において、その境界に関し争論がないときは、都道府県知事は、関係市町村の意見を聴いてこれを決定することができる。

② 前項の規定による決定は、文書を以てこれをし、その理由を附けてこれを関係市町村に交付しなければならない。

③ 第一項の意見については、関係市町村の議会の議決を経なければならない。

④ 第一項の規定による都道府県知事の決定に不服があるときは、関係市町村は、決定書の交付を受けた日から三十日以内に裁判所に出訴することができる。

⑤ 第一項の規定による決定が確定したときは、都道府県知事は、直ちにその旨を総務大臣に届け出なければならない。

⑥ 前条第六項及び第七項の規定は、前項の規定による届出があつた市町村の境界の決定にこれを準用する。

第九条の三【公有水面のみに係る市町村の境界変更】① 公有水面のみに係る市町村の境界変更は、第七条第一項の規定にかかわらず、関係市町村の同意を得て都道府県知事が当該都道府県の議会の議決を経てこれを定め、直ちにその旨を総務大臣に届け出なければならない。

② 公有水面のみに係る市町村の境界変更で都道府県の境界にわたるものは、第七条第三項の規定にかかわらず、関係のある普通地方公共団体の同意を得て総務大臣がこれを定める。

③ 第九条第一項及び第二項の規定にかかわらず、公有水面のみに係る市町村の境界に関し争論があるときは、都道府県知事は、職権によりこれを第二百五十一条の二の規定による調停に付し、又は当該調停により市町村の境界が確定しないとき、若しくはすべての関係市町村の裁定することについての同意があるときは、これを裁定することができる。

④ 第一項若しくは第二項の規定による公有水面のみに係る市町村の境界変更又は前項の規定による公有水面のみに係る市町村の境界の裁定は、当該公有水面の埋立て（干拓を含む。以下同じ。）が行なわれる場合においては、前三項の規定にかかわらず、公有水面の埋立てに関する法令により当該埋立ての竣功認可又は通知がなされる時までこれをすることができる。

⑤ 第一項から第三項までの同意については、関係のある普通地方公共団体の議会の議決を経なければならない。

⑥ 第七条第七項及び第八項の規定は第一項及び第二項の場合に、第九条第三項、第五項から第八項まで、第九項前段及び第十項の規定は第三項の場合にこれを準用する。

第九条の四【公有水面の埋立てと所属市町村の決定】 総務大臣又は都道府県知事は、公有水面の埋立てが行なわれる場合において、当該埋立てにより造成されるべき土地の所属すべき市町村を定めるため必要があると認めるときは、できる限りすみやかに、前二条に規定する措置を講じなければならない。

第九条の五【あらたに生じた土地の確認】① 市町村の区域内にあらたに土地を生じたときは、市町村長は、当該市町村の議会の議決を経てその旨を確認し、都道府県知事に届け出なければならない。

② 前項の規定による届出を受理したときは、都道府県知事は、直ちにこれを告示しなければならない。

第二章　住民

第一〇条【住民の意義、権利義務】① 市町村の区域内に住所を有する者は、当該市町村及びこれを包括する都道府県の住民とする。

② 住民は、法律の定めるところにより、その属する普通地方公共団体の役務の提供をひとしく受ける権利を有し、その負担を分任する義務を負う。

一　住所→行総◘【Ⅰ】[79]～[83]

二　役務の提供を受ける住民の権利

[7] 地方自治法二四四条の公の施設に該当する市民会館について、住民はその設置目的に反しない限りでその利用を原則的に認められるのであって、管理者がその利用を拒否し得るのは、利用の希望が競合する場合のほかは、施設を集会に利用させることにより他の基本的人権が侵害され、公共の福祉が損なわれる危険がある場合に限られる。（最判平7・3・7民集四九・三・六八七、憲百選Ⅰ[七版]八一）→二四四条[2]～[4]

第一一条【住民の選挙権】 日本国民たる普通地方公共団体の住民は、この法律の定めるところにより、その属する普通地方公共団体の選挙に参与する権利を有する。

在日外国人の地方選挙権→憲九三条[2]

[7] 憲法九三条二項にいう「住民」とは、地方公共団体の区域内に住所を有する日本国民を意味するものであり、この規定は、我が国に在留する外国人に対して、地方公共団体の長、その議会の議員等の選挙の権利を保障したものということはできない。（最判平7・2・28民集四九・二・六三九、自治百選[四版]一四）→一八条

第一二条【条例の制定改廃請求権、事務の監査請求権】① 日本国民たる普通地方公共団体の住民は、この法律の定めるところにより、その属する普通地方公共団体の条例（地方税の賦課徴収並びに分担金、使用料及び手数料の徴収に関するものを除く。）の制定又は改廃を請求する権利を有する。

② 日本国民たる普通地方公共団体の住民は、この法律の定めるところにより、その属する普通地方公共団体の事務の監査を請求する権利を有する。

第一三条【議会の解散請求権、解職請求権】① 日本国民たる普通地方公共団体の住民は、この法律の定めるところにより、その属する普通地方公共団体の議会の解散を請求する権利を有する。

② 日本国民たる普通地方公共団体の住民は、この法律の定めるところにより、その属する普通地方公共団体の長、副知事若しくは副市町村長、第二百五十二条の十九第一項に規定する指定都市の総合区長、選挙管理委員若しくは監査委員又は公安委員会の委員の解職を請求する権利を有する。

③ 日本国民たる普通地方公共団体の住民は、法律の定めるところにより、その属する普通地方公共団体の教育委員会の教育長又は委員の解職を請求する権利を有する。

第一三条の二【住民たる地位に関する記録】 市町村は、別に法律の定めるところにより、その住民につき、住民たる地位に関する正確な記録を常に整備しておかなければならない。

一　住民票の作成

[7] 市町村長は、転入届があった場合には、その者に新たに当該市町村の区域内に住所を定めた事実があれば、法定の届出事項に係る事由以外の事由を理由として転入届を受理しないことは許されず、住民票を作成しなければならない。（最判平15・6・26判時一八三二・九四〈アレフ転入届事件〉自治百選

[2]母が、その戸籍に入る子について、適式な出生届を提出していない場合に、特別区の区長が子について、母の世帯に属する者として住民票の記載をしていないことは、母の出生届提出の懈怠にやむを得ない合理的理由がなく、また住民票への不記載によって子に選挙人名簿への被登録資格を欠くといった看過し難い不利益が生じている事情を欠く場合には、住民基本台帳法上違法でなく、国家賠償法上も違法でない。（最判平21・4・17民集六三・四・六三八、行政百選Ⅰ[七版]六二）→行訴三条[42]

二　住基ネットの合憲性→憲一三条[37]

第三章　条例及び規則

第一四条【条例、罰則の委任】①　普通地方公共団体は、法令に違反しない限りにおいて第二条第二項の事務に関し、条例を制定することができる。

②　普通地方公共団体は、義務を課し、又は権利を制限するには、法令に特別の定めがある場合を除くほか、条例によらなければならない。

③　普通地方公共団体は、法令に特別の定めがあるものを除くほか、その条例中に、条例に違反した者に対し、二年以下の懲役若しくは禁錮、百万円以下の罰金、拘留、科料若しくは没収の刑又は五万円以下の過料を科する旨の規定を設けることができる。

＊令和四法六八（令和七・六・一六までに施行）による改正
第三項中「懲役若しくは禁錮」を「拘禁刑」に改める。（本文未織込み）

一　法律と条例の関係

[1]　条例が国の法令に違反するかどうかは、両者の対象事項と規定文言を対比するのみでなく、それぞれの趣旨、目的、内容及び効果を比較し、両者の間に矛盾抵触があるかどうかによってこれを決しなければならない。集団示威行進について の道路交通法七七条による規制と公安条例による規制の内容に矛盾抵触がなく、条例における重複規制が特別の意義と効果を有し、合理性が認められる場合、公安条例は同法に違反しない。（最大判昭50・9・10刑集二九・八・四八九〈徳島市公安条例事件〉自治百選[四版]三二）→憲二一条[83]〜[85]・九四条[2]、刑◆【罪刑法定主義】〔一編名の後〕[10]

[2]　普通地方公共団体は、条例で普通河川の管理に関する定めをすることはできるが、河川法が適用河川又は準用河川について定める以上に強力な河川管理の定めをすることは同法に反し許されない。（最判昭53・12・21民集三二・九・一七二三、自治百選[四版]三三）

[3]　水道水源保護条例において、規制対象事業場を認定する際に設けられている町長と事業者の間の協議手続は、権利制限に当たっての重要な手続である。条例制定の前に、県に対して産業廃棄物処理場設置許可の申請手続を進めており、条例制定の契機となった事業者に対しては、町は十分な協議を尽くし、取水量の限定について適切な指導をし、その地位を害することのないよう協議する義務がある。（最判平16・12・24民集五八・九・二五三六〈紀伊長島町水道水源保護条例事件〉自治百選[四版]三六）

[4]　普通地方公共団体は、地方自治の不可欠の要素として、その役務の提供等を受ける個人又は法人に対して国とは別途に課税権の主体となることが憲法上予定されているが、その税目、課税客体、課税標準、税率その他の事項については、憲法上、租税法律主義（憲法八四条）の原則の下で、法律において地方自治の本旨を踏まえてその準則を定めることが予定されているので、当該課税権は、法律の定める準則に従ってその範囲内で行使されなければならず、法定外普通税に関する条例において、地方税法の定める法定普通税についての強行規定に反する内容の定めを設けて当該規定の内容を実質的に変更することは、同法の規定の趣旨、目的に反し、その効果を阻害する内容のものとして許されない。（最判平25・3・21民集六七・三・四三八、憲百選Ⅱ[七版]二〇二）→憲九四条[4]

[5]　[4]の基準により、神奈川県臨時特例企業税に係る条例の規定は、法人事業税に関する地方税法の強行規定と矛盾抵触し、違法、無効である。（最判平25・3・21前出[4]）

◇[1]〜[5]→刑◆【罪刑法定主義】〔一編名の後〕[2]

二　条例への罰則の委任

[6]　行政府の制定する命令と異なり、公選の議員からなる議会の議決で制定される自治立法たる条例によって刑罰を定める場合には、法律による授権が相当な程度に具体的であり、限定されていれば足りる。地方自治法二条三項七号及び一号［平成一一法八七による改正前、現削除］のように相当に具体的な内容の事項について、本条五項［平成一一法八七による改正前、現三項］のように限定された範囲の刑罰の範囲内で、罰則の定めを授権しても罪刑法定主義を定める憲法三一条には違反しない。（最大判昭37・5・30刑集一六・五・五七七、自治百選[四版]二八……売春防止法施行前の売春取締条例による規制に関する事例）→憲九四条[7]、刑◆【罪刑法定主義】〔一編名の後〕

三　条例の憲法適合性

1　条例と平等原則→憲一四条[69][73][82]・二二条[24]、行総◆【Ⅰ】[44]

2　条例と表現の自由→九二条の二[7]、憲二一条[11][12]・二九条[18]

3　条例と営業の自由→憲二二条[15]

4　条例による財産権制限→憲二九条[3]

5　租税法律主義との関係→二二三条[7]、憲八四条[3]

[7]　保険料率算定の基礎となる賦課総額の算定基準を明確に規定した上で、保険料率の決定と、その告示による公示を市長に委任する旭川市国民健康保険条例は、賦課額など賦課徴収に関する事項につき政令で定める基準により条例で定める旨定める国民健康保険法八一条に違反せず、憲法八四条の趣旨にも反しない。また、市長が各年度の保険料率を各年度の賦課期日後に告示したことも、算定方法が条例で同期日までに明らかにされており、恣意的判断が加わる余地がなく、法的安定が害されるものでもないので憲法八四条の趣旨に反しない。（最大判平18・3・1民集六〇・二・五八七〈旭川市国民健康保険条例違憲訴訟〉行政百選Ⅰ[七版]二三）→行総◆【Ⅰ】[24]・◆【Ⅱ】[20]、憲八四条[6]

四　住民投票条例

[8]　「市長は……市民投票における有効投票の賛否いずれか過半数の意思を尊重するものとする」との住民投票条例の規定は、投票結果に法的拘束力を肯定すると間接民主制による現行法の制度原理に整合しない結果を招来しかねないことからすると、市長に法的義務を課すものではなく、投票結果を参考にするよう要請するものにすぎない。（那覇地判平12・5・9判タ一〇五八・一二四、自治百選[四版]二五）→憲九四条[6]

[9]　住民投票条例の下で、旧市民球場解体の賛否を問う旨の住民投票の対象を市政運営上の重要事項と規定する広島市住民投票実施請求代表者証明書交付申請を当該重要事項に該当しないとして却下した処分が、住民投票実施請求権は条例により創設された権利であり、かつ処分に裁量権の逸脱・濫用はないとして適法とされた事例（広島地判平23・9・14判タ一三八一・一三〇）

五　過料賦課における過失の要否→行総◆【Ⅲ】[8]

第一五条【規則】①　普通地方公共団体の長は、法令に違反しない限りにおいて、その権限に属する事務に関し、規則を制定することができる。

② 普通地方公共団体の長は、法令に特別の定めがあるものを除くほか、普通地方公共団体の規則中に、規則に違反した者に対し、五万円以下の過料を科する旨の規定を設けることができる。

第一六条【条例・規則等の公布・公表・施行期日】① 普通地方公共団体の議会の議長は、条例の制定又は改廃の議決があつたときは、その日から三日以内にこれを当該普通地方公共団体の長に送付しなければならない。

② 普通地方公共団体の長は、前項の規定により条例の送付を受けた場合は、その日から二十日以内にこれを公布しなければならない。ただし、再議その他の措置を講じた場合は、この限りでない。

③ 条例は、条例に特別の定があるものを除く外、公布の日から起算して十日を経過した日から、これを施行する。

④ 当該普通地方公共団体の長の署名、施行期日の特例その他条例の公布に関し必要な事項は、条例でこれを定めなければならない。

⑤ 前二項の規定は、普通地方公共団体の規則並びにその機関の定める規則及びその他の規程で公表を要するものにこれを準用する。但し、法令又は条例に特別の定があるときは、この限りでない。

一 条例の適用範囲・効力

[1] 条例の効力は、法律の範囲内にある限り原則として当然属地的に生ずる。法令又は条例に別段の定めがある場合、又は条例の性質上住民のみを対象とすることが明らかな場合はこの限りでないが、新潟県公安条例にはこうした趣旨は認められないので、県の地域内においては、何人に対しても効力をもつ。（最大判昭29・11・24刑集八・一一・一八六六、自治百選[二版]二四）→憲二一条[83]

[2] 条例は、告示されるまでその効力を生じないが、改正前条例の税率を改めたにすぎない未告示の改正青森市民税賦課方法条例による税の賦課処分は、当然無効ではない。（最判昭25・10・10民集四・一〇・四六五、自治百選[四版]A10……昭和二五法一四三による改正前（条例の一定の公告式による告示を規定）の事案）→九六条[4]

二 規則の適用範囲・効力→行総◘【Ⅱ】[19]、会社三六九条[8]

第四章　選挙

第一七条【議員及び長の選挙】 普通地方公共団体の議会の議員及び長は、別に法律の定めるところにより、選挙人が投票によりこれを選挙する。

第一八条【選挙権】 日本国民たる年齢満十八年以上の者で引き続き三箇月以上市町村の区域内に住所を有するものは、別に法律の定めるところにより、その属する普通地方公共団体の議会の議員及び長の選挙権を有する。

在日外国人の地方選挙権→一一条[1]、憲九三条[2]

第一九条【被選挙権】① 普通地方公共団体の議会の議員の選挙権を有する者で年齢満二十五年以上のものは、別に法律の定めるところにより、普通地方公共団体の議会の議員の被選挙権を有する。

② 日本国民で年齢満三十年以上のものは、別に法律の定めるところにより、都道府県知事の被選挙権を有する。

③ 日本国民で年齢満二十五年以上のものは、別に法律の定めるところにより、市町村長の被選挙権を有する。

第二〇条乃至第七三条　削除

第五章　直接請求

第一節　条例の制定及び監査の請求

第七四条【条例の制定又は改廃の請求及びその処置】① 普通地方公共団体の議会の議員及び長の選挙権を有する者（以下この編において「選挙権を有する者」という。）は、政令で定めるところにより、その総数の五十分の一以上の者の連署をもつて、その代表者から、普通地方公共団体の長に対し、条例（地方税の賦課徴収並びに分担金、使用料及び手数料の徴収に関するものを除く。）の制定又は改廃の請求をすることができる。

② 前項の請求があつたときは、当該普通地方公共団体の長は、直ちに請求の要旨を公表しなければならない。

③ 普通地方公共団体の長は、第一項の請求を受理した日から二十日以内に議会を招集し、意見を付けてこれを議会に付議し、その結果を同項の代表者（以下この条において「代表者」という。）に通知するとともに、これを公表しなければならない。

④ 議会は、前項の規定により付議された事件の審議を行うに当たつては、政令で定めるところにより、代表者に意見を述べる機会を与えなければならない。

⑤ 第一項の選挙権を有する者とは、公職選挙法（昭和二十五年法律第百号）第二十二条第一項又は第三項の規定による選挙人名簿の登録が行われた日において選挙人名簿に登録されている者とし、その総数の五十分の一の数は、当該普通地方公共団体の選挙管理委員会において、その登録が行われた日後直ちに告示しなければならない。

⑥ 選挙権を有する者のうち次に掲げるものは、代表者となり、又は代表者であることができない。

一 公職選挙法第二十七条第一項又は第二項の規定により選挙人名簿にこれらの項の表示をされている者（都道府県に係る請求にあつては、同法第九条第三項の規定により当該都道府県の議会の議員及び長の選挙権を有するものとされた者（同法第十一条第一項若しくは第二百五十二条又は政治資金規正法（昭和二十三年法律第百九十四号）第二十八条の規定により選挙権を有しなくなつた旨の表示をされている者を除く。）を除く。）

二 前項の選挙人名簿の登録が行われた日以後に公職選挙法第二十八条の規定により選挙人名簿から抹消された者

三 第一項の請求に係る普通地方公共団体（当該普通地方公共団体が、都道府県である場合には当該都道府県の区域内の市町村並びに第二百五十二条の十九第一項に規定する指定都市（以下この号において「指定都市」という。）の区及び総合区を含み、指定都市である場合には当該市の区及び総合区を含む。）の選挙管理委員会の委員又は職員である者

⑦ 第一項の場合において、当該地方公共団体の区域内で衆議院議員、参議院議員又は地方公共団体の議会の議員若しくは長の選挙が行われることとなるときは、政令で定める期間、当該選挙が行われる区域内においては請求のための署名を求めることができない。

⑧ 選挙権を有する者は、心身の故障その他の事由により条例の制定又は改廃の請求者の署名簿に署名することができないときは、その者の属する市町村の選挙権を有する者（代表者及び代表者の委任を受けて当該市町村の選挙権を有する者に対し当該署名簿に署名することを求める者を除く。）に委任して、自己の氏名（以下「請求者の氏名」という。）を当該署名簿に記載させることができる。この場合において、委任を受けた者による当該請求者の氏名の記載は、第一項の規定による請求者の署名とみなす。

⑨ 前項の規定により委任を受けた者（以下「氏名代筆者」という。）が請求者の氏名を条例の制定又は改廃の請求者の署名簿に記載する場合には、氏名代筆者は、当該署名簿に氏名代筆者としての署名をしなければならない。

[1] **選挙権の喪失と署名の効力**　選挙人名簿に記載されている以上その後選挙権を失った者も、直接請求の署名簿に署名をすることができる。（最判昭

29・2・26民集八・二・五七九、自治百選[四版]A8）↓七四条の三[3]

第七四条の二【署名の証明、署名簿の縦覧、署名数の告示、署名に関する争訟】 ① 条例の制定又は改廃の請求者の代表者は、条例の制定又は改廃の請求者の署名簿を市町村の選挙管理委員会に提出してこれに署名した者が選挙人名簿に登録された者であることの証明を求めなければならない。この場合においては、当該市町村の選挙管理委員会は、その日から二十日以内に審査を行い、署名の効力を決定し、その旨を証明しなければならない。

② 市町村の選挙管理委員会は、前項の規定による署名簿の署名の証明が終了したときは、その日から七日間、その指定した場所において署名簿を関係人の縦覧に供さなければならない。

③ 前項の署名簿の縦覧の期間及び場所については、市町村の選挙管理委員会は、予めこれを告示し、且つ、公衆の見易い方法によりこれを公表しなければならない。

④ 署名簿の署名に関し異議があるときは、関係人は、第二項の規定による縦覧期間内に当該市町村の選挙管理委員会にこれを申し出ることができる。

⑤ 市町村の選挙管理委員会は、前項の規定による異議の申出を受けた場合においては、その申出を受けた日から十四日以内にこれを決定しなければならない。この場合において、その申出を正当であると決定したときは、直ちに第一項の規定による証明を修正し、その旨を申出人及び関係人に通知し、併せてこれを告示し、その申出を正当でないと決定したときは、直ちにその旨を申出人に通知しなければならない。

⑥ 市町村の選挙管理委員会は、第二項の規定による縦覧期間内に関係人の異議の申出がないとき、又は前項の規定によるすべての異議についての決定をしたときは、その旨及び有効署名の総数を告示するとともに、署名簿を条例の制定又は改廃の請求者の代表者に返付しなければならない。

⑦ 都道府県の条例の制定又は改廃の請求者の署名簿の署名に関し第五項の規定による決定に不服がある者は、その決定のあつた日から十日以内に都道府県の選挙管理委員会に審査を申し立てることができる。

⑧ 市町村の条例の制定又は改廃の請求者の署名簿の署名に関し第五項の規定による決定に不服がある者は、その決定のあつた日から十四日以内に地方裁判所に出訴することができる。その判決に不服がある者は、控訴することはできないが最高裁判所に上告することができる。

⑨ 第七項の規定による審査の申立てに対する裁決に不服がある者は、その裁決書の交付を受けた日から十四日以内に高等裁判所に出訴することができる。

⑩ 審査の申立てに対する裁決又は判決が確定したときは、当該都道府県の選挙管理委員会又は当該裁判所は、直ちに裁決書又は判決書の写を関係市町村の選挙管理委員会に送付しなければならない。この場合においては、送付を受けた当該市町村の選挙管理委員会は、直ちに条例の制定又は改廃の請求者の代表者にその旨を通知しなければならない。

＊令和四法四八（令和八・五・二四までに施行）**による改正**

第十項中「又は判決書の写」を「の写し又は電子判決書に記録されている事項を出力することにより作成した書面」に改める。（本文未織込み）

⑪ 署名簿の署名に関する争訟については、審査の申立てに対する裁決は審査の申立てを受理した日から二十日以内にこれをするものとし、訴訟の判決は事件を受理した日から百日以内にこれをするように努めなければならない。

⑫ 第八項及び第九項の訴えは、当該決定又は裁決をした選挙管理委員会の所在地を管轄する地方裁判所又は高等裁判所の専属管轄とする。

⑬ 第八項及び第九項の訴えについては、行政事件訴訟法（昭和三十七年法律第百三十九号）第四十三条の規定にかかわらず、同法第十三条の規定を準用せず、また、同法第十六条から第十九条までの規定は、署名簿の署名の効力を争う数個の請求に関してのみ準用する。

一　署名の効力に関する争訟の性質

[1] 本条の規定する署名簿の署名に関する争訟は、個々の署名の効力の有無をその対象とする。（最判昭33・6・10民集一二・九・一三九七）↓七四条の三[4]

[2] 署名の効力に関する争訟として、署名の有効確認を求める訴えも可能である。（最判昭36・3・30民集一五・三・六二九）

[3] 署名簿自体の効力を争う争訟についても、地方自治法二五五条の四［昭和三八法九九による改正前、現二五六条］の適用があり、本条の規定によってのみ争訟を提起することが可能である。（最判昭37・12・25民集一六・一二・二四九〇）

[4] 条例の廃止を求める直接請求における署名簿の署名の効力に関する訴訟の継続中に、条例が廃止されたときは、訴訟における法律上の利益は消滅する。（最判昭36・3・30前出[2]）

◇↓八一条[3]

二　不服申立権者↓七六条[7]

第七四条の三【署名の無効、関係人の出頭証言】 ① 条例の制定又は改廃の請求者の署名で左に掲げるものは、これを無効とする。

一　法令の定める成規の手続によらない署名

二　何人であるかを確認し難い署名

② 前条第四項の規定により詐偽又は強迫に基く旨の異議の申出があつた署名で市町村の選挙管理委員会がその申出を正当であると決定したものは、これを無効とする。

③ 市町村の選挙管理委員会は、署名の効力を決定する場合において必要があると認めるときは、関係人の出頭及び証言を求めることができる。

④ 第百条第二項、第三項、第七項及び第八項の規定は、前項の規定による関係人の出頭及び証言にこれを準用する。

一　署名手続の瑕疵［かし］**と署名の効力**

[1] 地方自治法は、署名を集めるにつき運動が行われることを予定しており、それに従事する者も請求者ないしその代理人に限られないので、部落会の決議による署名、及び請求代表者が第三者を同伴して集めた署名も無効ではない。（最判昭28・6・12民集七・六・七一五、自治百選[四版]A7……長の解職請求に関する事案）

[2] 署名簿に、地方自治法施行規則が要求する「有効無効の印」欄を欠き、また請求代表者の氏名に住所の肩書がない等の軽微な瑕疵は署名簿の効力に何ら影響のないものと解される。（最判昭28・6・12前出[1]……長の解職請求に関する事案）

[3] 署名の意味が不明のまま要求されて署名捺印［なついん］がなされた場合でも、当該署名は直ちに無効となるものではなく、その効力を失わせるには地方自治法施行令一〇〇条、九五条に規定する方法で署名と印を取り消す必要がある。（最判昭29・2・26民集八・二・五七九、自治百選[四版]A8……議会の解散請求に関する事案）↓七四条[7]

[4] 署名簿の署名下になされた押印について、印影の内容が署名者の氏名との関連性を欠いても、自己の印として使用する意思を持って押印したことが認められる以上、有効な署名である。（最判昭33・6・10民集一二・九・一三九七）↓七四条の二[1]

◇[1]～[4]↓八五条[7]

二　詐偽・強迫による署名

[5] 本条にいう詐偽とは、署名の目的を偽って署名を求めるような行為を指すものであり、請求要旨の記載又はその説明に事実に相違する点があっても、選挙人が請求の目的をもって署名した以上詐偽に基づく署名とはいえない。（最判昭28・

11・20民集七・一一・一二五五、自治百選〔二版〕二八……長の解職請求に関する事案）

⑥ 署名が、詐偽・強迫に基づくものか否かの認定権限は、本条二項により一応市町村選挙管理委員会に属するが、署名に関する訴訟において裁判所はその当否を判断することができる。（最判昭28・6・12前出⑦……長の解職請求に関する事案）

第七四条の四【違法署名運動の罰則】 ① 条例の制定又は改廃の請求者の署名に関し、次の各号に掲げる行為をした者は、四年以下の懲役若しくは禁錮又は百万円以下の罰金に処する。

一 署名権者又は署名運動者に対し、暴行若しくは威力を加え、又はこれをかどわかしたとき。

二 交通若しくは集会の便を妨げ、又は演説を妨害し、その他偽計詐術等不正の方法をもつて署名の自由を妨害したとき。

三 署名権者若しくは署名運動者又はその関係のある社寺、学校、会社、組合、市町村等に対する用水、小作、債権、寄附その他特殊の利害関係を利用して署名権者又は署名運動者を威迫したとき。

② 条例の制定若しくは改廃の請求者の署名を偽造し若しくはその数を増減した者又は署名簿その他の条例の制定若しくは改廃の請求に必要な関係書類を抑留、毀壊若しくは奪取した者は、三年以下の懲役若しくは禁錮又は五十万円以下の罰金に処する。

③ 条例の制定又は改廃の請求者の署名に関し、選挙権を有する者の委任を受けずに又は選挙権を有する者が心身の故障その他の事由により請求者の署名簿に署名することができないときでないのに、氏名代筆者として請求者の氏名を請求者の署名簿に記載した者は、三年以下の懲役若しくは禁錮又は五十万円以下の罰金に処する。

④ 選挙権を有する者が心身の故障その他の事由により条例の制定又は改廃の請求者の署名簿に署名することができない場合において、当該選挙権を有する者の委任を受けて請求者の氏名を請求者の署名簿に記載した者が、当該署名簿に氏名代筆者としての署名をせず又は虚偽の署名をしたときは、三年以下の懲役若しくは禁錮又は五十万円以下の罰金に処する。

⑤ 条例の制定又は改廃の請求者の署名に関し、次に掲げる者が、その地位を利用して署名運動をしたときは、二年以下の禁錮又は三十万円以下の罰金に処する。

一 国若しくは地方公共団体の公務員又は行政執行法人（独立行政法人通則法（平成十一年法律第百三号）第二条第四項に規定する行政執行法人をいう。）若しくは特定地方独立行政法人（地方独立行政法人法（平成十五年法律第百十八号）第二条第二項に規定する特定地方独立行政法人をいう。）の役員若しくは職員

二 沖縄振興開発金融公庫の役員又は職員

⑥ 条例の制定又は改廃の請求に関し、政令で定める請求書及び請求代表者証明書を付していない署名簿、政令で定める署名を求めるための請求代表者の委任状を付していない署名簿その他法令の定める所定の手続によらない署名簿を用いて署名を求めた者又は政令で定める署名を求めることができる期間外の時期に署名を求めた者は、十万円以下の罰金に処する。

＊令和四法六八（令和七・六・一六までに施行）**による改正後**

第七四条の四【違法署名運動の罰則】 ① 条例の制定又は改廃の請求者の署名に関し、次の各号に掲げる行為をした者は、四年以下の拘禁刑又は百万円以下の罰金に処する。

一―三（略）

② 条例の制定若しくは改廃の請求者の署名を偽造し若しくはその数を増減した者又は署名簿その他の条例の制定若しくは改廃の請求に必要な関係書類を抑留、毀壊若しくは奪取した者は、三年以下の拘禁刑又は五十万円以下の罰金に処する。

③ 条例の制定又は改廃の請求者の署名に関し、選挙権を有する者の委任を受けずに又は選挙権を有する者が心身の故障その他の事由により請求者の署名簿に署名することができないときでないのに、氏名代筆者として請求者の氏名を請求者の署名簿に記載した者は、三年以下の拘禁刑又は五十万円以下の罰金に処する。

④ 選挙権を有する者が心身の故障その他の事由により条例の制定又は改廃の請求者の署名簿に署名することができない場合において、当該選挙権を有する者の委任を受けて請求者の氏名を請求者の署名簿に記載した者が、当該署名簿に氏名代筆者としての署名をせず又は虚偽の署名をしたときは、三年以下の拘禁刑又は五十万円以下の罰金に処する。

⑤ 条例の制定又は改廃の請求者の署名に関し、次に掲げる者が、その地位を利用して署名運動をしたときは、二年以下の拘禁刑又は三十万円以下の罰金に処する。

一・二（略）

⑥（略）

第七五条【監査の請求及びその処置】 ① 選挙権を有する者（道の方面公安委員会については、当該方面公安委員会の管理する方面本部の管轄区域内において選挙権を有する者）は、政令で定めるところにより、その総数の五十分の一以上の者の連署をもつて、その代表者から、普通地方公共団体の監査委員に対し、当該普通地方公共団体の事務の執行に関し、監査の請求をすることができる。

② 前項の請求があつたときは、監査委員は、直ちに当該請求の要旨を公表しなければならない。

③ 監査委員は、第一項の請求に係る事項につき監査し、監査の結果に関する報告を決定し、これを同項の代表者（第五項及び第六項において「代表者」という。）に送付し、かつ、公表するとともに、これを当該普通地方公共団体の議会及び長並びに関係のある教育委員会、選挙管理委員会、人事委員会若しくは公平委員会、公安委員会、労働委員会、農業委員会その他法律に基づく委員会又は委員に提出しなければならない。

④ 前項の規定による監査の結果に関する報告の決定は、監査委員の合議によるものとする。

⑤ 監査委員は、第三項の規定による監査の結果に関する報告の決定について、各監査委員の意見が一致しないことにより、前項の合議により決定することができない事項がある場合には、その旨及び当該事項についての各監査委員の意見を代表者に送付し、かつ、公表するとともに、これらを当該普通地方公共団体の議会及び長並びに関係のある教育委員会、選挙管理委員会、人事委員会若しくは公平委員会、公安委員会、労働委員会、農業委員会その他法律に基づく委員会又は委員に提出しなければならない。

⑥ 第七十四条第五項の規定は第一項の選挙権を有する者及びその総数の五十分の一の数について、同条第六項の規定は代表者について、同条第七項から第九項まで及び第七十四条の二から前条までの規定は第一項の規定による請求者の署名について、それぞれ準用する。この場合において、第七十四条第六項第三号中「区域内」とあるのは、「区域内（道の方面公安委員会に係る請求については、当該方面公安委員会の管理する方面本部の管轄区域内）」と読み替えるものとする。

第二節　解散及び解職の請求

第七六条【議会の解散請求及びその処置】 ① 選挙権を有する者は、政令の定めるところにより、その総数の三分の一（その総数が四十万を超え八十万以下の場合にあつてはその四十万を超える数に六分の一を乗じて得た数と四十万に三分の一を乗じて得た数とを合算して得た数、その総数が八十万を超える場合にあつてはその八十万を超える数に八分の一を乗じて得た数と四十万に六分の一を乗じて得た数と四十万に三分の一を乗じて得た数とを合算して得た数）以上の者の連署をもつて、その代表者から、普通地方公共団体の選挙管理委員会に対し、当該普通地方公共団体の議会の解散の請求をすることができる。

② 前項の請求があつたときは、委員会は、直ちに請求の要旨を

公表しなければならない。

③　第一項の請求があつたとき、委員会は、これを選挙人の投票に付さなければならない。

④　第七十四条第五項の規定は第一項の選挙権を有する者及びその総数の三分の一の数（その総数が四十万を超え八十万以下の場合にあつてはその四十万を超える数に六分の一を乗じて得た数と四十万に三分の一を乗じて得た数とを合算して得た数、その総数が八十万を超える場合にあつてはその八十万を超える数に八分の一を乗じて得た数と四十万に六分の一を乗じて得た数と四十万に三分の一を乗じて得た数とを合算して得た数）について、同条第六項の規定は第一項の代表者について、同条第七項から第九項まで及び第七十四条の二から第七十四条の四までの規定は第一項の規定による請求者の署名について準用する。

> ⑦ **署名の効力に関する訴訟―解散請求の場合**
> 解散請求署名の効力に関する訴訟において、解散請求を受けている地方議会は、当事者能力を持せず、地方自治法七四条の二第八項の「不服がある者」に含まれない。（最判昭29・2・26民集八・二・六〇七）

第七七条【解散の投票の結果とその処置】 解散の投票の結果が判明したときは、選挙管理委員会は、直ちにこれを前条第一項の代表者及び当該普通地方公共団体の議会の議長に通知し、かつ、これを公表するとともに、都道府県にあつては都道府県知事に、市町村にあつては市町村長に報告しなければならない。その投票の結果が確定したときも、また、同様とする。

第七八条【議会の解散】 普通地方公共団体の議会は、第七十六条第三項の規定による解散の投票において過半数の同意があつたときは、解散するものとする。

第七九条【解散請求の制限期間】 第七十六条第一項の規定による普通地方公共団体の議会の解散の請求は、その議会の議員の一般選挙のあつた日から一年間及び同条第三項の規定による解散の投票のあつた日から一年間は、これをすることができない。

第八〇条【議員の解職請求及びその処置】 ①　選挙権を有する者は、政令の定めるところにより、所属の選挙区におけるその総数の三分の一（その総数が四十万を超え八十万以下の場合にあつてはその四十万を超える数に六分の一を乗じて得た数と四十万に三分の一を乗じて得た数とを合算して得た数、その総数が八十万を超える場合にあつてはその八十万を超える数に八分の一を乗じて得た数と四十万に六分の一を乗じて得た数と四十万に三分の一を乗じて得た数とを合算して得た数）以上の者の連署をもつて、その代表者から、普通地方公共団体の選挙管理委員会に対し、当該選挙区に属する普通地方公共団体の議会の議員の解職の請求をすることができる。この場合において選挙区がないときは、選挙権を有する者の総数の三分の一（その総数が四十万を超え八十万以下の場合にあつてはその四十万を超える数に六分の一を乗じて得た数と四十万に三分の一を乗じて得た数とを合算して得た数、その総数が八十万を超える場合にあつてはその八十万を超える数に八分の一を乗じて得た数と四十万に六分の一を乗じて得た数と四十万に三分の一を乗じて得た数とを合算して得た数）以上の者の連署をもつて、議員の解職の請求をすることができる。

②　前項の請求があつたときは、委員会は、直ちに請求の要旨を関係区域内に公表しなければならない。

③　第一項の請求があつたときは、委員会は、これを当該選挙区の選挙人の投票に付さなければならない。この場合において選挙区がないときは、すべての選挙人の投票に付さなければならない。

④　第七十四条第五項の規定は第一項の選挙権を有する者及びその総数の三分の一の数（その総数が四十万を超え八十万以下の場合にあつてはその四十万を超える数に六分の一を乗じて得た数と四十万に三分の一を乗じて得た数とを合算して得た数、その総数が八十万を超える場合にあつてはその八十万を超える数に八分の一を乗じて得た数と四十万に六分の一を乗じて得た数と四十万に三分の一を乗じて得た数とを合算して得た数）について、同条第六項の規定は第一項の代表者について、同条第七項から第九項まで及び第七十四条の二から第七十四条の四までの規定は第一項の規定による請求者の署名について準用する。この場合において、第七十四条第六項第三号中「都道府県の区域内の」とあり、及び「市の」とあるのは、「選挙区の区域の全部又は一部が含まれる」と読み替えるものとする。

第八一条【長の解職請求及びその処置】 ①　選挙権を有する者は、政令の定めるところにより、その総数の三分の一（その総数が四十万を超え八十万以下の場合にあつてはその四十万を超える数に六分の一を乗じて得た数と四十万に三分の一を乗じて得た数とを合算して得た数、その総数が八十万を超える場合にあつてはその八十万を超える数に八分の一を乗じて得た数と四十万に六分の一を乗じて得た数と四十万に三分の一を乗じて得た数とを合算して得た数）以上の者の連署をもつて、その代表者から、普通地方公共団体の選挙管理委員会に対し、当該普通地方公共団体の長の解職の請求をすることができる。

②　第七十四条第五項の規定は前項の選挙権を有する者及びその総数の三分の一の数（その総数が四十万を超え八十万以下の場合にあつてはその四十万を超える数に六分の一を乗じて得た数と四十万に三分の一を乗じて得た数とを合算して得た数、その総数が八十万を超える場合にあつてはその八十万を超える数に八分の一を乗じて得た数と四十万に六分の一を乗じて得た数と四十万に三分の一を乗じて得た数とを合算して得た数）について、同条第六項の規定は前項の代表者について、同条第七項から第九項まで及び第七十四条の二から第七十四条の四までの規定は前項の規定による請求者の署名について、第七十六条第二項及び第三項の規定は前項の請求について準用する。

> **一　署名の効力に関する訴訟**
> ⑦ **署名の効力に関する訴訟―解職請求の場合**
> 長の解職請求の署名簿の署名の効力に関する訴訟は、長の任期が満了したときには、訴えの利益が消滅する。（最判昭36・7・18民集一五・七・一八三二、自治百選四版A6……特別区の長に関する事案）↓二八三条一項
> ② 署名簿の署名の効力に関する訴えについての訴えの利益は、長の解職につき過半数の賛成投票があり、投票の効力に関する訴訟の提起がなかった場合には、消滅する。（最判昭30・9・22民集九・一〇・一二七八）
> **二　解職賛否投票の効力に関する訴訟**
> ③ 解職賛否投票の効力に関する訴訟において、署名簿の個々の署名の効力を争うことはできない。（最判昭36・7・18前出⑦）↓七四条の二⑦〜④
> ④ 村長を原告とする解職賛否投票の効力に関する訴えの継続中に、村が市に吸収合併され村長としての地位が失われた場合、訴えの利益は消滅する。〔行政事件訴訟特例法下の事案〕（最大判昭35・12・7民集一四・一三・二九七二、自治百選四版A5）↓行訴九条㊳

第八二条【解職の投票の結果とその処置】 ①　第八十条第三項の規定による解職の投票の結果が判明したときは、普通地方公共団体の選挙管理委員会は、直ちにこれを同条第一項の代表者並びに当該普通地方公共団体の議会の関係議員及び議長に通知し、かつ、これを公表するとともに、都道府県にあつては都道府県知事に、市町村にあつては市町村長に報告しなければならない。その投票の結果が確定したときも、また、同様とする。

②　前条第二項の規定による解職の投票の結果が判明したときは、委員会は、直ちにこれを同条第一項の代表者並びに当該普通地方公共団体の長及び議会の議長に通知し、かつ、これを公表しなければならない。その投票の結果が確定したときも、また、同様とする。

第八三条【議員又は長の失職】 普通地方公共団体の議会の議員又は長は、第八十条第三項又は第八十一条第二項の規定による解

職の投票において、過半数の同意があつたときは、その職を失う。

第八四条【議員又は長の解職請求の制限期間】 第八十条第一項又は第八十一条第一項の規定による普通地方公共団体の議会の議員又は長の解職の請求は、その就職の日から一年間及び第八十条第三項又は第八十一条第二項の規定による解職の投票の日から一年間は、これをすることができない。ただし、公職選挙法第百条第六項の規定により当選人と定められ普通地方公共団体の議会の議員又は長となつた者に対する解職の請求は、その就職の日から一年以内においても、これをすることができる。

第八五条【解散及び解職投票の手続】 ① 政令で特別の定をするものを除く外、公職選挙法中普通地方公共団体の選挙に関する規定は、第七十六条第三項の規定による解散の投票並びに第八十条第三項及び第八十一条第二項の規定による解職の投票にこれを準用する。

② 前項の投票は、政令の定めるところにより、普通地方公共団体の選挙と同時にこれを行うことができる。

公職選挙法の準用

[1] 農業委員会委員として在職中の者を請求代表者の一人とする、村長及び村議会議員解職請求は、同人が直接署名収集に従事せずとも無効である。（最判昭29・5・28民集八・五・一〇一四……公職選挙法八九条の読み替え（地方自治法施行令一一八条、一一五条）により、公務員は請求代表者たり得ない）

[2] 地方自治法施行令一一五条、一一三条、一〇八条二項及び一〇九条の各規定において、公職選挙法八九条一項の準用により、公務員が請求代表者になることを禁止している部分は、本条一項に基づく政令の定めとして許される範囲を超えたものであり、無効である。〔平成二三法三五による地方自治法施行令改正前の事案〕（最大判平21・11・18民集六三・九・二〇三三、自治百選[四版]二二……[7]を判例変更。補足意見・反対意見がある）→行総◘【II】[11]

[3] 長の解職投票においては、その運動の方法と費用に関する制限が、公職選挙法の選挙より緩和されているが、同法二二一条一項一号、四号〔昭和五〇法六三改正前〕の解職投票への適用にあたつては、同法の選挙と異なる制限的な解釈をする理由はない。投票ないし投票運動に対する報酬として金銭が授受され、そこに一部不可分的に費用弁償の趣旨が含まれていても、全体として同条項所定の罪が成立する。（最決昭59・4・20刑集三八・六・二一五九、自治百選[四版]二四）

第八六条【役員の解職請求及びその処置】 ① 選挙権を有する者（第二百五十二条の十九第一項に規定する指定都市（以下この項において「指定都市」という。）の総合区長については当該総合区の区域内において選挙権を有する者、指定都市の区又は総合区の選挙管理委員については当該区又は総合区の区域内において選挙権を有する者、道の方面公安委員会の委員については当該方面公安委員会の管理する方面本部の管轄区域内において選挙権を有する者）は、政令の定めるところにより、その総数の三分の一（その総数が四十万を超え八十万以下の場合にあつてはその四十万を超える数に六分の一を乗じて得た数と四十万に三分の一を乗じて得た数とを合算して得た数、その総数が八十万を超える場合にあつてはその八十万を超える数に八分の一を乗じて得た数と四十万に六分の一を乗じて得た数と四十万に三分の一を乗じて得た数とを合算して得た数）以上の者の連署をもつて、その代表者から、普通地方公共団体の長に対し、副知事若しくは副市町村長、指定都市の総合区長、選挙管理委員若しくは監査委員又は公安委員会の委員の解職の請求をすることができる。

② 前項の請求があつたときは、当該普通地方公共団体の長は、直ちに請求の要旨を公表しなければならない。

③ 第一項の請求があつたときは、当該普通地方公共団体の長は、これを議会に付議し、その結果を同項の代表者及び関係者に通知し、かつ、これを公表しなければならない。

④ 第七十四条第五項の規定は第一項の選挙権を有する者及びその総数の三分の一の数（その総数が四十万を超え八十万以下の場合にあつてはその四十万を超える数に六分の一を乗じて得た数と四十万に三分の一を乗じて得た数とを合算して得た数、その総数が八十万を超える場合にあつてはその八十万を超える数に八分の一を乗じて得た数と四十万に六分の一を乗じて得た数と四十万に三分の一を乗じて得た数とを合算して得た数）について、同条第六項の規定は第一項の代表者について、同条第七項から第九項まで及び第七十四条の二から第七十四条の四までの規定は第一項の規定による請求者の署名について準用する。この場合において、第七十四条第六項第三号中「区域内」とあるのは「区域内（道の方面公安委員会の委員に係る請求については、当該方面公安委員会の管理する方面本部の管轄区域内）」と、「市の区及び総合区」とあるのは「市の区及び総合区（総合区長に係る請求については当該総合区、区又は総合区の選挙管理委員に係る請求については当該区又は総合区に限る。）」と読み替えるものとする。

第八七条【役員の失職】 ① 前条第一項に掲げる職に在る者は、同条第三項の場合において、当該普通地方公共団体の議会の議員の三分の二以上の者が出席し、その四分の三以上の者の同意があつたときは、その職を失う。

② 第百十八条第五項の規定は、前条第三項の規定による議決についてこれを準用する。

第八八条【役員の解職請求の制限期間】 ① 第八十六条第一項の規定による副知事若しくは副市町村長又は第二百五十二条の十九第一項に規定する指定都市の総合区長の解職の請求は、その就職の日から一年間及び第八十六条第三項の規定による議会の議決の日から一年間は、これをすることができない。

② 第八十六条第一項の規定による選挙管理委員若しくは監査委員又は公安委員会の委員の解職の請求は、その就職の日から六箇月間及び同条第三項の規定による議会の議決の日から六箇月間は、これをすることができない。

第六章　議会

第一節　組織

第八九条【議会の設置】 普通地方公共団体に議会を置く。

議会の自律権

1 司法権との関係↓一二九条[7]・一三四条[2][3]、憲七六条[4][5]

2 議員の免責特権

[1] 地方議会に関して、国会と同様の議会自治・議会自律の原則を認め、さらに、地方議会議員の発言について、免責特権を憲法上保障していると解すべき根拠はなく、法律の定める地方議会の自治・自律の権能についても、原則として司法審査権の介入が許される。また、議員の行為について議会・議長の告訴告発を訴訟条件とすると解するには、法律上の根拠を欠く。（最大判昭42・5・24刑集二一・四・五〇五、自治百選[四版]六九）↓一二〇条[7]・一三四条[4][9]、刑訴二三九条[4]

3 議員の発言の権利との関係

[2] 喉頭切除の手術により肉声での発言が困難となった市議会議員に対して、代読による発言を認めなかった市議会及び各議員の対応が、市議会での発言の権利、自由を侵害する違法な行為であったとして国家賠償責任が認められた事例（名古屋高判平24・5・11判時二一六三・一〇、重判平24憲三）

第九〇条【都道府県議会の議員の定数】 ① 都道府県の議会の議員の定数は、条例で定める。

② 前項の規定による議員の定数の変更は、一般選挙の場合でなければ、これを行うことができない。

③ 第六条の二第一項の規定による処分により、著しく人口の増加があつた都道府県においては、前項の規定にかかわらず、議

員の任期中においても、議員の定数を増加することができる。
④ 第六条の二第一項の規定により都道府県の設置をしようとする場合において、その区域の全部が当該新たに設置される都道府県の区域の一部となる都道府県（以下本条において「設置関係都道府県」という。）は、その協議により、あらかじめ、新たに設置される都道府県の議会の議員の定数を定めなければならない。
⑤ 前項の規定により新たに設置される都道府県の議会の議員の定数を定めたときは、設置関係都道府県は、直ちに当該定数を告示しなければならない。
⑥ 前項の規定により告示された新たに設置される都道府県の議会の議員の定数は、第一項の規定に基づく当該都道府県の条例により定められたものとみなす。
⑦ 第四項の協議については、設置関係都道府県の議会の議決を経なければならない。

地方議会議員の選挙区間定数の不均衡→憲一四条[58]〜[65]

第九一条【市町村議会の議員の定数】 ① 市町村の議会の議員の定数は、条例で定める。
② 前項の規定による議員の定数の変更は、一般選挙の場合でなければ、これを行うことができない。
③ 第七条第一項又は第三項の規定による処分により、著しく人口の増減があつた市町村においては、前項の規定にかかわらず、議員の任期中においても、議員の定数を増減することができる。
④ 前項の規定により議員の任期中にその定数を減少した場合において当該市町村の議会の議員の職に在る者の数がその減少した定数を超えているときは、当該議員の任期中は、その数を以て定数とする。但し、議員に欠員を生じたときは、これに応じて、その定数は、当該定数に至るまで減少するものとする。
⑤ 第七条第一項又は第三項の規定により市町村の設置を伴う市町村の廃置分合をしようとする場合において、その区域の全部又は一部が当該廃置分合により新たに設置される市町村の区域の全部又は一部となる市町村（以下本条において「設置関係市町村」という。）は、設置関係市町村が二以上のときは設置関係市町村の協議により、設置関係市町村が一のときは当該設置関係市町村の議会の議決を経て、あらかじめ、新たに設置される市町村の議会の議員の定数を定めなければならない。
⑥ 前項の規定により新たに設置される市町村の議会の議員の定数を定めたときは、設置関係市町村は、直ちに当該定数を告示しなければならない。
⑦ 前項の規定により告示された新たに設置される市町村の議会の議員の定数は、第一項の規定に基づく当該市町村の条例により定められたものとみなす。
⑧ 第五項の協議については、設置関係市町村の議会の議決を経なければならない。

第九二条【兼職の禁止】 ① 普通地方公共団体の議会の議員は、衆議院議員又は参議院議員と兼ねることができない。
② 普通地方公共団体の議会の議員は、地方公共団体の議会の議員並びに常勤の職員及び地方公務員法（昭和二十五年法律第二百六十一号）第二十二条の四第一項に規定する短時間勤務の職を占める職員（以下「短時間勤務職員」という。）と兼ねることができない。

第九二条の二【関係私企業からの隔離】 普通地方公共団体の議会の議員は、当該普通地方公共団体に対し請負をする者及びその支配人又は主として同一の行為をする法人の無限責任社員、取締役、執行役若しくは監査役若しくはこれらに準ずべき者、支配人及び清算人たることができない。

一　本条該当性→一四二条[1]〜[3]
二　本条該当性に関する決定→一二七条[1]〜[3]、国賠一条[79]
三　条例による規律と憲法の関係
[1] 議員の二親等以内の親族が経営する企業は市との請負契約等を辞退しなければならず、当該議員に、その辞退届を徴して提出する努力義務を課す市議会議員政治倫理条例の規定は、議員の職務執行の公正を確保する等の正当な目的を達成するための手段として必要かつ合理的であって、憲法二一条一項、二二条一項及び二九条に違反しない。（最判平26・5・27判タ一四〇五・八三、重判平26憲四）→憲二九条[18]

第九三条【任期】 ① 普通地方公共団体の議会の議員の任期は、四年とする。
② 前項の任期の起算、補欠議員の在任期間及び議員の定数に異動を生じたためあらたに選挙された議員の在任期間については、公職選挙法第二百五十八条及び第二百六十条の定めるところによる。

第九四条【町村総会】 町村は、条例で、第八十九条の規定にかかわらず、議会を置かず、選挙権を有する者の総会を設けることができる。

第九五条【同前】 前条の規定による町村総会に関しては、町村の議会に関する規定を準用する。

第二節　権限

第九六条【議決事件】 ① 普通地方公共団体の議会は、次に掲げる事件を議決しなければならない。
一 条例を設け又は改廃すること。
二 予算を定めること。
三 決算を認定すること。
四 法律又はこれに基づく政令に規定するものを除くほか、地方税の賦課徴収又は分担金、使用料、加入金若しくは手数料の徴収に関すること。
五 その種類及び金額について政令で定める基準に従い条例で定める契約を締結すること。
六 条例で定める場合を除くほか、財産を交換し、出資の目的とし、若しくは支払手段として使用し、又は適正な対価なくしてこれを譲渡し、若しくは貸し付けること。
七 不動産を信託すること。
八 前二号に定めるものを除くほか、その種類及び金額について政令で定める基準に従い条例で定める財産の取得又は処分をすること。
九 負担付きの寄附又は贈与を受けること。
十 法律若しくはこれに基づく政令又は条例に特別の定めがある場合を除くほか、権利を放棄すること。
十一 条例で定める重要な公の施設につき条例で定める長期かつ独占的な利用をさせること。
十二 普通地方公共団体がその当事者である審査請求その他の不服申立て、訴えの提起（普通地方公共団体の行政庁の処分又は裁決（行政事件訴訟法第三条第二項に規定する処分又は同条第三項に規定する裁決をいう。以下この号、第百五条の二、第百九十二条及び第百九十九条の三第三項において同じ。）に係る同法第十一条第一項（同法第三十八条第一項（同法第四十三条第二項において準用する場合を含む。）又は同法第四十三条第一項において準用する場合を含む。）の規定による普通地方公共団体を被告とする訴訟（以下この号、第百五条の二、第百九十二条及び第百九十九条の三第三項において「普通地方公共団体を被告とする訴訟」という。）に係るものを除く。）、和解（普通地方公共団体の行政庁の処分又は裁決に係る普通地方公共団体を被告とする訴訟に係るものを除く。）、あつせん、調停及び仲裁に関すること。
十三 法律上その義務に属する損害賠償の額を定めること。
十四 普通地方公共団体の区域内の公共的団体等の活動の総合調整に関すること。
十五 その他法律又はこれに基づく政令（これらに基づく条例を含む。）により議会の権限に属する事項
② 前項に定めるものを除くほか、普通地方公共団体は、条例で

普通地方公共団体に関する事件（法定受託事務に係るものにあっては、国の安全に関することその他の事由により議会の議決すべきものとすることが適当でないものとして政令で定めるものを除く。）につき議会の議決すべきものを定めることができる。

一　予算の議決―二号

[1]　村立中学校校舎の新築資金調達の為の手形振出行為につき、村長の行為といえども予算外の義務の負担となる行為については地方自治法九六条一項八号［昭和三八法九九による改正前］に基づき議会の議決が必要であり、それを欠くときは当該行為は無効である。（最判昭35・7・1民集一四・九・一六一五、自治百選［四版］A12）↓民一一〇条[26]・◆【I　法人制度一般】［二編四章名の前］[6]～[11]

[2]　予算に基づかずに町長交際費を支出したことの違法は、当該会計年度経過後に交際費を計上した補正予算が成立しても治癒されない。（松山地判昭48・3・29行裁二四・三・二九〇）

二　契約締結に関する議決―五号

[3]　議会の議決を要しない契約金額の工区に三分割して締結された工事請負契約について、本号の適用を回避する意図で行った場合は違法であるが、工事実施に高度の必要性があり、それに不可欠な国の補助金を利用するためには、工事を年度内に完了する必要があり、工期短縮等の手段として分割することが合理的であるなどの特段の事情がある場合には適法である。（最判平16・6・1判時一八七三・一一八、自治百選［四版］五三）

三　地方公共団体の訴訟と議決

[4]　本条一項一〇号の債権放棄議決の効力が生ずるには、地方公共団体の債務の免除たる放棄の法的性質から、長による放棄の意思表示を要するが、条例による債権放棄の場合には、条例自体によって債権消滅の効果が生ずるので、当該条例の施行により放棄の効力が生ずる。（最判平24・4・20民集六六・六・二五八三、自治百選［四版］一一三……最判平24・4・20判時二一六八・四五も同趣旨）

[5]　住民訴訟の対象たる損害賠償請求権等の議会による放棄議決は、請求権の発生原因である財務会計行為等の性質、内容等、議決の趣旨・経緯、請求権の放棄等の影響、住民訴訟の係属の有無及び経緯、事後の状況など諸般の事情を総合考慮して、放棄が地方公共団体の民主的かつ実効的な行政運営の確保を旨とする地方自治法の趣旨等に照らして不合理であって議会の裁量権の逸脱ないし濫用に当たる場合は、違法であり放棄は無効となる。財務会計行為等の性質、内容等については、違法事由の性格や当該職員又は支出等を受けた者の帰責性等が考慮の対象になる。（最判平24・4・20前出[4]……最判平24・4・20判時二一六八・四五、最判平24・4・23民集六六・六・二七八九、重判平24行政一〇②も同趣旨）↓二〇四条[7]、国賠一条[121]

[6]　[5]の準則を適用して、市による漁業協同組合への公有水面使用協力費の支出に係る住民訴訟係属中になされた、議会による債権放棄が、当該協力費の支出は合理性、必要性を欠くことが明らかな状況だったとは言い難い等として、有効と判断された事例（最判平30・10・23判時二四一六・三）

[7]　普通地方公共団体が住民訴訟について応訴する場合には、議会の議決を必要としない。（最大判昭34・7・20民集一三・八・一一〇三、自治百選［二版］四〇……昭和三八法九九による改正前の地方自治法二四三条の二による訴訟に関する事例）↓民訴三七条[9]

[8]　普通地方公共団体の申立てに基づいて発せられた支払命令に対し債務者から適法な異議の申立てがあり、民訴法三九五条［旧四四二条一項］の規定により右支払命令申立てのときに訴えの提起があったとみなされる場合でも、訴え提起に議会の議決を経なければならない。（最判昭59・5・31民集三八・七・一〇二一、重判昭59行政九）↓民訴三七条[8]

[9]　普通地方公共団体の行政庁の処分・裁決に係る当該団体を被告とする抗告訴訟につき、当該団体が上訴を提起するには、本条一項一二号の議会議決を要しない。（最決平23・7・27裁時一五三七・一……上告の提起・上告受理の申立てがなされた後で、議会がその取下げを求める旨の決議をしても、その効力は左右されないとされた事例）

[10]　東京都が応訴した訴訟事件に関する和解の全てを知事の専決とする議会の議決は、和解を原則として議会の議決事件とした本条一項一二号及び軽易な事項に限って議会の委任による知事の専決を認める地方自治法一八〇条一項の趣旨に反し、議会の裁量権の範囲を逸脱するもので無効である。（東京高判平13・8・27判時一七六四・五六、自治百選［四版］七一）↓二四二条の二[40]

四　損害賠償額の議決―一三号

[11]　市庁舎の基本設計に係る業務委託契約を、庁舎建設の計画を中止した市が契約約款により解除し、議会の議決を経ずに業者に精算金を支払ったことについて、当該精算金は本条一項一三号の損害賠償に該当するので、その支出負担行為が無効とされた事例（東京高判平24・7・11判自三七一・二九）

五　議決の訴訟対象性

[12]　市議会の議決は法人格を有する市の内部的意思決定にすぎず、市議会の議員が、市又は市長を被告として議決の無効等の確認を求める訴えは、地方自治法その他の法律中にそれを認める規定がない以上、不適法である。（最判昭28・6・12民集七・六・六六三、行政百選II［七版］二一一）↓行訴四二条[7]

[13]　村議会の予算の議決についての無効確認訴訟は不適法である。（最判昭29・2・11民集八・二・四一九）↓行訴一条[2]

六　事後の議決による瑕疵［かし］の治癒↓二三七条[4]

第九七条【選挙、予算の増額修正】　①　普通地方公共団体の議会は、法律又はこれに基く政令によりその権限に属する選挙を行わなければならない。

②　議会は、予算について、増額してこれを議決することを妨げない。但し、普通地方公共団体の長の予算の提出の権限を侵すことはできない。

第九八条【検査、監査の請求】　①　普通地方公共団体の議会は、当該普通地方公共団体の事務（自治事務にあつては労働委員会及び収用委員会の権限に属する事務で政令で定めるものを除き、法定受託事務にあつては国の安全を害するおそれがあることその他の事由により議会の検査の対象とすることが適当でないものとして政令で定めるものを除く。）に関する書類及び計算書を検閲し、当該普通地方公共団体の長、教育委員会、選挙管理委員会、人事委員会若しくは公平委員会、公安委員会、労働委員会、農業委員会又は監査委員その他法律に基づく委員会又は委員の報告を請求して、当該事務の管理、議決の執行及び出納を検査することができる。

②　議会は、監査委員に対し、当該普通地方公共団体の事務（自治事務にあつては労働委員会及び収用委員会の権限に属する事務で政令で定めるものを除き、法定受託事務にあつては国の安全を害するおそれがあることその他の事由により本項の監査の対象とすることが適当でないものとして政令で定めるものを除く。）に関する監査を求め、監査の結果に関する報告を請求することができる。この場合における監査の実施については、第百九十九条第二項後段の規定を準用する。

第九九条【意見書の提出】　普通地方公共団体の議会は、当該普通地方公共団体の公益に関する事件につき意見書を国会又は関係行政庁に提出することができる。

第一〇〇条【調査権、出頭証言及び記録の提出請求、協議・調整の場、議員の派遣、政務活動費、刊行物の送付、図書室等】

①　普通地方公共団体の議会は、当該普通地方公共団体の事務（自治事務にあつては労働委員会及び収用委員会の権限に属する事務で政令で定めるものを除き、法定受託事務にあつては国

の安全を害するおそれがあることその他の事由により議会の調査の対象とすることが適当でないものとして政令で定めるものを除く。次項において同じ。）に関する調査を行うことができる。この場合において、当該調査を行うため特に必要があると認めるときは、選挙人その他の関係人の出頭及び証言並びに記録の提出を請求することができる。

② 民事訴訟に関する法令の規定中証人の訊問に関する規定は、この法律に特別の定めがあるものを除くほか、前項後段の規定により議会が当該普通地方公共団体の事務に関する調査のため選挙人その他の関係人の証言を請求する場合に、これを準用する。ただし、過料、罰金、拘留又は勾引に関する規定は、この限りでない。

＊令和四法四八（令和八・五・二四までに施行）**による改正後**

② 民事訴訟に関する法令の規定中証人の尋問に関する規定（過料、罰金、拘留又は勾引に関する規定を除く。）は、この法律に特別の定めがあるものを除くほか、前項後段の規定により議会が当該普通地方公共団体の事務に関する調査のため選挙人その他の関係人の証言を請求する場合に、これを準用する。この場合において、民事訴訟法第二百五条第二項中「最高裁判所規則で」とあるのは「議会が」と、「最高裁判所規則で定める電子情報処理組織を使用してファイルに記録し、又は当該書面に記載すべき事項に係る電磁的記録を記録した記録媒体を提出する」とあるのは「電磁的方法（電子情報処理組織を使用する方法その他の情報通信の技術を利用する方法をいう。）により提供する」と、同条第三項中「ファイルに記録された事項若しくは同項の記録媒体に記録された」とあるのは「提供された」と読み替えるものとする。

③ 第一項後段の規定により出頭又は記録の提出の請求を受けた選挙人その他の関係人が、正当の理由がないのに、議会に出頭せず若しくは記録を提出しないとき又は証言を拒んだときは、六箇月以下の禁錮又は十万円以下の罰金に処する。

④ 議会は、選挙人その他の関係人が公務員たる地位において知り得た事実については、その者から職務上の秘密に属するものである旨の申立を受けたときは、当該官公署の承認がなければ、当該事実に関する証言又は記録の提出を請求することができない。この場合において当該官公署が承認を拒むときは、その理由を疏明しなければならない。

⑤ 議会が前項の規定による疏明を理由がないと認めるときは、当該官公署に対し、当該証言又は記録の提出が公の利益を害する旨の声明を要求することができる。

⑥ 当該官公署が前項の規定による要求を受けた日から二十日以内に声明をしないときは、選挙人その他の関係人は、証言又は記録の提出をしなければならない。

⑦ 第二項において準用する民事訴訟に関する法令の規定により宣誓した選挙人その他の関係人が虚偽の陳述をしたときは、これを三箇月以上五年以下の禁錮に処する。

⑧ 前項の罪を犯した者が議会において調査が終了した旨の議決がある前に自白したときは、その刑を減軽し又は免除することができる。

⑨ 議会は、選挙人その他の関係人が、第三項又は第七項の罪を犯したものと認めるときは、告発しなければならない。但し、虚偽の陳述をした選挙人その他の関係人が、議会の調査が終了した旨の議決がある前に自白したときは、告発しないことができる。

⑩ 議会が第一項の規定による調査を行うため当該普通地方公共団体の区域内の団体等に対し照会をし又は記録の送付を求めたときは、当該団体等は、その求めに応じなければならない。

⑪ 議会は、第一項の規定による調査を行う場合においては、予め、予算の定額の範囲内において、当該調査のため要する経費の額を定めて置かなければならない。その額を超えて経費の支出を必要とするときは、更に議決を経なければならない。

⑫ 議会は、会議規則の定めるところにより、議案の審査又は議会の運営に関し協議又は調整を行うための場を設けることができる。

⑬ 議会は、議案の審査又は当該普通地方公共団体の事務に関する調査のためその他議会において必要があると認めるときは、会議規則の定めるところにより、議員を派遣することができる。

⑭ 普通地方公共団体は、条例の定めるところにより、その議会の議員の調査研究その他の活動に資するため必要な経費の一部として、その議会における会派又は議員に対し、政務活動費を交付することができる。この場合において、当該政務活動費の交付の対象、額及び交付の方法並びに当該政務活動費を充てることができる経費の範囲は、条例で定めなければならない。

⑮ 前項の政務活動費の交付を受けた会派又は議員は、条例の定めるところにより、当該政務活動費に係る収入及び支出の報告書を議長に提出するものとする。

⑯ 議長は、第十四項の政務活動費については、その使途の透明性の確保に努めるものとする。

⑰ 政府は、都道府県の議会に官報及び政府の刊行物を、市町村の議会に官報及び市町村に特に関係があると認める政府の刊行物を送付しなければならない。

⑱ 都道府県は、当該都道府県の区域内の市町村の議会及び他の都道府県の議会に、公報及び適当と認める刊行物を送付しなければならない。

⑲ 議会は、議員の調査研究に資するため、図書室を附置し前二項の規定により送付を受けた官報、公報及び刊行物を保管して置かなければならない。

⑳ 前項の図書室は、一般にこれを利用させることができる。

＊令和四法六八（令和七・六・一六までに施行）**による改正後**

第一〇〇条【調査権、出頭証言及び記録の提出請求、協議・調整の場、議員の派遣、政務活動費、刊行物の送付、図書室等】

①② （略）

③ 第一項後段の規定により出頭又は記録の提出の請求を受けた選挙人その他の関係人が、正当の理由がないのに、議会に出頭せず若しくは記録を提出しないとき又は証言を拒んだときは、六箇月以下の拘禁刑又は十万円以下の罰金に処する。

④ 議会は、選挙人その他の関係人が公務員たる地位において知り得た事実については、その者から職務上の秘密に属するものである旨の申立てを受けたときは、当該官公署の承認がなければ、当該事実に関する証言又は記録の提出を請求することができない。この場合において当該官公署が承認を拒むときは、その理由を疎明しなければならない。

⑤ 議会が前項の規定による疎明を理由がないと認めるときは、当該官公署に対し、当該証言又は記録の提出が公の利益を害する旨の声明を要求することができる。

⑥ （略）

⑦ 第二項において準用する民事訴訟に関する法令の規定により宣誓した選挙人その他の関係人が虚偽の陳述をしたときは、これを三箇月以上五年以下の拘禁刑に処する。

⑧ （略）

⑨ 議会は、選挙人その他の関係人が、第三項又は第七項の罪を犯したものと認めるときは、告発しなければならない。ただし、虚偽の陳述をした選挙人その他の関係人が、議会の調査が終了した旨の議決がある前に自白したときは、告発しないことができる。

⑩ （略）

⑪ 議会は、第一項の規定による調査を行う場合においては、あらかじめ、予算の定額の範囲内において、当該調査のため要する経費の額を定めて置かなければならない。その額を超えて経費の支出を必要とするときは、更に議決を経なければならない。

⑫―⑳ （略）

[7]

一　関係人の出頭・証言請求手続

本条一項による関係人の出頭及び証言を請求する書面の送

達については、民訴法の送達に関する規定の準用はなく、相当な方法でこれを行えば足りる。（最決昭57・7・23刑集三六・六・七一〇、自治百選[四版]A13……証人自宅で、その未成年子に書類を渡したのが適法とされた事例）

[2] 議会の特別委員会が、本条三項の規定する証言拒否を理由に、証人を告発をする旨議決し、その報告を本会議で承認しただけでは、本条九項の予定する議会としての告発の議決があったものとはいえないとされた事例（東京高判平15・1・30判時一八二八・三二）

二　議員の派遣・研修

[3] 普通地方公共団体の議会は、その議決機関としての機能を適切に果たすために合理的な必要性があるときは、その裁量により議員を海外に派遣することができる。（最判昭63・3・10判時一二七〇・七三、自治百選[二版]四三……市議会の議会運営委員会及び議員総会による議員派遣決定が適法とされた事例）

[4] 旅行業者が遊興を主たる目的として立案した旅行計画を承知しながらなされた、地方議会議員の議員研修旅行の決定に裁量権を逸脱した違法があるとされた事例（最判平9・9・30判時一六二〇・五〇、自治百選[三版]五五）

[5] 国民体育大会に協賛してスポーツの振興普及を図り、議員相互の交流を図ることを目的とする野球大会に議員を派遣することは、議会の権能を適切に果たすために必要のないものとまではいえないが、現実に意見交換や相互交流等が行われた事実がなかったことなどを総合して、議員及び議会事務局職員に対する旅行命令に、裁量権を逸脱、濫用した違法があるとされた事例（最判平15・1・17民集五七・一・一、自治百選[四版]七〇）→一四九条[7]・二四三条の二の二[3]、行総◆【I】[96]

三　政務調査費（平成二四法七二改正後は政務活動費）↓

民訴二二〇条[27][32]

[6] 政務調査費の交付対象を条例で会派とし、その使途を会派が行う調査研究活動と定める規則の下で、議員の行う活動は会派の代表者の承認があるだけでは会派が行う活動とはいえないとした原審の判断には、規則の定める会派の調査研究活動には、所属議員による調査研究活動を会派のためのものとして承認して行うものも含まれ、また、会派に特別な意思決定手続がない場合、その代表者が会派の名においてした行為は、会派自らがした行為と評価されるので、違法があるとされた事例（最判平21・7・7判時二〇五五・四四、自治百選[四版]七三）

[7] 議員が、任期中の最後の議会の会期後を含む、任期満了一ないし四か月半前に、政務調査費でパソコンなどの比較的高額な物品を購入した件について、緊急の必要性なく買い換えたといった事実が認められるのであれば、支出は調査研究のための必要性に欠けるものであったことがうかがわれるとして、破棄差戻しとした事例（最判平22・3・23判時二〇八〇・二四）

[8] 政務調査費の使用対象につき定める特別区の使途基準における調査研究費の内容は、本条一三項［現一四項］の趣旨から議員の議会活動の基礎となる調査研究及び調査の委託に要する経費であるとして、議員が個人として提起した住民訴訟の訴訟費用の支出は使途基準に適合しないが、住民訴訟のために議会委員会の議事の録音テープを反訳した費用等は、当該資料を別途議会活動やその広報に用いることができるので、同使途基準における資料作成費又は広報費の項目に該当するとされた事例（最判平25・1・25判時二一八二・四四、重判平25行政八）

[9] 政務活動費（及び平成二四法七二による改正前の政務調査費）の交付に関する県条例が、交付の決定及び収支報告書の提出を年度ごとに行う旨規定している場合、本条及び同条例は政務活動費等の使途を限定しているので、当該年度に交付を受けた政務活動費等のうち使途に適合した支出に充当しなかった残余がある場合には、当該残額は、それを保持する法律上の原因を欠き不当利得として返還されるべきであるが、収支報告書上の支出の一部が実際には存在しないものであっても、当該年度に同報告書上の支出総額から実際には存在しないもの及び使途基準に適合しないものの額を控除した額が、政務活動費等の交付額を下回らない場合には、交付を受けた会派又は議員は、県に対する不当利得返還義務を負わない。（最判平30・11・16民集七二・六・九九三、重判令元行政八）

[10] [9]の準則を市議会規則所定の使途基準に適合しない支出に適用の上、交付を受けた会派に不適合支出相当額の不当利得返還義務があるとした原審の判断が違法とされた事例（最判令3・12・21判自四八三・一一……[9]や本件とは異なる条例規定によって、同様の事実関係の下でも、不適合支出に対する返還を命ずるなどの対応も可能とする宇賀裁判官の補足意見がある）

[11] 平成一二年改正による本条政務調査費に関する規定は、地方公共団体が同調査費とは別途に「調査研究に資するため必要な経費」以外の経費について、議会の会派に補助金を交付することを禁止してはいない。（最判平28・6・28判時二三一七・三九、重判平28行政九）

第一〇〇条の二【専門的事項の調査】 普通地方公共団体の議会は、議案の審査又は当該普通地方公共団体の事務に関する調査のために必要な専門的事項に係る調査を学識経験を有する者等にさせることができる。

第三節　招集及び会期

第一〇一条【招集】 ① 普通地方公共団体の議会は、普通地方公共団体の長がこれを招集する。

② 議長は、議会運営委員会の議決を経て、当該普通地方公共団体の長に対し、会議に付議すべき事件を示して臨時会の招集を請求することができる。

③ 議員の定数の四分の一以上の者は、当該普通地方公共団体の長に対し、会議に付議すべき事件を示して臨時会の招集を請求することができる。

④ 前二項の規定による請求があつたときは、当該普通地方公共団体の長は、請求のあつた日から二十日以内に臨時会を招集しなければならない。

⑤ 第二項の規定による請求のあつた日から二十日以内に当該普通地方公共団体の長が臨時会を招集しないときは、第一項の規定にかかわらず、議長は、臨時会を招集することができる。

⑥ 第三項の規定による請求のあつた日から二十日以内に当該普通地方公共団体の長が臨時会を招集しないときは、第一項の規定にかかわらず、議長は、第三項の規定による請求をした者の申出に基づき、当該申出のあつた日から、都道府県及び市にあつては十日以内、町村にあつては六日以内に臨時会を招集しなければならない。

⑦ 招集は、開会の日前、都道府県及び市にあつては七日、町村にあつては三日までにこれを告示しなければならない。ただし、緊急を要する場合は、この限りでない。

一　招集の請求

[1] 町議会議員による議会招集を求める訴えは、地方公共団体の機関相互の争いについては、法律に特別の定めのない限り、法律上の争訟としての訴訟の提起は許されないので、不適法である。（最判昭28・5・28民集七・五・六〇一）

二　招集要件

[2] 本条二項［現七項］の「急施［緊急］を要する場合」とは、同項所定日数の余裕をおくことができない程度に緊急に議会を招集する必要がある場合を指し、その認定は、議会運営上著しく妥当を欠くと認められない限り招集権者の裁量に任されている。（東京高判昭32・7・24行裁八・七・一三三六、自治百選[初版]三五）→行総◆【II】[117]

第一〇二条【定例会・臨時会、会期】 ① 普通地方公共団体の議会は、定例会及び臨時会とする。
② 定例会は、毎年、条例で定める回数これを招集しなければならない。
③ 臨時会は、必要がある場合において、その事件に限りこれを招集する。
④ 臨時会に付議すべき事件は、普通地方公共団体の長があらかじめこれを告示しなければならない。
⑤ 前条第五項又は第六項の場合においては、前項の規定にかかわらず、議長が、同条第二項又は第三項の規定による請求において示された会議に付議すべき事件を臨時会に付議すべき事件として、あらかじめ告示しなければならない。
⑥ 臨時会の開会中に緊急を要する事件があるときは、前三項の規定にかかわらず、直ちにこれを会議に付議することができる。
⑦ 普通地方公共団体の議会の会期及びその延長並びにその開閉に関する事項は、議会がこれを定める。

第一〇二条の二【通年の会期】 ① 普通地方公共団体の議会は、前条の規定にかかわらず、条例で定めるところにより、定例会及び臨時会とせず、毎年、条例で定める日から翌年の当該日の前日までを会期とすることができる。
② 前項の議会は、第四項の規定により招集しなければならないものとされる場合を除き、前項の条例で定める日の到来をもつて、普通地方公共団体の長が当該日にこれを招集したものとみなす。
③ 第一項の会期中において、議員の任期が満了したとき、議会が解散されたとき又は議員が全てなくなつたときは、同項の規定にかかわらず、その任期満了の日、その解散の日又はその議員が全てなくなつた日をもつて、会期は終了するものとする。
④ 前項の規定により会期が終了した場合には、普通地方公共団体の長は、同項に規定する事由により行われた一般選挙により選出された議員の任期が始まる日から三十日以内に議会を招集しなければならない。この場合においては、その招集の日から同日後の最初の第一項の条例で定める日の前日までを会期とするものとする。
⑤ 第三項の規定は、前項後段に規定する会期について準用する。
⑥ 第一項の議会は、条例で、定期的に会議を開く日（以下「定例日」という。）を定めなければならない。
⑦ 普通地方公共団体の長は、第一項の議会の議長に対し、会議に付議すべき事件を示して定例日以外の日において会議を開くことを請求することができる。この場合において、議長は、当該請求のあつた日から、都道府県及び市にあつては七日以内、町村にあつては三日以内に会議を開かなければならない。
⑧ 第一項の場合における第七十四条第三項、第百二十一条第一項、第二百四十三条の三第二項及び第三項並びに第二百五十二条の三十九第四項の規定の適用については、第七十四条第三項中「二十日以内に議会を招集し、」とあるのは「二十日以内に」と、第百二十一条第一項中「議会の審議」とあるのは「定例日に開かれる会議の審議又は議案の審議」と、第二百四十三条の三第二項及び第三項中「次の議会」とあるのは「次の定例日に開かれる会議」と、第二百五十二条の三十九第四項中「二十日以内に議会を招集し」とあるのは「二十日以内に」とする。

第四節　議長及び副議長

第一〇三条【議長・副議長】 ① 普通地方公共団体の議会は、議員の中から議長及び副議長一人を選挙しなければならない。
② 議長及び副議長の任期は、議員の任期による。

第一〇四条【議長の権限】 普通地方公共団体の議会の議長は、議場の秩序を保持し、議事を整理し、議会の事務を統理し、議会を代表する。

第一〇五条【同前】 普通地方公共団体の議会の議長は、委員会に出席し、発言することができる。

第一〇五条の二【訴訟の取扱い】 普通地方公共団体の議会又は議長の処分又は裁決に係る普通地方公共団体を被告とする訴訟については、議長が当該普通地方公共団体を代表する。

第一〇六条【議長の代理、仮議長】 ① 普通地方公共団体の議会の議長に事故があるとき、又は議長が欠けたときは、副議長が議長の職務を行う。
② 議長及び副議長にともに事故があるときは、仮議長を選挙し、議長の職務を行わせる。
③ 議会は、仮議長の選任を議長に委任することができる。

第一〇七条【臨時議長】 第百三条第一項及び前条第二項の規定による選挙を行う場合において、議長の職務を行う者がないときは、年長の議員が臨時に議長の職務を行う。

第一〇八条【議長・副議長の辞職】 普通地方公共団体の議会の議長及び副議長は、議会の許可を得て辞職することができる。但し、副議長は、議会の閉会中においては、議長の許可を得て辞職することができる。

第五節　委員会

第一〇九条【常任委員会、議会運営委員会、特別委員会】 ① 普通地方公共団体の議会は、条例で、常任委員会、議会運営委員会及び特別委員会を置くことができる。
② 常任委員会は、その部門に属する当該普通地方公共団体の事務に関する調査を行い、議案、請願等を審査する。
③ 議会運営委員会は、次に掲げる事項に関する調査を行い、議案、請願等を審査する。
一　議会の運営に関する事項
二　議会の会議規則、委員会に関する条例等に関する事項
三　議長の諮問に関する事項
④ 特別委員会は、議会の議決により付議された事件を審査する。
⑤ 第百十五条の二の規定は、委員会について準用する。
⑥ 委員会は、議会の議決すべき事件のうちその部門に属する当該普通地方公共団体の事務に関するものにつき、議会に議案を提出することができる。ただし、予算については、この限りでない。
⑦ 前項の規定による議案の提出は、文書をもつてしなければならない。
⑧ 委員会は、議会の議決により付議された特定の事件については、閉会中も、なお、これを審査することができる。
⑨ 前各項に定めるもののほか、委員の選任その他委員会に関し必要な事項は、条例で定める。

議会運営委員会の権限↓一三四条⑧

第一一〇条及び第一一一条　削除

第六節　会議

第一一二条【議員の議案提出権】 ① 普通地方公共団体の議会の議員は、議会の議決すべき事件につき、議会に議案を提出することができる。但し、予算については、この限りでない。
② 前項の規定により議案を提出するに当たつては、議員の定数の十二分の一以上の者の賛成がなければならない。
③ 第一項の規定による議案の提出は、文書を以てこれをしなければならない。

第一一三条【定足数】 普通地方公共団体の議会は、議員の定数の半数以上の議員が出席しなければ、会議を開くことができない。但し、第百十七条の規定による除斥のため半数に達しないとき、同一の事件につき再度招集してもなお半数に達しないとき、又は招集に応じても出席議員が定数を欠き議長において出席を催告してもなお半数に達しないとき若しくは半数に達してもその後半数に達しなくなつたときは、この限りでない。

第一一四条【議員の請求による開議】 ① 普通地方公共団体の議

会の議員の定数の半数以上の者から請求があるときは、議長は、その日の会議を開かなければならない。この場合において議長がなお会議を開かないときは、第百六条第一項又は第二項の例による。

② 前項の規定により会議を開いたとき、又は議員中に異議があるときは、議長は、会議の議決によらない限り、その日の会議を閉じ又は中止することができない。

議長の職権による閉会↓一二九条[7]

第一一五条【議事の公開の原則・秘密会】① 普通地方公共団体の議会の会議は、これを公開する。但し、議長又は議員三人以上の発議により、出席議員の三分の二以上の多数で議決したときは、秘密会を開くことができる。

② 前項但書の議長又は議員の発議は、討論を行わないでその可否を決しなければならない。

秘密会の要件と、同会における議決

[7] 秘密会の開催について、議員三人以上の発議のない場合には、本条二項によりその可否を決する必要がなく、一人の発議に基づいて全員が異議なく秘密会を開くことを採決した場合、秘密会の成立及び、秘密会における議決を無効とすべき理由はない。（最判昭24・2・22民集三・二・四四、自治百選[四版]A14）

第一一五条の二【利害関係者等からの意見聴取】① 普通地方公共団体の議会は、会議において、予算その他重要な議案、請願等について公聴会を開き、真に利害関係を有する者又は学識経験を有する者等から意見を聴くことができる。

② 普通地方公共団体の議会は、会議において、当該普通地方公共団体の事務に関する調査又は審査のため必要があると認めるときは、参考人の出頭を求め、その意見を聴くことができる。

第一一五条の三【修正の動議】 普通地方公共団体の議会が議案に対する修正の動議を議題とするに当たつては、議員の定数の十二分の一以上の者の発議によらなければならない。

第一一六条【表決】① この法律に特別の定がある場合を除く外、普通地方公共団体の議会の議事は、出席議員の過半数でこれを決し、可否同数のときは、議長の決するところによる。

② 前項の場合においては、議長は、議員として議決に加わる権利を有しない。

第一一七条【議長及び議員の除斥】 普通地方公共団体の議会の議長及び議員は、自己若しくは父母、祖父母、配偶者、子、孫若しくは兄弟姉妹の一身上に関する事件又は自己若しくはこれらの者の従事する業務に直接の利害関係のある事件については、その議事に参与することができない。但し、議会の同意があつたときは、会議に出席し、発言することができる。

第一一八条【投票による選挙、指名推選、投票の効力の異議】

① 法律又はこれに基づく政令により普通地方公共団体の議会において行う選挙については、公職選挙法第四十六条第一項及び第四項、第四十七条、第四十八条、第六十八条第一項並びに普通地方公共団体の議会の議員の選挙に関する第九十五条の規定を準用する。その投票の効力に関し異議があるときは、議会がこれを決定する。

② 議会は、議員中に異議がないときは、前項の選挙につき指名推選の方法を用いることができる。

③ 指名推選の方法を用いる場合においては、被指名人を以て当選人と定めるべきかどうかを会議に諮り、議員の全員の同意があつた者を以て当選人とする。

④ 一の選挙を以て二人以上を選挙する場合においては、被指名人を区分して前項の規定を適用してはならない。

⑤ 第一項の規定による決定に不服がある者は、決定があつた日から二十一日以内に、都道府県にあつては総務大臣、市町村にあつては都道府県知事に審査を申し立て、その裁決に不服がある者は、裁決のあつた日から二十一日以内に裁判所に出訴することができる。

⑥ 第一項の規定による決定は、文書を以てし、その理由を附けてこれを本人に交付しなければならない。

第一一九条【会期の不継続】 会期中に議決に至らなかつた事件は、後会に継続しない。

会期不継続と議員の懲罰

[1] 地方自治法一三四条の議員の懲罰についても会期不継続の原則の適用があり、前の議会の会期中における議員の行為に関し、後の議会で懲罰を科すことはできない。（仙台高判昭27・2・15行裁三・一・一八二、自治百選[初版]四〇）

[2] 会期中の行為でない議員の行為であつても、議会が流会となつた日における議員の議会運営に関する、開会宣言の妨害や流会をなさしめた行動について、その後初めて開かれた議会で議会内秩序の保持のため懲罰を科したことは違法ではない。（最判昭28・10・1民集七・一〇・一〇四五、自治百選[二版]五〇）

第一二〇条【会議規則】 普通地方公共団体の議会は、会議規則を設けなければならない。

会議規則違反の議事進行

[7] 質疑打切の動議を採択し討議を省略した議長の措置について、仮に当該措置が会議規則に違反するものである等法令上の適法要件を完全には満たしていないとしても、刑法上は保護に値する職務行為であつて、その妨害につき公務執行妨害罪の成立を妨げない。（最大判昭42・5・24刑集二一・四・五〇五、刑百選Ⅱ[八版]一一二）↓八九条[7]、刑九五条[18]

第一二一条【長及び委員等の出席義務】① 普通地方公共団体の長、教育委員会の教育長、選挙管理委員会の委員長、人事委員会の委員長又は公平委員会の委員長、公安委員会の委員長、労働委員会の委員、農業委員会の会長及び監査委員その他法律に基づく委員会の代表者又は委員並びにその委任又は嘱託を受けた者は、議会の審議に必要な説明のため議長から出席を求められたときは、議場に出席しなければならない。ただし、出席すべき日時に議場に出席できないことについて正当な理由がある場合において、その旨を議長に届け出たときは、この限りでない。

② 第百二条の二第一項の議会の議長は、前項本文の規定により議場への出席を求めるに当たつては、普通地方公共団体の執行機関の事務に支障を及ぼすことのないよう配慮しなければならない。

第一二二条【長の説明書提出】 普通地方公共団体の長は、議会に、第二百十一条第二項に規定する予算に関する説明書その他当該普通地方公共団体の事務に関する説明書を提出しなければならない。

第一二三条【会議録】① 議長は、事務局長又は書記長（書記長を置かない町村においては書記）に書面又は電磁的記録（電子的方式、磁気的方式その他人の知覚によつては認識することができない方式で作られる記録であつて、電子計算機による情報処理の用に供されるものをいう。以下同じ。）により会議録を作成させ、並びに会議の次第及び出席議員の氏名を記載させ、又は記録させなければならない。

② 会議録が書面をもつて作成されているときは、議長及び議会において定めた二人以上の議員がこれに署名しなければならない。

③ 会議録が電磁的記録をもつて作成されているときは、議長及び議会において定めた二人以上の議員が当該電磁的記録に総務省令で定める署名に代わる措置をとらなければならない。

④ 議長は、会議録が書面をもつて作成されているときはその写しを、会議録が電磁的記録をもつて作成されているときは当該

電磁的記録に記録された事項を記載した書面又は当該事項を記録した磁気ディスク（これに準ずる方法により一定の事項を確実に記録することができる物を含む。）を添えて会議の結果を普通地方公共団体の長に報告しなければならない。

第七節　請願

第一二四条【請願書】 普通地方公共団体の議会に請願しようとする者は、議員の紹介により請願書を提出しなければならない。

第一二五条【採択請願の送付及び報告の請求】 普通地方公共団体の議会は、その採択した請願で当該普通地方公共団体の長、教育委員会、選挙管理委員会、人事委員会若しくは公平委員会、公安委員会、労働委員会、農業委員会又は監査委員その他法律に基づく委員会又は委員において措置することが適当と認めるものは、これらの者にこれを送付し、かつ、その請願の処理の経過及び結果の報告を請求することができる。

第八節　議員の辞職及び資格の決定

第一二六条【辞職】 普通地方公共団体の議会の議員は、議会の許可を得て辞職することができる。但し、閉会中においては、議長の許可を得て辞職することができる。

一　辞職申出の方式

[1] 村議会議員が、村役場において執務中の村議会書記に対して口頭で辞職する旨の意思表示をした場合、書記は議会又は議長に対する届出を受理する包括的権限を有していると解されるので、口頭での辞職申出として有効である。（最判昭28・5・15民集七・五・五六八、自治百選[二版]三八）

二　辞職許可の要件

[2] 本条による辞職の制限は、議員が自己の意思に基づいてみだりに辞職することを抑止するためであり、辞職を拒否する正当な理由が認められない場合に、議会がそれを拒否することは正当な権限行使と認められない。（最判昭24・8・9民集三・九・三二九）

第一二七条【失職・資格決定】 ① 普通地方公共団体の議会の議員が被選挙権を有しない者であるとき、又は第九十二条の二（第二百八十七条の二第七項において準用する場合を含む。以下この項において同じ。）の規定に該当するときは、その職を失う。その被選挙権の有無又は第九十二条の二の規定に該当するかどうかは、議員が公職選挙法第十一条、第十一条の二若しくは第二百五十二条又は政治資金規正法第二十八条の規定に該当するため被選挙権を有しない場合を除くほか、議会がこれを決定する。この場合においては、出席議員の三分の二以上の多数によりこれを決定しなければならない。

② 前項の場合においては、議員は、第百十七条の規定にかかわらず、その会議に出席して自己の資格に関し弁明することはできるが決定に加わることができない。

③ 第百十八条第五項及び第六項の規定は、第一項の場合について準用する。

議会による決定に対する不服申立て・争訟

[1] 議員の兼業が地方自治法九二条の二に該当するか否かについての議会の決定に対し、本条四項〔現三項〕、一一八条五項により不服申立てをすることができるのは、その適否を争う個人的な法律上の利益を有する者、すなわち決定によって失職することとなった議員に限られる。（最判昭56・5・14民集三五・四・七一七、行政百選Ⅱ[七版]一三四）→行審二条[2]

[2] 地方自治法九二条の二に係る本条一項の決定につき取消訴訟を提起した議員は、その後補欠選挙が行われた場合、同決定の取消判決を得ても議員の地位を回復することはできないとして、決定の執行停止を求める利益を欠くとされた事例（最決平29・12・19判時二三七五＝二三七六・一七六、重判平30行政九……山崎裁判官の補足意見、岡部裁判官、木内裁判官の各反対意見がある）→行訴九条[38]

[3] 本条一項により議員が被選挙権を有しないとした議会の決定を取り消した県知事の裁決について、当該議員以外の議員が取消訴訟を提起することはできない。（東京高判平15・9・30判時一八五二・六五）

第一二八条【失職の時期】 普通地方公共団体の議会の議員は、公職選挙法第二百二条第一項若しくは第二百六条第一項の規定による異議の申出、同法第二百二条第二項若しくは第二百六条第二項の規定による審査の申立て、同法第二百三条第一項、第二百七条第一項、第二百十条若しくは第二百十一条の訴訟の提起に対する決定、裁決又は判決が確定するまでの間（同法第二百十条第一項の規定による訴訟を提起することができる場合において、当該訴訟が提起されなかつたとき、当該訴訟についての訴えを却下し若しくは訴状を却下する裁判が確定したとき、又は当該訴訟が取り下げられたときは、それぞれ同項に規定する出訴期間が経過するまで、当該裁判が確定するまで又は当該取下げが行われるまでの間）は、その職を失わない。

議員の当選無効による遡及失職→二〇三条[4]

第九節　紀律

第一二九条【議場の秩序維持】 ① 普通地方公共団体の議会の会議中この法律又は会議規則に違反しその他議場の秩序を乱す議員があるときは、議長は、これを制止し、又は発言を取り消させ、その命令に従わないときは、その日の会議が終るまで発言を禁止し、又は議場の外に退去させることができる。

② 議長は、議場が騒然として整理することが困難であると認めるときは、その日の会議を閉じ、又は中止することができる。

一　発言取消命令の性質

[1] 配布用会議録を議員等の関係者に配布する旨等を定める県議会規則は、議員に対してその発言が同会議録に記載される権利利益を付与したものではなく、議長の議員に対する発言の取消命令の適否は、県議会の自主的、自律的解決に委ねられ、司法審査の対象にはならない。（最判平30・4・26判タ一四五〇・一九、重判平30憲一）→憲七六条[5]

二　議長の職権による閉会

[2] 議長が議場が騒然とし整理困難と認めた場合、議員から閉会についての異議があっても、職権でなした閉議は有効である。（最判昭33・2・4民集一二・二・一九、自治百選[四版]A15）

第一三〇条【傍聴人に対する措置】 ① 傍聴人が公然と可否を表明し、又は騒ぎ立てる等会議を妨害するときは、普通地方公共団体の議会の議長は、これを制止し、その命令に従わないときは、これを退場させ、必要がある場合においては、これを当該警察官に引き渡すことができる。

② 傍聴席が騒がしいときは、議長は、すべての傍聴人を退場させることができる。

③ 前二項に定めるものを除くほか、議長は、会議の傍聴に関し必要な規則を設けなければならない。

議会委員長の職務執行に対する妨害

[1] 議会の委員会委員長が、会議の休憩を宣言をした後で加えられた暴行について、委員長は宣言後も、委員会の秩序を保持し、紛議に対処するための職責を執行していたものであって、当該暴行は公務執行妨害罪を構成する。（最決平元・3・10刑集四三・三・一八八、刑百選Ⅱ[八版]一一四）→刑九五条[9]

第一三一条【議長の注意の喚起】 議場の秩序を乱し又は会議を妨害するものがあるときは、議員は、議長の注意を喚起することができる。

第一三二条【言論の品位】 普通地方公共団体の議会の会議又は委員会においては、議員は、無礼の言葉を使用し、又は他人の私生活にわたる言論をしてはならない。

無礼の言葉の使用

[1] 「無礼の言葉を使用」するとは、原則として、本会議又は委員会開催中の言論の中で「無礼の言葉」が使用された場合を指すが、懲罰処分要求書のような文書であっても、それが本会議等において引用され、その文書の内容が本会議等における言論と一体となったと認められるような場合は、その文書の内容も含めて、「無礼の言葉」の使用に該当すると判断することもできる。（大阪高判平10・12・1判タ一〇〇一・一四三）→一三四条[2]

第一三三条【侮辱に対する処置】 普通地方公共団体の議会の会議又は委員会において、侮辱を受けた議員は、これを議会に訴えて処分を求めることができる。

第十節　懲罰

第一三四条【懲罰理由等】 ① 普通地方公共団体の議会は、この法律並びに会議規則及び委員会に関する条例に違反した議員に対し、議決により懲罰を科することができる。

② 懲罰に関し必要な事項は、会議規則中にこれを定めなければならない。

一　懲罰処分の性質

[1] 市議会における議員の除名議決は、それに基づく執行機関の処分を待たずに直ちに議員たる地位を失わせる法律効果を持つ一種の行政処分であり、議決を行う議会は行政庁に該当する。（最判昭27・12・4行裁三・一一・二三三五、自治百選[四版]A16）

[2] 議員の発言が地方自治法一三二条の「無礼の言葉」に該当するか否かは、法律解釈の問題であって、その解釈を誤り議員を除名した場合は、除名処分も違法となる。（最判昭27・12・4前出[1]）→一三二条[1]

[3] 地方議会議員に対する出席停止の懲罰は、自律的な法規範を持つ社会ないし団体の内部規律の問題として自治的措置に任せ、裁判に待つを適当としないものであって、当該懲罰の取消等を求める訴訟は不適法である。（最大判昭35・10・19民集一四・一二・二六三三、自治百選[四版]七四……[5]により判例変更）→行総◘【I】[42]

[4] 地方議会議員に対する懲罰その他の措置が議員の私法上の権利利益を侵害することを理由とする国賠請求については、当該措置が議会の内部規律の問題にとどまる限り、議会の自律的な判断を尊重し、これを前提として請求の当否を判断すべきものである。（最判平31・2・14民集七三・二・一二三、重判令元行政一〇）→憲七六条[6]

[5] 地方議会議員に対する出席停止の懲罰は、その性質や議員活動に対する制約の程度に照らすと、その適否は専ら議会の自主的、自律的な解決に委ねられるべきものではなく、議会に一定の裁量は認められるが、裁判所は出席停止の適否を判断することができる。（最大判令2・11・25民集七四・八・二二二九、重判令3行政六……[3]を判例変更）→憲七六条[3]

二　懲罰事由該当性

[6] いかなる行為にいかなる懲罰を科すかを規定した実体的規定たる市議会会議規則の遡及効は認められないので、規則制定前の行為についてそれを適用し除名議決をすることは違法である。（最判昭26・4・28民集五・五・三三六、自治百選[四版]A18）→[7]

[7] 本条の規定する懲罰は、議員の個人的行為を規律するためでなく、議会の秩序維持、運営の円滑を図るためのものであるので、議員の議場外の行為であって、議会運営と全く関係ない個人的行為は懲罰事由とならない。（最判昭28・11・20民集七・一一・一二四六、自治百選[四版]A17……大字（村の行政区画）の会計員として保管中の環境改善費を横領した議員に関する事例）

[8] 町議会議員の議会における発言を理由とする除名処分が、当該発言につき謝罪の要求をする決定権限が議会運営委員会にはないこと等を理由として取り消された事例（名古屋高判平25・7・4判時二二一〇・三六）

◇[6]〜[8]→一一九条[1][2]

三　辞職勧告決議等（懲罰処分非該当） →憲七六条[4]

[9] 視察旅行を欠席した市議会議員に対して、議会運営委員会がなした厳重注意処分及び市議会議長による公の場での処分通知書の交付について、[4]の準則を適用し、内部規律の問題にとどまるので違法な公権力の行使に当たらないとされた事例（最判平31・2・14前出[4]）

第一三五条【懲罰の種類、除名の手続】 ① 懲罰は、左の通りとする。

一　公開の議場における戒告

二　公開の議場における陳謝

三　一定期間の出席停止

四　除名

② 懲罰の動議を議題とするに当つては、議員の定数の八分の一以上の者の発議によらなければならない。

③ 第一項第四号の除名については、当該普通地方公共団体の議会の議員の三分の二以上の者が出席し、その四分の三以上の者の同意がなければならない。

除名処分の効力

[1] 市町村議会の議長たる議員が本条の除名処分を受け、地方自治法二五五条の三〔平成一一法八七による改正前、現二五五条の四〕により知事に対し除名処分取消しの審決の申請をなして、それが認められた場合、同審決は処分が当初からなかった状態を現出する効力を有する。よって議員は議長の職も回復し、議長たる報酬請求権を取得するが、それは、審決までの間に新議長が選出されていた場合も同様である。（最判昭62・4・21判時一二八六・四一、自治百選[三版]一〇二）

第一三六条【除名議員の再当選】 普通地方公共団体の議会は、除名された議員で再び当選した議員を拒むことができない。

第一三七条【欠席議員の懲罰】 普通地方公共団体の議会の議員が正当な理由がなくて招集に応じないため、又は正当な理由がなくて会議に欠席したため、議長が、特に招状を発しても、なお故なく出席しない者は、議長において、議会の議決を経て、これに懲罰を科することができる。

第十一節　議会の事務局及び事務局長、書記長、書記その他の職員

第一三八条【事務局、事務局長、書記長、書記その他の職員】 ① 都道府県の議会に事務局を置く。

② 市町村の議会に条例の定めるところにより、事務局を置くことができる。

③ 事務局に事務局長、書記その他の職員を置く。

④ 事務局を置かない市町村の議会に書記長、書記その他の職員を置く。ただし、町村においては、書記長を置かないことができる。

⑤ 事務局長、書記長、書記その他の職員は、議長がこれを任免する。

⑥ 事務局長、書記長、書記その他の常勤の職員の定数は、条例でこれを定める。ただし、臨時の職については、この限りでない。

⑦ 事務局長及び書記長は議長の命を受け、書記その他の職員は上司の指揮を受けて、議会に関する事務に従事する。

⑧ 事務局長、書記長、書記その他の職員に関する任用、人事評価、給与、勤務時間その他の勤務条件、分限及び懲戒、服務、退職管理、研修、福祉及び利益の保護その他身分取扱いに関しては、この法律に定めるものを除くほか、地方公務員法の定めるところによる。

第七章　執行機関

第一節　通則

第一三八条の二【執行機関の義務】 普通地方公共団体の執行機関は、当該普通地方公共団体の条例、予算その他の議会の議決に基づく事務及び法令、規則その他の規程に基づく当該普通地方公共団体の事務を、自らの判断と責任において、誠実に管理し及び執行する義務を負う。

第一三八条の三【執行機関組織の原則】 ① 普通地方公共団体の執行機関の組織は、普通地方公共団体の長の所轄の下に、それぞれ明確な範囲の所掌事務と権限を有する執行機関によつて、系統的にこれを構成しなければならない。

② 普通地方公共団体の執行機関は、普通地方公共団体の長の所轄の下に、執行機関相互の連絡を図り、すべて、一体として、行政機能を発揮するようにしなければならない。

③ 普通地方公共団体の長は、当該普通地方公共団体の執行機関相互の間にその権限につき疑義が生じたときは、これを調整するように努めなければならない。

第一三八条の四【委員会・委員、附属機関】 ① 普通地方公共団体にその執行機関として普通地方公共団体の長の外、法律の定めるところにより、委員会又は委員を置く。

② 普通地方公共団体の委員会は、法律の定めるところにより、法令又は普通地方公共団体の条例若しくは規則に違反しない限りにおいて、その権限に属する事務に関し、規則その他の規程を定めることができる。

③ 普通地方公共団体は、法律又は条例の定めるところにより、執行機関の附属機関として自治紛争処理委員、審査会、審議会、調査会その他の調停、審査、諮問又は調査のための機関を置くことができる。ただし、政令で定める執行機関については、この限りでない。

附属機関該当性

[1] 市の要綱に基づき設置され、自治基本条例の進行管理等を所掌事務とする市民自治推進会議について、本条三項所定の附属機関に該当し、法律又は条例によって設置しなければならず設置は無効であるとして、会議委員に対する報酬の支出も違法であるとされた事例（大阪高判平25・11・7判自三八二・七三）

[2] 本条三項の趣旨は、長による附属機関の濫設置を防止し、議会による民主的統制を及ぼすことにあるとして、自治基本条例の制定に関する市民懇話会及び検討会は、臨時的・一時的に設置され、かつ民意を反映させる実質を有するので、同項の附属機関に該当しないとされた事例（松江地判平25・8・5判自三七五・一六）

[3] 本条三項及び地方自治法二〇二条の三第一項の文言、内容からすると、合議制を採用していることや組織の恒常性は、本条三項所定の附属機関の要件とされているとは解されず、執行機関の行政執行のため、又は行政執行に伴い、調停、審査、諮問を受けての審議、ないし調査を行うことを職務とする機関は、いずれも附属機関に該当する。（大阪高判平27・6・25判自四〇九・一六）

第二節　普通地方公共団体の長

第一款　地位

第一三九条【知事、市町村長】 ① 都道府県に知事を置く。

② 市町村に市町村長を置く。

第一四〇条【任期】 ① 普通地方公共団体の長の任期は、四年とする。

② 前項の任期の起算については、公職選挙法第二百五十九条及び第二百五十九条の二の定めるところによる。

第一四一条【兼職の禁止】 ① 普通地方公共団体の長は、衆議院議員又は参議院議員と兼ねることができない。

② 普通地方公共団体の長は、地方公共団体の議会の議員並びに常勤の職員及び短時間勤務職員と兼ねることができない。

第一四二条【関係私企業からの隔離】 普通地方公共団体の長は、当該普通地方公共団体に対し請負をする者及びその支配人又は主として同一の行為をする法人（当該普通地方公共団体が出資している法人で政令で定めるものを除く。）の無限責任社員、取締役、執行役若しくは監査役若しくはこれらに準ずべき者、支配人及び清算人たることができない。

関係私企業該当性

[1] 市との契約によりモーターボート競走に関する一部の事務を行い、売上金の一部を交付されている社団法人たるモーターボート競走会と市の関係は、本条に定める場合に該当するので、市長がその会長理事の地位に就くことはできない。（最判昭32・12・3民集一一・一三・二〇三一）

[2] 普通地方公共団体に対する請負量が法人の全体の業務量の半分を超える場合は、そのこと自体において本条の「主として同一の行為をする法人」に当たるが、それを超えない場合であっても、当該請負が業務の主要部分を占め、その重要度が長の職務執行の公正・適正を損なうおそれが類型的に高い場合も同要件に該当する。（最判昭62・10・20判時一二六〇・三、自治百選[四版]七五……村からの契約金額が全収入の二五％程度の森林組合について、本条該当性を否定した事例）

[3] [2]の示した業務量の半分を超えない場合の判断基準の当てはめに当たっては、当該法人の性格や請負契約の内容を考慮すべきであり、具体的には、当該法人と長、議員との個人的な関係が密接である場合、すなわち、長、議員が就任する前から個人の資格において法人の役員に就任している場合や長、議員が個人の資格において営利目的等で法人に出資している場合などは、長、議員の職務執行の公正、適正を損なうおそれが高いので、これらの事情の有無と法人の請負比率を相関的に総合判断して、おそれが類型的に高いかどうかを判断すべきである。（東京高判平15・12・25判時一八五三・七八……町からの請負量が四五％以上の社会福祉協議会の会長理事と理事が、それぞれ町長選挙、町議会議員選挙に当選した事例について、本条該当性を否定）

◇→一六六条[7]

第一四三条【失職】 ① 普通地方公共団体の長が、被選挙権を有しなくなつたとき又は前条の規定に該当するときは、その職を失う。その被選挙権の有無又は同条の規定に該当するかどうかは、普通地方公共団体の長が公職選挙法第十一条、第十一条の二若しくは第二百五十二条又は政治資金規正法第二十八条の規定に該当するため被選挙権を有しない場合を除くほか、当該普通地方公共団体の選挙管理委員会がこれを決定しなければならない。

② 前項の規定による決定は、文書をもつてし、その理由をつけてこれを本人に交付しなければならない。

③ 第一項の規定による決定についての審査請求は、都道府県にあつては総務大臣、市町村にあつては都道府県知事に対してするものとする。

④ 前項の審査請求に関する行政不服審査法（平成二十六年法律第六十八号）第十八条第一項本文の期間は、第一項の決定があつた日の翌日から起算して二十一日とする。

第一四四条【失職の時期】 普通地方公共団体の長は、公職選挙法第二百二条第一項若しくは第二百六条第一項の規定による異議の申出、同法第二百二条第二項若しくは第二百六条第二項の規定による審査の申立て、同法第二百三条第一項、第二百七条第一項、第二百十条若しくは第二百十一条の訴訟の提起に対する決定、裁決又は判決が確定するまでの間（同法第二百十条第一項の規定による訴訟を提起することができる場合において、当該訴訟が提起されなかつたとき、当該訴訟についての訴えを却下し若しくは訴状を却下する裁判が確定したとき、又は当該訴訟が取り下げられたときは、それぞれ同項に規定する出訴期間が経過するまで、当該裁判が確定するまで又は当該取下げが行われるまでの間）は、その職を失わない。

第一四五条【退職】 普通地方公共団体の長は、退職しようとするときは、その退職しようとする日前、都道府県知事にあつては三十日、市町村長にあつては二十日までに、当該普通地方公共団体の議会の議長に申し出なければならない。但し、議会の同意を得たときは、その期日前に退職することができる。

> [1] **退職申出の撤回**
> 長の退職の申出に対する議会の同意は、退職自体についての許可ないし承諾の意味を持つものではなく、退職の効果発生時期の以前においては、退職申出を基礎に繰上げ当選人の決定のような新たな公的秩序が形成された場合を除き、一旦退職の申出をした長が、申出を撤回して在職することは原則として許される。（最判昭39・9・18民集一八・七・一四七八、自治百選[四版]A19）

第一四六条　削除

第二款　権限

第一四七条【地方公共団体の統轄及び代表】 普通地方公共団体の長は、当該普通地方公共団体を統轄し、これを代表する。

第一四八条【事務の管理及び執行】 普通地方公共団体の長は、当該普通地方公共団体の事務を管理し及びこれを執行する。

第一四九条【担任事務】 普通地方公共団体の長は、概ね左に掲げる事務を担任する。

一　普通地方公共団体の議会の議決を経べき事件につきその議案を提出すること。
二　予算を調製し、及びこれを執行すること。
三　地方税を賦課徴収し、分担金、使用料、加入金又は手数料を徴収し、及び過料を科すること。
四　決算を普通地方公共団体の議会の認定に付すること。
五　会計を監督すること。
六　財産を取得し、管理し、及び処分すること。
七　公の施設を設置し、管理し、及び廃止すること。
八　証書及び公文書類を保管すること。
九　前各号に定めるものを除く外、当該普通地方公共団体の事務を執行すること。

> [1] **一　長の予算執行権と議会**
> 予算執行権を有する普通地方公共団体の長は、議会を指揮監督し、議会の自律的行為を是正する権限を有していないから、議会がした議員の派遣に関する決定については、これが著しく合理性を欠きそのために予算執行の適正確保の見地から看過し得ない瑕疵［かし］がある場合でない限り、議会の決定を尊重しその内容に応じた財務会計上の措置を採る義務がある。（最判平15・1・17民集五七・一・一、自治百選[四版]七〇……野球大会への違法な議員派遣につき、財務会計上の措置を採る義務があったとして、職員による支出負担行為、支出命令は違法でないとされた事例）↓一〇〇条[5]・二四二条の二[13][14]・二四三条の二の二[3]、行総◘【Ⅰ】[96]
>
> [2] **二　長による現金受領と民法一一〇条・四四条〔四四条は平成一八法五〇による改正前のもの。一般社団法人及び一般財団法人に関する法律七八条・一九七条に相当〕**
> 現金出納の権限のない村長が、村の名で他人より金員を借り入れこれを自ら受領したにとどまる場合は、それが議会の議決に基づくものであっても、村との間に金員の消費貸借契約が成立したとはいえず、長の行為については民法一一〇条の表見代理規定の類推適用を認めるのが相当である。（最判昭34・7・14民集一三・七・九六〇、行政百選Ⅰ[七版]一二二）↓民一一〇条[6]
>
> [3] 収入役［会計管理者］の置かれた町においては、町の出納その他の会計事務は収入役に専属するので、長の町のためにする金銭受領行為は外形上その職務行為であるとはいえず、当該行為により他人に加えた損害は職務を行うにつき他人に加えた損害とはいえない。（最判昭37・2・6民集一六・二・一九五）↓民◘【Ⅰ　法人制度一般】〔二編四章名の前〕[10]
>
> **三　地方税の賦課徴収**↓二二三条[1]

第一五〇条【内部統制に関する方針と体制整備】 ①　都道府県知事及び第二百五十二条の十九第一項に規定する指定都市（以下この条において「指定都市」という。）の市長は、その担任する事務のうち次に掲げるものの管理及び執行が法令に適合し、かつ、適正に行われることを確保するための方針を定め、及びこれに基づき必要な体制を整備しなければならない。
一　財務に関する事務その他総務省令で定める事務
二　前号に掲げるもののほか、その管理及び執行が法令に適合し、かつ、適正に行われることを特に確保する必要がある事務として当該都道府県知事又は指定都市の市長が認めるもの

②　市町村長（指定都市の市長を除く。第二号及び第四項において同じ。）は、その担任する事務のうち次に掲げるものの管理及び執行が法令に適合し、かつ、適正に行われることを確保するための方針を定め、及びこれに基づき必要な体制を整備するよう努めなければならない。
一　前項第一号に掲げる事務
二　前号に掲げるもののほか、その管理及び執行が法令に適合し、かつ、適正に行われることを特に確保する必要がある事務として当該市町村長が認めるもの

③　都道府県知事又は市町村長は、第一項若しくは前項の方針を定め、又はこれを変更したときは、遅滞なく、これを公表しなければならない。

④　都道府県知事、指定都市の市長及び第二項の方針を定めた市町村長（以下この条において「都道府県知事等」という。）は、毎会計年度少なくとも一回以上、総務省令で定めるところにより、第一項又は第二項の方針及びこれに基づき整備した体制について評価した報告書を作成しなければならない。

⑤　都道府県知事等は、前項の報告書を監査委員の審査に付さなければならない。

⑥　都道府県知事等は、前項の規定により監査委員の審査に付した報告書を監査委員の意見を付けて議会に提出しなければならない。

⑦　前項の規定による意見の決定は、監査委員の合議によるものとする。

⑧　都道府県知事等は、第六項の規定により議会に提出した報告書を公表しなければならない。

⑨　前各項に定めるもののほか、第一項又は第二項の方針及びこれに基づき整備する体制に関し必要な事項は、総務省令で定める。

第一五一条　削除

第一五二条【長の職務の代理】 ①　普通地方公共団体の長に事故があるとき、又は長が欠けたときは、副知事又は副市町村長がその職務を代理する。この場合において副知事又は副市町村長が二人以上あるときは、あらかじめ当該普通地方公共団体の長が定めた順序、又はその定めがないときは席次の上下により、席次の上下が明らかでないときは年齢の多少により、年齢が同じであるときはくじにより定めた順序で、その職務を代理する。

②　副知事若しくは副市町村長にも事故があるとき若しくは副知事若しくは副市町村長も欠けたとき又は副知事若しくは副市町

村長を置かない普通地方公共団体において当該普通地方公共団体の長に事故があるとき若しくは当該普通地方公共団体の長が欠けたときは、その補助機関である職員のうちから当該普通地方公共団体の長の指定する職員がその職務を代理する。

③ 前項の場合において、同項の規定により普通地方公共団体の長の職務を代理する者がないときは、その補助機関である職員のうちから当該普通地方公共団体の規則で定めた上席の職員がその職務を代理する。

第一五三条【長の事務の委任・臨時代理】① 普通地方公共団体の長は、その権限に属する事務の一部をその補助機関である職員に委任し、又はこれに臨時に代理させることができる。

② 普通地方公共団体の長は、その権限に属する事務の一部をその管理に属する行政庁に委任することができる。

第一五四条【職員の指揮監督】普通地方公共団体の長は、その補助機関である職員を指揮監督する。

第一五四条の二【所管庁の処分の取消し及び停止】普通地方公共団体の長は、その管理に属する行政庁の処分が法令、条例又は規則に違反すると認めるときは、その処分を取り消し、又は停止することができる。

第一五五条【支庁・地方事務所・支所・出張所の設置】① 普通地方公共団体の長は、その権限に属する事務を分掌させるため、条例で、必要な地に、都道府県にあつては支庁（道にあつては支庁出張所を含む。以下これに同じ。）及び地方事務所、市町村にあつては支所又は出張所を設けることができる。

② 支庁若しくは地方事務所又は支所若しくは出張所の位置、名称及び所管区域は、条例でこれを定めなければならない。

③ 第四条第二項の規定は、前項の支庁若しくは地方事務所又は支所若しくは出張所の位置及び所管区域にこれを準用する。

第一五六条【行政機関の設置、国の地方行政機関設置の条件】① 普通地方公共団体の長は、前条第一項に定めるものを除くほか、法律又は条例で定めるところにより、保健所、警察署その他の行政機関を設けるものとする。

② 前項の行政機関の位置、名称及び所管区域は、条例で定める。

③ 第四条第二項の規定は、第一項の行政機関の位置及び所管区域について準用する。

④ 国の地方行政機関（駐在機関を含む。以下この項において同じ。）は、国会の承認を経なければ、設けてはならない。国の地方行政機関の設置及び運営に要する経費は、国において負担しなければならない。

⑤ 前項前段の規定は、司法行政及び懲戒機関、地方出入国在留管理局の支局及び出張所並びに支局の出張所、警察機関、官民人材交流センターの支所、検疫機関、防衛省の機関、税関の出張所及び監視署、税関支署並びにその出張所及び監視署、税務署及びその支署、国税不服審判所の支部、地方航空局の事務所その他の航空現業官署、総合通信局の出張所、電波観測所、文教施設、国立の病院及び療養施設、気象官署、海上警備救難機関、航路標識及び水路官署、森林管理署並びに専ら国費をもつて行う工事の施行機関については、適用しない。

第一五七条【公共的団体等の監督】① 普通地方公共団体の長は、当該普通地方公共団体の区域内の公共的団体等の活動の綜合調整を図るため、これを指揮監督することができる。

② 前項の場合において必要があるときは、普通地方公共団体の長は、当該普通地方公共団体の区域内の公共的団体等をして事務の報告をさせ、書類及び帳簿を提出させ及び実地について事務を視察することができる。

③ 普通地方公共団体の長は、当該普通地方公共団体の区域内の公共的団体等の監督上必要な処分をし又は当該公共的団体等の監督官庁の措置を申請することができる。

④ 前項の監督官庁は、普通地方公共団体の長の処分を取り消すことができる。

第一五八条【内部組織の設置・編成】① 普通地方公共団体の長は、その権限に属する事務を分掌させるため、必要な内部組織を設けることができる。この場合において、当該普通地方公共団体の長の直近下位の内部組織の設置及びその分掌する事務については、条例で定めるものとする。

② 普通地方公共団体の長は、前項の内部組織の編成に当たつては、当該普通地方公共団体の事務及び事業の運営が簡素かつ効率的なものとなるよう十分配慮しなければならない。

第一五九条【事務の引継ぎ】① 普通地方公共団体の長の事務の引継ぎに関する規定は、政令でこれを定める。

② 前項の政令には、正当の理由がなくて事務の引継ぎを拒んだ者に対し、十万円以下の過料を科する規定を設けることができる。

第一六〇条【内部統制規定の一部事務組合等への準用】一部事務組合の管理者（第二百八十七条の三第二項の規定により管理者に代えて理事会を置く第二百八十五条の一部事務組合にあつては、理事会）又は広域連合の長（第二百九十一条の十三において準用する第二百八十七条の三第二項の規定により長に代えて理事会を置く広域連合にあつては、理事会）に係る第百五十条第一項又は第二項の方針及びこれに基づき整備する体制については、これらの者を市町村長（第二百五十二条の十九第一項に規定する指定都市の市長を除く。）とみなして、第百五十条第二項から第九項までの規定を準用する。

第三款　補助機関

第一六一条【副知事及び副市町村長の設置、定数】① 都道府県に副知事を、市町村に副市町村長を置く。ただし、条例で置かないことができる。

② 副知事及び副市町村長の定数は、条例で定める。

第一六二条【副知事及び副市町村長の選任】副知事及び副市町村長は、普通地方公共団体の長が議会の同意を得てこれを選任する。

第一六三条【副知事及び副市町村長の任期】副知事及び副市町村長の任期は、四年とする。ただし、普通地方公共団体の長は、任期中においてもこれを解職することができる。

第一六四条【副知事及び副市町村長の欠格事由】① 公職選挙法第十一条第一項又は第十一条の二の規定に該当する者は、副知事又は副市町村長となることができない。

② 副知事又は副市町村長は、公職選挙法第十一条第一項の規定に該当するに至つたときは、その職を失う。

第一六五条【副知事及び副市町村長の退職】① 普通地方公共団体の長の職務を代理する副知事又は副市町村長は、退職しようとするときは、その退職しようとする日前二十日までに、当該普通地方公共団体の議会の議長に申し出なければならない。ただし、議会の承認を得たときは、その期日前に退職することができる。

② 前項に規定する場合を除くほか、副知事又は副市町村長は、その退職しようとするときは、その退職しようとする日前二十日までに、当該普通地方公共団体の長に申し出なければならない。ただし、当該普通地方公共団体の長の承認を得たときは、その期日前に退職することができる。

> 1 **副市町村長（助役）退職の形式**　村長代理助役［副村長に相当］が、村長選挙に当選し、当選を承諾するために退職する場合には、本条一項、二項ともに適用がない。（最判昭25・5・9民集四・五・一七二、自治百選〔三版〕六二）

第一六六条【副知事及び副市町村長の兼職禁止等、事務の引継ぎ】① 副知事及び副市町村長は、検察官、警察官若しくは収税官吏又は普通地方公共団体における公安委員会の委員と兼ねることができない。

② 第百四十一条、第百四十二条及び第百五十九条の規定は、副知事及び副市町村長にこれを準用する。

③ 普通地方公共団体の長は、副知事又は副市町村長が前項にお

いて準用する第百四十二条の規定に該当するときは、これを解職しなければならない。

副市町村長（助役）の取締役選任決議

[7] 本条三項の規定から、法は兼業禁止規定に助役〔副市町村長〕が違反した場合、関係私企業における取締役等の選任の効力を失わせるのではなく、助役の地位を失わせることにより、職務執行の公正確保を図っていることは明らかであり、市の助役を株式会社の取締役に選任した総会決議は有効である。（最判平元・9・19判時一三五四・一四九、自治百選〔二版〕六三）

第一六七条【副知事及び副市町村長の職務】 ① 副知事及び副市町村長は、普通地方公共団体の長を補佐し、普通地方公共団体の長の命を受け政策及び企画をつかさどり、その補助機関である職員の担任する事務を監督し、別に定めるところにより、普通地方公共団体の長の職務を代理する。

② 前項に定めるもののほか、副知事及び副市町村長は、普通地方公共団体の長の権限に属する事務の一部について、第百五十三条第一項の規定により委任を受け、その事務を執行する。

③ 前項の場合においては、普通地方公共団体の長は、直ちに、その旨を告示しなければならない。

第一六八条【会計管理者】 ① 普通地方公共団体に会計管理者一人を置く。

② 会計管理者は、普通地方公共団体の長の補助機関である職員のうちから、普通地方公共団体の長が命ずる。

第一六九条【親族の就職禁止】 ① 普通地方公共団体の長、副知事若しくは副市町村長又は監査委員と親子、夫婦又は兄弟姉妹の関係にある者は、会計管理者となることができない。

② 会計管理者は、前項に規定する関係が生じたときは、その職を失う。

第一七〇条【会計管理者の職務権限】 ① 法律又はこれに基づく政令に特別の定めがあるものを除くほか、会計管理者は、当該普通地方公共団体の会計事務をつかさどる。

② 前項の会計事務を例示すると、おおむね次のとおりである。

一 現金（現金に代えて納付される証券及び基金に属する現金を含む。）の出納及び保管を行うこと。

二 小切手を振り出すこと。

三 有価証券（公有財産又は基金に属するものを含む。）の出納及び保管を行うこと。

四 物品（基金に属する動産を含む。）の出納及び保管（使用中の物品に係る保管を除く。）を行うこと。

五 現金及び財産の記録管理を行うこと。

六 支出負担行為に関する確認を行うこと。

七 決算を調製し、これを普通地方公共団体の長に提出すること。

③ 普通地方公共団体の長は、会計管理者に事故がある場合において必要があるときは、当該普通地方公共団体の長の補助機関である職員にその事務を代理させることができる。

会計管理者（収入役）の権限↓民◘【Ⅰ 法人制度一般】

〔二編四章名の前〕[7]

第一七一条【出納員その他の会計職員】 ① 会計管理者の事務を補助させるため出納員その他の会計職員を置く。ただし、町村においては、出納員を置かないことができる。

② 出納員その他の会計職員は、普通地方公共団体の長の補助機関である職員のうちから、普通地方公共団体の長がこれを命ずる。

③ 出納員は、会計管理者の命を受けて現金の出納（小切手の振出しを含む。）若しくは保管又は物品の出納若しくは保管の事務をつかさどり、その他の会計職員は、上司の命を受けて当該普通地方公共団体の会計事務をつかさどる。

④ 普通地方公共団体の長は、会計管理者をしてその事務の一部を出納員に委任させ、又は当該出納員をしてさらに当該委任を受けた事務の一部を出納員以外の会計職員に委任させることができる。この場合においては、普通地方公共団体の長は、直ちに、その旨を告示しなければならない。

⑤ 普通地方公共団体の長は、会計管理者の権限に属する事務を処理させるため、規則で、必要な組織を設けることができる。

第一七二条【職員】 ① 前十一条に定める者を除くほか、普通地方公共団体に職員を置く。

② 前項の職員は、普通地方公共団体の長がこれを任免する。

③ 第一項の職員の定数は、条例でこれを定める。ただし、臨時又は非常勤の職については、この限りでない。

④ 第一項の職員に関する任用、人事評価、給与、勤務時間その他の勤務条件、分限及び懲戒、服務、退職管理、研修、福祉及び利益の保護その他身分取扱いに関しては、この法律に定めるものを除くほか、地方公務員法の定めるところによる。

一 職員定数条例と過員

[7] 地方公共団体の長が、職員定数条例によって定められた定数以上に職員を任命した場合には、予算の範囲内であってもその任命行為は違法であるが、当然無効ではなく地方公共団体と当該職員の間には一応有効に雇用関係が成立する。（最判昭39・5・27民集一八・四・七一一）

二 普通地方公共団体職員の職務権限

[2] 県地方事務所農地課の事務職員は、日常担当しない事務であっても、農地等の災害復旧工事において事業主体のなす工事請負契約締結の方法、競争入札の実施等につき指揮監督する職務権限を有する。（最判昭37・5・29刑集一六・五・五二八）→刑一九七条[7]

[3] 技術吏員たる土木出張所長は、土木工事についての請負人の指名、入札等に関する事項はもちろん、これと密接な関係のある工事金の仮払、支払交付等に関する事項を処理する職務権限を有する。（最判昭31・9・25刑集一〇・九・一三五五）

第一七三条 削除

第一七四条【専門委員】 ① 普通地方公共団体は、常設又は臨時の専門委員を置くことができる。

② 専門委員は、専門の学識経験を有する者の中から、普通地方公共団体の長がこれを選任する。

③ 専門委員は、普通地方公共団体の長の委託を受け、その権限に属する事務に関し必要な事項を調査する。

④ 専門委員は、非常勤とする。

第一七五条【長の権限分掌機関の長】 ① 都道府県の支庁若しくは地方事務所又は市町村の支所の長は、当該普通地方公共団体の長の補助機関である職員をもつて充てる。

② 前項に規定する機関の長は、普通地方公共団体の長の定めるところにより、上司の指揮を受け、その主管の事務を掌理し部下の職員を指揮監督する。

第四款 議会との関係

第一七六条【議会の瑕疵ある議決又は選挙に対する長の処置】 ① 普通地方公共団体の議会の議決について異議があるときは、当該普通地方公共団体の長は、この法律に特別の定めがあるものを除くほか、その議決の日（条例の制定若しくは改廃又は予算に関する議決については、その送付を受けた日）から十日以内に理由を示してこれを再議に付することができる。

② 前項の規定による議会の議決が再議に付された議決と同じ議決であるときは、その議決は、確定する。

③ 前項の規定による議決のうち条例の制定若しくは改廃又は予算に関するものについては、出席議員の三分の二以上の者の同意がなければならない。

④ 普通地方公共団体の議会の議決又は選挙がその権限を超え又

は法令若しくは会議規則に違反すると認めるときは、当該普通地方公共団体の長は、理由を示してこれを再議に付し又は再選挙を行わせなければならない。

⑤　前項の規定による議会の議決又は選挙がなおその権限を超え又は法令若しくは会議規則に違反すると認めるときは、都道府県知事にあつては総務大臣、市町村長にあつては都道府県知事に対し、当該議決又は選挙があつた日から二十一日以内に、審査を申し立てることができる。

⑥　前項の規定による申立てがあつた場合において、総務大臣又は都道府県知事は、審査の結果、議会の議決又は選挙がその権限を超え又は法令若しくは会議規則に違反すると認めるときは、当該議決又は選挙を取り消す旨の裁定をすることができる。

⑦　前項の裁定に不服があるときは、普通地方公共団体の議会又は長は、裁定のあつた日から六十日以内に、裁判所に出訴することができる。

⑧　前項の訴えのうち第四項の規定による議会の議決又は選挙の取消しを求めるものは、当該議会を被告として提起しなければならない。

第一七七条【必要経費の削除・減額議決に対する長の処置】①　普通地方公共団体の議会において次に掲げる経費を削除し又は減額する議決をしたときは、その経費及びこれに伴う収入について、当該普通地方公共団体の長は、理由を示してこれを再議に付さなければならない。

一　法令により負担する経費、法律の規定に基づき当該行政庁の職権により命ずる経費その他の普通地方公共団体の義務に属する経費

二　非常の災害による応急若しくは復旧の施設のために必要な経費又は感染症予防のために必要な経費

②　前項第一号の場合において、議会の議決がなお同号に掲げる経費を削除し又は減額したときは、当該普通地方公共団体の長は、その経費及びこれに伴う収入を予算に計上してその経費を支出することができる。

③　第一項第二号の場合において、議会の議決がなお同号に掲げる経費を削除し又は減額したときは、当該普通地方公共団体の長は、その議決を不信任の議決とみなすことができる。

第一七八条【議会の不信任議決と長の処置】①　普通地方公共団体の議会において、当該普通地方公共団体の長の不信任の議決をしたときは、直ちに議長からその旨を当該普通地方公共団体の長に通知しなければならない。この場合においては、普通地方公共団体の長は、その通知を受けた日から十日以内に議会を解散することができる。

②　議会において当該普通地方公共団体の長の不信任の議決をした場合において、前項の期間内に議会を解散しないとき、又はその解散後初めて招集された議会において再び不信任の議決があり、議長から当該普通地方公共団体の長に対しその旨の通知があつたときは、普通地方公共団体の長は、同項の期間が経過した日又は議長から通知があつた日においてその職を失う。

③　前二項の規定による不信任の議決については、議員数の三分の二以上の者が出席し、第一項の場合においてはその四分の三以上の者の、前項の場合においてはその過半数の者の同意がなければならない。

一　不信任議決該当性

1　議決が本条一項所定の不信任議決に当たるか否かについては、厳格かつ客観的に判断すべきとして、地方自治法一〇〇条調査の尋問について同条九項により区長を告発する議案の議決は、不信任議決に該当せず、同議決を受けてなされた区長による議会解散処分が違法とされた事例（東京地判令3・6・29【令2ワ二五二三八】）

二　不信任議決に対する訴訟

[2]　違法な村長不信任議決に対して、抗告訴訟を提起し、また執行停止を求めることは、可能であるが、新村長の当選が確定した後には、前村長は当該不信任議決の無効確認を求める法律上の利益を失う。〔行政事件訴訟特例法下の事案〕（最判昭31・10・23民集一〇・一〇・一三一二）

第一七九条【長の専決処分】①　普通地方公共団体の議会が成立しないとき、第百十三条ただし書の場合においてなお会議を開くことができないとき、普通地方公共団体の長において議会の議決すべき事件について特に緊急を要するため議会を招集する時間的余裕がないことが明らかであると認めるとき、又は議会において議決すべき事件を議決しないときは、当該普通地方公共団体の長は、その議決すべき事件を処分することができる。ただし、第百六十二条の規定による副知事又は副市町村長の選任の同意及び第二百五十二条の二十の二第四項の規定による第二百五十二条の十九第一項に規定する指定都市の総合区長の選任の同意については、この限りでない。

②　議会の決定すべき事件に関しては、前項の例による。

③　前二項の規定による処置については、普通地方公共団体の長は、次の会議においてこれを議会に報告し、その承認を求めなければならない。

④　前項の場合において、条例の制定若しくは改廃又は予算に関する処置について承認を求める議案が否決されたときは、普通地方公共団体の長は、速やかに、当該処置に関して必要と認める措置を講ずるとともに、その旨を議会に報告しなければならない。

[1]　**専決処分の要件**

長の専決処分は、議会の意思決定を得ようとしても得られない場合に例外的に認められる手段であるので、本条一項の「議会において議決すべき事件を議決しないとき」は、外的又は内的な何らかの事情により長にとって議会の議決を得ることが社会通念上不可能ないしこれに準ずる程度に困難と認められる場合に限定される。（東京高判平25・8・29判時二二〇六・七六……議会最終日に提出された補正予算案が議決に至らなかったことを理由になされた専決処分が違法とされた事例）

2　市とPFI事業者との間で締結された契約の変更に係る議案が議会で否決された後で同日になされた市長の当該契約に係る専決処分が、本条一項の要件を満たさず、変更契約が無効とされた事例（大阪高判令2・8・7判自四七四・二〇）

第一八〇条【議会の委任による専決処分】①　普通地方公共団体の議会の権限に属する軽易な事項で、その議決により特に指定したものは、普通地方公共団体の長において、これを専決処分にすることができる。

②　前項の規定により専決処分をしたときは、普通地方公共団体の長は、これを議会に報告しなければならない。

訴訟上の和解と専決処分→九六条⑩

第五款　他の執行機関との関係

第一八〇条の二【長の権限事務の委任及び補助執行】　普通地方公共団体の長は、その権限に属する事務の一部を、当該普通地方公共団体の委員会又は委員と協議して、普通地方公共団体の委員会、委員会の委員長（教育委員会にあつては、教育長）、委員若しくはこれらの執行機関の事務を補助する職員若しくはこれらの執行機関の管理に属する機関の職員に委任し、又はこれらの執行機関の事務を補助する職員若しくはこれらの執行機関の管理に属する機関の職員をして補助執行させることができる。ただし、政令で定める普通地方公共団体の委員会又は委員については、この限りでない。

第一八〇条の三【職員の融通】　普通地方公共団体の長は、当該普通地方公共団体の委員会又は委員と協議して、その補助機関である職員を、当該執行機関の事務を補助する職員若しくはこれ

らの執行機関の管理に属する機関の職員と兼ねさせ、若しくは当該執行機関の事務を補助する職員若しくはこれらの執行機関の管理に属する機関の職員に充て、又は当該執行機関の事務に従事させることができる。

第一八〇条の四【長の勧告権、協議】① 普通地方公共団体の長は、各執行機関を通じて組織及び運営の合理化を図り、その相互の間に権衡を保持するため、必要があると認めるときは、当該普通地方公共団体の委員会若しくは委員の事務局又は委員会若しくは委員の管理に属する事務を掌る機関（以下本条中「事務局等」という。）の組織、事務局等に属する職員の定数又はこれらの職員の身分取扱について、委員会又は委員に必要な措置を講ずべきことを勧告することができる。

② 普通地方公共団体の委員会又は委員は、事務局等の組織、事務局等に属する職員の定数又はこれらの職員の身分取扱で当該委員会又は委員の権限に属する事項の中政令で定めるものについて、当該委員会又は委員の規則その他の規程を定め、又は変更しようとする場合においては、予め当該普通地方公共団体の長に協議しなければならない。

第三節　委員会及び委員

第一款　通則

第一八〇条の五【委員会及び委員の設置】① 執行機関として法律の定めるところにより普通地方公共団体に置かなければならない委員会及び委員は、左の通りである。

一　教育委員会
二　選挙管理委員会
三　人事委員会又は人事委員会を置かない普通地方公共団体にあつては公平委員会
四　監査委員

② 前項に掲げるもののほか、執行機関として法律の定めるところにより都道府県に置かなければならない委員会は、次のとおりである。

一　公安委員会
二　労働委員会
三　収用委員会
四　海区漁業調整委員会
五　内水面漁場管理委員会

③ 第一項に掲げるものの外、執行機関として法律の定めるところにより市町村に置かなければならない委員会は、左の通りである。

一　農業委員会
二　固定資産評価審査委員会

④ 前三項の委員会若しくは委員の事務局又は委員会の管理に属する事務を掌る機関で法律により設けられなければならないものとされているものの組織を定めるに当たつては、当該普通地方公共団体の長が第百五十八条第一項の規定により設けるその内部組織との間に権衡を失しないようにしなければならない。

⑤ 普通地方公共団体の委員会の委員又は委員は、法律に特別の定があるものを除く外、非常勤とする。

⑥ 普通地方公共団体の委員会の委員（教育委員会にあつては、教育長及び委員）又は委員は、当該普通地方公共団体に対しその職務に関し請負をする者及びその支配人又は主として同一の行為をする法人（当該普通地方公共団体が出資している法人で政令で定めるものを除く。）の無限責任社員、取締役、執行役若しくは監査役若しくはこれらに準ずべき者、支配人及び清算人たることができない。

⑦ 法律に特別の定めがあるものを除くほか、普通地方公共団体の委員会の委員（教育委員会にあつては、教育長及び委員）又は委員が前項の規定に該当するときは、その職を失う。その同項の規定に該当するかどうかは、その選任権者がこれを決定しなければならない。

⑧ 第百四十三条第二項から第四項までの規定は、前項の場合にこれを準用する。

第一八〇条の六【委員会・委員の権限に属しない事項】 普通地方公共団体の委員会又は委員は、左に掲げる権限を有しない。但し、法律に特別の定があるものは、この限りでない。

一　普通地方公共団体の予算を調製し、及びこれを執行すること。
二　普通地方公共団体の議会の議決を経べき事件につきその議案を提出すること。
三　地方税を賦課徴収し、分担金若しくは加入金を徴収し、又は過料を科すること。
四　普通地方公共団体の決算を議会の認定に付すること。

第一八〇条の七【権限事務の委任・補助執行・調査の委託】 普通地方公共団体の委員会又は委員は、その権限に属する事務の一部を、当該普通地方公共団体の長と協議して、普通地方公共団体の長の補助機関である職員若しくはその管理に属する支庁若しくは地方事務所、支所若しくは出張所、第二百二条の四第二項に規定する地域自治区の事務所、第二百五十二条の十九第一項に規定する指定都市の区若しくは総合区の事務所若しくはその出張所、保健所その他の行政機関の長に委任し、若しくは普通地方公共団体の長の補助機関である職員若しくはその管理に属する行政機関に属する職員をして補助執行させ、又は専門委員に委託して必要な事項を調査させることができる。ただし、政令で定める事務については、この限りではない。

第二款　教育委員会

第一八〇条の八【教育委員会の事務】 教育委員会は、別に法律の定めるところにより、学校その他の教育機関を管理し、学校の組織編制、教育課程、教科書その他の教材の取扱及び教育職員の身分取扱に関する事務を行い、並びに社会教育その他教育、学術及び文化に関する事務を管理し及びこれを執行する。

第三款　公安委員会

第一八〇条の九【公安委員会・都道府県警察】① 公安委員会は、別に法律の定めるところにより、都道府県警察を管理する。

② 都道府県警察に、別に法律の定めるところにより、地方警務官、地方警務官以外の警察官その他の職員を置く。

第四款　選挙管理委員会

第一八一条【選挙管理委員会の設置及び組織】① 普通地方公共団体に選挙管理委員会を置く。

② 選挙管理委員会は、四人の選挙管理委員を以てこれを組織する。

第一八二条【選挙管理委員及び補充員の選挙】① 選挙管理委員は、選挙権を有する者で、人格が高潔で、政治及び選挙に関し公正な識見を有するもののうちから、普通地方公共団体の議会においてこれを選挙する。

② 議会は、前項の規定による選挙を行う場合においては、同時に、同項に規定する者のうちから委員と同数の補充員を選挙しなければならない。補充員がすべてなくなつたときも、また、同様とする。

③ 委員中に欠員があるときは、選挙管理委員会の委員長は、補充員の中からこれを補欠する。その順序は、選挙の時が異なるときは選挙の前後により、選挙の時が同時であるときは得票数により、得票数が同じであるときはくじにより、これを定める。

④ 法律の定めるところにより行なわれる選挙、投票又は国民審査に関する罪を犯し刑に処せられた者は、委員又は補充員となることができない。

⑤ 委員又は補充員は、それぞれその中の二人が同時に同一の政党その他の政治団体に属する者となることとなつてはならない。

⑥ 第一項又は第二項の規定による選挙において、同一の政党その他の政治団体に属する者が前項の制限を超えて選挙された場

合及び第三項の規定により委員の補欠を行えば同一の政党その他の政治団体に属する委員の数が前項の制限を超える場合等に関し必要な事項は、政令でこれを定める。

⑦ 委員は、地方公共団体の議会の議員及び長と兼ねることができない。

⑧ 委員又は補充員の選挙を行うべき事由が生じたときは、選挙管理委員会の委員長は、直ちにその旨を当該普通地方公共団体の議会及び長に通知しなければならない。

> [1] **選挙管理委員の選出**
> 選挙管理委員及び同補充員の選任について、指名推選の方法を用いることは違法でない。（最判昭35・2・9民集一四・一・一二二）→一一八条二項・三項

第一八三条【任期】① 選挙管理委員の任期は、四年とする。但し、後任者が就任する時まで在任する。

② 補欠委員の任期は、前任者の残任期間とする。

③ 補充員の任期は、委員の任期による。

④ 委員及び補充員は、その選挙に関し第百十八条第五項の規定による裁決又は判決が確定するまでは、その職を失わない。

第一八四条【失職】① 選挙管理委員は、選挙権を有しなくなつたとき、第百八十条の五第六項の規定に該当するとき又は第百八十二条第四項に規定する者に該当するときは、その職を失う。その選挙権の有無又は第百八十条の五第六項の規定に該当するかどうかは、選挙管理委員が公職選挙法第十一条若しくは同法第二百五十二条又は政治資金規正法第二十八条の規定に該当するため選挙権を有しない場合を除くほか、選挙管理委員会がこれを決定する。

② 第百四十三条第二項から第四項までの規定は、前項の場合にこれを準用する。

第一八四条の二【罷免】① 普通地方公共団体の議会は、選挙管理委員が心身の故障のため職務の遂行に堪えないと認めるとき、又は選挙管理委員に職務上の義務違反その他選挙管理委員たるに適しない非行があると認めるときは、議決によりこれを罷免することができる。この場合においては、議会の常任委員会又は特別委員会において公聴会を開かなければならない。

② 委員は、前項の規定による場合を除くほか、その意に反して罷免されることがない。

第一八五条【退職】① 選挙管理委員会の委員長が退職しようとするときは、当該選挙管理委員会の承認を得なければならない。

② 委員が退職しようとするときは、委員長の承認を得なければならない。

第一八五条の二【秘密を守る義務】選挙管理委員は、職務上知り得た秘密を漏らしてはならない。その職を退いた後も、同様とする。

第一八六条【事務】選挙管理委員会は、法律又はこれに基づく政令の定めるところにより、当該普通地方公共団体が処理する選挙に関する事務及びこれに関係のある事務を管理する。

第一八七条【委員長】① 選挙管理委員会は、委員の中から委員長を選挙しなければならない。

② 委員長は、委員会に関する事務を処理し、委員会を代表する。

③ 委員長に事故があるとき、又は委員長が欠けたときは、委員長の指定する委員がその職務を代理する。

> [1] **委員による委員長職務の代行**
> 選挙管理委員会委員長の委任があれば、委員会委員は、委員会を訴訟当事者とする訴訟で委員会を代理することができる。（最判昭29・6・15民集八・六・一一〇五）

第一八八条【招集】選挙管理委員会は、委員長がこれを招集する。委員から委員会の招集の請求があるときは、委員長は、これを招集しなければならない。

第一八九条【会議】① 選挙管理委員会は、三人以上の委員が出席しなければ、会議を開くことができない。

② 委員長及び委員は、自己若しくは父母、祖父母、配偶者、子、孫若しくは兄弟姉妹の一身上に関する事件又は自己若しくはこれらの者の従事する業務に直接の利害関係のある事件については、その議事に参与することができない。但し、委員会の同意を得たときは、会議に出席し、発言することができる。

③ 前項の規定により委員の数が減少して第一項の数に達しないときは、委員長は、補充員でその事件に関係のないものを以て第百八十二条第三項の順序により、臨時にこれに充てなければならない。委員の事故に因り委員の数が第一項の数に達しないときも、また、同様とする。

> [1] **一身上の事件についての議事参与排除**
> 本条二項にいう一身上の事件とは、個人的に直接かつ具体的な利害関係を有する場合を指し、町の選挙管理委員長が、父が立候補しようとしている町長選挙について、一般的に投票管理者等の選任、あるいはその選任を委員長に一任する決議に参与する場合はこれに該当しない。（最判昭35・9・1民集一四・一一・二〇五五）

第一九〇条【表決】選挙管理委員会の議事は、出席委員の過半数を以てこれを決する。可否同数のときは、委員長の決するところによる。

第一九一条【書記長・書記その他の職員】① 都道府県及び市の選挙管理委員会に書記長、書記その他の職員を置き、町村の選挙管理委員会に書記その他の職員を置く。

② 書記長、書記その他の常勤の職員の定数は、条例でこれを定める。但し、臨時の職については、この限りでない。

③ 書記長は委員長の命を受け、書記その他の職員又は第百八十条の三の規定による職員は上司の指揮を受け、それぞれ委員会に関する事務に従事する。

第一九二条【訴訟の取扱い】選挙管理委員会の処分又は裁決に係る普通地方公共団体を被告とする訴訟については、選挙管理委員会が当該普通地方公共団体を代表する。

第一九三条【準用規定】第百四十一条第一項及び第百六十六条第一項の規定は選挙管理委員について、第百五十三条第一項、第百五十四条及び第百五十九条の規定は選挙管理委員会の委員長について、第百七十二条第二項及び第四項の規定は選挙管理委員会の書記長、書記その他の職員について、それぞれ準用する。

第一九四条【委員会の自律】この法律及びこれに基く政令に規定するものを除く外、選挙管理委員会に関し必要な事項は、委員会がこれを定める。

第五款　監査委員

第一九五条【監査委員の設置及び定数】① 普通地方公共団体に監査委員を置く。

② 監査委員の定数は、都道府県及び政令で定める市にあつては四人とし、その他の市及び町村にあつては二人とする。ただし、条例でその定数を増加することができる。

第一九六条【選任、兼職の禁止】① 監査委員は、普通地方公共団体の長が、議会の同意を得て、人格が高潔で、普通地方公共団体の財務管理、事業の経営管理その他行政運営に関し優れた識見を有する者（議員である者を除く。以下この款において「識見を有する者」という。）及び議員のうちから、これを選任する。ただし、条例で議員のうちから監査委員を選任しないことができる。

② 識見を有する者のうちから選任される監査委員の数が二人以上である普通地方公共団体にあつては、少なくともその数から一を減じた人数以上は、当該普通地方公共団体の職員で政令で定めるものでなかつた者でなければならない。

③ 監査委員は、地方公共団体の常勤の職員及び短時間勤務職員

と兼ねることができない。

④　識見を有する者のうちから選任される監査委員は、常勤とすることができる。

⑤　都道府県及び政令で定める市にあつては、識見を有する者のうちから選任される監査委員のうち少なくとも一人以上は、常勤としなければならない。

⑥　議員のうちから選任される監査委員の数は、都道府県及び前条第二項の政令で定める市にあつては二人又は一人、その他の市及び町村にあつては一人とする。

第一九七条【任期】　監査委員の任期は、識見を有する者のうちから選任される者にあつては四年とし、議員のうちから選任される者にあつては議員の任期による。ただし、後任者が選任されるまでの間は、その職務を行うことを妨げない。

第一九七条の二【罷免】①　普通地方公共団体の長は、監査委員が心身の故障のため職務の遂行に堪えないと認めるとき、又は監査委員に職務上の義務違反その他監査委員たるに適しない非行があると認めるときは、議会の同意を得て、これを罷免することができる。この場合においては、議会の常任委員会又は特別委員会において公聴会を開かなければならない。

②　監査委員は、前項の規定による場合を除くほか、その意に反して罷免されることがない。

第一九八条【退職】　監査委員は、退職しようとするときは、普通地方公共団体の長の承認を得なければならない。

第一九八条の二【親族の就職禁止】①　普通地方公共団体の長又は副知事若しくは副市町村長と親子、夫婦又は兄弟姉妹の関係にある者は、監査委員となることができない。

②　監査委員は、前項に規定する関係が生じたときは、その職を失う。

第一九八条の三【職務上の義務】①　監査委員は、その職務を遂行するに当たつては、法令に特別の定めがある場合を除くほか、監査基準（法令の規定により監査委員が行うこととされている監査、検査、審査その他の行為（以下この項において「監査等」という。）の適切かつ有効な実施を図るための基準をいう。次条において同じ。）に従い、常に公正不偏の態度を保持して、監査等をしなければならない。

②　監査委員は、職務上知り得た秘密を漏らしてはならない。その職を退いた後も、同様とする。

第一九八条の四【監査基準】①　監査基準は、監査委員が定めるものとする。

②　前項の規定による監査基準の策定は、監査委員の合議によるものとする。

③　監査委員は、監査基準を定めたときは、直ちに、これを普通地方公共団体の議会、長、教育委員会、選挙管理委員会、人事委員会又は公平委員会、公安委員会、労働委員会、農業委員会その他法律に基づく委員会及び委員に通知するとともに、これを公表しなければならない。

④　前二項の規定は、監査基準の変更について準用する。

⑤　総務大臣は、普通地方公共団体に対し、監査基準の策定又は変更について、指針を示すとともに、必要な助言を行うものとする。

第一九九条【職務】①　監査委員は、普通地方公共団体の財務に関する事務の執行及び普通地方公共団体の経営に係る事業の管理を監査する。

②　監査委員は、前項に定めるもののほか、必要があると認めるときは、普通地方公共団体の事務（自治事務にあつては労働委員会及び収用委員会の権限に属する事務で政令で定めるものを除き、法定受託事務にあつては国の安全を害するおそれがあることその他の事由により監査委員の監査の対象とすることが適当でないものとして政令で定めるものを除く。）の執行について監査をすることができる。この場合において、当該監査の実施に関し必要な事項は、政令で定める。

③　監査委員は、第一項又は前項の規定による監査をするに当たつては、当該普通地方公共団体の財務に関する事務の執行及び当該普通地方公共団体の経営に係る事業の管理又は同項に規定する事務の執行が第二条第十四項及び第十五項の規定の趣旨にのつとつてなされているかどうかについて、特に、意を用いなければならない。

④　監査委員は、毎会計年度少なくとも一回以上期日を定めて第一項の規定による監査をしなければならない。

⑤　監査委員は、前項に定める場合のほか、必要があると認めるときは、いつでも第一項の規定による監査をすることができる。

⑥　監査委員は、当該普通地方公共団体の長から当該普通地方公共団体の事務の執行に関し監査の要求があつたときは、その要求に係る事項について監査をしなければならない。

⑦　監査委員は、必要があると認めるとき、又は普通地方公共団体の長の要求があるときは、当該普通地方公共団体が補助金、交付金、負担金、貸付金、損失補償、利子補給その他の財政的援助を与えているものの出納その他の事務の執行で当該財政的援助に係るものを監査することができる。当該普通地方公共団体が出資しているもので政令で定めるもの、当該普通地方公共団体が借入金の元金又は利子の支払を保証しているもの、当該普通地方公共団体が受益権を有する信託で政令で定めるものの受託者及び当該普通地方公共団体が第二百四十四条の二第三項の規定に基づき公の施設の管理を行わせているものについても、同様とする。

⑧　監査委員は、監査のため必要があると認めるときは、関係人の出頭を求め、若しくは関係人について調査し、若しくは関係人に対し帳簿、書類その他の記録の提出を求め、又は学識経験を有する者等から意見を聴くことができる。

⑨　監査委員は、第九十八条第二項の請求若しくは第六項の要求に係る事項についての監査又は第一項、第二項若しくは第七項の規定による監査について、監査の結果に関する報告を決定し、これを普通地方公共団体の議会及び長並びに関係のある教育委員会、選挙管理委員会、人事委員会若しくは公平委員会、公安委員会、労働委員会、農業委員会その他法律に基づく委員会又は委員に提出するとともに、これを公表しなければならない。

⑩　監査委員は、監査の結果に基づいて必要があると認めるときは、当該普通地方公共団体の組織及び運営の合理化に資するため、第七十五条第三項又は前項の規定による監査の結果に関する報告に添えてその意見を提出することができる。この場合において、監査委員は、当該意見の内容を公表しなければならない。

⑪　監査委員は、第七十五条第三項の規定又は第九項の規定による監査の結果に関する報告のうち、普通地方公共団体の議会、長、教育委員会、選挙管理委員会、人事委員会若しくは公平委員会、公安委員会、労働委員会、農業委員会その他法律に基づく委員会又は委員において特に措置を講ずる必要があると認める事項については、その者に対し、理由を付して、必要な措置を講ずべきことを勧告することができる。この場合において、監査委員は、当該勧告の内容を公表しなければならない。

⑫　第九項の規定による監査の結果に関する報告の決定、第十項の規定による意見の決定又は前項の規定による勧告の決定は、監査委員の合議によるものとする。

⑬　監査委員は、第九項の規定による監査の結果に関する報告の決定について、各監査委員の意見が一致しないことにより、前項の合議により決定することができない事項がある場合には、その旨及び当該事項についての各監査委員の意見を普通地方公共団体の議会及び長並びに関係のある教育委員会、選挙管理委員会、人事委員会若しくは公平委員会、公安委員会、労働委員会、農業委員会その他法律に基づく委員会又は委員に提出するとともに、これらを公表しなければならない。

⑭　監査委員は、第七十五条第三項の規定又は第九項の規定による監査の結果に関する報告の提出があつた場合において、当該監査の結果に関する報告の提出を受けた普通地方公共団体の議

会、長、教育委員会、選挙管理委員会、人事委員会若しくは公平委員会、公安委員会、労働委員会、農業委員会その他法律に基づく委員会又は委員は、当該監査の結果に基づき、又は当該監査の結果を参考として措置（次項に規定する措置を除く。以下この項において同じ。）を講じたときは、当該措置の内容を監査委員に通知しなければならない。この場合において、監査委員は、当該措置の内容を公表しなければならない。

⑮　監査委員から第十一項の規定による勧告を受けた普通地方公共団体の議会、長、教育委員会、選挙管理委員会、人事委員会若しくは公平委員会、公安委員会、労働委員会、農業委員会その他法律に基づく委員会又は委員は、当該勧告に基づき必要な措置を講ずるとともに、当該措置の内容を監査委員に通知しなければならない。この場合において、監査委員は、当該措置の内容を公表しなければならない。

第一九九条の二【利害関係事件の監査禁止】　監査委員は、自己若しくは父母、祖父母、配偶者、子、孫若しくは兄弟姉妹の一身上に関する事件又は自己若しくはこれらの者の従事する業務に直接の利害関係のある事件については、監査することができない。

第一九九条の三【代表監査委員】①　監査委員は、識見を有する者のうちから選任される監査委員の一人（監査委員の定数が二人の場合において、そのうち一人が議員のうちから選任される監査委員であるときは、識見を有する者のうちから選任される監査委員）を代表監査委員としなければならない。

②　代表監査委員は、監査委員に関する庶務及び次項又は第二百四十二条の三第五項に規定する訴訟に関する事務を処理する。

③　代表監査委員又は監査委員の処分又は裁決に係る普通地方公共団体を被告とする訴訟については、代表監査委員が当該普通地方公共団体を代表する。

④　代表監査委員に事故があるとき、又は代表監査委員が欠けたときは、監査委員の定数が三人以上の場合には代表監査委員の指定する監査委員が、二人の場合には他の監査委員がその職務を代理する。

第二〇〇条【事務局】①　都道府県の監査委員に事務局を置く。

②　市町村の監査委員に条例の定めるところにより、事務局を置くことができる。

③　事務局に事務局長、書記その他の職員を置く。

④　事務局を置かない市町村の監査委員の事務を補助させるため書記その他の職員を置く。

⑤　事務局長、書記その他の職員は、代表監査委員がこれを任免する。

⑥　事務局長、書記その他の常勤の職員の定数は、条例でこれを定める。ただし、臨時の職については、この限りでない。

⑦　事務局長は監査委員の命を受け、書記その他の職員又は第百八十条の三の規定による職員は上司の指揮を受け、それぞれ監査委員に関する事務に従事する。

第二〇〇条の二【監査専門委員】①　監査委員に常設又は臨時の監査専門委員を置くことができる。

②　監査専門委員は、専門の学識経験を有する者の中から、代表監査委員が、代表監査委員以外の監査委員の意見を聴いて、これを選任する。

③　監査専門委員は、監査委員の委託を受け、その権限に属する事務に関し必要な事項を調査する。

④　監査専門委員は、非常勤とする。

第二〇一条【準用規定】　第百四十一条第一項、第百五十四条、第百五十九条、第百六十四条及び第百六十六条第一項の規定は監査委員に、第百五十三条第一項の規定は代表監査委員に、第百七十二条第四項の規定は監査委員の事務局長、書記その他の職員にこれを準用する。

第二〇二条【条例への委任】　法令に特別の定めがあるものを除くほか、監査委員に関し必要な事項は、条例でこれを定める。

第六款　人事委員会、公平委員会、労働委員会、農業委員会その他の委員会

第二〇二条の二【各委員会の事務】①　人事委員会は、別に法律の定めるところにより、人事行政に関する調査、研究、企画、立案、勧告等を行い、職員の競争試験及び選考を実施し、並びに職員の勤務条件に関する措置の要求及び職員に対する不利益処分を審査し、並びにこれについて必要な措置を講ずる。

②　公平委員会は、別に法律の定めるところにより、職員の勤務条件に関する措置の要求及び職員に対する不利益処分を審査し、並びにこれについて必要な措置を講ずる。

③　労働委員会は、別に法律の定めるところにより、労働組合の資格の立証を受け及び証明を行い、並びに不当労働行為に関し調査し、審問し、命令を発し及び和解を勧め、労働争議のあつせん、調停及び仲裁を行い、その他労働関係に関する事務を執行する。

④　農業委員会は、別に法律の定めるところにより、農地等の利用関係の調整、農地の交換分合その他農地に関する事務を執行する。

⑤　収用委員会は別に法律の定めるところにより土地の収用に関する裁決その他の事務を行い、海区漁業調整委員会又は内水面漁場管理委員会は別に法律の定めるところにより漁業調整のため必要な指示その他の事務を行い、固定資産評価審査委員会は別に法律の定めるところにより固定資産課税台帳に登録された価格に関する不服の審査決定その他の事務を行う。

第七款　附属機関

第二〇二条の三【附属機関の事務等】①　普通地方公共団体の執行機関の附属機関は、法律若しくはこれに基く政令又は条例の定めるところにより、その担任する事項について調停、審査、審議又は調査等を行う機関とする。

②　附属機関を組織する委員その他の構成員は、非常勤とする。

③　附属機関の庶務は、法律又はこれに基く政令に特別の定があるものを除く外、その属する執行機関において掌るものとする。

第四節　地域自治区

（地域自治区の設置）

第二〇二条の四①　市町村は、市町村長の権限に属する事務を分掌させ、及び地域の住民の意見を反映させつつこれを処理させるため、条例で、その区域を分けて定める区域ごとに地域自治区を設けることができる。

②　地域自治区に事務所を置くものとし、事務所の位置、名称及び所管区域は、条例で定める。

③　地域自治区の事務所の長は、当該普通地方公共団体の長の補助機関である職員をもつて充てる。

④　第四条第二項の規定は第二項の地域自治区の事務所の位置及び所管区域について、第百七十五条第二項の規定は前項の事務所の長について準用する。

（地域協議会の設置及び構成員）

第二〇二条の五①　地域自治区に、地域協議会を置く。

②　地域協議会の構成員は、地域自治区の区域内に住所を有する者のうちから、市町村長が選任する。

③　市町村長は、前項の規定による地域協議会の構成員の選任に当たつては、地域協議会の構成員の構成が、地域自治区の区域内に住所を有する者の多様な意見が適切に反映されるものとなるよう配慮しなければならない。

④　地域協議会の構成員の任期は、四年以内において条例で定める期間とする。

⑤　第二百三条の二第一項の規定にかかわらず、地域協議会の構成員には報酬を支給しないこととすることができる。

（地域協議会の会長及び副会長）

第二〇二条の六①　地域協議会に、会長及び副会長を置く。

②　地域協議会の会長及び副会長の選任及び解任の方法は、条例で定める。

③　地域協議会の会長及び副会長の任期は、地域協議会の構成員の任期による。

④　地域協議会の会長は、地域協議会の事務を掌理し、地域協議会を代表する。

⑤　地域協議会の副会長は、地域協議会の会長に事故があるとき又は地域協議会の会長が欠けたときは、その職務を代理する。

（地域協議会の権限）

第二〇二条の七①　地域協議会は、次に掲げる事項のうち、市町村長その他の市町村の機関により諮問されたもの又は必要と認めるものについて、審議し、市町村長その他の市町村の機関に意見を述べることができる。

一　地域自治区の事務所が所掌する事務に関する事項

二　前号に掲げるもののほか、市町村が処理する地域自治区の区域に係る事務に関する事項

三　市町村の事務処理に当たつての地域自治区の区域内に住所を有する者との連携の強化に関する事項

②　市町村長は、条例で定める市町村の施策に関する重要事項であつて地域自治区の区域に係るものを決定し、又は変更しようとする場合においては、あらかじめ、地域協議会の意見を聴かなければならない。

③　市町村長その他の市町村の機関は、前二項の意見を勘案し、必要があると認めるときは、適切な措置を講じなければならない。

（地域協議会の組織及び運営）

第二〇二条の八　この法律に定めるもののほか、地域協議会の構成員の定数その他の地域協議会の組織及び運営に関し必要な事項は、条例で定める。

（政令への委任）

第二〇二条の九　この法律に規定するものを除くほか、地域自治区に関し必要な事項は、政令で定める。

第八章　給与その他の給付

第二〇三条【議員報酬、費用弁償、期末手当】①　普通地方公共団体は、その議会の議員に対し、議員報酬を支給しなければならない。

②　普通地方公共団体の議会の議員は、職務を行うため要する費用の弁償を受けることができる。

③　普通地方公共団体は、条例で、その議会の議員に対し、期末手当を支給することができる。

④　議員報酬、費用弁償及び期末手当の額並びにその支給方法は、条例でこれを定めなければならない。

一　議員報酬請求権の譲渡性

[1]　地方自治法、地方公務員法には地方議会議員の報酬請求権について譲渡・差押えを禁止する規定はなく、また民訴法〔旧〕六一八条一項五号の趣旨を類推して議員の生活を保護すべき必要性もないので、地方議会議員の報酬請求権は、条例に譲渡禁止規定がない限り、譲渡することができる。〔旧法事件〕（最判昭53・2・23民集三二・一・一一、自治百選[四版]A21）→行総◘【Ⅰ】[30]

二　議員の費用弁償条例における支給事由と額の決定

[2]　本条五項〔現四項〕の規定する費用弁償条例においては、あらかじめその支給事由を定め、それに該当するときには、実際に費消した額の多寡にかかわらず、標準的な実費たる一定の額を支給する取扱いをすることも許される。そして、支給事由と額の決定については議会の裁量判断に委ねられている。（最判平2・12・21民集四四・九・一七〇六、自治百選[二版]七〇）

[3]　[2]の準則の下で、議員には法の定める重要な活動の場への出席に伴い、常勤の公務員にはない費用の支出を要する場合がある等として、議員の定例会等の会議出席に日額一万円を支給する条例規定が、裁量権を逸脱・濫用したものではないとされた事例（最判平22・3・30判時二〇八三・六八、自治百選[四版]八二）

三　議員の当選無効と議員報酬の返還義務

[4]　地方議会議員が、公職選挙法違反による有罪の確定により、同法二五一条により当選が無効となった場合、遡及的に当選の効力が失われ、初めから議員としての地位を取得しなかったものとなると解されるので、既に支払を受けた議員報酬等は、法律上の根拠のないものとして不当利得となる。（東京高判平13・11・28判時一七八〇・八六、重判平14憲一〇）

第二〇三条の二【非常勤の委員等の報酬等】①　普通地方公共団体は、その委員会の非常勤の委員、非常勤の監査委員、自治紛争処理委員、審査会、審議会及び調査会等の委員その他の構成員、専門委員、監査専門委員、投票管理者、開票管理者、選挙長、投票立会人、開票立会人及び選挙立会人その他普通地方公共団体の非常勤の職員（短時間勤務職員及び地方公務員法第二十二条の二第一項第二号に掲げる職員を除く。）に対し、報酬を支給しなければならない。

②　前項の者に対する報酬は、その勤務日数に応じてこれを支給する。ただし、条例で特別の定めをした場合は、この限りでない。

③　第一項の者は、職務を行うため要する費用の弁償を受けることができる。

④　普通地方公共団体は、条例で、第一項の者のうち地方公務員法第二十二条の二第一項第一号に掲げる職員に対し、期末手当を支給することができる。

⑤　報酬、費用弁償及び期末手当の額並びにその支給方法は、条例でこれを定めなければならない。

非常勤職員に対する手当の支給

[1]　公立中学校図書館の司書業務に、勤務日数・時間が常勤職員と同一で従事していた非常勤職員について、使用者側は、同職員が任用された職を地方公務員法三条三項三号所定の特別職として設置する意思を有し、同職員につき、それを前提に人事上の取扱いをしていたものとして、在任中の地位は同号所定の特別職の職員に当たり、なおかつ、当該市の職員の退職手当に関する条例が、改正の経緯等を勘案すると、同号所定の特別職の職員には適用されないと解されるとして、退職手当請求が退けられた事例（最判平27・11・17判自四〇三・三三）→二〇四条[4]

[2]　委員会の委員を含む非常勤職員について、月額報酬制など日額以外の報酬制度を採る条例が本条二項に違反するか否かは、報酬の内容決定に関する議会の政策的、技術的な裁量権に鑑み、職員の職務の性質、内容、職責、勤務の態様、負担等を総合考慮して、条例の内容が同項の趣旨に照らした合理性の観点から裁量権の範囲を逸脱、濫用したものか否かで判断すべきである。（最判平23・12・15民集六五・九・三三九三、自治百選[四版]八一……選挙管理委員会委員、土地収用委員会委員、労働委員会委員の月額報酬規定が適法とされた事例）

第二〇四条【常勤の職員等の給料・旅費、諸手当】①　普通地方公共団体は、普通地方公共団体の長及びその補助機関たる常勤の職員、委員会の常勤の委員（教育委員会にあつては、教育長）、常勤の監査委員、議会の事務局長又は書記長、書記その他の常勤の職員、委員会の事務局長若しくは書記長、委員の事務局長又は委員会若しくは委員の事務を補助する書記その他の常勤の職員その他普通地方公共団体の常勤の職員並びに短時間勤務職員及び地方公務員法第二十二条の二第一項第二号に掲げる職員に対し、給料及び旅費を支給しなければならない。

②　普通地方公共団体は、条例で、前項の者に対し、扶養手当、地域手当、住居手当、初任給調整手当、通勤手当、単身赴任手当、特殊勤務手当、特地勤務手当（これに準ずる手当を含む。）、へき地手当（これに準ずる手当を含む。）、時間外勤務手

当、宿日直手当、管理職員特別勤務手当、夜間勤務手当、休日勤務手当、管理職手当、期末手当、勤勉手当、寒冷地手当、特定任期付職員業績手当、任期付研究員業績手当、義務教育等教員特別手当、定時制通信教育手当、産業教育手当、農林漁業普及指導手当、災害派遣手当（武力攻撃災害等派遣手当及び新型インフルエンザ等緊急事態派遣手当を含む。）又は退職手当を支給することができる。

③　給料、手当及び旅費の額並びにその支給方法は、条例でこれを定めなければならない。

一　給与条例主義の意義

[1]　いかなる勤務を対象として特殊勤務手当を支給するかについては、条例で規定すべきであってその判断を広く長の判断に委ねることは許されないが、条例において、臨時に著しく特殊な勤務に従事することを職員に命じる場合に、長の判断で応急的に特殊勤務手当条例別表記載の手当に準ずる額を支給することを可能とする規定を置くことは違法でない。（最判平7・4・17民集四九・四・一一一九、自治百選[四版]八三）↓二〇四条の二[3]

[2]　本条三項及び二〇三条五項〔平成二九法二九による改正後二〇三条の二第五項〕は、職員の給与の額及び支給方法を条例によって定めることで地方公務員の給与に対する民主的統制を図るとともに、地方公務員の給与を保障することを趣旨とするので、給与の額及び支給方法は条例で定めなければならず、その基本的事項を規則等に委任することはできない。よって、臨時的任用職員の給与の額及び支給方法、又はその基本的事項は、条例に定めなければならない。（最判平22・9・10民集六四・六・一五一五、自治百選[四版]八四）

二　長に対する管理職手当の支給

[3]　管理職手当の支給対象としては、一般職の職員が本来予定されているとしても、特別職たる地方公共団体の長への管理職手当の支給は、条例に根拠を有する限り直ちにこれを違法無効とすることはできない。（最判昭50・10・2判時七九五・三三、自治百選[三版]六七……区長に対する管理手当の支給が、条例にその額を確定し得る規定がないとして違法とされた事例）

三　臨時的任用職員に対する手当の支給

[4]　普通地方公共団体の臨時的任用職員に対する手当の支給が、本条二項との関係で適法であるためには、当該職員の勤務時間に照らし、その勤務が正規職員に準ずるものとして常勤と評価でき、また、支給される手当の性質からみて、当該職員の職務の内容等の諸事情に鑑み、支給決定が合理的な裁量の範囲内であることを要する。（最判平22・9・10前出[2]……期末手当に相当する一時金の支給が違法とされた事例）

四　外部団体への職員派遣と給与支出

[5]　外部団体への職員派遣に関して、条例で職務専念義務の免除及び地方公共団体で勤務しないことの承認について明示の要件が定められていない場合であっても、処分権者がこれを全く自由にできるものではなく、職務専念義務の免除が服務の根本規律を定める地方公務員法三〇条や同法三五条の趣旨に違反したり、勤務しないことについての承認が給与の根本基準を定める同法二四条一項の趣旨に違反する場合には、これらは違法となる。（最判平10・4・24判時一六四〇・一一五、行政百選Ⅰ[六版]四）

[6]　前出[5]の基準により、遊園施設等を経営する第三セクターとしての株式会社に派遣した職員への給与支出が違法とされた事例（最判平16・1・15民集五八・一・一五六、自治百選[四版]六三）↓二条[4]・二四二条の二[41]

[7]　市が第三セクター等に派遣した職員等の給与相当額の補助金等を派遣先に支出したことは、地公派遣法の定めに違反する手続的な違法があり、無効であるが、同法に補助金の給与充当を禁止する明文の規定がなく、支出の時点で、派遣法の下での支出の可否に関する裁判例もなかった等の事情に照らして、支出につき市長に過失がないとされた事例（最判平24・4・20民集六六・六・二五八三、自治百選[四版]一二三）

第二〇四条の二【給与等の根拠】　普通地方公共団体は、いかなる給与その他の給付も法律又はこれに基づく条例に基づかずには、これをその議会の議員、第二百三条の二第一項の者及び前条第一項の者に支給することができない。

条例によらない給与等の支給

[1]　地方公共団体が記念行事等に際して、関係議員に記念品を贈呈することは、社会通念上儀礼の範囲にとどまる限りで、本条の禁止するところではないが、市議会議員全員に、競輪事業一〇年の記念品料として一万円を支給することは、その儀礼の範囲を超えるものとして違法である。（最判昭39・7・14民集一八・六・一一三三、自治百選[四版]A22）

[2]　町長が、町公務員の給与の近隣の地方公共団体との格差を是正するため、定期昇給と別に、給与条例上は個別公務員ごとに要件を認定して支給を決定すべきである特別昇給による調整措置を講じた場合、事後の給与条例改正により、当該行為は議会により是認され、遡及的に適法となる。（最判平5・5・27判時一四六〇・五七）

[3]　市において、職員の昼休み休憩時間を交替で繰り下げ、午後零時から一時の間に窓口業務に従事した職員に昼窓手当と称する手当を支給することは、当該勤務は、臨時的・応急的な勤務について特殊勤務手当を支給する旨定めた条例の条項に該当せず、また特殊勤務相当の手当の不支給が不合理と認められる勤務でもないので、条例に基づかない違法な支出である。（最判平7・4・17民集四九・四・一一一九、自治百選[四版]八三）↓二〇四条[1]

[4]　市の公営企業である競艇事業の臨時従事員への離職せん別金に充てる目的で市が競艇従事員共済会に補助金を交付したことが、本条及び地方公営企業法三八条四項の給与条例主義を潜脱し、裁量権の逸脱又は濫用に当たるとされた事例（最判平28・7・15判時二三一六・五三①、重判平28行政八①）

[5]　[4]に関する違法な補助金の交付は、後に条例で、臨時従事員に支給された給与について条例に基づき支給された給与とみなす旨の経過規定が定められたとしても、遡って適法となるものではないとされた事例（最判平28・7・15判時二三一六・五三②、重判平28行政八②）↓行総◘【Ⅱ】[62]

第二〇五条【退職年金・退職一時金】　第二百四条第一項の者は、退職年金又は退職一時金を受けることができる。

第二〇六条【給与給付に関する審査請求】　①　普通地方公共団体の長以外の機関がした第二百三条から第二百四条まで又は前条の規定による給与その他の給付に関する処分についての審査請求は、法律に特別の定めがある場合を除くほか、普通地方公共団体の長が当該機関の最上級行政庁でない場合においても、当該普通地方公共団体の長に対してするものとする。

②　普通地方公共団体の長は、第二百三条から第二百四条まで又は前条の規定による給与その他の給付に関する処分についての審査請求がされた場合には、当該審査請求が不適法であり、却下するときを除き、議会に諮問した上、当該審査請求に対する裁決をしなければならない。

③　議会は、前項の規定による諮問を受けた日から二十日以内に意見を述べなければならない。

④　普通地方公共団体の長は、第二項の規定による諮問をしないで同項の審査請求を却下したときは、その旨を議会に報告しなければならない。

第二〇七条【実費弁償】　普通地方公共団体は、条例の定めるところにより、第七十四条の三第三項及び第百条第一項後段（第二百八十七条の二第七項において準用する場合を含む。）の規定により出頭した選挙人その他の関係人、第百十五条の二第二項（第百九条第五項において準用する場合を含む。）の規定により出頭した参考人、第百九十九条第八項の規定により出頭した関係人、第二百五十一条の二第九項の規定により出頭した当事者及び関係人並びに第百十五条の二第一項（第百九条第五項において準用する場合を含む。）の規定による公聴会に参加した者の要した実費を弁償しなければならない。

第九章　財務（抄）

第一節　会計年度及び会計の区分

（会計年度及びその独立の原則）

第二〇八条① 普通地方公共団体の会計年度は、毎年四月一日に始まり、翌年三月三十一日に終わるものとする。

② 各会計年度における歳出は、その年度の歳入をもつて、これに充てなければならない。

> 7 道路工事の請負代金の支払に充てるための地方債について、平成六年度予算に計上された地方債の起債を、工事完成が遅れたことにともなって、平成七年五月に行ったことは、会計年度独立の原則に反し違法である。（最判平15・7・11判時一八三九・九一）

（会計の区分）

第二〇九条① 普通地方公共団体の会計は、一般会計及び特別会計とする。

② 特別会計は、普通地方公共団体が特定の事業を行なう場合その他特定の歳入をもつて特定の歳出に充て一般の歳入歳出と区分して経理する必要がある場合において、条例でこれを設置することができる。

第二節　予算

（総計予算主義の原則）

第二一〇条 一会計年度における一切の収入及び支出は、すべてこれを歳入歳出予算に編入しなければならない。

（予算の調製及び議決）

第二一一条① 普通地方公共団体の長は、毎会計年度予算を調製し、年度開始前に、議会の議決を経なければならない。この場合において、普通地方公共団体の長は、遅くとも年度開始前、都道府県及び第二百五十二条の十九第一項に規定する指定都市にあつては三十日、その他の市及び町村にあつては二十日までに当該予算を議会に提出するようにしなければならない。

② 普通地方公共団体の長は、予算を議会に提出するときは、政令で定める予算に関する説明書をあわせて提出しなければならない。

（継続費）

第二一二条① 普通地方公共団体の経費をもつて支弁する事件でその履行に数年度を要するものについては、予算の定めるところにより、その経費の総額及び年割額を定め、数年度にわたつて支出することができる。

② 前項の規定により支出することができる経費は、これを継続費という。

（繰越明許費）

第二一三条① 歳出予算の経費のうちその性質上又は予算成立後の事由に基づき年度内にその支出を終わらない見込みのあるものについては、予算の定めるところにより、翌年度に繰り越して使用することができる。

② 前項の規定により翌年度に繰り越して使用することができる経費は、これを繰越明許費という。

（債務負担行為）

第二一四条 歳出予算の金額、継続費の総額又は繰越明許費の金額の範囲内におけるものを除くほか、普通地方公共団体が債務を負担する行為をするには、予算で債務負担行為として定めておかなければならない。

債務負担行為該当性→九六条7

（予算の内容）

第二一五条 予算は、次の各号に掲げる事項に関する定めから成るものとする。

一　歳入歳出予算
二　継続費
三　繰越明許費
四　債務負担行為
五　地方債
六　一時借入金
七　歳出予算の各項の経費の金額の流用

（歳入歳出予算の区分）

第二一六条 歳入歳出予算は、歳入にあつては、その性質に従つて款に大別し、かつ、各款中においてはこれを項に区分し、歳出にあつては、その目的に従つてこれを款項に区分しなければならない。

（予備費）

第二一七条① 予算外の支出又は予算超過の支出に充てるため、歳入歳出予算に予備費を計上しなければならない。ただし、特別会計にあつては、予備費を計上しないことができる。

② 予備費は、議会の否決した費途に充てることができない。

（補正予算、暫定予算等）

第二一八条① 普通地方公共団体の長は、予算の調製後に生じた事由に基づいて、既定の予算に追加その他の変更を加える必要が生じたときは、補正予算を調製し、これを議会に提出することができる。

② 普通地方公共団体の長は、必要に応じて、一会計年度のうちの一定期間に係る暫定予算を調製し、これを議会に提出することができる。

③ 前項の暫定予算は、当該会計年度の予算が成立したときは、その効力を失うものとし、その暫定予算に基づく支出又は債務の負担があるときは、その支出又は債務の負担は、これを当該会計年度の予算に基づく支出又は債務の負担とみなす。

④ 普通地方公共団体の長は、特別会計のうちその事業の経費を主として当該事業の経営に伴う収入をもつて充てるもので条例で定めるものについて、業務量の増加により業務のため直接必要な経費に不足を生じたときは、当該業務量の増加により増加する収入に相当する金額を当該経費（政令で定める経費を除く。）に使用することができる。この場合においては、普通地方公共団体の長は、次の会議においてその旨を議会に報告しなければならない。

（予算の送付及び公表）

第二一九条① 普通地方公共団体の議会の議長は、予算を定める議決があつたときは、その日から三日以内にこれを当該普通地方公共団体の長に送付しなければならない。

② 普通地方公共団体の長は、前項の規定により予算の送付を受けた場合において、再議その他の措置を講ずる必要がないと認めるときは、直ちに、その要領を住民に公表しなければならない。

（予算の執行及び事故繰越し）

第二二〇条① 普通地方公共団体の長は、政令で定める基準に従つて予算の執行に関する手続を定め、これに従つて予算を執行しなければならない。

② 歳出予算の経費の金額は、各款の間又は各項の間において相互にこれを流用することができない。ただし、歳出予算の各項の経費の金額は、予算の執行上必要がある場合に限り、予算の定めるところにより、これを流用することができる。

③ 繰越明許費の金額を除くほか、毎会計年度の歳出予算の経費の金額は、これを翌年度において使用することができない。ただし、歳出予算の経費の金額のうち、年度内に支出負担行為をし、避けがたい事故のため年度内に支出を終わらなかつたもの（当該支出負担行為に係る工事その他の事業の遂行上の必要に基づきこれに関連して支出を要する経費の金額を含む。）は、これを翌年度に繰り越して使用することができる。

事故繰越しに関する監査請求↓二四二条23

（予算の執行に関する長の調査権等）

第二二一条① 普通地方公共団体の長は、予算の執行の適正を期するため、委員会若しくは委員又はこれらの管理に属する機関で権限を有するものに対して、収入及び支出の実績若しくは見込みについて報告を徴し、予算の執行状況を実地について調査し、又はその結果に基づいて必要な措置を講ずべきことを求めることができる。

② 普通地方公共団体の長は、予算の執行の適正を期するため、工事の請負契約者、物品の納入者、補助金、交付金、貸付金等の交付若しくは貸付けを受けた者（補助金、交付金、貸付金等の終局の受領者を含む。）又は調査、試験、研究等の委託を受けた者に対して、その状況を調査し、又は報告を徴することができる。

③ 前二項の規定は、普通地方公共団体が出資している法人で政令で定めるもの、普通地方公共団体が借入金の元金若しくは利子の支払を保証し、又は損失補償を行う等その者のために債務を負担している法人で政令で定めるもの及び普通地方公共団体が受益権を有する信託で政令で定めるものの受託者にこれを準用する。

（予算を伴う条例、規則等についての制限）

第二二二条① 普通地方公共団体の長は、条例その他議会の議決を要すべき案件があらたに予算を伴うこととなるものであるときは、必要な予算上の措置が適確に講ぜられる見込みが得られるまでの間は、これを議会に提出してはならない。

② 普通地方公共団体の長、委員会若しくは委員又はこれらの管理に属する機関は、その権限に属する事務に関する規則その他の規程の制定又は改正があらたに予算を伴うこととなるものであるときは、必要な予算上の措置が適確に講ぜられることとなるまでの間は、これを制定し、又は改正してはならない。

第三節　収入（抄）

（地方税）

第二二三条 普通地方公共団体は、法律の定めるところにより、地方税を賦課徴収することができる。

1 **地方税の過少徴収**
村長が、給与所得者に対する村民税の所得割の賦課につき、村条例に何ら規定がないのに、収入金額から一定の金額を控除し、過少賦課・徴収をしたことは、法令上許されない行為であって、村長の行為は背任罪を構成する。（最決昭47・3・2刑集二六・二・六七、自治百選〔三版〕七六）↓憲八四条3

（分担金）

第二二四条 普通地方公共団体は、政令で定める場合を除くほか、数人又は普通地方公共団体の一部に対し利益のある事件に関し、その必要な費用に充てるため、当該事件により特に利益を受ける者から、その受益の限度において、分担金を徴収することができる。

1 **分担金の意義と該当性**
大阪府工業用水道事業供給条例の規定により、水道使用を廃止した者に課される負担金は、収入減少を補う目的で定められ、その額も、廃止した者がそれまでに受けた利益の多寡等を反映して算定されるものではないので、受益を理由としてその限度で費用負担をさせ、受益のない住民との負担の公平等を図る本条の分担金に該当せず、負担金に関する事項につき地方自治法二二八条所定の条例で定める必要はない。（最判平29・9・14判時二三五九・三）

（使用料）

第二二五条 普通地方公共団体は、第二百三十八条の四第七項の規定による許可を受けてする行政財産の使用又は公の施設の利用につき使用料を徴収することができる。

（旧慣使用の使用料及び加入金）

第二二六条 市町村は、第二百三十八条の六の規定による公有財産の使用につき使用料を徴収することができるほか、同条第二項の規定により使用の許可を受けた者から加入金を徴収することができる。

（手数料）

第二二七条 普通地方公共団体は、当該普通地方公共団体の事務で特定の者のためにするものにつき、手数料を徴収することができる。

（分担金等に関する規制及び罰則）

第二二八条① 分担金、使用料、加入金及び手数料に関する事項については、条例でこれを定めなければならない。この場合において、手数料について全国的に統一して定めることが特に必要と認められるものとして政令で定める事務（以下本項において「標準事務」という。）について手数料を徴収する場合においては、当該標準事務に係る事務のうち政令で定めるものにつき、政令で定める金額の手数料を徴収することを標準として条例を定めなければならない。

② 分担金、使用料、加入金及び手数料の徴収に関しては、次項に定めるものを除くほか、条例で五万円以下の過料を科する規定を設けることができる。

③ 詐欺その他不正の行為により、分担金、使用料、加入金又は手数料の徴収を免れた者については、条例でその徴収を免れた金額の五倍に相当する金額（当該五倍に相当する金額が五万円を超えないときは、五万円とする。）以下の過料を科する規定を設けることができる。

1 **条例による分担金の納付義務**
「住宅地を造成しようとする者」に対し水道に係る施設分担金を課す旨を定める条例について、住宅地の分譲のみを行う者は同分担金について納付義務を負わないとされた事例（最判平27・5・19判自三九七・五〇、重判平27行政一一）

（分担金等の徴収に関する処分についての審査請求）

第二二九条① 普通地方公共団体の長以外の機関がした分担金、使用料、加入金又は手数料の徴収に関する処分についての審査請求は、普通地方公共団体の長が当該機関の最上級行政庁でない場合においても、当該普通地方公共団体の長に対してするものとする。

② 普通地方公共団体の長は、分担金、使用料、加入金又は手数料の徴収に関する処分についての審査請求がされた場合には、当該審査請求が不適法であり、却下するときを除き、議会に諮問した上、当該審査請求に対する裁決をしなければならない。

③ 議会は、前項の規定による諮問を受けた日から二十日以内に意見を述べなければならない。

④ 普通地方公共団体の長は、第二項の規定による諮問をしないで同項の審査請求を却下したときは、その旨を議会に報告しなければならない。

⑤ 第二項の審査請求に対する裁決を経た後でなければ、同項の処分については、裁判所に出訴することができない。

（地方債）

第二三〇条① 普通地方公共団体は、別に法律で定める場合において、予算の定めるところにより、地方債を起こすことができる。

② 前項の場合において、地方債の起債の目的、限度額、起債の方法、利率及び償還の方法は、予算でこれを定めなければならない。

（歳入の収入の方法）

第二三一条 普通地方公共団体の歳入を収入するときは、政令の定めるところにより、これを調定し、納入義務者に対して納入の通知をしなければならない。

第二三一条の二から第二三一条の二の七まで　（略）

（督促、滞納処分等）

第二三一条の三① 分担金、使用料、加入金、手数料、過料その他の普通地方公共団体の歳入を納期限までに納付しない者があるときは、普通地方公共団体の長は、期限を指定してこれを督促しなければならない。

② 普通地方公共団体の長は、前項の歳入について同項の規定による督促をした場合には、条例で定めるところにより、手数料及び延滞金を徴収することができる。

③ 普通地方公共団体の長は、分担金、加入金、過料又は法律で定める使用料その他の普通地方公共団体の歳入（以下この項及び次条第一項において「分担金等」という。）につき第一項の規定による督促を受けた者が同項の規定により指定された期限までにその納付すべき金額を納付しないときは、当該分担金等並びに当該分担金等に係る前項の手数料及び延滞金について、地方税の滞納処分の例により処分することができる。この場合におけるこれらの徴収金の先取特権の順位は、国税及び地方税に次ぐものとする。

④ 第一項の歳入並びに第二項の手数料及び延滞金の還付並びにこれらの徴収金の徴収又は還付に関する書類の送達及び公示送達については、地方税の例による。

⑤ 普通地方公共団体の長以外の機関がした前各項の規定による処分についての審査請求は、普通地方公共団体の長が当該機関の最上級行政庁でない場合においても、当該普通地方公共団体の長に対してするものとする。

⑥ 第三項の規定により普通地方公共団体の長が地方税の滞納処分の例によりした処分についての審査請求については、地方税法（昭和二十五年法律第二百二十六号）第十九条の四の規定を準用する。

⑦ 普通地方公共団体の長は、第一項から第四項までの規定による処分についての審査請求がされた場合には、当該審査請求が不適法であり、却下するときを除き、議会に諮問した上、当該審査請求に対する裁決をしなければならない。

⑧ 議会は、前項の規定による諮問を受けた日から二十日以内に意見を述べなければならない。

⑨ 普通地方公共団体の長は、第七項の規定による諮問をしないで同項の審査請求を却下したときは、その旨を議会に報告しなければならない。

⑩ 第七項の審査請求に対する裁決を経た後でなければ、第一項から第四項までの規定による処分については、裁判所に出訴することができない。

⑪ 第三項の規定による処分中差押物件の公売は、その処分が確定するまで執行を停止する。

⑫ 第三項の規定による処分は、当該普通地方公共団体の区域外においても、することができる。

第二三一条の四　（略）

第四節　支出

（経費の支弁等）

第二三二条① 普通地方公共団体は、当該普通地方公共団体の事務を処理するために必要な経費その他法律又はこれに基づく政令により当該普通地方公共団体の負担に属する経費を支弁するものとする。

② 法律又はこれに基づく政令により普通地方公共団体に対し事務の処理を義務付ける場合においては、国は、そのために要する経費の財源につき必要な措置を講じなければならない。

一　必要な経費か否かの判断

1　交際費等

[1] 市が、国及び県補助金交付及び市起債許可を受けて実施を図る事業計画について、県の当局者との意見調整をした機会に県職員に対し行った接待は、社会通念上相当な範囲にとどまっており、市長がその費用として市長交際費を支出したことは違法でない。（最判昭63・11・25判時一二九八・一〇九、自治百選[三版]七三）

[2] 普通地方公共団体の長又はその他の執行機関が、当該普通地方公共団体の事務を遂行し対外的折衝等を行う過程において、社会通念上儀礼の範囲にとどまる程度の接遇を行うことは、当該普通地方公共団体も社会的実体を有するものとして活動している以上、右事務に随伴するものとして、許容される。（最判平元・9・5判時一三三七・四三、重判平元行政八）

[3] 水防事務組合の管理者による建設省職員の公費接待が適法とされた事例（最判平元・10・3判時一三四一・七〇）

[4] 町が主催した地元出身国会議員の大臣祝賀式典についての、町による費用の支出は、社交儀礼の範囲を逸脱しているとまでは断定できず、また町の住民が住民税を課せられているからといって、式典への参加を強制されたものとみることはできないので、憲法一九条、二一条にも違反しない。（最判平元・7・4判時一三五六・七八、自治百選[三版]七四……社交儀礼の範囲を逸脱したとする反対意見が付されている）

[5] 民間団体の総会と懇親会に出席した市の助役〔副市長に相当〕が市長交際費から祝儀を支払ったことの違法性が争われた住民訴訟において、支出が会費相当額として社会通念上妥当な範囲を逸脱したものかどうか判断するには、懇親会の会費相当額を確定し、また、同団体が市の管理する墓地の草刈りを無償で行っているので、金員支出がこの行為への謝意を示す性質も有していたかどうかを審査する必要があるとされた事例（最判平17・11・15判時一九二二・六四）

[6] 普通地方公共団体の長による交際費の支出のうち、特定の事務を遂行し対外的折衝等を行う過程で具体的目的をもってなされたものではなく、相手方との一般的な友好、信頼関係の維持増進を目的になされたものである場合、地方自治法一条の二第一項の規定する地方公共団体の役割を果たすため、右記目的によったものと客観的にみることができ、社会通念上儀礼の範囲にとどまる限りで、地方公共団体の事務に含まれ適法である。（最判平18・12・1民集六〇・一〇・三八四七、自治百選[四版]七六）→二四二条の二[9][31]

[7] 県が設立の上、公益財団に事業委託した管弦楽団の演奏会を県が共催したことは県の事務に含まれるとして、県知事の公用車による出席が適法とされた事例（最判令3・5・14判タ一四八八・六五）

2　長の弁護士費用

[8] 村長が、職務行為に関し個人として被告となった不法行為訴訟において、訴外村が支出した弁護士費用は、違法な公金の支出に当たる。（最判昭59・4・24判時一一一二・四四、自治百選[三版]七二）

[9] 水道法一五条の「正当の理由」がないのに給水契約締結を拒否したとして起訴された市長の、刑事訴訟における弁護士費用を市が支出したことは違法な公金の支出に当たる。（最判平2・3・23判時一三五四・六二、重判平2行政七）

二　国による財源措置と地方公共団体の支出

[10] 被爆者援護法（平成一一法八七による改正前）に基づく健康管理手当の支給認定を受けていた被爆者が国外に居住地を移転した場合、従前支給義務を負っていた最後の居住地の都道府県が支給義務を負う。（最判平18・6・13民集六〇・五・一九一〇、社会保障百選[五版]一一六……健康管理手当支給事務は、当時都道府県知事の機関委任事務とされていた。現在は法定受託事務）

（寄附又は補助）

第二三二条の二　普通地方公共団体は、その公益上必要がある場合においては、寄附又は補助をすることができる。

一　「公益上の必要」の判断基準

[1] 特定の事業について補助金を交付する際の、地方公共団体の長の公益上の必要性判断に係る裁量権の逸脱・濫用の有無

は、補助金交付の目的、趣旨、効用及び経緯、補助対象事業の目的、性質及び状況、地方公共団体の財政規模・状況、議会の対応、地方財政に関する諸規範など諸般の事情を総合的に考慮して判断すべきである。（広島高判平13・5・29判時一七五六・六六〈日韓高速船補助金住民訴訟控訴審〉自治百選[三版]四三）

二　具体例

[2]　私企業の従業員から構成され、市選挙管理委員会に届出がなされている政治的団体への補助金の支出が、主として団体の体育・福祉等の公益活動を対象として交付されており、公益上の必要に基づくものとされた事例（最判昭53・8・29判時九〇六・三一、自治百選[二版]八〇）

[3]　ゴルフ場を経営する会社への町の補助金の交付が、産業興隆、人口の流出防止等による町及び町民への寄与という観点から、公益上の必要性を満たすとされた事例（福岡高判昭53・3・29行裁二九・三・四五三）

[4]　元町長の町民葬に当たり、町から葬儀委員会に交付した補助金について、町民葬が全町的な意義、目的、規模で行われたものであるとして公益上の有益性が肯定された事例（東京高判平2・9・26行裁四一・九・一五二八）

[5]　高速船海上輸送等を目的とする第三セクターの運航休止後の債務整理のため市から交付された補助金のうち、汽船会社との傭船契約の解除に伴う清算金に関する分については、契約締結時に、傭船料について問題があった場合は市が責任を持って解決する旨の確約書を交付した等の事情から、裁量権の逸脱・濫用はないとされ、金融機関からの借入金に関する分については、連帯保証人に十分な資力がある等の事情から、裁量権の逸脱・濫用があるとされた事例（広島高判平13・5・29前出[1]）

[6]　[5]の事案の、第三セクターの金融機関からの借入金分の補助金について、事業の目的、市と事業との関わりの程度、連帯保証がされた経緯、補助金の趣旨、市の財政状況に加え、市長が補助金の支出について市議会に説明し、その予算案につき特に支出の当否が審議の上可決されたこと、補助金の支出が事業の関係者に事業清算と関わらない不正利益をもたらすものとはうかがえないことから、補助金支出に公益上の必要性があるとの市長の判断に裁量権の逸脱・濫用はないとされた事例（最判平17・11・10判時一九二一・三六〈日韓高速船補助金住民訴訟上告審〉自治百選[四版]八五）

[7]　自然の活用等を目的として町が設置した公の施設について、管理・運営を委託するため町が設立した権利能力なき社団に、その赤字を補填するため補助金を交付することに公益上の必要性があるとした町の判断は、一般的には不合理なものでなく、調理員の新規雇用による赤字の増大についても経営上の裁量を逸脱した放漫行為でないとして、補助金交付が公益性を欠くとはいえないとされた事例（最判平17・10・28民集五九・八・二二九六〈「陣屋の村」補助金住民訴訟〉自治百選[四版]八六）↓二四二条の二[55]

[8]　元県議会議員の親睦団体に対する県の補助金の支出が、補助金の対象となった事業は、団体会員を対象とした内部行事等であって、住民の福祉に直接役立つものでないので事業それ自体に公益性が認められず、また元県議会議員の功労に報いる趣旨があるとしても、社会通念上、礼遇として是認し得る限度を超えて補助金を交付することは許されないとして、違法とされた事例（最判平18・1・19判時一九二五・七九）

[9]　地方自治法二六〇条の二第一項の認可地縁団体である自治会の地域集会所建設につき、町が助成のため町の普通財産である土地を建設用地として自治会に無償譲渡したことは、本条の「寄附又は補助」に当たるが、同土地は、自治会の会員数の急増をもたらしたマンションの建設会社が、地域集会所の用地購入の資金として町に寄附した施設協力金により町が取得したもので、その自治会への無償譲渡には合理性が認められるので、本条所定の公益上の必要があるとした町長の判断に裁量権の逸脱又は濫用はないとされた事例（最判平23・1・14判時二一〇六・三三、自治百選[四版]八七）↓二〇四条の二[4][5]

三　寄附・補助に関する他法の規律

[10]　町が地区交通安全協会を経由して県に対してしたミニパトカーの寄附は、法令の規定に基づき経費の負担区分が定められている事務について地方公共団体相互間の経費負担区分を乱すことを禁じた地方財政法二八条の二に違反し、町によるミニパトカーの購入と購入代金の支出は違法である。（最判平8・4・26判時一五六六・三三、自治百選[四版]一二六）

四　適用対象としての寄附・補助↓二三七条[5]

◇↓憲二〇条[8]～[17][19]～[25][27]

（**支出負担行為**）

第二三二条の三　普通地方公共団体の支出の原因となるべき契約その他の行為（これを支出負担行為という。）は、法令又は予算の定めるところに従い、これをしなければならない。

（**支出の方法**）

第二三二条の四①　会計管理者は、普通地方公共団体の長の政令で定めるところによる命令がなければ、支出をすることができない。

②　会計管理者は、前項の命令を受けた場合においても、当該支出負担行為が法令又は予算に違反していないこと及び当該支出負担行為に係る債務が確定していることを確認したうえでなければ、支出をすることができない。

第二三二条の五①　普通地方公共団体の支出は、債権者のためでなければ、これをすることができない。

②　普通地方公共団体の支出は、政令の定めるところにより、資金前渡、概算払、前金払、繰替払、隔地払又は口座振替の方法によつてこれをすることができる。

一　概算払いによる公金支出と住民監査請求↓二四二条[3]

二　資金前渡しによる公金支出と住民訴訟↓二四二条の二[9]

（**小切手の振出し及び公金振替書の交付**）

第二三二条の六①　第二百三十五条の規定により金融機関を指定している普通地方公共団体における支出は、政令の定めるところにより、現金の交付に代え、当該金融機関を支払人とする小切手を振り出し、又は公金振替書を当該金融機関に交付してこれをするものとする。ただし、小切手を振り出すべき場合において、債権者から申出があるときは、会計管理者は、自ら現金で小口の支払をし、又は当該金融機関をして現金で支払をさせることができる。

②　前項の金融機関は、会計管理者の振り出した小切手の提示を受けた場合において、その小切手が振出日付から十日以上を経過しているものであつても一年を経過しないものであるときは、その支払をしなければならない。

第五節　決算

（**決算**）

第二三三条①　会計管理者は、毎会計年度、政令で定めるところにより、決算を調製し、出納の閉鎖後三箇月以内に、証書類その他政令で定める書類と併せて、普通地方公共団体の長に提出しなければならない。

②　普通地方公共団体の長は、決算及び前項の書類を監査委員の審査に付さなければならない。

③　普通地方公共団体の長は、前項の規定により監査委員の審査に付した決算を監査委員の意見を付けて次の通常予算を議する会議までに議会の認定に付さなければならない。

④　前項の規定による意見の決定は、監査委員の合議によるものとする。

⑤　普通地方公共団体の長は、第三項の規定により決算を議会の

認定に付するに当たつては、当該決算に係る会計年度における主要な施策の成果を説明する書類その他政令で定める書類を併せて提出しなければならない。

⑥ 普通地方公共団体の長は、第三項の規定により議会の認定に付した決算の要領を住民に公表しなければならない。

⑦ 普通地方公共団体の長は、第三項の規定による決算の認定に関する議案が否決された場合において、当該議決を踏まえて必要と認める措置を講じたときは、速やかに、当該措置の内容を議会に報告するとともに、これを公表しなければならない。

（歳計剰余金の処分）

第二三三条の二　各会計年度において決算上剰余金を生じたときは、翌年度の歳入に編入しなければならない。ただし、条例の定めるところにより、又は普通地方公共団体の議会の議決により、剰余金の全部又は一部を翌年度に繰り越さないで基金に編入することができる。

第六節　契約

（契約の締結）

第二三四条① 売買、貸借、請負その他の契約は、一般競争入札、指名競争入札、随意契約又はせり売りの方法により締結するものとする。

② 前項の指名競争入札、随意契約又はせり売りは、政令で定める場合に該当するときに限り、これによることができる。

③ 普通地方公共団体は、一般競争入札又は指名競争入札（以下この条において「競争入札」という。）に付する場合においては、政令の定めるところにより、契約の目的に応じ、予定価格の制限の範囲内で最高又は最低の価格をもつて申込みをした者を契約の相手方とするものとする。ただし、普通地方公共団体の支出の原因となる契約については、政令の定めるところにより、予定価格の制限の範囲内の価格をもつて申込みをした者のうち最低の価格をもつて申込みをした者以外の者を契約の相手方とすることができる。

④ 普通地方公共団体が競争入札につき入札保証金を納付させた場合において、落札者が契約を締結しないときは、その者の納付に係る入札保証金（政令の定めるところによりその納付に代えて提供された担保を含む。）は、当該普通地方公共団体に帰属するものとする。

⑤ 普通地方公共団体が契約につき契約書又は契約内容を記録した電磁的記録を作成する場合においては、当該普通地方公共団体の長又はその委任を受けた者が契約の相手方とともに、契約書に記名押印し、又は契約内容を記録した電磁的記録に当該普通地方公共団体の長若しくはその委任を受けた者及び契約の相手方の作成に係るものであることを示すために講ずる措置であつて、当該電磁的記録が改変されているかどうかを確認することができる等これらの者の作成に係るものであることを確実に示すことができるものとして総務省令で定めるものを講じなければ、当該契約は、確定しないものとする。

⑥ 競争入札に加わろうとする者に必要な資格、競争入札における公告又は指名の方法、随意契約及びせり売りの手続その他契約の締結の方法に関し必要な事項は、政令でこれを定める。

一　随意契約及び一般競争入札の選択条件

[1] 随意契約の選択が許容される場合についての本条二項にかかる、同法施行令一六七条の二第一項一号［昭和四九政二〇三による改正後の同項二号］にいう「その性質又は目的が競争入札に適しないもの」には、当該契約の目的・内容に照らしそれに相応する資力、信用、技術等を有するものを選定しその者との間で契約する方法が、より妥当であると合理的に判断される場合も含まれ、その判断は、法及び施行令の趣旨を勘案した具体的契約ごとの、地方公共団体契約担当者の合理的裁量判断による。（最判昭62・3・20民集四一・二・一八九、自治百選［四版］五一）

[2] 地方公共団体の収入の原因となる契約について、一般競争入札を最高制限価格を設けて実施することは、本条三項の趣旨からいって本法の認めるところでないので、普通地方公共団体が不動産等を売却する場合で、やむを得ない事情により売却価格が一定の価格を超えないことを要する場合、「その性質又は目的が競争入札に適しないもの」（同法施行令一六七条の二第一項二号）として、随意契約によって行うことができる。（最判平6・12・22民集四八・八・一七六九、自治百選［三版］四六……一般競争入札によったことが違法とされた事例）

二　競争入札における資格制限

[3] 村が発注する公共工事の指名競争入札において、長年村内業者として指名及び受注の実績があった業者について、主たる営業所が村内にないことのみを理由として、一切の工事につき指名競争入札に参加させない措置を採ることは、裁量権の逸脱濫用に当たる。（最判平18・10・26判時一九五三・一二二、自治百選［四版］五二）→行総◆【II】151

三　随意契約の制限違反の契約の効力→二条③、行総◆【II】142

四　先行契約の瑕疵［かし］と後行契約の違法→行総◆【II】144 145

五　損失補償契約の適法性→行総◆【II】143

（契約の履行の確保）

第二三四条の二① 普通地方公共団体が工事若しくは製造その他についての請負契約又は物件の買入れその他の契約を締結した場合においては、当該普通地方公共団体の職員は、政令の定めるところにより、契約の適正な履行を確保するため又はその受ける給付の完了の確認（給付の完了前に代価の一部を支払う必要がある場合において行なう工事若しくは製造の既済部分又は物件の既納部分の確認を含む。）をするため必要な監督又は検査をしなければならない。

② 普通地方公共団体が契約の相手方をして契約保証金を納付させた場合において、契約の相手方が契約上の義務を履行しないときは、その契約保証金（政令の定めるところによりその納付に代えて提供された担保を含む。）は、当該普通地方公共団体に帰属するものとする。ただし、損害の賠償又は違約金について契約で別段の定めをしたときは、その定めたところによるものとする。

（長期継続契約）

第二三四条の三　普通地方公共団体は、第二百十四条の規定にかかわらず、翌年度以降にわたり、電気、ガス若しくは水の供給若しくは電気通信役務の提供を受ける契約又は不動産を借りる契約その他政令で定める契約を締結することができる。この場合においては、各年度におけるこれらの経費の予算の範囲内においてその給付を受けなければならない。

第七節　現金及び有価証券

（金融機関の指定）

第二三五条① 都道府県は、政令の定めるところにより、金融機関を指定して、都道府県の公金の収納又は支払の事務を取り扱わせなければならない。

② 市町村は、政令の定めるところにより、金融機関を指定して、市町村の公金の収納又は支払の事務を取り扱わせることができる。

（現金出納の検査及び公金の収納等の監査）

第二三五条の二① 普通地方公共団体の現金の出納は、毎月例日を定めて監査委員がこれを検査しなければならない。

② 監査委員は、必要があると認めるとき、又は普通地方公共団体の長の要求があるときは、前条の規定により指定された金融機関が取り扱う当該普通地方公共団体の公金の収納又は支払の事務について監査することができる。

③ 監査委員は、第一項の規定による検査の結果に関する報告又は前項の規定による監査の結果に関する報告を普通地方公共団体の議会及び長に提出しなければならない。

（一時借入金）

第二三五条の三① 普通地方公共団体の長は、歳出予算内の支出をするため、一時借入金を借り入れることができる。

② 前項の規定による一時借入金の借入れの最高額は、予算でこれを定めなければならない。

③ 第一項の規定による一時借入金は、その会計年度の歳入をもつて償還しなければならない。

（現金及び有価証券の保管）

第二三五条の四① 普通地方公共団体の歳入歳出に属する現金（以下「歳計現金」という。）は、政令の定めるところにより、最も確実かつ有利な方法によりこれを保管しなければならない。

② 債権の担保として徴するもののほか、普通地方公共団体の所有に属しない現金又は有価証券は、法律又は政令の規定によるのでなければ、これを保管することができない。

③ 法令又は契約に特別の定めがあるものを除くほか、普通地方公共団体が保管する前項の現金（以下「歳入歳出外現金」という。）には、利子を付さない。

（出納の閉鎖）

第二三五条の五 普通地方公共団体の出納は、翌年度の五月三十一日をもつて閉鎖する。

第八節　時効

（金銭債権の消滅時効）

第二三六条① 金銭の給付を目的とする普通地方公共団体の権利は、時効に関し他の法律に定めがあるものを除くほか、これを行使することができる時から五年間行使しないときは、時効によつて消滅する。普通地方公共団体に対する権利で、金銭の給付を目的とするものについても、また同様とする。

② 金銭の給付を目的とする普通地方公共団体の権利の時効による消滅については、法律に特別の定めがある場合を除くほか、時効の援用を要せず、また、その利益を放棄することができないものとする。普通地方公共団体に対する権利で、金銭の給付を目的とするものについても、また同様とする。

③ 金銭の給付を目的とする普通地方公共団体の権利について、消滅時効の完成猶予、更新その他の事項（前項に規定する事項を除く。）に関し、適用すべき法律の規定がないときは、民法（明治二十九年法律第八十九号）の規定を準用する。普通地方公共団体に対する権利で、金銭の給付を目的とするものについても、また同様とする。

④ 法令の規定により普通地方公共団体がする納入の通知及び督促は、時効の更新の効力を有する。

一　特別法と消滅時効

[1] 地方公共団体の職員の日直手当請求権は、いわゆる公法上の金銭債権ではあるが、地方公共団体の職員には、法律が特に適用を除外したものを除き労働基準法が適用になるので、同法一一五条により、同債権は二年間行使しなければ、時効により消滅する。（最判昭41・12・8民集二〇・一〇・二〇五九、自治百選[三版]七三……昭和三八法九九改正前の地方自治法二三三条下での事案）

[2] 国家賠償法に基づく地方公共団体に対する損害賠償請求権は、私法上の金銭債権であり、民法一四五条は、本条二項の「法律に特別の定めがある場合」に該当し、その消滅には時効の援用が必要である。（最判昭46・11・30民集二五・八・一三八九、行政百選Ⅱ[初版]一一九）→民一四五条[21]

[3] 公立病院における診療は、私立病院のそれと本質的な差違はなく、診療に関する法律関係は本質上私法関係なので、診療債権の消滅時効は、本条一項所定の五年ではなく、民法一七〇条一号［平成二九法四四による改正前］により三年である。（最判平17・11・21民集五九・九・二六一一）

二　時効の主張と信義則→行総◆【Ⅰ】[55]

第九節　財産

（財産の管理及び処分）

第二三七条① この法律において「財産」とは、公有財産、物品及び債権並びに基金をいう。

② 第二百三十八条の四第一項の規定の適用がある場合を除き、普通地方公共団体の財産は、条例又は議会の議決による場合でなければ、これを交換し、出資の目的とし、若しくは支払手段として使用し、又は適正な対価なくしてこれを譲渡し、若しくは貸し付けてはならない。

③ 普通地方公共団体の財産は、第二百三十八条の五第二項の規定の適用がある場合で議会の議決によるとき又は同条第三項の規定の適用がある場合でなければ、これを信託してはならない。

[1] **財産の譲渡等に関する議会の議決**　本条二項の譲渡に関する議決があったというためには、当該譲渡が適正な対価によらないものであることを前提として審議、議決がなされることを要する。対価の妥当性につき審議がされ、譲渡を認める議決がされただけでは、この要件を満たさない。（最判平17・11・17判時一九一七・二五、自治百選[四版]五四）

[2] 譲渡等が適正な対価によるものとして提出された議案の可決議決がされた場合であっても、譲渡等の対価に加え、その適正性の判定に参照すべき価格が提示され、両者に大きなかい離があることを踏まえ、譲渡等の必要性と妥当性の審議を経て議決がされるなど、適正な対価によらない譲渡等であることを前提に審議された上で議決されたと評価できるときは、本条二項の議決があったというべきである。（最判平30・11・6判時二四〇七・三、重判令元行政七……プロポーザル方式の公募に唯一応じた業者に対する、不動産鑑定評価額の約半額での市有地の譲渡が適法とされた事例）

[3] 町有地の売却につき、売却価格が低額に過ぎ、買主との交渉も、実体を有しない態様のものであった等として、売買契約の締結に裁量権の逸脱があり、本条二項に違反するとされた事例（高松高判平29・3・16判タ一四三九・八三）

[4] 町議会の議決を欠いた町有地と道路予定地の交換契約について、議会が事後に追認的に議決したことにより、契約締結上の瑕疵［かし］は治癒したとされた事例（名古屋高判平10・12・18判タ一〇二七・一五九）

[5] 市の普通財産の無償譲渡は、金銭の支出ではなく、寄付・補助に関する地方自治法二三二条の二の適用はないが、本条二項の譲渡であって、条例又は議会の議決が必要である。（札幌高判平17・7・19判タ一二一〇・一二五……小樽市が新築した駅舎の、JR北海道に対する無償譲渡が適法とされた事例）

第一款　公有財産

（公有財産の範囲及び分類）

第二三八条① この法律において「公有財産」とは、普通地方公共団体の所有に属する財産のうち次に掲げるもの（基金に属するものを除く。）をいう。

一　不動産
二　船舶、浮標、浮桟橋及び浮ドック並びに航空機
三　前二号に掲げる不動産及び動産の従物
四　地上権、地役権、鉱業権その他これらに準ずる権利
五　特許権、著作権、商標権、実用新案権その他これらに準ずる権利
六　株式、社債（特別の法律により設立された法人の発行する社債に表示されるべき権利を含み、短期社債等を除く。）、地方債及び国債その他これらに準ずる権利
七　出資による権利

八　財産の信託の受益権

② 前項第六号の「短期社債等」とは、次に掲げるものをいう。

一　社債、株式等の振替に関する法律（平成十三年法律第七十五号）第六十六条第一号に規定する短期社債

二　投資信託及び投資法人に関する法律（昭和二十六年法律第百九十八号）第百三十九条の十二第一項に規定する短期投資法人債

三　信用金庫法（昭和二十六年法律第二百三十八号）第五十四条の四第一項に規定する短期債

四　保険業法（平成七年法律第百五号）第六十一条の十第一項に規定する短期社債

五　資産の流動化に関する法律（平成十年法律第百五号）第二条第八項に規定する特定短期社債

六　農林中央金庫法（平成十三年法律第九十三号）第六十二条の二第一項に規定する短期農林債

③ 公有財産は、これを行政財産と普通財産とに分類する。

④ 行政財産とは、普通地方公共団体において公用又は公共用に供し、又は供することと決定した財産をいい、普通財産とは、行政財産以外の一切の公有財産をいう。

一　公有財産該当性

[1] 道路法施行法五条一項に基づく使用貸借による権利は、本条一項四号にいう「その他これらに準ずる権利」に当たらず、住民訴訟の対象となる財産に含まれない。（最判平2・10・25判時一三六七・九）

[2] 市が都知事から地方自治法二三八条の四第四項［現七項］規定の行政財産の使用許可を受けて使用している建物の使用権は、法律上確立した用益物権ないし用益物権的性格を有する権利ではなく、本条一項四号所定の権利に該当しない。（東京高判平15・6・16判時一八五六・八九）↓二四二条の二[11]

二　公有財産の町内会への神社敷地としての利用提供行為と憲法八九条・二〇条三項↓憲二〇条[21]・八九条[7][8]

（公有財産に関する長の総合調整権）

第二三八条の二① 普通地方公共団体の長は、公有財産の効率的運用を図るため必要があると認めるときは、委員会若しくは委員又はこれらの管理に属する機関で権限を有するものに対し、公有財産の取得又は管理について、報告を求め、実地について調査し、又はその結果に基づいて必要な措置を講ずべきことを求めることができる。

② 普通地方公共団体の委員会若しくは委員又はこれらの管理に属する機関で権限を有するものは、公有財産を取得し、又は行政財産の用途を変更し、若しくは第二百三十八条の四第二項若しくは第三項（同条第四項において準用する場合を含む。）の規定による行政財産である土地の貸付け若しくはこれに対する地上権若しくは地役権の設定若しくは同条第七項の規定による行政財産の使用の許可で当該普通地方公共団体の長が指定するものをしようとするときは、あらかじめ当該普通地方公共団体の長に協議しなければならない。

③ 普通地方公共団体の委員会若しくは委員又はこれらの管理に属する機関で権限を有するものは、その管理に属する行政財産の用途を廃止したときは、直ちにこれを当該普通地方公共団体の長に引き継がなければならない。

（職員の行為の制限）

第二三八条の三① 公有財産に関する事務に従事する職員は、その取扱いに係る公有財産を譲り受け、又は自己の所有物と交換することができない。

② 前項の規定に違反する行為は、これを無効とする。

（行政財産の管理及び処分）

第二三八条の四① 行政財産は、次項から第四項までに定めるものを除くほか、これを貸し付け、交換し、売り払い、譲与し、出資の目的とし、若しくは信託し、又はこれに私権を設定することができない。

② 行政財産は、次に掲げる場合には、その用途又は目的を妨げない限度において、貸し付け、又は私権を設定することができる。

一　当該普通地方公共団体以外の者が行政財産である土地の上に政令で定める堅固な建物その他の土地に定着する工作物であつて当該行政財産である土地の供用の目的を効果的に達成することに資すると認められるものを所有し、又は所有しようとする場合（当該普通地方公共団体と一棟の建物を区分して所有する場合を除く。）において、その者（当該行政財産を管理する普通地方公共団体が当該行政財産の適正な方法による管理を行う上で適当と認める者に限る。）に当該土地を貸し付けるとき。

二　普通地方公共団体が国、他の地方公共団体又は政令で定める法人と行政財産である土地の上に一棟の建物を区分して所有するためその者に当該土地を貸し付ける場合

三　普通地方公共団体が行政財産である土地及びその隣接地の上に当該普通地方公共団体以外の者と一棟の建物を区分して所有するためその者（当該建物のうち行政財産である部分を管理する普通地方公共団体が当該行政財産の適正な方法による管理を行う上で適当と認める者に限る。）に当該土地を貸し付ける場合

四　行政財産のうち庁舎その他の建物及びその附帯施設並びにこれらの敷地（以下この号において「庁舎等」という。）について、その床面積又は敷地に余裕がある場合として政令で定める場合において、当該普通地方公共団体以外の者（当該庁舎等を管理する普通地方公共団体が当該庁舎等の適正な方法による管理を行う上で適当と認める者に限る。）に当該余裕がある部分を貸し付けるとき（前三号に掲げる場合に該当する場合を除く。）。

五　行政財産である土地を国、他の地方公共団体又は政令で定める法人の経営する鉄道、道路その他政令で定める施設の用に供する場合において、その者のために当該土地に地上権を設定するとき。

六　行政財産である土地を国、他の地方公共団体又は政令で定める法人の使用する電線路その他政令で定める施設の用に供する場合において、その者のために当該土地に地役権を設定するとき。

③ 前項第二号に掲げる場合において、当該行政財産である土地の貸付けを受けた者が当該土地の上に所有する一棟の建物の一部（以下この項及び次項において「特定施設」という。）を当該普通地方公共団体以外の者に譲渡しようとするときは、当該特定施設を譲り受けようとする者（当該行政財産を管理する普通地方公共団体が当該行政財産の適正な方法による管理を行う上で適当と認める者に限る。）に当該土地を貸し付けることができる。

④ 前項の規定は、同項（この項において準用する場合を含む。）の規定により行政財産である土地の貸付けを受けた者が当該特定施設を譲渡しようとする場合について準用する。

⑤ 前三項の場合においては、次条第四項及び第五項の規定を準用する。

⑥ 第一項の規定に違反する行為は、これを無効とする。

⑦ 行政財産は、その用途又は目的を妨げない限度においてその使用を許可することができる。

⑧ 前項の規定による許可を受けてする行政財産の使用については、借地借家法（平成三年法律第九十号）の規定は、これを適用しない。

⑨ 第七項の規定により行政財産の使用を許可した場合において、公用若しくは公共用に供するため必要を生じたとき、又は許可の条件に違反する行為があると認めるときは、普通地方公共団体の長又は委員会は、その許可を取り消すことができる。

行政財産の目的外使用↓二三八条[2]、行総◆【II】[79][136]

（普通財産の管理及び処分）

第二三八条の五① 普通財産は、これを貸し付け、交換し、売り払い、譲与し、若しくは出資の目的とし、又はこれに私権を設定することができる。

② 普通財産である土地（その土地の定着物を含む。）は、当該普通地方公共団体を受益者として政令で定める信託の目的により、これを信託することができる。

③ 普通財産のうち国債その他の政令で定める有価証券（以下この項において「国債等」という。）は、当該普通地方公共団体を受益者として、指定金融機関その他の確実な金融機関に国債等をその価額に相当する担保の提供を受けて貸し付ける方法により当該国債等を運用することを信託の目的とする場合に限り、信託することができる。

④ 普通財産を貸し付けた場合において、その貸付期間中に国、地方公共団体その他公共団体において公用又は公共用に供するため必要を生じたときは、普通地方公共団体の長は、その契約を解除することができる。

⑤ 前項の規定により契約を解除した場合においては、借受人は、これによつて生じた損失につきその補償を求めることができる。

⑥ 普通地方公共団体の長が一定の用途並びにその用途に供しなければならない期日及び期間を指定して普通財産を貸し付けた場合において、借受人が指定された期日を経過してもなおこれをその用途に供せず、又はこれをその用途に供した後指定された期間内にその用途を廃止したときは、当該普通地方公共団体の長は、その契約を解除することができる。

⑦ 第四項及び第五項の規定は貸付け以外の方法により普通財産を使用させる場合に、前項の規定は普通財産を売り払い、又は譲与する場合に準用する。

⑧ 第四項から第六項までの規定は、普通財産である土地（その土地の定着物を含む。）を信託する場合に準用する。

⑨ 第七項に定めるもののほか普通財産の売払いに関し必要な事項及び普通財産の交換に関し必要な事項は、政令でこれを定める。

（旧慣による公有財産の使用）

第二三八条の六① 旧来の慣行により市町村の住民中特に公有財産を使用する権利を有する者があるときは、その旧慣による。その旧慣を変更し、又は廃止しようとするときは、市町村の議会の議決を経なければならない。

② 前項の公有財産をあらたに使用しようとする者があるときは、市町村長は、議会の議決を経て、これを許可することができる。

（行政財産を使用する権利に関する処分についての審査請求）

第二三八条の七① 第二百三十八条の四の規定により普通地方公共団体の長以外の機関がした行政財産を使用する権利に関する処分についての審査請求は、普通地方公共団体の長が当該機関の最上級行政庁でない場合においても、当該普通地方公共団体の長に対してするものとする。

② 普通地方公共団体の長は、行政財産を使用する権利に関する処分についての審査請求がされた場合には、当該審査請求が不適法であり、却下するときを除き、議会に諮問した上、当該審査請求に対する裁決をしなければならない。

③ 議会は、前項の規定による諮問を受けた日から二十日以内に意見を述べなければならない。

④ 普通地方公共団体の長は、第二項の規定による諮問をしないで同項の審査請求を却下したときは、その旨を議会に報告しなければならない。

第二款　物品

（物品）

第二三九条① この法律において「物品」とは、普通地方公共団体の所有に属する動産で次の各号に掲げるもの以外のもの及び普通地方公共団体が使用のために保管する動産（政令で定める動産を除く。）をいう。

一　現金（現金に代えて納付される証券を含む。）
二　公有財産に属するもの
三　基金に属するもの

② 物品に関する事務に従事する職員は、その取扱いに係る物品（政令で定める物品を除く。）を普通地方公共団体から譲り受けることができない。

③ 前項の規定に違反する行為は、これを無効とする。

④ 前二項に定めるもののほか、物品の管理及び処分に関し必要な事項は、政令でこれを定める。

⑤ 普通地方公共団体の所有に属しない動産で普通地方公共団体が保管するもの（使用のために保管するものを除く。）のうち政令で定めるもの（以下「占有動産」という。）の管理に関し必要な事項は、政令でこれを定める。

第三款　債権

（債権）

第二四〇条① この章において「債権」とは、金銭の給付を目的とする普通地方公共団体の権利をいう。

② 普通地方公共団体の長は、債権について、政令の定めるところにより、その督促、強制執行その他その保全及び取立てに関し必要な措置をとらなければならない。

③ 普通地方公共団体の長は、債権について、政令の定めるところにより、その徴収停止、履行期限の延長又は当該債権に係る債務の免除をすることができる。

④ 前二項の規定は、次の各号に掲げる債権については、これを適用しない。

一　地方税法の規定に基づく徴収金に係る債権
二　過料に係る債権
三　証券に化体されている債権（国債に関する法律（明治三十九年法律第三十四号）の規定により登録されたもの及び社債、株式等の振替に関する法律の規定により振替口座簿に記載され、又は記録されたものを含む。）
四　電子記録債権法（平成十九年法律第百二号）第二条第一項に規定する電子記録債権
五　預金に係る債権
六　歳入歳出外現金となるべき金銭の給付を目的とする債権
七　寄附金に係る債権
八　基金に属する債権

債権の保全と取立て

1　本条と地方自治法施行令一七一条から一七一条の七によれば、客観的に存在する債権を理由なく放置・免除することは許されず、原則として、地方公共団体の長に行使・不行使についての裁量はない。（最判平16・4・23民集五八・四・八九二、自治百選四版一一四）→二四二条の二42

2　1の原則の下で、都道を権限なく占有している「はみだし自動販売機」の設置者に対して、道路管理者たる都が有している損害賠償請求権ないし不当利得返還請求権の保全と取立てを都が行わなかったことについて、自動販売機一台ごとに債務者を特定して債権額を算定することは困難であり、また、対価の徴収よりもジュース・たばこ等の商品製造業者の協力の下に、自動販売機の撤去という抜本的解決を図ることを優先した都の判断は首肯することができるので、適法であるとされた事例（最判平16・4・23前出1）

第四款　基金

（基金）

第二四一条① 普通地方公共団体は、条例の定めるところにより、特定の目的のために財産を維持し、資金を積み立て、又は定額の資金を運用するための基金を設けることができる。

② 基金は、これを前項の条例で定める特定の目的に応じ、及び確実かつ効率的に運用しなければならない。

③ 第一項の規定により特定の目的のために財産を取得し、又は資金を積み立てるための基金を設けた場合においては、当該目的のためでなければこれを処分することができない。

④ 基金の運用から生ずる収益及び基金の管理に要する経費は、それぞれ毎会計年度の歳入歳出予算に計上しなければならない。

⑤ 第一項の規定により特定の目的のために定額の資金を運用するための基金を設けた場合においては、普通地方公共団体の長は、毎会計年度、その運用の状況を示す書類を作成し、これを監査委員の審査に付し、その意見を付けて、第二百三十三条第五項の書類と併せて議会に提出しなければならない。

⑥ 前項の規定による意見の決定は、監査委員の合議によるものとする。

⑦ 基金の管理については、基金に属する財産の種類に応じ、収入若しくは支出の手続、歳計現金の出納若しくは保管、公有財産若しくは物品の管理若しくは処分又は債権の管理の例による。

⑧ 第二項から前項までに定めるもののほか、基金の管理及び処分に関し必要な事項は、条例でこれを定めなければならない。

第十節　住民による監査請求及び訴訟

（住民監査請求）

第二四二条① 普通地方公共団体の住民は、当該普通地方公共団体の長若しくは委員会若しくは委員又は当該普通地方公共団体の職員について、違法若しくは不当な公金の支出、財産の取得、管理若しくは処分、契約の締結若しくは履行若しくは債務その他の義務の負担がある（当該行為がなされることが相当の確実さをもつて予測される場合を含む。）と認めるとき、又は違法若しくは不当に公金の賦課若しくは徴収若しくは財産の管理を怠る事実（以下「怠る事実」という。）があると認めるときは、これらを証する書面を添え、監査委員に対し、監査を求め、当該行為を防止し、若しくは是正し、若しくは当該怠る事実を改め、又は当該行為若しくは怠る事実によつて当該普通地方公共団体の被つた損害を補塡するために必要な措置を講ずべきことを請求することができる。

② 前項の規定による請求は、当該行為のあつた日又は終わつた日から一年を経過したときは、これをすることができない。ただし、正当な理由があるときは、この限りでない。

③ 第一項の規定による請求があつたときは、監査委員は、直ちに当該請求の要旨を当該普通地方公共団体の議会及び長に通知しなければならない。

④ 第一項の規定による請求があつた場合において、当該行為が違法であると思料するに足りる相当な理由があり、当該行為により当該普通地方公共団体に生ずる回復の困難な損害を避けるため緊急の必要があり、かつ、当該行為を停止することによつて人の生命又は身体に対する重大な危害の発生の防止その他公共の福祉を著しく阻害するおそれがないと認めるときは、監査委員は、当該普通地方公共団体の長その他の執行機関又は職員に対し、理由を付して次項の手続が終了するまでの間当該行為を停止すべきことを勧告することができる。この場合において、監査委員は、当該勧告の内容を第一項の規定による請求人（以下この条において「請求人」という。）に通知するとともに、これを公表しなければならない。

⑤ 第一項の規定による請求があつた場合には、監査委員は、監査を行い、当該請求に理由がないと認めるときは、理由を付してその旨を書面により請求人に通知するとともに、これを公表し、当該請求に理由があると認めるときは、当該普通地方公共団体の議会、長その他の執行機関又は職員に対し期間を示して必要な措置を講ずべきことを勧告するとともに、当該勧告の内容を請求人に通知し、かつ、これを公表しなければならない。

⑥ 前項の規定による監査委員の監査及び勧告は、第一項の規定による請求があつた日から六十日以内に行わなければならない。

⑦ 監査委員は、第五項の規定による監査を行うに当たつては、請求人に証拠の提出及び陳述の機会を与えなければならない。

⑧ 監査委員は、前項の規定による陳述の聴取を行う場合又は関係のある当該普通地方公共団体の長その他の執行機関若しくは職員の陳述の聴取を行う場合において、必要があると認めるときは、関係のある当該普通地方公共団体の長その他の執行機関若しくは職員又は請求人を立ち会わせることができる。

⑨ 第五項の規定による監査委員の勧告があつたときは、当該勧告を受けた議会、長その他の執行機関又は職員は、当該勧告に示された期間内に必要な措置を講ずるとともに、その旨を監査委員に通知しなければならない。この場合において、監査委員は、当該通知に係る事項を請求人に通知するとともに、これを公表しなければならない。

⑩ 普通地方公共団体の議会は、第一項の規定による請求があつた後に、当該請求に係る行為又は怠る事実に関する損害賠償又は不当利得返還の請求権その他の権利の放棄に関する議決をしようとするときは、あらかじめ監査委員の意見を聴かなければならない。

⑪ 第四項の規定による勧告、第五項の規定による監査及び勧告並びに前項の規定による意見についての決定は、監査委員の合議によるものとする。

一　住民監査請求の要件

1　監査請求期間

[1] 町長が第三者との共謀ないし、重大な過失による不法行為により、町に対し損害賠償請求を負うところ、町がその請求を怠っているから賠償請求等の適当な措置を求めるという監査請求は、本条一項所定の怠る事実を改めるために必要な措置を講ずることを求めるものであって、同条二項の適用はないと解される。（最判昭53・6・23判時八九七・五四、自治百選[二版]九八）

[2] 町長その他財務会計職員の財務会計上の行為が違法・無効であり、それに基づく町の実体法上の請求権の不行使を、財産管理を怠る事実とする監査請求は、当該財務会計上の行為のあった日又は終わった日を基準に本条二項を適用すべきである。（最判昭62・2・20民集四一・一・一二二、自治百選[四版]九四）

[3] 概算払いによる公金の支出は、支出金額を確定する精算完了手続を待つまでもなく、住民監査請求の対象となる。よってその監査請求は、本条二項により概算払いによる支出の日から一年を経過するとできなくなる。（最判平7・2・21判時一五二四・三二）

[4] 財務会計上の行為が、違法・無効であることにより発生する実体法上の請求権の不行使を、財産管理を怠る事実とする監査請求において、当該請求権が財務会計上の行為のされた時点では、発生しておらず、又はこれを行使できない場合には、請求権が発生し、行使できることになった日を基準に本条二項を適用すべきである。（最判平9・1・28民集五一・一・二八七、重判平9行政三）→[5]

[5] 市長のなした違法な土地転売行為により、市と第三者との間の土地売買契約が第三者により解除されたことによる損害についての、市長に対する損害賠償請求権の不行使をもって財産の管理を怠る事実とする監査請求につき、第三者と市の間の訴訟において和解が成立した日を基準として本条二項を適用すべきであるとされた事例（最判平9・1・28前出[4]）

[6] 財務会計上の行為が違法であることに基づき発生する実体法上の請求権の行使を怠る事実として対象とする住民監査請求のうち、特定の財務会計行為が財務会計法規に違反して違法かどうかを判断しなくとも監査委員が怠る事実の監査を遂げることができる場合には、本条二項は適用されない。（最判平14・7・2民集五六・六・一〇四九、自治百選[四版]九〇……

請負契約締結に関する談合により県が被った損害賠償請求権の行使を怠る事実の住民監査請求について、契約締結を対象とする監査請求を含まないとして、二項の適用を否定した事例）

[7] 県の施設の建設を受注した共同企業体と県の間で締結された代金増額契約の違法を理由とする、県職員に対する損害賠償請求権の行使を怠る事実に係る監査請求について、契約の準備行為や補助行為の違法が財務会計上の行為の違法を構成する場合には、当該請求は、実質的には財務会計行為の違法是正を求める趣旨のものであるから、増額契約日を基準に本条二項を適用すべきであるとされた事例（最判平14・10・3民集五六・八・一六一一……契約の相手方に対する監査請求については前出[6]の判断によった）

[8] 公金の支出は、具体的には、支出負担行為（支出の原因となるべき契約その他の行為）及び支出命令がされた上で、支出（狭義の支出）がされることによって行われるが、これらは、公金を支出するために行われる一連の行為ではあるが、互いに独立した財務会計上の行為というべきものであるので、支出負担行為、支払命令及び支出について、本条二項所定の監査請求期間は、それぞれの行為があった日から各別に計算すべきである。（最判平14・7・16民集五六・六・一三三九、自治百選[四版]八九）

[9] 本条二項にいう「当該行為のあった日」とは一時的な行為のあった日を、「当該行為の終わった日」とは継続的行為についてその行為が終わった日を意味するので、賃貸借契約の締結を対象とする監査請求については、契約締結の日を基準として同項本文を適用すべきである。（最判平14・10・15判時一八〇七・七九）

[10] 財産管理を怠る事実に係る実体法上の請求権が除斥期間の経過により消滅し、怠る事実が終わった場合には、当該怠る事実の終わった日から一年が経過すると本条二項により、これを対象とする監査請求はできなくなる。また、同請求権を除斥期間の経過により消滅させたことが違法であるとして、同請求権の不行使を財産管理の第二の怠る事実とする監査請求についても、第一の怠る事実の終わった日を基準として、一年の監査請求期間の制限に服する。（最判平19・4・24民集六一・三・一一五三、自治百選[四版]九二）

２　監査請求期間経過の正当な理由

[11] 財務会計上の行為が秘密裡［り］にされた場合には、正当な理由の有無は、特段の事情がない限り、住民が相当の注意力をもって調査したときに客観的にみて当該行為を知ることができたかどうか、また、知ることができたと解されるときから相当な期間内に監査請求をしたかどうかによって判断すべきである。（最判昭63・4・22判時一二八〇・六三）

[12] 財務会計上の行為が秘密裡にされた場合のみならず、住民が相当の注意力をもって調査を尽くしても客観的にみて監査請求をするに足りる程度に当該行為の存在又は内容を知ることができなかった場合につき、前出[11]と同旨（最判平14・9・12民集五六・七・一四八一、自治百選[四版]九一）

[13] 仙台市が公園用地として時価より高額で取得した土地の売買契約について、秘密裡になされたものではなく、用地取得の事業費につき記載のある決算説明書が一般の閲覧に供されて住民がその内容を了知できるようになった時期が、住民が客観的にみて契約の締結又は代金の支出について監査請求をするに足りる程度に当該行為の存在又は内容を知ることができた時期であるとされた事例（最判平14・9・17判時一八〇七・七二）

[14] 一般住民が相当の注意力をもって調査を尽くしても客観的にみて監査請求をするに足りる程度に監査請求対象となる行為の存在又は内容を知ることができなくても、監査請求をした者が同程度に知ることができたと解される場合には、その時期から相当な期間内に監査請求をしたかどうかによって、正当な理由の有無を判断すべきである。（最判平14・10・15前出[9]）

[15] 市の食糧費の支出にかかる監査請求につき、関連文書の情報公開決定により、情報公開請求をした団体及び一般市民にとって、各支出につき監査請求をするに足りる程度に支出の存在内容を知ることができ、三か月後には、団体は、支出の分析を終了していたので、公開決定から四か月を経た監査請求に、正当理由はないとされた事例（最判平17・12・15判時一九二二・六七）

[16] 県警察本部の出張旅費の支出について、情報開示請求に対して、旅行期間、目的地、用務等に関して第二次の開示がなされるまで、監査請求をするに足りる程度に支出の存在と内容を知り得なかったものとして、当該開示から一か月を経た監査請求につき、正当な理由があるとされた事例（最判平20・3・17判時二〇〇四・五九、自治百選[四版]九三）

３　再度の監査請求

[17] 同一住民が、先に監査請求の対象とした財務会計上の行為又は怠る事実と同一の行為ないし怠る事実を対象とする監査請求を重ねて行うことは許されない。住民訴訟において、監査請求で主張された事由以外の違法事由を主張することは何ら禁止されておらず、違法事由ごとに監査請求を認める必要はない。（最判昭62・2・20前出[2]）

二　監査請求の対象

[18] 地方自治法二四三条の二第四項［昭和三八法九九による改正前］所定のいわゆる納税者訴訟の対象となる財産は、住民の負担にかかる公租公課等により形成された地方公共団体の公金及び営造物以外の財産であって、地方税の賦課徴収権はこれに含まれない。（最判昭38・3・12民集一七・二・三一八、自治百選[三版]九一）

[19] 地方自治法二四三条の二［昭和三八法九九による改正前］による住民の監査請求及び訴訟は、地方議会の議決の是正を目的とするものではないが、監査委員は議会の議決があった公金の支出について、長に対して、その執行について措置を要求することができるし、訴訟においては、議会の議決に基づく公金の支出についても執行の禁止・制限を求めることができる。（最大判昭37・3・7民集一六・三・四四五、自治百選[四版]一〇七）↓行訴一条[7]

◇[18][19]↓二三八条[1][2]・二四二条の二[5]～[13]

三　請求対象の特定

[20] 行為の防止、差止めを求める住民監査請求においては、その対象とする行為を他の行為と区別し、特定して認識できるよう個別具体的に適示する必要があり、それがない請求は請求の特定を欠くものとして不適法である。（最判平2・6・5民集四四・四・七一九、重判平2行政六）↓二四二条の二[22]

[21] （[20]の示した準則について）監査請求書及び添付された事実を証する書面の記載等を総合して、請求対象が特定の行為又は怠る事実であることを監査委員が認識することができる程度に摘示されていれば足りる。行為又は怠る事実が複数である場合も同様である。（最判平16・11・25民集五八・八・二二九七、重判平16行政八）

[22] 監査請求の対象となる行為が複数であるが、行為の性質、目的等に照らしこれらを一体とみてその違法性・不当性を判断するのを相当とする場合には、対象となる行為とそうでない行為の識別が可能である限り、個別の当該行為を逐一摘示し特定することが常に要求されるものではない。当該行為を防止するために必要な措置を求める場合には、行為が行われることが相当の確実さをもって予測されるか否かの点についての判断が可能である程度に行為が特定されていることも必要になるが、特定の事業の実施と関連支出の全体を請求の対象にする場合には、当該事業を特定することにより足りる場合も多い。（最判平18・4・25民集六〇・四・一八四一、自治百選[四版]八八……市施行の土地区画整理事業に対する公金返還及び支出差止めの請求が適法とされた事例）

[23] 小中一貫校建設にかかる支出につき、区長が地方自治法二二〇条三項ただし書の規定する事故繰越しの措置をとること

を承認したことの違法等を主張する監査請求について、監査請求書等の記載から、監査請求人が当該繰越金の支出命令を全て請求の対象とする趣旨であり、監査委員もそれを認識できたとして、請求の特定に欠けるところはないとされた事例（東京高判平27・9・28判自四一〇・三三）

四　違法な公金の支出の例

1　給与・諸手当の支出

[24]　町長が、森林組合に町職員をその身分を保有させたまま派遣し、町長の指揮監督を離れて専ら森林組合の職員としての事務に従事させ、町予算からその給与を支払ったのは違法な公金の支出に当たる。（最判昭58・7・15民集三七・六・八四九、自治百選[三版]七五）

[25]　都教育委員会が公立学校教頭職にある者のうち勧奨退職に応じた者を、一日だけ名目的に校長に任命する昇格処分、退職承認処分を行った場合、それが著しく合理性を欠き予算執行の適正確保の観点から看過し得ない瑕疵［かし］があると解し得ないので、都知事はこれに伴う財務会計上の措置を採るべき義務があり、その支出決定は違法ではないとされた事例（最判平4・12・15民集四六・九・二七五三〈一日校長事件〉自治百選[四版]一〇五）↓二四二条の二[12]

◇[24][25]↓二〇四条[1]～[6]・二〇四条の二[1]～[3]

2　交際費等の支出↓二三二条[1]～[8]

3　政教分離原則との関係↓憲二〇条[8]～[28]・八九条[3]

4　寄附金・補助金↓二三二条の二[判]

5　契約による支出↓行総◘【II】[142]～[149]

五　住民監査請求と情報公開↓行政情報公開五条[52]

第二四二条の二（住民訴訟）①　普通地方公共団体の住民は、前条第一項の規定による請求をした場合において、同条第五項の規定による監査委員の監査の結果若しくは勧告若しくは同条第九項の規定による普通地方公共団体の議会、長その他の執行機関若しくは職員の措置に不服があるとき、又は監査委員が同条第五項の規定による監査若しくは勧告を同条第六項の期間内に行わないとき、若しくは議会、長その他の執行機関若しくは職員が同条第九項の規定による措置を講じないときは、裁判所に対し、同条第一項の請求に係る違法な行為又は怠る事実につき、訴えをもつて次に掲げる請求をすることができる。

一　当該執行機関又は職員に対する当該行為の全部又は一部の差止めの請求

二　行政処分たる当該行為の取消し又は無効確認の請求

三　当該執行機関又は職員に対する当該怠る事実の違法確認の請求

四　当該職員又は当該行為若しくは怠る事実に係る相手方に損害賠償又は不当利得返還の請求をすることを当該普通地方公共団体の執行機関又は職員に対して求める請求。ただし、当該職員又は当該行為若しくは怠る事実に係る相手方が第二百四十三条の二の二第三項の規定による賠償の命令の対象となる者である場合には、当該賠償の命令をすることを求める請求

②　前項の規定による訴訟は、次の各号に掲げる場合の区分に応じ、当該各号に定める期間内に提起しなければならない。

一　監査委員の監査の結果又は勧告に不服がある場合　当該監査の結果又は当該勧告の内容の通知があつた日から三十日以内

二　監査委員の勧告を受けた議会、長その他の執行機関又は職員の措置に不服がある場合　当該措置に係る監査委員の通知があつた日から三十日以内

三　監査委員が請求をした日から六十日を経過しても監査又は勧告を行わない場合　当該六十日を経過した日から三十日以内

四　監査委員の勧告を受けた議会、長その他の執行機関又は職員が措置を講じない場合　当該勧告に示された期間を経過した日から三十日以内

③　前項の期間は、不変期間とする。

④　第一項の規定による訴訟が係属しているときは、当該普通地方公共団体の他の住民は、別訴をもつて同一の請求をすることができない。

⑤　第一項の規定による訴訟は、当該普通地方公共団体の事務所の所在地を管轄する地方裁判所の管轄に専属する。

⑥　第一項第一号の規定による請求に基づく差止めは、当該行為を差し止めることによつて人の生命又は身体に対する重大な危害の発生の防止その他公共の福祉を著しく阻害するおそれがあるときは、することができない。

⑦　第一項第四号の規定による訴訟が提起された場合には、当該職員又は当該行為若しくは怠る事実の相手方に対して、当該普通地方公共団体の執行機関又は職員は、遅滞なく、その訴訟の告知をしなければならない。

⑧　前項の訴訟告知があつたときは、第一項第四号の規定による訴訟が終了した日から六月を経過するまでの間は、当該訴訟に係る損害賠償又は不当利得返還の請求権の時効は、完成しない。

⑨　民法第百五十三条第二項の規定は、前項の規定による時効の完成猶予について準用する。

⑩　第一項に規定する違法な行為又は怠る事実については、民事保全法（平成元年法律第九十一号）に規定する仮処分をすることができない。

⑪　第二項から前項までに定めるもののほか、第一項の規定による訴訟については、行政事件訴訟法第四十三条の規定の適用があるものとする。

⑫　第一項の規定による訴訟を提起した者が勝訴（一部勝訴を含む。）した場合において、弁護士、弁護士法人又は弁護士・外国法事務弁護士共同法人に報酬を支払うべきときは、当該普通地方公共団体に対し、その報酬額の範囲内で相当と認められる額の支払を請求することができる。

（平成一四法四による改正前の条文）

旧第二四二条の二①（柱書略）

一―三（略）

四　普通地方公共団体に代位して行なう当該職員に対する損害賠償の請求若しくは不当利得返還の請求又は当該行為若しくは怠る事実に係る相手方に対する法律関係不存在確認の請求、損害賠償の請求、不当利得返還の請求、原状回復の請求若しくは妨害排除の請求

②―⑧（略）

一　住民訴訟の性質

[1]　地方自治法二四二条の二第四項［昭和三八法九九による改正前］のいわゆる納税者訴訟は、地方公共団体の住民の手によって地方自治運営の腐敗を防止矯正し、その公正を確保するために認められた住民の参政措置の一環であるが、地方公共団体の事務の一般的状況を明らかにすることを目的とする事務監査請求の制度とは異なり、自治行政の経済的基礎としての地方公共団体の公金・財産等についての違法支出等を防止矯正するため法律で特に認められた制度である。（最判昭38・3・12民集一七・二・三一八、自治百選[三版]九一）↓二四二条[18]

[2]　住民訴訟の訴権は、地方公共団体の構成員たる住民全体の利益を保障するために法律で特別に認められた参政権の一種であり、その原告は、自己の利益や地方公共団体そのものの利益ではなく、専ら住民全体の利益のために、いわば公益の代表者として地方財務行政の適正化を主張するものである。（最判昭53・3・30民集三二・二・四八五、自治百選[四版]九五）

[3]　地方自治法二四二条の二［昭和三八法九九による改正前］のような納税者訴訟制度を設けるか否かは立法政策の問題であって、それを設けないことが地方自治の本旨に反するとは言えない。同条による住民の権利は、昭和二三年法一七九号

［地方自治法の一部を改正する法律］により初めて付与された実体法上の権利であり、それ以前の事実について右権利を行使することはできない。（最大判昭34・7・20民集一三・八・一一〇三、自治百選[二版]九三）↓九六条[7]

◇[1]～[3]↓行訴四二条[4]

二　住民訴訟の原告適格↓行訴四二条[4]

[4]　権利能力なき社団であるからといって、そのことの故のみをもって、原告適格を否定するのは相当でないが、専ら団体の名で住民訴訟を提起する目的で権利能力なき社団を結成したり、住民でさえない者たちが住民訴訟を提起する目的で参集して、権利能力なき社団を結成し、その主たる事務所を当該地方公共団体の区域内に置く場合等には、原告適格を否定するべきである。（福岡地判平10・3・31判時一六六九・四〇）

三　住民訴訟の対象

1　財務会計行為該当性

[5]　土地区画整理法に基づく換地処分による市の土地取得の取消を求める訴えは、本条に定める住民訴訟の定型に該当せず、不適法である。（最判昭51・3・30判時八一三・二四、自治百選[二版]一〇五）

[6]　市道を建設する際に、市担当者が請負人に建設工事をさせるという工事施行決定書を決裁しこれに関与した行為は、道路建設行政の見地からする道路行政担当者としての行為であり住民訴訟の対象とはならない。（最判平2・4・12民集四四・三・四三一）

[7]　普通地方公共団体の所有に属する不動産の処分は、当該不動産が普通地方公共団体の住民の負担に係る公租公課等によって形成されたものであると否とを問わず、地方自治法二四二条一項所定の「財産の処分」として住民訴訟の対象になる。（最判平10・11・12民集五二・八・一七〇五、自治百選[四版]一〇四）

[8]　市が施行する土地区画整理事業において取得した保留地を随意契約の方法により売却する行為は、住民訴訟の対象となる「財産の処分」及び「契約の締結」に該当する。（最判平10・11・12前出[7]）

[9]　地方自治法二三二条の五第二項が規定する資金前渡を受けた職員による、普通地方公共団体に債務を負担させる行為と支払は、同法二四二条一項にいう「公金の支出」に当たり、住民訴訟の対象となる。（最判平18・12・1民集六〇・一〇・三八四七、自治百選[四版]一〇〇）↓[31]・二三二条[6]

[10]　地方公共団体の公金を一般会計から特別会計としての工業用水道事業会計に支出する行為は、地方公共団体においても、国家財政の場合と同様に会計間の繰入れは「支出」に該当するのが相当であり、かつ違法な繰入行為はそれ自体税金の減少を来し、住民全体の利益を害するので、住民訴訟の対象たる地方自治法二四二条一項の「公金の支出」に該当する。（名古屋高判平12・7・13判タ一〇八八・一四六）

[11]　特定多目的ダム法におけるダム使用権の設定申請の取下げ行為は、財務会計上の行為としての財産管理行為に当たらないので、取下げを怠る事実の確認請求は不適法である。（東京高判平26・3・25判時二二二七・二一）↓[15]

[12]　市が高等学校の甲子園出場後援会に対して交付した補助金について、他用途への支出等を理由に提起された違法確認及び同後援会に対する不当利得返還請求義務付け訴訟において、市の補助金交付規則の関係規定等からすると、補助金交付決定の取消しが行われていない時点でも、他用途に使用された場合に合理的な理由なく補助金の返還を求めないことは、交付決定の取消しを行わないことを含め、地方自治法二四二条一項所定の「財産」に属する補助金返還請求権の管理を怠る行為に該当するとされた事例（仙台高判平27・7・15判時二二七二・三五）

2　先行行為との関係↓行総◘【II】[144]～[146]

[13]　本条一項四号の代位請求としての、当該職員に対する損害賠償請求訴訟においては、当該職員の財務会計上の行為を捉えて損害賠償責任を問うことができるのは、先行する原因行為に違法事由があっても、その行為を前提としてされた当該職員の行為自体に、財務会計法規上の義務違反による違法がある場合に限られる。〔平成一四法四による改正前の事案〕（最判平4・12・15民集四六・九・二七五三〈一日校長事件〉自治百選[四版]一〇五）↓二四二条[25]

[14]　第三セクター設立の結果、地方公共団体が出資金を支出する行為は、設立行為や目的が公序良俗に反するなど違法でない限り原則として適法な先行行為に基づくものとして適法であり、第三セクターの事業に関連する都市計画決定等は、当該支出の先々行為であって、重大明白な瑕疵［かし］がない場合には、支出の違法をもたらさないとされた事例（東京高判平13・11・20判時一七八六・四六）

[15]　河川法六三条一項に基づく受益者負担金の知事による支出行為が違法となるのは、国土交通大臣による同負担金の納付通知に重大明白な瑕疵がある場合等に限定される。（東京高判平26・3・25前出[11]……八ッ場ダムにおける当該支出行為が違法でないとされた事例）

◇[5]～[15]↓二四二条[18]～[23]

◇[13]～[15]↓一四九条[1]

四　監査請求前置

[16]　住民訴訟においては、その対象とする財務会計上の行為又は怠る事実について監査請求を経ていると認められる限り、監査請求において求められた具体的措置の相手方とは異なる者を相手方として右措置の内容と異なる請求をすることも許される。（最判平10・7・3判時一六五二・六五）

[17]　監査委員が適法な住民監査請求を不適法であるとして却下した場合、当該請求をした住民は、適法な住民監査請求を経たものとして、直ちに住民訴訟を提起することができるのみならず、当該請求の対象とされた財務会計上の行為又は怠る事実と同一の財務会計上の行為又は怠る事実を対象として再度の住民監査請求をすることも許される。（最判平10・12・18民集五二・九・二〇三九、自治百選[四版]九七）

[18]　市営地下鉄工事の建設費支出の差止めを求める住民訴訟の係属中に、工事が実施され、支出された公金の一部について の代位訴訟が提起された場合、対象について同一性があるので、前者に関する監査請求をもって、後者における監査請求前置の要件を満たしているとされた事例（横浜地判平13・1・17判タ一〇九四・一三九）

五　出訴期間

[19]　監査委員が適法な住民監査請求を不適法であるとして却下した場合、当該請求をした住民が提起する住民訴訟の出訴期間は、本条二項一号に準じ、却下の通知があった日から三〇日以内と解するべきである。（最判平10・12・18前出[17]）

[20]　本条一項三号による怠る事実の違法確認訴訟が提起された後、四号による市長個人に対する損害賠償請求に請求の趣旨を訂正する申立書が提出された場合、出訴期間の遵守については、同申立書提出時に訴えが提起されたものと解するのが相当であり、それ以前に遡って訴えの提起があったものと解することは民訴法一四七条［旧二三五条］の趣旨に反し許されない。〔平成一四法四による改正前の事案〕（最判昭58・7・15民集三七・六・八六九、自治百選[四版]九八）

六　行為の差止め―一号請求

[21]　地方公共団体による山林の売却が、随意契約の制限に関する法令に違反し違法であるとしても、私法上当然に無効でない場合には、地方公共団体が契約の相手方に対して債務履行の義務を負うから、同債務の履行として行われる行為は違法でなく、その差止めを請求することは許されない。〔平成一四法四による改正前の事案〕（最判昭62・5・19民集四一・四・六八七、自治百選[三版]四四）↓二条[3]、行総◘【II】[142]

[22]　本条一項一号による事前の差止請求において、複数の行為を包括的に差止請求の対象とする場合、その個別行為を他の行為と区別して特定し具体的に摘示することが常に必要とさ

れるものでなく、当該行為の適否の判断のほか、それが行われることが相当の確実さをもって予想されるか否か、当該行為により地方公共団体に回復困難な損害を生ずるおそれの有無について、判断可能な程度に行為の範囲等が特定されていることが必要で、かつそれで足りる。〔平成一四法四による改正前の事案〕（最判平5・9・7民集四七・七・四七五五〈織田が浜埋立工事費用支出差止訴訟〉自治百選[四版]A23）↓二四二条[20]

七　不作為の違法確認―三号請求

[23]　本条一項三号による不作為の違法確認訴訟は、弁論終結時点において、被告行政庁が当該行為をすることができるのにしないことの確認訴訟であり、弁論終結時点で、消滅時効の完成、法規の改正等で当該行為を行うことができない場合は、その不作為に三号における違法はない。（大阪高判平7・12・20判タ九一四・一五一……水道事業給水条例及び規程の改正で、大口需要者に課される負担金にかかる基準水量の変更がなされた事例）

[24]　本条一項は、三号請求と四号請求の間に優先順位を定めておらず、四号請求との関係で三号請求を補充的なものと解する根拠はないので、地方公共団体の第三者に対する請求権の行使を怠る事実の違法確認を求める三号請求に係る訴えに、当該請求権を代位請求する四号請求に係る訴えが併合提起されても、三号請求に係る訴えは不適法なものにはならない。〔平成一四法四による改正前の事案〕（最判平13・12・13民集五五・七・一五〇〇、自治百選[四版]一〇一）

[25]　公有地上の神社物件の撤去等をすることを怠る事実を違法とした原審の判断について、違憲性を解消する他の合理的な手段があるか否かについて審理判断せず、釈明権を行使しなかった違法があるとされた事例（最大判平22・1・20民集六四・一・一〈空知太神社訴訟〉自治百選[四版]一〇二）↓憲二〇条[21]・八九条[7][9]

八　代位請求訴訟―（旧）四号請求

1　代位請求訴訟の趣旨

[26]　本条一項四号によるいわゆる代位請求訴訟は、地方公共団体が、職員又は違法な行為若しくは怠る事実に係る相手方に対し、実体法上同号所定の請求権を有するにもかかわらず、これを積極的に行使しようとしない場合に、住民が地方公共団体に代位し右請求権に基づいて提起するものである。〔平成一四法四による改正前の事案〕（最判昭53・6・23判時八九七・五四、自治百選[二版]九八）↓[32]

2　「当該職員」の範囲

[27]　都議会議長は都議会の交際費等の支出に対し権限を有しないので、本条一項四号の職員に該当しない。〔平成一四法四による改正前の事案〕（最判昭62・4・10民集四一・三・二三九、自治百選[四版]九九）↓二〇〇条[3]

[28]　地方公営企業の管理者は、訓令等の事務処理上の明確な定めにより、一定の範囲の財務会計上の行為を特定の補助職員に専決させることとしている場合でも、地方公営企業法上、右財務会計上の行為を行う権限を法令上本来的に有するものとされている以上、本条一項四号の当該職員に該当し、補助職員が財務会計上の違法行為をすることを阻止すべき指揮監督上の義務に違反し、故意又は過失により吏員〔職員〕の財務会計上の違法行為を阻止しなかった場合には、損害賠償責任を負う。〔平成一四法四による改正前の事案〕（最判平3・12・20民集四五・九・一四五五、自治百選[四版]七七）

[29]　地方公営企業の管理者の権限に属する財務会計上の行為を、訓令等の事務処理上の明確な定めにより、専決した補助職員は本条一項四号の当該職員に当たる。〔平成一四法四による改正前の事案〕（最判平3・12・20民集四五・九・一五〇三、行政百選Ⅰ[七版]二二②）

[30]　市長が公有財産の管理権限を吏員〔職員〕に委任している場合においても、市長は本条一項四号の当該職員に該当し、当該吏員が財務会計上の違法行為をすることを阻止すべき指揮監督上の義務に違反し、故意又は過失により吏員の財務会計上の違法行為を阻止しなかった場合には、損害賠償責任を負う。〔平成一四法四による改正前の事案〕（最判平5・2・16民集四七・三・一六八七〈箕面忠魂碑・慰霊祭訴訟〉自治百選[三版]八四）

[31]　資金前渡職員のなした個別債務負担行為と支出の適否が係争の対象である住民訴訟において、資金前渡職員と普通地方公共団体の長の両者が、当該職員に該当するとされた事例〔平成一四法四による改正前の事案〕（最判平18・12・1前出[9]）

◇[28]～[31]↓行総◘【Ⅰ】[86]

3　被告適格等

[32]　本条一項四号のいわゆる代位請求訴訟の構造からして、同訴訟の被告適格を有する者は、原告により訴訟の目的である地方公共団体が有する実体法上の請求権を履行する義務があると主張されている者である。〔平成一四法四による改正前の事案〕（最判昭53・6・23前出[26]）↓二四二条[1]

[33]　本条一項四号にいう「相手方」を当該違法な行為又は怠る事実に係る直接の相手方に限定する合理的な理由はなく、市から市有地の払下げを受けた者からこれを転得した者は被告適格を有する。〔平成一四法四による改正前の事案〕（最判昭50・5・27判時七八〇・三六、自治百選[四版]A24）

4　被告の変更

[34]　本条一項四号所定の不当利得返還請求に係る訴えにおいて、原告が故意又は重大な過失によらないで「当該職員」とすべき者を誤ったときは、裁判所は、原告の申立てにより、行政事件訴訟法一五条を準用して、決定をもって、被告を変更することを許すことができる。〔平成一四法四による改正前の事案〕（最判平11・4・22民集五三・四・七五九、重判平11行政六）

[35]　訓令等の事務処理上の明確な定めにより、当該財務会計上の行為に関し、専決することを任され、右権限行使についての意思決定を行う者がそれぞれ規定されている場合において、当該財務会計上の行為につき、法令上権限を有する者からあらかじめ専決することを任され、右権限行使についての意思決定を行うとされている者として「当該職員」には該当するものの、現実に専決するなどの財務会計上の行為をしたと認められない者を誤って被告としたときにも、行政事件訴訟法一五条を準用して、被告を変更することを許すことができる。〔平成一四法四による改正前の事案〕（最判平11・4・22前出[34]）

[36]　本条一項四号所定の「当該職員」に対する損害賠償請求又は不当利得返還請求に係る訴えにおいて、原告が被告とすべき「当該職員」を誤ったとしてした被告の変更の申立てに対して行政事件訴訟法一五条の準用による裁判所の許可決定がされた場合、従前の被告に対する訴えの提起は、新たな被告に対する損害賠償請求権又は不当利得返還請求権についての裁判上の請求又はこれに準ずる時効中断事由には該当しない。〔平成一四法四による改正前の事案〕（最判平11・4・22前出[34]）

5　実体法上の損害賠償請求権の根拠と範囲

[37]　地方公共団体が、河川・港湾のヘドロ堆積にかかる汚水排出者への請求権の行使を違法に怠った事実により被った損害の補塡を、本条一項四号の代位請求により汚水排出者に求めることはできるが、損害賠償の対象となるのは、ヘドロ浚渫〔しゅんせつ〕費のうち終局的に同者に負担させるのを相当とする部分に限定される。〔平成一四法四による改正前の事案〕（最判昭57・7・13民集三六・六・九七〇〈田子の浦ヘドロ訴訟〉自治百選[三版]九二）

[38]　長の地方公共団体に対する賠償責任は、民法の規定によるのであって、本条一項四号の規定による長に対する損害補塡の代位請求において、同法二四三条の二〔現二四三条の二の二〕の規定を顧慮する必要はない。〔平成一四法四による改正

前の事案〕（最判昭61・2・27民集四〇・一・八八、自治百選[四版]一〇八）→二四三条の二の二[7]

[39] 町職員に対する地方自治法二四三条の二〔現二四三条の二の二〕第三項に基づく長の賠償命令が確定している場合には、職員に対する本条一項四号の代位請求訴訟における、職員の賠償責任の有無及び範囲は、当該命令の命じるところに限定される。〔平成一四法四による改正前の事案〕（最判平6・11・8裁判集民一七三・二七七、重判平6行政八）→二四三条の二の二[2]

6　長等の故意・過失

[40] 議会の議決が違法であるときは、地方自治法一七六条四項により再議に付すことが長の義務であるから、議会の議決が一義的明白に違法な場合には、議決を執行した長にも損害賠償責任が生ずる。〔平成一四法四による改正前の事案〕（東京高判平13・8・27判時一七六四・五六、自治百選[四版]七一……応訴した訴訟事件に関する和解の全てを知事の専決とする議会の議決につき、一義的明白に違法とはいえないとされた事例）→九六条[10]

[41] 第三セクターへの派遣職員に対する違法な給与支出について、派遣当時は、派遣方法の適否についての下級審判例も分かれており、なおかつ条例にもとづき職務専念義務免除等の法的手続を踏んで行われた等の事情から、長に故意・過失はなかったとされた事例〔平成一四法四による改正前の事案〕（最判平16・1・15民集五八・一・一五六、自治百選[四版]六三）

[42] 談合により地方公共団体に損害を与えた企業に対する損害賠償請求権の不行使が、長の違法な怠る事実に当たるというためには、客観的に見て不法行為の成立を認定するに足りる証拠資料を長が入手し、又は入手し得たことを要するが、当該談合につき公正取引委員会の審決が将来確定した場合に独禁法二五条による損害賠償請求が可能になるとしても、損害回復の遅れ等が生じるので、それだけでは、不法行為に基づく賠償請求権の不行使を正当化する理由にはならない。〔平成一四法四による改正前の事案〕（最判平21・4・28判時二〇四七・一一三、自治百選[四版]一〇三）→二四〇条[7]、独禁二五条[32]

[43] 競艇従事員共済会への補助金違法支出（二〇四条の二[4]）につき、地方公共団体の長は、地方公営企業の予算調製に当たり地方公営企業の管理者作成に係る予算原案を尊重することが予定されているとして、予算調製において支出の違法性を現実に認識していなかったこと等を理由に、長の損害賠償責任が否定された事例（最判令元・10・17判時二四三六・三）

[44] [43]の支出につき、企業管理者としての市企業局長に違法な支出を回避すべき職務上の注意義務を尽くさなかった過失があったとして責任が肯定され、補助金の交付決定権限がないこと等を理由に企業局次長の責任が否定された事例（最判令元・10・17前出[43]）

◇[37]～[42]→二四〇条[2]

7　地方公共団体の損害

[45] 市が公共の用に供するため借り受けた土地につき、違法に固定資産税の非課税措置を採ったことにより市が被った損害と、当該措置を採らなかった場合に必要とされる土地使用の対価支払を市が免れた利益は、損益相殺の対象となり、後者の額が前者の額を下回っていないので、市に損害はないとされた事例〔平成一四法四による改正前の事案〕（最判平6・12・20民集四八・八・一六七六、自治百選[四版]一一二）→国賠一条[119]

[46] 市における処理が困難な廃棄物の運搬等について、市が業者と締結した委託契約により、市から業者に委託料が支払われたが、同契約が廃棄物処理法に違反し無効である場合、市の被った損害額は、当該委託料が、委託契約が適法な契約として締結されていれば市が負担したであろう適正な委託料を上回った場合の差額であるとされた事例（最判平25・7・12判自三七三・七四）

[47] 大阪府が日本下水道事業団に工事を委託したところ、事業団から工事を受注した企業と事業団との談合により、事業団が支払う請負金額がつり上げられた場合、談合という不法行為がなければ、請負金額の合計額は減少し、差額分は事業団から府に還付されたはずのものであるから、府には差額相当額の損害が発生するものとされた事例〔平成一四法四による改正前の事案〕（最判平14・7・18判時一七九八・七四、自治百選[四版]一一一）

[48] 地方公共団体の発注した工事の入札において、業者間で談合が行われた結果、入札価格がつり上げられた場合について、独禁法改正による課徴金引上げの際の公正取引委員会の見解を参照し、契約金額の八パーセントが地方公共団体の損害に当たると認定された事例〔平成一四法四による改正前の事案〕（大阪高判平18・9・14判タ一二二六・一〇七）

九　訴訟参加

[49] 四号請求における共同訴訟的補助参加〔平成一四法四による改正前の事案〕（最判昭63・2・25民集四二・二・一二〇、民訴百選[三版]A41）→民訴四五条[4]

[50] 住民訴訟への共同訴訟参加の申出は、当事者、請求の趣旨及び原因が同一である別訴について適法な住民監査請求を経ていないとする却下判決が確定した場合には、その既判力により却下される。（最判平22・7・16民集六四・五・一四五〇、自治百選[四版]一〇六）→民訴一一四条[32]

一〇　弁護士報酬の支払請求（一二項）

[51] 本条七項〔現一二項〕にいう「勝訴（一部勝訴を含む。）した場合」には、本条一項四号の規定による訴訟を提起された者が請求の認諾をし、それが調書に記載された場合も含まれる。〔平成一四法四による改正前の事案〕（最判平10・6・16判時一六四八・五六、自治百選[四版]一一五）

[52] 本条一項四号の訴訟が提起されたことを契機として地方公共団体が当該訴訟に係る損害について補塡を受けた場合であっても、訴えが取り下げられたことにより訴訟が終了した場合は、本条七項〔現一二項〕の「勝訴（一部勝訴を含む。）した場合」に該当しない。〔平成一四法四による改正前の事案〕（最判平17・4・26判時一八九六・八四）

[53] 本条七項〔現一二項〕の「相当と認められる額」とは、旧四号住民訴訟で訴訟委任を受けた弁護士が行った活動の対価として必要かつ十分な程度として社会通念上適正妥当と認められる額をいう。その具体額は、当該訴訟における事案の難易、弁護士の要した労力の程度と時間、認容額、判決の結果地方公共団体が回収した額、住民訴訟の性格その他諸般の事情を総合的に勘案して定められるべきである。〔平成一四法四による改正前の事案〕（最判平21・4・23民集六三・四・七〇三、自治百選[四版]一一六……認容額・回収額を従たる考慮要素にとどめた原審の判断が破棄された事例）

[54] 〈[53]の判断を前提として〉勝訴により確保された経済的利益の額として判決の結果地方公共団体が回収した額を考慮する際には、現に回収した額から、回収に伴って別の財務会計行為により国に返還される国庫補助金相当額を控除した額とすべきではない。（最判平23・9・8判時二一三四・五二……控除された額を経済的利益の額とした原審判断は相当でないとされたが、「相当と認められる額」の具体的な認定判断は維持された事例）

一一　請求の放棄と対象債権の放棄議決等

[55] 四号請求において、訴訟を提起した住民はその請求を放棄することはできない。〔平成一四法四による改正前の事案〕（最判平17・10・28民集五九・八・二二九六〈「陣屋の村」補助金住民訴訟〉自治百選[四版]八六）→九六条[4][5]・二三二条の二[7]

[56] 市が、職員の福利厚生事業を委託している社団法人に職員に対する退会給付金等の給付に充てる目的で補給金を支払ったことが違法であるとして、不当利得の返還請求をすべきことを求めた住民訴訟が、退会給付金制度の廃止により不要となった補給金を清算する趣旨で同法人から支払われた金員を不当利得金の返還債務に充当する旨の市と同法人との間の合

意により、不当利得金の返還請求権が消滅したとして、請求が棄却された事例（最判平22・3・25判時二〇八一・三、重判平22行政八）

一二　その他の訴訟法上の問題

57　本条一項四号の代位請求訴訟における訴額に関しては、その算定の基礎となる「訴えで主張する利益」（民訴法八条［旧二二条］）を実質的に解して、損害の回復により住民全体の受けるべき利益がこれに当たると解されるが、その額は、民事訴訟費用等に関する法律四条二項に準じて、一括して三五万円［現一六〇万円］とするのが相当である。［平成一四法四による改正前の事案］（最判昭53・3・30前出②）→行訴七条⑭

58　複数の住民の提起した住民訴訟は、民訴法四〇条一項［旧六二条一項］にいう「訴訟の目的が共同訴訟人の全員について合一にのみ確定すべき」場合に該当するので（いわゆる類似必要的共同訴訟）、共同訴訟人の一部の者が上訴すれば、訴訟は全体として上訴審に移審し、上訴審判決の効力は上訴をしなかった共同訴訟人にも及ぶが、住民が公益の代表者としての機能を与えられた住民訴訟の性質から、自ら上訴をしなかった共同訴訟人は上訴人にはならず、上訴を取り下げた者は上訴人でなくなる。［平成一四法四による改正前の事案］（最大判平9・4・2民集五一・四・一六七三〈愛媛玉串料訴訟上告審〉自治百選［四版］九六）→民訴四〇条㊱

（訴訟の提起）

第二四二条の三①　前条第一項第四号本文の規定による訴訟について、損害賠償又は不当利得返還の請求を命ずる判決が確定した場合においては、普通地方公共団体の長は、当該判決が確定した日から六十日以内の日を期限として、当該請求に係る損害賠償金又は不当利得の返還金の支払を請求しなければならない。

②　前項に規定する場合において、当該判決が確定した日から六十日以内に当該請求に係る損害賠償金又は不当利得による返還金が支払われないときは、当該普通地方公共団体は、当該損害賠償又は不当利得返還の請求を目的とする訴訟を提起しなければならない。

③　前項の訴訟の提起については、第九十六条第一項第十二号の規定にかかわらず、当該普通地方公共団体の議会の議決を要しない。

④　前条第一項第四号本文の規定による訴訟の裁判が同条第七項の訴訟告知を受けた者に対してもその効力を有するときは、当該訴訟の裁判は、当該普通地方公共団体と当該訴訟告知を受けた者との間においてもその効力を有する。

⑤　前条第一項第四号本文の規定による訴訟について、普通地方公共団体の執行機関又は職員に損害賠償又は不当利得返還の請求を命ずる判決が確定した場合において、当該普通地方公共団体がその長に対し当該損害賠償又は不当利得返還の請求を目的とする訴訟を提起するときは、当該訴訟については、代表監査委員が当該普通地方公共団体を代表する。

第十一節　雑則

（私人の公金取扱いの制限）

第二四三条　普通地方公共団体は、法律又はこれに基づく政令に特別の定めがある場合を除くほか、公金の徴収若しくは収納又は支出の権限を私人に委任し、又は私人をして行なわせてはならない。

（普通地方公共団体の長等の損害賠償責任の一部免責）

第二四三条の二①　普通地方公共団体は、条例で、当該普通地方公共団体の長若しくは委員会の委員若しくは委員又は当該普通地方公共団体の職員（次条第三項の規定による賠償の命令の対象となる者を除く。以下この項において「普通地方公共団体の長等」という。）の当該普通地方公共団体に対する損害を賠償する責任を、普通地方公共団体の長等が職務を行うにつき善意でかつ重大な過失がないときは、普通地方公共団体の長等が賠償の責任を負う額から、普通地方公共団体の長等の職責その他の事情を考慮して政令で定める基準を参酌して、政令で定める額以上で当該条例で定める額を控除して得た額について免れさせる旨を定めることができる。

②　普通地方公共団体の議会は、前項の条例の制定又は改廃に関する議決をしようとするときは、あらかじめ監査委員の意見を聴かなければならない。

③　前項の規定による意見の決定は、監査委員の合議によるものとする。

（職員の賠償責任）

第二四三条の二の二①　会計管理者若しくは会計管理者の事務を補助する職員、資金前渡を受けた職員、占有動産を保管している職員又は物品を使用している職員が故意又は重大な過失（現金については、故意又は過失）により、その保管に係る現金、有価証券、物品（基金に属する動産を含む。）若しくは占有動産又はその使用に係る物品を亡失し、又は損傷したときは、これによつて生じた損害を賠償しなければならない。次に掲げる行為をする権限を有する職員又はその権限に属する事務を直接補助する職員で普通地方公共団体の規則で指定したものが故意又は重大な過失により法令の規定に違反して当該行為をしたこと又は怠つたことにより普通地方公共団体に損害を与えたときも、同様とする。

一　支出負担行為
二　第二百三十二条の四第一項の命令又は同条第二項の確認
三　支出又は支払
四　第二百三十四条の二第一項の監督又は検査

②　前項の場合において、その損害が二人以上の職員の行為により生じたものであるときは、当該職員は、それぞれの職分に応じ、かつ、当該行為が当該損害の発生の原因となつた程度に応じて賠償の責めに任ずるものとする。

③　普通地方公共団体の長は、第一項の職員が同項に規定する行為により当該普通地方公共団体に損害を与えたと認めるときは、監査委員に対し、その事実があるかどうかを監査し、賠償責任の有無及び賠償額を決定することを求め、その決定に基づき、期限を定めて賠償を命じなければならない。

④　第二百四十二条の二第一項第四号ただし書の規定による訴訟について、賠償の命令を命ずる判決が確定した場合には、普通地方公共団体の長は、当該判決が確定した日から六十日以内の日を期限として、賠償を命じなければならない。この場合においては、前項の規定による監査委員の監査及び決定を求めることを要しない。

⑤　前項の規定により賠償を命じた場合において、当該判決が確定した日から六十日以内に当該賠償の命令に係る損害賠償金が支払われないときは、当該普通地方公共団体は、当該損害賠償の請求を目的とする訴訟を提起しなければならない。

⑥　前項の訴訟の提起については、第九十六条第一項第十二号の規定にかかわらず、当該普通地方公共団体の議会の議決を要しない。

⑦　第二百四十二条の二第一項第四号ただし書の規定による訴訟の判決に従いなされた賠償の命令について取消訴訟が提起されているときは、裁判所は、当該取消訴訟の判決が確定するまで、当該賠償の命令に係る損害賠償の請求を目的とする訴訟の訴訟手続を中止しなければならない。

⑧　第三項の規定により監査委員が賠償責任があると決定した場合において、普通地方公共団体の長は、当該職員からなされた当該損害が避けることのできない事故その他やむを得ない事情によるものであることの証明を相当と認めるときは、議会の同意を得て、賠償責任の全部又は一部を免除することができる。この場合においては、あらかじめ監査委員の意見を聴き、その意見を付けて議会に付議しなければならない。

⑨　第三項の規定による決定又は前項後段の規定による意見の決定は、監査委員の合議によるものとする。

⑩　第二百四十二条の二第一項第四号ただし書の規定による訴訟の判決に従い第三項の規定による処分がなされた場合には、当該処分については、審査請求をすることができない。

⑪　普通地方公共団体の長は、第三項の規定による処分についての審査請求がされた場合には、当該審査請求が不適法であり、却下するときを除き、議会に諮問した上、当該審査請求に対する裁決をしなければならない。

⑫　議会は、前項の規定による諮問を受けた日から二十日以内に意見を述べなければならない。

⑬　普通地方公共団体の長は、第十一項の規定による諮問をしないで同項の審査請求を却下したときは、その旨を議会に報告しなければならない。

⑭　第一項の規定により損害を賠償しなければならない場合には、同項の職員の賠償責任については、賠償責任に関する民法の規定は、適用しない。

一　職員の範囲

[1]　本条一項の職員には、本条の趣旨・目的及び職責に照らし当該地方公共団体の長は含まれず、長の地方公共団体に対する賠償責任については民法の規定による。（最判昭61・2・27民集四〇・一・八八、自治百選[四版]一〇八）→二四二条の二[38]

二　請求権の根拠と二四二条の二第一項（旧）四号の代位請求との関係

[2]　本条の規定は、一項所定の職員の行為に関する限りその損害賠償責任については民法の規定を排除し、その責任の有無又は範囲は専ら本条一、二項の規定によるものとするが、右職員に対する損害賠償請求権は、一項所定の要件事実の存在により、三項の長による賠償命令を待たずに実体法上直ちに発生する。〔平成一四法四による改正前の事案〕（最判昭61・2・27前出[1]）→二四二条の二[39]

三　故意・重過失

[3]　野球大会への違法な議員派遣につき、議会での派遣の決定に基づき、支出負担行為、支出命令をした職員に、故意又は重大な過失はなかったとされた事例〔平成一四法四による改正前の事案〕（最判平15・1・17民集五七・一・一、自治百選[四版]七〇）→一〇〇条[5]・一四九条[7]、行総◘【Ⅰ】[96]

[4]　本条一項後段〔平成一八法五三による改正前〕に該当する予算執行職員等は、これに該当しない職員の補助を受けて職務を執行する場合でも、補助職員の違法な行為ないし違法な職務懈怠につき、当然に自らの行為と同視されてその責任を問われるものではないとして、補助職員による払出通知の遅延のため、県が源泉徴収税を法定期限後に納付したことによる損害の賠償請求につき、同通知の専決権者たる職員に重大な過失がないとされた事例〔平成一四法四による改正前の事案〕（最判平20・11・27判時二〇二八・二六、重判平21行政一〇）

（財政状況の公表等）

第二百四十三条の三①　普通地方公共団体の長は、条例の定めるところにより、毎年二回以上歳入歳出予算の執行状況並びに財産、地方債及び一時借入金の現在高その他財政に関する事項を住民に公表しなければならない。

②　普通地方公共団体の長は、第二百二十一条第三項の法人について、毎事業年度、政令で定めるその経営状況を説明する書類を作成し、これを次の議会に提出しなければならない。

③　普通地方公共団体の長は、第二百二十一条第三項の信託について、信託契約に定める計算期ごとに、当該信託に係る事務の処理状況を説明する政令で定める書類を作成し、これを次の議会に提出しなければならない。

（普通地方公共団体の財政の運営に関する事項等）

第二百四十三条の四　普通地方公共団体の財政の運営、普通地方公共団体の財政と国の財政との関係等に関する基本原則については、この法律に定めるもののほか、別に法律でこれを定める。

（政令への委任）

第二百四十三条の五　歳入及び歳出の会計年度所属区分、予算及び決算の調製の様式、過年度収入及び過年度支出並びに翌年度歳入の繰上充用その他財務に関し必要な事項は、この法律に定めるもののほか、政令でこれを定める。

第十章　公の施設

（公の施設）

第二百四十四条①　普通地方公共団体は、住民の福祉を増進する目的をもつてその利用に供するための施設（これを公の施設という。）を設けるものとする。

②　普通地方公共団体（次条第三項に規定する指定管理者を含む。次項において同じ。）は、正当な理由がない限り、住民が公の施設を利用することを拒んではならない。

③　普通地方公共団体は、住民が公の施設を利用することについて、不当な差別的取扱いをしてはならない。

一　公の施設該当性

[7]　市庁舎の一部であり、休日に限って市民に開放される会議室「市民フォーラム」は、住民の福祉の増進を本来の目的として設置されたものではなく、本条所定の公の施設に該当しない。（東京高判平13・3・27判時一七八六・六二）

二　施設譲渡契約と処分性→行訴三条[7]

三　公の施設の利用拒否

[2]　政治的集会を目的とする市の公会堂の使用について、市教育委員会が使用許可処分を取り消したことが、市公会堂条例の適用を誤り、本条二項の「正当な事由」に該当しないのに利用を拒んだものとして違法とされた事例（最判昭54・7・5判時九四五・四五、自治百選[三版]八八）

[3]　市民会館条例の定める不許可事由としての「公の秩序をみだすおそれがある場合」は、集会の自由保障よりも生命・身体・財産の侵害、公共の安全の損なわれる危険の回避が優越する場合に限定解釈すべきであり、その危険性の程度は、明白な差し迫った危険が客観的な事実に照らし具体的に予測されることが必要である。（最判平7・3・7民集四九・三・六八七、憲百選Ⅰ[七版]八一……政治集会に対する利用不許可処分につき、危険の具体的予見を肯定）→一〇条[7]、憲二一条[78]

[4]　何者かに殺害された労働組合幹部の合同葬のための使用についての市福祉会館の使用不許可処分が、主催者と対立する者らの妨害による混乱が生ずるおそれがあるとは考え難い状況であって、かつ警察の警備等によってなお混乱を防止できない特別な事情もなく、会館の設置管理条例にいう「会館の管理上支障がある」という事態が客観的事実に照らし具体的に明らかに予測されたものでないとして、違法とされた事例（最判平8・3・15民集五〇・三・五四九、自治百選[四版]五七）

四　公の施設の目的外使用→行総◘【Ⅱ】[136]

五　不当な差別取扱いの禁止→行総◘【Ⅰ】[61]

（公の施設の設置、管理及び廃止）

第二百四十四条の二①　普通地方公共団体は、法律又はこれに基づく政令に特別の定めがあるものを除くほか、公の施設の設置及びその管理に関する事項は、条例でこれを定めなければならない。

②　普通地方公共団体は、条例で定める重要な公の施設のうち条例で定める特に重要なものについて、これを廃止し、又は条例で定める長期かつ独占的な利用をさせようとするときは、議会において出席議員の三分の二以上の者の同意を得なければならない。

③　普通地方公共団体は、公の施設の設置の目的を効果的に達成するため必要があると認めるときは、条例の定めるところにより、法人その他の団体であつて当該普通地方公共団体が指定するもの（以下本条及び第二百四十四条の四において「指定管理者」という。）に、当該公の施設の管理を行わせることができる。

④ 前項の条例には、指定管理者の指定の手続、指定管理者が行う管理の基準及び業務の範囲その他必要な事項を定めるものとする。
⑤ 指定管理者の指定は、期間を定めて行うものとする。
⑥ 普通地方公共団体は、指定管理者の指定をしようとするときは、あらかじめ、当該普通地方公共団体の議会の議決を経なければならない。
⑦ 指定管理者は、毎年度終了後、その管理する公の施設の管理の業務に関し事業報告書を作成し、当該公の施設を設置する普通地方公共団体に提出しなければならない。
⑧ 普通地方公共団体は、適当と認めるときは、指定管理者にその管理する公の施設の利用に係る料金（次項において「利用料金」という。）を当該指定管理者の収入として収受させることができる。
⑨ 前項の場合における利用料金は、公益上必要があると認める場合を除くほか、条例の定めるところにより、指定管理者が定めるものとする。この場合において、指定管理者は、あらかじめ当該利用料金について当該普通地方公共団体の承認を受けなければならない。
⑩ 普通地方公共団体の長又は委員会は、指定管理者の管理する公の施設の管理の適正を期するため、指定管理者に対して、当該管理の業務又は経理の状況に関し報告を求め、実地について調査し、又は必要な指示をすることができる。
⑪ 普通地方公共団体は、指定管理者が前項の指示に従わないときその他当該指定管理者による管理を継続することが適当でないと認めるときは、その指定を取り消し、又は期間を定めて管理の業務の全部又は一部の停止を命ずることができる。

[1] **使用料の免除**　町の公の施設である文化会館の設置・管理条例において、特別な事由があれば会館の使用料を免除できる旨の規定がある場合、会館を利用する事業の主催者及びその事業への町の関わり合いの程度、事業の目的内容、主催者が使用料免除を受ける必要性の程度等を総合考慮し、公益性の観点から免除の必要性ないし相当性が特に高い場合に、特別な事由に該当する。（名古屋高判平17・4・13判タ一二二三・一七〇）

（公の施設の区域外設置及び他の団体の公の施設の利用）
第二四四条の三① 普通地方公共団体は、その区域外においても、また、関係普通地方公共団体との協議により、公の施設を設けることができる。
② 普通地方公共団体は、他の普通地方公共団体との協議により、当該他の普通地方公共団体の公の施設を自己の住民の利用に供させることができる。
③ 前二項の協議については、関係普通地方公共団体の議会の議決を経なければならない。

（公の施設を利用する権利に関する処分についての審査請求）
第二四四条の四① 普通地方公共団体の長以外の機関（指定管理者を含む。）がした公の施設を利用する権利に関する処分についての審査請求は、普通地方公共団体の長が当該機関の最上級行政庁でない場合においても、当該普通地方公共団体の長に対してするものとする。
② 普通地方公共団体の長は、公の施設を利用する権利に関する処分についての審査請求がされた場合には、当該審査請求が不適法であり、却下するときを除き、議会に諮問した上、当該審査請求に対する裁決をしなければならない。
③ 議会は、前項の規定による諮問を受けた日から二十日以内に意見を述べなければならない。
④ 普通地方公共団体の長は、第二項の規定による諮問をしないで同項の審査請求を却下したときは、その旨を議会に報告しなければならない。

第十一章　国と普通地方公共団体との関係及び普通地方公共団体相互間の関係（抄）

第一節　普通地方公共団体に対する国又は都道府県の関与等

第一款　普通地方公共団体に対する国又は都道府県の関与等

（関与の意義）
第二四五条　本章において「普通地方公共団体に対する国又は都道府県の関与」とは、普通地方公共団体の事務の処理に関し、国の行政機関（内閣府設置法（平成十一年法律第八十九号）第四条第三項に規定する事務をつかさどる機関たる内閣府、宮内庁、同法第四十九条第一項若しくは第二項に規定する機関、デジタル庁設置法（令和三年法律第三十六号）第四条第二項に規定する事務をつかさどる機関たるデジタル庁、国家行政組織法（昭和二十三年法律第百二十号）第三条第二項に規定する機関、法律の規定に基づき内閣の所轄の下に置かれる機関又はこれらに置かれる機関をいう。以下本章において同じ。）又は都道府県の機関が行う次に掲げる行為（普通地方公共団体がその固有の資格において当該行為の名あて人となるものに限り、国又は都道府県の普通地方公共団体に対する支出金の交付及び返還に係るものを除く。）をいう。
一 普通地方公共団体に対する次に掲げる行為
イ 助言又は勧告
ロ 資料の提出の要求
ハ 是正の要求（普通地方公共団体の事務の処理が法令の規定に違反しているとき又は著しく適正を欠き、かつ、明らかに公益を害しているときに当該普通地方公共団体に対して行われる当該違反の是正又は改善のため必要な措置を講ずべきことの求めであつて、当該求めを受けた普通地方公共団体がその違反の是正又は改善のため必要な措置を講じなければならないものをいう。）
ニ 同意
ホ 許可、認可又は承認
ヘ 指示
ト 代執行（普通地方公共団体の事務の処理が法令の規定に違反しているとき又は当該普通地方公共団体がその事務の処理を怠つているときに、その是正のための措置を当該普通地方公共団体に代わつて行うことをいう。）
二 普通地方公共団体との協議
三 前二号に掲げる行為のほか、一定の行政目的を実現するため普通地方公共団体に対して具体的かつ個別的に関わる行為（相反する利害を有する者の間の利害の調整を目的としてされる裁定その他の行為（その双方を名あて人とするものに限る。）及び審査請求その他の不服申立てに対する裁決、決定その他の行為を除く。）

一 関与該当性
[1] 行審法七条二項により同法の規定が適用されない、国の機関等が「固有の資格」において相手方となる処分について、審査請求裁決がされたとしても、それは法令上の根拠を欠くものであり、国の関与から除外される本条三号括弧書の裁決には当たらない。（最判令2・3・26民集七四・三・四七一、重判令2行政五）→行審七条[1]
[2] 公有水面埋立法四二条一項による埋立承認は、国の機関が一般私人の立ち得ないような立場で処分の相手方となるものではなく、[1]の「固有の資格」に当たらないので、知事による埋立承認取消しに対する審査請求裁決は、国の関与に該当しない。（最判令2・3・26前出[1]）

二 関与の違法性
[3] いわゆるふるさと納税（個人住民税に係る特例控除の対象となる寄附金）の制度を利用できる地方公共団体の総務大臣による指定につき、総務省告示所定の寄附金募集に関する基準を満たさないとしてなされた泉佐野市に対する不指定処分

が違法な関与であるとされた事例（最判令2・6・30民集七四・四・八〇〇、重判令2行政四）→行総◘【Ⅱ】⑬

（関与の法定主義）
第二四五条の二　普通地方公共団体は、その事務の処理に関し、法律又はこれに基づく政令によらなければ、普通地方公共団体に対する国又は都道府県の関与を受け、又は要することとされることはない。

（関与の基本原則）
第二四五条の三①　国は、普通地方公共団体が、その事務の処理に関し、普通地方公共団体に対する国又は都道府県の関与を受け、又は要することとする場合には、その目的を達成するために必要な最小限度のものとするとともに、普通地方公共団体の自主性及び自立性に配慮しなければならない。

②　国は、できる限り、普通地方公共団体が、自治事務の処理に関しては普通地方公共団体に対する国又は都道府県の関与のうち第二百四十五条第一号ト及び第三号に規定する行為を、法定受託事務の処理に関しては普通地方公共団体に対する国又は都道府県の関与のうち同号に規定する行為を受け、又は要することとすることのないようにしなければならない。

③　国は、国又は都道府県の計画と普通地方公共団体の計画との調和を保つ必要がある場合等国又は都道府県の施策と普通地方公共団体の施策との間の調整が必要な場合を除き、普通地方公共団体の事務の処理に関し、普通地方公共団体が、普通地方公共団体に対する国又は都道府県の関与のうち第二百四十五条第二号に規定する行為を要することとすることのないようにしなければならない。

④　国は、法令に基づき国がその内容について財政上又は税制上の特例措置を講ずるものとされている計画を普通地方公共団体が作成する場合等国又は都道府県の施策と普通地方公共団体の施策との整合性を確保しなければこれらの施策の実施に著しく支障が生ずると認められる場合を除き、自治事務の処理に関し、普通地方公共団体が、普通地方公共団体に対する国又は都道府県の関与のうち第二百四十五条第一号ニに規定する行為を要することとすることのないようにしなければならない。

⑤　国は、普通地方公共団体が特別の法律により法人を設立する場合等自治事務の処理について国の行政機関又は都道府県の機関の許可、認可又は承認を要することとすること以外の方法によってその処理の適正を確保することが困難であると認められる場合を除き、自治事務の処理に関し、普通地方公共団体が、普通地方公共団体に対する国又は都道府県の関与のうち第二百四十五条第一号ホに規定する行為を要することとすることのないようにしなければならない。

⑥　国は、国民の生命、身体又は財産の保護のため緊急に自治事務の的確な処理を確保する必要がある場合等特に必要と認められる場合を除き、自治事務の処理に関し、普通地方公共団体が、普通地方公共団体に対する国又は都道府県の関与のうち第二百四十五条第一号へに規定する行為に従わなければならないこととすることのないようにしなければならない。

（技術的な助言及び勧告並びに資料の提出の要求）
第二四五条の四①　各大臣（内閣府設置法第四条第三項若しくはデジタル庁設置法第四条第二項に規定する事務を分担管理する大臣たる内閣総理大臣又は国家行政組織法第五条第一項に規定する各省大臣をいう。以下本章、次章及び第十四章において同じ。）又は都道府県知事その他の都道府県の執行機関は、その担任する事務に関し、普通地方公共団体に対し、普通地方公共団体の事務の運営その他の事項について適切と認める技術的な助言若しくは勧告をし、又は当該助言若しくは勧告をするため若しくは普通地方公共団体の事務の適正な処理に関する情報を提供するため必要な資料の提出を求めることができる。

②　各大臣は、その担任する事務に関し、都道府県知事その他の都道府県の執行機関に対し、前項の規定による市町村に対する助言若しくは勧告又は資料の提出の求めに関し、必要な指示をすることができる。

③　普通地方公共団体の長その他の執行機関は、各大臣又は都道府県知事その他の都道府県の執行機関に対し、その担任する事務の管理及び執行について技術的な助言若しくは勧告又は必要な情報の提供を求めることができる。

（是正の要求）
第二四五条の五①　各大臣は、その担任する事務に関し、都道府県の自治事務の処理が法令の規定に違反していると認めるとき、又は著しく適正を欠き、かつ、明らかに公益を害していると認めるときは、当該都道府県に対し、当該自治事務の処理について違反の是正又は改善のため必要な措置を講ずべきことを求めることができる。

②　各大臣は、その担任する事務に関し、市町村の次の各号に掲げる事務の処理が法令の規定に違反していると認めるとき、又は著しく適正を欠き、かつ、明らかに公益を害していると認めるときは、当該各号に定める都道府県の執行機関に対し、当該事務の処理について違反の是正又は改善のため必要な措置を講ずべきことを当該市町村に求めるよう指示をすることができる。

一　市町村長その他の市町村の執行機関（教育委員会及び選挙管理委員会を除く。）の担任する事務（第一号法定受託事務を除く。次号及び第三号において同じ。）　都道府県知事

二　市町村教育委員会の担任する事務　都道府県教育委員会

三　市町村選挙管理委員会の担任する事務　都道府県選挙管理委員会

③　前項の指示を受けた都道府県の執行機関は、当該市町村に対し、当該事務の処理について違反の是正又は改善のため必要な措置を講ずべきことを求めなければならない。

④　各大臣は、第二項の規定によるほか、その担任する事務に関し、市町村の事務（第一号法定受託事務を除く。）の処理が法令の規定に違反していると認める場合、又は著しく適正を欠き、かつ、明らかに公益を害していると認める場合において、緊急を要するときその他特に必要があると認めるときは、自ら当該市町村に対し、当該事務の処理について違反の是正又は改善のため必要な措置を講ずべきことを求めることができる。

⑤　普通地方公共団体は、第一項、第三項又は前項の規定による求めを受けたときは、当該事務の処理について違反の是正又は改善のための必要な措置を講じなければならない。

7　条例による事務処理特例（地方自治法二五二条の一七の二）として市に権限委譲された宅地造成法上の是正命令等の市長による不行使が国家賠償法上違法とされた場合において、地方自治法に基づいて市に対する是正又は改善のための必要な措置を講ずべきことを求めるなどの権限を県知事が市長に対して行使しなかったことも違法とされた事例（広島地判平24・9・26判時二一七〇・七六）

（是正の勧告）
第二四五条の六　次の各号に掲げる都道府県の執行機関は、市町村の当該各号に定める自治事務の処理が法令の規定に違反していると認めるとき、又は著しく適正を欠き、かつ、明らかに公益を害していると認めるときは、当該市町村に対し、当該自治事務の処理について違反の是正又は改善のため必要な措置を講ずべきことを勧告することができる。

一　都道府県知事　市町村長その他の市町村の執行機関（教育委員会及び選挙管理委員会を除く。）の担任する自治事務

二　都道府県教育委員会　市町村教育委員会の担任する自治事務

三　都道府県選挙管理委員会　市町村選挙管理委員会の担任する自治事務

（是正の指示）
第二四五条の七①　各大臣は、その所管する法律又はこれに基づ

く政令に係る都道府県の法定受託事務の処理が法令の規定に違反していると認めるとき、又は著しく適正を欠き、かつ、明らかに公益を害していると認めるときは、当該都道府県に対し、当該法定受託事務の処理について違反の是正又は改善のため講ずべき措置に関し、必要な指示をすることができる。

② 次の各号に掲げる都道府県の執行機関は、市町村の当該各号に定める法定受託事務の処理が法令の規定に違反していると認めるとき、又は著しく適正を欠き、かつ、明らかに公益を害していると認めるときは、当該市町村に対し、当該法定受託事務の処理について違反の是正又は改善のため講ずべき措置に関し、必要な指示をすることができる。

一　都道府県知事　市町村長その他の市町村の執行機関（教育委員会及び選挙管理委員会を除く。）の担任する法定受託事務

二　都道府県教育委員会　市町村教育委員会の担任する法定受託事務

三　都道府県選挙管理委員会　市町村選挙管理委員会の担任する法定受託事務

③ 各大臣は、その所管する法律又はこれに基づく政令に係る市町村の第一号法定受託事務の処理について、前項各号に掲げる都道府県の執行機関に対し、同項の規定による市町村に対する指示に関し、必要な指示をすることができる。

④ 各大臣は、前項の規定によるほか、その所管する法律又はこれに基づく政令に係る市町村の第一号法定受託事務の処理が法令の規定に違反していると認める場合、又は著しく適正を欠き、かつ、明らかに公益を害していると認める場合において、緊急を要するときその他特に必要があると認めるときは、自ら当該市町村に対し、当該第一号法定受託事務の処理について違反の是正又は改善のため講ずべき措置に関し、必要な指示をすることができる。

1 本条一項の趣旨は、当該法定受託事務の適正な処理を確保することにあり、加えて、法令の規定に違反する法定受託事務の処理がなされているにもかかわらず、是正の指示を制限する旨の法令の定めはないことを考慮すると、各大臣は、所管法律又はこれに基づく政令に係る都道府県の法定受託事務の処理が法令の規定に違反していると認める場合には、当然に本条一項に基づいて是正の指示をすることができる。（最判平28・12・20民集七〇・九・二二八一、重判平29行政九）

2 漁業法六五条二項一号及び水産資源保護法四条二項一号［いずれも平成三〇法九五による改正前］の委任を受けた沖縄県漁業調整規則（令和二年沖縄県規則五三号による改正前）四一条一項による水産動植物の採捕許可に係る知事の判断が、裁量権の逸脱・濫用に当たる場合には、本条一項所定の法令規定違反と認められるとした上で、沖縄防衛局によるサンゴ類の採捕許可申請について、申請内容に必要性を認めることができないとの知事の判断が裁量権の逸脱・濫用に当たり、許可処分を求めた農林水産大臣の是正の指示が適法とされた事例（最判令3・7・6民集七五・七・三四二二、重判令3行政八……宇賀・宮崎両裁判官の反対意見がある）

第二四五条の八（代執行等）① 各大臣は、その所管する法律若しくはこれに基づく政令に係る都道府県知事の法定受託事務の管理若しくは執行が法令の規定若しくは当該各大臣の処分に違反するものがある場合又は当該法定受託事務の管理若しくは執行を怠るものがある場合において、本項から第八項までに規定する措置以外の方法によつてその是正を図ることが困難であり、かつ、それを放置することにより著しく公益を害することが明らかであるときは、文書により、当該都道府県知事に対して、その旨を指摘し、期限を定めて、当該違反を是正し、又は当該怠る法定受託事務の管理若しくは執行を改めるべきことを勧告することができる。

② 各大臣は、都道府県知事が前項の期限までに同項の規定による勧告に係る事項を行わないときは、文書により、当該都道府県知事に対し、期限を定めて当該事項を行うべきことを指示することができる。

③ 各大臣は、都道府県知事が前項の期限までに当該事項を行わないときは、高等裁判所に対し、訴えをもつて、当該事項を行うべきことを命ずる旨の裁判を請求することができる。

④ 各大臣は、高等裁判所に対し前項の規定により訴えを提起したときは、直ちに、文書により、その旨を当該都道府県知事に通告するとともに、当該高等裁判所に対し、その通告をした日時、場所及び方法を通知しなければならない。

⑤ 当該高等裁判所は、第三項の規定により訴えが提起されたときは、速やかに口頭弁論の期日を定め、当事者を呼び出さなければならない。その期日は、同項の訴えの提起があつた日から十五日以内の日とする。

⑥ 当該高等裁判所は、各大臣の請求に理由があると認めるときは、当該都道府県知事に対し、期限を定めて当該事項を行うべきことを命ずる旨の裁判をしなければならない。

⑦ 第三項の訴えは、当該都道府県の区域を管轄する高等裁判所の専属管轄とする。

⑧ 各大臣は、都道府県知事が第六項の裁判に従い同項の期限までに、なお、当該事項を行わないときは、当該都道府県知事に代わつて当該事項を行うことができる。この場合においては、各大臣は、あらかじめ当該都道府県知事に対し、当該事項を行う日時、場所及び方法を通知しなければならない。

⑨ 第三項の訴えに係る高等裁判所の判決に対する上告の期間は、一週間とする。

⑩ 前項の上告は、執行停止の効力を有しない。

⑪ 各大臣の請求に理由がない旨の判決が確定した場合において、既に第八項の規定に基づき第二項の規定による指示に係る事項が行われているときは、都道府県知事は、当該判決の確定後三月以内にその処分を取り消し、又は原状の回復その他必要な措置を執ることができる。

⑫ 前各項の規定は、市町村長の法定受託事務の管理若しくは執行が法令の規定若しくは各大臣若しくは都道府県知事の処分に違反するものがある場合又は当該法定受託事務の管理若しくは執行を怠るものがある場合において、本項に規定する措置以外の方法によつてその是正を図ることが困難であり、かつ、それを放置することにより著しく公益を害することが明らかであるときについて準用する。この場合においては、前各項の規定中「各大臣」とあるのは「都道府県知事」と、「都道府県知事」とあるのは「市町村長」と、「当該都道府県の区域」とあるのは「当該市町村の区域」と読み替えるものとする。

⑬ 各大臣は、その所管する法律又はこれに基づく政令に係る市町村長の第一号法定受託事務の管理又は執行について、都道府県知事に対し、前項において準用する第一項から第八項までの規定による措置に関し、必要な指示をすることができる。

⑭ 第三項（第十二項において準用する場合を含む。次項において同じ。）の訴えについては、行政事件訴訟法第四十三条第三項の規定にかかわらず、同法第四十一条第二項の規定は、準用しない。

⑮ 前各項に定めるもののほか、第三項の訴えについては、主張及び証拠の申出の時期の制限その他審理の促進に関し必要な事項は、最高裁判所規則で定める。

1

一　職務執行命令に対する司法審査

職務執行命令制度は、地方公共団体の長本来の地位の自主独立性の尊重と、国の委任事務を処理する地位に対する国の指揮監督権の実効性確保の調和を計るため採用された制度であり、その趣旨からして、職務執行命令訴訟で裁判所が国の指揮命令の内容の適否を実質的に審査することは当然である。（最判昭35・6・17民集一四・八・一四二〇〈砂川事件職務執行命令訴訟〉自治百選[二版]五九……平成三法二四による改正前

の地方自治法一四六条に関する事案）↓行総◘【Ⅰ】[89]、行訴四二条[8]

[2]　職務執行命令訴訟において、裁判所は、下命者である主務大臣の判断の優越性を前提に知事が職務執行命令に拘束されるか否かを判断するのではなく、主務大臣が発した職務執行命令がその適法要件を充足しているか否かを客観的に審理判断すべきである。〔平成一一法八七による改正前の事案〕（最大判平8・8・28民集五〇・七・一九五二〈沖縄県知事「代理署名」職務執行命令訴訟〉自治百選[四版]一二二）……法令により知事に審査権が付与されていない事項を、裁判所が審査することは許されないとした原審（福岡高那覇支判平8・3・25判時一五六三・二六）の判断を否定）↓[3]、憲八一条[9]

[3]　日米安保条約六条に基づく駐留軍用地特措法による土地の使用認定の瑕疵［かし］の有無は、それが、重大かつ明白とはいえない限り、自己の権利ないし法的利益を侵害された者が提起する取消訴訟において審理判断されるべき事項であり、後続する調書作成段階での都道府県知事の署名等代行事務の職務執行命令訴訟において審理判断すべきものと解することはできない。〔平成一一法八七による改正前の事案〕（最大判平8・8・28前出[2]）↓行総◘【Ⅱ】[51]

二　職務執行命令訴訟における参加↓行訴七条[12]

（処理基準）

第二四五条の九①　各大臣は、その所管する法律又はこれに基づく政令に係る都道府県の法定受託事務の処理について、都道府県が当該法定受託事務を処理するに当たりよるべき基準を定めることができる。

②　次の各号に掲げる都道府県の執行機関は、市町村の当該各号に定める法定受託事務の処理について、市町村が当該法定受託事務を処理するに当たりよるべき基準を定めることができる。この場合において、都道府県の執行機関の定める基準は、次項の規定により各大臣の定める基準に抵触するものであつてはならない。

一　都道府県知事　市町村長その他の市町村の執行機関（教育委員会及び選挙管理委員会を除く。）の担任する法定受託事務

二　都道府県教育委員会　市町村教育委員会の担任する法定受託事務

三　都道府県選挙管理委員会　市町村選挙管理委員会の担任する法定受託事務

③　各大臣は、特に必要があると認めるときは、その所管する法律又はこれに基づく政令に係る市町村の第一号法定受託事務の処理について、市町村が当該第一号法定受託事務を処理するに当たりよるべき基準を定めることができる。

④　各大臣は、その所管する法律又はこれに基づく政令に係る市町村の第一号法定受託事務の処理について、第二項各号に掲げる都道府県の執行機関に対し、同項の規定により定める基準に関し、必要な指示をすることができる。

⑤　第一項から第三項までの規定により定める基準は、その目的を達成するために必要な最小限度のものでなければならない。

第二款　普通地方公共団体に対する国又は都道府県の関与等の手続

（普通地方公共団体に対する国又は都道府県の関与の手続の適用）

第二四六条　次条から第二百五十条の五までの規定は、普通地方公共団体に対する国又は都道府県の関与について適用する。ただし、他の法律に特別の定めがある場合は、この限りでない。

（助言等の方式等）

第二四七条①　国の行政機関又は都道府県の機関は、普通地方公共団体に対し、助言、勧告その他これらに類する行為（以下本条及び第二百五十二条の十七の三第二項において「助言等」という。）を書面によらないで行つた場合において、当該普通地方公共団体から当該助言等の趣旨及び内容を記載した書面の交付を求められたときは、これを交付しなければならない。

②　前項の規定は、次に掲げる助言等については、適用しない。

一　普通地方公共団体に対しその場において完了する行為を求めるもの

二　既に書面により当該普通地方公共団体に通知されている事項と同一の内容であるもの

③　国又は都道府県の職員は、普通地方公共団体が国の行政機関又は都道府県の機関が行つた助言等に従わなかつたことを理由として、不利益な取扱いをしてはならない。

（資料の提出の要求等の方式）

第二四八条　国の行政機関又は都道府県の機関は、普通地方公共団体に対し、資料の提出の要求その他これに類する行為（以下本条及び第二百五十二条の十七の三第二項において「資料の提出の要求等」という。）を書面によらないで行つた場合において、当該普通地方公共団体から当該資料の提出の要求等の趣旨及び内容を記載した書面の交付を求められたときは、これを交付しなければならない。

（是正の要求等の方式）

第二四九条①　国の行政機関又は都道府県の機関は、普通地方公共団体に対し、是正の要求、指示その他これらに類する行為（以下本条及び第二百五十二条の十七の三第二項において「是正の要求等」という。）をするときは、同時に、当該是正の要求等の内容及び理由を記載した書面を交付しなければならない。ただし、当該書面を交付しないで是正の要求等をすべき差し迫つた必要がある場合は、この限りでない。

②　前項ただし書の場合においては、国の行政機関又は都道府県の機関は、是正の要求等をした後相当の期間内に、同項の書面を交付しなければならない。

（協議の方式）

第二五〇条①　普通地方公共団体から国の行政機関又は都道府県の機関に対して協議の申出があつたときは、国の行政機関又は都道府県の機関及び普通地方公共団体は、誠実に協議を行うとともに、相当の期間内に当該協議が調うよう努めなければならない。

②　国の行政機関又は都道府県の機関は、普通地方公共団体の申出に基づく協議について意見を述べた場合において、当該普通地方公共団体から当該協議に関する意見の趣旨及び内容を記載した書面の交付を求められたときは、これを交付しなければならない。

（許認可等の基準）

第二五〇条の二①　国の行政機関又は都道府県の機関は、普通地方公共団体からの法令に基づく申請又は協議の申出（以下この款、第二百五十条の十三第二項、第二百五十一条の三第二項、第二百五十一条の五第一項、第二百五十一条の六第一項及び第二百五十二条の十七の三第三項において「申請等」という。）があつた場合において、許可、認可、承認、同意その他これらに類する行為（以下この款及び第二百五十二条の十七の三第三項において「許認可等」という。）をするかどうかを法令の定めに従つて判断するために必要とされる基準を定め、かつ、行政上特別の支障があるときを除き、これを公表しなければならない。

②　国の行政機関又は都道府県の機関は、普通地方公共団体に対し、許認可等の取消しその他これに類する行為（以下本条及び第二百五十条の四において「許認可等の取消し等」という。）をするかどうかを法令の定めに従つて判断するために必要とされる基準を定め、かつ、これを公表するよう努めなければならない。

③　国の行政機関又は都道府県の機関は、第一項又は前項に規定する基準を定めるに当たつては、当該許認可等又は許認可等の取消し等の性質に照らしてできる限り具体的なものとしなければならない。

（許認可等の標準処理期間）

第二五〇条の三①　国の行政機関又は都道府県の機関は、申請等

が当該国の行政機関又は都道府県の機関の事務所に到達してから当該申請等に係る許認可等をするまでに通常要すべき標準的な期間（法令により当該国の行政機関又は都道府県の機関と異なる機関が当該申請等の提出先とされている場合は、併せて、当該申請等が当該提出先とされている機関の事務所に到達してから当該国の行政機関又は都道府県の機関の事務所に到達するまでに通常要すべき標準的な期間）を定め、かつ、これを公表するよう努めなければならない。

② 国の行政機関又は都道府県の機関は、申請等が法令により当該申請等の提出先とされている機関の事務所に到達したときは、遅滞なく当該申請等に係る許認可等をするための事務を開始しなければならない。

（許認可等の取消し等の方式）

第二五〇条の四 国の行政機関又は都道府県の機関は、普通地方公共団体に対し、申請等に係る許認可等を拒否する処分をするとき又は許認可等の取消し等をするときは、当該許認可等を拒否する処分又は許認可等の取消し等の内容及び理由を記載した書面を交付しなければならない。

（届出）

第二五〇条の五 普通地方公共団体から国の行政機関又は都道府県の機関への届出が届出書の記載事項に不備がないこと、届出書に必要な書類が添付されていることその他の法令に定められた届出の形式上の要件に適合している場合は、当該届出が法令により当該届出の提出先とされている機関の事務所に到達したときに、当該届出をすべき手続上の義務が履行されたものとする。

（国の行政機関が自治事務と同一の事務を自らの権限に属する事務として処理する場合の方式）

第二五〇条の六① 国の行政機関は、自治事務として普通地方公共団体が処理している事務と同一の内容の事務を法令の定めるところにより自らの権限に属する事務として処理するときは、あらかじめ当該普通地方公共団体に対し、当該事務の処理の内容及び理由を記載した書面により通知しなければならない。ただし、当該通知をしないで当該事務を処理すべき差し迫った必要がある場合は、この限りでない。

② 前項ただし書の場合においては、国の行政機関は、自ら当該事務を処理した後相当の期間内に、同項の通知をしなければならない。

第二節　国と普通地方公共団体との間並びに普通地方公共団体相互間及び普通地方公共団体の機関相互間の紛争処理

第一款　国地方係争処理委員会

（設置及び権限）

第二五〇条の七① 総務省に、国地方係争処理委員会（以下本節において「委員会」という。）を置く。

② 委員会は、普通地方公共団体に対する国又は都道府県の関与のうち国の行政機関が行うもの（以下本節において「国の関与」という。）に関する審査の申出につき、この法律の規定によりその権限に属させられた事項を処理する。

（組織）

第二五〇条の八① 委員会は、委員五人をもつて組織する。

② 委員は、非常勤とする。ただし、そのうち二人以内は、常勤とすることができる。

（委員）

第二五〇条の九① 委員は、優れた識見を有する者のうちから、両議院の同意を得て、総務大臣が任命する。

② 委員の任命については、そのうち三人以上が同一の政党その他の政治団体に属することとなつてはならない。

③ 委員の任期が満了し、又は欠員を生じた場合において、国会の閉会又は衆議院の解散のために両議院の同意を得ることができないときは、総務大臣は、第一項の規定にかかわらず、同項に定める資格を有する者のうちから、委員を任命することができる。

④ 前項の場合においては、任命後最初の国会において両議院の事後の承認を得なければならない。この場合において、両議院の事後の承認が得られないときは、総務大臣は、直ちにその委員を罷免しなければならない。

⑤ 委員の任期は、三年とする。ただし、補欠の委員の任期は、前任者の残任期間とする。

⑥ 委員は、再任されることができる。

⑦ 委員の任期が満了したときは、当該委員は、後任者が任命されるまで引き続きその職務を行うものとする。

⑧ 総務大臣は、委員が破産手続開始の決定を受け、又は禁錮以上の刑に処せられたときは、その委員を罷免しなければならない。

＊令和四法六八（令和七・六・一六までに施行）**による改正**
第八項中「禁錮」を「拘禁刑」に改める。（本文未織込み）

⑨ 総務大臣は、両議院の同意を得て、次に掲げる委員を罷免するものとする。

一 委員のうち何人も属していなかつた同一の政党その他の政治団体に新たに三人以上の委員が属するに至つた場合においては、これらの者のうち二人を超える員数の委員

二 委員のうち一人が既に属している政党その他の政治団体に新たに二人以上の委員が属するに至つた場合においては、これらの者のうち一人を超える員数の委員

⑩ 総務大臣は、委員のうち二人が既に属している政党その他の政治団体に新たに属するに至つた委員を直ちに罷免するものとする。

⑪ 総務大臣は、委員が心身の故障のため職務の執行ができないと認めるとき、又は委員に職務上の義務違反その他委員たるに適しない非行があると認めるときは、両議院の同意を得て、その委員を罷免することができる。

⑫ 委員は、第四項後段及び第八項から前項までの規定による場合を除くほか、その意に反して罷免されることがない。

⑬ 委員は、職務上知り得た秘密を漏らしてはならない。その職を退いた後も、同様とする。

⑭ 委員は、在任中、政党その他の政治団体の役員となり、又は積極的に政治運動をしてはならない。

⑮ 常勤の委員は、在任中、総務大臣の許可がある場合を除き、報酬を得て他の職務に従事し、又は営利事業を営み、その他金銭上の利益を目的とする業務を行つてはならない。

⑯ 委員は、自己に直接利害関係のある事件については、その議事に参与することができない。

⑰ 委員の給与は、別に法律で定める。

（委員長）

第二五〇条の一〇① 委員会に、委員長を置き、委員の互選によりこれを定める。

② 委員長は、会務を総理し、委員会を代表する。

③ 委員長に事故があるときは、あらかじめその指名する委員が、その職務を代理する。

（会議）

第二五〇条の一一① 委員会は、委員長が招集する。

② 委員会は、委員長及び二人以上の委員の出席がなければ、会議を開き、議決をすることができない。

③ 委員会の議事は、出席者の過半数でこれを決し、可否同数のときは、委員長の決するところによる。

④ 委員長に事故がある場合の第二項の規定の適用については、前条第三項に規定する委員は、委員長とみなす。

（政令への委任）

第二五〇条の一二　この法律に規定するもののほか、委員会に関し必要な事項は、政令で定める。

第二款　国地方係争処理委員会による審査の手続

（国の関与に関する審査の申出）

第二五〇条の一三①　普通地方公共団体の長その他の執行機関は、その担任する事務に関する国の関与のうち是正の要求、許可の拒否その他の処分その他公権力の行使に当たるもの（次に掲げるものを除く。）に不服があるときは、委員会に対し、当該国の関与を行つた国の行政庁を相手方として、文書で、審査の申出をすることができる。

一　第二百四十五条の八第二項及び第十三項の規定による指示

二　第二百四十五条の八第八項の規定に基づき都道府県知事に代わつて同条第二項の規定による指示に係る事項を行うこと。

三　第二百五十二条の十七の四第二項の規定により読み替えて適用する第二百四十五条の八第十二項において準用する同条第二項の規定による指示

四　第二百五十二条の十七の四第二項の規定により読み替えて適用する第二百四十五条の八第十二項において準用する同条第八項の規定に基づき市町村長に代わつて前号の指示に係る事項を行うこと。

②　普通地方公共団体の長その他の執行機関は、その担任する事務に関する国の不作為（国の行政庁が、申請等が行われた場合において、相当の期間内に何らかの国の関与のうち許可その他の処分その他公権力の行使に当たるものをすべきにかかわらず、これをしないことをいう。以下本節において同じ。）に不服があるときは、委員会に対し、当該国の不作為に係る国の行政庁を相手方として、文書で、審査の申出をすることができる。

③　普通地方公共団体の長その他の執行機関は、その担任する事務に関する当該普通地方公共団体の法令に基づく協議の申出が国の行政庁に対して行われた場合において、当該協議に係る当該普通地方公共団体の義務を果たしたと認めるにもかかわらず当該協議が調わないときは、委員会に対し、当該協議の相手方である国の行政庁を相手方として、文書で、審査の申出をすることができる。

④　第一項の規定による審査の申出は、当該国の関与があつた日から三十日以内にしなければならない。ただし、天災その他同項の規定による審査の申出をしなかつたことについてやむを得ない理由があるときは、この限りでない。

⑤　前項ただし書の場合における第一項の規定による審査の申出は、その理由がやんだ日から一週間以内にしなければならない。

⑥　第一項の規定による審査の申出に係る文書を郵便又は民間事業者による信書の送達に関する法律（平成十四年法律第九十九号）第二条第六項に規定する一般信書便事業者若しくは同条第九項に規定する特定信書便事業者による同条第二項に規定する信書便（第二百六十条の二第十二項において「信書便」という。）で提出した場合における前二項の期間の計算については、送付に要した日数は、算入しない。

⑦　普通地方公共団体の長その他の執行機関は、第一項から第三項までの規定による審査の申出（以下本款において「国の関与に関する審査の申出」という。）をしようとするときは、相手方となるべき国の行政庁に対し、その旨をあらかじめ通知しなければならない。

（審査及び勧告）

第二五〇条の一四①　委員会は、自治事務に関する国の関与について前条第一項の規定による審査の申出があつた場合においては、審査を行い、相手方である国の行政庁の行つた国の関与が違法でなく、かつ、普通地方公共団体の自主性及び自立性を尊重する観点から不当でないと認めるときは、理由を付してその旨を当該審査の申出をした普通地方公共団体の長その他の執行機関及び当該国の行政庁に通知するとともに、これを公表し、当該国の行政庁の行つた国の関与が違法又は普通地方公共団体の自主性及び自立性を尊重する観点から不当であると認めるときは、当該国の行政庁に対し、理由を付し、かつ、期間を示して、必要な措置を講ずべきことを勧告するとともに、当該勧告の内容を当該普通地方公共団体の長その他の執行機関に通知し、かつ、これを公表しなければならない。

②　委員会は、法定受託事務に関する国の関与について前条第一項の規定による審査の申出があつた場合においては、審査を行い、相手方である国の行政庁の行つた国の関与が違法でないと認めるときは、理由を付してその旨を当該審査の申出をした普通地方公共団体の長その他の執行機関及び当該国の行政庁に通知するとともに、これを公表し、当該国の行政庁の行つた国の関与が違法であると認めるときは、当該国の行政庁に対し、理由を付し、かつ、期間を示して、必要な措置を講ずべきことを勧告するとともに、当該勧告の内容を当該普通地方公共団体の長その他の執行機関に通知し、かつ、これを公表しなければならない。

③　委員会は、前条第二項の規定による審査の申出があつた場合においては、審査を行い、当該審査の申出に理由がないと認めるときは、理由を付してその旨を当該審査の申出をした普通地方公共団体の長その他の執行機関及び相手方である国の行政庁に通知するとともに、これを公表し、当該審査の申出に理由があると認めるときは、当該国の行政庁に対し、理由を付し、かつ、期間を示して、必要な措置を講ずべきことを勧告するとともに、当該勧告の内容を当該普通地方公共団体の長その他の執行機関に通知し、かつ、これを公表しなければならない。

④　委員会は、前条第三項の規定による審査の申出があつたときは、当該審査の申出に係る協議について当該協議に係る普通地方公共団体がその義務を果たしているかどうかを審査し、理由を付してその結果を当該審査の申出をした普通地方公共団体の長その他の執行機関及び相手方である国の行政庁に通知するとともに、これを公表しなければならない。

⑤　前各項の規定による審査及び勧告は、審査の申出があつた日から九十日以内に行わなければならない。

（関係行政機関の参加）

第二五〇条の一五①　委員会は、関係行政機関を審査の手続に参加させる必要があると認めるときは、国の関与に関する審査の申出をした普通地方公共団体の長その他の執行機関、相手方である国の行政庁若しくは当該関係行政機関の申立てにより又は職権で、当該関係行政機関を審査の手続に参加させることができる。

②　委員会は、前項の規定により関係行政機関を審査の手続に参加させるときは、あらかじめ、当該国の関与に関する審査の申出をした普通地方公共団体の長その他の執行機関及び相手方である国の行政庁並びに当該関係行政機関の意見を聴かなければならない。

（証拠調べ）

第二五〇条の一六①　委員会は、審査を行うため必要があると認めるときは、国の関与に関する審査の申出をした普通地方公共団体の長その他の執行機関、相手方である国の行政庁若しくは前条第一項の規定により当該審査の手続に参加した関係行政機関（以下本条において「参加行政機関」という。）の申立てにより又は職権で、次に掲げる証拠調べをすることができる。

一　適当と認める者に、参考人としてその知つている事実を陳述させ、又は鑑定を求めること。

二　書類その他の物件の所持人に対し、その物件の提出を求め、又はその提出された物件を留め置くこと。

三　必要な場所につき検証をすること。

四　国の関与に関する審査の申出をした普通地方公共団体の長その他の執行機関、相手方である国の行政庁若しくは参加行政機関又はこれらの職員を審尋すること。

②　委員会は、審査を行うに当たつては、国の関与に関する審査の申出をした普通地方公共団体の長その他の執行機関、相手方

である国の行政庁及び参加行政機関に証拠の提出及び陳述の機会を与えなければならない。

（**国の関与に関する審査の申出の取下げ**）

第二五〇条の一七① 国の関与に関する審査の申出をした普通地方公共団体の長その他の執行機関は、第二百五十条の十四第一項から第四項までの規定による審査の結果の通知若しくは勧告があるまで又は第二百五十条の十九第二項の規定により調停が成立するまでは、いつでも当該国の関与に関する審査の申出を取り下げることができる。

② 国の関与に関する審査の申出の取下げは、文書でしなければならない。

（**国の行政庁の措置等**）

第二五〇条の一八① 第二百五十条の十四第一項から第三項までの規定による委員会の勧告があつたときは、当該勧告を受けた国の行政庁は、当該勧告に示された期間内に、当該勧告に即して必要な措置を講ずるとともに、その旨を委員会に通知しなければならない。この場合においては、委員会は、当該通知に係る事項を当該勧告に係る審査の申出をした普通地方公共団体の長その他の執行機関に通知し、かつ、これを公表しなければならない。

② 委員会は、前項の勧告を受けた国の行政庁に対し、同項の規定により講じた措置についての説明を求めることができる。

（**調停**）

第二五〇条の一九① 委員会は、国の関与に関する審査の申出があつた場合において、相当であると認めるときは、職権により、調停案を作成して、これを当該国の関与に関する審査の申出をした普通地方公共団体の長その他の執行機関及び相手方である国の行政庁に示し、その受諾を勧告するとともに、理由を付してその要旨を公表することができる。

② 前項の調停案に係る調停は、調停案を示された普通地方公共団体の長その他の執行機関及び国の行政庁から、これを受諾した旨を記載した文書が委員会に提出されたときに成立するものとする。この場合においては、委員会は、直ちにその旨及び調停の要旨を公表するとともに、当該普通地方公共団体の長その他の執行機関及び国の行政庁にその旨を通知しなければならない。

（**政令への委任**）

第二五〇条の二〇 この法律に規定するもののほか、委員会の審査及び勧告並びに調停に関し必要な事項は、政令で定める。

第三款　自治紛争処理委員

（**自治紛争処理委員**）

第二五一条① 自治紛争処理委員は、この法律の定めるところにより、普通地方公共団体相互の間又は普通地方公共団体の機関相互の間の紛争の調停、普通地方公共団体に対する国又は都道府県の関与のうち都道府県の機関が行うもの（以下この節において「都道府県の関与」という。）に関する審査、第二百五十二条の二第一項に規定する連携協約に係る紛争を処理するための方策の提示及び第百四十三条第三項（第百八十条の五第八項及び第百八十四条第二項において準用する場合を含む。）の審査請求又はこの法律の規定による審査の申立て若しくは審決の申請に係る審理を処理する。

② 自治紛争処理委員は、三人とし、事件ごとに、優れた識見を有する者のうちから、総務大臣又は都道府県知事がそれぞれ任命する。この場合においては、総務大臣又は都道府県知事は、あらかじめ当該事件に関係のある事務を担任する各大臣又は都道府県の委員会若しくは委員に協議するものとする。

③ 自治紛争処理委員は、非常勤とする。

④ 自治紛争処理委員は、次の各号のいずれかに該当するときは、その職を失う。

一 当事者が次条第二項の規定により調停の申請を取り下げたとき。

二 自治紛争処理委員が次条第六項の規定により当事者に調停を打ち切つた旨を通知したとき。

三 総務大臣又は都道府県知事が次条第七項又は第二百五十一条の三第十三項の規定により調停が成立した旨を当事者に通知したとき。

四 市町村長その他の市町村の執行機関が第二百五十一条の三第五項から第七項までにおいて準用する第二百五十条の十七の規定により自治紛争処理委員の審査に付することを求める旨の申出を取り下げたとき。

五 自治紛争処理委員が第二百五十一条の三第五項において準用する第二百五十条の十四第一項若しくは第二項若しくは第二百五十一条の三第六項において準用する第二百五十条の十四第三項の規定による審査の結果の通知若しくは勧告及び勧告の内容の通知又は第二百五十一条の三第七項において準用する第二百五十条の十四第四項の規定による審査の結果の通知をし、かつ、これらを公表したとき。

六 普通地方公共団体が第二百五十一条の三の二第二項の規定により同条第一項の処理方策の提示を求める旨の申請を取り下げたとき。

七 自治紛争処理委員が第二百五十一条の三の二第三項の規定により当事者である普通地方公共団体に同条第一項に規定する処理方策を提示するとともに、総務大臣又は都道府県知事にその旨及び当該処理方策を通知し、かつ、公表したとき。

八 第二百五十五条の五第一項の規定による審理に係る審査請求、審査の申立て又は審決の申請をした者が、当該審査請求、審査の申立て又は審決の申請を取り下げたとき。

九 第二百五十五条の五第一項の規定による審理を経て、総務大臣又は都道府県知事が審査請求に対する裁決をし、審査の申立てに対する裁決若しくは裁定をし、又は審決をしたとき。

⑤ 総務大臣又は都道府県知事は、自治紛争処理委員が当該事件に直接利害関係を有することとなつたときは、当該自治紛争処理委員を罷免しなければならない。

⑥ 第二百五十条の九第二項、第八項、第九項（第二号を除く。）及び第十項から第十四項までの規定は、自治紛争処理委員に準用する。この場合において、同条第二項中「三人以上」とあるのは「二人以上」と、同条第八項中「総務大臣」とあるのは「総務大臣又は都道府県知事」と、同条第九項中「総務大臣は、両議院の同意を得て」とあるのは「総務大臣又は都道府県知事は」と、「三人以上」とあるのは「二人以上」と、「二人」とあるのは「一人」と、同条第十項中「総務大臣」とあるのは「総務大臣又は都道府県知事」と、「二人」とあるのは「一人」と、同条第十一項中「総務大臣」とあるのは「総務大臣又は都道府県知事」と、「両議院の同意を得て、その委員を」とあるのは「その自治紛争処理委員を」と、同条第十二項中「第四項後段及び第八項から前項まで」とあるのは「第八項、第九項（第二号を除く。）、第十項及び前項並びに第二百五十一条第五項」と読み替えるものとする。

第四款　自治紛争処理委員による調停、審査及び処理方策の提示の手続

（**調停**）

第二五一条の二① 普通地方公共団体相互の間又は普通地方公共団体の機関相互の間に紛争があるときは、この法律に特別の定めがあるものを除くほか、都道府県又は都道府県の機関が当事者となるものにあつては総務大臣、その他のものにあつては都道府県知事は、当事者の文書による申請に基づき又は職権により、紛争の解決のため、前条第二項の規定により自治紛争処理委員を任命し、その調停に付することができる。

② 当事者の申請に基づき開始された調停においては、当事者は、総務大臣又は都道府県知事の同意を得て、当該申請を取り下げることができる。

③ 自治紛争処理委員は、調停案を作成して、これを当事者に示し、その受諾を勧告するとともに、理由を付してその要旨を公

表することができる。

④　自治紛争処理委員は、前項の規定により調停案を当事者に示し、その受諾を勧告したときは、直ちに調停案の写しを添えてその旨及び調停の経過を総務大臣又は都道府県知事に報告しなければならない。

⑤　自治紛争処理委員は、調停による解決の見込みがないと認めるときは、総務大臣又は都道府県知事の同意を得て、調停を打ち切り、事件の要点及び調停の経過を公表することができる。

⑥　自治紛争処理委員は、前項の規定により調停を打ち切つたときは、その旨を当事者に通知しなければならない。

⑦　第一項の調停は、当事者のすべてから、調停案を受諾した旨を記載した文書が総務大臣又は都道府県知事に提出されたときに成立するものとする。この場合においては、総務大臣又は都道府県知事は、直ちにその旨及び調停の要旨を公表するとともに、当事者に調停が成立した旨を通知しなければならない。

⑧　総務大臣又は都道府県知事は、前項の規定により当事者から文書の提出があつたときは、その旨を自治紛争処理委員に通知するものとする。

⑨　自治紛争処理委員は、第三項に規定する調停案を作成するため必要があると認めるときは、当事者及び関係人の出頭及び陳述を求め、又は当事者及び関係人並びに紛争に係る事件に関係のある者に対し、紛争の調停のため必要な記録の提出を求めることができる。

⑩　第三項の規定による調停案の作成及びその要旨の公表についての決定、第五項の規定による調停の打切りについての決定並びに事件の要点及び調停の経過の公表についての決定並びに前項の規定による出頭、陳述及び記録の提出の求めについての決定は、自治紛争処理委員の合議によるものとする。

（審査及び勧告）

第二五一条の三①　総務大臣は、市町村長その他の市町村の執行機関が、その担任する事務に関する都道府県の関与のうち是正の要求、許可の拒否その他の処分その他公権力の行使に当たるもの（次に掲げるものを除く。）に不服があり、文書により、自治紛争処理委員の審査に付することを求める旨の申出をしたときは、速やかに、第二百五十一条第二項の規定により自治紛争処理委員を任命し、当該申出に係る事件をその審査に付さなければならない。

一　第二百四十五条の八第十二項において準用する同条第二項の規定による指示

二　第二百四十五条の八第十二項において準用する同条第八項の規定に基づき市町村長に代わつて前号の指示に係る事項を行うこと。

②　総務大臣は、市町村長その他の市町村の執行機関が、その担任する事務に関する都道府県の不作為（都道府県の行政庁が、申請等が行われた場合において、相当の期間内に何らかの都道府県の関与のうち許可その他の処分その他公権力の行使に当たるものをすべきにかかわらず、これをしないことをいう。以下本節において同じ。）に不服があり、文書により、自治紛争処理委員の審査に付することを求める旨の申出をしたときは、速やかに、第二百五十一条第二項の規定により自治紛争処理委員を任命し、当該申出に係る事件をその審査に付さなければならない。

③　総務大臣は、市町村長その他の市町村の執行機関が、その担任する事務に関する当該市町村の法令に基づく協議の申出が都道府県の行政庁に対して行われた場合において、当該協議に係る当該市町村の義務を果たしたと認めるにもかかわらず当該協議が調わないことについて、文書により、自治紛争処理委員の審査に付することを求める旨の申出をしたときは、速やかに、第二百五十一条第二項の規定により自治紛争処理委員を任命し、当該申出に係る事件をその審査に付さなければならない。

④　前三項の規定による申出においては、次に掲げる者を相手方としなければならない。

一　第一項の規定による申出の場合は、当該申出に係る都道府県の関与を行つた都道府県の行政庁

二　第二項の規定による申出の場合は、当該申出に係る都道府県の不作為に係る都道府県の行政庁

三　前項の規定による申出の場合は、当該申出に係る協議の相手方である都道府県の行政庁

⑤　第二百五十条の十三第四項から第七項まで、第二百五十条の十四第一項、第二項及び第五項並びに第二百五十条の十五から第二百五十条の十七までの規定は、第一項の規定による申出について準用する。この場合において、これらの規定中「普通地方公共団体の長その他の執行機関」とあるのは「市町村長その他の市町村の執行機関」と、「国の行政庁」とあるのは「都道府県の行政庁」と、「委員会」とあるのは「自治紛争処理委員」と、第二百五十条の十三第四項並びに第二百五十条の十四第一項及び第二項中「国の関与」とあるのは「都道府県の関与」と、第二百五十条の十七第一項中「第二百五十条の十九第二項」とあるのは「第二百五十一条の三第十三項」と読み替えるものとする。

⑥　第二百五十条の十三第七項、第二百五十条の十四第三項及び第五項並びに第二百五十条の十五から第二百五十条の十七までの規定は、第二項の規定による申出について準用する。この場合において、これらの規定中「普通地方公共団体の長その他の執行機関」とあるのは「市町村長その他の市町村の執行機関」と、「国の行政庁」とあるのは「都道府県の行政庁」と、「委員会」とあるのは「自治紛争処理委員」と、第二百五十条の十七第一項中「第二百五十条の十九第二項」とあるのは「第二百五十一条の三第十三項」と読み替えるものとする。

⑦　第二百五十条の十三第七項、第二百五十条の十四第四項及び第五項並びに第二百五十条の十五から第二百五十条の十七までの規定は、第三項の規定による申出について準用する。この場合において、これらの規定中「普通地方公共団体の長その他の執行機関」とあるのは「市町村長その他の市町村の執行機関」と、「国の行政庁」とあるのは「都道府県の行政庁」と、「委員会」とあるのは「自治紛争処理委員」と、第二百五十条の十四第四項中「当該協議に係る普通地方公共団体」とあるのは「当該協議に係る市町村」と、第二百五十条の十七第一項中「第二百五十条の十九第二項」とあるのは「第二百五十一条の三第十三項」と読み替えるものとする。

⑧　自治紛争処理委員は、第五項において準用する第二百五十条の十四第一項若しくは第二項若しくは第六項において準用する第二百五十条の十四第三項の規定による審査の結果の通知若しくは勧告及び勧告の内容の通知又は前項において準用する第二百五十条の十四第四項の規定による審査の結果の通知をしたときは、直ちにその旨及び審査の結果又は勧告の内容を総務大臣に報告しなければならない。

⑨　第五項において準用する第二百五十条の十四第一項若しくは第二項又は第六項において準用する第二百五十条の十四第三項の規定による自治紛争処理委員の勧告があつたときは、当該勧告を受けた都道府県の行政庁は、当該勧告に示された期間内に、当該勧告に即して必要な措置を講ずるとともに、その旨を総務大臣に通知しなければならない。この場合においては、総務大臣は、当該通知に係る事項を当該勧告に係る第一項又は第二項の規定による申出をした市町村長その他の市町村の執行機関に通知し、かつ、これを公表しなければならない。

⑩　総務大臣は、前項の勧告を受けた都道府県の行政庁に対し、同項の規定により講じた措置についての説明を求めることができる。

⑪　自治紛争処理委員は、第五項において準用する第二百五十条の十四第一項若しくは第二項、第六項において準用する第二百五十条の十四第三項又は第七項において準用する第二百五十条の十四第四項の規定により審査をする場合において、相当であると認めるときは、職権により、調停案を作成して、これを第一項から第三項までの規定による申出をした市町村長その他の市町村の執行機関及び相手方である都道府県の行政庁に示し、

その受諾を勧告するとともに、理由を付してその要旨を公表することができる。

⑫　自治紛争処理委員は、前項の規定により調停案を第一項から第三項までの規定による申出をした市町村長その他の市町村の執行機関及び相手方である都道府県の行政庁に示し、その受諾を勧告したときは、直ちに調停案の写しを添えてその旨及び調停の経過を総務大臣に報告しなければならない。

⑬　第十一項の調停案に係る調停は、調停案を示された市町村長その他の市町村の執行機関及び都道府県の行政庁から、これを受諾した旨を記載した文書が総務大臣に提出されたときに成立するものとする。この場合においては、総務大臣は、直ちにその旨及び調停の要旨を公表するとともに、当該市町村長その他の市町村の執行機関及び都道府県の行政庁にその旨を通知しなければならない。

⑭　総務大臣は、前項の規定により市町村長その他の市町村の執行機関及び都道府県の行政庁から文書の提出があつたときは、その旨を自治紛争処理委員に通知するものとする。

⑮　次に掲げる事項は、自治紛争処理委員の合議によるものとする。

一　第五項において準用する第二百五十条の十四第一項の規定による都道府県の関与が違法又は普通地方公共団体の自主性及び自立性を尊重する観点から不当であるかどうかについての決定及び同項の規定による勧告の決定

二　第五項において準用する第二百五十条の十四第二項の規定による都道府県の関与が違法であるかどうかについての決定及び同項の規定による勧告の決定

三　第六項において準用する第二百五十条の十四第三項の規定による第二項の申出に理由があるかどうかについての決定及び第六項において準用する第二百五十条の十四第三項の規定による勧告の決定

四　第七項において準用する第二百五十条の十四第四項の規定による第三項の申出に係る協議について当該協議に係る市町村がその義務を果たしているかどうかについての決定

五　第五項から第七項までにおいて準用する第二百五十条の十五第一項の規定による関係行政機関の参加についての決定

六　第五項から第七項までにおいて準用する第二百五十条の十六第一項の規定による証拠調べの実施についての決定

七　第十一項の規定による調停案の作成及びその要旨の公表についての決定

（処理方策の提示）

第二五一条の三の二①　総務大臣又は都道府県知事は、第二百五十二条の二第七項の規定により普通地方公共団体から自治紛争処理委員による同条第一項に規定する連携協約に係る紛争を処理するための方策（以下この条において「処理方策」という。）の提示を求める旨の申請があつたときは、第二百五十一条第二項の規定により自治紛争処理委員を任命し、処理方策を定めさせなければならない。

②　前項の申請をした普通地方公共団体は、総務大臣又は都道府県知事の同意を得て、当該申請を取り下げることができる。

③　自治紛争処理委員は、処理方策を定めたときは、これを当事者である普通地方公共団体に提示するとともに、その旨及び当該処理方策を総務大臣又は都道府県知事に通知し、かつ、これらを公表しなければならない。

④　自治紛争処理委員は、処理方策を定めるため必要があると認めるときは、当事者及び関係人の出頭及び陳述を求め、又は当事者及び関係人並びに紛争に係る事件に関係のある者に対し、処理方策を定めるため必要な記録の提出を求めることができる。

⑤　第三項の規定による処理方策の決定並びに前項の規定による出頭、陳述及び記録の提出の求めについての決定は、自治紛争処理委員の合議によるものとする。

⑥　第三項の規定により処理方策の提示を受けたときは、当事者である普通地方公共団体は、これを尊重して必要な措置を執るようにしなければならない。

（政令への委任）

第二五一条の四　この法律に規定するもののほか、自治紛争処理委員の調停、審査及び勧告並びに処理方策の提示に関し必要な事項は、政令で定める。

第五款　普通地方公共団体に対する国又は都道府県の関与に関する訴え

（国の関与に関する訴えの提起）

第二五一条の五①　第二百五十条の十三第一項又は第二項の規定による審査の申出をした普通地方公共団体の長その他の執行機関は、次の各号のいずれかに該当するときは、高等裁判所に対し、当該審査の申出の相手方となつた国の行政庁（国の関与があつた後又は申請等が行われた後に当該行政庁の権限が他の行政庁に承継されたときは、当該他の行政庁）を被告として、訴えをもつて当該審査の申出に係る違法な国の関与の取消し又は当該審査の申出に係る国の不作為の違法の確認を求めることができる。ただし、違法な国の関与の取消しを求める訴えを提起する場合において、被告とすべき行政庁がないときは、当該訴えは、国を被告として提起しなければならない。

一　第二百五十条の十四第一項から第三項までの規定による委員会の審査の結果又は勧告に不服があるとき。

二　第二百五十条の十八第一項の規定による国の行政庁の措置に不服があるとき。

三　当該審査の申出をした日から九十日を経過しても、委員会が第二百五十条の十四第一項から第三項までの規定による審査又は勧告を行わないとき。

四　国の行政庁が第二百五十条の十八第一項の規定による措置を講じないとき。

②　前項の訴えは、次に掲げる期間内に提起しなければならない。

一　前項第一号の場合は、第二百五十条の十四第一項から第三項までの規定による委員会の審査の結果又は勧告の内容の通知があつた日から三十日以内

二　前項第二号の場合は、第二百五十条の十八第一項の規定による委員会の通知があつた日から三十日以内

三　前項第三号の場合は、当該審査の申出をした日から九十日を経過した日から三十日以内

四　前項第四号の場合は、第二百五十条の十四第一項から第三項までの規定による委員会の勧告に示された期間を経過した日から三十日以内

③　第一項の訴えは、当該普通地方公共団体の区域を管轄する高等裁判所の管轄に専属する。

④　原告は、第一項の訴えを提起したときは、直ちに、文書により、その旨を被告に通知するとともに、当該高等裁判所に対し、その通知をした日時、場所及び方法を通知しなければならない。

⑤　当該高等裁判所は、第一項の訴えが提起されたときは、速やかに口頭弁論の期日を指定し、当事者を呼び出さなければならない。その期日は、同項の訴えの提起があつた日から十五日以内の日とする。

⑥　第一項の訴えに係る高等裁判所の判決に対する上告の期間は、一週間とする。

⑦　国の関与を取り消す判決は、関係行政機関に対しても効力を有する。

⑧　第一項の訴えのうち違法な国の関与の取消しを求めるものについては、行政事件訴訟法第四十三条第一項の規定にかかわらず、同法第八条第二項、第十一条から第二十二条まで、第二十五条から第二十九条まで、第三十一条、第三十二条及び第三十四条の規定は、準用しない。

⑨　第一項の訴えのうち国の不作為の違法の確認を求めるものについては、行政事件訴訟法第四十三条第三項の規定にかかわらず、同法第四十条第二項及び第四十一条第二項の規定は、準用

しない。

⑩前各項に定めるもののほか、第一項の訴えについては、主張及び証拠の申出の時期の制限その他審理の促進に関し必要な事項は、最高裁判所規則で定める。

第二五一条の六（都道府県の関与に関する訴えの提起）①第二百五十一条の三第一項又は第二項の規定による申出をした市町村長その他の市町村の執行機関は、次の各号のいずれかに該当するときは、高等裁判所に対し、当該申出の相手方となつた都道府県の行政庁（都道府県の関与があつた後又は申請等が行われた後に当該行政庁の権限が他の行政庁に承継されたときは、当該他の行政庁）を被告として、訴えをもつて当該申出に係る違法な都道府県の関与の取消し又は当該申出に係る都道府県の不作為の違法の確認を求めることができる。ただし、違法な都道府県の関与の取消しを求める訴えを提起する場合において、被告とすべき行政庁がないときは、当該訴えは、当該都道府県を被告として提起しなければならない。

一　第二百五十一条の三第五項において準用する第二百五十条の十四第一項若しくは第二項又は第二百五十一条の三第六項において準用する第二百五十条の十四第三項の規定による自治紛争処理委員の審査の結果又は勧告に不服があるとき。

二　第二百五十一条の三第九項の規定による都道府県の行政庁の措置に不服があるとき。

三　当該申出をした日から九十日を経過しても、自治紛争処理委員が第二百五十一条の三第五項において準用する第二百五十条の十四第一項若しくは第二項又は第二百五十一条の三第六項において準用する第二百五十条の十四第三項の規定による審査又は勧告を行わないとき。

四　都道府県の行政庁が第二百五十一条の三第九項の規定による措置を講じないとき。

②前項の訴えは、次に掲げる期間内に提起しなければならない。

一　前項第一号の場合は、第二百五十一条の三第五項において準用する第二百五十条の十四第一項若しくは第二項又は第二百五十一条の三第六項において準用する第二百五十条の十四第三項の規定による自治紛争処理委員の審査の結果又は勧告の内容の通知があつた日から三十日以内

二　前項第二号の場合は、第二百五十一条の三第九項の規定による総務大臣の通知があつた日から三十日以内

三　前項第三号の場合は、当該申出をした日から九十日を経過した日から三十日以内

四　前項第四号の場合は、第二百五十一条の三第五項において準用する第二百五十条の十四第一項若しくは第二項又は第二百五十一条の三第六項において準用する第二百五十条の十四第三項の規定による自治紛争処理委員の勧告に示された期間を経過した日から三十日以内

③前条第三項から第七項までの規定は、第一項の訴えに準用する。この場合において、同条第三項中「当該普通地方公共団体の区域」とあるのは「当該市町村の区域」と、同条第七項中「国の関与」とあるのは「都道府県の関与」と読み替えるものとする。

④第一項の訴えのうち違法な都道府県の関与の取消しを求めるものについては、行政事件訴訟法第四十三条第一項の規定にかかわらず、同法第八条第二項、第十一条から第二十二条まで、第二十五条から第二十九条まで、第三十一条、第三十二条及び第三十四条の規定は、準用しない。

⑤第一項の訴えのうち都道府県の不作為の違法の確認を求めるものについては、行政事件訴訟法第四十三条第三項の規定にかかわらず、同法第四十条第二項及び第四十一条第二項の規定は、準用しない。

⑥前各項に定めるもののほか、第一項の訴えについては、主張及び証拠の申出の時期の制限その他審理の促進に関し必要な事項は、最高裁判所規則で定める。

第二五一条の七（普通地方公共団体の不作為に関する国の訴えの提起）①第二百四十五条の五第一項若しくは第四項の規定による是正の要求又は第二百四十五条の七第一項若しくは第四項の規定による指示を行つた各大臣は、次の各号のいずれかに該当するときは、高等裁判所に対し、当該是正の要求又は指示を受けた普通地方公共団体の不作為（是正の要求又は指示を受けた普通地方公共団体の行政庁が、相当の期間内に是正の要求に応じた措置又は指示に係る措置を講じなければならないにもかかわらず、これを講じないことをいう。以下この項、次条及び第二百五十二条の十七の四第三項において同じ。）に係る普通地方公共団体の行政庁（当該是正の要求又は指示があつた後に当該行政庁の権限が他の行政庁に承継されたときは、当該他の行政庁）を被告として、訴えをもつて当該普通地方公共団体の不作為の違法の確認を求めることができる。

一　普通地方公共団体の長その他の執行機関が当該是正の要求又は指示に関する第二百五十条の十三第一項の規定による審査の申出をせず（審査の申出後に第二百五十条の十七第一項の規定により当該審査の申出が取り下げられた場合を含む。）、かつ、当該是正の要求に応じた措置又は指示に係る措置を講じないとき。

二　普通地方公共団体の長その他の執行機関が当該是正の要求又は指示に関する第二百五十条の十三第一項の規定による審査の申出をした場合において、次に掲げるとき。

イ　委員会が第二百五十条の十四第一項又は第二項の規定による審査の結果又は勧告の内容の通知をした場合において、当該普通地方公共団体の長その他の執行機関が第二百五十一条の五第一項の規定による当該是正の要求又は指示の取消しを求める訴えの提起をせず（訴えの提起後に当該訴えが取り下げられた場合を含む。ロにおいて同じ。）、かつ、当該是正の要求に応じた措置又は指示に係る措置を講じないとき。

ロ　委員会が当該審査の申出をした日から九十日を経過しても第二百五十条の十四第一項又は第二項の規定による審査又は勧告を行わない場合において、当該普通地方公共団体の長その他の執行機関が第二百五十一条の五第一項の規定による当該是正の要求又は指示の取消しを求める訴えの提起をせず、かつ、当該是正の要求に応じた措置又は指示に係る措置を講じないとき。

②前項の訴えは、次に掲げる期間が経過するまでは、提起することができない。

一　前項第一号の場合は、第二百五十条の十三第四項本文の期間

二　前項第二号イの場合は、第二百五十一条の五第二項第一号、第二号又は第四号に掲げる期間

三　前項第二号ロの場合は、第二百五十一条の五第二項第三号に掲げる期間

③第二百五十一条の五第三項から第六項までの規定は、第一項の訴えについて準用する。

④第一項の訴えについては、行政事件訴訟法第四十三条第三項の規定にかかわらず、同法第四十条第二項及び第四十一条第二項の規定は、準用しない。

⑤前各項に定めるもののほか、第一項の訴えについては、主張及び証拠の申出の時期の制限その他審理の促進に関し必要な事項は、最高裁判所規則で定める。

7 **不作為の違法確認訴訟**　沖縄県知事による公有水面埋立承認取消しに対して是正の指示がなされ、知事がこれに従わないことにつき国土交通大臣により提起された不作為の違法確認訴訟において、指示に係る措置の内容は埋立承認取消しを取り消すという知事の意思表示を求めるものであり、加えて、国が提起した前訴においても承認取消しの適否が問題とされていたことなどの事実経過を勘案して、指示がされた日から一週間後である期日の経過により、本条一項にいう相当の期間が経過したものとさ

れ、期間の経過にもかかわらず、指示に係る措置を講じないことを許容する根拠は見いだし難く、埋立承認取消しを取り消さないことが、同項にいう不作為の違法に当たるとされた事例（最判平28・12・20民集七〇・九・二二八一、重判平29行政九）→行総◆【Ⅱ】72

（市町村の不作為に関する都道府県の訴えの提起）

第二五二条① 第二百四十五条の五第二項の指示を行つた各大臣は、次の各号のいずれかに該当するときは、同条第三項の規定による是正の要求を行つた都道府県の執行機関に対し、高等裁判所に対し、当該是正の要求を受けた市町村の不作為に係る市町村の行政庁（当該是正の要求があつた後に当該行政庁の権限が他の行政庁に承継されたときは、当該他の行政庁。次項において同じ。）を被告として、訴えをもつて当該市町村の不作為の違法の確認を求めるよう指示をすることができる。

一 市町村長その他の市町村の執行機関が当該是正の要求に関する第二百五十一条の三第一項の規定による申出をせず（申出後に同条第五項において準用する第二百五十条の十七第一項の規定により当該申出が取り下げられた場合を含む。）、かつ、当該是正の要求に応じた措置を講じないとき。

二 市町村長その他の市町村の執行機関が当該是正の要求に関する第二百五十一条の三第一項の規定による申出をした場合において、次に掲げるとき。

イ 自治紛争処理委員が第二百五十一条の三第五項において準用する第二百五十条の十四第一項の規定による審査の結果又は勧告の内容の通知をした場合において、当該市町村長その他の市町村の執行機関が第二百五十一条の六第一項の規定による当該是正の要求の取消しを求める訴えの提起をせず（訴えの提起後に当該訴えが取り下げられた場合を含む。ロにおいて同じ。）、かつ、当該是正の要求に応じた措置を講じないとき。

ロ 自治紛争処理委員が当該申出をした日から九十日を経過しても第二百五十一条の三第五項において準用する第二百五十条の十四第一項の規定による審査又は勧告を行わない場合において、当該市町村長その他の市町村の執行機関が第二百五十一条の六第一項の規定による当該是正の要求の取消しを求める訴えの提起をせず、かつ、当該是正の要求に応じた措置を講じないとき。

② 前項の指示を受けた都道府県の執行機関は、高等裁判所に対し、当該市町村の不作為に係る市町村の行政庁を被告として、訴えをもつて当該市町村の不作為の違法の確認を求めなければならない。

③ 第二百四十五条の七第二項の規定による指示を行つた都道府県の執行機関は、次の各号のいずれかに該当するときは、高等裁判所に対し、当該指示を受けた市町村の不作為に係る市町村の行政庁（当該指示があつた後に当該行政庁の権限が他の行政庁に承継されたときは、当該他の行政庁）を被告として、訴えをもつて当該市町村の不作為の違法の確認を求めることができる。

一 市町村長その他の市町村の執行機関が当該指示に関する第二百五十一条の三第一項の規定による申出をせず（申出後に同条第五項において準用する第二百五十条の十七第一項の規定により当該申出が取り下げられた場合を含む。）、かつ、当該指示に係る措置を講じないとき。

二 市町村長その他の市町村の執行機関が当該指示に関する第二百五十一条の三第一項の規定による申出をした場合において、次に掲げるとき。

イ 自治紛争処理委員が第二百五十一条の三第五項において準用する第二百五十条の十四第二項の規定による審査の結果又は勧告の内容の通知をした場合において、当該市町村長その他の市町村の執行機関が第二百五十一条の六第一項の規定による当該指示の取消しを求める訴えの提起をせず（訴えの提起後に当該訴えが取り下げられた場合を含む。ロにおいて同じ。）、かつ、当該指示に係る措置を講じないとき。

ロ 自治紛争処理委員が当該申出をした日から九十日を経過しても第二百五十一条の三第五項において準用する第二百五十条の十四第二項の規定による審査又は勧告を行わない場合において、当該市町村長その他の市町村の執行機関が第二百五十一条の六第一項の規定による当該指示の取消しを求める訴えの提起をせず、かつ、当該指示に係る措置を講じないとき。

④ 第二百四十五条の七第三項の指示を行つた各大臣は、前項の都道府県の執行機関に対し、同項の規定による訴えの提起に関し、必要な指示をすることができる。

⑤ 第二項及び第三項の訴えは、次に掲げる期間が経過するまでは、提起することができない。

一 第一項第一号及び第三項第一号の場合は、第二百五十一条の三第五項において準用する第二百五十条の十三第四項本文の期間

二 第一項第二号イ及び第三項第二号イの場合は、第二百五十一条の六第二項第一号、第二号又は第四号に掲げる期間

三 第一項第二号ロ及び第三項第二号ロの場合は、第二百五十一条の六第二項第三号に掲げる期間

⑥ 第二百五十一条の五第三項から第六項までの規定は、第二項及び第三項の訴えについて準用する。この場合において、同条第三項中「当該普通地方公共団体の区域」とあるのは、「当該市町村の区域」と読み替えるものとする。

⑦ 第二項及び第三項の訴えについては、行政事件訴訟法第四十三条第三項の規定にかかわらず、同法第四十条第二項及び第四十一条第二項の規定は、準用しない。

⑧ 前各項に定めるもののほか、第二項及び第三項の訴えについては、主張及び証拠の申出の時期の制限その他審理の促進に関し必要な事項は、最高裁判所規則で定める。

第三節 普通地方公共団体相互間の協力（抄）

第一款 連携協約

（連携協約）

第二五二条の二① 普通地方公共団体は、当該普通地方公共団体及び他の普通地方公共団体の区域における当該普通地方公共団体及び当該他の普通地方公共団体の事務の処理に当たつての当該他の普通地方公共団体との連携を図るため、協議により、当該普通地方公共団体及び当該他の普通地方公共団体が連携して事務を処理するに当たつての基本的な方針及び役割分担を定める協約（以下「連携協約」という。）を当該他の普通地方公共団体と締結することができる。

② 普通地方公共団体は、連携協約を締結したときは、その旨及び当該連携協約を告示するとともに、都道府県が締結したものにあつては総務大臣、その他のものにあつては都道府県知事に届け出なければならない。

③ 第一項の協議については、関係普通地方公共団体の議会の議決を経なければならない。

④ 普通地方公共団体は、連携協約を変更し、又は連携協約を廃止しようとするときは、前三項の例によりこれを行わなければならない。

⑤ 公益上必要がある場合においては、都道府県が締結するものについては総務大臣、その他のものについては都道府県知事は、関係のある普通地方公共団体に対し、連携協約を締結すべきことを勧告することができる。

⑥ 連携協約を締結した普通地方公共団体は、当該連携協約に基づいて、当該連携協約を締結した他の普通地方公共団体と連携して事務を処理するに当たつて当該普通地方公共団体が分担すべき役割を果たすため必要な措置を執るようにしなければならない。

⑦ 連携協約を締結した普通地方公共団体相互の間に連携協約に

係る紛争があるときは、当事者である普通地方公共団体は、都道府県が当事者となる紛争にあつては総務大臣、その他の紛争にあつては都道府県知事に対し、文書により、自治紛争処理委員による当該紛争を処理するための方策の提示を求める旨の申請をすることができる。

第二款　協議会

（協議会の設置）

第二五二条の二の二①　普通地方公共団体は、普通地方公共団体の事務の一部を共同して管理し及び執行し、若しくは普通地方公共団体の事務の管理及び執行について連絡調整を図り、又は広域にわたる総合的な計画を共同して作成するため、協議により規約を定め、普通地方公共団体の協議会を設けることができる。

②　普通地方公共団体は、協議会を設けたときは、その旨及び規約を告示するとともに、都道府県の加入するものにあつては総務大臣、その他のものにあつては都道府県知事に届け出なければならない。

③　第一項の協議については、関係普通地方公共団体の議会の議決を経なければならない。ただし、普通地方公共団体の事務の管理及び執行について連絡調整を図るため普通地方公共団体の協議会を設ける場合は、この限りでない。

④　公益上必要がある場合においては、都道府県の加入するものについては総務大臣、その他のものについては都道府県知事は、関係のある普通地方公共団体に対し、普通地方公共団体の協議会を設けるべきことを勧告することができる。

⑤　普通地方公共団体の協議会が広域にわたる総合的な計画を作成したときは、関係普通地方公共団体は、当該計画に基づいて、その事務を処理するようにしなければならない。

⑥　普通地方公共団体の協議会は、必要があると認めるときは、関係のある公の機関の長に対し、資料の提出、意見の開陳、説明その他必要な協力を求めることができる。

（協議会の組織）

第二五二条の三①　普通地方公共団体の協議会は、会長及び委員をもつてこれを組織する。

②　普通地方公共団体の協議会の会長及び委員は、規約の定めるところにより常勤又は非常勤とし、関係普通地方公共団体の職員のうちから、これを選任する。

③　普通地方公共団体の協議会の会長は、普通地方公共団体の協議会の事務を掌理し、協議会を代表する。

（協議会の規約）

第二五二条の四①　普通地方公共団体の協議会の規約には、次に掲げる事項につき規定を設けなければならない。

一　協議会の名称

二　協議会を設ける普通地方公共団体

三　協議会の管理し及び執行し、若しくは協議会において連絡調整を図る関係普通地方公共団体の事務又は協議会の作成する計画の項目

四　協議会の組織並びに会長及び委員の選任の方法

五　協議会の経費の支弁の方法

②　普通地方公共団体の事務の一部を共同して管理し及び執行するため普通地方公共団体の協議会を設ける場合には、協議会の規約には、前項各号に掲げるもののほか、次に掲げる事項につき規定を設けなければならない。

一　協議会の管理し及び執行する関係普通地方公共団体の事務（以下本項中「協議会の担任する事務」という。）の管理及び執行の方法

二　協議会の担任する事務を管理し及び執行する場所

三　協議会の担任する事務に従事する関係普通地方公共団体の職員の身分取扱い

四　協議会の担任する事務の用に供する関係普通地方公共団体の財産の取得、管理及び処分又は公の施設の設置、管理及び廃止の方法

五　前各号に掲げるものを除くほか、協議会と協議会を設ける関係普通地方公共団体との関係その他協議会に関し必要な事項

（協議会の事務の管理及び執行の効力）

第二五二条の五　普通地方公共団体の協議会が関係普通地方公共団体又は関係普通地方公共団体の長その他の執行機関の名においてした事務の管理及び執行は、関係普通地方公共団体の長その他の執行機関が管理し及び執行したものとしての効力を有する。

（協議会の組織の変更及び廃止）

第二五二条の六　普通地方公共団体は、普通地方公共団体の協議会を設ける普通地方公共団体の数を増減し、若しくは協議会の規約を変更し、又は協議会を廃止しようとするときは、第二百五十二条の二の二第一項から第三項までの例によりこれを行わなければならない。

（脱退による協議会の組織の変更及び廃止の特例）

第二五二条の六の二①　前条の規定にかかわらず、協議会を設ける普通地方公共団体は、その議会の議決を経て、脱退する日の二年前までに他の全ての関係普通地方公共団体に書面で予告をすることにより、協議会から脱退することができる。

②　前項の予告を受けた関係普通地方公共団体は、当該予告をした普通地方公共団体が脱退する時までに、第二百五十二条の二の二第一項から第三項までの例により、当該脱退により必要となる規約の変更を行わなければならない。ただし、第二百五十二条の四第一項第二号に掲げる事項のみに係る規約の変更については、第二百五十二条の二の二第三項本文の例によらないものとする。

③　第一項の予告の撤回は、他の全ての関係普通地方公共団体が議会の議決を経て同意をした場合に限り、することができる。この場合において、同項の予告をした普通地方公共団体が他の関係普通地方公共団体に当該予告の撤回について同意を求めるに当たつては、あらかじめ、その議会の議決を経なければならない。

④　普通地方公共団体は、第一項の規定により協議会から脱退したときは、その旨を告示しなければならない。

⑤　第一項の規定による脱退により協議会を設ける普通地方公共団体が一となつたときは、当該協議会は廃止されるものとする。この場合において、当該普通地方公共団体は、その旨を告示するとともに、第二百五十二条の二の二第二項の例により、総務大臣又は都道府県知事に届け出なければならない。

> 7　他の二市と共に、ごみの広域処理を実施することを方針として、一部事務組合の設置に向けて協議会を設立・運営していた町が、町長選挙の結果当該方針を見直し、協議会から離脱に至ったことで、二市に対して債務不履行ないし不法行為による賠償責任を負うとされた事例（横浜地判平23・12・8判時二一五六・九一）

第三款　機関等の共同設置（抄）

（機関等の共同設置）

第二五二条の七①　普通地方公共団体は、協議により規約を定め、共同して、第百三十八条第一項若しくは第二項に規定する事務局若しくはその内部組織（次項及び第二百五十二条の十三において「議会事務局」という。）、第百三十八条の四第一項に規定する委員会若しくは委員、同条第三項に規定する附属機関、第百五十六条第一項に規定する行政機関、第百五十八条第一項に規定する内部組織、委員会若しくは委員の事務局若しくはその内部組織（次項及び第二百五十二条の十三において「委員会事務局」という。）、普通地方公共団体の議会、長、委員会若しくは委員の事務を補助する職員、第百七十四条第一項に規定する専門委員又は第二百条の二第一項に規定する監査専門委

員を置くことができる。ただし、政令で定める委員会については、この限りでない。

② 前項の規定による議会事務局、執行機関、附属機関、行政機関、内部組織、委員会事務局若しくは職員を共同設置する普通地方公共団体の数を増減し、若しくはこれらの議会事務局、執行機関、附属機関、行政機関、内部組織、委員会事務局若しくは職員の共同設置に関する規約を変更し、又はこれらの議会事務局、執行機関、附属機関、行政機関、内部組織、委員会事務局若しくは職員の共同設置を廃止しようとするときは、関係普通地方公共団体は、同項の例により、協議してこれを行わなければならない。

③ 第二百五十二条の二の二第二項及び第三項本文の規定は前二項の場合について、同条第四項の規定は第一項の場合について、それぞれ準用する。

第二五二条の七の二から第二五二条の一三まで　（略）

第四款　事務の委託

（事務の委託）

第二五二条の一四① 普通地方公共団体は、協議により規約を定め、普通地方公共団体の事務の一部を、他の普通地方公共団体に委託して、当該他の普通地方公共団体の長又は同種の委員会若しくは委員をして管理し及び執行させることができる。

② 前項の規定により委託した事務を変更し、又はその事務の委託を廃止しようとするときは、関係普通地方公共団体は、同項の例により、協議してこれを行わなければならない。

③ 第二百五十二条の二の二第二項及び第三項本文の規定は前二項の規定により普通地方公共団体の事務を委託し、又は委託した事務を変更し、若しくはその事務の委託を廃止する場合に、同条第四項の規定は第一項の場合にこれを準用する。

（事務の委託の規約）

第二五二条の一五 前条の規定により委託する普通地方公共団体の事務（以下本条中「委託事務」という。）の委託に関する規約には、次に掲げる事項につき規定を設けなければならない。

一 委託する普通地方公共団体及び委託を受ける普通地方公共団体

二 委託事務の範囲並びに委託事務の管理及び執行の方法

三 委託事務に要する経費の支弁の方法

四 前各号に掲げるもののほか、委託事務に関し必要な事項

（事務の委託の効果）

第二五二条の一六 普通地方公共団体の事務を、他の普通地方公共団体に委託して、当該他の普通地方公共団体の長又は同種の委員会若しくは委員をして管理し及び執行させる場合においては、当該事務の管理及び執行に関する法令中委託した普通地方公共団体又はその執行機関に適用すべき規定は、当該委託された事務の範囲内において、その事務の委託を受けた普通地方公共団体又はその執行機関について適用があるものとし、別に規約で定めをするものを除くほか、事務の委託を受けた普通地方公共団体の当該委託された事務の管理及び執行に関する条例、規則又はその機関の定める規程は、委託した普通地方公共団体の条例、規則又はその機関の定める規程としての効力を有する。

第五款　事務の代替執行

（事務の代替執行）

第二五二条の一六の二① 普通地方公共団体は、他の普通地方公共団体の求めに応じて、協議により規約を定め、当該他の普通地方公共団体の事務の一部を、当該他の普通地方公共団体又は当該他の普通地方公共団体の長若しくは同種の委員会若しくは委員の名において管理し及び執行すること（以下この条及び次条において「事務の代替執行」という。）ができる。

② 前項の規定により事務の代替執行をする事務（以下この款において「代替執行事務」という。）を変更し、又は事務の代替執行を廃止しようとするときは、関係普通地方公共団体は、同項の例により、協議してこれを行わなければならない。

③ 第二百五十二条の二の二第二項及び第三項本文の規定は前二項の規定により事務の代替執行をし、又は代替執行事務を変更し、若しくは事務の代替執行を廃止する場合に、同条第四項の規定は第一項の場合に準用する。

（事務の代替執行の規約）

第二五二条の一六の三 事務の代替執行に関する規約には、次に掲げる事項につき規定を設けなければならない。

一 事務の代替執行をする普通地方公共団体及びその相手方となる普通地方公共団体

二 代替執行事務の範囲並びに代替執行事務の管理及び執行の方法

三 代替執行事務に要する経費の支弁の方法

四 前三号に掲げるもののほか、事務の代替執行に関し必要な事項

（代替執行事務の管理及び執行の効力）

第二五二条の一六の四 第二百五十二条の十六の二の規定により普通地方公共団体が他の普通地方公共団体又は他の普通地方公共団体の長若しくは同種の委員会若しくは委員の名において管理し及び執行した事務の管理及び執行は、当該他の普通地方公共団体の長又は同種の委員会若しくは委員が管理し及び執行したものとしての効力を有する。

第六款　職員の派遣

（職員の派遣）

第二五二条の一七① 普通地方公共団体の長又は委員会若しくは委員は、法律に特別の定めがあるものを除くほか、当該普通地方公共団体の事務の処理のため特別の必要があると認めるときは、他の普通地方公共団体の長又は委員会若しくは委員に対し、当該普通地方公共団体の職員の派遣を求めることができる。

② 前項の規定による求めに応じて派遣される職員は、派遣を受けた普通地方公共団体の職員の身分をあわせ有することとなるものとし、その給料、手当（退職手当を除く。）及び旅費は、当該職員の派遣を受けた普通地方公共団体の負担とし、退職手当及び退職年金又は退職一時金は、当該職員の派遣をした普通地方公共団体の負担とする。ただし、当該派遣が長期間にわたることその他の特別の事情があるときは、当該職員の派遣を求める普通地方公共団体及びその求めに応じて当該職員の派遣をしようとする普通地方公共団体の長又は委員会若しくは委員の協議により、当該派遣の趣旨に照らして必要な範囲内において、当該職員の派遣を求める普通地方公共団体が当該職員の退職手当の全部又は一部を負担することとすることができる。

③ 普通地方公共団体の委員会又は委員が、第一項の規定により職員の派遣を求め、若しくはその求めに応じて職員を派遣しようとするとき、又は前項ただし書の規定により退職手当の負担について協議しようとするときは、あらかじめ、当該普通地方公共団体の長に協議しなければならない。

④ 第二項に規定するもののほか、第一項の規定に基づき派遣された職員の身分取扱いに関しては、当該職員の派遣をした普通地方公共団体の職員に関する法令の規定の適用があるものとする。ただし、当該法令の趣旨に反しない範囲内で政令で特別の定めをすることができる。

第四節　条例による事務処理の特例

（条例による事務処理の特例）

第二五二条の一七の二① 都道府県は、都道府県知事の権限に属する事務の一部を、条例の定めるところにより、市町村が処理することとすることができる。この場合においては、当該市町村が処理することとされた事務は、当該市町村の長が管理し及び執行するものとする。

② 前項の条例（同項の規定により都道府県の規則に基づく事務を市町村が処理することとする場合で、同項の条例の定めると

ところにより、規則に委任して当該事務の範囲を定めるときは、当該規則を含む。以下本節において同じ。）を制定し又は改廃する場合においては、都道府県知事は、あらかじめ、その権限に属する事務の一部を処理し又は処理することとなる市町村の長に協議しなければならない。

③ 市町村の長は、その議会の議決を経て、都道府県知事に対し、第一項の規定によりその権限に属する事務の一部を当該市町村が処理することとするよう要請することができる。

④ 前項の規定による要請があつたときは、都道府県知事は、速やかに、当該市町村の長と協議しなければならない。

（条例による事務処理の特例の効果）

第二五二条の一七の三① 前条第一項の条例の定めるところにより、都道府県知事の権限に属する事務の一部を市町村が処理する場合においては、当該条例の定めるところにより市町村が処理することとされた事務について規定する法令、条例又は規則中都道府県に関する規定は、当該事務の範囲内において、当該市町村に関する規定として当該市町村に適用があるものとする。

② 前項の規定により市町村に適用があるものとされる法令の規定により国の行政機関が市町村に対して行うものとなる助言等、資料の提出の要求等又は是正の要求等は、都道府県知事を通じて行うことができるものとする。

③ 第一項の規定により市町村に適用があるものとされる法令の規定により市町村が国の行政機関と行うものとなる協議は、都道府県知事を通じて行うものとし、当該法令の規定により国の行政機関が市町村に対して行うものとなる許認可等に係る申請等は、都道府県知事を経由して行うものとする。

（是正の要求等の特則）

第二五二条の一七の四① 都道府県知事は、第二百五十二条の十七の二第一項の条例の定めるところにより市町村が処理することとされた事務のうち自治事務の処理が法令の規定に違反していると認めるとき、又は著しく適正を欠き、かつ、明らかに公益を害していると認めるときは、当該市町村に対し、第二百四十五条の五第二項に規定する各大臣の指示がない場合であつても、同条第三項の規定により、当該自治事務の処理について違反の是正又は改善のため必要な措置を講ずべきことを求めることができる。

② 第二百五十二条の十七の二第一項の条例の定めるところにより市町村が処理することとされた事務のうち法定受託事務に対する第二百四十五条の八第十二項において準用する同条第一項から第十一項までの規定の適用については、同条第十二項において読み替えて準用する同条第二項から第四項まで、第六項、第八項及び第十一項中「都道府県知事」とあるのは、「各大臣」とする。この場合においては、同条第十三項の規定は適用しない。

③ 第二百五十二条の十七の二第一項の条例の定めるところにより市町村が処理することとされた事務のうち自治事務の処理について第二百四十五条の五第三項の規定による是正の要求（第一項の規定による是正の要求を含む。）を行つた都道府県知事は、第二百五十二条第一項各号のいずれかに該当するときは、同項に規定する各大臣の指示がない場合であつても、同条第二項の規定により、訴えをもつて当該是正の要求を受けた市町村の不作為の違法の確認を求めることができる。

④ 第二百五十二条の十七の二第一項の条例の定めるところにより市町村が処理することとされた事務のうち法定受託事務に係る市町村長の処分についての第二百五十五条の二第一項の審査請求の裁決に不服がある者は、当該処分に係る事務を規定する法律又はこれに基づく政令を所管する各大臣に対して再審査請求をすることができる。

⑤ 市町村長が第二百五十二条の十七の二第一項の条例の定めるところにより市町村が処理することとされた事務のうち法定受託事務に係る処分をする権限をその補助機関である職員又はその管理に属する行政機関の長に委任した場合において、委任を受けた職員又は行政機関の長がその委任に基づいてした処分につき、第二百五十五条の二第二項の再審査請求の裁決があつたときは、当該裁決に不服がある者は、再々審査請求をすることができる。この場合において、再々審査請求は、当該処分に係る再審査請求若しくは審査請求の裁決又は当該処分を対象として、当該処分に係る事務を規定する法律又はこれに基づく政令を所管する各大臣に対してするものとする。

⑥ 前項の再々審査請求については、行政不服審査法第四章の規定を準用する。

⑦ 前項において準用する行政不服審査法の規定に基づく処分及びその不作為については、行政不服審査法第二条及び第三条の規定は、適用しない。

第五節　雑則（抄）

（組織及び運営の合理化に係る助言及び勧告並びに資料の提出の要求）

第二五二条の一七の五① 総務大臣又は都道府県知事は、普通地方公共団体の組織及び運営の合理化に資するため、普通地方公共団体に対し、適切と認める技術的な助言若しくは勧告をし、又は当該助言若しくは勧告をするため若しくは普通地方公共団体の組織及び運営の合理化に関する情報を提供するため必要な資料の提出を求めることができる。

② 総務大臣は、都道府県知事に対し、前項の規定による市町村に対する助言若しくは勧告又は資料の提出の求めに関し、必要な指示をすることができる。

③ 普通地方公共団体の長は、第二条第十四項及び第十五項の規定の趣旨を達成するため必要があると認めるときは、総務大臣又は都道府県知事に対し、当該普通地方公共団体の組織及び運営の合理化に関する技術的な助言若しくは勧告又は必要な情報の提供を求めることができる。

（財務に係る実地検査）

第二五二条の一七の六① 総務大臣は、必要があるときは、都道府県について財務に関係のある事務に関し、実地の検査を行うことができる。

② 都道府県知事は、必要があるときは、市町村について財務に関係のある事務に関し、実地の検査を行うことができる。

③ 総務大臣は、都道府県知事に対し、前項の規定による検査に関し、必要な指示をすることができる。

④ 総務大臣は、前項の規定によるほか、緊急を要するときその他特に必要があると認めるときは、市町村について財務に関係のある事務に関し、実地の検査を行うことができる。

（市町村に関する調査）

第二五二条の一七の七 総務大臣は、第二百五十二条の十七の五第一項及び第二項並びに前条第三項及び第四項の規定による権限の行使のためその他市町村の適正な運営を確保するため必要があるときは、都道府県知事に対し、市町村についてその特に指定する事項の調査を行うよう指示をすることができる。

第二五二条の一七の八から第二五二条の一八の二まで　（略）

第十二章　大都市等に関する特例（抄）

第一節　大都市に関する特例（抄）

（指定都市の権能）

第二五二条の一九① 政令で指定する人口五十万以上の市（以下「指定都市」という。）は、次に掲げる事務のうち都道府県が法律又はこれに基づく政令の定めるところにより処理することとされているものの全部又は一部で政令で定めるものを、政令で定めるところにより、処理することができる。

一　児童福祉に関する事務
二　民生委員に関する事務
三　身体障害者の福祉に関する事務
四　生活保護に関する事務
五　行旅病人及び行旅死亡人の取扱に関する事務
五の二　社会福祉事業に関する事務

五の三　知的障害者の福祉に関する事務
六　母子家庭及び父子家庭並びに寡婦の福祉に関する事務
六の二　老人福祉に関する事務
七　母子保健に関する事務
七の二　介護保険に関する事務
八　障害者の自立支援に関する事務
八の二　生活困窮者の自立支援に関する事務
九　食品衛生に関する事務
九の二　医療に関する事務
十　精神保健及び精神障害者の福祉に関する事務
十一　結核の予防に関する事務
十一の二　難病の患者に対する医療等に関する事務
十二　土地区画整理事業に関する事務
十三　屋外広告物の規制に関する事務

②　指定都市がその事務を処理するに当たつて、法律又はこれに基づく政令の定めるところにより都道府県知事若しくは都道府県の委員会の許可、認可、承認その他これらに類する処分を要し、又はその事務の処理について都道府県知事若しくは都道府県の委員会の改善、停止、制限、禁止その他これらに類する指示その他の命令を受けるものとされている事項で政令で定めるものについては、政令の定めるところにより、これらの許可、認可等の処分を要せず、若しくはこれらの指示その他の命令に関する法令の規定を適用せず、又は都道府県知事若しくは都道府県の委員会の許可、認可等の処分若しくは指示その他の命令に代えて、各大臣の許可、認可等の処分を要するものとし、若しくは各大臣の指示その他の命令を受けるものとする。

（区の設置）

第二五二条の二〇①　指定都市は、市長の権限に属する事務を分掌させるため、条例で、その区域を分けて区を設け、区の事務所又は必要があると認めるときはその出張所を置くものとする。

②　区の事務所又はその出張所の位置、名称及び所管区域並びに区の事務所が分掌する事務は、条例でこれを定めなければならない。

③　区にその事務所の長として区長を置く。

④　区長又は区の事務所の出張所の長は、当該普通地方公共団体の長の補助機関である職員をもつて充てる。

⑤　区に選挙管理委員会を置く。

⑥　第四条第二項の規定は第二項の区の事務所又はその出張所の位置及び所管区域に、第百七十五条第二項の規定は区長又は第四項の区の事務所の出張所の長に、第二編第七章第三節中市の選挙管理委員会に関する規定は前項の選挙管理委員会について、これを準用する。

⑦　指定都市は、必要と認めるときは、条例で、区ごとに区地域協議会を置くことができる。この場合において、その区域内に地域自治区が設けられる区には、区地域協議会を設けないことができる。

⑧　第二百二条の五第二項から第五項まで及び第二百二条の六から第二百二条の九までの規定は、区地域協議会に準用する。

⑨　指定都市は、地域自治区を設けるときは、その区域は、区の区域を分けて定めなければならない。

⑩　第七項の規定に基づき、区に区地域協議会を置く指定都市は、第二百二条の四第一項の規定にかかわらず、その一部の区の区域に地域自治区を設けることができる。

⑪　前各項に定めるもののほか、指定都市の区に関し必要な事項は、政令でこれを定める。

[7] 指定都市でない地方公共団体に設置された区
町が区長設置条例で設置した区は、自らが事業主体となって、地域住民のための事業を独自に行うものであって、住民の自主的な運営による地域団体的な住民組織にその本質がある。指定都市の市長の権限の分掌を本質とする本条所定の区とは性質が異なるので、本条及び、その立法趣旨に違反しない。（岡山地判平11・3・24判自一九五・一〇、自治百選[四版]七）

（総合区の設置）

第二五二条の二〇の二①　指定都市は、その行政の円滑な運営を確保するため必要があると認めるときは、前条第一項の規定にかかわらず、市長の権限に属する事務のうち特定の区の区域内に関するものを第八項の規定により総合区長に執行させるため、条例で、当該区に代えて総合区を設け、総合区の事務所又は必要があると認めるときはその出張所を置くことができる。

②　総合区の事務所又はその出張所の位置、名称及び所管区域並びに総合区の事務所が分掌する事務は、条例でこれを定めなければならない。

③　総合区にその事務所の長として総合区長を置く。

④　総合区長は、市長が議会の同意を得てこれを選任する。

⑤　総合区長の任期は、四年とする。ただし、市長は、任期中においてもこれを解職することができる。

⑥　総合区の事務所の職員のうち、総合区長があらかじめ指定する者は、総合区長に事故があるとき又は総合区長が欠けたときは、その職務を代理する。

⑦　第百四十一条、第百四十二条、第百五十九条、第百六十四条、第百六十五条第二項、第百六十六条第一項及び第三項並びに第百七十五条第二項の規定は、総合区長について準用する。

⑧　総合区長は、総合区の区域に係る政策及び企画をつかさどるほか、法律若しくはこれに基づく政令又は条例により総合区長が執行することとされた事務及び市長の権限に属する事務のうち主として総合区の区域内に関するもので次に掲げるものを執行し、これらの事務の執行について当該指定都市を代表する。ただし、法律又はこれに基づく政令に特別の定めがある場合は、この限りでない。
一　総合区の区域に住所を有する者の意見を反映させて総合区の区域のまちづくりを推進する事務（法律若しくはこれに基づく政令又は条例により市長が執行することとされたものを除く。）
二　総合区の区域に住所を有する者相互間の交流を促進するための事務（法律若しくはこれに基づく政令又は条例により市長が執行することとされたものを除く。）
三　社会福祉及び保健衛生に関する事務のうち総合区の区域に住所を有する者に対して直接提供される役務に関する事務（法律若しくはこれに基づく政令又は条例により市長が執行することとされたものを除く。）
四　前三号に掲げるもののほか、主として総合区の区域内に関する事務で条例で定めるもの

⑨　総合区長は、総合区の事務所又はその出張所の職員（政令で定めるものを除く。）を任免する。ただし、指定都市の規則で定める主要な職員を任免する場合においては、あらかじめ、市長の同意を得なければならない。

⑩　総合区長は、歳入歳出予算のうち総合区長が執行する事務に係る部分に関し必要があると認めるときは、市長に対し意見を述べることができる。

⑪　総合区に選挙管理委員会を置く。

⑫　第四条第二項の規定は第二項の総合区の事務所又はその出張所の位置及び所管区域について、第百七十五条第二項の規定は総合区の事務所の出張所の長について、第二編第七章第三節中市の選挙管理委員会に関する規定は前項の選挙管理委員会について準用する。

⑬　前条第七項から第十項までの規定は、総合区について準用する。

⑭　前各項に定めるもののほか、指定都市の総合区に関し必要な事項は、政令でこれを定める。

（政令への委任）

第二五二条の二一　法律又はこれに基づく政令に定めるもののほか、第二百五十二条の十九第一項の規定による指定都市の指定

があつた場合において必要な事項は、政令でこれを定める。

第二五二条の二二の二から第二五二条の二二の五まで　（略）

第二節　中核市に関する特例

（中核市の権能）

第二五二条の二二①　政令で指定する人口二十万以上の市（以下「中核市」という。）は、第二百五十二条の十九第一項の規定により指定都市が処理することができる事務のうち、都道府県がその区域にわたり一体的に処理することが中核市が処理することに比して効率的な事務その他の中核市において処理することが適当でない事務以外の事務で政令で定めるものを、政令で定めるところにより、処理することができる。

②　中核市がその事務を処理するに当たつて、法律又はこれに基づく政令の定めるところにより都道府県知事の改善、停止、制限、禁止その他これらに類する指示その他の命令を受けるものとされている事項で政令で定めるものについては、政令の定めるところにより、これらの指示その他の命令に関する法令の規定を適用せず、又は都道府県知事の指示その他の命令に代えて、各大臣の指示その他の命令を受けるものとする。

第二五二条の二三　削除

（中核市の指定に係る手続）

第二五二条の二四①　総務大臣は、第二百五十二条の二十二第一項の中核市の指定に係る政令の立案をしようとするときは、関係市からの申出に基づき、これを行うものとする。

②　前項の規定による申出をしようとするときは、関係市は、あらかじめ、当該市の議会の議決を経て、都道府県の同意を得なければならない。

③　前項の同意については、当該都道府県の議会の議決を経なければならない。

（政令への委任）

第二五二条の二五　第二百五十二条の二十一の規定は、第二百五十二条の二十二第一項の規定による中核市の指定があつた場合について準用する。

（指定都市の指定があつた場合の取扱い）

第二五二条の二六　中核市に指定された市について第二百五十二条の十九第一項の規定による指定都市の指定があつた場合は、当該市に係る第二百五十二条の二十二第一項の規定による中核市の指定は、その効力を失うものとする。

（中核市の指定に係る手続の特例）

第二五二条の二六の二　第七条第一項又は第三項の規定により中核市に指定された市の区域の全部を含む区域をもつて市を設置する処分について同項の規定により総務大臣に届出又は申請があつた場合は、第二百五十二条の二十四第一項の関係市からの申出があつたものとみなす。

第十三章　外部監査契約に基づく監査（抄）

第一節　通則

（外部監査契約）

第二五二条の二七①　この法律において「外部監査契約」とは、包括外部監査契約及び個別外部監査契約をいう。

②　この法律において「包括外部監査契約」とは、第二百五十二条の三十六第一項各号に掲げる普通地方公共団体及び同条第二項の条例を定めた同条第一項第二号に掲げる市以外の市又は町村が、第二条第十四項及び第十五項の規定の趣旨を達成するため、この法律の定めるところにより、次条第一項又は第二項に規定する者の監査を受けるとともに監査の結果に関する報告の提出を受けることを内容とする契約であつて、この法律の定めるところにより、当該監査を行う者と締結するものをいう。

③　この法律において「個別外部監査契約」とは、次の各号に掲げる普通地方公共団体が、当該各号に掲げる請求又は要求があつた場合において、この法律の定めるところにより、当該請求又は要求に係る事項について次条第一項又は第二項に規定する者の監査を受けるとともに監査の結果に関する報告の提出を受けることを内容とする契約であつて、この法律の定めるところにより、当該監査を行う者と締結するものをいう。

一　第二百五十二条の三十九第一項に規定する普通地方公共団体　第七十五条第一項の請求

二　第二百五十二条の四十第一項に規定する普通地方公共団体　第九十八条第二項の請求

三　第二百五十二条の四十一第一項に規定する普通地方公共団体　第百九十九条第六項の要求

四　第二百五十二条の四十二第一項に規定する普通地方公共団体　第百九十九条第七項の要求

五　第二百五十二条の四十三第一項に規定する普通地方公共団体　第二百四十二条第一項の請求

（外部監査契約を締結できる者）

第二五二条の二八①　普通地方公共団体が外部監査契約を締結できる者は、普通地方公共団体の財務管理、事業の経営管理その他行政運営に関し優れた識見を有する者であつて、次の各号のいずれかに該当するものとする。

一　弁護士（弁護士となる資格を有する者を含む。）

二　公認会計士（公認会計士となる資格を有する者を含む。）

三　国の行政機関において会計検査に関する行政事務に従事した者又は地方公共団体において監査若しくは財務に関する行政事務に従事した者であつて、監査に関する実務に精通しているものとして政令で定めるもの

②　普通地方公共団体は、外部監査契約を円滑に締結し、又はその適正な履行を確保するため必要と認めるときは、前項の規定にかかわらず、同項の識見を有する者であつて税理士（税理士となる資格を有する者を含む。）であるものと外部監査契約を締結することができる。

③　前二項の規定にかかわらず、普通地方公共団体は、次の各号のいずれかに該当する者と外部監査契約を締結してはならない。

一　禁錮以上の刑に処せられ、その執行を終わり、又は執行を受けることがなくなつてから三年を経過しない者

> **＊令和四法六八（令和七・六・一六までに施行）による改正**
> 第一号中「禁錮」を「拘禁刑」に改める。（本文未織込み）

二　破産手続開始の決定を受けて復権を得ない者

三　国家公務員法（昭和二十二年法律第百二十号）又は地方公務員法の規定により懲戒免職の処分を受け、当該処分の日から三年を経過しない者

四　弁護士法（昭和二十四年法律第二百五号）、公認会計士法（昭和二十三年法律第百三号）又は税理士法（昭和二十六年法律第二百三十七号）の規定による懲戒処分により、弁護士会からの除名、公認会計士の登録の抹消又は税理士の業務の禁止の処分を受けた者で、これらの処分を受けた日から三年を経過しないもの（これらの法律の規定により再び業務を営むことができることとなつた者を除く。）

五　税理士法第四十八条第一項の規定により同法第四十四条第三号に掲げる処分を受けるべきであつたことについて決定を受けた者で、当該決定を受けた日から三年を経過しないもの

六　懲戒処分により、弁護士、公認会計士又は税理士の業務を停止された者で、現にその処分を受けているもの

七　税理士法第四十八条第一項の規定により同法第四十四条第二号に掲げる処分を受けるべきであつたことについて決定を受けた者で、同項後段の規定により明らかにされた期間を経過しないもの

八　当該普通地方公共団体の議会の議員

九　当該普通地方公共団体の職員

十　当該普通地方公共団体の職員で政令で定めるものであつた者

十一　当該普通地方公共団体の長、副知事若しくは副市町村長、会計管理者又は監査委員と親子、夫婦又は兄弟姉妹の関

係にある者

十二　当該普通地方公共団体に対し請負（外部監査契約に基づくものを除く。）をする者及びその支配人又は主として同一の行為をする法人の無限責任社員、取締役、執行役若しくは監査役若しくはこれらに準ずべき者、支配人及び清算人

（特定の事件についての監査の制限）

第二五二条の二九　包括外部監査人（普通地方公共団体と包括外部監査契約を締結し、かつ、包括外部監査契約の期間（包括外部監査契約に基づく監査を行い、監査の結果に関する報告を提出すべき期間をいう。以下本章において同じ。）内にある者をいう。以下本章において同じ。）又は個別外部監査人（普通地方公共団体と個別外部監査契約を締結し、かつ、個別外部監査契約の期間（個別外部監査契約に基づく監査を行い、監査の結果に関する報告を提出すべき期間をいう。以下本章において同じ。）内にある者をいう。以下本章において同じ。）は、自己若しくは父母、祖父母、配偶者、子、孫若しくは兄弟姉妹の一身上に関する事件又は自己若しくはこれらの者の従事する業務に直接の利害関係のある事件については、監査することができない。

（監査の実施に伴う外部監査人と監査委員相互間の配慮）

第二五二条の三〇①　外部監査人（包括外部監査人及び個別外部監査人をいう。以下本章において同じ。）は、監査を実施するに当たつては、監査委員にその旨を通知する等相互の連絡を図るとともに、監査委員の監査の実施に支障を来さないよう配慮しなければならない。

②　監査委員は、監査を実施するに当たつては、外部監査人の監査の実施に支障を来さないよう配慮しなければならない。

（監査の実施に伴う外部監査人の義務）

第二五二条の三一①　外部監査人は、外部監査契約の本旨に従い、善良な管理者の注意をもつて、誠実に監査を行う義務を負う。

②　外部監査人は、外部監査契約の履行に当たつては、常に公正不偏の態度を保持し、自らの判断と責任において監査をしなければならない。

③　外部監査人は、監査の実施に関して知り得た秘密を漏らしてはならない。外部監査人でなくなつた後であつても、同様とする。

④　前項の規定に違反した者は、二年以下の懲役又は百万円以下の罰金に処する。

> **＊令和四法六八**（令和七・六・一六までに施行）**による改正**
> 第四項中「懲役」を「拘禁刑」に改める。（本文未織込み）

⑤　外部監査人は、監査の事務に関しては、刑法（明治四十年法律第四十五号）その他の罰則の適用については、法令により公務に従事する職員とみなす。

（外部監査人の監査の事務の補助）

第二五二条の三二①　外部監査人は、監査の事務を他の者に補助させることができる。この場合においては、外部監査人は、政令の定めるところにより、あらかじめ監査委員に協議しなければならない。

②　監査委員は、前項の規定による協議が調つた場合には、直ちに当該監査の事務を補助する者の氏名及び住所並びに当該監査の事務を補助する者が外部監査人の監査の事務を補助できる期間を告示しなければならない。

③　第一項の規定による協議は、監査委員の合議によるものとする。

④　外部監査人は、監査が適正かつ円滑に行われるよう外部監査人補助者（第二項の規定により外部監査人の監査の事務を補助する者として告示された者であつて、かつ、外部監査人の監査の事務を補助できる期間内にあるものをいう。以下本条において同じ。）を監督しなければならない。

⑤　外部監査人補助者は、外部監査人の監査の事務を補助したことに関して知り得た秘密を漏らしてはならない。外部監査人補助者でなくなつた後であつても、同様とする。

⑥　前項の規定に違反した者は、二年以下の懲役又は百万円以下の罰金に処する。

> **＊令和四法六八**（令和七・六・一六までに施行）**による改正**
> 第六項中「懲役」を「拘禁刑」に改める。（本文未織込み）

⑦　外部監査人補助者は、外部監査人の監査の事務の補助に関しては、刑法その他の罰則の適用については、法令により公務に従事する職員とみなす。

⑧　外部監査人は、第二項の規定により告示された者に監査の事務を補助させる必要がなくなつたときは、速やかに、その旨を監査委員に通知しなければならない。

⑨　前項の通知があつたときは、監査委員は、速やかに、当該通知があつた者の氏名及び住所並びにその者が外部監査人を補助する者でなくなつたことを告示しなければならない。

⑩　前項の規定による告示があつたときは、当該告示された者が外部監査人の監査の事務を補助できる期間は終了する。

（外部監査人の監査への協力）

第二五二条の三三①　普通地方公共団体が外部監査人の監査を受けるに当たつては、当該普通地方公共団体の議会、長その他の執行機関又は職員は、外部監査人の監査の適正かつ円滑な遂行に協力するよう努めなければならない。

②　代表監査委員は、外部監査人の求めに応じ、監査委員の監査の事務に支障のない範囲内において、監査委員の事務局長、書記その他の職員、監査専門委員又は第百八十条の三の規定による職員を外部監査人の監査の事務に協力させることができる。

（議会による説明の要求又は意見の陳述）

第二五二条の三四①　普通地方公共団体の議会は、外部監査人の監査に関し必要があると認めるときは、外部監査人又は外部監査人であつた者の説明を求めることができる。

②　普通地方公共団体の議会は、外部監査人の監査に関し必要があると認めるときは、外部監査人に対し意見を述べることができる。

（外部監査契約の解除）

第二五二条の三五①　普通地方公共団体の長は、外部監査人が第二百五十二条の二十八第一項各号のいずれにも該当しなくなつたとき（同条第二項の規定により外部監査契約が締結された場合にあつては、税理士（税理士となる資格を有する者を含む。）でなくなつたとき）又は同条第三項各号のいずれかに該当するに至つたときは、当該外部監査人と締結している外部監査契約を解除しなければならない。

②　普通地方公共団体の長は、外部監査人が心身の故障のため監査の遂行に堪えないと認めるとき、外部監査人にこの法律若しくはこれに基づく命令の規定又は外部監査契約に係る義務に違反する行為があると認めるときその他外部監査人と外部監査契約を締結していることが著しく不適当と認めるときは、外部監査契約を解除することができる。この場合においては、あらかじめ監査委員の意見を聴くとともに、その意見を付けて議会の同意を得なければならない。

③　外部監査人が、外部監査契約を解除しようとするときは、普通地方公共団体の長の同意を得なければならない。この場合においては、当該普通地方公共団体の長は、あらかじめ監査委員の意見を聴かなければならない。

④　前二項の規定による意見は、監査委員の合議によるものとする。

⑤　普通地方公共団体の長は、第一項若しくは第二項の規定により外部監査契約を解除したとき、又は第三項の規定により外部監査契約を解除されたときは、直ちに、その旨を告示するとともに、遅滞なく、新たに外部監査契約を締結しなければならない。

⑥　外部監査契約の解除は、将来に向かつてのみその効力を生ずる。

第二節　包括外部監査契約に基づく監査

（包括外部監査契約の締結）
第二五二条の三六① 次に掲げる普通地方公共団体の長は、政令で定めるところにより、毎会計年度、当該会計年度に係る包括外部監査契約を、速やかに、一の者と締結しなければならない。この場合においては、あらかじめ監査委員の意見を聴くとともに、議会の議決を経なければならない。

一　都道府県
二　政令で定める市

② 前項第二号に掲げる市以外の市又は町村で、契約に基づく監査を受けることを条例により定めたものの長は、同項の政令で定めるところにより、条例で定める会計年度において、当該会計年度に係る包括外部監査契約を、速やかに、一の者と締結しなければならない。この場合においては、あらかじめ監査委員の意見を聴くとともに、議会の議決を経なければならない。
③ 前二項の規定による意見の決定は、監査委員の合議によるものとする。
④ 第一項又は第二項の規定により包括外部監査契約を締結する場合には、第一項各号に掲げる普通地方公共団体及び第二項の条例を定めた第一項第二号に掲げる市以外の市又は町村（以下「包括外部監査対象団体」という。）は、連続して四回、同一の者と包括外部監査契約を締結してはならない。
⑤ 包括外部監査契約には、次に掲げる事項について定めなければならない。

一　包括外部監査契約の期間の始期
二　包括外部監査契約を締結した者に支払うべき監査に要する費用の額の算定方法
三　前二号に掲げる事項のほか、包括外部監査契約に基づく監査のために必要な事項として政令で定めるもの

⑥ 包括外部監査対象団体の長は、包括外部監査契約を締結したときは、前項第一号及び第二号に掲げる事項その他政令で定める事項を直ちに告示しなければならない。
⑦ 包括外部監査契約の期間の終期は、包括外部監査契約に基づく監査を行うべき会計年度の末日とする。
⑧ 包括外部監査対象団体は、包括外部監査契約の期間を十分に確保するよう努めなければならない。

（包括外部監査人の監査）
第二五二条の三七① 包括外部監査人は、包括外部監査対象団体の財務に関する事務の執行及び包括外部監査対象団体の経営に係る事業の管理のうち、第二条第十四項及び第十五項の規定の趣旨を達成するため必要と認める特定の事件について監査するものとする。
② 包括外部監査人は、前項の規定による監査をするに当たつては、当該包括外部監査対象団体の財務に関する事務の執行及び当該包括外部監査対象団体の経営に係る事業の管理が第二条第十四項及び第十五項の規定の趣旨にのつとつてなされているかどうかに、特に、意を用いなければならない。
③ 包括外部監査人は、包括外部監査契約で定める包括外部監査契約の期間内に少なくとも一回以上第一項の規定による監査をしなければならない。
④ 包括外部監査対象団体は、当該包括外部監査対象団体が第百九十九条第七項に規定する財政的援助を与えているものの出納その他の事務の執行で当該財政的援助に係るもの、当該包括外部監査対象団体が出資しているもので同項の政令で定めるものの出納その他の事務の執行で当該出資に係るもの、当該包括外部監査対象団体が借入金の元金若しくは利子の支払を保証しているものの出納その他の事務の執行で当該保証に係るもの、当該包括外部監査対象団体が受益権を有する信託で同項の政令で定めるものの受託者の出納その他の事務の執行で当該信託に係るもの又は当該包括外部監査対象団体が第二百四十四条の二第三項の規定に基づき公の施設の管理を行わせているものの出納その他の事務の執行で当該管理の業務に係るものについて、包括外部監査人が必要があると認めるときは監査することができることを条例により定めることができる。
⑤ 包括外部監査人は、包括外部監査契約で定める包括外部監査契約の期間内に、監査の結果に関する報告を決定し、これを包括外部監査対象団体の議会、長及び監査委員並びに関係のある教育委員会、選挙管理委員会、人事委員会若しくは公平委員会、公安委員会、労働委員会、農業委員会その他法律に基づく委員会又は委員に提出しなければならない。

第二五二条の三八① 包括外部監査人は、監査のため必要があると認めるときは、監査委員と協議して、関係人の出頭を求め、若しくは関係人について調査し、若しくは関係人の帳簿、書類その他の記録の提出を求め、又は学識経験を有する者等から意見を聴くことができる。
② 包括外部監査人は、監査の結果に基づいて必要があると認めるときは、当該包括外部監査対象団体の組織及び運営の合理化に資するため、監査の結果に関する報告に添えてその意見を提出することができる。
③ 監査委員は、前条第五項の規定により監査の結果に関する報告の提出があつたときは、これを公表しなければならない。
④ 監査委員は、包括外部監査人の監査の結果に関し必要があると認めるときは、当該包括外部監査対象団体の議会及び長並びに関係のある教育委員会、選挙管理委員会、人事委員会若しくは公平委員会、公安委員会、労働委員会、農業委員会その他法律に基づく委員会又は委員にその意見を提出することができる。
⑤ 第一項の規定による協議又は前項の規定による意見の決定は、監査委員の合議によるものとする。
⑥ 前条第五項の規定による監査の結果に関する報告の提出があつた場合において、当該監査の結果に関する報告の提出を受けた包括外部監査対象団体の議会、長、教育委員会、選挙管理委員会、人事委員会、公平委員会、公安委員会、労働委員会、農業委員会その他法律に基づく委員会又は委員は、当該監査の結果に基づき、又は当該監査の結果を参考として措置を講じたときは、その旨を監査委員に通知するものとする。この場合においては、監査委員は、当該通知に係る事項を公表しなければならない。

第三節　個別外部監査契約に基づく監査　及び　第四節　雑則

（第二五二条の三九から第二五二条の四六まで）（略）

第十四章　補則（抄）

第二五三条【数都道府県にわたる市町村関係事件を管理する知事の決定、総務大臣の権限】① 都道府県知事の権限に属する市町村に関する事件で数都道府県にわたるものがあるときは、関係都道府県知事の協議により、その事件を管理すべき都道府県知事を定めることができる。
② 前項の場合において関係都道府県知事の協議が調わないときは、総務大臣は、その事件を管理すべき都道府県知事を定め、又は都道府県知事に代つてその権限を行うことができる。

第二五四条【人口】 この法律における人口は、官報で公示された最近の国勢調査又はこれに準ずる全国的な人口調査の結果による人口による。

第二五五条【廃置分合及び境界変更に関する事項の政令への委任】 この法律に規定するものを除くほか、第六条第一項及び第二項、第六条の二第一項並びに第七条第一項及び第三項の場合において必要な事項は、政令でこれを定める。

第二五五条の二【法定受託事務に係る審査請求】① 法定受託事務に係る次の各号に掲げる処分及びその不作為についての審査請求は、他の法律に特別の定めがある場合を除くほか、当該各号に定める者に対してするものとする。この場合において、不作為についての審査請求は、他の法律に特別の定めがある場合

を除くほか、当該各号に定める者に代えて、当該不作為に係る執行機関に対してすることもできる。

一　都道府県知事その他の都道府県の執行機関の処分　当該処分に係る事務を規定する法律又はこれに基づく政令を所管する各大臣

二　市町村長その他の市町村の執行機関（教育委員会及び選挙管理委員会を除く。）の処分　都道府県知事

三　市町村教育委員会の処分　都道府県教育委員会

四　市町村選挙管理委員会の処分　都道府県選挙管理委員会

②　普通地方公共団体の長その他の執行機関が法定受託事務に係る処分をする権限を当該執行機関の事務を補助する職員若しくは当該執行機関の管理に属する機関の職員又は当該執行機関の管理に属する行政機関の長に委任した場合において、委任を受けた職員又は行政機関の長がその委任に基づいてした処分に係る審査請求につき、当該委任をした執行機関が裁決をしたときは、他の法律に特別の定めがある場合を除くほか、当該裁決に不服がある者は、再審査請求をすることができる。この場合において、当該再審査請求は、当該委任をした執行機関が自ら当該処分をしたものとした場合におけるその処分に係る審査請求をすべき者に対してするものとする。

第二五五条の三【過料の処分の手続】　普通地方公共団体の長が過料の処分をしようとする場合においては、過料の処分を受ける者に対し、あらかじめその旨を告知するとともに、弁明の機会を与えなければならない。

第二五五条の四【審決の申請】　法律の定めるところにより異議の申出、審査請求、再審査請求又は審査の申立てをすることができる場合を除くほか、普通地方公共団体の事務についてこの法律の規定により普通地方公共団体の機関がした処分により違法に権利を侵害されたとする者は、その処分があつた日から二十一日以内に、都道府県の機関がした処分については総務大臣、市町村の機関がした処分については都道府県知事に審決の申請をすることができる。

第二五五条の五【自治紛争処理委員の審理】①　総務大臣又は都道府県知事に対して第百四十三条第三項（第百八十条の五第八項及び第百八十四条第二項において準用する場合を含む。）の審査請求又はこの法律の規定による審査の申立て若しくは審決の申請があつた場合においては、総務大臣又は都道府県知事は、第二百五十一条第二項の規定により自治紛争処理委員を任命し、その審理を経た上、審査請求に対する裁決をし、審査の申立てに対する裁決若しくは裁定をし、又は審決をするものとする。ただし、行政不服審査法第二十四条（第二百五十八条第一項において準用する場合を含む。）の規定により当該審査請求、審査の申立て又は審決の申請を却下する場合は、この限りでない。

②　前項に規定する審査請求については、行政不服審査法第九条、第十七条及び第四十三条の規定は、適用しない。この場合における同法の他の規定の適用についての必要な技術的読替えは、政令で定める。

③　第一項に規定する審査の申立て又は審決の申請については、第二百五十八条第一項において準用する行政不服審査法第九条の規定は、適用しない。この場合における同項において準用する行政不服審査法の他の規定の適用についての必要な技術的読替えは、政令で定める。

④　前三項に規定するもののほか、第一項の規定による自治紛争処理委員の審理に関し必要な事項は、政令で定める。

第二五六条【争訟の方式】　市町村の境界に関する裁定若しくは決定又は市町村の境界の確定、普通地方公共団体における直接請求の署名簿の署名、直接請求に基づく議会の解散又は議員若しくは長の解職の投票及び副知事、副市町村長、指定都市の総合区長、選挙管理委員、監査委員又は公安委員会の委員の解職の議決、議会において行う選挙若しくは決定又は再議決若しくは再選挙、選挙管理委員会において行う資格の決定その他この法律に基づく住民の賛否の投票に関する効力は、この法律に定める争訟の提起期間及び管轄裁判所に関する規定によることによつてのみこれを争うことができる。

署名簿の効力に関する争訟と本条の適用↓七四条の二[3]

第二五七条【裁決の期間】①　この法律に特別の定めがあるものを除くほか、この法律の規定による審査の申立てに対する裁決は、その申立てを受理した日から九十日以内にこれをしなければならない。

②　この法律の規定による異議の申出又は審査の申立てに対して決定又は裁決をすべき期間内に決定又は裁決がないときは、その申出又は申立てをしりぞける旨の決定又は裁決があつたものとみなすことができる。

第二五八条【異議の申出等に対する行政不服審査法の準用】

①　この法律又は政令に特別の定めがあるものを除くほか、この法律の規定による異議の申出、審査の申立て又は審決の申請については、行政不服審査法第九条から第十四条まで、第十八条第一項ただし書及び第三項、第十九条第一項、第二項、第四項及び第五項第三号、第二十一条、第二十二条第一項から第三項まで及び第五項、第二十三条から第三十八条まで、第四十条から第四十二条まで、第四十四条、第四十五条、第四十六条第一項、第四十七条、第四十八条並びに第五十条から第五十三条までの規定を準用する。

②　前項において準用する行政不服審査法の規定に基づく処分及びその不作為については、行政不服審査法第二条及び第三条の規定は、適用しない。

第二五九条【郡の区域】①　郡の区域をあらたに画し若しくはこれを廃止し、又は郡の区域若しくはその名称を変更しようとするときは、都道府県知事が、当該都道府県の議会の議決を経てこれを定め、総務大臣に届け出なければならない。

②　郡の区域内において市の設置があつたとき、又は郡の区域の境界にわたつて市町村の境界の変更があつたときは、郡の区域も、また、自ら変更する。

③　郡の区域の境界にわたつて町村が設置されたときは、その町村の属すべき郡の区域は、第一項の例によりこれを定める。

④　第一項から第三項までの場合においては、総務大臣は、直ちにその旨を告示するとともに、これを国の関係行政機関の長に通知しなければならない。第七条第八項の規定は、第一項又は前項の規定により郡の区域をあらたに画し、若しくはこれを廃止し、又は郡の区域を変更する場合にこれを準用する。

⑤　第一項乃至第三項の場合において必要な事項は、政令でこれを定める。

第二六〇条【市町村区域内の町又は字の区域】①　市町村長は、政令で特別の定めをする場合を除くほか、市町村の区域内の町若しくは字の区域を新たに画し若しくはこれを廃止し、又は町若しくは字の区域若しくはその名称を変更しようとするときは、当該市町村の議会の議決を経て定めなければならない。

②　前項の規定による処分をしたときは、市町村長は、これを告示しなければならない。

③　第一項の規定による処分は、政令で特別の定めをする場合を除くほか、前項の規定による告示によりその効力を生ずる。

[7]　**住居表示の変更と住民の地位**

町名は、単なる地域特定のための名称であるにとどまり、個人が特定の町名を自己の住居地等の表示に用いることによる利益不利益は、事実上のものにすぎず、区域内の住民や区域内に土地に関係を有する者に、現在の町名をみだりに変更されない利益が法的に保障されていると解する根拠はない。（最判昭48・1・19民集二七・一・一、自治百選[四版]一三……住居表示法に基づき本条の区議会議決を経た町名決定と知事の告示取消の訴えの利益を否定）↓行訴九条[25]

第二六〇条の二【地縁による団体】①　町又は字の区域その他市

町村内の一定の区域に住所を有する者の地縁に基づいて形成された団体（以下本条において「地縁による団体」という。）は、地域的な共同活動を円滑に行うため市町村長の認可を受けたときは、その規約に定める目的の範囲内において、権利を有し、義務を負う。

② 前項の認可は、地縁による団体のうち次に掲げる要件に該当するものについて、その団体の代表者が総務省令で定めるところにより行う申請に基づいて行う。

一 その区域の住民相互の連絡、環境の整備、集会施設の維持管理等良好な地域社会の維持及び形成に資する地域的な共同活動を行うことを目的とし、現にその活動を行つていると認められること。

二 その区域が、住民にとつて客観的に明らかなものとして定められていること。

三 その区域に住所を有するすべての個人は、構成員となることができるものとし、その相当数の者が現に構成員となつていること。

四 規約を定めていること。

③ 規約には、次に掲げる事項が定められていなければならない。

一 目的
二 名称
三 区域
四 主たる事務所の所在地
五 構成員の資格に関する事項
六 代表者に関する事項
七 会議に関する事項
八 資産に関する事項

④ 第二項第二号の区域は、当該地縁による団体が相当の期間にわたつて存続している区域の現況によらなければならない。

⑤ 市町村長は、地縁による団体が第二項各号に掲げる要件に該当していると認めるときは、第一項の認可をしなければならない。

⑥ 第一項の認可は、当該認可を受けた地縁による団体を、公共団体その他の行政組織の一部とすることを意味するものと解釈してはならない。

⑦ 第一項の認可を受けた地縁による団体（以下「認可地縁団体」という。）は、正当な理由がない限り、その区域に住所を有する個人の加入を拒んではならない。

⑧ 認可地縁団体は、民主的な運営の下に、自主的に活動するものとし、構成員に対し不当な差別的取扱いをしてはならない。

⑨ 認可地縁団体は、特定の政党のために利用してはならない。

⑩ 市町村長は、第一項の認可をしたときは、総務省令で定めるところにより、これを告示しなければならない。告示した事項に変更があつたときも、また同様とする。

⑪ 認可地縁団体は、前項の規定に基づいて告示された事項に変更があつたときは、総務省令で定めるところにより、市町村長に届け出なければならない。

⑫ 何人も、市町村長に対し、総務省令で定めるところにより、第十項の規定により告示した事項に関する証明書の交付を請求することができる。この場合において、当該請求をしようとする者は、郵便又は信書便により、当該証明書の送付を求めることができる。

⑬ 認可地縁団体は、第十項の告示があるまでは、認可地縁団体となつたこと及び同項の規定に基づいて告示された事項をもつて第三者に対抗することができない。

⑭ 市町村長は、認可地縁団体が第二項各号に掲げる要件のいずれかを欠くこととなつたとき、又は不正な手段により第一項の認可を受けたときは、その認可を取り消すことができる。

⑮ 一般社団法人及び一般財団法人に関する法律（平成十八年法律第四十八号）第四条及び第七十八条の規定は、認可地縁団体に準用する。

⑯ 認可地縁団体は、法人税法（昭和四十年法律第三十四号）その他法人税に関する法令の規定の適用については、同法第二条第六号に規定する公益法人等とみなす。この場合において、同法第三十七条の規定を適用する場合には同条第四項中「公益法人等（」とあるのは「公益法人等（地方自治法（昭和二十二年法律第六十七号）第二百六十条の二第七項に規定する認可地縁団体（以下「認可地縁団体」という。）並びに」と、同法第六十六条の規定を適用する場合には同条第一項中「普通法人」とあるのは「普通法人（認可地縁団体を含む。）」と、同条第二項中「除く」とあるのは「除くものとし、認可地縁団体を含む」と、同条第三項中「公益法人等（」とあるのは「公益法人等（認可地縁団体及び」とする。

⑰ 認可地縁団体は、消費税法（昭和六十三年法律第百八号）その他消費税に関する法令の規定の適用については、同法別表第三に掲げる法人とみなす。

一 集落、地域団体の当事者能力

[1] 一村内の集落は、財産を有し又は営造物を設けている場合に限り、財産区として法人格を認められるのであり、どちらの事実もない集落には、訴訟当事者となる能力がない。（最判昭32・3・8民集一一・三・五〇二、自治百選[二版]一〇八）

[2] 地域居住の住民により、福祉事業を営む目的で結成された任意団体たる「三田市一一番区」は、区長、役員会の運営、財産管理等につき規約を有し活動しているから、権利能力のない社団としての実体を有し、民訴法二九条［旧四六条］による当事者能力を持つ。（最判昭42・10・19民集二一・八・二〇七八、自治百選[四版]A2）→民訴二九条[7]

二 住民団体・地域団体の性質と活動→二三二条の二[9]

[3] 権利能力なき社団としての県営住宅の自治会について、いわゆる強制加入団体でもなく、規約において退会を制限する規定もないので、会員はいつでも一方的意思表示により退会することができるとされた事例（最判平17・4・26判時一八九七・一〇、自治百選[四版]五……退会後の自治会費の支払義務を否定し、共益費の支払義務は肯定）

[4] 本条による認可を受けた地縁団体であり、広範囲な活動を行い会員の脱退の自由が事実上制限されている自治会がなした、赤い羽根共同募金等の募金・寄付金を会費に上乗せして徴収する決議が、会員の思想・信条の自由を侵害するとして、公序良俗に反し無効とされた事例（大阪高判平19・8・24判時一九九二・七二、自治百選[四版]六）

[5] 地縁による団体の役員交代を求めた市の行政指導に従わなかったことを理由になされた、同団体の所在する地域での市の投資的事業の一部休止措置に、当該団体役員の行為に照らして裁量権の逸脱、濫用はなく、行政指導による不利益取扱いの禁止にも該当しないとされた事例（広島高岡山支判平29・2・2判時二三三六・六九）→民訴二九条[8]

[6] 権利能力なき社団としての地区の自治会の運営につき、会長に包括委任するのではなく、多数決原理の働く役員会の議決に委ねられていると認めるのが相当とされた事例（神戸地判平10・6・8判タ一〇六六・二五六、自治百選[四版]A3……自治会長と隣接地の開発業者の間で締結された協定の効力を否定）

第二六〇条の三【規約の変更】 ① 認可地縁団体の規約は、総構成員の四分の三以上の同意があるときに限り、変更することができる。ただし、当該規約に別段の定めがあるときは、この限りでない。

② 前項の規定による規約の変更は、市町村長の認可を受けなければ、その効力を生じない。

第二六〇条の四【財産目録、構成員名簿】 ① 認可地縁団体は、認可を受ける時及び毎年一月から三月までの間に財産目録を作成し、常にこれをその主たる事務所に備え置かなければならない。ただし、特に事業年度を設けるものは、認可を受ける時及び毎事業年度の終了の時に財産目録を作成しなければならない。

② 認可地縁団体は、構成員名簿を備え置き、構成員の変更があるごとに必要な変更を加えなければならない。

第二六〇条の五【代表者】 認可地縁団体には、一人の代表者を置かなければならない。

第二六〇条の六【同前】 認可地縁団体の代表者は、認可地縁団体のすべての事務について、認可地縁団体を代表する。ただし、規約の規定に反することはできず、また、総会の決議に従わなければならない。

第二六〇条の七【同前】 認可地縁団体の代表者の代表権に加えた制限は、善意の第三者に対抗することができない。

第二六〇条の八【特定行為の委任】 認可地縁団体の代表者は、規約又は総会の決議によつて禁止されていないときに限り、特定の行為の代理を他人に委任することができる。

第二六〇条の九【仮代表者の選任】 認可地縁団体の代表者が欠けた場合において、事務が遅滞することにより損害を生ずるおそれがあるときは、裁判所は、利害関係人又は検察官の請求により、仮代表者を選任しなければならない。

第二六〇条の一〇【特別代理人の選任】 認可地縁団体と代表者との利益が相反する事項については、代表者は、代表権を有しない。この場合においては、裁判所は、利害関係人又は検察官の請求により、特別代理人を選任しなければならない。

第二六〇条の一一【監事】 認可地縁団体には、規約又は総会の決議で、一人又は数人の監事を置くことができる。

第二六〇条の一二【同前】 認可地縁団体の監事の職務は、次のとおりとする。

一　財産の状況を監査すること。
二　代表者の業務の執行の状況を監査すること。
三　財産の状況又は業務の執行について、法令若しくは規約に違反し、又は著しく不当な事項があると認めるときは、総会に報告をすること。
四　前号の報告をするため必要があるときは、総会を招集すること。

第二六〇条の一三【通常総会】 認可地縁団体の代表者は、少なくとも毎年一回、構成員の通常総会を開かなければならない。

第二六〇条の一四【臨時総会】 ① 認可地縁団体の代表者は、必要があると認めるときは、いつでも臨時総会を招集することができる。

② 総構成員の五分の一以上から会議の目的である事項を示して請求があつたときは、認可地縁団体の代表者は、臨時総会を招集しなければならない。ただし、総構成員の五分の一の割合については、規約でこれと異なる割合を定めることができる。

第二六〇条の一五【総会招集の通知】 認可地縁団体の総会の招集の通知は、総会の日より少なくとも五日前に、その会議の目的である事項を示し、規約で定めた方法に従つてしなければならない。

第二六〇条の一六【総会決議による事務の執行】 認可地縁団体の事務は、規約で代表者その他の役員に委任したものを除き、すべて総会の決議によつて行う。

第二六〇条の一七【総会決議事項】 認可地縁団体の総会においては、第二百六十条の十五の規定によりあらかじめ通知をした事項についてのみ、決議をすることができる。ただし、規約に別段の定めがあるときは、この限りでない。

第二六〇条の一八【表決権】 ① 認可地縁団体の各構成員の表決権は、平等とする。

② 認可地縁団体の総会に出席しない構成員は、書面で、又は代理人によつて表決をすることができる。

③ 前項の構成員は、規約又は総会の決議により、同項の規定による書面による表決に代えて、電磁的方法（電子情報処理組織を使用する方法その他の情報通信の技術を利用する方法であつて総務省令で定めるものをいう。第二百六十条の十九の二において同じ。）により表決をすることができる。

④ 前三項の規定は、規約に別段の定めがある場合には、適用しない。

第二六〇条の一九【同前】 認可地縁団体と特定の構成員との関係について議決をする場合には、その構成員は、表決権を有しない。

第二六〇条の一九の二【書面・電磁的方法による決議】 ① この法律又は規約により総会において決議をすべき場合において、構成員全員の承諾があるときは、書面又は電磁的方法による決議をすることができる。ただし、電磁的方法による決議に係る構成員の承諾については、総務省令で定めるところによらなければならない。

② この法律又は規約により総会において決議すべきものとされた事項については、構成員全員の書面又は電磁的方法による合意があつたときは、書面又は電磁的方法による決議があつたものとみなす。

③ この法律又は規約により総会において決議すべきものとされた事項についての書面又は電磁的方法による決議は、総会の決議と同一の効力を有する。

④ 総会に関する規定は、書面又は電磁的方法による決議について準用する。

第二六〇条の二〇【解散の事由】 認可地縁団体は、次に掲げる事由によつて解散する。

一　規約で定めた解散事由の発生
二　破産手続開始の決定
三　第二百六十条の二第十四項の規定による同条第一項の認可の取消し
四　総会の決議
五　構成員が欠けたこと。
六　合併（合併により当該認可地縁団体が消滅する場合に限る。）

第二六〇条の二一【解散の決議】 認可地縁団体は、総構成員の四分の三以上の賛成がなければ、解散の決議をすることができない。ただし、規約に別段の定めがあるときは、この限りでない。

第二六〇条の二二【破産手続開始の決定】 ① 認可地縁団体がその債務につきその財産をもつて完済することができなくなつた場合には、裁判所は、代表者若しくは債権者の申立てにより又は職権で、破産手続開始の決定をする。

② 前項に規定する場合には、代表者は、直ちに破産手続開始の申立てをしなければならない。

第二六〇条の二三から第二六〇条の四八まで　（略）

第二六一条【特別法の住民投票】 ① 一の普通地方公共団体のみに適用される特別法が国会又は参議院の緊急集会において議決されたときは、最後に議決した議院の議長（衆議院の議決が国会の議決となつた場合には衆議院議長とし、参議院の緊急集会において議決した場合には参議院議長とする。）は、当該法律を添えてその旨を内閣総理大臣に通知しなければならない。

② 前項の規定による通知があつたときは、内閣総理大臣は、直ちに当該法律を添えてその旨を総務大臣に通知し、総務大臣は、その通知を受けた日から五日以内に、関係普通地方公共団体の長にその旨を通知するとともに、当該法律その他関係書類を移送しなければならない。

③ 前項の規定による通知があつたときは、関係普通地方公共団体の長は、その日から三十一日以後六十日以内に、選挙管理委員会をして当該法律について賛否の投票を行わしめなければならない。

④ 前項の投票の結果が判明したときは、関係普通地方公共団体の長は、その日から五日以内に関係書類を添えてその結果を総務大臣に報告し、総務大臣は、直ちにその旨を内閣総理大臣に報告しなければならない。その投票の結果が確定したことを知つたときも、また、同様とする。

⑤ 前項の規定により第三項の投票の結果が確定した旨の報告があつたときは、内閣総理大臣は、直ちに当該法律の公布の手続をとるとともに衆議院議長及び参議院議長に通知しなければな

らない。

第二六二条【同前】① 政令で特別の定をするものを除く外、公職選挙法中普通地方公共団体の選挙に関する規定は、前条第三項の規定による投票にこれを準用する。

② 前条第三項の規定による投票は、政令の定めるところにより、普通地方公共団体の選挙又は第七十六条第三項の規定による解散の投票若しくは第八十条第三項及び第八十一条第二項の規定による解職の投票と同時にこれを行うことができる。

第二六三条【地方公営企業】 普通地方公共団体の経営する企業の組織及びこれに従事する職員の身分取扱並びに財務その他企業の経営に関する特例は、別に法律でこれを定める。

第二六三条の二【相互救済事業経営の委託】① 普通地方公共団体は、議会の議決を経て、その利益を代表する全国的な公益的法人に委託することにより、他の普通地方公共団体と共同して、火災、水災、震災その他の災害に因る財産の損害に対する相互救済事業を行うことができる。

② 前項の公益的法人は、毎年一回以上定期に、その事業の経営状況を関係普通地方公共団体の長に通知するとともに、これを適当と認める新聞紙に二回以上掲載しなければならない。

③ 第一項の相互救済事業で保険業に該当するものについては、保険業法は、これを適用しない。

第二六三条の三【全国的連合組織の届出、意見の申出等】① 都道府県知事若しくは都道府県の議会の議長、市長若しくは市の議会の議長又は町村長若しくは町村の議会の議長が、その相互間の連絡を緊密にし、並びに共通の問題を協議し、及び処理するためのそれぞれの全国的連合組織を設けた場合においては、当該連合組織の代表者は、その旨を総務大臣に届け出なければならない。

② 前項の連合組織で同項の規定による届出をしたものは、地方自治に影響を及ぼす法律又は政令その他の事項に関し、総務大臣を経由して内閣に対し意見を申し出、又は国会に意見書を提出することができる。

③ 内閣は、前項の意見の申出を受けたときは、これに遅滞なく回答するよう努めるものとする。

④ 前項の場合において、当該意見が地方公共団体に対し新たに事務又は負担を義務付けると認められる国の施策に関するものであるときは、内閣は、これに遅滞なく回答するものとする。

⑤ 各大臣は、その担任する事務に関し地方公共団体に対し新たに事務又は負担を義務付けると認められる施策の立案をしようとする場合には、第二項の連合組織が同項の規定により内閣に対して意見を申し出ることができるよう、当該連合組織に当該施策の内容となるべき事項を知らせるために適切な措置を講ずるものとする。

第三編　特別地方公共団体（抄）

第一章　削除

第二六四条乃至第二八〇条　削除

第二章　特別区（抄）

第二八一条【特別区】① 都の区は、これを特別区という。

② 特別区は、法律又はこれに基づく政令により都が処理することとされているものを除き、地域における事務並びにその他の事務で法律又はこれに基づく政令により市が処理することとされるもの及び法律又はこれに基づく政令により特別区が処理することとされるものを処理する。

特別区の地位→憲九三条7

第二八一条の二【都と特別区との役割分担の原則】① 都は、特別区の存する区域において、特別区を包括する広域の地方公共団体として、第二条第五項において都道府県が処理するものとされている事務及び特別区に関する連絡調整に関する事務のほか、同条第三項において市町村が処理するものとされている事務のうち、人口が高度に集中する大都市地域における行政の一体性及び統一性の確保の観点から当該区域を通じて都が一体的に処理することが必要であると認められる事務を処理するものとする。

② 特別区は、基礎的な地方公共団体として、前項において特別区の存する区域を通じて都が一体的に処理するものとされているものを除き、一般的に、第二条第三項において市町村が処理するものとされている事務を処理するものとする。

③ 都及び特別区は、その事務を処理するに当たつては、相互に競合しないようにしなければならない。

第二八一条の三から第二八一条の五まで　（略）

第二八一条の六【都と特別区及び特別区相互の間の調整】 都知事は、特別区に対し、都と特別区及び特別区相互の間の調整上、特別区の事務の処理について、その処理の基準を示す等必要な助言又は勧告をすることができる。

第二八二条【特別区財政調整交付金】① 都は、都及び特別区並びに特別区相互間の財源の均衡化を図り、並びに特別区の行政の自主的かつ計画的な運営を確保するため、政令で定めるところにより、条例で、特別区財政調整交付金を交付するものとする。

② 前項の特別区財政調整交付金とは、地方税法第五条第二項に掲げる税のうち同法第七百三十四条第一項及び第二項（第二号に係る部分に限る。）の規定により都が課するものの収入額と法人の行う事業に対する事業税の収入額（同法第七十二条の二十四の七第九項の規定により同条第一項から第五項までに規定する標準税率を超える税率で事業税を課する場合には、法人の行う事業に対する事業税の収入額に相当する額から当該額に同法第七百三十四条第四項に規定する政令で定めるところにより算定した率を乗じて得た額を控除した額）に同項に規定する政令で定める率を乗じて得た額を統計法（平成十九年法律第五十三号）第二条第四項に規定する基幹統計である事業所統計の最近に公表された結果による各市町村及び特別区の従業者数で按分して得た額のうち特別区に係る額との合算額に条例で定める割合を乗じて得た額で特別区がひとしくその行うべき事務を遂行することができるように都が交付する交付金をいう。

③ 都は、政令で定めるところにより、特別区財政調整交付金に関する事項について総務大臣に報告しなければならない。

④ 総務大臣は、必要があると認めるときは、特別区財政調整交付金に関する事項について必要な助言又は勧告をすることができる。

第二八二条の二【都区協議会】① 都及び特別区の事務の処理について、都と特別区及び特別区相互の間の連絡調整を図るため、都及び特別区をもつて都区協議会を設ける。

② 前条第一項又は第二項の規定により条例を制定する場合においては、都知事は、あらかじめ都区協議会の意見を聴かなければならない。

③ 前二項に定めるもののほか、都区協議会に関し必要な事項は、政令で定める。

第二八三条【市に関する規定の適用】① この法律又は政令で特別の定めをするものを除くほか、第二編及び第四編中市に関する規定は、特別区にこれを適用する。

② 他の法令の市に関する規定中法律又はこれに基づく政令により市が処理することとされている事務で第二百八十一条第二項の規定により特別区が処理することとされているものに関するものは、特別区にこれを適用する。

③ 前項の場合において、都と特別区又は特別区相互の間の調整上他の法令の市に関する規定をそのまま特別区に適用しがたいときは、政令で特別の定めをすることができる。

第三章　地方公共団体の組合（抄）

第一節　総則

（組合の種類及び設置）

第二八四条① 地方公共団体の組合は、一部事務組合及び広域連合とする。

② 普通地方公共団体及び特別区は、その事務の一部を共同処理するため、その協議により規約を定め、都道府県の加入するものにあつては総務大臣、その他のものにあつては都道府県知事の許可を得て、一部事務組合を設けることができる。この場合において、一部事務組合内の地方公共団体につきその執行機関の権限に属する事項がなくなつたときは、その執行機関は、一部事務組合の成立と同時に消滅する。

③ 普通地方公共団体及び特別区は、その事務で広域にわたり処理することが適当であると認めるものに関し、広域にわたる総合的な計画（以下「広域計画」という。）を作成し、その事務の管理及び執行について広域計画の実施のために必要な連絡調整を図り、並びにその事務の一部を広域にわたり総合的かつ計画的に処理するため、その協議により規約を定め、前項の例により、総務大臣又は都道府県知事の許可を得て、広域連合を設けることができる。この場合においては、同項後段の規定を準用する。

④ 総務大臣は、前項の許可をしようとするときは、国の関係行政機関の長に協議しなければならない。

一　**一部事務組合における住民訴訟**→二三二条[2][3]

二　**組合設立協議からの離脱**→二五二条の六の二[1]

第二八五条　市町村及び特別区の事務に関し相互に関連するものを共同処理するための市町村及び特別区の一部事務組合については、市町村又は特別区の共同処理しようとする事務が他の市町村又は特別区の共同処理しようとする事務と同一の種類のものでない場合においても、これを設けることを妨げるものではない。

（設置の勧告等）

第二八五条の二① 公益上必要がある場合においては、都道府県知事は、関係のある市町村及び特別区に対し、一部事務組合又は広域連合を設けるべきことを勧告することができる。

② 都道府県知事は、第二百八十四条第三項の許可をしたときは直ちにその旨を公表するとともに、総務大臣に報告しなければならない。

③ 総務大臣は、第二百八十四条第三項の許可をしたときは直ちにその旨を告示するとともに、国の関係行政機関の長に通知し、前項の規定による報告を受けたときは直ちにその旨を国の関係行政機関の長に通知しなければならない。

第二節　一部事務組合

（組織、事務及び規約の変更）

第二八六条① 一部事務組合は、これを組織する地方公共団体（以下この節において「構成団体」という。）の数を増減し若しくは共同処理する事務を変更し、又は一部事務組合の規約を変更しようとするときは、関係地方公共団体の協議によりこれを定め、都道府県の加入するものにあつては総務大臣、その他のものにあつては都道府県知事の許可を受けなければならない。ただし、第二百八十七条第一項第一号、第四号又は第七号に掲げる事項のみに係る一部事務組合の規約を変更しようとするときは、この限りでない。

② 一部事務組合は、第二百八十七条第一項第一号、第四号又は第七号に掲げる事項のみに係る一部事務組合の規約を変更しようとするときは、構成団体の協議によりこれを定め、前項本文の例により、直ちに総務大臣又は都道府県知事に届出をしなければならない。

（脱退による組織、事務及び規約の変更の特例）

第二八六条の二① 前条第一項本文の規定にかかわらず、構成団体は、その議会の議決を経て、脱退する日の二年前までに他の全ての構成団体に書面で予告をすることにより、一部事務組合から脱退することができる。

② 前項の予告を受けた構成団体は、当該予告をした構成団体が脱退する時までに、前条の例により、当該脱退により必要となる規約の変更を行わなければならない。この場合において、同条中「第二百八十七条第一項第一号」とあるのは、「第二百八十七条第一項第一号、第二号」とする。

③ 第一項の予告の撤回は、他の全ての構成団体が議会の議決を経て同意をした場合に限り、することができる。この場合において、同項の予告をした構成団体が他の構成団体に当該予告の撤回について同意を求めるに当たつては、あらかじめ、その議会の議決を経なければならない。

④ 第一項の規定による脱退により一部事務組合の構成団体が一となつたときは、当該一部事務組合は解散するものとする。この場合において、当該構成団体は、前条第一項本文の例により、総務大臣又は都道府県知事に届け出なければならない。

（規約等）

第二八七条① 一部事務組合の規約には、次に掲げる事項につき規定を設けなければならない。

一　一部事務組合の名称
二　一部事務組合の構成団体
三　一部事務組合の共同処理する事務
四　一部事務組合の事務所の位置
五　一部事務組合の議会の組織及び議員の選挙の方法
六　一部事務組合の執行機関の組織及び選任の方法
七　一部事務組合の経費の支弁の方法

② 一部事務組合の議会の議員又は管理者（第二百八十七条の三第二項の規定により管理者に代えて理事会を置く第二百八十五条の一部事務組合にあつては、理事）その他の職員は、第九十二条第二項、第百四十一条第二項及び第百九十六条第三項（これらの規定を適用し又は準用する場合を含む。）の規定にかかわらず、当該一部事務組合の構成団体の議会の議員又は長その他の職員と兼ねることができる。

（特例一部事務組合）

第二八七条の二① 一部事務組合（一部事務組合を構成団体とするもの並びに第二百八十五条に規定する場合に設けられたもの及び次条第二項の規定により管理者に代えて理事会を置くものを除く。）は、規約で定めるところにより、当該一部事務組合の議会を構成団体の議会をもつて組織することとすることができる。

② 前項の規定によりその議会を構成団体の議会をもつて組織することとした一部事務組合（以下この条において「特例一部事務組合」という。）の管理者は、この法律その他の法令の規定により一部事務組合の管理者が一部事務組合の議会に付議することとされている事件があるときは、構成団体の長を通じて、当該事件に係る議案を全ての構成団体の議会に提出しなければならない。

③ 前項の規定により同項に規定する事件に係る議案の提出を受けた構成団体の議会は、当該事件を議決するものとする。

④ 構成団体の議会の議長は、前項の議決があつたときは、当該構成団体の長を通じて、議決の結果を特例一部事務組合の管理者に送付しなければならない。

⑤ 特例一部事務組合にあつては、第二項に規定する事件の議会の議決は、当該議会を組織する構成団体の議会の一致する議決によらなければならない。

⑥ 特例一部事務組合にあつては、この法律その他の法令の規定により一部事務組合の執行機関が一部事務組合の議会に通知し、報告し、提出し、又は勧告することとされている事項の議会への通知、報告、提出又は勧告は、当該特例一部事務組合の執行機関が構成団体の長を通じて当該事項を全ての構成団体の議会に通知し、報告し、提出し、又は勧告することにより行う

ものとする。

⑦―⑪　（略）

（議決方法の特例及び理事会の設置）

第二八七条の三①　第二百八十五条の一部事務組合の規約には、その議会の議決すべき事件のうち当該一部事務組合を組織する市町村又は特別区の一部に係るものその他特別の必要があるものの議決の方法について特別の規定を設けることができる。

②　第二百八十五条の一部事務組合には、当該一部事務組合の規約で定めるところにより、管理者に代えて、理事をもつて組織する理事会を置くことができる。

③　前項の理事は、一部事務組合を組織する市町村若しくは特別区の長又は当該市町村若しくは特別区の長がその議会の同意を得て当該市町村又は特別区の職員のうちから指名する者をもつて充てる。

（議決事件の通知）

第二八七条の四　一部事務組合の管理者（前条第二項の規定により管理者に代えて理事会を置く第二百八十五条の一部事務組合にあつては、理事会。第二百九十一条第一項及び第二項において同じ。）は、当該一部事務組合の議会の議決すべき事件のうち政令で定める重要なものについて当該議会の議決を求めようとするときは、あらかじめ、これを当該一部事務組合の構成団体の長に通知しなければならない。当該議決の結果についても、同様とする。

（解散）

第二八八条　一部事務組合を解散しようとするときは、構成団体の協議により、第二百八十四条第二項の例により、総務大臣又は都道府県知事に届出をしなければならない。

（財産処分）

第二八九条　第二百八十六条、第二百八十六条の二又は前条の場合において、財産処分を必要とするときは、関係地方公共団体の協議によりこれを定める。

（議会の議決を要する協議）

第二九〇条　第二百八十四条第二項、第二百八十六条（第二百八十六条の二第二項の規定によりその例によることとされる場合（同項の規定による規約の変更が第二百八十七条第一項第二号に掲げる事項のみに係るものである場合を除く。）を含む。）及び前二条の協議については、関係地方公共団体の議会の議決を経なければならない。

（経費分賦に関する異議）

第二九一条①　一部事務組合の経費の分賦に関し、違法又は錯誤があると認めるときは、一部事務組合の構成団体は、その告知を受けた日から三十日以内に当該一部事務組合の管理者に異議を申し出ることができる。

②　前項の規定による異議の申出があつたときは、一部事務組合の管理者は、その議会に諮つてこれを決定しなければならない。

③　一部事務組合の議会は、前項の規定による諮問があつた日から二十日以内にその意見を述べなければならない。

第三節　広域連合（抄）

（広域連合による事務の処理等）

第二九一条の二①　国は、その行政機関の長の権限に属する事務のうち広域連合の事務に関連するものを、別に法律又はこれに基づく政令の定めるところにより、当該広域連合が処理することとすることができる。

②　都道府県は、その執行機関の権限に属する事務のうち都道府県の加入しない広域連合の事務に関連するものを、条例の定めるところにより、当該広域連合が処理することとすることができる。

③　第二百五十二条の十七の二第二項、第二百五十二条の十七の三及び第二百五十二条の十七の四の規定は、前項の規定により広域連合が都道府県の事務を処理する場合について準用する。

④　都道府県の加入する広域連合の長（第二百九十一条の十三において準用する第二百八十七条の三第二項の規定により長に代えて理事会を置く広域連合にあつては、理事会。第二百九十一条の四第四項、第二百九十一条の五第二項、第二百九十一条の六第一項及び第二百九十一条の八第二項を除き、以下同じ。）は、その議会の議決を経て、国の行政機関の長に対し、当該広域連合の事務に密接に関連する国の行政機関の長の権限に属する事務の一部を当該広域連合が処理することとするよう要請することができる。

⑤　都道府県の加入しない広域連合の長は、その議会の議決を経て、都道府県に対し、当該広域連合の事務に密接に関連する都道府県の事務の一部を当該広域連合が処理することとするよう要請することができる。

（組織、事務及び規約の変更）

第二九一条の三①　広域連合は、これを組織する地方公共団体の数を増減し若しくは処理する事務を変更し、又は広域連合の規約を変更しようとするときは、関係地方公共団体の協議によりこれを定め、都道府県の加入するものにあつては総務大臣、その他のものにあつては都道府県知事の許可を受けなければならない。ただし、次条第一項第六号若しくは第九号に掲げる事項又は前条第一項若しくは第二項の規定により広域連合が新たに事務を処理することとされた場合（変更された場合を含む。）における当該事務のみに係る広域連合の規約を変更しようとするときは、この限りでない。

②　総務大臣は、前項の許可をしようとするときは、国の関係行政機関の長に協議しなければならない。

③　広域連合は、次条第一項第六号又は第九号に掲げる事項のみに係る広域連合の規約を変更しようとするときは、関係地方公共団体の協議によりこれを定め、第一項本文の例により、直ちに総務大臣又は都道府県知事に届出をしなければならない。

④　前条第一項又は第二項の規定により広域連合が新たに事務を処理することとされたとき（変更されたときを含む。）は、広域連合の長は、直ちに次条第一項第四号又は第九号に掲げる事項に係る規約につき必要な変更を行い、第一項本文の例により、総務大臣又は都道府県知事に届出をするとともに、その旨を当該広域連合を組織する地方公共団体の長に通知しなければならない。

⑤　都道府県知事は、第一項の許可をしたとき、又は第三項若しくは前項の届出を受理したときは、直ちにその旨を公表するとともに、総務大臣に報告しなければならない。

⑥　総務大臣は、第一項の許可をしたとき又は第三項若しくは第四項の届出を受理したときは直ちにその旨を告示するとともに、これを国の関係行政機関の長に通知し、前項の規定による報告を受けたときは直ちにその旨を国の関係行政機関の長に通知しなければならない。

⑦　広域連合の長は、広域計画に定める事項に関する事務を総合的かつ計画的に処理するため必要があると認めるときは、その議会の議決を経て、当該広域連合を組織する地方公共団体に対し、当該広域連合の規約を変更するよう要請することができる。

⑧　前項の規定による要請があつたときは、広域連合を組織する地方公共団体は、これを尊重して必要な措置を執るようにしなければならない。

（規約等）

第二九一条の四①　広域連合の規約には、次に掲げる事項につき規定を設けなければならない。

一　広域連合の名称
二　広域連合を組織する地方公共団体
三　広域連合の区域
四　広域連合の処理する事務
五　広域連合の作成する広域計画の項目
六　広域連合の事務所の位置
七　広域連合の議会の組織及び議員の選挙の方法
八　広域連合の長、選挙管理委員会その他執行機関の組織及び

選任の方法

九　広域連合の経費の支弁の方法

② 前項第三号に掲げる広域連合の区域は、当該広域連合を組織する地方公共団体の区域を合わせた区域を定めるものとする。ただし、都道府県の加入する広域連合について、当該広域連合の処理する事務が当該都道府県の区域の一部のみに係るものであることその他の特別の事情があるときは、当該都道府県の包括する市町村又は特別区で当該広域連合を組織しないものの一部又は全部の区域を除いた区域を定めることができる。

③ 広域連合の長は、広域連合の規約が定められ又は変更されたときは、速やかにこれを公表しなければならない。

④ 広域連合の議会の議員又は長（第二百九十一条の十三において準用する第二百八十七条の三第二項の規定により長に代えて理事会を置く広域連合にあつては、理事。次条第二項及び第二百九十一条の六第一項において同じ。）その他の職員は、第九十二条第二項、第百四十一条第二項及び第百九十六条第三項（これらの規定を適用し又は準用する場合を含む。）の規定にかかわらず、当該広域連合を組織する地方公共団体の議会の議員又は長その他の職員と兼ねることができる。

（議会の議員及び長の選挙）

第二九一条の五① 広域連合の議会の議員は、政令で特別の定めをするものを除くほか、広域連合の規約で定めるところにより、広域連合の選挙人（広域連合を組織する普通地方公共団体又は特別区の議会の議員及び長の選挙権を有する者で当該広域連合の区域内に住所を有するものをいう。次項及び次条第八項において同じ。）が投票により又は広域連合を組織する地方公共団体の議会においてこれを選挙する。

② 広域連合の長は、政令で特別の定めをするものを除くほか、広域連合の規約で定めるところにより、広域連合の選挙人が投票により又は広域連合を組織する地方公共団体の長が投票によりこれを選挙する。

第二九一条の六　（略）

（広域計画）

第二九一条の七① 広域連合は、当該広域連合が設けられた後、速やかに、その議会の議決を経て、広域計画を作成しなければならない。

② 広域計画は、第二百九十一条の二第一項又は第二項の規定により広域連合が新たに事務を処理することとされたとき（変更されたときを含む。）その他これを変更することが適当であると認められるときは、変更することができる。

③ 広域連合は、広域計画を変更しようとするときは、その議会の議決を経なければならない。

④ 広域連合及び当該広域連合を組織する地方公共団体は、広域計画に基づいて、その事務を処理するようにしなければならない。

⑤ 広域連合の長は、当該広域連合を組織する地方公共団体の事務の処理が広域計画の実施に支障があり又は支障があるおそれがあると認めるときは、当該広域連合の議会の議決を経て、当該広域連合を組織する地方公共団体に対し、当該広域計画の実施に関し必要な措置を講ずべきことを勧告することができる。

⑥ 広域連合の長は、前項の規定による勧告を行つたときは、当該勧告を受けた地方公共団体に対し、当該勧告に基づいて講じた措置について報告を求めることができる。

（協議会）

第二九一条の八① 広域連合は、広域計画に定める事項を一体的かつ円滑に推進するため、広域連合の条例で、必要な協議を行うための協議会を置くことができる。

② 前項の協議会は、広域連合の長（第二百九十一条の十三において準用する第二百八十七条の三第二項の規定により長に代えて理事会を置く広域連合にあつては、理事）及び国の地方行政機関の長、都道府県知事（当該広域連合を組織する地方公共団体である都道府県の知事を除く。）、広域連合の区域内の公共的団体等の代表者又は学識経験を有する者のうちから広域連合の長（第二百九十一条の十三において準用する第二百八十七条の三第二項の規定により長に代えて理事会を置く広域連合にあつては、理事会）が任命する者をもつて組織する。

③ 前項に定めるもののほか、第一項の協議会の運営に関し必要な事項は、広域連合の条例で定める。

（広域連合の分賦金）

第二九一条の九① 第二百九十一条の四第一項第九号に掲げる広域連合の経費の支弁の方法として、広域連合を組織する普通地方公共団体又は特別区の分賦金に関して定める場合には、広域連合が作成する広域計画の実施のために必要な連絡調整及び広域計画に基づく総合的かつ計画的な事務の処理に資するため、当該広域連合を組織する普通地方公共団体又は特別区の人口、面積、地方税の収入額、財政力その他の客観的な指標に基づかなければならない。

② 前項の規定により定められた広域連合の規約に基づく地方公共団体の分賦金については、当該地方公共団体は、必要な予算上の措置をしなければならない。

（解散）

第二九一条の一〇① 広域連合を解散しようとするときは、関係地方公共団体の協議により、第二百八十四条第二項の例により、総務大臣又は都道府県知事の許可を受けなければならない。

② 総務大臣は、前項の許可をしようとするときは、国の関係行政機関の長に協議しなければならない。

③ 都道府県知事は、第一項の許可をしたときは、直ちにその旨を公表するとともに、総務大臣に報告しなければならない。

④ 総務大臣は、第一項の許可をしたときは直ちにその旨を告示するとともに、これを国の関係行政機関の長に通知し、前項の規定による報告を受けたときは直ちにその旨を国の関係行政機関の長に通知しなければならない。

（議会の議決を要する協議）

第二九一条の一一　第二百八十四条第三項、第二百九十一条の三第一項及び第三項、前条第一項並びに第二百九十一条の十三において準用する第二百八十九条の協議については、関係地方公共団体の議会の議決を経なければならない。

（経費分賦等に関する異議）

第二九一条の一二① 広域連合の経費の分賦に関し、違法又は錯誤があると認めるときは、広域連合を組織する地方公共団体は、その告知を受けた日から三十日以内に当該広域連合の長に異議を申し出ることができる。

② 第二百九十一条の三第四項の規定による広域連合の規約の変更のうち第二百九十一条の四第一項第九号に掲げる事項に係るものに関し不服があるときは、広域連合を組織する地方公共団体は、第二百九十一条の三第四項の規定による通知を受けた日から三十日以内に当該広域連合の長に異議を申し出ることができる。

③ 広域連合の長は、第一項の規定による異議の申出があつたときは当該広域連合の議会に諮つてこれを決定し、前項の規定による異議の申出があつたときは当該広域連合の議会に諮つて規約の変更その他必要な措置を執らなければならない。

④ 広域連合の議会は、前項の規定による諮問があつた日から二十日以内にその意見を述べなければならない。

（一部事務組合に関する規定の準用）

第二九一条の一三　第二百八十七条の三第二項、第二百八十七条の四及び第二百八十九条の規定は、広域連合について準用する。この場合において、第二百八十七条の三第二項中「第二百八十五条の一部事務組合」とあるのは「広域連合」と、第二百八十九条中「第二百八十六条、第二百八十六条の二又は前条」とあるのは「第二百九十一条の三第一項、第三項若しくは第四項又は第二百九十一条の十第一項」と読み替えるものとする。

第四節　雑則

（普通地方公共団体に関する規定の準用）

第二九二条 地方公共団体の組合については、法律又はこれに基づく政令に特別の定めがあるものを除くほか、都道府県の加入するものにあつては都道府県に関する規定、市及び特別区の加入するもので都道府県の加入しないものにあつては市に関する規定、その他のものにあつては町村に関する規定を準用する。

（数都道府県にわたる組合に関する特例）

第二九三条 市町村及び特別区の組合で数都道府県にわたるものに係る第二百八十四条第二項及び第三項、第二百八十六条第一項本文、第二百九十一条の三第一項本文並びに第二百九十一条の十第一項の許可並びに第二百八十五条の二第一項の規定による勧告は、これらの規定にかかわらず、政令で定めるところにより、総務大臣が関係都道府県知事の意見を聴いてこれを行い、市町村及び特別区の組合で数都道府県にわたるものに係る第二百八十六条第二項、第二百八十八条並びに第二百九十一条の三第三項及び第四項の届出は、これらの規定にかかわらず、関係都道府県知事を経て総務大臣にこれをしなければならない。

（政令への委任）

第二九三条の二 この法律に規定するもののほか、地方公共団体の組合の規約に関する事項その他本章の規定の適用に関し必要な事項は、政令で定める。

第四章 財産区

第二九四条【財産区の意義及びその財産又は公の施設の管理処分等】① 法律又はこれに基く政令に特別の定があるものを除く外、市町村及び特別区の一部で財産を有し若しくは公の施設を設けているもの又は市町村及び特別区の廃置分合若しくは境界変更の場合におけるこの法律若しくはこれに基く政令の定める財産処分に関する協議に基き市町村及び特別区の一部が財産を有し若しくは公の施設を設けるものとなるもの（これらを財産区という。）があるときは、その財産又は公の施設の管理及び処分又は廃止については、この法律中地方公共団体の財産又は公の施設の管理及び処分又は廃止に関する規定による。

② 前項の財産又は公の施設に関し特に要する経費は、財産区の負担とする。

③ 前二項の場合においては、地方公共団体は、財産区の収入及び支出については会計を分別しなければならない。

集落と財産区→二六〇条の二⑦

第二九五条【財産区の議会又は総会】 財産区の財産又は公の施設に関し必要があると認めるときは、都道府県知事は、議会の議決を経て市町村又は特別区の条例を設定し、財産区の議会又は総会を設けて財産区に関し市町村又は特別区の議会の議決すべき事項を議決させることができる。

第二九六条【同前】① 財産区の議会の議員の定数、任期、選挙権、被選挙権及び選挙人名簿に関する事項は、前条の条例中にこれを規定しなければならない。財産区の総会の組織に関する事項についても、また同様とする。

② 前項に規定するものを除く外、財産区の議会の議員の選挙については、公職選挙法第二百六十八条の定めるところによる。

③ 財産区の議会又は総会に関しては、第二編中町村の議会に関する規定を準用する。

第二九六条の二【財産区管理会の設置及び組織】① 市町村及び特別区は、条例で、財産区に財産区管理会を置くことができる。但し、市町村及び特別区の廃置分合又は境界変更の場合において、この法律又はこれに基く政令の定める財産処分に関する協議により財産区を設けるときは、その協議により当該財産区に財産区管理会を置くことができる。

② 財産区管理会は、財産区管理委員七人以内を以てこれを組織する。

③ 財産区管理委員は、非常勤とし、その任期は、四年とする。

④ 第二百九十五条の規定により財産区の議会又は総会を設ける場合においては、財産区管理会を置くことができない。

第二九六条の三【財産区管理会の権限事務】① 市町村長及び特別区の区長は、財産区の財産又は公の施設の管理及び処分又は廃止で条例又は前条第一項但書に規定する協議で定める重要なものについては、財産区管理会の同意を得なければならない。

② 市町村長及び特別区の区長は、財産区の財産又は公の施設の管理に関する事務の全部又は一部を財産区管理会の同意を得て、財産区管理会又は財産区管理委員に委任することができる。

③ 財産区管理会は、当該財産区の事務の処理について監査することができる。

第二九六条の四【条例への委任】① 前二条に定めるものを除く外、財産区管理委員の選任、財産区管理会の運営その他財産区管理会に関し必要な事項は、条例でこれを定める。但し、第二百九十六条の二第一項但書の規定により財産区管理会を置く場合においては、同項但書に規定する協議によりこれを定めることができる。

② 市町村長及び特別区の区長は、財産区管理会の同意を得て、条例で第二百九十六条の二第一項但書に規定する協議の内容を変更することができる。

第二九六条の五【財産区の運営】① 財産区は、その財産又は公の施設の管理及び処分又は廃止については、その住民の福祉を増進するとともに、財産区のある市町村又は特別区の一体性をそこなわないように努めなければならない。

② 財産区のある市町村又は特別区は、財産区と協議して、当該財産区の財産又は公の施設から生ずる収入の全部又は一部を市町村又は特別区の事務に要する経費の一部に充てることができる。この場合においては、当該市町村又は特別区は、その充当した金額の限度において、財産区の住民に対して不均一の課税をし、又は使用料その他の徴収金について不均一の徴収をすることができる。

③ 前項前段の協議をしようとするときは、財産区は、予めその議会若しくは総会の議決を経、又は財産区管理会の同意を得なければならない。

第二九六条の六【知事の権限】① 都道府県知事は、必要があると認めるときは、財産区の事務の処理について、当該財産区のある市町村若しくは特別区の長に報告若しくは資料の提出を求め、又は監査することができる。

② 財産区の事務に関し、市町村若しくは特別区の長若しくは議会、財産区の議会若しくは総会又は財産区管理会の相互の間に紛争があるときは、都道府県知事は、当事者の申請に基き又は職権により、これを裁定することができる。

③ 前項に規定するものを除く外、同項の裁定に関し必要な事項は、政令で定める。

第二九七条【政令への委任】 この法律に規定するものを除く外、財産区の事務に関しては、政令でこれを定める。

第四編 補則

（事務の区分）

第二九八条① 都道府県が第三条第六項、第七条第一項及び第二項（第八条第三項の規定によりその例によることとされる場合を含む。）、第八条の二第一項、第二項及び第四項、第九条第一項及び第二項（同条第十一項において準用する場合を含む。）並びに第五項及び第九項（同条第十一項及び第九条の三第六項において準用する場合を含む。）、第九条の二第一項及び第五項並びに第九条の三第一項及び第三項の規定により処理することとされている事務、第二百四十五条の四第一項の規定により処理することとされている事務（市町村が処理する事務が自治事務又は第二号法定受託事務である場合においては、同条第二項の規定による各大臣の指示を受けて行うものに限る。）、第二百四十五条の五第三項の規定により処理することとされている事務、第二百四十五条の七第二項、第二百四十五条の八第十二項において準用する同条第一項から第四項まで及び第八項並びに

第二百四十五条の九第二項の規定により処理することとされている事務（市町村が処理する第一号法定受託事務に係るものに限る。）、第二百五十二条第二項の規定により処理することとされている事務、同条第三項の規定により処理することとされている事務（市町村が処理する第一号法定受託事務に係るものに限る。）、第二百五十二条の十七の三第二項及び第三項並びに第二百五十二条の十七の四第一項及び第三項（第二百九十一条の二第三項において準用する場合を含む。）の規定により処理することとされている事務、第二百五十二条の十七の五第一項の規定により処理することとされている事務（同条第二項の規定による総務大臣の指示を受けて行うものに限る。）、第二百五十二条の十七の六第二項及び第二百五十二条の十七の七の規定により処理することとされている事務、第二百五十五条の二の規定により処理することとされている事務（第一号法定受託事務に係るものに限る。）、第二百六十一条第二項から第四項までの規定により処理することとされている事務、第二百八十四条第二項の規定により処理することとされている事務（都道府県の加入しない一部事務組合に係る許可に係るものに限る。）、同条第三項の規定により処理することとされている事務（都道府県の加入しない広域連合に係る許可に係るものに限る。）、第二百八十六条（第二百八十六条の二第二項の規定によりその例によることとされる場合を含む。）及び第二百八十六条の二第四項の規定により処理することとされている事務（都道府県の加入しない一部事務組合に係る許可又は届出に係るものに限る。）、第二百八十八条の規定により処理することとされている事務（都道府県の加入しない一部事務組合に係る届出に係るものに限る。）、第二百九十一条の三第一項及び第三項から第五項までの規定により処理することとされている事務（都道府県の加入しない広域連合に係る許可又は届出に係るものに限る。）、第二百九十一条の十第一項の規定により処理することとされている事務（都道府県の加入しない広域連合に係る許可に係るものに限る。）、同条第三項の規定により処理することとされている事務並びに第二百六十二条第一項において準用する公職選挙法中普通地方公共団体の選挙に関する規定により処理することとされている事務は、第一号法定受託事務とする。

② 都が第二百八十一条の四第一項、第二項（同条第九項及び第十一項において準用する場合を含む。）、第八項及び第十項の規定により処理することとされている事務は、第一号法定受託事務とする。

③ 市町村が第二百六十一条第二項から第四項までの規定により処理することとされている事務及び第二百六十二条第一項において準用する公職選挙法中普通地方公共団体の選挙に関する規定により処理することとされている事務は、第二号法定受託事務とする。

第二九九条 市町村が第七十四条の二第一項から第三項まで、第五項、第六項及び第十項並びに第七十四条の三第三項（これらの規定を第七十五条第六項、第七十六条第四項、第八十条第四項、第八十一条第二項及び第八十六条第四項において準用する場合を含む。）の規定により処理することとされている事務（都道府県に対する請求に係るものに限る。）並びに第八十五条第一項において準用する公職選挙法中普通地方公共団体の選挙に関する規定により処理することとされている事務（第七十六条第三項の規定による都道府県の議会の解散の投票並びに第八十条第三項及び第八十一条第二項の規定による都道府県の議会の議員及び長の解職の投票に関するものに限る。）は、第二号法定受託事務とする。

附　則（抄）

第一条 この法律は、日本国憲法施行の日（昭和二二・五・三）から、これを施行する。

第二条 東京都制、道府県制、市制及び町村制は、これを廃止する。（後略）

第二〇条① 戸籍法の適用を受けない者の選挙権及び被選挙権は、当分の間、これを停止する。

② 前項の者は、選挙人名簿にこれを登録することができない。

第二一条 この法律の施行に関し必要な規定は、政令でこれを定める。

別表（略）

附　則（平成一一・七・一六法八七）（抄）

（施行期日）

第一条 この法律は、平成十二年四月一日から施行する。（後略）

（検討）

第二五〇条 新地方自治法第二条第九項第一号に規定する第一号法定受託事務については、できる限り新たに設けることのないようにするとともに、新地方自治法別表第一に掲げるもの及び新地方自治法に基づく政令に示すものについては、地方分権を推進する観点から検討を加え、適宜、適切な見直しを行うものとする。

第二五一条 政府は、地方公共団体が事務及び事業を自主的かつ自立的に執行できるよう、国と地方公共団体との役割分担に応じた地方税財源の充実確保の方途について、経済情勢の推移等を勘案しつつ検討し、その結果に基づいて必要な措置を講ずるものとする。

第二五二条 政府は、医療保険制度、年金制度等の改革に伴い、社会保険の事務処理の体制、これに従事する職員の在り方等について、被保険者等の利便性の確保、事務処理の効率化等の視点に立って、検討し、必要があると認めるときは、その結果に基づいて所要の措置を講ずるものとする。

附　則（令和三・六・一一法六三）（抄）

（施行期日）

第一条 この法律は、令和五年四月一日から施行する。（後略）

附　則（令和四・三・三一法四）（抄）

（施行期日）

第一条 この法律は、令和四年四月一日から施行する。ただし、次の各号に掲げる規定は、当該各号に定める日から施行する。

一―三 （略）

四 次に掲げる規定　令和五年四月一日

イ・ロ （略）

ハ （前略）附則（中略）第八十六条（地方自治法（昭和二十二年法律第六十七号）別表第一の改正規定を除く。）（中略）の規定

五―十一 （略）

（政令への委任）

第九九条 （前略）この法律の施行に関し必要な経過措置は、政令で定める。

附　則（令和四・五・二〇法四四）（抄）

（施行期日）

第一条 この法律は、公布の日から起算して三月を経過した日（令和四・八・二〇）から施行する。ただし、次の各号に掲げる規定は、当該各号に定める日から施行する。

一 （前略）附則第六条の規定　公布の日

二 （略）

三 第一条（地方自治法第二百六十条の十八第三項の改正規定、同法第二百六十条の十九の次に一条を加える改正規定（中略）を除く。）（中略）の規定（中略）　令和五年四月一日

（政令への委任）

第六条 （前略）この法律の施行に関し必要な経過措置は、政令で定める。

附　則（令和四・五・二五法四八）（抄）

（施行期日）

第一条 この法律は、公布の日から起算して四年を超えない範囲内において政令で定める日から施行する。ただし、次の各号に掲げる規定は、当該各号に定める日から施行する。

一 （前略）附則第百二十五条の規定　公布の日

二―五 （略）

（地方自治法及び市町村の合併の特例に関する法律の一部改正

（……に伴う経過措置）

第一〇一条① 附則第三十六条の規定による改正後の地方自治法（次項において「新地方自治法」という。）第九条第十項の規定は、地方自治法第九条第九項の規定による訴えであって施行日以後に提起されたものに係る裁判所がする通知について適用し、同項の規定による訴えであって施行日前に提起されたものに係る裁判所がする通知については、なお従前の例による。

② 新地方自治法第七十四条の二第十項（前条の規定による改正後の市町村の合併の特例に関する法律第五条第三十項において準用する場合を含む。）の規定は、地方自治法第七十四条の二第八項（市町村の合併の特例に関する法律第五条第三十項において準用する場合を含む。）及び第九項の規定による訴えであって施行日以後に提起されたものに係る裁判所がする送付について適用し、これらの規定による訴えであって施行日前に提起されたものに係る裁判所がする送付については、なお従前の例による。

（政令への委任）

第一二五条 この附則に定めるもののほか、この法律の施行に関し必要な経過措置は、政令で定める。

刑法等の一部を改正する法律の施行に伴う関係法律整理法中経過規定（令和四・六・一七法六八）（抄）

第四四一条から第四四三条まで（刑法の同経過規定参照）

第五〇九条（刑法の同経過規定参照）

刑法等の一部を改正する法律の施行に伴う関係法律整理法

附　則（令和四・六・一七法六八）（抄）

（施行期日）

① この法律は、刑法等一部改正法（刑法等の一部を改正する法律（令和四法六七））施行日から施行する。ただし、次の各号に掲げる規定は、当該各号に定める日から施行する。

一　第五百九条の規定　公布の日

二　（略）

◉行政手続法

（平成五・一一・一二
法　八　八）

施行　平成六・一〇・一（平成六政三〇二）
改正　平成一一法一五一・法一六〇、平成一四法一五二、平成一五法一一九、平成一七法七三、平成一八法五八・法六六、平成二六法六九・法七〇、平成二九法四、令和四法五二

注　ここでは、本法施行以前の判例は関連する条文に掲げ、施行以後のものは判例番号の下に★を付して掲げた。

目次

第一章　総則

（目的等）

第一条①　この法律は、処分、行政指導及び届出に関する手続並びに命令等を定める手続に関し、共通する事項を定めることによって、行政運営における公正の確保と透明性（行政上の意思決定について、その内容及び過程が国民にとって明らかであることをいう。第四十六条において同じ。）の向上を図り、もって国民の権利利益の保護に資することを目的とする。

②　処分、行政指導及び届出に関する手続並びに命令等を定める手続に関しこの法律に規定する事項について、他の法律に特別の定めがある場合は、その定めるところによる。

∞❶憲一三、三一【処分→二[二]【行政指導→二[六]【届出→二[七]【命令等→二[八]　❷【他の法律の特別の定め→一三∞・一五①∞・二〇∞【他の法律による適用除外→二章∞・三章∞【本法の定める適用除外→三、四

（定義）

第二条　この法律において、次の各号に掲げる用語の意義は、当該各号に定めるところによる。

一　法令　法律、法律に基づく命令（告示を含む。）、条例及び地方公共団体の執行機関の規則（規程を含む。以下「規則」という。）をいう。

二　処分　行政庁の処分その他公権力の行使に当たる行為をいう。

三　申請　法令に基づき、行政庁の許可、認可、免許その他の自己に対し何らかの利益を付与する処分（以下「許認可等」という。）を求める行為であって、当該行為に対して行政庁が諾否の応答をすべきこととされているものをいう。

四　不利益処分　行政庁が、法令に基づき、特定の者を名あて人として、直接に、これに義務を課し、又はその権利を制限する処分をいう。ただし、次のいずれかに該当するものを除く。

イ　事実上の行為及び事実上の行為をするに当たりその範囲、時期等を明らかにするために法令上必要とされている手続としての処分

ロ　申請により求められた許認可等を拒否する処分その他申請に基づき当該申請をした者を名あて人としてされる処分

ハ　名あて人となるべき者の同意の下にすることとされている処分

ニ　許認可等の効力を失わせる処分であって、当該許認可等の基礎となった事実が消滅した旨の届出があったことを理由としてされるもの

五　行政機関　次に掲げる機関をいう。

イ　法律の規定に基づき内閣に置かれる機関若しくは内閣の所轄の下に置かれる機関、宮内庁、内閣府設置法（平成十一年法律第八十九号）第四十九条第一項若しくは第二項に規定する機関、国家行政組織法（昭和二十三年法律第百二十号）第三条第二項に規定する機関、会計検査院若しくはこれらに置かれる機関又はこれらの機関の職員であって法律上独立に権限を行使することを認められた職員

ロ　地方公共団体の機関（議会を除く。）

六　行政指導　行政機関がその任務又は所掌事務の範囲内において一定の行政目的を実現するため特定の者に一定の作為又は不作為を求める指導、勧告、助言その他の行為であって処分に該当しないものをいう。

七　届出　行政庁に対し一定の事項の通知をする行為（申請に該当するものを除く。）であって、法令により直接に当該通知が義務付けられているもの（自己の期待する一定の法律上の効果を発生させるためには当該通知をすべきこととされているものを含む。）をいう。

八　命令等　内閣又は行政機関が定める次に掲げるものをいう。

イ　法律に基づく命令（処分の要件を定める告示を含む。次条第二項において単に「命令」という。）又は規則

ロ　審査基準（申請により求められた許認可等をするかどうかをその法令の定めに従って判断するために必要とされる基準をいう。以下同じ。）

ハ　処分基準（不利益処分をするかどうか又はどのような不利益処分とするかについてその法令の定めに従って判断するために必要とされる基準をいう。以下同じ。）

ニ　行政指導指針（同一の行政目的を実現するため一定の条件に該当する複数の者に対し行政指導をしようとするときにこれらの行政指導に共通してその内容となるべき事項をいう。以下同じ。）

∞[二]【公権力の行使→行審一、行訴三①　[三]行審三、行訴三⑤　[四]【イの例―手続としての処分→代執三①、ETC【ロの例―申請に基づき当該申請をした者を名宛人としてされる処分→弁護一二・一七、ETC【ハの例→文化財保護法三二の二、ETC【ニの例→収用三〇②、ETC　[五]【内閣所轄機関→国公三、ETC【独立に権限を行使する者→労基九七、一〇一―一〇三、ETC【地方公共団体の機関→自治一三八の四・一八〇の五　[七]【事後届出→生活保護六一、ETC【事前届出→浄化槽法五①、ETC【申請に該当するもの→戸七四、一二二　[八]【審査基準→五【処分基準→一二【行政指導指針→三六

（適用除外）

第三条①　次に掲げる処分及び行政指導については、次章から第四章の二までの規定は、適用しない。

一　国会の両院若しくは一院又は議会の議決によってされる処分

二　裁判所若しくは裁判官の裁判により、又は裁判の執行としてされる処分

三　国会の両院若しくは一院若しくは議会の議決を経て、又はこれらの同意若しくは承認を得た上でされるべきものとされている処分

四　検査官会議で決すべきものとされている処分及び会計検査の際にされる行政指導

五　刑事事件に関する法令に基づいて検察官、検察事務官又は司法警察職員がする処分及び行政指導
六　国税又は地方税の犯則事件に関する法令（他の法令において準用する場合を含む。）に基づいて国税庁長官、国税局長、税務署長、国税庁、国税局若しくは税務署の当該職員、税関長、税関職員又は徴税吏員（他の法令の規定に基づいてこれらの職員の職務を行う者を含む。）がする処分及び行政指導並びに金融商品取引の犯則事件に関する法令（他の法令において準用する場合を含む。）に基づいて証券取引等監視委員会、その職員（当該法令においてその職員とみなされる者を含む。）、財務局長又は財務支局長がする処分及び行政指導
七　学校、講習所、訓練所又は研修所において、教育、講習、訓練又は研修の目的を達成するために、学生、生徒、児童若しくは幼児若しくはこれらの保護者、講習生、訓練生又は研修生に対してされる処分及び行政指導
八　刑務所、少年刑務所、拘置所、留置施設、海上保安留置施設、少年院又は少年鑑別所において、収容の目的を達成するためにされる処分及び行政指導

＊令和四法五二（令和六・四・一施行）による改正
第八号中「、少年鑑別所又は婦人補導院」は「又は少年鑑別所」に改められた。（本文織込み済み）

九　公務員（国家公務員法（昭和二十二年法律第百二十号）第二条第一項に規定する国家公務員及び地方公務員法（昭和二十五年法律第二百六十一号）第三条第一項に規定する地方公務員をいう。以下同じ。）又は公務員であった者に対してその職務又は身分に関してされる処分及び行政指導
十　外国人の出入国、難民の認定又は帰化に関する処分及び行政指導
十一　専ら人の学識技能に関する試験又は検定の結果についての処分
十二　相反する利害を有する者の間の利害の調整を目的として法令の規定に基づいてされる裁定その他の処分（その双方を名宛人とするものに限る。）及び行政指導
十三　公衆衛生、環境保全、防疫、保安その他の公益に関わる事象が発生し又は発生する可能性のある現場において警察官若しくは海上保安官又はこれらの公益を確保するために行使すべき権限を法律上直接に与えられたその他の職員によってされる処分及び行政指導
十四　報告又は物件の提出を命ずる処分その他その職務の遂行上必要な情報の収集を直接の目的としてされる処分及び行政指導
十五　審査請求、再調査の請求その他の不服申立てに対する行政庁の裁決、決定その他の処分
十六　前号に規定する処分の手続又は第三章に規定する聴聞若しくは弁明の機会の付与の手続その他の意見陳述のための手続において法令に基づいてされる処分及び行政指導

②　次に掲げる命令等を定める行為については、第六章の規定は、適用しない。
一　法律の施行期日について定める政令
二　恩赦に関する命令
三　命令又は規則を定める行為が処分に該当する場合における当該命令又は規則
四　法律の規定に基づき施設、区間、地域その他これらに類するものを指定する命令又は規則
五　公務員の給与、勤務時間その他の勤務条件について定める命令等
六　審査基準、処分基準又は行政指導指針であって、法令の規定により若しくは慣行として、又は命令等を定める機関の判断により公にされるもの以外のもの

③　第一項各号及び前項各号に掲げるもののほか、地方公共団体の機関がする処分（その根拠となる規定が条例又は規則に置かれているものに限る。）及び行政指導、地方公共団体の機関に対する届出（前条第七号の通知の根拠となる規定が条例又は規則に置かれているものに限る。）並びに地方公共団体の機関が命令等を定める行為については、次章から第六章までの規定は、適用しない。

参❶〔一〕国会一二一、ETC【類似の規定】→行審七①[一]　〔二〕非訟一二〇・一二一、ETC【類似の規定】→行審七①[二]　〔三〕【類似の規定】→行審七①[四]　〔四〕【類似の規定】→行審七①[四]　〔五〕刑訴四八五、ETC【類似の規定】→行審七①[六]　〔六〕【類似の規定】→行審七①[七]　〔七〕学教一一、ETC【類似の規定】→行審七①[八]　〔八〕【類似の規定】→行審七①[九]　〔九〕国公八二、ETC　〔十〕国籍四、ETC【類似の規定】→行審七①[十]　〔十一〕司試八、ETC【類似の規定】→行審七①[十一]　〔十二〕著作六八①、ETC　〔十三〕道交六、ETC　〔十五〕【審査請求等に対する裁決、決定】→行審四五－四九・五八・五九・六四・六五、ETC　〔十六〕【手続中の処分】→一七、行審一三、二〇③・二五、ETC【類似の規定】→行審七①[十二]　❷【命令等】→二[八]

（国の機関等に対する処分等の適用除外）
第四条①　国の機関又は地方公共団体若しくはその機関に対する処分（これらの機関又は団体がその固有の資格において当該処分の名あて人となるものに限る。）及び行政指導並びにこれらの機関又は団体がする届出（これらの機関又は団体がその固有の資格においてすべきこととされているものに限る。）については、この法律の規定は、適用しない。

②　次の各号のいずれかに該当する法人に対する処分であって、当該法人の監督に関する法律の特別の規定に基づいてされるもの（当該法人の解散を命じ、若しくは設立に関する認可を取り消す処分又は当該法人の役員若しくは当該法人の業務に従事する者の解任を命ずる処分を除く。）については、次章及び第三章の規定は、適用しない。
一　法律により直接に設立された法人又は特別の法律により特別の設立行為をもって設立された法人
二　特別の法律により設立され、かつ、その設立に関し行政庁の認可を要する法人のうち、その行う業務が国又は地方公共団体の行政運営と密接な関連を有するものとして政令で定める法人

③　行政庁が法律の規定に基づく試験、検査、検定、登録その他の行政上の事務について当該法律に基づきその全部又は一部を行わせる者を指定した場合において、その指定を受けた者（その者が法人である場合にあっては、その役員）又は職員その他の者が当該事務に従事することに関し公務に従事する職員とみなされるときは、その指定を受けた者に対し当該法律に基づいて当該事務に関し監督上される処分（当該指定を取り消す処分、その指定を受けた者が法人である場合におけるその役員の解任を命ずる処分又はその指定を受けた者の当該事務に従事する者の解任を命ずる処分を除く。）については、次章及び第三章の規定は、適用しない。

④　次に掲げる命令等を定める行為については、第六章の規定は、適用しない。
一　国又は地方公共団体の機関の設置、所掌事務の範囲その他の組織について定める命令等
二　皇室典範（昭和二十二年法律第三号）第二十六条の皇統譜について定める命令等
三　公務員の礼式、服制、研修、教育訓練、表彰及び報償並びに公務員の間における競争試験について定める命令等
四　国又は地方公共団体の予算、決算及び会計について定める命令等（入札の参加者の資格、入札保証金その他の国又は地方公共団体の契約の相手方又は相手方になろうとする者に係る事項を定める命令等を除く。）並びに国又は地方公共団体の財産及び物品の管理について定める命令等（国又は地方公共団体が財産及び物品を貸し付け、交換し、売り払い、譲与し、信託し、若しくは出資の目的とし、又はこれらに私権を設定することについて定める命令等であって、これらの行為

の相手方又は相手方になろうとする者に係る事項を定めるものを除く。）

五　会計検査について定める命令等

六　国の機関相互間の関係について定める命令等並びに地方自治法（昭和二十二年法律第六十七号）第二編第十一章に規定する国と普通地方公共団体との関係及び普通地方公共団体相互間の関係その他の国と地方公共団体との関係及び地方公共団体相互間の関係について定める命令等（第一項の規定によりこの法律の規定を適用しないこととされる処分に係る命令等を含む。）

七　第二項各号に規定する法人の役員及び職員、業務の範囲、財務及び会計その他の組織、運営及び管理について定める命令等（これらの法人に対する処分であって、これらの法人の解散を命じ、若しくは設立に関する認可を取り消す処分又はこれらの法人の役員若しくはこれらの法人の業務に従事する者の解任を命ずる処分に係る命令等を除く。）

❶【類似の規定↓行審七②　❹【命令等↓二八】

第二章　申請に対する処分

【本法による本章の適用除外↓三・四②③【他の法律による本章の適用除外↓収用一二八の二、不登一五三、供一ノ三、戸一二七、後見登記一二、商登一三九、労組二七の二五、独禁七〇の一一、特許一九五の三、ETC

第五条（**審査基準**）① 行政庁は、審査基準を定めるものとする。

② 行政庁は、審査基準を定めるに当たっては、許認可等の性質に照らしてできる限り具体的なものとしなければならない。

③ 行政庁は、行政上特別の支障があるときを除き、法令により申請の提出先とされている機関の事務所における備付けその他の適当な方法により審査基準を公にしておかなければならない。

【審査基準↓二四ロ【処分基準↓二四八・一二

[1] 道路運送法においては、個人タクシー事業の免許申請の許否を決する手続について、同法一二二条の二［現八九条に相当］の聴聞の規定のほか、特に審査、判定の手続、方法に関する明文規定は存しないが、多数の者のうちから少数特定の者を具体的個別的事実関係に基づき選択するには、内部的にせよ、さらに、その趣旨を具体化した審査基準を設定し、これを公正かつ合理的に適用すべく、特に、右基準の内容が微妙、高度の認定を要するものである等の場合には、右基準を適用する上で必要とされる事項について、申請人に対し、その主張と証拠の提出の機会を与えなければならない。（最判昭46・10・28民集二五・七・一〇三七〈個人タクシー事件〉行政百選I［七版］一一七）→◇【I　手続違反の効果】［附則の後］[6]

[2] 道路運送法九条二項一号［平成一二法八六による改正前］にいう「能率的な経営の下における適正な原価を償い、かつ、適正な利潤を含むものであること」という基準は抽象的、概括的なものであり、右基準に合致するか否かは、行政庁の専門技術的な知識経験と公益上の判断を必要とし、ある程度の裁量的要素があるので、平均原価方式に従って算定された額をもって当該同一地域内のタクシー事業者に対する運賃の設定又は変更の認可の基準とし、右の額を変更後の運賃の額とする運賃変更の認可申請については、特段の事情のない限り同号の基準に適合しているものと判断することも是認し得る。（最判平11・7・19判時一六八八・一二三、行政百選I［六版］七六）→行総◇【II】[113]

[3] 原子炉設置許可処分の取消訴訟における裁判所の審理、判断は、原子力委員会若しくは原子炉安全専門審査会の専門技術的な調査審議及び判断を基にしてされた内閣総理大臣の判断に不合理な点があるか否かという観点から行われるべきであって、現在の科学技術水準に照らし、右調査審議において用いられた具体的審査基準に不合理な点があり、あるいは当該原子炉施設が右の具体的審査基準に適合するとした原子力委員会若しくは原子炉安全専門審査会の調査審議及び判断の過程に看過し難い過誤、欠落があり、内閣総理大臣の判断がこれに依拠してなされたと認められる場合には、内閣総理大臣の判断に不合理な点があるものとして許可処分は違法となる。（最判平4・10・29民集四六・七・一一七四、行政百選I［七版］七七）↓一〇条[7]、行訴七条[4]・三〇条

[4] 平成元年取扱要領［平成一五年九月一日廃止］における酒税法一〇条一一号該当性の認定基準は、当該申請に係る参入によって当該小売販売地域における酒類の供給が過剰になる事態を生じさせるか否かを客観的かつ公正に認定するものであって、合理性を有しているので、これに適合した処分は原則として適法である。（最判平10・7・16判時一六五二・五二、行政百選I［五版］七六）↓行総◇【II】[25]

[5] ★本条一項は、各種許認可等の申請の全てについて審査基準を定めることを求めているものではなく、法令が当該許認可等の性質に応じて、できる限り具体的かつ明確に定めている場合や、許認可等の性質上、個々の申請について個別具体的な判断をせざるを得ず、法令の定めた内容以上に具体的基準を設けることができない場合等、合理的理由ないし正当な根拠を是認すべき事情が存在する場合には、行政庁は審査基準を設定しないことも許容される。（仙台高判平20・5・28判タ一二八三・七四）

[6] ★本条三項は、審査基準自体を公にすべきことを定めているから、申請に当たって申請者が提出すべき書類を列挙した一覧を交付したことをもって審査基準を公にしたということはできない。（東京高判平13・6・14判時一七五七・五一）↓◇【I　手続違反の効果】［附則の後］[7]

第六条（**標準処理期間**）　行政庁は、申請がその事務所に到達してから当該申請に対する処分をするまでに通常要すべき標準的な期間（法令により当該行政庁と異なる機関が当該申請の提出先とされている場合は、併せて、当該申請が当該提出先とされている機関の事務所に到達してから当該行政庁の事務所に到達するまでに通常要すべき標準的な期間）を定めるよう努めるとともに、これを定めたときは、これらの当該申請の提出先とされている機関の事務所における備付けその他の適当な方法により公にしておかなければならない。

【法定処理期間の例↓建基六④、生活保護二四⑤

標準処理期間↓行訴三条[49][50]、国賠一条[42]

第七条（**申請に対する審査、応答**）　行政庁は、申請がその事務所に到達したときは遅滞なく当該申請の審査を開始しなければならず、かつ、申請書の記載事項に不備がないこと、申請書に必要な書類が添付されていること、申請をすることができる期間内にされたものであることその他の法令に定められた申請の形式上の要件に適合しない申請については、速やかに、申請をした者（以下「申請者」という。）に対し相当の期間を定めて当該申請の補正を求め、又は当該申請により求められた許認可等を拒否しなければならない。

【審査請求の補正↓行審二三

[1] ★廃棄物の処理及び清掃に関する法律一四条及び一五条に基づく申請においては、行政庁の受理等の行為は予定されておらず、行政庁は申請が到達した以上、直ちに本条にいう審査の開始を行うことが義務付けられる。（仙台地判平10・1・27判時一六七六・四三）

[2] ★医療法七条一項に基づく病院開設許可申請書が提出されたにもかかわらず、事前協議を経ていないこと等の法規に定めがない事項を理由として、申請者の同意がないのに、申請

書を返戻する行為は、本条に違反する。（名古屋高金沢支判平15・11・19判タ一一六七・一五三）↓三二条[4][5]

[3] ★地方公務員等共済組合法九九条に基づく遺族共済年金［現一〇三条の公務遺族年金に相当］の申請につき決定の請求をする意思を明らかにした者に対して、行政実務上の事前審査方式に服することに同意していないにもかかわらず決定請求書用紙を交付しないことは、決定の請求の不受理に等しく、本条の趣旨に実質的に違反する。（東京高判平19・5・31判時一九八二・四八）

[4] ★申請者には、法令の規定する実体的要件に照らして許認可等の利益を受けられるか否かの判断を求める利益があるから、申請の形式上の要件とは、有効な申請のために法令で必要とされる要件のうち、申請書の記載、添付書類等から外形上明確に判断し得るものをいい、それは法令上の実体的要件の判断に不可欠な必要最小限のものに限られる。（山形地判平30・8・21判時二三九七・七……森林法に基づく森林開発不許可処分について、同法施行規則が添付書類として求める「開発行為に関する計画書」には、県知事が規則で定める申請者と地方公共団体との残地森林等の保全に関する協定等は含まれないので、申請の形式上の要件を欠くとしてなされた当該処分が取り消された事例）

（理由の提示）

第八条① 行政庁は、申請により求められた許認可等を拒否する処分をする場合は、申請者に対し、同時に、当該処分の理由を示さなければならない。ただし、法令に定められた許認可等の要件又は公にされた審査基準が数量的指標その他の客観的指標により明確に定められている場合であって、当該申請がこれらに適合しないことが申請書の記載又は添付書類その他の申請の内容から明らかであるときは、申請者の求めがあったときにこれを示せば足りる。

② 前項本文に規定する処分を書面でするときは、同項の理由は、書面により示さなければならない。

⊛+【不利益処分の理由の提示↓一四

[1] 旅券法に基づく一般旅券の発給拒否通知書に付記すべき理由としては、いかなる事実関係に基づきいかなる法規を適用して拒否されたかを、その記載自体から了知し得るものでなければならず、単に発給拒否の根拠規定を示すだけでは十分ではない。（最判昭60・1・22民集三九・一・一、行政百選I[七版]一二一）

[2] 公文書の非開示決定通知書に付記すべき理由としては、開示請求者において、条例所定の非開示事由のどれに該当するのかをその根拠とともに了知し得るものでなければならず、単に非開示の根拠規定を示すだけでは、当該公文書の種類、性質とあいまって開示請求者がそれらを当然知り得るような場合は別として、理由付記としては不十分である。（最判平4・12・10判時一四五三・一一六、行政百選I[五版]一二六）

[3] 情報公開条例において非公開決定の通知に併せてその理由を通知すべきものとしている目的は、非公開の理由を具体的に記載して通知させること自体をもって実現されるので、一たび通知書に理由を付記した以上、実施機関が当該理由以外の理由を非公開決定処分の取消訴訟において主張することを許さないとする趣旨を含むものではない。（最判平11・11・19民集五三・八・一八六二、行政百選II[七版]一八九）

[4] ★本条一項本文の趣旨は行手法一四条一項本文と同様であるとして、一四条[3]を引用の上、銃刀法九条の五第一項所定の射撃教習の不認定処分の理由の提示が不十分であるとされた事例（東京地判平30・5・24判タ一四六五・一〇五）

◇↓行審五〇条[判]

（情報の提供）

第九条① 行政庁は、申請者の求めに応じ、当該申請に係る審査の進行状況及び当該申請に対する処分の時期の見通しを示すよう努めなければならない。

② 行政庁は、申請をしようとする者又は申請者の求めに応じ、申請書の記載及び添付書類に関する事項その他の申請に必要な情報の提供に努めなければならない。

⊛❶【処分の時期↓六

（公聴会の開催等）

第一〇条 行政庁は、申請に対する処分であって、申請者以外の者の利害を考慮すべきことが当該法令において許認可等の要件とされているものを行う場合には、必要に応じ、公聴会の開催その他の適当な方法により当該申請者以外の者の意見を聴く機会を設けるよう努めなければならない。

⊛+行訴九

[1] 原子力基本法及び原子炉等規制法が、原子炉設置許可処分に際し、周辺住民に対し告知聴聞の機会を与えていないことは憲法三一条に反しない。（最判平4・10・29民集四六・七・一一七四、行政百選I[七版]七七）↓行総◘【II】[110]

（複数の行政庁が関与する処分）

第一一条① 行政庁は、申請の処理をするに当たり、他の行政庁において同一の申請者からされた関連する申請が審査中であることをもって自らすべき許認可等をするかどうかについての審査又は判断を殊更に遅延させるようなことをしてはならない。

② 一の申請又は同一の申請者からされた相互に関連する複数の申請に対する処分について複数の行政庁が関与する場合においては、当該複数の行政庁は、必要に応じ、相互に連絡をとり、当該申請者からの説明の聴取を共同して行う等により審査の促進に努めるものとする。

第三章　不利益処分

⊛+【本法による本章の適用除外↓三・四②③【他の法律による本章の適用除外↓収用一二八の二、学教一三八、不登一五三、戸一二七、後見登記一一、商登一三九、労組二七の二五、独禁七〇の一一、景表二五、特許一九五の三、ETC【他の法律による本章〈一二条及び一四条を除く〉の適用除外↓ストーカー五③、道交一一三の二、建基九⑮・四五②、国年七③、生活保護二九の二・六二⑤、ETC

第一節　通則

（処分の基準）

第一二条① 行政庁は、処分基準を定め、かつ、これを公にしておくよう努めなければならない。

② 行政庁は、処分基準を定めるに当たっては、不利益処分の性質に照らしてできる限り具体的なものとしなければならない。

⊛+【処分基準↓二[四]ハ【審査基準↓二[四]ロ・五

[1] ★処分基準は行政庁の行政運営上の便宜だけでなく、不利益処分に係る判断過程の公正と透明性を確保し、相手方の権利利益の保護に資するために定められ公にされるのであるから、裁量権の行使における公正かつ平等な取扱いの要請や基準の内容に係る相手方の信頼の保護等の観点から、処分基準の定めと異なる取扱いをすることを相当と認めるべき特段の事情がない限り、行政庁の処分における裁量権は、処分基準に従って行使されるべきことが羈束［きそく］されている。（最判平27・3・3民集六九・二・一四三、行政百選II[七版]一七五）↓行訴九条[36]

[2] 不当景品類及び不当表示防止法は、同法五条［現六条］所定の場合を除いて、公正取引委員会が規制権限を行使するに当たって準則又は裁量基準をあらかじめ定立し、これを規制対象事業者等に周知させることを求める規定を設けていないから、同法四条一号［現五条一号］に違反する行為に対しては、あらかじめその準則ないし裁量基準を定立してこれに基

づき規制権限を行使するか、これらを定立しないで個々の事案ごとに行使するかを裁量権に基づいて定めることができる。もっとも、準則又は裁量基準が先例として確立しており、事業者がこれに従っている状態が継続している場合には、右先例を変更して規制権限を行使するには、新たな準則又は裁量基準を定立し、これを事業者に周知させる措置を講じた上、合理的な期間が経過してから行うのが相当である。（東京高判平8・3・29判時一五七一・四八、経済百選[初版]一一一原審……平成二一法四九による景表法改正前の事案）

[3] ★処分庁が、処分基準を公にすることにより脱法的な行為が助長されるおそれがあることを理由として、特商法五七条一項に基づく取引停止命令の処分基準を非公開としたことは、本条一項に反しない。（さいたま地判平25・7・10判時二二〇四・八六）

（不利益処分をしようとする場合の手続）

第一三条① 行政庁は、不利益処分をしようとする場合には、次の各号の区分に従い、この章の定めるところにより、当該不利益処分の名あて人となるべき者について、当該各号に定める意見陳述のための手続を執らなければならない。

一 次のいずれかに該当するとき 聴聞

イ 許認可等を取り消す不利益処分をしようとするとき。

ロ イに規定するもののほか、名あて人の資格又は地位を直接にはく奪する不利益処分をしようとするとき。

ハ 名あて人が法人である場合におけるその役員の解任を命ずる不利益処分、名あて人の業務に従事する者の解任を命ずる不利益処分又は名あて人の会員である者の除名を命ずる不利益処分をしようとするとき。

ニ イからハまでに掲げる場合以外の場合であって行政庁が相当と認めるとき。

二 前号イからニまでのいずれにも該当しないとき 弁明の機会の付与

② 次の各号のいずれかに該当するときは、前項の規定は、適用しない。

一 公益上、緊急に不利益処分をする必要があるため、前項に規定する意見陳述のための手続を執ることができないとき。

二 法令上必要とされる資格がなかったこと又は失われるに至ったことが判明した場合に必ずすることとされている不利益処分であって、その資格の不存在又は喪失の事実が裁判所の判決書又は決定書、一定の職に就いたことを証する当該任命権者の書類その他の客観的な資料により直接証明されたものをしようとするとき。

三 施設若しくは設備の設置、維持若しくは管理又は物の製造、販売その他の取扱いについて遵守すべき事項が法令において技術的な基準をもって明確にされている場合において、専ら当該基準が充足されていないことを理由として当該基準に従うべきことを命ずる不利益処分であってその不充足の事実が計測、実験その他客観的な認定方法によって確認されたものをしようとするとき。

四 納付すべき金銭の額を確定し、一定の額の金銭の納付を命じ、又は金銭の給付決定の取消しその他の金銭の給付を制限する不利益処分をしようとするとき。

五 当該不利益処分の性質上、それによって課される義務の内容が著しく軽微なものであるため名あて人となるべき者の意見をあらかじめ聴くことを要しないものとして政令で定める処分をしようとするとき。

❶【本項の特例↓道交七五④・一〇四の二①、金商九①・一〇①・一一①・一二三の九①・一二三の一〇①・一二三の一一①・一二七の八④・一九三の二⑦、ETC 【二】【聴聞↓三章二節 【三】【弁明の機会の付与↓三章三節

[1] 憲法三一条の定める法定手続の保障が行政手続に及ぶと解すべき場合であっても、一般に、行政手続は、刑事手続とその性質においておのずから差異があり、また、行政目的に応じて多種多様であるから、行政処分の相手方に事前の告知、弁解、防御の機会を与えるかどうかは、行政処分により制限を受ける権利利益の内容、性質、制限の程度、行政処分により達成しようとする公益の内容、程度、緊急性を総合較量して決定されるべきものであり、常に必ずそのような機会を与えることを必要とするものではない。（最大判平4・7・1民集四六・五・四三七、行政百選I[七版]一一六……この点に関して園部裁判官は意見の中で、不利益処分（名宛人を特定して、これに義務を課し又はその権利利益を制限する処分）については、法律上、原則として弁明、聴聞等何らかの適正な事前手続の規定をおくことが必要であるが、本件はその一般原則に著しく反するまでは認められないと述べ、可部裁判官も意見の中で、私人の所有権に対する重大な制限が一切の事前手続を経ずに行政処分によって課されることが憲法三一条違反の評価を免れ得るのは限られた例外の場合であるが、本件はそれに当たると述べている）↓憲三一条[7]

[2] ★逃亡犯罪人引渡法一四条一項に基づく逃亡犯罪人の引渡命令は、東京高等裁判所において逃亡犯罪人及び弁護士に意見陳述の機会や証人尋問等の機会を与えて引渡しの可否に係る司法審査を経てなされる決定を受けて法務大臣が発することから、同法が同命令につき行政手続法第三章の規定の適用を除外して逃亡犯罪人に改めて弁明の機会を与えなくとも手続全体からみて手続保障に欠けるとはいえない。（最決平26・8・19判タ一四〇六・五〇、重判平26行政二）↓憲三一条[9]

（不利益処分の理由の提示）

第一四条① 行政庁は、不利益処分をする場合には、その名あて人に対し、同時に、当該不利益処分の理由を示さなければならない。ただし、当該理由を示さないで処分をすべき差し迫った必要がある場合は、この限りでない。

② 行政庁は、前項ただし書の場合においては、当該名あて人の所在が判明しなくなったときその他処分後において理由を示すことが困難な事情があるときを除き、処分後相当の期間内に、同項の理由を示さなければならない。

③ 不利益処分を書面でするときは、前二項の理由は、書面により示さなければならない。

❶【申請拒否の理由の提示↓八

[1] 理由付記の趣旨は、処分庁の判断の慎重・合理性を担保してその恣意を抑制するとともに、処分の理由を相手方に知らせて不服申立てに便宜を与えることにあり、法律が行政処分に理由を付記すべきものとしている場合に、どの程度の記載をなすべきかは、処分の性質と理由付記を命じた各法律の規定の趣旨・目的に照らしてこれを決定すべきである。（最判昭38・5・31民集一七・四・六一七、行政百選I[七版]一一九）

[2] 青色申告にかかる法人税についての更正処分の理由付記は、帳簿等の記載自体を否認する場合には、その根拠として帳簿記載以上に信憑［しんぴょう］力のある資料を摘示する必要があるが、そうでない場合には、理由付記制度の趣旨目的を充足する程度に具体的であれば足りる。（最判昭60・4・23民集三九・三・八五〇、租税百選[七版]一〇九）

[3] ★理由の提示の程度は、当該処分の根拠法令の規定内容、当該処分に係る処分基準の存否及び内容並びに公表の有無、当該処分の性質及び内容、当該処分の原因となる事実関係の内容等を総合考慮して決定すべきである。（最判平23・6・7民集六五・四・二〇八一、行政百選I[七版]一二〇……複雑な処分基準の下では処分の根拠法条及びその法条の要件に該当する具体的な事実関係を示すだけでは足りず、いかなる理由に基づいてどのような処分基準の適用によって当該処分が選択されたのかを知ることができなければ理由の提示を欠いた違法な処分になるとして、一級建築士免許取消処分が取り消された事例）

[4] ★生活保護変更決定処分の根拠となる告示に生活扶助基準

の変更点が明示されており、変更に関し行政庁に裁量がないこと等から、「基準改定による変更」等の記載がある通知書を受けた被保護者は、処分前の通知書と当該処分の通知書の比較等の方法で当該処分の内容及び根拠を了知し得るので、通知書の記載に本条及び生活保護法二五条二項の理由の提示として欠けるところはないとされた事例（名古屋地判令2・6・25判時二四七四・三）
◇→行審五〇条㊀、独禁六一条7

第二節　聴聞

【本節の準用→ストーカー五④】

（聴聞の通知の方式）

第一五条① 行政庁は、聴聞を行うに当たっては、聴聞を行うべき期日までに相当な期間をおいて、不利益処分の名あて人となるべき者に対し、次に掲げる事項を書面により通知しなければならない。
一　予定される不利益処分の内容及び根拠となる法令の条項
二　不利益処分の原因となる事実
三　聴聞の期日及び場所
四　聴聞に関する事務を所掌する組織の名称及び所在地

② 前項の書面においては、次に掲げる事項を教示しなければならない。
一　聴聞の期日に出頭して意見を述べ、及び証拠書類又は証拠物（以下「証拠書類等」という。）を提出し、又は聴聞の期日への出頭に代えて陳述書及び証拠書類等を提出することができること。
二　聴聞が終結する時までの間、当該不利益処分の原因となる事実を証する資料の閲覧を求めることができること。

③ 行政庁は、不利益処分の名あて人となるべき者の所在が判明しない場合においては、第一項の規定による通知を、その者の氏名、同項第三号及び第四号に掲げる事項並びに当該行政庁が同項各号に掲げる事項を記載した書面をいつでもその者に交付する旨を当該行政庁の事務所の掲示場に掲示することによって行うことができる。この場合においては、掲示を始めた日から二週間を経過したときに、当該通知がその者に到達したものとみなす。

❶【聴聞を行う場合→一三①㊀【本項の特例→道交七五⑤⑥、一〇四の二②③、ETC　❷【意見陳述、証拠書類等の提出→二〇【資料の閲覧→一八　❸【本項の準用→二二③、三一

7　一般乗用旅客自動車運送事業の免許取消処分において、陸運局長が道路運送法一二二条の二［現八九条に相当］によって聴聞する場合には、事案の公示後、聴聞前に被処分予定者に対して、免許取消し等の処分原因となるべき具体的違反事実を告知しなければならず、そのような告知を欠く聴聞の瑕疵［かし］は、聴聞制度の趣旨に反する重大な瑕疵であって、処分に実体的根拠があるかどうかにかかわらず処分を取り消すべき事由となる。（大阪地判昭55・3・19行裁三一・三・四八三〈ニコニコタクシー事件〉）

（代理人）

第一六条① 前条第一項の通知を受けた者（同条第三項後段の規定により当該通知が到達したものとみなされる者を含む。以下「当事者」という。）は、代理人を選任することができる。
② 代理人は、各自、当事者のために、聴聞に関する一切の行為をすることができる。
③ 代理人の資格は、書面で証明しなければならない。
④ 代理人がその資格を失ったときは、当該代理人を選任した当事者は、書面でその旨を行政庁に届け出なければならない。

行審一二【本条の準用→三一　❶【当事者の特例→二八①　❷―❹【準用規定→一七③

（参加人）

第一七条① 第十九条の規定により聴聞を主宰する者（以下「主宰者」という。）は、必要があると認めるときは、当事者以外の者であって当該不利益処分の根拠となる法令に照らし当該不利益処分につき利害関係を有するものと認められる者（同条第二項第六号において「関係人」という。）に対し、当該聴聞に関する手続に参加することを求め、又は当該聴聞に関する手続に参加することを許可することができる。
② 前項の規定により当該聴聞に関する手続に参加する者（以下「参加人」という。）は、代理人を選任することができる。
③ 前条第二項から第四項までの規定は、前項の代理人について準用する。この場合において、同条第二項及び第四項中「当事者」とあるのは、「参加人」と読み替えるものとする。

行審一三、行訴二二

（文書等の閲覧）

第一八条① 当事者及び当該不利益処分がされた場合に自己の利益を害されることとなる参加人（以下この条及び第二十四条第三項において「当事者等」という。）は、聴聞の通知があった時から聴聞が終結する時までの間、行政庁に対し、当該事案についてした調査の結果に係る調書その他の当該不利益処分の原因となる事実を証する資料の閲覧を求めることができる。この場合において、行政庁は、第三者の利益を害するおそれがあるときその他正当な理由があるときでなければ、その閲覧を拒むことができない。
② 前項の規定は、当事者等が聴聞の期日における審理の進行に応じて必要となった資料の閲覧を更に求めることを妨げない。
③ 行政庁は、前二項の閲覧について日時及び場所を指定することができる。

行審三八

7　★処分庁が書類等の閲覧を拒否したことが処分の取消事由となるのは、閲覧請求の対象となった書類等についての閲覧を認めないことに瑕疵［かし］があり、かつ、聴聞当事者の防御権の行使が実質的に妨げられたと認められる場合に限られる。（大阪地判平20・1・31判タ一二六八・一五二）→行訴三七条の四2

（聴聞の主宰）

第一九条① 聴聞は、行政庁が指名する職員その他政令で定める者が主宰する。
② 次の各号のいずれかに該当する者は、聴聞を主宰することができない。
一　当該聴聞の当事者又は参加人
二　前号に規定する者の配偶者、四親等内の親族又は同居の親族
三　第一号に規定する者の代理人又は次条第三項に規定する補佐人
四　前三号に規定する者であった者
五　第一号に規定する者の後見人、後見監督人、保佐人、保佐監督人、補助人又は補助監督人
六　参加人以外の関係人

7　公正取引委員会の構成員である一部の委員が、委員に任命される前に特定の事件の審査に自ら深く関わっていた場合、及び、委員が特定の事件の審査に関わっていたと否とを問わず、右委員につき、当事者との一定の身分関係、事件の結果と直接関係のある財産的利害、事件についての個人的偏見や予断を示す言動があるなど、当該事件の判断をするに当たり、その公正さが疑問とされる客観的事由のあるときあるいは公正らしい外観が損なわれる事由があるときには、審決に関与する資格を失う。（東京高判平6・2・25高民四七・一・一

七、経済百選[初版]一一〇①）→独禁六五条⑦

② 審決の主体である合議体の構成の違法を理由として審決が取り消された場合、差戻審決では、公正らしさの外観を確保する観点から旧審決に関与した委員を除いて合議体を構成することが望ましいが、公正取引委員会の機構上生じる審決不可能という事態を避けることも重要であるため排除の規定が置かれていないと解され、差戻し前の審決に関与した委員が差戻し後の審決に加わってもその審決は違法とはならないとされた例（東京高判平7・9・25審決集四二・三九三〈東芝ケミカル事件〉経済百選[初版]一一〇②）

（聴聞の期日における審理の方式）

第二〇条① 主宰者は、最初の聴聞の期日の冒頭において、行政庁の職員に、予定される不利益処分の内容及び根拠となる法令の条項並びにその原因となる事実を聴聞の期日に出頭した者に対し説明させなければならない。

② 当事者又は参加人は、聴聞の期日に出頭して、意見を述べ、及び証拠書類等を提出し、並びに主宰者の許可を得て行政庁の職員に対し質問を発することができる。

③ 前項の場合において、当事者又は参加人は、主宰者の許可を得て、補佐人とともに出頭することができる。

④ 主宰者は、聴聞の期日において必要があると認めるときは、当事者若しくは参加人に対し質問を発し、意見の陳述若しくは証拠書類等の提出を促し、又は行政庁の職員に対し説明を求めることができる。

⑤ 主宰者は、当事者又は参加人の一部が出頭しないときであっても、聴聞の期日における審理を行うことができる。

⑥ 聴聞の期日における審理は、行政庁が公開することを相当と認めるときを除き、公開しない。

⊛行審三一【本条の特例→道交一〇四の二⑤、ETC ❻【聴聞の公開の特例→国籍一六③、国公一〇八の三⑦、地公五三⑦、道交七五⑦・一〇四の二④、ETC

（陳述書等の提出）

第二一条① 当事者又は参加人は、聴聞の期日への出頭に代えて、主宰者に対し、聴聞の期日までに陳述書及び証拠書類等を提出することができる。

② 主宰者は、聴聞の期日に出頭した者に対し、その求めに応じて、前項の陳述書及び証拠書類等を示すことができる。

⊛行審三〇

（続行期日の指定）

第二二条① 主宰者は、聴聞の期日における審理の結果、なお聴聞を続行する必要があると認めるときは、さらに新たな期日を定めることができる。

② 前項の場合においては、当事者及び参加人に対し、あらかじめ、次回の聴聞の期日及び場所を書面により通知しなければならない。ただし、聴聞の期日に出頭した当事者及び参加人に対しては、当該聴聞の期日においてこれを告知すれば足りる。

③ 第十五条第三項の規定は、前項本文の場合において、当事者又は参加人の所在が判明しないときにおける通知の方法について準用する。この場合において、同条第三項中「不利益処分の名あて人となるべき者」とあるのは「当事者又は参加人」と、「掲示を始めた日から二週間を経過したとき」とあるのは「掲示を始めた日から二週間を経過したとき（同一の当事者又は参加人に対する二回目以降の通知にあっては、掲示を始めた日の翌日）」と読み替えるものとする。

⊛❷❸【準用規定→二五

（当事者の不出頭等の場合における聴聞の終結）

第二三条① 主宰者は、当事者の全部若しくは一部が正当な理由なく聴聞の期日に出頭せず、かつ、第二十一条第一項に規定する陳述書若しくは証拠書類等を提出しない場合、又は参加人の全部若しくは一部が聴聞の期日に出頭しない場合には、これらの者に対し改めて意見を述べ、及び証拠書類等を提出する機会を与えることなく、聴聞を終結することができる。

② 主宰者は、前項に規定する場合のほか、当事者の全部又は一部が聴聞の期日に出頭せず、かつ、第二十一条第一項に規定する陳述書又は証拠書類等を提出しない場合において、これらの者の聴聞の期日への出頭が相当期間引き続き見込めないときは、これらの者に対し、期限を定めて陳述書及び証拠書類等の提出を求め、当該期限が到来したときに聴聞を終結することとすることができる。

（聴聞調書及び報告書）

第二四条① 主宰者は、聴聞の審理の経過を記載した調書を作成し、当該調書において、不利益処分の原因となる事実に対する当事者及び参加人の陳述の要旨を明らかにしておかなければならない。

② 前項の調書は、聴聞の期日における審理が行われた場合には各期日ごとに、当該審理が行われなかった場合には聴聞の終結後速やかに作成しなければならない。

③ 主宰者は、聴聞の終結後速やかに、不利益処分の原因となる事実に対する当事者等の主張に理由があるかどうかについての意見を記載した報告書を作成し、第一項の調書とともに行政庁に提出しなければならない。

④ 当事者又は参加人は、第一項の調書及び前項の報告書の閲覧を求めることができる。

（聴聞の再開）

第二五条 行政庁は、聴聞の終結後に生じた事情にかんがみ必要があると認めるときは、主宰者に対し、前条第三項の規定により提出された報告書を返戻して聴聞の再開を命ずることができる。第二十二条第二項本文及び第三項の規定は、この場合について準用する。

（聴聞を経てされる不利益処分の決定）

第二六条 行政庁は、不利益処分の決定をするときは、第二十四条第一項の調書の内容及び同条第三項の報告書に記載された主宰者の意見を十分に参酌してこれをしなければならない。

（審査請求の制限）

第二七条 この節の規定に基づく処分又はその不作為については、審査請求をすることができない。

⊛【処分→一七①、一八①、二〇②③、行審七①[十二]

（役員等の解任等を命ずる不利益処分をしようとする場合の聴聞等の特例）

第二八条① 第十三条第一項第一号ハに該当する不利益処分に係る聴聞において第十五条第一項の通知があった場合におけるこの節の規定の適用については、名あて人である法人の役員、名あて人の業務に従事する者又は名あて人の会員である者（当該処分において解任し又は除名すべきこととされている者に限る。）は、同項の通知を受けた者とみなす。

② 前項の不利益処分のうち名あて人である法人の役員又は名あて人の業務に従事する者（以下この項において「役員等」という。）の解任を命ずるものに係る聴聞が行われた場合においては、当該処分にその名あて人が従わないことを理由として法令の規定によりされる当該役員等を解任する不利益処分については、第十三条第一項の規定にかかわらず、行政庁は、当該役員等について聴聞を行うことを要しない。

第三節 弁明の機会の付与

（弁明の機会の付与の方式）

第二九条① 弁明は、行政庁が口頭ですることを認めたときを除き、弁明を記載した書面（以下「弁明書」という。）を提出してするものとする。

② 弁明をするときは、証拠書類等を提出することができる。

⊛【弁明の機会の付与→一三①㈡【行審三一

（弁明の機会の付与の通知の方式）

第三〇条 行政庁は、弁明書の提出期限（口頭による弁明の機会の付与を行う場合には、その日時）までに相当な期間をおいて、不利益処分の名あて人となるべき者に対し、次に掲げる事項を書面により通知しなければならない。

一 予定される不利益処分の内容及び根拠となる法令の条項
二 不利益処分の原因となる事実
三 弁明書の提出先及び提出期限（口頭による弁明の機会の付与を行う場合には、その旨並びに出頭すべき日時及び場所）

[1] ★「不利益処分の原因となる事実」については、不利益処分の名宛人の防御権の行使を妨げない程度に、行政庁がどのような事実を把握しているかを認識できる程度に具体的な事実が記載されていることを要する。（東京地判平28・8・30判時二三三七・一二）

[2] ★道路運送法四〇条に基づく輸送施設（事業用自動車）の使用停止処分に係る弁明通知書において、不利益処分の原因事実を概括的に記載するのみで、個々の違反に関する具体的な日時、自動車ないし運転者名等の事実が明らかでなく、推知も困難な場合、当該通知書は、実効的反論を不可能にするものとして、弁明・意見陳述の手続の趣旨に反する。（広島高松江支判平26・3・17判時二二六五・一七）

（聴聞に関する手続の準用）

第三一条 第十五条第三項及び第十六条の規定は、弁明の機会の付与について準用する。この場合において、第十五条第三項中「第一項」とあるのは「第三十条」と、「同項第三号及び第四号」とあるのは「同条第三号」と、第十六条第一項中「前条第一項」とあるのは「第三十条」と、「同条第三項後段」とあるのは「第三十一条において準用する第十五条第三項後段」と読み替えるものとする。

第四章 行政指導

参【本法による本章の適用除外→三】

（行政指導の一般原則）

第三二条① 行政指導にあっては、行政指導に携わる者は、いやしくも当該行政機関の任務又は所掌事務の範囲を逸脱してはならないこと及び行政指導の内容があくまでも相手方の任意の協力によってのみ実現されるものであることに留意しなければならない。

② 行政指導に携わる者は、その相手方が行政指導に従わなかったことを理由として、不利益な取扱いをしてはならない。

参【行政指導→二四】【行政機関→二五】

[1] 給水装置新設工事の申込みに対し、受理を事実上拒絶し、申込書を返戻した本件措置は、申込みの受理を最終的に拒否する旨の意思表示をしたものではなく、建物につき存する建築基準法違反の状態を是正して建築確認を受けてから申込みをするよう一応の勧告をしたものにすぎないから、不法行為上の損害賠償責任を負う違法なものではない。（最判昭56・7・16民集三五・五・九三〇、行政百選I[四版]一二四）

[2] 給水契約を締結して給水することが公序良俗違反を助長するような事情がないにもかかわらず、市の宅地開発指導要綱を順守させるための圧力手段として、マンション建設業者らとの給水契約の締結を拒んだ場合には、水道法一五条一項にいう「正当な理由」は認められない。（最決平元・11・8判時一三二八・一六〈武蔵野市マンション事件〉行政百選I[七版]九二）→行総◇【II】[140][141]

[3] 指導要綱に基づいて教育施設負担金の納付を求める行為は、法が認めておらずしかもそれが実施された場合にはマンション建築の目的の達成が事実上不可能となる水道の給水契約の締結の拒否等の制裁措置を背景としてなされる場合には、本来任意に寄付金の納付を求めるべき行政指導の限度を超えるものとして違法である。（最判平5・2・18民集四七・二・五七四、行政百選I[七版]九八）→行総◇【II】[27]

[4] ★救急型病院を開設しようとした原告医師に対し、地域医療計画に定める必要病床数を超えること等を理由に開設中止勧告がなされ、かつ、保険医療機関の指定拒否の予告がされた事案において、当該原告から保険医療機関としての指定申請があった場合に、原告が中止勧告を受けた者であることを考慮して指定拒否の理由としたとしても、そのことから直ちに裁量権の逸脱濫用があるとは認められないとされた事例（東京地判平16・4・23判時一八七八・一一〇）→[5]・七条[2]

[5] 医療法三〇条の七［現三〇条の一一］の規定に基づく病院開設中止勧告に従わずに開設された病院について、医療保険の運営の効率化という観点から、健康保険法四三条ノ三第二項［平成一〇法一〇九による改正前］に規定する「其ノ他保険医療機関若ハ保険薬局トシテ著シク不適当ト認ムルモノナルトキ」に当たるとしてなされた保険医療機関指定拒否処分は、適法である。（最判平17・9・8判タ一二〇〇・一三二、社会保障百選[五版]一一）→行訴三条[19]

（申請に関連する行政指導）

第三三条 申請の取下げ又は内容の変更を求める行政指導にあっては、行政指導に携わる者は、申請者が当該行政指導に従う意思がない旨を表明したにもかかわらず当該行政指導を継続すること等により当該申請者の権利の行使を妨げるようなことをしてはならない。

参【申請→二三】

[1] 地域の生活環境の維持、向上を図るために、建築主に対し、当該建築物の建築計画につき一定の譲歩・協力を求める行政指導を行い、建築主がこれに任意に応じているものと認められる場合においては、社会通念上合理的と認められる期間建築主事が申請に係る建築計画に対する確認処分を留保し、行政指導の結果に期待することがあったとしても、これをもって直ちに違法な措置であるとまではいえない。（最判昭60・7・16民集三九・五・九八九、行政百選I[七版]一二四）

[2] 「教科用図書検定審査内規」に従った運用における検定意見のうち、修正意見は合格に条件を付するものであるが、改善意見は、検定の合否に直接の影響を及ぼすものではなく、文部大臣の助言、指導の性質を有するものと考えられるから、教科書の執筆者又は出版社がその意に反してこれに服さざるを得なくなるなどの特段の事情がない限り、その意見の当不当にかかわらず、原則として、違法の問題が生じることはない。（最判平9・8・29民集五一・七・二九二一〈第三次教科書訴訟〉行政百選I[七版]九七）→憲二一条[93]

（許認可等の権限に関連する行政指導）

第三四条 許認可等をする権限又は許認可等に基づく処分をする権限を有する行政機関が、当該権限を行使することができない場合又は行使する意思がない場合においてする行政指導にあっては、行政指導に携わる者は、当該権限を行使し得る旨を殊更に示すことにより相手方に当該行政指導に従うことを余儀なくさせるようなことをしてはならない。

参【許認可等に基づく処分→道交一〇三、建基九、ETC】

（行政指導の方式）

第三五条① 行政指導に携わる者は、その相手方に対して、当該行政指導の趣旨及び内容並びに責任者を明確に示さなければならない。

② 行政指導に携わる者は、当該行政指導をする際に、行政機関が許認可等をする権限又は許認可等に基づく処分をする権限を行使し得る旨を示すときは、その相手方に対して、次に掲げる事項を示さなければならない。

一　当該権限を行使し得る根拠となる法令の条項
二　前号の条項に規定する要件
三　当該権限の行使が前号の要件に適合する理由

③　行政指導が口頭でされた場合において、その相手方から前二項に規定する事項を記載した書面の交付を求められたときは、当該行政指導に携わる者は、行政上特別の支障がない限り、これを交付しなければならない。

④　前項の規定は、次に掲げる行政指導については、適用しない。
一　相手方に対しその場において完了する行為を求めるもの
二　既に文書（前項の書面を含む。）又は電磁的記録（電子的方式、磁気的方式その他人の知覚によっては認識することができない方式で作られる記録であって、電子計算機による情報処理の用に供されるものをいう。）によりその相手方に通知されている事項と同一の内容を求めるもの

（複数の者を対象とする行政指導）

第三六条　同一の行政目的を実現するため一定の条件に該当する複数の者に対し行政指導をしようとするときは、行政機関は、あらかじめ、事案に応じ、行政指導指針を定め、かつ、行政上特別の支障がない限り、これを公表しなければならない。

§+【行政指導指針→二[四]二】

（行政指導の中止等の求め）

第三六条の二①　法令に違反する行為の是正を求める行政指導（その根拠となる規定が法律に置かれているものに限る。）の相手方は、当該行政指導が当該法律に規定する要件に適合しないと思料するときは、当該行政指導をした行政機関に対し、その旨を申し出て、当該行政指導の中止その他必要な措置をとることを求めることができる。ただし、当該行政指導がその相手方について弁明その他意見陳述のための手続を経てされたものであるときは、この限りでない。

②　前項の申出は、次に掲げる事項を記載した申出書を提出してしなければならない。
一　申出をする者の氏名又は名称及び住所又は居所
二　当該行政指導の内容
三　当該行政指導がその根拠とする法律の条項
四　前号の条項に規定する要件
五　当該行政指導が前号の要件に適合しないと思料する理由
六　その他参考となる事項

③　当該行政機関は、第一項の規定による申出があったときは、必要な調査を行い、当該行政指導が当該法律に規定する要件に適合しないと認めるときは、当該行政指導の中止その他必要な措置をとらなければならない。

◆【行政指導と独禁法】

[1]　石油業法に直接の根拠を持たない価格に関する行政指導であっても、これを必要とする事情がある場合に、これに対処するため社会通念上相当と認められる方法によって行われ、「一般消費者の利益を確保するとともに、国民経済の民主的で健全な発達を促進する」という独禁法の究極の目的に実質的に抵触しないものである限り、これを違法とすべき理由はなく、価格に関する事業者間の合意が形式的に同法に抵触するようにみえる場合であっても、それが適法な行政指導に従い、これに協力して行われたものであるときは、その違法性が阻却される。（最判昭59・2・24刑集三八・四・一二八七〈石油カルテル刑事事件〉行政百選Ⅰ[七版]九六）

第四章の二　処分等の求め

§+【本法による本章の適用除外→三】

第三六条の三①　何人も、法令に違反する事実がある場合において、その是正のためにされるべき処分又は行政指導（その根拠となる規定が法律に置かれているものに限る。）がされていないと思料するときは、当該処分をする権限を有する行政庁又は当該行政指導をする権限を有する行政機関に対し、その旨を申し出て、当該処分又は行政指導をすることを求めることができる。

②　前項の申出は、次に掲げる事項を記載した申出書を提出してしなければならない。
一　申出をする者の氏名又は名称及び住所又は居所
二　法令に違反する事実の内容
三　当該処分又は行政指導の内容
四　当該処分又は行政指導の根拠となる法令の条項
五　当該処分又は行政指導がされるべきであると思料する理由
六　その他参考となる事項

③　当該行政庁又は行政機関は、第一項の規定による申出があったときは、必要な調査を行い、その結果に基づき必要があると認めるときは、当該処分又は行政指導をしなければならない。

§+【他の法律による適用除外→国籍一八の二】

一　法定行政指導の義務確認→行訴四条[17]
二　類似申出に対する措置の処分性→行訴三条[40][41]

第五章　届出

§+【本法による本章の適用除外→三③】

（届出）

第三七条　届出が届出書の記載事項に不備がないこと、届出書に必要な書類が添付されていることその他の法令に定められた届出の形式上の要件に適合している場合は、当該届出が法令により当該届出の提出先とされている機関の事務所に到達したときに、当該届出をすべき手続上の義務が履行されたものとする。

§+【届出→二[七]】

一　本条による届出の効果

[1]　★本条等によれば、文部大臣又は文化庁長官に書類等を提出して申請をする者は、これが法令に定められた形式上の要件に該当している場合には、文化財保護法一〇三条〔平成一六法六一による改正後の一八八条〕一項により提出先とされている都道府県教育委員会に到達したときに、手続上の義務を履行したことになり、都道府県教育委員会が同条二項に従いこれを受理し、意見を具して文部大臣又は文化庁長官に送付しなかったとしても、文部大臣又は文化庁長官は、提出がなかったものと取り扱うことはできなくなる。（福岡高那覇支判平9・11・20判時一六四六・五四……都道府県教育委員会を被告とした書類の送付をしないことの不作為の違法確認の訴えを不適法とした事例）

[2]　★道路運送法四四条一項〔平成一二法八六による全部改正前の規定〕に基づく無償旅客自動車運送事業の届出は、同法施行規則三四条〔平成一三国土交通省令一〇五により削除〕の定める形式上の要件に適合するものである限り、本条所定の時期、すなわち、提出先機関の事務所への到達時に効力を生じると解すべきであり、提出先機関によって当該届出が受理されるか否かは前記効力の発生に影響を及ぼさない。（名古屋地判平13・8・29判タ一〇七四・二九四①）

[3]　★鉄道事業法一七条及び関連法令では、鉄道事業者による運行計画の設定又は変更の届出について、受理権限を持つ行政機関の実体的な要件審査や受理による一定の法律効果が予定されていないことなどから、法令上、処分としての受理は全く想定されていないとされた事例（東京地判平20・1・29判時二〇〇〇・二七）

二　届出の審査→行総◘【Ⅳ】[5]、自治一三条の二[1][2]

第六章　意見公募手続等

（命令等を定める場合の一般原則）

第三八条① 命令等を定める機関（閣議の決定により命令等が定められる場合にあっては、当該命令等の立案をする各大臣。以下「命令等制定機関」という。）は、命令等を定めるに当たっては、当該命令等がこれを定める根拠となる法令の趣旨に適合するものとなるようにしなければならない。

② 命令等制定機関は、命令等を定めた後においても、当該命令等の規定の実施状況、社会経済情勢の変化等を勘案し、必要に応じ、当該命令等の内容について検討を加え、その適正を確保するよう努めなければならない。

⊗+【命令等→二四】

法令の趣旨との適合性→行総◘【Ⅱ】⑫

（意見公募手続）

第三九条① 命令等制定機関は、命令等を定めようとする場合には、当該命令等の案（命令等で定めようとする内容を示すものをいう。以下同じ。）及びこれに関連する資料をあらかじめ公示し、意見（情報を含む。以下同じ。）の提出先及び意見の提出のための期間（以下「意見提出期間」という。）を定めて広く一般の意見を求めなければならない。

② 前項の規定により公示する命令等の案は、具体的かつ明確な内容のものであって、かつ、当該命令等の題名及び当該命令等を定める根拠となる法令の条項が明示されたものでなければならない。

③ 第一項の規定により定める意見提出期間は、同項の公示の日から起算して三十日以上でなければならない。

④ 次の各号のいずれかに該当するときは、第一項の規定は、適用しない。

一 公益上、緊急に命令等を定める必要があるため、第一項の規定による手続（以下「意見公募手続」という。）を実施することが困難であるとき。

二 納付すべき金銭について定める法律の制定又は改正により必要となる当該金銭の額の算定の基礎となるべき金額及び率並びに算定方法についての命令等その他当該法律の施行に関し必要な事項を定める命令等を定めようとするとき。

三 予算の定めるところにより金銭の給付決定を行うために必要となる当該金銭の額の算定の基礎となるべき金額及び率並びに算定方法その他の事項を定める命令等を定めようとするとき。

四 法律の規定により、内閣府設置法第四十九条第一項若しくは第二項若しくは国家行政組織法第三条第二項に規定する委員会又は内閣府設置法第三十七条若しくは第五十四条若しくは国家行政組織法第八条に規定する機関（以下「委員会等」という。）の議を経て定めることとされている命令等であって、相反する利害を有する者の間の利害の調整を目的として、法律又は政令の規定により、これらの者及び公益をそれぞれ代表する委員をもって組織される委員会等において審議を行うこととされているものとして政令で定める命令等を定めようとするとき。

五 他の行政機関が意見公募手続を実施して定めた命令等と実質的に同一の命令等を定めようとするとき。

六 法律の規定に基づき法令の規定の適用又は準用について必要な技術的読替えを定める命令等を定めようとするとき。

七 命令等を定める根拠となる法令の規定の削除に伴い当然必要とされる当該命令等の廃止をしようとするとき。

八 他の法令の制定又は改廃に伴い当然必要とされる規定の整理その他の意見公募手続を実施することを要しない軽微な変更として政令で定めるものを内容とする命令等を定めようとするとき。

（意見公募手続の特例）

第四〇条① 命令等制定機関は、命令等を定めようとする場合において、三十日以上の意見提出期間を定めることができないやむを得ない理由があるときは、前条第三項の規定にかかわらず、三十日を下回る意見提出期間を定めることができる。この場合においては、当該命令等の案の公示の際その理由を明らかにしなければならない。

② 命令等制定機関は、委員会等の議を経て命令等を定めようとする場合（前条第四項第四号に該当する場合を除く。）において、当該委員会等が意見公募手続に準じた手続を実施したときは、同条第一項の規定にかかわらず、自ら意見公募手続を実施することを要しない。

（意見公募手続の周知等）

第四一条 命令等制定機関は、意見公募手続を実施して命令等を定めるに当たっては、必要に応じ、当該意見公募手続の実施について周知するよう努めるとともに、当該意見公募手続の実施に関連する情報の提供に努めるものとする。

⊗+【情報の提供→九】

（提出意見の考慮）

第四二条 命令等制定機関は、意見公募手続を実施して命令等を定める場合には、意見提出期間内に当該命令等制定機関に対し提出された当該命令等の案についての意見（以下「提出意見」という。）を十分に考慮しなければならない。

⑦ ★本条は、提出された意見の内容をよく考慮し、命令等に反映すべきかどうかの適切な検討を命令等制定機関に義務付けているが、その考慮は意見の多寡ではなく内容に着目して行われるものと解されるから、規制反対の意見が多数であった場合に同意見が採用されなかったとしても、省令の制定手続が本条に違反するものではない。（東京地判平22・3・30判時二〇九六・九、重判平23行政九……行総◘【Ⅱ】⑫の一審判決）

（結果の公示等）

第四三条① 命令等制定機関は、意見公募手続を実施して命令等を定めた場合には、当該命令等の公布（公布をしないものにあっては、公にする行為。第五項において同じ。）と同時期に、次に掲げる事項を公示しなければならない。

一 命令等の題名

二 命令等の案の公示の日

三 提出意見（提出意見がなかった場合にあっては、その旨）

四 提出意見を考慮した結果（意見公募手続を実施した命令等の案と定めた命令等との差異を含む。）及びその理由

② 命令等制定機関は、前項の規定にかかわらず、必要に応じ、同項第三号の提出意見に代えて、当該提出意見を整理又は要約したものを公示することができる。この場合においては、当該公示の後遅滞なく、当該提出意見を当該命令等制定機関の事務所における備付けその他の適当な方法により公にしなければならない。

③ 命令等制定機関は、前二項の規定により提出意見を公示し又は公にすることにより第三者の利益を害するおそれがあるとき、その他正当な理由があるときは、当該提出意見の全部又は一部を除くことができる。

④ 命令等制定機関は、意見公募手続を実施したにもかかわらず命令等を定めないこととした場合には、その旨（別の命令等の案について改めて意見公募手続を実施しようとする場合にあっては、その旨を含む。）並びに第一項第一号及び第二号に掲げる事項を速やかに公示しなければならない。

⑤ 命令等制定機関は、第三十九条第四項各号のいずれかに該当することにより意見公募手続を実施しないで命令等を定めた場合には、当該命令等の公布と同時期に、次に掲げる事項を公示しなければならない。ただし、第一号に掲げる事項のうち命令等の趣旨については、同項第一号から第四号までのいずれかに

該当することにより意見公募手続を実施しなかった場合において、当該命令等自体から明らかでないときに限る。

一　命令等の題名及び趣旨

二　意見公募手続を実施しなかった旨及びその理由

⊗❶〔四〕【理由の提示→八・一四　❸【第三者の利益等の保護→一八①　❺【趣旨の明示・理由の提示→八・一四・三五①

（準用）

第四四条　第四十二条の規定は第四十条第二項に該当することにより命令等制定機関が自ら意見公募手続を実施しないで命令等を定める場合について、前条第一項から第三項までの規定は第四十条第二項に該当することにより命令等制定機関が自ら意見公募手続を実施しないで命令等を定めた場合について、前条第四項の規定は第四十条第二項に該当することにより命令等制定機関が自ら意見公募手続を実施しないで命令等を定めないこととした場合について準用する。この場合において、第四十二条中「当該命令等制定機関」とあるのは「委員会等」と、前条第一項第二号中「命令等の案の公示の日」とあるのは「委員会等が命令等の案について公示に準じた手続を実施した日」と、同項第四号中「意見公募手続を実施した」とあるのは「委員会等が意見公募手続に準じた手続を実施した」と読み替えるものとする。

（公示の方法）

第四五条①　第三十九条第一項並びに第四十三条第一項（前条において読み替えて準用する場合を含む。）、第四項（前条において準用する場合を含む。）及び第五項の規定による公示は、電子情報処理組織を使用する方法その他の情報通信の技術を利用する方法により行うものとする。

②　前項の公示に関し必要な事項は、総務大臣が定める。

第七章　補則

（地方公共団体の措置）

第四六条　地方公共団体は、第三条第三項において第二章から前章までの規定を適用しないこととされた処分、行政指導及び届出並びに命令等を定める行為に関する手続について、この法律の規定の趣旨にのっとり、行政運営における公正の確保と透明性の向上を図るため必要な措置を講ずるよう努めなければならない。

⊗⁺【同旨の規定→個人情報五

附　則（抄）

（施行期日）

①　この法律は、公布の日から起算して一年を超えない範囲内において政令で定める日（平成六・一〇・一―平成六政三〇二）から施行する。

◇【I　手続違反の効果】

[1]　★申請者に対して、審査基準を公表せず、また理由を提示することなく行われた拒否処分のように、行政手続法の規定する重要な手続を履践しないで行われた処分は、当該申請が不適法なものであることが一見して明白であるなどの特段の事情のある場合を除き、同法に違反した処分として取消しを免れない。（東京高判平13・6・14判時一七五七・五一）↓五条[6]

[2]　★申請者が当該拒否処分理由を推知できると否とにかかわらず、当該拒否処分がなされた時点において、必要とされる程度の理由が付されていなければ、理由提示義務違反として、当該拒否処分は取消しを免れない。（東京地判平10・2・27判時一六六〇・四四）

[3]　★行政手続法五条の手続が履践されないからといって個々の行政処分が直ちに違法になると解すべき根拠はなく、行政財産の目的外使用許可は本来の用途・目的を妨げない限度で認められるにすぎないこと、使用許可申請から使用開始期日まで二週間足らずという極めて短い期間であったことなどを考慮すると、同条違反を理由として不許可処分が違法になるとはいえない。（奈良地判平12・3・29判自二〇四・一六）

[4]　★行政財産の目的外使用許可申請に対して一部事務組合がなした拒否処分（地方自治法二三八条の四第七項）について、審査基準の設定及び公表を欠いていたことが行政手続法五条の規定に反し、取消しを免れないとされた事例（那覇地判平20・3・11判時二〇五六・五六）

[5]　★行政手続法が、特に、不利益の程度が大きい処分には聴聞手続を予定した趣旨を踏まえると、同手続が全く行われずに不利益処分がなされた場合、その瑕疵は手続全体の公正を害するため当該処分（と畜場設置許可の取消処分）も違法となる。（東京地判平25・2・26判タ一四一四・三一三）

[6]　公正な手続によって判定を受けるべき申請人の利益を侵害する処分は違法であり、聴聞の結果をしんしゃくしたとすれば、先にした判断と異なる判断に到達する可能性がなかったとはいえない以上、処分は取り消される。（最判昭46・10・28民集二五・七・一〇三七〈個人タクシー事件〉行政百選I［七版］一一七）↓五条[7]

[7]　教育委員会法〔昭和三一法一六二により廃止〕の下において、秘密会で審議する旨の議決に公開違反の瑕疵〔かし〕があったとしても、従来から人事案件は全て秘密会で審議しており、各委員がこれを了知した上全員一致で秘密会で審議する旨を議決したものであって、その議決を公開の会議で行うことが議決の公正の確保のために実質的にさして重要な意義を有せず、またその議決は、一部関係者だけが傍聴できない状況の下で行われた点において公開違反があるにとどまるときは、右公開違反の瑕疵は、実質的に公開制度の趣旨目的に反するというに値しないほど軽微なものとして、免職処分の議決を取り消すべき事由には当たらない。（最判昭49・12・10民集二八・一〇・一八六八、行政百選I［七版］一一五）↓行訴九条[42]

[8]　運輸審議会が、公聴会審理においてより具体的に上告人に意見及び資料の提出を促したとしても、上告人において運輸審議会の認定判断を左右するに足る意見及び資料を追加提出し得る可能性があったとは認められない事情の下においては、運輸審議会の審理手続における不備は、結局において公聴会審理を要求する道路運送法の趣旨に反する重大な違法とするに足りず、右審理の結果に基づく運輸審議会の決定（答申）自体に瑕疵があるということはできない。（最判昭50・5・29民集二九・五・六六二〈群馬中央バス事件〉行政百選I［七版］一一八）↓◇【II　審議会等】〔附則の後〕[2]

[9]　★出入国管理及び難民認定法施行規則四三条〔平成一三法務七六による改正前のもの〕は、容疑者に対する裁決書の交付を予定していないことから、裁決書により理由を明らかにして取消訴訟等を提起する便宜を与えるなどの手続的利益を保障したものではない。また、原告は退去強制事由に該当することについて争っていなかったのであるから、これを記載した裁決書が作成されなかったとしても、本件裁決における退去強制事由の有無についての法務大臣の慎重、適正な判断が損なわれたとはいえず、また、その結論に影響を及ぼさない。（最判平18・10・5判時一九五二・六九、重判平18行政八……行政手続法三条一項一〇号の適用除外に該当する手続に関する事例）↓行総◇【II】[35]

[10]　自作農創設特別措置法に基づく農地買収において、農地買収計画の樹立を決議する地区農地委員会の議事に関与が許されない者が関与しても、その瑕疵は決議を無効とするほどの重大な違法とはいえず、それを前提としてなされた買収処分も無効とはならない。（最判昭38・12・12民集一七・一二・一六八二、行政百選I［七版］一一四）

[11]　特別都市計画法に基づく土地区画整理事業において、土地区画整理委員会の意見を聴くべき旨の定めは、単に換地処分

等をなすについての一応の手続として要求するにとどまり、これを処分の有効要件とするものではない。（最判昭31・11・27民集一〇・一一・一四六八、行政百選Ⅱ〔四版〕一二八）

⑫ 法（道路法七一条三項）が、被処分者の権利・利益を担保することを目的とした手続（聴聞）を完全に懈怠したまま行政処分がされたような場合には、聴聞が行われれば、被処分者において、処分権者の認定判断を左右するに足りる資料及び意見を提出し得る可能性のあったか否かを問うまでもなく、かかる手続上の瑕疵は、処分の違法事由を構成する。（大阪地判平元・9・12行裁四〇・九・一一九〇）

◆【Ⅱ 審議会等】

① 温泉法二八条〔平成一九法三一による改正前〕が知事に対し温泉審議会の意見を聴かなければならないこととしたのは、知事の処分を適正ならしめるためであり、利害関係人の利益の保護を直接の目的としたものではなく、また知事は右の意見に拘束されるものではない。（最判昭46・1・22民集二五・一・四五、行政百選Ⅰ〔七版〕一二三）

② 行政庁が行政処分をするに当たって、諮問機関に諮問し、その決定を尊重して処分をしなければならない旨を道路運送法が定めているのは、処分行政庁が、諮問機関の決定を慎重に検討し、これに十分の考慮を払い、特段の合理的な理由のない限りこれに反する処分をしないように要求することにより、当該行政処分の客観的な適正妥当と公正を担保することを法が所期しているためである。（最判昭50・5・29民集二九・五・六六二〈群馬中央バス事件〉行政百選Ⅰ〔七版〕一一八）↓

◆【Ⅰ 手続違反の効果】〔附則の後〕⑧

③ ★被爆者援護法は、厚生労働大臣は原爆症認定の処分に当たって審議会等の意見を聴かねばならないと定めており、審議会等が本来の意見答申の目的・役割を逸脱して恣意的な判断に基づき意見を具申した場合など、答申を尊重すべきでない特段の事情が存在し、大臣がこれを知りながら漫然と答申に従い処分をした場合には故意又は過失に基づく違法な処分として国は国家賠償責任を負う。（仙台高判平20・5・28判タ一二八三・七四……審査会が恣意的判断に基づき意見具申したとは認められないとされた事例）

附　則（令和四・五・二五法五二）（抄）

（施行期日）

第一条 この法律は、令和六年四月一日から施行する。ただし、次の各号に掲げる規定は、当該各号に定める日から施行する。

一 （前略）附則（中略）第三十八条の規定　公布の日

二―四 （略）

（政令への委任）

第三八条 （前略）この法律の施行に関し必要な経過措置は、政令で定める。

○行政代執行法

（昭和二三・五・一五　法　四　三）

施行　昭和二三・六・一四（附則参照）
最終改正　昭和三七法一六一

第一条【適用】 行政上の義務の履行確保に関しては、別に法律で定めるものを除いては、この法律の定めるところによる。

第二条【代執行】 法律（法律の委任に基く命令、規則及び条例を含む。以下同じ。）により直接に命ぜられ、又は法律に基き行政庁により命ぜられた行為（他人が代つてなすことのできる行為に限る。）について義務者がこれを履行しない場合、他の手段によつてその履行を確保することが困難であり、且つその不履行を放置することが著しく公益に反すると認められるときは、当該行政庁は、自ら義務者のなすべき行為をなし、又は第三者をしてこれをなさしめ、その費用を義務者から徴収することができる。

注　本条については、行政法総論【Ⅲ】中の代執行の判例を参照のこと。

第三条【戒告、通知】 ① 前条の規定による処分（代執行）をなすには、相当の履行期限を定め、その期限までに履行がなされないときは、代執行をなすべき旨を、予め文書で戒告しなければならない。

② 義務者が、前項の戒告を受けて、指定の期限までにその義務を履行しないときは、当該行政庁は、代執行令書をもつて、代執行をなすべき時期、代執行のために派遣する執行責任者の氏名及び代執行に要する費用の概算による見積額を義務者に通知する。

③ 非常の場合又は危険切迫の場合において、当該行為の急速な実施について緊急の必要があり、前二項に規定する手続をとる暇がないときは、その手続を経ないで代執行をすることができる。

第四条【証票の携帯】 代執行のために現場に派遣される執行責任者は、その者が執行責任者たる本人であることを示すべき証票を携帯し、要求があるときは、何時でもこれを呈示しなければならない。

第五条【費用の徴収】 代執行に要した費用の徴収については、実際に要した費用の額及びその納期日を定め、義務者に対し、文書をもつてその納付を命じなければならない。

第六条【同前】 ① 代執行に要した費用は、国税滞納処分の例により、これを徴収することができる。

② 代執行に要した費用については、行政庁は、国税及び地方税に次ぐ順位の先取特権を有する。

③ 代執行に要した費用を徴収したときは、その徴収金は、事務費の所属に従い、国庫又は地方公共団体の経済の収入となる。

附　則

① この法律は、公布の日から起算し、三十日を経過した日（昭和二三・六・一四）から、これを施行する。

② 行政執行法は、これを廃止する。

●行政不服審査法（平成二六・六・一三 法 六 八）

施行 平成二八・四・一（附則参照）
改正 平成二九法四、令和三法三七、令和四法五二・法六八

注 ここでは、本法全部改正前の旧法に関する判例を、本法の対応する条文に掲げ、本法施行以後のものは判例番号の下に★を付して掲げた。

目次

第一章 総則

（目的等）

第一条① この法律は、行政庁の違法又は不当な処分その他公権力の行使に当たる行為に関し、国民が簡易迅速かつ公正な手続の下で広く行政庁に対する不服申立てをすることができるための制度を定めることにより、国民の権利利益の救済を図るとともに、行政の適正な運営を確保することを目的とする。

② 行政庁の処分その他公権力の行使に当たる行為（以下単に「処分」という。）に関する不服申立てについては、他の法律に特別の定めがある場合を除くほか、この法律の定めるところによる。

一 一項関係—目的

1 簡易迅速性

[1] 審査請求の申立てから裁決まで六年近くを経過した審査庁の不作為は、審査に相当な期間を必要とするなどの特段の事情がない限り、簡易迅速な手続による国民の権利利益の救済を図る行政不服審査制度の目的に照らし、違法の疑いが極めて濃厚であるが、本件裁決自体がそれだけの理由をもって当然に違法となるものではない。（長崎地判昭44・10・20行裁二〇・一〇・一二六〇）

[2] 行政事件訴訟法三条五項により、行政庁が審査請求に対して相当の期間内に裁決しない場合には、不作為の違法確認を求める訴訟を提起することが認められており、また、国税通則法一一五条一項一号により、課税処分に対する審査請求があった日の翌日から三箇月を経過しても裁決がないときは、裁決を経ることなしに当該処分の取消しを求める訴えを提起することが認められている。このように、審査請求に対する裁決が遅延した場合に一定の救済措置が設けられていることからすれば、迅速に裁決が行われなかったとしても、直ちに遅延してされた当該裁決が違法な裁決として取り消されるべきものとはならない。（東京地判平4・5・11判時一四三五・三九）

2 行政の適正な運営の確保

[3] 行政不服申立制度は、一面において国民の権利利益の保護、救済を図るとともに、他面で行政の客観的な適正を確保する手段としての意義を持つのであって、理由を異にせよ行政目的に照らして結局原処分を相当とするときはこれを維持すべきは当然である。（佐賀地判昭39・4・9行裁一五・四・七一一）

3 職権探知

[4] 訴願においては訴訟におけるがごとく当事者の対立弁論により攻撃防御の方法を尽くす途が開かれているわけではなく、したがって弁論主義を適用すべき限りではないから、訴願庁がその裁決をなすに当たって職権をもってその基礎となすべき事実を探知し得べきことはもちろんであり、必ずしも訴願人の主張した事実のみを斟酌［しんしゃく］すべきものということはできない。〔旧訴願法に関する判例〕（最判昭29・10・14民集八・一〇・一八五八）→行訴七条[9]

二 二項関係—対象→特許一九五条の四[1]

[5] 本法が行政庁の処分その他公権力の行使に当たる行為に対して不服申立てを認めているのは、この種行為が国民の権利義務に直接関係し、その違法又は不当な行為によって国民の法律上の利益に影響を与えることがあるという理由に基づくものであるから、行政庁の行為であっても、性質上右のような法的効果を有しない実用新案の技術的範囲についての判定は、行政不服審査法の対象となり得ない。（最判昭43・4・18民集二二・四・九三六、特許百選[5版]八〇）→特許七一条[7]

[6] 一般処分でも、行政庁の優越的な意思の発動を内包し、かつ、対外的に影響力を持つ完結的な意思表示であれば、特定人の特定の権利を直接的に侵害し又はこれに具体的な義務を課するいわゆる固有の意味の行政処分でなくても、これに対し不服申立てを許し、また取消訴訟の対象とし得る。（東京高判昭49・7・19高民二七・三・二五六、独禁百選[二版]一二一）

[7] 道路整備特別措置法七条の四第一項後段［平成一六法一〇一による改正前のもの］において規定されている公団の首都高速道路の料金額及び料金徴収期間の変更に係る建設大臣の認可は、行政上の決定に至る行政過程内における行政機関相互間の行為であって、行政行為として外部に対する効力を有するものではなく、また、これによって直接国民の権利義務を形成し、又はその範囲を確定する効果を伴うものではないから、行政不服審査法上の不服申立ての対象となる行政庁の処分には該当しない。（東京地判平元・1・31判時一三〇四・八八）

[8] 道路交通法五一条一六項［現一七項］による督促は、「行政庁の処分その他公権力の行使に当たる行為」に当たるとすることはできないものであるから、これを行政不服審査法による審査請求の対象とすることもできない。（東京地判平4・6・23判時一四四二・八三）

（処分についての審査請求）

第二条 行政庁の処分に不服がある者は、第四条及び第五条第二項の定めるところにより、審査請求をすることができる。

不服申立適格

[1] 単に一般消費者であるというだけでは、公正取引委員会による公正競争規約の認定につき不当景品類及び不当表示防止法一〇条六項［平成二一法四九による削除前の一二条六項］による不服申立てをする法律上の利益を持つ者であるということはできない。（最判昭53・3・14民集三二・二・二一一〈主婦連ジュース事件〉行政百選Ⅱ[七版]一三二）

[2] 地方公共団体の議会の議員が地方自治法九二条の二の規定に該当するかどうかについて議会がする同法一二七条一項の規定による決定に対し同法一二七条四項［現三項］、一一八条五項の規定により不服申立てをすることができる者は、その適否を争う個人的な法律上の利益を有する者、すなわち、

右決定によってその職を失うことになる当該議員に限られる。（最判昭56・5・14民集三五・四・七一七、行政百選Ⅱ[七版]一三四）→自治一二七条①

③　第二次納税義務の基本的内容は主たる課税処分において定められるのであり、主たる課税処分の全部又は一部がその違法を理由に取り消されれば、本来の納税義務者からの徴収不足額が消滅し又は減少することになって、第二次納税義務は消滅するか又はその額が減少し得る関係にあるのであるから、第二次納税義務者は、主たる課税処分につき不服申立てをすることができる。（最判平18・1・19民集六〇・一・六五、行政百選Ⅱ[七版]一三三）→一八条④

（不作為についての審査請求）

第三条　法令に基づき行政庁に対して処分についての申請をした者は、当該申請から相当の期間が経過したにもかかわらず、行政庁の不作為（法令に基づく申請に対して何らの処分をもしないことをいう。以下同じ。）がある場合には、次条の定めるところにより、当該不作為についての審査請求をすることができる。

①　審査請求人たる原告（国）と審査庁たる被告を代表する東京都の間に別件訴訟が係属していることを理由として審査請求に対する裁決を回避することは許されない。（東京地判昭54・2・19行裁三〇・二・二四九）

（審査請求をすべき行政庁）

第四条　審査請求は、法律（条例に基づく処分については、条例）に特別の定めがある場合を除くほか、次の各号に掲げる場合の区分に応じ、当該各号に定める行政庁に対してするものとする。

一　処分庁等（処分をした行政庁（以下「処分庁」という。）又は不作為に係る行政庁（以下「不作為庁」という。）をいう。以下同じ。）に上級行政庁がない場合又は処分庁等が主任の大臣若しくは宮内庁長官若しくは内閣府設置法（平成十一年法律第八十九号）第四十九条第一項若しくは第二項若しくは国家行政組織法（昭和二十三年法律第百二十号）第三条第二項に規定する庁の長である場合　当該処分庁等

二　宮内庁長官又は内閣府設置法第四十九条第一項若しくは第二項若しくは国家行政組織法第三条第二項に規定する庁の長が処分庁等の上級行政庁である場合　宮内庁長官又は当該庁の長

三　主任の大臣が処分庁等の上級行政庁である場合（前二号に掲げる場合を除く。）　当該主任の大臣

四　前三号に掲げる場合以外の場合　当該処分庁等の最上級行政庁

①　**上級行政庁**
★兵庫県個人情報保護条例に基づく開示請求に対する公営企業管理者の不作為について、知事は指揮監督権を有せず、これを是正する職責や権限を有しないから、同管理者の上級行政庁には当たらず、条例に特別の定めもないから、前記不作為についての審査請求は、同管理者に対してすべきである。（最判令3・1・22判自四七二・一一、重判令3行政五）

②　［旧］五条一項一号にいう「上級行政庁」とは、行政組織ないし行政手続上において処分庁の上位にある行政庁であって、その行政目的達成のため、当該行政事務に関し、一般的、直接的に処分庁を指揮監督する権限を有し、もし処分庁が違法又は不当な処分をしたときは、これを是正すべき職責を負い、場合によっては、職権をもって当該処分の取消し・停止をなし得るものをいうから、市がした都市計画決定に関し知事は「上級行政庁」に当たらない。（大阪高判昭57・7・15行裁三三・七・一五三二）

③　個人の都民税の賦課徴収は当該特別区の権限であるから、その賦課徴収に対する不服申立てについては、賦課決定をした当該特別区の長に対して異議申立てをすることができるだけであって、都知事に対する審査請求や再審査請求は許されていない。（東京地判昭44・12・4判時六一〇・四二……旧五条に関する判例）

④　依命通知なるものは行政組織法上のいわゆる内部委任に基づくものであるから、総務課長が局長の依命通知としてなした本件通知は局長の行為としての効力を有すると解すべきであり、したがって、これに対する不服申立ては、直近上級行政庁である法務大臣に対して審査請求をすることができる場合に該当する。（東京地判昭43・2・28行裁一九・一＝二・三三五……旧五条に関する判例）

（再調査の請求）

第五条①　行政庁の処分につき処分庁以外の行政庁に対して審査請求をすることができる場合において、法律に再調査の請求をすることができる旨の定めがあるときは、当該処分に不服がある者は、処分庁に対して再調査の請求をすることができる。ただし、当該処分について第二条の規定により審査請求をしたときは、この限りでない。

②　前項本文の規定により再調査の請求をしたときは、当該再調査の請求についての決定を経た後でなければ、審査請求をすることができない。ただし、次の各号のいずれかに該当する場合は、この限りでない。

一　当該処分につき再調査の請求をした日（第六十一条において読み替えて準用する第二十三条の規定により不備を補正すべきことを命じられた場合にあっては、当該不備を補正した日）の翌日から起算して三月を経過しても、処分庁が当該再調査の請求につき決定をしない場合

二　その他再調査の請求についての決定を経ないことにつき正当な理由がある場合

（再審査請求）

第六条①　行政庁の処分につき法律に再審査請求をすることができる旨の定めがある場合には、当該処分についての審査請求の裁決に不服がある者は、再審査請求をすることができる。

②　再審査請求は、原裁決（再審査請求をすることができる処分についての審査請求の裁決をいう。以下同じ。）又は当該処分（以下「原裁決等」という。）を対象として、前項の法律に定める行政庁に対してするものとする。

（適用除外）

第七条①　次に掲げる処分及びその不作為については、第二条及び第三条の規定は、適用しない。

一　国会の両院若しくは一院又は議会の議決によってされる処分

二　裁判所若しくは裁判官の裁判により、又は裁判の執行としてされる処分

三　国会の両院若しくは一院若しくは議会の議決を経て、又はこれらの同意若しくは承認を得た上でされるべきものとされている処分

四　検査官会議で決すべきものとされている処分

五　当事者間の法律関係を確認し、又は形成する処分で、法令の規定により当該処分に関する訴えにおいてその法律関係の当事者の一方を被告とすべきものと定められているもの

六　刑事事件に関する法令に基づいて検察官、検察事務官又は司法警察職員がする処分

七　国税又は地方税の犯則事件に関する法令（他の法令において準用する場合を含む。）に基づいて国税庁長官、国税局長、税務署長、国税庁、国税局若しくは税務署の当該職員、税関長、税関職員又は徴税吏員（他の法令の規定に基づいてこれらの職員の職務を行う者を含む。）がする処分及び金融商品取引の犯則事件に関する法令（他の法令において準用する場合を含む。）に基づいて証券取引等監視委員会、その職員（当該法令においてその職員とみなされる者を含む。）、財務局長又

は財務支局長がする処分

八　学校、講習所、訓練所又は研修所において、教育、講習、訓練又は研修の目的を達成するために、学生、生徒、児童若しくは幼児若しくはこれらの保護者、講習生、訓練生又は研修生に対してされる処分

九　刑務所、少年刑務所、拘置所、留置施設、海上保安留置施設、少年院又は少年鑑別所において、収容の目的を達成するためにされる処分

＊令和四法五二（令和六・四・一施行）**による改正**
第九号中「、少年鑑別所又は婦人補導院」は「又は少年鑑別所」に改められた。（本文織込み済み）

十　外国人の出入国又は帰化に関する処分

十一　専ら人の学識技能に関する試験又は検定の結果についての処分

十二　この法律に基づく処分（第五章第一節第一款の規定に基づく処分を除く。）

②　国の機関又は地方公共団体その他の公共団体若しくはその機関に対する処分で、これらの機関又は団体がその固有の資格において当該処分の相手方となるもの及びその不作為については、この法律の規定は、適用しない。

固有の資格

[1] ★本条二項にいう「固有の資格」とは、国の機関等であるからこそ立ち得る特有の立場、すなわち、一般私人が立ち得ないような立場をいう。国の機関等がこの立場で相手方となる処分か否かは、当該処分に係る規律のうち、不服申立てにおいて審査対象となるべきものに着目して検討すべきである。埋立承認のような特定の事務・事業のための処分については、事務・事業の実施主体が国の機関等に限られているか否か、限られていない場合には、事務・事業を実施し得る地位の取得につき、一般私人に優先するなど特別に取り扱われているか否か等を考慮して判断すべきである。（最判令2・3・26民集七四・三・四七一、重判令2行政五）→自治二四五条

第八条（**特別の不服申立ての制度**）　前条の規定は、同条の規定により審査請求をすることができない処分又は不作為につき、別に法令で当該処分又は不作為の性質に応じた不服申立ての制度を設けることを妨げない。

第二章　審査請求

第一節　審査庁及び審理関係人

第九条（**審理員**）①　第四条又は他の法律若しくは条例の規定により審査請求がされた行政庁（第十四条の規定により引継ぎを受けた行政庁を含む。以下「審査庁」という。）は、審査庁に所属する職員（第十七条に規定する名簿を作成した場合にあっては、当該名簿に記載されている者）のうちから第三節に規定する審理手続（この節に規定する手続を含む。）を行う者を指名するとともに、その旨を審査請求人及び処分庁等（審査庁以外の処分庁等に限る。）に通知しなければならない。ただし、次の各号のいずれかに掲げる機関が審査庁である場合若しくは条例に基づく処分について条例に特別の定めがある場合又は第二十四条の規定により当該審査請求を却下する場合は、この限りでない。

一　内閣府設置法第四十九条第一項若しくは第二項又は国家行政組織法第三条第二項に規定する委員会

二　内閣府設置法第三十七条若しくは第五十四条又は国家行政組織法第八条に規定する機関

三　地方自治法（昭和二十二年法律第六十七号）第百三十八条の四第一項に規定する委員会若しくは委員又は同条第三項に規定する機関

②　審査庁が前項の規定により指名する者は、次に掲げる者以外の者でなければならない。

一　審査請求に係る処分若しくは当該処分に係る再調査の請求についての決定に関与した者又は審査請求に係る不作為に係る処分に関与し、若しくは関与することとなる者

二　審査請求人

三　審査請求人の配偶者、四親等内の親族又は同居の親族

四　審査請求人の代理人

五　前二号に掲げる者であった者

六　審査請求人の後見人、後見監督人、保佐人、保佐監督人、補助人又は補助監督人

七　第十三条第一項に規定する利害関係人

③　審査庁が第一項各号に掲げる機関である場合又は同項ただし書の特別の定めがある場合においては、別表第一の上欄に掲げる規定の適用については、これらの規定中同表の中欄に掲げる字句は、それぞれ同表の下欄に掲げる字句に読み替えるものとし、第十七条、第四十条、第四十二条及び第五十条第二項の規定は、適用しない。

④　前項に規定する場合において、審査庁は、必要があると認めるときは、その職員（第二項各号（第一項各号に掲げる機関の構成員にあっては、第一号を除く。）に掲げる者以外の者に限る。）に、前項において読み替えて適用する第三十一条第一項の規定による審査請求人若しくは第十三条第四項に規定する参加人の意見の陳述を聴かせ、前項において読み替えて適用する第三十四条の規定による参考人の陳述を聴かせ、同項において読み替えて適用する第三十五条第一項の規定による検証をさせ、前項において読み替えて適用する第三十六条の規定による第二十八条に規定する審理関係人に対する質問をさせ、又は同項において読み替えて適用する第三十七条第一項若しくは第二項の規定による意見の聴取を行わせることができる。

審理員の除斥事由（**本条二項**）

[1] ★土地改良区からその組合員に対してなされた賦課金督促処分に対する審査請求について、処分を決定した理事会に監事として出席していた者は、本条二項一号により審理員になれないので、その者が審理員として関与してされた裁決は違法である等として、裁決が取り消された事例（東京高判令元・5・21判時二四九二・一〇）→五〇条[3]

第一〇条（**法人でない社団又は財団の審査請求**）　法人でない社団又は財団で代表者又は管理人の定めがあるものは、その名で審査請求をすることができる。

第一一条（**総代**）①　多数人が共同して審査請求をしようとするときは、三人を超えない総代を互選することができる。

②　共同審査請求人が総代を互選しない場合において、必要があると認めるときは、第九条第一項の規定により指名された者（以下「審理員」という。）は、総代の互選を命ずることができる。

③　総代は、各自、他の共同審査請求人のために、審査請求の取下げを除き、当該審査請求に関する一切の行為をすることができる。

④　総代が選任されたときは、共同審査請求人は、総代を通じてのみ、前項の行為をすることができる。

⑤　共同審査請求人に対する行政庁の通知その他の行為は、二人以上の総代が選任されている場合においても、一人の総代に対してすれば足りる。

⑥　共同審査請求人は、必要があると認める場合には、総代を解任することができる。

第一二条（**代理人による審査請求**）①　審査請求は、代理人によってすることができる。

②　前項の代理人は、各自、審査請求人のために、当該審査請求

に関する一切の行為をすることができる。ただし、審査請求の取下げは、特別の委任を受けた場合に限り、することができる。

[1] いかなる者を幾人代理人に選任するかは専ら不服申立人の意思によって決められるべき事柄であり、不服申立てを受けた行政庁においてこれを決めたりあるいは干渉したりすべき事柄ではない。（東京地判昭49・6・27行裁二五・六・六九四）

[2] 代表権限も総代としての資格もない者を代理人と表示し、同人が唯一の代理人である旨の虚偽の証明書を添付した以上、審査庁が同人を総代として裁決をなし同人宛て送達したとしても、裁決自体あるいはその効力を争うことは信義則上許されない。（岐阜地判昭44・9・25税資五七・三二四）

（参加人）

第一三条① 利害関係人（審査請求人以外の者であって審査請求に係る処分又は不作為に係る処分の根拠となる法令に照らし当該処分につき利害関係を有するものと認められる者をいう。以下同じ。）は、審理員の許可を得て、当該審査請求に参加することができる。

② 審理員は、必要があると認める場合には、利害関係人に対し、当該審査請求に参加することを求めることができる。

③ 審査請求への参加は、代理人によってすることができる。

④ 前項の代理人は、各自、第一項又は第二項の規定により当該審査請求に参加する者（以下「参加人」という。）のために、当該審査請求への参加に関する一切の行為をすることができる。ただし、審査請求への参加の取下げは、特別の委任を受けた場合に限り、することができる。

[1] 建築主事は、建築確認に際して敷地の所有権等の実体的権利関係につき審査することは要件とされていないから、建築確認処分の対象である建築物に隣接する土地の所有者は、右建築物の敷地の一部に通行権を有しているとしても、本条一項［旧二四条一項］の利害関係人には当たらない。（静岡地判昭54・5・22行裁三〇・五・一〇三〇）

（行政庁が裁決をする権限を有しなくなった場合の措置）

第一四条 行政庁が審査請求がされた後法令の改廃により当該審査請求につき裁決をする権限を有しなくなったときは、当該行政庁は、第十九条に規定する審査請求書又は第二十一条第二項に規定する審査請求録取書及び関係書類その他の物件を新たに当該審査請求につき裁決をする権限を有することとなった行政庁に引き継がなければならない。この場合において、その引継ぎを受けた行政庁は、速やかに、その旨を審査請求人及び参加人に通知しなければならない。

（審理手続の承継）

第一五条① 審査請求人が死亡したときは、相続人その他法令により審査請求の目的である処分に係る権利を承継した者は、審査請求人の地位を承継する。

② 審査請求人について合併又は分割（審査請求の目的である処分に係る権利を承継させるものに限る。）があったときは、合併後存続する法人その他の社団若しくは財団若しくは合併により設立された法人その他の社団若しくは財団又は分割により当該権利を承継した法人は、審査請求人の地位を承継する。

③ 前二項の場合には、審査請求人の地位を承継した相続人その他の者又は法人その他の社団若しくは財団は、書面でその旨を審査庁に届け出なければならない。この場合には、届出書には、死亡若しくは分割による権利の承継又は合併の事実を証する書面を添付しなければならない。

④ 第一項又は第二項の場合において、前項の規定による届出がされるまでの間において、死亡者又は合併前の法人その他の社団若しくは財団若しくは分割をした法人に宛ててされた通知が審査請求人の地位を承継した相続人その他の者又は合併後の法人その他の社団若しくは財団若しくは分割により審査請求人の地位を承継した法人に到達したときは、当該通知は、これらの者に対する通知としての効力を有する。

⑤ 第一項の場合において、審査請求人の地位を承継した相続人その他の者が二人以上あるときは、その一人に対する通知その他の行為は、全員に対してされたものとみなす。

⑥ 審査請求の目的である処分に係る権利を譲り受けた者は、審査庁の許可を得て、審査請求人の地位を承継することができる。

（標準審理期間）

第一六条 第四条又は他の法律若しくは条例の規定により審査庁となるべき行政庁（以下「審査庁となるべき行政庁」という。）は、審査請求がその事務所に到達してから当該審査請求に対する裁決をするまでに通常要すべき標準的な期間を定めるよう努めるとともに、これを定めたときは、当該審査庁となるべき行政庁及び関係処分庁（当該審査請求の対象となるべき処分の権限を有する行政庁であって当該審査庁となるべき行政庁以外のものをいう。次条において同じ。）の事務所における備付けその他の適当な方法により公にしておかなければならない。

裁決期間

[1] 自作農創設特別措置法七条五項の裁決期間は訓示規定と解すべきであり、右期間経過後の裁決だからといってこれを違法とすべき理由はない。（最判昭28・9・11民集七・九・八八八、行政百選II［四版］一八五）

（審理員となるべき者の名簿）

第一七条 審査庁となるべき行政庁は、審理員となるべき者の名簿を作成するよう努めるとともに、これを作成したときは、当該審査庁となるべき行政庁及び関係処分庁の事務所における備付けその他の適当な方法により公にしておかなければならない。

第二節 審査請求の手続

（審査請求期間）

第一八条① 処分についての審査請求は、処分があったことを知った日の翌日から起算して三月（当該処分について再調査の請求をしたときは、当該再調査の請求についての決定があったことを知った日の翌日から起算して一月）を経過したときは、することができない。ただし、正当な理由があるときは、この限りでない。

② 処分についての審査請求は、処分（当該処分について再調査の請求をしたときは、当該再調査の請求についての決定）があった日の翌日から起算して一年を経過したときは、することができない。ただし、正当な理由があるときは、この限りでない。

③ 次条に規定する審査請求書を郵便又は民間事業者による信書の送達に関する法律（平成十四年法律第九十九号）第二条第六項に規定する一般信書便事業者若しくは同条第九項に規定する特定信書便事業者による同条第二項に規定する信書便で提出した場合における前二項に規定する期間（以下「審査請求期間」という。）の計算については、送付に要した日数は、算入しない。

一 処分があったことを知った日

[1] 換地処分に対する審査請求期間は、処分の公告の翌日からではなく処分の通知を受けてその処分があったことを知った日の翌日から起算すべきである。（最判昭56・7・3判時一〇一九・五七）

[2] 処分の名宛人以外の第三者の場合については、諸般の事情から、当該第三者が処分があったことを了知したものと推認することができるときは、その日を「処分があったことを知った日」としてその翌日を第三者の審査請求期間の起算日

とすることができる。（最判平5・12・17民集四七・一〇・五五三〇、重判平5行政七）

[3] 都市計画法における都市計画事業の認可のように、処分が個別の通知ではなく告示をもって多数の関係権利者等に画一的に告知される場合には、そのような告知方法が採られている趣旨に鑑みて、「処分があったことを知った日」というのは、告示があった日をいう。（最判平14・10・24民集五六・八・一九〇三、行政百選Ⅱ[七版]一三二）

[4] 国税徴収法三九条所定の第二次納税義務者が、主たる課税処分に対する不服申立てをする場合、国税通則法七七条一項所定の「処分があったことを知った日」とは、主たる課税処分の送達がされた日ではなく、当該第二次納税義務者に対する納付告知（納付通知書の送達）がされた日をいい、不服申立期間の起算日は、納付告知がされた日の翌日と解するのが相当である。（最判平18・1・19民集六〇・一・六五、行政百選Ⅱ[七版]一三三）→二条[3]

[5] 正当な理由なく生活保護停止処分通知書を受領拒絶した者について、当該文書の内容が保護停止処分であるとの説明を受けていなかったのであるから、この受領拒絶をもって停止処分があったことを知ったとは認め難いが、後日、保護停止の解除を求めるべく福祉事務所を訪れていることからすれば、遅くとも同日までには、停止処分の存在や内容を了知していたものと認められるとされた事例（福岡高判平22・5・25賃社一五二四・五九）→行訴一四条[7]

二 やむを得ない理由（旧一四条一項ただし書）

[6] 行政庁の不教示は、行政庁が誤った教示をした場合と異なり、審査請求人に対し積極的に誤信の原因を与えるものではないから、行政庁が教示義務に違反して審査請求期間を教示しなかったところから審査請求人が審査請求期間について誤信をしたとしても、それは、法の不知に起因するものというべきであるので、かかる場合を行政庁が誤った審査請求期間を教示したことにより審査請求人がその旨誤信した場合と同一に取り扱うことはできない。（東京地判昭45・5・27行裁二一・五・八三六）

[7] 下水道使用料納入通知につき、処分行政庁が、取消訴訟を提起できること、取消訴訟を提起する場合の被告、出訴期間及び審査請求前置主義が採られていることについて教示せず、担当職員が、審査請求を経ずに訴訟を提起できると誤信させるような説明を行い、原告が下水道使用料の返還を求める不当利得返還請求訴訟（別訴）を提起した後になって、処分行政庁は納入通知が処分に当たると主張したが、納入通知の処分性を否定する裁判例もあった等の事情の下では、別訴における納入通知の処分性に係る被告側の主張が相当程度具体的なものとなってから間もない段階で原告が審査請求を申し立てたことにつき、「やむをえない理由」があるとされた事例（東京地判平27・10・27【平26行ウ一四七】……控訴審東京高判平28・3・9【平27行コ四一四】も原判決を相当とし控訴棄却）

三 正当な理由（本条二項ただし書（旧一四条三項ただし書））

[8] 農地耕作権移転許可処分に対し、原告らがいずれも当該土地の使用状況を知りながら各自その持分の管理に関し一年余りの長きにわたって何らの措置をも講ぜずこれを放置して顧みなかったと認むべき事情の下においては、他に特段の事情がない限り、原告らが右処分後一年を経過してもなお審査請求をなし得なかったことについて「正当な理由」があるとは認められない。（長野地判昭43・3・26行裁一九・三・四六六）

（審査請求書の提出）

第一九条① 審査請求は、他の法律（条例に基づく処分については、条例）に口頭ですることができる旨の定めがある場合を除き、政令で定めるところにより、審査請求書を提出してしなければならない。

② 処分についての審査請求書には、次に掲げる事項を記載しなければならない。

一 審査請求人の氏名又は名称及び住所又は居所

二 審査請求に係る処分の内容

三 審査請求に係る処分（当該処分について再調査の請求についての決定を経たときは、当該決定）があったことを知った年月日

四 審査請求の趣旨及び理由

五 処分庁の教示の有無及びその内容

六 審査請求の年月日

③ 不作為についての審査請求書には、次に掲げる事項を記載しなければならない。

一 審査請求人の氏名又は名称及び住所又は居所

二 当該不作為に係る処分についての申請の内容及び年月日

三 審査請求の年月日

④ 審査請求人が、法人その他の社団若しくは財団である場合、総代を互選した場合又は代理人によって審査請求をする場合には、審査請求書には、第二項各号又は前項各号に掲げる事項のほか、その代表者若しくは管理人、総代又は代理人の氏名及び住所又は居所を記載しなければならない。

⑤ 処分についての審査請求書には、第二項及び前項に規定する事項のほか、次の各号に掲げる場合においては、当該各号に定める事項を記載しなければならない。

一 第五条第二項第一号の規定により再調査の請求についての決定を経ないで審査請求をする場合　再調査の請求をした年月日

二 第五条第二項第二号の規定により再調査の請求についての決定を経ないで審査請求をする場合　その決定を経ないことについての正当な理由

三 審査請求期間の経過後において審査請求をする場合　前条第一項ただし書又は第二項ただし書に規定する正当な理由

陳情書との区別

[1] 異議申立書であるか若しくは単なる陳情書であるかは、当事者の意思解釈の問題に帰する。（最判昭32・12・25民集一一・一四・二四六六、行政百選Ⅱ[六版]一三九）

（口頭による審査請求）

第二〇条 口頭で審査請求をする場合には、前条第二項から第五項までに規定する事項を陳述しなければならない。この場合において、陳述を受けた行政庁は、その陳述の内容を録取し、これを陳述人に読み聞かせて誤りのないことを確認しなければならない。

（処分庁等を経由する審査請求）

第二一条① 審査請求をすべき行政庁が処分庁等と異なる場合における審査請求は、処分庁等を経由してすることができる。この場合において、審査請求人は、処分庁等に審査請求書を提出し、又は処分庁等に対し第十九条第二項から第五項までに規定する事項を陳述するものとする。

② 前項の場合には、処分庁等は、直ちに、審査請求書又は審査請求録取書（前条後段の規定により陳述の内容を録取した書面をいう。第二十九条第一項及び第五十五条において同じ。）を審査庁となるべき行政庁に送付しなければならない。

③ 第一項の場合における審査請求期間の計算については、処分庁に審査請求書を提出し、又は処分庁に対し当該事項を陳述した時に、処分についての審査請求があったものとみなす。

[1] 審査請求を審査庁に取り次がないとの考えから、その請求書の受理を拒否した行為は、本条〔旧一七条〕の受理・送付義務に反し、原告らの有する処分庁を経由してする審査請求権を侵害するものであるから違法というべきである。（長崎地判平6・1・19判タ八六八・一六四）

（誤った教示をした場合の救済）

第二二条① 審査請求をすることができる処分につき、処分庁が誤って審査請求をすべき行政庁でない行政庁を審査請求をすべき行政庁として教示した場合において、その教示された行政庁に書面で審査請求がされたときは、当該行政庁は、速やかに、審査請求書を処分庁又は審査庁となるべき行政庁に送付し、かつ、その旨を審査請求人に通知しなければならない。

② 前項の規定により処分庁に審査請求書が送付されたときは、処分庁は、速やかに、これを審査庁となるべき行政庁に送付し、かつ、その旨を審査請求人に通知しなければならない。

③ 第一項の処分のうち、再調査の請求をすることができない処分につき、処分庁が誤って再調査の請求をすることができる旨を教示した場合において、当該処分庁に再調査の請求がされたときは、処分庁は、速やかに、再調査の請求書（第六十一条において読み替えて準用する第十九条に規定する再調査の請求書をいう。以下この条において同じ。）又は再調査の請求録取書（第六十一条において準用する第二十条後段の規定により陳述の内容を録取した書面をいう。以下この条において同じ。）を審査庁となるべき行政庁に送付し、かつ、その旨を再調査の請求人に通知しなければならない。

④ 再調査の請求をすることができる処分につき、処分庁が誤って審査請求をすることができる旨を教示しなかった場合において、当該処分庁に再調査の請求がされた場合であって、再調査の請求人から申立てがあったときは、処分庁は、速やかに、再調査の請求書又は再調査の請求録取書及び関係書類その他の物件を審査庁となるべき行政庁に送付しなければならない。この場合において、その送付を受けた行政庁は、速やかに、その旨を再調査の請求人及び第六十一条において読み替えて準用する第十三条第一項又は第二項の規定により当該再調査の請求に参加する者に通知しなければならない。

⑤ 前各項の規定により審査請求書又は再調査の請求書若しくは再調査の請求録取書が審査庁となるべき行政庁に送付されたときは、初めから審査庁となるべき行政庁に審査請求がされたものとみなす。

1 送付義務の不履行
本条三項［旧一八条三項］による送付義務を負う処分庁が同義務不履行のため、五項［旧一八条四項］による擬制を受けられないペンディングな状態にある場合には、出訴期間は進行しない。（千葉地判昭49・6・19行裁二五・六・六八三）

（審査請求書の補正）

第二三条 審査庁は、審査請求書が第十九条の規定に違反する場合には、相当の期間を定め、その期間内に不備を補正すべきことを命じなければならない。

1 不服申立てに対し、その形式的な不備を補正し又は補正を命ずることなく、不適法として却下した決定は違法である。（津地判昭51・4・8行裁二七・四・五一六）

2 所定の期間内に修正ないし補正がなされないときは、別途にこれを却下すべきものであり、期限の経過によって、当然に、審査の申出が失効し又は撤回の効果を生ずべきものと解すべきではない。（東京地判昭44・12・24行裁二〇・一二・一七四三）

（審理手続を経ないでする却下裁決）

第二四条① 前条の場合において、審査請求人が同条の期間内に不備を補正しないときは、審査庁は、次節に規定する審理手続を経ないで、第四十五条第一項又は第四十九条第一項の規定に基づき、裁決で、当該審査請求を却下することができる。

② 審査請求が不適法であって補正することができないことが明らかなときも、前項と同様とする。

（執行停止）

第二五条① 審査請求は、処分の効力、処分の執行又は手続の続行を妨げない。

② 処分庁の上級行政庁又は処分庁である審査庁は、必要があると認める場合には、審査請求人の申立てにより又は職権で、処分の効力、処分の執行又は手続の続行の全部又は一部の停止その他の措置（以下「執行停止」という。）をとることができる。

③ 処分庁の上級行政庁又は処分庁のいずれでもない審査庁は、必要があると認める場合には、審査請求人の申立てにより、処分庁の意見を聴取した上、執行停止をすることができる。ただし、処分の効力、処分の執行又は手続の続行の全部又は一部の停止以外の措置をとることはできない。

④ 前二項の規定による審査請求人の申立てがあった場合において、処分、処分の執行又は手続の続行により生ずる重大な損害を避けるために緊急の必要があると認めるときは、審査庁は、執行停止をしなければならない。ただし、公共の福祉に重大な影響を及ぼすおそれがあるとき、又は本案について理由がないとみえるときは、この限りでない。

⑤ 審査庁は、前項に規定する重大な損害を生ずるか否かを判断するに当たっては、損害の回復の困難の程度を考慮するものとし、損害の性質及び程度並びに処分の内容及び性質をも勘案するものとする。

⑥ 第二項から第四項までの場合において、処分の効力の停止は、処分の効力の停止以外の措置によって目的を達することができるときは、することができない。

⑦ 執行停止の申立てがあったとき、又は審理員から第四十条に規定する執行停止をすべき旨の意見書が提出されたときは、審査庁は、速やかに、執行停止をするかどうかを決定しなければならない。

1 執行不停止決定の処分性
本条二項［旧三四条二項］に基づく執行停止の申立てに対する執行停止をしない旨の決定は、取消訴訟の対象となる行政処分に当たる。（東京地判平28・11・29判タ一四四五・一八九、重判平29行政二）

（執行停止の取消し）

第二六条 執行停止をした後において、執行停止が公共の福祉に重大な影響を及ぼすことが明らかとなったとき、その他事情が変更したときは、審査庁は、その執行停止を取り消すことができる。

（審査請求の取下げ）

第二七条① 審査請求人は、裁決があるまでは、いつでも審査請求を取り下げることができる。

② 審査請求の取下げは、書面でしなければならない。

1 黙示の取下げ
審査請求人が、審査請求に対し何らの応答がないのに新たに訴えを提起することもせず十数年間も放置していたとしても、応答を要求する意思を失ったと推認すべき特段の事情がない限り、審査請求が黙示の意思表示により取り下げられたとみることはできない。（大阪地判昭42・5・12行裁一八・五＝六・六三九）

第三節　審理手続

（審理手続の計画的進行）

第二八条 審査請求人、参加人及び処分庁等（以下「審理関係人」という。）並びに審理員は、簡易迅速かつ公正な審理の実現のため、審理において、相互に協力するとともに、審理手続の計画的な進行を図らなければならない。

（弁明書の提出）

第二九条① 審理員は、審査庁から指名されたときは、直ちに、審査請求書又は審査請求録取書の写しを処分庁等に送付しなければならない。ただし、処分庁等が審査庁である場合には、この限りでない。

② 審理員は、相当の期間を定めて、処分庁等に対し、弁明書の提出を求めるものとする。

③ 処分庁等は、前項の弁明書に、次の各号の区分に応じ、当該各号に定める事項を記載しなければならない。

一 処分についての審査請求に対する弁明書　処分の内容及び理由

二 不作為についての審査請求に対する弁明書　処分をしていない理由並びに予定される処分の時期、内容及び理由

④ 処分庁が次に掲げる書面を保有する場合には、前項第一号に掲げる弁明書にこれを添付するものとする。

一 行政手続法（平成五年法律第八十八号）第二十四条第一項の調書及び同条第三項の報告書

二 行政手続法第二十九条第一項に規定する弁明書

⑤ 審理員は、処分庁等から弁明書の提出があったときは、これを審査請求人及び参加人に送付しなければならない。

[1] 審査請求人から弁明書副本の送付要請があれば審査庁としては常に必ず処分庁に対し弁明書の提出を求め、その提出を得てその副本を審査請求人に送付すべき義務があるものとは解されない。（大阪高判昭50・9・30行裁二六・九・一一五八……旧二二条に関する判例）

[2] 審査請求人が弁明書の副本の送付方を請求した場合には、審査庁としては、処分庁に対し弁明書の提出を要求した上、その副本を審査請求人に送付すべき義務が生ずる。（大阪地判昭44・6・26行裁二〇・五＝六・七六九……旧二二条に関する判例）→行訴一〇条[6]

（反論書等の提出）

第三〇条① 審査請求人は、前条第五項の規定により送付された弁明書に記載された事項に対する反論を記載した書面（以下「反論書」という。）を提出することができる。この場合において、審理員が、反論書を提出すべき相当の期間を定めたときは、その期間内にこれを提出しなければならない。

② 参加人は、審査請求に係る事件に関する意見を記載した書面（第四十条及び第四十二条第一項を除き、以下「意見書」という。）を提出することができる。この場合において、審理員が、意見書を提出すべき相当の期間を定めたときは、その期間内にこれを提出しなければならない。

③ 審理員は、審査請求人から反論書の提出があったときはこれを参加人及び処分庁等に、参加人から意見書の提出があったときはこれを審査請求人及び処分庁等に、それぞれ送付しなければならない。

[1] 反論書に記載された事実が審査請求書の繰返しにすぎず何ら新たな主張を含まないような場合には、反論書を看過して裁決がなされても、直ちに違法とはいえない。（東京地判昭39・8・15行裁一五・八・一六〇七）

（口頭意見陳述）

第三一条① 審査請求人又は参加人の申立てがあった場合には、審理員は、当該申立てをした者（以下この条及び第四十一条第二項第二号において「申立人」という。）に口頭で審査請求に係る事件に関する意見を述べる機会を与えなければならない。ただし、当該申立人の所在その他の事情により当該意見を述べる機会を与えることが困難であると認められる場合には、この限りでない。

② 前項本文の規定による意見の陳述（以下「口頭意見陳述」という。）は、審理員が期日及び場所を指定し、全ての審理関係人を招集してさせるものとする。

③ 口頭意見陳述において、申立人は、審理員の許可を得て、補佐人とともに出頭することができる。

④ 口頭意見陳述において、審理員は、申立人のする陳述が事件に関係のない事項にわたる場合その他相当でない場合には、これを制限することができる。

⑤ 口頭意見陳述に際し、申立人は、審理員の許可を得て、審査請求に係る事件に関し、処分庁等に対して、質問を発することができる。

[1] 申立てがあったにもかかわらず口頭で意見を述べる機会を与えないでされた裁決は、手続上重大な瑕疵［かし］がある違法なものとして、その内容の当否を問わず取消しを免れず、このことは、審査請求が不適法であってその補正ができないものであることが一見して明らかである場合のほかは、実体的審理の段階であると否とにかかわらない。（長崎地判昭44・10・20行裁二〇・一〇・一二六〇）

[2] 異議申立てが法定の期間経過後になされたものであるとき、その他不適法なものであって、その補正ができないものであることが一見して明らかな場合には、口頭陳述の機会を与えることなく、異議申立却下の決定をすることができる。（名古屋高金沢支判昭56・2・4行裁三二・二・一七九）

[3] 審査庁において既に処分を正当とする実体的心証を得ている場合でも、これを理由に口頭による意見陳述の機会を与えないことは許されない。（東京地判昭45・2・24行裁二一・二・三六二）

（証拠書類等の提出）

第三二条① 審査請求人又は参加人は、証拠書類又は証拠物を提出することができる。

② 処分庁等は、当該処分の理由となる事実を証する書類その他の物件を提出することができる。

③ 前二項の場合において、審理員が、証拠書類若しくは証拠物又は書類その他の物件を提出すべき相当の期間を定めたときは、その期間内にこれを提出しなければならない。

（物件の提出要求）

第三三条 審理員は、審査請求人若しくは参加人の申立てにより又は職権で、書類その他の物件の所持人に対し、相当の期間を定めて、その物件の提出を求めることができる。この場合において、審理員は、その提出された物件を留め置くことができる。

[1] 本条［旧二八条］による審査申立人の申立てについての採否は、その性質上、審査庁において物件の提出を求めることが審査申立てに対する裁決のため必要かどうか自由に判断したところにより決することができる。（名古屋高判昭48・2・27判時七一〇・四八）

（参考人の陳述及び鑑定の要求）

第三四条 審理員は、審査請求人若しくは参加人の申立てにより又は職権で、適当と認める者に、参考人としてその知っている事実の陳述を求め、又は鑑定を求めることができる。

（検証）

第三五条① 審理員は、審査請求人若しくは参加人の申立てにより又は職権で、必要な場所につき、検証をすることができる。

② 審理員は、審査請求人又は参加人の申立てにより前項の検証をしようとするときは、あらかじめ、その日時及び場所を当該申立てをした者に通知し、これに立ち会う機会を与えなければならない。

[1] 一 **違法な検証調書の証拠能力**

違法な検証調書を重要な証拠としてなされた裁決は違法である。（名古屋高金沢支判昭52・12・14判時八八九・三二）

[2] 二 **立会い**

審査請求人又は参加人の申立てによるのでない検証については、審査庁が利害関係人に対し通知する等の方法で立会い

の機会を与えなくても違法ではない。（東京高判昭44・8・30判タ二四二・二九〇）

（審理関係人への質問）

第三六条　審理員は、審査請求人若しくは参加人の申立てにより又は職権で、審査請求に係る事件に関し、審理関係人に質問することができる。

（審理手続の計画的遂行）

第三七条①　審理員は、審査請求に係る事件について、審理すべき事項が多数であり又は錯綜しているなど事件が複雑であることその他の事情により、迅速かつ公正な審理を行うため、第三十一条から前条までに定める審理手続を計画的に遂行する必要があると認める場合には、期日及び場所を指定して、審理関係人を招集し、あらかじめ、これらの審理手続の申立てに関する意見の聴取を行うことができる。

② 審理員は、審理関係人が遠隔の地に居住している場合その他相当と認める場合には、政令で定めるところにより、審理員及び審理関係人が音声の送受信により通話をすることができる方法によって、前項に規定する意見の聴取を行うことができる。

③ 審理員は、前二項の規定による意見の聴取を行ったときは、遅滞なく、第三十一条から前条までに定める審理手続の期日及び場所並びに第四十一条第一項の規定による審理手続の終結の予定時期を決定し、これらを審理関係人に通知するものとする。当該予定時期を変更したときも、同様とする。

（審査請求人等による提出書類等の閲覧等）

第三八条①　審査請求人又は参加人は、第四十一条第一項又は第二項の規定により審理手続が終結するまでの間、審理員に対し、提出書類等（第二十九条第四項各号に掲げる書面又は第三十二条第一項若しくは第二項若しくは第三十三条の規定により提出された書類その他の物件をいう。次項において同じ。）の閲覧（電磁的記録（電子的方式、磁気的方式その他人の知覚によっては認識することができない方式で作られる記録であって、電子計算機による情報処理の用に供されるものをいう。以下同じ。）にあっては、記録された事項を審査庁が定める方法により表示したものの閲覧）又は当該書面若しくは当該書類の写し若しくは当該電磁的記録に記録された事項を記載した書面の交付を求めることができる。この場合において、審理員は、第三者の利益を害するおそれがあると認めるとき、その他正当な理由があるときでなければ、その閲覧又は交付を拒むことができない。

② 審理員は、前項の規定による閲覧をさせ、又は同項の規定による交付をしようとするときは、当該閲覧又は交付に係る提出書類等の提出人の意見を聴かなければならない。ただし、審理員が、その必要がないと認めるときは、この限りでない。

③ 審理員は、第一項の規定による閲覧について、日時及び場所を指定することができる。

④ 第一項の規定による交付を受ける審査請求人又は参加人は、政令で定めるところにより、実費の範囲内において政令で定める額の手数料を納めなければならない。

⑤ 審理員は、経済的困難その他特別の理由があると認めるときは、政令で定めるところにより、前項の手数料を減額し、又は免除することができる。

⑥ 地方公共団体（都道府県、市町村及び特別区並びに地方公共団体の組合に限る。以下同じ。）に所属する行政庁が審査庁である場合における前二項の規定の適用については、これらの規定中「政令」とあるのは、「条例」とし、国又は地方公共団体に所属しない行政庁が審査庁である場合におけるこれらの規定の適用については、これらの規定中「政令で」とあるのは、「審査庁が」とする。

一　閲覧拒否の正当な理由

[1] 審査請求人等の閲覧請求権と、閲覧を許可することによって生ずると予測される審査請求人等以外のものの利益の侵害とを調整する概念として理解すべきであり、そのほか正当な防御権の行使としてではなく税務行政を混乱に陥れようとする意図でなされる等閲覧請求権の濫用にわたる場合を含む。（大阪地判昭44・6・26行裁二〇・五＝六・七六九）

二　閲覧請求の対象

[2] 審査庁は、指定した閲覧日までに処分庁から提出された書類等を供覧すれば足り、その後に提出された書類等は閲覧対象とならない。（大阪地判昭45・9・22行裁二一・九・一一四八）

[3] 審査庁の協議官が自ら税務署に出向き収集した調査メモは、処分庁から提出された証拠資料でなく閲覧の対象とならない。（大阪地判昭46・5・24行裁二二・八＝九・一二一七）

[4] 「処分庁から提出された書類その他の物件」とは、正式の提出手続を経たものに限らず、調査メモも閲覧請求権の対象となる。（大阪地判昭44・6・26前出[1]）

三　閲覧請求の違法な拒否の効果

[5] 国税通則法九六条二項所定の閲覧請求に応じなかった違法があるときは、国税不服審判所長の裁決は違法として取り消されるべきである。（大阪地判昭55・6・27行裁三一・六・一四二二……平成二六法六九による国税通則法改正前の事案）

（審理手続の併合又は分離）

第三九条　審理員は、必要があると認める場合には、数個の審査請求に係る審理手続を併合し、又は併合された数個の審査請求に係る審理手続を分離することができる。

（審理員による執行停止の意見書の提出）

第四〇条　審理員は、必要があると認める場合には、審査庁に対し、執行停止をすべき旨の意見書を提出することができる。

（審理手続の終結）

第四一条①　審理員は、必要な審理を終えたと認めるときは、審理手続を終結するものとする。

② 前項に定めるもののほか、審理員は、次の各号のいずれかに該当するときは、審理手続を終結することができる。

一　次のイからホまでに掲げる規定の相当の期間内に、当該イからホまでに定める物件が提出されない場合において、更に一定の期間を示して、当該物件の提出を求めたにもかかわらず、当該提出期間内に当該物件が提出されなかったとき。

イ　第二十九条第二項　弁明書

ロ　第三十条第一項後段　反論書

ハ　第三十条第二項後段　意見書

ニ　第三十二条第三項　証拠書類若しくは証拠物又は書類その他の物件

ホ　第三十三条前段　書類その他の物件

二　申立人が、正当な理由なく、口頭意見陳述に出頭しないとき。

③ 審理員が前二項の規定により審理手続を終結したときは、速やかに、審理関係人に対し、審理手続を終結した旨並びに次条第一項に規定する審理員意見書及び事件記録（審査請求書、弁明書その他審査請求に係る事件に関する書類その他の物件のうち政令で定めるものをいう。同条第二項及び第四十三条第二項において同じ。）を審査庁に提出する予定時期を通知するものとする。当該予定時期を変更したときも、同様とする。

（審理員意見書）

第四二条①　審理員は、審理手続を終結したときは、遅滞なく、審査庁がすべき裁決に関する意見書（以下「審理員意見書」という。）を作成しなければならない。

② 審理員は、審理員意見書を作成したときは、速やかに、これを事件記録とともに、審査庁に提出しなければならない。

第四節　行政不服審査会等への諮問

第四三条①　審査庁は、審理員意見書の提出を受けたときは、次の各号のいずれかに該当する場合を除き、審査庁が主任の大臣又は宮内庁長官若しくは内閣府設置法第四十九条第一項若しくはは第二項若しくは国家行政組織法第三条第二項に規定する庁の長である場合にあっては行政不服審査会に、審査庁が地方公共団体の長（地方公共団体の組合にあっては、長、管理者又は理事会）である場合にあっては第八十一条第一項又は第二項の機関に、それぞれ諮問しなければならない。

一　審査請求に係る処分をしようとするときに他の法律又は政令（条例に基づく処分については、条例）に第九条第一項各号に掲げる機関若しくは地方公共団体の議会又はこれらの機関に類するものとして政令で定めるもの（以下「審議会等」という。）の議を経るべき旨又は経ることができる旨の定めがあり、かつ、当該議を経て当該処分がされた場合

二　裁決をしようとするときに他の法律又は政令（条例に基づく処分については、条例）に第九条第一項各号に掲げる機関若しくは地方公共団体の議会又はこれらの機関に類するものとして政令で定めるものの議を経るべき旨又は経ることができる旨の定めがあり、かつ、当該議を経て裁決をしようとする場合

三　第四十六条第三項又は第四十九条第四項の規定により審議会等の議を経て裁決をしようとする場合

四　審査請求人から、行政不服審査会又は第八十一条第一項若しくは第二項の機関（以下「行政不服審査会等」という。）への諮問を希望しない旨の申出がされている場合（参加人から、行政不服審査会等に諮問しないことについて反対する旨の申出がされている場合を除く。）

五　審査請求が、行政不服審査会等によって、国民の権利利益及び行政の運営に対する影響の程度その他当該事件の性質を勘案して、諮問を要しないものと認められたものである場合

六　審査請求が不適法であり、却下する場合

七　第四十六条第一項の規定により審査請求に係る処分（法令に基づく申請を却下し、又は棄却する処分及び事実上の行為を除く。）の全部を取り消し、又は第四十七条第一号若しくは第二号の規定により審査請求に係る事実上の行為の全部を撤廃すべき旨を命じ、若しくは撤廃することとする場合（当該処分の全部を取り消すこと又は当該事実上の行為の全部を撤廃すべき旨を命じ、若しくは撤廃することについて反対する旨の意見書が提出されている場合及び口頭意見陳述においてその旨の意見が述べられている場合を除く。）

八　第四十六条第二項各号又は第四十九条第三項各号に定める措置（法令に基づく申請の全部を認容すべき旨を命じ、又は認容するものに限る。）をとることとする場合（当該申請の全部を認容することについて反対する旨の意見書が提出されている場合及び口頭意見陳述においてその旨の意見が述べられている場合を除く。）

②　前項の規定による諮問は、審理員意見書及び事件記録の写しを添えてしなければならない。

③　第一項の規定により諮問をした審査庁は、審理関係人（処分庁等が審査庁である場合にあっては、審査請求人及び参加人）に対し、当該諮問をした旨を通知するとともに、審理員意見書の写しを送付しなければならない。

第五節　裁決

（裁決の時期）

第四四条　審査庁は、行政不服審査会等から諮問に対する答申を受けたとき（前条第一項の規定による諮問を要しない場合（同項第二号又は第三号に該当する場合を除く。）にあっては審理員意見書が提出されたとき、同項第二号又は第三号に該当する場合にあっては同項第二号又は第三号に規定する議を経たとき）は、遅滞なく、裁決をしなければならない。

（処分についての審査請求の却下又は棄却）

第四五条①　処分についての審査請求が法定の期間経過後にされたものである場合その他不適法である場合には、審査庁は、裁決で、当該審査請求を却下する。

②　処分についての審査請求が理由がない場合には、審査庁は、裁決で、当該審査請求を棄却する。

③　審査請求に係る処分が違法又は不当ではあるが、これを取り消し、又は撤廃することにより公の利益に著しい障害を生ずる場合において、審査請求人の受ける損害の程度、その損害の賠償又は防止の程度及び方法その他一切の事情を考慮した上、処分を取り消し、又は撤廃することが公共の福祉に適合しないと認めるときは、審査庁は、裁決で、当該審査請求を棄却することができる。この場合には、審査庁は、裁決の主文で、当該処分が違法又は不当であることを宣言しなければならない。

一　却下裁決

[1]　不服申立てを不適法として却下できるのは、申立書の記載事項及び添付書類に不備がありしかも補正がなされないとき、処分の内容として記載されている事項が明らかに不利益処分を含んでいないとき、不服申立人の資格を欠いているとき、申立ての期間が徒過しているときなど明白な形式的要件を欠く場合に限られ、そのための調査範囲も右の形式的要件の存否に限られる。（京都地判昭46・11・10判タ二七二・二八四）

二　棄却裁決

[2]　原処分と異なる理由によって、あるいは審査請求人の主張する理由と異なる理由によって審査請求を棄却しても、何ら違法はない。（東京高判昭48・3・14行裁二四・三・一一五）

[3]　青色申告書提出承認取消処分に対する審査決定をなすに際して、税務署長の認定した事実はないが、他の号に当たる事実があるとして審査請求を棄却することは許されない。（大阪高判昭38・12・26高民一六・九・八七八）

（処分についての審査請求の認容）

第四六条①　処分（事実上の行為を除く。以下この条及び第四十八条において同じ。）についての審査請求が理由がある場合（前条第三項の規定の適用がある場合を除く。）には、審査庁は、裁決で、当該処分の全部若しくは一部を取り消し、又はこれを変更する。ただし、審査庁が処分庁の上級行政庁又は処分庁のいずれでもない場合には、当該処分を変更することはできない。

②　前項の規定により法令に基づく申請を却下し、又は棄却する処分の全部又は一部を取り消す場合において、次の各号に掲げる審査庁は、当該申請に対して一定の処分をすべきものと認めるときは、当該各号に定める措置をとる。

一　処分庁の上級行政庁である審査庁　当該処分庁に対し、当該処分をすべき旨を命ずること。

二　処分庁である審査庁　当該処分をすること。

③　前項に規定する一定の処分に関し、第四十三条第一項第一号に規定する議を経るべき旨の定めがある場合において、審査庁が前項各号に定める措置をとるために必要があると認めるときは、審査庁は、当該定めに係る審議会等の議を経ることができる。

④　前項に規定する定めがある場合のほか、第二項に規定する一定の処分に関し、他の法令に関係行政機関との協議の実施その他の手続をとるべき旨の定めがある場合において、審査庁が同項各号に定める措置をとるために必要があると認めるときは、審査庁は、当該手続をとることができる。

重加算税の賦課決定に対する審査請求

[1]　重加算税の賦課決定に対する審査請求においては、加重事由の存否のみならず、過少申告加算税の賦課要件の存否も当然に審判の対象となり、審査の結果、後者の要件の全部又は一部が否定された場合には、加重事由の存否を問うまでもなく当然にその限度で重加算税の全部又は一部が取消しを免れないこととなるとともに、右後者の要件の存在が認められ、加重事由の存否の点についてのみ原処分の認定判断に誤りがある場合には、加算税額中これに応じて減額されるべき部分についてのみ原処分を取り消し、その余については審査請求

を棄却すべきものであって、このように解しても、もとより審査庁である国税不服審判所長がその権限に属さない税の賦課決定権を行使したことになるものではない。（最判昭58・10・27民集三七・八・一一九六、行政百選Ⅱ〔七版〕一三七）

第四七条　事実上の行為についての審査請求が理由がある場合（第四十五条第三項の規定の適用がある場合を除く。）には、審査庁は、裁決で、当該事実上の行為が違法又は不当である旨を宣言するとともに、次の各号に掲げる審査庁の区分に応じ、当該各号に定める措置をとる。ただし、審査庁が処分庁の上級行政庁以外の審査庁である場合には、当該事実上の行為を変更すべき旨を命ずることはできない。

一　処分庁以外の審査庁　当該処分庁に対し、当該事実上の行為の全部若しくは一部を撤廃し、又はこれを変更すべき旨を命ずること。

二　処分庁である審査庁　当該事実上の行為の全部若しくは一部を撤廃し、又はこれを変更すること。

（不利益変更の禁止）

第四八条　第四十六条第一項本文又は前条の場合において、審査庁は、審査請求人の不利益に当該処分を変更し、又は当該事実上の行為を変更すべき旨を命じ、若しくはこれを変更することはできない。

（不作為についての審査請求の裁決）

第四九条①　不作為についての審査請求が当該不作為に係る処分についての申請から相当の期間が経過しないでされたものである場合その他不適法である場合には、審査庁は、裁決で、当該審査請求を却下する。

②　不作為についての審査請求が理由がない場合には、審査庁は、裁決で、当該審査請求を棄却する。

③　不作為についての審査請求が理由がある場合には、審査庁は、裁決で、当該不作為が違法又は不当である旨を宣言する。この場合において、当該申請に対して一定の処分をすべきものと認めるときは、次の各号に掲げる審査庁は、当該各号に定める措置をとる。

一　不作為庁の上級行政庁である審査庁　当該不作為庁に対し、当該処分をすべき旨を命ずること。

二　不作為庁である審査庁　当該処分をすること。

④　審査請求に係る不作為に係る処分に関し、第四十三条第一項第一号に規定する議を経るべき旨の定めがある場合において、審査庁が前項各号に定める措置をとるために必要があると認めるときは、審査庁は、当該定めに係る審議会等の議を経ることができる。

⑤　前項に規定する定めがある場合のほか、審査請求に係る不作為に係る処分に関し、他の法令に関係行政機関との協議の実施その他の手続をとるべき旨の定めがある場合において、審査庁が第三項各号に定める措置をとるために必要があると認めるときは、審査庁は、当該手続をとることができる。

（裁決の方式）

第五〇条①　裁決は、次に掲げる事項を記載し、審査庁が記名押印した裁決書によりしなければならない。

一　主文

二　事案の概要

三　審理関係人の主張の要旨

四　理由（第一号の主文が審理員意見書又は行政不服審査会等若しくは審議会等の答申書と異なる内容である場合には、異なることとなった理由を含む。）

②　第四十三条第一項の規定による行政不服審査会等への諮問を要しない場合には、前項の裁決書には、審理員意見書を添付しなければならない。

③　審査庁は、再審査請求をすることができる裁決をする場合には、裁決書に再審査請求をすることができる旨並びに再審査請求をすべき行政庁及び再審査請求期間（第六十二条に規定する期間をいう。）を記載して、これらを教示しなければならない。

一　理由付記

[1]　審査決定の通知書に「貴社の審査請求の趣旨、経営の状況、その他を勘案して審査しますと、芝税務署長の行った青色申告届出承認の取消処分は誤りがないと認められますので、審査の請求には理由がありません。」と記載しただけでは、審査決定の理由付記としては不備である。（最判昭37・12・26民集一六・一二・二五五七、行政百選Ⅱ〔七版〕一三九）

[2]　裁決に付記される理由は、その結論に至るまでの論理的な判断の過程を明らかにし、審査請求人が右判断の根拠を理解し得る程度に記載されていれば足りるものであって、陳述の聴取を行った職員が行政不服審査法三一条のいう「その庁の職員」でない等の審理手続に関する審査請求人の主張についての判断を示さなかったとしても、理由付記としては欠けるところはないというべきである。（東京地判平6・3・25行裁四五・三・八一一）

[3]　**二　裁決における審理員意見書の考慮**

★審理員意見書は審査庁を拘束するものではないが、審理員意見書が審査庁に考慮されなければ審理員制度の意味が失われるから、本条一項四号及び二項は、意見書を踏まえた裁決を求める趣旨と解され、意見書提出後に理事会開催や持ち回り決議がなされず、意見書が各理事に配布もされず、意見書を踏まえて裁決についての意思決定がされたとはいい難い等として、裁決が取り消された事例（東京高判令元・5・21判時二四九一・一〇）→九条[7]

◇→行手八条[判]・一四条[判]

（裁決の効力発生）

第五一条①　裁決は、審査請求人（当該審査請求が処分の相手方以外の者のしたものである場合における第四十六条第一項及び第四十七条の規定による裁決にあっては、審査請求人及び処分の相手方）に送達された時に、その効力を生ずる。

②　裁決の送達は、送達を受けるべき者に裁決書の謄本を送付することによってする。ただし、送達を受けるべき者の所在が知れない場合その他裁決書の謄本を送付することができない場合には、公示の方法によってすることができる。

③　公示の方法による送達は、審査庁が裁決書の謄本を保管し、いつでもその送達を受けるべき者に交付する旨を当該審査庁の掲示場に掲示し、かつ、その旨を官報その他の公報又は新聞紙に少なくとも一回掲載してするものとする。この場合において、その掲示を始めた日の翌日から起算して二週間を経過した時に裁決書の謄本の送付があったものとみなす。

④　審査庁は、裁決書の謄本を参加人及び処分庁等（審査庁以外の処分庁等に限る。）に送付しなければならない。

（裁決の拘束力）

第五二条①　裁決は、関係行政庁を拘束する。

②　申請に基づいてした処分が手続の違法若しくは不当を理由として裁決で取り消され、又は申請を却下し、若しくは棄却した処分が裁決で取り消された場合には、処分庁は、裁決の趣旨に従い、改めて申請に対する処分をしなければならない。

③　法令の規定により公示された処分が裁決で取り消され、又は変更された場合には、処分庁は、当該処分が取り消され、又は変更された旨を公示しなければならない。

④　法令の規定により処分の相手方以外の利害関係人に通知された処分が裁決で取り消され、又は変更された場合には、処分庁は、その通知を受けた者（審査請求人及び参加人を除く。）に、当該処分が取り消され、又は変更された旨を通知しなければならない。

一　職権による取消し・変更

[1]　原処分を取り消し又は変更する裁決は異議決定庁を拘束するが、原処分を適法と認めて審査請求を棄却する裁決があっ

ても、異議決定庁は独自の審理判断に基づいて自ら原処分を取り消し又は変更することを妨げない。（最判昭49・7・19民集二八・五・七五九）

（証拠書類等の返還）
第五三条 審査庁は、裁決をしたときは、速やかに、第三十二条第一項又は第二項の規定により提出された証拠書類若しくは証拠物又は書類その他の物件及び第三十三条の規定による提出要求に応じて提出された書類その他の物件をその提出人に返還しなければならない。

第三章　再調査の請求

（再調査の請求期間）
第五四条① 再調査の請求は、処分があったことを知った日の翌日から起算して三月を経過したときは、することができない。ただし、正当な理由があるときは、この限りでない。
② 再調査の請求は、処分があった日の翌日から起算して一年を経過したときは、することができない。ただし、正当な理由があるときは、この限りでない。

（誤った教示をした場合の救済）
第五五条① 再調査の請求をすることができる処分につき、処分庁が誤って再調査の請求をすることができる旨を教示しなかった場合において、審査請求がされた場合であって、審査請求人から申立てがあったときは、審査庁は、速やかに、審査請求書又は審査請求録取書を処分庁に送付しなければならない。ただし、審査請求人に対し弁明書が送付された後においては、この限りでない。
② 前項本文の規定により審査請求書又は審査請求録取書の送付を受けた処分庁は、速やかに、その旨を審査請求人及び参加人に通知しなければならない。
③ 第一項本文の規定により審査請求書又は審査請求録取書が処分庁に送付されたときは、初めから処分庁に再調査の請求がされたものとみなす。

（再調査の請求についての決定を経ずに審査請求がされた場合）
第五六条 第五条第二項ただし書の規定により審査請求がされたときは、同項の再調査の請求は、取り下げられたものとみなす。ただし、処分庁において当該審査請求がされた日以前に再調査の請求に係る処分（事実上の行為を除く。）を取り消す旨の第六十条第一項の決定書の謄本を発している場合又は再調査の請求に係る事実上の行為を撤廃している場合は、当該審査請求（処分（事実上の行為を除く。）の一部を取り消す旨の第五十九条第一項の決定がされている場合又は事実上の行為の一部が撤廃されている場合にあっては、その部分に限る。）が取り下げられたものとみなす。

（三月後の教示）
第五七条 処分庁は、再調査の請求がされた日（第六十一条において読み替えて準用する第二十三条の規定により不備を補正すべきことを命じた場合にあっては、当該不備が補正された日）の翌日から起算して三月を経過しても当該再調査の請求が係属しているときは、遅滞なく、当該処分について直ちに審査請求をすることができる旨を書面でその再調査の請求人に教示しなければならない。

（再調査の請求の却下又は棄却の決定）
第五八条① 再調査の請求が法定の期間経過後にされたものである場合その他不適法である場合には、処分庁は、決定で、当該再調査の請求を却下する。
② 再調査の請求が理由がない場合には、処分庁は、決定で、当該再調査の請求を棄却する。

（再調査の請求の認容の決定）
第五九条① 処分（事実上の行為を除く。）についての再調査の請求が理由がある場合には、処分庁は、決定で、当該処分の全部若しくは一部を取り消し、又はこれを変更する。
② 事実上の行為についての再調査の請求が理由がある場合には、処分庁は、決定で、当該事実上の行為が違法又は不当である旨を宣言するとともに、当該事実上の行為の全部若しくは一部を撤廃し、又はこれを変更する。
③ 処分庁は、前二項の場合において、再調査の請求人の不利益に当該処分又は当該事実上の行為を変更することはできない。

（決定の方式）
第六〇条① 前二条の決定は、主文及び理由を記載し、処分庁が記名押印した決定書によりしなければならない。
② 処分庁は、前項の決定書（再調査の請求に係る処分の全部を取り消し、又は撤廃する決定に係るものを除く。）に、再調査の請求に係る処分につき審査請求をすることができる旨（却下の決定である場合にあっては、当該却下の決定が違法な場合に限り審査請求をすることができる旨）並びに審査請求をすべき行政庁及び審査請求期間を記載して、これらを教示しなければならない。

（審査請求に関する規定の準用）
第六一条 第九条第四項、第十条から第十六条まで、第十八条第三項、第十九条（第三項並びに第五項第一号及び第二号を除く。）、第二十条、第二十三条、第二十四条、第二十五条（第三項を除く。）、第二十六条、第二十七条、第三十一条（第五項を除く。）、第三十二条（第二項を除く。）、第三十九条、第五十一条及び第五十三条の規定は、再調査の請求について準用する。この場合において、別表第二の上欄に掲げる規定中同表の中欄に掲げる字句は、それぞれ同表の下欄に掲げる字句に読み替えるものとする。

第四章　再審査請求

（再審査請求期間）
第六二条① 再審査請求は、原裁決があったことを知った日の翌日から起算して一月を経過したときは、することができない。ただし、正当な理由があるときは、この限りでない。
② 再審査請求は、原裁決があった日の翌日から起算して一年を経過したときは、することができない。ただし、正当な理由があるときは、この限りでない。

（裁決書の送付）
第六三条 第六十六条第一項において読み替えて準用する第十一条第二項に規定する審理員又は第六十六条第一項において準用する第九条第一項各号に掲げる機関である再審査庁（他の法律の規定により再審査請求がされた行政庁（第六十六条第一項において読み替えて準用する第十四条の規定により引継ぎを受けた行政庁を含む。）をいう。以下同じ。）は、原裁決をした行政庁に対し、原裁決に係る裁決書の送付を求めるものとする。

（再審査請求の却下又は棄却の裁決）
第六四条① 再審査請求が法定の期間経過後にされたものである場合その他不適法である場合には、再審査庁は、裁決で、当該再審査請求を却下する。
② 再審査請求が理由がない場合には、再審査庁は、裁決で、当該再審査請求を棄却する。
③ 再審査請求に係る原裁決（審査請求を却下し、又は棄却したものに限る。）が違法又は不当である場合において、当該審査請求に係る処分が違法又は不当のいずれでもないときは、再審査庁は、裁決で、当該再審査請求を棄却する。
④ 前項に規定する場合のほか、再審査請求に係る原裁決等が違法又は不当ではあるが、これを取り消し、又は撤廃することにより公の利益に著しい障害を生ずる場合において、再審査請求人の受ける損害の程度、その損害の賠償又は防止の程度及び方法その他一切の事情を考慮した上、原裁決等を取り消し、又は撤廃することが公共の福祉に適合しないと認めるときは、再審査庁は、裁決で、当該再審査請求を棄却することができる。この場合には、再審査庁は、裁決の主文で、当該原裁決等が違法又は不当であることを宣言しなければならない。

（再審査請求の認容の裁決）
第六五条① 原裁決等（事実上の行為を除く。）についての再審査請求が理由がある場合（前条第三項に規定する場合及び同条第四項の規定の適用がある場合を除く。）には、再審査庁は、裁決で、当該原裁決等の全部又は一部を取り消す。
② 事実上の行為についての再審査請求が理由がある場合（前条第四項の規定の適用がある場合を除く。）には、裁決で、当該事実上の行為が違法又は不当である旨を宣言するとともに、処分庁に対し、当該事実上の行為の全部又は一部を撤廃すべき旨を命ずる。

（審査請求に関する規定の準用）
第六六条① 第二章（第九条第三項、第十八条（第三項を除く。）、第十九条第三項並びに第五項第一号及び第二号、第二十二条、第二十五条第二項、第二十九条（第一項を除く。）、第三十条第一項、第四十一条第二項第一号イ及びロ、第四節、第四十五条から第四十九条まで並びに第五十条第三項を除く。）の規定は、再審査請求について準用する。この場合において、別表第三の上欄に掲げる規定中同表の中欄に掲げる字句は、それぞれ同表の下欄に掲げる字句に読み替えるものとする。
② 再審査庁が前項において準用する第九条第一項各号に掲げる機関である場合には、前項において準用する第十七条、第四十条、第四十二条及び第五十条第二項の規定は、適用しない。

第五章 行政不服審査会等

第一節 行政不服審査会

第一款 設置及び組織

（設置）
第六七条① 総務省に、行政不服審査会（以下「審査会」という。）を置く。
② 審査会は、この法律の規定によりその権限に属させられた事項を処理する。

（組織）
第六八条① 審査会は、委員九人をもって組織する。
② 委員は、非常勤とする。ただし、そのうち三人以内は、常勤とすることができる。

（委員）
第六九条① 委員は、審査会の権限に属する事項に関し公正な判断をすることができ、かつ、法律又は行政に関して優れた識見を有する者のうちから、両議院の同意を得て、総務大臣が任命する。
② 委員の任期が満了し、又は欠員を生じた場合において、国会の閉会又は衆議院の解散のために両議院の同意を得ることができないときは、総務大臣は、前項の規定にかかわらず、同項に定める資格を有する者のうちから、委員を任命することができる。
③ 前項の場合においては、任命後最初の国会で両議院の事後の承認を得なければならない。この場合において、両議院の事後の承認が得られないときは、総務大臣は、直ちにその委員を罷免しなければならない。
④ 委員の任期は、三年とする。ただし、補欠の委員の任期は、前任者の残任期間とする。
⑤ 委員は、再任されることができる。
⑥ 委員の任期が満了したときは、当該委員は、後任者が任命されるまで引き続きその職務を行うものとする。
⑦ 総務大臣は、委員が心身の故障のために職務の執行ができないと認める場合又は委員に職務上の義務違反その他委員たるに適しない非行があると認める場合には、両議院の同意を得て、その委員を罷免することができる。
⑧ 委員は、職務上知ることができた秘密を漏らしてはならない。その職を退いた後も同様とする。
⑨ 委員は、在任中、政党その他の政治的団体の役員となり、又は積極的に政治運動をしてはならない。
⑩ 常勤の委員は、在任中、総務大臣の許可がある場合を除き、報酬を得て他の職務に従事し、又は営利事業を営み、その他金銭上の利益を目的とする業務を行ってはならない。
⑪ 委員の給与は、別に法律で定める。

（会長）
第七〇条① 審査会に、会長を置き、委員の互選により選任する。
② 会長は、会務を総理し、審査会を代表する。
③ 会長に事故があるときは、あらかじめその指名する委員が、その職務を代理する。

（専門委員）
第七一条① 審査会に、専門の事項を調査させるため、専門委員を置くことができる。
② 専門委員は、学識経験のある者のうちから、総務大臣が任命する。
③ 専門委員は、その者の任命に係る当該専門の事項に関する調査が終了したときは、解任されるものとする。
④ 専門委員は、非常勤とする。

（合議体）
第七二条① 審査会は、委員のうちから、審査会が指名する者三人をもって構成する合議体で、審査請求に係る事件について調査審議する。
② 前項の規定にかかわらず、審査会が定める場合においては、委員の全員をもって構成する合議体で、審査請求に係る事件について調査審議する。

（事務局）
第七三条① 審査会の事務を処理させるため、審査会に事務局を置く。
② 事務局に、事務局長のほか、所要の職員を置く。
③ 事務局長は、会長の命を受けて、局務を掌理する。

第二款 審査会の調査審議の手続

（審査会の調査権限）
第七四条 審査会は、必要があると認める場合には、審査請求に係る事件に関し、審査請求人、参加人又は第四十三条第一項の規定により審査会に諮問をした審査庁（以下この款において「審査関係人」という。）にその主張を記載した書面（以下この款において「主張書面」という。）又は資料の提出を求めること、適当と認める者にその知っている事実の陳述又は鑑定を求めることその他必要な調査をすることができる。

固定資産評価審査委員会の審理手続→行訴七条⑨

1 地方税法における固定資産評価審査委員会による口頭審理が行われる場合において、口頭審理外において職権で事実の調査を行うことを妨げられるものではないところ、審査申出人は、資料・調査記録を閲覧し、これに関する反論、証拠を提出することができるのであるから、委員会が口頭審理外で行った調査の結果や収集した資料を判断の基礎として採用し、審査の申出を棄却する場合でも、右調査の結果等を口頭審理に上程するなどの手続を経ることを要しない。（最判平2・1・18民集四四・一・二五三、行政百選Ⅱ〔七版〕一三六）

2 固定資産評価審査委員会において審査申出の適否について審議し、これを棄却することを決定した場に原処分庁の補助職員が同席していたことは、委員会の中立、公正の観点からみて不適切であるが、当該審議及び決定の過程において、当該職員が、傍聴していたという範囲を超えて、実質的に何らかの関わりを持ったことや影響を与えたことをうかがわせる事実はないから、当該棄却決定を取り消さなければならないほどの瑕疵［かし］とはいえないとされた事例（最判平14・7・9判自二三四・二二、自治百選〔四版〕七九）

3 固定資産評価審査委員会が、具体的資料を徴することなく審理を終結し、審査決定をしたことは、審査申出人が弁ばくをしなかったとの事情を考慮しても、地方税法四二三条一項

の趣旨に反し、審理不尽の違法がある。（仙台高判平9・10・29判時一六五六・六二）

（意見の陳述）

第七五条① 審査会は、審査関係人の申立てがあった場合には、当該審査関係人に口頭で意見を述べる機会を与えなければならない。ただし、審査会が、その必要がないと認める場合には、この限りでない。

② 前項本文の場合においては、審査請求人又は参加人は、審査会の許可を得て、補佐人とともに出頭することができる。

（主張書面等の提出）

第七六条 審査関係人は、審査会に対し、主張書面又は資料を提出することができる。この場合において、審査会が、主張書面又は資料を提出すべき相当の期間を定めたときは、その期間内にこれを提出しなければならない。

（委員による調査手続）

第七七条 審査会は、必要があると認める場合には、その指名する委員に、第七十四条の規定による調査をさせ、又は第七十五条第一項本文の規定による審査関係人の意見の陳述を聴かせることができる。

（提出資料の閲覧等）

第七八条① 審査関係人は、審査会に対し、審査会に提出された主張書面若しくは資料の閲覧（電磁的記録にあっては、記録された事項を審査会が定める方法により表示したものの閲覧）又は当該主張書面若しくは当該資料の写し若しくは当該電磁的記録に記録された事項を記載した書面の交付を求めることができる。この場合において、審査会は、第三者の利益を害するおそれがあると認めるとき、その他正当な理由があるときでなければ、その閲覧又は交付を拒むことができない。

② 審査会は、前項の規定による閲覧をさせ、又は同項の規定による交付をしようとするときは、当該閲覧又は交付に係る主張書面又は資料の提出人の意見を聴かなければならない。ただし、審査会が、その必要がないと認めるときは、この限りでない。

③ 審査会は、第一項の規定による閲覧について、日時及び場所を指定することができる。

④ 第一項の規定による交付を受ける審査請求人又は参加人は、政令で定めるところにより、実費の範囲内において政令で定める額の手数料を納めなければならない。

⑤ 審査会は、経済的困難その他特別の理由があると認めるときは、政令で定めるところにより、前項の手数料を減額し、又は免除することができる。

（答申書の送付等）

第七九条 審査会は、諮問に対する答申をしたときは、答申書の写しを審査請求人及び参加人に送付するとともに、答申の内容を公表するものとする。

第三款 雑則

（政令への委任）

第八〇条 この法律に定めるもののほか、審査会に関し必要な事項は、政令で定める。

第二節 地方公共団体に置かれる機関

第八一条① 地方公共団体に、執行機関の附属機関として、この法律の規定によりその権限に属させられた事項を処理するための機関を置く。

② 前項の規定にかかわらず、地方公共団体は、当該地方公共団体における不服申立ての状況等に鑑み同項の機関を置くことが不適当又は困難であるときは、条例で定めるところにより、事件ごとに、執行機関の附属機関として、この法律の規定によりその権限に属させられた事項を処理するための機関を置くこととすることができる。

③ 前節第二款の規定は、前二項の機関について準用する。この場合において、第七十八条第四項及び第五項中「政令」とあるのは、「条例」と読み替えるものとする。

④ 前三項に定めるもののほか、第一項又は第二項の機関の組織及び運営に関し必要な事項は、当該機関を置く地方公共団体の条例（地方自治法第二百五十二条の七第一項の規定により共同設置する機関にあっては、同項の規約）で定める。

第六章 補則

（不服申立てをすべき行政庁等の教示）

第八二条① 行政庁は、審査請求若しくは再調査の請求又は他の法令に基づく不服申立て（以下この条において「不服申立て」と総称する。）をすることができる処分をする場合には、処分の相手方に対し、当該処分につき不服申立てをすることができる旨並びに不服申立てをすべき行政庁及び不服申立てをすることができる期間を書面で教示しなければならない。ただし、当該処分を口頭でする場合は、この限りでない。

② 行政庁は、利害関係人から、当該処分が不服申立てをすることができる処分であるかどうか並びに当該処分が不服申立てをすることができるものである場合における不服申立てをすべき行政庁及び不服申立てをすることができる期間につき教示を求められたときは、当該事項を教示しなければならない。

③ 前項の場合において、教示を求めた者が書面による教示を求めたときは、当該教示は、書面でしなければならない。

一 教示の範囲

[1] いわゆる教示制度は行政不服申立制度の円滑なる活用を図るために設けられたもので、行政不服申立制度とは別に独立して存在する行政事件訴訟の管轄裁判所や出訴期間等の教示のごときは意図されておらず、裁決庁には右出訴期間について教示すべき法律上の義務はない。（大阪地判昭45・2・25訟月一六・六・六五四）

二 教示義務の懈怠の効果

[2] 本条一項［旧五七条一項］の教示義務の不履行は違法であるが、そのことから当該行政処分がこれを取り消すべき違法性を帯びることとなるとは解されない。（東京地判昭54・8・21行裁三〇・八・一四一〇）

[3] 本条二項［旧五七条二項］の趣旨は、従来不服を申し立てることができるかどうかが、処分の相手方に分からない場合が少なくなく、そのため国民の権利救済が十分でなかったことに鑑みて、教示請求権を認めたものと解されるから、教示の請求があったにもかかわらず行政庁が教示しないときは違法となり、そのため右の相手方が損害を被ったような場合には別途救済の道が開かれていると考えられるが、しかし、右のような教示がなかったからといって、そのために行政庁の処分や裁決自体が違法になるとは解されない。（東京地判昭43・2・5行裁一九・一＝二・一六八）

三 名宛人のない処分

[4] 本条一項［旧五七条一項］は、同項所定の処分を書面でする場合に、その処分の相手方に対して不服申立てに関する教示をしなければならないとしたものであるから、特定の個人又は団体を名宛人とするものでない処分についてはその適用がないものと解する。（最判昭61・6・19判時一二〇六・二一、行政百選II［七版］一四〇）

（教示をしなかった場合の不服申立て）

第八三条① 行政庁が前条の規定による教示をしなかった場合には、当該処分について不服がある者は、当該処分庁に不服申立書を提出することができる。

② 第十九条（第五項第一号及び第二号を除く。）の規定は、前項の不服申立書について準用する。

③ 第一項の規定により不服申立書の提出があった場合において、当該処分が処分庁以外の行政庁に対し審査請求をすること

ができる処分であるときは、処分庁は、速やかに、当該不服申立書を当該行政庁に送付しなければならない。当該処分が他の法令に基づき、処分庁以外の行政庁に不服申立てをすることができる処分であるときも、同様とする。

④　前項の規定により不服申立書が送付されたときは、初めから当該行政庁に審査請求又は当該法令に基づく不服申立てがされたものとみなす。

⑤　第三項の場合を除くほか、第一項の規定により不服申立書が提出されたときは、初めから当該処分庁に審査請求又は当該法令に基づく不服申立てがされたものとみなす。

処分庁への不服申立書提出

1　本条三項［旧五八条三項］は、不服申立制度を利用する機会を失うようなことがあってはならないとして便宜上処分庁に不服申立書を提出させるものであって、処分庁に右の不服申立てに対する異議決定等の審査権限を与えたものと解すべきではない。（東京地判昭43・2・28行裁一九・一＝二・三三五）

（**情報の提供**）

第八四条　審査請求、再調査の請求若しくは再審査請求又は他の法令に基づく不服申立て（以下この条及び次条において「不服申立て」と総称する。）につき裁決、決定その他の処分（同条において「裁決等」という。）をする権限を有する行政庁は、不服申立てをしようとする者又は不服申立てをした者の求めに応じ、不服申立書の記載に関する事項その他の不服申立てに必要な情報の提供に努めなければならない。

（**公表**）

第八五条　不服申立てにつき裁決等をする権限を有する行政庁は、当該行政庁がした裁決等の内容その他当該行政庁における不服申立ての処理状況について公表するよう努めなければならない。

（**政令への委任**）

第八六条　この法律に定めるもののほか、この法律の実施のために必要な事項は、政令で定める。

（**罰則**）

第八七条　第六十九条第八項の規定に違反して秘密を漏らした者は、一年以下の懲役又は五十万円以下の罰金に処する。

＊**令和四法六八**（令和七・六・一六までに施行）**による改正**
第八七条中「懲役」を「拘禁刑」に改める。（本文未織込み）

附　則（抄）

（**施行期日**）

第一条　この法律は、公布の日から起算して二年を超えない範囲内において政令で定める日（平成二八・四・一―平成二七政三九〇）から施行する。（後略）

別表（略）

附　則（令和四・五・二五法五二）（抄）

（**施行期日**）

第一条　この法律は、令和六年四月一日から施行する。ただし、次の各号に掲げる規定は、当該各号に定める日から施行する。

一　（前略）附則（中略）第三十八条の規定　公布の日

二―四　（略）

（**政令への委任**）

第三八条　（前略）この法律の施行に関し必要な経過措置は、政令で定める。

刑法等の一部を改正する法律の施行に伴う関係法律整理法中経過規定（令和四・六・一七法六八）（抄）

第四四一条から第四四三条まで（刑法の同経過規定参照）

第五〇九条（刑法の同経過規定参照）

刑法等の一部を改正する法律の施行に伴う関係法律整理法

附　則（令和四・六・一七法六八）（抄）

（**施行期日**）

①　この法律は、刑法等一部改正法（刑法等の一部を改正する法律（令和四法六七））施行日から施行する。ただし、次の各号に掲げる規定は、当該各号に定める日から施行する。

一　第五百九条の規定　公布の日

二　（略）

◉行政事件訴訟法

（昭和三七・五・一六
法　一　三　九）

施行　昭和三七・一〇・一（附則）
改正　平成一法九一、平成八法一一〇、平成一六法七四・法八四・法一〇二・法一〇五（平成一六法八四）・法一五五、平成一七法八二・法一〇二、平成一九法一六・法五八・法六四・法七四・法七六・法八二・法八五・法一〇〇・法一〇九、平成二一法七六、平成二三法三九・法五四・法九四、平成二六法四〇・法六九、平成二七法五九、平成二八法八九、令和四法四八・法五四

目次

第一章　総則

（この法律の趣旨）

第一条　行政事件訴訟については、他の法律に特別の定めがある場合を除くほか、この法律の定めるところによる。

⊛+【行政事件訴訟に関する司法裁判所の権限→憲三二・七六①②、裁三①②【特別の定めの例→公選二〇三―二〇五・二〇七―二一〇九の二・二一九、自治二四二の二・二四五の八、独禁七七―八八

一　裁判所の権限

[1]　裁判所は具体的事件を離れて抽象的に法律命令等の合憲性を判断する権限を有しない。（最大判昭27・10・8民集六・九・七八三〈警察予備隊違憲訴訟〉行政百選Ⅱ[七版]一四二）→憲八一条[3]、民訴◆【民事裁判権の限界】［一編名の後］[3]

[2]　裁判所法三条にいう「法律上の争訟」とは、法令を適用することによって解決し得べき権利義務に関する当事者間の紛争をいい、村議会の予算議決があっただけでは、いまだ行政処分はなく「法律上の争訟」に当たらない。（最判昭29・2・11民集八・二・四一九）→民訴◆【民事裁判権の限界】［一編名の後］[2]

[3]　司法権の固有の内容として裁判所が審判し得る対象は、裁判所法三条にいう「法律上の争訟」に限られ、国家試験における合格、不合格の判定の当否は学問又は技術上の知識、能力、意見等の優劣、当否の判断を内容とする行為であるから、試験実施機関の最終判断に任せられる。（最判昭41・2・8民集二〇・二・一九六、行政百選Ⅱ[七版]一四三）

[4]　大学における単位の授与（認定）という行為は、他にそれが一般市民法秩序と直接の関係を有するものであることを肯認するに足りる特段の事情のない限り、裁判所の司法審査の対象にはならない。（最判昭52・3・15民集三一・二・二三四〈富山大学単位不認定事件〉行政百選Ⅱ[七版]一四五）→憲七六条[7]、行総◆【Ⅰ】[47]

[5]　日米安全保障条約については、一見極めて明白に違憲無効であると認められない限りは、裁判所の司法審査の範囲外である。（最大判昭34・12・16刑集一三・一三・三二二五、行政百選Ⅱ[六版]一五〇）→憲八一条[8]

[6]　衆議院の解散は、極めて政治性の高い国家統治の基本に関する行為であって、その法律上の有効無効を判断することは司法裁判所の権限の外にある。（最大判昭35・6・8民集一四・七・一二〇六〈苫米地事件〉憲百選Ⅱ[七版]一九〇）→憲八一条[10]

[7]　警察法が両院において議決を経たものとされ適法な手続によって公布されている以上、裁判所は両院の自主性を尊重すべきであり、議事手続について審理をしてその有効・無効を判断すべきではない。（最大判昭37・3・7民集一六・三・四四五、憲百選Ⅱ[七版]一八〇）→憲七六条[7]

[8]　地方裁判所及び家庭裁判所支部設置規則及び家庭裁判所出張所設置規則の一部を改正する規則のうち、福岡地方裁判所及び福岡家庭裁判所の各甘木支部を廃止する部分を、廃止に係る支部の管轄区域内に居住する国民としての立場で取消しを求める訴えは、「法律上の争訟」に当たらない。（最判平3・4・19民集四五・四・五一八、行政百選Ⅱ[五版]一四七）→憲八一条[4]、民訴◆【民事裁判権の限界】［一編名の後］[5]

[9]　国又は地方公共団体が、財産権の主体としてではなく、専ら行政権の主体として国民に対して行政上の義務の履行を求める訴訟は、法規の適用の適正ないし一般公益の保護を目的とするもので、自己の権利利益の保護救済を目的とするものではないので、法律上の争訟として当然に裁判所の審理の対象になるものではなく、法律に特別の規定がある場合に限り提起できる。（最判平14・7・9民集五六・六・一一三四〈宝塚市パチンコ店規制条例事件〉行政百選Ⅰ[七版]一〇九）→憲七六条[20]、行総◆【Ⅲ】[18]、民訴◆【民事裁判権の限界】［一編名の後］[6]

[10]　被告国が普天間飛行場代替施設等の建設を進める本件水域に係る漁業権を管轄する原告沖縄県が、本件水域で国が県知事の許可を得ずに岩礁破砕等行為をするおそれがある等と主張して、主位的に沖縄県漁業調整規則に基づく公法上の不作為義務の履行請求として岩礁破砕等行為の差止めを求め、予備的にかかる不作為義務の存在の確認を求めた訴訟について、[9]の準則に従い、いずれも法律上の争訟に当たらず不適法とされた事例（那覇地判平30・3・13判時二三八三・三……福岡高那覇支判平30・12・5【平30行コ二】により控訴棄却）

[11]　地方交付税は、地方団体が自らの事務を処理するために交付され、国の地方団体に対する支出金の性質を持ち、また、その算定方法等が地方交付税法に規定されていること等に照らせば、地方団体が国から法律の定めに従い地方交付税の分配を受けることができるか否かに関する紛争は、地方団体と国との間の具体的な権利ないし法律関係の存否に関するものであり、「法律上の争訟」に当たる。（大阪地判令3・4・22判タ一四八八・一三六〈泉佐野市特別地方交付税事件中間判決〉）→行総◆【Ⅱ】[13]

二　行政事件と民事事件

[12]　国営空港の離着陸のためにする供用は、空港管理権と航空行政権という二種の権限の、総合的判断に基づいた不可分一体的な行使の結果であるから、その差止めを狭義の民事訴訟の手続により求める請求は不適法である。（最大判昭56・12・16民集三五・一〇・一三六九〈大阪国際空港公害訴訟〉行政百選Ⅱ[七版]一四九）→憲七六条[18]、国賠二条[14]、民訴◆【民事裁判権の限界】［一編名の後］[18]

[13]　防衛庁長官には、自衛隊法八条によって、自衛隊に課せられた我が国の防衛等の任務の遂行のため自衛隊機の運航を統括する権限が、同法一〇七条五項によって、自衛隊機の運航の特殊性に応じて、その航行の安全及び航行に起因する障害の防止を図るための規制を行う権限が与えられており、本件飛行場における一定の時間帯における自衛隊機の離着陸等の差止め及びその他の時間帯における航空機騒音の規制を求める請求は、防衛庁長官の権限の取消変更ないしその発動を求める請求を包含するから、民事上の請求としては不適法である。〔平成一八法一一八による自衛隊法改正前の事件〕（最判平5・2・25民集四七・二・六四三〈厚木基地訴訟〉行政百選Ⅱ[六版]一五八）→憲七六条[19]、民訴◆【民事裁判権の限界】［一編名の後］[19]

[14]　自衛隊機運航差止請求が無名抗告訴訟として認容され、防

衛大臣は、厚木飛行場において、毎日午後一〇時から翌日午前六時まで、やむを得ないと認める場合を除き、自衛隊の使用する航空機を運航させてはならないとされた事例（横浜地判平26・5・21判時二二七七・三八、重判平26行政二……三七条の四[5][6]の第一審）

[15] 新幹線の走行の差止めは運輸行政権の行使の取消変更若しくはその発動を求める請求を包含するといえないから民事上の請求としてなし得る。（名古屋高判昭60・4・12下民三四・一～四・四六一〈名古屋新幹線公害訴訟〉環境百選[三版]二七）↓憲一三条[40]

三 刑事訴訟手続との関係

[16] 検察審査会法四一条の六第一項所定の検察審査会による起訴をすべき旨の議決は、刑事訴訟手続における公訴提起（同法四一条の一〇第一項）の前提となる手続であって、その適否は、刑事訴訟手続において判断されるべきものであり、行政事件訴訟を提起して争うことはできず、これを本案とする行政事件訴訟法二五条二項の執行停止の申立てをすることもできない。（最決平22・11・25民集六四・八・一九五一、重判平23行政五）

四 実質的証拠

[17] 土地調整委員会設置法〔現・鉱業等に係る土地利用の調整手続等に関する法律〕五二条が実質的証拠の有無を裁判所が判断すべきものとしているのは、専門的知識を有する者の判断を尊重するとともに、これらの者の判断が独断に流れないようにする趣旨であり、通商産業局長のした試掘権設定許可に対する取消裁定の申請につき、土地調整委員会が、試掘によって付近住民の飲料用水源が枯渇しないと断定し得る資料に乏しいにもかかわらず、将来における採掘計画や鉱業監督上の制限等を勘案して、鉱業権の実施により公共の福祉が害されることはないと認定した場合、それは実質的証拠に基づくものとはいえない。（最判昭37・4・12民集一六・四・七八一、行政百選Ⅱ[七版]一九五）

（行政事件訴訟）

第二条 この法律において「行政事件訴訟」とは、抗告訴訟、当事者訴訟、民衆訴訟及び機関訴訟をいう。

参†【抗告訴訟↓三【当事者訴訟↓四【民衆訴訟↓五【機関訴訟↓六

（抗告訴訟）

第三条① この法律において「抗告訴訟」とは、行政庁の公権力の行使に関する不服の訴訟をいう。

② この法律において「処分の取消しの訴え」とは、行政庁の処分その他公権力の行使に当たる行為（次項に規定する裁決、決定その他の行為を除く。以下単に「処分」という。）の取消しを求める訴訟をいう。

③ この法律において「裁決の取消しの訴え」とは、審査請求その他の不服申立て（以下単に「審査請求」という。）に対する行政庁の裁決、決定その他の行為（以下単に「裁決」という。）の取消しを求める訴訟をいう。

④ この法律において「無効等確認の訴え」とは、処分若しくは裁決の存否又はその効力の有無の確認を求める訴訟をいう。

⑤ この法律において「不作為の違法確認の訴え」とは、行政庁が法令に基づく申請に対し、相当の期間内に何らかの処分又は裁決をすべきであるにかかわらず、これをしないことについての違法の確認を求める訴訟をいう。

⑥ この法律において「義務付けの訴え」とは、次に掲げる場合において、行政庁がその処分又は裁決をすべき旨を命ずることを求める訴訟をいう。

一 行政庁が一定の処分をすべきであるにかかわらずこれがされないとき（次号に掲げる場合を除く。）。

二 行政庁に対し一定の処分又は裁決を求める旨の法令に基づく申請又は審査請求がされた場合において、当該行政庁がその処分又は裁決をすべきであるにかかわらずこれがされないとき。

⑦ この法律において「差止めの訴え」とは、行政庁が一定の処分又は裁決をすべきでないにかかわらずこれがされようとしている場合において、行政庁がその処分又は裁決をしてはならない旨を命ずることを求める訴訟をいう。

参❷【処分↓行手二㈢ ❸【審査請求↓行審二・三【その他の不服申立ての例↓行審五・六、公選二〇二①・二〇六①、自治七四の二⑦・一一八⑤・二五五の四 ❹【無効等確認の訴え↓三六・三八①―③ ❺【不作為の違法確認の訴え↓三七・三八①④ ❻【義務付けの訴え↓三七の二・三七の三・三七の五・三八① ❼【差止めの訴え↓三七の四・三七の五・三八①

一 処分性ないし抗告訴訟の対象

1 一般論―行政行為の概念↓行総◆【Ⅱ】[28]～[36]

2 民法上の法律行為

[1] 農地法八〇条〔現四七条〕に基づく農地の売払いは私法上の行為であって行政庁の処分に当たらない。（最大判昭46・

[5] 1・20民集二五・一・一、行政百選Ⅰ[初版]七〇）↓行総◆【Ⅱ】

[2] 日本国有鉄道法三一条一項に基づく懲戒処分は公法的規律に服する行政処分たる性格を有するものとは認められない。（昭和六一法八七による同法廃止前の事案）（最判昭49・2・28民集二八・一・六六、行政百選Ⅰ[初版]二）

[3] 国有財産法の普通財産の払下げはたとえ申請書の提出、払下許可の形式をとっていても行政処分ではなく私法上の売買である。（最判昭35・7・12民集一四・九・一七四四、行政百選Ⅱ[七版]一四六）

[4] 供託法は弁済供託における供託金取戻請求に対する供託官の却下を行政処分として取り扱っている。（最大判昭45・7・15民集二四・七・七七一、行政百選Ⅱ[七版]一四七）↓民四九六条[2]

[5] 国税通則法五七条に基づく充当は、納税者等に還付すべき還付金等を、還付に代えて、同一納税者の納付すべき国税に充当する行為であって、機能の面では民法の相殺と異なるところはないが、国税通則法が相殺を一般的には禁止しつつ、国税局長等のみに充当をするのに適する状態の有無、充当の順序等を判断して一方的に充当をすることを義務づけているなど、法規の定めやその趣旨からすると、充当は国税局長等が、行政機関としての立場から法定の要件のもとに一方的に行う行為であって、それによって国民の法律上の地位に直接影響を及ぼすものであり、抗告訴訟の対象となる処分に該当する。（最判平6・4・19判時一五一三・九四）

[6] 労働者災害補償保険法二三条〔現二九条〕に基づいて労働基準監督署長が行う労災就学援護費の支給に関する決定は、同法第三章の規定に基づいて行う保険給付を補完するために、保険給付と同様の手続により行うこととされていると解されるから、抗告訴訟の対象となる行政処分に当たる。（最判平15・9・4判時一八四一・八九、行政百選Ⅱ[七版]一五七）

[7] 市営の老人福祉施設の民間事業者への移管に当たり、その資産の譲渡先としてその運営を引き継ぐ事業者の選考のための公募において、提案書を提出してこれに応募した者が市長から提案について決定に至らなかった旨の通知を受けた事案で、当該通知は、市長が、契約の相手方となる事業者を選考するための手法として法令の定めに基づかずに行った事業者の募集に応募した者に対し、当該契約を締結しないこととした事実を告知するものにすぎないから、抗告訴訟の対象となる行政処分に当たらないとされた事例（最判平23・6・14裁時一五三三・二四、自治百選[四版]六五）

3 法的効果

[8] 海難審判庁の裁決のうち、懲戒裁決は行政処分に該当するが、原因解明裁決は権利義務に直接関係のないものであるか

ら行政処分に当たらない。（最大判昭36・3・15民集一五・三・四六七、行政百選Ⅱ[七版]一五八）

[9] 保険医に対する戒告は、義務を課し、権利行使を妨げる等法的効果を生ずるものではないので、行政処分に当たらない。（最判昭38・6・4民集一七・五・六七〇、社会保障百選[三版]二二）

[10] 関税定率法二一条三項〔現・関税法六九条の一一第三項に相当〕に基づく税関長の通知は、観念の通知ではあるが、それにより適法に輸入できなくなるという法律上の効果を及ぼすものであるから、行政庁の処分に当たる。（最判昭54・12・25民集三三・七・七五三〈税関ポルノ検閲事件〉行政百選Ⅱ[五版]一六五）↓行総◆【Ⅱ】[31]

[11] 関税定率法二一条三項〔現・関税法六九条の一一第三項に相当〕に基づく税関長の通知は、輸入申告に対する行政庁側の最終的な拒否の態度を表明するものであり、実質的な拒否処分として機能しているから、抗告訴訟の対象となる行政庁の処分に当たる。（最大判昭59・12・12民集三八・一二・一三〇八〈札幌税関検査訴訟〉行政百選Ⅱ[七版]一五九）↓憲二一条[88]、行総◆【Ⅱ】[32]

[12] 公務員の採用内定の通知は、法令上の根拠に基づくものではなく、単に採用発令の手続を支障なく行うための準備行為としてなされる事実上の行為にすぎないから、採用内定の取消し自体は、処分に当たらない。（最判昭57・5・27民集三六・五・七七七、公務員百選六）

[13] 国若しくは地方公共団体又はその機関が都市計画法三二条に基づいて公共施設の管理者として同意を拒否する行為は、公共施設の適正な管理上当該開発行為を行うことは相当でない旨の公法上の判断を表示する行為であり、この同意が得られなければ開発行為を適法に行うことはできないが、これは法が開発許可の申請をしようとする者はあらかじめ同意を得なければならない旨を規定していることによるものであり、同意を拒否する行為それ自体は、開発行為を禁止又は制限する効果を持つものとはいえないから、抗告訴訟の対象たる処分には当たらない。（最判平7・3・23民集四九・三・一〇〇六、行政百選Ⅱ[七版]一五六）↓三七条の三[8]

[14] 「頭髪・丸刈りとする。」などとする「中学校生徒心得」の定めが、生徒の守るべき一般的な心得を示すにとどまり、それ以上に、個々の生徒に対する具体的な権利義務を形成するなどの法的効果を生ずるものではないとされた事例（最判平8・2・22判時一五六〇・七二）

[15] 登記官が不動産登記簿の表題部に所有者を記載する行為は、所有者と記載された特定の個人に不動産登記法一〇〇条一項一号〔平成一六法一二三による全部改正後の七四条一項一号〕に基づき所有権保存登記申請をすることができる地位を与えるという法的効果を有するから抗告訴訟の対象となる行政処分に当たる。（最判平9・3・11判時一五九九・四八）

[16] 市町村長が住民票に世帯主との続柄を記載する行為は、抗告訴訟の対象となる行政処分には当たらない。（最判平11・1・21判タ一〇〇二・九四、行政百選Ⅰ[五版]六〇）↓憲一四条[28]

[17] 食品衛生法一六条〔現二七条〕に基づき食品等の輸入の届出をした者に対して検疫所長が行う当該食品等が同法六条〔現一二条〕に違反する旨の通知は、それにより当該食品等について輸入の許可を受けられなくなるという法的効力を有するから、取消訴訟の対象となる。（最判平16・4・26民集五八・四・九八九、重判平16行政四）↓行総◆【Ⅱ】[33]

[18] 過誤納金の還付に関する通知請求につき規定する登録免許税法三一条二項は、還付請求について専らこの手続によるという手続の排他性を規定するものではないが、登記を受けた者に、簡易迅速に還付を受ける手続を利用することができる地位を保障しているものと解されるので、当該通知を拒否する通知は、手続上の地位を否定する法的効果を有する行政処分である。（最判平17・4・14民集五九・三・四九一、行政百選Ⅱ[七版]一六二）↓行総◆【Ⅰ】[78]

[19] 医療法三〇条の七〔現三〇条の一一〕の規定に基づく病院開設中止の勧告は、医療法上は勧告を受けた者が任意にこれに従うことを期待してされる行政指導として定められているが、勧告を受けた者に対し、これに従わない場合には、相当程度の確実さをもって、病院を開設しても保険医療機関の指定を受けることができなくなるという結果をもたらす。保険医療機関の指定を受けることができない場合、実際上病院の開設自体を断念せざるを得ないことになる。このような病院開設中止の勧告の保険医療機関の指定に及ぼす効果及び病院経営における保険医療機関の指定の持つ意義を併せ考えると、勧告は、本条二項の「行政庁の処分その他公権力の行使に当たる行為」に当たる。（最判平17・7・15民集五九・六・一六六一、行政百選Ⅱ[七版]一六〇）↓行手三二条[5]

[20] 土壌汚染対策法三条二項による通知は、通知を受けた当該土地の所有者等に汚染状況についての調査及び報告の義務を生じさせ、その法的地位に直接的な影響を及ぼすから、抗告訴訟の対象となる行政処分に当たる。（最判平24・2・3民集六六・二・一四八、環境百選[三版]三三）

[21] 建築基準法四二条一項三号は、同法第三章の規定が適用されるに至った際現に存在する道で幅員四メートル以上のものを道路とする旨定めるが、これは、客観的にこの要件を満たす道については、そのことのみをもって当然に同法四二条道路とする趣旨であるから、三号道路該当性に関する市長の道路判定は、事実上の確認行為にすぎず行政処分に当たらない。（最判平30・7・17判時二三九一・一〇）

4 内部的行為

[22] 墓地の管理者に異教徒の埋葬拒否を認めないこととした通達は、専ら行政機関を拘束するにとどまり、国民は直接これに拘束されることはないから行政処分には当たらない。（最判昭43・12・24民集二二・一三・三一四七、行政百選Ⅰ[七版]五五）↓行総◆【Ⅱ】[22]

[23] 消防法七条に基づく消防長の同意は、知事に対する行政機関相互間の行為であって、行政処分には当たらない。（最判昭34・1・29民集一三・一・三二、行政百選Ⅰ[七版]二〇）↓行総◆【Ⅰ】[85]

[24] 全国新幹線鉄道整備法に基づく工事実施計画の認可は、行政行為として外部に対する効力を有するものではない。（最判昭53・12・8民集三二・九・一六一七〈成田新幹線事件〉行政百選Ⅰ[七版]二）↓行総◆【Ⅰ】[87]

[25] 都立学校の校長が教職員に対して入学式、卒業式等における起立・国歌斉唱・ピアノ伴奏を命ずる職務命令は、教育公務員としての職務遂行の在り方に関する校長の上司としての職務上の指示であって、教職員個人の身分や勤務条件に係る権利義務に直接影響を及ぼさないから、抗告訴訟の対象となる行政処分には当たらない。（最判平24・2・9民集六六・二・一八三、行政百選Ⅱ[七版]二〇七）↓四条[14]・三七条の四[7]

5 一般的抽象的な効果

[26] 土地区画整理事業計画はいわば事業の青写真にすぎず、公告されても、直接特定個人に向けられた具体的な処分ではなく、また宅地・建物の所有者又は賃借人等の権利に具体的な変動を与える行政処分ではない。（最大判昭41・2・23民集二〇・二・二七一、行政百選Ⅱ[五版]一五九……[28]により判例変更）

[27] 土地区画整理事業計画は、それが公告された段階においても、抗告訴訟の対象となる行政処分に当たらない。（最判平4・10・6判時一四三九・一一六……[28]により判例変更）

[28] 市町村が施行する土地区画整理事業の事業計画の決定は、施行地区内の宅地所有者等の法的地位に変動をもたらすものであって、抗告訴訟の対象とするに足りる法的効果を有し、実効的な権利救済を図る観点からも抗告訴訟の提起を認めるのが合理的であって、本条二項の「行政庁の処分その他公権力の行使に当たる行為」に該当する。（最大判平20・9・10民集六二・八・二〇二九、行政百選Ⅱ[七版]一五二）

[29] 土地区画整理法に基づく土地区画整理組合の設立の認可

は、事業施行地区内の宅地について所有権又は借地権を有する者を全て強制的にその組合員とする公法上の法人たる土地区画整理組合を成立せしめ、これに土地区画整理事業を施行する権限を付与する効力を有するから行政処分に当たる。（最判昭60・12・17民集三九・八・一八二一、街づくり百選二三）

[30] 市町村営の土地改良事業についての事業施行の認可は、国営又は都道府県営の土地改良事業における事業計画の決定に対応し、土地改良事業の一連の手続の中で占める位置・役割を同じくするから、事業計画の決定が本来取消訴訟の対象となることを当然の前提とした規定を置く土地改良法は、認可についても行政処分としての性格を有することを認めていると解される。（最判昭61・2・13民集四〇・一・一、街づくり百選九五）

[31] 都市再開発法五一条一項、五四条一項に基づき市町村が都道府県知事の認可を受けてなした第二種市街地再開発事業についての事業計画の決定は、その公告の日から土地収用法上の事業認定と同一の法律効果を生じるものであり、しかも、施行区域内の土地の所有者等に、契約又は収用により施行者に取得される当該宅地等につき、公告があった日から起算して三〇日以内に、その対償の払渡しを受けることとするか又はこれに代えて建築施設の部分の譲受け希望の申出をするかの選択を余儀なくさせるものであるから、その法的地位に直接的な影響を及ぼすものとして、抗告訴訟の対象たる行政処分に当たる。（最判平4・11・26民集四六・八・二六五八、行政百選Ⅱ[五版]一六〇）

[32] 用途地域の指定は、一定の法状態の変動を生ぜしめるものではあるが、その効果は法令が制定された場合と同様の一般的抽象的なそれにすぎないから、個人に対する具体的な権利侵害を伴う処分があったものとすることはできない。（最判昭57・4・22民集三六・四・七〇五、行政百選Ⅱ[七版]一五三）

[33] 都市計画法一二条の四第一項に基づく地区計画の決定、告示は抗告訴訟の対象となる処分に該当しない。（最判平6・4・22判時一四九九・六三、重判平6行政三）

[34] 特定行政庁が建築基準法四二条二項に基づいて行う二項道路の指定は、それが告示による一括指定の方法でされた場合であっても、個別の土地についてその本来的な効果として具体的な私権制限を発生させるものであり、個人の権利義務に対して直接影響を与えるものであるから、抗告訴訟の対象となる行政処分に当たる。（最判平14・1・17民集五六・一・一、行政百選Ⅱ[七版]一五四）

[35] 区立小学校の統廃合を内容とする条例は、一般的規範にほかならず、廃止対象となった学校に通学していた児童の保護者は、具体的に特定の区立小学校で教育を受けさせる権利ないし法的利益を有するとはいえないから、本件条例は抗告訴訟の対象となる処分に当たらない。（最判平14・4・25判自二二九・五二）

[36] 地方公共団体が営む水道事業の水道料金を改定する条例は、限られた特定の者に対してのみ適用されるものではなく、そのような条例の制定行為は、行政庁が法の執行として行う処分と実質的に同視できないから、抗告訴訟の対象となる行政処分に当たらない。（最判平18・7・14民集六〇・六・二三六九、行政百選Ⅱ[七版]一五五）→行総◘【Ⅰ】[61]

[37] 特定の市立保育所を廃止する条例の制定行為は、入所中の児童・保護者という限られた特定の者らに対して、直接、当該保育所において保育を受けることを期待し得る法的地位を奪うものであり、また、取消判決や執行停止決定に第三者効が認められている取消訴訟において当該条例の制定行為の適法性を争い得るとすることには合理性があるから、抗告訴訟の対象となる行政処分に当たる。（最判平21・11・26民集六三・九・二一二四、行政百選Ⅱ[七版]二〇四……三一条[4]の上告審）→九条[55]

[38] 東京都の外形標準課税条例は、各事業年度の終了の日の資金の量が五兆円以上である銀行業等を行う法人を課税の対象として規定をするにとどまるのであるから、その制定・施行が直ちに一審原告らの具体的な権利義務や法的地位に直接的な影響を及ぼすものとは認められず、処分性を有しない。（東京高判平15・1・30判時一八一四・四四〈東京都外形標準課税条例事件〉自治百選[四版]A1）→国賠一条[73]

6 措置要求等に対する応答行為

[39] 地方公務員法四六条の措置要求の申立てに対する棄却決定は、行政庁の処分に当たる。（最判昭36・3・28民集一五・三・五九五、公務員百選四四）

[40] 独禁法四五条一項に基づく報告、措置要求について不問に付する公正取引委員会の決定は取消訴訟の対象となる行政処分に該当しない。（最判昭47・11・16民集二六・九・一五七三、行政百選Ⅰ[七版]一二二）→三七条[7]、独禁四五条[1]

[41] 国土調査法一七条二項に基づく申出は、国土調査を行った者に対し職権の発動を促すものにすぎず、国土調査を行った者は何らかの応答をする法令上の義務を負うものではないから、申立てをいれない旨の回答は法令に根拠のない事実上の応答にすぎず、抗告訴訟の対象となる行政処分に当たらない。（最判平3・3・19判時一四〇一・四〇）

[42] 出生した子につき住民票の記載を求める親からの申出は、住民票の記載に係る職権の発動を促す住民基本台帳法一四条二項所定の申出とみるほかないから、右申出に対して区長がした右記載をしない旨の応答は、法令に根拠のない事実上の応答にすぎず、抗告訴訟の対象となる行政処分に該当しない。（最判平21・4・17民集六三・四・六三八、行政百選Ⅰ[七版]六二）→自治一三条の二[2]

7 事実行為

[43] 歩道橋設置行為は、それを個々の行為に分解して行政庁の自律や私法法規の規律に委ねるよりも、行政庁の一体的行為と把握して公法的規律に服せしめ、権利救済の面でも公権力の行使に当たる行為と解してこれに抗告訴訟や執行停止の道を開くべきである。（東京地決昭45・10・14行裁二一・一〇・一一八七〈国立歩道橋事件執行停止申立事件〉重判昭45憲五）

[44] 歩道橋の設置行為は公物たる道路の管理行為に属し、工事そのものは契約の履行行為としての事実行為であって、設置に関する一連の行為を全体として評価しても行政庁の処分その他公権力の行使には当たらない。（東京高判昭49・4・30高民二七・二・一三六〈国立歩道橋事件〉環境百選[二版]九五）

8 行政庁

[45] 行政事件訴訟法にいう「行政庁」とは国又は公共団体から公権力の行使の権限を与えられている機関をいい、私法人である医師会も、そのような権限を法律によって付与されている限り、「行政庁」たり得る。（仙台地判昭57・3・30行裁三三・三・六九二）

二 裁決の取消しの訴え

[46] 土地区画整理法二〇条三項による意見書の提出は「審査請求、異議申立てその他の不服申立て」に当たらない。（最判昭52・12・23判時八七四・三四、街づくり百選二六）

三 無効等確認訴訟→行総◘【Ⅱ】[88]〜[93]

四 不作為の違法確認訴訟

1 法令に基づく申請

[47] 固定資産評価証明書交付の申請は、地方税法上の制度として認められていると解されるので、明文はなくとも「法令に基づく申請」に当たる。（京都地判昭50・3・14判時七八五・五五）

[48] 地方公共団体の妊産婦対策費支給要綱に基づく申請は「法令に基づく申請」に当たる。（大阪高判昭54・7・30判時九四八・四四）

2 相当の期間

[49] 「相当の期間」経過の有無は、その処分をなすのに通常必要とする期間を基準として判断するが、ただ右期間の経過を正当とするような特段の事情がある場合には違法となること

を免れる。（東京地判昭39・11・4行裁一五・一一・二一六八、運輸百選八六）

[50]　「相当の期間」経過前であっても、申請後ある程度の期間を経過したにもかかわらず行政庁がいつ処分をなすかが全く不確定であり、かつ、処分まで相当の期間を要することが確実であり、またその状態が解消される見込みがない場合には「相当の期間」経過と同視され行政庁の不作為は違法となる。（熊本地判昭51・12・15判時八三五・三〈水俣病認定遅延訴訟不作為違法確認事件〉公害・環境判例[二版]一部一四）

五　義務付け訴訟

[51]　出入国管理及び難民認定法は、同法四九条一項の異議の申出権を同法五〇条一項の在留特別許可を求める申請権としての性質を併せ有するものとして規定していると解されるから、在留特別許可の義務付けを求める訴えは、本条六項二号にいういわゆる申請型の義務付けの訴えである。（東京地判平20・2・29判時二〇一三・六一）↓三七条の三[5]

第四条（**当事者訴訟**）　この法律において「当事者訴訟」とは、当事者間の法律関係を確認し又は形成する処分又は裁決に関する訴訟で法令の規定によりその法律関係の当事者の一方を被告とするもの及び公法上の法律関係に関する確認の訴えその他の公法上の法律関係に関する訴訟をいう。

【当事者訴訟↓三九―四一【法令の規定により、当事者の一方を被告とするものの例↓自衛一〇五⑨⑩、収用一三三、著作七二

一　形式的当事者訴訟↓九条[31]

[1]　土地収用法一三三条所定の損失補償に関する訴訟において、裁判所は収用委員会の補償に関する認定判断に裁量権の逸脱濫用があるかどうかを審理判断するのではなく、証拠に基づき裁決時点における正当な補償額を認定し、裁決に定められた補償額と右認定額が異なるときは、裁決を違法とし、正当な補償額を確定すべきである。（最判平9・1・28民集五一・一・一四七、行政百選Ⅱ[七版]二〇九）↓国賠◆【損失補償】

［附則の後］[31]

[2]　土地収用法一三三条の損失補償に関する訴えは、補償請求権の確認又は差額等の給付を求める当事者訴訟である。（名古屋高判昭58・4・27行裁三四・四・六六〇）

[3]　土地収用法一三三条の損失補償に関する訴えは、収用委員会の裁決のうち補償額の部分の変更を求める形成訴訟である。（高松高判昭59・12・24行裁三五・一二・二三三三）

二　実質的当事者訴訟

[4]　薬局の開設を登録制から許可制に改めた薬事法の改正が憲法違反であるとして、既に登録を受けていた者が、改正後も許可を受けずに引き続き薬局を開設する権利を有することの確認を求めた訴えについて、訴えが適法であることを前提として、薬事法改正の合憲性が判断された事例（最大判昭41・7・20民集二〇・六・一二一七、医事百選九六）

[5]　国民年金法〔昭和六〇法三四による改正前〕に基づく障害福祉年金及び老齢年金の受給資格を有し、同法二〇条のいわゆる併給調整規定に基づいて老齢年金の支給停止措置を受けた者が、国を被告として未支給の老齢年金の支給を求める訴訟は、原告の死亡によって終了する。国民年金法一九条一項所定の遺族は、死亡した受給権者が有していた請求権を同項の規定に基づき承継的に取得するが、その権利を行使するには、社会保険庁長官に対する請求をすることが必要であり、同長官に対する支給請求とこれに対する処分を経ないで訴訟上未支給年金を請求することはできない。（最判平7・11・7民集四九・九・二八二九、行政百選Ⅰ[七版]六六）↓行総◇【Ⅰ】

[34]

[6]　地方公務員の勤勉手当の支給は、抗告訴訟としてその効力を争うことはできず、公法上の法律関係に関する訴訟として、争いある差額分の給付請求訴訟を提起すべきである。（富山地判昭47・7・21行裁二三・六＝七・五五三）

[7]　私道について、一括指定方式により指定された建築基準法四二条二項に規定するみなし道路であることの確認請求が本条の当事者訴訟として取り扱われた例（東京高判平12・10・19判時一七三一・七三）

[8]　公職選挙法附則八項〔平成一八法六二による改正前のもの〕につき所要の改正がされないと、在外国民である原告らが、今後直近に実施されることになる衆議院小選挙区選出議員の選挙及び参議院選挙区選出議員の選挙において投票をすることができず、選挙権を行使する権利を侵害されることになるので、そのような事態になることを防止するために、同項が違憲無効であるとして、当該各選挙につき選挙権を行使する権利を有することの確認をあらかじめ求める訴えは、公法上の法律関係に関する確認の訴えとして、その内容に照らし、確認の利益を肯定することができる。（平成一六法八四による本条改正後の事件）（最大判平17・9・14民集五九・七・二〇八七、行政百選Ⅱ[七版]二〇八）↓国賠一条[74]

[9]　国が在外国民である原告に対して次回の最高裁判所裁判官国民審査において審査権を行使させないことが憲法一五条一項、七九条二項、三項等に違反して違法であることの確認訴訟は、公法上の法律関係に関する確認の訴えとして適法である。①国民審査法が在外国民に審査権の行使を全く認めていないことにより、個々の在外国民が有する憲法上の権利に係る法的地位に現実の危険が生じていること、②審査権は、国民審査の機会に行使できなければ意味がなく、侵害を受けた後に争うことでは権利行使の実質を回復できないこと、③違法確認判決が確定したときには、国会において、裁判所の違憲判断が尊重されること（憲法八一条、九九条参照）を踏まえると、紛争解決の有効適切な手段と認められるからである。（平成一六法八四による本条改正後の事件）（最大判令4・5・25【令2行ツ二五五】）↓[8]、憲七九条[2]、国賠一条[79]

[10]　日本国民である父と日本国民でない母との間に出生した後に父から認知された子は、父母の婚姻により嫡出子の身分を取得したという部分を除いた国籍法三条一項所定の要件が満たされれば日本国籍を取得するとして、国に対する国籍確認請求を認容した事例（平成一六法八四による本条改正後、平成二〇法八八による国籍法改正前の事件）（最大判平20・6・4民集六二・六・一三六七、憲百選Ⅰ[七版]二六）↓憲一〇条[3]・八一条[34]

[11]　本来健康保険法による保険診療の対象となるインターフェロン療法について、自由診療である活性化自己リンパ球移入療法と併用して行われる場合（いわゆる混合診療）であっても、被保険者である原告は、健康保険法に基づく療養の給付を受けることができる権利を有することを公法上の法律関係に関する確認の訴えで確認した事例（平成一六法八四による本条改正後の事件）（東京地判平19・11・7判時一九九六・三、重判平20行政八）↓[12]

[12]　[11]の事案で、混合診療においては保険診療相当部分についても保険給付を行うことはできないとして、請求が棄却された事例（平成一六法八四による本条改正後の事件）（最判平23・10・25民集六五・七・二九二三、社会保障百選[五版]二九）

[13]　通信制御販売システムに係る販売機に青少年保護育成条例で自動販売機への収納を禁止された有害図書類を収納して販売している業者が、同条例の定める届出義務及び図書の撤去義務を負わないことの確認を求める訴えについて、原告が勝訴すれば、判決の拘束力（行政事件訴訟法四一条一項、三三条一項）により、右公法上の義務をめぐる紛争が終局的に解決されるとして、確認の利益が認められた事例（平成一六法八四による本条改正後の事件）（名古屋地判平21・2・19判タ一三一三・一四八）

[14]　都立学校の校長らが、教育長通達を踏まえ、教職員に対して、入学式、卒業式等における起立・国歌斉唱・ピアノ伴奏

を命ずる職務命令（本件職務命令）を発し、本件職務命令違反に対し、一回目は戒告、二回目及び三回目は減給、四回目以降は停職という基準に従って、多くの教職員に対し懲戒処分が行われていた事案で、本件職務命令に基づく公的義務の存在は、懲戒処分以外に、勤務成績の評価を通じた昇給等に係る処遇上の不利益をも発生させる危険があり、処遇上の不利益が反復継続的かつ累積加重的に発生し拡大していくと事後的な損害の回復が著しく困難になることを考慮し、そのような処遇上の不利益の予防を目的とする公法上の法律関係に関する確認の訴えとして、本件職務命令に基づく公的義務の不存在確認訴訟につき確認の利益が認められた事例（最判平24・2・9民集六六・二・一八三、行政百選Ⅱ[七版]二〇七）↓三条[25]・三七条の四[7][7]

[15] 第一類及び第二類医薬品の郵便等販売を禁ずる薬事法施行規則〔平成二一厚労一〇による改正後のもの〕の規定は法の委任の範囲を逸脱した違法無効なものであるとして、インターネット販売を行う事業者らが第一類及び第二類医薬品に係る郵便等販売をすることができる権利ないし地位を有することが確認された事例〔平成一六法八四による本条改正後の事件〕（最判平25・1・11民集六七・一・一、行政百選Ⅰ[七版]五〇）↓憲二二条[13][14]、行総◆【Ⅱ】[12]

[16] タクシー事業者が、省令に基づく公示により定められた乗務距離の最高限度を超えても運転者を事業用自動車に乗務させることができる地位を有することが確認された事例〔平成一六法八四による本条改正後の事件〕（名古屋地判平25・5・31判時二二四一・三二……名古屋高判平26・5・30判時二二四一・二四は当該判断を維持）↓三七条の四[4]

[17] 都市計画法に基づく建築規制に係る勧告義務があることの確認の訴えについて、相手方が任意に勧告に従う可能性が低いこと等から紛争解決に有効適切であると認められないとして、確認の利益を欠くとされた事例〔平成一六法八四による本条改正後の事件〕（東京高判平29・12・7判時二三七九・三、重判平30行政六）

[18] 原告が、原告に対する死刑確定判決について再審請求中である限り死刑執行に応ずる義務がないことの確認の訴えについて、確認の利益が認められた事例〔平成一六法八四による本条改正後の事件〕（大阪地判令2・2・20【平30行ウ四二】……請求は棄却）

（民衆訴訟）

第五条 この法律において「民衆訴訟」とは、国又は公共団体の機関の法規に適合しない行為の是正を求める訴訟で、選挙人たる資格その他自己の法律上の利益にかかわらない資格で提起するものをいう。

⚭+【民衆訴訟↓四二、四三【民衆訴訟の例↓公選二〇三・二〇四・二〇七・二〇八、自治二四二の二

民衆訴訟↓四二条[1][2]

（機関訴訟）

第六条 この法律において「機関訴訟」とは、国又は公共団体の機関相互間における権限の存否又はその行使に関する紛争についての訴訟をいう。

⚭+【機関訴訟↓四二・四三【機関訴訟の例↓自治一七六⑦・二五一の五—二五二

機関訴訟↓四二条[5]〜[8]

（この法律に定めがない事項）

第七条 行政事件訴訟に関し、この法律に定めがない事項については、民事訴訟の例による。

⚭+民訴、民訴規、民訴費

一 処分権主義

[1] 行政行為の瑕疵〔かし〕の存否について当事者間に争いがあるため、その争いを止めるために互いに譲歩して和解が締結され、譲歩の方法として行政行為の取消しがなされることは許される。（横浜地判昭35・11・19行裁一一・一一・三二一九）

二 弁論主義

1 主張・立証責任

[2] 行政処分の無効原因の主張としては、単に抽象的に処分に重大明白に瑕疵があると主張するだけでは足りず、処分の要件の存在を肯定する処分庁の認定に重大明白な誤認があることを具体的事実に基づいて主張すべきである。（最判昭34・9・22民集一三・一一・一四二六、行政百選Ⅰ[七版]八二）

[3] 裁量処分の無効確認訴訟においては、原告が、裁量権の行使がその範囲を超え又は濫用にわたり、したがって処分が違法であり、かつ、その違法が重大かつ明白であることを主張立証することを要する。（最判昭42・4・7民集二一・三・五七二、行政百選Ⅱ[七版]一九七）

[4] 原子炉設置許可処分の取消訴訟において、被告行政庁がした判断に不合理な点があることの主張、立証責任は、本来、原告が負うべきものであるが、当該原子炉施設の安全審査に関する資料を全て被告行政庁の側が保持していることなどの点を考慮すると、被告行政庁の側において、まず、その依拠した具体的審査基準並びに調査審議及び判断の過程等、被告行政庁の判断に不合理な点のないことを相当の根拠、資料に基づき主張、立証する必要があり、被告行政庁が右主張、立証を尽くさない場合には、被告行政庁のした判断に不合理な点があることが事実上推認される。（最判平4・10・29民集四六・七・一一七四〈伊方原発訴訟〉行政百選Ⅰ[七版]七七）↓行総◆【Ⅱ】[110]

[5] 原子爆弾被爆者の医療等に関する法律八条一項〔平成六法一一七による廃止前のもの。現在の原子爆弾被爆者に対する援護に関する法律一一条一項に相当〕に基づく認定は放射線起因性を要件としているが、行政処分の要件として因果関係の存在が必要とされる場合に、その拒否処分の取消訴訟において被処分者がすべき因果関係の立証の程度は、特別の定めがない限り、通常の民事訴訟における場合と異なるものではない。（最判平12・7・18判時一七二四・二九、社会保障百選[五版]一一五）

2 主張の制限

[6] 青色申告書による法人税の申告について不動産の取得価額が申告額より低いことを理由としてした更正処分の取消訴訟において、課税庁は更正の理由と異なり、販売価額が申告額より多いという事実を主張することが許される。（最判昭56・7・14民集三五・五・九〇一、行政百選Ⅱ[七版]一八八）

[7] 特許無効の抗告審判の審決の取消訴訟においては、抗告審判の手続において審理判断されなかった公知事実との対比における無効原因は、審決を違法とし又はこれを適法とする理由として主張することは許されない。（最大判昭51・3・10民集三〇・二・七九、行政百選Ⅱ[七版]一九二）↓特許一七八条[5]

[8] 不使用を理由とする商標登録の取消審決の取消訴訟において、審判の審理の対象であった登録商標の使用の事実の立証は、事実審の口頭弁論終結時に至るまで許される。（最判平3・4・23民集四五・四・五三八、商標百選[二版]四三）

[9] 固定資産評価審査委員会の審査は、納税者の権利保護とともに固定資産税賦課の適正な運営を図る趣旨であり、委員会が職権による資料収集等をできることも考えると、委員会は、審査申出人の主張しない事由も審査対象にできる。したがって、その審査対象は、登録価格の適否の判断に必要な事項全般に及び、審査決定の取消訴訟においては、委員会による価格認定の適否が問題となり、当該認定の違法性を基礎付ける具体的な主張は、単なる攻撃防御方法にすぎないから、審査申出人は、審査の際に主張しなかった違法事由を同訴訟において主張することができる。（最判令元・7・16民集七三・三・二一一、租税百選[七版]九九）

3　文書提出命令→民訴二二〇条⑱㉗・二二三条⑦④

⑩　民訴法二二〇条三号〔旧三一二条三号〕にいう文書には、挙証者と所持者との間の法律関係自体を記載した文書だけではなく、その法律関係に関係のある事項を記載した文書ないしその法律関係の形成過程において作成された文書が含まれ、取消訴訟においては行政処分がなされるまでの所定の手続の過程において作成された文書であって、行政処分をするための前提資料となった文書がこれに含まれる。（高松高決昭50・7・17行裁二六・七＝八・八九三、重判昭50行政五）

⑪　教科用図書検定において調査官の作成した調査意見書等は、作成が義務的であるにしても、結局は申請に対する裁断の内部的資料にとどまり、行政庁の外部に対する行政処分としては裁断のみであって内部的資料の公開は義務付けられておらず、当該行政処分の違法であるか否かは文書の記載内容とは別個に判断されるべきであるから、民訴法二二〇条三号〔旧三一二条三号〕において予期されている文書には当たらない。（東京高決昭43・11・29行裁一九・一一・一八五六）

三　参加→二二条⑤、民訴四二条⑤、自治二四二条の二㊾㊿

⑫　職務執行命令訴訟は、国の委任を受けて都道府県知事が管理執行する事務に関する行政機構内部における意思決定過程で、行政機関の間に法令解釈等をめぐる対立があった場合に、対立の調整手段として法が特に認めた客観的訴訟の性質を有するものであり、裁判所が主務大臣の請求に理由があると認めて、都道府県知事に対し、当該事項を行うべきことを命じた場合であっても、行政機構内部における本来の方法によって当該事項を執行すべきことが決定されたのと同様の効果を生ずるにとどまる。かかる訴訟については、指揮命令の適法性をめぐり対立する主務大臣と都道府県知事との間で訴訟が追行されることが予定されており、本来行政機構内部における意思決定過程に介入することが認められていない者が、これに関与することは法の全く予定しないところであって、職務執行命令訴訟については、その性質上、民訴法の補助参加に関する規定を準用する余地はない。（最決平8・2・26民集五〇・二・二七四、重判平8行政三）

四　訴額

⑬　林地開発許可処分の取消訴訟において原告らが主張する利益は、各原告がそれぞれ有するものであって、全員に共通であるとはいえないから、訴訟の目的の価額は、各原告の主張する利益によって算定される額を合算すべきものである。（最決平12・10・13判時一七三一・三、行政百選Ⅱ〔七版〕二一三）

⑭　→民訴九条④

住民訴訟において「訴えを以て主張する利益」は住民全体が受ける利益であり、その性格上算定が極めて困難であるから、民事訴訟費用等に関する法律四条二項に準じて、その価額は三五万円〔現一六〇万円〕とするのが相当である。（最判昭53・3・30民集三二・二・四八五、行政百選Ⅱ〔七版〕二一四）→自治二四二条の二㊼

五　保全訴訟→二五条判・四四条判

六　訴訟上の救助

⑮　懲罰処分取消訴訟の審理の過程で懲罰の執行が終了し、訴えの利益が失われたとしても、国家賠償請求に訴えを変更することにより勝訴する見込みが残されているから、訴訟上の救助の消極的要件である「勝訴の見込みがないとはいえないとき」（民訴法八二条一項）に該当するとした事例（大阪高決平18・6・21判タ一二二六・一一二）

第二章　抗告訴訟

第一節　取消訴訟

第八条（処分の取消しの訴えと審査請求との関係）① 処分の取消しの訴えは、当該処分につき法令の規定により審査請求をすることができる場合においても、直ちに提起することを妨げない。ただし、法律に当該処分についての審査請求に対する裁決を経た後でなければ処分の取消しの訴えを提起することができない旨の定めがあるときは、この限りでない。

② 前項ただし書の場合においても、次の各号の一に該当するときは、裁決を経ないで、処分の取消しの訴えを提起することができる。

一　審査請求があつた日から三箇月を経過しても裁決がないとき。

二　処分、処分の執行又は手続の続行により生ずる著しい損害を避けるため緊急の必要があるとき。

三　その他裁決を経ないことにつき正当な理由があるとき。

③ 第一項本文の場合において、当該処分につき審査請求がされているときは、裁判所は、その審査請求に対する裁決があるまで（審査請求があつた日から三箇月を経過しても裁決がないときは、その期間を経過するまで）、訴訟手続を中止することができる。

参+【審査請求をすることができる場合→行審二・三　❶【処分の取消しの訴え→三②【審査請求・裁決→三③【法律により審査請求が前置される場合の例→国公九二の二、自治二二九⑤・二三一の三⑩、地公五一の二、ETC　❸【訴訟手続の中止の効果→民訴一三二

一　不服申立て前置主義

①　現業国家公務員に対する不利益処分については、国家公務員法九二条の二の規定は、出訴の要件としてではなく、単に主張ないし審理の能否についてのみ意義を有するものであり、不利益処分に不服のある者は、直ちに取消訴訟を提起することができるが、不当労働行為該当の瑕疵〔かし〕以外の瑕疵を当事者が主張しまた裁判所が審理するについては、審査請求に対する人事院の裁決を経由することを要し、これを経ない限り、その主張、審理が制限される。（最判昭49・7・19民集二八・五・八九七、公務員百選三四）→行総◆【Ⅰ】③

②　所得税更正処分の取消しの訴えは、再調査決定、審査決定を経なければ提起できないが、不適法として却下すべきでない場合に国税庁長官又は国税局長が誤って却下した場合は、行政庁は処分につき再審査の機会を与えられていたものであるから、審査の決定があったものとして適法に出訴ができる。（最判昭36・7・21民集一五・七・一九六六、行政百選Ⅱ〔七版〕一八四）

二　二項一号関係

③　保険給付に関する決定に不服のある者は、労働者災害補償保険審査官に対して審査請求をした日から三箇月を経過しても決定（本条二項一号の「裁決」に当たる。）がないときは、審査請求に対する決定及び再審査請求の手続を経ないで、処分の取消しの訴えを提起することができる。〔平成八法四二による労働者災害補償保険法の改正前の事件〕（最判平7・7・6民集四九・七・一八三三、重判平7行政四）

三　二項二号関係

④　退職の意思表示を撤回した地方公務員に対する退職承認処分について審査請求に対する裁決を経ずに取消訴訟が提起された事案で、当該処分により原告が無職になれば原告とその家族の生活が困窮することは明らかである等として、本条二項二号該当性が認められた事例（旭川地判平25・9・17判時二二一三・一二五）

四　正当な理由（二項三号）

⑤　更正処分の出訴期間内に、かつ、その出訴前に再更正処分がなされたとき、更正処分に対する不服申立手続を経由していれば、再更正処分については、不服申立てを経ずに取消訴訟を提起し得る。（佐賀地判昭50・4・25行裁二六・四・六二五）

⑥　欠損金額を減額する更正処分について不服申立手続を経由したのみでは、当該欠損金の繰戻しによる法人税の還付請求

を理由がないとする通知処分につき不服審査を経ない正当な理由ありとはいえない。（最判昭59・6・28民集三八・八・一〇二九）

（原告適格）

第九条① 処分の取消しの訴え及び裁決の取消しの訴え（以下「取消訴訟」という。）は、当該処分又は裁決の取消しを求めるにつき法律上の利益を有する者（処分又は裁決の効果が期間の経過その他の理由によりなくなつた後においてもなお処分又は裁決の取消しによつて回復すべき法律上の利益を有する者を含む。）に限り、提起することができる。

② 裁判所は、処分又は裁決の相手方以外の者について前項に規定する法律上の利益の有無を判断するに当たつては、当該処分又は裁決の根拠となる法令の規定の文言のみによることなく、当該法令の趣旨及び目的並びに当該処分において考慮されるべき利益の内容及び性質を考慮するものとする。この場合において、当該法令の趣旨及び目的を考慮するに当たつては、当該法令と目的を共通にする関係法令があるときはその趣旨及び目的をも参酌するものとし、当該利益の内容及び性質を考慮するに当たつては、当該処分又は裁決がその根拠となる法令に違反してされた場合に害されることとなる利益の内容及び性質並びにこれが害される態様及び程度をも勘案するものとする。

【民衆訴訟及び機関訴訟の特例→四三①】

一 法律上の利益（[7][8][20]〜[22]を除き、平成一六法八四による本条二項追加前の事件）

1 一般論

[1] 法律上の利益を有する者とは、当該処分により自己の権利若しくは法律上保護された利益を侵害され又は必然的に侵害されるおそれのある者をいい、法律上保護された利益とは、当該行政処分の根拠となった法規が、私人等の個人的利益を保護することを目的として行政権の行使に制約を課している ことにより保障される利益であって、それは、行政法規が他の目的、特に公益の実現を目的として行政権の行使に制約を課している結果たまたま一定の者が受けることとなる反射的利益とは区別されるべきものである。（最判昭53・3・14民集三二・二・二一一〈主婦連ジュース事件〉行政百選II七版一三二）→[23]、行審二条[1]

[2] 法律が、利益を一般的公益の中に吸収解消せしめるにとどめず、これと並んで、それらの利益の全部又は一部につきそれが帰属する個々人の個別的利益としてもこれを保護すべきものとすることももとより可能であって、特定の法律の規定がこのような趣旨を含むものと解されるときは、右法律の規定に違反してされた行政庁の処分に対し、これらの利益を害されたとする個々人においてその処分の取消しを訴求する原告適格を有するものと解することに何ら妨げはない。これを森林法所定の保安林指定処分についてみると、法が保安林の指定に「直接の利害関係を有する者」が申請することができるものとし、また、指定を解除しようとする場合に、意見書を提出し、公開の聴聞手続に参加することができるものとしているなどを併せ考えると、法は、森林の存続によって不特定多数者の受ける生活利益のうち一定範囲のものを公益と並んで保護すべき個人の個別的利益として捉え、かかる利益の帰属者に対し保安林の指定につき「直接の利害関係を有する者」としてその利益主張をすることができる地位を法律上付与しているものと解するのが相当である。（最判昭57・9・9民集三六・九・一六七九〈長沼ナイキ事件〉行政百選II七版一七七）→[48]

[3] 当該処分を定めた行政法規が、不特定多数者の具体的利益をそれが帰属する個々人の個別的利益としても保護すべきものとする趣旨を含むか否かは、当該行政法規及びそれと目的を共通する関連法規の関連規定によって形成される法体系の中において、当該処分の根拠規定が、当該処分を通して右のような個々人の個別的利益をも保護すべきものとして位置付けられているとみることができるかどうかによって決すべきである。（最判平元・2・17民集四三・二・五六〈新潟空港事件〉行政百選II七版一九二）→[9]・一〇条[2]

[4] 風俗営業等の規制及び業務の適正化等に関する法律に基づく風俗営業の許可処分に対し、当該営業所が、同法施行条例で診療所その他一定種類の施設から一定の距離内には風俗営業の許可をしないものとされている制限区域内に所在すると主張する診療所の経営者は、当該営業所が実際に制限区域内に所在する場合のみならず、所在するか否かが実体審理をしなければ判明しない程度の至近距離内にある場合にも、原告適格を有する。（最判平6・9・27判時一五一八・一〇……園部裁判官の補足意見がある）

2 営業上の利益

[5] 公衆浴場法の許可制は、被許可者を濫立による経営の不合理化から守ろうとするものでもあり、適正な許可制度の運用によって保護せらるべき業者の営業上の利益は、単なる事実上の反射的利益にとどまらない。（最判昭37・1・19民集一六・一・五七、行政百選II七版一七〇）

[6] 競願関係において免許処分と拒否処分が表裏の関係にある場合には、拒否処分を受けた者は、競願者に対する免許処分の取消しをも訴求し得る。（最判昭43・12・24民集二二・一三・三二五四〈東京12チャンネル事件〉行政百選II七版一七三）↓三三条[2]、行総◘【II】[86]

[7] 医療法七条に基づく病院の開設許可について、同病院の開設地の付近において医療施設を開設し医療行為をする医療法人等は、取消しを求める法律上の利益を有しない。〔平成一六法八四による本条二項追加後の事件〕（最判平19・10・19判時一九九三・三、重判平19行政七）

[8] 市町村長から一定の区域につき既に廃棄物処理法七条に基づく一般廃棄物処理業の許可又はその更新を受けている者は、当該区域を対象として他の者に対してなされた一般廃棄物処理業の許可処分又は許可更新処分について、その取消しを求めるにつき法律上の利益を有する。〔平成一六法八四による本条二項追加後の事件〕（最判平26・1・28民集六八・一・四九、行政百選II七版一七一）↓行総◘【II】[115]、国賠一条[67]

3 周辺住民等の利益

[9] 新たに付与された定期航空運送事業免許に係る路線の使用飛行場の周辺に居住していて、当該免許に係る路線を航行する航空機の騒音によって社会通念上著しい障害を受けることとなる者は、当該免許の取消しを求めるにつき法律上の利益を有する。（最判平元・2・17前出[3]）

[10] 核原料物質、核燃料物質及び原子炉の規制に関する法律二四条一項三号［現二号］所定の技術的能力の有無及び四号［現三号］所定の安全性に関する審査が許可の要件として設けられた趣旨、右各号が考慮している被害の性質等に鑑みると、右各号は、単に公衆の生命、身体の安全、環境上の利益を一般的公益として保護しようとするにとどまらず、原子炉施設周辺に居住し、右事故等がもたらす災害により直接的かつ重大な被害を受けることが想定される範囲の住民の生命、身体の安全等を個々人の個別的利益としても保護すべきものとする趣旨を含み、その住民の範囲は、当該原子炉の種類、構造、規模等の当該原子炉に関する具体的な諸条件を考慮に入れた上で、当該住民の居住する地域と原子炉の位置との距離関係を中心として、社会通念に照らし、合理的に判断すべきものである。（最判平4・9・22民集四六・六・五七一〈もんじゅ訴訟〉行政百選II七版一六二）↓三六条[1]

[11] 公有水面埋立法（昭和四八法八四による改正前の）四条には、埋立水面の周辺の水面において漁業権を有するにすぎない者を保護することを目的として、埋立免許権又は竣工［しゅんこう］認可権の行使に制約を課している明文の規定はなく、また解釈からかかる制約を導くことも困難である。（最判昭60・12・17判時一一七九・五六〈伊達火力発電所事件〉行政

百選Ⅱ[五版]一六九）

[12] 開発許可の要件について定める都市計画法三三条一項七号は、崖崩れ等による被害が直接的に及ぶことが想定される開発区域内外の一定範囲の地域の住民の生命、身体の安全等を、個々人の個別的利益としても保護すべきものとする趣旨を含む。（最判平9・1・28民集五一・一・二五〇、行政百選Ⅱ[四版]二〇三）→[51]

[13] 住居集合地域においてなされた風俗営業の許可について、当該地域内の近隣住民はその取消しを求める法律上の利益を有しない。（最判平10・12・17民集五二・九・一八二一、行政百選Ⅱ[七版]一六六）

[14] 都市計画法五九条二項・三項に基づく都市計画事業の認可及び承認について、事業地内の不動産につき権利を有する者はその取消しを求める法律上の利益を有するが、事業地の周辺地域に居住し又は通勤、通学するにとどまる者は有しない。（最判平11・11・25判時一六九八・六六、行政百選Ⅰ[六版]五八……[20]により判例変更）

[15] 墓地、埋葬等に関する法律一〇条に基づく墓地経営の許可について、当該墓地等の周辺に居住する者は、取消しを求める原告適格を有しない。（最判平12・3・17判時一七〇八・六二、重判平12行政二）

[16] 林地開発許可に基づく開発行為によって起こり得る土砂の流出又は崩壊、水害等の災害による直接的な被害を受けることが予想される範囲の地域に居住する者は、開発許可の取消しを求めるにつき法律上の利益を有する。（最判平13・3・13民集五五・二・二八三、行政百選Ⅱ[七版]一六三）

[17] 那覇市情報公開条例に基づく、海上自衛隊庁舎の建築工事に関する文書の公開決定につき、国は取消しを求める法律上の利益を有しない。（最判平13・7・13判自二二三・二二、自治百選[四版]一一八）

[18] 建築基準法五九条の二第一項に基づく総合設計許可について、当該総合設計許可に係る建築物の倒壊、炎上等により直接的な被害を受けることが予想される範囲の地域に存する建築物に居住し又はこれを所有する者は、その取消しを求める法律上の利益を有する。（最判平14・1・22民集五六・一・四六、行政百選Ⅱ[七版]一六四）

[19] 総合設計許可に係る建築物により日照を阻害される周辺の他の建築物の居住者は、総合設計許可の取消しを求めるにつき法律上の利益を有する。（最判平14・3・28民集五六・三・六一三、重判平14行政二②）

[20] 本条二項を踏まえ、都市計画に関する都市計画法の規定に加えて、公害対策基本法及び東京都環境影響評価条例の規定の趣旨及び目的をも参酌すれば、都市計画事業の認可に関する都市計画法の規定は、事業に伴う騒音、振動等によって、周辺住民に健康又は生活環境の被害が発生することを防止することも、その趣旨及び目的とすると解される。そして、違法な都市計画を基礎として都市計画事業の認可がされた場合に、騒音、振動等による被害を直接的に受けるのは一定範囲の周辺住民に限られ、その被害は健康や生活環境に係る著しい被害にも至りかねないことに照らせば、そのような被害を受けないという利益は、一般的公益の中に吸収解消させることが困難である。したがって、都市計画事業の事業地の周辺に居住する住民のうち当該事業が実施されることにより騒音、振動等による健康又は生活環境に係る著しい被害を直接的に受けるおそれのある者は、当該事業の認可の取消訴訟における原告適格を有する。〔平成一六法八四による本条二項追加後の事件〕（最大判平17・12・7民集五九・一〇・二六四五〈小田急高架化訴訟上告審（原告適格）〉行政百選Ⅱ[七版]一六五）→行総◆【Ⅱ】[133]

[21] 自転車競技法に基づく場外車券発売施設の設置許可の取消訴訟につき、当該場外施設の設置、運営に伴い著しい業務上の支障が生ずるおそれがあると位置的に認められる医療施設等の開設者は、位置基準を根拠として原告適格を有するが、それ以外の周辺住民、事業者および医療施設等の利用者は、位置基準及び周辺環境調和基準のいずれを根拠としても、原告適格を有しない。〔平成一六法八四による本条二項追加後の事件〕（最判平21・10・15民集六三・八・一七一一、行政百選Ⅱ[七版]一六七）

[22] 産業廃棄物の最終処分場の周辺住民のうち、当該処分場から有害物質が排出された場合に健康又は生活環境に係る著しい被害を直接的に受けるおそれのある者は、当該処分場に係る産業廃棄物処分業及び特別管理産業廃棄物処分業の許可処分及び許可更新処分の取消し及び無効確認を求めるにつき法律上の利益を有する。〔平成一六法八四による本条二項追加後の事件〕（最判平26・7・29民集六八・六・六二〇、環境百選[三版]四九）

4 消費者・利用者の利益

[23] 不当景品類及び不当表示防止法の規定により一般消費者が受ける利益は、公正取引委員会［現在は消費者庁が所管］による同法の適切な運用によって実現されるべき公益の保護の結果として生じる反射的な利益ないし事実上の利益である。（最判昭53・3・14前出[7]）

[24] 地方鉄道法二一条による地方鉄道業者の特別急行料金の改定についての認可処分に対し、当該路線の周辺に居住し通勤定期券を購入するなどしてその特別急行列車を利用している者は、その取消しを求める原告適格を有しない。（最判平元・4・13判時一三三六・一二一〈近鉄特急事件〉行政百選Ⅱ[六版]一七二）

5 文化的利益

[25] 町名につき住民が有する利益、不利益は事実上のものにすぎない。（最判昭48・1・19民集二七・一・一、自治百選[四版]一三）→自治二六〇条[7]

[26] 文化財保護法及び静岡県文化財保護条例に基づく史跡指定解除処分に対し、遺跡を研究の対象としてきた学術研究者はその取消しを求める法律上の利益を有しない。（最判平元・6・20判時一三三四・二〇一〈伊場遺跡保存訴訟〉行政百選Ⅱ[七版]一六九）

6 その他

[27] 第一種市街地再開発事業の施行区域内の宅地の所有者は、借地権者に対する処分の取消しを求める原告適格を有する。（最判平5・12・17民集四七・一〇・五五三〇、行政百選Ⅱ[五版]二〇五）

[28] 出入国管理及び難民認定法四条一項一六号［平成元法七九による改正前］に基づく在留資格によって本邦に在留する外国人は、当然に一定期間本邦に在留する権利が保障されているものではないから、在留期間を一年と指定した許可処分は、更新申請者の権利ないし法律上保護された利益を侵害するものではない。（最判平8・2・22判時一五六二・三九）

[29] 道路交通法が優良運転者（同法九二条の二第一項）の実績を賞揚し、優良な運転へと誘導する目的で、免許証の記載や更新手続に差異を設けていること等からすると、同法は、優良運転者の要件該当者に対してはその旨の記載のある免許証を交付して更新処分を行うことを法律上の地位として保障していると解される。したがって、一般運転者として扱われ右記載のない免許証を交付されて更新処分を受けた者は、同処分の取消しを求める利益を有する。（最判平21・2・27民集六三・二・二九九、重判平21行政八）

[30] 滞納者と他の者との共有に係る不動産につき滞納者の持分が国税徴収法四七条一項に基づいて差し押さえられた場合における他の共有者は、その差押処分の法的効果による権利の制限を受けるから、同処分の取消訴訟における原告適格を有する。（最判平25・7・12判時二二〇三・二二、重判平25行政三）→民訴三〇四条[4]

[31] 土地収用法一三三条が収用委員会の裁決の取消訴訟とは別個に損失補償に関する訴えを規定していることから、裁決取消訴訟において主張し得る違法事由は損失補償に関する事項

以外の違法事由に限られるが、裁決の名宛人としては、裁決手続の違法を含む損失補償に関する事項以外の違法事由を主張して裁決取消しを求め得るのであるから、裁決の判断内容が損失補償に関する事項に限られている場合であっても、裁決取消訴訟を提起することは制限されない。（最判平25・10・25判時二二〇八・三）

二　処分の効果の消滅

[32]　法人税申告更正処分の取消訴訟係属中に、減額再更正処分と具体的理由を明示した当初額への再々更正処分が行われた場合、その時点から訴えの利益は消滅する。（最判昭42・9・19民集二一・七・一八二八〈まからず屋事件〉行政百選Ⅱ[七版]一七二）

[33]　自動車運転免許の効力停止処分を受けた者は、停止期間を経過し、かつ、右処分の日から無違反・無処分で一年を経過したときは、右処分の取消しによって回復すべき法律上の利益を有しない。（最判昭55・11・25民集三四・六・七八一、行政百選Ⅱ[七版]一七六）

[34]　増額再更正処分があったときには、更正処分の取消しを求める利益は失われる。（最判昭55・11・20判時一〇〇一・三一）

[35]　森林法一〇条の二第一項に基づく開発許可による開発行為に関する工事は既に完了し、本件土地開発行為に関しては検査済証の交付もされているというのであるから、右事実関係の下においては、本件各開発許可処分の取消し及び無効確認を求める訴えの利益は失われ、また、本件各裁決の取消しを求める訴えの利益も失われるものというべきである。（最判平7・11・9判時一五五一・六四）

[36]　行政手続法一二条一項により定められ公にされている処分基準において、先行処分を受けたことを理由として後行処分の量定を加重する旨の不利益な取扱いの定めがある場合、先行処分を受けた者は、将来において後行処分の対象となり得るときは、先行処分の効果が期間の経過によりなくなった後においても処分基準の定めにより当該不利益な取扱いを受けるべき期間内はなお当該処分の取消しによって回復すべき法律上の利益を有する。（最判平27・3・3民集六九・二・一四三、行政百選Ⅱ[七版]一七五）↓行手一二条[7]

[37]　原子炉設置許可処分の取消訴訟の係属中に当該原子炉について設置変更許可処分が行われ、原子炉施設の施設、設備の内容がその変更許可処分による許可内容に沿って現実に変更された場合には、少なくともその安全性の問題に関しては、その後の変更許可処分によって変更を許可された後の内容が、そのまま当該原子炉に係る原子炉設置許可処分の内容となる。（東京高判平13・7・4判時一七五四・三五〈東海第二原発訴訟〉）↓一〇条[3]

三　処分後の事情の変更

[38]　免職処分を受けた公務員が公職に立候補した場合、公職選挙法九〇条の規定により公務員たる地位を回復できなくなるが、給料請求権その他の権利、利益を回復するために、なお取消しを求める利益がある。（最大判昭40・4・28民集一九・三・七二一、行政百選Ⅱ[初版]一七一）↓自治一二七条[2]

[39]　自動車の運転免許につき、更新を受けなかったときは効力を失うものとする定めは、免許が取り消されその適否が訴訟によって争われている場合についてまで適用を予定したものではない。（最判昭40・8・2民集一九・六・一三九三、行政百選Ⅱ[初版]一七二）↓民訴◆【訴え】［一三四条の前］[23]

[40]　生活保護法に基づく保護変更決定の取消しを求める利益は、原告の死亡によって消滅する。（最大判昭42・5・24民集二一・五・一〇四三〈朝日訴訟〉行政百選Ⅰ[七版]一六）↓行総◘【Ⅰ】[31]

[41]　世帯単位でなされる生活保護においては、被保護世帯の構成員は、それぞれ保護受給権を有し、保護変更処分等を争う原告適格を有する一方で、取消訴訟を提起した世帯主が死亡した場合には、訴訟を承継することができる。（福岡高判平10・10・9判時一六九〇・四二、社会保障百選[五版]九一）

[42]　免職された公務員が免職処分の取消訴訟の係属中に死亡した場合には、その取消判決によって回復される当該公務員の給料請求権等を相続する者が訴訟を承継する。（最判昭49・12・10民集二八・一〇・一八六八、行政百選Ⅱ[二版]一一〇）↓行手◘【Ⅰ　手続違反の効果】［附則の後］[7]

[43]　じん肺法一五条一項に基づく申請に対し、じん肺管理区分（同法四条二項）の管理一（じん肺の所見がないと認められる者）に該当する旨の決定を受けた労働者等は、労働省（当時）の通達によれば労災保険給付の請求をしても不支給処分を受けることが確実であるから、当該決定の取消しを求める法律上の利益を有し、当該労働者等が当該決定の取消訴訟の係属中に死亡した場合、労働者災害補償保険法一一条一項所定の遺族は、労災保険給付の請求権を承継的に取得すると解されるので、そのような遺族が存する限り、当該決定の取消しを求める法律上の利益は失われない。（最判平29・4・6民集七一・四・六三七、重判平29行政四）

[44]　建築確認処分の取消しを求める利益は、建築物の建築工事の完了によって失われる。（最判昭59・10・26民集三八・一〇・一一六九、行政百選Ⅱ[七版]一七四）

[45]　都市計画法二九条に基づく開発許可の取消しを求める訴えの利益は、工事が完了し、検査済証が交付された場合には失われる。（最判平5・9・10民集四七・七・四九五五、重判平5行政八）↓[47]

[46]　都市計画法二九条に基づく開発許可の取消しを求める訴えの利益は、工事が完了し、検査済証の交付がされた後は、予定建築物について建築確認がされていない場合であっても失われる。〔平成四法八二による改正前の事案〕（最判平11・10・26判時一六九五・六三）↓[47]

[47]　市街化調整区域内の土地を開発区域とする開発許可の取消訴訟については、当該開発行為に関する工事が完了し、検査済証が交付された後においても、予定建築物等の建築等が可能となるという法的効果を排除することができるので、訴えの利益が認められる。（最判平27・12・14民集六九・八・二四〇四、重判平28行政三……[45][46]は、市街化区域内の土地を開発区域とする開発許可が対象であり、市街化区域では開発許可を取り消しても、用途地域等における建築物の制限等に従う限り自由に建築物の建築等ができるから、本件に適切でないとされた）

[48]　保安林解除処分の取消しを求める利益は、代替施設の設置により洪水の危険が解消されると認められるときに消滅する。（最判昭57・9・9前出[2]）↓民訴◆【訴え】［一三四条の前］[24]

[49]　学習指導要領が改正された場合には、旧要領の下でなされた改訂検定不合格処分の取消しを求める利益は原則として消滅する。（最判昭57・4・8民集三六・四・五九四〈教科書訴訟第二次上告審〉重判昭57憲六）

[50]　土地改良事業の工事及び換地処分が完了して原状回復が社会的、経済的損失の観点からみて社会通念上不可能であるとしても、そのような事情は行政事件訴訟法三一条の適用に関して考慮されるべき事柄であるから、土地改良事業の施行の認可処分の取消しを求める法律上の利益は消滅しない。（最判平4・1・24民集四六・一・五四、行政百選Ⅱ[七版]一七八）↓三一条[3]

[51]　開発行為によって起こり得る崖崩れ等により侵害される生命、身体の安全という利益は一身専属的なものであり相続の対象とならないので、開発許可の取消訴訟の原告が死亡した場合には、取消しの利益は失われる。（最判平9・1・28前出[12]）

[52]　再入国の許可申請に対する不許可処分を受けた者が、そのまま本邦を出国した場合には、不許可処分の取消しを求める利益は失われる。（最判平10・4・10民集五二・三・六七七、行政百選Ⅱ[七版]一七九）

[53]　建築基準法施行令一三二条の二第二項に基づく認定処分は、都市計画道路が完成して供用が開始されるまでの間、所

定の要件を満たす建築物につき当該計画道路をその建築物の前面道路とみなし、当該建築物につき隣地斜線制限の適用を解除するものであるから、当該都市計画道路が完成して供用が開始されれば、当該認定処分の取消しを求める利益は失われる。（最判平14・3・28前出19）

54 請求に係る公文書の非公開決定の取消訴訟において当該公文書が書証として提出されたとしても、当該公文書の非公開決定の取消しを求める訴えの利益は消滅するものではない。（最判平14・2・28民集五六・二・四六七、重判平14行政四）

55 特定の市立保育所で保育を受けている児童および保護者が、当該保育所を廃止する条例の制定行為の取消しを求める訴えの利益は、保育の実施期間の満了によって失われる。（最判平21・11・26民集六三・九・二一二四、行政百選Ⅱ〔七版〕二〇四……三一条④の上告審）→三条37

56 労働委員会が労働組合からの不当労働行為に係る申立てを受けて使用者に対する救済命令を発した後に、当該使用者に雇用されている組合員がいなくなるなどの事情変更があっても、使用者が同様の事業を営む会社として存続し、組合も産業別労働組合として存続しているという事実関係の下では、当該使用者が救済命令の取消しを求める訴えの利益は失われない。（最判平24・4・27民集六六・六・三〇〇〇、重判平24行政六）→労組二七条の一二14

（取消しの理由の制限）

第一〇条① 取消訴訟においては、自己の法律上の利益に関係のない違法を理由として取消しを求めることができない。

② 処分の取消しの訴えとその処分についての審査請求を棄却した裁決の取消しの訴えとを提起することができる場合には、裁決の取消しの訴えにおいては、処分の違法を理由として取消しを求めることができない。

参❷〔いわゆる裁決主義の場合→労組二七の一九②、ETC

一 自己の法律上の利益に関係のない違法

1 滞納処分である差押えの取消訴訟において、差押物件が他人に属することを、滞納者は違法であると指摘できない。（東京地判昭46・5・19判時六四六・三六）

2 九条9の事案において、当該免許は、当該路線の利用客の大部分が遊興目的の団体客である点において、『当該事業の開始が公衆の利用に適応するものであること』という航空法一〇一条一項一号〔平成一一法七二による改正前のもの〕の免許基準に適合しない等の原告の主張について、自己の法律上の利益に関係のない違法をいうものであるとされた事例（最判平元・2・17民集四三・二・五六〈新潟空港事件〉行政百選Ⅱ〔七版〕一九二）→九条3 9

3 不特定多数者の一般的公益保護という観点から設けられた処分要件であっても、それが同時に当該処分の取消しを求める者の権利利益の保護という観点とも関連する側面があるようなものについては、その処分要件の違背を当該処分の取消理由として主張することは、何ら妨げられるものではなく、核原料物質、核燃料物質及び原子炉の規制に関する法律二四条一項各号の定める原子炉設置許可処分の各要件の存否は、いずれも許可処分取消訴訟における裁判所の審理、判断の対象事項に含まれる。（東京高判平13・7・4判時一七五四・三五〈東海第二原発訴訟〉）→九条37

4 原子炉等規制法に基づく原子炉設置許可処分の取消訴訟において、原告が主張することのできる違法性は、同法二四条一項各号のなかで、三号〔現二号〕のうち技術的能力に係るもの及び四号〔現三号〕の安全性に関するものに限られ、一号、二号〔平成二四法四七により削除〕及び三号のうち経理的基礎に係る違法は主張できない。（新潟地判平6・3・24行裁四五・三・三〇四）

二 審査請求を棄却した裁決

5 国家公務員に対する懲戒処分につき、人事院の修正裁決があった場合には、修正どおりの法律効果を伴う処分が当初からなされたものとして扱われる。（最判昭62・4・21民集四一・三・三〇九、行政百選Ⅱ〔七版〕一三八）

三 裁決固有の瑕疵〔かし〕

6 正当の理由なく、文書等の閲覧の請求を拒むことは、裁決の取消理由となる。（大阪地判昭44・6・26行裁二〇・五＝六・七六九）→行審二九条2

7 理由付記の不備（最判昭47・3・31民集二六・二・三一九、租税百選〔二版〕九二）

8 裁決が遅滞したこと自体は、裁決固有の違法事由とはならない。（青森地判平4・9・29判タ八二三・一七二）

（被告適格等）

第一一条① 処分又は裁決をした行政庁（処分又は裁決があつた後に当該行政庁の権限が他の行政庁に承継されたときは、当該他の行政庁。以下同じ。）が国又は公共団体に所属する場合には、取消訴訟は、次の各号に掲げる訴えの区分に応じてそれぞれ当該各号に定める者を被告として提起しなければならない。

一 処分の取消しの訴え　当該処分をした行政庁の所属する国又は公共団体

二 裁決の取消しの訴え　当該裁決をした行政庁の所属する国又は公共団体

② 処分又は裁決をした行政庁が国又は公共団体に所属しない場合には、取消訴訟は、当該行政庁を被告として提起しなければならない。

③ 前二項の規定により被告とすべき国若しくは公共団体又は行政庁がない場合には、取消訴訟は、当該処分又は裁決に係る事務の帰属する国又は公共団体を被告として提起しなければならない。

④ 第一項又は前項の規定により国又は公共団体を被告として取消訴訟を提起する場合には、訴状には、民事訴訟の例により記載すべき事項のほか、次の各号に掲げる訴えの区分に応じてそれぞれ当該各号に定める行政庁を記載するものとする。

一 処分の取消しの訴え　当該処分をした行政庁

二 裁決の取消しの訴え　当該裁決をした行政庁

⑤ 第一項又は第三項の規定により国又は公共団体を被告として取消訴訟が提起された場合には、被告は、遅滞なく、裁判所に対し、前項各号に掲げる訴えの区分に応じてそれぞれ当該各号に定める行政庁を明らかにしなければならない。

⑥ 処分又は裁決をした行政庁は、当該処分又は裁決に係る第一項の規定による国又は公共団体を被告とする訴訟について、裁判上の一切の行為をする権限を有する。

参+〔選挙及び当選訴訟の被告→公選二〇三①、二〇四、二〇七①、二〇八

7 行政庁相互間においていわゆる権限の委任がなされた場合には、委任を受けた行政庁はその処分を自己の行為としてするものであるから、その処分の取消しの訴えは、委任を受けた行政庁を被告として提起すべきである。〔平成一六法八四による改正前の事件〕（最判昭54・7・20判時九四三・四六）

（管轄）

第一二条① 取消訴訟は、被告の普通裁判籍の所在地を管轄する裁判所又は処分若しくは裁決をした行政庁の所在地を管轄する裁判所の管轄に属する。

② 土地の収用、鉱業権の設定その他不動産又は特定の場所に係る処分又は裁決についての取消訴訟は、その不動産又は場所の所在地の裁判所にも、提起することができる。

③ 取消訴訟は、当該処分又は裁決に関し事案の処理に当たつた下級行政機関の所在地の裁判所にも、提起することができる。

④ 国又は独立行政法人通則法（平成十一年法律第百三号）第二条第一項に規定する独立行政法人若しくは別表に掲げる法人を被告とする取消訴訟は、原告の普通裁判籍の所在地を管轄する

高等裁判所の所在地を管轄する地方裁判所（次項において「特定管轄裁判所」という。）にも、提起することができる。

⑤ 前項の規定により特定管轄裁判所に同項の取消訴訟が提起された場合であつて、他の裁判所に事実上及び法律上同一の原因に基づいてされた処分又は裁決に係る抗告訴訟が係属している場合においては、当該特定管轄裁判所は、当事者の住所又は所在地、尋問を受けるべき証人の住所、争点又は証拠の共通性その他の事情を考慮して、相当と認めるときは、申立てにより又は職権で、訴訟の全部又は一部について、当該他の裁判所又は第一項から第三項までに定める裁判所に移送することができる。

⑧❶【普通裁判籍→民訴四【管轄に関する特別規定→公選二五②、自治七四の二⑫・二四二の二⑤、独禁八五⊟、ETC【事物管轄→裁二四⊟・三三①⊟ ❷【土地の収用→収用、ETC ❸【下級行政機関→行組九【本項の適用除外→労組二七の一九② ❺【訴訟の移送→一三、民訴一七、一九①、行政情報公開二一

[1] 収税官吏が国税犯則取締法二条［平成二九法四による改正後の国税通則法一三二条］に基づいてした動産に対する差押処分は、本条二項の「特定の場所に係る処分」に当たらない。（神戸地決昭59・10・17行裁三五・一〇・一六四九）

[2] 本条三項の「事案の処理に当たった下級行政機関」とは、当該処分等に関し事案の処理そのものに実質的に関与した下級行政機関をいい、下級行政機関において自ら積極的に事案の調査を行い当該処分の成立に必要な資料を収集した上意見を付してこれを処分庁に送付ないし報告し、これに基づいて処分庁が最終的判断をしたような場合はもとより、当該下級行政機関において処分庁に対する意見具申をしていないときであっても、処分要件該当性が一義的に明確であるような場合などは、下級行政機関の関与の具体的態様、程度等によっては、これに該当する。（最決平13・2・27民集五五・一・一四九、重判平13行政一）

[3] 法令に基づき処分行政庁の監督の下で所定の事務を行う特殊法人等又はその下部組織で行政組織法上の行政機関ではない組織も、法令に基づき当該特殊法人等が委任又は委託を受けた当該処分に関わる事務につき処分行政庁を補助してこれを行う機関であるといえる場合で、当該処分に関し事案の処理そのものに実質的に関与したと評価できるときは、「事案の処理に当たった下級行政機関」に該当する。（最決平26・9・25民集六八・七・七八一、重判平26行政五）

[4] 管轄の標準時については、訴え提起の時を標準とすべきである（行訴法七条、民訴法一五条）から、処分後、訴え提起前に処分行政庁が廃止された場合は、その権限を承継した行政庁の所在地を管轄する裁判所が管轄裁判所となる。（京都地決平23・4・28判タ一三四七・一一〇）

（関連請求に係る訴訟の移送）

第一三条 取消訴訟と次の各号の一に該当する請求（以下「関連請求」という。）に係る訴訟とが各別の裁判所に係属する場合において、相当と認めるときは、関連請求に係る訴訟の係属する裁判所は、申立てにより又は職権で、その訴訟を取消訴訟の係属する裁判所に移送することができる。ただし、取消訴訟又は関連請求に係る訴訟の係属する裁判所が高等裁判所であるときは、この限りでない。

一 当該処分又は裁決に関連する原状回復又は損害賠償の請求

二 当該処分とともに一個の手続を構成する他の処分の取消しの請求

三 当該処分に係る裁決の取消しの請求

四 当該裁決に係る処分の取消しの請求

五 当該処分又は裁決の取消しを求める他の請求

六 その他当該処分又は裁決の取消しの請求と関連する請求

⑧+【請求の併合→一六―一九【移送→民訴二二・二二【特定管轄裁判所からの移送→一二⑤、行政情報公開二一 【二】【損害賠償の請求→国賠

[1] 行政事件訴訟法では、関連請求に係る訴訟に取消訴訟を併合することは許容されておらず、取消訴訟を中心としてこれに関連請求に係る訴訟を併合することが予定されているから、民訴法七条［旧二一条］の準用により広く取消訴訟と関連請求相互間に併合の特別裁判籍を生ずるものと解するのは相当でない。（大阪高決昭48・7・17行裁二四・六＝七・六一七）→民訴七条[2]

[2] 一つのリゾートホテルを構成する二一棟の建物の評価額に関する固定資産評価審査委員会の審査決定取消請求について、訴えの個数は二一であるが、各請求の基礎となる社会的事実は一体として捉えられるべきものであって密接に関連しており、争点も同一であるから、互いに本条六号所定の関連請求に当たり、行政事件訴訟法一六条一項により併合提起できるとされた事例（最決平17・3・29民集五九・二・四七七、行政百選Ⅱ[七版]一八六）

（出訴期間）

第一四条① 取消訴訟は、処分又は裁決があつたことを知つた日から六箇月を経過したときは、提起することができない。ただし、正当な理由があるときは、この限りでない。

② 取消訴訟は、処分又は裁決の日から一年を経過したときは、提起することができない。ただし、正当な理由があるときは、この限りでない。

③ 処分又は裁決につき審査請求をすることができる場合又は行政庁が誤つて審査請求をすることができる旨を教示した場合において、審査請求があつたときは、処分又は裁決に係る取消訴訟は、その審査請求をした者については、前二項の規定にかかわらず、これに対する裁決があつたことを知つた日から六箇月を経過したとき又は当該裁決の日から一年を経過したときは、提起することができない。ただし、正当な理由があるときは、この限りでない。

⑧❶❷【出訴期間の特例→公選二〇三・二〇四・二〇七・二〇八、自治二四二の二②、労組二七の一九① ❸【審査請求をすることができる場合→行審二・三・五―七【出訴期間の教示→四六【審査請求の教示→行審八二

一 一項関係

[1] 「知った日」とは、相手方が書類の交付、口頭の告知その他の方法により、処分のなされたことを現実に知った日をいい、抽象的な知り得べかりし日を意味するのではない。ただし、処分を記載した書類が当事者の住所に送達される等、社会通念上処分のあったことを当事者が知り得べき状態に置かれたときは、反証のない限り知ったものと推定される。（最判昭27・11・20民集六・一〇・一〇三八、行政百選Ⅱ[六版]一八八）

[2] 個人情報保護条例に基づく個人情報の開示決定等は、開示が実施されていなくても、当該開示決定等に係る通知が開示請求者に到達した時点で効力を生ずるから、その時点で「処分があった」というべきであるとして、[1]の準則に従い、個人情報の一部開示決定について、決定の通知書が開示請求者を代理する弁護士の下に到達した日をもって、処分があったことを知ったものといえるとされた事例（最判平28・3・10判時二三〇六・四四、重判平28行政四）

[3] 固定資産税賦課決定の取消訴訟（A事件）と、固定資産課税台帳の登録価格の減額を求める地方税法四三二条一項に基づく審査申出を却下した決定（本件決定）の取消訴訟（B事件）が選択的に併合された事案で、固定資産課税台帳の登録価格についての不服か否かによって争訟方法が異なり、かつ、その判断が微妙な事案であることから、行訴法二〇条の趣旨を考慮すると、B事件の訴えが本件決定があったことを

知った日から六箇月経過後に提起されたものであっても、A事件の訴え提起の日に提起されたものと同視すべきであり、少なくとも、出訴期間を遵守することができなかったことにつき「正当な理由」があるとされた事例（東京地判平22・9・29判時二一〇八・三八）↓二〇条⑦

④ 都市計画法に基づく開発登録簿の写しの交付を申請し、行政庁の職員から交付は行えない旨の応答を電話で受けた者が、不作為の違法確認訴訟を提起し、同応答から六か月を経過した後に、その取消訴訟を追加的に併合提起した事案で、応答の際に出訴期間の教示がなかったこと等から、原告が応答により処分がされたと認識せず、当初不作為の違法確認訴訟を提起したことにはやむを得ない事情があり、行訴法一九条②の準則の例外を認める特段の事情があるか、又は本条一項の正当な理由があるとされた事例（東京地判平29・11・30判タ一四五五・一二九）

⑤ 二 三項関係↓特許一九五条の四⑦

課税処分に対する異議申立てについて税務署長がした決定の取消しを求める訴えは、「裁決の取消しの訴え」に該当し、国税不服審判所長に対する審査請求は原処分についてのものであるから、その出訴期間には本条四項［現三項］の適用はなく、一項により決定を知った日又は決定の日から起算すべきである。〔平成一六法八四による改正前の事件〕（最判昭51・5・6民集三〇・四・五四一、行政百選Ⅱ六版一八九）

⑥ 本条四項［現三項］にいう「審査請求」には、行政不服審査法上の不服申立てのみならず、県人事委員会規則に基づく不利益処分に関する再審請求も含まれる。〔平成一六法八四による改正前の事件〕（最判昭56・2・24民集三五・一・九八、行政百選Ⅱ四版二〇八）

⑦ 収用委員会の裁決につき審査請求ができる場合において審査請求がされたときは、収用委員会の裁決の取消訴訟の出訴期間については、土地収用法の特例規定（一三三条一項）は適用されず、他に同法に別段の特例規定が存しない以上、本条三項の一般規定が適用され、その審査請求に対する裁決があったことを知った日から六箇月以内かつ当該裁決の日から一年以内となる。（最判平24・11・20民集六六・一一・三五二一、行政百選Ⅱ七版一八二）

⑧ 更正処分に対する審査請求を棄却する裁決を受け、六箇月を経過する前に意思無能力となった者がその後死亡し、その相続人が遅滞なく同更正処分の取消訴訟を提起した事案につき、本条三項ただし書の「正当な理由」があるとされた事例（東京地判令3・5・21金判一六二七・三六）

第一五条（被告を誤った訴えの救済）① 取消訴訟において、原告が故意又は重大な過失によらないで被告とすべき者を誤ったときは、裁判所は、原告の申立てにより、決定をもつて、被告を変更することを許すことができる。

② 前項の決定は、書面でするものとし、その正本を新たな被告に送達しなければならない。

> ＊令和四法四八（令和八・五・二四までに施行）による改正後
>
> ② 前項の決定は、電子決定書（民事訴訟法（平成八年法律第百九号）第百二十二条において準用する同法第二百五十二条第一項の規定により作成された電磁的記録（電子的方式、磁気的方式その他人の知覚によつては認識することができない方式で作られる記録であつて、電子計算機による情報処理の用に供されるものをいう。）をいう。以下この項において同じ。）を作成してするものとし、その電子決定書（同法第百二十二条において準用する同法第二百五十三条第二項の規定により裁判所の使用に係る電子計算機（入出力装置を含む。）に備えられたファイルに記録されたものに限る。）を新たな被告に送達しなければならない。

③ 第一項の決定があつたときは、出訴期間の遵守については、新たな被告に対する訴えは、最初に訴えを提起した時に提起されたものとみなす。

④ 第一項の決定があつたときは、従前の被告に対しては、訴えの取下げがあつたものとみなす。

⑤ 第一項の決定に対しては、不服を申し立てることができない。

⑥ 第一項の申立てを却下する決定に対しては、即時抗告をすることができる。

⑦ 上訴審において第一項の決定をしたときは、裁判所は、その訴訟を管轄裁判所に移送しなければならない。

❶【被告適格】↓一一 ❸【出訴期間】↓一四 ❹【訴えの取下げ】↓民訴二六一・二六二 ❺民訴二八三 ❻【即時抗告】↓民訴三三二 ❼【管轄裁判所】↓一二【移送の裁判の拘束力等】↓民訴二二【上級審による移送の例】↓民訴三〇九、三二五

① 地方自治法二四二条の二第一項四号所定の「当該職員」に対する損害賠償又は不当利得返還請求に係る訴えにおいて、原告が故意又は重大な過失によらないで「当該職員」とすべき者を誤ったとき、また、専決の定めがある場合において、専決することを任されている者として「当該職員」には該当するものの、現実に専決するなどの財務会計上の行為をしたと認められない者を誤って被告としたときは、裁判所は、原告の申立てにより、本条を準用して、被告を変更することを許すことができる。〔平成一四法四による地方自治法改正前の事案〕（最判平11・4・22民集五三・四・七五九、重判平11行政六）

② 訴訟代理人である弁護士がついている場合には故意又は重過失の有無は弁護士について判断され、原子炉設置許可処分の取消訴訟において、法令の改正により、権限が内閣総理大臣から通商産業大臣に承継されたことを看過したことは重大な過失に当たる。（福岡高宮崎支決昭56・8・27行裁三二・八・一四七五）

③ 町を被告として取消訴訟を提起すべきところ、行政事件訴訟法四六条一項による教示が誤っており、これを信頼して選挙管理委員会を被告として取消訴訟を提起したことは、重大な過失に当たらないとして、被告の変更を許可した事例（福岡高決平17・5・27判タ一二二三・一五五）

第一六条（請求の客観的併合）① 取消訴訟には、関連請求に係る訴えを併合することができる。

② 前項の規定により訴えを併合する場合において、取消訴訟の第一審裁判所が高等裁判所であるときは、関連請求に係る訴えの被告の同意を得なければならない。被告が異議を述べないで、本案について弁論をし、又は弁論準備手続において申述をしたときは、同意したものとみなす。

❶【関連請求】↓一三【訴えの併合】↓民訴一三六 ❷【第一審裁判所が高等裁判所である場合】↓特許一七八①、ETC【弁論準備手続】↓民訴一六八

第一七条（共同訴訟）① 数人は、その数人の請求又はその数人に対する請求が処分又は裁決の取消しの請求と関連請求とである場合に限り、共同訴訟人として訴え、又は訴えられることができる。

② 前項の場合には、前条第二項の規定を準用する。

【関連請求】↓一三【民事訴訟における共同訴訟】↓民訴三八—四一

① 収用委員会に対する収用裁決取消訴訟を主位的請求とし、起業者である市に対する損失補償金増額請求を予備的請求とする主観的予備的請求は適法である。（広島地判昭49・12・17行裁二五・一二・一六一四）↓民訴四一条②

② 主位的に収用委員会を被告として収用裁決取消しを求め、予備的に起業者である県を被告として替地補償を求める訴え

の主観的予備的併合は不適法である。（名古屋高判平9・4・30高民五〇・一・一〇三）

（第三者による請求の追加的併合）

第一八条 第三者は、取消訴訟の口頭弁論の終結に至るまで、その訴訟の当事者の一方を被告として、関連請求に係る訴えをこれに併合して提起することができる。この場合において、当該取消訴訟が高等裁判所に係属しているときは、第十六条第二項の規定を準用する。

§+【関連請求→一三】【請求の併合→一六】【共同訴訟→一七】

（原告による請求の追加的併合）

第一九条① 原告は、取消訴訟の口頭弁論の終結に至るまで、関連請求に係る訴えをこれに併合して提起することができる。この場合において、当該取消訴訟が高等裁判所に係属しているときは、第十六条第二項の規定を準用する。

② 前項の規定は、取消訴訟について民事訴訟法（平成八年法律第百九号）第百四十三条の規定の例によることを妨げない。

＊令和四法四八（令和八・五・二四までに施行）による改正
第二項中「（平成八年法律第百九号）」を削る。（本文未織込み）

§❶【関連請求→一三】【請求の併合→一六】【共同訴訟→一七】

[1] 収用委員会に対する収用裁決取消訴訟において、主観的予備的に追加された日本道路公団に対する損失補償の訴えは、被告の実質的同一性がないから、予備的請求が提起された時点を基準に期間遵守の有無を判断すべきであり不適法である。（東京高決昭53・2・14行裁二九・二・一二四）

[2] 訴えの変更は、変更後の新請求についての新たな訴えの提起にほかならないから、右訴えにつき出訴期間の制限がある場合には、その遵守の有無は原則として右訴えの変更の時を基準として決せられる。（最判昭61・2・24民集四〇・一・六九、行政百選Ⅱ[七版]一八三）

第二〇条 前条第一項前段の規定により、処分の取消しの訴えをその処分についての審査請求を棄却した裁決の取消しの訴えに併合して提起する場合には、同項後段において準用する第十六条第二項の規定にかかわらず、処分の取消しの訴えの被告の同意を得ることを要せず、また、その提起があつたときは、出訴期間の遵守については、処分の取消しの訴えは、裁決の取消しの訴えを提起した時に提起されたものとみなす。

§+【出訴期間→一四】

[1] 地方税法によりいわゆる裁決主義がとられている場合に、誤って原処分の取消訴訟を提起した後に裁決の取消訴訟を提起したときには、本条が類推適用される。（大阪地判昭51・9・16行裁二七・九・一五七三）

（国又は公共団体に対する請求への訴えの変更）

第二一条① 裁判所は、取消訴訟の目的たる請求を当該処分又は裁決に係る事務の帰属する国又は公共団体に対する損害賠償その他の請求に変更することが相当であると認めるときは、請求の基礎に変更がない限り、口頭弁論の終結に至るまで、原告の申立てにより、決定をもつて、訴えの変更を許すことができる。

② 前項の決定には、第十五条第二項の規定を準用する。

③ 裁判所は、第一項の規定により訴えの変更を許す決定をするには、あらかじめ、当事者及び損害賠償その他の請求に係る訴えの被告の意見をきかなければならない。

④ 訴えの変更を許す決定に対しては、即時抗告をすることができる。

⑤ 訴えの変更を許さない決定に対しては、不服を申し立てることができない。

§❶【取消訴訟の目的たる請求→三②③】【損害賠償→国賠】【請求の基礎→民訴一四三①】

[1] 国の機関委任事務に関しては、国が「事務の帰属する国」に当たるほか、国家賠償法により「管理に当る者」又は「管理の費用を負担する者」として賠償責任を負担する地方公共団体も「当該事務の帰属する公共団体」に当たる。（名古屋高決昭42・7・17行裁一八・七・九一五）

[2] 起業者に対する損失補償の訴えの収用委員会に対する収用裁決の取消しの訴えへの変更は、本条が予定しているものではない。（東京高判昭60・6・25判時一一七二・三〇、街づくり百選八三）

[3] 指定確認検査機関の確認に係る建築物について確認をする権限を有する建築主事が置かれた地方公共団体は、指定確認検査機関の当該確認につき本条一項所定の「当該処分又は裁決に係る事務の帰属する国又は公共団体」に当たる。（最決平17・6・24判時一九〇四・六九、行政百選Ⅰ[七版]七）

（第三者の訴訟参加）

第二二条① 裁判所は、訴訟の結果により権利を害される第三者があるときは、当事者若しくはその第三者の申立てにより又は職権で、決定をもつて、その第三者を訴訟に参加させることができる。

② 裁判所は、前項の決定をするには、あらかじめ、当事者及び第三者の意見をきかなければならない。

③ 第一項の申立てをした第三者は、その申立てを却下する決定に対して即時抗告をすることができる。

④ 第一項の規定により訴訟に参加した第三者については、民事訴訟法第四十条第一項から第三項までの規定を準用する。

⑤ 第一項の規定により第三者が参加の申立てをした場合には、民事訴訟法第四十五条第三項及び第四項の規定を準用する。

§❶【民事訴訟法上の独立当事者参加→民訴四七】

一 第三者

[1] 不当労働行為につき労働組合のみが労働委員会に救済を申し立てた場合に、救済を申し立てなかった労働者は、労働組合の申立てに係る救済命令の取消訴訟につき「訴訟の結果により権利を害される第三者」に当たらないとされた事例（最決平14・9・26判時一八〇七・一五二、行政百選Ⅱ[六版]一九四）

[2] 中央労働委員会が救済命令に対する再審申立てを認容して、労働組合及び労働者の不当労働行為救済申立てを棄却した命令の取消訴訟において、使用者は取消判決の効力によって直接その権利を侵害されることにはならないが、取消判決の拘束力によって中央労働委員会が救済命令を発することがあり、それによって法律上の利益を害されることがあるから「訴訟の結果により権利を害される第三者」に該当するとされた例（東京高決平8・3・25高民四九・一・一……上告審（最決平8・11・1判時一五九〇・一四四）で維持）

[3] 独禁法二五条の被害者は、同法二六条一項所定の審決の取消訴訟につき「訴訟の結果により権利を害される第三者」に当たらないとされた例（東京高決昭50・3・18高民二八・一・六九、重判昭50行政六……平成二五法一〇〇により審決制度が廃止される前の事案）

二 即時抗告

[4] 第三者を参加させる決定に対して訴訟当事者が即時抗告をすることは許されない。（最決平14・2・12判時一七八二・一五九）

三 民事訴訟法上の補助参加との関係

[5] 補助参加人が、本条に基づく訴訟参加ではなく、あえて民事訴訟法上の補助参加を選択した以上は、民事訴訟法の定める補助参加人としての地位に基づく権限を有するにすぎず、被参加人の訴訟行為と抵触する訴訟行為を行うことができな

い結果、被参加人がした控訴の取下げは、補助参加人の同意の有無に関わりなく有効とされた事例（仙台高判平25・1・24判時二一八六・二一、重判平25民訴四）

第二三条（行政庁の訴訟参加）① 裁判所は、処分又は裁決をした行政庁以外の行政庁を訴訟に参加させることが必要であると認めるときは、当事者若しくはその行政庁の申立てにより又は職権で、決定をもつて、その行政庁を訴訟に参加させることができる。

② 裁判所は、前項の決定をするには、あらかじめ、当事者及び当該行政庁の意見をきかなければならない。

③ 第一項の規定により訴訟に参加した行政庁については、民事訴訟法第四十五条第一項及び第二項の規定を準用する。

+【補助参加→民訴四二】

[1] 本条一項（同項を準用する場合を含む）の規定により行政庁を訴訟に参加させる決定に対して、即時抗告その他の不服申立てをすることは許されず、そのように解しても憲法三二条に反するものではない。（最決平6・12・16判時一五一八・七）

[2] 固定資産課税台帳に登録された家屋の価格をめぐる本案事件において、本案事件被告である市が、固定資産の評価基準の基礎となる調査検討資料等を保有しておらず、当該調査検討に関する詳細な事情を明らかにすることができないとしていることに照らせば、評価基準を定めた行政庁である総務大臣を本案事件被告のために参加させることは認められるとされた事例（大阪地決平26・1・27判時二二三六・六〇）

第二三条の二（釈明処分の特則）① 裁判所は、訴訟関係を明瞭にするため、必要があると認めるときは、次に掲げる処分をすることができる。

一 被告である国若しくは公共団体に所属する行政庁又は被告である行政庁に対し、処分又は裁決の内容、処分又は裁決の根拠となる法令の条項、処分又は裁決の原因となる事実その他処分又は裁決の理由を明らかにする資料（次項に規定する審査請求に係る事件の記録を除く。）であつて当該行政庁が保有するものの全部又は一部の提出を求めること。

二 前号に規定する行政庁以外の行政庁に対し、同号に規定する資料であつて当該行政庁が保有するものの全部又は一部の送付を嘱託すること。

② 裁判所は、処分についての審査請求に対する裁決を経た後に取消訴訟の提起があつたときは、次に掲げる処分をすることができる。

一 被告である国若しくは公共団体に所属する行政庁又は被告である行政庁に対し、当該審査請求に係る事件の記録であつて当該行政庁が保有するものの全部又は一部の提出を求めること。

二 前号に規定する行政庁以外の行政庁に対し、同号に規定する事件の記録であつて当該行政庁が保有するものの全部又は一部の送付を嘱託すること。

❶【釈明処分→民訴一五一】 ❷【審査請求→行審二・三】

第二四条（職権証拠調べ） 裁判所は、必要があると認めるときは、職権で、証拠調べをすることができる。ただし、その証拠調べの結果について、当事者の意見をきかなければならない。

+【職権探知→人訴二〇】

[1] 行政事件訴訟特例法九条［本条に相当］は、証拠につき十分の心証を得られない場合、職権で証拠を調べることのできる旨を規定したものであつて、証拠につき十分の心証を得られる場合には職権によつて更に証拠を調べる必要はない。（行政事件訴訟特例法下での事案）（最判昭28・12・24民集七・一三・一六〇四、行政百選II［七版］一九四）

第二五条（執行停止）① 処分の取消しの訴えの提起は、処分の効力、処分の執行又は手続の続行を妨げない。

② 処分の取消しの訴えの提起があつた場合において、処分、処分の執行又は手続の続行により生ずる重大な損害を避けるため緊急の必要があるときは、裁判所は、申立てにより、決定をもつて、処分の効力、処分の執行又は手続の続行の全部又は一部の停止（以下「執行停止」という。）をすることができる。ただし、処分の効力の停止は、処分の執行又は手続の続行の停止によつて目的を達することができる場合には、することができない。

③ 裁判所は、前項に規定する重大な損害を生ずるか否かを判断するに当たつては、損害の回復の困難の程度を考慮するものとし、損害の性質及び程度並びに処分の内容及び性質をも勘案するものとする。

④ 執行停止は、公共の福祉に重大な影響を及ぼすおそれがあるとき、又は本案について理由がないとみえるときは、することができない。

⑤ 第二項の決定は、疎明に基づいてする。

⑥ 第二項の決定は、口頭弁論を経ないですることができる。ただし、あらかじめ、当事者の意見をきかなければならない。

⑦ 第二項の申立てに対する決定に対しては、即時抗告をすることができる。

⑧ 第二項の決定に対する即時抗告は、その決定の執行を停止する効力を有しない。

❶【仮処分の排除→四四】【障害としての内閣総理大臣の異議→二七】 ❷【上訴と強制執行の停止→民訴四〇三】【民事執行法上の訴えと強制執行の停止→民執三六―三八】 ❺【疎明→民訴一八八、民保一三】 ❻【任意的口頭弁論→民訴八七、民保三】

+【行政機関に対する争訟の提起と処分の執行との関係→行審二五、自治二五八①】

一 重大な損害

[1] 海上運送法に基づく一般旅客定期航路事業の一部停止命令により、大幅な売上の減少が見込まれるのみならず、顧客や地域住民等の損害は事業者の信用失墜に直結しかねず、一旦失われた信用の回復は著しく困難であるから、「重大な損害」を生ずると認められる。（福岡高決平17・5・31判タ一一八六・一一〇）

[2] 退去強制令書による収容によって留学生が大学を除籍されるという不利益は「重大な損害」に当たるとして、退去強制令書発付処分の収容部分及び送還部分の両方について、執行を停止した事例（大阪地決平19・3・30判タ一二五六・五八）

[3] 弁護士に対する業務停止三月の懲戒処分について、当該業務停止期間中に期日が指定されているものだけで三一件の訴訟案件を受任していた等の事実関係の下では、懲戒処分による社会的信用の低下、業務上の信頼関係の毀損等の損害は、「重大な損害」に当たるとされた事例（最決平19・12・18判時一九九四・二一、行政百選II［七版］一九九）

[4] 産業廃棄物処分場設置許可処分の効力の停止を周辺住民が申し立てた事案で、申立人らが直接被るおそれのある生命又は身体に係る重大な被害は回復することが困難であるとして、「重大な損害を避けるため、緊急の必要があるとき」に当たるとされた事例（奈良地決平21・11・26判タ一三二五・九一）

[5] 条件附採用公立学校教員の免職処分の効力停止の申立てが、給料の一部支払に限定して認容された事例（東京高決平24・7・12判時二一五五・一一二）

[6] 不当景品類及び不当表示防止法六条［現七条］に基づく消費者庁長官の措置命令の効力停止を求める申立てが認容された事例（東京地決平27・4・20判タ一四二四・二〇五）

[7] 建設業法二八条三項に基づく公共工事に関する営業停止処分の効力停止を求める申立てが認容された事例（佐賀地決平27・7・10判時二三〇四・三九）

[8] 市長による保育の利用継続不可決定及び市福祉事務所長による保育の利用解除処分の効力停止を求める申立てが認容された事例（さいたま地決平27・12・17賃社一六五六・四五）

[9] 「表現の不自由展かんさい」の開催のために大阪府立労働センターのギャラリーの利用承認がされた後、反対者との衝突や混乱のおそれ等を理由にその取消処分がされた事案で、開催予定日までに代替会場を確保することは事実上不可能で、不開催による不利益は金銭賠償により回復困難である等として、執行停止決定がされた事例（大阪高決令3・7・15判タ一四九〇・八五）

二 回復の困難な損害（平成一六法八四による改正前の二項の要件）

[10] 弁護士に対する戒告処分は、それが当該弁護士に告知されたときにその効力が生じ、告知によって完結する。日本弁護士連合会会則に基づいて行われる公告は同処分の続行手続等ではなく、これにより弁護士としての社会的信用等が低下することは「回復の困難な損害」に当たらない。（最決平15・3・11判時一八二二・五五）

[11] 明渡裁決の執行（代執行手続の続行）により、新たな場所への転居を余儀なくされても、現住居と経済的、社会的、文化的に同一な地域社会に移転することは十分可能であり、転居による精神的、肉体的負担も土地建物に対する金銭賠償により十分に塡補することができるから、「回復の困難な損害」を被るとは認められない。（東京高決平15・12・25判時一八四二・一一九〈圏央道あきる野IC代執行手続執行停止事件〉……抗告審（最決平16・3・16【平16行ト一〇】）も原審を正当として是認）

[12] 「回復の困難な損害」とは、原状回復又は金銭賠償が不能な場合ばかりではなく、たとえ終局的には金銭賠償が可能でも社会通念上そのことだけでは塡補されないと認められるような著しい損害を被ることが予想される場合をも含む。（東京高決昭41・5・6行裁一七・五・四六三）

[13] 談合を理由に建設業者に対して損害賠償を求める住民訴訟に関し、公正取引委員会がした審判記録の閲覧謄写を認める決定につき、決定が執行されることにより企業秘密などが明らかにされることなどによる損害は性質上回復が困難であるとされた事例（東京高決平13・10・24審決集四八・五九七）

[14] 退去強制令書の収容部分の執行により被収容者が受ける損害は、当然には「回復の困難な損害」に当たらない。（最決平16・5・31判時一八六八・二四）

[15] 退去強制令書による収容中に統合失調症を発症したタイ人女性について、同令書の執行が収容部分も含めて停止された事例（東京地決平15・6・11判時一八三一・九六）

[16] 市立保育所の民営化の方針に伴い、条例改正により市立保育所が廃止されても、新たに設置運営される保育所において、おおむね同水準の保育を受けることが可能であるから、「回復の困難な損害」が生ずるとはいえない。（東京高決平16・3・30判時一八六二・一五一）

三 処分の効力、処分の執行、手続の続行

[17] 通学校の指定処分の効力の停止は、申請人の希望する学校へ児童を通学させるべき旨の通学校指定処分を命じあるいは右処分があったのと同様の状態を作り出すことにはならず、損害を避けるための有効な手段とはならないから、申立ての利益を欠く。（名古屋地決昭43・5・25行裁一九・五・九三五）

[18] 在留期間更新不許可処分の効力が停止されても、許可なしに本邦に在留する権利を取得するに至るものではないが、更新許可の申請をした者は、特段の事情のない限り、許否いずれかの処分がなされるまでは、在留期間の徒過後であっても不法残留者としての責任を問われないと解され、不許可処分の効力の停止は、申請人に対してそのような法的状態を回復させるものである。（東京地決昭45・9・14行裁二一・九・一一一三）

[19] 課税処分取消しの訴えを本案として、当該税額についての滞納処分の執行停止を求めることも、「手続の続行の停止」を求めるものとして許される。（東京地決昭46・2・22行裁二二・一＝二・九〇）

[20] 退去強制令書の執行を本案判決の言渡しまで停止したのみでは、本案の一審において敗訴した場合に令書が執行され強制送還されることがあり得るが、それによって裁判を受ける権利を否定することにはならない。（最決昭52・3・10判時八五二・五三、行政百選Ⅱ〔七版〕一九八）

[21] 児童福祉法二四条に基づく保育所入所措置に付した期限の満了に当たって入所保育所の変更がなされた場合、直前の入所措置の期限の更新と入所措置の実施方法の変更がなされたものとして、処分の効力の停止を求める利益がある。（大阪高決平元・8・10行裁四〇・八・九八五）

四 執行停止を求める利益→自治二四二条の二[2]→行総◆【Ⅱ】[87]

[22] 退去強制令書が発付され、それが執行されている場合には、収容令書の執行停止を求める利益は失われる。（最決平14・2・28判時一七八一・九六）

五 消極要件

[23] 既に巨額の費用が投入され、施設建築物の基礎工事等が完了している場合には、土地引渡しの代執行の執行停止は、再開発事業そのものの意義に甚大な影響をもたらすおそれがあり「公共の福祉に重大な影響を及ぼすおそれ」がある。（東京地決昭56・10・19判時一〇二二・三二）

[24] 処分の違法性の疑いが多少とも存するとき、若しくは本案の理由の存否がいずれとも決し難いときは「本案について理由がないとき」には当たらない。（仙台高決昭51・5・29行裁二七・五・八一二）

[25] 公会堂の使用承認の取消処分が、憲法一四条・二一条に反する等の主張がされており、その判断が本案訴訟において慎重審理を要するから、現時点では「本案について理由がないとみえるとき」には当たらない。（東京地決昭43・5・20行裁一九・五・八四七）

第二六条（事情変更による執行停止の取消し）① 執行停止の決定が確定した後に、その理由が消滅し、その他事情が変更したときは、裁判所は、相手方の申立てにより、決定をもつて、執行停止の決定を取り消すことができる。

② 前項の申立てに対する決定及びこれに対する不服については、前条第五項から第八項までの規定を準用する。

⑳❶民保三八 ⁺行審二六

[1] 本案訴訟において処分取消請求を棄却する判決があった場合、事情の変更に当たる。（福岡高決昭49・9・10行裁二五・八＝九・一一一四）

第二七条（内閣総理大臣の異議）① 第二十五条第二項の申立てがあつた場合には、内閣総理大臣は、裁判所に対し、異議を述べることができる。執行停止の決定があつた後においても、同様とする。

② 前項の異議には、理由を附さなければならない。

③ 前項の異議の理由においては、内閣総理大臣は、処分の効力を存続し、処分を執行し、又は手続を続行しなければ、公共の福祉に重大な影響を及ぼすおそれのある事情を示すものとする。

④ 第一項の異議があつたときは、裁判所は、執行停止をすることができず、また、すでに執行停止の決定をしているときは、これを取り消さなければならない。

⑤ 第一項後段の異議は、執行停止の決定をした裁判所に対して述べなければならない。ただし、その決定に対する抗告が抗告

裁判所に係属しているときは、抗告裁判所に対して述べなければならない。

⑥ 内閣総理大臣は、やむをえない場合でなければ、第一項の異議を述べてはならず、また、異議を述べたときは、次の常会において国会にこれを報告しなければならない。

参❶【内閣総理大臣↓憲六六①】❸【公共の福祉に重大な影響を及ぼすおそれのある事情↓二五④】❺【抗告↓二五⑦】❻【常会↓憲五二、国会二】

一 裁判所の審査権

[1] 裁判所は、内閣総理大臣の異議の理由の当否についての判断権を有しない。（東京地判昭44・9・26行裁二〇・八＝九・一一四二）

二 異議制度の合憲性

[2] 執行停止の権限は、固有の司法作用を行う権限には含まれず、また行政処分はいわゆる自力執行性を有するものであるから、行政処分の効力又は執行の停止は行政処分たる性質を有する。したがって、執行停止の権限は、本来的な行政作用の司法権への委譲にほかならないから、どのような態様で委譲するかは立法政策の問題であって、合憲違憲の問題は起こらない。（東京地判昭44・9・26前出[1]）

（執行停止等の管轄裁判所）

第二八条 執行停止又はその決定の取消しの申立ての管轄裁判所は、本案の係属する裁判所とする。

参+【強制執行の停止の管轄裁判所↓二五②】参【仮処分命令の管轄裁判所↓民保一二】

（執行停止に関する規定の準用）

第二九条 前四条の規定は、裁決の取消しの訴えの提起があつた場合における執行停止に関する事項について準用する。

参+【裁決の取消しの訴え↓三③】

（裁量処分の取消し）

第三〇条 行政庁の裁量処分については、裁量権の範囲をこえ又はその濫用があつた場合に限り、裁判所は、その処分を取り消すことができる。

一 裁量処分の類型↓行総◆【II】(98)～(123)

二 裁量権の範囲

1 一般論

[1] 懲戒権者が裁量権の行使としてした懲戒処分は、それが社会観念上著しく妥当を欠いて裁量権を付与した目的を逸脱し、これを濫用したと認められる場合でない限り、その裁量権の範囲内にあるものとして、違法とならない。したがって、裁判所がその適否を審査するに当たっては、懲戒権者と同一の立場に立って懲戒処分をすべきであったかどうか又はいかなる処分を選択すべきであったかについて判断し、その結果と懲戒処分とを比較してその軽重を論ずべきものではない。（最判昭52・12・20民集三一・七・一一〇一〈神戸税関事件〉行政百選I[七版]八〇）↓行総◆【II】(99)

[2] 地方公務員法二八条の分限処分においては、分限制度の目的と関係のない目的や動機に基づく場合、考慮すべき事項を考慮せず考慮すべきでない事項を考慮した場合、あるいはその判断が合理性を持つものとして許容される限度を超えた場合には違法となる。（最判昭48・9・14民集二七・八・九二五、行政百選I[五版]七七）

2 平等原則↓行総◆【I】(59)～(61)

（特別の事情による請求の棄却）

第三一条① 取消訴訟については、処分又は裁決が違法ではあるが、これを取り消すことにより公の利益に著しい障害を生ずる場合において、原告の受ける損害の程度、その損害の賠償又は防止の程度及び方法その他一切の事情を考慮したうえ、処分又は裁決を取り消すことが公共の福祉に適合しないと認めるときは、裁判所は、請求を棄却することができる。この場合には、当該判決の主文において、処分又は裁決が違法であることを宣言しなければならない。

② 裁判所は、相当と認めるときは、終局判決前に、判決をもつて、処分又は裁決が違法であることを宣言することができる。

③ 終局判決に事実及び理由を記載するには、前項の判決を引用することができる。

参❶【判決の主文↓民訴二五三①(一)】❷【終局判決↓民訴二四三】
+【類似の規定↓行審四五③・六四④】

一 公の利益

[1] 変電所新設のための土地収用裁決についての適用例（大阪高判昭58・9・30判タ五一五・一三二、街づくり百選八六）

[2] 土地改良法に基づく換地計画の認可についての適用例（名古屋地判昭47・5・24行裁二三・五・三三二）

[3] 町営土地改良事業の施行の認可について、工事及び換地処分が完了して原状回復が社会通念上不可能であるという事情は、行政事件訴訟法九条［現九条一項］括弧書きではなく本条の適用に関して考慮されるべき事柄であるとした例（最判平4・1・24民集四六・一・五四、行政百選II[七版]一七八）↓九条(50)

[4] 民営化を前提として条例により市立保育所を廃止した処分についての適用例（横浜地判平18・5・22判タ一二六二・一三七……控訴審（東京高判平21・1・29判時二〇五七・六）は処分性を否定して訴えを却下）↓三条(37)・九条(55)

[5] 土地区画整理法に基づく換地処分についての適用例（福岡高那覇支判令元・7・16判自四七四・八二）

二 一般的な法の基本原則としての事情判決

[6] 選挙訴訟につき、選挙を無効とする旨の請求を棄却するとともに当該選挙が違法である旨の宣言をした例（最大判昭51・4・14民集三〇・三・二二三、行政百選II[七版]二一二）↓憲一四条(30)

[7] 無効確認訴訟には本条一項は準用されていないが、処分の無効事由も取消事由も違法性の程度の差にすぎず、同訴訟においても、既に既成事実が積み重ねられた結果、それを覆滅することが公の利益を害する場合があるから、同項に含まれている一般的な法の基本原則に従って、事情判決ができると解すべきである。（大阪地判昭57・12・24判時一〇七八・六四）↓三八条三項

（取消判決等の効力）

第三二条① 処分又は裁決を取り消す判決は、第三者に対しても効力を有する。

② 前項の規定は、執行停止の決定又はこれを取り消す決定に準用する。

参+【第三者の訴訟参加↓二二】【第三者の再審の訴え↓三四】❶【民事訴訟の一般原則↓民訴一一五】【第三者にも効力を有する判決の例↓人訴二四、会社八三八・八二八―八三三】

一 第三者効↓三条(37)

[1] 本条の趣旨は、原告に対する関係で行政庁の行為が取り消されたという効果を第三者も争い得なくなることを意味するにとどまり、それ以上に、当該行政庁の行為が全ての人に対する関係で取り消されたことになることを意味するものではない。（東京地決昭40・4・22行裁一六・四・七〇八、医事百選七八……医療費値上げの職権告示の取消訴訟）

[2] 商標権の共有者の一人が単独で取消審決の取消訴訟を提起することができると解しても、その訴訟で請求認容の判決が確定した場合には、本条一項により、その取消しの効力は他の共有者にも及び、再度、特許庁で共有者全員との関係で審判手続が行われること（商標法六三条二項の準用する特許法一八一条二項）等から、合一確定の要請に反する事態は生じ

ないとして、単独での取消訴訟が適法とされた事例（知財高判平30・1・15判タ一四五一・一四七）

二 既判力

1 国家賠償との関係→国賠一条[106]～[108]

2 無効確認訴訟との関係

[3] 特許取消決定の取消訴訟につき請求棄却判決が確定した後、同決定の無効確認訴訟及び同決定の違法を理由とする国家賠償請求訴訟が繰り返し提起され、いずれも訴え却下ないし請求棄却がされた後に、さらに提起された同決定の無効確認訴訟について、実質的に見れば前訴の蒸し返しであって信義則に反し、かつ訴権の濫用であるとして、訴えが却下された事例（知財高判平27・3・25【平26行コ一〇〇〇九】重判平27行政七）

三 違法判断の基準時

[4] 行政処分の行われた後に法律が改正されたからといって、裁判所が改正後の法律によって行政処分の当否を判断することはできないから、改正前の法律に照らして違法であった農地買収計画が法律の改正によって適法になる理由はない。（最判昭27・1・25民集六・一・二二、行政百選Ⅱ[七版]一九三）

↓三七条の三[14]

四 取消しの範囲

[5] 固定資産評価審査決定取消訴訟においては、納税者が、審査決定の全部の取消しを求めているか、その一部の取消しを求めているかにかかわらず、当該土地の価格をめぐる紛争を早期に解決するため、当該審査決定のうちその適正な時価等を超える部分に限りこれを取り消すべきである。（最判平17・7・11民集五九・六・一一九七、行政百選Ⅱ[七版]二〇三）

五 取消判決の遡及効

[6] 所得税更正処分の取消判決が確定した場合には、右処分は、処分時に遡ってその効力を失うから、右処分に基づいて納付された所得税は、納付の時点から法律上の原因を欠いていたこととなり、右所得税に係る過納金の還付請求権は、納付の時点において既に発生していたことになる。したがって、被相続人が所得税更正処分に基づき所得税を納付するとともに右処分の取消訴訟を提起し、その係属中に被相続人が死亡したため相続人が同訴訟を承継し、右処分の取消判決が確定するに至ったときは、右所得税に係る過納金の還付請求権は、被相続人の相続財産を構成し、相続税の課税財産となる。（最判平22・10・15民集六四・七・一七六四、租税百選[七版]一〇三）

第三三条① 処分又は裁決を取り消す判決は、その事件について、処分又は裁決をした行政庁その他の関係行政庁を拘束する。

② 申請を却下し若しくは棄却した処分又は審査請求を却下し若しくは棄却した裁決が判決により取り消されたときは、その処分又は裁決をした行政庁は、判決の趣旨に従い、改めて申請に対する処分又は審査請求に対する裁決をしなければならない。

③ 前項の規定は、申請に基づいてした処分又は審査請求を認容した裁決が判決により手続に違法があることを理由として取り消された場合に準用する。

④ 第一項の規定は、執行停止の決定に準用する。

【審査請求の裁決の拘束力→行審五二】

[1] 取消判決の拘束力は、判決主文が導き出されるのに必要な事実認定及び法律判断にわたるものであるから、特許無効審判についての審決取消しの判決が確定した後の再度の審判手続において、審判官は取消判決の拘束力の及ぶ判決理由中の認定判断につきこれを誤りであるとして従前の主張を繰り返すこと、あるいは右主張を裏付けるための新たな立証をすることを許すべきではなく、関係当事者が再度の審決取消訴訟においてこれを違法であるとして非難することはできない。（最判平4・4・28民集四六・四・二四五、特許百選[五版]八六）

↓特許一八一条[1]

[2] 甲と乙とが同一周波をめぐって競願の関係にある場合、甲に対する拒否処分と乙に対する免許付与とは表裏の関係にあるから、拒否処分に対する異議申立てを棄却した決定が取り消された場合には、郵政大臣は改めて決定をなすべきであり、その結果によっては、乙に対する免許を取り消し甲に対し免許を付与することもあり得る。（最判昭43・12・24民集二二・一三・三二五四〈東京12チャンネル事件〉行政百選Ⅱ[七版]一七三）↓九条[6]、行総◆【Ⅱ】[86]

[3] 第一種市街地再開発事業において、借地権者に対する権利変換に関する処分が、当該借地権がないものとして取り消された場合には、施行者は、宅地の所有者に対する処分を取り消して、改めて処分をすべきである。（最判平5・12・17民集四七・一〇・五五三〇、行政百選Ⅱ[五版]二〇五）

[4] 町議会議員の除名処分の効力停止決定がなされることによって、同処分の効力は将来に向かって存在しない状態におかれ、相手方の議会議員としての地位が回復されることになるから、関係行政庁である町選挙管理委員会は、右効力停止決定に拘束され、繰上補充による当選人の決定を撤回すべき義務を負う。（最決平11・1・11判時一六七五・六一）

[5] 取消判決の拘束力により、処分をした行政庁等は、その事件につき当該判決の主文が導き出されるのに必要な事実認定及び法律判断に従って行動すべき義務を負うが、法令上の根拠を欠く行動を義務付けられるものではないので、義務の内容は、当該行政庁がそれを行う法令上の権限があるものに限られる。（最判令3・6・24民集七五・七・三二一四、重判令3租税六……相続税法に基づく更正処分に関する事案）

[6] 本条の拘束力は裁判所が違法とした同一の理由に基づいて同一人に対し同一内容の処分を禁ずる趣旨にすぎず、行政庁が別の理由に基づいて同一の処分をすることまでも妨げられるものではない。（大阪高判昭50・11・10行裁二六・一〇＝一一・一二六八〈堀木訴訟二審〉）

[7] 飲酒者に運転を依頼したことを理由に同乗者である市立中学校教頭が退職手当全額支給制限処分を受け、その取消訴訟において、同教頭は運転依頼をしていないとの事実認定の下、処分が取り消された後に、再処分として、同教頭が運転依頼をしたことを前提に退職手当支給制限処分（八割相当額を支給しない）がされた事案で、前訴確定判決の認定に反する事実認定を前提としてされた再処分は、取消判決の拘束力に反し違法であるとして、取り消された事例（大阪高判平29・7・20判時二三八一・二八）

（第三者の再審の訴え）

第三四条① 処分又は裁決を取り消す判決により権利を害された第三者で、自己の責めに帰することができない理由により訴訟に参加することができなかつたため判決に影響を及ぼすべき攻撃又は防御の方法を提出することができなかつたものは、これを理由として、確定の終局判決に対し、再審の訴えをもつて、不服の申立てをすることができる。

② 前項の訴えは、確定判決を知つた日から三十日以内に提起しなければならない。

③ 前項の期間は、不変期間とする。

④ 第一項の訴えは、判決が確定した日から一年を経過したときは、提起することができない。

【民事訴訟法上の再審→民訴三三八―三四八【会社法上の詐害再審→会社八五三　❶【第三者の訴訟参加→二二【取消判決の第三者への効力→三二　❸【不変期間→民訴九六、九七

[1] 本条の規定は、処分取消訴訟に参加することができなかったことにつき社会通念上責めるべき落度がなかった第三者の利益を保護するためのものであって、その訴訟が公の機関である行政庁によって遂行されるので、参加する必要がないと思料して参加しないでおき、行政庁が敗訴したら自らが訴え

を提起するというような者までも保護するためのものではない。（大阪高判昭44・1・30行裁二〇・一・一一五）

第三五条（**訴訟費用の裁判の効力**） 国又は公共団体に所属する行政庁が当事者又は参加人である訴訟における確定した訴訟費用の裁判は、当該行政庁が所属する国又は公共団体に対し、又はそれらの者のために、効力を有する。

【訴訟費用の裁判→民訴六七

第二節　その他の抗告訴訟

第三六条（**無効等確認の訴えの原告適格**） 無効等確認の訴えは、当該処分又は裁決に続く処分により損害を受けるおそれのある者その他当該処分又は裁決の無効等の確認を求めるにつき法律上の利益を有する者で、当該処分若しくは裁決の存否又はその効力の有無を前提とする現在の法律関係に関する訴えによつて目的を達することができないものに限り、提起することができる。

【無効等確認の訴え→三④【現在の法律関係に関する訴え→四、四五

一　法律上の利益を有する者

[1] 本条にいう「法律上の利益を有する者」の意義は、取消訴訟の原告適格の場合と同様に、当該処分により自己の権利若しくは法律上保護された利益を侵害され又は必然的に侵害されるおそれのある者をいうと解するのが相当である。（最判平4・9・22民集四六・六・五七一〈もんじゅ訴訟〉行政百選Ⅱ[七版]一六二）→九条[10]

二　目的を達することができない場合

[2] 当該処分の効力の有無を前提とする現在の法律関係に関する訴えによって目的を達することができない場合とは、当該処分に基づいて生じる法律関係に関し、処分の無効を前提とする当事者訴訟又は民事訴訟によっては、その処分のため被っている不利益を排除することができない場合はもとより、当該処分に起因する紛争を解決するための争訟形態として、当該処分の無効確認を求める訴えのほうがより直截で適切な争訟形態であるとみるべき場合をも意味する。（最判平4・9・22民集四六・六・一〇九〇〈もんじゅ訴訟〉行政百選Ⅱ[七版]一八二）→[5]

[3] 課税処分を受け当該課税処分に係る税金を納付していないため滞納処分を受けるおそれのある納税者は、課税処分の無効確認を求める訴えを提起することができる。（最判昭51・4・27民集三〇・三・三八四、行政百選Ⅱ[二版]一八二）

[4] 換地処分の効力をめぐる紛争を私人間の法律関係に関する個別の訴えによって解決しなければならないとするのは右処分の性質に照らして必ずしも適当とはいい難く、また、換地処分を受けた者が照応の原則に違反することを主張してこれを争う場合には、自己に対してより有利な換地が交付されるべきことを主張していることにほかならないから、当該換地処分の無効を前提とする現在の法律関係に関する訴えによってはその目的を達することができないものとして、無効確認の訴えの原告適格を肯認すべきである。（最判昭62・4・17民集四一・三・二八六、行政百選Ⅱ[七版]一八〇）

[5] 原子炉施設の設置者を被告として、人格権等に基づき原子炉の設置ないし運転の差止を求める民事訴訟は、本条にいう「当該処分の効力の有無を前提とする現在の法律関係に関する訴え」に該当しない。（最判平4・9・22前出[2]）

第三七条（**不作為の違法確認の訴えの原告適格**） 不作為の違法確認の訴えは、処分又は裁決についての申請をした者に限り、提起することができる。

【不作為の違法確認の訴え→三⑤【不作為についての審査請求→行審三

[1] 独禁法四五条一項に基づく報告・措置要求に対する行政庁の不作為について、行政不服審査法に基づき異議申立てをしたのに行政庁がなんらかの決定等をすることを怠っているとして、不作為の違法確認の訴えが提起された事案で、当該報告・措置要求は法令に基づく申請権の行使ではないから、訴えを不適法とした原審の判断は正当であるとされた事例（最判昭47・11・16民集二六・九・一五七三、行政百選Ⅰ[七版]一二二）→三条[40]

[2] 「申請をした者」とは、申請権の有無にかかわらず、現実に申請をした者であり、申請権の有無は本案の問題である。（金沢地判昭46・3・10行裁二二・三・二〇四）

[3] 本条の「申請」とは行政事件訴訟法三条五項の「法令に基づく申請」をいうから、これに当たらない訴えは適法要件を欠くものとして却下される。（名古屋高判昭55・11・5判時九九七・一〇二）

第三七条の二（**義務付けの訴えの要件等**）① 第三条第六項第一号に掲げる場合において、義務付けの訴えは、一定の処分がされないことにより重大な損害を生ずるおそれがあり、かつ、その損害を避けるため他に適当な方法がないときに限り、提起することができる。

② 裁判所は、前項に規定する重大な損害を生ずるか否かを判断するに当たつては、損害の回復の困難の程度を考慮するものとし、損害の性質及び程度並びに処分の内容及び性質をも勘案するものとする。

③ 第一項の義務付けの訴えは、行政庁が一定の処分をすべき旨を命ずることを求めるにつき法律上の利益を有する者に限り、提起することができる。

④ 前項に規定する法律上の利益の有無の判断については、第九条第二項の規定を準用する。

⑤ 義務付けの訴えが第一項及び第三項に規定する要件に該当する場合において、その義務付けの訴えに係る処分につき、行政庁がその処分をすべきであることがその処分の根拠となる法令の規定から明らかであると認められ又は行政庁がその処分をしないことがその裁量権の範囲を超え若しくはその濫用となると認められるときは、裁判所は、行政庁がその処分をすべき旨を命ずる判決をする。

❶【義務付けの訴え→三⑥㈠　❸【法律上の利益→九①　❺【裁量権の濫用→三〇

[1] 出生届が受理されていない子について、例外的に住民票の記載をすべき場合に当たり、かつ、住民票の記載がされないことにより重大な損害を生ずるおそれがあるとして、住民票の作成を義務付けた事例（東京地判平19・5・31判時一九八一・九……控訴審である東京高判平19・11・5判タ一二七七・六七は、重大な損害を生ずるおそれがないとして訴えを却下）→三条[42]、自治一三条の二[2]

[2] 産業廃棄物の安定型最終処分場につき、周辺住民が廃棄物処理法一九条の五第一項に基づく措置命令の義務付けを求めた事案で、産業廃棄物処理基準に適合しない処分が行われ、周辺住民の生命、健康に損害を生ずるおそれがあるとして、「重大な損害」の要件該当性を認め、知事が措置命令をしないことは裁量権の逸脱濫用に当たるとして、請求が認容された事例（福岡高判平23・2・7判時二一二二・四五、環境百選[三版]五四……最決平24・7・3【平23行ツ三四八】は県の上告を棄却）

[3] 産業廃棄物の管理型最終処分場及び焼却施設の設置許可処分の取消しを知事に義務付けることを周辺住民が求めた事案について、請求が認容された事例（福島地判平24・4・24判時二一四八・四五、環境百選[三版]五五）

第三七条の三① 第三条第六項第二号に掲げる場合において、義務付けの訴えは、次の各号に掲げる要件のいずれかに該当するときに限り、提起することができる。

一 当該法令に基づく申請又は審査請求に対し相当の期間内に何らの処分又は裁決がされないこと。

二 当該法令に基づく申請又は審査請求を却下し又は棄却する旨の処分又は裁決がされた場合において、当該処分又は裁決が取り消されるべきものであり、又は無効若しくは不存在であること。

② 前項の義務付けの訴えは、同項各号に規定する法令に基づく申請又は審査請求をした者に限り、提起することができる。

③ 第一項の義務付けの訴えを提起するときは、次の各号に掲げる区分に応じてそれぞれ当該各号に定める訴えをその義務付けの訴えに併合して提起しなければならない。この場合において、当該各号に定める訴えに係る訴訟の管轄について他の法律に特別の定めがあるときは、当該義務付けの訴えに係る訴訟の管轄は、第三十八条第一項において準用する第十二条の規定にかかわらず、その定めに従う。

一 第一項第一号に掲げる要件に該当する場合 同号に規定する処分又は裁決に係る不作為の違法確認の訴え

二 第一項第二号に掲げる要件に該当する場合 同号に規定する処分又は裁決に係る取消訴訟又は無効等確認の訴え

④ 前項の規定により併合して提起された義務付けの訴え及び同項各号に定める訴えに係る弁論及び裁判は、分離しないでしなければならない。

⑤ 義務付けの訴えが第一項から第三項までに規定する要件に該当する場合において、同項各号に定める訴えに係る請求に理由があると認められ、かつ、その義務付けの訴えに係る処分又は裁決につき、行政庁がその処分若しくは裁決をすべきであることがその処分若しくは裁決の根拠となる法令の規定から明らかであると認められ又は行政庁がその処分若しくは裁決をしないことがその裁量権の範囲を超え若しくはその濫用となると認められるときは、裁判所は、その義務付けの訴えに係る処分又は裁決をすべき旨を命ずる判決をする。

⑥ 第四項の規定にかかわらず、裁判所は、審理の状況その他の事情を考慮して、第三項各号に定める訴えについてのみ終局判決をすることがより迅速な争訟の解決に資すると認めるときは、当該訴えについてのみ終局判決をすることができる。この場合において、裁判所は、当該訴えについてのみ終局判決をしたときは、当事者の意見を聴いて、当該訴えに係る訴訟手続が完結するまでの間、義務付けの訴えに係る訴訟手続を中止することができる。

⑦ 第一項の義務付けの訴えのうち、行政庁が一定の裁決をすべき旨を命ずることを求めるものは、処分についての審査請求がされた場合において、当該処分に係る処分の取消しの訴え又は無効等確認の訴えを提起することができないときに限り、提起することができる。

参❶【義務付けの訴え】→三⑥□二【審査請求】→行審二・三 ❸【不作為の違法確認の訴え】→三⑤【取消訴訟】→三②③【無効等確認の訴え】→三④ ❹【弁論及び裁判の併合】→民訴四一・一五二 ❺【裁量権の濫用】→三〇 ❻【終局判決】→民訴二四三【訴訟手続の中止】→民訴四〇・一三〇―一三二

[1] 公害健康被害の補償等に関する法律に基づく水俣病認定の義務付け請求が認容された事例（最判平25・4・16民集六七・四・一一一五、行政百選Ⅰ[七版]七八）→行総◘【Ⅱ】[25(111)]

[2] 身体障害を有する児童について、普通保育園への入園を承諾することを市に義務付けた事例（東京地判平18・10・25判時一九五六・六二、社会保障百選[五版]九五）→三七条の五[1]

[3] タクシー運賃及び料金の変更認可申請却下処分を受けた者が、同処分の取消訴訟及び同申請に応じた運賃等変更認可処分の義務付け訴訟を提起した事案において、本条六項前段に基づき、取消訴訟についてのみ終局判決がされた事例（大阪地判平19・3・14判タ一二五二・一八九）

[4] [3]の事案で取消判決確定後に再度却下処分がされ、再却下処分の取消訴訟が[3]の義務付け訴訟に追加的に併合提起された事案において、取消し及び義務付けの請求が認容された事例（大阪地判平21・9・25判時二〇七一・二〇……控訴審の大阪高判平22・9・9判時二一〇八・二一は、取消請求を棄却し、義務付けの訴えを却下）

[5] 日本人と内縁関係にある不法残留外国人に対する在留特別許可の義務付けの訴えが、在留資格及び在留期間等の条件を指定する部分を除いて認容された事例（東京地判平20・2・29判時二〇一三・六一）→三条[51]

[6] 障害者自立支援法［現・障害者総合支援法］による介護給付費支給決定の義務付け請求が一部認容された事例（和歌山地判平24・4・25判時二一七一・二八、社会保障百選[五版]一〇二）→三七条の五[5]

[7] 市に対する、と畜場においてと畜検査員にと畜場法一四条に規定する「獣畜のとさつ又は解体の検査」を行わせることの義務付け請求が認容された事例（東京地判平25・2・26判タ一四一四・三一三）→三七条の五[6]

[8] 公共施設管理者である市の市長が都市計画法三二条一項所定の同意をしなかったことが違法な処分であるとして、処分取消請求及び同意をすべき旨を命じる義務付け請求が認容された事例（高松高判平25・5・30判自三八四・六四）→三条[13]

[9] 保険薬局の指定の義務付け請求が認容された事例（東京高判平25・6・26判時二二二五・四三）

[10] 障害者自立支援法［現・障害者総合支援法］に基づく補装具費支給決定の義務付け請求が認容された事例（福岡地判平27・2・9賃社一六三二・四五）

[11] 被爆者健康手帳交付の義務付け請求が認容された事例（長崎地判平28・2・22判時二三三三・一〇）

[12] 高等学校等就学支援金を受給可能とする学校指定行為の義務付け請求が認容された事例（大阪地判平29・7・28賃社一六九三・二六、重判平29憲九）→行総◘【Ⅱ】[15]

[13] 建築基準法四二条一項五号による道路位置指定の取消（撤回）処分の義務付け請求が認容された事例（東京高判平28・11・30判時二三二五・二一）

[14] 義務付け訴訟の本案要件判断の基準時は事実審の口頭弁論終結時とするのが原則であるが、併合提起されている取消訴訟の基準時である処分時の法令によれば違法な審査基準でなされたことを理由に申請却下処分が取り消されるべきであるにもかかわらず、その後の改正法令に基づく審査をすると異なる判断となる可能性が高い場合に、この原則的取扱いを貫くことは申請者にとって著しく不利益となり、その法律上の地位が理由なく害されることになるので、当事者間の信義・衡平に照らし、許されないとされた事例（東京高判平30・5・24判時二四一七・三）→三二条[4]

（差止めの訴えの要件）

第三七条の四① 差止めの訴えは、一定の処分又は裁決がされることにより重大な損害を生ずるおそれがある場合に限り、提起することができる。ただし、その損害を避けるため他に適当な方法があるときは、この限りでない。

② 裁判所は、前項に規定する重大な損害を生ずるか否かを判断するに当たつては、損害の回復の困難の程度を考慮するものとし、損害の性質及び程度並びに処分又は裁決の内容及び性質をも勘案するものとする。

③ 差止めの訴えは、行政庁が一定の処分又は裁決をしてはならない旨を命ずることを求めるにつき法律上の利益を有する者に限り、提起することができる。

④ 前項に規定する法律上の利益の有無の判断については、第九条第二項の規定を準用する。

⑤ 差止めの訴えが第一項及び第三項に規定する要件に該当する場合において、その差止めの訴えに係る処分又は裁決につき、

行政庁がその処分若しくは裁決をすべきでないことがその処分若しくは裁決の根拠となる法令の規定から明らかであると認められ又は行政庁がその処分若しくは裁決をすることがその裁量権の範囲を超え若しくはその濫用となると認められるときは、裁判所は、行政庁がその処分又は裁決をしてはならない旨を命ずる判決をする。

参❶【差止めの訴え→三⑦　❸【法律上の利益→九①　❺【裁量権の濫用→三〇

[1]　本条一項の「重大な損害を生ずるおそれ」が認められるには、処分により生ずるおそれのある損害が、処分後に取消訴訟を提起して執行停止決定を受けること等により容易に救済され得るものではなく、処分前に差止めを命ずるのでなければ救済が困難なものであることを要する。（最判平24・2・9民集六六・二・一八三、行政百選Ⅱ[七版]二〇七……四条[14]の事案で、本件職務命令違反を理由とする懲戒処分の差止訴訟につき、命令違反を理由として懲戒処分が反復継続的かつ累積加重的にされていくことにより生ずる損害は、処分後の取消訴訟等により容易に救済されないとして、訴えの適法性が認められた事例）↓[7]・三条[25]

[2]　健康保険法八〇条及び八一条に基づく保険医療機関指定取消処分及び保険医登録取消処分の差止めの訴えについて、「重大な損害を生ずるおそれがある場合」の要件該当性を肯定した上で、請求を棄却した事例（大阪地判平20・1・31判タ一二六八・一五二）↓行手一八条[7]

[3]　県知事が県及び市からの公有水面埋立免許出願に対して免許する処分の差止めを周辺住民らが求めた事案で、景観利益を有する原告らについて原告適格を認め、埋立免許によって重大な損害を生ずるおそれがあると認めたうえで、埋立免許を行うことは、本条五項所定の裁量権の範囲を超えた場合に当たるとして、免許処分を差し止めた事例（広島地判平21・10・1判時二〇六〇・三〈鞆の浦訴訟〉環境百選[三版]六四）↓三七条の五[13]

[4]　タクシー事業者が、省令に基づく公示により定められた乗務距離の最高限度を超えたことを理由とする道路運送法四〇条に基づく輸送施設の使用停止、事業停止及び事業許可取消しの各処分の差止めを求めた事案について、請求が認容された事例（名古屋地判平25・5・31判時二二四一・三一……名古屋高判平26・5・30判時二二四一・二四は当該判断を維持）↓四条[16]

[5]　自衛隊機運航差止請求訴訟が、防衛大臣による自衛隊機の運航という事実行為に係る権限行使（自衛隊機運航処分）の事前差止請求であり、本条の差止訴訟として適法とされた上で、防衛大臣は平成二八年一二月三一日までの間、やむを得ない事由に基づく場合を除き、厚木飛行場において毎日午後一〇時から翌日午前六時まで自衛隊機を運航させてはならないとされた事例（東京高判平27・7・30判時二二七七・一三……一条[14]の控訴審）

[6]　[5]の事案について、航空機による騒音被害は事後的な取消訴訟等による救済になじまない性質のものであるから、「重大な損害を生ずるおそれ」があるとして、訴えを適法とした上で、周辺住民に生ずる被害を軽減するため、自衛隊機の運航に係る自主規制や周辺対策事業の実施など相応の対策措置が講じられていること等の事情を総合考慮すれば、裁量権の逸脱又は濫用は認められないとして、請求を棄却した事例（最判平28・12・8民集七〇・八・一八三三、行政百選Ⅱ[七版]一五〇……[5]の上告審）

[7]　四条[14]の事案で、将来の懲戒処分の予防を目的とする無名抗告訴訟としての国歌斉唱義務不存在確認訴訟は、実質的には懲戒処分差止訴訟を公的義務不存在確認訴訟の形式に引き直したものであり、差止訴訟につき本条一項ただし書により補充性が要件とされていること等から、無名抗告訴訟としての公的義務不存在確認訴訟についても事前救済の争訟方法としての補充性が要件となるところ、当該事案においては法定抗告訴訟としての差止訴訟を適法に提起できるから、無名抗告訴訟は不適法とされた事例（最判平24・2・9前出[7]）↓[8]

[8]　自衛官である原告が、自衛隊法の規定による防衛出動命令に服従する義務がないことの確認を求めた事案で、当該訴訟は将来の懲戒処分の予防を目的として公的義務の不存在確認を求める無名抗告訴訟と解されるところ、将来の不利益処分の予防を目的としてその前提となる公的義務の不存在確認を求める無名抗告訴訟は、当該処分の差止訴訟と目的が同じであり、確認訴訟の形式で差止訴訟の本案要件（本条五項）の該当性を審理対象とするものであるから、差止訴訟と同様に、一定の処分がされる蓋然性があること（行訴法三条七項）が要件となる。（最判令元・7・22民集七三・三・二四五、重判令元行政六）↓[7]

[9]　いわゆる勤評長野方式における自己観察表示義務につき、義務違反の結果として将来懲戒その他何らかの不利益処分を受けるおそれがあるというだけで、その処分の発動を差し止めるため、事前に右義務の存否の確定を求めることは、事前の救済を認めないことを著しく不相当とする特段の事情がある場合でない限り、許されない。（平成一六法八四による本条追加前の事件）（最判昭47・11・30民集二六・九・一七四六〈長野勤評事件〉行政百選Ⅱ[五版]二〇八）

[10]　本件では河川法七五条に基づく監督処分その他の不利益処分をまって、これに関する訴訟等において事後的に本件土地が河川法にいう河川区域に属するかどうかを争ったのでは、回復し難い重大な損害を被るおそれがある等の特段の事情があるということができないから、あらかじめ河川管理者が河川法上の処分をしてはならない義務があることの確認ないし河川法上の処分権限がないことの確認、及び、これらと同趣旨の本件土地が河川区域でないことの確認を求める法律上の利益を有するということはできない。（平成一六法八四による本条追加前の事件）（最判平元・7・4判時一三三六・八六、重判平元行政四）

第三七条の五（仮の義務付け及び仮の差止め）

① 義務付けの訴えの提起があつた場合において、その義務付けの訴えに係る処分又は裁決がされないことにより生ずる償うことのできない損害を避けるため緊急の必要があり、かつ、本案について理由があるとみえるときは、裁判所は、申立てにより、決定をもつて、仮に行政庁がその処分又は裁決をすべき旨を命ずること（以下この条において「仮の義務付け」という。）ができる。

② 差止めの訴えの提起があつた場合において、その差止めの訴えに係る処分又は裁決がされることにより生ずる償うことのできない損害を避けるため緊急の必要があり、かつ、本案について理由があるとみえるときは、裁判所は、申立てにより、決定をもつて、仮に行政庁がその処分又は裁決をしてはならない旨を命ずること（以下この条において「仮の差止め」という。）ができる。

③ 仮の義務付け又は仮の差止めは、公共の福祉に重大な影響を及ぼすおそれがあるときは、することができない。

④ 第二十五条第五項から第八項まで、第二十六条から第二十八条まで及び第三十三条第一項の規定は、仮の義務付け又は仮の差止めに関する事項について準用する。

⑤ 前項において準用する第二十五条第七項の即時抗告についての裁判又は前項において準用する第二十六条第一項の決定により仮の義務付けの決定が取り消されたときは、当該行政庁は、当該仮の義務付けの決定に基づいてした処分又は裁決を取り消さなければならない。

参❶【義務付けの訴え→三⑥、三七の二、三七の三　❷【差止めの訴え→三⑦、三七の四

一　仮の義務付け

1 三七条の三②について仮の義務付けの申立てが認容された事例（東京地決平18・1・25判時一九三一・一〇）

2 市の設置する公の施設であるホールの使用について、仮の義務付けの申立てが認容された事例（岡山地決平19・10・15判時一九九四・二六、重判平20行政六）

3 生活保護開始の仮の義務付けの申立てが認容された事例（那覇地決平21・12・22判タ一三二四・八七……福岡高那覇支決平22・3・19判タ一三二四・八四により抗告棄却）

4 タクシー業者の運賃据置の認可申請が却下された事案で、従前の運賃による認可処分の仮の義務付けが認められた事例（名古屋地決平22・11・8判タ一三五八・九四）

5 三七条の三⑥について仮の義務付けの申立てが認容された事例（和歌山地決平23・9・26判タ一三七二・九二……大阪高決平23・11・21【平23行ス三五】により原決定取消し、申立て却下）

6 三七条の三⑦について仮の義務付けの申立てが認容された事例（東京地決平24・10・23判時二一八四・二三）

7 在留資格「留学」（在留期間四年）と認定する在留資格認定証明書の交付が仮に義務付けられた事例（名古屋高決平31・3・27【平31行ス二】）

二 仮の差止め

8 本条二項にいう「処分又は裁決がされることにより生ずる償うことのできない損害を避けるため緊急の必要」があるといえるためには、損害を回復するために後の金銭賠償によることが不可能であるか、これによることが著しく不相当と認められることが必要である。（大阪地決平18・8・10判タ一二二四・二三六）

9 産業廃棄物処分業の許可について、近隣住民に差止訴訟の原告適格及び仮の差止めの申立適格を認めた上で、産業廃棄物が適正に処理されなかった場合に生じる粉じんの飛散、汚水の流出等が申立人らの生命、健康を著しく害するような性質のものとは認められず、許可処分がされることにより、申立人らについて償うことのできない損害を避けるため緊急の必要があると一応認めることはできないとして、申立てを却下した事例（大阪地決平17・7・25判タ一二二一・二六〇）

10 退去強制令書発付処分の仮の差止命令の申立てが、処分がされることにより生ずる償うことのできない損害を避けるための緊急の必要がないとして、却下された事例（大阪地決平18・12・12判タ一二三六・一四〇）

11 条例改正による市立保育所の廃止（民間移管）処分を仮に差し止めた事例（神戸地決平19・2・27賃社一四四二・五七）

12 信義則違反等を理由として、住民票の消除処分を仮に差し止めた事例（大阪高決平19・3・1賃社一四四八・五八）

13 三七条の四③の事案における免許処分の仮の差止めの申立てに対して、景観利益を有する申立人らについて申立人適格を認めた上で、申立人らは、免許がなされた場合、直ちに差止訴訟を取消訴訟に変更し、それと同時に執行停止の申立てをし、本件埋立てが着工される前に執行停止の申立てに対する許否の決定を受けることが十分可能であるから、償うことのできない損害を避けるための緊急の必要がないとして、申立てを却下した事例（広島地決平20・2・29判時二〇四五・九八）

14 特定地域及び準特定地域における一般乗用旅客自動車運送事業の適正化及び活性化に関する特別措置法に基づく運賃変更命令、輸送施設の使用停止処分及び事業許可取消処分が仮に差し止められた事例（大阪地決平26・5・23【平26行ク五八】……大阪高決平27・1・7【平26行ス二九】により抗告棄却）

15 再審請求の打合せを目的として行われる死刑確定者と弁護士との面会について、拘置所長が刑事収容施設法に基づき職員を立ち会わせる措置を執る旨の処分をすることが仮に差し止められた事例（東京地決平28・12・14判時二三三九・二二、重判平29行政六……東京高決平29・3・29【平29行ス一二】により抗告棄却）→国賠一条㉞

第三八条（取消訴訟に関する規定の準用）① 第十一条から第十三条まで、第十六条から第十九条まで、第二十一条から第二十三条まで、第二十四条、第三十三条及び第三十五条の規定は、取消訴訟以外の抗告訴訟について準用する。

② 第十条第二項の規定は、処分の無効等確認の訴えとその処分についての審査請求を棄却した裁決に係る抗告訴訟とを提起することができる場合に、第二十条の規定は、処分の無効等確認の訴えをその処分についての審査請求を棄却した裁決に係る抗告訴訟に併合して提起する場合に準用する。

③ 第二十三条の二、第二十五条から第二十九条まで及び第三十二条第二項の規定は、無効等確認の訴えについて準用する。

④ 第八条及び第十条第二項の規定は、不作為の違法確認の訴えに準用する。

参【取消訴訟以外の抗告訴訟→三①④―⑦【無効等確認の訴え→三④【不作為の違法確認の訴え→三⑤

一 訴えの変更

1 農地売渡申請に対する不作為の違法確認の訴えを、その係属中になされた第三者に対する農地売渡処分の取消しの訴えに変更することは、請求の基礎に実質的変更がなく（民訴法一四三条〔旧二三二条〕）、適法である。（神戸地判昭46・2・26行裁二二・一＝二・一〇九）

二 対世効

2 行政事件訴訟特例法の下においては、無効確認判決の効力は取消判決の効力と同様に、訴訟の当事者のみならず、第三者に対する関係においても、画一的に生ずるものと解される。（最判昭42・3・14民集二一・二・三一二、行政百選Ⅱ〔七版〕二〇五）

第三章 当事者訴訟

第三九条（出訴の通知） 当事者間の法律関係を確認し又は形成する処分又は裁決に関する訴訟で、法令の規定によりその法律関係の当事者の一方を被告とするものが提起されたときは、裁判所は、当該処分又は裁決をした行政庁にその旨を通知するものとする。

参【当事者訴訟→四

第四〇条（出訴期間の定めがある当事者訴訟）① 法令に出訴期間の定めがある当事者訴訟は、その法令に別段の定めがある場合を除き、正当な理由があるときは、その期間を経過した後であつても、これを提起することができる。

② 第十五条の規定は、法令に出訴期間の定めがある当事者訴訟について準用する。

参【当事者訴訟→四【不変期間→民訴九六、九七【出訴期間の定めのある例→収用一三三①、ETC

1 土地収用裁決の取消請求の関連請求として、市長に対する損害賠償の訴えがなされている場合において、土地収用法一三三条一項〔平成一六法八四による改正後の二項〕所定の出訴期間経過後に、同条の損失補償を予備的に追加しても、不適法である。（最判昭58・9・8判時一〇九六・六二、街づくり百選八七）

第四一条（抗告訴訟に関する規定の準用）① 第二十三条、第二十四条、第三十三条第一項及び第三十五条の規定は当事者訴訟について、第二十三条の二の規定は当事者訴訟における処分又は裁決の理由を明らかにする資料の提出について準用する。

② 第十三条の規定は、当事者訴訟とその目的たる請求と関連請求の関係にある請求に係る訴訟とが各別の裁判所に係属する場合における移送に、第十六条から第十九条までの規定は、これらの訴えの併合について準用する。

参【当事者訴訟↓四【関連請求↓一三【本条の特例↓公選二一九②

第四章　民衆訴訟及び機関訴訟

（訴えの提起）

第四二条　民衆訴訟及び機関訴訟は、法律に定める場合において、法律に定める者に限り、提起することができる。

参【民衆訴訟の例↓五参【機関訴訟の例↓六参【取消訴訟の原告適格↓九

一　民衆訴訟

1　選挙訴訟

[1] 地方公共団体の長の選挙に関する選挙期日の告示については、独立してその取消しを求める異議、訴願又は訴訟を許した法律上の規定はないから、住民であり選挙民であるという資格で提起した告示の取消しの訴えは不適法である。（最判昭32・3・19民集一一・三・五二七、行政百選Ⅱ[六版]二一九）

[2] 選挙に関する民衆訴訟として提起された、衆議院議員の選挙に関する内閣による助言と承認等の差止め及び内閣による法案提出の義務付けを求める訴え並びにこれらを本案とする仮の差止め及び仮の義務付けの申立ては、それらを提起できる旨を定める法律の規定が存しないことから、いずれも不適法である。（最決平24・11・30判時二一七六・二七、重判平25行政六）

[3] 公職選挙法二〇四条の選挙無効訴訟においては、選挙人らが他者の選挙権の制限に係る規定の違憲を主張してこれを争うことは法律上予定されていないので、同法二〇五条一項所定の選挙無効の原因として同法九条一項〔平成二七法四三による改正前のもの〕並びに一一条一項二号及び三号の規定の違憲は主張し得ない。（最決平26・7・9判タ一四〇七・四七、憲百選Ⅱ[七版]一八八）↓憲八一条[21]〜[24]

2　住民訴訟↓自治二四二条の二

[4] 住民たる要件は訴えの適法要件であるから、事実審の口頭弁論終結時までに当該普通公共団体から転出した者の訴えは不適法である。（大阪高判昭59・1・25行裁三五・一・八）

二　機関訴訟

[5] 土地改良区の総代選挙を無効とした県選挙管理委員会の裁決は、土地改良区の機関としての立場に立つ町選挙管理委員会に対する上級審の立場に立ってなしたものであって、町選挙管理委員会を拘束し、ひいては土地改良区自身をも拘束するから、土地改良区は裁決の取消しを求めることができない。（最判昭42・5・30民集二一・四・一〇三〇、行政百選Ⅱ[四版]二三九）

[6] 国民健康保険事業の主体としての保険者の地位は、行政主体としてのそれであり、国民健康保険審査会は保険者に対し一般的な指揮監督権を有しないとはいえ、保険者のした保険給付とに関する処分の審査に関する限り、一般的に上級行政庁と同様の関係に立ち、その裁決に保険者が拘束されることが制度上予定されているから、保険者は裁決に対して出訴することはできない。（最判昭49・5・30民集二八・四・五九四、行政百選Ⅰ[七版]二）↓行総◆【Ⅰ】[93]

[7] 市長は市議会の議決に拘束されるが、このような執行機関と議決機関との関係は市の内部の機関相互間の関係であって、地方自治法一七六条五項〔現七項〕のように特に訴えの提起を許している場合にのみ訴訟の対象となるから、議会の議員が市長を被告として議決の無効又は不存在の確認を求める訴えは不適法である。（最判昭28・6・12民集七・六・六六三、行政百選Ⅱ[七版]二一一）↓自治九六条[12]

[8] 地方自治法一四六条は、地方公共団体の長本来の地位の自主独立性の尊重と、国の委任を受けてその事務を処理する関係における地方公共団体の長に対する指揮監督権の実効性の確保との間の調和を図るためいわゆる職務執行命令訴訟の制度を採用したものである。〔平成三法二四による地方自治法改正前の事案〕（最判昭35・6・17民集一四・八・一四二〇〈砂川事件職務執行命令訴訟〉行政百選Ⅰ[四版]四六）↓行総◆【Ⅰ】[89]、自治二四五条の八[1]

（抗告訴訟又は当事者訴訟に関する規定の準用）

第四三条① 民衆訴訟又は機関訴訟で、処分又は裁決の取消しを求めるものについては、第九条及び第十条第一項の規定を除き、取消訴訟に関する規定を準用する。

② 民衆訴訟又は機関訴訟で、処分又は裁決の無効の確認を求めるものについては、第三十六条の規定を除き、無効等確認の訴えに関する規定を準用する。

③ 民衆訴訟又は機関訴訟で、前二項に規定する訴訟以外のものについては、第三十九条及び第四十条第一項の規定を除き、当事者訴訟に関する規定を準用する。

参【民衆訴訟↓五【機関訴訟↓六【住民訴訟に関する本条の適用↓自治二四二の二⑪【本条の特例↓公選二二五④、二一九①、自治七四の二⑬

第五章　補則

（仮処分の排除）

第四四条　行政庁の処分その他公権力の行使に当たる行為については、民事保全法（平成元年法律第九十一号）に規定する仮処分をすることができない。

参【仮処分↓民保二三―二五の二【行政処分の執行停止↓二五―二九、三七の五【住民訴訟の仮処分の排除↓自治二四二の二⑩

一　本案訴訟の種類↓民執一七二条[3]

[1] 民事訴訟を本案とする仮処分についても本条が適用され、空港周辺住民から国を相手方としてなされた、空港への特定ジェット機の離着陸の禁止を命ずる仮処分は、仮に空港の利用拒否自体は非権力的行政作用と解し得るとしても、実質的には航空会社に対する免許処分の効力を停止するものであるから許されない。（新潟地決昭48・8・4下民二四・五〜八・五〇〇）

[2] 争点訴訟を本案とするものにも本条の適用がある。（千葉地松戸支決昭51・11・5判タ三五二・二五九）

[3] 薬事法施行規則〔平成二一厚労一〇による改正後のもの〕の規定が無効であることを前提として、事業者らが第一類及び第二類医薬品につき郵便等販売をすることができる権利（地位）を有することを仮に確認する仮処分は、公権力の行使である改正省令（制定行為）の効力停止の実質を有するものであるから、許されない。（東京高決平24・7・25判時二一八二・四九）↓四条[15]

二　処分の内容との抵触

[4] 公有水面埋立免許は、免許取得者に公有水面の埋立権限を付与するにとどまり、付近住民の人格的利益等に基づく埋立工事の差止請求権を剥奪するものではないから、埋立工事の禁止を求める仮処分は本条に抵触しない。（熊本地判昭55・4・16判時九六五・二八〈水俣湾水銀ヘドロ事件〉公害百選二五）

[5] 道路建設工事禁止の仮処分は、道路の区域決定等の行政処分の効力を停止することになるから不適法である。（広島地決昭53・12・5判タ三七三・一一五）

[6] 免職された公務員が、給与の仮支払を求める仮処分は不適法である。（高松高判昭36・1・17行裁一二・一・一六九）

[7] 公営水道事業による水の供給を求める仮処分は本条に抵触しないが、公共下水道使用妨害排除の仮処分は本条に抵触する。（東京地八王子支決昭50・12・8判時八〇三・一八〈武蔵野

市マンション事件〉重判昭51行政一〉

（**処分の効力等を争点とする訴訟**）

第四五条①　私法上の法律関係に関する訴訟において、処分若しくは裁決の存否又はその効力の有無が争われている場合には、第二十三条第一項及び第二項並びに第三十九条の規定を準用する。

② 前項の規定により行政庁が訴訟に参加した場合には、民事訴訟法第四十五条第一項及び第二項の規定を準用する。ただし、攻撃又は防御の方法は、当該処分若しくは裁決の存否又はその効力の有無に関するものに限り、提出することができる。

③ 第一項の規定により行政庁が訴訟に参加した後において、処分若しくは裁決の存否又はその効力の有無に関する争いがなくなつたときは、裁判所は、参加の決定を取り消すことができる。

④ 第一項の場合には、当該争点について第二十三条の二及び第二十四条の規定を、訴訟費用の裁判について第三十五条の規定を準用する。

☞【無効等確認の訴え→三④・三六

7　他人に対する農地の売払処分の無効確認訴訟は不適法であり、処分の無効を前提に自己に農地を売り払うよう求める争点訴訟を提起すべきである。（最判昭50・6・27判タ三二五・一九五）

（**取消訴訟等の提起に関する事項の教示**）

第四六条①　行政庁は、取消訴訟を提起することができる処分又は裁決をする場合には、当該処分又は裁決の相手方に対し、次に掲げる事項を書面で教示しなければならない。ただし、当該処分を口頭でする場合は、この限りでない。

一　当該処分又は裁決に係る取消訴訟の被告とすべき者

二　当該処分又は裁決に係る取消訴訟の出訴期間

三　法律に当該処分についての審査請求に対する裁決を経た後でなければ処分の取消しの訴えを提起することができない旨の定めがあるときは、その旨

② 行政庁は、法律に処分についての審査請求に対する裁決に対してのみ取消訴訟を提起することができる旨の定めがある場合において、当該処分をするときは、当該処分の相手方に対し、法律にその定めがある旨を書面で教示しなければならない。ただし、当該処分を口頭でする場合は、この限りでない。

③ 行政庁は、当事者間の法律関係を確認し又は形成する処分又は裁決に関する訴訟で法令の規定によりその法律関係の当事者の一方を被告とするものを提起することができる処分又は裁決をする場合には、当該処分又は裁決の相手方に対し、次に掲げる事項を書面で教示しなければならない。ただし、当該処分を口頭でする場合は、この限りでない。

一　当該訴訟の被告とすべき者

二　当該訴訟の出訴期間

☞❶【取消訴訟→三②③【審査請求の教示→行審八二【被告適格→一一【出訴期間→一四【審査請求前置主義→八① ❸【形式的当事者訴訟→四

教示を誤った場合→一五条3

附　則（抄）

（**行政事件訴訟特例法の廃止**）

第二条　行政事件訴訟特例法（昭和二十三年法律第八十一号。以下「旧法」という。）は、廃止する。

別表（略）

附　則（令和四・五・二五法四八）（抄）

（**施行期日**）

第一条　この法律は、公布の日から起算して四年を超えない範囲内において政令で定める日から施行する。ただし、次の各号に掲げる規定は、当該各号に定める日から施行する。

一　（前略）附則第百二十五条の規定　公布の日

二―五　（略）

（**行政事件訴訟法の一部改正に伴う経過措置**）

第五九条　前条の規定による改正後の行政事件訴訟法第十五条第二項（同法第二十一条第二項（同法第三十八条第一項（同法第四十三条第二項において準用する場合を含む。）及び同法第四十三条第一項において準用する場合を含む。）、同法第四十条第二項（同法第四十三条第三項において準用する場合を含む。）及び同法第四十三条第一項において準用する場合を含む。）の規定は、施行日以後に提起される取消訴訟、法令に出訴期間の定めがある当事者訴訟、同法第四十三条第一項に規定する訴訟若しくは同条第三項に規定する訴訟（法令に出訴期間の定めがあるものに限る。）における被告の変更を許す決定又は抗告訴訟、同条第一項に規定する訴訟若しくは同条第二項に規定する訴訟における訴えの変更を許す決定の送達について適用し、施行日前に提起された取消訴訟、法令に出訴期間の定めがある当事者訴訟、同条第一項に規定する訴訟若しくは同条第三項に規定する訴訟（法令に出訴期間の定めがあるものに限る。）における被告の変更を許す決定又は抗告訴訟、同条第一項に規定する訴訟若しくは同条第二項に規定する訴訟における訴えの変更を許す決定の送達については、なお従前の例による。

（**政令への委任**）

第一二五条　この附則に定めるもののほか、この法律の施行に関し必要な経過措置は、政令で定める。

◉国家賠償法（昭和二二・一〇・二七法一二五）

施行　昭和二二・一〇・二七（附則）

注　ここでは、本法の附則の後に、損失補償に関する判例を掲げた。

第一条【公権力の行使に基づく損害の賠償責任、求償権】
① 国又は公共団体の公権力の行使に当る公務員が、その職務を行うについて、故意又は過失によつて違法に他人に損害を加えたときは、国又は公共団体が、これを賠償する責に任ずる。
② 前項の場合において、公務員に故意又は重大な過失があつたときは、国又は公共団体は、その公務員に対して求償権を有する。

参【憲法上の権利】↓憲一七【民法上の不法行為】↓民七〇九、七一五

目次

一　公権力の行使

1　定義

[1]「公権力の行使」とは、国又は公共団体の作用のうち純粋な私経済作用と国家賠償法二条によって救済される営造物の設置又は管理作用を除く全ての作用を意味する。（東京高判昭56・11・13判時一〇二八・四五）

2　公権力の行使に当たるとされたもの（作為）

[2] 弁護士法に基づく照会に対して区長がした前科及び犯罪歴の弁護士会への報告（最判昭56・4・14民集三五・三・六二〇、行政百選Ⅰ[七版]四二）

[3] 公立中学校の課外のクラブ活動中の事故についての教諭の監督（最判昭58・2・18民集三七・一・一〇一、行政百選Ⅱ[四版]一四三）

[4] 公立学校における体育時間中の教師の教育活動（最判昭62・2・6判時一二三二・一〇〇、行政百選Ⅱ[七版]二一五）↓[28]、民訴一一七条[2]

[5] 税の控除に係る市税務課職員の教示及び指導（最判平22・4・20裁判集民二三四・六三）

[6] 弁護士会の行う懲戒（東京高判平19・11・29判時一九九一・七八）

[7] 国有林野管理経営法に基づく分収育林事業は、私経済的作用としての側面が認められるものの、広く国民各層から森林造成への参加促進を図ることを目的とし、国土の緑化という公益的側面を重視していることを考慮すると、国有林の管理経営という行政作用の一環として公権力の行使に該当する。（大阪高判平28・2・29判時二三〇三・四四）

3　公権力の行使に当たるとされたもの（不作為）

[8] 海浜に打ち上げられた旧陸軍の砲弾の爆発の危険を未然に防止する措置の懈怠（最判昭59・3・23民集三八・五・四七五、重判昭59行政一）

[9] 他人の生命又は身体に危害を及ぼす蓋然性の高い者の所持するナイフについての警察官の一時保管措置の懈怠（最判昭57・1・19民集三六・一・一九、行政百選Ⅱ[三版]一三一）

4　公権力の帰属主体

[10] 警察法及び地方自治法は警察の管理及び運営を都道府県の処理すべき事務と定めていると解されるから、都道府県の警察官が犯罪の捜査を行うことは、検察官が自ら行う犯罪の捜査の補助に係るものであるような例外的な場合を除いて、当該都道府県の公権力の行使にほかならない。（最判昭54・7・10民集三三・五・四八一、行政百選Ⅱ[七版]二三一）↓行総◘【Ⅰ】[92]

[11] 児童福祉法に基づく要保護児童に対する児童養護施設の職員等による養育監護行為は都道府県の公権力の行使であるから、当該社会福祉法人は民法七一五条に基づく損害賠償責任を負わない。（最判平19・1・25民集六一・一・一、行政百選Ⅱ[七版]二三二）↓[13][112]

5　加害行為の特定

[12] 国又は公共団体の公務員による一連の職務上の行為の過程において他人に被害を生ぜしめた場合において、それが具体的にどの公務員のどのような違法行為によるものであるかを特定することができなくても、右の一連の行為のうちのいずれかに行為者の故意又は過失による違法行為があったのでなければ右の被害が生ずることはなかったであろうと認められ、かつ、それがどの行為であるにせよこれによる被害につき行為者の属する国又は公共団体が法律上賠償の責任を負うべき関係が存在するときは、国又は公共団体は、加害行為不特定の故をもって国家賠償法又は民法上の損害賠償責任を免れることができない。（最判昭57・4・1民集三六・四・五一九、行政百選Ⅱ[七版]二三〇）↓四条[3]

二　公務員

1　意義

[13] 都道府県が児童福祉法二七条一項三号に基づいて要保護児童を社会福祉法人の設置運営する児童養護施設に入所させた場合、当該児童に対する当該施設の職員等による養育監護行為は、都道府県の公権力の行使に当たる公務員の職務行為と解するのが相当である。（最判平19・1・25前出[11]）↓[112]

[14] 国立大学法人は本条一項にいう公共団体に当たるから、その職員が行う職務は、純然たる私経済作用を除いては、同項の公務員による公権力の行使に該当する。（東京地判平21・3・24判時二〇四一・六四）

2　特定

15 加害者が国又は当該公共団体の公務員であるか否かを確定できれば、個人を特定しなくてもよい。（東京高判昭43・10・21下民一九・九＝一〇・六二八〈安保教授団事件二審〉）

三 職務を行うについて

16 公務員が主観的に権限行使の意思をもってする場合に限らず自己の利を図る意図をもってする場合でも、客観的に職務執行の外形を備える行為をしてこれによって、他人に損害を加えた場合には、国又は公共団体に損害賠償の責を負わしめて、ひろく国民の権益を擁護することをもって、その立法の趣旨とする。（最判昭31・11・30民集一〇・一一・一五〇二、行政百選Ⅱ七版二二九）

17 国立大学大学院教授による研究生へのセクハラ行為について、当該セクハラ行為は、被害者の担当教授としての教育活動ないしこれに直接関連する会合等で行われたものではなく、全く私的な懇親会が場所を変えて行われた後に、帰宅する途中で行われたものであり、その内容上も行為の外形上も到底公務員がその職務を行うについてされたものということはできないとして、国立大学法人の責任が否定された事例（東京地判平17・4・7判タ一一八一・二四四）

18 住民の戸籍情報を市の臨時職員が職務終了後に自宅で電話により知人に漏洩〔ろうえい〕した行為について、職務執行行為ないし同行為と一体不可分な行為とはいえず、また、職務執行行為を契機とし、社会常識上これと密接な関連を有するとも認められないから、職務執行の外形を備える行為ではないとして、市の責任が否定された例（京都地判平20・3・25判時二〇一一・一三四）

19 自己の利益を図る意思をもって個人情報を無断で持ち出した場合における当該情報の保管行為が、客観的には、私的行為としてではなく、公務として行われているものとされた事例（鳥取地判平24・7・17判タ一三九〇・一九五）

四 故意又は過失

1 意義

20 法律解釈につき異なる見解が対立して疑義を生じ、拠るべき明確な判例、学説がなく、実務上の取扱いも分かれていて、そのいずれについても一応の論拠が認められる場合に、公務員がその一方の解釈に立脚して公務を執行したときは、後にその執行が違法と判断されたからといって、直ちに右公務員に過失があったものとすることは相当でない。（最判昭49・12・12民集二八・一〇・二〇二八）

21 拘置所長が監獄法四五条に違反して未決勾留により拘禁された者と一四歳未満の者との接見を許さなかった場合において、右処分は監獄法施行規則〔平成三法務二二による改正前のもの〕一二〇条に従ってされたものであり、かつ、右規則一二〇条及びその例外を定める一二四条は明治四一年に公布されて以来長きにわたって施行され、その間これらの規定の有効性は実務上特に疑いを差し挟む解釈がされなかったなどの事情があるときは、当該法令の執行者が本件処分当時規則が監獄法五〇条の委任の範囲を超えることを予見し又は予見すべきであったということはできず、拘置所長が右処分をしたことにつき本条一項にいう「過失」があったということはできない。（平成一八法五八による刑事施設二於ケル刑事被告人ノ収容等ニ関スル法律（旧監獄法）廃止前の事案）（最判平3・7・9民集四五・六・一〇四九、行政百選Ⅰ七版四八）→行総◘【Ⅱ】7

22 在留資格を有しない外国人が国民健康保険の適用対象となることを予定しない厚生省通知に従ってなされた被保険者証交付拒否処分が違法としても、当該通知には相当の根拠があり、在留資格を有しない外国人が国民健康保険の適用対象となるかどうかにつき定説がなかった状況からすれば、当該通知に従って処分をした公務員及び当該通知を発した担当者に過失があったということはできない。（最判平16・1・15民集五八・一・二二六、社会保障百選五版一六）→行総◘【Ⅰ】82

23 合議制機関の行為の場合、合議体自体の故意過失を論ずるをもって足りる。（札幌地小樽支判昭49・12・9判時七六二・八、憲百選Ⅱ五版一五九……後出70の一審）

24 本条一項にいう「故意」とは、当該公務員が職務を執行するに当たり、当該行為によって客観的に違法とされる事実が発生することを認識しながら、これを行う場合をいう。（熊本地判昭58・7・20判時一〇八六・三三〈水俣病認定遅延訴訟慰謝料請求事件一審〉……なお、上告審・最判平3・4・26後出42）

2 注意義務違反

25 学校の教師は、学校における教育活動により生ずるおそれのある危険から生徒を保護すべき義務を負っており、危険を伴う技術を指導するには、事故の発生を防止するために十分な措置を講ずるべき注意義務がある。（最判昭62・2・6前出4）

26 公立小学校の朝自習の時間中、他の児童が頭上で振り回したベストが眼に当たったことで児童が傷害を負った事案につき、担任教諭が、ベストを頭上で振り回すという突発的な行動に気付かず、事故の発生を未然に防止できなかったとしても、児童の安全確保又は指導監督について過失があったとはいえないとされた例（最判平20・4・18判時二〇〇六・七四）

27 平成六年当時には、「いじめ」に関する報道等によって、いたずら、悪ふざけと称して行われている学校内における生徒同士のやりとりを原因として小中学生が自殺するに至った事件の存在が相当程度周知されていたのであるから、既に少なからざるトラブル、いじめなどを把握していた担任教諭としては、中学生が時としていじめなどを契機として自殺等の衝動的な行動を起こすおそれがあり、場合によっては自殺のような重大な結果を招くおそれがあることについて予見すべきであるとされた事例（東京高判平14・1・31判時一七七三・三）

28 使用者が、その雇用する労働者に従事させる業務を定めてこれを管理するに際し、業務の遂行に伴う疲労や心理的負荷等が過度に蓄積して労働者の心身の健康を損なうことがないよう注意する義務を負い、使用者に代わって労働者に対し業務上の指揮監督を行う権限を有する者が、使用者の負う注意義務の内容に従ってその権限を行使すべきであることは（労契五条3）、地方公共団体とその設置する学校に勤務する地方公務員との間においても同じである。（最判平23・7・12判時二一三〇・一三九、重判平23行政一一……民間労働契約についての労契五条3参照）

29 家庭裁判所調査官が自己の担当した少年保護事件を題材とする論文を専門誌に公表した事案において、同裁判所の所長・首席調査官等の職員には、事前執筆届の決裁に際して論文の修正をさせ又はその公表を差し控えさせる注意義務があったとはいえないとされた事例（最判令2・10・9【平30受二〇三二】）→憲二三条25

30 日本の政府開発援助のうちの有償資金協力（円借款）によるダム建設に関し、住民の移住や補償の問題は借入国政府における内政上の問題であるから、国及び海外経済協力基金は非自発的な移住に対する注意義務を負うものではない。（東京地判平21・9・10判タ一三七一・一四一）

31 東日本大震災の際、町立保育所園児らが大津波に巻き込まれて死亡した事故につき、気象庁の推定から同地震が従前の想定を上回る規模のものであると認識することは困難であったことなどから、当該保育所の職員が同保育所にまで津波が到達する具体的な危険性を予見できなかったとされた事例（仙台高判平27・3・20判時二二五六・三〇）

32 東日本大震災の際、市立小学校の校長が、同校体育館への津波到達という結果を具体的に予見し得たとは認められないが、児童を自宅に帰宅させると津波に巻き込まれることは具体的に予見できたにもかかわらず、そのおそれを全く考慮しないまま災害時児童引取責任者以外の者に当該児童を引き渡したことにつき、注意義務に違反した過失が認められるとされた事例（仙台高判平29・4・27判自四三一・四三……最決平

30・5・30【平29オ一〇一九】により上告棄却）

[33] 市立小学校の校長、教頭及び教務主任が、東日本大震災発生前の平成二二年四月末の時点において、平成一六年三月の報告で発生が想定されていた地震により発生する津波の危険から、在籍児童の生命・身体の安全を確保すべき義務（危機管理マニュアルの一部を改訂すべき義務）を懈怠したとされた事例（仙台高判平30・4・26判時二三八七・三一、消費百選[二版]一〇二）

[34] 拘置所に収容中の死刑確定者と弁護士の打合せ目的の面会につき職員を立ち会わせる措置をしてはならない旨の仮の差止め決定がなされたにもかかわらず、職員を立ち会わせる処分を違法に継続させた拘置所長には極めて重大な過失があるとされた事例（故意は否定）。（東京地判平30・9・19判タ一四七七・一四七）→行訴三七条の五[15]

◇[25]～[34]→行総◘【I】[45]

3　予防接種の事例

[35] 予防接種によって重篤な後遺障害が発生する原因としては、被接種者が禁忌者に該当していたこと又は被接種者が後遺障害を発生しやすい個人的素因を有していたことが考えられるところ、禁忌者として掲げられた事由は一般通常人がなり得る病的状態、比較的多く見られる疾患又はアレルギー体質等であり、ある個人が禁忌者に該当する可能性は右の個人的素因を有する可能性よりもはるかに大きいものというべきであるから、予防接種によって右後遺障害が発生した場合には、当該被接種者が禁忌者に該当していたことによって右後遺障害が発生した高度の蓋然性があると考えられる。したがって、予防接種によって右後遺障害が発生した場合には、禁忌者を識別するために必要とされる予診が尽くされたが禁忌者に該当すると認められる事由を発見することができなかったこと、被接種者が右個人的素因を有していたこと等の特段の事情が認められない限り、被接種者は禁忌者に該当していたと推定するのが相当である。（最判平3・4・19民集四五・四・三六七〈小樽種痘禍訴訟〉行政百選II[七版]二一七）

[36] 予防接種は時に重篤な副反応が生ずるおそれがあるもので、危険を伴うものであり、その危険をなくすためには事前に医師が予診を充分にして、禁忌者を的確に識別・除外する体制を作る必要がある。厚生大臣としては、右の趣旨に沿った具体的施策を立案し、それに沿って省令等を制定し、かつ、予防接種業務の実施主体である市町村長を地方自治法一五〇条に基づき指揮監督し（法に基づく接種の場合）、あるいは地方自治法二四五条等に基づき地方公共団体に助言・勧告し（勧奨接種の場合）、接種担当医師や国民を対象に予防接種の副反応や禁忌について周知を図るなどの措置をとる義務があったものというべきである。〔平成一一法八七による地方自治法改正前の事案〕（東京高判平4・12・18高民四五・三・二一二、重判平4行政七）→◆【損失補償】［附則の後］[36]、憲二九条[30]、行手◘【II　審議会等】［附則の後］[3]

4　公証人の調査義務

[37] 公証人は、公正証書を作成するに当たり、聴取した陳述（書面による陳述の場合はその書面の記載）によって知り得た事実など自ら実際に経験した事実及び当該嘱託と関連する過去の職務執行の過程において実際に経験した事実を資料として審査をすれば足り、その結果、法律行為の法令違反、無効及び無能力による取消し等の事由が存在することについて具体的な疑いが生じた場合に限って嘱託人などの関係人に対して必要な説明を促すなどの調査をすべきものであって、そのような具体的な疑いがない場合についてまで関係人に説明を求めるなどの積極的な調査をすべき義務を負うものではない。（最判平9・9・4民集五一・八・三七一八）

5　執行官の調査義務

[38] 執行官が現況調査を行うに当たり、通常行うべき調査方法を採らず、あるいは、調査結果の十分な評価、検討を怠るなど、その調査及び判断の過程が合理性を欠き、その結果、現況調査報告書の記載内容と目的不動産の実際の状況との間に看過し難い相違が生じた場合には、執行官が注意義務に違反したものと認められ、国は、誤った現況調査報告書の記載を信じたために損害を被った者に対し、本条一項に基づく損害賠償の責任を負う。（最判平9・7・15民集五一・六・二六四五、執保百選[三版]二八）

6　登記官の調査義務

[39] 偽造の添付書類に基づく登記申請があった場合、欠缺〔けんけつ〕の補正による再申請はおよそ考えられないから、申請人による任意の取下げは認められず、登記官は、当該登記申請を却下する義務を負うが、特段の事情がない限り、当該登記申請の背後にある実体関係に起因する損害の発生を防止する義務までは負っていない。（東京高判平14・12・10判時一八一五・九五）

五　違法

1　条理等に違背する場合

[40] 個室付浴場業の開業を阻止することを主たる目的としてされた知事の児童遊園設置認可処分は、たとえ右児童遊園がその設置基準に適合しているものであるとしても、行政権の著しい濫用によるものとして、本条一項にいう公権力の違法な行使に当たる。（最判昭53・5・26民集三二・三・六八九、行政百選I[七版]二九）

[41] 地方公共団体が工場の誘致を決定し特定の者に対し右施策に適合する特定内容の活動を促す個別的具体的な勧告ないし勧誘をした後、新たに就任した長において工場建設に対する協力を拒否する方針をとりこれによって工場を建設しようとした者が社会通念上看過することのできない程度の積極的損害を被ることになるときは、補償等の措置を講じない以上、右協力拒否は、やむを得ない客観的事情が存在するのでない限り、右特定の者に対する違法な加害行為たるを免れない。（最判昭56・1・27民集三五・一・三五、行政百選I[七版]二五）→行総◘【I】[52]、民七〇九条[89]

[42] 一般に、処分庁が認定申請を相当期間内に処分すべきは当然であり、これにつき不当に長期間にわたって処分がされない場合には、早期の処分を期待していた申請者が不安感、焦燥感を抱かされ内心の静穏な感情を害されるに至ることは容易に予測できるから、処分庁には、こうした結果を回避すべき条理上の作為義務がある。そして、処分庁がこの作為義務に違反したといえるためには、客観的に処分庁がその処分のために手続上必要と考えられる期間内に処分できなかったことだけでは足りず、その期間に比して更に長期間にわたり遅延が続き、かつ、その間、処分庁として通常期待される努力によって遅延を解消できたのに、これを回避するための努力を尽くさなかったことが必要である。（最判平3・4・26民集四五・四・六五三〈水俣病認定遅延訴訟慰謝料請求事件上告審〉行政百選II[七版]二二八）→民七〇九条[30]

[43] 建築物の高さ制限に関する地区計画や条例の定立が、全体としてみれば原告の営業活動を妨害する行為であり、かつ、その態様は地方公共団体及びその首長に要請される中立性・公平性を逸脱し、急激かつ強引な行政施策の変更であるなどとして、地方公共団体又はその首長として社会通念上許容される限度を逸脱し、違法とされた事例（東京高判平17・12・19判時一九二七・二七〈国立市マンション事件〉）

[44] 公務員が、所管の政策に反対の政治的意見により請願などの活動を行う私人に対し、法令の根拠なく当該活動を理由とする差別的取扱いや不利益取扱いはできないとして、民間企業に対して役員の選解任の自発的実行等を求める公務員の行為が違法とされた事例（東京高判平31・4・10判時二四二八・四、重判令2行政六）

2　規制権限の不行使

[45] 具体的事情の下において、知事等に監督処分権限が付与された趣旨・目的に照らし、その不行使が著しく不合理と認められるときでない限り、右権限の不行使は、当該取引関係者

に対する関係で本条一項の適用上違法の評価を受けるものではない。（最判平元・11・24民集四三・一〇・一一六九、行政百選Ⅱ〔七版〕二二二）→57、行総◆【Ⅱ】120

46　医薬品の副作用による被害が発生した場合であっても、厚生大臣が当該医薬品の副作用による被害の発生を防止するために各権限を行使しなかったことが直ちに本条一項の適用上違法と評価されるものではなく、副作用を含めた当該医薬品に関するその時点における医学的、薬学的知見の下において、薬事法上の目的及び厚生大臣に付与された権限の性質等に照らし、当該権限の不行使がその許容される限度を逸脱して著しく合理性を欠くと認められるときは、その不行使は、副作用による被害を受けた者との関係において同項の適用上違法となる。（最判平7・6・23民集四九・六・一六〇〇〈クロロキン訴訟〉行政百選Ⅱ〔七版〕二二三）

47　鉱山保安法の目的及びその各規定の趣旨に鑑みると、同法の主務大臣であった通商産業大臣の同法に基づく保安規制権限、特に同法三〇条の規定に基づく省令制定権限は、鉱山労働者の労働環境を整備し、その生命、身体に対する危害を防止し、その健康を確保することをその主要な目的として、できる限り速やかに、技術の進歩や最新の医学的見地等に適合したものに改正すべく、適時にかつ適切に行使されるべきものであるところ、昭和三五年三月三一日のじん肺法成立時までに、保安規制の権限（省令改正権限等）が適切に行使されていれば、それ以降の炭坑労働者のじん肺の被害拡大を相当程度防ぐことができたものということができるから、同年四月以降、鉱山保安法に基づく保安規制の権限を直ちに行使しなかったことは、その趣旨、目的に照らし、著しく合理性を欠き違法である。（最判平16・4・27民集五八・四・一〇三二〈筑豊じん肺訴訟〉行政百選Ⅱ〔六版〕二二二）

48　石綿工場における粉じん対策が争われた事例において、（旧）労働基準法〔昭和四七法五七による改正前のもの〕及び労働安全衛生法の目的及び各規定の趣旨に鑑みて、両法の主務大臣であった労働大臣の両法に基づく規制権限につき47と同趣旨のことを述べた上で、局所排気装置の設置等については、その義務付けに必要な実用性のある技術的知見が存在するに至っていた昭和三三年以降、旧労働基準法に基づく省令制定権限を行使しなかったことは、同法の趣旨、目的やその権限の性質等に照らし著しく合理性を欠き違法であるが、防じんマスク使用については、粉じん対策として補助的手段にすぎないことから、労働安全衛生法に基づく省令制定権限を行使して使用者又は事業者に対し労働者に防じんマスクを使用させること等を義務付けなかったことは違法でないとされた事例（最判平26・10・9民集六八・八・七九九〈泉南アスベスト訴訟〉行政百選Ⅱ〔七版〕二二四……最判平26・10・9判時二二四一・三②、重判平26行政九②も同旨）

49　屋内建設現場における石綿粉じん対策が争われた事案において、労働安全衛生法の主務大臣であった労働大臣の規制権限につき47と同趣旨のことを述べた上で、同大臣は、石綿規制を強化した改正省令が施行された昭和五〇年一〇月一日以降、同法の規制権限を行使して、石綿含有建材の表示及び同建材を取り扱う建設現場における掲示として、粉じん吸入により重篤な石綿関連疾患を発症する危険があること、石綿粉じんを発散させる作業等の際に必ず適切な粉じんマスクを着用することを示すよう指揮監督し、かつ同法に基づく省令制定権限を行使して、事業者に対し労働者に呼吸用保護具を使用させることを義務付けるべきであったところ、各権限を行使しなかったことは、同法が定義する労働者のみならず、これに該当しない者（いわゆる一人親方及び個人事業主等）との関係でも、同法の趣旨、目的やその権限の性質等に照らし、著しく合理性を欠き違法とされた事例（最判令3・5・17民集七五・五・一三五九〈神奈川建設アスベスト訴訟〉重判令3労働四）→民七一九条15

50　屋外建設現場における石綿粉じん対策が争われた事案において、国は、平成一三年から同一六年九月までの期間に、屋外建設作業従事者に石綿関連疾患罹患〔りかん〕の危険が生じていることを認識できたとはいえず、厚生労働大臣が同月までに49と同様の権限を行使しなかったことは違法でないとされた事例（最判令3・5・17判タ一四八七・一四九〈京都建設アスベスト訴訟〉）

51　昭和三五年一月以降、公共用水域の水質の保全に関する法律及び工場排水等の規制に関する法律に基づく規制権限を国が行使しなかったことが、同規制権限を定めた両法の趣旨、目的や、その権限の性質等に照らし著しく合理性を欠き、また、県漁業調整規則が水産動植物の繁殖保護等を直接の目的とするものとしても、それを摂取する者の健康保持等をも究極の目的とするものと解されることから、同規則に基づく規制権限を県が行使しなかったことは著しく合理性を欠き、それぞれ違法とされた事例（最判平16・10・15民集五八・七・一八〇二〈水俣病関西訴訟〉行政百選Ⅱ〔七版〕二二五）

52　東日本大震災による福島第一原発の事故について、平成二三年三月一一日の地震が、文部科学省設置の地震調査研究推進本部地震調査委員会が平成一四年七月に取りまとめた長期評価により想定される地震よりもはるかに大規模であったことを前提に、仮に、経済産業大臣が電気事業法に基づく規制権限を行使して津波による事故を防ぐための適切な措置を講ずることを東京電力に義務付け、それが履行されていたとしても、同地震に伴う津波の到来により各原子炉施設が電源喪失の事態に陥り、同原発事故と同様の事故が発生した可能性が相当にあるとして国の損害賠償責任が否定された事例（最判令4・6・17【令3受三四二】〈東電福島第一原発事故避難者訴訟・福島県等〉……経済産業大臣は、遅くとも前記長期評価の公表から一年を経た平成一五年七月頃までの間に、各原子炉施設が津波により損傷を受けるおそれがあることを認識でき、東京電力に対し同法に基づく技術基準適合命令を発していれば事故は発生しなかった高度の蓋然性があったとして国の損害賠償責任を肯定する三浦裁判官の反対意見がある）

53　52と同趣旨を述べた上で、平成二〇年に東京電力の関連会社が試算した高さの津波に対応した防潮堤等の設置には課題があるとの指摘があったからといって、東京電力又は原子力安全・保安院その他の規制機関が防潮堤等の設置と併せて他の対策を講ずることを検討した蓋然性があるとはいえないとした事例（最判令4・6・17【令3受一二〇五】〈東電福島第一原発事故避難者訴訟・千葉県〉……三浦裁判官の反対意見がある）

3　救済義務の懈怠

54　政治的責務は、国家が個々の国民に対して負うものではなく、主権の存する国民全体に対して負うものである。国家の所為に政治的責務の懈怠がみられるとしても、それが個々の国民に対する関係で看過できないほどの著しい懈怠を構成するものでない限り、直ちに個々の国民に対する国家賠償法上の義務の懈怠となり賠償責任を負うこととなるとまではいえない。（東京地判平18・2・15判時一九二〇・四五〈中国残留孤児東京訴訟〉）

55　原告ら個々人との関係での早期帰国支援義務の存在やその懈怠の有無を論じることは、事実認定の点で不可能であるとしたものの、政府関係者に条理上、残留孤児が日本社会で自立して生活するために必要な支援策を講ずべき法的義務（自立支援義務）を認めた上で、当該義務の懈怠があったとして請求を認容した事例（神戸地判平18・12・1判時一九六八・一八〈中国残留孤児兵庫訴訟〉）

56　元ハンセン病患者の家族がハンセン病隔離政策等によって偏見差別の対象とされたとして国に損害賠償を求めた事案において、同政策等を遂行する必要性は遅くとも昭和三五年（沖縄県は昭和四七年）には消失したとして、厚生大臣が同政策等を廃止する義務の内容を平成八年まで実施しなかったこと等につき、国賠法上の違法及び過失が認められた事例

（熊本地判令元・6・28判時二四三九・四、重判令元憲四）↓[71]

4 国家賠償法上の保護規範

[57] 宅地建物取引業法上の免許制度は、究極的には取引関係者の利益の保護に資するものではあるが、免許を付与した宅建業者の人格・資質等を一般的に保証し、ひいては当該業者の不正な行為により個々の取引関係者が被る具体的な損害の防止、救済を制度の直接的な目的とするものとはにわかに解し難く、かかる損害の救済は一般の不法行為規範等に委ねられているというべきであるから、知事等による免許の付与ないし更新それ自体は、法所定の免許基準に適合しない場合でも、当該業者との個々の取引関係者に対する関係において直ちに本条一項にいう違法な行為に当たるものではない。（最判平元・11・24前出[45]）↓行総◘【Ⅱ】[120]

[58] 被害者又は告訴人が捜査又は公訴提起によって受ける利益は、公益上の見地に立って行われる捜査又は公訴の提起によって反射的にもたらされる事実上の利益にすぎず、法律上保護された利益ではないので、被害者又は告訴人は、捜査機関による捜査が適正を欠くこと又は検察官の不起訴処分の違法を理由として、国家賠償法の規定に基づく損害賠償請求をすることはできない。（最判平2・2・20判時一三八〇・九四）

[59] 犯罪の捜査は、直接的には、国家及び社会の秩序維持という公益を図るために行われるものであって、犯罪の被害者の被侵害利益ないし損害の回復を目的とするものではなく、被害者が捜査によって受ける利益自体は、公益上の見地に立って行われる捜査によって反射的にもたらされる事実上の利益にすぎず、法律上保護される利益ではないというべきであるから、犯罪の被害者は、証拠物を司法警察職員に対して任意提出した上、その所有権を放棄する旨の意思表示をした場合、当該証拠物の廃棄処分が単に適正を欠くというだけでは国家賠償法の規定に基づく損害賠償請求をすることができない。（最判平17・4・21判時一八九八・五七）

[60] 犯罪被害者等の保護に係る平成一二年以降の法整備や犯罪被害者等基本法の制定により保護されることになった権利の内容は、刑事手続において犯罪被害者等が手続に関与して適切な処遇を受ける権利であるとして、犯罪被害者等が捜査及び公訴提起によって受ける利益につき[58][59]の判断を維持した事例（東京地判平21・12・21判タ一三二八・八五、重判平22刑訴一）

[61] 犯罪被害者等基本法が、犯罪被害者等の権利利益を保護するための施策の推進という公益のみならず、犯罪被害者等の権利利益の保護をも目的としていること等を理由に、犯罪被害者等の個々人が被害者等通知制度により公判期日の通知を受ける利益は国家賠償法上保護されるとした事例（大阪地判平24・6・14判時二一五八・八四）

[62] 配偶者暴力法に基づく援助申出の相当性に関する警察署長等の判断が著しく不合理であって裁量を逸脱又は濫用していると認められる場合には、加害者とされる者との関係において違法と評価される場合もあり得る。（名古屋地判平29・11・9判時二三七二・八〇）

[63] 配偶者暴力法に基づく被害者保護のための支援措置を定めた住民基本台帳法及び住民基本台帳事務処理要領は、専ら被害者に対する関係で関係機関や警察署等の行為規範を定めており、加害者とされる者に対して関係機関が職務上の法的義務を負うことを想定していない。（名古屋高判平31・1・31判時二四二三=二四二四・四一）

[64] 公立図書館の図書館職員である公務員が、図書の廃棄について、基本的な職務上の義務に反し、著作者又は著作物に対する独断的な評価や個人的な好みによって不公正な取扱いをしたときは、当該図書の著作者の人格的利益を侵害するものとして国家賠償法上違法となる。（最判平17・7・14民集五九・六・一五六九、憲百選Ⅰ[七版]七〇）

[65] 人が神社に参拝する行為自体は、他人の信仰生活等に対して圧迫、干渉を加えるような性質のものではないから、他人が特定の神社に参拝することによって、自己の心情ないし宗教上の感情が害されたとし、不快の念を抱いたとしても、これを被侵害利益として、直ちに損害賠償を求めることはできない。（最判平18・6・23判タ一二二八・一八三〈小泉首相靖国神社参拝訴訟〉重判平18憲六）

[66] 建築主事は建築確認の申請者たる建築主との関係でも違法建築物出現を防止する一定の職務上の法的義務を負うところ、申請に係る計画に基づく建築物の安全性は、第一次的には建築士法が定める建築士の義務に従った業務の遂行によって確保されるべきもので、建築主事は当該計画が当該義務に従って設計されることを前提に審査することが予定されているから、建築主事が職務上通常払うべき注意をもって申請書類の記載を確認していれば当該計画の建築基準関係規定への不適合を発見できたのに、その注意を怠って漫然と不適合を看過してなされた建築確認は国家賠償法上違法となるが、建築確認違法の主張が信義則に反すること等から建築主による損害賠償請求はできないとされる場合もあり得る。（最判平25・3・26裁判集民二四三・一〇一）

[67] 市町村は、市町村長から一般廃棄物収集運搬業等の許可を受けている者に対し、その営業上の利益に配慮し保護すべき義務をおよそ負っていないとはいえない。（最判平26・1・28民集六八・一・四九、行政百選Ⅱ[七版]一七一）↓行訴九条[8]

[68] 障害者差別解消法七条二項は、障害者に対して合理的配慮を行うことを公法上の義務として定めたもので、個々の障害者に対して合理的配慮を求める請求権を付与する趣旨ではないとした上で、町教育委員会が公立小学校児童の父母に対し、同児童の登校条件として喀痰〔かくたん〕吸引器具を取得すべきとしたこと等は、障害者基本法四条及び障害者差別解消法七条の不当な差別的取扱いや合理的配慮の不提供には当たらず国家賠償法上違法ではないとされた事例（名古屋地判令2・8・19判タ一四九〇・一五九）

[69] 自らの性自認に基づいた性別で社会生活を送ることは法律上保護された利益であるとした上で、性同一性障害者特例法に定める性同一性障害者で性別適合手術を受けておらず戸籍上の性別変更をしていないトランスジェンダーである経済産業省職員に対し、職場内での女性用トイレを自由に使用させないという処遇の維持は当該職員との関係において国家賠償法上違法ではないとされた事例（東京高判令3・5・27労判一二五四・五、重判令3労働一）

5 行為類型

イ 立法行為

[70] 国会議員は、立法に関しては、原則として、国民全体に対する関係で政治的責任を負うにとどまり、個別の国民の権利に対応した関係での法的義務を負うものではないので、国会議員の立法行為は、立法の内容が憲法の一義的な文言に違反しているにもかかわらず国会があえて当該立法を行うというような、容易に想定し難い例外的な場合でない限り、本条一項の規定の適用上、違法の評価を受けない。（最判昭60・11・21民集三九・七・一五一二〈在宅投票制度廃止違憲訴訟〉行政百選Ⅱ[六版]二三三）↓憲五一条[4]・八一条[36]

[71] 一連の最高裁判決が「立法の内容が憲法の一義的な文言に違反している」との表現を用いたのも、立法行為が国家賠償法上違法と評価されるのが、極めて特殊で例外的な場合に限られるべきであることを強調しようとしたにすぎないものというべきである。（熊本地判平13・5・11判タ一〇七〇・一五一〈ハンセン病訴訟〉憲百選Ⅱ[七版]一九二）↓[56]

[72] 立法について固有の権限を有する国会ないし国会議員の立法不作為につき、本条一項の適用上違法性を肯定することができないものである以上、国会に対して法律案の提出権を有するにとどまる内閣の法律案不提出についても、同項の適用上違法性を観念する余地はない。（最判昭62・6・26判時一二六二・一〇〇、社会保障百選[四版]一二〇）

[73] 条例が法律に違反するからといって、その制定に向けた一

連の行為が直ちに国家賠償法上も違法となるわけではなく、それらの行為が同法上の違法性を具有するためには、個々の地域住民・法人の権利に対応した関係において、条例制定過程に関与した責任者が職務上尽くすべき法的義務に違反したものと客観的に評価できることが必要である。〈東京高判平15・1・30判時一八一四・四四〈東京都外形標準課税条例事件〉自治百選[四版]A1〉→行訴三条[38]

[74] 立法の内容又は立法不作為が国民に憲法上保障されている権利を違法に侵害するものであることが明白な場合や、国民に憲法上保障されている権利行使の機会を確保するために所要の立法措置を執ることが必要不可欠であり、それが明白であるにもかかわらず、国会が正当な理由なく長期にわたってこれを怠る場合などには、例外的に、国会議員の立法行為又は立法不作為は、本条一項の規定の適用上、違法の評価を受けるとした上で、国政選挙における在外国民の投票を一部制限していた公職選挙法につき、一〇年以上何らの立法措置を執らなかったことに対する国家賠償請求を認容した事例（最大判平17・9・14民集五九・七・二〇八七〈在外邦人選挙権違憲訴訟〉行政百選II[七版]二二六……原告らの精神的苦痛は国家賠償法による金銭賠償になじまないので、本件選挙当時の公職選挙法の合憲・違憲について判断するまでもなく、国家賠償請求は理由がないとして棄却すべきとする泉裁判官の反対意見がある）→行訴四条[8]

[75] [74]と同じ基準により、精神的原因に係る投票困難者の選挙権行使の機会を確保する立法措置が執られなかったことに対する国家賠償請求が棄却された事例（最判平18・7・13判タ一二二二・一三五、重判平18憲二）

[76] [74]と同じ基準により、民法七三三条一項の規定〔平成二八法七一による改正前のもの〕のうち一〇〇日を超えて再婚禁止期間を設ける部分は、平成二〇年当時、憲法に違反するものとなってはいたが、本条一項の適用上違法の評価を受けるものではないとされた事例（最大判平27・12・16民集六九・八・二四二七、憲百選I[七版]二八……同年時点において正当な理由なく立法措置を怠ったと評価するに足りる期間が経過していたとする山浦裁判官の反対意見がある）→憲二四条[3]

[77] [74]と概ね同じ基準により、遅くとも平成二九年国民審査の当時においては在外審査制度を創設する立法措置をとることが必要不可欠であり、それが明白であるにもかかわらず、国会が正当な理由なく長期にわたってこれを怠ったとして、立法措置をとらなかったことに対する国家賠償請求が認容された事例（最大判令4・5・25【令2行ツ二五五】〈在外邦人国民審査権違憲訴訟〉）→憲七九条[2]、行訴四条[9]

ロ　議会・議員の行為→憲七六条[6]、自治一三四条[4]

[78] 国会議員が国会で行った質疑等において、個別の国民の名誉や信用を低下させる発言があったとしても、これによって当然に本条一項の規定にいう違法な行為があったものとして国の損害賠償責任が生ずるものではなく、右責任が肯定されるためには、当該国会議員が、その職務とは関わりなく違法又は不当な目的をもって事実を摘示し、あるいは、虚偽であることを知りながらあえてその事実を摘示するなど、国会議員がその付与された権限の趣旨に明らかに背いてこれを行使したものと認め得るような特別の事情があることを必要とする。（最判平9・9・9民集五一・八・三八五〇、憲百選II[七版]一七〇）→憲五一条[2]

[79] 議会議員が地方自治法九二条の二に該当するとした議会の決定につき[78]の準則が妥当するとされた事例（札幌地室蘭支判平29・6・23判タ一四四五・二一〇）

[80] 地方議会の問責決議の議案提出行為につき[78]の準則が妥当するとされた事例（札幌高判令2・8・21判時二四六四・二一）

ハ　裁判・家事審判等

[81] 裁判官がした争訟の裁判につき国家賠償責任が肯定されるには、右裁判に上訴等の訴訟法上の救済方法で是正されるべき瑕疵〔かし〕が存するだけでは足りず、当該裁判官が付与された権限の趣旨に明らかに背いてこれを行使したと認め得るような特別の事情があることを要する。（最判昭57・3・12民集三六・三・三二九、行政百選II[七版]二二七）

[82] 再審で無罪判決が確定した場合において、有罪判決を下した裁判が国家賠償法上違法とされるか否かについても、[81]の準則に従って判断される。（最判平2・7・20民集四四・五・九三八、重判平2刑訴五）→[89]

[83] 裁判官による釈明権の行使につき[81]の準則が妥当するとされた事例（大阪高判平28・8・26訟月六三・三・一〇〇九）→民訴一四九条[2]

[84] 家庭裁判所裁判官による成年後見人の選任及び後見監督につき、[81]の準則が妥当するとされた事例（東京高判平29・4・27判時二三七一・四五）

[85] 家事審判官が職権で行う成年後見人選任や後見監督は審判の形式をもって行われるが、後見的立場から行う行政作用に類するものであって争訟の裁判とは性質を異にすることから[81][82]の法理は適用されないとされた事例（広島高判平24・2・20判タ一三八五・一四一）

[86] 公害紛争処理法による公害調停は当事者間の合意による紛争解決手続であり、手続の運営や進行については調停委員会の広範な裁量が認められるとして、同委員会が第一回調停期日において調停を打ち切った措置につき、裁量権の範囲の逸脱はなく違法ではないとされた事例（最判平27・3・5判時二二六四・三三、重判平27行政三）

[87] 破産裁判所の裁判官による破産法に基づく破産管財人の訴えの提起の許可は、事柄の性質上、争訟の裁判と異ならないとして[81]の準則が適用された事例（東京高判平28・3・23金法二〇八三・七六）

ニ　公訴提起

[88] 後に無罪判決が確定した場合でも、逮捕・勾留は、当該時点において犯罪の嫌疑につき相当の理由があり必要性が認められる限りで適法であり、公訴提起も、起訴や公訴追行時における各種証拠資料を総合勘案して合理的な判断過程により有罪と認められる嫌疑があれば適法である。（最判昭53・10・20民集三二・七・一三六七〈芦別国家賠償請求事件〉行政百選II[七版]二二八）→刑訴二四七条[2][8]

[89] 再審で無罪判決が確定した場合について、公訴の提起・追行に関する[88]の判断を維持した事例（最判平2・7・20前出[82]）→刑訴二四七条[8][9]

ホ　法廷警察権

[90] 法廷警察権に基づく裁判長の措置は、それが法廷警察権の目的、範囲を著しく逸脱し、又はその方法が甚だしく不当であるなどの特段の事情のない限り、国家賠償法上違法となることはない。（最大判平元・3・8民集四三・二・八九〈レペタ法廷メモ訴訟〉憲百選I[七版]七二）→憲二一条[46]・八二条[7]、刑訴二八八条[3]

ヘ　逮捕状の請求・発付

[91] 逮捕状は発付されたが、被疑者が逃亡中のため、逮捕状の執行ができず、逮捕状の更新が繰り返されているにすぎない時点で、被疑者の近親者が、被疑者のアリバイの存在を理由に、逮捕状の請求、発付における捜査機関又は令状発付裁判官の被疑者が罪を犯したことを疑うに足りる相当な理由があったとする判断の違法性を主張して、国家賠償を請求することは許されない。右の時点において前記の各判断の違法性の有無の審理を裁判所に求めることができるものとすれば、その目的及び性質に照らし密行性が要求される捜査の遂行に重大な支障を来す結果となるのであって、これは現行法制度の予定するところではないからである。（最判平5・1・25民集四七・一・三一〇、重判平5刑訴二）→刑訴一九九条[14]

ト　司法警察員による被疑者の留置

[92] 司法警察員による被疑者の留置については、司法警察員が、留置時において、捜査により収集した証拠資料を総合勘

案して刑訴法二〇三条一項所定の留置の必要性を判断する上において、合理的根拠が客観的に欠如していることが明らかであるにもかかわらず、あえて留置したと認め得るような事情がある場合に限り、本条一項の適用上違法の評価を受ける。（最判平8・3・8民集五〇・三・四〇八、重判平8行政七）

チ　接見交通

93　受刑者との接見を親族以外の者については原則として禁止し刑務所長において特に必要があると認める場合を例外とする旧監獄法四五条二項は、受刑者との接見を求める者が接見対象となる受刑者の利益を離れて接見について有する固有の利益と、規律及び秩序の確保等の要請との調整を図る趣旨を含むものと解することはできず、また、日弁連の人権擁護委員会に法律上強制的な調査権限は付与されていないから、刑務所長に、同委員会の調査活動の一環である受刑者との接見申入れに応ずべき法的義務はない。（最判平20・4・15民集六二・五・一〇〇五、重判平20行政一一……人権救済を申し立てた受刑者との接見を許したが、申立てをしていない者との接見は許さなかった刑務所長の措置の違法性が否定された事例）↓刑訴三九条[5]〜[9][11][15][16][21]

94　死刑確定者又は再審請求弁護人が再審請求に向けた打合せをするために秘密面会の申出をした場合に、これを許さない刑事施設の長の措置は、秘密面会により刑事施設の規律及び秩序を害する結果を生ずるおそれがあると認められ、又は死刑確定者の面会についての意向を踏まえその心情の安定を把握する必要性が高いと認められるなど特段の事情がない限り、裁量権の範囲を逸脱し又はこれを濫用して死刑確定者の秘密面会をする利益を侵害するだけではなく、再審請求弁護人の固有の秘密面会をする利益も侵害するものとして、本条一項の適用上違法となる。（最判平25・12・10民集六七・九・一七六一、重判平26行政八）↓刑訴四四〇条[7]

リ　刑事施設↓行総◆【Ⅰ】[50]

95　勾留されている患者の診療に当たった拘置所の職員である医師が、過失により患者を適時に外部の適切な医療機関へ転送すべき義務を怠った場合において、適時に適切な医療機関への転送が行われ、同医療機関において適切な医療行為を受けていたならば、患者に重大な後遺症が残らなかった相当程度の可能性の存在が証明されるときは、国は、患者が右可能性を侵害されたことによって被った損害について国家賠償責任を負う。（最判平17・12・8判時一九二三・二六、医事法百選[二版]四八）↓民七〇九条[62][63]

ヌ　行政立法

96　原爆医療法に基づき被爆者健康手帳を交付された被爆者が国外に居住を移した場合に健康管理手当等の受給権が失権の取扱いになると定めた通達は、被爆者の居住地が日本国内にあることを要求しない原爆二法（原爆医療法及び原爆特別措置法）及びその後に制定された被爆者援護法に反することは明らかだが、そのことから直ちに同通達を発出し、これに従った取扱いを継続した行為に違法があったことにはならず、国の担当者が職務上通常尽くすべき注意義務を尽くすことなく漫然と右行為をしたと認められるような事情がある場合に限り、右の評価がされる。同通達が、国内居住は原爆医療法の適用要件ではないとした司法判断を受け、在外被爆者でも一定の場合には二法が適用になると行政実務を改めた頃に作成された以上、国の担当者は、右検討の機会に、同通達の正当性が疑問とされることを当然に認識できたのであるから、同通達の発出と継続は、公務員の職務上通常尽くすべき注意義務に違反するものとして違法であり、かつ、当該担当者には過失がある。（最判平19・11・1民集六一・八・二七三三〈韓国人元徴用工在外被爆者事件〉行政百選Ⅱ[七版]二二〇）↓[47]、行総◆【Ⅰ】[55]・◆【Ⅱ】[24]

ル　行政指導↓行手三二条[3]・三三条[1]

ヲ　教育活動

97　公立小学校の教員が、悪ふざけをした児童を追いかけて捕まえ、その胸元を右手でつかんで壁に押し当て、大声で叱った行為は、児童の身体に対する有形力の行使ではあるが、悪ふざけをしないよう指導するために行われたもので、悪ふざけの罰として肉体的苦痛を与えるために行われたものではないことが明らかであるから、その目的、態様、継続時間等から判断して、教員が児童に対して行うことが許される教育的指導の範囲を逸脱せず、学校教育法一一条ただし書にいう体罰に該当するものではなく、同行為に違法性は認められない。（最判平21・4・28民集六三・四・九〇四、重判平21行政一二）

ワ　所得税の更正

98　税務署長のする所得税の更正は、所得金額を過大に認定していたとしても、そのことから直ちに本条一項にいう違法があったとの評価を受けるものではなく、税務署長が資料を収集し、これに基づき課税要件事実を認定、判断する上において、職務上通常尽くすべき注意義務を尽くすことなく漫然と更正をしたと認め得るような事情がある場合に限り、右の評価を受ける。（最判平5・3・11民集四七・四・二八六三、行政百選Ⅱ[七版]二一九）

カ　租税滞納処分

99　滞納処分としての差押えは、滞納者の財産に対してのみ行うべきものであるところ、税務署長が誤って第三者に属する預金債権を差し押さえた場合であっても、そのことから直ちに本条一項にいう違法があったとの評価を受けるものではなく、税務署長が当該預金債権の帰属について認定、判断する上において、職務上通常尽くすべき注意義務を尽くすことなく漫然と差押えをしたと認め得るような事情がある場合に限り、上記の評価を受ける。（最判平15・6・26金法一六八五・五三）

ヨ　公表・情報公開・情報収集↓憲一三条[38]、行総◆【Ⅰ】[28]、行政情報公開◆【行政機関個人情報保護】［附則の後］[4]〜[9]

100　小学校における大腸菌O―一五七による集団食中毒の原因として疑いのある食材につき、その生産主体を直接明示することなく公表する行為は、公表することによる利益と公表することによる不利益を比較考量した結果、公表行為に正当な目的があり、かつ相当な方法・態様において行われたと認められる場合には、違法な名誉・信用毀損行為にはならないが、公表行為が違法又は不当な目的の下に行われたか、あるいはその方法・態様が目的達成のための手段としての相当性を欠く場合には、違法な名誉・信用毀損行為として違法となる。（大阪地判平14・3・15判時一七八三・九七）↓行総◆【Ⅰ】[28]

101　公訴時効の完成時になされた、警察庁長官に対する狙撃事件の犯人が特定の宗教法人であるとした警視庁の公表について、被疑者等には裁判確定まで無罪の推定が働くから、公訴時効が完成している段階での犯人（犯行主体）の断定により人又は団体の名誉を毀損した場合、特段の事情がない限り、警察法一条及び二条に含まれる、濫用的な警察権限の行使をしてはならないとの職務上の義務に反するとされた事例（東京高判平25・11・27判時二二一九・四六……最決平26・4・17【平26オ三七九】で上告不受理の決定）

102　固定資産税等の滞納処分として差し押さえた土地上に、公売公告前であるにもかかわらず「不動産公売予定地」などと書かれた看板を設置したことは、地方公共団体が徴税手続において法律の規定に基づかずに滞納処分の事実を公開したものとして違法とされた事例（熊本地玉名支判平28・9・28判時二三四一・一二〇）

103　公文書公開条例に基づく不開示決定に取消し得べき瑕疵があるとしても、そのことから直ちに本条一項にいう違法があったとの評価を受けるものではなく、公務員が職務上通常尽くすべき注意義務を尽くすことなく漫然と不開示決定をしたと認め得るような事情がある場合に限り、右評価を受ける。担当職員において請求に係る全文書の内容の真否の調査を行わずに不開示決定をしたことが、職務上通常尽くすべき注意義務を怠ったものということはできない。（最判平18・4・20裁判集民二二〇・一六五〈静岡県庁事件〉）……行政処分は、独任機関たる行政庁の名義で行われる場合でも、実際には、行政庁を支える行政組織体の組織的決定として行われるものであるから、個別具体的な職員の故意過失のみを問題とするのではなく、行政庁を支える行政組織体の構成員たる公務員を全体的一体的に捉えて判断すべきとして、本件不開示決定に注意義務違反があるとする泉裁判官の反対意見がある）

[104] ビキニ環礁付近等における米国の核実験について、内閣総理大臣その他の閣僚が資料開示・施策実施義務を負うとは認められない。（高知地判平30・7・20判時二四〇三・六二）

タ　住民票の記載↓憲一四条[28]、自治一三条の二[2]

レ　生活保護上の指導・指示

[105] 保護の実施機関が生活保護法二七条一項に基づく指導・指示を書面で行うべきものとした同法施行規則一九条の趣旨は、同機関の恣意〔しい〕抑制とともに指導・指示の内容を明確にして被保護者の権利保護を図りつつ指導・指示の実効性を確保することにあるので、当該書面に指導・指示の理由として記載された事項等を考慮に入れることにより、当該書面に指導・指示の内容として記載されていない事項までその内容に含まれると解することはできないとして、指導・指示不履行を理由とする生活保護廃止決定を適法とした原審の判断が破棄された事例（最判平26・10・23判時二二四五・一〇、社会保障百選[五版]八七）

6　抗告訴訟との関係

[106] 行政処分が違法であることを理由として国家賠償の請求をするについては、あらかじめ処分の取消し又は無効確認の判決を得る必要はない。（最判昭36・4・21民集一五・四・八五〇、行政百選II[六版]二四〇）

[107] 行政処分が金銭を納付させることを直接の目的としており、その違法を理由とする国家賠償請求を認容すると、結果的に当該行政処分を取り消した場合と同様の経済的効果が得られる場合であっても[106]の準則が妥当する。公務員が納税者に対する職務上の法的義務に違背して税額を過大に決定したときは、これによって損害を被った当該納税者は、課税処分に無効事由が認められなくても、当該処分の取消訴訟等の手続を経るまでもなく、国家賠償請求を行い得る。（最判平22・6・3民集六四・四・一〇一〇、行政百選II[七版]二三三）

[108] 不作為の違法確認判決の既判力は、国家賠償請求訴訟にも及ぶとした事例（熊本地判昭58・7・20前出[24]……前出[42]の下級審）

7　強制執行法上の救済手続の懈怠

[109] 不動産の強制競売事件における執行裁判所の処分は、債権者の主張、登記簿の記載その他記録にあらわれた権利関係の外形に依拠して行われるものであり、その結果関係人間の実体的権利関係との不適合が生ずることがあり得るが、これについては執行手続の性質上、強制執行法に定める救済の手続により是正されることが予定されているものである。したがって、執行裁判所自らその処分を是正すべき場合等特別の事情がある場合は格別、そうでない場合には権利者が右の手続による救済を求めることを怠ったため損害が発生しても、その賠償を国に対して請求することはできない。（最判昭57・2・23民集三六・二・一五四、執保百選[三版]一二）

8　主張立証責任

[110] 公権力の行使に当たる公務員の職務行為が違法であることについての主張立証責任は、国又は公共団体に賠償責任があると主張する者において負担する。（東京高判平11・4・26判時一六九一・五七）

六　公務員個人の被害者に対する責任

[111] 本条による国家賠償の請求については、国又は公共団体が賠償の責めに任ずるのであって、公務員が行政機関としての地位において賠償の責任を負うものではなく、また公務員個人もその責任を負うものではない。（最判昭30・4・19民集九・五・五三四、行政百選II[七版]二三四）↓民七〇九条

[112] 国又は公共団体以外の者の被用者が第三者に損害を加えた場合であっても、当該被用者の行為が国又は公共団体の公権力の行使に当たるとして国又は公共団体が被害者に対して同項に基づく損害賠償責任を負う場合には、被用者個人が民法七〇九条に基づく損害賠償責任を負わないのみならず、使用者も同法七一五条に基づく損害賠償責任を負わない。（最判平19・1・25前出[77]）↓[13]

七　責任の性質↓[120]の宇賀裁判官補足意見を参照

[113] 本条による国又は公共団体の賠償責任は公務員の故意又は過失に基づく加害行為を前提としてその責任を代位するものである。（札幌高判昭43・5・30判時五五二・四七）

[114] 国家賠償責任は、公務員に代わって負担する代位責任を定めたものではなく、公務員の行為に起因して直接負担する自己責任を定めたものである。（東京地判昭39・6・19下民一五・六・一四三八〈安保教授団事件一審〉）

八　損害↓民七〇九条[121]

[115] 課税処分の違法を主張する国家賠償訴訟係属中に、処分庁が当該課税処分を取り消した場合、当該訴訟の提起及び追行にかかる弁護士費用のうち、相当と認められる額の範囲内のものは、当該課税処分と相当因果関係のある損害と解すべきである。（最判平16・12・17判時一八九二・一四）

[116] [96]について、失権とされた者がその法的保護に値する内心の静穏な感情を侵害され精神的損害を被ったとされた事例（最判平19・11・1前出[96]）

[117] 労働者がじん肺に罹患し増悪させることがないようにその安全を配慮すべき義務は、第一次的かつ最終的には使用者の義務であり、国は、省令等によって使用者に義務を課し、使用者の労働者に対する危害防止及び安全衛生についての義務履行を後見的に監督するものであること等から、国が負うべき損害賠償義務につき、じん肺に罹患した被災者らの損害の三分の一を限度とされた事例（福岡高判平13・7・19判時一七八五・八九……[47]の控訴審）

九　因果関係

[118] B型肝炎ウィルスに感染した原告らの国家賠償請求につき、集団予防接種等における注射器の連続使用によって同ウイルスに感染した蓋然性が高く、他に感染の原因となる可能性の高い具体的な事実の存在はうかがわれないことから、経験則上、集団予防接種等と原告らの感染との間の因果関係が肯定されるとした事例（最判平18・6・16民集六〇・五・一九九七〈B型肝炎ウィルス予防接種禍訴訟〉医事法百選[二版]一三）

一〇　求償権

[119] 公立学校採用選考の不正関与者に対する県の本条二項による求償権の行使につき、退職手当の返納額相当額を控除することを適法とした原審の判断が誤りであるとされた事例（最判平29・9・15判時二三六六・三、重判平29行政七）↓民七一五条[31]

[120] 複数の公務員が職務を行うにつき共同して故意により違法に他人に加えた損害を国又は公共団体が賠償した場合、当該公務員らは、国又は公共団体に対する関係においても一体を成すものであり、国又は公共団体に対し連帯して求償債務を負う。（最判令2・7・14民集七四・四・一三〇五、重判令2行政七……[119]の事案につき、求償債務を分割債務とした差戻後控訴審の判断を誤りとした。宇賀裁判官の補足意見は、本条一項の性質にかかる代位責任説・自己責任説は解釈論上の意義をほとんど失っているとし、いずれによっても本件公務員は、連帯債務を負うとする）

[121] 国家賠償法三条一項に基づき損害賠償責任を果たした費用負担者は、同条二項に基づく求償権の行使により損害が塡補される部分を控除した範囲において、本条二項に基づき、公

務員個人に対して求償できる。（佐賀地判平22・7・16判時二〇九七・一二四）

122 建築基準法に違反しない建築物の建築・販売を阻止しようとした普通地方公共団体の長の行為が、景観保持を目的としたものではあっても、中立性・公平性を逸脱し、急激かつ強引な行政施策の変更等と評価できる基礎事実を十分に認識しながら適法な営業活動を妨害したものである以上、長には重大な過失がある。（東京地判平22・12・22判時二一〇四・一九〈国立市マンション事件〉……地方自治法二四二条の二第一項四号に基づき前市長に対して損害賠償金相当額の支払を請求することを求めた住民訴訟における説示）→憲一三条42

123 122の求償権につき後に議会がなした放棄議決には長による放棄の意思表示がない等として、市が求償権を行使することは権限の濫用に当たらないとされた事例（東京高判平27・12・22判自四〇五・一八……最決平28・12・13〔平28オ五八〇〕により確定）→自治九六条4

124 市長がパチンコ店の出店計画を阻止するために図書館設置条例を議員提案として提出させた行為は、特定の私人に対して負う職務上の法的義務に反し違法であり、パチンコ店に係る賃貸借契約の締結を認識していた市長には故意又は重大な過失があった。（東京地判平31・4・11判タ一四七六・一六六……地方自治法二四二条の二第一項四号に基づく住民訴訟における説示）

125 刑務所内において刑務官らが不要又は適正緊度を超えた革手錠施用により受刑者を受傷又は死亡させた事案において、本条一項に基づく国の責任を認めた上で、当該刑務官らに故意又は重過失があったとして本条二項に基づく求償債務があるとされた事例（名古屋地判平22・5・25判時二〇九八・八二）

第二条【公の営造物の設置管理の瑕疵に基づく損害の賠償責任、求償権】① 道路、河川その他の公の営造物の設置又は管理に瑕疵があつたために他人に損害を生じたときは、国又は公共団体は、これを賠償する責に任ずる。

② 前項の場合において、他に損害の原因について責に任ずべき者があるときは、国又は公共団体は、これに対して求償権を有する。

参+【民法上の土地工作物等の占有者及び所有者の責任】→民七一七

一 公の営造物

1 公の営造物の意義

1 公の営造物とは、広く公の目的に供せられる物的施設を指称し、建物ないし土地の定着物に限らず、その一時的であると借入れにかかるとを問わない。（東京高判昭29・9・15高民七・一一・八四八）

2 国や公共団体が所有又は管理する有体物で公の目的に供用されるべき物は、いまだ現に公の目的に供用されていなくても、当該場合の具体的事情により、現に公の目的に供用されている物に準ずるものと認められる場合には、本条項にいう「公の営造物」に当たる。（東京地判昭47・1・28判時六六七・七二）

2 公の営造物に当たるもの

3 自衛隊の砲弾（東京地判昭56・3・26判時一〇一三・六五）

4 警察署の公用車（札幌高函館支判昭29・9・6下民五・九・一四三六）

5 拳銃（大阪高判昭62・11・27判時一二七五・六二）

6 刑務所内の工場の自動旋盤機（大阪高判昭63・4・27判時一三〇三・八二）

7 私人所有の給水管のうち、設置場所及び瑕疵の部位から見て、市が事実上管理しており、市所有の配水管と一体をなすと認められる部分（横浜地判平15・9・12判時一八五二・一三三）

3 公の営造物に当たらないもの

8 国有林野（長野地松本支判昭54・3・1判時九四一・八九）

9 市営住宅（名古屋地判昭55・3・28判時九七五・七三）

10 防空濠（ただし、戦後）（東京高判平5・2・24判時一四五四・九七）

二 設置管理の瑕疵〔かし〕

1 一般的意味

11 本条一項にいう営造物の設置又は管理に瑕疵があったとみられるかどうかは、当該営造物の構造、用法、場所的環境及び利用状況等諸般の事情を総合考慮して具体的個別的に判断すべきものである。（最判昭53・7・4民集三二・五・八〇九）

12 営造物の設置又は管理の瑕疵とは、営造物が通常有すべき安全性を欠いていることをいい、これに基づく国及び公共団体の賠償責任については、その過失の存在を必要としない。（最判昭45・8・20民集二四・九・一二六八〈高知落石事件〉行政百選Ⅱ七版二三五）→20

2 事実上の管理

13 本条にいう公の営造物の管理者は、必ずしも当該営造物について法律上の管理権ないしは所有権、賃借権等の権原を有している者に限られるものではなく、事実上の管理をしているにすぎない国又は公共団体も同条にいう管理者に含まれる。（最判昭59・11・29民集三八・一一・一二六〇、重判昭59行政四）

3 機能的（供用関連）瑕疵

14 そこにいう安全性の欠如とは、ひとり当該営造物を構成する物的施設自体に存する物理的、外形的な欠陥ないし不備によって一般的に右のような危害を生ぜしめる危険性がある場合のみならず、その営造物が供用目的に沿って利用されることとの関連において危害を生ぜしめる危険性がある場合をも含み、また、その危害は、営造物の利用者に対してのみならず、利用者以外の第三者に対するそれをも含む。（最大判昭56・12・16民集三五・一〇・一三六九〈大阪国際空港公害訴訟〉行政百選Ⅱ七版二四一）

15 道路の騒音（最判平7・7・7後出16）

4 違法性の段階

16 道路等の施設の供用の差止めと金銭による賠償という請求内容の相違に対応して、違法性の判断において各要素の重要性をどの程度のものとして考慮するかにはおのずから相違があるから、右両場合の違法性の有無の判断に差異が生じることがあっても不合理とはいえない。（最判平7・7・7民集四九・七・二五九九〈国道四三号線訴訟〉民百選Ⅱ八版一一〇）

5 新たに開発された安全施設の不設置の瑕疵

17 点字ブロック等のように、新たに開発された視力障害者用の安全設備を駅のホームに設置しなかったことをもって当該駅のホームが通常有すべき安全性を欠くか否かを判断するに当たっては、その安全設備が、視力障害者の事故防止に有効なものとして、その素材、形状及び敷設方法等において相当程度標準化されて全国的ないし当該地域における道路及び駅のホーム等に普及しているかどうか、当該駅のホームにおける構造又は視力障害者の利用度との関係から予測される視力障害者の事故の発生の危険性の程度、右事故を未然に防止するため右安全設備を設置する必要性の程度及び右安全設備の設置の困難性の有無等の諸般の事情を総合考慮することを要する。（最判昭61・3・25民集四〇・二・四七二、行政百選Ⅱ七版二三九）

6 被害者側の事情

18 通常の用法に即しない行動の結果生じた損害については、設置管理者は責任を負わない。（最判昭53・7・4民集三二・五・八〇九）

7 瑕疵を認めた場合の社会的影響

19 公立学校の校庭が開放されて一般の利用に供されている場合、幼児を含む一般市民の校庭内における安全につき、校庭内の設備等の設置管理者に全面的に責任があるとするのは当を得ず、幼児がいかなる行動に出ても不測の結果が生じないようにせよというのは、設置管理者に不能を強いるものであって、これを余りに強調するとすれば、かえって、校庭は一般市民に対して全く閉ざされ、都会地においては幼児は危険な路上で遊ぶことを余儀なくされよう。（最判平5・3・30民集四七・四・三二二六、行政百選Ⅱ[七版]二四〇）

8　人工公物

20　本件道路における防護柵を設置するとした場合、その費用の額が相当の多額にのぼり、上告人（県）としてその予算措置に困却するであろうことは推察できるが、それにより直ちに道路の管理の瑕疵によって生じた損害に対する賠償責任を免れ得るものと考えることはできない。（最判昭45・8・20前出⑫）

21　道路がその機能に鑑みて通常有すべき安全性を欠如するに至った原因が、不可抗力の災害に基づくものであったとしても、その災害の発生を事前に予測することが可能であって道路管理者としてこれによる通行者の生命、身体又は財産への危害の波及を防止するために必要な措置が講じ得られたにもかかわらず、これがなされなかったとすればその不作為をもって道路管理上の瑕疵があったというを妨げない。（札幌高判昭47・2・18高民二五・一・九五）

22　本件事故発生の直接の原因は土石流の発生であり、それは予見不可能であったのであるが、そうであるとしても、もし、本件国道の設置・管理においてそれ以外の点に瑕疵があり、その瑕疵と右予見不可能な現象とが関連競合して本件事故が発生するに至ったという事実関係が認められる場合には、なお、事故は国道の設置・管理に瑕疵があったために生じたというに妨げない。（名古屋地判昭48・3・30判時七〇〇・三〈飛騨川バス転落事件〉重判昭48民八）

23　故障車が国道上に八七時間にわたって放置され、道路の安全性が著しく欠如する状態であったにもかかわらず、道路の安全性を保持するために必要とされる措置を全く講じていなかった場合には、道路管理に瑕疵がある。（最判昭50・7・25民集二九・六・一一三六、行政百選Ⅱ[七版]二三六）

24　トンネルの設置管理者は、発生する火災を可能な限り初期の段階で消火し、延焼を防止するために、自ら合理的かつ妥当な物的設備を設け、人的配備をすることを要するのみでなく、トンネル内の安全を確保するため、消防署及び警察署等の他の機関の迅速な活動を可能ならしめるように、火災の状況等について、早急に的確な情報を収集し、これを迅速に提供し得る組織を整え、火災が発生したときには、運転者らに対し、火災が発生したことや避難の方法についての的確な情報を迅速に提供し、かつ、車両がトンネル内に進入するのを阻止するための強力な警告をするための物的設備を設け、人的配備をする等のトンネルの安全体制を整備することが必要であった。（東京高判平5・6・24判時一四六二・四六〈日本坂トンネル事件〉）

25　高速道路上でキツネとの衝突を避けるために停止した車に後続車が衝突した事故につき、小動物との接触自体によって運転者等の死傷事故が発生する危険性は高くなく、そのような事故は僅かしかなかったこと、小動物侵入対策が広く採られていたという事情はうかがわれないこと、そのような対策を講ずるには多額の費用を要すること、本件事故が発生した道路には動物注意の標識が設置されており、道路に侵入した動物について運転者に適切な注意喚起がなされていたことから、小動物の侵入を防止できなかったとしても、当該道路に設置管理の瑕疵があったとはいえないとされた例（最判平22・3・2判時二〇七六・四四、交通事故百選[五版]三三）

26　大都市圏の市街地における高速道路が、いかに公共性を有し、社会経済における便益に資すべきもので、しかも、橋脚が倒壊し橋桁が落下すれば近隣住民等にも多大な被害を及ぼすことが予想されるものであったとしても、極めて強力かつ広範囲に及ぶ破壊力を持った自然現象である地震に対して無制限の耐力を持たせることは不可能といわざるを得ないから、地震に対して備えるべき人工的な安全性も無制限のものまで要求されるわけではなく、既往の地震等の知見を前提として持つべき水準を画していくほかない。（神戸地尼崎支判平15・1・28判タ一一四〇・一一〇〈阪神大震災高速道路倒壊事件〉）

27　東日本大震災発生の一九日後に福島県内の市道が突然陥没し車両が転落した事故につき、当該道路は客観的に通常有すべき安全性を欠く状態に至っていたものの、市は当該事故を予見することができず、回避可能性がなかったとして管理の瑕疵が否定された事例（福島地郡山支判平26・6・20判時二二三三・一二二）

28　区営のマリーナ施設における通常有すべき安全性につき、同施設廃止条例の公布から施行までの間は使用許可を受けた者の退去が可能な程度の安全性で足り、同条例施行後は無断使用等による事故等を防止する程度の管理が求められるに過ぎないとされた事例（東京地判平27・6・15判タ一四二二・一八三）

9　自然公物

29　河川の管理についての瑕疵の有無は、過去に発生した水害の規模、発生の頻度、発生原因、被害の性質、降雨状況、流域の地形その他の自然的条件、土地の利用状況その他の社会的条件、改修を要する緊急性の有無及びその程度等諸般の事情を総合的に考慮し、前記諸制約の下での同種・同規模の河川の管理の一般水準及び社会通念に照らして是認し得る安全性を備えていると認められるかどうかを基準として判断すべきである。（最判昭59・1・26民集三八・二・五三〈大東水害事件〉行政百選Ⅱ[七版]二三七）↓30

30　既に改修計画が定められ、これに基づいて現に改修中である河川については、右計画が全体として右の見地からみて格別不合理なものと認められないときは、その後の事情の変動により当該河川の未改修部分につき水害発生の危険性が特に顕著となり、当初の計画の時期を繰り上げ、又は工事の順序を変更するなどして早期の改修工事を施行しなければならないと認めるべき特段の事由が生じない限り、右部分につき改修がいまだ行われていないとの一事をもって河川管理に瑕疵があるとすることはできない。（最判昭59・1・26前出29）

31　洪水により決壊した堤防の背後に設置された仮堤防が豪雨のため破堤したとしても、その設置に当たりかかる連年の災害を受ける危険を予測しなかったことに無理からぬ事情があり、右仮堤防が応急対策として短期間に築造された仮の施設であって、時間的、財政的及び技術的制約の下での同種・同規模の河川に同趣旨で設置する仮堤防の設計施工上の一般水準ないし社会通念に照らして是認することができるときは、その断面・構造に河川管理の瑕疵があるとは認められない。（最判昭60・3・28民集三九・二・三三三〈加治川水害事件〉重判昭60行政七）

32　工事実施基本計画が策定され、右計画に準拠して改修、整備がされ、あるいは右計画に準拠して新規の改修、整備の必要がないものとされた河川の改修、整備の段階に対応する安全性とは、同計画に定める規模の洪水における流水の通常の作用から予測される災害の発生を防止するに足りる安全性をいう。（最判平2・12・13民集四四・九・一一八六〈多摩川水害事件〉行政百選Ⅱ[七版]二三八）↓33

33　許可工作物と河川管理施設との間には河川管理の方法及びこれに伴う諸制約の程度に差異がある。（最判平2・12・13前出32）

34　堤防の改修、整備は、予想される洪水等による災害に対処するため、主として堤体についてこれを行い、その安全を確保するのが通常であって、その基礎地盤については、過去における災害時の異常現象等によって欠陥のあることが明らかとなっているなど特段の事情のある場合を除き、その全てについて、あらかじめ安全性の有無を調査し、所要の対策を採

るなどの措置を講じなければならないものではない。（最判平6・10・27判時一五一四・二八〈長良川安八水害事件〉）

35 財政的、技術的、社会的諸制約の下での同種同規模の河川の管理の一般水準及び社会通念に照らして是認し得る安全性を備えていると認められるかという河川管理瑕疵の判断基準は、いわゆる普通河川の管理の瑕疵の有無の判断にも当てはまる。（最判平8・7・12民集五〇・七・一四七七〈平作川水害事件〉重判平8行政八）↓36

36 既に改修計画が定められ、これに基づいて現に改修中である河川であっても、水害発生の時点において既に設置済みの河川管理施設がその予定する安全性を有していなかったという瑕疵があるか否かを判断するには、右施設設置の時点における技術水準に照らして、右施設が、その予定する規模の洪水における流水の通常の作用から予測される災害の発生を防止するに足りる安全性を備えているかどうかによって判断すべきである。（最判平8・7・12前出35）

37 海水は海流等により常に移動していることから海域の管理者において海水自体の水質を管理することは事実上不可能なこと、海水の水質を一般的に管理するよう定めた法令は存しないこと等からすると、海域内といえども国又は地方公共団体において海水の水質を一定に管理することは、およそ考えられていないというべきである。（京都地判平5・11・26判時一四七六・三〈水俣病京都訴訟〉）

38 町営スキー場は自然の状態で管理されているが、河川とは異なり開設時から安全性が確保されるべき施設であり、財政的制約等によって直ちにその瑕疵は否定されない。（松江地判平26・3・10判時二二二八・九五）

第三条【賠償責任者】 ① 前二条の規定によつて国又は公共団体が損害を賠償する責に任ずる場合において、公務員の選任若しくは監督又は公の営造物の設置若しくは管理に当る者と公務員の俸給、給与その他の費用又は公の営造物の設置若しくは管理の費用を負担する者とが異なるときは、費用を負担する者もまた、その損害を賠償する責に任ずる。

② 前項の場合において、損害を賠償した者は、内部関係でその損害を賠償する責任ある者に対して求償権を有する。

一 被告の選択

1 準用河川（河川法一〇〇条）の砂防堰堤〔えんてい〕の設置管理の瑕疵〔かし〕による損害賠償請求は、設置管理者たる国又は設置費用の一部負担者である県のいずれをも被告として自由に選択できる。（高松地丸亀支判昭37・12・14訟月九・一・一四）

二 補助金

2 公の営造物の設置者に対してその費用を単に贈与したにすぎない者は本条一項所定の設置費用の負担者に含まれるものではないが、法律の規定上当該営造物の設置をなし得ることが認められている国が、自らこれを設置するに代えて、特定の地方公共団体に対しその設置を認めた上、右営造物の設置費用につき当該地方公共団体の負担額と同等若しくはこれに近い経済的な補助を供与する反面、右地方公共団体に対し法律上当該営造物につき危険防止の措置を請求し得る立場にあるときには、国は、同項所定の設置費用の負担者に含まれる。（最判昭50・11・28民集二九・一〇・一七五四、行政百選Ⅱ七版二四二）

3 社会通念上独立の営造物と認められる複数の営造物によって構成される複合的施設を構成する個別的施設に設置管理の瑕疵があるときは、当該個別的施設と複合的施設を構成する他の施設とを一体として補助金が交付されたというような特殊事情がない限り、本条一項の費用負担者に当たるか否かは、当該個別的施設について費用負担の割合等を考慮して判断するのが相当である。（最判平元・10・26民集四三・九・九九九）

三 負担割合（二項）

4 本条二項にいう内部関係でその損害を賠償する責任ある者とは、法令上、損害賠償のための費用をその事務を行うための経費として負担すべきとされている者であるところ、市町村設置の中学校の県費負担教職員による不法行為の場合、学校教育法五条及び地方財政法九条が、市町村設置の中学校の経費については原則として当該市町村が負担すべきとしていること等からすれば、当該損害賠償のための費用は、法令上、当該中学校を設置する市町村が全額を負担すべきものとされていることになるから、当該市町村が損害を賠償する責任にある者に当たる。（最判平21・10・23民集六三・八・一八四九、行政百選Ⅱ七版二四三）

第四条【民法の適用】 国又は公共団体の損害賠償の責任については、前三条の規定によるの外、民法の規定による。

【民法の規定の例↓民七〇九・七二二・七二四ETC、失火】

一 民法の意義（民法附属法規を含む）

1 国又は公共団体の損害賠償の責任について、本条は、国家賠償法一条一項の規定が適用される場合においても、民法の規定が補充的に適用されることを明らかにしているところ、失火責任法は、失火者の責任条件について民法七〇九条の特則を規定したものであるから、本条の「民法」に含まれると解するのが相当である。また、失火責任法の趣旨に鑑みても、公権力の行使に当たる公務員の失火による国又は公共団体の損害賠償責任についてのみ同法の適用を排除すべき合理的理由も存しない。したがって、公権力の行使に当たる公務員の失火による国又は公共団体の損害賠償責任については、本条により失火責任法が適用され、当該公務員に重大な過失のあることを必要とする。（最判昭53・7・17民集三二・五・一〇〇〇、行政百選Ⅱ七版二四四）

二 民法上の責任が生ずるもの

2 国立大学付属病院における医療行為（最判昭36・2・16民集一五・二・二四四〈輸血梅毒事件〉医事法百選二版四五②）↓民七〇九条12

3 保健所の医師の診断（最判昭57・4・1民集三六・四・五一九、行政百選Ⅱ七版二三〇）↓一条12

三 国家賠償請求事件における民法の適用

4 本条にいわゆる「民法の規定による」とは、損害賠償の範囲、過失相殺時効等につき民法の規定によるとの意味であって、民法六五七条、六六五条〔平成二九法四四による改正前〕の寄託関係をも斟酌〔しんしゃく〕すべしという趣旨ではない。（最判昭34・1・22訟月五・三・三七〇）

第五条【他の法律の適用】 国又は公共団体の損害賠償の責任について民法以外の他の法律に別段の定があるときは、その定めるところによる。

【他の法律↓刑補五②、ETC】

一 別段の定めの意義

1 本条が予定しているのは、民法以外の法律によって民法ないし国家賠償法に対し、特別の定めをしている場合である。（東京高判昭49・9・25東高民二五・九・一五四）

二 他の法律

2 郵便法の諸規定は、本条にいう別段の定めに当たる。〔平成一九年に郵便事業が民営化される前の事例〕（東京高判昭55・6・23判時九七三・九四）

三 賠償責任制限の合憲性↓憲一七条12

四 故意又は重過失がある場合↓憲一七条2

第六条【相互保証主義】 この法律は、外国人が被害者である場合には、相互の保証があるときに限り、これを適用する。

一　相互の保証の意義

[1]　大韓民国の国家賠償制度は賠償額を定額化しており、しかもそれが低額であるが、本条の適用の妨げとはならない。（名古屋高判昭51・9・30判時八三六・六一、渉外百選[三版]一二七）

[2]　大韓民国国家賠償法は、定額賠償制度を導入しているので、朝鮮人が被害者の場合、定額賠償で足りる。しかし、その運用をつまびらかにし得ないので、この点は度外視して判断を進めるほかない。（大阪地判昭53・2・27判時九〇三・七二……なお、二審・大阪高判昭54・6・22訟月二五・一一・二七二二）

[3]　イラン・イスラム共和国民事責任法一一条は、政府や自治体等の職員が、故意又は過失により損害を与えた場合、政府・自治体等ではなく、当該職員が補償責任を負う旨を規定しているが、イラン国内の弁護士が、同条に基づき裁判所から賠償を命じられた公務員が賠償をしない場合、政府が公務員個人に代位して賠償金を支払った上で、公務員に対し求償権を行使した事例があったとの見解を示していること等からすれば、イランと我が国との間には、「相互の保証」がある。（東京地判平13・6・26判タ一一二四・一六七）

[4]　中華人民共和国においては、中国民法通則一二一条以下に国家賠償責任に関する規定が設けられているが、同法が施行されたのは、一九八七年一月一日であり、同法成立以前は、国家無責任の法理が妥当していたのだから、その時期に中国の国家公務員の違法行為によって日本人が被害を受けても、中国に国家賠償を認める法的根拠は存しなかったのであり、我が国と中国の間には国家賠償につき相互の保証があったということはできない。（東京高判平17・6・23判時一九〇四・八三、重判平18国際二）→附則[3]

[5]　相互保証がないことは、国ないし公共団体の側で主張立証する抗弁事実であるとした上で、ロシア連邦の国家賠償制度について、我が国の制度と重要な点において異なることの立証がないとされた事例（札幌地中間判平21・1・16判時二〇九五・一〇〇）

[6]　本条の適用につき、各国の法制の在り方には差異があり、要件等の一致を厳密に求めた場合には、衡平の観念に根拠を有する本条の趣旨に反する不合理な区別を生じさせるおそれもあるから、各国の法制度等の多様性を前提とした解釈を採るべきである。（東京高判平27・7・30判時二二七七・八四〈厚木基地訴訟〉）

二　相互保証の合憲性

[7]　憲法一七条に基づいて直ちに具体的な賠償請求権が生ずるものではないことからすれば、同条は外国人による国家賠償請求について、必ずしも我が国の国民による国家賠償請求と同一の保障をしなければならないことを要請するものではなく、我が国の国民による国家賠償請求とは異なる事情が認められる場合には、法律により特別の定めを設けて制約を加えることも、その内容が不合理なものでない限り、同条に反しない。本条が外国人による請求を相互の保障がある場合に限定しているのは、我が国の国民に国家賠償による救済を認めない国の国民に対し、我が国が積極的に救済を与える必要がないという衡平の観念に基づくもので、一定の合理性が認められる。（東京地判平14・6・28判時一八〇九・四六）

附　則（抄）

⑥　この法律施行前の行為に基づく損害については、なお従前の例による。

[1]　本法施行前の公務員の公権力の行使の違法を理由とする国の損害賠償責任については、民法の不法行為規定が公務員の公権力の行使についても適用があるか否かという民法の解釈に委ねられる。明治憲法下における「国家無答責の法理」の根拠は、国の権力作用に伴う不法行為に基づく損害賠償請求訴訟について、司法裁判所も行政裁判所も共にその訴訟を受理しなかったため、訴訟要件としての権利保護適格を否定する解釈が採られていたことによるものにすぎず、行政裁判所が廃止された現行憲法及び裁判所法の下では、正当性ないし合理性は見いだし難く、本法が施行される以前の民法の不法行為規定の解釈・適用を行うに当たっては、訴訟手続上の制約が解止されたものと考えるのが相当である。（東京高判平15・7・22判時一八四三・三二〈東京韓国人従軍慰安婦等訴訟控訴審〉）→◆【損失補償】［附則の後］[18]

[2]　旧憲法下における事例であっても、全ての権力的作用に基づく行為について民法が適用されないとする法理があったというのは相当でなく、戦前の判例法理を前提としても、特段の事情がある場合には、国は不法行為責任を負わなければならないと解釈する余地はある。（福岡高判平16・5・24判時一八七五・六二）

[3]　立法過程、学説及び判例のいずれからしても、大日本帝国憲法下においては、国の権力的作用について民法の適用を否定し、その損害については国が賠償責任を負わないという国家無答責の法理が確立していたというべきであり、国家賠償法施行前に行われた公務員の不法行為について、遡及的に国等の賠償責任を認めることが憲法上要請されていたとする格別の根拠はないことからすれば、その行為の時を基準として国家賠償法を適用し、同法施行前に行われた公務員の不法行為について遡及的な適用をしないことを規定した同法附則六項は違憲ではない。（東京高判平17・6・23判時一九〇四・八三、重判平18国際二）→六条[4]

◆【損失補償】

一　直接憲法に基づく補償請求

[1]　河川附近地制限令四条二号による制限について同条に損失補償に関する規定がないからといって、同条があらゆる場合について一切の損失補償を全く否定する趣旨とまでは解されず、本件被告人も、その損失を具体的に主張立証して、別途、直接憲法二九条三項を根拠にして、補償請求する余地が全くないわけではない。（最大判昭43・11・27刑集二二・一二・一四〇二〈名取川事件〉行政百選Ⅱ[七版]二五二）→[9]、憲二九条[29]

[2]　自然公園法一七条［現二〇条］三項の工作物建築等の許可を得ることができなかったことによる損失に対する補償については、同法三五条［現六四条］、三六条［現六五条］に、憲法二九条三項の趣旨に基づく特別の規定が設けられている以上、その補償請求は、もっぱら右規定所定の手続によってすべきであって、それによらずに直接国に対し補償を求める訴えは不適法というべきである。（最判昭62・9・22裁判集民一五一・六八五）

[3]　明治憲法の下では、同憲法自体に損失補償に関する明文の規定を欠く以上、個人の財産権が制限された場合でも、損失補償を認める個別具体的な法律の定めがある場合に限って、個人の国に対する損失補償請求が認められていたものと解されるのであって、同憲法二七条を直接の根拠として個人の国に対する損失補償請求権を認めることはできない。（広島高判平13・3・29判時一七五九・四二〈関釜元慰安婦事件控訴審〉）

二　補償の要否

1　警察規制

[4]　火災の際の消防活動により損害を受けた者が、消防法二九条三項によりその損失の補償を請求し得るためには、当該処分等が、火災が発生しようとし、若しくは発生し、又は延焼のおそれがある消防対象物及びこれらのもののある土地以外の消防対象物及び土地に対しなされたものであり、かつ、右処分等が消火若しくは延焼の防止又は人命の救助のために緊急の必要があるときになされたものであることを要する。（最判昭47・5・30民集二六・四・八五一、行政百選Ⅱ[七版]二四

六）

[5] 警察法規が一定の危険物の保管場所等につき保安物件との間に一定の離隔距離を保持すべきことなどを内容とする技術上の基準を定めている場合において、道路工事の施行の結果、警察違反の状態を生じ、危険物保有者が右技術上の基準に適合するように工作物の移転等を余儀なくされ、これによって損失を被ったとしても、それは道路工事の施行によって警察規制に基づく損失がたまたま現実化するに至ったものにすぎず、このような損失は、道路法七〇条一項の定める補償の対象には属しない。（最判昭58・2・18民集三七・一・五九〈高松市ガソリンスタンド事件〉行政百選II[七版]二四七）

[6] 鉱業法六四条の定める制限は、鉄道、河川、公園、学校、病院、図書館等の公共施設及び建物の管理運営上支障ある事態の発生を未然に防止するため、これらの近傍において鉱物を掘採する場合には管理庁又は管理者の承諾を得ることが必要であることを定めたものにすぎず、この種の制限は、公共の福祉のためにする一般的な最小限度の制限であり、何人もこれをやむを得ないものとして当然受忍しなければならず、憲法二九条三項を根拠にして補償請求することはできない。（最判昭57・2・5民集三六・二・一二七、街づくり百選一〇五）

[7] 何人も人の健康を害するおそれがないとは認められない食品添加物を使用した食品を販売する権利、自由を有するものではないから、一旦は食品添加物の指定を受けながら、その後の自然科学の発達によってその安全性に疑問が抱かれて、指定の取消しがなされ、当該食品添加物を含有した食品の販売が禁止されても、それは、化学的合成品である食品添加物に本来内在する制約であり、補償を要しない。（東京高判昭53・11・27判タ三八〇・九四〈チクロ使用禁止事件〉）

[8] 奈良県の「ため池の保全に関する条例」は、ため池の堤とうを使用する財産上の権利を有する者に対しては、その使用をほとんど全面的に禁止することになり、財産上の権利に著しい制限を加えるものであるが、結局それは、災害を防止し公共の福祉を保持する上に社会生活上やむを得ないものであり、そのような制約は、ため池の堤とうを使用し得る財産権を有する者が当然受忍しなければならない責務というべきものであって、憲法二九条三項の損失補償はこれを必要としない。（最大判昭38・6・26刑集一七・五・五二一〈奈良県ため池条例事件〉行政百選II[七版]二五一）→憲二九条[3]

[9] 河川附近地制限令により、知事の許可を受けることなくしては砂利を採取することができなくなり、従来、賃借料を支払い、労務者を雇い入れ、相当の資本を投入して営んできた事業が営み得なくなるために相当の損失を被るという財産上の犠牲は、公共のために必要な制限によるものとはいえ、単に一般的に当然に受忍すべきものとされる制限の範囲を超え、特別の犠牲を課したものとみる余地が全くないわけではない。（最大判昭43・11・27前出[7]）→憲二九条[29]

2 行政財産の使用許可の撤回等

[10] 行政財産である土地につき建物所有を目的として期間の定めなくなされた使用許可が、当該行政財産本来の用途又は目的上の必要に基づき撤回されたときは、特別の事情なき限り、使用権者は、右撤回による土地使用権喪失についての補償を請求し得ない。（最判昭49・2・5民集二八・一・一、行政百選I[七版]九〇）→行総◆【II】[79]

[11] 利用資格に制限のない市営と畜場を長年利用してきた利用業者等が、同と畜場を事実上独占的に継続使用してきたからといって、その使用関係を国有財産法一九条、二四条二項を類推適用すべき継続的な使用関係と同視することはできず、利用業者等が享受してきた利益は、基本的に同と畜場が公共の用に供されたことの反射的利益にとどまる以上、当該利用業者等が同と畜場を利用し得なくなったという不利益は、憲法二九条三項に基づく損失補償を要する特別の犠牲には当たらない。（最判平22・2・23判タ一三二一・六五、自治百選[四版]四八）

3 公用換地

[12] 換地処分の結果いわゆる減歩が生じたこと自体をもって当然に減歩分に相当する土地の公用収用があり、その価額に相当する損失を被収用者に与えたものとして憲法二九条三項の規定によりその補償義務が生ずるわけではない。（最判昭56・3・19訟月二七・六・一一〇五、街づくり百選四〇）

[13] 土地区画整理事業における換地予定地指定処分が、従前地の実測地積を基準とすることなく、土地台帳地積によったとしても、両者に差積があるときは、本換地処分において、実際の土地の価額に相当する代償（換地、清算金）が交付されるから、当該差積を無償で取り上げることにはならない。（最大判昭32・12・25民集一一・一四・二四二三、憲百選I[三版]一〇四）→憲二九条[7]

4 都市計画制限

[14] 旧都市計画法三条に基づき内務大臣がした都市計画決定による建築物の建築制限が、一般的に当然に受忍すべきとされる制限の範囲を超えて特別の犠牲を課したものということは困難である。（最判平17・11・1判タ一二〇六・一六八、行政百選II[七版]二五三）

5 戦争損害

[15] 対日平和条約による在外資産の喪失のような戦争損害は、他の種々の戦争損害と同様、多かれ少なかれ、国民のひとしく耐え忍ばなければならないやむを得ない犠牲なのであって、その補償のごときは、憲法二九条三項の全く予想しないところである。（最大判昭43・11・27民集二二・一二・二八〇八、行政百選II[七版]二五四）→憲二九条[4]

[16] 日ソ共同宣言は、連合国との間の平和条約とは異なり我が国が主権を回復した後に合意されたものであるとはいえ、終戦処理の一環として、いまだ平和条約を締結するに至っていなかったソビエト社会主義共和国連邦との間で戦争状態を解消して正常な外交関係を回復するために合意されたものであって、請求権放棄を含む合意内容について、連合国との間の平和条約と異なる合意をすることは事実上不可能であり、同宣言六項後段に定める請求権放棄により受けた損害も戦争損害の一つであり、これに対する補償は、憲法二九条三項の予想しないところといわざるを得ない。（最判平9・3・13民集五一・三・一二三三〈シベリア抑留補償請求事件〉国際百選[三版]八）→憲二九条[5]

[17] 第二次世界大戦及びその敗戦によって生じた戦争犠牲ないし戦争損害に対する補償は、憲法の予想しないところというべきであり、その補償の要否及びその在り方については、国家財政、社会経済、損害の内容、程度等に関する資料を基礎とする立法府の裁量的判断に委ねられる。（最判平13・11・22判タ一〇八〇・八一、重判平13憲九②）→憲二九条[6]

[18] 第二次世界大戦の敗戦に伴う国家間の財産処理といった事項は、本来憲法の予定しないところであり、そのための処理に関して損害が生じたとしても、その損害に対する補償は、戦争損害と同様に憲法の予想しないものというべきであるから、財産及び請求権に関する問題の解決並びに経済協力に関する日本国と大韓民国との間の協定第二条の実施に伴う大韓民国等の財産権に対する措置に関する法律が憲法一七条、二九条二項、三項に違反するということはできない。（最判平16・11・29判タ一一七〇・一四四〈東京韓国人従軍慰安婦等訴訟上告審〉憲百選I[七版]七）→附則[7]

6 法律による損害賠償額の制限

[19] 船舶の所有者等の責任の制限に関する法律は、航海に関して生じた損害賠償債権のみを対象とするものであるが、広く損害賠償債権全般にわたって等しく制限を加えるのでなければ一般的制限になり得ないという理由はなく、また、右規定による制限は何人が債権者になっても適用されるものであり、この制限によって生じた損失の補償を国に対して求め得るものではない。（東京高判昭59・10・1行裁三五・一〇・一五

九五）

7　無償撤去の附款

[20]　駅前広場に指定された土地における建築許可に、知事が移転を命じた場合には三箇月以内に建物を撤去し、損失補償を請求しないこと等の条件を付しても、右条件が都市計画事業の実施上やむを得ないものと認められ、かつ、申請者があらかじめ右条件を承諾していた場合は、右条件が憲法二九条に違反するとはいえない。（最大判昭33・4・9民集一二・五・七一七、行政百選Ⅰ[六版]九六）

三　補償の内容

1　憲法二九条三項の「正当な補償」

[21]　憲法二九条三項にいうところの財産権を公共の用に供する場合の正当な補償とは、その当時の経済状態において成立することを考えられる価格に基き、合理的に算出された相当な額をいうのであって、必しも常にかかる価格と完全に一致することを要するものでない。（最大判昭28・12・23民集七・一三・一五二三、行政百選Ⅱ[七版]二四八）→憲二九条[24]

[22]　駐留軍用地特措法の定める損失補償は、憲法二九条三項に反しない。（最判平15・11・27民集五七・一〇・一六六五〈米軍楚辺通信所用地等暫定使用違憲訴訟〉重判平15憲八）→憲二九条[23]

[23]　水源地域対策特別措置法八条所定の生活再建措置のあっせんは、憲法二九条三項にいう正当な補償には含まれない。（岐阜地判昭55・2・25行裁三一・二・一八四〈徳山ダム事件〉街づくり百選一〇六）

2　土地収用法における権利対価補償

[24]　土地収用法における損失の補償は、特定の公益上必要な事業のために土地が収用される場合、その収用によって当該土地の所有者等が被る特別な犠牲の回復を図ることを目的とするものであるから、完全な補償、すなわち、収用の前後を通じて被収用者の財産価値を等しくならしめるような補償をなすべきであり、金銭をもって補償する場合には、被収用者が近傍において被収用地と同等の代替地等を取得することを得るに足りる金額の補償を要する。（最判昭48・10・18民集二七・九・一二一〇、行政百選Ⅱ[七版]二五〇）→憲二九条[25]

[25]　土地収用法によって補償すべき相当な価格とは、被収用地が、建築制限を受けていないとすれば、裁決時において有するであろうと認められる価格をいう。（最判昭48・10・18前出[24]）→憲二九条[25]

[26]　替地の要求が相当であるとは、被収用者側に、金銭補償によったのでは代替地の取得が困難であり、かつ、代替地を現実に取得しなければ従前の生活、生計を保持し得ないと客観的に認められる特段の事情の存する場合をいう。替地による補償の要否の判断は、収用委員会の合理的裁量に委ねられているのであるが、右替地補償要求が認められた趣旨に照らせば、右の二つの要件を充足しているときには収用委員会は替地による補償の裁決をしなければならず、起業者は、土地所有者からの土地収用法一三三条に基づく替地補償請求に対して、替地を提供しなければならない。（神戸地判平8・8・7判時一五九六・五五）

[27]　一定範囲の土地について、事業認定時に利用状況の同一性が認められる場合でも、将来における利用可能性が同一でない部分があるときは、利用状況同一性の基準時を事業認定時とする建設省通達の形式的適用は、適正な損失補償の理念に反し、憲法二九条三項及び土地収用法の趣旨・内容に抵触する。（福岡高判平21・12・3判タ一三三八・七三）

3　土地収用法における残地補償

[28]　土地収用法旧七一条及び七四条（昭和四二法七四による改正前のもの）の下において、残地補償の額は、収用裁決の時における当該残地の価格によって算定すべきものであるところ、当該事業の施行が残地の価格に及ぼす影響のうち利益と損失とを明確に区別することができない場合に、それらを総合的に勘案することは、同法九〇条の相殺禁止規定に抵触するものではない。（最判昭55・4・18判時一〇一二・六〇、街づくり百選七二）

4　土地収用法における「通常受ける損失」の補償

[29]　土地収用法八八条にいう「通常受ける損失」とは、客観的社会的にみて収用に基づき被収用者が当然に受けるであろうと考えられる経済的・財産的な損失をいうと解するのが相当であって、経済的価値でない特殊な価値についてまで補償の対象とする趣旨ではない。市場価格の形成に影響を与えない文化財的価値は、それ自体経済的評価になじまないものとして、土地収用法上損失補償の対象とはなり得ない。（最判昭63・1・21判時一二七〇・六七〈福原輪中堤事件〉重判昭63行政四）

[30]　工場を移転する場合、客観的社会的にみて、通常、構造設備の改善のための費用の支出を余儀なくされるものと認められる以上、その支出が繰り上がった期間の運用利益相当額は、これをもって「通常受ける損失」と認めるのが相当である。（大阪高判平6・11・29行裁四五・一〇＝一一・一九〇〇）

5　権利取得裁決時以後の遅延損害金

[31]　被収用者は、正当な補償額と裁決に定められていた補償額との差額のみならず、右差額に対する権利取得の時期からその支払済みに至るまで民法所定の年五分の法定利率に相当する金員を請求することができる。（最判平9・1・28民集五一・一・一四七、行政百選Ⅱ[七版]二〇九）→行訴四条[7]

6　自然公園法六四条一項の「通常生ずべき損失」

[32]　土地の利用制限に対する損失補償は、土地の利用価値の低下が土地所有者にいかなる損失を及ぼしたかを客観的に評価し、補償すべきものであるが、土地の利用価値の低下は、結局利用制限によって生じた地価の低下に反映されるから、自然公園法の不許可補償は、当該不許可決定に伴う土地の利用制限が地価の低下をもたらしたかを客観的に算定し、それを補償の基準とするほかない。（東京地判昭57・5・31行裁三三・五・一一三八）

[33]　自然公園法三五条［現六四条］一項の「通常生ずべき損失」とは、例えば、自然公園として指定される以前の当該土地の用途と連続性を有しあるいはその従前の用途からみて予測することが可能であるような当該土地の利用行為を制限されたことによって生ずる損失、当該利用行為に基づく現状の変更が、その土地が自然公園として指定されている趣旨と調和させることが技術的に可能な程度にとどまるものであるにもかかわらず、その利用行為を制限されたことによって生ずる損失、その他離作料、物件移転費等予期し得ない出費を現実に余儀なくされた場合におけるその積極的かつ現実的な出費による損失等を指す。（東京地判昭61・3・17行裁三七・三・二九四、憲百選Ⅰ[七版]一〇四）

四　補償金支払時期

[34]　憲法は補償の同時履行までをも保障したものと解することはできない。（最大判昭24・7・13刑集三・八・一二八六、行政百選Ⅱ[七版]二四九）→憲二九条[27]

[35]　公共用地の取得に関する特別措置法は、損失補償に関する事項でまだ審理を尽くしていないものがある場合においても権利取得裁決又は明渡裁決ができ、概算見積りによる仮補償金が定められるものとしているが、このような緊急裁決制度に不合理な点はないから、憲法二九条三項に違反するとはいえない。（最判平15・12・4判タ一一四三・一九七〈成田空港訴訟〉重判平15憲九）→憲二九条[28]

五　国家補償の谷間

1　予防接種禍

[36]　生命身体に特別の犠牲を課すとすれば、それは違憲違法な行為であって、許されないものであり、生命身体はいかに補償を伴ってもこれを公共のために用いることはできないものであるから、許すべからざる生命身体に対する侵害が生じたことによる補償は、本来憲法二九条三項とは全く無関係のものである。したがって、生命身体は財産以上に貴重なもので

あるといった論理により類推解釈ないしもちろん解釈をすることは当を得ない。なお、憲法一三条、一四条一項、二五条等から、生命・健康に対する特別の犠牲に対しては補償請求権が実体法上の権利として生ずるとする考え方もあるが、この考え方も採用することができない。（東京高判平4・12・18高民四五・三・二一二、重判平4行政七……後出[37]の二審）→一条[36]、憲二九条[30]

[37] 憲法一三条後段、二五条一項の規定の趣旨に照らせば、財産上特別の犠牲が課せられた場合と生命、身体に対し特別の犠牲が課せられた場合とで、後者の方を不利に扱うことが許されるとする合理的理由は全くない。従って、生命、身体に対して特別の犠牲が課せられた場合においても、右憲法二九条三項を類推適用し、かかる犠牲を強いられた者は、直接憲法二九条三項に基づき、被告国に対し正当な補償を請求することができる。（東京地判昭59・5・18判時一一一八・二八、憲百選Ⅰ[七版]一〇三）

2 少年法二三条二項による不処分決定

[38] 刑事補償法一条一項にいう「無罪の裁判」とは、同項及び関係の諸規定から明らかなとおり、刑訴法上の手続における無罪の確定裁判をいうところ、不処分決定は、刑訴法上の手続とは性質を異にする少年審判の手続における決定である上、右決定を経た事件について、刑事訴追をし、又は家庭裁判所の審判に付することを妨げる効力を有しないから、非行事実が認められないことを理由とするものであっても、刑事補償法一条一項にいう「無罪の裁判」には当たらないと解すべきであり、このように解しても憲法四〇条及び一四条に違反しない。（最決平3・3・29刑集四五・三・一五八、憲百選Ⅱ[七版]一三〇）→憲四〇条[2]、少二三条[2]

六 国家補償と社会保障

[39] 原爆医療法は、社会保障法であるが、特殊の戦争被害について戦争遂行主体であった国が自らの責任によりその救済を図るという一面をも有するのであり、その点では実質的に国家補償的配慮が制度の根底にあることは、これを否定することができない。〔被爆者援護法成立による原爆医療法廃止前の事案〕（最判昭53・3・30民集三二・二・四三五、行政百選Ⅱ[七版]二五五）

[40] 被爆者援護法が、医療特別手当（法二四条一項）の額につき、健康管理手当や特別手当と比べて手厚い水準を維持する趣旨は、各手当が被爆者の精神的不安に対する慰謝の目的を含むという点では共通するが、医療特別手当は現に医療を要する状態にあることによる特別の出費を補うこと等により生活面の配慮をするという特別の生活上あるいは健康上の状態に対して支給する目的が含まれている点にある。（最判令2・2・25民集七四・二・一一九）

七 公害健康被害補償と民事賠償の関係

[41] 公害健康被害補償法に基づいて水俣病である旨の認定を受けた者が、その健康被害につき原因者に対する損害賠償請求訴訟の確定判決によって、民事上の損害賠償義務の全ての履行を既に受けている場合、同法の仕組み等に照らせば知事は同法に基づく障害補償費の支給義務の全てを免れる。（最判平29・9・8民集七一・七・一〇二一、環境百選[三版]八六）

八 国家賠償請求への予備的・追加的併合

[42] 国家賠償法一条一項に基づく損害賠償請求と、憲法二九条三項に基づく損失補償請求が、相互に密接な関連性を有するものであるときは、請求の基礎を同一にするものとして民訴法一四三条〔旧二三二条〕の規定による訴えの追加的変更に準じて右損害賠償請求に損失補償請求を追加することができるものと解されるが、損失補償請求が公法上の請求として行政訴訟手続によって審理されるべきものであることなどを考慮すれば、相手方の審級の利益に配慮する必要があるから、控訴審における右訴えの変更には相手方の同意を要する。（最判平5・7・20民集四七・七・四六二七、行政百選Ⅱ[七版]二一〇）→民訴一四三条[6]

●行政機関の保有する情報の公開に関する法律（平成一一・五・一四 法 四二）

施行 平成一三・四・一（附則参照）
改正 平成一一法一〇二・法一六〇、平成一三法一四〇、平成一四法九八、平成一五法六一・法一一九、平成一六法八四、平成一七法一〇二、平成二一法六六、平成二四法四二、平成二六法六七・法六九、平成二八法五一、令和三法三七

注 ここでは、地方公共団体の条例に関する判例を対応する条文に掲げ、本法に関するものは判例番号の下に★を付して掲げた。

目次

第一章 総則

（目的）

第一条 この法律は、国民主権の理念にのっとり、行政文書の開示を請求する権利につき定めること等により、行政機関の保有する情報の一層の公開を図り、もって政府の有するその諸活動を国民に説明する責務が全うされるようにするとともに、国民の的確な理解と批判の下にある公正で民主的な行政の推進に資することを目的とする。

開示請求権↓行訴九条[17]

[1] 府又は国等の意思形成の過程における情報であって、公開することにより、当該又は同様の意思形成を公平かつ適正に行うことに著しい支障が生じるおそれがあるものが記載されている公文書の公開をしないことができる旨の条例の規定は、憲法二一条一項、一五条、九二条、一三条、二五条に反しない。（最判平6・3・25判時一五一二・二二〈鴨川ダムサイト事件上告審〉行政百選Ⅰ[七版]三六）↓五条[36]

[2] 公文書公開条例による情報公開請求権は、憲法や国際人権規約等から直接導き出されるものではなく、また、これについて規定する法律がない以上、あくまでも条例によって創設された権利である。（東京高判平2・9・13行裁四一・九・一四三三）

（定義）

第二条① この法律において「行政機関」とは、次に掲げる機関をいう。

一 法律の規定に基づき内閣に置かれる機関（内閣府を除く。）及び内閣の所轄の下に置かれる機関

二 内閣府、宮内庁並びに内閣府設置法（平成十一年法律第八十九号）第四十九条第一項及び第二項に規定する機関（これらの機関のうち第四号の政令で定める機関が置かれる機関にあっては、当該政令で定める機関を除く。）

三 国家行政組織法（昭和二十三年法律第百二十号）第三条第二項に規定する機関（第五号の政令で定める機関が置かれる機関にあっては、当該政令で定める機関を除く。）

四 内閣府設置法第三十九条及び第五十五条並びに宮内庁法（昭和二十二年法律第七十号）第十六条第二項の機関並びに内閣府設置法第四十条及び第五十六条（宮内庁法第十八条第一項において準用する場合を含む。）の特別の機関で、政令で定めるもの

五 国家行政組織法第八条の二の施設等機関及び同法第八条の三の特別の機関で、政令で定めるもの

六 会計検査院

② この法律において「行政文書」とは、行政機関の職員が職務上作成し、又は取得した文書、図画及び電磁的記録（電子的方式、磁気的方式その他人の知覚によっては認識することができない方式で作られた記録をいう。以下同じ。）であって、当該行政機関の職員が組織的に用いるものとして、当該行政機関が保有しているものをいう。ただし、次に掲げるものを除く。

一 官報、白書、新聞、雑誌、書籍その他不特定多数の者に販売することを目的として発行されるもの

二 公文書等の管理に関する法律（平成二十一年法律第六十六号）第二条第七項に規定する特定歴史公文書等

三 政令で定める研究所その他の施設において、政令で定めるところにより、歴史的若しくは文化的な資料又は学術研究用の資料として特別の管理がされているもの（前号に掲げるものを除く。）

行政文書

[1] 条例上、「公文書」規定における実施機関の「管理」とは、各実施機関がその主体であると構成されていることからみても、地方自治法一四九条八号の「保管」とは異なり、当該公文書を現実に支配、管理していることを意味する。（最判平13・12・14民集五五・七・一五六七、重判平13行政七）

[2] 支出証拠書類の編集を出納長〔会計管理者に相当〕及び出納員の義務とし、かつ、「別に定める文書管理の方法により」編集、保存する旨定める県財務規則は、出納長及び出納員が支出証拠書類を管理すべき旨を定めているものとは解されないから、本件公文書が実施機関の管理するものであるかどうかは、「別に定める文書管理の方法」を定める県文書管理規程や県警察文書規程、県議会事務局規程等の定める文書管理に関する規定、本件各処分当時における本件各文書の保存の実態等を検討した上で判断すべきものである。（最判平15・6・10判時一八三四・二一）

[3] 市長と職員が庁内メールを利用して一対一で送受信し、それ以外の職員に保有されていない電子メールであっても、確定した職務命令及び当該命令に基づく報告に利用されたものは、業務上必要なものとして利用又は保存されている状態にあるので、条例上、組織的に用いる「公文書」に該当する。（大阪地判平28・9・9【平26行ウ二八六】……控訴審（大阪高判平29・9・22【平28行コ二八二】）も同旨）

[4] 情報公開請求の対象となる公文書を決裁又は供覧の手続が終了したものに限定する条例の下で、旅費執行に関する調査結果の取りまとめ文書につき、それ自体に決裁等手続が予定されているかどうかはともかくとして、当該取りまとめ文書を基礎として作成された報告書に決裁手続が予定されていたことからすると、決裁の対象となるものと同視すべきであり、同手続が終了した以上、公開の対象文書に該当するとされた事例（最判平16・9・10判時一八七四・六五）

[5] 公開請求の対象を「情報」ではなく「公文書」とする条例の下では、記録されている情報の面から請求対象を特定した場合であっても、当該公文書のうち、その情報が記録されている部分のみが公開請求の対象となるのではなく、当該公文書全体がその対象となるから、当該公文書に請求対象外の情報が記録されている部分があっても、当該部分を公開しないことは許されない。（最判平17・6・14判時一九〇五・六〇）

第二章 行政文書の開示

（開示請求権）

第三条　何人も、この法律の定めるところにより、行政機関の長（前条第一項第四号及び第五号の政令で定める機関にあっては、その機関ごとに政令で定める者をいう。以下同じ。）に対し、当該行政機関の保有する行政文書の開示を請求することができる。

開示請求権の性質

[1] 条例に基づく公文書等の開示請求権は、請求権者の一身に専属する権利であって相続の対象となるものではない。（最判平16・2・24判時一八五四・四二）→民訴一二四条[9]

（開示請求の手続）

第四条①　前条の規定による開示の請求（以下「開示請求」という。）は、次に掲げる事項を記載した書面（以下「開示請求書」という。）を行政機関の長に提出してしなければならない。

一　開示請求をする者の氏名又は名称及び住所又は居所並びに法人その他の団体にあっては代表者の氏名

二　行政文書の名称その他の開示請求に係る行政文書を特定するに足りる事項

②　行政機関の長は、開示請求書に形式上の不備があると認めるときは、開示請求をした者（以下「開示請求者」という。）に対し、相当の期間を定めて、その補正を求めることができる。この場合において、行政機関の長は、開示請求者に対し、補正の参考となる情報を提供するよう努めなければならない。

（行政文書の開示義務）

第五条　行政機関の長は、開示請求があったときは、開示請求に係る行政文書に次の各号に掲げる情報（以下「不開示情報」という。）のいずれかが記録されている場合を除き、開示請求者に対し、当該行政文書を開示しなければならない。

一　個人に関する情報（事業を営む個人の当該事業に関する情報を除く。）であって、当該情報に含まれる氏名、生年月日その他の記述等（文書、図画若しくは電磁的記録に記載され、若しくは記録され、又は音声、動作その他の方法を用いて表された一切の事項をいう。次条第二項において同じ。）により特定の個人を識別することができるもの（他の情報と照合することにより、特定の個人を識別することができることとなるものを含む。）又は特定の個人を識別することはできないが、公にすることにより、なお個人の権利利益を害するおそれがあるもの。ただし、次に掲げる情報を除く。

イ　法令の規定により又は慣行として公にされ、又は公にすることが予定されている情報

ロ　人の生命、健康、生活又は財産を保護するため、公にすることが必要であると認められる情報

ハ　当該個人が公務員等（国家公務員法（昭和二十二年法律第百二十号）第二条第一項に規定する国家公務員（独立行政法人通則法（平成十一年法律第百三号）第二条第四項に規定する行政執行法人の役員及び職員を除く。）、独立行政法人等（独立行政法人等の保有する情報の公開に関する法律（平成十三年法律第百四十号。以下「独立行政法人等情報公開法」という。）第二条第一項に規定する独立行政法人等をいう。以下同じ。）の役員及び職員、地方公務員法（昭和二十五年法律第二百六十一号）第二条に規定する地方公務員並びに地方独立行政法人（地方独立行政法人法（平成十五年法律第百十八号）第二条第一項に規定する地方独立行政法人をいう。以下同じ。）の役員及び職員をいう。）である場合において、当該情報がその職務の遂行に係る情報であるときは、当該情報のうち、当該公務員等の職及び当該職務遂行の内容に係る部分

一の二　個人情報の保護に関する法律（平成十五年法律第五十七号）第六十条第三項に規定する行政機関等匿名加工情報（同条第四項に規定する行政機関等匿名加工情報ファイルを構成するものに限る。以下この号において「行政機関等匿名加工情報」という。）又は行政機関等匿名加工情報の作成に用いた同条第一項に規定する保有個人情報から削除した同法第二条第一項第一号に規定する記述等若しくは同条第二項に規定する個人識別符号

二　法人その他の団体（国、独立行政法人等、地方公共団体及び地方独立行政法人を除く。以下「法人等」という。）に関する情報又は事業を営む個人の当該事業に関する情報であって、次に掲げるもの。ただし、人の生命、健康、生活又は財産を保護するため、公にすることが必要であると認められる情報を除く。

イ　公にすることにより、当該法人等又は当該個人の権利、競争上の地位その他正当な利益を害するおそれがあるもの

ロ　行政機関の要請を受けて、公にしないとの条件で任意に提供されたものであって、法人等又は個人における通例として公にしないこととされているものその他の当該条件を付することが当該情報の性質、当時の状況等に照らして合理的であると認められるもの

三　公にすることにより、国の安全が害されるおそれ、他国若しくは国際機関との信頼関係が損なわれるおそれ又は他国若しくは国際機関との交渉上不利益を被るおそれがあると行政機関の長が認めることにつき相当の理由がある情報

四　公にすることにより、犯罪の予防、鎮圧又は捜査、公訴の維持、刑の執行その他の公共の安全と秩序の維持に支障を及ぼすおそれがあると行政機関の長が認めることにつき相当の理由がある情報

五　国の機関、独立行政法人等、地方公共団体及び地方独立行政法人の内部又は相互間における審議、検討又は協議に関する情報であって、公にすることにより、率直な意見の交換若しくは意思決定の中立性が不当に損なわれるおそれ、不当に国民の間に混乱を生じさせるおそれ又は特定の者に不当に利益を与え若しくは不利益を及ぼすおそれがあるもの

六　国の機関、独立行政法人等、地方公共団体又は地方独立行政法人が行う事務又は事業に関する情報であって、公にすることにより、次に掲げるおそれその他当該事務又は事業の性質上、当該事務又は事業の適正な遂行に支障を及ぼすおそれがあるもの

イ　監査、検査、取締り、試験又は租税の賦課若しくは徴収に係る事務に関し、正確な事実の把握を困難にするおそれ又は違法若しくは不当な行為を容易にし、若しくはその発見を困難にするおそれ

ロ　契約、交渉又は争訟に係る事務に関し、国、独立行政法人等、地方公共団体又は地方独立行政法人の財産上の利益又は当事者としての地位を不当に害するおそれ

ハ　調査研究に係る事務に関し、その公正かつ能率的な遂行を不当に阻害するおそれ

ニ　人事管理に係る事務に関し、公正かつ円滑な人事の確保に支障を及ぼすおそれ

ホ　独立行政法人等、地方公共団体が経営する企業又は地方独立行政法人に係る事業に関し、その企業経営上の正当な利益を害するおそれ

一　個人に関する情報

1　氏名冒用

[1] 自己の名を不正に冒用されたという事実自体は、被冒用者にとって不快な出来事であることは明らかであり、また、その公表を望まない情報であると一般に推認することができ、他面、この情報を公開することが、被冒用者の名誉を棄損するおそれも否定はできないのであるから、本件非開示部分の個人情報該当性を否定すべき事情はなく、「何人でも閲覧することができる」ものにも「開示することが公益上必要であると認められる」ものにも該当せず、かつ、これを開示しないことが実施機関の裁量の範囲を逸脱しないことは明らかである。（東京地判平9・9・25判時一六三〇・四四）

[2] 当該各文書は真実を記載したものではなく、しかも、右各

文書に懇談会の出席者として記載された者は、その役職名を冒用されたものであり、右各文書にその役職名が記載されていることも知らなかったのであるから、右各文書に記載された内容は、その者に結び付く情報を何らその内容に含むものでないことは明らかであるから、右各文書は、その者の「個人に関する情報」を記載したものには当たらない。（東京高判平10・3・25判時一六六八・四四）

3　知事交際費関係文書における香典欄に三三七〇円とか二七二〇円という額の記載があるところ、かかる金額の香典が本件公文書記載の相手方に供えられたと信じることはできないとして、相手方名非開示を違法とした原審の判断は是認するに足りるとされた事例（最判平13・5・29判時一七五四・六三、重判平13行政四②）

2　個人情報

4　知事の交際費についての関係公文書のうち、私人である相手方に関わるものは、相手方が識別できるようなものであれば、「一般に他人に知られたくないと望むことが正当である」個人情報を含む文書に該当する。（最判平6・1・27民集四八・一・五三〈大阪府知事交際費事件〉行政百選Ⅰ七版三四）→40

5　大阪府知事交際費事件第一次上告審判決（前出4）にいう「私人である相手方に係るもの」とは、相手方が公務員であると否とを問わず、当該交際相手方にとって私的な出来事であるものを意味する。（最判平13・3・27民集五五・二・五三〇〈大阪府知事交際費事件〉自治百選四版一七）→41・六条7・七条7

6　知事の交際費についての関係公文書につき、交際内容等が一般に公表、披露されることが予定されているものは、「個人に関する情報であって特定個人が識別され、又は識別され得るもの」ではあるが、「実施機関が作成し、又は収受した情報で、公表を目的としているもの」に該当し、不開示違法とされた例（最判平15・10・28判時一八四〇・九〈千葉県知事交際費事件〉）

7　「個人に関する情報」について、「事業を営む個人の当該事業に関する情報」が除外されている以外には文言上何ら限定されていない条例の下では、個人に関わりのある情報であれば、個人の思想、信条、健康状態、所得、学歴、家族構成、住所等の私事に関する情報に限らず、原則として「個人に関する情報」に当たる。（最判平15・11・11民集五七・一〇・一三八七〈大阪市食糧費事件〉行政百選Ⅰ七版三五……最判平15・11・11後出11、最判平15・11・21判時一八四七・二四〈新潟県庁食糧費事件〉、最判平15・12・18判時一八四八・六九〈広島県庁食糧費事件〉、最判平16・2・24判時一八五四・四一も同旨）

8　法人等の代表者又はこれに準ずるべき地位にある者が当該法人等の職務として行う行為等、当該法人等の行為そのものと評価される行為に関する情報については、「個人に関する情報」に当たらない。（最判平15・11・11前出7……最判平15・11・21判時一八四七・二四〈新潟県庁食糧費事件〉、最判平15・12・18判時一八四八・六九〈広島県庁食糧費事件〉、最判平16・2・24判時一八五四・四一も同旨）

9　〈本条一号ハのような定めがない条例の下で〉国及び地方公共団体の公務員の職務の遂行に関する情報は、公務員個人の社会的活動としての側面を有するが、公務員個人の私事に関する情報が含まれる場合を除き、「個人」に当たることを理由に非公開情報に当たるとはいえない。（最判平15・11・11前出7……最判平15・11・11後出11、最判平15・11・21判時一八四七・二四〈新潟県庁食糧費事件〉、最判平15・11・21後出12、最判平15・12・18判時一八四八・六九〈広島県庁食糧費事件〉、最判平16・2・24判時一八五四・四一も同旨）

10　非公開情報に該当しない公務員の懇談会出席に関する情報とこれに該当する公務員以外の者の懇談会出席に関する情報とに共通する記載部分がある場合、それ自体非公開情報に該当すると認められる記載部分を除く記載部分は、公開すべき公務員の本件各懇談会出席に関する情報としてこれを公開すべきである。（最判平19・4・17判時一九七一・一〇九、行政百選Ⅰ七版三七）

11　公務員の旅行命令票につき、「給料表の種類」欄及び「級・号給」欄に記録されている情報は、旅行命令や旅費請求の内容を成すものではなく、旅費請求における旅費の算定の前提とするためのものであり、「氏名」欄に記載された氏名と一体として当該公務員の私事に関する情報そのものを成すとして、不開示適法とされた例（最判平15・11・11判時一八四七・二二）

12　公務員出勤簿のうち、「職」、「氏名」、「採用年月日」、「退職年月日」、出勤・出張や職務専念義務免除、欠勤に関する情報は、職員の私事に関する情報に該当しないが、懲戒停職処分については、公務員の立場を離れた個人としての評価をも低下させ得る情報として、不開示情報に該当する。（最判平15・11・21民集五七・一〇・一六〇〇、重判平15行政七）

13　市交通局の開催した飲食を伴う協議に出席した者の情報のうち、地元住民団体等についての部分は、氏名等により特定の個人が識別され、かつ、公開しないことが正当である私事に関する情報に当たるが、民間法人の事業に関する調査等のために当該法人の従業員が使用者の指揮命令の下に職務として出席したことに関する部分については、協議の目的からしても、従業員にとって私事としての性質が希薄であり、私事に関する情報に当たるということはできず、不開示違法とされた例（最判平16・2・13判時一八五五・九六①）

14　市清掃局の開催した会合に出席した者の情報のうち、清掃事業施設等の地元住民等の関係者についての部分は、氏名等により特定の個人が識別され、かつ、公開しないことが正当である私事に関する情報に当たるが、清掃事業等に関する調査研究等を依頼された学識経験者や、清掃事業に関係する団体の職員についての部分は、公開によりその者の職業ないし職務上の地位が判明することを考慮しても、私事に関する情報に当たるということはできず、不開示違法とされた例（最判平16・2・13判時一八五五・九六②）

15　住民投票条例制定を求める直接請求をした代表者から署名収集を受任した者らが、その氏名、住所及び生年月日が記載された署名収集委任届出書を代表者を通じて選挙管理委員会に提出したところ、この届出書を市長が情報公開請求を受けて公開したことがプライバシー権を侵害したとして違法とされた事例（高松高判平16・4・15判タ一一五〇・一二五）

16　プライバシー保護型条例の下、名古屋市土地開発公社が個人から取得した土地の取得価格に関する情報は、当該個人が識別され得る情報であるところ、当該取得価格は、一般人であればおおよその見当を付けることができる一定の範囲内の客観的な価格ということができるから、当該個人地権者にとって、私事としての性質が強いものではなく、性質上公開に親しまないような個人情報とはいえず不開示情報に該当しないが、公社が土地を買収した際に個人に対して支払った建物等に係る補償金の額は、一般人であればおおよその見当を付けることができるものではなく、当該個人としては、通常他人に知られたくないと望む個人識別情報であり、不開示情報に該当する。（最判平17・7・15判時一九〇九・二五）

17　個人識別型条例の下、奈良県土地開発公社が個人地権者から買収した土地の買収価格に関する情報は、当該個人地権者が識別され得る情報であるところ、当該買収価格は、一般人であればおおよその見当を付けることができるもので、性質上その内容が不特定の者に知られ得る状態にあるから、公表することがもともと予定されているものということができ、不開示情報に該当しないが、公社が個人地権者に支払った建物等の補償価格に関する情報は、当該個人地権者が識別され得る情報であり、かつ、一般人であればおおよその見当をつけることができるものではないから、公表が予定されたものとはいえず、不開示情報に該当する。（最判平17・10・11判時

一九一三・四五）

18 ★労災補償給付の支給決定を下した事案の処理状況を記載した処理経過簿上の事業場名は、その開示があると被災労働者の近親者、同僚及び取引先関係者は、保有・入手し得る情報と事業場名とを併せ照合して被災労働者個人を識別することができるので、本条一号の「他の情報と照合することにより、特定の個人を識別することができることとなるもの」に当たる。（大阪高判平24・11・29判時二一八五・四九）

19 消防隊員が作成する救急活動記録票の「搬送先」欄から推定される病気の種類や受診の事実に関する情報は、重大な私的情報であって個人の人格とも密接に関連し、これと他の情報を照合しても特定個人を識別できないが、報道やインターネット情報等の照合により、事案によっては当該傷病者をかなりの程度絞り込むことが可能であるから、公にすれば個人の正当な利益を害するおそれがあり、利益侵害情報に該当する。（大阪高判令元・5・16判時二四三三・四三）

3 本人開示

20 個人情報保護制度が採用されていない状況の下において、特定の個人が識別され得る情報のうち通常他人に知られたくないと認められるものを公開しないことができると規定する情報公開条例に基づいてされた自己の個人情報の開示請求については、そのような請求を許さない趣旨の規定が置かれている場合等は格別、当該個人の権利利益を害さないことが請求自体において明らかなときは、個人に関する情報であることを理由に請求を拒否することはできないと解するのが、条例の合理的な解釈である。（最判平13・12・18民集五五・七・一六〇三〈レセプト公開請求事件〉行政百選Ⅰ[七版]三八）

21 〈自己情報開示請求権の定めがある情報公開条例の下で〉本人の指導要録のうち、評価者の観察力等主観的要素に左右され得る部分については、これを開示した場合、指導要録の記載内容が形骸化、空洞化し、適切な指導、教育を行うための基礎資料とならなくなり、継続的かつ適切な指導、教育を困難にするおそれを生ずることも否定できないから、非開示情報に該当する。三又は五段階の記号ないし数字で児童の学習到達段階を示した部分については、それを開示しても個別具体的な評価、判断内容が判明し得るものではなく、非開示情報に該当しない。（最判平15・11・11判時一八四六・三〈大田区小学校児童指導要録事件〉自治百選[四版]一九）

22 ★本法は、本人による自己情報の開示請求のように、個人のプライバシーを侵害するおそれを想定し難い場合であっても、それが個人識別情報に該当する以上、原則として不開示とする立法態度を取っている。（名古屋地判平14・10・30判時一八二二・七九）

23 情報公開条例の本人開示規定に基づく被相続人の診療記録の開示請求について、同診療記録の主たるものが医師法に基づき作成と保存が義務付けられている診療に関する重要な文書であり、その患者や遺族に対する開示が社会的要請となりつつある状況も考慮すると、被相続人の広義の死因に密接に関連する情報が記録されていると認められる当該診療記録は、同人の子としてその権利義務を含む法的地位を包括的に承継した相続人との関係で、社会通念上、個人識別情報にも該当するとして、相続人が当該診療記録の開示を求め得る「本人」に該当するとされた事例（名古屋高金沢支判平16・4・19判タ一一六七・一二六）

二 法人情報

24 水道部の懇談会費に関する関係公文書のうち、懇談会等が行われた飲食店の名称等、飲食費用の金額及び明細は、当該業者の「競争上の地位その他正当な利益を害すると認められるもの」に該当しない。（最判平6・2・8民集四八・二・二五五〈大阪府水道部懇談会費事件〉自治百選[三版]一六）→43以下

25 「法人その他の団体（国及び地方公共団体を除く。以下「法人等」という。）に関する情報又は事業を営む個人の当該事業に関する情報であって、公開することにより、当該法人等又は当該事業を営む個人に不利益を与えることが明らかであると認められるもの」とは、単に当該情報が「通常他人に知られたくない」というだけでは足りず、当該情報が開示されることによって当該法人等又は当該個人の競争上の地位その他正当な利益が害されることを要し、また、そのことが客観的に明らかでなければならない。（最判平13・11・27判時一七七一・六七、重判平13行政五）

26 ★エネルギーの使用の合理化に関する法律［平成一七法九三による改正前のもの］一一条により製造業の事業者が経済産業局長に提出した定期報告書上の工場単位の各種燃料及び電気使用量等の数値を示す情報が開示された場合、競業者、需要者及び供給者は、事業上の競争や価格交渉等でより有利な地位に立つ反面、当該事業者は、より不利な条件下で競争や価格交渉等を強いられることとなり、競争上の地位その他正当な利益が害される蓋然性が客観的に認められるから、当該情報は本条二号イ所定の不開示情報に当たる。（最判平23・10・14判時二一五九・五三②）

27 ★形式的に営業上、経営上又は財務上の秘密に属する情報に当たれば、その全てが本条二号イに該当するものとして非開示になると解するのは相当でなく、当該情報の性質、内容、公にされている情報との関連性、これらを取り巻く具体的情勢などの要素を総合考慮した上、前出25判決の示す客観的おそれの有無に従い、その充足性を判断するのが相当である。（名古屋地判平13・12・13判タ一〇八三・三一〇）

28 代金の請求書に口座番号等を記載して顧客に交付している飲食業者にあっては、口座番号等が多数の顧客に広く知れ渡ることを容認し、当該顧客を介してこれが更に広く知られ得る状態に置いているものということができるから、顧客が県であるからこそ債権者が特別に口座番号等を開示したなど特段の事情がない限り、本件非開示情報のうち口座番号等は、これを開示しても債権者の正当な利益等が損なわれると認められるものには当たらない。（最判平14・9・12判時一八〇四・二一）

29 日本たばこ産業株式会社が研究施設で行っている組換えDNA実験及び病原微生物を用いた実験といった事業活動が、当該地域の通常人から見て、当該事業活動により人の生命、身体又は健康を害する現実的な可能性があると認められるものに該当し、「人の生命、身体又は健康を害するおそれのある事業活動」に当たるとして、同会社が市に提出した建築確認申請書添付の各階平面図及び仕様書に記録された情報を非開示とした決定が違法とされた例（大阪高判平14・12・24判タ一一四四・一八〇）

30 ★指定確認検査機関に対する行政の立入検査に関して作成された報告書に記録された情報のうち、建築基準法違反の検査が確認された物件の名称、確認検査員の資格を有しない補助員による建築基準法違反の検査がされたという情報等は、人の生命、健康及び財産を保護するために公にすることが必要な情報であるとされた事例（大阪地判平19・6・29判タ一二五八・一七二）

三 外交関係情報

31 ★内閣官房報償費に関する支払明細書のうち調査情報対策費及び活動関係費の各支払決定に係る記録部分が開示されると、支払決定日や具体的な支払金額と当該時期の国内外の政治情勢等の関連情報との照合や分析等を通して、支払相手方や具体的使途を相当程度の確実さをもって特定できる場合があり、内閣官房における我が国の重要政策等に関する事務の適正な遂行に支障が生ずるおそれがある。さらに、外交関係や他国等の利害に関係する事項に関するものの開示により、国の安全が害され、他国等との信頼関係が損なわれ、又は他国等との交渉上不利益を被るおそれがあるとの判断に相当な理由があると認められ、当該情報は本条三号又は六号所定の不開示情報に該当する。（最判平30・1・19判時二三七七・四、重判平30行政七）→55

32 ★内閣官房報償費に関する政策推進費受払簿等における政策推進費の繰入れに係る記録部分が開示されても、個々の支払の日付や金額等が直ちに明らかにはならず、一定期間における政策推進費又は内閣官房報償費全体の支払合計額は明らかになるが、支払回数や支払相手方の数は明らかにならないので、内閣が推進する政策や施策の具体的内容、その支払相手方や具体的使途等を相当程度の確実さをもって特定することは困難であり、当該情報は本条三号又は六号所定の不開示情報に該当しない。（最判平30・1・19前出[31]）→[55]

33 ★本条三号に基づく不開示決定については、それが安全保障上又は対外関係上の将来予測等に関する専門的又は技術的判断に基づく裁量権の行使であることを前提に、判断要素の選択や判断過程の合理性を検討し、当該判断が重要な事実の基礎を欠くか又は社会通念に照らし著しく妥当性を欠くものと認められるなど、裁量権の逸脱又は濫用が認められるか否かで判断すべきである。（東京地判平30・11・20【平27行ウ四二九】〈イラク戦争検証結果報告書不開示処分取消等請求事件〉）

四　公共安全情報

34 県警が情報提供者に支払った捜査費の領収書が公にされると、情報提供者等に対し、自己が情報提供者等であることが事件関係者等に明らかになるのではないかとの危ぐを抱かせ、その結果、県警において情報提供者等から捜査協力を受けることが困難になる可能性を否定できず、また、事件関係者等において、本件領収書の記載の内容やその筆跡等を手掛りとして、領収書の作成者を特定することが容易になる可能性も否定できないとして、公にされると犯罪の捜査や予防等に支障を及ぼすおそれがあるとの判断が合理性を欠くとはいえないとされた事例（最判平19・5・29判時一九七九・五二、重判平19行政(六)）

35 警察庁から県警本部長に送付された、凶悪重大犯罪等に係る出所情報の有効活用を要請する通達を記載した文書に記載された情報のうち、対象となる出所者の入所罪名、出所事由の種別、及び出所情報の有効活用に係る情報が、新潟県情報公開条例七条四号所定の非公開事由［本条四号と同趣旨］に該当するとされた事例（最判平21・7・9判時二〇五七・三、重判平21行政五）

五　審議検討情報

36 ダムサイト候補地選定の重要な要素となる地質・環境等の自然条件や用地確保の可能性等の社会的条件について検討を経ない段階で、協議会のダム構想検討の資料とするため京都府土木建築部河川課が作成したダムサイト候補地点選定位置図は、協議会の意思形成過程における未成熟な情報であるから、公開により、府民に無用の誤解や混乱を招き、協議会の「意思形成を公正かつ適切に行うことに著しい支障が生じるおそれ」がある。（大阪高判平5・3・23判タ八二八・一七九〈鴨川ダムサイト事件控訴審〉……最判平6・3・25判時一五一二・二二、行政百選Ⅰ[六版]四二で維持）→一条[7]

37 大阪府が民間業者に委託して得られたダムサイト候補地の地質調査報告書は、内容的には専門家が調査した自然界の客観的、科学的な事実、及びこれについての客観的、科学的な分析であり、ダム建設に伴う調査研究、企画などを遂行するのに誤解が生じるものとはいえない。（大阪高判平6・6・29判タ八九〇・八五〈安威川ダムサイト事件〉……上告審（最判平7・4・27判例集未登載）で維持）

38 住民監査請求を受けて作成された職員に対する事情聴取結果を記載した文書の中には、監査委員限りで参考にするにとどめ、公開しないことを前提として提供された機密情報が含まれる可能性があることから、当該文書を無条件に公開することは関係行政機関との信頼関係を損ない、将来の同様の事情聴取に重大な支障を及ぼし、公正又は適正な監査を行うことができなくなるおそれがあるとされた事例（最判平11・11・19民集五三・八・一八六二、行政百選Ⅱ[七版]一八九）→[44]

39 ★裁判官会議非公開を定める最高裁判所裁判官会議規程の趣旨が、裁判官会議の重大な職責を全うさせるための環境を整え、情報開示により生ずる混乱を回避させる趣旨であることに鑑みれば、同規程は、裁判官会議の議事録のうち、意見表明や議論等、議事過程が記載されている部分及びこれを推知させる部分を公にしない趣旨を含むものであるとして、「最高裁判所の保有する司法行政文書の開示等に関する事務の取扱要綱」に基づき当該議事録を不開示とした措置を適法とした事例（東京高判平17・2・9判時一九一七・二九）

六　事務事業情報→[31][32]、民訴二二〇条[18]

40 知事の交際費についての関係公文書のうち、一般人が通常入手し得る関連情報と照合することによって懇談の相手方が識別され得るものは、相手方の氏名等が外部に公表されることが予定されているものなどを除き、公開によって「当該若しくは同種の事務を公正かつ適切に行うことに著しい支障を及ぼすおそれ」ないし「当該若しくは同種の事務の目的が達成できなくなるおそれ」があるものに該当する。（最判平6・1・27前出[4]……最判平15・10・28前出[6]も同旨）

41 大阪府知事交際費事件第一次上告審判決（前出[4]）にいう「相手方の氏名等が外部に公表、披露されることがもともと予定されているもの」とは、交際の相手方及び内容が不特定の者に知られ得る状態でされる交際に関する情報を意味する。（最判平13・3・27前出[5]）→六条[7]・七条[7]

42 知事の懇談の相手方が識別され得るものは、相手方が法人等の場合であっても、原則として、開示しないことができる文書に該当する。（最判平6・1・27判時一四八七・四八〈栃木県知事交際費事件〉）

43 水道部の懇談会費に関する関係公文書のうち、懇談会の外形的事実のみに関するものは、公開によって「当該若しくは同種の事務の目的が達成できなくなり、又はその公正かつ適切な執行に著しい支障を及ぼすおそれ」があるものに該当しない。また、懇談会の相手方が識別され得るもののうち、事業の施行のために必要な事項についての関係者との内密の協議を目的として行われた会合に関するものは非公開とし得るが、それに該当することの主張立証責任は被告にあり、他方、府水道部内部や国等の関係行政庁との単純な事務打合せなどそれ以外の事務を目的として行われた会合に関するものは非公開とはできない。（最判平6・2・8前出[24]）

44 [38]の文書は、その公開により、現在及び将来の未登記土地等に関する国の争訟の遂行に著しい支障を生ずることになる可能性があるため、これらの情報は、条例で非公開事由とされている「争訟の方針に関する情報」に当たる。（最判平11・11・19前出[38]）

45 接遇費に係るものの中には、相手方の氏名等を公表することによって、交際の相手方との間の信頼関係や友好関係を損なうおそれがあるとは認められないような情報が含まれている蓋然性が高いのであるから、行政機関としては、抽象的に公表、披露を予定したものではない旨を主張立証するだけでは足りず、接遇費の具体的な類型を明らかにした上で、これが前記のような情報に当たらないことを主張立証しなければならない。（最判平14・2・28判時一七八二・一〇）

46 談合組織が存在し、これに予定価格に関する情報が漏洩〔ろうえい〕されていると疑われる客観的な根拠があり、しかも自己の査定能力に無視し得ない疑問が呈されている場合には、発注者としては、公共工事の適正な執行に責任を負うべき者として、予定価格を遅くとも事後的に公表することによって、予定価格自体につき広く一般の批判にさらして以後の査定を適切なものとすることを目指し、併せて談合組織が予定価格直下での落札を繰り返すといった極端な行動を取ることを牽制することこそが、入札制度の健全化に資するものと考えられ、その公表を怠ることは、談合の存在及び予定価格自体の問題点を一般の目から隠し、問題の解決を困難にするので、その職責に反する。（東京高判平11・3・31判時一六七八・六六）

[47] 県教員採用候補者選考審査の問題と解答を開示しても、出題傾向が予測されて受審者の受審準備状況が変わることで教員にふさわしい受審者を採用することが困難になるとはいえず、問題作成者の負担が増大して問題作成者の確保が困難になるともいえないなどの理由から、教員採用選考の公正又は円滑な執行に著しい支障を生ずるとはいえないとされた事例（最判平14・10・11判時一八〇五・三八）

[48] 一般に、交際費から購読料が支出される機関誌等については、県と相手方との関わり等をしんしゃくして購入の要否及び購入部数が個別に決定されるものであり、知事等が機関誌等を購読して購読料を支出している事実又はその具体的な金額等が不特定の者に知られ得る状態で行われるということは通常考えられない。（最判平15・10・28前出[6]）

[49] 都市計画事業に係る環境影響評価書等の非公開決定の時点で、当該評価書等の内容が確定し、公にされていた上、既に都市計画変更決定が行われていた事案において、当該文書の公開により当該事務事業に係る意思形成に支障が生ずる余地はなく、また、本件評価書等のような文書は、一定の技術的指針に従って作成される技術的な性格の文書であって、公表することが本来予定されており、その事務事業に関し意思形成が完了した後に、成案前の案が公開されても、当該事務事業に係る意思形成に支障が生ずることはないとして、不開示違法とされた例（最判平16・6・29判時一八六九・一七）

[50] 葬儀等の際の供花や供物は、相手方や内容が不特定の者に知られ得る状態でされるものであるから、これらに係る交際費支出に関する情報は事務事業情報に該当しないが、香典や弔慰金、「御祝」、「餞別」、「見舞い」、「賛助」、「土産」又は「お礼」は、その性質上、支出の要否や金額等が相手方との関わり等をしんしゃくして個別的に決定されるものであり、贈呈の事実はともかく、具体的な金額が不特定の者に知られ得る状態でされるものとは通常考えられないから、事務事業情報に該当する。（最判平17・7・14判時一九〇八・一二二）

[51] 大阪府土地開発公社による公共事業用地の代替地取得に関する文書のうち、買収価格等の情報は、公示価格を規準とし、公示価格がない場合又はこれにより難い場合は近傍類地の取引価格等を考慮した適正な価格によるものとされており、売買の自由な交渉の結果が反映することは少ないというべきであるから、開示しても今後の用地買収事務の公正かつ適正な執行に著しい支障を及ぼすおそれがあるということはできない。（最判平18・7・13判時一九四五・一八）

[52] 地方議員等が監査委員に対して任意に提出した資料が情報公開の対象となると、議員等が住民監査請求に基づく監査に対して慎重・抑制的になるなどの対応が想定され、正確な事実の把握及び違法・不当な行為の発見が困難になるから、政務調査費条例等が申告を求めていない政務調査費の支出内容・目的等が記載された文書は、公にされることにより監査事務の適正な遂行に支障を及ぼすおそれがある情報に該当する。（最判平21・12・17判時二〇六八・二八、行政百選Ⅱ〔七版〕二〇六）

[53] 教職員が、その目標や達成状況等を自己申告票に率直かつ具体的に記載し、校長が、当該教職員に係る所見等を評価・育成シートに率直かつ具体的に記載することが期待されている人事評価制度に関して作成された文書は、公開されると、教職員や校長が当たり障りのない記載しかしなくなる結果、学校の組織活性化等を目的とした本件システムに係る事務の適正な遂行に支障を及ぼすおそれがある。（最判平22・2・25判時二〇八四・三）

[54] 「同和対策地域総合センター要覧」の一部である目次及び一覧表には、各地域センターの名称や所在地等に係る情報が網羅的・一覧的に記載されている上に、当該情報が開示済みの部分と照合されることにより、各地区の居住者等の詳細情報が同和地区に居住する者の情報として一般に認識され、これらの情報が各地区の居住者や出身者等に対する差別意識を増幅する等のおそれがあることから、当該情報の開示は県の同和対策・人権啓発事業の適正な遂行に支障を及ぼすおそれがある。（最判平26・12・5判自三九〇・五一）

[55] ★重要政策等に関して内閣官房から非公式の協力依頼等を受けた関係者は、自らが関与した事実等が公にならないことを前提にこれに応じることが通常であり、そのような情報が開示されると当該関係者からの信頼が失われ、重要政策等に関する事務の遂行に支障が生ずるおそれがあるとともに、内閣官房への協力や情報提供等が控えられる結果、内閣官房の活動全般に支障が生ずることもあり得るので、当該情報は本条六号所定の不開示情報に該当する。（最判平30・1・19前出[31]）

[56] ★預託法及び景表法違反に係る消費者庁の調査結果に関する情報が開示された場合、当該情報を分析することにより消費者庁の着眼点や手法等を推知し得ることは否定できないから、当該情報が客観的事実に関するものだとしても、それを公にすることにより、将来の調査事務に関し、本条六号イの要件に該当し得る。（最判令4・5・17【令2行ヒ三四〇】……文書記載の情報が預託法等違反に係る調査結果に関するものであることから直ちに本条六号イ所定の不開示情報に該当しないとした原審の判断が違法であるとされた事例）

[57] 全国学力・学習状況調査における各中学校別平均点の情報公開請求について、非公開としなければ全国学力調査につき他の参加主体の協力が得られなくなり、同調査の目的の達成に支障が生じるとして、当該情報は、条例にいう「公開することにより、市と国等との協力関係を著しく損なうと認められるもの」に該当するとされた事例（大阪地判平21・5・15判時二〇六五・三二〈枚方市全国学力テスト状況調査事件〉）

七 訴訟法上の問題

[58] ★不開示決定取消訴訟において、不開示とされた文書を対象とする検証を被告に受忍させることは、当該文書が開示されたのと実質的に同じ事態を生じさせるため許されない。また、右の結果を回避するため、事実上のインカメラ審理を行うことを求める趣旨で、原告から立会権の放棄等を前提とした検証の申出があったとしても、裁判所が証拠調べとしてのインカメラ審理を行うことは、訴訟で用いられる証拠は当事者の吟味、弾劾の機会を経たものに限られるという民事訴訟の基本原則に反するから、明文の規定がない限り許されない。（最決平21・1・15民集六三・一・四六、行政百選Ⅰ〔七版〕三九）→憲三二条[11]、民訴二二三条[5]

[59] ★開示請求者に開示請求権が認められる以上、行政機関の長は、原則として行政文書を開示する義務を負い、例外的に開示を拒むことができるのは、開示請求権の障害事由として本条各号に掲げられた不開示情報が記載されている場合に限られるから、不開示事由の存在を理由とする不開示決定の取消訴訟では、当該事由の存在について国が主張立証責任を負う。（東京高判平23・9・29判時二一四二・三）

[60] ★不開示決定取消訴訟において、不開示決定が適法であることを主張する者は、本条一号から六号までに定める不開示情報が記録されていることを主張立証しなければならない。本条一号ただし書イからハまでは、同号本文による不開示情報から例外的に除外されるものを定めたものであるから、開示を求める者がこれに該当する事実を主張立証する責任を負う。（東京地判平16・12・24判夕一二一一・六九）→[43]

[61] ★行政文書を保有していないことを理由とする不開示決定の取消訴訟では、開示請求者が行政文書の保有につき主張立証責任を負う。開示請求者の側で行政機関が過去のある時点で当該文書を保有するに至ったと主張立証したが、不開示決定時における保有を直接立証できない場合、文書保有の推認の可否は、文書の内容や性質、その保有に至る経緯や前記決定時までの期間、その保管の体制や状況等に応じて、個別具体的に検討すべきである。（最判平26・7・14判時二二四二・五一、重判平26行政六……沖縄返還協定の内容を超える財政負担

を定めた「密約」を示す文書について、不開示決定時における保有が推認できないとされた事例）→民訴◆【証明責任】〔一七九条の前〕[30]

第六条（部分開示）

第六条① 行政機関の長は、開示請求に係る行政文書の一部に不開示情報が記録されている場合において、不開示情報が記録されている部分を容易に区分して除くことができるときは、開示請求者に対し、当該部分を除いた部分につき開示しなければならない。ただし、当該部分を除いた部分に有意の情報が記録されていないと認められるときは、この限りでない。

② 開示請求に係る行政文書に前条第一号の情報（特定の個人を識別することができるものに限る。）が記録されている場合において、当該情報のうち、氏名、生年月日その他の特定の個人を識別することができることとなる記述等の部分を除くことにより、公にしても、個人の権利利益が害されるおそれがないと認められるときは、当該部分を除いた部分は、同号の情報に含まれないものとみなして、前項の規定を適用する。

部分開示の範囲

[1] 大阪府公文書公開等条例の部分開示の規定は、非公開事由に該当する独立した一体的な情報を更に細分化し、その一部を非公開とし、その余の部分には非公開事由に該当する情報はないものとみなして、これを公開することを実施機関に義務付けているとは解されないので、実施機関がこれを細分化することなく一体として非公開決定をした場合、住民には問題のある箇所のみ除外してその余の部分を公開するよう請求する権利はなく、裁判所も実施機関が上記態様の部分公開をすべきであることを理由として非公開決定の一部を取り消すことはできない。（最判平13・3・27民集五五・二・五三〇〈大阪府知事交際費事件〉自治百選[四版]一七）→五条[5][41]・七条[1]

[2] 前出[1]と同旨（最判平14・2・28判時一七八二・一〇）→五条[45]

[3] 前出[1]と同旨（最判平14・2・28民集五六・二・四六七、重判平14行政四）→行訴九条[54]

[4] 本条二項は、語意上甚だ包括的・一般的な範囲にわたる「個人に関する情報」を記載した文書についても、本条一項の趣旨が確実に実現されるよう配慮した規定にすぎないから、条例に本条二項のような規定がないという理由で、[1]の判断枠組みにより公務員の氏名のみの公開は公務員の懇談会出席に関する情報を更に細分化することとなるため許されないとする原審の解釈方法は、事の本末を見誤っており、[1]の説示は変更されて然るべきものであるが、[1]がいう「一体的な情報」の範囲を、最小限の有意な情報という意味に限定する限り、出席公務員の氏名を全て公開することと、[1]との間に、結論において矛盾は生じない。（藤田裁判官の補足意見）（最判平19・4・17判時一九七一・一〇九、行政百選Ⅰ[七版]三七）→五条[10]

第七条（公益上の理由による裁量的開示）

第七条 行政機関の長は、開示請求に係る行政文書に不開示情報（第五条第一号の二に掲げる情報を除く。）が記録されている場合であっても、公益上特に必要があると認めるときは、開示請求者に対し、当該行政文書を開示することができる。

[1] 六条[1]に該当する場合、実施機関は、その裁量判断により、部分公開を任意に行うことも許容され、実施機関がこのような態様の部分公開を任意に行った場合には、これに不服のある者は非公開決定の取消しを求めることができ、裁判所は、当該非公開決定が違法であると判断したときは、これを取り消すことができる。（最判平13・3・27民集五五・二・五三〇〈大阪府知事交際費事件〉自治百選[四版]一七）→五条[5][41]・六条[1]

[2] 前出[1]と同旨（最判平13・5・29判時一七五四・六三、重判平13行政四②）→五条[3]

第八条（行政文書の存否に関する情報）

第八条 開示請求に対し、当該開示請求に係る行政文書が存在しているか否かを答えるだけで、不開示情報を開示することとなるときは、行政機関の長は、当該行政文書の存否を明らかにしないで、当該開示請求を拒否することができる。

文書の存否を明らかにしない不開示決定

[1] 本条に相当する規定がない条例の下でも、当該文書の存否自体を答えると不開示情報の規定により保護される利益が害される場合には、文書の存否を含めて不開示情報に含まれる。（鹿児島地判平13・10・1判タ一一三四・二〇八）

第九条（開示請求に対する措置）

第九条① 行政機関の長は、開示請求に係る行政文書の全部又は一部を開示するときは、その旨の決定をし、開示請求者に対し、その旨及び開示の実施に関し政令で定める事項を書面により通知しなければならない。

② 行政機関の長は、開示請求に係る行政文書の全部を開示しないとき（前条の規定により開示請求を拒否するとき及び開示請求に係る行政文書を保有していないときを含む。）は、開示をしない旨の決定をし、開示請求者に対し、その旨を書面により通知しなければならない。

一 **出訴期間の起算点**→行訴一四条[2]
二 **文書存在の立証責任**→五条[59]～[61]

第一〇条（開示決定等の期限）

第一〇条① 前条各項の決定（以下「開示決定等」という。）は、開示請求があった日から三十日以内にしなければならない。ただし、第四条第二項の規定により補正を求めた場合にあっては、当該補正に要した日数は、当該期間に算入しない。

② 前項の規定にかかわらず、行政機関の長は、事務処理上の困難その他正当な理由があるときは、同項に規定する期間を三十日以内に限り延長することができる。この場合において、行政機関の長は、開示請求者に対し、遅滞なく、延長後の期間及び延長の理由を書面により通知しなければならない。

第一一条（開示決定等の期限の特例）

第一一条 開示請求に係る行政文書が著しく大量であるため、開示請求があった日から六十日以内にそのすべてについて開示決定等をすることにより事務の遂行に著しい支障が生ずるおそれがある場合には、前条の規定にかかわらず、行政機関の長は、開示請求に係る行政文書のうちの相当の部分につき当該期間内に開示決定等をし、残りの行政文書については相当の期間内に開示決定等をすれば足りる。この場合において、行政機関の長は、同条第一項に規定する期間内に、開示請求者に対し、次に掲げる事項を書面により通知しなければならない。

一 本条を適用する旨及びその理由
二 残りの行政文書について開示決定等をする期限

[1] ★開示請求から口頭弁論終結時までに一年七箇月余りの期間が経過している場合につき、遅くとも口頭弁論終結時までに本条柱書にいう「相当の期間」は経過したと認められた事例（東京地判平19・12・26判時一九九〇・一〇）

第一二条（事案の移送）

第一二条① 行政機関の長は、開示請求に係る行政文書が他の行政機関により作成されたものであるときその他他の行政機関の長において開示決定等をすることにつき正当な理由があるときは、当該他の行政機関の長と協議の上、当該他の行政機関の長に対し、事案を移送することができる。この場合においては、移送をした行政機関の長は、開示請求者に対し、事案を移送した旨を書面により通知しなければならない。

② 前項の規定により事案が移送されたときは、移送を受けた行政機関の長において、当該開示請求についての開示決定等をしなければならない。この場合において、移送をした行政機関の長が移送前にした行為は、移送を受けた行政機関の長がしたものとみなす。

③ 前項の場合において、移送を受けた行政機関の長が第九条第一項の決定（以下「開示決定」という。）をしたときは、当該行政機関の長は、開示の実施をしなければならない。この場合において、移送をした行政機関の長は、当該開示の実施に必要な協力をしなければならない。

（**独立行政法人等への事案の移送**）

第一二条の二① 行政機関の長は、開示請求に係る行政文書が独立行政法人等により作成されたものであるときその他独立行政法人等において独立行政法人等情報公開法第十条第一項に規定する開示決定等をすることにつき正当な理由があるときは、当該独立行政法人等と協議の上、当該独立行政法人等に対し、事案を移送することができる。この場合においては、移送をした行政機関の長は、開示請求者に対し、事案を移送した旨を書面により通知しなければならない。

② 前項の規定により事案が移送されたときは、当該事案については、行政文書を移送を受けた独立行政法人等が保有する独立行政法人等情報公開法第二条第二項に規定する法人文書と、開示請求を移送を受けた独立行政法人等に対する独立行政法人等情報公開法第四条第一項に規定する開示請求とみなして、独立行政法人等情報公開法の規定を適用する。この場合において、独立行政法人等情報公開法第十条第一項中「第四条第二項」とあるのは「行政機関の保有する情報の公開に関する法律（平成十一年法律第四十二号）第四条第二項」と、独立行政法人等情報公開法第十七条第一項中「開示請求をする者又は法人文書」とあるのは「法人文書」と、「により、それぞれ」とあるのは「により」と、「開示請求に係る手数料又は開示」とあるのは「開示」とする。

③ 第一項の規定により事案が移送された場合において、移送を受けた独立行政法人等が開示の実施をするときは、移送をした行政機関の長は、当該開示の実施に必要な協力をしなければならない。

（**第三者に対する意見書提出の機会の付与等**）

第一三条① 開示請求に係る行政文書に国、独立行政法人等、地方公共団体、地方独立行政法人及び開示請求者以外の者（以下この条、第十九条第二項及び第二十条第一項において「第三者」という。）に関する情報が記録されているときは、行政機関の長は、開示決定等をするに当たって、当該情報に係る第三者に対し、開示請求に係る行政文書の表示その他政令で定める事項を通知して、意見書を提出する機会を与えることができる。

② 行政機関の長は、次の各号のいずれかに該当するときは、開示決定に先立ち、当該第三者に対し、開示請求に係る行政文書の表示その他政令で定める事項を書面により通知して、意見書を提出する機会を与えなければならない。ただし、当該第三者の所在が判明しない場合は、この限りでない。

一 第三者に関する情報が記録されている行政文書を開示しようとする場合であって、当該情報が第五条第一号ロ又は同条第二号ただし書に規定する情報に該当すると認められるとき。

二 第三者に関する情報が記録されている行政文書を第七条の規定により開示しようとするとき。

③ 行政機関の長は、前二項の規定により意見書の提出の機会を与えられた第三者が当該行政文書の開示に反対の意思を表示した意見書を提出した場合において、開示決定をするときは、開示決定の日と開示を実施する日との間に少なくとも二週間を置かなければならない。この場合において、行政機関の長は、開示決定後直ちに、当該意見書（第十九条において「反対意見書」という。）を提出した第三者に対し、開示決定をした旨及びその理由並びに開示を実施する日を書面により通知しなければならない。

（**開示の実施**）

第一四条① 行政文書の開示は、文書又は図画については閲覧又は写しの交付により、電磁的記録についてはその種別、情報化の進展状況等を勘案して政令で定める方法により行う。ただし、閲覧の方法による行政文書の開示にあっては、行政機関の長は、当該行政文書の保存に支障を生ずるおそれがあると認めるときその他正当な理由があるときは、その写しにより、これを行うことができる。

② 開示決定に基づき行政文書の開示を受ける者は、政令で定めるところにより、当該開示決定をした行政機関の長に対し、その求める開示の実施の方法その他の政令で定める事項を申し出なければならない。

③ 前項の規定による申出は、第九条第一項に規定する通知があった日から三十日以内にしなければならない。ただし、当該期間内に当該申出をすることができないことにつき正当な理由があるときは、この限りでない。

④ 開示決定に基づき行政文書の開示を受けた者は、最初に開示を受けた日から三十日以内に限り、行政機関の長に対し、更に開示を受ける旨を申し出ることができる。この場合においては、前項ただし書の規定を準用する。

（**他の法令による開示の実施との調整**）

第一五条① 行政機関の長は、他の法令の規定により、何人にも開示請求に係る行政文書が前条第一項本文に規定する方法と同一の方法で開示することとされている場合（開示の期間が定められている場合にあっては、当該期間内に限る。）には、同項本文の規定にかかわらず、当該行政文書については、当該同一の方法による開示を行わない。ただし、当該他の法令の規定に一定の場合には開示をしない旨の定めがあるときは、この限りでない。

② 他の法令の規定に定める開示の方法が縦覧であるときは、当該縦覧を前条第一項本文の閲覧とみなして、前項の規定を適用する。

（**手数料**）

第一六条① 開示請求をする者又は行政文書の開示を受ける者は、政令で定めるところにより、それぞれ、実費の範囲内において政令で定める額の開示請求に係る手数料又は開示の実施に係る手数料を納めなければならない。

② 前項の手数料の額を定めるに当たっては、できる限り利用しやすい額とするよう配慮しなければならない。

③ 行政機関の長は、経済的困難その他特別の理由があると認めるときは、政令で定めるところにより、第一項の手数料を減額し、又は免除することができる。

（**権限又は事務の委任**）

第一七条 行政機関の長は、政令（内閣の所轄の下に置かれる機関及び会計検査院にあっては、当該機関の命令）で定めるところにより、この章に定める権限又は事務を当該行政機関の職員に委任することができる。

第三章　審査請求等

（**審理員による審理手続に関する規定の適用除外等**）

第一八条① 開示決定等又は開示請求に係る不作為に係る審査請求については、行政不服審査法（平成二十六年法律第六十八号）第九条、第十七条、第二十四条、第二章第三節及び第四節並びに第五十条第二項の規定は、適用しない。

② 開示決定等又は開示請求に係る不作為に係る審査請求についての行政不服審査法第二章の規定の適用については、同法第十一条第二項中「第九条第一項の規定により指名された者（以下「審理員」という。）」とあるのは「第四条（行政機関の保有する情報の公開に関する法律（平成十一年法律第四十二号）第二十条第二項の規定に基づく政令を含む。）の規定により審査請求

がされた行政庁（第十四条の規定により引継ぎを受けた行政庁を含む。以下「審査庁」という。）」と、同法第十三条第一項及び第二項中「審理員」とあるのは「審査庁」と、同法第二十五条第七項中「あったとき、又は審理員から第四十条に規定する執行停止をすべき旨の意見書が提出されたとき」とあるのは「あったとき」と、同法第四十四条中「行政不服審査会等」とあるのは「情報公開・個人情報保護審査会（審査庁が会計検査院の長である場合にあっては、別に法律で定める審査会。第五十条第一項第四号において同じ。）」と、「受けたとき（前条第一項の規定による諮問を要しない場合（同項第二号又は第三号に該当する場合を除く。）にあっては審理員意見書が提出されたとき、同項第二号又は第三号に該当する場合にあっては同項第二号又は第三号に規定する議を経たとき）」とあるのは「受けたとき」と、同法第五十条第一項第四号中「審理員意見書又は行政不服審査会等若しくは審議会等」とあるのは「情報公開・個人情報保護審査会」とする。

（審査会への諮問）

第一九条① 開示決定等又は開示請求に係る不作為について審査請求があったときは、当該審査請求に対する裁決をすべき行政機関の長は、次の各号のいずれかに該当する場合を除き、情報公開・個人情報保護審査会（審査請求に対する裁決をすべき行政機関の長が会計検査院の長である場合にあっては、別に法律で定める審査会）に諮問しなければならない。

一 審査請求が不適法であり、却下する場合

二 裁決で、審査請求の全部を認容し、当該審査請求に係る行政文書の全部を開示することとする場合（当該行政文書の開示について反対意見書が提出されている場合を除く。）

② 前項の規定により諮問をした行政機関の長は、次に掲げる者に対し、諮問をした旨を通知しなければならない。

一 審査請求人及び参加人（行政不服審査法第十三条第四項に規定する参加人をいう。以下この項及び次条第一項第二号において同じ。）

二 開示請求者（開示請求者が審査請求人又は参加人である場合を除く。）

三 当該審査請求に係る行政文書の開示について反対意見書を提出した第三者（当該第三者が審査請求人又は参加人である場合を除く。）

（第三者からの審査請求を棄却する場合等における手続等）

第二〇条① 第十三条第三項の規定は、次の各号のいずれかに該当する裁決をする場合について準用する。

一 開示決定に対する第三者からの審査請求を却下し、又は棄却する裁決

二 審査請求に係る開示決定等（開示請求に係る行政文書の全部を開示する旨の決定を除く。）を変更し、当該審査請求に係る行政文書を開示する旨の裁決（第三者である参加人が当該行政文書の開示に反対の意思を表示している場合に限る。）

② 開示決定等又は開示請求に係る不作為についての審査請求については、政令で定めるところにより、行政不服審査法第四条の規定の特例を設けることができる。

（訴訟の移送の特例）

第二一条① 行政事件訴訟法（昭和三十七年法律第百三十九号）第十二条第四項の規定により同項に規定する特定管轄裁判所に開示決定等の取消しを求める訴訟又は開示決定等若しくは開示請求に係る不作為に係る審査請求に対する裁決の取消しを求める訴訟（次項及び附則第二項において「情報公開訴訟」という。）が提起された場合においては、同法第十二条第五項の規定にかかわらず、他の裁判所に同一又は同種若しくは類似の行政文書に係る開示決定等又は開示請求に係る不作為に係る審査請求に対する裁決に係る抗告訴訟（同法第三条第一項に規定する抗告訴訟をいう。次項において同じ。）が係属しているときは、当該特定管轄裁判所は、当事者の住所又は所在地、尋問を受けるべき証人の住所、争点又は証拠の共通性その他の事情を考慮して、相当と認めるときは、申立てにより又は職権で、訴訟の全部又は一部について、当該他の裁判所又は同法第十二条第一項から第三項までに定める裁判所に移送することができる。

② 前項の規定は、行政事件訴訟法第十二条第四項の規定により同項に規定する特定管轄裁判所に開示決定等又は開示決定等若しくは開示請求に係る不作為に係る審査請求に対する裁決に係る抗告訴訟で情報公開訴訟以外のものが提起された場合について準用する。

第四章 補則

（開示請求をしようとする者に対する情報の提供等）

第二二条① 行政機関の長は、開示請求をしようとする者が容易かつ的確に開示請求をすることができるよう、公文書等の管理に関する法律第七条第二項に規定するもののほか、当該行政機関が保有する行政文書の特定に資する情報の提供その他開示請求をしようとする者の利便を考慮した適切な措置を講ずるものとする。

② 総務大臣は、この法律の円滑な運用を確保するため、開示請求に関する総合的な案内所を整備するものとする。

（施行の状況の公表）

第二三条① 総務大臣は、行政機関の長に対し、この法律の施行の状況について報告を求めることができる。

② 総務大臣は、毎年度、前項の報告を取りまとめ、その概要を公表するものとする。

（行政機関の保有する情報の提供に関する施策の充実）

第二四条 政府は、その保有する情報の公開の総合的な推進を図るため、行政機関の保有する情報が適時に、かつ、適切な方法で国民に明らかにされるよう、行政機関の保有する情報の提供に関する施策の充実に努めるものとする。

（地方公共団体の情報公開）

第二五条 地方公共団体は、この法律の趣旨にのっとり、その保有する情報の公開に関し必要な施策を策定し、及びこれを実施するよう努めなければならない。

（政令への委任）

第二六条 この法律に定めるもののほか、この法律の実施のため必要な事項は、政令で定める。

附 則（抄）

① この法律は、公布の日から起算して二年を超えない範囲内において政令で定める日（平成一三・四・一―平成一二政四〇）から施行する。（後略）

◇【行政機関個人情報保護】

一 本人開示→五条[20]〜[23]

[1] 拘置所に収容中の未決拘禁者が受けた診療に関する診療録中の保有個人情報は、旧行政機関個人情報保護法四五条一項により開示対象から除外されている刑事裁判等関係事項に係る情報に該当せず、同法一二条一項に基づく開示請求の対象となる。（最判令3・6・15民集七五・七・三〇六四、重判令3行政四……同法四五条一項と診療行為の関係に係る宇賀裁判官補足意見がある）

二 本人訂正請求

[2] 訂正請求の制度は、基本的に、本人開示請求によって開示を受けた個人情報の内容に事実の誤りがあると認める者にその訂正を請求する権利を保障することで、誤りのある個人情報が利用されることによる個人の権利利益の侵害を防止することを趣旨目的とする。国民健康保険診療報酬明細書（レセプト）は、保険医療機関が請求した療養給付費用の内容を明らかにする性格のもので、市がそれを保管する目的は、支払明細に係る歳入歳出の証拠書類とすることにあり、レセプトに記録された診療に関する情報は、実際の診療内容を直接明らかにするために管理されていたとは認められず、診療を受けた者の権利利益に直接係るものということは困難であるか

ら、レセプトの診療に関する記載部分の訂正は、条例の定める訂正請求制度において予定されたものとはいえない。(最判平18・3・10判時一九三二・七一〈レセプト訂正請求事件〉行政百選I［七版］四〇)

三 自己を本人とする保有個人情報

[3] 死亡した被相続人の就労状況に関する情報等は、法定相続人たる原告らの財産である被相続人の石綿健康被害に係る損害賠償請求権の有無を直接的に示す個人情報の性質を有し、原告らの「自己を本人とする個人情報」に当たるとされた事例(大阪地判令元・6・5判時二四三一＝二四三二・七九……個人情報の保護に関する法律二条一項にいう「個人に関する情報」該当性は、情報内容と個人との関係を個別に検討して判断すべきとした最判平31・3・18判時二四二二・三一を引用)

四 保有の制限

[4] 自己の個人情報を正当な目的や必要性によらず収集ないし保有されないという意味での自己の個人情報をコントロールする権利は法的に保護に値する利益として確立しているから、自衛隊イラク派遣反対活動等の状況や、氏名、職業に加え、所属政党等の思想信条に直結する個人情報を自衛隊が収集した行為は人格権を侵害する。(仙台地判平24・3・26判時二一四九・九九、重判平24憲五)

[5] [4]の事案につき個人に関する情報には極めて多種多様なものがある以上、旧行政機関個人情報保護法二条二項に定める個人情報に該当すれば、それが直ちに不法行為法上法的保護に値する個人に関する情報であるとまでは認め難いとした上で、ライブ活動をしていたアマチュア歌手の一般的に公になっていなかった本名及び職業(勤務先)等については、探索の必要性が認められないことからプライバシー侵害を認めその収集保有を違法とし、地方議会議員や労働組合の事務局長等の氏名や公の場における政治又は社会的活動については、第三者に了知されることを前提とする情報であり自衛隊にとって収集の必要性が否定できないとして適法とした事例(仙台高判平28・2・2判時二二九三・一八、重判平28憲三……[4]の控訴審)→憲一三条[38]

五 利用・提供の制限

[6] 防衛庁情報公開室の業務に従事していた職員が作成した行政文書開示請求者リストの記載事項のうち、氏名、郵便番号、住所、電話番号、職業は、プライバシー情報として法的保護の対象となり、同リストを情報公開室以外に配布した行為は、情報公開業務を行う上での必要性その他これを許容すべき事由が全くうかがわれず、プライバシー侵害行為として違法である。(東京地判平16・2・13判時一八九五・七三)

[7] 国家公務員が、国の建物建設計画に反対する市民からの電話の内容を記載した文書を、当該電話の内容が記録されて外部に文書として渡されることは想定されていなかったにもかかわらず、建設推進派の者に交付したことが、個人情報の漏洩として不法行為を構成するとされた事例(東京地判平21・4・13判時二〇四三・九八)

[8] 市議会議員の求めにより、住民監査請求人名簿の写しを監査委員事務局長が市議の全員協議会で配布した行為が、同請求人らのプライバシーを違法に侵害するとされた事例(大津地判平30・2・27判時二三八七・一一五)

[9] 市立幼稚園に勤務していた教諭が園長からパワーハラスメントを受けた証拠として市に提出した日記のコピーを市職員が同教諭に無断で地方公務員災害補償基金に提出した行為が、ハラスメントの調査目的のための利用ではなく、また、同基金は同市個人情報保護条例が目的外提供の対象として定める独立行政法人等に該当しないことから、プライバシーを侵害するものとして違法とされた事例(京都地判令3・5・27労経速二四六二・一五)

六 住基ネットと個人情報保護→憲一三条[37]

○個人情報の保護に関する法律（抄）（平成一五・五・三〇 法 五七）

施行 平成一五・五・三〇（附則参照）
最終改正 令和四法六八

目次

第一章 総則

（目的）

第一条 この法律は、デジタル社会の進展に伴い個人情報の利用が著しく拡大していることに鑑み、個人情報の適正な取扱いに関し、基本理念及び政府による基本方針の作成その他の個人情報の保護に関する施策の基本となる事項を定め、国及び地方公共団体の責務等を明らかにし、個人情報を取り扱う事業者及び行政機関等についてこれらの特性に応じて遵守すべき義務等を定めるとともに、個人情報保護委員会を設置することにより、行政機関等の事務及び事業の適正かつ円滑な運営を図り、並びに個人情報の適正かつ効果的な活用が新たな産業の創出並びに活力ある経済社会及び豊かな国民生活の実現に資するものであることその他の個人情報の有用性に配慮しつつ、個人の権利利益を保護することを目的とする。

（定義）

第二条① この法律において「個人情報」とは、生存する個人に関する情報であって、次の各号のいずれかに該当するものをいう。

一 当該情報に含まれる氏名、生年月日その他の記述等（文書、図画若しくは電磁的記録（電磁的方式（電子的方式、磁気的方式その他人の知覚によっては認識することができない方式をいう。次項第二号において同じ。）で作られる記録をいう。以下同じ。）に記載され、若しくは記録され、又は音声、動作その他の方法を用いて表された一切の事項（個人識別符号を除く。）をいう。以下同じ。）により特定の個人を識別することができるもの（他の情報と容易に照合することができ、それにより特定の個人を識別することができることとなるものを含む。）

二 個人識別符号が含まれるもの

② この法律において「個人識別符号」とは、次の各号のいずれかに該当する文字、番号、記号その他の符号のうち、政令で定めるものをいう。

一 特定の個人の身体の一部の特徴を電子計算機の用に供するために変換した文字、番号、記号その他の符号であって、当該特定の個人を識別することができるもの

二 個人に提供される役務の利用若しくは個人に販売される商品の購入に関し割り当てられ、又は個人に発行されるカードその他の書類に記載され、若しくは電磁的方式により記録された文字、番号、記号その他の符号であって、その利用者若しくは購入者又は発行を受ける者ごとに異なるものとなるように割り当てられ、又は記載され、若しくは記録されることにより、特定の利用者若しくは購入者又は発行を受ける者を識別することができるもの

③ この法律において「要配慮個人情報」とは、本人の人種、信条、社会的身分、病歴、犯罪の経歴、犯罪により害を被った事実その他本人に対する不当な差別、偏見その他の不利益が生じないようにその取扱いに特に配慮を要するものとして政令で定める記述等が含まれる個人情報をいう。

④ この法律において個人情報について「本人」とは、個人情報によって識別される特定の個人をいう。

⑤ この法律において「仮名加工情報」とは、次の各号に掲げる個人情報の区分に応じて当該各号に定める措置を講じて他の情報と照合しない限り特定の個人を識別することができないように個人情報を加工して得られる個人に関する情報をいう。

一 第一項第一号に該当する個人情報 当該個人情報に含まれる記述等の一部を削除すること（当該一部の記述等を復元することのできる規則性を有しない方法により他の記述等に置き換えることを含む。）。

二 第一項第二号に該当する個人情報 当該個人情報に含まれる個人識別符号の全部を削除すること（当該個人識別符号を復元することのできる規則性を有しない方法により他の記述等に置き換えることを含む。）。

⑥ この法律において「匿名加工情報」とは、次の各号に掲げる個人情報の区分に応じて当該各号に定める措置を講じて特定の個人を識別することができないように個人情報を加工して得られる個人に関する情報であって、当該個人情報を復元することができないようにしたものをいう。

一 第一項第一号に該当する個人情報 当該個人情報に含まれる記述等の一部を削除すること（当該一部の記述等を復元することのできる規則性を有しない方法により他の記述等に置

き換えることを含む。）。
二　第一項第二号に該当する個人情報　当該個人情報に含まれる個人識別符号の全部を削除すること（当該個人識別符号を復元することのできる規則性を有しない方法により他の記述等に置き換えることを含む。）。
⑦　この法律において「個人関連情報」とは、生存する個人に関する情報であって、個人情報、仮名加工情報及び匿名加工情報のいずれにも該当しないものをいう。
⑧　この法律において「行政機関」とは、次に掲げる機関をいう。
一　法律の規定に基づき内閣に置かれる機関（内閣府を除く。）及び内閣の所轄の下に置かれる機関
二　内閣府、宮内庁並びに内閣府設置法（平成十一年法律第八十九号）第四十九条第一項及び第二項に規定する機関（これらの機関のうち第四号の政令で定める機関が置かれる機関にあっては、当該政令で定める機関を除く。）
三　国家行政組織法（昭和二十三年法律第百二十号）第三条第二項に規定する機関（第五号の政令で定める機関が置かれる機関にあっては、当該政令で定める機関を除く。）
四　内閣府設置法第三十九条及び第五十五条並びに宮内庁法（昭和二十二年法律第七十号）第十六条第二項の機関並びに内閣府設置法第四十条及び第五十六条（宮内庁法第十八条第一項において準用する場合を含む。）の特別の機関で、政令で定めるもの
五　国家行政組織法第八条の二の施設等機関及び同法第八条の三の特別の機関で、政令で定めるもの
六　会計検査院
⑨　この法律において「独立行政法人等」とは、独立行政法人通則法（平成十一年法律第百三号）第二条第一項に規定する独立行政法人及び別表第一に掲げる法人をいう。
⑩　この法律において「地方独立行政法人」とは、地方独立行政法人法（平成十五年法律第百十八号）第二条第一項に規定する地方独立行政法人をいう。
⑪　この法律において「行政機関等」とは、次に掲げる機関をいう。
一　行政機関
二　地方公共団体の機関（議会を除く。次章、第三章及び第六十九条第二項第三号を除き、以下同じ。）
三　独立行政法人等（別表第二に掲げる法人を除く。第十六条第二項第三号、第六十三条、第七十八条第一項第七号イ及びロ、第八十九条第四項から第六項まで、第百十九条第五項から第七項まで並びに第百二十五条第二項において同じ。）
四　地方独立行政法人（地方独立行政法人法第二十一条第一号に掲げる業務を主たる目的とするもの又は同条第二号若しくは第三号（チに係る部分に限る。）に掲げる業務を目的とするものを除く。第十六条第二項第四号、第六十三条、第七十八条第一項第七号イ及びロ、第八十九条第七項から第九項まで、第百十九条第八項から第十項まで並びに第百二十五条第二項において同じ。）

（基本理念）
第三条　個人情報は、個人の人格尊重の理念の下に慎重に取り扱われるべきものであることに鑑み、その適正な取扱いが図られなければならない。

第二章　国及び地方公共団体の責務等

（国の責務）
第四条　国は、この法律の趣旨にのっとり、国の機関、地方公共団体の機関、独立行政法人等、地方独立行政法人及び事業者等による個人情報の適正な取扱いを確保するために必要な施策を総合的に策定し、及びこれを実施する責務を有する。

（地方公共団体の責務）
第五条　地方公共団体は、この法律の趣旨にのっとり、国の施策との整合性に配慮しつつ、その地方公共団体の区域の特性に応じて、地方公共団体の機関、地方独立行政法人及び当該区域内の事業者等による個人情報の適正な取扱いを確保するために必要な施策を策定し、及びこれを実施する責務を有する。

（法制上の措置等）
第六条　政府は、個人情報の性質及び利用方法に鑑み、個人の権利利益の一層の保護を図るため特にその適正な取扱いの厳格な実施を確保する必要がある個人情報について、保護のための格別の措置が講じられるよう必要な法制上の措置その他の措置を講ずるとともに、国際機関その他の国際的な枠組みへの協力を通じて、各国政府と共同して国際的に整合のとれた個人情報に係る制度を構築するために必要な措置を講ずるものとする。

第三章　個人情報の保護に関する施策等（抄）

第一節　個人情報の保護に関する基本方針

第七条①　政府は、個人情報の保護に関する施策の総合的かつ一体的な推進を図るため、個人情報の保護に関する基本方針（以下「基本方針」という。）を定めなければならない。
②　基本方針は、次に掲げる事項について定めるものとする。
一　個人情報の保護に関する施策の推進に関する基本的な方向
二　国が講ずべき個人情報の保護のための措置に関する事項
三　地方公共団体が講ずべき個人情報の保護のための措置に関する基本的な事項
四　独立行政法人等が講ずべき個人情報の保護のための措置に関する基本的な事項
五　地方独立行政法人が講ずべき個人情報の保護のための措置に関する基本的な事項
六　第十六条第二項に規定する個人情報取扱事業者、同条第五項に規定する仮名加工情報取扱事業者及び同条第六項に規定する匿名加工情報取扱事業者並びに第五十一条第一項に規定する認定個人情報保護団体が講ずべき個人情報の保護のための措置に関する基本的な事項
七　個人情報の取扱いに関する苦情の円滑な処理に関する事項
八　その他個人情報の保護に関する施策の推進に関する重要事項
③　内閣総理大臣は、個人情報保護委員会が作成した基本方針の案について閣議の決定を求めなければならない。
④　内閣総理大臣は、前項の規定による閣議の決定があったときは、遅滞なく、基本方針を公表しなければならない。
⑤　前二項の規定は、基本方針の変更について準用する。

第二節　国の施策　及び　第三節　地方公共団体の施策
（第八条から第一四条まで）（略）

第四節　国及び地方公共団体の協力

第一五条　国及び地方公共団体は、個人情報の保護に関する施策を講ずるにつき、相協力するものとする。

第四章　個人情報取扱事業者等の義務等（抄）

第一節　総則

（定義）
第一六条①　この章及び第八章において「個人情報データベース等」とは、個人情報を含む情報の集合物であって、次に掲げるもの（利用方法からみて個人の権利利益を害するおそれが少ないものとして政令で定めるものを除く。）をいう。
一　特定の個人情報を電子計算機を用いて検索することができるように体系的に構成したもの
二　前号に掲げるもののほか、特定の個人情報を容易に検索することができるように体系的に構成したものとして政令で定めるもの
②　この章及び第六章から第八章までにおいて「個人情報取扱事業者」とは、個人情報データベース等を事業の用に供している者をいう。ただし、次に掲げる者を除く。

一　国の機関
二　地方公共団体
三　独立行政法人等
四　地方独立行政法人

③　この章において「個人データ」とは、個人情報データベース等を構成する個人情報をいう。

④　この章において「保有個人データ」とは、個人情報取扱事業者が、開示、内容の訂正、追加又は削除、利用の停止、消去及び第三者への提供の停止を行うことのできる権限を有する個人データであって、その存否が明らかになることにより公益その他の利益が害されるものとして政令で定めるもの以外のものをいう。

⑤　この章、第六章及び第七章において「仮名加工情報取扱事業者」とは、仮名加工情報を含む情報の集合物であって、特定の仮名加工情報を電子計算機を用いて検索することができるように体系的に構成したものその他特定の仮名加工情報を容易に検索することができるように体系的に構成したものとして政令で定めるもの（第四十一条第一項において「仮名加工情報データベース等」という。）を事業の用に供している者をいう。ただし、第二項各号に掲げる者を除く。

⑥　この章、第六章及び第七章において「匿名加工情報取扱事業者」とは、匿名加工情報を含む情報の集合物であって、特定の匿名加工情報を電子計算機を用いて検索することができるように体系的に構成したものその他特定の匿名加工情報を容易に検索することができるように体系的に構成したものとして政令で定めるもの（第四十三条第一項において「匿名加工情報データベース等」という。）を事業の用に供している者をいう。ただし、第二項各号に掲げる者を除く。

⑦　この章、第六章及び第七章において「個人関連情報取扱事業者」とは、個人関連情報を含む情報の集合物であって、特定の個人関連情報を電子計算機を用いて検索することができるように体系的に構成したものその他特定の個人関連情報を容易に検索することができるように体系的に構成したものとして政令で定めるもの（第三十一条第一項において「個人関連情報データベース等」という。）を事業の用に供している者をいう。ただし、第二項各号に掲げる者を除く。

⑧　この章において「学術研究機関等」とは、大学その他の学術研究を目的とする機関若しくは団体又はそれらに属する者をいう。

第二節　個人情報取扱事業者及び個人関連情報取扱事業者の義務

（利用目的の特定）

第一七条①　個人情報取扱事業者は、個人情報を取り扱うに当たっては、その利用の目的（以下「利用目的」という。）をできる限り特定しなければならない。

②　個人情報取扱事業者は、利用目的を変更する場合には、変更前の利用目的と関連性を有すると合理的に認められる範囲を超えて行ってはならない。

（利用目的による制限）

第一八条①　個人情報取扱事業者は、あらかじめ本人の同意を得ないで、前条の規定により特定された利用目的の達成に必要な範囲を超えて、個人情報を取り扱ってはならない。

②　個人情報取扱事業者は、合併その他の事由により他の個人情報取扱事業者から事業を承継することに伴って個人情報を取得した場合は、あらかじめ本人の同意を得ないで、承継前における当該個人情報の利用目的の達成に必要な範囲を超えて、当該個人情報を取り扱ってはならない。

③　前二項の規定は、次に掲げる場合については、適用しない。

一　法令（条例を含む。以下この章において同じ。）に基づく場合
二　人の生命、身体又は財産の保護のために必要がある場合であって、本人の同意を得ることが困難であるとき。
三　公衆衛生の向上又は児童の健全な育成の推進のために特に必要がある場合であって、本人の同意を得ることが困難であるとき。
四　国の機関若しくは地方公共団体又はその委託を受けた者が法令の定める事務を遂行することに対して協力する必要がある場合であって、本人の同意を得ることにより当該事務の遂行に支障を及ぼすおそれがあるとき。
五　当該個人情報取扱事業者が学術研究機関等である場合であって、当該個人情報を学術研究の用に供する目的（以下この章において「学術研究目的」という。）で取り扱う必要があるとき（当該個人情報を取り扱う目的の一部が学術研究目的である場合を含み、個人の権利利益を不当に侵害するおそれがある場合を除く。）。
六　学術研究機関等に個人データを提供する場合であって、当該学術研究機関等が当該個人データを学術研究目的で取り扱う必要があるとき（当該個人データを取り扱う目的の一部が学術研究目的である場合を含み、個人の権利利益を不当に侵害するおそれがある場合を除く。）。

（不適正な利用の禁止）

第一九条　個人情報取扱事業者は、違法又は不当な行為を助長し、又は誘発するおそれがある方法により個人情報を利用してはならない。

（適正な取得）

第二〇条①　個人情報取扱事業者は、偽りその他不正の手段により個人情報を取得してはならない。

②　個人情報取扱事業者は、次に掲げる場合を除くほか、あらかじめ本人の同意を得ないで、要配慮個人情報を取得してはならない。

一　法令に基づく場合
二　人の生命、身体又は財産の保護のために必要がある場合であって、本人の同意を得ることが困難であるとき。
三　公衆衛生の向上又は児童の健全な育成の推進のために特に必要がある場合であって、本人の同意を得ることが困難であるとき。
四　国の機関若しくは地方公共団体又はその委託を受けた者が法令の定める事務を遂行することに対して協力する必要がある場合であって、本人の同意を得ることにより当該事務の遂行に支障を及ぼすおそれがあるとき。
五　当該個人情報取扱事業者が学術研究機関等である場合であって、当該要配慮個人情報を学術研究目的で取り扱う必要があるとき（当該要配慮個人情報を取り扱う目的の一部が学術研究目的である場合を含み、個人の権利利益を不当に侵害するおそれがある場合を除く。）。
六　学術研究機関等から当該要配慮個人情報を取得する場合であって、当該要配慮個人情報を学術研究目的で取得する必要があるとき（当該要配慮個人情報を取得する目的の一部が学術研究目的である場合を含み、個人の権利利益を不当に侵害するおそれがある場合を除く。）（当該個人情報取扱事業者と当該学術研究機関等が共同して学術研究を行う場合に限る。）。
七　当該要配慮個人情報が、本人、国の機関、地方公共団体、学術研究機関等、第五十七条第一項各号に掲げる者その他個人情報保護委員会規則で定める者により公開されている場合
八　その他前各号に掲げる場合に準ずるものとして政令で定める場合

（取得に際しての利用目的の通知等）

第二一条①　個人情報取扱事業者は、個人情報を取得した場合は、あらかじめその利用目的を公表している場合を除き、速やかに、その利用目的を、本人に通知し、又は公表しなければならない。

②　個人情報取扱事業者は、前項の規定にかかわらず、本人との間で契約を締結することに伴って契約書その他の書面（電磁的記録を含む。以下この項において同じ。）に記載された当該本人

の個人情報を取得する場合その他本人から直接書面に記載された当該本人の個人情報を取得する場合は、あらかじめ、本人に対し、その利用目的を明示しなければならない。ただし、人の生命、身体又は財産の保護のために緊急に必要がある場合は、この限りでない。

③　個人情報取扱事業者は、利用目的を変更した場合は、変更された利用目的について、本人に通知し、又は公表しなければならない。

④　前三項の規定は、次に掲げる場合については、適用しない。

一　利用目的を本人に通知し、又は公表することにより本人又は第三者の生命、身体、財産その他の権利利益を害するおそれがある場合

二　利用目的を本人に通知し、又は公表することにより当該個人情報取扱事業者の権利又は正当な利益を害するおそれがある場合

三　国の機関又は地方公共団体が法令の定める事務を遂行することに対して協力する必要がある場合であって、利用目的を本人に通知し、又は公表することにより当該事務の遂行に支障を及ぼすおそれがあるとき。

四　取得の状況からみて利用目的が明らかであると認められる場合

（データ内容の正確性の確保等）

第二二条　個人情報取扱事業者は、利用目的の達成に必要な範囲内において、個人データを正確かつ最新の内容に保つとともに、利用する必要がなくなったときは、当該個人データを遅滞なく消去するよう努めなければならない。

（安全管理措置）

第二三条　個人情報取扱事業者は、その取り扱う個人データの漏えい、滅失又は毀損の防止その他の個人データの安全管理のために必要かつ適切な措置を講じなければならない。

（従業者の監督）

第二四条　個人情報取扱事業者は、その従業者に個人データを取り扱わせるに当たっては、当該個人データの安全管理が図られるよう、当該従業者に対する必要かつ適切な監督を行わなければならない。

（委託先の監督）

第二五条　個人情報取扱事業者は、個人データの取扱いの全部又は一部を委託する場合は、その取扱いを委託された個人データの安全管理が図られるよう、委託を受けた者に対する必要かつ適切な監督を行わなければならない。

（漏えい等の報告等）

第二六条①　個人情報取扱事業者は、その取り扱う個人データの漏えい、滅失、毀損その他の個人データの安全の確保に係る事態であって個人の権利利益を害するおそれが大きいものとして個人情報保護委員会規則で定めるものが生じたときは、個人情報保護委員会規則で定めるところにより、当該事態が生じた旨を個人情報保護委員会に報告しなければならない。ただし、当該個人情報取扱事業者が、他の個人情報取扱事業者又は行政機関等から当該個人データの取扱いの全部又は一部の委託を受けた場合であって、個人情報保護委員会規則で定めるところにより、当該事態が生じた旨を当該他の個人情報取扱事業者又は行政機関等に通知したときは、この限りでない。

②　前項に規定する場合には、個人情報取扱事業者（同項ただし書の規定による通知をした者を除く。）は、本人に対し、個人情報保護委員会規則で定めるところにより、当該事態が生じた旨を通知しなければならない。ただし、本人への通知が困難な場合であって、本人の権利利益を保護するため必要なこれに代わるべき措置をとるときは、この限りでない。

（第三者提供の制限）

第二七条①　個人情報取扱事業者は、次に掲げる場合を除くほか、あらかじめ本人の同意を得ないで、個人データを第三者に提供してはならない。

一　法令に基づく場合

二　人の生命、身体又は財産の保護のために必要がある場合であって、本人の同意を得ることが困難であるとき。

三　公衆衛生の向上又は児童の健全な育成の推進のために特に必要がある場合であって、本人の同意を得ることが困難であるとき。

四　国の機関若しくは地方公共団体又はその委託を受けた者が法令の定める事務を遂行することに対して協力する必要がある場合であって、本人の同意を得ることにより当該事務の遂行に支障を及ぼすおそれがあるとき。

五　当該個人情報取扱事業者が学術研究機関等である場合であって、当該個人データの提供が学術研究の成果の公表又は教授のためやむを得ないとき（個人の権利利益を不当に侵害するおそれがある場合を除く。）。

六　当該個人情報取扱事業者が学術研究機関等である場合であって、当該個人データを学術研究目的で提供する必要があるとき（当該個人データを提供する目的の一部が学術研究目的である場合を含み、個人の権利利益を不当に侵害するおそれがある場合を除く。）（当該個人情報取扱事業者と当該第三者が共同して学術研究を行う場合に限る。）。

七　当該第三者が学術研究機関等である場合であって、当該第三者が当該個人データを学術研究目的で取り扱う必要があるとき（当該個人データを取り扱う目的の一部が学術研究目的である場合を含み、個人の権利利益を不当に侵害するおそれがある場合を除く。）。

②　個人情報取扱事業者は、第三者に提供される個人データについて、本人の求めに応じて当該本人が識別される個人データの第三者への提供を停止することとしている場合であって、次に掲げる事項について、個人情報保護委員会規則で定めるところにより、あらかじめ、本人に通知し、又は本人が容易に知り得る状態に置くとともに、個人情報保護委員会に届け出たときは、前項の規定にかかわらず、当該個人データを第三者に提供することができる。ただし、第三者に提供される個人データが要配慮個人情報又は第二十条第一項の規定に違反して取得されたもの若しくは他の個人情報取扱事業者からこの項本文の規定により提供されたもの（その全部又は一部を複製し、又は加工したものを含む。）である場合は、この限りでない。

一　第三者への提供を行う個人情報取扱事業者の氏名又は名称及び住所並びに法人にあっては、その代表者（法人でない団体で代表者又は管理人の定めのあるものにあっては、その代表者又は管理人。以下この条、第三十条第一項第一号及び第三十二条第一項第一号において同じ。）の氏名

二　第三者への提供を利用目的とすること。

三　第三者に提供される個人データの項目

四　第三者に提供される個人データの取得の方法

五　第三者への提供の方法

六　本人の求めに応じて当該本人が識別される個人データの第三者への提供を停止すること。

七　本人の求めを受け付ける方法

八　その他個人の権利利益を保護するために必要なものとして個人情報保護委員会規則で定める事項

③　個人情報取扱事業者は、前項第一号に掲げる事項に変更があったとき又は同項の規定による個人データの提供をやめたときは遅滞なく、同項第三号から第五号まで、第七号又は第八号に掲げる事項を変更しようとするときはあらかじめ、その旨について、個人情報保護委員会規則で定めるところにより、本人に通知し、又は本人が容易に知り得る状態に置くとともに、個人情報保護委員会に届け出なければならない。

④　個人情報保護委員会は、第二項の規定による届出があったときは、個人情報保護委員会規則で定めるところにより、当該届出に係る事項を公表しなければならない。前項の規定による届出があったときも、同様とする。

⑤　次に掲げる場合において、当該個人データの提供を受ける者は、前各項の規定の適用については、第三者に該当しないもの

とする。

一　個人情報取扱事業者が利用目的の達成に必要な範囲内において個人データの取扱いの全部又は一部を委託することに伴って当該個人データが提供される場合

二　合併その他の事由による事業の承継に伴って個人データが提供される場合

三　特定の者との間で共同して利用される個人データが当該特定の者に提供される場合であって、その旨並びに共同して利用される個人データの項目、共同して利用する者の範囲、利用する者の利用目的並びに当該個人データの管理について責任を有する者の氏名又は名称及び住所並びに法人にあっては、その代表者の氏名について、あらかじめ、本人に通知し、又は本人が容易に知り得る状態に置いているとき。

⑥　個人情報取扱事業者は、前項第三号に規定する個人データの管理について責任を有する者の氏名、名称若しくは住所又は法人にあっては、その代表者の氏名に変更があったときは遅滞なく、同号に規定する利用する者の利用目的又は当該責任を有する者を変更しようとするときはあらかじめ、その旨について、本人に通知し、又は本人が容易に知り得る状態に置かなければならない。

（外国にある第三者への提供の制限）

第二八条①　個人情報取扱事業者は、外国（本邦の域外にある国又は地域をいう。以下この条及び第三十一条第一項第二号において同じ。）（個人の権利利益を保護する上で我が国と同等の水準にあると認められる個人情報の保護に関する制度を有している外国として個人情報保護委員会規則で定めるものを除く。以下この条及び同号において同じ。）にある第三者（個人データの取扱いについてこの節の規定により個人情報取扱事業者が講ずべきこととされている措置に相当する措置（第三項において「相当措置」という。）を継続的に講ずるために必要なものとして個人情報保護委員会規則で定める基準に適合する体制を整備している者を除く。以下この項及び次項並びに同号において同じ。）に個人データを提供する場合には、前条第一項各号に掲げる場合を除くほか、あらかじめ外国にある第三者への提供を認める旨の本人の同意を得なければならない。この場合においては、同条の規定は、適用しない。

②　個人情報取扱事業者は、前項の規定により本人の同意を得ようとする場合には、個人情報保護委員会規則で定めるところにより、あらかじめ、当該外国における個人情報の保護に関する制度、当該第三者が講ずる個人情報の保護のための措置その他当該本人に参考となるべき情報を当該本人に提供しなければならない。

③　個人情報取扱事業者は、個人データを外国にある第三者（第一項に規定する体制を整備している者に限る。）に提供した場合には、個人情報保護委員会規則で定めるところにより、当該第三者による相当措置の継続的な実施を確保するために必要な措置を講ずるとともに、本人の求めに応じて当該必要な措置に関する情報を当該本人に提供しなければならない。

（第三者提供に係る記録の作成等）

第二九条①　個人情報取扱事業者は、個人データを第三者（第十六条第二項各号に掲げる者を除く。以下この条及び次条（第三十一条第三項において読み替えて準用する場合を含む。）において同じ。）に提供したときは、個人情報保護委員会規則で定めるところにより、当該個人データを提供した年月日、当該第三者の氏名又は名称その他の個人情報保護委員会規則で定める事項に関する記録を作成しなければならない。ただし、当該個人データの提供が第二十七条第一項各号又は第五項各号のいずれか（前条第一項の規定による個人データの提供にあっては、第二十七条第一項各号のいずれか）に該当する場合は、この限りでない。

②　個人情報取扱事業者は、前項の記録を、当該記録を作成した日から個人情報保護委員会規則で定める期間保存しなければならない。

（第三者提供を受ける際の確認等）

第三〇条①　個人情報取扱事業者は、第三者から個人データの提供を受けるに際しては、個人情報保護委員会規則で定めるところにより、次に掲げる事項の確認を行わなければならない。ただし、当該個人データの提供が第二十七条第一項各号又は第五項各号のいずれかに該当する場合は、この限りでない。

一　当該第三者の氏名又は名称及び住所並びに法人にあっては、その代表者の氏名

二　当該第三者による当該個人データの取得の経緯

②　前項の第三者は、個人情報取扱事業者が同項の規定による確認を行う場合において、当該個人情報取扱事業者に対して、当該確認に係る事項を偽ってはならない。

③　個人情報取扱事業者は、第一項の規定による確認を行ったときは、個人情報保護委員会規則で定めるところにより、当該個人データの提供を受けた年月日、当該確認に係る事項その他の個人情報保護委員会規則で定める事項に関する記録を作成しなければならない。

④　個人情報取扱事業者は、前項の記録を、当該記録を作成した日から個人情報保護委員会規則で定める期間保存しなければならない。

（個人関連情報の第三者提供の制限等）

第三一条①　個人関連情報取扱事業者は、第三者が個人関連情報（個人関連情報データベース等を構成するものに限る。以下この章及び第六章において同じ。）を個人データとして取得することが想定されるときは、第二十七条第一項各号に掲げる場合を除くほか、次に掲げる事項について、あらかじめ個人情報保護委員会規則で定めるところにより確認することをしないで、当該個人関連情報を当該第三者に提供してはならない。

一　当該第三者が個人関連情報取扱事業者から個人関連情報の提供を受けて本人が識別される個人データとして取得することを認める旨の当該本人の同意が得られていること。

二　外国にある第三者への提供にあっては、前号の本人の同意を得ようとする場合において、個人情報保護委員会規則で定めるところにより、あらかじめ、当該外国における個人情報の保護に関する制度、当該第三者が講ずる個人情報の保護のための措置その他当該本人に参考となるべき情報が当該本人に提供されていること。

②　第二十八条第三項の規定は、前項の規定により個人関連情報取扱事業者が個人関連情報を提供する場合について準用する。この場合において、同条第三項中「講ずるとともに、本人の求めに応じて当該必要な措置に関する情報を当該本人に提供し」とあるのは、「講じ」と読み替えるものとする。

③　前条第二項から第四項までの規定は、第一項の規定により個人関連情報取扱事業者が確認する場合について準用する。この場合において、同条第三項中「の提供を受けた」とあるのは、「を提供した」と読み替えるものとする。

（保有個人データに関する事項の公表等）

第三二条①　個人情報取扱事業者は、保有個人データに関し、次に掲げる事項について、本人の知り得る状態（本人の求めに応じて遅滞なく回答する場合を含む。）に置かなければならない。

一　当該個人情報取扱事業者の氏名又は名称及び住所並びに法人にあっては、その代表者の氏名

二　全ての保有個人データの利用目的（第二十一条第四項第一号から第三号までに該当する場合を除く。）

三　次項の規定による求め又は次条第一項（同条第五項において準用する場合を含む。）、第三十四条第一項若しくは第三十五条第一項、第三項若しくは第五項の規定による請求に応じる手続（第三十八条第二項の規定により手数料の額を定めたときは、その手数料の額を含む。）

四　前三号に掲げるもののほか、保有個人データの適正な取扱いの確保に関し必要な事項として政令で定めるもの

②　個人情報取扱事業者は、本人から、当該本人が識別される保有個人データの利用目的の通知を求められたときは、本人に対

し、遅滞なく、これを通知しなければならない。ただし、次の各号のいずれかに該当する場合は、この限りでない。
一　前項の規定により当該本人が識別される保有個人データの利用目的が明らかな場合
二　第二十一条第四項第一号から第三号までに該当する場合

③　個人情報取扱事業者は、前項の規定に基づき求められた保有個人データの利用目的を通知しない旨の決定をしたときは、本人に対し、遅滞なく、その旨を通知しなければならない。

（開示）
第三三条①　本人は、個人情報取扱事業者に対し、当該本人が識別される保有個人データの電磁的記録の提供による方法その他の個人情報保護委員会規則で定める方法による開示を請求することができる。

②　個人情報取扱事業者は、前項の規定による請求を受けたときは、本人に対し、同項の規定により当該本人が請求した方法（当該方法による開示に多額の費用を要する場合その他の当該方法による開示が困難である場合にあっては、書面の交付による方法）により、遅滞なく、当該保有個人データを開示しなければならない。ただし、開示することにより次の各号のいずれかに該当する場合は、その全部又は一部を開示しないことができる。
一　本人又は第三者の生命、身体、財産その他の権利利益を害するおそれがある場合
二　当該個人情報取扱事業者の業務の適正な実施に著しい支障を及ぼすおそれがある場合
三　他の法令に違反することとなる場合

③　個人情報取扱事業者は、第一項の規定による請求に係る保有個人データの全部若しくは一部について開示しない旨の決定をしたとき、当該保有個人データが存在しないとき、又は同項の規定により本人が請求した方法による開示が困難であるときは、本人に対し、遅滞なく、その旨を通知しなければならない。

④　他の法令の規定により、本人に対し第二項本文に規定する方法に相当する方法により当該本人が識別される保有個人データの全部又は一部を開示することとされている場合には、当該全部又は一部の保有個人データについては、第一項及び第二項の規定は、適用しない。

⑤　第一項から第三項までの規定は、当該本人が識別される個人データに係る第二十九条第一項及び第三十条第三項の記録（その存否が明らかになることにより公益その他の利益が害されるものとして政令で定めるものを除く。第三十七条第二項において「第三者提供記録」という。）について準用する。

（訂正等）
第三四条①　本人は、個人情報取扱事業者に対し、当該本人が識別される保有個人データの内容が事実でないときは、当該保有個人データの内容の訂正、追加又は削除（以下この条において「訂正等」という。）を請求することができる。

②　個人情報取扱事業者は、前項の規定による請求を受けた場合には、その内容の訂正等に関して他の法令の規定により特別の手続が定められている場合を除き、利用目的の達成に必要な範囲内において、遅滞なく必要な調査を行い、その結果に基づき、当該保有個人データの内容の訂正等を行わなければならない。

③　個人情報取扱事業者は、第一項の規定による請求に係る保有個人データの内容の全部若しくは一部について訂正等を行ったとき、又は訂正等を行わない旨の決定をしたときは、本人に対し、遅滞なく、その旨（訂正等を行ったときは、その内容を含む。）を通知しなければならない。

（利用停止等）
第三五条①　本人は、個人情報取扱事業者に対し、当該本人が識別される保有個人データが第十八条若しくは第十九条の規定に違反して取り扱われているとき、又は第二十条の規定に違反して取得されたものであるときは、当該保有個人データの利用の停止又は消去（以下この条において「利用停止等」という。）を請求することができる。

②　個人情報取扱事業者は、前項の規定による請求を受けた場合であって、その請求に理由があることが判明したときは、違反を是正するために必要な限度で、遅滞なく、当該保有個人データの利用停止等を行わなければならない。ただし、当該保有個人データの利用停止等に多額の費用を要する場合その他の利用停止等を行うことが困難な場合であって、本人の権利利益を保護するため必要なこれに代わるべき措置をとるときは、この限りでない。

③　本人は、個人情報取扱事業者に対し、当該本人が識別される保有個人データが第二十七条第一項又は第二十八条の規定に違反して第三者に提供されているときは、当該保有個人データの第三者への提供の停止を請求することができる。

④　個人情報取扱事業者は、前項の規定による請求を受けた場合であって、その請求に理由があることが判明したときは、遅滞なく、当該保有個人データの第三者への提供を停止しなければならない。ただし、当該保有個人データの第三者への提供の停止に多額の費用を要する場合その他の第三者への提供を停止することが困難な場合であって、本人の権利利益を保護するため必要なこれに代わるべき措置をとるときは、この限りでない。

⑤　本人は、個人情報取扱事業者に対し、当該本人が識別される保有個人データを当該個人情報取扱事業者が利用する必要がなくなった場合、当該本人が識別される保有個人データに係る第二十六条第一項本文に規定する事態が生じた場合その他当該本人が識別される保有個人データの取扱いにより当該本人の権利又は正当な利益が害されるおそれがある場合には、当該保有個人データの利用停止等又は第三者への提供の停止を請求することができる。

⑥　個人情報取扱事業者は、前項の規定による請求を受けた場合であって、その請求に理由があることが判明したときは、本人の権利利益の侵害を防止するために必要な限度で、遅滞なく、当該保有個人データの利用停止等又は第三者への提供の停止を行わなければならない。ただし、当該保有個人データの利用停止等又は第三者への提供の停止に多額の費用を要する場合その他の利用停止等又は第三者への提供の停止を行うことが困難な場合であって、本人の権利利益を保護するため必要なこれに代わるべき措置をとるときは、この限りでない。

⑦　個人情報取扱事業者は、第一項若しくは第五項の規定による請求に係る保有個人データの全部若しくは一部について利用停止等を行ったとき若しくは利用停止等を行わない旨の決定をしたとき、又は第三項若しくは第五項の規定による請求に係る保有個人データの全部若しくは一部について第三者への提供を停止したとき若しくは第三者への提供を停止しない旨の決定をしたときは、本人に対し、遅滞なく、その旨を通知しなければならない。

（理由の説明）
第三六条　個人情報取扱事業者は、第三十二条第三項、第三十三条第三項（同条第五項において準用する場合を含む。）、第三十四条第三項又は前条第七項の規定により、本人から求められ、又は請求された措置の全部又は一部について、その措置をとらない旨を通知する場合又はその措置と異なる措置をとる旨を通知する場合には、本人に対し、その理由を説明するよう努めなければならない。

（開示等の請求等に応じる手続）
第三七条①　個人情報取扱事業者は、第三十二条第二項の規定による求め又は第三十三条第一項（同条第五項において準用する場合を含む。次条第一項及び第三十九条において同じ。）、第三十四条第一項若しくは第三十五条第一項、第三項若しくは第五項の規定による請求（以下この条及び第五十四条第一項において「開示等の請求等」という。）に関し、政令で定めるところにより、その求め又は請求を受け付ける方法を定めることができる。この場合において、本人は、当該方法に従って、開示等の

請求等を行わなければならない。

② 個人情報取扱事業者は、本人に対し、開示等の請求等に関し、その対象となる保有個人データ又は第三者提供記録を特定するに足りる事項の提示を求めることができる。この場合において、個人情報取扱事業者は、本人が容易かつ的確に開示等の請求等をすることができるよう、当該保有個人データ又は当該第三者提供記録の特定に資する情報の提供その他本人の利便を考慮した適切な措置をとらなければならない。

③ 開示等の請求等は、政令で定めるところにより、代理人によってすることができる。

④ 個人情報取扱事業者は、前三項の規定に基づき開示等の請求等に応じる手続を定めるに当たっては、本人に過重な負担を課するものとならないよう配慮しなければならない。

（**手数料**）

第三八条① 個人情報取扱事業者は、第三十二条第二項の規定による利用目的の通知を求められたとき又は第三十三条第一項の規定による開示の請求を受けたときは、当該措置の実施に関し、手数料を徴収することができる。

② 個人情報取扱事業者は、前項の規定により手数料を徴収する場合は、実費を勘案して合理的であると認められる範囲内において、その手数料の額を定めなければならない。

（**事前の請求**）

第三九条① 本人は、第三十三条第一項、第三十四条第一項又は第三十五条第一項、第三項若しくは第五項の規定による請求に係る訴えを提起しようとするときは、その訴えの被告となるべき者に対し、あらかじめ、当該請求を行い、かつ、その到達した日から二週間を経過した後でなければ、その訴えを提起することができない。ただし、当該訴えの被告となるべき者がその請求を拒んだときは、この限りでない。

② 前項の請求は、その請求が通常到達すべきであった時に、到達したものとみなす。

③ 前二項の規定は、第三十三条第一項、第三十四条第一項又は第三十五条第一項、第三項若しくは第五項の規定による請求に係る仮処分命令の申立てについて準用する。

（**個人情報取扱事業者による苦情の処理**）

第四〇条① 個人情報取扱事業者は、個人情報の取扱いに関する苦情の適切かつ迅速な処理に努めなければならない。

② 個人情報取扱事業者は、前項の目的を達成するために必要な体制の整備に努めなければならない。

第三節　仮名加工情報取扱事業者等の義務

（**仮名加工情報の作成等**）

第四一条① 個人情報取扱事業者は、仮名加工情報（仮名加工情報データベース等を構成するものに限る。以下この章及び第六章において同じ。）を作成するときは、他の情報と照合しない限り特定の個人を識別することができないようにするために必要なものとして個人情報保護委員会規則で定める基準に従い、個人情報を加工しなければならない。

② 個人情報取扱事業者は、仮名加工情報を作成したとき、又は仮名加工情報及び当該仮名加工情報に係る削除情報等（仮名加工情報の作成に用いられた個人情報から削除された記述等及び個人識別符号並びに前項の規定により行われた加工の方法に関する情報をいう。以下この条及び次条第三項において読み替えて準用する第七項において同じ。）を取得したときは、削除情報等の漏えいを防止するために必要なものとして個人情報保護委員会規則で定める基準に従い、削除情報等の安全管理のための措置を講じなければならない。

③ 仮名加工情報取扱事業者（個人情報取扱事業者である者に限る。以下この条において同じ。）は、第十八条の規定にかかわらず、法令に基づく場合を除くほか、第十七条第一項の規定により特定された利用目的の達成に必要な範囲を超えて、仮名加工情報（個人情報であるものに限る。以下この条において同じ。）を取り扱ってはならない。

④ 仮名加工情報についての第二十一条の規定の適用については、同条第一項及び第三項中「、本人に通知し、又は公表し」とあるのは「公表し」と、同条第四項第一号から第三号までの規定中「本人に通知し、又は公表する」とあるのは「公表する」とする。

⑤ 仮名加工情報取扱事業者は、仮名加工情報である個人データ及び削除情報等を利用する必要がなくなったときは、当該個人データ及び削除情報等を遅滞なく消去するよう努めなければならない。この場合においては、第二十二条の規定は、適用しない。

⑥ 仮名加工情報取扱事業者は、第二十七条第一項及び第二項並びに第二十八条第一項の規定にかかわらず、法令に基づく場合を除くほか、仮名加工情報である個人データを第三者に提供してはならない。この場合において、第二十七条第五項中「前各項」とあるのは「第四十一条第六項」と、同項第三号中「、本人に通知し、又は本人が容易に知り得る状態に置いて」とあるのは「公表して」と、同条第六項中「、本人に通知し、又は本人が容易に知り得る状態に置かなければ」とあるのは「公表しなければ」と、第二十九条第一項ただし書中「第二十七条第一項各号又は第五項各号のいずれか（前条第一項の規定による個人データの提供にあっては、第二十七条第一項各号のいずれか）」とあり、及び第三十条第一項ただし書中「第二十七条第一項各号又は第二十七条第五項各号のいずれか」とあるのは「法令に基づく場合又は第二十七条第五項各号のいずれか」とする。

⑦ 仮名加工情報取扱事業者は、仮名加工情報を取り扱うに当たっては、当該仮名加工情報の作成に用いられた個人情報に係る本人を識別するために、当該仮名加工情報を他の情報と照合してはならない。

⑧ 仮名加工情報取扱事業者は、仮名加工情報を取り扱うに当たっては、電話をかけ、郵便若しくは民間事業者による信書の送達に関する法律（平成十四年法律第九十九号）第二条第六項に規定する一般信書便事業者若しくは同条第九項に規定する特定信書便事業者による同条第二項に規定する信書便により送付し、電報を送達し、ファクシミリ装置若しくは電磁的方法（電子情報処理組織を使用する方法その他の情報通信の技術を利用する方法であって個人情報保護委員会規則で定めるものをいう。）を用いて送信し、又は住居を訪問するために、当該仮名加工情報に含まれる連絡先その他の情報を利用してはならない。

⑨ 仮名加工情報、仮名加工情報である個人データ及び仮名加工情報である保有個人データについては、第十七条第二項、第二十六条及び第三十二条から第三十九条までの規定は、適用しない。

（**仮名加工情報の第三者提供の制限等**）

第四二条① 仮名加工情報取扱事業者は、法令に基づく場合を除くほか、仮名加工情報（個人情報であるものを除く。次項及び第三項において同じ。）を第三者に提供してはならない。

② 第二十七条第五項及び第六項の規定は、仮名加工情報の提供を受ける者について準用する。この場合において、同条第五項中「前各項」とあるのは「第四十二条第一項」と、同項第一号中「個人情報取扱事業者」とあるのは「仮名加工情報取扱事業者」と、同項第三号中「、本人に通知し、又は本人が容易に知り得る状態に置いて」とあるのは「公表して」と、同条第六項中「個人情報取扱事業者」とあるのは「仮名加工情報取扱事業者」と、「、本人に通知し、又は本人が容易に知り得る状態に置かなければ」とあるのは「公表しなければ」と読み替えるものとする。

③ 第二十三条から第二十五条まで、第四十条並びに前条第七項及び第八項の規定は、仮名加工情報取扱事業者による仮名加工情報の取扱いについて準用する。この場合において、第二十三条中「漏えい、滅失又は毀損」とあるのは「漏えい」と、前条第七項中「ために、」とあるのは「ために、削除情報等を取得し、又は」と読み替えるものとする。

第四節　匿名加工情報取扱事業者等の義務

（匿名加工情報の作成等）

第四三条① 個人情報取扱事業者は、匿名加工情報（匿名加工情報データベース等を構成するものに限る。以下この章及び第六章において同じ。）を作成するときは、特定の個人を識別すること及びその作成に用いる個人情報を復元することができないようにするために必要なものとして個人情報保護委員会規則で定める基準に従い、当該個人情報を加工しなければならない。

② 個人情報取扱事業者は、匿名加工情報を作成したときは、その作成に用いた個人情報から削除した記述等及び個人識別符号並びに前項の規定により行った加工の方法に関する情報の漏えいを防止するために必要なものとして個人情報保護委員会規則で定める基準に従い、これらの情報の安全管理のための措置を講じなければならない。

③ 個人情報取扱事業者は、匿名加工情報を作成したときは、個人情報保護委員会規則で定めるところにより、当該匿名加工情報に含まれる個人に関する情報の項目を公表しなければならない。

④ 個人情報取扱事業者は、匿名加工情報を作成して当該匿名加工情報を第三者に提供するときは、個人情報保護委員会規則で定めるところにより、あらかじめ、第三者に提供される匿名加工情報に含まれる個人に関する情報の項目及びその提供の方法について公表するとともに、当該第三者に対して、当該提供に係る情報が匿名加工情報である旨を明示しなければならない。

⑤ 個人情報取扱事業者は、匿名加工情報を作成して自ら当該匿名加工情報を取り扱うに当たっては、当該匿名加工情報の作成に用いられた個人情報に係る本人を識別するために、当該匿名加工情報を他の情報と照合してはならない。

⑥ 個人情報取扱事業者は、匿名加工情報を作成したときは、当該匿名加工情報の安全管理のために必要かつ適切な措置、当該匿名加工情報の作成その他の取扱いに関する苦情の処理その他の当該匿名加工情報の適正な取扱いを確保するために必要な措置を自ら講じ、かつ、当該措置の内容を公表するよう努めなければならない。

（匿名加工情報の提供）

第四四条 匿名加工情報取扱事業者は、匿名加工情報（自ら個人情報を加工して作成したものを除く。以下この節において同じ。）を第三者に提供するときは、個人情報保護委員会規則で定めるところにより、あらかじめ、第三者に提供される匿名加工情報に含まれる個人に関する情報の項目及びその提供の方法について公表するとともに、当該第三者に対して、当該提供に係る情報が匿名加工情報である旨を明示しなければならない。

（識別行為の禁止）

第四五条 匿名加工情報取扱事業者は、匿名加工情報を取り扱うに当たっては、当該匿名加工情報の作成に用いられた個人情報に係る本人を識別するために、当該個人情報から削除された記述等若しくは個人識別符号若しくは第四十三条第一項若しくは第百十六条第一項（同条第二項において準用する場合を含む。）の規定により行われた加工の方法に関する情報を取得し、又は当該匿名加工情報を他の情報と照合してはならない。

（安全管理措置等）

第四六条 匿名加工情報取扱事業者は、匿名加工情報の安全管理のために必要かつ適切な措置、匿名加工情報の取扱いに関する苦情の処理その他の匿名加工情報の適正な取扱いを確保するために必要な措置を自ら講じ、かつ、当該措置の内容を公表するよう努めなければならない。

第五節　民間団体による個人情報の保護の推進（抄）

（認定）

第四七条① 個人情報取扱事業者、仮名加工情報取扱事業者又は匿名加工情報取扱事業者（以下この章において「個人情報取扱事業者等」という。）の個人情報、仮名加工情報又は匿名加工情報（以下この章において「個人情報等」という。）の適正な取扱いの確保を目的として次に掲げる業務を行おうとする法人（法人でない団体で代表者又は管理人の定めのあるものを含む。次条第三号ロにおいて同じ。）は、個人情報保護委員会の認定を受けることができる。

一　業務の対象となる個人情報取扱事業者等（以下この節において「対象事業者」という。）の個人情報等の取扱いに関する第五十三条の規定による苦情の処理

二　個人情報等の適正な取扱いの確保に寄与する事項についての対象事業者に対する情報の提供

三　前二号に掲げるもののほか、対象事業者の個人情報等の適正な取扱いの確保に関し必要な業務

② 前項の認定は、対象とする個人情報取扱事業者等の事業の種類その他の業務の範囲を限定して行うことができる。

③ 第一項の認定を受けようとする者は、政令で定めるところにより、個人情報保護委員会に申請しなければならない。

④ 個人情報保護委員会は、第一項の認定をしたときは、その旨（第二項の規定により業務の範囲を限定する認定にあっては、その認定に係る業務の範囲を含む。）を公示しなければならない。

第四八条から**第五一条**まで（略）

（対象事業者）

第五二条① 認定個人情報保護団体は、認定業務の対象となることについて同意を得た個人情報取扱事業者等を対象事業者としなければならない。この場合において、第五十四条第四項の規定による措置をとったにもかかわらず、対象事業者が同条第一項に規定する個人情報保護指針を遵守しないときは、当該対象事業者を認定業務の対象から除外することができる。

② 認定個人情報保護団体は、対象事業者の氏名又は名称を公表しなければならない。

（苦情の処理）

第五三条① 認定個人情報保護団体は、本人その他の関係者から対象事業者の個人情報等の取扱いに関する苦情について解決の申出があったときは、その相談に応じ、申出人に必要な助言をし、その苦情に係る事情を調査するとともに、当該対象事業者に対し、その苦情の内容を通知してその迅速な解決を求めなければならない。

② 認定個人情報保護団体は、前項の申出に係る苦情の解決について必要があると認めるときは、当該対象事業者に対し、文書若しくは口頭による説明を求め、又は資料の提出を求めることができる。

③ 対象事業者は、認定個人情報保護団体から前項の規定による求めがあったときは、正当な理由がないのに、これを拒んではならない。

（個人情報保護指針）

第五四条① 認定個人情報保護団体は、対象事業者の個人情報等の適正な取扱いの確保のために、個人情報に係る利用目的の特定、安全管理のための措置、開示等の請求等に応じる手続その他の事項又は仮名加工情報若しくは匿名加工情報に係る作成の方法、その情報の安全管理のための措置その他の事項に関し、消費者の意見を代表する者その他の関係者の意見を聴いて、この法律の規定の趣旨に沿った指針（以下この節及び第六章において「個人情報保護指針」という。）を作成するよう努めなければならない。

② 認定個人情報保護団体は、前項の規定により個人情報保護指針を作成したときは、個人情報保護委員会規則で定めるところにより、遅滞なく、当該個人情報保護指針を個人情報保護委員会に届け出なければならない。これを変更したときも、同様とする。

③ 個人情報保護委員会は、前項の規定による個人情報保護指針の届出があったときは、個人情報保護委員会規則で定めるところにより、当該個人情報保護指針を公表しなければならない。

④ 認定個人情報保護団体は、前項の規定により個人情報保護指

針が公表されたときは、対象事業者に対し、当該個人情報保護指針を遵守させるため必要な指導、勧告その他の措置をとらなければならない。

（目的外利用の禁止）

第五五条 認定個人情報保護団体は、認定業務の実施に際して知り得た情報を認定業務の用に供する目的以外に利用してはならない。

第五六条 （略）

第六節 雑則（抄）

（適用除外）

第五七条① 個人情報取扱事業者等及び個人関連情報取扱事業者のうち次の各号に掲げる者については、その個人情報等及び個人関連情報を取り扱う目的の全部又は一部がそれぞれ当該各号に規定する目的であるときは、この章の規定は、適用しない。

一 放送機関、新聞社、通信社その他の報道機関（報道を業として行う個人を含む。） 報道の用に供する目的

二 著述を業として行う者 著述の用に供する目的

三 宗教団体 宗教活動（これに付随する活動を含む。）の用に供する目的

四 政治団体 政治活動（これに付随する活動を含む。）の用に供する目的

② 前項第一号に規定する「報道」とは、不特定かつ多数の者に対して客観的事実を事実として知らせること（これに基づいて意見又は見解を述べることを含む。）をいう。

③ 第一項各号に掲げる個人情報取扱事業者等は、個人データ、仮名加工情報又は匿名加工情報の安全管理のために必要かつ適切な措置、個人情報等の取扱いに関する苦情の処理その他の個人情報等の適正な取扱いを確保するために必要な措置を自ら講じ、かつ、当該措置の内容を公表するよう努めなければならない。

第五八条 （略）

（学術研究機関等の責務）

第五九条 個人情報取扱事業者である学術研究機関等は、学術研究目的で行う個人情報の取扱いについて、この法律の規定を遵守するとともに、その適正を確保するために必要な措置を自ら講じ、かつ、当該措置の内容を公表するよう努めなければならない。

第五章 行政機関等の義務等（抄）

第一節 総則

（定義）

第六〇条① この章及び第八章において「保有個人情報」とは、行政機関等の職員（独立行政法人等及び地方独立行政法人にあっては、その役員を含む。以下この章及び第八章において同じ。）が職務上作成し、又は取得した個人情報であって、当該行政機関等の職員が組織的に利用するものとして、当該行政機関等が保有しているものをいう。ただし、行政文書（行政機関の保有する情報の公開に関する法律（平成十一年法律第四十二号。以下この章において「行政機関情報公開法」という。）第二条第二項に規定する行政文書をいう。）、法人文書（独立行政法人等の保有する情報の公開に関する法律（平成十三年法律第百四十号。以下この章において「独立行政法人等情報公開法」という。）第二条第二項に規定する法人文書（同項第四号に掲げるものを含む。）をいう。）又は地方公共団体等行政文書（地方公共団体の機関又は地方独立行政法人の職員が職務上作成し、又は取得した文書、図画及び電磁的記録であって、当該地方公共団体の機関又は地方独立行政法人の職員が組織的に用いるものとして、当該地方公共団体の機関又は地方独立行政法人が保有しているもの（行政機関情報公開法第二条第二項各号に掲げるものに相当するものとして政令で定めるものを除く。）をいう。）（以下この章において「行政文書等」という。）に記録されているものに限る。

② この章及び第八章において「個人情報ファイル」とは、保有個人情報を含む情報の集合物であって、次に掲げるものをいう。

一 一定の事務の目的を達成するために特定の保有個人情報を電子計算機を用いて検索することができるように体系的に構成したもの

二 前号に掲げるもののほか、一定の事務の目的を達成するために氏名、生年月日、その他の記述等により特定の保有個人情報を容易に検索することができるように体系的に構成したもの

③ この章において「行政機関等匿名加工情報」とは、次の各号のいずれにも該当する個人情報ファイルを構成する保有個人情報の全部又は一部（これらの一部に行政機関情報公開法第五条に規定する不開示情報（同条第一号に掲げる情報を除き、同条第二号ただし書に規定する情報を含む。以下この項において同じ。）、独立行政法人等情報公開法第五条に規定する不開示情報（同条第一号に掲げる情報を除き、同条第二号ただし書に規定する情報を含む。）又は地方公共団体の情報公開条例（地方公共団体の機関又は地方独立行政法人の保有する情報の公開を請求する住民等の権利について定める地方公共団体の条例をいう。以下この章において同じ。）に規定する不開示情報（行政機関情報公開法第五条に規定する不開示情報に相当するものをいう。）が含まれているときは、これらの不開示情報に該当する部分を除く。）を加工して得られる匿名加工情報をいう。

一 第七十五条第二項各号のいずれかに該当するもの又は同条第三項の規定により同条第一項に規定する個人情報ファイル簿に掲載しないこととされるものでないこと。

二 行政機関情報公開法第三条に規定する行政機関の長、独立行政法人等情報公開法第二条第一項に規定する独立行政法人等、地方公共団体の機関又は地方独立行政法人に対し、当該個人情報ファイルを構成する保有個人情報が記録されている行政文書等の開示の請求（行政機関情報公開法第三条、独立行政法人等情報公開法第三条又は情報公開条例の規定による開示の請求をいう。）があったとしたならば、これらの者が次のいずれかを行うこととなるものであること。

イ 当該行政文書等に記録されている保有個人情報の全部又は一部を開示する旨の決定をすること。

ロ 行政機関情報公開法第十三条第一項若しくは第二項、独立行政法人等情報公開法第十四条第一項若しくは第二項又は情報公開条例（行政機関情報公開法第十三条第一項又は第二項の規定に相当する規定を設けているものに限る。）の規定により意見書の提出の機会を与えること。

三 行政機関等の事務及び事業の適正かつ円滑な運営に支障のない範囲内で、第百十六条第一項の基準に従い、当該個人情報ファイルを構成する保有個人情報を加工して匿名加工情報を作成することができるものであること。

④ この章において「行政機関等匿名加工情報ファイル」とは、行政機関等匿名加工情報を含む情報の集合物であって、次に掲げるものをいう。

一 特定の行政機関等匿名加工情報を電子計算機を用いて検索することができるように体系的に構成したもの

二 前号に掲げるもののほか、特定の行政機関等匿名加工情報を容易に検索することができるように体系的に構成したものとして政令で定めるもの

⑤ この章において「条例要配慮個人情報」とは、地方公共団体の機関又は地方独立行政法人が保有する個人情報（要配慮個人情報を除く。）のうち、地域の特性その他の事情に応じて、本人に対する不当な差別、偏見その他の不利益が生じないようにその取扱いに特に配慮を要するものとして地方公共団体が条例で定める記述等が含まれる個人情報をいう。

第二節 行政機関等における個人情報等の取扱い

（個人情報の保有の制限等）

第六一条① 行政機関等は、個人情報を保有するに当たっては、法令（条例を含む。第六十六条第二項第三号及び第四号、第六十九条第二項第二号及び第三号並びに第四節において同じ。）の定める所掌事務又は業務を遂行するため必要な場合に限り、かつ、その利用目的をできる限り特定しなければならない。

② 行政機関等は、前項の規定により特定された利用目的の達成に必要な範囲を超えて、個人情報を保有してはならない。

③ 行政機関等は、利用目的を変更する場合には、変更前の利用目的と相当の関連性を有すると合理的に認められる範囲を超えて行ってはならない。

（利用目的の明示）

第六二条 行政機関等は、本人から直接書面（電磁的記録を含む。）に記録された当該本人の個人情報を取得するときは、次に掲げる場合を除き、あらかじめ、本人に対し、その利用目的を明示しなければならない。

一 人の生命、身体又は財産の保護のために緊急に必要があるとき。

二 利用目的を本人に明示することにより、本人又は第三者の生命、身体、財産その他の権利利益を害するおそれがあるとき。

三 利用目的を本人に明示することにより、国の機関、独立行政法人等、地方公共団体又は地方独立行政法人が行う事務又は事業の適正な遂行に支障を及ぼすおそれがあるとき。

四 取得の状況からみて利用目的が明らかであると認められるとき。

（不適正な利用の禁止）

第六三条 行政機関の長（第二条第八項第四号及び第五号の政令で定める機関にあっては、その機関ごとに政令で定める者をいう。以下この章及び第百七十四条において同じ。）、地方公共団体の機関、独立行政法人等及び地方独立行政法人（以下この章及び次章において「行政機関の長等」という。）は、違法又は不当な行為を助長し、又は誘発するおそれがある方法により個人情報を利用してはならない。

（適正な取得）

第六四条 行政機関の長等は、偽りその他不正の手段により個人情報を取得してはならない。

（正確性の確保）

第六五条 行政機関の長等は、利用目的の達成に必要な範囲内で、保有個人情報が過去又は現在の事実と合致するよう努めなければならない。

（安全管理措置）

第六六条① 行政機関の長等は、保有個人情報の漏えい、滅失又は毀損の防止その他の保有個人情報の安全管理のために必要かつ適切な措置を講じなければならない。

② 前項の規定は、次の各号に掲げる者が当該各号に定める業務を行う場合における個人情報の取扱いについて準用する。

一 行政機関等から個人情報の取扱いの委託を受けた者　当該委託を受けた業務

二 指定管理者（地方自治法（昭和二十二年法律第六十七号）第二百四十四条の二第三項に規定する指定管理者をいう。）　公の施設（同法第二百四十四条第一項に規定する公の施設をいう。）の管理の業務

三 第五十八条第一項各号に掲げる者　法令に基づき行う業務であって政令で定めるもの

四 第五十八条第二項各号に掲げる者　同項各号に定める業務のうち法令に基づき行う業務であって政令で定めるもの

五 前各号に掲げる者から当該各号に定める業務の委託（二以上の段階にわたる委託を含む。）を受けた者　当該委託を受けた業務

（従事者の義務）

第六七条 個人情報の取扱いに従事する行政機関等の職員若しくは職員であった者、前条第二項各号に定める業務に従事している者若しくは従事していた者又は行政機関等において個人情報の取扱いに従事している派遣労働者（労働者派遣事業の適正な運営の確保及び派遣労働者の保護等に関する法律（昭和六十年法律第八十八号）第二条第二号に規定する派遣労働者をいう。以下この章及び第百七十六条において同じ。）若しくは従事していた派遣労働者は、その業務に関して知り得た個人情報の内容をみだりに他人に知らせ、又は不当な目的に利用してはならない。

（漏えい等の報告等）

第六八条① 行政機関の長等は、保有個人情報の漏えい、滅失、毀損その他の保有個人情報の安全の確保に係る事態であって個人の権利利益を害するおそれが大きいものとして個人情報保護委員会規則で定めるものが生じたときは、個人情報保護委員会規則で定めるところにより、当該事態が生じた旨を個人情報保護委員会に報告しなければならない。

② 前項に規定する場合には、行政機関の長等は、本人に対し、個人情報保護委員会規則で定めるところにより、当該事態が生じた旨を通知しなければならない。ただし、次の各号のいずれかに該当するときは、この限りでない。

一 本人への通知が困難な場合であって、本人の権利利益を保護するため必要なこれに代わるべき措置をとるとき。

二 当該保有個人情報に第七十八条第一項各号に掲げる情報のいずれかが含まれるとき。

（利用及び提供の制限）

第六九条① 行政機関の長等は、法令に基づく場合を除き、利用目的以外の目的のために保有個人情報を自ら利用し、又は提供してはならない。

② 前項の規定にかかわらず、行政機関の長等は、次の各号のいずれかに該当すると認めるときは、利用目的以外の目的のために保有個人情報を自ら利用し、又は提供することができる。ただし、保有個人情報を利用目的以外の目的のために自ら利用し、又は提供することによって、本人又は第三者の権利利益を不当に侵害するおそれがあると認められるときは、この限りでない。

一 本人の同意があるとき、又は本人に提供するとき。

二 行政機関等が法令の定める所掌事務又は業務の遂行に必要な限度で保有個人情報を内部で利用する場合であって、当該保有個人情報を利用することについて相当の理由があるとき。

三 他の行政機関、独立行政法人等、地方公共団体の機関又は地方独立行政法人に保有個人情報を提供する場合において、保有個人情報の提供を受ける者が、法令の定める事務又は業務の遂行に必要な限度で提供に係る個人情報を利用し、かつ、当該個人情報を利用することについて相当の理由があるとき。

四 前三号に掲げる場合のほか、専ら統計の作成又は学術研究の目的のために保有個人情報を提供するとき、本人以外の者に提供することが明らかに本人の利益になるとき、その他保有個人情報を提供することについて特別の理由があるとき。

③ 前項の規定は、保有個人情報の利用又は提供を制限する他の法令の規定の適用を妨げるものではない。

④ 行政機関の長等は、個人の権利利益を保護するため特に必要があると認めるときは、保有個人情報の利用目的以外の目的のための行政機関等の内部における利用を特定の部局若しくは機関又は職員に限るものとする。

（保有個人情報の提供を受ける者に対する措置要求）

第七〇条 行政機関の長等は、利用目的のために又は前条第二項第三号若しくは第四号の規定に基づき、保有個人情報を提供する場合において、必要があると認めるときは、保有個人情報の提供を受ける者に対し、提供に係る個人情報について、その利用の目的若しくは方法の制限その他必要な制限を付し、又はその漏えいの防止その他の個人情報の適切な管理のために必要な措置を講ずることを求めるものとする。

（外国にある第三者への提供の制限）

第七一条① 行政機関の長等は、外国（本邦の域外にある国又は地域をいう。以下この条において同じ。）（個人の権利利益を保護する上で我が国と同等の水準にあると認められる個人情報の保護に関する制度を有している外国として個人情報保護委員会規則で定めるものを除く。以下この条において同じ。）にある第三者（第十六条第三項に規定する個人データの取扱いについて前章第二節の規定により同条第二項に規定する個人情報取扱事業者が講ずべきこととされている措置に相当する措置（第三項において「相当措置」という。）を継続的に講ずるために必要なものとして個人情報保護委員会規則で定める基準に適合する体制を整備している者を除く。以下この項及び次項において同じ。）に利用目的以外の目的のために保有個人情報を提供する場合には、法令に基づく場合及び第六十九条第二項第四号に掲げる場合を除くほか、あらかじめ外国にある第三者への提供を認める旨の本人の同意を得なければならない。

② 行政機関の長等は、前項の規定により本人の同意を得ようとする場合には、個人情報保護委員会規則で定めるところにより、あらかじめ、当該外国における個人情報の保護に関する制度、当該第三者が講ずる個人情報の保護のための措置その他当該本人に参考となるべき情報を当該本人に提供しなければならない。

③ 行政機関の長等は、保有個人情報を外国にある第三者（第一項に規定する体制を整備している者に限る。）に利用目的以外の目的のために提供した場合には、法令に基づく場合及び第六十九条第二項第四号に掲げる場合を除くほか、個人情報保護委員会規則で定めるところにより、当該第三者による相当措置の継続的な実施を確保するために必要な措置を講ずるとともに、本人の求めに応じて当該必要な措置に関する情報を当該本人に提供しなければならない。

（個人関連情報の提供を受ける者に対する措置要求）

第七二条 行政機関の長等は、第三者に個人関連情報を提供する場合（当該第三者が当該個人関連情報を個人情報として取得することが想定される場合に限る。）において、必要があると認めるときは、当該第三者に対し、提供に係る個人関連情報について、その利用の目的若しくは方法の制限その他必要な制限を付し、又はその漏えいの防止その他の個人関連情報の適切な管理のために必要な措置を講ずることを求めるものとする。

（仮名加工情報の取扱いに係る義務）

第七三条① 行政機関の長等は、法令に基づく場合を除くほか、仮名加工情報（個人情報であるものを除く。以下この条及び第百二十八条において同じ。）を第三者（当該仮名加工情報の取扱いの委託を受けた者を除く。）に提供してはならない。

② 行政機関の長等は、その取り扱う仮名加工情報の漏えいの防止その他仮名加工情報の安全管理のために必要かつ適切な措置を講じなければならない。

③ 行政機関の長等は、仮名加工情報を取り扱うに当たっては、法令に基づく場合を除き、当該仮名加工情報の作成に用いられた個人情報に係る本人を識別するために、削除情報等（仮名加工情報の作成に用いられた個人情報から削除された記述等及び個人識別符号並びに第四十一条第一項の規定により行われた加工の方法に関する情報をいう。）を取得し、又は当該仮名加工情報を他の情報と照合してはならない。

④ 行政機関の長等は、仮名加工情報を取り扱うに当たっては、法令に基づく場合を除き、電話をかけ、郵便若しくは民間事業者による信書の送達に関する法律第二条第六項に規定する一般信書便事業者若しくは同条第九項に規定する特定信書便事業者による同条第二項に規定する信書便により送付し、電報を送達し、ファクシミリ装置若しくは電磁的方法（電子情報処理組織を使用する方法その他の情報通信の技術を利用する方法であって個人情報保護委員会規則で定めるものをいう。）を用いて送信し、又は住居を訪問するために、当該仮名加工情報に含まれる連絡先その他の情報を利用してはならない。

⑤ 前各項の規定は、行政機関の長等から仮名加工情報の取扱いの委託（二以上の段階にわたる委託を含む。）を受けた者が受託した業務を行う場合について準用する。

第三節　個人情報ファイル

（個人情報ファイルの保有等に関する事前通知）

第七四条① 行政機関（会計検査院を除く。以下この条において同じ。）が個人情報ファイルを保有しようとするときは、当該行政機関の長は、あらかじめ、個人情報保護委員会に対し、次に掲げる事項を通知しなければならない。通知した事項を変更しようとするときも、同様とする。

一　個人情報ファイルの名称
二　当該機関の名称及び個人情報ファイルが利用に供される事務をつかさどる組織の名称
三　個人情報ファイルの利用目的
四　個人情報ファイルに記録される項目（以下この節において「記録項目」という。）及び本人（他の個人の氏名、生年月日その他の記述等によらないで検索し得る者に限る。次項第九号において同じ。）として個人情報ファイルに記録される個人の範囲（以下この節において「記録範囲」という。）
五　個人情報ファイルに記録される個人情報（以下この節において「記録情報」という。）の収集方法
六　記録情報に要配慮個人情報が含まれるときは、その旨
七　記録情報を当該機関以外の者に経常的に提供する場合には、その提供先
八　次条第三項の規定に基づき、記録項目の一部若しくは第五号若しくは前号に掲げる事項を次条第一項に規定する個人情報ファイル簿に記載しないこととするとき、又は個人情報ファイルを同項に規定する個人情報ファイル簿に掲載しないこととするときは、その旨
九　第七十六条第一項、第九十条第一項又は第九十八条第一項の規定による請求を受理する組織の名称及び所在地
十　第九十条第一項ただし書又は第九十八条第一項ただし書に該当するときは、その旨
十一　その他政令で定める事項

② 前項の規定は、次に掲げる個人情報ファイルについては、適用しない。

一　国の安全、外交上の秘密その他の国の重大な利益に関する事項を記録する個人情報ファイル
二　犯罪の捜査、租税に関する法律の規定に基づく犯則事件の調査又は公訴の提起若しくは維持のために作成し、又は取得する個人情報ファイル
三　当該機関の職員又は職員であった者に係る個人情報ファイルであって、専らその人事、給与若しくは福利厚生に関する事項又はこれらに準ずる事項を記録するもの（当該機関が行う職員の採用試験に関する個人情報ファイルを含む。）
四　専ら試験的な電子計算機処理の用に供するための個人情報ファイル
五　前項の規定による通知に係る個人情報ファイルに記録されている記録情報の全部又は一部を記録した個人情報ファイルであって、その利用目的、記録項目及び記録範囲が当該通知に係るこれらの事項の範囲内のもの
六　一年以内に消去することとなる記録情報のみを記録する個人情報ファイル
七　資料その他の物品若しくは金銭の送付又は業務上必要な連絡のために利用する記録情報を記録した個人情報ファイルであって、送付又は連絡の相手方の氏名、住所その他の送付又は連絡に必要な事項のみを記録するもの
八　職員が学術研究の用に供するためその発意に基づき作成し、又は取得する個人情報ファイルであって、記録情報を専ら当該学術研究の目的のために利用するもの
九　本人の数が政令で定める数に満たない個人情報ファイル
十　第三号から前号までに掲げる個人情報ファイルに準ずるものとして政令で定める個人情報ファイル

十一　第六十条第二項第二号に係る個人情報ファイル

③　行政機関の長は、第一項に規定する事項を通知した個人情報ファイルについて、当該行政機関がその保有をやめたとき、又はその個人情報ファイルが前項第九号に該当するに至ったときは、遅滞なく、個人情報保護委員会に対しその旨を通知しなければならない。

第七五条（**個人情報ファイル簿の作成及び公表**）①　行政機関の長等は、政令で定めるところにより、当該行政機関の長等の属する行政機関等が保有している個人情報ファイルについて、それぞれ前条第一項第一号から第七号まで、第九号及び第十号に掲げる事項その他政令で定める事項を記載した帳簿（以下この章において「個人情報ファイル簿」という。）を作成し、公表しなければならない。

②　前項の規定は、次に掲げる個人情報ファイルについては、適用しない。

一　前条第二項第一号から第十号までに掲げる個人情報ファイル

二　前項の規定による公表に係る個人情報ファイルに記録されている記録情報の全部又は一部を記録した個人情報ファイルであって、その利用目的、記録項目及び記録範囲が当該公表に係るこれらの事項の範囲内のもの

三　前号に掲げる個人情報ファイルに準ずるものとして政令で定める個人情報ファイル

③　第一項の規定にかかわらず、行政機関の長等は、記録項目の一部若しくは前条第一項第五号若しくは第七号に掲げる事項を個人情報ファイル簿に記載し、又は個人情報ファイルを個人情報ファイル簿に掲載することにより、利用目的に係る事務又は事業の性質上、当該事務又は事業の適正な遂行に著しい支障を及ぼすおそれがあると認めるときは、その記録項目の一部若しくは事項を記載せず、又はその個人情報ファイルを個人情報ファイル簿に掲載しないことができる。

④　地方公共団体の機関又は地方独立行政法人についての第一項の規定の適用については、同項中「定める事項」とあるのは、「定める事項並びに記録情報に条例要配慮個人情報が含まれているときは、その旨」とする。

⑤　前各項の規定は、地方公共団体の機関又は地方独立行政法人が、条例で定めるところにより、個人情報ファイル簿とは別の個人情報の保有の状況に関する事項を記載した帳簿を作成し、公表することを妨げるものではない。

第四節　開示、訂正及び利用停止

第一款　開示

（**開示請求権**）

第七六条①　何人も、この法律の定めるところにより、行政機関の長等に対し、当該行政機関の長等の属する行政機関等の保有する自己を本人とする保有個人情報の開示を請求することができる。

②　未成年者若しくは成年被後見人の法定代理人又は本人の委任による代理人（以下この節において「代理人」と総称する。）は、本人に代わって前項の規定による開示の請求（以下この節及び第百二十七条において「開示請求」という。）をすることができる。

（**開示請求の手続**）

第七七条①　開示請求は、次に掲げる事項を記載した書面（第三項において「開示請求書」という。）を行政機関の長等に提出してしなければならない。

一　開示請求をする者の氏名及び住所又は居所

二　開示請求に係る保有個人情報が記録されている行政文書等の名称その他の開示請求に係る保有個人情報を特定するに足りる事項

②　前項の場合において、開示請求をする者は、政令で定めるところにより、開示請求に係る保有個人情報の本人であること（前条第二項の規定による開示請求にあっては、開示請求に係る保有個人情報の本人の代理人であること）を示す書類を提示し、又は提出しなければならない。

③　行政機関の長等は、開示請求書に形式上の不備があると認めるときは、開示請求をした者（以下この節において「開示請求者」という。）に対し、相当の期間を定めて、その補正を求めることができる。この場合において、行政機関の長等は、開示請求者に対し、補正の参考となる情報を提供するよう努めなければならない。

（**保有個人情報の開示義務**）

第七八条①　行政機関の長等は、開示請求があったときは、開示請求に係る保有個人情報に次の各号に掲げる情報（以下この節において「不開示情報」という。）のいずれかが含まれている場合を除き、開示請求者に対し、当該保有個人情報を開示しなければならない。

一　開示請求者（第七十六条第二項の規定により代理人が本人に代わって開示請求をする場合にあっては、当該本人をいう。次号及び第三号、次条第二項並びに第八十六条第一項において同じ。）の生命、健康、生活又は財産を害するおそれがある情報

二　開示請求者以外の個人に関する情報（事業を営む個人の当該事業に関する情報を除く。）であって、当該情報に含まれる氏名、生年月日その他の記述等により開示請求者以外の特定の個人を識別することができるもの（他の情報と照合することにより、開示請求者以外の特定の個人を識別することができることとなるものを含む。）若しくは個人識別符号が含まれるもの又は開示請求者以外の特定の個人を識別することはできないが、開示することにより、なお開示請求者以外の個人の権利利益を害するおそれがあるもの。ただし、次に掲げる情報を除く。

イ　法令の規定により又は慣行として開示請求者が知ることができ、又は知ることが予定されている情報

ロ　人の生命、健康、生活又は財産を保護するため、開示することが必要であると認められる情報

ハ　当該個人が公務員等（国家公務員法（昭和二十二年法律第百二十号）第二条第一項に規定する国家公務員（独立行政法人通則法第二条第四項に規定する行政執行法人の職員を除く。）、独立行政法人等の職員、地方公務員法（昭和二十五年法律第二百六十一号）第二条に規定する地方公務員及び地方独立行政法人の職員をいう。）である場合において、当該情報がその職務の遂行に係る情報であるときは、当該情報のうち、当該公務員等の職及び当該職務遂行の内容に係る部分

三　法人その他の団体（国、独立行政法人等、地方公共団体及び地方独立行政法人を除く。以下この号において「法人等」という。）に関する情報又は開示請求者以外の事業を営む個人の当該事業に関する情報であって、次に掲げるもの。ただし、人の生命、健康、生活又は財産を保護するため、開示することが必要であると認められる情報を除く。

イ　開示することにより、当該法人等又は当該個人の権利、競争上の地位その他正当な利益を害するおそれがあるもの

ロ　行政機関等の要請を受けて、開示しないとの条件で任意に提供されたものであって、法人等又は個人における通例として開示しないこととされているものその他の当該条件を付することが当該情報の性質、当時の状況等に照らして合理的であると認められるもの

四　行政機関の長が第八十二条各項の決定（以下この節において「開示決定等」という。）をする場合において、開示することにより、国の安全が害されるおそれ、他国若しくは国際機関との信頼関係が損なわれるおそれ又は他国若しくは国際機関との交渉上不利益を被るおそれがあると当該行政機関の長が認めることにつき相当の理由がある情報

五　行政機関の長又は地方公共団体の機関（都道府県の機関に限る。）が開示決定等をする場合において、開示することによ

り、犯罪の予防、鎮圧又は捜査、公訴の維持、刑の執行その他の公共の安全と秩序の維持に支障を及ぼすおそれがあると当該行政機関の長又は地方公共団体の機関が認めることにつき相当の理由がある情報

六　国の機関、独立行政法人等、地方公共団体及び地方独立行政法人の内部又は相互間における審議、検討又は協議に関する情報であって、開示することにより、率直な意見の交換若しくは意思決定の中立性が不当に損なわれるおそれ、不当に国民の間に混乱を生じさせるおそれ又は特定の者に不当に利益を与え若しくは不利益を及ぼすおそれがあるもの

七　国の機関、独立行政法人等、地方公共団体又は地方独立行政法人が行う事務又は事業に関する情報であって、開示することにより、次に掲げるおそれその他当該事務又は事業の性質上、当該事務又は事業の適正な遂行に支障を及ぼすおそれがあるもの

イ　独立行政法人等、地方公共団体の機関又は地方独立行政法人が開示決定等をする場合において、国の安全が害されるおそれ、他国若しくは国際機関との信頼関係が損なわれるおそれ又は他国若しくは国際機関との交渉上不利益を被るおそれ

ロ　独立行政法人等、地方公共団体の機関（都道府県の機関を除く。）又は地方独立行政法人が開示決定等をする場合において、犯罪の予防、鎮圧又は捜査その他の公共の安全と秩序の維持に支障を及ぼすおそれ

ハ　監査、検査、取締り、試験又は租税の賦課若しくは徴収に係る事務に関し、正確な事実の把握を困難にするおそれ又は違法若しくは不当な行為を容易にし、若しくはその発見を困難にするおそれ

ニ　契約、交渉又は争訟に係る事務に関し、国、独立行政法人等、地方公共団体又は地方独立行政法人の財産上の利益又は当事者としての地位を不当に害するおそれ

ホ　調査研究に係る事務に関し、その公正かつ能率的な遂行を不当に阻害するおそれ

ヘ　人事管理に係る事務に関し、公正かつ円滑な人事の確保に支障を及ぼすおそれ

ト　独立行政法人等、地方公共団体が経営する企業又は地方独立行政法人に係る事業に関し、その企業経営上の正当な利益を害するおそれ

②　地方公共団体の機関又は地方独立行政法人についての前項の規定の適用については、同項中「掲げる情報」とあるのは、「掲げる情報（情報公開条例の規定により開示することとされている情報として条例で定めるものを除く。）又は行政機関情報公開法第五条に規定する不開示情報に準ずる情報であって情報公開条例において開示しないこととされているもののうち当該情報公開条例との整合性を確保するために不開示とする必要があるものとして条例で定めるもの」とする。

（部分開示）

第七九条①　行政機関の長等は、開示請求に係る保有個人情報に不開示情報が含まれている場合において、不開示情報に該当する部分を容易に区分して除くことができるときは、開示請求者に対し、当該部分を除いた部分につき開示しなければならない。

②　開示請求に係る保有個人情報に前条第一項第二号の情報（開示請求者以外の特定の個人を識別することができるものに限る。）が含まれている場合において、当該情報のうち、氏名、生年月日その他の開示請求者以外の特定の個人を識別することができることとなる記述等及び個人識別符号の部分を除くことにより、開示しても、開示請求者以外の個人の権利利益が害されるおそれがないと認められるときは、当該部分を除いた部分は、同号の情報に含まれないものとみなして、前項の規定を適用する。

（裁量的開示）

第八〇条　行政機関の長等は、開示請求に係る保有個人情報に不開示情報が含まれている場合であっても、個人の権利利益を保護するため特に必要があると認めるときは、開示請求者に対し、当該保有個人情報を開示することができる。

（保有個人情報の存否に関する情報）

第八一条　開示請求に対し、当該開示請求に係る保有個人情報が存在しているか否かを答えるだけで、不開示情報を開示することとなるときは、行政機関の長等は、当該保有個人情報の存否を明らかにしないで、当該開示請求を拒否することができる。

（開示請求に対する措置）

第八二条①　行政機関の長等は、開示請求に係る保有個人情報の全部又は一部を開示するときは、その旨の決定をし、開示請求者に対し、その旨、開示する保有個人情報の利用目的及び開示の実施に関し政令で定める事項を書面により通知しなければならない。ただし、第六十二条第二号又は第三号に該当する場合における当該利用目的については、この限りでない。

②　行政機関の長等は、開示請求に係る保有個人情報の全部を開示しないとき（前条の規定により開示請求を拒否するとき、及び開示請求に係る保有個人情報を保有していないときを含む。）は、開示をしない旨の決定をし、開示請求者に対し、その旨を書面により通知しなければならない。

（開示決定等の期限）

第八三条①　開示決定等は、開示請求があった日から三十日以内にしなければならない。ただし、第七十七条第三項の規定により補正を求めた場合にあっては、当該補正に要した日数は、当該期間に算入しない。

②　前項の規定にかかわらず、行政機関の長等は、事務処理上の困難その他正当な理由があるときは、同項に規定する期間を三十日以内に限り延長することができる。この場合において、行政機関の長等は、開示請求者に対し、遅滞なく、延長後の期間及び延長の理由を書面により通知しなければならない。

（開示決定等の期限の特例）

第八四条　開示請求に係る保有個人情報が著しく大量であるため、開示請求があった日から六十日以内にその全てについて開示決定等をすることにより事務の遂行に著しい支障が生ずるおそれがある場合には、前条の規定にかかわらず、行政機関の長等は、開示請求に係る保有個人情報のうちの相当の部分につき当該期間内に開示決定等をし、残りの保有個人情報については相当の期間内に開示決定等をすれば足りる。この場合において、行政機関の長等は、同条第一項に規定する期間内に、開示請求者に対し、次に掲げる事項を書面により通知しなければならない。

一　この条の規定を適用する旨及びその理由

二　残りの保有個人情報について開示決定等をする期限

（事案の移送）

第八五条①　行政機関の長等は、開示請求に係る保有個人情報が当該行政機関の長等が属する行政機関等以外の行政機関等から提供されたものであるとき、その他他の行政機関の長等において開示決定等をすることにつき正当な理由があるときは、当該他の行政機関の長等と協議の上、当該他の行政機関の長等に対し、事案を移送することができる。この場合においては、移送をした行政機関の長等は、開示請求者に対し、事案を移送した旨を書面により通知しなければならない。

②　前項の規定により事案が移送されたときは、移送を受けた行政機関の長等において、当該開示請求についての開示決定等をしなければならない。この場合において、移送をした行政機関の長等が移送前にした行為は、移送を受けた行政機関の長等がしたものとみなす。

③　前項の場合において、移送を受けた行政機関の長等が第八十二条第一項の決定（以下この節において「開示決定」という。）をしたときは、当該行政機関の長等は、開示の実施をしなければならない。この場合において、移送をした行政機関の長等は、当該開示の実施に必要な協力をしなければならない。

（第三者に対する意見書提出の機会の付与等）

第八六条① 開示請求に係る保有個人情報に国、独立行政法人等、地方公共団体、地方独立行政法人及び開示請求者以外の者（以下この条、第百五条第二項第三号及び第百七条第一項において「第三者」という。）に関する情報が含まれているときは、行政機関の長等は、開示決定等をするに当たって、当該情報に係る第三者に対し、政令で定めるところにより、当該第三者に関する情報の内容その他政令で定める事項を通知して、意見書を提出する機会を与えることができる。

② 行政機関の長等は、次の各号のいずれかに該当するときは、開示決定に先立ち、当該第三者に対し、政令で定めるところにより、開示請求に係る当該第三者に関する情報の内容その他政令で定める事項を書面により通知して、意見書を提出する機会を与えなければならない。ただし、当該第三者の所在が判明しない場合は、この限りでない。

一 第三者に関する情報が含まれている保有個人情報を開示しようとする場合であって、当該第三者に関する情報が第七十八条第一項第二号ロ又は同項第三号ただし書に規定する情報に該当すると認められるとき。

二 第三者に関する情報が含まれている保有個人情報を第八十条の規定により開示しようとするとき。

③ 行政機関の長等は、前二項の規定により意見書の提出の機会を与えられた第三者が当該第三者に関する情報の開示に反対の意思を表示した意見書を提出した場合において、開示決定をするときは、開示決定の日と開示を実施する日との間に少なくとも二週間を置かなければならない。この場合において、行政機関の長等は、開示決定後直ちに、当該意見書（第百五条において「反対意見書」という。）を提出した第三者に対し、開示決定をした旨及びその理由並びに開示を実施する日を書面により通知しなければならない。

（開示の実施）

第八七条① 保有個人情報の開示は、当該保有個人情報が、文書又は図画に記録されているときは閲覧又は写しの交付により、電磁的記録に記録されているときはその種別、情報化の進展状況等を勘案して行政機関等が定める方法により行う。ただし、閲覧の方法による保有個人情報の開示にあっては、行政機関の長等は、当該保有個人情報が記録されている文書又は図画の保存に支障を生ずるおそれがあると認めるとき、その他正当な理由があるときは、その写しにより、これを行うことができる。

② 行政機関等は、前項の規定に基づく電磁的記録についての開示の方法に関する定めを一般の閲覧に供しなければならない。

③ 開示決定に基づき保有個人情報の開示を受ける者は、政令で定めるところにより、当該開示決定をした行政機関の長等に対し、その求める開示の実施の方法その他の政令で定める事項を申し出なければならない。

④ 前項の規定による申出は、第八十二条第一項に規定する通知があった日から三十日以内にしなければならない。ただし、当該期間内に当該申出をすることができないことにつき正当な理由があるときは、この限りでない。

（他の法令による開示の実施との調整）

第八八条① 行政機関の長等は、他の法令の規定により、開示請求者に対し開示請求に係る保有個人情報が前条第一項本文に規定する方法と同一の方法で開示することとされている場合（開示の期間が定められている場合にあっては、当該期間内に限る。）には、同項本文の規定にかかわらず、当該保有個人情報については、当該同一の方法による開示を行わない。ただし、当該他の法令の規定に一定の場合には開示をしない旨の定めがあるときは、この限りでない。

② 他の法令の規定に定める開示の方法が縦覧であるときは、当該縦覧を前条第一項本文の閲覧とみなして、前項の規定を適用する。

（手数料）

第八九条① 行政機関の長に対し開示請求をする者は、政令で定めるところにより、実費の範囲内において政令で定める額の手数料を納めなければならない。

② 地方公共団体の機関に対し開示請求をする者は、条例で定めるところにより、実費の範囲内において条例で定める額の手数料を納めなければならない。

③ 前二項の手数料の額を定めるに当たっては、できる限り利用しやすい額とするよう配慮しなければならない。

④ 独立行政法人等に対し開示請求をする者は、独立行政法人等の定めるところにより、手数料を納めなければならない。

⑤ 前項の手数料の額は、実費の範囲内において、かつ、第一項の手数料の額を参酌して、独立行政法人等が定める。

⑥ 独立行政法人等は、前二項の規定による定めを一般の閲覧に供しなければならない。

⑦ 地方独立行政法人に対し開示請求をする者は、地方独立行政法人の定めるところにより、手数料を納めなければならない。

⑧ 前項の手数料の額は、実費の範囲内において、かつ、第二項の条例で定める手数料の額を参酌して、地方独立行政法人が定める。

⑨ 地方独立行政法人は、前二項の規定による定めを一般の閲覧に供しなければならない。

第二款 訂正

（訂正請求権）

第九〇条① 何人も、自己を本人とする保有個人情報（次に掲げるものに限る。第九十八条第一項において同じ。）の内容が事実でないと思料するときは、この法律の定めるところにより、当該保有個人情報を保有する行政機関の長等に対し、当該保有個人情報の訂正（追加又は削除を含む。以下この節において同じ。）を請求することができる。ただし、当該保有個人情報の訂正に関して他の法令の規定により特別の手続が定められているときは、この限りでない。

一 開示決定に基づき開示を受けた保有個人情報

二 開示決定に係る保有個人情報であって、第八十八条第一項の他の法令の規定により開示を受けたもの

② 代理人は、本人に代わって前項の規定による訂正の請求（以下この節及び第百二十七条において「訂正請求」という。）をすることができる。

③ 訂正請求は、保有個人情報の開示を受けた日から九十日以内にしなければならない。

（訂正請求の手続）

第九一条① 訂正請求は、次に掲げる事項を記載した書面（第三項において「訂正請求書」という。）を行政機関の長等に提出してしなければならない。

一 訂正請求をする者の氏名及び住所又は居所

二 訂正請求に係る保有個人情報の開示を受けた日その他当該保有個人情報を特定するに足りる事項

三 訂正請求の趣旨及び理由

② 前項の場合において、訂正請求をする者は、政令で定めるところにより、訂正請求に係る保有個人情報の本人であること（前条第二項の規定による訂正請求にあっては、訂正請求に係る保有個人情報の本人の代理人であること）を示す書類を提示し、又は提出しなければならない。

③ 行政機関の長等は、訂正請求書に形式上の不備があると認めるときは、訂正請求をした者（以下この節において「訂正請求者」という。）に対し、相当の期間を定めて、その補正を求めることができる。

（保有個人情報の訂正義務）

第九二条 行政機関の長等は、訂正請求があった場合において、当該訂正請求に理由があると認めるときは、当該訂正請求に係る保有個人情報の利用目的の達成に必要な範囲内で、当該保有個人情報の訂正をしなければならない。

（訂正請求に対する措置）

第九三条① 行政機関の長等は、訂正請求に係る保有個人情報の訂正をするときは、その旨の決定をし、訂正請求者に対し、そ

の旨を書面により通知しなければならない。

②　行政機関の長等は、訂正請求に係る保有個人情報の訂正をしないときは、その旨の決定をし、訂正請求者に対し、その旨を書面により通知しなければならない。

（訂正決定等の期限）

第九四条①　前条各項の決定（以下この節において「訂正決定等」という。）は、訂正請求があった日から三十日以内にしなければならない。ただし、第九十一条第三項の規定により補正を求めた場合にあっては、当該補正に要した日数は、当該期間に算入しない。

②　前項の規定にかかわらず、行政機関の長等は、事務処理上の困難その他正当な理由があるときは、同項に規定する期間を三十日以内に限り延長することができる。この場合において、行政機関の長等は、訂正請求者に対し、遅滞なく、延長後の期間及び延長の理由を書面により通知しなければならない。

（訂正決定等の期限の特例）

第九五条　行政機関の長等は、訂正決定等に特に長期間を要すると認めるときは、前条の規定にかかわらず、相当の期間内に訂正決定等をすれば足りる。この場合において、行政機関の長等は、同条第一項に規定する期間内に、訂正請求者に対し、次に掲げる事項を書面により通知しなければならない。

一　この条の規定を適用する旨及びその理由

二　訂正決定等をする期限

（事案の移送）

第九六条①　行政機関の長等は、訂正請求に係る保有個人情報が第八十五条第三項の規定に基づく開示に係るものであるとき、その他他の行政機関の長等において訂正決定等をすることにつき正当な理由があるときは、当該他の行政機関の長等と協議の上、当該他の行政機関の長等に対し、事案を移送することができる。この場合においては、移送をした行政機関の長等は、訂正請求者に対し、事案を移送した旨を書面により通知しなければならない。

②　前項の規定により事案が移送されたときは、移送を受けた行政機関の長等において、当該訂正請求についての訂正決定等をしなければならない。この場合において、移送をした行政機関の長等が移送前にした行為は、移送を受けた行政機関の長等がしたものとみなす。

③　前項の場合において、移送を受けた行政機関の長等が第九十三条第一項の決定（以下この項及び次条において「訂正決定」という。）をしたときは、移送をした行政機関の長等は、当該訂正決定に基づき訂正の実施をしなければならない。

（保有個人情報の提供先への通知）

第九七条　行政機関の長等は、訂正決定に基づく保有個人情報の訂正の実施をした場合において、必要があると認めるときは、当該保有個人情報の提供先に対し、遅滞なく、その旨を書面により通知するものとする。

第三款　利用停止

（利用停止請求権）

第九八条①　何人も、自己を本人とする保有個人情報が次の各号のいずれかに該当すると思料するときは、この法律の定めるところにより、当該保有個人情報を保有する行政機関の長等に対し、当該各号に定める措置を請求することができる。ただし、当該保有個人情報の利用の停止、消去又は提供の停止（以下この節において「利用停止」という。）に関して他の法令の規定により特別の手続が定められているときは、この限りでない。

一　第六十一条第二項の規定に違反して保有されているとき、第六十三条の規定に違反して取り扱われているとき、第六十四条の規定に違反して取得されたものであるとき、又は第六十九条第一項及び第二項の規定に違反して利用されているとき　当該保有個人情報の利用の停止又は消去

二　第六十九条第一項及び第二項又は第七十一条第一項の規定に違反して提供されているとき　当該保有個人情報の提供の停止

②　代理人は、本人に代わって前項の規定による利用停止の請求（以下この節及び第百二十七条において「利用停止請求」という。）をすることができる。

③　利用停止請求は、保有個人情報の開示を受けた日から九十日以内にしなければならない。

（利用停止請求の手続）

第九九条①　利用停止請求は、次に掲げる事項を記載した書面（第三項において「利用停止請求書」という。）を行政機関の長等に提出してしなければならない。

一　利用停止請求をする者の氏名及び住所又は居所

二　利用停止請求に係る保有個人情報の開示を受けた日その他当該保有個人情報を特定するに足りる事項

三　利用停止請求の趣旨及び理由

②　前項の場合において、利用停止請求をする者は、政令で定めるところにより、利用停止請求に係る保有個人情報の本人であること（前条第二項の規定による利用停止請求にあっては、利用停止請求に係る保有個人情報の本人の代理人であること）を示す書類を提示し、又は提出しなければならない。

③　行政機関の長等は、利用停止請求書に形式上の不備があると認めるときは、利用停止請求をした者（以下この節において「利用停止請求者」という。）に対し、相当の期間を定めて、その補正を求めることができる。

（保有個人情報の利用停止義務）

第一〇〇条　行政機関の長等は、利用停止請求があった場合において、当該利用停止請求に理由があると認めるときは、当該行政機関の長等の属する行政機関等における個人情報の適正な取扱いを確保するために必要な限度で、当該利用停止請求に係る保有個人情報の利用停止をしなければならない。ただし、当該保有個人情報の利用停止をすることにより、当該保有個人情報の利用目的に係る事務又は事業の性質上、当該事務又は事業の適正な遂行に著しい支障を及ぼすおそれがあると認められるときは、この限りでない。

（利用停止請求に対する措置）

第一〇一条①　行政機関の長等は、利用停止請求に係る保有個人情報の利用停止をするときは、その旨の決定をし、利用停止請求者に対し、その旨を書面により通知しなければならない。

②　行政機関の長等は、利用停止請求に係る保有個人情報の利用停止をしないときは、その旨の決定をし、利用停止請求者に対し、その旨を書面により通知しなければならない。

（利用停止決定等の期限）

第一〇二条①　前条各項の決定（以下この節において「利用停止決定等」という。）は、利用停止請求があった日から三十日以内にしなければならない。ただし、第九十九条第三項の規定により補正を求めた場合にあっては、当該補正に要した日数は、当該期間に算入しない。

②　前項の規定にかかわらず、行政機関の長等は、事務処理上の困難その他正当な理由があるときは、同項に規定する期間を三十日以内に限り延長することができる。この場合において、行政機関の長等は、利用停止請求者に対し、遅滞なく、延長後の期間及び延長の理由を書面により通知しなければならない。

（利用停止決定等の期限の特例）

第一〇三条　行政機関の長等は、利用停止決定等に特に長期間を要すると認めるときは、前条の規定にかかわらず、相当の期間内に利用停止決定等をすれば足りる。この場合において、行政機関の長等は、同条第一項に規定する期間内に、利用停止請求者に対し、次に掲げる事項を書面により通知しなければならない。

一　この条の規定を適用する旨及びその理由

二　利用停止決定等をする期限

第四款　審査請求

（審理員による審理手続に関する規定の適用除外等）

第一〇四条① 行政機関の長等（地方公共団体の機関又は地方独立行政法人を除く。次項及び次条において同じ。）に対する開示決定等、訂正決定等、利用停止決定等又は開示請求、訂正請求若しくは利用停止請求に係る不作為に係る審査請求については、行政不服審査法（平成二十六年法律第六十八号）第九条、第十七条、第二十四条、第二章第三節及び第四節並びに第五十条第二項の規定は、適用しない。

② 行政機関の長等に対する開示決定等、訂正決定等、利用停止決定等又は開示請求、訂正請求若しくは利用停止請求に係る不作為に係る審査請求についての行政不服審査法第二章の規定の適用については、同法第十一条第二項中「第九条第一項の規定により指名された者（以下「審理員」という。）」とあるのは「第四条（個人情報の保護に関する法律（平成十五年法律第五十七号）第百七条第二項の規定に基づく政令を含む。）の規定により審査請求がされた行政庁（第十四条の規定により引継ぎを受けた行政庁を含む。以下「審査庁」という。）」と、同法第十三条第一項及び第二項中「審理員」とあるのは「審査庁」と、同法第二十五条第七項中「あったとき、又は審理員から第四十条に規定する執行停止をすべき旨の意見書が提出されたとき」とあるのは「あったとき」と、同法第四十四条中「行政不服審査会等」とあるのは「情報公開・個人情報保護審査会（審査庁が会計検査院長である場合にあっては、別に法律で定める審査会。第五十条第一項第四号において同じ。）」と、「受けたとき（前条第一項の規定による諮問を要しない場合（同項第二号又は第三号に該当する場合を除く。）にあっては審理員意見書が提出されたとき、同項第二号又は第三号に該当する場合にあっては同項第二号又は第三号に規定する議を経たとき）」とあるのは「受けたとき」と、同法第五十条第一項第四号中「審理員意見書又は行政不服審査会等若しくは審議会等」とあるのは「情報公開・個人情報保護審査会」とする。

（審査会への諮問）

第一〇五条① 開示決定等、訂正決定等、利用停止決定等又は開示請求、訂正請求若しくは利用停止請求に係る不作為について審査請求があったときは、当該審査請求に対する裁決をすべき行政機関の長等は、次の各号のいずれかに該当する場合を除き、情報公開・個人情報保護審査会（審査請求に対する裁決をすべき行政機関の長等が会計検査院長である場合にあっては、別に法律で定める審査会）に諮問しなければならない。

一 審査請求が不適法であり、却下する場合

二 裁決で、審査請求の全部を認容し、当該審査請求に係る保有個人情報の全部を開示することとする場合（当該保有個人情報の開示について反対意見書が提出されている場合を除く。）

三 裁決で、審査請求の全部を認容し、当該審査請求に係る保有個人情報の訂正をすることとする場合

四 裁決で、審査請求の全部を認容し、当該審査請求に係る保有個人情報の利用停止をすることとする場合

② 前項の規定により諮問をした行政機関の長等は、次に掲げる者に対し、諮問をした旨を通知しなければならない。

一 審査請求人及び参加人（行政不服審査法第十三条第四項に規定する参加人をいう。以下この項及び第百七条第一項第二号において同じ。）

二 開示請求者、訂正請求者又は利用停止請求者（これらの者が審査請求人又は参加人である場合を除く。）

三 当該審査請求に係る保有個人情報の開示について反対意見書を提出した第三者（当該第三者が審査請求人又は参加人である場合を除く。）

③ 前二項の規定は、地方公共団体の機関又は地方独立行政法人について準用する。この場合において、第一項中「情報公開・個人情報保護審査会（審査請求に対する裁決をすべき行政機関の長等が会計検査院長である場合にあっては、別に法律で定める審査会）」とあるのは、「行政不服審査法第八十一条第一項又は第二項の機関」と読み替えるものとする。

（地方公共団体の機関等における審理員による審理手続に関する規定の適用除外等）

第一〇六条① 地方公共団体の機関又は地方独立行政法人に対する開示決定等、訂正決定等、利用停止決定等又は開示請求、訂正請求若しくは利用停止請求に係る不作為に係る審査請求については、行政不服審査法第九条第一項から第三項まで、第十七条、第四十条、第四十二条、第二章第四節及び第五十条第二項の規定は、適用しない。

② 地方公共団体の機関又は地方独立行政法人に対する開示決定等、訂正決定等、利用停止決定等又は開示請求、訂正請求若しくは利用停止請求に係る不作為に係る審査請求についての次の表の上欄に掲げる行政不服審査法の規定の適用については、これらの規定中同表の中欄に掲げる字句は、それぞれ同表の下欄に掲げる字句とするほか、必要な技術的読替えは、政令で定める。（表略）

（第三者からの審査請求を棄却する場合等における手続等）

第一〇七条① 第八十六条第三項の規定は、次の各号のいずれかに該当する裁決をする場合について準用する。

一 開示決定に対する第三者からの審査請求を却下し、又は棄却する裁決

二 審査請求に係る開示決定等（開示請求に係る保有個人情報の全部を開示する旨の決定を除く。）を変更し、当該審査請求に係る保有個人情報を開示する旨の裁決（第三者である参加人が当該第三者に関する情報の開示に反対の意思を表示している場合に限る。）

② 開示決定等、訂正決定等、利用停止決定等又は開示請求、訂正請求若しくは利用停止請求に係る不作為についての審査請求については、政令（地方公共団体の機関又は地方独立行政法人にあっては、条例）で定めるところにより、行政不服審査法第四条の規定の特例を設けることができる。

第五款 条例との関係

第一〇八条 この節の規定は、地方公共団体が、保有個人情報の開示、訂正及び利用停止の手続並びに審査請求の手続に関する事項について、この節の規定に反しない限り、条例で必要な規定を定めることを妨げるものではない。

第五節 行政機関等匿名加工情報の提供等

（行政機関等匿名加工情報の作成及び提供等）

第一〇九条① 行政機関の長等は、この節の規定に従い、行政機関等匿名加工情報（行政機関等匿名加工情報ファイルを構成するものに限る。以下この節において同じ。）を作成することができる。

② 行政機関の長等は、次の各号のいずれかに該当する場合を除き、行政機関等匿名加工情報を提供してはならない。

一 法令に基づく場合（この節の規定に従う場合を含む。）

二 保有個人情報を利用目的のために第三者に提供することができる場合において、当該保有個人情報を加工して作成した行政機関等匿名加工情報を当該第三者に提供するとき。

③ 第六十九条の規定にかかわらず、行政機関の長等は、法令に基づく場合を除き、利用目的以外の目的のために削除情報（保有個人情報に該当するものに限る。）を自ら利用し、又は提供してはならない。

④ 前項の「削除情報」とは、行政機関等匿名加工情報の作成に用いた保有個人情報から削除した記述等及び個人識別符号をいう。

（提案の募集に関する事項の個人情報ファイル簿への記載）

第一一〇条 行政機関の長等は、当該行政機関の長等の属する行政機関等が保有している個人情報ファイルが第六十条第三項各号のいずれにも該当すると認めるときは、当該個人情報ファイルについては、個人情報ファイル簿に次に掲げる事項を記載しなければならない。この場合における当該個人情報ファイルについての第七十五条第一項の規定の適用については、同項中

「第十号」とあるのは、「第十号並びに第百十条各号」とする。
一　第百十二条第一項の提案の募集をする個人情報ファイルである旨
二　第百十二条第一項の提案を受ける組織の名称及び所在地

（提案の募集）
第一一一条　行政機関の長等は、個人情報保護委員会規則で定めるところにより、定期的に、当該行政機関の長等の属する行政機関等が保有している個人情報ファイル（個人情報ファイル簿に前条第一号に掲げる事項の記載があるものに限る。以下この節において同じ。）について、次条第一項の提案を募集するものとする。

（行政機関等匿名加工情報をその用に供して行う事業に関する提案）
第一一二条①　前条の規定による募集に応じて個人情報ファイルを構成する保有個人情報を加工して作成する行政機関等匿名加工情報をその事業の用に供しようとする者は、行政機関の長等に対し、当該事業に関する提案をすることができる。
②　前項の提案は、個人情報保護委員会規則で定めるところにより、次に掲げる事項を記載した書面を行政機関の長等に提出してしなければならない。
一　提案をする者の氏名又は名称及び住所又は居所並びに法人その他の団体にあっては、その代表者の氏名
二　提案に係る個人情報ファイルの名称
三　提案に係る行政機関等匿名加工情報の本人の数
四　前号に掲げるもののほか、提案に係る行政機関等匿名加工情報の作成に用いる第百十六条第一項の規定による加工の方法を特定するに足りる事項
五　提案に係る行政機関等匿名加工情報の利用の目的及び方法その他当該行政機関等匿名加工情報がその用に供される事業の内容
六　提案に係る行政機関等匿名加工情報を前号の事業の用に供しようとする期間
七　提案に係る行政機関等匿名加工情報の漏えいの防止その他当該行政機関等匿名加工情報の適切な管理のために講ずる措置
八　前各号に掲げるもののほか、個人情報保護委員会規則で定める事項
③　前項の書面には、次に掲げる書面その他個人情報保護委員会規則で定める書類を添付しなければならない。
一　第一項の提案をする者が次条各号のいずれにも該当しないことを誓約する書面
二　前項第五号の事業が新たな産業の創出又は活力ある経済社会若しくは豊かな国民生活の実現に資するものであることを明らかにする書面

（欠格事由）
第一一三条　次の各号のいずれかに該当する者は、前条第一項の提案をすることができない。
一　未成年者
二　心身の故障により前条第一項の提案に係る行政機関等匿名加工情報をその用に供して行う事業を適正に行うことができない者として個人情報保護委員会規則で定めるもの
三　破産手続開始の決定を受けて復権を得ない者
四　禁錮以上の刑に処せられ、又はこの法律の規定により刑に処せられ、その執行を終わり、又は執行を受けることがなくなった日から起算して二年を経過しない者

＊令和四法六八（令和七・六・一六までに施行）による改正
第四号中「禁錮」を「拘禁刑」に改める。（本文未織込み）

五　第百二十条の規定により行政機関等匿名加工情報の利用に関する契約を解除され、その解除の日から起算して二年を経過しない者
六　法人その他の団体であって、その役員のうちに前各号のいずれかに該当する者があるもの

（提案の審査等）
第一一四条①　行政機関の長等は、第百十二条第一項の提案があったときは、当該提案が次に掲げる基準に適合するかどうかを審査しなければならない。
一　第百十二条第一項の提案をした者が前条各号のいずれにも該当しないこと。
二　第百十二条第二項第三号の提案に係る行政機関等匿名加工情報の本人の数が、行政機関等匿名加工情報の効果的な活用の観点からみて個人情報保護委員会規則で定める数以上であり、かつ、提案に係る個人情報ファイルを構成する保有個人情報の本人の数以下であること。
三　第百十二条第二項第三号及び第四号に掲げる事項により特定される加工の方法が第百十六条第一項の基準に適合するものであること。
四　第百十二条第二項第五号の事業が新たな産業の創出又は活力ある経済社会若しくは豊かな国民生活の実現に資するものであること。
五　第百十二条第二項第六号の期間が行政機関等匿名加工情報の効果的な活用の観点からみて個人情報保護委員会規則で定める期間を超えないものであること。
六　第百十二条第二項第五号の提案に係る行政機関等匿名加工情報の利用の目的及び方法並びに同項第七号の措置が当該行政機関等匿名加工情報の本人の権利利益を保護するために適切なものであること。
七　前各号に掲げるもののほか、個人情報保護委員会規則で定める基準に適合するものであること。
②　行政機関の長等は、前項の規定により審査した結果、第百十二条第一項の提案が前項各号に掲げる基準のいずれにも適合すると認めるときは、個人情報保護委員会規則で定めるところにより、当該提案をした者に対し、次に掲げる事項を通知するものとする。
一　次条の規定により行政機関の長等との間で行政機関等匿名加工情報の利用に関する契約を締結することができる旨
二　前号に掲げるもののほか、個人情報保護委員会規則で定める事項
③　行政機関の長等は、第一項の規定により審査した結果、第百十二条第一項の提案が第一項各号に掲げる基準のいずれかに適合しないと認めるときは、個人情報保護委員会規則で定めるところにより、当該提案をした者に対し、理由を付して、その旨を通知するものとする。

（行政機関等匿名加工情報の利用に関する契約の締結）
第一一五条　前条第二項の規定による通知を受けた者は、個人情報保護委員会規則で定めるところにより、行政機関の長等との間で、行政機関等匿名加工情報の利用に関する契約を締結することができる。

（行政機関等匿名加工情報の作成等）
第一一六条①　行政機関の長等は、行政機関等匿名加工情報を作成するときは、特定の個人を識別することができないように及びその作成に用いる保有個人情報を復元することができないようにするために必要なものとして個人情報保護委員会規則で定める基準に従い、当該保有個人情報を加工しなければならない。
②　前項の規定は、行政機関等から行政機関等匿名加工情報の作成の委託（二以上の段階にわたる委託を含む。）を受けた者が受託した業務を行う場合について準用する。

（行政機関等匿名加工情報に関する事項の個人情報ファイル簿への記載）
第一一七条　行政機関の長等は、行政機関等匿名加工情報を作成したときは、当該行政機関等匿名加工情報の作成に用いた保有個人情報を含む個人情報ファイルについては、個人情報ファイル簿に次に掲げる事項を記載しなければならない。この場合における当該個人情報ファイルについての第百十条の規定により

読み替えて適用する第七十五条第一項の規定の適用については、同項中「並びに第百十条各号」とあるのは、「、第百十条各号並びに第百十七条各号」とする。
一　行政機関等匿名加工情報の概要として個人情報保護委員会規則で定める事項
二　次条第一項の提案を受ける組織の名称及び所在地
三　次条第一項の提案をすることができる期間

（作成された行政機関等匿名加工情報をその用に供して行う事業に関する提案等）

第一一八条①　前条の規定により個人情報ファイル簿に同条第一号に掲げる事項が記載された行政機関等匿名加工情報をその事業の用に供しようとする者は、行政機関の長等に対し、当該事業に関する提案をすることができる。当該行政機関等匿名加工情報について第百十五条の規定により行政機関等匿名加工情報の利用に関する契約を締結した者が、当該行政機関等匿名加工情報をその用に供する事業を変更しようとするときも、同様とする。

②　第百十二条第二項及び第三項並びに第百十三条から第百十五条までの規定は、前項の提案について準用する。この場合において、第百十二条第二項中「次に」とあるのは「第一号及び第四号から第八号までに」と、同項第四号中「前号に掲げるもののほか、提案」とあるのは「提案」と、「の作成に用いる第百十六条第一項の規定による加工の方法を特定する」とあるのは「を特定する」と、同項第八号中「前各号」とあるのは「第一号及び第四号から前号まで」と、第百十四条第一項中「次に」とあるのは「第一号及び第四号から第七号までに」と、同項第七号中「前各号」とあるのは「第一号及び前三号」と、同条第二項中「前項各号」とあるのは「前項第一号及び第四号から第七号まで」と、同条第三項中「第一項各号」とあるのは「第一項第一号及び第四号から第七号まで」と読み替えるものとする。

（手数料）

第一一九条①　第百十五条の規定により行政機関等匿名加工情報の利用に関する契約を行政機関の長と締結する者は、政令で定めるところにより、実費を勘案して政令で定める額の手数料を納めなければならない。

②　前条第二項において準用する第百十五条の規定により行政機関等匿名加工情報の利用に関する契約を行政機関の長と締結する者は、政令で定めるところにより、前項の政令で定める額を参酌して政令で定める額の手数料を納めなければならない。

③　第百十五条の規定により行政機関等匿名加工情報の利用に関する契約を地方公共団体の機関と締結する者は、条例で定めるところにより、実費を勘案して政令で定める額を標準として条例で定める額の手数料を納めなければならない。

④　前条第二項において準用する第百十五条の規定により行政機関等匿名加工情報の利用に関する契約を地方公共団体の機関と締結する者は、条例で定めるところにより、前項の政令で定める額を参酌して政令で定める額を標準として条例で定める額の手数料を納めなければならない。

⑤　第百十五条の規定（前条第二項において準用する場合を含む。第八項及び次条において同じ。）により行政機関等匿名加工情報の利用に関する契約を独立行政法人等と締結する者は、独立行政法人等の定めるところにより、利用料を納めなければならない。

⑥　前項の利用料の額は、実費を勘案して合理的であると認められる範囲内において、独立行政法人等が定める。

⑦　独立行政法人等は、前二項の規定による定めを一般の閲覧に供しなければならない。

⑧　第百十五条の規定により行政機関等匿名加工情報の利用に関する契約を地方独立行政法人と締結する者は、地方独立行政法人の定めるところにより、手数料を納めなければならない。

⑨　前項の手数料の額は、実費を勘案し、かつ、第三項又は第四項の条例で定める手数料の額を参酌して、地方独立行政法人が定める。

⑩　地方独立行政法人は、前二項の規定による定めを一般の閲覧に供しなければならない。

（行政機関等匿名加工情報の利用に関する契約の解除）

第一二〇条　行政機関の長等は、第百十五条の規定により行政機関等匿名加工情報の利用に関する契約を締結した者が次の各号のいずれかに該当するときは、当該契約を解除することができる。
一　偽りその他不正の手段により当該契約を締結したとき。
二　第百十三条各号（第百十八条第二項において準用する場合を含む。）のいずれかに該当することとなったとき。
三　当該契約において定められた事項について重大な違反があったとき。

（識別行為の禁止等）

第一二一条①　行政機関の長等は、行政機関等匿名加工情報を取り扱うに当たっては、法令に基づく場合を除き、当該行政機関等匿名加工情報の作成に用いられた個人情報に係る本人を識別するために、当該行政機関等匿名加工情報を他の情報と照合してはならない。

②　行政機関の長等は、行政機関等匿名加工情報、第百九条第四項に規定する削除情報及び第百十六条第一項の規定により行った加工の方法に関する情報（以下この条及び次条において「行政機関等匿名加工情報等」という。）の漏えいを防止するために必要なものとして個人情報保護委員会規則で定める基準に従い、行政機関等匿名加工情報等の適切な管理のために必要な措置を講じなければならない。

③　前二項の規定は、行政機関等から行政機関等匿名加工情報等の取扱いの委託（二以上の段階にわたる委託を含む。）を受けた者が受託した業務を行う場合について準用する。

（従事者の義務）

第一二二条　行政機関等匿名加工情報等の取扱いに従事する行政機関等の職員若しくは職員であった者、前条第三項の委託を受けた業務に従事している者若しくは従事していた者又は行政機関等において行政機関等匿名加工情報等の取扱いに従事している派遣労働者若しくは従事していた派遣労働者は、その業務に関して知り得た行政機関等匿名加工情報等の内容をみだりに他人に知らせ、又は不当な目的に利用してはならない。

（匿名加工情報の取扱いに係る義務）

第一二三条①　行政機関等は、匿名加工情報（行政機関等匿名加工情報を除く。以下この条において同じ。）を第三者に提供するときは、法令に基づく場合を除き、個人情報保護委員会規則で定めるところにより、あらかじめ、第三者に提供される匿名加工情報に含まれる個人に関する情報の項目及びその提供の方法について公表するとともに、当該第三者に対して、当該提供に係る情報が匿名加工情報である旨を明示しなければならない。

②　行政機関等は、匿名加工情報を取り扱うに当たっては、法令に基づく場合を除き、当該匿名加工情報の作成に用いられた個人情報に係る本人を識別するために、当該個人情報から削除された記述等若しくは個人識別符号若しくは第四十三条第一項の規定により行われた加工の方法に関する情報を取得し、又は当該匿名加工情報を他の情報と照合してはならない。

③　行政機関等は、匿名加工情報の漏えいを防止するために必要なものとして個人情報保護委員会規則で定める基準に従い、匿名加工情報の適切な管理のために必要な措置を講じなければならない。

④　前二項の規定は、行政機関等から匿名加工情報の取扱いの委託（二以上の段階にわたる委託を含む。）を受けた者が受託した業務を行う場合について準用する。

第六節　雑則（抄）

（適用除外等）

第一二四条①　第四節の規定は、刑事事件若しくは少年の保護事件に係る裁判、検察官、検察事務官若しくは司法警察職員が行う処分、刑若しくは保護処分の執行、更生緊急保護又は恩赦に係る保有個人情報（当該裁判、処分若しくは執行を受けた者、更生緊急保護の申出をした者又は恩赦の上申があった者に係るものに限る。）については、適用しない。

② 保有個人情報（行政機関情報公開法第五条、独立行政法人等情報公開法第五条又は情報公開条例に規定する不開示情報を専ら記録する行政文書等に記録されているものに限る。）のうち、まだ分類その他の整理が行われていないもので、同一の利用目的に係るものが著しく大量にあるためその中から特定の保有個人情報を検索することが著しく困難であるものは、第四節（第四款を除く。）の規定の適用については、行政機関等に保有されていないものとみなす。

第一二五条　（略）

（権限又は事務の委任）

第一二六条　行政機関の長は、政令（内閣の所轄の下に置かれる機関及び会計検査院にあっては、当該機関の命令）で定めるところにより、第二節から前節まで（第七十四条及び第四節第四款を除く。）に定める権限又は事務を当該行政機関の職員に委任することができる。

（開示請求等をしようとする者に対する情報の提供等）

第一二七条　行政機関の長等は、開示請求、訂正請求若しくは利用停止請求又は第百十二条第一項若しくは第百十八条第一項の提案（以下この条において「開示請求等」という。）をしようとする者がそれぞれ容易かつ的確に開示請求等をすることができるよう、当該行政機関の長等の属する行政機関等が保有する保有個人情報の特定又は当該提案に資する情報の提供その他開示請求等をしようとする者の利便を考慮した適切な措置を講ずるものとする。

（行政機関等における個人情報等の取扱いに関する苦情処理）

第一二八条　行政機関の長等は、行政機関等における個人情報、仮名加工情報又は匿名加工情報の取扱いに関する苦情の適切かつ迅速な処理に努めなければならない。

（地方公共団体に置く審議会等への諮問）

第一二九条　地方公共団体の機関は、条例で定めるところにより、第三章第三節の施策を講ずる場合その他の場合において、個人情報の適正な取扱いを確保するため専門的な知見に基づく意見を聴くことが特に必要であると認めるときは、審議会その他の合議制の機関に諮問することができる。

第六章　個人情報保護委員会（抄）

第一節　設置等（抄）

（設置）

第一三〇条①　内閣府設置法第四十九条第三項の規定に基づいて、個人情報保護委員会（以下「委員会」という。）を置く。

② 委員会は、内閣総理大臣の所轄に属する。

（任務）

第一三一条　委員会は、行政機関等の事務及び事業の適正かつ円滑な運営を図り、並びに個人情報の適正かつ効果的な活用が新たな産業の創出並びに活力ある経済社会及び豊かな国民生活の実現に資するものであることその他の個人情報の有用性に配慮しつつ、個人の権利利益を保護するため、個人情報の適正な取扱いの確保を図ること（個人番号利用事務等実施者（行政手続における特定の個人を識別するための番号の利用等に関する法律（平成二十五年法律第二十七号。以下「番号利用法」という。）第十二条に規定する個人番号利用事務等実施者をいう。）に対する指導及び助言その他の措置を講ずることを含む。）を任務とする。

（所掌事務）

第一三二条　委員会は、前条の任務を達成するため、次に掲げる事務をつかさどる。

一　基本方針の策定及び推進に関すること。

二　個人情報取扱事業者における個人情報の取扱い、個人情報取扱事業者及び仮名加工情報取扱事業者における仮名加工情報の取扱い、個人情報取扱事業者及び匿名加工情報取扱事業者における匿名加工情報の取扱い並びに個人関連情報取扱事業者における個人関連情報の取扱いに関する監督、行政機関等における個人情報、仮名加工情報、匿名加工情報及び個人関連情報の取扱いに関する監視並びに個人情報、仮名加工情報及び匿名加工情報の取扱いに関する苦情の申出についての必要なあっせん及びその処理を行う事業者への協力に関すること（第四号に掲げるものを除く。）。

三　認定個人情報保護団体に関すること。

四　特定個人情報（番号利用法第二条第八項に規定する特定個人情報をいう。）の取扱いに関する監視又は監督並びに苦情の申出についての必要なあっせん及びその処理を行う事業者への協力に関すること。

五　特定個人情報保護評価（番号利用法第二十七条第一項に規定する特定個人情報保護評価をいう。）に関すること。

六　個人情報の保護及び適正かつ効果的な活用についての広報及び啓発に関すること。

七　前各号に掲げる事務を行うために必要な調査及び研究に関すること。

八　所掌事務に係る国際協力に関すること。

九　前各号に掲げるもののほか、法律（法律に基づく命令を含む。）に基づき委員会に属させられた事務

（職権行使の独立性）

第一三三条　委員会の委員長及び委員は、独立してその職権を行う。

（組織等）

第一三四条①　委員会は、委員長及び委員八人をもって組織する。

② 委員のうち四人は、非常勤とする。

③ 委員長及び委員は、人格が高潔で識見の高い者のうちから、両議院の同意を得て、内閣総理大臣が任命する。

④ 委員長及び委員には、個人情報の保護及び適正かつ効果的な活用に関する学識経験のある者、消費者の保護に関して十分な知識と経験を有する者、情報処理技術に関する学識経験のある者、行政分野に関する学識経験のある者、民間企業の実務に関して十分な知識と経験を有する者並びに連合組織（地方自治法第二百六十三条の三第一項の連合組織で同項の規定による届出をしたものをいう。）の推薦する者が含まれるものとする。

第一三五条から第一四四条まで　（略）

（規則の制定）

第一四五条　委員会は、その所掌事務について、法律若しくは政令を実施するため、又は法律若しくは政令の特別の委任に基づいて、個人情報保護委員会規則を制定することができる。

第二節　監督及び監視（抄）

第一款　個人情報取扱事業者等の監督

（報告及び立入検査）

第一四六条①　委員会は、第四章（第五節を除く。次条及び第百五十一条において同じ。）の規定の施行に必要な限度において、個人情報取扱事業者、仮名加工情報取扱事業者、匿名加工情報取扱事業者又は個人関連情報取扱事業者（以下この款において「個人情報取扱事業者等」という。）その他の関係者に対し、個人情報、仮名加工情報、匿名加工情報又は個人関連情報（以下この款及び第三款において「個人情報等」という。）の取扱いに関し、必要な報告若しくは資料の提出を求め、又はその職員に、当該個人情報取扱事業者等その他の関係者の事務所その他必要な場所に立ち入らせ、個人情報等の取扱いに関し質問させ、若しくは帳簿書類その他の物件を検査させることができる。

② 前項の規定により立入検査をする職員は、その身分を示す証明書を携帯し、関係人の請求があったときは、これを提示しなければならない。

③ 第一項の規定による立入検査の権限は、犯罪捜査のために認

められたものと解釈してはならない。

（指導及び助言）

第一四七条　委員会は、第四章の規定の施行に必要な限度において、個人情報取扱事業者等に対し、個人情報等の取扱いに関し必要な指導及び助言をすることができる。

（勧告及び命令）

第一四八条①　委員会は、個人情報取扱事業者が第十八条から第二十条まで、第二十一条（第一項、第三項及び第四項の規定を第四十一条第四項の規定により読み替えて適用する場合を含む。）、第二十三条から第二十六条まで、第二十七条（第四項を除き、第五項及び第六項の規定を第四十一条第六項の規定により読み替えて適用する場合を含む。）、第二十八条、第二十九条（第一項ただし書の規定を第四十一条第六項の規定により読み替えて適用する場合を含む。）、第三十条（第二項を除き、第一項ただし書の規定を第四十一条第六項の規定により読み替えて適用する場合を含む。）、第三十二条、第三十三条（第一項（第五項において準用する場合を含む。）を除く。）、第三十四条第二項若しくは第三項、第三十五条（第一項、第三項及び第五項を除く。）、第三十八条第二項、第四十一条（第四項及び第五項を除く。）若しくは第四十三条（第六項を除く。）の規定に違反した場合、個人関連情報取扱事業者が第三十一条第一項、同条第二項において読み替えて準用する第二十八条第三項若しくは第三十一条第三項において読み替えて準用する第三十条第三項若しくは第四項の規定に違反した場合、仮名加工情報取扱事業者が第四十二条第一項、同条第二項において読み替えて準用する第二十七条第五項若しくは第六項若しくは第四十二条第三項において読み替えて準用する第二十三条から第二十五条まで若しくは第四十一条第七項若しくは第八項の規定に違反した場合又は匿名加工情報取扱事業者が第四十四条若しくは第四十五条の規定に違反した場合において個人の権利利益を保護するため必要があると認めるときは、当該個人情報取扱事業者等に対し、当該違反行為の中止その他違反を是正するために必要な措置をとるべき旨を勧告することができる。

② 委員会は、前項の規定による勧告を受けた個人情報取扱事業者等が正当な理由がなくてその勧告に係る措置をとらなかった場合において個人の重大な権利利益の侵害が切迫していると認めるときは、当該個人情報取扱事業者等に対し、その勧告に係る措置をとるべきことを命ずることができる。

③ 委員会は、前二項の規定にかかわらず、個人情報取扱事業者が第十八条から第二十条まで、第二十三条から第二十六条まで、第二十七条第一項、第二十八条第一項若しくは第三項、第四十一条第一項から第三項まで若しくは第六項から第八項まで若しくは第四十三条第一項、第二項若しくは第五項の規定に違反した場合、個人関連情報取扱事業者が第三十一条第一項若しくは同条第二項において読み替えて準用する第二十八条第三項の規定に違反した場合、仮名加工情報取扱事業者が第四十二条第一項若しくは同条第三項において読み替えて準用する第二十三条から第二十五条まで若しくは第四十一条第七項若しくは第八項の規定に違反した場合又は匿名加工情報取扱事業者が第四十五条の規定に違反した場合において個人の重大な権利利益を害する事実があるため緊急に措置をとる必要があると認めるときは、当該個人情報取扱事業者等に対し、当該違反行為の中止その他違反を是正するために必要な措置をとるべきことを命ずることができる。

④ 委員会は、前二項の規定による命令をした場合において、その命令を受けた個人情報取扱事業者等がその命令に違反したときは、その旨を公表することができる。

（委員会の権限の行使の制限）

第一四九条①　委員会は、前三条の規定により個人情報取扱事業者等に対し報告若しくは資料の提出の要求、立入検査、指導、助言、勧告又は命令を行うに当たっては、表現の自由、学問の自由、信教の自由及び政治活動の自由を妨げてはならない。

② 前項の規定の趣旨に照らし、委員会は、個人情報取扱事業者等が第五十七条第一項各号に掲げる者（それぞれ当該各号に定める目的で個人情報等を取り扱う場合に限る。）に対して個人情報等を提供する行為については、その権限を行使しないものとする。

（権限の委任）

第一五〇条①　委員会は、緊急かつ重点的に個人情報等の適正な取扱いの確保を図る必要があることその他の政令で定める事情があるため、個人情報取扱事業者等に対し、第百四十八条第一項の規定による勧告又は同条第二項若しくは第三項の規定による命令を効果的に行う上で必要があると認めるときは、政令で定めるところにより、第二十六条第一項、第百四十六条第一項、第百六十二条において読み替えて準用する民事訴訟法（平成八年法律第百九号）第九十九条、第百一条、第百三条、第百五条、第百六条、第百八条及び第百九条、第百六十三条並びに第百六十四条の規定による権限を事業所管大臣に委任することができる。

＊令和四法四八（令和八・五・二四までに施行）**による改正**
第一項中「第九十九条、第百一条」を「第百条第一項、第百一条、第百二条の二」に、「、第百八条及び第百九条」を「及び第百八条」に改める。（本文未織込み）

② 事業所管大臣は、前項の規定により委任された権限を行使したときは、政令で定めるところにより、その結果について委員会に報告するものとする。

③—⑨（略）

（事業所管大臣の請求）

第一五一条　事業所管大臣は、個人情報取扱事業者等に第四章の規定に違反する行為があると認めるときその他個人情報取扱事業者等による個人情報等の適正な取扱いを確保するために必要があると認めるときは、委員会に対し、この法律の規定に従い適当な措置をとるべきことを求めることができる。

（事業所管大臣）

第一五二条　この款の規定における事業所管大臣は、次のとおりとする。

一　個人情報取扱事業者等が行う個人情報等の取扱いのうち雇用管理に関するものについては、厚生労働大臣（船員の雇用管理に関するものについては、国土交通大臣）及び当該個人情報取扱事業者等が行う事業を所管する大臣、国家公安委員会又はカジノ管理委員会（次号において「大臣等」という。）

二　個人情報取扱事業者等が行う個人情報等の取扱いのうち前号に掲げるもの以外のものについては、当該個人情報取扱事業者等が行う事業を所管する大臣等

第二款　認定個人情報保護団体の監督

（第一五三条から第一五五条まで）（略）

第三款　行政機関等の監視

（資料の提出の要求及び実地調査）

第一五六条　委員会は、前章の規定の円滑な運用を確保するため必要があると認めるときは、行政機関の長等（会計検査院長を除く。以下この款において同じ。）に対し、行政機関等における個人情報等の取扱いに関する事務の実施状況について、資料の提出及び説明を求め、又はその職員に実地調査をさせることができる。

（指導及び助言）

第一五七条　委員会は、前章の規定の円滑な運用を確保するため必要があると認めるときは、行政機関の長等に対し、行政機関等における個人情報等の取扱いについて、必要な指導及び助言をすることができる。

（勧告）

第一五八条　委員会は、前章の規定の円滑な運用を確保するため必要があると認めるときは、行政機関の長等に対し、行政機関等における個人情報等の取扱いについて勧告をすることができる。

る。

（勧告に基づいてとった措置についての報告の要求）

第一五九条　委員会は、前条の規定により行政機関の長等に対し勧告をしたときは、当該行政機関の長等に対し、その勧告に基づいてとった措置について報告を求めることができる。

（委員会の権限の行使の制限）

第一六〇条　第百四十九条第一項の規定の趣旨に照らし、委員会は、行政機関の長等が第五十七条第一項各号に掲げる者（それぞれ当該各号に定める目的で個人情報等を取り扱う場合に限る。）に対して個人情報等を提供する行為については、その権限を行使しないものとする。

第三節　送達

（送達すべき書類）

第一六一条①　第百四十六条第一項の規定による報告若しくは資料の提出の要求、第百四十八条第一項の規定による勧告若しくは同条第二項若しくは第三項の規定による命令、第百五十三条の規定による報告の徴収、第百五十四条の規定による命令又は第百五十五条第一項の規定による取消しは、個人情報保護委員会規則で定める書類を送達して行う。

②　第百四十八条第二項若しくは第三項若しくは第百五十四条の規定による命令又は第百五十五条第一項の規定による取消しに係る行政手続法（平成五年法律第八十八号）第十五条第一項又は第三十条の通知は、同法第十五条第一項及び第二項又は第三十条の書類を送達して行う。この場合において、同法第十五条第三項（同法第三十一条において読み替えて準用する場合を含む。）の規定は、適用しない。

（送達に関する民事訴訟法の準用）

第一六二条　前条の規定による送達については、民事訴訟法第九十九条、第百一条、第百三条、第百五条、第百六条、第百八条及び第百九条の規定を準用する。この場合において、同法第九十九条第一項中「執行官」とあるのは「個人情報保護委員会の職員」と、同法第百八条中「裁判長」とあり、及び同法第百九条中「裁判所」とあるのは「個人情報保護委員会」と読み替えるものとする。

＊令和四法四八（令和八・五・二四までに施行）**による改正後**

（送達に関する民事訴訟法の準用）

第一六二条　前条の規定による送達については、民事訴訟法第百条第一項、第百一条、第百二条の二、第百三条、第百五条、第百六条及び第百八条の規定を準用する。この場合において、同項中「裁判所」とあり、及び同条中「裁判長」とあるのは「個人情報保護委員会」と、同法第百一条第一項中「執行官」とあるのは「個人情報保護委員会の職員」と読み替えるものとする。

（公示送達）

第一六三条①　委員会は、次に掲げる場合には、公示送達をすることができる。

一　送達を受けるべき者の住所、居所その他送達をすべき場所が知れない場合

二　外国（本邦の域外にある国又は地域をいう。以下同じ。）においてすべき送達について、前条において読み替えて準用する民事訴訟法第百八条の規定によることができず、又はこれによっても送達をすることができないと認めるべき場合

三　前条において読み替えて準用する民事訴訟法第百八条の規定により外国の管轄官庁に嘱託を発した後六月を経過してもその送達を証する書面の送付がない場合

②　公示送達は、送達をすべき書類を送達を受けるべき者にいつでも交付すべき旨を委員会の掲示場に掲示することにより行う。

③　公示送達は、前項の規定による掲示を始めた日から二週間を経過することによって、その効力を生ずる。

④　外国においてすべき送達についてした公示送達にあっては、前項の期間は、六週間とする。

（電子情報処理組織の使用）

第一六四条　委員会の職員が、情報通信技術を活用した行政の推進等に関する法律（平成十四年法律第百五十一号）第三条第九号に規定する処分通知等であって第百六十一条の規定により書類を送達して行うこととしているものに関する事務を、同法第七条第一項の規定により同法第六条第一項に規定する電子情報処理組織を使用して行ったときは、第百六十二条において読み替えて準用する民事訴訟法第百九条の規定による送達に関する事項を記載した書面の作成及び提出に代えて、当該事項を当該電子情報処理組織を使用して委員会の使用に係る電子計算機（入出力装置を含む。）に備えられたファイルに記録しなければならない。

＊令和四法四八（令和八・五・二四までに施行）**による改正**

第一六四条中「第百九条」を「第百条第一項」に改める。

（本文未織込み）

第四節　雑則

（施行の状況の公表）

第一六五条①　委員会は、行政機関の長等に対し、この法律の施行の状況について報告を求めることができる。

②　委員会は、毎年度、前項の報告を取りまとめ、その概要を公表するものとする。

（地方公共団体による必要な情報の提供等の求め）

第一六六条①　地方公共団体は、地方公共団体の機関、地方独立行政法人及び事業者等による個人情報の適正な取扱いを確保するために必要があると認めるときは、委員会に対し、必要な情報の提供又は技術的な助言を求めることができる。

②　委員会は、前項の規定による求めがあったときは、必要な情報の提供又は技術的な助言を行うものとする。

（条例を定めたときの届出）

第一六七条①　地方公共団体の長は、この法律の規定に基づき個人情報の保護に関する条例を定めたときは、遅滞なく、個人情報保護委員会規則で定めるところにより、その旨及びその内容を委員会に届け出なければならない。

②　委員会は、前項の規定による届出があったときは、当該届出に係る事項をインターネットの利用その他適切な方法により公表しなければならない。

③　前二項の規定は、第一項の規定による届出に係る事項の変更について準用する。

（国会に対する報告）

第一六八条　委員会は、毎年、内閣総理大臣を経由して国会に対し所掌事務の処理状況を報告するとともに、その概要を公表しなければならない。

（案内所の整備）

第一六九条　委員会は、この法律の円滑な運用を確保するため、総合的な案内所を整備するものとする。

（地方公共団体が処理する事務）

第一七〇条　この法律に規定する委員会の権限及び第百五十条第一項又は第四項の規定により事業所管大臣又は金融庁長官に委任された権限に属する事務は、政令で定めるところにより、地方公共団体の長その他の執行機関が行うこととすることができる。

第七章　雑則

（適用範囲）

第一七一条　この法律は、個人情報取扱事業者、仮名加工情報取扱事業者、匿名加工情報取扱事業者又は個人関連情報取扱事業者が、国内にある者に対する物品又は役務の提供に関連して、国内にある者を本人とする個人情報、当該個人情報として取得

されることとなる個人関連情報又は当該個人情報を用いて作成された仮名加工情報若しくは匿名加工情報を、外国において取り扱う場合についても、適用する。

（外国執行当局への情報提供）

第一七二条① 委員会は、この法律に相当する外国の法令を執行する外国の当局（以下この条において「外国執行当局」という。）に対し、その職務（この法律に規定する委員会の職務に相当するものに限る。次項において同じ。）の遂行に資すると認める情報の提供を行うことができる。

② 前項の規定による情報の提供については、当該情報が当該外国執行当局の職務の遂行以外に使用されず、かつ、次項の規定による同意がなければ外国の刑事事件の捜査（その対象たる犯罪事実が特定された後のものに限る。）又は審判（同項において「捜査等」という。）に使用されないよう適切な措置がとられなければならない。

③ 委員会は、外国執行当局からの要請があったときは、次の各号のいずれかに該当する場合を除き、第一項の規定により提供した情報を当該要請に係る外国の刑事事件の捜査等に使用することについて同意をすることができる。

一 当該要請に係る刑事事件の捜査等の対象とされている犯罪が政治犯罪であるとき、又は当該要請が政治犯罪について捜査等を行う目的で行われたものと認められるとき。

二 当該要請に係る刑事事件の捜査等の対象とされている犯罪に係る行為が日本国内において行われたとした場合において、その行為が日本国の法令によれば罪に当たるものでないとき。

三 日本国が行う同種の要請に応ずる旨の要請国の保証がないとき。

④ 委員会は、前項の同意をする場合においては、あらかじめ、同項第一号及び第二号に該当しないことについて法務大臣の確認を、同項第三号に該当しないことについて外務大臣の確認を、それぞれ受けなければならない。

（国際約束の誠実な履行等）

第一七三条 この法律の施行に当たっては、我が国が締結した条約その他の国際約束の誠実な履行を妨げることがないよう留意するとともに、確立された国際法規を遵守しなければならない。

（連絡及び協力）

第一七四条 内閣総理大臣及びこの法律の施行に関係する行政機関の長（会計検査院長を除く。）は、相互に緊密に連絡し、及び協力しなければならない。

（政令への委任）

第一七五条 この法律に定めるもののほか、この法律の実施のため必要な事項は、政令で定める。

第八章 罰則（抄）

第一七六条 行政機関等の職員若しくは職員であった者、第六十六条第二項各号に定める業務若しくは第七十三条第五項若しくは第百二十一条第三項の委託を受けた業務に従事している者若しくは従事していた者又は行政機関等において個人情報、仮名加工情報若しくは匿名加工情報の取扱いに従事している派遣労働者若しくは従事していた派遣労働者が、正当な理由がないのに、個人の秘密に属する事項が記録された第六十条第二項第一号に係る個人情報ファイル（その全部又は一部を複製し、又は加工したものを含む。）を提供したときは、二年以下の懲役又は百万円以下の罰金に処する。

＊令和四法六八（令和七・六・一六までに施行）**による改正**
第一七六条中「懲役」を「拘禁刑」に改める。（本文未織込み）

第一七七条 （略）

第一七八条 第百四十八条第二項又は第三項の規定による命令に違反した場合には、当該違反行為をした者は、一年以下の懲役又は百万円以下の罰金に処する。

＊令和四法六八（令和七・六・一六までに施行）**による改正**
第一七八条中「懲役」を「拘禁刑」に改める。（本文未織込み）

第一七九条 個人情報取扱事業者（その者が法人（法人でない団体で代表者又は管理人の定めのあるものを含む。第百八十四条第一項において同じ。）である場合にあっては、その役員、代表者又は管理人）若しくはその従業者又はこれらであった者が、その業務に関して取り扱った個人情報データベース等（その全部又は一部を複製し、又は加工したものを含む。）を自己若しくは第三者の不正な利益を図る目的で提供し、又は盗用したときは、一年以下の懲役又は五十万円以下の罰金に処する。

＊令和四法六八（令和七・六・一六までに施行）**による改正**
第一七九条中「懲役」を「拘禁刑」に改める。（本文未織込み）

第一八〇条 第百七十六条に規定する者が、その業務に関して知り得た保有個人情報を自己若しくは第三者の不正な利益を図る目的で提供し、又は盗用したときは、一年以下の懲役又は五十万円以下の罰金に処する。

＊令和四法六八（令和七・六・一六までに施行）**による改正**
第一八〇条中「懲役」を「拘禁刑」に改める。（本文未織込み）

第一八一条 行政機関等の職員がその職権を濫用して、専らその職務の用以外の用に供する目的で個人の秘密に属する事項が記録された文書、図画又は電磁的記録を収集したときは、一年以下の懲役又は五十万円以下の罰金に処する。

＊令和四法六八（令和七・六・一六までに施行）**による改正**
第一八一条中「懲役」を「拘禁刑」に改める。（本文未織込み）

第一八二条 次の各号のいずれかに該当する場合には、当該違反行為をした者は、五十万円以下の罰金に処する。

一 第百四十六条第一項の規定による報告若しくは資料の提出をせず、若しくは虚偽の報告をし、若しくは虚偽の資料を提出し、又は当該職員の質問に対して答弁をせず、若しくは虚偽の答弁をし、若しくは検査を拒み、妨げ、若しくは忌避したとき。

二 （略）

第一八三条 第百七十六条、第百七十七条及び第百七十九条から第百八十一条までの規定は、日本国外においてこれらの条の罪を犯した者にも適用する。

第一八四条① 法人の代表者又は法人若しくは人の代理人、使用人その他の従業者が、その法人又は人の業務に関して、次の各号に掲げる違反行為をしたときは、行為者を罰するほか、その法人に対して当該各号に定める罰金刑を、その人に対して各本条の罰金刑を科する。

一 第百七十八条及び第百七十九条　一億円以下の罰金刑

二 第百八十二条　同条の罰金刑

② 法人でない団体について前項の規定の適用がある場合には、その代表者又は管理人が、その訴訟行為につき法人でない団体を代表するほか、法人を被告人又は被疑者とする場合の刑事訴訟に関する法律の規定を準用する。

第一八五条 次の各号のいずれかに該当する者は、十万円以下の過料に処する。

一 第三十条第二項（第三十一条第三項において準用する場合を含む。）又は第五十六条の規定に違反した者

二 （略）

三 偽りその他不正の手段により、第八十五条第三項に規定す

る開示決定に基づく保有個人情報の開示を受けた者

附　則（抄）

（施行期日）

第一条　この法律は、公布の日から施行する。ただし、第四章から第六章まで（中略）の規定は、公布の日から起算して二年を超えない範囲内において政令で定める日（平成一七・四・一―平成一五政五〇六）から施行する。

別表（略）

附　則（令和三・五・一九法三七）（抄）

（施行期日）

第一条　この法律は、令和三年九月一日から施行する。ただし、次の各号に掲げる規定は、当該各号に定める日から施行する。

一　（前略）附則第八条第一項、（中略）第七十一条から第七十三条までの規定　公布の日

二・三　（略）

四　（前略）第五十条（個人情報の保護に関する法律の一部改正）（中略）並びに次条（中略）の規定　公布の日から起算して一年を超えない範囲内において、各規定につき、政令で定める日（令和四・四・一―令和三政二九一）

五　（略）

六　附則第八条第二項及び第九条第三項の規定　公布の日から起算して一年六月を超えない範囲内において政令で定める日（令和四・一〇・一―令和四政一七六）

七　（前略）第五十一条（個人情報の保護に関する法律の一部改正）並びに附則第九条（第三項を除く。）、第十条（中略）の規定　公布の日から起算して二年を超えない範囲内において、各規定につき、政令で定める日（令和五・四・一―令和四政一七六）

八―十　（略）

（行政機関の保有する個人情報の保護に関する法律及び独立行政法人等の保有する個人情報の保護に関する法律の廃止）

第二条　次に掲げる法律は、廃止する。

一　行政機関の保有する個人情報の保護に関する法律（平成十五年法律第五十八号）

二　独立行政法人等の保有する個人情報の保護に関する法律（平成十五年法律第五十九号）

（第五十一条の規定の施行に伴う準備行為）

第八条①　国は、第五十一条の規定による改正後の個人情報の保護に関する法律（以下この条、次条及び附則第十条第一項において「第五十一条改正後個人情報保護法」という。）の規定による地方公共団体の機関及び地方独立行政法人の保有する個人情報の適正な取扱いを確保するため、地方公共団体に対して必要な資料の提出を求めることその他の方法により地方公共団体の機関及び地方独立行政法人における第五十一条改正後個人情報保護法の施行のために必要な準備行為の実施状況を把握した上で、必要があると認めるときは、当該準備行為について技術的な助言又は勧告をするものとする。

②　第五十一条改正後個人情報保護法第百六十七条第一項の規定による届出は、第五十一条の規定の施行の日（次条において「第五十一条施行日」という。）前においても行うことができる。

（第五十一条の規定の施行に伴う経過措置）

第九条①　第五十一条施行日前に特定地方独立行政法人等（第五十一条改正後個人情報保護法第五十八条第一項第二号に掲げる者又は同条第二項の規定により第五十一条改正後個人情報保護法第十六条第二項に規定する個人情報取扱事業者、同条第五項に規定する仮名加工情報取扱事業者若しくは同条第七項に規定する個人関連情報取扱事業者とみなされる第五十一条改正後個人情報保護法第五十八条第二項第一号に掲げる者をいう。以下この条において同じ。）に対しされた本人の個人情報の取扱いに関する同意がある場合において、その同意が第五十一条改正後個人情報保護法第十七条第一項の規定により特定される利用目的以外の目的で個人情報を取り扱うことを認める旨の同意に相当するものであるときは、第五十一条施行日において第五十一条改正後個人情報保護法第十八条第一項又は第二項の同意があったものとみなす。

②　第五十一条施行日前に特定地方独立行政法人等に対しされた本人の個人情報の取扱いに関する同意がある場合において、その同意が第五十一条改正後個人情報保護法第二十七条第一項の規定による個人データの第三者への提供を認める旨の同意に相当するものであるときは、第五十一条施行日において同項の同意があったものとみなす。

③　第五十一条改正後個人情報保護法第二十七条第二項の規定により個人データを第三者に提供しようとする特定地方独立行政法人等は、第五十一条施行日前においても、個人情報保護委員会規則で定めるところにより、同項各号に掲げる事項に相当する事項について、本人に通知するとともに、個人情報保護委員会に届け出ることができる。この場合において、当該通知及び届出は、第五十一条施行日以後は、同項の規定による通知及び届出とみなす。

④　第五十一条改正後個人情報保護法第二十七条第五項第三号の規定により本人に通知し、又は本人が容易に知り得る状態に置かなければならない事項に相当する事項について、第五十一条施行日前に、特定地方独立行政法人等により本人に通知されているときは、当該通知は、第五十一条施行日以後は、同号の規定による通知とみなす。

⑤　第五十一条施行日前に特定地方独立行政法人等に対しされた本人の個人情報の取扱いに関する同意がある場合において、その同意が第五十一条改正後個人情報保護法第二十八条第一項の規定による個人データの外国にある第三者への提供を認める旨の同意に相当するものであるときは、第五十一条施行日において同項の同意があったものとみなす。

⑥　第五十一条改正後個人情報保護法第二十八条第二項の規定は、特定地方独立行政法人等が第五十一条施行日以後に第五十一条改正後個人情報保護法第二十八条第一項の規定により本人の同意を得る場合について適用する。

⑦　第五十一条改正後個人情報保護法第二十八条第三項の規定は、特定地方独立行政法人等が第五十一条施行日以後に個人データを同項に規定する外国にある第三者に提供した場合について適用する。

⑧　第五十一条施行日前に特定地方独立行政法人等に対しされた本人の個人関連情報の取扱いに関する同意がある場合において、その同意が第五十一条改正後個人情報保護法第三十一条第一項第一号の規定による個人関連情報の第三者への提供を認める旨の同意に相当するものであるときは、第五十一条施行日において同号の同意があったものとみなす。

⑨　第五十一条改正後個人情報保護法第三十一条第二項において読み替えて準用する第五十一条改正後個人情報保護法第二十八条第三項の規定は、特定地方独立行政法人等が第五十一条施行日以後に個人関連情報を同項に規定する外国にある第三者に提供した場合について適用する。

⑩　第五十一条施行日前に第五十一条改正後個人情報保護法第二条第十一項第二号又は第四号に掲げる者（第五十一条改正後個人情報保護法第五十八条第二項の規定により第五十一条改正後個人情報保護法第十六条第二項に規定する個人情報取扱事業者とみなされる第五十一条改正後個人情報保護法第五十八条第二項第一号に掲げる者を除く。以下この条において同じ。）に対しされた本人の個人情報の取扱いに関する同意がある場合において、その同意が第五十一条改正後個人情報保護法第六十一条第一項の規定により特定される利用目的以外の目的のために保有個人情報を自ら利用し、又は提供することを認める旨の同意に相当するものであるときは、第五十一条施行日において第五十一条改正後個人情報保護法第六十九条第二項第一号の同意があったものとみなす。

⑪　第五十一条施行日前に第五十一条改正後個人情報保護法第二条第十一項第二号又は第四号に掲げる者に対しされた本人の個

人情報の取扱いに関する同意がある場合において、その同意が第五十一条改正後個人情報保護法第七十一条第一項の規定による保有個人情報の外国にある第三者への提供を認める旨の同意に相当するものであるときは、第五十一条施行日において同項の同意があったものとみなす。

⑫ 第五十一条改正後個人情報保護法第七十一条第二項の規定は、第五十一条改正後個人情報保護法第二条第十一項第二号又は第四号に掲げる者が第五十一条施行日以後に第五十一条改正後個人情報保護法第七十一条第一項の規定により本人の同意を得る場合について適用する。

⑬ 第五十一条改正後個人情報保護法第七十一条第三項の規定は、第五十一条改正後個人情報保護法第二条第十一項第二号又は第四号に掲げる者が第五十一条施行日以後に保有個人情報を第五十一条改正後個人情報保護法第七十一条第三項に規定する外国にある第三者に提供した場合について適用する。

（第五十一条と条例との関係）

第一〇条① 地方公共団体の条例の規定で、第五十一条改正後個人情報保護法で規制する行為を処罰する旨を定めているものの当該行為に係る部分については、第五十一条の規定の施行と同時に、その効力を失うものとする。

② 前項の規定により条例の規定がその効力を失う場合において、当該地方公共団体が条例で別段の定めをしないときは、その失効前にした違反行為の処罰については、その失効後も、なお従前の例による。

（罰則に関する経過措置）

第七一条 この法律（附則第一条各号に掲げる規定にあっては、当該規定。以下この条において同じ。）の施行前にした行為及びこの附則の規定によりなお従前の例によることとされる場合におけるこの法律の施行後にした行為に対する罰則の適用については、なお従前の例による。

（政令への委任）

第七二条 この附則に定めるもののほか、この法律の施行に関し必要な経過措置（罰則に関する経過措置を含む。）は、政令で定める。

附　則（令和四・五・二五法四八）（抄）

（施行期日）

第一条 この法律は、公布の日から起算して四年を超えない範囲内において政令で定める日から施行する。ただし、次の各号に掲げる規定は、当該各号に定める日から施行する。

一 （前略）附則第百二十五条の規定　公布の日

二―五 （略）

（政令への委任）

第一二五条 （前略）この法律の施行に関し必要な経過措置は、政令で定める。

刑法等の一部を改正する法律の施行に伴う関係法律整理法中経過規定 （令和四・六・一七法六八）（抄）

第四四一条から第四四三条まで （刑法の同経過規定参照）

第五〇九条 （刑法の同経過規定参照）

刑法等の一部を改正する法律の施行に伴う関係法律整理法

附　則（令和四・六・一七法六八）（抄）

（施行期日）

① この法律は、刑法等一部改正法（刑法等の一部を改正する法律（令和四法六七））施行日から施行する。ただし、次の各号に掲げる規定は、当該各号に定める日から施行する。

一 第五百九条の規定　公布の日

二 （略）

○警察官職務執行法 （昭和二三・七・一二 法 一 三 六）

施行 昭和二三・七・一二（附則）
題名改正 昭和二九法一六三（旧・警察官等職務執行法）
最終改正 令和四法六八

（この法律の目的）

第一条① この法律は、警察官が警察法（昭和二十九年法律第百六十二号）に規定する個人の生命、身体及び財産の保護、犯罪の予防、公安の維持並びに他の法令の執行等の職権職務を忠実に遂行するために、必要な手段を定めることを目的とする。

② この法律に規定する手段は、前項の目的のため必要な最小の限度において用いるべきものであつて、いやしくもその濫用にわたるようなことがあつてはならない。

（質問）

第二条① 警察官は、異常な挙動その他周囲の事情から合理的に判断して何らかの犯罪を犯し、若しくは犯そうとしていると疑うに足りる相当な理由のある者又は既に行われた犯罪について、若しくは犯罪が行われようとしていることについて知つていると認められる者を停止させて質問することができる。

② その場で前項の質問をすることが本人に対して不利であり、又は交通の妨害になると認められる場合においては、質問するため、その者に附近の警察署、派出所又は駐在所に同行することを求めることができる。

③ 前二項に規定する者は、刑事訴訟に関する法律の規定によらない限り、身柄を拘束され、又はその意に反して警察署、派出所若しくは駐在所に連行され、若しくは答弁を強要されることはない。

④ 警察官は、刑事訴訟に関する法律により逮捕されている者については、その身体について凶器を所持しているかどうかを調べることができる。

（保護）

第三条① 警察官は、異常な挙動その他周囲の事情から合理的に判断して次の各号のいずれかに該当することが明らかであり、かつ、応急の救護を要すると信ずるに足りる相当な理由のある者を発見したときは、取りあえず警察署、病院、救護施設等の適当な場所において、これを保護しなければならない。

一 精神錯乱又は泥酔のため、自己又は他人の生命、身体又は財産に危害を及ぼすおそれのある者

二 迷い子、病人、負傷者等で適当な保護者を伴わず、応急の救護を要すると認められる者（本人がこれを拒んだ場合を除く。）

② 前項の措置をとつた場合においては、警察官は、できるだけすみやかに、その者の家族、知人その他の関係者にこれを通知し、その者の引取方について必要な手配をしなければならない。責任ある家族、知人等が見つからないときは、すみやかにその事件を適当な公衆保健若しくは公共福祉のための機関又はこの種の者の処置について法令により責任を負う他の公の機関に、その事件を引き継がなければならない。

③ 第一項の規定による警察の保護は、二十四時間をこえてはならない。但し、引き続き保護することを承認する簡易裁判所（当該保護をした警察官の属する警察署所在地を管轄する簡易裁判所をいう。以下同じ。）の裁判官の許可状のある場合は、この限りでない。

④ 前項但書の許可状は、警察官の請求に基き、裁判官において已むを得ない事情があると認めた場合に限り、これを発するものとし、その延長に係る期間は、通じて五日をこえてはならない。この許可状には已むを得ないと認められる事情を明記しなければならない。

⑤ 警察官は、第一項の規定により警察で保護をした者の氏名、住所、保護の理由、保護及び引渡の時日並びに引渡先を毎週簡易裁判所に通知しなければならない。

（避難等の措置）

第四条① 警察官は、人の生命若しくは身体に危険を及ぼし、又は財産に重大な損害を及ぼす虞のある天災、事変、工作物の損壊、交通事故、危険物の爆発、狂犬、奔馬の類等の出現、極端な雑踏等危険な事態がある場合においては、その場に居合わせた者、その事物の管理者その他関係者に必要な警告を発し、及び特に急を要する場合においては、危害を受ける虞のある者に対し、その場の危害を避けしめるために必要な限度でこれを引き留め、若しくは避難させ、又はその場に居合わせた者、その事物の管理者その他関係者に対し、危害防止のため通常必要と認められる措置をとることを命じ、又は自らその措置をとることができる。

② 前項の規定により警察官がとつた処置については、順序を経て所属の公安委員会にこれを報告しなければならない。この場合において、公安委員会は他の公の機関に対し、その後の処置について必要と認める協力を求めるため適当な措置をとらなければならない。

（犯罪の予防及び制止）

第五条 警察官は、犯罪がまさに行われようとするのを認めたときは、その予防のため関係者に必要な警告を発し、又、もしその行為により人の生命若しくは身体に危険が及び、又は財産に重大な損害を受ける虞があつて、急を要する場合においては、その行為を制止することができる。

（立入）

第六条① 警察官は、前二条に規定する危険な事態が発生し、人の生命、身体又は財産に対し危害が切迫した場合において、その危害を予防し、損害の拡大を防ぎ、又は被害者を救助するため、已むを得ないと認めるときは、合理的に必要と判断される限度において他人の土地、建物又は船車の中に立ち入ることができる。

② 興行場、旅館、料理屋、駅その他多数の客の来集する場所の管理者又はこれに準ずる者は、その公開時間中において、警察官が犯罪の予防又は人の生命、身体若しくは財産に対する危害予防のため、その場所に立ち入ることを要求した場合においては、正当の理由なくして、これを拒むことができない。

③ 警察官は、前二項の規定による立入に際しては、みだりに関係者の正当な業務を妨害してはならない。

④ 警察官は、第二項の規定による立入に際して、その場所の管理者又はこれに準ずる者から要求された場合には、その理由を告げ、且つ、その身分を示す証票を呈示しなければならない。

（武器の使用）

第七条 警察官は、犯人の逮捕若しくは逃走の防止、自己若しくは他人に対する防護又は公務執行に対する抵抗の抑止のため必要であると認める相当な理由のある場合においては、その事態に応じ合理的に必要と判断される限度において、武器を使用することができる。但し、刑法（明治四十年法律第四十五号）第三十六条（正当防衛）若しくは同法第三十七条（緊急避難）に該当する場合又は左の各号の一に該当する場合を除いては、人に危害を与えてはならない。

一 死刑又は無期若しくは長期三年以上の懲役若しくは禁こにあたる兇悪な罪を現に犯し、若しくは既に犯したと疑うに足りる充分な理由のある者がその者に対する警察官の職務の執行に対して抵抗し、若しくは逃亡しようとするとき又は第三者がその者を逃がそうとして警察官に抵抗するとき、これを防ぎ、又は逮捕するために他に手段がないと警察官において信ずるに足りる相当な理由のある場合。

二 逮捕状により逮捕する際又は勾引状若しくは勾留状を執行する際その本人がその者に対する警察官の職務の執行に対して抵抗し、若しくは逃亡しようとするとき又は第三者がその者を逃がそうとして警察官に抵抗するとき、これを防ぎ、又は逮捕するために他に手段がないと警察官において信ずるに

足りる相当な理由のある場合。

＊令和四法六八（令和七・六・一六までに施行）**による改正後**

（武器の使用）

第七条　警察官は、犯人の逮捕若しくは逃走の防止、自己若しくは他人に対する防護又は公務執行に対する抵抗の抑止のため必要であると認める相当な理由のある場合においては、その事態に応じ合理的に必要と判断される限度において、武器を使用することができる。ただし、刑法（明治四十年法律第四十五号）第三十六条（正当防衛）若しくは同法第三十七条（緊急避難）に該当する場合又は次の各号のいずれかに該当する場合を除いては、人に危害を与えてはならない。

一　死刑又は無期若しくは長期三年以上の拘禁刑に当たる凶悪な罪を現に犯し、若しくは既に犯したと疑うに足りる充分な理由のある者がその者に対する警察官の職務の執行に対して抵抗し、若しくは逃亡しようとするとき又は第三者がその者を逃がそうとして警察官に抵抗するとき、これを防ぎ、又は逮捕するために他に手段がないと警察官において信ずるに足りる相当な理由のある場合

二　逮捕状により逮捕する際又は勾引状若しくは勾留状を執行する際その本人がその者に対する警察官の職務の執行に対して抵抗し、若しくは逃亡しようとするとき又は第三者がその者を逃がそうとして警察官に抵抗するとき、これを防ぎ、又は逮捕するために他に手段がないと警察官において信ずるに足りる相当な理由のある場合

（他の法令による職権職務）

第八条　警察官は、この法律の規定によるの外、刑事訴訟その他に関する法令及び警察の規則による職権職務を遂行すべきものとする。

刑法等の一部を改正する法律の施行に伴う関係法律整理法中経過規定

（令和四・六・一七法六八）（抄）

第四四一条から第四四三条まで　（刑法の同経過規定参照）

（警察官職務執行法の一部改正に伴う経過措置）

第四九九条　刑法等一部改正法等（刑法等の一部を改正する法律（令和四法六七）及び刑法等の一部を改正する法律の施行に伴う関係法律の整理等に関する法律（令和四法六八））の施行前にした行為に係る第九十七条の規定による改正後の警察官職務執行法第七条（第一号に係る部分に限る。）の規定の適用については、無期又は長期三年以上の懲役又は禁錮に当たる罪は、それぞれ無期又は長期三年以上の拘禁刑に当たる罪とみなす。

第五〇九条　（刑法の同経過規定参照）

刑法等の一部を改正する法律の施行に伴う関係法律整理法

附　則（令和四・六・一七法六八）（抄）

（施行期日）

① この法律は、刑法等一部改正法（刑法等の一部を改正する法律（令和四法六七））施行日から施行する。ただし、次の各号に掲げる規定は、当該各号に定める日から施行する。

一　第五百九条の規定　公布の日

二　（略）

○土地収用法（抄）

（昭和二六・六・九 法 二 一 九）

施行　昭和二六・一二・一（昭和二六政三四二）
最終改正　令和四法六八

目次

第一章　総則（抄）

（この法律の目的）

第一条　この法律は、公共の利益となる事業に必要な土地等の収用又は使用に関し、その要件、手続及び効果並びにこれに伴う損失の補償等について規定し、公共の利益の増進と私有財産との調整を図り、もつて国土の適正且つ合理的な利用に寄与することを目的とする。

（土地の収用又は使用）

第二条　公共の利益となる事業の用に供するため土地を必要とする場合において、その土地を当該事業の用に供することが土地の利用上適正且つ合理的であるときは、この法律の定めるところにより、これを収用し、又は使用することができる。

（土地を収用し、又は使用することができる事業）

第三条　土地を収用し、又は使用することができる公共の利益となる事業は、次の各号のいずれかに該当するものに関する事業でなければならない。

一　道路法（昭和二十七年法律第百八十号）による道路、道路運送法（昭和二十六年法律第百八十三号）による一般自動車道若しくは専用自動車道（同法による一般旅客自動車運送事業又は貨物自動車運送事業法（平成元年法律第八十三号）による一般貨物自動車運送事業の用に供するものに限る。）又は駐車場法（昭和三十二年法律第百六号）による路外駐車場

二　河川法（昭和三十九年法律第百六十七号）が適用され、若しくは準用される河川その他公共の利害に関係のある河川又はこれらの河川に治水若しくは利水の目的をもつて設置する堤防、護岸、ダム、水路、貯水池その他の施設

三　砂防法（明治三十年法律第二十九号）による砂防設備又は同法が準用される砂防のための施設

三の二　国又は都道府県が設置する地すべり等防止法（昭和三十三年法律第三十号）による地すべり防止施設又はぼた山崩壊防止施設

三の三　国又は都道府県が設置する急傾斜地の崩壊による災害の防止に関する法律（昭和四十四年法律第五十七号）による急傾斜地崩壊防止施設

四　運河法（大正二年法律第十六号）による運河の用に供する施設

五　国、地方公共団体、土地改良区（土地改良区連合を含む。以下同じ。）又は独立行政法人エネルギー・金属鉱物資源機構が設置する農業用道路、用水路、排水路、海岸堤防、かんがい用若しくは農作物の災害防止用のため池又は防風林その他これに準ずる施設

六　国、都道府県又は土地改良区が土地改良法（昭和二十四年法律第百九十五号）によつて行う客土事業又は土地改良事業の施行に伴い設置する用排水機若しくは地下水源の利用に関する設備

七　鉄道事業法（昭和六十一年法律第九十二号）による鉄道事業者又は索道事業者がその鉄道事業又は索道事業で一般の需要に応ずるものの用に供する施設

七の二　独立行政法人鉄道建設・運輸施設整備支援機構が設置する鉄道又は軌道の用に供する施設

八　軌道法（大正十年法律第七十六号）による軌道又は同法が準用される無軌条電車の用に供する施設

八の二　石油パイプライン事業法（昭和四十七年法律第百五号）による石油パイプライン事業の用に供する施設

九　道路運送法による一般乗合旅客自動車運送事業（路線を定めて定期に運行する自動車により乗合旅客の運送を行うものに限る。）又は貨物自動車運送事業法による一般貨物自動車運送事業（特別積合せ貨物運送をするものに限る。）の用に供する施設

九の二　自動車ターミナル法（昭和三十四年法律第百三十六号）第三条の許可を受けて経営する自動車ターミナル事業の用に供する施設

十　港湾法（昭和二十五年法律第二百十八号）による港湾施設又は漁港漁場整備法（昭和二十五年法律第百三十七号）による漁港施設

十の二　海岸法（昭和三十一年法律第百一号）による海岸保全施設

十の三　津波防災地域づくりに関する法律（平成二十三年法律第百二十三号）による津波防護施設

十一　航路標識法（昭和二十四年法律第九十九号）による航路標識又は水路業務法（昭和二十五年法律第百二号）による水路測量標

十二　航空法（昭和二十七年法律第二百三十一号）による飛行場又は航空保安施設で公共の用に供するもの

十三　気象、海象、地象又は洪水その他これに類する現象の観測又は通報の用に供する施設

十三の二　日本郵便株式会社が日本郵便株式会社法（平成十七年法律第百号）第四条第一項第一号に掲げる業務の用に供する施設

十四　国が電波監視のために設置する無線方位又は電波の質の

測定装置

十五　国又は地方公共団体が設置する電気通信設備

十五の二　電気通信事業法（昭和五十九年法律第八十六号）第百二十条第一項に規定する認定電気通信事業者が同項に規定する認定電気通信事業の用に供する施設（同法の規定により土地等を使用することができるものを除く。）

十六　放送法（昭和二十五年法律第百三十二号）による基幹放送事業者又は基幹放送局提供事業者が基幹放送の用に供する放送設備

十七　電気事業法（昭和三十九年法律第百七十号）による一般送配電事業、送電事業、配電事業、特定送配電事業又は発電事業の用に供する電気工作物

十七の二　ガス事業法（昭和二十九年法律第五十一号）によるガス工作物

十八　水道法（昭和三十二年法律第百七十七号）による水道事業若しくは水道用水供給事業、工業用水道事業法（昭和三十三年法律第八十四号）による工業用水道事業又は下水道法（昭和三十三年法律第七十九号）による公共下水道、流域下水道若しくは都市下水路の用に供する施設

十九　市町村が消防法（昭和二十三年法律第百八十六号）によって設置する消防の用に供する施設

二十　都道府県又は水防法（昭和二十四年法律第百九十三号）による水防管理団体が水防の用に供する施設

二十一　学校教育法（昭和二十二年法律第二十六号）第一条に規定する学校又はこれに準ずるその他の教育若しくは学術研究のための施設

二十二　社会教育法（昭和二十四年法律第二百七号）による公民館（同法第四十二条に規定する公民館類似施設を除く。）若しくは博物館又は図書館法（昭和二十五年法律第百十八号）による図書館（同法第二十九条に規定する図書館同種施設を除く。）

二十三　社会福祉法（昭和二十六年法律第四十五号）による社会福祉事業若しくは更生保護事業法（平成七年法律第八十六号）による更生保護事業の用に供する施設又は職業能力開発促進法（昭和四十四年法律第六十四号）による公共職業能力開発施設若しくは職業能力開発総合大学校

二十四　国、地方公共団体、独立行政法人国立病院機構、国立研究開発法人国立がん研究センター、国立研究開発法人国立循環器病研究センター、国立研究開発法人国立精神・神経医療研究センター、国立研究開発法人国立国際医療研究センター、国立研究開発法人国立成育医療研究センター、国立研究開発法人国立長寿医療研究センター、健康保険組合若しくは健康保険組合連合会、国民健康保険組合若しくは国民健康保険団体連合会、国家公務員共済組合若しくは国家公務員共済組合連合会若しくは地方公務員共済組合若しくは全国市町村職員共済組合連合会が設置する病院、療養所、診療所若しくは助産所、地域保健法（昭和二十二年法律第百一号）による保健所若しくは医療法（昭和二十三年法律第二百五号）による公的医療機関又は検疫所

二十五　墓地、埋葬等に関する法律（昭和二十三年法律第四十八号）による火葬場

二十六　と畜場法（昭和二十八年法律第百十四号）によると畜場又は化製場等に関する法律（昭和二十三年法律第百四十号）による化製場若しくは死亡獣畜取扱場

二十七　地方公共団体又は廃棄物の処理及び清掃に関する法律（昭和四十五年法律第百三十七号）第十五条の五第一項に規定する廃棄物処理センターが設置する同法による一般廃棄物処理施設、産業廃棄物処理施設その他の廃棄物の処理施設（廃棄物の処分（再生を含む。）に係るものに限る。）及び地方公共団体が設置する公衆便所

二十七の二　国が設置する平成二十三年三月十一日に発生した東北地方太平洋沖地震に伴う原子力発電所の事故により放出された放射性物質による環境の汚染への対処に関する特別措置法（平成二十三年法律第百十号）による汚染廃棄物等の処理施設

二十八　卸売市場法（昭和四十六年法律第三十五号）による中央卸売市場及び地方卸売市場

二十九　自然公園法（昭和三十二年法律第百六十一号）による公園事業

二十九の二　自然環境保全法（昭和四十七年法律第八十五号）による原生自然環境保全地域に関する保全事業及び自然環境保全地域に関する保全事業

三十　国、地方公共団体、独立行政法人都市再生機構又は地方住宅供給公社が都市計画法（昭和四十三年法律第百号）第四条第二項に規定する都市計画区域について同法第二章の規定により定められた第一種低層住居専用地域、第二種低層住居専用地域、第一種中高層住居専用地域、第二種中高層住居専用地域、第一種住居地域、第二種住居地域、準住居地域又は田園住居地域内において、自ら居住するため住宅を必要とする者に対し賃貸し、又は譲渡する目的で行う五十戸以上の一団地の住宅経営

三十一　国又は地方公共団体が設置する庁舎、工場、研究所、試験所その他直接その事務又は事業の用に供する施設

三十二　国又は地方公共団体が設置する公園、緑地、広場、運動場、墓地、市場その他公共の用に供する施設

三十三　国立研究開発法人日本原子力研究開発機構が国立研究開発法人日本原子力研究開発機構法（平成十六年法律第百五十五号）第十七条第一項第一号から第三号までに掲げる業務の用に供する施設

三十四　独立行政法人水資源機構が設置する独立行政法人水資源機構法（平成十四年法律第百八十二号）による水資源開発施設及び愛知豊川用水施設

三十四の二　国立研究開発法人宇宙航空研究開発機構が国立研究開発法人宇宙航空研究開発機構法（平成十四年法律第百六十一号）第十八条第一号から第四号までに掲げる業務の用に供する施設

三十四の三　国立研究開発法人国立がん研究センター、国立研究開発法人国立循環器病研究センター、国立研究開発法人国立精神・神経医療研究センター、国立研究開発法人国立国際医療研究センター、国立研究開発法人国立成育医療研究センター又は国立研究開発法人国立長寿医療研究センターが高度専門医療に関する研究等を行う国立研究開発法人に関する法律（平成二十年法律第九十三号）第十三条第一項第一号、第十四条第一号、第十五条第一号若しくは第三号、第十六条第一号若しくは第三号、第十七条第一号又は第十八条第一号若しくは第二号に掲げる業務の用に供する施設

三十五　前各号のいずれかに掲げるものに関する事業のために欠くことができない通路、橋、鉄道、軌道、索道、電線路、水路、池井、土石の捨場、材料の置場、職務上常駐を必要とする職員の詰所又は宿舎その他の施設

第四条（収用し、又は使用することができる土地等の制限）

この法律又は他の法律によつて、土地等を収用し、又は使用することができる事業の用に供している土地等は、特別の必要がなければ、収用し、又は使用することができない。

第五条（権利の収用又は使用）① 土地を第三条各号の一に規定する事業の用に供するため、その土地にある左の各号に掲げる権利を消滅させ、又は制限することが必要且つ相当である場合においては、この法律の定めるところにより、これらの権利を収用し、又は使用することができる。

一　地上権、永小作権、地役権、採石権、質権、抵当権、使用貸借又は賃貸借による権利その他土地に関する所有権以外の権利

二　鉱業権

三　温泉を利用する権利

② 土地の上にある立木、建物その他土地に定着する物件をその

土地とともに第三条各号の一に規定する事業の用に供するため、これらの物件に関する所有権以外の権利を消滅させ、又は制限することが必要且つ相当である場合においては、この法律の定めるところにより、これらの権利を収用し、又は使用することができる。

③　土地、河川の敷地、海底又は流水、海水その他の水を第三条各号の一に規定する事業の用に供するため、これらのもの（当該土地が埋立て又は干拓により造成されるものであるときは、当該埋立て又は干拓に係る河川の敷地又は海底）に関係のある漁業権、入漁権その他河川の敷地、海底又は流水、海水その他の水を利用する権利を消滅させ、又は制限することが必要且つ相当である場合においては、この法律の定めるところにより、これらの権利を収用し、又は使用することができる。

第六条及び第七条　（略）

（定義等）

第八条①　この法律において「起業者」とは、土地、第五条に掲げる権利若しくは第六条に掲げる立木、建物その他土地に定着する物件を収用し、若しくは使用し、又は前条に規定する土石砂れきを収用することを必要とする第三条各号の一に規定する事業を行う者をいう。

②　この法律において「土地所有者」とは、収用又は使用に係る土地の所有者をいう。

③　この法律において「関係人」とは、第二条の規定によつて土地を収用し、又は使用する場合においては当該土地に関して地上権、永小作権、地役権、採石権、質権、抵当権、使用貸借若しくは賃貸借による権利その他所有権以外の権利を有する者及びその土地にある物件に関して所有権その他の権利を有する者を、第五条の規定によつて同条に掲げる権利を収用し、又は使用する場合においては当該権利に関して質権、抵当権、使用貸借若しくは賃貸借による権利その他の権利を有する者を、第六条の規定によつて同条に掲げる立木、建物その他土地に定着する物件を収用し、又は使用する場合においては当該物件に関して所有権以外の権利を有する者を、第七条の規定によつて土石砂れきを収用する場合においては当該土石砂れきの属する土地に関して所有権以外の権利を有する者及びその土地にある物件に関して所有権その他の権利を有する者をいう。ただし、第二十六条第一項（第百三十八条第一項において準用する場合を含む。）の規定による事業の認定の告示があつた後において新たな権利を取得した者は、既存の権利を承継した者を除き、関係人に含まれないものとする。

④　この法律において、土地又は物件に関する所有権以外の権利を有する者には、当該土地若しくは物件又は当該土地若しくは物件に関する所有権以外の権利につき、仮登記上の権利又は既登記の買戻権を有する者、既登記の差押債権者及び既登記の仮差押債権者が含まれるものとする。

⑤　前項の規定は、鉱業権、漁業権又は入漁権に関する権利を有する者について準用する。この場合において、同項中「仮登記」とあるのは「仮登録」と、「既登記」とあるのは「既登録」と読み替えるものとする。

第九条から第一〇条の二まで　（略）

第二章　事業の準備　（抄）

（事業の準備のための立入権）

第一一条①　第三条各号の一に掲げる事業の準備のために他人の占有する土地に立ち入つて測量又は調査をする必要がある場合においては、起業者は、事業の種類並びに立ち入ろうとする土地の区域及び期間を記載した申請書を当該区域を管轄する都道府県知事に提出して立入の許可を受けなければならない。但し、起業者が国又は地方公共団体であるときは、事業の種類並びに立ち入ろうとする土地の区域及び期間を都道府県知事にあらかじめ通知することをもつて足り、許可を受けることを要しない。

②　都道府県知事は、前項本文の規定によつて立入の許可の申請があつた事業が第三条各号の一に掲げる事業に該当しない場合又は立ち入ろうとする土地の区域及び期間が当該事業の準備のために必要な範囲をこえる場合を除いては、立入を許可するものとする。

③　前項の規定によつて都道府県知事の許可を受けた起業者又は第一項但書の規定によつて都道府県知事に通知をした起業者は、土地に、自ら立ち入り、又は起業者が命じた者若しくは委任した者を立ち入らせることができる。

④　都道府県知事は、第二項の規定による許可をしたとき、又は第一項但書の規定による通知を受けたときは、直ちに、起業者の名称、事業の種類並びに起業者が立ち入ろうとする土地の区域及び期間をその土地の占有者に通知し、又はこれらの事項を公告しなければならない。

（立入の通知）

第一二条①　前条第三項の規定によつて他人の占有する土地に立ち入ろうとする者は、立ち入ろうとする日の五日前までに、その日時及び場所を市町村長に通知しなければならない。

②　市町村長は、前項の規定による通知を受けたときは、直ちに、その旨を土地の占有者に通知し、又は公告しなければならない。

③　前条第三項の規定によつて宅地又はかき、さく等で囲まれた土地に立ち入ろうとする場合においては、その土地に立ち入ろうとする者は、立入の際あらかじめその旨を占有者に告げなければならない。

④　日出前又は日没後においては、宅地又はかき、さく等で囲まれた土地に立ち入つてはならない。

（立入の受忍）

第一三条　土地の占有者は、正当な理由がない限り、第十一条第三項の規定による立入を拒み、又は妨げてはならない。

第一四条及び第一五条　（略）

第二章の二　土地等の取得に関する紛争の処理

（第一五条の二から第一五条の一三まで）（略）

第三章　事業の認定等　（抄）

第一節　事業の認定　（抄）

（事業の説明）

第一五条の一四　起業者は、次条の規定による事業の認定を受けようとするときは、あらかじめ、国土交通省令で定める説明会の開催その他の措置を講じて、事業の目的及び内容について、当該事業の認定について利害関係を有する者に説明しなければならない。

（事業の認定）

第一六条　起業者は、当該事業又は当該事業の施行により必要を生じた第三条各号の一に該当するものに関する事業（以下「関連事業」という。）のために土地を収用し、又は使用しようとするときは、この節の定めるところに従い、事業の認定を受けなければならない。

（事業の認定に関する処分を行う機関）

第一七条①　事業が次の各号のいずれかに掲げるものであるときは、国土交通大臣が事業の認定に関する処分を行う。

一　国又は都道府県が起業者である事業

二　事業を施行する土地（以下「起業地」という。）が二以上の都道府県の区域にわたる事業

三　一の都道府県の区域を超え、又は道の区域の全部にわたり利害の影響を及ぼす事業その他の事業で次に掲げるもの

イ　道路整備特別措置法（昭和三十一年法律第七号）第二条第四項に規定する会社が行う同法による高速道路に関する事業

ロ　鉄道事業法による鉄道事業者がその鉄道事業（当該事業に係る路線又はその路線及び当該鉄道事業者若しくは当該鉄道事業者がその路線に係る鉄道線路を譲渡し、若しくは使用させる鉄道事業者が運送を行う上でその路線と密接に

関連する他の路線が一の都府県の区域内にとどまるものを除く。）の用に供する施設に関する事業

ハ　港湾法による港湾施設で国際戦略港湾、国際拠点港湾又は重要港湾に係るものに関する事業

ニ　航空法による飛行場又は航空保安施設で公共の用に供するものに関する事業

ホ　電気通信事業法第百二十条第一項に規定する認定電気通信事業者が同項に規定する認定電気通信事業（その業務区域が一の都府県の区域内にとどまるものを除く。）の用に供する施設に関する事業

ヘ　日本放送協会が放送事業の用に供する放送設備に関する事業

ト　電気事業法による一般送配電事業（供給区域が一の都府県の区域内にとどまるものを除く。）、送電事業（供給の相手方たる一般送配電事業者又は配電事業者の供給区域が一の都府県の区域内にとどまるものを除く。）、配電事業（供給区域が一の都府県の区域内にとどまるものを除く。）、特定送配電事業（供給地点が一の都府県の区域内にとどまるものを除く。）又は発電事業（当該事業の用に供する電気工作物と電気的に接続する電線路が一の都府県の区域内にとどまるものを除く。）の用に供する電気工作物に関する事業

チ　イからトまでに掲げる事業のために欠くことができない通路、橋、鉄道、軌道、索道、電線路、水路、池井、土石の捨場、材料の置場、職務上常駐を必要とする職員の詰所又は宿舎その他の施設に関する事業

四　前三号に掲げる事業に係る関連事業

②　事業が前項各号の一に掲げるもの以外のものであるときは、起業地を管轄する都道府県知事が事業の認定に関する処分を行う。

③　国土交通大臣又は都道府県知事は、次条の規定による事業認定申請書を受理した日から三月以内に、事業の認定に関する処分を行なうように努めなければならない。

第一八条（**事業認定申請書**）①　起業者は、第十六条の規定による事業の認定を受けようとするときは、国土交通省令で定める様式に従い、左に掲げる事項を記載した事業認定申請書を、前条第一項又は第二十七条第一項の場合においては国土交通大臣に、前条第二項の場合においては都道府県知事に提出しなければならない。

一　起業者の名称

二　事業の種類

三　収用又は使用の別を明らかにした起業地

四　事業の認定を申請する理由

②　前項の申請書には、国土交通省令で定める様式に従い、次に掲げる書類を添付しなければならない。

一　事業計画書

二　起業地及び事業計画を表示する図面

三　事業が関連事業に係るものであるときは、起業者が当該関連事業を施行する必要を生じたことを証する書面

四　起業地内に第四条に規定する土地があるときは、その土地に関する調書、図面及び当該土地の管理者の意見書

五　起業地内にある土地の利用について法令の規定による制限があるときは、当該法令の施行について権限を有する行政機関の意見書

六　事業の施行に関して行政機関の免許、許可又は認可等の処分を必要とする場合においては、これらの処分があつたことを証明する書類又は当該行政機関の意見書

七　第十五条の十四の規定に基づき講じた措置の実施状況を記載した書面

③　前項第四号から第六号までに掲げる意見書は、起業者が意見を求めた日から三週間を経過しても、これを得ることができなかつたときは、添附することを要しない。この場合においては、意見書を得ることができなかつた事情を疎明する書面を添附しなければならない。

④　第一項第三号及び第二項第二号に規定する起業地の表示は、土地所有者及び関係人が自己の権利に係る土地が起業地の範囲に含まれることを容易に判断できるものでなければならない。

第一九条（略）

第二〇条（**事業の認定の要件**）国土交通大臣又は都道府県知事は、申請に係る事業が左の各号のすべてに該当するときは、事業の認定をすることができる。

一　事業が第三条各号の一に掲げるものに関するものであること。

二　起業者が当該事業を遂行する充分な意思と能力を有する者であること。

三　事業計画が土地の適正且つ合理的な利用に寄与するものであること。

四　土地を収用し、又は使用する公益上の必要があるものであること。

第二一条（**土地の管理者及び関係行政機関の意見の聴取**）①　国土交通大臣又は都道府県知事は、事業の認定に関する処分を行おうとする場合において、第十八条第三項の規定により意見書の添附がなかつたとき、その他必要があると認めるときは、起業地内にある第四条に規定する土地の管理者又は当該事業の施行について関係のある行政機関若しくはその地方支分部局の長の意見を求めなければならない。ただし、土地の管理者については、その管理者を確知することができないとき、その他その意見を求めることができないときは、この限りでない。

②　事業の施行について関係のある行政機関又はその地方支分部局の長は、事業の認定に関する処分について、国土交通大臣又は都道府県知事に対して意見を述べることができる。

第二二条（**専門的学識及び経験を有する者の意見の聴取**）国土交通大臣又は都道府県知事は、事業の認定に関する処分を行おうとする場合において必要があると認めるときは、申請に係る事業の事業計画について専門的学識又は経験を有する者の意見を求めることができる。

第二三条（**公聴会**）①　国土交通大臣又は都道府県知事は、事業の認定に関する処分を行おうとする場合において、当該事業の認定について利害関係を有する者から次条第二項の縦覧期間内に国土交通省令で定めるところにより公聴会を開催すべき旨の請求があつたときその他必要があると認めるときは、公聴会を開いて一般の意見を求めなければならない。

②　前項の規定による公聴会を開こうとするときは、起業者の名称、事業の種類及び起業地並びに公聴会の期日及び場所を一般に公告しなければならない。

③　公聴会の手続に関して必要な事項は、国土交通省令で定める。

第二四条（**事業認定申請書の送付及び縦覧**）①　国土交通大臣又は都道府県知事は、事業の認定に関する処分を行おうとするときは、申請に係る事業が第二十条に規定する要件に該当しないことが明らかである場合を除き、起業地が所在する市町村の長に対して事業認定申請書及びその添附書類のうち当該市町村に関係のある部分の写を送付しなければならない。

②　市町村長が前項の書類を受け取つたときは、直ちに、起業者の名称、事業の種類及び起業地を公告し、公告の日から二週間その書類を公衆の縦覧に供しなければならない。

③　国土交通大臣は、第一項の規定による送付をしたときは、直ちに、起業地を管轄する都道府県知事にその旨を通知し、事業認定申請書及びその添附書類の写を送付しなければならない。

④　市町村長が第一項の書類を受け取つた日から二週間を経過しても、第二項の規定による手続を行なわないときは、起業地を管轄する都道府県知事は、起業者の申請により、当該市町村長に代わつてその手続を行なうことができる。

⑤ 前項の規定により、都道府県知事が市町村長に代わつて手続を行なおうとするときは、あらかじめ、その旨を当該市町村長に通知しなければならない。

⑥ 前項の規定による都道府県知事の通知を受けた後においては、市町村長は、当該事件につき、第二項の規定による手続を行なうことができない。

（利害関係人の意見書の提出）

第二五条① 前条第二項の規定による公告があつたときは、事業の認定について利害関係を有する者は、同項の縦覧期間内に、都道府県知事に意見書を提出することができる。

② 都道府県知事は、国土交通大臣が認定に関する処分を行おうとする事業について、前項の規定による意見書を受け取つたときは、直ちに、これを国土交通大臣に送付し、前条第二項に規定する期間内に意見書の提出がなかつたときは、その旨を国土交通大臣に報告しなければならない。

（社会資本整備審議会等の意見の聴取）

第二五条の二① 国土交通大臣は、事業の認定に関する処分を行おうとするときは、あらかじめ社会資本整備審議会の意見を聴き、その意見を尊重しなければならない。ただし、第二十四条第二項の縦覧期間内に前条第一項の意見書（国土交通大臣が、事業の認定をしようとする場合にあつては事業の認定をすることについて異議がある旨の意見が記載されたものに限り、事業の認定を拒否しようとする場合にあつては事業の認定をすべき旨の意見が記載されたものに限る。）の提出がなかつた場合においては、この限りでない。

② 都道府県知事は、事業の認定に関する処分を行おうとするときは、あらかじめ第三十四条の七第一項の審議会その他の合議制の機関の意見を聴き、その意見を尊重しなければならない。ただし、第二十四条第二項の縦覧期間内に前条第一項の意見書（都道府県知事が、事業の認定をしようとする場合にあつては事業の認定をすることについて異議がある旨の意見が記載されたものに限り、事業の認定を拒否しようとする場合にあつては事業の認定をすべき旨の意見が記載されたものに限る。）の提出がなかつた場合においては、この限りでない。

（事業の認定の告示）

第二六条① 国土交通大臣又は都道府県知事は、第二十条の規定によつて事業の認定をしたときは、遅滞なく、その旨を起業者に文書で通知するとともに、起業者の名称、事業の種類、起業地、事業の認定をした理由及び次条の規定による図面の縦覧場所を国土交通大臣にあつては官報で、都道府県知事にあつては都道府県知事が定める方法で告示しなければならない。

② 都道府県知事は、前項の規定による告示をしたときは、直ちに、国土交通大臣にその旨を報告しなければならない。

③ 国土交通大臣は、第一項の規定による告示をしたときは、直ちに、関係都道府県知事にその旨を通知しなければならない。

④ 事業の認定は、第一項の規定による告示があつた日から、その効力を生ずる。

（起業地を表示する図面の長期縦覧）

第二六条の二① 国土交通大臣又は都道府県知事は、第二十条の規定によつて事業の認定をしたときは、直ちに、起業地が所在する市町村の長にその旨を通知しなければならない。

② 市町村長は、前項の通知を受けたときは、直ちに、第二十四条第一項の規定により送付を受けた起業地を表示する図面を、事業の認定が効力を失う日又は第三十条の二において準用する第三十条第二項若しくは第三項の規定による通知を受ける日まで公衆の縦覧に供しなければならない。

③ 第二十四条第四項及び第五項の規定は、市町村長が第一項の通知を受けた日から二週間を経過しても前項の規定による手続を行なわない場合に準用する。

第二七条（略）

（事業の認定の拒否）

第二八条 国土交通大臣又は都道府県知事は、事業の認定を拒否したときは、遅滞なく、その旨を起業者に文書で通知しなければならない。

（補償等について周知させるための措置）

第二八条の二 起業者は、第二十六条第一項の規定による事業の認定の告示があつたときは、直ちに、国土交通省令で定めるところにより、土地所有者及び関係人が受けることができる補償その他国土交通省令で定める事項について、土地所有者及び関係人に周知させるため必要な措置を講じなければならない。

（土地の保全）

第二八条の三① 第二十六条第一項の規定による事業の認定の告示があつた後においては、何人も、都道府県知事の許可を受けなければ、起業地について明らかに事業に支障を及ぼすような形質の変更をしてはならない。

② 都道府県知事は、土地の形質の変更について起業者の同意がある場合又は土地の形質の変更が災害の防止その他正当な理由に基づき必要があると認められる場合に限り、前項の規定による許可をするものとする。

（事業の認定の失効）

第二九条① 起業者が第二十六条第一項の規定による事業の認定の告示があつた日から一年以内に第三十九条第一項の規定による収用又は使用の裁決の申請をしないときは、事業の認定は、期間満了の日の翌日から将来に向つて、その効力を失う。

② 第二十六条第一項の規定による事業の認定の告示があつた日から四年以内に第四十七条の二第三項の規定による明渡裁決の申立てがないときも、前項と同様とする。この場合において、既にされた裁決手続開始の決定及び権利取得裁決は、取り消されたものとみなす。

第三〇条及び第三〇条の二（略）

第二節　収用又は使用の手続の保留

（第三一条から第三四条の六まで）（略）

第三章の二　都道府県知事が事業の認定に関する処分を行うに際して意見を聴く審議会等

（第三四条の七）（略）

第四章　収用又は使用の手続（抄）

第一節　調書の作成（抄）

（土地物件調査権）

第三五条① 第二十六条第一項の規定による事業の認定の告示があつた後は、起業者又はその命を受けた者若しくは委任を受けた者は、事業の準備のため又は次条第一項の土地調書及び物件調書の作成のために、その土地又はその土地にある工作物に立ち入つて、これを測量し、又はその土地及びその土地若しくは工作物にある物件を調査することができる。

② 前項の規定によつて土地又は工作物に立ち入ろうとする者は、立ち入ろうとする日の三日前までに、その日時及び場所を当該土地又は工作物の占有者に通知しなければならない。

③（略）

（土地調書及び物件調書の作成）

第三六条① 第二十六条第一項の規定による事業の認定の告示があつた後、起業者は、土地調書及び物件調書を作成しなければならない。

② 前項の規定により土地調書及び物件調書を作成する場合において、起業者は、自ら土地調書及び物件調書に署名押印し、土地所有者及び関係人（起業者が過失がなくて知ることができない者を除く。以下この節において同じ。）を立ち会わせた上、土地調書及び物件調書に署名押印させなければならない。

③ 前項の場合において、土地調書及び物件調書の記載事項が真実でない旨の異議を有する者は、その内容を当該調書に附記して署名押印することができる。

④ 第二項の場合において、土地所有者及び関係人のうちに、同項の規定による署名押印を拒んだ者、同項の規定による署名押

印を求められたにもかかわらず相当の期間内にその責めに帰すべき事由によりこれをしない者又は同項の規定による署名押印をすることができない者があるときは、起業者は、市町村長の立会い及び署名押印を求めなければならない。この場合において、市町村長は、当該市町村の職員を立ち会わせ、署名押印させることができる。

⑤ 前項の場合において、市町村長が署名押印を拒んだときは、都道府県知事は、起業者の申請により、当該都道府県の職員のうちから立会人を指名し、署名押印させなければならない。

⑥ 前二項の規定による立会人は、起業者又は起業者に対し第六十一条第一項第二号又は第三号の規定に該当する関係にある者であつてはならない。

第三六条の二 （略）

（土地調書及び物件調書の記載事項）

第三七条① 第三十六条第一項の土地調書には、収用し、又は使用しようとする土地について、次に掲げる事項を記載し、実測平面図を添付しなければならない。

一 土地の所在、地番、地目及び地積並びに土地所有者の氏名及び住所

二 収用し、又は使用しようとする土地の面積

三 土地に関して権利を有する関係人の氏名及び住所並びにその権利の種類及び内容

四 調書を作成した年月日

五 その他必要な事項

② 第三十六条第一項の物件調書には、収用し、又は使用しようとする土地にある物件について、次に掲げる事項を記載しなければならない。

一 物件がある土地の所在、地番及び地目

二 物件の種類及び数量並びにその所有者の氏名及び住所

三 物件に関して権利を有する関係人の氏名及び住所並びにその権利の種類及び内容

四 調書を作成した年月日

五 その他必要な事項

③ 物件が建物であるときは、前項に掲げる事項の外、建物の種類、構造、床面積等を記載し、実測平面図を添付しなければならない。

④ 土地調書及び物件調書の様式は、国土交通省令で定める。

第三七条の二 （略）

（土地調書及び物件調書の効力）

第三八条 起業者、土地所有者及び関係人は、第三十六条第三項の規定によつて異議を付記した者及び第三十六条の二第六項の規定によつて異議申出書を提出した者がその内容を述べる場合を除き、第三十六条から前条までの規定によつて作成された土地調書及び物件調書の記載事項の真否について異議を述べることができない。ただし、その調書の記載事項が真実に反していることを立証するときは、この限りでない。

第二節 裁決手続の開始 （抄）

（収用又は使用の裁決の申請）

第三九条① 起業者は、第二十六条第一項の規定による事業の認定の告示があつた日から一年以内に限り、収用し、又は使用しようとする土地が所在する都道府県の収用委員会に収用又は使用の裁決を申請することができる。

② 土地所有者又は土地に関して権利を有する関係人（先取特権を有する者、質権者、抵当権者、差押債権者又は仮差押債権者である関係人を除く。）は、自己の権利に係る土地について、起業者に対し、前項の規定による申請をすべきことを請求することができる。ただし、一団の土地については、当該収用又は使用に因つて残地となるべき部分を除き、分割して請求することができない。

③ 前項の規定による請求の手続に関して必要な事項は、国土交通省令で定める。

（裁決申請書）

第四〇条① 起業者は、前条の規定によつて収用委員会の裁決を申請しようとするときは、国土交通省令で定める様式に従い、裁決申請書に次に掲げる書類を添付して、これを収用委員会に提出しなければならない。

一 事業計画書並びに起業地及び事業計画を表示する図面

二 市町村別に次に掲げる事項を記載した書類

イ 収用し、又は使用しようとする土地の所在、地番及び地目

ロ 収用し、又は使用しようとする土地の面積（土地が分割されることとなる場合においては、その全部の面積を含む。）

ハ 土地を使用しようとする場合においては、その方法及び期間

ニ 土地所有者及び土地に関して権利を有する関係人の氏名及び住所

ホ 土地又は土地に関する所有権以外の権利に対する損失補償の見積及びその内訳

ヘ 権利を取得し、又は消滅させる時期

三 第三十六条第一項の土地調書又はその写し

② 前項第二号ニに掲げる事項に関して起業者が過失がなくて知ることができないものについては、同項の規定による申請書の添附書類に記載することを要しない。

第四一条 （略）

（裁決申請書の送付及び縦覧）

第四二条① 収用委員会は、第四十条第一項の規定による裁決申請書及びその添附書類を受理したときは、前条において準用する第十九条第二項の規定により裁決申請書を却下する場合を除くの外、市町村別に当該市町村に関係がある部分の写を当該市町村長に送付するとともに、添附書類に記載されている土地所有者及び関係人に裁決の申請があつた旨の通知をしなければならない。

② 市町村長は、前項の書類を受け取つたときは、直ちに、裁決の申請があつた旨及び第四十条第一項第二号イに掲げる事項を公告し、公告の日から二週間その書類を公衆の縦覧に供しなければならない。

③ 市町村長は、前項の規定による公告をしたときは、遅滞なく、公告の日を収用委員会に報告しなければならない。

④ 第二十四条第四項から第六項までの規定は、市町村長が第一項の書類を受け取つた日から二週間を経過しても第二項の規定による手続を行なわない場合に準用する。この場合において、同条第四項中「起業地」とあるのは、「裁決の申請に係る土地」と読み替えるものとする。

⑤ 都道府県知事は、収用委員会に対して前項の規定により第二項の規定による公衆の縦覧に供しなければならない書類の送付を求めることができる。

⑥ 都道府県知事は、第四項の規定により第二項の規定による公告をしたときは、遅滞なく、公告の日を収用委員会に通知しなければならない。

（土地所有者及び関係人等の意見書の提出）

第四三条① 前条第二項の規定による公告があつたときは、土地所有者及び関係人は、同条の縦覧期間内に、収用委員会に意見書を提出することができる。但し、縦覧期間が経過した後において意見書が提出された場合においても、収用委員会は、相当の理由があると認めるときは、当該意見書を受理することができる。

② 前条第二項の規定による公告があつたときは、その公告があつた土地及びこれに関する権利について仮処分をした者その他損失の補償の決定によつて権利を害される虞のある者（以下「準関係人」と総称する。）は、収用委員会の審理が終るまでは、自己の権利が影響を受ける限度において、損失の補償に関して収用委員会に意見書を提出することができる。

③ 土地所有者、関係人及び準関係人は、前二項の規定による意見書において、事業の認定に対する不服に関する事項その他の

事項であつて、収用委員会の審理と関係がないものを記載することができない。

④（略）

第四四条から第四五条の二まで（略）

（裁決手続開始の登記の効果）

第四五条の三① 裁決手続開始の登記があつた後において、当該登記に係る権利を承継し、当該登記に係る権利について仮登記若しくは買戻しの特約の登記をし、又は当該登記に係る権利について差押え、仮差押えの執行若しくは仮処分の執行をした者は、当該承継、仮登記上の権利若しくは買戻権又は当該処分を起業者に対抗することができない。ただし、相続人その他の一般承継人及び当該裁決手続開始の登記前に登記された買戻権の行使又は当該裁決手続開始の登記前にされた差押え若しくは仮差押えの執行に係る国税徴収法（昭和三十四年法律第百四十七号）による滞納処分（その例による滞納処分を含むものとし、以下単に「滞納処分」という。）、強制執行若しくは担保権の実行としての競売（その例による競売を含むものとし、以下単に「競売」という。）により権利を取得した者の当該権利の承継については、この限りでない。

② 裁決手続開始の登記前においては、土地が収用され、又は使用されることによる損失の補償を請求する権利については、差押え、仮差押えの執行、譲渡又は質権の設定をすることができない。裁決手続開始の登記後においても、その登記に係る権利で、その登記前に差押え又は仮差押えの執行がされているもの（質権、抵当権その他の権利で、当該差押え又は仮差押えの執行に係る滞納処分、強制執行又は競売によつて消滅すべきものを含む。）に対する損失の補償を請求する権利につき、同様とする。

（審理手続の開始）

第四六条① 収用委員会は、第四十二条第二項に規定する縦覧期間を経過した後、遅滞なく、審理を開始しなければならない。

② 収用委員会は、審理を開始する場合においては、起業者、第四十条第一項の規定による裁決申請書の添附書類に記載されている土地所有者及び関係人並びに第四十三条又は第八十七条ただし書の規定によつて意見書を提出した者に、あらかじめ審理の期日及び場所を通知しなければならない。

③ 収用委員会は、審理の促進を図り、裁決が遅延することのないように努めなければならない。

第三節　補償金の支払請求（抄）

（補償金の支払請求）

第四六条の二① 土地所有者又は土地に関して権利を有する関係人（先取特権を有する者、質権者、抵当権者、差押債権者又は仮差押債権者である関係人を除く。）は、第二十六条第一項の規定による事業の認定の告示があつた後は、起業者に対し、土地又は土地に関する所有権以外の権利に対する補償金（第七十六条第三項の規定によるものを除く。）の支払を請求することができる。第三十九条第二項ただし書及び第三項の規定は、この場合に準用する。

② 前項の規定による補償金の支払の請求は、第三十九条第二項の規定による請求とあわせてしなければならない。ただし、既に、起業者が同条第一項の規定による収用若しくは使用の裁決の申請をし、又は他の土地所有者若しくは関係人が同条第二項の規定による請求をしているときは、この限りでない。

③ 裁決手続開始の登記前から差押え又は仮差押えの執行がされている権利（当該差押え又は仮差押えの執行に係る滞納処分、強制執行又は競売によつて消滅すべき権利を含む。）については、第一項の規定による補償金の支払の請求は、することができない。差押え又は仮差押えの執行前に同項の規定による補償金の支払の請求がされた権利について、差押え又は仮差押えの執行後に裁決手続開始の登記がされたときは、同項の規定による補償金の支払の請求は、その効力を失う。

第四六条の三（略）

（見積りによる補償金の支払）

第四六条の四① 起業者は、第四十六条の二第一項の規定による補償金の支払の請求を受けたときは、国土交通省令で定めるところにより、二月以内に自己の見積りによる補償金を支払わなければならない。ただし、裁決手続開始の登記がされていないときは、その登記がされた日から一週間以内に支払えば足りる。

②③（略）

④ 第一項の規定による支払期限前に権利取得裁決の裁決書の正本が起業者に送達されたときは、第四十六条の二第一項の規定による補償金の支払の請求は、その効力を失う。

第四節　裁決

（却下の裁決）

第四七条 収用又は使用の裁決の申請が左の各号の一に該当するときその他この法律の規定に違反するときは、収用委員会は、裁決をもつて申請を却下しなければならない。

一 申請に係る事業が第二十六条第一項の規定によつて告示された事業と異なるとき。

二 申請に係る事業計画が第十八条第二項第一号の規定によつて事業認定申請書に添附された事業計画書に記載された計画と著しく異なるとき。

（収用又は使用の裁決）

第四七条の二① 収用委員会は、前条の規定によつて申請を却下する場合を除くの外、収用又は使用の裁決をしなければならない。

② 収用又は使用の裁決は、権利取得裁決及び明渡裁決とする。

③ 明渡裁決は、起業者、土地所有者又は関係人の申立てをまつてするものとする。

④ 明渡裁決は、権利取得裁決とあわせて、又は権利取得裁決のあつた後に行なう。ただし、明渡裁決のため必要な審理を権利取得裁決前に行なうことを妨げない。

（明渡裁決の申立て等）

第四七条の三① 起業者は、明渡裁決の申立てをしようとするとき、又は土地所有者若しくは関係人から明渡裁決の申立てがあつたときは、国土交通省令で定める様式に従い、次に掲げる書類を収用委員会に提出しなければならない。

一 市町村別に次に掲げる事項を記載した書類

イ 土地の所在、地番及び地目

ロ 土地にある物件の種類及び数量（物件が分割されることになる場合においては、その全部の物件の数量を含む。）

ハ 土地所有者及び関係人の氏名及び住所

ニ 第四十条第一項第二号ホに掲げるものを除くその他の損失補償の見積り及びその内訳

ホ 土地若しくは物件の引渡し又は物件の移転の期限

二 第三十六条第一項の物件調書又はその写し

② 第四十条第二項の規定は、前項第一号ハに掲げる事項の記載について準用する。

③ 第三十七条の二に規定する場合においては、第一項第一号の書類に記載すべき事項のうちロに掲げる事項については、第三十五条第一項の規定による方法以外の方法により知ることができる程度で記載すれば足りるものとする。この場合においては、その書類にその旨を附記しなければならない。

④ 第一項第二号に掲げる書類については、既に作成したこれらの書類の内容が現況と著しく異なると認められるときは、新たにこれを作成して、従前の書類とともに提出しなければならない。

⑤ 第十九条第一項前段の規定は、第一項に規定する書類の欠陥の補正について準用する。この場合において、「前条」とあるのは「第四十七条の三第一項から第四項まで」と、「事業認定申請書及びその添附書類」とあるのは「書類」と、「同条」とあるのは「これらの規定」と、「国土交通大臣又は都道府県知

事」とあるのは「収用委員会」と読み替えるものとする。

⑥ 第一項から前項までに定めるものの外、明渡裁決の申立ての手続に関して必要な事項は、国土交通省令で定める。

（書類の送付及び縦覧）

第四七条の四① 収用委員会は、前条第一項の書類を受理したときは、市町村別に当該市町村に関係がある部分の写しを当該市町村長に送付するとともに、その書類に記載されている土地所有者及び関係人に明渡裁決の申立てがあつた旨の通知をしなければならない。

② （略）

（権利取得裁決）

第四八条① 権利取得裁決においては、次に掲げる事項について裁決しなければならない。

一 収用する土地の区域又は使用する土地の区域並びに使用の方法及び期間

二 土地又は土地に関する所有権以外の権利に対する損失の補償

三 権利を取得し、又は消滅させる時期（以下「権利取得の時期」という。）

四 その他この法律に規定する事項

② 収用委員会は、前項第一号に掲げる事項については、第四十条第一項の規定による裁決申請書の添附書類によつて起業者が申し立てた範囲内で、且つ、事業に必要な限度において裁決しなければならない。但し、第七十六条第一項又は第八十一条第一項の規定による請求があつた場合においては、その請求の範囲内において裁決することができる。

③ 収用委員会は、第一項第二号に掲げる事項については、第四十条第一項の規定による裁決申請書の添附書類並びに第四十三条、第六十三条第二項若しくは第八十七条ただし書の規定による意見書又は第六十五条第一項第一号の規定に基いて提出された意見書によつて起業者、土地所有者、関係人及び準関係人が申し立てた範囲をこえて裁決してはならない。

④ 収用委員会は、第一項第二号に掲げる事項については、前項の規定によるのほか、当該補償金を受けるべき土地所有者及び関係人の氏名及び住所を明らかにして裁決しなければならない。ただし、土地所有者又は関係人の氏名又は住所を確知することができないときは、当該事項については、この限りでない。

⑤ 収用委員会は、第一項第二号に掲げる事項については、前二項の規定によるのほか、土地に関する所有権以外の権利に関して争いがある場合において、裁決の時期までにその権利の存否が確定しないときは、当該権利が存するものとして裁決しなければならない。この場合においては、裁決の後に土地に関する所有権以外の権利が存しないことが確定した場合における土地所有者の受けるべき補償金をあわせて裁決しなければならない。

（明渡裁決）

第四九条① 明渡裁決においては、次に掲げる事項について裁決しなければならない。

一 前条第一項第二号に掲げるものを除くその他の損失の補償

二 土地若しくは物件の引渡し又は物件の移転の期限（以下「明渡しの期限」という。）

三 その他この法律に規定する事項

② 前条第三項から第五項までの規定は、前項第一号に掲げる事項について準用する。

（和解）

第五〇条① 収用委員会は、審理の途中において、何時でも、起業者、土地所有者及び関係人に和解を勧めることができる。

② 収用し、又は使用しようとする土地の全部又は一部について起業者と土地所有者及び関係人の全員との間に第四十八条第一項各号又は前条第一項各号に掲げるすべての事項に関して和解がととのつた場合において、その和解の内容が第七章の規定に適合するときは、収用委員会は、起業者、土地所有者及び関係人の申請により、和解調書を作成することができる。

③ 前項の和解調書には、第四十八条第一項各号又は前条第一項各号に掲げるすべての事項を記載し、収用委員会の会長及び和解調書の作成に加わつた委員並びに起業者、土地所有者及び関係人が、これに署名押印しなければならない。

④ 和解調書の正本には、収用委員会の印章を押し、これを起業者、土地所有者及び関係人に送達しなければならない。

⑤ 第三項の規定による和解調書が作成されたときは、この法律の適用については、権利取得裁決又は明渡裁決があつたものとみなす。この場合において、起業者、土地所有者及び関係人は、和解の成立及び内容を争うことができない。

第五章 収用委員会（抄）

第一節 組織及び権限（抄）

（設置）

第五一条① この法律に基く権限を行うため、都道府県知事の所轄の下に、収用委員会を設置する。

② 収用委員会は、独立してその職権を行う。

第五二条から第五九条まで （略）

第二節 会議及び審理

（第六〇条から第六七条まで）（略）

第六章 損失の補償（抄）

第一節 収用又は使用に因る損失の補償（抄）

（損失を補償すべき者）

第六八条 土地を収用し、又は使用することに因つて土地所有者及び関係人が受ける損失は、起業者が補償しなければならない。

（個別払の原則）

第六九条 損失の補償は、土地所有者及び関係人に、各人別にしなければならない。但し、各人別に見積ることが困難であるときは、この限りでない。

（損失補償の方法）

第七〇条 損失の補償は、金銭をもつてするものとする。但し、替地の提供その他補償の方法について、第八十二条から第八十六条までの規定により収用委員会の裁決があつた場合は、この限りでない。

（土地等に対する補償金の額）

第七一条 収用する土地又はその土地に関する所有権以外の権利に対する補償金の額は、近傍類地の取引価格等を考慮して算定した事業の認定の告示の時における相当な価格に、権利取得裁決の時までの物価の変動に応ずる修正率を乗じて得た額とする。

第七二条 前条の規定は、使用する土地又はその土地に関する所有権以外の権利に対する補償金の額について準用する。この場合において、同条中「近傍類地の取引価格」とあるのは、「その土地及び近傍類地の地代及び借賃」と読み替えるものとする。

（その他の補償額算定の時期）

第七三条 この節に別段の定めがある場合を除くの外、損失の補償は、明渡裁決の時の価格によつて算定してしなければならない。

（残地補償）

第七四条① 同一の土地所有者に属する一団の土地の一部を収用し、又は使用することに因つて、残地の価格が減じ、その他残地に関して損失が生ずるときは、その損失を補償しなければならない。

② 前項の規定による残地又は残地に関する所有権以外の権利に対する補償金の額については、第七十一条及び第七十二条の例による。

（工事の費用の補償）
第七五条　同一の土地所有者に属する一団の土地の一部を収用し、又は使用することに因つて、残地に通路、みぞ、かき、さくその他の工作物の新築、改築、増築若しくは修繕又は盛土若しくは切土をする必要が生ずるときは、これに要する費用を補償しなければならない。

（残地収用の請求権）
第七六条①　同一の土地所有者に属する一団の土地の一部を収用することに因つて、残地を従来利用していた目的に供することが著しく困難となるときは、土地所有者は、その全部の収用を請求することができる。
②　前項の規定によつて収用の請求がされた残地又はその上にある物件に関して権利を有する関係人は、収用委員会に対して、起業者の業務の執行に特別の支障がなく、且つ、他の関係人の権利を害しない限りにおいて、従前の権利の存続を請求することができる。
③　第一項の規定によつて収用の請求がされた土地に関する所有権以外の権利に対しては、第七十一条の規定にかかわらず、近傍類地の取引価格等を考慮して算定した権利取得裁決の時における相当な価格をもつて補償しなければならない。

（移転料の補償）
第七七条　収用し、又は使用する土地に物件があるときは、その物件の移転料を補償して、これを移転させなければならない。この場合において、物件が分割されることとなり、その全部を移転しなければ従来利用していた目的に供することが著しく困難となるときは、その所有者は、その物件の全部の移転料を請求することができる。

（移転困難な場合の収用請求権）
第七八条　前条の場合において、物件を移転することが著しく困難であるとき、又は物件を移転することに因つて従来利用していた目的に供することが著しく困難となるときは、その所有者は、その物件の収用を請求することができる。

（移転料多額の場合の収用請求権）
第七九条　第七十七条の場合において、移転料が移転しなければならない物件に相当するものを取得するのに要する価格をこえるときは、起業者は、その物件の収用を請求することができる。

（物件の補償）
第八〇条　前二条の規定によつて物件を収用する場合において、収用する物件に対しては、近傍同種の物件の取引価格等を考慮して、相当な価格をもつて補償しなければならない。

（原状回復の困難な使用の補償）
第八〇条の二①　土地を使用する場合において、使用の方法が土地の形質を変更し、当該土地を原状に復することを困難にするものであるときは、これによつて生ずる損失をも補償しなければならない。
②　前項の規定による土地又は土地に関する所有権以外の権利に対する補償金の額については、第七十一条の例による。

（土地の使用に代る収用の請求）
第八一条①　土地を使用する場合において、土地の使用が三年以上にわたるとき、土地の使用に因つて土地の形質を変更するとき、又は使用しようとする土地に土地所有者の所有する建物があるときは、土地所有者は、その土地の収用を請求することができる。但し、空間又は地下を使用する場合で、土地の通常の用法を妨げないときは、この限りでない。
②　前項の規定によつて収用の請求がされた土地に関して権利を有する関係人は、収用委員会に対して従前の権利の存続を請求することができる。
③　前項の規定による請求があつた権利については、起業者がその権利の使用の裁決の申請をしたものとみなして、第一項の規定に基づく請求に係る裁決とあわせて裁決するものとする。

（替地による補償）
第八二条①　土地所有者又は関係人（先取特権を有する者、質権者、抵当権者及び第八条第四項の規定により関係人に含まれる者を除く。以下この条及び第八十三条において同じ。）は、収用される土地又はその土地に関する所有権以外の権利に対する補償金の全部又は一部に代えて土地又は土地に関する所有権以外の権利（以下「替地」と総称する。）をもつて、損失を補償することを収用委員会に要求することができる。
②　土地所有者又は関係人が起業者の所有する特定の土地を指定して前項の規定による要求をした場合において、収用委員会は、その要求が相当であり、且つ、替地の譲渡が起業者の事業又は業務の執行に支障を及ぼさないと認めるときは、権利取得裁決において替地による損失の補償の裁決をすることができる。
③　土地所有者又は関係人が土地を指定しないで、又は起業者の所有に属しない土地を指定して第一項の規定による要求をした場合において、収用委員会は、その要求が相当であると認めるときは、起業者に対して替地の提供を勧告することができる。
④　前項の規定による勧告に基いて起業者が提供しようとする替地について、土地所有者又は関係人が同意したときは、収用委員会は、替地による損失の補償の裁決をすることができる。
⑤　第三項の規定による勧告があつた場合において、国又は地方公共団体である起業者は、地方公共団体又は国の所有する土地で、公用又は公共用に供し、又は供するものと決定したもの以外のものであつて、且つ、替地として相当と認めるものがあるときは、その譲渡のあつ旋を収用委員会に申請することができる。
⑥　前項の規定による申請があつた場合において、収用委員会は、その申請を相当と認めるときは、国又は地方公共団体に対し、替地として相当と認めるものの譲渡を勧告することができる。
⑦　起業者が提供すべき替地は、土地の地目、地積、土性、水利、権利の内容等を総合的に勘案して、従前の土地又は土地に関する所有権以外の権利に照応するものでなければならない。

（耕地の造成）
第八三条①　土地所有者又は関係人は、前条第一項の規定による要求をする場合において、収用される土地が耕作を目的とするものであるときは、その要求にあわせて、収用される土地又はその土地に関する所有権以外の権利に対する補償金に代る範囲内において、同条第七項の規定の趣旨により、替地となるべき土地について、起業者が耕地の造成を行うことを収用委員会に要求することができる。
②　収用委員会は、前項の規定による要求が相当であると認めるときは、権利取得裁決において工事の内容及び工事を完了すべき時期を定めて耕地の造成による損失の補償を替地による損失の補償にあわせて裁決することができる。
③　前項の場合において、起業者が国以外の者であるときは、収用委員会は、必要があると認めるときは、同時に起業者が耕地の造成のための担保を提供しなければならない旨の裁決をすることができる。
④　前項の規定による担保は、収用委員会が相当と認める金銭又は有価証券を供託することによつて、提供するものとする。
⑤　起業者が工事を完了すべき時期までに工事を完了しないときは、土地所有者又は関係人は、収用委員会の確認を得て前項の規定による担保の全部又は一部を取得する。この場合において起業者は、収用委員会の確認を得て耕地の造成による損失の補償の義務を免かれるものとする。
⑥　起業者は、工事を完了したときは、収用委員会の確認を得て第四項の規定による担保を取りもどすことができる。
⑦　前二項の規定による担保の取得及び取りもどしに関する手続は、国土交通省令で定める。

（工事の代行による補償）
第八四条①　第七十五条の場合において、起業者、土地所有者又は関係人は、補償金の全部又は一部に代えて、起業者が当該工事を行うことを収用委員会に要求することができる。

② 収用委員会は、前項の規定による要求が相当であると認めるときは、明渡裁決において工事の内容及び工事を完了すべき時期を定めて、工事の代行による損失の補償の裁決をすることができる。

③ 前条第三項から第七項までの規定は、前項の場合に準用する。この場合において、同条第三項及び第五項中「耕地の造成」とあるのは、「工事の代行」と読み替えるものとする。

（移転の代行による補償）

第八五条① 第七十七条に規定する場合において、起業者又は物件の所有者は、移転料の補償に代えて、起業者が当該物件を移転することを収用委員会に要求することができる。

② 収用委員会は、前項の規定による要求が相当であると認めるときは、明渡裁決において移転の代行による損失の補償の裁決をすることができる。

（宅地の造成）

第八六条① 第七十七条の規定により建物を移転しようとする場合において、移転先の土地が宅地以外の土地であるときは、土地所有者又は関係人は、第七十一条、第七十二条、第七十四条、第八十条の二及び第八十八条の規定による損失の補償の一部に代えて、起業者が宅地の造成を行うことを収用委員会に要求することができる。

② 収用委員会は、前項の規定による要求が相当であると認めるときは、権利取得裁決又は明渡裁決において工事の内容を定めて宅地の造成による損失の補償の裁決をすることができる。

第八七条 （略）

（通常受ける損失の補償）

第八八条 第七十一条、第七十二条、第七十四条、第七十五条、第七十七条、第八十条及び第八十条の二に規定する損失の補償の外、離作料、営業上の損失、建物の移転による賃貸料の損失その他土地を収用し、又は使用することに因つて土地所有者又は関係人が通常受ける損失は、補償しなければならない。

第八八条の二及び第八九条 （略）

（起業利益との相殺の禁止）

第九〇条 同一の土地所有者に属する一団の土地の一部を収用し、又は使用する場合において、当該土地を収用し、又は使用する事業の施行に因つて残地の価格が増加し、その他残地に利益が生ずることがあつても、その利益を収用又は使用に因つて生ずる損失と相殺してはならない。

第九〇条の二 （略）

（差額及び加算金の裁決）

第九〇条の三① 第四十六条の二第一項の規定による補償金の支払の請求があつた場合においては、収用委員会は、権利取得裁決において次に掲げる事項について裁決しなければならない。

一 起業者が土地又は土地に関する所有権以外の権利に対する補償金として既に支払つた額を、その支払時期に応じて第七十一条に規定する修正率の例により算定した修正率によつて修正した額

二 第四十六条の四第一項の規定による支払期限における価額に前条の規定により読み替えられた第七十一条の規定によつて算定した補償金の額と前号の額とに過不足があるときは、起業者が支払うべき補償金の残額及びその権利者又は起業者が返還を受けることができる額及びその債務者

三 支払を遅滞した補償金に対する加算金

② 前項第三号に掲げる加算金の額は、第四十六条の四第一項の規定による支払を遅滞した金額について、その支払を遅滞した期間（裁決の時までに支払われなかつた金額については、裁決の時までの期間）の日数につき、次の各号に定めるところにより算定した額とする。

一 遅滞額が前条の規定による補償金の額の二割以上である期間 年十八・二五パーセント

二 遅滞額が前条の規定による補償金の額の二割未満一割以上である期間 年十一パーセント

三 遅滞額が前条の規定による補償金の額の一割未満である期間 年六・二五パーセント

（過怠金の裁決）

第九〇条の四 起業者が第三十九条第二項の規定による請求を受けた日から二週間以内に収用又は使用の裁決の申請をしなかつた場合においては、収用委員会は、権利取得裁決において、起業者が、土地所有者及び土地に関する所有権以外の権利を有する関係人に対し、それらの者が受けるべき補償金の額につき年十八・二五パーセントの割合により裁決の申請を怠つた期間の日数に応じて算定した過怠金を支払うべき旨の裁決をしなければならない。

第二節 測量、事業の廃止等に因る損失の補償

（第九一条から第九四条まで）（略）

第七章 収用又は使用の効果（抄）

（権利取得裁決に係る補償の払渡し又は供託等）

第九五条① 起業者は、権利取得裁決において定められた権利取得の時期までに、権利取得裁決に係る補償金、加算金及び過怠金（以下「補償金等」という。）の払渡、替地の譲渡及び引渡又は第八十六条第二項の規定に基く宅地の造成をしなければならない。

② 起業者は、次に掲げる場合においては、前項の規定にかかわらず、権利取得の時期までに補償金等を供託することができる。

一 補償金等の提供をした場合において、補償金等を受けるべき者がその受領を拒んだとき。

二 補償金等を受けるべき者が補償金等を受領することができないとき。

三 起業者が補償金等を受けるべき者を確知することができないとき。ただし、起業者に過失があるときは、この限りでない。

四 起業者が収用委員会の裁決した補償金等の額に対して不服があるとき。

五 起業者が差押え又は仮差押えにより補償金等の払渡しを禁じられたとき。

③ 前項第四号の場合において補償金等を受けるべき者の請求があるときは、起業者は、自己の見積金額を払い渡し、裁決による補償金等の額との差額を供託しなければならない。

④ 起業者は第四十八条第五項の規定による裁決があつた場合においては、第一項の規定にかかわらず、権利取得の時期までに、その裁決においてあるものとされた権利に係る補償金等（その裁決において併存し得ない二以上の権利があるものとされた場合においては、それらの権利に対する補償金等のうち最高額のもの）を供託しなければならない。裁決手続開始の登記前に仮登記又は買戻しの特約の登記がされた権利に係る補償金等についても、同様とする。

⑤ 起業者は、次に掲げる場合においては、第一項の規定にかかわらず、権利取得の時期までに替地を供託することができる。

一 替地の提供をした場合において、替地を受けるべき者がその受領を拒んだとき。

二 替地を受けるべき者が替地の譲渡又は引渡しを受けることができないとき。

三 起業者が差押え又は仮差押えにより替地の譲渡又は引渡しを禁じられたとき。

⑥ 起業者は、裁決で定められた工事を完了すべき時期までに、権利取得裁決に係る第八十三条第二項の規定に基く耕地の造成をしなければならない。

第九六条から第九九条まで （略）

（収用又は使用の裁決の失効）

第一〇〇条① 起業者が権利取得裁決において定められた権利取得の時期までに、権利取得裁決に係る補償金等の払渡若しくは供託、替地の譲渡及び引渡若しくは供託、第八十六条第二項の規定に基く宅地の造成の提供又は第八十三条第四項の規定に基

く金銭若しくは有価証券の供託をしないときは、権利取得裁決は、その効力を失い、裁決手続開始の決定は、取り消されたものとみなす。

② 起業者が、明渡裁決において定められた明渡しの期限までに、明渡裁決に係る補償金の払渡し若しくは供託、第八十五条第二項の規定に基づく物件の移転の代行の提供、第八十六条第二項の規定に基づく宅地の造成の提供又は第八十四条第三項において準用する第八十三条第四項の規定に基づく金銭若しくは有価証券の供託をしないときは、明渡裁決は、その効力を失う。この場合において、第二十六条第一項の規定による事業の認定の告示があつた日から四年を経過していないときは、その期間経過前に限り、なお明渡裁決の申立てをすることができるものとし、その期間を経過しているときは、裁決手続開始の決定及び権利取得裁決は、取り消されたものとみなす。

第一〇〇条の二（略）

（権利の取得、消滅及び制限）

第一〇一条① 土地を収用するときは、権利取得裁決において定められた権利取得の時期において、起業者は、当該土地の所有権を取得し、当該土地に関するその他の権利並びに当該土地又は当該土地に関する所有権以外の権利に係る仮登記上の権利及び買戻権は消滅し、当該土地又は当該土地に関する所有権以外の権利に係る差押え、仮差押えの執行及び仮処分の執行はその効力を失う。但し、第七十六条第二項又は第八十一条第二項の規定に基く請求に係る裁決で存続を認められた権利については、この限りでない。

② 土地を使用するときは、起業者は、権利取得裁決において定められた権利取得の時期において、裁決で定められたところにより、当該土地を使用する権利を取得し、当該土地に関するその他の権利は、使用の期間中は、行使することができない。但し、裁決で認められた方法による当該土地の使用を妨げない権利については、この限りでない。

③ 第一項本文の規定は、第七十八条又は第七十九条の規定によつて物件を収用する場合に準用する。この場合において、同項中「権利取得裁決において定められた権利取得の時期」とあるのは、「明渡裁決において定められた明渡しの期限」と読み替えるものとする。

第一〇一条の二（略）

（土地若しくは物件の引渡し又は物件の移転）

第一〇二条 明渡裁決があつたときは、当該土地又は当該土地にある物件を占有している者は、明渡裁決において定められた明渡しの期限までに、起業者に土地若しくは物件を引き渡し、又は物件を移転しなければならない。

（土地若しくは物件の引渡し又は物件の移転の代行及び代執行）

第一〇二条の二① 前条の場合において次の各号の一に該当するときは、市町村長は、起業者の請求により、土地若しくは物件を引き渡し、又は物件を移転すべき者に代わつて、土地若しくは物件を引き渡し、又は物件を移転しなければならない。

一 土地若しくは物件を引き渡し、又は物件を移転すべき者がその責めに帰することができない理由に因りその義務を履行することができないとき。

二 起業者が過失がなくて土地若しくは物件を引き渡し、又は物件を移転すべき者を確知することができないとき。

② 前条の場合において、土地若しくは物件を引き渡し、又は物件を移転すべき者がその義務を履行しないとき、履行しても充分でないとき、又は履行しても明渡しの期限までに完了する見込みがないときは、都道府県知事は、起業者の請求により、行政代執行法（昭和二十三年法律第四十三号）の定めるところに従い、自ら義務者のなすべき行為をし、又は第三者をしてこれをさせることができる。物件を移転すべき者が明渡裁決に係る第八十五条第二項の規定に基づく移転の代行の提供の受領を拒んだときも、同様とする。

③ 前項前段の場合において、都道府県知事は、義務者及び起業者にあらかじめ通知した上で、当該代執行に要した費用に充てるため、その費用の額の範囲内で、義務者が起業者から受けるべき明渡裁決に係る補償金を義務者に代わつて受けることができる。

④ 起業者が前項の規定に基づき補償金の全部又は一部を都道府県知事に支払つた場合においては、この法律の適用については、起業者が都道府県知事に支払つた金額の限度において、起業者が土地所有者又は関係人に明渡裁決に係る補償金を支払つたものとみなす。

⑤ 第二項後段の場合においては、物件の移転に要した費用は、行政代執行法第二条の規定にかかわらず、起業者から徴収するものとし、起業者がその費用を支払つたときは、起業者は、移転の代行による補償をしたものとみなす。

（危険負担）

第一〇三条 権利取得裁決又は明渡裁決があつた後に、収用し、若しくは使用すべき土地又は収用すべき物件が土地所有者又は関係人の責に帰することができない事由に因つて滅失し、又はき損したときは、その滅失又はき損に因る損失は、起業者の負担とする。

第一〇四条から第一〇七条まで（略）

第八章 収用又は使用に関する特別手続（抄）

第一節 削除

第一〇八条から第一一五条まで 削除

第二節 協議の確認（抄）

（協議の確認の申請）

第一一六条① 起業地の全部又は一部について起業者と土地所有者及び関係人の全員との間に権利を取得し、又は消滅させるための協議が成立したときは、起業者は、第二十六条第一項の規定による事業の認定の告示があつた日以後収用又は使用の裁決の申請前に限り、当該土地所有者及び関係人の同意を得て、当該土地の所在する都道府県の収用委員会に協議の確認を申請することができる。

② 起業者は、前項の規定による申請をしようとするときは、国土交通省令で定める様式に従い、土地所有者及び関係人の同意を得たことを証する書面を添えて、左に掲げる事項を記載した確認申請書を収用委員会に提出しなければならない。

一 協議が成立した土地の所在、地番、地目及び面積

二 前号の土地の土地所有者及び関係人の氏名及び住所

三 協議によつて取得し、又は消滅させる権利の種類及び内容

四 権利を取得し、又は消滅させる時期及び土地若しくは物件の引渡し又は物件の移転の期限

五 対償

第一一七条（略）

（協議の確認）

第一一八条① 収用委員会は、第百十六条第二項の規定による確認申請書を受理したときは、前条において準用する第十九条第二項の規定により確認申請書を却下する場合を除くの外、市町村別に当該市町村に関係のある部分の写を当該市町村長に送付しなければならない。

② 市町村長は、前項の規定による書類を受け取つたときは、直ちに、確認の申請があつた旨を公告し、公告があつた日から二週間その書類を公衆の縦覧に供しなければならない。

③ 市町村長は、前項の規定による公告をしたときは、遅滞なく、公告の日を収用委員会に報告しなければならない。

④ 第二項の規定による公告があつたときは、利害関係人は、同項の縦覧期間内に、収用委員会に、協議の成立及び内容について、書面により、異議を申し出ることができる。

⑤ 収用委員会は、第百十六条の規定による協議の確認の申請が法令の規定に違反せず、前項の規定による異議の申出がなく、又は異議の申出があつた場合においてその異議の申出が同項の

規定に違反し、若しくは理由のないことが明らかであり、且つ、協議の内容が第七章の規定に適合するときは、第百十六条第二項各号に掲げる事項について確認をしなければならない。

（確認の拒否）

第一一九条 収用委員会は、第百十六条の規定による協議の確認の申請があつた場合において、その申請が前条第五項の規定に該当しないときは、確認を拒否しなければならない。但し、異議の申出が申請に係る土地の一部に関するものであつて、他の部分に影響がないときは、その影響のない部分について、確認をしなければならない。

第一二〇条 （略）

（確認の効果）

第一二一条 第百十八条第五項又は第百十九条但書の規定による確認があつたときは、この法律の適用については、同時に権利取得裁決と明渡裁決があつたものとみなす。この場合において、起業者、土地所有者及び関係人は、協議の成立及び内容を争うことができない。

第三節 緊急に施行する必要がある事業のための土地の使用

（第一二二条から第一二四条まで）（略）

第九章 手数料及び費用負担

（第一二五条から第一二八条まで）（略）

第九章の二 行政手続法の適用除外

第一二八条の二 この法律の規定により収用委員会がする処分（第六十四条の規定により会長又は指名委員がする処分を含む。）については、行政手続法（平成五年法律第八十八号）第二章及び第三章の規定は、適用しない。

第十章 審査請求及び訴訟

（収用委員会の裁決についての審査請求）

第一二九条 収用委員会の裁決に不服がある者は、国土交通大臣に対して審査請求をすることができる。

（審査請求期間）

第一三〇条① 事業の認定についての審査請求に関する行政不服審査法（平成二十六年法律第六十八号）第十八条第一項本文の期間は、事業の認定の告示があつた日の翌日から起算して三月とする。

② 収用委員会の裁決についての審査請求に関する行政不服審査法第十八条第一項本文の期間は、裁決書の正本の送達を受けた日の翌日から起算して三十日とする。

（審査請求に対する裁決）

第一三一条① 国土交通大臣の事業の認定に関する処分又は収用委員会の裁決についての審査請求に対する裁決は、公害等調整委員会の意見を聴いた後にしなければならない。

② 国土交通大臣又は都道府県知事は、事業の認定又は収用委員会の裁決についての審査請求があつた場合において、事業の認定又は裁決に至るまでの手続その他の行為に関して違法があつても、それが軽微なものであつて事業の認定又は裁決に影響を及ぼすおそれがないと認めるときは、裁決をもつて当該審査請求を棄却することができる。

（事業の認定又は収用委員会の裁決の手続の省略）

第一三一条の二 審査請求に対する裁決により事業の認定又は収用委員会の裁決が取り消された場合において、国土交通大臣若しくは都道府県知事が再び事業の認定に関する処分をしようとするとき、又は収用委員会が再び裁決をしようとするときは、事業の認定又は裁決につき既に行つた手続その他の行為は、法令の規定に違反するものとして当該取消しの理由となつたものを除き、省略することができる。

（審査請求の制限）

第一三二条① 次に掲げる処分については、審査請求をすることができない。

一 都道府県知事がした事業の認定の拒否

二 第百二十二条第一項又は第百二十三条第一項の規定による処分

② 収用委員会の裁決についての審査請求においては、損失の補償（第九十条の三の規定による加算金及び第九十条の四の規定による過怠金を含む。次条において同じ。）についての不服をその裁決についての不服の理由とすることができない。

（訴訟）

第一三三条① 収用委員会の裁決に関する訴え（次項及び第三項に規定する損失の補償に関する訴えを除く。）は、裁決書の正本の送達を受けた日から三月の不変期間内に提起しなければならない。

② 収用委員会の裁決のうち損失の補償に関する訴えは、裁決書の正本の送達を受けた日から六月以内に提起しなければならない。

③ 前項の規定による訴えは、これを提起した者が起業者であるときは土地所有者又は関係人を、土地所有者又は関係人であるときは起業者を、それぞれ被告としなければならない。

第一三四条 前条第二項及び第三項の規定による訴えの提起は、事業の進行及び土地の収用又は使用を停止しない。

第十一章 雑則

（第一三五条から第一四〇条の二まで）（略）

第十二章 罰則

（第一四一条から第一四六条まで）（略）

附 則

この法律の施行期日は、公布の日から起算して一年をこえない期間内において、政令で定める〔昭和二六・一二・一施行―昭和二六政三四二〕。

附 則 （令和四・五・二〇法四六）（抄）

（施行期日）

第一条 （前略）次の各号に掲げる規定は、当該各号に定める日から施行する。

一 附則第三十二条の規定 公布の日

二 （前略）附則（中略）第十五条（第一号は土地収用法の一部改正）の規定（中略） 公布の日から起算して六月を超えない範囲内において政令で定める日

三 （略）

（政令への委任）

第三二条 （前略）この法律の施行に伴い必要な経過措置（中略）は、政令で定める。

○教育基本法

（平成一八・一二・二二　法　一二〇）

施行　平成一八・一二・二二（附則）

目次

我々日本国民は、たゆまぬ努力によって築いてきた民主的で文化的な国家を更に発展させるとともに、世界の平和と人類の福祉の向上に貢献することを願うものである。

我々は、この理想を実現するため、個人の尊厳を重んじ、真理と正義を希求し、公共の精神を尊び、豊かな人間性と創造性を備えた人間の育成を期するとともに、伝統を継承し、新しい文化の創造を目指す教育を推進する。

ここに、我々は、日本国憲法の精神にのっとり、我が国の未来を切り拓く教育の基本を確立し、その振興を図るため、この法律を制定する。

第一章　教育の目的及び理念

（**教育の目的**）

第一条　教育は、人格の完成を目指し、平和で民主的な国家及び社会の形成者として必要な資質を備えた心身ともに健康な国民の育成を期して行われなければならない。

（**教育の目標**）

第二条　教育は、その目的を実現するため、学問の自由を尊重しつつ、次に掲げる目標を達成するよう行われるものとする。

一　幅広い知識と教養を身に付け、真理を求める態度を養い、豊かな情操と道徳心を培うとともに、健やかな身体を養うこと。

二　個人の価値を尊重して、その能力を伸ばし、創造性を培い、自主及び自律の精神を養うとともに、職業及び生活との関連を重視し、勤労を重んずる態度を養うこと。

三　正義と責任、男女の平等、自他の敬愛と協力を重んずるとともに、公共の精神に基づき、主体的に社会の形成に参画し、その発展に寄与する態度を養うこと。

四　生命を尊び、自然を大切にし、環境の保全に寄与する態度を養うこと。

五　伝統と文化を尊重し、それらをはぐくんできた我が国と郷土を愛するとともに、他国を尊重し、国際社会の平和と発展に寄与する態度を養うこと。

（**生涯学習の理念**）

第三条　国民一人一人が、自己の人格を磨き、豊かな人生を送ることができるよう、その生涯にわたって、あらゆる機会に、あらゆる場所において学習することができ、その成果を適切に生かすことのできる社会の実現が図られなければならない。

（**教育の機会均等**）

第四条①　すべて国民は、ひとしく、その能力に応じた教育を受ける機会を与えられなければならず、人種、信条、性別、社会的身分、経済的地位又は門地によって、教育上差別されない。

②　国及び地方公共団体は、障害のある者が、その障害の状態に応じ、十分な教育を受けられるよう、教育上必要な支援を講じなければならない。

③　国及び地方公共団体は、能力があるにもかかわらず、経済的理由によって修学が困難な者に対して、奨学の措置を講じなければならない。

第二章　教育の実施に関する基本

（**義務教育**）

第五条①　国民は、その保護する子に、別に法律で定めるところにより、普通教育を受けさせる義務を負う。

②　義務教育として行われる普通教育は、各個人の有する能力を伸ばしつつ社会において自立的に生きる基礎を培い、また、国家及び社会の形成者として必要とされる基本的な資質を養うことを目的として行われるものとする。

③　国及び地方公共団体は、義務教育の機会を保障し、その水準を確保するため、適切な役割分担及び相互の協力の下、その実施に責任を負う。

④　国又は地方公共団体の設置する学校における義務教育については、授業料を徴収しない。

（**学校教育**）

第六条①　法律に定める学校は、公の性質を有するものであって、国、地方公共団体及び法律に定める法人のみが、これを設置することができる。

②　前項の学校においては、教育の目標が達成されるよう、教育を受ける者の心身の発達に応じて、体系的な教育が組織的に行われなければならない。この場合において、教育を受ける者が、学校生活を営む上で必要な規律を重んずるとともに、自ら進んで学習に取り組む意欲を高めることを重視して行われなければならない。

（**大学**）

第七条①　大学は、学術の中心として、高い教養と専門的能力を培うとともに、深く真理を探究して新たな知見を創造し、これらの成果を広く社会に提供することにより、社会の発展に寄与するものとする。

②　大学については、自主性、自律性その他の大学における教育及び研究の特性が尊重されなければならない。

（**私立学校**）

第八条　私立学校の有する公の性質及び学校教育において果たす重要な役割にかんがみ、国及び地方公共団体は、その自主性を尊重しつつ、助成その他の適当な方法によって私立学校教育の振興に努めなければならない。

（**教員**）

第九条①　法律に定める学校の教員は、自己の崇高な使命を深く自覚し、絶えず研究と修養に励み、その職責の遂行に努めなければならない。

②　前項の教員については、その使命と職責の重要性にかんがみ、その身分は尊重され、待遇の適正が期せられるとともに、養成と研修の充実が図られなければならない。

（**家庭教育**）

第一〇条①　父母その他の保護者は、子の教育について第一義的責任を有するものであって、生活のために必要な習慣を身に付けさせるとともに、自立心を育成し、心身の調和のとれた発達を図るよう努めるものとする。

②　国及び地方公共団体は、家庭教育の自主性を尊重しつつ、保護者に対する学習の機会及び情報の提供その他の家庭教育を支援するために必要な施策を講ずるよう努めなければならない。

（**幼児期の教育**）

第一一条　幼児期の教育は、生涯にわたる人格形成の基礎を培う重要なものであることにかんがみ、国及び地方公共団体は、幼児の健やかな成長に資する良好な環境の整備その他適当な方法によって、その振興に努めなければならない。

（**社会教育**）

第一二条①　個人の要望や社会の要請にこたえ、社会において行われる教育は、国及び地方公共団体によって奨励されなければならない。

②　国及び地方公共団体は、図書館、博物館、公民館その他の社会教育施設の設置、学校の施設の利用、学習の機会及び情報の提供その他の適当な方法によって社会教育の振興に努めなければならない。

（**学校、家庭及び地域住民等の相互の連携協力**）

第一三条　学校、家庭及び地域住民その他の関係者は、教育におけるそれぞれの役割と責任を自覚するとともに、相互の連携及び協力に努めるものとする。

（政治教育）

第一四条①　良識ある公民として必要な政治的教養は、教育上尊重されなければならない。

②　法律に定める学校は、特定の政党を支持し、又はこれに反対するための政治教育その他政治的活動をしてはならない。

（宗教教育）

第一五条①　宗教に関する寛容の態度、宗教に関する一般的な教養及び宗教の社会生活における地位は、教育上尊重されなければならない。

②　国及び地方公共団体が設置する学校は、特定の宗教のための宗教教育その他宗教的活動をしてはならない。

第三章　教育行政

（教育行政）

第一六条①　教育は、不当な支配に服することなく、この法律及び他の法律の定めるところにより行われるべきものであり、教育行政は、国と地方公共団体との適切な役割分担及び相互の協力の下、公正かつ適正に行われなければならない。

②　国は、全国的な教育の機会均等と教育水準の維持向上を図るため、教育に関する施策を総合的に策定し、実施しなければならない。

③　地方公共団体は、その地域における教育の振興を図るため、その実情に応じた教育に関する施策を策定し、実施しなければならない。

④　国及び地方公共団体は、教育が円滑かつ継続的に実施されるよう、必要な財政上の措置を講じなければならない。

（教育振興基本計画）

第一七条①　政府は、教育の振興に関する施策の総合的かつ計画的な推進を図るため、教育の振興に関する施策についての基本的な方針及び講ずべき施策その他必要な事項について、基本的な計画を定め、これを国会に報告するとともに、公表しなければならない。

②　地方公共団体は、前項の計画を参酌し、その地域の実情に応じ、当該地方公共団体における教育の振興のための施策に関する基本的な計画を定めるよう努めなければならない。

第四章　法令の制定

第一八条　この法律に規定する諸条項を実施するため、必要な法令が制定されなければならない。

◉民法

（明治二九・四・二七 法 八 九）

施行 明治三一・七・一六（明治三一勅一二三）

改正 明治三一**法九**、明治三四法三六、明治三五法三七、大正一四法四二、大正一五法六九、昭和一三**法一八**、昭和一六法二一、昭和一七法七、昭和二二法六一・**法二二二**、昭和二三法二六〇、昭和二四法一一五・法一四一、昭和二五法一二三、昭和三三法五・法六二、昭和三七**法四〇**・法六九、昭和三八法一二六、昭和三九法一〇〇、昭和四一法九三・法一一一、昭和四六**法九九**、昭和五一法六六、昭和五四法五・**法六八**、昭和五五**法五一**、昭和六二**法一〇一**、平成一法二七・法九一、平成三法六五、平成三法七九、平成八法一一〇、平成一一法八七・**法一四九**・法二二五、平成一二法九一、平成一三法四一、平成一五法一〇九・**法一三四**・法一三八、平成一六法七六・法一二四・**法一四七**、平成一七法八七、平成一八**法五〇**・法七三・法七八、平成二三法五三・法六一、平成二五法九四、平成二八法二七・法七一、平成二九**法四四**（平成三〇法七二）、平成三〇**法五九**・**法七二**、令和一法二・法三四、令和三法二四・法三七、令和四法四八

注 本法の改正中、民法の一部を改正する法律（平成二九・六・二法四四）〔債権関係〕による改正（令和二・四・一施行）については、読者の便宜を図るため、改正前の規定を注記で掲げた。

注記中「（略）」とあるのは、その項号に改正が無いことを示す。なお、新設された条及び条名の移動については「〈 〉」で説明を加えた。

改正前の民法の下での判例のうち、改正により位置づけが変わり、又は、変更される可能性がある判例には★を付した。

目次

朕帝国議会の協賛を経たる民法中修正の件を裁可し玆に之を公布せしむ。

民法第一編第二編第三編別冊の通定む。
此法律施行の期日は勅令を以て之を定む。（明治三一・七・一六施行―明治三一勅一二三）
明治二十三年法律第二十八号民法財産編財産取得編債権担保編証拠編は此法律発布の日より廃止す。

第一編 総則

第一章 通則

（基本原則）
第一条① 私権は、公共の福祉に適合しなければならない。
② 権利の行使及び義務の履行は、信義に従い誠実に行わなければならない。
③ 権利の濫用は、これを許さない。

参❶【公共の福祉→憲一二、一三、二九②　❷【信義誠実→四一五、四九三【消費者契約における信義則違反→消費契約一〇　❸【権利濫用→憲一二、七〇九、八三四、八三四の二

一 信義誠実の原則
1 信義則と契約の解釈→◆【法律行為の解釈】［九一条の後］9
2 信義則による権利義務関係
イ 契約締結段階における注意義務→◘【契約締結過程における責任】［五二一条の後］判
ロ 契約の一方当事者が他方当事者に対して負う義務
a 受領義務→四一三条2
b 買主の問合せ義務→四九三条19
c 説明義務等→◘【Ⅱ 契約上の危険の増加と信義則による制約】［五四八条の後］7
d 取引履歴開示義務→◆【貸金業法の適用を受ける金銭消費貸借の付随義務―取引履歴開示義務】［五八七条の二の後］1
ハ 事情変更の原則→◘【Ⅰ 事情変更の原則】［五四八条の後］1 2
ニ 契約当事者が契約当事者以外の者に対して負う義務→六四四条4～7
ホ 安全配慮義務→四一五条3
ヘ 使用者責任における使用者と被用者の責任の関係→七一五条31
3 信義則の判断要素
イ 無権代理人の追認拒絶→一一三条10
ロ 婚姻の無効確認請求→七四二条5
4 権利行使が信義則に反するとされた例
イ 自己のした行為の無効を主張すること
a 労働金庫による員外貸付け→三四条19
b 財団法人による目的の範囲外である売買→三四条20
c 後見人による無権代理行為の追認拒絶→一一三条9
d 無権代理人による代理権不存在の主張
[7] 他人の代理人と称して金銭消費貸借契約を締結し、かつ、自らその他人のため連帯保証契約を締結した者が、債権者の提起した連帯保証債務の履行を求める訴訟において、右代理権の不存在を主張し、主たる債務の成立を否定し、ひいては連帯保証債務の成立を否定すること（特別の事情のない限り）（最判昭41・11・18民集二〇・九・一八四五）
e 無権利者による自己のした処分行為の無効主張
[2] 共同相続人の一人が単独で相続した旨の所有権移転登記を経由しこれに抵当権を設定した場合に、本来の持分を超える持分について抵当権が無効であると主張して、その抹消（更正）登記手続を請求すること（最判昭42・4・7民集二一・三・五五一）
ロ 相手方の行為の効力を否定すること→四八七条7・四九三条4
ハ 債権の準占有者による弁済としての有効性を否定すること
[3] 自己の相続分を超えて被相続人の預金の払戻しを受けた相続人甲が、他の相続人乙により甲に対して提起された不当利得返還請求訴訟において、払戻しをした金融機関には過失があり、民法四七八条［平成二九法四四による改正前］の弁済として有効ではないから、乙は預金債権を有しており、「損失」は発生していないと主張すること（最判平16・10・26判時一八八一・六四）
ニ 本人が無権代理人のした行為の無効を主張すること→八五九条7
ホ 相手方が期限の利益を喪失した旨の主張
[4] 貸金業者が、同人が誤信を招くような対応をしたため、期限の利益を喪失していないものと信じて支払を継続してきた借主に対し、期限の利益を喪失した旨、主張すること（最判平21・9・11判時二〇五九・五五②）
ヘ 消滅時効の主張→24・一四五条17 18
[5] 原子爆弾被爆者に対する援護に関する法律等に基づく健康管理手当の受給権（最判平19・2・6民集六一・一・一二二、行政百選Ⅰ〔七版〕二七）→行総◘【Ⅰ】55
ト 同時履行の抗弁権→五三三条8
チ 不動産賃貸借契約の解除→◆【不動産賃貸借の解除】［六二〇条の後］1
リ 不動産賃貸借契約の終了の主張→六一二条22・

六一三条[7][8]

ヌ　損害賠償請求

[6] 木炭出荷契約及びその担保のための立木の譲渡担保、代物弁済契約が木炭需給調整規則に反し無効であり、債権者が立木の所有権を取得し得ないとされた場合に、右契約が債務者の懇請によりその窮状を救うべくなされたものであること等の事情があるのに、債務者から債権者に対し右立木の伐採を理由として損害賠償を求めること（信義誠実の原則に反し、権利の濫用）（最判昭40・12・21民集一九・八・二二一二）

[7] 宅配便の荷物が運送中に紛失した場合、荷受人も宅配便による運送を容認していたなどの事情があるときに、荷受人が不法行為に基づいて運送契約上の責任限度額を超える損害の賠償を請求すること（最判平10・4・30判時一六四六・一六二、民百選Ⅱ[八版]一一二）↓商五八七条[7]

ル　訴訟の提起↓民訴一一四条[28]

ヲ　限定承認相続人への死因贈与による不動産移転登記↓九二二条[7]

ワ　民法一七七条の第三者による登記の欠缺［けんけつ］**の主張**↓一七七条[34]

カ　不法原因給付を理由とする返還拒否

[8] 無限連鎖講の会員となり配当金の給付を受けた者が、無限連鎖講の開設者の破産管財人からの配当金返還請求に対して、当該給付が不法原因給付に当たることを理由として、その返還を拒むこと（最判平26・10・28民集六八・八・一三二五、消費百選[二版]二六……配当金が他の会員の出えんした金銭を原資とし、相当部分の会員が損失を受け破産債権者の多数を占めるに至っているなどの事情のある場合）

ヨ　権利失効の原則↓◘【いわゆる権利失効の原則】［一七四条の後］[1][2]

5　権利行使が信義則に反しないとされた例

イ　自己のした行為の無効を主張すること

[9] 後見人が就職前にした無権代理行為（訴えの提起及び弁護士に対する訴訟委任）の無効を主張して再審の訴えを提起すること（最判平7・11・9判時一五五七・七四）↓一一三条[9]、民訴三三八条[12]

ロ　相手方が期限の利益を喪失した旨の主張↓[4]

ハ　代物弁済予約の完結権の行使

[10] 代物弁済予約において、予約完結権の行使時に担保物件の価値が債権額の十数倍に達しても、戦時中、終戦後の混乱により予約完結の意思表示が延引したこと等の事情があるとき、予約完結権の行使が信義公平の観念に反しないとされた例（最判昭31・5・25民集一〇・五・五六六）

ニ　売買予約の完結権の行使

[11] 土地の売買予約の成立後、当事者双方の責めに帰することができずその予想を超えた事情により価額が高騰した後にされた予約完結権の行使が信義則に反しないとされた例（最判昭56・6・16判時一〇一〇・四三、不動産百選[三版]三二）

ホ　賃貸借契約の解除↓六一二条[20]

ヘ　立替払契約における売買契約上の抗弁の対抗

[12] 割賦販売法三〇条の四の新設前における個品割賦購入あっせん契約において、売買契約が販売業者の債務不履行を原因として合意解除された場合であっても、購入者は、右不履行の結果をあっせん業者に帰せしめるのを信義則上相当とする事情があるときでなければ、右合意解除を理由にあっせん業者の履行請求を拒むことはできない。（最判平2・2・20判時一三五四・七六、総則・商行為百選[五版]七二……信義則に反するとして右請求を棄却した原判決を破棄、差し戻した事例）

[13] 割賦販売法［平成二〇法七四による改正前］三〇条の四第一項の規定は、法が、購入者保護の観点から、購入者において売買契約上生じている事由をあっせん業者に対抗し得ることを新たに認めたものであり、個品割賦購入あっせんにおいて、売買契約が公序良俗に反し無効とされる場合であっても、販売業者の公序良俗に反する行為の結果をあっせん業者に帰せしめ、売買契約と一体的に立替払契約の効力を否定することを信義則上相当とする特段の事情がない限り、売買契約と別個の契約である立替払契約が無効となることはない。（最判平23・10・25民集六五・七・三一一四、民百選Ⅱ[七版]五六……購入者による既払金返還請求を棄却した例）

[参考] **割賦販売法**（昭和三六・七・一法一五九）（抜粋）

（包括信用購入あっせん業者に対する抗弁）

第三〇条の四① 購入者又は役務の提供を受ける者は、第二条第三項第一号に規定する包括信用購入あっせんに係る購入又は受領の方法により購入した商品若しくは指定権利又は受領する役務に係る第三十条の二の三第一項第二号の支払分の支払の請求を受けたときは、当該商品若しくは当該指定権利の販売につきそれを販売した包括信用購入あっせん関係販売業者又は当該役務の提供につきそれを提供する包括信用購入あっせん関係役務提供事業者に対して生じている事由をもつて、当該支払の請求をする包括信用購入あっせん業者に対抗することができる。［②以下略］

二　権利の濫用

1　権利の行使が権利の濫用に当たるとされた例

イ　妨害排除請求

[14] 所有権の侵害があっても、その損失の程度がいうに足りないほど軽微であり、これを除去するのに莫大［ばくだい］の費用を要する場合に、第三者が不当な利得を企図し、別段の必要がないのに侵害に係る物件を買収し、所有者として侵害の除去を請求することは、社会観念上所有権の目的に違背し、その機能として許されるべき範囲を超脱するものであって、権利の濫用になる。（大判昭10・10・5民集一四・一九六五〈宇奈月温泉事件〉民百選Ⅰ[八版]一）

[15] 建物の地下一階部分を賃借して店舗を営む者に対して、同建物全部を譲り受けた新所有者が、所有権に基づいて、建物の一階部分の外壁等に設置した看板等の撤去を請求することは、賃借人には看板等を利用する強い必要性がある一方、新所有者にはその存在により同建物の所有に具体的な支障が生じておらず、また、看板等が元の所有者の承諾を得て設置されたものであることを十分知り得たものである事情の下においては、権利の濫用に当たる。（最判平25・4・9判時二一八七・二六、マンション百選九〇）

ロ　受忍請求

[16] 建築基準法違反により除却命令の対象となることが明らかである建物の所有者が、隣接地に下水管の敷設についての受忍を求めること（最判平5・9・24民集四七・七・五〇三五）

ハ　不動産の明渡請求

a　賃借人の無断譲渡・転貸を理由とするもの↓六一二条[22]

b　賃借権の対抗力の欠如を理由とするもの

[17] 賃貸地が、譲渡人からその実子へ、さらにそれらの者の経営する同族会社に譲渡された場合に、会社の実態は譲渡人の個人営業をそのまま引き継いだものであり、譲渡人が

その中心となっている等の事情があるのに、賃借権に対抗力のないことを主張して建物収去土地明渡しを求めること（最判昭38・5・24民集一七・五・六三九、民百選II[四版]五九）

[18] 土地買受人が、賃借人が地上に建物を所有し、営業しているのを知って、著しく低廉な賃借権付評価で取得しながら、賃借権の対抗力の欠如を奇貨とし、不当な利益を収めようとして、抜打ち的に建物収去土地明渡しの訴えを提起したこと（最判昭43・9・3民集二二・九・一八一七）

[19] 数個の土地の借地権者が、一部の土地上のみに登記されている建物を所有しており、これらの土地が社会通念上相互に密接に関連する一体として利用されている場合においては、双方における土地の利用の必要性ないし土地を利用できないことによる損失の程度、土地の利用状況に関する買主の認識の有無や買主が明渡請求をするに至った経緯、借地権者が借地権につき対抗要件を具備していなかったことがやむを得ないというべき事情の有無等の事情いかんによっては、借地権者名義で登記されている建物の存在しない土地の買主の借地権者に対する明渡請求が権利の濫用に当たるとして許されないことがある。（最判平9・7・1民集五一・六・二二五一）

c その他の理由によるもの

[20] 内縁の夫死亡後その所有家屋に居住する寡婦に対する亡夫の相続人である養子からなされた明渡請求（最判昭39・10・13民集一八・八・一五七八、家族百選[三版]五）↓◘【I 婚約ないし内縁】［七七一条の後］[12]、民訴◈【弁論主義】［二四八条の前］[12]

[21] 占領終了後も米軍の基地として提供されている土地について、ガソリンの地下貯蔵設備の用地として使用されていること、その明渡しによって所有者の得る利益に比較して国の被る損害がより大であること等の事情のあるときに、土地所有者が、占領終了により借地契約も終了したとして、土地の明渡しを請求すること（最判昭40・3・9民集一九・二・二三三）〈板付基地事件〉

ニ 動産の引渡請求

[22] 自動車の販売につき、ディーラーがサブディーラーの代金不払を理由に、既に代金を完済して自動車の引渡しを受けたユーザーに対し、留保された所有権に基づいてその引渡しを求めること（最判昭50・2・28民集二九・二・一九三、商法百選四九）↓◘【II 所有権留保売買】［三九八条の二二の後］[2]

ホ 土地所有権の行使―建物の建築

[23] 北側居宅の日照・通風を妨げる違法建築が権利の濫用であって、違法性を帯び、不法行為責任を生ずるとされた例（最判昭47・6・27民集二六・五・一〇六七、環境百選[三版]六〇）↓七〇九条[29][77]

ヘ 消滅時効の援用

[24] ★農地の贈与につき、許可申請協力請求権の消滅時効を援用すること（信義則に反し、権利の濫用）（最判昭51・5・25民集三〇・四・五五四、民百選I[五補]二）↓一四五条[18]

ト 保証債務の履行請求

[25] 将来発生することあるべき債務の担保のために振り出された約束手形の受取人が、右債務の不発生の確定後に振出人のための手形保証人に対してする手形金請求（最判昭45・3・31民集二四・三・一八二、手形小切手百選[七版]六三）↓手三二条[2]

[26] グループ会社間の金員の貸付けについて、借主である会社の代表取締役に対する保証債務の履行請求（最判平22・1・29判時二〇七一・三八……代表取締役が、経営に関する裁量をほとんど与えられていない経営体制の下で、経験も浅く若年の単なる従業員に等しい立場にあった者であり、保証契約の締結を拒むことが事実上困難な立場にあった例）

チ 身分上の権利の行使―親子関係不存在確認請求

↓◈【I 親子関係存否確認の訴え】［七七二条の前］[4][5]

リ 離婚後の子の監護費用の分担請求↓七七一条[2]

ヌ 訴訟の提起

[27] 有限会社の旧経営者が、自己の社員持分の譲受人に対し相当期間後に提起した社員総会の持分権譲渡承認決議不存在確認請求の訴え（最判昭53・7・10民集三二・五・八八八、会社法百選[三版]四二）↓民訴◈【訴え】［一三四条の前］[1]

ル 強制執行

[28] 借地人に対し地上建物収去・土地明渡しと未払賃料支払を命ずる確定判決を得た土地所有者が、その申立てに係る地上建物の強制競売における競落人に対して行った建物収去・土地明渡しの強制執行（最判昭43・9・6民集二二・九・一八六二……競落後に借地権が設定されるという期待を競落人に抱かせた例）↓民執三五条[9]

[29] 自動車事故の被害者が、損害賠償の判決確定から五年経過後に、加害者の相続人である両親に対してした強制執行（最判昭37・5・24民集一六・五・一一五七……両当事者のその後の状態（被害者が快癒し、加害者は賠償義務を苦にして自殺）を考慮した）↓民執三五条[8]

ヲ 子の引渡しを命ずる審判を債務名義とする間接強制の申立て↓民執一七四[4]

ワ 商標権侵害の主張

[30] 漫画の主人公（ポパイ）の文字及び漫画からなる登録商標の出願当時、既に右主人公の名称が漫画から想起される人物像と不可分一体のものとして世人に親しまれていた場合、右漫画の著作権者の許諾を得て漫画の主人公の名称の文字のみからなる標章を付した商品を販売している者に対し、商標登録権者が商標権の侵害を主張すること（最判平2・7・20民集四四・五・八七六、商標百選[二版]三七）

2 権利の行使が権利の濫用に当たらないとされた例

イ 不動産の明渡請求

a 賃借権の対抗力の欠如を理由とするもの

[31] 借地権の設定後地上建物の保存登記前に土地所有権移転請求権保全の仮登記をし、後これに基づき本登記をして建物収去土地明渡しを求めること（最判昭42・8・24民集二一・七・一六八九）

b 無断転貸を理由とする賃貸借契約の解除↓六一二条[13][19]～[21]

c その他の理由によるもの

[32] ★家屋の賃貸人が、近く予想される賃借人の家屋退去までの間に限って、家屋の一部転貸借につき承諾を与えており、転借人もその事実関係を了承していた場合に、賃貸借契約の終了により転借権も消滅したことを理由に、賃貸人が転借人に建物明渡しを請求すること（最判昭31・4・5民集一〇・四・三三〇）↓六一三条[6]

ロ 温泉の掘削

[33] 新規の温泉掘削が既存の温泉の水位・湧出量・温度に与える影響がそれほど大きくないこと、その掘削者が従来から原泉の利用権を有していたこと、その掘削が既存の温泉の掘削より遅れたのには特別の事情のあること等の事情の下でした新規温泉の掘削（最判昭33・7・1民集一二・一一・一六四〇）

[34] **八　期限の利益喪失約定の適用**
他の貸付けについて期限の利益を喪失したことを理由とする、支払の滞っていない貸付けに対する期限の利益喪失約定の適用（最判平18・4・18金判一二四二・一〇）

ニ　身分上の権利の行使―認知無効確認請求→七八六条[2]

ホ　相続の放棄→九三九条[2]

ヘ　強制執行

[35] 和解調書に基づく強制執行（最判昭62・7・16判時一二六〇・一〇）

ト　預金の払戻請求→民執一五五条[7]

3　権利の濫用の効果―不法行為→六六六条[8]

[36] 権利の行使が社会観念上被害者が認容すべきものと一般的に認められる程度を超えたときは、権利行使の適当な範囲にあるものといえず、不法行為となる。（大判大8・3・3民録二五・三五六〈信玄公旗掛松事件〉民百選Ⅰ[八版]二……鉄道線路の近くにあった「信玄公旗掛松」が汽車の煤煙によって枯死した場合に、松の所有者による損害賠償請求を認めた例）→七〇九条[76]

三　権利の行使と自力救済

[37] 私力の行使は、原則として法の禁止するところであるが、法律の定める手続によったのでは、権利に対する違法な侵害に対抗して現状を維持することが不可能又は著しく困難であると認められる緊急やむを得ない特別の事情が存する場合においてのみ、その必要の限度を超えない範囲内で、例外的に許される。（最判昭40・12・7民集一九・九・二一〇一……使用貸借終了後、借主の所有する仮店舗の周囲に、その承諾を得ないで貸主である敷地所有者が設置した板囲いを借主が実力で撤去することは、借主が旧店舗に復帰し営業を再開している等の事情の下では、私力行使の限界を超えるとした例）→七二〇条[3]

（**解釈の基準**）

第二条　この法律は、個人の尊厳と両性の本質的平等を旨として、解釈しなければならない。

参【個人の尊厳→七六六①、八二〇、憲一三、二四【両性の平等→憲一四、二四、労基四、女子差別撤廃約、雇均

◆【人格権】

一　人格権の内容→七〇九条[37][47][60][66][67]、憲二〇条[2][10]

二　差止請求権→◆【差止請求権】〔七〇九条の後〕[判]

三　反論権→七〇九条[46]・七二三条[3]、憲二一条[43]

第二章　人

第一節　権利能力

第三条①　私権の享有は、出生に始まる。

②　外国人は、法令又は条約の規定により禁止される場合を除き、私権を享有する。

参❶【胎児の特則の例→七二一、八八六、九六五、七八三【出生の届出→戸四九―五九　❷【外国人→憲一〇、国籍、三五【法令による禁止→商七〇〇【法令による制限→国賠六、特許二五、著作六【脱法信託の禁止→信託九

胎児の権利能力→七二一条[1]

第二節　意思能力〈第二節名は新設〉

第三条の二　法律行為の当事者が意思表示をした時に意思能力を有しなかったときは、その法律行為は、無効とする。〈第三条の二は新設〉

参【意思能力→九七③、九八の二、一二二の二③【無効→一一九、一二一の二【身分行為と意思能力→七三八、七六四、七八〇、七九九、八一二

第三節　行為能力〈改正前の第二節〉

（**成年**）

第四条　年齢十八歳をもって、成年とする。

参【年齢の計算方法→年齢計算、年齢称呼【本条の特則→典二二【外国人の能力→法適用四

（**未成年者の法律行為**）

第五条①　未成年者が法律行為をするには、その法定代理人の同意を得なければならない。ただし、単に権利を得、又は義務を免れる法律行為については、この限りでない。

②　前項の規定に反する法律行為は、取り消すことができる。

③　第一項の規定にかかわらず、法定代理人が目的を定めて処分を許した財産は、その目的の範囲内において、未成年者が自由に処分することができる。目的を定めないで処分を許した財産を処分するときも、同様とする。

参四　❶【親権者の同意→八一八、八一九、八二四―八二六、八三三【未成年後見人の同意→八三八―八四一、八五九、八六〇、八六四、八六七【包括的な同意→六【親族・相続法上の行為の特則→七三一、七八〇、八三三、八六七①、九六一、九六二、一〇二、人訴一三【その他の行為における未成年者の能力→九八の二、民訴二八、三一、労基五九、特許七　❷【取消し→一二〇―一二六、二〇、二一

（**未成年者の営業の許可**）

第六条①　一種又は数種の営業を許された未成年者は、その営業に関しては、成年者と同一の行為能力を有する。

②　前項の場合において、未成年者がその営業に堪えることができない事由があるときは、その法定代理人は、第四編（親族）の規定に従い、その許可を取り消し、又はこれを制限することができる。

参四【営業の許可又は取消し→八二三、八五七、八六四、八六五【商法・会社法上の営業の許可又は取消し・制限→商五、会社五八四、九〇八、九〇九、商登三五―三九

（**後見開始の審判**）

第七条　精神上の障害により事理を弁識する能力を欠く常況にある者については、家庭裁判所は、本人、配偶者、四親等内の親族、未成年後見人、未成年後見監督人、保佐人、保佐監督人、補助人、補助監督人又は検察官の請求により、後見開始の審判をすることができる。

参八―一〇、一九【親族→七二五【親等→七二六【未成年後見人→八三九―八四一【未成年後見監督人→八四八、八四九【保佐人→一二、八七六の二、八七六の四、八七六の五【保佐監督人

↓八七六の三【補助人↓一六、八七六の六、八七六の七、八七六の九、八七六の一〇【補助監督人↓八七六の八【検察官↓検察三、四【後見開始の審判↓八三八㊂、家事三九、別表第一〈一の項〉【登記事項↓後見登記四①㊂【他の審判との関係↓一九【任意後見契約との関係↓任意後見一〇【後見の準拠法↓法適用五、三五

（成年被後見人及び成年後見人）

第八条 後見開始の審判を受けた者は、成年被後見人とし、これに成年後見人を付する。

【後見開始の審判↓八三八【成年被後見人の行為能力↓九【成年後見人↓八四三、八五八―八五九の二、一二〇、家事三九、別表第一〈三の項〉【登記事項↓後見登記四①㊁㊂

（成年被後見人の法律行為）

第九条 成年被後見人の法律行為は、取り消すことができる。ただし、日用品の購入その他日常生活に関する行為については、この限りでない。

【取消し↓一二〇―一二六、二〇、二一【親族・相続法上の行為の特則↓七三八、七六四、七八〇、七九九、八一二、九六二、九六三、人訴一三、一四【その他の行為における成年被後見人の行為能力↓九八の二、一〇二、民訴三一、特許七

（後見開始の審判の取消し）

第一〇条 第七条に規定する原因が消滅したときは、家庭裁判所は、本人、配偶者、四親等内の親族、後見人（未成年後見人及び成年後見人をいう。以下同じ。）、後見監督人（未成年後見監督人及び成年後見監督人をいう。以下同じ。）又は検察官の請求により、後見開始の審判を取り消さなければならない。

【審判の取消しの手続↓家事三九、別表第一〈二の項〉【他の理由による審判の取消し↓一九②、任意後見四②

（保佐開始の審判）

第一一条 精神上の障害により事理を弁識する能力が著しく不十分である者については、家庭裁判所は、本人、配偶者、四親等内の親族、後見人、後見監督人、補助人、補助監督人又は検察官の請求により、保佐開始の審判をすることができる。ただし、第七条に規定する原因がある者については、この限りでない。

【親族↓七二五【親等↓七二六【後見人↓八三九―八四七【後見監督人↓八四八―八五二【補助人↓一六、八七六の七【補助監督人↓八七六の八【保佐開始の審判↓八七六、家事三九、別表第一〈十七の項〉【登記事項↓後見登記四①㊁【他の審判との関係↓一九【任意後見契約との関係↓任意後見一〇【外国人についての保佐開始の審判↓法適用五【保佐の準拠法↓法適用三五

（被保佐人及び保佐人）

第一二条 保佐開始の審判を受けた者は、被保佐人とし、これに保佐人を付する。

【保佐開始の審判↓一一【被保佐人の行為能力↓一三【保佐人↓八七六の二、家事三九、別表第一〈二十二の項〉【保佐人の同意権・取消権・代理権↓一三①②、一二〇、八七六の四【登記事項↓後見登記四①㊁㊂

（保佐人の同意を要する行為等）

第一三条① 被保佐人が次に掲げる行為をするには、その保佐人の同意を得なければならない。ただし、第九条ただし書に規定する行為については、この限りでない。

一 元本を領収し、又は利用すること。

二 借財又は保証をすること。

三 不動産その他重要な財産に関する権利の得喪を目的とする行為をすること。

四 訴訟行為をすること。

五 贈与、和解又は仲裁合意（仲裁法（平成十五年法律第百三十八号）第二条第一項に規定する仲裁合意をいう。）をすること。

六 相続の承認若しくは放棄又は遺産の分割をすること。

七 贈与の申込みを拒絶し、遺贈を放棄し、負担付贈与の申込みを承諾し、又は負担付遺贈を承認すること。

八 新築、改築、増築又は大修繕をすること。

九 第六百二条に定める期間を超える賃貸借をすること。

十 前各号に掲げる行為を制限行為能力者（未成年者、成年被後見人、被保佐人及び第十七条第一項の審判を受けた被補助人をいう。以下同じ。）の法定代理人としてすること。

〈第十号は新設〉

② 家庭裁判所は、第十一条本文に規定する者又は保佐人若しくは保佐監督人の請求により、被保佐人が前項各号に掲げる行為以外の行為をする場合であってもその保佐人の同意を得なければならない旨の審判をすることができる。ただし、第九条ただし書に規定する行為については、この限りでない。

③ 保佐人の同意を得なければならない行為について、保佐人が被保佐人の利益を害するおそれがないにもかかわらず同意をしないときは、家庭裁判所は、被保佐人の請求により、保佐人の同意に代わる許可を与えることができる。

④ 保佐人の同意を得なければならない行為であって、その同意又はこれに代わる許可を得ないでしたものは、取り消すことができる。

❶【相続法上の行為の特則↓九六二、人訴一三【保佐人↓一二、八七六の二、八七六の四、八七六の五【保佐人の同意を要するその他の行為↓特許七②④　[二]【保証↓四四六―四六五の一〇　[四]【訴訟行為↓民訴三二　[五]【贈与↓五四九【和解↓六九五【仲裁合意↓仲裁二①、一三―一五　[六]【相続の承認・放棄↓九二〇―九四〇【遺産分割↓九〇六、九〇七　[七]【遺贈の承認・放棄↓九八六―九八九【負担付贈与↓五五三【負担付遺贈↓一〇〇二　[九]【賃貸借↓六〇一　[十]【未成年者の法定代理人↓八一八、八一九、八二四―八二六、八三三【成年被後見人の法定代理人↓八四三、八五八―八六〇【被保佐人の法定代理人↓八七六の四【一七条一項の審判を受けた被補助人の法定代理人↓八七六の六、八七六の九　❷【保佐監督人↓八七六の三【家庭裁判所の審判↓家事三九、別表第一〈十八の項〉【登記事項↓後見登記四①㊄　❸【同意に代わる許可↓家事三九、別表第一〈十九の項〉　❹【取消し↓一二〇―一二六、二〇、二一

一 保佐人の同意を要する行為

[1] 約束手形の振出し（本条一項二号の借財）（平成一一法一四九による改正前の事案）（大判明39・5・17民録一二・七五八）

[2] ★時効完成後の債務の承認（本条一項二号の類推適用）（平成一一法一四九による改正前の事案）（大判大8・5・12

民録二五・八五二）

③ 二　**保佐人の同意を要しない行為**
★時効中断の効力を生ずる承認（平成一一法一四九による改正前の事案）（大判大7・10・9民録二四・一八八六）↓一五二条⑦

④ 三　**保佐人の同意の得られない場合の効果**
★保佐人の同意を得られないため準禁治産者が訴えを提起できなかった場合でも、その債権についての消滅時効の進行は妨げられない。〔平成一一法一四九による改正前の事案〕（最判昭49・12・20民集二八・一〇・二〇七二）↓一六六条⑫

（保佐開始の審判等の取消し）

第一四条① 第十一条本文に規定する原因が消滅したときは、家庭裁判所は、本人、配偶者、四親等内の親族、未成年後見人、未成年後見監督人、保佐人、保佐監督人又は検察官の請求により、保佐開始の審判を取り消さなければならない。

② 家庭裁判所は、前項に規定する者の請求により、前条第二項の審判の全部又は一部を取り消すことができる。

参【親族↓七二五【親等↓七二六【未成年後見人↓八三九―八四一【未成年後見監督人↓八四八・八四九【保佐人↓一二・八七六の二・八七六の四・八七六の五【保佐監督人↓八七六の三【検察官↓検察三・四【審判の取消し↓家事三九・別表第一〈二十の項〉【他の理由による取消し↓一九、任意後見四②

（補助開始の審判）

第一五条① 精神上の障害により事理を弁識する能力が不十分である者については、家庭裁判所は、本人、配偶者、四親等内の親族、後見人、後見監督人、保佐人、保佐監督人又は検察官の請求により、補助開始の審判をすることができる。ただし、第七条又は第十一条本文に規定する原因がある者については、この限りでない。

② 本人以外の者の請求により補助開始の審判をするには、本人の同意がなければならない。

③ 補助開始の審判は、第十七条第一項の審判又は第八百七十六条の九第一項の審判とともにしなければならない。

参一六―一九 ❶【精神上の障害により事理を弁識する能力が不十分↓任意後見二㊁・四①【後見人↓八三九―八四七【後見監督人↓八四八―八五二【保佐人↓八七六の二・八七六の四・八七六の五【保佐監督人↓八七六の三【検察↓検察三・四【補助開始の審判↓八七六の六、家事三九・別表第一〈三十六の項〉【他の審判との関係↓一九【登記事項↓後見登記四①㊁【任意後見契約との関係↓任意後見一〇【外国人についての補助開始の審判↓法適用五【補助の準拠法↓法適用三五

（被補助人及び補助人）

第一六条　補助開始の審判を受けた者は、被補助人とし、これに補助人を付する。

参【補助開始の審判↓一五参【被補助人↓一七【補助人↓八七六の七・一七・一二〇・八七六の九、家事三九・別表第一〈四十一の項〉【登記事項↓後見登記四①㊁㊂

（補助人の同意を要する旨の審判等）

第一七条① 家庭裁判所は、第十五条第一項本文に規定する者又は補助人若しくは補助監督人の請求により、被補助人が特定の法律行為をするにはその補助人の同意を得なければならない旨の審判をすることができる。ただし、その審判によりその同意を得なければならないものとすることができる行為は、第十三条第一項に規定する行為の一部に限る。

② 本人以外の者の請求により前項の審判をするには、本人の同意がなければならない。

③ 補助人の同意を得なければならない行為について、補助人が被補助人の利益を害するおそれがないにもかかわらず同意をしないときは、家庭裁判所は、被補助人の請求により、補助人の同意に代わる許可を与えることができる。

④ 補助人の同意を得なければならない行為であって、その同意又はこれに代わる許可を得ないでしたものは、取り消すことができる。

参【補助人↓一六・八七六の七・八七六の九・八七六の一〇【補助監督人↓八七六の八【相続法上の行為の特則↓九六二、人訴一三 ❶家事三九・別表第一〈三十七の項〉 ❸【同意に代わる許可↓家事三九・別表第一〈三十八の項〉 ❹【取消し↓一二〇―一二六・二〇・二一

（補助開始の審判等の取消し）

第一八条① 第十五条第一項本文に規定する原因が消滅したときは、家庭裁判所は、本人、配偶者、四親等内の親族、未成年後見人、未成年後見監督人、補助人、補助監督人又は検察官の請求により、補助開始の審判を取り消さなければならない。

② 家庭裁判所は、前項に規定する者の請求により、前条第一項の審判の全部又は一部を取り消すことができる。

③ 前条第一項の審判及び第八百七十六条の九第一項の審判をすべて取り消す場合には、家庭裁判所は、補助開始の審判を取り消さなければならない。

参❶【親族↓七二五【親等↓七二六【未成年後見人↓八三九―八四一【未成年後見監督人↓八四八・八四九【補助人↓一六・八七六の七・八七六の九・八七六の一〇【補助監督人↓八七六の八【検察官↓検察三・四 参【審判の取消し↓家事三九・別表第一〈三十九の項〉【他の理由による取消し↓一九、任意後見四②

（審判相互の関係）

第一九条① 後見開始の審判をする場合において、本人が被保佐人又は被補助人であるときは、家庭裁判所は、その本人に係る保佐開始又は補助開始の審判を取り消さなければならない。

② 前項の規定は、保佐開始の審判をする場合において本人が成年被後見人若しくは被補助人であるとき、又は補助開始の審判をする場合において本人が成年被後見人若しくは被保佐人であるときについて準用する。

参【後見開始の審判↓七【保佐開始の審判↓一一【補助開始の審判↓一五【被保佐人↓一二・一三【被補助人↓一六・一七【成年被後見人↓八・九【審判の取消し↓家事三九・別表第一〈二の項〉〈二十の項〉〈三十九の項〉

（制限行為能力者の相手方の催告権）

第二〇条① 制限行為能力者の相手方は、その制限行為

能力者が行為能力者（行為能力の制限を受けない者をいう。以下同じ。）となった後、その者に対し、一箇月以上の期間を定めて、その期間内にその取り消すことができる行為を追認するかどうかを確答すべき旨の催告をすることができる。この場合において、その者がその期間内に確答を発しないときは、その行為を追認したものとみなす。

② 制限行為能力者の相手方が、制限行為能力者が行為能力者とならない間に、その法定代理人、保佐人又は補助人に対し、その権限内の行為について前項に規定する催告をした場合において、これらの者が同項の期間内に確答を発しないときも、同項後段と同様とする。

③ 特別の方式を要する行為については、前二項の期間内にその方式を具備した旨の通知を発しないときは、その行為を取り消したものとみなす。

④ 制限行為能力者の相手方は、被保佐人又は第十七条第一項の審判を受けた被補助人に対しては、第一項の期間内にその保佐人又は補助人の追認を得るべき旨の催告をすることができる。この場合において、その被保佐人又は被補助人がその期間内にその追認を得た旨の通知を発しないときは、その行為を取り消したものとみなす。

（制限行為能力者の相手方の催告権）
第二〇条① 制限行為能力者（未成年者、成年被後見人、被保佐人及び第十七条第一項の審判を受けた被補助人をいう。以下同じ。）の相手方は、その制限行為能力者が行為能力者（行為能力の制限を受けない者をいう。以下同じ。）となった後、その者に対し、一箇月以上の期間を定めて、その期間内にその取り消すことができる行為を追認するかどうかを確答すべき旨の催告をすることができる。この場合において、その者がその期間内に確答を発しないときは、その行為を追認したものとみなす。
②—④（略）

❸+【制限行為能力者と取消し↓五・九・一三・一七・二二【取消し・追認↓一二一—一二二 ❷【法定代理人↓八二四・八五九【保佐人↓一二・八七六の二・八七六の四【補助人↓一六・八七六の七・八七六の九【法定代理人の権限外の行為↓八二六・八六〇・八三〇・八六九 ❸【特別の方式を要する行為↓八六四 ❹【被保佐人・被補助人・保佐人・補助人↓一一—一三・一五—一七

（制限行為能力者の詐術）
第二一条 制限行為能力者が行為能力者であることを信じさせるため詐術を用いたときは、その行為を取り消すことができない。

❸+【制限行為能力者の法律行為の取消し↓五②・九・一三④・一七④

一 詐術の意義

[1] 無能力者が、他人を誤信させる意思の下でする、自己の能力者たることの陳述〔平成一一法一四九による改正前の事案〕（大判昭2・11・26民集六・六二二）↓[4]

[2] 積極的術策を用いた場合に限られないが、自己を能力者であると相手方に誤信させる目的が必要である。無能力者が、無能力者であることを黙秘していた場合でも、他の言動とあいまって、相手方を誤信させ、又は誤信を強めたときも詐術に当たるが、単に無能力者であることを黙秘しただけではそれに当たらない。〔平成一一法一四九による改正前の事案〕（最判昭44・2・13民集二三・二・二九一、民百選Ⅰ[六版]六）

二 詐術に当たる事例

[3] 準禁治産者が、保佐人の同意を得たと信じさせたとき〔平成一一法一四九による改正前の事案〕（大判大12・8・2民集二・五七七）

[4] 準禁治産者が、準禁治産者であるか否かの質問に対して、否定し、さらに市役所、裁判所に問い合わせよと答えたとき〔平成一一法一四九による改正前の事案〕（大判昭2・11・26前出[1]）

[5] 準禁治産者が、準禁治産宣告は既に取り消され、今では一級の選挙権をも有するので迷惑をかけないと明言したとき〔平成一一法一四九による改正前の事案〕（大判昭5・4・18民集九・三九八）

[6] 準禁治産者が、無能力者であることを隠蔽する目的で相当の資産信用を有するので安心して取引をして欲しい旨を陳述したとき〔平成一一法一四九による改正前の事案〕（大判昭8・1・31民集一二・二四）

第四節　住所〈改正前の第三節〉

（住所）
第二二条 各人の生活の本拠をその者の住所とする。

❸+二三・二四【法人の住所↓会社四【各種の法律関係と住所↓二五、四八四①・八八三、商五一六、手二③・四・二一・七六③、小八、民訴三の二・四②・九六②・一〇三、人訴四、非訟五、民調三、破四・五①②、家事四、法適用五・八②・一一・一九・三八・三九

一 住所の意義

[1] 住所は、その地を生活の本拠とする意思とその意思の実現すなわち常住の事実によって決定される。（大決大9・7・23民録二六・一一五七……民法旧規定（四・五編）〔昭和二二法二二二による改正前〕の下で未成年者のための親族会招集事件に関する裁判管轄を決める基準としての住所）

[2] 住所所在地の認定は各般の客観的事実を総合して判断すべきである。（最判昭27・4・15民集六・四・四一三……自作農創設特別措置法上の住所）

[3] 選挙権の要件としての住所は、その人の生活に最も関係の深い一般的生活、全生活の中心をもってその者の住所と解すべきである。（最判昭35・3・22民集一四・四・五五一、行政百選Ⅰ[七版]三〇）↓行総◘【Ⅰ】[80]

二 未成年者の住所意思

[4] 未成年者の住所は、特別の事情のない限り、親権者の住所地にある。（大決昭2・5・4民集六・二一九）

三 住所とされた事例（公職選挙法上の住所）

[5] 大学附属の学生寮に居住する学生について、寮所在地で主食の配給を受け、住民登録をしている場合には、生活の本拠は寮にあり、寮所在地の選挙人名簿に登録されるべきである。（最大判昭29・10・20民集八・一〇・一九〇七、民百選Ⅰ[四版]七）↓行総◘【Ⅰ】[79]

四 住所とされなかった事例（住民基本台帳法上の住所）

[6] 都市公園内に不法に設置されたテントの所在地は、社会通念上、客観的に生活の本拠としての実体を具備しているものとみることはできないので、同テントを起居の場所としている者は、同テントの所在地に住所を有するものとはいえない。（最判平20・10・3判時二〇二六・一一、自治百選

四版 一〇）↓行総◘【Ⅰ】83

（居所）

第二三条① 住所が知れない場合には、居所を住所とみなす。

② 日本に住所を有しない者は、その者が日本人又は外国人のいずれであるかを問わず、日本における居所をその者の住所とみなす。ただし、準拠法を定める法律に従いその者の住所地法によるべき場合は、この限りでない。

参＋二二 ❶【各種の法律関係と居所↓民訴三の二・四②、人訴四、民調三 ❷【準拠法を定める法律による例外↓法適用五・三八・三九、遺言準拠法二―四・七

（仮住所）

第二四条 ある行為について仮住所を選定したときは、その行為に関しては、その仮住所を住所とみなす。

参＋二二

第五節 不在者の財産の管理及び失踪の宣告

〈改正前の第四節〉

第四節 不在者の財産の管理及び失踪の宣告（改正後の第五節）

（不在者の財産の管理）

第二五条① 従来の住所又は居所を去った者（以下「不在者」という。）がその財産の管理人（以下この節において単に「管理人」という。）を置かなかったときは、家庭裁判所は、利害関係人又は検察官の請求により、その財産の管理について必要な処分を命ずることができる。本人の不在中に管理人の権限が消滅したときも、同様とする。

② 前項の規定による命令後、本人が管理人を置いたときは、家庭裁判所は、その管理人、利害関係人又は検察官の請求により、その命令を取り消さなければならない。

参❶【住所・居所↓二二―二四【家庭裁判所の処分↓家事三九、別表第一〈五十五の項〉

（管理人の改任）

第二六条 不在者が管理人を置いた場合において、その不在者の生死が明らかでないときは、家庭裁判所は、利害関係人又は検察官の請求により、管理人を改任することができる。

参＋【家庭裁判所による改任↓家事三九、別表第一〈五十五の項〉

（管理人の職務）

第二七条① 前二条の規定により家庭裁判所が選任した管理人は、その管理すべき財産の目録を作成しなければならない。この場合において、その費用は、不在者の財産の中から支弁する。

② 不在者の生死が明らかでない場合において、利害関係人又は検察官の請求があるときは、家庭裁判所は、不在者が置いた管理人にも、前項の目録の作成を命ずることができる。

③ 前二項に定めるもののほか、家庭裁判所は、管理人に対し、不在者の財産の保存に必要と認める処分を命ずることができる。

参＋【家庭裁判所の処分↓家事三九、別表第一〈五十五の項〉

（管理人の権限）

第二八条 管理人は、第百三条に規定する権限を超える行為を必要とするときは、家庭裁判所の許可を得て、その行為をすることができる。不在者の生死が明らかでない場合において、その管理人が不在者が定めた権限を超える行為を必要とするときも、同様とする。

参＋【家庭裁判所の許可↓家事三九、別表第一〈五十五の項〉

1 **上訴の権限** 家庭裁判所の選任した不在者の財産の管理人は、不在者を被告とする訴訟において、本条の許可を得ることなく、控訴、上告をする権限を有する。（最判昭47・9・1民集二六・七・一二八九）↓一〇三条7、民訴二八条6・三四条4

（管理人の担保提供及び報酬）

第二九条① 家庭裁判所は、管理人に財産の管理及び返還について相当の担保を立てさせることができる。

② 家庭裁判所は、管理人と不在者との関係その他の事情により、不在者の財産の中から、相当な報酬を管理人に与えることができる。

参＋【家庭裁判所の処分↓家事三九、別表第一〈五十五の項〉

（失踪の宣告）

第三〇条① 不在者の生死が七年間明らかでないときは、家庭裁判所は、利害関係人の請求により、失踪の宣告をすることができる。

② 戦地に臨んだ者、沈没した船舶の中に在った者その他死亡の原因となるべき危難に遭遇した者の生死が、それぞれ、戦争が止んだ後、船舶が沈没した後又はその他の危難が去った後一年間明らかでないときも、前項と同様とする。

参＋【家庭裁判所の宣告↓家事三九、別表第一〈五十六の項〉【届出↓戸九四【認定死亡↓戸八九、九一【外国人の失踪宣告↓法適用六

1 **利害関係人の意義** 利害関係人とは失踪者の生死について法律上の利害関係を有する者を指し、失踪宣告の結果を他の訴訟事件の証拠に供しようとする者は含まれない。（大決昭7・7・26民集一一・一六五八）

（失踪の宣告の効力）

第三一条 前条第一項の規定により失踪の宣告を受けた者は同項の期間が満了した時に、同条第二項の規定により失踪の宣告を受けた者はその危難が去った時に、死亡したものとみなす。

参＋【届書への記載↓戸九四

（失踪の宣告の取消し）

第三二条① 失踪者が生存すること又は前条に規定する時と異なる時に死亡したことの証明があったときは、

民法

家庭裁判所は、本人又は利害関係人の請求により、失踪の宣告を取り消さなければならない。この場合において、その取消しは、失踪の宣告後その取消し前に善意でした行為の効力に影響を及ぼさない。
② 失踪の宣告によって財産を得た者は、その取消しによって権利を失う。ただし、現に利益を受けている限度においてのみ、その財産を返還する義務を負う。

㊜❶【家庭裁判所の取消し↓家事三九・別表第一〈五十七の項〉【届出↓戸九四　❷【現に利益を受けている限度での返還義務↓七〇三

> **[1] 「善意でした行為」の意義**
> 契約については、契約当時当事者双方とも善意であることを要する。（大判昭13・2・7民集一七・五九）

第六節　同時死亡の推定〈改正前の第五節〉

第三二条の二　数人の者が死亡した場合において、そのうちの一人が他の者の死亡後になお生存していたことが明らかでないときは、これらの者は、同時に死亡したものと推定する。

㊜+【同時死亡の効果↓八八二・八八七②③・九九四

第三章　法人

（法人の成立等）
第三三条①　法人は、この法律その他の法律の規定によらなければ、成立しない。
② 学術、技芸、慈善、祭祀、宗教その他の公益を目的とする法人、営利事業を営むことを目的とする法人その他の法人の設立、組織、運営及び管理については、この法律その他の法律の定めるところによる。

㊜❶【本法その他の法律の規定↓三五・九五一、一般法人三、建物区分四七、会社三、自治二①・二六〇の二、弁護三〇の二・三一・四五、労組一一　❷【公益を目的とする法人↓一般法人、公益法人【営利事業を営むことを目的とする法人↓会社【その他の法人↓自治二六〇の二【名称の使用↓一般法人五―七、公益法人九

参考 **特定非営利活動促進法**（平成一〇・三・二五法七）
（抜粋）

（目的）
第一条　この法律は、特定非営利活動を行う団体に法人格を付与すること並びに運営組織及び事業活動が適正であって公益の増進に資する特定非営利活動法人の認定に係る制度を設けること等により、ボランティア活動をはじめとする市民が行う自由な社会貢献活動としての特定非営利活動の健全な発展を促進し、もって公益の増進に寄与することを目的とする。

（定義）
第二条①　この法律において「特定非営利活動」とは、別表に掲げる活動に該当する活動であって、不特定かつ多数のものの利益の増進に寄与することを目的とするものをいう。
② この法律において「特定非営利活動法人」とは、特定非営利活動を行うことを主たる目的とし、次の各号のいずれにも該当する団体であって、この法律の定めるところにより設立された法人をいう。
一　次のいずれにも該当する団体であって、営利を目的としないものであること。
イ・ロ（略）
二　その行う活動が次のいずれにも該当する団体であること。
イ　宗教の教義を広め、儀式行事を行い、及び信者を教化育成することを主たる目的とするものでないこと。
ロ　政治上の主義を推進し、支持し、又はこれに反対することを主たる目的とするものでないこと。
ハ　特定の公職（公職選挙法（昭和二十五年法律第百号）第三条に規定する公職をいう。以下同じ。）の候補者（当該候補者になろうとする者を含む。以下同じ。）若しくは公職にある者又は政党を推薦し、支持し、又はこれらに反対することを目的とするものでないこと。
③④（略）

（設立の認証）
第一〇条①　特定非営利活動法人を設立しようとする者は、都道府県又は指定都市の条例で定めるところにより、次に掲げる書類を添付した申請書を所轄庁に提出して、設立の認証を受けなければならない。
一―八（略）
②―④（略）

（認証の基準等）
第一二条①　所轄庁は、第十条第一項の認証の申請が次の各号に適合すると認めるときは、その設立を認証しなければならない。
一　設立の手続並びに申請書及び定款の内容が法令の規定に適合していること。
二　当該申請に係る特定非営利活動法人が第二条第二項に規定する団体に該当するものであること。
三　当該申請に係る特定非営利活動法人が次に掲げる団体に該当しないものであること。
イ　暴力団（暴力団員による不当な行為の防止等に関する法律（平成三年法律第七十七号）第二条第二号に規定する暴力団をいう。以下この号（中略）において同じ。）
ロ　暴力団又はその構成員（暴力団の構成団体の構成員を含む。以下この号において同じ。）若しくは暴力団の構成員でなくなった日から五年を経過しない者（以下「暴力団の構成員等」という。）の統制の下にある団体
四（略）
②③（略）

> **一　法人格否認の法理**↓会社三条[4]～[12]
> [1] 法人格が全くの形骸にすぎない場合、又はそれが法律の適用を回避するために濫用されるような場合には、法人格を認める本来の目的に照らして許すべきでないものとして、法人格を否認すべきである。（最判昭44・2・27民集二三・二・五一一、会社法百選〔四版〕三）↓会社三条[4][6][7]、民執三三条[3]・三八条[11]
> **二　権利能力のない社団**↓◆【II　権利能力のない社団・財団】〔二編四章名の前〕判、民訴二九条判

（法人の能力）
第三四条　法人は、法令の規定に従い、定款その他の基本約款で定められた目的の範囲内において、権利を有し、義務を負う。

㊜+【目的による能力の制限の例↓九五一

> **一　「目的の範囲」の意義**
> **1　営利法人の場合**

民法

[1] 外形からみて定款所定の目的である業務を遂行するのに必要となり得る行為（大判昭13・2・7民集一七・五〇、会社百選[三版]二）

[2] 定款に記載された目的自体に包含されない行為であっても目的遂行に必要な行為は、社団の目的の範囲に属するものと解すべきであり、その目的遂行に必要かどうかは、問題となっている行為が、会社の定款記載の目的に現実に必要かどうかの基準によるべきでなく、定款の記載自体から観察して、客観的・抽象的に必要となり得るかどうかの基準に従って決すべきものである。（最判昭27・2・15民集六・二・七七、会社法百選[四版]一……目的の範囲外とされた例）

2　非営利法人の場合

[3] 法人の行為が法人の目的の範囲内に属するかどうかは、その行為が法人としての活動上必要な行為であり得るかどうかを客観的・抽象的に観察して判断すべきである。（最判昭44・4・3民集二三・四・七三七、手形小切手百選[七版]一五）→手◘【手形法総論】［一編名の後］[2]

二　目的の範囲に含まれるとされた例

1　営利法人等の場合

[4] 倉庫業、運送業を営む会社が重油を買い入れる行為（大判昭13・2・7前出[1]）

[5] 不動産等を保存し、運用利殖を図る社団が不動産を売却する行為（最判昭27・2・15前出[2]）→会社三条[2]

[6] 会社が政党に政治資金を寄附する行為（最大判昭45・6・24民集二四・六・六二五〈八幡製鉄政治献金事件〉会社法百選[四版]二）→憲三章[4]・一五条[7]、会社三条[1][3]

[7] 無尽会社の貸付け（最判昭38・10・3民集一七・九・一一三三）

[8] 会社が他人の債務を引き受ける行為（大判昭10・4・13民集一四・五二三）

[9] 木製品の製造販売等を業とする会社が他人の借地人としての債務を連帯保証する行為（最判昭30・10・28民集九・一一・一七四八）

[10] 食肉等の販売を業とする会社が取引先の債務のために担保を提供する行為（最判昭33・3・28民集一二・四・六四八）

[11] 生命保険会社が金銭の預託を受ける行為（最判昭30・11・29民集九・一二・一八八六）

2　非営利法人等の場合

[12] 農業協同組合が非組合員であるりんごの移出業者に貸し付ける行為（最判昭33・9・18民集一二・一三・二〇二七）

[13] 農業協同組合が手形を振り出す行為（最判昭44・4・3前出[3]）→手◘【手形法総論】［一編名の後］[2]

[14] 信用協同組合が組合員の手形債務を保証する行為（最判昭45・7・2民集二四・七・七三一）

[15] 信用協同組合が組合員以外の者からの預金を受け入れる行為（最判昭35・7・27民集一四・一〇・一九一三、銀取百選[二版]三一）

[16] 司法書士会が、阪神・淡路大震災により被災した他の司法書士会に復興支援拠出金を寄付する行為（最判平14・4・25判タ一〇九一・二一五〈群馬司法書士会事件〉重判平14憲二）→憲三章[6]

三　目的の範囲に含まれないとされた例―非営利法人等の場合

[17] 信用組合が単に他人の債務を引き受ける行為（大判昭16・3・25民集二〇・三四七）

[18] 農業協同組合が組合員以外の者に貸し付ける行為（最判昭41・4・26民集二〇・四・八四九、民百選Ⅰ[六版]七）→四四七条[4]

[19] 労働金庫が組合員以外の者に貸し付ける行為（最判昭44・7・4民集二三・八・一三四七、民百選Ⅰ[五補]六……ただし、信義則上、貸付けの無効を理由に、その債務を担保するために設定された抵当権ないしその実行手続の無効を主張することはできない）

[20] 病院を経営する財団法人が目的の範囲外である事業のためにした売却行為（最判昭51・4・23民集三〇・三・三〇六……ただし、信義則上、売却時から七年以上経過後に、売買の無効を理由に、売買目的物の返還又はそれに代わる損害賠償を請求することはできない）

[21] 税理士会が政党など政治資金規正法上の政治団体に寄付すること（最判平8・3・19民集五〇・三・六一五〈南九州税理士会事件〉民百選Ⅰ[八版]七……政治団体への寄付が昭和五五法二六による改正前の税理士法四九条二項［現六項］に定める税理士会の目的に反するとした事例）

（外国法人）

第三五条① 外国法人は、国、国の行政区画及び外国会社を除き、その成立を認許しない。ただし、法律又は条約の規定により認許された外国法人は、この限りでない。

② 前項の規定により認許された外国法人は、日本において成立する同種の法人と同一の私権を有する。ただし、外国人が享有することのできない権利及び法律又は条約中に特別の規定がある権利については、この限りでない。

⊕【外国会社→会社八一七―八二三【外国法人の登記→三七　❷【法人の権利能力→三四【外国人の権利能力→三②

（登記）

第三六条　法人及び外国法人は、この法律その他の法令の定めるところにより、登記をするものとする。

⊕【設立登記→一般法人二二・一六三、会社四九・五七九、労組一一①【登記の効力→一般法人二九九、会社九〇八、労組一一③【外国法人の登記→三七

（外国法人の登記）

第三七条① 外国法人（第三十五条第一項ただし書に規定する外国法人に限る。以下この条において同じ。）が日本に事務所を設けたときは、三週間以内に、その事務所の所在地において、次に掲げる事項を登記しなければならない。

一　外国法人の設立の準拠法
二　目的
三　名称
四　事務所の所在場所
五　存続期間を定めたときは、その定め
六　代表者の氏名及び住所

② 前項各号に掲げる事項に変更を生じたときは、三週間以内に、変更の登記をしなければならない。この場合において、登記前にあっては、その変更をもって第三者に対抗することができない。

③ 代表者の職務の執行を停止し、若しくはその職務を代行する者を選任する仮処分命令又はその仮処分命令

を変更し、若しくは取り消す決定がされたときは、その登記をしなければならない。この場合においては、前項後段の規定を準用する。

④ 前二項の規定により登記すべき事項が外国において生じたときは、登記の期間は、その通知が到達した日から起算する。

⑤ 外国法人が初めて日本に事務所を設けたときは、その事務所の所在地において登記するまでは、第三者は、その法人の成立を否認することができる。

⑥ 外国法人が事務所を移転したときは、旧所在地においては三週間以内に移転の登記をし、新所在地においては四週間以内に第一項各号に掲げる事項を登記しなければならない。

⑦ 同一の登記所の管轄区域内において事務所を移転したときは、その移転を登記すれば足りる。

⑧ 外国法人の代表者が、この条に規定する登記を怠ったときは、五十万円以下の過料に処する。

第三八条から第八四条まで【法人の設立・管理・解散に関する規定】 削除

◆**【I 法人制度一般】**

一 法人の不法行為能力（平成一八法五〇による民法四四条改正前の事案〔一般社団法人及び一般財団法人に関する法律七八条・一九七条に相当〕）↓七一五条[判]

1 法人の代表機関

[1] 株式会社は、取締役が他人に加えた損害を賠償する責任を負うが、支配人が他人に加えた損害を賠償する責任は負わない。（大判大6・4・7民録二三・六九〇……昭和二五法一六七による商法改正によって取締役会が新設される前で、各取締役は代表取締役が置かれない限り代表権を有しており、民法四四条が商法により取締役に準用されていた当時の事件）

[2] 民法四四条は代表機関の選任した代理人の不法行為を包含しない。（大判大9・6・24民録二六・一〇八三）

2 「職務を行うについて」

イ 「職務を行うについて」の意義

[3] 職務の執行に当たるかどうかは、職務の性質、職務と行為との関係、行為者の意思及び行為当時の事情を参酌して決すべきもので、行為者の意思のみによって決すべきものではない。（大判大7・3・27刑録二四・二四一）

[4] 当該行為の外見上法定代理人又は代表者の職務行為とみられる行為であれば足り、その行為が法人の有効又は適法な行為であることを要しない。（最判昭37・9・7民集一六・九・一八八八、自治百選[三版]六一）↓[8]

ロ 「職務を行うについて」に当たるとされた例

[5] 銀行の取締役が銀行の債権を実行するため提起した民事裁判上、債務者の挙げた反証を打破する目的で刑事の告訴をする行為（大判大元・10・16民録一八・八七〇）

[6] 町長が町会の借入決議書を示して自分のために金員を借り入れる行為（大判昭15・2・27民集一九・四四一）

[7] 村の収入役〔会計管理者に相当〕が、議会の議決に関する証明書を偽造し、相互銀行と消費貸借契約を締結し、借受金を受領する行為（最判昭44・6・24民集二三・七・一一二一、行政百選Ⅰ[初版]一三）

[8] 村議会の議決がないのに、村長が手形を振り出す行為（最判昭37・9・7前出[4]）

[9] 市長が自己のために約束手形を振り出す行為（最判昭41・6・21民集二〇・五・一〇五二、民百選Ⅰ[初版]一三）↓手◆【手形法総論】〔二編名の後〕[22][23]

ハ 「職務を行うについて」に当たらないとされた例

[10] 収入役〔会計管理者に相当〕が置かれていて、出納その他の会計事務は町長に属しない場合における町長の金銭受領行為（最判昭37・2・6民集一六・二・一九五）

ニ 相手方に重大な過失のある場合は除かれる

[11] 外形上職務行為に属する行為について、相手方が、右行為がその職務行為に属さないことを知っていたか、これを知らないことにつき重大な過失のあったときは、当該地方公共団体は相手方に対して損害賠償責任を負わない。（最判昭50・7・14民集二九・六・一〇一二、民百選Ⅰ[三版]一〇……手形を振り出した会社の代表者が第一裏書人である町の町長と同一人である場合）

3 代表機関個人の責任

[12] 代表機関も個人として民法七〇九条の責任を負い、法人と共に全額負担の責任がある。（大判昭7・5・27民集一一・一〇六九）↓四四一条[4]

二 法人の代表

1 理事が複数の場合（平成一八法五〇による民法五三条改正前の事案〔一般社団法人及び一般財団法人に関する法律七七条・一九七条に相当〕）

[13] 理事が数人あるときは、各自が法人を代表する。（大判大7・3・8民録二四・四二七）

2 理事の代表権の制限（平成一八法五〇による民法五四条改正前の事案〔一般社団法人及び一般財団法人に関する法律七七条・一九七条に相当〕）

イ 代表権の制限の例

[14] 合名会社において、代表社員に事故がある場合にのみ他の社員に代表権がある旨の定款による制限（大判大7・6・21民録二四・一二八一）

[15] 他の理事と協議しなければ組合（産業組合）を代表して借入れができない旨の定款による制限（大判大9・10・21民録二六・一五六一）

[16] 理事のうち、会長、副会長だけに代表権がある旨の定款による制限（大決昭9・2・2民集一三・一一五）

ロ 善意の意義

[17] ★民法五四条の善意とは、理事の代表権に制限が加えられていることを知らないことをいい、その主張・立証責任は第三者にある。（最判昭60・11・29民集三九・七・一七六〇、民百選Ⅰ[八版]三一）↓一一〇条[36]

3 理事の代理行為の委任（平成一八法五〇による民法五五条改正前の事案）―理事会への代理出席を認める規約の条項が有効とされた例

[18] 建物区分所有法による管理法人の理事会に、理事に事故がある場合に限定し、その配偶者又は一親等内の親族に限って理事の代理人として出席し議決権の代理行使ができる旨を定めた管理組合の規約は、同法四九条〔平成一八法五〇による改正前〕で準用される民法五五条に違反しない。（最判平2・11・26民集四四・八・一一三七、マンション百選四三）

4 利益相反行為（平成一八法五〇による民法五七条改正前の事案〔一般社団法人及び一般財団法人に関する法律八四条・一九七条に相当〕）―民法五七条が類推適用された例

[19] 学校法人の代表権を有する理事の職務執行停止、代行者

選任の仮処分により選任された理事職務代行者と学校法人との利益相反する行為（最判昭46・10・26民集二五・七・一〇一二……ただし、利益相反するとはいえないとした例）

◇【II 権利能力のない社団・財団】

一 権利能力のない社団↓民訴二九条[判]

1 成立要件

[1] 権利能力のない社団といえるためには、団体としての組織を備え、多数決の原則が行われ、構成員の変更にもかかわらず団体そのものが存続し、その組織によって代表の方法、総会の運営、財産の管理その他団体としての主要な点が確定しているものでなければならない。（最判昭39・10・15民集一八・八・一六七一、民百選I[八版]八）↓[6]、民訴二九条[1][2]

2 具体例

[2] 特定の地域に居住する住民により、その福祉のため各般の事業を営むことを目的として結成された任意団体（最判昭42・10・19民集二一・八・二〇七八、民訴百選[五版]八……平成三法二四による地方自治法二六〇条の二追加前の事件）↓自治二六〇条の二[2]、民訴二九条[7]

[3] 沖縄における血縁団体である門中（最判昭55・2・8民集三四・二・一三八、重判昭55民二）↓民訴二九条[9]

3 社団財産の帰属

[4] 権利能力のない社団の財産は、実質的には社団を構成する総社員のいわゆる総有に属する。――労働組合の脱退者に持分権、分割請求権はないとした例（最判昭32・11・14民集一一・一二・一九四三、労働百選[五版]五九）↓労組二章[12]・一〇条[7]

[5] 前出[4]と同旨――労働組合の離脱者がその資産について持分を有せず、分割請求権もないとした例（最判昭49・9・30民集二八・六・一三八二、労働法の判例[二版]五二）

[6] 前出[4]と同旨――構成員の資格を失った者は、その資格に基づき有する土地の使用権限も失うとされた例（最判昭39・10・15前出[1]）↓民訴二九条[7]

4 社団債務の帰属

[7] 権利能力なき社団の代表者が社団名義でした取引上の債務は、その社団の構成員全員に総有的に帰属し、社団の総有財産だけがその責任財産となり、構成員各自は、個人的債務ないし責任を負わない。（最判昭48・10・9民集二七・九・一一二九、民百選I[八版]九）

5 社団所有不動産の登記方法

[8] 社団の資産である不動産は、本来は、構成員の総有に属するものであるが、構成員全員のため信託的に社団代表者個人の所有とされるものであるから、代表者は自己の名義でその登記をすることができ、代表者が交代したときは、新代表者は旧代表者に自己の名義に移転登記手続をすることを請求できる。（最判昭47・6・2民集二六・五・九五七、民訴百選[四版]九）↓民訴二九条[13]

[9] 権利能力のない社団である入会〔いりあい〕団体において、規約等に定められた手続により、構成員全員の総有に属する不動産につきある構成員個人を登記名義人とすることとされた場合には、当該構成員は、入会団体の代表者でなくても、自己の名で右不動産についての登記手続請求訴訟を追行する原告適格を有する。（最判平6・5・31民集四八・四・一〇六五、民百選I[八版]七八）↓[12]・◇【入会権】〔二九四条の後〕[7]、民訴三〇条[16]・一三四条の二[31]

[10] 権利能力のない社団は、構成員全員に総有的に帰属する不動産について、その所有権の登記名義人に対し、当該社団の代表者の個人名義に所有権移転登記手続をすることを求める訴訟の原告適格を有する。（最判平26・2・27民集六八・二・一九二、民訴百選[五版]一〇）↓民訴二九条[14]

6 社団所有不動産に対する強制執行等↓民保二一条[1]

[11] 権利能力のない社団を債務者とする金銭債権を表示した債務名義を有する債権者は、社団の構成員全員の総有に属し第三者を登記名義人とする不動産に対して強制執行をしようとする場合、その不動産が社団の構成員全員の総有に属することを確認する旨の確定判決等を添付して社団を債務者とする強制執行の申立てをすべきであり、登記名義人を債務者として執行文の付与を求めることはできない。（最判平22・6・29民集六四・四・一二三五、執保百選[三版]七）↓民執二三条[7]

7 社団代表者の権限

[12] 権利能力のない社団である入会団体の代表者が構成員全員の総有に属する不動産について総有権確認請求訴訟を原告の代表者として追行するには、当該入会団体の規約等において当該不動産を処分するのに必要とされる総会の議決等の手続による授権を要する。（最判平6・5・31前出[9]）↓◇【入会権】〔二九四条の後〕[7]、民訴三〇条[16]・一三四条の二[31]

8 社団構成員の資格変更

[13] 権利能力のない社団であるゴルフクラブの規約に定められた手続に従って構成員の資格要件に関する規約の規定が改正された場合には、特段の事情のない限り改正決議に承諾していなかった構成員を含めて全ての構成員に適用される。（最判平12・10・20判時一七三〇・二六）

9 退会の自由

[14] 権利能力のない社団である県営住宅の自治会の会員は、いつでも、当該自治会に対する一方的意思表示により退会することができるとした例（最判平17・4・26判時一八九七・一〇、自治百選[四版]五）

二 権利能力のない財団↓民訴二九条[判]

[15] 個人財産から明確に分離され、実質的には個人の帰属を離れた独立の存在として管理・運用されてきた株式について、権利能力のない財団に帰属するとした例（最判昭44・6・26民集二三・七・一一七五、家族百選[三版]一二四……遺言による寄附行為に基づく財産の例）↓一〇一二条[1]、民訴二九条[11]

[16] 個人財産から分離独立した基本財産を有し、その運営のための組織を有している財団を権利能力のない財団と認め、財団代表者の振り出した手形について代表者が振出人の責任を負わないとした例（最判昭44・11・4民集二三・一一・一九五一、民百選I[五補]一〇）↓手◇【手形法総論】〔二編名の後〕[20]

第四章 物

（定義）

第八五条 この法律において「物」とは、有体物をいう。

㊟＋八六【電気と財物↓刑二四五

[1] **集合物** 構成部分の変動する集合動産であっても、何らかの方法

で目的物の範囲が特定される場合には一個の集合物として譲渡担保の目的となり得る。（最判昭54・2・15民集三三・一・五一、民百選Ⅰ[二版]九八）↓◇【Ⅰ 譲渡担保】［三九八条の二二の後］[34]

[2] 前出[1]と同旨（最判昭62・11・10民集四一・八・一五五九、民百選Ⅰ[四版]九八）↓一七八条[4]・一八三条[2]・三三一条[1]・三三三条[2]・◇【Ⅰ 譲渡担保】［三九八条の二二の後］[36]

（不動産及び動産）

第八六条① 土地及びその定着物は、不動産とする。

② 不動産以外の物は、すべて動産とする。

> （不動産及び動産）
>
> **第八六条①②** （略）
>
> ③ 無記名債権は、動産とみなす。（改正により削られた）

一 不動産の意義

1 土地

[1] 民法施行前においては、海面下の土地は払下げにより私人の取得し得る権利の対象とされており、取得された排他的・総括的支配権は、民法の施行とともに当然民法上の土地所有権となった。（最判昭52・12・12判時八七八・六五）

[2] 海は、そのままの状態では、所有権の客体たる土地には当たらないが、国が一定範囲を区画し、他の海面から区別して排他的支配を可能にした上で、公用を廃止し、私人の所有に帰属させた場合には、その区画部分は所有権の客体たる土地に当たる。（最判昭61・12・16民集四〇・七・一二三六、民百選Ⅰ[五補]一一……係争地が土地に当たらないとした例）

[3] 公有水面埋立法に基づく埋立免許を受けて埋立工事が完成した後、竣功［しゅんこう］認可がなされていない土地であっても、同法所定の原状回復義務の対象とならなくなった場合は、土地として私法上所有権の客体となる。（最判平17・12・16民集五九・一〇・二九三一、重判平17民二）↓一六二条[25]

2 一筆の土地の一部

[4] 一筆の土地の一部は、分筆登記をしなくても、所有者は譲渡することができる。（大民連判大13・10・7民集三・四七六、民百選Ⅰ[八版]一〇）

[5] 一筆の土地の一部も、時効による所有権取得の目的となる。（大民連判大13・10・7民集三・五〇九、不動産百選[三版]一）

3 定着物

[6] 定着物とは自然の形状に基づき、土地に付着したものをいうが、その自然の状態を毀損しなければ分離・移動できない物に限る趣旨ではない。（大判明35・1・27民録八・一・七七……工場の機械が土地の定着物又は従物であるとした例）

[7] 土地の定着物とは一時の用に供するためでなく、土地に付着するものをいう。（大判大10・8・10民録二七・一四八〇……仮植中の草木（桑苗）は土地の定着物ではなく、動産であるとした例）↓[12]

4 建物

[8] 建物建築工事において、柱などを組み立て、土居葺［どいぶき］を終えただけで未完成部分が非常に大きい場合には、不動産たる建物と認められない。（大判昭8・3・24民集一二・四九〇、不動産百選[三版]三……その段階で設定された抵当権は無効であるとされた例）

5 立木

[9] 果樹は土地から分離独立した権利の客体ではなく、地盤たる土地の構成部分として一個の所有権の客体と認められる。（最判昭40・8・2民集一九・六・一三三七……自作農創設特別措置法の買収の対象となるとされた例）

[10] 共有の性質を有しない入会［いりあい］地上の天然樹木につき、土地の構成部分として土地所有者の所有に属するとした例（最判昭63・1・18判時一二六五・七二）↓◇【入会権】［二九四条の後］[12]

二 動産

1 土砂

[11] 公有水面を埋め立てるために投入した土砂は、埋立工事が完成し、竣功認可を受ける時まで埋立地に付合せず、独立した動産としての存在を失わない。（最判昭57・6・17民集三六・五・八二四）↓二四二条[8]

2 草木

[12] 仮植中の草木（桑苗）（大判大10・8・10前出[7]）

（主物及び従物）

第八七条① 物の所有者が、その物の常用に供するため、自己の所有に属する他の物をこれに附属させたときは、その附属させた物を従物とする。

② 従物は、主物の処分に従う。

㊜❶【船舶の属具と従物↓商六八五 ❷【船舶の抵当権の属具に対する効力↓商八四七②

一 従物とされた例

[1] 石灯籠及び取外しのできる庭石等は、宅地の従物である。（最判昭44・3・28民集二三・三・六九九、民百選Ⅰ[八版]八五……宅地の根抵当権の効力が従物にも及ぶとされた例）↓三七〇条[4]

[2] 地下タンク、ノンスペース型計量機、洗車機等は、ガソリンスタンド用建物の従物である。（最判平2・4・19判時一三五四・八〇……建物の根抵当権の効力が従物にも及ぶとされた例）↓三七〇条[7]

二 民法三七〇条との関係↓三七〇条[5]

三 主物・従物の関係と同視された例↓六一二条[1]～[3]

（天然果実及び法定果実）

第八八条① 物の用法に従い収取する産出物を天然果実とする。

② 物の使用の対価として受けるべき金銭その他の物を法定果実とする。

㊜八九

一 天然果実とされた例

[1] 隣地の竹の根（地下茎）から生えた竹（土地の天然果実）（最判昭35・11・29判時二四四・四七）

二 法定果実とされた例

[2] 賃料（建物の法定果実）（大判大14・1・20民集四・一）

（果実の帰属）

第八九条① 天然果実は、その元物から分離する時に、これを収取する権利を有する者に帰属する。

② 法定果実は、これを収取する権利の存続期間に応じて、日割計算によりこれを取得する。

⊛＋八八【果実の収取権者↓一八九①、二〇六、二六五、二七〇、三五六、五七五、五九三、六〇一、八二八、九九二

第五章　法律行為

第一節　総則

（公序良俗）

第九〇条　公の秩序又は善良の風俗に反する法律行為は、無効とする。

（公序良俗）
第九〇条　公の秩序又は善良の風俗に反する事項を目的とする法律行為は、無効とする。

⊛＋九一、九二【公序良俗↓法適用三、四二、会社八二四①[二]、七〇八【無効行為と追認↓一一九【消費者契約における無効な条項↓消費契約八－一〇【法律行為の効力の準拠法↓法適用七－一二

一　家族道徳に反する行為

1　無効とされた例

[1]　配偶者のある者と、それを知っている第三者との間の婚姻予約と、それに基づき、婚姻をし、入籍するまで扶養料を支払う旨の契約（大判大9・5・28民録二六・七七三）

2　無効でないとされた例

[2]　私通する男女が将来その情交を絶つことを決意した際、男子より女子に精神上の苦痛を慰謝する目的でした金員の贈与契約（大判昭12・4・20新聞四一三三・一二）

[3]　妻子と以前から別居している男性が、約七年間、半同棲〔どうせい〕のような形で不倫な関係を継続した女性に全遺産の三分の一を包括遺贈する旨の遺言（最判昭61・11・20民集四〇・七・一一六七、民百選Ⅰ[八版]一二）

二　人格の尊厳、自由を制限する行為

1　無効とされた例

[4]　娘の酌婦稼働による報酬を弁済に充てることを約し、父親が消費貸借名義で金員を受領し、第三者が連帯保証をした場合には、酌婦稼働による弁済特約は公序良俗に反し無効であり、父親の金員受領はそれと密接不可分の関係にあるから、消費貸借、連帯保証も無効である。（最判昭30・10・7民集九・一一・一六一六、民百選Ⅰ[二版]一四……交付者は、民法七〇八条により返還請求できない）↓七〇八条[3]

[5]　ユニオン・ショップ協定による特定の労働組合への加入強制は、労働者の組合選択の自由及び他の労働組合の団結権を侵害する場合には許されず、したがって、締結組合から脱退し又は除名されたが他の労働組合に加入し又は新たな労働組合を結成した者について使用者の解雇義務を定める部分は、本条により無効である。（最判平元・12・14民集四三・一二・二〇五一、労働百選[一〇版]八三）↓憲二八条[5]、労組二章[2]

[6]　強行法規である民法六七八条に反して、やむを得ない事由があっても任意の脱退を許さない旨の組合契約は、組合員の自由を著しく制限するものであり、公の秩序に反するから、無効である。（最判平11・2・23民集五三・二・一九三、民百選Ⅰ[八版]一七）↓六七八条[2]

[7]　従業員と使用者との間でされた、従業員が特定の労働組合に所属し続けることを義務付ける内容の合意のうち、従業員に脱退権を行使しないことを義務付ける部分は、本条により無効である。（最判平19・2・2民集六一・一・八六、労働百選[一〇版]八四）↓憲二八条[6]、労組二章[7]

2　無効でないとされた例

[8]　牛乳販売会社が牛乳配達人を雇い入れるに際し、期間、区域を限定してなされた解雇後牛乳販売業を営業しない旨の競業禁止特約（営業の自由を過当に制限するものとは認め難い）（大判昭7・10・29民集一一・一九四七、保全百選一五）

三　憲法の理念等に反する行為

1　無効とされた例↓[5][7]

[9]　男性の定年年齢を六〇歳、女性の定年年齢を五五歳と規定する就業規則（性別のみによる不合理な差別を定めたものだから）（最判昭56・3・24民集三五・二・三〇〇〈日産自動車事件〉民百選Ⅰ[八版]一四……昭和六〇法四五による雇用機会均等法一一条一項［現六条四号に相当］追加前の事件）↓憲三章[9]・一四条[8]、雇均六条[5]

[10]　入会〔いりあい〕部落の慣習に基づく入会集団の会則中、入会権者の資格要件について、一家の代表者としての世帯主に限定する部分は公序良俗に反しないが、原則として男子孫に限定し、同入会部落の部落民以外の男子と婚姻した女子孫は離婚して旧姓に復しない限りは資格を認めないとした部分は公序良俗に反して無効である。（最判平18・3・17民集六〇・三・七七三、重判平18民一）

2　無効でないとされた例

[11]　憲法九条の宣明する規範は、そのままの内容で本条にいう「公ノ秩序」の内容を形成するのではなく、私法上の規範によって相対化され、「公ノ秩序」の内容の一部を形成するが、自衛隊の基地建設のために国が私人から土地を買い受ける行為は反社会的な行為であるとの認識が社会の一般的な観念として確立していたということはできないから、売買契約は無効とはならない。（最判平元・6・20民集四三・六・三八五、憲百選Ⅱ[七版]一六六）↓憲九条[10]

四　正義観念、社会的倫理に反する行為

1　無効とされた例

[12]　食品衛生法に反することを知りながら、有毒性物質の混入したあられを販売する契約（最判昭39・1・23民集一八・一・三七、民百選Ⅰ[二版]一七）↓[29]

[13]　いわゆるネズミ講の入会契約（長野地判昭52・3・30判時八四九・三三、消取百選五〇……無限連鎖講の防止に関する法律（昭和五三法一〇一）制定前の事件）

[14]　金地金の先物取引を委託する取引が著しく不公正な方法によって行われた場合、商品取引所法［現・商品先物取引法］違反かどうかを論ずるまでもなく、公序良俗に反し、無効とした例（最判昭61・5・29判時一一九六・一〇二、消取百選二二）

[15]　平成三法九六による証券取引法［現・金融商品取引法］改正前の損失保証契約（最判平9・9・4民集五一・八・三六一九、金商百選三五……かつては、損失保証は違法ではあるが私法上有効と解されていたが、平成二年当時においては大きな社会問題となっていて、反社会性の強い行為であるとの社会的認識が存在していたから、公序良俗に反するとされた例）↓[31]

[16]　不正の目的をもってする、周知性のある他人の商品等表示と同一又は類似のものを使用した商品の売買契約（最判平13・6・11判時一七五七・六二、商標百選[初版]A17……これら商品の販売は、不正競争防止法、商標法に違反するとともに、経済取引における商品の信用の保持と公正な経済秩序の確保を害する著しく反社会性の強い行為であるから、公序良俗に反するとされた例）↓[33]

2　無効でないとされた例

[17]　クラブのホステスが顧客の飲食代金債務を保証する契約（自己独自の客としての関係を維持することによって、ク

ラブから支給される報酬以外の特別の利益を得る目的で任意にクラブに掛売りを求めるとともに保証することを内容とするものだから)(最判昭61・11・20判時一二二〇・六一、民百選I[五補]一二……ホステスの立替払金返還請求を否定した例)

五 射倖［しゃこう］的行為―無効とされた例

[18] 借主が、賭博に敗けた債務の弁済を目的とする旨を貸主に開示してした消費貸借（大判昭13・3・30民集一七・五七八、民百選I[六版]一五）

[19] 賭博に敗けた第三者の債務の弁済のために小切手を振り出した者が、その支払につき所持人（賭博に勝った者）との和解によりした金銭支払の約束（最判昭46・4・9民集二五・三・二六四、手形小切手百選[七版]八八）

[20] 賭博の用に供されることを知りながらした金銭消費貸借（最判昭47・4・25判時六六九・六〇）

六 暴利行為―無効とされた例

[21] 他人の窮迫、軽率若しくは無経験を利用し著しく過当な利益を獲得することを目的とする法律行為（大判昭9・5・1民集一三・八七五、民百選I[八版]一五……貸金債務が弁済されない場合には、貸金の約二倍になる保険の解約返戻金を債務の弁済に充てる旨の特約が無効とされた例）

[22] 手形債務の不履行の場合に、日歩三三銭の遅延損害金を支払う旨の特約。特別の事情のない限り、善良の風俗に反する限度で無効（大判昭19・3・14民集二三・一四七）→四二〇条[2]

[23] 債務の額の約五倍程度の価値のある不動産の所有権を代物弁済の予約により債権者が取得する行為（最判昭27・11・20民集六・一〇・一〇一五）→仮登記担保

七 大学の入学辞退者に対する納付済み学生納付金の返還義務

1 入学金

[24] 入学金は、特段の事情のない限り、学生が当該大学に入学し得る地位を取得するための対価としての性質を有するものであり、在学契約を締結するに当たって、その納付を義務付けても公序良俗に反しない。また、大学は、納付金を返還しない旨の特約の有無にかかわらず、入学金については、その性質に鑑みると、在学契約を解除した学生に対して、返還する義務を負わない。（最判平18・11・27民集六〇・九・三四三七、消費百選[三版]四四）

2 授業料等

[25] 授業料等の不返還特約は、その目的、意義に照らして、学生の大学選択に関する自由な意思決定を過度に制約し、その他学生の著しい不利益において大学が過大な利益を得ることになるような著しく合理性を欠くと認められるものでない限り、公序良俗に反するものとはいえない。（最判平18・11・27前出[24]……ただし、消費者契約法九条一号［現一項一号］により、学生が当該大学に入学することが客観的に高い蓋然性をもって予測される時点（大学の入学年度が始まる四月一日）より前の時期における在学契約の解除については、原則として、大学に生ずべき平均的損害は存在しないので、右特約はすべて無効となり、大学は授業料等の返還義務を負うが、それより以後の時点における解除では、大学は、原則として、当該年度に納付すべき授業料等に相当する損害を被り、この額が在学契約の解除に伴い大学に生ずべき平均的損害であるので、右特約は全て有効となり、大学は返還義務を負わない）

[26] 学生納付金の不返還特約のうち授業料等に関する部分は、在学契約の解除に伴う損害賠償額の予定又は違約金の性質を有するところ、私立医科大学においては、他の学部に比し、入学辞退によって欠員が生じる可能性が潜在的に高く、欠員が生じた場合に生じる損失が多額になることから、この部分は公序良俗に反するものではない。（最判平18・11・27民集六〇・九・三七三二、重判平19民七③）

八 その他

[27] ★相続人以外の者に対してする全財産の遺贈も、遺留分減殺請求権が認められている趣旨から、公序良俗に反して無効とはいえない。（最判昭25・4・28民集四・四・一五二、家族百選[三版]一二五）→一〇四六条[5][7]

九 法令違反

1 無効とされた例

[28] 鉱業権者が採掘に関する権利を第三者に授与し、鉱業を経営させることを目的とするいわゆる斤先掘契約は鉱業法に反して無効であり、第三者がその契約を前提に採掘量に応じて金員を支払う合意は本条に反して無効である。（大判昭19・10・24民集二三・六〇八、民百選I[四版]一六）→九一条[8]

[29] 食品衛生法に反することを知りながら、有毒性物質の混入したあられを販売する契約（最判昭39・1・23前出[12]）

[30] 弁護士でない者が、債権の取立て、その目的のために提起する訴訟につき弁護士を選任し、仮差押え・仮処分申請手続をすること、及びこれらの事件につき和解等による解決の一切の委任を受け、債権の取立てに成功すれば、取立金額から訴訟費用を控除した残額の半分を報酬として受け取る旨の契約は弁護士法七二条、七七条に反し、本条に照らし、その効力を生じない。（最判昭38・6・13民集一七・五・七四四）

[31] 平成三年改正前の証券取引法［現・金融商品取引法］下における損失保証（最判平9・9・4前出[15]）

[32] 強行法規である民法六七八条に反して、やむを得ない事由があっても任意の脱退を許さない旨の組合契約（最判平11・2・23前出[6]）

[33] 不正競争防止法、商標法違反に該当する取引を内容とする商品の売買契約（最判平13・6・11前出[16]）

[34] 無免許者が宅地建物取引業を営むために宅建業者からその名義を借り、当該名義を借りてされた取引による利益を両者で分配する旨の合意は、宅地建物取引業法一二条一項及び一三条の趣旨に反するものであり、公序良俗に反し、無効である。（最判令3・6・29民集七五・七・三三四〇）

[35] 賃金引上げ対象者から前年の稼働率が八〇パーセント以下の者を除くという労働協約の規定は、労働基準法又は労働組合法上の権利に基づく不就労を稼働率算定の基礎としている限りにおいて、右各権利の行使を抑制するものとして公序に反し無効となる。（最判平元・12・14民集四三・一二・一八九五、重判平元労働六）→労基六五条[7]

2 無効でないとされた例

[36] 食品衛生法は単なる取締法規にすぎないから、食肉販売業の許可を得ていない者が精肉を買い受けても、その売買契約は無効ではない。（最判昭35・3・18民集一四・四・四八三、民百選I[八版]一六）→九一条[7]、行総◆【I】[16]

[37] 司法書士が、司法書士法九条［昭和五三法八二による改正前］に違反して、委任を受けて相手方と締結した和解契約であっても、直ちに無効であるとすることはできない。（最判昭46・4・20民集二五・三・二九〇、続民訴百選三二）

[38] 第三者が無担保で融資を受けるために裏金利を得てする導入預金は、預金等不当契約（導入預金）取締法に反するが、私法上の効力を否定しなければならないほど著しく反社会性、反道徳性を帯びるものではない。（最判昭49・3・

1民集二八・二・一三五）→九一条3

39 いわゆる拘束された即時両建預金を取引条件とする貸付けは、独禁法一九条に違反するが、直ちに公序良俗に反するものとはいえない。（最判昭52・6・20民集三一・四・四四九、行政百選Ⅰ[七版]一四）→九一条4、行総◘【Ⅰ】18、独禁◈【違反行為の私法上の効力】[二六条の後]7

40 地方公務員法二四条一項、三〇条、三五条は職員の服務義務や給与の基準を定めた規定にすぎないので、これらの規定を地方公共団体と私人との間に締結された契約の効力に直ちに影響を及ぼす強行規定と解することはできない。（最判平16・1・15民集五八・一・一五六、自治百選[四版]六三……いわゆる第三セクター方式により設立された株式会社と県との協定に基づき同社に派遣された県職員に対する県の給与支出は地方公務員法違反ではあるが、同協定は無効とはいえず、株式会社は、県に対して、派遣職員の給与相当額について不当利得返還義務を負わない）

41 債権の管理又は回収の委託を受けた弁護士が、その手段として本案訴訟の提起や保全命令の申立てをするために当該債権を譲り受ける行為は、他人間の法的紛争に介入し、司法機関を利用して不当な利益を追求することを目的として行われたなど、公序良俗に反するような事情があれば格別、弁護士法二八条に違反するものであったとしても、直ちに私法上の効力が否定されるものではない。（最決平21・8・12民集六三・六・一四〇六、重判平21民二）

42 建築基準法等の法令の規定に適合しない建物の建築を目的とする請負契約が公序良俗に反し無効とされる場合において、同契約に基づく工事の施工が開始された後に、区の是正指示等を受けて施行された、違法建築部分を是正する工事も含む追加変更工事の施工の合意（最判平23・12・16判時二一三九・三、重判平24民一）

43 過払金が発生している継続的な金銭消費貸借取引の当事者間の特定調停手続において成立した調停であって、特定の期間内に借主が借り受けた債務について、利息制限法所定の制限利率に引き直して計算した借主の貸金業者に対する残債務の存在を認める旨の確認条項及び当事者間には本件調停条項に定めるほか債権債務のないことを相互に確認する旨の清算条項を含むもの（最判平27・9・15判時二二八一・九八、重判平27民二……清算条項の対象を限定的に解釈した例。平成一八法一一五による利息制限法改正前の事案）

一〇　動機の不法―無効でないとされた例

44 借主が貸主を欺罔[ぎもう]し、密輸出の資金として一五万円を借り受け（遊蕩[ゆうとう]に費消し）た場合、交付された金銭の返還については本条、民法七〇八条は適用されない。（最判昭29・8・31民集八・八・一五五七、民百選Ⅱ[五補]七三）→七〇八条9

一一　公序違反の判断基準時

45 法律行為が公序に反することを目的とするものとして無効になるかどうかは、法律行為がされた時点の公序に照らして判断すべきである。（最判平15・4・18民集五七・四・三六六、民百選Ⅰ[八版]一三……大蔵省証券局長による損失補塡を禁止する通達が出される前になされた証券会社と顧客との間の損失保証契約は無効であるとまではいえない）→憲二九条12

（任意規定と異なる意思表示）

第九一条　法律行為の当事者が法令中の公の秩序に関しない規定と異なる意思を表示したときは、その意思に従う。

⑧→九二【当事者の意思と準拠法→法適用七―一二【公序規定と地役権→二八〇

一　いわゆる取締法規違反の法律行為の効力

1　有効とした例

イ　食品衛生法

1 食肉販売業の許可を得ない者による精肉の買受け（最判昭35・3・18民集一四・四・四八三、民百選Ⅰ[八版]一六）→九〇条36、行総◘【Ⅰ】16

ロ　金融商品取引法

2 証券業者が平成九法一〇二による改正前の証券取引法［現・金融商品取引法］四九条に定める委託証拠金なしに信用取引による株式の売買をしたとき、証券業者と委託者間の契約（最判昭40・4・22民集一九・三・七〇三、金商百選六七）

ハ　預金等不当契約（導入預金）取締法

3 いわゆる導入預金の契約（最判昭49・3・1民集二八・二・一三五）→九〇条38

ニ　独禁法一九条

4 拘束された即時両建預金及びそれを取引条件とする貸付け（最判昭52・6・20民集三一・四・四四九、行政百選Ⅰ[七版]一四）→九〇条39、行総◘【Ⅰ】18、独禁◈【不公正な取引方法】[二条の後]97・◈【違反行為の私法上の効力】[二六条の後]7

ホ　外国為替及び外国貿易法、外国為替令

5 ［旧］外国為替管理法三〇条、［旧］外国為替管理令一三条に反してなされた非居住者の居住者に対するドルによる貸付け、その債権の居住者に対する譲渡（最判昭40・12・23民集一九・九・二三〇六、渉外百選[三版]四〇）

ヘ　文化財保護法

6 文化財保護法四六条一項所定の国に対する売渡しの申出をせずになされた重要文化財の有償譲渡（最判昭50・3・6民集二九・三・二二〇）

ト　県令

7 玄米・麦を受け渡し、移出するには、検査を受けなければならないことを定めた県の穀物検査規則に反し、検査を受けずにした売買（大判昭13・3・30民集一七・五六九）

2　無効とした例

8 鉱業権者によるいわゆる斤先掘契約（大判昭19・10・24民集二三・六〇八、民百選Ⅰ[四版]一六）→九〇条28

9 臨時物資需給調整法に基づく加工水産物配給規則によって指定された物資についての無資格者による売買（最判昭30・9・30民集九・一〇・一四九八、行政百選Ⅰ[六版]一三）→行総◘【Ⅰ】17

3　制限を超える部分だけを無効とした例

10 農地の売買契約で臨時農地価格統制令の最高価格を超過した代金額の約定があった場合には、超過した代金額の約定部分が無効になるにとどまる。（最判昭31・5・18民集一〇・五・五三二、民百選Ⅰ[初版]一九）

11 職業安定法に基づく有料職業紹介の手数料契約において、同法施行規則に定める最高額を超える部分の私法上の効力は否定され、最高額の範囲内で契約の効力が認められる。（最判平6・4・22民集四八・三・九四四、労働百選[八版]七）

二　強行規定違反→8〜11・九〇条6 28 30

三　いわゆる脱法行為

1　有効とした例

12 当事者間において債権を担保するため所有権移転の効果を生じさせる意思でする動産の売買（大判大3・11・2民録二〇・八六五）

13 労働者が退職に際してした自ら退職金債権を放棄する旨の意思表示は労基法二四条一項の全額払の原則に反しない。（最判昭48・1・19民集二七・一・二七、労働百選[八版]三四）→労基二四条6

2 無効とした例

14 恩給受給権者の債務の弁済に充当するためになされた恩給の受領に関する委任における解除しない旨の特約（大判昭7・3・25民集一一・四六四）

15 国税徴収法二四条二項による告知書の発出の時点で譲渡担保権を実行することを内容とする合意は、同条五項［現七項］の適用を回避しようとするものであり無効である。（最判平15・12・19民集五七・一一・二二九二、手形小切手百選[六版]一〇七）

第九二条（任意規定と異なる慣習）

第九二条　法令中の公の秩序に関しない規定と異なる慣習がある場合において、法律行為の当事者がその慣習による意思を有しているものと認められるときは、その慣習に従う。

参＋九一【慣習法の効力】→法適用三

一　慣習の意義

1 本条の慣習は、法的効力を有しない単純な慣行の事実で法律行為の当事者の意思を補充するものである。（大判大5・1・21民録二二・二五……大阪市内には期間の定めのない住宅賃貸借について、賃借人はいつでも賃貸人に対する告知によって将来に向かって賃貸借を消滅させ得る慣習があるとされた例）

二　慣習の認められた例

2 東京市内には、借地契約における地代値上げに関する慣行がある。（大判大3・10・27民録二〇・八一八……借地法制定前の事案において土地所有者の地代値上請求を認めた例）→◆【法律行為の解釈】［本条の後］5

3 大豆粕［かす］売買で「塩釜レール入」という場合には、売主が目的物をまず積み出し、代金は塩釜駅到着後に請求し得る旨の商慣習がある。（大判大10・6・2民録二七・一〇三八、民百選Ⅰ[八版]一九）→◆【法律行為の解釈】［本条の後］6

4 東京の肥料商人と地方の肥料商との大豆粕の売買で「深川渡」と定めた場合には、売主指定の深川所在の倉庫又は付近の艀［はしけ］船係留河岸において引渡しをなす慣習が存在する、とした原判決を前提として議論を進めている例（大判大14・12・3民集四・六八五、売買百選一六）→◆【法律行為の解釈】［本条の後］7・四九三条19

5 電信送金契約には、第三者たる送金受取人のためにする約旨は存在しないという銀行業者間の取引慣行がある。（最判昭43・12・5民集二二・一三・二八七六、銀取百選[二版]四〇）→◆【法律行為の解釈】［本条の後］8・五三七条3

6 就業規則は、一種の社会的規範としての性質を有するだけでなく、それが合理的な労働条件を定めているものである限り、経営主体と労働者との間の労働条件はその就業規則によるという事実たる慣習が成立しているものとして、その法的規範性が認められる。（最大判昭43・12・25民集二二・一三・三四五九、労働百選[一〇版]二〇）→労契七条7

三　慣習の認められなかった例

7 東京都区内では、宅地賃貸借契約における賃貸期間の満了に当たり、賃貸人の請求があれば当然に賃貸人に対する賃借人の更新料支払義務が生ずる旨の商慣習ないし事実たる慣習の存在は認められない。（最判昭51・10・1判時八三五・六三、民百選Ⅱ[二版]六五）

四　慣習存在認定の根拠

8 宅建業者の報酬について、県の報酬額に関する規則の定める最高額が報酬として授受される旨の慣習が存在するとするためには、これを相当とする合理的根拠を必要とする。（最判昭43・8・20民集二二・八・一六七七）

◆【法律行為の解釈】

一　黙示の合意→一四二条7

二　解釈の基準

1 真意の探究

1 意思表示の内容を確定するには、その文書に用いられている文字に拘泥せず論理法則と経験律に従って、当事者の真意を探究すべきである。（大判大14・8・3新聞二四七五・一三……不動産の売主の買戻請求に対して、買主が買戻特約付きで買い受けたことを否定する旨を文書で売主に回答した場合に、代金の受領拒絶の意思表示を含まないとした原判決を破棄、差し戻した例）→四九三条15

2 遺言の解釈に当たっては、遺言書の文言を形式的に判断するだけではなく、遺言者の真意を探究すべきである。（最判昭58・3・18家月三六・三・一四三、民百選Ⅲ[二版]八四）→五編七章一節1

2 文言の尊重

3 訴訟上の和解の文言の解釈において、表示された文言と異なる意味に解すべきであるとすることは、その文言自体相互に矛盾し、又は文言自体によってその意味を了解し難いなど、和解条項それ自体に内包する瑕疵［かし］を含むような特別の事情のない限り、容易に考えられない。（最判昭44・7・10民集二三・八・一四五〇……家屋明渡しの期間に関する和解条項を明渡猶予の条項ではなく、賃料改訂期間を定めた条項と解した原判決を破棄、差し戻した例）

3 契約を有効とする解釈

4 契約の解釈に当たって、一つの意義に解釈するとある効果を生じさせられるが、他の意義に解釈すると何らの効果を生じさせられないときは、特別の事由のない限り、ある効果を生じさせ得る意義に解釈すべきである。（大判大3・11・20民録二〇・九五四……村落共同体が他人と共有する土地について、住民あるいは住民総代が持分の割合・分割についてした協定を、村落共同体の代理人としてしたものではないと解釈した原判決を破棄、差し戻した例）

4 慣習

5 慣習があり、その慣習によって契約をするのが普通である場合には、反対の意思を表示しない限りは、これによる意思を有するものと推定すべきである。（大判大3・10・27民録二〇・八一八）→九二条2

6 意思解釈の資料となる事実上の慣習が存する場合に、当事者がその慣習の存在を知りながら特に反対の意思を表示しないときは、これによる意思を有すると推定するのが相当である。（大判大10・6・2民録二七・一〇三八、民百選Ⅰ[八版]一九）→九二条3

7 大豆粕［かす］の売買において、慣習による意思があったとした原判決を前提とし、その解釈が問題とされた例（大判大14・12・3民集四・六八五、売買百選一六……慣習による具体的な引渡場所の指定は必ずしも明示することを必要としないとした例）↓九二条[4]・四九三条[19]

[8] 銀行業者間の取引慣行に照らして考察すれば、反対の事情があったことの立証がない限り、銀行と顧客との間の電信送金契約にも、送金受取人のためにする約旨は存在しなかったものと解するのが相当である。（最判昭43・12・5民集二二・一三・二八七六、銀取百選[三版]四〇……受取人の被仕向銀行に対する支払請求を認めなかった例）↓九二条[5]・五三七条[3]

5　信義誠実の原則

[9] 信義誠実の原則は、権利の行使、義務の履行についてのみならず、当事者のした契約の趣旨を解釈するにもその基準となるべきものである。（最判昭32・7・5民集一一・七・一一九三……「差押登記が抹消された際に、買主が代金を支払い、移転登記をする」旨の裁判上の和解条項について、信義則により、売主が差押解除を速やかに受けるべきことを定めたもので、差押解除のあるまでは永久に所有権移転登記をしない趣旨ではないと解釈した例）

三　解釈の具体例

[10] 建物賃貸借において、市販の契約書に印刷された、賃料を一箇月でも延滞した場合は何らの催告も要せず契約は解除されたものとする旨の条項は、当事者を拘束する力のない「例文」である。（東京地判昭39・7・6判時三九一・二七）

[11] 同一所有者に属する土地とその地上の建物のうち建物のみが譲渡された場合は、明示の契約が存しないときでも、特段の事情のない限り、敷地に使用借権の設定の合意があったものと推認するのが相当である。（最判昭41・1・20民集二〇・一・二二）↓五九三条[6]

[12] 全損害を正確に把握し難い状況の下において、早急に小額の賠償金をもって満足する旨の示談がされた場合には、示談によって放棄された損害賠償請求権は、示談当時予想していた損害についてのもののみと解すべきである（その当時予想できなかった後遺症等による損害についてまで放棄した趣旨と解すべきではない）。（最判昭43・3・15民集二二・三・五八七、民百選Ⅱ[八版]一〇四）↓七〇九条[116]

[13] 平年における二月二九日を満期とする手形の記載は二月末日を記載したものと解するのが相当である。（最判昭44・3・4民集二三・三・五八六、手形小切手百選[四版]三三）↓手◘【手形法総論】[二編名の後][6]

[14] 再生手続における別除権協定の解釈の例（最判平26・6・5民集六八・五・四〇三、倒産百選[六版]六三……再生計画認可の決定の効力が生じないことが確定すること、再生計画不認可の決定が確定すること又は再生手続廃止の決定がされることを解除条件とする別除権協定は、再生計画の履行完了前に再生手続廃止の決定を経ずに破産手続開始の決定を受けた場合も、その時から効力を失う旨の内容をも含むと解するのが相当とした）

第二節　意思表示

第九三条（心裡留保）① 意思表示は、表意者がその真意ではないことを知ってしたときであっても、そのためにその効力を妨げられない。ただし、相手方がその意思表示が表意者の真意ではないことを知り、又は知ることができたときは、その意思表示は、無効とする。

② 前項ただし書の規定による意思表示の無効は、善意の第三者に対抗することができない。

> **第九三条**（心裡留保）　意思表示は、表意者がその真意ではないことを知ってしたときであっても、そのためにその効力を妨げられない。ただし、相手方が表意者の真意を知り、又は知ることができたときは、その意思表示は、無効とする。（改正後の①）
> （第二項は新設）

⊛【親族法上の行為と心裡留保↓七四二㈠、八〇二㈠【代理行為と心裡留保↓一〇一①②【無効行為と追認↓一一九 ❶【ただし書の不適用↓一般法人一四〇①、会社五一①・一〇二⑤・二一一①

第九四条（虚偽表示）① 相手方と通じてした虚偽の意思表示は、無効とする。

② 前項の規定による意思表示の無効は、善意の第三者に対抗することができない。

⊛【親族法上の行為と虚偽表示↓七四二㈠、八〇二㈠【代理行為と虚偽表示↓一〇一①②【無効行為と追認↓一一九 ❶【本項の不適用↓一般法人一四〇①、会社五一①・一〇二⑤・二一一①

一　虚偽表示とされた場合

1　契約の場合

[1] 当事者間に所有権を移転する意思がなく、通謀の上、意思があるかのように仮装し、不動産の保全目的で登記簿上の所有名義のみを変更する場合（意思があるときは、一種の信託行為として有効）（大判昭16・8・30新聞四七四七・一五）

[2] 賃借地上の建物の仮装売買契約が締結された場合には、特別の事情のない限り、建物の所有権譲渡と共に借地権の譲渡も仮装したと認めるべきである。（最判昭39・12・11民集一八・一〇・二一二七……仮装譲受人からその建物を買い受けた第三者に対する建物の真正な所有者（借地人）の明渡請求を否定した例）

2　単独行為への（類推）適用

[3] 通謀虚偽表示は必ずしも双方行為に限らず、相手方のある単独行為についても成立し得る。――契約解除の例（最判昭31・12・28民集一〇・一二・一六一三）

[4] 共有持分権の放棄（放棄によって直接利益を受ける他の共有者と通謀して虚偽の意思表示（相手方のない単独行為）がされたとき）（最判昭42・6・22民集二一・六・一四七九）

[5] 財団法人設立のための寄附行為（財団法人設立関係者の通謀に基づき出捐［しゅつえん］者において真実財産を出捐する意思がなく、単に寄附行為の形式を整える目的で一定の財産を出捐する旨を仮装したとき）（最判昭56・4・28民集三五・三・六九六、重判昭56民一）

二　虚偽表示の無効と不法原因給付↓七〇八条[5]～[7]

三　本条二項の適用範囲

[6] 本条二項は、私法上の取引の安全を保護するための規定であり、自作農創設特別措置法による農地買収処分には適用がない。（最判昭28・6・12民集七・六・六四九）

四　第三者

1　第三者の意義

[7] 虚偽表示の当事者又はその一般承継人以外の者であっ

て、その表示の目的につき法律上利害関係を有するに至った者を指す。（大判大9・7・23民録二六・一一七一）↓[13]

[8] 前出[7]と同旨（最判昭45・7・24民集二四・七・一一一六、不動産百選[二版]三二）↓[22][25]

2 第三者に当たるとされた例

[9] 他人名義に仮装した債権の譲受人（大判昭13・12・17民集一七・二六五一）

[10] 虚偽表示の目的物を差し押さえた相手方の一般債権者（最判昭48・6・28民集二七・六・七二四）↓[27]

[11] 原抵当権が虚偽・仮装のものであることにつき善意で転抵当権の設定を受けた者（転抵当権の取得につき民法三七六条〔現三七七条〕一項所定の要件を具備しておらず、権利を行使し、権利取得の効果を原抵当権設定者に主張することができない場合でもよい）（最判昭55・9・11民集三四・五・六八三、重判昭55民五）↓[16]

[12] 通謀による虚偽の登記名義を真正なものに回復するための所有権移転登記手続請求訴訟で、登記名義人である被告が敗訴し判決が確定しても、右訴訟の口頭弁論終結後、被告名義の右不動産を競落した善意の第三者に対しては、右確定判決はその効力を有しない。（最判昭48・6・21民集二七・六・七一二、執保百選[三版]六……原告が右確定判決につき右第三者に対する承継執行文の付与を受けて自己の名義に移転した登記が無効とされたもの）↓民訴一一五条[1]、民執二七条[2]

3 第三者に当たらないとされた例

[13] 仮装名義人に金銭を貸し付けた者（大判大9・7・23前出[7]）

[14] 土地の賃借人が地上建物を他に仮装譲渡した場合の土地賃貸人（最判昭38・11・28民集一七・一一・一四四六……賃貸人からの明渡請求を否定した例）

[15] 土地の仮装譲受人から同人が右土地上に建築した建物を賃借した者（最判昭57・6・8判時一〇四九・三六）

4 第三者の善意・悪意の判断基準時

[16] 第三者の善意・悪意は、適用の対象となるべき法律関係ごとに当該法律関係につき第三者が利害関係を有するに至った時期を基準として決すべきである。（最判昭55・9・11前出[11]……抵当権者から転抵当権の設定を受けた第三者が転抵当権設定時には、原抵当権が虚偽表示によるものであることにつき善意であったが、原抵当権の被担保債権の差押命令を得た時点では悪意となっていた場合には、取立権行使に関しては、悪意である）

[17] 通謀虚偽表示の売買における買主がその目的物について第三者と売買予約を締結した場合に、目的物の物権取得の法律関係につき、予約権利者が善意かどうかは、予約成立時ではなく、予約完結権の行使による売買契約成立時を基準として定める。（最判昭38・6・7民集一七・五・七二八）

5 第三者の善意であることの主張・立証

[18] 第三者は、自己が善意であったことを主張・立証しなければならない。（最判昭35・2・2民集一四・一・三六、民訴百選[五版]六三）↓民訴◆【証明責任】［一七九条の前］[2]

6 第三者の過失

[19] 第三者の善意についての過失の有無は問わない。（大判昭12・8・10新聞四一八一・九）

7 第三者の対抗要件具備↓五四五条[6]

[20] 仮装行為者は、第三者の登記の欠缺［けんけつ］を主張できず、本条二項が類推される場合も同様である。（最判昭44・5・27民集二三・六・九九八、民法の基本判例[二版]五……他人名義で不動産を競落した者は、名義人から譲り受けた善意の第三者に対して、その登記の欠缺を主張できないとされた例）

8 転得者のいる場合の善意・悪意

[21] 甲が乙に不動産を仮装譲渡し、丙が善意で乙からこれを譲り受けた場合であっても、丙が登記をする前に、甲からの譲受人丁が登記名義人である乙を債務者とする処分禁止の仮処分登記を経たときは、丙はその所有権取得を丁に対抗できない。（最判昭42・10・31民集二一・八・二二三二）

[22] 悪意の第三者からの転得者が善意であれば、転得者は本条二項にいう善意の第三者に当たる。（最判昭45・7・24前出[8]）↓[25]

五 本条二項の類推適用

1 類推適用を認めた例

イ 本条二項にのみ言及する例

[23] 甲から不動産を買い受けた乙が、丙にその所有権を移転する意思がないのに、甲から丙名義に所有権移転登記をすることを承認し、丙がその不動産を丁に売却した例（最判昭29・8・20民集八・八・一五〇五）

[24] 未登記建物の所有者が他人に右建物の所有権を移転する意思がないのに、他人の承諾を得た上で他人名義の所有権保存登記を経由したとき（最判昭41・3・18民集二〇・三・四五一）

[25] 不動産の所有者が、他人にその所有権を帰せしめる意思がないのに、他人の承諾なしに他人の所有名義の登記を経由したとき（最判昭45・7・24前出[8]）↓[22]

[26] 未登記建物の所有者が、その建物につき家屋台帳上他人の所有名義で登録されていることを知りながらこれを明示又は黙示に承認した場合（最判昭45・4・16民集二四・四・二六六）

[27] 未登記建物の所有者が、固定資産課税台帳に他人名義で登録されていることを知りながら、長年これを黙認していた場合（最判昭48・6・28前出[10]……登録名義人の債権者が、その債権に基づき建物を差し押さえた例）

[28] 不動産について、不実の所有権移転登記が所有者不知の間に他人の専断によってなされた場合であっても、所有者が不実の登記をされていることを知りながら、これを存続させることを明示又は黙示に承認していたとき（最判昭45・9・22民集二四・一〇・一四二四、民百選Ⅰ[八版]二二）

ロ 本条二項と民法一一〇条に言及する例

[29] 不動産について売買の予約を仮装して所有権移転請求権保全の仮登記手続をした後に、外観上の仮登記権利者が売買を原因とする所有権移転の本登記手続をしたときは、本登記の無効をもって善意無過失の第三者に対抗できない。（最判昭43・10・17民集二二・一〇・二一八八）

[30] 不動産の所有者が、融資を受けるため、他人と共謀して売買を仮装し、移転登記をした後に、仮装の買主から更に融資の依頼を受け、不動産の登記済証等を受け取った者が、自己の名義に移転登記をしたときは、その登記の無効をもって善意無過失の第三者に対抗できない。（最判昭45・6・2民集二四・六・四六五）

[31] 不動産を買い受けた者が、所有権移転登記をせず、売主に対する貸金を担保するため抵当権と停止条件付代物弁済契約上の権利を有するかのように仮装し、抵当権設定登記、所有権移転請求権保全の仮登記を経由した場合、自らが仮登記を経た所有権者であることを、善意無過失の第三者に対して主張できない。（最判昭45・11・19民集二四・一二・一九一六、民百選Ⅰ[五補]二三）

[32] 他人と通じ仮装の所有権移転請求権保全の仮登記を経由

しようとして、その提示した所有権移転登記手続に必要な書類に署名押印したところ、その書類によって所有権移転登記がなされた場合、その他人の所有権取得の無効をもって善意無過失の第三者に対抗できない。（最判昭47・11・28民集二六・九・一七一五）

33　不動産の所有者甲が合理的な理由もないのに乙に登記済証を預けたままにし、乙に印鑑登録証明書を交付し、乙が甲の面前で甲の実印を登記申請書に押捺［おうなつ］するのを漫然と見ていたなど、甲の余りにも不注意な行為によって甲から乙への所有権移転登記がなされた場合、甲の帰責性の程度は自ら外観の作出に積極的に関与した場合やこれを知りながらあえて放置した場合と同視し得るほど重く、甲は、乙が所有権を取得していないことを善意無過失の第三者に主張することができない。（最判平18・2・23民集六〇・二・五四六、民百選Ⅰ[八版]二二）

2　類推適用を認めなかった例

34　建物につき、抵当権の設定登記がなされる以前に、その賃借権を譲り受け、建物の引渡しを受けた者が、家主及び賃借権の譲渡人と通謀し、転貸借を仮装し、転借権の設定登記をしたが、建物に抵当権登記が設定された後に、新たに賃借権設定登記をし、更に転借権設定登記を抹消した場合（最判昭47・2・24民集二六・一・一四六、重判昭47民二）……競落人は本条二項を類推して賃借人が自己に対抗し得る賃借権を有しないものと主張できない）

35　山林について、入会［いりあい］権の主体たる村落が独立の法人格を有しないために、村落にある神社名義に移転登記したとき（最判昭57・7・1民集三六・六・八九一、民法の基本判例[初版]一八）→◆【入会権】［二九四条の後］6 16

36　不動産の所有者が交付した登記済証、白紙委任状、印鑑登録証明書等が利用され、当該不動産につき不実の所有権移転登記がなされても、同人が虚偽の外観の作出につき何ら積極的な関与をしておらず、また、不実登記を放置していたとみることもできない場合（最判平15・6・13判時一八三一・九九）

（錯誤）

第九五条①　意思表示は、次に掲げる錯誤に基づくものであって、その錯誤が法律行為の目的及び取引上の社会通念に照らして重要なものであるときは、取り消すことができる。

一　意思表示に対応する意思を欠く錯誤

二　表意者が法律行為の基礎とした事情についてのその認識が真実に反する錯誤

②　前項第二号の規定による意思表示の取消しは、その事情が法律行為の基礎とされていることが表示されていたときに限り、することができる。

③　錯誤が表意者の重大な過失によるものであった場合には、次に掲げる場合を除き、第一項の規定による意思表示の取消しをすることができない。

一　相手方が表意者に錯誤があることを知り、又は重大な過失によって知らなかったとき。

二　相手方が表意者と同一の錯誤に陥っていたとき。

④　第一項の規定による意思表示の取消しは、善意でかつ過失がない第三者に対抗することができない。

（錯誤）

第九五条　意思表示は、法律行為の要素に錯誤があったときは、無効とする。ただし、表意者に重大な過失があったときは、表意者は、自らその無効を主張することができない。

⑳+【親族・相続法上の行為と錯誤↓七四二㊀、八〇二㊀、一〇二五】【代理行為と錯誤↓一〇一①②】【取消し↓一二〇－一二六】【錯誤による弁済と不当利得↓七〇六、七〇七】【基金の引受けと錯誤↓一般法人一四〇②】【財産の拠出と錯誤↓一般法人一六五】【株式引受けと錯誤↓会社五一②、一〇二⑥、二一一②】【交互計算と錯誤↓商五三二】❸【本項の不適用↓電子契約特三】❹【意思表示の取消しと第三者の保護↓九六③】【本項の特則↓電子債権一二①】

一　錯誤の意義

1　★意思表示の錯誤というのは内心的効果意思と意思表示の内容たる表示的効果意思との不慮の不一致である。（大判大3・12・15民録二〇・一一〇一）→17

二　要素の錯誤

1　要素の錯誤の意義

2　★法律行為の要素というのは、意思表示の内容をなし、表意者がその内容に従って法律行為上の効果を発生させようと欲した事実であって、客観的に観察し、その事実につき錯誤がなかったならば意思表示をしなかったであろうと認めることが合理的であるものを指す。（大判大5・7・5民録二二・一三二五）→29

3　★法律行為の要素というのは、法律行為の主要部分であって、主要部分というのは、各法律行為において表意者が意思表示の内容部分となし、この点につき錯誤がなかったならば意思表示をしなかったであろうと考えられ、かつ、表示しないことが一般取引の通念に照らし妥当と認められるものをいう。（大判大7・10・3民録二四・一八五二）

2　要素の錯誤と認められた例

4　★戦時中になされた保安林・防風林の売買において、買主が軍部すなわち国であるかどうかについての売主の錯誤（最判昭29・2・12民集八・二・四六五、不動産百選[二版]五）

5　★借受金債務と売買代金債務とを相殺する目的で売買する場合（実質的な代物弁済）において、買主が債権者であるかどうかに関する売主の錯誤（最判昭40・10・8民集一九・七・一七三一）

6　★馬の売買で、その馬が年齢一三歳で受胎していて、良馬を産出するという買主の錯誤（大判大6・2・24民録二三・二八四、民法の判例[二版]四）→19

7　★山林の売買で、北側に道路が存在するという買主の錯誤（最判昭37・11・27判時三二一・一七）

8　★和解による代物弁済の目的物であるジャムの種類・品質に関する債権者の錯誤（最判昭33・6・14民集一二・九・一四九二、民百選Ⅱ[八版]七六）→31・五六二条8・六九六条3

9　★代物弁済契約における目的物の価値についての債権者の錯誤（最判昭40・6・25裁判集民七九・五一九）

10　★主債務がいかなるものであるかについての保証人の錯誤（最判平14・7・11判時一八〇五・五六、消費百選[二版]五八②……商品代金の立替払契約が空クレジットであることを保証人が知らずに保証契約を締結した場合）

11　★会社の全株式の売買における会社の価値についての売主の錯誤（最判平16・7・8判時一八七三・一三一）

3　要素の錯誤と認められなかった例

12　★土地売買契約を解除し、土地交換契約を締結するに伴い、一方が清算金を支払うために、預金を解約し、その払戻金を他方に支払う旨を金融機関に委任した場合に、売買契約の解除と土地交換契約が要素の錯誤により無効であって清算金支払義務がないときであっても、金融機関に対する委任が要素の錯誤により無効となるものではない。（最判昭47・5・19民集二六・四・七二三）

三　いわゆる動機の錯誤

1　動機の錯誤が考慮されない場合

[13] ★契約をするに至った縁由に錯誤があっても、縁由の実在を要件としない限りは契約は無効とならない。（大判明38・12・19民録一一・一七八六……保証人が担保物があると誤信して保証契約を締結した場合）

[14] ★法律行為の縁由とは効果意思決定の事情にすぎないから、その錯誤は詐欺に基づく場合のほか、法律行為の効力に影響を与えない。（大判大8・12・16民録二五・二三一六）

[15] ★意思表示をするに当たっての動機は表意者が当該意思表示の内容としてこれを相手方に表示した場合でない限り法律行為の要素とはならない。（最判昭29・11・26民集八・一一・二〇八七、民法の基本判例[二版]六……家屋の買主が現に居住している第三者と同居し得ると誤信した例）

[16] ★保証契約において主たる債務者が反社会的勢力でないことという保証人の動機は、それが明示又は黙示に表示されていたとしても、当事者の意思解釈上、保証契約の内容となっていたとは認められず、保証人の意思表示に要素の錯誤はないとされた例（最判平28・1・12民集七〇・一・一、民百選I[八版]二四）

2　動機の錯誤が要素の錯誤になり得る場合

[17] ★通常は意思表示の縁由に属すべき事実であっても、表意者がこれを意思表示の内容に加える意思を明示又は黙示したときは、意思表示の内容を組成し、その錯誤は要素の錯誤となり得る。（大判大3・12・15前出[7]……抵当権者が抵当物件の価額について誤信した場合）

[18] ★動機が黙示的に表示されているときでも、それが法律行為の内容になることを妨げない。（最判平元・9・14家月四一・一一・七五、民百選I[七版]二四）↓七六八条[11]

[19] ★物の性状は通常法律行為の縁由にすぎないが、表意者が特に意思表示の内容とし、取引の観念、事物の常況からみて意思表示の主要部分をなす程度のものと認められるときは、法律行為の要素となる。（大判大6・2・24前出[6]……馬の売買において、馬の年齢、受胎能力が要素となっていたとされた例）

3　無効原因とされない動機の錯誤の具体例

[20] ★甲の相続放棄の申述により乙の相続税が予期に反して多額に上ったこと（最判昭30・9・30民集九・一〇・一四九一）↓九一九条[3]

[21] ★他の相続人甲の放棄を期待して、放棄したところ、甲が放棄を取り下げた場合（最判昭40・5・27家月一七・六・二五一、家族百選[三版]一一二）↓九一九条[4]・九三八条[1]

[22] ★保証契約において、他に連帯保証人があること（最判昭32・12・19民集一一・一三・二二九九、民百選I[五補]一七）

四　表意者の重大な過失

1　重大な過失の意義

[23] ★表意者に重大な過失があるかどうかを判定するには、普通の智慮を有する者のすべき注意の程度を標準として抽象的に定めるべきものである。（大判大6・11・8民録二三・一七五八……株式の売買において、譲渡制限のあることを知らなかった買主に重大な過失があるとされた例）

2　重大な過失の例

[24] ★弁護士が、依頼人の代理人として署名するものと誤信して、依頼人を主債務者とする連帯保証人として公正証書に署名した例（最判昭44・9・18民集二三・九・一六七五、重判昭44民訴四）↓民執二二条[3]

3　重大な過失の立証責任

[25] ★表意者に重大な過失のあることについては、相手方がその主張・立証責任を負う。（大判大7・12・3民録二四・二二八四）

五　錯誤の効果

1　表意者以外の第三者が錯誤無効の主張をできないとした例

[26] ★表意者に意思表示の無効を主張する意思がない場合には、第三者が錯誤に基づく意思表示の無効を主張することは、原則として許されない。（最判昭40・9・10民集一九・六・一五一二）

2　第三者の主張が例外的に許されるとした例

[27] ★表意者が意思表示の瑕疵［かし］を認めている場合、表意者自らは当該意思表示の無効を主張する意思がなくても、第三者たる債権者は表意者に対する債権を保全するため表意者の意思表示の錯誤による無効を主張できる。（最判昭45・3・26民集二四・三・一五一、民百選I[五補]一八）

3　一部無効

[28] ★手形の裏書人が金額一五〇〇万円の手形を金額一五〇万円と誤信して裏書をした場合、悪意の取得者に対して錯誤を理由に償還義務の履行を拒めるのは、一五〇万円を超える部分についてだけであり、全部の金額についてではない。（最判昭54・9・6民集三三・五・六三〇、手形小切手百選[七版]六）↓手◘【手形法総論】［一編名の後］[9]

六　他の制度との関係

1　詐欺との関係

[29] ★錯誤が法律行為の要素に関するときは意思表示は本条により無効であるが、錯誤が意思表示の内容に関せず意思決定の原因にのみ存する場合には、その錯誤が詐欺に基づくときに限り、意思表示は民法九六条により取り消され得る。（大判大5・7・5前出[2]……債務が存在しないのに、あると欺罔［ぎもう］し、弁済契約を締結させた場合）

2　売主の瑕疵担保責任との関係↓五六二条[1]

[30] ★売買の目的物について当事者が一定の品質を有することを重視して意思表示をしたのに、その品質が欠けていたり、それに瑕疵があったために契約をした目的が達成できない場合には、法律行為は要素に錯誤があって無効であるが、当事者がそのような意思を表示しなかった場合には、買主は解除権を有するにすぎない。（大判大10・12・15民録二七・二一六〇、民百選II[五補]五二）

[31] ★契約の要素に錯誤がある場合には、瑕疵担保の規定［平成二九法四四による改正前の民法五七〇条］は排除される。（最判昭33・6・14前出[8]）↓五六二条[8]・六九六条[3]、民訴二六七条[2]

（詐欺又は強迫）

第九六条①　詐欺又は強迫による意思表示は、取り消すことができる。

②　相手方に対する意思表示について第三者が詐欺を行った場合においては、相手方がその事実を知り、又は知ることができたときに限り、その意思表示を取り

消すことができる。

③ 前二項の規定による詐欺による意思表示の取消しは、善意でかつ過失がない第三者に対抗することができない。

（詐欺又は強迫）
第九六条① （略）
② 相手方に対する意思表示について第三者が詐欺を行った場合においては、相手方がその事実を知っていたときに限り、その意思表示を取り消すことができる。
③ 前二項の規定による詐欺による意思表示の取消しは、善意の第三者に対抗することができない。

☞【親族・相続法上の行為と詐欺・強迫↓七四七、八〇八①、八九一⑶⑷、一〇二五【代理行為と詐欺・強迫↓一〇一①②【消費者契約と取消し↓消費契約四－六【取消し↓一二〇－一二六【詐欺・強迫と損害賠償↓七〇九【詐欺・強迫と刑罰↓刑二二二・二二三・二四六・二四六の二・二四九【株式引受けと詐欺・強迫↓会社五一②・一〇二⑥・二一一② ❸【本項の特則↓電子債権一二①

一 詐欺による意思表示の取消し

1 取消しの効果—当事者間

[1] 不動産の売買契約が取り消された場合には、原状回復のため、買主は登記手続をする義務を負い、売主は代金を返還する義務を負う。（最判昭47・9・7民集二六・七・一三二七……第三者の詐欺）↓一二一条の二[7]・五三三条[5]

[2] 土地の売買契約が取り消された場合には、土地所有権は売主に復帰し、初めから買主に移転しなかったことになる。（大判昭17・9・30民集二一・九一一、民百選Ⅰ[八版]五五）↓[3][4]・一七七条[4]

2 取消しの効果—対第三者関係

[3] 前出[2]の場合、売主がその所有権を第三者（取消し後に利害関係を有するに至った者）に対抗するためには、登記を具備することを要する。（大判昭17・9・30前出[2]）↓[4]・一七七条[4]

3 本条三項の第三者

[4] 本条三項の第三者とは取消しの遡及効により影響を受けるべき第三者すなわち取消し前に利害関係を有するに至った第三者に限る（取消し後に利害関係を有するに至った第三者を含まない）。（大判昭17・9・30前出[2]）↓[3]・一七七条[4]

4 本条三項の第三者に当たるとされた例

[5] 所有者を欺罔〔ぎもう〕してその農地を買い受け、農地法五条の許可を条件とする所有権移転仮登記を得た者から、売渡担保としてその権利を譲り受け、仮登記移転の付記登記を経由した者（最判昭49・9・26民集二八・六・一二一三、民百選Ⅰ[八版]二三）

二 強迫による意思表示

[6] 強迫による意思表示というのは、強迫者が相手方にある意思表示をさせるため不法に害悪を通知し、相手方がこれに畏怖した結果した意思表示でなければならない。（大判昭11・11・21民集一五・二〇七二……実在しない不動産を担保に借金したことを難詰し、告訴する旨を告知し、これに畏怖した第三者が手形を裏書した場合）

[7] 相手方が損害賠償の義務を負う場合であっても、これを準消費貸借の目的として借用証書を差し入れさせるために、警察に頼んで令状なしに種々の脅しをしてもらった場合は本条に当たる。（大判大14・11・9民集四・五四五）

[8] 強迫ないし畏怖とは、明示若しくは暗黙に告知される害悪が客観的に重大か軽微かを問わず、これによって表意者が畏怖し、畏怖の結果意思表示をしたという関係が主観的に存すれば足り、完全に意思の自由を失ったことを意味するものではない。（最判昭33・7・1民集一二・一一・一六〇一、民百選Ⅰ[五補]二〇……会社を解雇された者が、三〇名以上の支援の下に、会社社長に対して、居住している工員住宅の売渡しを請求し、長時間の交渉の後に売買予約がされた場合）

（意思表示の効力発生時期等）
第九七条① 意思表示は、その通知が相手方に到達した時からその効力を生ずる。
② 相手方が正当な理由なく意思表示の通知が到達することを妨げたときは、その通知は、通常到達すべきであった時に到達したものとみなす。
③ 意思表示は、表意者が通知を発した後に死亡し、意思能力を喪失し、又は行為能力の制限を受けたときであっても、そのためにその効力を妨げられない。

（隔地者に対する意思表示）

第九七条① 隔地者に対する意思表示は、その通知が相手方に到達した時からその効力を生ずる。

（第二項は新設）
② 隔地者に対する意思表示は、表意者が通知を発した後に死亡し、又は行為能力を喪失したときであっても、そのためにその効力を妨げられない。（改正後の③）

☞❸【意思能力↓三の二【契約申込みについての特則↓五二六

一 到達の意義

[1] ★相手方によって直接受領され又は了知されることを要するものではなく、意思表示又は通知を記載した書面が、相手方のいわゆる支配圏内に置かれることをもって足りる。（最判昭43・12・17民集二二・一三・二九九八）↓[3]

二 到達したとされた例

[2] ★会社に対する催告書が使者によって持参された時、たまたま会社事務室に居合わせた代表取締役の娘が代表取締役の印を使用して、使者の持参した送達簿に押印し、催告書を机の引出しに入れておいた場合（娘に催告書の受領権限がなく、社員に催告書を受け取ったことを告げなかったときでもよい）（最判昭36・4・20民集一五・四・七七四、民百選Ⅰ[四版]二三）

[3] ★電話加入契約上の意思表示が、加入契約に表示された住所に宛てて発送され、その居住者によって受領された場合（最判昭43・12・17前出[1]）

[4] ★遺留分減殺の意思表示を記載した内容証明郵便が受取人不在のため配達されず、受取人が受領しないまま留置期間を経過したため差出人に還付された場合に、受取人が郵便内容を十分に推知できたであろうこと、受領の意思があれば容易に受領できたことの事情があるときには、郵便の内容である遺留分減殺の意思表示は、社会通念上、了知可能な状態に置かれ、遅くとも留置期間が満了した時点で受取人に到達したものと認められる。（最判平10・6・11民集五二・四・一〇三四、民百選Ⅰ[八版]二五）↓一〇四六条[8]

三 相手方が意思表示の通知の到達を妨げた例

[5] ★相手方と同棲〔どうせい〕している内縁の妻が数回も賃料支払催告の内容証明郵便や執達吏による送達の受領を拒絶した場合到達したとされる。（大判昭11・2・14民集一五・一五八）

（公示による意思表示）

第九八条① 意思表示は、表意者が相手方を知ることができず、又はその所在を知ることができないときは、公示の方法によってすることができる。

② 前項の公示は、公示送達に関する民事訴訟法（平成八年法律第百九号）の規定に従い、裁判所の掲示場に掲示し、かつ、その掲示があったことを官報に少なくとも一回掲載して行う。ただし、裁判所は、相当と認めるときは、官報への掲載に代えて、市役所、区役所、町村役場又はこれらに準ずる施設の掲示場に掲示すべきことを命ずることができる。

③ 公示による意思表示は、最後に官報に掲載した日又はその掲載に代わる掲示を始めた日から二週間を経過した時に、相手方に到達したものとみなす。ただし、表意者が相手方を知らないこと又はその所在を知らないことについて過失があったときは、到達の効力を生じない。

④ 公示に関する手続は、相手方を知ることができない場合には表意者の住所地の、相手方の所在を知ることができない場合には相手方の最後の住所地の簡易裁判所の管轄に属する。

⑤ 裁判所は、表意者に、公示に関する費用を予納させなければならない。

§ ❷【公示送達↓民訴一一〇—一一三】 ❸【公示送達による意思表示の到達↓民訴一一三】

（意思表示の受領能力）

第九八条の二 意思表示の相手方がその意思表示を受けた時に意思能力を有しなかったとき又は未成年者若しくは成年被後見人であったときは、その意思表示をもってその相手方に対抗することができない。ただし、次に掲げる者がその意思表示を知った後は、この限りでない。

一 相手方の法定代理人

二 意思能力を回復し、又は行為能力者となった相手方

（意思表示の受領能力）

第九八条の二 意思表示の相手方がその意思表示を受けた時に未成年者又は成年被後見人であったときは、その意思表示をもってその相手方に対抗することができない。ただし、その法定代理人がその意思表示を知った後は、この限りでない。

（第一号・第二号は新設）

§【意思能力↓三の二】【未成年者↓四】【成年被後見人↓七・八】【法定代理人↓八一八・八一九・八三九—八四一・八四三】

第三節 代理

（代理行為の要件及び効果）

第九九条① 代理人がその権限内において本人のためにすることを示してした意思表示は、本人に対して直接にその効力を生ずる。

② 前項の規定は、第三者が代理人に対してした意思表示について準用する。

§【法定代理人の例↓八二四・八一八・八一九・八五九・八三九—八四一・八四三・八七六の四・八七六の九・二八・二五・二六・九四三②・九五二】【任意代理人の例↓商二一・二七、会社一一・一六】【代理人の権限↓一〇三・一〇九・一一〇・一一二—一一八】【本人のためにすることを表示しない行為の効力↓一〇〇、商五〇四】

一 代理権があるとされた例

[1] 売買契約締結の代理権を授与された者は、特段の事情がない限り、相手方から［昭和二二法二二二による改正前の］旧民法八八七条に基づく当該売買契約取消しの意思表示を受ける権限を有する。（最判昭34・2・13民集一三・二・一〇五）

[2] 親権者の債務を担保するため、未成年者所有の不動産に抵当権を設定するについて選任された特別代理人は、根抵当権を含む抵当権の設定について授権されたものと解するのが相当である。（最判昭37・2・6民集一六・二・二二三、家族百選［二版］七〇）

二 代理権がないとされた例

[3] 売買代金の取立てを委任された代理人は、売買契約を解除する権限を有しない。（大判大14・10・5民集四・四八九）

[4] 証券業者の外務員は、一般に証券業者を代理する権限を有し、反対に外務員が顧客の代理人と認められるためには、外務員と顧客との間に特別の個人的信頼関係が存し、顧客が外務員に対し証券業者の使用人たる立場を去って特に自己のために行為することを求め、外務員がこれに応じたものと認められるだけの特別事情が存することを要する。（最判昭38・12・3民集一七・一二・一五九六、金商百選四二）

三 他人名義の使用—行為者自身が責任を負うとされた事例

[5] 取引停止処分を受けた会社の代表者が実兄名義で約束手形を振り出した場合に、実兄に経済的な信用、実績がないなどの事情の下では、代表者は、振出人として責任を負う。（最判昭43・12・12民集二二・一三・二九六三、手形小切手百選［七版］二）↓手◘【手形法総論】［一編名の後］[19]

（本人のためにすることを示さない意思表示）

第一〇〇条 代理人が本人のためにすることを示さないでした意思表示は、自己のためにしたものとみなす。ただし、相手方が、代理人が本人のためにすることを知り、又は知ることができたときは、前条第一項の規定を準用する。

§九九【商行為の特則↓商五〇四】

（代理行為の瑕疵）

第一〇一条① 代理人が相手方に対してした意思表示の効力が意思の不存在、錯誤、詐欺、強迫又はある事情を知っていたこと若しくは知らなかったことにつき過失があったことによって影響を受けるべき場合には、その事実の有無は、代理人について決するものとする。

② 相手方が代理人に対してした意思表示の効力が意思表示を受けた者がある事情を知っていたこと又は知らなかったことにつき過失があったことによって影響を受けるべき場合には、その事実の有無は、代理人について決するものとする。

③ 特定の法律行為をすることを委託された代理人がそ

の行為をしたときは、本人は、自ら知っていた事情について代理人が知らなかったことを主張することができない。本人が過失によって知らなかった事情についても、同様とする。

（代理行為の瑕疵）
第一〇一条① 意思表示の効力が意思の不存在、詐欺、強迫又はある事情を知っていたこと若しくは知らなかったことにつき過失があったことによって影響を受けるべき場合には、その事実の有無は、代理人について決するものとする。
② 特定の法律行為をすることを委託された場合において、代理人が本人の指図に従ってその行為をしたときは、本人は、自ら知っていた事情について代理人が知らなかったことを主張することができない。本人が過失によって知らなかった事情についても、同様とする。（改正後の③）
（第二項は新設）

【意思の不存在↓九三、九四【錯誤↓九五【詐欺・強迫↓九六

一 即時取得の要件としての善意・無過失

[1] 民法一九二条における善意・無過失は、法人については、第一次的にはその代表機関について決すべきであるが、その代表機関が代理人により取引をしたときは、その代理人について判断すべきである。（最判昭47・11・21民集二六・九・一六五七……会社の代表取締役の善意・無過失を認定して即時取得を認めた原判決を破棄、差し戻した例）

二 不当利得の要件としての悪意

[2] 法人の使用人が法人の目的の範囲外の行為をする場合に、使用人に法人を代理する権限はないから、使用人の悪意をもって法人の悪意とすることはできない。（最判昭30・5・13民集九・六・六七九……法人に対する不当利得返還請求について、法人を悪意の受益者とした原判決を破棄、差し戻した例）↓七〇三条[7]・七〇四条[7]

（代理人の行為能力）
第一〇二条 制限行為能力者が代理人としてした行為は、行為能力の制限によっては取り消すことができない。ただし、制限行為能力者が他の制限行為能力者の法定代理人としてした行為については、この限りでない。

（代理人の行為能力）
第一〇二条 代理人は、行為能力者であることを要しない。

【制限行為能力者↓四、七、八、一一、一二、一五、一六【制限行為能力者が他の制限行為能力者の法定代理人としてする行為↓一三①[十]、一二〇①【取消し↓一二〇―一二六

（権限の定めのない代理人の権限）
第一〇三条 権限の定めのない代理人は、次に掲げる行為のみをする権限を有する。
一 保存行為
二 代理の目的である物又は権利の性質を変えない範囲内において、その利用又は改良を目的とする行為

【本条の権限を越える行為と家庭裁判所の許可↓二八、九四三②、九五〇②、九五三

一 権限の定めのない代理人

[1] 不在者の財産の管理人（最判昭47・9・1民集二六・七・一二八九）↓二八条[1]、民訴二八条[6]・三四条[4]

[2] 家事審判規則一〇六条一項〔昭和五五最高裁規八による改正前〕により選任された相続財産管理人〔家事事件手続法二〇〇条四項制定前の事件〕（最判昭47・7・6民集二六・六・一一三三、家族百選[増補]追補一九）

二 保存行為

[3] 戦火による滅失を見越して建物を売却処分することは、たとえそれが家屋の罹災による損害を回避し、経済的価値を保存する目的に出たものであっても、管理財産の現状維持を目的とする行為の範囲を逸脱し保存行為には当たらない。（最判昭28・12・28民集七・一三・一六八三）

（任意代理人による復代理人の選任）
第一〇四条 委任による代理人は、本人の許諾を得たとき、又はやむを得ない事由があるときでなければ、復代理人を選任することができない。

一〇五、一〇六【委任↓六四三【受任者による復受任者の選任↓六四四の二①【遺言執行者の復任権↓一〇一六【訴訟と復代理↓民訴五五②[五]

（復代理人を選任した代理人の責任）
第一〇五条① 代理人は、前条の規定により復代理人を選任したときは、その選任及び監督について、本人に対してその責任を負う。
② 代理人は、本人の指名に従って復代理人を選任したときは、前項の責任を負わない。ただし、その代理人が、その復代理人が不適任又は不誠実であることを知りながら、その旨を本人に通知し又は復代理人を解任することを怠ったときは、この限りでない。
（改正により削られた）

（法定代理人による復代理人の選任）
第一〇五条 法定代理人は、自己の責任で復代理人を選任することができる。この場合において、やむを得ない事由があるときは、本人に対してその選任及び監督についての責任のみを負う。〈改正前の第一〇六条〉

（法定代理人による復代理人の選任）
第一〇六条 法定代理人は、自己の責任で復代理人を選任することができる。この場合において、やむを得ない事由があるときは、前条第一項の責任のみを負う。（改正後の第一〇五条）

【任意代理人による復代理人の選任↓一〇四

（復代理人の権限等）
第一〇六条① 復代理人は、その権限内の行為について、本人を代表する。
② 復代理人は、本人及び第三者に対して、その権限の範囲内において、代理人と同一の権利を有し、義務を負う。
〈改正前の第一〇七条〉

（復代理人の権限等）
第一〇七条① （略）
② 復代理人は、本人及び第三者に対して、代理人と同一の権利を有し、義務を負う。
（改正後の第一〇六条）

一〇四、一〇五 ❷【代理人の権利義務↓九九―一〇三【任意代理人が選任した復代理人と本人との間の内部関係↓六四四

民法

二②

本条二項の準用

[1] ★問屋〔といや〕と委託者との法律関係は単なる委任であって、代理権を伴わないから、物品販売の委託を受けた問屋が、他の問屋にこれを再委託した場合、再委託を受けた問屋と委託者本人との間に民法一〇七条二項〔平成二九法四四による改正後の本条二項〕を準用すべきでない。（最判昭31・10・12民集一〇・一〇・一二六〇、総則・商行為百選[三版]六七……再委託を受けた問屋に対する委託者の代金請求を認容した原判決を破棄、差し戻した例）↓商五五二条[1]

（代理権の濫用）

第一〇七条　代理人が自己又は第三者の利益を図る目的で代理権の範囲内の行為をした場合において、相手方がその目的を知り、又は知ることができたときは、その行為は、代理権を有しない者がした行為とみなす。

〈第一〇七条は新設〉

⊛【代理行為の要件と効果↓九九【無権代理↓一一三—一一七

一　民法九三条ただし書〔平成二九法四四による改正前〕の規定の類推

[1] ★株式会社の代表取締役が、表面上会社の代表者として、自己の利益のため法律行為をした場合において、相手方が右代表取締役の真意を知り又は知り得べきものであったときには、民法九三条ただし書〔平成二九法四四による改正前〕の規定を類推し、右の法律行為はその効力を生じない。（最判昭38・9・5民集一七・八・九〇九）↓会社三四九条[1]

[2] ★代理人が自己又は第三者の利益を図るため権限内の行為をしたときは、相手方が代理人の右意図を知り又は知ることを得べかりし場合に限り、民法九三条ただし書〔平成二九法四四による改正前〕の規定を類推して、本人はその行為につき責めに任じない。（最判昭42・4・20民集二一・三・六九七、民百選Ⅰ[八版]二六）

[3] ★手形行為の場合（最判昭44・4・3民集二三・四・七三七、手形小切手百選[七版]一五）↓手八条[13]

[4] ★親権者が子を代理する権限を濫用して法律行為をした場合に、その行為の相手方が濫用の事実を知り又は知り得べかりしときは、民法九三条ただし書〔平成二九法四四による改正前〕の規定の類推適用により、その行為の効果は子に及ばない。（最判平4・12・10民集四六・九・二七二七、民百選Ⅲ[二版]四九）↓八二四条[1]

二　内部的意思決定の欠如

[5] ★株式会社の一定の業務執行に関する内部的意思決定をする権限が取締役会に属する場合に、取締役会の決議を経てすることを要する対外的な取引行為を、代表取締役が右決議を経ないでした場合でも、右取引行為は、内部的意思決定を欠くにとどまるから、原則として有効であって、相手方が右決議を経ていないことを知り又は知り得べかりしときに限って無効である。（最判昭40・9・22民集一九・六・一六五六、会社法百選[四版]六一）↓会社三六二条[1]

[6] ★会社法三六二条四項が取締役会の決議を要求している重要な業務執行に該当する取引を、株式会社の代表取締役が、その決議を経ないでしたときも、右取引行為は、内部的な意思決定を欠くにすぎないから、原則として有効であり、取引の相手方が取締役会の決議を経ていないことを知り又は知り得べかりしときに限り無効になり、その無効は、特段の事情のない限り、会社のみが主張できる。（最判平21・4・17民集六三・四・五三五、重判平21商二）↓会社三六二条[2]

（自己契約及び双方代理等）

第一〇八条①　同一の法律行為について、相手方の代理人として、又は当事者双方の代理人としてした行為は、代理権を有しない者がした行為とみなす。ただし、債務の履行及び本人があらかじめ許諾した行為については、この限りでない。

②　前項本文に規定するもののほか、代理人と本人との利益が相反する行為については、代理権を有しない者がした行為とみなす。ただし、本人があらかじめ許諾した行為については、この限りでない。

（自己契約及び双方代理）

第一〇八条　同一の法律行為については、相手方の代理人となり、又は当事者双方の代理人となることはできない。ただし、債務の履行及び本人があらかじめ許諾した行為については、この限りでない。（改正後の①）

（第二項は新設）

⊛【無権代理↓一一三—一一七【利益相反行為の特則↓八二六、八六〇、八五一④、八六六【利益相反取引の特則↓一般法人八四、会社五九五、三五六

一　本条一項本文〔平成二九法四四による改正前の本条本文〕が類推適用された例

[1] 契約当事者の一方が相手方に自己の代理人の選任を委任し、それに基づき選任された代理人と相手方との間で裁判上の和解がなされた場合（大判昭7・6・6民集一一・一一一五）

[2] 普通地方公共団体の長が普通地方公共団体を代表して行う契約の締結。なお、議会が長による双方代理行為を追認したときは、民法一一六条が類推適用され、本人である普通地方公共団体に法律効果が帰属する。（最判平16・7・13民集五八・五・一三六八、行政百選Ⅰ[七版]六）↓行総◘【Ⅰ】[75]

二　「債務の履行」に当たるとされた例

[3] 登記申請について、同一人が登記権利者、登記義務者双方の代理人となっても、本条〔平成二九法四四による改正前〕に反するものではない。（最判昭43・3・8民集二二・三・五四〇）

三　本条一項ただし書〔平成二九法四四による改正前の本条ただし書〕が類推適用された例

[4] 金銭の貸借において、貸主が借主の委任に基づき、借主のための代理人を選任し、その代理人との間で執行認諾約款付き公正証書を作成しても、本条〔平成二九法四四による改正前〕の法意に反しない。（最判昭26・6・1民集五・七・三六七）

（代理権授与の表示による表見代理等）

第一〇九条①　第三者に対して他人に代理権を与えた旨を表示した者は、その代理権の範囲内においてその他人が第三者との間でした行為について、その責任を負う。ただし、第三者が、その他人が代理権を与えられていないことを知り、又は過失によって知らなかった

ときは、この限りでない。

② 第三者に対して他人に代理権を与えた旨を表示した者は、その代理権の範囲内においてその他人が第三者との間で行為をしたとすれば前項の規定によりその責任を負うべき場合において、その他人が第三者との間でその代理権の範囲外の行為をしたときは、第三者がその行為についてその他人の代理権があると信ずべき正当な理由があるときに限り、その行為についての責任を負う。

（代理権授与の表示による表見代理）
第一〇九条（略、改正後の①）
（第二項は新設）

参†【代理行為の要件と効果↓九九【表見代理↓一一〇・一一二【代理権があるとみなされる者↓商二四、二六、会社一三・一五・三五四【氏名商号の使用を許諾した者の責任↓商一四、会社九　❷【本条一項との重畳適用↓一一〇

一　代理権授与の表示

1　名義の利用の許諾

イ　本条一項［平成二九法四四による改正前の本条］に当たるとされた例

[1] 会社の支店名義を使用することを許諾した場合の支店の事実上の経営者（大判昭4・5・3民集八・四四七……昭和一三法七二による商法四二条［会社一三条］追加前の事件）

[2] 他人に自己の名称、商号等の使用を許し、若しくはその者が自己のために取引する権限ある旨を表示し、もってその他人のする取引が自己の取引なるかのごとく見える外形を作り出した場合（本条［平成二九法四四による改正後の本条一項］、商法二三条［会社九条］等の法理に照らし）（最判昭35・10・21民集一四・一二・二六六一、民百選Ⅰ[八版]二八……東京地方裁判所が裁判所職員の福利厚生のため、生活物資の購入配給活動をしていた組織体に「東京地方裁判所厚生部」という名称を使用し他と取引をすることを認めてきた場合に、東京地方裁判所の責任を認めなかった原判決を破棄、差し戻した例）↓商一四条[2]

ロ　本条一項［平成二九法四四による改正前の本条］に当たらないとされた例

[3] 会社支店の庶務係長は、商法四二条［会社一三条］の営業主任者たることを示すべき名称を付した使用人に当たらないから、庶務係長のした契約に本条［平成二九法四四による改正後の本条一項］は適用されない。（最判昭30・7・15民集九・九・一〇六九）↓商二四条[3]

2　白紙委任状等の交付

イ　本条一項［平成二九法四四による改正前の本条］に当たるとされた例

[4] 他人を通じて融資を受けるに際して、保証人となることを依頼され、承諾した甲が、仲介すべき者に白紙委任状等を交付したところ、その融資が不成功に終わったので、借主となるべき乙がその書類の返還を受け、丙からの借入れに当たり、甲の代理人として保証契約を締結したとき、甲は丙に対し、乙に代理権を与えた旨を表示したと解される。（最判昭42・11・10民集二一・九・二四一七）

ロ　本条二項［平成二九法四四による改正で新設］の例

[5] ★不動産の売主から、白紙委任状、権利証等の登記に必要な書類の交付を受けた買主の代理人が、さらに買主から他人の不動産との交換契約を依頼され、売主の代理人として、第三者と交換契約を締結した場合（最判昭45・7・28民集二四・七・一二〇三、民百選Ⅰ[八版]三二）

ハ　本条一項［平成二九法四四による改正前の本条］に当たらないとされた例

[6] 不動産所有者がその所有不動産に抵当権を設定するため、必要な書類を特定人に交付した場合に、右の者が更にこの書類を第三者に交付し、その第三者がそれを利用し、不動産所有者の代理人として他の第三者と不動産処分に関する契約を締結したとき（当該書類は転輾［てんてん］流通することを常態とするものではないから）（最判昭39・5・23民集一八・四・六二一、民百選Ⅰ[八版]二七）

二　第三者に過失があるとされた例

[7] 債務者たる会社の代表取締役が不動産の所有者甲の代理人と称して、右不動産について債権者と物上保証契約を締結した場合、代理人と称する者が右不動産の権利証、甲の白紙委任状及び印鑑証明書等を所持していても、債権者は、その代理権の有無を調べる取引上の義務がある。（最判昭41・4・22民集二〇・四・七五二、民百選Ⅰ[五補]二四）

三　本条一項［平成二九法四四による改正前の本条］の適用範囲

[8] 訴訟手続において会社を代表する権限を有する者を定めるに当たっては、本条［平成二九法四四による改正後の本条一項］及び商法二六二条［会社三五四条］は適用されない。（最判昭45・12・15民集二四・一三・二〇七二、民訴百選[五版]一八）↓会社三五四条[6]、民訴三七条[5]

[9] 法定代理には、本条［平成二九法四四による改正後の本条一項］の適用はない。（大判明39・5・17民録一二・七五八……親族会の同意を得ない後見人の行為）

（権限外の行為の表見代理）
第一一〇条　前条第一項本文の規定は、代理人がその権限外の行為をした場合において、第三者が代理人の権限があると信ずべき正当な理由があるときについて準用する。

（権限外の行為の表見代理）
第一一〇条　前条本文の規定は、代理人がその権限外の行為をした場合において、第三者が代理人の権限があると信ずべき正当な理由があるときについて準用する。

参†【代理行為の要件と効果↓九九【表見代理↓一〇九・一一二【代理権の制限と善意の第三者↓一般法人七七⑤、商六②・二一③、会社一一③・三四九⑤・五九九⑤

一　代理人がした行為（基本となる代理権の存在）

1　基本代理権の必要性

[1] 本条は代理権を有する者がその権限を踰越［ゆえつ］してある行為をしたときにのみ適用があるもので、全く代理権のない者がした行為には適用されない。（大判大2・6・26民録一九・五一三）

2　基本代理権の性質・内容

[2] 代理権を有する者がした権限外の行為が代理権と何らの関係のない場合でもよい。（大判昭5・2・12民集九・一四三……本人の留守宅の家事上の行為につき代理権を有する者が、売渡担保に供した不動産の所有権を回復する権利を放棄した場合）

[3] 基本代理権の有無は、（学校）法人の事業内容とその組織につき、単に制度上の建前からのみ判断すべきものではなく、その事業の実際の運営状況の実体に即して判断すべきである。（最判昭35・6・9民集一四・七・一三〇四、民訴

百選[三版]A46）

[4] 基本代理権は私法上の行為についての代理権であることを要し、公法上の行為についての代理権はこれに当たらない。（最判昭39・4・2民集一八・四・四九七……印鑑証明書下付申請行為の代理権を基本代理権として、抵当権設定契約が表見代理となることを認めなかった例）→[32][33]

[5] 登記申請を委託されてこれに必要な権限を与えられた者が、右権限を超えて第三者との間に行為をした場合に、登記申請行為が私法上の契約による義務の履行のためになされるときは、その権限を基本代理権として本条が適用され得る。（最判昭46・6・3民集二五・四・四五五、民百選I[五補]二六……贈与契約の履行のため不動産所有権移転登記手続の委託を受けた者が交付された書類を利用して、連帯保証契約を成立させた場合）→[32][33]

3 基本代理権があるとされた例

[6] 現金出納の権限のない地方公共団体の長自身が第三者からの借入金を現実に受領した場合は、本条を類推適用すべきである。（最判昭34・7・14民集一三・七・九六〇、行政百選I[七版]一二）→自治一四九条[2]

[7] 条例により町長に一定の価格以下の町有不動産を売却する権限を認めている場合に、その制限を超える町有不動産の売却について、右権限を基本代理権として本条を類推適用することができる。（最判昭39・7・7民集一八・六・一〇一六）

4 基本代理権がないとされた例

[8] ある者からその娘の死亡届をする委任を受け、印章を交付された者は、その者の代理人とはいえない。（大判昭7・11・25新聞三四九九・八）

[9] 会社の経理担当者が、会社の取締役から印章を預かり、会社のために職務を行う権限を有していても、取締役個人について本条の基本代理権とはならない。（最判昭34・7・24民集一三・八・一一七六、銀取百選[三版]二……それほど厳格な意味で代理権を与えたのでなくても本条の適用ありとする少数意見がある）

[10] 一般人を勧誘して金員の借入れをしていた会社の勧誘員が、事実上長男に勧誘をさせてきた場合の勧誘行為は事実行為であって法律行為ではないから基本代理権はない。（最判昭35・2・19民集一四・二・二五〇、民百選I[八版]二九……勧誘員を保証人とする保証契約を長男が締結したときに表見代理の成立を認めた原判決を破棄、差し戻した例。前出[9]と同旨の少数意見がある）

二 権限ありと信ずべき正当な理由

1 正当な理由の意義

[11] 無権代理行為がなされた当時存した諸般の事情を客観的に観察して、通常人において右行為が代理権に基づいてされたと信ずるのがもっともだと思われる場合、すなわち、第三者が代理権があると信じたことが過失とはいえない場合をいう。（最判昭44・6・24判時五七〇・四八）

2 本人側の態様

イ 本人の作為・不作為の要否

[12] 代理権ありと信ずべき正当な理由は、必ずしも本人の作為又は不作為に基づくものであることを要しない。（最判昭28・12・3民集七・一二・一三一一）

ロ 本人の過失の要否

[13] 本人の責任は本人に過失のあることを要件とするものではない。（最判昭34・2・5民集一三・一・六七、民百選I[五補]二七）

3 正当な理由の判断時

[14] 不動産売買契約において正当の理由を有していたか否かの判断は、売買の意思表示時を標準とする。（大判大8・11・3民録二五・一九五五……その後の契約証書作成時ではない）

4 正当な理由があるとされた例

[15] 本人が他人に対し自己の実印を交付し、これを使用してある行為をなすべき権限を与えた場合（最判昭35・10・18民集一四・一二・二七六四、銀取百選[初版]三）

[16] 本人の不在中本人の実印を所持していたこと、本人と無権代理人の妻同士が姉妹であり、不在中の財産管理を委任されていたこと等の事情のある場合（最判昭31・9・18民集一〇・九・一一四八）

[17] 長男が高齢の父に代わって家政を処理していたこと、長男が以前に同一の相手方に父所有の山林を売却した事実のあること等の事情があるとき（売買の事実について売主である父に確かめなくてもかまわない）（最判昭31・5・22民集一〇・五・五四五）

5 正当な理由がないとされた例

イ 自称代理人と本人との間に親族関係のある場合

[18] 陸軍司政官として南方に赴任した夫の実印を妻が保管しており、妻が自分に代理権があると告げたという場合（最判昭27・1・29民集六・一・四九、不動産百選[三版]八）

[19] 夫と別居中、妻が偽造された印鑑証明書を利用し、夫の代理人として夫所有の土地家屋を売却した場合（最判昭36・1・17民集一五・一・一、不動産百選[三版]一二）→[22]

[20] 甲が実父である乙の実印を使用し、乙の代理人として手形を丙に振り出した場合に、乙と丙とは従前取引をしたことがない等の事情の下で乙に代理権の有無を確認しなかったとき（最判昭39・12・11民集一八・一〇・二一六〇）

[21] 会社に対する代物弁済予約完結の意思表示を受領した者（会社代表者の母）が、会社印及び代表者印を所持し、会社の債務の弁済、不動産登記手続に関与したことがあったとしても、相手方において、会社が倒産し、代表者が行方不明になっていることを知っていながら、受領者に代理権限について確認しなかったとき（最判昭42・7・20民集二一・六・一五八三……予約完結の意思表示は会社に到達していないとされた例）

ロ 本人に対して代理権を確認すべしとされた場合

[22] 妻が夫の代理人としてその所有不動産を売却した場合（一見妻に代理権があるかのような事情があったときでも）（最判昭36・1・17前出[19]）

[23] 他人所有の土地について、根抵当権設定契約、停止条件付代物弁済契約を締結した代理人と称する者が、本人の実印、不動産権利証を所持していたとしても、その代理権の有無について疑念を生じさせるに足りる事情のあった場合には、相手方としてはその権限の有無について確認手段をとるべきである。（最判昭42・11・30民集二一・九・二四九七）

[24] 継続取引上自己の負担する債務について、保証人の代理人として連帯保証契約を締結した者が保証契約書、印鑑証明書を持参していても、期間及び限度額の定めのない責任の重い連帯保証であり、実父にも保証人になってもらえなかった等の事情のあるときは、本人に保証意思の確認をする必要がある。（最判昭51・6・25民集三〇・六・六六五、民百選I[八版]三〇）

ハ 市町村長が権限のない行為をした場合

[25] 村長は現金の出納事務の権限を有しないことが法令の規定上明らかである以上、特殊の事情のない限り、村長が金員を受領する権限ありと信じたことにつき正当な理由があ

るとはいえない。（最判昭34・7・14前出[6]）

[26] 村長が手形を振り出すにつき村議会の議決があったかどうかに関して、作成名義人の押印のない議事録を示され、不審を抱きながら調査しなかった場合には、村長に手形振出しの権限ありと信ずべき正当の事由があるとはいえない。（最判昭35・7・1民集一四・九・一六一五、自治百選[四版]A12）→自治九六条[7]

三　本人名義の行為と本条の表見代理

[27] 無権限者が、直接に本人名義の署名又は記名捺印〔なついん〕をするいわゆる機関方式により手形を振り出した場合には、本条が類推適用される。（最判昭43・12・24民集二二・一三・三三八二、手形小切手百選[七版]一三）→手八条[20]

[28] 不動産を担保に金員を借り入れる代理権を与えられた代理人が、本人であると名乗って当該不動産を売却した場合、相手方においてそれが本人自身の行為であると信じたことについて正当な理由があるときは、本条を類推適用し得る。（最判昭44・12・19民集二三・一二・二五三九）

四　第三者―約束手形の所持人（被裏書人）

[29] 無権代理人の振り出した約束手形につき、本人が、本条、民法一一二条〔平成二九法四四による改正後の同条一項〕により受取人に対して振出人としての責任を負う場合には、受取人から裏書譲渡を受けた者に対しても同様の責任を負う。（最判昭35・12・27民集一四・一四・三二三四……被裏書人の正当理由・無過失も審理すべきだという上告理由を退けた）

[30] 約束手形が代理人によりその権限を踰越して振り出された場合、本条が適用されるのは、受取人が代理人に振出しの権限ありと信ずべき正当の理由のあるときに限る（その後の手形所持人が、代理人にその権限があると信ずべき正当の理由を有していても、本条は適用されない）。（最判昭36・12・12民集一五・一二・二七五六、民百選I[五補]二八）→手八条[3]

五　本条の適用・類推適用が問題とされた例

1　公正証書による執行受諾の意思表示の代理

[31] 公正証書に記載される執行受諾の意思表示は公証人に対してされる訴訟行為であるから、本条の適用又は準用はない。（最判昭33・5・23民集一二・八・一一〇五）→民執二二条[6]

2　登記申請行為の代理

[32] 公法上の行為である登記申請行為自体に表見代理に関する民法の規定は適用されない。（最判昭41・11・18民集二〇・九・一八二七、不動産百選[三版]五八……ただし、実体的法律関係に符合する登記の効力を認めて相手方を保護した）→[4][5]・一七七条[44]

[33] 根抵当権設定登記の抹消の委任を受けた者が、設定者から交付された印鑑証明書等を利用し、登記申請の委任状を偽造し、代理人と称して、他から新たに金員を借り入れ、根抵当権を設定しその登記を申請した場合、右設定行為及び登記申請に関わる代理権の存在につき、貸主に信ずべき正当な理由があるときには、右の者がした根抵当権設定登記申請行為についても本条の表見代理が成立する。（最判昭37・5・24民集一六・七・一二五一……登記申請行為が公法上の行為であることを理由に表見代理の規定の適用を認めなかった原判決を破棄自判したものであるが、根抵当権は表見代理により有効に成立しているので、登記申請行為は私法上の義務の履行行為であり、表見代理の規定が適用又は準用されるとする）→[4][5]

3　法定代理―親権者

[34] 本条は法定代理にも適用される。（大連判昭17・5・20民集二一・五七一……未成年者の親権者である母が親族会の同意を得ないで、未成年者所有の株式の売買を第三者に委任した例）

4　夫婦の日常家事に関する代理権

[35] 夫婦の日常家事に関する相互の代理権を基礎としては、本条の表見代理が成立しないが、相手方においてその夫婦の日常の家事に関する法律行為と信ずるにつき正当の理由のあるときに限り、本条の趣旨が類推適用される。（最判昭44・12・18民集二三・一二・二四七六、民百選III[二版]九）→七六一条[1][2][5]

5　法人の理事―代表権の制限

[36] 定款により不動産の売却に理事会の承認が必要であることを買主が知っていたために民法〔旧〕五四条〔一般社団法人及び一般財団法人に関する法律七七条・一九七条に相当〕にいう善意であるとはいえない場合であっても、当該具体的行為につき理事会の決議があったと信じ、かつ、このように信ずるにつき正当の理由のあるときには、本条が類推適用される。（最判昭60・11・29民集三九・七・一七六〇、民百選I[八版]三一……ただし、買主には正当の理由がなかったとされた）→◘【I　法人制度一般】〔一編四章名の前〕[17]

六　本条と民法九四条とが重畳的に適用される場合→九四条[29]～[33]

民法

第一一一条（代理権の消滅事由）① 代理権は、次に掲げる事由によって消滅する。

一　本人の死亡

二　代理人の死亡又は代理人が破産手続開始の決定若しくは後見開始の審判を受けたこと。

② 委任による代理権は、前項各号に掲げる事由のほか、委任の終了によって消滅する。

一一一【法定代理権に特有の消滅事由→二六・八三四―八三七・八四四―八四七、一般法人二一〇　❶[二]【商事代理の特則→商五〇六【登記申請代理の特則→不登一七　[三]【破産手続開始→破三〇【後見開始の審判→七　❷【委任の終了→六五一―六五四【本項の特例→任意後見一一

本人の死亡

1　代理権消滅後の代理行為の効力

[1] 譲渡人の死亡後その代理人によってされた移転登記は、現在の真実な権利状態に符合し、対抗力を有する。（最判昭31・7・27民集一〇・八・一一二二……平成五法二二による不動産登記法二六条三項〔平成一六法一二三による全部改正後の一七条〕追加前の事件）→一七七条[42]

2　本人の死亡によって代理権が消滅しない旨の特約

[2] 本条一項一号は、本人の死亡によって代理権が消滅しない旨の合意の効力を否定する趣旨ではない。（最判昭31・6・1民集一〇・六・六一二……応召出征する者から財産管理の委任を受けた祖母が、本人死亡後にした家屋売却行為を有効とした例）

第一一二条（代理権消滅後の表見代理等）① 他人に代理権を与えた者は、代理権の消滅後にその代理権の範囲内においてその他人が第三者との間でした行為について、代理権の消滅の事実を知らなかった第三者に対してその責任を負う。ただし、

第三者が過失によってその事実を知らなかったときは、この限りでない。

② 他人に代理権を与えた者は、代理権の消滅後に、その代理権の範囲内においてその他人が第三者との間で行為をしたとすれば前項の規定によりその責任を負うべき場合において、その他人が第三者との間でその代理権の範囲外の行為をしたときは、第三者がその行為についてその他人の代理権があると信ずべき正当な理由があるときに限り、その行為についての責任を負う。

（代理権消滅後の表見代理）

第一一二条 代理権の消滅は、善意の第三者に対抗することができない。ただし、第三者が過失によってその事実を知らなかったときは、この限りでない。

➡【代理行為の要件と効果↓九九【表見代理↓一〇九、一一〇【代理権の消滅事由↓一一一【代理権の消滅と対抗要件↓六五五、八三一、八七四、商二二、会社九一八 ❷【本条一項との重畳適用↓一一〇

一 過去における代理権の存在

1 代理権が消滅したこと

[1] 本条［平成二九法四四による改正後の本条一項］は、一旦存在した代理権が消滅した場合の規定で、初めから代理権が存在しなかった場合には、適用されない。(大判大7・6・13民録二四・一二六三)

2 相手方と代理人との間の過去における取引

[2] 本条［平成二九法四四による改正後の本条一項］の表見代理が成立するためには、相手方が、代理権の消滅する前に代理人と取引をしたことがあることを要するものではない。(最判昭44・7・25判時五七四・二六、重判昭44民二)

3 過去における無権代理行為の追認

[3] ★無権代理人のした根抵当権設定契約を本人が追認した場合において、その後に、無権代理人が他の第三者との間に根抵当権設定契約を締結したときには、民法一一〇条及び本条［平成二九法四四による改正後の一一〇条及び本条一項］が類推適用される。(最判昭45・12・24民集二四・一三・二二三〇)

二 本条二項［平成二九法四四による改正で新設］の場合

[4] ★代理権の消滅後、従前の代理権の範囲に属しない行為をした場合にも、民法一一〇条及び本条［平成二九法四四による改正後の一一〇条及び本条一項］が類推適用される。(大連判昭19・12・22民集二三・六二六、民百選Ⅰ[八版]三三)

三 本条一項［平成二九法四四による改正前の本条］の類推適用

[5] ★社会福祉法人の理事の退任は登記事項であり、その登記がなされれば、その理事の代表権の喪失を第三者に対抗することができ、その後その者がした取引については、第三者が登記簿を閲覧することが不可能ないし著しく困難であるような特段の事情がない限り、本条［平成二九法四四による改正後の本条一項］の適用ないし類推適用の余地はない。(最判平6・4・19民集四八・三・九二二、重判平6商一)

四 本条一項［平成二九法四四による改正前の本条］の適用・類推適用を否定した例↓商九条[4]、会社三四九条[2]

（無権代理）

第一一三条① 代理権を有しない者が他人の代理人としてした契約は、本人がその追認をしなければ、本人に対してその効力を生じない。

② 追認又はその拒絶は、相手方に対してしなければ、その相手方に対抗することができない。ただし、相手方がその事実を知ったときは、この限りでない。

➡❶一一四―一一八【表見代理の特則↓一〇九、一一〇、一一二

一 無権代理行為―親権者と子の利益相反↓八二六条[16]

[1] 親権者が民法八二六条に違反して、親権者と子の利益相反行為につき法定代理人としてした行為(最判昭46・4・20家月二四・二・一〇六、家族百選[五版]五八)

二 無権代理と相続

1 無権代理人が本人を相続した場合

[2] 無権代理人が本人を相続した場合、本人が自ら法律行為をしたのと同様な法律上の地位を生じる。(最判昭40・6・18民集一九・四・九八六、家族百選[四版]七七)

[3] 無権代理人が本人を他の共同相続人と共に共同相続した場合、共同相続人全員が共同して追認しない限り、無権代理行為が有効となるものではない。(最判平5・1・21民集四七・一・二六五、民百選Ⅰ[八版]三六……無権代理人が承継すべき限度において本人が自らしたのと同様の効果を生ずるとした原判決を破棄、自判)

[4] 本人が無権代理行為の追認を拒絶した場合には、その後に無権代理人が本人を相続したとしても、無権代理行為は有効にはならない。(最判平10・7・17民集五二・五・一二九六、民百選Ⅰ[五補]三七)

2 本人が無権代理人を相続した場合

[5] 相続人たる本人が被相続人の無権代理行為の追認を拒絶しても何ら信義則に反しないから、被相続人の無権代理行為は本人の相続により当然有効となるものではない。(最判昭37・4・20民集一六・四・九五五、民百選Ⅰ[八版]三五)

[6] 無権代理人が民法一一七条により相手方に債務を負担している場合、本人は相続により無権代理人の右債務を承継するのであり、本人として無権代理行為の追認を拒絶できる地位にあったからといって右債務を免れることはできない。(最判昭48・7・3民集二七・七・七五一、家族百選[七版]六二)

3 本人と共に無権代理人を相続した後その本人を相続した場合

[7] 無権代理人を本人と共に相続した者がその後更に本人を相続した場合においては、当該相続人は本人の資格で無権代理行為の追認を拒絶する余地はなく、本人が自ら法律行為をしたと同様の法律上の地位ないし効果を生ずる。(最判昭63・3・1家月四一・一〇・一〇四、家族百選[五版]八〇)

三 無権代理人が本人から目的物を譲り受けた場合

[8] 代理権が与えられていないのに、代理人として他人所有の不動産を売却した者が、本人からその不動産の譲渡を受けた場合に、相手方が民法一一七条により履行を選択したときは、売買契約が無権代理人と相手方の間に生じたのと同様の効果を生ずる。(最判昭41・4・26民集二〇・四・八二六)

四 無権代理人が正当な法定代理人の資格を取得した場合

[9] 未成年者の後見人が、後見人に就職する以前に、後見人と称して未成年者所有の不動産を売却した場合、後見人に

就職した後になって、無権代理行為の追認を拒絶することは、信義則上許されない。（最判昭47・2・18民集二六・一・四六、家族百選〔三版〕七〇）→一条⑨

五　無権代理人が無権代理を主張することが信義則に反するとされた場合→一条⑦

⑩ **六　無権代理行為の追認拒絶と信義則**

禁治産者の後見人が、その就職前に禁治産者の無権代理人によって締結された契約の追認を拒絶することが信義則に反するか否かは、⑴右契約締結に至る交渉の経緯、無権代理行為以前に無権代理人と相手方との間でなされた法律行為の内容と性質、⑵追認によって禁治産者が被る不利益と追認の拒絶によって相手方が被る不利益、⑶右契約の履行について、後見人の就職までの間の交渉経緯、⑷無権代理人と後見人の人的関係及び後見人が右契約の締結に関与した行為の程度、⑸本人の意思能力について相手方が認識し又は認識し得た事実、など諸般の事情を勘案して、決定すべきである。（平成一一法一四九による改正前の事案）（最判平6・9・13民集四八・六・一二六三、民百選Ⅰ〔八版〕六）

⑪ **七　無権代理行為の追認の相手方**

無権代理人に対する追認は、その事実を知らない相手方に対抗することはできないが、相手方が追認のあった事実を主張することは妨げられない。（最判昭47・12・22判時六九六・一八九）

（無権代理の相手方の催告権）

第一一四条　前条の場合において、相手方は、本人に対し、相当の期間を定めて、その期間内に追認をするかどうかを確答すべき旨の催告をすることができる。この場合において、本人がその期間内に確答をしないときは、追認を拒絶したものとみなす。

参 一一六

（無権代理の相手方の取消権）

第一一五条　代理権を有しない者がした契約は、本人が追認をしない間は、相手方が取り消すことができる。ただし、契約の時において代理権を有しないことを相手方が知っていたときは、この限りでない。

参 一一三、一一六

（無権代理行為の追認）

第一一六条　追認は、別段の意思表示がないときは、契約の時にさかのぼってその効力を生ずる。ただし、第三者の権利を害することはできない。

参 一一三―一一五

一　身分行為の場合の追認

1　一方配偶者のした婚姻届を他方配偶者が追認した場合→七四二条④

2　父母でない者の代諾した養子縁組を満一五歳に達した養子が追認した場合→七九七条⑦

① **3　養子縁組の追認―本条ただし書の適用の有無**

養子縁組の追認には、本条ただし書の規定は類推適用されない。（最判昭39・9・8民集一八・七・一四二三、民百選Ⅲ〔二版〕四〇……追認によって養父の実子が有する相続権が害されるという実子の主張を退けた例）→七九七条②

② **二　本条ただし書の第三者の例**

転付債権者（大判昭5・3・4民集九・二九九）

三　本条の類推適用等を認めた例

③ **1　他人の権利の処分**

無権利者が、他人の権利を自己に属するものとして処分した場合に、後に、権利者がその処分を追認したときは、本条の類推適用により、処分の時に遡って効力を生ずる。（最判昭37・8・10民集一六・八・一七〇〇、民百選Ⅰ〔八版〕三八）

④ **2　無権利者の代理人**

家督相続開始の当時、被相続人の長男は既に戦死しており、長女が家督相続人であるにもかかわらず、同人の母がその事情を知らぬままに長男の代理人として被相続人の不動産を第三者に売却した場合、長女が後に右契約を追認したときは、民法一一三条、本条の類推適用によって、契約は締結当初に遡って効力を生ずる。（最判昭33・6・5民集一二・九・一二九六）

⑤ **3　譲渡禁止特約のある債権の譲渡の承諾**

★譲渡禁止の特約のある指名債権について、譲受人が右特約の存在を知り、又は重大な過失により右特約の存在を知らないでこれを譲り受けた場合でも、その後、債務者が右債権の譲渡について承諾を与えたときは、右債権譲渡は、譲渡の時に遡って有効となるが、本条の法意に照らし、第三者の権利を害することはできない。（最判平9・6・5民集五一・五・二〇五三、民百選Ⅱ〔八版〕二五……債権の譲受人は、債権譲渡後の債務者による承諾前に滞納処分により債権を差し押さえた国に対抗できないとされた例）→四六六条の五⑤

4　普通地方公共団体の長による双方代理→一〇八条②

⑥ **四　本条の類推適用を認めなかった例**

無権利者を委託者とする物の販売委託契約を物の所有者が自己と同契約の受託者との間に同契約に基づく債権債務を発生させる趣旨で追認しても、所有者は販売代金の引渡請求権を取得しない（同契約に基づく契約当事者の地位が所有者に移転し、同契約に基づく債権債務が所有者に帰属することはないから）。（最判平23・10・18民集六五・七・二八九九、民百選Ⅰ〔八版〕三七……本条を類推適用した原判決を破棄）

（無権代理人の責任）

第一一七条①　他人の代理人として契約をした者は、自己の代理権を証明したとき、又は本人の追認を得たときを除き、相手方の選択に従い、相手方に対して履行又は損害賠償の責任を負う。

②　前項の規定は、次に掲げる場合には、適用しない。

一　他人の代理人として契約をした者が代理権を有しないことを相手方が知っていたとき。

二　他人の代理人として契約をした者が代理権を有しないことを相手方が過失によって知らなかったとき。ただし、他人の代理人として契約をした者が自己に代理権がないことを知っていたときは、この限りでない。

三　他人の代理人として契約をした者が行為能力の制限を受けていたとき。

（無権代理人の責任）

第一一七条①　他人の代理人として契約をした者は、自己の代理権を証明することができず、かつ、本人の追認を得ることができなかったときは、相手方の選択に従い、相手方に対して履行又は損害賠償の責任を負う。

② 前項の規定は、他人の代理人として契約をした者が代理権を有しないことを相手方が知っていたとき、若しくは過失によって知らなかったとき、又は他人の代理人として契約をした者が行為能力を有しなかったときは、適用しない。

❋一一三・一一六【自称社員の責任→会社五八八・五八九 ❷【本項の特則→電子債権一三】

1 **一 損害賠償責任の性質** 無権代理人の本条による損害賠償責任は履行に代わるべき損害の賠償責任であって、信頼利益の損害の賠償にとどまらない。また、不法行為による賠償責任ではないから三年の消滅時効にかからない。（最判昭32・12・5新聞八三＝八四・一六）→3

2 無権代理人の責任は、無権代理人が相手方に対し代理権がある旨を表示し又は自己を代理人であると信じさせるような行為をした事実を責任の根拠として、相手方の保護と取引の安全並びに代理制度の信用保持のために、法律が特別に認めた無過失責任である。（最判昭62・7・7民集四一・五・一一三三、民百選Ⅰ〔八版〕三四……一般論）→4

3 **二 無権代理人による契約解除** 無権代理人は相手方の選択に従い本来の履行又はこれに代わるべき損害の賠償の責めに任ずべきものであって、既に相手方の選択により賠償の責めを受けた無権代理人の方から単に物価の変動を理由として契約を解除する権利を有するものではない。（最判昭32・12・5前出1）

三 「過失」の意義

4 本条二項［平成二九法四四による改正後の本条二項二号］の「過失」は、重大な過失に限定されるべきものではない。（最判昭62・7・7前出2）

四 無権代理と相続→一一三条2〜7

五 無権代理人が本人から目的物を譲り受けた場合→一一三条8

第一一八条（単独行為の無権代理） 単独行為については、その行為の時において、相手方が、代理人と称する者が代理権を有しないで行為をすることに同意し、又はその代理権を争わなかったときに限り、第百十三条から前条までの規定を準用する。代理権を有しない者に対しその同意を得て単独行為をしたときも、同様とする。

第四節 無効及び取消し

第一一九条（無効な行為の追認） 無効な行為は、追認によっても、その効力を生じない。ただし、当事者がその行為の無効であることを知って追認をしたときは、新たな行為をしたものとみなす。

❋【無効の行為の例→三の二・九〇・九三・九四・一三一—一三四・七四二・八〇二、借地借家九・三〇、利息一】【無効の効果の制限→九四②・七〇八】

無効行為の追認→一一六条判・四六六条の五4

第一二〇条（取消権者）① 行為能力の制限によって取り消すことができる行為は、制限行為能力者（他の制限行為能力者の法定代理人としてした行為にあっては、当該他の制限行為能力者を含む。）又はその代理人、承継人若しくは同意をすることができる者に限り、取り消すことができる。

② 錯誤、詐欺又は強迫によって取り消すことができる行為は、瑕疵ある意思表示をした者又はその代理人若しくは承継人に限り、取り消すことができる。

第一二〇条（取消権者）① 行為能力の制限によって取り消すことができる行為は、制限行為能力者又はその代理人、承継人若しくは同意をすることができる者に限り、取り消すことができる。

② 詐欺又は強迫によって取り消すことができる行為は、瑕疵ある意思表示をした者又はその代理人若しくは承継人に限り、取り消すことができる。

❋一二〇—一二六 ❶【行為能力の制限によって取り消すことができる行為→五・九・一三・一七】【制限行為能力者が他の制限行為能力者の法定代理人としてする行為→一〇二】❷【錯誤・詐欺・強迫によって取り消すことができる行為→九五・九六】【消費者契約における取り消すことができる行為→消費契約四—六】

取消権者でないとされた例—承継人でない者

1 無能力者の債務を保証した者（保証人としての資格における取消し）（平成一一法一四九による改正前の事案）（大判昭20・5・21民集二四・九）

第一二一条（取消しの効果） 取り消された行為は、初めから無効であったものとみなす。

第一二一条（取消しの効果） 取り消された行為は、初めから無効であったものとみなす。ただし、制限行為能力者は、その行為によって現に利益を受けている限度において、返還の義務を負う。

❋【取消しの効果の制限→九六③】【親族法上の行為の取消しの効果の特則→七四八・八〇八①】

第一二一条の二（原状回復の義務）① 無効な行為に基づく債務の履行として給付を受けた者は、相手方を原状に復させる義務を負う。

② 前項の規定にかかわらず、無効な無償行為に基づく債務の履行として給付を受けた者は、給付を受けた当時その行為が無効であること（給付を受けた後に前条の規定により初めから無効であったものとみなされた行為にあっては、給付を受けた当時その行為が取り消すことができるものであること）を知らなかったときは、その行為によって現に利益を受けている限度において、返還の義務を負う。

③ 第一項の規定にかかわらず、行為の時に意思能力を有しなかった者は、その行為によって現に利益を受け

ている限度において、返還の義務を負う。行為の時に制限行為能力者であった者についても、同様とする。

〈第一二一条の二は新設〉

§+【無効な行為の例↓三の二、九〇、九三、九四、一二一】【原状回復義務↓五四五③】【不当利得↓七〇三、七〇四】§ ❷【無償行為の例↓五四九、七〇三§、七〇四】❸【意思無能力↓三の二】【制限行為能力者↓四、七、八、一一、一三、一五、一六】

取消しの効果

1 原状回復義務

[1] 売買契約が詐欺を理由に取り消された場合には、当事者双方の原状回復義務は、民法五三三条の類推適用により、同時履行の関係にある。（最判昭47・9・7民集二六・七・一三二七……第三者の詐欺）↓九六条[7]・五三三条[5]

2 返還すべき利益の範囲（現存利益）↓七〇三条[18]〜[21]

[2] ★受領した金員を他人に対する債務の弁済又は必要な生活費に支出したときは、現にその利益を受けているというべきである（無能力者の事例）。〔平成一一法一四九による改正前の事案〕（大判昭7・10・26民集一一・一九二〇、民百選Ⅰ[五補]三九）

[3] ★賭博に浪費された利益は現存しないものである（準禁治産者の事例）。〔平成一一法一四九による改正前の事案〕（最判昭50・6・27金判四八五・二〇）

（取り消すことができる行為の追認）

第一二二条 取り消すことができる行為は、第百二十条に規定する者が追認したときは、以後、取り消すことができない。

> （取り消すことができる行為の追認）
>
> **第一二二条** 取り消すことができる行為は、第百二十条に規定する者が追認したときは、以後、取り消すことができない。ただし、追認によって第三者の権利を害することはできない。

§+一二三、一二四【追認とみなされる場合↓二〇、一二五】

（取消し及び追認の方法）

第一二三条 取り消すことができる行為の相手方が確定している場合には、その取消し又は追認は、相手方に対する意思表示によってする。

§+一二〇―一二二

（追認の要件）

第一二四条① 取り消すことができる行為の追認は、取消しの原因となっていた状況が消滅し、かつ、取消権を有することを知った後にしなければ、その効力を生じない。

② 次に掲げる場合には、前項の追認は、取消しの原因となっていた状況が消滅した後にすることを要しない。

一 法定代理人又は制限行為能力者の保佐人若しくは補助人が追認をするとき。

二 制限行為能力者（成年被後見人を除く。）が法定代理人、保佐人又は補助人の同意を得て追認をするとき。

> （追認の要件）
>
> **第一二四条**① 追認は、取消しの原因となっていた状況が消滅した後にしなければ、その効力を生じない。
>
> ② 成年被後見人は、行為能力者となった後にその行為を了知したときは、その了知をした後でなければ、追認をすることができない。
>
> ③ 前二項の規定は、法定代理人又は制限行為能力者の保佐人若しくは補助人が追認をする場合には、適用しない。（改正により削られた）

§+一二二、一二三 ❷【法定代理人↓八一八、八一九、八三九―八四一、八四三、八七六の四、八七六の九】【保佐人↓八七六の二、八七六の四、八七六の五】【補助人↓八七六の七、八七六の九、八七六の一〇】【制限行為能力者↓五、一三、一七】

（法定追認）

第一二五条 追認をすることができる時以後に、取り消すことができる行為について次に掲げる事実があったときは、追認をしたものとみなす。ただし、異議をとどめたときは、この限りでない。

一 全部又は一部の履行

二 履行の請求

三 更改

四 担保の供与

五 取り消すことができる行為によって取得した権利の全部又は一部の譲渡

六 強制執行

> （法定追認）
>
> **第一二五条** 前条の規定により追認をすることができる時以後に、取り消すことができる行為について次に掲げる事実があったときは、追認をしたものとみなす。ただし、異議をとどめたときは、この限りでない。
>
> 一―六（略）

§[三]【更改↓五一三】

（取消権の期間の制限）

第一二六条 取消権は、追認をすることができる時から五年間行使しないときは、時効によって消滅する。行為の時から二十年を経過したときも、同様とする。

§+【追認をすることができる時↓一二四】【消費者契約における取消権の行使期間↓消費契約七①】

第五節　条件及び期限

（条件が成就した場合の効果）

第一二七条① 停止条件付法律行為は、停止条件が成就した時からその効力を生ずる。

② 解除条件付法律行為は、解除条件が成就した時からその効力を失う。

③ 当事者が条件が成就した場合の効果をその成就した時以前にさかのぼらせる意思を表示したときは、その意思に従う。

§+一二八―一三四【条件の不許↓五〇六①、手一[三]、一二①、二六①、七五[三]、七七①、小一[三]、一五①】❶【停止条件付法律行為の効力↓三八一】【停止条件付遺言↓九八五②】

一 農地の売買契約

1 知事の許可を停止条件とした例

[1] 農地の売買契約が、県知事の許可を停止条件として効力を発生させる趣旨の契約であって、無効ではないとされた

[5] 例（最判昭33・6・5民集一二・九・一三五九）↓五五七条

2　知事の許可を法定条件とした例

[2] 当事者が知事の許可を得ることを条件とする農地の売買契約は法律上当然必要なことを約定したにとどまり、停止条件を付したものということはできない。（最判昭36・5・26民集一五・五・一四〇四、行政百選Ⅰ〔七版〕一五）↓一三〇条[3]

[3] 知事又は農業委員会の許可なしになされた農地の売買は許可を法定条件として成立し、許可があればその時から将来に向かって効力を生ずるが、許可のあるまではその効力は生じないまま不確定な状態にある。（最判昭37・5・29民集一六・五・一二二六、不動産百選〔増補〕九三……許可前に農地の引渡しを受けた者は、許可のない間は、売買契約上の債務の履行として引渡しを受けたことを理由に返還請求を拒むことができない）

二　条件成就

[4] 戦時中に土地及び温泉使用権を陸軍傷病兵療養所のため寄附する際に、陸軍が用途を廃止した場合には無償で返還する旨の特約がなされた場合に、戦後陸軍省の廃止に伴い厚生省所管の国立病院として使用されるに至ったときは、陸軍の用途廃止の条件は成就したと解するのが相当である。（最判昭35・10・4民集一四・一二・二三九五）

三　停止条件ではないとされた例↓一三五条[1]〜[3]

第一二八条（条件の成否未定の間における相手方の利益の侵害の禁止）　条件付法律行為の各当事者は、条件の成否が未定である間は、条件が成就した場合にその法律行為から生ずべき相手方の利益を害することができない。

参 一二九、一三〇【権利侵害による損害賠償↓七〇九

[1] **法定条件への本条の類推適用**　部分林契約上の権利の贈与契約は、営林局長の許可を法定条件とするものであるが、本条が類推適用される。（最判昭39・10・30民集一八・八・一八三七）

第一二九条（条件の成否未定の間における権利の処分等）　条件の成否が未定である間における当事者の権利義務は、一般の規定に従い、処分し、相続し、若しくは保存し、又はそのために担保を供することができる。

参 一二八【保存↓不登一〇五―一一〇

第一三〇条（条件の成就の妨害等）①　条件が成就することによって不利益を受ける当事者が故意にその条件の成就を妨げたときは、相手方は、その条件が成就したものとみなすことができる。

②　条件が成就することによって利益を受ける当事者が不正にその条件を成就させたときは、相手方は、その条件が成就しなかったものとみなすことができる。

第一三〇条（条件の成就の妨害）（略、改正後の①）
（第二項は新設）

参 一二八

一　条件の成就を妨害したと判断された例

[1] 山林売却のあっせんを依頼し、一定条件に従い報酬を支払う旨の停止条件付契約が締結された場合に、委任者が受任者を介せずに第三者に売却したときは、委任者は報酬支払義務を免れない。（最判昭39・1・23民集一八・一・九九）

[2] 土地等の買受人が、宅地建物取引業者に仲介を依頼し、買受契約の成立を停止条件として一定額の報酬を支払う旨約したのに、買受人が右業者を排除して直接売渡人との間に契約を成立させた場合に、一定の事情のあるとき業者が買受人に対し、約定の報酬を請求することができるとされた例（最判昭45・10・22民集二四・一一・一五九九、商法百選六六）↓六四八条の二[1]、商五一二条[3]

二　条件成就とみなされない場合

[3] 農地売買において、農地の売主が故意に知事の許可を得ることを妨げたとしても、条件が成就したとみなすことはできない。（最判昭36・5・26民集一五・五・一四〇四、行政百選Ⅰ〔七版〕一五……売主が、他の第三者に売却し、知事の許可を得て、移転登記もなされた場合）↓一二七条[2]

三　条件不成就とみなされる場合

[4] ★条件の成就によって利益を受ける者が故意に条件を成就させた場合には、本条〔平成二九法四四による改正後の本条二項〕を類推適用し、条件が成就していないものとみなすことができる。（最判平6・5・31民集四八・四・一〇二九、民百選Ⅰ〔八版〕四〇……一方が和解条項に違反した場合に違約金を支払う旨の条項があるときに、他方がその違反行為を誘引した場合。平成二九法四四により本条二項が新設される前の判断）

第一三一条（既成条件）①　条件が法律行為の時に既に成就していた場合において、その条件が停止条件であるときはその法律行為は無条件とし、その条件が解除条件であるときはその法律行為は無効とする。

②　条件が成就しないことが法律行為の時に既に確定していた場合において、その条件が停止条件であるときはその法律行為は無効とし、その条件が解除条件であるときはその法律行為は無条件とする。

③　前二項に規定する場合において、当事者が条件が成就したこと又は成就しなかったことを知らない間は、第百二十八条〈条件の成否未定の間における相手方の利益の侵害の禁止〉及び第百二十九条〈条件の成否未定の間における権利の処分等〉の規定を準用する。

参 一二七

第一三二条（不法条件）　不法な条件を付した法律行為は、無効とする。不法な行為をしないことを条件とするものも、同様とする。

参【不法↓九〇【無効↓一一九【不法行為↓七〇九

第一三三条（不能条件）①　不能の停止条件を付した法律行為は、無効とする。

②　不能の解除条件を付した法律行為は、無条件とす

民法

る。

⊛一二七

（随意条件）

第一三四条　停止条件付法律行為は、その条件が単に債務者の意思のみに係るときは、無効とする。

⊛一二七

随意条件でないとされた場合

[1]　鉱業権の売買契約で、買主が排水探鉱の結果品質良好と認めたときは代金を支払う旨の契約は、本条に当たらない。（最判昭31・4・6民集一〇・四・三四二、不動産百選[増補]七六）

[2]　建物の転貸借につき、転借人（会社）が転貸人を雇用している期間内に限り転貸する旨の約定は、解除条件付きの趣旨であり、解雇すべきか否かは債務者たる転借人の意思のみに掛かっているが、無効ではない。（最判昭35・5・19民集一四・七・一一四五……借家法六条にいう賃借人に不利益なものとはいえないとされた）

（期限の到来の効果）

第一三五条①　法律行為に始期を付したときは、その法律行為の履行は、期限が到来するまで、これを請求することができない。

②　法律行為に終期を付したときは、その法律行為の効力は、期限が到来した時に消滅する。

⊛一三六、一三七【期限の不許↓五〇六①】【履行期↓四一二】

不確定期限とされた例

[1]　消費貸借において、債務者が出世した時に履行をする旨の約定は、不確定期限を付したものであって、停止条件付債務ではない。（大判大4・3・24民録二一・四三九）

[2]　土地の売買において、第三者占有部分の明渡しの完了と同時に残代金を支払う旨の約定がなされていた場合に、右約定を残代金の支払時期について不確定期限を定めたものとした例（最判昭43・9・20判時五三五・四三）

[3]　数社を介在させて順次発注された工事の最終の受注者甲と甲に対する発注者乙との間における乙が請負代金の支払を受けた後に甲に対して請負代金を支払う旨の合意は、甲に対する請負代金の支払について、乙が請負代金の支払を受けることを停止条件とする旨を定めたものではなく、乙が支払を受けた時点又はその見込みがなくなった時点で支払期限が到来する旨を定めたものであるとされた事例（最判平22・10・14判時二〇九七・三四、重判平22民四）

（期限の利益及びその放棄）

第一三六条①　期限は、債務者の利益のために定めたものと推定する。

②　期限の利益は、放棄することができる。ただし、これによって相手方の利益を害することはできない。

⊛一三七

期限の利益が債務者・債権者の双方にある場合

[1]　定期預金の返還時期が当事者双方の利益のために定められた場合にも、債務者である銀行は、その返還時期までの約定利息を支払うなど預金者の利益喪失を塡補すれば、期限の利益を一方的に放棄し得る。（大判昭9・9・15民集一三・一八三九、民百選Ⅰ[三版]四三）

（期限の利益の喪失）

第一三七条　次に掲げる場合には、債務者は、期限の利益を主張することができない。

一　債務者が破産手続開始の決定を受けたとき。

二　債務者が担保を滅失させ、損傷させ、又は減少させたとき。

三　債務者が担保を供する義務を負う場合において、これを供しないとき。

⊛一三六　【一】【破産手続開始↓破三〇【破産手続開始決定による弁済期の到来↓破一〇三③】【三】【担保を供する義務↓六五〇②・九九一・四五〇・四五一】【判決等による分割払と期限の利益の喪失の定め↓民訴三七五②・二七五の二②】

期限の利益喪失約款↓五〇五条[判]

第六章　期間の計算

（期間の計算の通則）

第一三八条　期間の計算方法は、法令若しくは裁判上の命令に特別の定めがある場合又は法律行為に別段の定めがある場合を除き、この章の規定に従う。

⊛【別段の定め↓一四〇―一四三⊛】

（期間の起算）

第一三九条　時間によって期間を定めたときは、その期間は、即時から起算する。

第一四〇条　日、週、月又は年によって期間を定めたときは、期間の初日は、算入しない。ただし、その期間が午前零時から始まるときは、この限りでない。

⊛一四一―一四三【初日を算入する他の法律の規定↓年齢計算、戸四三、刑二三・二四、国会一三三】

[参考]　**年齢計算に関する法律**（明治三五・一二・二法五〇）
①年齢は出生の日より之を起算す。
②民法第百四十三条の規定は年齢の計算に之を準用す。
③明治六年第三十六号布告（年齢計算方を定む）は之を廃止す。

消滅時効の起算点―初日不算入

[1]　民法七二四条所定の三年の時効期間は、被害者又はその法定代理人が損害及び加害者を知った時が午前零時でない限り、時効期間の初日はこれを算入すべきでない。（最判昭57・10・19民集三六・一〇・二一六三）

（期間の満了）

第一四一条　前条の場合には、期間は、その末日の終了をもって満了する。

⊛一四二・一四三②【取引時間の定めのある場合↓四八四②】

第一四二条　期間の末日が日曜日、国民の祝日に関する法律（昭和二十三年法律第百七十八号）に規定する休日その他の休日に当たるときは、その日に取引をしない慣習がある場合に限り、期間は、その翌日に満了する。

【休日↓祝日三【他の法律の規定↓手七二・七七①九・八七、小六〇・七五、民訴九五③、刑訴五五③、特許三②

> **貸金の返済期日**
>
> [1] 毎月一回ずつの分割払によって元利金を返済する約定の消費貸借契約において、返済期日を単に「毎月X日」と定めただけで、その日が日曜日その他の一般の休日に当たる場合の取扱いが明定されなかった場合には、契約当事者間にX日が右休日であるときはその翌営業日を返済期日とする旨の黙示の合意があったと推認される。（最判平11・3・11民集五三・三・四五一、重判平11民一……返済期日が休日である場合の取扱いが不明確であり、貸金業法一七条の書面交付がなされたとはいえないとした原審判決を破棄、差し戻した例）

（暦による期間の計算）

第一四三条① 週、月又は年によって期間を定めたときは、その期間は、暦に従って計算する。

② 週、月又は年の初めから期間を起算しないときは、その期間は、最後の週、月又は年においてその起算日に応当する日の前日に満了する。ただし、月又は年によって期間を定めた場合において、最後の月に応当する日がないときは、その月の末日に満了する。

【他の法律の規定↓年齢計算、年齢称呼、手三六、民訴九五①、刑二二、刑訴五五②、特許三①二

第七章　時効

第一節　総則

（時効の効力）

第一四四条　時効の効力は、その起算日にさかのぼる。

【時効消滅した債権と相殺↓五〇八【消滅時効の起算日↓一六六①②・一六八①

（時効の援用）

第一四五条　時効は、当事者（消滅時効にあっては、保証人、物上保証人、第三取得者その他権利の消滅について正当な利益を有する者を含む。）が援用しなければ、裁判所がこれによって裁判をすることができない。

> （時効の援用）
>
> **第一四五条**　時効は、当事者が援用しなければ、裁判所がこれによって裁判をすることができない。

【保証人↓四四六

一　援用の意義

[1] 直接時効の利益を受ける者は裁判上たると裁判外たるとを問わずいつでも時効を援用することができ、一旦援用があると時効による権利の取得は確定不動のものとなる。（大判昭10・12・24民集一四・二〇九六……確定した後は誰でも時効を主張できる）

[2] 時効による債権消滅の効果は、時効期間の経過とともに確定的に生ずるものではなく、時効が援用されたときに初めて確定的に生ずる。（最判昭61・3・17民集四〇・二・四二〇、民百選Ⅰ八版四一……農地の買主が売主に有する県知事に対する許可申請協力請求権の消滅時効が援用されるまでの間に当該農地が非農地化したときは、当該売買契約は当然に効力を生じるので、右請求権の消滅時効を問題とする余地はなくなったとして、売主の右請求権の時効の援用を認めなかった例）↓一七六条[4]

[3] 債務者が時効を援用しないで敗訴し、判決が確定した後、別訴において債権が時効によって消滅したことを主張することはできない。（大判昭14・3・29民集一八・三七〇）

二　援用権者

1　援用権者の意義

[4] ★本条にいわゆる当事者とは時効により直接に利益を受ける者、すなわち取得時効により権利を取得し、消滅時効により権利の制限又は義務を免れる者をいい、間接に利益を受ける者は当事者ではない。（大判明43・1・25民録一六・二二）↓[5]

[5] ★本条により消滅時効を援用し得る者は、権利の消滅により直接利益を受ける者に限定される。（最判昭48・12・14民集二七・一一・一五八六、民百選Ⅰ三版四四）

2　取得時効の援用権者とされなかった者

[6] ★取得時効が問題となる土地上の建物賃借人（最判昭44・7・15民集二三・八・一五二〇）

3　消滅時効の援用権者とされた者

イ　保証人

[7] ★保証人は、主たる債務の消滅時効を援用することができる。（大判昭8・10・13民集一二・二五二〇）↓四四八条[2]

ロ　物上保証人

[8] ★他人の債務のため自己所有の不動産に抵当権を設定した物上保証人（最判昭43・9・26民集二二・九・二〇〇二、民百選Ⅰ初版四二……物上保証人に対する債権者が、債権者代位権により、被担保債権の消滅時効を援用し得るとした例）↓[14]・四二三条[2]

ハ　担保目的不動産の第三取得者

[9] ★仮登記担保権の設定された不動産の第三取得者は、当該仮登記担保権の被担保債権の消滅時効を援用することができる。（最判昭60・11・26民集三九・七・一七〇一）

ニ　売買予約の仮登記がなされている不動産の第三取得者

[10] ★売買予約に基づく所有権移転請求権保全仮登記のされた不動産につき、所有権を取得し、その登記を経由した者は、予約完結権の消滅時効を援用できる。（最判平4・3・19民集四六・三・二二二、民百選Ⅰ四版四二……担保目的の売買予約の例。援用を否定した大判昭9・5・2民集一三・六七〇を変更）

ホ　売買予約の仮登記に後れる抵当権者

[11] ★売買予約に基づく所有権移転請求権保全仮登記の経由された不動産につき抵当権の設定を受け、その登記を経由した者は、予約完結権の消滅時効を援用することができる。（最判平2・6・5民集四四・四・五九九、重判平2民一……援用を否定した大判昭9・5・2民集一三・六七〇を変更）

ヘ　詐害行為の受益者

[12] ★詐害行為の受益者は、詐害行為取消権を行使する債権者の債権について、時効の利益を直接に受ける者に当たり、その消滅時効を援用することができる。（最判平10・6・22民集五二・四・一一九五、民百選Ⅰ五補四二……受益者は援用できないとした大判昭3・11・8民集七・九八〇を変更）

4　消滅時効の援用権者とされなかった者

13　**イ　後順位抵当権者**

★後順位抵当権者は、先順位抵当権の被担保債権の消滅時効を援用できない。（最判平11・10・21民集五三・七・一九〇、民百選Ⅰ八版四二）

ロ　僭称［せんしょう］相続人からの譲受人↓八八四条8

三　債権者代位権による援用権の代位行使

14　金銭債権の債権者は、民法四二三条一項本文により、債務者に代位して他の債権者に対する債務の消滅時効を援用できる。（最判昭43・9・26前出8）↓四二三条2

四　時効の援用ができない場合

1　援用権の喪失

15　消滅時効が完成した後に債務を承認した債務者は、承認した時点において時効完成の事実を知らなくても、消滅時効を援用できない。（最大判昭41・4・20民集二〇・四・七〇二、民百選Ⅰ八版四三）↓一四六条7

16　消滅時効が完成した後に債務を承認した債務者は、承認以後再び時効が完成すれば、その時効を援用できる。（最判昭45・5・21民集二四・五・三九三）↓一四六条4

2　援用が信義則に反し、権利の濫用に当たるとされた例

17　自己の償還義務についてその時効期間経過後に消滅時効の利益の放棄ないし債務の承認をした裏書人を信頼して、所持人が振出人に対する手形金請求権についての消滅時効中断の措置を怠ったがために振出人の手形金支払義務が消滅した場合に、裏書人が、これに伴って自己の裏書人としての償還義務も当然消滅するに至ったとして右義務の履行を免れようとすることは、著しく信義則に反し、許されない。（最判昭57・7・15民集三六・六・一一一三、手形小切手百選七版七三）↓手七〇条2

18　家督相続をした長男が、家庭裁判所における調停の結果、母に対し、その老後の生活の保障と幼い妹らの扶養及び婚姻費用に充てる目的で農地を贈与し、その引渡しも済み、母が二十数年間にわたってこれを耕作し、子女の扶養、婚姻等の諸費用を負担したなどの事実関係の下で、母から農地法三条所定の許可申請手続に協力を求められた長男がその許可申請協力請求権につき消滅時効を援用することは、信義則に反し、権利の濫用として許されない。（最判昭51・5・25民集三〇・四・五五四、民百選Ⅰ五補二）↓一条24

五　援用の相対効

19　裁判所は時効の援用をした当事者が直接に受けるべき利益の存する部分に限って裁判し得るが、援用のないほかの当事者に関する部分に及ぼすことができない。（大判大8・6・24民録二五・一〇九五）

20　被相続人の占有により取得時効が完成した場合、その共同相続人の一人は、自己の相続分の限度においてのみ取得時効を援用できる。（最判平13・7・10家月五四・二・一三四）

六　国又は地方公共団体に対する債権

21　本条は、国家賠償法に基づく地方公共団体に対する損害賠償請求権の消滅時効に適用される。（最判昭46・11・30民集二五・八・一三八九、行政百選Ⅱ初版一一九）↓自治二三六条2

第一四六条（時効の利益の放棄）　時効の利益は、あらかじめ放棄することができない。

⊛＋一四五

一　時効完成の事実の認識

1　債務者は、消滅時効が完成した後に債務の承認をする場合には、その時効完成の事実を知っているのはむしろ異例で、知らないのが通常であるといえるから、債務者が商人の場合でも、消滅時効完成後に債務を承認した事実から承認は時効が完成したことを知ってされたものであると推定することは許されない。（最大判昭41・4・20民集二〇・四・七〇二、民百選Ⅰ八版四三……ただし、債務者は時効完成の事実を知らずに承認しても、援用できないとした例）↓3・一四五条15

2　時効利益の放棄があったとするためには、債務者において時効完成の事実を知っていたことを要し、債務者が弁済期後にした債務の内入弁済は、時効完成の事実を知ってこれをしたものと推定すべきである。（最判昭35・6・23民集一四・八・一四九八……前出1により判例変更）

二　時効完成後の債務承認

1　消滅時効の援用ができないとされた例

3　債務者が消滅時効完成後に、債務の承認をした場合には、時効完成の事実を知らなかったときでも、爾後［じご］その債務についてその完成した消滅時効を援用することは許されない。（最大判昭41・4・20前出1）↓一四五条15

2　新たな時効期間の進行を認めた例

4　債務者が消滅時効の完成後に債務を承認した場合には、時効完成の事実を知らなかったときでも、その後その時効を援用することは許されないが、その承認以後再び時効期間の進行することは妨げない。（最判昭45・5・21民集二四・五・三九三）↓一四五条16

三　放棄の相対効↓四四一条1・四四八条3

第一四七条（裁判上の請求等による時効の完成猶予及び更新）①　次に掲げる事由がある場合には、その事由が終了する（確定判決又は確定判決と同一の効力を有するものによって権利が確定することなくその事由が終了した場合にあっては、その終了の時から六箇月を経過する）までの間は、時効は、完成しない。

一　裁判上の請求
二　支払督促
三　民事訴訟法第二百七十五条第一項の和解又は民事調停法（昭和二十六年法律第二百二十二号）若しくは家事事件手続法（平成二十三年法律第五十二号）による調停
四　破産手続参加、再生手続参加又は更生手続参加

②　前項の場合において、確定判決又は確定判決と同一の効力を有するものによって権利が確定したときは、時効は、同項各号に掲げる事由が終了した時から新たにその進行を始める。

> **第一四七条（時効の中断事由）**　時効は、次に掲げる事由によって中断する。
> 一　請求
> 二　差押え、仮差押え又は仮処分
> 三　承認
> ［改正後の第一四七条、第一四八条に対応］

⊛＋【確定判決と同一の効力を有するもの↓民訴二六七、二六七

㊂・三九六、民執二二［七］【時効の完成猶予及び更新↓一四八・一五一・一五三①・四五七【時効の完成猶予の例↓一四九―一五一・一五三②・一五八―一六一・二八四③、船主責任制限五四、犯罪被害保護二八【時効の更新の例↓一五二・一五三③、自治二三六④【時効の中断の例↓一六四・一六五・二九〇　❶［二］【裁判上の請求↓民訴一三四、民調一九、家事二七二③・二八〇⑤・二八六⑥、手八六②、小七三②【時効の完成及び更新に関して裁判上の請求があったとみなされるものの例↓会社五四五③、破一七八④、労基八五⑤【時効の完成猶予の時期↓民訴一四七・四九①・三五五②【訴えの却下↓民訴一四〇・三五五①【訴えの取下げ↓民訴二六一―二六三　［三］【支払督促↓民訴三八二【仮執行の宣言↓民訴三九一　［四］【破産手続参加↓破一一一【再生手続参加↓民再九四【更生手続参加↓会更一三八【類似の規定↓船主責任制限五四

一　裁判上の請求に当たるとされた例

1　訴訟の提起

イ　境界確定の訴えから所有権確認の訴えへの変更

[1] ★係争地域が自己の所有に属することの主張は終始変わることなく、単に請求の趣旨を境界確定から所有権確認に交替的に変更したにすぎない場合には、境界確定の訴え提起によって生じた取得時効中断の効力は、訴えの交替的変更にかかわらず、失われない。（最判昭38・1・18民集一七・一・一、続民訴百選四〇）↓民訴一四七条[4]

ロ　白地手形のままの訴訟の提起

[2] ★受取人未補充の白地手形のまま手形金請求の訴えを提起した場合には、訴えの提起の時に時効の中断があったものと解すべきである。（最大判昭41・11・2民集二〇・九・一六七四、手形小切手百選[七版]四三……時効が中断しないとした大判昭8・5・26民集一二・一三四三を変更。松田ほか一裁判官の反対意見がある）↓手一〇条[14]

[3] ★振出日白地の約束手形につき、前出[2]と同旨（最大判昭45・11・11民集二四・一二・一八七六、手形小切手百選[三版]五四……松田ほか二裁判官の反対意見がある）

ハ　訴えの取下げがあった場合

[4] ★二重訴訟を解消するために前訴が取り下げられても、前訴の請求がそのまま後訴においても維持されている場合は、前訴の提起による時効中断の効力は消滅しない。（最判昭50・11・28民集二九・一〇・一七九七、行政百選Ⅱ[七版]一八五）

2　相手方の提起した訴訟における被告の主張

[5] ★債権不存在確認訴訟において、被告が債権の存在を主張し、被告勝訴の判決が確定したときは、その主張は、裁判上の請求として、債権について消滅時効中断の効力を生じる。（大民連中間判昭14・3・22民集一八・二三八）

[6] ★所有権に基づく登記手続請求の訴訟において、被告が自己の所有権を主張して請求棄却の判決を求め、その主張が判決で認められた場合には、その所有権の主張は、裁判上の請求に準ずるものとして、原告の取得時効を中断する効力を有する。（最大判昭43・11・13民集二二・一二・二五一〇、民百選Ⅰ[二版]四六）↓民訴一四七条[5]

[7] ★債務負担の事実のないことを理由とする根抵当権設定登記（及び移転登記）の抹消登記手続訴訟において、被告が請求棄却の判決を求め、債権の存在を主張したときは、その主張は、裁判上の請求に準ずるものとして、債権につき消滅時効中断の効力を生じる。（最判昭44・11・27民集二三・一一・二二五一）

二　一部請求と時効の完成猶予・更新［平成二九法四四による改正前の時効の中断］の範囲

[8] ★一個の債権の数量的な一部についてのみ判決を求める旨を明示して訴えが提起された場合には、訴え提起による消滅時効中断の効力は、その一部の範囲についてのみ生じ、残部に及ばない。（最判昭34・2・20民集一三・二・二〇九、民百選Ⅰ[四版]四四）↓民訴一四七条[1]

[9] ★一個の債権の一部についてのみ判決を求める趣旨が明示されていないときは、訴え提起により、債権の同一性の範囲内において、その全部につき時効中断の効力を生ずる。（最判昭45・7・24民集二四・七・一一七七、民訴百選[三版]四四②）↓民訴一四七条[3]

三　手形金請求と原因債権の時効の完成猶予・更新［平成二九法四四による改正前の時効の中断］の効力

[10] ★債務の支払のために手形が授受された当事者間において債権者のする手形金請求の訴えの提起は、原因債権の消滅時効を中断する効力を有する。（最判昭62・10・16民集四一・七・一四九七、手形小切手百選[七版]七八）↓手◘【手形法総論】［一編名の後］[34]

四　支払督促による時効の完成猶予・更新［平成二九法四四による改正前の時効の中断］の効力を認めなかった例

[11] ★甲乙間で作成された、甲が乙から金銭を借り受けたとの記載のある公正証書に基づいて、債権者が保証人に対して貸金の支払を求める旨の支払督促の申立てをしたとしても、その公正証書が丙の乙に対する債務を甲が連帯保証する趣旨で作成されたものであるときは、この支払督促によって、保証契約に基づく保証債務履行請求権について消滅時効の中断の効力が生ずるものではない。（最判平29・3・13判時二三四〇・六八、重判平29民七）

五　境界確定の訴えと時効の完成猶予・更新［平成二九法四四による改正前の時効の中断］の効力↓民訴◆【訴え】［一三四条の前］[32][33]

六　平成二九法四四による改正前におけるいわゆる「裁判上の催告」としての時効中断の効力［本条一項柱書括弧書参照］

1　認めた例

イ　留置物返還請求訴訟における留置権の抗弁

[12] ★被担保債権の債務者を原告とする留置物の返還請求訴訟における留置権の抗弁には、訴えの提起に準ずる時効中断の効力はないが、（催告としての）時効中断の効力が訴訟中存続する。（最大判昭38・10・30民集一七・九・一二五二）↓[13]・三〇〇条[1]

ロ　訴訟係属中における請求の追加

[13] ★相続人の一人に対して、相続財産（金員）を着服したことを理由として不法行為に基づく損害賠償請求の訴えを提起した他の相続人が、右着服金員相当額の不当利得返還請求を不当利得返還請求権の時効期間経過後に追加した場合、両請求が基本的な請求原因事実を同じくし、経済的に同一の給付を目的とするなどの事情の下では、損害賠償請求の訴えの提起により、不法行為訴訟の係属中は、不当利得返還請求権につき催告が継続していたものと解することができ、不当利得返還請求の追加により、同請求権の消滅時効につき中断の効力が確定的に生じたというべきである。（最判平10・12・17判時一六六四・五九）

ハ　明示的一部請求の場合

[14] ★明示的一部請求の訴えが提起された場合、残部につき権利行使の意思が継続的に表示されているとはいえない特段の事情のない限り、当該訴えの提起は、残部について、裁判上の催告として消滅時効の中断の効力を生じる。（最判平25・6・6民集六七・五・一二〇八、重判平25民二……残部について裁判上の請求にならないこと（前出[8]）を前提

に、裁判上の催告としての効力を認める）→民訴一四七条2

2 認めなかった例

15 ★連帯保証人の債務を担保する物上保証人に対する競売申立てと連帯保証人に対する開始決定の送達は、主たる債務の消滅時効の中断事由にはならない。（最判平8・9・27民集五〇・八・二三九五、重判平8民(二)）→一五四条5

七 破産手続参加に当たるとされた例

16 ★執行力のある債務名義又は終局判決を有しない破産債権者の届出債権に対する破産管財人又は他の債権者の債権異議は、破産債権届出の時効中断の効力に消長を及ぼさない。（最判昭57・1・29民集三六・一・一〇五、倒産百選[六版]七二）→破一二四条2

八 破産申立ての取下げがなされた場合

17 ★破産の申立債権者の破産宣告手続における権利行使の意思表示は、破産申立てが取り下げられた場合においても、催告として消滅時効中断の効力を有する。（最判昭45・9・10民集二四・一〇・一三八九、倒産百選[六版]A1）→破一八条8

九 破産手続参加と時効の完成猶予・更新［平成二九法四四による改正前の時効の中断］の範囲

18 ★破産者の債務を弁済した保証人が、破産裁判所に対して債権の届出名義の変更を申し出たときには、弁済した保証人が取得する求償権の消滅時効は届出名義の変更時点から破産手続終了まで中断する。（最判平7・3・23民集四九・三・九八四、倒産百選[三版]五〇）→一六九条2、破一〇四条3

一〇 裁判上の請求・破産手続参加に当たらないとされた例

19 ★不動産競売手続において裁判所の催告を受けた抵当権者のする債権の届出（最判平元・10・13民集四三・九・九八五、執保百選[初版]二八）→民執五〇条7

（強制執行等による時効の完成猶予及び更新）

第一四八条① 次に掲げる事由がある場合には、その事由が終了する（申立ての取下げ又は法律の規定に従わないことによる取消しによってその事由が終了した場合にあっては、その終了の時から六箇月を経過する）までの間は、時効は、完成しない。

一 強制執行

二 担保権の実行

三 民事執行法（昭和五十四年法律第四号）第百九十五条に規定する担保権の実行としての競売の例による競売

四 民事執行法第百九十六条に規定する財産開示手続又は同法第二百四条に規定する第三者からの情報取得手続

② 前項の場合には、時効は、同項各号に掲げる事由が終了した時から新たにその進行を始める。ただし、申立ての取下げ又は法律の規定に従わないことによる取消しによってその事由が終了した場合は、この限りでない。

（時効の中断の効力が及ぶ者の範囲）

第一四八条 前条の規定による時効の中断は、その中断の事由が生じた当事者及びその承継人の間においてのみ、その効力を有する。［改正後の第一五三条に対応］

参［時効の完成猶予及び更新→一四七、一五三①　❶［二］民執二章　［三］民執三章

一 強制執行等による時効の完成猶予・更新［平成二九法四四による改正前の民法一四七条二号にいう差押えによる時効中断］の効力

1 肯定例

1 ★不動産競売手続において執行力のある債務名義の正本を有する債権者がする配当要求は、差押えに準ずるものとして、消滅時効を中断する。（最判平11・4・27民集五三・四・八四〇、重判平11民(三)）→民執五一条1

2 ★債権執行における差押えにおいて、請求債権の消滅時効の中断の効力が生ずるためには、その債務者が当該差押えを了知し得る状態に置かれることを要しない。（最判令元・9・19民集七三・四・四三八、重判令元民(二)）→一五四条1

3 ★不動産競売手続において建物区分所有法六六条で準用される同法七条一項の先取特権を有する債権者が配当要求をしたことにより、差押えに準ずるものとして消滅時効の中断の効力が生ずるためには、法定文書により債権者が先取特権を有することが証明されれば足り、債務者が配当異議の申出等をすることなく配当等が実施されたことを要しない。（最判令2・9・18民集七四・六・一七六二、マンション百選九六）

2 否定例

4 ★登記を経た抵当権者が、第三者による担保権の実行としての競売手続において、債権の届出をし、その一部に対する配当を受けたとしても、右配当を受けたことは、債権の残部について、差押えその他の消滅時効の中断事由に該当しない。（最判平8・3・28民集五〇・四・一一七二）

5 ★物上保証人に対する不動産競売において、民法一五五条［平成二九法四四による改正前］により債務者に対して被担保債権の時効中断の効力が生じた後、債務者が不動産競売の申立てを取り下げたときは、時効中断の効力は、差押えが権利者の請求により取り消されたときに準じて、初めから生じなかったことになる。（最判平11・9・9判時一六八九・七四）→6

二 時効の完成猶予・更新［平成二九法四四による改正前の時効の中断］の効力の範囲

6 ★根抵当権の極度額を超える金額の被担保債権を請求債権とする根抵当権が実行された場合、被担保債権の時効中断の効力は、極度額の範囲にとどまらず、請求債権として表示された被担保債権の全部について生じる。（最判平11・9・9前出5）

（仮差押え等による時効の完成猶予）

第一四九条 次に掲げる事由がある場合には、その事由が終了した時から六箇月を経過するまでの間は、時効は、完成しない。

一 仮差押え

二 仮処分

（裁判上の請求）

第一四九条 裁判上の請求は、訴えの却下又は取下げの場合には、時効の中断の効力を生じない。［改正後の第一四七条第一項第一号に対応］

参［時効の完成猶予→一五〇、一五一、一五三②、一五八―一六一　［二］民保二〇　［三］民保二三

一　**時効の完成猶予〔平成二九法四四による改正前の時効の中断〕の効力の存続**

①　★仮差押えによる時効中断の効力は、仮差押えの執行保全の効力が存続する間は継続し、被保全債権につき本案の勝訴判決が確定したとしても、仮差押えによる時効中断の効力がこれに吸収されて消滅するものではない。（最判平10・11・24民集五二・八・一七三七、執保百選[三版]九五）

二　**時効の完成猶予〔平成二九法四四による改正前の時効の中断〕の効力の範囲**

②　★事前求償権を被保全債権とする仮差押えは、事後求償権の消滅時効をも中断する効力を有する。（最判平27・2・17民集六九・一・一、重判平27民五）

第一五〇条（催告による時効の完成猶予）①　催告があったときは、その時から六箇月を経過するまでの間は、時効は、完成しない。

②　催告によって時効の完成が猶予されている間にされた再度の催告は、前項の規定による時効の完成猶予の効力を有しない。

（支払督促）
第一五〇条　支払督促は、債権者が民事訴訟法第三百九十二条に規定する期間内に仮執行の宣言の申立てをしないことによりその効力を失うときは、時効の中断の効力を生じない。〔改正後の第一四七条第一項第二号に対応〕

【時効の完成猶予→一四九、一五一・一五三②、一五八―一六一】

一　**手形債権の催告における手形呈示の要否**

①　★時効中断のための催告については、手形の呈示を伴う請求であることを必要としない。（最大判昭38・1・30民集一七・一・九九、手形小切手百選[七版]七六）→手三八条⑫

二　**平成二九法四四による改正前の民法一五三条所定の六箇月の期間の進行**

②　★債務者が請求権の存否につき調査のため猶予を求めた場合には、その者の何らかの回答がなされるまで民法一五三条〔平成二九法四四による改正前〕所定の六箇月の期間は進行せず、回答前になされた訴えの提起によって時効中断の効力を生ずる。（最判昭43・2・9民集二二・二・一二二）

三　**国の債権への準用**

③　★徴収機関が国税の未納税額につき督促手続によらず、納付を催告したときは、民法一五三条〔平成二九法四四による改正前〕の準用により国税徴収権の消滅時効は中断される。（最判昭43・6・27民集二二・六・一三七九、租税百選[七版]一〇）→行総◘【Ⅰ】67

④　★国が私法上の債権（自動車損害賠償保障法七二条により被害者の加害者に対する権利を代位取得した場合）についてした納入の告知には、会計法三二条の適用により、確定的な時効中断の効力を有する。（最判昭53・3・17民集三二・二・二四〇）

第一五一条（協議を行う旨の合意による時効の完成猶予）①　権利についての協議を行う旨の合意が書面でされたときは、次に掲げる時のいずれか早い時までの間は、時効は、完成しない。

一　その合意があった時から一年を経過した時

二　その合意において当事者が協議を行う期間（一年に満たないものに限る。）を定めたときは、その期間を経過した時

三　当事者の一方から相手方に対して協議の続行を拒絶する旨の通知が書面でされたときは、その通知の時から六箇月を経過した時

②　前項の規定により時効の完成が猶予されている間にされた再度の同項の合意は、同項の規定による時効の完成猶予の効力を有する。ただし、その効力は、時効の完成が猶予されなかったとすれば時効が完成すべき時から通じて五年を超えることができない。

③　催告によって時効の完成が猶予されている間にされた第一項の合意は、同項の規定による時効の完成猶予の効力を有しない。同項の規定により時効の完成が猶予されている間にされた催告についても、同様とする。

④　第一項の合意がその内容を記録した電磁的記録（電子的方式、磁気的方式その他人の知覚によっては認識することができない方式で作られる記録であって、電子計算機による情報処理の用に供されるものをいう。以下同じ。）によってされたときは、その合意は、書面によってされたものとみなして、前三項の規定を適用する。

⑤　前項の規定は、第一項第三号の通知について準用する。

（和解及び調停の申立て）
第一五一条　和解の申立て又は民事調停法（昭和二十六年法律第二百二十二号）若しくは家事事件手続法（平成二十三年法律第五十二号）による調停の申立ては、相手方が出頭せず、又は和解若しくは調停が調わないときは、一箇月以内に訴えを提起しなければ、時効の中断の効力を生じない。〔改正後の第一四七条第一項第三号に対応〕

【時効の完成猶予→一四九、一五〇・一五三②、一五八―一六一　❸一五〇】

第一五二条（承認による時効の更新）①　時効は、権利の承認があったときは、その時から新たにその進行を始める。

②　前項の承認をするには、相手方の権利についての処分につき行為能力の制限を受けていないこと又は権限があることを要しない。

（破産手続参加等）
第一五二条　破産手続参加、再生手続参加又は更生手続参加は、債権者がその届出を取り下げ、又はその届出が却下されたときは、時効の中断の効力を生じない。〔改正後の第一四七条第一項第四号に対応〕

❶一六六③、一六八②

一　**債務を承認したとされた例**

①　★債務の一部弁済は債務の承認を表白するものである。（大判大8・12・26民録二五・二四二九）

②　★債務の一部弁済のために債務者によって振り出された小切手が支払人によって支払われた場合には、その支払は債務の承認に当たる。（最判昭36・8・31民集一五・七・二

民法

〇二七）

[3] ★訴訟上相殺の主張がされ、受働債権につき時効中断事由としての承認が存すると認められる場合には、その相殺の主張が撤回されても、既に生じた承認の効力は失われない。（最判昭35・12・23民集一四・一四・三一六六、民訴百選[初版]七〇）

[4] ★保証人が主たる債務を相続したことを知りながら保証債務の弁済をした場合、当該弁済は、特段の事情のない限り、主債務者による承認として主たる債務の消滅時効を中断する効力を有する。（最判平25・9・13民集六七・六・一三五六、重判平25民三）

[5] ★同一の当事者間に数個の金銭消費貸借契約に基づく各元本債務が存在する場合に、借主が弁済を充当すべき債務を指定することなく全債務を完済するのに足りない額の弁済をしたときは、当該弁済は、特段の事情のない限り、各元本債務の承認として消滅時効を中断する効力を有する。（最判令2・12・15民集七四・九・二二五九、重判令3民一）

二　債務を承認したとされなかった例

[6] ★被担保債権の存在を物上保証人が債権者に対して承認することは、民法一四七条三号［平成二九法四四による改正前］の承認に当たらない。（最判昭62・9・3判時一三一六・九一）

三　相手方の権利についての処分の能力又は権限

[7] 準禁治産者は管理の能力・権限を有するから、その単独でした承認は、時効中断の効力を有する。［平成一一法一四九による改正前の事案］（大判大7・10・9民録二四・一八八六）→一三条[3]

[8] ★未成年者の承認は取り消すことができる。（大判昭13・2・4民集一七・八七）

（時効の完成猶予又は更新の効力が及ぶ者の範囲）

第一五三条① 第百四十七条又は第百四十八条の規定による時効の完成猶予又は更新は、完成猶予又は更新の事由が生じた当事者及びその承継人の間においてのみ、その効力を有する。

② 第百四十九条から第百五十一条までの規定による時効の完成猶予の事由が生じた当事者及びその承継人の間においてのみ、その効力を有する。

③ 前条の規定による時効の更新は、更新の事由が生じた当事者及びその承継人の間においてのみ、その効力を有する。

（催告）

第一五三条 催告は、六箇月以内に、裁判上の請求、支払督促の申立て、和解の申立て、民事調停法若しくは家事事件手続法による調停の申立て、破産手続参加、再生手続参加、更生手続参加、差押え、仮差押え又は仮処分をしなければ、時効の中断の効力を生じない。［改正後の第一五〇条に対応］

参一四七—一五二【本条の例外】→二八四②・二九二・四五七①【本条の特則】→手七一・七七①四、小五二

一　本条［平成二九法四四による改正前の一四八条］の適用例

[1] ★連帯保証人の債務を担保する物上保証人に対する競売申立ては、主たる債務の時効を中断しない。（最判平8・9・27民集五〇・八・二三九五、重判平8民二）→一五四条[5]

二　本条［平成二九法四四による改正前の一四八条］の例外

[2] ★代理人のした商行為につき、本人の相手方に対する訴訟において、相手方が商法五〇四条ただし書により債権者として代理人を選択したときの、本人の訴訟提起は、代理人の債権につき催告に準じた時効中断の効力を及ぼす。（最判昭48・10・30民集二七・九・一二五八、商法百選三一）→商五〇四条[3]

[3] ★物上保証人が、債務者の承認により生じた時効中断の効力を否定することは許されない。（最判平7・3・10判時一五二五・五九）

第一五四条 第百四十八条第一項各号又は第百四十九条各号に掲げる事由に係る手続は、時効の利益を受ける者に対してしないときは、その者に通知をした後でなければ、第百四十八条又は第百四十九条の規定による時効の完成猶予又は更新の効力を生じない。

民法

（差押え、仮差押え及び仮処分）

第一五四条 差押え、仮差押え及び仮処分は、権利者の請求により又は法律の規定に従わないことにより取り消されたときは、時効の中断の効力を生じない。［改正後の第一四八条、第一四九条に対応］

一　債務者に対する通知（平成二九法四四による改正前の民法一五五条に関する判断）

[1] ★債権執行における差押えにおいて、請求債権の消滅時効の中断の効力が生ずるためには、その債務者が当該差押えを了知し得る状態に置かれることを要しない。（最判令元・9・19民集七三・四・四三八、重判令元民二）→一四八条[2]

二　時効の利益を受ける者以外の者に対する抵当権の実行とその通知（平成二九法四四による改正前の民法一五五条に関する判断）

1　時効の完成猶予・更新［平成二九法四四による改正前の時効の中断］の効力が認められた債務者に対する通知の例

[2] ★物上保証人に対する債権者の競売申立てにより、競売開始決定がされ、債務者にその決定正本が送達された場合には、債務者は、被担保債権の消滅時効の中断の効果を受ける。（最判昭50・11・21民集二九・一〇・一五三七）

[3] ★物上保証人に対する不動産競売の開始決定の債務者への送達が決定の正本を書留郵便に付してされたものであるときは、正本が郵便で発送されたことによってはいまだ時効中断の効力を生ぜず、正本の到達によって初めて債務者に対して時効中断の効果を生ずる。（最判平7・9・5民集四九・八・二七八四）

[4] ★物上保証人に対する不動産競売手続において、債務者の所在が不明であるため、開始決定の債務者への送達が公示送達によりされた場合、民訴法一一三条の類推適用により、同法一一一条所定の掲示を始めた日から二週間を経過した時に、債務者に対し本条の通知がされたものとして、被担保債権について消滅時効の中断の効力を生ずる。（最決平14・10・25民集五六・八・一九四二）

2　債務者に対する通知のない事例

[5] ★連帯保証債務を担保するために抵当権を設定した物上保証人に対して、債権者が競売を申し立て、競売開始決定

正本が連帯保証人に送達されることは、連帯保証債務の消滅時効の中断の効力を有するが、主たる債務の消滅時効の中断事由には該当しない。（最判平8・9・27民集五〇・八・二三九五、重判平8民二）↓一四七条[15]・四五八条[7]

[6] ★債権者が物上保証人に対して申し立てた不動産競売の開始決定正本が主債務者に送達された後に、主債務者から保証の委託を受けていた保証人が、代位弁済をした上で、債権者から物上保証人に対する担保権の移転の付記登記を受け、差押債権者の承継を執行裁判所に申し出た場合は、右承継の申出について主債務者に対して本条の通知がされなくても、右代位弁済によって保証人が主債務者に対して取得する求償権の消滅時効は、右承継の申出の時から右不動産競売の手続の終了に至るまで中断する。（最判平18・11・14民集六〇・九・三四〇二、重判平19民二）

3　時効の完成猶予・更新〔平成二九法四四による改正前の時効の中断〕の効力発生時期

[7] ★物上保証人に対する不動産競売開始決定の正本が債務者に送達された場合に、債務者に対する時効中断の効力はその正本が債務者に送達された時に生ずる。（最判平8・7・12民集五〇・七・一九〇一、重判平8民二）

4　占有者の取得時効との関係

[8] ★抵当権者からの競売申立てに基づき、競売開始決定の登記がされて差押えの効力が生じても、そのことが抵当不動産の占有者（その所有権取得登記を経由していない）に通知されない限り、占有者の取得時効についての中断事由とはならない。（最判昭43・12・24民集二二・一三・三三六六、担保法の判例I三二）↓一六二条[14]

第一五五条から第一五七条まで【差押え、仮差押え及び仮処分、承認、中断後の時効の進行】　削除

第一五五条　差押え、仮差押え及び仮処分は、時効の利益を受ける者に対してしないときは、その者に通知をした後でなければ、時効の中断の効力を生じない。［改正後の**第一五四条**に対応］

（承認）
第一五六条　時効の中断の効力を生ずべき承認をするには、相手方の権利についての処分につき行為能力又は権限があることを要しない。［改正後の**第一五二条第二項**に対応］

（中断後の時効の進行）
第一五七条①　中断した時効は、その中断の事由が終了した時から、新たにその進行を始める。

②　裁判上の請求によって中断した時効は、裁判が確定した時から、新たにその進行を始める。

［改正後の**第一四七条第二項**、**第一四八条第二項**、**第一五二条第一項**に対応］

（未成年者又は成年被後見人と時効の完成猶予）
第一五八条①　時効の期間の満了前六箇月以内の間に未成年者又は成年被後見人に法定代理人がないときは、その未成年者若しくは成年被後見人が行為能力者となった時又は法定代理人が就職した時から六箇月を経過するまでの間は、その未成年者又は成年被後見人に対して、時効は、完成しない。

②　未成年者又は成年被後見人がその財産を管理する父、母又は後見人に対して権利を有するときは、その未成年者若しくは成年被後見人が行為能力者となった時又は後任の法定代理人が就職した時から六箇月を経過するまでの間は、その権利について、時効は、完成しない。

（未成年者又は成年被後見人と時効の停止）
第一五八条①②　（略）

---

§+【時効の完成猶予↓一四九—一五一・一五九—一六一【未成年者↓四【成年被後見人↓七・八　❶【法定代理人↓八一八・八一九・八三九—八四一・八四三　❷【未成年者又は成年被後見人の財産管理者↓八二四・八一八・八一九・八三四—八三七・八五九・八三九—八四一・八四三—八四六

[7] **類推適用を認めた事例**
★時効期間の満了前六箇月以内の間に精神上の障害により事理を弁識する能力を欠く常況にある者に法定代理人がいない場合において、時効期間の満了前の申立てに基づき後見開始の審判がされたときは、本条一項が類推適用される。（最判平26・3・14民集六八・三・二二九、重判平26民二）

（夫婦間の権利の時効の完成猶予）
第一五九条　夫婦の一方が他の一方に対して有する権利については、婚姻の解消の時から六箇月を経過するまでの間は、時効は、完成しない。

（夫婦間の権利の時効の停止）
第一五九条　（略）

---

§+【時効の完成猶予↓一四九—一五一・一五八・一六〇・一六一【夫婦間の権利の例↓七五五—七六二【夫婦間の契約取消権↓七五四【婚姻解消↓七六四・七七〇・七五一①・三一・七四三

（相続財産に関する時効の完成猶予）
第一六〇条　相続財産に関しては、相続人が確定した時、管理人が選任された時又は破産手続開始の決定があった時から六箇月を経過するまでの間は、時効は、完成しない。

（相続財産に関する時効の停止）
第一六〇条　（略）

---

§+【時効の完成猶予↓一四九—一五一・一五八・一五九・一六一【相続人の確定↓九一五・九二〇・九二二【管理人の選任↓九四三②・九五〇②【破産手続開始↓破二二三・二二四

本条の適用—管理人が選任される前に時効に必要な占有期間が経過した場合
[7] ★相続人の確定又は管理人の選任がない限り、相続財産に属する権利及び相続財産に対する権利について時効完成はあり得ない。（最判昭35・9・2民集一四・一一・二〇九四）↓一六二条[15]

（天災等による時効の完成猶予）
第一六一条　時効の期間の満了の時に当たり、天災その他避けることのできない事変のため第百四十七条第一項各号又は第百四十八条第一項各号に掲げる事由に係る手続を行うことができないときは、その障害が消滅した時から三箇月を経過するまでの間は、時効は、完成しない。

（天災等による時効の停止）
第一六一条　時効の期間の満了の時に当たり、天災その他避

けることのできない事変のため時効を中断することができないときは、その障害が消滅した時から二週間を経過するまでの間は、時効は、完成しない。

【時効の完成猶予↓一四九－一五一・一五八－一六〇

第二節　取得時効

（所有権の取得時効）

第一六二条① 二十年間、所有の意思をもって、平穏に、かつ、公然と他人の物を占有した者は、その所有権を取得する。

② 十年間、所有の意思をもって、平穏に、かつ、公然と他人の物を占有した者は、その占有の開始の時に、善意であり、かつ、過失がなかったときは、その所有権を取得する。

↓一六三・一六四・一六六③【占有↓一八〇・一八一【所有の意思↓一八五・一八六【平穏・公然・善意・継続の推定↓一八六【他人の物↓八六【時効取得の効果↓二八九・三九七【動産の即時取得↓一九二

一　所有の意思

1　所有の意思の有無の判断基準

[1] 占有における所有の意思の有無は、占有取得の原因たる事実によって外形的・客観的に定められるべきものである。（最判昭45・6・18判時六〇〇・八三）

[2] 外形的・客観的にみて占有者が他人の所有権を排斥して占有する意思を有していなかったものと解される事情が証明されるときは、占有者の内心の意思いかんを問わず、所有の意思は否定される。（最判昭58・3・24民集三七・二・一三一、重判昭58民二）↓一八六条[1]

2　所有の意思を有し得る年齢

[3] 一五歳ぐらいの者は、その年齢からみて、所有の意思をもって占有をすることができる。（最判昭41・10・7民集二〇・八・一六一五、重判昭41・42民四）

3　所有の意思があるとされた例

イ　交換契約

[4] 土地の交換契約に基づきその引渡しを受けた者が、交換契約によって土地の所有権を取得し得なかったとき（最判昭45・10・29判時六一二・五二）

ロ　許可のない農地の売買

[5] 農地を農地以外のものにするために買い受けた者は、農地法五条所定の許可を得るための手続が執られなかったとしても、特段の事情のない限り、代金を支払い農地の引渡しを受けた時に、所有の意思をもって農地の占有を始めたものと解される。（最判平13・10・26民集五五・六・一〇〇一、重判平13民四）↓一八五条[2]

ハ　無権代理人からの買受け↓一八五条[1]

ニ　他人の物の売買

[6] 他人の物の売買において、買主が直ちにその所有権を取得するものでないことを知っていたとき（右の事実は占有の始めの悪意であることを意味するにすぎない）（最判昭56・1・27判時一〇〇〇・八三）

ホ　解除条件付売買

[7] 解除条件付売買における買主の占有は、本条にいう所有の意思をもってする占有であるというを妨げず、現に解除条件が成就して売買契約が失効しても、占有が所有の意思をもってする占有でなくなるものではない。（最判昭60・3・28判時一一六八・五六、重判昭60民二）↓一八六条[2]

ヘ　相続

[8] 共同相続人の一人が、単独に相続したものと信じていたこと等の事情のある場合には、その相続の時から自主占有を取得したものと解される。（最判昭47・9・8民集二六・七・一三四八、民百選I[初版]六七）↓一八五条[3]

4　所有の意思がないとされた例―賃借人

[9] 土地賃借人として占有を継続してきた者（大判昭13・7・7民集一七・一三六〇）

[10] 土地賃借人の相続人が、過去に賃料を支払ったことがあり、また、所有者に土地の売却方を申し入れて拒絶され、右売却申入れの時点までは、所有の意思をもって土地を占有していたとはいえない。（最判昭43・12・17判時五四四・三六）

5　所有権を取得した者も時効取得し得る

[11] 本条の占有者には、権利なくして占有をした者のほか、所有権に基づいて占有をした者を含む。（最判昭42・7・21民集二一・六・一六四三、民百選I[八版]四五……不動産の競落人に対し、贈与を受けたと信じて占有してきた者が取得時効を援用した例）

[12] 不動産の買主が売主から不動産の引渡しを受けて、所有の意思をもって占有を取得し、本条所定の期間を占有したときには、買主は売主に対する関係でも、時効による所有権の取得を主張することができる。（最判昭44・12・18民集二三・一二・二四六七）

二　平穏の占有

[13] 占有者がその占有を取得し、又は、保持するについて、暴行・強迫など違法・強暴の行為を用いていない占有をいう（不動産所有者から不動産の返還、占有者名義の所有権移転登記の抹消手続の請求を受けた事実があっても差し支えない）。（最判昭41・4・15民集二〇・四・六七六）

三　善意・無過失

1　善意・無過失の意義

[14] 占有者の善意・無過失とは、自己に所有権があるものと信じ、かつ、そのように信じるにつき過失がないことをいい、物件に対し抵当権が設定されていること、さらには、その設定登記も経由されていることを知り、又は、不注意により知らなかった場合でもよい。（最判昭43・12・24民集二二・一三・三三六六、担保法の判例I三一）↓一五四条[8]・三九七条[2]

2　善意・無過失であるとされた例

[15] 空襲により一家全滅した本家の再興のため、親族の協議により相続人に選ばれ、本家の家業を継ぎ、相続財産に属する土地を占有してきた者（最判昭35・9・2民集一四・一一・二〇九四）↓一六〇条[1]

[16] 買収農地の売渡しを受けてこれを耕作している者（当該売渡処分が当然無効である場合においても、特段の事情のない限りその占有の始め善意・無過失であったと認められる）（最判昭42・3・31民集二一・二・五一六）

3　善意・無過失でないとされた例

[17] 登記簿に基づいて実地に調査すれば、真実の境界線を容易に知り得たのに、それをせずに、他人の土地が相続した土地に含まれると信じた相続人（最判昭43・3・1民集二二・三・四九一）

[18] 土地の払下げを受けるに当たってその土地の境界を隣地所有者や公図等について確認する等の調査をしないで隣地の一部がその土地に含まれると信じたとき（最判昭50・4・22民集二九・四・四三三）

[19] 農地を譲り受けた際に、知事の許可がないのに当該農地

の所有権を取得したと信じたとき（最判昭59・5・25民集三八・七・七六四）

4 善意・無過失の判定時期↓一八七条[7]

5 善意・無過失の立証責任

[20] 取得時効を主張する者が、その不動産を自己の所有と信じたことにつき無過失であったことの立証責任を負う。（最判昭46・11・11判時六五四・五二）↓一八六条[4]

四 占有の対象となる土地

1 交換分合の場合

[21] 土地改良法に基づく農用地の交換分合の前後を通じ、取得すべき土地と失うべき土地との両土地について自主占有が継続しているときは、取得時効の成否に関しては両土地の占有期間を通算することができる。（最判昭54・9・7民集三三・五・六四〇、重判昭54民一）

2 仮換地の場合

[22] 土地区画整理法による仮換地の指定がなされた後に当該仮換地を従前の土地所有の意思をもって占有し始めた者は、換地処分が施行され、公告がなされるまでに本条所定の要件を満たしたときは、時効によって従前の土地の所有権を取得する。（最判昭45・12・18民集二四・一三・二一一八……一筆の土地の一部分についても同様であるとしている）

[23] 特別都市計画法［現・土地区画整理法に相当］による換地予定地の指定の通知がなされた後には、従前の土地を占有しても換地予定地を占有するのでなければ従前の土地の所有権等を時効によって取得することはできない。（最判昭46・11・26民集二五・八・一三六五）

五 取得時効の目的物

1 一筆の土地の一部↓八六条[5]

2 公共用財産

[24] 公共用財産が、長年の間事実上公の目的に供用されることなく放置され、公共用財産としての形態・機能を全く喪失し、その物の上に他人の平穏かつ公然の占有が継続したが、そのため実際上公の目的が害されるようなこともなく、もはやその物を公共用財産として維持すべき理由がなくなった場合には、右公共用財産については、黙示的に公用が廃止されたものとして、これについて取得時効の成立を妨げない。（最判昭51・12・24民集三〇・一一・一一〇四、行政百選Ⅰ[七版]三二……公図上水路として表示されていた国有地が古くから水田、畦畔［けいはん］に作り変えられ、占有されていた例。公用廃止後でなければ取得時効の目的とならないとした大判大10・2・1民録二七・一六〇を変更）↓行総◘【Ⅰ】[70]

[25] 竣功［しゅんこう］未認可埋立地につき前出[24]と同旨（最判平17・12・16民集五九・一〇・二九三一、重判平17民二）↓八六条[3]

[26] 旧都市計画法に基づき、建設大臣が都市計画上公園と決定した土地が外見上公園の形態を具備せず、公共用財産としての使命を果たしていない場合には、取得時効の成立を妨げない。（最判昭44・5・22民集二三・六・九九三、行政百選[二版]二二）

3 立木

[27] 他人の所有地に無権原で自己所有の樹木を植え付けた者が植付けの時から所有の意思をもって平穏かつ公然とその立木を二〇年間占有したときは、その立木の所有権を時効により取得する。（最判昭38・12・13民集一七・一二・一六九六）

六 共有権の時効取得

[28] 村落の住民全員ないしは村落としての団体的占有によって個人的色彩の強い民法上の共有権が時効取得されるとは認められない。（最判昭41・11・25民集二〇・九・一九二一、民百選Ⅰ[初版]七七）↓◘【入会権】［二九四条の後］[4]

七 時効の起算点

1 二重譲渡における第一の買主

[29] 〈不動産の二重譲渡の場合に〉第一の買主が所有権移転登記を経由した場合において、第二の買主がその買受け後不動産の占有を取得し、その時から本条所定の時効期間を経過したときは、当該不動産を時効取得できる。（最判昭46・11・5民集二五・八・一〇八七、民百選Ⅰ[八版]五七）

2 時効取得者による選択の可否

[30] 取得時効完成の時期は、必ず時効の基礎たる事実の開始した時期を起算点として決定すべきものであって、取得時効を援用する者が任意にその起算点を選択し、時効完成の時期を早めたり遅らせたりすることはできない。（最判昭35・7・27民集一四・一〇・一八七一、不動産百選[二版]二六）↓一七七条[15]

3 取得時効の援用による登記の後にされた再度の援用

[31] 取得時効の援用により占有開始時に遡って不動産を原始取得し、その登記を有する者は、右援用により確定的に所有権を取得したのだから、起算点を後の時点にずらせて、再度、取得時効の完成を主張し、これを援用することはできない。（最判平15・10・31判時一八四六・七……取得時効の援用により不動産の所有権を取得してその旨の登記を有する者が、当該取得時効の完成後、その登記の前に設定された抵当権に対抗するために、抵当権設定登記時を起算点とする再度の取得時効を援用することはできないとした）↓一七七条[14]・三九七条[3]

八 時効と登記↓一七七条[9]～[15][36]

九 遺留分減殺請求との関係↓一〇四六条[14]

（所有権以外の財産権の取得時効）

第一六三条　所有権以外の財産権を、自己のためにする意思をもって、平穏に、かつ、公然と行使する者は、前条の区別に従い二十年又は十年を経過した後、その権利を取得する。

⊛⁺一六五【財産権の行使↓二〇五【自己のためにする意思↓二〇五．一八五．一八六【平穏・公然・善意・継続の推定↓二〇五．一八六【地役権の時効取得↓二八三．二八四

土地賃借権の時効取得

1 一般論

[1] 土地の継続的な用益という外形的事実が存在し、かつ、それが賃借の意思に基づくことが客観的に表現されているときは、本条に従い土地賃借権の時効取得が可能である。（最判昭43・10・8民集二二・一〇・二一四五、重判昭43民二）

2 具体例

イ 賃借権の時効取得を認めた例

[2] 管理人と称する無権原者から賃借した者がその者に賃料を支払ってきた場合（最判昭52・9・29判時八六六・一二七）

[3] 他人の土地の所有者と称する者から、建物を買い受けるとともにその敷地を賃借した者が、賃料を支払ってきた場合（最判昭62・6・5判時一二六〇・七、民百選Ⅰ[八版]四七）

④ 農地の賃借権（農地法三条の規定の適用はない）（最判平16・7・13判時一八七一・七六）→一六二条⑤・一八五条②

ロ 賃借権の時効取得を認め得るとした例

⑤ 転借人が賃貸人の承諾を得たものと誤信していた場合（転借権の時効取得）（最判昭44・7・8民集二三・八・一三七四）

⑥ 無効な賃貸借に基づいて土地の占有が開始した場合（最判昭45・12・15民集二四・一三・二〇五一）

ハ 賃借権の時効取得が認められなかった例

⑦ 建物とその敷地の賃借権の譲渡の承諾を拒絶され、前賃借人の賃料を支払わず、賃借権を譲り受けた者が、賃料不払を理由に賃貸借契約が解除済みであるとして明渡しを求められた後初めて賃料の弁済供託を開始したなどの事情のある場合（最判昭53・12・14民集三二・九・一六五八）

ニ 賃借権の時効取得を対抗できないとした例

⑧ 土地の賃借権を有する者がその対抗要件を具備しない間に同土地に抵当権設定登記がされた場合、同人は、登記後に賃借権の時効取得に必要な期間同土地を用益しても、公売又は競売による買受人に賃借権の時効取得を対抗できない。（最判平23・1・21判時二一〇五・九、民百選Ⅰ［八版］四八）

（占有の中止等による取得時効の中断）

第一六四条 第百六十二条の規定による時効は、占有者が任意にその占有を中止し、又は他人によってその占有を奪われたときは、中断する。

参考【占有権の消滅↓二〇三【占有の侵奪↓二〇〇、二〇一③

第一六五条 前条の規定は、第百六十三条の場合について準用する。

第三節 消滅時効

（債権等の消滅時効）

第一六六条① 債権は、次に掲げる場合には、時効によって消滅する。

一 債権者が権利を行使することができることを知った時から五年間行使しないとき。

二 権利を行使することができる時から十年間行使しないとき。

② 債権又は所有権以外の財産権は、権利を行使することができる時から二十年間行使しないときは、時効によって消滅する。

③ 前二項の規定は、始期付権利又は停止条件付権利の目的物を占有する第三者のために、その占有の開始の時から取得時効が進行することを妨げない。ただし、権利者は、その時効を更新するため、いつでも占有者の承認を求めることができる。

（消滅時効の進行等）

第一六六条① 消滅時効は、権利を行使することができる時から進行する。

（第二項は新設）

② 前項の規定は、始期付権利又は停止条件付権利の目的物を占有する第三者のために、その占有の開始の時から取得時効が進行することを妨げない。ただし、権利者は、その時効を中断するため、いつでも占有者の承認を求めることができる。（改正後の③）

参考【権利を行使することができる時↓一二七①、一三五①、一三七【時効の起算日と時効の効力↓一四四【地役権の消滅時効の起算点↓二九一【留置権・質権の行使と債権の消滅時効の進行↓三〇〇、三五〇 ❶【本項の特則↓一二六、八三二 ［一］【本号の特則↓一六八①［一］、七二四［一］、七二四の二、八八四前段、一〇四八前段、不正競争一五［一］ ［二］【本号の特則↓一六七、一六八①［二］、七二四［二］、八八四後段、一〇四八後段、不正競争一五［二］、自治二三六①、労基一一五、一四三③、手七〇、七七①［四］、小五一 ❷【本項の特則↓三九六 ❸【承認による時効の更新↓一五二

一 本条一項［平成二九法四四による改正前］にいう「権利を行使することができる時」の意義

1 再売買の予約完結権

① ★特にその行使につき始期を定め又は停止条件を付したのでない限り、その予約完結権の成立した時（最判昭33・11・6民集一二・一五・三二八四）

2 農地売買における許可申請協力請求権

② ★農地の売買契約における、買主の売主に対する知事の許可の申請手続に協力を求める権利――売買契約成立の日（最判昭50・4・11民集二九・四・四一七）→[28]

③ ★他人の農地の売買の場合における買主の売主に対する許可申請協力請求権――売主が他人から当該農地の所有権を取得した時（最判昭55・2・29民集三四・二・一九七、不動産百選［三版］九九）

3 債務不履行に基づく損害賠償請求権

④ ★本来の債務の履行を請求し得る時（最判平10・4・24判時一六六一・六六）……農地の売買において、売主が第三者に目的土地を売却し、移転登記をしたことによって、買主への所有権移転義務が履行不能になった場合に、これによって生じた損害賠償請求権の消滅時効は所有権移転許可申請義務の履行を請求し得る時、すなわち売買契約締結時から進行するとした例

4 契約解除に基づく原状回復義務

⑤ ★契約解除による原状回復義務――解除時（大判大7・4・13民録二四・六六九）

⑥ ★契約解除に基づく原状回復義務の履行不能による損害賠償請求権――解除時（最判昭35・11・1民集一四・一三・二七八一、総則・商行為百選［初版］六四）

5 瑕疵〔かし〕担保［平成二九法四四による改正前の民法五七〇条］による損害賠償請求権

⑦ ★買主が目的物の引渡しを受けた時（最判平13・11・27民集五五・六・一三一一、民百選Ⅱ［八版］五三）→[27]・五六六条①

6 契約解除権

⑧ ★土地賃貸借契約において、一回でも地代の不払があったときは催告を要せず直ちに契約を解除し得る旨の特約があったとしても、長期間の地代支払債務の不履行を一括して、これに対し解除権を行使している場合――最終支払期日が経過した時（最判昭56・6・16民集三五・四・七六三）→[30]

⑨ ★無断転貸を理由とする賃貸借契約の解除権――転貸借契約に基づき、その土地の使用収益を開始した時（最判昭62・10・8民集四一・七・一四四五、重判昭62民三）→[31]

7 供託物取戻請求権→[25]・四九六条②③

8 安全配慮義務違反による損害賠償請求

⑩ ★雇用者の安全配慮義務違反によりじん肺にかかったことを理由とする損害賠償請求権の消滅時効は、症状に関する最終の行政上の決定を受けた時から進行する。（最判平

6・2・22民集四八・二・四四一、民百選I八版四四）↓四
一五条[30]、労契五条[9]
[11] ★雇用者の安全配慮義務違反によりかかったじん肺に
よって死亡したことを理由とする損害賠償請求権の消滅時
効は、死亡の時から進行する。（最判平16・4・27判時一八
六〇・一五二……行政上の決定を受けていたとしても、その
後死亡した場合、その損害は質的に異なるから）↓労契五条
[10]

9 保証人の事後求償権↓四五九条[7]

10 訴えの提起に保佐人の同意の得られない場合

[12] ★準禁治産者が訴えを提起するにつき保佐人の同意を得
られない場合――準禁治産者の有する損害賠償債権の消
滅時効の進行は妨げられない。〔平成一一法一四九による改
正前の事案〕（最判昭49・12・20民集二八・一〇・二〇七二）
↓一三条[4]

11 債務について支払猶予の特約のある場合

[13] ★約束手形の所持人と裏書人との間において手形上の債
務につき支払猶予の特約がなされた場合の所持人の裏書人
に対する手形上の請求権の消滅時効――右猶予期間が満
了した時から進行する。（最判昭55・5・30民集三四・三・
五二一、手形小切手百選七版七五）↓手七〇条[7]

12 期限の利益喪失条項のある場合

[14] ★割賦金弁済契約において、割賦払の約定に違反したと
きは債務者は債権者の請求により償還期限にかかわらず直
ちに残債務全額を弁済すべき旨の約定が存する場合には、
一回の不履行があっても、各割賦金額につき約定弁済期の
到来ごとに順次消滅時効が進行し、債権者が特に残債務全
額の弁済を求める旨の意思表示をした場合に限り、その時
から全額について消滅時効が進行する。（最判昭42・6・23
民集二一・六・一四九二、民百選I三版四八）

13 自動継続定期預金

[15] ★いわゆる自動継続特約付きの定期預金契約における預
金払戻請求権の消滅時効は、預金者による解約の申入れが
されたことなどにより、それ以降自動継続の取扱いがされ
ることのなくなった満期日が到来した時から進行する。
（最判平19・4・24民集六一・三・一〇七三、重判平19民二）

14 預託会員制ゴルフクラブの施設利用権

[16] ★ゴルフ場経営会社が会員に対して除名等を理由にその
資格を否定して施設の利用を拒絶し、あるいはゴルフ場を
閉鎖して会員による利用を不可能な状態にした時（最判平
7・9・5民集四九・八・二七三三、重判平7民二）

15 自動車損害賠償保障法七二条一項前段〔現同項一号〕による請求権（自動車の保有者が明らかでない場合における被害者の政府に対する請求権）

[17] ★ある者が加害自動車の保有者であるか否かをめぐっ
て、右の者と被害者との間で自賠法三条の損害賠償請求権
の存否が争われている場合においては、右損害賠償請求権
が存在しないことが確定した時（最判平8・3・5民集五
〇・三・三八三、交通事故百選五版八九）

16 死亡保険金請求権

[18] ★被保険者の死亡の日の翌日を死亡保険金請求権の消滅
時効の起算点とする生命保険約款の定めがあっても、特段
の事情がある場合は、権利行使が現実に期待することがで
きるようになった時以降に消滅時効が進行する趣旨と解す
べきである。（最判平15・12・11民集五七・一一・二一九六、
保険法百選八八……行方不明になって三年以上経過して遺体
が発見された場合に、遺体発見までの間は消滅時効が進行し
ないとした事例）

17 特許法三五条三項〔平成一七法五五による改正前〕による相当の対価の支払を受ける権利

[19] ★勤務規則等に対価の支払時期に関する条項がある場合
には、その支払時期（最判平15・4・22民集五七・四・四七
七、特許百選五版九八）↓特許三五条[3]

18 過払金返還請求権

[20] ★利息制限法所定の制限を超える利息の弁済により発生
した過払金をその後に発生する新たな借入金債務に充当す
る旨の合意を含む基本契約に基づく継続的な金銭消費貸借
取引においては、同取引により発生した過払金返還請求権
の消滅時効は、特段の事情がない限り、同取引が終了した
時点から進行する。（最判平21・1・22民集六三・一・二四
七、重判平21民三）↓利息一条[13]

19 受信料債権

[21] ★日本放送協会の有する受信料債権は、受信契約の成立
前には行使できないので、受信設備設置後契約成立前の分
の受信料債権の消滅時効は、受信契約成立時から進行す
る。（最大判平29・12・6民集七一・一〇・一八一七、消費百
選二版一二）↓四一四条[5]・五二二条[7]、憲一三条[51]・二一
条[45]・二九条[19]、民執一七七条[2]

二 消滅時効の進行を観念し得ない場合

[22] ★破産免責決定の効力を受ける債権は、債権者において
訴えをもって履行を請求し、その強制的実現を図ることが
できなくなり、右債権については、もはや本条一項〔平成
二九法四四による改正前〕に定める「権利を行使するこ
とができる時」を起算点とする消滅時効の進行を観念するこ
とができない。（最判平11・11・9民集五三・八・一四〇三、
倒産百選六版A20）
[23] ★破産終結決定がされて会社の法人格が消滅した場合、
会社の負担していた債務も消滅すると解すべきであり、も
はや存在しない債務について時効消滅を観念する余地はな
いから、その会社を主債務者とする保証人は、主債務につ
いての消滅時効が会社の法人格の消滅後に完成したことを
主張して時効の援用をすることはできない。（最判平15・
3・14民集五七・三・二八六、重判平15民三）

三 「債権」に当たるとされた例（平成二九法四四による改正前の民法一六七条一項に関する判断）

1 国に関する債権

[24] ★国の国家公務員に対する安全配慮義務違反に基づく損
害賠償請求権――会計法三〇条ではなく民法一六七条一
項〔平成二九法四四による改正前〕による。（最判昭50・2・
25民集二九・二・一四三、民百選II八版二）↓四一五条[3]、
行総◘【I】[66]
[25] ★供託金の取戻請求権（最大判昭45・7・15民集二四・
七・七七一、重判昭45民二……会計法三〇条所定の五年では
ないとした例）↓四九六条[2]
[26] ★国の普通財産売払代金債権（私法上の金銭債権であっ
て公法上の金銭債権でないから）（最判昭41・11・1民集二
〇・九・一六六五、行政百選I初版三二）

2 売買に関する債権

[27] 瑕疵担保〔平成二九法四四による改正前の民法五七〇条〕
による損害賠償請求権（最判平13・11・27前出[7]）↓五六六
条[7]
[28] ★農地法三条に基づく許可申請協力請求権（最判昭50・
4・11前出[2]）

3 賃貸借に関する債権

[29] ★借地法一〇条による建物買取請求権（最判昭42・7・
20民集二一・六・一六〇一）↓借地借家一四条[6]
[30] ★賃料不払を理由とする賃貸借契約の解除権（最判昭

56・6・16前出⑧）

㉛ ★無断転貸を理由とする賃貸借契約の解除権（最判昭62・10・8前出⑨）

四 「債権」に当たらないとされた例（平成二九法四四による改正前の民法一六七条一項に関する判断）

㉜ ★所有権に基づく物権的請求権（大判大5・6・23民録二二・一一六一……時効消滅しない）↓◆【物権的請求権】〔一七五条の前〕[7]

㉝ ★遺留分権利者が減殺請求により取得した不動産の所有権又は共有持分権に基づく登記手続請求権（最判平7・6・9判時一五三九・六八……時効消滅しない）↓一〇四八条[3]

㉞ ★譲渡担保を設定した債務者のいわゆる受戻権（最判昭57・1・22民集三六・一・九二、重判昭57民三）↓◇【Ⅰ譲渡担保】〔三九八条の二二の後〕㉖

五 「債権又は所有権以外の財産権」―抵当権の消滅時効

㉟ 抵当権は債務者及び設定者との関係では、その担保する債権と同時でなければ時効により消滅することはないが、第三取得者及び後順位抵当権者との関係では、被担保債権と離れて民法一六七条二項〔平成二九法四四による改正前〕により、二〇年の消滅時効にかかる。（大判昭15・11・26民集一九・二一〇〇）↓三九六条[7]

㊱ 抵当権の被担保債権が免責許可の決定の効力を受ける場合には、民法三九六条は適用されず、債務者及び抵当権設定者に対する関係においても、当該抵当権自体が、本条二項〔平成二九法四四による改正前〕所定の二〇年の消滅時効にかかる。（最判平30・2・23民集七二・一・一、重判平30民三）↓三九六条[2]

（人の生命又は身体の侵害による損害賠償請求権の消滅時効）

第一六七条 人の生命又は身体の侵害による損害賠償請求権の消滅時効についての前条第一項第二号の規定の適用については、同号中「十年間」とあるのは、「二十年間」とする。

（債権等の消滅時効）

第一六七条① 債権は、十年間行使しないときは、消滅する。

② 債権又は所有権以外の財産権は、二十年間行使しないときは、消滅する。

〔改正後の第一六六条第一項・第二項に対応〕

⊛+七二四㊂　❶【債権の消滅時効期間の特則の例↓一六八・一六九・七二四・八三二

（定期金債権の消滅時効）

第一六八条① 定期金の債権は、次に掲げる場合には、時効によって消滅する。

一 債権者が定期金の債権から生ずる金銭その他の物の給付を目的とする各債権を行使することができることを知った時から十年間行使しないとき。

二 前号に規定する各債権を行使することができる時から二十年間行使しないとき。

② 定期金の債権者は、時効の更新の証拠を得るため、いつでも、その債務者に対して承認書の交付を求めることができる。

（定期金債権の消滅時効）

第一六八条① 定期金の債権は、第一回の弁済期から二十年間行使しないときは、消滅する。最後の弁済期から十年間行使しないときも、同様とする。

② 定期金の債権者は、時効の中断の証拠を得るため、いつでも、その債務者に対して承認書の交付を求めることができる。

⊛+一六六①　❶【定期金債権の例↓六八九―六九四　❷【承認と時効の更新↓一五二

一 定期金債権の意義

[1] ★定期金債権とは定期ごとに若干ずつの金銭等の給付を受けるべき基本の権利を指し、消費貸借に基づく債権は、たとえ、時期を定めて、数回、数十回弁済することとしても、定期金債権ではない。（大判明40・6・13民録一三・六四三）

二 定期金債権の例

[2] マンション管理組合が組合員である区分所有者に対して有する管理費及び特別修繕費に係る債権（最判平16・4・23民集五八・四・九五九、マンション百選六四）

[3] 日本放送協会の受信料債権（最判平26・9・5判時二二四〇・六〇……一六六条㉑も同旨）

[4] 日本放送協会の受信料債権は定期金債権であるが、将来生ずべき受信料の支払義務についてまで免れ得ることは、放送法の趣旨に反するから、本条一項前段〔平成二九法四四による改正前〕の規定は適用されない。（最判平30・7・17民集七二・三・二九七、重判平30民二）

（判決で確定した権利の消滅時効）

第一六九条① 確定判決又は確定判決と同一の効力を有するものによって確定した権利については、十年より短い時効期間の定めがあるものであっても、その時効期間は、十年とする。

② 前項の規定は、確定の時に弁済期の到来していない債権については、適用しない。

（定期給付債権の短期消滅時効）

第一六九条 年又はこれより短い時期によって定めた金銭その他の物の給付を目的とする債権は、五年間行使しないときは、消滅する。〔対応規定なし〕

⊛+【確定判決↓民訴一一四①・一一五、民執二二㊀【十年より短い時効期間の例↓一六六⊛【確定判決と同一の効力を有するもの↓民訴二六七・二六七⊛・三九六、民執二二㊆

一 本条〔平成二九法四四による改正前の一七四条の二〕の適用があるとされた例

[1] ★債権表に記載され異議なく確定した破産債権である破産会社に対する退職金債権の消滅時効（最判昭44・9・2民集二三・九・一六四一、倒産百選㊂版一一三……平成二九法四四による改正前の民法一七四条一号、労基法一一五条が適用されないとした例）

二 本条〔平成二九法四四による改正前の一七四条の二〕の適用がないとされた例

[2] ★主債務者の破産手続の債権調査期日において債権者の届出債権が異議なく確定した後、保証人がその全額を弁済して届出名義変更の申出をした場合の保証人が取得した求償権の消滅時効（最判平7・3・23民集四九・三・九八四、

倒産百選[三版]五〇）→一四七条[18]、破一〇四条[4]

三　本条〔平成二九法四四による改正前の一七四条の二〕が適用された債権と関連する債権

1　手形の原因債権

[3]　★手形授受の当事者間においては、手形債権が仮執行宣言付支払命令により確定し、その消滅時効期間が一〇年に延長されたときは、原因債権の消滅時効期間もその時から一〇年に変ずる。（最判昭53・1・23民集三二・一・一、手形小切手百選[三版]一〇一）→手◇【手形法総論】〔二編名の後〕[33]・七〇条[4]

2　保証債務

[4]　★本条〔平成二九法四四による改正前の一七四条の二〕によって主たる債務者の債務の短期消滅時効期間が一〇年に延長されたときは、保証人の債務の消滅時効期間も同じく一〇年に変ずる。（最判昭43・10・17判時五四〇・三四）

第一七〇条から第一七四条まで【三年の短期消滅時効、二年の短期消滅時効、一年の短期消滅時効】　削除

（三年の短期消滅時効）

第一七〇条　次に掲げる債権は、三年間行使しないときは、消滅する。ただし、第二号に掲げる債権の時効は、同号の工事が終了した時から起算する。

一　医師、助産師又は薬剤師の診療、助産又は調剤に関する債権

二　工事の設計、施工又は監理を業とする者の工事に関する債権

第一七一条　弁護士又は弁護士法人は事件が終了した時から、公証人はその職務を執行した時から三年を経過したときは、その職務に関して受け取った書類について、その責任を免れる。

（二年の短期消滅時効）

第一七二条①　弁護士、弁護士法人又は公証人の職務に関する債権は、その原因となった事件が終了した時から二年間行使しないときは、消滅する。

②　前項の規定にかかわらず、同項の事件中の各事項が終了した時から五年を経過したときは、同項の期間内であっても、その事項に関する債権は、消滅する。

第一七三条　次に掲げる債権は、二年間行使しないときは、消滅する。

一　生産者、卸売商人又は小売商人が売却した産物又は商品の代価に係る債権

二　自己の技能を用い、注文を受けて、物を製作し又は自己の仕事場で他人のために仕事をすることを業とする者の仕事に関する債権

三　学芸又は技能の教育を行う者が生徒の教育、衣食又は寄宿の代価について有する債権

（一年の短期消滅時効）

第一七四条　次に掲げる債権は、一年間行使しないときは、消滅する。

一　月又はこれより短い時期によって定めた使用人の給料に係る債権

二　自己の労力の提供又は演芸を業とする者の報酬又はその供給した物の代価に係る債権

三　運送賃に係る債権

四　旅館、料理店、飲食店、貸席又は娯楽場の宿泊料、飲食料、席料、入場料、消費物の代価又は立替金に係る債権

五　動産の損料に係る債権

（判決で確定した権利の消滅時効）

第一七四条の二①　確定判決によって確定した権利については、十年より短い時効期間の定めがあるものであっても、その時効期間は、十年とする。裁判上の和解、調停その他確定判決と同一の効力を有するものによって確定した権利についても、同様とする。

②　前項の規定は、確定の時に弁済期の到来していない債権については、適用しない。

（改正により削られた）〔改正後の**第一六九条**に対応〕

◇【いわゆる権利失効の原則】

一　権利行使の制限—一般論

[1]　解除権を有する者が、久しきにわたりこれを行使せず、相手方においてその権利はもはや行使せられないものと信頼すべき正当の事由を有するに至ったため、その後にこれを行使することが信義誠実に反すると認められるような特段の事由がある場合には、解除は許されない。（最判昭30・11・22民集九・一二・一七八一）→[2]

二　原則の適用が認められなかった例

[2]　賃借権の無断譲渡を理由とする解除権の行使（最判昭30・11・22前出[1]）

[3]　代物弁済予約に基づき、所有権移転請求権保全の仮登記が登記簿上存在していた場合には、予約完結権が行使されないものと土地の譲受人が信ずべき正当の理由はない。（最判昭40・4・6民集一九・三・五六四）

[4]　賃料の催告と催告の趣旨の不履行による賃貸借契約の解除の意思表示との間に約一四年経過していても、相手方に解除権はもはや行使されないと信ずべき正当な事由が生じたとはいえない。（最判昭41・12・1判時四七四・一五）

第二編　物権

第一章　総則

◆【物権的請求権】

一　物権的請求権と消滅時効

[1]　所有権に基づく所有物の返還請求権は、その所有権の一作用であってこれから発生する独立の権利でないから、所有権自体と同じく消滅時効によって消滅することはない。（大判大5・6・23民録二二・一一六一）→一六六条[32]

二　物権的請求権の行使

1　権利の濫用との関係→一条[14]

2　不法原因給付との関係→一七七条[65]・七〇八条[7]

3　行使の相手方

イ　建物収去・土地明渡請求

[2]　土地所有権に基づく物上請求権を行使して建物収去・土地明渡しを請求するためには、家屋を所有することによって現実にその土地を占拠して土地の所有権を侵害している者を被告としなければならない。（最判昭35・6・17民集一四・八・一三九六……土地所有者の仮処分申請により同人名義の保存登記がされている者が、仮処分申請前に未登記のままその家屋を第三者に譲渡し、現在は所有者でなく、管理処分権を有せず、事実上支配もしていない場合は、右請求の相手方とならない）

[3]　建物の所有権を有しない者は、所有者との合意により登記名義人となっていたとしても、敷地所有者に対して建物収去・土地明渡しの義務を負わない。（最判昭47・12・7民集二六・一〇・一八二九）

4 他人の土地上に自らの意思に基づいて建物所有権取得の登記を経由していた建物所有者は、その建物を他に譲渡しても、登記名義を保有する限り、土地所有者に対して建物収去・土地明渡しの義務を免れない。（最判平6・2・8民集四八・二・三七三、民百選Ⅰ八版五二）

ロ 車両撤去・土地明渡請求→◘【Ⅱ 所有権留保売買】［三九八条の二二の後］3

三 物権的請求権の類推

5 特別都市計画法に基づき、換地予定地の指定の通知があった場合には、従前の土地の所有者は、換地予定地に対して所有権と同一の内容を有する使用収益権を有し、所有権に基づく物上請求権と同様の権利を行使し得る。（最判昭33・9・11民集一二・一三・二〇〇八、収用百選六四）

6 建築基準法四二条一項五号により、道路位置指定を受け現実に開設されている道路を通行することについて日常生活上不可欠の利益を有する者は、右道路の通行をその敷地所有者に妨害され、又は妨害されるおそれがあるときは、敷地所有者が右通行を受忍することによって通行者の通行利益を上回る著しい損害を被るなどの特段の事情のない限り、敷地所有者に対して右妨害行為の排除及び将来の妨害行為の禁止を求める権利（人格権的権利）を有する。（最判平9・12・18民集五一・一〇・四二四一）→一九八条7、行総◘【Ⅰ】13

7 建築基準法四二条二項により、指定を受け現に開設されている道路について前出6と同旨（最判平12・1・27判時一七〇三・一三一……ただし、自動車通行について日常生活上不可欠の利益を有しているとはいえないとした例）→行総◘【Ⅰ】14

四 自力救済→一条37・七二〇条3

（物権の創設）

第一七五条 物権は、この法律その他の法律に定めるもののほか、創設することができない。

参+【民法に定める物権→一八〇・二〇六・二六五・二七〇・二八〇・二六三・二九四・二九五・三〇三・三四二・三六九【他の法律に定める物権→民施三五・三六、商三一・五二一・五五七・五六二・五七四・七四一②、会社二〇【物権の準拠法→法適用一三

1 **一 慣習上の物権が認められた例**
湯口権（温泉専用権）は、温泉湧出地（原泉地）より引湯使用する一種の物権的権利に属し、通常原泉地の所有権と独立して処分される地方慣習法が存在する。（大判昭15・9・18民集一九・一六一一、民百選Ⅰ八版四九……その権利変動は、それを明認させる公示方法をとらなければ第三者に対抗できないとした例）

2 **二 慣習上の物権が認められなかった例**
他人の土地の上に建物を所有するためその土地を使用する権利は地上権であって、所有権以外に上土権なる地表のみの所有権を認めることはできない。（大判大6・2・10民録二三・一三八）

（物権の設定及び移転）

第一七六条 物権の設定及び移転は、当事者の意思表示のみによって、その効力を生ずる。

参+一七七・一七八【所有権留保の推定→割賦七【本条の特則→一八二―一八四・二六三・二九四・二九五・三〇六・三一一・三二五・三四四、仮登記担保二【物権の得喪の準拠法→法適用一三

一 売買における目的物の所有権移転

1 特定物の売買

イ 原則

1 売主の所有に属する特定物を目的とする売買においては、特にその所有権の移転が将来なされるべき約旨に出たものでない限り、買主に対し直ちに所有権移転の効力を生ずる。（最判昭33・6・20民集一二・一〇・一五八五、民百選Ⅰ八版五二）

ロ 解除条件付きの場合

2 倉庫に寄託中のハンカチーフの売買契約において特定日時までに代金を支払わないときは契約が失効する旨の解除条件が付されていた場合には、特段の事情がない限り、目的物の所有権は売買契約により当然買主に移転するものではない。（最判昭35・3・22民集一四・四・五〇一、民百選Ⅰ五補四九）

ハ 他人の物の売買

3 売主が第三者所有の特定物（船舶備付けの備品）を売り渡した後にその物件の所有権を取得した場合には、買主への所有権移転の時期・方法につき特段の約定のない限り、売主がその物件の所有権を取得すると同時に、買主はその所有権を取得する。（最判昭40・11・19民集一九・八・二〇〇三）

ニ 農地の売買

4 知事に対する許可申請協力請求権の消滅時効が援用されるまでの間に当該農地が非農地化したときは、その時点において右農地の売買契約は当然に効力を生じ、買主にその所有権が移転する。（最判昭61・3・17民集四〇・二・四二〇、民百選Ⅰ八版四一……その時点以後に消滅時効を援用してもその効力を生じないとした例）→一四五条2

2 不特定物の売買

5 不特定物の売買においては、所有権は、原則として目的物が特定した時に当然に買主へ移転する。（最判昭35・6・24民集一四・八・一五二八、売買百選四一）

二 代物弁済における目的物の所有権移転

6 ★不動産所有権の譲渡をもってする代物弁済による債務消滅の効果は、単に当事者がその意思表示をするだけでは足りず、登記その他引渡行為を完了し、第三者に対する対抗要件を具備したときでなければ生じないが、そのことは、代物弁済による所有権移転の効果が、原則として当事者間の代物弁済契約の意思表示によって生ずることを妨げるものではない。（最判昭57・6・4判時一〇四八・九七）

三 建築請負における目的物の所有権移転→◆【請負建物の所有権の帰属】［六四二条の後］判

（不動産に関する物権の変動の対抗要件）

第一七七条 不動産に関する物権の得喪及び変更は、不動産登記法（平成十六年法律第百二十三号）その他の登記に関する法律の定めるところに従いその登記をしなければ、第三者に対抗することができない。

参+一七六・八九九の二【不動産→八六①【登記法→不登【登記を要する権利→五八一①・六〇五の二③・六〇五の三、不登三・九六、民施三七、収用一〇六【登記を要しない権利→一八〇・二六三・二九四・二九五・三〇六【本条の特則→三九五、借地借家一〇①②・三一、建物区分一一③【物権の得喪の準拠法→法適用一三

一 登記を対抗要件とする物権

1 登記を要するとされた例

[1] 私権の目的となり得る不動産の取得については、右不動産が未登記であっても本条の適用があり、取得者は、その旨の登記を経なければ、取得後に当該不動産につき権利を取得した第三者に対し、自己の権利の取得を対抗することができない。(最判昭57・2・18判時一〇三六・六八、不動産百選[三版]三八)

2 登記を要しない物権

[2] 入会〔いりあい〕権(共有の性質を有すると地役の性質を有するとを問わない)(大判大10・11・28民録二七・二〇四五)

二 登記を対抗要件とする不動産物権変動

1 一般論—無制限説

[3] 本条の規定は、不動産に関する物権の得喪・変更が意思表示により生じた場合だけでなく、家督相続のように法律の規定により生じた場合にも適用される。(大連判明41・12・15民録一四・一三〇一、民百選I[八版]五四……隠居による家督相続の事案(つまり被相続人は死亡していない))

2 契約の取消し・解除

[4] 土地の売買が詐欺により取り消された場合に、土地所有権は売主に復帰し、初めから買主に移転しなかったことになるが、この物権変動は、本条により登記をしなければ第三者に対抗できない。(大判昭17・9・30民集二一・九一一、民百選I[八版]五五……取消し後の第三者に右物権変動を対抗するためには、その旨の登記をすることを要するとした例)→九六条[2]〜[4]

[5] 不動産の売買契約に基づき買主のために所有権移転登記がされた後に、売買契約が解除され、不動産の所有権が売主に復帰した場合、売主は移転登記を抹消しなければ、右不動産に予告登記がされていても、契約解除後において買主から不動産を取得した第三者に対して、所有権の復帰をもって対抗し得ない。(最判昭35・11・29民集一四・一三・二八六九、民百選I[八版]五六)→五四五条[2]

3 死因贈与

[6] 死因贈与を取り消すことができない場合でも、贈与者がその目的たる不動産を第三者に売り渡したときは有効であり、受贈者と買主との関係は対抗問題である。(最判昭58・1・24民集三七・一・二一、重判昭58民六)→五五四条[5]

4 相続

イ 共同相続→八九九条の二[3]

ロ 遺産分割→八九九条の二[1]

ハ 相続放棄→八九九条の二[6]

ニ 相続分の指定→八九九条の二[4]

ホ 「相続させる」旨の遺言→八九九条の二[5]

ヘ 遺贈

[7] 遺贈による不動産の取得にも、本条が適用される——受遺者は登記がなければ、相続人の債権者に対抗できないとした例(最判昭39・3・6民集一八・三・四三七、民百選III[二版]七四)→[26]・八九九条の二[8]・九八五条[4]

[8] 被相続人の生前贈与と、他の者への特定遺贈による物権変動の優劣は、登記の具備の有無をもって決する。(最判昭46・11・16民集二五・八・一一八二、家族百選[六版]七五)→九八五条[5]

5 時効取得

イ 完成時の所有者に対する場合

[9] 時効による不動産の所有権の取得は、時効完成時において所有者であった者に対する関係では、登記を必要としない。(大判大7・3・2民録二四・四二三)

[10] 不動産の取得時効が完成しても、その登記がなければ、その後に登記を経由した第三者に対しては時効による権利の取得を対抗することができないのに反し、第三者のした登記後に時効が完成した場合においては、その第三者に対しては登記をしなくても時効取得を対抗することができる。(最判昭41・11・22民集二〇・九・一九〇一、不動産百選[二版]二五)

ロ 完成後に登記を経由した第三者に対する場合

[11] 時効による不動産の所有権の取得についても、登記なしては、時効完成後当該不動産につき旧所有者から所有権を取得し登記を経た第三者に対して対抗し得ない。(最判昭33・8・28民集一二・一二・一九三六)

[12] 前出[11]の場合に、第三者の登記後に改めて取得時効に要する期間の占有が継続して時効が完成したときは、その第三者に対しては、登記を経由しなくとも時効取得をもってこれに対抗し得る。(最判昭36・7・20民集一五・七・一九〇三、民法の判例[三版]一二)

[13] 前出[11]の場合においても、背信的悪意者は第三者に当たらない。(最判平18・1・17民集六〇・一・二七、民百選I[八版]六〇)→[36]

[14] 不動産の取得時効完成後、第三者が原所有者から抵当権の設定を受けてその登記を了した場合、占有者は、抵当権設定登記後引き続き時効取得に必要な期間の占有を継続したときは、抵当権の存在を容認していたなどの事情がない限り、不動産を時効取得し、その結果、抵当権は消滅する。(最判平24・3・16民集六六・五・二三二一、民百選I[八版]五八)→三九七条[3]

ハ 取得時効の起算点

[15] 取得時効完成の時期は、必ず時効の基礎となる事実の開始した時を起算点として決定すべきものであって、取得時効を援用する者が任意にその起算点を選択し、時効完成の時期を早めたり遅らせたりすることはできない。(最判昭35・7・27民集一四・一〇・一八七一、不動産百選[二版]二六……[11][12]があるので登記を経由した第三者がいわゆる時効完成前の第三者となるように、起算点を定めることはできない)→一六二条[30]

6 自作農創設特別措置法に基づく買収処分

[16] 自作農創設特別措置法に基づく買収処分には、本条は適用されない。(最大判昭28・2・18民集七・二・一五七、行政百選I[六版]九……登記簿上の所有者ではなく真実の農地の所有者から買収すべきである)→行総◘【I】[5]

[17] 自作農創設特別措置法三条に基づく買収処分により国が農地の所有権を取得した場合には、その所有権取得を対抗するためには、本条の規定により登記を経由することを要する。(最判昭39・11・19民集一八・九・一八九一、民百選I[三版]五八)

[18] 自作農創設特別措置法三〇条に基づく未墾地の買収処分により国がその所有権を取得した場合には、その所有権の取得についても本条が適用される。(最判昭41・12・23民集二〇・一〇・二一八六)→行総◘【I】[6]

7 国税滞納処分

[19] 国税滞納処分による差押えについても、本条の適用がある。(最判昭31・4・24民集一〇・四・四一七、不動産百選[二版]二四)→行総◘【I】[7]

[20] 国税滞納処分における不動産の公売が取り消された場合に、その所有権の回復について登記を経由しなかった所有者は、公売処分取消しの後に、登記名義人(落札者)から不動産を譲り受け、登記を経由した者に対し、所有権を対

抗できない。（最判昭32・6・7民集一一・六・九九九、租税百選[三版]九一）

8　袋地の取得と公道に至るための他の土地の通行権（囲繞［いにょう］地通行権）↓二一〇条[3]

三　登記しなければ対抗できない第三者

1　第三者の意義

イ　一般論—制限説

[21]　本条にいわゆる第三者というのは、当事者及びその包括承継人以外の者であって、不動産に関する物権の得喪、変更の登記欠缺［けんけつ］を主張する正当の利益を有する者を指称する。（大連判明41・12・15民録一四・一二七六、不動産百選[三版]四六）

ロ　第三者の善意・悪意

[22]　本条は、第三者の善意・悪意を区別しない。（大判明38・10・20民録一一・一三七四）

[23]　本条は、第三者の善意を要求していない。（最判昭32・9・19民集一一・九・一五七四）↓八八四条[5]

ハ　第三者の不法行為責任

[24]　不動産のいわゆる二重売買における第二の買主が登記を備え、さらに第三者に転売し、移転登記を経由した場合、第二の買主は、第一売買の事実を知っていても、それだけでは第一の買主に対して不法行為責任を負うものではないとした例（最判昭30・5・31民集九・六・七七四、不動産百選[三版]七九）↓七〇九条[3][84]

2　第三者に当たるとされた例

イ　譲受人

[25]　被相続人が不動産を贈与したが、その旨の登記がされていなかった場合に、その相続人からその不動産を買い受け、その旨の登記を得た者（最判昭33・10・14民集一二・一四・三一一一）

ロ　差押債権者

[26]　不動産につき遺贈による移転登記がされない間に、共同相続人の一人に対する強制執行として、その持分を差し押さえた債権者（最判昭39・3・6前出[7]）↓八九九条の二[8]・九八五条[4]

ハ　賃借人

[27]　他人に賃貸中の土地の譲受人は、その所有権の移転につきその登記を経由しなければ、賃借人に対抗し得ず、賃貸人たる地位を取得したことも主張できない。（最判昭49・3・19民集二八・二・三二五、民百選II[八版]五九）↓六〇五条の二[2]

ニ　共有者

[28]　不動産の共有者の一員が自己の持分を譲渡した場合における譲受人以外の他の共有者（最判昭46・6・18民集二五・四・五五〇）↓二五八条[1][5]

ホ　悪意者だが背信的悪意者には当たらない者の例↓[34][35]

[29]　借地人が借地上に所有する家屋を贈与し、その口添えの下に受贈者と土地所有者の間に土地賃貸借契約が締結され、以来その関係が九年余にわたって継続してきた等の事実があったが、受贈者が約定に反して登録税等の費用を旧借地人に払わず、地代を土地所有者に払わないので、困惑した旧借地人が右家屋を土地所有者に売ったとき、同情してこれを買った土地所有者（最判昭40・12・21民集一九・九・二二二一）

[30]　競落人（売主）との間で競売された家屋を買い戻す契約をした者（第一買主）が、代金を完済しないため売主から所有権移転登記を受けていない場合に、第一買主の無権代理人が、家屋の所有権は復帰していると称してこれを他に売却し、相手方（第二買主）は代金を無権代理人に支払ったが、売主が第一買主には未払代金がありこれを支払うなら第二買主に売り渡す旨を約したので、未払代金相当額を売主に支払って売主から所有権移転登記を受けた第二買主（最判昭43・11・21民集二二・一二・二七六五、民百選I[五補]八〇）↓二九五条[6]

へ　背信的悪意者からの転得者

[31]　不動産が譲渡され、その登記が未了の間に、その不動産が二重に譲渡され、さらに転得者に転売され、登記が完了した場合に、たとえ第二の買主が背信的悪意者に当たるとしても、第一の買主に対する関係で転得者自身が背信的悪意者と評価されるのでない限り、転得者はその不動産の取得を第一の買主に対抗することができる。（最判平8・10・29民集五〇・九・二五〇六、民百選I[八版]六一）

3　第三者に当たらないとされた例

イ　無権利者

[32]　登記簿上所有者として表示されているにすぎない架空の権利者（最判昭34・2・12民集一三・二・九一）

ロ　不法占有者

[33]　何らの権原なくして他人所有の家屋を不法占有する者（最判昭25・12・19民集四・一二・六六〇、民百選I[八版]六二）

ハ　背信的悪意者↓[29][30]

[34]　実体上物権変動があった事実を知る者において右物権変動についての登記の欠缺を主張することが信義に反すると認められる事情がある場合には、かかる背信的悪意者は、登記の欠缺を主張するについて正当な利益を有しないものであって、本条にいう第三者に当たらない。（最判昭43・8・2民集二二・八・一五七一、民百選I[四版]五七……他人が山林を買い受けて二三年余の間占有している事実を知っている者が、買主が所有権取得登記を経由していないのに乗じ、買主に高値で売り付けて利益を得る目的で、右山林を売主から買い受けてその旨の登記を経た等の事情のある場合）

[35]　前出[34]と同旨（最判昭43・11・15民集二二・一二・二六七一……山林の贈与に関して、山林が受贈者の所有に属することを確認し、贈与者は速やかに受贈者に対してその所有権移転登記手続をする旨の和解が成立した場合において、立会人として示談交渉に関与し、和解条項を記載した書面に署名捺印［なついん］した者が背信的悪意者に当たるとされた例）

[36]　甲による不動産の取得時効完成後に当該不動産を前主から譲り受けて所有権移転登記を了した乙が、譲渡を受けた時点において、甲が多年にわたり当該不動産を占有している事実を認識しており、甲の登記の欠缺を主張することが信義に反すると認められる事情があるときは、乙は背信的悪意者に当たる。（最判平18・1・17前出[13]）

ニ　特殊の事例

a　登記簿滅失のからむ事例

[37]　不動産が譲渡され移転登記がされた後に、登記簿が焼失したが、回復登記申請期間の徒過後に、所有権保存登記をした元の譲渡人から譲り受けた第三者（回復登記期間の徒過により所有権登記の対抗力も消滅する趣旨を含むと解することはできないのみならず、かつて排他的物権変動の効力により絶対的に無権利者となった元の譲渡人が、現所有者の回復登記期間徒過の一事により再び実体上の権利を回復することになるような物権変動の効果を認むべき根拠は存しない）（最判昭34・7・24民集一三・八・一一九六、不動産百選[二版]三九……奥野ほか一裁判官の少数意見がある）

b　入会権関係の事例

38 もと入会村落の構成員で入会地を買い受けた者——右土地が同村落の総有に属していた間にこれを時効取得した者又はその相続人に対する関係において（最判昭48・10・5民集二七・九・一一一〇）

c 通行地役権の事例

39 通行地役権の承役地が譲渡された場合において、譲渡の時に、右承役地が要役地の所有者によって継続的に通路として使用されていることがその位置、形状、構造等の物理的状況から客観的に明らかであり、かつ、譲受人がそのことを認識していたか又は認識することが可能であったときは、譲受人は、通行地役権が設定されていることを知らなかったとしても、特段の事情がない限り、地役権設定登記の欠缺を主張することについて正当な利益のある第三者に当たらない。（最判平10・2・13民集五二・一・六五、民百選I〔八版〕六三）→72・二八一条2

40 39の要件は、承役地に抵当権が設定され、後に担保不動産競売による売却が行われたときは、抵当権設定時を基準に判断する（認識の主体は抵当権者）。（最判平25・2・26民集六七・二・二九七、重判平25民四）→民執五九条3

d 廃除された相続人からの物権取得者→八九三条7

四 登記

1 登記の推定力

41 登記簿上の所有名義人は、反証のない限り、その不動産を所有するものと推定される。（最判昭34・1・8民集一三・一・一、不動産百選〔二版〕五〇）

2 いわゆる有効な登記

イ 登記申請手続に瑕疵（かし）のある場合

42 不動産の譲渡人が死亡した後に、その代理人の申請により移転登記手続がされた場合には、手続に瑕疵のある登記ではあるが、本人の意思に基づいて有効に成立した現在の真実な権利状態に符合し、対抗力を有するから、譲渡人の相続人は右登記の抹消を請求できない。（最判昭31・7・27民集一〇・八・一一二二……平成五法二二による不動産登記法二六条三項〔平成一六法一二三による全部改正後の一七条〕追加前の事件）→一一一条7

43 登記申請が登記義務者の意思に基づいてされたものであり、それによってされた登記が実体的権利関係に合致するときは、たとえ登記申請の際に添付された印鑑証明書の日付が変造されていたとしても、旧所有者は現名義人に対し登記の抹消を請求できない。（最判昭34・7・14民集一三・七・一〇〇五）

44 偽造文書による登記申請が受理されて登記を経由した場合に、その登記の記載が実体的法律関係に符合し、かつ、登記義務者において登記を拒み得る特段の事情がなく、登記権利者において当該登記申請が適法であると信ずるにつき正当の事由があるときは、登記義務者は右登記の抹消を請求できない。（最判昭41・11・18民集二〇・九・一八二七、不動産百選〔三版〕五八）→一一〇条32

ロ 登記の記載がなくなった場合

a 権利者の意思によらずに登記が抹消された場合

45 抵当権設定登記が抵当権者不知の間に不法に抹消された場合には、抵当権者は対抗力を喪失せず、登記上利害の関係ある第三者に対して回復登記手続につき承諾すべき旨を請求することができる。（最判昭36・6・16民集一五・六・一五九二）

46 抵当権者からある不動産の抵当権設定登記の抹消手続の委任を受けた者が、誤って別の不動産の抵当権設定登記抹消手続をし、その登記が抹消された場合には、その抵当権の対抗力は失われる。（最判昭42・9・1民集二一・七・一七五五）

b 登記が焼失した場合→37

ハ 同一不動産につき二重に登記された場合

47 未登記の建物につき、二重に譲渡がされたが、第一の譲渡につき、仮処分決定に基づく裁判所の嘱託により譲渡人のために所有権保存登記がされた場合には、その後に第二の譲受人が同一建物についてした所有権保存登記は無効であって、対抗要件とはならない。（最判昭31・5・25民集一〇・五・五五四）

48 同一建物につき、名義人の異なる保存登記が二重に存在する場合に、一方が所有者であり、他方が所有者でないときは民法一七六条、本条の問題は生じない（所有者でない者の登記は、所有者の登記より先にされたとしても、無効である）。（最判昭34・4・9民集一三・四・五二六）

49 二重の保存登記も当然無効のものではなく、それが登記名義人を異にする場合、いずれの登記が有効であるかは、専ら実体法上いずれの登記名義人が真の権利者であるかにより決定される。（最判昭37・1・23民集一六・一・一一〇）

ニ 登記の流用

50 建物が滅失した後、その跡地に同様の建物が新築された場合には、旧建物の既存の登記を新建物の保存登記に流用することは許されず、流用された登記は新建物の登記としては無効である。（最判昭40・5・4民集一九・四・七九七、民百選I〔四版〕八四……代物弁済予約に基づく所有権移転請求権保全の仮登記とこれに基づく本登記は、新建物につき対抗力を持たないとした例）

51 抵当権の被担保債務を弁済したのに抵当権登記を抹消せず、新しい債権を担保する抵当権登記とする契約は効力がない。（大判昭6・8・7民集一〇・八七五）

52 債務者所有不動産上の抵当権消滅後、同一債権者・債務者間で新たな貸付けについて同一不動産上に抵当権が設定され、旧抵当権の登記を流用する合意があったときは、流用合意の当事者である債務者は、その合意の無効を主張できない。（最判昭37・3・15裁判集民五九・二四三、担保法判例I四）

53 甲の債権担保のための所有権移転請求権保全の仮登記が甲の債権消滅後も残存しているのを利用して、乙の債権を担保するために右請求権移転の付記登記をした場合、付記登記後に右不動産につき利害関係を有するに至った第三者は、特別の事情のない限り、右付記登記の無効を主張することができない。（最判昭49・12・24民集二八・一〇・二一一七）

ホ 目的物の状況の変更

54 建物が移築改造等によって構造坪数に変更を生じたため、その登記簿上の表示と符合しなくなった場合においても、建物の同一性が認められる以上、有効な登記と認められる。（最判昭31・7・20民集一〇・八・一〇四五、不動産百選〔二版〕三七……第二の登記に基づく所有権移転登記の抹消を認めた例）

へ 登記が実体に先行した場合

55 債務者所有の抵当不動産につき代物弁済予約がされた場合には、代物弁済による所有権移転を選択する旨の意思表示がされる前に代物弁済による所有権移転登記がされても、債権者がその後右意思表示をして所有権が移転すれば、その登記は有効となる。（最判昭23・7・20民集二・九・二〇五……旧所有者か

らの移転登記抹消請求を棄却）

[56]　仮装売買によって不動産の所有権移転登記を受けた者が、その後真実有効に右不動産を買い受け、所有権を取得したときは、その時以後、右登記は現在の実体的権利状態と合致するに至ったのであるから、所有権取得を第三者（仮装売主からの第二の譲受人）に対抗することができる。（最判昭29・1・28民集八・一・二七六、不動産百選[二版]三五）

[57]　不動産の買主が、将来子に贈与することを予想し、子名義の所有権移転登記を子の関与なくして経由し、その後子に贈与された場合には、登記が実体的権利関係と結局一致し、右登記は第三者に対する対抗要件となる。（最判昭41・1・13民集二〇・一・一……子から売主等に対する明渡請求を認めた例）

ト　登記が後に実体に符合するに至った場合

[58]　本人名義の偽造文書によって無権代理人が抵当権設定手続をし、その旨の登記がされた後に、登記義務者である本人が抵当権設定行為を追認したときは、右登記義務者はその登記の無効を主張することができない。（最判昭42・10・27民集二一・八・二一三六、不動産百選[三版]五九）

チ　登記の一部が実体に符合している場合

[59]　一棟の建物のうち構造上区分され独立して住居の用途に供することができる建物部分のみについて賃貸借契約がされたが、その合意に基づいて建物全部について賃借権設定の登記がされている場合において、賃貸人が右登記の抹消を請求したときは、賃借された建物部分を除く残余の部分に関する限度において認容される。（最判平7・1・19判時一五二〇・八四）

3　いわゆる中間省略登記→[68]～[74]

イ　中間者の抹消請求

[60]　未登記建物が順次譲渡された後に、最初の売主名義で保存登記がされ、中間者を省略し、最後の買主に移転登記がされた場合に、登記の現状が実質上の権利関係と一致していること、中間者の名義を登記に登載する利益はなかったこと等の事情のあるときは、中間者は、登記の抹消を請求する法律上の利益はなく、右請求は失当である。（最判昭35・4・21民集一四・六・九四六、不動産百選[三版]六三）

ロ　最初の売主の抹消請求

[61]　不動産が順次譲渡され、最初の売主の交付した書類を利用し、中間者を省略し、最初の売主から最後の買主へ直接移転登記がされた場合には、登記は現在の実体上の権利関係に合致するものであり、最初の売主に登記意思がなかったとはいえないから、最初の売主は、中間省略登記の抹消請求をできない。（最判昭46・4・8判時六二一・五〇）

ハ　転得者の中間省略登記請求→[69]～[74]

4　登記請求権

イ　一般論

[62]　真実の権利関係に合致しない登記があるときは、その登記の当事者の一方は他の当事者に対し、いずれも登記を真実に合致せしめることを内容とする登記請求権を有するとともに、他の当事者は右登記請求に応じて登記を真実に合致せしめることに協力する義務を負う。（最判昭36・11・24民集一五・一〇・二五七三、不動産百選[三版]六二）→[64]

ロ　登記請求権があるとされた例

a　物権変動の当事者間

[63]　未登記建物の譲受人は、譲渡人に対し移転登記の請求をすることができる。（最判昭31・6・5民集一〇・六・六四三、不動産百選[増補]三二）

[64]　売買契約に基づき所有権移転登記を経由した後に、買主が売主の債務不履行を理由に契約を解除したときは、買主は売主に右登記の抹消を求めることができる（いわゆる登記引取請求権を認めた例）。（最判昭36・11・24前出[62]）

[65]　未登記建物の贈与が不法原因給付になる場合の受贈者の登記請求権（最大判昭45・10・21民集二四・一一・一五六〇、民百選Ⅱ[八版]八二）→七〇八条[7][12]

b　真正な所有者と登記名義人の間

[66]　不動産の登記簿上の所有名義人は真正の所有者に対しその所有権の公示に協力すべき義務を有するものであるから、真正の所有者は所有権に基づき所有名義人に対し移転登記の請求をなし得る。（最判昭30・7・5民集九・九・一〇〇二……不動産を譲り受けたが第三者名義にしておいた場合に、譲受人（真の所有者）から名義人に対する請求を認めた例）

[67]　所有者でない者のした無効の所有権保存登記が存在する場合は、無権利者である登記名義人に対する真正の所有者からの所有権移転登記請求は是認される。（最判昭32・5・30民集一一・五・八四三）

c　契約に基づく場合（中間省略登記）

[68]　登記名義人が、その者から直接に不動産を取得したのでない現在の所有者に直接所有権移転登記をすることを約した場合には、その契約は有効であって、登記名義人は登記義務を負う。（大判大8・5・16民録二五・七七六……不動産が順次譲渡され、当事者間に中間省略の合意があったことを理由とする所有者の登記名義人に対する移転登記請求を認めなかった原判決を破棄、差し戻した例）

d　順次譲渡された場合の中間者と最初の売主の間

[69]　不動産が順次譲渡され、順次移転登記を経由すべき場合に、中間者への登記を省略して、最初の売主から直接最後の買主に移転登記を経由すべき旨を三者間で合意しても、中間者の最初の売主に対する移転登記請求権は失われない。（最判昭46・11・30民集二五・八・一四二二、不動産百選[二版]四七……不動産の譲受人が他人名義で移転登記を受け、その後第三者に売却し、登記名義人から直接に第三者に移転登記をする合意がされたが、その登記がされないうちに、市が租税債権保全のため、譲受人に代位して名義人から譲受人への移転登記及び差押登記を経由した場合に、それらの登記の抹消請求を認めなかった例）

e　順次譲渡された場合の中間者と転得者との間

[70]　不動産につき権利変動の当事者となったものは、既にその物権を他に移転し、現在においては不動産の実質的権利者でなくなっていても、その登記の是正に関して利害関係を有する限り、登記名義人に対し抹消登記請求権を有する。（最判昭36・4・28民集一五・四・一二三〇、不動産百選[増補]三四……農地法に基づく買収処分及び売渡処分が無効である場合に、国も売渡しを受けた者に対し右登記の抹消請求ができるとした例）

[71]　中間省略登記が中間取得者の同意なしにされた場合でも、登記が現実の実体的権利関係に合致するときは、その抹消登記を求める正当な利益を有する中間取得者以外の者は、その無効を主張して抹消登記手続を求めることができない。（最判昭44・5・2民集二三・六・九五一）

f　通行地役権者と承役地の譲受人の間

[72]　通行地役権の承役地の譲受人が地役権設定登記の欠缺を主張するについて正当な利益を有する第三者に当たらず、通行地役権者が譲受人に対し、登記なくして通行地役権を対抗できる場合には、通行地役権者は、譲受人に対し、同

権利に基づいて地役権設定登記手続を請求することができ、譲受人はこれに応ずる義務を負う。（最判平10・12・18民集五二・九・一九七五）→39

八　登記請求権がないとされた例（中間省略登記）→68

73 不動産が順次譲渡され、登記名義は依然として最初の譲渡人にある場合に、現在の所有者が登記名義人に対し直接に移転登記請求することは、登記名義人及び中間者の同意のない限り、許されない。（最判昭40・9・21民集一九・六・一五六〇、民百選I[八版]五三）

74 不動産の所有権が、元の所有者から中間者に、次いで中間者から現在の所有者に、順次移転したにもかかわらず、登記名義がなお元の所有者の下に残っている場合において、現在の所有者が、元の所有者に対し、元の所有者から現在の所有者に対する真正な登記名義の回復を原因とする所有権移転登記手続を請求することは、物権変動の過程を忠実に登記記録に反映させようとする不動産登記法の原則に照らし、許されない。（最判平22・12・16民集六四・八・二〇五〇、重判平23民四）

二　登記請求権の行使と信義則→一条2

◆【I　仮登記】

仮登記の対抗力

1　仮登記のままでの対抗力―対抗力を認めなかった例

1 代物弁済予約の仮登記権利者は、本登記をするために必要な要件を具備した場合でも、本登記を経由しない限り、登記の欠缺〔けんけつ〕を主張し得る第三者に対しその明渡しを求めることはできない。（最判昭38・10・8民集一七・九・一一八二、不動産百選[三版]七〇……代物弁済予約の目的物を公売処分により取得し、登記を経由した第三者に対し、仮登記のままで登記の抹消請求を認めたが、明渡請求を認めなかった例）

2　本登記を経由した場合の対抗力

2 土地につき代物弁済の予約がされ、所有権移転請求権保全の仮登記がされ、次いで予約完結の意思表示がされたが（条件成就）、その後設定者が死亡し、相続人が限定承認をし、これによる弁済手続中において所有権移転本登記がされたときは、仮登記権利者は、条件成就の日以後、第三者（相続債権者）に右土地の所有権取得を対抗することができる。（最判昭31・6・28民集一〇・六・七五四）→九二二条6

3　登記請求権―中間処分の効力否定と不法行為に基づく損害賠償請求

3 所有権移転請求権保全の仮登記に基づく本登記がされたときは、仮登記以後に行われた、これと相いれない中間処分の効力を否定する効果を有するが、仮登記の時に所有権の移転があったという事実を擬制するものでなく、特段の事情のない限り、効力が否定される中間処分により生ずる損害は、現実に所有権を移転した以後のものでなければならない。（最判昭36・6・29民集一五・六・一七六四、不動産百選[三版]六九）

◆【II　立木等の権利変動の対抗要件としてのいわゆる明認方法】

一　明認方法の対抗力

1　立木を売却し、次に土地及び立木を売却した場合

1 立木の譲受人が明認方法を施した場合には、その後に土地の所有者から土地及び立木を譲り受け、公示方法を備えた者に右立木の所有権を対抗し得る。（大判大10・4・14民録二七・七三二、民百選I[初版]六二）

2　立木が二重に譲渡された場合

2 立木に関する法律の適用を受けない立木の買主が明認方法を施さないうちに、伐採その他の事由により右立木が動産たる伐木・倒木等になった場合には、立木当時既に明認方法の欠缺〔けんけつ〕を主張する正当な利益を有していた第三者（第二の買主）に伐木等の所有権を対抗できない。（最判昭37・6・22民集一六・七・一三七四、不動産百選[三版]九三）

3　土地及び立木が譲渡された場合

3 立木の生立する土地の所有権を譲り受けた者は、立木について明認方法を施したとしても、土地について所有権移転登記を備えない限り、右立木の所有権を第三者に対抗できない。（大判昭9・12・28民集一三・二四二七）

4　立木を留保して土地を売却した場合

4 土地の所有権移転に当たり、当事者間の合意により立木所有権を留保した場合には、立木に関する法律による登記又は明認方法を施さない限り、立木所有権の留保をもってその地盤である土地の権利を取得した第三者に対抗できない。（最判昭34・8・7民集一三・一〇・一二二三、不動産百選[三版]一〇〇）

二　明認方法の消失

5 権利変動の際、一旦明認方法が行われても、その消失などにより公示の働きをもたなくなっているときは、権利変動を第三者に対抗することができない。（最判昭36・5・4民集一五・五・一二五三、民百選I[八版]六五）

（動産に関する物権の譲渡の対抗要件）

第一七八条　動産に関する物権の譲渡は、その動産の引渡しがなければ、第三者に対抗することができない。

§§＋一七六【動産→八六②【引渡し→一八二―一八四【証券による引渡し→商六〇七・七六三【効力要件としての引渡し→三四四

参考　**動産及び債権の譲渡の対抗要件に関する民法の特例等に関する法律**（平成一〇・六・一二法一〇四）（抜粋）

（動産の譲渡の対抗要件の特例等）

第三条①　法人が動産（当該動産につき倉荷証券、船荷証券又は複合運送証券が作成されているものを除く。以下同じ。）を譲渡した場合において、当該動産の譲渡につき動産譲渡登記ファイルに譲渡の登記がされたときは、当該動産について、民法第百七十八条の引渡しがあったものとみなす。

②③（略）

（動産譲渡登記）

第七条①　指定法務局等に、磁気ディスク（これに準ずる方法により一定の事項を確実に記録することができる物を含む。次条第一項及び第十二条第一項において同じ。）をもって調製する動産譲渡登記ファイルを備える。

②―⑤（略）

一　本条の対象となる動産―沈没船

1 海底三五尋〔ひろ〕以上の海深にあって引揚げ困難な沈没

船は公称二〇トン以上のものでも、商法六八七条にいわゆる船舶の性質を失ったものであって、その所有権の移転を第三者に対抗するには、本条によりその引渡しのみをもって足りる。（最判昭35・9・1民集一四・一一・一九九一）↓二[5]

二　引渡し

1　引渡しの意義―占有改定を含む

[2] 本条にいわゆる引渡しは、占有改定により物の現実の授受と同視すべき場合を包含する。（大判明43・2・25民録一六・一五三）

[3] 前出[2]と同旨――動産につき売渡担保契約がされ債務者が引き続きこれを占有する場合には、債権者は、右契約によって占有改定による目的物の引渡しを受けたことになる。（最判昭30・6・2民集九・七・八五五、民百選Ⅰ[八版]六四）↓一八三条[1]・◘【Ⅰ　譲渡担保】［三九八条の二二の後］[10]

[4] 集合物の譲渡担保における占有改定の方法（最判昭62・11・10民集四一・八・一五五九、民百選Ⅰ[四版]九八）↓八五条[2]・一八三条[2]・三二一条[1]・三三三条[2]・◘【Ⅰ　譲渡担保】［三九八条の二二の後］[36]、民執三八条[5]

2　その他引渡しがあったとされた例

[5] 沈没船につき、沈没船売買契約書、保険会社の損害品売渡証、漁業組合の漁場使用承諾書、等関係書類が授受された場合（最判昭35・9・1前出[7]）

[6] 輸入取引の目的である商品についての譲渡担保における占有改定（最決平29・5・10民集七一・五・七八九、商法百選五九）↓一八三条[3]・◘【Ⅰ　譲渡担保】［三九八条の二二の後］

三　第三者 [8][11]

1　第三者に当たらないとされた例

[7] 動産の寄託を受け、一時それを保管するにすぎない者（最判昭29・8・31民集八・八・一五六七、民百選Ⅰ[六版]六一……動産を買い受けた者が、売主の寄託により保管している者に対して引渡しを請求した例）

[8] 甲所有の動産を乙が占有する間に、乙の債権者丙によって仮差押えがされても、丙は、甲から所有権を譲り受けた丁に対して引渡しの欠缺［けんけつ］を主張する正当の利益を有しない。（最判昭33・3・14民集一二・三・五七〇）

2　第三者に当たるとされた例

[9] 動産の賃借人（大判大4・2・2民録二一・六一）

（混同）

第一七九条①　同一物について所有権及び他の物権が同一人に帰属したときは、当該他の物権は、消滅する。ただし、その物又は当該他の物権が第三者の権利の目的であるときは、この限りでない。

②　所有権以外の物権及びこれを目的とする他の権利が同一人に帰属したときは、当該他の権利は、消滅する。この場合においては、前項ただし書の規定を準用する。

③　前二項の規定は、占有権については、適用しない。

§【混同による消滅の例外↓借地借家一五②【債権の混同↓五二〇】

本条一項ただし書の類推適用

[1] 特定の土地につき所有権と賃借権とが同一人に帰属するに至った場合であっても、その賃借権が対抗要件を具備したものであり、かつ、その対抗要件を具備した後に右土地に抵当権が設定されていたときは、本条一項ただし書の準用（類推適用）により、賃借権は消滅しない。（最判昭46・10・14民集二五・七・九三三）↓五二〇条[1]

第二章　占有権

第一節　占有権の取得

（占有権の取得）

第一八〇条　占有権は、自己のためにする意思をもって物を所持することによって取得する。

§一八一―一八四【占有権と登記↓不登三【占有権の消滅↓二〇三・二〇四

一　占有の意義

[1] 家屋の隣家に居住する者が、その家屋の裏口を常に監視して容易に侵入を制止し得る状況にあり、現にその家屋への侵入を右の者の妻女が制止した事実があるときは、その家屋に錠をかけてその鍵を所持したり、標札貼紙等によって自分が占有していることを第三者にもわかるようにしたりしていなくても、右の者は、その家屋を所持するものということができ、また、仮に右の者がその家屋を他人に貸していたとしても、そのことから「自己のためにする意思」をもたないとはいえない。（最判昭27・2・19民集六・二・九五……家屋の隣家に居住する者に、家屋について占有回収の訴えを認めた例）

二　占有補助者・占有機関

1　使用人

[2] 使用人が単に使用人として家屋に居住するにすぎないときは、使用人の占有は、特段の事情がない限り、雇主と対等の地位において共同してするものではなく、雇主の占有の範囲内でするものとみるべきである。（最判昭35・4・7民集一四・五・七五一、民百選Ⅰ[三版]六四……使用人個人に明渡しを命じた原判決を破棄して差し戻した例）↓七一九条[6]

2　法人の機関↓一九七条[判]

[3] 株式会社の代表取締役が会社の代表者として土地を占有している場合には、土地の直接占有者は会社であって、特別の事情がない限り、取締役は、会社の機関としてこれを所持するにとどまる。（最判昭32・2・15民集一一・二・二七〇、民百選Ⅰ[八版]六六）

三　占有があるとされた例

[4] 建物は、その敷地を離れて存在し得ないのであるから、建物を占有使用する者は、これを通じてその敷地をも占有するものと解すべきである。（最判昭34・4・15訟月五・六・七三二）

[5] 地方公共団体は、一般交通の用に供するために管理している道路が、その管理の内容、態様によれば、社会通念上、その事実的支配に属するというべき客観的関係にあると認められる場合には、道路法上の道路管理権の有無にかかわらず、道路を構成する敷地について占有権を有する。（最判平18・2・21民集六〇・二・五〇八、自治百選[四版]五六……道路を管理している地方公共団体が民法一九九条に基づき占有妨害の予防を求めた事案）

四　占有がないとされた例

[6] 特別都市計画法による換地予定地の指定通知を受けた者は、指定された土地の上に、これを使用収益すべき本権を取得するけれども、従来の事実上の占有状態に変更のない限り、指定があっただけでは当然には占有権の変動移転を生ずるものではない。（最判昭30・7・19民集九・九・一一一〇）

五　占有権の相続↓八九六条[2][3]

（代理占有）

第一八一条　占有権は、代理人によって取得することができる。

⊛一八〇【代理占有と占有権の譲渡↓一八二②、一八三、一八四【代理占有の消滅↓二〇四

（現実の引渡し及び簡易の引渡し）

第一八二条①　占有権の譲渡は、占有物の引渡しによってする。

②　譲受人又はその代理人が現に占有物を所持する場合には、占有権の譲渡は、当事者の意思表示のみによってすることができる。

⊛一八〇、一八三、一八四【物権変動の対抗要件としての引渡し↓一七八　❷【代理占有↓一八一

（占有改定）

第一八三条　代理人が自己の占有物を以後本人のために占有する意思を表示したときは、本人は、これによって占有権を取得する。

⊛一八〇、一八二、一八四【代理占有↓一八一【物権変動の対抗要件としての引渡し↓一七八

占有改定の認められた例

1　譲渡担保の場合

[1]　売渡担保契約がされ債務者が引き続き担保物件を占有している場合には、債務者は占有の改定により以後債権者のために占有するものであり、債権者はこれによって占有権を取得する。（最判昭30・6・2民集九・七・八五五、民百選Ⅰ[八版]六四）↓一七八条[3]・◘【Ⅰ　譲渡担保】〔三九八条の二二の後〕[10]

[2]　集合物の譲渡担保において設定契約における事前の占有改定が認められた例（最判昭62・11・10民集四一・八・一五五九、民百選Ⅰ[四版]九八）↓八五条[2]・一七八条[4]・三二一条[1]・三三三条[2]・◘【Ⅰ　譲渡担保】〔三九八条の二二の後〕[36]、民執三八条[5]

[3]　商品の輸入取引において、信用状を発行し、当該商品につき譲渡担保権の設定を受けた銀行は、当該商品が譲渡担保権設定者である輸入業者の直接占有を介さず、輸入業者の委託を受けた海運貨物取扱業者から転買主に直接に引き渡された場合でも、輸入業者から占有改定による引渡しを受けたものといえる。（最決平29・5・10民集七一・五・七八九、商法百選五九）↓一七八条[6]・◘【Ⅰ　譲渡担保】〔三九八条の二二の後〕[8][11]

2　差し押さえられた物の引渡しの場合

[4]　差押債務者は差押えにより有体動産の占有権を失うものではないから、差し押さえられた動産を譲り受け、占有改定による引渡しを受けた者は、その所有権取得を差押えの存続中差押債権者に対抗できないが、差押えの解除後は、その者に対抗し得る。（最判昭34・8・28民集一三・一〇・一三三六、執保百選[三版]四五）↓民執一二三条[2]（最判昭34・8・28民集一三・一〇・一三一一、保全百選六四）

（指図による占有移転）

第一八四条　代理人によって占有をする場合において、本人がその代理人に対して以後第三者のためにその物を占有することを命じ、その第三者がこれを承諾したときは、その第三者は、占有権を取得する。

⊛一八〇、一八二、一八三【代理占有↓一八一【物権変動の対抗要件としての引渡し↓一七八

指図による占有移転の認められた例

1　荷渡指図書の交付

[1]　倉庫に寄託中の豚肉の売買において、売主が荷渡指図書を発行し、その正本を受寄者に、副本を買主に交付し、受寄者は売主の意思を確認の上、寄託者台帳上の名義を変更していた場合（最判昭57・9・7民集三六・八・一五二七、商法百選九七……即時取得を認めた判決）↓一九二条[8]、商二編九章二節[1]

2　仮処分の執行された物の引渡しの場合

[2]　倉庫に寄託中の動産について執行吏保管の仮処分が執行された場合に、第三債務者（倉庫）は占有権を喪失しないから、仮処分債務者からその動産を譲り受け、指図による占有移転により引渡しを受けた者は、仮処分債権者に対抗できないが、他の者（同じく仮処分の債務者から譲り受けた者）に対する関係においては、引渡しは有効である。

（占有の性質の変更）

第一八五条　権原の性質上占有者に所有の意思がないものとされる場合には、その占有者が、自己に占有をさせた者に対して所有の意思があることを表示し、又は新たな権原により更に所有の意思をもって占有を始めるのでなければ、占有の性質は、変わらない。

⊛一八〇【所有の意思↓一八六①、一六二、一九一、二三九①

取得時効の要件としての自主占有の新権原による取得

1　賃借人が買い受けた場合

[1]　農地につき、管理人のように振る舞っていた甲に長期にわたって小作料を払っていた小作人が、所有者の代理人と称する甲を通じてその農地を買い受け、農地法所定の許可を得て移転登記を経由した場合において、甲に代理権限がなかったとしても、遅くとも右移転登記の時には新権原により所有の意思をもって本件土地の占有を始めたものであり、かつ、その占有の始めに土地所有権を取得したものと信じたことに過失はない。（最判昭51・12・2民集三〇・一一・一〇二一）

[2]　農地を賃借していた者が所有者から右農地を買い受けその代金を支払ったときは、農地調整法所定の手続がとられていなかったとしても、買主は、特段の事情のない限り、売買契約を締結し代金を支払った時に新権原により所有の意思をもって右農地の占有を始めたということができる。（最判昭52・3・3民集三一・二・一五七）

2　相続の場合

[3]　共同相続人の一人が単独に相続したものと信じて疑わず、所有者として行動してきた等の事情のある場合には、その相続の時から自主占有を取得したものと解される。（最判昭47・9・8民集二六・七・一三四八、民百選Ⅰ[初版]六七）↓一六二条[8]

[4]　所有者から土地建物の管理委託を受け、建物の半分に居住し、他の半分の賃料を受領していた者が死亡した場合において、その相続人は、土地建物の占有を相続により承継したばかりでなく、新たに土地建物を事実上支配すること

によりこれに対する占有を開始したものというべきであり、相続人に所有の意思があるとみられるときは、被相続人の死亡後新権原に因り土地建物の自主占有をするに至ったものと解される。（最判昭46・11・30民集二五・八・一四三七、民百選Ⅰ[四版]六三……ただし、相続人は一時賃料を支払っていたから、所有の意思はなかったとした例）

[5] 他主占有の相続人が独自の占有に基づく取得時効の成立を主張する場合において、右占有が所有の意思に基づくものであると言い得るためには、取得時効の成立を争う相手方ではなく、占有者である当該相続人において、その事実的支配が外形的客観的にみて独自の所有の意思に基づくものと解される事情を証明しなければならない。（最判平8・11・12民集五〇・一〇・二五九一、民百選Ⅰ[八版]六七……相続人において、被相続人が生前に贈与を受け、これを相続したと信じて、登記済証を所持し、固定資産税を納付し、管理使用を専行し、賃借人から取り立てた賃料を生活費に費消してきたこと、相続人の移転登記請求に対して所有者の法定相続人が異議を述べていないこと等の事情がある場合に、相続人は独自の所有の意思に基づく占有を開始したと判断された例）

第一八六条（**占有の態様等に関する推定**）① 占有者は、所有の意思をもって、善意で、平穏に、かつ、公然と占有をするものと推定する。

② 前後の両時点において占有をした証拠があるときは、占有は、その間継続したものと推定する。

参一八〇　❶【所有の意思↓一八五参【占有の善意・悪意↓一八九―一九一・一九六②【占有の瑕疵の有無↓一六二・一九二　❷【占有の継続↓一六二・三五二・二〇三但

[1] **一　所有の意思の推定**

1　推定が覆される場合

占有者がその性質上所有の意思のないものとされる権原に基づき占有を取得した事実が証明されるか、又は占有者が占有中、真の所有者であれば通常はとらない態度を示し、若しくは所有者であれば当然とるべき行動に出なかったなど、外形的・客観的にみて占有者が他人の所有権を排斥して占有する意思を有していなかったものと解される事情が証明されるときは、その所有の意思は否定される。占有者の内心の意思いかんを問わず、その所有の意思は否定される。（最判昭58・3・24民集三七・二・一三一、重判昭58民二……「お綱の譲渡し」と呼ばれる慣習により父から農業経営を譲り受けた子が、所有権の時効取得をしたとは認められなかった例）↓一六二条[2]

[2] **2　推定が覆されない場合**

売買契約に基づいて開始する占有は、売買契約に、残代金不払による契約の当然解除という解除条件が付されており、この解除条件が成就して当該売買契約が失効したとしても、それだけでは、民法一六二条にいう所有の意思をもってする占有でなくなるものではない。（最判昭60・3・28判時一一六八・五六、重判昭60民二）↓一六二条[7]

[3] 他人の土地に建物を建て、居住していた者が土地所有者に所有権移転登記手続を求めなかったこと及び固定資産税を負担しなかったことをもって他主占有事情として十分であるとはいえないとされた例（最判平7・12・15民集四九・一〇・三〇八八、重判平7民一）

[4] **二　無過失の占有**

1　時効取得の場合

本条に規定されていない無過失については推定されない。（大判大8・10・13民録二五・一八六三）↓一六二条[20]

2　即時取得の場合↓一九二条[5]

第一八七条（**占有の承継**）① 占有者の承継人は、その選択に従い、自己の占有のみを主張し、又は自己の占有に前の占有者の占有を併せて主張することができる。

② 前の占有者の占有を併せて主張する場合には、その瑕疵をも承継する。

参一八二―一八四・一八六

[1] **一　瑕疵**［かし］**の承継**

占有主体に変更があって承継された二個以上の占有が併せて主張される場合において、民法一六二条二項の要件としての占有者の善意・無過失は、最初の占有者の占有開始時に判定すれば足りる。（最判昭53・3・6民集三二・二・一三五、民百選Ⅰ[八版]四六……中間に瑕疵ある占有があっても、最初の占有に瑕疵がなければ、全体として瑕疵のない占有になる）

[2] **二　本条の適用範囲**

本条一項は、相続のような包括承継にも適用され、相続人は被相続人の占有についての善意・悪意の地位をそのまま承継するものではなく、その選択に従い自己の占有のみを主張し又は被相続人の占有に自己の占有を併せて主張することができる。（最判昭37・5・18民集一六・五・一〇七三）↓八九六条[3]

[3] いわゆる権利能力なき社団等の占有する不動産を法人格を取得した以後当該法人が引き継いで占有している場合にも、本条一項の適用がある。（最判平元・12・22判時一三四四・一二九）

第二節　占有権の効力

第一八八条（**占有物について行使する権利の適法の推定**）　占有者が占有物について行使する権利は、適法に有するものと推定する。

[1] **本条の適用範囲**

他人の所有地上の建物に居住している者が、その敷地を占有する正権原を主張する場合には、占有者がその権原の立証責任を負い、本条を援用して自己の権原を所有者に対抗することはできない。（最判昭35・3・1民集一四・三・三二七）↓民訴◆【証明責任】［一七九条の前］[3]

第一八九条（**善意の占有者による果実の取得等**）① 善意の占有者は、占有物から生ずる果実を取得する。

② 善意の占有者が本権の訴えにおいて敗訴したときは、その訴えの提起の時から悪意の占有者とみなす。

参一九〇・一九一・一九六【不当利得の返還義務↓七〇三・七〇四　❶【善意の推定↓一八六【果実↓八八・八九　❷【本権の訴え↓二〇二

[1] **一　本条一項の適用範囲**

銀行業者が不当利得をした金銭を利用した運用利益につ

いては、民法七〇三条によるべきであって本条の適用を論ずる余地はない。（最判昭38・12・24民集一七・一二・一七二〇、民百選Ⅱ[八版]七七）↓七〇三条[22]

[2] **二 本条二項の意義―悪意占有者の不法行為責任**　本権の訴訟の敗訴者が起訴の時より悪意の占有者とみなされることだけを理由に、占有者に故意・過失があるとして不法行為が成立するとすることはできない。（最判昭32・1・31民集一一・一・一七〇）

（悪意の占有者による果実の返還等）

第一九〇条① 悪意の占有者は、果実を返還し、かつ、既に消費し、過失によって損傷し、又は収取を怠った果実の代価を償還する義務を負う。

② 前項の規定は、暴行若しくは強迫又は隠匿によって占有をしている者について準用する。

参一八九、一九一、一九六【悪意・暴行・強迫・隠匿と占有の態様の推定↓一八六【果実↓八八、八九【不当利得の返還義務↓七〇三、七〇四【悪意の占有と不法行為↓七〇九

（占有者による損害賠償）

第一九一条 占有物が占有者の責めに帰すべき事由によって滅失し、又は損傷したときは、その回復者に対し、悪意の占有者はその損害の全部の賠償をする義務を負い、善意の占有者はその滅失又は損傷によって現に利益を受けている限度において賠償をする義務を負う。ただし、所有の意思のない占有者は、善意であるときであっても、全部の賠償をしなければならない。

参一八九、一九〇、一九六【善意の推定↓一八六①【所有の意思↓一八五、一八六①【不当利得の返還義務↓七〇三、七〇四【悪意の占有と損害賠償↓七〇九

（即時取得）

第一九二条 取引行為によって、平穏に、かつ、公然と動産の占有を始めた者は、善意であり、かつ、過失がないときは、即時にその動産について行使する権利を取得する。

参一九三―一九五【動産↓八六②【占有権の取得↓一八〇―一八四【平穏・公然・善意の推定↓一八六①【有価証券の特則↓五二〇の五、五二〇の一五、五二〇の二〇、会社一三一②、手一六②、七七①㈠、小二一【本条の準用↓三一九、建物区分七③、六六

一 即時取得の対象となる動産

[1] **1 工場財団に属する動産**　工場財団に属する動産について、工場抵当法に明文の規定がなくても、本条の適用がある。（最判昭36・9・15民集一五・八・二一七二）

[2] **2 登録制度のある動産**　道路運送車両法により登録を受けた自動車については、本条の適用がない。（最判昭62・4・24判時一二四三・二四、民百選Ⅰ[四版]六五）

[3] 道路運送車両法による登録を受けた自動車について、登録が抹消された場合には、本条が適用される。（最判昭45・12・4民集二四・一三・一九八七）

二 善意・無過失

1 善意・無過失の意義

[4] 「善意無過失」とは、動産の占有を始めた者において、取引の相手方がその動産につき無権利者でないと誤信し、かつ、そう信ずるにつき過失のなかったことを意味し、その動産が盗品である場合においても、それ以上の要件を必要とはしない。（最判昭26・11・27民集五・一三・七七五、売買百選四六）↓一九四条[1]

2 無過失の立証責任

[5] 占有者は、民法一八八条により、占有物の上に行使する権利を適法に有するものと推定されるので、占有者からの譲受人たる占有取得者には過失がないものと推定される。（最判昭41・6・9民集二〇・五・一〇一一、重判昭41・42民三）

3 法人の善意・無過失↓一〇一条[7]

4 過失の具体例

[6] 従来土木建設機械を扱っていて、その売買が所有権留保の割賦販売によることが多いことを知っていた古物商が、新品である土木建設機械を建設会社から買い受ける場合には売主の所有権について調査すべきであり、それをしなかったときは過失がある。（最判昭42・4・27判時四九二・五五）

三 占有取得の方法

1 占有改定―不可

[7] 無権利者から動産の譲渡を受けた場合において、譲受人が本条によりその所有権を取得し得るためには、一般外観上従来の占有状態に変更を生ずるがごとき占有を取得することを要し、占有改定の方法による取得をもっては足らない。（最判昭35・2・11民集一四・二・一六八、民百選Ⅰ[八版]六八）

2 指図による占有移転―可

[8] 指図による占有移転の場合に即時取得を認めた例（最判昭57・9・7民集三六・八・一五二七、商法百選九七）↓一八四条[1]、商二編九章二節[1]

四 本条の適用範囲

1 強制競売―可

[9] 執行債務者の所有に属さない動産が強制競売に付された場合にも、競落人は本条によって所有権を取得できる。（最判昭42・5・30民集二一・四・一〇一一、民百選Ⅰ[二版]六七）

2 立木の伐採―不可

[10] 本条は、現に動産であるものを占有した場合の規定であり、本来不動産の一部を組成するものを事実上の行為により動産として占有した場合に適用すべきものではない。（大判昭7・5・18民集一一・一九六三、民百選Ⅰ[五補]六五）

（盗品又は遺失物の回復）

第一九三条 前条の場合において、占有物が盗品又は遺失物であるときは、被害者又は遺失者は、盗難又は遺失の時から二年間、占有者に対してその物の回復を請求することができる。

参一九二、一九四【遺失物↓二四〇、遺失【有価証券の特則↓五二〇の五、会社一三一②、手一六②、七七①㈠、小二一【動産質権者と質物の占有回復↓三五三

一 本条の意義

[1] 本条は、占有者が盗難又は遺失の時から二年内に被害者又は遺失主より回復の請求を受けないときに限って初めてその物の上に行使する権利を取得する趣旨であって、回復というのは、占有者が一旦その物につき即時取得した所有権その他の本権を回復することではない。（大判大10・7・8民録二七・一三七三）

二　有価証券の場合→会社一三一条③

第一九四条　占有者が、盗品又は遺失物を、競売若しくは公の市場において、又はその物と同種の物を販売する商人から、善意で買い受けたときは、被害者又は遺失者は、占有者が支払った代価を弁償しなければ、その物を回復することができない。

参一九二、一九三

① **一　物が滅失した場合の回復請求権**
本条により占有物を回復するには、その物の現存することを前提とする。（最判昭26・11・27民集五・一三・七七五、売買百選四六……回復請求権が消滅するのみならず、被害者は回復に代わる賠償を請求することもできないとした例）→一九二条④

② **二　占有者の使用収益権**
盗品又は遺失物の被害者又は遺失主が盗品等の占有者に対してその物の回復を求めたのに対し、占有者が本条に基づき支払った代価の弁償があるまで盗品等の引渡しを拒むことができる場合には、占有者は、右弁償の提供があるまで盗品等の使用収益を行う権限を有する。（最判平12・6・27民集五四・五・一七三七、民百選Ⅰ八版六九……被害者等は不当利得返還請求権又は不法行為に基づく損害賠償請求権を有しないとした例）

③ **三　代価弁償の請求時期**
盗品の占有者が本条に基づき盗品の引渡しを拒むことができる場合に、被害者が代価を弁償して盗品を回復することを選択してその物の返還を受けたときは、占有者は、その物の返還後においても、本条に基づき代価の弁償を請求できる。（最判平12・6・27前出②……引渡しのときに占有者による代価弁償の請求がされたものと解し、その時から被害者は遅滞の責任を負うとした例）

（動物の占有による権利の取得）

第一九五条　家畜以外の動物で他人が飼育していたものを占有する者は、その占有の開始の時に善意であり、かつ、その動物が飼主の占有を離れた時から一箇月以内に飼主から回復の請求を受けなかったときは、その動物について行使する権利を取得する。

参【遺失物拾得→二四〇、遺失【逸走の家畜→遺失二①、三

① **「家畜以外の動物」**　本条の「家畜以外の動物」というのは、人の支配に服しないで生活するのを常態とする動物を指称し、九官鳥は、「家畜以外の動物」に当たらない。（大判昭7・2・16民集一一・一三八）

（占有者による費用の償還請求）

第一九六条①　占有者が占有物を返還する場合には、その物の保存のために支出した金額その他の必要費を回復者から償還させることができる。ただし、占有者が果実を取得したときは、通常の必要費は、占有者の負担に帰する。

②　占有者が占有物の改良のために支出した金額その他の有益費については、その価格の増加が現存する場合に限り、回復者の選択に従い、その支出した金額又は増価額を償還させることができる。ただし、悪意の占有者に対しては、裁判所は、回復者の請求により、その償還について相当の期限を許与することができる。

参一九一　❶【占有者の果実取得→一八九、一九〇　❷【期限許与の効果→二九五①但　+【他の場合における費用の償還→二九九、三九一、五八三②、五八五、五九五②、六〇〇、六〇八、六二二、六五〇、六六五、六七一、七〇二、九九三

（占有の訴え）

第一九七条　占有者は、次条から第二百二条までの規定に従い、占有の訴えを提起することができる。他人のために占有をする者も、同様とする。

参二〇二【他人のために占有をする者→一八一

① **法人の代表者による物の所持**
法人の代表者が法人の業務上する物の所持は法人の直接占有と解すべきであって、代表者は本条後段の代理占有者ではない。（最判昭32・2・22判時一〇三・一九……法人の代表者は法人と別個の占有訴権を有するものではないとした例）→一八〇条③

② 法人の代表者が法人の機関として物を所持するにとどまらず、代表者個人のためにもこれを所持するものと認めるべき特別の事情がある場合には、その物について個人として占有の訴えを提起できる。（最判平10・3・10判時一六八三・九五……占有の訴えを認めた例）

（占有保持の訴え）

第一九八条　占有者がその占有を妨害されたときは、占有保持の訴えにより、その妨害の停止及び損害の賠償を請求することができる。

参二〇一①、二〇二【損害賠償→七〇九

① **人格権的権利に基づく道路の通行妨害排除権**
建築基準法四二条一項五号による道路位置指定のある道路を通行することについて日常生活上不可欠の利益を有する者が、その敷地所有者による妨害を排除する権利があるとされた例（最判平9・12・18民集五一・一〇・四二四一）→◆【物権的請求権】〔一七五条の前〕⑥、行総◆【Ⅰ】⑬

（占有保全の訴え）

第一九九条　占有者がその占有を妨害されるおそれがあるときは、占有保全の訴えにより、その妨害の予防又は損害賠償の担保を請求することができる。

参二〇一②、二〇二【損害賠償→七〇九

（占有回収の訴え）

第二〇〇条①　占有者がその占有を奪われたときは、占有回収の訴えにより、その物の返還及び損害の賠償を請求することができる。

②　占有回収の訴えは、占有を侵奪した者の特定承継人に対して提起することができない。ただし、その承継人が侵奪の事実を知っていたときは、この限りでない。

参二〇一③、二〇二【損害賠償→七〇九【本条による占有回復の効力→二〇三、三五二、三五三

一　**占有の侵奪**

[1] **1　「占有者がその占有を奪われたとき」の意義**　占有者がその意思によらずして物の所持を失った場合を指し、占有者が他人に任意に物を移転したときは、移転の意思が他人の欺罔〔ぎもう〕によって生じた場合であってもこれに当たらない。（大判大11・11・27民集一・六九二）

[2] **2　占有侵奪に当たらないとされた例**　賃借人がその占有中の賃貸借の目的物を転貸して任意に転借人に引き渡した後に、転借人が転貸人の転貸人たることを否認する行為に及んだとしても、占有侵奪に当たらない。（最判昭34・1・8民集一三・一・一七）

[3] **3　占有者が悪意である場合**　悪意の占有者であっても、占有回収の訴えにより、占有侵奪者に対し損害賠償を請求できる。（大判大13・5・22民集三・二二四、民百選Ⅰ[五補]六八……いわゆる占有の交互侵奪の場合）

[4] 二　**「承継人が侵奪の事実を知っていたとき」**　承継人が何らかの形での侵奪があったことについての認識を有していたことが必要であり、占有の侵奪の可能性についての認識にとどまる限りは、これに当たらない。（最判昭56・3・19民集三五・二・一七一、重判昭56民二……株券を貸金の担保あるいは売買の目的物としてその引渡しを受けた者が、株券が他人から盗取し、横領し又は騙取〔へんしゅ〕した物件であると察知しながら、そのいずれであっても構わないと考えていた場合）

[5] 三　**占有訴権の認められない場合**　国家の執行機関によりその執行行為として物の占有を強制的に解かれたような場合には、右執行行為が著しく違法性を帯びてもはや社会的に公認された執行と認めるに堪えない場合を除いては、占有回収の訴えによってその物の返還を請求することは許されない。（最判昭38・1・25民集一七・一・四一）↓借地借家三一条[1]

（**占有の訴えの提起期間**）

第二〇一条①　占有保持の訴えは、妨害の存する間又はその消滅した後一年以内に提起しなければならない。ただし、工事により占有物に損害を生じた場合において、その工事に着手した時から一年を経過し、又はその工事が完成したときは、これを提起することができない。

②　占有保全の訴えは、妨害の危険の存する間は、提起することができる。この場合において、工事により占有物に損害を生ずるおそれがあるときは、前項ただし書の規定を準用する。

③　占有回収の訴えは、占有を奪われた時から一年以内に提起しなければならない。

【損害賠償請求権の消滅時効↓七二四】一九七―二〇〇

（**本権の訴えとの関係**）

第二〇二条①　占有の訴えは本権の訴えを妨げず、また、本権の訴えは占有の訴えを妨げない。

②　占有の訴えについては、本権に関する理由に基づいて裁判をすることができない。

【占有の訴え↓一九七―二〇〇】

[1] **「本権に関する理由に基づいて裁判をすることができない」の適用**　占有の訴えに対し防御方法として本権の主張をすることは許されないが、これに対し本権に基づく反訴を提起することは、禁じられない。（最判昭40・3・4民集一九・二・一九七、民百選Ⅰ[八版]七〇）↓民訴一四六条[1]

第三節　占有権の消滅

（**占有権の消滅事由**）

第二〇三条　占有権は、占有者が占有の意思を放棄し、又は占有物の所持を失うことによって消滅する。ただし、占有者が占有回収の訴えを提起したときは、この限りでない。

【占有回収の訴え↓二〇〇】【占有の喪失の効果↓一六四・三〇二】

[1] **ただし書の意義**　占有者が、本条ただし書により占有回収の訴えを提起して勝訴し、現実にその物の占有を回復したときは、現実に占有しなかった間も占有を失わず占有が継続していたものと擬制されることを意味する。（最判昭44・12・2民集二三・一二・二三三三……侵奪者からの特定承継人に対する損害賠償請求を排斥した例）

（**代理占有権の消滅事由**）

第二〇四条①　代理人によって占有をする場合には、占有権は、次に掲げる事由によって消滅する。

一　本人が代理人に占有をさせる意思を放棄したこと。

二　代理人が本人に対して以後自己又は第三者のために占有物を所持する意思を表示したこと。

三　代理人が占有物の所持を失ったこと。

②　占有権は、代理権の消滅のみによっては、消滅しない。

【代理占有↓一八一】

第四節　準占有

第二〇五条　この章の規定は、自己のためにする意思をもって財産権の行使をする場合について準用する。

【準占有と取得時効↓一六三】

第三章　所有権

第一節　所有権の限界

第一款　所有権の内容及び範囲

（**所有権の内容**）

第二〇六条　所有者は、法令の制限内において、自由にその所有物の使用、収益及び処分をする権利を有する。

【所有権の保障↓憲二九①③】【所有権の公共性↓憲二九②、一【法令の制限の例↓憲二九②③、二〇七、二〇九―二三八】【所有権と登記↓不登三

一　**民法施行前の権利↓八六条[1]**

二　**美術著作物の所有権**

⑦ 美術の著作物の原作品に対する所有権は、その有体物の面に対する排他的支配権能であるにとどまり、無体物である美術の著作物自体を直接排他的に支配する権能ではない。（最判昭59・1・20民集三八・一・一、著作百選[六版]一……既に著作権の現存しない書について、その前所有者の許諾の下に撮影された写真によって出版物を出版した者が作品の現在の所有者の所有権を侵害するものではないとした事例）→著作二章三節三款⑦

（土地所有権の範囲）

第二〇七条 土地の所有権は、法令の制限内において、その土地の上下に及ぶ。

参＋二〇六【土地↓八六①

第二〇八条【建物の区分所有】 削除

第二款　相隣関係

（隣地の使用）

第二〇九条① 土地の所有者は、次に掲げる目的のため必要な範囲内で、隣地を使用することができる。ただし、住家については、その居住者の承諾がなければ、立ち入ることはできない。

一 境界又はその付近における障壁、建物その他の工作物の築造、収去又は修繕

二 境界標の調査又は境界に関する測量

三 第二百三十三条第三項の規定による枝の切取り

② 前項の場合には、使用の日時、場所及び方法は、隣地の所有者及び隣地を現に使用している者（以下この条において「隣地使用者」という。）のために損害が最も少ないものを選ばなければならない。

③ 第一項の規定により隣地を使用する者は、あらかじめ、その目的、日時、場所及び方法を隣地の所有者及び隣地使用者に通知しなければならない。ただし、あらかじめ通知することが困難なときは、使用を開始した後、遅滞なく、通知することをもって足りる。

④ 第一項の場合において、隣地の所有者又は隣地使用者が損害を受けたときは、その償金を請求することができる。

参＋【住家への立入り↓刑一三〇【境界標↓二二三、二二四

（公道に至るための他の土地の通行権）

第二一〇条① 他の土地に囲まれて公道に通じない土地の所有者は、公道に至るため、その土地を囲んでいる他の土地を通行することができる。

② 池沼、河川、水路若しくは海を通らなければ公道に至ることができないとき、又は崖があって土地と公道とに著しい高低差があるときも、前項と同様とする。

参＋二一一―二一三

一 公道に至るための他の土地の通行権（囲繞[いにょう]地通行権）が成立しないとされた例

⑦ 土地が路地状部分で公道に通じており、既存建物所有により土地の利用に支障がない場合に、東京都条例所定の幅員に欠けるために増築につき建築確認が得られないとしても、本条の囲繞地通行権は成立しない。（最判昭37・3・15民集一六・三・五五六、民百選Ⅰ[五補]七〇）

二 公道に至るための他の土地の通行権の態様

② 自動車による通行を前提とする本条一項の通行権の成否及びその具体的内容は、他の土地について自動車による通行を認める必要性、周辺の土地の状況、自動車による通行を前提とする通行権が認められることにより他の土地の所有者が被る不利益等の諸事情を総合考慮して判断される。（最判平18・3・16民集六〇・三・七三五、民百選Ⅰ[六版]七〇）

三 対抗要件の要否

③ 袋地の所有権を取得した者は、所有権取得登記を経由しなくても、囲繞地所有者ないしこれにつき利用権を有する者に対して、囲繞地通行権を主張することができる。（最判昭47・4・14民集二六・三・四八三、民百選Ⅰ[五補]五六）

第二一一条① 前条の場合には、通行の場所及び方法は、同条の規定による通行権を有する者のために必要であり、かつ、他の土地のために損害が最も少ないものを選ばなければならない。

② 前条の規定による通行権を有する者は、必要があるときは、通路を開設することができる。

参＋二一〇、二一二、二一三

第二一二条 第二百十条の規定による通行権を有する者は、その通行する他の土地の損害に対して償金を支払わなければならない。ただし、通路の開設のために生じた損害に対するものを除き、一年ごとにその償金を支払うことができる。

参＋二一〇、二一一、二一三

第二一三条① 分割によって公道に通じない土地が生じたときは、その土地の所有者は、公道に至るため、他の分割者の所有地のみを通行することができる。この場合においては、償金を支払うことを要しない。

② 前項の規定は、土地の所有者がその土地の一部を譲り渡した場合について準用する。

参＋二一〇―二一二【分割↓二五六、二五六参

一 分筆によって袋地が生じた場合の公道に至るための他の土地の通行権（囲繞[いにょう]地通行権）

⑦ 土地の所有者が一筆の土地全部を同時に分筆の上、数人に譲渡し、そのため袋地を生じた場合において、袋地の取得者は、分筆前一筆であった残余の土地についてのみ囲繞地通行権を有するにすぎない。（最判昭37・10・30民集一六・一〇・二一八二）

② 土地の所有者がこれを甲乙二筆に分筆し、袋地となった甲地を売却した場合、甲地の所有者は本条により乙地についてのみ通行権があり、この通行権は、その後、乙地が売却されて特定承継を生じたときにも消滅しない――甲地の所有者は、乙地以外の囲繞地につき民法二一〇条による通行権を取得しない。（最判平2・11・20民集四四・八・一〇三七、民百選Ⅰ[八版]七一……園部裁判官の反対意見がある）

二 数筆の土地の一部の譲渡等によって袋地が生じた場合の囲繞地通行権

③ 同一人の所有に属する数筆の土地の一部が譲渡されたことによって袋地が生じた場合にも、本条二項が適用される。（最判昭44・11・13判時五八二・六五）

④ 同一人の所有に属する数筆の土地の一部が担保権の実行としての競売により袋地となつた場合にも、本条の囲繞地通行権が成立する。（最判平5・12・17判時一四八〇・六九）

⑤ **三 所有者以外の者の囲繞地通行権**
本条は、農地の引渡しを受けて現に賃借権を有する者のために準用されるが、単なる占有者（農地関係法令所定の許可を得ていない賃借人）については準用されない。（最判昭36・3・24民集一五・三・五四二）

（継続的給付を受けるための設備の設置権等）

第二一三条の二① 土地の所有者は、他の土地に設備を設置し、又は他人が所有する設備を使用しなければ電気、ガス又は水道水の供給その他これらに類する継続的給付（以下この項及び次条第一項において「継続的給付」という。）を受けることができないときは、継続的給付を受けるため必要な範囲内で、他の土地に設備を設置し、又は他人が所有する設備を使用することができる。

② 前項の場合には、設備の設置又は使用の場所及び方法は、他の土地又は他人が所有する設備（次項において「他の土地等」という。）のために損害が最も少ないものを選ばなければならない。

③ 第一項の規定により他の土地に設備を設置し、又は他人が所有する設備を使用する者は、あらかじめ、その目的、場所及び方法を他の土地等の所有者及び他の土地を現に使用している者に通知しなければならない。

④ 第一項の規定による権利を有する者は、同項の規定により他の土地に設備を設置し、又は他人が所有する設備を使用するために当該他の土地又は当該他人が所有する設備がある土地を使用することができる。この場合においては、第二百九条第一項ただし書及び第二項から第四項まで（隣地の使用）の規定を準用する。

⑤ 第一項の規定により他の土地に設備を設置する者は、その土地の損害（前項において準用する第二百九条第四項に規定する損害を除く。）に対して償金を支払わなければならない。ただし、一年ごとにその償金を支払うことができる。

⑥ 第一項の規定により他人が所有する設備を使用する者は、その設備の使用を開始するために生じた損害に対して償金を支払わなければならない。

⑦ 第一項の規定により他人が所有する設備を使用する者は、その利益を受ける割合に応じて、その設置、改築、修繕及び維持に要する費用を負担しなければならない。

∞+二一三の三

① **他人の設置した給排水設備の使用**
★宅地の所有者は、他の土地を経由しなければ、水道事業者の敷設した配水管から給水を受け、その下水を公流、下水道等まで排出することができない場合、当該宅地の給排水のために、他人の設置した給排水設備を使用することが他の方法に比べて合理的であるときは、その使用により当該給排水設備に予定される効用を著しく害するなどの特段の事情がない限り、民法二二〇条、二二一条の類推適用により、当該給排水設備を使用することができる。〔令和三法二四による本条追加前の事件〕（最判平14・10・15民集五六・八・一七九一、重判平14民二）

第二一三条の三① 分割によって他の土地に設備を設置しなければ継続的給付を受けることができない土地が生じたときは、その土地の所有者は、継続的給付を受けるため、他の分割者の所有地のみに設備を設置することができる。この場合においては、前条第五項の規定は、適用しない。

② 前項の規定は、土地の所有者がその土地の一部を譲り渡した場合について準用する。

∞+二一三の二【分割→二五六、二五八∞

（自然水流に対する妨害の禁止）

第二一四条 土地の所有者は、隣地から水が自然に流れて来るのを妨げてはならない。

∞+二一五―二二一

（水流の障害の除去）

第二一五条 水流が天災その他避けることのできない事変により低地において閉塞したときは、高地の所有者は、自己の費用で、水流の障害を除去するため必要な工事をすることができる。

∞+二一四、二一六、二一七、二二〇、二二一

（水流に関する工作物の修繕等）

第二一六条 他の土地に貯水、排水又は引水のために設けられた工作物の破壊又は閉塞により、自己の土地に損害が及び、又は及ぶおそれがある場合には、その土地の所有者は、当該他の土地の所有者に、工作物の修繕若しくは障害の除去をさせ、又は必要があるときは予防工事をさせることができる。

∞+二一五、二一七【占有権に基づく予防請求→一九九【土地の工作物による賠償責任→七一七①③

（費用の負担についての慣習）

第二一七条 前二条の場合において、費用の負担について別段の慣習があるときは、その慣習に従う。

（雨水を隣地に注ぐ工作物の設置の禁止）

第二一八条 土地の所有者は、直接に雨水を隣地に注ぐ構造の屋根その他の工作物を設けてはならない。

∞+二一四

（水流の変更）

第二一九条① 溝、堀その他の水流地の所有者は、対岸の土地が他人の所有に属するときは、その水路又は幅員を変更してはならない。

② 両岸の土地が水流地の所有者に属するときは、その所有者は、水路及び幅員を変更することができる。ただし、水流が隣地と交わる地点において、自然の水路に戻さなければならない。

③ 前二項の規定と異なる慣習があるときは、その慣習に従う。

（排水のための低地の通水）

第二二〇条 高地の所有者は、その高地が浸水した場合にこれを乾かすため、又は自家用若しくは農工業用の余水を排出するため、公の水流又は下水道に至るまで、低地に水を通過させることができる。この場合においては、低地のために損害が最も少ない場所及び方法を選ばなければならない。
参 二一四、二一五、二二一

（通水用工作物の使用）
第二二一条① 土地の所有者は、その所有地の水を通過させるため、高地又は低地の所有者が設けた工作物を使用することができる。
② 前項の場合には、他人の工作物を使用する者は、その利益を受ける割合に応じて、工作物の設置及び保存の費用を分担しなければならない。
参 二一四、二一五、二二〇

（堰の設置及び使用）
第二二二条① 水流地の所有者は、堰を設ける必要がある場合には、対岸の土地が他人の所有に属するときであっても、その堰を対岸に付着させて設けることができる。ただし、これによって生じた損害に対して償金を支払わなければならない。
② 対岸の土地の所有者は、水流地の一部がその所有に属するときは、前項の堰を使用することができる。
③ 前条第二項の規定は、前項の場合について準用する。
参 二一九

（境界標の設置）
第二二三条 土地の所有者は、隣地の所有者と共同の費用で、境界標を設けることができる。
参 二二四【境界標の共有推定→二二九【境界標の損壊→刑二六二の二

（境界標の設置及び保存の費用）
第二二四条 境界標の設置及び保存の費用は、相隣者が等しい割合で負担する。ただし、測量の費用は、その土地の広狭に応じて分担する。
参 二二三

（囲障の設置）
第二二五条① 二棟の建物がその所有者を異にし、かつ、その間に空地があるときは、各所有者は、他の所有者と共同の費用で、その境界に囲障を設けることができる。
② 当事者間に協議が調わないときは、前項の囲障は、板塀又は竹垣その他これらに類する材料のものであって、かつ、高さ二メートルのものでなければならない。
参 二二六—二二八【囲障の共有推定→二二九

（囲障の設置及び保存の費用）
第二二六条 前条の囲障の設置及び保存の費用は、相隣者が等しい割合で負担する。
参 二二五、二二七、二二八

（相隣者の一人による囲障の設置）
第二二七条 相隣者の一人は、第二百二十五条第二項に規定する材料より良好なものを用い、又は同項に規定する高さを増して囲障を設けることができる。ただし、これによって生ずる費用の増加額を負担しなければならない。
参 二二五、二二六、二二八

（囲障の設置等に関する慣習）
第二二八条 前三条の規定と異なる慣習があるときは、その慣習に従う。

（境界標等の共有の推定）
第二二九条 境界線上に設けた境界標、囲障、障壁、溝及び堀は、相隣者の共有に属するものと推定する。
参【境界標→二二三、二二四【囲障→二二五—二二八【障壁→二〇九、二三〇、二三一【堀及び溝→二一九、二三七②【共有→二四九—二六二【本条の共有物の分割禁止→二五七

第二三〇条① 一棟の建物の一部を構成する境界線上の障壁については、前条の規定は、適用しない。
② 高さの異なる二棟の隣接する建物を隔てる障壁の高さが、低い建物の高さを超えるときは、その障壁のうち低い建物を超える部分についても、前項と同様とする。ただし、防火障壁については、この限りでない。
参 二三二【区分された建物の所有→建物区分四、一一

（共有の障壁の高さを増す工事）
第二三一条① 相隣者の一人は、共有の障壁の高さを増すことができる。ただし、その障壁がその工事に耐えないときは、自己の費用で、必要な工作を加え、又はその障壁を改築しなければならない。
② 前項の規定により障壁の高さを増したときは、その高さを増した部分は、その工事をした者の単独の所有に属する。
参 二二九、二三〇、二三二【共有物の変更→二五一

第二三二条 前条の場合において、隣人が損害を受けたときは、その償金を請求することができる。

（竹木の枝の切除及び根の切取り）
第二三三条① 土地の所有者は、隣地の竹木の枝が境界線を越えるときは、その竹木の所有者に、その枝を切除させることができる。
② 前項の場合において、竹木が数人の共有に属するときは、各共有者は、その枝を切り取ることができる。
③ 第一項の場合において、次に掲げるときは、土地の所有者は、その枝を切り取ることができる。
一 竹木の所有者に枝を切除するよう催告したにもかかわらず、竹木の所有者が相当の期間内に切除しないとき。
二 竹木の所有者を知ることができず、又はその所在を知ることができないとき。
三 急迫の事情があるとき。
④ 隣地の竹木の根が境界線を越えるときは、その根を切り取ることができる。
参❷【共有物の管理→二五二

（境界線付近の建築の制限）

第二三四条① 建物を築造するには、境界線から五十センチメートル以上の距離を保たなければならない。

② 前項の規定に違反して建築をしようとする者があるときは、隣地の所有者は、その建築を中止させ、又は変更させることができる。ただし、建築に着手した時から一年を経過し、又はその建物が完成した後は、損害賠償の請求のみをすることができる。

⊛+二三六 ❷【損害賠償↓七〇九】

1 **建築基準法との関係**
防火地域・準防火地域内において外壁が耐火構造の建築物を隣地境界線に接して建築することを認めた建築基準法六五条［現六三条］が適用される場合は、本条一項の適用が排除される。（最判平元・9・19民集四三・八・九五五、行政百選Ⅰ七版一〇……伊藤裁判官の反対意見がある）↓行総◘【Ⅰ】11

第二三五条① 境界線から一メートル未満の距離において他人の宅地を見通すことのできる窓又は縁側（ベランダを含む。次項において同じ。）を設ける者は、目隠しを付けなければならない。

② 前項の距離は、窓又は縁側の最も隣地に近い点から垂直線によって境界線に至るまでを測定して算出する。

⊛+二三六

（境界線付近の建築に関する慣習）

第二三六条 前二条の規定と異なる慣習があるときは、その慣習に従う。

（境界線付近の掘削の制限）

第二三七条① 井戸、用水だめ、下水だめ又は肥料だめを掘るには境界線から二メートル以上、池、穴蔵又はし尿だめを掘るには境界線から一メートル以上の距離を保たなければならない。

② 導水管を埋め、又は溝若しくは堀を掘るには、境界線からその深さの二分の一以上の距離を保たなければならない。ただし、一メートルを超えることを要しない。

⊛+二三八

（境界線付近の掘削に関する注意義務）

第二三八条 境界線の付近において前条の工事をするときは、土砂の崩壊又は水若しくは汚液の漏出を防ぐため必要な注意をしなければならない。

◆【境界確定】

1 **一 合意による境界確定の効力**
相隣者間に境界を定めた事実があっても一筆の土地の境界自体は変動せず、当該合意の事実を境界確定のための一資料とすることはできるが、これのみによって境界を確定することはできない。（最判昭42・12・26民集二一・一〇・二六二七、続民訴百選五五）↓民訴◆【訴え】［一三四条の前］34

2 **二 境界確定の訴え**↓民訴◆【訴え】［一三四条の前］26～31
隣接土地所有者間において、一方の土地の所有者が他方の土地のうち境界の全部に隣接する部分を時効取得したとしても、各所有者は、境界確定の訴えの当事者適格を失わない。（最判平7・3・7民集四九・三・九一九、重判平7民訴三）

第二節 所有権の取得

（無主物の帰属）

第二三九条① 所有者のない動産は、所有の意思をもって占有することによって、その所有権を取得する。

② 所有者のない不動産は、国庫に帰属する。

⊛+【動産・不動産↓八六】【所有の意思の推定↓一八六】【無主の相続財産の国庫帰属↓九五九 ❷相続国庫帰属

一 「所有者のない動産」として先占による所有権取得を認めた例

1 野生の狸［たぬき］を狭い岩穴に追い込み、石で入口を閉塞した場合には、それを確実に先占したものである。（大判大14・6・9刑集四・三七八）↓刑三八条23

二 「所有者のない動産」でないとした例

2 ゴルファーが誤ってゴルフ場内の人工池に打ち込み放置したいわゆるロストボールは、ゴルフ場の所有に帰したもので、無主物ではない。（最決昭62・4・10刑集四一・三・二二一、重判昭62刑六）↓刑二三五条27・二五四条7

参考 相続等により取得した土地所有権の国庫への帰属に関する法律（令和三・四・二八法二五）（抜粋）

（承認申請）

第二条① 土地の所有者（相続等によりその土地の所有権の全部又は一部を取得した者に限る。）は、法務大臣に対し、その土地の所有権を国庫に帰属させることについての承認を申請することができる。

② 土地が数人の共有に属する場合には、前項の規定による承認の申請（以下「承認申請」という。）は、共有者の全員が共同して行うときに限り、することができる。この場合においては、同項の規定にかかわらず、その有する共有持分の全部を相続等以外の原因により取得した共有者であっても、相続等により共有持分の全部又は一部を取得した共有者と共同して、承認申請をすることができる。

③ 承認申請は、その土地が次の各号のいずれかに該当するものであるときは、することができない。

一 建物の存する土地
二 担保権又は使用及び収益を目的とする権利が設定されている土地
三 通路その他の他人による使用が予定される土地として政令で定めるものが含まれる土地
四 土壌汚染対策法（平成十四年法律第五十三号）第二条第一項に規定する特定有害物質（法務省令で定める基準を超えるものに限る。）により汚染されている土地
五 境界が明らかでない土地その他の所有権の存否、帰属又は範囲について争いがある土地

（遺失物の拾得）

第二四〇条 遺失物は、遺失物法（平成十八年法律第七十三号）の定めるところに従い公告をした後三箇月以内にその所有者が判明しないときは、これを拾得した者がその所有権を取得する。

⊛+【特別法↓遺失】【逃失した家畜外の動物↓一九五】【遺失物横領罪↓刑二五四、二五五】【遺失物と即時取得↓一九三、一九四】

（埋蔵物の発見）
第二四一条　埋蔵物は、遺失物法の定めるところに従い公告をした後六箇月以内にその所有者が判明しないときは、これを発見した者がその所有権を取得する。ただし、他人の所有する物の中から発見された埋蔵物については、これを発見した者及びその他人が等しい割合でその所有権を取得する。

⊕【特別法→遺失二①、七④

[1] **埋蔵物の意義**　土地その他の物の中に外部からは容易に目撃できないような状態に置かれ、しかも現在何人の所有であるか分かりにくい物をいう。（最判昭37・6・1訟月八・六・一〇〇五……陸軍糧抹［りょうまつ］本部が終戦後、構内ドック中に沈めておいた銀塊が埋蔵物に当たらないとした例）

（不動産の付合）
第二四二条　不動産の所有者は、その不動産に従として付合した物の所有権を取得する。ただし、権原によってその物を附属させた他人の権利を妨げない。

⊕【不動産→八六①【付合の効果→二四七、二四八【付合した物の収去権→二六九、二七九、五九九①②、六二二【付加物と抵当権→三七〇

一　付合したとされた例

1　建物の場合

[1] 建物所有者が店舗に改造して賃貸するために造作を取り外し、壁を取り壊すなどして放置していた後に、造作等一切を賃借人の負担で取り付ける等の約定で賃貸借がされ、賃借人が建物として完成させた場合には、完成した建物の所有権は、付合により賃貸人の所有に帰属する。（最判昭34・2・5民集一三・一・五一）

[2] 増築部分が既存建物と別個独立の存在を有せず、その構成部分となっている場合には、増築部分は、既存建物の所有者の所有に帰属する。（最判昭38・5・31民集一七・四・五八八）

[3] 建物新築部分が従前部分と構造的に接合していない場合であっても、当該新築部分の構造、利用方法を考察し、その部分が従前の建物に接して築造され、構造上建物としての独立性を欠き、従前の建物と一体となって利用され、取引されるべき状態にあるときは、右部分は従前の建物に付合したものと解される。（最判昭43・6・13民集二二・六・一一八三）

[4] 建物賃借人が、賃借建物である平家の上に二階を増築した場合において、右二階部分への出入りが賃借建物内の部屋の中にあるはしご段を使用するほかないときは、二階部分は独立性を有せず、増築につき賃貸人の承諾を受けたとしても、本条ただし書の適用はない。（最判昭44・7・25民集二三・八・一六二七、民百選Ⅰ［八版］七三）

2　植物の場合

[5] まかれた種から生育した苗の所有権は、播種［はしゅ］が権原を有しない者によってされた場合には、本条本文により土地所有者が取得する。（最判昭31・6・19民集一〇・六・六七八、民百選Ⅰ［初版］七六）

二　付合しないとされた例

1　建物の場合

[6] 二階建木造建物の階下の一部を賃借した者が、賃貸人の承諾を得て賃借部分を取り壊しその跡に自己の負担で店舗を作った場合には、右店舗部分が原家屋の柱、梁［はり］を利用している事実があっても、賃借人が権原によって原家屋に附属させた独立の建物であって、区分所有権の対象となる。（最判昭38・10・29民集一七・九・一二三六……ただし、店舗部分の区分所有権を当初から賃貸人に帰属させ、賃借人がこれを賃借する旨の特約があったかどうかについて審理を尽くさせるため差戻し）

2　植物の場合

[7] 山林を買い受け、立木を植栽した者が、地盤所有権の取得について未登記であった場合に、第三者に山林が二重に譲渡され、移転登記が経由されたために、それらの者に山林所有権を対抗できなくなったときは、本条ただし書の類推により、立木の地盤への付合は遡って否定されるが、植栽者が立木の所有権を対抗するには、明認方法などの対抗要件を必要とする。（最判昭35・3・1民集一四・三・三〇七、民百選Ⅰ［五補］六一）

三　付合の時期

[8] 公有水面を埋め立てるために投入された土砂は、その投入によって直ちに公有水面の地盤に付合して国の所有となることはなく、原則として、埋立権者が右の土砂を利用して埋立工事を完成し竣功［しゅんこう］認可を受けた時に公有水面埋立法二四条の規定により埋立地の所有権を取得するのに伴い、本条の規定によって直接右の土砂の所有権をも取得する。（最判昭57・6・17民集三六・五・八二四……公有水面埋立法による許可を受けずに埋立権と共に土砂を譲り受けた者がその所有権を取得し得るとした例）→八六条[11]

（動産の付合）
第二四三条　所有者を異にする数個の動産が、付合により、損傷しなければ分離することができなくなったときは、その合成物の所有権は、主たる動産の所有者に帰属する。分離するのに過分の費用を要するときも、同様とする。

⊕二四四【動産→八六②【付合の効果→二四七、二四八

第二四四条　付合した動産について主従の区別をすることができないときは、各動産の所有者は、その付合の時における価格の割合に応じてその合成物を共有する。

⊕二四三【動産→八六②【付合の効果→二四七、二四八【共有→二四九―二六二

（混和）
第二四五条　前二条の規定は、所有者を異にする物が混和して識別することができなくなった場合について準用する。

⊕【混和の効果→二四七、二四八

（加工）
第二四六条①　他人の動産に工作を加えた者（以下この条において「加工者」という。）があるときは、その加工物の所有権は、材料の所有者に帰属する。ただし、工作によって生じた価格が材料の価格を著しく超えるときは、加工者がその加工物の所有権を取得する。

②　前項に規定する場合において、加工者が材料の一部を供したときは、その価格に工作によって生じた価格

を加えたものが他人の材料の価格を超えるときに限り、加工者がその加工物の所有権を取得する。

⊛【動産↓八六②【加工の効果↓二四七・二四八

本条二項の適用例

[1] 建築途上においていまだ独立の不動産に至らないいわゆる建前に、第三者が材料を供して工事を施し、独立の不動産である建物に仕上げた場合には、その建物所有権の帰属は、本条二項によって決定される。（最判昭54・1・25民集三三・一・二六、民百選Ⅰ[八版]七二）↓◆【請負建物の所有権の帰属】［六四二条の後］[判]

第二四七条（**付合、混和又は加工の効果**）① 第二百四十二条から前条までの規定により物の所有権が消滅したときは、その物について存する他の権利も、消滅する。

② 前項に規定する場合において、物の所有者が、合成物、混和物又は加工物（以下この項において「合成物等」という。）の単独所有者となったときは、その物について存する他の権利は以後その合成物等について存し、物の所有者が合成物等の共有者となったときは、その物について存する他の権利は以後その持分について存する。

⊛二四八

建物が合体した場合と抵当権

[1] 互いに主従関係にない甲乙二棟の建物が、工事により、一棟の丙建物となった場合でも、これにより甲又は乙に設定されていた抵当権が消滅することはなく、右抵当権は、丙のうち、甲又は乙の価格の割合に応じた持分を目的とするものとして、存続する。（最判平6・1・25民集四八・一・一八、民百選Ⅰ[五補]七四）↓三六九条[10]

第二四八条（**付合、混和又は加工に伴う償金の請求**）　第二百四十二条から前条までの規定の適用によって損失を受けた者は、第七百三条及び第七百四条の規定に従い、その償金を請求することができる。

⊛【償金請求権への物上代位↓三〇四・三五〇・三七二

◆**【金銭所有権】**

[1] 金銭は、特別の場合を除いては、物としての個性を有せず、単なる価値そのものと考えるべきであり、価値は金銭の所在に随伴するものであるから、金銭の所有者は、特段の事情のない限り、その占有者と一致すると解すべきであり、また金銭を現実に支配して占有する者は、それをいかなる理由によって取得したか、またその占有を正当付ける権利を有するか否かに関わりなく、価値の帰属者すなわち金銭の所有者とみるべきものである。（最判昭39・1・24判時三六五・二六、民百選Ⅰ[八版]七七）

[2] 受任者が委任契約によって委任者から代理権を授与されている場合、受任者が受け取った物の所有権は当然に委任者に移転するが、金銭については、占有と所有とが結合しているため、金銭の所有権は常に金銭の受領者（占有者）である受任者に帰属し、受任者は同額の金銭を委任者に支払うべき義務を負うことになるにすぎない。（最判平15・2・21民集五七・二・九五、民百選Ⅱ[八版]七三）↓六六六条[4]、破六二条[3]

第三節　共有

⊛【共有に関する特別規定↓六六八・六七四―六七七・八九八・八九九・九〇六―九一四、建物区分

第二四九条（**共有物の使用**）① 各共有者は、共有物の全部について、その持分に応じた使用をすることができる。

② 共有物を使用する共有者は、別段の合意がある場合を除き、他の共有者に対し、自己の持分を超える使用の対価を償還する義務を負う。

③ 共有者は、善良な管理者の注意をもって、共有物の使用をしなければならない。

⊛二五〇―二五三・一〇三七―一〇四二【共有に類似の関係↓信託七九、二六三・二九四・二六四

一　各共有者の第三者に対する権利

1　単独で行使できること

イ　登記抹消請求

[1] 不動産の共有者の一人がその持分に基づき、当該不動産に対してその登記の抹消を求めることは、妨害排除の請求にほかならず、いわゆる保存行為に属する。（最判昭31・5・10民集一〇・五・四八七、民訴百選[四版]九九……共同相続人の一人が単独で登記簿上の所有名義人に移転登記の全部の抹消を求められるとした例）↓民訴四〇条[10]

[2] 不動産の共有者の一人は、その持分権に基づき、共有不動産に対する妨害排除請求ができるので、当該不動産について全く実体上の権利を有しないのに持分移転登記を経由している者に対して、単独で、その抹消登記手続を求めることができる。（最判平15・7・11民集五七・七・七八七、民百選Ⅰ[八版]七五）

ロ　共有持分権の確認

[3] 土地の各共有者は、土地の一部が自己の所有に属すると主張する第三者に対して、単独で、係争地が自己の共有持分権に属することの確認を訴求することができる。（最判昭40・5・20民集一九・四・八五九）↓民訴四〇条[9]

[4] ★相続財産に属する不動産につき単独所有権移転の登記をした共同相続人中の乙及び乙から単独所有権移転の登記を受けた第三取得者丙に対し、他の共同相続人甲は自己の持分を登記なくして対抗し得るが、この場合に甲がその共有権に対する妨害排除として登記を実体的権利に合致させるため乙、丙に対し請求できるのは、甲の持分についてのみの一部抹消（更正）登記手続となる（右各移転登記は乙の持分に関する限り実体関係に符合しており、また甲は自己の持分についてのみ妨害排除の請求権を有するにすぎないから）。（最判昭38・2・22民集一七・一・二三五、民百選Ⅰ[八版]五九）↓八九九条の二[3]

八　商標登録の無効審決等に対する取消訴訟

[5] 商標登録の無効審決に対する取消訴訟の提起は商標権の消滅を防ぐ保存行為に該当するので、商標権の共有者は各自単独で行うことができる。（最判平14・2・22民集五六・二・三四八、特許百選[五版]八三）↓民訴四〇条[26]、特許一七八条[2]

[6] 共有に係る特許の取消決定に対する取消訴訟について、前出[5]と同旨（最判平14・3・25民集五六・三・五七四、重

判平14知財二）→民訴四〇条[27]

2　単独で行使できる範囲

イ　損害賠償請求

[7]　共有地の不法占有を理由として、共有者全員又はその一部の者が不法占有者に対してその損害賠償を求める場合には、各共有者は、それぞれの共有持分の割合に応じて請求すべきものであり、その割合を超えて請求することは許されない。（最判昭51・9・7判時八三一・三五）

ロ　明渡請求

[8]　★少数持分権者は、多数持分権者から共有物を占有使用することを承認された第三者に対し、自己の持分権に基づき、当然には共有物の明渡しを請求することができない。（最判昭57・6・17判時一〇五四・八五……四分の三の持分権者から共有地の一部を買い受け、建物を建築所有している第三者に、四分の一の持分権者が敷地部分の明渡しを請求し、認められなかった例）→[14]・一〇三七条[5]

[9]　★第三者が共有物を占有使用することを共有者の一部の者が承認した場合において、その第三者の占有使用を承認しなかった共有者は、その第三者に対し、当然には共有物の明渡しを請求することができない。（最判昭63・5・20家月四〇・九・五七……四分の三の持分権者から共有建物を無償で借りてこれを使用している第三者に、四分の一の持分権者がその建物の明渡しを請求し、認められなかった例）→[14]

3　全員でなければ行使できないこと

イ　所有権確認の訴え

[10]　共有物の所有権確認の訴えは、共有者全員ですることを要し、各共有者が単独ですることはできない。（大判大5・6・13民録二二・一二〇〇）

ロ　境界確定の訴え

[11]　隣接する土地の一方又は双方が数名の共有に属する場合の境界確定の訴えは、共有者全員ですることを要する。（最判昭46・12・9民集二五・九・一四五七、民訴百選Ⅱ[補正]一六二）→民訴四〇条[4]

二　共有者相互間の関係

1　目的物の利用

[12]　★共有者は、共有物につき持分に応じた使用をすることができるにとどまり、他の共有者との協議を経ずに当然に共有物を単独で使用する権原を有するものではない。しかし、共有者間の合意により共有者の一人が共有物を単独で使用する旨を定めた場合には、右合意により単独使用を認められた共有者は、右合意が変更され、又は共有関係が解消されるまでの間は、共有物を単独で使用することができ、右使用による利益について他の共有者に対して不当利得返還義務を負わない。（最判平10・2・26民集五二・一・二五五、重判平10民一三……内縁の夫婦が居住又は共同事業に使用してきた共有不動産について、その一方が死亡した後は他方が単独の使用をする旨の合意が成立していたと推認した例）→◆【I　婚約ないし内縁】［七七一条の後］[13]・一〇三七条[2]

[13]　★共有者の一人が単独で占有する権原なしに、共有不動産を単独占有していることにより持分に応じた使用が妨げられている他の共有者は、占有者に対して、持分割合に応じて占有部分に係る地代相当額の不当利得金ないし損害賠償金の支払を請求できる。（最判平12・4・7判時一七一三・五〇、重判平12民訴二）→一〇三七条[3]

2　明渡請求

[14]　★多数持分権者は、共有物を単独で占有する少数持分権者に対し、当然にその明渡しを請求することはできず、そのような請求が認められるためには、その明渡しを求める理由を主張・立証しなければならない。（最判昭41・5・19民集二〇・五・九四七、民百選Ⅰ[八版]七四……共同相続財産の例）→[12]・八九八条[2][3]・一〇三五条[7]・一〇三七条[4]・一〇四〇条[7]

3　分割請求→二五八条[判]

三　共有以外の共同所有

1　いわゆる合有

イ　組合→六六八条[7]

ロ　共同相続財産→八九八条[7]

2　いわゆる総有

イ　権利能力のない社団→◆【II　権利能力のない社団・財団】［一編四章名の前］[判]

ロ　共同漁業権

[15]　漁業法［昭和三七法一五六による改正後］の下での共同漁業権は、古来の入会［いりあい］漁業権と異なり、組合員を構成員とする入会集団に総有的に帰属するものではなく、法人としての漁業協同組合に帰属する。（最判平元・7・13民集四三・七・八六六、重判平元民二……漁業権放棄の対価である補償金の配分は全員一致ではなく総会の特別決議によるとした例）

第二五〇条（共有持分の割合の推定）　各共有者の持分は、相等しいものと推定する。

参【共有の持分に関する規定→二四一・二四四・二四五・八九八②・九〇〇―九〇二【持分の効果→二五二・二五三・二五五・二六一・六七四【持分の登記→不登五九四

第二五一条（共有物の変更）①　各共有者は、他の共有者の同意を得なければ、共有物に変更（その形状又は効用の著しい変更を伴わないものを除く。次項において同じ。）を加えることができない。

②　共有者が他の共有者を知ることができず、又はその所在を知ることができないときは、裁判所は、共有者の請求により、当該他の共有者以外の他の共有者の同意を得て共有物に変更を加えることができる旨の裁判をすることができる。

参二五二―二五三【本条の特則→二三一・二三二　❷【本項の規定による裁判→非訟八五

[1]　共有者の一部が他の共有者の同意を得ずに共有物を物理的に損傷したり改変したりするなど共有物に変更を加える行為をしている場合、他の共有者は、各自の共有持分権に基づいて、行為の全部の禁止を求めることだけでなく、特段の事情のある場合を除き、行為により生じた結果を除去して共有物を原状に復させることを求めることもできる。（最判平10・3・24判時一六四一・八〇）

第二五二条（共有物の管理）①　共有物の管理に関する事項（次条第一項に規定する共有物の管理者の選任及び解任を含み、共有物に前条第一項に規定する変更を加えるものを除く。次項において同じ。）は、各共有者の持分の価格に従い、その過半数で決する。共有物を使用する共有者があるときも、同様とする。

② 裁判所は、次の各号に掲げるときは、当該各号に規定する他の共有者以外の共有者の請求により、当該他の共有者以外の共有者の持分の価格に従い、その過半数で共有物の管理に関する事項を決することができる旨の裁判をすることができる。
一 共有者が他の共有者を知ることができず、又はその所在を知ることができないとき。
二 共有者が他の共有者に対し相当の期間を定めて共有物の管理に関する事項を決することについて賛否を明らかにすべき旨を催告した場合において、当該他の共有者がその期間内に賛否を明らかにしないとき。
③ 前二項の規定による決定が、共有者間の決定に基づいて共有物を使用する共有者に特別の影響を及ぼすべきときは、その承諾を得なければならない。
④ 共有者は、前三項の規定により、共有物に、次の各号に掲げる賃借権その他の使用及び収益を目的とする権利（以下この項において「賃借権等」という。）であって、当該各号に定める期間を超えないものを設定することができる。
一 樹木の栽植又は伐採を目的とする山林の賃借権等　十年
二 前号に掲げる賃借権等以外の土地の賃借権等　五年
三 建物の賃借権等　三年
四 動産の賃借権等　六箇月
⑤ 各共有者は、前各項の規定にかかわらず、保存行為をすることができる。

⊛＋二五〇、二五一、二五二の二、二五三【本条の特則↓六七〇】❷【本項の規定による裁判↓非訟八五】

一 管理行為に当たるとされた例
1 建物の使用貸借契約の解除
[1] ★家屋の使用貸主が死亡した場合に、共同相続人がその使用貸借を解除すること（最判昭29・3・12民集八・三・六九六……共同相続人の一人が使用借主であった場合につき、共有者の過半数による決定がないとして、解除の効力を認めなかった例）
2 土地の貸借契約の解除
[2] 共有者が共有物を目的とする貸借契約を解除すること（最判昭39・2・25民集一八・二・三二九……民法五四四条一項の適用が排除される）↓五四四条[7]
二 保存行為に当たるとされた例
1 登記抹消請求↓二四九条[7]
2 預金取引経過開示請求（民法二六四条による準用）↓六六六条[9]・八九八条[4]

第二五二条の二（共有物の管理者）① 共有物の管理者は、共有物の管理に関する行為をすることができる。ただし、共有者の全員の同意を得なければ、共有物に変更（その形状又は効用の著しい変更を伴わないものを除く。次項において同じ。）を加えることができない。
② 共有物の管理者が共有者を知ることができず、又はその所在を知ることができないときは、裁判所は、共有物の管理者の請求により、当該共有者以外の共有者の同意を得て共有物に変更を加えることができる旨の裁判をすることができる。
③ 共有物の管理者は、共有者が共有物の管理に関する事項を決した場合には、これに従ってその職務を行わなければならない。
④ 前項の規定に違反して行った共有物の管理者の行為は、共有者に対してその効力を生じない。ただし、共有者は、これをもって善意の第三者に対抗することができない。

⊛＋二五一―二五三　❷【本項の規定による裁判↓非訟八五】

第二五三条（共有物に関する負担）① 各共有者は、その持分に応じ、管理の費用を支払い、その他共有物に関する負担を負う。
② 共有者が一年以内に前項の義務を履行しないときは、他の共有者は、相当の償金を支払ってその者の持分を取得することができる。

⊛＋二五〇、二五二、二五二の二、二五四、二五九

第二五四条（共有物についての債権）共有者の一人が共有物について他の共有者に対して有する債権は、その特定承継人に対しても行使することができる。

⊛＋二五三、二五九

[1] 土地の共有持分の一部を譲り受けた者が、他の共有者と、共有者内部においては、土地を分割し、その部分を右譲受人の単独所有として独占的に使用し、後に分筆登記が可能になったときは直ちにその登記をすることを約した場合には、その後同土地につき共有持分を譲り受けた第三者は本条の特定承継人に該当し、この第三者に対して譲受人は、分割契約上の債権を行使することができる。（最判昭34・11・26民集一三・一二・一五五〇）
[2] 共有持分を譲り受けた者は、分割又は管理に関する特約等、共有であることと分離できない共有者間の権利関係を当然に承継するが、共有物を買う資金の借入れに係る債務等の負担を定める契約に基づく義務は、共有であることと分離できない共有者間の権利関係でないから、それを承継しない。（大判大8・12・11民録二五・二二七四）

第二五五条（持分の放棄及び共有者の死亡）共有者の一人が、その持分を放棄したとき、又は死亡して相続人がないときは、その持分は、他の共有者に帰属する。

⊛＋【相続人の不存在↓九五八の二、九五九】

一 民法九四条の類推適用↓九四条[4]
二 民法九五八条の二との関係↓九五八条の二[2]

第二五六条（共有物の分割請求）① 各共有者は、いつでも共有物の分割を請求することができる。ただし、五年を超えない期間内は分割をしない旨の契約をすることを妨げない。
② 前項ただし書の契約は、更新することができる。た

だし、その期間は、更新の時から五年を超えることができない。

参【分割の実行→二五八、九〇七【分割の制限→二五七、六七六③、九〇八【破産と共有分割→破五二【不分割契約の効力→二五四、不登五九⑥、六五

一　共有物の分割の意義

[1] 共有物の分割は、共有者相互間において、共有物の各部分につき、その有する持分の交換又は売買が行われることであって、各共有者がその取得部分について単独所有権を原始的に取得するものではない。（最判昭42・8・25民集二一・七・一七二九……分筆及び移転登記をすべきであるとした例）

二　共有森林の分割請求権

[2] 共有森林の分割請求を制限した森林法一八六条〔昭和六二法四八による改正前〕は、憲法二九条二項に違反し無効というべきであるから、共有森林につき持分価額二分の一以下の共有者についても本条一項本文の適用がある。（最大判昭62・4・22民集四一・三・四〇八、憲百選I〔七版〕九六）→二五八条[2]、憲二九条[10]

三　分割した場合の登記方法→[7]

第二五七条　前条の規定は、第二百二十九条に規定する共有物については、適用しない。

（裁判による共有物の分割）

第二五八条①　共有物の分割について共有者間に協議が調わないとき、又は協議をすることができないときは、その分割を裁判所に請求することができる。

② 裁判所は、次に掲げる方法により、共有物の分割を命ずることができる。

一　共有物の現物を分割する方法

二　共有者に債務を負担させて、他の共有者の持分の全部又は一部を取得させる方法

③ 前項に規定する方法により共有物を分割することができないとき、又は分割によってその価格を著しく減少させるおそれがあるときは、裁判所は、その競売を命ずることができる。

④ 裁判所は、共有物の分割の裁判において、当事者に対して、金銭の支払、物の引渡し、登記義務の履行その他の給付を命ずることができる。

参❶二五六【遺産分割の請求→九〇七②　❷【遺産の分割方法→九〇六―九〇八　❸【競売→民執一九五

一　共有者の協議が調わないとき

[1] 共有者の一部に共有物分割の協議に応ずる意思がないため共有者全員で協議ができない場合を含み、現実に協議をした上で不調に終わった場合に限られるものではない。（最判昭46・6・18民集二五・四・五五〇）→[5]・一七七条[28]

二　分割の方法

1　現物分割の方法

[2] ① 現物分割をするに当たり、持分の価格に応じた分割をする場合において、共有者の取得する現物の価格に過不足を来すときは、持分の価格以上の現物を取得する共有者に超過分の対価を支払わせ、過不足の調整をすることも許される。

② 分割の対象となる共有物が多数の不動産である場合には、これらの不動産が外形上一団と見られるときはもとより、数箇所に分かれて存在するときでも、右不動産を一括して分割の対象とし、分割後のそれぞれの部分を各共有者の単独所有とすることも許される。

③ 共有者が多数である場合、その中のただ一人でも分割請求するときは、直ちにその全部の共有関係が解消されるものと解すべきではなく、当該請求者に対してのみ持分の限度で現物分割し、その余は他の者の共有として残すことも許される。（最大判昭62・4・22民集四一・三・四〇八、民百選I〔四版〕七七）→二五六条[2]

[3] 共有不動産について、分割請求する原告が多数である場合には、被告の持分の限度で現物を分割し、その余は原告らの共有として残す方法によることも許される。（最判平4・1・24家月四四・七・五一、重判平4民二）

2　全面的価格賠償による分割

[4] ★共有物分割の申立てを受けた裁判所としては、共有物の性質及び形状、共有関係の発生原因、共有者の数及び持分の割合、共有物の利用状況及び分割された場合の経済的価値、分割方法についての共有者の希望及びその合理性の有無等の事情を総合的に考慮し、当該共有物を共有者のうち特定の者に取得させるのが相当であると認められ、かつ、その価格が適正に評価され、当該共有物を取得する者に支払能力があって、他の共有者にはその持分の価格を取得させることとしても共有者間の実質的公平を害しないと認められる特段の事情が存するときは、共有物を共有者のうちの一人の単独所有又は数人の共有とし、これらの者から他の共有者に対して持分の価格を賠償させる方法、すなわち全面的価格賠償の方法によることも許される。（最判平8・10・31民集五〇・九・二五六三、民百選I〔八版〕七六）

3　持分譲渡が対抗できない場合

[5] 持分譲渡があっても、その登記がないためにこれをもって他の共有者に対抗できないときは、右持分がなお譲渡人に帰属するものとして共有物分割をするべきである。（最判昭46・6・18前出[1]）→一七七条[28]

三　競売に対する民執法の準用

[6] 本条二項〔現三項〕所定の競売を命ずる判決に基づく不動産競売については、民執法五九条の準用を前提として、同法六三条が準用される。（最決平24・2・7判時二一六三・三、執保百選〔三版〕八〇）→民執一九五条[3]

第二五八条の二①　共有物の全部又はその持分が相続財産に属する場合において、共同相続人間で当該共有物の全部又はその持分について遺産の分割をすべきときは、当該共有物又はその持分について前条の規定による分割をすることができない。

② 共有物の持分が相続財産に属する場合において、相続開始の時から十年を経過したときは、前項の規定にかかわらず、相続財産に属する共有物の持分について前条の規定による分割をすることができる。ただし、当該共有物の持分について遺産の分割の請求があった場合において、相続人が当該共有物の持分について同条の規定による分割をすることに異議の申出をしたときは、この限りでない。

③ 相続人が前項ただし書の申出をする場合には、当該申出は、当該相続人が前条第一項の規定による請求を受けた裁判所から当該請求があった旨の通知を受けた日から二箇月以内に当該裁判所にしなければならな

い。

参二五八【遺産の分割→九〇六―九〇七

一　共同相続財産に属する財産を分割する方法

1 ★相続により相続人の共有となった財産について、共同相続人間に遺産分割の協議が調わないとき、又は協議をすることができないときは、家庭裁判所に対して遺産分割の審判を求めるべきであって、共有物分割の訴えを提起することは許されない。（最判昭62・9・4家月四〇・一・一六一、家族百選[五版]九一）→九〇七条8

二　遺産共有持分権が第三者に対して譲渡されたときの扱い

2 共同相続人の一人から遺産を構成する特定不動産についての共有持分権を譲り受けた第三者が、共同所有関係の解消のためにとるべき手続は、遺産分割審判ではなく共有物分割訴訟である。（最判昭50・11・7民集二九・一〇・一五二五、家族百選[三版]一〇二）→九〇七条7

三　遺産共有持分と他の共有持分とが併存する共有物を分割する方法

3 ★共有物について、遺産共有持分と他の共有持分とが併存する場合、共有関係の解消を求める裁判上の手続は共有物分割訴訟であり、共有物分割の判決によって遺産共有持分を有していた者に分与された財産は遺産分割の対象となる。右訴訟において、価格賠償による分割の判決がされたときは、賠償金の支払を受けた者は、遺産分割がされるまでの間これを保管する義務を負うが、裁判所は、その判決において、保管すべき賠償金の範囲を定めた上で、各自の保管すべき範囲に応じた額の賠償金を支払うことを命ずることができる。（最判平25・11・29民集六七・八・一七三六、重判平26民三）→九〇七条9、民訴◆【訴え】［一三四条の前］35

（共有に関する債権の弁済）

第二五九条① 共有者の一人が他の共有者に対して共有に関する債権を有するときは、分割に際し、債務者に帰属すべき共有物の部分をもって、その弁済に充てることができる。

② 債権者は、前項の弁済を受けるため債務者に帰属すべき共有物の部分を売却する必要があるときは、その売却を請求することができる。

参二五三、二五四、二五六、二五八

（共有物の分割への参加）

第二六〇条① 共有物について権利を有する者及び各共有者の債権者は、自己の費用で、分割に参加することができる。

② 前項の規定による参加の請求があったにもかかわらず、その請求をした者を参加させないで分割をしたときは、その分割は、その請求をした者に対抗することができない。

参二五六、二五八【訴訟による参加の方式→民訴四七

（分割における共有者の担保責任）

第二六一条 各共有者は、他の共有者が分割によって取得した物について、売主と同じく、その持分に応じて担保の責任を負う。

参【持分→二五〇【売主の担保責任→五六二―五七二、五五九【遺産分割と担保責任→九一一―九一四

（共有物に関する証書）

第二六二条① 分割が完了したときは、各分割者は、その取得した物に関する証書を保存しなければならない。

② 共有者の全員又はそのうちの数人に分割した物に関する証書は、その物の最大の部分を取得した者が保存しなければならない。

③ 前項の場合において、最大の部分を取得した者がないときは、分割者間の協議で証書の保存者を定める。協議が調わないときは、裁判所が、これを指定する。

④ 証書の保存者は、他の分割者の請求に応じて、その証書を使用させなければならない。

参❸【証書保存者の指定→非訟八六　❹【訴訟における文書提出義務→民訴二二〇

（所在等不明共有者の持分の取得）

第二六二条の二① 不動産が数人の共有に属する場合において、共有者が他の共有者を知ることができず、又はその所在を知ることができないときは、裁判所は、共有者の請求により、その共有者に、当該他の共有者（以下この条において「所在等不明共有者」という。）の持分を取得させる旨の裁判をすることができる。この場合において、請求をした共有者が二人以上あるときは、請求をした各共有者に、所在等不明共有者の持分を、請求をした各共有者の持分の割合で按分してそれぞれ取得させる。

② 前項の請求があった持分に係る不動産について第二百五十八条第一項の規定による請求又は遺産の分割の請求があり、かつ、所在等不明共有者以外の共有者が前項の請求を受けた裁判所に同項の裁判をすることについて異議がある旨の届出をしたときは、裁判所は、同項の裁判をすることができない。

③ 所在等不明共有者の持分が相続財産に属する場合（共同相続人間で遺産の分割をすべき場合に限る。）において、相続開始の時から十年を経過していないときは、裁判所は、第一項の裁判をすることができない。

④ 第一項の規定により共有者が所在等不明共有者の持分を取得したときは、所在等不明共有者は、当該共有者に対し、当該共有者が取得した持分の時価相当額の支払を請求することができる。

⑤ 前各項の規定は、不動産の使用又は収益をする権利（所有権を除く。）が数人の共有に属する場合について準用する。

参二六二の三【取得の裁判→非訟八七　❷【遺産の分割→九〇六―九〇七　❸【相続財産→八九六

（所在等不明共有者の持分の譲渡）

第二六二条の三① 不動産が数人の共有に属する場合において、共有者が他の共有者を知ることができず、又はその所在を知ることができないときは、裁判所は、共有者の請求により、その共有者に、当該他の共有者（以下この条において「所在等不明共有者」という。）以外の共有者の全員が特定の者に対してその有する持分の全部を譲渡することを停止条件として所在等不明

共有者の持分を当該特定の者に譲渡する権限を付与する旨の裁判をすることができる。

② 所在等不明共有者の持分が相続財産に属する場合（共同相続人間で遺産の分割をすべき場合に限る。）において、相続開始の時から十年を経過していないときは、裁判所は、前項の裁判をすることができない。

③ 第一項の裁判により付与された権限に基づき共有者が所在等不明共有者の持分を第三者に譲渡したときは、所在等不明共有者は、当該譲渡をした共有者に対し、不動産の時価相当額を所在等不明共有者の持分に応じて按分して得た額の支払を請求することができる。

④ 前三項の規定は、不動産の使用又は収益をする権利（所有権を除く。）が数人の共有に属する場合について準用する。

⊛二六二の二【譲渡権限付与の裁判→非訟八八　❷【相続財産→八九六

（共有の性質を有する入会権）

第二六三条　共有の性質を有する入会権については、各地方の慣習に従うほか、この節の規定を適用する。

⊛【共有の性質を有しない入会権→二九四【入会権と登記→不登三

共有の性質を有する入会〔いりあい〕**権**→◘【入会権】〔二九四条の後〕判

（準共有）

第二六四条　この節（第二百六十二条の二及び第二百六十二条の三を除く。）の規定は、数人で所有権以外の財産権を有する場合について準用する。ただし、法令に特別の定めがあるときは、この限りでない。

⊛【別段の定め→二八二・二八四・二九二・三九八の一四・四二七・五四四・六七〇―六七六、会社一〇六・六〇八⑤・六八六、特許三三③・三八・七三・七七⑤・九四⑥、著作六四・六五・一一七

準共有の例

1 仮換地の一部の譲渡

[7] 土地の売買契約が仮換地につきその一部分を特定して締結され、従前の土地そのものにつき買受部分を特定してされたものでないときは、特段の事情のない限り、仮換地全体の地積に対する当該特定部分の地積の比率に応じた従前の土地の共有持分について売買契約が締結され、買主と売主とは従前の土地の共有者となり、売買の効力が生ずるに伴い、仮換地上にいわゆる準共有関係として従前の土地に対する持分の割合に応じた使用収益権を取得する。（最判昭44・11・4民集二三・一一・一九六八）

2 共同相続財産に属する所有権以外の財産権のうち、当然に分割される財産に当たらないもの

イ 株式→八九九条[6][7]

ロ 委託者指図型投資信託受益権・個人向け国債→八九九条[8]

ハ 普通預金債権、通常貯金債権及び定期貯金債権→八九九条[10]

第四節　所有者不明土地管理命令及び所有者不明建物管理命令

（所有者不明土地管理命令）

第二六四条の二① 裁判所は、所有者を知ることができず、又はその所在を知ることができない土地（土地が数人の共有に属する場合にあっては、共有者を知ることができず、又はその所在を知ることができない土地の共有持分）について、必要があると認めるときは、利害関係人の請求により、その請求に係る土地又は共有持分を対象として、所有者不明土地管理人（第四項に規定する所有者不明土地管理人をいう。以下同じ。）による管理を命ずる処分（以下「所有者不明土地管理命令」という。）をすることができる。

② 所有者不明土地管理命令の効力は、当該所有者不明土地管理命令の対象とされた土地（共有持分を対象として所有者不明土地管理命令が発せられた場合にあっては、共有物である土地）にある動産（当該所有者不明土地管理命令の対象とされた土地の所有者又は共有持分を有する者が所有するものに限る。）に及ぶ。

③ 所有者不明土地管理命令は、所有者不明土地管理命令が発せられた後に当該所有者不明土地管理命令が取り消された場合において、当該所有者不明土地管理命令の対象とされた土地又は共有持分及び当該所有者不明土地管理命令の効力が及ぶ動産の管理、処分その他の事由により所有者不明土地管理人が得た財産について、必要があると認めるときも、することができる。

④ 裁判所は、所有者不明土地管理命令をする場合には、当該所有者不明土地管理命令において、所有者不明土地管理人を選任しなければならない。

⊛二六四の三―二六四の七【手続→非訟九〇　❷❸【動産→八六②

（所有者不明土地管理人の権限）

第二六四条の三① 前条第四項の規定により所有者不明土地管理人が選任された場合には、所有者不明土地管理命令の対象とされた土地又は共有持分及び所有者不明土地管理命令の効力が及ぶ動産並びにその管理、処分その他の事由により所有者不明土地管理人が得た財産（以下「所有者不明土地等」という。）の管理及び処分をする権利は、所有者不明土地管理人に専属する。

② 所有者不明土地管理人が次に掲げる行為の範囲を超える行為をするには、裁判所の許可を得なければならない。ただし、この許可がないことをもって善意の第三者に対抗することはできない。

一　保存行為

二　所有者不明土地等の性質を変えない範囲内において、その利用又は改良を目的とする行為

⊛二六四の二・二六四の四―二六四の七　❶【動産→八六②

（所有者不明土地等に関する訴えの取扱い）

第二六四条の四　所有者不明土地管理命令が発せられた場合には、所有者不明土地等に関する訴えについては、所有者不明土地管理人を原告又は被告とする。

⊛二六四の二・二六四の三・二六四の五―二六四の七【訴訟手続

の中断及び受継↓民訴一二五

（所有者不明土地管理人の義務）

第二六四条の五① 所有者不明土地管理人は、所有者不明土地等の所有者（その共有持分を有する者を含む。）のために、善良な管理者の注意をもって、その権限を行使しなければならない。

② 数人の者の共有持分を対象として所有者不明土地管理命令が発せられたときは、所有者不明土地管理人は、当該所有者不明土地管理命令の対象とされた共有持分を有する者全員のために、誠実かつ公平にその権限を行使しなければならない。

⊛二六四の二―二六四の四・二六四の六・二六四の七

（所有者不明土地管理人の解任及び辞任）

第二六四条の六① 所有者不明土地管理人がその任務に違反して所有者不明土地等に著しい損害を与えたことその他重要な事由があるときは、裁判所は、利害関係人の請求により、所有者不明土地管理人を解任することができる。

② 所有者不明土地管理人は、正当な事由があるときは、裁判所の許可を得て、辞任することができる。

⊛二六四の二―二六四の五・二六四の七

（所有者不明土地管理人の報酬等）

第二六四条の七① 所有者不明土地管理人は、所有者不明土地等から裁判所が定める額の費用の前払及び報酬を受けることができる。

② 所有者不明土地管理人による所有者不明土地等の管理に必要な費用及び報酬は、所有者不明土地等の所有者（その共有持分を有する者を含む。）の負担とする。

⊛二六四の二―二六四の六

（所有者不明建物管理命令）

第二六四条の八① 裁判所は、所有者を知ることができず、又はその所在を知ることができない建物（建物が数人の共有に属する場合にあっては、共有者を知ることができず、又はその所在を知ることができない建物の共有持分）について、必要があると認めるときは、利害関係人の請求により、その請求に係る建物又は共有持分を対象として、所有者不明建物管理人（第四項に規定する所有者不明建物管理人をいう。以下この条において同じ。）による管理を命ずる処分（以下この条において「所有者不明建物管理命令」という。）をすることができる。

② 所有者不明建物管理命令の効力は、当該所有者不明建物管理命令の対象とされた建物（共有持分を対象として所有者不明建物管理命令が発せられた場合にあっては、共有物である建物）にある動産（当該所有者不明建物管理命令の対象とされた建物の所有者又は共有持分を有する者が所有するものに限る。）及び当該建物を所有し、又は当該建物の共有持分を有するための建物の敷地に関する権利（賃借権その他の使用及び収益を目的とする権利（所有権を除く。）であって、当該所有者不明建物管理命令の対象とされた建物の所有者又は共有持分を有する者が有するものに限る。）に及ぶ。

③ 所有者不明建物管理命令は、所有者不明建物管理命令が発せられた後に当該所有者不明建物管理命令が取り消された場合において、当該所有者不明建物管理命令の対象とされた建物又は共有持分並びに当該所有者不明建物管理命令の効力が及ぶ動産及び建物の敷地に関する権利の管理、処分その他の事由により所有者不明建物管理人が得た財産について、必要があると認めるときも、することができる。

④ 裁判所は、所有者不明建物管理命令をする場合には、当該所有者不明建物管理命令において、所有者不明建物管理人を選任しなければならない。

⑤ 第二百六十四条の三から前条まで〈所有者不明土地管理人の権限、所有者不明土地管理人の義務、解任及び辞任、報酬等〉の規定は、所有者不明建物管理命令及び所有者不明建物管理人について準用する。

⊛二六四の二―二六四の七　❺【訴訟手続の中断及び受継↓民訴一二五③】

第五節　管理不全土地管理命令及び管理不全建物管理命令

（管理不全土地管理命令）

第二六四条の九① 裁判所は、所有者による土地の管理が不適当であることによって他人の権利又は法律上保護される利益が侵害され、又は侵害されるおそれがある場合において、必要があると認めるときは、利害関係人の請求により、当該土地を対象として、管理不全土地管理人（第三項に規定する管理不全土地管理人をいう。以下同じ。）による管理を命ずる処分（以下「管理不全土地管理命令」という。）をすることができる。

② 管理不全土地管理命令の効力は、当該管理不全土地管理命令の対象とされた土地にある動産（当該管理不全土地管理命令の対象とされた土地の所有者又はその共有持分を有する者が所有するものに限る。）に及ぶ。

③ 裁判所は、管理不全土地管理命令をする場合には、当該管理不全土地管理命令において、管理不全土地管理人を選任しなければならない。

⊛二六四の一〇―二六四の一三【手続↓非訟九一　❷【動産↓八六②】

（管理不全土地管理人の権限）

第二六四条の一〇① 管理不全土地管理人は、管理不全土地管理命令の対象とされた土地及び管理不全土地管理命令の効力が及ぶ動産並びにその管理、処分その他の事由により管理不全土地管理人が得た財産（以下「管理不全土地等」という。）の管理及び処分をする権限を有する。

② 管理不全土地管理人が次に掲げる行為の範囲を超える行為をするには、裁判所の許可を得なければならない。ただし、この許可がないことをもって善意でかつ過失がない第三者に対抗することはできない。

一　保存行為

二　管理不全土地等の性質を変えない範囲内において、その利用又は改良を目的とする行為

③管理不全土地管理命令の対象とされた土地の処分についての前項の許可をするには、その所有者の同意がなければならない。

参↑二六四の九、二六四の一一―二六四の一三

（管理不全土地管理人の義務）

第二六四条の一一① 管理不全土地管理人は、管理不全土地等の所有者のために、善良な管理者の注意をもって、その権限を行使しなければならない。

② 管理不全土地等が数人の共有に属する場合には、管理不全土地管理人は、その共有持分を有する者全員のために、誠実かつ公平にその権限を行使しなければならない。

参↑二六四の九、二六四の一〇、二六四の一二、二六四の一三

（管理不全土地管理人の解任及び辞任）

第二六四条の一二① 管理不全土地管理人がその任務に違反して管理不全土地等に著しい損害を与えたことその他重要な事由があるときは、裁判所は、利害関係人の請求により、管理不全土地管理人を解任することができる。

② 管理不全土地管理人は、正当な事由があるときは、裁判所の許可を得て、辞任することができる。

参↑二六四の九―二六四の一一、二六四の一三

（管理不全土地管理人の報酬等）

第二六四条の一三① 管理不全土地管理人は、管理不全土地等から裁判所が定める額の費用の前払及び報酬を受けることができる。

② 管理不全土地管理人による管理不全土地等の管理に必要な費用及び報酬は、管理不全土地等の所有者の負担とする。

参↑二六四の九―二六四の一二

（管理不全建物管理命令）

第二六四条の一四① 裁判所は、所有者による建物の管理が不適当であることによって他人の権利又は法律上保護される利益が侵害され、又は侵害されるおそれがある場合において、必要があると認めるときは、利害関係人の請求により、当該建物を対象として、管理不全建物管理人（第三項に規定する管理不全建物管理人をいう。第四項において同じ。）による管理を命ずる処分（以下この条において「管理不全建物管理命令」という。）をすることができる。

② 管理不全建物管理命令は、当該管理不全建物管理命令の対象とされた建物にある動産（当該管理不全建物管理命令の対象とされた建物の所有者又はその共有持分を有する者が所有するものに限る。）及び当該建物を所有するための建物の敷地に関する権利（賃借権その他の使用及び収益を目的とする権利（所有権を除く。）であって、当該管理不全建物管理命令の対象とされた建物の所有者又はその共有持分を有する者が有するものに限る。）に及ぶ。

③ 裁判所は、管理不全建物管理命令をする場合には、当該管理不全建物管理命令において、管理不全建物管理人を選任しなければならない。

④ 第二百六十四条の十から前条まで〈管理不全土地管理人の権限、義務、解任及び辞任、報酬等〉の規定は、管理不全建物管理命令及び管理不全建物管理人について準用する。

参↑二六四の九―二六四の一三

第四章　地上権

（地上権の内容）

第二六五条 地上権者は、他人の土地において工作物又は竹木を所有するため、その土地を使用する権利を有する。

参↑【法定地上権↓三八八、三八八参【地上権の対抗力↓一七七、借地借家二㈠、一〇①②【建物所有を目的とする地上権↓借地借家二㈠【地上権と登記↓不登三㈡、七八

1 一 **地上権の成否**　夫婦間で土地の無償使用を許す関係を地上権の設定と認めるためには、当事者が何らかの理由で特に強固な権利を設定することを意図したと認めるべき特段の事情が存在することを必要とする。（最判昭47・7・18家月二五・四・三六）

2 二 **地上権の移転**　地上権者がその工作物を他に移転した場合には、反対の意思表示のない限り、地上権は工作物の所有権と共に新所有者に移転したものと推定すべきである。（大判明37・12・13民録一〇・一六〇〇）

（地代）

第二六六条① 第二百七十四条から第二百七十六条まで〈小作料の減免、永小作権の放棄・消滅請求〉の規定は、地上権者が土地の所有者に定期の地代を支払わなければならない場合について準用する。

② 地代については、前項に規定するもののほか、その性質に反しない限り、賃貸借に関する規定を準用する。

参↑【地代の登記↓不登七八㈡【賃貸借に関する規定↓三一二―三一六、六一一、六一四【地代↓借地借家一一、三八八【地代と先取特権↓三一二―三一六、借地借家一二

1 **土地所有者の受領遅滞と地上権消滅請求**　地代債務の支払につき土地所有者が受領遅滞又はこれに準ずるような状況にあるとき、土地所有者が本条に基づき地上権を消滅せしめるためには、単に地上権者が引き続き二年以上地代の支払をしなかったということだけでは足りず、自己の受領遅滞又はこれに準ずるような前記の事態を解消させる措置を講じた後であることを要する。（最判昭56・3・20民集三五・二・二一九、重判昭56民四）

（相隣関係の規定の準用）

第二六七条 前章第一節第二款（相隣関係）の規定は、地上権者間又は地上権者と土地の所有者との間について準用する。ただし、第二百二十九条〈境界標等の共有の推定〉の規定は、境界線上の工作物が地上権の設定後に設けられた場合に限り、地上権者について準用する。

（地上権の存続期間）

第二六八条① 設定行為で地上権の存続期間を定めなかった場合において、別段の慣習がないときは、地上権者は、いつでもその権利を放棄することができる。ただし、地代を支払うべきときは、一年前に予告をし、又は期限の到来していない一年分の地代を支払わなければならない。

② 地上権者が前項の規定によりその権利を放棄しないときは、裁判所は、当事者の請求により、二十年以上五十年以下の範囲内において、工作物又は竹木の種類及び状況その他地上権の設定当時の事情を考慮して、その存続期間を定める。

参【存続期間の特則→借地借家三―七、九、二二―二五、不登七八[三]【地上権の放棄の制限→三九八

（工作物等の収去等）

第二六九条① 地上権者は、その権利が消滅した時に、土地を原状に復してその工作物及び竹木を収去することができる。ただし、土地の所有者が時価相当額を提供してこれを買い取る旨を通知したときは、地上権者は、正当な理由がなければ、これを拒むことができない。

② 前項の規定と異なる慣習があるときは、その慣習に従う。

参❶【本項の特則→借地借家一三、一六

（地下又は空間を目的とする地上権）

第二六九条の二① 地下又は空間は、工作物を所有するため、上下の範囲を定めて地上権の目的とすることができる。この場合においては、設定行為で、地上権の行使のためにその土地の使用に制限を加えることができる。

② 前項の地上権は、第三者がその土地の使用又は収益をする権利を有する場合においても、その権利又はこれを目的とする権利を有するすべての者の承諾があるときは、設定することができる。この場合において、土地の使用又は収益をする権利を有する者は、その地上権の行使を妨げることができない。

参【本条の地上権と登記→不登七八[五]

第五章　永小作権

（永小作権の内容）

第二七〇条 永小作人は、小作料を支払って他人の土地において耕作又は牧畜をする権利を有する。

参【小作料→二七四―二七七【永小作権と登記→不登三[三]、七九

（永小作人による土地の変更の制限）

第二七一条 永小作人は、土地に対して、回復することのできない損害を生ずべき変更を加えることができない。

参二七七

（永小作権の譲渡又は土地の賃貸）

第二七二条 永小作人は、その権利を他人に譲り渡し、又はその権利の存続期間内において耕作若しくは牧畜のため土地を賃貸することができる。ただし、設定行為で禁じたときは、この限りでない。

参二七七【ただし書の定めの登記→不登七九

（賃貸借に関する規定の準用）

第二七三条 永小作人の義務については、この章の規定及び設定行為で定めるもののほか、その性質に反しない限り、賃貸借に関する規定を準用する。

参二七七【賃貸借に関する規定→六〇六②、六一二―六一六、六一七②、六二〇―六二二、三一二―三一六

（小作料の減免）

第二七四条 永小作人は、不可抗力により収益について損失を受けたときであっても、小作料の免除又は減額を請求することができない。

参二七七、二七五【金納小作料と不可抗力→四一九

（永小作権の放棄）

第二七五条 永小作人は、不可抗力によって、引き続き三年以上全く収益を得ず、又は五年以上小作料より少ない収益を得たときは、その権利を放棄することができる。

参二七七、二七四【永小作権の放棄→三九八

（永小作権の消滅請求）

第二七六条 永小作人が引き続き二年以上小作料の支払を怠ったときは、土地の所有者は、永小作権の消滅を請求することができる。

参二七七

> [1] **消滅請求の方法** 永小作人が小作料の支払を怠り又は破産宣告〔破産手続開始決定〕を受けたことを理由に土地の所有者が永小作権の消滅を請求するときは、その旨の意思表示をすれば足り、永小作人の承認を必要とせず、また訴求する必要もない。（大連判明40・4・29民録一三・四五二……ただし、地上権者に準用された場合の例）

（永小作権に関する慣習）

第二七七条 第二百七十一条から前条までの規定と異なる慣習があるときは、その慣習に従う。

（永小作権の存続期間）

第二七八条① 永小作権の存続期間は、二十年以上五十年以下とする。設定行為で五十年より長い期間を定めたときであっても、その期間は、五十年とする。

② 永小作権の設定は、更新することができる。ただし、その存続期間は、更新の時から五十年を超えることができない。

③ 設定行為で永小作権の存続期間を定めなかったときは、その期間は、別段の慣習がある場合を除き、三十年とする。

参【存続期間の登記→不登七九[二]

（工作物等の収去等）

第二七九条 第二百六十九条〈地上権者による工作物等の収去等〉の規定は、永小作権について準用する。

第六章　地役権

民法

（地役権の内容）

第二八〇条　地役権者は、設定行為で定めた目的に従い、他人の土地を自己の土地の便益に供する権利を有する。ただし、第三章第一節（所有権の限界）の規定（公の秩序に関するものに限る。）に違反しないものでなければならない。

【第三章第一節中の公の秩序に関する規定↓二〇六、二〇七、二〇九—二一七、二二〇【地役権と登記↓不登三[四]、八〇

> [1]
> **一　侵害の排除**
> 車両を通路土地に恒常的に駐車させる行為は、たとえ、残余の幅員が三メートル余りあるとしても、土地の一部を独占的に使用している以上、通行の目的で通路土地全体を自由に使用できるという内容を有する地役権の侵害となり、地役権者は、地役権に基づく妨害排除あるいは妨害予防請求権に基づき、駐車による通行の妨害の禁止を求めることができる。（最判平17・3・29判時一八九五・五六）
> **二　承役地の譲受人との関係**↓一七七条[39][72]

（地役権の付従性）

第二八一条①　地役権は、要役地（地役権者の土地であって、他人の土地から便益を受けるものをいう。以下同じ。）の所有権に従たるものとして、その所有権とともに移転し、又は要役地について存する他の権利の目的となるものとする。ただし、設定行為に別段の定めがあるときは、この限りでない。

②　地役権は、要役地から分離して譲り渡し、又は他の権利の目的とすることができない。

❶【別段の定めの登記↓不登八〇①[三]

> [1]
> **地役権移転の対抗力**
> 地役権の取得時効が完成した後に要役地の所有権が他に移転した場合において、地役権は所有権の従として移転するが、承役地の所有者であった者及びその一般承継人に対し要役地の所有権移転を対抗し得るときは、地役権の移転も登記なくして対抗できる。（大判大13・3・17民集三・一六九）
> [2]
> 未登記通行地役権の承役地の譲受人が登記の欠缺〔けんけつ〕を主張する正当な利益を有する第三者に当たらない場合（最判平10・2・13民集五二・一・六五、民百選I[八版]六三）↓一七七条[39]

（地役権の不可分性）

第二八二条①　土地の共有者の一人は、その持分につき、その土地のために又はその土地について存する地役権を消滅させることができない。

②　土地の分割又はその一部の譲渡の場合には、地役権は、その各部のために又はその各部について存する。ただし、地役権がその性質により土地の一部のみに関するときは、この限りでない。

❶【地役権の不可分性↓二八四、二九二

（地役権の時効取得）

第二八三条　地役権は、継続的に行使され、かつ、外形上認識することができるものに限り、時効によって取得することができる。

【地役権の時効取得↓一六三、二八四【継続の推定↓二〇五、一八六②

> [1]
> **「継続」の要件**
> 「継続」とは、承役地となる他人所有の土地の上に通路を開設することを要し、その開設は要役地所有者によってされることを要する。（最判昭30・12・26民集九・一四・二〇九七）
> [2]
> 要役地の所有者が、道路の拡幅のために他人にも土地の提供を働きかける一方、自らもその所有土地の一部を提供した場合には、要役地の所有者によって通路が開設されたものというべきである。（最判平6・12・16判時一五二一・三七）

第二八四条①　土地の共有者の一人が時効によって地役権を取得したときは、他の共有者も、これを取得する。

②　共有者に対する時効の更新は、地役権を行使する各共有者に対してしなければ、その効力を生じない。

③　地役権を行使する共有者が数人ある場合には、その一人について時効の完成猶予の事由があっても、時効は、各共有者のために進行する。

> **第二八四条**①（略）
> ②　共有者に対する時効の中断は、地役権を行使する各共有者に対してしなければ、その効力を生じない。
> ③　地役権を行使する共有者が数人ある場合には、その一人について時効の停止の原因があっても、時効は、各共有者のために進行する。

【地役権の不可分性↓二八二、二九二　❶【地役権の時効取得↓二八三、一六三　❷【時効更新・中断↓一四七②、一四八②、一五二、一五三①③、一六五、一六四　❸【時効完成猶予↓一四七①、一四八①、一四九—一五一、一五三①②、一五八—一六一

（用水地役権）

第二八五条①　用水地役権の承役地（地役権者以外の者の土地であって、要役地の便益に供されるものをいう。以下同じ。）において、水が要役地及び承役地の需要に比して不足するときは、その各土地の需要に応じて、まずこれを生活用に供し、その残余を他の用途に供するものとする。ただし、設定行為に別段の定めがあるときは、この限りでない。

②　同一の承役地について数個の用水地役権を設定したときは、後の地役権者は、前の地役権者の水の使用を妨げてはならない。

❶【別段の定めの登記↓不登八〇①[三]　❷【権利の順位↓不登四

（承役地の所有者の工作物の設置義務等）

第二八六条　設定行為又は設定後の契約により、承役地の所有者が自己の費用で地役権の行使のために工作物を設け、又はその修繕をする義務を負担したときは、承役地の所有者の特定承継人も、その義務を負担する。

二八七、二八八【本条の定めの登記↓不登八〇①[三]

第二八七条　承役地の所有者は、いつでも、地役権に必要な土地の部分の所有権を放棄して地役権者に移転

し、これにより前条の義務を免れることができる。

（承役地の所有者の工作物の使用）

第二八八条① 承役地の所有者は、地役権の行使を妨げない範囲内において、その行使のために承役地の上に設けられた工作物を使用することができる。

② 前項の場合には、承役地の所有者は、その利益を受ける割合に応じて、工作物の設置及び保存の費用を分担しなければならない。

⊛+二八六

（承役地の時効取得による地役権の消滅）

第二八九条 承役地の占有者が取得時効に必要な要件を具備する占有をしたときは、地役権は、これによって消滅する。

⊛+二九〇【取得時効→一六二・一六三

第二九〇条 前条の規定による地役権の消滅時効は、地役権者がその権利を行使することによって中断する。

⊛+【一般の時効更新→一四七②・一四八②・一五二

（地役権の消滅時効）

第二九一条 第百六十六条第二項に規定する消滅時効の期間は、継続的でなく行使される地役権については最後の行使の時から起算し、継続的に行使される地役権についてはその行使を妨げる事実が生じた時から起算する。

（地役権の消滅時効）

第二九一条 第百六十七条第二項に規定する消滅時効の期間は、継続的でなく行使される地役権については最後の行使の時から起算し、継続的に行使される地役権についてはその行使を妨げる事実が生じた時から起算する。

第二九二条 要役地が数人の共有に属する場合において、その一人のために時効の完成猶予又は更新があるときは、その完成猶予又は更新は、他の共有者のためにも、その効力を生ずる。

第二九二条 要役地が数人の共有に属する場合において、その一人のために時効の中断又は停止があるときは、その中断又は停止は、他の共有者のためにも、その効力を生ずる。

⊛+【時効の更新・完成猶予→一五三⊛【地役権の不可分性→二八二・二八四

第二九三条 地役権者がその権利の一部を行使しないときは、その部分のみが時効によって消滅する。

⊛+【地役権の消滅時効→一六六②・二九一・二九二

（共有の性質を有しない入会権）

第二九四条 共有の性質を有しない入会権については、各地方の慣習に従うほか、この章の規定を準用する。

⊛+【共有の性質を有する入会権→二六三【入会権と登記→不登三

共有の性質を有しない入会〔いりあい〕権→◆【入会権】〔本条の後〕判

◆【入会権】

一 入会〔いりあい〕権の区別

1 共有の性質を有する入会権と共有の性質を有しない入会権を区別する標準は、入会権者の権利がその共有の地盤を目的とするか、他人の所有に属する地盤を目的とするかに存する。（大民連判大9・6・26民録二六・九三三）

二 入会権と慣習

2 入会権は、共有の性質を有するかどうかを問わず各地方の慣習に従うべきを本則とし、慣習にない事項については、共有の性質を有する入会権については共有に関する規定を適用し、共有の性質を有しない入会権については地役権に関する規定を準用する。（大判明36・11・27民録九・一三一三）

3 共有の性質を有する入会権に関する慣習の効力は、入会権の処分にも及び、同処分について入会集団の構成員全員の同意を要件としない慣習であっても、公序良俗に反するなどその効力を否定すべき特段の事情が認められない限り、有効である。（最判平20・4・14民集六二・五・九〇九、重判平20民二）

三 入会権の主張

1 入会権の確認請求

4 入会権は権利者である一定の村落民に総有的に帰属するものであるから、入会権の確認を求める訴えは、権利者全員が共同してのみ提起し得る固有必要的共同訴訟である。（最判昭41・11・25民集二〇・九・一九二一、民百選Ⅰ〔初版〕七七）→一六二条28、民訴四〇条5

2 入会団体の構成員であることの確認請求

5 入会権の目的である山林につき、入会権を有し入会団体の構成員であると主張する者が、その構成員である入会権者との間において、入会権を有することの確認を求める訴えは、右主張者が入会団体の構成員たる地位又はこれに基づく入会権の内容である当該山林に対する使用収益権を有するかどうかを確定するにとどまるから、固有必要的共同訴訟ではない。（最判昭58・2・8判時一〇九二・六二）→民訴四〇条12

3 使用収益権の確認請求

6 入会権について、使用収益権を争い又はその行使を妨害する者がある場合には、その者が入会村落の構成員であるかどうかを問わず、各自が単独で、その者を相手として自己の使用収益権の確認又は妨害の排除を請求することができる。（最判昭57・7・1民集三六・六・八九一、民法の基本判例〔初版〕一八……ただし、単独では入会地の地上権設定仮登記の抹消請求はできないとした例）→16・九四条35、民訴四〇条6

4 入会団体による請求

7 村落住民が入会団体を形成し、それが権利能力のない社団に当たる場合には、その入会団体は、構成員全員の総有に属する不動産につき、これを争う者を被告とする総有権確認請求訴訟を追行する原告適格を有する。（最判平6・5・31民集四八・四・一〇六五、民百選Ⅰ〔八版〕七八）→◆【Ⅱ 権利能力のない社団・財団】〔一編四章名の前〕9 12、民訴三〇条16・一三四条の二31

5 入会権の対抗要件

8 入会権は、登記なくして第三者に対抗できる。（大判大10・11・28民録二七・二〇四五）→一七七条2

四 入会権の存否

1 入会権が認められた例

9 入会地の一部をいわゆる「分け地」として、村落民に配分した場合であっても、柴草の採取のためには分け地の制限はなく、村落民が自由に立ち入れる等の事情があるとき

は、分け地によって入会権の性格は失われない。（最判昭40・5・20民集一九・四・八二二、民百選Ⅰ[五補]七七）

[10] **2　入会権が認められなかった例**
入会地のある部分を村落の住民のうち特定の個人に分配し、その分配を受けた個人がこれを独占的に使用収益し、自由に譲渡することが許される慣行があるときは、その「分け地」の部分については、特段の事情がない限り、入会権の存在は否定される。（最判昭32・9・13民集一一・九・一五一八、続百選[二版]民二五）

[11] 山林原野が村有財産として管理・処分され、村落による共同体的統制の存在が認められないときは、これに対する共有の性質を有する入会権はもとより、共有の性質を有しない入会権の存在も認め難い。（最判昭57・1・22訟月二八・五・八九〇）

五　入会権の内容

[12] 共有の性質を有しない入会地上の天然樹木につき、土地の構成部分として土地所有者の所有に属するとした例（最判昭63・1・18判時一二六五・七二）↓八六条[10]

六　入会地の売却代金債権の帰属形態

[13] 入会権者らの総有に属する入会地の売却代金債権が、入会権者らに総有的に帰属するとした例（最判平15・4・11判時一八二三・五五）

七　入会権の消滅

[14] **1　入会権が消滅したとされた例**
町村制の施行後六五年間に入会地に対する入会団体の統制が次第に当該区会の統制に移行する等慣行の変化があった場合には、地役の性質を有する入会権は漸次解体消滅したと認められる。（最判昭42・3・17民集二一・二・三八八、民法の判例[二版]一六）

[15] **2　入会権が消滅しなかったとされた例**
明治初年の山林原野官民有区分によって官有地に編入された土地につき村民が従前慣行による入会権を有していたときは、その入会権は、右処分によって当然には消滅しなかったものと解すべきである。（最判昭48・3・13民集二七・二・二七一、民百選Ⅰ[五補]七八）

[16] **八　他人名義による登記と民法九四条二項**
入会村落が独立の法人格を有せず、払下げを受けるに当たり、村落所有地として登記する方法がなかったために、やむを得ず、神社名義で登記を経由しても、所有権の信託的譲渡があったとはいえず、また民法九四条二項を適用、類推適用するのは相当でない。（最判昭57・7・1前出[6]）↓九四条[35]

[17] **九　入会集団の会則の効力**
入会集団の会則中、入会権者の資格要件が公序良俗に反して無効とされた例（最判平18・3・17民集六〇・三・七七三、重判平18民一）↓九〇条[10]

第七章　留置権

第二九五条（留置権の内容）① 他人の物の占有者は、その物に関して生じた債権を有するときは、その債権の弁済を受けるまで、その物を留置することができる。ただし、その債権が弁済期にないときは、この限りでない。

② 前項の規定は、占有が不法行為によって始まった場合には、適用しない。

㊂+【留置権の効力↓民執一九五、五九④⑤、一八八、一二四、破六六③【商事留置権↓商三一、五二一、五五七、五六二、五七四、七四一②、会社二〇、破六六①②、会更二⑩【同時履行の抗弁権↓五三三　❷【不法行為↓七〇九【占有の不法↓一八六①、一八七②

一「その物に関して生じた債権」

[1] **1　当たるとされた例**
賃借家屋に賃借人が支出した必要費の償還請求権（大判昭14・4・28民集一八・四八四）

[2] 賃借家屋に賃借人が支出した有益費の償還請求権（大判昭10・5・13後出[14]）↓二九八条[2]・七〇三条[7]

[3] 仮登記担保の目的不動産について、その実行から生じる清算金債権（最判昭58・3・31民集三七・二・一五二、重判昭58民三）

[4] 譲渡担保の目的不動産について、その実行から生じる清算金債権（最判平9・4・11裁判集民一八三・二四一）↓◘【Ⅰ　譲渡担保】〔三九八条の二二の後〕[29]

[5] **2　当たらないとされた例**
借家法五条による造作買取代金債権は、造作に関して生じた債権であり、建物に関して生じた債権ではない。（最判昭29・1・14民集八・一・一六、民百選Ⅰ[三版]八〇）

[6] 不動産が二重売買（買主による売主への売戻しと、買主からの競落人）され、第二売買の買主が先に所有権移転登記を経由したため、第一売買の買主が所有権を取得できなくなったことにより、売主に対し取得した履行不能による損害賠償債権（最判昭43・11・21民集二二・一二・二七六五、民百選Ⅰ[五補]八〇……相手は競落人からの転得者）↓一七七条[30]

[7] 不動産の買主が、代金を売主に支払わないため、売買契約を解除された後に、これを第三者に売り渡して所有権移転登記を経由したため、右売主に対する土地の返還債務を履行不能としたことによって発生した代償請求権（最判昭62・7・10金法一一八〇・三六）

[8] 対抗力を有しない土地賃借権（土地が売買され、新しい土地の所有者から明渡しを請求された場合）（大判大11・8・21民集一・四九八）

[9] 他人の物の売買による買主が、その物の真の所有者から返還請求を受けた場合の、売主の売買契約不履行に基づく損害賠償請求権（最判昭51・6・17民集三〇・六・六一六、民百選Ⅰ[五補]八一）↓[20]

[10] 譲渡担保権者により目的物を第三者に売却された設定者の有する損害賠償請求権（最判昭34・9・3民集一三・一一・一三五七）↓◘【Ⅰ　譲渡担保】〔三九八条の二二の後〕[17]

[11] **3　被担保債権の発生時期との関係**
賃貸人の家屋明渡債務は、特別の約定のない限り、賃借人の敷金返還債務に対し先履行の関係にあるから、賃借人は敷金返還請求権をもって家屋につき留置権を行使し得ない。（最判昭49・9・2民集二八・六・一一五二、民百選Ⅱ[六版]五九）↓五三三条[6]

二　建物敷地の留置

[12] 賃借建物に関して生じた債権に基づき、建物所有者ではない者が所有する敷地を留置することはできない。（大判昭9・6・30民集一三・一二四七……敷地の借地契約が終了していた場合）

[13] 借地上にある家屋の賃借人が有する費用償還請求権は、借地自体に関して生じた債権でもなければ、借地の所有者に対して取得した債権でもないから、借地の賃貸借契約が有効に解除された後、その借地の所有者が借家人に対して右家屋からの退去及びその敷地部分の明渡しを求めた場合においては、その借家人には右費用の償還を受けるまでそ

の家屋の敷地部分を留置し得る権利は認められない。（最判昭44・11・6判時五七九・五二）

三　留置権と不当利得

[14] 借家人が賃借中支出した費用のため留置権を行使し、賃借権消滅後も右費用の償還を受けるまで当該家屋を使用することにより受ける利益は、家屋の所有者に返還すべきである。（大判昭10・5・13民集一四・八七六）→二九八条[2]・七〇三条[7]

四　留置権の抗弁の効果

[15] 被告の留置権が認められる場合、原告の請求を全面的に棄却するのではなく、その物に関して生じた債権の弁済と引換えに物の引渡しを命ずるべきである。（最判昭33・3・13民集一二・三・五二四）

[16] 不動産の買主が売主に代金を支払わないままこれを第三者に譲り渡し、その第三者が右売主に対し不動産の引渡しを請求したことに対し、売主が留置権を行使したときは、裁判所は売主に買主から売買代金の支払を受けるのと引換えに不動産の明渡しを命じるべきである。（最判昭47・11・16民集二六・九・一六一九、民百選Ⅰ[八版]七九）

五　「占有が不法行為によって始まった場合」の類推適用

[17] 当初に適法に有していた占有権原を後に失って、もはや占有すべき権利のないことを知りながら、なお他人の物を占有することは不法であるから、本条二項の類推解釈により、かかる占有者も留置権の行使ができない。（大判大10・12・23民録二七・二一七五）

[18] 前出[17]と同旨――建物を買い受けてその引渡しを受けていた買主が、売買契約が解除された後に、建物に必要費及び有益費を支出した場合（最判昭41・3・3民集二〇・三・三八六）

[19] 前出[17]と同旨――賃貸借契約解除後に賃借人が賃借物件に有益費を支出した場合（最判昭46・7・16民集二五・五・七四九、民百選Ⅰ[八版]八〇）

[20] 農地買収・売渡処分の被売渡人から右土地を買い受けた者が土地について有益費を支出した当時、既に被買収者から右処分の無効を理由とする所有権に基づく土地返還請求訴訟を提起されていて、自己の土地占有が権原に基づかないものとなるかもしれないことを疑わなかったことにつき過失がある場合には、本条二項の類推適用により、留置権の行使ができない。（最判昭51・6・17前出[9]）

六　民執法一九五条による競売の効果

[21] 留置権者は、留置権による競売が行われた場合には、その換価金を留置することができる。（最判平23・12・15民集六五・九・三五一一、倒産百選[六版]五四……取立委任を受けた約束手形に商事留置権を有する者が同手形の取立金を留置できることの理由付け）→商五二一条[7][8]

第二九六条（**留置権の不可分性**）　留置権者は、債権の全部の弁済を受けるまでは、留置物の全部についてその権利を行使することができる。

【本条の準用→三〇五、三五〇、三七二】

[1] 留置権者は、留置物の一部を債務者に引き渡した場合においても、特段の事情のない限り、債権の全部の弁済を受けるまで、留置物の残部につき留置権を行使することができる。（最判平3・7・16民集四五・六・一一〇一、重判平3民一）

第二九七条（**留置権者による果実の収取**）①　留置権者は、留置物から生ずる果実を収取し、他の債権者に先立って、これを自己の債権の弁済に充当することができる。

②　前項の果実は、まず債権の利息に充当し、なお残余があるときは元本に充当しなければならない。

【果実→八八、八九【質権への準用→三五〇　❷【法定充当→四八九

第二九八条（**留置権者による留置物の保管等**）①　留置権者は、善良な管理者の注意をもって、留置物を占有しなければならない。

②　留置権者は、債務者の承諾を得なければ、留置物を使用し、賃貸し、又は担保に供することができない。ただし、その物の保存に必要な使用をすることは、この限りでない。

③　留置権者が前二項の規定に違反したときは、債務者は、留置権の消滅を請求することができる。

【質権への準用→三五〇　❶【特定物の引渡しと債務者の注意義務→四〇〇

一　「その物の保存に必要な使用」（二項）

[1] 売買契約を解除された木造帆船の買主が、解除前支出した修理費の償還請求権につき留置権を行使中に、右船舶をもって遠距離に航海し貨物の運送業務に当たることはこれに当たらない。（契約解除前と同じ使用形態であっても、航行の危険性等から）（最判昭30・3・4民集九・三・二二九、海事百選[増補]八）

[2] 家屋の賃借人が賃借中に支出した費用の償還請求権につき留置権を行使し、その償還を受けるまで従前のとおり当該家屋に居住することは、他に特別の事情のない限り、これに当たる。（大判昭10・5・13民集一四・八七六）→二九五条[14]

二　消滅請求（三項）

[3] 留置物の所有者は、違反行為が終了したかどうか、またこれによって損害を受けたかどうかを問わず、留置権の消滅を請求することができる。（最判昭38・5・31民集一七・四・五七〇）

[4] 留置物の第三取得者である所有者は、債務者でなくても消滅を請求できる。（最判昭40・7・15民集一九・五・一二七五……買主の例）

[5] 留置物が第三者に譲渡された場合、その対抗要件具備よりも前に留置権者が本条二項の承諾を受けていたときは、留置権者はその効果を新所有者に対抗することができ、新所有者は留置権者の使用等を理由に消滅請求をすることができない。（最判平9・7・3民集五一・六・二五〇〇）

第二九九条（**留置権者による費用の償還請求**）①　留置権者は、留置物について必要費を支出したときは、所有者にその償還をさせることができる。

②　留置権者は、留置物について有益費を支出したときは、これによる価格の増加が現存する場合に限り、所有者の選択に従い、その支出した金額又は増価額を償還させることができる。ただし、裁判所は、所有者の

請求により、その償還について相当の期限を許与することができる。

⊛【占有と費用の償還↓一九六【質権への準用↓三五〇　❷【期限許与の効果↓二九五①但

1 留置権者が必要費の償還請求権を被担保債権として建物を留置中、留置物について更に必要費を支出した場合は、既に生じている費用償還請求権と共に、右建物について留置権を行使することができる。（最判昭33・1・17民集一二・一・五五）

（留置権の行使と債権の消滅時効）

第三〇〇条　留置権の行使は、債権の消滅時効の進行を妨げない。

⊛【債権の消滅時効↓一六六―一六九【質権への準用↓三五〇

1 留置権の抗弁は、被担保債権の債務者が原告である訴訟において提出された場合には、当該債権について、民法一五三条［平成二九法四四による改正後の一五〇条］による催告として、消滅時効中断［消滅時効の完成猶予］の効力があり、それは訴訟中存続する。（最大判昭38・10・30民集一七・九・一二五二）↓一四七条12

（担保の供与による留置権の消滅）

第三〇一条　債務者は、相当の担保を供して、留置権の消滅を請求することができる。

（占有の喪失による留置権の消滅）

第三〇二条　留置権は、留置権者が留置物の占有を失うことによって、消滅する。ただし、第二百九十八条第二項の規定により留置物を賃貸し、又は質権の目的としたときは、この限りでない。

⊛【占有の喪失↓二〇三、二〇〇

第八章　先取特権

第一節　総則

（先取特権の内容）

第三〇三条　先取特権者は、この法律その他の法律の規定に従い、その債務者の財産について、他の債権者に先立って自己の債権の弁済を受ける権利を有する。

⊛【先取特権の順位↓三二九―三三二【先取特権の効力↓三三三―三四一、民執一八〇・一八一・一八八―一九〇・一九三・五九・八五・八七・一三三、破九八・二⑨、会更二⑩【先取特権と登記↓不登三[五]・八三―八七【他の法律の規定↓商八〇二・七〇三・八四二―八四六、借地借家一二

（物上代位）

第三〇四条①　先取特権は、その目的物の売却、賃貸、滅失又は損傷によって債務者が受けるべき金銭その他の物に対しても、行使することができる。ただし、先取特権者は、その払渡し又は引渡しの前に差押えをしなければならない。

②　債務者が先取特権の目的物につき設定した物権の対価についても、前項と同様とする。

⊛【補償金・清算金等と物上代位↓仮登記担保四①【差押え↓民執一九三、民保二〇【本条の準用↓三五〇・三七二・九四六・九五〇②

1 債務者が破産宣告［破産手続開始決定］を受けた場合でも、その動産の転売代金債権につき物上代位権を行使することができる。（最判昭59・2・2民集三八・三・四三一、倒産百選［六版］五六）↓民執一九三条5、破六五条2

2 ①　物上代位権行使の目的たる債権について、一般債権者が差押え又は仮差押えの執行をしたにすぎないときは、その後に先取特権者が右債権に物上代位権を行使することを妨げられない。

②　右債権について物上代位権者が得た転付命令が第三債務者に送達される時までに、その債権について他の債権者が差押え、仮差押えの執行又は配当要求をした場合でも、転付命令はその効力を生ずる。（最判昭60・7・19民集三九・五・一三二六、民百選Ⅰ［八版］八二）↓民執一五六条1・一五九条11・一六六条2・一九三条4

3 本条一項ただし書の規定は、抵当権とは異なり公示方法が存在しない動産売買の先取特権については、物上代位の目的債権の譲受人等の第三者の利益を保護する趣旨を含むものというべきであるから、動産売買の先取特権者は、物上代位の目的債権が譲渡され、第三者に対する対抗要件が備えられた後においては、目的債権を差し押さえて物上代位権を行使することはできない。（最判平17・2・22民集五九・二・三一四、重判平17民三）

（先取特権の不可分性）

第三〇五条　第二百九十六条（留置権の不可分性）の規定は、先取特権について準用する。

第二節　先取特権の種類

第一款　一般の先取特権

（一般の先取特権）

第三〇六条　次に掲げる原因によって生じた債権を有する者は、債務者の総財産について先取特権を有する。

一　共益の費用
二　雇用関係
三　葬式の費用
四　日用品の供給

⊛三〇七―三一〇【一般の先取特権の効力↓三二九・三三二・三三三―三三六、民執一八一①[四]・一八九・一九〇・一九三・八七・五一・一三三・一五四、破九八【他の法律による一般の先取特権↓建物区分七①②

（共益費用の先取特権）

第三〇七条①　共益の費用の先取特権は、各債権者の共同の利益のためにされた債務者の財産の保存、清算又は配当に関する費用について存在する。

②　前項の費用のうちすべての債権者に有益でなかったものについては、先取特権は、その費用によって利益を受けた債権者に対してのみ存在する。

⊛三〇六[一]【保存行為の例↓二七・二九・四二三・四二四・七〇二【清算行為の例↓二五八・二六〇、一般法人二〇六―二三八、民執一九四・四二【配当の例↓民執一八八・八四―九二・一九二・一三九―一四二・一九三・一六六【更生手続と共益債権↓会更一二七・六一④・一三二【区分所有と先取特権↓建物区分七

（雇用関係の先取特権）

第三〇八条　雇用関係の先取特権は、給料その他債務者と使用人との間の雇用関係に基づいて生じた債権について存在する。

⊛⁺三〇六㈢【雇用関係に基づき生じた債権の例→六二四、六二四の二、六二九②、労基二三ⅠⅢ】【使用人のための他の先取特権→三二三、三二四】【使用人の給料と破産免責の除外→破二五三①㈤】

（**葬式費用の先取特権**）

第三〇九条①　葬式の費用の先取特権は、債務者のためにされた葬式の費用のうち相当な額について存在する。

② 前項の先取特権は、債務者がその扶養すべき親族のためにした葬式の費用のうち相当な額についても存在する。

⊛⁺三〇六㈢　❷【扶養すべき親族→八七七、八七八】

（**日用品供給の先取特権**）

第三一〇条　日用品の供給の先取特権は、債務者又はその扶養すべき同居の親族及びその家事使用人の生活に必要な最後の六箇月間の飲食料品、燃料及び電気の供給について存在する。

⊛⁺三〇六㈣【扶養すべき親族→八七七、八七八】

> 1 「その扶養すべき同居の親族」には内縁の妻を含む。（大判大11・6・3民集一・二八〇）
> 2 法人は本条にいう「債務者」に含まれない。（最判昭46・10・21民集二五・七・九六九、倒産百選［三版］四七）

第二款　動産の先取特権

（**動産の先取特権**）

第三一一条　次に掲げる原因によって生じた債権を有する者は、債務者の特定の動産について先取特権を有する。

一　不動産の賃貸借
二　旅館の宿泊
三　旅客又は荷物の運輸
四　動産の保存
五　動産の売買
六　種苗又は肥料（蚕種又は蚕の飼養に供した桑葉を含む。以下同じ。）の供給
七　農業の労務
八　工業の労務

⊛［一］三一二―三一六　［二］三一七　［三］三一八　［四］三二〇　［五］三二一　［六］三二二　［七］三二三　［八］三二四　⁺【動産→八六②】【動産の先取特権の効力→三一九②、三三〇、三三一―三三四、民執一九〇、破二⑨、六五、六六、民再五三、会更二⑩】【他の法律による動産の先取特権→商八〇二、七〇三、八四二―八四六】

（**不動産賃貸の先取特権**）

第三一二条　不動産の賃貸の先取特権は、その不動産の賃料その他の賃貸借関係から生じた賃借人の債務に関し、賃借人の動産について存在する。

⊛⁺三一一㈠、三一三―三一六、三一九【不動産→八六①】【他の法律による不動産賃貸の先取特権→借地借家一二】

（**不動産賃貸の先取特権の目的物の範囲**）

第三一三条①　土地の賃貸人の先取特権は、その土地又はその利用のための建物に備え付けられた動産、その土地の利用に供された動産及び賃借人が占有するその土地の果実について存在する。

② 建物の賃貸人の先取特権は、賃借人がその建物に備え付けた動産について存在する。

⊛⁺三一一㈠、三一二、三一九

> 1 本条二項の「建物に備え付けた動産」とは、借家人がその建物内にある期間継続して存置するために持ち込んだ動産を意味し、建物内に持ち込まれた金銭、有価証券、宝石類等必ずしも建物に常置されるものではない物の上にも先取特権が及ぶ。（大判大3・7・4民録二〇・五八七）

第三一四条　賃借権の譲渡又は転貸の場合には、賃貸人の先取特権は、譲受人又は転借人の動産にも及ぶ。譲渡人又は転貸人が受けるべき金銭についても、同様とする。

⊛⁺三一一㈠、三一二、三一九【賃借権の譲渡転貸→六一二、六一三】

（**不動産賃貸の先取特権の被担保債権の範囲**）

第三一五条　賃借人の財産のすべてを清算する場合には、賃貸人の先取特権は、前期、当期及び次期の賃料その他の債務並びに前期及び当期に生じた損害の賠償債務についてのみ存在する。

⊛⁺三一二【総清算の例→九二二―九三六、九四一―九五〇、九五七、一般法人二〇六―二三八、破【借賃の支払時期→六一四】

第三一六条　賃貸人は、第六百二十二条の二第一項に規定する敷金を受け取っている場合には、その敷金で弁済を受けない債権の部分についてのみ先取特権を有する。

> **第三一六条**　賃貸人は、敷金を受け取っている場合には、その敷金で弁済を受けない債権の部分についてのみ先取特権を有する。

⊛⁺三一二

（**旅館宿泊の先取特権**）

第三一七条　旅館の宿泊の先取特権は、宿泊客が負担すべき宿泊料及び飲食料に関し、その旅館に在るその宿泊客の手荷物について存在する。

⊛⁺三一一㈡、三一九

（**運輸の先取特権**）

第三一八条　運輸の先取特権は、旅客又は荷物の運送賃及び付随の費用に関し、運送人の占有する荷物について存在する。

⊛⁺三一一㈢、三一九【荷物と留置権→二九五】

（**即時取得の規定の準用**）

第三一九条　第百九十二条から第百九十五条まで〈動産の即時取得〉の規定は、第三百十二条から前条までの規定による先取特権について準用する。

⊛⁺【本条の準用→建物区分七③】

（動産保存の先取特権）
第三二〇条　動産の保存の先取特権は、動産の保存のために要した費用又は動産に関する権利の保存、承認若しくは実行のために要した費用に関し、その動産について存在する。

⊛†三一一[四]【動産の保存と留置権→二九五

（動産売買の先取特権）
第三二一条　動産の売買の先取特権は、動産の代価及びその利息に関し、その動産について存在する。

⊛†三一一[五]

[1]　特定の場所に搬入された一定範囲の動産につきいわゆる集合物譲渡担保権が設定され、あらかじめ占有改定の方法により担保権者が占有権を取得する合意のされていた場合に、右の範囲に属する動産を売却してそこに搬入した売主の先取特権と譲渡担保の優劣――譲渡担保が優先する。（最判昭62・11・10民集四一・八・一五五九、民百選I[四版]九八）→八五条[2]・一七八条[4]・一八三条[2]・三三三条[2]・◆【I　譲渡担保】［三九八条の二二の後］[36]、民執三八条[5]

[2]　請負工事に用いられた動産の売主は、請負代金全体に占める当該動産の価額の割合や請負契約における請負人の債務の内容等に照らして請負代金債権の全部又は一部を右動産の転売による代金債権と同視するに足りる特段の事情がある場合には、右部分の請負代金債権に対して右物上代位権を行使できる。（最決平10・12・18民集五二・九・二〇二四、民百選I[八版]八一）→民執一六五条[1][2]

（種苗又は肥料の供給の先取特権）
第三二二条　種苗又は肥料の供給の先取特権は、種苗又は肥料の代価及びその利息に関し、その種苗又は肥料を用いた後一年以内にこれを用いた土地から生じた果実（蚕種又は蚕の飼養に供した桑葉の使用によって生じた物を含む。）について存在する。

⊛†三一一[六]【果実→八八、八九

（農業労務の先取特権）
第三二三条　農業の労務の先取特権は、その労務に従事する者の最後の一年間の賃金に関し、その労務によって生じた果実について存在する。

⊛†三一一[七]【雇用関係の先取特権→三〇八

（工業労務の先取特権）
第三二四条　工業の労務の先取特権は、その労務に従事する者の最後の三箇月間の賃金に関し、その労務によって生じた製作物について存在する。

⊛†三一一[四]【雇用関係の先取特権→三〇八

第三款　不動産の先取特権

（不動産の先取特権）
第三二五条　次に掲げる原因によって生じた債権を有する者は、債務者の特定の不動産について先取特権を有する。

一　不動産の保存
二　不動産の工事
三　不動産の売買

⊛†三二六―三二八【不動産→八六①【不動産の先取特権の効力→三二九②、三三一、三三二、三三七―三四一、民執一八〇・一八一、破二⑨、六五、六六、民再五三、会更二⑩【不動産の先取特権と登記→不登三[五]、八三、八五、八六【他の法律による不動産の先取特権→借地借家一二

（不動産保存の先取特権）
第三二六条　不動産の保存の先取特権は、不動産の保存のために要した費用又は不動産に関する権利の保存、承認若しくは実行のために要した費用に関し、その不動産について存在する。

⊛†三二五[一]【本条の先取特権の登記と効力→三三七、三三九、三四一

（不動産工事の先取特権）
第三二七条①　不動産の工事の先取特権は、工事の設計、施工又は監理をする者が債務者の不動産に関してした工事の費用に関し、その不動産について存在する。

②　前項の先取特権は、工事によって生じた不動産の価格の増加が現存する場合に限り、その増価額についてのみ存在する。

⊛†三二五[二]【本条の先取特権の登記と効力→三三八、三三九、三四一、不登八三―八七

（不動産売買の先取特権）
第三二八条　不動産の売買の先取特権は、不動産の代価及びその利息に関し、その不動産について存在する。

⊛†三二五[三]【利息→四〇四【不動産売買の先取特権の登記と効力→三四〇、三四一

第三節　先取特権の順位

（一般の先取特権の順位）
第三二九条①　一般の先取特権が互いに競合する場合には、その優先権の順位は、第三百六条各号に掲げる順序に従う。

②　一般の先取特権と特別の先取特権とが競合する場合には、特別の先取特権は、一般の先取特権に優先する。ただし、共益の費用の先取特権は、その利益を受けたすべての債権者に対して優先する効力を有する。

⊛†三〇六、三三二【他の法律による一般の先取特権の順位→破六六①②　❷【特別の先取特権→三一一、三二五【共益費用の先取特権→三〇六[一]

（動産の先取特権の順位）
第三三〇条①　同一の動産について特別の先取特権が互いに競合する場合には、その優先権の順位は、次に掲げる順序に従う。この場合において、第二号に掲げる動産の保存の先取特権について数人の保存者があるときは、後の保存者が前の保存者に優先する。

一　不動産の賃貸、旅館の宿泊及び運輸の先取特権
二　動産の保存の先取特権
三　動産の売買、種苗又は肥料の供給、農業の労務及び工業の労務の先取特権

②　前項の場合において、第一順位の先取特権者は、その債権取得の時において第二順位又は第三順位の先取特権者があることを知っていたときは、これらの者に

対して優先権を行使することができない。第一順位の先取特権者のために物を保存した者に対しても、同様とする。

③ 果実に関しては、第一の順位は農業の労務に従事する者に、第二の順位は種苗又は肥料の供給者に、第三の順位は土地の賃貸人に属する。

参 三三二・三三四【動産の先取特権→三一一【他の法律による動産の先取特権の順位→商八四四 ❸【果実→八八

（不動産の先取特権の順位）

第三三一条① 同一の不動産について特別の先取特権が互いに競合する場合には、その優先権の順位は、第三百二十五条各号に掲げる順序に従う。

② 同一の不動産について売買が順次された場合には、売主相互間における不動産売買の先取特権の優先権の順位は、売買の前後による。

参 三三二【他の法律による不動産の先取特権の順位→借地借家一二

（同一順位の先取特権）

第三三二条 同一の目的物について同一順位の先取特権者が数人あるときは、各先取特権者は、その債権額の割合に応じて弁済を受ける。

第四節　先取特権の効力

（先取特権と第三取得者）

第三三三条 先取特権は、債務者がその目的である動産をその第三取得者に引き渡した後は、その動産について行使することができない。

参【動産→八六②【引渡し→一八二―一八四【動産の対価と物上代位→三〇四

1 本条にいう引渡しには、占有改定を含む。（大判大6・7・26民録二三・一二〇三、民百選I〔初版〕八三）

2 集合物譲渡担保権者は、特段の事情のない限り、本条の第三取得者に該当するものとして、第三者異議の訴えによって、動産売買先取特権者が右集合物の構成部分となった動産についてした競売の不許を求めることができる。（最判昭62・11・10民集四一・八・一五五九、民百選I〔四版〕九八）→八五条②・一七八条④・一八三条②・三二一条①・◆【I 譲渡担保】〔三九八条の二二の後〕36、民執三八条5

（先取特権と動産質権との競合）

第三三四条 先取特権と動産質権とが競合する場合には、動産質権者は、第三百三十条の規定による第一順位の先取特権者と同一の権利を有する。

参【動産質権→三四二、三五二

（一般の先取特権の効力）

第三三五条① 一般の先取特権者は、まず不動産以外の財産から弁済を受け、なお不足があるのでなければ、不動産から弁済を受けることができない。

② 一般の先取特権者は、不動産については、まず特別担保の目的とされていないものから弁済を受けなければならない。

③ 一般の先取特権者は、前二項の規定に従って配当に加入することを怠ったときは、その配当加入をしたならば弁済を受けることができた額については、登記をした第三者に対してその先取特権を行使することができない。

④ 前三項の規定は、不動産以外の財産の代価に先立って不動産の代価を配当し、又は他の不動産の代価に先立って特別担保の目的である不動産の代価を配当する場合には、適用しない。

参❶【一般の先取特権→三〇六【不動産→八六① ❷【特別担保→三三五、三五六、三六九

（一般の先取特権の対抗力）

第三三六条 一般の先取特権は、不動産について登記をしなくても、特別担保を有しない債権者に対抗することができる。ただし、登記をした第三者に対しては、この限りでない。

参【一般の先取特権→三〇六【不動産→八六①【登記の一般原則→一七七【先取特権と登記→三三五参【特別担保→三三五参

（不動産保存の先取特権の登記）

第三三七条 不動産の保存の先取特権の効力を保存するためには、保存行為が完了した後直ちに登記をしなければならない。

参 三三九、三四一【不動産保存の先取特権→三二五㊀、三二六【登記→三三五参

（不動産工事の先取特権の登記）

第三三八条① 不動産の工事の先取特権の効力を保存するためには、工事を始める前にその費用の予算額を登記しなければならない。この場合において、工事の費用が予算額を超えるときは、先取特権は、その超過額については存在しない。

② 工事によって生じた不動産の増価額は、配当加入の時に、裁判所が選任した鑑定人に評価させなければならない。

参 三三九、三四一【不動産工事の先取特権→三二五㊁、三二七【登記→不登八三―八七、三三五参

（登記をした不動産保存又は不動産工事の先取特権）

第三三九条 前二条の規定に従って登記をした先取特権は、抵当権に先立って行使することができる。

参【抵当権→三六九、三六一【他の不動産の先取特権との順位→借地借家一二

（不動産売買の先取特権の登記）

第三四〇条 不動産の売買の先取特権の効力を保存するためには、売買契約と同時に、不動産の代価又はその利息の弁済がされていない旨を登記しなければならない。

参【不動産売買の先取特権→三二五㊂、三二八【登記→三三五参

（抵当権に関する規定の準用）

第三四一条 先取特権の効力については、この節に定めるもののほか、その性質に反しない限り、抵当権に関する規定を準用する。

参【抵当権に関する規定の準用→三七〇、三七一、三七三―三八六、三九四、三九五

第九章　質権

第一節　総則

（質権の内容）

第三四二条　質権者は、その債権の担保として債務者又は第三者から受け取った物を占有し、かつ、その物について他の債権者に先立って自己の債権の弁済を受ける権利を有する。

⊛【占有↓一八〇・一八一・三四四・三四五【質権の効力↓三四六―三五一・三五四・三五六、三六一・三六六、民執一八〇・一八一・一八九・一九〇・一九三・五九①④・一二四・八七・四九②⊟・五〇・一三三・一五四、破二⑨・六五・六六、民再五三、会更二⑩【質権と登記↓不登三因・九五

（質権の目的）

第三四三条　質権は、譲り渡すことができない物をその目的とすることができない。

⊛【質権の目的となり得ない物の例↓商八四九・八五〇【質権の目的となり得ない権利の例↓三六二⊛

（質権の設定）

第三四四条　質権の設定は、債権者にその目的物を引き渡すことによって、その効力を生ずる。

⊛【引渡し↓一八二・一八四・三四五

（質権設定者による代理占有の禁止）

第三四五条　質権者は、質権設定者に、自己に代わって質物の占有をさせることができない。

⊛三四四【代理占有の禁止↓一八一・一八三

> 1　質権者が一旦引渡しを受けた質物を設定者に返還しても、質権が消滅するものではなく、動産質においては質権を第三者に対抗することができなくなるが（民法三五二条）、不動産質においては、質権の効力には何ら影響を及ぼさない。（大判大5・12・25民録二二・二五〇九）

（質権の被担保債権の範囲）

第三四六条　質権は、元本、利息、違約金、質権の実行の費用、質物の保存の費用及び債務の不履行又は質物の隠れた瑕疵によって生じた損害の賠償を担保する。ただし、設定行為に別段の定めがあるときは、この限りでない。

⊛【質権実行の費用↓民執一九四・四二【質物保存の費用↓三五〇・二九九【損害賠償↓四一五・五六四【別段の定めの登記↓不登九五①五

（質物の留置）

第三四七条　質権者は、前条に規定する債権の弁済を受けるまでは、質物を留置することができる。ただし、この権利は、自己に対して優先権を有する債権者に対抗することができない。

⊛【留置↓三五〇・二九六―二九九、民執一二四【質権者に対し優先権を有する債権↓三三四、三三〇②・三五五・三六一・三七三・三三九

> 1　質物の所有者は、まず被担保債権の弁済をしなければ、その物の引渡しを受けることができない。（大判大9・3・29民録二六・四一一、売買百選一五……所有者が弁済せずに返還請求をすると引換給付判決でなく請求棄却判決が下される〔傍論〕）

（転質）

第三四八条　質権者は、その権利の存続期間内において、自己の責任で、質物について、転質をすることができる。この場合において、転質をしたことによって生じた損失については、不可抗力によるものであっても、その責任を負う。

⊛【本条の例外↓担信三九①

> 1　質権者は、質権設定者の承諾がなくとも、自己の債務につき、質物の上にその権利の範囲を超えない質権を設定することができる。（大刑連決大14・7・14刑集四・四八四、民百選Ⅰ三版八三）

（契約による質物の処分の禁止）

第三四九条　質権設定者は、設定行為又は債務の弁済期前の契約において、質権者に弁済として質物の所有権を取得させ、その他法律に定める方法によらないで質物を処分させることを約することができない。

⊛【法律に定めた方法による処分↓三五四、三六六、民執一八〇・一八一・一九〇【本条の例外↓商五一五

（留置権及び先取特権の規定の準用）

第三五〇条　第二百九十六条から第三百条まで〈留置権者の権利義務〉及び第三百四条〈物上代位〉の規定は、質権について準用する。

（物上保証人の求償権）

第三五一条　他人の債務を担保するため質権を設定した者は、その債務を弁済し、又は質権の実行によって質物の所有権を失ったときは、保証債務に関する規定に従い、債務者に対して求償権を有する。

⊛【保証債務に関する規定↓四五九―四六五の一〇【第三者の弁済↓四七四【代位弁済↓四九九―五〇一

> 1　物上保証人は、被担保債務の弁済期が到来しても、債務者に対しあらかじめ求償権を行使することはできない。（最判平2・12・18民集四四・九・一六八六、民百選Ⅱ五補四二……根抵当権の例）↓四六〇条1

第二節　動産質

（動産質の対抗要件）

第三五二条　動産質権者は、継続して質物を占有しなければ、その質権をもって第三者に対抗することができない。

⊛三五三【動産↓八六②【占有と質権↓三四四・三四五【占有の継続↓一八六②・二〇三但

> **有効な質権設定後の設定者による質物の占有の効力**↓三四五条1

（質物の占有の回復）

第三五三条　動産質権者は、質物の占有を奪われたとき

は、占有回収の訴えによってのみ、その質物を回復することができる。

参【占有回収の訴え↓二〇〇・二〇一③・二〇三但

（動産質権の実行）

第三五四条　動産質権者は、その債権の弁済を受けないときは、正当な理由がある場合に限り、鑑定人の評価に従い質物をもって直ちに弁済に充てることを裁判所に請求することができる。この場合において、動産質権者は、あらかじめ、その請求をする旨を債務者に通知しなければならない。

参【流質契約の禁止↓三四九【裁判所への申請手続↓非訟九三

（動産質権の順位）

第三五五条　同一の動産について数個の質権が設定されたときは、その質権の順位は、設定の前後による。

参【質権の順位と質物留置権↓三四七【動産質権の設定↓三四四【動産物権変動の対抗要件↓一七八【抵当権の順位↓三七三、三七四

第三節　不動産質

（不動産質権者による使用及び収益）

第三五六条　不動産質権者は、質権の目的である不動産の用法に従い、その使用及び収益をすることができる。

参三五九【不動産↓八六①【不動産質権の登記↓不登三㈣、九五

（不動産質権者による管理の費用等の負担）

第三五七条　不動産質権者は、管理の費用を支払い、その他不動産に関する負担を負う。

参三五九【本条と異なる定めの登記↓不登九五①㈥

（不動産質権者による利息の請求の禁止）

第三五八条　不動産質権者は、その債権の利息を請求することができない。

参三五六、三五九

（設定行為に別段の定めがある場合等）
第三五九条　前三条の規定は、設定行為に別段の定めがあるとき、又は担保不動産収益執行（民事執行法第百八十条第二号に規定する担保不動産収益執行をいう。以下同じ。）の開始があったときは、適用しない。

> 第三五九条（設定行為に別段の定めがある場合等）　前三条の規定は、設定行為に別段の定めがあるとき、又は担保不動産収益執行（民事執行法（昭和五十四年法律第四号）第百八十条第二号に規定する担保不動産収益執行をいう。以下同じ。）の開始があったときは、適用しない。

参【別段の定めの登記↓不登九五①㈥【担保不動産収益執行↓民執一八〇、一八八

（不動産質権の存続期間）
第三六〇条①　不動産質権の存続期間は、十年を超えることができない。設定行為でこれより長い期間を定めたときであっても、その期間は、十年とする。
②　不動産質権の設定は、更新することができる。ただし、その存続期間は、更新の時から十年を超えることができない。

（抵当権の規定の準用）

第三六一条　不動産質権については、この節に定めるもののほか、その性質に反しない限り、次章（抵当権）の規定を準用する。

参【準用される主要な規定↓三七〇、三八七

第四節　権利質

（権利質の目的等）
第三六二条①　質権は、財産権をその目的とすることができる。
②　前項の質権については、この節に定めるもののほか、その性質に反しない限り、前三節（総則、動産質及び不動産質）の規定を準用する。
参❶【権利質の例↓会社一四六―一五四、手一九、特許九五・九六、九八①㈢②【不動産権利質と登記↓不登九五【質権の目的となり得ない財産権の例↓四六六①参【権利質の実行↓民執一九三、一九四　❷【すべての権利質に準用される主要な規定↓三四二、三四三、三四六、三四八―三五一、三五五【地上権・永小作権の質権に準用される主要な規定↓不動産質に適用される規定全部

[1]　定期預金に質権が設定された後に、同一当事者間で数回書き替えられたが、書替えに際して預金が現実に払い戻されることなく、ただ証書のみが更新されたときは、同一の預金者の定期預金として継続関係があり、当初の質権の効力は書替え後の定期預金にも及ぶ。（最判昭40・10・7民集一九・七・一七〇五、銀取百選〔二版〕五七）

[2]　債権が質権の目的とされた場合に、質権設定者は、質権者に対し、当該債権の担保価値を維持すべき義務を負い、債権の放棄、免除、相殺、更改等当該債権を消滅、変更させる一切の行為その他当該債権の担保価値を害するような行為を行うことは、同義務に違反するものとして許されない。（最判平18・12・21民集六〇・一〇・三九六四、民百選I〔八版〕八三……敷金返還請求権が質権の目的とされた場合に、質権設定者である賃借人が正当な理由なく賃貸人に対し未払債務を生じさせて右請求権の発生を阻害することが、右義務に反するとした例）↓破八五条[7]・一四八条[8]

第三六三条【債権質の設定】　削除

> 第三六三条（債権質の設定）　債権であってこれを譲り渡すにはその証書を交付することを要するものを質権の目的とするときは、質権の設定は、その証書を交付することによって、その効力を生ずる。〔改正後の第五二〇条の一七、第五二〇条の二〇に対応〕

（債権を目的とする質権の対抗要件）
第三六四条　債権を目的とする質権の設定（現に発生していない債権を目的とするものを含む。）は、第四百六十七条の規定に従い、第三債務者にその質権の設定を通知し、又は第三債務者がこれを承諾しなければ、これをもって第三債務者その他の第三者に対抗することができない。

> 第三六四条（指名債権を目的とする質権の対抗要件）　指名債権を質権の目的としたときは、第四百六

民法

十七条の規定に従い、第三債務者に質権の設定を通知し、又は第三債務者がこれを承諾しなければ、これをもって第三債務者その他の第三者に対抗することができない。

⊕【法人がする質権設定↓動産債権譲渡特一四

[1] ★債権譲渡禁止特約のある債権を質権の目的とした場合、質権者が悪意であれば、質権は無効である。（大判大13・6・12民集三・二七二）↓四六六条の五[6]

[2] 債務者が債権者に対して有する債権についても質権を設定することができる。（大判昭11・2・25新聞三九五九・一二……銀行から融資を受ける者が同行に対する預金債権に質権を設定）

[3] 指名債権が質権の目的となり、第三債務者がその通知を受け又はこれを承諾したときは、第三債務者は、それ以後に取得した設定者に対する債権による相殺をもって質権者に対抗できない。（大判大5・9・5民録二二・一六七〇）

[4] 質権設定者が質権の目的である債権をもって相殺しても無効であり、質権者が後日それを承認しても有効とはならない。（大判大15・3・18民集五・一八五）

[5] 指名債権に対する質権設定を第三者に対抗する要件としての第三債務者に対する通知又はその承諾は、質権者を具体的に特定してされなければならない。（最判昭58・6・30民集三七・五・八三五、重判昭58民四）

第三六五条【指図債権を目的とする質権の対抗要件】　削除

（指図債権を目的とする質権の対抗要件）
第三六五条　指図債権を質権の目的としたときは、その証書に質権の設定の裏書をしなければ、これをもって第三者に対抗することができない。［改正後の**第五二〇条の七**に対応］

（質権者による債権の取立て等）
第三六六条①　質権者は、質権の目的である債権を直接に取り立てることができる。

②　債権の目的物が金銭であるときは、質権者は、自己の債権額に対応する部分に限り、これを取り立てることができる。

③　前項の債権の弁済期が質権者の債権の弁済期前に到来したときは、質権者は、第三債務者にその弁済をすべき金額を供託させることができる。この場合において、質権は、その供託金について存在する。

④　債権の目的物が金銭でないときは、質権者は、弁済として受けた物について質権を有する。

⊕民執一九三　❸【供託↓四九五

[1] 債権質の設定者は、質権者の同意があるなど特段の事情のない限り、当該債権に基づきその債務者に対して破産の申立てをすることはできない。（最決平11・4・16民集五三・四・七四〇、倒産百選[六版]一〇）

第三六七条及び第三六八条　削除

第十章　抵当権

第一節　総則

（抵当権の内容）
第三六九条①　抵当権者は、債務者又は第三者が占有を移転しないで債務の担保に供した不動産について、他の債権者に先立って自己の債権の弁済を受ける権利を有する。

②　地上権及び永小作権も、抵当権の目的とすることができる。この場合においては、この章の規定を準用する。

⊕❶【不動産↓八六①【抵当権の効力↓三七三—三九五、民執一八〇・一八一・一八八・五九・八七・四九②[二]・五〇、破二⑨・六五・六六、民再五三、会更二⑩【抵当権と登記↓不登三[七]・八八—九四　❷【地上権↓二六五【永小作権↓二七〇　⁺【他の法律による抵当権↓商八四七

[1] 一　**被担保債権**
金銭消費貸借による債務を担保するため抵当権の設定がされた場合において、金銭の授受に先立って抵当権設定の手続がされても、その抵当権は後に発生した債務を有効に担保し、抵当権設定の手続は必ずしも債務の発生と同時であることを要しない。（大判明38・12・6民録一一・一六五三……合意の数日後で登記の翌日に金銭の交付があった例）

[2] 二　**目的物**
将来取得すべき他人所有の不動産上に抵当権を設定することは有効であるが、抵当権は設定者が所有権を取得した時に成立する。（大決大4・10・23民録二一・一七五五）

三　**目的物の侵害の排除**

[3] **1　目的物の物質的侵害**
債務者が滅失、毀損等事実上の行為で抵当物に対する侵害をしようとする場合は、抵当権の被担保債権が弁済期にあると否とを問わず、また、抵当権の実行に着手したかどうかに関わりなく、抵当権者は物権たる抵当権の効力として、その妨害の排除を求めることができる。（大判昭6・10・21民集一〇・九一三）

[4] 工場抵当法二条により工場に属する土地又は建物と共に抵当権の目的とされた動産が、抵当権者の同意を得ないで工場から搬出された場合には、第三者において即時取得しない限り、抵当権者は搬出された目的動産を元の備付け場所である工場に戻すことを求めることができる。（最判昭57・3・12民集三六・三・三四九、民百選I[八版]九〇）

2　目的物の第三者による占有

[5] 第三者が抵当不動産を不法占有することにより、抵当不動産の交換価値の実現が妨げられ、抵当権者の優先弁済請求権の行使が困難となるような状態があるときは、抵当権者が右状態の排除を求めることが許される。（最大判平11・11・24民集五三・八・一八九九、民百選I[五補]八四……抵当権に基づく妨害排除請求としての占有の排除を否定した最判平3・3・22民集四五・三・二六八、民百選I[四版]九四を変更したものであるが、本件は、抵当権者が抵当不動産の所有者の不法占有者に対する妨害排除請求権を代位行使することができるかどうかが争われた事案であり、請求が認められた）↓四二三条の七

[5]

[6] ①　抵当権設定登記後に抵当不動産の所有者から占有権原の設定を受けてこれを占有する者についても、その占有権原の設定に抵当権の実行としての競売手続を妨害する目的が認められ、その占有により抵当不動産の交換価値の実現が妨げられて抵当権者の優先弁済請求権の行使が困難となるような状態があるときは、抵当権者は、当該占有者に対し、抵当権に基づく妨害排除請求として、その状態の排除を求めることができる。

② 抵当権に基づく妨害排除請求権の行使に当たり、抵当不動産の所有者において抵当権に対する侵害が生じないように抵当不動産を適切に維持管理することが期待できない場合には、抵当権者は、占有者に対し、直接自己への抵当不動産の明渡しを求めることができる。
③ 抵当権者は、抵当不動産を自ら使用できず、民執法上の手続等によらずにその使用による利益を取得することもできないから、抵当不動産に対する第三者の占有により賃料額相当の損害を被るものではない。（最判平17・3・10民集五九・二・三五六、民百選I[八版]八九）

四　侵害による不法行為

1　損害の発生

[7] 抵当権の実行が不法に阻害されたため、被担保債権の完済の見込みがなくなった場合には、競売以前においても抵当権者に損害があるといえる。（大判昭11・4・13民集一五・六三〇）

[8] 抵当権に基づく競売の開始後、抵当権設定者が抵当権の目的物である山林の立木を第三者に売却して伐採させても、抵当権者が完全に債権の満足を得た以上、損害はない。（大判昭3・8・1民集七・六七一）

2　損害額算定の基準時

[9] 抵当権侵害による損害額は、不法行為の当時を標準とするのではなく、抵当権実行の時又は抵当債権の弁済期後抵当権実行前における賠償請求権行使の時（いずれも訴訟手続によりその権利を行使する場合には事実審の口頭弁論終結の時）を標準として算定すべきである。（大判昭7・5・27民集一一・一二八九、民百選I[初版]九二）↓七〇九条[127]

五　抵当権設定後の建物の合体

[10] 互いに主従の関係にない甲乙二棟の建物がその間の隔壁を除去する等の工事により一棟の丙建物となった場合、甲建物又は乙建物を目的として設定されていた抵当権は、丙建物のうちの甲建物又は乙建物の価格の割合に応じた持分を目的とするものとして存続する。（最判平6・1・25民集四八・一・一八、民百選I[五補]七四）↓二四七条[1]

（抵当権の効力の及ぶ範囲）

第三七〇条　抵当権は、抵当地の上に存する建物を除き、その目的である不動産（以下「抵当不動産」という。）に付加して一体となっている物に及ぶ。ただし、設定行為に別段の定めがある場合及び債務者の行為について第四百二十四条第三項に規定する詐害行為取消請求をすることができる場合は、この限りでない。

（抵当権の効力の及ぶ範囲）

第三七〇条　抵当権は、抵当地の上に存する建物を除き、その目的である不動産（以下「抵当不動産」という。）に付加して一体となっている物に及ぶ。ただし、設定行為に別段の定めがある場合及び第四百二十四条の規定により債権者が債務者の行為を取り消すことができる場合は、この限りでない。

⊜＋三七一【不動産↓八六①【付加した物↓二四二【別段の定めの登記↓不登八八①[四]

一　効力が及ぶとされたもの

1　土地について

[1] 土地に設定した抵当権の効力は、地上の樹木（立木法の適用のないもの）に及ぶ。（大判大14・10・26民集四・五一七）

[2] 土地に設定されていた抵当権について競売開始決定があり、差押えの効力が生じた後は、抵当権者は土地の立木の伐採を差し止め、あるいは既に伐採されてなおその土地上にある木材について搬出を拒むことができる。（大判大5・5・31民録二二・一〇八三）↓民執五五条・七七条

[3] 抵当山林中の樹木が伐採されたとしても、伐採木材について抵当権の効力は消滅せず、抵当権者はその搬出の禁止を請求できる。（大判昭7・4・20新聞三四〇七・一五）

[4] 宅地に根抵当権が設定された当時、宅地上に存在した石灯籠及び取外しのできる庭石は宅地の従物であり、宅地上の植木及び取外しの困難な庭石等は宅地の構成部分として、いずれも根抵当権の効力が及び、右根抵当権は、宅地についての根抵当権設定登記によって、右構成部分についてはもちろん、右従物についても対抗力を有する。（最判昭44・3・28民集二三・三・六九九、民百選I[八版]八五）↓八七条[1]

2　建物について

[5] ① 本条は民法八七条二項と相妨げるものではなく、抵当権設定時に存在した従物には抵当権の効力が及ぶ。
② 営業用の諸器具がその建物の従物となるか否かは、一にその建物の利用目的いかんによる。（大連判大8・3・15民録二五・四七三、民法の判例[二版]一七……銭湯の建物内の湯屋営業道具及び煙突附属一式に抵当権の効力が及ぶか否かが争われた事案）

[6] 建物に抵当権が設定された後に取り付けられても、雨戸、建物入口の扉その他建物の内外を遮断する建具類は建物の一部を構成し建物と一体となるから、抵当権の効力が及ぶ。（大判昭5・12・18民集九・一一四七、民百選I[五補]八五）

[7] ガソリンスタンド用建物の地下タンク、ノンスペース型計量機、洗車機等の諸設備は、建物の従物であり、抵当権の効力が及ぶ。（最判平2・4・19判時一三五四・八〇……建物に抵当権が設定された時に、右の諸設備が存在していた事案）↓八七条[2]

3　従たる権利

[8] 抵当建物の敷地の賃借権は、原則として建物抵当権の効力の及ぶ目的物に包含される。（最判昭40・5・4民集一九・四・八一一、民百選I[八版]八六）↓六一二条[2]

二　効力が及ばないとされたもの

[9] 抵当権の目的たる家屋が天災のため崩壊し、動産となったもの（大判大5・6・28民録二二・一二八一）

三　工場抵当法三条目録の性質

[10] 工場抵当法二条に規定する「工場の用に供する物」について抵当権の効力を第三者に対抗するには、右物件が同法三条の目録に記載されていることを要する。（最判平6・7・14民集四八・五・一一二六、重判平6民九）

第三七一条　抵当権は、その担保する債権について不履行があったときは、その後に生じた抵当不動産の果実に及ぶ。

⊜＋【果実↓八八【不履行↓四一二

[1] ★① 担保不動産の賃借人は、抵当権に基づく担保不動産収益執行の開始決定が効力を生じた後も、抵当権設定登記の前に取得した賃貸人に対する債権を自働債権とし、賃料債権を受働債権とする相殺をもって管理人に対抗できる。

② 担保不動産収益執行において管理人が取得するのは、賃料債権等の権利を行使する権限にとどまり、賃料債権等は、開始決定後も担保不動産所有者に帰属しているから、当該所有者は右の相殺の意思表示を受領する資格を有する。（最判平21・7・3民集六三・六・一〇四七、執保百選三版四三）→民執九五条⑦

第三七二条（**留置権等の規定の準用**）　第二百九十六条〈留置権の不可分性〉、第三百四条〈物上代位〉及び第三百五十一条〈物上保証人の求償権〉の規定は、抵当権について準用する。

一　抵当権の物上代位性（民法三〇四条の準用）

1 遭難船の公売代金（大判明40・6・19民録一三・六八五）

2 第三者の不法行為により抵当建物が取り壊されたときの損害賠償請求権（大判大6・1・22民録二三・一四）

3 損害保険金請求権（大判明40・3・12民録一三・二六五……第三取得者の例）

4 抵当土地の収用による補償金と抵当建物の移転料（大判大4・6・30民録二一・一一五七）

5 仮差押解放金（最判昭45・7・16民集二四・七・九六五）→民保二二条②

6 賃貸料（賃借人が供託した賃料の還付請求権）（最判平元・10・27民集四三・九・一〇七〇、民百選Ⅰ八版八七）

7 転貸賃料（消極）――抵当権者は、抵当不動産の賃借人を所有者と同視することを相当とする場合を除き、右賃借人が取得すべき転貸賃料債権について物上代位権を行使できない。（最決平12・4・14民集五四・四・一五五二、重判平12民二）

8 買戻特約付売買の目的不動産につき買主が買戻権の行使により取得した買戻代金債権（最判平11・11・30民集五三・八・一九六五、民百選Ⅰ五補八七）

二　抵当権者による差押え

9 **1　債務名義の要否**→民執一九三条①　必要としない。（大判昭13・5・5民集一七・八四二）

10 **2　配当要求によることの可否**　抵当権に基づき物上代位権を行使する債権者は、他の債権者による債権差押事件に配当要求をすることによって優先弁済を受けることはできない（本条において準用する民法三〇四条一項ただし書の「差押え」には配当要求を含むと解することができず、民執法一五四条及び一九三条一項は物上代位権者が配当要求をすることは予定していないから）。（最判平13・10・25民集五五・六・九七五、執保百選三版七九）→民執一六五条⑤

3　債権が譲渡された後の差押え

11 本条において準用する民法三〇四条一項ただし書が、抵当権者が物上代位権を行使するには払渡し又は引渡しの前に差し押さえることを要するとした趣旨は、主として、第三債務者が設定者に弁済しても弁済による目的債権の消滅の効果を抵当権者に対抗できなくなるという不安定な地位に置かれる可能性があり、二重弁済を強いられるという危険から第三債務者を保護する点にある。この趣旨に照らすと、払渡し又は引渡しには債権譲渡は含まれず、抵当権者は、目的債権が譲渡され第三者に対する対抗要件が備えられた後においても、自ら目的債権を差し押さえて物上代位権を行使できるものと解すべきであり、これは物上代位による差押えの時点で債権譲渡に係る目的債権の弁済期が到来しているか否かに関わりない。（最判平10・1・30民集五二・一・一、民百選Ⅰ八版八八）

4　債権を他の債権者が差し押さえた場合

12 債権について一般債権者の差押えと抵当権者の物上代位権に基づく差押えが競合した場合、両者の優劣は、一般債権者の申立てによる差押命令の第三債務者への送達と抵当権設定登記の先後によって決する。（最判平10・3・26民集五二・二・四八三、執保百選三版七七）→民執一六五条④

13 抵当権の物上代位の目的となる債権に対する転付命令は、同命令が第三債務者に送達される時までに抵当権者が当該債権の差押えをしなかったときは、その効力を妨げられず、抵当権者は当該債権について抵当権の効力を主張することはできない。（最判平14・3・12民集五六・三・五五五、執保百選三版七八）→民執一五九条⑨

5　相殺等との優劣

14 ★抵当権者が物上代位権を行使して賃料債権の差押えをした後は、抵当不動産の賃借人は、抵当権設定登記の後に賃貸人に対して取得した債権を自働債権とする賃料債権との相殺をもって、抵当権者に対抗できない。（最判平13・3・13民集五五・二・三六三、重判平13民五）

15 賃貸借契約が終了し、目的物が明け渡された場合においては、目的物の返還時に残存する賃料債権等は敷金が存在する限度において敷金の充当により当然に消滅するのであり、このことは、明渡し前に賃料債権に対する物上代位権行使としての差押えがあった場合も同様である。（最判平14・3・28民集五六・三・六八九、重判平14民三）→六二二条の二③

三　物上保証人の求償権（民法三五一条の準用）→三五一条⑦・四六〇条⑦

四　第三取得者の求償権

16 物上保証人から抵当不動産の所有権を取得した第三取得者にも、本条、民法三五一条が準用される。（最判昭42・9・29民集二一・七・二〇三四）

第二節　抵当権の効力

第三七三条（**抵当権の順位**）　同一の不動産について数個の抵当権が設定されたときは、その抵当権の順位は、登記の前後による。

⊛+【不動産物権変動の対抗要件→一七七【登記の前後→不登四・一九、二〇【先取特権と抵当権の順位→三三九【動産質権の順位→三五五

第三七四条（**抵当権の順位の変更**）　① 抵当権の順位は、各抵当権者の合意によって変更することができる。ただし、利害関係を有する者があるときは、その承諾を得なければならない。

② 前項の規定による順位の変更は、その登記をしなければ、その効力を生じない。

⊛+【不動産物権変動の対抗要件→一七七　❶【順位の処分→三七六　❷【順位の変更の登記→不登八九

第三七五条（**抵当権の被担保債権の範囲**）　① 抵当権者は、利息その他の定期金を請求する権利を有するときは、その満期となった最後の二

年分についてのみ、その抵当権を行使することができる。ただし、それ以前の定期金についても、満期後に特別の登記をしたときは、その登記の時からその抵当権を行使することを妨げない。

② 前項の規定は、抵当権者が債務の不履行によって生じた損害の賠償を請求する権利を有する場合におけるその最後の二年分についても適用する。ただし、利息その他の定期金と通算して二年分を超えることができない。

§❶【利息→不登八八①因　❷【債務不履行による損害賠償→四一九　†【根抵当権の場合→三九八の三

[1] 本条は他の債権者との関係で抵当権者の優先弁済権の範囲を制限したものであり、債務者又は設定者は元本債権のほか利息・損害金の全額を弁済しなければ抵当権を消滅させることはできない。第三取得者も設定者の地位を承継したものであるから、同様である。（大判大4・9・15民録二一・一四六九）

（抵当権の処分）

第三七六条① 抵当権者は、その抵当権を他の債権の担保とし、又は同一の債務者に対する他の債権者の利益のためにその抵当権若しくはその順位を譲渡し、若しくは放棄することができる。

② 前項の場合において、抵当権者が数人のためにその抵当権の処分をしたときは、その処分の利益を受ける者の権利の順位は、抵当権の登記にした付記の前後による。

§❶三七三【根抵当権の特則→三九八の一一①【抵当権の処分の登記→不登九〇【順位の変更→三七四　❷【付記登記と順位→不登四②　†【本条の特則→担信三九①・四二・四一・三二

[1] 転抵当権者は自己の債権の弁済を受けるため、原抵当権を実行することができる。この際、原抵当権者の債権額が転抵当権者の債権額を超過しているときは、原抵当権者はその差額について配当を受けることができるし、そのような差額を生ずべき場合は、原抵当権者は自ら競売を申し立てて、右の差額に相当する弁済を受けることもできる（転抵当権者が受けるべき金額はこれを弁済し又は供託する）。しかし、債権額が同額であるか、若しくは転抵当権者の債権額が原抵当権者の債権額よりも多額であるときは、原抵当権者は抵当権を実行することができない。（大決昭7・8・29民集一一・一七二九）

（抵当権の処分の対抗要件）

第三七七条① 前条の場合には、第四百六十七条の規定に従い、主たる債務者に抵当権の処分を通知し、又は主たる債務者がこれを承諾しなければ、これをもって主たる債務者、保証人、抵当権設定者及びこれらの者の承継人に対抗することができない。

② 主たる債務者が前項の規定により通知を受け、又は承諾をしたときは、抵当権の処分の利益を受ける者の承諾を得ないでした弁済は、その受益者に対抗することができない。

§❷【根抵当権の特則→三九八の一一②

（代価弁済）

第三七八条 抵当不動産について所有権又は地上権を買い受けた第三者が、抵当権者の請求に応じてその抵当権者にその代価を弁済したときは、抵当権は、その第三者のために消滅する。

§†【第三取得者の有する他の権利→三七九―三八六【第三取得者が任意に弁済するとき→四七四・四九九―五〇四

（抵当権消滅請求）

第三七九条 抵当不動産の第三取得者は、第三百八十三条の定めるところにより、抵当権消滅請求をすることができる。

（平成一五法一三四による改正前の条文）

旧第三七八条【滌除の意義】 抵当不動産ニ付キ所有権、地上権又ハ永小作権ヲ取得シタル第三者ハ第三百八十二条乃至第三百八十四条ノ規定ニ従ヒ抵当権者ニ提供シテ其承諾ヲ得タル金額ヲ払渡シ又ハ之ヲ供託シテ抵当権ヲ滌除スルコトヲ得

第三取得者の意義（平成一五法一三四による改正前の滌除〔てきじょ〕に関する判例）

[1] 所有権移転請求権保全の仮登記を経由した者は、その請求権が停止条件付又は将来確定すべきものとして登記されたときを除き、本条にいう第三取得者に該当する。（大決昭10・7・31民集一四・一四四九）

[2] 担保権実行前の譲渡担保権者は、本条の第三者に当たらない。（最判平7・11・10民集四九・九・二九五三、重判平7民三）

[3] 一個の不動産全体に抵当権が設定されている場合、抵当不動産の共有持分を取得した第三者は、抵当権を滌除することはできない。（最判平9・6・5民集五一・五・二〇九六、重判平9民二）

第三八〇条 主たる債務者、保証人及びこれらの者の承継人は、抵当権消滅請求をすることができない。

§†三七九【保証人→四四六

第三八一条 抵当不動産の停止条件付第三取得者は、その停止条件の成否が未定である間は、抵当権消滅請求をすることができない。

§†三七九【停止条件→一二七①

（抵当権消滅請求の時期）

第三八二条 抵当不動産の第三取得者は、抵当権の実行としての競売による差押えの効力が発生する前に、抵当権消滅請求をしなければならない。

§†三七九【差押え→民執一八〇・一八八・四五

（抵当権消滅請求の手続）

第三八三条 抵当不動産の第三取得者は、抵当権消滅請求をするときは、登記をした各債権者に対し、次に掲げる書面を送付しなければならない。

一 取得の原因及び年月日、譲渡人及び取得者の氏名及び住所並びに抵当不動産の性質、所在及び代価その他取得者の負担を記載した書面

二 抵当不動産に関する登記事項証明書（現に効力を有する登記事項のすべてを証明したものに限る。）

三　債権者が二箇月以内に抵当権を実行して競売の申立てをしないときは、抵当不動産の第三取得者が第一号に規定する代価又は特に指定した金額を債権の順位に従って弁済し又は供託すべき旨を記載した書面

⊗+三七九【登記事項証明書→不登一一九①【競売の申立て→民執一八〇、一八一、一八八、四五【供託→四九四、四九五

第三八四条（債権者のみなし承諾） 次に掲げる場合には、前条各号に掲げる書面の送付を受けた債権者は、抵当不動産の第三取得者が同条第三号に掲げる書面に記載したところにより提供した同号の代価又は金額を承諾したものとみなす。

一　その債権者が前条各号に掲げる書面の送付を受けた後二箇月以内に抵当権を実行して競売の申立てをしないとき。

二　その債権者が前号の申立てを取り下げたとき。

三　第一号の申立てを却下する旨の決定が確定したとき。

四　第一号の申立てに基づく競売の手続を取り消す旨の決定（民事執行法第百八十八条において準用する同法第六十三条第三項若しくは第六十八条の三第三項の規定又は同法第百八十三条第一項第五号の謄本が提出された場合における同条第二項の規定による決定を除く。）が確定したとき。

＊令和四法四八（令和八・五・二四までに施行）による改正　第四号中「謄本」の下に「若しくは記録事項証明書」を加える。（本文未織込み）

⊗+三七九、三八三【競売の申立て→民執一八〇、一八一、一八八、四五

第三八五条（競売の申立ての通知） 第三百八十三条各号に掲げる書面の送付を受けた債権者は、前条第一号の申立てをするときは、同号の期間内に、債務者及び抵当不動産の譲渡人にその旨を通知しなければならない。

⊗+【競売の申立て→民執一八〇、一八一、一八八、四五

第三八六条（抵当権消滅請求の効果） 登記をしたすべての債権者が抵当不動産の第三取得者の提供した代価又は金額を承諾し、かつ、抵当不動産の第三取得者がその承諾を得た代価又は金額を払い渡し又は供託したときは、抵当権は、消滅する。

⊗+三七九、三八四【供託→四九四、四九五

第三八七条（抵当権者の同意の登記がある場合の賃貸借の対抗力） ① 登記をした賃貸借は、その登記前に登記をした抵当権を有するすべての者が同意をし、かつ、その同意の登記があるときは、その同意をした抵当権者に対抗することができる。

② 抵当権者が前項の同意をするには、その抵当権を目的とする権利を有する者その他抵当権者の同意によって不利益を受けるべき者の承諾を得なければならない。

⊗+【登記をした賃借権→六〇五⊗

抵当権と賃借権の一般的関係

[1] 抵当権設定登記後に成立し対抗要件を取得した賃借権は、その賃貸借契約が強制競売申立てに基づく差押えの登記前に締結され、対抗要件を取得していた場合でも、抵当権に対抗できないから、競売により抵当権と共に消滅する。（最判昭46・3・30判時六二八・五四）

第三八八条（法定地上権） 土地及びその上に存する建物が同一の所有者に属する場合において、その土地又は建物につき抵当権が設定され、その実行により所有者を異にするに至ったときは、その建物について、地上権が設定されたものとみなす。この場合において、地代は、当事者の請求により、裁判所が定める。

⊗+【抵当権の実行→民執一八〇、一八一【地上権→二六五【他の法律による法定地上権等→民執八一、仮登記担保一〇

一　土地と建物が同一の所有者に属すること

1　登記との関係

[1] 土地の抵当権設定当時その土地上の建物に保存登記がなかった場合にも、土地の抵当権者又は競落人は法定地上権の成立を否定できない。（大判昭14・12・19民集一八・一五八三）

[2] 土地に抵当権が設定された時、地上の建物はまだ前主の名義で土地所有者への移転登記がされていなかった場合にも本条が適用される。（最判昭48・9・18民集二七・八・一〇六六）

[3] 土地及びその地上建物の所有者が建物について抵当権を設定したときは、土地の所有権移転登記を経由していなくても、本条が適用される。（最判昭53・9・29民集三二・六・一二一〇、民百選Ⅰ[三版]九〇）

2　変動があった場合

[4] 土地と建物を所有する者が土地に抵当権を設定した後に建物を第三者に売り渡した場合にも、本条の適用がある。（大連判大12・12・14民集二・六七六、民百選Ⅰ[三版]八九）

[5] 借地人が借地上の建物に抵当権を設定した後、土地所有者がその建物の所有権を取得しても、本条の適用はない。（最判昭44・2・14民集二三・二・三五七）

[6] 借地人が借地上の建物に一番抵当権を設定した後に土地の所有権を取得し、建物に二番抵当権を設定した場合には、本条の適用がある。（大判昭14・7・26民集一八・七七二）

[7] 土地を目的とする一番抵当権設定当時、土地と建物の所有者が異なっていた場合は、土地と建物が同一人の所有となった後に土地に次順位以下の抵当権が設定されても、その後に抵当権が実行され一番抵当権が消滅するときは、法定地上権は成立しない。（最判平2・1・22民集四四・一・三一四、民百選Ⅰ[五補]八九……建物の場合には、本条を適用しても（前出[6]）、一番抵当権者が把握した担保価値を損なわせることにはならないから、土地の場合と同視することはできない）

[8] 土地を目的とする先順位の甲抵当権設定当時、土地と建物の所有者が異なっていた場合において、土地と建物が同一人の所有となった後に土地に後順位の乙抵当権が設定さ

れ、その後、甲抵当権が設定契約の解除により消滅した後に、乙抵当権が実行されたときは、法定地上権が成立する。（最判平19・7・6民集六一・五・一九四〇、民百選Ⅰ〔八版〕九一）

3 共有の場合

[9] 甲・乙共有の土地上に甲所有の建物が存在し、甲の土地持分に抵当権が設定された場合は、競売の結果、共有土地に法定地上権が成立することはない。（最判昭29・12・23民集八・一二・二二三五）

[10] 甲所有の土地上に甲・乙共有の建物が存在し、甲の土地に抵当権が設定された場合は、競売の結果、法定地上権が成立する。（最判昭46・12・21民集二五・九・一六一〇）

[11] 地上建物の共有者の一人にすぎない土地共有者の債務を担保するため、土地共有者の全員が各持分に共同して抵当権を設定しても、法定地上権が成立しないとされた例（最判平6・12・20民集四八・八・一四七〇、民百選Ⅰ〔八版〕九三）

二 抵当権設定後の建物の築造

[12] 土地に対する抵当権設定の当時、建物は未だ完成しておらず、更地としての評価に基づき抵当権が設定されたときは、抵当権者が建物の築造をあらかじめ承認していたとしても、法定地上権は成立しない。（最判昭36・2・10民集一五・二・二一九）

[13] 土地に対する抵当権の設定登記後、設定者たる土地所有者が土地上に建物を築造し、右建物に対して更に抵当権を設定した場合、右建物に対する抵当権の実行において、その競落人は、抵当権設定者に対する関係では法定地上権を取得するが、土地の抵当権者及びその土地に対する抵当権の実行により右土地の所有権を取得した競落人に対しては、その地上権を対抗できない。（大判昭11・12・15民集一五・二二一二）

[14] 土地に対する先順位抵当権が設定された当時には建物が存しなかったが、後順位抵当権設定当時には建物が建築されていた場合、後順位抵当権者の申立てに基づく土地の競売によっても法定地上権は成立せず、このことは先順位抵当権者が建物の建築を承認したときも同様である。（最判昭47・11・2判時六九〇・四二）

[15] [14]の事例で、第一順位と第二順位の間で順位の変更がされた後に抵当権が実行されても、法定地上権は成立しない。（最判平4・4・7金法一三三九・三六）

[16] 所有者が土地及び地上建物に共同抵当権を設定した後、右建物が取り壊され、右土地上に新たに建物が建築された場合には、新建物の所有者が土地の所有者と同一であり、かつ、新建物が建築された時点での土地抵当権者が新建物について土地の抵当権と同順位の共同抵当権の設定を受けたなどの特段の事情のない限り、新建物のために法定地上権は成立しない。（最判平9・2・14民集五一・二・三七五、民百選Ⅰ〔八版〕九二）

[17] 前出[16]が「特段の事情」として挙げる例に当たる場合であっても、新建物に設定された抵当権の被担保債権に法律上優先する債権が存在するときは、右の「特段の事情」があるとはいえず、新建物のために法定地上権は成立しない。（最判平9・6・5民集五一・五・二一一六）

（抵当地の上の建物の競売）

第三八九条① 抵当権の設定後に抵当地に建物が築造されたときは、抵当権者は、土地とともにその建物を競売することができる。ただし、その優先権は、土地の代価についてのみ行使することができる。

② 前項の規定は、その建物の所有者が抵当地を占有するについて抵当権者に対抗することができる権利を有する場合には、適用しない。

参†三七〇【競売→民執一八〇・一八一・一八八、六一】

[1] 本条は、土地の抵当権者に土地と共に建物を競売することを義務付けたものではない。（平成一五法一三四による改正前の事案）（大判大15・2・5民集五・八二）

（抵当不動産の第三取得者による買受け）

第三九〇条 抵当不動産の第三取得者は、その競売において買受人となることができる。

（抵当不動産の第三取得者による費用の償還請求）

第三九一条 抵当不動産の第三取得者は、抵当不動産について必要費又は有益費を支出したときは、第百九十六条の区別に従い、抵当不動産の代価から、他の債権者より先にその償還を受けることができる。

[1] 抵当不動産の第三取得者が抵当不動産につき必要費又は有益費を支出して本条に基づく優先償還請求権を有しているにもかかわらず、競売代金が抵当権者に交付されたため、優先償還を受けられなかったときは、右第三取得者は、抵当権者に対し不当利得返還請求権を有する。（最判昭48・7・12民集二七・七・七六三）

（共同抵当における代価の配当）

第三九二条① 債権者が同一の債権の担保として数個の不動産につき抵当権を有する場合において、同時にその代価を配当すべきときは、その各不動産の価額に応じて、その債権の負担を按分する。

② 債権者が同一の債権の担保として数個の不動産につき抵当権を有する場合において、ある不動産の代価のみを配当すべきときは、抵当権者は、その代価から債権の全部の弁済を受けることができる。この場合において、次順位の抵当権者は、その弁済を受ける抵当権者が前項の規定に従い他の不動産の代価から弁済を受けるべき金額を限度として、その抵当権者に代位して抵当権を行使することができる。

参†三九三【根抵当権の特則→三九八の一六—三九八の一八❷】【抵当権の順位→三七三・三七四　†【共同抵当の登記→不登八三①[四]②】

一 一項の適用される場合

[1] 本条一項の規定は後順位者がいない場合にも適用される。（大判昭10・4・23民集一四・六〇一）

二 同時配当に当たり同順位の抵当権が存在する場合

[2] 共同抵当の目的となった数個の不動産の代価の同時配当に当たり一個の不動産上に同順位の他の抵当権が存する場合には、その不動産の価額そのものではなく、同価額を同順位の各抵当権の被担保債権額の割合に従って案分したときの共同抵当権者への案分額とその余の不動産の価額に準じて、共同抵当の被担保債権額の負担を分ける。（最判平14・10・22判時一八〇四・三四、重判平14民四）

三 代位できる場合

民法

③ 本条二項にいう「次の順位の抵当権者」は、直近の後順位者のみを指すわけではなく、第三順位の抵当権者等を含む。（大判大11・2・13新聞一九六九・二〇）

④ 本条二項後段の規定は、先順位抵当権者が債権の一部の弁済を受けたにとどまる場合にも適用されるが、現実に代位ができるのは、先順位抵当権者が完済を受けたときである。（大連判大15・4・8民集五・五七五）→三九三条①

⑤ 本条二項は、債務者所有の数個の不動産上に共同抵当が設定された場合について定めたものであり、第三者所有の不動産が債務者所有の不動産とともに共同抵当の目的物となっている場合には適用されない。（大判昭4・1・30新聞二九四三・一二）→⑧

⑥ 共同抵当の目的たる不動産が同一の物上保証人の所有に属する場合にも、後順位抵当権者は、本条二項後段の規定により、代位することができる。（最判平4・11・6民集四六・八・二六二五、民百選Ⅰ〔八版〕九五）

四　代位期待権の侵害

⑦ 甲・乙不動産を共同抵当とする先順位の抵当権者が、甲不動産の抵当権を放棄した後に、乙不動産を競売した場合には、先順位抵当権者は、放棄がなければ乙不動産の後順位者が甲不動産の抵当権に代位できた限度において後順位者に対して優先権を行使することができない。（大判昭11・7・14民集一五・一四〇九）

五　物上保証人との関係

⑧ 債務者所有の甲不動産と物上保証人所有の乙不動産に第一順位の共同抵当権が設定されている場合、共同抵当権者が乙不動産のみにつき抵当権を実行し、債権の一部の弁済を受けたときは、物上保証人は債務者に対し求償権を有し、そのため甲不動産上の抵当権に代位するから、物上保証人は第一順位の抵当権を債権者と共同して行使でき、そのとき甲不動産の後順位抵当権者に優先する。（大判昭4・1・30前出⑤）

⑨ ① 債務者所有の甲不動産と物上保証人所有の乙不動産に第一順位の共同抵当権が設定されている場合、共同抵当権者が乙不動産のみについて抵当権を実行し、債権の満足を得たときは、右物上保証人は、民法五〇〇条〔平成二九法四四による改正前〕により、右共同抵当権者が甲不動産に有した抵当権の全額について代位する。

② 甲・乙不動産の先順位共同抵当権者が、物上保証人所有の乙不動産の抵当権を放棄して、次順位者のある甲不動産の抵当権を実行した場合でも、先順位抵当権者は甲不動産の代価から自己の債権の全額について満足を受けることができる。（最判昭44・7・3民集二三・八・一二九七）

⑩ ★債権者が物上保証人の設定した抵当権の実行により一部弁済を得た場合には、物上保証人は債権者と共に債務者の設定した抵当権を行使することができるが、それが実行されたときは、代金の配当については債権者に優先される。（最判昭60・5・23民集三九・四・九四〇、民百選Ⅰ〔八版〕九四……平成二九法四四による改正前の民法五〇二条の下での判例）→五〇二条①

⑪ 共同抵当である甲・乙不動産がいずれも物上保証人の提供である場合、次順位の抵当権者がいる甲不動産の抵当権が実行されたときは、甲不動産の提供者が乙不動産の抵当権に対し民法五〇〇条〔平成二九法四四による改正前〕により取得した権利について、甲不動産の次順位抵当権はあたかも物上代位をしたと同様の権利を有する。（大判昭11・12・9民集一五・二一七二）

⑫ ① 債務者所有の甲不動産と物上保証人所有の乙不動産を共同抵当として、順位を異にする数個の抵当権が設定され、乙不動産の抵当権が先に競売され、その代金により一番抵当権者が弁済を受けた場合は、乙不動産の後順位抵当権者は、物上保証人に移転した甲不動産に対する一番抵当権から優先して弁済を受けることができる。

② 右の場合、後順位抵当権者が一番抵当権からの優先弁済権を主張するについて登記又は差押えを必要としない。（最判昭53・7・4民集三二・五・七八五、民百選Ⅰ〔二版〕八八）

第三九三条（**共同抵当における代位の付記登記**）　前条第二項後段の規定により代位によって抵当権を行使する者は、その抵当権の登記にその代位を付記することができる。

参†【根抵当権の特則→三九八の一六―三九八の一八】【代位の登記→不登九一、四②】

① 先順位抵当権者が債権の一部の弁済を受けた場合、後順位抵当権者は、将来、先順位抵当権者が他の不動産の競売代金からその債権全額の弁済を受けたときに、その抵当権を代位して行使できる地位を取得し、この権利を保全するために代位付記の仮登記をすることができる。（大連判大15・4・8民集五・五七五）→三九二条④

第三九四条（**抵当不動産以外の財産からの弁済**）① 抵当権者は、抵当不動産の代価から弁済を受けない債権の部分についてのみ、他の財産から弁済を受けることができる。

② 前項の規定は、抵当不動産の代価に先立って他の財産の代価を配当すべき場合には、適用しない。この場合において、他の各債権者は、抵当権者に同項の規定による弁済を受けさせるため、抵当権者に配当すべき金額の供託を請求することができる。

参†【抵当不動産についての優先弁済権→三六九　❷【供託→四九五】

① 本条一項の規定は、抵当権者が抵当不動産以外の債務者の財産からまず弁済を受けようとする場合に、一般債権者に異議を述べる権利を与えたにとどまり、債務者との関係で制約を受けるものではない。（大判大15・10・26民集五・七四一）

第三九五条（**抵当建物使用者の引渡しの猶予**）① 抵当権者に対抗することができない賃貸借により抵当権の目的である建物の使用又は収益をする者であって次に掲げるもの（次項において「抵当建物使用者」という。）は、その建物の競売における買受人の買受けの時から六箇月を経過するまでは、その建物を買受人に引き渡すことを要しない。

一　競売手続の開始前から使用又は収益をする者

二　強制管理又は担保不動産収益執行の管理人が競売手続の開始後にした賃貸借により使用又は収益をする者

② 前項の規定は、買受人の買受けの時より後に同項の建物の使用をしたことの対価について、買受人が抵当

建物使用者に対し相当の期間を定めてその一箇月分以上の支払の催告をし、その相当の期間内に履行がない場合には、適用しない。

参+【競売→民執一八一【強制管理→民執九三―九八【担保不動産収益執行→民執一八〇・一八八

[1] **「競売手続の開始前から使用又は収益をする者」の意義**
抵当権者に対抗することができない賃借権に基づいて、担保不動産競売手続の開始前から建物を使用又は収益する者は、当該賃借権が滞納処分による差押えがされた後に設定されたときであっても、本条一項一号に掲げる「競売手続の開始前から使用又は収益をする者」に当たる。（最決平30・4・17民集七二・二・五九、執保百選[三版]三八）

（平成一五法一三四による改正前の条文）

旧第三九五条【短期賃貸借の保護】 第六百二条ニ定メタル期間ヲ超エサル賃貸借ハ抵当権ノ登記後ニ登記シタルモノト雖モ之ヲ以テ抵当権者ニ対抗スルコトヲ得但其賃貸借カ抵当権者ニ損害ヲ及ホストキハ裁判所ハ抵当権者ノ請求ニ因リ其解除ヲ命スルコトヲ得

第三節　抵当権の消滅

[1] **抹消登記手続との関係**
債務の弁済と該債務担保のために経由された抵当権設定登記の抹消登記手続とは、前者が後者に対し先履行の関係にあるものであって、同時履行の関係に立つものではない。（最判昭57・1・19判時一〇三二・五五、担保法の判例Ⅰ三〇）

（抵当権の消滅時効）

第三九六条　抵当権は、債務者及び抵当権設定者に対しては、その担保する債権と同時でなければ、時効によって消滅しない。

参+【債権の消滅時効→一六六①

[1] 抵当権は債務者及び設定者との関係では、その担保する債権と同時でなければ時効により消滅することはないが、第三取得者及び後順位抵当権者との関係では、被担保債権と離れて民法一六七条二項［平成二九法四四による改正前］により、二〇年の消滅時効にかかる。（大判昭15・11・26民集一九・二一〇〇）→一六六条㉟

[2] 抵当権の被担保債権が免責許可の決定の効力を受ける場合には、本条は適用されず、債務者及び抵当権設定者に対する関係においても、当該抵当権自体が、民法一六七条二項［平成二九法四四による改正前］所定の二〇年の消滅時効にかかる。（最判平30・2・23民集七二・一・一、重判平30民三）→一六六条㊱

（抵当不動産の時効取得による抵当権の消滅）

第三九七条　債務者又は抵当権設定者でない者が抵当不動産について取得時効に必要な要件を具備する占有をしたときは、抵当権は、これによって消滅する。

参+【取得時効→一六二

[1] 抵当権が設定されている不動産につき、抵当権の存在を承認して占有を継続して、当該不動産の所有権を時効取得するに至ったときも、当該抵当権は消滅しない。（大判昭13・2・12判決全集五・六・八）

[2] 不動産の所有権が自己にあると信じ、そのことに過失のない者は、当該不動産の占有を継続すれば、当該不動産上の抵当権の存在につき悪意であった場合でも、民法一六二条により所有権を時効取得できる。（最判昭43・12・24民集二二・一三・三三六六、担保法の判例Ⅰ三二）→一六二条⑭

[3] 不動産の取得時効完成後、第三者が原所有者から抵当権の設定を受けてその登記を了した場合、占有者は、抵当権設定登記後引き続き時効取得に必要な期間の占有を継続したときは、抵当権の存在を容認していたなどの事情がない限り、不動産を時効取得し、その結果、抵当権は消滅する。（最判平24・3・16民集六六・五・二三二一、民百選Ⅰ[八版]五八）→一六二条㉛・一七七条⑭

（抵当権の目的である地上権等の放棄）

第三九八条　地上権又は永小作権を抵当権の目的とした地上権者又は永小作人は、その権利を放棄しても、これをもって抵当権者に対抗することができない。

参+【地上権・永小作権の抵当→三六九②

[1] 借地権を有する者が、借地上の建物に抵当権を設定した後に借地権を放棄しても、本条の類推適用により、放棄を抵当権者及びその実行により競落人となった者に対抗できない。（大判大11・11・24民集一・七三八）

第四節　根抵当

（根抵当権）

第三九八条の二①　抵当権は、設定行為で定めるところにより、一定の範囲に属する不特定の債権を極度額の限度において担保するためにも設定することができる。

②　前項の規定による抵当権（以下「根抵当権」という。）の担保すべき不特定の債権の範囲は、債務者との特定の継続的取引契約によって生ずるものその他債務者との一定の種類の取引によって生ずるものに限定して、定めなければならない。

③　特定の原因に基づいて債務者との間に継続して生ずる債権、手形上若しくは小切手上の請求権又は電子記録債権（電子記録債権法（平成十九年法律第百二号）第二条第一項に規定する電子記録債権をいう。次条第二項において同じ。）は、前項の規定にかかわらず、根抵当権の担保すべき債権とすることができる。

（根抵当権）

第三九八条の二①②（略）

③　特定の原因に基づいて債務者との間に継続して生ずる債権又は手形上若しくは小切手上の請求権は、前項の規定にかかわらず、根抵当権の担保すべき債権とすることができる。

参+【抵当権→三六九―三九八【不特定の債権→三九八の四・三九八の七【極度額→三九八の三①・三九八の五【根抵当権と登記→不登三[七]・八八―九四❷【取引→五八七・五五五❸【特定の原因に基づく債権→七〇九【手形・小切手上の請求権→手一一・一四・七七、小五・一四・一七、三九八の三②

⑦ ① 被担保債権の範囲を「信用金庫取引による債権」として設定された根抵当権の被担保債権には、信用金庫の根抵当債務者に対する保証債権も含まれる。② 本条二項所定の「一定の種類の取引」は、被担保債権の具体的範囲を画すべき基準として第三者に対する関係においても明確であることを要する。（最判平5・1・19民集四七・一・四一、重判平5民四）

参 ① **被担保債権の定め方についての登記先例**
「債務者との特定の継続的取引契約によって生ずるもの」の例
年月日当座貸越契約、年月日手形割引（貸付）契約、年月日電気製品供給契約、年月日石油販売特約店契約
② 「一定の種類の取引によって生ずるもの」の例
売買取引、電気製品売買取引、手形貸付取引、当座貸越取引、商品供給取引、石油供給取引、銀行取引、保証委託取引
③ 「特定の原因に基づいて債務者との間に継続して生ずる債権」の例
甲工場の排液による損害賠償債権、乙工場からの清酒移出による酒税債権
（「民法の一部改正に伴う登記事務の取扱いについて」昭46・10・4民甲三二三〇民事局長通達、登記先例追Ⅴ五三二）

（根抵当権の被担保債権の範囲）
第三九八条の三① 根抵当権者は、確定した元本並びに利息その他の定期金及び債務の不履行によって生じた損害の賠償の全部について、極度額を限度として、その根抵当権を行使することができる。
② 債務者との取引によらないで取得する手形上若しくは小切手上の請求権又は電子記録債権を根抵当権の担保すべき債権とした場合において、次に掲げる事由があったときは、その前に取得したものについてのみ、その根抵当権を行使することができる。ただし、その後に取得したものであっても、その事由を知らないで取得したものについては、これを行使することを妨げない。
一 債務者の支払の停止
二 債務者についての破産手続開始、再生手続開始、更生手続開始又は特別清算開始の申立て
三 抵当不動産に対する競売の申立て又は滞納処分による差押え

（根抵当権の被担保債権の範囲）
第三九八条の三① （略）
② 債務者との取引によらないで取得する手形上又は小切手上の請求権を根抵当権の担保すべき債権とした場合において、次に掲げる事由があったときは、その前に取得したものについてのみ、その根抵当権を行使することができる。ただし、その後に取得したものであっても、その事由を知らないで取得したものについては、これを行使することを妨げない。
一―三 （略）

⊛+三九八の二 ❶【元本の確定事由→三九八の六、三九八の八④、三九八の九③―⑤、三九八の一九、三九八の二〇【債務不履行による損害賠償→四一九、四二〇【極度額→三九八の二①、三九八の二二、不登八八②㈠【極度額内の弁済順位→四八八―四九一【普通抵当権の場合→三七五 ❷【手形・小切手上の請求権、電子記録債権→三九八の二③【支払停止→破一五②【破産等の申立て→破一五・一六・一八・一九、民再二一、会更一七、会社五一一【抵当不動産に対する競売の申立て等→民執一八〇・一八一、四三―四五

⑦ 競売代金に余剰が生じ、後順位の抵当権者等の他の債権者がいない場合でも、根抵当権者は、極度額を超えて競売代金から配当を受けることができない。（昭和四六法九九による本条追加前の事件）（最判昭48・10・4判時七二三・四二）

（根抵当権の被担保債権の範囲及び債務者の変更）
第三九八条の四① 元本の確定前においては、根抵当権の担保すべき債権の範囲の変更をすることができる。債務者の変更についても、同様とする。
② 前項の変更をするには、後順位の抵当権者その他の第三者の承諾を得ることを要しない。
③ 第一項の変更について元本の確定前に登記をしなかったときは、その変更をしなかったものとみなす。

⊛+【元本の確定事由→三九八の三①⊛【被担保債権の範囲→三九八の二②③ ❸【登記→不登八八②、八三①㈡

（根抵当権の極度額の変更）
第三九八条の五 根抵当権の極度額の変更は、利害関係を有する者の承諾を得なければ、することができない。

⊛+【極度額→三九八の二①、三九八の三①【極度額変更の登記→不登八八②㈠、六六

（根抵当権の元本確定期日の定め）
第三九八条の六① 根抵当権の担保すべき元本については、その確定すべき期日を定め又は変更することができる。
② 第三百九十八条の四第二項（後順位抵当権者等の承諾不要）の規定は、前項の場合について準用する。
③ 第一項の期日は、これを定め又は変更した日から五年以内でなければならない。
④ 第一項の期日の変更についてその変更前の期日より前に登記をしなかったときは、担保すべき元本は、その変更前の期日に確定する。

⊛+【確定期日の登記→不登八八②㈢【確定期日の効果→三九八の三①、三九八の一九③

（根抵当権の被担保債権の譲渡等）
第三九八条の七① 元本の確定前に根抵当権者から債権を取得した者は、その債権について根抵当権を行使することができない。元本の確定前に債務者のために又は債務者に代わって弁済をした者も、同様とする。
② 元本の確定前に債務の引受けがあったときは、根抵当権者は、引受人の債務について、その根抵当権を行使することができない。
③ 元本の確定前に免責的債務引受があった場合における債権者は、第四百七十二条の四第一項の規定にかかわらず、根抵当権を引受人が負担する債務に移すことができない。
④ 元本の確定前に債権者の交替による更改があった場合における更改前の債権者は、第五百十八条第一項の

規定にかかわらず、根抵当権を更改後の債務に移すことができない。元本の確定前に債務者の交替による更改があった場合における債権者も、同様とする。

（根抵当権の被担保債権の譲渡等）
第三九八条の七①②　（略）
③（第三項は新設）
元本の確定前に債権者又は債務者の交替による更改があったときは、その当事者は、第五百十八条の規定にかかわらず、根抵当権を更改後の債務に移すことができない。
（改正後の④）

§§+【元本の確定事由→三九八の三①§§　❶【債権の取得→四六六、三九八の八—三九八の一〇【弁済による代位→四九九—五〇一　❷【債務者の変更→三九八の四　❸【免責的債務引受→四七二　❹【債権者・債務者の交替による更改→五一五、五一四

（根抵当権者又は債務者の相続）
第三九八条の八①　元本の確定前に根抵当権者について相続が開始したときは、根抵当権は、相続開始の時に存する債権のほか、相続人と根抵当権設定者との合意により定めた相続人が相続の開始後に取得する債権を担保する。
②　元本の確定前にその債務者について相続が開始したときは、根抵当権は、相続開始の時に存する債務のほか、根抵当権者と根抵当権設定者との合意により定めた相続人が相続の開始後に負担する債務を担保する。
③　第三百九十八条の四第二項〈後順位抵当権者等の承諾不要〉の規定は、前二項の合意をする場合について準用する。
④　第一項及び第二項の合意について相続の開始後六箇月以内に登記をしないときは、担保すべき元本は、相続開始の時に確定したものとみなす。

§§+【元本の確定事由→三九八の三①§§【相続の開始→八八二【相続人→八八六—八九〇、九九〇【合意の登記→不登九二　❹【元本確定の効果→三九八の三①

（根抵当権者又は債務者の合併）
第三九八条の九①　元本の確定前に根抵当権者について合併があったときは、根抵当権は、合併の時に存する債権のほか、合併後存続する法人又は合併によって設立された法人が合併後に取得する債権を担保する。
②　元本の確定前にその債務者について合併があったときは、根抵当権は、合併の時に存する債務のほか、合併後存続する法人又は合併によって設立された法人が合併後に負担する債務を担保する。
③　前二項の場合には、根抵当権設定者は、担保すべき元本の確定を請求することができる。ただし、前項の場合において、その債務者が根抵当権設定者であるときは、この限りでない。
④　前項の規定による請求があったときは、担保すべき元本は、合併の時に確定したものとみなす。
⑤　第三項の規定による請求は、根抵当権設定者が合併のあったことを知った日から二週間を経過したときは、することができない。合併の日から一箇月を経過したときも、同様とする。

§§+【元本の確定事由→三九八の三①§§【合併→一般法人二四二—二六〇、会社七四八—七五六　❹【合併の時→会社七五〇①・七五二①・七五四①・七五六①、一般法人二四五・二五五【元本確定の効果→三九八の三①

（根抵当権者又は債務者の会社分割）
第三九八条の一〇①　元本の確定前に根抵当権者を分割をする会社とする分割があったときは、根抵当権は、分割の時に存する債権のほか、分割をした会社及び分割により設立された会社又は当該分割をした会社がその事業に関して有する権利義務の全部又は一部を当該会社から承継した会社が分割後に取得する債権を担保する。
②　元本の確定前にその債務者を分割をする会社とする分割があったときは、根抵当権は、分割の時に存する債務のほか、分割をした会社及び分割により設立された会社又は当該分割をした会社がその事業に関して有する権利義務の全部又は一部を当該会社から承継した会社が分割後に負担する債務を担保する。
③　前条第三項から第五項までの規定は、前二項の場合について準用する。

§§+【会社の分割→会社七五七—七六六

（根抵当権の処分）
第三九八条の一一①　元本の確定前においては、根抵当権者は、第三百七十六条第一項の規定による根抵当権の処分をすることができない。ただし、その根抵当権を他の債権の担保とすることを妨げない。
②　第三百七十七条第二項の規定は、前項ただし書の場合において元本の確定前にした弁済については、適用しない。

§§+【元本の確定事由→三九八の三①§§【転抵当の登記→不登九〇【根抵当権の譲渡→三九八の一二、三九八の一三

（根抵当権の譲渡）
第三九八条の一二①　元本の確定前においては、根抵当権者は、根抵当権設定者の承諾を得て、その根抵当権を譲り渡すことができる。
②　根抵当権者は、その根抵当権を二個の根抵当権に分割して、その一方を前項の規定により譲り渡すことができる。この場合において、その根抵当権を目的とする権利は、譲り渡した根抵当権について消滅する。
③　前項の規定による譲渡をするには、その根抵当権を目的とする権利を有する者の承諾を得なければならない。

§§+三九八の一三【元本の確定事由→三九八の三①§§　❶【譲渡の登記→不登九〇・六六　❷❸【分割譲渡の登記→不登六六・九〇

（根抵当権の一部譲渡）
第三九八条の一三　元本の確定前においては、根抵当権者は、根抵当権設定者の承諾を得て、その根抵当権の一部譲渡（譲渡人が譲受人と根抵当権を共有するため、これを分割しないで譲り渡すことをいう。以下この節において同じ。）をすることができる。

§§+三九八の一二【元本の確定事由→三九八の三①§§【一部譲渡の効果→三九八の一四【一部譲渡の登記→不登九〇・六六

（根抵当権の共有）

第三九八条の一四① 根抵当権の共有者は、それぞれその債権額の割合に応じて弁済を受ける。ただし、元本の確定前に、これと異なる割合を定め、又はある者が他の者に先立って弁済を受けるべきことを定めたときは、その定めに従う。

② 根抵当権の共有者は、他の共有者の同意を得て、第三百九十八条の十二第一項の規定によりその権利を譲り渡すことができる。

⊛+【根抵当権の共有→三九八の二・三九八の一三・三九八の八①
❶【優先弁済権→三九八の三】【元本の確定事由→三九八の三①⊛【ただし書の定め→不登八八②四】

（抵当権の順位の譲渡又は放棄と根抵当権の譲渡又は一部譲渡）

第三九八条の一五 抵当権の順位の譲渡又は放棄を受けた根抵当権者が、その根抵当権の譲渡又は一部譲渡をしたときは、譲受人は、その順位の譲渡又は放棄の利益を受ける。

⊛+【抵当権の順位の譲渡・放棄→三七六】【根抵当権の譲渡・一部譲渡→三九八の一二―三九八の一四】

（共同根抵当）

第三九八条の一六 第三百九十二条及び第三百九十三条の規定は、根抵当権については、その設定と同時に同一の債権の担保として数個の不動産につき根抵当権が設定された旨の登記をした場合に限り、適用する。

⊛+三九八の一七・三九八の一八【根抵当権の設定→三九八の二、不登八八②】【共同担保の登記→不登八三①四②】

（共同根抵当の変更等）

第三九八条の一七① 前条の登記がされている根抵当権の担保すべき債権の範囲、債務者若しくは極度額の変更又はその譲渡若しくは一部譲渡は、その根抵当権が設定されているすべての不動産について登記をしなければ、その効力を生じない。

② 前条の登記がされている根抵当権の担保すべき元本は、一個の不動産についてのみ確定すべき事由が生じた場合においても、確定する。

⊛❶【被担保債権の範囲・債務者の変更→三九八の四】【極度額の変更→三九八の五】【根抵当権の譲渡・一部譲渡→三九八の一二・三九八の一三】 ❷【元本の確定事由→三九八の三①】+【極度額の減額請求→三九八の二一②】【根抵当権の消滅請求→三九八の二二②】

（累積根抵当）

第三九八条の一八 数個の不動産につき根抵当権を有する者は、第三百九十八条の十六の場合を除き、各不動産の代価について、各極度額に至るまで優先権を行使することができる。

（根抵当権の元本の確定請求）

第三九八条の一九① 根抵当権設定者は、根抵当権の設定の時から三年を経過したときは、担保すべき元本の確定を請求することができる。この場合において、担保すべき元本は、その請求の時から二週間を経過することによって確定する。

② 根抵当権者は、いつでも、担保すべき元本の確定を請求することができる。この場合において、担保すべき元本は、その請求の時に確定する。

③ 前二項の規定は、担保すべき元本の確定すべき期日の定めがあるときは、適用しない。

⊛+【元本確定の効果→三九八の三①】【元本の確定期日の定め→三九八の六】

> 1 継続的な取引により生ずる債務を担保するため、期間の定めのない根抵当権を設定した物上保証人は、その後著しい事情の変化があった等正当の事由があるときは、その根抵当権設定契約について、現存債権のみを担保する通常の抵当権とする意味における解約告知をすることができる。〔昭和四六法九九による本条追加前の事件〕（最判昭42・1・31民集二一・一・四三、銀取百選〔三版〕六六）

（根抵当権の元本の確定事由）

第三九八条の二〇① 次に掲げる場合には、根抵当権の担保すべき元本は、確定する。

一 根抵当権者が抵当不動産について競売若しくは担保不動産収益執行又は第三百七十二条において準用する第三百四条の規定による差押えを申し立てたとき。ただし、競売手続若しくは担保不動産収益執行手続の開始又は差押えがあったときに限る。

二 根抵当権者が抵当不動産に対して滞納処分による差押えをしたとき。

三 根抵当権者が抵当不動産に対する競売手続の開始又は滞納処分による差押えがあったことを知った時から二週間を経過したとき。

四 債務者又は根抵当権設定者が破産手続開始の決定を受けたとき。

② 前項第三号の競売手続の開始若しくは差押え又は同項第四号の破産手続開始の決定の効力が消滅したときは、担保すべき元本は、確定しなかったものとみなす。ただし、元本が確定したものとしてその根抵当権又はこれを目的とする権利を取得した者があるときは、この限りでない。

⊛+【他の元本確定事由→三九八の三①⊛】【元本確定の効果→三九八の三①】 ❶【一】【抵当不動産に対する競売等の申立て→民執一八〇・一八一・四三―四五・一四五】【競売手続の開始→民執一八〇・一八一・四五】【差押え→民執一四三】【三】【競売手続の開始→民執一八〇・一八一・四五・四九・一八八】【本号による確定の登記手続→不登九三】【四】【破産手続開始の決定→破一五・一六・三〇】 ❷【競売手続の開始の効力の消滅→民執一八八・五四・七六・六三】【差押えの効力の消滅→民執四〇】【破産手続開始決定の取消し→破九・三三】

（根抵当権の極度額の減額請求）

第三九八条の二一① 元本の確定後においては、根抵当権設定者は、その根抵当権の極度額を、現に存する債務の額と以後二年間に生ずべき利息その他の定期金及び債務の不履行による損害賠償の額とを加えた額に減額することを請求することができる。

② 第三百九十八条の十六の登記がされている根抵当権の極度額の減額については、前項の規定による請求は、そのうちの一個の不動産についてすれば足りる。

⊛+【元本の確定事由→三九八の二〇①⊛】【極度額→三九八の二①・三九八の三①】【債務不履行による損害賠償→四一九・四二〇】

第三九八条の二二（**根抵当権の消滅請求**）① 元本の確定後において現に存する債務の額が根抵当権の極度額を超えるときは、他人の債務を担保するためその根抵当権を設定した者又は抵当不動産について所有権、地上権、永小作権若しくは第三者に対抗することができる賃借権を取得した第三者は、その極度額に相当する金額を払い渡し又は供託して、その根抵当権の消滅請求をすることができる。この場合において、その払渡し又は供託は、弁済の効力を有する。

② 第三百九十八条の十六の登記がされている根抵当権は、一個の不動産について前項の消滅請求があったときは、消滅する。

③ 第三百八十条及び第三百八十一条〈抵当権消滅請求をすることができない者〉の規定は、第一項の消滅請求について準用する。

☞【元本の確定事由→三九八の三①☞【現存債務額→三九八の三①【極度額→三九八の二①、三九八の三①【地上権→二六五【永小作権→二七〇【第三者に対抗することができる賃借権→六〇五、借地借家一〇①②、三一【供託→四九五

◆【I 譲渡担保】

一 その性格と種類

[1] ① 譲渡担保は、債権担保のために目的物件の所有権を移転するものであるが、右所有権移転の効力は債権担保の目的を達するのに必要な範囲内においてのみ認められる。② 設定者は、譲渡担保の被担保債務を弁済すれば、目的物件についての完全な所有権を回復することができるのであるから、目的物件の不法占有者に対しても、その返還を請求することができる。（最判昭57・9・28判時一〇六二・八二）

[2] 譲渡担保権者と設定者は、いずれも譲渡担保の目的不動産について被保険利益を有する。（最判平5・2・26民集四七・二・一六五三、保険法百選五）

[3] 買戻特約付売買契約の形式が採られていても、目的不動産の占有の移転を伴わない契約は、特段の事情のない限り、債権担保の目的で締結されたものと推認され、その性質は譲渡担保と解するのが相当である。（最判平18・2・7民集六〇・二・四八〇、民百選I[八版]九六）

[4] 〈集合動産である魚について、魚の売却と同時に買主から売主への預託が行われるため、目的物の直接の占有は移転しないこと、魚の売買代金は買主が売主に対して有する既存の債権に充当されるため、現実の代金の授受が行われないこと、魚を現実の商品として第三者に売却するときは、一旦売主が買主から魚を買い戻した上で、それを加工し、改めて買主に対して加工品として売却され、この売却代金との精算によって既存の債権の回収が行われることになっているが、売主が支払不能となったときは、買主が直接に魚を第三者に売却し、債権の回収を図ることになっていることといった事情のある契約について〉再売買が予定されている売買契約の形式を採るものではあるが、債権担保の目的でされたものであり、譲渡担保契約と解されるとした事例（最判平18・7・20民集六〇・六・二四九九、民百選I[八版]九九）

二 被担保債権の範囲

[5] ① 不動産の譲渡担保権者が、その不動産に設定された先順位の抵当権又は根抵当権の被担保債権を代位弁済したことによって取得する求償債権は、譲渡担保設定契約に特段の定めがない限り、譲渡担保によって担保されるべき債権の範囲に含まれない。

② 譲渡担保権によって担保されるべき債権の範囲については、強行法規又は公序良俗に反しない限り、その設定契約の当事者間において自由にこれを定めることができ、第三者に対する関係においても、抵当権に関する民法三七四条［現三七五条］又は根抵当権に関する同法三九八条の三の規定に準ずる制約を受けない。（最判昭61・7・15判時一二〇九・二三、重判昭61民六）

三 効力の及ぶ範囲

[6] 土地の賃借人が借地上に所有する建物を譲渡担保とした場合には、その効力は原則として土地の賃借権に及ぶ。（最判昭51・9・21判時八三三・六九）

[7] 〈甲（銀行）が、乙（輸入業者）のする商品の輸入について信用状を発行し、約束手形の振出しを受ける方法により乙に輸入代金決済資金相当額を貸し付けるとともに、乙から右約束手形金債権の担保として輸入商品に譲渡担保権の設定を受けた上、乙に右商品を貸し渡してその処分権限を与えたところ、乙が右商品を第三者に転売した後、破産の申立てをしたことにより、右約束手形金債務について期限の利益を失った事案において〉甲は右商品に対する譲渡担保権に基づく物上代位権の行使として、転売された右商品の売買代金債権を差し押さえることができる。（最決平11・5・17民集五三・五・八六三、民百選I[五補]九六）

[8] 輸入される商品について、譲渡担保権を設定した輸入業者が直接占有をすることなく、その委託を受けた海運貨物取扱業者から転買主に引き渡された場合に、譲渡担保権者が占有改定による引渡しを受けたものとすることで、輸入業者につき再生手続が開始したときに、譲渡担保権に基づく物上代位権の行使として、右商品の転売代金債権を差し押さえることを認めた事例（最決平29・5・10民集七一・五・七八九、商法百選五九）→[11]・一七八条[6]・一八三条[3]

[9] 集合物の譲渡担保における物上代位（最決平22・12・2民集六四・八・一九九〇、重判平23民六）→[38]

四 動産譲渡担保の対抗力

[10] 動産について売渡担保契約が締結され、債務者が引き続き担保物件を占有している場合には、債務者は占有改定により以後債権者のためにも占有するものであり、したがって債権者は右契約によって間接占有権を取得しその引渡しを受けたことになるので、その所有権の取得を第三者に対抗することができる。（最判昭30・6・2民集九・七・八五五、民百選I[八版]六四）→一七八条[3]・一八三条[1]

[11] 輸入される商品について、譲渡担保権を設定した輸入業者が直接占有をすることなく、その委託を受けた海運貨物取扱業者から転買主に引き渡された場合に、譲渡担保権者が占有改定による引渡しを受けたものとされた事例（最決平29・5・10前出[8]）

五 第三者異議の訴えの可否

[12] 動産の譲渡担保権者は、その目的物件につき自己の債権者のために更に譲渡担保権を設定した後でも、設定者の一般債権者のした強制執行に対して、特段の事情のない限り、譲渡担保権者たる地位に基づいて、第三者異議の訴えにより、その排除を求めることができる。（最判昭56・12・17民集三五・九・一三二八、民法の基本判例[初版]二一……昭和五四法四による削除前の旧民訴法第六編の事件）

[13] 動産の譲渡担保権者は、特段の事情のない限り、譲渡担保権者たる地位に基づいて、第三者異議の訴えにより、目的物件に対し、設定者の一般債権者の申し立てた強制執行

の排除を求めることができる。（最判昭58・2・24判時一〇七八・七六、執保百選[二版]一六）↓民執三八条[4]

[14]　集合物譲渡担保権者は、特段の事情のない限り、民法三三三条の第三取得者に該当するものとして、第三者異議の訴えによって、動産売買先取特権者が右集合物の構成部分となった動産についてした競売の不許を求めることができる。（最判昭62・11・10民集四一・八・一五五九、民百選Ⅰ[四版]九八）↓[36]・八五条[2]・一七八条[4]・一八三条[2]・三二一条[7]・三三三条[2]、民執三八条[5]

[15]　不動産の譲渡担保において、被担保債権の弁済期後に譲渡担保権者の債権者が目的不動産を差し押さえ、その旨の登記がされたときは、設定者は、差押登記後に債務の全額を弁済しても、第三者異議の訴えにより強制執行の不許を求めることはできない。（最判平18・10・20民集六〇・八・三〇九八、重判平18民六）

六　譲渡担保権者による目的物の処分

[16]　譲渡担保の目的で不動産が売買された場合、買主たる債権者は、外部関係では目的物の所有権を有するから、売主たる債務者との間に、所有権は売主に留保されている旨の特約があっても、買主から右物件を譲り受けた第三者は、右特約について善意であると悪意であるとを問わず、有効にその所有権を取得する。（大判大9・9・25民録二六・一三八九）

[17]　不動産を譲渡担保の目的として、弁済期の定めなく金員を借り受けた場合、債務の完済前に債権者が目的物を第三者に売却し、債務者に対して担保物返還義務の履行ができなくなったときは、債務者は債権者に対し損害賠償を請求することはできるが、不動産の買主からの明渡請求に対し、右損害賠償請求権をもって留置権を行使することは許されない。（最判昭34・9・3民集一三・一一・一三五七）↓二九五条[10]

[18]　債務者が弁済期に債務を弁済しないため、債権者が譲渡担保の目的不動産の所有権を取得したとして、右不動産の所有権を第三者に譲渡して所有権移転登記がされた場合は、清算がされていなくても、右不動産の所有権は譲渡担保権者を経て第三者に移転する。（最判昭57・4・23金法一〇〇七・四三）

[19]　不動産を譲渡担保の目的とした債務者が債務を弁済したので譲渡担保権が消滅した後に、目的不動産が譲渡担保権者から第三者に譲渡された場合は、右第三者がいわゆる背信的悪意者でない限り、設定者は、登記なくして不動産の所有権を右第三者に対抗することができない。（最判昭62・11・12判時一二六一・七一、不動産百選[三版]八五）

七　譲渡担保権の実行

1　原則

[20]　不動産を目的とする譲渡担保契約において、債務者が弁済期に債務の弁済をしない場合には、債権者は、右譲渡担保契約がいわゆる帰属清算型であると処分清算型であるとを問わず、目的物を処分する権能を取得するから、債権者がこの権能に基づいて目的物を第三者に譲渡したときは、原則として、譲受人は目的物の所有権を確定的に取得し、債務者は、清算金がある場合に債権者に対してその支払を求めることができるにとどまり、譲渡を受けた第三者がいわゆる背信的悪意者に当たるか否かにかかわらず、残債務を弁済して目的物を受け戻すことはできなくなる。（最判平6・2・22民集四八・二・四一四、民百選Ⅰ[八版]九八）

2　清算義務

イ　清算義務の存在

[21]　貸金債権担保のため債務者所有不動産につき譲渡担保契約を締結し、債務者が弁済期に債務を弁済しないときは右不動産を債務の弁済の代わりに確定的に債権者の所有に帰せしめる旨を合意していても、債権者は、債務者が弁済期に債務の弁済をしない場合においては、目的不動産を換価処分し又はこれを適正に評価することによって具体化する右物件の価額から、自己の債権額を差し引き、残額があるときはこれを清算金として債務者に支払わねばならない。債権者が担保目的実現の手段として債務者に対し右不動産の引渡ないし明渡しを求める訴えを提起した場合に、債務者が右清算金の支払と引換えにその履行をなすべき旨主張したときは、特段の事情のある場合を除き、債権者の右請求は債務者への清算金の支払と引換えにのみ認容される。（最判昭46・3・25民集二五・二・二〇八、民百選Ⅰ[八版]九七）

ロ　帰属清算型における清算の基準時

[22]　不動産を目的とする譲渡担保が帰属清算型の場合、清算金の有無及びその額は、債権者が債務者に対し清算金の支払若しくはその提供をした時若しくは不動産の適正評価額が債務額（評価に要した相当費用等を含む）を上回らない旨の通知をした時を基準として確定されるべきである。もっとも、債権者が右による支払若しくは弁済の提供若しくは通知をせず、かつ、債務者も債務の弁済をしないうちに、債権者が目的不動産を第三者に売却等したときは、債務者はその時点で買戻権ひいては右不動産の所有権を終局的に失い、同時に被担保債権消滅の効果が発生するとともに、右時点を基準時として清算金の有無及びその額が確定される。（最判昭62・2・12民集四一・一・六七、重判昭62民六）

ハ　先順位担保権がある場合の清算

[23]　先順位の担保権が設定されている不動産の譲渡担保権者が換価権を行使する場合、清算金債権の有無及び額を算定するに当たっては、目的不動産の価額から先順位の被担保債権額を控除した上、その残額と当該譲渡担保の被担保債権額とを比較する。（最判昭51・6・4金法七九八・三三）

[24]　先順位の担保権が根抵当権である場合は、特段の事情のない限り、目的不動産の適正な評価額から、根抵当権の極度額を控除した残余価額と当該譲渡担保の被担保債権額とを比較して清算金の有無及びその額を確定する。（最判昭51・9・21判時八三二・四七）

ニ　賃借地上の建物の場合の清算

[25]　債務者である土地賃借人がその借地上に所有する建物を譲渡担保とした場合には、清算金額を算定するに当たっては、特段の事情のない限り、借地権付きの建物として適正に評価された価額を基準とし、土地賃借権の譲渡の承諾を得るため賃貸人に対し適正な金額の給付を要するときは、この金額は、換価に要する費用として清算金算定上控除することができる。（最判昭51・9・21前出[6]）

3　設定者の受戻権

[26]　債務者は、債務の弁済期の到来後も、債権者による換価処分が完結するまでは、債務を弁済して目的物を取り戻すことができるが、債務の弁済と右弁済に伴う目的不動産の返還請求権等とを合体して、これを一個の形成権たる受戻権であると法律構成する余地はなく、これに消滅時効の規定を適用することは許されない。（最判昭57・1・22民集三六・一・九二、重判昭57民三）↓一六六条[34]

[27]　譲渡担保権設定者は、譲渡担保権者が清算金の支払又は提供をせず、清算金がない旨の通知もしない間に、譲渡担保の目的物の受戻権を放棄しても、譲渡担保権者に清算金

の支払を請求できない。（最判平8・11・22民集五〇・一〇・二七〇二）

4 清算金請求権と目的物の引渡し

28 譲渡担保権者が譲渡担保権の実行として債務者に目的不動産の引渡しを求めたときは、債務者は清算金の支払と引換えとなることを主張でき、特段の事情のある場合を除き、債権者の右請求は、債務者への清算金の支払と引換えにのみ認容される。（最判昭46・3・25前出21）

29 不動産を目的とする譲渡担保権が設定されている場合において、譲渡担保権者が譲渡担保権の実行として目的不動産を第三者に譲渡したときは、譲渡担保権設定者は、右第三者又は同人から更に右不動産の譲渡を受けた者からの明渡請求に対し、譲渡担保権者に対する清算金支払請求権を被担保債権とする留置権を主張することができる。（最判平9・4・11裁判集民一八三・二四一）

30 譲渡担保権の実行として目的物が処分された時点で譲渡担保権設定者が取得する清算金請求権は、譲渡担保権者が譲渡担保契約に基づいて取得する目的不動産の引渡しないし明渡しの請求権と同時履行の関係に立つから、譲渡担保権者は、譲渡担保権設定者から右引渡しないし明渡しの債務の履行の提供を受けるまでは、自己の清算金支払債務の全額について履行遅滞による責任を負わない。（最判平15・3・27金法一七〇二・七二）

31 預託金会員組織のゴルフ会員権を譲渡担保の目的とし、譲渡担保権者がこれを換価処分することにより右会員権を取得する第三者のために、設定者が名義書換手続に協力することをあらかじめ承諾していた場合、担保権者が右権利の実行として右会員権を第三者に売却したときは、右会員権は設定者に対する関係では右第三者に有効に移転する。その結果、設定者は債務を弁済して右会員権の回復を図る機会を確定的に失うとともに、右第三者がゴルフクラブ理事会から譲渡承認を得るための手続に協力する義務を負うことになり、譲渡担保権者が清算金を支払うのと引換えにのみ右義務の履行に応ずるとの同時履行の抗弁権を右第三者に行使することは許されない。（最判昭50・7・25民集二九・六・一一四七）→21

5 設定者について会社更生手続が開始された場合

32 譲渡担保権を設定した会社について更生手続が開始されたときは、譲渡担保権者は更生担保権者に準じてその権利を届け出て、更生手続によってのみ権利を行使すべきであり、目的物の所有権を主張し取戻権を行使することはできない。（最判昭41・4・28民集二〇・四・九〇〇、倒産百選六版五七）↓破六五条4

八 譲渡担保権の消滅

33 債務の弁済と譲渡担保の目的物の返還とは、前者が後者に対し先履行の関係にあり、同時履行の関係に立つものではない。（最判平6・9・8判時一五一一・七一）

九 集合物の譲渡担保

34 ① 構成部分の変動する集合動産であっても、その種類、所在場所及び量的範囲を指定するなどの方法により目的物の範囲が特定される場合には、一個の集合物として譲渡担保の目的となり得る。

② 甲が、継続的倉庫寄託契約に基づき丙に寄託中の乾燥ネギフレーク四四トン余りのうち二八トンを乙に対する債務の譲渡担保とすること、乙はこれを売却処分することができることを約し、在庫証明の趣旨で丙作成の預り証を乙に交付したが、乙も在庫を確認したにとどまり、その後処分のため乙に引き渡された右乾燥ネギフレークの大部分は甲の工場から乙に直送され、残部は甲が丙から受け出して乙に送付したものであるなどの事実関係の下では、甲が乙に対し丙に寄託中の右乾燥ネギフレークのうち二八トンを特定して譲渡担保に供したものとはいえない。（最判昭54・2・15民集三三・一・五一、民百選I二版九八）↓八五条7

35 債務者の居宅及び店舗内にある商品、運搬具、什器〔じゅうき〕、備品、家財一切を目的とする集合物としての譲渡担保契約を締結しても、「家財一切」というだけでは目的物の種類について特定があったとはいえない。また、什器、備品、家財等について債務者所有のものという限定を付しても、他人所有のものと明確に区別できるような適宜な措置が講じられていなければ、目的物を客観的に特定する要件を欠いたものとなる。（最判昭57・10・14判時一〇六〇・七八）

36 ① 構成部分の変動する集合動産を目的とする集合物譲渡担保権の設定者がその構成部分である動産の占有を取得したときは譲渡担保権者が占有改定の方法によってその占有権を取得する旨の合意に基づき、設定者がその構成部分として現に存在する動産の占有を取得した場合には、譲渡担保権者は右譲渡担保権につき対抗要件を具備するに至り、この対抗要件具備の効力は、新たにその構成部分となった動産を包含する集合物について及ぶ。

② 構成部分の変動する集合動産を目的とする集合物譲渡担保権設定契約において、目的動産の種類及び量的範囲を普通棒鋼、異形棒鋼等一切の在庫商品とし、その所在場所を譲渡担保権設定者の倉庫内及び同敷地・ヤード内と指定しているときは、目的物の範囲が特定されているものというべきである。（最判昭62・11・10前出14）↓八五条2・一七八条4・一八三条2・三二一条1・三三三条2、民執三八条5

37 ① 重複して譲渡担保を設定すること自体は許されるとしても、劣後する譲渡担保に独自の私的実行の権限を認めることはできない。

② 構成部分の変動する集合動産を目的とする譲渡担保において、譲渡担保設定者には、その通常の営業の範囲内で、譲渡担保の目的を構成する動産を処分する権限が付与されており、この権限内でされた処分の相手方は、当該動産について、譲渡担保の拘束を受けることなく確定的に所有権を取得できる。

③ 設定者が通常の営業の範囲を超える売却処分をした場合、譲渡担保契約に定められた保管場所から搬出されるなどして当該譲渡担保の目的である集合物から離脱したと認められる場合でない限り、当該処分の相手方は目的物の所有権を承継取得することはできない。（最判平18・7・20前出4）

38 構成部分の変動する集合動産を目的とする集合物譲渡担保権の効力は、目的動産が滅失した場合にその損害を塡補するために譲渡担保権設定者に支払われる損害保険金に係る請求権に及ぶが、譲渡担保権設定者が通常の営業を継続している場合には、特約の存在など特段の事情がない限り、同請求権に対して物上代位権を行使することは許されない。（最決平22・12・2前出9）

39 所有権留保との優劣（最判平30・12・7民集七二・六・一〇四四、重判令元民四）→◘【II　所有権留保売買】〔三九八条の二二の後〕4

一〇 集合債権の譲渡担保

40 債権譲渡の予約にあっては、予約完結時において譲渡の目的となるべき債権を譲渡人が有する他の債権から識別することができる程度に特定されていれば足り、この理は、将来発生すべき債権が譲渡予約の目的とされている場合でも変わるものではない。債権の額が本件予約を締結した時点で確定していないことは差し支えない。（最判平12・4・21民集五四・四・一五六二、民百選I[五補]九八）↓四六六条の六[2]

[41] 担保権実行としての取立ての通知をするまでは、譲渡債権の取立てを譲渡担保設定者に許諾し、同設定者が取り立てた金銭について譲渡担保権者への引渡しを要しないとした債権譲渡契約は、集合債権譲渡担保契約の一つであり、このとき、既に生じ、又は将来生ずべき債権は、譲渡担保権者に確定的に譲渡されているが、その一部の債権について設定者への取立権限の付与等がされていると見るべきであるから、当該債権譲渡について第三者対抗要件を具備するためには指名債権譲渡の対抗要件の方法によることができる。その際、譲渡担保設定者に付与された取立権限の行使への協力を第三債務者に対し依頼しても、対抗要件具備の効果は妨げられない。（最判平13・11・22民集五五・六・一〇五六、民百選I[八版]一〇〇……譲渡担保の設定と、譲渡担保権実行通知後は譲渡担保権者に支払うべきことを、第三債務者に確定日付のある証書で通知した事例）↓四六七条[8]

[42] 将来発生すべき債権を目的とする譲渡担保契約が締結された場合、債権譲渡の効果の発生を留保する特段の付款のない限り、譲渡担保の目的とされた債権は譲渡担保契約によって譲渡担保設定者から譲渡担保権者に確定的に譲渡されており、譲渡担保の目的とされた債権が将来発生したときは、譲渡担保権者は、譲渡担保設定者の特段の行為を要することなく当然に、当該債権を担保の目的で取得することができる。以上のような譲渡担保権者の法的地位からすると、国税の法定納期限等以前に、将来発生すべき債権を目的として、債権譲渡の効果の発生を留保する特段の付款のない譲渡担保契約が締結され、その債権譲渡につき第三者に対する対抗要件が具備されていた場合には、譲渡担保の目的とされた債権が国税の法定納期限等の到来後に発生したとしても、当該債権は、国税徴収法二四条六項［現八項］にいう「国税の法定納期限等以前に譲渡担保財産となっている」ものに該当する。（最判平19・2・15民集六一・一・二四三、租税百選[五版]一一五）

◇【II　所有権留保売買】

一　所有権の主張

[1] 動産の所有権留保売買において、代金完済までの間に買主の債権者が目的物に対し強制執行に及んだときは、売主は所有権に基づいて第三者異議の訴えを提起し、その執行の排除を求めることができる。（最判昭49・7・18民集二八・五・七四三、民執百選二二）↓民執三八条[7]

二　所有権の行使と権利の濫用

[2] 自動車の販売につきサブディーラーがディーラー所有の自動車をユーザーに売却し、その後右売買を完成するためディーラーからその自動車を買い受ける、という方法がとられていた場合、ディーラーがサブディーラーとユーザーとの売買契約の成立に協力しておきながら、その後サブディーラーにその自動車を売却するに際し所有権留保特約を付し、サブディーラーの代金不払を理由に売買契約を解除した上、留保された所有権に基づき、既にサブディーラーに代金を完済して自動車の引渡しを受けているユーザーにその返還を請求することは権利の濫用として許されない。（最判昭50・2・28民集二九・二・一九三、商法百選四九）↓一条[22]

三　留保所有権者の妨害排除義務・不法行為責任

[3] 動産の留保所有権者は、当該動産が第三者の土地の上に存在してその土地所有権の行使を妨害していても、残債務弁済期到来までは、特段の事情のない限り当該動産の撤去義務や不法行為責任を負わないが、到来後はそれらの義務・責任を免れない。（最判平21・3・10民集六三・三・三八五、民百選I[八版]一〇一……自動車の購入代金を立替払した者が留保所有権を有し、当該自動車が第三者の駐車場に放置されていた例）

四　所有権留保と集合動産譲渡担保の優劣

[4] 金属スクラップ等の継続的な売買契約において、目的物の所有権が売買代金の完済まで売主に留保される旨が定められた場合に、買主が保管する金属スクラップ等を含む在庫製品等について集合動産譲渡担保権の設定を受け、その旨の動産譲渡登記を備えた者が、その後に売却された金属スクラップ等のうち、売買代金が完済されていない物について、売主に対し、譲渡担保権を主張することができないとされた事例（最判平30・12・7民集七二・六・一〇四四、重判令元民四……目的物の所有権は、売買代金が完済されるまで、売主から買主に移転しない）

五　購入者について倒産手続が開始された場合

[5] 自動車の購入者、販売会社及び販売会社に売買代金残額の立替払をする者の三者間において、当該立替払をした者が、売買代金残額相当の立替金債権に加えて手数料債権を担保するため、販売会社から代位によらずに当該自動車の所有権の移転を受け、これを留保する旨の合意がされたときは、当該立替払をした者は、購入者に係る再生手続が開始した時点で当該自動車につき自己を所有者とする登録がされていない限り、販売会社を所有者とする登録がされていても、当該合意に基づき留保した右所有権を別除権として行使することができない。（最判平22・6・4民集六四・四・一一〇七、倒産百選[五版]五八）↓破六五条[8]

[6] 自動車の購入者と販売会社との間において、当該自動車の所有権が売買代金債権を担保するため販売会社に留保される旨の合意がされ、売買代金債務の保証人が販売会社に対して保証債務の履行として売買代金残額を支払った後、購入者の破産手続が開始した場合において、その開始の時点で当該自動車につき販売会社を所有者とする登録がされているときは、保証人は、当該自動車につき保証人を所有者とする登録がされていなくても、販売会社から法定代位により取得した右所有権を別除権として行使することができる。（最判平29・12・7民集七一・一〇・一九二五、倒産百選[六版]五八……前出[5]は本件とは事案が異なる）↓破六五条[9]

◇【III　代理受領】

[1] 乙の甲に対する債務を担保するため、乙の丙に対する請負代金債権の代理受領を甲に委任し、丙が甲に対し右代理受領を承認しながら、請負代金を乙に支払ったため、甲がその債権の満足を受けられなくなった場合において、丙が右承認の際に担保の事実を知っていたなどの事情があるときは、丙は甲に対し不法行為責任を負う。（最判昭44・3・4民集二三・三・五六一、民百選I[五補]一〇〇）

第三編　債権

第一章　総則

一　訴求できない債務（いわゆる自然債務）とされた例

[1] カフェーの客が一時の興に乗じて、女給の歓心を買うために、女給に対して多額の独立資金を与える旨を約したときは、債務者たる客が進んでこれを履行するときは債務の履行となるが、債権者たる女給がその履行を強制することのできない特殊の債権関係を生ずる。（大判昭10・4・25新聞三八三五・五〈カフェー丸玉事件〉民百選Ⅱ[初版]五……贈与意思の基本事情を更に審理するため破棄差戻し）

[2] 無資力の債務者に債権者が同情して金銭を交付し、債務者の資力回復時に誠意をもって返済する旨の合意が成立した場合、特段の事情のない限り、右契約は債務者の責任を発生せしめない、いわゆる自然債務であるが、後日、資力が回復したときは責任を伴う普通の債務に復する旨を定めたものと解される。（大判昭16・9・26新聞四七四三・一五）

二　強制執行をしない特約のある場合→民執三五条[4]

三　第三者による債権侵害

1　不法行為による損害賠償請求権→七〇九条[81]～[84]

2　妨害排除請求権→六〇五条の四[1]

第一節　債権の目的

（債権の目的）

第三九九条　債権は、金銭に見積もることができないものであっても、その目的とすることができる。

参【本条の特則→保険三

（特定物の引渡しの場合の注意義務）

第四〇〇条　債権の目的が特定物の引渡しであるときは、債務者は、その引渡しをするまで、契約その他の債権の発生原因及び取引上の社会通念に照らして定まる善良な管理者の注意をもって、その物を保存しなければならない。

（特定物の引渡しの場合の注意義務）

第四〇〇条　債権の目的が特定物の引渡しであるときは、債務者は、その引渡しをするまで、善良な管理者の注意をもって、その物を保存しなければならない。

参【特定物の引渡し→四八三【本条の特則→四一三①、六五九

善良なる管理者の注意義務を尽くしたとされた事例

[1] 売買の目的物たる生まゆの受領が遅れたので、売主がこれを乾燥まゆにして保存した場合（大判大7・7・31民録二四・一五五五）

（種類債権）

第四〇一条① 債権の目的物を種類のみで指定した場合において、法律行為の性質又は当事者の意思によってその品質を定めることができないときは、債務者は、中等の品質を有する物を給付しなければならない。

② 前項の場合において、債務者が物の給付をするのに必要な行為を完了し、又は債権者の同意を得てその給付すべき物を指定したときは、以後その物を債権の目的物とする。

参❶【法律行為の性質で定まる例→五八七、五八七の二①④、六六六①　❷【給付に必要な行為→四九三【目的物特定の効果→四〇〇

「物の給付をするのに必要な行為」

[1] 持参債務の場合には、債務者が債権者の住所で現実の提供をしない限り、これに当たらない。（大判大8・12・25民録二五・二四〇〇、民百選Ⅱ[初版]一）

[2] 第三者の構内の溜池〔ためいけ〕に貯蔵されている漁業用タール二〇〇〇トンの売買において、買主が必要の都度行う申出に対して売主が引渡場所を指定し、そこに買主が容器を持ち込んで受領するという約定があり、四分の一が引き渡された後、品質が悪いといって買主が引取りに行かなかった間に、タールの元売主の労組員がこれを処分してしまった場合、売主が言語上の提供をしても、給付をするのに必要な行為を完了したことにはならず、特定を生じない。（最判昭30・10・18民集九・一一・一六四二、民百選Ⅱ[八版]一……目的物を分離していなかった事案）

（金銭債権）

第四〇二条① 債権の目的物が金銭であるときは、債務者は、その選択に従い、各種の通貨で弁済をすることができる。ただし、特定の種類の通貨の給付を債権の目的としたときは、この限りでない。

② 債権の目的物である特定の種類の通貨が弁済期に強制通用の効力を失っているときは、債務者は、他の通貨で弁済をしなければならない。

③ 前二項の規定は、外国の通貨の給付を債権の目的とした場合について準用する。

参❷【消費貸借の場合→五九二　❸【外国通貨→四〇三

金銭債権と名目主義

[1] 昭和九年発行の債券について、債券発行銀行は、別段の特約のない限り、戦後の償還時に貨幣価値が約三〇〇分の一に下落していても、償還当時の貨幣で券面額を弁済すればよい。（最判昭36・6・20民集一五・六・一六〇二）

第四〇三条　外国の通貨で債権額を指定したときは、債務者は、履行地における為替相場により、日本の通貨で弁済をすることができる。

参四〇二③【本条の特則→手四一、小三六

外国の通貨をもって債権額が指定された金銭債権

[1] ① 債権者は債務者に対して外国の通貨又は日本の通貨のいずれによっても請求することができる。② 日本の通貨で弁済する場合には現実に弁済する時の外国為替相場を基準とすべきであるが、日本の通貨により裁判上の請求がされた場合、日本の通貨による債権額は事実審の最終口頭弁論期日の外国為替相場によって換算した額である。（最判昭50・7・15民集二九・六・一〇二九、国私百選[三版]三九）

（法定利率）

第四〇四条① 利息を生ずべき債権について別段の意思表示がないときは、その利率は、その利息が生じた最初の時点における法定利率による。

② 法定利率は、年三パーセントとする。

③ 前項の規定にかかわらず、法定利率は、法務省令で定めるところにより、三年を一期とし、一期ごとに、次項の規定により変動するものとする。

④ 各期における法定利率は、この項の規定により法定利率に変動があった期のうち直近のもの（以下この項において「直近変動期」という。）における基準割合と当期における基準割合との差に相当する割合（その割合に一パーセント未満の端数があるときは、これを切り捨てる。）を直近変動期における法定利率に加算し、又は減算した割合とする。

⑤ 前項に規定する「基準割合」とは、法務省令で定めるところにより、各期の初日の属する年の六年前の年の一月から前々年の十二月までの各月における短期貸付けの平均利率（当該各月において銀行が新たに行った貸付け（貸付期間が一年未満のものに限る。）に係る利率の平均をいう。）の合計を六十で除して計算した割合（その割合に〇・一パーセント未満の端数があるときは、これを切り捨てる。）として法務大臣が告示するものをいう。

（法定利率）
第四〇四条　利息を生ずべき債権について別段の意思表示がないときは、その利率は、年五分とする。（改正後の①）
（第二項―第五項は新設）

参考 **民法第四百四条第五項の規定に基づき、令和二年四月一日から令和五年三月三十一日までの期における基準割合を告示する件**（令和二・四・一法務告四七）
年〇・七パーセント

参考 **民法第四百四条第五項の規定に基づき、令和五年四月一日から令和八年三月三十一日までの期における基準割合を告示する件**（令和四・三・三〇法務告六四）
年〇・五パーセント

⊛【法定利率の適用↓四一七の二、七二二①、四一九①、四四二②、四五九の二②、商五一三、手四八①[二]、四九[二]、小四四[二]、四五[二]、ETC【約定利率の制限↓利息、出資取締五 ❺【基準割合↓法定利率告

利息の発生時期↓五八九条[7]

（利息の元本への組入れ）

第四〇五条　利息の支払が一年分以上延滞した場合において、債権者が催告をしても、債務者がその利息を支払わないときは、債権者は、これを元本に組み入れることができる。

⊛四〇四

7 一 **不法行為に基づく損害賠償債務**　不法行為に基づく損害賠償債務の遅延損害金について本条は適用又は類推適用されない。（最判令4・1・18民集七六・一・一）
二 **重利の予約**↓利息一条[14]

（選択債権における選択権の帰属）
第四〇六条　債権の目的が数個の給付の中から選択によって定まるときは、その選択権は、債務者に属する。
⊛四〇七―四一一

[7] **選択債権とされた例**　土地の一部を目的とする賃貸借で、表道路に面し、かつ、賃借人が米屋を営むに適した場所が相当数存在するときに、その賃借部分を特定して引き渡す賃貸人の債務（最判昭42・2・23民集二一・一・一八九）

（選択権の行使）
第四〇七条①　前条の選択権は、相手方に対する意思表示によって行使する。
② 前項の意思表示は、相手方の承諾を得なければ、撤回することができない。

（選択権の移転）

第四〇八条　債権が弁済期にある場合において、相手方から相当の期間を定めて催告をしても、選択権を有する当事者がその期間内に選択をしないときは、その選択権は、相手方に移転する。

⊛四〇六

（第三者の選択権）
第四〇九条①　第三者が選択をすべき場合には、その選択は、債権者又は債務者に対する意思表示によってする。
② 前項に規定する場合において、第三者が選択をすることができず、又は選択をする意思を有しないときは、選択権は、債務者に移転する。
⊛四〇六―四〇八

（不能による選択債権の特定）
第四一〇条　債権の目的である給付の中に不能のものがある場合において、その不能が選択権を有する者の過失によるものであるときは、債権は、その残存するものについて存在する。

（不能による選択債権の特定）
第四一〇条①　債権の目的である給付の中に、初めから不能であるもの又は後に至って不能となったものがあるときは、債権は、その残存するものについて存在する。（改正後の本条）
② 選択権を有しない当事者の過失によって給付が不能となったときは、前項の規定は、適用しない。（改正により削られた）

⊛【給付不能による損害賠償↓四一五

（選択の効力）
第四一一条　選択は、債権の発生の時にさかのぼってその効力を生ずる。ただし、第三者の権利を害することはできない。
⊛四〇六―四一〇

第二節　債権の効力

第一款　債務不履行の責任等

（履行期と履行遅滞）
第四一二条①　債務の履行について確定期限があるとき

は、債務者は、その期限の到来した時から遅滞の責任を負う。

② 債務の履行について不確定期限があるときは、債務者は、その期限の到来した後に履行の請求を受けた時又はその期限の到来したことを知った時のいずれか早い時から遅滞の責任を負う。

③ 債務の履行について期限を定めなかったときは、債務者は、履行の請求を受けた時から遅滞の責任を負う。

（履行期と履行遅滞）
第四一二条①（略）
② 債務の履行について不確定期限があるときは、債務者は、その期限の到来したことを知った時から遅滞の責任を負う。
③（略）

⊗+【期限↓一三五―一三七、五七三【履行遅滞による責任↓四一三の二①、四一五、五四一、五四二①四五、四九二【本条の特則↓五二〇の九、五二〇の一八、五二〇の二〇、五九一【判決等による支払の猶予↓民訴三七五①、二七五の二①

一 確定期限付債務の履行遅滞↓手三八条9

二 不確定期限付債務の履行遅滞

1 ★不確定期限付債務においては、当該事実の発生又はその不確定な事実の発生不能を債務者が知った時から遅滞の責めを負う。（大判大4・12・1民録二一・一九三五……第三者たる銀行が所有する家屋を取得のうえ、売却するという不確定な事実が発生不能となった例）

三 期限の定めのない債務と履行遅滞

1 履行期と付遅滞との関係↓五〇五条3

2 法律の規定から生ずる債務の履行遅滞

2 善意の不当利得者の返還義務は期限の定めがない債務であるから、債務者は催告により遅滞に陥る。（大判昭2・12・26新聞二八〇六・一五）

3 使用者が被用者に対して負担する雇用契約上の信義則から生ずる安全保証義務違背に基づく損害賠償債務は期限の定めのない債務であり、債務者は催告の時から遅滞に陥る。（最判昭55・12・18民集三四・七・八八八、労働百選一〇版五〇）↓四一五条28

4 不法行為に基づく損害賠償債務は、催告を要することなく、損害の発生と同時に遅滞に陥る。（最判昭37・9・4民集一六・九・一八三四）

5 不法行為と相当因果関係に立つ損害である弁護士費用の賠償債務は、その不法行為の時に発生し、かつ、遅滞に陥る。（最判昭58・9・6民集三七・七・九〇一、交通事故百選五版六〇）

6 詐害行為取消しによる受益者の取消債権者に対する受領金支払債務は、詐害行為取消判決の確定により受領時に遡って生じ、期限の定めのない債務として、履行の請求を受けた時（詐害行為取消訴訟の訴状送達時）に遅滞に陥る。（最判平30・12・14民集七二・六・一一〇一、重判令元民六）↓四二四条の九3

7 離婚に伴う慰謝料として負担すべき損害賠償債務は、離婚の成立時に遅滞に陥る。（最判令4・1・28民集七六・一・七八）↓七六八条6

四 請負契約の報酬債務の履行遅滞

8 ★請負人の報酬債権に対し、注文者が民法六三四条二項［平成二九法四四による改正後の五五九条・五六二条一項］により、これと同時履行の関係にある、目的物の瑕疵［かし］修補に代わる損害賠償請求権を自働債権として相殺の意思表示をした場合、注文者は、請負人に対する相殺後の報酬残債務について、相殺の意思表示をした日の翌日から、履行遅滞による責任を負う。（最判平9・7・15民集五一・六・二五八一）↓五三三条16

五 譲渡担保権者の清算金支払債務の履行遅滞↓◇【I譲渡担保】［三九八条の二二の後］30

（履行不能）
第四一二条の二① 債務の履行が契約その他の債務の発生原因及び取引上の社会通念に照らして不能であるときは、債権者は、その債務の履行を請求することができない。
② 契約に基づく債務の履行がその契約の成立の時に不能であったことは、第四百十五条の規定によりその履行の不能によって生じた損害の賠償を請求することを妨げない。

〈第四一二条の二は新設〉

⊗+【代償請求権↓四二二の二【危険負担↓五三六【履行不能による解除↓五四二

（受領遅滞）
第四一三条① 債権者が債務の履行を受けることを拒み、又は受けることができない場合において、その債務の目的が特定物の引渡しであるときは、債務者は、履行の提供をした時からその引渡しをするまで、自己の財産に対するのと同一の注意をもって、その物を保存すれば足りる。
② 債権者が債務の履行を受けることを拒み、又は受けることができないことによって、その履行の費用が増加したときは、その増加額は、債権者の負担とする。

（受領遅滞）
第四一三条 債権者が債務の履行を受けることを拒み、又は受けることができないときは、その債権者は、履行の提供があった時から遅滞の責任を負う。

⊗+【履行の提供↓四九二、四九三【受領遅滞と供託↓四九四①【受領遅滞中の履行不能↓四一三の二② ❶【一般原則↓四〇〇 ❷【一般原則↓四八五

受領遅滞と債務不履行の関係

1 ★債務者の債務不履行と債権者の受領遅滞とは、その性質が異なり、一般に後者に前者と全く同一の効果を認めることは民法の予想していないところであるので、特段の事由の認められない場合には、債権者の受領遅滞を理由として債務者は契約を解除することができない（一般論）。（最判昭40・12・3民集一九・九・二〇九〇、民百選II初版一四……請負契約で注文者が目的物の引取りをしない場合に、請負人（債務者）の解除を否定した例）

2 ★契約期間を通じて採掘された鉱石の全量を売買の目的物とする旨の契約においては、買主には、売主が提供する目的物を引き取るべき信義則上の義務があるから、買主の引取り拒絶は債務不履行であり、損害賠償義務を負う。（最判昭46・12・16民集二五・九・一四七二、民百選II八版五五）

（履行遅滞中又は受領遅滞中の履行不能と帰責事由）

第四一三条の二① 債務者がその債務について遅滞の責任を負っている間に当事者双方の責めに帰することができない事由によってその債務の履行が不能となったときは、その履行の不能は、債務者の責めに帰すべき事由によるものとみなす。

② 債権者が債務の履行を受けることを拒み、又は受けることができない場合において、履行の提供があった時以後に当事者双方の責めに帰することができない事由によってその債務の履行が不能となったときは、その履行の不能は、債権者の責めに帰すべき事由によるものとみなす。

〈第四一三条の二は新設〉

❶【履行遅滞→四一二　❷【受領遅滞→四一三

（履行の強制）

第四一四条① 債務者が任意に債務の履行をしないときは、債権者は、民事執行法その他強制執行の手続に関する法令の規定に従い、直接強制、代替執行、間接強制その他の方法による履行の強制を裁判所に請求することができる。ただし、債務の性質がこれを許さないときは、この限りでない。

② 前項の規定は、損害賠償の請求を妨げない。

（履行の強制）

第四一四条① 債務者が任意に債務の履行をしないときは、債権者は、その強制履行を裁判所に請求することができる。ただし、債務の性質がこれを許さないときは、この限りでない。

② 債務の性質が強制履行を許さない場合において、その債務が作為を目的とするときは、債権者は、債務者の費用で第三者にこれをさせることを裁判所に請求することができる。ただし、法律行為を目的とする債務については、裁判をもって債務者の意思表示に代えることができる。（改正により削られた）

③ 不作為を目的とする債務については、債務者の費用で、債務者がした行為の結果を除去し、又は将来のため適当な処分をすることを裁判所に請求することができる。（改正により削られた）

④ 前三項の規定は、損害賠償の請求を妨げない。（改正後の②）

❶【直接強制→民執四三―一六七の一四・一六八―一七〇【代替執行→民執一七一【間接強制→民執一七二・一七三・一六七の一五・一六七の一六【その他の方法→民執一七七、ETC　❷【損害賠償→四一五

一　代替執行

[1] 謝罪広告を新聞紙に掲載すべきことを命ずる判決で、単に事態の真相を告白し陳謝の意を表明するにとどまる程度のものについては、代替執行によることができる。（最大判昭31・7・4民集一〇・七・七八五、執保百選〔三版〕六八）→七二三条[2]、憲一九条[2][3]、民執一七一条[2]

二　間接強制（民事執行法一七二条、〔旧〕民訴法〔昭和五四法四による削除前の〕七三四条）

[2] 夫婦の同居を命ずる判決を、間接強制によって執行することはできない。（大決昭5・9・30民集九・九二六……右決定の日から一五日以内に妻が帰ってこなければ一日につき五円を支払えという夫の申立を却下した例）→七五二条[7]、民執二章一節[7]・一七二条[5]

[3] 不作為を目的とする債務の強制執行として間接強制の決定をするには、債権者において、債務者がその不作為義務に違反するおそれがあること（高度の蓋然性や急迫性に裏付けられたものである必要はない）を立証すれば足り、債務者が現にその不作為義務に違反していることを立証する必要はない。（最決平17・12・9民集五九・一〇・二八八九、執保百選〔三版〕六九）

三　意思表示等をすべき義務の履行の強制

[4] 債権譲渡の通知は、観念の通知であり意思表示ではないが、意思表示に準じて、譲渡の通知を命ずる旨の確定判決の謄本又は正本を債務者に呈示又は送付することによって右通知に代えることができる。（大判昭15・12・20民集一九・二二一五）

[5] 放送受信設備の設置者が、放送法六四条一項に基づいて負うべき受信契約締結義務の履行は、受信契約締結の申込みを承諾すべきことを受信設備の設置者に命ずる判決の確定により強制することができる。（最大判平29・12・6民集七一・一〇・一八一七、消費百選〔二版〕一二）→一六六条[21]・五二二条[7]、憲一三条[51]・二一条[45]・二九条[19]、民執一七七条[2]

四　幼児の引渡義務の履行の強制→八二〇条[4]

五　強制執行をしない特約のある場合→民執三五条[4]

（債務不履行による損害賠償）

第四一五条① 債務者がその債務の本旨に従った履行をしないとき又は債務の履行が不能であるときは、債権者は、これによって生じた損害の賠償を請求することができる。ただし、その債務の不履行が契約その他の債務の発生原因及び取引上の社会通念に照らして債務者の責めに帰することができない事由によるものであるときは、この限りでない。

② 前項の規定により損害賠償の請求をすることができる場合において、債権者は、次に掲げるときは、債務の履行に代わる損害賠償の請求をすることができる。

一 債務の履行が不能であるとき。

二 債務者がその債務の履行を拒絶する意思を明確に表示したとき。

三 債務が契約によって生じたものである場合において、その契約が解除され、又は債務の不履行による契約の解除権が発生したとき。

（債務不履行による損害賠償）

第四一五条 債務者がその債務の本旨に従った履行をしないときは、債権者は、これによって生じた損害の賠償を請求することができる。債務者の責めに帰すべき事由によって履行をすることができなくなったときも、同様とする。

❶【債務の履行→四九二・四九三【履行遅滞→四一二【履行不能→四一二の二・四一三の二①【損害賠償→四一六―四二二【帰責事由・免責事由に関する特則→商五六〇・五七五・五九〇・五九六・六一〇、国際海運三―五【特殊の物の滅失等による責任に関する特則→商五六四・五七七・五九七【減免責条項の制限→消費契約八①㈠㈡【国際物品売買の場合→国際売買約七九　❷【三】【契約の解除→五四一・五四二

一　「債務の本旨に従った履行をしない」場合

1　「債務の本旨に従った履行をしないとき」に当たるとされた例

イ いわゆる履行遅滞

a 金銭を引き渡す債務↓四一二条[判]・四一九条

b 物を引き渡す債務

[1] 下駄材の売買契約において、売主が終戦直後（昭和二一年）の交通事情が極めて悪い状況下において、右下駄材を運搬するための貨車を調達できず、約定の期日までに引き渡すことができなかった場合（最判昭28・12・18民集七・一二・一四四六、民百選Ⅱ[八版]八……交通事情の悪化が不可抗力とは認められず、解除が認められた例）↓四一六条[15]

c 作為を目的とする債務

[2] 自動車の売買契約において、買主が代金を完済したにもかかわらず、売主が右代金受領後約七箇月間にわたり買主に対し右自動車の登録名義変更手続に協力しなかった場合（最判昭39・10・29民集一八・八・一八二三、運輸百選八二）

ロ 遅滞・不能以外の債務不履行

a 安全配慮義務違反↓[27]〜[29]

[3] 安全配慮義務（被用者の生命及び健康等を危険から保護するよう配慮すべき義務）は、ある法律関係に基づいて特別な社会的接触の関係に入った当事者間において、当該法律関係の付随義務として当事者の一方又は双方が相手方に対して信義則上負う義務として一般的に認められるべきものであり、国と公務員との間でも別異に解すべきではない。（最判昭50・2・25民集二九・二・一四三、民百選Ⅱ[八版]二……自衛隊員が、駐屯地内において、別の自衛隊員の運転する自動車にひかれて即死したので、右隊員の両親が国に損害賠償を求めた例）↓一六六条[24]、行総◘【Ⅰ】[45]

[4] 使用者は、労働者が労務提供のため設置する場所、設備若しくは器具等を使用し又は使用者の指示の下に労務を提供する過程において、労働者の生命及び身体等を危険から保護するよう配慮すべき義務を負っている。（最判昭59・4・10民集三八・六・五五七、重判昭59民四……見習い従業員が宿直勤務中に、元従業員に殺害され、右被害者の両親から使用者たる会社に対する損害賠償請求が認められた例）↓[22]

[5] 国の安全配慮義務は、国が公務遂行に当たって支配管理する人的及び物的環境から生じ得べき危険の防止について信義則上負担するものであり、国が公務員に対して負う安全配慮義務の履行補助者に、同義務の内容に含まれない運転者としての通常の注意義務違反があったとしても、国の安全配慮義務違反があったとはいえない。（最判昭58・5・27民集三七・四・四七七、民百選Ⅱ[五補]三）

[6] 未決勾留による拘禁関係は、勾留の裁判に基づき被勾留者の意思にかかわらず形成され、法令等の規定に従って規律されるものであるから、信義則上の安全配慮義務を負うべき特別な社会的接触の関係とはいえず、国は拘置所に収容された被勾留者に対し同義務を負わない。（最判平28・4・21民集七〇・四・一〇二九、重判平28民四）↓行総◘【Ⅰ】[50]

b 契約不適合責任との関係↓五六二条

[7] ★不特定物（街頭宣伝用放送機械）の売買において、給付されたものに瑕疵［かし］のあることが受領後に発見された場合、買主が瑕疵担保責任を問うなど瑕疵の存在を認識した上で右給付を履行として認容したと認められる事情が存在しない限りは、買主は完全履行請求権を有し、また、右の不完全履行が売主の責めに帰すべき事由に基づく場合には、債務不履行となる。（最判昭36・12・15民集一五・一一・二八五二、民百選Ⅱ[八版]五一）↓五六二条[7]

c 医療機関に要求される医療水準

[8] 新規の治療法の存在を前提にして検査・診断・治療等に当たることが診療契約に基づき医療機関に要求される医療水準であるかどうかを決するについては、当該医療機関の性格、その所在する地域の医療環境の特性等の諸般の事情を考慮すべきであり、右の事情を捨象して、全ての医療機関について診療契約に基づき要求される医療水準を一律に解するのは相当でない。新規の治療法に関する知見が当該医療機関と類似の特性を備えた医療機関に相当程度普及しており、当該医療機関において右知見を有することを期待することが相当と認められる場合には、特段の事情がない限り、右知見は当該医療機関にとっての医療水準である。（最判平7・6・9民集四九・六・一四九九〈未熟児網膜症姫路日赤事件〉民百選Ⅱ[八版]八四）↓七〇九条[13]

d 医師の診療契約上の説明義務

[9] 当時の医療水準として未確立の療法であっても、少なからぬ医療機関において実施され相当数の実施例があり、実施した医師の間で積極的な評価もあるものについては、患者が当該療法の適応である可能性があり、かつ、患者が当該療法の自己への適応の有無、実施可能性について強い関心を有していることを医師が知った場合には、たとえ当該医師が当該療法について消極的な評価をしており、自らはそれを実施する意思を有していないときでも、なお患者に対して、医師の知っている範囲で当該療法の内容、適応可能性や、それを受けた場合の利害得失、当該療法を実施している医療機関の名称や所在などを説明すべき義務がある。（最判平13・11・27民集五五・六・一一五四、医事法百選[三版]二九……乳がんの手術に当たっての乳房温存療法についての説明が問題となった例）

[10] 患者が末期的疾患に罹患［りかん］し余命が限られていると診断した医師が患者本人にはその旨を告知すべきではないと判断した場合には、医師は診療契約に付随する義務として、少なくとも患者の家族等のうち連絡が容易な者に対して接触し、それらの家族等に対する告知の適否を検討し、告知が適当であると判断したときにはその診断結果等を説明する義務がある。（最判平14・9・24判時一八〇三・二八、医事法百選[三版]二八……肺の進行性末期がんにより死亡した患者の妻子に、病状等の告知を医師がしなかったことが債務不履行に当たるとされた例）

e 開業医の注意義務

[11] 開業医の役割は、比較的軽度の病気の治療に当たるとともに、患者に重大な病気の可能性がある場合には高度な医療を施すことのできる診療機関に転医させることにあるから、顆粒球減少症（白血球のうち顆粒球が減少することにより引き起こされる病態をいう）の副作用を引き起こす多種の薬剤を長期間継続的に投与された患者について、開業医が薬疹の可能性のある発疹を認めた場合には、自院又は他の診療機関で患者が必要な検査、治療を速やかに受けることができるように相応の配慮をすべき義務がある。（最判平9・2・25民集五一・二・五〇二、医事法百選[初版]七七）

f その他の契約上の説明義務↓◘【契約締結過程における責任】［五三二条の後］[4]・六四四条[3]

[12] 変額保険の募集人が違法な勧誘行為の結果保険契約者の被った損害を賠償すべき義務があるとした例（最判平8・10・28金法一四六九・四九②、民法の基本判例[二版]二四……募集人は、顧客に対し、変額保険に対する誤解から来る損害発生を防止するため、変額保険が定額保険と著しく性格を異にし、高収益性を追求する危険性の高い運用をするものであ

り、かつ、保険契約者がその投資リスクを負い、自己責任の原則が働くことを説明すべき法的義務を信義則上負っていると解し、保険外務員の説明義務違反及び「断定的判断の提供」を認めた原審の判断を正当として是認）

２　履行不能以外の「債務の本旨に従った履行をしない」場合に当たらないとされた例

13 ① 医師が初診の患者を診察した場合に、患者の性格等も不明であり、その当時「がん」については患者に対し真実と異なる病名を告げるのが一般的な説明方法であったことに加え、患者が医師に相談せずに入院を中止し、来院しなくなったという事実関係の下では、医師が患者に対して「がん」の疑いがある旨を説明しなかったとしても、診療契約上の債務不履行には当たらない。

② 医師が、患者の入院後に患者の家族の中から適当な者を選んで進行がんの疑いのある旨を説明しようとすることは不合理でなく、その予定であったにもかかわらず、患者が入院を中止したため家族に対する説明の機会を失ったとしても、医師の責めに帰せしめることは相当でない。（最判平7・4・25民集四九・四・一一六三、医事法百選〔二版〕二九）→七〇九条12 13

14 地震保険に加入するか否かについての意思決定は、生命、身体等の人格的利益に関するものではなく、財産的利益に関するものであることに鑑みると、仮に保険会社からの情報提供や説明に不十分、不適切な点があったとしても、特段の事情が存しない限り、これをもって慰謝料請求権の発生を肯認し得る違法行為とはいえない。（最判平15・12・9民集五七・一一・一八八七、消費百選〔二版〕二〇）

３　履行不能に当たるとされた例

15 不動産の売買契約において、売主が当該不動産を二重に譲渡し、買主の一方が登記を具備した場合、売主が他方の買主に対して負う当該不動産の所有権を移転すべき債務は履行不能となる。（最判昭35・4・21民集一四・六・九三〇）→19

16 家屋賃借権の売買がされたが、売主（原賃借人）が賃借権の譲渡について賃貸人の承諾を得ることができず、賃貸人が賃貸家屋を取り壊した場合（最判昭34・9・17民集一三・一一・一四一二、民訴百選Ⅱ〔補正〕A33）→五六〇条2

17 賃貸借契約の目的物たる土地が譲渡され、買主がその土地上に建物を建てた場合（大判昭10・4・13民集一四・五五六）

二　「責めに帰すべき事由」の内容

１　履行遅滞後の履行不能

18 債務者は、履行遅滞後はその責めに帰すべからざる事由による履行不能についても、責任を免れない。（大判明39・10・29民録一二・一三五八）

２　引渡債務の場合

19 不動産の売買契約においては、売主が目的物を第三者に二重に譲渡し、第三者への移転登記が終了した場合には、売主に帰責事由がある。（最判昭47・4・20民集二六・三・五二〇、民百選Ⅱ〔八版〕九）

20 土地・建物の売買契約において、内金の支払をめぐるトラブルから、売主が右契約を解除し、右目的物を他人に賃貸した場合には、売主の履行拒絶の意思が明白であるから、買主が自己の債務の弁済の提供をしなくとも、売主に帰責事由がある。（最判昭41・3・22民集二〇・三・四六八……売主の履行期日経過を理由とする買主からの手付契約上の違約金の請求が認められた例）

21 他人の権利の売買において、履行不能が生じたときには、原則として売主に帰責事由がある。（最判昭41・9・8民集二〇・七・一三二五、民百選Ⅱ〔八版〕四九）

３　行為債務の場合

22 使用者たる会社が、宿直勤務の場所である社屋内に盗賊等が容易に侵入できないような物的設備を施し、物的設備を十分に整備することが困難な場合には宿直員を増員したり、宿直員に対する安全教育を施すなどの措置を講ずべき義務を負っていると認定できる状況下であるにもかかわらず、現実には右会社がそのような義務を一切履行していなかった場合には、帰責事由がある。（最判昭59・4・10前出4）

三　「責めに帰すべき事由」の立証責任→七〇九条24

23 ★債務者は、損害賠償義務を免れるために、履行不能が自己の責めに帰すべからざる事由によることを主張・立証しなければならない。（大判大14・2・27民集四・九七）

四　損害の発生の立証

24 損害賠償を請求する者は損害発生の事実だけでなく損害の数額をも立証すべき責任を負うのが当然であるから、損害額が証明されていない場合には、その請求は棄却される。（最判昭28・11・20民集七・一一・一二二九……不法占有者に対し賃料相当額の損害金の支払を求めた例）→民訴二四八条2〜9

五　解除と損害賠償との関係

１　履行不能の場合

25 ★解除の意思表示をすることなく、塡補賠償を請求できる。（最判昭30・4・19民集九・五・五五六……家屋賃借人の妻の失火により、右家屋が焼失し、家屋返還債務が履行不能となった例）

２　履行不能以外の場合

26 ★物の引渡債務の履行が遅滞した場合には、債権者は解除をして初めて塡補賠償を請求できる。（大判大4・6・12民録二一・九三一……特定の山林の三分の一を譲渡すべき債務が遅延した場合に、債権者が、解除をせずに、直ちに請求した塡補賠償の請求を棄却した例）

六　安全配慮義務違反に関する問題点→労契五条1〜11

１　一般論→3〜6

２　安全配慮義務違反の主張・立証責任

27 国が国家公務員に対して負う安全配慮義務に違反したことを理由とする損害賠償請求訴訟において、右義務の内容を特定し、かつ、義務違反に該当する事実を主張・立証する責任は原告にある。（最判昭56・2・16民集三五・一・五六、民百選Ⅱ〔二版〕三……自衛隊のヘリコプターが墜落し、自衛隊員が死亡した事故で、国の安全配慮義務違反が否定された例）→民訴◆【証明責任】〔一七九条の前〕6

３　履行遅滞となる時期

28 安全保証義務違背を理由とする損害賠償債務は、期限の定めのない債務であって、債務者が履行の請求を受けた時に履行遅滞となる。（最判昭55・12・18民集三四・七・八八八、労働百選〔一〇版〕五〇……下請会社の被用者たる塗装工が転落死した事故について、元請会社及び下請会社双方に責任を認めた例）→四一二条3

４　遺族固有の慰謝料請求権

29 死亡した被用者と使用者たる下請会社との雇用契約ないしこれに準ずる法律関係の当事者ではない被用者の両親は、使用者の債務不履行を理由として、固有の慰謝料請求権を取得できない。（最判昭55・12・18前出28）

５　消滅時効の起算点

30 ① 一般的に安全配慮義務違反による損害賠償請求権は、その損害が発生したときに成立し、同時にその権利を行使することが法律上可能となるから、右の時点から消滅時効が進行する。

② 雇用者の安全配慮義務違反により「じん肺」に罹患したことを理由とする損害賠償請求権の消滅時効は、最終の行政上の決定を受けた時から進行する。（最判平6・2・22民集四八・二・四四一、民百選Ⅰ八版四四）↓一六六条⑩

⑪ **6 消滅時効期間**↓一六六条㉔

七 損害賠償以外の債務不履行の効果

1 現実履行の強制↓四一四条判

2 解除↓五四一条判・五四二条判

八 契約上の請求権と不法行為上の請求権の競合↓七〇九条⑰⑤

◆【いわゆる履行補助者の行為に対する債務者の責任】

一 一般論↓七一五条判

① 債務者は、被用者を選任監督することにつき過失がないことを要するだけでなく、債務の履行をさせる範囲において被用者に必要な注意を尽くさせる責めをも負うものであるから、使用者たる債務者は、被用者の不注意から生じた結果に対し債務不履行責任を負う。（大判昭4・3・30民集八・三六三、民百選Ⅱ八版五）↓③

二 転借人の行為に対する賃借人の責任

1 いわゆる履行補助者の場合

② 家屋の賃借人が住込みで雇い入れた工員は、賃借義務を履行するための補助者であり、右工員の過失により賃借家屋を焼失させた場合には、賃借人は右家屋の焼失に対し債務不履行責任を負う。（最判昭35・6・21民集一四・八・一四八七）

2 承諾を得た転借人の場合

③ 船舶の所有者より船舶を賃借した者が、右船舶を所有者の承諾を得て転貸したが、転借人の被用者たる船員の過失によって右船舶が座礁［ざしょう］・難破した場合には、転借人のみならず賃借人も債務不履行責任を負う。（大判昭4・3・30前出①）

④ 転借人の失火により賃借家屋を滅失毀損した場合には、賃借人は自己の過失についてと同様の責任を負う。（大判昭4・6・19民集八・六七五、民法の判例三版二〇）

（損害賠償の範囲）

第四一六条① 債務の不履行に対する損害賠償の請求は、これによって通常生ずべき損害の賠償をさせることをその目的とする。

② 特別の事情によって生じた損害であっても、当事者がその事情を予見すべきであったときは、債権者は、その賠償を請求することができる。

（損害賠償の範囲）

第四一六条①（略）

② 特別の事情によって生じた損害であっても、当事者がその事情を予見し、又は予見することができたときは、債権者は、その賠償を請求することができる。

⊛＋四一五【損害賠償額の算定に関する特則↓商五七六、国際海運八【責任限度額↓国際海運九【定期金賠償を命じた判決の変更の訴え↓民訴一一七【損害額の認定↓民訴二四八【国際物品売買の場合↓国際売買約七四―七七

一 因果関係について

① 賃貸人の債務不履行となる家屋明渡しの強制執行により住居を失った賃借人が、住居を他に求めるために地代家賃統制令に違反する権利金及び家賃を支出した場合、当時の社会情勢において、その支出が一家の住居を入手するために真にやむを得ないものと認められるときには、賃貸人の債務不履行と右支出による賃借人の損害との間には相当因果関係がある。（最判昭38・1・25民集一七・一・七七）↓二〇〇条⑤、借地借家三一条⑦

② 医師の不作為と患者の死亡との間の因果関係の存否（最判平11・2・25民集五三・二・二三五、医事法百選三版六一）↓七〇九条⑩④

二 「通常生ずべき損害」（一項）

1 通常損害に当たるとされた例

③ 売買契約後、目的物の価格が自然に騰貴した場合の騰貴額（大判明38・11・28民録一一・一六〇七……売買契約締結後に目的物たる燕麦［えんばく］の価格が騰貴した場合には、買主が買受価格で転売したか否かにかかわらず、売主に対し騰貴額の賠償を求めることができるとした例）

④ 商人が営業上買い受けた物品の価格が履行期後に騰貴した場合における騰貴した差額（大判明41・3・18民録一四・二九〇……目的物たる大麦を実際に転売しなくとも、右差額の賠償を求めることができるとされた例）

⑤ 動産売買契約における転売利益の喪失による損害（大判昭9・8・10判決全集一・九・一四）

2 通常損害に当たらないとされた例

⑥ 不動産が転売の目的で売買されることは頻繁に起こる事柄ではないのみならず、即時に転売することは必ずしも容易ではないので、買主がその不動産の引渡しを受けた後、直ちにその不動産を他に転売する意思を有し、かつ、現にそのような転売をなし得たという特別の事情が存しない限り、履行期における目的物の時価と現実の履行があった時の時価との差額を損害として請求することはできない。（大判昭9・1・16裁判例八・民二）

⑦ 店舗の賃貸人の修繕義務の不履行により賃借人が被った営業利益相当の損害について、賃借人が別の場所で営業を再開する等の損害を回避又は減少させる措置を何ら執ることなく損害が発生するにまかせていたときは、「通常生ずべき損害」の解釈上、右措置を執ることができたと解される時期以降における損害の全ての賠償を賃貸人に請求することはできないとした例（最判平21・1・19民集六三・一・九七、民百選Ⅱ七版六）

三 「特別の事情によって生じた損害」（二項）

1 一般論

イ 「当事者」の意義

⑧ ★本条にいう「当事者」とは債務者である（特別事情を予知しながら債務を履行しなかったり、履行不能を生ぜしめたりした債務者に賠償責任を負わせても過酷ではない）。（大判大7・8・27後出⑨……マッチの売買契約において、契約成立後、欧州戦乱が生じて目的物の価格が暴騰したが、売主が引渡しをしないため買主が解除して騰貴価格による賠償を求めた例）

ロ 予見可能性［平成二九法四四による改正前の本条二項］の判断の時点

⑨ ★債務の履行期まで（大判大7・8・27民録二四・一六五八、民百選Ⅱ八版七）

2 特別損害の具体例

⑩ ★大正一〇年に土地を一四〇〇円で買い受けた者が、買

受け後四箇月たって、買受代金の三倍以上の四八四八円余で転売する契約を締結した場合の転売利益（大判昭4・4・5民集八・三七三……債務者たる売主が右転売代金を予見することができなかったことを理由に、買主の転売利益の請求が認められなかった例）

[11] ★土地賃貸人が土地を引き渡さないために、賃借人がこれを利用できない場合における、賃借人が右土地上に建物を建てて営業を営むことにより得べかりし利益（最判昭32・1・22民集一一・一・三四……予見可能性があるとされた例）

四　損害賠償額の算定↓七〇九条[114][124]～[165]・七一九条[33]～[35]

1　賠償額算定の基準時

イ　執行不能に備えて賠償を請求する場合

[12] 本来の給付を請求しつつ執行不能となったときに備えて、予備的に塡補賠償を請求する場合には、最終口頭弁論終結時が基準時である。（最判昭30・1・21民集九・一・二二、民百選Ⅱ[四版]一一）

ロ　履行不能後に価格が騰貴した場合

[13] ★原則として、債務者が目的物を処分した当時の時価であるが、目的物が騰貴しつつあるという特別の事情があり、かつ、債務者が履行不能時にその特別事情を知っていたか又は知り得た場合は、騰貴した時の価格（最判昭37・11・16民集一六・一一・二二八〇）↓[20]・七〇九条[124]

[14] ★前出[13]と同旨――その理は、買主が目的物を他に転売して利益を得るためではなくこれを自己の使用に供する目的でなした不動産の売買契約において、売主の所有権移転義務が履行不能となった場合であっても、妥当する。（最判昭47・4・20民集二六・三・五二〇、民百選Ⅱ[八版]九）

ハ　契約を解除した場合

[15] 売主が目的物を引き渡さないため買主が契約を解除した場合には、解除当時の目的物の時価を基準として定める。（最判昭28・12・18民集七・一二・一四四六、民百選Ⅱ[八版]八）↓四一五条[7]

[16] 乾うどんの売買契約において、売主が目的物を引き渡さないため買主が解除した場合に、（履行地における）履行期の目的物の市価を基準とする賠償額を認めた例（最判昭36・4・28民集一五・四・一一〇五……原告が履行期を基準として請求した場合）

2　賠償額算定の基準となる場所

[17] 賠償額算定の基準となる場所は債務の履行地である。（最判昭36・4・28前出[16]）

3　賠償額の算定方法の具体例

イ　生命・身体の場合↓七〇九条[114][132]～[147]

ロ　物又は権利の場合↓[12]～[17]・七〇九条[128][129]

ハ　弁護士費用

[18] 労働者が、使用者の安全配慮義務違反を理由とする債務不履行に基づく損害賠償を請求するため訴えを提起することを余儀なくされた場合の弁護士費用（事案の難易、請求額、認容された額その他諸般の事情を斟酌［しんしゃく］して相当と認められる額の範囲内のものに限り、右安全配慮義務違反と相当因果関係に立つ損害である）（最判平24・2・24判時二一四四・八九、重判平24民五）↓四一九条[7]・七〇九条[120]

[19] 土地の売買契約の買主は、売主に対し当該土地の引渡しや所有権移転登記手続をすべき債務の履行を求めるための訴訟の提起等の事務に係る弁護士報酬を債務不履行に基づく損害賠償として請求することはできない。（最判令3・1・22判タ一四八七・一五七、重判令3民三）

4　賠償額の減額事由↓四一八条[判]・◆【損益相殺】

［四一八条の後］[7]

五　本条の不法行為への類推適用

[20] 本条は、債務不履行の場合のみならず、不法行為に基づく損害賠償の範囲を定めるときにも類推適用される。（大連判大15・5・22民集五・三八六〈富喜丸事件〉民百選Ⅱ[初版]八四）↓七〇九条[117][124]

[21] 前出[20]と同旨（最判昭48・6・7民集二七・六・六八一、民百選Ⅱ[八版]九八）↓七〇九条[118][123]

（損害賠償の方法）

第四一七条　損害賠償は、別段の意思表示がないときは、金銭をもってその額を定める。

⊛+四一五、四一六【本条の準用↓七二二①

[1] **一　定期金による賠償**

交通事故の被害者が事故に起因する後遺障害による逸失利益について定期金による賠償を求めている場合において、不法行為に基づく損害賠償制度の目的及び理念に照らして相当と認められるときは、同逸失利益は定期金による賠償の対象となる。（最判令2・7・9民集七四・四・一二〇四、重判令2民四）↓七二二条[7]

二　損害賠償額の算定↓四一六条[12]～[19]

（中間利息の控除）

第四一七条の二①　将来において取得すべき利益についての損害賠償の額を定める場合において、その利益を取得すべき時までの利息相当額を控除するときは、その損害賠償の請求権が生じた時点における法定利率により、これをする。

②　将来において負担すべき費用についての損害賠償の額を定める場合において、その費用を負担すべき時までの利息相当額を控除するときも、前項と同様とする。

〈第四一七条の二は新設〉

⊛+四一五、四一六【法定利率↓四〇四【本条の準用↓七二二①

法定利率が用いられる例

[1] ★損害賠償額の算定に当たり、被害者の将来の逸失利益を現在価額に換算するために控除すべき中間利息の割合は、民事法定利率によらなければならない。（最判平17・6・14民集五九・五・九八三、交通事故百選[五版]五一）↓七〇九条[147]

（過失相殺）

第四一八条　債務の不履行又はこれによる損害の発生若しくは拡大に関して債権者に過失があったときは、裁判所は、これを考慮して、損害賠償の責任及びその額を定める。

（過失相殺）

第四一八条　債務の不履行に関して債権者に過失があったときは、裁判所は、これを考慮して、損害賠償の責任及びその額を定める。

⊛+四一五、四一六【不法行為の場合↓七二二②

一　債権者の被用者の過失による過失相殺が肯定された例

[1]　銀行との間で当座勘定取引契約を締結している債権者が、右銀行に対して、取引印として届け出ていない実印が押捺〔おうなつ〕された偽造手形・小切手の支払を銀行がしたことを理由に損害賠償を請求した場合に、右偽造が債権者の被用者によってなされたものであるときには、被用者の故意・過失を斟酌〔しんしゃく〕すべきである。（最判昭58・4・7民集三七・三・二一九、重判昭58商七）

二　弁論主義と過失相殺

[2]　本条による過失相殺は、債務者の主張がなくても裁判所が職権ですることができるが、債権者に過失があったという事実については債務者がその立証責任を負う。（最判昭43・12・24民集二二・一三・三四五四、民訴百選[五版]A17）

◇↓七二二条[5]～[23]

◆【損益相殺】

[1]　建物の賃借人が建物を焼失させた場合に、建物所有者たる賃貸人が受領した火災保険金を、賃借人が支払うべき損害賠償額から、いわゆる損益相殺として控除すべきではない。（最判昭50・1・31民集二九・一・六八、保険法百選二五……ただし、保険者は支払った保険金の限度で賃貸人が賃借人に対して有する損害賠償請求権を取得するとした）↓七〇九条[158]

（金銭債務の特則）

第四一九条①　金銭の給付を目的とする債務の不履行については、その損害賠償の額は、債務者が遅滞の責任を負った最初の時点における法定利率によって定める。ただし、約定利率が法定利率を超えるときは、約定利率による。

②　前項の損害賠償については、債権者は、損害の証明をすることを要しない。

③　第一項の損害賠償については、債務者は、不可抗力をもって抗弁とすることができない。

（金銭債務の特則）

第四一九条①　金銭の給付を目的とする債務の不履行については、その損害賠償の額は、法定利率によって定める。ただし、約定利率が法定利率を超えるときは、約定利率による。

②③　（略）

＋四一五、四一六、四二〇、四二一【国際物品売買の場合↓国際売買約七八　❶【法定利率↓四〇四　【約定利率の制限↓四〇四　【本項の特則↓六四七、六六五、六七一、六六九、八七三②、八七六の五③、八七六の一〇②、会社五八二　＋【判決等による遅延損害金の免除↓民訴三七五①、二七五の二①

[1]　金銭を目的とする債務の履行遅滞による損害賠償の額は、本条の反面として、たとえ約定又は法定の利率以上の損害が生じたことを立証しても、その賠償を請求することはできず、弁護士費用その他の取立費用も請求できない。（最判昭48・10・11判時七二三・四四、民訴百選[三版]一二二）↓四一六条[18]

（賠償額の予定）

第四二〇条①　当事者は、債務の不履行について損害賠償の額を予定することができる。

②　賠償額の予定は、履行の請求又は解除権の行使を妨げない。

③　違約金は、賠償額の予定と推定する。

（賠償額の予定）

第四二〇条①　当事者は、債務の不履行について損害賠償の額を予定することができる。この場合において、裁判所は、その額を増減することができない。

②③　（略）

＋四一五、四一六、四一九、四二一　❶❸【賠償額の予定・違約金の定めの禁止↓労基一六【賠償額の予定・違約金の定めの制限↓消費契約九、割賦六、三〇の三、三五の三の一八、特定商取引一〇、二五、四〇の二③④、四九②④⑥、五八の三、五八の一六、利息四、七　❷【履行の請求↓四一四【解除↓五四一・五四二

一　「賠償額の予定」に当たる場合

[1]　★大学の入学手続の際の納入金のうち不返還特約のうち授業料等に関する部分は、在学契約の解除に伴う損害賠償額の予定又は違約金の定めの性質を有する。（最判平18・11・27民集六〇・九・三四三七、消費百選[二版]四四）↓九〇条[24]～[26]

二　賠償額の予定に対する制限

[2]　★手形債務についての日歩三三銭の遅延損害金の特約が公序良俗に反し無効とされた例（大判昭19・3・14民集二三・一四七）↓九〇条[22]

三　損害の発生との関係

[3]　★本条は、債務不履行があるときは、損害の有無や多少を問わず、常に債権者に予定賠償額を得させる趣旨である。（大判大11・7・26民集一・四三一）

四　賠償額の予定と過失相殺

[4]　★建築工事の遅延について当事者が本条一項により損害賠償額を予定していた場合であっても、債務不履行に関し債権者に過失があったときには、特段の事情のない限り、裁判所は損害賠償責任及びその金額を定めるにつき、右過失を斟酌〔しんしゃく〕すべきである。（最判平6・4・21裁判集民一七二・三七九……債権者の過失を考慮して予定された賠償額の三割の減額を肯定した例）↓四一八条[1][2]

第四二一条　前条の規定は、当事者が金銭でないものを損害の賠償に充てるべき旨を予定した場合について準用する。

＋四一七

（損害賠償による代位）

第四二二条　債権者が、損害賠償として、その債権の目的である物又は権利の価額の全部の支払を受けたときは、債務者は、その物又は権利について当然に債権者に代位する。

＋ETC【類似の規定↓保険二四、二五、自賠二三、労災一二の四①、

一　本条の類推適用が認められた例

[1]　労働者の死亡について第三者が不法行為責任を負う場合に、使用者が労基法七九条に基づく補償義務を履行したと

きには、本条の類推適用により、使用者は、被用者の遺族に代位して右第三者に対する賠償請求権を取得する。（最判昭36・1・24民集一五・一・三五、社会保障百選[二版]七〇）

二　**本条の類推適用が否定された例**↓労災一二条の四[3]

（代償請求権）

第四二二条の二　債務者が、その債務の履行が不能となったのと同一の原因により債務の目的物の代償である権利又は利益を取得したときは、債権者は、その受けた損害の額の限度において、債務者に対し、その権利の移転又はその利益の償還を請求することができる。〈第四二二条の二は新設〉

【履行不能↓四一二の二】

[1]　★履行不能を生じさせたのと同一の原因によって、債務者が履行の目的物の代償と考えられる利益を取得した場合は、債権者は債務者に履行不能により債権者が被った損害の限度において、その利益の償還を請求できる。（最判昭41・12・23民集二〇・一〇・二二一一、民百選Ⅱ[八版]一〇……目的物たる建物が債務者の責めに帰すべからざる事由によって焼失し、債務者が火災保険金を受領した場合に、債権者の右保険金代償請求を認めた例）

第二款　債権者代位権

第二款　債権者代位権及び詐害行為取消権

（債権者代位権の要件）

第四二三条①　債権者は、自己の債権を保全するため必要があるときは、債務者に属する権利（以下「被代位権利」という。）を行使することができる。ただし、債務者の一身に専属する権利及び差押えを禁じられた権利は、この限りでない。

②　債権者は、その債権の期限が到来しない間は、被代位権利を行使することができない。ただし、保存行為は、この限りでない。

③　債権者は、その債権が強制執行により実現することのできないものであるときは、被代位権利を行使することができない。

（債権者代位権）

第四二三条①　債権者は、自己の債権を保全するため、債務者に属する権利を行使することができる。ただし、債務者の一身に専属する権利は、この限りでない。

②　債権者は、その債権の期限が到来しない間は、裁判上の代位によらなければ、前項の権利を行使することができない。ただし、保存行為は、この限りでない。

（第三項は新設）

四二三の二―四二三の七【代位による登記↓不登五九[七]【買戻権の代位行使↓五八二【倒産の場合の訴訟の中断・受継↓破四五、民再四〇の二、会更五二の二【本条の特則↓電子債権一〇⑤　❶【一身専属権の例↓七四三、七五四、七七〇、七七五、七八七、八〇三、八一四、八二〇、八七七、八九二【差押禁止債権の例↓民執一五二、労基八三②、労災一二の五、自賠一八、生活保護五八　❷【期限↓一三五―一三七　❸【強制執行↓四一四、四一四

一　**代位権の行使が認められた事例**

[1]　債権者が第三債務者に対する訴訟において、債務者の第三債務者に対する債権の消滅時効の中断を行うこと（大判昭15・3・15民集一九・五八六、民訴百選[初版]七四）↓四二三条の六[1][3]

[2]　債務者が他の債権者に対して負う債務の消滅時効を、債権者が債務者に代位して援用すること（最判昭43・9・26民集二二・九・二〇〇二、民百選Ⅱ[初版]一七……二番抵当権者が、一番抵当権者の有する債権の消滅時効を、債務者に代位して援用した例）↓一四五条[8][14]

[3]　債務者が負債の整理のために委任契約を締結し、受任者に不動産の所有権を移転したときにおいて、当該委任契約の解除権を代位行使すること（大判大8・2・8民録二五・七五）

[4]　表意者（債務者）が第三者との間の売買契約の締結に当たって意思表示に瑕疵［かし］があったことを認めているときに、錯誤による無効を主張し、売買代金返還請求権を代位行使すること（最判昭45・3・26民集二四・三・一五一、民百選Ⅰ[五補]一八）↓九五条[27]

[5]　債務者が第三者との関係で有する相殺権を代位行使すること（大判昭8・5・30民集一二・一三八一）↓五〇五条[7]、民執九〇条[6]

[6]　債務者が自己に対する債務者との関係で有する債権者代位権を代位行使すること（大判昭5・7・14民集九・七三〇……甲が乙に、さらに乙が丙に対し債権を有し、丙が丁に対し妨害排除請求権を有する場合において、乙が丙に対し債権者代位権を行使して妨害排除請求権を行使することのできる権利を代位行使した例）

[7]　前出[6]と同旨（最判昭39・4・17民集一八・四・五二九……丙が丁に対して有する登記抹消請求権の例）

二　**要件**

1　**債務者の無資力**

イ　**原則**

[8]　金銭債権を有する債権者が、債務者の権利を代位行使できるのは、債務者の資力が債務を弁済するのに不十分な場合でなければならない。（大判明39・11・21民録一二・一五三七）

[9]　自動車事故の被害者が損害賠償請求権を保全するため、加害者が保険会社に対して有する任意保険の保険金請求権を代位行使する場合には債務者が無資力であることを要する。（最判昭49・11・29民集二八・八・一六七〇、民百選Ⅱ[八版]一三……無資力要件を満たさないことを理由に、代位権の行使が否定された）

ロ　**この要件が不要とされる場合**

[10]　★登記請求権のように、その保全の必要性が債務者の資力の有無に関係のない権利を代位行使する場合（大判明43・7・6民録一六・五三七、民百選Ⅱ[七版]一四）↓四二三条の七[1]

[11]　不動産の不法占拠者に対し、賃借人が所有者に代位して妨害排除請求権を行使する場合（大判昭4・12・16民集八・九四四、民百選Ⅱ[五補]一二）↓四二三条の七[2]

[12]　共同相続人の一人に対し、他の相続人が買主に代位して移転登記請求権を行使する場合（最判昭50・3・6民集二九・三・二〇三、民百選Ⅱ[八版]一二）↓四二三条の七[4]

2　**債務者の一身に専属する権利に当たる場合**

[13]　遺留分減殺請求権は、遺留分権利者がこれを第三者に譲渡するなど権利行使の確定的意思を有することを外部に表

明したと認められる特段の事情がある場合を除き、債権者代位の目的とすることができない。(最判平13・11・22民集五五・六・一〇三三、民百選Ⅲ[二版]九三)→一〇四六条[10]

[14] **3 代位権行使の時期**
債権者代位権の行使は、債務者が自ら権利を行使しない場合に限り許され、債務者が既に当該権利を行使している場合には、その行使の方法又は結果の良否を問わず、債権者は代位権を行使できない。(最判昭28・12・14民集七・一二・一三八六)

[15] 代位債権者の被保全債権は、代位される権利よりも前に成立している必要はない。(最判昭33・7・15裁判集民三二・八〇五)

[16] 離婚によって生ずる可能性のある財産分与請求権は、協議・審判等によって、その具体的内容が形成される以前には、その範囲及び内容が不明確であるから、右の請求権を保全するために債権者代位権を行使することはできない。(最判昭55・7・11民集三四・四・六二八、民百選Ⅱ[三版]一五)

[17] 自動車事故によって生ずる加害者の保険会社に対する保険金請求権は、その額が加害者・被害者間で確定したときに発生し行使できる旨の約款が存在していても、被害者は加害者に対する損害賠償請求と併合して請求するならば、保険金請求権を加害者に代位して行使できる。(最判昭57・9・28民集三六・八・一六五二、保険法百選三三)

[18] **4 その他代位権を行使できない場合**
債権の譲受人による債権譲渡の通知(大判昭5・10・10民集九・九四八)→四六七条[10]

[19] 借地上の建物の賃借人は、自己の賃借権を保全するために、建物賃貸人(借地人)の有する借地法一〇条による建物買取請求権を代位行使することはできない。(最判昭38・4・23民集一七・三・五三六)→借地借家一四条[5]

三 請求内容―代位債権者への目的物の引渡請求ができる場合
1 金銭の支払請求等→四二三条の三[判]
2 いわゆる転用事例の場合→四二三条の七[判]

[20] ★建物の賃借人が、賃貸人たる建物所有者に代位して、不法占拠者に対し建物の明渡しを請求する場合には、自己に直接その明渡しをなすべき旨を請求できる。(最判昭29・9・24民集八・九・一六五八)→四二三条の七[3]

[21] ★第三者の不法占有により抵当建物の交換価値の実現が妨げられ抵当権者の優先弁済請求権の行使が困難となる状態が生じているなどの事情の下においては、抵当権者は、建物所有者の不法占有者に対する妨害排除請求権を代位行使し、所有者のために建物を管理することを目的として、不法占有者に対し、直接抵当権者に建物を明け渡すよう求めることができる。(最大判平11・11・24民集五三・八・一八九九、民百選Ⅰ[五補]八四)→四二三条の七[5]

(代位行使の範囲)
第四二三条の二 債権者は、被代位権利を行使する場合において、被代位権利の目的が可分であるときは、自己の債権の額の限度においてのみ、被代位権利を行使することができる。〈第四二三条の二は新設〉

⊗+四二三

[1] ★債権者が債務者に対する金銭債権に基づいて債務者の第三債務者に対する金銭債権を代位行使する場合には、債権者は自己の債権額の範囲においてのみ債務者の権利を代位行使できる。(最判昭44・6・24民集二三・七・一〇七九、民百選Ⅱ[八版]一一)

(債権者への支払又は引渡し)
第四二三条の三 債権者は、被代位権利を行使する場合において、被代位権利が金銭の支払又は動産の引渡しを目的とするものであるときは、相手方に対し、その支払又は引渡しを自己に対してすることを求めることができる。この場合において、相手方が債権者に対してその支払又は引渡しをしたときは、被代位権利は、これによって消滅する。〈第四二三条の三は新設〉

⊗+四二三

[1] ★債権者が債務者に対して有する金銭債権に基づき、債務者の第三債務者に対する金銭債権を代位行使した場合には、直接、自己へ金銭の支払を請求できる。(大判昭10・3・12民集一四・四八二)

(相手方の抗弁)
第四二三条の四 債権者が被代位権利を行使したときは、相手方は、債務者に対して主張することができる抗弁をもって、債権者に対抗することができる。〈第四二三条の四は新設〉

⊗+四二三、四二三の七

[1] ★第三債務者は、債務者に対して主張し得る事由を債権者に主張することができる。(最判昭33・6・14民集一二・九・一四四九……合意解除の抗弁の例)

[2] ★第三債務者が主張した事由に対して、代位債権者が反論することのできる事由は、債務者自身が主張し得るものに限られ、代位債権者独自の事情を主張することができない。(最判昭54・3・16民集三三・二・二七〇、民百選Ⅱ[二版]一四……第三債務者が主張した相殺の抗弁が、代位債権者との関係で権利濫用となると主張することが認められなかった例)

(債務者の取立てその他の処分の権限等)
第四二三条の五 債権者が被代位権利を行使した場合であっても、債務者は、被代位権利について、自ら取立てその他の処分をすることを妨げられない。この場合においては、相手方も、被代位権利について、債務者に対して履行をすることを妨げられない。〈第四二三条の五は新設〉

⊗+四二三、四二三の七

平成二九法四四による改正前の民法四二三条の下での債務者の権限

[1] ★債務者は、債権者の権利行使につき通知を受けたとき、又は、これを知ったときには、もはや権利の処分ができず、したがって債務者独自の訴えの提起もできない。(大判昭14・5・16民集一八・五五七、民訴百選Ⅰ[補正]四七……債権者が代位権に基づく訴えを提起した場合)

(被代位権利の行使に係る訴えを提起した場合の訴訟告知)

第四二三条の六　債権者は、被代位権利の行使に係る訴えを提起したときは、遅滞なく、債務者に対し、訴訟告知をしなければならない。〈**第四二三条の六は新設**〉

⊛⁺四二三、四二三の七【訴訟告知↓民訴五三】【類似の規定↓会社八四九④】

一　訴訟上の関係

[1]　★債権者が自己の名において債務者の権利を行使する関係は、債権者が債務者のために訴訟当事者となっている関係とみなすことができるから、代位訴訟の判決効は民訴法一一五条一項二号［旧二〇一条二項］により債務者にも及ぶ。（大判昭15・3・15民集一九・五八六、民訴百選[初版]七四）↓四二三条[7]、民訴一一五条[9]

[2]　★債務者は民訴法四七条一項［旧七一条］により代位訴訟に参加することはできるが、この代位訴訟における審理の結果、代位権行使が適法であることが判明すれば、債務者は当事者適格を欠き、代位権行使が適法でないことが判明すれば債務者の訴えは適法となる。（最判昭48・4・24民集二七・三・五九六、民訴百選[五版]一〇八）↓民訴四七条[4]・一四二条[5]

二　代位行使した債権の消滅時効の完成猶予［平成二九法四四による改正前の時効の中断］

[3]　★代位訴訟の既判力は債務者に及ぶから、債務者の第三債務者に対する債権を代位行使することによって、当該債権の消滅時効は中断される。（大判昭15・3・15前出[1]）

（登記又は登録の請求権を保全するための債権者代位権）

第四二三条の七　登記又は登録をしなければ権利の得喪及び変更を第三者に対抗することができない財産を譲り受けた者は、その譲渡人が第三者に対して有する登記手続又は登録手続をすべきことを請求する権利を行使しないときは、その権利を行使することができる。この場合においては、前三条の規定を準用する。〈**第四二三条の七は新設**〉

⊛⁺四二三【登記が必要な財産↓一七七、一七七⊛】【登録が必要な財産↓一七八⊛】

一　登記請求権の保全

[1]　★不動産の買主が、売主の現登記名義人に対する移転登記請求権を代位行使すること（大判明43・7・6民録一六・五三七、民百選II[七版]一四）↓四二三条[10]

二　いわゆる転用事例

[2]　★土地の不法占拠者に対し、土地の賃借人が賃貸人である所有者に代位して妨害排除請求権を行使すること（大判昭4・12・16民集八・九四四、民百選II[五補]一二）

[3]　★建物の賃借人が、賃貸人たる建物所有者に代位して、不法占拠者に対し建物の明渡しを請求すること（最判昭29・9・24民集八・九・一六五八）↓四二三条[20]

[4]　★被相続人が生前に土地を売却したが相続人の一人が買主に対する移転登記に協力しないときに、他の相続人が買主に代位して右の相続人に対し移転登記請求権を行使すること（最判昭50・3・6民集二九・三・二〇三、民百選II[八版]一二）↓四二三条[12]

[5]　★第三者が抵当不動産を不法占有しているときに、抵当権者が、抵当不動産の所有者が有する妨害排除請求権を代位行使すること（最大判平11・11・24民集五三・八・一八九九、民百選I[五補]八四……代位行使の前提を欠くとしてこれを否定した最判平3・3・22民集四五・三・二六八、民百選I[四版]九四を変更）↓四二三条[21]・三六九条[5]

第三款　詐害行為取消権〈**第三款名は新設**〉

第一目　詐害行為取消権の要件〈**第一目名は新設**〉

（詐害行為取消請求）

第四二四条①　債権者は、債務者が債権者を害することを知ってした行為の取消しを裁判所に請求することができる。ただし、その行為によって利益を受けた者（以下この款において「受益者」という。）がその行為の時において債権者を害することを知らなかったときは、この限りでない。

②　前項の規定は、財産権を目的としない行為については、適用しない。

③　債権者は、その債権が第一項に規定する行為の前の原因に基づいて生じたものである場合に限り、同項の規定による請求（以下「詐害行為取消請求」という。）をすることができる。

④　債権者は、その債権が強制執行により実現することのできないものであるときは、詐害行為取消請求をすることができない。

（詐害行為取消権）

第四二四条①　債権者は、債務者が債権者を害することを知ってした法律行為の取消しを裁判所に請求することができる。ただし、その行為によって利益を受けた者又は転得者がその行為又は転得の時において債権者を害すべき事実を知らなかったときは、この限りでない。

②　前項の規定は、財産権を目的としない法律行為については、適用しない。

（第三項・第四項は新設）

⊛⁺四二四の二―四二六【倒産の場合の訴訟の中断・受継↓破四五、民再四〇の二、一四〇、会更五二の二】【類似の制度↓破一六〇―一七六、民再一二七―一四一、信託一一、商一八の二、会社二三の二、七五九、七六一、七六四、七六六、八三二㈢、八六三、八六五

一　債権者取消権の性質

[1]　★詐害行為取消権は、債務者の法律行為を取り消して、債務者の財産状態を詐害行為以前の状態に復せしめ、その結果として債権者がその債権の正当な弁済を受けることができるようにするための権利である。（大連判明44・3・24民録一七・一一七、民百選II[八版]一四）

二　要件

1　被保全債権に関する要件

イ　被保全債権の存在

[2]　★詐害行為取消権は債権者が債務者の共同担保たる財産として予期したところを阻害されることを防止する目的のものであるので、取消債権者の債権は詐害行為以前に発生したものであることを要する。（大判大6・1・22民録二三・八）

[3]　★債権が詐害行為前に発生したものであれば、詐害行為の当時履行期が到来しなくてもよい。（大判大9・12・27民録二六・二〇九六）

[4]　★将来の婚姻費用の支払に関する債権であっても、一旦

調停によってその支払が決定されたものである以上、将来弁済期の到来する部分についてその債権額を算定できないものと即断することはできず、少なくとも右調停の前提たる事実関係の存続がかなりの蓋然性をもって予測される限度においては、右債権を被保全債権として詐害行為の成否を判断できる。（最判昭46・9・21民集二五・六・八二三、家族百選[三版]一八）

ロ　特定物債権

[5] ★特定物引渡請求権（特定物債権）も、窮極において損害賠償債権に変じ得るものであり、債務者の一般財産により担保されなければならない点は金銭債権と同様だから、特定物債権者は債務者の詐害行為を取り消すことができる。（最大判昭36・7・19民集一五・七・一八七五、民百選II[八版]一五……登記を備えない第一の買主が、第二の譲渡を、譲受人からの転得者を被告として取り消した例）↓四二四条の六[6]・四二四条の八[7]

2　行為

イ　離婚給付

[6] ★離婚に伴う財産分与が、一般債権者の共同担保を減少させる結果になるとしても、それが民法七六八条三項の規定の趣旨に反して不相当に過大であり、財産分与に仮託してなされた財産処分であると認められるような特段の事情のない限り、詐害行為とはならない。（最判昭58・12・19民集三七・一〇・一五三二、家族百選[六版]一七）

[7] ★離婚に伴う財産分与が[6]の基準に照らし詐害行為となるときは、不相当に過大な部分について、その限度において詐害行為として取り消されるべきである。（最判平12・3・9民集五四・三・一〇一三、民百選III[二版]一九）↓[6]

[8] ★離婚に伴う慰謝料支払の合意は、詐害行為とならないが、配偶者の一方が負担すべき損害賠償債務の額を超えた金額の慰謝料を支払う旨の合意は、右債務額を超えた部分について、詐害行為取消権行使の対象となる。（最判平12・3・9前出[7]）

ロ　相続

[9] ★相続の放棄は、既得財産の増加を消極的に妨げる行為にすぎず、かつ、このような身分行為については他人の意思による強制を許すべきでないから、詐害行為取消権行使の対象とはならない。（最判昭49・9・20民集二八・六・一二〇二、家族百選[五版]一〇三）↓九三九条[3]

[10] ★共同相続人の間で成立した遺産分割協議は、詐害行為取消権行使の対象となる（遺産分割協議は、相続開始により共同相続人の共有となった相続財産について、その全部又は一部を、各相続人の単独所有とし、又は新たな共有関係に移行させることによって、相続財産の帰属を確定させるものであり、その性質上、財産権を目的とする法律行為であるといえるから）。（最判平11・6・11民集五三・五・八九八、民百選III[二版]六九）↓[9]・九〇七条[13]

ハ　対抗要件具備行為

[11] ★債務者の行為が詐害行為として債権者による取消しの対象となるためには、その行為が取消債権者の債権の発生後にされたものであることを必要とするから、不動産の譲渡行為が取消債権者の債権成立前にされた場合には、その登記が右債権成立後に移転されたときであっても、右債権者は取消権を行使することはできない。（最判昭55・1・24民集三四・一・一一〇、民百選II[三版]一七）

[12] ★債務者が自己の第三者に対する債権を譲渡した場合において、債務者がこれについてした確定日付のある債権譲渡の通知は、詐害行為取消権の対象とならない。（最判平10・6・12民集五二・四・一一二一、民百選II[八版]一七……停止条件付債権譲渡担保の事案）

3　債権者を害する行為（詐害行為）の諸類型

イ　相当価格の売却↓四二四条の二[判]

ロ　債務の消滅行為・担保の供与↓四二四条の三[判]

ハ　会社の新設分割

[13] ★会社の新設分割は、財産権を目的とする法律行為としての性質を有するとともに、会社の組織に関する行為でもあるが、会社法等の規定の内容を検討すると、詐害行為取消権行使の対象になるということができ、新設分割株式会社の債権者は、その債権の保全に必要な限度で新設分割設立株式会社への権利の承継の効力を否定することができる。（最判平24・10・12民集六六・一〇・三三一一、会社法百選[四版]九一……平成二六法九〇による会社法改正前の事案）↓会社五編三章[3]

4　詐害の意思―主観的要件

[14] ★詐害行為の成立には債務者がその債権者を害することを知って行為を行ったことを要するが、必ずしも債権者を害することを意図し、若しくは欲して行ったことを要しない。（最判昭35・4・26民集一四・六・一〇四六）

三　行使方法―裁判上の行使

[15] 債権者取消権は訴えによって行使されなければならず、抗弁によって行使することはできない。（最判昭39・6・12民集一八・五・七六四……約束手形の振出人が手形の所持人の手形金請求に対して、裏書人から所持人への裏書譲渡が詐害行為であると抗弁で主張した事例）

[16] 債権者取消権は反訴で行使することができる。（最判昭40・3・26民集一九・二・五〇八、民訴百選II[補正]一五八……債権者が債務者の財産を差し押さえたところ、第三者が右財産を差押債務者から贈与されたことを理由に第三者異議の訴えを提起したことに対して、差押債権者が反訴で右贈与の取消しを求めて、反訴が認容され本訴が棄却された例）

（**相当の対価を得てした財産の処分行為の特則**）

第四二四条の二　債務者が、その有する財産を処分する行為をした場合において、受益者から相当の対価を取得しているときは、債権者は、次に掲げる要件のいずれにも該当する場合に限り、その行為について、詐害行為取消請求をすることができる。

一　その行為が、不動産の金銭への換価その他の当該処分による財産の種類の変更により、債務者において隠匿、無償の供与その他の債権者を害することとなる処分（以下この条において「隠匿等の処分」という。）をするおそれを現に生じさせるものであること。

二　債務者が、その行為の当時、対価として取得した金銭その他の財産について、隠匿等の処分をする意思を有していたこと。

三　受益者が、その行為の当時、債務者が隠匿等の処分をする意思を有していたことを知っていたこと。

〈**第四二四条の二は新設**〉

㊟⁺四二四【否認の場合↓破一六一、民再一二七の二

一　詐害行為となる場合

[1] ★弁済資金を得るための不動産の売却であっても、その代価が不当に安価であるとき（大判大9・12・27民録二六・二〇九六）

二 詐害性が否定された例

[2] ★弁済のための資金を得るために不動産を債権者以外の者に相当価格で売却する行為であって、特に他の債権者を害する旨の通謀的詐害の意思を欠く場合（大判大13・4・25民集三・一五七、続百選[二版]民九）

[3] ★抵当債権者に弁済するために、債務者が抵当不動産を債権者以外の者に相当価格で売却した場合（最判昭41・5・27民集二〇・五・一〇〇四）

（特定の債権者に対する担保の供与等の特則）

第四二四条の三① 債務者がした既存の債務についての担保の供与又は債務の消滅に関する行為について、債権者は、次に掲げる要件のいずれにも該当する場合に限り、詐害行為取消請求をすることができる。

一 その行為が、債務者が支払不能（債務者が、支払能力を欠くために、その債務のうち弁済期にあるものにつき、一般的かつ継続的に弁済することができない状態をいう。次項第一号において同じ。）の時に行われたものであること。

二 その行為が、債務者と受益者とが通謀して他の債権者を害する意図をもって行われたものであること。

② 前項に規定する行為が、債務者の義務に属せず、又はその時期が債務者の義務に属しないものである場合において、次に掲げる要件のいずれにも該当するときは、債権者は、同項の規定にかかわらず、その行為について、詐害行為取消請求をすることができる。

一 その行為が、債務者が支払不能になる前三十日以内に行われたものであること。

二 その行為が、債務者と受益者とが通謀して他の債権者を害する意図をもって行われたものであること。

〈第四二四条の三は新設〉

⊛+四二四【否認の場合→破一六二、民再一二七の三

一 債務の消滅行為

1 支払不能時

[1] ★債務者との間でその有する債権につき取立委任契約を締結していた債権者が、後に右取立委任の目的たる債権を代物弁済として譲り受けた場合であって、かつ、他に価値ある資産が債務者に存しない場合（最判昭29・4・2民集八・四・七四五、銀取百選[初版]六〇……詐害行為となる）

2 債務者と受益者の通謀

[2] ★債権者が、弁済期の到来した債務の弁済を求めることは、債権者の当然の権利行使であって、債務者も債務の本旨に従い履行をなすべき義務を負うものであるから、債務超過の状況にあって一債権者に弁済することが他の債権者の共同担保を減少する場合においても、右弁済は、原則として詐害行為とならず、債務者が一債権者と通謀し、他の債権者を害する意思をもって弁済したような場合にのみ詐害行為となるにすぎない。（最判昭33・9・26民集一二・一三・三〇二二……手形金の支払を強要された債務者がやむを得ず行った弁済であるため、通謀が認められないとされた）→四二五条[4]

[3] ★債権者との間で請負代金債権を担保する目的で代理受領契約を締結していた債務者が、その第三債務者に対する債権を、他の債権者を害する意思を持って、代物弁済として譲渡した場合（最判昭50・7・17民集二九・六・一一一九……詐害行為となる）

[4] ★債務者が、特にある債権者と通謀して、その債権者だけに優先的に債権の弁済を得させる意図の下に、債務者の有する重要な在庫商品を右債権者に適正な価格で売却し、その売買代金債権と受益者たる右債権者の有する債権とを相殺した場合（最判昭39・11・17民集一八・九・一八五一、銀取百選[二版]九六）

[5] ★債務者が、他の債権者を害することを知りながら特定の債権者と通謀して、この債権者だけに優先的に債権の満足を得させる意図で債権を代物弁済として譲渡した場合（最判昭48・11・30民集二七・一〇・一四九一、民百選II[四版]一八……債務者が受益者に対し代物弁済として譲渡した債権の額が、債務者が受益者に対して負っていた債務の額を超えない場合でも詐害行為が成立するとされた例）

[6] ★生計費や子女の教育費を得るために新たに他から借入れを行い、唯一の動産を譲渡担保に供した場合（最判昭42・11・9民集二一・九・二三二三）

二 担保の供与

[7] ★小売営業を継続して更生の道を見出すために、既存の債務及び新たに将来生ずべき債務の双方を担保する目的で、債務者が取引先である受益者に店舗・営業用の機械等を譲渡担保に供する行為は詐害行為に当たらない。（最判昭44・12・19民集二三・一二・二五一八、民百選II[初版]二一）

（過大な代物弁済等の特則）

第四二四条の四 債務者がした債務の消滅に関する行為であって、受益者の受けた給付の価額がその行為によって消滅した債務の額より過大であるものについて、第四百二十四条に規定する要件に該当するときは、債権者は、前条第一項の規定にかかわらず、その消滅した債務の額に相当する部分以外の部分については、詐害行為取消請求をすることができる。〈第四二四条の四は新設〉

⊛+【否認の場合→破一六〇②、民再一二七②

（転得者に対する詐害行為取消請求）

第四二四条の五 債権者は、受益者に対して詐害行為取消請求をすることができる場合において、受益者に移転した財産を転得した者があるときは、次の各号に掲げる区分に応じ、それぞれ当該各号に定める場合に限り、その転得者に対しても、詐害行為取消請求をすることができる。

一 その転得者が受益者から転得した者である場合 その転得者が、転得の当時、債務者がした行為が債権者を害することを知っていたとき。

二 その転得者が他の転得者から転得した者である場合 その転得者及びその前に転得した全ての転得者が、それぞれの転得の当時、債務者がした行為が債権者を害することを知っていたとき。

〈第四二四条の五は新設〉

⊛+四二四―四二四の四【否認の場合→破一七〇、民再一三四

第二目　詐害行為取消権の行使の方法等

〈第二目名は新設〉

（財産の返還又は価額の償還の請求）

第四二四条の六① 債権者は、受益者に対する詐害行為取消請求において、債務者がした行為の取消しとともに、その行為によって受益者に移転した財産の返還を請求することができる。受益者がその財産の返還をすることが困難であるときは、債権者は、その価額の償還を請求することができる。

② 債権者は、転得者に対する詐害行為取消請求において、債務者がした行為の取消しとともに、転得者が転得した財産の返還を請求することができる。転得者がその財産の返還をすることが困難であるときは、債権者は、その価額の償還を請求することができる。

〈第四二四条の六は新設〉

参+四二四、四二四の五【否認の場合→破一六七、民再一三二

一 財産の返還請求

1 ★不動産の譲渡が取り消された場合には、債務者から受益者に対してされた所有権移転登記の抹消を請求できる。（大判大6・3・31民録二三・五九六）

2 ★債権譲渡が詐害行為として取り消された場合、債権の譲渡人が当該債権の債務者（第三債務者）から債権の弁済を受けていないときは、原状回復の方法として、取消債権者が債権譲渡の取消しを第三債務者に対抗できるように、右譲受人に対し、当該債権譲渡が取り消された旨を第三債務者に通知すべきことは請求できるが、第三債務者に対し、取消債権者への金銭の支払を請求することはできない。（東京地判平元・5・24判時一三五一・七四）

3 ★目的物が不動産の場合には、取消債権者は、特定物債権者であっても、受益者に対し、直接自己に所有権移転登記を求めることはできない。（最判昭53・10・5民集三二・七・一三三二、民百選Ⅱ[八版]一六）

4 ★債務者の財産が悪意の転得者の手元にある場合でも、悪意の受益者に対して債権者取消権を行使して詐害行為を取り消し、価格賠償を請求することができる。（大連判明44・3・24民録一七・一一七、民百選Ⅱ[八版]一四）

二 価額の償還の請求

1 価額償還請求のみが認められる場合

5 ★受益者を被告とする取消訴訟の係属中に、受益者が受益物たる土地を転得者に売却した場合には、受益者に対し土地の返還に代わる賠償を求めるよりほかない。（大判昭7・9・15民集一一・一八四一）

6 ★詐害行為の目的物が不可分の場合であって、その目的物たる不動産に抵当権が設定されているときには、右不動産の価額から抵当債権額を差し引いた額についてのみ一部取消しができ、その分の価格賠償しか請求できない。（最大判昭36・7・19民集一五・七・一八七五、民百選Ⅱ[八版]一五……取消債権者が、債務者に対する家屋引渡請求権に基づいて、債務者が受益者に対して代物弁済としてした右家屋の譲渡を、転得者を被告として取り消した事例）→四二四条の八7

2 賠償額の算定

7 ★不動産の譲渡が詐害行為となる場合において、受益者が現物返還に代わる価格賠償をすべきときの価格は、特別の事情のない限り、当該詐害行為取消訴訟の事実審口頭弁論終結時を基準として算定すべきである。（最判昭50・12・1民集二九・一一・一八四七、民百選Ⅱ[五補]一九）

8 ★① 共同抵当の目的とされた不動産の全部又は一部の売買契約が詐害行為に該当する場合に、詐害行為の後に弁済により右抵当権が消滅したときは、詐害行為の目的不動産の価額から右不動産が負担すべき抵当権の被担保債権の額を控除した残額の限度で右売買契約を取り消し、その価格による賠償を命ずるべきである。
② この場合の価格賠償の額は、民法三九二条の趣旨に照らし、詐害行為の目的不動産の価額から、共同抵当の目的とされた各不動産の価額に応じて抵当権の被担保債権額を案分して、詐害行為の目的不動産について得られた額を控除した額である。（最判平4・2・27民集四六・二・一一二、民百選Ⅱ[五補]一八）

三 取消しだけの訴求

9 ★取消債権者は詐害行為の取消しのみを訴求してもよい。（大連判明44・3・24前出4）

（被告及び訴訟告知）

第四二四条の七① 詐害行為取消請求に係る訴えについては、次の各号に掲げる区分に応じ、それぞれ当該各号に定める者を被告とする。

一 受益者に対する詐害行為取消請求に係る訴え　受益者

二 転得者に対する詐害行為取消請求に係る訴え　その詐害行為取消請求の相手方である転得者

② 債権者は、詐害行為取消請求に係る訴えを提起したときは、遅滞なく、債務者に対し、訴訟告知をしなければならない。

〈第四二四条の七は新設〉

参+四二四、四二四の五【否認の場合→破一七三、一七四、民再一三五、一三六、会更九五、九六　❷【訴訟告知→民訴五三

1 ★受益者又は転得者が被告適格を有し、債務者は有しない。（大連判明44・3・24民録一七・一一七、民百選Ⅱ[八版]一四）→四二五条7、民訴三〇条5

（詐害行為の取消しの範囲）

第四二四条の八① 債権者は、詐害行為取消請求をする場合において、債務者がした行為の目的が可分であるときは、自己の債権の額の限度においてのみ、その行為の取消しを請求することができる。

② 債権者が第四百二十四条の六第一項後段又は第二項後段の規定により価額の償還を請求する場合についても、前項と同様とする。

〈第四二四条の八は新設〉

参+四二四、四二四の五、四二四の六

一 債権額との関係

1 ★債権者が多数存在する場合であっても、取消債権者の債権の全額について取り消し得るのであって、弁済を受けるべき割合額で取り消し得るのではない。（大判昭8・2・3民集一二・一七五）→四二五条2

2 ★債権者で詐害行為後更に債権を譲り受けた者は、譲受け後の債権額について取り消すことができる。（大判大12・7・10民集二・五三七）

[3] ★詐害行為の取消しは総債権者の利益のためにその効力を生ずるものではあるが、複数のその他の債権者が存在するというだけでは、いまだ取消債権者の債権額を超えて取り消す必要性があるとはいえない。（大判大9・12・24民録二六・二〇二四……債務者の財産が受益者、転得者へと譲渡され、取消債権者が二三〇円余の債権に基づいて受益者に対し右財産の価格である五〇〇〇円の価格賠償を訴求した事例）

[4] ★詐害行為後に発生した遅延損害金も詐害行為取消権によって保全される債権の額に含まれる。（最判平8・2・8判時一五六三・一一二）

二　目的物が不可分の場合

[5] ★債務者が贈与した目的物が一棟の建物で不可分のものであるときは、その価額が被保全債権額を超過する場合であっても、債権者はその贈与の全部について取り消すことができる。（最判昭30・10・11民集九・一一・一六二六）

三　抵当権の付着した不動産の譲渡

1　全部取消しが認められた例

[6] ★抵当権の付着する土地が譲渡担保として譲渡された場合に、右抵当権が存続しており、かつ、土地の価額から抵当権の被担保債権額を控除した残額が被保全債権額を下回っているときには、債権者は譲渡担保契約の全部を取り消すことができる。（最判昭54・1・25民集三三・一・一二、民百選Ⅱ[三版]二〇）

2　一部取消しだけが許される場合

[7] ★詐害行為の目的物が不可分の場合であって、その目的物たる不動産に抵当権が設定されているときには、右不動産の価額から抵当債権額を差し引いた額についてのみ一部取消しができ、その分の価格賠償しか請求できない。（最大判昭36・7・19民集一五・七・一八七五、民百選Ⅱ[八版]一五……取消債権者が、債務者に対する家屋引渡請求権に基づいて、債務者が受益者に対して代物弁済としてした右家屋の譲渡を、転得者を被告として取り消した事例）→四二四条の六[6]

[8] ★①　共同抵当の目的とされた不動産の全部又は一部の売買契約が詐害行為に該当する場合に、詐害行為の後に弁済により右抵当権が消滅したときは、詐害行為の目的不動産の価額から右不動産が負担すべき抵当権の被担保債権の額を控除した残額の限度で右売買契約を取り消し、その価格による賠償を命ずるべきである。

②　この場合の価格賠償の額は、民法三九二条の趣旨に照らし、共同抵当の目的とされた各不動産の価額に応じて抵当権の被担保債権額を案分して、詐害行為の目的不動産について得られた額を控除した額である。（最判平4・2・27民集四六・二・一一二、民百選Ⅱ[五補]一八）

第四二四条の九（債権者への支払又は引渡し）①　債権者は、第四百二十四条の六第一項前段又は第二項前段の規定により受益者又は転得者に対して財産の返還を請求する場合において、その返還の請求が金銭の支払又は動産の引渡しを求めるものであるときは、受益者に対してその支払又は引渡しを、転得者に対してその引渡しを、自己に対してすることを求めることができる。この場合において、受益者又は転得者は、債権者に対してその支払又は引渡しをしたときは、債務者に対してその支払又は引渡しをすることを要しない。

②　債権者が第四百二十四条の六第一項後段又は第二項後段の規定により受益者又は転得者に対して価額の償還を請求する場合についても、前項と同様とする。

〈第四二四条の九は新設〉

⊛+四二四、四二四の五【否認の場合→破一六七、民再一三二】

一　債権者への支払・引渡し

[1] ★目的物が金銭の場合には、取消債権者は直接自己に右金銭を引き渡すことを請求できる。（大判大10・6・18民録二七・一一六八）

[2] ★目的物が動産の場合につき、[1]と同旨（最判昭39・1・23民集一八・一・七六）

二　受領金支払債務の発生時

[3] 受益者の取消債権者に対する受領金支払債務は、詐害行為取消制度の趣旨、また詐害行為取消判決の確定まで受益者に受領済みの金員に係る運用利益の全部を得させるのは相当でないことを考慮すると、詐害行為取消判決の確定により金員の受領時に遡って生ずる。（最判平30・12・14民集七二・六・一一〇一、重判令元民六）→四一二条[6]

第三目　詐害行為取消権の行使の効果

〈第三目名は新設〉

第四二五条（認容判決の効力が及ぶ者の範囲）　詐害行為取消請求を認容する確定判決は、債務者及びその全ての債権者に対してもその効力を有する。

第四二五条（詐害行為の取消しの効果）　前条の規定による取消しは、すべての債権者の利益のためにその効力を生ずる。

⊛+四二四、四二四の五―四二四の七【否認の場合→破一六七、民再一三二】

一　平成二九法四四による改正前の民法四二四条・本条の下での取消しの効力が及ぶ範囲

[1] ★①　裁判所が詐害行為を取り消したときは、その行為は原告たる取消債権者と訴訟の相手方たる受益者又は転得者との間では無効になるが、訴訟に関与しなかった債務者・受益者・転得者に対しては依然として有効である。

②　取消しの効力は相対的であって、債権者取消訴訟の原告債権者と被告たる受益者又は転得者の間にのみ及ぶから、債務者は被告適格を有しない。（大連判明44・3・24民録一七・一一七、民百選Ⅱ[八版]一四）→民訴三〇条[5]

二　総債権者に対する取消しの効力に対する本条の影響

[2] ★詐害行為の取消しは総債権者の利益のためにその効力を生ずるのだから、返還請求の範囲は詐害行為の取消しにより受益者又は転得者が返還することを要する財産又は利益の全部に及ぶのであって、取消債権者が他の債権者と平等の割合をもって請求し得る範囲に限定されるのではない。（大判昭8・2・3民集一二・一七五……取消債権者の有する債権額全額の範囲での取消しを認め、他の債権者との按分〔あんぶん〕額のみについての賠償を命じた原審の判決を破棄、差し戻した例）→四二四条の八[1]

[3] ★価格賠償金を分配するための手続等を明確に定める規定を現行法は有していないから、価格賠償を受けた取消債

権者には、他の債権者に右金銭を分配すべき義務は存しない。（最判昭37・10・9民集一六・一〇・二〇七〇）

[4]　★弁済が取り消された場合において、債権者の一人である受益者は、取消債権者に対して、自己の債権額に対応する按分額の支払を拒むことはできない。（最判昭46・11・19民集二五・八・一三二一、民百選Ⅱ[七版]一九）↓四二四条の三[2]

（債務者の受けた反対給付に関する受益者の権利）
第四二五条の二　債務者がした財産の処分に関する行為（債務の消滅に関する行為を除く。）が取り消されたときは、受益者は、債務者に対し、その財産を取得するためにした反対給付の返還を請求することができる。債務者がその反対給付の返還をすることが困難であるときは、受益者は、その価額の償還を請求することができる。〈第四二五条の二は新設〉

四二四、四二四の五―四二四の七、四二五【否認の場合↓破一六八、民再一三二の二

（受益者の債権の回復）
第四二五条の三　債務者がした債務の消滅に関する行為が取り消された場合（第四百二十四条の四の規定により取り消された場合を除く。）において、受益者が債務者から受けた給付を返還し、又はその価額を償還したときは、受益者の債務者に対する債権は、これによって原状に復する。〈第四二五条の三は新設〉

四二四、四二四の三、四二四の六、四二五【否認の場合↓破一六九、民再一三三

（詐害行為取消請求を受けた転得者の権利）
第四二五条の四　債務者がした行為が転得者に対する詐害行為取消請求によって取り消されたときは、その転得者は、次の各号に掲げる区分に応じ、それぞれ当該各号に定める権利を行使することができる。ただし、その転得者がその前者から財産を取得するためにした反対給付又はその前者から財産を取得することによって消滅した債権の価額を限度とする。

一　第四百二十五条の二に規定する行為が取り消された場合　その行為が受益者に対する詐害行為取消請求によって取り消されたとすれば同条の規定により生ずべき受益者の債務者に対する反対給付の返還請求権又はその価額の償還請求権

二　前条に規定する行為が取り消された場合（第四百二十四条の四の規定により取り消された場合を除く。）　その行為が受益者に対する詐害行為取消請求によって取り消されたとすれば前条の規定により回復すべき受益者の債務者に対する債権

〈第四二五条の四は新設〉

四二四、四二四の五、四二四の六、四二五　【一】【否認の場合↓破一七〇の二、民再一三四の二　【二】【否認の場合↓破一七〇の三、民再一三四の三

第四目　詐害行為取消権の期間の制限

〈第四目名は新設〉

第四二六条　詐害行為取消請求に係る訴えは、債務者が債権者を害することを知って行為をしたことを債権者が知った時から二年を経過したときは、提起することができない。行為の時から十年を経過したときも、同様とする。

（詐害行為取消権の期間の制限）
第四二六条　第四百二十四条の規定による取消権は、債権者が取消しの原因を知った時から二年間行使しないときは、時効によって消滅する。行為の時から二十年を経過したときも、同様とする。

四二四、四二四の五―四二四の七【否認の場合↓破一七六、民再一三九、会更九八

消滅時効の起算点

[1]　★「取消しの原因を知った時」とは、債務者が債権者を害することを知って法律行為をなした事実を債権者が知った時をいい、受益者に対すると転得者に対するとで起算点を異にすべきではない。（大判大4・12・10民録二一・二〇三九）

[2]　★詐害行為取消権は取消債権者の個々の債権の満足を直接に予定しているものではないから、被保全債権ごとに複数発生するものではなく、取消債権者の被保全債権に係る主張が交換的に変更されても、当初の訴え提起時に生じた消滅時効の中断の効力に影響はない。（最判平22・10・19金判一三五五・一六、重判平22民二）↓民訴一四三条[11]

第三節　多数当事者の債権及び債務

第一款　総則

（分割債権及び分割債務）
第四二七条　数人の債権者又は債務者がある場合において、別段の意思表示がないときは、各債権者又は各債務者は、それぞれ等しい割合で権利を有し、又は義務を負う。

【本条の特則↓四二八、四三〇、四三二、四三六、四六五、六七五②、六七六②

一　分割債権に当たるとされた場合

[1]　★共同相続財産に属する保険金請求権（大判大9・12・22民録二六・二〇六二）

[2]　★共同相続財産に属する不法行為に基づく損害賠償請求権（最判昭29・4・8民集八・四・八一九、民百選Ⅲ[二版]六五）↓八九九条[7]

[3]　数人が共有する不動産の収用に伴う補償金請求権（大判大3・3・10民録二〇・一四七）

[4]　★共有物を賃貸した場合の賃料債権（最判平17・9・8民集五九・七・一九三一、民百選Ⅲ[二版]六四……遺産分割前の共同相続財産から生じる賃料債権の例）↓八九八条[6]

二　分割債権であることの効果

[5]　★共同相続人の一人が、相続財産中の可分債権について、法律上の権限なく自己の債権となった分以外の債権を行使した場合には、当該権利行使は、当該債権を取得した他の共同相続人の財産に対する侵害となるから、その侵害を受けた共同相続人は、その侵害をした共同相続人に対して不法行為に基づく損害賠償又は不当利得の返還を求めることができる。（最判平16・4・20家月五六・一〇・四八、重判平16民一〇……貯金債権の事案。後出[6]により、預貯金債権の共同相続に関する判例が変更された）↓八九九条[2]

三　**分割債権に当たらないとされた場合**

⑥ ★共同相続された普通預金債権、通常貯金債権及び定期貯金債権は、いずれも、相続開始と同時に当然に相続分に応じて分割されることはなく、遺産分割の対象となる。（最大決平28・12・19民集七〇・八・二一二一、民百選Ⅲ〔三版〕六六）→八九九条⑩・九〇九条の二⑦

⑦ ★共同相続された定期預金債権及び定期積金債権につき前出⑥と同旨（最判平29・4・6判時二三三七・三四、重判平29民一二②）→八九九条⑪・九〇九条の二②

四　**分割債務に当たるとされた場合**

⑧ ★共同相続財産に属する手形債務（大決昭5・12・4民集九・一一一八）

⑨ ★共同相続財産に属する連帯債務（最判昭34・6・19民集一三・六・七五七、民百選Ⅲ〔三版〕六二）→四三六条②・八九九条③・九〇二条の二⑦

⑩ 数人が共同でした売買契約による代金債務（大判大4・9・21民録二一・一四八六）

第二款　不可分債権及び不可分債務

（不可分債権）

第四二八条　次款（連帯債権）の規定（第四百三十三条及び第四百三十五条の規定を除く。）は、債権の目的がその性質上不可分である場合において、数人の債権者があるときについて準用する。

> **（不可分債権）**
> **第四二八条**　債権の目的がその性質上又は当事者の意思表示によって不可分である場合において、数人の債権者があるときは、各債権者はすべての債権者のために履行を請求し、債務者はすべての債権者のために各債権者に対して履行をすることができる。

※＋四二七、四二九、四三一

一　**不可分債権に当たるとされた場合**

① ★貸主が数名いる共同相続財産に属する家屋の使用貸借契約の終了を原因とする明渡請求権（最判昭42・8・25民集二一・七・一七四〇）→八九八条⑦

二　**不可分債権の効果**

② ★債権者のうちの一部の者は、債務者に対し、不可分債権の全部の履行を求めて訴えを提起できる。（最判昭42・8・25前出①）

（不可分債権者の一人との間の更改又は免除）

第四二九条　不可分債権者の一人と債務者との間に更改又は免除があった場合においても、他の不可分債権者は、債務の全部の履行を請求することができる。この場合においては、その一人の不可分債権者がその権利を失わなければ分与されるべき利益を債務者に償還しなければならない。

> **（不可分債権者の一人について生じた事由等の効力）**
> **第四二九条①**　不可分債権者の一人と債務者との間に更改又は免除があった場合においても、他の不可分債権者は、債務の全部の履行を請求することができる。この場合においては、その一人の不可分債権者がその権利を失わなければ分与される利益を債務者に償還しなければならない。（改正後の本条）
> ②　前項に規定する場合のほか、不可分債権者の一人の行為又は一人について生じた事由は、他の不可分債権者に対してその効力を生じない。（改正により削られた）

※＋四二八【更改→五一三【免除→五一九

（不可分債務）

第四三〇条　第四款（連帯債務）の規定（第四百四十条の規定を除く。）は、債務の目的がその性質上不可分である場合において、数人の債務者があるときについて準用する。

> **（不可分債務）**
> **第四三〇条**　前条の規定及び次款（連帯債務）の規定（第四百三十四条から第四百四十条までの規定を除く。）は、数人が不可分債務を負担する場合について準用する。

※＋四二七、四三二

一　**不可分債務に当たるとされた場合**

① 共同相続財産に属する不動産の売却による所有権移転登記申請協力義務（最判昭36・12・15民集一五・一一・二八六五）→八九八条⑪

② 共同相続財産に属する農地の売買による知事に対する許可申請手続協力義務（最判昭38・10・1民集一七・九・一一〇六）→八九八条⑩

③ 共有物を売却した場合の目的物の引渡義務（大判大12・2・23民集二・一二七）

④ 賃借権を共同相続した場合の賃料支払債務（大判大11・11・24民集一・六七〇）→五四四条②

⑤ 数人で共同して賃借した目的物の返還義務（大判大7・3・19民録二四・四四五）

⑥ 共同相続財産に属する賃貸物を使用収益させるべき債務（最判昭45・5・22民集二四・五・四一五、家族百選〔三版〕九八）→八九八条⑭、民訴四〇条⑱

二　**不可分債務の効果**

⑦ 債権者は債務者のうちの一部の者に対して、不可分債務の全部の履行を求めて訴えを提起できる。（最判昭45・5・22前出⑥）

（可分債権又は可分債務への変更）

第四三一条　不可分債権が可分債権となったときは、各債権者は自己が権利を有する部分についてのみ履行を請求することができ、不可分債務が可分債務となったときは、各債務者はその負担部分についてのみ履行の責任を負う。

※＋四二八、四三〇、四二七

第三款　連帯債権〔第三款名は新設〕

（連帯債権者による履行の請求等）

第四三二条　債権の目的がその性質上可分である場合において、法令の規定又は当事者の意思表示によって数人が連帯して債権を有するときは、各債権者は、全ての債権者のために全部又は一部の履行を請求することができ、債務者は、全ての債権者のために各債権者に対して履行をすることができる。〔第四三二条は新設〕

※＋四二七、四三五の二【履行の請求→四一四

（連帯債権者の一人との間の更改又は免除）

第四三三条　連帯債権者の一人と債務者との間に更改又は免除があったときは、その連帯債権者がその権利を失わなければ分与されるべき利益に係る部分については、他の連帯債権者は、履行を請求することができない。〈第四三三条は新設〉

⊕四三一、四三五の二【更改→五一三】【免除→五一九】

（連帯債権者の一人との間の相殺）

第四三四条　債務者が連帯債権者の一人に対して債権を有する場合において、その債務者が相殺を援用したときは、その相殺は、他の連帯債権者に対しても、その効力を生ずる。〈第四三四条は新設〉

⊕四三一、四三五の二【相殺→五〇五】

（連帯債権者の一人との間の混同）

第四三五条　連帯債権者の一人と債務者との間に混同があったときは、債務者は、弁済をしたものとみなす。〈第四三五条は新設〉

⊕四三一、四三五の二【混同→五二〇】

（相対的効力の原則）

第四三五条の二　第四百三十二条から前条までに規定する場合を除き、連帯債権者の一人の行為又は一人について生じた事由は、他の連帯債権者に対してその効力を生じない。ただし、他の連帯債権者の一人及び債務者が別段の意思を表示したときは、当該他の連帯債権者に対する効力は、その意思に従う。〈第四三五条の二は新設〉

⊕四三二

第四款　連帯債務〈改正前の第三款〉

（連帯債務者に対する履行の請求）

第四三六条　債務の目的がその性質上可分である場合において、法令の規定又は当事者の意思表示によって数人が連帯して債務を負担するときは、債権者は、その連帯債務者の一人に対し、又は同時に若しくは順次に全ての連帯債務者に対し、全部又は一部の履行を請求することができる。〈改正前の第四三二条〉

> **（履行の請求）**
> **第四三二条**　数人が連帯債務を負担するときは、債権者は、その連帯債務者の一人に対し、又は同時に若しくは順次にすべての連帯債務者に対し、全部又は一部の履行を請求することができる。〈改正後の第四三六条〉

⊕四二七【連帯債務の例→四七〇・七一九、七六一、一般法人一一八、商五一一①・五七九③、ETC】

1 ★重畳的（併存的）債務引受けがあった場合、特段の事情のない限り、原債務者と債務引受人との間には連帯債務関係が生ずる。（最判昭41・12・20民集二〇・一〇・二一三九、民百選Ⅱ[八版]三一）→四七〇条3

2 ★連帯債務者の一人が死亡し、その者に相続人が数人ある場合は、相続人は被相続人の債務を分割して承継し、各自その承継した範囲において本来の債務者と共に連帯債務者となる。（最判昭34・6・19民集一三・六・七五七、民百選Ⅲ[二版]六二）→四二七条9・八九九条3・九〇二条の二1

3 債権者は、連帯債務者のうちある者に対する債権を、他の連帯債務者に対する債権と分離して、譲渡することができる。（大判昭13・12・22民集一七・二五二二）→四六六条1

4 連帯債務者の一人に対して債権者が有する債権が、転付命令によって第三者に移転したとしても、その他の連帯債務者に対して債権者が有する債権の帰属には変更がないから、その他の連帯債務者は、なお債権者に対して債務を履行しなければならない。（最判平3・5・10判時一三八七・五九）→四四一条2

5 ★共同企業体（民法上の組合の性質を有する）の構成員に会社が含まれている場合、共同企業体の各構成員は、共同企業体がその事業のために第三者に対し負担した債務について、商法五一一条一項により連帯債務を負う。（最判平10・4・14民集五二・三・八一三、商法百選三三）

（連帯債務者の一人についての法律行為の無効等）

第四三七条　連帯債務者の一人について法律行為の無効又は取消しの原因があっても、他の連帯債務者の債務は、その効力を妨げられない。〈改正前の第四三三条〉

⊕四三六

> **（連帯債務者の一人に対する履行の請求）**
> **第四三四条**　連帯債務者の一人に対する履行の請求は、他の連帯債務者に対しても、その効力を生ずる。〈改正により削られた〉［対応規定なし］

（連帯債務者の一人との間の更改）

第四三八条　連帯債務者の一人と債権者との間に更改があったときは、債権は、全ての連帯債務者の利益のために消滅する。〈改正前の第四三五条〉

> **（連帯債務者の一人との間の更改）**
> **第四三五条**　連帯債務者の一人と債権者との間に更改があったときは、債権は、すべての連帯債務者の利益のために消滅する。〈改正後の第四三八条〉

⊕四三六、四四一【更改→五一三】

（連帯債務者の一人による相殺等）

第四三九条①　連帯債務者の一人が債権者に対して債権を有する場合において、その連帯債務者が相殺を援用したときは、債権は、全ての連帯債務者の利益のために消滅する。

② 前項の債権を有する連帯債務者が相殺を援用しない間は、その連帯債務者の負担部分の限度において、他の連帯債務者は、債権者に対して債務の履行を拒むことができる。

〈改正前の第四三六条〉

> **（連帯債務者の一人による相殺等）**
> **第四三六条①**　連帯債務者の一人が債権者に対して債権を有する場合において、その連帯債務者が相殺を援用したときは、債権は、すべての連帯債務者の利益のために消滅する。
> ② 前項の債権を有する連帯債務者が相殺を援用しない間は、その連帯債務者の負担部分についてのみ他の連帯債務者が相殺を援用することができる。
> 〈改正後の第四三九条〉

⊕四三六、四四一【相殺→五〇五】

（連帯債務者の一人に対する免除）
第四三七条　連帯債務者の一人に対してした債務の免除は、その連帯債務者の負担部分についてのみ、他の連帯債務者の利益のためにも、その効力を生ずる。〈改正により削られた〉［対応規定なし］

（連帯債務者の一人との間の混同）
第四四〇条　連帯債務者の一人と債権者との間に混同があったときは、その連帯債務者は、弁済をしたものとみなす。〈改正前の**第四三八条**〉
⊛+四三六、四四一【混同→五二〇

[1]　★連帯債務者の一人と債権者との間に混同が生じた場合、その連帯債務者は他の連帯債務者に対して、その負担部分につき求償することができ、かつ、その求償権の範囲で、他の連帯債務者に対する債権者の債権及び担保権を行うことができる。（大判昭11・8・7民集一五・一六六一）

（連帯債務者の一人についての時効の完成）
第四三九条　連帯債務者の一人のために時効が完成したときは、その連帯債務者の負担部分については、他の連帯債務者も、その義務を免れる。〈改正により削られた〉［対応規定なし］

（相対的効力の原則）
第四四一条　第四百三十八条、第四百三十九条第一項及び前条に規定する場合を除き、連帯債務者の一人について生じた事由は、他の連帯債務者に対してその効力を生じない。ただし、債権者及び他の連帯債務者の一人が別段の意思を表示したときは、当該他の連帯債務者に対する効力は、その意思に従う。〈改正前の**第四四〇条**〉

（相対的効力の原則）
第四四〇条　第四百三十四条から前条までに規定する場合を除き、連帯債務者の一人について生じた事由は、他の連帯債務者に対してその効力を生じない。〈改正後の**第四四一条**〉

⊛+四三六

一　相対的効力の例

[1]　連帯債務者の一人が時効の利益を放棄しても、他の連帯債務者には何らの影響を与えない。（大判昭6・6・4民集一〇・四〇一）↓四四八条[3]

[2]　連帯債務者の一人に対して債権者が有する債権が、転付命令によって第三者に移転したとしても、その他の連帯債務者に対して債権者が有する債権の帰属には変更がないから、その他の連帯債務者は、なお債権者に対して債務を履行しなければならない。（最判平3・5・10判時一三八七・五九）↓四三六条[4]

二　不真正連帯債務としての処理（平成二九法四四による改正前の規定の下での取扱い）

1　不真正連帯債務に当たるとされた場合

[3]　★民法七一五条により使用者が負担する損害賠償債務と七〇九条により被用者が負担する損害賠償債務（大判昭12・6・30民集一六・一二八五）↓七一五条[30]

[4]　★民法［旧］四四条［一般社団法人及び一般財団法人に関する法律七八条・一九七条に相当］により株式会社が負担する損害賠償債務と七〇九条によりその会社の取締役が負担する損害賠償債務（大判昭7・5・27民集一一・一〇六九）↓◆【I　法人制度一般】［二編四章名の前］[12]

[5]　★民法七一九条に定める共同不法行為者が負担する損害賠償債務（最判昭57・3・4判時一〇四二・八七）↓七一九条[20]

2　不真正連帯債務の効果

[6]　★不真正連帯債務者の一人について消滅時効が完成しても、他の不真正連帯債務者が負う債務には影響しない。（大判昭12・6・30前出[3]）

[7]　★不真正連帯債務者の一人に対する請求によっては、他の不真正連帯債務者の負う債務の消滅時効は中断しない。（最判昭57・3・4前出[5]）↓七一九条[20]

[8]　★不真正連帯債務者の一人の債務について免除する旨の和解が行われても、他の不真正連帯債務者の負う債務には影響しない。（最判昭45・4・21判時五九五・五四、民百選II[四版]二六）

[9]　★〈[8]が原則であるとしつつ〉不真正連帯債務の債権者が、債務者の一人甲との間で、甲が債権者に請求額の一部につき和解金を支払い、債権者は残債務を免除する旨の訴訟上の和解を行った場合、他の債務者乙の残債務も免除する意思を有していると認められるときは、乙に対しても、残債務の免除の効力が及ぶ。（最判平10・9・10民集五二・六・一四九四、民百選II[八版]二一）↓七一九条[21]

3　不真正連帯債務者間の求償

[10]　★被用者が使用者の事業の執行につき第三者との共同の不法行為により他人に損害を加えた場合に、右第三者が自己と被用者との過失割合に従って定められるべき自己の負担部分を超えて被害者に損害を賠償したときは、右第三者は被用者の負担部分について使用者に対し求償することができる。（最判昭63・7・1民集四二・六・四五一、民百選II[八版]九七）↓七一五条[32]・七一九条[23]

[11]　★〈前出[9]の場合において〉債権者が他の債務者乙の残債務も免除する意思を有していると認められ、乙に対しても、残債務の免除の効力が及ぶ場合、債務者の一人甲の乙に対する求償金額は、訴訟上の和解における甲の支払額を基準として、双方の責任割合に従いその負担部分を定めて、算定するのが相当である。（最判平10・9・10前出[9]）↓七一九条[25]

（連帯債務者についての破産手続の開始）
第四四一条　連帯債務者の全員又はそのうちの数人が破産手続開始の決定を受けたときは、債権者は、その債権の全額について各破産財団の配当に加入することができる。〈改正により削られた〉［対応規定なし］

（連帯債務者間の求償権）
第四四二条①　連帯債務者の一人が弁済をし、その他自己の財産をもって共同の免責を得たときは、その連帯債務者は、その免責を得た額が自己の負担部分を超えるかどうかにかかわらず、他の連帯債務者に対し、その免責を得るために支出した財産の額（その財産の額が共同の免責を得た額を超える場合にあっては、その免責を得た額）のうち各自の負担部分に応じた額の求償権を有する。

②　前項の規定による求償は、弁済その他免責があった

日以後の法定利息及び避けることができなかった費用その他の損害の賠償を包含する。

② （略）

第四四二条① （連帯債務者間の求償権） 連帯債務者の一人が弁済をし、その他自己の財産をもって共同の免責を得たときは、その連帯債務者は、他の連帯債務者に対し、各自の負担部分について求償権を有する。

② （略）

参→四四二―四四五 ❶【弁済による代位→四九九 ❷【法定利息→四〇四

一 「共同の免責」の意義

[1] ★連帯債務者の一人が債務の一部を弁済した場合、その弁済額が自己の負担部分を超えないときであっても、他の連帯債務者に対して、弁済額にその負担部分を乗じた額について求償することができる。（大判大6・5・3民録二三・八六三）

二 「避けることができなかった費用」に当たるとされた場合

[2] 連帯債務者の一人が支払った強制執行の費用（大判大5・9・16民録二二・一七一六）

[3] 連帯債務者の一人が連帯債務を弁済するための資金の借入れのために支出した抵当権の設定費用（大判昭14・5・18民集一八・五六九）

[4] 連帯保証人が支払った訴訟費用及び執行費用（大判昭9・7・5民集一三・一二六四……連帯保証人が債務者及び他の連帯保証人に求償した事案）

第四四三条 （**通知を怠った連帯債務者の求償の制限**）① 他の連帯債務者があることを知りながら、連帯債務者の一人が共同の免責を得ることを他の連帯債務者に通知しないで弁済をし、その他自己の財産をもって共同の免責を得た場合において、他の連帯債務者は、債権者に対抗することができる事由を有していたときは、その負担部分について、その事由をもってその免責を得た連帯債務者に対抗することができる。この場合において、相殺をもってその免責を得た連帯債務者に対抗したときは、その連帯債務者は、債権者に対し、相殺によって消滅すべきであった債務の履行を請求することができる。

② 弁済をし、その他自己の財産をもって共同の免責を得た連帯債務者が、他の連帯債務者があることを知りながらその免責を得たことを他の連帯債務者に通知することを怠ったため、他の連帯債務者が善意で弁済その他自己の財産をもって免責を得るための行為をしたときは、当該他の連帯債務者は、その免責を得るための行為を有効であったものとみなすことができる。

第四四三条① （通知を怠った連帯債務者の求償の制限） 連帯債務者の一人が債権者から履行の請求を受けたことを他の連帯債務者に通知しないで弁済をし、その他自己の財産をもって共同の免責を得た場合において、その他の連帯債務者は、債権者に対抗することができる事由を有していたときは、その負担部分について、その事由をもってその免責を得た連帯債務者に対抗することができる。この場合において、相殺をもってその免責を得た連帯債務者に対抗したときは、過失のある連帯債務者は、債権者に対し、相殺によって消滅すべきであった債務の履行を請求することができる。

② 連帯債務者の一人が弁済をし、その他自己の財産をもって共同の免責を得たことを他の連帯債務者に通知することを怠ったため、他の連帯債務者が善意で弁済をし、その他有償の行為をもって免責を得たときは、その免責を得た連帯債務者は、自己の弁済その他免責のためにした行為を有効であったものとみなすことができる。

参→四四二 ❶【相殺→五〇五

[1] ★連帯債務者の一人が弁済その他の免責の行為をするに先立ち、他の連帯債務者に対し本条一項の通知をすることを怠った場合は、既に弁済等により共同の免責を得ていた他の連帯債務者に対し、本条二項の規定により自己の免責行為を有効であるとみなすことはできない。（最判昭57・12・17民集三六・一二・二三九九、民百選Ⅱ[八版]二〇）

第四四四条 （**償還をする資力のない者の負担部分の分担**）① 連帯債務者の中に償還をする資力のない者があるときは、その償還をすることができない部分は、求償者及び他の資力のある者の間で、各自の負担部分に応じて分割して負担する。

② 前項に規定する場合において、求償者及び他の資力のある者がいずれも負担部分を有しない者であるときは、その償還をすることができない部分は、求償者及び他の資力のある者の間で、等しい割合で分割して負担する。

③ 前二項の規定にかかわらず、償還を受けることができないことについて求償者に過失があるときは、他の連帯債務者に対して分担を請求することができない。

第四四四条 （償還をする資力のない者の負担部分の分担） 連帯債務者の中に償還をする資力のない者があるときは、その償還をすることができない部分は、求償者及び他の資力のある者の間で、各自の負担部分に応じて分割して負担する。ただし、求償者に過失があるときは、他の連帯債務者に対して分担を請求することができない。（改正後の①）

（第二項・第三項は新設）

参→四四二

第四四五条 （**連帯債務者の一人との間の免除等と求償権**） 連帯債務者の一人に対して債務の免除がされ、又は連帯債務者の一人のために時効が完成した場合においても、他の連帯債務者は、その一人の連帯債務者に対し、第四百四十二条第一項の求償権を行使することができる。

第四四五条 （連帯の免除と弁済をする資力のない者の負担部分の分担） 連帯債務者の一人が連帯の免除を得た場合において、他の連帯債務者の中に弁済をする資力のない者があるときは、債権者は、その資力のない者が弁済をすることができない部分のうち連帯の免除を得た者が負担すべき部分を負担する。

参→【免除→五一九【時効の完成→一六六―一六九

第五款 保証債務〈改正前の第四款〉

第一目 総則

（保証人の責任等）
第四四六条① 保証人は、主たる債務者がその債務を履行しないときに、その履行をする責任を負う。
② 保証契約は、書面でしなければ、その効力を生じない。
③ 保証契約がその内容を記録した電磁的記録によってされたときは、その保証契約は、書面によってされたものとみなして、前項の規定を適用する。

（保証人の責任等）
第四四六条①② （略）
③ 保証契約がその内容を記録した電磁的記録（電子的方式、磁気的方式その他人の知覚によっては認識することができない方式で作られる記録であって、電子計算機による情報処理の用に供されるものをいう。）によってされたときは、その保証契約は、書面によってされたものとみなして、前項の規定を適用する。

❖❶【保証債務の性質↓四四七②、四四八、四五七、四五二―四五五】【特殊の保証↓四五四、商五一一②、手三〇―三二、小二五―二七】【免責等と保証債務↓破二五三②、民再一七七②、会更二〇三②】❷❸【本項の特則↓四六五の二③、四六五の三④、四六五の六①】

1 根保証契約の被保証債権を譲り受けた者は、その譲渡が当該根保証契約に定める元本確定期日前にされた場合であっても、当該根保証契約の当事者間において被保証債権の譲受人の請求を妨げるような別段の合意がない限り、保証人に対し、保証債務の履行を求めることができる。（最判平24・12・14民集六六・一二・三五五九、民百選Ⅱ〈八版〉二四）

（保証債務の範囲）
第四四七条① 保証債務は、主たる債務に関する利息、違約金、損害賠償その他その債務に従たるすべてのものを包含する。
② 保証人は、その保証債務についてのみ、違約金又は損害賠償の額を約定することができる。

❖+四四八 ❶【損害賠償↓四一五 ❷四四六①】【賠償額の予定・違約金↓四二〇、四二一】

1 賃借人の保証人は、賃料不払によって賃貸借契約が解除された場合、賃借人が目的物の返還債務を履行しないことにより賃貸人に与えた損害の賠償債務についても保証責任がある。（大判昭13・1・31民集一七・二七）

2 特定物の売買における売主の保証人は、特に反対の意思表示のない限り、売主の債務不履行により契約が解除された場合に、原状回復義務である既払代金の返還義務についても保証責任がある。（最大判昭40・6・30民集一九・四・一一四三、民百選Ⅱ〈八版〉二二）↓五四五条4

3 不動産の売主の保証人が、その後その不動産の所有権を取得した場合は、買主に対してその所有権を移転する義務がある（債務不履行による損害賠償債務のみを保証するという原決定を廃棄）。（大決大13・1・30民集三・五三、不動産百選〈三版〉七九）

4 農業協同組合の目的の範囲に属しない金員の貸付けに対する保証契約は、右消費貸借契約が無効であるために成立する不当利得返還請求権を担保しない。（最判昭41・4・26民集二〇・四・八四九、民百選Ⅰ〈六版〉七）↓三四条18

5 請負契約が合意解除され、その際、請負人が注文主に対し、請負契約上前払すべきものと定められた金額の範囲内において、前払金返還債務を負担することを約した場合、右合意解除が請負人の債務不履行に基づくものであり、かつ、右約定の債務が実質的にみて解除権の行使による解除によって負担すべき請負人の前払金返還債務より重いものではないと認められるときは、請負人の保証人は、特段の事情のない限り、右約定の債務についても、その責めに任ずる。（最判昭47・3・23民集二六・二・二七四、民百選Ⅱ〈二版〉二九）

（保証人の負担と主たる債務の目的又は態様）
第四四八条① 保証人の負担が債務の目的又は態様において主たる債務より重いときは、これを主たる債務の限度に減縮する。
② 主たる債務の目的又は態様が保証契約の締結後に加重されたときであっても、保証人の負担は加重されない。

（保証人の負担が主たる債務より重い場合）
第四四八条 （略、改正後の①）
（第二項は新設）

❖+四四六①、四四七【免責等と保証債務↓四四六①❖】

一 主たる債務の弁済期の延長

1 主たる債務の弁済期が延長されると、その効力は保証債務に及ぶ。（大判明40・6・18民録一三・六六八）

二 主たる債務の消滅時効

2 ★保証人は、主たる債務の消滅時効を援用できる。（大判昭8・10・13民集一二・二五二〇）↓一四五条7

3 主たる債務者が時効の利益を放棄しても、その効力は連帯保証人に及ばない。（大判昭6・6・4民集一〇・四〇一）↓四四一条7

4 主たる債務者である破産者が免責決定を受けた場合、免責決定の効力の及ぶ債務の保証人は、その債権についての消滅時効を援用することができない。（最判平11・11・9民集五三・八・一四〇三、倒産百選〈六版〉A20）↓一六六条22

（取り消すことができる債務の保証）
第四四九条 行為能力の制限によって取り消すことができる債務を保証した者は、保証契約の時においてその取消しの原因を知っていたときは、主たる債務の不履行の場合又はその債務の取消しの場合においてこれと同一の目的を有する独立の債務を負担したものと推定する。

❖+【行為能力の制限による取消し↓五②、九、一三④、一七④】【本条の特則↓手三二②、小二七②】

主たる債務の取消権と保証人↓一二〇条7

（保証人の要件）
第四五〇条① 債務者が保証人を立てる義務を負う場合

には、その保証人は、次に掲げる要件を具備する者でなければならない。
一　行為能力者であること。
二　弁済をする資力を有すること。
②　保証人が前項第二号に掲げる要件を欠くに至ったときは、債権者は、同項各号に掲げる要件を具備する者をもってこれに代えることを請求することができる。
③　前二項の規定は、債権者が保証人を指名した場合には、適用しない。

参＋四五一【義務の不履行の効果→一三七㊂　❶[二]【制限行為能力者→四・七・八・一一・一二・一五・一六

（他の担保の供与）
第四五一条　債務者は、前条第一項各号に掲げる要件を具備する保証人を立てることができないときは、他の担保を供してこれに代えることができる。

（催告の抗弁）
第四五二条　債権者が保証人に債務の履行を請求したときは、保証人は、まず主たる債務者に催告をすべき旨を請求することができる。ただし、主たる債務者が破産手続開始の決定を受けたとき、又はその行方が知れないときは、この限りでない。

参＋四四六①・四五三—四五五【破産手続開始→破三〇

（検索の抗弁）
第四五三条　債権者が前条の規定に従い主たる債務者に催告をした後であっても、保証人が主たる債務者に弁済をする資力があり、かつ、執行が容易であることを証明したときは、債権者は、まず主たる債務者の財産について執行をしなければならない。

参＋四四六①・四五四・四五五

[7] 本条にいう抗弁権の行使は、債務者が容易に執行できる若干の財産を有していることを証明すればよく、その財産によって得られる弁済が債権全額に及ぶことを証明する必要はない。（大判昭8・6・13民集一二・一四七二）

（連帯保証の場合の特則）
第四五四条　保証人は、主たる債務者と連帯して債務を負担したときは、前二条の権利を有しない。

参＋四四六①【連帯保証の例→商五一一②【連帯保証人について生じた事由の効力→四五八

（催告の抗弁及び検索の抗弁の効果）
第四五五条　第四百五十二条又は第四百五十三条の規定により保証人の請求又は証明があったにもかかわらず、債権者が催告又は執行をすることを怠ったために主たる債務者から全部の弁済を得られなかったときは、保証人は、債権者が直ちに催告又は執行をすれば弁済を得ることができた限度において、その義務を免れる。

参＋四四六①

（数人の保証人がある場合）
第四五六条　数人の保証人がある場合には、それらの保証人が各別の行為により債務を負担したときであっても、第四百二十七条の規定を適用する。

参＋【本条の特則→四六五、商五一一②【共同保証人間の求償権→四六五②

（主たる債務者について生じた事由の効力）
第四五七条①　主たる債務者に対する履行の請求その他の事由による時効の完成猶予及び更新は、保証人に対しても、その効力を生ずる。
②　保証人は、主たる債務者が主張することができる抗弁をもって債権者に対抗することができる。
③　主たる債務者が債権者に対して相殺権、取消権又は解除権を有するときは、これらの権利の行使によって主たる債務者がその債務を免れるべき限度において、保証人は、債権者に対して債務の履行を拒むことができる。

（主たる債務者について生じた事由の効力）
第四五七条①　主たる債務者に対する履行の請求その他の事由による時効の中断は、保証人に対しても、その効力を生ずる。
②　保証人は、主たる債務者の債権による相殺をもって債権者に対抗することができる。
（第三項は新設）

参＋四四六①・四五八　❶【時効の完成猶予・更新→一四七—一五二　❸【相殺権→五〇五【取消権→一二〇【解除権→五四〇

（連帯保証人について生じた事由の効力）
第四五八条　第四百三十八条（連帯債務者の一人との間の更改）、第四百三十九条第一項（連帯債務者の一人による相殺）、第四百四十条（連帯債務者の一人との間の混同）及び第四百四十一条（相対的効力の原則）の規定は、主たる債務者と連帯して債務を負担する保証人について生じた事由について準用する。

（連帯保証人について生じた事由の効力）
第四五八条　第四百三十四条から第四百四十条までの規定は、主たる債務者が保証人と連帯して債務を負担する場合について準用する。

参＋四五七【連帯保証人の抗弁権→四五四【連帯保証の例→商五一一②

連帯保証債務の物上保証人に対する抵当権の実行と主たる債務の消滅時効の完成猶予及び更新

[7] ★主たる債務についての連帯保証債務を担保するために抵当権を設定した物上保証人に対して、債権者が競売を申し立て、その手続が進行すること（主たる債務者には通知されない）は、主たる債務の消滅時効の中断事由に該当しない。（最判平8・9・27民集五〇・八・二三九五、重判平8民二）→一四七条[15]・一五三条[3]・一五四条[5]

（主たる債務の履行状況に関する情報の提供義務）
第四五八条の二　保証人が主たる債務者の委託を受けて保証をした場合において、保証人の請求があったときは、債権者は、保証人に対し、遅滞なく、主たる債務の元本及び主たる債務に関する利息、違約金、損害賠償その他その債務に従たる全てのものについての不履行の有無並びにこれらの残額及びそのうち弁済期が到来しているものの額に関する情報を提供しなければな

らない。〈第四五八条の二は新設〉

+四五八の三、四四七①

（主たる債務者が期限の利益を喪失した場合における情報の提供義務）

第四五八条の三①　主たる債務者が期限の利益を有する場合において、その利益を喪失したときは、債権者は、保証人に対し、その利益の喪失を知った時から二箇月以内に、その旨を通知しなければならない。

②　前項の期間内に同項の通知をしなかったときは、債権者は、保証人に対し、主たる債務者が期限の利益を喪失した時から同項の通知を現にするまでに生じた遅延損害金（期限の利益を喪失しなかったとしても生ずべきものを除く。）に係る保証債務の履行を請求することができない。

③　前二項の規定は、保証人が法人である場合には、適用しない。

〈第四五八条の三は新設〉

+四五八の三　❶【期限の利益の喪失↓一三七　❷【遅延損害金↓四一九①

（委託を受けた保証人の求償権）

第四五九条①　保証人が主たる債務者の委託を受けて保証をした場合において、主たる債務者に代わって弁済その他自己の財産をもって債務を消滅させる行為（以下「債務の消滅行為」という。）をしたときは、その保証人は、主たる債務者に対し、そのために支出した財産の額（その財産の額がその債務の消滅行為によって消滅した主たる債務の額を超える場合にあっては、その消滅した額）の求償権を有する。

②　第四百四十二条第二項〈連帯債務者間の求償権〉の規定は、前項の場合について準用する。

（委託を受けた保証人の求償権）

第四五九条①　保証人が主たる債務者の委託を受けて保証をした場合において、過失なく債権者に弁済をすべき旨の裁判の言渡しを受け、又は主たる債務者に代わって弁済をし、その他自己の財産をもって債務を消滅させるべき行為をしたときは、その保証人は、主たる債務者に対して求償権を有する。

②　（略）

+四五九の二―四六三【弁済による代位↓四九九

[1]　民法四六〇条のいわゆる事前求償権は本条に定める事後の求償権とは別個の権利であってその法的性質も異なるから、事前求償権を取得した者がその行使が可能な時から進行するその消滅時効期間が満了しても、右保証人が、弁済その他自己の出捐をもって主たる債務を消滅させるべき免責行為をしたことにより本条一項に基づき取得する事後求償権の消滅時効は、免責行為をした時から進行する。（最判昭60・2・12民集三九・一・八九、重判昭60民一）

（委託を受けた保証人が弁済期前に弁済等をした場合の求償権）

第四五九条の二①　保証人が主たる債務者の委託を受けて保証をした場合において、主たる債務の弁済期前に債務の消滅行為をしたときは、その保証人は、主たる債務者に対し、主たる債務者がその当時利益を受けた限度において求償権を有する。この場合において、主たる債務者が債務の消滅行為の日以前に相殺の原因を有していたことを主張するときは、保証人は、債権者に対し、その相殺によって消滅すべきであった債務の履行を請求することができる。

②　前項の規定による求償は、主たる債務の弁済期以後の法定利息及びその弁済期以後に債務の消滅行為をしたとしても避けることができなかった費用その他の損害の賠償を包含する。

③　第一項の求償権は、主たる債務の弁済期以後でなければ、これを行使することができない。

〈第四五九条の二は新設〉

+四五九、四六二【弁済期↓四一二　❶【相殺↓五〇五　❷【法定利息↓四〇四【損害賠償↓四一五

（委託を受けた保証人の事前の求償権）

第四六〇条　保証人は、主たる債務者の委託を受けて保証をした場合において、次に掲げるときは、主たる債務者に対して、あらかじめ、求償権を行使することができる。

一　主たる債務者が破産手続開始の決定を受け、かつ、債権者がその破産財団の配当に加入しないとき。

二　債務が弁済期にあるとき。ただし、保証契約の後に債権者が主たる債務者に許与した期限は、保証人に対抗することができない。

三　保証人が過失なく債権者に弁済をすべき旨の裁判の言渡しを受けたとき。

（委託を受けた保証人の事前の求償権）

第四六〇条　（柱書略）

一・二　（略）

三　債務の弁済期が不確定で、かつ、その最長期をも確定することができない場合において、保証契約の後十年を経過したとき。

+四五九、四六一　[二]【破産手続開始↓破三〇【債権者・求償権者の破産手続参加↓破一〇四

一　**事後求償権の消滅時効との関係**↓一四九条[2]・四五九条[1]

二　**物上保証人の事前求償権**

[1]　債務者の委託を受けその債務を担保するために自己の不動産に抵当権を設定した者（物上保証人）は、被担保債務の弁済期が到来したとしても、債務者に対しあらかじめ求償権を行使することはできない――三七二条が準用する三五一条は事前求償権行使の根拠にならない。（最判平2・12・18民集四四・九・一六八六、民百選Ⅱ[五補]四二）↓三五一条[1]

（主たる債務者が保証人に対して償還をする場合）

第四六一条①　前条の規定により主たる債務者が保証人に対して償還をする場合において、債権者が全部の弁済を受けない間は、主たる債務者は、保証人に担保を供させ、又は保証人に対して自己に免責を得させるこ

民法

とを請求することができる。

② 前項に規定する場合において、主たる債務者は、供託をし、担保を供し、又は保証人に免責を得させて、その償還の義務を免れることができる。

（主たる債務者が保証人に対して償還をする場合）
第四六一条① 前二条の規定により主たる債務者が保証人に対して償還をする場合において、債権者が全部の弁済を受けない間は、主たる債務者は、保証人に担保を供させ、又は保証人に対して自己に免責を得させることを請求することができる。
② （略）
（第三項は新設）

⊛四五九　❷【供託→四九四

（委託を受けない保証人の求償権）

第四六二条① 第四百五十九条の二第一項〈委託を受けた保証人が弁済期前に弁済等をした場合の求償権〉の規定は、主たる債務者の委託を受けないで保証をした者が債務の消滅行為をした場合について準用する。

② 主たる債務者の意思に反して保証をした者は、主たる債務者が現に利益を受けている限度においてのみ求償権を有する。この場合において、主たる債務者が求償の日以前に相殺の原因を有していたことを主張するときは、保証人は、債権者に対し、その相殺によって消滅すべきであった債務の履行を請求することができる。

③ 第四百五十九条の二第三項〈委託を受けた保証人が弁済期前に弁済等をした場合の求償権〉の規定は、前二項に規定する保証人が主たる債務の弁済期前に債務の消滅行為をした場合における求償権の行使について準用する。

（委託を受けない保証人の求償権）
第四六二条① 主たる債務者の委託を受けないで保証をした者が弁済をし、その他自己の財産をもって主たる債務者にその債務を免れさせたときは、主たる債務者は、その当時利益を受けた限度において償還をしなければならない。
② （略）

⊛四五九【弁済による代位→四九九　❷【相殺→五〇五

（通知を怠った保証人の求償の制限等）

第四六三条① 保証人が主たる債務者の委託を受けて保証をした場合において、主たる債務者にあらかじめ通知しないで債務の消滅行為をしたときは、主たる債務者は、債権者に対抗することができた事由をもってその保証人に対抗することができる。この場合において、相殺をもってその保証人に対抗したときは、その保証人は、債権者に対し、相殺によって消滅すべきであった債務の履行を請求することができる。

② 保証人が主たる債務者の委託を受けて保証をした場合において、主たる債務者が債務の消滅行為をしたことを保証人に通知することを怠ったため、その保証人が善意で債務の消滅行為をしたときは、その保証人は、その債務の消滅行為を有効であったものとみなすことができる。

③ 保証人が債務の消滅行為をした後に主たる債務者が債務の消滅行為をした場合においては、保証人が主たる債務者の意思に反して保証をしたときのほか、保証人が債務の消滅行為をしたことを主たる債務者に通知することを怠ったため、主たる債務者が善意で債務の消滅行為をしたときも、主たる債務者は、その債務の消滅行為を有効であったものとみなすことができる。

（通知を怠った保証人の求償の制限）
第四六三条① 第四百四十三条の規定は、保証人について準用する。
② 保証人が主たる債務者の委託を受けて保証をした場合において、善意で弁済をし、その他自己の財産をもって債務を消滅させるべき行為をしたときは、第四百四十三条の規定は、主たる債務者についても準用する。

⊛四五九、四五九の二、四六二　❶【相殺→五〇五

（連帯債務又は不可分債務の保証人の求償権）

第四六四条 連帯債務者又は不可分債務者の一人のために保証をした者は、他の債務者に対し、その負担部分のみについて求償権を有する。

⊛【保証人の求償権→四五九、四五九の二、四六二【連帯債務→四三六【不可分債務→四三〇【求償権の範囲→四四二【弁済による代位→四九九

（共同保証人間の求償権）

第四六五条① 第四百四十二条から第四百四十四条まで〈連帯債務者間の求償権〉の規定は、数人の保証人がある場合において、そのうちの一人の保証人が、主たる債務が不可分であるため又は各保証人が全額を弁済すべき旨の特約があるため、その全額又は自己の負担部分を超える額を弁済したときについて準用する。

② 第四百六十二条〈委託を受けない保証人の求償権〉の規定は、前項に規定する場合を除き、互いに連帯しない保証人の一人が全額又は自己の負担部分を超える額を弁済したときについて準用する。

⊛四五六

一 **求償権の範囲**→四四二条[4]

二 **共同保証人間の求償権と弁済による代位との関係**

[1] 連帯保証人が複数人いる場合、連帯保証人の一人（甲）について和議開始決定があった後、他の連帯保証人（乙）が債権者に弁済をして、甲に対して求償権を有するに至ったとき、乙は、債権者が債権全部の弁済を受けたときに限り、弁済による代位によって取得する債権者の和議債権（和議条件により変更されたもの）の限度で、甲に対して、求償権を行使し得るにすぎない。〔平成一一法二二五による廃止前の和議法四五条の事案〕（最判平7・1・20民集四九・一・一、倒産百選〔四版〕四三①）→破一〇四条[7]

[2] ★共同保証人間の求償権は、共同保証人間の負担を最終的に調整するためのものであり、保証人が主たる債務者に対して取得した求償権を担保するためのものではないから、保証人が主たる債務者に対して取得した求償権につき消滅時効の中断事由がある場合であっても、共同保証人間の求償権について消滅時効の中断の効力は生じない。（最判平27・11・19民集六九・七・一九八八、重判平28民五）

民法

第二目　個人根保証契約

第二目　貸金等根保証契約

（個人根保証契約の保証人の責任等）

第四六五条の二① 一定の範囲に属する不特定の債務を主たる債務とする保証契約（以下「根保証契約」という。）であって保証人が法人でないもの（以下「個人根保証契約」という。）の保証人は、主たる債務の元本、主たる債務に関する利息、違約金、損害賠償その他その債務に従たる全てのもの及びその保証債務について約定された違約金又は損害賠償の額について、その全部に係る極度額を限度として、その履行をする責任を負う。

② 個人根保証契約は、前項に規定する極度額を定めなければ、その効力を生じない。

③ 第四百四十六条第二項及び第三項（保証契約の有効要件としての書面）の規定は、個人根保証契約における第一項に規定する極度額の定めについて準用する。

（貸金等根保証契約の保証人の責任等）

第四六五条の二① 一定の範囲に属する不特定の債務を主たる債務とする保証契約（以下「根保証契約」という。）であってその債務の範囲に金銭の貸渡し又は手形の割引を受けることによって負担する債務（以下「貸金等債務」という。）が含まれるもの（保証人が法人であるものを除く。以下「貸金等根保証契約」という。）の保証人は、主たる債務の元本、主たる債務に関する利息、違約金、損害賠償その他その債務に従たるすべてのもの及びその保証債務について約定された違約金又は損害賠償の額について、その全部に係る極度額を限度として、その履行をする責任を負う。

② 貸金等根保証契約は、前項に規定する極度額を定めなければ、その効力を生じない。

③ 第四百四十六条第二項及び第三項の規定は、貸金等根保証契約における第一項に規定する極度額の定めについて準用する。

参＊四六五の三、四六五の四　❶【保証契約→四四六、四四七【損害賠償→四一五【賠償額の予定・違約金→四二〇、四二一【保証人が法人である場合→四六五の五

1 **平成二九法四四による本条制定前の判例**
★当座貸越契約において定められた極度額を超過する債務についても保証する旨が約定された場合でも、保証人は、特別の意思表示をしていない限り、極度額を超過する分については、取引通念上相当な範囲の額についてのみ保証責任を負うにとどまるとされた例（大判大15・12・2民集五・七六九）

（個人貸金等根保証契約の元本確定期日）

第四六五条の三① 個人根保証契約であってその主たる債務の範囲に金銭の貸渡し又は手形の割引を受けることによって負担する債務（以下「貸金等債務」という。）が含まれるもの（以下「個人貸金等根保証契約」という。）において主たる債務の元本の確定すべき期日（以下「元本確定期日」という。）の定めがある場合において、その元本確定期日がその個人貸金等根保証契約の締結の日から五年を経過する日より後の日と定められているときは、その元本確定期日の定めは、その効力を生じない。

② 個人貸金等根保証契約において元本確定期日の定めがない場合（前項の規定により元本確定期日の定めがその効力を生じない場合を含む。）には、その元本確定期日は、その個人貸金等根保証契約の締結の日から三年を経過する日とする。

③ 個人貸金等根保証契約における元本確定期日の変更をする場合において、変更後の元本確定期日がその変更をした日から五年を経過する日より後の日となるときは、その元本確定期日の変更は、その効力を生じない。ただし、元本確定期日の前二箇月以内に元本確定期日の変更をする場合において、変更後の元本確定期日が変更前の元本確定期日から五年以内の日となるときは、この限りでない。

④ 第四百四十六条第二項及び第三項（保証契約の有効要件としての書面）の規定は、個人貸金等根保証契約における元本確定期日の定め及びその変更（その個人貸金等根保証契約の締結の日から三年以内の日を元本確定期日とする旨の定め及び元本確定期日より前の日を変更後の元本確定期日とする変更を除く。）について準用する。

（貸金等根保証契約の元本確定期日）

第四六五条の三① 貸金等根保証契約において主たる債務の元本の確定すべき期日（以下「元本確定期日」という。）の定めがある場合において、その元本確定期日がその貸金等根保証契約の締結の日から五年を経過する日より後の日と定められているときは、その元本確定期日の定めは、その効力を生じない。

② 貸金等根保証契約において元本確定期日の定めがない場合（前項の規定により元本確定期日の定めがその効力を生じない場合を含む。）には、その元本確定期日は、その貸金等根保証契約の締結の日から三年を経過する日とする。

③ 貸金等根保証契約における元本確定期日の変更をする場合において、変更後の元本確定期日がその変更をした日から五年を経過する日より後の日となるときは、その元本確定期日の変更は、その効力を生じない。ただし、元本確定期日の前二箇月以内に元本確定期日の変更をする場合において、変更後の元本確定期日が変更前の元本確定期日から五年以内の日となるときは、この限りでない。

④ 第四百四十六条第二項及び第三項の規定は、貸金等根保証契約における元本確定期日の定め及びその変更（その貸金等根保証契約の締結の日から三年以内の日を元本確定期日とする旨の定め及び元本確定期日より前の日を変更後の元本確定期日とする変更を除く。）について準用する。

参＊四六五の二【元本確定事由→四六五の四

（個人根保証契約の元本の確定事由）

第四六五条の四① 次に掲げる場合には、個人根保証契約における主たる債務の元本は、確定する。ただし、第一号に掲げる場合にあっては、強制執行又は担保権の実行の手続の開始があったときに限る。

一 債権者が、保証人の財産について、金銭の支払を目的とする債権についての強制執行又は担保権の実行を申し立てたとき。

二 保証人が破産手続開始の決定を受けたとき。

民法

三　主たる債務者又は保証人が死亡したとき。

②　前項に規定する場合のほか、個人貸金等根保証契約における主たる債務の元本は、次に掲げる場合にも確定する。ただし、第一号に掲げる場合にあっては、強制執行又は担保権の実行の手続の開始があったときに限る。

一　債権者が、主たる債務者の財産について、金銭の支払を目的とする債権についての強制執行又は担保権の実行を申し立てたとき。

二　主たる債務者が破産手続開始の決定を受けたとき。

（貸金等根保証契約の元本の確定事由）

第四六五条の四　次に掲げる場合には、貸金等根保証契約における主たる債務の元本は、確定する。

一　債権者が、主たる債務者又は保証人の財産について、金銭の支払を目的とする債権についての強制執行又は担保権の実行を申し立てたとき。ただし、強制執行又は担保権の実行の手続の開始があったときに限る。

二　主たる債務者又は保証人が破産手続開始の決定を受けたとき。

三　（略）

（改正後の①）

（第二項は新設）

※+四六五の二【強制執行の申立て・開始↓民執二・四五・九三・一二二・一四三ETC【担保権実行の申立て・開始↓民執二・一八一・一八八・一九〇・一九三ETC【破産手続開始決定↓破三〇

一　平成二九法四四による本条制定前の判例

①　★継続的売買取引により将来負担することあるべき債務についてした責任の限度額及び保証期間の定めのない連帯保証契約における保証人たる地位は、特段の事情のない限り、当事者その人と終始するものであって、保証人の死亡後生じた債務については、その相続人は保証債務を承継負担しない。（最判昭37・11・9民集一六・一一・二二七〇、家族百選〔四版〕八四）↓八九六条⑤

②　★保証人の相続人は、相続開始後に生じた賃料債務についても当然に保証債務を負担する。（大判昭9・1・30民集一三・一〇三）↓八九六条⑥

③　★保証人は、賃借人が死亡し、その相続人が賃貸借関係を相続した後に生じた相続人の債務についても、その責めに任ずる。（大判昭12・6・15民集一六・九三一）

二　身元保証↓八九六条④

（保証人が法人である根保証契約の求償権）

第四六五条の五①　保証人が法人である根保証契約において、第四百六十五条の二第一項に規定する極度額の定めがないときは、その根保証契約の保証人の主たる債務者に対する求償権に係る債務を主たる債務とする保証契約は、その効力を生じない。

②　保証人が法人である根保証契約であってその主たる債務の範囲に貸金等債務が含まれるものにおいて、元本確定期日の定めがないとき、又は元本確定期日の定め若しくはその変更が第四百六十五条の三第一項若しくは第三項の規定を適用するとすればその効力を生じないものであるときは、その根保証契約の保証人の主たる債務者に対する求償権に係る債務を主たる債務とする保証契約は、その効力を生じない。主たる債務の範囲にその求償権に係る債務が含まれる根保証契約も、同様とする。

③　前二項の規定は、求償権に係る債務を主たる債務とする保証契約又は主たる債務の範囲に求償権に係る債務が含まれる根保証契約の保証人が法人である場合には、適用しない。

（保証人が法人である貸金等債務の根保証契約の求償権）

第四六五条の五　保証人が法人である根保証契約であってその主たる債務の範囲に貸金等債務が含まれるものにおいて、第四百六十五条の二第一項に規定する極度額の定めがないとき、元本確定期日の定めがないとき、又は元本確定期日の定め若しくはその変更が第四百六十五条の三第一項若しくは第三項の規定を適用するとすればその効力を生じないものであるときは、その根保証契約の保証人の主たる債務者に対する求償権についての保証契約（保証人が法人であるものを除く。）は、その効力を生じない。

※+【元本確定期日↓四六五の三【保証人の求償権↓四五九・四五九の二・四六二

◆【保証人の解約権】

①　手形割引契約に基づく債務を保証した者は、保証後相当な期間が経過したときは、債権者に対し、解約の意思表示をすることができる。（大判昭7・12・17民集一一・二三三四）

②　①　期間、金額等の限定のない保証をしたときも、保証人が際限なく将来にわたって責任を負うわけではなく、相当期間経過後は、相当の予告期間を置いて保証契約を解約できる。

②　保証後、債務者の資産状態が著しく悪化し、今後生じる債務について生じ得る求償権の実現が不可能になるおそれがある場合には、相当期間が経過していなくても、予告期間を置くことなく直ちに解約できる。（大判昭9・2・27民集一三・二一五）

③　期間の定めのない継続的保証契約は、保証人の主債務者に対する信頼が害されるに至った等、保証人として解約申入れをするにつき相当の理由がある場合には、右解約により債権者が信義則上看過できない損害を被るような特段の事情があるときを除いて、保証人から一方的に解約することができる。（最判昭39・12・18民集一八・一〇・二一七九、民百選Ⅱ〔八版〕二三）

④　期間の定めのない保証契約を締結後相当の期間が経過し、かつ、賃借人がしばしば賃借料の支払を怠り、将来においても誠実にその債務を履行する見込みがないにもかかわらず、賃貸人が賃貸借契約の解除・明渡請求等の措置をとらない場合は、保証人は賃貸人に対する一方的意思表示により保証契約を解除できる。（大判昭8・4・6民集一二・七九一）

第三目　事業に係る債務についての保証契約の特則〈第三目名は新設〉

（公正証書の作成と保証の効力）

第四六五条の六①　事業のために負担した貸金等債務を

主たる債務とする保証契約又は主たる債務の範囲に事業のために負担する貸金等債務が含まれる根保証契約は、その契約の締結に先立ち、その締結の日前一箇月以内に作成された公正証書で保証人になろうとする者が保証債務を履行する意思を表示していなければ、その効力を生じない。

② 前項の公正証書を作成するには、次に掲げる方式に従わなければならない。

一 保証人になろうとする者が、次のイ又はロに掲げる契約の区分に応じ、それぞれ当該イ又はロに定める事項を公証人に口授すること。

イ 保証契約（ロに掲げるものを除く。） 主たる債務の債権者及び債務者、主たる債務の元本、主たる債務に関する利息、違約金、損害賠償その他その債務に従たる全てのものの定めの有無及びその内容並びに主たる債務者がその債務を履行しないときには、その債務の全額について履行する意思（保証人になろうとする者が主たる債務者と連帯して債務を負担しようとするものである場合には、債権者が主たる債務者に対して催告をしたかどうか、主たる債務者がその債務を履行することができるかどうか、又は他に保証人があるかどうかにかかわらず、その全額について履行する意思）を有していること。

ロ 根保証契約 主たる債務の債権者及び債務者、主たる債務の範囲、根保証契約における極度額、元本確定期日の定めの有無及びその内容並びに主たる債務者がその債務を履行しないときには、極度額の限度において元本確定期日又は第四百六十五条の四第一項各号若しくは第二項各号に掲げる事由その他の元本を確定すべき事由が生ずる時までに生ずべき主たる債務の元本及び主たる債務に関する利息、違約金、損害賠償その他その債務に従たる全てのものの全額について履行する意思（保証人になろうとする者が主たる債務者と連帯して債務を負担しようとするものである場合には、債権者が主たる債務者に対して催告をしたかどうか、主たる債務者がその債務を履行することができるかどうか、又は他に保証人があるかどうかにかかわらず、その全額について履行する意思）を有していること。

二 公証人が、保証人になろうとする者の口述を筆記し、これを保証人になろうとする者に読み聞かせ、又は閲覧させること。

三 保証人になろうとする者が、筆記の正確なことを承認した後、署名し、印を押すこと。ただし、保証人になろうとする者が署名することができない場合は、公証人がその事由を付記して、署名に代えることができる。

四 公証人が、その証書は前三号に掲げる方式に従って作ったものである旨を付記して、これに署名し、印を押すこと。

③ 前二項の規定は、保証人になろうとする者が法人である場合には、適用しない。

〈第四六五条の六は新設〉

参+【保証契約↓四四六【個人根保証契約↓四六五の二 ❷【類似の規定↓九六九 【二】【イ―保証債務の範囲↓四四七①【同―連帯保証↓四五四【ロ―根保証債務の範囲↓四六五の二①【同―元本確定期日↓四六五の三

（保証に係る公正証書の方式の特則）

第四六五条の七① 前条第一項の保証契約又は根保証契約の保証人になろうとする者が口がきけない者である場合には、公証人の前で、同条第二項第一号イ又はロに掲げる契約の区分に応じ、それぞれ当該イ又はロに定める事項を通訳人の通訳により申述し、又は自書して、同号の口授に代えなければならない。この場合における同項第二号の規定の適用については、同号中「口述」とあるのは、「通訳人の通訳による申述又は自書」とする。

② 前条第一項の保証契約又は根保証契約の保証人になろうとする者が耳が聞こえない者である場合には、公証人は、同条第二項第二号に規定する筆記した内容を通訳人の通訳により保証人になろうとする者に伝えて、同号の読み聞かせに代えることができる。

③ 公証人は、前二項に定める方式に従って公正証書を作ったときは、その旨をその証書に付記しなければならない。

〈第四六五条の七は新設〉

参+【類似の規定↓九六九の二

（公正証書の作成と求償権についての保証の効力）

第四六五条の八① 第四百六十五条の六第一項及び第二項並びに前条の規定は、事業のために負担した貸金等債務を主たる債務とする保証契約又は主たる債務の範囲に事業のために負担する貸金等債務が含まれる根保証契約の保証人の主たる債務者に対する求償権に係る債務を主たる債務とする保証契約について準用する。主たる債務の範囲にその求償権に係る債務が含まれる根保証契約も、同様とする。

② 前項の規定は、保証人になろうとする者が法人である場合には、適用しない。

〈第四六五条の八は新設〉

参+【事業に係る債務についての保証契約↓四六五の六【個人根保証契約↓四六五の二【保証人の求償権↓四五九、四五九の二、四六二

（公正証書の作成と保証の効力に関する規定の適用除外）

第四六五条の九 前三条の規定は、保証人になろうとする者が次に掲げる者である保証契約については、適用しない。

一 主たる債務者が法人である場合のその理事、取締役、執行役又はこれらに準ずる者

二 主たる債務者が法人である場合の次に掲げる者

イ 主たる債務者の総株主の議決権（株主総会において決議をすることができる事項の全部につき議決権を行使することができない株式についての議決権を除く。以下この号において同じ。）の過半数を有する者

ロ　主たる債務者の総株主の議決権の過半数を他の株式会社が有する場合における当該他の株式会社の総株主の議決権の過半数を有する者

ハ　主たる債務者の総株主の議決権の過半数を他の株式会社及び当該他の株式会社の総株主の議決権の過半数を有する者が有する場合における当該他の株式会社の総株主の議決権の過半数を有する者

ニ　株式会社以外の法人が主たる債務者である場合におけるイ、ロ又はハに掲げる者に準ずる者

三　主たる債務者（法人であるものを除く。以下この号において同じ。）と共同して事業を行う者又は主たる債務者が行う事業に現に従事している主たる債務者の配偶者

〈第四六五条の九は新設〉

（契約締結時の情報の提供義務）

第四六五条の一〇①　主たる債務者は、事業のために負担する債務を主たる債務とする保証又は主たる債務の範囲に事業のために負担する債務が含まれる根保証の委託をするときは、委託を受ける者に対し、次に掲げる事項に関する情報を提供しなければならない。

一　財産及び収支の状況

二　主たる債務以外に負担している債務の有無並びにその額及び履行状況

三　主たる債務の担保として他に提供し、又は提供しようとするものがあるときは、その旨及びその内容

②　主たる債務者が前項各号に掲げる事項に関して情報を提供せず、又は事実と異なる情報を提供したために委託を受けた者がその事項について誤認をし、それによって保証契約の申込み又はその承諾の意思表示をした場合において、主たる債務者がその事項に関して情報を提供せず又は事実と異なる情報を提供したことを債権者が知り又は知ることができたときは、保証人は、保証契約を取り消すことができる。

③　前二項の規定は、保証をする者が法人である場合には、適用しない。

〈第四六五条の一〇は新設〉

参【保証契約→四四六【個人根保証契約→四六五の二　❷【類似の規定→九六②

第四節　債権の譲渡

参【本節の規定の準用→五二〇の一九①、手一一②・二〇①・七七①㈠、小一四②・二四①

（債権の譲渡性）

第四六六条①　債権は、譲り渡すことができる。ただし、その性質がこれを許さないときは、この限りでない。

②　当事者が債権の譲渡を禁止し、又は制限する旨の意思表示（以下「譲渡制限の意思表示」という。）をしたときであっても、債権の譲渡は、その効力を妨げられない。

③　前項に規定する場合には、譲渡制限の意思表示がされたことを知り、又は重大な過失によって知らなかった譲受人その他の第三者に対しては、債務者は、その債務の履行を拒むことができ、かつ、譲渡人に対する弁済その他の債務を消滅させる事由をもってその第三者に対抗することができる。

④　前項の規定は、債務者が債務を履行しない場合において、同項に規定する第三者が相当の期間を定めて譲渡人への履行の催告をし、その期間内に履行がないときは、その債務者については、適用しない。

（債権の譲渡性）

第四六六条①　（略）

②　前項の規定は、当事者が反対の意思を表示した場合には、適用しない。ただし、その意思表示は、善意の第三者に対抗することができない。

（第三項・第四項は新設）

参❶【譲渡性のない債権の例→八八一、労基八三②、労災一二の五②、生活保護五九【譲渡に債務者の承諾を要する債権の例→五九四②・六一二①・六二五①【譲渡に利害関係人の同意を必要とする債権の例→保険四七【電子記録債権に関する特則→電子債権一七　❷【本項の特則→四六六の五　❸【債務消滅事由の例→一六六、四七三、五〇五、五一三、五一九、五二〇【本項の特則→四六六の四　❹四六八②、四六九③

債権の譲渡性

1　譲渡することができる債権の例

[1]　連帯債務者の一人に対する債権（大判昭13・12・22民集一七・二五二二）→四三六条[3]

2　性質上譲渡が許されない債権の具体例

[2]　交互計算に組み入れられた各個の債権（大判昭11・3・11民集一五・三二〇、商法百選六四）→商五二九条[7]

（譲渡制限の意思表示がされた債権に係る債務者の供託）

第四六六条の二①　債務者は、譲渡制限の意思表示がされた金銭の給付を目的とする債権が譲渡されたときは、その債権の全額に相当する金銭を債務の履行地（債務の履行地が債権者の現在の住所により定まる場合にあっては、譲渡人の現在の住所を含む。次条において同じ。）の供託所に供託することができる。

②　前項の規定により供託をした債務者は、遅滞なく、譲渡人及び譲受人に供託の通知をしなければならない。

③　第一項の規定により供託をした金銭は、譲受人に限り、還付を請求することができる。

〈第四六六条の二は新設〉

参四六六②、四六六の三【供託→四九四―四九七　❶四九四、四九五①　❷四九五③　❸四九八①

第四六六条の三　前条第一項に規定する場合において、譲渡人について破産手続開始の決定があったときは、譲受人（同項の債権の全額を譲り受けた者であって、その債権の譲渡を債務者その他の第三者に対抗することができるものに限る。）は、譲渡制限の意思表示がされたことを知り、又は重大な過失によって知らなかったときであっても、債務者にその債権の全額に相当する金銭を債務の履行地の供託所に供託させることができる。この場合においては、同条第二項及び第三項の規定を準用する。〈第四六六条の三は新設〉

参四六六②、四六八②、四六九③【供託→四九四、四九五①③、

四九八①【破産手続開始決定→破三〇

（譲渡制限の意思表示がされた債権の差押え）

第四六六条の四① 第四百六十六条第三項の規定は、譲渡制限の意思表示がされた債権に対する強制執行をした差押債権者に対しては、適用しない。

② 前項の規定にかかわらず、譲受人その他の第三者が譲渡制限の意思表示がされたことを知り、又は重大な過失によって知らなかった場合において、その債権者が同項の債権に対する強制執行をしたときは、債務者は、その債務の履行を拒むことができ、かつ、譲渡人に対する弁済その他の債務を消滅させる事由をもって差押債権者に対抗することができる。

〈**第四六六条の四**は新設〉

⊛→四六六②【債権に対する強制執行→民執一四三―一六六、一六七の二―一六七の一四 ❷【債務消滅事由の例→四六六③⊛

[1] ★譲渡禁止の特約のある債権であっても、差押債権者の善意・悪意を問わず、これを差し押さえ、かつ、転付命令によって移転することができる。（最判昭45・4・10民集二四・四・二四〇、執保百選[初版]七三）

（預金債権又は貯金債権に係る譲渡制限の意思表示の効力）

第四六六条の五① 預金口座又は貯金口座に係る預金又は貯金に係る債権（以下「預貯金債権」という。）について当事者がした譲渡制限の意思表示は、第四百六十六条第二項の規定にかかわらず、その譲渡制限の意思表示がされたことを知り、又は重大な過失によって知らなかった譲受人その他の第三者に対抗することができる。

② 前項の規定は、譲渡制限の意思表示がされた預貯金債権に対する強制執行をした差押債権者に対しては、適用しない。

〈**第四六六条の五**は新設〉

⊛❷四六六の四　→九〇九の二

譲渡制限の意思表示の第三者に対する効力

[1] ★譲渡禁止の特約の存在を知らずに債権を譲り受けた場合であっても、これにつき譲受人に重大な過失があるときは、悪意の譲受人と同様、譲渡によってその債権を取得し得ない。（最判昭48・7・19民集二七・七・八二三、民百選II[五補]二七）

[2] ★譲渡禁止の特約の存在を知りながら債権を譲り受けた者から更にその債権を譲り受けた転得者が、譲渡禁止の特約の存在を知らないときは、債務者は転得者に対して、譲渡禁止の特約の存在を対抗することができない。（大判昭13・5・14民集一七・九三二）

[3] ★譲渡禁止の特約に反して債権を譲渡した債権者は、債務者に譲渡の無効を主張する意思があることが明らかであるなどの特段の事情がない限り、同特約の存在を理由に譲渡の無効を主張することはできない。（最判平21・3・27民集六三・三・四四九、重判平21民七）

[4] ★譲渡禁止の特約のある指名債権をその譲受人が右特約の存在を知って譲り受けた場合でも、その後、債務者が右債権の譲渡について承諾を与えたときは、右債権譲渡は、譲渡の時に遡って有効となる。（最判昭52・3・17民集三一・二・三〇八、民百選II[二版]三三）

[5] ★前出[4]に当たる場合、民法一一六条の法意に照らし、第三者の権利を害することはできない。（最判平9・6・5民集五一・五・二〇五三、民百選II[八版]二五）→一一六条[5]

[6] ★譲渡禁止の特約のある債権をもって質権の目的とした場合において、質権者が悪意であるときは、質権設定は無効となる。（大判大13・6・12民集三・二七二）→三六四条[7]

（将来債権の譲渡性）

第四六六条の六① 債権の譲渡は、その意思表示の時に債権が現に発生していることを要しない。

② 債権が譲渡された場合において、その意思表示の時に債権が現に発生していないときは、譲受人は、発生した債権を当然に取得する。

③ 前項に規定する場合において、譲渡人が次条の規定による通知をし、又は債務者が同条の規定による承諾をした時（以下「対抗要件具備時」という。）までに譲渡制限の意思表示がされたときは、譲受人その他の第三者がそのことを知っていたものとみなして、第四百六十六条第三項（譲渡制限の意思表示がされた債権が預貯金債権の場合にあっては、前条第一項）の規定を適用する。

〈**第四六六条の六**は新設〉

⊛→四六六①、四六七 ❸【本項の特則→動産債権譲渡特四③

[1] ★将来発生すべき債権を目的とする債権譲渡契約の締結時において、右債権発生の可能性が低かったことは、債権譲渡契約の効力を、当然に左右するものではない。もっとも、契約内容が譲渡人の営業活動等に対して相当とされる範囲を著しく逸脱したり、他の債権者に不当な不利益を与えるなど特段の事由のある場合は、公序良俗違反等として契約の全部又は一部が無効となり得る。（最判平11・1・29民集五三・一・一五一、民百選II[八版]二六……将来債権（医師の診療報酬債権）の包括的譲渡契約が有効とされた事例）

[2] ★債権譲渡の予約にあっては、予約完結時において譲渡の目的となるべき債権を譲渡人が有する他の債権から識別することができる程度に特定されていれば足り、この理は、将来発生すべき債権が譲渡予約の目的とされている場合でも変わるものではない。（最判平12・4・21民集五四・四・一五六二、民百選I[五補]九八）

[3] ★甲が乙に対する金銭債務の担保として、発生原因となる取引の種類、発生期間等で特定される甲の丙に対する既に生じ、又は将来生ずべき債権を一括して乙に譲渡するとしたときは、既に生じ、又は将来生ずべき債権は、甲から乙に確定的に譲渡されていることになる。（最判平13・11・22民集五五・六・一〇五六、民百選I[八版]一〇〇）→◘【I譲渡担保】［三九八条の二二の後］[41]・四六七条[8]

[4] ★債務者の支払停止等を停止条件とする債権譲渡契約は、その契約に基づく債権譲渡の効力の発生を債務者の支払停止等の危機時期の到来にかからしめるものであるが、破産法上の否認権の規定の趣旨に反し、その実効性を失わせるものであって、否認の可否の観点からは、債務者に支払停止等の危機時期が到来した後に行われた債権譲渡と同視すべきものである。（最判平16・7・16民集五八・五・一七四四、倒産百選[六版]三九）→破一六二条[13]

第四六七条（**債権の譲渡の対抗要件**）① 債権の譲渡（現に発生していない債権の譲渡を含む。）は、譲渡人が債務者に通知をし、又は債務者が承諾をしなければ、債務者その他の第三者に対抗することができない。

② 前項の通知又は承諾は、確定日付のある証書によってしなければ、債務者以外の第三者に対抗することができない。

第四六七条（**指名債権の譲渡の対抗要件**）① 指名債権の譲渡は、譲渡人が債務者に通知をし、又は債務者が承諾をしなければ、債務者その他の第三者に対抗することができない。

② （略）

§ ❶四六八①・八九九の二②【現に発生していない債権の譲渡↓四六六の六①【本項の特則↓動産債権譲渡特四② ❷【確定日付のある証書↓民施五【本項の特則↓動産債権譲渡特四① ✝【債権譲渡の対抗要件の準拠法↓法適用二三

参考 **動産及び債権の譲渡の対抗要件に関する民法の特例等に関する法律**（平成一〇・六・一二法一〇四）（抜粋）

第四条（**債権の譲渡の対抗要件の特例等**）① 法人が債権（金銭の支払を目的とするものであって、民法第三編第一章第四節の規定により譲渡されるものに限る。以下同じ。）を譲渡した場合において、当該債権の譲渡につき債権譲渡登記ファイルに譲渡の登記がされたときは、当該債権の債務者以外の第三者については、同法第四百六十七条の規定による確定日付のある証書による通知があったものとみなす。この場合においては、当該登記の日付をもって確定日付とする。

② 前項に規定する登記（以下「債権譲渡登記」という。）がされた場合において、当該債権の譲渡及びその譲渡につき債権譲渡登記がされたことについて、譲渡人若しくは譲受人が当該債権の債務者に第十一条第二項に規定する登記事項証明書［注・動産の譲渡又は債権の譲渡について、動産譲渡登記ファイル又は債権譲渡登記ファイルに記録されている事項を証明した書面］を交付して通知をし、又は当該債務者が承諾をしたときは、当該債務者についても、前項と同様とする。

③ 債権譲渡登記がされた場合においては、民法第四百六十六条の六第三項、第四百六十八条第一項並びに第四百六十九条第一項及び第二項の規定は、前項に規定する場合に限り適用する。この場合において、同法第四百六十六条の六第三項中「譲渡人が次条」とあるのは「譲渡人若しくは譲受人が動産及び債権の譲渡の対抗要件に関する民法の特例等に関する法律（平成十年法律第百四号）第四条第二項」と、「同条」とあるのは「同項」とする。

④ （略）

第八条（**債権譲渡登記**）① 指定法務局等に、磁気ディスクをもって調製する債権譲渡登記ファイルを備える。

②―⑤ （略）

一 本条の趣旨

[1] ① 一項は、債権を譲り受けようとする第三者は、まず債務者に対し債権の存否ないしはその帰属を確かめ、債務者は、当該債権が既に譲渡されていたとしても、譲渡の通知を受けないか又はその承諾をしていない限り、第三者に対し債権の帰属に変動のないことを表示するのが通常であり、第三者はかかる債務者の表示を信頼してその債権を譲り受けることがあるという事情の存することによる。

② 二項は、債務者が第三者に対し債権譲渡のないことを表示したため、第三者がこれに信頼してその債権を譲り受けたのちに譲渡人たる旧債権者が、債権を他に二重に譲渡し債務者と通謀して譲渡の通知又はその承諾のあった日時を遡らしめる等作為して、右第三者の権利を害するに至ることを可及的に防止することにある。（最判昭49・3・7民集二八・二・一七四、民百選Ⅱ[八版]二九）↓[19]

[2] 一項は強行規定であり、通知又は承諾がなくても債務者に対抗できる旨の特約は無効である。（大判大10・2・9民録二七・二四四）

二 本条の適用範囲

1 通知又は承諾によって債務者その他の第三者に譲渡を対抗することができる債権

[3] 約束手形の所持人がその裏書人に対して有する償還請求権（手形債権）（大判昭7・12・21民集一一・二三六七、手形小切手百選[二版]七九）

[4] 預託金会員制ゴルフクラブの会員権の譲渡を当該ゴルフクラブの運営会社以外の第三者に対抗するには、指名債権の譲渡の場合に準じ、本条の要件具備が必要である。（最判平8・7・12民集五〇・七・一九一八、重判平8民五）↓五三九条の二[2]

[5] 登記されていない買戻権の譲渡（最判昭35・4・26民集一四・六・一〇七一、不動産百選[三版]八二）↓五八一条[3]

2 通知及び承諾がなくとも義務者その他の第三者に譲渡を対抗することができる権利

[6] 仮登記によって保全されている不動産売買予約上の権利（仮登記に権利移転の付記登記をすれば足りる）（最判昭35・11・24民集一四・一三・二八五三、不動産百選[三版]一七）↓五五六条[5]

[7] 登記をした買戻権の譲渡（譲渡の登記で足りる）（大判昭8・9・12民集一二・二一五一）↓五八一条[2]

3 本条二項が定める方法による第三者対抗要件具備の可否

[8] 甲が乙に対する金銭債務の担保として、発生原因となる取引の種類、発生期間等で特定される甲の丙に対する既に生じ、又は将来生ずべき債権を一括して乙に譲渡することとし、乙が丙に対し担保権実行として取立ての通知をするまでは、譲渡債権の取立てを甲に許諾し、甲が取り立てた金銭について乙への引渡しを要しないこととした甲乙間の債権譲渡契約は、いわゆる集合債権を対象とした譲渡担保契約といわれるものの一つであり、その債権譲渡について第三者対抗要件を具備するためには、指名債権譲渡の対抗要件の方法によることができる。（最判平13・11・22民集五五・六・一〇五六、民百選Ⅰ[八版]一〇〇）↓◆【Ⅰ 譲渡担保】［三九八条の二二の後］[41]・四六六条の六[3]

[9] 指名債権譲渡の予約につき確定日付のある証書により債務者に対する通知又はその承諾がなされ、その予約の完結により債権譲渡が行なわれた場合、その債権譲渡の効力は、当該予約についてなされた通知又は承諾をもって、第三者に対抗することができない。（最判平13・11・27民集五五・六・一〇九〇、重判平13民九）↓五五六条[6]

三 通知及び承諾

[10] 譲受人が、民法四二三条により、譲渡人に代位して、債権譲渡を債務者に通知しても、通知の効力は生じない。（大判昭5・10・10民集九・九四八）↓四二三条[18]

[11] 譲渡人が、債務者の代理人として、譲受人に対して、債権譲渡の承諾をすることは可能である。（大判昭4・2・23民集八・三三七）

四　第三者の範囲

1　第三者に当たるとする判断の基準

[12] 本条にいわゆる第三者とは、広く譲渡の当事者以外の者を指示するものではなく、譲渡の当事者以外であって、債権そのものに対し法律上の利益を有する者を指称する。（大判大8・6・30民録二五・一一九二）

2　第三者に当たるとされた者

[13] 債権が二重に譲渡されたときの第二の譲受人（大判昭11・7・11民集一五・一三八三）↓[18]

[14] 譲渡された債権の質権者（大判大8・8・25民録二五・一五一三）

[15] 譲渡人の債権者で、譲渡された債権について転付命令を得た債権者（大判昭7・5・24民集一一・一〇二一）

3　第三者に当たらないとされた者

[16] 譲渡された債権の債務者に対して、別個の債権を有する者（大判大8・6・30前出[12]）

五　債権が二重に譲渡されたとき

1　第一の譲受人が確定日付のある証書によらずに通知をした場合の効果

[17] 第一の債権譲渡について通知又は承諾が確定日付のある証書によらないで行われた後に、同一債権につき第二の譲渡が行われ、それについて確定日付のある証書をもって通知がされた場合には、第二の譲受人が第一の譲受人に債権取得を対抗できる結果、第一の譲受人は債権の取得を債務者にも対抗できず、第二の譲受人が唯一の債権者になる。（大連判大8・3・28民録二五・四四一、民百選Ⅱ[初版]三四）

[18] 第一の債権譲渡の後、債権が弁済その他の事由によって消滅し更に当該債権について第二の譲渡が行われたとき、第二の譲渡行為について確定日付のある証書によってその通知がなされても、第二の譲受人は、既に消滅に帰した債権を譲り受けたのであり、債権を取得しない。（大判昭7・12・6民集一一・二四一四、民法の判例[二版]二四）

2　第一の譲受人及び第二の譲受人共に確定日付のある証書によって通知をし又は承諾がなされた場合

[19] 譲受人相互の間の優劣は、通知又は承諾に付された確定日付の先後によって定めるべきではなく、確定日付のある通知が債務者に到達した日時又は確定日付のある債務者の承諾の日時の先後によって決すべきであり、また、確定日付は、通知又は承諾そのものにつき必要である。（最判昭49・3・7前出[7]）

[20] 確定日付のある二通の譲渡通知が同時に債務者に到達したときは、各譲受人は、債務者に対し、それぞれ譲受債権について、その全額の弁済を請求することができ、譲受人の一人から弁済の請求を受けた債務者は、他の譲受人に対する弁済その他の債務消滅事由がない限り、単に同順位の譲受人が他に存在することを理由として、弁済の責めを免れることはできない。（最判昭55・1・11民集三四・一・四二、民百選Ⅱ[四版]三三）↓民執一四五条[3]

[21] 同一の債権について差押通知と確定日付のある譲渡通知との第三債務者への到達の先後関係が不明である場合、差押債権者と債権譲受人とは、互いに自己が優先的地位にあることを主張することができない。（最判平5・3・30民集四七・四・三三三四、民百選Ⅱ[八版]三〇）

[22] 〈前出[21]の場合において〉第三債務者が債権額に相当する金額を供託した場合、被差押債権額と譲受債権額の合計額が供託金額を超過するときは、差押債権者と債権譲受人は、被差押債権額と譲受債権額に応じて供託金額を案分した額の供託金還付請求権をそれぞれ分割取得する。（最判平5・3・30前出[21]）

第四六八条（債権の譲渡における債務者の抗弁）① 債務者は、対抗要件具備時までに譲渡人に対して生じた事由をもって譲受人に対抗することができる。

② 第四百六十六条第四項の場合における前項の規定の適用については、同項中「対抗要件具備時」とあるのは、「第四百六十六条第四項の相当の期間を経過した時」とし、第四百六十六条の三の場合における同項の規定の適用については、同項中「対抗要件具備時」とあるのは、「第四百六十六条の三の規定により同条の譲受人から供託の請求を受けた時」とする。

（指名債権の譲渡における債務者の抗弁）

第四六八条① 債務者が異議をとどめないで前条の承諾をしたときは、譲渡人に対抗することができた事由があっても、これをもって譲受人に対抗することができない。この場合において、債務者がその債務を消滅させるために譲渡人に払い渡したものがあるときはこれを取り戻し、譲渡人に対して負担した債務があるときはこれを成立しないものとみなすことができる。

② 譲渡人が譲渡の通知をしたにとどまるときは、債務者は、その通知を受けるまでに譲渡人に対して生じた事由をもって譲受人に対抗することができる。

参 四六七① ❶【本項の特則】↓五二〇の六、五二〇の一六、五二〇の二〇、動産債権譲渡特四③、電子債権二〇【債務引受の場合】↓四七一①、四七二の二①

対抗要件具備時までに生じた事由

[1] ★請負契約に基づく報酬請求権が第三者に譲渡され、対抗要件を備えた後に、請負人の仕事完成義務不履行が生じこれに基づき請負契約が解除された場合、債権譲渡時に契約解除を生ずる原因が既に存在していたものといえ、債務者（注文者）は、解除を譲受人に対抗することができる。（最判昭42・10・27民集二一・八・二一六一、民百選Ⅱ[八版]二七）

第四六九条（債権の譲渡における相殺権）① 債務者は、対抗要件具備時より前に取得した譲渡人に対する債権による相殺をもって譲受人に対抗することができる。

② 債務者が対抗要件具備時より後に取得した譲渡人に対する債権であっても、その債権が次に掲げるものであるときは、前項と同様とする。ただし、債務者が対抗要件具備時より後に他人の債権を取得したときは、この限りでない。

一　対抗要件具備時より前の原因に基づいて生じた債権

二　前号に掲げるもののほか、譲受人の取得した債権の発生原因である契約に基づいて生じた債権

③ 第四百六十六条第四項の場合における前二項の規定の適用については、これらの規定中「対抗要件具備時」とあるのは、「第四百六十六条第四項の相当の期間を経過した時」とし、第四百六十六条の三の場合におけるこれらの規定の適用については、これらの規定

中「対抗要件具備時」とあるのは、「第四百六十六条の三の規定により同条の譲受人から供託の請求を受けた時」とする。

（指図債権の譲渡の対抗要件）
第四六九条　指図債権の譲渡は、その証書に譲渡の裏書をして譲受人に交付しなければ、債務者その他の第三者に対抗することができない。［改正後の**第五二〇条の二**に対応］

参 四六七①、四六八①【相殺→五〇五【本条の特則→動産債権譲渡特四③【相殺と差押えの場合→五一一

本条一項の意義

1　本条一項の適用場面

[1] ★受働債権について、その弁済期到来前に譲渡又は転付があっても、債務者が右譲渡の通知又は転付命令の送達の当時既に弁済期の到来している反対債権を有していたならば、これを自働債権として、右譲受け又は転付債権者に対し、相殺をもって対抗することができる。（最判昭32・7・19民集一一・七・一二九七）→五〇六条[1]

[2] ★受働債権について譲渡があった後に、両債権の弁済期の前後を問わず、両者の弁済期が到来すれば、被譲渡債権の債務者は反対債権を自働債権として相殺をすることができるとされた例（最判昭50・12・8民集二九・一一・一八六四、民百選Ⅱ[八版]二八……藤林ほか一裁判官の反対意見がある）

2　自働債権が譲渡を受けたものである場合

[3] ★他から譲り受けた自働債権の譲渡の通知が受働債権の譲渡通知の後になされた場合は、受働債権の債務者は譲受人に自働債権との相殺を対抗することができない。（大判昭10・9・7民集一四・一五九七）

（指図債権の債務者の調査の権利等）
第四七〇条　指図債権の債務者は、その証書の所持人並びにその署名及び押印の真偽を調査する権利を有するが、その義務を負わない。ただし、債務者に悪意又は重大な過失があるときは、その弁済は、無効とする。（改正により削られた）［改正後の**第五二〇条の一〇**に対応］

（記名式所持人払債権の債務者の調査の権利等）
第四七一条　前条の規定は、債権に関する証書に債権者を指名する記載がされているが、その証書の所持人に弁済をすべき旨が付記されている場合について準用する。（改正により削られた）［改正後の**第五二〇条の一八**、**第五二〇条の一〇**に対応］

（指図債権の譲渡における債務者の抗弁の制限）
第四七二条　指図債権の債務者は、その証書に記載した事項及びその証書の性質から当然に生ずる結果を除き、その指図債権の譲渡前の債権者に対抗することができた事由をもって善意の譲受人に対抗することができない。（改正により削られた）［改正後の**第五二〇条の六**に対応］

（無記名債権の譲渡における債務者の抗弁の制限）
第四七三条　前条の規定は、無記名債権について準用する。（改正により削られた）［改正後の**第五二〇条の二〇**、**第五二〇条の六**に対応］

第五節　債務の引受け〈第五節名は新設〉

第一款　併存的債務引受〈第一款名は新設〉

（併存的債務引受の要件及び効果）
第四七〇条① 併存的債務引受の引受人は、債務者と連帯して、債務者が債権者に対して負担する債務と同一の内容の債務を負担する。
② 併存的債務引受は、債権者と引受人となる者との契約によってすることができる。
③ 併存的債務引受は、債務者と引受人となる者との契約によってもすることができる。この場合において、併存的債務引受は、債権者が引受人となる者に対して承諾をした時に、その効力を生ずる。
④ 前項の規定によってする併存的債務引受は、第三者のためにする契約に関する規定に従う。
〈第四七〇条は新設〉

参 四七一　❶【連帯債務→四三六―四四五　❸❹【第三者のためにする契約→五三七―五三九

[1] ★債務引受けは、債務者の意思に反しない限り、債権者と引受人との間ですることができる。（大判大10・5・9民録二七・八九九）

[2] ★併存的（重畳的）債務引受けは、債務者の意思に反するときでもすることができる。（大判大15・3・25民集五・二一九）

[3] ★重畳的債務引受けがあった場合、特段の事情がない限り、原債務者と引受人との間には連帯債務関係が生ずる。（最判昭41・12・20民集二〇・一〇・二一三九、民百選Ⅱ[八版]三一……平成二九法四四による改正前の連帯債務の規定に関する事案）→四三六条[1]

（併存的債務引受における引受人の抗弁等）
第四七一条① 引受人は、併存的債務引受により負担した自己の債務について、その効力が生じた時に債務者が主張することができた抗弁をもって債権者に対抗することができる。
② 債務者が債権者に対して取消権又は解除権を有するときは、引受人は、これらの権利の行使によって債務者がその債務を免れるべき限度において、債権者に対して債務の履行を拒むことができる。
〈第四七一条は新設〉

参 四七〇【免責的債務引受の場合→四七二の二　❶【債権譲渡の場合→四六八①　❷【取消権→一二〇【解除権→五四〇

第二款　免責的債務引受〈第二款名は新設〉

（免責的債務引受の要件及び効果）
第四七二条① 免責的債務引受の引受人は債務者が債権者に対して負担する債務と同一の内容の債務を負担し、債務者は自己の債務を免れる。
② 免責的債務引受は、債権者と引受人となる者との契約によってすることができる。この場合において、免責的債務引受は、債権者が債務者に対してその契約をした旨を通知した時に、その効力を生ずる。
③ 免責的債務引受は、債務者と引受人となる者が契約をし、債権者が引受人となる者に対して承諾をすることによってもすることができる。
〈第四七二条は新設〉

参 四七二の二―四七二の四

（免責的債務引受における引受人の抗弁等）

民法

第四七二条の二① 引受人は、免責的債務引受により負担した自己の債務について、その効力が生じた時に債務者が主張することができた抗弁をもって債権者に対抗することができる。

② 債務者が債権者に対して取消権又は解除権を有するときは、引受人は、免責的債務引受がなければこれらの権利の行使によって債務者がその債務を免れることができた限度において、債権者に対して債務の履行を拒むことができる。

〈第四七二条の二は新設〉

参+四七二【併存的債務引受の場合→四七一 ❶【債権譲渡の場合→四六八① ❷【取消権→一二〇【解除権→五四〇

（免責的債務引受における引受人の求償権）

第四七二条の三 免責的債務引受の引受人は、債務者に対して求償権を取得しない。〈第四七二条の三は新設〉

参+四七二

（免責的債務引受による担保の移転）

第四七二条の四① 債権者は、第四百七十二条第一項の規定により債務者が免れる債務の担保として設定された担保権を引受人が負担する債務に移すことができる。ただし、引受人以外の者がこれを設定した場合には、その承諾を得なければならない。

② 前項の規定による担保権の移転は、あらかじめ又は同時に引受人に対してする意思表示によってしなければならない。

③ 前二項の規定は、第四百七十二条第一項の規定により債務者が免れる債務の保証をした者があるときについて準用する。

④ 前項の場合において、同項において準用する第一項の承諾は、書面でしなければ、その効力を生じない。

⑤ 前項の承諾がその内容を記録した電磁的記録によってされたときは、その承諾は、書面によってされたものとみなして、同項の規定を適用する。

〈第四七二条の四は新設〉

参+四七二 ❶❷【担保権の例→三四二、三六九 ❶【本項の特則→三九八の七③ ❸―❺【保証債務→四四六

[1] ★免責的債務引受けがされた場合は、元の債務者のために保証人が負っていた保証債務は、保証人の同意がない限り消滅する。（大判大11・3・1民集一・八〇）

[2] ★免責的債務引受けがされた場合は、元の債務の担保のため第三者の設定した質権は、特段の事情のない限り消滅する。（最判昭46・3・18判時六二三・七一）

第六節　債権の消滅〈改正前の第五節〉

第一款　弁済

第一目　総則

（弁済）

第四七三条 債務者が債権者に対して債務の弁済をしたときは、その債権は、消滅する。〈第四七三条は新設〉

参+【債務の不存在を知ってした弁済→七〇五【期限前の弁済→七〇六

（第三者の弁済）

第四七四条① 債務の弁済は、第三者もすることができる。

② 弁済をするについて正当な利益を有する者でない第三者は、債務者の意思に反して弁済をすることができない。ただし、債務者の意思に反することを債権者が知らなかったときは、この限りでない。

③ 前項に規定する第三者は、債権者の意思に反して弁済をすることができない。ただし、その第三者が債務者の委託を受けて弁済をする場合において、そのことを債権者が知っていたときは、この限りでない。

④ 前三項の規定は、その債務の性質が第三者の弁済を許さないとき、又は当事者が第三者の弁済を禁止し、若しくは制限する旨の意思表示をしたときは、適用しない。

（第三者の弁済）

第四七四条① 債務の弁済は、第三者もすることができる。ただし、その債務の性質がこれを許さないとき、又は当事者が反対の意思を表示したときは、この限りでない。

② 利害関係を有しない第三者は、債務者の意思に反して弁済をすることができない。

（第三項・第四項は新設）

参+【弁済による代位→四九九【錯誤による他人の債務の弁済→七〇七 ❶四七三 ❷❸【正当な利益を有する者でない第三者の弁済による代位→五〇〇 ❹【債務の性質が第三者の弁済を許さない場合の例→六二五②③

一 正当な利益の意義（平成二九法四四による改正前の本条二項にいう「利害関係」についての判断）

1 利害関係の意義

[1] ★利害の関係を有する者とは、物上保証人、担保不動産の第三取得者のように弁済をするについて法律上の利害関係を有する第三者をいう。（最判昭39・4・21民集一八・四・五六五）

2 利害関係を有するとされた例

[2] ★借地上の建物の賃借人（敷地の地代の弁済について）（最判昭63・7・1判時一二八七・六三、民百選II〔八版〕三二）

3 利害関係を有しないとされた例

[3] ★債務者の妻の姉妹の夫（大判昭14・10・13民集一八・一一六五）

[4] ★債務者である会社が解散した頃に設立された債務者の第二会社的立場にある会社（最判昭39・4・21前出[1]）

二 債務者の意思の意義

[5] 第三者の弁済が連帯債務者の一人の意思に反しない場合であっても、他の連帯債務者の意思に反するときは、その弁済は、その意思に反する連帯債務者に対しては無効である。（大判昭14・10・13前出[3]）

（弁済として引き渡した物の取戻し）

第四七五条 弁済をした者が弁済として他人の物を引き渡したときは、その弁済をした者は、更に有効な弁済をしなければ、その物を取り戻すことができない。

参+四七六【本条の適用のない場合→一九二

第四七六条 譲渡につき行為能力の制限を受けた所有者が弁済として物の引渡しをした場合において、その弁済を取り

消したときは、その所有者は、更に有効な弁済をしなければ、その物を取り戻すことができない。（改正により削られた）［対応規定なし］

（**弁済として引き渡した物の消費又は譲渡がされた場合の弁済の効力等**）

第四七六条　前条の場合において、債権者が弁済として受領した物を善意で消費し、又は譲り渡したときは、その弁済は、有効とする。この場合において、債権者が第三者から賠償の請求を受けたときは、弁済をした者に対して求償をすることを妨げない。〈改正前の**第四七七条**〉

（**弁済として引き渡した物の消費又は譲渡がされた場合の弁済の効力等**）

第四七七条　前二条の場合において、債権者が弁済として受領した物を善意で消費し、又は譲り渡したときは、その弁済は、有効とする。この場合において、債権者が第三者から賠償の請求を受けたときは、弁済をした者に対して求償をすることを妨げない。（改正後の**第四七六条**）

【賠償の請求→七〇三、七〇九

（**預金又は貯金の口座に対する払込みによる弁済**）

第四七七条　債権者の預金又は貯金の口座に対する払込みによってする弁済は、債権者がその預金又は貯金に係る債権の債務者に対してその払込みに係る金額の払戻しを請求する権利を取得した時に、その効力を生ずる。〈**第四七七条**は新設〉

四七三

（**受領権者としての外観を有する者に対する弁済**）

第四七八条　受領権者（債権者及び法令の規定又は当事者の意思表示によって弁済を受領する権限を付与された第三者をいう。以下同じ。）以外の者であって取引上の社会通念に照らして受領権者としての外観を有するものに対してした弁済は、その弁済をした者が善意であり、かつ、過失がなかったときに限り、その効力を有する。

（**債権の準占有者に対する弁済**）

第四七八条　債権の準占有者に対してした弁済は、その弁済をした者が善意であり、かつ、過失がなかったときに限り、その効力を有する。

四七三、四七九【法令の規定による受領権者の例→三六六、四二三、四二四、民執一五五、破七八①【本条の特則→五二〇の一〇、五二〇の一八、五二〇の二〇、商一七④、会社二二④、電子債権二一【本条の不適用→偽造カード三

参考　**偽造カード等及び盗難カード等を用いて行われる不正な機械式預貯金払戻し等からの預貯金者の保護等に関する法律**（平成一七・八・一〇法九四）（抜粋）

（**定義**）

第二条①②　（略）

③　この法律において「真正カード等」とは、預貯金等契約に基づき預貯金者に交付された預貯金の引出用のカード又は預貯金通帳（金銭の借入れをするための機能を併せ有するものを含む。以下「カード等」という。）をいう。

④　この法律において「偽造カード等」とは、真正カード等以外のカード等その他これに類似するものをいう。

⑤　この法律において「盗難カード等」とは、盗取された真正カード等をいう。

⑥　この法律において「機械式預貯金払戻し」とは、金融機関と預貯金者との間において締結された預貯金等契約に基づき行われる現金自動支払機（預貯金等契約に基づき預貯金の払戻し又は金銭の借入れを行うことができる機能を有する機械をいう。次項において同じ。）による預貯金の払戻し（振込みに係る預貯金者の口座からの払戻しを含む。）をいう。

⑦　この法律において「機械式金銭借入れ」とは、金融機関と預貯金者との間において締結された預貯金等契約に基づき行われる現金自動支払機による金銭の借入れ（預貯金以外のものを担保とする借入れを除く。）をいう。

（**カード等を用いて行われる機械式預貯金払戻し等に関する民法の特例**）

第三条　民法第四百七十八条の規定は、カード等その他これに類似するものを用いて行われる機械式預貯金払戻し及び機械式金銭借入れ（以下「機械式預貯金払戻し等」という。）については、適用しない。ただし、真正カード等を用いて行われる機械式預貯金払戻し等については、この限りでない。

（**偽造カード等を用いて行われた機械式預貯金払戻し等の効力**）

第四条①　偽造カード等を用いて行われた機械式預貯金払戻しは、当該機械式預貯金払戻しに係る預貯金等契約を締結している預貯金者の故意により当該機械式預貯金払戻しが行われたものであるとき又は当該預貯金等契約を締結している金融機関が当該機械式預貯金払戻しについて善意でかつ過失がない場合であって当該預貯金者の重大な過失により当該機械式預貯金払戻しが行われることとなったときに限り、その効力を有する。

②　（略）

（**盗難カード等を用いて行われた不正な機械式預貯金払戻し等の額に相当する金額の補てん等**）

第五条①　預貯金者は、自らの預貯金等契約に係る真正カード等が盗取されたと認める場合において、次の各号のいずれにも該当するときは、当該預貯金等契約を締結している金融機関に対し、当該盗取に係る盗難カード等を用いて行われた機械式預貯金払戻しの額に相当する金額の補てんを求めることができる。

一　当該真正カード等が盗取されたと認めた後、速やかに、当該金融機関に対し盗取された旨の通知を行ったこと。

二　当該金融機関の求めに応じ、遅滞なく、当該盗取が行われるに至った事情その他の当該盗取に関する状況について十分な説明を行ったこと。

三　当該金融機関に対し、捜査機関に対して当該盗取に係る届出を提出していることを申し出たことその他当該盗取が行われたことが推測される事実として内閣府令で定めるものを示したこと。

②　前項の規定による補てんの求めを受けた金融機関は、当該補てんの求めに係る機械式預貯金払戻しが盗難カード等を用いて行われた不正なものでないこと又は当該機械式預貯金払戻しが当該補てんの求めをした預貯金者の故意により行われたことを証明した場合を除き、当該補てんの求めをした預貯金者に対して、当該機械式預貯金払戻しの額に相当する金額（基準日以後において行われた当該機械式預貯金払戻しの額に相当する金額に限る。以下「補てん対象額」という。）の補てんを行わなければならない。ただし、当該金融機関が、当該機械式預貯金払戻しが盗難カード等を用いて不正に行われたことについて善意でかつ過失がないこと及び当該機械式預貯金払戻しが当該預貯金者の過失（重大な過失を除く。）により行われたことを証明した場合

は、その補てんを行わなければならない金額は、補てん対象額の四分の三に相当する金額とする。

③　第一項の規定による補てんの求めを受けた金融機関は、前項の規定にかかわらず、次の各号のいずれかに該当することを証明した場合には、当該補てんの求めをした預貯金者に対して、補てんを行うことを要しない。

一　当該補てんの求めに係る機械式預貯金払戻しが盗難カード等を用いて不正に行われたことについて金融機関が善意でかつ過失がないこと及び次のいずれかに該当すること。

イ　当該機械式預貯金払戻しが当該預貯金者の重大な過失により行われたこと。

ロ　当該機械式預貯金払戻しが当該預貯金者の配偶者、二親等内の親族、同居の親族その他の同居人又は家事使用人によって行われたこと。

ハ　当該預貯金者が、第一項第二号に規定する金融機関に対する説明において、重要な事項について偽りの説明を行ったこと。

二　当該盗難カード等に係る盗取が戦争、暴動等による著しい社会秩序の混乱に乗じ、又はこれに付随して行われたこと。

④⑤　（略）

⑥　第二項及び第四項に規定する基準日とは、第一項第一号に規定する通知を行った日の三十日（預貯金者が、同項又は第四項の盗取が行われた日（当該盗取が行われた日が明らかでないときは、当該盗取に係る盗難カード等を用いて行われた不正な機械式預貯金払戻し又は機械式金銭借入れが最初に行われた日。以下この項及び第七条において同じ。）以後三十日を経過する日までの期間内に当該盗取が行われたことを知ることができなかったことその他の当該通知をすることができなかったことについてやむを得ない特別の事情がある期間があることを証明したときは、三十日に当該特別の事情が継続している期間の日数を加えた日数）前の日（その日が当該盗取が行われた日前の日であるときは、当該盗取が行われた日）をいう。

第六条①（**損害賠償等がされた場合等の調整**）　前条第二項の規定に基づく補てんを受けることができることとされる預貯金者に対し、次のいずれかに掲げる請求権の全部又は一部に係る支払がされた場合においては、当該補てんの求めを受けた金融機関は、その支払の金額の限度で当該預貯金者に対して補てんを行う義務を免れる。ただし、同項ただし書の規定の適用がある場合にあっては、当該金融機関は、当該支払の金額が補てん対象額から同項ただし書の規定に基づく補てんを受けることができることとされる金額を控除した金額を超えるときに限り、当該超える金額の限度で当該預貯金者に対して補てんを行う義務を免れる。

一　盗難カード等を用いて行われた不正な機械式預貯金払戻しが弁済の効力を有しない場合に当該預貯金者が当該金融機関に対して有する当該機械式預貯金払戻しに係る預貯金の払戻請求権

二　盗難カード等を用いて行われた不正な機械式預貯金払戻しが弁済の効力を有する場合に当該預貯金者が当該機械式預貯金払戻しを受けた者その他の第三者に対して有する損害賠償請求権又は不当利得返還請求権

②　前条第二項の規定による補てんを受けた預貯金者は、当該補てんを受けた金額の限度において、前項第一号に掲げる請求権に係る支払の請求を行うことができない。

③　前条第二項の規定により預貯金者に対し補てんを行った金融機関は、当該補てんを行った金額の限度において、当該預貯金者の有する第一項第二号に掲げる請求権を取得する。

一　取引上の社会通念に照らして受領権者としての外観を有するものの意義（平成二九法四四による改正前の本条にいう「債権の準占有者」についての判断）

[1]　弁済者から観察して、社会一般の取引観念に照らし、真実債権を有すると思料するに足りる外観を備える者は、債権の準占有者である。（大判昭2・6・22民集六・四〇八、会社百選[五版]七八）→会社四五四条[6]

[2]　債権者の代理人と称して債権を行使する者も、債権の準占有者に当たる。（最判昭37・8・21民集一六・九・一八〇九、民百選II[七版]三六）→[9]

二　「債権の準占有者」に当たるとされた例

1　無効な法律関係あるいは法律関係が不存在の場合

[3]　債権譲渡が無効であるときの譲受人（大判大7・12・7民録二四・二三一〇）

[4]　戸籍上は相続人であるが、真実の相続人ではない者（大判昭15・5・29民集一九・九〇三）

[5]　転付命令が無効であるときの転付債権者（最判昭40・11・19民集一九・八・一九八六、銀取百選[二版]八八……ただし、弁済の効力を他の差押債権者に対して主張することはできないとされた。二重に差押えがされた例）→四八一条[2]

[6]　指名債権が二重に譲渡された場合における、民法四六七条二項の対抗要件を遅れて具備した（劣後する）譲受人（最判昭61・4・11民集四〇・三・五五八、民百選II[八版]三三）→[19]

2　通帳・領収書などの持参者

[7]　偽造された配当金領収書を提出し支払を請求した者（大判昭2・6・22前出[1]）

[8]　窃取された郵便貯金通帳と偽造された印鑑をもって払戻しを受けた者（大判昭16・6・20民集二〇・九二一）

3　債権者の代理人と自称する者

[9]　いずれも作成者名義人によって作成されたものではない株式会社である債権者名義の領収書及び債務者から債権者にあらかじめ交付された受理書を提出し、代金の支払を請求した者（最判昭37・8・21前出[2]）

[10]　債権者名義の定期預金証書と偽造された印鑑を持参し、債権者の代理人と称する者（最判昭41・10・4民集二〇・八・一五六五）

[11]　株式会社である債権者の届出代表者印と同一の押印がある預金払戻請求書を提出した、右株式会社の取締役（最判昭42・12・21民集二一・一〇・二六一三）

三　「債権の準占有者」に当たらないとされた例

[12]　預金の届出印のみを所持する者が準占有者ではないとされた事例（最判昭53・5・1判時八九三・三一、民百選II[三版]四〇）

四　本条［平成二九法四四による改正前］が適用・類推適用された例

1　定期預金の期限前の払戻し

[13]　定期預金債権において、契約成立時に既に、期限前払戻しの場合の弁済の具体的内容が合意により確定されているとき、その期限前払戻し（最判昭41・10・4前出[10]）

2　いわゆる預金担保貸付け（類推適用）→六六六条[2][3]

[14]　銀行が、無記名定期預金債権を受働債権として相殺する予定の下に、新たに貸付けをし、それによって生じた貸金債権を自働債権として、右無記名定期預金債務と相殺するとき（最判昭48・3・27民集二七・二・三七六、民法の判例[三版]二八）

[15]　金融機関が、預金者の債権を受働債権として相殺する契

約をし、預金者ではない第三者に対してその第三者を預金者本人と誤信して金銭貸付けを行い、右貸付債権を自働債権とし、右預金債権を受働債権として相殺をした場合（最判昭59・2・23民集三八・三・四四五、民百選Ⅱ[八版]三四）↓[20]

[16] 一定額までは定期預金の払戻請求債権と当然に相殺する予定のもとに普通預金の払戻しの方法により貸越しをすることを内容とするいわゆる総合口座取引において、銀行が権限を有すると称する者からの普通預金の払戻しの請求に応じて貸越しをし、これによって生じた貸金債権を自働債権として定期預金の払戻請求債権と相殺した場合（最判昭63・10・13判時一二九五・五七、担保法の判例Ⅰ八九）

3　いわゆる契約者貸付制度に基づく貸付け（類推適用）

[17] 保険会社が、生命保険契約約款が定めるいわゆる契約者貸付制度に基づいて、保険契約者の代理人と称する第三者の申込みによる貸付けを行った場合において、第三者を保険契約者の代理人と認定するにつき相当の注意義務を尽くしたときは、保険会社は、本条［平成二九法四四による改正前］の類推適用により、保険契約者に対して、右貸付けの効力を主張することができる。（最判平9・4・24民集五一・四・一九九一、保険法百選九六）

五　弁済者の善意・無過失

1　無過失であるというための要件（現金自動入出機による預金の払戻しの場合）

[18] 債権の準占有者に対する機械払の方法（暗証番号を登録した預金者が通帳又はキャッシュカードを使用し暗証番号を入力すれば、現金自動入出機によって、預金の払戻しを受けることができる方法）による預金の払戻しにつき銀行が無過失であるというためには、払戻しの際に機械が正しく作動したことだけでなく、銀行において、預金者による暗証番号等の管理に遺漏がないようにさせるため当該機械払の方法により預金の払戻しが受けられる旨を預金者に明示すること等を含め、機械払システムの設置管理の全体について、可能な限度で無権限者による払戻しを排除し得るよう注意義務を尽くしていたことを要する。（最判平15・4・8民集五七・四・三三七、民百選Ⅱ[八版]三五）↓六六六条[6]

2　無過失ではないとされた例

[19] 債権の二重譲渡において劣後譲受人を真の債権者と信ずるにつき過失がないというためには、優先譲受人の債権譲受行為又は対抗要件に瑕疵［かし］があるためその効力を生じないと誤信してもやむを得ない事情があるなど、劣後譲受人を真の債権者であると信ずるにつき相当の理由があることを要する。（最判昭61・4・11前出[6]）

3　善意・無過失の判断の時期

[20] 〈前出[15]の場合において〉善意・無過失（預金者でない者を預金者と認定するにつき相当な注意義務を尽くしたこと）は、預金担保貸付けにおいては、貸付けの時に存在すればよく、相殺の意思表示をする時点において、右第三者が真実の預金者と同一人でないことを知っていたとしても影響を受けない。（最判昭59・2・23前出[15]）

（受領権者以外の者に対する弁済）

第四七九条　前条の場合を除き、受領権者以外の者に対してした弁済は、債権者がこれによって利益を受けた限度においてのみ、その効力を有する。

（受領する権限のない者に対する弁済）

第四七九条　前条の場合を除き、弁済を受領する権限を有しない者に対してした弁済は、債権者がこれによって利益を受けた限度においてのみ、その効力を有する。

参＋四七三

第四八〇条【受取証書の持参人に対する弁済】　削除

（受取証書の持参人に対する弁済）

第四八〇条　受取証書の持参人は、弁済を受領する権限があるものとみなす。ただし、弁済をした者がその権限がないことを知っていたとき、又は過失によって知らなかったときは、この限りでない。［改正後の**第四七八条**に対応］

（差押えを受けた債権の第三債務者の弁済）

第四八一条①　差押えを受けた債権の第三債務者が自己の債権者に弁済をしたときは、差押債権者は、その受けた損害の限度において更に弁済をすべき旨を第三債務者に請求することができる。

②　前項の規定は、第三債務者からその債権者に対する求償権の行使を妨げない。

（支払の差止めを受けた第三債務者の弁済）

第四八一条①　支払の差止めを受けた第三債務者が自己の債権者に弁済をしたときは、差押債権者は、その受けた損害の限度において更に弁済をすべき旨を第三債務者に請求することができる。

②　（略）

参❶【差押え→民執一四五、民保五〇　❷【求償権→七〇三

一　差押えの意義（平成二九法四四による改正前の本条にいう「支払の差止めを受けた」についての判断）

[1] ★取引銀行に対して先日付振込みの依頼をした後にその振込みに係る債権について仮差押命令の送達を受けた第三債務者は、振込依頼を撤回して債務者の預金口座に振込入金されるのを止めることができる限り、弁済をするかどうかについての決定権を依然として有するので、原則として、仮差押命令の弁済禁止の効力を免れることはできない。その第三債務者に人的又は時間的余裕がなく、振込依頼を撤回することが著しく困難であるなどの特段の事情がある場合に限り、右振込みによる弁済を仮差押債権者に対抗することができるにすぎない。（最判平18・7・20民集六〇・六・二四七五、執保百選[三版]五二）

二　「自己の債権者に弁済をしたとき」の例

[2] 同一の債権が二重に差し押さえられているとき、無効な転付命令を取得した差押債権者に対する弁済が民法四七八条［平成二九法四四による改正前］により有効とされる場合であっても、他の差押債権者に対しては、右の第三債務者から転付債権者への弁済は、本条一項にいう「自己の債権者に弁済をしたとき」と同視すべきである。（最判昭40・11・19民集一九・八・一九八六、銀取百選[三版]八八）↓四七八条[5]

三　差押債務者に破産手続開始決定があった場合

[3] 債権差押命令の送達を受けた第三債務者が、差押債権につき、差押債務者に弁済（第一弁済）した後の和解に基づき差押債権者にも弁済（第二弁済）したが、その後差押債務者が破産手続開始の決定を受けた場合、第一弁済により差押債権は消滅しており、第二弁済は差押債務者の財産をもって債務を消滅させる行為とはいえない。（最判平29・

12・19判時二三七〇・二八、倒産百選〔六版〕A6……第二弁済は破産法一六二条一項の「債務の消滅に関する行為」に当たらない）↓破一六二条[7]

第四八二条（代物弁済）　弁済をすることができる者（以下「弁済者」という。）が、債権者との間で、債務者の負担した給付に代えて他の給付をすることにより債務を消滅させる旨の契約をした場合において、その弁済者が当該他の給付をしたときは、その給付は、弁済と同一の効力を有する。

> **第四八二条**（代物弁済）　債務者が、債権者の承諾を得て、その負担した給付に代えて他の給付をしたときは、その給付は、弁済と同一の効力を有する。

⊛【代物弁済と仮登記】↓仮登記担保

一　債権の消滅原因となる場合
[1] ★不動産所有権の譲渡をもって代物弁済をする場合、債務消滅の効力が生じるには、原則として、単に所有権移転の意思表示をしただけでは足りず、所有権移転登記手続の完了を要する。（最判昭40・4・30民集一九・三・七六八）↓一七六条[6]
[2] ★既存債務の履行に代えて、小切手を振り出し、それにより既存債務を消滅させる合意は代物弁済となる。（大判大8・4・1民録二五・五九九）↓五一三条[1]
二　代物弁済における目的物の所有権移転の効果↓一七六条[6]
三　代物弁済予約・停止条件付代物弁済契約↓仮登記担保

第四八三条（特定物の現状による引渡し）　債権の目的が特定物の引渡しである場合において、契約その他の債権の発生原因及び取引上の社会通念に照らしてその引渡しをすべき時の品質を定めることができないときは、弁済をする者は、その引渡しをすべき時の現状でその物を引き渡さなければならない。

> **第四八三条**（特定物の現状による引渡し）　債権の目的が特定物の引渡しであるときは、弁済をする者は、その引渡しをすべき時の現状でその物を引き渡さなければならない。

⊛四七三、四〇〇【本条の特則】↓五五一①、五九〇、五九六

第四八四条①（弁済の場所及び時間）　弁済をすべき場所について別段の意思表示がないときは、特定物の引渡しは債権発生の時にその物が存在した場所において、その他の弁済は債権者の現在の住所において、それぞれしなければならない。
②　法令又は慣習により取引時間の定めがあるときは、その取引時間内に限り、弁済をし、又は弁済の請求をすることができる。

> **第四八四条**（弁済の場所）（略、改正後の①）（第二項は新設）

⊛四七三　❶【住所】↓二二―二四【弁済の費用の増加】↓四八五【裁判管轄】↓民訴五㊀【本項の特則】↓五二〇の八、五二〇の一八、五二〇の二〇、五七四、六六四、商五一六

「その他の弁済」の場所
[1] 代金債権の譲渡があった場合には、新債権者の住所で弁済しなければならない。（大判大12・2・26民集二・七一）↓四八五条[7]

第四八五条（弁済の費用）　弁済の費用について別段の意思表示がないときは、その費用は、債務者の負担とする。ただし、債権者が住所の移転その他の行為によって弁済の費用を増加させたときは、その増加額は、債権者の負担とする。

⊛四七三【住所と弁済の場所】↓四八四①【本条の特則】↓四一三②【売買契約に関する費用の負担】↓五五八

本条ただし書に当たる場合
[1] 債権譲渡により債権者の住所が遠くなり、弁済の費用が増加した場合（大判大12・2・26民集二・七一）↓四八四条[7]

第四八六条①（受取証書の交付請求等）　弁済をする者は、弁済と引換えに、弁済を受領する者に対して受取証書の交付を請求することができる。
②　弁済をする者は、前項の受取証書の交付に代えて、その内容を記録した電磁的記録の提供を請求することができる。ただし、弁済を受領する者に不相当な負担を課するものであるときは、この限りでない。

> **第四八六条**（受取証書の交付請求）　弁済をした者は、弁済を受領した者に対して受取証書の交付を請求することができる。（改正後の①）（第二項は新設）

⊛四七三、五三三【本条の特則】↓手三九、五〇、五一、七七①㊂㊃、小三四、四六

弁済時における受取証書の交付
[1] 弁済と受取証書の交付とは同時履行の関係にあるから、受取証書の交付があるまで弁済者が目的物の引渡しを拒んでも、遅滞の責めを負わない。（大判昭16・3・1民集二〇・一六三）↓五三三条[4]

第四八七条（債権証書の返還請求）　債権に関する証書がある場合において、弁済をした者が全部の弁済をしたときは、その証書の返還を請求することができる。

⊛四七三、四八六【本条の特則】↓五〇三、手三九、七七①㊂、小三四、商六一三、七六四

返還請求が認められた例
[1] 債務者の提供した金額が僅かに不足していることを口実

にして、債権者が債権証書の返還及び抵当権の抹消登記手続を拒絶することは、信義則に反し、遅滞の責めを免れない。（大判昭9・2・26民集一三・三六六）

（同種の給付を目的とする数個の債務がある場合の充当）

第四八八条① 債務者が同一の債権者に対して同種の給付を目的とする数個の債務を負担する場合において、弁済として提供した給付が全ての債務を消滅させるのに足りないとき（次条第一項に規定する場合を除く。）は、弁済をする者は、給付の時に、その弁済を充当すべき債務を指定することができる。

② 弁済をする者が前項の規定による指定をしないときは、弁済を受領する者は、その受領の時に、その弁済を充当すべき債務を指定することができる。ただし、弁済をする者がその充当に対して直ちに異議を述べたときは、この限りでない。

③ 前二項の場合における弁済の充当の指定は、相手方に対する意思表示によってする。

④ 弁済をする者及び弁済を受領する者がいずれも第一項又は第二項の規定による指定をしないときは、次の各号の定めるところに従い、その弁済を充当する。

一 債務の中に弁済期にあるものと弁済期にないものとがあるときは、弁済期にあるものに先に充当する。

二 全ての債務が弁済期にあるとき、又は弁済期にないときは、債務者のために弁済の利益が多いものに先に充当する。

三 債務者のために弁済の利益が相等しいときは、弁済期が先に到来したもの又は先に到来すべきものに先に充当する。

四 前二号に掲げる事項が相等しい債務の弁済は、各債務の額に応じて充当する。

（弁済の充当の指定）
第四八八条① 債務者が同一の債権者に対して同種の給付を目的とする数個の債務を負担する場合において、弁済として提供した給付がすべての債務を消滅させるのに足りないときは、弁済をする者は、給付の時に、その弁済を充当すべき債務を指定することができる。
②③（略）
（第四項は新設）

∞+四八九―四九一 ❹【弁済期↓一三五―一三七・四一二】

[1] **一 相殺の場合**↓五一二条[1]

二 本条四項二号が問題とされた例

★利息付きでかつ連帯保証人のいる債務と、無利息だが物的担保の付いている債務との間では、担保契約の内容など諸般の事情を考慮して、どちらが「債務者のために弁済の利益が多いもの」かを決すべきである。（最判昭29・7・16民集八・七・一三五〇……物的担保があることだけを理由として、後者に充当すべきとした原審を破棄、差し戻した例）

[2] **三 競売手続の配当金**

★不動産競売手続における配当金が同一担保権者の有する数個の被担保債権の全てを消滅させるに足りない場合、その配当金は、本条ないし民法四九一条［平成二九法四四による改正後の本条四項・四九一条・四八九条］の規定に従って充当される（債権者による弁済充当の指定に関する特約があっても、それによる指定充当は許されない）。（最判昭62・12・18民集四一・八・一五九二、執保百選［三版］三九）

[3] ★不動産競売手続における債務者複数の根抵当権についての配当金が被担保債権の全てを消滅させるに足りない場合においては、配当金を各債務者に対する債権を担保するための部分に被担保債権額に応じて案分した上、右案分額を本条ないし民法四九一条［平成二九法四四による改正後の本条四項・四九一条・四八九条］の規定に従って各債務者に対する被担保債権に充当すべきである。（最判平9・1・20民集五一・一・一、重判平9民四）↓民執八五条[5]

四 制限超過利息の元本への充当↓利息一条[3][6]

（元本、利息及び費用を支払うべき場合の充当）

第四八九条① 債務者が一個又は数個の債務について元本のほか利息及び費用を支払うべき場合（債務者が数個の債務を負担する場合にあっては、同一の債権者に対して同種の給付を目的とする数個の債務を負担するときに限る。）において、弁済をする者がその債務の全部を消滅させるのに足りない給付をしたときは、これを順次に費用、利息及び元本に充当しなければならない。

② 前条の規定は、前項の場合において、費用、利息又は元本のいずれかの全てを消滅させるのに足りない給付をしたときについて準用する。

（法定充当）
第四八九条 弁済をする者及び弁済を受領する者がいずれも前条の規定による弁済の充当の指定をしないときは、次の各号の定めるところに従い、その弁済を充当する。
一 債務の中に弁済期にあるものと弁済期にないものとがあるときは、弁済期にあるものに先に充当する。
二 すべての債務が弁済期にあるとき、又は弁済期にないときは、債務者のために弁済の利益が多いものに先に充当する。
三 債務者のために弁済の利益が相等しいときは、弁済期が先に到来したもの又は先に到来すべきものに先に充当する。
四 前二号に掲げる事項が相等しい債務の弁済は、各債務の額に応じて充当する。
［改正後の第四八八条第四項に対応］

∞+四九〇・四九一

[1] **一 債権執行手続における充当の範囲**

債権差押命令の申立書に請求債権中の遅延損害金につき申立日までの確定金額を記載させる執行裁判所の取扱いに従って債権差押命令の申立てをした債権者は、当該債権差押命令に基づき第三債務者から差押債権の取立てとして支払を受けた金員を、申立日の翌日以降の遅延損害金にも充当することができる。（最決平29・10・10民集七一・八・一四八二、重判平30民訴四）↓民執一五五条[7]

二 制限超過利息の元本への充当↓利息一条[3][6]

（合意による弁済の充当）
第四九〇条　前二条の規定にかかわらず、弁済をする者と弁済を受領する者との間に弁済の充当の順序に関する合意があるときは、その順序に従い、その弁済を充当する。〈第四九〇条は新設〉
⊛+四九一

（数個の給付をすべき場合の充当）
第四九一条　一個の債務の弁済として数個の給付をすべき場合において、弁済をする者がその債務の全部を消滅させるのに足りない給付をしたときは、前三条の規定を準用する。〈改正前の第四九〇条〉

> **（数個の給付をすべき場合の充当）**
> **第四九〇条**　一個の債務の弁済として数個の給付をすべき場合において、弁済をする者がその債務の全部を消滅させるのに足りない給付をしたときは、前二条の規定を準用する。〈改正後の第四九一条〉

> **（元本、利息及び費用を支払うべき場合の充当）**
> **第四九一条①**　債務者が一個又は数個の債務について元本のほか利息及び費用を支払うべき場合において、弁済をする者がその債務の全部を消滅させるのに足りない給付をしたときは、これを順次に費用、利息及び元本に充当しなければならない。
> ②　第四百八十九条の規定は、前項の場合について準用する。
> （改正により削られた）［改正後の第四八九条に対応］

（弁済の提供の効果）
第四九二条　債務者は、弁済の提供の時から、債務を履行しないことによって生ずべき責任を免れる。

> **（弁済の提供の効果）**
> **第四九二条**　債務者は、弁済の提供の時から、債務の不履行によって生ずべき一切の責任を免れる。

⊛+四九三【不履行とその責任↓四一二、四一五【提供と受領遅滞↓四一三、四一三の二②【弁済供託↓四九四①【同時履行の抗弁権の制限↓五三三

一　損害賠償債務・違約罰からの免責↓四一五条[判]・四一六条[判]・四二〇条[判]
二　債権者の解除権の消滅↓五四一条[判]
三　買戻しの特約の効力の発生↓四九三条[15]
四　強制執行手続との関係
[1]　弁済の提供をしただけでは、一旦開始された強制執行手続の停止を求めることはできず、さらに供託を必要とする。（大判明38・12・25民録一一・一八四二）

（弁済の提供の方法）

第四九三条　弁済の提供は、債務の本旨に従って現実にしなければならない。ただし、債権者があらかじめその受領を拒み、又は債務の履行について債権者の行為を要するときは、弁済の準備をしたことを通知してその受領の催告をすれば足りる。

⊛+四九二、四九四①【債務の履行↓一②、四八三—四八五

一　いわゆる現実の提供が問題となる場合
1　一般論
[1]　提供とは、債権者の協力がなければ履行を完了し得ない場合に、債務者が当該事情の下でなし得る限りのことをし、ただ債権者の協力がないために履行を完了できないという程度にまで、全てのことをすることをいい、給付の受領が債権者のすべき唯一の協力であるときには、債務者は債権者が直ちに給付を受領し得るように現実の提供をしなければならない。（大判大10・7・8民録二七・一四四九、不動産百選[三版]二四）
2　金銭債務の場合
イ　提供された金額が問題となる場合
[2]　債務の全額の提供でなければ債務の本旨に従ったものとはならない。（大判明44・12・16民録一七・八〇八）
[3]　履行期後に弁済する場合には、代金債務と共に遅延損害金を併せて提供しなければならない。（大判大8・11・27民録二五・二一三三……買主が残代金だけを提供した場合には売主は解除できるとされた例）
[4]　提供された金額が債務額にごく僅か不足する場合であっても有効な提供となる。（最判昭35・12・15民集一四・一四・三〇六〇……一五万四五〇〇円を提供すべきところ、一三六〇円不足した弁済の提供及びそれに基づく供託を有効とした例。不足額を口実として弁済を無効とするのは、取引社会における信義誠実の原則にもとるとする）↓四九四条[5]
[5]　賃借人が過大な賃料の提供をし、この全額を受領しなければ支払わないという趣旨であったとき、賃貸人は受領を拒絶して解除し得る。（最判昭31・11・27民集一〇・一一・一四八〇……甲家屋の賃借人が、乙家屋も丙地も賃借していると主張して、右土地・家屋の賃料相当額全額を提供しても、賃貸人は受領を拒絶し甲家屋の賃貸借契約を解除できるとされた例）
ロ　金銭以外のものの提供が問題となる場合
[6]　金銭債務を負う者が、金銭の支払に代えて郵便為替を送付した場合でも有効な提供となる。（大判大8・7・15民録二五・一三三一）
[7]　振替貯金払出証書の送付につき、前出[6]と同旨（大判大9・2・28民録二六・一五八）
[8]　銀行振出しの小切手の提供につき、前出[6]と同旨（最判昭37・9・21民集一六・九・二〇四一、手形小切手百選[六版]九〇）↓小六条[7]
[9]　金銭の支払に代えて、個人振出しの小切手を提供しても、債務の本旨に従った提供とはいえない。（最判昭35・11・22民集一四・一三・二八二七、売買百選六四）
ハ　債権者自身に提供できなかった場合
[10]　債務者が賃料を持参して債権者の代理人である弁護士の事務所に赴いたが、弁護士が不在のため、現金の提示ができないときには、特段の事情のない限り、右弁護士の事務員に対し受領の催告をしなくても、現実の提供があったとされた例（最判昭39・10・23民集一八・八・一七七三……賃貸人の解除を否定）
二　手付けの倍額の償還↓五五七条[8]
[11]　約定の日時・場所に代金を持参すれば、債権者がその場所に来なかったとしても、有効な提供となる。（最判昭32・6・27民集一一・六・一一五四、不動産百選[増補]六五）
3　物の引渡債務の場合
[12]　債務の内容である商品の送付に代えて、貨物引換証を送付することは有効な提供となる。（大判大13・7・18民集三・三九九、総則・商行為百選[二版]七三）
[13]　荷為替付きの物品の送付は、買主に代金たる手形金の支払の先履行義務を課することになるから、有効な提供とはならない。（大判大9・3・29民録二六・四一一、売買百選一

五）

二　いわゆる口頭の提供が問題となる場合

1　「債権者があらかじめその受領を拒」んだ場合に当たるとされた例

⑭ 賃貸人が増額された賃料でなければ受領しないと主張している場合（大判昭10・5・16新聞三八四六・八）

⑮ 買主が買戻しの特約の存在を否認して、売主の弁済を受け付けない場合（大判大14・8・3新聞二四七五・一三……売主は口頭の提供で買戻しができるとされた例）→◆【法律行為の解釈】［九二条の後］⑦

2　「債務の履行について債権者の行為を要するとき」の意義

⑯ 売主たる債権者が目的物の引渡場所をあらかじめ指定しなければならなかった場合（大判大10・11・8民録二七・一九四八）

3　「弁済の準備をしたことを通知してその受領の催告をす」ることの内容

イ　債権者の受領拒絶の場合

⑰ 銀行から資金借用の予約をしていつでも弁済できる程度に資金調達の道を立てておけばよい。（大判大7・12・4民録二四・二二八八）

ロ　債権者の行為を必要とする場合

⑱ 弁済の準備の程度は、将来、債権者の行為さえあれば相当な時期に弁済できるだけの準備を要する。（大判大10・11・8前出⑯）→⑦

⑲ 目的物の引渡場所を「深川渡」と定めた場合に、債務者たる売主が右の意味で引渡しの準備を完了し、これを債権者たる買主に通知すればよい。（大判大14・12・3民集四・六八五、売買百選二六……買主が特定の倉庫を知っていたか、知らなくても信義則上問い合わせるべきであったとされた例）→九二条④・◆【法律行為の解釈】［九二条の後］⑦

ハ　債権者が催告に応じた場合

⑳ 一度言語上の提供をしたが、債権者が催告に応じ協力したときは、債務者はさらに現実の提供をしなければならない。（大判大10・7・8前出⑦）

三　口頭の提供も不要とされる場合

㉑ 債権者が契約そのものの存在を否定するなど弁済を受領しない意思が明確と認められる場合には、債務者は口頭の提供をしなくとも債務不履行の責めを免れる。（最大判昭32・6・5民集一一・六・九一五、民法の判例[三版]三〇……賃貸人が賃料の受領を拒絶し、賃貸借契約の解除を主張した例）

第二目　弁済の目的物の供託

（供託）

第四九四条① 弁済者は、次に掲げる場合には、債権者のために弁済の目的物を供託することができる。この場合においては、弁済者が供託をした時に、その債権は、消滅する。

一　弁済の提供をした場合において、債権者がその受領を拒んだとき。

二　債権者が弁済を受領することができないとき。

② 弁済者が債権者を確知することができないときも、前項と同様とする。ただし、弁済者に過失があるときは、この限りでない。

（供託）

第四九四条　債権者が弁済の受領を拒み、又はこれを受領することができないときは、弁済をすることができる者（以下この目において「弁済者」という。）は、債権者のために弁済の目的物を供託してその債務を免れることができる。弁済者が過失なく債権者を確知することができないときも、同様とする。

⊛四九二・四九三・四九五・四九八【供託の手続→供二】【受領遅滞→四一三・四一三の二②】【本条の特則→四六六の二①、商五二四・五二七・五八二・五八三

一　供託原因

1　債権者の受領拒絶

① 債権者があらかじめ受領を拒んでも、原則として債務者は口頭の提供をしてからでないと供託できない。（大判大10・4・30民録二七・八三二、不動産百選[増補]六八）

② 口頭の提供をしても債権者が受領を拒むであろうことが明確な場合には、債務者は直ちに供託できる。（大判大11・10・25民集一・六一六）

2　債権者の受領不能

③ 債務者の電話による問合せに対し、家人が、債権者は一時不在で居場所が分からない旨を答えた場合も受領不能に当たる。（大判昭9・7・17民集一三・一二一七、売買百選七二）

3　債権者の確知不能

④ 債権者を確知することができないことを理由とする弁済供託は、供託物還付請求権を有する者が複数の者の中のいずれであるかを確知することができないときにすることができるものであるから、供託が無効となるのは、被供託者の中に還付請求権を有する者が全く含まれていない場合に限られる。それが含まれているときは、被供託者の中に権利義務の帰属主体となる実体を備えていないものが含まれていたとしても、弁済供託は無効とならない。（最判平6・3・10裁判集民一七二・五五、供託百選[三版]三七）

二　供託の内容

⑤ 供託した金額にごく僅かの不足がある場合でも供託は有効である。（最判昭35・12・15民集一四・一四・三〇六〇……一五万四五〇〇円のうち一三六〇円が不足していた例）→四九三条④

⑥ 交通事故による損害賠償請求訴訟の控訴審係属中に、加害者が被害者に対し、第一審判決によって支払を命じられた金額の全額を任意に弁済提供した場合には、その提供額が損害賠償債務の全額に満たないことが控訴審において判明したとしても、その弁済提供は右の範囲で有効であり、被害者が右金員の受領を拒絶したことを理由になされた弁済供託も有効である。（最判平6・7・18民集四八・五・一一六五、供託百選[三版]二三）→四九三条②～⑤

三　供託の効果

⑦ 金額に争いのある債権につき、債務者が供託した金額が債権者の主張する額に足りないのに債権者がその供託金を受領した場合であっても、右受領まで債権者が一貫して供託金額を超える額を請求する訴訟を続行しているときには、債権者主張の金額のうち供託金を超える部分については留保の意思表示がなされていると解すべきで、その部分の債務は消滅しない。（最判昭42・8・24民集二一・七・一七一九……金銭消費貸借に基づき、元利合計全額のうち一部を債務者が供託し、それを債権者が受領し、後に残額を請求した例）

（供託の方法）
第四九五条① 前条の規定による供託は、債務の履行地の供託所にしなければならない。
② 供託所について法令に特別の定めがない場合には、裁判所は、弁済者の請求により、供託所の指定及び供託物の保管者の選任をしなければならない。
③ 前条の規定により供託をした者は、遅滞なく、債権者に供託の通知をしなければならない。

§+四九四、四九七【供託の手続↓供二 ❶【本項の特則↓四六六の二①、四六六の三 ❷【供託所の指定・供託物保管者の選任↓非訟九四 ❸【本項の特則↓四六六の二②、四六六の三

（供託物の取戻し）
第四九六条① 債権者が供託を受諾せず、又は供託を有効と宣告した判決が確定しない間は、弁済者は、供託物を取り戻すことができる。この場合においては、供託をしなかったものとみなす。
② 前項の規定は、供託によって質権又は抵当権が消滅した場合には、適用しない。

§+四九四 ❶【供託物の取戻し↓供八② ❷【質権↓三四二【抵当権↓三六九

一 **取戻請求権の差押え**

1 供託者の他の債権者が取戻請求権を差し押さえて転付命令を得ただけでは、被供託者である債権者の供託金還付請求権に何ら影響を及ぼさないから、供託の効力は失われない。（最判昭37・7・13民集一六・八・一五五六、供託百選二版六六）

二 **取戻請求権の消滅時効**

2 取戻請求権の消滅時効の起算点は、供託をする必要が生じた紛争が解決するなど、供託者が免責を受ける必要が消滅した時点である。（最大判昭45・7・15民集二四・七・七七一、重判昭45民二）↓一六六条25

3 弁済供託における供託物の取戻請求権の消滅時効の起算点は、過失なくして債権者を確知することができないことを原因とする弁済供託の場合を含め、供託の基礎となった債務について消滅時効が完成するなど、供託者が免責の効果を受ける必要が消滅した時であるから、供託物取戻請求権の消滅時効が供託の時から進行すると解することは、債務から免責されるという効果を生ぜしめる供託制度の趣旨に反するから）。（最判平13・11・27民集五五・六・一三三四、重判平13民三）

（供託に適しない物等）
第四九七条 弁済者は、次に掲げる場合には、裁判所の許可を得て、弁済の目的物を競売に付し、その代金を供託することができる。
一 その物が供託に適しないとき。
二 その物について滅失、損傷その他の事由による価格の低落のおそれがあるとき。
三 その物の保存について過分の費用を要するとき。
四 前三号に掲げる場合のほか、その物を供託することが困難な事情があるとき。

（供託に適しない物等）
第四九七条 弁済の目的物が供託に適しないとき、又はその物について滅失若しくは損傷のおそれがあるときは、弁済者は、裁判所の許可を得て、これを競売に付し、その代金を供託することができる。その物の保存について過分の費用を要するときも、同様とする。

§+四九四【競売↓民執一九五【裁判所の許可↓非訟九五、九四①②④【本条の特則↓商五二四、五二七、五八二、五八三

（供託物の還付請求等）
第四九八条① 弁済の目的物又は前条の代金が供託された場合には、債権者は、供託物の還付を請求することができる。
② 債務者が債権者の給付に対して弁済をすべき場合には、債権者は、その給付をしなければ、供託物を受け取ることができない。

（供託物の受領の要件）
第四九八条（略、改正後の②）
（第一項は新設）

§+五三三【供託物の受取り↓供八①、一〇 ❶【本項の特則↓四六六の二③、四六六の三

第三目　弁済による代位

（弁済による代位の要件）
第四九九条 債務者のために弁済をした者は、債権者に代位する。

（任意代位）
第四九九条① 債務者のために弁済をした者は、その弁済と同時に債権者の承諾を得て、債権者に代位することができる。（改正後の本条）
② 第四百六十七条の規定は、前項の場合について準用する。（改正により削られた）［改正後の第五〇〇条に対応］

§+【第三者の弁済↓四七四【代位の根拠たる求償権↓三五一、三七二、四三〇、四四二、四五九、四五九の二、四六二、六五〇①、七〇二①

第五〇〇条 第四百六十七条〈債権の譲渡の対抗要件〉の規定は、前条の場合（弁済をするについて正当な利益を有する者が債権者に代位する場合を除く。）について準用する。

（法定代位）
第五〇〇条 弁済をするについて正当な利益を有する者は、弁済によって当然に債権者に代位する。

§+四九九【第三者の弁済と正当な利益↓四七四②③

正当な利益を有する者に当たるとされた例

1 連帯保証人（大判昭9・10・16民集一三・一九一三）
2 連帯債務者（大判昭11・6・2民集一五・一〇七四）
3 後順位抵当権者（大決昭6・12・18民集一〇・一二三一）
4 一般債権者（大判昭13・2・15民集一七・一七九）

（弁済による代位の効果）
第五〇一条① 前二条の規定により債権者に代位した者は、債権の効力及び担保としてその債権者が有していた一切の権利を行使することができる。
② 前項の規定による権利の行使は、債権者に代位した者が自己の権利に基づいて債務者に対して求償をすることができる範囲内（保証人の一人が他の保証人に対

して債権者に代位する場合には、自己の権利に基づいて当該他の保証人に対して求償をすることができる範囲内）に限り、することができる。

③ 第一項の場合には、前項の規定によるほか、次に掲げるところによる。

一 第三取得者（債務者から担保の目的となっている財産を譲り受けた者をいう。以下この項において同じ。）は、保証人及び物上保証人に対して債権者に代位しない。

二 第三取得者の一人は、各財産の価格に応じて、他の第三取得者に対して債権者に代位する。

三 前号の規定は、物上保証人の一人が他の物上保証人に対して債権者に代位する場合について準用する。

四 保証人と物上保証人との間においては、その数に応じて、債権者に代位する。ただし、物上保証人が数人あるときは、保証人の負担部分を除いた残額について、各財産の価格に応じて、債権者に代位する。

五 第三取得者から担保の目的となっている財産を譲り受けた者は、第三取得者とみなして第一号及び第二号の規定を適用し、物上保証人から担保の目的となっている財産を譲り受けた者は、物上保証人とみなして第一号、第三号及び前号の規定を適用する。

（弁済による代位の効果）

第五〇一条 前二条の規定により債権者に代位した者は、自己の権利に基づいて求償をすることができる範囲内において、債権の効力及び担保としてその債権者が有していた一切の権利を行使することができる。この場合においては、次の各号の定めるところに従わなければならない。

一 保証人は、あらかじめ先取特権、不動産質権又は抵当権の登記にその代位を付記しなければ、その先取特権、不動産質権又は抵当権の目的である不動産の第三取得者に対して債権者に代位することができない。

二 第三取得者は、保証人に対して債権者に代位しない。

三 第三取得者の一人は、各不動産の価格に応じて、他の第三取得者に対して債権者に代位する。

四 物上保証人の一人は、各財産の価格に応じて、他の物上保証人に対して債権者に代位する。

五 保証人と物上保証人との間においては、その数に応じて、債権者に代位する。ただし、物上保証人が数人あるときは、保証人の負担部分を除いた残額について、各財産の価格に応じて、債権者に代位する。

六 前号の場合において、その財産が不動産であるときは、第一号の規定を準用する。

（改正後の①）

（第二項・第三項は新設）

❷【求償権の範囲↓三五一・三七二、四三〇、四四二—四四五、四五九、四五九の二、四六二—四六五

一 代位弁済の意味

1 一般論

[1] 弁済による代位の制度は、代位弁済者の債務者に対する求償権を確保するために、法の規定によって弁済により消滅するはずの原債権及び担保権を代位弁済者に移転させ、代位弁済者がその求償権の範囲内で原債権及び担保権を行使することを認める制度である。（最判昭59・5・29民集三八・七・八八五、民百選Ⅱ〈八版〉三六）

2 保証人の債務者に対する求償権と代位弁済により取得する原債権との関係

[2] 保証人と債務者との間に求償権について法定利息と異なる約定利率による遅延損害金を支払う旨の特約がある場合には、代位弁済をした保証人は、物上保証人及び当該物件の後順位担保権者等の利害関係人に対する関係において、原債権及び担保権につき、右特約に基づく遅延損害金を含む求償権の総額を上限として、これらを行使できる。（最判昭59・5・29前出[1]）

[3] 原債権と求償権とは別異の債権だが、代位弁済者に移転した原債権及びその担保権は、求償権を確保することを目的として存在する付従的な性質を有するので、求償権の存在及びその債権額と離れ、これと独立して行使することはできない。（最判昭61・2・20民集四〇・一・四三、重判昭61民訴二）↓民訴二五三条[7]

3 保証人と物上保証人との関係

[4] 複数の保証人及び物上保証人の中に二重の資格を持つ者がいる場合における代位の割合は、本条四号、五号［平成二九法四四による改正後の本条三項三号、四号］の基本的な趣旨である公平の理念に基づいて、二重資格者を一人と数えるべきである。（最判昭61・11・27民集四〇・七・一二〇五、民百選Ⅱ〈三版〉四三）

4 本条三項四号の「その数」の計算

[5] 単独所有であった物件に担保権が設定された後、弁済までの間に共同相続により共有となった場合には、弁済の時における共有持分権者を、それぞれ一名として数える。（最判平9・12・18判時一六二九・五〇……共有持分権者全員で一名として数えるべきであるとする遠藤裁判官の反対意見がある）

二 共同抵当の目的物に物上保証人の提供したものがある場合の、本条と民法三九二条との関係↓三九二条[9][11]

（一部弁済による代位）

第五〇二条① 債権の一部について代位弁済があったときは、代位者は、債権者の同意を得て、その弁済をした価額に応じて、債権者とともにその権利を行使することができる。

② 前項の場合であっても、債権者は、単独でその権利を行使することができる。

③ 前二項の場合に債権者が行使する権利は、その債権の担保の目的となっている財産の売却代金その他の当該権利の行使によって得られる金銭について、代位者が行使する権利に優先する。

④ 第一項の場合において、債務の不履行による契約の解除は、債権者のみがすることができる。この場合においては、代位者に対し、その弁済をした価額及びその利息を償還しなければならない。

（一部弁済による代位）

第五〇二条① 債権の一部について代位弁済があったときは、代位者は、その弁済をした価額に応じて、債権者とともにその権利を行使する。

（第二項・第三項は新設）

② 前項の場合において、債務の不履行による契約の解除は、債権者のみがすることができる。この場合において

は、代位者に対し、その弁済をした価額及びその利息を償還しなければならない。（改正後の④）

参 四九九、五〇〇、五〇三② ❹【契約の解除↓五四一・五四二

平成二九法四四による改正前の本条における債権者と「ともにその権利を行使する」ことの意義

[1] ★債権者が物上保証人の設定した抵当権の実行により一部弁済を得た場合には、物上保証人は債権者と共に債務者の設定した抵当権を行使することはできるが、それが実行されたときには、代金の配当については債権者に優先される。（最判昭60・5・23民集三九・四・九四〇、民百選Ⅰ[八版]九四……共同根抵当の目的である債務者所有の不動産と物上保証人所有の不動産に各々債権者を異にする後順位抵当権が設定されている場合に、物上保証人所有の不動産が先に競売されたときには、物上保証人所有の不動産の後順位抵当権者は、代位弁済により物上保証人に移転した抵当権から、債務者所有の不動産の後順位抵当権者に優先して弁済を受けることができるとされた例）↓三九二条[10]

[2] ★根抵当権の確定後に被担保債権の一部を代位弁済した者の求償権が消滅したとしても、根抵当権者は極度額までは後順位抵当権者に優先できる。（最判昭62・4・23金法一一六九・二九、担保法の判例Ⅱ一八〇）

[3] ★不動産を目的とする一個の抵当権が数個の債権を担保し、そのうちの一個の債権のみについての保証人が当該債権に係る残債務全額につき代位弁済した場合は、当該抵当権は債権者と保証人の準共有となり、当該抵当不動産の換価による売却代金が被担保債権の全てを消滅させるに足りないときには、債権者と保証人は、両者間に特段の合意がない限り、売却代金につき、債権者が有する残債権額と保証人が代位によって取得した債権額に応じて案分して弁済を受ける。（最判平17・1・27民集五九・一・二〇〇、重判平17民五）

（債権者による債権証書の交付等）

第五〇三条① 代位弁済によって全部の弁済を受けた債権者は、債権に関する証書及び自己の占有する担保物を代位者に交付しなければならない。

② 債権の一部について代位弁済があった場合には、債権者は、債権に関する証書にその代位を記入し、かつ、自己の占有する担保物の保存を代位者に監督させなければならない。

参 四九九、五〇四 ❶【弁済による債権証書の返還↓四八七 ❷【一部弁済による代位↓五〇二

「債権に関する証書」の交付請求が問題とされた例

[1] 連帯保証人が弁済する場合には、主債務者が振り出した手形を自己に交付せよとの引換給付の抗弁をなし得る。（最判昭40・9・21民集一九・六・一五四二）

（債権者による担保の喪失等）

第五〇四条① 弁済をするについて正当な利益を有する者（以下この項において「代位権者」という。）がある場合において、債権者が故意又は過失によってその担保を喪失し、又は減少させたときは、その代位権者は、代位をするに当たって担保の喪失又は減少によって償還を受けることができなくなる限度において、その責任を免れる。その代位権者が物上保証人である場合において、その代位権者から担保の目的となっている財産を譲り受けた第三者及びその特定承継人についても、同様とする。

② 前項の規定は、債権者が担保を喪失し、又は減少させたことについて取引上の社会通念に照らして合理的な理由があると認められるときは、適用しない。

（債権者による担保の喪失等）

第五〇四条 第五百条の規定により代位をすることができる者がある場合において、債権者が故意又は過失によってその担保を喪失し、又は減少させたときは、その代位をすることができる者は、その喪失又は減少によって償還を受けることができなくなった限度において、その責任を免れる。（改正後の①）

（第二項は新設）

参 四九九

[1] **一 担保の喪失・減少に当たるとされた例**

抵当権設定契約をしたにもかかわらず、その登記を怠っている間に、設定者が当該不動産を第三者に売却して移転登記を完了した場合（大判昭6・3・16民集一〇・一五七）

[2] 債務者が買った物に質権を設定する旨の契約をしたにもかかわらず、債権者が質物の引渡しを受ける機会を逸し、その間に債務者が右質物を第三者に売却し引き渡した場合（大判昭8・7・5民集一二・二一九一）

二 担保の喪失・減少に当たらないとされた例

[3] 債務者の山林の共有持分に担保権を設定するにつき官庁の許可を要する場合に、債権者が許可の申請を怠っている間に債務者がこれを第三者に処分した場合（大判大11・3・6民集一・八五……許可のない間は、担保権は条件付権利であって、いまだ成立していないとされた例）

[4] いわゆる恩給担保において、債権者が債務者の恩給証書及び恩給受領の委任状を債務の完済前に任意に債務者に返還した場合の、保証人に対する関係（最判昭30・10・27民集九・一一・一七二〇、行政百選Ⅰ[六版]一一七）↓行総◘

【Ⅰ】[29]

三 免責額算定の基準時

[5] 担保の全部を喪失した場合には、その喪失時（大判昭6・3・16前出[1]）

[6] 担保の一部を喪失した場合には、担保の残部が実行された時（大判昭11・3・13民集一五・三三九）

四 免責を主張できる者とされた例

[7] ★債務者所有の甲不動産と第三取得者所有の乙不動産が共同抵当の関係にある場合、債権者が甲不動産に設定された抵当権を放棄するなど故意又は懈怠によりその担保を喪失又は減少させたときは、右第三取得者はもとより、その後に乙不動産を第三取得者から譲り受けた者も、本条の免責を主張できる。（最判平3・9・3民集四五・七・一一二一、重判平3民四……「懈怠」は、現条文では「過失」）

五 担保保存義務免除特約の効力

[8] 保証人が債権者に対し、あらかじめ、本条による債権者の担保保存義務を免除し、同条による免責の利益を放棄する特約は、有効である。（最判昭48・3・1金法六七九・三四）

[9] ★債権者の担保保存義務を免除する特約がある場合において、担保を喪失し又は減少させる債権者の行為が、金融取引上の通念から見て合理性を有し、保証人等が特約の文言にかかわらず正当に有し、又は有し得べき代位の期待を

奪うものとはいえないときは、特段の事情がない限り、債権者が右特約の効力を主張することは、信義則に反するものではなく、権利の濫用にも当たらない。（最判平7・6・23民集四九・六・一七三七、民百選Ⅱ八版三七……平成二九法四四による改正により二項が新設される前の判断）

⑩ ★債権者と物上保証人との間に、債権者の担保保存義務を免除する特約があるため、債権者が担保を喪失し、又は減少させた時に、特約の効力により本条の免責の効果が生じなかった場合には、担保物件の第三取得者への譲渡によって改めて免責の効果が生ずることはないから、第三取得者は免責の効果が生じていない状態の担保の負担がある物件を取得したことになり、債権者に対し本条による免責の効果を主張することはできない。（最判平7・6・23前出⑨）

第二款　相殺

（相殺の要件等）

第五〇五条① 二人が互いに同種の目的を有する債務を負担する場合において、双方の債務が弁済期にあるときは、各債務者は、その対当額について相殺によってその債務を免れることができる。ただし、債務の性質がこれを許さないときは、この限りでない。

② 前項の規定にかかわらず、当事者が相殺を禁止し、又は制限する旨の意思表示をした場合には、その意思表示は、第三者がこれを知り、又は重大な過失によって知らなかったときに限り、その第三者に対抗することができる。

（相殺の要件等）

第五〇五条①（略）

② 前項の規定は、当事者が反対の意思を表示した場合には、適用しない。ただし、その意思表示は、善意の第三者に対抗することができない。

【弁済期↓一三五―一三七、四一二【異主体間での援用↓四三九②、四五七③、四四三①、四六三①、四六九①②【相殺の禁止↓五〇九―五一一、六七七、会社二〇八③、労基一七、船主責任制限三四【相殺と交互計算↓商五二九【相殺と既判力↓民訴一一四②【倒産手続と相殺権↓破六七―七三、民再九二―九三の二、会更四八―四九の二

一 双方の債務が弁済期にあること

① 相殺適状にあるためには、自働債権の弁済期は到来していなければならないが、受働債権については、債務者は期限の利益を放棄できない事由のない限り、期限の利益の放棄の意思表示を要せず、直ちに相殺することができる。（大判昭8・5・30民集一二・一三八一）↓四二三条⑤、民執九〇条⑥

② 弁済期の定めのない債権は弁済期にあるものであるから、これを受働債権とし、弁済期の到来している自働債権で相殺することができる。（大判昭8・9・8民集一二・二一二四）

③ 弁済期の到来している受働債権に対し、弁済期の定めのない債権を自働債権として相殺することができる。この場合、自働債権についてまだ催告がなされておらず債務者が履行遅滞となっていなくても差し支えない。（大判昭17・11・19民集二一・一〇七五）

④ 既に弁済期にある自働債権と弁済期の定めのある受働債権とが相殺適状にあるというためには、受働債権につき、期限の利益を放棄することができるというだけではなく、期限の利益の放棄又は喪失等により、その弁済期が現実に到来していることを要する。（最判平25・2・28民集六七・二・三四三、民百選Ⅱ八版三八）↓五〇八条④

二 債務の性質上相殺が許されない場合

⑤ 労働者の賃金債権を受働債権とし、使用者が労働者に対して有する債権を自働債権とする相殺（自働債権が不法行為を原因とする場合でも同じ）（最大判昭36・5・31民集一五・五・一四八二……斎藤ほか一裁判官の反対意見がある）↓労基二四条③

⑥ 受任者が民法六五〇条二項前段に基づいて有する代弁済請求権を受働債権とし委任者が受任者に対して有する債権を自働債権としてする相殺（大判大14・9・8民集四・四五八）↓六五〇条判

⑦ 前出⑥と同旨（最判昭47・12・22民集二六・一〇・一九九一）↓六五〇条判

三 自働債権につき抗弁権があるため相殺が許されない場合

⑧ 同時履行の抗弁権がある場合（大判昭13・3・1民集一七・三一八）↓五三三条⑪

⑨ 催告及び検索の抗弁権がある場合（最判昭32・2・22民集一一・二・三五〇）

四 有価証券と相殺↓手三九条①

⑩ 有価証券に表章された金銭債権の債務者は、その債権者に対して有する弁済期にある自己の金銭債権を自働債権とし、有価証券に表章された金銭債権を受働債権として相殺をするに当たり、有価証券の占有を取得することを要しない。（最判平13・12・18判時一七七三・一三、手形小切手百選七版一〇〇）

（相殺の方法及び効力）

第五〇六条① 相殺は、当事者の一方から相手方に対する意思表示によってする。この場合において、その意思表示には、条件又は期限を付することができない。

② 前項の意思表示は、双方の債務が互いに相殺に適するようになった時にさかのぼってその効力を生ずる。

五〇五　❶【条件↓一二七【期限↓一三五

一 意思表示の相手方

① 債務者が受働債権の譲受人に対し相殺をもって対抗する場合には、その相殺の意思表示は右譲受人に対してなすべきである。（最判昭32・7・19民集一一・七・一二九七）↓四六九条①

二 効力の遡及

② 相殺の意思表示は、双方の債務が互いに相殺をするに適するに至った時点に遡って効力を生ずるものであり、その計算をするに当たっては、双方の債務につき弁済期が到来し相殺適状となった時期を基準として双方の債権額を定め、その対当額において差引計算をすべきものである。（最判昭53・7・17判時九一二・六一）

③ 賃貸借契約が賃料不払のため適法に解除された以上、たとえその後、賃借人の相殺の意思表示により右賃料債務が遡って消滅しても、解除の効力には影響がない。そのことは、賃借人が解除当時自己が反対債権を有することを知らなかった場合でも異ならない。（最判昭32・3・8民集一一・三・五一三）

（履行地の異なる債務の相殺）

第五〇七条　相殺は、双方の債務の履行地が異なるときであっても、することができる。この場合において、相殺をする当事者は、相手方に対し、これによって生じた損害を賠償しなければならない。

参→五〇五【債務の履行地→四八四①】

（時効により消滅した債権を自働債権とする相殺）

第五〇八条　時効によって消滅した債権がその消滅以前に相殺に適するようになっていた場合には、その債権者は、相殺をすることができる。

参→五〇五【債権の消滅時効→一六六―一六九】

[1] 債権者が連帯保証人に債務を負担していた場合、その債務と、主債務に係る連帯保証人に対する債権とが相殺適状となった後に、主債務について時効が完成しても、債権者は連帯保証人に対する右債権と右債務を相殺することができる。（大判昭8・1・31民集一二・八三）

[2] 消滅時効にかかった他人の債権を譲り受け、これを自働債権として相殺することは許されない。（最判昭36・4・14民集一五・四・七六五）

[3] 請負契約において、注文者が、除斥期間［平成二九法四四による改正前の民法六三七条］の経過した損害賠償請求権を自働債権とし、請負人の報酬請求権を受働債権とする相殺も、本条を類推適用して認められる。（最判昭51・3・4民集三〇・二・四八、民百選Ⅱ[二版]六九）→六三七条

[4] [1] 本条が適用されるためには、消滅時効が援用された自働債権がその消滅時効期間経過以前に受働債権と相殺適状にあったことを要する。（最判平25・2・28民集六七・二・三四三、民百選Ⅱ[八版]三八）→五〇五条[4]

（不法行為等により生じた債権を受働債権とする相殺の禁止）

第五〇九条　次に掲げる債務の債務者は、相殺をもって債権者に対抗することができない。ただし、その債権者がその債務に係る債権を他人から譲り受けたときは、この限りでない。

一　悪意による不法行為に基づく損害賠償の債務

二　人の生命又は身体の侵害による損害賠償の債務（前号に掲げるものを除く。）

（不法行為により生じた債権を受働債権とする相殺の禁止）

第五〇九条　債務が不法行為によって生じたときは、その債務者は、相殺をもって債権者に対抗することができない。

参→五〇五　【二】【不法行為→七〇九　【三】【損害賠償→四一五

[1] ★両債権がそれぞれ別個の原因による不法行為債権である場合も、相殺は許されない。（大判昭3・10・13民集七・七八〇……従業員が横領をして使用者に対し損害賠償債務を負担しており、使用者がこの従業員を殴打して損害賠償債務を負担していた事案）

[2] ★不法行為に基づく損害賠償債権を自働債権とし、不法行為による損害賠償債権以外の債権を受働債権とする相殺は許される。（最判昭42・11・30民集二一・九・二四七七、民百選Ⅱ[初版]四二）

[3] ★不法行為の加害者が被害者に対する自己の債権を執行債権として、自己に対する被害者の損害賠償債権について受けた転付命令は、本条［平成二九法四四による改正前］を潜脱するものとして無効である。（最判昭54・3・8民集三三・二・一八七、執保百選[初版]七六）→民執一六〇条[7]

（差押禁止債権を受働債権とする相殺の禁止）

第五一〇条　債権が差押えを禁じたものであるときは、その債務者は、相殺をもって債権者に対抗することができない。

参→五〇五【差押禁止債権の例→四二三①参

（差押えを受けた債権を受働債権とする相殺の禁止）

第五一一条①　差押えを受けた債権の第三債務者は、差押え後に取得した債権による相殺をもって差押債権者に対抗することはできないが、差押え前に取得した債権による相殺をもって対抗することができる。

②　前項の規定にかかわらず、差押え後に取得した債権が差押え前の原因に基づいて生じたものであるときは、その第三債務者は、その債権による相殺をもって差押債権者に対抗することができる。ただし、第三債務者が差押え後に他人の債権を取得したときは、この限りでない。

（支払の差止めを受けた債権を受働債権とする相殺の禁止）

第五一一条　支払の差止めを受けた第三債務者は、その後に取得した債権による相殺をもって差押債権者に対抗することができない。（改正後の①）

（第二項は新設）

参→五〇五【差押え→民執一四五、民保五〇【相殺と債権譲渡の場合→四六九【弁済と差押えの場合→四八一

[1] ★① 債権が差し押さえられた場合、第三債務者が債務者に対して反対債権を有していたときは、その債権が差押え後に取得されたものでない限り、右債権及び被差押債権の弁済期の先後を問わず、両債権が相殺適状に達しさえすれば、第三債務者は差押え後においても、右反対債権を自働債権として被差押債権と相殺することができる。

② 銀行の貸付債権について、債務者の信用を悪化させる一定の客観的事情が発生した場合には、債務者のために存する右貸付金の期限の利益を喪失せしめ、同人の銀行に対する預金等の債権につき銀行において期限の利益を放棄し、直ちに相殺適状を生ぜしめる旨の合意は、右預金等の債権を差し押さえた債権者に対しても効力を有する。（最大判昭45・6・24民集二四・六・五八七、民百選Ⅱ[八版]三九）

[2] ★[1]の規律は、第三債務者（甲）が債務者（乙）に対する債権を自働債権として相殺する意思表示をするまでは、乙の甲に対する債権の転付債権者（丙）がこれを自働債権とし甲に対する債務を受働債権として相殺することを妨げず、丙による相殺の意思表示が甲のそれよりも先になされたときは、その時点で債権は消滅し、甲による相殺は効力を生じない。（最判昭54・7・10民集三三・五・五三三、民百選Ⅱ[二版]四三）

民法

（相殺の充当）

第五一二条① 債権者が債務者に対して有する一個又は数個の債権と、債権者が債務者に対して負担する一個又は数個の債務について、債権者が相殺の意思表示をした場合において、当事者が別段の合意をしなかったときは、債権者の有する債権とその負担する債務は、相殺に適するようになった時期の順序に従って、その対当額について相殺によって消滅する。

② 前項の場合において、相殺をする債権者の有する債権がその負担する債務の全部を消滅させるのに足りないときであって、当事者が別段の合意をしなかったときは、次に掲げるところによる。

一 債権者が数個の債務を負担するとき（次号に規定する場合を除く。）は、第四百八十八条第四項第二号から第四号まで（同種の給付を目的とする数個の債務がある場合の充当）の規定を準用する。

二 債権者が負担する一個又は数個の債務について元本のほか利息及び費用を支払うべきときは、第四百八十九条（元本、利息及び費用を支払うべき場合の充当）の規定を準用する。この場合において、同条第二項中「前条」とあるのは、「前条第四項第二号から第四号まで」と読み替えるものとする。

③ 第一項の場合において、相殺をする債権者の負担する債務がその有する債権の全部を消滅させるのに足りないときは、前項の規定を準用する。

> **（相殺の充当）**
> **第五一二条** 第四百八十八条から第四百九十一条までの規定は、相殺について準用する。

⊛†五〇五【弁済の充当の場合↓四八八―四九〇】

1 ★自働債権又は受働債権として複数の元本債権を含む数個の債権があり、当事者のいずれもが右元本債権につき相殺の順序の指定をしなかった場合には、まず元本債権相互間で相殺に供し得る状態となった時期の順に従って相殺の順序を定めた上、その時期を同じくする元本債権相互間及び元本債権とこれについての利息、費用債権との間で、民法四八九条、四九一条〔平成二九法四四による改正後の四八八条四項・四八九条〕の規定の準用により相殺充当を行う。（最判昭56・7・2民集三五・五・八八一、重判昭56民七）

第五一二条の二 債権者が債務者に対して有する債権に、一個の債権の弁済として数個の給付をすべきものがある場合における相殺については、前条の規定を準用する。債権者が債務者に対して負担する債務に、一個の債務の弁済として数個の給付をすべきものがある場合における相殺についても、同様とする。（第五一二条の二は新設）

⊛†五〇五【弁済の充当の場合↓四九一】

第三款 更改

（更改）

第五一三条 当事者が従前の債務に代えて、新たな債務であって次に掲げるものを発生させる契約をしたときは、従前の債務は、更改によって消滅する。

一 従前の給付の内容について重要な変更をするもの

二 従前の債務者が第三者と交替するもの

三 従前の債権者が第三者と交替するもの

> **（更改）**
> **第五一三条①** 当事者が債務の要素を変更する契約をしたときは、その債務は、更改によって消滅する。
> ② 条件付債務を無条件債務としたとき、無条件債務に条件を付したとき、又は債務の条件を変更したときは、いずれも債務の要素を変更したものとみなす。

⊛†【更改が絶対的効力を有する場合↓四三九・四三〇・四三八・四三三・四五八】

1 **一 既存債務のための手形の振出し** 約束手形の振出しが更改に当たるか否かは当事者の意思によって定まり、意思不明の場合は弁済確保のためになされたものと認めるべきであって、当然に更改があったものとすべきではない。（大判大7・10・29民録二四・二〇七九、手形小切手百選〔三版〕九八）↓四八二条2、手◆【手形法総論】〔一編名の後〕29

2 **二 更改の効果（新旧債務の同一性）** 債務者の交替による更改の場合、旧債権について存した同時履行の抗弁権は消滅する。（大判大10・6・2民録二七・一〇四八）

3 **三 更改契約の解除** 新債務について不履行がある場合には、債権者は更改契約を解除でき、そのときには旧債務が復活する。（大判昭3・3・10新聞二八四七・一五）

4 連帯債務者の一人が債権者と締結した、債務者の交替による更改が解除されても、他の連帯債務者の旧債務は復活しない。（大判大5・5・8民録二二・九一八）

（債務者の交替による更改）

第五一四条① 債務者の交替による更改は、債権者と更改後に債務者となる者との契約によってすることができる。この場合において、更改は、債権者が更改前の債務者に対してその契約をした旨を通知した時に、その効力を生ずる。

② 債務者の交替による更改後の債務者は、更改前の債務者に対して求償権を取得しない。

> **（債務者の交替による更改）**
> **第五一四条** 債務者の交替による更改は、債権者と更改後に債務者となる者との契約によってすることができる。ただし、更改前の債務者の意思に反するときは、この限りでない。（改正後の①）（第二項は新設）

⊛†五一三【免責的債務引受の場合↓四七二②、四七二の三】

（債権者の交替による更改）

第五一五条① 債権者の交替による更改は、更改前の債権者、更改後に債権者となる者及び債務者の契約によってすることができる。

② 債権者の交替による更改は、確定日付のある証書によってしなければ、第三者に対抗することができない。

（債権者の交替による更改）
第五一五条（略。改正後の②）
（第一項は新設）

☞五一三【確定日付のある証書→民施五【債権譲渡の場合→四六七

第五一六条及び第五一七条【債権者の交替による更改、更改前の債務が消滅しない場合】　削除

第五一六条　第四百六十八条第一項の規定は、債権者の交替による更改について準用する。
（更改前の債務が消滅しない場合）
第五一七条　更改によって生じた債務が、不法な原因のため又は当事者の知らない事由によって成立せず又は取り消されたときは、更改前の債務は、消滅しない。

（更改後の債務への担保の移転）
第五一八条①　債権者（債権者の交替による更改にあっては、更改前の債権者）は、更改前の債務の目的の限度において、その債務の担保として設定された質権又は抵当権を更改後の債務に移すことができる。ただし、第三者がこれを設定した場合には、その承諾を得なければならない。
②　前項の質権又は抵当権の移転は、あらかじめ又は同時に更改の相手方（債権者の交替による更改にあっては、債務者）に対してする意思表示によってしなければならない。

（更改後の債務への担保の移転）
第五一八条　更改の当事者は、更改前の債務の目的の限度において、その債務の担保として設定された質権又は抵当権を更改後の債務に移すことができる。ただし、第三者がこれを設定した場合には、その承諾を得なければならない。
（改正後の①）
（第二項は新設）

☞五一三―五一五【質権→三四二【抵当権→三六九　❶【本項の特則→三九八の七④

第四款　免除

第五一九条　債権者が債務者に対して債務を免除する意思を表示したときは、その債権は、消滅する。

☞【免除が絶対的効力を有する場合→四二九、四三三【連帯債務の免除→四四五

第五款　混同

第五二〇条　債権及び債務が同一人に帰属したときは、その債権は、消滅する。ただし、その債権が第三者の権利の目的であるときは、この限りでない。

☞【混同が絶対的効力を有する場合→四三五、四四〇、四五八【債権が第三者の権利の目的である例→三六二【本条の特則→借地借家一五②、電子債権二二、信託二〇③、手一一③、七七①㈠、小一四③【物権の混同→一七九

7　**本条ただし書に当たる場合**
家屋の転借人が当該家屋の所有者たる賃貸人の地位を承継しても、賃貸借関係及び転貸借関係は当事者間に合意のない限り消滅しない。（最判昭35・6・23民集一四・八・一五〇七……転貸人すなわち賃借人の、転借人から右家屋を譲り受けた者に対する家屋明渡請求を認めた例）→一七九条7

第七節　有価証券〈第七節名は新設〉

第一款　指図証券〈第一款名は新設〉

（指図証券の譲渡）
第五二〇条の二　指図証券の譲渡は、その証券に譲渡の裏書をして譲受人に交付しなければ、その効力を生じない。〈第五二〇条の二は新設〉

☞【法律上当然の指図証券→手一一①、七七①㈠、小一四①、商六〇六、七六二【本条の準用→五二〇の七

7　★ゴルフクラブ入会金預り証は、会員権に年会費納入等の義務を伴い、会員権の譲渡に理事会の承認が必要とされ、預り証に指図文句の記載がなく、会員権の移転行為にそれが当然に必要であると解すべき根拠がない等の事情があるときは、商法五一九条［平成二九法四五による改正前］所定の有価証券に当たらない。（最判昭57・6・24判時一〇五一・八四）

（指図証券の裏書の方式）
第五二〇条の三　指図証券の譲渡については、その指図証券の性質に応じ、手形法（昭和七年法律第二十号）中裏書の方式に関する規定を準用する。〈第五二〇条の三は新設〉

☞手一二、一三、七七①㈠【本条の特則→小一五、一六【本条の準用→五二〇の七

（指図証券の所持人の権利の推定）
第五二〇条の四　指図証券の所持人が裏書の連続によりその権利を証明するときは、その所持人は、証券上の権利を適法に有するものと推定する。〈第五二〇条の四は新設〉

☞【同旨の規定→手一六①、七七①㈠、小一九【本条の準用→五二〇の七

（指図証券の善意取得）
第五二〇条の五　何らかの事由により指図証券の占有を失った者がある場合において、その所持人が前条の規定によりその権利を証明するときは、その所持人は、その証券を返還する義務を負わない。ただし、その所持人が悪意又は重大な過失によりその証券を取得したときは、この限りでない。〈第五二〇条の五は新設〉

☞【動産の善意取得→一九二【同旨の規定→手一六②、七七①㈠、小二一【本条の準用→五二〇の七

（指図証券の譲渡における債務者の抗弁の制限）
第五二〇条の六　指図証券の債務者は、その証券に記載した事項及びその証券の性質から当然に生ずる結果を除き、その証券の譲渡前の債権者に対抗することができた事由をもって善意の譲受人に対抗することができない。〈第五二〇条の六は新設〉

☞四六八①【本条の特則→手一七、七七①㈠、小二二【本条の準用→五二〇の七

（指図証券の質入れ）
第五二〇条の七　第五百二十条の二から前条までの規定は、指図証券を目的とする質権の設定について準用す

る。〈第五二〇条の七は新設〉

☞三四二・三六二【本条の特則→手一九、七七①㈠

第五二〇条の八（指図証券の弁済の場所）　指図証券の弁済は、債務者の現在の住所においてしなければならない。〈第五二〇条の八は新設〉

☞四八四①【本条の特則→手四、二七①、七七②、小八【本条の準用→五二〇の一八

第五二〇条の九（指図証券の提示と履行遅滞）　指図証券の債務者は、その債務の履行について期限の定めがあるときであっても、その期限が到来した後に所持人がその証券を提示してその履行の請求をした時から遅滞の責任を負う。〈第五二〇条の九は新設〉

☞四一二【本条の特則→手三八、七七①㈢、小二八、二九、三二【本条の準用→五二〇の一八

一　手形の呈示を伴わない請求→手三八条9
二　裁判上の請求
　1　訴状の送達→手三八条10
　2　支払命令の送達→手三八条11
三　占有しない有価証券を受働債権とする相殺―社債の場合→五〇五条10

第五二〇条の一〇（指図証券の債務者の調査の権利等）　指図証券の債務者は、その証券の所持人並びにその署名及び押印の真偽を調査する権利を有するが、その義務を負わない。ただし、債務者に悪意又は重大な過失があるときは、その弁済は、無効とする。〈第五二〇条の一〇は新設〉

☞四七八【本条の特則→手四〇③、七七①㈢、小三五【本条の準用→五二〇の一八

第五二〇条の一一（指図証券の喪失）　指図証券は、非訟事件手続法（平成二十三年法律第五十一号）第百条に規定する公示催告手続によって無効とすることができる。〈第五二〇条の一一は新設〉

☞五二〇の一二【有価証券無効宣言公示催告事件の手続→非訟一一四―一一八【同旨の規定→信託二一一①【本条の準用→五二〇の一八、五二〇の一九②

第五二〇条の一二（指図証券喪失の場合の権利行使方法）　金銭その他の物又は有価証券の給付を目的とする指図証券の所持人がその指図証券を喪失した場合において、非訟事件手続法第百十四条に規定する公示催告の申立てをしたときは、その債務者に、その債務の目的物を供託させ、又は相当の担保を供してその指図証券の趣旨に従い履行をさせることができる。〈第五二〇条の一二は新設〉

☞五二〇の一一【本条の特則→信託二一一②、商六〇八【本条の準用→五二〇の一八、五二〇の一九②

7　適法な供託と権利届出による公示催告手続の完結　★権利の届出により除権判決［決定］がなされることなく公示催告手続が完結した場合にも、商法五一八条［平成二三法五三による改正前］に基づき適法な供託がなされたときは、その供託は絶対的効力が生ずる。（東京地判昭62・9・8金判七九四・一三）

第二款　記名式所持人払証券
〈第二款名は新設〉

第五二〇条の一三（記名式所持人払証券の譲渡）　記名式所持人払証券（債権者を指名する記載がされている証券であって、その所持人に弁済をすべき旨が付記されているものをいう。以下同じ。）の譲渡は、その証券を交付しなければ、その効力を生じない。〈第五二〇条の一三は新設〉

☞【記名式所持人払証券の例→小五②【本条の準用→五二〇の一七、五二〇の二〇

第五二〇条の一四（記名式所持人払証券の所持人の権利の推定）　記名式所持人払証券の所持人は、証券上の権利を適法に有するものと推定する。〈第五二〇条の一四は新設〉

☞【本条の準用→五二〇の一七、五二〇の二〇

第五二〇条の一五（記名式所持人払証券の善意取得）　何らかの事由により記名式所持人払証券の占有を失った者がある場合において、その所持人が前条の規定によりその権利を証明するときは、その所持人は、その証券を返還する義務を負わない。ただし、その所持人が悪意又は重大な過失によりその証券を取得したときは、この限りでない。〈第五二〇条の一五は新設〉

☞【動産の善意取得→一九二【本条の準用→五二〇の一七、五二〇の二〇

第五二〇条の一六（記名式所持人払証券の譲渡における債務者の抗弁の制限）　記名式所持人払証券の債務者は、その証券に記載した事項及びその証券の性質から当然に生ずる結果を除き、その証券の譲渡前の債権者に対抗することができた事由をもって善意の譲受人に対抗することができない。〈第五二〇条の一六は新設〉

☞四六八①【本条の準用→五二〇の一七、五二〇の二〇

第五二〇条の一七（記名式所持人払証券の質入れ）　第五百二十条の十三から前条までの規定は、記名式所持人払証券を目的とする質権の設定について準用する。〈第五二〇条の一七は新設〉

☞三四二・三六二【本条の準用→五二〇の二〇

第五二〇条の一八（指図証券の規定の準用）　第五百二十条の八から第五百二十条の十二まで〈指図証券〉の規定は、記名式所持人払証券について準用する。〈第五二〇条の一八は新設〉

☞【本条の準用→五二〇の二〇

第三款　その他の記名証券〈第三款名は新設〉

第五二〇条の一九① 債権者を指名する記載がされている証券であって指図証券及び記名式所持人払証券以外のものは、債権の譲渡又はこれを目的とする質権の設定に関する方式に従い、かつ、その効力をもってのみ、譲渡し、又は質権の目的とすることができる。

② 第五百二十条の十一〈指図証券の喪失〉及び第五百二十条の十二〈指図証券喪失の場合の権利行使方法〉の規定は、前項の証券について準用する。

〈第五二〇条の一九は新設〉

参 四六六―四六九、三六二、三六四【その他の記名証券の例→手一一②、七七①㈠、小一四②、商六〇六但、七六二但

第四款　無記名証券〈第四款名は新設〉

第五二〇条の二〇 第二款〈記名式所持人払証券〉の規定は、無記名証券について準用する。〈第五二〇条の二〇は新設〉

第二章　契約

第一節　総則

第一款　契約の成立

参 消費契約

（契約の締結及び内容の自由）

第五二一条① 何人も、法令に特別の定めがある場合を除き、契約をするかどうかを自由に決定することができる。

② 契約の当事者は、法令の制限内において、契約の内容を自由に決定することができる。

〈第五二一条は新設〉

参 ❷【法令による制限→九〇、九一、五四八の二、消費契約八―一〇、借地借家九、一六、二一、三〇、割賦五、三〇の二の四、三五の二、三五の三の一七、特定商取引九、二四、四〇、四〇の二、四八、四九、五八、五八の一四、ETC

（契約の成立と方式）

第五二二条① 契約は、契約の内容を示してその締結を申し入れる意思表示（以下「申込み」という。）に対して相手方が承諾をしたときに成立する。

② 契約の成立には、法令に特別の定めがある場合を除き、書面の作成その他の方式を具備することを要しない。

〈第五二二条は新設〉

参 五二三―五二八 ❶【意思表示→九三―九八の二【意思表示の効力発生時期→九七①【申込み又は承諾の取消し→消費契約四、五、七【国際物品売買における特則→国際売買約一四―二四 ❷【法令の定めの例→四四六②、五八七の二、割賦四、二九の三、三〇の二の三、特定商取引四、一四、ETC【その他の方式の例→四六六③、五四八の三、五八七の二④【契約の方式の準拠法→法適用一〇【国際物品売買における同種規定→国際売買約一一

> 1 放送法六四条一項は、受信設備設置者に対し受信契約の締結を強制する旨を定めた規定であり、日本放送協会からの受信契約の申込みに対して受信設備設置者が承諾をしない場合には、同協会がその者に対して承諾の意思表示を命ずる判決を求め、その判決の確定によって受信契約が成立する。そして、同協会が策定し受信契約の内容としている放送受信規約は、受信契約を締結した者は受信設備の設置の月から所定の受信料の支払義務を負う旨の条項を定めており、当該条項を含む受信契約の申込みに対する承諾の意思表示を命ずる判決の確定により同契約が成立した場合、同契約に基づき、受信設備の設置の月以降の分の受信料債権が発生する。（最大判平29・12・6民集七一・一〇・一八一七、消費百選〔二版〕一二）→一六六条27・四一四条5、憲一三条51・二一条45・二九条19、民執一七七条2

（承諾の期間の定めのある申込み）

第五二三条① 承諾の期間を定めてした申込みは、撤回することができない。ただし、申込者が撤回をする権利を留保したときは、この限りでない。

② 申込者が前項の申込みに対して同項の期間内に承諾の通知を受けなかったときは、その申込みは、その効力を失う。

〈改正前の第五二一条〉

> （承諾の期間の定めのある申込み）
>
> **第五二一条**① 承諾の期間を定めてした契約の申込みは、撤回することができない。
>
> ② （略）
>
> 〈改正後の第五二三条〉

参 五二四、五二五、五二八【商行為における特則→商五〇八、五〇九【国際物品売買における同種規定→国際売買約一六(2)

> （承諾の通知の延着）
>
> **第五二二条**① 前条第一項の申込みに対する承諾の通知が同項の期間の経過後に到達した場合であっても、通常の場合にはその期間内に到達すべき時に発送したものであることを知ることができるときは、申込者は、遅滞なく、相手方に対してその延着の通知を発しなければならない。ただし、その到達前に遅延の通知を発したときは、この限りでない。
>
> ② 申込者が前項本文の延着の通知を怠ったときは、承諾の通知は、前条第一項の期間内に到達したものとみなす。
>
> 〈改正により削られた〉［対応規定なし］

（遅延した承諾の効力）

第五二四条 申込者は、遅延した承諾を新たな申込みとみなすことができる。〈改正前の第五二三条〉

参 五二三②、五二八【商行為における準用→商五〇八②

（承諾の期間の定めのない申込み）

第五二五条① 承諾の期間を定めないでした申込みは、申込者が承諾の通知を受けるのに相当な期間を経過するまでは、撤回することができない。ただし、申込者が撤回をする権利を留保したときは、この限りでない。

② 対話者に対してした前項の申込みは、同項の規定にかかわらず、その対話が継続している間は、いつでも撤回することができる。

③ 対話者に対してした第一項の申込みに対して対話が継続している間に申込者が承諾の通知を受けなかった

ときは、その申込みは、その効力を失う。ただし、申込者が対話の終了後もその申込みが効力を失わない旨を表示したときは、この限りでない。

〈改正前の第五二四条〉

> **（承諾の期間の定めのない申込み）**
> **第五二四条**　承諾の期間を定めないで隔地者に対してした申込みは、申込者が承諾の通知を受けるのに相当な期間を経過するまでは、撤回することができない。（改正後の**第五二五条①**）（第二項・第三項は新設）

参＋五二三【商行為における特則→商五〇八【国際物品売買における特則→国際売買約一六⑴

> **（申込者の死亡又は行為能力の喪失）**
> **第五二五条**　第九十七条第二項の規定は、申込者が反対の意思を表示した場合又はその相手方が申込者の死亡若しくは行為能力の喪失の事実を知っていた場合には、適用しない。（改正により削られた）[改正後の**第五二六条**に対応]

（申込者の死亡等）

第五二六条　申込者が申込みの通知を発した後に死亡し、意思能力を有しない常況にある者となり、又は行為能力の制限を受けた場合において、申込者がその事実が生じたとすればその申込みは効力を有しない旨の意思を表示していたとき、又はその相手方が承諾の通知を発するまでにその事実が生じたことを知ったときは、その申込みは、その効力を有しない。

> **（隔地者間の契約の成立時期）**
> **第五二六条①**　隔地者間の契約は、承諾の通知を発した時に成立する。[対応規定なし]
> ②　申込者の意思表示又は取引上の慣習により承諾の通知を必要としない場合には、契約は、承諾の意思表示と認めるべき事実があった時に成立する。[改正後の**第五二七条**に対応]

参＋【意思能力→三の二【行為能力喪失→七、一一、一五

（承諾の通知を必要としない場合における契約の成立時期）

第五二七条　申込者の意思表示又は取引上の慣習により承諾の通知を必要としない場合には、契約は、承諾の意思表示と認めるべき事実があった時に成立する。

> **（申込みの撤回の通知の延着）**
> **第五二七条①**　申込みの撤回の通知が承諾の通知を発した後に到達した場合であっても、通常の場合にはその前に到達すべき時に発送したものであることを知ることができるときは、承諾者は、遅滞なく、申込者に対してその延着の通知を発しなければならない。
> ②　承諾者が前項の延着の通知を怠ったときは、契約は、成立しなかったものとみなす。[対応規定なし]

参＋五二二①・五二三・五二四【到達主義の原則→九七①、国際売買約一八⑵【本条の特則→商五〇九②【契約の成立・効力の準拠法→法適用七―一二

（申込みに変更を加えた承諾）

第五二八条　承諾者が、申込みに条件を付し、その他変更を加えてこれを承諾したときは、その申込みの拒絶とともに新たな申込みをしたものとみなす。

参＋五二四【国際物品売買における特則→国際売買約一九

（懸賞広告）

第五二九条　ある行為をした者に一定の報酬を与える旨を広告した者（以下「懸賞広告者」という。）は、その行為をした者がその広告を知っていたかどうかにかかわらず、その者に対してその報酬を与える義務を負う。

> **（懸賞広告）**
> **第五二九条**　ある行為をした者に一定の報酬を与える旨を広告した者（以下この款において「懸賞広告者」という。）は、その行為をした者に対してその報酬を与える義務を負う。

参＋五二九の二―五三二

（指定した行為をする期間の定めのある懸賞広告）

第五二九条の二①　懸賞広告者は、その指定した行為をする期間を定めてした広告を撤回することができない。ただし、その広告において撤回をする権利を留保したときは、この限りでない。

②　前項の広告は、その期間内に指定した行為を完了する者がないときは、その効力を失う。

〈**第五二九条の二**は新設〉

参＋五二九の三、五三〇

（指定した行為をする期間の定めのない懸賞広告）

第五二九条の三　懸賞広告者は、その指定した行為を完了する者がない間は、その指定した行為をする期間を定めないでした広告を撤回することができる。ただし、その広告中に撤回をしない旨を表示したときは、この限りでない。〈**第五二九条の三**は新設〉

参＋【撤回→五三〇

（懸賞広告の撤回の方法）

第五三〇条①　前の広告と同一の方法による広告の撤回は、これを知らない者に対しても、その効力を有する。

②　広告の撤回は、前の広告と異なる方法によっても、することができる。ただし、その撤回は、これを知った者に対してのみ、その効力を有する。

> **（懸賞広告の撤回）**
> **第五三〇条①**　前条の場合において、懸賞広告者は、その指定した行為を完了する者がない間は、前の広告と同一の方法によってその広告を撤回することができる。ただし、その広告中に撤回をしない旨を表示したときは、この限りでない。[改正後の**第五二九条の三**に対応]
> ②　前項本文に規定する方法によって撤回をすることができない場合には、他の方法によって撤回をすることができる。この場合において、その撤回は、これを知った者に対してのみ、その効力を有する。[改正後の**第五三〇条**に対応]
> ③　懸賞広告者がその指定した行為をする期間を定めたときは、その撤回をする権利を放棄したものと推定する。[改正後の**第五二九条の二第一項**に対応]

参＋五二九の二、五二九の三　❷五二九

（懸賞広告の報酬を受ける権利）
第五三一条① 広告に定めた行為をした者が数人あるときは、最初にその行為をした者のみが報酬を受ける権利を有する。
② 数人が同時に前項の行為をした場合には、各自が等しい割合で報酬を受ける権利を有する。ただし、報酬がその性質上分割に適しないとき、又は広告において一人のみがこれを受けるものとしたときは、抽選でこれを受ける者を定める。
③ 前二項の規定は、広告中にこれと異なる意思を表示したときは、適用しない。
参 五二九、五三二

（優等懸賞広告）
第五三二条① 広告に定めた行為をした者が数人ある場合において、その優等者のみに報酬を与えるべきときは、その広告は、応募の期間を定めたときに限り、その効力を有する。
② 前項の場合において、応募者中いずれの者の行為が優等であるかは、広告中に定めた者が判定し、広告中に判定をする者を定めなかったときは懸賞広告者が判定する。
③ 応募者は、前項の判定に対して異議を述べることができない。
④ 前条第二項の規定は、数人の行為が同等と判定された場合について準用する。
参 五二九、五二九の三

◇【契約締結過程における責任】

一 契約締結前の信義則上の義務違反

1 契約の締結が確実であると相手方に誤信させた場合

[1] 建築途上のマンションの売買契約が不成立に終わった場合において、買受希望者の契約準備段階における信義則上の注意義務違反を理由とする損害賠償責任を認めた例（最判昭59・9・18判時一一三七・五一、民百選Ⅱ[八版]三）

[2] 契約交渉段階において相手方に契約が締結されることについて過大な期待を抱かせ、商品の開発、製造をさせるに至る行為をしたことが、契約準備段階における信義則上の注意義務に違反するとされた例（最判平19・2・27判時一九六四・四五、商法百選四三）

2 契約の締結に向けて誠実に交渉すべき義務に違反した場合

[3] 土地の売買において約定すべき事項について相互の了解に達し、契約締結日を定め、売主が約定事項の確認を目的とした書面を作成して買主に交付した後に、売主がその土地を第三者に転売して契約の締結を不可能にした場合において、誠実に契約の成立に努めるべき信義則上の義務違反を理由とする不法行為責任を認めた事例（最判昭58・4・19判時一〇八二・四七）

3 契約の内容・リスク等についての説明義務に違反した場合

[4] 顧客に対し、融資を受けて容積率の上限に近い建物を建築した後に、その敷地の一部を売却して返済資金を調達する計画を提案した建築会社の担当者は、建築基準法に関わる問題について説明すべき信義則上の義務を負う。顧客に対し、建築会社の担当者とともに前記計画を説明した銀行の担当者は、特段の事情があるときは、建築基準法に関わる問題について説明すべき信義則上の義務を負う。（最判平18・6・12判時一九四一・九四、消費百選[二版]六四）

[5] 特定の商品（商品取引所法二条四項［現・商品先物取引法二条一項］）の先物取引について、委託者全体と商品取引員との間で利益相反関係となる取引手法を用いている商品取引員の従業員は、信義則上、その取引を受託する前に、専門的な知識を有しない委託者に対して説明義務を負う。（最判平21・12・18判時二〇七二・一四）

[6] 信用協同組合が実質的な債務超過の状態にあって経営破綻の現実的な危険があることを説明せずに出資を勧誘したことが、信義則上の説明義務に違反するとされた事例（最判平23・4・22民集六五・三・一四〇五、民百選Ⅱ[八版]四）

二 契約締結前の信義則上の義務違反に基づく責任の法的性質

[7] 契約の一方当事者は、契約締結に先立ち、信義則上の説明義務に違反して、契約締結の可否に関する判断に影響を及ぼすべき情報を相手方に提供しなかった場合には、相手方が契約締結により被った損害について、不法行為責任を負うことはあっても、債務不履行責任を負うことはない（消滅時効については民法七二四条が適用される）。（最判平23・4・22前出[6]）

第二款　契約の効力

（同時履行の抗弁）
第五三三条 双務契約の当事者の一方は、相手方がその債務の履行（債務の履行に代わる損害賠償の債務の履行を含む。）を提供するまでは、自己の債務の履行を拒むことができる。ただし、相手方の債務が弁済期にないときは、この限りでない。

（同時履行の抗弁）
第五三三条 双務契約の当事者の一方は、相手方がその債務の履行を提供するまでは、自己の債務の履行を拒むことができる。ただし、相手方の債務が弁済期にないときは、この限りでない。

参【債務の履行の提供→四九三【履行に代わる損害賠償→四一五【弁済期→一三五―一三七、四一二【同時履行に係る場合の強制執行→民執三一①【同時履行と留置権→二九五【本条の準用→五四六、六九二、仮登記担保三②【組合契約への不適用→六六七の二

一 同時履行の抗弁権が認められた場合（本条が準用又は類推適用される場合を含む）

[1] 不動産売買における売主の登記協力義務と買主の代金支払義務（大判大7・8・14民録二四・一六五〇、不動産百選[三版]二二……売主の引渡義務との間にはない）

[2] 賃貸借契約における賃貸人の修繕義務と賃借人の賃料支払義務――修繕義務が履行されないために目的物の使用収益ができないほどの場合であることを要する。（大判大10・9・26民録二七・一六二七）→六〇六条[7]

[3] 請負人の目的物の引渡義務と注文者の報酬支払義務（大判大5・11・27民録二二・二一二〇）→六三三条[2]

[4] 弁済と受取証書の交付義務（大判昭16・3・1民集二〇・一六三）→四八六条[7]

[5] 第三者の詐欺により買主が売買契約を取り消した場合の売主・買主双方の原状回復義務（最判昭47・9・7民集二六・七・一三二七）→九六条[1]・一二一条の二[1]

二 同時履行の抗弁権が認められなかった場合（本条の準用又は類推適用がないとされた場合を含む）

[6] 建物の賃貸借終了に伴う敷金返還債務と建物明渡債務（最判昭49・9・2民集二八・六・一一五二、民百選Ⅱ[八版]六五）

[7] 債務の弁済とその債務を担保する抵当権設定登記の抹消（大判明37・10・14民録一〇・一二五八）

[8] 自動車の売主が、当該自動車が車台の接合等により複数の車台番号を有する接合自動車であると判明したことから錯誤を理由に売買代金の返還を求めた買主に対し、移転登録手続との同時履行を主張すること（最判平21・7・17判時二〇五六・六一）

三 同時履行の関係にあることの効果

1 「履行を拒む」ことの具体的意味

[9] 原告の債務の履行請求に対し被告が抗弁権を行使したときは、原告の請求を棄却するのでなく、引換給付判決をすべきである。（大判明44・12・11民録一七・七七二）

[10] 相手方には履行遅滞としての損害賠償義務が生じない。（大判大14・10・29評論一四・民八一一）

[11] 相手方は反対債権があっても相殺することはできない。（大判昭13・3・1民集一七・三一八）

2 同時履行関係にある者がする解除

[12] 自己の債務の履行の提供をせずに、ただ催告をして、解除しても無効である。（大判大10・6・30民録二七・一二八七、売買百選一一）→五四一条[8]

[13] 前出[12]の提供は、催告の中で指定した期日にすればよい。（最判昭36・6・22民集一五・六・一六五一、不動産百選[三版]二八）→五四一条[9]

四 債務の履行に代わる損害賠償債務との同時履行関係

[14] ★請負契約の目的物に瑕疵〔かし〕がある場合、注文者は、信義則に反する場合を除き、請負人から瑕疵の修補に代わる損害の賠償を受けるまでは、報酬全額の支払を拒むことができ、これについて履行遅滞の責任を負わない。（最判平9・2・14民集五一・二・三三七、民百選Ⅱ[八版]七〇……平成二九法四四による改正前の民法六三四条二項後段に関する事案）

[15] 注文者の請負人に対する瑕疵修補に代わる損害賠償債権は、実質的、経済的には、請負代金を減額し、請負契約の当事者が相互に負う義務につきその間に等価関係をもたらす機能を有するものであるから、請負代金債権とは同時履行の関係にあるが、両債権の間で相殺による清算的調整を図ることができる。（最判令2・9・11民集七四・六・一六九三、重判令2民訴二……最判昭53・9・21判時九〇七・五四も同旨）→民訴一四二条[13]

[16] ★請負人の報酬債権に対し注文者がこれと同時履行の関係にある瑕疵修補に代わる損害賠償債権を自働債権とする相殺の意思表示をした場合、注文者は、相殺後の報酬残債務について、相殺の意思表示をした日の翌日から履行遅滞による責任を負う。（最判平9・7・15民集五一・六・二五八一……平成二九法四四による改正前の民法六三四条二項後段に関する事案）→四一二条[8]

第五三四条及び第五三五条【債権者の危険負担、停止条件付双務契約における危険負担】 削除

第五三四条（債権者の危険負担）① 特定物に関する物権の設定又は移転を双務契約の目的とした場合において、その物が債務者の責めに帰することができない事由によって滅失し、又は損傷したときは、その滅失又は損傷は、債権者の負担に帰する。

② 不特定物に関する契約については、第四百一条第二項の規定によりその物が確定した時から、前項の規定を適用する。

〔改正後の**第五六七条**に対応〕

第五三五条（**停止条件付双務契約における危険負担**）① 前条の規定は、停止条件付双務契約の目的物が条件の成否が未定である間に滅失した場合には、適用しない。

② 停止条件付双務契約の目的物が債務者の責めに帰することができない事由によって損傷したときは、その損傷は、債権者の負担に帰する。

③ 停止条件付双務契約の目的物が債務者の責めに帰すべき事由によって損傷した場合において、条件が成就したときは、債権者は、その選択に従い、契約の履行の請求又は解除権の行使をすることができる。この場合においては、損害賠償の請求を妨げない。

第五三六条（**債務者の危険負担等**）① 当事者双方の責めに帰することができない事由によって債務を履行することができなくなったときは、債権者は、反対給付の履行を拒むことができる。

② 債権者の責めに帰すべき事由によって債務を履行することができなくなったときは、債権者は、反対給付の履行を拒むことができない。この場合において、債務者は、自己の債務を免れたことによって利益を得たときは、これを債権者に償還しなければならない。

〔対応規定なし〕

第五三六条（**債務者の危険負担等**）① 前二条に規定する場合を除き、当事者双方の責めに帰することができない事由によって債務を履行することができなくなったときは、債務者は、反対給付を受ける権利を有しない。

② 債権者の責めに帰すべき事由によって債務を履行することができなくなったときは、債務者は、反対給付を受ける権利を失わない。この場合において、自己の債務を免れたことによって利益を得たときは、これを債権者に償還しなければならない。

【本条の特則→商五七三③【組合契約への不適用→六六七の二
❷【本項の特則→労基二六

一 本条二項に当たるとされた事例

[1] ★請負契約の目的たる工事が注文者の責めに帰すべき事由で完成不能となったときは、請負人は残債務を免れるとともに、本条二項により、注文者に請負代金全額を請求できるが、自己の残債務を免れたことによる利益を注文者に償還しなければならない。（最判昭52・2・22民集三一・一・七九、民百選Ⅱ[八版]六八）→六三二条[3]

二 労働契約の事例→労契一六条[8]、労基二六条[1]

第五三七条（**第三者のためにする契約**）① 契約により当事者の一方が第三者に対してある給付をすることを約したときは、その第三者

は、債務者に対して直接にその給付を請求する権利を有する。

② 前項の契約は、その成立の時に第三者が現に存しない場合又は第三者が特定していない場合であっても、そのためにその効力を妨げられない。

③ 第一項の場合において、第三者の権利は、その第三者が債務者に対して同項の契約の利益を享受する意思を表示した時に発生する。

（第三者のためにする契約）
第五三七条①（略）
（第二項は新設）
② 前項の場合において、第三者の権利は、その第三者が債務者に対して同項の契約の利益を享受する意思を表示した時に発生する。（改正後の③）

+五三八、五三九【第三者のためにする契約の例〈ただし受益の意思表示は不要〉→信託二⑥、保険八、四二、七一】

[1] 甲・乙間で、甲所有の土地の所有権を丙に移転する旨の契約が締結された場合は、丙は、債権だけでなく、本条により、当該土地の所有権を取得する。（大判明41・9・22民録一四・九〇七）

[2] 原債務者と債務引受人との間で併存的債務引受契約が締結された場合、第三者たる債権者のためにする旨の約定があったときは、本条による契約として有効である。（大判昭10・10・19新聞三九〇九・一八）

[3] 電信送金契約は第三者のためにする契約ではない。（最判昭43・12・5民集二二・一三・二八七六、銀取百選[二版]四〇）→九二条[5]・◆【法律行為の解釈】［九二条の後］[8]

（第三者の権利の確定）
第五三八条① 前条の規定により第三者の権利が発生した後は、当事者は、これを変更し、又は消滅させることができない。

② 前条の規定により第三者の権利が発生した後に、債務者がその第三者に対する債務を履行しない場合には、同条第一項の契約の相手方は、その第三者の承諾を得なければ、契約を解除することができない。

（第三者の権利の確定）
第五三八条（略、改正後の①）
（第二項は新設）

❷【解除→五四一—五四三】

（債務者の抗弁）
第五三九条 債務者は、第五百三十七条第一項の契約に基づく抗弁をもって、その契約の利益を受ける第三者に対抗することができる。

+【抗弁の例→五三三】

第三款　契約上の地位の移転

〈第三款名は新設〉

第五三九条の二 契約の当事者の一方が第三者との間で契約上の地位を譲渡する旨の合意をした場合において、その契約の相手方がその譲渡を承諾したときは、契約上の地位は、その第三者に移転する。〈第五三九条の二は新設〉

+【本条の特則→六〇五の二、六〇五の三、一〇三二②】

一　契約上の地位の移転の要件

1　一般原則

[1] ★債務を伴う契約上の地位の譲渡契約は、債権者の承諾がないときは債権者に対して効力を生じない。（最判昭30・9・29民集九・一〇・一四七二）

2　契約の相手方の承諾の要否→六〇五条の三[1]

[2] ★預託金会員制ゴルフクラブの会員権の法律関係は会員とゴルフクラブの経営会社との債権的契約関係であるが、会員権の譲受人は、当該ゴルフクラブの運営会社の承認を得た上、会員権について名義書換えの手続をしなければならないとされているときは、その承認を得て名義書換えがされるまでは会員権に基づく権利を行使することができないが、譲渡の当事者間においては、名義書換えがされたときに本件ゴルフクラブの会員たる地位を取得するものとして、会員権は有効に移転する。（最判平8・7・12民集五〇・七・一九一八、重判平8民五）→四六七条[4]

二　契約上の地位の移転の対抗要件→四六七条[4]

三　債権の一括譲渡と契約上の地位の移転

[3] 貸金業者が貸金債権を一括して他の貸金業者に譲渡する旨の合意をした場合、譲渡業者の有する資産のうち何が譲渡の対象であるかは、合意の内容いかんによるから、それが営業譲渡の性質を有するときでも、借主と譲渡業者との間の金銭消費貸借取引に係る契約上の地位が譲受業者に当然に移転すると解することはできない。（最判平23・3・22判時二一一八・三四……借主から譲受業者に対する過払金返還請求を認めた原判決を破棄、差戻し）

第四款　契約の解除

〈改正前の第三款〉

（解除権の行使）
第五四〇条① 契約又は法律の規定により当事者の一方が解除権を有するときは、その解除は、相手方に対する意思表示によってする。

② 前項の意思表示は、撤回することができない。

+【契約による解除権の例→五五七、五七九—五八五【法律の規定による解除権の例→五四一—五四三、五六二—五六五、五五〇、五九四③、六〇七、六一〇—六一二、六二五、六二六、六二八、六三六、六四一、六四二、六五一、六九一、商三〇、五二五—五二七、五四〇、会社一九、割賦三五の三の一〇—三五の三の一二、特定商取引九—九の三、一五の三、二四—二四の三、四〇—四〇の三、四八—四九の二、五八、五八の二、五八の一四、民再四九、会更六一】

[1] 入学手続要項等に入学式無断欠席の場合には入学辞退とみなす旨の記載がある大学の入学試験に合格した者が入学式を無断欠席した場合には、特段の事情がない限り黙示の解除の意思表示がなされたものと解される。（最判平18・11・27民集六〇・九・三五九七、消費百選[初版]三八②）

（催告による解除）
第五四一条 当事者の一方がその債務を履行しない場合において、相手方が相当の期間を定めてその履行の催告をし、その期間内に履行がないときは、相手方は、契約の解除をすることができる。ただし、その期間を経過した時における債務の不履行がその契約及び取引上の社会通念に照らして軽微であるときは、この限りでない。

第五四一条（**履行遅滞等による解除権**）　当事者の一方がその債務を履行しない場合において、相手方が相当の期間を定めてその履行の催告をし、その期間内に履行がないときは、相手方は、契約の解除をすることができる。

＋五四二【債務不履行↓四一二、四一五、五三三【履行↓四九三、四九二【解除の制限↓割賦五、三〇の二の四【国際物品売買の買主による解除↓国際売買約四九、二五【国際物品売買の売主による解除↓国際売買約六四

一　債務の不履行がその契約及び取引上の社会通念に照らして軽微であるとき

[1] ★当事者が契約をなした主たる目的の達成に必須的でない附随的義務の履行を怠ったにすぎないような場合には、特段の事情の存しない限り、相手方は当該契約を解除することができない。――売買の目的たる土地について売主に賦課された公租公課の負担義務を買主が履行しない場合（最判昭36・11・21民集一五・一〇・二五〇七、民百選Ⅱ[八版]四二）

[2] ★当該約款が、売買契約締結の目的に必要不可欠のものでないが、代金の完全な支払の確保のために重要な意義を持ち、その不履行が契約締結の目的の達成に重大な影響を与えるものであるときは、当該約款の債務は売買契約の要素たる債務に入り、その不履行を理由として契約を解除することができる。――土地の売買契約につき、移転登記は代金完済と同時にし、それまでは買主はこの土地の上に建物等を築造しない旨の付随的約款が付けられていた場合（最判昭43・2・23民集二二・二・二八一、民百選Ⅱ[八版]四三）

二　催告

1　催告の必要性

[3] 期限の定めのない債務については、債権者は債務者に一回催告すれば、債務者を遅滞に陥れることができるとともに、本条による催告も兼ねることができる。（大判大6・6・27民録二三・一一五三）

[4] ★受領遅滞にある債権者が解除の前提としての催告をするためには、自らの遅滞を解消するに足りる意思表示をした上ですることが必要である。（最判昭35・10・27民集一四・一二・二七三三、不動産百選[三版]七六）

2　相当の期間を定めること

[5] 期間を定めないで催告しても、催告の時と解除の時との間に相当な期間が経過していればよい。（大判昭2・2・2民集六・一三三、民百選Ⅱ[初版]四五）

[6] 催告期間が不相当であった場合について、前出[5]と同旨（最判昭31・12・6民集一〇・一二・一五二七）

3　催告額が過大の場合

[7] 借家契約において、賃料延滞を理由とする解除が過大催告であっても、賃貸人が催告金額の全額でなければ受領を拒絶する意思のない限り、有効である。（最判昭37・3・9民集一六・三・五一四）

4　無催告解除の特約の効力↓◆【不動産賃貸借の解除】［六二〇条の後］[7]～[9]

5　特約がなくても無催告解除が認められる場合↓◆【不動産賃貸借の解除】［六二〇条の後］[5][6]

三　同時履行の関係にある自己の債務の提供の必要性と時期

[8] 自己の債務の履行の提供をせずに、ただ催告して、解除しても無効である。（大判大10・6・30民録二七・一二八七、売買百選一二）↓五三三条[12]

[9] 不動産の売買契約において、売主が、同時履行の関係にある自己の所有権移転登記義務を、催告の中で示した履行期日において履行の提供をした上で、買主に代金支払債務の履行を求めて、拒絶されたときは、売主のした契約解除は有効である。（最判昭36・6・22民集一五・六・一六五一、不動産百選[三版]二八）↓五三三条[13]

四　解除の意思表示―時期

[10] ★催告と同時に、催告期間内に適法な履行のないことを停止条件とする解除の意思表示をすることは有効である。（大判明43・12・9民録一六・九一〇）

五　複数の契約の目的が相互に密接に関連する場合の解除

[11] ★同一当事者間の債権債務関係が、その形式は甲契約及び乙契約といった二個以上の契約から成る場合でも、それらの目的が相互に密接に関連付けられていて、社会通念上、甲契約又は乙契約のいずれかが履行されるだけでは契約を締結した目的が全体としては達成されないと認められる場合は、甲契約上の債務の不履行を理由に、その債権者は法定解除権の行使として甲契約と併せて乙契約も解除できる。（最判平8・11・12民集五〇・一〇・二六七三、民百選Ⅱ[八版]四四……リゾートマンションの区分所有権の売買契約と同時に屋内プールを含むスポーツ施設を利用するスポーツクラブ会員権契約が締結されたが、屋内プールの完成が一年近く遅延した例）

六　契約の一部の解除のみが認められる場合

[12] ★一個の債務を分割して数回にわたって給付すべき契約（逓次供給契約）において、債務者が途中から給付を遅滞した場合は、既履行の部分だけでは契約の目的を達成することができないなど特別の事情がない限り、債権者は後に履行される部分についてのみ契約を解除できる。（大判大14・2・19民集四・六四、売買百選八二）

七　不動産賃貸借の解除↓◆【不動産賃貸借の解除】［六二〇条の後］[判]

第五四二条（**催告によらない解除**）①　次に掲げる場合には、債権者は、前条の催告をすることなく、直ちに契約の解除をすることができる。

一　債務の全部の履行が不能であるとき。

二　債務者がその債務の全部の履行を拒絶する意思を明確に表示したとき。

三　債務の一部の履行が不能である場合又は債務者がその債務の一部の履行を拒絶する意思を明確に表示した場合において、残存する部分のみでは契約をした目的を達することができないとき。

四　契約の性質又は当事者の意思表示により、特定の日時又は一定の期間内に履行をしなければ契約をした目的を達することができない場合において、債務者が履行をしないでその時期を経過したとき。

五　前各号に掲げる場合のほか、債務者がその債務の履行をせず、債権者が前条の催告をしても契約をした目的を達するのに足りる履行がされる見込みがないことが明らかであるとき。

② 次に掲げる場合には、債権者は、前条の催告をすることなく、直ちに契約の一部の解除をすることができる。
一 債務の一部の履行が不能であるとき。
二 債務者がその債務の一部の履行を拒絶する意思を明確に表示したとき。

（定期行為の履行遅滞による解除権）
第五四二条 契約の性質又は当事者の意思表示により、特定の日時又は一定の期間内に履行をしなければ契約をした目的を達することができない場合において、当事者の一方が履行をしないでその時期を経過したときは、相手方は、前条の催告をすることなく、直ちにその契約の解除をすることができる。［改正後の第五四二条第一項第四号に対応］

参照【履行不能→四一二の二、四一五② ❶［四］【本号の特則→商五二五

（債権者の責めに帰すべき事由による場合）
第五四三条 債務の不履行が債権者の責めに帰すべき事由によるものであるときは、債権者は、前二条の規定による契約の解除をすることができない。

（履行不能による解除権）
第五四三条 履行の全部又は一部が不能となったときは、債権者は、契約の解除をすることができる。ただし、その債務の不履行が債務者の責めに帰することができない事由によるものであるときは、この限りでない。［改正後の第五四二条第一項第一号第三号・第二項第一号に対応］

参照【債務不履行による損害賠償→四一五【債権者の責めに帰すべき履行不能→五三六②

（解除権の不可分性）
第五四四条① 当事者の一方が数人ある場合には、契約の解除は、その全員から又はその全員に対してのみ、することができる。
② 前項の場合において、解除権が当事者のうちの一人について消滅したときは、他の者についても消滅する。

参照 五四〇 ❷五四七、五四八

1 共有者による共有物を目的とする賃貸借契約の解除は、民法二五二条本文［現同条前段］によるものであり、本条一項の適用はない。（最判昭39・2・25民集一八・二・三二九）→二五二条2
2 賃借人が死亡し、相続人が賃借権を共同相続したときは、賃料債務の催告及びその不履行による契約解除の意思表示は共同賃借人全員にしなければならない。（大判大11・11・24民集一・六七〇）→四三〇条4

（解除の効果）
第五四五条① 当事者の一方がその解除権を行使したときは、各当事者は、その相手方を原状に復させる義務を負う。ただし、第三者の権利を害することはできない。
② 前項本文の場合において、金銭を返還するときは、その受領の時から利息を付さなければならない。
③ 第一項本文の場合において、金銭以外の物を返還するときは、その受領の時以後に生じた果実をも返還しなければならない。
④ 解除権の行使は、損害賠償の請求を妨げない。

（解除の効果）
第五四五条①② （略）
（第三項は新設）
③ （略、改正後の④）

参照 五四六 ❶【原状回復→七〇三、七〇四【解除の効果の特則→六二〇、六三〇、六五二、六八四 ❸【果実→八八、八九 ❹【損害賠償→四一五【本項の特則→五五七②【損害賠償額等の制限→割賦六①、特定商取引一〇①・二五、四〇①、四八④―⑧、四九②④⑥、五八の三、五八の一六

一 契約により移転した権利の復帰
1 不動産売買契約が解除されると、買主に移転していた所有権は遡及的に売主に復帰する。（最判昭34・9・22民集一三・一一・一四五一、民百選II〔初版〕四八）→3
2 前出1の場合、売主がその復帰した所有権を第三者に対抗するためには、対抗要件を備えることを要する。（最判昭35・11・29民集一四・一三・二八六九、民百選I〔八版〕五六）→一七七条5

二 原状回復義務
3 ★目的物の引渡しを受けていた買主は、解除までの間目的物を使用収益して得た利益を売主に償還すべき義務を負う。これは原状回復義務に基づく一種の不当利得返還義務である。（最判昭34・9・22前出1）
4 特定物の売買における売主のための保証人の、解除における原状回復義務についての責任（最大判昭40・6・30民集一九・四・一一四三、民百選II〔八版〕二二）→四四七条2

三 第三者
5 第三者とは、解除の対象となった契約により給付された物につき権利を取得した者を指し、その契約により発生した債権を譲り受けた者は第三者に当たらない。（大判明42・5・14民録一五・四九〇）
6 本条一項ただし書により第三者が保護を受けるためには、その権利につき対抗要件を備えていることを必要とする。（最判昭33・6・14民集一二・九・一四四九）→九四条20

四 損害賠償→四一六条14 15

（契約の解除と同時履行）
第五四六条 第五百三十三条（同時履行の抗弁）の規定は、前条の場合について準用する。

（催告による解除権の消滅）
第五四七条 解除権の行使について期間の定めがないときは、相手方は、解除権を有する者に対し、相当の期間を定めて、その期間内に解除をするかどうかを確答すべき旨の催告をすることができる。この場合において、その期間内に解除の通知を受けないときは、解除権は、消滅する。

参照 五四八、五四四②

（解除権者の故意による目的物の損傷等による解除権の消滅）
第五四八条 解除権を有する者が故意若しくは過失によって契約の目的物を著しく損傷し、若しくは返還することができなくなったとき、又は加工若しくは改造によってこれを他の種類の物に変えたときは、解除権

は、消滅する。ただし、解除権を有する者がその解除権を有することを知らなかったときは、この限りでない。

第五四八条（**解除権者の行為等による解除権の消滅**）① 解除権を有する者が自己の行為若しくは過失によって契約の目的物を著しく損傷し、若しくは返還することができなくなったとき、又は加工若しくは改造によってこれを他の種類の物に変えたときは、解除権は、消滅する。（改正後の本条）

② 契約の目的物が解除権を有する者の行為又は過失によらないで滅失し、又は損傷したときは、解除権は、消滅しない。（改正により削られた）

◆【Ⅰ　事情変更の原則】

1 事情変更の原則を適用するためには、契約締結後の事情の変更が、当事者にとって予見することができず、かつ、当事者の責めに帰することのできない事由によって生じたものであることが必要であり、かつ、右の予見可能性や帰責事由の存否は、契約上の地位の譲渡があった場合でも、契約締結当時の契約当事者について判断すべきである。（最判平9・7・1民集五一・六・二四五二、民百選Ⅱ〔八版〕四〇）

2 事情変更の理由により当事者に解除権を認めるには、その事情変更が、客観的に観察して信義誠実の原則上当事者を契約によって拘束することが著しく不合理と認められる場合であることを要する。（最判昭30・12・20民集九・一四・二〇二七）

◆【Ⅱ　契約上の危険の増加と信義則による制約】

1 電気通信事業者には、ダイヤルQ_2事業の開始に当たり、あらかじめ、加入電話契約者に対して、同サービスの内容や危険性について具体的かつ十分な周知を図るとともに、その危険の現実化をできる限り防止するために可能な対策を講じておくべき信義則上の責務があった。（最判平13・3・27民集五五・二・四三四、消費百選〔二版〕一〇二……加入電話契約者の承諾なしに生計を同じくする未成年の子が利用したダイヤルQ_2情報サービスの通話料が著しく高額化した場合において、NTTが加入電話契約者に通話料の金額の五割を超える部分の支払を請求することが信義則ないし衡平の観念に照らして許されないとされた事例）

第五款　定型約款（第五款名は新設）

消費契約

第五四八条の二（**定型約款の合意**）① 定型取引（ある特定の者が不特定多数の者を相手方として行う取引であって、その内容の全部又は一部が画一的であることがその双方にとって合理的なものをいう。以下同じ。）を行うことの合意（次条において「定型取引合意」という。）をした者は、次に掲げる場合には、定型約款（定型取引において、契約の内容とすることを目的としてその特定の者により準備された条項の総体をいう。以下同じ。）の個別の条項についても合意をしたものとみなす。

一 定型約款を契約の内容とする旨の合意をしたとき。

二 定型約款を準備した者（以下「定型約款準備者」という。）があらかじめその定型約款を契約の内容とする旨を相手方に表示していたとき。

② 前項の規定にかかわらず、同項の条項のうち、相手方の権利を制限し、又は相手方の義務を加重する条項であって、その定型取引の態様及びその実情並びに取引上の社会通念に照らして第一条第二項に規定する基本原則に反して相手方の利益を一方的に害すると認められるものについては、合意をしなかったものとみなす。

（第五四八条の二は新設）

【契約の成立と書面↓五二二②　❷【消費者契約における内容規制↓消費契約八―一〇

第五四八条の三（**定型約款の内容の表示**）① 定型取引を行い、又は行おうとする定型約款準備者は、定型取引合意の前又は定型取引合意の後相当の期間内に相手方から請求があった場合には、遅滞なく、相当な方法でその定型約款の内容を示さなければならない。ただし、定型約款準備者が既に相手方に対して定型約款を記載した書面を交付し、又はこれを記録した電磁的記録を提供していたときは、この限りでない。

② 定型約款準備者が定型取引合意の前において前項の請求を拒んだときは、前条の規定は、適用しない。ただし、一時的な通信障害が発生した場合その他正当な事由がある場合は、この限りでない。

（第五四八条の三は新設）

五四八の二

第五四八条の四（**定型約款の変更**）① 定型約款準備者は、次に掲げる場合には、定型約款の変更をすることにより、変更後の定型約款の条項について合意があったものとみなし、個別に相手方と合意をすることなく契約の内容を変更することができる。

一 定型約款の変更が、相手方の一般の利益に適合するとき。

二 定型約款の変更が、契約をした目的に反せず、かつ、変更の必要性、変更後の内容の相当性、この条の規定により定型約款の変更をすることがある旨の定めの有無及びその内容その他の変更に係る事情に照らして合理的なものであるとき。

② 定型約款準備者は、前項の規定による定型約款の変更をするときは、その効力発生時期を定め、かつ、定型約款を変更する旨及び変更後の定型約款の内容並びにその効力発生時期をインターネットの利用その他の適切な方法により周知しなければならない。

③ 第一項第二号の規定による定型約款の変更は、前項の効力発生時期が到来するまでに同項の規定による周知をしなければ、その効力を生じない。

④ 第五百四十八条の二第二項の規定は、第一項の規定

による定型約款の変更については、適用しない。

（第五四八条の四は新設）

参＋五四八の二、五四八の三【契約の成立についての原則→五二二①【意思表示の効力発生時期についての原則→九七】

◆【約款一般】

普通契約約款の拘束力

1　約款による意思の推定

[1]★火災保険契約の一方の当事者である保険者が我が国において営業する以上、その保険者が内国会社であると外国会社であるとを問わず、当事者双方が特に普通保険約款によらない旨の意思表示をせずに契約したときは、その約款による意思をもって契約したものと推定すべきである。（大判大4・12・24民録二一・二一八二、民百選Ⅱ[八版]四六）

2　約款の内容を知悉（ちしつ）していなかった場合

[2]★我が国において火災保険事業を営む外国会社に対し、その会社の作成にかかる書面であって、その会社の普通保険約款による旨を記載した申込書に保険契約者が任意に調印して申込みをして火災保険契約をした場合には、たとえ契約当時その約款の内容を知悉していなかった場合でも、これによる意思で契約したものと推定される。（大判大4・12・24前出[1]）

第二節　贈与

（贈与）

第五四九条　贈与は、当事者の一方がある財産を無償で相手方に与える意思を表示し、相手方が受諾をすることによって、その効力を生ずる。

（贈与）
第五四九条　贈与は、当事者の一方が自己の財産を無償で相手方に与える意思を表示し、相手方が受諾をすることによって、その効力を生ずる。

参＋五五一、五五四【倒産手続と贈与の否認→破一六〇③、民再一二七③】

贈与契約が成立しないとされたもの

[1]★法律上の原因なく利得をし相手方に損失を及ぼしたため、その不当利得を返還すべき義務があることが縁因となって無償譲渡契約が締結されたときは、無償で財産権を移転することを約しているからといって贈与契約ということはできない。（大判大5・9・26民録二二・一四五〇）

（書面によらない贈与の解除）

第五五〇条　書面によらない贈与は、各当事者が解除をすることができる。ただし、履行の終わった部分については、この限りでない。

（書面によらない贈与の撤回）
第五五〇条　書面によらない贈与は、各当事者が撤回することができる。ただし、履行の終わった部分については、この限りでない。

参＋【契約の解除→五四〇、五四四】

一　本条の適用がないとされたもの

[1]　離婚に際し財産を分与する約束（最判昭27・5・6民集六・五・五〇六）

二　書面による贈与に当たるとされたもの

[2]　無償であることが書面自体に表現されている必要はなく、自己の財産を相手方に取得させる意思が書面上に表示されているときは、書面上に対価があるとの記載があっても、他の証拠資料に基づき当事者は無償とする意思であったことが認められれば、本条にいう書面による贈与となる。（大判大15・4・7民集五・二五一）

[3]　支払不能となった銀行の取締役が大蔵省に提出した銀行再建のための私財提供書（大判昭13・9・28民集一七・一八九五、会社百選[初版]五四）→会社三五六条[13]

[4]　贈与者が贈与の目的たる土地についていまだ前主から所有権移転登記を受けていないため、前主に宛て、右土地は受贈者に譲渡したから前主より受贈者に直接所有権移転登記するよう求めた内容証明郵便を差し出したときの、右内容証明郵便（最判昭60・11・29民集三九・七・一七一九、民百選Ⅱ[八版]四七）

三　書面に当たらないとされたもの

[5]　村長の退任に当たり功労金を贈る旨の村会の決議が記載された議事録及び予算案（村長に対する贈与の意思表示のために作成されたものではなく、贈与を約する意思表示を包含するものとは認められない）（大判昭13・12・8民集一七・二二九九）

四　書面によらない贈与でも解除権の行使が許されないとされたもの

[6]★口頭弁論終結時までに本条［平成一六法一四七による改正前］による取消権を行使しないため、贈与による権利の移転を認める判決が確定した後は、既判力の効果として、この取消権を行使して右贈与による権利の存否を争うことは許されない。（最判昭36・12・12民集一五・一一・二七七八）

五　履行が終わったとされたもの

[7]　書面によらない不動産の贈与において、所有権の移転があっただけでは履行を終わったものとすることはできないが、その占有の移転（占有改定の事例）があればよい。（最判昭31・1・27民集一〇・一・一）

[8]　内縁の夫が妻と居住していた家屋を妻に贈与するに際し、自己の実印と、その家屋を買い受けたときの契約書とを共に妻に交付した等の事実関係の下においては、簡易の引渡しによる占有の移転があったものと見られ、前出[7]と同旨（最判昭39・5・26民集一八・四・六六七）

[9]　不動産の贈与契約においてその不動産の所有権移転登記がされたときは、引渡しの有無を問わない。（最判昭40・3・26民集一九・二・五二六、民百選Ⅱ[三版]五〇）

（贈与者の引渡義務等）

第五五一条①　贈与者は、贈与の目的である物又は権利を、贈与の目的として特定した時の状態で引き渡し、又は移転することを約したものと推定する。

②　負担付贈与については、贈与者は、その負担の限度において、売主と同じく担保の責任を負う。

（贈与者の担保責任）
第五五一条①　贈与者は、贈与の目的である物又は権利の瑕疵又は不存在について、その責任を負わない。ただし、贈与者がその瑕疵又は不存在を知りながら受贈者に告げなかったときは、この限りでない。

② （略）

⊛❶【現状による引渡しの場合↓四八三 【売主の担保責任↓五六一―五七〇、五七二 ❷【負担付贈与↓五五三 +【本条の準用↓五九〇、五九六

（定期贈与）

第五五二条　定期の給付を目的とする贈与は、贈与者又は受贈者の死亡によって、その効力を失う。

⊛+【終身定期金契約↓六八九

（負担付贈与）

第五五三条　負担付贈与については、この節に定めるもののほか、その性質に反しない限り、双務契約に関する規定を準用する。

⊛+五五一②【双務契約に関する規定↓五三三、五三六、五四〇―五四五【負担付死因贈与↓五五四、一〇〇二、一〇〇三、一〇四五

受贈者の負担である義務の不履行により、贈与者による贈与契約の解除を認めたもの

[1] ① 養母が、その財産のほとんど全部を養子に贈与したのは、両者の特別の情宜関係及び養親子の身分関係に基づき、贈与者たる養母のその後の生活に困難を生ぜしめないことを条件とするものであって、受贈者たる養子も右の趣旨は十分承知していたところであるから、本件贈与は、受贈者において、老齢に達した贈与者を扶養し、円満な親子関係を維持し、同人から受けた恩愛に背かないことを受贈者の義務とする、いわゆる負担付贈与であると認めるのが相当である。

② 負担付贈与においては、受贈者がその負担である義務の履行を怠るときは、民法五四一条、五四二条［いずれも平成二九法四四による改正前］の規定を準用し、贈与者は贈与契約の解除をなし得るものと解すべきである。（最判昭53・2・17判タ三六〇・一四三、重判昭53民四）↓一〇二三条[3]

（死因贈与）

第五五四条　贈与者の死亡によって効力を生ずる贈与については、その性質に反しない限り、遺贈に関する規定を準用する。

⊛+【準用される遺贈に関する主要規定↓九九一―九九三、九九六―一〇〇三

一　死因贈与の方式

[1] 死因贈与の方式について遺贈に関する規定の準用はない。（最判昭32・5・21民集一一・五・七三二）

[2] 死因贈与の取消しについては、民法一〇二二条が、その方式に関する部分を除いて準用される。（最判昭47・5・25民集二六・四・八〇五、家族百選〔三版〕一二三）

二　夫婦間の契約取消権との関係

[3] 贈与が配偶者に対してなされた場合、贈与者の死因贈与の取消権と、夫婦間の契約取消権は別個独立の権利であるから、これらのうち一つの取消権行使の効力が否定される場合であっても、他の取消権行使の効力を認めることができる。（最判昭47・5・25前出[2]）

三　死因贈与の取消しができないとされたもの

[4] 負担の履行期が贈与者の生前と定められた負担付死因贈与の受贈者が、負担の全部又はこれに類する程度の履行をした場合には、右契約締結の動機、負担の価値と贈与財産の価値との相関関係、契約上の利害関係者間の身分関係その他の生活関係等に照らし、右契約の全部又は一部を取り消すことがやむを得ないと認められる特段の事情がない限り、民法一〇二二条、一〇二三条の各規定は準用されない。（最判昭57・4・30民集三六・四・七六三、民百選Ⅲ〔二版〕八六）

[5] 土地所有権をめぐる訴訟で裁判上の和解がされ、係争土地について甲が所有権の承認を受ける代わりに乙及びその子孫に無償で耕作する権利を与え、甲はその権利を失わせる処分をせず、甲が死亡したときは同土地を乙及びその相続人に贈与することを約したなどの事実関係の下では、甲は死因贈与を自由に取り消すことはできない。（最判昭58・1・24民集三七・一・二一、重判昭58民六）↓一七七条[6]

第三節　売買

第一款　総則

（売買）

第五五五条　売買は、当事者の一方がある財産権を相手方に移転することを約し、相手方がこれに対してその代金を支払うことを約することによって、その効力を生ずる。

⊛+【財産権移転の具体的内容の例↓一八二―一八四、五六〇【商事売買↓商五二四―五二八【国際物品売買↓国際売買約【割賦販売↓割賦【国際物品売買における売主の義務↓国際売買約三〇―五二【国際物品売買における買主の義務↓国際売買約五三―六五【訪問販売等↓特定商取引

（売買の一方の予約）

第五五六条①　売買の一方の予約は、相手方が売買を完結する意思を表示した時から、売買の効力を生ずる。

② 前項の意思表示について期間を定めなかったときは、予約者は、相手方に対し、相当の期間を定めて、その期間内に売買を完結するかどうかを確答すべき旨の催告をすることができる。この場合において、相手方がその期間内に確答をしないときは、売買の一方の予約は、その効力を失う。

⊛+五五九【仮登記担保↓仮登記担保一

一　予約完結の意思表示

[1] 売買の一方の予約は、相手方の完結の意思表示を停止条件とする売買契約ではなく、相手方の予約完結の意思表示により本契約たる売買が初めて成立する純然たる予約である。（大判大8・6・10民録二五・一〇〇七）

[2] 売買一方の予約に基づき予約権利者が売買を成立させるため予約義務者に対し売買完結の意思表示をするには特別の形式を必要としない。（大判明38・2・15民録一一・一二四）

[3] 予約完結権は講学上にいうところの形成権である。（大判大10・3・5民録二七・四九三）

[4] 予約権利者は、予約完結権の行使前であれば、その権利を債権譲渡の規定に従い自由に譲渡することができる。（大判大13・2・29民集三・八〇）

[5] 不動産売買予約上の権利を仮登記によって保全した場合には、右予約上の権利の譲渡を予約義務者及びその他の第三者に対抗するためには、仮登記に権利移転の付記登記をすれば足り、債権譲渡の対抗要件を具備する必要はない。（最判昭35・11・24民集一四・一三・二八五三、不動産百選[三版]一七）→四六七条[6]

二　指名債権譲渡の予約

[6] ★指名債権譲渡の予約につき確定日付のある証書により債務者に対する通知又はその承諾がされても、債務者はこれによって予約完結権の行使により当該債権の帰属が将来変更される可能性を知るにとどまり、当該債権の帰属に変更が生じた事実を認識するものではないから、この予約の完結による債権譲渡の効力は当該予約についてされた通知又は承諾をもって第三者に対抗することはできない。（最判平13・11・27民集五五・六・一〇九〇、重判平13民九）→四六七条[9]

（手付）

第五五七条①　買主が売主に手付を交付したときは、買主はその手付を放棄し、売主はその倍額を現実に提供して、契約の解除をすることができる。ただし、その相手方が契約の履行に着手した後は、この限りでない。

②　第五百四十五条第四項の規定は、前項の場合には、適用しない。

（手付）

第五五七条①　買主が売主に手付を交付したときは、当事者の一方が契約の履行に着手するまでは、買主はその手付を放棄し、売主はその倍額を償還して、契約の解除をすることができる。

②　第五百四十五条第三項の規定は、前項の場合には、適用しない。

⊛五五九【契約の解除→五四〇【現実の提供→四九三

一　手付の認定

[1] 売買における手付は、反対の証拠がない限り、本条所定のいわゆる解約手付と認めるべきである。（最判昭29・1・21民集八・一・六四、売買百選七）

[2] 契約書に、違約の場合、手付の没収又は倍返しをするという約定があったとしても、それだけでは本条の適用を排除する意思表示があったものということはできない。（最判昭24・10・4民集三・一〇・四三七、民百選Ⅱ[六版]四七）

二　「契約の履行に着手」の意義

[3] 債務の内容たる給付の実行に着手すること、すなわち客観的に外部から認識できるような形で履行行為の一部をなし、又は履行の提供をするために欠くことのできない前提行為をした場合を指す（単なる履行の準備行為では足りない）。（最大判昭40・11・24民集一九・八・二〇一九、民百選Ⅱ[八版]四八）→[6]

三　契約の履行に着手したものと認められた事例

[4] 買主が履行期到来後、売主に対ししばしば明渡しを求め、この間明渡しがあればいつでも残代金の支払をなし得る状態にあった場合（最判昭30・12・26民集九・一四・二一四〇）

[5] 土地の買主が履行期到来後、売主に対してしばしばその履行を求め、売主が移転登記に応ずればいつでも支払えるよう残代金の準備をしていた場合（最判昭33・6・5民集一二・九・一三五九）

[6] 第三者所有の不動産の売買契約において、売主が右不動産を買主に譲渡する前提として右不動産の所有権を取得し、かつ、自己名義の登記を得た場合――履行に着手した当事者は相手が履行に着手するまでは自ら解除することができる。（最大判昭40・11・24前出[3]）

四　契約の履行に着手したものと認められなかった事例

[7] 土地及び建物の買主が、履行期前に、土地の測量をし、残代金の準備をして口頭の提供をした上で履行の催告をしたが、売主が移転先を確保するため履行期が約一年九箇月先に定められ、右測量及び催告が履行期までになお相当の期間がある時点でされたなどの事情がある場合（最判平5・3・16民集四七・四・三〇〇五、民百選Ⅱ[五補]四八）

五　売主による手付倍額の現実の提供

[8] ★本条一項により売主が契約の解除をするためには、買主に対し、単に口頭により手付の倍額を償還する旨を告げその受領を催告するのみでは足りず、倍額につき現実の提供を行うことを要する。（最判平6・3・22民集四八・三・八五九、不動産百選[三版]二二）→四九三条[2]～[5][14][15]

（売買契約に関する費用）

第五五八条　売買契約に関する費用は、当事者双方が等しい割合で負担する。

⊛五五九【弁済の費用→四八五

（有償契約への準用）

第五五九条　この節の規定は、売買以外の有償契約について準用する。ただし、その有償契約の性質がこれを許さないときは、この限りでない。

第二款　売買の効力

（権利移転の対抗要件に係る売主の義務）

第五六〇条　売主は、買主に対し、登記、登録その他の売買の目的である権利の移転についての対抗要件を備えさせる義務を負う。

（他人の権利の売買における売主の義務）

第五六〇条　他人の権利を売買の目的としたときは、売主は、その権利を取得して買主に移転する義務を負う。［改正後の第五六一条に対応］

⊛五五五【対抗要件の具備の例→一七七・一七八・四六七【登記→不登

権利移転について対抗要件を備えさせる義務

1　不動産の売買

[1] 売主は売買契約の内容として登記義務を負う。（大判大9・11・22民録二六・一八五六）

2　賃借権の譲渡

[2] 譲渡人（売主）は賃貸人の承諾を得る義務を負う。（最判昭34・9・17民集一三・一一・一四一二、民訴百選Ⅱ[補正]A33）→四一五条[16]・六一二条[7]

（他人の権利の売買における売主の義務）

第五六一条　他人の権利（権利の一部が他人に属する場合におけるその権利の一部を含む。）を売買の目的としたときは、売主は、その権利を取得して買主に移転する義務を負う。

（他人の権利の売買における売主の担保責任）

第五六一条　前条の場合において、売主がその売却した権利を取得して買主に移転することができないときは、買主は、契約の解除をすることができる。この場合において、契約の時においてその権利が売主に属しないことを知っていたときは、損害賠償の請求をすることができない。

参 五六二―五六七、五七二【契約の解除→五四〇】

一　他人の権利の売主の義務

1　本条［平成二九法四四による改正前の五六〇条］に当たるとされた事例

[1]　他人の物の売買において、その目的物の所有者が売買契約成立時から、右目的物を他に譲渡する意思がなく、したがって売主が買主に移転できない場合でも、なおその売買は有効に成立する。（最判昭25・10・26民集四・一〇・四九七）

2　他人の権利の売主をその権利者が相続した場合

[2]　他人の権利の売主（本件では代物弁済に供した債務者）をその権利者が相続し債務者としての履行義務を承継した場合でも、権利者は、信義則に反すると認められるような特別の事情のない限り、右履行義務を拒否することができる。（最大判昭49・9・4民集二八・六・一一六九、不動産百選[三版]七二）→八九六条[7]

二　売主の権利移転義務の不履行に基づく責任

1　権利移転義務の履行不能に当たるとされた例

[3]　所有者が履行期後に第三者に権利を移転して対抗要件を備えてしまった場合（大判大10・11・22民録二七・一九七八、民百選Ⅱ[二版]四〇）

[4]　売主が表見相続人から土地を取得して買主に売却したところ、その後、真正相続人から相続回復を訴求され移転登記抹消に応じざるを得なかった場合（最判昭30・5・31民集九・六・八四四）

2　権利移転義務の履行不能が買主の責めに帰すべき事由による場合

[5]　売主がその権利を取得して買主に移転し得る状態にあったのに、買主がその権利を直接、所有者から取得した場合には、買主は本条［平成二九法四四による改正前］に基づく解除権を有しない。（大判昭17・10・2民集二一・九三九）

3　契約時に他人の権利であることについて買主が悪意の場合における売主の債務不履行責任

[6]　★他人の権利を目的とする売買において、売主が当該権利を取得して買主に移転する義務の履行不能が生じた場合であって、その履行不能が売主の責めに帰すべき事由によるときは、買主は本条［平成二九法四四による改正前］にかかわらず、債務不履行一般の規定に従って契約を解除し、損害賠償請求をすることができる。（最判昭41・9・8民集二〇・七・一三二五、民百選Ⅱ[八版]四九）

4　解除の効果と原状回復義務

[7]　★本条［平成二九法四四による改正前］により売買契約が解除された場合においても、買主は解除までの間目的物を使用したことによる利益を売主に返還すべき義務を負う。（最判昭51・2・13民集三〇・一・一、民百選Ⅱ[八版]四五）

（買主の追完請求権）

第五六二条①　引き渡された目的物が種類、品質又は数量に関して契約の内容に適合しないものであるときは、買主は、売主に対し、目的物の修補、代替物の引渡し又は不足分の引渡しによる履行の追完を請求することができる。ただし、売主は、買主に不相当な負担を課するものでないときは、買主が請求した方法と異なる方法による履行の追完をすることができる。

②　前項の不適合が買主の責めに帰すべき事由によるものであるときは、買主は、同項の規定による履行の追完の請求をすることができない。

（他人の権利の売買における善意の売主の解除権）

第五六二条①　売主が契約の時においてその売却した権利が自己に属しないことを知らなかった場合において、その権利を取得して買主に移転することができないときは、売主は、損害を賠償して、契約の解除をすることができる。

②　前項の場合において、買主が契約の時においてその買い受けた権利が売主に属しないことを知っていたときは、売主は、買主に対し、単にその売却した権利を移転することができない旨を通知して、契約の解除をすることができる。

［対応規定なし］

参 五六〇・五六一・五七二【本条の特則→商五二六、国際売買約四六、五一】

一　目的物の種類・品質に関する契約不適合の担保責任

1　目的物の種類・品質に関する契約不適合（瑕疵［かし］）の意義

イ　見本を呈示した売買

[1]　★見本品を呈示して行った特定物売買において、給付された目的物が見本品と異なる場合（大判大15・5・24民集五・四三三）

ロ　広告による売買

[2]　★広告により、「もみすり臼」の性能を示した場合に、当該もみすり臼が所定の性能を具備していなかった場合（大判昭8・1・14民集一二・七一）

ハ　行政法規の制約がある場合

[3]　★買主が居宅の敷地として使用する目的を表示して買い受けた土地の約八割の部分が都市計画街路の境域地内に存するため、たとえ買主が居宅を建築しても早晩その全部又は一部を撤去しなければならない場合で、計画街路の公示が売買契約成立の十数年以前に告示の形式でなされているため、買主において右告示の存在を知らなかったことについて過失があるとはいえないときは民法五七〇条［平成二九法四四による改正前］の瑕疵があるといえる。（最判昭41・4・14民集二〇・四・六四九、収用百選九〇）

二　売買契約締結時の取引観念上当事者間において予定されていたとみることができない性質

[4]　★売買契約の当事者間において目的物がどのような品質・性能を有することが予定されていたとみることができるかについては、売買契約締結当時の取引観念に照らして判断すべきである。（最判平22・6・1民集六四・四・九五三、民百選Ⅱ[八版]五〇……売買契約の目的物である土地の土壌に、契約締結後に法令に基づく規制の対象となったふっ素が基準値を超えて含まれていたことが民法五七〇条［平成二九法四四による改正前］にいう瑕疵に当たらないとされた例）

ホ　敷地賃借権付き建物売買における敷地の欠陥

[5]　★建物とその敷地の賃借権が売買の目的とされた場合に、敷地に賃貸人において修繕義務を負担すべき欠陥が

あったとしても、賃貸人に対する債権としての賃借権の欠陥ということはできないから、売買の目的物に瑕疵があるとすることはできない。（最判平3・4・2民集四五・四・三四九、民百選Ⅱ〔八版〕五四）

2　買主による契約に適合しない目的物の受領の意義

⑥　★不特定物（タービン・ポンプ一台）の売買において、売主が瑕疵ある物を給付した場合に、買主が右売買の目的物を受領した以上は、不完全ながら契約の履行があったものとして、買主は危険移転の時期を基準として瑕疵担保責任を追及できるだけである。（大判大14・3・13民集四・二一七）

⑦　★不特定物（街頭宣伝用放送機械）の売買において給付されたものに瑕疵のあることが受領後に発見された場合、買主が瑕疵担保責任を問うなど瑕疵の存在を認識した上で右給付を履行として認容したと認められる事情が存在しない限りは、買主は完全履行請求権を有し、また、右の不完全履行が売主の責めに帰すべき事由に基づく場合には、債務不履行の一場合として損害賠償請求権及び契約解除権をも有する。（最判昭36・12・15民集一五・一一・二八五二、民百選Ⅱ〔八版〕五二）→四一五条⑦

3　瑕疵担保と錯誤→九五条㉚㉛

⑧　★契約の要素に錯誤があって無効であるときは、民法五七〇条［平成二九法四四による改正前］の適用はない。（最判昭33・6・14民集一二・九・一四九二、民百選Ⅱ〔八版〕七六）→九五条⑧㉛・六九六条③

二　目的物の数量に関する契約不適合の担保責任

1　民法五六五条［平成二九法四四による改正前］にいう数量指示売買

⑨　★当事者において目的物の実際に有する数量を確保するため、その一定の面積、容積、重量、員数又は尺度あることを売主が契約において表示し、かつ、この数量を基礎として代金額が定められた売買をいう。（最判昭43・8・20民集二二・八・一六九二、不動産百選〔増補〕五二）

2　具体例

⑩　★宅地の売買においてその目的物を登記簿に記載してある坪数をもって表示したとしても、直ちに売主が右坪数のあることを表示したものというべきではない。（最判昭43・8・20前出⑨）

（買主の代金減額請求権）

第五六三条①　前条第一項本文に規定する場合において、買主が相当の期間を定めて履行の追完の催告をし、その期間内に履行の追完がないときは、買主は、その不適合の程度に応じて代金の減額を請求することができる。

②　前項の規定にかかわらず、次に掲げる場合には、買主は、同項の催告をすることなく、直ちに代金の減額を請求することができる。

一　履行の追完が不能であるとき。

二　売主が履行の追完を拒絶する意思を明確に表示したとき。

三　契約の性質又は当事者の意思表示により、特定の日時又は一定の期間内に履行をしなければ契約をした目的を達することができない場合において、売主が履行の追完をしないでその時期を経過したとき。

四　前三号に掲げる場合のほか、買主が前項の催告をしても履行の追完を受ける見込みがないことが明らかであるとき。

③　第一項の不適合が買主の責めに帰すべき事由によるものであるときは、買主は、前二項の規定による代金の減額の請求をすることができない。

> （権利の一部が他人に属する場合における売主の担保責任）
>
> **第五六三条**①　売買の目的である権利の一部が他人に属することにより、売主がこれを買主に移転することができないときは、買主は、その不足する部分の割合に応じて代金の減額を請求することができる。
>
> ②　前項の場合において、残存する部分のみであれば買主がこれを買い受けなかったときは、善意の買主は、契約の解除をすることができる。
>
> ③　代金減額の請求又は契約の解除は、善意の買主が損害賠償の請求をすることを妨げない。
>
> ［改正後の**第五六五条**に対応］

参＋五六二・五六四【本条の特則→商五二六、国際売買約五〇❷】【無催告解除の要件→五四二】

一　損害賠償債権との相殺による代金減額

⑦　★単価を六五円とする穀用かますの売買契約において引き渡された一二万八一〇〇枚につき、買主が売主に対して右かますに欠陥があることを具体的に指摘した上、一枚当たり二〇円、数量一二万八一〇〇枚の積二五六万二〇〇〇円に代金を減額して支払う旨の書面を送付した場合には、特別の事情がない限り、買主は売主に対し受領物の瑕疵に基づく損害賠償請求をするとともに、当該損害賠償請求権を自働債権とし、売買代金債権を受働債権とする相殺の意思表示をしたものと解すべきである。（最判昭50・2・25民集二九・二・一六八……代金の減額請求と解した原判決を破棄）

二　数量が超過する場合における代金増額請求

②　★民法五六五条［平成二九法四四による改正前］は数量指示売買において数量が不足する場合等における売主の担保責任を定めた規定にすぎないから、数量指示売買において数量が超過する場合に、同条の類推適用を根拠として売主が代金の増額を請求することはできない。（最判平13・11・27民集五五・六・一三八〇、不動産百選〔三版〕七四）

（買主の損害賠償請求及び解除権の行使）

第五六四条　前二条の規定は、第四百十五条の規定による損害賠償の請求並びに第五百四十一条及び第五百四十二条の規定による解除権の行使を妨げない。

> **第五六四条**　前条の規定による権利は、買主が善意であったときは事実を知った時から、悪意であったときは契約の時から、それぞれ一年以内に行使しなければならない。［改正後の**第五六六条**に対応］

参＋五六二・五六三【本条の特則→商五二六、国際売買約三五・四五、四九、七四―七七【免責条項の効力→消費契約八②】

土地の数量指示売買（民法五六五条［平成二九法四四による改正前］）における損害賠償責任の範囲

⑦　★土地の売買契約において、土地の面積が表示された場合でも、その表示が代金額決定の基礎としてされたにとどまり、契約の目的を達成する上で特段の意味を有するものでないときは、売主は当該土地が表示どおりの面積を有し

たとすれば買主が得たであろう利益について、その損害を賠償すべき責めを負わない。（最判昭57・1・21民集三六・一・七一、民百選Ⅱ〔八版〕五二）

（移転した権利が契約の内容に適合しない場合における売主の担保責任）
第五六五条 前三条の規定は、売主が買主に移転した権利が契約の内容に適合しないものである場合（権利の一部が他人に属する場合においてその権利の一部を移転しないときを含む。）について準用する。

（数量の不足又は物の一部滅失の場合における売主の担保責任）
第五六五条 前二条の規定は、数量を指示して売買をした物に不足がある場合又は物の一部が契約の時に既に滅失していた場合において、買主がその不足又は滅失を知らなかったときについて準用する。［改正後の第五六三条、第五六四条、第五六六条に対応］

§ 五七二

[7] **権利の一部が他人に属する場合の具体例**
★売買の目的物たる土地の一部に官有地が含まれていた場合は民法五六三条［平成二九法四四による改正前］に該当する。（大判昭10・4・27民集一四・七九〇）

（目的物の種類又は品質に関する担保責任の期間の制限）
第五六六条 売主が種類又は品質に関して契約の内容に適合しない目的物を買主に引き渡した場合において、買主がその不適合を知った時から一年以内にその旨を売主に通知しないときは、買主は、その不適合を理由として、履行の追完の請求、代金の減額の請求、損害賠償の請求及び契約の解除をすることができない。ただし、売主が引渡しの時にその不適合を知り、又は重大な過失によって知らなかったときは、この限りでない。

（地上権等がある場合等における売主の担保責任）
第五六六条① 売買の目的物が地上権、永小作権、地役権、留置権又は質権の目的である場合において、買主がこれを知らず、かつ、そのために契約をした目的を達することができないときは、買主は、契約の解除をすることができる。この場合において、契約の解除をすることができないときは、損害賠償の請求のみをすることができる。
② 前項の規定は、売買の目的である不動産のために存すると称した地役権が存しなかった場合及びその不動産について登記をした賃貸借があった場合について準用する。
③ 前二項の場合において、契約の解除又は損害賠償の請求は、買主が事実を知った時から一年以内にしなければならない。
［改正後の第五六五条に対応］

§ 五六二―五六四【本条の特則】→商五二六

[7] ★瑕疵担保による損害賠償請求権には消滅時効の規定の適用があり、この消滅時効は買主が売買の目的物の引渡しを受けた時から進行する。（最判平13・11・27民集五五・六・一三一一、民百選Ⅱ〔八版〕五三）→一六六条[7][27]

（目的物の滅失等についての危険の移転）
第五六七条① 売主が買主に目的物（売買の目的として特定したものに限る。以下この条において同じ。）を引き渡した場合において、その引渡しがあった時以後にその目的物が当事者双方の責めに帰することができない事由によって滅失し、又は損傷したときは、買主は、その滅失又は損傷を理由として、履行の追完の請求、代金の減額の請求、損害賠償の請求及び契約の解除をすることができない。この場合において、買主は、代金の支払を拒むことができない。
② 売主が契約の内容に適合する目的物をもって、その引渡しの債務の履行を提供したにもかかわらず、買主がその履行を受けることを拒み、又は受けることができない場合において、その履行の提供があった時以後に当事者双方の責めに帰することができない事由によってその目的物が滅失し、又は損傷したときも、前項と同様とする。

（抵当権等がある場合における売主の担保責任）
第五六七条① 売買の目的である不動産について存した先取特権又は抵当権の行使により買主がその所有権を失ったときは、買主は、契約の解除をすることができる。
② 買主は、費用を支出してその所有権を保存したときは、売主に対し、その費用の償還を請求することができる。
③ 前二項の場合において、買主は、損害を受けたときは、その賠償を請求することができる。
［改正後の第五七〇条に対応］

§ 五六二―五六四、五三六 ❶【債務者の責めによる滅失・損傷】→四一五【債権者の責めによる滅失・損傷】→五四三【国際物品売買における特則】→国際売買約六六―六九 ❷【受領拒絶・受領不能】→四一三【履行の提供】→四九三、四九二

（競売における担保責任等）
第五六八条① 民事執行法その他の法律の規定に基づく競売（以下この条において単に「競売」という。）における買受人は、第五百四十一条及び第五百四十二条の規定並びに第五百六十三条（第五百六十五条において準用する場合を含む。）の規定により、債務者に対し、契約の解除をし、又は代金の減額を請求することができる。
② 前項の場合において、債務者が無資力であるときは、買受人は、代金の配当を受けた債権者に対し、その代金の全部又は一部の返還を請求することができる。
③ 前二項の場合において、債務者が物若しくは権利の不存在を知りながら申し出なかったとき、又は債権者がこれを知りながら競売を請求したときは、買受人は、これらの者に対し、損害賠償の請求をすることができる。
④ 前三項の規定は、競売の目的物の種類又は品質に関する不適合については、適用しない。

（強制競売における担保責任）
第五六八条① 強制競売における買受人は、第五百六十一条から前条までの規定により、債務者に対し、契約の解除を

し、又は代金の減額を請求することができる。
②③（略）
（第四項は新設）

参❶【競売→民執四五・一二二・一三四・一八〇・一八一・一八九・一九〇　❹【種類・品質の不適合→五六二

⑦ ★借地権付き建物に対する強制競売において借地権が存在しなかった場合、買受人は、そのために建物買受けの目的を達することができず、かつ、債務者が無資力であるときは、［平成二九法四四による改正前の］本条一項、二項及び五六六条一項、二項の類推適用により、強制競売による建物の売買契約を解除した上、売却代金の配当を受けた債権者に対し、その返還を請求することができる。（最判平8・1・26民集五〇・一・一五五、執保百選[三版]三四）

（債権の売主の担保責任）

第五六九条① 債権の売主が債務者の資力を担保したときは、契約の時における資力を担保したものと推定する。

② 弁済期に至らない債権の売主が債務者の将来の資力を担保したときは、弁済期における資力を担保したものと推定する。

（抵当権等がある場合の買主による費用の償還請求）

第五七〇条 買い受けた不動産について契約の内容に適合しない先取特権、質権又は抵当権が存していた場合において、買主が費用を支出してその不動産の所有権を保存したときは、買主は、売主に対し、その費用の償還を請求することができる。

（売主の瑕疵担保責任）
第五七〇条 売買の目的物に隠れた瑕疵があったときは、第五百六十六条の規定を準用する。ただし、強制競売の場合は、この限りでない。［改正後の第五六二条―第五六四条に対応］

参五七七【買主の所有権の保存→三七八、三七九【費用の支出による代位→四九九

第五七一条【売主の担保責任と同時履行】 削除

（売主の担保責任と同時履行）
第五七一条 第五百三十三条の規定は、第五百六十三条から第五百六十六条まで及び前条の場合について準用する。［改正後の第五三三条に対応］

（担保責任を負わない旨の特約）

第五七二条 売主は、第五百六十二条第一項本文又は第五百六十五条に規定する場合における担保の責任を負わない旨の特約をしたときであっても、知りながら告げなかった事実及び自ら第三者のために設定し又は第三者に譲り渡した権利については、その責任を免れることができない。

（担保責任を負わない旨の特約）
第五七二条 売主は、第五百六十条から前条までの規定による担保の責任を負わない旨の特約をしたときであっても、知りながら告げなかった事実及び自ら第三者のために設定し又は第三者に譲り渡した権利については、その責任を免れることができない。

参【本条の特則→住宅品質九五①②

（代金の支払期限）

第五七三条 売買の目的物の引渡しについて期限があるときは、代金の支払についても同一の期限を付したものと推定する。

参【代金支払時期→国際売買約五八【同時履行の抗弁権→五三三

（代金の支払場所）

第五七四条 売買の目的物の引渡しと同時に代金を支払うべきときは、その引渡しの場所において支払わなければならない。

参【弁済の場所→四八四①、国際売買約五七【同時履行の抗弁権→五三三

⑦ 本条は、代金支払の場所につき別段の定めがなく、かつ、目的物の引渡しと同時に代金を支払うべき関係が存在する場合に限って適用される（引渡し後は民法四八四条［平成二九法四四による改正後の同条一項］による）。（大判昭2・12・27民集六・七四三）

民法

（果実の帰属及び代金の利息の支払）

第五七五条① まだ引き渡されていない売買の目的物が果実を生じたときは、その果実は、売主に帰属する。

② 買主は、引渡しの日から、代金の利息を支払う義務を負う。ただし、代金の支払について期限があるときは、その期限が到来するまでは、利息を支払うことを要しない。

参五七三　❶【果実→八八、八九【特定物引渡債務の原則→四八三

⑦ 売主は、目的物の引渡しを遅滞している場合でも、引渡しまでこれを使用し果実を収取し得ると同時に、買主は遅滞にあるときでも目的物の引渡しを受けるまでの期間に対応する代金の利息を支払う必要はない。（大連判大13・9・24民集三・四四〇、民百選Ⅱ[五補]五五）

（権利を取得することができない等のおそれがある場合の買主による代金の支払の拒絶）

第五七六条 売買の目的について権利を主張する者があることその他の事由により、買主がその買い受けた権利の全部若しくは一部を取得することができず、又は失うおそれがあるときは、買主は、その危険の程度に応じて、代金の全部又は一部の支払を拒むことができる。ただし、売主が相当の担保を供したときは、この限りでない。

（権利を失うおそれがある場合の買主による代金の支払の拒絶）
第五七六条 売買の目的について権利を主張する者があるために買主がその買い受けた権利の全部又は一部を失うおそれがあるときは、買主は、その危険の限度に応じて、代金の全部又は一部の支払を拒むことができる。ただし、売主が相当の担保を供したときは、この限りでない。

参五七七、五七八【売主の責任→五六二―五六五

⑦ **一　本条本文に関する事例**
★土地又は建物の賃借人は、賃借物に対する権利に基づき自己に対して明渡しを請求することができる第三者から

その明渡しを求められた場合には、それ以後、賃料の支払を拒絶することができる。（最判昭50・4・25民集二九・四・五五六）

二　**本条ただし書の意義**

[2] ★「担保を供し」とは、担保を成立させることをいい、担保物権設定又は保証契約締結の単なる申込みはこれに当たらない。（東京高判昭55・7・30高民三三・二・一一四）

（抵当権等の登記がある場合の買主による代金の支払の拒絶）

第五七七条① 買い受けた不動産について契約の内容に適合しない抵当権の登記があるときは、買主は、抵当権消滅請求の手続が終わるまで、その代金の支払を拒むことができる。この場合において、売主は、買主に対し、遅滞なく抵当権消滅請求をすべき旨を請求することができる。

② 前項の規定は、買い受けた不動産について契約の内容に適合しない先取特権又は質権の登記がある場合について準用する。

（抵当権等の登記がある場合の買主による代金の支払の拒絶）

第五七七条① 買い受けた不動産について抵当権の登記があるときは、買主は、抵当権消滅請求の手続が終わるまで、その代金の支払を拒むことができる。この場合において、売主は、買主に対し、遅滞なく抵当権消滅請求をすべき旨を請求することができる。

② 前項の規定は、買い受けた不動産について先取特権又は質権の登記がある場合について準用する。

⊛＋五七八、五七六【抵当権消滅請求↓三七九―三八六、三四一・三六一【売主の責任↓五七〇、五六五

（売主による代金の供託の請求）

第五七八条 前二条の場合においては、売主は、買主に対して代金の供託を請求することができる。

⊛＋【供託↓四九四―四九八

[1] 本条により売主が買主に対して代金の供託を請求したにもかかわらず、買主が応じないときは、買主はもはや代金支払拒絶権を行使することができない。（大判昭14・4・15民集一八・四二九）

◆**【割賦販売】**

割賦販売と所有権の留保↓◘【Ⅱ　所有権留保売買】〔三九八条の二二の後〕判

第三款　買戻し

（買戻しの特約）

第五七九条 不動産の売主は、売買契約と同時にした買戻しの特約により、買主が支払った代金（別段の合意をした場合にあっては、その合意により定めた金額。第五百八十三条第一項において同じ。）及び契約の費用を返還して、売買の解除をすることができる。この場合において、当事者が別段の意思を表示しなかったときは、不動産の果実と代金の利息とは相殺したものとみなす。

（買戻しの特約）

第五七九条 不動産の売主は、売買契約と同時にした買戻しの特約により、買主が支払った代金及び契約の費用を返還して、売買の解除をすることができる。この場合において、当事者が別段の意思を表示しなかったときは、不動産の果実と代金の利息とは相殺したものとみなす。

⊛＋【不動産↓八六①【買戻しの特約の登記↓五八一、不登九六【契約の費用↓五五八【買戻しの実行と費用の返還↓五八三【解除↓五四〇・五四五【果実↓八八【相殺↓五〇五

一　**特約の内容**

[1] 動産についても買戻しの特約は禁止されているわけではなく、当事者間では有効である。（大判明39・1・29民録一二・八二）

[2] 買戻しの特約は売買契約と同時に締結しなければならず、売買契約後は許されない。（大判明33・2・21民録六・二・七〇）

[3] 期間の定めのないものについて、後に買戻期間を定め、あるいは代金の支払期限を定めてもよい。（大判明31・11・30民録四・一〇・五五）

二　**契約の費用**

[4] 契約の費用には、買主が登記のため負担した登録税も含まれる。（大判大7・11・1民録二四・二一〇三）

[5] ★売買代金に利息を付して返還することを約してもよい。（大判大2・10・3民録一九・七四一）

（買戻しの期間）

第五八〇条① 買戻しの期間は、十年を超えることができない。特約でこれより長い期間を定めたときは、その期間は、十年とする。

② 買戻しについて期間を定めたときは、その後にこれを伸長することができない。

③ 買戻しについて期間を定めなかったときは、五年以内に買戻しをしなければならない。

⊛＋五八三

[1] 買戻権の行使につき始期を付したときでも、契約成立の時から一〇年を経過すると権利を行使できない。（大判大12・8・2民集二・五八二）

[2] 特約を登記した後に、期間を短縮してもよい。（大判大11・5・5民集一・二四〇）

（買戻しの特約の対抗力）

第五八一条① 売買契約と同時に買戻しの特約を登記したときは、買戻しは、第三者に対抗することができる。

② 前項の登記がされた後に第六百五条の二第一項に規定する対抗要件を備えた賃借人の権利は、その残存期間中一年を超えない期間に限り、売主に対抗することができる。ただし、売主を害する目的で賃貸借をしたときは、この限りでない。

（買戻しの特約の対抗力）

第五八一条① 売買契約と同時に買戻しの特約を登記したと

きは、買戻しは、第三者に対しても、その効力を生ずる。

② 登記をした賃借人の権利は、その残存期間中一年を超えない期間に限り、売主に対抗することができる。ただし、売主を害する目的で賃貸借をしたときは、この限りでない。

⊛❶【買戻しの特約の登記↓不登九六【契約解除と第三者の権利↓五四五①但

一　**後になされた特約の登記**

[1] 特約についての登記は所有権移転登記と同時にしなければならず、後になされた特約の登記は無効である。（大決大15・10・19民集五・七三八……抹消登記請求が認められた例）

二　**買戻権譲渡の対抗要件**

[2] 買戻権を譲渡した場合、それを買主及び第三者に対抗するには移転登記（付記）をすれば足り、買主に通知しあるいはその承諾を得る必要はない。（大判昭8・9・12民集一二・二二五二）↓四六七条[7]

三　**未登記買戻権の譲渡の買主に対する対抗要件**

[3] 買戻権が登記されていなかった場合、買戻権の譲渡を買主に対抗するには、これに対する通知又は承諾を必要とする。（最判昭35・4・26民集一四・六・一〇七一、不動産百選[三版]八一）↓四六七条[5]

（**買戻権の代位行使**）

第五八二条　売主の債権者が第四百二十三条の規定により売主に代わって買戻しをしようとするときは、買主は、裁判所において選任した鑑定人の評価に従い、不動産の現在の価額から売主が返還すべき金額を控除した残額に達するまで売主の債務を弁済し、なお残余があるときはこれを売主に返還して、買戻権を消滅させることができる。

⊛+【鑑定人の選定等の手続↓非訟九六

（**買戻しの実行**）

第五八三条①　売主は、第五百八十条に規定する期間内に代金及び契約の費用を提供しなければ、買戻しをすることができない。

② 買主又は転得者が不動産について費用を支出したときは、売主は、第百九十六条の規定に従い、その償還をしなければならない。ただし、有益費については、裁判所は、売主の請求により、その償還について相当の期限を許与することができる。

⊛❶五八〇、五七九【提供↓四九三　❷【使用貸借への準用↓五九五

[1] 代金及び契約費用の他に、必要費及び有益費を支払うことを買戻権行使の要件とすることはできない。本条二項は不動産の引渡しを受ける際に生ずる義務を定めたにすぎない。（大判大15・1・28民集五・三〇）

[2] 買戻特約付売買の買主が目的不動産を第三者に転売しその登記をした後は、最初の売主の買戻権の行使は転得者に対してすべきである。（最判昭36・5・30民集一五・五・一四五九、不動産百選[三版]八二）

（**共有持分の買戻特約付売買**）

第五八四条　不動産の共有者の一人が買戻しの特約を付してその持分を売却した後に、その不動産の分割又は競売があったときは、売主は、買主が受け、若しくは受けるべき部分又は代金について、買戻しをすることができる。ただし、売主に通知をしないでした分割及び競売は、売主に対抗することができない。

⊛+五八五【共有物の分割↓二五六、二五八【競売↓民執一九五

第五八五条①　前条の場合において、買主が不動産の競売における買受人となったときは、売主は、競売の代金及び第五百八十三条に規定する費用を支払って買戻しをすることができる。この場合において、売主は、その不動産の全部の所有権を取得する。

② 他の共有者が分割を請求したことにより買主が競売における買受人となったときは、売主は、その持分のみについて買戻しをすることはできない。

⊛+【競売↓民執一九五　❷【共有物の分割請求↓二五八

第四節　交換

第五八六条①　交換は、当事者が互いに金銭の所有権以外の財産権を移転することを約することによって、その効力を生ずる。

② 当事者の一方が他の権利とともに金銭の所有権を移転することを約した場合におけるその金銭については、売買の代金に関する規定を準用する。

⊛+【売買の規定の準用↓五五九【売買の代金に関する規定↓五六三―五六五、五七二―五七八、三二一、三二八

第五節　消費貸借

（**消費貸借**）

第五八七条　消費貸借は、当事者の一方が種類、品質及び数量の同じ物をもって返還をすることを約して相手方から金銭その他の物を受け取ることによって、その効力を生ずる。

⊛+【契約の成立についての原則↓五二二①【受取↓一八二―一八四【貸金業の規制↓出資取締五

一　**消費貸借の成立**

1　「受け取る」の意義

イ　現金の授受と同一の利益が借主に与えられたと解された例

[1] 預金通帳と印章を渡した場合（大判大11・10・25民集一・六二一）

[2] 国債を渡した場合（大判明44・11・9民録一七・六四八）

ロ　借主以外の者への引渡しが「受け取る」に当たるとされた例

[3] 借主が第三者に対して負っている債務を弁済するため、金銭を右第三者に交付した場合（大判昭11・6・16民集一五・一一二五、民百選Ⅱ[初版]五七）

[4] 連帯債務者の一人に対して金銭が交付された場合（大判昭9・6・30民集一三・一一九七）

2　金銭授受前に設定された抵当権↓三六九条[7]

3　金銭授受前に作成された公正証書の効力

[5] 公正証書作成後に金銭の授受がなされたときには、当該公正証書は無効となるのではなく、金銭授受の時から債務名義としての効力を生ずる。（大決昭8・3・6民集一二・三二五……五日後の事例）

民法

⑥ 公正証書作成の二箇月半後に金銭の授受がなされた事例につき同旨（大判昭11・6・16前出③）

二 **説明義務→◆【契約締結過程における責任】**〔五三三条の後〕④

第五八七条の二（書面でする消費貸借等） ① 前条の規定にかかわらず、書面でする消費貸借は、当事者の一方が金銭その他の物を引き渡すことを約し、相手方がその受け取った物と種類、品質及び数量の同じ物をもって返還をすることを約することによって、その効力を生ずる。

② 書面でする消費貸借の借主は、貸主から金銭その他の物を受け取るまで、契約の解除をすることができる。この場合において、貸主は、その契約の解除によって損害を受けたときは、借主に対し、その賠償を請求することができる。

③ 書面でする消費貸借は、借主が貸主から金銭その他の物を受け取る前に当事者の一方が破産手続開始の決定を受けたときは、その効力を失う。

④ 消費貸借がその内容を記録した電磁的記録によってされたときは、その消費貸借は、書面によってされたものとみなして、前三項の規定を適用する。

〔第五八七条の二は新設〕

⊕五八七【書面による契約→五二二②】❷【解除→五四〇】【損害賠償→四一五】❸【破産手続開始→破三〇】

◆【貸金業法の適用を受ける金銭消費貸借の付随義務―取引履歴開示義務】

① 貸金業者は、債務者から取引履歴の開示を求められた場合には、その開示要求が濫用にわたると認められるなど特段の事情のない限り、貸金業法の適用を受ける金銭消費貸借契約の付随義務として、信義則上、保存している業務帳簿（保存期間を経過して保存しているものを含む。）に基づいて取引履歴を開示すべき義務を負う。（平成一八法一一五による貸金業の規制等に関する法律改正前の事案）（最判平17・7・19民集五九・六・一七八三、重判平17民一）

第五八八条（準消費貸借） 金銭その他の物を給付する義務を負う者がある場合において、当事者がその物を消費貸借の目的とすることを約したときは、消費貸借は、これによって成立したものとみなす。

> **第五八八条（準消費貸借）** 消費貸借によらないで金銭その他の物を給付する義務を負う者がある場合において、当事者がその物を消費貸借の目的とすることを約したときは、消費貸借は、これによって成立したものとみなす。

⊕五八七

一 **準消費貸借の目的である「金銭その他の物を給付する義務」**

① ★既存の消費貸借上の債務を準消費貸借とする場合も本条に該当する。（大判大2・1・24民録一九・一一）

② 将来において発生する金銭債務を基礎としても準消費貸借は締結でき、その後、金銭が貸与されたときに準消費貸借は当然に効力を生ずる。（最判昭40・10・7民集一九・七・一七二三）

二 **旧債務の不存在**

③ 準消費貸借契約は、目的とされた旧債務が存在しない以上その効力を有しないものであるが、旧債務の不存在については、準消費貸借の効力を争う者がその事実の立証責任を負う。（最判昭43・2・16民集二二・二・二一七、民訴百選Ⅱ〔補正〕一二〇）→民訴◆【証明責任】〔一七九条の前〕⑦

三 **新・旧両債務のいわゆる同一性について**

④ 連帯債務のうちの一人が準消費貸借契約を締結した場合に、他の連帯債務者が免責されるか否かは、当事者の意思によって決定すべきである。（大判大7・3・25民録二四・五三一）

⑤ 旧債務に付着していた買主の同時履行の抗弁権が消滅するか否かは、諸般の事情を斟酌〔しんしゃく〕し、当事者の意思を探究して決定すべきである。（大判昭8・2・24民集一二・二六五）

⑥ ★準消費貸借上の債務の消滅時効は、旧債務のそれと関係なく、準消費貸借が商行為であれば商行為上の債権として五年の時効にかかる。（大判大10・9・29民録二七・一七〇七）

第五八九条（利息） ① 貸主は、特約がなければ、借主に対して利息を請求することができない。

② 前項の特約があるときは、貸主は、借主が金銭その他の物を受け取った日以後の利息を請求することができる。

> **第五八九条（消費貸借の予約と破産手続の開始）** 消費貸借の予約は、その後に当事者の一方が破産手続開始の決定を受けたときは、その効力を失う。〔改正後の第五八七条の二第三項に対応〕

⊕五八七【消費貸借と利息の制限→四〇四⊕】【商人間の金銭消費貸借と利息→商五一三①】

利息支払義務

① ★消費貸借における利息は元本利用の対価であり、借主は元本を受け取った日からこれを利用し得るのであるから、要物契約としての消費貸借においては、借主は、特約のない限り消費貸借成立の日からこれを支払うべき義務があり、初日の利息を控除すべきではない。（最判昭33・6・6民集一二・九・一三七三）

第五九〇条（貸主の引渡義務等） ① 第五百五十一条〈贈与者の引渡義務等〉の規定は、前条第一項の特約のない消費貸借について準用する。

② 前条第一項の特約の有無にかかわらず、貸主から引き渡された物が種類又は品質に関して契約の内容に適合しないものであるときは、借主は、その物の価額を返還することができる。

> **第五九〇条（貸主の担保責任）** ① 利息付きの消費貸借において、物に隠れた瑕

疵があったときは、貸主は、瑕疵がない物をもってこれに代えなければならない。この場合においては、損害賠償の請求を妨げない。

② 無利息の消費貸借においては、借主は、瑕疵がある物の価額を返還することができる。この場合において、貸主がその瑕疵を知りながら借主に告げなかったときは、前項の規定を準用する。

参+【本条の準用→六六六②】

（返還の時期）

第五九一条① 当事者が返還の時期を定めなかったときは、貸主は、相当の期間を定めて返還の催告をすることができる。

② 借主は、返還の時期の定めの有無にかかわらず、いつでも返還をすることができる。

③ 当事者が返還の時期を定めた場合において、貸主は、借主がその時期の前に返還をしたことによって損害を受けたときは、借主に対し、その賠償を請求することができる。

（返還の時期）
第五九一条① （略）
② 借主は、いつでも返還をすることができる。
（第三項は新設）

参+【期限の定めのない債務の弁済期の原則→四一二③】【期限の利益→一三六】❷❸【消費寄託への準用→六六六③】

一 返還の時期の定めのない場合

[1] 貸主が履行の請求をした時から借主は遅滞に陥るが（民法四一二条三項）、借主が本条一項による抗弁を行使したときは、相当の期間満了の時に返還すればよいこととなる。（大判昭5・6・4民集九・五九五）

二 催告に相当の期間を定めなかった場合

[2] 催告に一定の時期や期間を、当事者が明示していなくとも、その催告の時から返還の準備をするのに相当の期間が経過した後には、借主は遅滞の責めに任ずる。（大判昭5・1・29民集九・九七）

（価額の償還）

第五九二条 借主が貸主から受け取った物と種類、品質及び数量の同じ物をもって返還をすることができなくなったときは、その時における物の価額を償還しなければならない。ただし、第四百二条第二項に規定する場合は、この限りでない。

参+【本条の準用→六六六②】

第六節　使用貸借

（使用貸借）

第五九三条 使用貸借は、当事者の一方がある物を引き渡すことを約し、相手方がその受け取った物について無償で使用及び収益をして契約が終了したときに返還をすることを約することによって、その効力を生ずる。

（使用貸借）
第五九三条 使用貸借は、当事者の一方が無償で使用及び収益をした後に返還をすることを約して相手方からある物を受け取ることによって、その効力を生ずる。

参+一〇二八―一〇四一【受取→一八二―一八四】【使用収益→五九四】【借主の注意義務→四〇〇】

一 本条に当たるとされたもの

[1] 留守番の仕事をしても、使用貸借である。（最判昭26・3・29民集五・五・一七七）

[2] 妻の伯父が六畳と七畳（七畳は家屋所有者と共用）を使用し、毎月一〇〇〇円を室代名義で支払っていても、右金員は室使用の対価ではなく謝礼であり、使用貸借である。（最判昭35・4・12民集一四・五・八一七……昭和二八年頃東京都内の事案。当時の室代は原判決によると一畳当たり月一〇〇〇円位）

[3] 建物の借主が建物に賦課される固定資産税を負担していても、右負担が建物の使用の対価であると認めるに足りる特段の事情がない限り、使用貸借である。（最判昭41・10・27民集二〇・八・一六四九）

[4] 遺産である建物の遺産分割前の使用関係の例（最判平8・12・17民集五〇・一〇・二七七八、民百選Ⅲ〔二版〕七一）

↓八九八条[3]・一〇三七条[7]

二 無償の地上権との区別

[5] 信者が自己の所有地に、教会の建物の建設を承認した事案―地上権とされた。（大判大6・9・19民録二三・一三五二）

[6] 土地と建物の双方を所有する者が建物だけを譲渡した事案―使用貸借とされた。（最判昭41・1・20民集二〇・一・二二……父が妾〔めかけ〕に建物を贈与。父の死後、その子が建物を交換したが、土地は無償で使用させていたもの）↓

◆【法律行為の解釈】〔九二条の後〕[11]

（借用物受取り前の貸主による使用貸借の解除）

第五九三条の二 貸主は、借主が借用物を受け取るまで、契約の解除をすることができる。ただし、書面による使用貸借については、この限りでない。（第五九三条の二は新設）

参+五二二②【契約の解除→五四〇】

（借主による使用及び収益）

第五九四条① 借主は、契約又はその目的物の性質によって定まった用法に従い、その物の使用及び収益をしなければならない。

② 借主は、貸主の承諾を得なければ、第三者に借用物の使用又は収益をさせることができない。

③ 借主が前二項の規定に違反して使用又は収益をしたときは、貸主は、契約の解除をすることができる。

参+❶【被相続人の配偶者の居住権→一〇三二、一〇三八】【賃貸借への準用→六一六】❸六〇〇【契約の解除→五四〇、五四五】

（借用物の費用の負担）

第五九五条① 借主は、借用物の通常の必要費を負担する。

② 第五百八十三条第二項（買戻目的物についての費用償還）の規定は、前項の通常の必要費以外の費用について準用する。

参+六〇〇、一九六【費用と留置権→二九五】

（貸主の引渡義務等）
第五九六条　第五百五十一条〈贈与者の引渡義務等〉の規定は、使用貸借について準用する。

> **（貸主の担保責任）**
> **第五九六条**　（略）

（期間満了等による使用貸借の終了）
第五九七条①　当事者が使用貸借の期間を定めたときは、使用貸借は、その期間が満了することによって終了する。
②　当事者が使用貸借の期間を定めなかった場合において、使用及び収益の目的を定めたときは、使用貸借は、借主がその目的に従い使用及び収益を終えることによって終了する。
③　使用貸借は、借主の死亡によって終了する。

> **（借用物の返還の時期）**
> **第五九七条①**　借主は、契約に定めた時期に、借用物の返還をしなければならない。
> ②　当事者が返還の時期を定めなかったときは、借主は、契約に定めた目的に従い使用及び収益を終わった時に、返還をしなければならない。ただし、その使用及び収益を終わる前であっても、使用及び収益をするのに足りる期間を経過したときは、貸主は、直ちに返還を請求することができる。［ただし書は改正後の**第五九八条**第一項に対応］
> ③　当事者が返還の時期並びに使用及び収益の目的を定めなかったときは、貸主は、いつでも返還を請求することができる。［改正後の**第五九八条**第二項に対応］

⊗一〇三〇、一〇三七①【債務の履行期→四一二】❶【賃貸借への準用→六二二】❸【配偶者居住権への準用→一〇三六】【配偶者短期居住権への準用→一〇四一】

（使用貸借の解除）
第五九八条①　貸主は、前条第二項に規定する場合において、同項の目的に従い借主が使用及び収益をするのに足りる期間を経過したときは、契約の解除をすることができる。
②　当事者が使用貸借の期間並びに使用及び収益の目的を定めなかったときは、貸主は、いつでも契約の解除をすることができる。
③　借主は、いつでも契約の解除をすることができる。

> **（借主による収去）**
> **第五九八条**　借主は、借用物を原状に復して、これに附属させた物を収去することができる。［改正後の**第五九九条**に対応］

⊗【契約の解除→五四〇】

> 7 **契約に定めた目的に従った使用・収益に足りる期間の経過による解除権**
> ★父母所有の土地を無償で借りて、長男がその経営する会社の建物を建て、その経営から生ずる収益で老父母を扶養し、余力があれば、生活能力のない他の兄弟の面倒もみることが期待されていたのに、さしたる理由もなく父母の扶養を止め、兄弟とも往来を絶ち、使用貸借関係の基礎となった信頼関係が崩壊した場合は、民法五九七条二項ただし書［平成二九法四四による改正前］の類推適用により、使用貸借を解約できる。（最判昭42・11・24民集二一・九・二四六〇）

（借主による収去等）
第五九九条①　借主は、借用物を受け取った後にこれに附属させた物がある場合において、使用貸借が終了したときは、その附属させた物を収去する義務を負う。ただし、借用物から分離することができない物又は分離するのに過分の費用を要する物については、この限りでない。
②　借主は、借用物を受け取った後にこれに附属させた物を収去することができる。
③　借主は、借用物を受け取った後にこれに生じた損傷がある場合において、使用貸借が終了したときは、その損傷を原状に復する義務を負う。ただし、その損傷が借主の責めに帰することができない事由によるものであるときは、この限りでない。

> **（借主の死亡による使用貸借の終了）**
> **第五九九条**　使用貸借は、借主の死亡によって、その効力を失う。［改正後の**第五九七条**第三項に対応］

⊗❶❷【賃貸借への準用→六二二】

（損害賠償及び費用の償還の請求権についての期間の制限）
第六〇〇条①　契約の本旨に反する使用又は収益によって生じた損害の賠償及び借主が支出した費用の償還は、貸主が返還を受けた時から一年以内に請求しなければならない。
②　前項の損害賠償の請求権については、貸主が返還を受けた時から一年を経過するまでの間は、時効は、完成しない。

> **（損害賠償及び費用の償還の請求権についての期間の制限）**
> **第六〇〇条**　（略、改正後の①）
> （第二項は新設）

⊗【使用収益の方法→五九四】【損害賠償→四一五】【費用の償還→五九五】【時効の完成猶予→一四七—一五四】【賃貸借への準用→六二二】【配偶者居住権への準用→一〇三六】【配偶者短期居住権への準用→一〇四一】

第七節　賃貸借

第一款　総則

⊗【賃貸借に関する特別法→借地借家、民調一—二三、二四—三〇

（賃貸借）
第六〇一条　賃貸借は、当事者の一方がある物の使用及び収益を相手方にさせることを約し、相手方がこれに対してその賃料を支払うこと及び引渡しを受けた物を契約が終了したときに返還することを約することによって、その効力を生ずる。

> **（賃貸借）**
> **第六〇一条**　賃貸借は、当事者の一方がある物の使用及び収益を相手方にさせることを約し、相手方がこれに対してその賃料を支払うことを約することによって、その効力を生ずる。

参【使用収益→六一六、五九四①【賃料→三一二—三一六、借地借家一一・三二【法定賃借権→仮登記担保一〇

[1] 公営住宅の使用関係については、公営住宅法及びこれに基づく条例が特別法として優先して適用されるが、それらに特別の定めがない限り、原則として一般法である民法及び借家法の適用がある。（最判昭59・12・13民集三八・一二・一四一一、行政百選Ⅰ〔七版〕九……信頼関係の法理を適用すべきだとしたもの）→◆【不動産賃貸借の解除】〔六二〇条の後〕[4]、行総◇【Ⅰ】[2][53]

（短期賃貸借）

第六〇二条 処分の権限を有しない者が賃貸借をする場合には、次の各号に掲げる賃貸借は、それぞれ当該各号に定める期間を超えることができない。契約でこれより長い期間を定めたときであっても、その期間は、当該各号に定める期間とする。

一 樹木の栽植又は伐採を目的とする山林の賃貸借 十年

二 前号に掲げる賃貸借以外の土地の賃貸借 五年

三 建物の賃貸借 三年

四 動産の賃貸借 六箇月

（短期賃貸借）

第六〇二条 処分につき行為能力の制限を受けた者又は処分の権限を有しない者が賃貸借をする場合には、次の各号に掲げる賃貸借は、それぞれ当該各号に定める期間を超えることができない。

一—四（略）

参 六〇二【処分の権限のない者の例→二八、一〇三、八六四、九四三②、九五〇②

（短期賃貸借の更新）

第六〇三条 前条に定める期間は、更新することができる。ただし、その期間満了前、土地については一年以内、建物については三箇月以内、動産については一箇月以内に、その更新をしなければならない。

参【更新→六〇四

（賃貸借の存続期間）

第六〇四条① 賃貸借の存続期間は、五十年を超えることができない。契約でこれより長い期間を定めたときであっても、その期間は、五十年とする。

② 賃貸借の存続期間は、更新することができる。ただし、その期間は、更新の時から五十年を超えることができない。

（賃貸借の存続期間）

第六〇四条① 賃貸借の存続期間は、二十年を超えることができない。契約でこれより長い期間を定めたときであっても、その期間は、二十年とする。

② 賃貸借の存続期間は、更新することができる。ただし、その期間は、更新の時から二十年を超えることができない。

参❶【存続期間の特則→借地借家三・四・七・九・二二—二五・二九 ❷【黙示の更新→六一九【更新拒絶の制限→借地借家五・六・九・二六・三〇【更新拒絶の制限の例外→借地借家二二—二五・三八—四〇

第二款 賃貸借の効力

（不動産賃貸借の対抗力）

第六〇五条 不動産の賃貸借は、これを登記したときは、その不動産について物権を取得した者その他の第三者に対抗することができる。

（不動産賃貸借の対抗力）

第六〇五条 不動産の賃貸借は、これを登記したときは、その後その不動産について物権を取得した者に対しても、その効力を生ずる。

参【賃借権と登記→一七七、不登三四・八一、商七〇一【配偶者居住権の登記と対抗力→一〇三一【登記によらない対抗力→借地借家一〇①②・三一【賃借権の対抗の例→三九五・五八一②

賃貸人の賃借権の登記義務

[1] 賃借権の登記をする旨の特約がない場合には、賃借人は賃貸人に対して賃借権の登記を請求する権利はない。（大判大10・7・11民録二七・一三七八）

（不動産の賃貸人たる地位の移転）

第六〇五条の二① 前条、借地借家法（平成三年法律第九十号）第十条又は第三十一条その他の法令の規定による賃貸借の対抗要件を備えた場合において、その不動産が譲渡されたときは、その不動産の賃貸人たる地位は、その譲受人に移転する。

② 前項の規定にかかわらず、不動産の譲渡人及び譲受人が、賃貸人たる地位を譲渡人に留保する旨及びその不動産を譲受人が譲渡人に賃貸する旨の合意をしたときは、賃貸人たる地位は、譲受人に移転しない。この場合において、譲渡人と譲受人又はその承継人との間の賃貸借が終了したときは、譲渡人に留保されていた賃貸人たる地位は、譲受人又はその承継人に移転する。

③ 第一項又は前項後段の規定による賃貸人たる地位の移転は、賃貸物である不動産について所有権の移転の登記をしなければ、賃借人に対抗することができない。

④ 第一項又は第二項後段の規定により賃貸人たる地位が譲受人又はその承継人に移転したときは、第六百八条の規定による費用の償還に係る債務及び第六百二十二条の二第一項の規定による同項に規定する敷金の返還に係る債務は、譲受人又はその承継人が承継する。

〈第六〇五条の二は新設〉

参 六〇五、六〇五の三【賃借権の対抗要件→六〇五【契約上の地位の移転の原則→五三九の二【登記→一七七、不登

一 不動産賃借権の対抗力の内容

[1] ★旧所有者と賃借人との間に存在した賃貸借関係が法律上当然に新所有者と賃借人との間に移転し、旧所有者は、その関係から離脱する。（大判大10・5・30民録二七・一〇一三）

二 賃貸人の地位の移転の賃借人に対する対抗要件

[2] ★賃貸中の土地を譲り受けた者は、その所有権の移転につき登記を経由しなければ、これを賃借人に対抗すること

ができず、賃貸人たる地位の取得を賃借人に対抗することができない。（最判昭49・3・19民集二八・二・三二五、民百選Ⅱ[八版]五九）↓一七七条[27]

[3] **三　費用償還債務の承継**

賃借人が有益費を支出後、賃貸人が交替した場合は、特段の事情のない限り、新賃貸人が償還義務者たる地位を承継するから、賃借人は旧賃貸人に有益費の償還を請求できない。（最判昭46・2・19民集二五・一・一三五、重判昭46民三）

[4] **四　敷金返還債務の承継**

★賃貸借存続中に目的不動産の所有権が移転し、新所有者が賃貸人の地位を承継した場合には、旧賃貸人に差し入れられていた敷金は、同人のもとに未払賃料があればこれに当然充当され、残額があればそれについての権利義務が新賃貸人に承継される。（最判昭44・7・17民集二三・八・一六一〇、不動産百選[三版]三五）↓借地借家三一条[2]

[5] ★賃貸借終了後明渡し前に、目的不動産の所有権が移転した場合は、敷金に関する権利義務は、旧所有者と新所有者の合意のみでは新所有者に承継されない。（最判昭48・2・2民集二七・一・八〇、民百選Ⅱ[初版]六三）↓六二二条の二[4]、民執一五九条[7]

（合意による不動産の賃貸人たる地位の移転）

第六〇五条の三　不動産の譲渡人が賃貸人であるときは、その賃貸人たる地位は、賃借人の承諾を要しないで、譲渡人と譲受人との合意により、譲受人に移転させることができる。この場合においては、前条第三項及び第四項の規定を準用する。〈第六〇五条の三は新設〉

参＋六〇五、六〇五の二

[1] ★賃貸借の目的となっている土地の所有者がその所有権とともに賃貸人たる地位を他に譲渡することは、賃貸人の義務の移転を伴うが、特段の事情のない限り、賃借人の承諾を必要とせず、新旧所有者間の契約ですることができる。（最判昭46・4・23民集二五・三・三八八、民百選Ⅱ[八版]四二）

（不動産の賃借人による妨害の停止の請求等）

第六〇五条の四　不動産の賃借人は、第六百五条の二第一項に規定する対抗要件を備えた場合において、次の各号に掲げるときは、それぞれ当該各号に定める請求をすることができる。

一　その不動産の占有を第三者が妨害しているとき　その第三者に対する妨害の停止の請求

二　その不動産を第三者が占有しているとき　その第三者に対する返還の請求

〈第六〇五条の四は新設〉

参＋六〇五の二【妨害の停止の請求↓一九八【返還の請求↓二〇〇

不動産賃借権の対抗力の内容

[1] ★対抗力ある土地賃借権を有する者は、その土地につき二重に賃借権を得た第三者に対し土地上の建物の収去・土地明渡しを請求できる。（最判昭28・12・18民集七・一二・一五一五、民百選Ⅱ[八版]五七）

[2] ★対抗力ある土地賃借権を有する者は、その土地の不法占有者に対し土地上の建物の収去・土地明渡しを請求できる。（最判昭30・4・5民集九・四・四三一）

◇↓借地借家三一条[1]～[5]

（賃貸人による修繕等）

第六〇六条①　賃貸人は、賃貸物の使用及び収益に必要な修繕をする義務を負う。ただし、賃借人の責めに帰すべき事由によってその修繕が必要となったときは、この限りでない。

②　賃貸人が賃貸物の保存に必要な行為をしようとするときは、賃借人は、これを拒むことができない。

> **（賃貸物の修繕等）**
>
> **第六〇六条①**　賃貸人は、賃貸物の使用及び収益に必要な修繕をする義務を負う。
>
> ②　（略）

参❶【使用収益↓六一六、五九四①【要修繕の通知↓六一五　❷【保存行為↓六〇七

一　修繕義務の不履行の効果

[1] 賃貸人が賃料支払の時期以前に発生した修繕義務を履行しないため、賃借人が完全に賃借物の使用収益ができないときは、たとえ賃料前払の約定がある場合であっても、同時履行の抗弁権に基づき賃貸人が修繕義務を履行するまで賃借人は賃料支払を拒絶することができる。（大判大10・9・26民録二七・一六二七）↓五三三条[2]

[2] **二　修繕義務の不履行による損害賠償の範囲**

★賃貸人の修繕義務の不履行により事業用店舗の賃借人に生じた営業利益喪失の損害は、債務不履行により通常生ずべき損害として民法四一六条一項により賃貸人にその賠償を求めることができる。（最判平21・1・19民集六三・一・九七、民百選Ⅱ[八版]六）↓四一六条[7]

[3] **三　修繕義務に関する特約の効力**

一定の範囲で修繕を賃借人の義務とすることを特約しても差し支えない。（最判昭29・6・25民集八・六・一二二四）

（賃借人の意思に反する保存行為）

第六〇七条　賃貸人が賃借人の意思に反して保存行為をしようとする場合において、そのために賃借人が賃借をした目的を達することができなくなるときは、賃借人は、契約の解除をすることができる。

参＋六〇六②【契約の解除↓五四〇、六二〇

（賃借人による修繕）

第六〇七条の二　賃借物の修繕が必要である場合において、次に掲げるときは、賃借人は、その修繕をすることができる。

一　賃借人が賃貸人に修繕が必要である旨を通知し、又は賃貸人がその旨を知ったにもかかわらず、賃貸人が相当の期間内に必要な修繕をしないとき。

二　急迫の事情があるとき。

〈第六〇七条の二は新設〉

参＋六〇六【修繕等の通知↓六一五

（賃借人による費用の償還請求）

第六〇八条①　賃借人は、賃借物について賃貸人の負担

に属する必要費を支出したときは、賃貸人に対し、直ちにその償還を請求することができる。

② 賃借人が賃借物について有益費を支出したときは、賃貸人は、賃貸借の終了の時に、第百九十六条第二項の規定に従い、その償還をしなければならない。ただし、裁判所は、賃貸人の請求により、その償還について相当の期限を許与することができる。

§+【費用償還請求権の期間制限→六二二・六〇〇【費用償還債務の承継→六〇五の二④ ❶【保存費と担保権→二九五①、三二〇・三二六 ❷【期限許与の効果→二九五①但

[1]

一 **必要費**

必要費とは単に目的物自体の原状を維持し、又は目的物自体の原状を回復する費用に限定されず、通常の用法に適する状態において目的物を保存するために支出した費用を含む。（大判昭12・11・16民集一六・一六一五）

二 **費用償還請求権行使による目的物の留置権**→二九五条[1][2][14]・七〇三条[7]

三 **賃貸人交替の場合の償還義務者**→六〇五条の二[3]

（減収による賃料の減額請求）

第六〇九条 耕作又は牧畜を目的とする土地の賃借人は、不可抗力によって賃料より少ない収益を得たときは、その収益の額に至るまで、賃料の減額を請求することができる。

（減収による賃料の減額請求）

第六〇九条 収益を目的とする土地の賃借人は、不可抗力によって賃料より少ない収益を得たときは、その収益の額に至るまで、賃料の減額を請求することができる。ただし、宅地の賃貸借については、この限りでない。

§+六一〇【永小作権→二七四

（減収による解除）

第六一〇条 前条の場合において、同条の賃借人は、不可抗力によって引き続き二年以上賃料より少ない収益を得たときは、契約の解除をすることができる。

§+【契約の解除→六〇七§【永小作権→二七五

（賃借物の一部滅失等による賃料の減額等）

第六一一条① 賃借物の一部が滅失その他の事由により使用及び収益をすることができなくなった場合において、それが賃借人の責めに帰することができない事由によるものであるときは、賃料は、その使用及び収益をすることができなくなった部分の割合に応じて、減額される。

② 賃借物の一部が滅失その他の事由により使用及び収益をすることができなくなった場合において、残存する部分のみでは賃借人が賃借をした目的を達することができないときは、賃借人は、契約の解除をすることができる。

（賃借物の一部滅失による賃料の減額請求等）

第六一一条① 賃借物の一部が賃借人の過失によらないで滅失したときは、賃借人は、その滅失した部分の割合に応じて、賃料の減額を請求することができる。

② 前項の場合において、残存する部分のみでは賃借人が賃借をした目的を達することができないときは、賃借人は、契約の解除をすることができる。

§❶六〇六①【危険負担の原則→五三六 ❷【契約の解除→六〇七§

[1] **賃借物の一部の使用収益の不能とされた事例**

★居住にある程度の支障ないし妨害はあったが、使用収益を不能又は著しく困難にするほどの支障はなかった場合、家屋の賃借人は、賃料の全額について支払を拒むことはできない。（最判昭43・11・21民集二二・一二・二七四一）

……全部の支払を拒んだため債務不履行として解除が認められた例→◆【不動産賃貸借の解除】[六二〇条の後][7]

（賃借権の譲渡及び転貸の制限）

第六一二条① 賃借人は、賃貸人の承諾を得なければ、その賃借権を譲り渡し、又は賃借物を転貸することができない。

② 賃借人が前項の規定に違反して第三者に賃借物の使用又は収益をさせたときは、賃貸人は、契約の解除をすることができる。

§❶六一三【建物の譲渡と敷地賃借権の譲渡・転貸の許可→借地借家一九―二一・四一―六一 ❷【契約の解除→六〇七§

一 **賃借権の譲渡・転貸の意義**

1 **賃借権の譲渡となるもの**

[1] 賃借地上の建物の売買契約が締結された場合には、特段の事情のない限り、売主は買主に対し敷地の賃借権をも譲り渡したものと認められる。（最判昭47・3・9民集二六・二・二一三）→五六〇条[2]・四一五条[16]、借地借家一九条

[2] ★賃借地上の建物が抵当権の実行により競落された場合には、特段の事情のない限り、建物敷地の賃借権も、旧建物所有者との関係では、競落人に移転する。（最判昭40・5・4民集一九・四・八一一、民百選Ⅰ[八版]八六）→三七〇条[8]

[3] 賃借地上の建物の強制競売について、前出[2]と同旨（大判昭2・4・25民集六・一八二）

[4] 借地上の建物に譲渡担保権が設定された場合、譲渡担保権者が建物の引渡しを受けて使用又は収益をするときは、いまだ譲渡担保権が実行されておらず、設定者による受戻権の行使が可能であるとしても、建物の敷地について本条にいう賃借権の譲渡又は転貸がされたものと解するのが相当である。（最判平9・7・17民集五一・六・二八八二、重判平9民九）

◇[2][3]→借地借家二〇条

2 **賃借権の譲渡・転貸とならないもの**

[5] 賃借人が賃借地上に築造した建物を第三者に賃貸しても、土地賃借人は建物所有のため自ら土地を使用しているものであるから、賃借地を第三者に転貸したとはいえない。（大判昭8・12・11裁判例七・民二七七）

[6] 賃借人が賃借地上の建物を第三者に売り渡し移転登記がなされても、その売買は債権担保のためであって、右第三者に終局的確定的に権利を移転する趣旨のものではなく、賃借人が買戻権を留保し、建物の使用も許諾されており、後に債務が弁済されて所有権が回復されている等の事情がある場合は、建物の敷地について賃借権の譲渡又は転貸はされなかったものと解するのが相当である。（最判昭40・12・17民集一九・九・二一五九）

[7] 土地賃借人が借地上に所有する建物につき、第三者名義

で保存登記をし、あるいは第三者に所有権移転登記をした場合でも、それが登記上の名義のみであって建物所有権の帰属に変動がないときは、右建物の敷地について本条にいう譲渡又は転貸はない。（最判昭50・4・18金法七六一・三一）

[8]　賃借人である小規模で閉鎖的な有限会社において、持分の譲渡及び役員の交代により実質的な経営者が交代しても、本条にいう賃借権の譲渡には当たらない。（最判平8・10・14民集五〇・九・二四三一、民百選Ⅱ[八版]六〇）↓会社三条[9]

二　無断譲渡・転貸における当事者の法律関係

1　譲渡人と譲受人の関係・転貸人と転借人の関係

[9]　敷地賃借権の無断譲渡が賃貸人に対抗できないとしても、譲渡契約自体は当事者間では有効である。（大判昭2・4・25前出[3]）

2　賃貸人と譲受人・転借人との関係

[10]　賃借権の譲渡又は転貸を承諾しない賃貸人は、賃貸借契約を解除しなくても、譲受人又は転借人に対して賃借物（家屋）の明渡しを請求することができる。（最判昭26・5・31民集五・六・三五九）

3　賃貸人と譲渡人・転貸人との関係

[11]　土地の無断転貸をした賃借人が賃貸人に対し、転借人が不法に投棄した産業廃棄物を賃貸借契約終了時に撤去すべき義務を負うとした例（最判平17・3・10判時一八九五・六〇）

三　本条二項による解除の制限

1　信頼関係破壊の法理による制限

[12]　賃借人が賃貸人の承諾なく第三者をして目的物を使用収益させた場合でも、その行為が賃貸人に対する背信的行為と認めるに足りない特段の事情があるときは、解除権は発生しない。（最判昭28・9・25民集七・九・九七九、民百選Ⅱ[四版]六二）

[13]　賃貸家屋の一部の無断転貸が一箇月に満たなかったとしても、賃借人が以前にも米国軍将校とその愛人に無断転貸をしたことがあること、隣に居住する賃貸人の家族にとって右家屋に米国軍人等が出入しその愛人である転借人が居住することは教育上支障があること、付近は閑静な高級住宅街であって近隣からも抗議があったこと等の事情があるときは、本件転貸は背信行為と認めるに足りない特段の事情があるとはいえず、解除権の行使が権利の濫用であるともいえない。（最判昭33・1・14民集一二・一・四一）

[14]　店舗用家屋の無断転貸が賃貸人に対する背信行為と認めるに足りない特段の事情があるとされた事例（転貸が賃借人との共同経営契約に基づくもので、転貸部分は家屋のごく一小部分にすぎず、右共同経営のために据付けられた機械は移動式で家屋の構造にはほとんど影響なくその取除きも容易であり、しかも転借人は右家屋に居住するものではないこと、家屋の建築・増改築費用等の大部分は賃借人が負担し、その上賃貸人は多額の権利金を徴している等の事情がある場合）（最判昭36・4・28民集一五・四・一二一一）

[15]　土地の賃借権の無断譲渡が賃貸人に対する背信行為と認めるに足りない特段の事情があるとされた事例（借地人所有の借地上建物に同人と事実上の夫婦として同棲し、協働して鮨［すし］屋を経営していた女性甲が、借地人の死亡後、その相続人から建物とともに借地権の譲渡を受け、引き続き右土地を使用し同建物で鮨屋を経営しており、賃貸人も甲が右建物に事実上の夫婦として借地人と同棲していたことを了知していた場合）（最判昭39・6・30民集一八・五・九九一）

[16]　賃借土地の無断転貸を理由として賃貸人が契約を解除し、賃借人に対して明渡訴訟を提起した場合、その転貸が賃貸人に対する背信行為と認めるに足りない特段の事情の存在は、賃借人において主張・立証しなければならない。（最判昭41・1・27民集二〇・一・一三六、民訴百選[五版]六四）↓民訴◆【証明責任】［一七九条の前］[8]

[17]　賃貸人の承諾を得ないで賃借権の譲渡又は賃借物の転貸借が行われた場合において、それが賃貸人に対する背信行為と認めるに足りない特段の事情があるときには、賃貸人は、本条二項によって当該賃貸借契約を解除することができず、譲受人又は転借人は、賃貸人の承諾を得なくても、譲受け又は転借をもって賃貸人に対抗することができる。この場合に、右特段の事情は、譲受人又は転借人が主張・立証責任を負う。（最判昭44・2・18民集二三・二・三七九）

[18]　賃借権の無断譲渡が賃貸人に対する背信的行為と認めるに足りない特段の事情があるため、賃貸人がこれを理由に解除することができない場合には、譲受人のみが賃借人となり、譲渡人は賃貸借契約関係から離脱し、特段の意思表示がない限り、賃貸人に対して契約上の債務を負わない。（最判昭45・12・11民集二四・一三・二〇一五）

2　権利濫用・信義則違反による制限

[19]　家屋の一部の無断転貸（間貸し）を理由とする家屋全部の賃貸借の解除が権利の濫用とはいえないとされた事例（最判昭28・1・30民集七・一・一一六）

[20]　無断転貸を理由とする土地賃貸借の解除が、賃貸人が右土地にデパートの建設を企図してのものであるとき、賃借人及び転借人の営業や生活に甚大な経済的損害を与える等の事情があったとしても、解除権行使に信義誠実の原則にもとり、権利の濫用があるとするには足りないとされた事例（最判昭31・12・20民集一〇・一二・一五八一）

[21]　約三一〇坪の賃貸土地のうち無断転貸された部分が三〇坪にすぎない場合でも、賃貸土地が道路に沿った海岸の波打ち際に存する砂地で、右三〇坪及び賃借人所有建物の敷地一二坪を除いた残余の部分は取り立てていうほどの用途に使用されていないときは、土地全部について賃貸借契約を解除することは権利濫用に当たらないとされた事例（最判昭34・7・17民集一三・八・一〇七七）

[22]　家屋の賃貸人が、その家屋の一部の無断転貸を理由に賃貸借契約を解除した後に、右家屋を無断転借人に譲渡した場合、所有者となった転借人が、賃貸借契約が無断転貸を理由に解除されたと主張すること及びこれを理由として、賃借人（転貸人）に家屋の明渡しを請求することは、信義則に反し又は権利の濫用であって許されない。（最判昭47・6・15民集二六・五・一〇一五）

（転貸の効果）

第六一三条①　賃借人が適法に賃借物を転貸したときは、転借人は、賃貸人と賃借人との間の賃貸借に基づく賃借人の債務の範囲を限度として、賃貸人に対して転貸借に基づく債務を直接履行する義務を負う。この場合においては、賃料の前払をもって賃貸人に対抗することができない。

②　前項の規定は、賃貸人が賃借人に対してその権利を行使することを妨げない。

③　賃借人が適法に賃借物を転貸した場合には、賃貸人

は、賃借人との間の賃貸借を合意により解除したことをもって転借人に対抗することができない。ただし、その解除の当時、賃貸人が賃借人の債務不履行による解除権を有していたときは、この限りでない。

> **（転貸の効果）**
> **第六一三条①** 賃借人が適法に賃借物を転貸したときは、転借人は、賃貸人に対して直接に義務を負う。この場合においては、賃料の前払をもって賃貸人に対抗することができない。
> ②（略）
> （第三項は新設）

⊛＋六一二【配偶者居住権への準用↓一〇三六【賃借権の譲渡・転貸と賃貸人の先取特権↓三一四【建物の転貸借↓借地借家三四①・三七　❸【債務不履行による解除権↓五四一・五四二

一　賃料の前払の意義

[1] 転貸借契約における賃料を支払期前に支払うことをいう。（大判昭7・10・8民集一一・一九〇一）

二　土地の適法な転借権の対抗要件↓借地借家一〇条[7]

三　賃貸借の終了と転借人・再転借人の地位

1　賃借人の債務不履行による賃貸借の解除の場合

[2] 賃借人の債務不履行により賃貸借が解除されたときは、転貸借は履行不能により終了し、転借人は賃貸人に対抗することができない。（最判昭36・12・21民集一五・一二・三二四三……土地賃貸人の転借人に対する建物収去土地明渡請求の認容判決が確定した例）

[3] 賃貸人の承諾のある転貸借において、賃貸借契約が賃借人（転貸人）の債務不履行を理由とする解除により終了した場合、転貸借は、原則として、賃貸人が転借人に対して目的物の返還を請求した時に、転貸人の転借人に対する債務の履行不能により終了する。（最判平9・2・25民集五一・二・三九八、民百選Ⅱ[八版]六四……転借人の転貸人に対する転借料債務はそれ以後発生しないとした事例）

[4] 賃料の延滞を理由として賃貸借を解除するには、賃貸人は賃借人に対して催告をすれば足り、転借人にその支払の機会を与える必要はない。（最判昭37・3・29民集一六・三・六六二）

2　賃貸借の合意解除の場合

[5] ★賃貸人と賃借人が賃貸借を合意解除しても、賃貸人は解除をもって転借人に対抗することができない。（大判昭9・3・7民集一三・二七八）

[6] ★特別の事情があるため賃貸人による明渡請求の認められた例（最判昭31・4・5民集一〇・四・三三〇）↓一条[32]

3　賃貸借の更新拒絶による期間満了の場合

[7] 事業用ビル全体を一括して行われた賃貸借契約が、賃貸人の承諾を得て、当初から賃借人による転貸を予定したものであった場合には、当該賃貸借契約が賃借人の更新拒絶により終了しても、賃貸人は、信義則上、その終了を賃貸人の承諾を得た再転借人に対抗できない。（最判平14・3・28民集五六・三・六六二、民百選Ⅰ[八版]三）

4　賃借人の破産の場合

[8] 賃借人会社の代表者である賃貸人が、自己の都合により転借権を消滅させるため、賃借人会社を代表してその自己破産を申し立て、破産宣告［破産手続開始決定］を得た上、これを理由として賃貸借契約を解除することは、転借人に対し著しく信義則に違反する行為であって、転借権は消滅しない。（最判昭48・10・12民集二七・九・一一九二、倒産百選[五版]A13）

四　土地賃貸借の解除と地上建物の賃借人の地位

[9] ★土地賃貸人と借地人が土地賃貸借契約を合意解除しても、特段の事情のない限り、土地賃貸人は解除をもって借地人所有の地上建物の賃借人に対抗することができない。（最判昭38・2・21民集一七・一・二一九）

五　転借人の過失に対する賃借人の責任↓◆【いわゆる履行補助者の行為に対する債務者の責任】［四一五条の後］[2]～[4]

（賃料の支払時期）

第六一四条　賃料は、動産、建物及び宅地については毎月末に、その他の土地については毎年末に、支払わなければならない。ただし、収穫の季節があるものについては、その季節の後に遅滞なく支払わなければならない。

（賃借人の通知義務）

第六一五条　賃借物が修繕を要し、又は賃借物について権利を主張する者があるときは、賃借人は、遅滞なくその旨を賃貸人に通知しなければならない。ただし、賃貸人が既にこれを知っているときは、この限りでない。

⊛＋六〇六

（賃借人による使用及び収益）

第六一六条　第五百九十四条第一項〈借主による使用及び収益〉の規定は、賃貸借について準用する。

> **（使用貸借の規定の準用）**
> **第六一六条**　第五百九十四条第一項、第五百九十七条第一項及び第五百九十八条の規定は、賃貸借について準用する。

第三款　賃貸借の終了

（賃借物の全部滅失等による賃貸借の終了）

第六一六条の二　賃借物の全部が滅失その他の事由により使用及び収益をすることができなくなった場合には、賃貸借は、これによって終了する。〈第六一六条の二は新設〉

⊛＋五三六【配偶者居住権への準用↓一〇三六【配偶者短期居住権への準用↓一〇四一

一　賃借物の滅失・朽廃による賃貸借の終了

[1] ★賃貸借の目的物たる建物が朽廃しその効用を失った場合は、目的物滅失の場合と同様に賃貸借の趣旨は達成されなくなるから、これによって賃貸借契約は当然に終了する。（最判昭32・12・3民集一一・一三・二〇一八）

[2] ★賃貸借の目的物である家屋が火災によって滅失したか否かは、賃貸借の目的となっている主要な部分が消失して賃貸借の趣旨が達成されない程度に達したか否かによって決めるべきであり、それには消失した部分の修復が通常の費用では不可能と認められるかどうかをも斟酌［しんしゃく］すべきである。（最判昭42・6・22民集二一・六・一四六八）

二　賃貸借の債務不履行解除による転貸借の終了↓六一三条[2][3]

（期間の定めのない賃貸借の解約の申入れ）

第六一七条①　当事者が賃貸借の期間を定めなかったときは、各当事者は、いつでも解約の申入れをすることができる。この場合においては、次の各号に掲げる賃貸借は、解約の申入れの日からそれぞれ当該各号に定める期間を経過することによって終了する。

一　土地の賃貸借　一年
二　建物の賃貸借　三箇月
三　動産及び貸席の賃貸借　一日

②　収穫の季節がある土地の賃貸借については、その季節の後次の耕作に着手する前に、解約の申入れをしなければならない。

§†六一八―六二〇【特別法による本条の修正↓借地借家三・二七・二八・三〇【定期建物賃貸借の終了↓借地借家三八⑥⑦

（期間の定めのある賃貸借の解約をする権利の留保）

第六一八条　当事者が賃貸借の期間を定めた場合であっても、その一方又は双方がその期間内に解約をする権利を留保したときは、前条の規定を準用する。

§†【解約権↓五四〇

（賃貸借の更新の推定等）

第六一九条①　賃貸借の期間が満了した後賃借人が賃借物の使用又は収益を継続する場合において、賃貸人がこれを知りながら異議を述べないときは、従前の賃貸借と同一の条件で更に賃貸借をしたものと推定する。この場合において、各当事者は、第六百十七条の規定により解約の申入れをすることができる。

②　従前の賃貸借について当事者が担保を供していたときは、その担保は、期間の満了によって消滅する。ただし、第六百二十二条の二第一項に規定する敷金については、この限りでない。

> **（賃貸借の更新の推定等）**
>
> **第六一九条①**　（略）
>
> ②　従前の賃貸借について当事者が担保を供していたときは、その担保は、期間の満了によって消滅する。ただし、敷金については、この限りでない。

§†【契約による更新↓六〇三、六〇四②【本条の特則↓借地借家五―七・九、一二―二八、三〇、三八―四〇

（賃貸借の解除の効力）

第六二〇条　賃貸借の解除をした場合には、その解除は、将来に向かってのみその効力を生ずる。この場合においては、損害賠償の請求を妨げない。

> **（賃貸借の解除の効力）**
>
> **第六二〇条**　賃貸借の解除をした場合には、その解除は、将来に向かってのみその効力を生ずる。この場合において、当事者の一方に過失があったときは、その者に対する損害賠償の請求を妨げない。

§†【解除の例↓五四一・六〇七、六一〇、六一一②、六一二②【解除の遡及効の原則↓五四五【損害賠償↓四一五、六二二、六〇〇【本条の準用↓六三〇、六五二、六八四

◆【不動産賃貸借の解除】

一　解除が信義則に反し、又は当事者間の信頼関係が破壊されたとはいえないとして否定される場合

[1]　借家人が催告期間内に延滞賃料を弁済しなかった場合でも、金額が少額であり、借家人は過去に、右を除いて一回も賃料を延滞したことがなく、また、台風で建物が損壊したとき家主が修理をしてくれないため自費でこれを修理した家主には償還を求めなかった等の事情があるときは、右賃料の不払を理由に賃貸借契約を解除することは、信義則に反し許されない。（最判昭39・7・28民集一八・六・一二二〇、民百選Ⅰ[初版]二二）

[2]　建物の所有を目的とする土地賃貸借契約中に、賃借人が賃貸人の承諾を得ないで借地内の建物の増改築をしたときは、賃貸人は催告を要せず契約を解除できる旨の特約がある場合でも、増改築が土地の通常の利用上相当であり、賃貸人に著しい影響を及ぼさないため、当事者間の信頼関係を破壊するおそれがあると認めるに足りないときは、賃貸人は右特約に基づき解除権を行使することは許されない。（最判昭41・4・21民集二〇・四・七二〇、民百選Ⅱ[五補]五九）

[3]　訴訟上の和解で、賃借人が賃料の支払を一回でも怠ったときは賃貸借は当然解除となる旨が定められた場合でも、賃料の延滞のために当事者間の信頼関係が、契約の当然解除を相当とする程度にまで破壊されたといえないときは、右和解条項に基づき賃貸借契約が当然に解除されたものとは認められない。（最判昭51・12・17民集三〇・一一・一〇三六）

二　公営住宅の明渡請求と信頼関係理論

[4]　都営住宅の入居者が割増賃料の支払と増築建物の収去の催告に応じなかったため、都により使用許可が取り消されて建物の明渡しを求められた場合にも、民法・借家法の信頼関係の法理の適用がある。（最判昭59・12・13民集三八・一二・一四一一、行政百選Ⅰ[七版]九）↓六〇一条[7]、行総◘

三　催告の要否等

【Ⅰ】[2][53]

1　当事者間の信頼関係が破壊された場合の無催告解除の認容

[5]　★賃借人が賃貸人との間の信頼関係を破壊し、賃貸借契約の継続を著しく困難にした場合は、賃貸人は、催告を要せず、将来に向かって賃貸借契約を解除することができる。（最判昭27・4・25民集六・四・四五一、民百選Ⅱ[初版]四七……借家人が借家の建具などを破壊した事案について解除を肯定）

[6]　★賃貸人が、ショッピングセンターとするために一棟の建物を区分し各部分を店舗として賃貸するに当たり、ショッピングセンターの正常な運営・維持のために、賃借人に粗暴な言動をしたり、みだりに他人と抗争したり、他人を扇動してショッピングセンターの秩序を乱したりすること等を禁止した場合、ある賃借人がその禁止条項に違反し、他の賃借人から賃貸人に苦情が出て、賃貸人がそのことにつき右賃借人に注意しても態度を改めず、かえって粗暴な言動に出るなどの事情があるときは、右特約に違反するのみでなく賃貸借契約の基礎である信頼関係が破壊されたものとして、賃貸人は賃貸借契約を無催告で解除することができる。（最判昭50・2・20民集二九・二・九九、民百選Ⅱ[二版]四八）↓借地借家三〇条[3]

2　無催告解除の特約の有効な場合

[7]　★建物賃貸借契約中の、一箇月分の賃料の延滞を理由に無催告で契約を解除することができる旨の特約は、催告をしなくても不合理とは認められない事情がある場合には、催告なしで解除権を行使することができる旨を定めた約定

として有効である。（最判昭43・11・21民集二二・一二・二七四一）→六一二条[7]

[8]　借家契約において滞納家賃が三箇月分以上に達したときは催告を要せず解除できる、という特約は有効である――借家法六条に反しない。（最判昭37・4・5民集一六・四・六七九）→借地借家三〇条[4]

[9]　★借地契約において賃料の不払があったときは催告を要せず解除できる、という特約は有効である――借地法一一条に反しない。（最判昭40・7・2民集一九・五・一一五三）→借地借家九条[2]

四　無断譲渡・転貸による解除→六一二条[12]～[22]

（賃借人の原状回復義務）

第六二一条　賃借人は、賃借物を受け取った後にこれに生じた損傷（通常の使用及び収益によって生じた賃借物の損耗並びに賃借物の経年変化を除く。以下この条において同じ。）がある場合において、賃貸借が終了したときは、その損傷を原状に復する義務を負う。ただし、その損傷が賃借人の責めに帰することができない事由によるものであるときは、この限りでない。

（損害賠償及び費用の償還の請求権についての期間の制限）

第六二二条　第六百条の規定は、賃貸借について準用する。

［改正後の第六二二条に対応］

【賃借物の使用収益→六一六、五九四【賃借物の原状回復義務→六二二、五九九

[1]　**賃借人の原状回復義務に関する特約**

★賃貸借契約においては物件の損耗の発生は本質上当然に予定されているものであるので、通常損耗についての原状回復義務を建物賃借人に負わせる旨の特約は、賃借人が費用負担をすべき通常損耗の範囲が賃貸借契約書に明記されているか、賃貸人が口頭で説明し賃借人がそれを明確に認識して合意の内容としたと認められるなど、明確に合意されていることが必要である。（最判平17・12・16判時一九二一・六一、マンション百選二二）

[2]　★消費者契約である居住用建物の賃貸借契約に付されたいわゆる敷引特約は、通常損耗等の補修費用を賃借人に負担させる趣旨を含むが、当該建物に生ずる通常損耗等の補修費用として通常想定される額、賃料の額、礼金等他の一時金の授受の有無及びその額等に照らし、敷引金の額が高額に過ぎると評価すべきものである場合には、当該賃料が近傍同種の建物の賃料相場に比して大幅に低額であるなど特段の事情のない限り、消費者契約法一〇条により無効となる。（最判平23・3・24民集六五・二・九〇三、重判平23民二……特約が無効でないとされた事例）→六二二条の二

（使用貸借の規定の準用）

第六二二条　第五百九十七条第一項〈期間満了による使用貸借の終了〉、第五百九十九条第一項及び第二項〈借主による収去〉並びに第六百条〈損害賠償及び費用の償還の請求権についての期間の制限〉の規定は、賃貸借について準用する。

第六二二条　削除

【収去権の特則→借地借家一三、一六、三三

第四款　敷金〈第四款名は新設〉

第六二二条の二①　賃貸人は、敷金（いかなる名目によるかを問わず、賃料債務その他の賃貸借に基づいて生ずる賃借人の賃貸人に対する金銭の給付を目的とする債務を担保する目的で、賃借人が賃貸人に交付する金銭をいう。以下この条において同じ。）を受け取っている場合において、次に掲げるときは、賃借人に対し、その受け取った敷金の額から賃貸借に基づいて生じた賃借人の賃貸人に対する金銭の給付を目的とする債務の額を控除した残額を返還しなければならない。

一　賃貸借が終了し、かつ、賃貸物の返還を受けたとき。

二　賃借人が適法に賃借権を譲り渡したとき。

②　賃貸人は、賃借人が賃貸借に基づいて生じた金銭の給付を目的とする債務を履行しないときは、敷金をその債務の弁済に充てることができる。この場合において、賃借人は、賃貸人に対し、敷金をその債務の弁済に充てることを請求することができない。

〈第六二二条の二は新設〉

【賃貸借の終了→六一六の二―六二〇【賃借物の返還→六〇一【賃借人の債務→六〇一・六二一【賃借権の譲渡→六一二【敷金の承継→六〇五④【不動産賃貸の先取特権→三一六　❷【充当の指定→四八八

一　賃借人の債務への敷金の充当

[1]　★賃貸借が終了した場合、賃料の延滞があるときは、当然敷金から充当される。（大判大15・7・12民集五・六一六）

[2]　★賃借人が賃料の支払を怠ったときは、賃貸借の存続中であっても、敷金を賃料の支払に充当できるが、賃借人側（保証人）からは充当することを主張できない。（大判昭5・3・10民集九・二五三）

[3]　★賃貸借契約が終了し、目的物が明け渡されたときは、賃料債権は敷金の充当によりその限度で当然消滅する。（最判平14・3・28民集五六・三・六八九、重判平14民三……この効果は民法五一一条［平成二九法四四による改正前］によって妨げられない）→三七二条[15]

二　敷金の返還請求―返還請求権の発生時期

[4]　★敷金は賃貸借終了後目的物の明渡義務履行までに生ずる損害金その他賃貸借契約関係により賃貸人が賃借人に対し取得する一切の債権を担保するものであるから、その返還請求権は、目的物明渡し完了の時にそれまでに生じた右被担保債権を控除し、なお残額がある場合にその残額につき発生する。（最判昭48・2・2民集二七・一・八〇、民百選Ⅱ［初版］六三）→六〇五条の二[5]、民執一五九条[7]

三　賃借権が譲渡された場合

[5]　★賃貸人の承諾を得て賃借権が旧賃借人から新賃借人に移転された場合でも、敷金に関する権利義務関係は、敷金交付者と賃貸人の間で敷金をもって新賃借人の債務の担保とすることを約し、又は新賃借人に敷金返還請求権を譲渡するなどの特段の事情のない限り、新賃借人に承継されない。（最判昭53・12・22民集三二・九・一七六八、民百選Ⅱ［八版］六六）

四　賃貸人が変わった場合→六〇五条の二[4][5]

五　敷金返還義務と目的物の明渡義務との関係→五三三

条⑥

六 敷引特約の有効性→六二一条②

◇【Ⅰ ビル保証金】

① ビルの貸室の賃貸借に際し賃借人から建物所有者たる賃貸人に差し入れた保証金がいわゆる建設協力金として右賃貸借と別個に消費貸借の目的とされており、右契約成立の時から五年間これを据え置き、六年目から利息を加えて一〇年間に返還する約定があり、他に敷金も差し入れられている等の事実関係の下では、右ビルの所有権を譲り受けた新賃貸人は、旧賃貸人の右保証金返還債務を承継しない。（最判昭51・3・4民集三〇・二・二五、重判昭51民七）

◇【Ⅱ 権利金】

① 権利金が賃借建物の場所、営業設備等有形無形の利益の対価の性質を有するものである限り、賃借人が既に十数年間も建物を賃借した以上、格段の特約がない限り、賃貸借が終了しても賃借人は右金員の返還を受けられない。（最判昭29・3・11民集八・三・六七二）

② 権利金が、賃借した公衆市場内店舗の場所的利益の対価として支払われ、賃料の一時払いとしての性質を持たず、賃貸借契約には期間の定めがなく、右金員の返還について特段の合意もなかった場合には、賃貸借が契約後約二年九箇月で合意解除されても、賃借人は右金員の全部又は一部の返還を請求できない。（最判昭43・6・27民集二二・六・一四二七、民百選Ⅱ初版六四）

◇【Ⅲ 更新料】

① 建物所有を目的とする土地賃貸借契約の存続期間の満了に際し、賃借人が賃貸人に支払う更新料がいかなる性格のものであり、その不払が賃貸借の解除原因となるか否かは、その支払の合意が成立するに至った事情、その他諸般の事情を総合して判断されるべきであるが、賃借人が賃貸人に更新料の支払を約しながら、これを履行しなかった場合において、更新料の支払が賃料の支払と同様に、更新後の賃貸借契約の重要な要素として組み込まれ、契約当事者の信頼関係を維持する基盤となっていた場合には、その不払は右基盤を失わせる著しい背信行為として賃貸借契約解除の原因となる。（最判昭59・4・20民集三八・六・六一〇、民百選Ⅱ五補六二）

② 更新料は、具体的事実関係に即してその性質が判断されるべきであるが、一般に、賃料の補充ないし前払、賃貸借契約を継続するための対価等の趣旨を含む複合的な性質を有する。賃貸借契約書に一義的かつ具体的に記載された更新料条項は、更新料の額が賃料の額、賃貸借契約が更新される期間等に照らし高額に過ぎるなどの特段の事情がない限り、消費者契約法一〇条にいう「民法第一条第二項に規定する基本原則に反して消費者の利益を一方的に害するもの」には当たらない。（最判平23・7・15民集六五・五・二二六九、民百選Ⅱ八版六三）

第八節 雇用

⊕【雇用に関する特別法→労契、労基、労組、労調、行執労【男女均等処遇→女子差別撤廃約、雇均

（雇用）

第六二三条 雇用は、当事者の一方が相手方に対して労働に従事することを約し、相手方がこれに対してその報酬を与えることを約することによって、その効力を生ずる。

⊕【労働契約の成立→労契六【勤労条件の基準→憲二七②、労基、国公一〇六、地公二四【労働条件→労基一・二・一五・一三、労契八—一二、労組一六—一八【強制労働の禁止→労基五【年少者・妊産婦等の保護→労基五六—六八、雇均【未成年者の雇用→五①②・八二四但・八五九②、労基五八

労働契約→労契判

（報酬の支払時期）

第六二四条① 労働者は、その約した労働を終わった後でなければ、報酬を請求することができない。

② 期間によって定めた報酬は、その期間を経過した後に、請求することができる。

⊕【賃金の支払時期→労基二四②・二五【未成年者の賃金独立請求→労基五九【報酬請求権の保護→三〇八、民執一五二、一五三、労基一七・一八【報酬請求権の時効→労基一一五、一四三③【請負契約への準用→六三三

（履行の割合に応じた報酬）

第六二四条の二 労働者は、次に掲げる場合には、既にした履行の割合に応じて報酬を請求することができる。

一 使用者の責めに帰することができない事由によって労働に従事することができなくなったとき。

二 雇用が履行の中途で終了したとき。

〈第六二四条の二は新設〉

⊕【危険負担→五三六【雇用の終了→六二五—六二八

（使用者の権利の譲渡の制限等）

第六二五条① 使用者は、労働者の承諾を得なければ、その権利を第三者に譲り渡すことができない。

② 労働者は、使用者の承諾を得なければ、自己に代わって第三者を労働に従事させることができない。

③ 労働者が前項の規定に違反して第三者を労働に従事させたときは、使用者は、契約の解除をすることができる。

⊕❶【債権の譲渡性→四六六① ❷【本項の特則→商七〇九 ❸【第三者の弁済→四七四【契約の解除→五四〇、六三〇 ⊕【会社分割との関係→労働承継

出向→労契一四条①

① 使用者が労働者に対し、雇用契約上の身分を保有させながら第三者（出向先）の指揮監督の下に労務を提供させる形態のいわゆる在籍出向を命じている場合に、右出向関係を解消して復帰を命ずるためには、特段の事情のない限り、当該労働者の同意を得ることを要しない。（最判昭60・4・5民集三九・三・六七五、労働百選七版三八）

（期間の定めのある雇用の解除）

第六二六条① 雇用の期間が五年を超え、又はその終期

が不確定であるときは、当事者の一方は、五年を経過した後、いつでも契約の解除をすることができる。

② 前項の規定により契約の解除をしようとする者は、それが使用者であるときは三箇月前、労働者であるときは二週間前に、その予告をしなければならない。

（期間の定めのある雇用の解除）
第六二六条① 雇用の期間が五年を超え、又は雇用が当事者の一方若しくは第三者の終身の間継続すべきときは、当事者の一方は、五年を経過した後、いつでも契約の解除をすることができる。ただし、この期間は、商工業の見習を目的とする雇用については、十年とする。
② 前項の規定により契約の解除をしようとするときは、三箇月前にその予告をしなければならない。

⊛六二七、六二八【雇用の期間→労基一四【解雇の制限→労基一九【契約の解除→六二五⊛【職業訓練の場合の雇用期間→労基七〇

（期間の定めのない雇用の解約の申入れ）
第六二七条① 当事者が雇用の期間を定めなかったときは、各当事者は、いつでも解約の申入れをすることができる。この場合において、雇用は、解約の申入れの日から二週間を経過することによって終了する。
② 期間によって報酬を定めた場合には、使用者からの解約の申入れは、次期以後についてすることができる。ただし、その解約の申入れは、当期の前半にしなければならない。
③ 六箇月以上の期間によって報酬を定めた場合には、前項の解約の申入れは、三箇月前にしなければならない。

（期間の定めのない雇用の解約の申入れ）
第六二七条① （略）
② 期間によって報酬を定めた場合には、解約の申入れは、次期以後についてすることができる。ただし、その解約の申入れは、当期の前半にしなければならない。
③ （略）

⊛六二九【解雇権の濫用→労契一六【解雇の予告期間と予告手当→労基二〇、二一【解雇の制限→労基一九

解雇→労契一六条[判]

（やむを得ない事由による雇用の解除）
第六二八条 当事者が雇用の期間を定めた場合であっても、やむを得ない事由があるときは、各当事者は、直ちに契約の解除をすることができる。この場合において、その事由が当事者の一方の過失によって生じたものであるときは、相手方に対して損害賠償の責任を負う。

⊛【雇用の期間→労基一四、七〇、一三七【やむを得ない事由による解除→労基二〇①但②、二一①但③【契約の解除→六二五
⊛【損害賠償→四一五

期間途中の解雇→労契一七条[1][2]

（雇用の更新の推定等）
第六二九条① 雇用の期間が満了した後労働者が引き続きその労働に従事する場合において、使用者がこれを知りながら異議を述べないときは、従前の雇用と同一の条件で更に雇用をしたものと推定する。この場合において、各当事者は、第六百二十七条の規定により解約の申入れをすることができる。
② 従前の雇用について当事者が担保を供していたときは、その担保は、期間の満了によって消滅する。ただし、身元保証金については、この限りでない。

⊛❶【雇用の期間→労基一四、七〇 ❷【身元保証金→身元保証

（雇用の解除の効力）
第六三〇条 第六百二十条〈賃貸借の解除の効力〉の規定は、雇用について準用する。

（使用者についての破産手続の開始による解約の申入れ）
第六三一条 使用者が破産手続開始の決定を受けた場合には、雇用に期間の定めがあるときであっても、労働者又は破産管財人は、第六百二十七条の規定により解約の申入れをすることができる。この場合において、各当事者は、相手方に対し、解約によって生じた損害の賠償を請求することができない。

⊛【破産手続開始→破三〇【破産管財人→破七四―九〇【破産管財人に対する催告→破五三②③【損害賠償請求の原則→破五四【解約申入期間中に生じた請求権と財団債権→破一四八①[四]【類似の場合→会更六一

第九節 請負

（請負）
第六三二条 請負は、当事者の一方がある仕事を完成することを約し、相手方がその仕事の結果に対してその報酬を支払うことを約することによって、その効力を生ずる。

⊛【売買の規定の準用→五五九【請負と商法の適用→商五〇二[三]―[六]【請負の例→商五六九【請負類似の事業→労派遣【注文者の第三者に対する責任→七一六

一 請負人の義務

1 仕事の完成義務

[1] ★請負人がその責めに帰すべき事由により途中で仕事を中止し工期内の完成不能が明確になったときは、注文者は、民法五四三条［平成二九法四四による改正前］により、契約を解除することができる。（大判大15・11・25民集五・七六三）

[2] ★請負契約が請負人の責めに帰すべき事由で中途で終了した場合、注文者が、残工事の施行に要した費用として請負人に賠償請求できるのは、右費用のうち未施行部分に相当する請負代金額を超える部分に限られる。（最判昭60・5・17判時一一六八・五八、不動産百選[二版]一〇六）

2 説明義務→◘【契約締結過程における責任】［五三二条の後］[4]

二 注文者に帰責事由のある履行不能

[3] ★請負工事が注文者の責めに帰すべき事由で完成不能となったときは、請負人は、残債務を免れるとともに、民法五三六条二項［平成二九法四四による改正前］により、注文者に請負代金全額を請求できるが、自己の残債務を免れたことによる利益を注文者に償還しなければならない。（最判昭52・2・22民集三一・一・七九、民百選II[八版]六八）→五三六条[7]

（報酬の支払時期）

第六三三条　報酬は、仕事の目的物の引渡しと同時に、支払わなければならない。ただし、物の引渡しを要しないときは、第六百二十四条第一項〈雇用報酬の支払時期〉の規定を準用する。

⑧+【報酬と担保権→二九五、三一八、三三〇、三二六、三二七

[1] ★汽船新造の請負契約において、請負人がその責めに帰すべき事由により、約定の期日までに目的物を完成して引き渡さなかったときは、注文者が約定の期日に報酬を提供しないことを理由に、違約金の支払を免れることができない。（大判大13・6・6民集三・二六五）

[2] ★請負人の目的物の引渡義務と注文者の報酬支払義務は、同時履行の関係に立つ。（大判大5・11・27民録二二・二一二〇）→五三三条[3]

（注文者が受ける利益の割合に応じた報酬）

第六三四条　次に掲げる場合において、請負人が既にした仕事の結果のうち可分な部分の給付によって注文者が利益を受けるときは、その部分を仕事の完成とみなす。この場合において、請負人は、注文者が受ける利益の割合に応じて報酬を請求することができる。

一　注文者の責めに帰することができない事由によって仕事を完成することができなくなったとき。

二　請負が仕事の完成前に解除されたとき。

（請負人の担保責任）

第六三四条①　仕事の目的物に瑕疵があるときは、注文者は、請負人に対し、相当の期間を定めて、その瑕疵の修補を請求することができる。ただし、瑕疵が重要でない場合において、その修補に過分の費用を要するときは、この限りでない。［改正後の第六三六条に対応］

②　注文者は、瑕疵の修補に代えて、又はその修補とともに、損害賠償の請求をすることができる。この場合においては、第五百三十三条の規定を準用する。

第六三五条【請負人の担保責任】削除

⑧+六三二、六三三【解除→五四〇―五四二、六四一

第六三五条　仕事の目的物に瑕疵があり、そのために契約をした目的を達することができないときは、注文者は、契約の解除をすることができる。ただし、建物その他の土地の工作物については、この限りでない。［改正後の第六三六条に対応］

（請負人の担保責任の制限）

第六三六条　請負人が種類又は品質に関して契約の内容に適合しない仕事の目的物を注文者に引き渡したとき（その引渡しを要しない場合にあっては、仕事が終了した時に仕事の目的物が種類又は品質に関して契約の内容に適合しないとき）は、注文者は、注文者の供した材料の性質又は注文者の与えた指図によって生じた不適合を理由として、履行の追完の請求、報酬の減額の請求、損害賠償の請求及び契約の解除をすることができない。ただし、請負人がその材料又は指図が不適当であることを知りながら告げなかったときは、この限りでない。

（請負人の担保責任に関する規定の不適用）

第六三六条　前二条の規定は、仕事の目的物の瑕疵が注文者の供した材料の性質又は注文者の与えた指図によって生じたときは、適用しない。ただし、請負人がその材料又は指図が不適当であることを知りながら告げなかったときは、この限りでない。

⑧+六三七【損害賠償→四一五【追完請求→五六二【報酬減額請求→五六三【解除→五四〇【免責条項の効力→消費契約八②

仕事の目的物の種類・品質に関する契約不適合の担保責任

[1] **1　契約不適合の具体例**

★使用する鉄骨の太さが特に約定された建物の請負契約において、約定に反する太さの鉄骨で建物の請負契約において、約定に反する太さの鉄骨が使用された場合には、使用された太さの鉄骨で建物の安全性に問題がなかったとしても、工事には瑕疵がある。（最判平15・10・10判時一八四〇・一一八、消費百選〔二版〕六八）

[2] **2　履行の追完（修補）に代わる損害賠償請求**

★注文者が請負人に目的物の瑕疵〔かし〕について修補を請求したが、応じないので、これに代わる損害賠償を請求した場合には、賠償額算定の時期は修補請求の時である。（最判昭36・7・7民集一五・七・一八〇〇）

[3] ★船舶新造の請負契約において、建造された船舶の瑕疵は比較的軽微であるが、その修補には著しく費用を要する場合は、民法六三四条一項ただし書［平成二九法四四による改正前］の法意に照らし、注文者は、瑕疵の修補に代えて改造工事費及び滞船料に相当する金員を損害賠償として請求することができない。（最判昭58・1・20判時一〇七六・五六）

3　損害賠償請求権

[4] ★民法六三四条二項［平成二九法四四による改正前］による損害賠償債権は、注文者が請負契約の目的物の引渡しを受けた時に発生する。（最判昭54・3・20判時九二七・一八六、重判昭54民六……右債権を自働債権とする相殺が問題となった例）

[5] ★建築請負の仕事の目的物である建物に重大な瑕疵があるために建て替えざるを得ない場合には、注文者は、請負人に対し、建物の建て替えに要する費用相当額の損害賠償請求をすることができる。（最判平14・9・24判時一八〇一・七七、消費百選〔二版〕六七）

（目的物の種類又は品質に関する担保責任の期間の制限）

第六三七条①　前条本文に規定する場合において、注文者がその不適合を知った時から一年以内にその旨を請負人に通知しないときは、注文者は、その不適合を理由として、履行の追完の請求、報酬の減額の請求、損害賠償の請求及び契約の解除をすることができない。

②　前項の規定は、仕事の目的物を注文者に引き渡した時（その引渡しを要しない場合にあっては、仕事が終了した時）において、請負人が同項の不適合を知り、又は重大な過失によって知らなかったときは、適用しない。

（請負人の担保責任の存続期間）

第六三七条①　前三条の規定による瑕疵の修補又は損害賠償の請求及び契約の解除は、仕事の目的物を引き渡した時から一年以内にしなければならない。
②　仕事の目的物の引渡しを要しない場合には、前項の期間は、仕事が終了した時から起算する。

⊛＋六三六

⑦　★本条一項〔平成二九法四四による改正前〕の期間の経過前に請負代金請求権と注文者の損害賠償請求権が相殺適状に達していたときは、民法五〇八条の類推適用により、右期間経過後であっても、注文者は損害賠償請求権を自働債権とし請負代金請求権を受働債権として相殺することができる。（最判昭51・3・4民集三〇・二・四八、民百選Ⅱ〔二版〕六九）↓五〇八条③

第六三八条から第六四〇条まで【請負人の担保責任の存続期間の伸長、担保責任を負わない旨の特約】　削除

第六三八条①　建物その他の土地の工作物の請負人は、その工作物又は地盤の瑕疵について、引渡しの後五年間その担保の責任を負う。ただし、この期間は、石造、土造、れんが造、コンクリート造、金属造その他これらに類する構造の工作物については、十年とする。
②　工作物が前項の瑕疵によって滅失し、又は損傷したときは、注文者は、その滅失又は損傷の時から一年以内に、第六百三十四条の規定による権利を行使しなければならない。

（**担保責任の存続期間の伸長**）
第六三九条　第六百三十七条及び前条第一項の期間は、第百六十七条の規定による消滅時効の期間内に限り、契約で伸長することができる。

（**担保責任を負わない旨の特約**）
第六四〇条　請負人は、第六百三十四条又は第六百三十五条の規定による担保の責任を負わない旨の特約をしたときであっても、知りながら告げなかった事実については、その責任を免れることができない。

（**注文者による契約の解除**）
第六四一条　請負人が仕事を完成しない間は、注文者は、いつでも損害を賠償して契約の解除をすることができる。

⊛＋六四二【損害賠償の範囲↓四一六【契約の解除↓五四〇・五四五【運送の中止の場合↓商五八〇

⑦　目的物が可分であって、完成した部分だけでも当事者にとって利益があるときは、未完成の部分についてのみ契約を解除することができる。（大判昭7・4・30民集一一・七八〇……建物の請負契約で八分どおり完成していた事案）

（**注文者についての破産手続の開始による解除**）
第六四二条①　注文者が破産手続開始の決定を受けたときは、請負人又は破産管財人は、契約の解除をすることができる。ただし、請負人による契約の解除については、仕事を完成した後は、この限りでない。
②　前項に規定する場合において、請負人は、既にした仕事の報酬及びその中に含まれていない費用について、破産財団の配当に加入することができる。
③　第一項の場合には、契約の解除によって生じた損害の賠償は、破産管財人が契約の解除をした場合における請負人に限り、請求することができる。この場合において、請負人は、その損害賠償について、破産財団の配当に加入する。

（**注文者についての破産手続の開始による解除**）
第六四二条①　注文者が破産手続開始の決定を受けたときは、請負人又は破産管財人は、契約の解除をすることができる。この場合において、請負人は、既にした仕事の報酬及びその中に含まれていない費用について、破産財団の配当に加入することができる。
②　前項の場合には、契約の解除によって生じた損害の賠償は、破産管財人が契約の解除をした場合における請負人に限り、請求することができる。この場合において、請負人は、その損害賠償について、破産財団の配当に加入する。
（第二項は新設）
（改正後の③）

⊛＋六三一 ⊛【請負人の破産の場合↓破五三・五四

◆【請負建物の所有権の帰属】

一　材料の提供者による帰属の決定

⑦　★請負人が自己の材料をもって他人の土地に建物その他の工作物を設ける請負をした場合は、目的物を請負人より注文者に引き渡すことにより、所有権が注文者に移転すべきことは、民法六三七条〔平成二九法四四による改正前〕の規定によっても明らかである。（大判明37・6・22民録一〇・八六一）

②　前出⑦と同旨。請負契約の性質上、請負人は建物を注文者に引き渡さなければその債務を完了しないし、引き渡すことにより注文者に対する報酬請求権が発生すること、また、引き渡すまでの危険負担は請負人にあり、引き渡すことによって初めて注文者に危険が帰属すべき関係等の事情と、建物は土地に付着しても独立した不動産であって、土地に付合することを認めない我が法制からしても、右のように考えるべきである。（大判大3・12・26民録二〇・一二〇八）

③　注文者が建築材料の主要部分を供給した場合は、特約のない限り、建物の所有権は原始的に注文者に帰属する。（大判昭7・5・9民集一一・八二四）

二　注文者に帰属させる合意のある場合

④　請負人が材料の全部を供して建物を築造する場合でも、請負代金の支払の金融上の必要があるとき、当事者が、建物の所有権をその完成前に注文者に帰属させることを合意することは、いささかも差し支えない。（大判大5・12・13民録二二・二四一七）

三　注文者に帰属させる合意の存在の推認

⑤　建物の材料の主要部分を請負人が提供した場合であっても、注文者が、建築工事完成前に請負代金の全額の支払を完了している以上、特別の事情のない限り、建物は工事完成と同時に注文者の所有とする暗黙の合意があったものと推認するのが相当である。（大判昭18・7・20民集二二・六六〇、続百選〔二版〕民一八）

⑥　材料の全部を請負人が提供して建物を建築した場合であっても、目的物が分譲用の建物六棟であって、うち三棟については入居者に異議なく引き渡しており、かつ、代金全額について支払のための手形を請負人が受領していた、などの事情があるときは、建物完成と同時に所有権を注文

者に帰属させる合意があったものと認められる。（最判昭46・3・5判時六二八・四八、不動産百選[三版]四）

四　下請負人が材料を提供した場合

[7] 下請負人が材料を提供して建物を完成させた場合は、元請負人に建物を引き渡さない限り、建物の所有権は下請負人にある。（大判大4・10・22民録二一・一七四六）

[8] 一括下請負人が材料の全部を提供して建物を完成させた場合は、あらかじめ注文者・元請負人・下請負人間に特段の合意のない限り、建物の所有権は、下請負人に帰属する。しかし、下請負人は最終的には建物の所有権を注文者に移転すべき立場にあるのであるから、下請負人は元請負人から代金の支払を受けていなくても、注文者は建物の出来高に見合う代金を既に元請負人に支払済みである、などの事情のあるときは、下請負人から注文者に対し、建物の保存登記の抹消を求めるのは、権利の濫用として許されない。（東京地判昭61・5・27判時一二三九・七一）

[9] 建物建築工事の注文者と元請負人との間に、請負契約が中途で解除された際の出来形部分の所有権は注文者に帰属する旨の約定がある場合、その契約が中途で解除されたときは、元請負人から一括して工事を請け負った下請負人が自ら材料を提供して出来形部分を築造したとしても、特段の事情のない限り、その出来形部分の所有権は注文者に帰属する。（最判平5・10・19民集四七・八・五〇六一、民百選II[八版]六九）

第十節　委任

（委任）

第六四三条　委任は、当事者の一方が法律行為をすることを相手方に委託し、相手方がこれを承諾することによって、その効力を生ずる。

[参照]【委任と代理】→一〇四・一〇六・一一一②【準委任】→六五六【委任関係の例】→六七一、一般法人六四、商二七・五四三・五五二②、会社一六・三三〇、建物区分二八【委任と背任罪】→刑二四七【本条の特則】→任意後見三

（受任者の注意義務）

第六四四条　受任者は、委任の本旨に従い、善良な管理者の注意をもって、委任事務を処理する義務を負う。

[参照]【商行為の受任者の権限】→商五〇五【任意後見監督人への準用】→任意後見七④

一　受任者の義務

[1] 銀行が当座勘定取引契約に基づき、届出の印鑑と手形上の印影とを照合するときは、銀行の当該事務担当者に対して社会通念上一般に期待されている業務上相当な注意をもって慎重に行うことを要し、右事務に習熟している銀行員が右のような注意を払って熟視するならば肉眼で発見できるような印影の相違が見落とされて、偽造手形が支払われたときは、その支払による不利益を取引先に帰せしめることは許されない。（最判昭46・6・10民集二五・四・四九二、手形小切手百選[六版]一八）→手四〇条[5]

[2] 登記権利者と登記義務者の双方から登記手続の委託を受け、手続に必要な書類の交付を受けた司法書士は、手続の完了前に登記義務者から右書類の返還を求められても、登記権利者に対する関係では、同人の同意があるなど特段の事情のない限り、その返還を拒むべき委任契約上の義務がある。（最判昭53・7・10民集三二・五・八六八、不動産百選[三版]八九）

[3] 債務整理に係る法律事務を受任した弁護士が、委任契約に基づく善管注意義務の一環として、依頼者に対し、その採用する債務整理の方針に伴う不利益やリスクを説明するとともに、他の選択肢があることも説明すべき義務を負うとされた事例（最判平25・4・16民集六七・四・一〇四九、重判平25民八）→四一五条[13]

二　受任者が第三者に対して信義則上の義務を負う場合

[4] 不動産仲介業者は、直接の委託関係はなくても、業者の介入に信頼して取引をなすに至った第三者一般に対しても信義誠実を旨とし、権利者の真偽につき格別に注意する等の業務上の一般的注意義務がある。（最判昭36・5・26民集一五・五・一四四〇、不動産百選[三版]八八）

[5] 売主が、売買契約上の付随義務として、買主に対して、マンションの専有部分内に設置された防火戸の操作方法につき説明する義務を負う場合には、業務上密接な関係にある売主から委託を受け、売主と一体となって当該マンションの販売に関する一切の事務を行っていた宅地建物取引業者も、買主に対して、防火戸の操作方法について説明すべき信義則上の義務を負う。（最判平17・9・16判時一九一二・八、マンション百選九）

[6] 司法書士の職務の内容や職責等の公益性と不動産登記制度の目的及び機能に照らすと、登記申請の委任を受けた司法書士は、委任者以外の第三者が当該登記に係る権利の得喪又は移転について重要かつ客観的な利害を有し、このことが当該司法書士に認識可能な場合において、当該第三者が当該司法書士から一定の注意喚起等を受けられるという正当な期待を有しているときは、当該第三者に対しても注意喚起を始めとする適切な措置をとるべき義務を負い、その義務違反に基づく不法行為責任を問われることがある。（最判令2・3・6民集七四・三・一四九、重判令2民二……中間省略登記の中間者の司法書士に対する損害賠償請求を認容した原判決を破棄差し戻した事例）

[7] 借入希望者から委託を受けてアレンジャーとしてシンジケートローンの組成・実行をした金融機関が、同ローンへの参加を招へいした他の金融機関に対し、アレンジャー業務の遂行過程で入手した借入希望者の信用力についての判断に重大な影響を与える情報を、信義則上、同ローンの組成・実行前に提供すべき注意義務を負うとした事例（最判平24・11・27判時二一七五・一五、重判平25民九……情報提供義務違反による不法行為責任を認めた）

（復受任者の選任等）

第六四四条の二①　受任者は、委任者の許諾を得たとき、又はやむを得ない事由があるときでなければ、復受任者を選任することができない。

②　代理権を付与する委任において、受任者が代理権を有する復受任者を選任したときは、復受任者は、委任者に対して、その権限の範囲内において、受任者と同一の権利を有し、義務を負う。

〈**第六四四条の二**は新設〉

[参照]【復代理】→一〇四、一〇六

[1] ★本人・代理人間で委任契約が締結され、代理人・復代理人間で復委任契約が締結された場合において、復代理人が委任事務を処理するに当たり受領した物を代理人に引き渡したときは、特別の事情がない限り、復代理人の本人に

対する受領物引渡義務は消滅する。（最判昭51・4・9民集三〇・三・二〇八、重判昭51民一）

（受任者による報告）

第六四五条 受任者は、委任者の請求があるときは、いつでも委任事務の処理の状況を報告し、委任が終了した後は、遅滞なくその経過及び結果を報告しなければならない。

参†【委任の終了↓六五一、六五三

（受任者による受取物の引渡し等）

第六四六条① 受任者は、委任事務を処理するに当たって受け取った金銭その他の物を委任者に引き渡さなければならない。その収取した果実についても、同様とする。

② 受任者は、委任者のために自己の名で取得した権利を委任者に移転しなければならない。

参❶【果実↓八八

（受任者の金銭の消費についての責任）

第六四七条 受任者は、委任者に引き渡すべき金額又はその利益のために用いるべき金額を自己のために消費したときは、その消費した日以後の利息を支払わなければならない。この場合において、なお損害があるときは、その賠償の責任を負う。

参†【損害賠償の範囲↓四一六【金銭債務に関する損害賠償の原則↓四一九

（受任者の報酬）

第六四八条① 受任者は、特約がなければ、委任者に対して報酬を請求することができない。

② 受任者は、報酬を受けるべき場合には、委任事務を履行した後でなければ、これを請求することができない。ただし、期間によって報酬を定めたときは、第六百二十四条第二項〈雇用報酬の支払時期〉の規定を準用する。

③ 受任者は、次に掲げる場合には、既にした履行の割合に応じて報酬を請求することができる。

一 委任者の責めに帰することができない事由によって委任事務の履行をすることができなくなったとき。

二 委任が履行の中途で終了したとき。

（受任者の報酬）

第六四八条①② （略）

③ 委任が受任者の責めに帰することができない事由によって履行の中途で終了したときは、受任者は、既にした履行の割合に応じて報酬を請求することができる。

参❶【当然報酬を請求することができる場合↓商五一二 ❸【委任の終了↓六五一、六五三

1 **報酬額について別段の定めのない場合** 弁護士報酬につき別段の定めがなくても、事件の難易、訴額、労力の程度のみならず、所属弁護士会の報酬規程その他当事者間の諸般の情況を斟酌〔しんしゃく〕し、当事者の意思を推定して相当な報酬額を算定すべきである。（最判昭37・2・1民集一六・二・一五七）

（成果等に対する報酬）

第六四八条の二① 委任事務の履行により得られる成果に対して報酬を支払うことを約した場合において、その成果が引渡しを要するときは、報酬は、その成果の引渡しと同時に、支払わなければならない。

② 第六百三十四条〈注文者が受ける利益の割合に応じた報酬〉の規定は、委任事務の履行により得られる成果に対して報酬を支払うことを約した場合について準用する。

参†六四八【同時履行の抗弁↓五三三

〈第六四八条の二は新設〉

1 ★土地等の買受人が、その買受けにつき宅地建物取引業者に仲介を依頼し、売買契約の成立を停止条件として一定額の報酬を支払う旨を約したのに、買受人が右業者を排除して直接売主との間に契約を成立させた場合において、買受人が、業者の仲介によって間もなく売買契約の成立に至るべきことを熟知して、故意にその仲介による契約の成立を妨げたものというべき事情が認められるときは、業者は、停止条件が成就したものとみなして、買受人に対し約定報酬を請求することができる。（最判昭45・10・22民集二四・一一・一五九九、商法百選六六）↓一三〇条2、商五一二条3

（受任者による費用の前払請求）

第六四九条 委任事務を処理するについて費用を要するときは、委任者は、受任者の請求により、その前払をしなければならない。

参†六五〇①

（受任者による費用等の償還請求等）

第六五〇条① 受任者は、委任事務を処理するのに必要と認められる費用を支出したときは、委任者に対し、その費用及び支出の日以後におけるその利息の償還を請求することができる。

② 受任者は、委任事務を処理するのに必要と認められる債務を負担したときは、委任者に対し、自己に代わってその弁済をすることを請求することができる。この場合において、その債務が弁済期にないときは、委任者に対し、相当の担保を供させることができる。

③ 受任者は、委任事務を処理するため自己に過失なく損害を受けたときは、委任者に対し、その賠償を請求することができる。

参❶六四九【商人と金銭の立替え↓商五一三② ❸【損害賠償請求の範囲↓四一六

1 受任者が本条二項前段に基づいて有する代弁済請求権に対しては、委任者は、受任者に対する債権をもって相殺することができない。（大判大14・9・8民集四・四五八）↓五〇五条6

2 前出1と同旨。委任契約は通常委任者のために締結され、委任者は受任者に対し何ら経済的負担をかけない義務を負うものであるから、本条二項前段による代弁済請求権は通常の金銭債権とはその性質を異にし、相殺の対象にな

らないものである。（最判昭47・12・22民集二六・一〇・一九九二）↓五〇五条[7]

（委任の解除）

第六五一条① 委任は、各当事者がいつでもその解除をすることができる。

② 前項の規定により委任の解除をした者は、次に掲げる場合には、相手方の損害を賠償しなければならない。ただし、やむを得ない事由があったときは、この限りでない。

一　相手方に不利な時期に委任を解除したとき。

二　委任者が受任者の利益（専ら報酬を得ることによるものを除く。）をも目的とする委任を解除したとき。

（委任の解除）

第六五一条①（略）

② 当事者の一方が相手方に不利な時期に委任の解除をしたときは、その当事者の一方は、相手方の損害を賠償しなければならない。ただし、やむを得ない事由があったときは、この限りでない。

❶六五四・六五五【解除↓五四〇・六五二【委任の終了と代理権の消滅↓一一一②【委任関係解除の特例↓六七二、商三〇、会社一一九・三三九、任意後見九　❷【損害賠償の範囲↓四一六、会社三三九②

受任者の利益をも目的とする委任

[1] ★受任者の利益のためにも締結された委任契約であっても、受任者が著しく不誠実な行動に出たなどのやむを得ない事由があるときは、委任者は本条［平成二九法四四による改正前］にのっとり、委任契約を解除することができる。（最判昭43・9・20判時五三六・五一）

[2] ★受任者の利益のためにも委任がなされた場合であっても、その契約において委任者が委任契約の解除権自体を放棄したものと解されない事情があるときは、委任者は、やむを得ない事由がなくても、本条［平成二九法四四による改正前］にのっとり委任契約を解除することができ、ただ、受任者がこれによって不利益を受けるときは、委任者から損害の賠償を受けることによって、その不利益を塡補されれば足りる。（最判昭56・1・19民集三五・一・一、民百選Ⅱ[八版]七一）

[3] ★委任契約において委任事務処理に対する報酬を支払う旨の特約があるだけでは、受任者の利益をも目的とするものといえない。（最判昭58・9・20判時一一〇〇・五五）

（委任の解除の効力）

第六五二条　第六百二十条〈賃貸借の解除の効力〉の規定は、委任について準用する。

＋六五一

（委任の終了事由）

第六五三条　委任は、次に掲げる事由によって終了する。

一　委任者又は受任者の死亡

二　委任者又は受任者が破産手続開始の決定を受けたこと。

三　受任者が後見開始の審判を受けたこと。

＋六五四・六五五【破産手続開始↓破三〇【後見開始の審判↓七【委任の終了と代理権の消滅↓一一一、民訴五八①、任意後見一一【本条の特則↓商五〇六、破五七、任意後見一〇③

（委任の終了後の処分）

第六五四条　委任が終了した場合において、急迫の事情があるときは、受任者又はその相続人若しくは法定代理人は、委任者又はその相続人若しくは法定代理人が委任事務を処理することができるに至るまで、必要な処分をしなければならない。

＋【委任の終了↓六五一・六五三【法定代理人↓八一八・八一九・八三九—八四一・八四三・八七六の四・八七六の九・九四三②・九五〇②・九五二、破七四—九〇【本義務による費用と財団債権↓破一四八①㈥【任意後見監督人への準用↓任意後見七④

（委任の終了の対抗要件）

第六五五条　委任の終了事由は、これを相手方に通知したとき、又は相手方がこれを知っていたときでなければ、これをもってその相手方に対抗することができない。

＋【委任終了の事由↓六五一・六五三【代理権の消滅↓一一一②・一一二、民訴三六・五九、会社九〇八・九一一③[十三]・九一五【破産の場合↓破五七【任意後見監督人への準用↓任意後見七④

（準委任）

第六五六条　この節の規定は、法律行為でない事務の委託について準用する。

第十一節　寄託

（寄託）

第六五七条　寄託は、当事者の一方がある物を保管することを相手方に委託し、相手方がこれを承諾することによって、その効力を生ずる。

（寄託）

第六五七条　寄託は、当事者の一方が相手方のために保管をすることを約してある物を受け取ることによって、その効力を生ずる。

＋【寄託の例↓六六六、商五〇二㈩・五九五—五九八・五九九—六一七

（寄託物受取り前の寄託者による寄託の解除等）

第六五七条の二① 寄託者は、受寄者が寄託物を受け取るまで、契約の解除をすることができる。この場合において、受寄者は、その契約の解除によって損害を受けたときは、寄託者に対し、その賠償を請求することができる。

② 無報酬の受寄者は、寄託物を受け取るまで、契約の解除をすることができる。ただし、書面による寄託については、この限りでない。

③ 受寄者（無報酬で寄託を受けた場合にあっては、書面による寄託の受寄者に限る。）は、寄託物を受け取るべき時期を経過したにもかかわらず、寄託者が寄託物を引き渡さない場合において、相当の期間を定めてその引渡しの催告をし、その期間内に引渡しがないとき

は、契約の解除をすることができる。

〈第六五七条の二は新設〉

【受取→一八二—一八四【解除→五四〇【損害賠償→四一六 ❷【書面による契約→五二二②

（**寄託物の使用及び第三者による保管**）

第六五八条① 受寄者は、寄託者の承諾を得なければ、寄託物を使用することができない。

② 受寄者は、寄託者の承諾を得たとき、又はやむを得ない事由があるときでなければ、寄託物を第三者に保管させることができない。

③ 再受寄者は、寄託者に対して、その権限の範囲内において、受寄者と同一の権利を有し、義務を負う。

> （**寄託物の使用及び第三者による保管**）
> **第六五八条①** 受寄者は、寄託者の承諾を得なければ、寄託物を使用し、又は第三者にこれを保管させることができない。
> ② 第百五条及び第百七条第二項の規定は、受寄者が第三者に寄託物を保管させることができる場合について準用する。
> （第三項は新設）

❸【受寄者の権利・義務→六五九—六六四

（**無報酬の受寄者の注意義務**）

第六五九条 無報酬の受寄者は、自己の財産に対するのと同一の注意をもって、寄託物を保管する義務を負う。

> （**無償受寄者の注意義務**）
> **第六五九条** 無報酬で寄託を受けた者は、自己の財産に対するのと同一の注意をもって、寄託物を保管する義務を負う。

【有償受寄者の注意義務→四〇〇【商事寄託の特則→商五九五—五九八、六一〇【自己の財産に対するのと同一の注意→九一八、九二六、九四〇、九四四①

（**受寄者の通知義務等**）

第六六〇条① 寄託物について権利を主張する第三者が受寄者に対して訴えを提起し、又は差押え、仮差押え若しくは仮処分をしたときは、受寄者は、遅滞なくその事実を寄託者に通知しなければならない。ただし、寄託者が既にこれを知っているときは、この限りでない。

② 第三者が寄託物について権利を主張する場合であっても、受寄者は、寄託者の指図がない限り、寄託者に対しその寄託物を返還しなければならない。ただし、受寄者が前項の通知をした場合又は同項ただし書の規定によりその通知を要しない場合において、その寄託物をその第三者に引き渡すべき旨を命ずる確定判決（確定判決と同一の効力を有するものを含む。）があったときであって、その第三者にその寄託物を引き渡したときは、この限りでない。

③ 受寄者は、前項の規定により寄託者に対して寄託物を返還しなければならない場合には、寄託者にその寄託物を引き渡したことによって第三者に損害が生じたときであっても、その賠償の責任を負わない。

> （**受寄者の通知義務**）
> **第六六〇条** 寄託物について権利を主張する第三者が受寄者に対して訴えを提起し、又は差押え、仮差押え若しくは仮処分をしたときは、受寄者は、遅滞なくその事実を寄託者に通知しなければならない。（改正後の①）
> （第二項・第三項は新設）

【（所有者以外の）第三者の例→三五三【差押え→民執四五、九三、一二二、一二三、一四三【仮差押え→民保二〇、四七—五一【仮処分→民保二三、五二—五七 ❷【確定判決と同一の効力→民訴二六七

> 1 ★受寄者はひとたび寄託者に対し、訴えの提起のあったことを通知すれば、その後の経過まで逐一通知する義務はない。（最判昭40・10・19民集一九・七・一八七六、総則・商行為百選[四版]一〇八）

（**寄託者による損害賠償**）

第六六一条 寄託者は、寄託物の性質又は瑕疵によって生じた損害を受寄者に賠償しなければならない。ただし、寄託者が過失なくその性質若しくは瑕疵を知らなかったとき、又は受寄者がこれを知っていたときは、この限りでない。

【損害賠償の範囲→四一六

（**寄託者による返還請求等**）

第六六二条① 当事者が寄託物の返還の時期を定めたときであっても、寄託者は、いつでもその返還を請求することができる。

② 前項に規定する場合において、受寄者は、寄託者がその時期の前に返還を請求したことによって損害を受けたときは、寄託者に対し、その賠償を請求することができる。

> （**寄託者による返還請求**）
> **第六六二条**（略、改正後の①）
> （第二項は新設）

【六六三、六六四、六六六【期限に関する原則→一三五、一三六 ❷【損害賠償の範囲→四一六

（**寄託物の返還の時期**）

第六六三条① 当事者が寄託物の返還の時期を定めなかったときは、受寄者は、いつでもその返還をすることができる。

② 返還の時期の定めがあるときは、受寄者は、やむを得ない事由がなければ、その期限前に返還をすることができない。

❶【本項の特則→商六一二 ❷【六六二【期限に関する原則→一三五、一三六

（**寄託物の返還の場所**）

第六六四条 寄託物の返還は、その保管をすべき場所でしなければならない。ただし、受寄者が正当な事由によってその物を保管する場所を変更したときは、その現在の場所で返還をすることができる。

【弁済の場所についての原則→四八四①

（**損害賠償及び費用の償還の請求権についての期間の**

制限）

第六六四条の二① 寄託物の一部滅失又は損傷によって生じた損害の賠償及び受寄者が支出した費用の償還は、寄託者が返還を受けた時から一年以内に請求しなければならない。

② 前項の損害賠償の請求権については、寄託者が返還を受けた時から一年を経過するまでの間は、時効は、完成しない。

〈第六六四条の二は新設〉

㊟＊六五九、六六五

（委任の規定の準用）

第六六五条 第六百四十六条から第六百四十八条まで〈受任者の権利義務〉、第六百四十九条〈受任者による費用の前払請求〉並びに第六百五十条第一項及び第二項〈受任者による費用等の償還請求等〉の規定は、寄託について準用する。

（委任の規定の準用）

第六六五条 第六百四十六条から第六百五十条まで（同条第三項を除く。）の規定は、寄託について準用する。

（混合寄託）

第六六五条の二① 複数の者が寄託した物の種類及び品質が同一である場合には、受寄者は、各寄託者の承諾を得たときに限り、これらを混合して保管することができる。

② 前項の規定に基づき受寄者が複数の寄託者からの寄託物を混合して保管したときは、寄託者は、その寄託した物と同じ数量の物の返還を請求することができる。

③ 前項に規定する場合において、寄託物の一部が滅失したときは、寄託者は、混合して保管されている総寄託物に対するその寄託した物の割合に応じた数量の物の返還を請求することができる。この場合においては、損害賠償の請求を妨げない。

〈第六六五条の二は新設〉

㊟＊六六二　❸【損害賠償→四一五

（消費寄託）

第六六六条① 受寄者が契約により寄託物を消費することができる場合には、受寄者は、寄託された物と種類、品質及び数量の同じ物をもって返還しなければならない。

② 第五百九十条〈貸主の引渡義務等〉及び第五百九十二条〈価額の償還〉の規定は、前項に規定する場合について準用する。

③ 第五百九十一条第二項及び第三項〈返還の時期〉の規定は、預金又は貯金に係る契約により金銭を寄託した場合について準用する。

（消費寄託）

第六六六条① 第五節（消費貸借）の規定は、受寄者が契約により寄託物を消費することができる場合について準用する。

② 前項において準用する第五百九十一条第一項の規定にかかわらず、前項の契約に返還の時期を定めなかったときは、寄託者は、いつでも返還を請求することができる。

一　消費寄託の成立

[1] 預金者が銀行の窓口に預金として現金を差し出し、銀行員がこれを認識してうなずいたとしても、手を触れずに執務中の事務を続けている間に、右現金が窃取された場合には、いまだ右現金の占有の移転があったといえず、消費寄託が成立したとはいえない。（大判大12・11・20新聞二二六・四〈窓口一寸事件〉銀取百選〔二版〕一八）

二　預金者の認定（預金債権の帰属）

[2] 甲が乙に金を預けて、無記名定期預金の預入れを依頼し、乙がその金を無記名定期預金として預け入れた場合、乙がその金を横領して自己の預金としたのではない以上、預入れに当たり乙が届出印鑑として乙の氏を刻した印を使用し、相手方たる銀行員がかねてから乙を知っていて、届出印鑑を判読して預金者を乙と考え、預金元帳にも乙を預金者と記載した事実があっても、右無記名定期預金の債権者は乙ではなく、甲と認めるのが相当である。（最判昭32・12・19民集一一・一三・二二七八、銀取百選〔二版〕一五）

[3] 記名式の定期預金をするに当たり、金融機関の職員から彼の名義にすると金利がよいとすすめられたので、同人の名義で預金することを承諾していても、出捐〔しゅつえん〕者は同人に預金の手続を一任し、同人も出捐者の使者又は代理人として預金手続に当たったにすぎず、預金証書も届出印章も出捐者が所持している等の事情のあるときは、預金者は出捐者である。（最判昭52・8・9民集三一・四・七四二、重判昭52商九）

[4] 損害保険会社甲の保険代理店乙が保険契約者から収受した保険料のみを入金する目的で開設した「甲代理店乙」名義の普通預金口座の預金債権は、甲が乙に対して預金口座開設の代理権を授与しておらず、乙が預金口座の通帳及び届出印を保管し、入出金事務を行っていた場合には、当該債権が乙の他の財産から明確に区別され、その目的や使途について甲と乙との間の契約によって制限が設けられ、同口座が甲に交付されるべき金銭を一時入金するための専用口座であったとしても、乙に帰属する。（最判平15・2・21民集五七・二・九五、民百選Ⅱ〔八版〕七三）→◆【金銭所有権】〔二四八条の後〕[2]、破六二条[3]

[5] 債務整理事務の委任を受けた弁護士が委任者から債務整理事務の費用に充てるためにあらかじめ交付を受けた金銭は民法六四九条の規定する前払費用に当たり、前払費用は交付の時に、受任者に帰属するものとなるので、同金銭を預け入れるために弁護士がその個人名義で開設し、預金通帳及び届出印を管理していた普通預金口座に係る預金債権は、弁護士に帰属する。（最判平15・6・12民集五七・六・五六三、倒産百選〔四版〕A18）

三　預金債権の消滅

1　出捐者を預金者とした場合に、預入行為者に対する貸金債権と相殺することにより、銀行が、民法四七八条［平成二九法四四による改正前］の類推適用により免責されるとした事例→四七八条[13]～[15]

2　現金自動支払機による払戻し

[6] キャッシュカードの不正使用による払戻しに対する銀行の免責約款に基づく免責が認められた例（最判平5・7・19判時一四八九・一一一、民百選Ⅱ〔五補〕三九）→四七八条[18]

四　振込みによる受取人の預金債権の成立

[7] 振込依頼人から受取人の銀行の普通預金口座に振込みが

あったときは、振込依頼人と受取人との間に振込みの原因となる法律関係が存在すると否とにかかわらず、受取人と銀行の間に振込金相当額の普通預金契約が成立し、受取人は右金額相当の普通預金債権を取得する。（最判平8・4・26民集五〇・五・一二六七、民百選Ⅱ〔八版〕七二……誤った受取人に対して振込みをした依頼人は、その受取人の預金債権を差し押さえた債権者に対して強制執行の不許を求めることはできないとした事例）

[8] 受取人の普通預金口座への振込みを依頼した振込依頼人と受取人との間に振込みの原因となる法律関係が存在しない場合において、受取人が当該振込みに係る預金の払戻しを請求することは、払戻しを受けることが当該振込みに係る金員を不正に取得するための行為であって、詐欺罪等の犯行の一環を成す場合であるなど、これを認めることが著しく正義に反するような特段の事情があるときは権利の濫用に当たるとしても、受取人が振込依頼人に対して不当利得返還義務を負担しているというだけでは、権利の濫用に当たるとはいえない。（最判平20・10・10民集六二・九・二三六一、重判平20民一）

五 委任・準委任の性質を有する預金契約

[9] 預金契約に基づいて金融機関の処理すべき事務には、預金の返還だけでなく、委任事務ないし準委任事務の性質を有するものも多く含まれており、金融機関は、預金契約に基づき、預金者の求めに応じて預金口座の取引経過を開示すべき義務を負う。そして、預金者が死亡した場合、その共同相続人の一人は、共同相続人全員に帰属する預金契約上の地位に基づき、被相続人名義の預金口座の取引経過の開示を求める権利を単独で行使することができる。（最判平21・1・22民集六三・一・二二八、重判平21民八）→八九八条[4]

第十二節 組合

（**組合契約**）

第六六七条① 組合契約は、各当事者が出資をして共同の事業を営むことを約することによって、その効力を生ずる。

② 出資は、労務をその目的とすることができる。

参+【匿名組合→商五三五—五四二】

一 民法上の組合とされたもの

[1] 株式会社設立の発起人団体（大判大7・7・10民録二四・一四八〇）→会社二六条[2]

[2] 田地の水利改善のため、溜池〔ためいけ〕を築造することを目的とした地主・小作人の団体（大判昭18・7・6民集二二・六〇七）

[3] 共同で営業できる場所を求めるため、全員が出資をし土地を購入し地上に店舗を所有した露店業者の団体（最判昭43・6・27判時五二五・五二）

[4] 一人が敷地の使用権を、他の一人がそこに建物を出資して、共同でマーケット式の貸店舗を経営していた場合の両者の関係（東京高判昭45・6・18下民二一・五＝六・八一〇）

[5] 父と次女夫婦の協力により時計店が営業されていた場合の右三名の関係（東京高判昭51・5・27判時八二七・五八……父死亡後、次女夫婦がその財産形成に寄与した部分は遺産から除外すべきものとした）

[6] 建設業における共同企業体（最大判昭45・11・11民集二四・一二・一八五四、民訴百選〔五版〕一三）→民訴三〇条[15]

二 民法上の組合ではないとされたもの

[7] 加入に際し出資を要せず、脱退の際に持分の払戻しをしないもの（最判昭32・10・31民集一一・一〇・一七九六）

[8] 土地の共有者が共同で土地を使用することは、共有土地の利用であって、組合による共同事業には当たらない。（最判昭26・4・19民集五・五・二五六）

[9] 私的整理における債権者委員会は、必ずしも常に民法上の組合に当たるとはいえない。（東京地判昭57・4・27判時一〇六四・七九、倒産百選〔四版〕一〇〇①）

三 講

[10] 民法上の組合としての性質を有する頼母子講は、設立当初は組合たる性質が濃厚であるが、講の会合が進むにつれ、既落札者と未落札者の間における金銭消費貸借の性質が増加して、組合性が後退する。（最判昭42・4・18民集二一・三・六五九）

四 組合契約の無効と組合のした取引の効力

[11] 組合契約が漁業法に違反して無効である場合において、第三者に魚類が売却されたときは、組合員全員が売買契約を締結したのであれば、全員が買主に対して代金債権を取得し、組合員の一人が組合名義で売買契約を締結したのであれば、少なくとも同組合員は第三者に対し代金債権を取得する。（最判昭41・11・25民集二〇・九・一九四六）

五 組合の訴訟法上の地位→民訴二九条[3]〜[5]・三〇条

（**他の組合員の債務不履行**）

第六六七条の二① 第五百三十三条及び第五百三十六条の規定は、組合契約については、適用しない。

② 組合員は、他の組合員が組合契約に基づく債務の履行をしないことを理由として、組合契約を解除することができない。

（第六六七条の二は新設）

参❷【解除→五四一・五四二、五四五、五四八】

（**組合員の一人についての意思表示の無効等**）

第六六七条の三 組合員の一人について意思表示の無効又は取消しの原因があっても、他の組合員の間においては、組合契約は、その効力を妨げられない。（第六六七条の三は新設）

参+【意思表示の無効・取消し→九三—九六】

（**組合財産の共有**）

第六六八条 各組合員の出資その他の組合財産は、総組合員の共有に属する。

参+六六七、六七六【共有→二四九、二五〇、二六二、二六四【匿名組合の特則→商五三六①】

一 通常の共有とする原則

[1] 組合財産についても、民法六六七条以下に特別の規定のない限り、二四九条以下の共有の規定が適用される。（最判昭33・7・22民集一二・一二・一八〇五）

二 例外

[2] 組合員が組合に対し債権を取得しても、その者の組合債務についての負担部分との混同を生じない。（大判昭11・2・25民集一五・二八一、民百選Ⅱ〔八版〕七五）

三 組合財産に属する権利の対外的主張

[3] 組合員の一人は、単独で、組合財産である不動産につき、登記簿上の所有名義者たる者に対し登記の抹消を求めることができる。（最判昭33・7・22前出[7]）

[4] 第三者が組合財産を侵害したことによる損害賠償請求権は、組合員が自己の持分について単独で給付を求めることはできない。（大判昭13・2・12民集一七・一三二）

（金銭出資の不履行の責任）

第六六九条　金銭を出資の目的とした場合において、組合員がその出資をすることを怠ったときは、その利息を支払うほか、損害の賠償をしなければならない。

参六六七【損害賠償↓四一九、四一六

（業務の決定及び執行の方法）

第六七〇条①　組合の業務は、組合員の過半数をもって決定し、各組合員がこれを執行する。

②　組合の業務の決定及び執行は、組合契約の定めるところにより、一人又は数人の組合員又は第三者に委任することができる。

③　前項の委任を受けた者（以下「業務執行者」という。）は、組合の業務を決定し、これを執行する。この場合において、業務執行者が数人あるときは、組合の業務は、業務執行者の過半数をもって決定し、各業務執行者がこれを執行する。

④　前項の規定にかかわらず、組合の業務については、総組合員の同意によって決定し、又は総組合員が執行することを妨げない。

⑤　組合の常務は、前各項の規定にかかわらず、各組合員又は各業務執行者が単独で行うことができる。ただし、その完了前に他の組合員又は業務執行者が異議を述べたときは、この限りでない。

（業務の執行の方法）

第六七〇条①　組合の業務の執行は、組合員の過半数で決する。

②　前項の業務の執行は、組合契約でこれを委任した者（次項において「業務執行者」という。）が数人あるときは、その過半数で決する。

（第三項・第四項は新設）

③　組合の常務は、前二項の規定にかかわらず、各組合員又は各業務執行者が単独で行うことができる。ただし、その完了前に他の組合員又は業務執行者が異議を述べたときは、この限りでない。（改正後の⑤）

参❶【業務執行以外についての決定↓六八五②、六八〇

（組合の代理）

第六七〇条の二①　各組合員は、組合の業務を執行する場合において、組合員の過半数の同意を得たときは、他の組合員を代理することができる。

②　前項の規定にかかわらず、業務執行者があるときは、業務執行者のみが組合員を代理することができる。この場合において、業務執行者が数人あるときは、各業務執行者は、業務執行者の過半数の同意を得たときに限り、組合員を代理することができる。

③　前二項の規定にかかわらず、各組合員又は各業務執行者は、組合の常務を行うときは、単独で組合員を代理することができる。

〈第六七〇条の二は新設〉

参六七〇【代理↓九九―一一八

一　業務執行における代理権限

[1] ★組合契約において業務執行者が定められていない場合、組合員の過半数の者は共同して組合を代理する権限を持つ――多数代理。（最判昭35・12・9民集一四・一三・二九九四、会社法百選[四版]A1）

[2] ★組合規約等で業務執行者の代理権限を制限しても、その制限は善意・無過失の第三者に対抗できない。（最判昭38・5・31民集一七・四・六〇〇）

[3] ★組合が請け負った作業の代金を注文者が組合の業務執行者に弁済した場合は、他の組合員に対してもその弁済は有効である。（大判明44・3・8民録一七・一〇四）

[4] ★甲組合に属するAが、代表権も業務執行権もないのに「甲組合A」として行った借入れは、その結果が組合の利益に帰さない限り、組合員の責任をもたらさない。（大判大7・10・2民録二四・一八四八）

二　規約により組合財産に関する訴訟追行権の与えられている業務執行組合員の訴訟追行権↓民訴三〇条[15]

三　組合代理の形式

[5] ★甲組合の代表者乙が、組合のために「甲組合組合長理事乙」の名義で約束手形を振り出した場合には、組合員は共同振出人として、右手形について合同してその責任を負う。（最判昭36・7・31民集一五・七・一九八二、手形小切手百選[七版]三）↓手◆【手形法総論】［二編名の後］[27]

[6] ★「甲石炭株式会社」の発起人七名からなる組合で、そのうち四名が右会社の名でした取引による債務については、組合の債務として組合員全員が支払の責任を負う。（最判昭35・12・9前出[7]）

四　いわゆる内的組合

[7] 民法上の組合においても、対外的には組合員のうち特定の一名の名義のみによって事業を行うことができ、この場合は、その者だけが取引上の権利を有し義務を負い、他の組合員が外部に対し責任を分担することはない――商法五三五条の匿名組合にはならない。（大判大6・5・23民録二三・九一七、総則・商行為百選[三版]六五）

五　組合財産に属する権利の対外的主張↓六六八条[3][4]

（委任の規定の準用）

第六七一条　第六百四十四条から第六百五十条まで〈受任者の権利義務〉の規定は、組合の業務を決定し、又は執行する組合員について準用する。

（委任の規定の準用）

第六七一条　第六百四十四条から第六百五十条までの規定は、組合の業務を執行する組合員について準用する。

（業務執行組合員の辞任及び解任）

第六七二条①　組合契約の定めるところにより一人又は数人の組合員に業務の決定及び執行を委任したときは、その組合員は、正当な事由がなければ、辞任することができない。

②　前項の組合員は、正当な事由がある場合に限り、他の組合員の一致によって解任することができる。

（業務執行組合員の辞任及び解任）

第六七二条① 組合契約で一人又は数人の組合員に業務の執行を委任したときは、その組合員は、正当な事由がなければ、辞任することができない。
② （略）

§+【委任と解除→六五一】【本条の準用→六八七

（組合員の組合の業務及び財産状況に関する検査）
第六七三条 各組合員は、組合の業務の決定及び執行をする権利を有しないときであっても、その業務及び組合財産の状況を検査することができる。

（組合員の組合の業務及び財産状況に関する検査）
第六七三条 各組合員は、組合の業務を執行する権利を有しないときであっても、その業務及び組合財産の状況を検査することができる。

§+【業務執行権のないとき→六七〇②、六七二】【業務執行組合員の報告義務→六七一、六四五

（組合員の損益分配の割合）
第六七四条① 当事者が損益分配の割合を定めなかったときは、その割合は、各組合員の出資の価額に応じて定める。
② 利益又は損失についてのみ分配の割合を定めたときは、その割合は、利益及び損失に共通であるものと推定する。

§+六七五【出資→六六八、二五〇】【出資の価額と残余財産の分配→六八八③

1 組合員のうち損失を分担しない者があることを組合契約の中で定めても差し支えない。（大判明44・12・26民録一七・九一六）

（組合の債権者の権利の行使）
第六七五条① 組合の債権者は、組合財産についてその権利を行使することができる。
② 組合の債権者は、その選択に従い、各組合員に対して損失分担の割合又は等しい割合でその権利を行使することができる。ただし、組合の債権者がその債権の発生の時に各組合員の損失分担の割合を知っていたときは、その割合による。

（組合員に対する組合の債権者の権利の行使）
第六七五条 組合の債権者は、その債権の発生の時に組合員の損失分担の割合を知らなかったときは、各組合員に対して等しい割合でその権利を行使することができる。（改正後の①）
（第二項は新設）

§+六七四

構成員に会社を含む共同企業体→四三六条5

（組合員の持分の処分及び組合財産の分割）
第六七六条① 組合員は、組合財産についてその持分を処分したときは、その処分をもって組合及び組合と取引をした第三者に対抗することができない。
② 組合員は、組合財産である債権について、その持分についての権利を単独で行使することができない。
③ 組合員は、清算前に組合財産の分割を求めることができない。

（組合員の持分の処分及び組合財産の分割）
第六七六条① （略）
（第二項は新設）
② （略、改正後の③）

§+【組合財産→六六八】【持分→二五〇】【本条の特則→商六九六③】❷【共有物分割の原則→二五六】【組合の残余財産の分割→六八八

一 持分に対する差押え
1 ★組合員の債権者は、組合の全財産に対する組合員の持分を差し押さえることはできない。（大判昭6・9・1新聞三三一三・九）

二 清算前の分割の合意
2 ★組合員全員の合意があれば一部の財産を分割することは差し支えない。（大判大2・6・28民録一九・五七三）

（組合財産に対する組合員の債権者の権利の行使の禁止）
第六七七条 組合員の債権者は、組合財産についてその権利を行使することができない。

（組合の債務者による相殺の禁止）
第六七七条 組合の債務者は、その債務と組合員に対する債権とを相殺することができない。

§+【権利行使の例→五〇五

（組合員の加入）
第六七七条の二① 組合員は、その全員の同意によって、又は組合契約の定めるところにより、新たに組合員を加入させることができる。
② 前項の規定により組合の成立後に加入した組合員は、その加入前に生じた組合の債務については、これを弁済する責任を負わない。
〈第六七七条の二は新設〉

（組合員の脱退）
第六七八条① 組合契約で組合の存続期間を定めなかったとき、又はある組合員の終身の間組合が存続すべきことを定めたときは、各組合員は、いつでも脱退することができる。ただし、やむを得ない事由がある場合を除き、組合に不利な時期に脱退することができない。
② 組合の存続期間を定めた場合であっても、各組合員は、やむを得ない事由があるときは、脱退することができる。

§+【脱退→六八一】【脱退した組合員の責任→六八〇の二

1 組合の決議の結果、ある組合員の利益が甚だしく害されて、共同の事業をするに耐えなくなったことは、本条二項に当たる。（大判昭18・7・20民集二二・六八一）
2 やむを得ない事由があっても任意の脱退を許さない旨の組合契約における約定は無効である。（最判平11・2・23民集五三・二・一九三、民百選Ⅰ〔八版〕一七）→九〇条6

第六七九条　前条の場合のほか、組合員は、次に掲げる事由によって脱退する。
一　死亡
二　破産手続開始の決定を受けたこと。
三　後見開始の審判を受けたこと。
四　除名

参[二]【破産手続開始→破三〇】【後見開始の審判→七、八】[四]【除名→六八〇】†【脱退組合員の持分の払戻し→六八一】

（組合員の除名）

第六八〇条　組合員の除名は、正当な事由がある場合に限り、他の組合員の一致によってすることができる。ただし、除名した組合員にその旨を通知しなければ、これをもってその組合員に対抗することができない。

参†六七九四、六八一

（脱退した組合員の責任等）

第六八〇条の二①　脱退した組合員は、その脱退前に生じた組合の債務について、従前の責任の範囲内でこれを弁済する責任を負う。この場合において、債権者が全部の弁済を受けない間は、脱退した組合員は、組合に担保を供させ、又は組合に対して自己に免責を得させることを請求することができる。

②　脱退した組合員は、前項に規定する組合の債務を弁済したときは、組合に対して求償権を有する。

〈第六八〇条の二は新設〉

参†六七八、六七九

（脱退した組合員の持分の払戻し）

第六八一条①　脱退した組合員と他の組合員との間の計算は、脱退の時における組合財産の状況に従ってしなければならない。

②　脱退した組合員の持分は、その出資の種類を問わず、金銭で払い戻すことができる。

③　脱退の時にまだ完了していない事項については、その完了後に計算をすることができる。

参†六七八、六七九、六八〇の二　❷【出資の種類→六六七②】

（組合の解散事由）

第六八二条　組合は、次に掲げる事由によって解散する。
一　組合の目的である事業の成功又はその成功の不能
二　組合契約で定めた存続期間の満了
三　組合契約で定めた解散の事由の発生
四　総組合員の同意

（組合の解散事由）
第六八二条　組合は、その目的である事業の成功又はその成功の不能によって解散する。

参†六八四、六八五

（組合の解散の請求）

第六八三条　やむを得ない事由があるときは、各組合員は、組合の解散を請求することができる。

参†六八四、六八五【解散請求の方法→五四〇】

1　A・B二名からなる組合において、両者の信頼関係が破壊され、事業の共同経営を円満に継続することが到底できないような事情にあるときは、本条に当たる。（仙台高判昭44・4・30判時五六二・四九）

（組合契約の解除の効力）

第六八四条　第六百二十条〈賃貸借の解除の効力〉の規定は、組合契約について準用する。

（組合の清算及び清算人の選任）

第六八五条①　組合が解散したときは、清算は、総組合員が共同して、又はその選任した清算人がこれをする。

②　清算人の選任は、組合員の過半数で決する。

（組合の清算及び清算人の選任）
第六八五条①（略）
②　清算人の選任は、総組合員の過半数で決する。

参†六八二、六八三、六八六—六八八

（清算人の業務の決定及び執行の方法）

第六八六条　第六百七十条第三項から第五項まで〈業務の決定及び執行の方法〉並びに第六百七十条の二第二項及び第三項〈組合の代理〉の規定は、清算人について準用する。

（清算人の業務の執行の方法）
第六八六条　第六百七十条の規定は、清算人が数人ある場合について準用する。

参†六八五

（組合員である清算人の辞任及び解任）

第六八七条　第六百七十二条〈業務執行組合員の辞任及び解任〉の規定は、組合契約の定めるところにより組合員の中から清算人を選任した場合について準用する。

（組合員である清算人の辞任及び解任）
第六八七条　第六百七十二条の規定は、組合契約で組合員の中から清算人を選任した場合について準用する。

参†六八五

（清算人の職務及び権限並びに残余財産の分割方法）

第六八八条①　清算人の職務は、次のとおりとする。
一　現務の結了
二　債権の取立て及び債務の弁済
三　残余財産の引渡し

②　清算人は、前項各号に掲げる職務を行うために必要な一切の行為をすることができる。

③　残余財産は、各組合員の出資の価額に応じて分割する。

1　清算人は残余財産分配のために、共有の規定によらずに、組合財産を売却することができる。（大判大12・7・14民集二・四九一）

第十三節　終身定期金

（終身定期金契約）

第六八九条　終身定期金契約は、当事者の一方が、自己、相手方又は第三者の死亡に至るまで、定期に金銭その他の物を相手方又は第三者に給付することを約することによって、その効力を生ずる。

⊕【第三者のためにする契約→五三七―五三九【終身定期金の遺贈→六九四

① **終身定期金契約の成立が認められた例**
定期金債権者が債務者に公債及び株券を移転し、その利息及び配当金は、債権者の在世中、債務者がそれを受け取り次第、債権者に交付する旨を約したとき（大判昭3・2・17民集七・七六）→六九一条①

（終身定期金の計算）
第六九〇条　終身定期金は、日割りで計算する。

（終身定期金契約の解除）
第六九一条①　終身定期金債務者が終身定期金の元本を受領した場合において、その終身定期金の給付を怠り、又はその他の義務を履行しないときは、相手方は、元本の返還を請求することができる。この場合において、相手方は、既に受け取った終身定期金の中からその元本の利息を控除した残額を終身定期金債務者に返還しなければならない。
②　前項の規定は、損害賠償の請求を妨げない。

⊕❶六九二、六九三②【元本の返還の請求→五四〇　❷【損害賠償→四一五

①　定期金債務者が元本を受領したにもかかわらず、定期金の給付を怠った場合には、定期金債権者は本条に基づき、元本として給付したものの返還を請求することができる。（大判昭3・2・17民集七・七六）→六八九条①

（終身定期金契約の解除と同時履行）
第六九二条　第五百三十三条〈同時履行の抗弁〉の規定は、前条の場合について準用する。

（終身定期金債権の存続の宣告）
第六九三条①　終身定期金債務者の責めに帰すべき事由によって第六百八十九条に規定する死亡が生じたときは、裁判所は、終身定期金債権者又はその相続人の請求により、終身定期金債権が相当の期間存続することを宣告することができる。
②　前項の規定は、第六百九十一条の権利の行使を妨げない。

⊕六八九

（終身定期金の遺贈）
第六九四条　この節の規定は、終身定期金の遺贈について準用する。

⊕【遺贈→九六四、九八五―一〇〇三

第十四節　和解

（和解）
第六九五条　和解は、当事者が互いに譲歩をしてその間に存する争いをやめることを約することによって、その効力を生ずる。

⊕【訴訟上の和解→民訴八九、二六七、二七五、民執二二⑦

成立要件

1　当事者間の争いの存在

①　本条にいうところの、当事者が和解によってやめようとする争いの目的たる事項は、訴訟の目的たる事項をも含むから、訴訟の目的たる事項については、現に当事者間に争いが存在すると否とにかかわらず和解をなすことができる。（大判大6・10・5民録二三・一五三一……鉱区の売買契約を、裁判上の和解の条項に基づいて履行することが不能か否かが争われた例）

2　互譲の存在

②　譲歩の方法について法律は制限を設けていないから、当事者が和解における譲歩の方法として、係争物に関係のない物の給付を約することは和解の本質に反しない。（最判昭27・2・8民集六・二・六三）

③　当事者の一方が和解契約により負担した債務を、第三者（連帯債務者）の出捐〔しゅつえん〕によって履行する場合でも和解契約は成立する。（大判大5・9・20民録二二・一八〇六）

3　起訴前の和解（民訴法二七五条〔旧三五六条〕）

④　訴訟防止のためになされる起訴前の和解においては、実体上の請求権について当事者双方の互譲を必要としない。（大判昭15・6・8民集一九・九七五）

（和解の効力）
第六九六条　当事者の一方が和解によって争いの目的である権利を有するものと認められ、又は相手方がこれを有しないものと認められた場合において、その当事者の一方が従来その権利を有していなかった旨の確証又は相手方がこれを有していた旨の確証が得られたときは、その権利は、和解によってその当事者の一方に移転し、又は消滅したものとする。

⊕【錯誤→九五

一　和解の確定効

1　本条が適用された例

①　借地権の期間満了に際し、更新拒絶がなされ、一応、正当事由があったが、その際満了後二年経過して土地を明け渡す旨の調停がなされた後に、賃借人が法定更新の制度を知らなかったと主張した場合（最判昭36・5・26民集一五・五・一三三六）

2　和解契約の錯誤

②　★和解によってやめることを約した争いの目的ではなく、その前提ないし基礎とされた事項に錯誤がある場合（大判大6・9・18民録二三・一三四二……債権の差押え・転付命令を得た債権者と第三債務者との間で弁済方法につき裁判上の和解をしたが、転付命令が無効であった場合）

③　★金銭支払義務の存否に関する争いをやめるために、一方が他方に、一定の品質を有するジャム缶一定量を代物弁済として交付することになったところ、現実には粗悪品が提供された場合（錯誤となる）（最判昭33・6・14民集一二・九・一四九二、民百選Ⅱ〔八版〕七六）→九五条⑧・五六二条⑧、民訴二六七条②

二　いわゆる示談→◆【法律行為の解釈】〔九二条の後〕⑫

第三章　事務管理

（**事務管理**）

第六九七条① 義務なく他人のために事務の管理を始めた者（以下この章において「管理者」という。）は、その事務の性質に従い、最も本人の利益に適合する方法によって、その事務の管理（以下「事務管理」という。）をしなければならない。

② 管理者は、本人の意思を知っているとき、又はこれを推知することができるときは、その意思に従って事務管理をしなければならない。

⇨【事務管理の特則↓遺失、商七九二―八〇七【事務管理の準拠法↓法適用一四―一六

事務管理に当たる（当たり得る）とされた事例

1 共有者各自の負担に帰すべき費用の全部を共有者の一人が支払ったときは（自己の事務を処理すると同時に）、他の共有者のために事務を管理したものである。（大判大8・6・26民録二五・一一五四）

2 銀行からの借入金を第三者が弁済した場合（大判昭9・9・29新聞三七五六・七）

3 追認された無権代理人の法律行為の結果、本人の利益に帰した場合（大判昭17・8・6民集二一・八五〇）

4 意思無能力者には相続税申告書の提出義務がなく税額決定がなされる余地もないとはいえないので、意思無能力者に代わって行った相続税の申告・納付が事務管理に当たらないとはいえない。（最判平18・7・14判時一九四六・四五）

（**緊急事務管理**）

第六九八条 管理者は、本人の身体、名誉又は財産に対する急迫の危害を免れさせるために事務管理をしたときは、悪意又は重大な過失があるのでなければ、これによって生じた損害を賠償する責任を負わない。

⇨六九七

（**管理者の通知義務**）

第六九九条 管理者は、事務管理を始めたことを遅滞なく本人に通知しなければならない。ただし、本人が既にこれを知っているときは、この限りでない。

⇨六九七①【報告義務↓七〇一・六四五

（**管理者による事務管理の継続**）

第七〇〇条 管理者は、本人又はその相続人若しくは法定代理人が管理をすることができるに至るまで、事務管理を継続しなければならない。ただし、事務管理の継続が本人の意思に反し、又は本人に不利であることが明らかであるときは、この限りでない。

⇨【法定代理人↓八一八・八一九・八三九―八四一・八四三・八七六の四・八七六の九【事務管理と本人の意思↓六九七②・七〇二③

（**委任の規定の準用**）

第七〇一条 第六百四十五条から第六百四十七条まで〈受任者の義務と責任〉の規定は、事務管理について準用する。

（**管理者による費用の償還請求等**）

第七〇二条① 管理者は、本人のために有益な費用を支出したときは、本人に対し、その償還を請求することができる。

② 第六百五十条第二項〈受任者が負担した債務の代弁済請求〉の規定は、管理者が本人のために有益な債務を負担した場合について準用する。

③ 管理者が本人の意思に反して事務管理をしたときは、本人が現に利益を受けている限度においてのみ、前二項の規定を適用する。

⇨❸【事務管理と本人の意思↓六九七②・七〇〇但【納付すべき者の意に反する登録料の納付↓特許一一〇② ⇨【事務管理と報酬の特則↓遺失二八、商七九二①

本条二項の拡張解釈をした事例↓◆【事務管理の対外的効力】［本条の後］2

◆【**事務管理の対外的効力**】

事務管理人が法律行為をした場合における本人・相手方の関係

1 事務管理は、事務管理者と本人との間の法律関係であって、管理者が第三者とした法律行為の効果が本人に及ぶ関係は事務管理関係の問題ではない。したがって、事務管理者が本人の名で第三者との間に法律行為をしても、その行為の効果は、当然には本人に及ぶ筋合ではなく、そのような効果が発生するためには、代理その他別個の法律関係が伴うことを必要とする。（最判昭36・11・30民集一五・一〇・二六二九）

2 売買契約による代金の支払と目的物の引渡しを受ける行為についてのみ買主より代理権を与えられていた者が、売主から代金の増額を要求され、これを拒否すると売主が留保する解除権を行使されて買主が多大の損害を受けるおそれがあるため、買主の同意を得ず独断で右値上げに応じたことは、買主のためにその事務を管理したことに当たり、民法七〇二条二項の法意より、買主はこれを自己の債務として弁済すべきものである。（大判大6・3・31民録二三・六一九）

第四章　不当利得

（**不当利得の返還義務**）

第七〇三条 法律上の原因なく他人の財産又は労務によって利益を受け、そのために他人に損失を及ぼした者（以下この章において「受益者」という。）は、その利益の存する限度において、これを返還する義務を負う。

⇨【本条の特則↓一二一の二①・一八九・一九六②・五四五①③・二四八・四六二②・七四八②、手八五、小七二【現に利益を受けている限度での返還↓三二②・一二一の二②【不当利得の準拠法↓法適用一四―一六

一　法律上の原因

1　債権関係がない場合

イ　契約の無効・取消し

1 契約が法人の目的の範囲外のため無効となる場合、その契約に基づいて受領された金員は不当利得となる。（最判昭30・5・13民集九・六・六七九）↓一〇一条2・七〇四条1

[2] 未成年者が締結した契約が取り消された場合、その契約に基づいて交付された金員は不当利得となる。（大判明45・2・3民録一八・五四）

[3] 婚姻不成立の場合の結納（大判大6・2・28民録二三・二九二）→◘【Ⅰ 婚約ないし内縁】［七七一条の後］[7]

ロ　不法行為に基づく損害賠償債務がない場合

[4] 警察署の留置の継続を忍び得ず、他人の要求に従い損害賠償金として金員を給付した者は、不法行為責任がなかった場合には、金員を受領した者に対し不当利得返還請求ができる。（大判昭18・8・31法学一三・六・三九〇）

ハ　間接強制の前提となる権利がない場合

[5] 仮処分命令における保全すべき権利が、本案訴訟の判決において、当該仮処分命令の発令時から存在しなかったと判断され、このことが事情の変更に当たるとして当該仮処分命令を取り消す旨の決定が確定した場合、当該仮処分命令を受けた債務者は、その保全執行としてされた間接強制決定に基づき取り立てられた金銭につき、債権者に対して不当利得返還請求をすることができる。（最判平21・4・24民集六三・四・七六五、執保百選［三版］八九）→民執一七二条[10]

2　物権関係の有無

イ　所有権の有無

[6] 所有権を失ったのに小作料を受領した場合には、その小作料は不当利得となる。（大判大15・3・3新聞二五九八・一四）

ロ　用益権の有無

[7] 借家人が支出した費用のため留置権を行使し、賃借権消滅後も右費用の償還を受けるまで家屋を使用することにより受ける利益は、家屋所有者に返還すべきである。（大判昭10・5・13民集一四・八七六）→二九五条[14]・二九八条[2]

[8] 借地法一〇条の建物買取請求権行使後の敷地占有は不当利得となる。（最判昭35・9・20民集一四・一一・二二二七）→借地借家一四条[3]

ハ　担保物権の有無

[9] 債権者が質権に基づき優先的に金員を受領したが、質権設定が無効であった場合、受領した右金員は、不当利得となる。（大判大4・8・26民録二一・一四一七……破産財団への返還を認めた例）

ニ　物権の順位

[10] 抵当権の実行により配当がなされたが、第一順位の抵当権者は配当を受けず、後順位抵当権者が配当を受領した場合、第一順位抵当権者はその後順位抵当権者に不当利得返還請求ができる。（大判昭8・10・18裁判例七・民二四二）→民執八四条[3][4]

3　身分法上の法律関係の有無―扶養義務等がある場合

[11] 事実上の夫婦関係にあった場合、女性が家事労務に従事したことによる相手方男性の利得は不当利得といえない。（大判大10・5・17民録二七・九三四）

4　三当事者間の不当利得関係において二重に「法律上の原因」が存在しない場合

[12] 第三者の強迫により甲が乙から金銭を借りて、貸付金を丙に給付する契約をした後、甲が強迫に基づきこの契約を取り消した場合には、乙からの不当利得返還請求につき、甲は、特段の事情のない限り、乙の丙に対する給付によりその額に相当する利得を受けたものと見るのが相当である。（最判平10・5・26民集五二・四・九八五、民百選Ⅱ［八版］八二）

5　騙取［へんしゅ］金員による弁済

[13] 後出[15]の事案で、騙取金員により債務の弁済を受けた債権者に悪意又は重大な過失がある場合は、その金銭の取得は、被騙取者に対する関係では、法律上の原因がない。（最判昭49・9・26後出[15]）

二　利益・損失の存否

[14] 銀行が共同相続財産である預金債権につき共同相続人の一人に対して全額を払い戻した場合において、他の共同相続人は当該預金債権のうちその法定相続分に相当する部分を失わないので、銀行はこの分に相当する金員の「損失」を被ったことになるとされた例（最判平17・7・11判時一九一一・九七……八九九条[10]により、預貯金債権の共同相続に関する判例が変更された）→四二七条[6]・八九九条[10][11]

三　利益と損失の因果関係―あるとされた場合

1　騙取金員による弁済

[15] 他から金員を騙取した者が、その金員を他の債権者に対する債務の弁済に充てた場合、社会通念上被騙取者の金銭で他の債権者の利益を図ったと認められるだけの連結がある場合には、不当利得の成立に必要な因果関係がある。（最判昭49・9・26民集二八・六・一二四三、民百選Ⅱ［八版］八〇）→[13]

2　いわゆる転用物訴権

[16] 他人所有のブルドーザーを賃借していた者が、それを業者に修理させた場合、修繕業者のした給付（修理）を受領した者が所有者でなく中間の賃借人であることは、右の修繕業者の損失及び所有者の利得の間に直接の因果関係を認めることの妨げとなるものではない。（最判昭45・7・16民集二四・七・九〇九、民百選Ⅱ［四版］七三）

[17] 建物賃借人から請け負って修繕工事をした者が賃借人の無資力を理由に建物所有者に対し不当利得の返還を請求することができる場合は、建物所有者が対価関係なしに利益を受けたときに限られる。（最判平7・9・19民集四九・八・二八〇五、民百選Ⅱ［八版］七九……[16]の判例を実質的に限定）

四　「利益の存する限度」→一二一条の二[2][3]

1　利益が現存するとされた場合

[18] 受領した金銭を、他からの借入れがあると信じてその者にこれを渡した場合（法律上の原因なく弁済したもので取り戻し得るから）（大判大12・2・21民集二・五六）

2　利益が現存しないとされた場合

[19] 陸軍軍人遺族扶助料の誤払いを受けた者に対し、国が不当利得返還請求をした場合に、その者に資産がなく、誤払金が一家の生活のために費消し尽くされた場合、現存利益はない。（大判昭8・2・23新聞三五三一・八）

3　利益の現存の主張・立証

[20] 利益の現存しないことは、不当利得返還請求権の消滅を主張する者が主張立証しなければならない。（最判平3・11・19民集四五・八・一二〇九、重判平3民七……金銭の事例）→民訴◆【証明責任】［二七九条の前］[9]

[21] 善意の利得者が利得に法律上の原因がないことを認識した後の利益の消滅は、返還義務の範囲を減少させる理由にはならない。（最判平3・11・19前出[20]）

4　返還義務者が銀行の場合

[22] 不当利得返還義務者が銀行の場合に、銀行が善意であっても利息相当額の返還義務を負うとされた例（最判昭38・12・24民集一七・一二・一七二〇、民百選Ⅱ［八版］七七）→一八九条[7]

5　返還すべき範囲の制限

[23] 「無所有共用一体」社会の実現を目的とする団体に加入

するに当たってなされた全財産を出えんする行為は、この団体からの脱退により法律上の原因を欠くものとなり、脱退の時点において合理的かつ相当と認められる範囲に限り、不当利得返還請求が認められる。（最判平16・11・5民集五八・八・一九九七、消費百選〔二版〕一〇六）

６　代替性のある物を処分した場合

[24] 法律上の原因なく代替性のある物を利得した受益者は、利得した物を第三者に売却処分した場合には、損失者に対し、原則として、売却代金相当額の金員の不当利得返還義務を負う。（最判平19・3・8民集六一・二・四七九、民百選Ⅱ〔八版〕七八）→会社一八四条[2]

五　不当利得返還義務が履行遅滞になる時期→四一二条[2]

六　不当利得返還請求権の行使

[25] マンションの一部の区分所有者が共用部分を第三者に賃貸して得た賃料のうち各区分所有者の持分割合に相当する部分につき生ずる不当利得返還請求権は各区分所有者に帰属するが、右請求権を区分所有者の団体のみが行使できる旨の集会決議又は規約の定めがあるときは、各区分所有者は右請求権を行使することができない。（最判平27・9・18民集六九・六・一七一一、マンション百選二五……管理規約に右の定めが含まれるとされた例）→民訴三〇条[2]

（悪意の受益者の返還義務等）

第七〇四条　悪意の受益者は、その受けた利益に利息を付して返還しなければならない。この場合において、なお損害があるときは、その賠償の責任を負う。

⊛七〇三【本条と類似の規定→一九〇・七四八③【本条を準用する規定→二四八【損害賠償→七〇九

一　悪意

[1] 法人の善意・悪意は代表者に即して判断される（単なる使用人の悪意は法人の悪意とはいえない）。（最判昭30・5・13民集九・六・六七九）→一〇一条[2]・七〇三条[1]

二　悪意の推定

[2] 貸金業者が利息制限法の制限超過利息を受領し、貸金業法四三条［平成一八法一一五による削除前］一項の適用が認められない場合、その貸金業者は、同項の適用があると認識し、かつ、その認識を有するに至ったことについてやむを得ないといえる特段の事情があるときでない限り、本条の「悪意の受益者」であると推定される。（最判平19・7・13民集六一・五・一九八〇、重判平19民一〇）→利息一条[19]

[3] 期限の利益喪失特約の下での利息制限法所定の制限を超える利息の支払の任意性を初めて否定した最判平18・1・13（利息一条[18]）以前にされた制限超過部分の支払について、貸金業者が同特約の下でこれを受領したことのみを理由として当該貸金業者を悪意の受益者と推定することはできない。（最判平21・7・10民集六三・六・一一七〇、重判平21民九）

三　利息

[4] ★商行為である貸付けに係る債務の弁済金のうち利息制限法の制限超過利息を過払金として返還する場合において、悪意の受益者が付すべき本条前段の利息の利率は、民法所定の年五分である。（最判平19・2・13民集六一・一・一八二、総則・商行為百選〔五版〕四三）→利息一条[10]、商五一四条[6]

四　損害賠償

[5] 本条後段の規定は、悪意の受益者が不法行為の要件を充足する限りで不法行為責任を負うことを注意的に規定したものであり、悪意の受益者に対して不法行為責任とは異なる特別の責任を負わせたものではない。（最判平21・11・9民集六三・九・一九八七、重判平22民八）

（債務の不存在を知ってした弁済）

第七〇五条　債務の弁済として給付をした者は、その時において債務の存在しないことを知っていたときは、その給付したものの返還を請求することができない。

⊛【本条の特則→保険三一

[1] 本条の適用のためには、給付が任意になされたことを要し、強制執行を避けるため、又はその他の事由によりやむを得ず給付をした場合には、その適用はない。（大判大6・12・11民録二三・二〇七五）

（期限前の弁済）

第七〇六条　債務者は、弁済期にない債務の弁済として給付をしたときは、その給付したものの返還を請求することができない。ただし、債務者が錯誤によってその給付をしたときは、債権者は、これによって得た利益を返還しなければならない。

⊛七〇三【弁済期→一三五—一三七、四一二

（他人の債務の弁済）

第七〇七条①　債務者でない者が錯誤によって債務の弁済をした場合において、債権者が善意で証書を滅失させ若しくは損傷し、担保を放棄し、又は時効によってその債権を失ったときは、その弁済をした者は、返還の請求をすることができない。

②　前項の規定は、弁済をした者から債務者に対する求償権の行使を妨げない。

⊛【第三者の弁済→四七四　❶【弁済と債権証書→四八七【債権の消滅時効→一六六①、一六七—一六九　❷七〇三【弁済による代位→四九九

（不法原因給付）

第七〇八条　不法な原因のために給付をした者は、その給付したものの返還を請求することができない。ただし、不法な原因が受益者についてのみ存したときは、この限りでない。

⊛【不法の原因→九〇

一　「不法な原因」の意義

[1] 公の秩序若しくは善良の風俗に反してされた給付を指す。（最判昭27・3・18民集六・三・三二五）

[2] 本条にいう不法の原因のための給付とは、その原因となる行為が、強行法規に違反した不適法なものであるのみならず、さらにそれが、その社会において要求される倫理、道徳を無視した醜悪なものであることを必要とする。（最判昭37・3・8民集一六・三・五〇〇）

二　不法原因給付に当たるとされた例

[3] 酌婦としての稼働契約が公序良俗に反し無効である場合に、これに伴い消費貸借名義でした金員の交付（最判昭

30・10・7民集九・一一・一六一六、民百選I[二版]一四）↓九〇条[4]

三　不法原因給付に当たらないとされた例

[4] 単純な統制法規に違反する売買に基づいて支払った代金（最判昭37・3・8前出[2]）

[5] 債務者が債権の執行を免れるために他人と通謀して自己所有の不動産の売買を仮装して所有権移転の登記をしても、家資分散［破産手続開始決定］の際におけるように犯罪を構成する場合を除くほか、本条の不法原因給付に当たらない。（大判大10・10・22民録二七・一七四九）

[6] 強制執行を免れる目的をもってした財産の仮装譲渡が刑法による処罰の対象となるとしても、その一事によって、その行為が当然に本条の不法原因給付に当たるものとなるのではない。（最判昭41・7・28民集二〇・六・一二六五……平成七法九一による改正前の刑法九六条ノ二施行前の事案）

四　不法原因給付の主張が許されないとされた例↓一条[8]

五　「給付」の意義

[7] 妾［めかけ］関係を維持する目的で未登記不動産を妾に贈与し、それを妾に引き渡す行為は不法原因給付に当たり、建物の引渡しが「給付」となる――贈与契約は公序良俗に反して無効だから所有権の移転は認められないが、本条によって贈与者は不当利得に基づいても、また所有権に基づいても給付した物の返還を請求できない（その反射的効果として、目的物の所有権は贈与者の手を離れて受贈者に帰属するに至ったものと解すべきである）。（最大判昭45・10・21民集二四・一一・一五六〇、民百選II[八版]八二……引渡しの後に贈与者が当該建物について保存登記をしても、相手方は所有権に基づき、抹消登記手続を求めることができるとされた例）↓一七七条[65]

[8] 妾関係を維持する目的で既登記不動産を贈与した場合には、目的物の引渡しを受けただけでは、「給付」があったことにはならない（所有権移転登記手続もなされていることを要する）。（最判昭46・10・28民集二五・七・一〇六九……受領者からの移転登記請求を否定した例）

六　給付者、受益者双方に不法の点が存在する場合

[9] 契約成立のいきさつにおいて、給付をした者に多少の不法の点があったとしても、他方当事者にも不法の点があり、前者の不法性が後者のそれに比しきわめて微弱なものにすぎない場合には、民法九〇条及び本条は適用がなく、前者は契約目的物の返還を請求することができる。（最判昭29・8・31民集八・八・一五五七、民百選II[五補]七三）↓九〇条[44]

七　類推適用又は本条の趣旨

[10] 不法行為につき本条の法の精神が考慮され得るとした例（最判昭44・9・26民集二三・九・一七二七）↓七〇九条[65]

[11] 法令で禁止されている利回り保証の約束がなされた株式等の取引において、顧客の不法性に比し、証券会社の従業員の不法の程度が極めて強い場合には本条の類推適用がなく、顧客は証券会社に対して不法行為に基づく損害賠償を請求することができる。（最判平9・4・24判時一六一八・四八、金商百選三七）

[12] 物権的返還請求権に類推適用された例（最大判昭45・10・21前出[7]）↓一七七条[65]

[13] 反倫理的行為に該当する不法行為の被害者が当該反倫理的行為に係る給付を受けて利益を得た場合、被害者からの損害賠償請求において右利益を損益相殺等の対象として被害者の損害額から控除することは、本条の趣旨に反し許されない。（最判平20・6・10民集六二・六・一四八八、消費百選[二版]五七……ヤミ金融業者から著しい高利の貸付けを受け、元利金等の名目で金員を交付した借主の損害賠償請求において、借主が得た貸付金に相当する利益の控除を否定）↓七〇九条[149]

[14] 投資資金名下に金員を騙取した者に対する損害賠償請求において、詐欺の手段として配当金名下に交付した金員を損益相殺として損害額から控除することは、本条の趣旨に反し許されない。（最判平20・6・24判時二〇一四・六八）

八　給付を返還する特約の効力

[15] 不法原因給付であってその返還を請求し得ないものであっても、不法原因契約を合意の上解除してその給付を返還する特約をすることは、本条の禁ずるところではない。また、この特約に基づき振り出された手形金の支払を求める請求には、本条を適用する余地がない。（最判昭28・1・22民集七・一・五六）

第五章　不法行為

（不法行為による損害賠償）

第七〇九条　故意又は過失によって他人の権利又は法律上保護される利益を侵害した者は、これによって生じた損害を賠償する責任を負う。

【法人の不法行為責任↓一般法人七八、一九七、会社三五〇・六〇〇【占有侵害と損害賠償↓一九八―二〇二【不法行為に関する特則↓憲一七、四〇、国賠、失火、製造物三、自賠三・四、独禁二五・二六、特許一〇〇―一〇六、不正競争二―一四、著作一一二―一一八【定期金賠償を命じた判決の変更の訴え↓民訴一一七【損害額の認定↓民訴二四八【不法行為に基づく損害賠償債権と免責の除外↓破二五三①[二][三]【責任制限↓船主責任制限【免責条項の無効↓消費契約八①[三][四]【損害賠償の保障↓自賠【労働者の災害補償↓労基七五―八八、労災【社会保障による給付との関係↓労基八四②、労災一二の四【不法行為と裁判籍↓民訴三の三[四]・五[九]【不法行為の準拠法↓法適用一七―二二【公害と環境保全↓環境基、公害犯罪【不法行為の紛争処理↓民調三三、公害紛争【不法行為債権の特殊性↓五〇九、破二五三①[二][三]【契約責任との関係↓国際海運一六

[参考] **自動車損害賠償保障法**（昭和三〇・七・二九法九七）
（抜粋）

（定義）

第二条①　（略）

② この法律で「運行」とは、人又は物を運送するとしないとにかかわらず、自動車を当該装置の用い方に従い用いることをいう。

③ この法律で「保有者」とは、自動車の所有者その他自動車を使用する権利を有する者で、自己のために自動車を運行の用に供するものをいう。

④ この法律で「運転者」とは、他人のために自動車の運転又は運転の補助に従事する者をいう。

（自動車損害賠償責任）

第三条　自己のために自動車を運行の用に供する者は、その運行によつて他人の生命又は身体を害したときは、これによつて生じた損害を賠償する責に任ずる。ただし、自己及び運転者が自動車の運行に関し注意を怠らなかつたこと、被害者又は運転者以外の第三者に故意又は過失があつたこと並びに自動車に構造上の欠陥又は機能の障害がなかつたことを証明したときは、この限りでない。

（責任保険又は責任共済の契約の締結強制）

第五条　自動車は、これについてこの法律で定める自動車損害賠償責任保険（以下「責任保険」という。）又は自動車損

害賠償責任共済（以下「責任共済」という。）の契約が締結されているものでなければ、運行の用に供してはならない。

（保険金の請求）

第一五条　被保険者は、被害者に対する損害賠償額について自己が支払をした限度においてのみ、保険会社に対して保険金の支払を請求することができる。

（保険会社に対する損害賠償額の請求）

第一六条①　第三条の規定による保有者の損害賠償の責任が発生したときは、被害者は、政令で定めるところにより、保険会社に対し、保険金額の限度において、損害賠償額の支払をなすべきことを請求することができる。

②―④（略）

（業務）

第七二条①　政府は、自動車損害賠償保障事業として、次の業務を行う。

一　自動車の運行によつて生命又は身体を害された者がある場合において、その自動車の保有者が明らかでないため被害者が第三条の規定による損害賠償の請求をすることができないときに、被害者の請求により、政令で定める金額の限度において、その受けた損害を塡補すること。

二　責任保険の被保険者及び責任共済の被共済者以外の者が、第三条の規定によつて損害賠償の責に任ずる場合（その責任が第十条に規定する自動車の運行によつて生ずる場合を除く。）に、被害者の請求により、政令で定める金額の限度において、その受けた損害を塡補すること。

三　第十六条第四項又は第十七条第四項（これらの規定を第二十三条の三第一項において準用する場合を含む。）の規定による請求により、これらの規定による補償を行うこと。

②（略）

目次

一　積極的要件

1　故意・過失

イ　故意

a　意義

[1] 所有権侵害の故意があるというためには、特定人の所有権を侵害する事実につき認識のあることを要するものではなく、単に他人の所有権を侵害する事実の認識があれば足りる。（最判昭32・3・5民集一一・三・三九五）

b　故意ないし害意が必要な場合

i　第三者による債権侵害→〔81〕～〔83〕〔168〕～〔170〕

[2] 第三者が債務者の家資分散［破産手続開始決定］の際に同人と通謀して債権者の差押えを免れるため、債務者の財産を仮装譲渡した行為は、故意によって他人の債権を侵害した場合に当たる。（大判大5・11・21民録二二・二二五〇）

[3] 乙が甲から不動産を買い受けて登記を経ないうち、丙が甲から右不動産を買い受けて登記をし、これを更に丁に売り渡して登記を経たため、乙がその所有権取得を丁に対抗することができなくなった場合、丙が甲・乙間の売買の事実を知って買い受けたものであっても、それだけでは、丙は乙に対して不法行為責任を負わない。（最判昭30・5・31民集九・六・七七四、不動産百選〔三版〕七九）

ii　不貞行為による家庭破壊の場合における子の慰謝料請求権→〔167〕

ロ　過失

a　意義

i　行為義務違反

[4] 自己の行為に欠けるところがあったために他人に損害を被らせたことをいう。（大判明32・12・7民録五・一一・三二）

ii　予見義務違反あるいは回避義務違反→七一九条〔17〕

[5] 事業によって生ずるかもしれない損害を予防するために右事業の性質に従い相当の設備を施した以上は、他人に損害を被らせても故意・過失があるとはいえない。（大判大5・12・22民録二二・二四七四〈大阪アルカリ事件〉民百選II〔八版〕八三）

[6] 終局において、結果回避義務の違反をいうのであり、かつ、具体的状況の下において、適正な回避措置を期待し得る前提として、予見義務に裏付けられた予見可能性の存在を必要とする。（東京地判昭53・8・3判時八九九・四八〈東京スモン事件〉消費百選〔初版〕七五①）

[7] 結果回避のための具体的方法は、その有害物質の性質、排出程度等から予測される実害との関連で相対的に決められるべきであるが、最高技術の設備をもってしてもなお人の生命、身体に危害が及ぶおそれがある場合には、企業の操業短縮はもちろん、操業停止まで要請されることもある。（新潟地判昭46・9・29下民二二・九＝一〇・別冊一〈新潟水俣病事件〉環境百選〔三版〕八〇）→〔16〕

b　注意義務の内容

i　一般的基準（抽象的過失）

[8] 過失の有無を定める注意の程度は、一般人が事物の状況に応じて通常すべき注意の程度である。（大判明44・11・1民録一七・六一七）

ii　具体例―他人の行動への信頼

[9] 既に先行車に続いて追抜態勢にある車は、特別の事情のない限り、並進する車が交通法規に違反して進路を変えて突然、自車の進路に近寄ってくることまでも予想して、それによって生ずる事故の発生を未然に防止するため、徐行その他避譲措置をとるべき業務上の注意義務はない。（最判昭43・9・24判時五三九・四〇）

iii　具体例―行政法令・刑事法令との関係

[10] 一定の業務に従事する者は、業務の性質に照らし危害を予防するに必要な一切の注意をなすべき義務を負い、法令上明文のない場合にもこの義務を免れることはできない。（大刑判大12・3・31刑集二・二八七）

[11] 自動車運転者が刑事判決で過失なしとして無罪になった場合でも、不法行為に関する民事判決でこれと同じく過失

を否定しなければならない筋合いはない。（最判昭34・11・26民集一三・一二・一五七三）↓七二二条[6]

iv　具体例―職業上の期待

[12]　医師の場合――いやしくも人の生命及び健康を管理すべき業務（医業）に従事する者は、その業務の性質に照らし、危険防止のために実験上必要とされる最善の注意義務を要求される。（最判昭36・2・16民集一五・二・二四四〈東大梅毒輸血事件〉医事法百選[三版]四二①……職業的給血者に対しても梅毒感染の危険の有無を推知するに足りる事項を問診すべきである）↓[25][108]、国賠四条[2]

[13]　医師の場合――前出[12]の最善の注意義務の基準は、診療当時のいわゆる臨床医学の実践における医療水準である。ある新規の治療法の存在を前提にして検査・診断・治療等に当たることが診療契約に基づき医療機関に要求される医療水準であるかどうかを決するについては、当該医療機関の性格、所在地域の医療環境の特性等の諸般の事情を考慮すべきであり、右の事情を捨象して、全ての医療機関について診療契約に基づき要求される医療水準を一律に解するのは相当ではない。新規の治療法に関する知見が当該医療機関と類似の特性を備えた医療機関に相当程度普及しており、当該医療機関において右知見を有することを期待することが相当と認められる場合には、特段の事情がない限り、右知見は当該医療機関にとっての医療水準である。（最判平7・6・9民集四九・六・一四九九〈未熟児網膜症姫路日赤事件〉民百選II[八版]八四）↓四一五条[8]

[14]　医師の場合――前出[13]の医療水準は、平均的医師が現に行っている医療慣行とは必ずしも一致するものではない。医師が医薬品を使用するに当たって医薬品の添付文書（能書）に記載された使用上の注意事項に従わず、それによって医療事故が発生した場合には、これに従わなかったことにつき特段の合理的理由がない限り、医師の過失が推定される。（最判平8・1・23民集五〇・一・一、医事法百選[二版]四六）

[15]　看護師の場合――当直の看護師らが、転倒転落により患者が重大な傷害を負う危険を避けるため、抑制具であるミトンを用いて入院中の患者の両上肢をベッドに拘束した行為は、診療契約上の義務に違反するものではなく、不法行為法上違法ともいえない。（最判平22・1・26民集六四・一・二一九、医事法百選[三版]七三）

[16]　化学製品製造企業の場合――化学企業が排水を河川等に排出する場合においては、最高の分析検知の技術を用い、排出中の有毒物質の有無、性質、程度等を調査し、このために、生物、人体に危害を加えることのないよう万全の措置をとるべきである。（新潟地判昭46・9・29前出[7]）

[17]　危険物の製造業者等の海上物品運送業者に対する告知義務――海上物品運送業者が危険物であることを知って運送品を運送する場合において、通常尽くすべき調査により、その危険性の内容、程度及び取扱上の注意事項を知り得るときは、右危険物の製造業者及び販売業者は、海上物品運送業者に対し、右の危険性の内容等を告知する義務を負わない。（最判平5・3・25民集四七・四・三〇七九、重判平5民五）

[18]　建築士の場合――建築士は、建築士法及び建築基準法上の諸規定による規制の実効性を失わせるような行為をしてはならない法的義務があり、故意過失によりこれに違反した場合、それにより損害を被った建築物の購入者に対し、不法行為責任を負う。（最判平15・11・14民集五七・一〇・一五六一、重判平15民一一）

[19]　設計者等の場合――建物の設計者、施工者及び工事監理者は、契約関係にない居住者等に対する関係でも、建物としての基本的な安全性が欠けることがないように配慮すべき注意義務を負い、この義務違反による瑕疵〔かし〕が原因で生命、身体又は財産を侵害された居住者等に対して、特段の事情がない限り不法行為による賠償責任を負う。（最判平19・7・6民集六一・五・一七六九、民百選II[八版]八五）

[20]　[19]にいう「建物としての基本的な安全性を損なう瑕疵」には、放置するといずれは居住者等の生命、身体又は財産に対する危険が現実化することになる瑕疵も含まれる。（最判平23・7・21判時二一二九・三六、マンション百選九三）

v　具体例―説明義務

[21]　チーム医療として手術が行われる場合、チーム医療の総責任者は、患者やその家族に対し、手術の必要性、内容、危険性等についての説明が十分に行われるように配慮すべき義務を負うが、右説明を常に自ら行わなければならないものではなく、主治医に説明を委ね、自らは必要に応じて主治医を指導、監督するにとどめることも許される。（最判平20・4・24民集六二・五・一一七八、医事法百選[二版]三八）↓四一五条[9][10]

八　故意・過失の認定↓四一五条[23]

a　認定の対象

[22]　原告が故意による不法行為のみを主張しているときに、裁判所が過失による不法行為と認定しても差し支えない。（大判明40・6・19民録一三・六八五）

[23]　医師から注射を受けたところ、注射部位にブドウ状球菌が繁殖し、硬膜外膿瘍〔のうよう〕、圧迫性脊髄炎に罹患〔りかん〕した場合、これが注射器具、施術者の手指、患者の注射部位等の消毒が不完全であったことに起因すると認められる限り、具体的にそのいずれの消毒が不完全であったかを確定しなくても、医師の過失の認定として十分である。（最判昭39・7・28民集一八・六・一二四一、民訴百選[五版]五九）

b　証明責任の原則

[24]　法律上特別の規定のない限り、不法行為における相手方の故意又は過失を主張する者がそれを証明する責任を負う。（大判明38・6・19民録一一・九九二）

c　過失の事実上の推定

[25]　予防接種を実施する医師が適切な問診を尽くさなかったため、予防接種を禁忌すべき者の識別を誤って接種を実施した場合において、予防接種の異常な副反応により接種対象者が死亡又は罹病〔りびょう〕した場合（最判昭51・9・30民集三〇・八・八一六、民百選II[二版]七六）

[26]　仮処分命令につき、異議若しくは上訴手続でこれを取り消す判決、又は本案訴訟での原告敗訴の判決が言い渡され、その判決が確定した場合（仮処分の相手方とすべき者が極めて紛らわしいなどの特段の事情のある場合を除く）（最判昭43・12・24民集二二・一三・三四二八、民訴百選[五版]六〇……否定例）

2　権利侵害・違法性・「法律上保護される利益」の侵害（以下「権利侵害等」という）

イ　権利及び法律上保護される利益

[27]　浪曲の作曲は音楽的著作物として著作権法の保護を受けるべきものでなく、著作権を侵害したとはいえないから、これを権限なく複製販売されても本条に基づく損害賠償は請求できない。（大判大3・7・4刑録二〇・一三六〇〈桃中軒雲右衛門事件〉著作百選[初版]七六……[28]により判例変

更）

[28] 本条は、故意又は過失によって法規違反の行為に出て他人を侵害した者に損害賠償責任を負わせるというような広範な意味の規定であって、その侵害の対象は、厳密な意味の権利である必要はなく、法律上保護される利益、つまり、われわれの法律観念上その侵害に対して不法行為に基づく救済を与えることが必要であると思惟〔しい〕される利益であれば足りる。（大判大14・11・28民集四・六七〇〈大学湯事件〉民法の判例［三版］三六……[27]を判例変更。平成一六法一四七による改正で明文化）↓[71]～[74]

[29] 居宅の日照・通風は、他人の土地の上方空間を横切ってもたらされるものであっても、法的な保護の対象にならないものではなく、権利者の行為が社会的妥当性を欠き、これによって生じた損害が、一般に被害者において忍容するのを相当とする程度を超えたと認められるときは、権利の濫用に当たるもので、違法性を帯びる。（最判昭47・6・27民集二六・五・一〇六七、環境百選［三版］六〇）↓[77]・一条[23]

[30] 公害に係る健康被害の救済に関する特別措置法三条一項またこれを引き継いだ公害健康被害補償法〔現・公害健康被害の補償等に関する法律〕四条二項に基づき水俣病患者認定申請をした者が相当期間内に応答処分されることにより、水俣病にかかっている疑いのままの不安定な地位から早期に解放されたいという期待、その期待の背後にある焦燥、不安の気持ちを抱かされない利益は、内心の静穏な感情を害されない利益として、不法行為法上の保護の対象になり得る。（最判平3・4・26民集四五・四・六五三、行政百選Ⅱ［七版］二一八……香川裁判官の反対意見がある）↓国賠一条[42]

[31] 政見放送において身体障害者に対するいわゆる差別用語を使用した発言部分が公職選挙法一五〇条の二に違反する場合、その言動がそのまま放送される利益は、法的に保護された利益とはいえず、放送に当たり右部分を削除したことは不法行為に当たらない。（最判平2・4・17民集四四・三・五四七、憲百選Ⅱ［七版］一五七……園部裁判官の補足意見がある）↓憲二一条[66]

[32] 放送事業者等から放送番組のための取材を受けた取材対象者が、取材担当者の言動等によって、当該取材で得られた素材が一定の内容、方法により放送に使用されるものと期待し、あるいは信頼したとしても、その期待や信頼は原則として法的保護の対象とはならないとして、放送事業者等は、取材を受けた者の期待、信頼を侵害したことを理由とする不法行為責任を負わないとした例（最判平20・6・12民集六二・六・一六五六、メディア百選［二版］九八）↓憲二一条[40]

[33] 学校による生徒募集の際に説明、宣伝された教育内容等の一部が変更され実施されなくなったことが、親の期待、信頼を損なう違法なものとして不法行為を構成するのは、諸事情に照らし、当該変更が学校設置者や教師に裁量が認められることを考慮してもなお社会通念上是認できない場合に限られる。（最判平21・12・10民集六三・一〇・二四六三、重判平22民九）

[34] 著作権法六条各号所定の著作物に該当しない著作物の利用行為は、同法が規律の対象とする著作物の利用による利益とは異なる法的に保護された利益を侵害するなどの特段の事情がない限り、不法行為を構成しない。（最判平23・12・8民集六五・九・三二七五、商標百選［二版］一一九……著作物の保護に関するベルヌ条約に日本が国家として承認していない北朝鮮民主主義人民共和国が事後に加入した場合において、同国の国民の著作物である映画が著作権法六条三号所定の著作物に当たらないとした事例）↓著作六条[7]

[35] 弁護士法二三条の二による照会の制度は、弁護士が受任している事件を処理するために必要な事実の調査等をすることを容易にするために設けられたものであり、弁護士会に照会権限が付与されているのは飽くまで制度の適正な運用を図るためにすぎないのであって、照会に対する報告を受けることについて弁護士会が法律上保護される利益を有するものとは解されないから、照会に対する報告を拒絶する行為が、同照会をした弁護士会の法律上保護される利益を侵害するものとして当該弁護士会に対する不法行為を構成することはない。（最判平28・10・18民集七〇・七・一七二五、重判平28民八）

ロ　権利侵害等の有無が問題とされた例

ａ　人格権・人格的利益に関するもの

ⅰ　生命・身体↓七一一条[5]

ⅱ　意思決定・社会的自由（共同絶交）↓七一〇条[2]・七二三条[4]

[36] 村八分（共同絶交）（大判大10・6・28民録二七・一二六〇……「自由」の侵害にもなるとする）

[37] 患者が、輸血を受けることは自己の宗教上の信念に反するとして、輸血を伴う医療行為を拒否するとの明確な意思を有している場合、このような意思決定をする権利は、人格権の一内容として尊重される。医師は、右の意思を知っていたなどの事情の下で、手術の際に輸血以外には救命手段がない事態が生ずる可能性を否定し難いと判断したときは、患者に対し、そのような事態に至ったときには輸血するとの方針を採っていることを説明して、手術を受けるか否かを患者自身の意思決定に委ねるべきである。医師がこのような説明をしないで手術を施行し、右方針に従って輸血をした場合には、患者が輸血を伴う可能性のあった手術を受けるか否かについて意思決定をする権利を奪ったことになり、同人の人格権を侵害したものとして、その精神的苦痛を慰謝すべき責任を負う。（最判平12・2・29民集五四・二・五八二、医事法百選［三版］三二）

[38] 分譲住宅の譲渡において、譲受人が価格の適否を検討する上で重要な事項につき譲渡人の説明がなかったことは、譲受人が十分に検討した上で契約を締結する機会を奪ったものであり、不法行為に基づく慰謝料請求権が発生する。（最判平16・11・18民集五八・八・二二二五、マンション百選一〇……優先購入条項に基づき建替え後に分譲住宅を購入した旧賃借人に対して、譲渡価格が高額すぎるために直ちには一般公募はなされないことが知らされていなかった例）

ⅲ　名誉↓七二三条[1]

[39] 名誉とは各人がその性質・行状・信用等について世人から相当に受けるべき評価を標準とするものであるから、ある行為が他人の名誉を毀損するかどうかを決めるには、単にその行為が性質上一般に人の名誉を毀損すべきものかどうかを判断するだけでは足りず、その人の社会における位置・状況等を参酌して審査しなければならない。（大判明38・12・8民録一一・一六六五）

[40] 新聞記事の内容が人の社会的評価を低下させるか否かについては、一般読者の普通の注意と読み方を基準として判断すべきである。（最判昭31・7・20民集一〇・八・一〇五九、マスコミ百選［初版］二二）

[41] テレビジョン放送をされた報道番組によって摘示された事実がどのようなものであるかについては、一般の視聴者の普通の注意と視聴の仕方とを基準として判断するのが相当であるが、テレビジョンの性質から、その番組の全体的

な構成、これに登場した者の発言の内容、画面に表示された文字情報の内容を重視し、映像及び音声に係る情報の内容並びに放送内容全体から受ける印象等を総合的に考慮して判断すべきである。（最判平15・10・16民集五七・九・一〇七五、メディア百選[二版]八九）→憲二一条[22]

[42]　台湾統治中の日本が原告の父親を含む台湾の一民族の暮らしぶりを博覧会で見せ物として展示するという差別的な取扱いをしたという事実を摘示するテレビ番組が、原告の名誉を毀損するものではないとされた例（最判平28・1・21判時二三〇五・一三、メディア百選[二版]九〇）

[43]　支払停止の事実がない場合の破産申立て（大判明43・4・5民録一六・二七三）

[44]　新聞記事による名誉毀損にあっては、たとい、当該新聞が興味本位の内容の記事を掲載することを編集の方針とするものであったとしても、当該新聞の編集方針、その主な読者の構成及びこれらに基づく当該新聞の性質についての社会の一般的な評価は、右不法行為責任の成否を左右するものではない。（最判平9・5・27民集五一・五・二〇〇九）

[45]　名誉毀損については、当該行為が公共の利害に関する事実に係り専ら公益を図る目的に出た場合には、摘示された事実が真実であることが証明されたときは、その行為には、違法性がなく、不法行為は成立しない。もし、右事実が真実であることが証明されなくても、その行為者においてその事実を真実と信じるについて相当の理由があるときは、右行為には故意又は過失がなく、結局、不法行為は成立しない。（最判昭41・6・23民集二〇・五・一一一八、メディア百選[二版]二五……議員候補者の前科等について新聞報道がなされた場合）→憲二一条[14]

[46]　政党間の批判・論評は、公共性の極めて強い事項に当たり、表現の自由の濫用にわたると認められる事情のない限り、専ら公益を図る目的に出たものというべきである。新聞社が新聞紙上に掲載した甲政党の意見広告が、乙政党の社会的評価の低下を狙ったものであるが、乙政党を批判・論評する内容のものであり、かつ、その記事中乙政党の綱領等の要約等が一部必ずしも妥当又は正確とはいえないとしても、右要約のための綱領等の引用文言自体は原文のままであり、要点を外したものといえないなどの事実関係の下では、右広告の掲載は、その広告が公共の利害に関する事実に係り専ら公益を図る目的に出たものであり、かつ、主要な点において真実の証明があったものとして、名誉毀損の不法行為となるものではない。（最判昭62・4・24民集四一・三・四九〇、憲百選I[七版]七六）→七二三条[3]、憲二一条[43]

[47]　特定の事実を基礎としての意見ないし論評の表明による名誉毀損については、その行為が公共の利害に関する事実に係り、かつ、その目的が専ら公益を図ることにあった場合に、右意見ないし論評の前提としている事実が重要な部分について真実であることの証明があったときには、人身攻撃に及ぶなど意見ないし論評としての域を逸脱したものでない限り、右行為は違法性を欠く。そして、意見ないし論評の前提としている事実が真実であることの証明がないときにも、行為者において右事実を真実と信ずるについて相当の理由があれば、その故意又は過失は否定される。（最判平9・9・9民集五一・八・三八〇四、民百選II[八版]九〇……特定の者が犯罪を犯したとの嫌疑が、新聞等により繰り返し報道されていたため社会的に広く知れ渡っていたとしても、このことから、直ちに、右嫌疑に係る犯罪の事実が実際に存在したと公表した者において、右事実を真実であると信ずるにつき相当の理由があったということはできないとした例）

[48]　法的な見解の表明は事実を摘示するものではなく、意見ないし論評の範ちゅうに属する。（最判平16・7・15民集五八・五・一六一五、メディア百選[二版]三六……論争相手によって書かれた、自身の著作（マンガ）を無断で採録して批判する著作に対して「ドロボー本」などと表現する行為は、著作権侵害であるとの法的見解の表明に当たるとした）→憲二一条[18]

[49]　名誉毀損の行為者において刑事第一審の判決を資料としてその認定事実と同一性のある事実を真実と信じて摘示した場合には、特段の事情がない限り、摘示した事実を真実と信ずるについて相当の理由があるといえる。（最判平11・10・26民集五三・七・一三一三、メディア百選[二版]二九）

[50]　新聞社が通信社から配信を受けて自己の発行する新聞紙にそのまま掲載した記事が私人の犯罪行為やスキャンダルないしこれに関連する事実を内容とするものである場合には、当該記事が取材のための人的物的体制が整備され、一般的にはその報道内容に一定の信頼性を有しているとされる通信社から配信された記事に基づくものであるとの一事をもって、当該新聞社に同事実を真実と信ずるについて相当の理由があったものとはいえない。（最判平14・1・29民集五六・一・一八五、メディア百選[初版]九五）

[51]　通信社が配信記事に摘示された事実を真実と信ずるについて相当の理由があるのであれば、配信記事を掲載した新聞社は、少なくとも通信社と報道主体としての一体性があるといえる場合には、特段の事情のない限り、名誉毀損の責任を負わない。（最判平23・4・28民集六五・三・一四九九、メディア百選[二版]七九）→憲二一条[21]

[52]　摘示された事実の重要な部分が真実であるかどうかについては、裁判所は、事実審の口頭弁論終結時において客観的な判断をすべきであり、その際に名誉毀損行為の時点では存在しなかった証拠を考慮することも当然に許される。他方、摘示された事実を真実と信ずるについて相当の理由が行為者に認められるかどうかについて判断する際には、名誉毀損行為当時における行為者の認識内容が問題になるため、行為時に存在した資料に基づいて検討することが必要となる。（最判平14・1・29判時一七七八・四九、メディア百選[二版]二三）

[53]　法人の名誉が侵害され、無形の損害が発生した場合でも、金銭評価が可能である限り、民法七一〇条が適用される。（最判昭39・1・28民集一八・一・一三六、マスコミ百選[二版]六八）→七一〇条[1]

iv　プライバシー

[54]　プライバシー権、つまり私生活をみだりに公開されない権利の侵害に対しては、侵害行為の差止め及び精神的苦痛による損害賠償請求権が認められ得る。（東京地判昭39・9・28下民一五・九・二三一七〈「宴のあと」事件〉憲百選I[七版]六〇）→憲一三条[20]・二一条[25]

[55]　大学が講演会の主催者として参加者を募る際に収集した参加申込者としての学生の学籍番号、氏名、住所及び電話番号に係る情報は、参加申込者のプライバシーに係る情報として法的保護の対象となる。大学がこの情報を参加申込者に無断で警察に開示した行為は、大学が開示についてあらかじめ参加申込者の承諾を求めることが困難であった特別の事情がうかがわれないという事実関係の下では、参加申込者のプライバシーを侵害するものとして不法行為を構成する。（最判平15・9・12民集五七・八・九七三、憲百選I

七版一八）↓憲一三条36

56 ある者の前科等に関わる事実を実名を使用して著作物で公表したことが不法行為を構成するか否かは、その者のその後の生活状況、当該刑事事件それ自体の歴史的又は社会的意義、その者の事件における当事者としての重要性、その者の社会的活動及びその影響力について、その著作物の目的、性格等に照らした実名使用の意義及び必要性を併せて判断すべきであり、右の前科等に関わる事実を公表されない法的利益がこれを公表する理由に優越するときは、右の者は、その公表によって被った精神的苦痛の賠償を求めることができる。（最判平6・2・8民集四八・二・一四九〈ノンフィクション「逆転」事件〉憲百選Ⅰ七版六一）↓憲一三条21

57 人は自己の容貌、姿態を描写したイラスト画についてみだりに公表されない人格的利益を有するが、法廷内における被告人の動静を報道するためにその容貌等をイラスト画によって描写し新聞雑誌等に掲載することは社会的に是認された行為であると解され、社会生活上受忍すべき限度を超えて人格的利益を侵害するとはいえない。しかし、被告人が腰縄により身体の拘束を受けている状態を描くイラスト画を公表することは、描かれた者を侮辱しその名誉感情を侵害する行為であり、不法行為法上違法と評価される。（最判平17・11・10民集五九・九・二四二八、メディア百選二版五〇）↓憲一三条17

58 少年保護事件を題材として家庭裁判所調査官が執筆した論文を雑誌及び書籍において公表した行為は、プライバシーの侵害として不法行為法上違法とはいえない。（最判令2・10・9民集七四・七・一八〇七、重判令2民三）↓憲一三条25

v 生活の平穏・死の恐怖

59 サラ金業の従業員が、人通りの多い道路に面する被害者方の玄関に支払を求める貼紙をした場合（被害者とその家族の正当に保護されるべき平穏な生活を不法に侵害するもので、債権回収の方法として許されるべき範囲を逸脱した違法な行為である）（新潟地判昭57・7・29判時一〇五七・一一七……民法七一五条の前提として被用者の行為の違法性が問題となった場合）

60 公共の利害に関する事項の批判、論評を主題とする意見表明を目的としたビラであっても、批判の対象となった者の氏名・住所・電話番号等を記載したものが大量に配布されたため、右の者らが市民から電話などによる嫌がらせや非難攻撃を受け、社会通念上受忍すべき限度内にあるとはいえない精神的苦痛を被った場合には、右ビラの配布行為に起因して私生活の平穏などの人格的利益を違法に侵害されたものというべきであり、配布者は不法行為責任を負う。（最判平元・12・21民集四三・一二・二二五二、憲百選Ⅰ七版六六）

61 航空機等の墜落に伴う死の恐怖感は、通常の交通事故の場合に比べて重大な精神的苦痛を与えるものとして、受傷による通常の慰謝料とは別個にそれ自体として評価・算定されるべきである。（東京地判昭61・9・16判時一二〇六・七）

vi 生命・身体に関するもの（性・医療などに関するもの）

62 医療行為と患者の死亡との間の因果関係の存在は証明されないけれども、医療水準にかなった医療が行われていたならば患者がその死亡の時点においてなお生存していた相当程度の可能性の存在が証明されるときは、医師は、患者に対し、不法行為による損害を賠償する責任を負う。けだし、生命を維持することは人にとって最も基本的な利益であって、右の可能性は法によって保護されるべき利益であり、医師が過失により医療水準にかなった医療を行わないことによって患者の法益が侵害されたものといえるからである。（最判平12・9・22民集五四・七・二五七四、民百選Ⅱ八版八八）↓104

63 患者の診療に当たった医師が、過失により患者を適時に適切な医療機関へ転送すべき義務を怠った場合において、その転送義務に違反した行為と患者の重大な後遺症の残存との間の因果関係の存在は証明されなくとも、右の転送が行われ、同医療機関において適切な検査、治療等の医療行為を受けていたならば、患者に重大な後遺症が残らなかった相当程度の可能性が証明されるときは、医師は、患者が右の可能性を侵害されたことによって被った損害を賠償すべき不法行為責任を負う。（最判平15・11・11民集五七・一〇・一四六六、医事法百選三版四五）

64 婚姻の意思がないのにその意思を有するかのように装い、相手を欺いて婚姻の式を挙げ、同棲［どうせい］し、届出をすることなく些事［さじ］を理由として離別した者は、慰謝料を支払う義務がある。（大判明44・1・26民録一七・一六……ただし、名誉毀損とする）

65 女性が、情交関係を結んだ当時男性に妻のあることを知っていたとしても、情交の動機が主として男性の詐言を信じたことに原因している場合において、男性側の情交関係を結んだ動機、その詐言の内容、程度及びその内容についての女性の認識等諸般の事情を斟酌［しんしゃく］し、女性の側における動機に内在する不法の程度に比し、男性の側における違法性が著しく大きいと評価できるときには、女性の男性に対する貞操等の侵害を理由とする慰謝料請求は許容される。（最判昭44・9・26民集二三・九・一七二七、家族百選三版二四）↓七〇八条10

vii 氏名・宗教に関するもの

66 人が自己の信仰生活の静謐［せいひつ］を他者の宗教上の行為によって害され、そのことに不快の感情を持ったとしても、このような静謐な環境の下で信仰生活を送るべき利益は、直ちに法的保護に値する利益とはいえず、これに基づいて損害賠償や差止めを請求することはできない。（最大判昭63・6・1民集四二・五・二七七、憲百選Ⅰ七版四三……伊藤裁判官の反対意見がある）↓憲二〇条2

67 人は、他人からその氏名を正確に呼称されることについて不法行為法上の保護を受け得る人格的な利益を有するが、その利益は氏名を他人に冒用されない権利・利益と異なりいまだ必ずしも強固なものとはいえないから、不正確に呼称した行為であっても、それが当該個人の明示的な意思に反して殊更に行われたか、又は害意を持って行われたなどの特段の事情のない限り、違法性のない行為として容認される。（最判昭63・2・16民集四二・二・二七、メディア百選二版五一）

viii 家族関係に関するもの↓七六八条7 8

68 夫婦の一方の配偶者と肉体関係を持った第三者は、他方の配偶者の夫又は妻としての権利を侵害し、その精神上の苦痛を慰謝すべき義務を負う。（最判昭54・3・30民集三三・二・三〇三、民百選Ⅱ四版九四）↓69 167・◆【Ⅰ 貞操の義務】［七五〇条の前］2

69 前出68の場合において、夫婦の婚姻関係がその当時既に破綻していたときは、特別の事情のない限り、第三者は、他方の配偶者に対して不法行為責任を負わない。（最判平8・3・26民集五〇・四・九九三、民百選Ⅲ二版一一）↓◆

【I　貞操の義務】〔七五〇条の前〕[3]

[70]　前出[68]の場合において、第三者が他方の配偶者に対して離婚についての不法行為責任を負うのは、当該夫婦を離婚させることを意図してその婚姻関係に不当な干渉をするなどして当該夫婦を離婚のやむなきに至らしめたものと評価すべき特段の事情があるときに限られる。（最判平31・2・19民集七三・二・一八七、重判令元民九）↓◆【I　貞操の義務】〔七五〇条の前〕[5]

[71]　相手方の有責・不法な行為によって離婚するのやむなきに至った場合には、身体、自由、名誉に対する侵害がなくても、相手方に対して、離婚するのやむなきに至ったことについて慰謝料を請求することができる。（最判昭31・2・21民集一〇・二・一二四、家族百選初版三三）↓七二四条[10]・七六八条[4]

[72]　内縁を不当に破棄された者は、相手方に対し（婚姻予約の不履行を理由として損害賠償を求めることができるとともに）不法行為を理由として損害賠償を求めることもできる。（最判昭33・4・11民集一二・五・七八九、民百選III二版二四）↓◘【I　婚約ないし内縁】〔七七一条の後〕[2]

[73]　住居も生計も別で共有財産もなく、子どもはあるものの その養育は一方が行う約定を交わし意図的に婚姻を回避している男女は、その関係の継続につき法的な権利ないし利益を有するとはいえず、突然かつ一方的に関係の解消がされたとしても、不法行為による慰謝料請求権は発生しない。（最判平16・11・18判時一八八一・八三、民百選III二版二三）↓◘【I　婚約ないし内縁】〔七七一条の後〕[5]

[74]　婚姻予約（狭義の婚約）を不当に破棄した者は、相手方に対して慰謝料の支払義務を負う。（最判昭38・9・5民集一七・八・九四二、民百選III二版二二）↓◘【I　婚約ないし内縁】〔七七一条の後〕[3]

[75]　内縁の当事者でない者であっても、内縁関係に不当に干渉してこれを破綻させた者は、不法行為者として損害賠償の責任を負う。（最判昭38・2・1民集一七・一・一六〇、家族百選三版四）

ix　生活環境に関するもの（公害・生活妨害・景観利益）

[76]　停車場に近い松樹が汽車の多大な煤煙にさらされるのを防止しないでこれを枯死させた行為は、社会観念上被害者が認容すべきものと一般に認められる程度を超え、権利行使の適当な範囲にあるものといえず、不法行為となる。（大判大8・3・3民録二五・三五六〈信玄公旗掛松事件〉民百選I八版二）↓一条[36]

[77]　建築基準法に違反したのみでなく、知事の命令を無視して二階の増築工事を強行した結果、隣家の日照・通風を大幅に妨害し、隣人の転居を余儀なくさせた行為は、社会観念上妥当な権利行使としての範囲を逸脱し、権利の濫用として違法性を帯び、不法行為の責任を負う。（最判昭47・6・27前出[29]）↓一条[23]

[78]　国営空港に離着陸する航空機の騒音等によって地域住民が生活妨害を受けた場合においてこれが違法な法益侵害となるか判断するに当たっては、侵害行為の態様と侵害の程度、被侵害利益の性質と内容、侵害行為の持つ公共性ないし公益上の必要性の内容と程度等を比較検討するほか、侵害行為の開始とその後の継続の経過及び状況、その間にとられた被害の防止に関する措置の有無及びその内容、効果等の事情をも考慮し、これらを総合的に考察してこれを決すべきである。そして、空港の騒音等によって被害を受ける地域住民が多数に上り、その被害内容も広範かつ重大であるなどの事情の下では、空港の供用について公共性ないし公益上の必要があっても、住民の被る被害は受忍限度を超え、侵害行為は違法であり、国はこれに対して慰謝料支払の義務を免れない。（最大判昭56・12・16民集三五・一〇・一三六九〈大阪国際空港公害訴訟〉憲百選I七版二四……ただし、国家賠償法二条一項に関する）↓七二〇条[4]、憲七六条[18]、行訴一条[12]、国賠二条[14]、民訴◘【民事裁判権の限界】〔一編名の後〕[18]・一三五条[4]

[79]　良好な景観に近接する地域内に居住し、その恵沢を日常的に享受している者は、良好な景観が有する客観的な価値の侵害に対して密接な利害関係を有するものというべきであり、これらの者が有する良好な景観の恵沢を享受する利益（「景観利益」）は法律上保護に値する。ある行為が景観利益に対する違法な侵害に当たるといえるためには、少なくともその侵害行為が刑罰法規や行政法規の規制に違反するものであったり、公序良俗違反や権利の濫用に該当するものであるなど、侵害行為の態様や程度の面において社会的に容認された行為としての相当性を欠くことが求められる。（最判平18・3・30民集六〇・三・九四八、民百選II八版八九……高層マンションの近隣住民が景観利益を有していることを認めつつ、当該マンションの建築は行為の態様その他の面において社会的に容認された行為として相当性を欠くものではないとした例）

[80]　葬儀場の営業を行う業者が、その近隣に居宅を共有してこれに居住する者に対し、居宅から葬儀場の様子が見えないようにするための目隠しを設置する措置を更に講ずべき義務も葬儀場の営業についての不法行為責任も負わないとされた事例（最判平22・6・29判時二〇八九・七四）

b　財産権・財産的利益に関するもの

i　債権侵害

[81]　債権もまた対世的な権利不可侵の効力を持ち、第三者が債務者を教唆し、又は債務者と共同してその債務の全部又は一部の履行を不能ならしめた行為は、不法行為となる。（大刑判大4・3・10刑録二一・二七九、民百選II八版一九）

[82]　債権者甲の債務者乙に対する権利行使を妨げる目的で、第三者丙が自己に対する訴訟の原告である乙を教唆し、又は通謀して、乙の丙に対する請求を放棄させた場合（大判昭18・12・14民集二二・一二三九）

[83]　手形債務に基づく強制執行を免れるために、債務者が合資会社を設立し、自己の営業上の財産をこれに無償譲渡し、自ら無限責任社員となった場合（大判昭8・3・14新聞三五三一・一二）

[84]　不動産の二重譲渡の場合（最判昭30・5・31前出[3]）↓一七七条[24]

ii　営業妨害

[85]　台湾バナナを一手販売する仲買人組合が正当の事由なく、特定の青果業者に対して販売取引を拒絶した場合（公の秩序に反する違法な行為とされた例）（大判昭15・8・30民集一九・一五二二）

iii　不当な勧誘行為

[86]　商事会社の商品取引外務員の顧客に対する商品先物取引についての情報提供及び勧誘行為が社会通念上外務員に外交活動として認められる域をはるかに超えた場合（違法性がある。会社の責任が認められた例）（東京地判昭50・1・28判時七七五・一六五）

[87]　証券会社の担当者が証券取引法（平成一〇年改正前）［現・金融商品取引法］上の適合性の原則から著しく逸脱した証券取引の勧誘をして顧客に取引をさせた場合には不法行為法上も違法となるが、顧客の投資経験・知識・意

向・財産状態などからして株価指数オプション取引を行わせた行為は適合性の原則から著しく逸脱するとはいえないとした例（最判平17・7・14民集五九・六・一三二三、消費百選[二版]一一）

iv 不当な競争行為

[88] 独禁法に違反する行為に対しては同法二五条及び二六条［平成二五法一〇〇による改正前］によるのでなければ損害の賠償を請求することができないものではなく、同法違反の行為によって自己の法的利益を害された者は、その行為が民法上の不法行為に該当する限り、審決の有無にかかわらず、民法の規定に従って損害賠償の請求をすることができる。（最判平元・12・8民集四三・一一・一二五九、経済百選[二版]一一二②……元売業者の違法な価格協定が行われた場合、商品の購入者は、その協定が実施されなかったとすれば、現実の小売価格よりも安い小売価格が形成されていた、ということを主張・立証し、現実の小売価格と協定が実施されなかったとすれば形成されていたであろう価格との差額を、被った損害として賠償請求することができる、としたが、その立証のための推認方法に誤りがあるとして、損害賠償を認めた原判決を破棄し、請求棄却の自判をした）↓民訴◆【証明責任】［一七九条の前］[24]、独禁二五条[7][13][15][17]

v 取引上の信頼（代理受領・無尽講の経営・地方公共団体の継続的施策の変更・施主の元請業者への発注中止）↓◘【III 代理受領】［三九八条の二二の後］[7]

[89] 地方公共団体が定めた一定内容の継続的な施策が、特定の者に対して右施策に適合する特定内容の活動をすることを促す個別的、具体的な勧告等を伴うものであり、かつ、その活動が相当長期にわたる右施策の継続を前提として初めてこれに投入する資金又は労力に相応する効果を生じ得る性質のものである場合において、右勧告等に動機づけられて右活動又はその準備活動に入った者が右施策の変更により社会観念上看過することのできない程度の積極的損害を被ることとなるときの施策の変更（違法性を帯びるとされた例）（最判昭56・1・27民集三五・一・三五、行政百選I[七版]二五）↓行総◘【I】[52]、国賠一条[41]

[90] 無尽業法の免許を受けていない会社がその名義では無尽講を経営し得ないため、取締役個人を管理人名義とする無尽講を組織し、会社の計算において無尽業を経営した場合（脱法行為。議決に賛成した取締役の連帯責任が認められた例）（大判昭16・4・15民集二〇・五二八）

[91] 下請業者が施工業者との下請契約を締結する前に仕事の準備作業を開始していた場合に、施主が下請業者の支出費用の補塡などの措置を講ずることなく発注を中止するのは不法行為に当たる。（最判平18・9・4判時一九四九・三〇）

vi パブリシティ

[92] 競走馬の名称に顧客吸引力があるとしても、当該名称の使用につき法令等の根拠がないのに競走馬の所有者に排他的な使用権を認めるのは相当ではなく、当該名称を無断使用して行われたゲームソフトの製作・販売につき不法行為が成立するとはいえない。（最判平16・2・13民集五八・二・三一一、商標百選[二版]一一八）

[93] 歌手を被写体とする写真を週刊誌のダイエット法を解説する記事で用いた行為についてパブリシティ権の侵害を否定した事例（最判平24・2・2民集六六・二・八九、メディア百選[二版]五二）

c その他のもの（不当な訴訟提起・権利行使）

[94] 確定判決に基づいて強制執行がされた場合においても、右判決の成立過程において、原告が被告の権利を害する意図の下に、被告の訴訟手続に対する関与を妨げ、あるいは虚偽の事実を主張して裁判所を欺罔［ぎもう］する等の不正な行為を行い、その結果、本来あり得べからざる内容の確定判決を取得してこれを執行した場合（最判昭44・7・8民集二三・八・一四〇七、民訴百選[五版]八六）↓民訴一一四条[7]

[95] 敗訴の確定判決を受けた訴訟において提訴者の主張した権利等が事実的・法律的根拠を欠く上、提訴者がそのことを知りながら又は通常人であれば容易に知り得たといえるのにあえて訴えを提起したなど、訴えの提起が裁判制度の趣旨・目的に照らして著しく相当性を欠くと認められる場合（最判昭63・1・26民集四二・一・一、民訴百選[五版]三六）↓民訴◆【訴え】［一三四条の前］[3]

[96] 風俗営業に係る規制を利用して競業者の出店を阻止する意図の下に、パチンコ業者が社会福祉法人に児童遊園用地を寄附した行為は、競業者の営業の自由を侵害するものとして不法行為に当たる。（最判平19・3・20判時一九六八・一二四）

[97] 貸金業者が借主に対し貸金の支払を請求し、借主から弁済を受ける行為は、請求ないし受領が暴行脅迫等を伴うものであったり、貸金業者が当該貸金債権が事実的、法律的根拠を欠くものであることを知りながら、又は通常の貸金業者であれば容易にそのことを知り得たのに、あえてその請求をしたりしたなど、その行為の態様が社会通念に照らして著しく相当性を欠く場合に限って不法行為を構成する。（最判平21・9・4民集六三・七・一四四五、重判平21民一一）

[98] 前訴において相手方が虚偽の事実を主張し裁判所を欺罔して勝訴の確定判決を取得したことを理由として不法行為に基づく損害賠償請求をすることが許されないとされた事例（最判平22・4・13裁判集民二三四・三一）↓民訴一一四条[3]

[99] 弁護士であるテレビ番組の出演者が特定の刑事事件の弁護団の弁護活動が懲戒事由に当たるとして同弁護団を構成する弁護士らの懲戒請求をするよう視聴者に呼び掛けた行為が不法行為法上違法とはいえないとされた事例（最判平23・7・15民集六五・五・二三六二、重判平23民一一）

3 故意・過失と権利侵害等の組合せ

イ 故意・過失と権利侵害（違法性）を組み合わせた例↓[68]

ロ 過失のみで判断した例↓[5][6]

ハ 違法性のみで判断した例↓[29][77][86]

ニ その他

[100] 正当の権原なく物を占有する者は、その物の所有者に対して不法占有に基づく損害賠償をなすべき義務があり、占有者は、正当な権原に基づいてその物を占有することを証明する責任がある。（大判大6・11・13民録二三・一七七六）

4 因果関係（事実的因果関係）

イ 具体例

a 因果関係があるとされた事例

[101] 原因の競合――倉庫業者の発行者が誤って倉庫証券に不実の記載をした場合に、寄託者がそれを利用する犯罪行為によって第三者に与えた損害との間（大判大2・4・26民録一九・二八一）↓七一九条[2]

[102] 第三者の行為の介在――会社の被用者の過失によって作成された空券にすぎない荷物受取証を第三者が担保とし

て利用し、貸金業者から金員を騙取〔へんしゅ〕した場合に、会社の被用者の空券作成行為と貸金業者の損害との間（第三者の行為が中間に介在していてもよい）（大判大9・4・12民録二六・五二七、保険・海商百選七二）

[103] 因果関係の中断――偽造して振り出された約束手形が、その受取人により、売掛代金債務の支払方法として、情を知らない者に裏書譲渡された場合に、手形所持人が振出名義人に対して手形金請求訴訟をしている間に受取人に対する右売掛代金債権及び手形の遡求権が共に時効により消滅したときの手形の偽造交付行為と損害の発生との間（右の者が時効中断の措置をとる余地があったというだけで因果関係が中断されるものではない）（最判昭36・12・26民集一五・一二・三〇七五）

[104] 医師による不作為の不法行為――医師が注意義務に従って行うべき診療行為を行わなかった不作為と患者の死亡との間の因果関係は、医師の右不作為が患者の当該時点における死亡を招来したこと、換言すると、医師が注意義務を尽くして診療行為を行っていたならば患者がその死亡の時点においてなお生存していたであろうことを是認し得る高度の蓋然性が証明されれば肯定される。患者が右時点の後いかほどの期間生存し得たかは、主に得べかりし利益その他の損害の額の算定に当たって考慮されるべき事由であり、前記因果関係の存否に関する判断を直ちに左右するものではない。（最判平11・2・25民集五三・二・二三五、医事法百選〔三版〕六一）→[62][106]

b　因果関係がないとされた事例

[105] 土地の不法占拠者からその建物の一部分を賃借した者について、右占有と地上権者の被った損害の間（特段の事情のない限りとされる）（最判昭31・10・23民集一〇・一〇・一二七五）→七一九条[12][29]

ロ　因果関係の立証（特に医療過誤、公害の場合）

a　因果関係の証明度

[106] 訴訟上の因果関係の立証は、一点の疑義も許されない自然科学的証明ではなく、経験則に照らして全証拠を総合検討し、特定の事実が特定の結果の発生を招来した関係を是認し得る高度の蓋然性を証明することであり、その判定は、通常人が疑いを差し挟まない程度に真実性の確信を持ち得るものであることを必要とし、かつ、それで足りる。（最判昭50・10・24民集二九・九・一四一七〈ルンバール・ショック事件〉民百選Ⅱ〔八版〕八七）→民訴二四七条[4]

b　因果関係の事実上の推定

[107] 公害の因果関係論で問題となる点は、通常の場合、(1)被害疾患の特性とその原因（病因）物質、(2)原因物質が被害者に到達する経路（汚染経路）、(3)加害企業における原因物質の排出（生成・排出に至るまでのメカニズム）であるが、(1)、(2)については、情況証拠の積み重ねにより、関係諸科学との関連においても矛盾なく説明できれば、法的因果関係の面ではその証明があったものと解すべきであり、(1)、(2)の立証がその程度なされて、汚染源の追求がいわば企業の門前にまで到達した場合、(3)については、むしろ企業側において、自己の工場が汚染源になり得ないことを証明しない限り、その存在を事実上推認され、その結果全ての法的因果関係が立証されたものと解すべきである。（新潟地判昭46・9・29前出[7]）→民訴二四七条[6]

c　「統計的因果関係」、「疫学的因果関係」

[108] 水虫の患者が病院でレントゲン線照射による治療を受けたところ、その照射部分である足蹠〔そくしょ〕に皮膚癌〔がん〕が発生し、両下腿の切断を余儀なくされた場合に、レントゲン線照射の時期、量（総線量において、一般に皮膚癌発生の危険を伴わないとされていた線量をはるかに超える過大なものであった）、回数及び部位、レントゲン線照射と皮膚癌の発生との間の統計的因果関係などの諸事実、特に、レントゲン線照射と癌の発生との間に統計上の因果関係があり、しかもこれを原因とする皮膚癌は他の発生原因と比べると比較的多いこと、本件皮膚癌はレントゲン線照射部分についてのみ発生したことの諸事実に徴すると、右皮膚癌の発生は該病院のレントゲン線照射がその主要な原因であるとした原判決の判断は、肯認され得る。（最判昭44・2・6民集二三・二・一九五、医療過誤百選〔二版〕三八）

[109] 大気汚染と閉塞性肺疾患の増加との因果関係をいわゆる疫学的観点から認定した場合――原因と認め得るのは、(1)その因子が発病の一定期間前に作用するものであること、(2)その因子の作用する程度が著しいほどその疾病の罹患率が高まること、(3)その因子の分布消長の立場から記載疫学で観察された流行の特性が矛盾なく説明されること、(4)その因子が原因として作用する機序が生物学的に矛盾なく説明されること、の四条件が満たされることが必要である。（津地四日市支判昭47・7・24判時六七二・三〇〈四日市ぜんそく事件〉環境百選〔三版〕二）→七一九条[3]

5　損害の発生

イ　損害の必要性

[110] 労働能力の喪失・減退にかかわらず現実に損害が発生しなかった（収入の減少なし）場合には、それを理由とする賠償請求はできない。（最判昭42・11・10民集二一・九・二三五二）

[111] 交通事故の被害者が後遺症のために身体的機能の一部を喪失したこと自体を損害と観念することができるとしても、後遺症の程度が比較的軽微であって、被害者が従事する職業の性質からみて現在又は将来における収入の減少も認められないときは、特段の事情のない限り、労働能力の一部喪失を理由とする財産上の損害を認める余地はない。（最判昭56・12・22民集三五・九・一三五〇、民百選Ⅱ〔八版〕一〇〇）

ロ　損害発生の有無が問題となる場合

a　損害の現実性が問題となる場合→三六九条[7][8]

b　他の救済手段の存在する場合

[112] 第三者の詐欺による売買のため、目的物の所有権を喪失した売主は、買主に対して代金債権を有し、又、第三者が買主に転売代金を支払えば買主の売主に対する代金債務が完済される見込みがあるとしても、それだけで売主に損害がないとはいえない。（最判昭38・8・8民集一七・六・八三三）

[113] 担保権の目的物が債務者又は第三者の行為により全部滅失し又はその効用を失うに至った場合には、他に保証人等の人的担保があって、これを実行することにより債権の満足を得ることが可能であっても、損害が発生したものといえる。（最判昭61・11・20判時一二一九・六三……債権者が債務者に対する貸金債権の担保として、債務者の第三債務者に対して有する請負代金債権につき代理受領権を取得した場合に、第三債務者がこれを承諾しながら、債務者に請負代金を弁済した事例）

c　損害の正当性が問題となる場合

[114] 逸失利益の算定（一時滞在の外国人の場合）――一時的に我が国に滞在し将来出国が予定される外国人の事故による逸失利益を算定するに当たっては、予測される我が国

での就労可能期間内は我が国での収入等を基礎とし、その後は想定される出国先（多くは母国）での収入等を基礎とするのが合理的である。（最判平9・1・28民集五一・一・七八、民百選Ⅱ[五補]八九）↓労契五条[12]

二　消極的要件

1　責任能力の欠如↓七一二条

2　いわゆる違法性阻却事由

イ　正当防衛・緊急避難の場合↓七二〇条

ロ　その他の場合

a　名誉毀損の場合（真実性の証明）↓[45]～[52]

b　プライバシーの侵害の場合↓[55][56]

三　効果

1　損害の個数

イ　継続的に損害が発生する場合↓七二四条[12][13]

ロ　確定判決、調停、示談後における追加賠償

a　確定判決後における追加賠償↓民訴一一七条[5]

b　調停後における追加賠償

[115]　慰謝料として合計五万円の支払を受け、その余の請求を放棄することを内容とする調停が成立して一〇箇月後に、被害者が右受傷を一因として死亡した場合に、右調停が被害者の死亡による慰謝料も含めて成立したと解し得るためには、被害者の受傷が致命的であったため、当事者において同人が死亡することがあると予想し、そのため、死亡による損害賠償も含めて合意したというような特別の事情があり、かつ、その調停の内容が公序良俗に反しないものであることを要する。（最判昭43・4・11民集二二・四・八六二、民訴百選Ⅱ[補正]一四九）

c　示談後における追加賠償

[116]　全損害を正確に把握し難い状況の下において、早急に小額の賠償金をもって満足する旨の示談がされた場合には、示談によって放棄された損害賠償請求権は、示談当時予想していた損害についてのもののみと解すべきであって（その当時予想できなかった後遺症等による損害についてまで放棄した趣旨とは解すべきではない）。（最判昭43・3・15民集二二・三・五八七、民百選Ⅱ[八版]一〇四）↓◆【法律行為の解釈】［九二条の後］[12]

2　損害賠償の範囲

イ　基準

a　一般の場合

[117]　不法行為に基づく損害賠償の範囲を定めるときにも民法四一六条の規定が類推適用される。（大連判大15・5・22民集五・三八六〈富喜丸事件〉民百選Ⅱ[初版]八四）↓[118][121]～[124]・四一六条[20]

[118]　★不法行為による損害賠償についても民法四一六条［平成二九法四四による改正前］の規定が類推適用され、特別の事情によって生じた損害については、加害者において、右事情を予見し又は予見することを得べかりしときに限り、これを賠償する責任を負う。（最判昭48・6・7民集二七・六・六八一、民百選Ⅱ[八版]九八……大隅裁判官の反対意見がある）↓[119]～[121][123][124]・四一六条[21]

b　将来の損害の場合↓民訴一三五条[4][5]

ロ　具体例

a　他に複合原因事実がない場合

i　通常生ずべき損害とされた場合

[119]　交通事故の被害者の近親者が外国に居住又は滞在している場合において、看護等のため被害者のもとに往復した旅費（社会通念上相当であり被害者が近親者に返還又は償還すべきと認められるとき）（最判昭49・4・25民集二八・三・四四七、交通事故百選[二版]三八……直接の被害者が請求した場合）

[120]　不法行為の被害者が損害賠償請求訴訟を弁護士に委任した場合の弁護士費用――事案の難易、請求額、認容された額その他諸般の事情を斟酌して相当と認められる額の範囲内のものに限る。（最判昭44・2・27民集二三・二・四四一、民訴百選[二版]二七）↓民訴六一条[2]

[121]　国が違法に行った無効な農地買収・売渡処分により該農地の引渡しを受けた被売渡人がこれを時効取得した結果、被買収者が農地の所有権を喪失したことによって被った損害（最判昭50・3・28民集二九・三・二五一、行政百選Ⅱ[初版]一二五）↓[125]

ii　通常生ずべき損害でないとされた場合

[122]　駐車場が客観的に第三者の自由な立入りを禁止する構造、管理状況にあると認められるときに、自動車の所有者が当該自動車にエンジンキーを差し込んだままの状態で駐車させた場合、自動車を窃取した第三者によって惹起［じゃっき］された交通事故による損害（最判昭48・12・20民集二七・一一・一六一一、交通事故百選[五版]五）

iii　特別の事情によって生じた損害につき予見可能性が問題とされた場合

[123]　★被保全権利がないのに不動産に仮処分がなされ、そのために金融を得られず、新店舗の開設が遅延した場合において、その間における得べかりし利益喪失の損害及び精神上の損害――仮処分の執行によって通常生ずべき損害には当たらず、特別の事情によって生じたものである。（最判昭48・6・7前出[118]……加害者において、仮処分の申請及び執行の当時、右事情の存在を予見し又は予見することを得べかりし状況にあったとは認められないとされた例）↓四一六条[21]

b　他に複合原因事実がある場合↓七一九条[判]

3　損害賠償額の算定

イ　損害算定の基準時

[124]　★不法行為によって物を滅失・毀損された場合の損害は、滅失・毀損の当時における交換価格を基準として定められる。不法行為によって滅失・毀損した物の価額が後に騰貴し、被害者がこれによって得べかりし利益を喪失した場合には、被害者において不法行為がなければ騰貴した価額で転売等を行い利益を確実に取得したであろうという特別の事情があり、その事情が不法行為当時予見し又は予見し得たことを訴訟上立証できた場合に限り、その賠償を求めることができる。（大連判大15・5・22前出[117]）↓四一六条[13][20]

[125]　国が違法に無効な農地買収及び売渡処分を行って被売渡人に農地を引き渡し、同人がこれを時効取得した結果、被買収者が農地の所有権の喪失による損害を被った場合、その損害額は、時効完成時における農地の価格を基準として算定すべきである。（最判昭50・3・28前出[121]）

[126]　適正伐採期に収穫するという通常の方法で他人が管理していた山林の立木を、その事実を知りながら伐採した場合には、特段の事情のない限り、適正伐採期における立木の価格を基準としてその損害賠償額を算定する。（最判昭39・6・23民集一八・五・八四二）

[127]　抵当権の侵害による損害額算定の基準時（大判昭7・5・27民集一一・一二八九）↓三六九条[9]

ロ　具体的算定方法

a　財産的損害の算定

i　財産権の侵害の場合

民法

128 物の滅失の場合の通常損害――物の交換価格（大連判大15・5・22前出117）→124

129 物の不法占有・不法占拠の場合の通常損害――賃料相当額（最判昭34・7・30民集一三・八・一二〇九）

130 特許権を目的とする質権を取得できなかったことによる損害（最判平18・1・24判時一九二六・六五、重判平18知財二……特許庁の担当職員の過失による国家賠償請求事件）→民訴二四八条8

131 有価証券報告書等の虚偽記載がある上場株式（後に上場廃止となった）を取引所市場で取得した投資家の損害賠償請求において、虚偽記載が公表された後の市場価額の変動のうち、ろうばい売りによる過剰な下落による損害が虚偽記載と相当因果関係があるとした事例（最判平23・9・13民集六五・六・二五一一、金商百選四①）

ii 生命・身体の侵害の場合→110 111 172

い 積極損害

132 葬儀費――社会通念上不相当なものでない限り賠償すべき損害である。（最判昭43・10・3判時五四〇・三八）

133 墓碑・仏壇の費用――遺族が、墓碑を建設し、仏壇を購入するために支出した費用は、社会通念上相当と認められる限度において、通常生ずべき損害である。（最判昭44・2・28民集二三・二・五二五、交通事故百選[五版]四三）

134 受傷のため付添看護を必要とした被害者は、付添看護をした者が近親者であるため、現実に看護料の支払をせず又はその支払請求を受けていない場合であっても、近親者としての付添看護料相当額の損害を被ったものとして、その賠償を請求することができる。（最判昭46・6・29民集二五・四・六五〇、交通事故百選[二版]三六）

ろ 消極損害（逸失利益）

135 逸失利益の算定（公的年金の受給者の場合）――他人の不法行為により死亡した者の得べかりし普通恩給や国民年金（老齢年金）は、その逸失利益に算入される。（最判平5・9・21判時一四七六・一二〇、交通事故百選[五版]五二）

136 逸失利益の算定（公的年金の受給者の場合）――地方公務員等共済組合法（昭和六〇法一〇八による改正前のもの）に基づく退職年金を受給していた者が不法行為によって死亡した場合には、その者が平均余命期間に受給することができた退職年金の現在額を逸失利益に算入できる。（最大判平5・3・24民集四七・四・三〇三九、社会保障百選[五版]三八……ただし、反対意見がある）→148 151 160

137 逸失利益の算定（公的年金の受給者の場合）――国民年金法に基づく障害基礎年金も厚生年金保険法に基づく障害厚生年金も、保険料が拠出されたことに基づく給付としての性格を有しているから、障害年金を受給していた者が不法行為によって死亡した場合には、その者が平均余命まで受給することができたと認められる障害年金の現在額を逸失利益に算入できる。もっとも、子及び妻の加給分については、拠出された保険料とのけん連関係があるものとはいえず社会保障的性格の強い給付であり、本人の意思により決定し得る事由により加算の終了することが予定されており、基本となる障害年金自体と同じ程度にその存続が確実なものということもできないから、年金としての逸失利益性を認めるのは相当でない。（最判平11・10・22民集五三・七・一二一一、重判平11労働九）→八九六条10

138 逸失利益の算定（公的年金の受給者の場合）――遺族厚生年金は、受給権者自身の生存中その生活を安定させる必要を考慮して支給するものであるから、他人の不法行為により死亡した者が生存していたならば将来受給し得たであろう右年金は、不法行為による損害としての逸失利益に当たらない。（最判平12・11・14民集五四・九・二六八三、交通事故百選[五版]五三）

139 逸失利益の算定（軍人恩給の受給者の場合）――他人の不法行為により死亡した者が生存していたならば将来受給し得たであろう軍人恩給扶助料は、受給権者自身の生存中その生活を安定させる必要を考慮して支給するものであるから、不法行為による損害としての逸失利益には当たらない。（最判平12・11・14判時一七三二・八三）

140 逸失利益の算定（給与所得者の場合）――死亡当時安定した収入を得ていた被害者において、生存していたならば将来昇給したであろうことが相当の確かさをもって推定できる場合には、右昇給の回数、金額等を予測し得る範囲で控え目に見積もり、これを基礎として得べかりし収入額を算出することも許される。（最判昭43・8・27民集二二・八・一七〇四、交通事故百選[二版]五〇……二二歳の給与所得者について）

141 逸失利益の算定（個人営業者の場合）――個人企業の企業主が生命又は身体を侵害されたため、その企業に従事することができなくなったことによって生ずる財産上の損害額は、これによって廃業のやむなきに至った場合等特段の事情のない限り、企業収益中に占める企業主の個人的寄与に基づく収益部分の割合によって算定する。（最判昭43・8・2民集二二・八・一五二五、交通事故百選[五版]四九）→177

142 逸失利益の算定（幼児の場合）――死亡した幼児の逸失利益を算定するに際しては、あらゆる証拠資料に基づき、経験則と良識を十分に活用して、できる限り蓋然性のある額を算出するように努め、ことに右蓋然性に疑いが持たれるときは、被害者側にとって控え目な算定方法を採用すべきであり、算定が困難であるとして、たやすくその賠償請求を否定することは許されない。（最判昭39・6・24民集一八・五・八七四、交通事故百選[二版]四七）→143 144

143 逸失利益の算定（女子の場合）――死亡した女子が妻として専ら家事に従事する期間における逸失利益は、その算定が困難であるときは、平均的労働不能年齢に達するまで女性雇用労働者の平均的賃金に相当する収益を上げるものと推定して算定する。（最判昭49・7・19民集二八・五・八七二、交通事故百選[二版]四九……七歳の少女の死亡について）

144 逸失利益の算定（女子の場合）――就労前の年少女子の逸失利益をいわゆる賃金センサスの女性労働者の平均給与額を基準として算定する場合には、賃金センサスの平均給与額に男女間の格差があるからといって、これに家事労働分を加算すべきものではない。（最判昭62・1・19民集四一・一・一、民百選II[八版]一〇二）

は 逸失利益における中間利息の控除

145 ★逸失利益の算定（中間利息の控除）――将来数年間に得べき利得の全部を損害賠償として一時に支払を受けるため、中間利息の控除方法としてホフマン式計算法を用いる場合には、一年ごとに得べき利得が確定されている限り、一年ごとに右計算法を適用して算出された金額を合算するという方法（複式ホフマン法）によるのが相当である。（最判昭37・12・14民集一六・一二・二三六八、交通事故百選[初版]四五）

146 ★逸失利益の算定（中間利息の控除）――ライプニッツ式計算法は、交通事故の被害者の逸失利益を事故当時の現在価額に換算するための中間利息控除の方法として不合

理なものとはいえない。（最判昭53・10・20民集三二・七・一五〇〇、民百選Ⅱ〔二版〕九三）

147 ★逸失利益の算定（中間利息の控除）――控除すべき中間利息の割合は、民事法定利率によらなければならない。（最判平17・6・14民集五九・五・九八三、交通事故百選〔五版〕五二）→四一七条の二7

b 非財産的損害の算定→七一〇条判・七一一条判

八 差引計算されるもの

a 損益相殺

i 一般

148 不法行為と同一の原因によって被害者又はその相続人が第三者に対して損害と同質性を有する利益を内容とする債権を取得した場合は、当該債権が現実に履行されたとき、又はこれと同視し得る程度にその存続及び履行が確実であるときに限り、これを加害者の賠償すべき損害額から控除すべきである。（最大判平5・3・24前出136）

149 反倫理的行為に該当する不法行為の被害者が、これによって損害を被るとともに、当該反倫理的行為に係る給付を受けて利益を得た場合、被害者からの不法行為に基づく損害賠償請求において損益相殺ないし損益相殺的な調整の対象として、同利益を被害者の損害額から控除することは、民法七〇八条の趣旨に反するものとして許されない。（最判平20・6・10民集六二・六・一四八八、消費百選〔二版〕五七）→七〇八条13 14

ii 損益相殺としての控除が認められた例

150 不法行為による死亡者の生活費（最判昭39・6・24前出142）

151 当該損害賠償請求権者に対して給付されることが確定した遺族年金（最大判平5・3・24前出136）……退職年金の受給者の死亡によりその受給利益喪失の損害の賠償請求権が相続された事案

152 労働者災害補償保険法に基づいて支給された保険給付（使用者の行為によって災害が生じた場合）（最判昭52・10・25民集三一・六・八三六、労働百選〔一〇版〕五一）

153 不法行為による後遺障害について労働者災害補償保険法に基づく保険給付や公的年金制度に基づく年金給付を受けたとき、不法行為の時から相当な時間が経過した後に現実化する損害を填補するために保険給付や年金給付の支給がされ、又は支給されることが確定したときには、特段の事情のない限り、填補の対象となる損害は、不法行為の時に填補されたものと法的に評価して損益相殺的な調整を行う。（最判平22・9・13民集六四・六・一六二六、交通事故百選〔五版〕七四）

154 不法行為によって死亡した被害者の相続人が労働者災害補償保険法に基づく遺族補償年金の支給を受け、又は支給を受けることが確定したときは、その支給が著しく遅滞するなどの特段の事情がない限り、損害は不法行為の時に填補されたものと評価して損益相殺的な調整を行う。（最大判平27・3・4民集六九・二・一七八、民百選Ⅱ〔八版〕一〇三）

iii 損益相殺としての控除が認められなかった例

155 死亡した幼児の養育費（最判昭53・10・20前出146）

156 得べかりし営業収益に対して課せられるべき租税（最判昭45・7・24民集二四・七・一一七七）

157 死亡によって支払われた生命保険金（最判昭39・9・25民集一八・七・一五二八、保険法百選八九）

158 家屋焼失によって支払われた火災保険金（ただし、保険者は、その支払った保険金の限度で被保険者が第三者に対して有する損害賠償請求権を取得する）（最判昭50・1・31民集二九・一・六八、保険法百選二五）→◆【損益相殺】〔四一八条の後〕7

159 当該損害賠償請求権者以外の者に給付された遺族給付（最判昭50・10・24民集二九・九・一三七九、社会保障百選〔三版〕六……死亡した国家公務員の退職手当等の受給利益喪失による損害の賠償請求権が妻と子に相続された一方、遺族給付の受給権者は妻のみである場合）

160 当該損害賠償請求権者に対して給付されることが確定していない遺族年金（最大判平5・3・24前出136）

161 搭乗者傷害保険の死亡保険金（最判平7・1・30民集四九・一・二一一、保険法百選四〇……相続人が受給した場合）

162 労働者災害補償保険特別支給金支給規則によって支給された特別支給金（最判平8・2・23民集五〇・二・二四九、社会保障百選〔五版〕六六）

163 購入した新築建物に構造耐力上の安全性に関わる重大な瑕疵があり、倒壊の具体的なおそれがあるなど建物自体が社会経済的価値を有しない場合に、買主から工事施工者等に対してされた建て替え費用相当額の損害賠償請求における買主の居住利益（最判平22・6・17民集六四・四・一一九七、重判平22民一一）

iv 損害の種類と損益相殺

164 労働者災害補償保険法による休業補償給付及び傷病補償年金並びに厚生年金保険法による障害年金が対象とする損害と「同一の事由」の関係にあることを肯定し得るものは、財産的損害のうちの消極損害のみであって、右の保険給付が消極損害の額を上回るとしても、当該超過分を積極損害や精神的損害を填補するものとして、右給付額をこれらとの関係で控除することは許されない。（最判昭62・7・10民集四一・五・一二〇二、社会保障百選〔五版〕六〇）→労災一二条の四4

165 障害年金の受給権者が不法行為により死亡した場合において、その相続人のうちに、障害年金の受給権者の死亡を原因として遺族年金の受給権を取得した者がある場合において、遺族年金をもって損益相殺的な調整を図ることのできる損害は、財産的損害のうちの逸失利益に限られる。（最判平11・10・22前出137）

b 過失相殺→七二二条5～23

4 不法行為に基づく損害賠償請求権

イ 損害賠償の主体

a 胎児→七二一条1

b 法人→53

ロ いわゆる間接損害

a 近親者の損害賠償請求権→七一一条判

i 傷害の場合における近親者の治療費等の支出

166 不法行為による老母の受傷について長男（戸主）が当然の責務として支払った治療費――本条の権利は広く利益と解されるべきであるから（大判昭12・2・12民集一六・四六）

ii 不貞行為による家庭破壊の場合における子の慰謝料請求権

167 妻及び未成年の子のある男性と肉体関係を持った女性が妻子のもとを去った右男性と同棲するに至った結果、その子が日常生活において父親から愛情を注がれ、その監護、教育を受けることができなくなったとしても、一般には、そのことと右女性の行為との間には相当因果関係はなく、右女性が害意を持って父親の子に対する監護等を積極的に阻止するなど特段の事情のない限り、右女性の行為は未成年の子に対して不法行為を構成するものではない。（最判昭54・3・30前出[68]）↓◆【Ⅰ　貞操の義務】〔七五〇条の前〕[2]

b　第三者による債権侵害↓[2][81]～[83]

[168]　第三者が芸妓稼業契約の存在を知りながら芸妓を誘拐し、右契約の履行を不能にした場合（ただし、右契約が公序良俗に違反しないときに限る）（大判大7・10・12民録二四・一九五四）

[169]　被害者が報酬としてもらい受ける債権を持っていた立木を、無権限者がこの事情を知りながら、勝手に他に売却し、買主がこれを伐採した場合（大刑判大11・8・7刑集一・四一〇……債務の目的が、第三者の故意・過失に基づく行為によって滅失したために履行不能になり、債務が消滅した場合には、第三者の行為は不法行為となるとする）

[170]　目的不動産を無権原で占有し、故意又は過失により他人の賃借権を侵害する場合（大判大10・2・17民録二七・三二一）

c　いわゆる企業損害

[171]　交通事故によって負傷した被害者甲が乙有限会社の代表者たる唯一の取締役であり、乙会社がいわゆる個人会社で、甲には乙会社の機関としての代替性がなく、甲と乙会社とが経済的に一体をなす関係にある等の事情の下では、乙会社も加害者に対し、甲の受傷のため営業利益を失ったことによる損害の賠償を請求できる。（最判昭43・11・15民集二二・一二・二六一四、民百選Ⅱ[八版]九九）↓[141]

八　相続性の有無

a　財産的損害の賠償請求権の相続

[172]　被害者が即死した場合でも、傷害と死亡との間に観念上時間の間隔があるから、被害者には受傷の瞬間に賠償請求権が発生し、これが被害者の死亡によって相続人に承継される。（大判大15・2・16民集五・一五〇、民百選Ⅱ[五補]九五）↓八九六条[8]

b　慰謝料請求権の相続

[173]　他人の不法行為によって財産以外の損害を被った者は、損害の発生と同時に慰謝料請求権を取得し、右請求権を放棄したものと解し得る特別の事情がない限り、これを行使することができる――同人が生前に請求の意思を表明しなくても当然に相続される。（最大判昭42・11・1民集二一・九・二二四九、民百選Ⅲ[二版]六〇……田中裁判官ほかの反対意見がある）↓八九六条[9]

[174]　被害者が残念残念と叫びながら死亡した事実は、慰謝料を請求する意思の表示と解され、この請求権は相続人に承継される。（大判昭2・5・30新聞二七〇二・五〈「残念残念」事件〉……前出[173]により判例変更）

ニ　相殺の禁止↓五〇九条[判]

ホ　請求権の競合

[175]　同一の事実関係が一面において債務不履行となり、他面において不法行為となることはあり得るのであって、契約上の請求権と不法行為上の請求権とは競合し得る。（大判大6・10・20民録二三・一八二一）

へ　損害賠償請求権が履行遅滞になる時期↓四一二条[4][5]

◆【差止請求権】

一　名誉侵害・プライバシー侵害を理由とする差止め

[1]　名誉を違法に侵害された者が人格権としての名誉権に基づき、侵害行為の差止めを求めることができるとされた例（最大判昭61・6・11民集四〇・四・八七二〈北方ジャーナル事件〉民百選Ⅰ[八版]四）↓七二三条[2]～[4]、憲二一条[18][59]・二一条[17][95]、民保二三条[2]

[2]　小説により名誉、プライバシー、名誉感情が侵害された者が人格権としての名誉権等に基づき、出版の差止めを求めることができるとされた例（最判平14・9・24判タ一一〇六・七二、憲百選Ⅰ[七版]六二）↓憲一三条[22]・二一条[26][94]

二　ウェブサイト上の情報の削除請求

[3]　検索事業者が、ある者に関する条件による検索の求めに応じ、その者のプライバシーに属する事実を含む記事等が掲載されたウェブサイトのURL等の情報を検索結果の一部として提供する行為の違法性は、当該事実を公表されない法的利益と右情報を検索結果として提供する理由に関する諸事情を比較衡量して判断すべきものであり、当該事実を公表されない法的利益が優越することが明らかな場合には、検索事業者に対し、右情報を検索結果から削除することを求めることができる。（最決平29・1・31民集七一・一・六三、憲百選Ⅰ[七版]六三……削除請求が認められなかった例）

[4]　逮捕から長期間が経過している事案について、本件事実を公表されない法的利益が本件各ツイートを一般の閲覧に供し続ける理由に優越するとして、報道記事を転載したツイッター上のツイートの削除請求を認めた事例（最判令4・6・24【令2受一四四二】）

三　通行妨害↓◆【物権的請求権】〔一七五条の前〕[6]・一九八条[7]

第七一〇条（財産以外の損害の賠償）　他人の身体、自由若しくは名誉を侵害した場合又は他人の財産権を侵害した場合のいずれであるかを問わず、前条の規定により損害賠償の責任を負う者は、財産以外の損害に対しても、その賠償をしなければならない。

⊛七一一【名誉毀損↓七二三】

一　「財産以外の損害」の意義

[1]　本条の「財産以外の損害」とは、精神上の苦痛だけに限られるものではなく、金銭評価が可能であり、しかも、その評価だけの金銭を支払うことが社会観念上至当と認められるところの無形の損害を意味する。（最判昭39・1・28民集一八・一・一三六、マスコミ百選[二版]六八……法人の名誉毀損を認めた例）↓七〇九条[53]

二　慰謝料請求権の発生事由

1　本条に挙げられている利益の侵害

イ　人格的利益

a　「身体」の侵害↓七一一条[5]

b　「自由」の侵害↓七二二条[4]

[2]　詐欺〔へんしゅ〕した者は、相手の意思決定の自由を害して財物を騙取上の苦痛に対する慰謝料を支払う義務を負う。財産上の損害を賠償するほか、精神上の苦痛に対する慰謝料を支払う義務を負う。（大判昭8・6・8新聞三五七三・七）

c　「名誉」毀損↓◆【差止請求権】〔七〇九条の後〕[1]・[2]・七二三条[判]

[3]　名誉毀損による慰謝料請求権は、本来行使上の一身専属性を有するものであるが、加害者が被害者に対して一定額の慰謝料を支払うことを内容とする合意若しくはかかる支

払を命ずる債務名義が成立したなど、具体的な金額の慰謝料請求権が当事者間において客観的に確定したとき、又は、被害者がそれ以前の段階において死亡したときは、一身専属性を認めるべき理由を失い、被害者の債権者の差押え又は債権者代位の目的となり得る。（最判昭58・10・6民集三七・八・一〇四一、倒産百選[六版]二三）→破三四条[6]

[4] 新聞記事による名誉毀損に基づき損害が発生するのは、記事を掲載した新聞が発行された時点であり、名誉毀損による損害が生じた後に被害者が有罪判決を受けたことは、既に生じている損害を消滅させるものではない。ただし、名誉毀損による慰謝料の額は、事実審の口頭弁論終結時までに生じた事情を斟酌［しんしゃく］して裁判所が算定するものであり、損害発生後に被害者が有罪判決を受けたという事実を斟酌してそれを算定することは許される。（最判平9・5・27民集五一・五・二〇二四、民百選Ⅱ[八版]九一）

ロ　財産的利益→七〇九条[38]

[5] 父祖伝来の土地を犯罪（横領）によって失った場合は、精神上の苦痛に対して慰謝料を請求することができる。（大刑判明43・6・7刑録一六・一一二一）

2　その他の利益の侵害—具体例

イ　定型的なもの

a　生命→七一一条[1]

b　プライバシー→七〇九条[54][55]

c　公害・生活妨害→七〇九条[76]～[78]

d　貞操→七〇九条[65][68][69]

e　有責離婚、内縁・婚姻予約の不当破棄→七〇九条[69]～[75]

ロ　その他のもの→七〇九条[59]～[61]

三　慰謝料請求権者に当たるとされた例

1　幼児・心神喪失者

[6] 慰謝料請求権の前提である苦痛の感受性は、被害の当時備わっている必要はなく、将来における右感受性の発生を通常期待し得る以上、その請求権を認めることができる。（大判昭11・5・13民集一五・八六一……父死亡の当時一歳四箇月の幼児の請求について）→七一一条[2]

2　法人→七〇九条[53]

3　傷害を受けた被害者の近親者→七一一条[5]

四　慰謝料請求権の一身専属性

1　帰属上の一身専属性—否定→七〇九条[173]

2　行使上の一身専属性—肯定→[3]

五　慰謝料の算定

1　一般

[7] 慰謝料の額は、裁判官が各場合における諸般の事情を斟酌し、自由心証をもって量定すべきものであるから、その認定根拠が示される必要はない。（大判明43・4・5民録一六・二七三）

2　財産的損害賠償請求権と慰謝料請求権の関係

イ　請求権及び訴訟物の個数

[8] 同一の事故により生じた同一の身体傷害を理由とする財産上の損害と精神上の損害の賠償請求権は一個であり、その両者の賠償を併せて請求する場合には、訴訟物は一個である。（最判昭48・4・5民集二七・三・四一九、民訴百選[五版]七四）→民訴二四六条[7]

ロ　慰謝料のいわゆる補完的機能

[9] 交通事故による傷害の後、被害者（原告）に減収がなく、財産的損害が認められない場合には、賠償総額において被害者の主張を超えない限り、慰謝料額の算定については、その主張を超えることが許される。（東京地判昭42・10・18下民一八・九＝一〇・一〇一七）

[10] 不法行為による財産上の損害については、立証の困難や審理期間の長期化等により被害者の救済の遅れるのを防止するため、これを慰謝料算定の斟酌事由として慰謝料の額に含ませて請求（いわゆる「包括請求」）することが許される。（名古屋高金沢支判昭47・8・9判時六七四・二五〈イタイイタイ病事件〉環境百選[三版]一五）

（近親者に対する損害の賠償）

第七一一条　他人の生命を侵害した者は、被害者の父母、配偶者及び子に対しては、その財産権が侵害されなかった場合においても、損害の賠償をしなければならない。

㊟＋七一〇【子↓七二一

一　生命侵害の場合の近親者の慰謝料請求

1　いわゆる近親者の範囲

[1] 本条に該当しない者であっても、被害者との間に本条所定の者と実質的に同視できる身分関係が存在し、被害者の死亡により甚大な精神的苦痛を受けた者には、本条が類推適用される。（最判昭49・12・17民集二八・一〇・二〇四〇、交通事故百選[二版]五五）→[3]

2　いわゆる近親者に当たるとされた事例

[2] 現在は精神上の苦痛を感じない生後一年四箇月に満たない幼児（大判昭11・5・13民集一五・八六一）→七一〇条[6]

[3] 身体障害者であるため、長年にわたり被害者と同居してその庇護［ひご］の下に生活を維持し、将来もその継続を期待していた、被害者の夫の妹（最判昭49・12・17前出[1]）

3　いわゆる近親者に当たらないとされた事例

[4] 内縁関係による未認知の子（大判昭7・10・6民集一一・二〇二三〈阪神電鉄事件〉民百選Ⅰ[六版]三）→七二一条

二　傷害の場合の近親者の慰謝料請求

[5] 不法行為により身体に傷害を受けた者の母が、そのために被害者の生命侵害（本条所定）の場合にも比肩し得べき精神上の苦痛を受けたときは、民法七〇九条、七一〇条に基づいて自己の権利として慰謝料を請求し得る。（最判昭33・8・5民集一二・一二・一九〇一、民百選Ⅱ[初版]八二……一〇歳の女児が顔面に傷害を受けた結果、容貌に著しい影響を被った場合）

（責任能力）

第七一二条　未成年者は、他人に損害を加えた場合において、自己の行為の責任を弁識するに足りる知能を備えていなかったときは、その行為について賠償の責任を負わない。

㊟＋七一四【未成年者↓四【未成年者の刑事責任↓刑四一、少

一　「行為の責任を弁識するに足りる知能」の意義

[1] 道徳上不正の行為であることを弁識する知能の意味ではなく、加害行為の法律上の責任を弁識するに足るべき知能をいう。（大判大6・4・30民録二三・七一五）

二　責任能力があるとされた事例

[2] 一一歳一一箇月の少年店員が主人のために自転車で物を運搬中他人を負傷させた場合（大判大4・5・12民録二一・六九二……主人の使用者責任（民法七一五条）が問われた例）

[3] **三　責任能力がないとされた事例**　一二歳七箇月の少年が空気銃で樹の根元を射撃しようとし、付近にいた被害者の眼に命中し、失明させた場合（大判大10・2・3民録二七・一九三……少年の監督義務者の責任（民法七一四条）が認められた例）

第七一三条　精神上の障害により自己の行為の責任を弁識する能力を欠く状態にある間に他人に損害を加えた者は、その賠償の責任を負わない。ただし、故意又は過失によって一時的にその状態を招いたときは、この限りでない。

⊛七一四【責任弁識能力を欠く状態↓七【心神喪失者の刑事責任↓刑三九

（責任無能力者の監督義務者等の責任）

第七一四条①　前二条の規定により責任無能力者がその責任を負わない場合において、その責任無能力者を監督する法定の義務を負う者は、その責任無能力者が第三者に加えた損害を賠償する責任を負う。ただし、監督義務者がその義務を怠らなかったとき、又はその義務を怠らなくても損害が生ずべきであったときは、この限りでない。

②　監督義務者に代わって責任無能力者を監督する者も、前項の責任を負う。

⊛【法定の監督義務者↓八二〇、八三三、八六七、八五七、八五八

一　「監督する法定の義務を負う者」の意義

[1]　精神障害者と同居する配偶者であるからといって、本条一項の法定の監督義務者に当たるとはいえない。（最判平28・3・1民集七〇・三・六八一〈JR東海事件〉民百選Ⅱ[八版]九三）

[2]　線路に立ち入り列車と衝突して鉄道会社に損害を与えた認知症の高齢者の妻と長男について本条一項の法定の監督義務者に準ずべき者に当たらないとして損害賠償責任が否定された例（最判平28・3・1前出[1]）

[3] **二　法定の監督義務者に準ずべき者の責任**

[1]において監督義務を引き受けたとみるべき特段の事情がある場合には法定の監督義務者に準ずべき者については本条一項の責任が類推適用される。（最判平28・3・1前出[1]）

三　監督義務者の責任の要件↓七一二条[3]

[4]　責任能力のない子が他人に加えた傷害行為に違法性がない場合には、親は本条の責任を負わない。（最判昭37・2・27民集一六・二・四〇七）↓七二〇条[5]

四　監督義務者の免責事由

[5]　以前に他の子供を殴打したなど性質粗暴な子が、バットを持って他の子供らの遊戯している場所に加わる場合に、親が適当な監視その他相当の注意を払った証拠がないときは、本条ただし書に当たらない。（大判昭14・3・22新聞四四〇二・三）

[6]　責任能力のない未成年者が親権者の直接の監視下にないときにした行為が通常は人身に危険が及ぶ行為ではない場合について、親権者が監督義務を怠らなかったとした事例（最判平27・4・9民集六九・三・四五五、民百選Ⅱ[八版]九二）

五　責任能力者の不法行為による監督義務者の責任

[7]　未成年者が責任能力を有する場合であっても、監督義務者の義務違反と未成年者の不法行為によって生じた結果との間に相当因果関係が認められるときは、監督義務者につき民法七〇九条に基づく不法行為が成立する。本条はこのような解釈の妨げとはならない。（最判昭49・3・22民集二八・二・三四七、民百選Ⅱ[七版]八九）

[8]　一九歳を超えてから少年院を仮退院し以後は特段の非行事実が見られなかった未成年者が犯罪を犯した場合につき、その親権者が当該犯罪を予測することはできなかったなどの事情の下において、当該親権者の監督義務違反を否定した例（最判平18・2・24家月五八・八・八八）

六　失火責任法との関係

[9]　責任を弁識する能力のない未成年者の行為により火災が発生した場合、重大な過失の有無は、未成年者の監督義務者の監督について考慮され、監督について重大な過失がなかったときは、右監督義務者は右火災により生じた損害を賠償する責任を免れる。（最判平7・1・24民集四九・一・二五、重判平7民九）↓失火[4]

（使用者等の責任）

第七一五条①　ある事業のために他人を使用する者は、被用者がその事業の執行について第三者に加えた損害を賠償する責任を負う。ただし、使用者が被用者の選任及びその事業の監督について相当の注意をしたとき、又は相当の注意をしても損害が生ずべきであったときは、この限りでない。

②　使用者に代わって事業を監督する者も、前項の責任を負う。

③　前二項の規定は、使用者又は監督者から被用者に対する求償権の行使を妨げない。

⊛【法人の不法行為責任↓一般法人七八、一九七、会社三五〇・六〇〇【本条の特則↓製造物三、自賠三、国賠一・三―六【船舶所有者の責任↓商六九〇　❸【本項の特則↓国賠一②

一　使用者の責任の要件

1　「ある事業のために他人を使用する」こと

イ　「ある事業のために他人を使用する」の意義

[1]　本条の被用者とは、報酬の有無、期間の長短を問わず、広く使用者の指揮・監督の下に使用者の経営する事業に従事する者を指称する。（大判大6・2・22民録二三・二一二）

[2]　使用者と被用者の間に存在する法律関係は有効である必要はなく、多少の程度において使用者の意思に服すべき場合であれば足りる。（大判昭2・6・15民集六・四〇三……患者の母に渡すように委託した場合。右の関係の有無について医師が父の雇人で同居している女中に薬品の所在を告げ、患の言及なしとして、医師の責任を認めた原判決を破棄差戻し）

ロ　「ある事業のために他人を使用する」関係に当たるとされた事例

a　自主的な仕事に従事する場合

[3]　元請負人が下請負人に対して指揮・監督する権利を保有し、両者にあたかも使用者・被用者のような関係が存在する場合（大判昭11・2・12新聞三九五六・一七）

b　名義貸与

[4]　貸切自動車営業者の名義を承諾を得て借用し、貸切旅客運送業を行い、名義料・諸税費用を支払い、かつ、名義貸

与者のもとに起居し、同人の車庫に自動車を格納している場合（大判昭11・11・13民集一五・二〇一一）

c 家族間の関係

[5] 兄が弟に兄所有の自動車を運転させこれに同乗して自宅に帰る途中、助手席で運転の指示をしていた等の事情がある場合（最判昭56・11・27民集三五・八・一二七一）

d 二重支配の関係

[6] 道路工事請負人が運転手助手付きの貨物自動車を借り受けた場合において、その助手が、請負人の現場監督の指揮に従い、運搬・運転に関与し、これらの仕事については助手の雇主の指図を受けたことがなく、かつ、請負人の飯場に起居していた場合（最判昭41・7・21民集二〇・六・一二三五……請負人の責任を認めた例）

[7] 下請負人の被用者に対し、元請負人が下請負人と同様の指揮・監督をしていた場合（最判昭45・2・12判時五九一・六一……元請負人の責任を認めた例）

[8] 階層組織を形成する暴力団の最上位の組長は、その直接間接の指揮監督の下で同暴力団の威力を利用してなされる資金獲得活動に従事していた下部組織の構成員に対して、使用者と被用者の関係に立つ。（最判平16・11・12民集五八・八・二〇七八、民百選Ⅱ[六版]八三……暴力団の対立抗争における構成員の殺傷行為につき事業執行性を認めて使用者責任を肯定）

2 「事業の執行について」

イ 「事業の執行について」の意義

[9] 「事業の執行について」とは広義に解釈すべきであり、被用者が自己の目的のためその地位を濫用した場合であっても、その者がそのような行為をなし得べき地位に置かれている場合には、外形上使用者の事業執行と異なるところがなく、事業の執行に関する行為といえる。（大民刑連判大15・10・13民集五・七八五）

[10] 「事業の執行について」とは、広く被用者の行為の外形を捉えて客観的に観察したとき、使用者の事業の態様、規模等からしてそれが被用者の職務行為の範囲内に属するものと認められれば足りる。（最判昭39・2・4民集一八・二・二五二、民百選Ⅱ[三版]八一）→[16]

[11] 使用者の事業の執行行為を契機とし、これと密接な関連を有すると認められる行為（暴行）によって加えられた損害は、「事業の執行について加えた損害」に当たる。（最判昭44・11・18民集二三・一一・二〇七九）

ロ 「事業の執行について」に当たるとされた事例

a いわゆる取引行為的不法行為

[12] 手形の偽造――かつて手形作成準備業務を担当していた者が、会計係員として割引手形を銀行に使送などする職務に配転した後、手形を偽造した場合（最判昭40・11・30民集一九・八・二〇四九、民百選Ⅱ[五補]八〇）

[13] 金員の騙取〔へんしゅ〕――銀行の支店長が不良貸付金の回収のために、支店名義で靴下を購入しこれを処分した場合（最判昭32・3・5民集一一・三・三九五……事業の執行につきなされた行為でないとはいえないとした）

b いわゆる事実行為的不法行為

[14] 自動車運転による事故――通産大臣用乗用車の運転手が、既に辞表を提出したが、まだ官を失っておらず、平素この自動車に同乗していた大臣秘書官の私用のために運転した場合（最判昭30・12・22民集九・一四・二〇四七）

[15] 自動車運転による事故――タクシー会社の整備係兼運転助手が、会社の黙認する場所以外で営業用自動車を用いて運転練習した場合（最判昭34・4・23民集一三・四・五三二）

[16] 自動車運転による事故――他八名の係員と共に運転することもあった販売契約係の者が、退社後映画見物をしての帰途、私用運転を禁ずる会社の規則に反して会社の自動車を無断使用した場合（最判昭39・2・4前出[10]）

[17] 暴行――すし屋の店員が使用者所有の自動車を運転して出前中、右自動車の方向指示器を点灯したまま直進したため、これと衝突しそうになった他の自動車の運転手と口論になり、暴行を加えた場合（最判昭46・6・22民集二五・四・五六六）

[18] 窃取――漁船の船長が操業を継続するため、他船の漁網を窃取した場合（最判昭48・2・16民集二七・一・一三二、商法百選九九）→商六九〇条[2]

[19] 殺傷行為（最判平16・11・12前出[8]）

ハ 「事業の執行について」に当たらないとされた事例

[20] 自動車運転による事故――会社において通勤等に自家用車を利用することが禁止され、出張の際も許可が必要とされており、又、本件出張についても特急列車を利用すれば十分間に合ったのに、会社の業務に関して平素自家用車を用いたことのない者が会社に届けることなく自家用車を用いて出張した場合（最判昭52・9・22民集三一・五・七六七、新交通事故百選八）

[21] 金員の騙取――郵便局所属の保険外務員が、他の顧客に届けるべき金員を盗まれたと虚偽の事実を述べ、簡易保険契約者を誤信させ、契約者貸付けの方法を教示するなどして郵便局から金員を借り入れさせた上で、その金員の融資を受けた場合（最判平15・3・25判時一八二六・五五……当該保険外務員が返済意思も能力もないのに、それらがあるかのように装い、被害者がそれを誤信したにとどまる）

ニ いわゆる取引行為的不法行為においては被害者の主観的事情が考慮される

[22] 被用者のなした取引行為が、その行為の外形からみて、使用者の事業の範囲内に属するものと認められる場合においても、その行為が被用者の職務権限内において適法に行われたものでなく、かつ、その行為の相手方がその事情について悪意又は重過失で取引をした場合には、本条の適用はない。（最判昭42・11・2民集二一・九・二二七八、民百選Ⅱ[八版]九四）

[23] 信用組合の内規に反することを知りながら職員外の者が職員と通じて職員定期預金をした場合でも、職員定期預金でなければ預金をしないことが明らかであった等特段の事情のない限り、一般定期預金として有効に成立し、右預金の払戻しに関する右職員の行為は、その限度において組合の事業の執行に当たる。（最判昭50・1・30民集二九・一・一……本条の適用がないとした原判決を破棄、差戻し）

3 被用者が第三者に損害を加えたこと→七一二条[2]

[24] 被害者たる被用者が業務執行の共同担当者であり、しかも当人にも事故発生について過失がある場合でも、使用者は本条による責任を免れない。（最判昭32・4・30民集一一・四・六四六）

二 使用者の免責の要件

1 「相当の注意をしても損害が生ずべきであったとき」の意義

[25] 相当の注意をしても到底損害の発生を避けられなかったことが明らかな場合を指し、相当の注意をしてもあるいは損害が発生したかもしれないような場合を意味するものではない。（大判大4・4・29民録二一・六〇六）

2 失火の場合

[26] 被用者の失火に重大な過失がある限り、使用者はその選任・監督について重大な過失がなくても、本条一項による責任を負う。（最判昭42・6・30民集二一・六・一五二六……失火責任法との関係が問題とされた例）↓失火[2]

三　代理監督者の責任（二項）

1　代理監督者の意義

[27] 客観的に見て、使用者に代わり現実に事業を監督する地位にある者を指称する。（最判昭42・5・30民集二一・四・九六一）

2　代理監督者に当たるとされた例

[28] 経理事務に従事する者の手形偽造につき、営業所における裁判外の一切の行為（ただし、手形行為を除く）をする権限を与えられていた営業所の所長（最判昭38・6・28判時三四四・三六）

3　代理監督者に当たらないとされた例

[29] 被用者たる運転手による事故につき、営業所の営業に関して具体的に監督する立場にない、タクシー会社の代表取締役（最判昭42・5・30前出[27]）

四　使用者の責任と被用者の責任との関係

[30] ★本条による使用者が負担する債務と民法七〇九条による被用者自身の債務とは、いわゆる不真正連帯の関係にある。（大判昭12・6・30民集一六・一二八五）↓四四一条[3]

[31] 使用者が、その事業の執行につきなされた被用者の加害行為により、直接損害を被り、又は使用者としての損害賠償責任を負担したことに基づき損害を被った場合には、使用者は、その事業の性格、規模、施設の状況、被用者の業務の内容、労働条件、勤務態度、加害行為の態様、加害行為の予防若しくは損失の分散についての使用者の配慮の程度その他諸般の事情に照らし、損害の公平な分担という見地から信義則上相当と認められる限度において、被用者に対し右損害の賠償又は求償の請求をすることができる。（最判昭51・7・8民集三〇・七・六八九、民百選Ⅱ[八版]九五）

[32] ★被用者が使用者の事業の執行につき第三者との共同の不法行為により他人に損害を加えた場合には、使用者は、被用者との過失割合により定まる負担部分を超えて被害者に損害を賠償した第三者との関係においても、被用者と同じ内容の責任を負い、右第三者は被用者の負担部分について使用者に求償することができる。（最判昭63・7・1民集四二・六・四五一、民百選Ⅱ[八版]九七）↓四四一条[10]・七一九条[23]

[33] 被用者が使用者の事業の執行について第三者に損害を加え、その損害を賠償した場合には、被用者は、使用者の事業の性格、規模、施設の状況、被用者の業務の内容、労働条件、勤務態度、加害行為の態様、加害行為の予防又は損失の分散についての使用者の配慮の程度その他諸般の事情に照らし、損害の公平な分担という見地から相当と認められる額について、使用者に対して求償することができる。（最判令2・2・28民集七四・二・一〇六）

五　加害者の複数の使用者間における求償権の範囲

[34] 加害者を指揮監督する複数の使用者がそれぞれ使用者責任を負う場合において、各使用者の負担部分は、加害者の加害行為の態様及びこれと各使用者の事業の執行との関連性の程度、加害者に対する各使用者の指揮監督の強弱などを考慮して定められるべきであって、使用者の一方が、右の負担部分を超えて損害を賠償したときは、その超える部分につき、使用者の他方に対してその負担部分の限度で求償することができる。（最判平3・10・25民集四五・七・一一七三、民百選Ⅱ[五補]八四……複数加害者による共同不法行為の事例）↓七一九条[24]

六　共同不法行為の加害者の各使用者間における求償権の範囲↓七一九条[24]

（注文者の責任）

第七一六条　注文者は、請負人がその仕事について第三者に加えた損害を賠償する責任を負わない。ただし、注文又は指図についてその注文者に過失があったときは、この限りでない。

⊛【請負↓六三二】

[1] 請負人の過失により建築中の建物が倒壊し、隣家の居住者に損害を与えた場合において、注文者が、土木出張所から建物の補強工作を完備するよう強く勧告を受けていたにもかかわらず、請負人に工作をさせなかった等の事情があるときは、右注文者に、注文又は指図について過失があったといえる。（最判昭43・12・24民集二二・一三・三四一三）

（土地の工作物等の占有者及び所有者の責任）

第七一七条①　土地の工作物の設置又は保存に瑕疵があることによって他人に損害を生じたときは、その工作物の占有者は、被害者に対してその損害を賠償する責任を負う。ただし、占有者が損害の発生を防止するのに必要な注意をしたときは、所有者がその損害を賠償しなければならない。

②　前項の規定は、竹木の栽植又は支持に瑕疵がある場合について準用する。

③　前二項の場合において、損害の原因について他にその責任を負う者があるときは、占有者又は所有者は、その者に対して求償権を行使することができる。

⊛【本条の特則↓国賠二―六】

一　土地工作物責任の要件

1　「土地の工作物」に当たるとされた事例

[1] 小学校の遊動円棒（大判大5・6・1民録二二・一〇八八、教育百選[二版]五六）

[2] 炭坑の坑口付近に設置された巻上機の一部をなし、炭車を坑口に巻き上げるために使用されたワイヤロープ（最判昭37・4・26民集一六・四・九七五）

[3] 高圧線（最判昭37・11・8民集一六・一一・二二一六）

[4] 鉄道の軌道施設（最判昭46・4・23民集二五・三・三五一、民百選Ⅱ[初版]九四）

2　「設置又は保存」の「瑕疵［かし］」

イ　「瑕疵」の存否の判断

[5] 他人の築造した瑕疵のある工作物を瑕疵がないと信じ過失なくして買い受けた者であっても、当該工作物を現に所有するということだけで本条の責任を負う。（大判昭3・6・7民集七・四四三）

ロ　「瑕疵」があるとされた事例

[6] 電気事業者が、電気工作物規程に従って、桑樹の間を通して高圧電流を通ずる電線を架設したところ、後に桑樹が生育したため、それに登った者が感電死した場合には、外部の状況の変化に対応した安全な処置を尽くさなかった点に瑕疵がある。（大判昭12・7・17新聞四一七二・一五）

[7] 踏切道の軌道施設は保安設備と併せ一体として考察されるべきであり、見通しが悪く、交通・列車回数が多く、過

去数度に及ぶ事故のあった電車の踏切に保安設備（警報機）が欠けている場合は、土地の工作物たる軌道施設の設置に瑕疵がある。（最判昭46・4・23前出④）

二　占有者の免責の要件（「損害の発生を防止するのに必要な注意」）

⑧ 小学校の遊動円棒が腐朽しかかっていたので、「一時に三人以上乗るべからず」と教員から生徒に注意し、さらに円棒支柱に禁止と記した板を打ち付けておいても、九歳余の学童に対する関係では必要な注意を尽くしたとはいえない。（大判大5・6・1前出⑦）

三　損害賠償義務者

1　占有者

⑨ 国が連合国占領軍の接収通知に応じ、建物をその所有者から賃借してこれを同軍の使用に供した場合には、国は、右建物について間接占有を有しており、本条の占有者に当たる。（最判昭31・12・18民集一〇・一二・一五五九）

2　所有者

⑩ 高圧線のゴム被覆の古損による感電事故の場合、ゴム被覆がなくても行政上の取締規定に違反せず、又、終戦後の国内物資の欠乏から全部の修補が極めて困難であるとしても、事故現場の高圧線の修補が絶対不可能でない限り、高圧線を所有する電力会社は、本条による賠償を免責されない。（最判昭37・11・8前出③）→⑥

四　失火責任法との関係

⑪ 電力会社がその架設した電線・電柱の瑕疵の修理を怠ったため、漏電し火災を起こした場合は、失火責任法の適用があるが、修理を怠ったことに重大な過失があるときは、所有者たる電力会社は本条の責任を負う。（大判昭7・4・11民集一一・六〇九、民百選Ⅱ〔初版〕九五）

◇→国賠二条〔判〕

（動物の占有者等の責任）

第七一八条① 動物の占有者は、その動物が他人に加えた損害を賠償する責任を負う。ただし、動物の種類及び性質に従い相当の注意をもってその管理をしたときは、この限りでない。

② 占有者に代わって動物を管理する者も、前項の責任を負う。

一　免責の要件（相当の注意）

① 七歳の子供にはどのような種類の犬をも怖がる者があり、一般には畏怖感を与えるおそれのない小型愛玩犬であっても、飼主の手を離れれば、その接近により、子供が自転車の操縦を誤ることも予測できないではなく、鎖を外した飼主は相当の注意をしたとはいえない。（最判昭58・4・1判時一〇八三・八三、交通事故百選〔四版〕四六）

二　損害賠償義務者

1　占有者と保管者の責任の関係

② 動物の占有者と保管〔管理〕者とが併存する場合には、両者の責任は重複して発生し得るが、占有者が自己に代わって動物を保管する者を選任して、これに保管させた場合に、「動物の種類及び性質に従い相当の注意をもってその管理」者を選任・監督したときは、その動物が他人に加えた損害の賠償責任を負わない。（最判昭40・9・24民集一九・六・一六六八）

2　占有補助者

③ 運送会社がその使用人に荷馬車を引かせていた場合、本来の占有者は運送会社であり、占有補助者たる使用人は、占有者でも保管者でもない。（大判大10・12・15民録二七・二一六九）

（共同不法行為者の責任）

第七一九条① 数人が共同の不法行為によって他人に損害を加えたときは、各自が連帯してその損害を賠償する責任を負う。共同行為者のうちいずれの者がその損害を加えたかを知ることができないときも、同様とする。

② 行為者を教唆した者及び幇助した者は、共同行為者とみなして、前項の規定を適用する。

❶【連帯債務→四三六―四四五】❷【教唆者→刑六一】【幇助者→刑六二】

一　本条一項前段の意義

1　本条一項前段の要件・効果

① 共同行為者各自の行為が客観的に関連し共同して流水を汚染し違法に損害を加えた場合において、各自の行為がそれぞれ独立に不法行為の要件を備えるときは、各自が、右違法な加害行為と相当因果関係にある全損害について、賠償の責めに任ずる。（最判昭43・4・23民集二二・四・九六四〈山王川事件〉環境百選〔三版〕一四）

② 行為者の各自が損害の原因たる不法行為に加わったこと、つまり、客観的に共同の不法行為によって一つの損害が発生したことで足り、共謀その他主観的共同の原因によって損害が発生したことを必要としない。（大判大2・4・26民録一九・二八一……倉庫会社の代表者が過って寄託物と符合しない倉庫証券を発行し（過失行為）、寄託者が右証券を担保として銀行から金銭を借り入れた（故意行為）場合）→七〇九条〔101〕

③ 各自の行為の間には、客観的関連共同性があれば足りる。各自の行為の間に「弱い関連共同性」（結果の発生に対して社会通念上全体として一個の行為と認められる程度の一体性）がある場合には、被害者が、加害者間の関連共同性及び共同行為による結果の発生を立証すれば、加害者各人の行為と結果発生との間の因果関係が推定され、加害者は、右の因果関係が存在しないことを立証しない限り責任を免れない。また、各自の行為の間に「強い関連共同性」（より緊密な一体性）がある場合には、各自の行為と結果発生との間に因果関係がない場合であっても、その者は本条の責任を負うことがある。（津地四日市支判昭47・7・24判時六七二・三〇〈四日市ぜんそく事件〉環境百選〔三版〕二）→七〇九条〔109〕

④ 一項前段の関連共同性は、客観的関連共同性で足りる。一項前段の効果としては、共同行為者各人が全損害についての賠償責任を負い、かつ、各自の個別事由による減・免責を許さないと解すべきであるが、このような厳格な責任を課する以上、「強い関連共同性」（社会的に見て緊密な一体性を有する行為）が要求される。（大阪地判平3・3・29判時一三八三・二二〈西淀川大気汚染訴訟〉環境百選〔三版〕一〇）→⑬

⑤ ★交通事故と医療過誤とが順次競合し、そのいずれもが被害者の死亡という不可分の一個の結果を招来し、この結果について相当因果関係を有する関係にあって、運転行為と医療行為とが共同不法行為に当たる場合、各不法行為者は被害者の被った損害の全額について連帯責任を負う（結

果発生に対する寄与の割合をもって被害者の被った損害額を案分し、責任を負うべき損害額を限定することは許されない）。（最判平13・3・13民集五五・二・三二八、民百選II[八版]一〇七）→七二二条[17]

2　各自の行為についての要件

イ　各行為の独立性

[6]　使用者と同居する被用者は、特段の事情のない限り、独立の占有をなすものではなく、家屋の不法占有について、本条の責任を負わない。（最判昭35・4・7民集一四・五・七五一、民百選I[三版]六四）→一八〇条[2]

[7]　妻が単に夫に従って他人の家屋に同居したのではなく、夫の不法占拠に加担して、共に所有権を侵害した場合には、夫と共に本条の責任を負う。（大判昭10・6・10民集一四・一〇七七）

ロ　各行為の故意・過失、権利侵害ないし違法性

[8]　両船の船長がその職務を行うに当たり過失により他人に損害を加えた場合であっても、本条の責任を負う。（大判大3・10・29民録二〇・八三四）

ハ　各行為と損害との因果関係→[3][4]

[9]　加害者各自の行為と生じた損害との間に因果関係がなければならない。（大判大8・11・22民録二五・二〇六八）

[10]　騒擾［そうじょう］行為をした数名のうち一名が相手を負傷させた場合には、単に脅迫行為をし騒擾を率先助勢していた者は、権利侵害に対する客観的共同原因となる行為を行っておらず、本条の責任を負わない。（大判大13・7・24民集三・三七六）

[11]　数人が闘争の共同決議をし、その一部が騒擾行為をし、相手を殺傷した場合には、決議にのみ参加し、現場に出動しなかった者も、決議行為と殺傷行為との間には因果関係があるから、本条の責任を負う。（大判昭9・10・15民集一三・一八七四）

[12]　土地の不法占拠によって地上権者が損害を受けたとしても、不法占拠者からその建物の一部分を賃借した者については、不法占拠者の明渡しを妨害する等特段の事情のない限り、建物占有と損害の間に相当因果関係は存在しない。また、仮に特段の事情があっても、右の者は建物の一部分を占有しているにすぎないから、不法占拠者と連帯して土地全部の賃料相当額の損害賠償責任を負うものではない。（最判昭31・10・23民集一〇・一〇・一二七五）→[29]・七〇九条[105]

二　本条一項後段の要件・効果

[13]　一項後段は、共同行為を通じて各人の加害行為と損害の発生との因果関係を推定した規定であり、各人は、減・免責の主張・立証が許される。この場合の関連共同性は、弱い関連共同性で足りる。（大阪地判平3・3・29前出[4]）

[14]　甲・乙車が衝突し、乙車の乗員に損害を加えた原因が、一旦停止していた甲車の不注意による発進、丙車の甲車に対する追突、それらの競合のうちのいずれであるか確定できない場合には、本条一項後段により、甲・丙車の各進行と右損害との因果関係が推定される。（大阪高判昭60・3・14判タ五六〇・二五〇）

[15]　①被害者によって特定された複数の行為者のほかに被害者の損害をそれのみで惹起し得る行為をした者が存在しないことは、本条一項後段の適用の要件である。②石綿含有建材を製造販売した建材メーカーらは、中皮腫にり患した大工らに対し、本条一項後段の類推適用により、上記大工らの各損害の三分の一について連帯して損害賠償責任を負う。（最判令3・5・17民集七五・五・一三五九、重判令3民七）

三　本条二項の適用例

[16]　会社に製品を納入するための買付注文を受けたとの詐言を盲信し、そのための出資金として金員を貸与した者が損害を受けた場合において、会社の支店長が、騙取［へんしゅ］者の意図を知らなかったにせよ、自己の通常の業務の範囲を超えているのに、軽率にも、製品受取りを証する書面を発行し、騙取者の依頼により預金額を大幅に超える自己名義の小切手を振り出すなど、あたかも同社が真に製品を購入するかのような行動をしたときは、同支店長の行為は騙取行為の過失による幇助［ほうじょ］となる。（東京高判昭48・4・26判時七〇六・二三）

四　不作為の不法行為責任

[17]　中学生グループの一人がレール上に置石をしたため、電車の脱線転覆事故が生じた場合において、その実行行為者と置石をするにつき共同の認識ないし共謀がない者であっても、この者が、仲間の関係にある実行行為者と共に事前にその動機となった話合いをしたばかりでなく、これに引き続いてされた実行行為の現場において、右行為を現に知りえるときには、右の者は、実行行為と関連する自己の右のような先行行為に基づく義務として、当該置石の存否を点検・確認し、これがあるときには、その除去等事故回避のための措置をとることが可能である限り、その措置をとるべき義務を負い、これを尽くさなかったために生じた事故について損害賠償責任を免れない。（最判昭62・1・22民集四一・一・一七、重判昭62民九……不法行為責任なしとした原判決を破棄・差戻し。共同不法行為責任については言及していない）

[18]　暴行による死亡事件において、事情を知らずに加害少年らに呼び出されて暴行の場所に赴いた少年について、暴行を制止すべき法的義務や被害者を救護する措置を執るべき法的義務を否定した例（最判平20・2・28判時二〇〇五・一〇……被害者の受傷を消防署等に通報すべき義務違反があったとする横尾・泉裁判官の反対意見がある）

五　共同不法行為の効果

1　損害賠償の範囲→[7][12]

[19]　不法行為による損害賠償の範囲については民法四一六条［平成二九法四四による改正前］が類推適用されるのであり、共同不法行為者は連帯して賠償責任を負うとしても、その損害の発生が予見可能であった者のみが賠償責任を負う。（大判昭13・12・17民集一七・二四六五……他人から賃借した公債証書を取引員の身元保証金代用として取引所に納入したところ、その証書返還請求権に対して、右賃借の事実を知る者と知らない者が通謀して不法に仮差押えをしたため、仮差押えの解除まで賃料相当の損害を被った場合）

2　責任の「連帯」（平成二九法四四による改正前におけるいわゆる不真正連帯債務）

イ　意義

[20]　★本条所定の共同不法行為者が負担する損害賠償債務は、いわゆる不真正連帯債務であって連帯債務ではないから、民法四三四条［平成二九法四四による改正前］の規定は適用されない。右の共同不法行為が行為者の共謀に係る場合であってもこれと結論を異にすべき理由はない。（最判昭57・3・4判時一〇四二・八七……債務者の一人に対する請求によっては、他の債務者の債務の消滅時効は中断しない）→四四一条[5]

ロ　債務の免除の効力が他の共同不法行為者に及ぶ

場合

[21] ★甲と乙が共同の不法行為により丙に損害を加えたが、甲と丙との間で成立した和解により、甲が丙の請求額の一部につき和解金を支払うとともに、丙が甲に対して残債務を免除した場合において丙が右の和解に際して乙の残債務をも免除する意思を有していたときは、乙に対しても残債務の免除の効力が及ぶ。（最判平10・9・10民集五二・六・一四九四、民百選Ⅱ[八版]二二）↓四四一条[9]

八 求償権

[22] ★使用者は、被用者と第三者の共同過失によって惹起［じゃっき］された交通事故による損害を賠償したときは、被用者と第三者の過失割合に従って定められる第三者の負担部分について第三者に対して求償権を行使することができる。（最判昭41・11・18民集二〇・九・一八八六、交通事故百選[四版]七九）

[23] ★被用者が使用者の事業の執行につき第三者との共同不法行為により他人に損害を加えた場合、右第三者が自己と被用者との過失割合により定まる自己の負担部分を超えて被害者に損害を賠償したときは、第三者は、被用者の負担部分について使用者に対し求償することができる。（最判昭63・7・1民集四二・六・四五一、民百選Ⅱ[八版]九七）↓四四一条[10]・七一五条[32]

[24] ★複数の加害者による共同不法行為につき各使用者が使用者責任を負う場合において、一方の加害者の使用者が当該加害者の過失割合に従って定められる自己の負担部分を超えて損害を賠償したときは、その超える部分につき、他方の加害者の使用者に対し、当該加害者の過失割合に従って定められる負担部分の限度で求償することができる。（最判平3・10・25民集四五・七・一一七三、民百選Ⅱ[五補]八四）↓七一五条[34]

[25] ★〈前出[21]の場合において〉甲の乙に対する求償金額は、確定した損害額である和解における甲の支払額を基準とし、双方の責任割合に従いその負担部分を定めて、これを算定すべきである。（最判平10・9・10前出[21]）↓四四一条[11]

二 共同不法行為と過失相殺↓七二二条[16][17]

六 不法行為の競合する場合

1 損害賠償の範囲

イ 因果関係の連鎖との関係における賠償範囲

a 他人の行為により損害が発生、増加した場合

[26] 原因の競合――偽造の登記済証に基づく登記申請が登記官吏の過失によって受理され、無効な所有権移転登記が経由された場合――右過失と右登記を信頼して該不動産を買い受けた者がその所有権を取得できなかったために被った損害との間には相当因果関係がある。（最判昭43・6・27民集二二・六・一三三九）

b 自然力の作用により損害が発生、増加した場合↓[30]

c 被害者自身に損害発生、増加の原因がある場合↓[31][32]

d 被害者の自殺の場合

[27] 交通事故の被害者が脳挫傷等の後遺障害を残したものの、徐々に軽易な労働に従事し得る程度まで回復し、被害者自身も職場復帰を決意していたという事情の下では、事故と被害者の自殺との間には相当因果関係がない。（最判昭50・10・3交民八・五・一二二一、新交通事故百選二一……被害者の自殺を特別事情による損害とし、これに対する予見可能性はないとした原審判断を正当とした）

[28] 交通事故による傷害の結果、器質的障害は残さなかったものの、事故態様が被害者に大きな精神的衝撃を与え、また、その後の補償交渉が円滑に進行しなかったことなどが原因となって鬱病になり、自殺に至った場合――右死亡は、事故との間に相当因果関係がある。（最判平5・9・9判時一四七七・四二、民百選Ⅱ[五補]七七……ただし、損害額の八割を減額した原判決を維持）

ロ 原因競合の場合における賠償範囲

a 他人の行為により損害が発生、増加した場合↓[5]

[29] 土地の不法占拠によって地上権者が損害を受けた場合において、不法占拠者からその建物の一部分を賃借した者が不法占拠者の明渡しを妨害する等の特段の事情が認められるときでも、建物の一部分を占有しているにすぎないから、不法占拠者と連帯して土地全部の賃料相当額の損害賠償責任を負うものではない。（最判昭31・10・23前出[12]）

b 自然力の作用により損害が発生、増加した場合

[30] 観光バスが国道で集中豪雨によって生じた土石流の直撃を受けて押し流され、川に転落し、乗客らが死亡した場合、国は、国道の設置・管理に瑕疵［かし］がある限り、つまり、道路において通常予測される自然現象に対する安全性に欠ける点がある限り、損害賠償責任を負うべきである。（名古屋高判昭49・11・20高民二七・六・三九五、交通事故百選[五版]三二……国道の設置・管理の瑕疵と予見困難な土石流の発生とが関連・競合して事故が発生したとし、国に対して全損害の六割の賠償を命じた原判決を取り消し、全損害の賠償を命じた例。ただし、国家賠償法二条一項に関する事件）

c 被害者自身に損害発生、増加の原因がある場合

[31] 視力低弱であった者が殴打された結果、失明した場合であっても、被害者は、失明状態となったことによって被る通常の損害の賠償を請求することができる。（仙台高判昭28・11・20下民四・一一・一七三三……被害者が視力低弱であったことについて、殴打した者に予見又は予見可能性があった事例）

[32] 自動車に追突されていわゆるむち打ち症にかかり、さらに外傷性神経症になった者につき一定時期（被害後三年）までの損害のみにつき（相当因果関係ありとし）、かつ、その四割に減縮して（過失相殺を類推して）請求を認めた例（最判昭63・4・21民集四二・四・二四三、交通事故百選[五版]八二）↓七二二条[18][19]

2 損害の算定方法

[33] 逸失利益の算定（事故後に別の原因による死亡の場合）――交通事故の被害者が後遺障害により労働能力の一部を喪失した場合における逸失利益の算定に当たっては、事故後に別の原因により被害者が死亡したとしても、事故時に、死亡の原因となる具体的事由が存在し、近い将来における死亡が客観的に予測されていた等の特段の事情がない限り、死亡の事実は就労可能期間の認定上考慮すべきではない。（最判平8・4・25民集五〇・五・一二二一、民百選Ⅱ[八版]一〇二）

[34] 逸失利益の算定（事故後に別の原因による死亡の場合）――前出[33]と同旨。死亡後に認められる逸失利益の算定に際し、生活費を控除することはできない。（最判平8・5・31民集五〇・六・一三二三、重判平8民一一②）

[35] 交通事故の被害者が事故のため介護を要する状態となった後に別の原因により死亡した場合には、死亡後の期間に

係る介護費用を右交通事故による損害として請求することはできない。（最判平11・12・20民集五三・九・二〇三八、交通事故百選[五版]四二）→[33][34]

第七二〇条（正当防衛及び緊急避難）

第七二〇条① 他人の不法行為に対し、自己又は第三者の権利又は法律上保護される利益を防衛するため、やむを得ず加害行為をした者は、損害賠償の責任を負わない。ただし、被害者から不法行為をした者に対する損害賠償の請求を妨げない。

② 前項の規定は、他人の物から生じた急迫の危難を避けるためその物を損傷した場合について準用する。

❶【刑法上の正当防衛→刑三六、盗犯　❷【刑法上の緊急避難→刑三七

一　正当防衛（一項）

[1] 営業上の自衛策として先に新聞広告に記載された内容が事実と異なることを釈明するために新聞広告をした場合でも、その論調が激しくて必要な程度を超えるものであるときは、正当防衛とはならず、不法行為となる。（大判昭11・12・11判決全集四・一・二七）

二　緊急避難（二項）

[2] 洪水による部落の危険を救うため堤防を決壊させた者が、刑法上の緊急避難に当たるとして無罪の判決を受けても、被害者に対する民事上の損害賠償責任を免れることはできない。（大刑判大3・10・2刑録二〇・一七六四）

三　その他のいわゆる違法性阻却事由

1　自力救済

[3] 私力の行使は、一定の要件の下で例外的に許容される。（最判昭40・12・7民集一九・九・二一〇一……許されず不法行為になるとされた例）→一条[37]

2　いわゆる危険への接近の理論

[4] 空港の騒音が一定の程度に達しており、空港周辺住民の一部がこれを原因とする訴訟を提起し、騒音問題が頻々と報道されていた等の状況の下に空港周辺地域に転入した者は、特段の事情が認められない限り、被害を受忍すべきである。（最大判昭56・12・16民集三五・一〇・一三六九〈大阪国際空港公害訴訟〉民法基本判例[初版]四三）→七〇九条[78]

3　いわゆる遊戯行為

[5] 小学校二年生の子が、鬼ごっこ中に、一年生の子に背負われて逃げようとした際誤って一年生の子を転倒させた場合、傷害行為には違法性がない。（最判昭37・2・27民集一六・二・四〇七）→七一四条[4]

第七二一条（損害賠償請求権に関する胎児の権利能力）

第七二一条　胎児は、損害賠償の請求権については、既に生まれたものとみなす。

※七二一【権利能力の始期→三①

[1] 胎児の損害賠償請求権につきその親族が胎児のために加害者と行った和解は、胎児を拘束しない。（大判昭7・10・6民集一一・二〇二三〈阪神電鉄事件〉民百選Ⅰ[六版]三）→七一一条[4]

第七二二条（損害賠償の方法、中間利息の控除及び過失相殺）

第七二二条① 第四百十七条〈損害賠償の方法〉及び第四百十七条の二〈中間利息の控除〉の規定は、不法行為による損害賠償について準用する。

② 被害者に過失があったときは、裁判所は、これを考慮して、損害賠償の額を定めることができる。

> （損害賠償の方法及び過失相殺）
> 第七二二条① 第四百十七条の規定は、不法行為による損害賠償について準用する。
> ②（略）

❶【金銭賠償の原則の例外→七二三、不正競争一四　❷【債務不履行と過失相殺→四一八【本項の特則→商七八八

一　金銭賠償の原則

1　定期金賠償

[1] 交通事故の被害者が事故に起因する後遺障害による逸失利益について定期金による賠償を求めている場合において、不法行為に基づく損害賠償制度の目的及び理念に照らして相当と認められるときは、同逸失利益は定期金による賠償の対象となる。（最判令2・7・9民集七四・四・一二〇四、重判令2民四）→四一七条[1]

2　原状回復が認められないとされた事例

[2] 鉱業者が境界を越えて他人の所有地中に坑路を侵掘した場合に、損害賠償として坑路の填塞を請求することは許されない。（大判明37・12・19民録一〇・一六四一）

3　差止めが認められないとされた事例

[3] いまだ発生していない損害を予防するために、民法七一七条の損害賠償請求に基づき、溜池［ためいけ］の修復工事及び工事完了までの溜池の使用禁止を求めることはできない。（最判昭43・7・4裁判集民九一・五六七）

4　差止めが認められるとされた事例

[4] 村民の村道使用の自由権は公法関係に由来するが、これに対して妨害が行われたときは、民法上不法行為の問題が生じ、右妨害が継続するときは、これを排除し得る。（最判昭39・1・16民集一八・一・一、行政百選Ⅰ[七版]一七）→行総◘【Ⅰ】[36]

◇[2]～[4]→◆【差止請求権】［七〇九条の後］[7]・◆【物権的請求権】［一七五条の前］[判]

二　損害賠償額の算定→七〇九条[114][124]～[165]・七一九条

三　過失相殺[33]～[35]

1　過失相殺の前提としての被害者の能力

[5] 被害を受けた未成年者の過失を斟酌［しんしゃく］するためには、事理を弁識するに足りる知能が備わっていれば足り、行為の責任を弁識するに足りる知能が備わっていることを要しない。（最大判昭39・6・24民集一八・五・八五四、民百選Ⅱ[八版]一〇五……八歳余の普通健康体を有する男児の交通事故について）

2 「被害者に過失があったとき」の意義

[6] 単に被害者本人の過失のみでなく、広く被害者側の過失をも包含する趣旨と解するを相当とする。（最判昭34・11・26民集一三・一二・一五七三）

[7] 前出[6]の「被害者側の過失」とは、例えば被害者に対する監督者である父母ないしその被用者である家事使用人などのように、被害者と身分上ないしは生活関係上一体をなすとみられるような関係にある者の過失をいう。（最判昭42・6・27民集二一・六・一五〇七、民百選Ⅱ[初版]八八）↓[13]

3 「被害者側の過失」として過失相殺が認められるとされた事例

イ 監督義務者

[8] 他人の不法行為によって死亡した幼児の父母の一方の事故の発生についての監督上の過失（その双方の請求について右過失を斟酌することができる）（最判昭44・2・28民集二三・二・五二五、交通事故百選[五版]四三）

ロ 無償同乗における運転者

[9] 夫の運転する被害自動車に妻が同乗していた場合の夫の過失（ただし、右夫婦の婚姻関係が既に破綻に瀕〔ひん〕しているなど特段の事情のない場合に限る）（最判昭51・3・25民集三〇・二・一六〇、民百選Ⅱ[五補]九一）

[10] 内縁の夫が運転する自動車に同乗していた場合の内縁の夫の過失（最判平19・4・24判時一九七〇・五四）

ハ 被用者

[11] 被害自動車を運転していた被害者の従業員の過失（大判大9・6・15民録二六・八八四）

ニ 共同暴走行為

[12] 自動二輪車とパトカーが衝突し、二輪車の同乗者甲が死亡した事故につき、甲の相続人がパトカーの運行供用者に対して損害賠償請求をする場合に、甲との共同暴走行為の一環を成す運転行為をしていた二輪車の運転者の過失（最判平20・7・4判時二〇一八・一六、交通事故百選[五版]八〇）

4 「被害者側の過失」に当たらないとして過失相殺が認められなかった事例

イ 監督義務者

[13] 被害を受けた幼児を引率していた保育園の保母の監護上の過失（最判昭42・6・27前出[7]）

ロ 無償同乗における運転者

[14] 被害自動車の運転者と同乗中の被害者が同じ職場に勤務する同僚である場合（最判昭56・2・17判時九九六・六五、新交通事故百選六四）

[15] 被害自動車の運転者と同乗中の被害者が恋愛関係にあったものの、婚姻も同居もしていない場合（最判平9・9・9判時一六一八・六三、交通事故百選[四版]七六）

5 複数者不法行為における過失相殺の方法

[16] 複数の加害者の過失及び被害者の過失が競合する一つの交通事故において、その交通事故の原因となった全ての過失の割合（絶対的過失割合）を認定することができるときには、絶対的過失割合に基づく被害者の過失による過失相殺をした損害賠償額について、加害者らは連帯して共同不法行為に基づく賠償責任を負う。（最判平15・7・11民集五七・七・八一五、交通事故百選[五版]七七）

[17] 交通事故と医療過誤という二つの不法行為が順次競合した共同不法行為において、過失相殺は、各不法行為の加害者と被害者との間の過失の割合に応じてすべきものであり、他の不法行為者と被害者との間における過失の割合を斟酌して過失相殺をすることは許されない。（最判平13・3・13民集五五・二・三二八、民百選Ⅱ[八版]一〇七）↓七一九条[5]

6 本条二項の類推適用

イ 本条が類推適用される場合

[18] 身体に対する加害行為と発生した損害との間に相当因果関係がある場合において、その損害が加害行為のみによって通常発生する程度、範囲を超えるものであり、かつ、その損害の拡大について被害者の心因的要因が寄与しているときは、損害賠償額を定めるにつき、本条二項を類推適用して、その損害の拡大に寄与した被害者の右事情を斟酌することができる。（最判昭63・4・21民集四二・四・二四三、交通事故百選[五版]八二）↓七一九条[32]

[19] 被害者に対する加害行為と加害行為前から存在した被害者の疾患とが共に原因となって損害が発生した場合において、当該疾患の態様、程度などに照らし、加害者に損害の全部を賠償させるのが公平を失するときは、裁判所は、損害賠償の額を定めるに当たり、本条二項の規定を類推適用して、被害者の疾患を斟酌することができる。（最判平4・6・25民集四六・四・四〇〇、民百選Ⅱ[四版]九七）

[20] [19]は、労災事故による損害賠償請求の場合においても、基本的に同様である。（最判平20・3・27判時二〇〇三・一五五）

ロ 本条の類推適用が否定された場合

[21] 被害者が平均的な体格ないし通常の体質と異なる身体的特徴を有しており、それが、加害行為と競合して傷害を発生させ、又は損害の拡大に寄与したとしても、右身体的特徴が疾患に当たらないときは、特段の事情がない限り、これを損害賠償の額を定めるに当たり斟酌することはできない。（最判平8・10・29民集五〇・九・二四七四、民百選Ⅱ[八版]一〇六……平均的体格に比して首が長く多少の頸椎〔けいつい〕の不安定症があることは疾患に当たらないとした）

[22] ある業務に従事する特定の労働者の性格が同種の業務に従事する労働者の個性の多様さとして通常想定される範囲を外れるものでない場合には、その性格及びこれに基づく業務遂行の態様等が業務の過重負担に起因して当該労働者に生じた損害の発生又は拡大に寄与したとしても、そのような事態は使用者として予想すべきものといえ、このような場合、裁判所は、業務の負担が過重であることを原因とする損害賠償請求において使用者の賠償すべき額を決定するに当たり、その性格及びこれに基づく業務遂行の態様等を、心因的要因として斟酌することはできない。（最判平12・3・24民集五四・三・一一五五、労働百選[一〇版]四九……長時間にわたる残業を恒常的に伴う業務に従事していた労働者が鬱病に罹患〔りかん〕し自殺した例）↓労契五条[3]

7 過失相殺の対象

[23] 不法行為の被害者が損害賠償を請求するために提起した訴訟追行のための弁護士費用は、過失相殺の対象から除外される。（最判昭52・10・20判時八七一・二九）

8 被害者に過失がある場合の損害賠償請求権の代位

[24] 人身傷害補償保険の保険金を支払った保険者は、保険金請求権者（被害者）に民法上認められるべき裁判基準による損害額（過失相殺前の額）が確保されるように、保険金の額と被害者の加害者に対する過失相殺後の損害賠償請求権の額との合計額が裁判基準による損害額（過失相殺前の額）を上回る場合に限り、上回る部分に相当する額の範囲で保険金請求権者の加害者に対する損害賠償請求権を代位取得する。（最判平24・2・20民集六六・二・七四二、交通事故百選[五版]一〇八）

第七二三条（名誉毀損における原状回復） 他人の名誉を毀損した者に対しては、裁判所は、被害者の請求により、損害賠償に代えて、又は損害賠償とともに、名誉を回復するのに適当な処分を命ずることができる。

㊂＋七一〇、七二二①、刑二三〇－二三二【類似の規定↓特許一〇六、不正競争一四、著作一一五、一一六】

一 本条における「名誉」の意義

[1] 本条にいう「名誉」とは、人がその品性、徳行、名声、

信用等の人格的価値について社会から受ける客観的な評価、すなわち社会的名誉を指すものであって、人が自己自身の人格的価値について有する主観的な評価、すなわち名誉感情は含まない。（最判昭45・12・18民集二四・一三・二一五一）

二　謝罪広告を命ずる判決の合憲性

[2] 謝罪広告を新聞紙等に掲載すべきことを命ずる判決は、その広告の内容が単に事態の真相を告白し陳謝の意を表明するにとどまる程度のものである限り、憲法一九条に反するものではなく、［旧］民訴法七三三条［現・民執法一七一条］による代替執行が可能である。（最大判昭31・7・4民集一〇・七・七八五、執保百選[三版]六八）→四一四条[1]、憲一九条[2][3]、民執一七一条[2]

三　差止請求権→◆【差止請求権】〔七〇九条の後〕[1][2]

四　反論権

[3] 名誉毀損について、本条あるいは人格権としての名誉権により名誉回復処分又は差止めの請求権が認められるためには、単に表現行為が名誉侵害を来しているだけでは足りず、人格権としての名誉の毀損による不法行為の成立することが前提として必要であり、この前提なくして条理又は人格権に基づき反論文掲載請求権を認めることはできない。（最判昭62・4・24民集四一・三・四九〇、憲百選I[七版]七六……新聞に掲載されたある政党の意見広告に関して、その対象とされた他の政党の新聞社に対する反論文の掲載請求が認められなかった例）→七〇九条[46]、憲二一条[43]

◇→七〇九条[36][39]～[53]

（不法行為による損害賠償請求権の消滅時効）

第七二四条　不法行為による損害賠償の請求権は、次に掲げる場合には、時効によって消滅する。

一　被害者又はその法定代理人が損害及び加害者を知った時から三年間行使しないとき。

二　不法行為の時から二十年間行使しないとき。

（不法行為による損害賠償請求権の期間の制限）

第七二四条　不法行為による損害賠償の請求権は、被害者又はその法定代理人が損害及び加害者を知った時から三年間行使しないときは、時効によって消滅する。不法行為の時から二十年を経過したときも、同様とする。

㊇【時効】→一四四－一五四・一六六①・一六七－一六九【本条の特則】→独禁二六②、製造物五、自賠一九【二】【法定代理人】→八一八・八一九・八三九－八四一・八四三・八七六の四・八七六の九

一　本条の適用される特殊な事例

[1] 不法行為による損害賠償債務の遅延利息（大連判昭11・7・15民集一五・一四四五）

[2] 不法行為による損害賠償債務を存続させた和解契約に基づく債権（大判昭7・9・30民集一一・一八六八）

[3] 船舶の衝突によって生じた損害賠償請求権（最判平17・11・21民集五九・九・二五五八、重判平17商七）

[4] 契約の一方当事者が、契約締結に先立ち、信義則上の説明義務に違反して、契約を締結するか否かの判断に影響を及ぼすべき情報を相手方に提供しなかった場合（最判平23・4・22民集六五・三・一四〇五、民百選II[八版]四）→◆【契約締結過程における責任】〔五三三条の後〕[7]

二　「加害者を知った時」

[5] 被害者が不法行為の当時加害者の住所・氏名を的確に知らず、しかもこれに対する賠償請求権を行使することが事実上不可能な場合には、その状況がやみ、被害者が加害者の住所・氏名を確認した時（最判昭48・11・16民集二七・一〇・一三七四、民百選II[八版]一〇八）

[6] 使用者責任においては、被害者が、使用者並びに使用者と不法行為者との間に使用関係がある事実に加えて、一般人が当該不法行為が使用者の事業の執行につきなされたものであると判断するに足りる事実をも認識することを要する。（最判昭44・11・27民集二三・一一・二二六五）

[7] 交通事故の被害者が、加害者として業務上過失致死罪で起訴され、一審で有罪判決を受けたものの二審で無罪判決を受け、同判決が確定した場合には、被害者に対する右無罪判決が確定した時（最判昭58・11・11判時一〇九七・三八、交通事故百選[四版]八六）

三　「損害を知った時」

1　意義

[8] 本条にいう被害者が損害を知った時とは、被害者が損害の発生を現実に認識した時をいう。（最判平14・1・29民集五六・一・二一八、重判平14民九……原告は被告新聞社が特定の通信社から配信を受けていることをあらかじめ知っており、本件と同内容の記事を掲載した別の新聞社が当該通信社から配信を受けていたことを訴訟告知によって知った時点で、被告新聞社が掲載した本件記事による「損害」（名誉毀損による損害）を知ったことになるとした原判決を破棄した例）

[9] 加害行為が不法行為であることをも知る必要があるが、これは、被害者が加害行為の行われた状況を認識することによっても可能であり、裁判所の判断を常に要するものではない。（最判昭43・6・27訟月一四・九・一〇〇三……土地の買受人が登記官吏の過失で土地の所有権を取得し得ない場合には、買受人がこれを知った時点で、その地上に建築した建物を収去することによって生ずる損害をも知り得るとした例）

[10] 配偶者の有責・不法な行為によって離婚するのやむなきに至り精神的苦痛を被ったことを理由としてその損害の賠償を求める場合には、相手方が有責と判断されて離婚を命ずる判決が確定するなど、離婚が成立した時に初めて、相手方の行為が不法行為であることと、「損害」の発生を知ったことになる。（最判昭46・7・23民集二五・五・八〇五、民百選III[二版]一八）→七〇九条[71]・七六八条[1][5][8]

[11] 交通事故による車両損傷を理由とする不法行為に基づく損害賠償請求権は、身体傷害を理由とする損害が生じた場合であっても、被害者が車両損傷を理由とする損害を知った時から進行する。（最判令3・11・2民集七五・九・三六四三）

◇[8]～[10]→[7]

2　特殊な損害の場合の起算点

イ　継続的不法行為による損害

[12] 不法占拠のような継続的不法行為の場合には、右行為により日々発生する損害につき被害者がその各々を知った時から別個に消滅時効が進行する。（大連判昭15・12・14民集一九・二三二五）

[13] 夫婦の一方の配偶者が他方の配偶者と第三者との同棲〔どうせい〕により第三者に対して取得する慰謝料請求権については、一方の配偶者が右の同棲関係を知った時から、それまでの間の慰謝料請求権の消滅時効が進行する。（最判平6・1・20家月四七・一・一二二）

ロ　傷害の後遺症

[14] 不法行為により受傷した被害者が、相当期間経過後に現

われた後遺症のため受傷当時には医学的に通常予想し得なかった治療を必要とするに至り、その費用の支出を余儀なくされた場合には、右費用についての消滅時効はその治療を受けるまで進行しない。（最判昭42・7・18民集二一・六・一五五九、民訴百選〔四版〕八二）↓民訴一一四条㉑

八　弁護士費用

⑮ 不法行為の被害者が弁護士に対し損害賠償請求の訴えを提起することを委任し、成功時に成功額の一定の割合による報酬金を支払う旨の契約を締結した場合には、右契約の時から右報酬金に係る不法行為の加害者に対する損害賠償請求権についての消滅時効が進行する。（最判昭45・6・19民集二四・六・五六〇、民百選Ⅱ〔初版〕一〇〇）

四　平成二九法四四による改正前の本条の定める二〇年の期間の性質（同改正後の本条で改められた）

⑯ ★本条後段〔平成二九法四四による改正前〕の規定は、不法行為によって発生した損害賠償請求権の除斥期間を定めたものであり、それゆえ、その主張が信義則違反又は権利の濫用に当たることはない。（最判平元・12・21民集四三・一二・二二〇九、重判平元民九）

⑰ ★不法行為の被害者が不法行為の時から二〇年を経過する前六箇月内において右不法行為を原因として心神喪失の常況にあるのに法定代理人を有しなかった場合において、その後当該被害者が禁治産宣告を受け、後見人に就職した者がその時から六箇月内に右不法行為による損害賠償請求権を行使したなど特段の事情があるときは、民法一五八条〔現同条一項〕の法意に照らし、本条後段〔平成二九法四四による改正前〕の効果は生じない。〔平成一一法一四九による改正前の事案〕（最判平10・6・12民集五二・四・一〇八七、民百選Ⅱ〔五補〕九九……前出⑯の例外を認めた）

⑱ ★殺人事件の加害者が死体を隠匿したため、被害者の相続人が死亡の事実を知ることができず、相続人が確定しないまま殺害の時から二〇年が経過した場合において、相続人確定時から六箇月内に権利が行使されたなど特段の事情があるときは、本条後段〔平成二九法四四による改正前〕の規定にかかわらず、不法行為に基づく損害賠償請求権は消滅しない。（最判平21・4・28民集六三・四・八五三、重判平21民一二）

五　「不法行為の時」の意義（平成二九法四四による改正前の本条に関する判断）

⑲ ★本条後段〔平成二九法四四による改正前〕の除斥期間の起算点である「不法行為の時」とは、加害行為が行われた時に損害が発生する不法行為の場合は加害行為の時だが、当該不法行為により発生する損害の性質上、加害行為が終了してから相当の期間が経過した後に損害が発生する場合は、当該損害の全部又は一部が発生した時をいう。（最判平16・4・27民集五八・四・一〇三二、民百選Ⅱ〔八版〕一〇九）

⑳ ★乳幼児期に受けた集団予防接種等によってなったB型肝炎については、加害行為時（予防接種時）ではなく損害発生時（発症時）が起算点となる。（最判平18・6・16民集六〇・五・一九九七、医事法百選〔三版〕一二①）↓国賠一条⑱

㉑ 乳幼児期に受けた集団予防接種等によってB型肝炎ウイルスに感染し陽性慢性肝炎が発症し、それが鎮静化した後に発症した陰性慢性肝炎による損害につき、陰性慢性肝炎の発症時が起算点となる。（最判令3・4・26民集七五・四・一一五七、重判令3民六）

（人の生命又は身体を害する不法行為による損害賠償請求権の消滅時効）

第七二四条の二　人の生命又は身体を害する不法行為による損害賠償請求権の消滅時効についての前条第一号の規定の適用については、同号中「三年間」とあるのは、「五年間」とする。〈第七二四条の二は新設〉

§+一六六①㈠

第四編　親族

第一章　総則

（親族の範囲）

第七二五条　次に掲げる者は、親族とする。

一　六親等内の血族

二　配偶者

三　三親等内の姻族

§+七二六―七二九【親族関係の準拠法↓法適用三三】【親族関係の主要な効果↓七三〇、七三四―七三六、八七七、八八七―八九〇、一〇五〇】【親族間の犯罪の特則↓刑一〇五、二四四、二五一、二五五、二五七

（親等の計算）

第七二六条①　親等は、親族間の世代数を数えて、これを定める。

②　傍系親族の親等を定めるには、その一人又はその配偶者から同一の祖先にさかのぼり、その祖先から他の一人に下るまでの世代数による。

§+七二五

（縁組による親族関係の発生）

第七二七条　養子と養親及びその血族との間においては、養子縁組の日から、血族間におけるのと同一の親族関係を生ずる。

§+【養子縁組による嫡出子関係の発生↓八〇九】【養子縁組の日↓七九九、七三九】【血族間における親族関係↓七二五㈠】【縁組による親族関係の終了↓七二九、八〇三―八〇八

① 養親と養子の血族（本件では伯父）との間には親族関係を生じない。（大決大13・7・28新聞二三〇二・二二）

② 養子縁組以前に生まれた養子の直系卑属と養親との間には親族関係を生じない。（大判昭7・5・11民集一一・一〇六二）

（離婚等による姻族関係の終了）

第七二八条①　姻族関係は、離婚によって終了する。

②　夫婦の一方が死亡した場合において、生存配偶者が姻族関係を終了させる意思を表示したときも、前項と同様とする。

§+【姻族関係終了の効果↓七三〇、七三五、八七七②】❶【姻族関係↓七二五㈢】【離婚↓七六三―七七一】【離婚に準ずべきもの↓七四三―七四九】❷【意思表示の届出↓戸九六】【意思表示の効果↓七五一、七六九

（離縁による親族関係の終了）

第七二九条　養子及びその配偶者並びに養子の直系卑属及びその配偶者と養親及びその血族との親族関係は、離縁によって終了する。

§+七二七【離縁↓八一一―八一七、八一七の一〇、八一七の一一】【離縁に準ずべきもの↓八〇三―八〇八】【婚姻障害の存続↓七

（親族間の扶け合い）

第七三〇条 直系血族及び同居の親族は、互いに扶け合わなければならない。

⊗+【扶養義務→八七七【夫婦の協力・扶助→七五二

第二章　婚姻

第一節　婚姻の成立

第一款　婚姻の要件

⊗+【婚姻と両性の平等→憲二四①【婚姻の成立要件の準拠法→法適用二四

（婚姻適齢）

第七三一条 婚姻は、十八歳にならなければ、することができない。

⊗+【年齢の計算→年齢計算【本条違反の婚姻→七四〇、七四四、七四五

（重婚の禁止）

第七三二条 配偶者のある者は、重ねて婚姻をすることができない。

⊗+【本条違反の婚姻→七四〇、七四四、七七〇①㈡【失踪宣告の取消しと重婚→三二①但【重婚の罪→刑一八四

1 **一　本条違反の婚姻の効力** 後婚は当然には無効とならず、ただ取り消し得るにすぎない。（大判昭17・7・21新聞四七八七・一五）

2 **二　後婚解消後の後婚取消しの可否** 後婚が離婚によって解消されたときは、特段の事情のない限り、重婚を理由とする後婚の取消しを請求することは許されない。（最判昭57・9・28民集三六・八・一六四二、民百選Ⅲ[二版]四）→七六四条8、民訴◆【訴え】〔一三四条の前〕20

三　本条違反の内縁→◘【Ⅰ　婚約ないし内縁】〔七七一条の後〕14 15

（再婚禁止期間）

第七三三条① 女は、前婚の解消又は取消しの日から起算して百日を経過した後でなければ、再婚をすることができない。

② 前項の規定は、次に掲げる場合には、適用しない。

一　女が前婚の解消又は取消しの時に懐胎していなかった場合

二　女が前婚の解消又は取消しの後に出産した場合

⊗+❶【前婚の解消又は取消しの日→七六四、七三九、七七〇、七四三【本条違反の婚姻→七四〇、七四四、七四六、七七三

1 再婚禁止期間について男女間に差異を設ける本条の立法趣旨は、父性推定の重複を回避し、父子関係をめぐる紛争の発生を未然に防ぐことにある。〔平成二八法七一による改正前の事案〕（最判平7・12・5判時一五六三・八一、民百選Ⅲ[初版]五……2により一部判例変更）

2 本条一項〔平成二八法七一による改正前〕の立法目的は、民法七七二条の父性の推定の重複を回避し、父子関係をめぐる紛争の発生を未然に防ぐことにある。女性の再婚後に生まれる子については、計算上一〇〇日の再婚禁止期間を設けることによって、父性の推定の重複が回避されるので、同項が一〇〇日について女性の再婚を一律に制約することは、立法目的との関連において合理性を有し、憲法一四条一項、二四条二項に違反するものではない。これに対し、本条一項のうち一〇〇日を超過する部分は、父性の推定の重複を回避するために必要な期間ということはできず、遅くとも甲が前婚を解消した平成二〇年三月から一〇〇日を経過した時点までには、憲法一四条一項、二四条二項に違反するに至っていた。（最大判平27・12・16民集六九・八・二四二七、民百選Ⅲ[二版]五……右法改正前は、本条一項の期間制限は「六箇月」だった）→憲一四条12・二四条3

（近親者間の婚姻の禁止）

第七三四条① 直系血族又は三親等内の傍系血族の間では、婚姻をすることができない。ただし、養子と養方の傍系血族との間では、この限りでない。

② 第八百十七条の九の規定により親族関係が終了した後も、前項と同様とする。

⊗+【血族→七二七、七二九、七三六【親等→七二六【本条違反の婚姻→七四〇、七四四

17 **本条違反の内縁**→◘【Ⅰ　婚約ないし内縁】〔七七一条の後〕

（直系姻族間の婚姻の禁止）

第七三五条 直系姻族の間では、婚姻をすることができない。第七百二十八条又は第八百十七条の九の規定により姻族関係が終了した後も、同様とする。

⊗+【姻族関係→七二五③【本条違反の婚姻→七四〇、七四四

16 **本条違反の内縁**→◘【Ⅰ　婚約ないし内縁】〔七七一条の後〕

（養親子等の間の婚姻の禁止）

第七三六条 養子若しくはその配偶者又は養子の直系卑属若しくはその配偶者と養親又はその直系尊属との間では、第七百二十九条の規定により親族関係が終了した後でも、婚姻をすることができない。

⊗+【養子縁組による親族関係→七二七【近親婚の禁止→七三四【本条違反の婚姻→七四〇、七四四

第七三七条【未成年者の婚姻についての父母の同意】 削除

（成年被後見人の婚姻）

第七三八条 成年被後見人が婚姻をするには、その成年後見人の同意を要しない。

⊗+【成年被後見人→七一九【成年後見人→八四三【意思能力→三の二

（婚姻の届出）

第七三九条① 婚姻は、戸籍法（昭和二十二年法律第二百二十四号）の定めるところにより届け出ることによって、その効力を生ずる。

② 前項の届出は、当事者双方及び成年の証人二人以上が署名した書面で、又はこれらの者から口頭で、しな

ければならない。

§❶【婚姻の届出↓戸七四【届出の受理↓七四〇【届出のない婚姻の無効↓七四二㊁【在外日本人間の婚姻の方式↓七四一【内縁関係の保護↓九五八の二、借地借家三六、労基七九、労災一一・一六の二・一六の七、厚年三②【婚姻と戸籍の記載↓戸六・一六・一四①・一三　❷【証人↓戸三三

1 届出は戸籍吏に受理されれば完了し、戸籍簿に記入されなくても婚姻は成立する。（大判昭16・7・29民集二〇・一〇一九、家族百選[初版]一二）

（婚姻の届出の受理）

第七四〇条　婚姻の届出は、その婚姻が第七百三十一条から第七百三十六条まで及び前条第二項の規定その他の法令の規定に違反しないことを認めた後でなければ、受理することができない。

§+【その他の法令↓法適用二四【違反婚姻の効果↓七四三―七四六、七四二㊁但【不受理と不服申立て↓戸一二二、家事三九・別表第一〈百二十五の項〉

（外国に在る日本人間の婚姻の方式）

第七四一条　外国に在る日本人間で婚姻をしようとするときは、その国に駐在する日本の大使、公使又は領事にその届出をすることができる。この場合においては、前二条の規定を準用する。

§+【外国における届出↓戸四〇―四二【本籍地への届出も可↓戸二五

第二款　婚姻の無効及び取消し

§+【婚姻の成立要件の準拠法↓法適用二四

（婚姻の無効）

第七四二条　婚姻は、次に掲げる場合に限り、無効とする。

一　人違いその他の事由によって当事者間に婚姻をする意思がないとき。

二　当事者が婚姻の届出をしないとき。ただし、その届出が第七百三十九条第二項に定める方式を欠くだけであるときは、婚姻は、そのためにその効力を妨げられない。

§+【婚姻無効の訴え↓人訴二・三の二―三〇【婚姻無効の審判↓家事二七七・二七九【婚姻の無効と戸籍の訂正↓戸一一四―一一六　【二】【詐欺又は強迫による婚姻の取消し↓七四七　【三】【婚姻の届出↓七三九・七四一

一　婚姻意思の存否

1　受理当時意識を喪失していた事例―臨終婚↓七八一条⑥・八〇二条⑨

1 他人に婚姻届出を委託した当事者が届書の作成当時婚姻意思を有していれば届出受理当時意識を失っていたとしても、婚姻は有効に成立する。（最判昭44・4・3民集二三・四・七〇九、家族百選[二版]一四……事実上の夫婦共同生活のあった事例）

2 前出1と同旨（最判昭45・4・21判時五九六・四三、民百選Ⅲ[二版]二……事実上の夫婦共同生活のなかった事例）

2　仮装婚

3 婚姻の届出自体については当事者間に意思の合致があっても、それが単に子に嫡出子としての地位を得させるための便法として仮託されたものにすぎないときは、婚姻は効力を生じない。（最判昭44・10・31民集二三・一〇・一八九四、民百選Ⅲ[二版]一）

二　無効の追認

4 事実上の夫婦の一方が他方の意思に基づかないで婚姻届を作成提出した場合においても、婚姻は追認により届出の当初に遡って有効となる。（最判昭47・7・25民集二六・六・一二六三、民百選Ⅲ[二版]三）

三　婚姻の無効確認請求と信義則

5 婚姻の無効確認請求が信義則に照らして許されないかどうかは、婚姻の効力の有無が当該当事者以外の利害関係人の身分上の地位に及ぼす影響等も考慮して判断しなければならない。（最判平8・3・8判時一五七一・七一……信義則に反するということはできないとされた事例）

（婚姻の取消し）

第七四三条　婚姻は、次条から第七百四十七条までの規定によらなければ、取り消すことができない。

§+【婚姻届出の際の審査↓七四〇【婚姻取消しの訴え↓人訴二・三の二―四〇【婚姻取消しの審判↓家事二七七・二七九【婚姻取消しの届出↓戸七五・七五の二【婚姻取消しの効果↓七四八・七四九

（不適法な婚姻の取消し）

第七四四条①　第七百三十一条から第七百三十六条までの規定に違反した婚姻は、各当事者、その親族又は検察官から、その取消しを家庭裁判所に請求することができる。ただし、検察官は、当事者の一方が死亡した後は、これを請求することができない。

②　第七百三十二条又は第七百三十三条の規定に違反した婚姻については、当事者の配偶者又は前配偶者も、その取消しを請求することができる。

§+【婚姻の取消し↓七四三§【親族↓七二五【婚姻取消権の消滅↓七四五・七四六

（不適齢者の婚姻の取消し）

第七四五条①　第七百三十一条の規定に違反した婚姻は、不適齢者が適齢に達したときは、その取消しを請求することができない。

②　不適齢者は、適齢に達した後、なお三箇月間は、その婚姻の取消しを請求することができる。ただし、適齢に達した後に追認をしたときは、この限りでない。

§+七四四【追認↓一二二・一二三

（再婚禁止期間内にした婚姻の取消し）

第七四六条　第七百三十三条の規定に違反した婚姻は、前婚の解消若しくは取消しの日から起算して百日を経過し、又は女が再婚後に出産したときは、その取消しを請求することができない。

§+七四四【前婚の解消又は取消しの日↓七三三§

（詐欺又は強迫による婚姻の取消し）

第七四七条①　詐欺又は強迫によって婚姻をした者は、その婚姻の取消しを家庭裁判所に請求することができる。

②　前項の規定による取消権は、当事者が、詐欺を発見

し、若しくは強迫を免れた後三箇月を経過し、又は追認をしたときは、消滅する。

⊛【婚姻の取消し↓七四三⊛【追認↓一二二・一二三【婚姻無効の場合↓七四二㈡

（婚姻の取消しの効力）
第七四八条① 婚姻の取消しは、将来に向かってのみその効力を生ずる。
② 婚姻の時においてその取消しの原因があることを知らなかった当事者が、婚姻によって財産を得たときは、現に利益を受けている限度において、その返還をしなければならない。
③ 婚姻の時においてその取消しの原因があることを知っていた当事者は、婚姻によって得た利益の全部を返還しなければならない。この場合において、相手方が善意であったときは、これに対して損害を賠償する責任を負う。

⊛七四三―七四七【財産法上の取消しの効力↓一二一【婚姻の取消しのその他の効果↓七四九・七二八①・七七二・七八九・八一九【利益の返還と不当利得↓七〇三・七〇四

（離婚の規定の準用）
第七四九条　第七百二十八条第一項〈離婚による姻族関係の終了〉、第七百六十六条から第七百六十九条まで〈協議上の離婚の効果〉、第七百九十条第一項ただし書〈子の氏〉並びに第八百十九条第二項、第三項、第五項及び第六項〈離婚の際の親権者の決定〉の規定は、婚姻の取消しについて準用する。

⊛七四三―七四七・七四八【復氏と戸籍↓戸一九①・二三【渉外婚姻の場合と氏の変更↓戸一〇七③・一〇の二①【裁判所による子の監護・財産分与の決定↓人訴三の四・三二、家事三の八・三の一〇・三の一二・三九・別表第二〈三の項〉〈四の項〉・二四四

第二節　婚姻の効力

⊛【婚姻の効力の準拠法↓法適用二五

◆【I　貞操の義務】

一　離婚原因↓七七〇条㊟
二　義務違反配偶者が負う責任

[1] 夫もまた妻に対して貞操を守る義務を負う。（大決大15・7・20刑集五・三一八〈男子貞操義務判決〉家族百選[初版]一四……相手方女性からの妻による慰謝料の取立てが恐喝罪に問われた刑事事件。無罪）

三　義務違反配偶者の相手方が負う責任

[2] 夫婦の一方の配偶者と肉体関係を持った第三者は、他方の配偶者の夫又は妻としての権利を侵害した不法行為責任を負う。（最判昭54・3・30民集三三・二・三〇三、民百選II[四版]九四……子からの請求は相当因果関係がないとして否定）↓七〇九条[68][167]

[3] 夫婦の一方の配偶者と肉体関係を持つことが不法行為となるのは、それが他方の配偶者の婚姻共同生活の平和の維持という権利又は法的保護に値する利益を侵害する行為だからであり、肉体関係を持った当時既に婚姻関係が破綻していたときは、不法行為責任を負わない。（最判平8・3・26民集五〇・四・九九三、民百選III[二版]一一）↓七〇九条[69]

[4] 夫婦の一方の配偶者が他方の配偶者と第三者との同棲〔どうせい〕により第三者に対して取得する慰謝料請求権の消滅時効の起算点（最判平6・1・20家月四七・一・一二二）↓七二四条[13]

[5] 夫婦の一方と不貞行為に及んだ第三者は、当該夫婦を離婚させることを意図してその婚姻関係に対する不当な干渉をするなどして当該夫婦を離婚のやむなきに至らしめたものと評価すべき特段の事情があるときに限り、夫婦を離婚させたことを理由として慰謝料を支払うべき不法行為責任を負う。（最判平31・2・19民集七三・二・一八七、重判令元民九）↓七〇九条[70]

◆【II　「日本人の配偶者」としての地位と在留資格】

[1] 日本人との間の婚姻関係が法律上存続している外国人であっても、その婚姻関係が社会生活上の実質的基礎を失っている場合には、出入国管理及び難民認定法別表第二所定の「日本人の配偶者等」の在留資格取得の要件を備えているということができない。実質的基礎を失っているかどうかの判断は客観的に行われるべきものであり、有責配偶者からの離婚請求が制約されることがあるとしても、その判断を左右しない。（最判平14・10・17民集五六・八・一八二三、重判平14行政七）↓七七〇条[12]

（夫婦の氏）
第七五〇条　夫婦は、婚姻の際に定めるところに従い、夫又は妻の氏を称する。

⊛【氏の届出↓戸七四㈠【戸籍の記載↓戸六・一六・一四①【復氏↓七五一・七六七【渉外婚姻と氏の変更↓戸一〇七②③・一〇の二①

[1] ① 婚姻の際に「氏の変更を強制されない自由」が憲法上の権利として保障される人格権の一内容であるとはいえず、本条は憲法一三条に違反するものではない。
② 本条は、夫婦がいずれの氏を称するかを協議に委ねているのであり、憲法一四条一項に違反するものではない。
③ 夫婦同氏制は我が国の社会に定着しており、家族の呼称を一つに定めることには合理性があり、同制度には家族構成員であることを対外的に公示し識別する機能があるなどの意味がある。婚姻によって氏を改める者が不利益を受ける場合があることは否定できず、現状では妻となる女性がその不利益を受ける場合が多いことが推認できるが、婚姻前の氏の通称使用が広まることにより右不利益は一定程度は緩和され得る。以上を総合すると、本条は、憲法二四条に違反するものではない。この種の制度の在り方は国会で判断されるべき事柄である。（最大判平27・12・16民集六九・八・二五八六、民百選III[二版]六……山浦裁判官の反対意見、岡部ほか二裁判官、木内裁判官の各意見、寺田裁判官の補足意見がある）↓憲一三条[33]・一四条[13]・二四条[4]

[2] 社会の変化や国民の意識の変化等を踏まえても、前出[1]判決を変更すべきものとは認められない。（最大決令3・6・23判タ一四八八・九四、重判令3憲一〇……本条が憲法二四条に違反するとする宮崎・宇賀裁判官、草野裁判官の各反対意見及び三浦裁判官の意見があるほか、深山ほか二裁判官の補足意見がある）↓憲二四条[5]

[3] 本条を改廃して夫婦別氏制という選択肢を新たに設けない立法不作為の違法を理由とする国家賠償請求を棄却した

原審に対する上告を棄却した事例（最決令4・3・22【令2オ一四一三】……本条が憲法二四条に違反するとする渡邉裁判官、宇賀裁判官の各意見がある）

（生存配偶者の復氏等）

第七五一条① 夫婦の一方が死亡したときは、生存配偶者は、婚姻前の氏に復することができる。

② 第七百六十九条〈離婚による復氏の際の権利の承継〉の規定は、前項及び第七百二十八条第二項の場合について準用する。

参七五〇 ❶【渉外婚姻の場合と氏の変更→戸一〇七③、二〇の二①】【復氏の届出→戸九五、一九②、二三】

（同居、協力及び扶助の義務）

第七五二条 夫婦は同居し、互いに協力し扶助しなければならない。

参【事件の処理→家事三の一〇、三九、別表第二〈一の項〉、二四四】【悪意の遺棄と離婚→七七〇①二】【親族間の互助→七三〇】【扶助義務→七六〇】【扶養義務→八七七】

一 同居の義務→◆【Ⅰ 貞操の義務】〔七五〇条の前〕判

1 同居義務の性質

[1] 同居義務は強制履行（間接強制も）を許さない。（大決昭5・9・30民集九・九二六）→四一四条[2]、民執二章一節

[1]・一七二条[5]

2 同居審判の合憲性

[2] 夫婦の同居その他夫婦間の協力扶助に関する権利義務自体を終局的に確定するには公開の法廷における対審及び判決によるべきであるが、審判はその具体的内容を定める処分であるから、憲法八二条、三二条に抵触しない。（最大決昭40・6・30民集一九・四・一〇八九、民百選Ⅲ二版七……山田ほか六裁判官の少数意見がある）→七六〇条[1]、憲八二条[2]、民訴◆【民事裁判権の限界】〔一編名の後〕[22]

二 扶助の義務→七六〇条判

第七五三条【婚姻による成年擬制】削除

（夫婦間の契約の取消権）

第七五四条 夫婦間でした契約は、婚姻中、いつでも、夫婦の一方からこれを取り消すことができる。ただし、第三者の権利を害することはできない。

参【取消し→一二〇―一二六】【夫婦間の権利の時効の完成猶予→一五九】

婚姻が実質的に破綻しているときは、本条の規定により夫婦間の契約を取り消すことは許されないとされた場合

[1] 贈与契約時の破綻（最判昭33・3・6民集一二・三・四一四、家族百選初版一六）

[2] 取消し時の破綻（最判昭42・2・2民集二一・一・八八、家族百選三版一五）

第三節 夫婦財産制

参【夫婦財産制の準拠法→法適用二六】

第一款 総則

（夫婦の財産関係）

第七五五条 夫婦が、婚姻の届出前に、その財産について別段の契約をしなかったときは、その財産関係は、次款に定めるところによる。

参【婚姻の届出→七三九】【別段の契約→七五六】

（夫婦財産契約の対抗要件）

第七五六条 夫婦が法定財産制と異なる契約をしたときは、婚姻の届出までにその登記をしなければ、これを夫婦の承継人及び第三者に対抗することができない。

参【法定財産制→七五五、七六〇―七六二】【婚姻の届出→七三九】

第七五七条【同前―外国人の場合】削除

（夫婦の財産関係の変更の制限等）

第七五八条① 夫婦の財産関係は、婚姻の届出後は、変更することができない。

② 夫婦の一方が、他の一方の財産を管理する場合において、管理が失当であったことによってその財産を危うくしたときは、他の一方は、自らその管理をすることを家庭裁判所に請求することができる。

③ 共有財産については、前項の請求とともに、その分割を請求することができる。

参❶【夫婦の財産関係→七五五、七五六】【婚姻の届出→七三九】❷❸【家庭裁判所への請求→家事三九、別表第一〈五十八の項〉】【共有財産の分割→七六二②、二五六、二五八】【第三者対抗要件→七五六、七五九】

（財産の管理者の変更及び共有財産の分割の対抗要件）

第七五九条 前条の規定又は第七百五十五条の契約の結果により、財産の管理者を変更し、又は共有財産の分割をしたときは、その登記をしなければ、これを夫婦の承継人及び第三者に対抗することができない。

参七五六

第二款 法定財産制

（婚姻費用の分担）

第七六〇条 夫婦は、その資産、収入その他一切の事情を考慮して、婚姻から生ずる費用を分担する。

参【法定財産制の性質→七五五】【夫婦の扶助義務→七五二】【事件の処理→家事三の一〇、三九、別表第二〈二の項〉、二四四】

一 分担審判の合憲性

[1] 婚姻費用負担義務の存否を終局的に確定するには公開の法廷における対審及び判決によるべきであるが、審判は義務のあることを前提としてその分担額を形成決定するものであるから、憲法八二条、三二条に反するものではない。（最大決昭40・6・30民集一九・四・一一一四、続民訴百選八五……山田ほか六裁判官の少数意見がある）→七五二条[2]、民訴◆【民事裁判権の限界】〔一編名の後〕[22][23]

二 裁判管轄

[2] 婚姻費用の分担額は家庭裁判所が決定すべきであり、通常裁判所が判決手続で判定すべきものではない。（最判昭43・9・20民集二二・九・一九三八……離婚判決確定までの生活費の支払の請求を否定）

[3] 婚姻費用の分担の請求が訴訟事件として通常裁判所に提起された場合、これを家庭裁判所に移送することは許されず、不適法として却下される。（最判昭44・2・20民集二三・二・三九九、家族百選増補追補二三……離婚請求に対す

る反訴として離婚と離婚までの婚姻費用の分担などが請求された事例）→八七七条[6]、民訴一六条[3]

[4] 別居中の子の監護費用については離婚訴訟で命ずることができる。（最判平9・4・10民集五一・四・一九七二、家族百選[六版]一四）→七七一条[1]

三　過去の婚姻費用の請求

[5] 家庭裁判所は過去に遡って分担額を形成決定できる。（最大決昭40・6・30前出[1]）

[6] 離婚訴訟において財産分与の額及び方法を定めるに当たっては、婚姻費用の清算のための給付をも含めることができる。（最判昭53・11・14民集三二・八・一五二九、民百選Ⅲ[二版]一七）→七六八条[2]

[7] 婚姻費用分担審判の申立て後に当事者が離婚したとしても、婚姻費用分担請求権は消滅せず、家庭裁判所は、当事者が婚姻費用の清算のための給付を含めて財産分与の請求をすることができる場合であっても、離婚時までの過去の婚姻費用のみの分担額を形成決定できる。（最決令2・1・23民集七四・一・一）

四　将来の婚姻費用債権による債権者取消権行使も許される→四二四条[4]

五　婚姻費用分担額の算定

[8] 子ども手当の支給及び公立高等学校に係る授業料の不徴収が算定に影響しないとした事例（最決平23・3・17家月六三・七・一一四）

（日常の家事に関する債務の連帯責任）

第七六一条　夫婦の一方が日常の家事に関して第三者と法律行為をしたときは、他の一方は、これによって生じた債務について、連帯してその責任を負う。ただし、第三者に対し責任を負わない旨を予告した場合は、この限りでない。

㊫＋七六〇【連帯→四三六―四四五

一　本条の意義

[1] 本条は、夫婦は相互に日常の家事に関する法律行為につき他方を代理する権限を有することをも規定している。（最判昭44・12・18民集二三・一二・二四七六、民百選Ⅲ[二版]九）→一一〇条[35]

二　「日常の家事」に関する法律行為

1　意義

[2] 日常の家事に関する法律行為の具体的な範囲は、個々の夫婦によって異なるが、単に夫婦の内部的な事情やその行為の個別的な目的のみを重視して判断すべきではなく、さらに客観的に、その法律行為の種類、性質等をも十分に考慮して判断すべきである。（最判昭44・12・18前出[1]）

2　「日常の家事」の範囲外とされた事例

[3] 妻が子の工場建設資金を捻出するため夫所有の不動産を売却した行為（最判昭43・7・19判時五二八・三五）

[4] 妻が夫を代理して手形貸付取引契約の連帯保証をなす行為（最判昭45・2・27金法五七九・二八）

三　民法一一〇条の趣旨の日常家事への類推適用

[5] 本条の代理権を基礎として広く一般的に民法一一〇条の表見代理が成立するものではないが、相手方においてその夫婦の日常の家事に関する法律行為と信ずるにつき正当の理由のあるときに限り、一一〇条の趣旨が類推適用されて相手方が保護される。（最判昭44・12・18前出[1]）→[2]・一一〇条[35]

（夫婦間における財産の帰属）

第七六二条①　夫婦の一方が婚姻前から有する財産及び婚姻中自己の名で得た財産は、その特有財産（夫婦の一方が単独で有する財産をいう。）とする。

② 夫婦のいずれに属するか明らかでない財産は、その共有に属するものと推定する。

㊫❶【婚姻の成立時期→七三九　❷【共有→二四九―二六二・二六四

一　本条一項（別産主義）の合憲性

[1] 夫婦平等に適用される規定であるばかりでなく、夫婦相互の協力、寄与に対しては、財産分与請求権、相続権ないし扶養請求権等の権利により実質上の不平等が生じないよう立法上の配慮がなされているから、本条一項は憲法二四条に違反しない。（最大判昭36・9・6民集一五・八・二〇四七、民百選Ⅲ[二版]一〇……別産主義に依拠する所得税法の合憲性が争われた事件）→憲二四条[2]

二　婚姻中自己の名で得た財産ではないとされた場合

[2] 本条一項は、夫婦がその一方の財産を合意の上で他方の所有名義とした場合にまで、これをその所有名義人の特有財産とする趣旨ではない、とした原審の判断は相当である。（最判昭34・7・14民集一三・七・一〇二三、家族百選[五版]七）

第四節　離婚

㊫＋【離婚の準拠法→法適用二七

第一款　協議上の離婚

（協議上の離婚）

第七六三条　夫婦は、その協議で、離婚をすることができる。

㊫＋七六四・七六五【未成年者→四【離婚の効果→七六六―七六九・七二八①・七三五【協議以外の方法による離婚→七七〇・七七一、人訴二、家事二四四・二五七・二六八・二八四、戸七七

（婚姻の規定の準用）

第七六四条　第七百三十八条〈成年被後見人の婚姻〉、第七百三十九条〈婚姻の届出〉及び第七百四十七条〈詐欺又は強迫による婚姻の取消し〉の規定は、協議上の離婚について準用する。

㊫＋【離婚の届出→七六五、戸七六【不受理申出→戸二七の二③―⑤【詐欺・強迫による離婚の取消し→人訴二・三の二―四〇、家事二七七・二七九、戸七七

一　離婚意思の存否

1　一方当事者の意思に基づかない離婚

イ　効果

[1] 当事者の意思に基づかない離婚届が受理されたことによる協議離婚は、その無効を確認する審判又は判決の確定を待つまでもなく、当然無効である。（最判昭53・3・9家月三一・三・七九）

ロ　追認

[2] 別居中の妻の不知の間に夫が離婚届を提出したが、その後の調停において妻が離婚を認めることを前提に離婚慰謝料を受ける合意をしたときは、その調停の際に離婚を追認

したといえる。（最判昭42・12・8家月二〇・三・五五）

[3] **ハ　翻意・撤回**　合意により離婚届を作成した当事者の一方が、届出を相手方に委託したのち翻意し、戸籍係員にその翻意を表示していた場合、届出当時には離婚意思のないことが明確であるから、相手方に対する翻意の表示又は届出委託の解除がなくとも、届出は無効である。（最判昭34・8・7民集一三・一〇・一二五一、民百選Ⅲ[二版]一三）

2　仮装離婚

イ　効果

[4] 方便のための離婚届出であっても、法律上の婚姻関係を解消する意思の合致に基づいてした場合、離婚は有効である。（最判昭38・11・28民集一七・一一・一四六九、家族百選[初版]二二）

ロ　離婚が有効とされた事例

[5] 夫に戸主の地位を与えるための離婚（最判昭38・11・28前出[4]）

[6] 債権者からの強制執行を免れるための離婚（最判昭44・11・14判時五七八・四五）

[7] 生活扶助を受けるための離婚（最判昭57・3・26判時一〇四一・六六、民百選Ⅲ[二版]一二）

[8] 重婚による取消しを免れるための離婚（最判昭57・9・28民集三六・八・一六四二、民百選Ⅲ[二版]四）→七三二条[2]、民訴◆【訴え】［一三四条の前］[20]

ニ　届出上の瑕疵［かし］

[9] 離婚届書に届出人の氏名が代書された場合に、戸籍法施行規則六二条二項所定の事由の記載を欠いていても、受理された以上、離婚は有効である。（最判昭44・1・31家月二一・七・六七）

（離婚の届出の受理）

第七六五条①　離婚の届出は、その離婚が前条において準用する第七百三十九条第二項の規定及び第八百十九条第一項の規定その他の法令の規定に違反しないことを認めた後でなければ、受理することができない。

②　離婚の届出が前項の規定に違反して受理されたときであっても、離婚は、そのためにその効力を妨げられない。

⊛+【離婚の届出→七六四⊛【その他の法令→法適用二七、三四

（離婚後の子の監護に関する事項の定め等）

第七六六条①　父母が協議上の離婚をするときは、子の監護をすべき者、父又は母と子との面会及びその他の交流、子の監護に要する費用の分担その他の子の監護について必要な事項は、その協議で定める。この場合においては、子の利益を最も優先して考慮しなければならない。

②　前項の協議が調わないとき、又は協議をすることができないときは、家庭裁判所が、同項の事項を定める。

③　家庭裁判所は、必要があると認めるときは、前二項の規定による定めを変更し、その他子の監護について相当な処分を命ずることができる。

④　前三項の規定によっては、監護の範囲外では、父母の権利義務に変更を生じない。

⊛+七六三　❶【子の監護→八二〇―八二二【家庭裁判所の処分→家事三の一〇・三九・別表第二〈三の項〉・二四四【関連する規定→八一九①・七六五①・八七七・八二八、戸七六㊀　❹【監護の範囲外の父母の権利義務の例→八二三―八三三・八七七

+【監護者によるわいせつ等→刑一七九

一　子の引渡請求→八二〇条[3][10][15][19]

二　離婚訴訟において子の監護費用の支払が請求された場合→七七一条[7]

三　面会交流（面接交渉）

[1] 協議離婚をした際に親権者とされなかった親に子との面接交渉を認めるかどうかは、本条一項又は二項の解釈・適用の問題であって、憲法一三条に違背するかどうかの問題に当たらない。（最決昭59・7・6家月三七・五・三五、家族百選[五版]五三）

[2] 本条［平成二三法六一による改正前］を類推適用して、子と同居していない親と子の面接交渉について相当な処分を命ずることができる。［右法改正前の事案］（最決平12・5・1民集五四・五・一六〇七、民百選Ⅲ[二版]二〇）

[3] 監護親に対し非監護親が子と面会交流をすることを許さなければならないと命ずる審判において、面会交流の日時又は頻度、各回の面会交流時間の長さ、子の引渡しの方法等が具体的に定められているなど監護親がすべき給付の特定に欠けるところがないといえる場合は、審判に基づき監護親に対し間接強制決定をすることができる。（最決平25・3・28民集六七・三・八六四、民百選Ⅲ[二版]二一……給付の特定を認め間接強制を肯定した例）

四　父母以外の第三者からの申立て

[4] 父母以外の第三者は、事実上子を監護してきた者であっても、子の監護に関する処分として子の監護をすべき者を定める審判を申し立てることはできない。（最決令3・3・29民集七五・三・九五二、重判令3民五①）

[5] 子との面会交流について定める審判について、前出[4]と同旨（最決令3・3・29裁時一七六五・四、重判令3民五②）

（離婚による復氏等）

第七六七条①　婚姻によって氏を改めた夫又は妻は、協議上の離婚によって婚姻前の氏に復する。

②　前項の規定により婚姻前の氏に復した夫又は妻は、離婚の日から三箇月以内に戸籍法の定めるところにより届け出ることによって、離婚の際に称していた氏を称することができる。

⊛+七六三・七六九【婚姻による改氏→七五〇【子の氏→七九〇【渉外離婚と氏の変更→戸一〇七③・二〇の二①　❶【復氏と戸籍→戸一九①・二三　❷【戸籍の届出→戸七七の二

（財産分与）

第七六八条①　協議上の離婚をした者の一方は、相手方に対して財産の分与を請求することができる。

②　前項の規定による財産の分与について、当事者間に協議が調わないとき、又は協議をすることができないときは、当事者は、家庭裁判所に対して協議に代わる処分を請求することができる。ただし、離婚の時から二年を経過したときは、この限りでない。

③　前項の場合には、家庭裁判所は、当事者双方がその協力によって得た財産の額その他一切の事情を考慮して、分与をさせるべきかどうか並びに分与の額及び方

法を定める。

⊛❷【家庭裁判所の処分→家事三の一二・三九・別表第二〈四の項〉・二四四　＊【離婚をした当事者間の扶養義務の準拠法→扶養準拠法四①

一　財産分与に含まれるもの

1　清算・扶養・損害賠償

[1] 財産分与は、夫婦が婚姻中に有していた実質上共同の財産を清算分配し、かつ、離婚後における一方の当事者の生計の維持を図ることを目的とするものであるが、離婚による慰謝料を含めることもできる。（最判昭46・7・23民集二五・五・八〇五、民百選Ⅲ〔二版〕一八）→[5][8]・七二四条[10]

2　過去の婚姻費用

[2] 当事者の一方が過当に負担した婚姻費用の清算のための給付をも財産分与に含めることができる。（最判昭53・11・14民集三二・八・一五二九、民百選Ⅲ〔二版〕一七）→七六〇条[6]

3　「一切の事情」

[3] 「一切の事情」には離婚訴訟の最終口頭弁論当時における当事者双方の財産状態も含まれる。（最判昭34・2・19民集一三・二・一七四、家族百選〔三版〕三六）

二　離婚慰謝料

[4] 離婚の場合における慰謝料請求権は、相手方の有責・不法な行為によって離婚するのやむなきに至ったことにつき損害賠償を請求するものであるから、その行為が身体、自由、名誉を害された場合のみに限局されない。（最判昭31・2・21民集一〇・二・一二四、家族百選〔初版〕三三）→七〇九条[71]

[5] ★離婚慰謝料請求権の消滅時効は離婚が成立した時から起算する。（最判昭46・7・23前出[1]）→七二四条[10]

[6] 離婚慰謝料請求権は離婚の成立により発生し、その債務は婚姻関係の破綻時ではなく、離婚成立時に遅滞に陥る。（最判令4・1・28民集七六・一・七八）→四一二条[7]

三　財産分与と離婚慰謝料との関係

[7] 財産分与請求権は必ずしも相手方に離婚につき有責・不法の行為のあったことを要件とするものではなく、慰謝料請求権と本質を異にし、両請求権のいずれかを選択して行使することもできる。（最判昭31・2・21前出[4]……慰謝料のみの請求があった事案）

[8] 財産分与には慰謝料を含めることもできるが、既になされた財産分与が、それを含めた趣旨とは解されないか、又はその額及び方法において不十分と認められるときには、別個に慰謝料を請求できる。（最判昭46・7・23前出[1]）

四　離婚の訴えにおける財産分与の申立て→民訴一六条[4]・二九三条[2]・三〇〇条[3]

[9] 離婚の訴えにおいてする財産分与の申立ては、本来は審判事項である申立てであるから、額及び方法を特定する必要はなく、単に抽象的に財産の分与の申立てをすれば足りる。（最判昭41・7・15民集二〇・六・一一九七、家族百選〔二版〕三五）

[10] 財産分与の申立てにおいて、裁判所は申立人の主張を超えて有利に分与の額等を認定しても民訴法二四六条〔旧一八六条〕に違反しないから、第一審判決に対し分与申立人の相手方のみが控訴した場合においても、控訴審が第一審の定めた分与額を正当でないと認めたときは、第一審判決を変更して正当とする額等を定めるべきものであり、この場合には、いわゆる不利益変更禁止の原則の適用はない。（最判平2・7・20民集四四・五・九七五、家族百選〔五版〕二二）→民訴三〇四条[7]

五　財産分与契約の錯誤無効

[11] ★離婚に伴う財産分与では分与者に課税されることを知らず、かつ、それを当然の前提としてむしろ被分与者に課税されることを案じる会話を交わしていた等の事情の下では、課税負担の錯誤に関わる分与者の動機は相手方に黙示的に表示され、意思表示の内容をなしていたと解すべきであり、分与者は課税に関し錯誤があったものとして財産分与の意思表示の無効を主張することができる。（最判平元・9・14家月四一・一一・七五、民百選Ⅰ〔七版〕二四……錯誤を否定した原判決を破棄差戻し）→九五条[18]

六　財産分与請求権は債権者代位権の被保全債権になるか→四二三条[16]

七　財産分与・離婚慰謝料の合意は詐害行為となるか→四二四条[6]～[8]

八　判決によって確定した財産分与債権は破産債権になるか→破六二条[2]

九　財産分与の内縁の夫婦への類推適用→◘【Ⅰ 婚約ないし内縁】〔七七一条の後〕[10]

一〇　財産分与の審判における給付命令

[12] 家庭裁判所は、財産分与の審判において、当事者双方がその協力によって得た一方当事者の所有名義の不動産であって他方当事者が占有するものにつき、当該他方当事者に分与しないものと判断した場合、その判断に沿った権利関係を実現するため必要と認めるときは、家事事件手続法一五四条二項四号に基づき、その明渡しを命ずることができる。（最決令2・8・6民集七四・五・一五二九、重判令3民訴九）

（離婚による復氏の際の権利の承継）

第七六九条① 婚姻によって氏を改めた夫又は妻が、第八百九十七条第一項の権利を承継した後、協議上の離婚をしたときは、当事者その他の関係人の協議で、その権利を承継すべき者を定めなければならない。

② 前項の協議が調わないとき、又は協議をすることができないときは、同項の権利を承継すべき者は、家庭裁判所がこれを定める。

⊛❶【婚姻による改氏→七五〇【離婚による復氏→七六七① ❷【家庭裁判所の処理→家事三九・別表第二〈五の項〉・二四四

第二款　裁判上の離婚

（裁判上の離婚）

第七七〇条① 夫婦の一方は、次に掲げる場合に限り、離婚の訴えを提起することができる。

一　配偶者に不貞な行為があったとき。

二　配偶者から悪意で遺棄されたとき。

三　配偶者の生死が三年以上明らかでないとき。

四　配偶者が強度の精神病にかかり、回復の見込みがないとき。

五　その他婚姻を継続し難い重大な事由があるとき。

② 裁判所は、前項第一号から第四号までに掲げる事由がある場合であっても、一切の事情を考慮して婚姻の継続を相当と認めるときは、離婚の請求を棄却することができる。

⊛❶七七一【離婚の訴え→人訴二・三の二―三〇【裁判上の離婚の届出→戸七七【訴え以外の方法による離婚→七六三・七六三

⑬［二］【夫婦の同居・扶助義務→七五二　［三］【生死不明と失踪宣告→三〇、三一

一　本条一項各号の離婚原因

1　不貞行為

[1] 不貞な行為とは、配偶者のある者が、自由な意思に基づいて、配偶者以外の者と性的関係を結ぶことをいい、相手方の自由な意思に基づくものであるか否かは問わない。（最判昭48・11・15民集二七・一〇・一三二三、家族百選[五版]一三）

2　悪意の遺棄

[2] 妻が婚姻関係の破綻について主たる責めを負うとき、夫が扶助しないとしても悪意の遺棄に当たらない。（最判昭39・9・17民集一八・七・一四六一、家族百選[三版]二六）

3　三年以上の生死不明

[3] 生死不明となるに至った原因いかんは問わない。（大津地判昭25・7・27下民一・七・一一五〇）

4　回復し難い強度の精神病

イ　訴え提起の相手方

[4] 心神喪失の常況にあって、いまだ禁治産の宣告を受けない者に対し離婚訴訟を提起するときは、民訴法三五条［旧五六条］の適用はなく、まず禁治産宣告を申請し、その宣告を得て後見監督人又は後見人を被告とすべきである。〔平成一一法一四九による改正前の事案〕（最判昭33・7・25民集一二・一二・一八二三、民訴百選[五版]一七）→民訴三五条[3]

ロ　本条二項との関係

[5] 民法は夫婦の一方が不治の精神病にかかった場合においても、諸般の事情を考慮し、病者の今後の療養、生活等についてできる限りの具体的方途を講じ、ある程度において、前途に、その方途の見込みのついた上でなければ、離婚の請求は許さない法意である。（最判昭33・7・25前出[4]）

[6] 妻が強度の精神病にかかり回復の見込みがない場合において、妻の実家は療養費に事欠くような資産状態ではなく、他方、夫は、過去の療養費を支払い、将来の療養費については自己の資力で可能な範囲の支払をなす意思のあることを表明しており、子を養育しているという諸般の事情は、前出[5]にいう離婚障害事由の不存在を意味する。（最判昭45・11・24民集二四・一二・一九四三、民百選Ⅲ[二版]一四）

5　婚姻を継続し難い重大な事由

イ　本条一項一号ないし四号との関係

[7] 四号の離婚原因が婚姻を継続し難い重大な事由の一つであるからといって、四号を主張した原告は、反対の事情のない限り五号をも主張するものと解することは許されず、四号の離婚原因がない場合にもし五号をも主張するものであれば、更に一層詳細な審理をした上その当否が判断される。（最判昭36・4・25民集一五・四・八九一、家族百選[五版]一六）→民訴二四六条[2]

ロ　具体例

[8] 夫の暴力（最判昭33・2・25家月一〇・二・三九）

[9] 性交不能（最判昭37・2・6民集一六・二・二〇六、家族百選[二版]三〇）

二　有責配偶者の離婚請求（「婚姻を継続し難い重大な事由」との関係）→八一四条[2][3]

1　全面的に否定したもの

[10] 夫が勝手に情婦を持ち妻を追い出すという離婚請求が認められるならば、妻は全く俗にいう踏んだり蹴ったりであり、法はかくのごとき不徳義勝手気儘［きまま］を許すものではない。（最判昭27・2・19民集六・二・一一〇〈踏んだり蹴ったり判決〉家族百選[二版]三一……[12]により判例変更）

[11] 婚姻関係の破綻を招くについて、専ら又は主として責任のある当事者は、これをもって婚姻を継続し難い事由として離婚を請求できない。（最判昭38・10・15家月一六・二・三一……[12]により判例変更）

2　一定の要件に照らして認否を判断したもの

イ　請求を認容した事例

[12] 離婚請求は信義誠実の原則に照らしても容認され得るものでなければならないが、別居が年齢及び同居期間との対比において相当の長期間に及び未成熟子が存在しない場合には、相手方配偶者が離婚により極めて苛酷な状態に置かれる等著しく社会正義に反する特段の事情がない限り、有責配偶者からの離婚請求であるとの一事をもって許されないとすることはできない。（最大判昭62・9・2民集四一・六・一四二三、民百選Ⅲ[二版]一五）

[13] 別居期間八年弱の夫婦において、離婚請求者が生活費を負担し財産関係の清算に誠意ある提案をしているなどの事情の下で、離婚請求を認めた事例（最判平2・11・8家月四三・三・七二）

[14] 未成熟子がいる場合でも認容された事例（最判平6・2・8家月四六・九・五九）

ロ　請求を棄却した事例

[15] 別居期間八年の夫婦において、双方の年齢や同居期間を考慮し、棄却した事例（最判平元・3・28家月四一・七・六七）

[16] 別居期間二年四か月で、七歳の子がおり、妻が子宮内膜症に罹患［りかん］しているため就職して収入を得ることが困難である事情の下で、棄却した事例（最判平16・11・18家月五七・五・四〇）

3　双方有責の場合

[17] 夫婦の一方にもいくらかの落度は認められるが、他方により多大の落度があるときには、前者の離婚請求は認められる。（最判昭30・11・24民集九・一二・一八三七）

4　破綻後の不貞行為

[18] 婚姻関係が完全に破綻した後の夫の他の女性との同棲［どうせい］は、夫の離婚請求を排斥すべき理由とならない。（最判昭46・5・21民集二五・三・四〇八、家族百選[三版]二九）

5　日本人配偶者が有責配偶者である場合の外国人配偶者の在留資格→◆【Ⅱ「日本人の配偶者」としての地位と在留資格】［七五〇条の前］[1]

第七七一条（協議上の離婚の規定の準用）　第七百六十六条から第七百六十九条までの規定は、裁判上の離婚について準用する。

〈協議上の離婚の効果〉

⑬＋七七〇【親権者の決定→八一九②【裁判所による子の監護・財産分与の決定→人訴三二の四、三二

子の監護費用の支払

[1] 別居後単独で子の監護に当たっている当事者から他方の当事者に対し、別居後離婚までの期間における子の監護費用の支払を求める旨の申立てがあった場合には、裁判所は離婚請求を認容するに際し、その支払を命ずることができる。（最判平9・4・10民集五一・四・一九七二、家族百選

〔六版〕一四）→七六〇条[4]

[2]　妻が、夫に対し、夫との間に法律上の親子関係はあるが、妻が婚姻中に他男との間にもうけた子につき、離婚後の監護費用の分担を求めることが、権利の濫用に当たるとされた事例（最判平23・3・18家月六三・九・五八、民百選Ⅲ〔二版〕一六）

◆【I　婚約ないし内縁】

一　一方的破棄ないし解消の損害賠償

1　損害賠償の法律構成

[1]　「婚姻予約」は適法・有効であり、正当の理由なく婚姻予約に違反した者は、損害を賠償する責任がある。（大連判大4・1・26民録二一・四九、家族百選〔二版〕二）

[2]　内縁を不当に破棄された者は、相手方に対し婚姻予約の不履行を理由として損害賠償を求めることができるとともに、不法行為を理由として損害賠償を求めることもできる。（最判昭33・4・11民集一二・五・七八九、民百選Ⅲ〔二版〕二四）→七〇九条[72]

2　婚約の場合

[3]　当事者が婚姻を約した上、長期間にわたり肉体関係を継続した場合において、たとえその関係を両親兄弟に打ち明けず、世上の習慣に従って結納を取り交わしあるいは同棲〔どうせい〕しなかったとしても、婚約は成立し、不当破棄者に慰謝料の支払義務がある。（最判昭38・9・5民集一七・八・九四二、民百選Ⅲ〔二版〕二二）→七〇九条[74]

[4]　当事者間に同棲、性的交渉その他の事実婚類似の関係が何も存在しなかったとしても、（挙式一週間前の）婚約不履行自体が、通常不法行為を構成する。（徳島地判昭57・6・21判時一〇六五・一七〇）

3　第三者による不当干渉の場合→七〇九条[75]

4　婚姻外の男女関係の一方的解消の責任

[5]　一六年にわたる関係で二人の子を有する男女の関係であっても、住居も生計も別で女性が子の養育にも一切関わりを持たず、両者が意図的に婚姻を回避していたこと等の事情の下においては、関係の存続に関し法的な権利ないし利益を有するものとはいえないとして、突然かつ一方的解消を理由とする慰謝料請求を否定した事例（最判平16・11・18判時一八八一・八三、民百選Ⅲ〔二版〕二三）→七〇九条[73]

5　同性間の婚姻に準じる関係の解消を理由とする責任

[6]　できる限り社会観念上夫婦と同様であると認められる関係を形成しようとの意思をもって同居生活を営む同性同士の関係につき、少なくとも民法上の不法行為に関して、互いに婚姻に準ずる関係から生じる法律上保護される利益を有するものとし、一方が第三者と性的関係を結んだことにより関係の解消をやむなくされたことを理由とする損害賠償請求を肯定した事例（東京高判令2・3・4判時二四七三・四七、重判令2民七）

二　結納

[7]　結納は婚姻の成立すべきことを予想し授受する一種の贈与であり、婚約解除の場合には不当利得として返還すべきである。（大判大6・2・28民録二三・二九二）→七〇三条[3]

[8]　挙式後届出もなされ八箇月夫婦生活が継続した後に妻の申出により協議離婚がなされても妻は結納を返還する義務はない。（最判昭39・9・4民集一八・七・一三九四、家族百選〔三版〕二）

三　内縁に対する婚姻の規定の準用

[9]　民法七六〇条は内縁に準用される。（最判昭33・4・11前出[2]）

[10]　内縁の夫婦の離別による内縁解消の場合に、財産分与の規定を類推適用することは承認し得るとしても、一方の死亡により内縁関係が解消した場合に、民法七六八条の規定を類推適用することはできない。（最決平12・3・10民集五四・三・一〇四〇、民百選Ⅲ〔二版〕二五）

四　内縁配偶者の居住の保護

[11]　建物賃借人の内縁の妻は、賃借人が死亡した場合に、相続人の賃借権を援用できるが、相続人と共に共同賃借人となるものではないから、賃料の支払義務を負わない。（最判昭42・2・21民集二一・一・一五五、民百選Ⅱ〔五補〕六五）

[12]　内縁の夫が死亡した後その所有家屋に居住する寡婦に対して亡夫の相続人である養子が家屋明渡請求をした場合に、養子と離縁することに決定していたが戸籍上の手続をしないうちに亡夫が死亡したこと、養子には家屋を使用しなければならない差し迫った事情がないのに、寡婦の側には子女がまだ独立して生計を営むに至らず、右家屋を明け渡すときは家計上相当重大な打撃を受けるおそれがある等の事情があるときは、右請求は権利の濫用に当たり許されない。（最判昭39・10・13民集一八・八・一五七八、家族百選〔三版〕五）→一条[20]、民訴◆【弁論主義】〔二四八条の前〕[12]

[13]　内縁の夫婦が共有不動産を居住又は共同事業のために共同使用してきたときは、特段の事情のない限り、一方が死亡した後は他方が右不動産を単独で使用する旨の合意が成立していたものと推認され、右使用による利益について他の共有者（死亡した内縁の配偶者の相続人）に対して不当利得返還義務を負わない。（最判平10・2・26民集五二・一・二五五、重判平10民一三）→二四九条[12]・一〇三七条[2]

五　重婚的内縁

[14]　戸籍上の配偶者が事実上の離婚状態にある場合には、農林漁業団体職員共済組合法（昭和四六法八五による改正前のもの）二四条一項に定める遺族給付を受けるべき配偶者に当たらない。（最判昭58・4・14民集三七・三・二七〇、民百選Ⅲ〔二版〕二六……共済組合が重婚的内縁配偶者に遺族給付をしたのに対し、戸籍上の配偶者からの共済組合にした遺族給付請求が退けられた事案）→◆【II　事実上の離婚】〔七一条の後〕[1]

[15]　私立学校教職員共済法に基づく退職共済年金の受給権者が死亡した場合に、法律上の婚姻関係が形骸化していたという事情の下で、その者と重婚的内縁関係にあった者を遺族共済年金の受給権者とした事例（最判平17・4・21判時一八九五・五〇……横尾裁判官の反対意見がある）

六　近親婚の内縁

[16]　直系姻族関係にある内縁配偶者は、厚生年金保険法三条二項に定める「事実上婚姻関係と同様の事情にある者」に当たらない。（最判昭60・2・14訟月三一・九・二二〇四）

[17]　三親等の傍系血族関係にある内縁配偶者について、内縁関係が形成されるに至った経緯、周囲や地域社会の受け止め方、共同生活期間の長短、子の有無、夫婦生活の安定性等に照らし、反倫理性、反公益性が婚姻法秩序維持等の観点から問題とする必要がない程度に著しく低いと認められる場合には、公益的要請よりも遺族の生活の安定と福祉の向上に寄与するという法の目的を優先させるべき特段の事情が認められ、右内縁配偶者（姪）は、厚生年金保険法三条二項に定める「事実上婚姻関係と同様の事情にある者」として、遺族厚生年金の支給を受けることができるとした

例（最判平19・3・8民集六一・二・五一八、民百選Ⅲ[二版]二七……横尾裁判官の反対意見がある）

七 **被害者側の過失と内縁配偶者**→七二二条[10]

◇**【II 事実上の離婚】**

[1] 戸籍上の配偶者が事実上の離婚状態にある場合に、農林漁業団体職員共済組合法に基づく遺族給付を受けるべき配偶者に当たらないとされた事例（最判昭58・4・14民集三七・三・二七〇、民百選Ⅲ[二版]二六）→◇【I 婚約ないし内縁】〔七七一条の後〕[14]

[2] 民法上の配偶者が事実上の離婚状態にある場合には、中小企業退職金共済法に基づく退職金を受けるべき配偶者に当たらず、このことは、ほかに事実上婚姻関係と同様の事情にあった者が存するか否かによって左右されない。（最判令3・3・25民集七五・三・九一三、重判令3民四……確定給付企業年金法に基づく遺族給付金及び厚生年金保険法に基づく遺族一時金についても同旨）

第三章 親子

第一節 実子

◆**【I 親子関係存否確認の訴え】**

一 **親子関係存否確認の訴え**

1 **当事者適格**

[1] 父母の両者又は子のいずれか一方が死亡した後でも、人事訴訟手続法〔現・人事訴訟法〕の規定を類推し、生存する一方は、検察官を相手方として、死亡した一方との間の親子関係存否確認の訴えを提起することができる。（最大判昭45・7・15民集二四・七・八六一、民訴百選[五版]A9）→民訴一三四条の二[28]

[2] [1]と同じ情況のもとで、第三者が親子関係確認存否の訴えを提起する場合には、第三者は生存している者のみを被告とすれば足り、死亡した者につき検察官を被告に加える必要はない。（最判昭56・10・1民集三五・七・一一一三、家族百選[六版]二三）→民訴一三四条の二[29]

2 **訴えの利益**

[3] 子の血縁上の父は、戸籍上の父と子との間の親子関係不存在の確認を求める訴えの利益を有するものと解されるところ、その子を第三者の特別養子とする審判が確定した場合には、原則として訴えの利益は消滅するが、審判に準再審の事由があると認められるときは、訴えの利益は失われない。（最判平7・7・14民集四九・七・二六七四、民百選Ⅲ[二版]四二）→八一七条の九[1]、民訴一三四条の二[36]

3 **権利濫用**

[4] 戸籍上の親子間に実の親子と同様の生活の実体があった期間の長さ、実親子関係の不存在を確定することにより子らの被る精神的苦痛、経済的不利益、養子縁組の可能性の有無、確認請求をするに至った経緯及び請求をする動機、目的等の諸般の事情を考慮し、実親子関係の不存在を確定することが著しく不当な結果をもたらすものといえるときには、親子関係不存在確認請求は、権利の濫用に当たり許されない（戸籍上の姉が両親と弟との親子関係について提訴した事案）。（最判平18・7・7民集六〇・六・二三〇七、民百選Ⅲ[二版]二九）→民訴◆【訴え】〔一三四条の前〕[2]

[5] 前出[4]と同旨（戸籍上の親が子との親子関係について提訴した事案）（最判平18・7・7家月五九・一・九八）

二 **母子関係存否確認の訴え**

[6] 母子関係は分娩の事実によって当然発生し、親子関係存否確認の訴えの対象となる。（最判昭37・4・27民集一六・七・一二四七、民百選Ⅲ[二版]三一）→七七九条[7]・七八一条

三 **父子関係存否確認の訴え**

[2] 1 **嫡出父子関係**→七七二条[判]

2 **非嫡出父子関係**

[7] 非嫡出父子関係については親子関係存否確認の訴えができない。（最判平2・7・19家月四三・四・三三、家族百選[六版]二四）→七七九条[8]、民訴一三四条の二[20]

四 **母子関係と父子関係の合一確定不要**→民訴四〇条[21]

◆**【II 生殖補助医療と親子関係】**

一 **代理懐胎による親子関係**

[1] 民法が実親子関係を認めていない者の間にその成立を認める内容の外国裁判所の裁判は公序に反し効力を有しない。現行民法の解釈としては、出生した子を懐胎し出産した女性が母となり、卵子を提供した女性との間に母子関係の成立を認めることはできない。（最決平19・3・23民集六一・二・六一九、民百選Ⅲ[二版]三五）→民訴一一八条[19]

[2] 卵子提供者の母が代理懐胎者となって出生した子について、卵子及び精子を提供した申立人との特別養子縁組を認めた事例（神戸家姫路支審平20・12・26家月六一・一〇・七二）

[3] 日本人夫の精子と米国人女性の提供卵子を用いて別の米国人女性が米国で分娩した子につき、日本人夫妻の嫡出子出生届を不受理処分としたことは適法であり、代理懐胎契約は公序良俗違反で無効であって、日本法では代理懐胎による子でも母子関係は分娩によって形成される。（大阪高決平17・5・20判時一九一九・一〇七、国私百選[補正]六〇）→法適用二八条[2]・二九条[4]

二 **凍結精子による死後生殖**

[4] 保存された男性の精子を用いた生殖補助医療による男性の死後懐胎子と死亡した父との関係は、法律上の親子関係における基本的な法律関係が生ずる余地のないものであり、死後懐胎子と死亡した父との間の法律上の親子関係の形成は認められない。（最判平18・9・4民集六〇・七・二五六三、民百選Ⅲ[二版]三四）

（**嫡出の推定**）

第七七二条① 妻が婚姻中に懐胎した子は、夫の子と推定する。

② 婚姻の成立の日から二百日を経過した後又は婚姻の解消若しくは取消しの日から三百日以内に生まれた子は、婚姻中に懐胎したものと推定する。

+七七三―七七八【出生の届出→戸四九―五三【嫡出子の地位→七九〇①・八一八①③、八一九①―③⑤⑥【嫡出を決する準拠法→法適用二八 ❷【婚姻成立の日→七三九【婚姻の解消又は取消しの日→七三三

一 **嫡出推定の及ぶ子の範囲**

1 **他人の子として届けられた場合**

[1] 他人の子として届けられたとしても、離婚後二日で分娩した子は、一年内に嫡出否認の訴えがなければ、嫡出子と

して確定する。（大判昭13・12・24民集一七・二五三三、家族百選[初版]三七）

２　性別取扱いの変更の審判を受けた者の妻が懐胎した子

[2]　性同一性障害者の性別の取扱いの特例に関する法律に基づき男性への性別取扱いの変更の審判を受けた者の妻が婚姻中に懐胎した子は、夫が妻との性的関係の結果もうけた子であり得なくても、夫の子と推定される。（最決平25・12・10民集六七・九・一八四七、民百選Ⅲ[二版]三六……岡部裁判官、大谷裁判官の各反対意見、寺田裁判官、木内裁判官の各補足意見がある）

３　いわゆる推定の及ばない子

イ　推定が及ばないとされたもの

[3]　婚姻解消後三〇〇日以内に出生した子であっても、母とその夫とが届出より約二年半以前から事実上の離婚をしていた場合には、嫡出の推定を受けない。（最判昭44・5・29民集二三・六・一〇六四、家族百選[五版]三〇）↓[13]・七七九条[4]・七八七条[3]

[4]　母の夫が出征していた間に懐胎したと推認される子は、推定を受けない嫡出子である。（最判平10・8・31家月五一・四・七五……子の出生から四十数年経過後かつ夫の死後に、夫の養子からの夫と子の父子関係不存在確認の訴えを認めた事案）

[参]　婚姻の解消又は取消し後三〇〇日以内に生まれた子について、医師が作成した「懐胎時期に関する証明書」が添付され、当該証明書の記載から、推定される懐胎の時期の最も早い日が婚姻の解消又は取消しの日より後の日である場合に限り、母の嫡出でない子又は後婚の夫を父とする嫡出子出生届出ができる。（「婚姻の解消又は取消し後三〇〇日以内に生まれた子の出生の届出の取扱いについて」平19・5・7民一第一〇〇七民事局長通達）

ロ　推定が及ぶとされたもの

[5]　子の出生する九箇月余り前に夫婦が別居していても、別居後出生までの間に、性交渉の機会を有したほか、婚姻費用を分担するなどの調停を成立させ、夫婦間に婚姻の実態が存しないことが明らかであったとまでは言い難い場合には、推定を受けない嫡出子とはいえない。（最判平10・8・31家月五一・四・三三、家族百選[七版]二四……夫からの父子関係不存在確認の訴えを否定した事案）

[6]　夫と妻との婚姻関係が終了してその家庭が崩壊しているとの事情があっても、その一事をもって、嫡出否認の訴えの提起期間経過後に親子関係不存在確認の訴えをもって父子関係を争うことはできない。（最判平12・3・14家月五二・九・八五、重判平12民一……夫からの父子関係不存在確認の訴えを却下すべきものとした事案）

[7]　夫と子との間に生物学上の父子関係が認められないことが科学的証拠により明らかであり、かつ、夫と妻が既に離婚して別居し、子が親権者である妻の下で監護されているという事情があっても、子の身分関係の法的安定を保持する必要が当然になくなるものではないから、嫡出の推定が及ばなくなるものとはいえない。（最判平26・7・17民集六八・六・五四七、重判平26民八……妻がその子を懐胎すべき時期に、夫婦間に性的関係を持つ機会がなかったことが明らかであるなどの事情の存在は認められないとして、DNA検査の結果にかかわらず、親子関係不存在確認の訴えを認めなかった。金築ほか一裁判官の反対意見がある）

[8]　夫と子との間に生物学上の父子関係が認められないことが科学的証拠により明らかであり、かつ、子が、現時点において夫の下で監護されておらず、妻及び生物学上の父の下で順調に成長しているという事情があっても、子の身分関係の法的安定を保持する必要が当然になくなるものではないから、嫡出の推定が及ばなくなるものとはいえない。（最判平26・7・17判時二二三五・一四②、民百選Ⅲ[二版]二八……前出[7]と同様の判断により、親子関係不存在確認の訴えを認めなかった。金築ほか一裁判官の反対意見がある）

二　婚姻成立後二〇〇日以内に出生した子

[9]　内縁中に懐胎し、適法に婚姻した後に出生した子は、婚姻届出と出生との間に二〇〇日の期間がなくても、出生と同時に当然に嫡出子たる身分を有する。（大連判昭15・1・23民集一九・五四、家族百選[初版]三五）

[10]　内縁成立の日から二〇〇日以後の出生であっても、婚姻届出の日から二〇〇日以内に出生した子は、本条による嫡出子としての推定を受けない。（最判昭41・2・15民集二〇・二・二〇二、家族百選[五版]二九）↓七七九条[3]

[11]　婚姻届出の日から二〇〇日以内に出生した子が親子関係の不存在を主張するためには、親子関係不存在確認の訴えを提起すべきである。（大判昭15・9・20民集一九・一五九六、家族百選[増補]三九）

三　内縁懐胎子

[12]　内縁成立の日から二〇〇日以後、内縁解消の日から三〇〇日以内に生まれた内縁の子は、本条を類推して内縁の夫の子と推定されるが、それは事実の問題にすぎず、父子関係発生のためには認知を要する。（最判昭29・1・21民集八・一・八七、家族百選[三版]四〇）

四　嫡出推定の効果

[13]　本条の推定を受けない嫡出子は、戸籍上の父からの嫡出否認を待つまでもなく、真の父に対して認知請求ができる。（最判昭44・5・29前出[3]）↓七七九条[4]・七八七条[3]

[14]　嫡出推定の及ぶ子につき、離婚後の夫の監護費用分担を認めなかった事例（最判平23・3・18家月六三・九・五八、民百選Ⅲ[二版]一六）↓七七一条[2]

（父を定めることを目的とする訴え）

第七七三条　第七百三十三条第一項の規定に違反して再婚をした女が出産した場合において、前条の規定によりその子の父を定めることができないときは、裁判所が、これを定める。

関+【父を定める訴え又は審判↓人訴二・三の二―三〇・四三、家事二七七・二七九【本条の場合の出生の届出↓戸五四【訴訟係属の利害関係人への通知↓人訴二八

（嫡出の否認）

第七七四条　第七百七十二条の場合において、夫は、子が嫡出であることを否認することができる。

関+七七五―七七八【嫡出否認の訴え又は審判↓人訴二・三の二―三〇・四一、家事二七七・二七九

[1]　嫡出の推定を受ける子につき夫がその嫡出を否認するためには専ら嫡出否認の訴えによるべきものとしたことは、憲法に違反しない。（最判昭55・3・27家月三二・八・六六、家族百選[五版]三二）

（嫡出否認の訴え）

第七七五条　前条の規定による否認権は、子又は親権を行う母に対する嫡出否認の訴えによって行う。

行う母がないときは、家庭裁判所は、特別代理人を選任しなければならない。

※七七六―七七八【子の訴訟能力↓人訴一三【親権を行う母↓八一八【嫡出否認の訴え又は審判↓人訴二、三の二―三〇・四一、家事二七七、二七九【親権を行う母がないとき↓八一九①②・八三四・八三四の二・八三七【特別代理人の選任↓家事三の四・三九・別表第一〈五十九の項〉【否認の訴えの提起と出生の届出↓戸五三

（嫡出の承認）

第七七六条　夫は、子の出生後において、その嫡出であることを承認したときは、その否認権を失う。

※七七四

（嫡出否認の訴えの出訴期間）

第七七七条　嫡出否認の訴えは、夫が子の出生を知った時から一年以内に提起しなければならない。

※七七四・七七五・七七八【夫死亡後の嫡出否認の訴えの提起期間↓人訴四一

〔1〕　本条が嫡出否認の訴えにつき一年の出訴期間を定めたことは、身分関係の法的安定を保持する上から十分な合理性を持つ制度であって、憲法に違反しない。（最判平26・7・17【平26オ二二六】）↓七七四条〔7〕

第七七八条　夫が成年被後見人であるときは、前条の期間は、後見開始の審判の取消しがあった後夫が子の出生を知った時から起算する。

※【成年被後見人↓七、八【後見開始の審判の取消し↓一〇【夫が成年被後見人であるときの嫡出否認の訴え↓人訴一四

（認知）

第七七九条　嫡出でない子は、その父又は母がこれを認知することができる。

※七八〇―七八九【嫡出子↓七七二【嫡出でない子の出生の届出↓戸五二②―④【嫡出でない子の地位↓七九〇②・七九一・八一八①・八一九④―⑥【認知の準拠法↓法適用二九・三四

〔1〕 **一　認知制度の合憲性**　民法が嫡出でない子と父との間の法律上の父子関係は認知によって初めて発生するものと定めていることは、身分関係の法的安定を保持する上から十分な合理性を持つから、憲法一三条に違反せず、また、本条は全ての嫡出でない子に平等に適用されるから憲法一四条一項に違反しない。（最判昭54・6・21家月三一・一一・八四）

二　戸籍上の嫡出子でも認知できる場合

〔2〕　戸籍上他人の嫡出子となっている非嫡出子（大判昭7・12・14民集一一・二三二一）

〔3〕　婚姻届の日から二〇〇日以内に出生したため嫡出子としての推定を受けない子（最判昭41・2・15民集二〇・二・二〇二、家族百選〔五版〕二九）↓七七二条〔10〕

〔4〕　子の懐胎時に夫婦が事実上の離婚をしていたため嫡出推定の及ばない子（最判昭44・5・29民集二三・六・一〇六四、家族百選〔五版〕三〇……強制認知の例）↓七七二条〔13〕・七八七条〔3〕

三　日本人父の認知による子の日本国籍の取得

〔5〕　戸籍の記載上嫡出の推定がされなければ日本人である父により胎児認知がされたであろうと認めるべき特段の事情がある場合には、胎児認知がされた場合に準じて、国籍法二条一号の適用を認め、子は生来的に日本国籍を取得する。右の特段の事情があるというためには、母の夫と子との間の親子関係の不存在を確定するための法的手続が子の出生後遅滞なく執られた上、右不存在が確定されて認知の届出を適法にすることができるようになった後速やかに認知の届出がされることを要する。（最判平9・10・17民集五一・九・三九二五、国私百選〔三版〕一〇九……出生から法的手続が執られるまで三箇月強を要したケースで日本国籍取得を承認）↓七八三条〔1〕・七八四条〔2〕

〔6〕　子の出生後八箇月余りを経過して親子関係不存在を確定するための法的手続が執られた場合は一般的には遅滞なくなされたものとはいえないが、やむを得ない事情があったとして、前出〔5〕の特段の事情の存在を認めた事例（最判平15・6・12家月五六・一・一〇七、重判平15国私五）

四　母の認知

〔7〕　母子関係は原則として母の認知を待たず、分娩の事実により当然発生する。（最判昭37・4・27民集一六・七・一二四七、民百選Ⅲ〔二版〕三一）↓七八一条〔2〕・◆【I　親子関係存否確認の訴え】〔七七二条の前〕〔6〕

五　非嫡出父子関係と親子関係存否確認訴訟

〔8〕　嫡出でない子は、認知によらないで父との間の親子関係の存在確認の訴えを提起することができない。（最判平2・7・19家月四三・四・三三、家族百選〔六版〕二四）↓◆【I　親子関係存否確認の訴え】〔七七二条の前〕〔7〕、民訴一三四条の二〔20〕

（認知能力）

第七八〇条　認知をするには、父又は母が未成年者又は成年被後見人であるときであっても、その法定代理人の同意を要しない。

※七七九【未成年者↓四【成年被後見人↓七―九【法定代理人↓八一八・八一九・八三九―八四一・八四三【意思能力↓三の二【未成年者又は成年被後見人の認知と届出↓戸三二

（認知の方式）

第七八一条①　認知は、戸籍法の定めるところにより届け出ることによってする。

②　認知は、遺言によっても、することができる。

※七七九・七八四・七八七　❶【戸籍法の定め↓戸六〇―六二　❷【遺言による認知の届出↓戸六四

一　要式性を緩和した例

〔1〕　嫡出でない子につき、父から、これを嫡出子とする出生届がされ、又は嫡出でない子としての出生届がされた場合において、戸籍事務管掌者によって受理されたときは、認知届としての効力を有する。（最判昭53・2・24民集三二・一・一一〇、民百選Ⅲ〔二版〕三〇）

〔2〕　母の認知は不要（最判昭37・4・27民集一六・七・一二四七、民百選Ⅲ〔二版〕三一）↓七七九条〔7〕・◆【I　親子関係存否確認の訴え】〔七七二条の前〕〔6〕

二　要式性を緩和しなかった例

〔3〕　自己の非嫡出子を一旦他人の嫡出子とし、後に養子縁組をしても、その届出は認知の効力を持たない。（大判昭4・7・4民集八・六八六）

〔4〕　父が非嫡出子を自己の子として養育している場合でも、認知にはならない。（最判昭44・10・21民集二三・一〇・一八三四、渉外百選〔二版〕六五）↓法適用三二条〔2〕

三　認知意思の存在

〔5〕　認知者の意思に基づかない認知届は、認知者と被認知者

との間に親子関係があるときであっても、無効である。（最判昭52・2・14家月二九・九・七八）

[6] 父が他人に認知の届出の委託をしていたときは、受理当時父が意識を失っていたとしても、認知は有効に成立する。（最判昭54・3・30家月三一・七・五四、家族百選[五版]三三）→七四二条[1][2]・八〇二条[9]

第七八二条（**成年の子の認知**）　成年の子は、その承諾がなければ、これを認知することができない。

⊛七七九、七八三②【成年→四【届出と承諾書の添付→戸三八①、三九

第七八三条（**胎児又は死亡した子の認知**）① 父は、胎内に在る子でも、認知することができる。この場合においては、母の承諾を得なければならない。

② 父又は母は、死亡した子でも、その直系卑属があるときに限り、認知することができる。この場合において、その直系卑属が成年者であるときは、その承諾を得なければならない。

⊛七七九、七八一　❶【認知の届出→戸六一・六四、六五、三八①、三九【認知された胎児の地位→七二一・七二二・八八六、九六五　❷七八九③【認知の届出→戸六〇[三]・三八①・三九【成年→四

[1] 外国人である母が子を懐胎した場合において、日本人である父がその子を胎児認知すれば、国籍法二条一号により、子は出生の時に日本国籍を取得する。（最判平9・10・17民集五一・九・三九二五、国私百選[三版]一〇九）→七七九条[5][6]・七八四条[2]

第七八四条（**認知の効力**）　認知は、出生の時にさかのぼってその効力を生ずる。ただし、第三者が既に取得した権利を害することはできない。

⊛七七九、七八一【相続開始後の被認知者の遺産分割請求→九一〇【遡及効の効果→八七七【認知された子の国籍の取得→国籍三

[1] **一 母子関係の分娩による発生と本条ただし書**　母子関係は分娩の事実により発生するから、母の死亡による遺産分割その他の処分の後に非嫡出子の存在が明らかになった場合は、本条ただし書も九一〇条も類推適用することはできず、再分割がなされる。（最判昭54・3・23民集三三・二・二九四、家族百選[四版]三四）→九一〇条[7]

[2] **二 国籍法における遡及効の否定**　国籍法においては認知の遡及効は認められていないと解すべきであるから、出生後に認知がされたというだけでは、子は同法二条一号に該当せず、日本国籍を取得できない。（最判平9・10・17民集五一・九・三九二五、国私百選[三版]一〇九）→七七九条[5][6]・七八三条[1]

第七八五条（**認知の取消しの禁止**）　認知をした父又は母は、その認知を取り消すことができない。

⊛七七九、七八一、七八六【認知の取消し→九五、九六、七八二、七八三、人訴二[三]・三の二―三〇、家事二七七、二七九

認知の無効→七八一条[5]・七八六条[7]～[5]

第七八六条（**認知に対する反対の事実の主張**）　子その他の利害関係人は、認知に対して反対の事実を主張することができる。

⊛七七九、七八一、七八五【認知の無効又は取消し→人訴二[三]・三の二―三〇、家事二七七、二七九、戸一一四―一一六

[1] **一 認知無効の訴え**　子その他の利害関係人は認知が真実に反することを理由とする認知無効の訴えを提起できる。（大判大11・3・27民集一・一三七）

[2] 認知者は、本条に規定する利害関係人に当たり、血縁上の父子関係がないことを知りながら認知をした場合でも、自らした認知の無効を主張することができる。（最判平26・1・14民集六八・一・一、民百選Ⅲ[二版]三三……大橋裁判官の反対意見のほか、二裁判官の意見及び補足意見がある）

[3] 認知者の妻子による認知無効確認請求が、たとえ被認知者の実母である妻において認知後五十数年間不真実の親子関係を放置しており、かつ、認知者の死亡後になされたものであるとしても、権利の濫用に当たらない。（最判昭53・4・14家月三〇・一〇・二六）

[4] 認知無効の確認請求権は、請求権者の一身に専属する権利であって相続の対象となり得ないから、認知無効確認訴訟は請求権者の死亡と同時に終了する。（最判昭57・12・17家月三五・一二・六一）

[5] 認知者の死亡後も被認知者は認知無効の訴えを提起できる。（最判平元・4・6民集四三・四・一九三、民百選Ⅲ[二版]三七）→民訴一二四条の二[30]

[6] **二 強制認知における適用否定**　認知の判決が確定している以上、第三者に対しても効力を有するのであって、再審の手続で争うのは格別、反対の事実を主張して認知無効の訴えを提起できない。（最判昭28・6・26民集七・六・七八七、家族百選[二版]五一）→民訴一一五条[11]

[7] 検察官を相手方とする死後認知の訴えにおいて、認知を求められた父の子は、訴訟参加の機会を与えられなかったとしても、その確定判決に対する再審の訴えの原告適格を有しない。（最判平元・11・10民集四三・一〇・一〇八五、民百選Ⅲ[二版]三二……認知を求められた父の実子等が、原判決が有効であれば、認知の訴えを提起した者との間に兄弟姉妹の身分関係が生じ相続権が侵害されるとして再審の訴えを提起したもの）→民訴三三八条[2]

第七八七条（**認知の訴え**）　子、その直系卑属又はこれらの者の法定代理人は、認知の訴えを提起することができる。ただし、父又は母の死亡の日から三年を経過したときは、この限りでない。

⊛七七九【法定代理人→八一八、八一九、八三九―八四三、八七六の四、八七六の九【強制認知の方法→人訴二、三の二―三〇、四二、家事二七七、二七九【強制認知の届出→戸六三、六〇

一　認知の訴えの性質

[1]　認知の訴えは、形成の訴えである。（最判昭29・4・30民集八・四・八六一、家族百選[七版]二七）

二　提訴権者

1　子

[2]　父母でない者の嫡出子として戸籍に記載されている者（その戸籍の訂正を待つまでもない）（最判昭49・10・11家月二七・七・四六）

[3]　民法七七二条の推定を受けない嫡出子（戸籍上の父からの嫡出否認を待つまでもない）（最判昭44・5・29民集二三・六・一〇六四、家族百選[五版]三〇）↓七七二条[3][10][13]・七七九条[2]〜[4]

2　法定代理人

[4]　法定代理人は、子が意思能力を有する場合にも、訴えを提起できる。（最判昭43・8・27民集二二・八・一七三三、家族百選[五版]三八）

三　提訴期間

1　長期間の不行使

[5]　認知請求権は長年月行使しないからといって行使できなくなるものではない。（最判昭37・4・10民集一六・四・六九三、家族百選[五版]四一）

2　死後認知の期間制限（本条ただし書）

イ　本条ただし書の合憲性

[6]　本条ただし書の規定は、身分関係に伴う法的安定を保持する上から相当と認められ、憲法一三条に違反するものではなく、全ての権利者に一律平等に制限したものであって差別を加えたものではないから憲法一四条違反でもない。（最大判昭30・7・20民集九・九・一一二二、家族百選[三版]四八）

ロ　起算点

[7]　父の死亡の事実が判明したのは死後三年一箇月を経過した後であり、その間母の提出した婚姻届・出生届により戸籍上父の嫡出子とされていたのであるから、死亡の日から三年以内に提訴しなかったことはやむを得ず、仮に提訴しても目的を達することができなかった事実関係の下においては、特段の事情がない限り、出訴期間は、父の死亡が客観的に明らかになった時から起算し得る。（最判昭57・3・19民集三六・三・四三二、家族百選[四版]三九）

八　内縁懐胎子に対する本条ただし書の適用

[8]　内縁関係から懐胎し、民法七七二条の類推適用により父性の推定を受ける子についても、本条ただし書の適用がある。（最判昭44・11・27民集二三・一一・二二九〇、家族百選[三版]四七）

四　立証の程度（不貞の抗弁）　↓民訴二四七条[10][11]

[9]　被告と母との情交が懐胎の唯一の原因であることの立証が必要であり、懐胎当時母が他の男子に接しなかったことの心証が得られない場合、認知の訴えの原告は敗訴する。（大判明45・4・5民録一八・三四三……[10]により判例変更）

[10]　懐胎期間中母が被告（認知訴訟の相手方たる男）と継続的に情交を結んだ事実があり、かつ、他の男と情交関係のあった事情が認められず、血液型上の背馳〔はいち〕もないときは、別段の事情のない限り、父子関係が証明されたと認められる。（最判昭32・6・21民集一一・六・一一二五、家族百選[三版]四六）

五　認知請求権の放棄

[11]　認知請求権は放棄できない。（最判昭37・4・10前出[5]）

六　非嫡出父子関係と親子関係存否確認訴訟↓七七九条[8]

（認知後の子の監護に関する事項の定め等）

第七八八条　第七百六十六条〈離婚後の子の監護に関する事項の定め等〉の規定は、父が認知する場合について準用する。

⊛†【家庭裁判所の処理↓家事三の一〇、三九、別表第二〈三の項〉、二四四【関連する規定↓七六六⊛

（準正）

第七八九条①　父が認知した子は、その父母の婚姻によって嫡出子の身分を取得する。

②　婚姻中父母が認知した子は、その認知の時から、嫡出子の身分を取得する。

③　前二項の規定は、子が既に死亡していた場合について準用する。

⊛❶❷七七九、七八一【婚姻↓七三九【嫡出子の地位↓七九〇①、八一八①③、八一九①—③⑤⑥【準正子についての嫡出子出生の届出の効力↓戸六二　❸七八三②　†【準正の準拠法↓法適用三〇、三四

準正と日本国籍の取得—国籍法三条一項の定める準正要件の違憲性（平成二〇法八八による国籍法改正前の事件）
↓憲一〇条[3]・八一条[34]

（子の氏）

第七九〇条①　嫡出である子は、父母の氏を称する。ただし、子の出生前に父母が離婚したときは、離婚の際における父母の氏を称する。

②　嫡出でない子は、母の氏を称する。

⊛†七九一　❶【父母の氏↓七五〇【離婚↓七六三、七七〇【離婚に準ずべきもの↓七四三【離婚と氏↓七六七、七七一【養子と氏↓八一〇、八一六、八〇八②【出生の届出↓戸五二①③④　❷【出生の届出↓戸五二②—④　†【棄児の氏↓戸五七—五九【子の氏と戸籍↓戸六、一八、二三

[参]　準正嫡出子は、当然には父母の氏を称しないものとし、準正嫡出子が父母の氏を称するには、戸籍法九八条に規定する入籍の届出によらなければならない。（「民法等の一部を改正する法律の施行に伴う戸籍事務の取扱いについて」昭62・10・1民二第五〇〇〇民事局長通達）

（子の氏の変更）

第七九一条①　子が父又は母と氏を異にする場合には、子は、家庭裁判所の許可を得て、戸籍法の定めるところにより届け出ることによって、その父又は母の氏を称することができる。

②　父又は母が氏を改めたことにより子が父母と氏を異にする場合には、子は、父母の婚姻中に限り、前項の許可を得ないで、戸籍法の定めるところにより届け出ることによって、その父母の氏を称することができる。

③　子が十五歳未満であるときは、その法定代理人が、これに代わって、前二項の行為をすることができる。

④　前三項の規定により氏を改めた未成年の子は、成年に達した時から一年以内に戸籍法の定めるところにより届け出ることによって、従前の氏に復することがで

きる。

参七九〇 ❶【子が父又は母と氏を異にする場合の例↓七六七①・七七一・七四九・七五〇・八一〇・八一六①・八〇八②・七七九・七八七【氏の変更の届出↓戸九八・三八②・六一・二〇・二三【外国人の子の氏の変更↓戸一〇七④・二〇の二② ❶❸【家庭裁判所の許可↓家事三九・別表第一〈六十の項〉 ❷❸【氏の変更の届出↓戸九八 ❸【年齢の計算↓年齢計算【法定代理人↓八一八・八一九・八三九—八四一 ❹【成年↓四【復氏の届出↓戸九九・一九②・二〇・二三

1 **婚外子の氏の父の氏への変更と婚姻家族の異議** 妻や嫡出子の感情上・社会生活上の利益を尊重すべきであるとして変更申立を却下した事例（大阪高決昭43・3・12家月二〇・九・六四）

2 婚外子の福祉を重視して決定することが原則であり、父の妻の感情等は必ずしも顧慮する必要はないとして変更を許可した事例（福岡高決昭43・12・2家月二一・四・一三七）

第二節 養子

第一款 縁組の要件

参【縁組の要件の準拠法↓法適用三一・三四

（養親となる者の年齢）

第七九二条 二十歳に達した者は、養子をすることができる。

参【年齢の計算↓年齢計算【本条違反の縁組↓八〇〇・八〇四【特別養子の特則↓八一七の四

（尊属又は年長者を養子とすることの禁止）

第七九三条 尊属又は年長者は、これを養子とすることができない。

参【本条違反の縁組↓八〇〇・八〇五【特別養子の特則↓八一七の五

1 養子夫婦の一方が養親夫婦の一方より年長であることを理由に縁組全部の取消しの請求がされた場合には、年長の養子と年少の養親との間の縁組だけを取り消せば足りる。（最判昭53・7・17民集三二・五・九八〇、家族百選〔四版〕四五）↓七九五条3

（後見人が被後見人を養子とする縁組）

第七九四条 後見人が被後見人（未成年被後見人及び成年被後見人をいう。以下同じ。）を養子とするには、家庭裁判所の許可を得なければならない。後見人の任務が終了した後、まだその管理の計算が終わらない間も、同様とする。

参【後見人↓八三九—八四七【未成年被後見人↓八三八㈠【成年被後見人↓七—九・八三八㈡【家庭裁判所の許可↓家事三の五・三九・別表第一〈六十一の項〉、戸三八②【管理の計算の終了↓八七〇【本条違反の縁組↓八〇〇・八〇六【特別養子の特則↓八一七の二②

（配偶者のある者が未成年者を養子とする縁組）

第七九五条 配偶者のある者が未成年者を養子とするには、配偶者とともにしなければならない。ただし、配偶者の嫡出である子を養子とする場合又は配偶者がその意思を表示することができない場合は、この限りでない。

参【未成年者↓四【未成年養子の許可↓七九八【本条違反の縁組↓八〇〇・八〇二㈡【特別養子の特則↓八一七の三

参考判例（昭和六二法一〇一による改正前の条文に関する判例）

旧**第七九五条** 配偶者のある者は、その配偶者とともにしなければ、縁組をすることができない。但し、夫婦の一方が他の一方の子を養子とする場合は、この限りでない。

1 **一 本条の意義** 夫婦共同縁組の場合にも、夫婦各自について各々別個の縁組行為があり、各当事者ごとにそれぞれ相手方との間に親子関係が成立するが、夫婦相互の利害への影響、家庭の平和、養子の福祉等のために、夫婦につき縁組の成立、効力は通常一体として定められる。（最判昭48・4・12民集二七・三・五〇〇、家族百選〔三版〕五六）

二 夫婦の一方について瑕疵〔かし〕のある縁組の効力

1 夫婦の一方の意思を欠く場合

2 夫婦の一方の意思に基づかない縁組の届出がなされた場合でも、その他方と相手方との間に単独でも親子関係を成立させる意思があり、かつ、その成立が民法七九五条本文の趣旨にもとるものではない特段の事情がある場合には、他方の配偶者と相手方との間の縁組は有効に成立したと認め得る。（最判昭48・4・12前出1）

2 夫婦の一方に取消原因のある場合

3 養子夫婦の一方が養親夫婦の一方より年長である場合（最判昭53・7・17民集三二・五・九八〇、家族百選〔四版〕四五）↓七九三条1

（配偶者のある者の縁組）

第七九六条 配偶者のある者が縁組をするには、その配偶者の同意を得なければならない。ただし、配偶者とともに縁組をする場合又は配偶者がその意思を表示することができない場合は、この限りでない。

参【届出と同意書の添付↓戸三八①・三九【本条違反の縁組↓八〇〇・八〇六の二【特別養子の特則↓八一七の三②

（十五歳未満の者を養子とする縁組）

第七九七条① 養子となる者が十五歳未満であるときは、その法定代理人が、これに代わって、縁組の承諾をすることができる。

② 法定代理人が前項の承諾をするには、養子となる者の父母でその監護をすべき者であるものが他にあるときは、その同意を得なければならない。養子となる者の父母で親権を停止されているものがあるときも、同様とする。

参❶【年齢の計算↓年齢計算【法定代理人↓八一八・八一九・八三九—八四一、児福三三の二①但・四七①但【家庭裁判所の許可も必要↓七九八・八〇七【代諾養子の届出↓戸六八【本項違反の縁組↓八〇〇・八〇二㈡【養子が十五歳未満のときの離縁↓八一一②—⑤・八一五【特別養子の特則↓八一七の二① ❷【監護をすべき者↓七六六【本項違反の縁組↓八〇〇・八〇六の三【親権の停止↓八三四の二

1 **本条違反と追認** 真実の親ではない戸籍上の親の代諾は一種の無権代理と

解されるから、養子は満一五歳に達した後は、縁組を有効に追認することができ、その意思表示は明示又は黙示をもって養親の双方、養親の一方の死亡後は他の一方に対してすれば足りる。（最判昭27・10・3民集六・九・七五三、民法の判例[三版]四七）

[2] 養子縁組の追認には民法一一六条ただし書は類推適用されない。（最判昭39・9・8民集一八・七・一四二三、民百選Ⅲ[二版]四〇）→一一六条[1]

（未成年者を養子とする縁組）

第七九八条 未成年者を養子とするには、家庭裁判所の許可を得なければならない。ただし、自己又は配偶者の直系卑属を養子とする場合は、この限りでない。

参【未成年者→四【家庭裁判所の許可→家事三の五・三九、別表第一（六十一の項）、戸三八②【配偶者のある者の未成年者縁組→七九五【配偶者の嫡出子の養子→七九五但【本条違反の縁組→八〇〇・八〇七【特別養子の特則→八一七の二②

（婚姻の規定の準用）

第七九九条 第七百三十八条〈成年被後見人の婚姻〉及び第七百三十九条〈婚姻の届出〉の規定は、縁組について準用する。

参【縁組の届出→八〇〇・八〇二㈡、戸六六—六八の二【事実上の養親子の保護→借地借家三六【事実上の養子を縁組と同視→労災一六の四①㈢②【特別養子の特則→八一七の二

養子縁組届の要式行為性

1 署名の必要性

[1] 養子縁組届書に届出人の氏名が代書された場合にその事由の記載を欠いても、受理された以上縁組は有効に成立する。（最判昭31・7・19民集一〇・七・九〇八）

2 虚偽の嫡出子出生届からの転換の可否→七九七条[1]

[2] 養子とする意思で他人の子を嫡出子として届けた場合、事実上親子関係が持続されていても、それによって養子縁組が成立することはない。（最判昭25・12・28民集四・一三・七〇一、家族百選[三版]五七）

3 虚偽の認知届からの転換の可否→七九七条[1]

[3] 認知の届出が事実に反するため無効である場合には、認知者が被認知者を自己の養子とすることを意図し、その後被認知者の法定代理人と婚姻した事実があるとしても、認知届をもって養子縁組届とみなすことはできない。（最判昭54・11・2判時九五五・五六、民百選Ⅲ[初版]三七）

（縁組の届出の受理）

第八〇〇条 縁組の届出は、その縁組が第七百九十二条から前条までの規定その他の法令の規定に違反しないことを認めた後でなければ、受理することができない。

参【縁組の届出→七九九、七三九、戸六六—六八の二【その他の法令→法適用三一①・三四【違反縁組の効果→八〇三・八〇四—八〇七、八〇二㈡【不受理と不服申立て→戸一二二、家事三九、別表第一（百二十五の項）

（外国に在る日本人間の縁組の方式）

第八〇一条 外国に在る日本人間で縁組をしようとするときは、その国に駐在する日本の大使、公使又は領事にその届出をすることができる。この場合においては、第七百九十九条において準用する第七百三十九条〈婚姻の届出〉の規定及び前条の規定を準用する。

参【外国における届出→戸四〇—四二【本籍地への届出も可→戸二五

第二款 縁組の無効及び取消し

参【縁組の要件の準拠法→法適用三一①

（縁組の無効）

第八〇二条 縁組は、次に掲げる場合に限り、無効とする。

一 人違いその他の事由によって当事者間に縁組をする意思がないとき。

二 当事者が縁組の届出をしないとき。ただし、その届出が第七百九十九条において準用する第七百三十九条第二項に定める方式を欠くだけであるときは、縁組は、そのためにその効力を妨げられない。

参【縁組無効の訴え→人訴二、三の二—三〇【縁組無効の審判→家事二七七、二七九【縁組の無効と戸籍の訂正→戸一一四—一一六　[一]【詐欺又は強迫による縁組の取消し→八〇八・七四七　[二]【縁組する意思のない場合の例→七九五—七九七　[三]【縁組の届出→七九九、七三九、八〇一

一 実質的縁組意思の存否

1 仮装縁組

イ 仮装縁組の意義

[1] 養子縁組の届出自体については当事者間に意思の一致があったとしても、それは単に他の目的を達するための便法として仮託されたに過ぎなくて、真に養親子関係の設定を欲する効果意思がなかった場合においては、養子縁組は効力を生じない。（最判昭23・12・23民集二・一四・四九三、家族百選[三版]五九）

ロ 仮装縁組として無効とされた事案

[2] 兵役義務を免れる目的の縁組（大判明39・11・27刑録一二・一二八八）

[3] 芸妓営業をさせる目的の縁組（大判大11・9・2民集一・四四八）

[4] 婚姻に際して仮親となる目的の縁組（大判昭15・12・6民集一九・二二八二）

[5] 法定推定家督相続人たる長女を他家に入籍させるための縁組（最判昭23・12・23前出[1]）

ハ 仮装縁組ではなく有効とされた事案

[6] 同居する孫に財産相続させる目的の縁組（最判昭38・12・20家月一六・四・一一七）

[7] 偶発的な人目をはばかった情交関係が縁組前の養親子間にあった縁組（最判昭46・10・22民集二五・七・九八五、家族百選[四版]四二）

[8] 専ら相続税の節税のためにする縁組（最判平29・1・31民集七一・一・四八、民百選Ⅲ[二版]三八）

2 受理当時の意識の喪失→七四二条[1][2]・七八一条[6]

[9] 他人に縁組届出を委託した当事者が届出受理当時意識を失っていたとしても、受理前に翻意したなど特段の事情のない限り、縁組は有効に成立する。（最判昭45・11・24民集二四・一二・一九三一、家族百選[三版]五四）

二 無効の訴え

[10] 養子縁組の無効は、人事訴訟手続による確定又は戸籍の訂正を待たず、民事に係る別訴や刑事訴訟における前提問

題として、別個独立に主張、判断し得る。（最判昭38・12・24刑集一七・一二・二五三七……尊属殺の刑事事件）

11 第三者の提起する養子縁組無効の訴えは、その縁組が無効であることにより自己の身分関係に関する地位に直接影響を受けないときは、訴えの利益を欠く。（最判昭63・3・1民集四二・三・一五七、重判昭63民訴二）→民訴一三四条の二 35 37

（縁組の取消し）

第八〇三条　縁組は、次条から第八百八条までの規定によらなければ、取り消すことができない。

参照【縁組届出の際の審査→八〇〇【縁組取消しの訴え→人訴二、三の二―三〇【縁組取消しの審判→家事二七七、二七九【縁組取消しの届出→戸六九、六三【縁組取消しの効果→八〇八

（養親が二十歳未満の者である場合の縁組の取消し）

第八〇四条　第七百九十二条の規定に違反した縁組は、養親又はその法定代理人から、その取消しを家庭裁判所に請求することができる。ただし、養親が、二十歳に達した後六箇月を経過し、又は追認をしたときは、この限りでない。

参照【縁組の取消し→八〇三参【法定代理人→八一八、八一九、八三九―八四三【年齢の計算→年齢計算【追認→一二二、一二三

（養子が尊属又は年長者である場合の縁組の取消し）

第八〇五条　第七百九十三条の規定に違反した縁組は、各当事者又はその親族から、その取消しを家庭裁判所に請求することができる。

参照【縁組の取消し→八〇三参【親族→七二五

一　取消権の時効消滅

1 本条によって取り消し得べき縁組の存続は公の秩序と相いれず、取消権に時効は適用されない。（大民連判大12・7・7民集二・四三八、家族百選〔初版〕五〇）

二　取消請求訴訟の承継の可否

2 本条の取消請求権は一身に専属する権利で相続の対象とならないから、養親が提起した取消請求訴訟は、養親の死亡により当然終了する。（最判昭51・7・27民集三〇・七・七二四、民訴百選Ⅱ〔補正〕一八〇）→民訴一二四条 10

三　夫婦共同縁組における取消しの効果→七九三条 7

（後見人と被後見人との間の無許可縁組の取消し）

第八〇六条①　第七百九十四条の規定に違反した縁組は、養子又はその実方の親族から、その取消しを家庭裁判所に請求することができる。ただし、管理の計算が終わった後、養子が追認をし、又は六箇月を経過したときは、この限りでない。

② 前項ただし書の追認は、養子が、成年に達し、又は行為能力を回復した後にしなければ、その効力を生じない。

③ 養子が、成年に達せず、又は行為能力を回復しない間に、管理の計算が終わった場合には、第一項ただし書の期間は、養子が、成年に達し、又は行為能力を回復した時から起算する。

参照【縁組の取消し→八〇三参 ❶【親族→七二五【後見監督人による訴えの提起→八五一四【管理の計算の終了→八七〇【追認→一二二、一二三 ❷❸【成年→四【行為能力の回復→一〇

（配偶者の同意のない縁組等の取消し）

第八〇六条の二①　第七百九十六条の規定に違反した縁組は、縁組の同意をしていない者から、その取消しを家庭裁判所に請求することができる。ただし、その者が、縁組を知った後六箇月を経過し、又は追認をしたときは、この限りでない。

② 詐欺又は強迫によって第七百九十六条の同意をした者は、その縁組の取消しを家庭裁判所に請求することができる。ただし、その者が、詐欺を発見し、若しくは強迫を免れた後六箇月を経過し、又は追認をしたときは、この限りでない。

参照【縁組の取消し→八〇三参【追認→一二二、一二三 ❷【詐欺・強迫→九六

（子の監護をすべき者の同意のない縁組等の取消し）

第八〇六条の三①　第七百九十七条第二項の規定に違反した縁組は、縁組の同意をしていない者から、その取消しを家庭裁判所に請求することができる。ただし、その者が追認をしたとき、又は養子が十五歳に達した後六箇月を経過し、若しくは追認をしたときは、この限りでない。

② 前条第二項の規定は、詐欺又は強迫によって第七百九十七条第二項の同意をした者について準用する。

参照【縁組の取消し→八〇三参【追認→一二二、一二三 ❷【詐欺・強迫→九六

（養子が未成年者である場合の無許可縁組の取消し）

第八〇七条　第七百九十八条の規定に違反した縁組は、養子、その実方の親族又は養子に代わって縁組の承諾をした者から、その取消しを家庭裁判所に請求することができる。ただし、養子が、成年に達した後六箇月を経過し、又は追認をしたときは、この限りでない。

参照【縁組の取消し→八〇三参【親族→七二五【縁組の代諾者→七九七【成年→四【追認→一二二、一二三

（婚姻の取消し等の規定の準用）

第八〇八条①　第七百四十七条〈詐欺又は強迫による婚姻の取消し〉及び第七百四十八条〈婚姻の取消しの効力〉の規定は、縁組について準用する。この場合において、第七百四十七条第二項中「三箇月」とあるのは、「六箇月」と読み替えるものとする。

② 第七百六十九条〈離婚による復氏の際の権利の承継〉及び第八百十六条〈離縁による復氏等〉の規定は、縁組の取消しについて準用する。

参照❶【縁組の取消し→八〇三参 ❷【復氏と戸籍→戸一九①③、二〇、二三、六九の二

第三款　縁組の効力

参照【縁組の効力の準拠法→法適用三一

（嫡出子の身分の取得）

第八〇九条　養子は、縁組の日から、養親の嫡出子の身分を取得する。

参照【八一〇【縁組の日→七九九、七三九【縁組による親族関係の発生→七二七【嫡出子の地位→七七二参【養子の国籍取得→国籍

八㈢

（養子の氏）

第八一〇条　養子は、養親の氏を称する。ただし、婚姻によって氏を改めた者については、婚姻の際に定めた氏を称すべき間は、この限りでない。

⊛+【離縁等による復氏↓八一六、八〇八②【養子と戸籍↓戸一八③、二〇、二三【養子の子の氏↓七九一、七九〇　【但】【婚姻によって氏を改めた者↓七五〇

第四款　離縁

⊛+【離縁の準拠法↓法適用三一②

（協議上の離縁等）

第八一一条① 縁組の当事者は、その協議で、離縁をすることができる。

② 養子が十五歳未満であるときは、その離縁は、養親と養子の離縁後にその法定代理人となるべき者との協議でこれをする。

③ 前項の場合において、養子の父母が離婚しているときは、その協議で、その一方を養子の離縁後にその親権者となるべき者と定めなければならない。

④ 前項の協議が調わないとき、又は協議をすることができないときは、家庭裁判所は、同項の父若しくは母又は養親の請求によって、協議に代わる審判をすることができる。

⑤ 第二項の法定代理人となるべき者がないときは、家庭裁判所は、養子の親族その他の利害関係人の請求によって、養子の離縁後にその未成年後見人となるべき者を選任する。

⑥ 縁組の当事者の一方が死亡した後に生存当事者が離縁をしようとするときは、家庭裁判所の許可を得て、これをすることができる。

⊛❶八一二、八一三【離縁の効果↓八一六、八一七、七二九、七三六　❷【年齢の計算↓年齢計算【法定代理人↓八一八、八一九、八三九―八四一【代諾離縁の届出↓戸七一　❹【離縁後に親権者となるべき者の選任↓家事三の八、三九、別表第二〈七の項〉、二四四　❺【離縁後に未成年後見人となるべき者の選任↓家事三の九、三九、別表第一〈七十の項〉　❻【家庭裁判所の許可↓家事三の六、三九、別表第一〈六十二の項〉【縁組の当事者の一方の死亡後の離縁の届出↓戸七二、三八②　+【協議以外の方法による離縁↓八一四、八一五、家事二四四、二五七、二六八、二八四、戸七三【特別養子の特則↓八一七の一〇【本条違反の離縁↓八一三

（夫婦である養親と未成年者との離縁）

第八一一条の二　養親が夫婦である場合において未成年者と離縁をするには、夫婦が共にしなければならない。ただし、夫婦の一方がその意思を表示することができないときは、この限りでない。

⊛+【未成年者↓四【養親が夫婦である場合↓七九五、七九六但【本条違反の離縁↓八一三

（婚姻の規定の準用）

第八一二条　第七百三十八条〈成年被後見人の婚姻〉、第七百三十九条〈婚姻の届出〉及び第七百四十七条〈詐欺又は強迫による婚姻の取消し〉の規定は、協議上の離縁について準用する。この場合において、同条第二項中「三箇月」とあるのは、「六箇月」と読み替えるものとする。

⊛+【離縁の届出↓八一三、戸七〇―七二【詐欺・強迫による離縁の取消し↓八〇八、人訴二、三の二―三〇、家事二七七、二七九、戸七三【特別養子の特則↓八一七の一〇

（離縁の届出の受理）

第八一三条① 離縁の届出は、その離縁が前条において準用する第七百三十九条第二項の規定並びに第八百十一条及び第八百十一条の二の規定その他の法令の規定に違反しないことを認めた後でなければ、受理することができない。

② 離縁の届出が前項の規定に違反して受理されたときであっても、離縁は、そのためにその効力を妨げられない。

⊛+【離縁の届出↓八一二⊛【その他の法令↓法適用三一②、三四【特別養子の特則↓八一七の一〇

（裁判上の離縁）

第八一四条① 縁組の当事者の一方は、次に掲げる場合に限り、離縁の訴えを提起することができる。

一　他の一方から悪意で遺棄されたとき。

二　他の一方の生死が三年以上明らかでないとき。

三　その他縁組を継続し難い重大な事由があるとき。

② 第七百七十条第二項〈裁判所の裁量による離婚の請求の棄却〉の規定は、前項第一号及び第二号に掲げる場合について準用する。

⊛❶八一五―八一七【離縁の訴え↓人訴二、三の二―三〇、四四【裁判上の離縁の届出↓戸七三【訴え以外の方法による離縁↓八一一、八一二⊛　【二】【養親子間の扶養義務↓八〇九、八七七【三】【生死不明と失踪宣告↓三〇、三一【特別養子の特則↓八一七の一〇

一 「縁組を継続し難い重大な事由」の解釈

1 意義

1 「重大な事由」は必ずしも当事者双方又は一方の有責事由とは限らない。（最判昭36・4・7民集一五・四・七〇六、家族百選〔二版〕六二）↓民訴二二三条7

2 有責当事者の離縁請求↓七七〇条10～17

2 有責者が無責者の意思に反して離縁の請求をすることは許されず、その法意は、離婚の訴えに関する民法七七〇条一項五号と異ならない。（最判昭39・8・4民集一八・七・一三〇九、家族百選〔三版〕五九）

3 実質的な親子関係の破壊の原因が全面的に又は主として解消を望む当事者側にある等身分法を貫く正義の原則に著しく反する特段の事情がない限り、その離縁請求は許される。（最判昭40・5・21家月一七・六・二四七）

二 離縁訴訟の承継の可否

4 離縁請求権は一身に専属する権利で相続の対象とならないから、養親が提起した離縁請求訴訟は、養親の死亡と同時に終了する。（最判昭57・11・26家月三五・一一・六八）↓民訴一二四条11

（養子が十五歳未満である場合の離縁の訴えの当事者）

第八一五条　養子が十五歳に達しない間は、第八百十一条の規定により養親と離縁の協議をすることができる者から、又はこれに対して、離縁の訴えを提起するこ

とができる。

◎⁺八一四【年齢の計算→年齢計算【縁組の代諾権者→七九七【特別養子の特則→八一七の一〇

第八一六条（離縁による復氏等）① 養子は、離縁によって縁組前の氏に復する。ただし、配偶者とともに養子をした養親の一方のみと離縁をした場合は、この限りでない。

② 縁組の日から七年を経過した後に前項の規定により縁組前の氏に復した者は、離縁の日から三箇月以内に戸籍法の定めるところにより届け出ることによって、離縁の際に称していた氏を称することができる。

◎⁺八一七【縁組と氏→八一〇【復氏と戸籍→戸一九①・二〇・二三 ❶【但】【配偶者と共に養子をした養親→七九五 ❷【離縁後の氏の回復→戸七三の二・一九③

第八一七条（離縁による復氏の際の権利の承継） 第七百六十九条〈離婚による復氏の際の権利の承継〉の規定は、離縁について準用する。

◎⁺七六九◎

◇【事実上の養子】

1 事実上の養子は家族共同体の一員として賃借権を援用できるのであって、その法律関係は、賃借人の相続人が承継した以後であっても変わりがない。（最判昭37・12・25民集一六・一二・二四五五、家族百選〔二版〕五五）

第五款　特別養子

第八一七条の二（特別養子縁組の成立）① 家庭裁判所は、次条から第八百十七条の七までに定める要件があるときは、養親となる者の請求により、実方の血族との親族関係が終了する縁組（以下この款において「特別養子縁組」という。）を成立させることができる。

② 前項に規定する請求をするには、第七百九十四条又は第七百九十八条の許可を得ることを要しない。

◎❶【実方の血族との親族関係の終了→八一七の九【特別養子縁組の審判→家事三の五・三九・別表第一〈六十三の項〉【特別養子縁組の請求却下の場合の児童の保護→児福二五①【特別養子縁組成立の効果→八〇九◎、戸二〇の三・六八の二 ⁺八一七の九◎

第八一七条の三（養親の夫婦共同縁組）① 養親となる者は、配偶者のある者でなければならない。

② 夫婦の一方は、他の一方が養親とならないときは、養親となることができない。ただし、夫婦の一方が他の一方の嫡出である子（特別養子縁組以外の縁組による養子を除く。）の養親となる場合は、この限りでない。

◎⁺【配偶者のある者の未成年者縁組→七九五

第八一七条の四（養親となる者の年齢） 二十五歳に達しない者は、養親となることができない。ただし、養親となる夫婦の一方が二十五歳に達していない場合においても、その者が二十歳に達しているときは、この限りでない。

◎⁺【年齢制限の必要性→八一七の七【普通養子の場合の養親の年齢制限→七九二【年齢の計算→年齢計算

第八一七条の五（養子となる者の年齢）① 第八百十七条の二に規定する請求の時に十五歳に達している者は、養子となることができない。特別養子縁組が成立するまでに十八歳に達した者についても、同様とする。

② 前項前段の規定は、養子となる者が十五歳に達する前から引き続き養親となる者に監護されている場合において、十五歳に達するまでに第八百十七条の二に規定する請求がされなかったことについてやむを得ない事由があるときは、適用しない。

③ 養子となる者が十五歳に達している場合においては、特別養子縁組の成立には、その者の同意がなければならない。

◎⁺【普通養子の場合の養子の年齢制限→七九三【年齢の計算→年齢計算

第八一七条の六（父母の同意） 特別養子縁組の成立には、養子となる者の父母の同意がなければならない。ただし、父母がその意思を表示することができない場合又は父母による虐待、悪意の遺棄その他養子となる者の利益を著しく害する事由がある場合は、この限りでない。

◎⁺【特別養子縁組の成立→八一七の二、家事三の五・三九・別表第一〈六十三の項〉【普通養子の場合の父母の同意→七九七【父母による虐待等→児福二八・二九

第八一七条の七（子の利益のための特別の必要性） 特別養子縁組は、父母による養子となる者の監護が著しく困難又は不適当であることその他特別の事情がある場合において、子の利益のため特に必要があると認めるときに、これを成立させるものとする。

◎⁺【特別養子縁組の成立→八一七の二、家事三の五・三九・別表第一〈六十三の項〉【父母による監護が著しく困難又は不適当→児福二五・二六・二七・二八

第八一七条の八（監護の状況）① 特別養子縁組を成立させるには、養親となる者が養子となる者を六箇月以上の期間監護した状況を考慮しなければならない。

② 前項の期間は、第八百十七条の二に規定する請求の時から起算する。ただし、その請求前の監護の状況が明らかであるときは、この限りでない。

◎❶【特別養子縁組の成立→八一七の二、家事三の五・三九・別表第一〈六十三の項

第八一七条の九（実方との親族関係の終了） 養子と実方の父母及びその血族との親族関係は、特別養子縁組によって終了する。ただし、第八百十七条の三第二項ただし書に規定する他の一方及びその血族との親族関係については、この限りでない。

∞+【実方との親族関係終了の効果↓八一七の二∞・七三〇・八一八①・八七七・八八七①【婚姻障害の存続↓七三四・七三五

[1] 血縁上の父が戸籍上の父子間の親子関係不存在の確認を求める訴えを提起している等の事情がある場合には、訴えの帰趨〔きすう〕が定まる前に子を第三者の特別養子とした審判には準再審の事由がある。（最判平7・7・14民集四九・七・二六七四、民百選Ⅲ［二版］四二）↓◆【Ⅰ親子関係存否確認の訴え】〔七七二条の前〕[3][6]、民訴一三四条の二[36]

第八一七条の一〇（**特別養子縁組の離縁**）① 次の各号のいずれにも該当する場合において、養子の利益のため特に必要があると認めるときは、家庭裁判所は、養子、実父母又は検察官の請求により、特別養子縁組の当事者を離縁させることができる。

一 養親による虐待、悪意の遺棄その他養子の利益を著しく害する事由があること。

二 実父母が相当の監護をすることができること。

② 離縁は、前項の規定による場合のほか、これをすることができない。

∞❶【離縁の審判↓家事三の七・三九・別表第一〈六十四の項〉【戸籍↓戸七三・六三 【二】【養親による虐待等↓八三四・八三四の二、児福二五・二六・二七・二八・二九

第八一七条の一一（**離縁による実方との親族関係の回復**）養子と実父母及びその血族との間においては、離縁の日から、特別養子縁組によって終了した親族関係と同一の親族関係を生ずる。

∞+【実方との親族関係の発生↓八一七の九∞・八一六、戸一九①【養方との親族関係の終了↓七二九【婚姻障害の存続↓七三六

第四章　親権

∞+【親権の準拠法↓法適用三二

第一節　総則

第八一八条（**親権者**）① 成年に達しない子は、父母の親権に服する。

② 子が養子であるときは、養親の親権に服する。

③ 親権は、父母の婚姻中は、父母が共同して行う。ただし、父母の一方が親権を行うことができないときは、他の一方が行う。

∞+八一九 ❶【成年↓四 ❷【養親子関係↓八〇九 ❸【親権を行うことができないとき↓八三四・八三四の二・八三七・七【親権者のないとき↓八三八 +【親権の代行者↓八三三・八六七、児福三三・四七【特別養子の特則↓八一七の九

第八一九条（**離婚又は認知の場合の親権者**）① 父母が協議上の離婚をするときは、その協議で、その一方を親権者と定めなければならない。

② 裁判上の離婚の場合には、裁判所は、父母の一方を親権者と定める。

③ 子の出生前に父母が離婚した場合には、親権は、母が行う。ただし、子の出生後に、父母の協議で、父を親権者と定めることができる。

④ 父が認知した子に対する親権は、父母の協議で父を親権者と定めたときに限り、父が行う。

⑤ 第一項、第三項又は前項の協議が調わないとき、又は協議をすることができないときは、家庭裁判所は、父又は母の請求によって、協議に代わる審判をすることができる。

⑥ 子の利益のため必要があると認めるときは、家庭裁判所は、子の親族の請求によって、親権者を他の一方に変更することができる。

∞+八一八 ❶【協議上の離婚の際の子の監護者↓七六六・七七一 ❷【裁判上の離婚と親権者↓七六三・七六五、戸七六 ❷【裁判上の離婚と親権者↓七七〇、人訴三の四①・三二③、戸七七【調停又は審判による離婚と親権者↓七六三∞、戸七七 ❸【離婚後に生まれた子の届出↓戸五二①③④【協議による親権者の届出↓戸七八 ❹【認知↓七七九・七八七【親権者の届出↓戸七八 ❺❻【家庭裁判所の処理↓家事三の八・三九・別表第二〈八の項〉・二四四【親権者の届出↓戸七九

一 本条二項による親権者の指定

[1] 父に無断で連れ出した二歳の子を以来五年以上監護する母と年間一〇〇日に及ぶ面会交流の計画を提示している父との間の離婚訴訟において、親権者を父と定めた第一審判決を覆した原審に対する上告受理申立てを認めなかった例（最決平29・7・12【平29受八一〇】重判平29民一〇）

二 親権者変更の確定審判に基づく戸籍の届出

[2] 戸籍事務管掌者は、親権者変更の確定審判に基づく戸籍の届出について、当該審判が無効であるためその判断内容に係る効力が生じない場合を除き、当該審判の法令違反を理由に届出の不受理処分をすることができない。（最決平26・4・14民集六八・四・二七九、重判平26行政一〇……子が実親の一方及び養親の共同親権に服する場合、本条六項に基づいて親権者を他の実親に変更することはできないものの、これを認めた審判が直ちに無効となるものではなく、確定審判の形成力によって親権者変更の効力が生じるとした）↓行総◘【Ⅳ】[5]

第二節　親権の効力

第八二〇条（**監護及び教育の権利義務**）親権を行う者は、子の利益のために子の監護及び教育をする権利を有し、義務を負う。

∞+【親権を行う者↓八一八・八一九・八三三・八六七、児福四七【親権者でない監護者↓七六六・七七一・七四九【子の利益↓八三四―八三五【監護↓八二一・八二二【監護者によるわいせつ等↓刑一七九【教育↓憲二六②、教基五、学教一六―二一、八五七但【監護教育の費用↓八七七・八二八【子の不法行為と監護者の責任↓七一四【特別養子の特則↓八一七の九

一 子の引渡請求

1 憲法適合性

[1] 幼児の引渡請求は、親権を行使するにつきその妨害の排除を求めるものであるから、認容判決によって妨害が排除されるとしても子に対し原告の支配下に入ることを強制し得るものではなく、憲法二二条とは何ら関係がない。（最判昭35・3・15民集一四・三・四三〇、民百選Ⅲ［二版］四四）

[2] 前出[1]と同様に憲法一三条とも何ら関係がない。（最判昭38・9・17民集一七・八・九六八、家族百選［七版］四〇）

2 請求が権利濫用に当たるとされた例

[3] 離婚により親権者に指定された父が、二歳時から四年以上母に監護され、母から親権者変更調停が申し立てられて

いる子について、子の監護に関する処分ではなく、親権に基づく妨害排除の請求として引渡しを求めることは、子の利益を害する親権の行使であり、権利の濫用に当たる。（最決平29・12・5民集七一・一〇・一八〇三、重判平30民八）→一条三項

3　強制執行

[4] ★間接強制を認めたもの（大判大元・12・19民録一八・一〇八七、続百選[二版]民三……協議離婚後幼女を監護している母に対し、親権者となった父から右幼女をもらい受けた養親が引渡しを請求した例）

二　人身保護法による子の引渡請求

1　人身保護法の適用

[5] 人身保護の制度は幼児引渡しの請求にも適用される。（最大判昭33・5・28民集一二・八・一二二四）→[21]

[6] 審判前の保全処分により子の引渡しの仮処分を申請する方法が可能だとしても、人身保護法による請求を妨げるものではない。（最判昭59・3・29家月三七・二・一四一）

2　「拘束」性の判断

[7] 意思能力のない幼児を監護することは、監護方法の当不当又は愛情に基づくかどうかとは関わりなく、人身保護法及び同規則にいう拘束と解すべきである。（最判昭43・7・4民集二二・七・一四四一、家族百選[二版]六四）

[8] 幼児に意思能力がある場合であっても、幼児が自由意思に基づいて監護者の下にとどまっているとはいえない特段の事情があるときには、その監護はなお人身保護法及び同規則にいう拘束に当たる。（最判昭61・7・18民集四〇・五・九九一、家族百選[四版]五二……監護者の監護を受容している一一歳の子について拘束性を認めた例）

[9] 子を監護する父母の一方により国境を越えて連れ去りをされた子が、連れ去りをした親の下にとどまるか否かについての意思決定をする場合、その意思決定が自由意思に基づくものといえるか否かを判断するに当たっては、基本的に、当該子が上記意思決定の重大性や困難性に鑑みて必要とされる多面的、客観的な情報を十分に取得している状況にあるか否か、連れ去りをした親が当該子に対して不当な心理的影響を及ぼしていないかなどといった点を慎重に検討すべきである。（最判平30・3・15民集七二・一・一七、国私百選[三版]六三……出生以来米国で過ごした後に一一歳時に母によって日本に連れ去られた重国籍の一三歳の子について、前出[8]の特段の事情ありとして拘束性を認めた例）→[14]

3　拘束の顕著な違法性の判断

[10] 夫婦のいずれに監護させるのが子の幸福に適するかを主眼として子に対する拘束状態の当不当を定め、その請求の許否を決すべきである。（最判昭43・7・4前出[7]……[11]により実質的に修正されたとも見られる）

[11] 夫婦の一方が他方に対して請求した場合には、拘束者による監護・拘束が権限なしにされていることが顕著であるというためには、拘束者が監護することが子の幸福に反することが明白であることを要する。（最判平5・10・19民集四七・八・五〇九九、家族百選[五版]五二）

[12] 前出[11]の「明白」性の要件を満たす場合としては、拘束者に対し引渡しを命じる仮処分又は審判が出されているのに従わない場合、また拘束者の幼児に対する処遇が親権行使という観点からみてもこれを容認できないような例外的な場合がこれに当たる。（最判平6・4・26民集四八・三・九九二、民百選Ⅲ[二版]四五）

[13] 離婚調停における合意に反して幼児の拘束を継続した等の事実関係の下では、拘束には顕著な違法性がある。（最判平6・7・8判時一五〇七・一二四）

[14] 国境を越えて日本への連れ去りをされた子の釈放を求める請求において、拘束者が国際的な子の奪取の民事上の側面に関する条約の実施に関する法律に基づき子を常居所地国に返還することを命ずる旨の確定した終局決定に従わずに当該子を監護している場合には、特段の事情のない限り、拘束者による拘束には顕著な違法性がある。（最判平30・3・15前出[9]）

4　請求を認めた例

イ　親権者から親権を有しない者への請求

[15] 離婚した男女の間で親権を有する母が子を拘束する父に対し引渡しを求める場合には、父母双方の監護の当否を比較衡量した上、母に引き渡すことが明らかに子の幸福に反するものでない限り、たとえ父が自己を監護者とすることを求める審判を申し立て又は訴えを提起している場合であり、しかも父の監護が平穏に開始され、かつ、現在の監護の方法が一応妥当なものであっても、当該拘束はなお顕著な違法性を失わない。（最判昭47・7・25家月二五・四・四〇……母の請求）

[16] 監護権を有する者が引渡しを請求するときは、子の幸福の観点から著しく不当なものでない限り、監護権者の請求を認容すべきである。（最判平6・11・8民集四八・七・一三三七、重判平6民一四②……母から、未認知の子の父及びその妻への請求）

ロ　親権者間の請求—母の請求→[7][13]

ハ　親権・監護権を有しない者からの請求

[17] 幼児の監護は、法律上監護権を有する者によるものであるかどうかに関わりなく、拘束に当たる。（最判昭49・2・26家月二六・六・二二、家族百選[三版]六二……事実上の養親から、人身保護事件の確定判決を不服として実力で子を奪取した親権者である母への請求）

5　請求を認めなかった例

イ　親権者から親権を有しない者への請求

[18] 非嫡出子の親権者である母が、子の事実上の養父母に対し引渡しを請求した場合、母が当初事実上の養子縁組に同意した等の事実関係の下においては、拘束の権限なしになされていることが顕著である場合に当たらない。（最判昭29・12・16民集八・一二・二一六九……母の請求）

ロ　親権者間の請求

a　父の請求

[19] 母が暴力をもって連れ去ったとしても、子が現在平穏に養育され幸福である場合には、現在の状態を不法の拘束として父に返す必要はない。（最判昭24・1・18民集三・一・一〇、家族百選[初版]五五）

b　母の請求→[11][12]

[20] 生後一年未満の乳児についても、母の請求を認めなかった例（最判平6・2・8家月四七・二・一三五）

ハ　親権・監護権を有しない者からの請求

[21] 拘束者等が請求者のもとから被拘束者を連れ去ったことが、穏当を欠くものであったとしても、この一事をもって拘束の違法が顕著なものとはいえない。（最大判昭33・5・28前出[5]……内縁関係にあった女性の連れ子として幼児を養育していた男性から、幼児の後見人である祖父母への請求）

三　子の連れ去り行為

1　未成年者略取罪等の刑事罰→刑二二四条[2]・二二六条[1]

2　国境を越えて連れ去りをされた場合→[9][14]

四　面会交流（面接交渉）→七六六条[1]～[3]

五　監護教育を請求する権利を侵害されたことによる、

子から親の不貞行為の相手方に対する慰謝料請求の可否→七〇九条[167]・◆【Ⅰ　貞操の義務】［七五〇条の前］[2]

（居所の指定）

第八二一条　子は、親権を行う者が指定した場所に、その居所を定めなければならない。

参【親権を行う者と親権者でない監護者→八二〇参【居住移転の自由→憲二二【居所指定権の濫用と親権喪失→八三四・八三四の二【未成年後見人と親権者の定めた居所の変更→八五七

（懲戒）

第八二二条　親権を行う者は、第八百二十条の規定による監護及び教育に必要な範囲内でその子を懲戒することができる。

参【親権を行う者と親権者でない監護者→八二〇参【身体の自由→憲三一【体罰の禁止→児福四七③【懲戒権の濫用と親権喪失→八三四・八三四の二

（職業の許可）

第八二三条①　子は、親権を行う者の許可を得なければ、職業を営むことができない。

②　親権を行う者は、第六条第二項の場合には、前項の許可を取り消し、又はこれを制限することができる。

参【親権を行う者→八二〇参❶【未成年者の職業許可→六①、商五、会社五八四、商登三五―三九、労基五七・五八【未成年後見人の職業許可権と未成年後見監督人の同意→八五七

（財産の管理及び代表）

第八二四条　親権を行う者は、子の財産を管理し、かつ、その財産に関する法律行為についてその子を代表する。ただし、その子の行為を目的とする債務を生ずべき場合には、本人の同意を得なければならない。

参【親権を行う者→八二〇参【財産管理権→八二七―八三二・八三四―八三七、八六八【代表権→九九―一〇一・一〇五・一〇六【代表権の制限される場合→六①・八二六・八三〇、労基五八①・五九【親権者と同意権→五・六【身分行為と代表権→七八七・七九一③・七九七・八〇二②―⑤・八一五・八三三【訴訟と代表権→民訴二八・三一・三二・三四―三六

[1]　**親権者の代理権濫用行為**

★親権者が子を代理する権限を濫用して法律行為をした場合において、相手方が濫用の事実を知り又は知り得べかりしときは、民法九三条ただし書の規定の類推適用により、その行為の効果は子に及ばないが、親権者の代理行為は利益相反行為に当たらない限り広範な裁量に委ねられるため、親権者が子を代理して子の所有する不動産を第三者の債務の担保に供する行為は、親権者に子を代理する権限を授与した法の趣旨に著しく反すると認められる特段の事情がない限り、濫用に当たらない。（最判平4・12・10民集四六・九・二七二七、民百選Ⅲ[三版]四九）→一〇七条[4]

（父母の一方が共同の名義でした行為の効力）

第八二五条　父母が共同して親権を行う場合において、父母の一方が、共同の名義で、子に代わって法律行為をし又は子がこれをすることに同意したときは、その行為は、他の一方の意思に反したときであっても、そのためにその効力を妨げられない。ただし、相手方が悪意であったときは、この限りでない。

参【父母の共同親権→八一八③【子に代わる法律行為→八二四【子の法律行為に対する同意→五・六・八二三

一　単独での親権行使

[1]　共同して親権を行使すべき父母の一方が、親権者として単独で未成年の子の財産に関してした行為は無効である。（最判昭42・9・29家月二〇・二・二九、家族百選[五版]四九）

二　本条と訴訟行為

[2]　本条は取引の安全を図るものであり、訴訟行為には適用されない。（最判昭57・11・26民集三六・一一・二二九六）→八二六条[18][19]、民訴三一条[1]

（利益相反行為）

第八二六条①　親権を行う父又は母とその子との利益が相反する行為については、親権を行う者は、その子のために特別代理人を選任することを家庭裁判所に請求しなければならない。

②　親権を行う者が数人の子に対して親権を行う場合において、その一人と他の子との利益が相反する行為については、親権を行う者は、その一方のために特別代理人を選任することを家庭裁判所に請求しなければならない。

参【父母の共同親権→八一八③【特別代理人の選任→家事三の八・三九・別表第一〈六十五の項〉【本条違反の行為の効力→一〇八・一一三―一一八

一　利益相反行為の意義

1　一般

[1]　利益相反行為とは単に親権者と未成年の子とが各一方に当事者となりその間になす法律行為のみに限らず、親権者のために利益にして未成年者のために不利益な法律行為を包括指称する。（大判大10・8・10民録二七・一四七六）

2　行為の動機・縁由は考慮されない（外形理論）

[2]　利益相反行為に該当するかどうかは、親権者が子を代理してした行為自体を外形的・客観的に考察して判定すべきであって、親権者の動機・意図をもって判定すべきでない。（最判昭42・4・18民集二一・三・六七一、家族百選[三版]六七）

[3]　親権者が子の名において金員を借り受け子の不動産に抵当権を設定することは、仮に借受金を親権者自身の用途に充当する意図であっても、利益相反行為とはいえないが、親権者自身が金員を借り受けるに当たり子の不動産に抵当権を設定することは、仮に借受金を子の養育費に充当する意図であったとしても、利益相反行為に当たる。（最判昭37・10・2民集一六・一〇・二〇五九、家族百選[三版]六六）↓[7]

二　利益相反行為に当たるかどうかに関するもの

1　親権者と利害関係の共通する第三者を相手方とする行為

イ　当たるとされたもの

[4]　後見人が未成年者を代理して後見人の内縁の夫に対し未成年者所有の土地を無償譲渡する行為（最判昭45・5・22民集二四・五・四〇二、家族百選[三版]七三……民法［昭和二二法二二二による改正前］九一五条四号の後見人と被後見人との利益相反行為に関するもの）

[5]　ロ　当たらないとされたもの
　親権者である母が子の継父である夫の債務のために子の不動産に抵当権を設定する行為（最判昭35・7・15家月一二・一〇・八八）

2　親の債務についての子の保証・担保

[6]　イ　当たるとされたもの
　親権者が他人から金銭を借り入れるに当たり、親権者としてその子において連帯債務を負担し、子の不動産に抵当権を設定する行為（大判大3・9・28民録二〇・六九〇）

[7]　ロ　当たらないとされたもの
　親権者が子と共同債務者となり、その債務につき共有不動産に抵当権を設定する行為のうち、親権者の債務負担部分につき子の不動産持分の上に抵当権を設定する部分を除いた、抵当権設定行為（最判昭37・10・2前出[3]）

3　親が連帯保証している第三者の債務についての子の保証・担保

[8]　第三者の金銭債務について、親権者が自ら連帯保証をするとともに、子の代理人としてした連帯保証債務負担行為及び抵当権設定行為は利益相反行為に当たる。（最判昭43・10・8民集二二・一〇・二一七二、民百選Ⅲ[二版]四六）

4　子への贈与行為

[9]　贈与行為のように子に何らの不利益もない行為は利益相反行為に当たらない。（大判昭6・11・24民集一〇・一一〇三）

[10]　親権者が第三者から取得した不動産につき第三者から子へ直接売買を理由とする登記移転があったことだけでは、親権者と子との間に売買があったとは認められないから、利益相反行為とはならない。（最判昭42・2・23民集二一・一・一六九）→民訴四七条[7]

5　相続放棄

[11]　共同相続人の一人が他の共同相続人の全部又は一部の者を後見している場合において、後見人が被後見人を代理してする相続放棄は、後見人がまず自らの相続放棄をした後に被後見人全員を代理してその相続放棄をしたときはもとより、後見人自らの相続放棄と被後見人全員を代理してするその相続放棄が同時にされたと認められるときもまた、後見人と被後見人との間においても、被後見人相互間においても、利益相反行為になるとはいえない。（最判昭53・2・24民集三二・一・九八、民百選Ⅲ[初版]四九……民法八六〇条で後見人に準用された場合）

6　遺産分割

[12]　親権者が共同相続人である数人の子を代理して遺産分割の協議をすることは、利益相反行為に当たる。（最判昭48・4・24家月二五・九・八〇）

7　手形行為

[13]　親権者が自己と共同所持人の関係にある子を代理して手形を他に譲渡する行為は利益相反行為に当たらない。（最判昭33・12・11民集一二・一六・三三一三）

8　株主の権利行使

[14]　株式が子と親権者を含む数人の共有に属する場合において、親権者が子を代理して商法二〇三条二項［会社一〇六条］にいう株主の権利を行使すべき者を指定する行為は、これを親権者自身と指定するときであっても、利益相反行為に当たらない。（最判昭52・11・8民集三一・六・八四七、会社法百選[初版]三五）→会社一〇六条[4]

三　親権者の一方との利益相反

[15]　一方の親権者とのみ利益相反する場合は、特別代理人及び利益相反関係にない親権者が共同して代理すべきである。（最判昭35・2・25民集一四・二・二七九、民百選Ⅲ[二版]四八）

四　本条違反の効果

[16]　無権代理行為となる。（大判昭11・8・7民集一五・一六三〇、家族百選[初版]五七）

五　特別代理人との利益相反

[17]　特別代理人と未成年者との間に利益相反の関係がある場合には、特別代理人は選任の審判によって付与された権限を行使することができず、行使しても無権代理となる。（最判昭57・11・18民集三六・一一・二二七四、家族百選[六版]四二）

[18]　未成年者が担保提供をしたのと同一の債務につき連帯保証人となっている特別代理人が、その担保提供を追認する行為は、利益相反行為に当たる。（最判昭57・11・26民集三六・一一・二二九六、重判昭57民一〇）→[19]・八二五条[2]、民訴三一条[7]

六　特別代理人の選任申立て

[19]　父母が共同で親権を行う場合でも、選任申立ては一方が単独でできる。（最判昭57・11・26前出[18]）

（財産の管理における注意義務）

第八二七条　親権を行う者は、自己のためにするのと同一の注意をもって、その管理権を行わなければならない。

∞+【親権を行う者↓八二〇∞【管理権↓八二四【管理の失当と管理権喪失↓八三五

（財産の管理の計算）

第八二八条　子が成年に達したときは、親権を行った者は、遅滞なくその管理の計算をしなければならない。ただし、その子の養育及び財産の管理の費用は、その子の財産の収益と相殺したものとみなす。

∞+八二四、八二九、八三二【成年↓四【親権を行った者↓八二〇

∞【相殺↓五〇五

第八二九条　前条ただし書の規定は、無償で子に財産を与える第三者が反対の意思を表示したときは、その財産については、これを適用しない。

∞+八三〇【無償の財産譲与↓五四九、五五四、九六四

（第三者が無償で子に与えた財産の管理）

第八三〇条①　無償で子に財産を与える第三者が、親権を行う父又は母にこれを管理させない意思を表示したときは、その財産は、父又は母の管理に属しないものとする。

②　前項の財産につき父母が共に管理権を有しない場合において、第三者が管理者を指定しなかったときは、家庭裁判所は、子、その親族又は検察官の請求によって、その管理者を選任する。

③　第三者が管理者を指定したときであっても、その管理者の権限が消滅し、又はこれを改任する必要がある場合において、第三者が更に管理者を指定しないときも、前項と同様とする。

④　第二十七条から第二十九条まで〈不在者の財産管理人の権利義務〉の規定は、前二項の場合について準用する。

∞+八二九、八三一【無償の財産譲与↓八二九∞　❶八二四　❷【親族↓七二五【管理者の選任↓家事三の八、三九、別表第一

〈六十六の項〉

第八三一条（委任の規定の準用）第六百五十四条〈委任の終了後の処分〉及び第六百五十五条〈委任の終了の対抗要件〉の規定は、親権を行う者が子の財産を管理する場合及び前条の場合について準用する。

⚮＋【親権者の財産管理↓八二四

（財産の管理について生じた親子間の債権の消滅時効）

第八三二条① 親権を行った者とその子との間に財産の管理について生じた債権は、その管理権が消滅した時から五年間これを行使しないときは、時効によって消滅する。

② 子がまだ成年に達しない間に管理権が消滅した場合において子に法定代理人がないときは、前項の期間は、その子が成年に達し、又は後任の法定代理人が就職した時から起算する。

⚮❶八二八【一般債権の消滅時効↓一六六①　❷【成年↓四【管理権の消滅の例↓八一九⑥、八三四―八三七【法定代理人↓八一八、八一九【後任の法定代理人↓八四一　＋【子の父母に対する権利の時効の完成猶予↓一五八②

（子に代わる親権の行使）

第八三三条 親権を行う者は、その親権に服する子に代わって親権を行う。

⚮＋【親権を行う者↓八二〇⚮【親権に服する子↓八一八①【後見人の親権代行↓八六七

第三節　親権の喪失

（親権喪失の審判）

第八三四条 父又は母による虐待又は悪意の遺棄があるときその他父又は母による親権の行使が著しく困難又は不適当であることにより子の利益を著しく害するときは、家庭裁判所は、子、その親族、未成年後見人、未成年後見監督人又は検察官の請求により、その父又は母について、親権喪失の審判をすることができる。ただし、二年以内にその原因が消滅する見込みがあるときは、この限りでない。

⚮＋八三六【親権を行う父母↓八一八、八一九【親権の濫用↓一③、八二七【虐待・悪意の遺棄↓七七〇①㈡、八一七の一〇①㈠【親族↓七二五【未成年後見人↓八三九―八四一【未成年後見監督人↓八四八【他の請求権者↓児福三三の七【親権喪失の審判↓家事三の八、三九、別表第一〈六十七の項〉【親権喪失の届出↓戸七九【親権喪失の効果↓八一八③、八三八㈠、八四一、八三一、八三二【他の規定により親権が制約される場合↓児福三三、四七

（親権停止の審判）

第八三四条の二① 父又は母による親権の行使が困難又は不適当であることにより子の利益を害するときは、家庭裁判所は、子、その親族、未成年後見人、未成年後見監督人又は検察官の請求により、その父又は母について、親権停止の審判をすることができる。

② 家庭裁判所は、親権停止の審判をするときは、その原因が消滅するまでに要すると見込まれる期間、子の心身の状態及び生活の状況その他一切の事情を考慮して、二年を超えない範囲内で、親権を停止する期間を定める。

⚮＋八三六【親権を行う父母↓八一八、八一九【親権の濫用↓一③、八二七【親族↓七二五【未成年後見人↓八三九―八四一【未成年後見監督人↓八四八【他の請求権者↓児福三三の七【親権停止の審判↓家事三九、別表第一〈六十七の項〉【親権停止の届出↓戸七九【親権停止の効果↓八三四⚮【他の規定により親権が制約される場合↓児福三三、四七

（管理権喪失の審判）

第八三五条 父又は母による管理権の行使が困難又は不適当であることにより子の利益を害するときは、家庭裁判所は、子、その親族、未成年後見人、未成年後見監督人又は検察官の請求により、その父又は母について、管理権喪失の審判をすることができる。

⚮＋八三六【親権を行う父母↓八一八、八一九【管理権の行使↓八二四、八二七【管理権の濫用↓八二七【親族↓七二五【管理権喪失の審判↓家事三九、別表第一〈六十七の項〉【管理権喪失の届出↓戸七九【管理権喪失の効果↓八三四⚮、八六八【他の規定により管理権が制約される場合↓児福三三、四七、破六一

（親権喪失、親権停止又は管理権喪失の審判の取消し）

第八三六条 第八百三十四条本文、第八百三十四条の二第一項又は前条に規定する原因が消滅したときは、家庭裁判所は、本人又はその親族の請求によって、それぞれ親権喪失、親権停止又は管理権喪失の審判を取り消すことができる。

⚮＋【親族↓七二五【親権喪失、親権停止又は管理権の喪失審判の取消し↓家事三の八、三九、別表第一〈六十八の項〉【親権喪失、親権停止又は管理権の喪失審判の取消しの届出↓戸七九

（親権又は管理権の辞任及び回復）

第八三七条① 親権を行う父又は母は、やむを得ない事由があるときは、家庭裁判所の許可を得て、親権又は管理権を辞することができる。

② 前項の事由が消滅したときは、父又は母は、家庭裁判所の許可を得て、親権又は管理権を回復することができる。

⚮＋【親権を行う父母↓八一八、八一九【家庭裁判所の許可↓家事三の八、三九、別表第一〈六十九の項〉【辞任及び回復の届出↓戸八〇、三八②【辞任の効果↓八一八③、八三八㈠、八四一、八六八、八三一、八三二

第五章　後見

⚮＋任意後見【後見の準拠法↓法適用三五

第一節　後見の開始

第八三八条 後見は、次に掲げる場合に開始する。

一 未成年者に対して親権を行う者がないとき、又は親権を行う者が管理権を有しないとき。

二 後見開始の審判があったとき。

⚮[一]【未成年者↓四【未成年後見人↓五、一二〇、八五九【親権を行う者↓八一八、八一九、八三三、八六七【親権・管理権の喪失又は辞任↓八三四―八三七、八四一【親権の停止↓八三四の二、八四一　[二]【未成年後見開始の届出↓戸八一【後見開始の審判↓七、八、家事三九、別表第一〈一の項〉【登記事項↓後見登記一、四【成年後見人↓一二〇、八五九【任意後見契約との関係↓任意後見一〇

第二節　後見の機関

第一款　後見人

（未成年後見人の指定）

第八三九条① 未成年者に対して最後に親権を行う者は、遺言で、未成年後見人を指定することができる。ただし、管理権を有しない者は、この限りでない。

② 親権を行う父母の一方が管理権を有しないときは、他の一方は、前項の規定により未成年後見人の指定をすることができる。

参+八三八㈠・八四〇・八四八【未成年者↓四【親権を行う者↓八一八・八一九・八三三・八六七【管理権を有しない場合↓八三五・八三七【未成年後見人の欠格事由↓八四七【未成年後見開始の届出↓戸八一

未成年後見人による横領と親族間の犯罪に関する特例↓刑二五五条⑦

（未成年後見人の選任）

第八四〇条① 前条の規定により未成年後見人となるべき者がないときは、家庭裁判所は、未成年被後見人又はその親族その他の利害関係人の請求によって、未成年後見人を選任する。未成年後見人が欠けたときも、同様とする。

② 未成年後見人がある場合においても、家庭裁判所は、必要があると認めるときは、前項に規定する者若しくは未成年後見人の請求により又は職権で、更に未成年後見人を選任することができる。

③ 未成年後見人を選任するには、未成年被後見人の年齢、心身の状態並びに生活及び財産の状況、未成年後見人となる者の職業及び経歴並びに未成年被後見人との利害関係の有無（未成年後見人となる者が法人であるときは、その事業の種類及び内容並びにその法人及びその代表者と未成年被後見人との利害関係の有無）、未成年被後見人の意見その他一切の事情を考慮しなければならない。

参❶【親族↓七二五【その他の請求義務者↓八四一・八五一㈢、生活保護八一、児福三三の八【家庭裁判所による選任↓家事三の九・三九・別表第一〈七十一の項〉【未成年後見人の欠格事由↓八四七【未成年後見人が欠けたとき↓八四四―八四六【未成年後見人の選任・更迭と届出↓戸八一・八二 ❷【請求権者↓八四〇①・八三九【家庭裁判所の審判↓家事三の九・三九・別表第一〈七十一の項〉 ❸【未成年被後見人との利害関係↓八六〇

（父母による未成年後見人の選任の請求）

第八四一条　父若しくは母が親権若しくは管理権を辞し、又は父若しくは母について親権喪失、親権停止若しくは管理権喪失の審判があったことによって未成年後見人を選任する必要が生じたときは、その父又は母は、遅滞なく未成年後見人の選任を家庭裁判所に請求しなければならない。

参+【親権又は管理権の辞任↓八三七【親権の喪失↓八三四【親権の停止↓八三四の二【管理権の喪失↓八三五【その他の請求義務者↓八四〇参【家庭裁判所による選任↓八四〇参

第八四二条【未成年後見人の数】　削除

（成年後見人の選任）

第八四三条① 家庭裁判所は、後見開始の審判をするときは、職権で、成年後見人を選任する。

② 成年後見人が欠けたときは、家庭裁判所は、成年被後見人若しくはその親族その他の利害関係人の請求により又は職権で、成年後見人を選任する。

③ 成年後見人が選任されている場合においても、家庭裁判所は、必要があると認めるときは、前項に規定する者若しくは成年後見人の請求により又は職権で、更に成年後見人を選任することができる。

④ 成年後見人を選任するには、成年被後見人の心身の状態並びに生活及び財産の状況、成年後見人となる者の職業及び経歴並びに成年被後見人との利害関係の有無（成年後見人となる者が法人であるときは、その事業の種類及び内容並びにその法人及びその代表者と成年被後見人との利害関係の有無）、成年被後見人の意見その他一切の事情を考慮しなければならない。

参❶【後見開始の審判↓七、家事三九・別表第一〈一の項〉【登記事項↓後見登記四①㈡―㈢【成年後見人↓八【成年後見人の欠格事由↓八四七 ❷【成年後見人が欠けたとき↓八四四・八四五・八四七【成年被後見人↓八【親族↓七二五【その他の請求義務者↓八四五・八五一㈢ ❸【成年後見人が数人あるときの権限行使↓八五九の二、家事三九・別表第一〈十の項〉【登記事項↓後見登記四①㈦ ❶―❸【家庭裁判所による選任↓家事三九・別表第一〈三の項〉

（後見人の辞任）

第八四四条　後見人は、正当な事由があるときは、家庭裁判所の許可を得て、その任務を辞することができる。

参+【家庭裁判所の許可↓家事三九・別表第一〈四の項〉〈七十二の項〉【後任後見人の選任↓八四〇①後段・八四一・八四三②・八五一㈢【未成年後見人の更迭と届出↓戸八二・八一②・三八②

（辞任した後見人による新たな後見人の選任の請求）

第八四五条　後見人がその任務を辞したことによって新たに後見人を選任する必要が生じたときは、その後見人は、遅滞なく新たな後見人の選任を家庭裁判所に請求しなければならない。

参+【後見人の辞任↓八四四【家庭裁判所による選任↓八四〇参【その他の請求義務者↓八五一㈢

（後見人の解任）

第八四六条　後見人に不正な行為、著しい不行跡その他後見の任務に適しない事由があるときは、家庭裁判所は、後見監督人、被後見人若しくはその親族若しくは検察官の請求により又は職権で、これを解任することができる。

参+【後見監督人↓八四八―八五二【親族↓七二五【その他の請求権者↓児福三三の九【家庭裁判所による解任↓家事三九・別表第一〈五の項〉〈七十三の項〉【後任後見人の選任↓八四〇①後段・八四三②・八五一㈢【後見人更迭と届出↓戸八二【任意後見人の解任↓任意後見八

（後見人の欠格事由）

第八四七条　次に掲げる者は、後見人となることができない。

一　未成年者

二　家庭裁判所で免ぜられた法定代理人、保佐人又は補助人
三　破産者
四　被後見人に対して訴訟をし、又はした者並びにその配偶者及び直系血族
五　行方の知れない者

⊛【一】【未成年者↓四　【二】【家庭裁判所で免ぜられた法定代理人、保佐人又は補助人↓八三四―八三五、八四六、八七六の二②、八七六の七②　【三】【破産者↓破二④、三〇、二五五、二五六

第二款　後見監督人

（未成年後見監督人の指定）
第八四八条　未成年後見人を指定することができる者は、遺言で、未成年後見監督人を指定することができる。

⊛+【未成年後見人を指定することができる者↓八三九【未成年後見監督人の欠格↓八五〇、八五二、八四七【未成年後見監督人の職務↓八五一【未成年後見監督人の届出↓戸八五、八一・八二

（後見監督人の選任）
第八四九条　家庭裁判所は、必要があると認めるときは、被後見人、その親族若しくは後見人の請求により又は職権で、後見監督人を選任することができる。

⊛+八四八【被後見人↓八三八、七、八【親族↓七二五【家庭裁判所による未成年後見監督人の選任と届出↓家事三九、別表第一〈七十四の項〉、戸八五、八一・八二【成年後見監督人の選任↓家事三九、別表第一〈六の項〉【登記事項↓後見登記四①四【後見監督人↓八五〇、八五二、八四七、八五一【任意後見監督人↓任意後見四、後見登記五【後見監督人の欠けた場合↓八五二、八四四、八四六、八四七

（後見監督人の欠格事由）
第八五〇条　後見人の配偶者、直系血族及び兄弟姉妹は、後見監督人となることができない。

⊛+【他の欠格事由↓八五二、八四七【任意後見監督人の欠格事由↓任意後見五

（後見監督人の職務）
第八五一条　後見監督人の職務は、次のとおりとする。
一　後見人の事務を監督すること。
二　後見人が欠けた場合に、遅滞なくその選任を家庭裁判所に請求すること。
三　急迫の事情がある場合に、必要な処分をすること。
四　後見人又はその代表する者と被後見人との利益が相反する行為について被後見人を代表すること。

⊛+【後見監督人の注意義務↓八五二、六四四　【二】【後見人の事務↓八五三―八六七　【二】【後見人が欠けた場合↓八四四、八四六、八四七【未成年後見人の選任の請求↓八四〇①②【成年後見人の選任の請求↓八四三②　【四】【利益相反行為と後見監督人↓八六〇　+【その他の権限↓八四六、八五三②、八五五①、八五七、八六〇、八六三、八六四、八六七【成年後見人の配偶者が成年被後見人である場合の成年後見監督人の職務↓人訴一四②【任意後見監督人の職務等↓任意後見七

（委任及び後見人の規定の準用）
第八五二条　第六百四十四条〈受任者の注意義務〉、第六百五十四条〈委任の終了後の処分〉、第六百五十五条〈委任の終了の対抗要件〉、第八百四十四条〈後見人の辞任〉、第八百四十六条〈後見人の解任〉、第八百四十七条〈後見人の欠格事由〉、第八百六十一条第二項〈後見の事務の費用〉及び第八百六十二条〈後見人の報酬〉の規定は後見監督人について、第八百四十条第三項〈未成年後見人の選任〉及び第八百五十七条の二〈未成年後見人が数人ある場合の権限の行使等〉の規定は未成年後見監督人について、第八百四十三条第四項〈成年後見人の選任〉、第八百五十九条の二〈成年後見人が数人ある場合の権限の行使等〉及び第八百五十九条の三〈成年被後見人の居住用不動産の処分についての許可〉の規定は成年後見監督人について準用する。

第三節　後見の事務

（財産の調査及び目録の作成）
第八五三条①　後見人は、遅滞なく被後見人の財産の調査に着手し、一箇月以内に、その調査を終わり、かつ、その目録を作成しなければならない。ただし、この期間は、家庭裁判所において伸長することができる。
②　財産の調査及びその目録の作成は、後見監督人があるときは、その立会いをもってしなければ、その効力を生じない。

⊛+八五四―八五六【家庭裁判所による期間の伸長↓家事三九、別表第一〈九の項〉〈七十七の項〉【後見人の財産目録提出義務等↓八六三

（財産の目録の作成前の権限）
第八五四条　後見人は、財産の目録の作成を終わるまでは、急迫の必要がある行為のみをする権限を有する。ただし、これをもって善意の第三者に対抗することができない。

⊛+八五三、八五六【急迫の必要がある行為↓八五一三

（後見人の被後見人に対する債権又は債務の申出義務）
第八五五条①　後見人が、被後見人に対し、債権を有し、又は債務を負う場合において、後見監督人があるときは、財産の調査に着手する前に、これを後見監督人に申し出なければならない。
②　後見人が、被後見人に対し債権を有することを知ってこれを申し出ないときは、その債権を失う。

⊛+八五三、八五六

（被後見人が包括財産を取得した場合についての準用）
第八五六条　前三条の規定は、後見人が就職した後被後見人が包括財産を取得した場合について準用する。

⊛+【包括財産の取得↓八九六、九六四

（未成年被後見人の身上の監護に関する権利義務）
第八五七条　未成年後見人は、第八百二十条から第八百二十三条までに規定する事項について、親権を行う者と同一の権利義務を有する。ただし、親権を行う者が定めた教育の方法及び居所を変更し、営業を許可し、その許可を取り消し、又はこれを制限するには、未成年

年後見監督人があるときは、その同意を得なければならない。

㊜+【監護教育の権利義務↓八二〇【居所指定権↓八二一【懲戒権↓八二二【職業許可権↓八二三、八六四【財産に関する権限のみの未成年後見人↓八六八

（未成年後見人が数人ある場合の権限の行使等）

第八五七条の二① 未成年後見人が数人あるときは、共同してその権限を行使する。

② 未成年後見人が数人あるときは、家庭裁判所は、職権で、その一部の者について、財産に関する権限のみを行使すべきことを定めることができる。

③ 未成年後見人が数人あるときは、家庭裁判所は、職権で、財産に関する権限について、各未成年後見人が単独で又は数人の未成年後見人が事務を分掌して、その権限を行使すべきことを定めることができる。

④ 家庭裁判所は、職権で、前二項の規定による定めを取り消すことができる。

⑤ 未成年後見人が数人あるときは、第三者の意思表示は、その一人に対してすれば足りる。

㊜+【数人の未成年後見人↓八四〇② ❷【財産の管理に関する権限↓八五九【家庭裁判所の手続↓家事三九、別表第一〈七十八の項〉 ❸【複数の後見人間の職務分掌↓家事三九、別表第一〈七十八の項〉 ❹【家庭裁判所の処分の取消し↓家事三九、別表第一〈七十八の項〉 ❺【意思表示に関する原則↓九七―九八の二

（成年被後見人の意思の尊重及び身上の配慮）

第八五八条 成年後見人は、成年被後見人の生活、療養看護及び財産の管理に関する事務を行うに当たっては、成年被後見人の意思を尊重し、かつ、その心身の状態及び生活の状況に配慮しなければならない。

㊜+【成年後見人↓八、八四三【成年被後見人↓七―九【療養看護及び財産の管理に関する事務↓八六一①

（財産の管理及び代表）

第八五九条① 後見人は、被後見人の財産を管理し、かつ、その財産に関する法律行為について被後見人を代表する。

② 第八百二十四条ただし書〈子の行為を目的とする債務と本人の同意〉の規定は、前項の場合について準用する。

㊜+❶【財産管理権↓八六〇―八六六、八六九【代表権↓九九―一〇一、一〇五、一〇六 ❷【代表権の制限される場合↓八二四但、六〇①、八六〇、八二六、八六九、八三〇、労基五八①、五九【営業代理権の制限↓商六② +【未成年者の後見人と同意権↓五、六【身分行為と代表権↓七八七、七九一③、七九七、八一一②―⑤、八一五、八六七、人訴一四【訴訟と代表権↓民訴二八、三一、三二、三四―三六【財産に関する権限のみの未成年後見人↓八六八

一 **無権代理人の後見人就職↓一一三条⑨・一一三条⑨**

二 **後見人による無権代理人の行為の追認拒絶↓一一三条⑩**

三 **後見人の行為の本人による否定**

⑦ 養父の死亡により後見人に就職した実父母が被後見人を代理して締結した売買の効力を、本人が成年に達した後に否定することは、本人の利益が損なわれたわけでもなく、本人が後見人の管理を事実上承認してきた等の事情がある場合には、信義則上許されない。（最判平3・3・22家月四三・一一・四四、家族百選〔五版〕六二……民法八四三条［平成一一法一四九による改正後の八四二条。平成二三法六一により削除］の規定に反して、誤って二名の後見人が選任された例）

（成年後見人が数人ある場合の権限の行使等）

第八五九条の二① 成年後見人が数人あるときは、家庭裁判所は、職権で、数人の成年後見人が、共同して又は事務を分掌して、その権限を行使すべきことを定めることができる。

② 家庭裁判所は、職権で、前項の規定による定めを取り消すことができる。

③ 成年後見人が数人あるときは、第三者の意思表示は、その一人に対してすれば足りる。

㊜+【数人の成年後見人↓八四三③ ❶❷【家庭裁判所の権限行使についての定め↓家事三九、別表第一〈十の項〉【登記事項↓後見登記四①㈦

（成年被後見人の居住用不動産の処分についての許可）

第八五九条の三 成年後見人は、成年被後見人に代わって、その居住の用に供する建物又はその敷地について、売却、賃貸、賃貸借の解除又は抵当権の設定その他これらに準ずる処分をするには、家庭裁判所の許可を得なければならない。

㊜+【成年後見人↓八、八四三【成年被後見人↓七―九【建物又はその敷地についての売買等↓五五五―五七八、六〇一―六二一、三六九―三九八の二二、借地借家【家庭裁判所の許可↓家事三九、別表第一〈十一の項〉

（利益相反行為）

第八六〇条 第八百二十六条〈親権者と子の利益相反行為〉の規定は、後見人について準用する。ただし、後見監督人がある場合は、この限りでない。

㊜+八二六㊜【後見監督人の代表権↓八五一㈣【被後見人の財産等の譲受け↓八六六

後見人の利益相反行為↓八二六条④⑪

（成年後見人による郵便物等の管理）

第八六〇条の二① 家庭裁判所は、成年後見人がその事務を行うに当たって必要があると認めるときは、成年後見人の請求により、信書の送達の事業を行う者に対し、期間を定めて、成年被後見人に宛てた郵便物又は民間事業者による信書の送達に関する法律（平成十四年法律第九十九号）第二条第三項に規定する信書便物（次条において「郵便物等」という。）を成年後見人に配達すべき旨を嘱託することができる。

② 前項に規定する嘱託の期間は、六箇月を超えることができない。

③ 家庭裁判所は、第一項の規定による審判があった後事情に変更を生じたときは、成年被後見人、成年後見人若しくは成年後見監督人の請求により又は職権で、同項に規定する嘱託を取り消し、又は変更することができる。ただし、その変更の審判においては、同項の規定による審判において定められた期間を伸長するこ

とができない。

④　成年後見人の任務が終了したときは、家庭裁判所は、第一項に規定する嘱託を取り消さなければならない。

❀+【類似の規定→破八一、民再七三【信書の秘密→憲二一②、刑一三三【成年後見人の任務終了→八四四、八四六、八七三の二、八七〇―八七五

第八六〇条の三①　成年後見人は、成年被後見人に宛てた郵便物等を受け取ったときは、これを開いて見ることができる。

②　成年後見人は、その受け取った前項の郵便物等で成年後見人の事務に関しないものは、速やかに成年被後見人に交付しなければならない。

③　成年被後見人は、成年後見人に対し、成年後見人が受け取った第一項の郵便物等（前項の規定により成年被後見人に交付されたものを除く。）の閲覧を求めることができる。

❀+【類似の規定→破八二、民再七四

（支出金額の予定及び後見の事務の費用）

第八六一条①　後見人は、その就職の初めにおいて、被後見人の生活、教育又は療養看護及び財産の管理のために毎年支出すべき金額を予定しなければならない。

②　後見人が後見の事務を行うために必要な費用は、被後見人の財産の中から支弁する。

❀❶【教育→八五七、八二〇【療養看護→八五八【財産の管理→八五九

（後見人の報酬）

第八六二条　家庭裁判所は、後見人及び被後見人の資力その他の事情によって、被後見人の財産の中から、相当な報酬を後見人に与えることができる。

❀+【家庭裁判所の処理→家事三九、別表第一〈十三の項〉〈八十の項〉

（後見の事務の監督）

第八六三条①　後見監督人又は家庭裁判所は、いつでも、後見人に対し後見の事務の報告若しくは財産の目録の提出を求め、又は後見の事務若しくは被後見人の財産の状況を調査することができる。

②　家庭裁判所は、後見監督人、被後見人若しくはその親族その他の利害関係人の請求により又は職権で、被後見人の財産の管理その他後見の事務について必要な処分を命ずることができる。

❀+【財産目録→八五三【親族→七二五【家庭裁判所の監督→家事三九、別表第一〈十四の項〉〈八十一の項〉

（後見監督人の同意を要する行為）

第八六四条　後見人が、被後見人に代わって営業若しくは第十三条第一項各号に掲げる行為をし、又は未成年被後見人がこれをすることに同意するには、後見監督人があるときは、その同意を得なければならない。ただし、同項第一号に掲げる元本の領収については、この限りでない。

❀+八六五【代表権→八五九【同意権→五、六【営業許可→八五七【後見監督人の同意を要するその他の行為→特許七③④【後見人の訴訟行為の特則→民訴三二

第八六五条①　後見人が、前条の規定に違反してし又は同意を与えた行為は、被後見人又は後見人が取り消すことができる。この場合においては、第二十条〈制限行為能力者の相手方の催告権〉の規定を準用する。

②　前項の規定は、第百二十一条から第百二十六条までの規定の適用を妨げない。

（被後見人の財産等の譲受けの取消し）

第八六六条①　後見人が被後見人の財産又は被後見人に対する第三者の権利を譲り受けたときは、被後見人は、これを取り消すことができる。この場合においては、第二十条〈制限行為能力者の相手方の催告権〉の規定を準用する。

②　前項の規定は、第百二十一条から第百二十六条までの規定の適用を妨げない。

❀+【利益相反行為→八六〇・八五一[四]

（未成年被後見人に代わる親権の行使）

第八六七条①　未成年後見人は、未成年被後見人に代わって親権を行う。

②　第八百五十三条から第八百五十七条まで及び第八百六十一条から前条まで〈後見の事務〉の規定は、前項の場合について準用する。

❀❶【未成年後見人→八三九―八四一【未成年被後見人→八三八[一]【親権→八二〇―八三二　+【家庭裁判所の監督→家事三九・別表第一〈八十一の項〉【親権者の親権代行→八三三

（財産に関する権限のみを有する未成年後見人）

第八六八条　親権を行う者が管理権を有しない場合には、未成年後見人は、財産に関する権限のみを有する。

❀+【親権を行う者→八三九❀【管理権を有しない場合→八三五・八三七①、八三八[一]【財産に関する権限→八五九―八六六

（委任及び親権の規定の準用）

第八六九条　第六百四十四条〈受任者の注意義務〉及び第八百三十条〈第三者が無償で子に与えた財産の管理〉の規定は、後見について準用する。

❀+【第三者の与えた財産の管理に関する事件の処理→家事三九・別表第一〈十五の項〉〈八十二の項〉

第四節　後見の終了

（後見の計算）

第八七〇条　後見人の任務が終了したときは、後見人又はその相続人は、二箇月以内にその管理の計算（以下「後見の計算」という。）をしなければならない。ただし、この期間は、家庭裁判所において伸長することができる。

❀+八七一―八七五【家庭裁判所による期間の伸長→家事三九・別表第一〈十六の項〉〈八十三の項〉【未成年後見人の更迭と届出→戸八四【未成年後見終了と届出→戸八二【後見等の終了と登記→後見登記四①[四]・八、九【後見人→八三九―八四一・八四三【相続人→八八七―八九〇

第八七一条　後見の計算は、後見監督人があるときは、その立会いをもってしなければならない。

⊛八七〇【後見監督人↓八四八—八五二

（未成年被後見人と未成年後見人等との間の契約等の取消し）

第八七二条① 未成年被後見人が成年に達した後後見の計算の終了前に、その者と未成年後見人又はその相続人との間でした契約は、その者が取り消すことができる。その者が未成年後見人又はその相続人に対してした単独行為も、同様とする。

② 第二十条〈制限行為能力者の相手方の催告権〉及び第百二十一条から第百二十六条まで〈取消し及び追認〉の規定は、前項の場合について準用する。

⊛八七〇【成年↓四【取消しによる債権の時効↓八七五②

（返還金に対する利息の支払等）

第八七三条① 後見人が被後見人に返還すべき金額及び被後見人が後見人に返還すべき金額には、後見の計算が終了した時から、利息を付さなければならない。

② 後見人は、自己のために被後見人の金銭を消費したときは、その消費の時から、これに利息を付さなければならない。この場合において、なお損害があるときは、その賠償の責任を負う。

⊛八七〇、八七五【利息↓四〇四　❷【損害賠償↓四一五、四一九

（成年被後見人の死亡後の成年後見人の権限）

第八七三条の二　成年後見人は、成年被後見人が死亡した場合において、必要があるときは、成年被後見人の相続人の意思に反することが明らかなときを除き、相続人が相続財産を管理することができるに至るまで、次に掲げる行為をすることができる。ただし、第三号に掲げる行為をするには、家庭裁判所の許可を得なければならない。

一　相続財産に属する特定の財産の保存に必要な行為

二　相続財産に属する債務（弁済期が到来しているものに限る。）の弁済

三　その死体の火葬又は埋葬に関する契約の締結その他相続財産の保存に必要な行為（前二号に掲げる行為を除く。）

⊛八六九【相続人↓八八七—八九〇【相続財産に属する権利義務↓八九六【保存行為↓一〇三㈠、九二一、一〇一七②

（委任の規定の準用）

第八七四条　第六百五十四条〈委任の終了後の処分〉及び第六百五十五条〈委任の終了の対抗要件〉の規定は、後見について準用する。

（後見に関して生じた債権の消滅時効）

第八七五条① 第八百三十二条〈財産の管理について生じた親子間の債権の消滅時効〉の規定は、後見人又は後見監督人と被後見人との間において後見に関して生じた債権の消滅時効について準用する。

② 前項の消滅時効は、第八百七十二条の規定により法律行為を取り消した場合には、その取消しの時から起算する。

⊛【一般債権の時効↓一六六①【被後見人の後見人に対する債権の時効の完成猶予↓一五八②

第六章　保佐及び補助

第一節　保佐

⊛【保佐及び補助の準拠法↓法適用三五

（保佐の開始）

第八七六条　保佐は、保佐開始の審判によって開始する。

⊛八七六の二—八七六の五【保佐↓一一—一三【保佐開始の審判↓一一、家事三九、別表第一〈十七の項〉【登記事項↓後見登記四①㈠—㈢【任意後見契約との関係↓任意後見一〇

（保佐人及び臨時保佐人の選任等）

第八七六条の二① 家庭裁判所は、保佐開始の審判をするときは、職権で、保佐人を選任する。

② 第八百四十三条第二項から第四項まで〈成年後見人の選任〉及び第八百四十四条から第八百四十七条まで〈後見人の辞任、新後見人の選任、解任、欠格事由〉の規定は、保佐人について準用する。

③ 保佐人又はその代表する者と被保佐人との利益が相反する行為については、保佐人は、臨時保佐人の選任を家庭裁判所に請求しなければならない。ただし、保佐監督人がある場合は、この限りでない。

⊛❶【保佐開始の審判↓一一、八七六【保佐人↓一二、一三、一二〇、八七六の四、家事三九、別表第一〈二十二の項〉【登記事項↓後見登記四①㈢　❸【被保佐人↓一二【臨時保佐人↓家事三九、別表第一〈二十五の項〉【保佐監督人↓八七六の三、家事三九、別表第一〈二十六の項〉【登記事項↓後見登記四①㈣

（保佐監督人）

第八七六条の三① 家庭裁判所は、必要があると認めるときは、被保佐人、その親族若しくは保佐人の請求により又は職権で、保佐監督人を選任することができる。

② 第六百四十四条〈受任者の注意義務〉、第六百五十四条〈委任の終了後の処分〉、第六百五十五条〈委任の終了の対抗要件〉、第八百四十三条第四項〈成年後見人の選任〉、第八百四十四条〈後見人の辞任〉、第八百四十六条〈後見人の解任〉、第八百四十七条〈後見人の欠格事由〉、第八百五十条〈後見監督人の欠格事由〉、第八百五十一条〈後見監督人の職務〉、第八百五十九条の二〈成年後見人が数人ある場合の権限の行使等〉、第八百五十九条の三〈成年被後見人の居住用不動産の処分についての許可〉、第八百六十一条第二項〈後見の事務の費用〉及び第八百六十二条〈後見人の報酬〉の規定は、保佐監督人について準用する。この場合において、第八百五十一条第四号中「被後見人を代表する」とあるのは、「被保佐人を代表し、又は被保佐人がこれをすることに同意する」と読み替えるものとする。

⊛【被保佐人・保佐人・保佐監督人↓八七六の二⊛【親族↓七二五

（保佐人に代理権を付与する旨の審判）

第八七六条の四① 家庭裁判所は、第十一条本文に規定する者又は保佐人若しくは保佐監督人の請求によって、被保佐人のために特定の法律行為について保佐人に代理権を付与する旨の審判をすることができる。

② 本人以外の者の請求によって前項の審判をするには、本人の同意がなければならない。
③ 家庭裁判所は、第一項に規定する者の請求によって、同項の審判の全部又は一部を取り消すことができる。

➊【代理権付与の審判→家事三九、別表第一〈三十二の項〉】【代理権の範囲の登記→後見登記四①六】 ❸【審判の取消し→家事三九、別表第一〈三十三の項〉】

（保佐の事務及び保佐人の任務の終了等）
第八七六条の五① 保佐人は、保佐の事務を行うに当たっては、被保佐人の意思を尊重し、かつ、その心身の状態及び生活の状況に配慮しなければならない。
② 第六百四十四条〈受任者の注意義務〉、第八百五十九条の二〈成年後見人が数人ある場合の権限の行使等〉、第八百五十九条の三〈成年被後見人の居住用不動産の処分についての許可〉、第八百六十一条第二項〈後見の事務の費用〉、第八百六十二条〈後見人の報酬〉及び第八百六十三条〈後見の事務の監督〉の規定は保佐の事務について、第八百二十四条ただし書〈子の行為を目的とする債務と本人の同意〉の規定は保佐人が前条第一項の代理権を付与する旨の審判に基づき被保佐人を代表する場合について準用する。
③ 第六百五十四条〈委任の終了後の処分〉、第六百五十五条〈委任の終了の対抗要件〉、第八百七十条〈後見の計算〉、第八百七十一条〈同前〉及び第八百七十三条〈返還金に対する利息の支払等〉の規定は保佐人の任務が終了した場合について、第八百三十二条〈財産の管理について生じた親子間の債権の消滅時効〉の規定は保佐人又は保佐監督人と被保佐人との間において保佐に関して生じた債権について準用する。

【類似の規定→八五八、任意後見六】

第二節　補助

（補助の開始）
第八七六条の六 補助は、補助開始の審判によって開始する。

八七六の七—八七六の一〇【補助→一五—一八】【補助開始の審判→一五、家事三九、別表第一〈三十六の項〉】【登記事項→後見登記四①二—三】【任意後見契約との関係→任意後見一〇】

（補助人及び臨時補助人の選任等）
第八七六条の七① 家庭裁判所は、補助開始の審判をするときは、職権で、補助人を選任する。
② 第八百四十三条第二項から第四項まで及び第八百四十四条から第八百四十七条まで〈成年後見人の選任〉〈後見人の辞任、新後見人の選任、解任、欠格事由〉の規定は、補助人について準用する。
③ 補助人又はその代表する者と被補助人との利益が相反する行為については、補助人は、臨時補助人の選任を家庭裁判所に請求しなければならない。ただし、補助監督人がある場合は、この限りでない。

➊【補助開始の審判→一五、八七六の六【補助人→一六、一七、一二〇、八七六の九、家事三九、別表第一〈四十一の項〉】【登記事項→後見登記四①三】 ❸【臨時補助人→家事三九、別表第一〈四十四の項〉】【補助監督人→八七六の八、家事三九、別表第一〈四十五の項〉】【登記事項→後見登記四①四】

（補助監督人）
第八七六条の八① 家庭裁判所は、必要があると認めるときは、被補助人、その親族若しくは補助人の請求により又は職権で、補助監督人を選任することができる。
② 第六百四十四条〈受任者の注意義務〉、第六百五十四条〈委任の終了後の処分〉、第六百五十五条〈委任の終了の対抗要件〉、第八百四十三条第四項〈成年後見人の選任〉、第八百四十四条〈後見人の辞任〉、第八百四十六条〈後見人の解任〉、第八百四十七条〈後見人の欠格事由〉、第八百五十条〈後見監督人の欠格事由〉、第八百五十一条〈後見監督人の職務〉、第八百五十九条の二〈成年後見人が数人ある場合の権限の行使等〉、第八百五十九条の三〈成年被後見人の居住用不動産の処分についての許可〉、第八百六十一条第二項〈後見の事務の費用〉及び第八百六十二条〈後見人の報酬〉の規定は、補助監督人について準用する。この場合において、第八百五十一条第四号中「被後見人を代表する」とあるのは、「被補助人を代表し、又は被補助人がこれをすることに同意する」と読み替えるものとする。

【被補助人・補助人・補助監督人→八七六の七】【親族→七二五】

（補助人に代理権を付与する旨の審判）
第八七六条の九① 家庭裁判所は、第十五条第一項本文に規定する者又は補助人若しくは補助監督人の請求によって、被補助人のために特定の法律行為について補助人に代理権を付与する旨の審判をすることができる。
② 第八百七十六条の四第二項及び第三項〈保佐人に代理権を付与する旨の審判〉の規定は、前項の審判について準用する。

➊【代理権付与の審判→家事三九、別表第一〈五十一の項〉】【登記事項→後見登記四①六】

（補助の事務及び補助人の任務の終了等）
第八七六条の一〇① 第六百四十四条〈受任者の注意義務〉、第八百五十九条の二〈成年後見人が数人ある場合の権限の行使等〉、第八百五十九条の三〈成年被後見人の居住用不動産の処分についての許可〉、第八百六十一条第二項〈後見の事務の費用〉、第八百六十二条〈後見人の報酬〉、第八百六十三条〈後見の事務の監督〉及び第八百七十六条の五第一項〈保佐の事務処理の基準〉の規定は補助の事務について、第八百二十四条ただし書〈子の行為を目的とする債務と本人の同意〉の規定は補助人が前条第一項の代理権を付与する旨の審判に基づき被補助人を代表する場合について準用する。
② 第六百五十四条〈委任の終了後の処分〉、第六百五十五条〈委任の終了の対抗要件〉、第八百七十条〈後見の計算〉、第八百七十一条〈同前〉及び第八百七十三条〈返還金に対する利息の支払等〉の規定は補助人の任務が終了した場合について、第八百三十二条〈財産の管理について生じた親子間の債権の消滅時効〉の規定は補助人又は補助監督

人と被補助人との間において補助に関して生じた債権について準用する。

第七章　扶養

参+【扶養義務の準拠法→扶養準拠法、法適用四三①

第八七七条（扶養義務者）① 直系血族及び兄弟姉妹は、互いに扶養をする義務がある。

② 家庭裁判所は、特別の事情があるときは、前項に規定する場合のほか、三親等内の親族間においても扶養の義務を負わせることができる。

③ 前項の規定による審判があった後事情に変更を生じたときは、家庭裁判所は、その審判を取り消すことができる。

参+【親族間の互助→七三〇【夫婦の協力・扶助→七五二 ❶八七八―八八一【扶養義務の懈怠→八一四①㈡、刑二一八、二一九 ❷【親等→七二六【親族→七二五【家庭裁判所の処理→家事三の一〇、三九、別表第一〈八十四の項〉 +【扶養と生活保護→生活保護一・四、七七

一　扶養の当事者

[1] 扶養は、一定の親族関係に基づく法律関係であるから、内縁の夫であった者が内縁の妻であった者の子と弟を相手方とする扶養調停事件は審判の対象とならない。（東京高決昭53・5・30家月三一・三・八六）

[2] 扶養を受ける必要が被扶養者の過失によって生じたときでも扶養を受ける権利がないとはいえず、ただその過失は民法八七九条の「一切の事情」の一つとして考慮される。（福岡高決昭29・7・5家月六・九・四一……兄弟姉妹間の請求）

二　扶養義務の発生時期（過去の扶養料）

[3] 過去の扶養料は請求時以降の分に限り請求することができる。（大判明34・10・3民録七・九・一一……親から子に対する請求）

[4] 未成熟子に対する扶養義務は、請求を待って初めて発生するものではないから、申立て以前の分についても支払の義務がある。（神戸家審昭37・11・5家月一五・六・六九……父母離婚後の親権者である母から父に対する子の請求）

三　裁判管轄

[5] 扶養義務者間の求償の場合でも、各自の扶養分担額は協議が調わない限り家庭裁判所が審判で決定すべきであって、通常裁判所が判決手続で判定すべきではない。（最判昭42・2・17民集二一・一・一三三、民百選Ⅲ〈三版〉五二）

[6] 扶養料分担額の請求が訴訟事件として通常裁判所に提起された場合、裁判所がこれを家庭裁判所に移送することは許されず、不適法として却下される。（最判昭44・2・20民集二三・二・三九九、民訴百選〈三版〉一〇）→七六〇条[3][4]、民訴一六条[3]

四　離婚訴訟において子の監護費用の支払が請求された場合→七七一条[判]

第八七八条（扶養の順位） 扶養をする義務のある者が数人ある場合において、扶養をすべき者の順序について、当事者間に協議が調わないとき、又は協議をすることができないときは、家庭裁判所が、これを定める。扶養を受ける権利のある者が数人ある場合において、扶養義務者の資力がその全員を扶養するのに足りないときの扶養を受けるべき者の順序についても、同様とする。

参+八七七、八八〇【家庭裁判所の処理→家事三の一〇、三九、別表第二〈九の項〉、二四四

一　扶養義務者の順位

1　離婚後の父母

[1] 父母のうち、子に対し親権を有する者又は同居する者が、扶養義務につき当然他方より先順位にあるのではない。（大阪高決昭37・1・31家月一四・五・一五〇、家族百選〈三版〉七五）

2　非嫡出子の父母

[2] 非嫡出子の父母も、親権や共同生活のいかんにかかわらず扶養義務に違いはない。（仙台高決昭37・6・15家月一四・一一・一〇三、家族百選〈三版〉七二）

二　扶養義務者間の求償

[3] 現に扶養をしている扶養義務者（兄）の意に反して扶養権利者（母）を引き取って扶養したという事実だけでは、引き取った他の扶養義務者（妹）が自己のみで扶養費用を負担すべきものとすることはできない。（最判昭26・2・13民集五・三・四七、家族百選〈三版〉七六）

第八七九条（扶養の程度又は方法） 扶養の程度又は方法について、当事者間に協議が調わないとき、又は協議をすることができないときは、扶養権利者の需要、扶養義務者の資力その他一切の事情を考慮して、家庭裁判所が、これを定める。

参+八七七、八七八、八八〇【家庭裁判所の処理→家事三の一〇、三九、別表第二〈十の項〉、二四四

一　扶養の程度

[1] 親に対する扶養は生活扶助義務であり、夫婦・未成熟子間の生活保持義務と本来区別されるとした事例（大津家審昭46・8・4家月二四・一一・四七）

二　扶養の方法

1　金銭扶養

[2] 将来の扶養料の一括支給を求めることは、扶養の性質上容認できないとした事例（仙台家審昭32・5・13家月九・五・七二）

2　引取扶養

[3] 老親の扶養につき数人の子のうち一人に引取扶養を他の者に金銭扶養を命じた事例（大阪家審昭40・3・20家月一七・七・一三二）

三　扶養の審判→八七七条[5][6]

第八八〇条（扶養に関する協議又は審判の変更又は取消し） 扶養をすべき者若しくは扶養を受けるべき者の順序又は扶養の程度若しくは方法について協議又は審判があった後事情に変更を生じたときは、家庭裁判所は、その協議又は審判の変更又は取消しをすることができる。

参+八七八、八七九【家庭裁判所による取消し・変更→家事三の一〇、三九、別表第二〈九の項〉〈十の項〉、二四四

（扶養請求権の処分の禁止）

第八八一条　扶養を受ける権利は、処分することができない。

⊕【債権の譲渡性↓四六六①【処分の禁止↓八九六、五一〇、民執一五二①□【破産と扶養請求権↓破三四③□

第五編　相続

⊕【相続の準拠法↓法適用三六

第一章　総則

（相続開始の原因）

第八八二条　相続は、死亡によって開始する。

⊕【死亡↓三一・三〇・三二の二【死亡・失踪の届出↓戸八六―九四【相続の効力↓八九六

一　相続開始の時期

[1] 失踪宣告のあったときは、民法三〇条一項の期間満了の時に遡及して失踪者の相続は開始し、この時に相続人は相続財産を取得したものとみなされる。（大判大5・6・1民録二二・一一一三）

二　相続開始前の相続権

[2] 推定相続人は、被相続人の権利義務を包括的に承継すべき期待権を有するだけで、いまだ当然には個々の財産に対し権利を有するものではない。（最判昭30・12・26民集九・一四・二〇八二、家族百選[四版]六五）↓九八五条[1]、民訴一三四条の二[39]

（相続開始の場所）

第八八三条　相続は、被相続人の住所において開始する。

⊕【住所↓二二【相続開始地の効果↓民訴三の三[十二]・五[十四]、破二二二

（相続回復請求権）

第八八四条　相続回復の請求権は、相続人又はその法定代理人が相続権を侵害された事実を知った時から五年間行使しないときは、時効によって消滅する。相続開始の時から二十年を経過したときも、同様とする。

⊕【相続回復の請求↓民訴三の三[十二]・五[十四]【法定代理人↓八一八、八一九、八三九―八四七、八七六の四、八七六の九【相続開始の時↓八八二

一　相続回復請求権の性質

1　物上請求権の集合か独立の権利か

[1] 相続による所有権取得を理由として個々の財産に対し取戻しを請求するのも相続回復の請求である。（大判明44・7・10民録一七・四六八）

[2] 相続回復請求は包括的に行使できるので、目的たる財産を一々列挙する必要はない。（大連判大8・3・28民録二五・五〇七、家族百選[二版]八四）

2　一身専属性

[3] 相続回復請求をしないで死亡した者の相続人は被相続人の相続回復請求権を承継行使できない。（大判大7・4・9民録二四・六五三）

3　放棄

[4] 相続回復請求権はその性質上放棄が許されない。（大判昭13・7・26民集一七・一四八一、家族百選[二版]八七）

二　要件

1　請求権者

[5] 表見相続人に対し特定の相続財産の承継取得の効力を争う場合でも、相続の無効を理由とする限り一つの回復請求権の行使にほかならないから、真正相続人が回復手続をしない限り、第三者はその効力を争い得ない。（最判昭32・9・19民集一一・九・一五七四）

2　相手方

イ　相手方に当たるとされた例

[6] 僭称［せんしょう］相続人を相続した者（大判昭10・4・27民集一四・一〇〇九）

ロ　相手方に当たらないとされた例

[7] 僭称相続人から相続財産につき権利を取得した第三者（大判大5・2・8民録二二・二六七）

三　相続回復請求権の消滅

1　時効の援用権者

[8] 僭称相続人より不動産を買い受け又は抵当権の設定を受けた者は、相続回復請求権の消滅時効を援用することができない。（大判昭4・4・2民集八・二三七）

[9] 共同相続人のうちの一人又は数人が、相続財産のうち自己の本来の相続持分を超える部分について、当該部分の真正共同相続人の相続権を否定し、その部分もまた自己の相続持分であると主張してこれを占有管理し、真正共同相続人の相続権を侵害している場合につき、本条の適用を特に否定すべき理由はないが、共同相続人のうち一人若しくは数人が自ら相続人でないことを知っているか又はその者に相続権があると信ぜられるべき合理的な事由なしに自ら相続人と称している場合には、その者は、相続回復請求制度の対象とされる者ではなく、消滅時効を援用することができない。（最大判昭53・12・20民集三二・九・一六七四、民百選III[二版]五九……大塚ほか五裁判官の少数意見がある）

[10] 遺産分割協議書の偽造によって自己の単独名義に登記された不動産を譲渡した場合、譲渡人が他の共同相続人に相続回復請求権の時効を援用できない場合には、譲受人も援用できない。（最判平7・12・5家月四八・七・五二）

2　時効の援用の要件

イ　「善意かつ合理的事由の存在」の判断基準時

[11] 真正共同相続人の相続権を侵害している共同相続人が他に共同相続人がいることを知っていたかどうか及び本来の持分を超える部分についてもその者に相続による持分があるものと信ぜられるべき合理的な事由があったかどうかは、当該相続権侵害の開始時点を基準として判断すべきである。（最判平11・7・19民集五三・六・一一三八、重判平11民一二）

ロ　「善意かつ合理的事由の存在」の立証責任

[12] 相続回復請求権の消滅時効を援用しようとする者は、真正共同相続人の相続権を侵害している共同相続人が、相続権侵害の開始時点において、他に共同相続人がいることを知らず、かつ、これを知らなかったことに合理的な事由があったことを主張立証しなければならない。（最判平11・7・19前出[11]）

3　二〇年の期間の性質

[13] この期間は時効であって、一般時効の規定に従い、中断や時効の利益の放棄が許される。（最判昭23・11・6民集二・一二・三九七、家族百選[初版]七一）

4　起算点

[14] この期間は、相続権侵害の有無にかかわらず、相続開始の時から進行する。（最判昭23・11・6前出[13]）

5　取得時効との関係

イ　表見相続人の場合

[15] 相続の回復をなし得る間は、僭称相続人が相続財産である不動産を占有しても、時効取得することはできない。（大判昭7・2・9民集一一・一九二、家族百選[二版]八五）

ロ　表見相続人からの転得者

[16] 取得時効における前主の占有の瑕疵〔かし〕には占有者が僭称相続人であるということは含まれず、僭称相続人から相続不動産を転得した第三者は、前主の占有を併せ主張できる。（大判昭13・4・12民集一七・六七五）

（相続財産に関する費用）

第八八五条　相続財産に関する費用は、その財産の中から支弁する。ただし、相続人の過失によるものは、この限りでない。

【相続財産に関する費用の例↓九一八、九二六、九四〇、九四三、九四四、九五〇、九五二―九五八、一〇二二】【共益費用の優先権↓三〇七、破一四八[一]】【相続人の過失↓九一八、九二六、九四〇、九四四】

第二章　相続人

（相続に関する胎児の権利能力）

第八八六条①　胎児は、相続については、既に生まれたものとみなす。

② 前項の規定は、胎児が死体で生まれたときは、適用しない。

【権利能力の始期↓三①　❶【胎児の権利能力↓三】

（子及びその代襲者等の相続権）

第八八七条①　被相続人の子は、相続人となる。

② 被相続人の子が、相続の開始以前に死亡したとき、又は第八百九十一条の規定に該当し、若しくは廃除によって、その相続権を失ったときは、その者の子がこれを代襲して相続人となる。ただし、被相続人の直系卑属でない者は、この限りでない。

③ 前項の規定は、代襲者が、相続の開始以前に死亡し、又は第八百九十一条の規定に該当し、若しくは廃除によって、その代襲相続権を失った場合について準用する。

八八九、八九〇、八八六【相続人となることができない者↓八九一―八九五　❶【子の相続権↓九〇〇[一][四]、九〇二、九〇三、九〇四の二、一〇四二①[一]②【特別養子の特則↓八一七の九　❷❸【相続の開始以前の死亡↓八八二、三一、三〇、三二の二【代襲者の相続権↓九〇一①、九〇二、九〇三、九〇四の二、一〇四二【被相続人の直系卑属でない者↓七二七

[参] **養子である非嫡出子の相続権に関する登記先例**

認知されずに父の養子となった婚外子が、父の相続につき養子として相続放棄した後、死後認知の裁判が確定しても、非嫡出子としての相続権は有しない。（昭43・8・5民甲二六八八民事局長回答）

第八八八条【代襲相続】　削除

（直系尊属及び兄弟姉妹の相続権）

第八八九条①　次に掲げる者は、第八百八十七条の規定により相続人となるべき者がない場合には、次に掲げる順序の順位に従って相続人となる。

一　被相続人の直系尊属。ただし、親等の異なる者の間では、その近い者を先にする。

二　被相続人の兄弟姉妹

② 第八百八十七条第二項〈子の代襲者〉の規定は、前項第二号の場合について準用する。

八九〇、八八六【相続人となることができない者↓八八七②、八九一―八九五【直系尊属の相続権↓九〇〇[三][四]、九〇二、九〇三、九〇四の二、一〇四二①[二]②【兄弟姉妹の相続権↓九〇〇[三][四]、九〇二、九〇三、九〇四の二、一〇四二　❷【兄弟姉妹の直系卑属の代襲相続権↓九〇一②、九〇二、九〇三、九〇四の二

（配偶者の相続権）

第八九〇条　被相続人の配偶者は、常に相続人となる。この場合において、第八百八十七条又は前条の規定により相続人となるべき者があるときは、その者と同順位とする。

【配偶者の相続権↓九〇〇[一]―[三]、九〇二、九〇三、九〇四の二、一〇四二①[二]【夫婦間の持戻し免除の意思表示推定↓九〇三④【配偶者居住権↓一〇二八―一〇四一

二重資格者たる配偶者の相続権に関する登記先例

[参] 長女と婚姻した養子が死亡した場合、その直系卑属がいないときは、妻たる長女は配偶者としての相続権のみ取得し、兄弟姉妹としての相続権を取得しない。（昭23・8・9民甲二三七一民事局長回答）

（相続人の欠格事由）

第八九一条　次に掲げる者は、相続人となることができない。

一　故意に被相続人又は相続について先順位若しくは同順位にある者を死亡するに至らせ、又は至らせようとしたために、刑に処せられた者

二　被相続人の殺害されたことを知って、これを告発せず、又は告訴しなかった者。ただし、その者に是非の弁別がないとき、又は殺害者が自己の配偶者若しくは直系血族であったときは、この限りでない。

三　詐欺又は強迫によって、被相続人が相続に関する遺言をし、撤回し、取り消し、又は変更することを妨げた者

四　詐欺又は強迫によって、被相続人に相続に関する遺言をさせ、撤回させ、取り消させ、又は変更させた者

五　相続に関する被相続人の遺言書を偽造し、変造し、破棄し、又は隠匿した者

[一]【死亡するに至らせた者↓刑一九九、二〇二【死亡するに至らせようとした者↓刑二〇一、二〇三【二】【告発↓刑訴二三九、二四一【告訴↓刑訴二三〇・二三一、二四一【三】[四]【遺言の撤回・取消し・変更↓一〇二二―一〇二六【五】【遺言書の検認・開封↓一〇〇四、一〇〇五

一　**五号に当たることを理由とする相続人の地位不存在確認の訴えの当事者**↓民訴四〇条[8]

二　**五号所定の相続欠格者に当たらないとされた場合**

[1] 被相続人の意思を実現させるためにその法形式を整える趣旨で遺言書を偽造又は変造をしたにすぎないときには、右相続人は本条五号所定の相続欠格者に当たらない。（最判昭56・4・3民集三五・三・四三一、家族百選[五版]六七）

[2] 遺言公正証書の保管を託された相続人が遺産分割協議が

成立するまで他の相続人の一人に遺言書の存在を告げなかったことは本条五号の隠匿には当たらない。（最判平6・12・16判時一五一八・一五）

[3] 相続人が被相続人の遺言書を破棄又は隠匿した行為が相続に関して不当な利益を目的とするものでなかったときは、右相続人は本条五号所定の相続欠格者に当たらない。（最判平9・1・28民集五一・一・一八四、民百選Ⅲ[二版]五二）

第八九二条（**推定相続人の廃除**）　遺留分を有する推定相続人（相続が開始した場合に相続人となるべき者をいう。以下同じ。）が、被相続人に対して虐待をし、若しくはこれに重大な侮辱を加えたとき、又は推定相続人にその他の著しい非行があったときは、被相続人は、その推定相続人の廃除を家庭裁判所に請求することができる。

※八九三―八九五【遺留分を有する推定相続人↓一〇四二【家庭裁判所の処理↓家事三の一一①②・三九・別表第一〈八十六の項〉【廃除と届出↓戸九七

一　原因

1　廃除原因に当たるとされた場合

[1] 本条にいう虐待又は重大な侮辱は、被相続人に対し精神的苦痛を与え又はその名誉を毀損する行為であって、それにより被相続人と当該相続人との家族的協同生活関係が破壊され、その修復を著しく困難ならしめるものをも含む。小・中・高等学校在学中を通じて非行を繰り返した当該相続人（被相続人の次女）が、暴力団の一員であった者と婚姻し、父母が婚姻に反対であることを知悉［ちしつ］していながら、披露宴の招待状に招待者として父の名を印刷し、父母の知人等にも送付した行為は、これに当たる。（東京高決平4・12・11判時一四四八・一三〇、民百選Ⅲ[二版]五三）

2　廃除原因に当たらないとされた場合

[2] 老齢の尊属親に対する甚だしい失行があったとしても、それが一時の激情に出たものである場合（大判大11・7・25民集一・四七八）

[3] 父がその子を非道に待遇したために、その子の非行を誘発するようになった場合（大判大15・6・2評論一六・民四四、家族百選[初版]六六）

[4] 被相続人が代表取締役をしていた大手企業において業務上横領の罪により実刑を科せられた場合（東京高決昭59・10・18判時一一三四・九六、家族百選[四版]六八……遺言による廃除の例）

二　効力

[5] 廃除判決が確定したときは、それに基づく廃除の届出の有無にかかわらず、被廃除者は法律上当然にその地位を喪失する。（大判昭17・3・26民集二一・二八四）

[6] ★被廃除者から物権を取得した第三者に対する廃除の効力（大判昭2・4・22民集六・二六〇）↓八九三条[1]・八九九条の二[7]

三　廃除手続の性質

[7] 廃除手続は、訴訟事件ではなく非訟事件の性質を持つ。（最決昭55・7・10家月三三・一・六六）

四　配偶者の廃除と離婚

[8] 相手方配偶者の非行を理由に離婚を請求するか廃除を請求するかは、被相続人たる配偶者の自由である。（大阪高決昭44・12・25家月二二・六・五〇）

第八九三条（**遺言による推定相続人の廃除**）　被相続人が遺言で推定相続人を廃除する意思を表示したときは、遺言執行者は、その遺言が効力を生じた後、遅滞なく、その推定相続人の廃除を家庭裁判所に請求しなければならない。この場合において、その推定相続人の廃除は、被相続人の死亡の時にさかのぼってその効力を生ずる。

※八九二・八九四②・八九五【遺言↓九六〇―一〇二七【遺言執行者↓一〇〇六―一〇二一【遺言の効力発生↓九八五【家庭裁判所の処理↓家事三の一一①②・三九・別表第一〈八十六の項〉【廃除と届出↓戸九七

廃除の効力

[1] ★遺言による廃除の判決が確定した場合、廃除は被相続人の死亡の時に遡って効力を生じるから、判決確定前に被廃除者から相続財産に属する土地につき所有権その他の物権を取得し登記をしたものであっても民法一七七条の第三者に当たらず、その権利を主張することはできない。（大判昭2・4・22民集六・二六〇）↓八九九条の二[7]

第八九四条（**推定相続人の廃除の取消し**）①　被相続人は、いつでも、推定相続人の廃除の取消しを家庭裁判所に請求することができる。

②　前条の規定は、推定相続人の廃除の取消しについて準用する。

※八九二・八九三・八九五【家庭裁判所の処理↓家事三の一一①②・三九・別表第一〈八十七の項〉【廃除の取消しと届出↓戸九七

第八九五条（**推定相続人の廃除に関する審判確定前の遺産の管理**）①　推定相続人の廃除又はその取消しの請求があった後その審判が確定する前に相続が開始したときは、家庭裁判所は、親族、利害関係人又は検察官の請求によって、遺産の管理について必要な処分を命ずることができる。推定相続人の廃除の遺言があったときも、同様とする。

②　第二十七条から第二十九条まで〈不在者の財産管理人の権利義務〉の規定は、前項の規定により家庭裁判所が遺産の管理人を選任した場合について準用する。

※八九二―八九四【審判の確定↓家事七四・八五・八六【相続の開始↓八八二【親族↓七二五【家庭裁判所の処分↓家事三の一一①③・三九・別表第一〈八十八の項〉❷【管理人の選任↓家事三の一一①③・三九・別表第一〈八十八の項〉【管理人の権利義務↓六四四・六四六・六四七・六五〇

第三章　相続の効力

第一節　総則

第八九六条（**相続の一般的効力**）　相続人は、相続開始の時から、被相続人の財産に属した一切の権利義務を承継する。ただし、被相続人の一身に専属したものは、この限りでない。

※八九七―八九九【相続開始の時↓八八二【権利の承継の第三者への対抗↓八九九の二【登記申請義務↓不登七六の二・七六の

三【特に承継の規定のあるもの↓民訴一二四【一身専属の権利義務の例↓一一一・五九七③・六二五・六五三・六七九・六八九・八八一【相続人の不存在と居住用建物の賃借権の承継↓借地借家三六【相続と根抵当権↓三九八の八

一 相続財産の範囲―民法上の権利ないし地位

1 無権代理人の地位など

イ 本人が無権代理人を相続した場合↓一一三条[5]～[7]

ロ 無権代理人が本人を相続した場合↓一一三条[2][3]

2 他人の権利の売主の地位など

[1] 他人の権利の売主をその権利者が相続した場合と同様に、他人の権利を代物弁済に供した債務者をその権利者が相続し債務者としての履行義務を承継した場合でも、権利者は、信義則に反すると認められるような特別の事情のない限り、履行義務を拒否することができる。（最大判昭49・9・4民集二八・六・一一六九、不動産百選[三版]七二）↓五六一条[2]

3 占有権の相続↓一八五条[3]～[5]

[2] 土地を耕作していた被相続人の右土地に対する占有は、特別の事情のない限り、相続人により相続される。（最判昭44・10・30民集二三・一〇・一八八一、家族百選[三版]九〇）

[3] 民法一八七条一項は相続のような包括承継にも適用され、相続人は被相続人の占有についての善意・悪意の地位をそのまま承継するのではなく、その選択に従い自己の占有のみを主張し又は被相続人の占有に自己の占有を併せて主張できる。（最判昭37・5・18民集一六・五・一〇七三）↓一八七条[2]

4 保証債務

イ 身元保証

[4] 「身元保証に関する法律」の施行の前後を問わず、身元保証は特別の事由がない限り身元保証人の死亡によって消滅し、相続人はこれを承継しない。（大判昭18・9・10民集二二・九四八、民百選II[四版]二八）

ロ 信用保証

[5] 継続的売買取引について将来負担することあるべき債務についてした責任の限度額並びに期間の定めのない連帯保証契約における保証人たる地位は、特段の事情のない限り、当事者その人と終始するものであって、保証人の死亡後生じた債務については、その相続人はこの保証債務を承継負担しない。（最判昭37・11・9民集一六・一一・二二七〇、家族百選[四版]八四）↓四六五条の四[1]

ハ 賃貸借の保証

[6] 賃貸借契約における保証人の相続人は、相続開始後に生じた賃料債務についても当然にその保証債務を負担する。（大判昭9・1・30民集一三・一〇三）↓四六五条の四[2]

5 賃借人の地位↓[15]・◘【I 婚約ないし内縁】［七七一条の後］[11][12]・◘【事実上の養子】［八一七条の後］[1]、借地借家三六条

6 ゴルフクラブの会員の地位

[7] 預託金会員制ゴルフクラブにおいて、会則等に正会員が死亡した場合におけるその地位の相続に関する定めがなくても、右地位の譲渡に関する定めがあるなどの事実関係の下においては、会員の死亡によりその相続人は右地位の譲渡に準ずる手続を踏んでこれを取得することができる。（最判平9・3・25民集五一・三・一六〇九）

7 損害賠償請求権

イ 財産上の損害

[8] 被害者が即死した場合でも、傷害と死亡との間に観念上時間の間隔があるから、被害者には受傷の瞬間に賠償請求権が発生し、これが被害者の死亡によって相続人に承継される。（大判大15・2・16民集五・一五〇、民百選II[五補]九五）↓七〇九条[172]

ロ 生命侵害による慰謝料請求権

[9] 不法行為による慰謝料請求権は、被害者が生前に請求の意思を表明しなくても、当然に相続される。（最大判昭42・11・1民集二一・九・二二四九、民百選III[二版]六〇……田中ほか三裁判官の反対意見がある）↓七〇九条[173]

8 民法九五八条の二による特別縁故者の相続財産分与請求権↓九五八条の二[3]

二 相続財産の範囲―民法上の権利以外のもの

1 生命保険金請求権等

[10] 養老保険契約において被保険者死亡の場合の保険金受取人が単に「その相続人」と指定された場合でも、特段の事情のない限り、右契約は、被保険者死亡時の相続人たるべき者個人を受取人として特に指定したいわゆる他人のための保険契約と解するのが相当であって、契約の効力発生と同時に相続人の固有財産となる。（最判昭40・2・2民集一九・一・一、保険法百選七一）

[11] 保険金受取人の指定のないときは、保険金を被保険者の相続人に支払う旨の約款条項は、保険金受取人を相続人と指定したのとなんら異なるところがなく、この保険契約は、特段の事情のない限り、被保険者死亡の時におけるその相続人のための契約であり、保険金請求権は保険契約の効力発生と同時に相続人の固有財産となり、被保険者の遺産から離脱したものと解すべきである。（最判昭48・6・29民集二七・六・七三七、家族百選[六版]六四……傷害保険契約の例）

2 死亡退職金

[12] 死亡退職金の受給権者について民法の相続順位決定原則と異なる定め方がされている場合、死亡退職金の受給権は相続財産に属さず、受給権者たる遺族が自己固有の権利として取得する。（最判昭55・11・27民集三四・六・八一五、家族百選[四版]八〇）

[13] 退職金支給規程の存在しなかった財団法人が、その理事長の死に際し理事長に対する死亡退職金支給を決定してその妻に支払った場合、右退職金は妻個人に対して支給されたものである。（最判昭62・3・3家月三九・一〇・六一、家族百選[六版]六三）

3 生活保護法に基づく保護受給権

[14] 生活保護法に基づく保護受給権は、被保護者自身の最低限度の生活を維持するために当該個人に与えられた一身専属の権利であって、相続の対象とならない。また、被保護者の生存中の扶助で既に遅滞にあるものの給付を求める権利についても、相続の対象となり得ない。（最大判昭42・5・24民集二一・五・一〇四三、行政百選I[七版]一六……田中ほか三裁判官の反対意見がある）↓行総◘【I】[31]、民訴一二四条[7]

4 公営住宅を使用する権利

[15] 住宅に困窮する低額所得者に対して低廉な家賃で住宅を賃貸することを目的とする公営住宅法の趣旨に鑑みれば、入居者が死亡した場合にその相続人が公営住宅を使用する権利を当然に取得すると解する余地はない。（最判平2・10・18民集四四・七・一〇二一、家族百選[五版]八八）↓行総◘【I】[32]

[16] 住宅地区改良法に基づく改良住宅の使用権につき前出[15]

と同旨（最判平29・12・21民集七一・一〇・二六五九、マンション百選一〇〇）↓行総◇【Ⅰ】[33]

[17] **5 所得税等に係る過納金の還付請求権**　被相続人が所得税更正処分及び過少申告加算税賦課決定処分に基づき所得税、過少申告加算税及び延滞税を納付するとともに右各処分の取消訴訟を提起し、その係属中に死亡したため、相続人が同訴訟を承継し、右各処分の取消判決が確定するに至ったときは、右所得税等に係る過納金の還付請求権は、被相続人の相続財産を構成し、相続税の課税財産となる。（最判平22・10・15民集六四・七・一七六四、租税百選[七版]一〇三）↓行訴三三条[6]

[18] **6 社債株式等振替法所定の口座開設者としての地位**　被相続人が有していた振替株式、振替投資信託受益権及び振替投資口は相続開始とともに当然に相続人に承継され、口座管理機関が振替株式等の振替を行うための口座を開設した者としての地位も同様に相続人に承継されるから、被相続人名義の口座に記録等がされている振替株式等は、相続人の口座に記録等がされているものとみることができる。（最決平31・1・23民集七三・一・六五、会社法百選[四版]A2）↓民執一六七条[3]

第八九七条（祭祀に関する権利の承継）① 系譜、祭具及び墳墓の所有権は、前条の規定にかかわらず、慣習に従って祖先の祭祀を主宰すべき者が承継する。ただし、被相続人の指定に従って祖先の祭祀を主宰すべき者があるときは、その者が承継する。

② 前項本文の場合において慣習が明らかでないときは、同項の権利を承継すべき者は、家庭裁判所が定める。

❷【家庭裁判所の処理↓家事三の一一①・三九・別表第二〈十一の項〉・二四四　+【祭具等の生前承継↓七五一②・七六九・七七一・七四九・八一七・八〇八②

[1] **遺骨への本条の準用**　遺骨は、慣習に従って祭祀〔さいし〕を主宰すべき者に帰属する。（最判平元・7・18家月四一・一〇・一二八）

第八九七条の二（相続財産の保存）① 家庭裁判所は、利害関係人又は検察官の請求によって、いつでも、相続財産の管理人の選任その他の相続財産の保存に必要な処分を命ずることができる。ただし、相続人が一人である場合においてその相続人が相続の単純承認をしたとき、相続人が数人ある場合において遺産の全部の分割がされたとき、又は第九百五十二条第一項の規定により相続財産の清算人が選任されているときは、この限りでない。

② 第二十七条から第二十九条まで〈管理人の職務、権限、担保提供及び報酬〉の規定は、前項の規定により家庭裁判所が相続財産の管理人を選任した場合について準用する。

❶【家庭裁判所の処分↓家事三の一一①③・三九・別表第一〈八十九の項〉【単純承認↓九二〇【遺産の分割↓九〇六・九〇七
❷【家庭裁判所による管理人の選任↓家事三の一一①③・三九・別表第一〈八十九の項〉

第八九八条（共同相続の効力）① 相続人が数人あるときは、相続財産は、その共有に属する。

② 相続財産について共有に関する規定を適用するときは、第九百条から第九百二条までの規定により算定した相続分をもって各相続人の共有持分とする。

+八九九・八九九の二【相続人が数人あるとき↓八八七・八八九①・八九〇・九〇〇・九〇一・九九〇【共有↓二四九―二六二・二六四・九〇六―九一四【共同相続と限定承認↓九二三・九三六【相続放棄の効果↓九三九

一 共同所有の性質

[1] 相続財産の共有は、民法改正の前後を通じ、民法二四九条以下に規定する「共有」とその性質を異にするものではない。（最判昭30・5・31民集九・六・七九三、家族百選[三版]一〇〇）↓四二七条[1][2][8][9]

二 遺産の管理

[2] ★共同相続に基づく共有物の持分の価格が過半数を超える者であっても、共有物を協議なくして単独で占有する他の共有者に対して当然にその明渡しを請求することができるものではない。（最判昭41・5・19民集二〇・五・九四七、民百選Ⅰ[八版]七四）↓二四九条[14]・一〇三五条[1]・一〇三七条[4]・一〇四〇条[7]

[3] ★共同相続人の一人が相続開始前から被相続人の許諾を得て遺産である建物において被相続人と同居してきたときは、相続開始後も遺産分割までは、無償で使用させる旨の合意があったものと推認され、被相続人の地位を承継した他の相続人等が貸主となり同居相続人を借主とする使用貸借関係が存続する。（最判平8・12・17民集五〇・一〇・二七七八、民百選Ⅲ[二版]七一）↓五九三条[4]・一〇三七条[1]

[4] 預金者の共同相続人の一人は、共同相続人全員に帰属する預金契約上の地位に基づき、金融機関に対し、被相続人名義の預金口座についてその取引経過の開示を求める権利を単独で行使することができる。（最判平21・1・22民集六三・一・二二八、民百選Ⅱ[八版]七四）↓六六六条

[5] 遺産分割前の遺産共有の状態にある農地について、共有者の一部が宅地造成により非農地化する行為は、共有物の変更であって、他の共有者の同意を得ない限り、これをすることができず、他の共有者は、各自の共有持分権に基づいて、行為の全部禁止だけでなく、特段の事情がある場合を除き、共有物の原状回復を求めることもできる。（最判平10・3・24判時一六四一・八〇）↓二五一条[1]

[6] 相続開始から遺産分割までの間に遺産である賃貸不動産から生じた賃料債権は、各共同相続人がその相続分に応じて確定的に取得し、後にされた遺産分割の影響を受けない。（最判平17・9・8民集五九・七・一九三一、民百選Ⅲ[二版]六四）↓四二七条[4]

三 遺産に関する訴訟の当事者

1 遺産中の債権に関する訴訟

[7] 使用貸借契約の終了を原因とする家屋明渡請求権は、性質上の不可分給付を求める権利と解すべきであって、貸主が複数の共同相続人であるときは、各貸主は総貸主のため家屋全部の明渡しを請求することができる。（最判昭42・8・25民集二一・七・一七四〇）↓四二八条[1][2]

[8] 共同相続財産に属する土地所有権に基づく建物収去・土地明渡請求権について前出[7]と同旨（最判昭36・3・2民集一五・三・三三七）

[9] 遺産に属する不動産の所有名義人に対する登記抹消請求権について前出[7]と同旨（最判昭31・5・10民集一〇・

五・四八七、民訴百選[四版]九九）↓二四九条[1]、民訴四〇条[10]

2　遺産中の債務に関する訴訟

[10]　農地の買主が、売主の複数の相続人に対し、知事に対する許可申請協力義務の履行を求めるとき、相続人は不可分債務者の関係に立つものであるから、かかる訴訟は固有必要的共同訴訟にも類似必要的共同訴訟にも当たらない。（最判昭38・10・1民集一七・九・一一〇六）↓四三〇条[2]

[11]　不動産所有権移転登記協力義務について前出[10]と同旨（最判昭36・12・15民集一五・一一・二八六五）↓四三〇条[1]

[12]　受贈者への所有権移転登記義務について前出[10]と同旨（最判昭44・4・17民集二三・四・七八五、不動産百選[三版]六三）↓民訴四〇条[17]

[13]　建物収去・土地明渡義務について前出[10]と同旨（最判昭43・3・15民集二二・三・六〇七、民訴百選[五版]九九）↓民訴四〇条[16]

[14]　賃貸物を使用収益させるべき賃貸借契約上の債務について前出[10]と同旨（最判昭45・5・22民集二四・五・四一五、家族百選[三版]九八）↓四三〇条[6]、民訴四〇条[18]

3　遺産確認の訴え↓九〇七条[1][2]、民訴四〇条[7][33]〜[35]・一三四条の二[14][15]

第八九九条　各共同相続人は、その相続分に応じて被相続人の権利義務を承継する。

㊂＊八九八【相続分↓九〇〇―九〇二の二・九九〇【債権債務の共同承継↓四二七・四二八・四三〇・四三二・四三六

一　当然に分割される財産に当たるとされた例

1　可分債権

[1]　★相続財産中の可分債権は法律上当然に分割され、各共同相続人がその相続分に応じて権利を承継する。（最判昭29・4・8民集八・四・八一九、民百選III[二版]六五……不法行為に基づく損害賠償債権の事案）↓四二七条[2]

[2]　★共同相続人の一人（甲）が、相続財産中の可分債権につき、法律上の権限なく自己の債権となった分以外の債権を行使した場合、その権利行使は、当該債権を取得した他の共同相続人（乙）の財産に対する侵害となるから、乙は甲に対して不法行為に基づく損害賠償又は不当利得の返還を求めることができる。（最判平16・4・20家月五六・一〇・四八、重判平16民一〇……貯金債権の事案。[10]により判例変更）↓四二七条[5]

2　可分債務・連帯債務

[3]　★連帯債務者の一人が死亡し、その相続人が数人ある場合に、相続人らは被相続人の債務の分割されたものを承継し、各自その承継した範囲において、本来の債務者と共に連帯債務者となる。（最判昭34・6・19民集一三・六・七五七、民百選III[二版]六二）↓四二七条[9]・四三六条[2]・九〇二条の二[1]

二　当然に分割される財産には当たらないとされた例

1　金銭

[4]　相続人は、遺産分割までの間、相続開始時に存した金銭を相続財産として保管している他の相続人に対して、自己の相続分に相当する金銭の支払を求めることはできない。（最判平4・4・10家月四四・八・一六、民百選III[二版]六三）

2　定額郵便貯金債権

[5]　郵便貯金法は、定額郵便貯金債権の分割を許容するものではなく、同債権は、預金者が死亡したからといって、相続開始と同時に当然に相続分に応じて分割されることはない。（最判平22・10・8民集六四・七・一七一九）↓民訴一三四条の二[14]

3　株式

[6]　株式を相続により準共有するに至った共同相続人は、商法二〇三条二項〔平成一七法八七改正前。会社一〇六条本文〕の定めるところに従い、当該株式につき株主の権利を行使すべき者一人を定めて会社に通知すべきである。（最判昭45・1・22民集二四・一・一）

[7]　共同相続された株式は、相続開始と同時に当然に相続分に応じて分割されることはない。（最判平26・2・25民集六八・二・一七三、民百選III[二版]六七）

4　投資信託受益権、国債など

[8]　共同相続された委託者指図型投資信託受益権及び個人向け国債は、相続開始と同時に当然に相続分に応じて分割されることはない。（最判平26・2・25前出[7]）

[9]　投資信託受益権につき相続開始後に発生した元本償還金等が販売会社における被相続人名義口座に預り金として入金された場合、共同相続人の一人が自己の相続分に相当する金員の支払を請求することはできない。（最判平26・12・12判時二二五一・三五、重判平27民九）

5　普通預金債権、定期預金債権、通常貯金債権及び定期貯金債権など

[10]　★共同相続された普通預金債権、通常貯金債権及び定期貯金債権は、いずれも、相続開始と同時に当然に相続分に応じて分割されることはなく、遺産分割の対象となる。（最大決平28・12・19民集七〇・八・二一二一、民百選III[三版]六六）↓四二七条[6]・九〇九条の二[1]

[11]　★共同相続された定期預金債権及び定期積金債権につき前出[10]と同旨（最判平29・4・6判時二三三七・三四、重判平29民一二②）↓四二七条[7]・九〇九条の二[2]

三　遺産分割前に死亡した相続人が遺産に対して有していた権利の性質

[12]　甲が死亡してその相続が開始し、次いで、甲の遺産分割が未了の間に甲の相続人でもある乙が死亡してその相続が開始した場合、乙は、甲の相続の開始と同時に、甲の遺産について相続分に応じた共有持分権を取得しており、これは乙の遺産を構成するものであるから、これを乙の共同相続人に分属させるには、遺産分割手続を経る必要があり、共同相続人の中に乙から特別受益に当たる贈与を受けた者があるときは、その持戻しをして各共同相続人の具体的相続分を算定しなければならない。（最決平17・10・11民集五九・八・二二四三、重判平17民一一）

四　共有持分権に基づく登記抹消登記手続

[13]　甲の相続人の一人である乙の子丙が、甲の土地を乙が単独取得する旨の遺産分割協議が成立したとして、乙の死亡後、甲から直接丙に所有権移転登記をした場合、丙の主張する遺産分割協議の成立が認められない限り、現登記は実体関係と異なる登記であり、これを是正する方法として更正登記手続によることができないので、甲の相続人丁は丙に対し、土地の共有持分権に基づき本件登記の抹消登記手続を求めることができ、丙が土地に共有持分権を有するということは、右請求を妨げる事由にはならない。（最判平17・12・15判時一九二〇・三五、不動産百選[三版]六四）

五　預金債権の全額を共同相続人の一部に払い戻した場合と不当利得↓七〇三条[14]

（共同相続における権利の承継の対抗要件）
第八九九条の二 ① 相続による権利の承継は、遺産の分割によるものかどうかにかかわらず、次条及び第九百一条の規定により算定した相続分を超える部分については、登記、登録その他の対抗要件を備えなければ、第三者に対抗することができない。
② 前項の権利が債権である場合において、次条及び第九百一条の規定により算定した相続分を超えて当該債権を承継した共同相続人が当該債権に係る遺言の内容（遺産の分割により当該債権を承継した場合にあっては、当該債権に係る遺産の分割の内容）を明らかにして債務者にその承継の通知をしたときは、共同相続人の全員が債務者に通知をしたものとみなして、同項の規定を適用する。

⊛+九〇〇、九〇一【遺産の分割↓九〇六、九〇七【対抗要件↓一七七、一七八、四六七、信託九五の二【特定財産承継遺言の遺言執行者↓一〇一四②④

一 「相続による権利の承継」
1 平成三〇法七二による改正前に対抗要件が必要とされた場合

[1] ★相続財産中の不動産につき、遺産分割により相続分と異なる権利を取得した相続人は、その旨の登記を経なければ、分割後に当該不動産につき権利を取得した第三者に対抗することができない。（最判昭46・1・26民集二五・一・九〇、民百選Ⅲ[二版]七二）

[2] ★受贈者に対し減殺請求をしたときは、その後に受贈者から贈与の目的物を譲り受けた者に対して更に減殺の請求をすることはできない。（最判昭35・7・19民集一四・九・一七七九、家族百選[三版]一二八……遺留分権利者と減殺請求後の譲受人は対抗関係にあるとされた）

2 平成三〇法七二による改正前に対抗要件が不要とされた場合

[3] ★相続財産に属する不動産につき遺産の分割前に単独所有権移転の登記をした共同相続人中のある者及びその者から移転の登記を受けた第三取得者に対し、他の共同相続人は自己の持分を登記なくして対抗し得る。（最判昭38・2・22民集一七・一・二三五、民百選Ⅰ[八版]五九）↓二四九条[4]

[4] ★遺言により法定相続分を下回る相続分を指定された共同相続人の一人が、遺産中の不動産に法定相続分に応じた共同相続登記がされたことを利用し、自己の持分権を第三者に譲渡し移転登記をしたとしても、第三者は右共同相続人の指定相続分に応じた持分を取得するにとどまる。（最判平5・7・19家月四六・五・二三）↓九〇二条[7]

[5] ★「相続させる」趣旨の遺言によって不動産を取得した者は、登記なくしてその権利を第三者に対抗することができる。（最判平14・6・10家月五五・一・七七、民百選Ⅲ[二版]七五）↓九〇八条[4]

[6] ★相続放棄の効力は絶対的であり、何人に対しても登記の有無を問わず、その効力を生ずると解すべきであって、放棄した相続人の債権者が、相続の放棄後に、相続財産たる未登記の不動産について、右相続人も共同相続したものとして代位による所有権保存登記をした上で持分に対する仮差押登記をしても、その仮差押登記は無効である。（最判昭42・1・20民集二一・一・一六、民百選Ⅲ[二版]七三）↓九三九条[7]

[7] ★遺言による廃除の判決が確定した場合、廃除は被相続人の死亡の時に遡って効力を生じるから、判決確定前に被廃除者から相続財産に属する土地につき所有権その他の物権を取得し登記をしたものであっても民法一七七条の第三者に当たらず、その権利を主張することはできない。（大判昭2・4・22民集六・二六〇）↓八九三条[7]

二 「相続による権利の承継」ではない場合

[8] 遺贈は遺言によって受遺者に財産権を与える遺言者の意思表示であり、意思表示による物権変動である点で贈与と異ならないから、遺贈による不動産所有権の移転についても民法一七七条が適用され、登記が対抗要件となる。（最判昭39・3・6民集一八・三・四三七、民百選Ⅲ[二版]七四）↓一七七条[7][26]・九八五条[4]・一〇一三条[4]

第二節 相続分

（法定相続分）
第九〇〇条 同順位の相続人が数人あるときは、その相続分は、次の各号の定めるところによる。
一 子及び配偶者が相続人であるときは、子の相続分及び配偶者の相続分は、各二分の一とする。
二 配偶者及び直系尊属が相続人であるときは、配偶者の相続分は、三分の二とし、直系尊属の相続分は、三分の一とする。
三 配偶者及び兄弟姉妹が相続人であるときは、配偶者の相続分は、四分の三とし、兄弟姉妹の相続分は、四分の一とする。
四 子、直系尊属又は兄弟姉妹が数人あるときは、各自の相続分は、相等しいものとする。ただし、父母の一方のみを同じくする兄弟姉妹の相続分は、父母の双方を同じくする兄弟姉妹の相続分の二分の一とする。

⊛+八九九、九〇一―九〇四の二【遺留分に関する規定↓一〇四二②【一】【子↓八八七①【配偶者↓八九〇 【二】【直系尊属↓八八九①一 【三】【兄弟姉妹↓八八九①二

嫡出でない子の相続分の合憲性

[1] 本条四号ただし書の立法理由は、法律上の配偶者との間に出生した嫡出子の立場を尊重するとともに、他方、被相続人の子である非嫡出子の立場にも配慮して、非嫡出子に嫡出子の二分の一の法定相続分を認めることにより、非嫡出子を保護しようとしたものであり、法律婚の尊重と非嫡出子の保護の調整を図ったものである。現行民法は法律婚主義を採用しているので、その立法理由にも合理的な根拠があるというべきであり、非嫡出子の法定相続分を嫡出子の二分の一としたことが、右立法理由との関連において著しく不合理であり、立法府に与えられた合理的な裁量判断の限界を超えたものということはできない。本条四号ただし書前段の規定は憲法一四条一項に反するものではない。〔平成二五法九四による改正前の事案〕（最大決平7・7・5民集四九・七・一七八九、家族百選[七版]五八……可部ほか四裁判官の補足意見及び中島ほか四裁判官の反対意見がある。[2]により判例変更）↓[2]、憲一四条[25]＊[26]

[2] 本件相続開始時においては、立法府の裁量権を考慮しても、嫡出子と嫡出でない子の法定相続分を区別する合理的な根拠は失われていたというべきであり、本条四号ただし書〔平成二五法九四による改正前〕の規定のうち嫡出でない子の相続分を嫡出子の相続分の二分の一とする部分は、

遅くとも平成一三年七月当時において、憲法一四条一項に違反していたものというべきである。しかしながら、法的安定性の確保との調和を図るために、この違憲判断は、本件相続開始時から本決定までの間に開始された他の相続につき、本件規定を前提としてされた遺産の分割の審判その他の裁判、遺産の分割の協議その他の合意等により確定的なものとなった法律関係に影響を及ぼすものではない。（最大決平25・9・4民集六七・六・一三二〇、民百選Ⅲ〔二版〕五七）→憲一四条㉗・八一条㊸

（代襲相続人の相続分）

第九〇一条① 第八百八十七条第二項又は第三項の規定により相続人となる直系卑属の相続分は、その直系尊属が受けるべきであったものと同じとする。ただし、直系卑属が数人あるときは、その各自の直系尊属が受けるべきであった部分について、前条の規定に従ってその相続分を定める。

② 前項の規定は、第八百八十九条第二項の規定により兄弟姉妹の子が相続人となる場合について準用する。

⊛+九〇〇、九〇二―九〇四の二【遺留分に関する規定→一〇四二
②

参 二重資格者たる養子の相続権に関する登記先例
孫（亡長女の子）を養子とした者が死亡した場合、右の孫には、養子としての相続権と、亡母の代襲相続人としての相続権がある。（昭26・9・18民甲一八八一民事局長回答）

（遺言による相続分の指定）

第九〇二条① 被相続人は、前二条の規定にかかわらず、遺言で、共同相続人の相続分を定め、又はこれを定めることを第三者に委託することができる。

② 被相続人が、共同相続人中の一人若しくは数人の相続分のみを定め、又はこれを第三者に定めさせたときは、他の共同相続人の相続分は、前二条の規定により定める。

⊛+九〇二の二―九〇四の二【遺産分割方法の指定・分割禁止→九〇八【遺贈→九六四

[1] **一 指定相続分と登記**
★遺言により法定相続分を下回る相続分を指定された共同相続人の一人が、遺産中の不動産に法定相続分に応じた共同相続登記がされたことを利用し、自己の持分権を第三者に譲渡し移転登記をしたとしても、第三者は右共同相続人の指定相続分に応じた持分を取得するにとどまる。（最判平5・7・19家月四六・五・二三）→八九九条の二④

二 相続分の指定が遺留分減殺請求により減殺された場合→一〇四六条⑫

（相続分の指定がある場合の債権者の権利の行使）

第九〇二条の二 被相続人が相続開始の時において有した債務の債権者は、前条の規定による相続分の指定がされた場合であっても、各共同相続人に対し、第九百条及び第九百一条の規定により算定した相続分に応じてその権利を行使することができる。ただし、その債権者が共同相続人の一人に対してその指定された相続分に応じた債務の承継を承認したときは、この限りでない。

⊛+【分割債務→四二七

[1] ★連帯債務者の一人が死亡し、その相続人が数人ある場合に、相続人らは被相続人の債務の分割されたものを承継し、各自その承継した範囲において、本来の債務者と共に連帯債務者となる。（最判昭34・6・19民集一三・六・七五七、民百選Ⅲ〔二版〕六二）→四二七条⑨・四三六条②・八九九条③

（特別受益者の相続分）

第九〇三条① 共同相続人中に、被相続人から、遺贈を受け、又は婚姻若しくは養子縁組のため若しくは生計の資本として贈与を受けた者があるときは、被相続人が相続開始の時において有した財産の価額にその贈与の価額を加えたものを相続財産とみなし、第九百条から第九百二条までの規定により算定した相続分の中からその遺贈又は贈与の価額を控除した残額をもってその者の相続分とする。

② 遺贈又は贈与の価額が、相続分の価額に等しく、又はこれを超えるときは、受遺者又は受贈者は、その相続分を受けることができない。

③ 被相続人が前二項の規定と異なった意思を表示したときは、その意思に従う。

④ 婚姻期間が二十年以上の夫婦の一方である被相続人が、他の一方に対し、その居住の用に供する建物又はその敷地について遺贈又は贈与をしたときは、当該被相続人は、その遺贈又は贈与について第一項の規定を適用しない旨の意思を表示したものと推定する。

⊛+九〇四、九〇四の二 ❶【遺贈→九六四【贈与→五四九、五五四【相続開始の時→八八二 ❹七六二

[1] **一 死亡保険金の特別受益性**
養老保険契約に基づき保険金受取人とされた相続人が取得する死亡保険金請求権又は死亡保険金は、本条一項に規定する遺贈又は贈与に係る財産には当たらない。もっとも、保険金受取人である相続人とその他の共同相続人との間に生ずる不公平が本条の趣旨に照らし到底是認することができないほどに著しいものであると評価すべき特段の事情が存する場合には、本条の類推適用により、死亡保険金請求権は特別受益に準じて持戻しの対象となる。（最決平16・10・29民集五八・七・一九七九、民百選Ⅲ〔二版〕六一）

二 特別受益の審理手続

[2] 特定の財産が特別受益財産であることの確認を求める訴えは、確認の利益を欠くものとして不適法である。（最判平7・3・7民集四九・三・八九三、重判平7民訴一）→民訴一三四条の二⑧

[3] 本条中の相続分（以下「具体的相続分」という）は、遺産分割手続における分配の前提となるべき計算上の価額又はその価額の遺産の総額に対する割合を意味するものであって、実体法上の権利関係であるということはできず、したがって、共同相続人間において具体的相続分についてその価額又は割合の確認を求める訴えは、確認の利益を欠くものとして不適法である。（最判平12・2・24民集五四・

二・五二三、民訴百選[五版]二五）

三 再転相続と特別受益の持戻しの要否↓八九九条[12]

四 持戻し免除の意思表示

1 黙示の持戻し免除の意思表示

[4] 被相続人が死亡の前年に被相続人夫婦の居住家屋の土地の持分五分の四を妻に贈与した場合に、黙示の持戻し免除の意思表示を認めた事案（東京高決平8・8・26家月四九・四・五二）

2 持戻し免除の意思表示が遺留分減殺請求により減殺された場合↓一〇四六条[13]

◇↓八九六条[10]〜[13]

第九〇四条 前条に規定する贈与の価額は、受贈者の行為によって、その目的である財産が滅失し、又はその価格の増減があったときであっても、相続開始の時においてなお原状のままであるものとみなしてこれを定める。

⚭【相続開始の時↓八八二

（寄与分）

第九〇四条の二 ① 共同相続人中に、被相続人の事業に関する労務の提供又は財産上の給付、被相続人の療養看護その他の方法により被相続人の財産の維持又は増加について特別の寄与をした者があるときは、被相続人が相続開始の時において有した財産の価額から共同相続人の協議で定めたその者の寄与分を控除したものを相続財産とみなし、第九百条から第九百二条までの規定により算定した相続分に寄与分を加えた額をもってその者の相続分とする。

② 前項の協議が調わないとき、又は協議をすることができないときは、家庭裁判所は、同項に規定する寄与をした者の請求により、寄与の時期、方法及び程度、相続財産の額その他一切の事情を考慮して、寄与分を定める。

③ 寄与分は、被相続人が相続開始の時において有した財産の価額から遺贈の価額を控除した残額を超えることができない。

④ 第二項の請求は、第九百七条第二項の規定による請求があった場合又は第九百十条に規定する場合にすることができる。

⚭九〇三【被相続人の親族の特別の寄与↓一〇五〇 ❶❸【相続開始の時↓八八二 ❷【家庭裁判所の処理↓家事三の一一①・三九、別表第二（十四の項）・二四四 ❸【遺贈↓九六四

一 寄与に当たるとされた場合

1 血族相続人

[1] 被相続人が死亡するまで二五年にわたり共に家業に従事し、最後まで被相続人と生活を共にして世話をした長男（福岡家小倉支審昭56・6・18家月三四・一二・六三）↓六六七条[5]

[2] 被相続人の長男夫婦が農業後継者として働き、長男の死後もその妻が子を育てながら農業に従事した場合、被代襲者である長男とその妻の寄与に基づく相続財産の半分に当たる寄与分を長男の子である代襲相続人に認める。（東京高決平元・12・28家月四二・八・四五、家族百選[五版]七六）

2 配偶者

[3] 三七年にわたり病弱の夫を扶養看護し、夫名義の不動産も専ら自己の収入により購入した妻（山形家審昭56・3・30家月三四・五・七〇……被相続人の妻と兄弟姉妹が共同相続人となった事案）

二 寄与に当たらないとされた場合

1 血族相続人

[4] 長男が父から営業を譲渡された後、店舗部分の拡張や改造をし、父母の死に至るまで同居扶養したとしても、これは営業の譲受けと深い相関関係にあるから、特別の寄与とはいえない。（和歌山家審昭56・9・30家月三五・二・一六七）

2 配偶者

[5] 船具商を営んだ被相続人の遺産形成に対する妻の内助の功は多大であったが、夫婦の協力義務に基づく一般的な寄与の程度を超えるものではない。（高松高決昭48・11・7家月二六・五・七五、家族百選[増補]一七）

三 相続開始後の寄与

[6] 寄与分は、相続開始時を基準として考慮されるべきであって、相続開始後に相続財産を維持又は増加させても評価されない。（東京高決昭57・3・16家月三五・七・五五）

四 寄与分を定める処分の性質

[7] 寄与分を定める審判は本質的に非訟事件であるから、公開の法廷における対審及び判決によらなくても憲法三二条、八二条に違反しない。（最決昭60・7・4家月三八・三・六五）

（期間経過後の遺産の分割における相続分）

第九〇四条の三 前三条の規定は、相続開始の時から十年を経過した後にする遺産の分割については、適用しない。ただし、次の各号のいずれかに該当するときは、この限りでない。

一 相続開始の時から十年を経過する前に、相続人が家庭裁判所に遺産の分割の請求をしたとき。

二 相続開始の時から始まる十年の期間の満了前六箇月以内の間に、遺産の分割を請求することができないやむを得ない事由が相続人にあった場合において、その事由が消滅した時から六箇月を経過する前に、当該相続人が家庭裁判所に遺産の分割の請求をしたとき。

⚭九〇三―九〇四の二【遺産の分割↓九〇六、九〇七

（相続分の取戻権）

第九〇五条 ① 共同相続人の一人が遺産の分割前にその相続分を第三者に譲り渡したときは、他の共同相続人は、その価額及び費用を償還して、その相続分を譲り受けることができる。

② 前項の権利は、一箇月以内に行使しなければならない。

⚭【遺産の分割時期↓九〇七、九〇八

一 本条一項の適用範囲

[7] 共同相続人の一人が遺産中の特定不動産について同人の有する共有持分権を第三者に譲り渡した場合は、本条を適用又は類推適用できない。（最判昭53・7・13判時九〇八・四一、民百選III[二版]六八）

二 共同相続人間での相続分の譲渡

2　共同相続人の間における相続分の譲渡も認められ、そのときは、積極財産と消極財産とを包括した遺産全体に対する譲渡人の割合的な持分が譲受人に移転し、個々の相続財産についての共有持分の移転も生ずる。（最判平13・7・10民集五五・五・九五五……相続財産に含まれる農地の権利移転について農地法三条一項の許可を要しない）

3　共同相続人のうち自己の相続分の全部を譲渡した者は、遺産分割審判の手続等において遺産に属する財産につきその分割を求めることはできない。（最判平26・2・14民集六八・二・一一三、重判平26民一二）→九〇七条2、民訴四〇条34

三　無償の相続分譲渡の遺留分算定の基礎財産への算入→一〇四四条3

第三節　遺産の分割

（遺産の分割の基準）
第九〇六条　遺産の分割は、遺産に属する物又は権利の種類及び性質、各相続人の年齢、職業、心身の状態及び生活の状況その他一切の事情を考慮してこれをする。

参【相続財産の共有→八九八】

一　本条の趣旨

1　本条は、相続人の相続分に応じ、現実に遺産に属する個々の財産の帰属を定めるにつき、考慮すべき事項を定めたものであって、法律上定まった相続分を変更することを許した規定ではない。（東京高決昭42・1・11家月一九・六・五五）

二　債権と債務→八九九条7～11

2　遺産の分割は、遺産のうち積極財産のみを対象とするものであって、相続債務は、各共同相続人に当然に承継され、遺産分割の対象とならない。（最判令元・8・27民集七三・三・三七四、重判令元民一〇）→九一〇条3

（遺産の分割前に遺産に属する財産が処分された場合の遺産の範囲）
第九〇六条の二①　遺産の分割前に遺産に属する財産が処分された場合であっても、共同相続人は、その全員の同意により、当該処分された財産が遺産の分割時に遺産として存在するものとみなすことができる。
②　前項の規定にかかわらず、共同相続人の一人又は数人により同項の財産が処分されたときは、当該共同相続人については、同項の同意を得ることを要しない。

参八九六、九〇九の二【共有物の処分→二五一、二五二】

1　★共同相続人が全員の合意によって遺産分割前に遺産を構成する特定不動産を第三者に売却したときは、その不動産は遺産分割の対象から逸出し、各相続人は第三者に対し持分に応じた代金債権を取得する。（最判昭52・9・19家月三〇・二・一一〇）

（遺産の分割の協議又は審判）
第九〇七条①　共同相続人は、次条第一項の規定により被相続人が遺言で禁じた場合又は同条第二項の規定により分割をしない旨の契約をした場合を除き、いつでも、その協議で、遺産の全部又は一部の分割をすることができる。
②　遺産の分割について、共同相続人間に協議が調わないとき、又は協議をすることができないときは、各共同相続人は、その全部又は一部の分割を家庭裁判所に請求することができる。ただし、遺産の一部を分割することにより他の共同相続人の利益を害するおそれがある場合におけるその一部の分割については、この限りでない。

参九〇六、九〇六の二、九〇八―九一四【共有物の分割→二五六―二六二】【分割前の財産処分→九〇六の二、九〇九の二❷】【家庭裁判所の処理→家事三の二①④・三九、別表第二〈十二の項〉・二四四】【寄与分請求との関係→九〇四の二④】

一　遺産確認の訴え―遺産分割審判における前提問題の確定→民訴四〇条7 33～35・一三四条の二14 15

1　遺産確認の訴えは、当該財産が遺産に属することの確認を求める訴えであって、その判決は、当該財産が遺産分割の対象たる財産であることを既判力をもって確定する。（最判昭61・3・13民集四〇・二・三八九、民百選Ⅲ〔二版〕五八）

2　共同相続人のうち自己の相続分の全部を譲渡した者は、遺産確認の訴えの当事者適格を有しない。（最判平26・2・14民集六八・二・一一三、重判平26民一二）→九〇五条3、民訴四〇条34

二　遺産分割審判の請求

1　非訟性

3　遺産分割審判は、公権的立場から合目的的に裁量権を行使してなす裁判であって本質的に非訟事件であるから、公開の法廷における対審及び判決によらなくても憲法三二条、八二条に違反しない。（最大決昭41・3・2民集二〇・三・三六〇、家族百選〔五版〕九二）→憲八二条3

2　遺産分割審判の前提事項と既判力

4　遺産分割は、相続権、相続財産等の存在を前提としてなされるが、右前提事項の存否に関する判断には既判力が生じない。（最大決昭41・3・2前出3）→憲八二条3、民訴◘【民事裁判権の限界】〔二編名の後〕24

三　分割の当事者

5　共同相続人の一人又は数人が遺産分割の審判手続に当事者として関与する機会を奪われたとき、このような審判手続は全体として違法となる。（大阪高決昭41・6・6家月一九・一・三九）

四　遺産評価の時期

6　遺産分割のための相続財産評価は（相続開始の時でなく）分割の時を標準としてなされるべきものである。（札幌高決昭39・11・21家月一七・二・三八）

五　分割の方法

1　共有持分権を譲渡された第三者からの分割請求

7　共同相続人の一人から遺産を構成する特定不動産について共有持分権を譲り受けた第三者が、共同所有関係の解消のためにとるべき手続は、遺産分割審判ではなく共有物分割訴訟である。（最判昭50・11・7民集二九・一〇・一五二五、家族百選〔三版〕一〇二）→二五八条の二2

2　共同相続人間における分割方法

8　★相続により相続人の共有となった財産について、共同相続人間に遺産分割の協議が調わないとき、又は協議をすることができないときは、家庭裁判所に対して遺産分割の審判を求めるべきであって、共有物分割の訴えを提起することは許されない。（最判昭62・9・4家月四〇・一・一六一、家族百選[五版]九一）↓二五八条の二[7]

3　共有物分割判決における遺産共有部分の分割方法

[9] ★共有物について、遺産共有持分と他の共有持分とが併存する場合、共有関係の解消を求める裁判上の手続は共有物分割訴訟であり、共有物分割の判決によって遺産共有持分を有していた者に分与された財産は遺産分割の対象となる。（最判平25・11・29民集六七・八・一七三六、重判平26民三）↓二五八条の二[3]、民訴◆【訴え】〔一三四条の前〕[35]

六　遺産の一部の分割の可否

[10] ★遺産の範囲に争いがあって訴訟が係属しているような場合において、民法九〇六条の分割基準による適正・妥当な分割の実現が可能ならば、遺産の一部の分割も許される。（大阪高決昭46・12・7家月二五・一・四二）

七　遺産分割協議の解除

1　法定解除

[11] 共同相続人間において遺産分割協議が成立した場合に、相続人の一人がその協議で負担した債務を履行しないときであっても、その債権を有する相続人は民法五四一条によって右協議を解除できない。（最判平元・2・9民集四三・二・一、民百選III[二版]七〇）

2　合意解除

[12] 共同相続人の全員の合意により、既に成立した遺産分割協議の全部又は一部を解除できる。（最判平2・9・27民集四四・六・九九五、家族百選[五版]九六）

八　詐害行為取消権との関係

[13] ★共同相続人の間で成立した遺産分割協議は、詐害行為取消権行使の対象となり得る。（最判平11・6・11民集五三・五・八九八、民百選III[二版]六九）↓四二四条[10]

（遺産の分割の方法の指定及び遺産の分割の禁止）

第九〇八条①　被相続人は、遺言で、遺産の分割の方法を定め、若しくはこれを定めることを第三者に委託し、又は相続開始の時から五年を超えない期間を定めて、遺産の分割を禁ずることができる。

②　共同相続人は、五年以内の期間を定めて、遺産の全部又は一部について、その分割をしない旨の契約をすることができる。ただし、その期間の終期は、相続開始の時から十年を超えることができない。

③　前項の契約は、五年以内の期間を定めて更新することができる。ただし、その期間の終期は、相続開始の時から十年を超えることができない。

④　前条第二項本文の場合において特別の事由があるときは、家庭裁判所は、五年以内の期間を定めて、遺産の全部又は一部について、その分割を禁ずることができる。ただし、その期間の終期は、相続開始の時から十年を超えることができない。

⑤　家庭裁判所は、五年以内の期間を定めて前項の期間を更新することができる。ただし、その期間の終期は、相続開始の時から十年を超えることができない。

㊂↑九〇六―九〇七【指定相続分↓九〇二【遺贈↓九六四【特定財産承継遺言↓一〇一四②【相続開始の時↓八八二　❷❸【家庭裁判所の処理↓家事三の一一①④・三九、別表第二〈十三の項〉【分割禁止の定めの登記↓不登五九[六]

一　特定の遺産を特定の相続人に「相続させる」旨の遺言

[1] 特定の遺産を特定の相続人に「相続させる」趣旨の遺言は、遺言書の記載から、その趣旨が遺贈であることが明らかであるか、又は遺贈と解すべき特段の事情がない限り、本条〔現本条一項〕にいう遺産の分割の方法を定めたものである。（最判平3・4・19民集四五・四・四七七、民百選III[二版]八七）

二　「相続させる」旨の遺言の効力

[2] ★「相続させる」旨の遺言があった場合には、特段の事情のない限り、何らの行為を要せずして、被相続人死亡時に直ちにその遺産はその相続人に相続により承継される。（最判平3・4・19前出[1]）

[3] ★「相続させる」旨の遺言により所有権を取得した相続人は単独で登記手続をすることができる。（最判平7・1・24判時一五二三・八一）↓一〇一二条[7]

[4] ★「相続させる」趣旨の遺言によって不動産を取得した者は、登記なくしてその権利を第三者に対抗することができる。（最判平14・6・10家月五五・一・七七、民百選III[二版]七五）↓八九九条の二[5]

三　「相続させる」ものとされた推定相続人の死亡

[5] 「相続させる」旨の遺言は、それによって相続させるものとされた推定相続人が遺言者の死亡以前に死亡した場合には、遺言者が当該推定相続人の代襲者その他の者に相続させる旨の意思を有していたとみるべき特段の事情のない限り、その効力を生じない。（最判平23・2・22民集六五・二・六九九、重判平23民一四）

四　「相続させる」旨の遺言と遺言執行者の権限↓一〇一二条[7]〜[9]

（遺産の分割の効力）

第九〇九条　遺産の分割は、相続開始の時にさかのぼってその効力を生ずる。ただし、第三者の権利を害することはできない。

㊂↑【相続開始の時↓八八二【対抗要件↓八九九の二

遺産である賃貸不動産から生じる賃料債権と分割の効力
↓八九八条[6]

（遺産の分割前における預貯金債権の行使）

第九〇九条の二　各共同相続人は、遺産に属する預貯金債権のうち相続開始の時の債権額の三分の一に第九百条及び第九百一条の規定により算定した当該共同相続人の相続分を乗じた額（標準的な当面の必要生計費、平均的な葬式の費用の額その他の事情を勘案して預貯金債権の債務者ごとに法務省令で定める額を限度とする。）については、単独でその権利を行使することができる。この場合において、当該権利の行使をした預貯金債権については、当該共同相続人が遺産の一部の分割によりこれを取得したものとみなす。

[参考] **民法第九百九条の二に規定する法務省令で定める額を定める省令**（平成三〇・一一・二一法務二九）

民法第九百九条の二に規定する法務省令で定める額は、百五十万円とする。

㊂↑九〇六の二【預貯金債権↓四六六の五【遺産の一部分割↓九〇

民法

七

[1] ★共同相続された普通預金債権、通常貯金債権及び定期貯金債権は、いずれも、相続開始と同時に当然に相続分に応じて分割されることはなく、遺産分割の対象となる。（最大決平28・12・19民集七〇・八・二一二一、民百選Ⅲ〔二版〕六六）→四二七条[6]・八九九条[10]

[2] ★共同相続された定期預金債権及び定期積金債権につき前出[1]と同旨（最判平29・4・6判時二三三七・三四、重判平29民一二②）→四二七条[7]・八九九条[11]

（相続の開始後に認知された者の価額の支払請求権）

第九一〇条 相続の開始後認知によって相続人となった者が遺産の分割を請求しようとする場合において、他の共同相続人が既にその分割その他の処分をしたときは、価額のみによる支払の請求権を有する。

参【相続の開始→八八二】【相続開始後における被相続人の子の認知→七八一②・七八七但】【認知の遡及効→七八四】【寄与分との関係→九〇四の二④】

一 母の非嫡出子

[1] 母子関係は分娩の事実によって発生するから、母の死亡による遺産分割その他の処分後に非嫡出子の存在が明らかになった場合は、民法七八四条ただし書や本条を類推適用することはできず、再分割がなされる。（最判昭54・3・23民集三三・二・二九四、家族百選〔四版〕三四）→七八四条[7]

二 価額の支払請求権

1 価額算定の基準時と遅滞に陥る時期

[2] 遺産の価額算定の基準時は、支払請求時であり、他の共同相続人の支払債務は期限の定めのない債務であって、履行の請求を受けた時に遅滞に陥る。（最判平28・2・26民集七〇・二・一九五、重判平28民一二）

2 価額算定の基礎となる財産

[3] 価額の算定の基礎となる遺産の価額は、他の共同相続人が既にしていた遺産分割の対象とされた積極財産の価額である。他の共同相続人間において相続債務の負担に関する合意がされた場合であっても、消極財産である相続債務は、認知された者を含む各共同相続人に当然に承継される。（最判令元・8・27民集七三・三・三七四、重判令元民一〇）→九〇六条[2]

（共同相続人間の担保責任）

第九一一条 各共同相続人は、他の共同相続人に対して、売主と同じく、その相続分に応じて担保の責任を負う。

参【相続分→九〇〇―九〇二】【売主の担保責任→五六一―五七二】

（遺産の分割によって受けた債権についての担保責任）

第九一二条① 各共同相続人は、その相続分に応じ、他の共同相続人が遺産の分割によって受けた債権について、その分割の時における債務者の資力を担保する。

② 弁済期に至らない債権及び停止条件付きの債権については、各共同相続人は、弁済をすべき時における債務者の資力を担保する。

参【相続分→九〇〇―九〇二】【停止条件→一二七①】【弁済をすべき時→四一二】【債権の売主の担保責任→五六九】

（資力のない共同相続人がある場合の担保責任の分担）

第九一三条 担保の責任を負う共同相続人中に償還をする資力のない者があるときは、その償還することができない部分は、求償者及び他の資力のある者が、それぞれその相続分に応じて分担する。ただし、求償者に過失があるときは、他の共同相続人に対して分担を請求することができない。

参【相続分→九〇〇―九〇二】

（遺言による担保責任の定め）

第九一四条 前三条の規定は、被相続人が遺言で別段の意思を表示したときは、適用しない。

第四章　相続の承認及び放棄

第一節　総則

（相続の承認又は放棄をすべき期間）

第九一五条① 相続人は、自己のために相続の開始があったことを知った時から三箇月以内に、相続について、単純若しくは限定の承認又は放棄をしなければならない。ただし、この期間は、利害関係人又は検察官の請求によって、家庭裁判所において伸長することができる。

② 相続人は、相続の承認又は放棄をする前に、相続財産の調査をすることができる。

参 九一六・九一七・九一九【相続の開始→八八二】【単純承認→九二〇】【限定承認→九二二】【放棄→九三八】【家庭裁判所による期間の伸長→家事三の一一①・三九・別表第一〈八十九の項〉】【期間内に限定承認又は放棄をしないとき→九二一[三]】

一 「自己のために相続の開始があったことを知った時」の意義

[1] 相続人が相続開始の原因たる事実の発生を知り、かつ、そのために自己が相続人となったことを覚知した時を指す。（大決大15・8・3民集五・六七九）

[2] 被相続人に相続財産が全く存在しないと信ずるにつき相当な理由があると認められるときには、本条の熟慮期間は、相続財産の全部又は一部の存在を認識した時又は通常これを認識し得べき時から起算する。（最判昭59・4・27民集三八・六・六九八、民百選Ⅲ〔二版〕七六）

二 相続人が複数いる場合の起算点

[3] 相続人がそれぞれ自己のために相続の開始があったことを知った時から各別に進行する。（最判昭51・7・1家月二九・二・九一）

第九一六条 相続人が相続の承認又は放棄をしないで死亡したときは、前条第一項の期間は、その者の相続人が自己のために相続の開始があったことを知った時から起算する。

参【相続の開始→八八二】

一 「その者の相続人が自己のために相続の開始があったことを知った時」の意義

[1] 相続の承認又は放棄をしないで死亡した者の相続人が、当該死亡した者が承認又は放棄をしなかった相続における

相続人としての地位を、当該死亡した者からの相続により、自己が承継した事実を知った時をいう。（最判令元・8・9民集七三・三・二九三、重判令元民一二）

二　**再転相続人による相続放棄の効力**

[2]　甲の相続につきその相続人である乙が承認又は放棄をしないで死亡した場合、乙の相続人である丙が乙の相続につき放棄をしていないときは、甲の相続につき放棄をすることができ、また、その後に丙が乙の相続につき放棄しても、丙が先に再転相続人たる地位に基づいて甲の相続につきした放棄の効力が遡って無効になることはない。（最判昭63・6・21家月四一・九・一〇一、民百選Ⅲ[二版]七七）

第九一七条　相続人が未成年者又は成年被後見人であるときは、第九百十五条第一項の期間は、その法定代理人が未成年者又は成年被後見人のために相続の開始があったことを知った時から起算する。

⊛【未成年者↓四【成年被後見人↓七・八【法定代理人↓八一八・八一九・八三九—八四七【相続の開始↓八八二

（相続人による管理）

第九一八条　相続人は、その固有財産におけるのと同一の注意をもって、相続財産を管理しなければならない。ただし、相続の承認又は放棄をしたときは、この限りでない。

⊛【承認又は放棄後の管理義務↓九二六・九四〇・九四四・九五〇

（相続の承認及び放棄の撤回及び取消し）

第九一九条①　相続の承認及び放棄は、第九百十五条第一項の期間内でも、撤回することができない。

②　前項の規定は、第一編（総則）及び前編（親族）の規定により相続の承認又は放棄の取消しをすることを妨げない。

③　前項の取消権は、追認をすることができる時から六箇月間行使しないときは、時効によって消滅する。相続の承認又は放棄の時から十年を経過したときも、同様とする。

④　第二項の規定により限定承認又は相続の放棄の取消しをしようとする者は、その旨を家庭裁判所に申述しなければならない。

⊛❷【第一編の規定による取消し↓五①②・九・一三①[因]④・一七④・九六・一二〇—一二六【前編の規定による取消し↓八六五・八六四・八六七　❸【追認をすることができる時↓一二四　❹【家庭裁判所への申述↓家事三の一一①・三九・別表第一〈九十一の項〉

一　**本条一項における撤回**

[1]　一度受理された相続放棄の撤回は許されない。（最判昭37・5・29民集一六・五・一二〇四）

二　**放棄の無効**

1　**無効の主張**

[2]　相続の放棄に法律上無効原因の存する場合には後日訴訟において被相続人の債権者はこれを主張できる。（最判昭29・12・24民集八・一二・二三一〇、家族百選[二版]一一二）

2　**無効原因**

イ　**無効原因に当たらないとされた例**

a　**動機の錯誤（平成二九法四四による改正前の民法九五条の下での判断）**

[3]　★相続税が予期に反して多額に上った場合（最判昭30・9・30民集九・一〇・一四九一）↓九五条[20]

[4]　★他の相続人甲の放棄を期待して放棄したところ、甲が放棄を取り下げた場合（最判昭40・5・27家月一七・六・二五一、家族百選[三版]一一二）↓九五条[21]・九三八条[1]

b　**方式の瑕疵**［かし］

[5]　相続放棄の申述書には原則として本人の自署を要するが、特段の事情（本人が放棄の手続を他の者に一任し、その者に印章を預けた場合）があるときは記名押印だけでも申述が無効とはいえない。（最判昭29・12・21民集八・一二・二二二二、家族百選[二版]一一〇）↓九三八条[2]

ロ　**無効原因に当たるとされた例**

[6]　ひとたび民法九二一条一号により単純承認とみなされた以上、その後に放棄が適法に受理されても効力を生じない。（大判昭6・8・4民集一〇・六五二）

第二節　相続の承認

第一款　単純承認

（単純承認の効力）

第九二〇条　相続人は、単純承認をしたときは、無限に被相続人の権利義務を承継する。

⊛【単純承認↓九一五・九二一【相続と権利義務の承継↓八九六【第三者への対抗↓八九九の二【破産と単純承認↓破二三八・二四三

（法定単純承認）

第九二一条　次に掲げる場合には、相続人は、単純承認をしたものとみなす。

一　相続人が相続財産の全部又は一部を処分したとき。ただし、保存行為及び第六百二条に定める期間を超えない賃貸をすることは、この限りでない。

二　相続人が第九百十五条第一項の期間内に限定承認又は相続の放棄をしなかったとき。

三　相続人が、限定承認又は相続の放棄をした後であっても、相続財産の全部若しくは一部を隠匿し、私にこれを消費し、又は悪意でこれを相続財産の目録中に記載しなかったとき。ただし、その相続人が相続の放棄をしたことによって相続人となった者が相続の承認をした後は、この限りでない。

⊛九二〇　[一]【相続人の管理義務↓九一八・九四〇・九四四【本号の事由と限定承認↓九三七　[三]【限定承認↓九二二【放棄↓九三八　[三]【限定承認又は放棄後の管理義務↓九二六・九四〇【限定承認者の相続財産目録の作成義務↓九二四【本号の事由と限定承認↓九三七

一　**本条一号**

1　**「処分したとき」に当たらない場合**

[1]　相続人が一旦有効に限定承認又は放棄をした後に相続財産を処分した場合（大判昭5・4・26民集九・四二七）

[2]　相続人が自己のために相続が開始した事実を知り又は確実に予想しながら、相続財産を処分した場合でなければ本条一号に当たらない。（最判昭42・4・27民集二一・三・七四一、家族百選[三版]一一〇）

2　**処分行為に当たるとされた例**

③ 代物弁済（大判昭12・1・30民集一六・二）

④ 債権の取立て（最判昭37・6・21家月一四・一〇・一〇〇）

⑤ **3 処分行為に当たらないとされた例**
被相続人甲の営業に従事していた相続人が、甲の家出後、営業を会社組織に変更し、同会社をして甲所有の道具類を使用させ、甲の死亡判明後もこれらの使用を許容していたこと（最判昭42・4・27前出②）

二 本条三号

⑥ **1 「相続財産」の範囲**
本条三号にいう相続財産には消極財産（相続債務）も含まれる。（最判昭61・3・20民集四〇・二・四五〇、家族百選四版九八……財産目録に債務を記載しなかった例）

⑦ **2 私（ひそか）に消費したことに当たる例**
相続人が土地の賃借権を相続して、限定承認後これを自己のために利用する場合に、相続後の賃料を相続財産たる家屋の売得金で弁済したこと（大判昭12・2・9判決全集四・四・二〇）

第二款　限定承認

第九二二条（限定承認）　相続人は、相続によって得た財産の限度においてのみ被相続人の債務及び遺贈を弁済すべきことを留保して、相続の承認をすることができる。

⊛+九二三―九三七【限定承認の期間↓九一五、九二一㊂【相続によって得た財産↓八九六【破産と限定承認↓破二二五、二二八、二三八、二三九、二四一、二四二【限定承認と法定単純承認↓九二一、九三七【債権者側からの財産分離請求↓九四一、九五〇

一 相続財産の限度における責任

① **1 判決主文の表示**
限定承認をした相続人に相続債務の支払を命ずる判決には、相続財産の限度で執行すべき旨を留保しなければならない。（大判昭7・6・2民集一一・一〇九九、家族百選二版一〇九）

② **2 相続財産に含まれるとされたもの**
限定承認後相続財産から生じた果実（大判大3・3・25民録二〇・二三〇）

③ 相続財産である株式から生じた利益配当請求権（大判大4・3・8民録二一・二八九）

④ **3 相続債務に含まれないとされたもの**
相続開始後の賃料債務（大判昭10・12・18民集一四・二〇八四）

二 登記と限定承認

⑤ **1 未登記の権利と限定承認**
被相続人が設定した抵当権が限定承認の当時未登記であった場合、抵当権者は相続人に対しその設定登記を請求する利益を有せず、登記を請求できない。（大判昭14・12・21民集一八・一六二一）

2 対抗問題

⑥ 土地につき代物弁済の予約がなされ、所有権移転登記請求権保全の仮登記がなされ、次いで予約完結の意思表示がなされたが、その後設定者が死亡し、相続人が限定承認をした場合でも、これによる弁済手続中において所有権移転の本登記がなされたときは、仮登記権利者は右土地の所有権取得をもって相続債権者に対抗することができる。（最判昭31・6・28民集一〇・六・七五四）↓◆【Ⅰ　仮登記】（二七七条の後）②

⑦ 不動産の死因贈与の受贈者が贈与者の相続人である場合において、限定承認がなされたときは、死因贈与に基づく限定承認者への所有権移転登記が相続債権者による差押登記より先になされたとしても、信義則に照らし、限定承認者は相続債権者に対し不動産の所有権取得を対抗することができない。（最判平10・2・13民集五二・一・三八、民百選Ⅲ二版七八）

第九二三条（共同相続人の限定承認）　相続人が数人あるときは、限定承認は、共同相続人の全員が共同してのみこれをすることができる。

⊛+【共同相続人の一部の法定単純承認↓九三七【限定承認と相続財産清算人の選任↓九三六

第九二四条（限定承認の方式）　相続人は、限定承認をしようとするときは、第九百十五条第一項の期間内に、相続財産の目録を作成して家庭裁判所に提出し、限定承認をする旨を申述しなければならない。

⊛+【方式違背と法定単純承認↓九二一㊂【家庭裁判所への申述↓家事三の一一①、三九、別表第一〈九十二の項〉【限定承認前の財産の調査↓九一五②【限定承認の取消しの申述↓九一九④

第九二五条（限定承認をしたときの権利義務）　相続人が限定承認をしたときは、その被相続人に対して有した権利義務は、消滅しなかったものとみなす。

⊛+九二二【相続と混同↓九二〇、一七九、五二〇

第九二六条（限定承認者による管理）①　限定承認者は、その固有財産におけるのと同一の注意をもって、相続財産の管理を継続しなければならない。

② 第六百四十五条〈受任者による報告〉、第六百四十六条〈受任者による受取物の引渡し等〉並びに第六百五十条第一項及び第二項〈受任者による費用等の償還請求等〉の規定は、前項の場合について準用する。

⊛+九二七―九三五【限定承認者が数人あるとき↓九三六【限定承認前の管理義務↓九一八【不正な管理と法定単純承認↓九二一㊂、九三七

第九二七条（相続債権者及び受遺者に対する公告及び催告）①　限定承認者は、限定承認をした後五日以内に、すべての相続債権者（相続財産に属する債務の債権者をいう。以下同じ。）及び受遺者に対し、限定承認をしたこと及び一定の期間内にその請求の申出をすべき旨を公告しなければならない。この場合において、その期間は、二箇月を下ることができない。

② 前項の規定による公告には、相続債権者及び受遺者がその期間内に申出をしないときは弁済から除斥されるべき旨を付記しなければならない。ただし、限定承認者は、知れている相続債権者及び受遺者を除斥することができない。

③ 限定承認者は、知れている相続債権者及び受遺者に

は、各別にその申出の催告をしなければならない。

④　第一項の規定による公告は、官報に掲載してする。

参 九三六、九二八、九二九【公告又は催告懈怠の責任→九三四【公告の費用の負担→八八五【期間内に申し出なかった債権者の権利→九三五

（公告期間満了前の弁済の拒絶）

第九二八条　限定承認者は、前条第一項の期間の満了前には、相続債権者及び受遺者に対して弁済を拒むことができる。

参 九三六、九二九【期間内の不当な弁済の責任→九三四

（公告期間満了後の弁済）

第九二九条　第九百二十七条第一項の期間が満了した後は、限定承認者は、相続財産をもって、その期間内に同項の申出をした相続債権者その他知れている相続債権者に、それぞれその債権額の割合に応じて弁済をしなければならない。ただし、優先権を有する債権者の権利を害することはできない。

参 九三六、九三〇―九三三、九二八【期間内に申し出なかった債権者の権利→九三五【優先権を有する債権者→三〇三、三四二、三六九【本条違反の弁済の責任→九三四

（期限前の債務等の弁済）

第九三〇条①　限定承認者は、弁済期に至らない債権であっても、前条の規定に従って弁済をしなければならない。

②　条件付きの債権又は存続期間の不確定な債権は、家庭裁判所が選任した鑑定人の評価に従って弁済をしなければならない。

参 九三六、九三一―九三三【条件→一二七【家庭裁判所による鑑定人の選任→家事三の一一①、三九、別表第一〈九十三の項〉【本条違反の弁済の責任→九三四

（受遺者に対する弁済）

第九三一条　限定承認者は、前二条の規定に従って各相続債権者に弁済をした後でなければ、受遺者に弁済をすることができない。

参 九三六、九三二、九三三【本条違反の弁済の責任→九三四

（弁済のための相続財産の換価）

第九三二条　前三条の規定に従って弁済をするにつき相続財産を売却する必要があるときは、限定承認者は、これを競売に付さなければならない。ただし、家庭裁判所が選任した鑑定人の評価に従い相続財産の全部又は一部の価額を弁済して、その競売を止めることができる。

参 九三六、九三三【競売→民執一九五【家庭裁判所による鑑定人の選任→家事三の一一①、三九、別表第一〈九十三の項〉

（相続債権者及び受遺者の換価手続への参加）

第九三三条　相続債権者及び受遺者は、自己の費用で、相続財産の競売又は鑑定に参加することができる。この場合においては、第二百六十条第二項〈共有物の分割への参加〉の規定を準用する。

参 九三二

（不当な弁済をした限定承認者の責任等）

第九三四条①　限定承認者は、第九百二十七条の公告若しくは催告をすることを怠り、又は同条第一項の期間内に相続債権者若しくは受遺者に弁済をしたことによって他の相続債権者若しくは受遺者に弁済をすることができなくなったときは、これによって生じた損害を賠償する責任を負う。第九百二十九条から第九百三十一条までの規定に違反して弁済をしたときも、同様とする。

②　前項の規定は、情を知って不当に弁済を受けた相続債権者又は受遺者に対する他の相続債権者又は受遺者の求償を妨げない。

③　第七百二十四条〈不法行為による損害賠償請求権の消滅時効〉の規定は、前二項の場合について準用する。

参 九三六

（公告期間内に申出をしなかった相続債権者及び受遺者）

第九三五条　第九百二十七条第一項の期間内に同項の申出をしなかった相続債権者及び受遺者で限定承認者に知れなかったものは、残余財産についてのみその権利を行使することができる。ただし、相続財産について特別担保を有する者は、この限りでない。

参【特別担保→三二一、三二五、三四二、三六九

（相続人が数人ある場合の相続財産の清算人）

第九三六条①　相続人が数人ある場合には、家庭裁判所は、相続人の中から、相続財産の清算人を選任しなければならない。

②　前項の相続財産の清算人は、相続人のために、これに代わって、相続財産の管理及び債務の弁済に必要な一切の行為をする。

③　第九百二十六条から前条まで〈限定承認者の任務〉の規定は、第一項の相続財産の清算人について準用する。この場合において、第九百二十七条第一項中「限定承認をした後五日以内」とあるのは、「その相続財産の清算人の選任があった後十日以内」と読み替えるものとする。

参 ❶【共同相続と限定承認→九二三【家庭裁判所による清算人の選任→家事三の一一①③、三九、別表第一〈九十四の項〉 ❷【清算人と代理権→九九―一〇一、一〇五、一〇六

1 ★本条一項［令和三法二四による改正前］により相続財産管理人が選任された場合でも、相続財産に関する訴訟については相続人が当事者適格を有し、相続財産管理人は相続人の法定代理人として訴訟に関与するものであって、相続財産管理人の資格では当事者適格を有しない。（最判昭47・11・9民集二六・九・一五六六、民訴百選［五版］A5）→民訴三〇条11

（法定単純承認の事由がある場合の相続債権者）

第九三七条　限定承認をした共同相続人の一人又は数人について第九百二十一条第一号又は第三号に掲げる事由があるときは、相続債権者は、相続財産をもって弁済を受けることができなかった債権額について、当該共同相続人に対し、その相続分に応じて権利を行使することができる。

⊛【共同相続人の限定承認→九二三

第三節　相続の放棄

（相続の放棄の方式）

第九三八条　相続の放棄をしようとする者は、その旨を家庭裁判所に申述しなければならない。

⊛九三九、九四〇【相続放棄の期間→九一五、九二一[三]【家庭裁判所への申述→家事三の一一①、三九、別表第一〈九十五の項〉【放棄と法定単純承認→九二一【放棄前の財産の調査→九一五②【放棄の取消しの申述→九一九④

一　放棄の性質

[1] ★相続放棄の性質は私法上の財産法上の法律行為であるから、これにつき民法九五条［平成二九法四四による改正前］の適用がある。（最判昭40・5・27家月一七・六・二五一、家族百選〔三版〕一一二……ただし、縁由の錯誤にすぎないとされた例）→九五条[21]・九一九条[4]

二　申述の手続

[2] 相続放棄の申述は必ずしも常に本人の審問等を要しない。申述書には原則として本人の自署を要するが、特段の事情があるときは本人又は代理人の記名押印のみでも受理される。（最判昭29・12・21民集八・一二・二二二二、家族百選〔三版〕一一〇）→九一九条[5]

三　放棄の有効性→九一九条[1][2]

（相続の放棄の効力）

第九三九条　相続の放棄をした者は、その相続に関しては、初めから相続人とならなかったものとみなす。

⊛九三八、九四〇

一　放棄の効力

[1] ★相続の放棄の効力は絶対的であり、何人に対しても、登記等なくしてその効力を生ずる。（最判昭42・1・20民集二一・一・一六、民百選Ⅲ〔二版〕七三）→八九九条の二[6]

二　権利の濫用との関係

[2] 相続の放棄は、それにより相続債権者に損害を与えることを目的としていたとしても、権利の濫用とならない。（最判昭42・5・30民集二一・四・九八八）

三　詐害行為取消権との関係

[3] ★相続の放棄のような身分行為は、詐害行為取消権行使の対象とならない。（最判昭49・9・20民集二八・六・一二〇二、家族百選〔五版〕一〇三）→四二四条[9]

四　二重資格者の放棄に関する登記先例

[参] 弟としての身分を有する養子が相続を放棄した場合は、直系卑属としての相続権を放棄するとともに、兄弟としての相続権も放棄したものとなる。（昭32・1・10民甲六一民事局長回答）

[参] 被相続人の長女が兄弟たる二男を養子とし、長女は被相続人よりも先に死亡していた場合、二男の相続放棄は、子としての相続権も、長女の代襲相続人としての相続権も放棄したものとなる。（昭41・2・21民三発一七二第三課長回答）

（相続の放棄をした者による管理）

第九四〇条①　相続の放棄をした者は、その放棄の時に相続財産に属する財産を現に占有しているときは、相続人又は第九百五十二条第一項の相続財産の清算人に対して当該財産を引き渡すまでの間、自己の財産におけるのと同一の注意をもって、その財産を保存しなければならない。

② 第六百四十五条〈受任者による報告〉、第六百四十六条〈受任者による受取物の引渡し等〉並びに第六百五十条第一項及び第二項〈受任者による費用等の償還請求等〉の規定は、前項の場合について準用する。

⊛九三八【相続人の管理義務→九一八、九二六、九四四【不正な管理と法定単純承認→九二一[三]

第五章　財産分離

（相続債権者又は受遺者の請求による財産分離）

第九四一条①　相続債権者又は受遺者は、相続開始の時から三箇月以内に、相続人の財産の中から相続財産を分離することを家庭裁判所に請求することができる。相続財産が相続人の固有財産と混合しない間は、その期間の満了後も、同様とする。

② 家庭裁判所が前項の請求によって財産分離を命じたときは、その請求をした者は、五日以内に、他の相続債権者及び受遺者に対し、財産分離の命令があったこと及び一定の期間内に配当加入の申出をすべき旨を公告しなければならない。この場合において、その期間は、二箇月を下ることができない。

③ 前項の規定による公告は、官報に掲載してする。

⊛九四二―九四九【相続開始の時→八八二【家庭裁判所の処理→家事三の一一①、三九、別表第一〈九十六の項〉【財産分離の阻止→九四九【第二種財産分離→九五〇【破産と財産分離→破二二八、二三九―二四二

[1] 家庭裁判所は、相続財産と相続人の固有財産とが混合することによって相続債権者又は受遺者がその債権の全部又は一部の弁済を受けることが困難となるおそれがあると認められる場合に、本条一項の財産分離を命ずることができる。（最決平29・11・28判時二三五九・一〇、重判平30民一〇）

（財産分離の効力）

第九四二条　財産分離の請求をした者及び前条第二項の規定により配当加入の申出をした者は、相続財産について、相続人の債権者に先立って弁済を受ける。

⊛九四一、九四七、九四八

（財産分離の請求後の相続財産の管理）

第九四三条①　財産分離の請求があったときは、家庭裁判所は、相続財産の管理について必要な処分を命ずることができる。

② 第二十七条から第二十九条まで〈不在者の財産管理人の権利義務〉の規定は、前項の規定により家庭裁判所が相続財産の管理人を選任した場合について準用する。

⊛九四一、九四四【家庭裁判所の処分→家事三の一一①③、三九、別表第一〈九十七の項〉❷【家庭裁判所による管理人の選任→家事三の一一①③、三九、別表第一〈九十七の項〉【管理人の権利義務→六四四、六四六、六四七、六五〇

（財産分離の請求後の相続人による管理）

第九四四条①　相続人は、単純承認をした後でも、財産分離の請求があったときは、以後、その固有財産におけるのと同一の注意をもって、相続財産の管理をしなければならない。ただし、家庭裁判所が相続財産の管理人を選任したときは、この限りでない。

② 第六百四十五条から第六百四十七条まで〈受任者の義務と責任〉並びに第六百五十条第一項及び第二項〈受任者による費用等の償還請求等〉の規定は、前項の場合について準用する。

§【相続人の管理義務↓九一八・九二六・九四〇【家庭裁判所による管理人の選任↓九四三

（不動産についての財産分離の対抗要件）

第九四五条　財産分離は、不動産については、その登記をしなければ、第三者に対抗することができない。

§九四一【不動産↓八六①【登記とその効力↓一七七、不登三・六三

（物上代位の規定の準用）

第九四六条　第三百四条〈先取特権の物上代位〉の規定は、財産分離の場合について準用する。

（相続債権者及び受遺者に対する弁済）

第九四七条①　相続人は、第九百四十一条第一項及び第二項の期間の満了前には、相続債権者及び受遺者に対して弁済を拒むことができる。

② 財産分離の請求があったときは、相続人は、第九百四十一条第二項の期間の満了後に、相続財産をもって、財産分離の請求又は配当加入の申出をした相続債権者及び受遺者に、それぞれその債権額の割合に応じて弁済をしなければならない。ただし、優先権を有する債権者の権利を害することはできない。

③ 第九百三十条から第九百三十四条まで〈限定承認者の弁済〉の規定は、前項の場合について準用する。

§❷【請求者・申出者の優先権↓九四二【優先権を有する債権者↓三〇三・三四二・三六九

（相続人の固有財産からの弁済）

第九四八条　財産分離の請求をした者及び配当加入の申出をした者は、相続財産をもって全部の弁済を受けることができなかった場合に限り、相続人の固有財産についてその権利を行使することができる。この場合においては、相続人の債権者は、その者に先立って弁済を受けることができる。

§九四二【請求者・申出者の相続財産に対する優先権↓九四二・九四七②

（財産分離の請求の防止等）

第九四九条　相続人は、その固有財産をもって相続債権者若しくは受遺者に弁済をし、又はこれに相当の担保を供して、財産分離の請求を防止し、又はその効力を消滅させることができる。ただし、相続人の債権者が、これによって損害を受けるべきことを証明して、異議を述べたときは、この限りでない。

§【財産分離の請求と効力↓九四一・九四二【相続人の債権者の異議↓家事四二

（相続人の債権者の請求による財産分離）

第九五〇条①　相続人が限定承認をすることができる間又は相続財産が相続人の固有財産と混合しない間は、相続人の債権者は、家庭裁判所に対して財産分離の請求をすることができる。

② 第三百四条〈物上代位〉、第九百二十五条〈限定承認をしたときの権利義務〉、第九百二十七条から第九百三十四条まで〈限定承認における相続財産の清算〉、第九百四十三条から第九百四十五条まで〈第一種財産分離における相続財産の管理・対抗要件〉及び第九百四十八条〈相続人の固有財産からの弁済〉の規定は、前項の場合について準用する。ただし、第九百二十七条の公告及び催告は、財産分離の請求をした債権者がしなければならない。

§【限定承認の期間↓九一五【家庭裁判所の処理↓家事三の一一①・三九・別表第一〈九十六の項〉【第一種財産分離↓九四一【破産と財産分離↓破二二八・二三九―二四二

第六章　相続人の不存在

§【相続人不存在の場合における居住用建物の賃借権の承継↓借地借家三六

（相続財産法人の成立）

第九五一条　相続人のあることが明らかでないときは、相続財産は、法人とする。

§【相続人↓八八七―八九〇【法人↓三三【相続人があることが明らかになったとき↓九五五・九五六

> 1　遺言者に相続人は存在しないが相続財産全部の包括受遺者が存在する場合は、本条にいう「相続人のあることが明らかでないとき」には当たらない。（最判平9・9・12民集五一・八・三八八七）

（相続財産の清算人の選任）

第九五二条①　前条の場合には、家庭裁判所は、利害関係人又は検察官の請求によって、相続財産の清算人を選任しなければならない。

② 前項の規定により相続財産の清算人を選任したときは、家庭裁判所は、遅滞なく、その旨及び相続人があるならば一定の期間内にその権利を主張すべき旨を公告しなければならない。この場合において、その期間は、六箇月を下ることができない。

§九五三・九五四【家庭裁判所による清算人の選任↓家事三の一一①③・三九・別表第一〈九十九の項〉❷【公告の手続↓家事三の一一①③・三九・別表第一〈九十九の項〉

（不在者の財産の管理人に関する規定の準用）

第九五三条　第二十七条から第二十九条まで〈不在者の財産管理人の権利義務〉の規定は、前条第一項の相続財産の清算人（以下この章において単に「相続財産の清算人」という。）について準用する。

§九五二・九五四

（相続財産の清算人の報告）

第九五四条　相続財産の清算人は、相続債権者又は受遺者の請求があるときは、その請求をした者に相続財産

の状況を報告しなければならない。

参九五二、九五三

（相続財産法人の不成立）

第九五五条　相続人のあることが明らかになったときは、第九百五十一条の法人は、成立しなかったものとみなす。ただし、相続財産の清算人がその権限内でした行為の効力を妨げない。

参九五一【清算人↓九五二】〈清算人の権限↓九五三、二八〉【相続人の権利義務の承継↓八九六】

（相続財産の清算人の代理権の消滅）
第九五六条①　相続財産の清算人の代理権は、相続人が相続の承認をした時に消滅する。
②　前項の場合には、相続財産の清算人は、遅滞なく相続人に対して清算に係る計算をしなければならない。
参九五二【清算人の代理権↓九五三、二八】【相続の承認↓九一五、九二〇、九二二】

（相続債権者及び受遺者に対する弁済）
第九五七条①　第九百五十二条第二項の公告があったときは、相続財産の清算人は、全ての相続債権者及び受遺者に対し、二箇月以上の期間を定めて、その期間内にその請求の申出をすべき旨を公告しなければならない。この場合において、その期間は、同項の規定により相続人が権利を主張すべき期間として家庭裁判所が公告した期間内に満了するものでなければならない。
②　第九百二十七条第二項から第四項まで〈相続債権者及び受遺者に対する公告及び催告〉及び第九百二十八条から第九百三十五条まで（第九百三十二条ただし書を除く。）〈限定承認における相続財産の清算〉の規定は、前項の場合について準用する。
参九五八―九五九【清算人↓九五二】

1　被相続人から抵当権の設定を受けていた相続債権者は、被相続人の死亡前に仮登記がされていた場合を除き、相続財産法人に対して抵当権設定登記手続を請求することができない。（最判平11・1・21民集五三・一・一二八、民百選Ⅲ〔三版〕五六）

（権利を主張する者がない場合）

第九五八条　第九百五十二条第二項の期間内に相続人としての権利を主張する者がないときは、相続人並びに相続財産の清算人に知れなかった相続債権者及び受遺者は、その権利を行使することができない。

参九五八の二、九五九

1　**一　公告期間の延長について**
公告期間内に相続人であることの申出をしなかった者については、たとえ右期間内に相続人であることの申出をした他の者の相続権の存否が訴訟で争われていたとしても、該訴訟の確定まで右期間が延長されるものではない。（最判昭56・10・30民集三五・七・一二四三）

2　**二　公告期間内に申し出なかった相続人の権利について**
公告期間内に相続人であることの申出をしなかった者は、相続財産法人及び国庫に対する関係で失権するので、特別縁故者に対する分与後の残余財産について相続権を主張することは許されない。（最判昭56・10・30前出1）

（特別縁故者に対する相続財産の分与）
第九五八条の二①　前条の場合において、相当と認めるときは、家庭裁判所は、被相続人と生計を同じくしていた者、被相続人の療養看護に努めた者その他被相続人と特別の縁故があった者の請求によって、これらの者に、清算後残存すべき相続財産の全部又は一部を与えることができる。
②　前項の請求は、第九百五十二条第二項の期間の満了後三箇月以内にしなければならない。
参【家庭裁判所の処分↓家事三の二一①、三九、別表第一〈百一の項〉】【清算↓九五七】

1　**一　「その他被相続人と特別の縁故があった者」の意義**
本条に例示する者に準ずる程度に被相続人との間に具体的かつ現実的な精神的・物質的に密接な交渉のあった者で、相続財産をその者に分与することが被相続人の意思に合致するであろうとみられる程度に特別の関係にあった者（大阪高決昭46・5・18家月二四・五・四七）

2　**二　民法二五五条との関係**
共有者の一人の相続が開始し相続人がいないとき、その共有持分は特別縁故者に対する分与の対象となり、特別縁故者もいないことが確定したときにはじめて民法二五五条により他の共有者に帰属する。（最判平元・11・24民集四三・一〇・一二二〇、民百選Ⅲ〔三版〕五五……香川裁判官の反対意見がある）

3　**三　分与請求権の相続性**
一旦請求があればその請求者は分与に対する一種の期待権を有することとなり、相続の対象たり得る。（大阪家審昭39・7・22家月一六・一二・四一、家族百選〔初版〕六七）

4　**四　審判前の分与請求権の法的性質**
遺言が無効である場合に、甲が特別縁故者として相続財産の分与を受ける可能性があるとしても、分与を受ける権利は、家庭裁判所における審判によって形成される権利にすぎず、甲は、審判前に相続財産に対し私法上の権利を有するものではなく、遺言の無効確認を求める法律上の利益を有するとはいえない。（最判平6・10・13家月四七・九・五二）↓民訴一三四条の二38

（残余財産の国庫への帰属）

第九五九条　前条の規定により処分されなかった相続財産は、国庫に帰属する。この場合においては、第九百五十六条第二項〈清算人の計算義務〉の規定を準用する。

参【本条の特則↓特許七六】

1　相続人不存在の場合において、特別縁故者に分与されなかった相続財産は、相続財産管理人〔令和三法二四による改正前の民法九五二条により選任された者〕がこれを国庫に引き継いだ時に国庫に帰属し、相続財産の全部の引継ぎが完了するまでは、相続財産法人は消滅することなく、相続財産管理人の代理権もまた、引継未了の相続財産につき存続する。（最判昭50・10・24民集二九・九・一四八三、家族百選〔五版〕七二）

第七章　遺言

【遺言の準拠法↓法適用三七・四三②、遺言準拠法

第一節　総則

一　遺言の解釈

[1] 遺言の解釈に当たっては、遺言書の文言を形式的に判断するだけではなく、遺言者の真意を探究すべきものであり、遺言書が多数の条項からなる場合にそのうちの特定の条項を解釈するに当たっても、単に遺言書の中から当該条項のみを他から切り離して抽出しその文言を形式的に解釈するだけでは十分ではなく、遺言書の全記載との関連、遺言書作成当時の事情及び遺言者の置かれていた状況などを考慮して遺言者の真意を探究し当該条項の趣旨を確定すべきである。（最判昭58・3・18家月三六・三・一四三、民百選Ⅲ[二版]八四）↓◆【法律行為の解釈】［九二条の後］[2]

二　解釈例

[2] 遺産の一部を妻に遺贈する旨の条項に続いて妻の死亡後は被相続人の弟等がこれを分割所有する旨の条項が記されている遺言書について、これを「後継ぎ遺贈」であるとして妻に対する条項のみを法的に意味のあるものとし、弟等に対する条項は被相続人の希望が述べられたにすぎないとした原審の判断には違法がある。（最判昭58・3・18前出[1]）

[3] 受遺者を明示することなく、遺産の「全部を公共に寄与する」とした遺言は、右目的を達成することができる国又は地方公共団体等にその遺産の全部を包括遺贈する趣旨であると解され、遺言執行者指定の別の遺言と併せれば、受遺者の選定を遺言執行者に委託する趣旨を含むものと解するのが相当であり、右団体等のいずれが受遺者として選定されても遺言者の意思と離れることはないので、有効である。（最判平5・1・19民集四七・一・一、民百選Ⅲ[二版]八五）

[4] 「法的に定められたる相続人を以って相続を与へる」と記載されている場合、遺言書作成当時、虚偽出生届により被相続人の嫡出子として戸籍上唯一の相続人であった者への遺贈の趣旨と解する余地がある。（最判平17・7・22家月五八・一・八三）

（遺言の方式）

第九六〇条　遺言は、この法律に定める方式に従わなければ、することができない。

【この法律に定める方式↓九六七—九八四【遺言の撤回と要式性↓一〇二二【遺言自由の原則↓五二二・五二一

（遺言能力）

第九六一条　十五歳に達した者は、遺言をすることができる。

【年齢の計算↓年齢計算【法定代理人の同意不要↓九六二・五【意思能力↓三の二

第九六二条　第五条、第九条、第十三条及び第十七条の規定は、遺言については、適用しない。

【未成年者の遺言↓九六一【成年被後見人の遺言↓九七三・九八二

第九六三条　遺言者は、遺言をする時においてその能力を有しなければならない。

【成年被後見人の遺言能力↓九七三・九八二

（包括遺贈及び特定遺贈）

第九六四条　遺言者は、包括又は特定の名義で、その財産の全部又は一部を処分することができる。

【包括遺贈↓九九〇【特定遺贈の放棄↓九八六—九八九【破産と特定遺贈↓破二四四【夫婦間の居住用不動産の持戻し免除の意思表示推定↓九〇三④【相続人である受贈者による登記の単独申請↓不登六三③【相続人である受贈者の登記申請義務↓不登七六の二・七六の三【遺言ですることができる遺贈以外の行為↓七八一②・八三九・八四八・八九三・八九四②・八九七①・九〇二・九〇三③・九〇八・九一四・一〇〇六・一〇一四②、一般法人一五二②、信託三〇、保険七三

一　包括遺贈が公序良俗に反しないとされた例↓九〇条[3]

二　遺贈による権利移転の要件・効力↓九八五条[判]

（相続人に関する規定の準用）

第九六五条　第八百八十六条〈相続に関する胎児の権利能力〉及び第八百九十一条〈相続人の欠格事由〉の規定は、受遺者について準用する。

（被後見人の遺言の制限）

第九六六条①　被後見人が、後見の計算の終了前に、後見人又はその配偶者若しくは直系卑属の利益となるべき遺言をしたときは、その遺言は、無効とする。

②　前項の規定は、直系血族、配偶者又は兄弟姉妹が後見人である場合には、適用しない。

【被後見人↓八三八・九六一・九六三【後見の計算↓八七〇【後見人↓八三九—八四三

第二節　遺言の方式

【遺言の方式の準拠法↓遺言準拠法、法適用四三②

第一款　普通の方式

（普通の方式による遺言の種類）

第九六七条　遺言は、自筆証書、公正証書又は秘密証書によってしなければならない。ただし、特別の方式によることを許す場合は、この限りでない。

【遺言の要式性↓九六〇・一〇二二【特別の方式による遺言↓九七六—九八四

（自筆証書遺言）

第九六八条①　自筆証書によって遺言をするには、遺言者が、その全文、日付及び氏名を自書し、これに印を押さなければならない。

②　前項の規定にかかわらず、自筆証書にこれと一体のものとして相続財産（第九百九十七条第一項に規定する場合における同項に規定する権利を含む。）の全部又は一部の目録を添付する場合には、その目録については、自書することを要しない。この場合において、遺言者は、その目録の毎葉（自書によらない記載がその両面にある場合にあっては、その両面）に署名し、印を押さなければならない。

③　自筆証書（前項の目録を含む。）中の加除その他の変更は、遺言者が、その場所を指示し、これを変更した旨を付記して特にこれに署名し、かつ、その変更の場所に印を押さなければ、その効力を生じない。

参＊九六七、九六〇【自筆証書遺言の作成↓九七三、九七五【遺言書の検認・開封↓一〇〇四①③、一〇〇五

一 方式

1 数葉にわたる遺言書

[1] 自筆遺言証書が数葉にわたるときでも一通の遺言書として作成されているときは、その日付、署名、捺印［なついん］は一葉にされるをもって足りる。（最判昭36・6・22民集一五・六・一六二二、家族百選[二版]一一三）

2 日付

[2] 自筆遺言証書に記載された日付が真実の作成日付と相違しても、誤記であること及び真実の作成の日が遺言証書の記載その他から容易に判明する場合には、右日付の誤りは遺言を無効としない。（最判昭52・11・21家月三〇・四・九一）

[3] 証書の日付として「昭和四拾壱年七月吉日」と記載されている自筆証書遺言は、日付の記載を欠くものとして無効である。（最判昭54・5・31民集三三・四・四四五、家族百選[四版]一〇一）

[4] 入院中に遺言の全文、日付及び氏名を自書し、退院して九日後に押印したなどの事実関係の下では、遺言書に真実遺言が成立した日である日と相違する日の日付が記載されているからといって直ちに遺言が無効となるものではないとされた例（最判令3・1・18判タ一四八六・一一、重判令3民二）

3 氏名の自書

イ 氏名

[5] 遺言者が何人であるかを知ることができ、他人との混同が生じない場合には、氏又は名のみでよい。（大判大4・7・3民録二一・一一七六、家族百選[初版]九二）

ロ 自書

[6] 運筆について他人の添え手による補助を受けてされた自筆証書遺言は、(1)遺言者が証書作成時に自書能力を有し、(2)他人の添え手が遺言者の手を用紙の正しい位置に導くにとどまるか、又は支えを貸したにすぎないものであり、かつ、(3)添え手をした者の意思が介入した形跡のないことが筆跡の上で判定できる場合には、「自書」の要件を満たし有効である。（最判昭62・10・8民集四一・七・一四七一、家族百選[四版]一〇二……右の要件を満たさないとされた例）

[7] 遺言の全文、日付及び氏名がカーボン紙を用いて複写の方法で記載されたとしても、自書の要件に欠けるところはない。（最判平5・10・19家月四六・四・二七、民百選Ⅲ[二版]八〇）↓九七五条[2]

4 押印

[8] 署名はあるが押印を欠く英文の自筆遺言証書であっても、遺言者が押印の習慣を持たない帰化者である等の事情の下では、有効である。（最判昭49・12・24民集二八・一〇・二一五二、家族百選[三版]一一六）

[9] 自筆証書における押印は、遺言者が印章に代えて拇印［ぼいん］その他の指頭に墨・朱肉等を付けて押印すること（指印）をもって足りる。（最判平元・2・16民集四三・二・四五、家族百選[五版]一〇五）

[10] 遺言書の本文の自署名下には押印がなかったが、これを入れた封筒の封じ目にされた押印があれば、押印の要件に欠けるところはない。（最判平6・6・24家月四七・三・六〇、民百選Ⅲ[二版]七九）

[11] 花押を書くことは、押印の要件を満たさない。（最判平28・6・3民集七〇・五・一二六三）

二 加除その他の変更

[12] 自筆証書遺言における証書の記載自体からみて明らかな誤記の訂正については、本条二項［現三項］所定の方式の違背があっても、遺言の効力に影響を及ぼさない。（最判昭56・12・18民集三五・九・一三三七）

[13] 遺言者が自筆遺言証書の文面全体に故意に斜線を引く行為は、遺言を撤回したものとみなされる。（最判平27・11・20民集六九・七・二〇二一、重判平28民一三）↓一〇二四条[1]

（公正証書遺言）

第九六九条 公正証書によって遺言をするには、次に掲げる方式に従わなければならない。

一 証人二人以上の立会いがあること。

二 遺言者が遺言の趣旨を公証人に口授すること。

三 公証人が、遺言者の口述を筆記し、これを遺言者及び証人に読み聞かせ、又は閲覧させること。

四 遺言者及び証人が、筆記の正確なことを承認した後、各自これに署名し、印を押すこと。ただし、遺言者が署名することができない場合は、公証人がその事由を付記して、署名に代えることができる。

五 公証人が、その証書は前各号に掲げる方式に従って作ったものである旨を付記して、これに署名し、印を押すこと。

参＊九六七、九六〇【公正証書遺言の作成↓九八四、九七三、九七五【遺言書の検認不要↓一〇〇四②【二】証人↓九七四

一 証人の立会い

[1] 証人は、遺言者が本条四号所定の署名及び押印をするに際しても、これに立ち会うことを要する。（最判平10・3・13判時一六三六・四四……ただし、遺言者の翻意等の事情がうかがわれないとして、遺言は有効とされた事例）

二 「口授」［くじゅ］

1 「口授」に当たるとされた事例

[2] 公証人が遺言者の作成した書面に基づいて筆記を作成しておき、遺言者に面接の上、遺言の趣旨はさきに交付した書面のとおりであるとの陳述を聞き、その筆記をそのまま原本として読み聞かせ公正証書を作成した場合は、本条二号の要件を備えるものである。（大判昭9・7・10民集一三・一三四一、家族百選[初版]九二）

2 「口授」に当たらないとされた事例

[3] 公証人の質問に対し、遺言者が言語をもって陳述することなく、単に肯定又は否定の挙動を示したにすぎないときは、口授があったとはいえない。（最判昭51・1・16家月二八・七・二五）

三 本条の定める方式に違反しないとされた事例

[4] 公証人があらかじめ他人から聴取した遺言の内容を筆記し、公正証書用紙に清書した上、その内容を遺言者に読み聞かせたところ、遺言者が右遺言の内容と同趣旨を口授し、これを承認して右書面に自ら署名押印した場合（最判昭43・12・20民集二二・一三・三〇一七、家族百選[三版]一一七）

（公正証書遺言の方式の特則）

第九六九条の二 ① 口がきけない者が公正証書によって遺言をする場合には、遺言者は、公証人及び証人の前

で、遺言の趣旨を通訳人の通訳により申述し、又は自書して、前条第二号の口授に代えなければならない。この場合における同条第三号の規定の適用については、同号中「口述」とあるのは、「通訳人の通訳による申述又は自書」とする。

② 前条の遺言者又は証人が耳が聞こえない者である場合には、公証人は、同条第三号に規定する筆記した内容を通訳人の通訳により遺言者又は証人に伝えて、同号の読み聞かせに代えることができる。

③ 公証人は、前二項に定める方式に従って公正証書を作ったときは、その旨をその証書に付記しなければならない。

【口がきけない者の他の方式による遺言↓九七二、九七六②・九七九②【公正証書遺言・証人↓九六九【共同遺言の禁止↓九七五【遺言書の検認不要↓一〇〇四②

（秘密証書遺言）

第九七〇条① 秘密証書によって遺言をするには、次に掲げる方式に従わなければならない。

一 遺言者が、その証書に署名し、印を押すこと。

二 遺言者が、その証書を封じ、証書に用いた印章をもってこれに封印すること。

三 遺言者が、公証人一人及び証人二人以上の前に封書を提出して、自己の遺言書である旨並びにその筆者の氏名及び住所を申述すること。

四 公証人が、その証書を提出した日付及び遺言者の申述を封紙に記載した後、遺言者及び証人とともにこれに署名し、印を押すこと。

② 第九百六十八条第三項〈自筆証書遺言の加除訂正〉の規定は、秘密証書による遺言について準用する。

九六七、九六〇、九七一【秘密証書遺言の作成↓九八四、九七三、九七五【遺言書の検認・開封↓一〇〇四①③、一〇〇五
❶[三]【証人↓九七四【申述↓九七二

[1] 秘密証書によって遺言をするに当たり、遺言者以外の者が、ワープロを操作して、市販の遺言書の書き方の文例に従って遺言書の表題及び本文を入力して印字し、遺言者が氏名等を自筆で記載したなどの事実関係の下においては、ワープロを操作して遺言書の表題及び本文を入力し印字した者が本条一項三号にいう筆者である。（最判平14・9・24家月五五・三・七二）

（方式に欠ける秘密証書遺言の効力）

第九七一条 秘密証書による遺言は、前条に定める方式に欠けるものがあっても、第九百六十八条に定める方式を具備しているときは、自筆証書による遺言としてその効力を有する。

（秘密証書遺言の方式の特則）

第九七二条① 口がきけない者が秘密証書によって遺言をする場合には、遺言者は、公証人及び証人の前で、その証書は自己の遺言書である旨並びにその筆者の氏名及び住所を通訳人の通訳により申述し、又は封紙に自書して、第九百七十条第一項第三号の申述に代えなければならない。

② 前項の場合において、遺言者が通訳人の通訳により申述したときは、公証人は、その旨を封紙に記載しなければならない。

③ 第一項の場合において、遺言者が封紙に自書したときは、公証人は、その旨を封紙に記載して、第九百七十条第一項第四号に規定する申述の記載に代えなければならない。

【秘密証書による遺言↓九七〇【口がきけない者の他の方式による遺言↓九六九の二、九七六②、九七九②【証人↓九七四

（成年被後見人の遺言）

第九七三条① 成年被後見人が事理を弁識する能力を一時回復した時において遺言をするには、医師二人以上の立会いがなければならない。

② 遺言に立ち会った医師は、遺言者が遺言をする時において精神上の障害により事理を弁識する能力を欠く状態になかった旨を遺言書に付記して、これに署名し、印を押さなければならない。ただし、秘密証書による遺言にあっては、その封紙にその旨の記載をし、署名し、印を押さなければならない。

【成年被後見人↓七―九、九六二、九六三、三の二【立会人↓九七四 ❷【秘密証書による遺言↓九七〇・九七二

（証人及び立会人の欠格事由）

第九七四条 次に掲げる者は、遺言の証人又は立会人となることができない。

一 未成年者

二 推定相続人及び受遺者並びにこれらの配偶者及び直系血族

三 公証人の配偶者、四親等内の親族、書記及び使用人

【遺言の証人↓九六九〔一〕・九七〇①〔三〕・九七二①・九七六①・九七七―九七九【遺言の立会人↓九七三・九七七・九七八【〔一〕【未成年者↓四 【〔二〕【推定相続人↓八八七―八九〇【受遺者↓九六四 【〔三〕【親等↓七二六【親族↓七二五

[1] **一 証人適格**
盲人は本条所定の欠格者でもなく、また、公正証書遺言に立ち会う証人としての適性を欠く事実上の欠格者ということもできない。（最判昭55・12・4民集三四・七・八三五、民百選Ⅲ[二版]八一）

二 遺言の証人となることができない者が同席してされた公正証書遺言の効力

[2] 遺言公正証書の作成に当たり、民法所定の証人が立ち会っている以上、遺言の証人となることができない者が同席していたとしても、この者によって遺言内容が左右されるなど特段の事情のない限り、公正証書遺言は無効ではない。（最判平13・3・27家月五三・一〇・九八……受遺者の長女が同席していた例）

（共同遺言の禁止）

第九七五条 遺言は、二人以上の者が同一の証書ですることができない。

[1] **一 共同遺言に当たるとされた例**
同一の証書に二人の遺言が記載されている場合は、その一方に氏名を自書しない方式の違背があるときでも、共同遺言に当たり無効である。（最判昭56・9・11民集三五・六・一〇一三、民百選Ⅲ[二版]八三）

二　**共同遺言に当たらないとされた例**
[2] 遺言書が、各葉ごとに甲の印章による契印がされた数枚を合綴したものであっても、甲名義の遺言書の形式のものと乙名義の遺言書の形式のものとが容易に切り離すことができる場合には、共同遺言に当たらない。（最判平5・10・19家月四六・四・二七、民百選Ⅲ[二版]八〇）→九六八条[7]

第二款　特別の方式

（死亡の危急に迫った者の遺言）
第九七六条① 疾病その他の事由によって死亡の危急に迫った者が遺言をしようとするときは、証人三人以上の立会いをもって、その一人に遺言の趣旨を口授して、これをすることができる。この場合においては、その口授を受けた者が、これを筆記して、遺言者及び他の証人に読み聞かせ、又は閲覧させ、各証人がその筆記の正確なことを承認した後、これに署名し、印を押さなければならない。
② 口がきけない者が前項の規定により遺言をする場合には、遺言者は、証人の前で、遺言の趣旨を通訳人の通訳により申述して、同項の口授に代えなければならない。
③ 第一項後段の遺言者又は他の証人が耳が聞こえない者である場合には、同項後段に規定する筆記した内容を通訳人の通訳によりその遺言者又は他の証人に伝えて、同項後段の読み聞かせに代えることができる。
④ 前三項の規定によりした遺言は、遺言の日から二十日以内に、証人の一人又は利害関係人から家庭裁判所に請求してその確認を得なければ、その効力を生じない。
⑤ 家庭裁判所は、前項の遺言が遺言者の真意に出たものであるとの心証を得なければ、これを確認することができない。

⑧+【遺言の要式性→九六七但、九六〇【遺言書の検認・開封→一〇〇四①③、一〇〇五 ❶【その他の事由→九七九【証人→九八二、九七四【本条の遺言の作成→九八二【本条の遺言の失効→九八三 ❷【口がきけない者の他の方式による遺言→九六九の二、九七二、九七九② ❹❺【家庭裁判所の確認→家事三の一一①②、三九、別表第一（百二の項）

一　**遺言の方式**
1　**「口授［くじゅ］」に当たるとされた事例**
[1] 証人の一人（医師）が、弁護士が遺言者の配偶者から聴取した内容を基に作成した遺言書の草案を一項目ずつ読み上げたところ、遺言者はその都度うなずきながら、「はい」と返答し、最後に、これで遺言書を作ってよいかとの証人の質問に対し、「よくわかりました。よろしくお願いします。」と答えた場合（最判平11・9・14判時一六九三・六八）
2　**方式の変更**→九六九条[2][4]
[2] 口授後に、遺言者の現在しない場所で証人が署名押印をした場合であっても、その署名押印が筆記内容に変改を加えた疑いのない事情の下に遺言書作成の一連の過程に従って遅滞なくなされたものと認められるときは、その署名押印は遺言の効力を妨げない。（最判昭47・3・17民集二六・二・二四九、民百選Ⅲ[二版]八二）
3　**日付**
[3] 証書の作成日付の記載は遺言の有効要件ではない。（最判昭47・3・17前出[2]……遺言書に作成の日として記載された日付が正確を欠いていた事例）
二　**方式違背の遺言の確認**
[4] 遺言の確認に際しては、裁判所は遺言が遺言者の真意に出たという心証を得れば足り、立会証人が自署したかどうかは遺言の確認をなす要件ではない。（大決昭4・6・4民集八・五七八、家族百選[初版]九四）
[5] 方式の不遵守が遺言書自体に表現されて一見して遺言を無効ならしめることが明白であるときは、その確認をしてはならない。（東京高決昭42・4・19家月一九・一〇・一二三、家族百選[三版]一一九……確認がなされた事例）

（伝染病隔離者の遺言）
第九七七条 伝染病のため行政処分によって交通を断たれた場所に在る者は、警察官一人及び証人一人以上の立会いをもって遺言書を作ることができる。

⑧+【遺言の要式性→九六七但、九六〇【証人→九八二、九七四【本条の遺言の作成→九八〇―九八二【本条の遺言の失効→九八三

（在船者の遺言）
第九七八条 船舶中に在る者は、船長又は事務員一人及び証人二人以上の立会いをもって遺言書を作ることができる。

⑧+九七九【遺言の要式性→九六七但、九六〇【証人→九八二、九七四【本条の遺言の作成→九八〇―九八二【本条の遺言の失効→九八三

（船舶遭難者の遺言）
第九七九条① 船舶が遭難した場合において、当該船舶中に在って死亡の危急に迫った者は、証人二人以上の立会いをもって口頭で遺言をすることができる。
② 口がきけない者が前項の規定により遺言をする場合には、遺言者は、通訳人の通訳によりこれをしなければならない。
③ 前二項の規定に従ってした遺言は、証人が、その趣旨を筆記して、これに署名し、印を押し、かつ、証人の一人又は利害関係人から遅滞なく家庭裁判所に請求してその確認を得なければ、その効力を生じない。
④ 第九百七十六条第五項（家庭裁判所の確認の基準）の規定は、前項の場合について準用する。

⑧+九七八、九七六【遺言の要式性→九六七但、九六〇【証人→九八二、九七四【本条の遺言の作成→九八二【本条の遺言の失効→九八三 ❷【口がきけない者の他の方式による遺言→九六九の二、九七二、九七六② ❸【署名押印→九八一【家庭裁判所の確認→家事三の一一①②、三九、別表第一（百二の項）

（遺言関係者の署名及び押印）
第九八〇条 第九百七十七条及び第九百七十八条の場合には、遺言者、筆者、立会人及び証人は、各自遺言書に署名し、印を押さなければならない。

⑧+九八一

（署名又は押印が不能の場合）
第九八一条 第九百七十七条から第九百七十九条までの

場合において、署名又は印を押すことのできない者があるときは、立会人又は証人は、その事由を付記しなければならない。

参九八〇

（普通の方式による遺言の規定の準用）
第九八二条　第九百六十八条第三項（自筆証書遺言の加除訂正）及び第九百七十三条から第九百七十五条まで（成年被後見人の遺言、証人及び立会人の欠格事由、共同遺言の禁止）の規定は、第九百七十六条から前条までの規定による遺言について準用する。

（特別の方式による遺言の効力）

第九八三条　第九百七十六条から前条までの規定によりした遺言は、遺言者が普通の方式によって遺言をすることができるようになった時から六箇月間生存するときは、その効力を生じない。

参【普通の方式による遺言↓九六七―九七五

（外国に在る日本人の遺言の方式）

第九八四条　日本の領事の駐在する地に在る日本人が公正証書又は秘密証書によって遺言をしようとするときは、公証人の職務は、領事が行う。この場合においては、第九百六十九条第四号又は第九百七十条第一項第四号の規定にかかわらず、遺言者及び証人は、第九百六十九条第四号又は第九百七十条第一項第四号の印を押すことを要しない。

参【公正証書による遺言↓九六九、九六九の二【秘密証書による遺言↓九七〇、九七二

第三節　遺言の効力

（遺言の効力の発生時期）

第九八五条①　遺言は、遺言者の死亡の時からその効力を生ずる。

参【遺言の効力の準拠法↓法適用三七
②　遺言に停止条件を付した場合において、その条件が遺言者の死亡後に成就したときは、遺言は、条件が成就した時からその効力を生ずる。
参❶【死亡↓三一、三〇　❷【停止条件↓一二七①【停止条件付遺贈↓九九一、九九四②

一　遺言の効力発生時期
[1]　遺贈は遺言者の生前には何ら法律関係を発生せしめることはなく、受遺者は将来遺贈の目的物たる権利を取得することの期待権すら持たない。（最判昭31・10・4民集一〇・一二二九、家族百選〔三版〕一一九）↓八八二条[2]、民訴一三四条の二[41]
[2]　遺言者が心神喪失の常況にあって遺言の取消し又は変更の可能性がない状態にあっても、その生存中に推定相続人が遺言の無効確認を求めることはできない。（最判平11・6・11家月五二・一・八一、民訴百選〔五版〕二六）↓民訴一三四条の二[42]
二　遺贈による権利移転の要件（「物権的効力」）
[3]　遺言者の死亡により特定遺贈の目的たる財産は受遺者に移転する。（大判大5・11・8民録二二・二〇七八、家族百選〔三版〕一一七）
三　遺贈による権利移転の対抗力
[4]　★不動産の遺贈を受けた者はその旨の所有権移転登記を経由しないと第三者に対抗できない。（最判昭39・3・6民集一八・三・四三七、民百選Ⅲ〔二版〕七四）↓一〇一三条[4]・一七七条[7][26]・八九九条の二[8]
[5]　被相続人から同じ不動産について生前贈与を受けた者と特定遺贈を受けた者がおり、登記未了の間に相続が開始したときは、物権変動の優劣は登記の具備によって決まる。（最判昭46・11・16民集二五・八・一一八二、家族百選〔六版〕七五）↓一七七条[8]
[6]　指名債権が特定遺贈された場合、遺贈義務者の債務者に対する通知又は債務者の承諾がなければ、受遺者は遺贈による債権の取得を債務者に対抗することができない。（最判昭49・4・26民集二八・三・五四〇）

（遺贈の放棄）
第九八六条①　受遺者は、遺言者の死亡後、いつでも、遺贈の放棄をすることができる。
②　遺贈の放棄は、遺言者の死亡の時にさかのぼってその効力を生ずる。
参九八七―九八九【遺言者の死亡と遺言の効力発生↓九八五①【制限行為能力者と放棄↓一三①〔七〕、八六四【放棄の効果↓九九五【包括受遺者の放棄↓九九〇、九一五、九三八、九三九【破産者のための遺贈の承認放棄↓破二四四、二四三、二三八

（受遺者に対する遺贈の承認又は放棄の催告）

第九八七条　遺贈義務者（遺贈の履行をする義務を負う者をいう。以下この節において同じ。）その他の利害関係人は、受遺者に対し、相当の期間を定めて、その期間内に遺贈の承認又は放棄をすべき旨の催告をすることができる。この場合において、受遺者がその期間内に遺贈義務者に対してその意思を表示しないときは、遺贈を承認したものとみなす。

参九八六【遺贈義務者↓八八七―八九〇、九五二・一〇一二・一〇一五【包括受遺者の承認・放棄↓九九〇、九一五、九二一〔三〕

（受遺者の相続人による遺贈の承認又は放棄）

第九八八条　受遺者が遺贈の承認又は放棄をしないで死亡したときは、その相続人は、自己の相続権の範囲内で、遺贈の承認又は放棄をすることができる。ただし、遺言者がその遺言に別段の意思を表示したときは、その意思に従う。

参九八六【死亡↓三一、三〇【自己の相続権の範囲↓九〇〇―九〇二【包括受遺者の相続人の承認・放棄↓九九〇、九一六

（遺贈の承認及び放棄の撤回及び取消し）
第九八九条①　遺贈の承認及び放棄は、撤回することができない。
②　第九百十九条第二項及び第三項（第一編又は前編の規定による相続の承認・放棄の取消しの許容）の規定は、遺贈の承認及び放棄について準用する。
参九八六―九八八【包括受遺者の承認・放棄の撤回・取消し↓九九〇・九一九

（包括受遺者の権利義務）

第九九〇条　包括受遺者は、相続人と同一の権利義務を有する。

参【包括受遺者↓九六四【相続人の権利義務↓八九六―八九九、

一　包括受遺者の地位
[1]　養親の相続財産全部の包括受遺者（養子の義兄。二親等姻族）は、養子から遺留分減殺請求を受けたとしても、当該養子縁組が無効であることにより自己の財産上の権利義務に影響を受けるにすぎず、自己の身分関係に関する地位に直接影響を受けることのない者であるから、養子縁組の無効の訴えにつき直ちに法律上の利益を有するとはいえない。（最判平31・3・5判時二四二一・二一、重判令元民訴二）↓民訴一三四条の二[40]

二　遺留分を害する処分の効力↓一〇四六条[5]

（受遺者による担保の請求）

第九九一条　受遺者は、遺贈が弁済期に至らない間は、遺贈義務者に対して相当の担保を請求することができる。停止条件付きの遺贈についてその条件の成否が未定である間も、同様とする。

【遺贈義務者↓九八七】【停止条件付遺贈↓九八五】【弁済期前又は条件付の債権の弁済↓九三〇、九四七③、九五〇②】


（受遺者による果実の取得）

第九九二条　受遺者は、遺贈の履行を請求することができる時から果実を取得する。ただし、遺言者がその遺言に別段の意思を表示したときは、その意思に従う。

【遺贈の履行を請求することができる時↓九八五、一二七①、一三〇、一三五①、一三七】【果実↓八八、八九】

（遺贈義務者による費用の償還請求）
第九九三条①　第二百九十九条〈留置権者による費用の償還請求〉の規定は、遺贈義務者が遺言者の死亡後に遺贈の目的物について費用を支出した場合について準用する。
②　果実を収取するために支出した通常の必要費は、果実の価格を超えない限度で、その償還を請求することができる。
【遺贈義務者↓九八七】❷【果実↓八八、八九】

（受遺者の死亡による遺贈の失効）
第九九四条①　遺贈は、遺言者の死亡以前に受遺者が死亡したときは、その効力を生じない。
②　停止条件付きの遺贈については、受遺者がその条件の成就前に死亡したときも、前項と同様とする。ただし、遺言者がその遺言に別段の意思を表示したときは、その意思に従う。
九九五【遺言者の死亡以前の死亡↓三一、三〇、三二の二】❶【遺言者の死亡と遺言の効力発生時期↓九八五①】❷【停止条件付遺贈↓九八五②】

（遺贈の無効又は失効の場合の財産の帰属）

第九九五条　遺贈が、その効力を生じないとき、又は放棄によってその効力を失ったときは、受遺者が受けるべきであったものは、相続人に帰属する。ただし、遺言者がその遺言に別段の意思を表示したときは、その意思に従う。

【遺贈の無効の例↓九九四、九六五、八九一、九六六、九八三、九九六】【遺贈の放棄↓九八六—九八九】【包括遺贈の放棄の効果↓九九〇、九三九】【負担付遺贈の放棄の効果↓一〇〇二②】


（相続財産に属しない権利の遺贈）

第九九六条　遺贈は、その目的である権利が遺言者の死亡の時において相続財産に属しなかったときは、その効力を生じない。ただし、その権利が相続財産に属するかどうかにかかわらず、これを遺贈の目的としたものと認められるときは、この限りでない。

九九七【遺言者の死亡と遺言の効力発生時期↓九八五①】

第九九七条①　相続財産に属しない権利を目的とする遺贈が前条ただし書の規定により有効であるときは、遺贈義務者は、その権利を取得して受遺者に移転する義務を負う。
②　前項の場合において、同項に規定する権利を取得することができないとき、又はこれを取得するについて過分の費用を要するときは、遺贈義務者は、その価額を弁償しなければならない。ただし、遺言者がその遺言に別段の意思を表示したときは、その意思に従う。
【遺贈義務者↓九八七】


（遺贈義務者の引渡義務）

第九九八条　遺贈義務者は、遺贈の目的である物又は権利を、相続開始の時（その後に当該物又は権利について遺贈の目的として特定した場合にあっては、その特定した時）の状態で引き渡し、又は移転する義務を負う。ただし、遺言者がその遺言に別段の意思を表示したときは、その意思に従う。

【遺贈義務者↓九八七】【遺言執行者がある場合↓一〇一二②】

（遺贈の物上代位）
第九九九条①　遺言者が、遺贈の目的物の滅失若しくは変造又はその占有の喪失によって第三者に対して償金を請求する権利を有するときは、その権利を遺贈の目的としたものと推定する。
②　遺贈の目的物が、他の物と付合し、又は混和した場合において、遺言者が第二百四十三条から第二百四十五条までの規定により合成物又は混和物の単独所有者又は共有者となったときは、その全部の所有権又は持分を遺贈の目的としたものと推定する。
一〇〇一❶【第三者に対する償金請求権↓四一五、七〇九、二四八、二〇〇、保険二[25]】

第一〇〇〇条　【第三者の権利の目的である財産の遺贈】削除

（債権の遺贈の物上代位）
第一〇〇一条①　債権を遺贈の目的とした場合において、遺言者が弁済を受け、かつ、その受け取った物がなお相続財産中に在るときは、その物を遺贈の目的としたものと推定する。
②　金銭を目的とする債権を遺贈の目的とした場合においては、相続財産中にその債権額に相当する金銭がないときであっても、その金額を遺贈の目的としたものと推定する。
九九六、九九九

（負担付遺贈）

第一〇〇二条① 負担付遺贈を受けた者は、遺贈の目的の価額を超えない限度においてのみ、負担した義務を履行する責任を負う。

② 受遺者が遺贈の放棄をしたときは、負担の利益を受けるべき者は、自ら受遺者となることができる。ただし、遺言者がその遺言に別段の意思を表示したときは、その意思に従う。

一〇〇三【負担義務の不履行と遺言の取消し↓一〇二七　❷【遺贈の放棄↓九八六—九九〇、九九五、九三九

（負担付遺贈の受遺者の免責）

第一〇〇三条 負担付遺贈の目的の価額が相続の限定承認又は遺留分回復の訴えによって減少したときは、受遺者は、その減少の割合に応じて、その負担した義務を免れる。ただし、遺言者がその遺言に別段の意思を表示したときは、その意思に従う。

一〇〇二【限定承認↓九二二【遺留分回復の訴え↓一〇四六①、一〇四五①

第四節　遺言の執行

（遺言書の検認）

第一〇〇四条① 遺言書の保管者は、相続の開始を知った後、遅滞なく、これを家庭裁判所に提出して、その検認を請求しなければならない。遺言書の保管者がない場合において、相続人が遺言書を発見した後も、同様とする。

② 前項の規定は、公正証書による遺言については、適用しない。

③ 封印のある遺言書は、家庭裁判所において相続人又はその代理人の立会いがなければ、開封することができない。

一〇〇五　❶【遺言書↓九六七【相続の開始↓八八二【家庭裁判所の検認↓家事三の二・一①、三九、別表第一〈百三の項〉【特別方式遺言の確認↓九七六④⑤、九七九③④　❷【公正証書による遺言↓九六九、九六九の二

> 1 **検認の意義**
> 検認は、遺言の方式に関する一切の事実を調査して遺言書の状態を確定しその現状を明確にするものであって、遺言書の実体上の効果を判断するものではない。（大決大4・1・16民録二一・八）

（過料）

第一〇〇五条 前条の規定により遺言書を提出することを怠り、その検認を経ないで遺言を執行し、又は家庭裁判所外においてその開封をした者は、五万円以下の過料に処する。

【過料の裁判↓非訟一一九—一二二

（遺言執行者の指定）

第一〇〇六条① 遺言者は、遺言で、一人又は数人の遺言執行者を指定し、又はその指定を第三者に委託することができる。

② 遺言執行者の指定の委託を受けた者は、遅滞なく、その指定をして、これを相続人に通知しなければならない。

③ 遺言執行者の指定の委託を受けた者がその委託を辞そうとするときは、遅滞なくその旨を相続人に通知しなければならない。

【遺言執行者↓一〇〇七—一〇二〇【遺言執行と信託↓信託三㈡、四②、五、六

（遺言執行者の任務の開始）

第一〇〇七条① 遺言執行者が就職を承諾したときは、直ちにその任務を行わなければならない。

② 遺言執行者は、その任務を開始したときは、遅滞なく、遺言の内容を相続人に通知しなければならない。

一〇〇六、一〇〇八【その任務↓一〇一一、一〇一二、一〇一四【任務の懈怠と解任↓一〇一九①

（遺言執行者に対する就職の催告）

第一〇〇八条 相続人その他の利害関係人は、遺言執行者に対し、相当の期間を定めて、その期間内に就職を承諾するかどうかを確答すべき旨の催告をすることができる。この場合において、遺言執行者が、その期間内に相続人に対して確答をしないときは、就職を承諾したものとみなす。

一〇〇六、一〇〇七【相続人↓八八七—八九〇

（遺言執行者の欠格事由）

第一〇〇九条 未成年者及び破産者は、遺言執行者となることができない。

【未成年者↓四【破産者↓破二④【遺言執行者の選任↓一〇〇六、一〇一〇

（遺言執行者の選任）

第一〇一〇条 遺言執行者がないとき、又はなくなったときは、家庭裁判所は、利害関係人の請求によって、これを選任することができる。

【遺言執行者がないとき又はなくなったとき↓一〇〇六、一〇〇七、一〇〇九、一〇一九【家庭裁判所による選任↓家事三の二・一①、三九、別表第一〈百四の項〉

> 1 **遺言の効力に争いがある場合**
> 遺言の無効なことが一見明らかである場合には、家庭裁判所はこれを理由に遺言執行者の選任の申請を却下することができるが、遺言の効力が実体的審理を待って初めて決せられるような場合には、家庭裁判所はその効力について審判することなく、遺言執行者を選任するを相当とする。（東京高決昭27・5・26高民五・五・二〇二）

（相続財産の目録の作成）

第一〇一一条① 遺言執行者は、遅滞なく、相続財産の目録を作成して、相続人に交付しなければならない。

② 遺言執行者は、相続人の請求があるときは、その立会いをもって相続財産の目録を作成し、又は公証人にこれを作成させなければならない。

一〇一四【遅滞なく↓一〇〇七【目録作成の費用↓一〇二一

（遺言執行者の権利義務）

第一〇一二条① 遺言執行者は、遺言の内容を実現するため、相続財産の管理その他遺言の執行に必要な一切の行為をする権利義務を有する。

② 遺言執行者がある場合には、遺贈の履行は、遺言執行者のみが行うことができる。
③ 第六百四十四条〈受任者の注意義務〉、第六百四十五条から第六百四十七条まで〈受任者の義務と責任〉及び第六百五十条〈受任者による費用等の償還請求等〉の規定は、遺言執行者について準用する。

（遺言執行者の権利義務）
第一〇一二条①②（略）
③ 第六百四十四条から第六百四十七条まで及び第六百五十条の規定は、遺言執行者について準用する。

一〇一三―一〇一五【遺言執行者の権利義務の例↓一〇一一・一〇一四、七八一②、八九三、八九四、戸六四【破産と遺言執行者↓破二三四、七八【任務の懈怠と解任↓一〇一九 ❷【遺贈↓九六四

一 寄附行為についての職務権限
[1] 遺言執行者が、遺言による寄附行為に基づく寄附財産として管理する相続財産の株式を、設立中の財団法人に帰属させ、その代表機関名義に名義を書き換える行為は、遺言の執行に必要な行為に当たり、これにより、相続人は株式についての権利を喪失する。（最判昭44・6・26民集二三・七・一一七五、家族百選[三版]一二四）↓◆【Ⅱ 権利能力のない社団・財団】〔一編四章名の前〕[15]、民訴二九条[11]

二 訴訟における被告適格
[2] 相続人は遺言執行者を被告とし、遺言の無効を主張して、相続財産につき、共有持分権の確認を求めることができる。（最判昭31・9・18民集一〇・九・一一六〇）
[3] 特定不動産の遺贈の執行として所有権移転登記手続を受遺者が求める場合、被告適格を有する者は遺言執行者に限られる。（最判昭43・5・31民集二二・五・一一三七、家族百選[増補]一二二）↓民訴三〇条[7]
[4] 遺言の執行として既に受遺者に所有権移転登記がされているときには、相続人は、遺言執行者でなく受遺者を被告として抹消登記を求めるべきである。（最判昭51・7・19民集三〇・七・七〇六、民訴百選[五版]一二）↓民訴三〇条[8]

三 受遺者との関係
[5] 本条は受遺者が自ら遺贈の目的物につき自己の権利保全のため仮処分を申請することを妨げるものではない。（最判昭30・5・10民集九・六・六五七）↓一〇一五条[7]
[6] 受遺者は、遺言執行者がある場合でも、遺贈の目的物について無効な登記の抹消登記手続を求めることができる。（最判昭62・4・23民集四一・三・四七四、民百選Ⅲ[二版]九〇）↓一〇一三条[1][4]

四 「相続させる」旨の遺言と遺言執行者の権限↓九〇八条[判]
[7] ★「相続させる」旨の遺言により不動産を得た者は単独で所有権移転登記手続をすることができ、遺言執行者はその登記手続をする義務を負わない。（最判平7・1・24判時一五二三・八一）↓九〇八条[3]・一〇一三条[3]
[8] ★「相続させる」旨の遺言の対象となる不動産についての賃借権確認請求の被告適格は、遺言に遺言執行者の職務とする旨の記載があるなど特段の事情のない限り、遺言執行者ではなく、遺言によって当該不動産を相続した相続人である。（最判平10・2・27民集五二・一・二九九）
[9] ★「相続させる」旨の遺言に基づく登記がされる前に、他の相続人が自己名義の登記をした場合は、遺言執行者は遺言を実現するために抹消登記と所有権移転登記を求めることができる。（最判平11・12・16民集五三・九・一九八九、民百選Ⅲ[二版]八九）↓民訴三〇条[10]

五 受遺者の選定の委託↓五編七章一節[3]

（遺言の執行の妨害行為の禁止）
第一〇一三条① 遺言執行者がある場合には、相続人は、相続財産の処分その他遺言の執行を妨げるべき行為をすることができない。
② 前項の規定に違反してした行為は、無効とする。ただし、これをもって善意の第三者に対抗することができない。
③ 前二項の規定は、相続人の債権者（相続債権者を含む。）が相続財産についてその権利を行使することを妨げない。

一〇一二、一〇一四、一〇一五

一 「遺言執行者がある場合」の意義
[1] 遺言執行者として指定された者が就職を承諾する前であっても、本条［現本条一項］にいう「遺言執行者がある場合」に当たる。（最判昭62・4・23民集四一・三・四七四、民百選Ⅲ[二版]九〇）↓[4]・一〇一二条[6]

二 「遺言の執行を妨げるべき行為」
[2] 遺言執行者がある場合、受遺者の受遺贈債権と相続人の受遺者に対する債権とを両者間において相殺することは許されない。（大判昭3・3・24新聞二八六八・九）

三 本条一項に反する行為の効果
[3] ★遺言執行者がある場合に相続人が相続財産についてした処分行為は絶対無効である。（大判昭5・6・16民集九・五五〇、家族百選[初版]九九）
[4] ★遺言執行者がある場合に相続人が遺贈の目的物に抵当権を設定し登記をしたとしても、その抵当権設定行為は無効であり、受遺者は登記なくして抵当権者に所有権を対抗できる。（最判昭62・4・23前出[1]）↓九八五条[4]・一〇一二条[6]

（特定財産に関する遺言の執行）
第一〇一四条① 前三条の規定は、遺言が相続財産のうち特定の財産に関する場合には、その財産についてのみ適用する。
② 遺産の分割の方法の指定として遺産に属する特定の財産を共同相続人の一人又は数人に承継させる旨の遺言（以下「特定財産承継遺言」という。）があったときは、遺言執行者は、当該共同相続人が第八百九十九条の二第一項に規定する対抗要件を備えるために必要な行為をすることができる。
③ 前項の財産が預貯金債権である場合には、遺言執行者は、同項に規定する行為のほか、その預金又は貯金の払戻しの請求及びその預金又は貯金に係る契約の解約の申入れをすることができる。ただし、解約の申入れについては、その預貯金債権の全部が特定財産承継遺言の目的である場合に限る。
④ 前二項の規定にかかわらず、被相続人が遺言で別段の意思を表示したときは、その意思に従う。

【対抗要件の具備↓八九九の二① ❷【遺産分割方法の指定↓九〇八 ❸【預貯金債権↓四六六の五

（遺言執行者の行為の効果）
第一〇一五条　遺言執行者がその権限内において遺言執行者であることを示してした行為は、相続人に対して直接にその効力を生ずる。
参 一〇一二・一〇一三・一〇一四、一〇一六【代理人↓九九

1 遺言執行者の地位と代理権　遺言執行者は、必ずしも相続人の利益のためにのみ行為すべき責務を負うものではない。（最判昭30・5・10民集九・六・六五七）↓一〇一二条5

（遺言執行者の復任権）
第一〇一六条①　遺言執行者は、自己の責任で第三者にその任務を行わせることができる。ただし、遺言者がその遺言に別段の意思を表示したときは、その意思に従う。
② 前項本文の場合において、第三者に任務を行わせることについてやむを得ない事由があるときは、遺言執行者は、相続人に対してその選任及び監督についての責任のみを負う。
参 一〇二五【復代理人の選任・権限↓一〇四―一〇六

1 「第三者にその任務を行わせること」の意義　★遺言執行の権利義務を挙げて他人に移すことであって、特定の行為につき第三者に代理権を授与することは含まれない。（大決昭2・9・17民集六・五〇一）

（遺言執行者が数人ある場合の任務の執行）
第一〇一七条①　遺言執行者が数人ある場合には、その任務の執行は、過半数で決する。ただし、遺言者がその遺言に別段の意思を表示したときは、その意思に従う。
② 各遺言執行者は、前項の規定にかかわらず、保存行為をすることができる。
参【数人の遺言執行者の例↓一〇〇六①【保存行為↓一〇三㈠・八七三の二、九二一

（遺言執行者の報酬）
第一〇一八条①　家庭裁判所は、相続財産の状況その他の事情によって遺言執行者の報酬を定めることができる。ただし、遺言者がその遺言に報酬を定めたときは、この限りでない。
② 第六百四十八条第二項及び第三項〈受任者の報酬〉並びに第六百四十八条の二〈成果等に対する報酬〉の規定は、遺言執行者が報酬を受けるべき場合について準用する。

（遺言執行者の報酬）
第一〇一八条①（略）
② 第六百四十八条第二項及び第三項の規定は、遺言執行者が報酬を受けるべき場合について準用する。

参【家庭裁判所の処理↓家事三の一一①、三九、別表第一〈百五の項〉【報酬の負担↓一〇二一

（遺言執行者の解任及び辞任）
第一〇一九条①　遺言執行者がその任務を怠ったときその他正当な事由があるときは、利害関係人は、その解任を家庭裁判所に請求することができる。
② 遺言執行者は、正当な事由があるときは、家庭裁判所の許可を得て、その任務を辞することができる。
参 一〇二〇【その任務の例↓一〇一二・一〇一三・一〇一四・一〇〇七・八九三・八九四、戸六四【家庭裁判所の処理↓家事三の一一①、三九、別表第一〈百六の項〉〈百七の項〉

（委任の規定の準用）
第一〇二〇条　第六百五十四条〈委任の終了後の処分〉及び第六百五十五条〈委任の終了の対抗要件〉の規定は、遺言執行者の任務が終了した場合について準用する。
参 一〇一九

（遺言の執行に関する費用の負担）

第一〇二一条　遺言の執行に関する費用は、相続財産の負担とする。ただし、これによって遺留分を減ずることができない。

参【遺言の執行に関する費用の例↓一〇〇四、一〇一〇―一〇一二・一〇一九、一〇一四②・一〇一八【遺留分↓一〇四二【相続財産に関する費用の負担↓八八五

第五節　遺言の撤回及び取消し

参【遺言の取消しの準拠法↓法適用三七②、遺言準拠法三

（遺言の撤回）
第一〇二二条　遺言者は、いつでも、遺言の方式に従って、その遺言の全部又は一部を撤回することができる。
参 一〇二三―一〇二六【遺言の方式↓九六七、九六〇

死因贈与への準用↓五五四条2 4 5

（前の遺言と後の遺言との抵触等）
第一〇二三条①　前の遺言が後の遺言と抵触するときは、その抵触する部分については、後の遺言で前の遺言を撤回したものとみなす。
② 前項の規定は、遺言が遺言後の生前処分その他の法律行為と抵触する場合について準用する。
参 一〇二四、一〇二五

一 「抵触」の意義
1 抵触とは、後の行為が前の遺言と両立せしめられない趣旨の下になされたことが明白な場合をも含む。（大判昭18・3・19民集二二・一八五）
二 抵触するとされた例
2 金一万円を与える旨の遺言をした後、遺言者が右遺贈に代えて生前に金五〇〇〇円を受遺者に贈与することとし、受遺者もその後金銭の要求をしない旨を約した場合（大判昭18・3・19前出1）
3 終生扶養を受けることを前提として養子縁組をした上その所有する不動産の大半を養子に遺贈する旨の遺言をした者が、その後養子に対する不信の念を深くし、扶養を受けないことにして協議離縁をした場合（最判昭56・11・13民集三五・八・一二五一、家族百選〔五版〕一二）
三 抵触しないとされた例
4 遺言による寄附行為に基づく財団の設立行為がされた後、生前処分の寄附行為に基づく財団設立行為がされて両

者が競合する形式になった場合、遺言が取り消されたとみなすためには、生前処分の寄附行為が主務官庁の許可を得て財団が設立され、その効果を生じる必要がある。（最判昭43・12・24民集二二・一三・三二七〇、家族百選[三版]一二二）

（**遺言書又は遺贈の目的物の破棄**）

第一〇二四条　遺言者が故意に遺言書を破棄したときは、その破棄した部分については、遺言を撤回したものとみなす。遺言者が故意に遺贈の目的物を破棄したときも、同様とする。

⊕一〇二三、一〇二五【遺言書中の加除変更→九六八③、九七〇②、九八二

[7] **本条に該当して遺言無効とされた事例**　遺言者が自筆遺言証書の文面全体に故意に斜線を引く行為は、本条前段の「故意に遺言書を破棄したとき」に該当し遺言を撤回したものとみなされる。（最判平27・11・20民集六九・七・二〇二一、重判平28民一三）→九六八条[13]

（**撤回された遺言の効力**）

第一〇二五条　前三条の規定により撤回された遺言は、その撤回の行為が、撤回され、取り消され、又は効力を生じなくなるに至ったときであっても、その効力を回復しない。ただし、その行為が錯誤、詐欺又は強迫による場合は、この限りでない。

⊕【一般の取消しの効果→一二一【錯誤と取消し→九五【詐欺・強迫と取消し→九六

[7] **撤回された遺言の復活**　原遺言を遺言で撤回した遺言者が、さらに右撤回遺言を遺言で撤回した場合、遺言書の記載に照らし遺言者の意思が原遺言の復活を希望することが明らかなときは、本条ただし書の法意に鑑み、原遺言の効力の復活を認める。（最判平9・11・13民集五一・一〇・四一四四、重判平9民一四）

（**遺言の撤回権の放棄の禁止**）

第一〇二六条　遺言者は、その遺言を撤回する権利を放棄することができない。

⊕一〇二二

（**負担付遺贈に係る遺言の取消し**）

第一〇二七条　負担付遺贈を受けた者がその負担した義務を履行しないときは、相続人は、相当の期間を定めてその履行の催告をすることができる。この場合において、その期間内に履行がないときは、その負担付遺贈に係る遺言の取消しを家庭裁判所に請求することができる。

⊕【負担付遺贈→一〇〇二、一〇〇三【家庭裁判所の処理→家事三の一一①、三九、別表第一（百八の項）

第八章　配偶者の居住の権利

第一節　配偶者居住権

（**配偶者居住権**）

第一〇二八条①　被相続人の配偶者（以下この章において単に「配偶者」という。）は、被相続人の財産に属した建物に相続開始の時に居住していた場合において、次の各号のいずれかに該当するときは、その居住していた建物（以下この節において「居住建物」という。）の全部について無償で使用及び収益をする権利（以下この章において「配偶者居住権」という。）を取得する。ただし、被相続人が相続開始の時に居住建物を配偶者以外の者と共有していた場合にあっては、この限りでない。

一　遺産の分割によって配偶者居住権を取得するものとされたとき。

二　配偶者居住権が遺贈の目的とされたとき。

②　居住建物が配偶者の財産に属することとなった場合であっても、他の者がその共有持分を有するときは、配偶者居住権は、消滅しない。

③　第九百三条第四項〈特別受益者の相続分〉の規定は、配偶者居住権の遺贈について準用する。

⊕【相続開始の時→八八二【遺産の分割→九〇六、九〇七【遺贈→九六四【使用貸借→五九三【共有→二四九—二六二、二六四【配偶者居住権と登記→不登三[四]、八一の二

（**審判による配偶者居住権の取得**）

第一〇二九条　遺産の分割の請求を受けた家庭裁判所は、次に掲げる場合に限り、配偶者が配偶者居住権を取得する旨を定めることができる。

一　共同相続人間に配偶者が配偶者居住権を取得することについて合意が成立しているとき。

二　配偶者が家庭裁判所に対して配偶者居住権の取得を希望する旨を申し出た場合において、居住建物の所有者の受ける不利益の程度を考慮してもなお配偶者の生活を維持するために特に必要があると認めるとき（前号に掲げる場合を除く。）。

⊕【遺産の分割→九〇六、九〇七【家庭裁判所の処理→家事三の一一①④、三九、別表第二（十二の項）

（**配偶者居住権の存続期間**）

第一〇三〇条　配偶者居住権の存続期間は、配偶者の終身の間とする。ただし、遺産の分割の協議若しくは遺言に別段の定めがあるとき、又は家庭裁判所が遺産の分割の審判において別段の定めをしたときは、その定めるところによる。

⊕五九七②③【遺産の分割→九〇六、九〇七

（**配偶者居住権の登記等**）

第一〇三一条①　居住建物の所有者は、配偶者（配偶者居住権を取得した配偶者に限る。以下この節において同じ。）に対し、配偶者居住権の設定の登記を備えさせる義務を負う。

②　第六百五条〈不動産賃貸借の対抗力〉の規定は配偶者居住権について、第六百五条の四〈不動産の賃借人による妨害の停止の請求等〉の規定は配偶者居住権の設定の登記を備えた場合について準用する。

⊕六〇五、一七七、不登三[四]、八一の二【売買の場合→五六〇

（**配偶者による使用及び収益**）

第一〇三二条① 配偶者は、従前の用法に従い、善良な管理者の注意をもって、居住建物の使用及び収益をしなければならない。ただし、従前居住の用に供していなかった部分について、これを居住の用に供することを妨げない。
② 配偶者居住権は、譲渡することができない。
③ 配偶者は、居住建物の所有者の承諾を得なければ、居住建物の改築若しくは増築をし、又は第三者に居住建物の使用若しくは収益をさせることができない。
④ 配偶者が第一項又は前項の規定に違反した場合において、居住建物の所有者が相当の期間を定めてその是正の催告をし、その期間内に是正がされないときは、居住建物の所有者は、当該配偶者に対する意思表示によって配偶者居住権を消滅させることができる。
参 五九四、一〇三八

（居住建物の修繕等）
第一〇三三条① 配偶者は、居住建物の使用及び収益に必要な修繕をすることができる。
② 居住建物の修繕が必要である場合において、配偶者が相当の期間内に必要な修繕をしないときは、居住建物の所有者は、その修繕をすることができる。
③ 居住建物が修繕を要するとき（第一項の規定により配偶者が自らその修繕をするときを除く。）、又は居住建物について権利を主張する者があるときは、配偶者は、居住建物の所有者に対し、遅滞なくその旨を通知しなければならない。ただし、居住建物の所有者が既にこれを知っているときは、この限りでない。
参 六〇七の二、六〇六、六〇七

（居住建物の費用の負担）
第一〇三四条① 配偶者は、居住建物の通常の必要費を負担する。
② 第五百八十三条第二項（買戻目的物についての費用償還）の規定は、前項の通常の必要費以外の費用について準用する。
参 五九五

（居住建物の返還等）
第一〇三五条① 配偶者は、配偶者居住権が消滅したときは、居住建物の返還をしなければならない。ただし、配偶者が居住建物について共有持分を有する場合は、居住建物の所有者は、配偶者居住権が消滅したことを理由としては、居住建物の返還を求めることができない。
② 第五百九十九条第一項及び第二項（借主による収去）並びに第六百二十一条（賃借人の原状回復義務）の規定は、前項本文の規定により配偶者が相続の開始後に附属させた物がある居住建物又は相続の開始後に生じた損傷がある居住建物の返還をする場合について準用する。
参 五九三【配偶者居住権の消滅↓一〇三二④・一〇三六・五九七①③・六一六の二

7 ★共有持分の価格が過半数を超える者は、共有物を単独で占有する他の共有者に対して当然にその明渡しを請求することができるものではない。（最判昭41・5・19民集二〇・五・九四七、民百選Ⅰ〔八版〕七四……共同相続財産の例）↓二四九条⑭・八九八条②・一〇三七条④・一〇四〇条⑦

（使用貸借及び賃貸借の規定の準用）
第一〇三六条 第五百九十七条第一項及び第三項（期間満了等による使用貸借の終了）、第六百条（損害賠償及び費用の償還の請求権についての期間の制限）、第六百十三条（転貸の効果）並びに第六百十六条の二（賃借物の全部滅失等による賃貸借の終了）の規定は、配偶者居住権について準用する。

第二節 配偶者短期居住権

（配偶者短期居住権）
第一〇三七条① 配偶者は、被相続人の財産に属した建物に相続開始の時に無償で居住していた場合には、次の各号に掲げる区分に応じてそれぞれ当該各号に定める日までの間、その居住していた建物（以下この節において「居住建物」という。）の所有権を相続又は遺贈により取得した者（以下この節において「居住建物取得者」という。）に対し、居住建物について無償で使用する権利（居住建物の一部のみを無償で使用していた場合にあっては、その部分について無償で使用する権利。以下この節において「配偶者短期居住権」という。）を有する。ただし、配偶者が、相続開始の時において居住建物に係る配偶者居住権を取得したとき、又は第八百九十一条の規定に該当し若しくは廃除によってその相続権を失ったときは、この限りでない。
一 居住建物について配偶者を含む共同相続人間で遺産の分割をすべき場合 遺産の分割により居住建物の帰属が確定した日又は相続開始の時から六箇月を経過する日のいずれか遅い日
二 前号に掲げる場合以外の場合 第三項の申入れの日から六箇月を経過する日
② 前項本文の場合においては、居住建物取得者は、第三者に対する居住建物の譲渡その他の方法により配偶者の居住建物の使用を妨げてはならない。
③ 居住建物取得者は、第一項第一号に掲げる場合を除くほか、いつでも配偶者短期居住権の消滅の申入れをすることができる。
参 五九三 ❶五九七①・五九八【相続開始の時↓八八二【遺産の分割↓九〇六・九〇七【配偶者居住権↓一〇二八―一〇三六 ❸一〇四一・一〇三八③

一 無償使用権の設定（平成三〇法七二による改正前の事案）
7 ★共同相続人の一人が相続開始前から被相続人の許諾を得て遺産である建物において被相続人と同居してきたときは、相続開始後も遺産分割までは、無償で使用させる旨の合意があったものと推認され、被相続人の地位を承継した他の相続人等が貸主となり同居相続人を借主とする使用貸借関係が存続する。（最判平8・12・17民集五〇・一〇・二七七八、民百選Ⅲ〔二版〕七一）↓五九三条④・八九八条③

二 共有者による目的物の利用

[2] ★共有者間の合意により共有者の一人が共有物を単独で使用する旨を定めた場合には、右合意により単独使用を認められた共有者は、右合意が変更され、又は共有関係が解消されるまでの間は、共有物を単独で使用することができ、右使用による利益について他の共有者に対して不当利得返還義務を負わない。（最判平10・2・26民集五二・一・二五五、重判平10民一三……内縁の夫婦が居住又は共同事業に使用してきた共有不動産について、その一方が死亡した後は他方が単独の使用をする旨の合意が成立していたと推認した例）→二四九条[12]・◘【I　婚約ないし内縁】〔七七一条の後〕[13]

[3] ★共有者の一人が単独で占有する権原なしに、共有不動産を単独占有していることにより持分に応じた使用が妨げられている他の共有者は、占有者に対して、持分割合に応じて占有部分に係る地代相当額の不当利得金ないし損害賠償金の支払を請求できる。（最判平12・4・7判時一七一三・五〇、重判平12民訴二）→二四九条[13]

[4] ★共有持分の価格が過半数を超える者は、共有物を単独で占有する他の共有者に対して当然にその明渡しを請求することができるものではない。（最判昭41・5・19民集二〇・五・九四七、民百選I[八版]七四……被相続人の生前から目的不動産に居住していた子（共同相続人の一人）に対する他の共同相続人からの請求の例）→二四九条[14]・八九八条[2]・一〇三五条[7]・一〇四〇条[7]

[5] 少数持分権者は、多数持分権者から占有使用を承認された第三者に対し、自己の持分権に基づき、共有物の明渡しを請求できない。（最判昭57・6・17判時一〇五四・八五……被相続人からの許諾により共同相続財産たる共有地の一部分の上に建つ建物に無償で居住していた被相続人の配偶者の甥が、多数持分権者たる被相続人の子らから共有地の別の一部分を買い受け、建物を建築所有していたところ、少数持分権者たる被相続人の子がその敷地部分の明渡しを請求した例）→二四九条[8]

（配偶者による使用）
第一〇三八条① 配偶者（配偶者短期居住権を有する配偶者に限る。以下この節において同じ。）は、従前の用法に従い、善良な管理者の注意をもって、居住建物の使用をしなければならない。
② 配偶者は、居住建物取得者の承諾を得なければ、第三者に居住建物の使用をさせることができない。
③ 配偶者が前二項の規定に違反したときは、居住建物取得者は、当該配偶者に対する意思表示によって配偶者短期居住権を消滅させることができる。
+五九四、一〇三二

（配偶者居住権の取得による配偶者短期居住権の消滅）

第一〇三九条 配偶者が居住建物に係る配偶者居住権を取得したときは、配偶者短期居住権は、消滅する。

+五二〇【配偶者居住権↓一〇二八—一〇三六

（居住建物の返還等）
第一〇四〇条① 配偶者は、前条に規定する場合を除き、配偶者短期居住権が消滅したときは、居住建物の返還をしなければならない。ただし、配偶者が居住建物について共有持分を有する場合は、居住建物取得者は、配偶者短期居住権が消滅したことを理由としては、居住建物の返還を求めることができない。
② 第五百九十九条第一項及び第二項〈借主による収去〉並びに第六百二十一条〈賃借人の原状回復義務〉の規定は、前項本文の規定により配偶者が相続の開始後に附属させた物がある居住建物又は相続の開始後に生じた損傷がある居住建物の返還をする場合について準用する。
+五九三【配偶者短期居住権の消滅↓一〇三八③・一〇三九・一〇四一・五九七③・六一六の二

[7] ★共有持分の価格が過半数を超える者は、共有物を単独で占有する他の共有者に対して当然にその明渡しを請求することができるものではない。（最判昭41・5・19民集二〇・五・九四七、民百選I[八版]七四……共同相続財産の例）→二四九条[14]・八九八条[2]・一〇三五条[7]・一〇三七条[4]

（使用貸借等の規定の準用）
第一〇四一条 第五百九十七条第三項〈借主の死亡による使用貸借の終了〉、第六百条〈損害賠償及び費用の償還の請求権についての期間の制限〉、第六百十六条の二〈賃借物の全部滅失等による賃貸借の終了〉、第千三十二条第二項〈配偶者居住権の譲渡禁止〉、第千三十三条〈居住建物の修繕等〉及び第千三十四条〈居住建物の費用の負担〉の規定は、配偶者短期居住権について準用する。

第九章　遺留分

（遺留分の帰属及びその割合）
第一〇四二条① 兄弟姉妹以外の相続人は、遺留分として、次条第一項に規定する遺留分を算定するための財産の価額に、次の各号に掲げる区分に応じてそれぞれ当該各号に定める割合を乗じた額を受ける。
一　直系尊属のみが相続人である場合　三分の一
二　前号に掲げる場合以外の場合　二分の一
② 相続人が数人ある場合には、前項各号に定める割合は、これらに第九百条及び第九百一条の規定により算定したその各自の相続分を乗じた割合とする。
❶【兄弟姉妹以外の相続人↓八八七・八八九①㈡・八九〇【被相続人の財産↓一〇四三・一〇四四　❷【共同相続人間の遺留分の割合↓九〇〇・九〇一　+【相続財産の負担費用と遺留分↓一〇二一但

（遺留分を算定するための財産の価額）
第一〇四三条① 遺留分を算定するための財産の価額は、被相続人が相続開始の時において有した財産の価額にその贈与した財産の価額を加えた額から債務の全額を控除した額とする。
② 条件付きの権利又は存続期間の不確定な権利は、家庭裁判所が選任した鑑定人の評価に従って、その価格を定める。
+一〇四二　❶【相続開始の時↓八八二【贈与↓五四九【算入される贈与↓一〇四四・一〇四五②・九〇三・九〇四　❷【条件↓一二七【家庭裁判所による鑑定人の選定↓家事三の二①・三九、別表第一〈百九の項〉

第一〇四四条① 贈与は、相続開始前の一年間にしたものに限り、前条の規定によりその価額を算入する。当事者双方が遺留分権利者に損害を加えることを知って贈与をしたときは、一年前の日より前にしたものについても、同様とする。

② 第九百四条〈特別受益者の相続分〉の規定は、前項に規定する贈与の価額について準用する。

③ 相続人に対する贈与についての第一項の規定の適用については、同項中「一年」とあるのは「十年」と、「価額」とあるのは「価額（婚姻若しくは養子縁組のため又は生計の資本として受けた贈与の価額に限る。）」とする。

⊛一〇四六【贈与↓五四九【相続開始↓八八二【遺留分権利者↓一〇四二【贈与とみなされるもの↓一〇四五②【期間経過後の贈与で算入されるもの↓九〇三、九〇四

一 「損害を加えることを知って」の意義

[1] 相続開始約一九年前の贈与が遺留分権利者に損害を加えることを知ってなされたというには、当事者双方において贈与当時財産が残存財産の価額を超えることを知っていたのみならず、将来相続開始までに被相続人の財産に何らの変動もないこと、少なくともその増加のないことを予見していた事実があることを必要とする。（大判昭11・6・17民集一五・一二四六、家族百選[初版]一〇一）

二 相続人に対する贈与（平成三〇法七二による改正前の事案）

[2] ★民法九〇三条一項の定める相続人に対する贈与は、右贈与が相続開始よりも相当以前にされたものであって、その後の時の経過に伴う社会経済事情や相続人など関係人の個人的事情の変化をも考慮するとき、減殺請求を認めることが右相続人に酷であるなどの特段の事情のない限り、本条［平成三〇法七二による改正前の一〇三〇条］の定める要件を満たさないものであっても、遺留分減殺の対象となる。（最判平10・3・24民集五二・二・四三三、民百選Ⅲ[二版]九四）

[3] ★共同相続人間においてなされた無償による相続分の譲渡は、譲渡に係る相続分に財産的価値があるとはいえない場合を除き、上記譲渡をした者の相続において、民法九〇三条一項に規定する「贈与」に当たり、その価額を遺留分算定の基礎となる財産額に算入すべきである。（最判平30・10・19民集七二・五・九〇〇、重判平30民九）

第一〇四五条① 負担付贈与がされた場合における第千四十三条第一項に規定する贈与した財産の価額は、その目的の価額から負担の価額を控除した額とする。

② 不相当な対価をもってした有償行為は、当事者双方が遺留分権利者に損害を加えることを知ってしたものに限り、当該対価を負担の価額とする負担付贈与とみなす。

⊛一〇四六【負担付贈与↓五五三【効果↓一〇〇三、一〇四三①、一〇四四、一〇四七①[一][三] ❷【遺留分権利者↓一〇四二

（遺留分侵害額の請求）

第一〇四六条① 遺留分権利者及びその承継人は、受遺者（特定財産承継遺言により財産を承継し又は相続分の指定を受けた相続人を含む。以下この章において同じ。）又は受贈者に対し、遺留分侵害額に相当する金銭の支払を請求することができる。

② 遺留分侵害額は、第千四十二条の規定による遺留分から第一号及び第二号に掲げる額を控除し、これに第三号に掲げる額を加算して算定する。

一 遺留分権利者が受けた遺贈又は第九百三条第一項に規定する贈与の価額

二 第九百条から第九百二条まで、第九百三条及び第九百四条の規定により算定した相続分に応じて遺留分権利者が取得すべき遺産の価額

三 被相続人が相続開始の時において有した債務のうち、第八百九十九条の規定により遺留分権利者が承継する債務（次条第三項において「遺留分権利者承継債務」という。）の額

⊛【遺留分権利者↓一〇四二【遺贈↓九六四【特定財産承継遺言による財産の承継↓一〇一四②【相続分の指定↓九〇二【贈与↓五四九、五五四【遺留分に関する訴え↓民訴三の三[十二]、五[十四]、家事三の一一①④、三九、別表第二〈十四の項〉、二四四

一 本条［平成三〇法七二による削除前の一〇三一条］に定める遺贈又は贈与に当たらないとされた事例

[1] ★自己を被保険者とする生命保険契約の契約者が死亡保険金の受取人を変更する行為は、本条［平成三〇法七二による削除前の一〇三一条］に規定する遺贈又は贈与に当たるものではなく、これに準ずるものということもできない。（最判平14・11・5民集五六・八・二〇六九、重判平14民一二）

二 生前贈与の評価

[2] ★遺留分算定の基礎となる財産に特別受益として加えられる贈与が金銭であった場合には、相続開始時の貨幣価値に換算した価額をもって評価する。（最判昭51・3・18民集三〇・二・一一一、家族百選[六版]九二）

三 債務が存在する場合

[3] ★遺留分の侵害額は、遺留分額から、遺留分権利者が相続によって得た財産の額を控除し、同人が負担する相続債務額を加算して算定する。（最判平8・11・26民集五〇・一〇・二七四七、民百選Ⅲ[二版]九一）

[4] ★相続人の一人に対して財産全部を相続させる旨の遺言がされ、相続債務を当該相続人に相続させる意思のないことが明らかであるなどの特段の事情がなく、当該相続人が相続債務も全て承継したと解される場合、遺留分侵害額の算定において、遺留分権利者の法定相続分に応じた相続債務の額を遺留分額に加算することは許されない。（最判平21・3・24民集六三・三・四二七、民百選Ⅲ[二版]八八）

四 遺留分減殺請求［平成三〇法七二による改正前］に関する判例

1 遺留分を害する処分の効力

[5] ★被相続人がその全財産を相続人以外の者に贈与した場合、遺留分減殺請求権を認めた民法の趣意からしても、右遺贈が公序良俗に反し無効であるとはいえない。（最判昭25・4・28民集四・四・一五二、家族百選[三版]一二五）↓[7]・九〇条[27]

2 減殺請求の方法

[6] ★減殺請求権の行使は受贈者又は受遺者に対する意思表示によってすれば足り、必ずしも裁判上の請求による必要はない。（最判昭41・7・14民集二〇・六・一一八三、民百選Ⅲ[二版]九二）↓[9][11]

[7] ★遺留分権利者が被相続人の第三者に対してした贈与を

全面的に否認したとしても、もしその否認が認められなかった場合には、その否認が遺留分に基づく減殺請求をする主張をも包含しているものと解することはできない。（最判昭25・4・28前出⑤）

8 ★被相続人の全財産が相続人の一部の者に遺贈された場合において、遺留分減殺請求権を有する相続人が、遺贈の効力を争うことなく、遺産分割協議の申入れをしたときは、特段の事情のない限り、その申入れには遺留分減殺の意思表示が含まれている。（最判平10・6・11民集五二・四・一〇三四、民百選Ⅰ[八版]一二五）→九七条④

3 遺留分減殺請求権の性質

9 ★遺留分権利者が本条〔平成三〇法七二による削除前の一〇三一条〕に基づいて行う減殺請求権は形成権である。（最判昭41・7・14前出⑥）→11

4 債権者代位権との関係

10 ★遺留分減殺請求権は、遺留分権利者が、これを第三者に譲渡するなど、権利行使の確定的意思を有することを外部に表明したと認められる特段の事情がある場合を除き、行使上の一身専属性を有するため、債権者代位権の目的とすることができない。（最判平13・11・22民集五五・六・一〇三三、民百選Ⅲ[二版]九三……いわゆる「相続させる遺言」についての例）→四二三条⑬

5 減殺の効力

11 ★一旦減殺の意思表示がされた以上、法律上当然に減殺の効力を生じる。（最判昭41・7・14前出⑥）→一〇四八条③

12 ★遺留分減殺請求により相続分の指定が減殺された場合、遺留分割合を超える相続分を指定された相続人の指定相続分は、その遺留分割合を超える部分の割合に応じて修正される。（最決平24・1・26家月六四・七・一〇〇、民百選Ⅲ[二版]九七）

13 ★遺留分減殺請求によって、特別受益に当たる贈与についてされた持戻し免除の意思表示が減殺された場合、持戻し免除の意思表示は遺留分を減殺する限度で失効し、贈与財産の価額は、失効の限度で、遺留分権利者である相続人の相続分に加算され、贈与を受けた相続人の相続分から控除される。（最決平24・1・26前出⑫）

6 贈与財産の時効取得と減殺請求

14 ★被相続人がした贈与が遺留分減殺の対象としての要件を満たす場合には、遺留分権利者の減殺請求により、贈与は遺留分を侵害する限度において失効し、受贈者が取得した権利は右の限度で当然に右遺留分権利者に帰属するに至るものであり、受贈者が、右贈与に基づいて目的物の占有を取得し、民法一六二条所定の期間、平穏かつ公然にこれを継続し、取得時効を援用したとしても、それによって、遺留分権利者への権利の帰属が妨げられるものではない。（最判平11・6・24民集五三・五・九一八、民百選Ⅲ[二版]一〇一）

五 遺留分減殺請求〔平成三〇法七二による改正前〕における価額弁償に関する判例

1 弁償額の確定を求める訴え

15 ★価額弁償をする旨の意思表示をした受遺者は、判決によって確定されたときは速やかに支払う意思がある旨を表明して、弁償すべき額の確定を求める訴えを提起できる。（最判平21・12・18民集六三・一〇・二九〇〇、重判平22民訴二）→民訴一三四条の二㉒

2 価額弁償の対象財産の範囲

16 ★受贈者又は受遺者は、本条一項〔平成三〇法七二による削除前の一〇四一条一項〕に基づき、減殺された贈与又は遺贈の目的たる各個の財産について、価額を弁償して、その返還義務を免れることができる。（最判平12・7・11民集五四・六・一八八六、民百選Ⅲ[二版]九九）

3 価額算定の基準時

17 ★価額弁償における価額算定の基準時は現実に弁償がされる時であり、遺留分権利者において当該価額弁償を請求する訴訟にあっては事実審口頭弁論終結の時である。（最判昭51・8・30民集三〇・七・七六八、民百選Ⅲ[二版]九五）

4 遅延損害金の起算日

18 ★受遺者から本条一項〔平成三〇法七二による削除前の一〇四一条一項〕による価額弁償の意思表示を受けた遺留分権利者が、受遺者に対して価額弁償を請求する権利を行使する旨の意思表示をした場合、受遺者は、その時点で、遺留分権利者に対し、適正な遺贈の目的の価額を弁償すべき義務を負うというべきであるので、価額弁償請求に係る遅延損害金の起算日は、遺留分権利者が価額弁償請求権を確定的に取得し、かつ、受遺者に対し弁償金の支払を請求した日の翌日となる。（最判平20・1・24民集六二・一・六三、民百選Ⅲ[二版]一〇〇）

5 効力

19 ★土地の遺贈に対する遺留分減殺請求について、受遺者が価額弁償をした場合、これによって、結局、右土地が遺贈により被相続人から受遺者に譲渡されたという事実には何ら変動がないこととなる。（最判平4・11・16家月四五・一〇・二五、家族百選[六版]九六……したがって、右遺留分減殺請求は遺贈による右土地に係る被相続人の譲渡所得に何ら影響を及ぼさない。味村裁判官の反対意見がある）

20 ★減殺請求をされた受遺者が価額弁償の意思表示をし、弁償すべき価額について履行の提供をした場合には、減殺請求により一旦遺留分権利者に帰属した権利が再び受遺者に移転する反面、遺留分権利者は受遺者に対して弁償すべき価額に相当する額の金銭の支払を求める権利を取得する。（最判平9・2・25民集五一・二・四四八）

（受遺者又は受贈者の負担額）

第一〇四七条① 受遺者又は受贈者は、次の各号の定めるところに従い、遺贈（特定財産承継遺言による財産の承継又は相続分の指定による遺産の取得を含む。以下この章において同じ。）又は贈与（遺留分を算定するための財産の価額に算入されるものに限る。以下この章において同じ。）の目的の価額（受遺者又は受贈者が相続人である場合にあっては、当該価額から第千四十二条の規定による遺留分として当該相続人が受けるべき額を控除した額）を限度として、遺留分侵害額を負担する。

一 受遺者と受贈者とがあるときは、受遺者が先に負担する。

二 受遺者が複数あるとき、又は受贈者が複数ある場合においてその贈与が同時にされたものであるときは、受遺者又は受贈者がその目的の価額の割合に応じて負担する。ただし、遺言者がその遺言に別段の意思を表示したときは、その意思に従う。

三 受贈者が複数あるとき（前号に規定する場合を除く。）は、後の贈与に係る受贈者から順次前の贈与に係る受贈者が負担する。

② 第九百四条（特別受益者の相続分）、第千四十三条第二項及び第千四十五条（遺留分を算定するための財産の価額）の規定は、前項に規定する遺贈又は贈与の目的の価額について準用する。

③ 前条第一項の請求を受けた受遺者又は受贈者は、遺留分権利者承継債務について弁済その他の債務を消滅させる行為をしたときは、消滅した債務の額の限度において、遺留分権利者に対する意思表示によって第一項の規定により負担する債務を消滅させることができる。この場合において、当該行為によって遺留分権利者に対して取得した求償権は、消滅した当該債務の額の限度において消滅する。

④ 受遺者又は受贈者の無資力によって生じた損失は、遺留分権利者の負担に帰する。

⑤ 裁判所は、受遺者又は受贈者の請求により、第一項の規定により負担する債務の全部又は一部の支払につき相当の期限を許与することができる。

⊛一〇四六【遺留分侵害額↓一〇四六②】

7 **「目的の価額」の意義**　★相続人に対する遺贈が遺留分減殺の対象となる場合においては、右遺贈の目的の価額のうち受遺者の遺留分額を超える部分のみが、本条〔平成三〇法七二による削除前の一〇三四条〕にいう目的の価額に当たる。（最判平10・2・26民集五二・一・二七四、民百選Ⅲ〔二版〕九六）

第一〇四八条（遺留分侵害額請求権の期間の制限）　遺留分侵害額の請求権は、遺留分権利者が、相続の開始及び遺留分を侵害する贈与又は遺贈があったことを知った時から一年間行使しないときは、時効によって消滅する。相続開始の時から十年を経過したときも、同様とする。

⊛一〇四六【遺留分侵害額↓一〇四六②】【遺留分権利者↓一〇四二】【相続の開始↓八八二】【消滅時効↓一六六】

一 「知った時」の意義

7 ★本条〔平成三〇法七二による改正前〕にいう減殺すべき贈与があったことを知った時とは、贈与の事実及びこれが減殺できるものであることを知った時と解すべきであるから、遺留分権利者が贈与の無効を信じて訴訟上争っているような場合はこれに当たらない。しかし、被相続人の財産のほとんど全部が贈与されたことを遺留分権利者が認識している場合には、その無効を信じているため遺留分減殺請求権を行使しなかったことがもっともと首肯し得る特段の事情が認められない限り、右贈与が減殺できることを知っていたと推認するのが相当である。（最判昭57・11・12民集三六・一一・二一九三、家族百選〔四版〕一一七）

二 遺留分減殺請求〔平成三〇法七二による改正前〕に関する判例

2 ★遺留分減殺請求権の行使の効果として生じた目的物の返還請求権等は、本条〔平成三〇法七二による改正前〕所定の消滅時効に服さない。（最判昭57・3・4民集三六・三・二四一、重判昭57民一一）

3 ★減殺請求により取得した不動産の所有権又は共有持分権に基づく登記手続請求権は、時効によって消滅することはない。（最判平7・6・9判時一五三九・六八）↓一六六条33

第一〇四九条（遺留分の放棄）① 相続の開始前における遺留分の放棄は、家庭裁判所の許可を受けたときに限り、その効力を生ずる。

② 共同相続人の一人のした遺留分の放棄は、他の各共同相続人の遺留分に影響を及ぼさない。

⊛【相続の開始↓八八二】【遺留分↓一〇四二】【家庭裁判所の許可↓家事三の一一①②・三九・別表第一〈百十の項〉】

第十章　特別の寄与

第一〇五〇条① 被相続人に対して無償で療養看護その他の労務の提供をしたことにより被相続人の財産の維持又は増加について特別の寄与をした被相続人の親族（相続人、相続の放棄をした者及び第八百九十一条の規定に該当し又は廃除によってその相続権を失った者を除く。以下この条において「特別寄与者」という。）は、相続の開始後、相続人に対し、特別寄与者の寄与に応じた額の金銭（以下この条において「特別寄与料」という。）の支払を請求することができる。

② 前項の規定による特別寄与料の支払について、当事者間に協議が調わないとき、又は協議をすることができないときは、特別寄与者は、家庭裁判所に対して協議に代わる処分を請求することができる。ただし、特別寄与者が相続の開始及び相続人を知った時から六箇月を経過したとき、又は相続開始の時から一年を経過したときは、この限りでない。

③ 前項本文の場合には、家庭裁判所は、寄与の時期、方法及び程度、相続財産の額その他一切の事情を考慮して、特別寄与料の額を定める。

④ 特別寄与料の額は、被相続人が相続開始の時において有した財産の価額から遺贈の価額を控除した残額を超えることができない。

⑤ 相続人が数人ある場合には、各相続人は、特別寄与料の額に第九百条から第九百二条までの規定により算定した当該相続人の相続分を乗じた額を負担する。

⊛九〇四の二【親族↓七二五】❷【家庭裁判所の処理↓家事三の一一④・三九・別表第二〈十五の項〉・二四四】❹【遺贈↓九六四】

附　則（昭和二二・一二・二二法二二二）（抄）

第一条【施行期日】　この法律は、昭和二十三年一月一日から、これを施行する。

第二条【廃止法律】　明治三十五年法律第三十七号（民法中改正法律）は、これを廃止する。

第三条【新法・旧法・応急措置法の定義】　この附則で、新法とは、この法律による改正後の民法をいい、旧法とは、従前の民法をいい、応急措置法とは、昭和二十二年法律第七十四号（日本国憲法の施行に伴う民法の応急的措置に関する法律）をいう。

第四条【新法の遡及効の原則】　新法は、別段の規定のある場合を除いては、新法施行前に生じた事項にもこれを適用する。但し、旧法及び応急措置法によつて生じた効力を妨げない。

附　則（平成二九・六・二法四四）（抄）

第一条（施行期日）　この法律は、公布の日から起算して三年を超えない範囲内において政令で定める日（令和二・四・一―平成二九政三〇九）から施行する。ただし、次の各号に掲げる規定は、当該各号に定める日から施行する。

一 （略）

二 附則第三十三条第三項の規定　公布の日から起算して一年を超えない範囲内において政令で定める日（平成三〇・四・一―平成二九政三〇九）

三 附則第二十一条第二項及び第三項の規定　公布の日から起算して二年九月を超えない範囲内において政令で定める日（令和二・三・一―平成二九政三〇九）

（意思能力に関する経過措置）

第二条 この法律による改正後の民法（以下「新法」という。）第三条の二の規定は、この法律の施行の日（以下「施行日」という。）前にされた意思表示については、適用しない。

（行為能力に関する経過措置）

第三条 施行日前に制限行為能力者（新法第十三条第一項第十号に規定する制限行為能力者をいう。以下この条において同じ。）が他の制限行為能力者の法定代理人としてした行為については、同項及び新法第百二条の規定にかかわらず、なお従前の例による。

（無記名債権に関する経過措置）

第四条 施行日前に生じたこの法律による改正前の民法（以下「旧法」という。）第八十六条第三項に規定する無記名債権（その原因である法律行為が施行日前にされたものを含む。）については、なお従前の例による。

（公序良俗に関する経過措置）

第五条 施行日前にされた法律行為については、新法第九十条の規定にかかわらず、なお従前の例による。

（意思表示に関する経過措置）

第六条① 施行日前にされた意思表示については、新法第九十三条、第九十五条、第九十六条第二項及び第三項並びに第九十八条の二の規定にかかわらず、なお従前の例による。

② 施行日前に通知が発せられた意思表示については、新法第九十七条の規定にかかわらず、なお従前の例による。

（代理に関する経過措置）

第七条① 施行日前に代理権の発生原因が生じた場合（代理権授与の表示がされた場合を含む。）におけるその代理については、附則第三条に規定するもののほか、なお従前の例による。

② 施行日前に無権代理人が代理人として行為をした場合におけるその無権代理人の責任については、新法第百十七条（新法第百十八条において準用する場合を含む。）の規定にかかわらず、なお従前の例による。

（無効及び取消しに関する経過措置）

第八条① 施行日前に無効な行為に基づく債務の履行として給付がされた場合におけるその給付を受けた者の原状回復の義務については、新法第百二十一条の二（新法第八百七十二条第二項において準用する場合を含む。）の規定にかかわらず、なお従前の例による。

② 施行日前に取り消すことができる行為がされた場合におけるその行為の追認（法定追認を含む。）については、新法第百二十二条、第百二十四条及び第百二十五条（これらの規定を新法第八百七十二条第二項において準用する場合を含む。）の規定にかかわらず、なお従前の例による。

（条件に関する経過措置）

第九条 新法第百三十条第二項の規定は、施行日前にされた法律行為については、適用しない。

（時効に関する経過措置）

第一〇条① 施行日前に債権が生じた場合（施行日以後に債権が生じた場合であって、その原因である法律行為が施行日前にされたときを含む。以下同じ。）におけるその債権の消滅時効の援用については、新法第百四十五条の規定にかかわらず、なお従前の例による。

② 施行日前に旧法第百四十七条に規定する時効の中断の事由又は旧法第百五十八条から第百六十一条までに規定する時効の停止の事由が生じた場合におけるこれらの事由の効力については、なお従前の例による。

③ 新法第百五十一条の規定は、施行日前に権利についての協議を行う旨の合意が書面でされた場合（その合意の内容を記録した電磁的記録（新法第百五十一条第四項に規定する電磁的記録をいう。附則第三十三条第二項において同じ。）によってされた場合を含む。）におけるその合意については、適用しない。

④ 施行日前に債権が生じた場合におけるその債権の消滅時効の期間については、なお従前の例による。

（債権を目的とする質権の対抗要件に関する経過措置）

第一一条 施行日前に設定契約が締結された債権を目的とする質権の対抗要件については、新法第三百六十四条の規定にかかわらず、なお従前の例による。

（指図債権に関する経過措置）

第一二条 施行日前に生じた旧法第三百六十五条に規定する指図債権（その原因である法律行為が施行日前にされたものを含む。）については、なお従前の例による。

（根抵当権に関する経過措置）

第一三条① 施行日前に設定契約が締結された根抵当権の被担保債権の範囲については、新法第三百九十八条の二第三項及び第三百九十八条の三第二項の規定にかかわらず、なお従前の例による。

② 新法第三百九十八条の七第三項の規定は、施行日前に締結された債務の引受けに関する契約については、適用しない。

③ 施行日前に締結された更改の契約に係る根抵当権の移転については、新法第三百九十八条の七第四項の規定にかかわらず、なお従前の例による。

（債権の目的に関する経過措置）

第一四条 施行日前に債権が生じた場合におけるその債務者の注意義務については、新法第四百条の規定にかかわらず、なお従前の例による。

第一五条① 施行日前に利息が生じた場合におけるその利息を生ずべき債権に係る法定利率については、新法第四百四条の規定にかかわらず、なお従前の例による。

② 新法第四百四条第四項の規定により法定利率に初めて変動があるまでの各期における同項の規定の適用については、同項中「この項の規定により法定利率に変動があった期のうち直近のもの（以下この項において「直近変動期」という。）」とあるのは「民法の一部を改正する法律（平成二十九年法律第四十四号）の施行後最初の期」と、「直近変動期における法定利率」とあるのは「年三パーセント」とする。

第一六条 施行日前に債権が生じた場合における選択債権の不能による特定については、新法第四百十条の規定にかかわらず、なお従前の例による。

（債務不履行の責任等に関する経過措置）

第一七条① 施行日前に債務が生じた場合（施行日以後に債務が生じた場合であって、その原因である法律行為が施行日前にされたときを含む。附則第二十五条第一項において同じ。）におけるその債務不履行の責任等については、新法第四百十二条第二項、第四百十二条の二から第四百十三条の二まで、第四百十五条、第四百十六条第二項、第四百十八条及び第四百二十二条の二の規定にかかわらず、なお従前の例による。

② 新法第四百十七条の二（新法第七百二十二条第一項において準用する場合を含む。）の規定は、施行日前に生じた将来において取得すべき利益又は負担すべき費用についての損害賠償請求権については、適用しない。

③ 施行日前に債務者が遅滞の責任を負った場合における遅延損害金を生ずべき債権に係る法定利率については、新法第四百十九条第一項の規定にかかわらず、なお従前の例による。

④ 施行日前にされた旧法第四百二十条第一項に規定する損害賠償の額の予定に係る合意及び旧法第四百二十一条に規定する金銭でないものを損害の賠償に充てるべき旨の予定に係る合意については、なお従前の例による。

（債権者代位権に関する経過措置）

第一八条① 施行日前に旧法第四百二十三条第一項に規定する債務者に属する権利が生じた場合におけるその権利に係る債権者代位権については、なお従前の例による。

② 新法第四百二十三条の七の規定は、施行日前に生じた同条に規定する譲渡人が第三者に対して有する権利については、適用しない。

（詐害行為取消権に関する経過措置）

第一九条 施行日前に旧法第四百二十四条第一項に規定する債務者が債権者を害することを知ってした法律行為がされた場合におけるその行為に係る詐害行為取消権については、なお従前の例による。

（不可分債権、不可分債務、連帯債権及び連帯債務に関する経過措置）

第二〇条① 施行日前に生じた旧法第四百二十八条に規定する不可分債権（その原因である法律行為が施行日前にされたものを含む。）については、なお従前の例による。

② 施行日前に生じた旧法第四百三十条に規定する不可分債務及び旧法第四百三十二条に規定する連帯債務（これらの原因である法律行為が施行日前にされたものを含む。）については、なお従前の例による。

③ 新法第四百三十二条から第四百三十五条の二までの規定は、施行日前に生じた新法第四百三十二条に規定する債権（その原因である法律行為が施行日前にされたものを含む。）については、適用しない。

（保証債務に関する経過措置）

第二一条① 施行日前に締結された保証契約に係る保証債務については、なお従前の例による。

② 保証人になろうとする者は、施行日前においても、新法第四百六十五条の六第一項（新法第四百六十五条の八第一項において準用する場合を含む。）の公正証書の作成を嘱託することができる。

③ 公証人は、前項の規定による公正証書の作成の嘱託があった場合には、施行日前においても、新法第四百六十五条の六第二項及び第四百六十五条の七（これらの規定を新法第四百六十五条の八第一項において準用する場合を含む。）の規定の例により、その作成をすることができる。

（債権の譲渡に関する経過措置）

第二二条 施行日前に債権の譲渡の原因である法律行為がされた場合におけるその債権の譲渡については、新法第四百六十六条から第四百六十九条までの規定にかかわらず、なお従前の例による。

（債務の引受けに関する経過措置）

第二三条 新法第四百七十条から第四百七十二条の四までの規定は、施行日前に締結された債務の引受けに関する契約については、適用しない。

（記名式所持人払債権に関する経過措置）

第二四条 施行日前に生じた旧法第四百七十一条に規定する記名式所持人払債権（その原因である法律行為が施行日前にされたものを含む。）については、なお従前の例による。

（弁済に関する経過措置）

第二五条① 施行日前に債務が生じた場合におけるその債務の弁済については、次項に規定するもののほか、なお従前の例による。

② 施行日前に弁済がされた場合におけるその弁済の充当については、新法第四百八十八条から第四百九十一条までの規定にかかわらず、なお従前の例による。

（相殺に関する経過措置）

第二六条① 施行日前にされた旧法第五百五条第二項に規定する意思表示については、なお従前の例による。

② 施行日前に債権が生じた場合におけるその債権を受働債権とする相殺については、新法第五百九条の規定にかかわらず、なお従前の例による。

③ 施行日前の原因に基づいて債権が生じた場合におけるその債権を自働債権とする相殺（差押えを受けた債権を受働債権とするものに限る。）については、新法第五百十一条の規定にかかわらず、なお従前の例による。

④ 施行日前に相殺の意思表示がされた場合におけるその相殺の充当については、新法第五百十二条及び第五百十二条の二の規定にかかわらず、なお従前の例による。

（更改に関する経過措置）

第二七条 施行日前に旧法第五百十三条に規定する更改の契約が締結された更改については、なお従前の例による。

（有価証券に関する経過措置）

第二八条 新法第五百二十条の二から第五百二十条の二十までの規定は、施行日前に発行された証券については、適用しない。

（契約の成立に関する経過措置）

第二九条① 施行日前に契約の申込みがされた場合におけるその申込み及びこれに対する承諾については、なお従前の例による。

② 施行日前に通知が発せられた契約の申込みについては、新法第五百二十六条の規定にかかわらず、なお従前の例による。

③ 施行日前にされた懸賞広告については、新法第五百二十九条から第五百三十条までの規定にかかわらず、なお従前の例による。

（契約の効力に関する経過措置）

第三〇条① 施行日前に締結された契約に係る同時履行の抗弁及び危険負担については、なお従前の例による。

② 新法第五百三十七条第二項及び第五百三十八条第二項の規定は、施行日前に締結された第三者のためにする契約については、適用しない。

（契約上の地位の移転に関する経過措置）

第三一条 新法第五百三十九条の二の規定は、施行日前にされた契約上の地位を譲渡する旨の合意については、適用しない。

（契約の解除に関する経過措置）

第三二条 施行日前に契約が締結された場合におけるその契約の解除については、新法第五百四十一条から第五百四十三条まで、第五百四十五条第三項及び第五百四十八条の規定にかかわらず、なお従前の例による。

（定型約款に関する経過措置）

第三三条① 新法第五百四十八条の二から第五百四十八条の四までの規定は、施行日前に締結された定型取引（新法第五百四十八条の二第一項に規定する定型取引をいう。）に係る契約についても、適用する。ただし、旧法の規定によって生じた効力を妨げない。

② 前項の規定は、同項に規定する契約の当事者の一方（契約又は法律の規定により解除権を現に行使することができる者を除く。）により反対の意思の表示が書面でされた場合（その内容を記録した電磁的記録によってされた場合を含む。）には、適用しない。

③ 前項に規定する反対の意思の表示は、施行日前にしなければならない。

（贈与等に関する経過措置）

第三四条① 施行日前に贈与、売買、消費貸借（旧法第五百八十九条に規定する消費貸借の予約を含む。）、使用貸借、賃貸借、雇用、請負、委任、寄託又は組合の各契約が締結された場合におけるこれらの契約及びこれらの契約に付随する買戻しその他の特約については、なお従前の例による。

② 前項の規定にかかわらず、新法第六百四条第二項の規定は、

施行日前に賃貸借契約が締結された場合において施行日以後にその契約の更新に係る合意がされるときにも適用する。

③ 第一項の規定にかかわらず、新法第六百五条の四の規定は、施行日前に不動産の賃貸借契約が締結された場合において施行日以後にその不動産の占有を第三者が妨害し、又はその不動産を第三者が占有しているときにも適用する。

（**不法行為等に関する経過措置**）

第三五条① 旧法第七百二十四条後段（旧法第九百三十四条第三項（旧法第九百三十六条第三項、第九百四十七条第三項、第九百五十条第二項及び第九百五十七条第二項において準用する場合を含む。）において準用する場合を含む。）に規定する期間がこの法律の施行の際既に経過していた場合におけるその期間の制限については、なお従前の例による。

② 新法第七百二十四条の二の規定は、不法行為による損害賠償請求権の旧法第七百二十四条前段に規定する時効がこの法律の施行の際既に完成していた場合については、適用しない。

（**遺言執行者の報酬に関する経過措置**）

第三六条 施行日前に遺言執行者となった者の報酬については、新法第千十八条第二項において準用する新法第六百四十八条第三項及び第六百四十八条の二の規定にかかわらず、なお従前の例による。

附　則（平成三〇・六・二〇法五九）（抄）

（**施行期日**）

第一条 この法律は、平成三十四年四月一日から施行する。（後略）

（**成年に関する経過措置**）

第二条① この法律による改正後の民法（以下「新法」という。）第四条の規定は、この法律の施行の日（以下「施行日」という。）以後に十八歳に達する者について適用し、この法律の施行の際に二十歳以上の者の成年に達した時については、なお従前の例による。

② この法律の施行の際に十八歳以上二十歳未満の者（次項に規定する者を除く。）は、施行日において成年に達するものとする。

③ 施行日前に婚姻をし、この法律による改正前の民法（次条第三項において「旧法」という。）第七百五十三条の規定により成年に達したものとみなされた者については、この法律の施行後もなお従前の例により当該婚姻の時に成年に達したものとみなす。

（**婚姻に関する経過措置**）

第三条① 施行日前にした婚姻の取消し（女が適齢に達していないことを理由とするものに限る。）については、新法第七百三十一条及び第七百四十五条の規定にかかわらず、なお従前の例による。

② この法律の施行の際に十六歳以上十八歳未満の女は、新法第七百三十一条の規定にかかわらず、婚姻をすることができる。

③ 前項の規定による婚姻については、旧法第七百三十七条、第七百四十条（旧法第七百四十一条において準用する場合を含む。）及び第七百五十三条の規定は、なおその効力を有する。

（**縁組に関する経過措置**）

第四条 施行日前にした縁組の取消し（養親となる者が成年に達していないことを理由とするものに限る。）については、新法第四条、第七百九十二条及び第八百四条の規定並びに附則第二条第二項の規定にかかわらず、なお従前の例による。

附　則（平成三〇・七・一三法七二）（抄）

（**施行期日**）

第一条 この法律は、公布の日から起算して一年を超えない範囲内において政令で定める日（令和一・七・一―平成三〇政三一六）から施行する。ただし、次の各号に掲げる規定は、当該各号に定める日から施行する。

一 附則第三十条（民法の一部を改正する法律（平成二九法四四）の一部改正）（中略）の規定　公布の日

二 第一条中民法第九百六十八条、第九百七十条第二項及び第九百八十二条の改正規定並びに附則第六条の規定　公布の日から起算して六月を経過した日（平成三一・一・一三）

三 第一条中民法第九百九十八条、第千条及び第千二十五条ただし書の改正規定並びに附則第七条及び第九条の規定　民法の一部を改正する法律（平成二十九年法律第四十四号）の施行の日（令和二・四・一）

四 第二条（民法の一部改正）並びに附則第十条（中略）の規定　公布の日から起算して二年を超えない範囲内において政令で定める日（令和二・四・一―平成三〇政三一六）

五 （略）

（**民法の一部改正に伴う経過措置の原則**）

第二条 この法律の施行の日（以下「施行日」という。）前に開始した相続については、この附則に特別の定めがある場合を除き、なお従前の例による。

（**共同相続における権利の承継の対抗要件に関する経過措置**）

第三条 第一条の規定による改正後の民法（以下「新民法」という。）第八百九十九条の二の規定は、施行日前に開始した相続に関し遺産の分割による債権の承継がされた場合において、施行日以後にその承継の通知がされるときにも、適用する。

（**夫婦間における居住用不動産の遺贈又は贈与に関する経過措置**）

第四条 新民法第九百三条第四項の規定は、施行日前にされた遺贈又は贈与については、適用しない。

（**遺産の分割前における預貯金債権の行使に関する経過措置**）

第五条① 新民法第九百九条の二の規定は、施行日前に開始した相続に関し、施行日以後に預貯金債権が行使されるときにも、適用する。

② 施行日から附則第一条第三号に定める日の前日までの間における新民法第九百九条の二の規定の適用については、同条中「預貯金債権のうち」とあるのは、「預貯金債権（預金口座又は貯金口座に係る預金又は貯金に係る債権をいう。以下同じ。）のうち」とする。

（**自筆証書遺言の方式に関する経過措置**）

第六条 附則第一条第二号に掲げる規定の施行の日前にされた自筆証書遺言については、新民法第九百六十八条第二項及び第三項の規定にかかわらず、なお従前の例による。

（**遺贈義務者の引渡義務等に関する経過措置**）

第七条① 附則第一条第三号に掲げる規定の施行の日（以下「第三号施行日」という。）前にされた遺贈に係る遺贈義務者の引渡義務については、新民法第九百九十八条の規定にかかわらず、なお従前の例による。

② 第一条の規定による改正前の民法第千条の規定は、第三号施行日前にされた第三者の権利の目的である財産の遺贈については、なおその効力を有する。

（**遺言執行者の権利義務等に関する経過措置**）

第八条① 新民法第千七条第二項及び第千十二条の規定は、施行日前に開始した相続に関し、施行日以後に遺言執行者となる者にも、適用する。

② 新民法第千十四条第二項から第四項までの規定は、施行日前にされた特定の財産に関する遺言に係る遺言執行者によるその執行については、適用しない。

③ 施行日前にされた遺言に係る遺言執行者の復任権については、新民法第千十六条の規定にかかわらず、なお従前の例による。

（**撤回された遺言の効力に関する経過措置**）

第九条 第三号施行日前に撤回された遺言の効力については、新民法第千二十五条ただし書の規定にかかわらず、なお従前の例による。

（**配偶者の居住の権利に関する経過措置**）

第一〇条① 第二条の規定による改正後の民法（次項において

「第四号新民法」という。）第千二十八条から第千四十一条までの規定は、次項に定めるものを除き、附則第一条第四号に掲げる規定の施行の日（以下この条において「第四号施行日」という。）以後に開始した相続について適用し、第四号施行日前に開始した相続については、なお従前の例による。

② 第四号新民法第千二十八条から第千三十六条までの規定は、第四号施行日前にされた遺贈については、適用しない。

附　則（令和三・四・二八法二四）（抄）

（施行期日）

第一条　この法律は、公布の日から起算して二年を超えない範囲内において政令で定める日（令和五・四・一―令和三政三三二）から施行する。ただし、次の各号に掲げる規定は、当該各号に定める日から施行する。

一（前略）附則第三十四条の規定　公布の日

二・三（略）

（相続財産の保存に必要な処分に関する経過措置）

第二条①　この法律の施行の日（以下「施行日」という。）前に第一条の規定による改正前の民法（以下「旧民法」という。）第九百十八条第二項（旧民法第九百二十六条第二項（旧民法第九百四十条第二項において準用する場合を含む。）及び第九百三十六条第三項において準用する場合を含む。次項において同じ。）の規定によりされた相続財産の保存に必要な処分は、施行日以後は、第一条の規定による改正後の民法（以下「新民法」という。）第八百九十七条の二の規定によりされた相続財産の保存に必要な処分とみなす。

② 施行日前に旧民法第九百十八条第二項の規定によりされた相続財産の保存に必要な処分の請求（施行日前に当該請求に係る審判が確定したものを除く。）は、施行日以後は、新民法第八百九十七条の二の規定によりされた相続財産の保存に必要な処分の請求とみなす。

（遺産の分割に関する経過措置）

第三条　新民法第九百四条の三及び第九百八条第二項から第五項までの規定は、施行日前に相続が開始した遺産の分割についても、適用する。この場合において、新民法第九百四条の三第一号中「相続開始の時から十年を経過する前」とあるのは「相続開始の時から十年を経過する時又は民法等の一部を改正する法律（令和三年法律第二十四号）の施行の時から五年を経過する時のいずれか遅い時まで」と、同条第二号中「十年の期間」とあるのは「十年の期間（相続開始の時から始まる十年の期間の満了後に民法等の一部を改正する法律の施行の時から始まる五年の期間が満了する場合にあっては、同法の施行の時から始まる五年の期間）」と、新民法第九百八条第二項ただし書、第三項ただし書、第四項ただし書及び第五項ただし書中「相続開始の時から十年を経過する時」とあるのは「相続開始の時から十年を経過する時又は民法等の一部を改正する法律の施行の時から五年を経過する時のいずれか遅い時」とする。

（相続財産の清算に関する経過措置）

第四条①　施行日前に旧民法第九百三十六条第一項の規定により選任された相続財産の管理人は、施行日以後は、新民法第九百三十六条第一項の規定により選任された相続財産の清算人とみなす。

② 施行日前に旧民法第九百五十二条第一項の規定により選任された相続財産の管理人は、新民法第九百四十条第一項及び第九百五十三条から第九百五十六条までの規定の適用については、新民法第九百五十二条第一項の規定により選任された相続財産の清算人とみなす。

③ 施行日前に旧民法第九百五十二条第一項の規定によりされた相続財産の管理人の選任の請求（施行日前に当該請求に係る審判が確定したものを除く。）は、施行日以後は、新民法第九百五十二条第一項の規定によりされた相続財産の清算人の選任の請求とみなす。

④ 施行日前に旧民法第九百五十二条第一項の規定により相続財産の管理人が選任された場合における当該相続財産の管理人の選任の公告、相続債権者及び受遺者に対する請求の申出をすべき旨の公告及び催告、相続債権者及び受遺者に対する弁済並びにその弁済のための相続財産の換価、相続債権者及び受遺者の換価手続への参加、不当な弁済をした相続財産の管理人の責任、相続人の捜索の公告、公告期間内に申出をしなかった相続債権者及び受遺者の権利並びに相続人としての権利を主張する者がない場合における相続人、相続債権者及び受遺者の権利については、なお従前の例による。

⑤ 施行日前に旧民法第九百五十二条第一項の規定により相続財産の管理人が選任された場合における特別縁故者に対する相続財産の分与については、新民法第九百五十八条の二第二項の規定にかかわらず、なお従前の例による。

（その他の経過措置の政令等への委任）

第三四条①　この附則に定めるもののほか、この法律の施行に関し必要な経過措置は、政令で定める。

② （略）

附　則（令和四・五・二五法四八）（抄）

（施行期日）

第一条　この法律は、公布の日から起算して四年を超えない範囲内において政令で定める日から施行する。ただし、次の各号に掲げる規定は、当該各号に定める日から施行する。

一（前略）附則第百二十五条の規定　公布の日

二―五（略）

（政令への委任）

第一二五条（前略）この法律の施行に関し必要な経過措置は、政令で定める。

民法改正　条数対照表

平成29法44(債権関係)による改正前後の民法の対応する条数を次に掲げる。

①②は項、㈠㈡は号を示す。改正前の条文に対応する規定がない場合又は条文が削除された場合は「——」と表記した。

改正前欄に表記のない条は、その条に改正がないか又は同一性を欠かない程度において改正がなされているものである。

改正前	改 正 後
105	——
106	105
107	106
147	147, 148
148	153
149	147①㈠
150	147①㈡
151	147①㈢
152	147①㈣
153	150
154	148, 149
155	154
156	152②
157	147②, 148②, 152①
167	166①②
169	——
170	——
171	——
172	——
173	——
174	——
174の2	169
363	520の17, 520の20
365	520の7
432	436
433	437
434	——
435	438
436	439
437	——
438	440
439	——
440	441
441	——
469	520の2
470	520の10
471	520の18, 520の10
472	520の6
473	520の20, 520の6
476	——
477	476
480	478

改正前	改 正 後
489	488④
490	491
491	489
499②	500
516	——
517	——
521	523
522	——
523	524
524	525
525	526
526①	——
526②	527
527	——
530①	529の3
530②	530
530③	529の2①
534	567
535	——
542	542①㈣
543	542①㈠㈢②㈠
560	561
562	——
563	565
564	566
565	563, 564, 566
566	565
567	570
570	562～564
571	533
589	587の2③
597②ただし書	598①
597③	598②
598	599
599	597③
621	622
634①	636
635	636
638	——
639	——
640	——

○民法施行法（抄）（明治三一・六・二一法一一）

施行　明治三一・七・一六（第一一条参照）
最終改正　平成二九法四五

目次

第一章　通則（抄）

第一条から**第三条**まで　（略）

第四条　削除

第五条【確定日付のある証書】　①証書は左の場合に限り確定日付あるものとす。

一　公正証書なるときは其日付を以て確定日付とす。

二　登記所又は公証人役場に於て私署証書に日付ある印章を押捺したるときは其印章の日付を以て確定日付とす。

三　私署証書の署名者中に死亡したる者あるときは其死亡の日より確定日付あるものとす。

四　確定日付ある証書中に私署証書を引用したるときは其証書の日付を以て引用したる私署証書の確定日付とす。

五　官庁又は公署に於て私署証書に或事項を記入し之に日付を記載したるときは其日付を以て其証書の確定日付とす。

六　郵便認証司（郵便法（昭和二十二年法律第百六十五号）第五十九条第一項に規定する郵便認証司を謂ふ。）が同法第五十八条第一号に規定する内容証明の取扱に係る認証を為したるときは同号の規定に従ひて記載したる日付を以て確定日付とす。

②指定公証人（公証人法（明治四十一年法律第五十三号）第七条の二第一項に規定する指定公証人を謂ふ。以下之に同じ。）が其設けたる公証人役場に於て請求に基き法務省令の定むる方法に依り電磁的記録（電子的方式、磁気的方式其他人の知覚を以て認識すること能はざる方式（以下電磁的方式と称す。）に依り作らるる記録にして電子計算機に依る情報処理の用に供せらるるものを謂ふ。以下之に同じ。）に記録せられたる情報に日付を内容とする情報（以下日付情報と称す。）を電磁的方式に依り付したるときは当該電磁的記録に記録せられたる情報は確定日付ある証書と看做す。但公務員が職務上作成したる電磁的記録以外のものに付したるときに限る。

③前項の場合に於ては日付情報の日付を以て確定日付とす。

第六条から**第一〇条**まで　（略）

第一一条【施行期日】　本法は民法施行の日（明治三一・七・一六）より之を施行す。

第二章　総則編に関する規定

（第一二条から第三四条まで）（略）

第三章　物権編に関する規定（抄）

第三五条【慣習上の物権】　慣習上物権と認めたる権利にして民法施行前に発生したるものと雖も其施行の後は民法其他の法律に定むるものに非ざれば物権たる効力を有せず。

第三六条から**第五一条**まで　（略）

第四章　債権編に関する規定

（第五二条から第六一条まで）（略）

第五章　親族編に関する規定

（第六二条から第八三条まで）（略）

第六章　相続編に関する規定

（第八四条から第九五条まで）（略）

○一般社団法人及び一般財団法人に関する法律（抄）（平成一八・六・二 法 四 八）

施行 平成二〇・一二・一（平成一九政二七五）
最終改正 令和四法六八

目次

第一章 総則

第一節 通則

（趣旨）

第一条　一般社団法人及び一般財団法人の設立、組織、運営及び管理については、他の法律に特別の定めがある場合を除くほか、この法律の定めるところによる。

（定義）

第二条　この法律において、次の各号に掲げる用語の意義は、当該各号に定めるところによる。

一　一般社団法人等　一般社団法人又は一般財団法人をいう。

二　大規模一般社団法人　最終事業年度（各事業年度に係る第百二十三条第二項に規定する計算書類につき第百二十六条第二項の承認（第百二十七条前段に規定する場合にあっては、第百二十四条第三項の承認）を受けた場合における当該各事業年度のうち最も遅いものをいう。）に係る貸借対照表（第百二十七条前段に規定する場合にあっては、同条の規定により定時社員総会に報告された貸借対照表をいい、一般社団法人の成立後最初の定時社員総会までの間においては、第百二十三条第一項の貸借対照表をいう。）の負債の部に計上した額の合計額が二百億円以上である一般社団法人をいう。

三　大規模一般財団法人　最終事業年度（各事業年度に係る第百九十九条において準用する第百二十三条第二項に規定する計算書類につき第百九十九条において準用する第百二十六条第二項の承認（第百九十九条において準用する第百二十七条前段に規定する場合にあっては、第百九十九条において準用する第百二十四条第三項の承認）を受けた場合における当該各事業年度のうち最も遅いものをいう。）に係る貸借対照表（第百九十九条において準用する第百二十七条前段に規定する場合にあっては、同条の規定により定時評議員会に報告された貸借対照表をいい、一般財団法人の成立後最初の定時評議員会までの間においては、第百二十三条第一項の貸借対照表をいう。）の負債の部に計上した額の合計額が二百億円以上である一般財団法人をいう。

四　子法人　一般社団法人又は一般財団法人がその経営を支配している法人として法務省令で定めるものをいう。

五　吸収合併　一般社団法人又は一般財団法人が他の一般社団法人又は一般財団法人とする合併であって、合併により消滅する法人の権利義務の全部を合併後存続する法人に承継させるものをいう。

六　新設合併　二以上の一般社団法人又は一般財団法人がする合併であって、合併により消滅する法人の権利義務の全部を合併により設立する法人に承継させるものをいう。

七　公告方法　一般社団法人又は一般財団法人が公告（この法律又は他の法律の規定により官報に掲載する方法によりしなければならないものとされているものを除く。）をする方法をいう。

（法人格）

第三条　一般社団法人及び一般財団法人は、法人とする。

（住所）

第四条　一般社団法人及び一般財団法人の住所は、その主たる事務所の所在地にあるものとする。

第二節　法人の名称

（名称）

第五条①　一般社団法人又は一般財団法人は、その種類に従い、その名称中に一般社団法人又は一般財団法人という文字を用いなければならない。

②　一般社団法人は、その名称中に、一般財団法人であると誤認されるおそれのある文字を用いてはならない。

③　一般財団法人は、その名称中に、一般社団法人であると誤認されるおそれのある文字を用いてはならない。

（一般社団法人又は一般財団法人と誤認させる名称等の使用の禁止）

第六条　一般社団法人又は一般財団法人でない者は、その名称又は商号中に、一般社団法人又は一般財団法人であると誤認されるおそれのある文字を用いてはならない。

第七条①　何人も、不正の目的をもって、他の一般社団法人又は一般財団法人であると誤認されるおそれのある名称又は商号を使用してはならない。

②　前項の規定に違反する名称又は商号の使用によって事業に係る利益を侵害され、又は侵害されるおそれがある一般社団法人又は一般財団法人は、その利益を侵害する者又は侵害するおそれがある者に対し、その侵害の停止又は予防を請求することができる。

（自己の名称の使用を他人に許諾した一般社団法人又は一般財団法人の責任）

第八条　自己の名称を使用して事業又は営業を行うことを他人に許諾した一般社団法人又は一般財団法人は、当該一般社団法人又は一般財団法人が当該事業を行うものと誤認して当該他人と取引をした者に対し、当該他人と連帯して、当該取引によって生じた債務を弁済する責任を負う。

第三節　商法の規定の不適用

第九条　商法（明治三十二年法律第四十八号）第十一条から第十五条まで及び第十九条から第二十四条までの規定は、一般社団法人及び一般財団法人については、適用しない。

第二章　一般社団法人（抄）

第一節　設立（抄）

第一款　定款の作成

（定款の作成）

第一〇条①　一般社団法人を設立するには、その社員になろうとする者（以下「設立時社員」という。）が、共同して定款を作成し、その全員がこれに署名し、又は記名押印しなければならない。

②　前項の定款は、電磁的記録（電子的方式、磁気的方式その他人の知覚によっては認識することができない方式で作られる記録であって、電子計算機による情報処理の用に供されるものとして法務省令で定めるものをいう。以下同じ。）をもって作成することができる。この場合において、当該電磁的記録に記録された情報については、法務省令で定める署名又は記名押印に代わる措置をとらなければならない。

（定款の記載又は記録事項）

第一一条①　一般社団法人の定款には、次に掲げる事項を記載し、又は記録しなければならない。

一　目的

二　名称

三　主たる事務所の所在地

四　設立時社員の氏名又は名称及び住所

五　社員の資格の得喪に関する規定

六　公告方法

七　事業年度

②　社員に剰余金又は残余財産の分配を受ける権利を与える旨の定款の定めは、その効力を有しない。

第一二条　前条第一項各号に掲げる事項のほか、一般社団法人の定款には、この法律の規定により定款の定めがなければその効力を生じない事項及びその他の事項でこの法律の規定に違反しないものを記載し、又は記録することができる。

（定款の認証）

第一三条　第十条第一項の定款は、公証人の認証を受けなければ、その効力を生じない。

（定款の備置き及び閲覧等）

第一四条①　設立時社員（一般社団法人の成立後にあっては、当該一般社団法人）は、定款を設立時社員が定めた場所（一般社団法人の成立後にあっては、その主たる事務所及び従たる事務所）に備え置かなければならない。

②　設立時社員（一般社団法人の成立後にあっては、その社員及

び債権者）は、設立時社員が定めた時間（一般社団法人の成立後にあっては、その業務時間）内は、いつでも、次に掲げる請求をすることができる。ただし、第二号又は第四号に掲げる請求をするには、当該設立時社員（一般社団法人の成立後にあっては、当該一般社団法人）の定めた費用を支払わなければならない。
一　定款が書面をもって作成されているときは、当該書面の閲覧の請求
二　前号の書面の謄本又は抄本の交付の請求
三　定款が電磁的記録をもって作成されているときは、当該電磁的記録に記録された事項を法務省令で定める方法により表示したものの閲覧の請求
四　前号の電磁的記録に記録された事項を電磁的方法（電子情報処理組織を使用する方法その他の情報通信の技術を利用する方法であって法務省令で定めるものをいう。以下同じ。）であって設立時社員（一般社団法人の成立後にあっては、当該一般社団法人）の定めたものにより提供することの請求又はその事項を記載した書面の交付の請求
③　定款が電磁的記録をもって作成されている場合であって、従たる事務所における前項第三号及び第四号に掲げる請求に応じることを可能とするための措置として法務省令で定めるものをとっている一般社団法人についての第一項の規定の適用については、同項中「主たる事務所及び従たる事務所」とあるのは、「主たる事務所」とする。

第二款　設立時役員等の選任及び解任（抄）

第一五条　（略）

（設立時役員等の選任）
第一六条①　設立しようとする一般社団法人が理事会設置一般社団法人（理事会を置く一般社団法人をいう。以下同じ。）である場合には、設立時理事は、三人以上でなければならない。
②　第六十五条第一項又は第六十八条第一項若しくは第三項の規定により成立後の一般社団法人の理事、監事又は会計監査人となることができない者は、それぞれ設立時理事、設立時監事又は設立時会計監査人（以下この款において「設立時役員等」という。）となることができない。
③　第六十五条の二の規定は、設立時理事及び設立時監事について準用する。

第一七条から第一九条まで　（略）

第三款　設立時理事等による調査

（第二〇条）（略）

第四款　設立時代表理事の選定等

第二一条①　設立時理事は、設立しようとする一般社団法人が理事会設置一般社団法人である場合には、設立時理事の中から一般社団法人の設立に際して代表理事（一般社団法人を代表する理事をいう。以下この章及び第三百一条第二項第六号において同じ。）となる者（以下この条及び第三百十八条第二項において「設立時代表理事」という。）を選定しなければならない。
②　設立時理事は、一般社団法人の成立の時までの間、設立時代表理事を解職することができる。
③　前二項の規定による設立時代表理事の選定及び解職は、設立時理事の過半数をもって決定する。

第五款　一般社団法人の成立

第二二条　一般社団法人は、その主たる事務所の所在地において設立の登記をすることによって成立する。

第六款　設立時社員等の責任

（第二三条から第二六条まで）（略）

第二節　社員（抄）

第一款　総則

（経費の負担）
第二七条　社員は、定款で定めるところにより、一般社団法人に対し、経費を支払う義務を負う。

（任意退社）
第二八条①　社員は、いつでも退社することができる。ただし、定款で別段の定めをすることを妨げない。
②　前項ただし書の規定による定款の定めがある場合であっても、やむを得ない事由があるときは、社員は、いつでも退社することができる。

（法定退社）
第二九条　前条の場合のほか、社員は、次に掲げる事由によって退社する。
一　定款で定めた事由の発生
二　総社員の同意
三　死亡又は解散
四　除名

（除名）
第三〇条①　社員の除名は、正当な事由があるときに限り、社員総会の決議によってすることができる。この場合において、一般社団法人は、当該社員に対し、当該社員総会の日から一週間前までにその旨を通知し、かつ、社員総会において弁明する機会を与えなければならない。
②　除名は、除名した社員にその旨を通知しなければ、これをもって当該社員に対抗することができない。

第二款　社員名簿等（抄）

（社員名簿）
第三一条　一般社団法人は、社員の氏名又は名称及び住所を記載し、又は記録した名簿（以下「社員名簿」という。）を作成しなければならない。

（社員名簿の備置き及び閲覧等）
第三二条①　一般社団法人は、社員名簿をその主たる事務所に備え置かなければならない。
②　社員は、一般社団法人の業務時間内は、いつでも、次に掲げる請求をすることができる。この場合においては、当該請求の理由を明らかにしてしなければならない。
一　社員名簿が書面をもって作成されているときは、当該書面の閲覧又は謄写の請求
二　社員名簿が電磁的記録をもって作成されているときは、当該電磁的記録に記録された事項を法務省令で定める方法により表示したものの閲覧又は謄写の請求
③　一般社団法人は、前項の請求があったときは、次のいずれかに該当する場合を除き、これを拒むことができない。
一　当該請求を行う社員（以下この項において「請求者」という。）がその権利の確保又は行使に関する調査以外の目的で請求を行ったとき。
二　請求者が当該一般社団法人の業務の遂行を妨げ、又は社員の共同の利益を害する目的で請求を行ったとき。
三　請求者が社員名簿の閲覧又は謄写によって知り得た事実を利益を得て第三者に通報するため請求を行ったとき。
四　請求者が、過去二年以内において、社員名簿の閲覧又は謄写によって知り得た事実を利益を得て第三者に通報したことがあるものであるとき。

第三三条及び第三四条　（略）

第三節　機関（抄）

第一款　社員総会（抄）

（社員総会の権限）
第三五条①　社員総会は、この法律に規定する事項及び一般社団法人の組織、運営、管理その他一般社団法人に関する一切の事項について決議をすることができる。
②　前項の規定にかかわらず、理事会設置一般社団法人においては、社員総会は、この法律に規定する事項及び定款で定めた事

項に限り、決議をすることができる。

③　前二項の規定にかかわらず、社員総会は、社員に剰余金を分配する旨の決議をすることができない。

④　この法律の規定により社員総会の決議を必要とする事項について、理事、理事会その他の社員総会以外の機関が決定することができることを内容とする定款の定めは、その効力を有しない。

（社員総会の招集）

第三六条①　定時社員総会は、毎事業年度の終了後一定の時期に招集しなければならない。

②　社員総会は、必要がある場合には、いつでも、招集することができる。

③　社員総会は、次条第二項の規定により招集する場合を除き、理事が招集する。

（社員による招集の請求）

第三七条①　総社員の議決権の十分の一（五分の一以下の割合を定款で定めた場合にあっては、その割合）以上の議決権を有する社員は、理事に対し、社員総会の目的である事項及び招集の理由を示して、社員総会の招集を請求することができる。

②　次に掲げる場合には、前項の規定による請求をした社員は、裁判所の許可を得て、社員総会を招集することができる。

一　前項の規定による請求の後遅滞なく招集の手続が行われない場合

二　前項の規定による請求があった日から六週間（これを下回る期間を定款で定めた場合にあっては、その期間）以内の日を社員総会の日とする社員総会の招集の通知が発せられない場合

（社員総会の招集の決定）

第三八条①　理事（前条第二項の規定により社員が社員総会を招集する場合にあっては、当該社員。次条から第四十二条までにおいて同じ。）は、社員総会を招集する場合には、次に掲げる事項を定めなければならない。

一　社員総会の日時及び場所

二　社員総会の目的である事項があるときは、当該事項

三　社員総会に出席しない社員が書面によって議決権を行使することができることとするときは、その旨

四　社員総会に出席しない社員が電磁的方法によって議決権を行使することができることとするときは、その旨

五　前各号に掲げるもののほか、法務省令で定める事項

②　理事会設置一般社団法人においては、前条第二項の規定により社員が社員総会を招集するときを除き、前項各号に掲げる事項の決定は、理事会の決議によらなければならない。

（社員総会の招集の通知）

第三九条①　社員総会を招集するには、理事は、社員総会の日の一週間（理事会設置一般社団法人以外の一般社団法人において、これを下回る期間を定款で定めた場合にあっては、その期間）前までに、社員に対してその通知を発しなければならない。ただし、前条第一項第三号又は第四号に掲げる事項を定めた場合には、社員総会の日の二週間前までにその通知を発しなければならない。

②　次に掲げる場合には、前項の通知は、書面でしなければならない。

一　前条第一項第三号又は第四号に掲げる事項を定めた場合

二　一般社団法人が理事会設置一般社団法人である場合

③　理事は、前項の書面による通知の発出に代えて、政令で定めるところにより、社員の承諾を得て、電磁的方法により通知を発することができる。この場合において、当該理事は、同項の書面による通知を発したものとみなす。

④　前二項の通知には、前条第一項各号に掲げる事項を記載し、又は記録しなければならない。

（招集手続の省略）

第四〇条　前条の規定にかかわらず、社員総会は、社員の全員の同意があるときは、招集の手続を経ることなく開催することができる。ただし、第三十八条第一項第三号又は第四号に掲げる事項を定めた場合は、この限りでない。

第四一条及び第四二条　（略）

（社員提案権）

第四三条①　社員は、理事に対し、一定の事項を社員総会の目的とすることを請求することができる。

②　前項の規定にかかわらず、理事会設置一般社団法人においては、総社員の議決権の三十分の一（これを下回る割合を定款で定めた場合にあっては、その割合）以上の議決権を有する社員に限り、理事に対し、一定の事項を社員総会の目的とすることを請求することができる。この場合において、その請求は、社員総会の日の六週間（これを下回る期間を定款で定めた場合にあっては、その期間）前までにしなければならない。

第四四条　社員は、社員総会において、社員総会の目的である事項につき議案を提出することができる。ただし、当該議案が法令若しくは定款に違反する場合又は実質的に同一の議案につき社員総会において総社員の議決権の十分の一（これを下回る割合を定款で定めた場合にあっては、その割合）以上の賛成を得られなかった日から三年を経過していない場合は、この限りでない。

第四五条①　社員は、理事に対し、社員総会の日の六週間（これを下回る期間を定款で定めた場合にあっては、その期間）前までに、社員総会の目的である事項につき当該社員が提出しようとする議案の要領を社員に通知すること（第三十九条第二項又は第三項の通知をする場合にあっては、その通知に記載し、又は記録すること）を請求することができる。ただし、理事会設置一般社団法人においては、総社員の議決権の三十分の一（これを下回る割合を定款で定めた場合にあっては、その割合）以上の議決権を有する社員に限り、当該請求をすることができる。

②　前項の規定は、同項の議案が法令若しくは定款に違反する場合又は実質的に同一の議案につき社員総会において総社員の議決権の十分の一（これを下回る割合を定款で定めた場合にあっては、その割合）以上の賛成を得られなかった日から三年を経過していない場合には、適用しない。

第四六条から第四七条の六まで　（略）

（議決権の数）

第四八条①　社員は、各一個の議決権を有する。ただし、定款で別段の定めをすることを妨げない。

②　前項ただし書の規定にかかわらず、社員総会において決議をする事項の全部につき社員が議決権を行使することができない旨の定款の定めは、その効力を有しない。

（社員総会の決議）

第四九条①　社員総会の決議は、定款に別段の定めがある場合を除き、総社員の議決権の過半数を有する社員が出席し、出席した当該社員の議決権の過半数をもって行う。

②　前項の規定にかかわらず、次に掲げる社員総会の決議は、総社員の半数以上であって、総社員の議決権の三分の二（これを上回る割合を定款で定めた場合にあっては、その割合）以上に当たる多数をもって行わなければならない。

一　第三十条第一項の社員総会

二　第七十条第一項の社員総会（監事を解任する場合に限る。）

三　第百十三条第一項の社員総会

四　第百四十六条の社員総会

五　第百四十七条の社員総会

六　第百四十八条第三号及び第百五十条の社員総会

七　第二百四十七条、第二百五十一条第一項及び第二百五十七条の社員総会

③　理事会設置一般社団法人においては、社員総会は、第三十八条第一項第二号に掲げる事項以外の事項については、決議をすることができない。ただし、第五十五条第一項若しくは第二項に規定する者の選任又は第百九条第二項の会計監査人の出席を求めることについては、この限りでない。

（議決権の代理行使）

第五〇条① 社員は、代理人によってその議決権を行使することができる。この場合においては、当該社員又は代理人は、代理権を証明する書面を一般社団法人に提出しなければならない。

② 前項の代理権の授与は、社員総会ごとにしなければならない。

③ 第一項の社員又は代理人は、代理権を証明する書面の提出に代えて、政令で定めるところにより、一般社団法人の承諾を得て、当該書面に記載すべき事項を電磁的方法により提供することができる。この場合において、当該社員又は代理人は、当該書面を提出したものとみなす。

④ 社員が第三十九条第三項の承諾をした者である場合には、一般社団法人は、正当な理由がなければ、前項の承諾をすることを拒んではならない。

⑤ 一般社団法人は、社員総会の日から三箇月間、代理権を証明する書面及び第三項の電磁的方法により提供された事項が記録された電磁的記録をその主たる事務所に備え置かなければならない。

⑥ 社員は、一般社団法人の業務時間内は、いつでも、次に掲げる請求をすることができる。この場合においては、当該請求の理由を明らかにしてしなければならない。

一 代理権を証明する書面の閲覧又は謄写の請求

二 前項の電磁的記録に記録された事項を法務省令で定める方法により表示したものの閲覧又は謄写の請求

⑦ 一般社団法人は、前項の請求があったときは、次のいずれかに該当する場合を除き、これを拒むことができない。

一 当該請求を行う社員（以下この項において「請求者」という。）がその権利の確保又は行使に関する調査以外の目的で請求を行ったとき。

二 請求者が当該一般社団法人の業務の遂行を妨げ、又は社員の共同の利益を害する目的で請求を行ったとき。

三 請求者が代理権を証明する書面の閲覧若しくは謄写又は前項第二号の電磁的記録に記録された事項を法務省令で定める方法により表示したものの閲覧若しくは謄写によって知り得た事実を利益を得て第三者に通報するため請求を行ったとき。

四 請求者が、過去二年以内において、代理権を証明する書面の閲覧若しくは謄写又は前項第二号の電磁的記録に記録された事項を法務省令で定める方法により表示したものの閲覧若しくは謄写によって知り得た事実を利益を得て第三者に通報したことがあるものであるとき。

（書面による議決権の行使）

第五一条① 書面による議決権の行使は、議決権行使書面に必要な事項を記載し、法務省令で定める時までに当該記載をした議決権行使書面を一般社団法人に提出して行う。

② 前項の規定により書面によって行使した議決権の数は、出席した社員の議決権の数に算入する。

③ 一般社団法人は、社員総会の日から三箇月間、第一項の規定により提出された議決権行使書面をその主たる事務所に備え置かなければならない。

④ 社員は、一般社団法人の業務時間内は、いつでも、第一項の規定により提出された議決権行使書面の閲覧又は謄写の請求をすることができる。この場合においては、当該請求の理由を明らかにしてしなければならない。

⑤ 一般社団法人は、前項の請求があったときは、次のいずれかに該当する場合を除き、これを拒むことができない。

一 当該請求を行う社員（以下この項において「請求者」という。）がその権利の確保又は行使に関する調査以外の目的で請求を行ったとき。

二 請求者が当該一般社団法人の業務の遂行を妨げ、又は社員の共同の利益を害する目的で請求を行ったとき。

三 請求者が第一項の規定により提出された議決権行使書面の閲覧又は謄写によって知り得た事実を利益を得て第三者に通報するため請求を行ったとき。

四 請求者が、過去二年以内において、第一項の規定により提出された議決権行使書面の閲覧又は謄写によって知り得た事実を利益を得て第三者に通報したことがあるものであるとき。

第五二条（略）

（理事等の説明義務）

第五三条 理事（監事設置一般社団法人にあっては、理事及び監事）は、社員総会において、社員から特定の事項について説明を求められた場合には、当該事項について必要な説明をしなければならない。ただし、当該事項が社員総会の目的である事項に関しないものである場合、その説明をすることにより社員の共同の利益を著しく害する場合その他正当な理由がある場合として法務省令で定める場合は、この限りでない。

（議長の権限）

第五四条① 社員総会の議長は、当該社員総会の秩序を維持し、議事を整理する。

② 社員総会の議長は、その命令に従わない者その他当該社員総会の秩序を乱す者を退場させることができる。

（社員総会に提出された資料等の調査）

第五五条① 社員総会においては、その決議によって、理事、監事及び会計監査人が当該社員総会に提出し、又は提供した資料を調査する者を選任することができる。

② 第三十七条の規定により招集された社員総会においては、その決議によって、一般社団法人の業務及び財産の状況を調査する者を選任することができる。

（延期又は続行の決議）

第五六条 社員総会においてその延期又は続行について決議があった場合には、第三十八条及び第三十九条の規定は、適用しない。

（議事録）

第五七条① 社員総会の議事については、法務省令で定めるところにより、議事録を作成しなければならない。

② 一般社団法人は、社員総会の日から十年間、前項の議事録をその主たる事務所に備え置かなければならない。

③ 一般社団法人は、社員総会の日から五年間、第一項の議事録の写しをその従たる事務所に備え置かなければならない。ただし、当該議事録が電磁的記録をもって作成されている場合であって、従たる事務所における次項第二号に掲げる請求に応じることを可能とするための措置として法務省令で定めるものをとっているときは、この限りでない。

④ 社員及び債権者は、一般社団法人の業務時間内は、いつでも、次に掲げる請求をすることができる。

一 第一項の議事録が書面をもって作成されているときは、当該書面又は当該書面の写しの閲覧又は謄写の請求

二 第一項の議事録が電磁的記録をもって作成されているときは、当該電磁的記録に記録された事項を法務省令で定める方法により表示したものの閲覧又は謄写の請求

（社員総会の決議の省略）

第五八条① 理事又は社員が社員総会の目的である事項について提案をした場合において、当該提案につき社員の全員が書面又は電磁的記録により同意の意思表示をしたときは、当該提案を可決する旨の社員総会の決議があったものとみなす。

② 一般社団法人は、前項の規定により社員総会の決議があったものとみなされた日から十年間、同項の書面又は電磁的記録をその主たる事務所に備え置かなければならない。

③ 社員及び債権者は、一般社団法人の業務時間内は、いつでも、次に掲げる請求をすることができる。

一 前項の書面の閲覧又は謄写の請求

二 前項の電磁的記録に記録された事項を法務省令で定める方法により表示したものの閲覧又は謄写の請求

④ 第一項の規定により定時社員総会の目的である事項のすべてについての提案を可決する旨の社員総会の決議があったものと

みなされた場合には、その時に当該定時社員総会が終結したものとみなす。

第五九条（略）

第二款　社員総会以外の機関の設置

（社員総会以外の機関の設置）

第六〇条① 一般社団法人には、一人又は二人以上の理事を置かなければならない。

② 一般社団法人は、定款の定めによって、理事会、監事又は会計監査人を置くことができる。

（監事の設置義務）

第六一条 理事会設置一般社団法人及び会計監査人設置一般社団法人は、監事を置かなければならない。

（会計監査人の設置義務）

第六二条 大規模一般社団法人は、会計監査人を置かなければならない。

第三款　役員等の選任及び解任

（選任）

第六三条① 役員（理事及び監事をいう。以下この款において同じ。）及び会計監査人は、社員総会の決議によって選任する。

② 前項の決議をする場合には、法務省令で定めるところにより、役員が欠けた場合又はこの法律若しくは定款で定めた役員の員数を欠くこととなるときに備えて補欠の役員を選任することができる。

（一般社団法人と役員等との関係）

第六四条 一般社団法人と役員及び会計監査人との関係は、委任に関する規定に従う。

（役員の資格等）

第六五条① 次に掲げる者は、役員となることができない。

一 法人

二 削除

三 この法律若しくは会社法（平成十七年法律第八十六号）の規定に違反し、又は民事再生法（平成十一年法律第二百二十五号）第二百五十五条、第二百五十六条、第二百五十八条から第二百六十条まで若しくは第二百六十二条の罪、外国倒産処理手続の承認援助に関する法律（平成十二年法律第百二十九号）第六十五条、第六十六条、第六十八条若しくは第六十九条の罪、会社更生法（平成十四年法律第百五十四号）第二百六十六条、第二百六十七条、第二百六十九条から第二百七十一条まで若しくは第二百七十三条の罪若しくは破産法（平成十六年法律第七十五号）第二百六十五条、第二百六十六条、第二百六十八条から第二百七十二条まで若しくは第二百七十四条の罪を犯し、刑に処せられ、その執行を終わり、又はその執行を受けることがなくなった日から二年を経過しない者

四 前号に規定する法律の規定以外の法令の規定に違反し、禁錮以上の刑に処せられ、その執行を終わるまで又はその執行を受けることがなくなるまでの者（刑の執行猶予中の者を除く。）

＊令和四法六八（令和七・六・一六までに施行）**による改正**
第四号中「禁錮」を「拘禁刑」に改める。（本文未織込み）

② 監事は、一般社団法人又はその子法人の理事又は使用人を兼ねることができない。

③ 理事会設置一般社団法人においては、理事は、三人以上でなければならない。

第六五条の二① 成年被後見人が役員に就任するには、その成年後見人が、成年被後見人の同意（後見監督人がある場合にあっては、成年被後見人及び後見監督人の同意）を得た上で、成年被後見人に代わって就任の承諾をしなければならない。

② 被保佐人が役員に就任するには、その保佐人の同意を得なければならない。

③ 第一項の規定は、保佐人が民法（明治二十九年法律第八十九号）第八百七十六条の四第一項の代理権を付与する旨の審判に基づき被保佐人に代わって就任の承諾をする場合について準用する。この場合において、第一項中「成年被後見人の同意（後見監督人がある場合にあっては、成年被後見人及び後見監督人の同意）」とあるのは、「被保佐人の同意」と読み替えるものとする。

④ 成年被後見人又は被保佐人がした役員の資格に基づく行為は、行為能力の制限によっては取り消すことができない。

（理事の任期）

第六六条 理事の任期は、選任後二年以内に終了する事業年度のうち最終のものに関する定時社員総会の終結の時までとする。ただし、定款又は社員総会の決議によって、その任期を短縮することを妨げない。

（監事の任期）

第六七条① 監事の任期は、選任後四年以内に終了する事業年度のうち最終のものに関する定時社員総会の終結の時までとする。ただし、定款によって、その任期を選任後二年以内に終了する事業年度のうち最終のものに関する定時社員総会の終結の時までとすることを限度として短縮することを妨げない。

② 前項の規定は、定款によって、任期の満了前に退任した監事の補欠として選任された監事の任期を退任した監事の任期の満了する時までとすることを妨げない。

③ 前二項の規定にかかわらず、監事を置く旨の定款の定めを廃止する定款の変更をした場合には、監事の任期は、当該定款の変更の効力が生じた時に満了する。

（会計監査人の資格等）

第六八条① 会計監査人は、公認会計士（外国公認会計士（公認会計士法（昭和二十三年法律第百三号）第十六条の二第五項に規定する外国公認会計士をいう。）を含む。以下同じ。）又は監査法人でなければならない。

② 会計監査人に選任された監査法人は、その社員の中から会計監査人の職務を行うべき者を選定し、これを一般社団法人に通知しなければならない。この場合においては、次項第二号に掲げる者を選定することはできない。

③ 次に掲げる者は、会計監査人となることができない。

一 公認会計士法の規定により、第百二十三条第二項に規定する計算書類について監査をすることができない者

二 一般社団法人の子法人若しくはその理事若しくは監事から公認会計士若しくは監査法人の業務以外の業務により継続的な報酬を受けている者又はその配偶者

三 監査法人でその社員の半数以上が前号に掲げる者であるもの

（会計監査人の任期）

第六九条① 会計監査人の任期は、選任後一年以内に終了する事業年度のうち最終のものに関する定時社員総会の終結の時までとする。

② 会計監査人は、前項の定時社員総会において別段の決議がされなかったときは、当該定時社員総会において再任されたものとみなす。

③ 前二項の規定にかかわらず、会計監査人設置一般社団法人が会計監査人を置く旨の定款の定めを廃止する定款の変更をした場合には、会計監査人の任期は、当該定款の変更の効力が生じた時に満了する。

（解任）

第七〇条① 役員及び会計監査人は、いつでも、社員総会の決議によって解任することができる。

② 前項の規定により解任された者は、その解任について正当な理由がある場合を除き、一般社団法人に対し、解任によって生じた損害の賠償を請求することができる。

（監事による会計監査人の解任）

第七一条① 監事は、会計監査人が次のいずれかに該当するとき

は、その会計監査人を解任することができる。
一　職務上の義務に違反し、又は職務を怠ったとき。
二　会計監査人としてふさわしくない非行があったとき。
三　心身の故障のため、職務の執行に支障があり、又はこれに堪えないとき。

②　前項の規定による解任は、監事が二人以上ある場合には、監事の全員の同意によって行わなければならない。

③　第一項の規定により会計監査人を解任したときは、監事（監事が二人以上ある場合にあっては、監事の互選によって定めた監事）は、その旨及び解任の理由を解任後最初に招集される社員総会に報告しなければならない。

（**監事の選任に関する監事の同意等**）

第七二条①　理事は、監事がある場合において、監事の選任に関する議案を社員総会に提出するには、監事（監事が二人以上ある場合にあっては、その過半数）の同意を得なければならない。

②　監事は、理事に対し、監事の選任を社員総会の目的とすること又は監事の選任に関する議案を社員総会に提出することを請求することができる。

（**会計監査人の選任等に関する議案の内容の決定**）

第七三条①　監事設置一般社団法人においては、社員総会に提出する会計監査人の選任及び解任並びに会計監査人を再任しないことに関する議案の内容は、監事が決定する。

②　監事が二人以上ある場合における前項の規定の適用については、同項中「監事が」とあるのは、「監事の過半数をもって」とする。

（**監事等の選任等についての意見の陳述**）

第七四条①　監事は、社員総会において、監事の選任若しくは解任又は辞任について意見を述べることができる。

②　監事を辞任した者は、辞任後最初に招集される社員総会に出席して、辞任した旨及びその理由を述べることができる。

③　理事は、前項の者に対し、同項の社員総会を招集する旨及び第三十八条第一項第一号に掲げる事項を通知しなければならない。

④　第一項の規定は会計監査人について、前二項の規定は会計監査人を辞任した者及び第七十一条第一項の規定により会計監査人を解任された者について、それぞれ準用する。この場合において、第一項中「社員総会において、監事の選任若しくは解任又は辞任について」とあるのは「会計監査人の選任、解任若しくは不再任又は辞任について、社員総会に出席して」と、第二項中「辞任後」とあるのは「解任後又は辞任後」と、「辞任した旨及びその理由」とあるのは「辞任した旨及びその理由又は解任についての意見」と読み替えるものとする。

（**役員等に欠員を生じた場合の措置**）

第七五条①　役員が欠けた場合又はこの法律若しくは定款で定めた役員の員数が欠けた場合には、任期の満了又は辞任により退任した役員は、新たに選任された役員（次項の一時役員の職務を行うべき者を含む。）が就任するまで、なお役員としての権利義務を有する。

②　前項に規定する場合において、裁判所は、必要があると認めるときは、利害関係人の申立てにより、一時役員の職務を行うべき者を選任することができる。

③　裁判所は、前項の一時役員の職務を行うべき者を選任した場合には、一般社団法人がその者に対して支払う報酬の額を定めることができる。

④　会計監査人が欠けた場合又は定款で定めた会計監査人の員数が欠けた場合において、遅滞なく会計監査人が選任されないときは、監事は、一時会計監査人の職務を行うべき者を選任しなければならない。

⑤　第六十八条及び第七十一条の規定は、前項の一時会計監査人の職務を行うべき者について準用する。

第四款　理事

（**業務の執行**）

第七六条①　理事は、定款に別段の定めがある場合を除き、一般社団法人（理事会設置一般社団法人を除く。以下この条において同じ。）の業務を執行する。

②　理事が二人以上ある場合には、一般社団法人の業務は、定款に別段の定めがある場合を除き、理事の過半数をもって決定する。

③　前項の場合には、理事は、次に掲げる事項についての決定を各理事に委任することができない。
一　従たる事務所の設置、移転及び廃止
二　第三十八条第一項各号に掲げる事項
三　理事の職務の執行が法令及び定款に適合することを確保するための体制その他一般社団法人の業務の適正を確保するために必要なものとして法務省令で定める体制の整備
四　第百十四条第一項の規定による定款の定めに基づく第百十一条第一項の責任の免除

④　大規模一般社団法人においては、理事は、前項第三号に掲げる事項を決定しなければならない。

（**一般社団法人の代表**）

第七七条①　理事は、一般社団法人を代表する。ただし、他に代表理事その他一般社団法人を代表する者を定めた場合は、この限りでない。

②　前項本文の理事が二人以上ある場合には、理事は、各自、一般社団法人を代表する。

③　一般社団法人（理事会設置一般社団法人を除く。）は、定款、定款の定めに基づく理事の互選又は社員総会の決議によって、理事の中から代表理事を定めることができる。

④　代表理事は、一般社団法人の業務に関する一切の裁判上又は裁判外の行為をする権限を有する。

⑤　前項の権限に加えた制限は、善意の第三者に対抗することができない。

（**代表者の行為についての損害賠償責任**）

第七八条　一般社団法人は、代表理事その他の代表者がその職務を行うについて第三者に加えた損害を賠償する責任を負う。

（**代表理事に欠員を生じた場合の措置**）

第七九条①　代表理事が欠けた場合又は定款で定めた代表理事の員数が欠けた場合には、任期の満了又は辞任により退任した代表理事は、新たに選定された代表理事（次項の一時代表理事の職務を行うべき者を含む。）が就任するまで、なお代表理事としての権利義務を有する。

②　前項に規定する場合において、裁判所は、必要があると認めるときは、利害関係人の申立てにより、一時代表理事の職務を行うべき者を選任することができる。

③　裁判所は、前項の一時代表理事の職務を行うべき者を選任した場合には、一般社団法人がその者に対して支払う報酬の額を定めることができる。

（**理事の職務を代行する者の権限**）

第八〇条①　民事保全法（平成元年法律第九十一号）第五十六条に規定する仮処分命令により選任された理事又は代表理事の職務を代行する者は、仮処分命令に別段の定めがある場合を除き、一般社団法人の常務に属しない行為をするには、裁判所の許可を得なければならない。

②　前項の規定に違反して行った理事又は代表理事の職務を代行する者の行為は、無効とする。ただし、一般社団法人は、これをもって善意の第三者に対抗することができない。

（**一般社団法人と理事との間の訴えにおける法人の代表**）

第八一条　第七十七条第四項の規定にかかわらず、一般社団法人が理事（理事であった者を含む。以下この条において同じ。）に対し、又は理事が一般社団法人に対して訴えを提起する場合には、社員総会は、当該訴えについて一般社団法人を代表する者を定めることができる。

（**表見代表理事**）

第八二条　一般社団法人は、代表理事以外の理事に理事長その他一般社団法人を代表する権限を有するものと認められる名称を付した場合には、当該理事がした行為について、善意の第三者に対してその責任を負う。

（忠実義務）

第八三条 理事は、法令及び定款並びに社員総会の決議を遵守し、一般社団法人のため忠実にその職務を行わなければならない。

（競業及び利益相反取引の制限）

第八四条① 理事は、次に掲げる場合には、社員総会において、当該取引につき重要な事実を開示し、その承認を受けなければならない。

一 理事が自己又は第三者のために一般社団法人の事業の部類に属する取引をしようとするとき。

二 理事が自己又は第三者のために一般社団法人と取引をしようとするとき。

三 一般社団法人が理事の債務を保証することその他理事以外の者との間において一般社団法人と当該理事との利益が相反する取引をしようとするとき。

② 民法第百八条の規定は、前項の承認を受けた同項第二号又は第三号の取引については、適用しない。

（理事の報告義務）

第八五条 理事は、一般社団法人に著しい損害を及ぼすおそれのある事実があることを発見したときは、直ちに、当該事実を社員（監事設置一般社団法人にあっては、監事）に報告しなければならない。

（業務の執行に関する検査役の選任）

第八六条① 一般社団法人の業務の執行に関し、不正の行為又は法令若しくは定款に違反する重大な事実があることを疑うに足りる事由があるときは、総社員の議決権の十分の一（これを下回る割合を定款で定めた場合にあっては、その割合）以上の議決権を有する社員は、当該一般社団法人の業務及び財産の状況を調査させるため、裁判所に対し、検査役の選任の申立てをすることができる。

② 前項の申立てがあった場合には、裁判所は、これを不適法として却下する場合を除き、検査役を選任しなければならない。

③ 裁判所は、前項の検査役を選任した場合には、一般社団法人が当該検査役に対して支払う報酬の額を定めることができる。

④ 第二項の検査役は、その職務を行うため必要があるときは、一般社団法人の子法人の業務及び財産の状況を調査することができる。

⑤ 第二項の検査役は、必要な調査を行い、当該調査の結果を記載し、又は記録した書面又は電磁的記録（法務省令で定めるものに限る。）を裁判所に提供して報告をしなければならない。

⑥ 裁判所は、前項の報告について、その内容を明瞭にし、又はその根拠を確認するため必要があると認めるときは、第二項の検査役に対し、更に前項の報告を求めることができる。

⑦ 第二項の検査役は、第五項の報告をしたときは、一般社団法人及び検査役の選任の申立てをした社員に対し、同項の書面の写しを交付し、又は同項の電磁的記録に記録された事項を法務省令で定める方法により提供しなければならない。

（裁判所による社員総会招集等の決定）

第八七条① 裁判所は、前条第五項の報告があった場合において、必要があると認めるときは、理事に対し、次に掲げる措置の全部又は一部を命じなければならない。

一 一定の期間内に社員総会を招集すること。

二 前条第五項の調査の結果を社員に通知すること。

② 裁判所が前項第一号に掲げる措置を命じた場合には、理事は、前条第五項の報告の内容を同号の社員総会において開示しなければならない。

③ 前項に規定する場合には、理事（監事設置一般社団法人にあっては、理事及び監事）は、前条第五項の報告の内容を調査し、その結果を第一項第一号の社員総会に報告しなければならない。

（社員による理事の行為の差止め）

第八八条① 社員は、理事が一般社団法人の目的の範囲外の行為その他法令若しくは定款に違反する行為をし、又はこれらの行為をするおそれがある場合において、当該行為によって当該一般社団法人に著しい損害が生ずるおそれがあるときは、当該理事に対し、当該行為をやめることを請求することができる。

② 監事設置一般社団法人における前項の規定の適用については、同項中「著しい損害」とあるのは、「回復することができない損害」とする。

（理事の報酬等）

第八九条 理事の報酬等（報酬、賞与その他の職務執行の対価として一般社団法人等から受ける財産上の利益をいう。以下同じ。）は、定款にその額を定めていないときは、社員総会の決議によって定める。

第五款 理事会（抄）

（理事会の権限等）

第九〇条① 理事会は、すべての理事で組織する。

② 理事会は、次に掲げる職務を行う。

一 理事会設置一般社団法人の業務執行の決定

二 理事の職務の執行の監督

三 代表理事の選定及び解職

③ 理事会は、理事の中から代表理事を選定しなければならない。

④ 理事会は、次に掲げる事項その他の重要な業務執行の決定を理事に委任することができない。

一 重要な財産の処分及び譲受け

二 多額の借財

三 重要な使用人の選任及び解任

四 従たる事務所その他の重要な組織の設置、変更及び廃止

五 理事の職務の執行が法令及び定款に適合することを確保するための体制その他一般社団法人の業務の適正を確保するために必要なものとして法務省令で定める体制の整備

六 第百十四条第一項の規定による定款の定めに基づく第百十一条第一項の責任の免除

⑤ 大規模一般社団法人である理事会設置一般社団法人においては、理事会は、前項第五号に掲げる事項を決定しなければならない。

（理事会設置一般社団法人の理事の権限）

第九一条① 次に掲げる理事は、理事会設置一般社団法人の業務を執行する。

一 代表理事

二 代表理事以外の理事であって、理事会の決議によって理事会設置一般社団法人の業務を執行する理事として選定されたもの

② 前項各号に掲げる理事は、三箇月に一回以上、自己の職務の執行の状況を理事会に報告しなければならない。ただし、定款で毎事業年度に四箇月を超える間隔で二回以上その報告をしなければならない旨を定めた場合は、この限りでない。

（競業及び理事会設置一般社団法人との取引等の制限）

第九二条① 理事会設置一般社団法人における第八十四条の規定の適用については、同条第一項中「社員総会」とあるのは、「理事会」とする。

② 理事会設置一般社団法人においては、第八十四条第一項各号の取引をした理事は、当該取引後、遅滞なく、当該取引についての重要な事実を理事会に報告しなければならない。

（招集権者）

第九三条① 理事会は、各理事が招集する。ただし、理事会を招集する理事を定款又は理事会で定めたときは、その理事が招集する。

② 前項ただし書に規定する場合には、同項ただし書の規定により定められた理事（以下この項及び第百一条第二項において「招集権者」という。）以外の理事は、招集権者に対し、理事会

の目的である事項を示して、理事会の招集を請求することができる。

③ 前項の規定による請求があった日から五日以内に、その請求があった日から二週間以内の日を理事会の日とする理事会の招集の通知が発せられない場合には、その請求をした理事は、理事会を招集することができる。

（招集手続）

第九四条① 理事会を招集する者は、理事会の日の一週間（これを下回る期間を定款で定めた場合にあっては、その期間）前までに、各理事及び各監事に対してその通知を発しなければならない。

② 前項の規定にかかわらず、理事会は、理事及び監事の全員の同意があるときは、招集の手続を経ることなく開催することができる。

（理事会の決議）

第九五条① 理事会の決議は、議決に加わることができる理事の過半数（これを上回る割合を定款で定めた場合にあっては、その割合以上）が出席し、その過半数（これを上回る割合を定款で定めた場合にあっては、その割合以上）をもって行う。

② 前項の決議について特別の利害関係を有する理事は、議決に加わることができない。

③ 理事会の議事については、法務省令で定めるところにより、議事録を作成し、議事録が書面をもって作成されているときは、出席した理事（定款で議事録に署名し、又は記名押印しなければならない者を当該理事会に出席した代表理事とする旨の定めがある場合にあっては、当該代表理事）及び監事は、これに署名し、又は記名押印しなければならない。

④ 前項の議事録が電磁的記録をもって作成されている場合における当該電磁的記録に記録された事項については、法務省令で定める署名又は記名押印に代わる措置をとらなければならない。

⑤ 理事会の決議に参加した理事であって第三項の議事録に異議をとどめないものは、その決議に賛成したものと推定する。

（理事会の決議の省略）

第九六条 理事会設置一般社団法人は、理事が理事会の決議の目的である事項について提案をした場合において、当該提案につき理事（当該事項について議決に加わることができるものに限る。）の全員が書面又は電磁的記録により同意の意思表示をしたとき（監事が当該提案について異議を述べたときを除く。）は、当該提案を可決する旨の理事会の決議があったものとみなす旨を定款で定めることができる。

（議事録等）

第九七条① 理事会設置一般社団法人は、理事会の日（前条の規定により理事会の決議があったものとみなされた日を含む。）から十年間、第九十五条第三項の議事録又は前条の意思表示を記載し、若しくは記録した書面若しくは電磁的記録（以下この条において「議事録等」という。）をその主たる事務所に備え置かなければならない。

② 社員は、その権利を行使するため必要があるときは、裁判所の許可を得て、次に掲げる請求をすることができる。

一 前項の議事録等が書面をもって作成されているときは、当該書面の閲覧又は謄写の請求

二 前項の議事録等が電磁的記録をもって作成されているときは、当該電磁的記録に記録された事項を法務省令で定める方法により表示したものの閲覧又は謄写の請求

③ 債権者は、理事又は監事の責任を追及するため必要があるときは、裁判所の許可を得て、第一項の議事録等について前項各号に掲げる請求をすることができる。

④ 裁判所は、前二項の請求に係る閲覧又は謄写をすることにより、当該理事会設置一般社団法人に著しい損害を及ぼすおそれがあると認めるときは、前二項の許可をすることができない。

第九八条 （略）

第六款　監事

（監事の権限）

第九九条① 監事は、理事の職務の執行を監査する。この場合において、監事は、法務省令で定めるところにより、監査報告を作成しなければならない。

② 監事は、いつでも、理事及び使用人に対して事業の報告を求め、又は監事設置一般社団法人の業務及び財産の状況の調査をすることができる。

③ 監事は、その職務を行うため必要があるときは、監事設置一般社団法人の子法人に対して事業の報告を求め、又はその子法人の業務及び財産の状況の調査をすることができる。

④ 前項の子法人は、正当な理由があるときは、同項の報告又は調査を拒むことができる。

（理事への報告義務）

第一〇〇条 監事は、理事が不正の行為をし、若しくは当該行為をするおそれがあると認めるとき、又は法令若しくは定款に違反する事実若しくは著しく不当な事実があると認めるときは、遅滞なく、その旨を理事（理事会設置一般社団法人にあっては、理事会）に報告しなければならない。

（理事会への出席義務等）

第一〇一条① 監事は、理事会に出席し、必要があると認めるときは、意見を述べなければならない。

② 監事は、前条に規定する場合において、必要があると認めるときは、理事（第九十三条第一項ただし書に規定する場合にあっては、招集権者）に対し、理事会の招集を請求することができる。

③ 前項の規定による請求があった日から五日以内に、その請求があった日から二週間以内の日を理事会の日とする理事会の招集の通知が発せられない場合は、その請求をした監事は、理事会を招集することができる。

（社員総会に対する報告義務）

第一〇二条 監事は、理事が社員総会に提出しようとする議案、書類その他法務省令で定めるものを調査しなければならない。この場合において、法令若しくは定款に違反し、又は著しく不当な事項があると認めるときは、その調査の結果を社員総会に報告しなければならない。

（監事による理事の行為の差止め）

第一〇三条① 監事は、理事が監事設置一般社団法人の目的の範囲外の行為その他法令若しくは定款に違反する行為をし、又はこれらの行為をするおそれがある場合において、当該行為によって当該監事設置一般社団法人に著しい損害が生ずるおそれがあるときは、当該理事に対し、当該行為をやめることを請求することができる。

② 前項の場合において、裁判所が仮処分をもって同項の理事に対し、その行為をやめることを命ずるときは、担保を立てさせないものとする。

（監事設置一般社団法人と理事との間の訴えにおける法人の代表）

第一〇四条① 第七十七条第四項及び第八十一条の規定にかかわらず、監事設置一般社団法人が理事（理事であった者を含む。以下この条において同じ。）に対し、又は理事が監事設置一般社団法人に対して訴えを提起する場合には、当該訴えについては、監事が監事設置一般社団法人を代表する。

② 第七十七条第四項の規定にかかわらず、次に掲げる場合には、監事が監事設置一般社団法人を代表する。

一 監事設置一般社団法人が第二百七十八条第一項の訴えの提起の請求（理事の責任を追及する訴えの提起の請求に限る。）を受ける場合

二 監事設置一般社団法人が第二百八十条第三項の訴訟告知（理事の責任を追及する訴えに係るものに限る。）並びに第二百八十一条第二項の規定による通知及び催告（理事の責任を追及する訴えに係る訴訟における和解に関するものに限る。）を受ける場合

（監事の報酬等）

第一〇五条① 監事の報酬等は、定款にその額を定めていないときは、社員総会の決議によって定める。

② 監事が二人以上ある場合において、各監事の報酬等について定款の定め又は社員総会の決議がないときは、当該報酬等は、前項の報酬等の範囲内において、監事の協議によって定める。

③ 監事は、社員総会において、監事の報酬等について意見を述べることができる。

（費用等の請求）

第一〇六条 監事がその職務の執行について監事設置一般社団法人に対して次に掲げる請求をしたときは、当該監事設置一般社団法人は、当該請求に係る費用又は債務が当該監事の職務の執行に必要でないことを証明した場合を除き、これを拒むことができない。

一 費用の前払の請求

二 支出した費用及び支出の日以後におけるその利息の償還の請求

三 負担した債務の債権者に対する弁済（当該債務が弁済期にない場合にあっては、相当の担保の提供）の請求

第七款 会計監査人

（会計監査人の権限等）

第一〇七条① 会計監査人は、次節の定めるところにより、一般社団法人の計算書類（第百二十三条第二項に規定する計算書類をいう。第百十七条第二項第一号イにおいて同じ。）及びその附属明細書を監査する。この場合において、会計監査人は、法務省令で定めるところにより、会計監査報告を作成しなければならない。

② 会計監査人は、いつでも、次に掲げるものの閲覧及び謄写をし、又は理事及び使用人に対し、会計に関する報告を求めることができる。

一 会計帳簿又はこれに関する資料が書面をもって作成されているときは、当該書面

二 会計帳簿又はこれに関する資料が電磁的記録をもって作成されているときは、当該電磁的記録に記録された事項を法務省令で定める方法により表示したもの

③ 会計監査人は、その職務を行うため必要があるときは、会計監査人設置一般社団法人の子法人に対して会計に関する報告を求め、又は会計監査人設置一般社団法人若しくはその子法人の業務及び財産の状況の調査をすることができる。

④ 前項の子法人は、正当な理由があるときは、同項の報告又は調査を拒むことができる。

⑤ 会計監査人は、その職務を行うに当たっては、次のいずれかに該当する者を使用してはならない。

一 第六十八条第三項第一号又は第二号に掲げる者

二 会計監査人設置一般社団法人又はその子法人の理事、監事又は使用人である者

三 会計監査人設置一般社団法人又はその子法人から公認会計士又は監査法人の業務以外の業務により継続的な報酬を受けている者

（監事に対する報告）

第一〇八条① 会計監査人は、その職務を行うに際して理事の職務の執行に関し不正の行為又は法令若しくは定款に違反する重大な事実があることを発見したときは、遅滞なく、これを監事に報告しなければならない。

② 監事は、その職務を行うため必要があるときは、会計監査人に対し、その監査に関する報告を求めることができる。

（定時社員総会における会計監査人の意見の陳述）

第一〇九条① 第百七条第一項に規定する書類が法令又は定款に適合するかどうかについて会計監査人が監事と意見を異にするときは、会計監査人（会計監査人が監査法人である場合にあっては、その職務を行うべき社員。次項において同じ。）は、定時社員総会に出席して意見を述べることができる。

② 定時社員総会において会計監査人の出席を求める決議があったときは、会計監査人は、定時社員総会に出席して意見を述べなければならない。

（会計監査人の報酬等の決定に関する監事の関与）

第一一〇条 理事は、会計監査人又は一時会計監査人の職務を行うべき者の報酬等を定める場合には、監事（監事が二人以上ある場合にあっては、その過半数）の同意を得なければならない。

第八款 役員等の損害賠償責任

（役員等の一般社団法人に対する損害賠償責任）

第一一一条① 理事、監事又は会計監査人（以下この節及び第三百一条第二項第十一号において「役員等」という。）は、その任務を怠ったときは、一般社団法人に対し、これによって生じた損害を賠償する責任を負う。

② 理事が第八十四条第一項の規定に違反して同項第一号の取引をしたときは、当該取引によって理事又は第三者が得た利益の額は、前項の損害の額と推定する。

③ 第八十四条第一項第二号又は第三号の取引によって一般社団法人に損害が生じたときは、次に掲げる理事は、その任務を怠ったものと推定する。

一 第八十四条第一項の理事

二 一般社団法人が当該取引をすることを決定した理事

三 当該取引に関する理事会の承認の決議に賛成した理事

（一般社団法人に対する損害賠償責任の免除）

第一一二条 前条第一項の責任は、総社員の同意がなければ、免除することができない。

（責任の一部免除）

第一一三条① 前条の規定にかかわらず、役員等の第百十一条第一項の責任は、当該役員等が職務を行うにつき善意でかつ重大な過失がないときは、第一号に掲げる額から第二号に掲げる額（第百十五条第一項において「最低責任限度額」という。）を控除して得た額を限度として、社員総会の決議によって免除することができる。

一 賠償の責任を負う額

二 当該役員等がその在職中に一般社団法人から職務執行の対価として受け、又は受けるべき財産上の利益の一年間当たりの額に相当する額として法務省令で定める方法により算定される額に、次のイからハまでに掲げる役員等の区分に応じ、当該イからハまでに定める数を乗じて得た額

イ 代表理事 六

ロ 代表理事以外の理事であって、次に掲げるもの 四

(1) 理事会の決議によって一般社団法人の業務を執行する理事として選定されたもの

(2) 当該一般社団法人の業務を執行した理事（(1)に掲げる理事を除く。）

(3) 当該一般社団法人の使用人

ハ 理事（イ及びロに掲げるものを除く。）、監事又は会計監査人 二

② 前項の場合には、理事は、同項の社員総会において次に掲げる事項を開示しなければならない。

一 責任の原因となった事実及び賠償の責任を負う額

二 前項の規定により免除することができる額の限度及びその算定の根拠

三 責任を免除すべき理由及び免除額

③ 監事設置一般社団法人においては、理事は、第百十一条第一項の責任の免除（理事の責任の免除に限る。）に関する議案を社員総会に提出するには、監事（監事が二人以上ある場合にあっては、各監事）の同意を得なければならない。

④ 第一項の決議があった場合において、一般社団法人が当該決議後に同項の役員等に対し退職慰労金その他の法務省令で定める財産上の利益を与えるときは、社員総会の承認を受けなければならない。

（理事等による免除に関する定款の定め）

第一一四条① 第百十二条の規定にかかわらず、監事設置一般社団法人（理事が二人以上ある場合に限る。）は、第百十一条第一項の責任について、役員等が職務を行うにつき善意でかつ重大な過失がない場合において、責任の原因となった事実の内容、当該役員等の職務の執行の状況その他の事情を勘案して特に必要と認めるときは、前条第一項の規定により免除することができる額を限度として理事（当該責任を負う理事を除く。）の過半数の同意（理事会設置一般社団法人にあっては、理事会の決議）によって免除することができる旨を定款で定めることができる。

② 前条第三項の規定は、定款を変更して前項の規定による定款の定め（理事の責任を免除することができる旨の定めに限る。）を設ける議案を社員総会に提出する場合、同項の規定による定款の定めに基づく責任の免除（理事の責任の免除に限る。）についての理事の同意を得る場合及び当該責任の免除に関する議案を理事会に提出する場合について準用する。

③ 第一項の規定による定款の定めに基づいて役員等の責任を免除する旨の同意（理事会設置一般社団法人にあっては、理事会の決議）を行ったときは、理事は、遅滞なく、前条第二項各号に掲げる事項及び責任を免除することに異議がある場合には一定の期間内に当該異議を述べるべき旨を社員に通知しなければならない。ただし、当該期間は、一箇月を下ることができない。

④ 総社員（前項の責任を負う役員等であるものを除く。）の議決権の十分の一（これを下回る割合を定款で定めた場合にあっては、その割合）以上の議決権を有する社員が同項の期間内に同項の異議を述べたときは、一般社団法人は、第一項の規定による定款の定めに基づく免除をしてはならない。

⑤ 前条第四項の規定は、第一項の規定による定款の定めに基づき責任を免除した場合について準用する。

（責任限定契約）

第一一五条① 第百十二条の規定にかかわらず、一般社団法人は、理事（業務執行理事（代表理事、代表理事以外の理事であって理事会の決議によって一般社団法人の業務を執行する理事として選定されたもの及び当該一般社団法人の業務を執行したその他の理事をいう。次項及び第百四十一条第三項において同じ。）又は当該一般社団法人の使用人でないものに限る。）、監事又は会計監査人（以下この条及び第三百一条第二項第十二号において「非業務執行理事等」という。）の第百十一条第一項の責任について、当該非業務執行理事等が職務を行うにつき善意でかつ重大な過失がないときは、定款で定めた額の範囲内であらかじめ一般社団法人が定めた額と最低責任限度額とのいずれか高い額を限度とする旨の契約を非業務執行理事等と締結することができる旨を定款で定めることができる。

② 前項の契約を締結した非業務執行理事等が当該一般社団法人の業務執行理事又は使用人に就任したときは、当該契約は、将来に向かってその効力を失う。

③ 第百十三条第三項の規定は、定款を変更して第一項の規定による定款の定め（同項に規定する理事と契約を締結することができる旨の定めに限る。）を設ける議案を社員総会に提出する場合について準用する。

④ 第一項の契約を締結した一般社団法人が、当該契約の相手方である非業務執行理事等が任務を怠ったことにより損害を受けたことを知ったときは、その後最初に招集される社員総会において次に掲げる事項を開示しなければならない。

一 第百十三条第二項第一号及び第二号に掲げる事項

二 当該契約の内容及び当該契約を締結した理由

三 第百十一条第一項の損害のうち、当該非業務執行理事等が賠償する責任を負わないとされた額

⑤ 第百十三条第四項の規定は、非業務執行理事等が第一項の契約によって同項に規定する限度を超える部分について損害を賠償する責任を負わないとされた場合について準用する。

（理事が自己のためにした取引に関する特則）

第一一六条① 第八十四条第一項第二号の取引（自己のためにした取引に限る。）をした理事の第百十一条第一項の責任は、任務を怠ったことが当該理事の責めに帰することができない事由によるものであることをもって免れることができない。

② 前三条の規定は、前項の責任については、適用しない。

（役員等の第三者に対する損害賠償責任）

第一一七条① 役員等がその職務を行うについて悪意又は重大な過失があったときは、当該役員等は、これによって第三者に生じた損害を賠償する責任を負う。

② 次の各号に掲げる者が、当該各号に定める行為をしたときも、前項と同様とする。ただし、その者が当該行為をすることについて注意を怠らなかったことを証明したときは、この限りでない。

一 理事 次に掲げる行為

イ 計算書類及び事業報告並びにこれらの附属明細書に記載し、又は記録すべき重要な事項についての虚偽の記載又は記録

ロ 基金（第百三十一条に規定する基金をいう。）を引き受ける者の募集をする際に通知しなければならない重要な事項についての虚偽の通知又は当該募集のための当該一般社団法人の事業その他の事項に関する説明に用いた資料についての虚偽の記載若しくは記録

ハ 虚偽の登記

ニ 虚偽の公告（第百二十八条第三項に規定する措置を含む。）

二 監事 監査報告に記載し、又は記録すべき重要な事項についての虚偽の記載又は記録

三 会計監査人 会計監査報告に記載し、又は記録すべき重要な事項についての虚偽の記載又は記録

（役員等の連帯責任）

第一一八条 役員等が一般社団法人又は第三者に生じた損害を賠償する責任を負う場合において、他の役員等も当該損害を賠償する責任を負うときは、これらの者は、連帯債務者とする。

第九款 補償契約及び役員等のために締結される保険契約

（第一一八条の二及び第一一八条の三）（略）

第四節 計算

（第一一九条から第一三〇条まで）（略）

第五節 基金（抄）

第一款 基金を引き受ける者の募集（抄）

（基金を引き受ける者の募集等に関する定款の定め）

第一三一条 一般社団法人（一般社団法人の成立前にあっては、設立時社員。次条から第百三十四条まで（第百三十三条第一項第一号を除く。）及び第百三十六条第一号において同じ。）は、基金（この款の規定により一般社団法人に拠出された金銭その他の財産であって、当該一般社団法人が拠出者に対してこの法律及び当該一般社団法人と当該拠出者との間の合意の定めるところに従い返還義務（金銭以外の財産については、拠出時の当該財産の価額に相当する金銭の返還義務）を負うものをいう。以下同じ。）を引き受ける者の募集をすることができる旨を定款で定めることができる。この場合においては、次に掲げる事項を定款で定めなければならない。

一 基金の拠出者の権利に関する規定

二 基金の返還の手続

第一三二条から第一四〇条まで （略）

第二款 基金の返還

（第一四一条から第一四五条まで）（略）

第六節 定款の変更

第一四六条　一般社団法人は、その成立後、社員総会の決議によって、定款を変更することができる。

第七節　事業の譲渡

（第一四七条）（略）

第八節　解散

（解散の事由）

第一四八条　一般社団法人は、次に掲げる事由によって解散する。

一　定款で定めた存続期間の満了
二　定款で定めた解散の事由の発生
三　社員総会の決議
四　社員が欠けたこと。
五　合併（合併により当該一般社団法人が消滅する場合に限る。）
六　破産手続開始の決定
七　第二百六十一条第一項又は第二百六十八条の規定による解散を命ずる裁判

（休眠一般社団法人のみなし解散）

第一四九条①　休眠一般社団法人（一般社団法人であって、当該一般社団法人に関する登記が最後にあった日から五年を経過したものをいう。以下この条において同じ。）は、法務大臣が休眠一般社団法人に対し二箇月以内に法務省令で定めるところによりその主たる事務所の所在地を管轄する登記所に事業を廃止していない旨の届出をすべき旨を官報に公告した場合において、その届出をしないときは、その二箇月の期間の満了の時に、解散したものとみなす。ただし、当該期間内に当該休眠一般社団法人に関する登記がされたときは、この限りでない。

②　登記所は、前項の規定による公告があったときは、休眠一般社団法人に対し、その旨の通知を発しなければならない。

（一般社団法人の継続）

第一五〇条　一般社団法人は、第百四十八条第一号から第三号までに掲げる事由によって解散した場合（前条第一項の規定により解散したものとみなされた場合を含む。）には、第四章の規定による清算が結了するまで（同項の規定により解散したものとみなされた場合にあっては、解散したものとみなされた後三年以内に限る。）、社員総会の決議によって、一般社団法人を継続することができる。

（解散した一般社団法人の合併の制限）

第一五一条　一般社団法人が解散した場合には、当該一般社団法人は、当該一般社団法人が合併後存続する一般社団法人となる合併をすることができない。

第三章　一般財団法人（抄）

第一節　設立（抄）

第一款　定款の作成

（定款の作成）

第一五二条①　一般財団法人を設立するには、設立者（設立者が二人以上あるときは、その全員）が定款を作成し、これに署名し、又は記名押印しなければならない。

②　設立者は、遺言で、次条第一項各号に掲げる事項及び第百五十四条に規定する事項を定めて一般財団法人を設立する意思を表示することができる。この場合においては、遺言執行者は、当該遺言の効力が生じた後、遅滞なく、当該遺言で定めた事項を記載した定款を作成し、これに署名し、又は記名押印しなければならない。

③　第十条第二項の規定は、前二項の定款について準用する。

（定款の記載又は記録事項）

第一五三条①　一般財団法人の定款には、次に掲げる事項を記載し、又は記録しなければならない。

一　目的
二　名称
三　主たる事務所の所在地
四　設立者の氏名又は名称及び住所
五　設立に際して設立者（設立者が二人以上あるときは、各設立者）が拠出をする財産及びその価額
六　設立時評議員（一般財団法人の設立に際して評議員となる者をいう。以下同じ。）、設立時理事（一般財団法人の設立に際して理事となる者をいう。以下この節及び第三百十九条第二項において同じ。）及び設立時監事（一般財団法人の設立に際して監事となる者をいう。以下この節、第二百五十四条第七号及び同項において同じ。）の選任に関する事項
七　設立しようとする一般財団法人が会計監査人設置一般財団法人（会計監査人を置く一般財団法人又はこの法律の規定により会計監査人を置かなければならない一般財団法人をいう。以下同じ。）であるときは、設立時会計監査人（一般財団法人の設立に際して会計監査人となる者をいう。以下この節及び第三百十九条第二項第六号において同じ。）の選任に関する事項
八　評議員の選任及び解任の方法
九　公告方法
十　事業年度

②　前項第五号の財産の価額の合計額は、三百万円を下回ってはならない。

③　次に掲げる定款の定めは、その効力を有しない。

一　第一項第八号の方法として、理事又は理事会が評議員を選任し、又は解任する旨の定款の定め
二　設立者に剰余金又は残余財産の分配を受ける権利を与える旨の定款の定め

第一五四条　前条第一項各号に掲げる事項のほか、一般財団法人の定款には、この法律の規定により定款の定めがなければその効力を生じない事項及びその他の事項でこの法律の規定に違反しないものを記載し、又は記録することができる。

（定款の認証）

第一五五条　第百五十二条第一項及び第二項の定款は、公証人の認証を受けなければ、その効力を生じない。

（定款の備置き及び閲覧等）

第一五六条①　設立者（一般財団法人の成立後にあっては、当該一般財団法人）は、定款を設立者が定めた場所（一般財団法人の成立後にあっては、その主たる事務所及び従たる事務所）に備え置かなければならない。

②　設立者（一般財団法人の成立後にあっては、その評議員及び債権者）は、設立者が定めた時間（一般財団法人の成立後にあっては、その業務時間）内は、いつでも、次に掲げる請求をすることができる。ただし、債権者が第二号又は第四号に掲げる請求をするには、設立者（一般財団法人の成立後にあっては、当該一般財団法人）の定めた費用を支払わなければならない。

一　定款が書面をもって作成されているときは、当該書面の閲覧の請求
二　前号の書面の謄本又は抄本の交付の請求
三　定款が電磁的記録をもって作成されているときは、当該電磁的記録に記録された事項を法務省令で定める方法により表示したものの閲覧の請求
四　前号の電磁的記録に記録された事項を電磁的方法であって設立者（一般財団法人の成立後にあっては、当該一般財団法人）の定めたものにより提供することの請求又はその事項を記載した書面の交付の請求

③　定款が電磁的記録をもって作成されている場合であって、従たる事務所における前項第三号及び第四号に掲げる請求に応じることを可能とするための措置として法務省令で定めるものをとっている一般財団法人についての第一項の規定の適用については、同項中「主たる事務所」とあるのは、「主たる事務所及び従たる事務所」とする。

第二款　財産の拠出

（財産の拠出の履行）

第一五七条① 設立者（第百五十二条第二項の場合にあっては、遺言執行者。以下この条、第百六十一条第二項、第百六十六条から第百六十八条まで、第二百条第二項、第三百十九条第三項及び第七章において同じ。）は、第百五十五条の公証人の認証の後遅滞なく、第百五十三条第一項第五号に規定する拠出に係る金銭の全額を払い込み、又は同号に規定する拠出に係る金銭以外の財産の全部を給付しなければならない。ただし、設立者が定めたとき（設立者が二人以上あるときは、その全員の同意があるとき）は、登記、登録その他権利の設定又は移転を第三者に対抗するために必要な行為は、一般財団法人の成立後にすることを妨げない。

② 前項の規定による払込みは、設立者が定めた銀行等の払込みの取扱いの場所においてしなければならない。

（贈与又は遺贈に関する規定の準用）

第一五八条① 生前の処分で財産の拠出をするときは、その性質に反しない限り、民法の贈与に関する規定を準用する。

② 遺言で財産の拠出をするときは、その性質に反しない限り、民法の遺贈に関する規定を準用する。

第三款　設立時評議員等の選任　から　第五款　設立時代表理事の選定等　まで

（第一五九条から第一六二条まで）（略）

第六款　一般財団法人の成立

（一般財団法人の成立）

第一六三条　一般財団法人は、その主たる事務所の所在地において設立の登記をすることによって成立する。

（財産の帰属時期）

第一六四条① 生前の処分で財産の拠出をしたときは、当該財産は、一般財団法人の成立の時から当該一般財団法人に帰属する。

② 遺言で財産の拠出をしたときは、当該財産は、遺言が効力を生じた時から一般財団法人に帰属したものとみなす。

（財産の拠出の取消しの制限）

第一六五条　設立者（第百五十二条第二項の場合にあっては、その相続人）は、一般財団法人の成立後は、錯誤、詐欺又は強迫を理由として財産の拠出の取消しをすることができない。

第七款　設立者等の責任

（第一六六条から第一六九条まで）（略）

第二節　機関（抄）

第一款　機関の設置

（機関の設置）

第一七〇条① 一般財団法人は、評議員、評議員会、理事、理事会及び監事を置かなければならない。

② 一般財団法人は、定款の定めによって、会計監査人を置くことができる。

（会計監査人の設置義務）

第一七一条　大規模一般財団法人は、会計監査人を置かなければならない。

第二款　評議員等の選任及び解任

（一般財団法人と評議員等との関係）

第一七二条① 一般財団法人と評議員、理事、監事及び会計監査人との関係は、委任に関する規定に従う。

② 理事は、一般財団法人の財産のうち一般財団法人の目的である事業を行うために不可欠なものとして定款で定めた基本財産があるときは、定款で定めるところにより、これを維持しなければならず、かつ、これについて一般財団法人の目的である事業を行うことを妨げることとなる処分をしてはならない。

（評議員の資格等）

第一七三条① 第六十五条第一項及び第六十五条の二の規定は、評議員について準用する。

② 評議員は、一般財団法人又はその子法人の理事、監事又は使用人を兼ねることができない。

③ 評議員は、三人以上でなければならない。

（評議員の任期）

第一七四条① 評議員の任期は、選任後四年以内に終了する事業年度のうち最終のものに関する定時評議員会の終結の時までとする。ただし、定款によって、その任期を選任後六年以内に終了する事業年度のうち最終のものに関する定時評議員会の終結の時まで伸長することを妨げない。

② 前項の規定は、定款によって、任期の満了前に退任した評議員の補欠として選任された評議員の任期を退任した評議員の任期の満了する時までとすることを妨げない。

（評議員に欠員を生じた場合の措置）

第一七五条① この法律又は定款で定めた評議員の員数が欠けた場合には、任期の満了又は辞任により退任した評議員は、新たに選任された評議員（次項の一時評議員の職務を行うべき者を含む。）が就任するまで、なお評議員としての権利義務を有する。

② 前項に規定する場合において、裁判所は、必要があると認めるときは、利害関係人の申立てにより、一時評議員の職務を行うべき者を選任することができる。

③ 裁判所は、前項の一時評議員の職務を行うべき者を選任した場合には、一般財団法人がその者に対して支払う報酬の額を定めることができる。

（理事、監事又は会計監査人の解任）

第一七六条① 理事又は監事が次のいずれかに該当するときは、評議員会の決議によって、その理事又は監事を解任することができる。

一　職務上の義務に違反し、又は職務を怠ったとき。

二　心身の故障のため、職務の執行に支障があり、又はこれに堪えないとき。

② 会計監査人が第七十一条第一項各号のいずれかに該当するときは、評議員会の決議によって、その会計監査人を解任することができる。

（一般社団法人に関する規定の準用）

第一七七条　前章第三節第三款（第六十四条、第六十七条第三項及び第七十条を除く。）の規定は、一般財団法人の理事、監事及び会計監査人の選任及び解任について準用する。この場合において、これらの規定（第六十六条ただし書を除く。）中「社員総会」とあるのは「評議員会」と、第六十六条ただし書中「定款又は社員総会の決議によって」とあるのは「定款によって」と、第六十八条第三項第一号中「第百二十三条第二項」とあるのは「第百九十九条において準用する第百二十三条第二項」と、第七十四条第三項中「第三十八条第一項第一号」とあるのは「第百八十一条第一項第一号」と読み替えるものとする。

第三款　評議員及び評議員会（抄）

（評議員会の権限等）

第一七八条① 評議員会は、すべての評議員で組織する。

② 評議員会は、この法律に規定する事項及び定款で定めた事項に限り、決議をすることができる。

③ この法律の規定により評議員会の決議を必要とする事項について、理事、理事会その他の評議員会以外の機関が決定することができることを内容とする定款の定めは、その効力を有しない。

（評議員会の招集）

第一七九条① 定時評議員会は、毎事業年度の終了後一定の時期に招集しなければならない。

② 評議員会は、必要がある場合には、いつでも、招集することができる。

③ 評議員会は、次条第二項の規定により招集する場合を除き、理事が招集する。

（**評議員による招集の請求**）

第一八〇条① 評議員は、理事に対し、評議員会の目的である事項及び招集の理由を示して、評議員会の招集を請求することができる。

② 次に掲げる場合には、前項の規定による請求をした評議員は、裁判所の許可を得て、評議員会を招集することができる。

一 前項の規定による請求の後遅滞なく招集の手続が行われない場合

二 前項の規定による請求があった日から六週間（これを下回る期間を定款で定めた場合にあっては、その期間）以内の日を評議員会の日とする評議員会の招集の通知が発せられない場合

（**評議員会の招集の決定**）

第一八一条① 評議員会を招集する場合には、理事会の決議によって、次に掲げる事項を定めなければならない。

一 評議員会の日時及び場所

二 評議員会の目的である事項があるときは、当該事項

三 前二号に掲げるもののほか、法務省令で定める事項

② 前項の規定にかかわらず、前条第二項の規定により評議員が評議員会を招集する場合には、当該評議員は、前項各号に掲げる事項を定めなければならない。

（**評議員会の招集の通知**）

第一八二条① 評議員会を招集するには、理事（第百八十条第二項の規定により評議員が評議員会を招集する場合にあっては、当該評議員。次項において同じ。）は、評議員会の日の一週間（これを下回る期間を定款で定めた場合にあっては、その期間）前までに、評議員に対して、書面でその通知を発しなければならない。

② 理事は、前項の書面による通知の発出に代えて、政令で定めるところにより、評議員の承諾を得て、電磁的方法により通知を発することができる。この場合において、当該理事は、同項の書面による通知を発したものとみなす。

③ 前二項の通知には、前条第一項各号に掲げる事項を記載し、又は記録しなければならない。

（**招集手続の省略**）

第一八三条 前条の規定にかかわらず、評議員会は、評議員の全員の同意があるときは、招集の手続を経ることなく開催することができる。

（**評議員提案権**）

第一八四条 評議員は、理事に対し、一定の事項を評議員会の目的とすることを請求することができる。この場合において、その請求は、評議員会の日の四週間（これを下回る期間を定款で定めた場合にあっては、その期間）前までにしなければならない。

第一八五条 評議員は、評議員会において、評議員会の目的である事項につき議案を提出することができる。ただし、当該議案が法令若しくは定款に違反する場合又は実質的に同一の議案につき評議員会において議決に加わることができる評議員の十分の一（これを下回る割合を定款で定めた場合にあっては、その割合）以上の賛成を得られなかった日から三年を経過していない場合は、この限りでない。

第一八六条① 評議員は、理事に対し、評議員会の日の四週間（これを下回る期間を定款で定めた場合にあっては、その期間）前までに、評議員会の目的である事項につき当該評議員が提出しようとする議案の要領を第百八十二条第一項又は第二項の通知に記載し、又は記録して評議員に通知することを請求することができる。

② 前項の規定は、同項の議案が法令若しくは定款に違反する場合又は実質的に同一の議案につき評議員会において議決に加わることができる評議員の十分の一（これを下回る割合を定款で定めた場合にあっては、その割合）以上の賛成を得られなかった日から三年を経過していない場合には、適用しない。

第一八七条及び第一八八条 （略）

（**評議員会の決議**）

第一八九条① 評議員会の決議は、議決に加わることができる評議員の過半数（これを上回る割合を定款で定めた場合にあっては、その割合以上）が出席し、その過半数（これを上回る割合を定款で定めた場合にあっては、その割合以上）をもって行う。

② 前項の規定にかかわらず、次に掲げる評議員会の決議は、議決に加わることができる評議員の三分の二（これを上回る割合を定款で定めた場合にあっては、その割合）以上に当たる多数をもって行わなければならない。

一 第百七十六条第一項の評議員会（監事を解任する場合に限る。）

二 第百九十八条において準用する第百十三条第一項の評議員会

三 第二百条の評議員会

四 第二百一条の評議員会

五 第二百四条の評議員会

六 第二百四十七条、第二百五十一条第一項及び第二百五十七条の評議員会

③ 前二項の決議について特別の利害関係を有する評議員は、議決に加わることができない。

④ 評議員会は、第百八十一条第一項第二号に掲げる事項以外の事項については、決議をすることができない。ただし、第百九十一条第一項若しくは第二項に規定する者の選任又は第百九十七条において準用する第百九条第二項の会計監査人の出席を求めることについては、この限りでない。

（**理事等の説明義務**）

第一九〇条 理事及び監事は、評議員会において、評議員から特定の事項について説明を求められた場合には、当該事項について必要な説明をしなければならない。ただし、当該事項が評議員会の目的である事項に関しないものである場合その他正当な理由がある場合として法務省令で定める場合は、この限りでない。

（**評議員会に提出された資料等の調査**）

第一九一条① 評議員会においては、その決議によって、理事、監事及び会計監査人が当該評議員会に提出し、又は提供した資料を調査する者を選任することができる。

② 第百八十条の規定により招集された評議員会においては、その決議によって、一般財団法人の業務及び財産の状況を調査する者を選任することができる。

（**延期又は続行の決議**）

第一九二条 評議員会においてその延期又は続行について決議があった場合には、第百八十一条及び第百八十二条の規定は、適用しない。

（**議事録**）

第一九三条① 評議員会の議事については、法務省令で定めるところにより、議事録を作成しなければならない。

② 一般財団法人は、評議員会の日から十年間、前項の議事録をその主たる事務所に備え置かなければならない。

③ 一般財団法人は、評議員会の日から五年間、第一項の議事録の写しをその従たる事務所に備え置かなければならない。ただし、当該議事録が電磁的記録をもって作成されている場合であって、従たる事務所における次項第二号に掲げる請求に応じることを可能とするための措置として法務省令で定めるものをとっているときは、この限りでない。

④ 評議員及び債権者は、一般財団法人の業務時間内は、いつでも、次に掲げる請求をすることができる。

一 第一項の議事録が書面をもって作成されているときは、当

該書面又は当該書面の写しの閲覧又は謄写の請求
二　第一項の議事録が電磁的記録をもって作成されているときは、当該電磁的記録に記録された事項を法務省令で定める方法により表示したものの閲覧又は謄写の請求

（**評議員会の決議の省略**）
第一九四条①　理事が評議員会の目的である事項について提案をした場合において、当該提案につき評議員（当該事項について議決に加わることができるものに限る。）の全員が書面又は電磁的記録により同意の意思表示をしたときは、当該提案を可決する旨の評議員会の決議があったものとみなす。
②　一般財団法人は、前項の規定により評議員会の決議があったものとみなされた日から十年間、同項の書面又は電磁的記録をその主たる事務所に備え置かなければならない。
③　評議員及び債権者は、一般財団法人の業務時間内は、いつでも、次に掲げる請求をすることができる。
一　前項の書面の閲覧又は謄写の請求
二　前項の電磁的記録に記録された事項を法務省令で定める方法により表示したものの閲覧又は謄写の請求
④　第一項の規定により定時評議員会の目的である事項のすべてについての提案を可決する旨の評議員会の決議があったものとみなされた場合には、その時に当該定時評議員会が終結したものとみなす。

第一九五条　（略）

（**評議員の報酬等**）
第一九六条　評議員の報酬等の額は、定款で定めなければならない。

第四款　理事、理事会、監事及び会計監査人　から
第六款　補償契約及び役員等のために締結される保険契約　まで
（第一九七条から第一九八条の二まで）（略）

第三節　計算

（第一九九条）（略）

第四節　定款の変更

第二〇〇条①　一般財団法人は、その成立後、評議員会の決議によって、定款を変更することができる。ただし、第百五十三条第一項第一号及び第八号に掲げる事項に係る定款の定めについては、この限りでない。
②　前項ただし書の規定にかかわらず、設立者が同項ただし書に規定する定款の定めを評議員会の決議によって変更することができる旨を第百五十二条第一項又は第二項の定款で定めたときは、評議員会の決議によって、前項ただし書に規定する定款の定めを変更することができる。
③　一般財団法人は、その設立の当時予見することのできなかった特別の事情により、第一項ただし書に規定する定款の定めを変更しなければその運営の継続が不可能又は著しく困難となるに至ったときは、裁判所の許可を得て、評議員会の決議によって、同項ただし書に規定する定款の定めを変更することができる。

第五節　事業の譲渡

第二〇一条　一般財団法人が事業の全部の譲渡をするには、評議員会の決議によらなければならない。

第六節　解散

（**解散の事由**）
第二〇二条①　一般財団法人は、次に掲げる事由によって解散する。
一　定款で定めた存続期間の満了
二　定款で定めた解散の事由の発生
三　基本財産の滅失その他の事由による一般財団法人の目的である事業の成功の不能
四　合併（合併により当該一般財団法人が消滅する場合に限る。）
五　破産手続開始の決定
六　第二百六十一条第一項又は第二百六十八条の規定による解散を命ずる裁判
②　一般財団法人は、前項各号に掲げる事由のほか、ある事業年度及びその翌事業年度に係る貸借対照表上の純資産額がいずれも三百万円未満となった場合においても、当該翌事業年度に関する定時評議員会の終結の時に解散する。
③　新設合併により設立する一般財団法人は、前項に規定する場合のほか、第百九十九条において準用する第百二十三条第一項の貸借対照表及びその成立の日の属する事業年度に係る貸借対照表上の純資産額がいずれも三百万円未満となった場合においても、当該事業年度に関する定時評議員会の終結の時に解散する。

（**休眠一般財団法人のみなし解散**）
第二〇三条①　休眠一般財団法人（一般財団法人であって、当該一般財団法人に関する登記が最後にあった日から五年を経過したものをいう。以下この条において同じ。）は、法務大臣が休眠一般財団法人に対し二箇月以内に法務省令で定めるところによりその主たる事務所の所在地を管轄する登記所に事業を廃止していない旨の届出をすべき旨を官報に公告した場合において、その届出をしないときは、その二箇月の期間の満了の時に、解散したものとみなす。ただし、当該期間内に当該休眠一般財団法人に関する登記がされたときは、この限りでない。
②　登記所は、前項の規定による公告があったときは、休眠一般財団法人に対し、その旨の通知を発しなければならない。

（**一般財団法人の継続**）
第二〇四条　一般財団法人は、次に掲げる場合には、次章の規定による清算が結了するまで（第二号に掲げる場合にあっては、解散したものとみなされた後三年以内に限る。）、評議員会の決議によって、一般財団法人を継続することができる。
一　第二百二条第二項又は第三項の規定による解散後、清算事務年度（第二百二十七条第一項に規定する清算事務年度をいう。）に係る貸借対照表上の純資産額が三百万円以上となった場合
二　前条第一項の規定により解散したものとみなされた場合

（**解散した一般財団法人の合併の制限**）
第二〇五条　一般財団法人が解散した場合には、当該一般財団法人は、当該一般財団法人が合併後存続する一般財団法人となる合併をすることができない。

第四章　清算（抄）

第一節　清算の開始

（**清算の開始原因**）
第二〇六条　一般社団法人又は一般財団法人は、次に掲げる場合には、この章の定めるところにより、清算をしなければならない。
一　解散した場合（第百四十八条第五号又は第二百二条第一項第四号に掲げる事由によって解散した場合及び破産手続開始の決定により解散した場合であって当該破産手続が終了していない場合を除く。）
二　設立の無効の訴えに係る請求を認容する判決が確定した場合
三　設立の取消しの訴えに係る請求を認容する判決が確定した場合

（**清算法人の能力**）
第二〇七条　前条の規定により清算をする一般社団法人又は一般財団法人（以下「清算法人」という。）は、清算の目的の範囲内において、清算が結了するまではなお存続するものとみなす。

第二節　清算法人の機関（抄）

第一款　清算法人における機関の設置

第二〇八条① 清算法人には、一人又は二人以上の清算人を置かなければならない。
② 清算法人は、定款の定めによって、清算人会又は監事を置くことができる。
③ 第二百六条各号に掲げる場合に該当することとなった時において大規模一般社団法人又は大規模一般財団法人であった清算法人は、監事を置かなければならない。
④ 第二章第三節第二款及び前章第二節第一款（評議員及び評議員会に係る部分を除く。）の規定は、清算法人については、適用しない。

第二款　清算人の就任及び解任並びに監事の退任等

（清算人の就任）
第二〇九条① 次に掲げる者は、清算法人の清算人となる。
一　理事（次号又は第三号に掲げる者がある場合を除く。）
二　定款で定める者
三　社員総会又は評議員会の決議によって選任された者
② 前項の規定により清算人となる者がないときは、裁判所は、利害関係人の申立てにより、清算人を選任する。
③ 前二項の規定にかかわらず、第百四十八条第七号又は第二百二条第一項第六号に掲げる事由によって解散した清算法人については、裁判所は、利害関係人若しくは法務大臣の申立てにより又は職権で、清算人を選任する。
④ 第一項及び第二項の規定にかかわらず、第二百六条第二号又は第三号に掲げる場合に該当することとなった清算法人については、裁判所は、利害関係人の申立てにより、清算人を選任する。
⑤ 第六十四条、第六十五条第一項及び第六十五条の二の規定は清算人について、第六十五条第三項の規定は清算人会設置法人（清算人会を置く清算法人をいう。以下同じ。）について、それぞれ準用する。この場合において、同項中「理事は」とあるのは、「清算人は」と読み替えるものとする。

（清算人の解任）
第二一〇条① 清算一般社団法人（一般社団法人である清算法人をいう。以下同じ。）の清算人（前条第二項から第四項までの規定により裁判所が選任したものを除く。）は、いつでも、社員総会の決議によって解任することができる。
② 清算一般財団法人（一般財団法人である清算法人をいう。以下同じ。）の清算人（前条第二項から第四項までの規定により裁判所が選任したものを除く。）が次のいずれかに該当するときは、評議員会の決議によって、その清算人を解任することができる。
一　職務上の義務に違反し、又は職務を怠ったとき。
二　心身の故障のため、職務の執行に支障があり、又はこれに堪えないとき。
③ 重要な事由があるときは、裁判所は、利害関係人の申立てにより、清算人を解任することができる。
④ 第七十五条第一項から第三項までの規定は、清算人について準用する。

（監事の退任等）
第二一一条① 清算法人の監事は、当該清算法人が監事を置く旨の定款の定めを廃止する定款の変更をした場合には、当該定款の変更の効力が生じた時に退任する。
② 次の各号に掲げる規定は、当該各号に定める清算法人については、適用しない。
一　第六十七条（第百七十七条において準用する場合を含む。）　清算法人
二　第百七十四条　清算一般財団法人

第三款　清算人の職務等

（清算人の職務）
第二一二条 清算人は、次に掲げる職務を行う。
一　現務の結了
二　債権の取立て及び債務の弁済
三　残余財産の引渡し

（業務の執行）
第二一三条① 清算人は、清算法人（清算人会設置法人を除く。次項において同じ。）の業務を執行する。
② 清算人が二人以上ある場合には、清算法人の業務は、定款に別段の定めがある場合を除き、清算人の過半数をもって決定する。
③ 前項の場合には、清算人は、次に掲げる事項についての決定を各清算人に委任することができない。
一　従たる事務所の設置、移転及び廃止
二　第三十八条第一項各号に掲げる事項
三　第百八十一条第一項各号に掲げる事項
四　清算人の職務の執行が法令及び定款に適合することを確保するための体制その他清算法人の業務の適正を確保するために必要なものとして法務省令で定める体制の整備
④ 第八十一条から第八十五条まで、第八十八条及び第八十九条の規定は、清算人（同条の規定については、第二百九条第二項から第四項までの規定により裁判所が選任したものを除く。）について準用する。この場合において、第八十一条中「第七十七条第四項」とあるのは「第二百十四条第七項において準用する第七十七条第四項」と、同条、第八十四条第一項及び第八十九条中「社員総会」とあるのは「社員総会又は評議員会」と、第八十二条中「代表理事」とあるのは「代表清算人（第二百十四条第一項に規定する代表清算人をいう。）」と、第八十三条中「並びに社員総会の決議」とあるのは「（清算一般社団法人にあっては、法令及び定款並びに社員総会の決議）」と、第八十五条及び第八十八条第一項中「社員」とあるのは「社員又は評議員」と、第八十五条及び第八十八条第二項中「監事設置一般社団法人」とあるのは「監事設置清算法人（第二百十四条第六項に規定する監事設置清算法人をいう。）」と読み替えるものとする。

（清算法人の代表）
第二一四条① 清算人は、清算法人を代表する。ただし、他に代表清算人（清算法人を代表する清算人をいう。以下同じ。）その他清算法人を代表する者を定めた場合は、この限りでない。
② 前項本文の清算人が二人以上ある場合には、清算人は、各自、清算法人を代表する。
③ 清算法人（清算人会設置法人を除く。）は、定款、定款の定めに基づく清算人（第二百九条第二項から第四項までの規定により裁判所が選任したものを除く。以下この項において同じ。）の互選又は社員総会若しくは評議員会の決議によって、清算人の中から代表清算人を定めることができる。
④ 第二百九条第一項第一号の規定により理事が清算人となる場合において、代表理事（一般社団法人等を代表する理事をいう。以下この項、第二百六十一条第一項第三号、第二百八十九条第二号、第二百九十三条第一号、第三百五条、第三百十五条第一項第二号イ及び第三百二十条第一項において同じ。）を定めていたときは、当該代表理事が代表清算人となる。
⑤ 裁判所は、第二百九条第二項から第四項までの規定により清算人を選任する場合には、その清算人の中から代表清算人を定めることができる。
⑥ 前条第四項において準用する第八十一条の規定、次項において準用する第七十七条第四項の規定及び第二百二十条第八項の規定にかかわらず、監事設置清算法人（監事を置く清算法人又はこの法律の規定により監事を置かなければならない清算法人をいう。以下同じ。）が清算人（清算人であった者を含む。以下この項において同じ。）に対し、又は清算人が監事設置清算法人に対して訴えを提起する場合には、当該訴えについては、監事が監事設置清算法人を代表する。

⑦ 第七十七条第四項及び第五項並びに第七十九条の規定は代表清算人について、第八十条の規定は民事保全法第五十六条に規定する仮処分命令により選任された清算人又は代表清算人の職務を代行する者について、それぞれ準用する。

（**清算法人についての破産手続の開始**）

第二一五条① 清算法人の財産がその債務を完済するのに足りないことが明らかになったときは、清算人は、直ちに破産手続開始の申立てをしなければならない。

② 清算人は、清算法人が破産手続開始の決定を受けた場合において、破産管財人にその事務を引き継いだときは、その任務を終了したものとする。

③ 前項に規定する場合において、清算法人が既に債権者に支払い、又は残余財産の帰属すべき者に引き渡したものがあるときは、破産管財人は、これを取り戻すことができる。

（**裁判所の選任する清算人の報酬**）

第二一六条 裁判所は、第二百九条第二項から第四項までの規定により清算人を選任した場合には、清算法人が当該清算人に対して支払う報酬の額を定めることができる。

（**清算人の清算法人に対する損害賠償責任**）

第二一七条① 清算人は、その任務を怠ったときは、清算法人に対し、これによって生じた損害を賠償する責任を負う。

② 清算人が第二百十三条第四項において準用する第八十四条第一項の規定に違反して同項第一号の取引をしたときは、当該取引により清算人又は第三者が得た利益の額は、前項の損害の額と推定する。

③ 第二百十三条第四項において準用する第八十四条第一項第二号又は第三号の取引によって清算法人に損害が生じたときは、次に掲げる清算人は、その任務を怠ったものと推定する。

一 第二百十三条第四項において準用する第八十四条第一項の清算人

二 清算法人が当該取引をすることを決定した清算人

三 当該取引に関する清算人会の承認の決議に賛成した清算人

④ 第百十二条及び第百十六条第一項の規定は、清算人の第一項の責任について準用する。この場合において、第百十二条中「総社員」とあるのは「総社員又は総評議員」と、第百十六条第一項中「第八十四条第一項第二号」とあるのは「第二百十三条第四項において準用する第八十四条第一項第二号」と読み替えるものとする。

（**清算人の第三者に対する損害賠償責任**）

第二一八条① 清算人がその職務を行うについて悪意又は重大な過失があったときは、当該清算人は、これによって第三者に生じた損害を賠償する責任を負う。

② 清算人が、次に掲げる行為をしたときも、前項と同様とする。ただし、当該清算人が当該行為をすることについて注意を怠らなかったことを証明したときは、この限りでない。

一 第二百二十五条第一項に規定する財産目録等並びに第二百二十七条第一項の貸借対照表及び事務報告並びにこれらの附属明細書に記載し、又は記録すべき重要な事項についての虚偽の記載又は記録

二 虚偽の登記

三 虚偽の公告

四 基金を引き受ける者の募集をする際に通知しなければならない重要な事項についての虚偽の通知又は当該募集のための当該清算一般社団法人の事業その他の事項に関する説明に用いた資料についての虚偽の記載若しくは記録

（**清算人等の連帯責任**）

第二一九条① 清算人、監事又は評議員が清算法人又は第三者に生じた損害を賠償する責任を負う場合において、他の清算人、監事又は評議員も当該損害を賠償する責任を負うときは、これらの者は、連帯債務者とする。

② 前項の場合には、第百十八条（第百九十八条において準用する場合を含む。）の規定は、適用しない。

第四款 清算人会 及び 第五款 理事等に関する規定の適用

（第二二〇条から第二二四条まで）（略）

第三節 財産目録等

（第二二五条から第二三二条まで）（略）

第四節 債務の弁済

（**債権者に対する公告等**）

第二三三条① 清算法人は、第二百六条各号に掲げる場合に該当することとなった後、遅滞なく、当該清算法人の債権者に対し、一定の期間内にその債権を申し出るべき旨を官報に公告し、かつ、知れている債権者には、各別にこれを催告しなければならない。ただし、当該期間は、二箇月を下ることができない。

② 前項の規定による公告には、当該債権者が当該期間内に申出をしないときは清算から除斥される旨を付記しなければならない。

（**債務の弁済の制限**）

第二三四条① 清算法人は、前条第一項の期間内は、債務の弁済をすることができない。この場合において、清算法人は、その債務の不履行によって生じた責任を免れることができない。

② 前項の規定にかかわらず、清算法人は、前条第一項の期間内であっても、裁判所の許可を得て、少額の債権、清算法人の財産につき存する担保権によって担保される債権その他これを弁済しても他の債権者を害するおそれがない債権に係る債務について、その弁済をすることができる。この場合において、当該許可の申立ては、清算人が二人以上あるときは、その全員の同意によってしなければならない。

（**条件付債権等に係る債務の弁済**）

第二三五条① 清算法人は、条件付債権、存続期間が不確定な債権その他その額が不確定な債権に係る債務を弁済することができる。この場合においては、これらの債権を評価させるため、裁判所に対し、鑑定人の選任の申立てをしなければならない。

② 前項の場合には、清算法人は、同項の鑑定人の評価に従い同項の債権に係る債務を弁済しなければならない。

③ 第一項の鑑定人の選任の手続に関する費用は、清算法人の負担とする。当該鑑定人による鑑定のための呼出し及び質問に関する費用についても、同様とする。

（**基金の返還の制限**）

第二三六条 基金の返還に係る債務の弁済は、その余の清算一般社団法人の債務の弁済がされた後でなければ、することができない。

（**債務の弁済前における残余財産の引渡しの制限**）

第二三七条 清算法人は、当該清算法人の債務を弁済した後でなければ、その財産の引渡しをすることができない。ただし、その存否又は額について争いのある債権に係る債務についてその弁済をするために必要と認められる財産を留保した場合は、この限りでない。

（**清算からの除斥**）

第二三八条① 清算法人の債権者（知れている債権者を除く。）であって第二百三十三条第一項の期間内にその債権の申出をしなかったものは、清算から除斥される。

② 前項の規定により清算から除斥された債権者は、引渡しがされていない残余財産に対してのみ、弁済を請求することができる。

第五節 残余財産の帰属

第二三九条① 残余財産の帰属は、定款で定めるところによる。

② 前項の規定により残余財産の帰属が定まらないときは、その帰属は、清算法人の社員総会又は評議員会の決議によって定める。

③ 前二項の規定により帰属が定まらない残余財産は、国庫に帰属する。

第六節　清算事務の終了等

（清算事務の終了等）

第二四〇条①　清算法人は、清算事務が終了したときは、遅滞なく、法務省令で定めるところにより、決算報告を作成しなければならない。

②　清算人会設置法人においては、決算報告は、清算人会の承認を受けなければならない。

③　清算人は、決算報告（前項の規定の適用がある場合にあっては、同項の承認を受けたもの）を社員総会又は評議員会に提出し、又は提供し、その承認を受けなければならない。

④　前項の承認があったときは、任務を怠ったことによる清算人の損害賠償の責任は、免除されたものとみなす。ただし、清算人の職務の執行に関し不正の行為があったときは、この限りでない。

（帳簿資料の保存）

第二四一条①　清算人（清算人会設置法人にあっては、第二百二十条第七項各号に掲げる清算人）は、清算法人の主たる事務所の所在地における清算結了の登記の時から十年間、清算法人の帳簿並びにその事業及び清算に関する重要な資料（以下この条において「帳簿資料」という。）を保存しなければならない。

②　裁判所は、利害関係人の申立てにより、前項の清算人に代わって帳簿資料を保存する者を選任することができる。この場合においては、同項の規定は、適用しない。

③　前項の規定により選任された者は、清算法人の主たる事務所の所在地における清算結了の登記の時から十年間、帳簿資料を保存しなければならない。

④　第二項の規定による選任の手続に関する費用は、清算法人の負担とする。

第五章　合併

（第二四二条から第二六〇条まで）（略）

第六章　雑則（抄）

第一節　解散命令（抄）

（解散命令）

第二六一条①　裁判所は、次に掲げる場合において、公益を確保するため一般社団法人等の存立を許すことができないと認めるときは、法務大臣又は社員、評議員、債権者その他の利害関係人の申立てにより、一般社団法人等の解散を命ずることができる。

一　一般社団法人等の設立が不法な目的に基づいてされたとき。

二　一般社団法人等が正当な理由がないのにその成立の日から一年以内にその事業を開始せず、又は引き続き一年以上その事業を休止したとき。

三　業務執行理事（代表理事、代表理事以外の理事であって理事会の決議によって一般社団法人等の業務を執行する理事として選定されたもの及び当該一般社団法人等の業務を執行したその他の理事をいう。）が、法令若しくは定款で定める一般社団法人等の権限を逸脱し若しくは濫用する行為又は刑罰法令に触れる行為をした場合において、法務大臣から書面による警告を受けたにもかかわらず、なお継続的に又は反復して当該行為をしたとき。

②　社員、評議員、債権者その他の利害関係人が前項の申立てをしたときは、裁判所は、一般社団法人等の申立てにより、同項の申立てをした者に対し、相当の担保を立てるべきことを命ずることができる。

③　一般社団法人等は、前項の規定による申立てをするには、第一項の申立てが悪意によるものであることを疎明しなければならない。

④　民事訴訟法（平成八年法律第百九号）第七十五条第五項及び第七項並びに第七十六条から第八十条までの規定は、第二項の規定により第一項の申立てについて立てるべき担保について準用する。

第二六二条及び第二六三条　（略）

第二節　訴訟（抄）

第一款　一般社団法人等の組織に関する訴え（抄）

（一般社団法人等の組織に関する行為の無効の訴え）

第二六四条①　次の各号に掲げる行為の無効は、当該各号に定める期間に、訴えをもってのみ主張することができる。

一　一般社団法人等の設立　一般社団法人等の成立の日から二年以内

二　一般社団法人等の吸収合併　吸収合併の効力が生じた日から六箇月以内

三　一般社団法人等の新設合併　新設合併の効力が生じた日から六箇月以内

②　次の各号に掲げる行為の無効の訴えは、当該各号に定める者に限り、提起することができる。

一　前項第一号に掲げる行為　設立する一般社団法人等の社員等（社員、評議員、理事、監事又は清算人をいう。以下この款において同じ。）

二　前項第二号に掲げる行為　当該行為の効力が生じた日において吸収合併をする一般社団法人等の社員等であった者又は吸収合併存続法人の社員等、破産管財人若しくは吸収合併について承認をしなかった債権者

三　前項第三号に掲げる行為　当該行為の効力が生じた日において新設合併をする一般社団法人等の社員等であった者又は新設合併設立法人の社員等、破産管財人若しくは新設合併について承認をしなかった債権者

（社員総会等の決議の不存在又は無効の確認の訴え）

第二六五条①　社員総会又は評議員会（以下この款及び第三百十五条第一項第一号ロにおいて「社員総会等」という。）の決議については、決議が存在しないことの確認を、訴えをもって請求することができる。

②　社員総会等の決議については、決議の内容が法令に違反することを理由として、決議が無効であることの確認を、訴えをもって請求することができる。

（社員総会等の決議の取消しの訴え）

第二六六条①　次に掲げる場合には、社員等は、社員総会等の決議の日から三箇月以内に、訴えをもって当該決議の取消しを請求することができる。当該決議の取消しにより社員等（第七十五条第一項（第百七十七条及び第二百十条第四項において準用する場合を含む。）又は第百七十五条第一項の規定により理事、監事、清算人又は評議員としての権利義務を有する者を含む。）となる者も、同様とする。

一　社員総会等の招集の手続又は決議の方法が法令若しくは定款に違反し、又は著しく不公正なとき。

二　社員総会等の決議の内容が定款に違反するとき。

三　社員総会の決議について特別の利害関係を有する社員が議決権を行使したことによって、著しく不当な決議がされたとき。

②　前項の訴えの提起があった場合において、社員総会等の招集の手続又は決議の方法が法令又は定款に違反するときであっても、裁判所は、その違反する事実が重大でなく、かつ、決議に影響を及ぼさないものであると認めるときは、同項の規定による請求を棄却することができる。

（一般社団法人等の設立の取消しの訴え）

第二六七条　次の各号に掲げる場合には、当該各号に定める者は、一般社団法人等の成立の日から二年以内に、訴えをもって一般社団法人等の設立の取消しを請求することができる。

一　社員又は設立者が民法その他の法律の規定により設立に係る意思表示を取り消すことができるとき　当該社員又は設立者

二　設立者がその債権者を害することを知って一般財団法人を

設立したとき　当該債権者

第二六八条　（略）

（被告）

第二六九条　次の各号に掲げる訴え（以下この節において「一般社団法人等の組織に関する訴え」と総称する。）については、当該各号に定める者を被告とする。

一　一般社団法人等の設立の無効の訴え　設立する一般社団法人等

二　一般社団法人等の吸収合併の無効の訴え　吸収合併存続法人

三　一般社団法人等の新設合併の無効の訴え　新設合併設立法人

四　社員総会等の決議が存在しないこと又は社員総会等の決議の内容が法令に違反することを理由として当該決議が無効であることの確認の訴え　当該一般社団法人等

五　社員総会等の決議の取消しの訴え　当該一般社団法人等

六　第二百六十七条第一号の規定による一般社団法人等の設立の取消しの訴え　当該一般社団法人等

七　第二百六十七条第二号の規定による一般財団法人の設立の取消しの訴え　当該一般財団法人及び同号の設立者

八　一般社団法人等の解散の訴え　当該一般社団法人等

第二七〇条から第二七二条まで　（略）

（認容判決の効力が及ぶ者の範囲）

第二七三条　一般社団法人等の組織に関する訴えに係る請求を認容する確定判決は、第三者に対してもその効力を有する。

（無効又は取消しの判決の効力）

第二七四条　一般社団法人等の組織に関する訴え（第二百六十九条第一号から第三号まで、第六号及び第七号に掲げる訴えに限る。）に係る請求を認容する判決が確定したときは、当該判決において無効とされ、又は取り消された行為（当該行為によって一般社団法人等が設立された場合にあっては、当該設立を含む。）は、将来に向かってその効力を失う。

第二七五条　（略）

（設立の無効又は取消しの判決の効力）

第二七六条①　一般社団法人の設立の無効又は取消しの訴えに係る請求を認容する判決が確定した場合において、その無効又は取消しの原因が一部の社員のみにあるときは、他の社員の全員の同意によって、当該一般社団法人を継続することができる。この場合においては、当該原因がある社員は、退社したものとみなす。

②　前項前段の規定は、一般財団法人の設立の無効又は取消しの訴えに係る請求を認容する判決が確定した場合について準用する。この場合において、同項中「社員」とあるのは、「設立者」と読み替えるものとする。

第二七七条　（略）

第二款　一般社団法人における責任追及の訴え

（責任追及の訴え）

第二七八条①　社員は、一般社団法人に対し、書面その他の法務省令で定める方法により、設立時社員、設立時理事、役員等（第百十一条第一項に規定する役員等をいう。第三項において同じ。）又は清算人の責任を追及する訴え（以下この款において「責任追及の訴え」という。）の提起を請求することができる。ただし、責任追及の訴えが当該社員若しくは第三者の不正な利益を図り又は当該一般社団法人に損害を加えることを目的とする場合は、この限りでない。

②　一般社団法人が前項の規定による請求の日から六十日以内に責任追及の訴えを提起しないときは、当該請求をした社員は、一般社団法人のために、責任追及の訴えを提起することができる。

③　一般社団法人は、第一項の規定による請求の日から六十日以内に責任追及の訴えを提起しない場合において、当該請求をした社員又は同項の設立時社員、設立時理事、役員等若しくは清算人から請求を受けたときは、当該請求をした者に対し、遅滞なく、責任追及の訴えを提起しない理由を書面その他の法務省令で定める方法により通知しなければならない。

④　第一項及び第二項の規定にかかわらず、同項の期間の経過により一般社団法人に回復することができない損害が生ずるおそれがある場合には、第一項の社員は、一般社団法人のために、直ちに責任追及の訴えを提起することができる。ただし、同項ただし書に規定する場合は、この限りでない。

⑤　第二項又は前項の責任追及の訴えは、訴訟の目的の価額の算定については、財産権上の請求でない請求に係る訴えとみなす。

⑥　社員が責任追及の訴えを提起したときは、裁判所は、被告の申立てにより、当該社員に対し、相当の担保を立てるべきことを命ずることができる。

⑦　被告が前項の申立てをするには、責任追及の訴えの提起が悪意によるものであることを疎明しなければならない。

（訴えの管轄）

第二七九条　責任追及の訴えは、一般社団法人の主たる事務所の所在地を管轄する地方裁判所の管轄に専属する。

（訴訟参加）

第二八〇条①　社員又は一般社団法人は、共同訴訟人として、又は当事者の一方を補助するため、責任追及の訴えに係る訴訟に参加することができる。ただし、不当に訴訟手続を遅延させることとなるとき、又は裁判所に対し過大な事務負担を及ぼすこととなるときは、この限りでない。

②　監事設置一般社団法人が、理事及び清算人並びにこれらの者であった者を補助するため、責任追及の訴えに係る訴訟に参加するには、監事（監事が二人以上ある場合にあっては、各監事）の同意を得なければならない。

③　社員は、責任追及の訴えを提起したときは、遅滞なく、一般社団法人に対し、訴訟告知をしなければならない。

④　一般社団法人は、責任追及の訴えを提起したとき、又は前項の訴訟告知を受けたときは、遅滞なく、その旨を社員に通知しなければならない。

（和解）

第二八〇条の二　監事設置一般社団法人が、当該監事設置一般社団法人の理事及び清算人並びにこれらの者であった者の責任を追及する訴えに係る訴訟における和解をするには、監事（監事が二人以上ある場合にあっては、各監事）の同意を得なければならない。

第二八一条①　民事訴訟法第二百六十七条の規定は、一般社団法人が責任追及の訴えに係る訴訟における和解の当事者でない場合には、当該訴訟における訴訟の目的については、適用しない。ただし、当該一般社団法人の承認がある場合は、この限りでない。

②　前項に規定する場合において、裁判所は、一般社団法人に対し、和解の内容を通知し、かつ、当該和解に異議があるときは二週間以内に異議を述べるべき旨を催告しなければならない。

③　一般社団法人が前項の期間内に書面により異議を述べなかったときは、同項の規定による通知の内容で社員が和解をすることを承認したものとみなす。

④　第二十五条、第百十二条（第二百十七条第四項において準用する場合を含む。）及び第百四十一条第五項（同項ただし書に規定する超過額を超えない部分について負う責任に係る部分に限る。）の規定は、責任追及の訴えに係る訴訟における和解をする場合には、適用しない。

（費用等の請求）

第二八二条①　責任追及の訴えを提起した社員が勝訴（一部勝訴を含む。）した場合において、当該責任追及の訴えに係る訴訟に関し、必要な費用（訴訟費用を除く。）を支出したとき又は弁護士、弁護士法人若しくは弁護士・外国法事務弁護士共同法人に報酬を支払うべきときは、当該一般社団法人に対し、その費用の額の範囲内又はその報酬額の範囲内で相当と認められる額の支払を請求することができる。

②責任追及の訴えを提起した社員が敗訴した場合であっても、悪意があったときを除き、当該社員は、当該一般社団法人に対し、これによって生じた損害を賠償する義務を負わない。

③前二項の規定は、第二百八十条第一項の規定により同項の訴訟に参加した社員について準用する。

（再審の訴え）

第二八三条① 責任追及の訴えが提起された場合において、原告及び被告が共謀して責任追及の訴えに係る訴訟の目的である一般社団法人の権利を害する目的をもって判決をさせたときは、一般社団法人又は社員は、確定した終局判決に対し、再審の訴えをもって、不服を申し立てることができる。

②前条の規定は、前項の再審の訴えについて準用する。

第三款　一般社団法人等の役員等の解任の訴え

（一般社団法人等の役員等の解任の訴え）

第二八四条 理事、監事又は評議員（以下この款において「役員等」という。）の職務の執行に関し不正の行為又は法令若しくは定款に違反する重大な事実があったにもかかわらず、当該役員等を解任する旨の議案が社員総会又は評議員会において否決されたときは、次に掲げる者は、当該社員総会又は評議員会の日から三十日以内に、訴えをもって当該役員等の解任を請求することができる。

一　総社員（当該請求に係る理事又は監事である社員を除く。）の議決権の十分の一（これを下回る割合を定款で定めた場合にあっては、その割合）以上の議決権を有する社員（当該請求に係る理事又は監事である社員を除く。）

二　評議員

（被告）

第二八五条 前条の訴え（次条及び第三百十五条第一項第一号ニにおいて「一般社団法人等の役員等の解任の訴え」という。）については、当該一般社団法人等及び前条の役員等を被告とする。

（訴えの管轄）

第二八六条 一般社団法人等の役員等の解任の訴えは、当該一般社団法人等の主たる事務所の所在地を管轄する地方裁判所の管轄に専属する。

第三節　非訟（抄）

第一款　総則（抄）

（非訟事件の管轄）

第二八七条① この法律の規定による非訟事件（次項に規定する事件を除く。）は、一般社団法人等の主たる事務所の所在地を管轄する地方裁判所の管轄に属する。

②第二百七十五条第四項の申立てに係る事件は、同条第一項各号に掲げる行為の無効の訴えの第一審の受訴裁判所の管轄に属する。

第二款　解散命令の手続に関する特則

第二八八条から第二九五条まで（略）

第四節　登記（抄）

第一款　総則（抄）

（第二九六条から第二九八条まで）（略）

（登記の効力）

第二九九条① この法律の規定により登記すべき事項は、登記の後でなければ、これをもって善意の第三者に対抗することができない。登記の後であっても、第三者が正当な事由によってその登記があることを知らなかったときは、同様とする。

②故意又は過失によって不実の事項を登記した者は、その事項が不実であることをもって善意の第三者に対抗することができない。

第三〇〇条（略）

第二款　主たる事務所の所在地における登記（抄）

（一般社団法人の設立の登記）

第三〇一条① 一般社団法人の設立の登記は、その主たる事務所の所在地において、次に掲げる日のいずれか遅い日から二週間以内にしなければならない。

一　第二十条第一項の規定による調査が終了した日

二　設立時社員が定めた日

②前項の登記においては、次に掲げる事項を登記しなければならない。

一　目的

二　名称

三　主たる事務所及び従たる事務所の所在場所

四　一般社団法人の存続期間又は解散の事由についての定款の定めがあるときは、その定め

四の二　第四十七条の二の規定による電子提供措置をとる旨の定款の定めがあるときは、その定め

五　理事の氏名

六　代表理事の氏名及び住所

七　理事会設置一般社団法人であるときは、その旨

八　監事設置一般社団法人であるときは、その旨及び監事の氏名

九　会計監査人設置一般社団法人であるときは、その旨及び会計監査人の氏名又は名称

十　第七十五条第四項の規定により選任された一時会計監査人の職務を行うべき者を置いたときは、その氏名又は名称

十一　第百十四条第一項の規定による役員等の責任の免除についての定款の定めがあるときは、その定め

十二　第百十五条第一項の規定による非業務執行理事等が負う責任の限度に関する契約の締結についての定款の定めがあるときは、その定め

十三　第百二十八条第三項の規定による措置をとることとするときは、同条第一項に規定する貸借対照表の内容である情報について不特定多数の者がその提供を受けるために必要な事項であって法務省令で定めるもの

十四　公告方法

十五　前号の公告方法が電子公告（第三百三十一条第一項第三号に規定する電子公告をいう。以下この号及び次条第二項第十三号において同じ。）であるときは、次に掲げる事項

イ　電子公告により公告すべき内容である情報について不特定多数の者がその提供を受けるために必要な事項であって法務省令で定めるもの

ロ　第三百三十一条第二項後段の規定による定款の定めがあるときは、その定め

（一般財団法人の設立の登記）

第三〇二条① 一般財団法人の設立の登記は、その主たる事務所の所在地において、次に掲げる日のいずれか遅い日から二週間以内にしなければならない。

一　第百六十一条第一項の規定による調査が終了した日

二　設立者が定めた日

②前項の登記においては、次に掲げる事項を登記しなければならない。

一　目的

二　名称

三　主たる事務所及び従たる事務所の所在場所

四　一般財団法人の存続期間又は解散の事由についての定款の定めがあるときは、その定め

五　評議員、理事及び監事の氏名

六　代表理事の氏名及び住所

七　会計監査人設置一般財団法人であるときは、その旨及び会計監査人の氏名又は名称

八　第百七十七条において準用する第七十五条第四項の規定により選任された一時会計監査人の職務を行うべき者を置いた

ときは、その氏名又は名称

九　第百九十八条において準用する第百十四条第一項の規定による役員等の責任の免除についての定款の定めがあるときは、その定め

十　第百九十八条において準用する第百十五条第一項の規定による非業務執行理事等が負う責任の限度に関する契約の締結についての定款の定めがあるときは、その定め

十一　第百九十九条において準用する第百二十八条第三項の規定による措置をとることとするときは、同条第一項に規定する貸借対照表の内容である情報について不特定多数の者がその提供を受けるために必要な事項であって法務省令で定めるもの

十二　公告方法

十三　前号の公告方法が電子公告であるときは、次に掲げる事項

イ　電子公告により公告すべき内容である情報について不特定多数の者がその提供を受けるために必要な事項であって法務省令で定めるもの

ロ　第三百三十一条第二項後段の規定による定款の定めがあるときは、その定め

（変更の登記）

第三〇三条　一般社団法人等において第三百一条第二項各号又は前条第二項各号に掲げる事項に変更が生じたときは、二週間以内に、その主たる事務所の所在地において、変更の登記をしなければならない。

第三〇四条から第三〇七条まで　（略）

（解散の登記）

第三〇八条①　第百四十八条第一号から第四号まで又は第二百二条第一項第一号から第三号まで、第二項若しくは第三項の規定により一般社団法人等が解散したときは、二週間以内に、その主たる事務所の所在地において、解散の登記をしなければならない。

②　解散の登記においては、解散の旨並びにその事由及び年月日を登記しなければならない。

（継続の登記）

第三〇九条　第百五十条、第二百四条又は第二百七十六条の規定により一般社団法人等が継続したときは、二週間以内に、その主たる事務所の所在地において、継続の登記をしなければならない。

（清算人等の登記）

第三一〇条①　第二百九条第一項第一号に掲げる者が清算人となったときは、解散の日から二週間以内に、その主たる事務所の所在地において、次に掲げる事項を登記しなければならない。

一　清算人の氏名

二　代表清算人の氏名及び住所

三　清算法人が清算人会を置くときは、その旨

四　清算一般財団法人が監事を置くときは、その旨

②　清算人が選任されたときは、二週間以内に、その主たる事務所の所在地において、前項各号に掲げる事項を登記しなければならない。

③　第三百三条の規定は前二項の規定による登記について、第三百五条の規定は清算人又は代表清算人について、それぞれ準用する。

（清算結了の登記）

第三一一条　清算が結了したときは、清算法人は、第二百四十条第三項の承認の日から二週間以内に、その主たる事務所の所在地において、清算結了の登記をしなければならない。

第三款　削除

第三一二条から第三一四条まで　削除

第四款　登記の嘱託

（第三一五条）（略）

第五款　登記の手続等（抄）

（登記簿）

第三一六条　登記所に、一般社団法人登記簿及び一般財団法人登記簿を備える。

（添付書面の通則）

第三一七条①　登記すべき事項につき社員全員の同意又はある理事若しくは清算人の一致を要するときは、申請書にその同意又は一致があったことを証する書面を添付しなければならない。

②　登記すべき事項につき社員総会、評議員会、理事会又は清算人会の決議を要するときは、申請書にその議事録を添付しなければならない。

③　登記すべき事項につき第五十八条第一項、第九十六条（第百九十七条及び第二百二十一条第五項において準用する場合を含む。）又は第百九十四条第一項の規定により社員総会、理事会、清算人会又は評議員会の決議があったものとみなされる場合には、申請書に、前項の議事録に代えて、当該場合に該当することを証する書面を添付しなければならない。

第三一八条から第三三〇条まで　（略）

第五節　公告（抄）

（公告方法）

第三三一条①　一般社団法人等は、公告方法として、次に掲げる方法のいずれかを定めることができる。

一　官報に掲載する方法

二　時事に関する事項を掲載する日刊新聞紙に掲載する方法

三　電子公告（公告方法のうち、電磁的方法により不特定多数の者が公告すべき内容である情報の提供を受けることができる状態に置く措置であって法務省令で定めるものをとる方法をいう。以下同じ。）

四　前三号に掲げるもののほか、不特定多数の者が公告すべき内容である情報を認識することができる状態に置く措置として法務省令で定める方法

②　一般社団法人等が前項第三号に掲げる方法を公告方法とする旨を定款で定める場合には、その定款には、電子公告を公告方法とする旨を定めれば足りる。この場合においては、事故その他やむを得ない事由によって電子公告による公告をすることができない場合の公告方法として、同項第一号又は第二号に掲げる方法のいずれかを定めることができる。

第三三二条及び第三三三条　（略）

第七章　罰則

（第三三四条から第三四四条まで）（略）

附　則（抄）

（施行期日）

①　この法律は、公布の日から起算して二年六月を超えない範囲内において政令で定める日（平成二〇・一二・一―平成一九政二七五）から施行する。

（経過措置の原則）

②　この法律の規定（罰則を除く。）は、他の法律に特別の定めがある場合を除き、この法律の施行前に生じた事項にも適用する。

刑法等の一部を改正する法律の施行に伴う関係法律整理法中経過規定（令和四・六・一七法六八）（抄）

第四四一条から第四四三条まで　（刑法の同経過規定参照）

第五〇九条　（刑法の同経過規定参照）

刑法等の一部を改正する法律の施行に伴う関係法律整理法

附　則（令和四・六・一七法六八）（抄）

（施行期日）

①　この法律は、刑法等一部改正法（刑法等の一部を改正する法律（令和四法六七））施行日から施行する。ただし、次の各号に

掲げる規定は、当該各号に定める日から施行する。
一　第五百九条の規定　公布の日
二　（略）

○公益社団法人及び公益財団法人の認定等に関する法律（抄）

（平成一八・六・二 法 四 九）

施行 平成二〇・一二・一（附則参照）
最終改正 令和四法六八

目次

第一章 総則

（目的）
第一条 この法律は、内外の社会経済情勢の変化に伴い、民間の団体が自発的に行う公益を目的とする事業の実施が公益の増進のために重要となっていることにかんがみ、当該事業を適正に実施し得る公益法人を認定する制度を設けるとともに、公益法人による当該事業の適正な実施を確保するための措置等を定め、もって公益の増進及び活力ある社会の実現に資することを目的とする。

（定義）
第二条 この法律において、次の各号に掲げる用語の意義は、当該各号に定めるところによる。
一 公益社団法人 第四条の認定を受けた一般社団法人をいう。
二 公益財団法人 第四条の認定を受けた一般財団法人をいう。
三 公益法人 公益社団法人又は公益財団法人をいう。
四 公益目的事業 学術、技芸、慈善その他の公益に関する別表各号に掲げる種類の事業であって、不特定かつ多数の者の利益の増進に寄与するものをいう。

（行政庁）
第三条 この法律における行政庁は、次の各号に掲げる公益法人の区分に応じ、当該各号に定める内閣総理大臣又は都道府県知事とする。
一 次に掲げる公益法人 内閣総理大臣
イ 二以上の都道府県の区域内に事務所を設置するもの
ロ 公益目的事業を二以上の都道府県の区域内において行う旨を定款で定めるもの
ハ 国の事務又は事業と密接な関連を有する公益目的事業であって政令で定めるものを行うもの
二 前号に掲げる公益法人以外の公益法人 その事務所が所在する都道府県の知事

第二章 公益法人の認定等（抄）

第一節 公益法人の認定（抄）

（公益認定）
第四条 公益目的事業を行う一般社団法人又は一般財団法人は、行政庁の認定を受けることができる。

（公益認定の基準）
第五条 行政庁は、前条の認定（以下「公益認定」という。）の申請をした一般社団法人又は一般財団法人が次に掲げる基準に適合すると認めるときは、当該法人について公益認定をするものとする。
一 公益目的事業を行うことを主たる目的とするものであること。
二 公益目的事業を行うのに必要な経理的基礎及び技術的能力を有するものであること。
三 その事業を行うに当たり、社員、評議員、理事、監事、使用人その他の政令で定める当該法人の関係者に対し特別の利益を与えないものであること。
四 その事業を行うに当たり、株式会社その他の営利事業を営む者又は特定の個人若しくは団体の利益を図る活動を行うものとして政令で定める者に対し、寄附その他の特別の利益を与える行為を行わないものであること。ただし、公益法人に対し、当該公益法人が行う公益目的事業のために寄附その他の特別の利益を与える行為を行う場合は、この限りでない。
五 投機的な取引、高利の融資その他の事業であって、公益法人の社会的信用を維持する上でふさわしくないものとして政令で定めるもの又は公の秩序若しくは善良の風俗を害するおそれのある事業を行わないものであること。
六 その行う公益目的事業について、当該公益目的事業に係る収入がその実施に要する適正な費用を償う額を超えないと見込まれるものであること。
七 公益目的事業以外の事業（以下「収益事業等」という。）を行う場合には、収益事業等を行うことによって公益目的事業の実施に支障を及ぼすおそれがないものであること。
八 その事業活動を行うに当たり、第十五条に規定する公益目的事業比率が百分の五十以上となると見込まれるものであること。
九 その事業活動を行うに当たり、第十六条第二項に規定する遊休財産額が同条第一項の制限を超えないと見込まれるものであること。
十 各理事について、当該理事及びその配偶者又は三親等内の親族（これらの者に準ずるものとして当該理事と政令で定める特別の関係がある者を含む。）である理事の合計数が理事の総数の三分の一を超えないものであること。監事についても、同様とする。
十一 （略）
十二 会計監査人を置いているものであること。ただし、毎事業年度における当該法人の収益の額、費用及び損失の額その他の政令で定める勘定の額がいずれも政令で定める基準に達しない場合は、この限りでない。
十三—十七 （略）
十八 清算をする場合において残余財産を類似の事業を目的とする他の公益法人若しくは前号イからトまでに掲げる法人又は国若しくは地方公共団体に帰属させる旨を定款で定めているものであること。

第六条から**第八条**まで （略）

（名称等）
第九条①② （略）
③ 公益社団法人又は公益財団法人は、その種類に従い、その名称中に公益社団法人又は公益財団法人という文字を用いなければ

ばならない。

④　公益社団法人又は公益財団法人でない者は、その名称又は商号中に、公益社団法人又は公益財団法人であると誤認されるおそれのある文字を用いてはならない。

⑤⑥　（略）

第一〇条から第一三条まで　（略）

第二節　公益法人の事業活動等（抄）

第一款　公益目的事業の実施等（抄）

（公益目的事業の収入）

第一四条　公益法人は、その公益目的事業を行うに当たり、当該公益目的事業の実施に要する適正な費用を償う額を超える収入を得てはならない。

（公益目的事業比率）

第一五条　公益法人は、毎事業年度における公益目的事業比率（第一号に掲げる額の同号から第三号までに掲げる額の合計額に対する割合をいう。）が百分の五十以上となるように公益目的事業を行わなければならない。

一　公益目的事業の実施に係る費用の額として内閣府令で定めるところにより算定される額

二　収益事業等の実施に係る費用の額として内閣府令で定めるところにより算定される額

三　当該公益法人の運営に必要な経常的経費の額として内閣府令で定めるところにより算定される額

第一六条及び第一七条　（略）

第二款　公益目的事業財産　から　**第四款**　合併等　まで

（第一八条から第二六条まで）（略）

第三節　公益法人の監督

（第二七条から第三一条まで）（略）

第三章　公益認定等委員会及び都道府県に置かれる合議制の機関

（第三二条から第五五条まで）（略）

第四章　雑則

（第五六条から第六一条まで）（略）

第五章　罰則

（第六二条から第六六条まで）（略）

附　則（抄）

（施行期日）

①　この法律は、一般社団・財団法人法の施行の日（平成二〇・一二・一）から施行する。（後略（ただし書第一号及び第二号の規定により分割施行あり））

別表（第二条関係）

一　学術及び科学技術の振興を目的とする事業

二　文化及び芸術の振興を目的とする事業

三　障害者若しくは生活困窮者又は事故、災害若しくは犯罪による被害者の支援を目的とする事業

四　高齢者の福祉の増進を目的とする事業

五　勤労意欲のある者に対する就労の支援を目的とする事業

六　公衆衛生の向上を目的とする事業

七　児童又は青少年の健全な育成を目的とする事業

八　勤労者の福祉の向上を目的とする事業

九　教育、スポーツ等を通じて国民の心身の健全な発達に寄与し、又は豊かな人間性を涵養することを目的とする事業

十　犯罪の防止又は治安の維持を目的とする事業

十一　事故又は災害の防止を目的とする事業

十二　人種、性別その他の事由による不当な差別又は偏見の防止及び根絶を目的とする事業

十三　思想及び良心の自由、信教の自由又は表現の自由の尊重又は擁護を目的とする事業

十四　男女共同参画社会の形成その他のより良い社会の形成の推進を目的とする事業

十五　国際相互理解の促進及び開発途上にある海外の地域に対する経済協力を目的とする事業

十六　地球環境の保全又は自然環境の保護及び整備を目的とする事業

十七　国土の利用、整備又は保全を目的とする事業

十八　国政の健全な運営の確保に資することを目的とする事業

十九　地域社会の健全な発展を目的とする事業

二十　公正かつ自由な経済活動の機会の確保及び促進並びにその活性化による国民生活の安定向上を目的とする事業

二十一　国民生活に不可欠な物資、エネルギー等の安定供給の確保を目的とする事業

二十二　一般消費者の利益の擁護又は増進を目的とする事業

二十三　前各号に掲げるもののほか、公益に関する事業として政令で定めるもの

○任意後見契約に関する法律（抄）（平成一一・一二・八法一五〇）

施行　平成一二・四・一（附則）
最終改正　平成二三法五三

（趣旨）
第一条　この法律は、任意後見契約の方式、効力等に関し特別の定めをするとともに、任意後見人に対する監督に関し必要な事項を定めるものとする。

（定義）
第二条　この法律において、次の各号に掲げる用語の意義は、当該各号の定めるところによる。
一　任意後見契約　委任者が、受任者に対し、精神上の障害により事理を弁識する能力が不十分な状況における自己の生活、療養看護及び財産の管理に関する事務の全部又は一部を委託し、その委託に係る事務について代理権を付与する委任契約であって、第四条第一項の規定により任意後見監督人が選任された時からその効力を生ずる旨の定めのあるものをいう。
二―四　（略）

（任意後見契約の方式）
第三条　任意後見契約は、法務省令で定める様式の公正証書によってしなければならない。

（任意後見監督人の選任）
第四条①　任意後見契約が登記されている場合において、精神上の障害により本人の事理を弁識する能力が不十分な状況にあるときは、家庭裁判所は、本人、配偶者、四親等内の親族又は任意後見受任者の請求により、任意後見監督人を選任する。（後略）
②―⑤　（略）
第五条　（略）

（本人の意思の尊重等）
第六条　任意後見人は、第二条第一号に規定する委託に係る事務（以下「任意後見人の事務」という。）を行うに当たっては、本人の意思を尊重し、かつ、その心身の状態及び生活の状況に配慮しなければならない。

（任意後見監督人の職務等）
第七条①　任意後見監督人の職務は、次のとおりとする。
一　任意後見人の事務を監督すること。
二　任意後見人の事務に関し、家庭裁判所に定期的に報告をすること。
三　急迫の事情がある場合に、任意後見人の代理権の範囲内において、必要な処分をすること。
四　任意後見人又はその代表する者と本人との利益が相反する行為について本人を代表すること。
②―④　（略）
第八条及び第九条　（略）

（後見、保佐及び補助との関係）
第一〇条①　任意後見契約が登記されている場合には、家庭裁判所は、本人の利益のため特に必要があると認めるときに限り、後見開始の審判等をすることができる。
②③　（略）
第一一条　（略）

○不動産登記法（平成一六・六・一八 法一二三）

施行 平成一七・三・七（附則参照）
最終改正 令和四法六八

目次

第一章 総則

（目的）
第一条 この法律は、不動産の表示及び不動産に関する権利を公示するための登記に関する制度について定めることにより、国民の権利の保全を図り、もって取引の安全と円滑に資することを目的とする。

（定義）
第二条 この法律において、次の各号に掲げる用語の意義は、それぞれ当該各号に定めるところによる。
一 不動産 土地又は建物をいう。
二 不動産の表示 不動産についての第二十七条第一号、第三号若しくは第四号、第三十四条第一項各号、第四十三条第一項、第四十四条第一項各号又は第五十八条第一項各号に規定する登記事項をいう。
三 表示に関する登記 不動産の表示に関する登記をいう。
四 権利に関する登記 不動産についての次条各号に掲げる権利に関する登記をいう。
五 登記記録 表示に関する登記又は権利に関する登記について、一筆の土地又は一個の建物ごとに第十二条の規定により作成される電磁的記録（電子的方式、磁気的方式その他人の知覚によっては認識することができない方式で作られる記録であって、電子計算機による情報処理の用に供されるものをいう。以下同じ。）をいう。
六 登記事項 この法律の規定により登記記録として登記すべき事項をいう。
七 表題部 登記記録のうち、表示に関する登記が記録される部分をいう。
八 権利部 登記記録のうち、権利に関する登記が記録される部分をいう。
九 登記簿 登記記録が記録される帳簿であって、磁気ディスク（これに準ずる方法により一定の事項を確実に記録することができる物を含む。以下同じ。）をもって調製するものをいう。
十 表題部所有者 所有権の登記がない不動産の登記記録の表題部に、所有者として記録されている者をいう。
十一 登記名義人 登記記録の権利部に、次条各号に掲げる権利について権利者として記録されている者をいう。
十二 登記権利者 権利に関する登記をすることにより、登記上、直接に利益を受ける者をいい、間接に利益を受ける者を除く。
十三 登記義務者 権利に関する登記をすることにより、登記上、直接に不利益を受ける登記名義人をいい、間接に不利益を受ける登記名義人を除く。
十四 登記識別情報 第二十二条本文の規定により登記名義人が登記を申請する場合において、当該登記名義人自らが当該登記を申請していることを確認するために用いられる符号その他の情報であって、登記名義人を識別することができるものをいう。
十五 変更の登記 登記事項に変更があった場合に当該登記事項を変更する登記をいう。
十六 更正の登記 登記事項に錯誤又は遺漏があった場合に当該登記事項を訂正する登記をいう。
十七 地番 第三十五条の規定により一筆の土地ごとに付す番号をいう。
十八 地目 土地の用途による分類であって、第三十四条第二項の法務省令で定めるものをいう。
十九 地積 一筆の土地の面積であって、第三十四条第二項の法務省令で定めるものをいう。
二十 表題登記 表示に関する登記のうち、当該不動産について表題部に最初にされる登記をいう。
二十一 家屋番号 第四十五条の規定により一個の建物ごとに付す番号をいう。
二十二 区分建物 一棟の建物の構造上区分された部分で独立して住居、店舗、事務所又は倉庫その他建物としての用途に供することができるものであって、建物の区分所有等に関する法律（昭和三十七年法律第六十九号。以下「区分所有法」という。）第二条第三項に規定する専有部分であるもの（区分所有法第四条第二項の規定により共用部分とされたものを含む。）をいう。
二十三 附属建物 表題登記がある建物に附属する建物であって、当該表題登記がある建物と一体のものとして一個の建物として登記されるものをいう。
二十四 抵当証券 抵当証券法（昭和六年法律第十五号）第一条第一項に規定する抵当証券をいう。

（登記することができる権利等）
第三条 登記は、不動産の表示又は不動産についての次に掲げる権利の保存等（保存、設定、移転、変更、処分の制限又は消滅をいう。次条第二項及び第百五条第一号において同じ。）についてする。
一 所有権
二 地上権
三 永小作権
四 地役権
五 先取特権
六 質権
七 抵当権
八 賃借権

九　配偶者居住権
十　採石権（採石法（昭和二十五年法律第二百九十一号）に規定する採石権をいう。第五十条、第七十条第二項及び第八十二条において同じ。）

（権利の順位）
第四条① 同一の不動産について登記した権利の順位は、法令に別段の定めがある場合を除き、登記の前後による。
② 付記登記（権利に関する登記のうち、既にされた権利に関する登記についてする登記であって、当該既にされた権利に関する登記を変更し、若しくは更正し、又は所有権以外の権利にあってはこれを移転し、若しくはこれを目的とする権利の保存等をするもので当該既にされた権利に関する登記と一体のものとして公示する必要があるものをいう。以下この項及び第六十六条において同じ。）の順位は主登記（付記登記の対象となる既にされた権利に関する登記をいう。以下この項において同じ。）の順位により、同一の主登記に係る付記登記の順位はその前後による。

（登記がないことを主張することができない第三者）
第五条① 詐欺又は強迫によって登記の申請を妨げた第三者は、その登記がないことを主張することができない。
② 他人のために登記を申請する義務を負う第三者は、その登記がないことを主張することができない。ただし、その登記の登記原因（登記の原因となる事実又は法律行為をいう。以下同じ。）が自己の登記の登記原因の後に生じたときは、この限りでない。

第二章　登記所及び登記官

（登記所）
第六条① 登記の事務は、不動産の所在地を管轄する法務局若しくは地方法務局若しくはこれらの支局又はこれらの出張所（以下単に「登記所」という。）がつかさどる。
② 不動産が二以上の登記所の管轄区域にまたがる場合は、法務省令で定めるところにより、法務大臣又は法務局若しくは地方法務局の長が、当該不動産に関する登記の事務をつかさどる登記所を指定する。
③ 前項に規定する場合において、同項の指定がされるまでの間、登記の申請は、当該二以上の登記所のうち、一の登記所にすることができる。

（事務の委任）
第七条 法務大臣は、一の登記所の管轄に属する事務を他の登記所に委任することができる。

（事務の停止）
第八条 法務大臣は、登記所においてその事務を停止しなければならない事由が生じたときは、期間を定めて、その停止を命ずることができる。

（登記官）
第九条 登記所における事務は、登記官（登記所に勤務する法務事務官のうちから、法務局又は地方法務局の長が指定する者をいう。以下同じ。）が取り扱う。

（登記官の除斥）
第一〇条 登記官又はその配偶者若しくは四親等内の親族（配偶者又は四親等内の親族であった者を含む。以下この条において同じ。）が登記の申請人であるときは、当該登記官は、当該登記をすることができない。登記官又はその配偶者若しくは四親等内の親族が申請人を代表して申請するときも、同様とする。

第三章　登記記録等

（登記）
第一一条 登記は、登記官が登記簿に登記事項を記録することによって行う。

（登記記録の作成）
第一二条 登記記録は、表題部及び権利部に区分して作成する。

（登記記録の滅失と回復）
第一三条 法務大臣は、登記記録の全部又は一部が滅失したときは、登記官に対し、一定の期間を定めて、当該登記記録の回復に必要な処分を命ずることができる。

（地図等）
第一四条① 登記所には、地図及び建物所在図を備え付けるものとする。
② 前項の地図は、一筆又は二筆以上の土地ごとに作成し、各土地の区画を明確にし、地番を表示するものとする。
③ 第一項の建物所在図は、一個又は二個以上の建物ごとに作成し、各建物の位置及び家屋番号を表示するものとする。
④ 第一項の規定にかかわらず、登記所には、同項の規定により地図が備え付けられるまでの間、これに代えて、地図に準ずる図面を備え付けることができる。
⑤ 前項の地図に準ずる図面は、一筆又は二筆以上の土地ごとに土地の位置、形状及び地番を表示するものとする。
⑥ 第一項の地図及び建物所在図並びに第四項の地図に準ずる図面は、電磁的記録に記録することができる。

（法務省令への委任）
第一五条 この章に定めるもののほか、登記簿及び登記記録並びに地図、建物所在図及び地図に準ずる図面の記録方法その他の登記の事務に関し必要な事項は、法務省令で定める。

第四章　登記手続

第一節　総則

（当事者の申請又は嘱託による登記）
第一六条① 登記は、法令に別段の定めがある場合を除き、当事者の申請又は官庁若しくは公署の嘱託がなければ、することができない。
② 第二条第十四号、第五条、第六条第三項、第十条及びこの章（この条、第二十七条、第二十八条、第三十二条、第三十四条、第三十五条、第四十一条、第四十三条から第四十六条まで、第五十一条第五項及び第六項、第五十三条第二項、第五十六条、第五十八条第一項及び第四項、第五十九条第一号、第三号から第六号まで及び第八号、第六十六条、第六十七条、第七十一条、第七十三条第一項第二号から第四号まで、第二項及び第三項、第七十六条から第七十六条の四まで、第七十六条の六、第七十八条から第八十六条まで、第八十八条、第九十条から第九十二条まで、第九十四条、第九十五条第一項、第九十六条、第九十七条、第九十八条第二項、第百一条、第百二条、第百六条、第百八条、第百十二条、第百十四条から第百十七条まで並びに第百十八条第二項、第五項及び第六項を除く。）の規定は、官庁又は公署の嘱託による登記の手続について準用する。

＊令和三法二四（令和六・四・一施行）による改正
第二項中「第七十六条」の下に「から第七十六条の四まで、第七十六条の六」が加えられた。（本文織込み済み）

（代理権の不消滅）
第一七条 登記の申請をする者の委任による代理人の権限は、次に掲げる事由によっては、消滅しない。
一　本人の死亡
二　本人である法人の合併による消滅
三　本人である受託者の信託に関する任務の終了
四　法定代理人の死亡又はその代理権の消滅若しくは変更

（申請の方法）
第一八条 登記の申請は、次に掲げる方法のいずれかにより、不動産を識別するために必要な事項、申請人の氏名又は名称、登記の目的その他の登記の申請に必要な事項として政令で定める情報（以下「申請情報」という。）を登記所に提供してしなければならない。
一　法務省令で定めるところにより電子情報処理組織（登記所の使用に係る電子計算機（入出力装置を含む。以下この号において同じ。）と申請人又はその代理人の使用に係る電子計算

機とを電気通信回線で接続した電子情報処理組織をいう。）を使用する方法

二　申請情報を記載した書面（法務省令で定めるところにより申請情報の全部又は一部を記録した磁気ディスクを含む。）を提出する方法

（受付）

第一九条①　登記官は、前条の規定により申請情報が登記所に提供されたときは、法務省令で定めるところにより、当該申請情報に係る登記の申請の受付をしなければならない。

②　同一の不動産に関し二以上の申請がされた場合において、その前後が明らかでないときは、これらの申請は、同時にされたものとみなす。

③　登記官は、申請の受付をしたときは、当該申請に受付番号を付さなければならない。この場合において、同一の不動産に関し同時に二以上の申請がされたとき（前項の規定により同時にされたものとみなされるときを含む。）は、同一の受付番号を付するものとする。

（登記の順序）

第二〇条　登記官は、同一の不動産に関し権利に関する登記の申請が二以上あったときは、これらの登記を受付番号の順序に従ってしなければならない。

（登記識別情報の通知）

第二一条　登記官は、その登記をすることによって申請人自らが登記名義人となる場合において、当該登記を完了したときは、法務省令で定めるところにより、速やかに、当該申請人に対し、当該登記に係る登記識別情報を通知しなければならない。ただし、当該申請人があらかじめ登記識別情報の通知を希望しない旨の申出をした場合その他の法務省令で定める場合は、この限りでない。

（登記識別情報の提供）

第二二条　登記権利者及び登記義務者が共同して権利に関する登記の申請をする場合その他登記名義人が政令で定める登記の申請をする場合には、申請人は、その申請情報と併せて登記義務者（政令で定める登記の申請にあっては、登記名義人。次条第一項、第二項及び第四項各号において同じ。）の登記識別情報を提供しなければならない。ただし、前条ただし書の規定により登記識別情報が通知されなかった場合その他の申請人が登記識別情報を提供することができないことにつき正当な理由がある場合は、この限りでない。

（事前通知等）

第二三条①　登記官は、申請人が前条に規定する申請をする場合において、同条ただし書の規定により登記識別情報を提供することができないときは、法務省令で定める方法により、同条に規定する登記義務者に対し、当該申請があった旨及び当該申請の内容が真実であると思料するときは法務省令で定める期間内に法務省令で定めるところによりその旨の申出をすべき旨を通知しなければならない。この場合において、登記官は、当該期間内にあっては、当該申出がない限り、当該申請に係る登記をすることができない。

②　登記官は、前項の登記の申請が所有権に関するものである場合において、同項の登記義務者の住所について変更の登記がされているときは、法務省令で定める場合を除き、同項の申請に基づいて登記をする前に、法務省令で定める方法により、同項の規定による通知のほか、当該登記義務者の登記記録上の前の住所にあてて、当該申請があった旨を通知しなければならない。

③　前二項の規定は、登記官が第二十五条（第十号を除く。）の規定により申請を却下すべき場合には、適用しない。

④　第一項の規定は、同項に規定する場合において、次の各号のいずれかに掲げるときは、適用しない。

一　当該申請が登記の申請の代理を業とすることができる代理人によってされた場合であって、登記官が当該代理人から法務省令で定めるところにより当該申請人が第一項の登記義務者であることを確認するために必要な情報の提供を受け、かつ、その内容を相当と認めるとき。

二　当該申請に係る申請情報（委任による代理人によって申請する場合にあっては、その権限を証する情報）を記載し、又は記録した書面又は電磁的記録について、公証人（公証人法（明治四十一年法律第五十三号）第八条の規定により公証人の職務を行う法務事務官を含む。）から当該申請人が第一項の登記義務者であることを確認するために必要な認証がされ、かつ、登記官がその内容を相当と認めるとき。

（登記官による本人確認）

第二四条①　登記官は、登記の申請があった場合において、申請人となるべき者以外の者が申請していると疑うに足りる相当な理由があると認めるときは、次条の規定により当該申請を却下すべき場合を除き、申請人又はその代表者若しくは代理人に対し、出頭を求め、質問をし、又は文書の提示その他必要な情報の提供を求める方法により、当該申請人の申請の権限の有無を調査しなければならない。

②　登記官は、前項に規定する申請人又はその代表者若しくは代理人が遠隔の地に居住しているとき、その他相当と認めるときは、他の登記所の登記官に同項の調査を嘱託することができる。

（申請の却下）

第二五条　登記官は、次に掲げる場合には、理由を付した決定で、登記の申請を却下しなければならない。ただし、当該申請の不備が補正することができるものである場合において、登記官が定めた相当の期間内に、申請人がこれを補正したときは、この限りでない。

一　申請に係る不動産の所在地が当該申請を受けた登記所の管轄に属しないとき。

二　申請が登記事項（他の法令の規定により登記記録として登記すべき事項を含む。）以外の事項の登記を目的とするとき。

三　申請に係る登記が既に登記されているとき。

四　申請の権限を有しない者の申請によるとき。

五　申請情報又はその提供の方法がこの法律に基づく命令又はその他の法令の規定により定められた方式に適合しないとき。

六　申請情報の内容である不動産又は登記の目的である権利が登記記録と合致しないとき。

七　申請情報の内容である登記義務者（第六十五条、第七十七条、第八十九条第一項（同条第二項（第九十五条第二項において準用する場合を含む。）及び第九十五条第二項において準用する場合を含む。）、第九十三条（第九十五条第二項において準用する場合を含む。）又は第百十条前段の場合にあっては、登記名義人）の氏名若しくは名称又は住所が登記記録と合致しないとき。

＊令和三法二四（令和八・四・二七までに施行）による改正
第七号中「第六十五条」の下に「、第七十六条の五」を加える。（本文未織込み）

八　申請情報の内容が第六十一条に規定する登記原因を証する情報の内容と合致しないとき。

九　第二十二条本文若しくは第六十一条の規定又はこの法律に基づく命令若しくはその他の法令の規定により申請情報と併せて提供しなければならないものとされている情報が提供されないとき。

十　第二十三条第一項に規定する期間内に同項の申出がないとき。

十一　表示に関する登記の申請に係る不動産の表示が第二十九条の規定による登記官の調査の結果と合致しないとき。

十二　登録免許税を納付しないとき。

十三　前各号に掲げる場合のほか、登記すべきものでないときとして政令で定めるとき。

（政令への委任）

第二六条　この章に定めるもののほか、申請情報の提供の方法並びに申請情報と併せて提供することが必要な情報及びその提供の方法その他の登記申請の手続に関し必要な事項は、政令で定める。

第二節　表示に関する登記

第一款　通則

（表示に関する登記の登記事項）

第二七条　土地及び建物の表示に関する登記の登記事項は、次のとおりとする。

一　登記原因及びその日付

二　登記の年月日

三　所有権の登記がない不動産（共用部分（区分所有法第四条第二項に規定する共用部分をいう。以下同じ。）である旨の登記又は団地共用部分（区分所有法第六十七条第一項に規定する団地共用部分をいう。以下同じ。）である旨の登記がある建物を除く。）については、所有者の氏名又は名称及び住所並びに所有者が二人以上であるときはその所有者ごとの持分

四　前三号に掲げるもののほか、不動産を識別するために必要な事項として法務省令で定めるもの

（職権による表示に関する登記）

第二八条　表示に関する登記は、登記官が、職権ですることができる。

（登記官による調査）

第二九条①　登記官は、表示に関する登記について第十八条の規定により申請があった場合及び前条の規定により職権で登記しようとする場合において、必要があると認めるときは、当該不動産の表示に関する事項を調査することができる。

②　登記官は、前項の調査をする場合において、必要があると認めるときは、日出から日没までの間に限り、当該不動産を検査し、又は当該不動産の所有者その他の関係者に対し、文書若しくは電磁的記録に記録された事項を法務省令で定める方法により表示したものの提示を求め、若しくは質問をすることができる。この場合において、登記官は、その身分を示す証明書を携帯し、関係者の請求があったときは、これを提示しなければならない。

（一般承継人による申請）

第三〇条　表題部所有者又は所有権の登記名義人が表示に関する登記の申請人となることができる場合において、当該表題部所有者又は登記名義人について相続その他の一般承継があったときは、相続人その他の一般承継人は、当該表示に関する登記を申請することができる。

（表題部所有者の氏名等の変更の登記又は更正の登記）

第三一条　表題部所有者の氏名若しくは名称又は住所についての変更の登記又は更正の登記は、表題部所有者以外の者は、申請することができない。

（表題部所有者の変更等に関する登記手続）

第三二条　表題部所有者又はその持分についての変更は、当該不動産について所有権の保存の登記をした後において、その所有権の移転の登記の手続をするのでなければ、登記することができない。

（表題部所有者の更正の登記等）

第三三条①　不動産の所有者と当該不動産の表題部所有者とが異なる場合においてする当該表題部所有者についての更正の登記は、当該不動産の所有者以外の者は、申請することができない。

②　前項の場合において、当該不動産の所有者は、当該表題部所有者の承諾があるときでなければ、申請することができない。

③　不動産の表題部所有者である共有者の持分についての更正の登記は、当該共有者以外の者は、申請することができない。

④　前項の更正の登記をする共有者は、当該更正の登記によってその持分を更正することとなる他の共有者の承諾があるときでなければ、申請することができない。

第二款　土地の表示に関する登記

（土地の表示に関する登記の登記事項）

第三四条①　土地の表示に関する登記の登記事項は、第二十七条各号に掲げるもののほか、次のとおりとする。

一　土地の所在する市、区、郡、町、村及び字

二　地番

三　地目

四　地積

②　前項第三号の地目及び同項第四号の地積に関し必要な事項は、法務省令で定める。

（地番）

第三五条　登記所は、法務省令で定めるところにより、地番を付すべき区域（第三十九条第二項及び第四十一条第二号において「地番区域」という。）を定め、一筆の土地ごとに地番を付さなければならない。

（土地の表題登記の申請）

第三六条　新たに生じた土地又は表題登記がない土地の所有権を取得した者は、その所有権の取得の日から一月以内に、表題登記を申請しなければならない。

（地目又は地積の変更の登記の申請）

第三七条①　地目又は地積について変更があったときは、表題部所有者又は所有権の登記名義人は、その変更があった日から一月以内に、当該地目又は地積に関する変更の登記を申請しなければならない。

②　地目又は地積について変更があった後に表題部所有者又は所有権の登記名義人となった者は、その者に係る表題部所有者についての更正の登記又は所有権の登記があった日から一月以内に、当該地目又は地積に関する変更の登記を申請しなければならない。

（土地の表題部の更正の登記の申請）

第三八条　第二十七条第一号、第二号若しくは第四号（同号にあっては、法務省令で定めるものに限る。）又は第三十四条第一項第一号、第三号若しくは第四号に掲げる登記事項に関する更正の登記は、表題部所有者又は所有権の登記名義人以外の者は、申請することができない。

（分筆又は合筆の登記）

第三九条①　分筆又は合筆の登記は、表題部所有者又は所有権の登記名義人以外の者は、申請することができない。

②　登記官は、前項の申請がない場合であっても、一筆の土地の一部が別の地目となり、又は地番区域（地番区域でない字を含む。第四十一条第二号において同じ。）を異にするに至ったときは、職権で、その土地の分筆の登記をしなければならない。

③　登記官は、第一項の申請がない場合であっても、第十四条第一項の地図を作成するため必要があると認めるときは、第一項に規定する表題部所有者又は所有権の登記名義人の異議がないときに限り、職権で、分筆又は合筆の登記をすることができる。

（分筆に伴う権利の消滅の登記）

第四〇条　登記官は、所有権の登記以外の権利に関する登記がある土地について分筆の登記をする場合において、当該分筆の登記の申請情報と併せて当該権利に関する登記に係る権利の登記名義人（当該権利に関する登記が抵当権の登記である場合において、抵当証券が発行されているときは、当該抵当証券の所持人又は裏書人を含む。）が当該権利を分筆後のいずれかの土地について消滅させることを承諾したことを証する情報が提供されたとき（当該権利を目的とする第三者の権利に関する登記がある場合にあっては、当該第三者が承諾したことを証する情報が併せて提供されたときに限る。）は、法務省令で定めるところにより、当該承諾に係る土地について当該権利が消滅した旨を登記しなければならない。

（合筆の登記の制限）

第四一条 次に掲げる合筆の登記は、することができない。
一 相互に接続していない土地の合筆の登記
二 地目又は地番区域が相互に異なる土地の合筆の登記
三 表題部所有者又は所有権の登記名義人が相互に異なる土地の合筆の登記
四 表題部所有者又は所有権の登記名義人が相互に持分を異にする土地の合筆の登記
五 所有権の登記がない土地と所有権の登記がある土地との合筆の登記
六 所有権の登記以外の権利に関する登記がある土地（権利に関する登記であって、合筆後の土地の登記記録に登記することができるものとして法務省令で定めるものがある土地を除く。）の合筆の登記

（土地の滅失の登記の申請）
第四二条 土地が滅失したときは、表題部所有者又は所有権の登記名義人は、その滅失の日から一月以内に、当該土地の滅失の登記を申請しなければならない。

（河川区域内の土地の登記）
第四三条① 河川法（昭和三十九年法律第百六十七号）第六条第一項（同法第百条第一項において準用する場合を含む。第一号において同じ。）の河川区域内の土地の表示に関する登記の登記事項は、第二十七条各号及び第三十四条第一項各号に掲げるもののほか、第一号に掲げる土地である旨及び第二号から第五号までに掲げる土地にあってはそれぞれその旨とする。
一 河川法第六条第一項の河川区域内の土地
二 河川法第六条第二項（同法第百条第一項において準用する場合を含む。）の高規格堤防特別区域内の土地
三 河川法第六条第三項（同法第百条第一項において準用する場合を含む。）の樹林帯区域内の土地
四 河川法第二十六条第四項（同法第百条第一項において準用する場合を含む。）の特定樹林帯区域内の土地
五 河川法第五十八条の二第二項（同法第百条第一項において準用する場合を含む。）の河川立体区域内の土地
② 土地の全部又は一部が前項第一号の河川区域内又は同項第二号の高規格堤防特別区域内、同項第三号の樹林帯区域内、同項第四号の特定樹林帯区域内若しくは同項第五号の河川立体区域内の土地となったときは、河川管理者は、遅滞なく、その旨の登記を登記所に嘱託しなければならない。
③ 土地の全部又は一部が第一項第一号の河川区域内又は同項第二号の高規格堤防特別区域内、同項第三号の樹林帯区域内、同項第四号の特定樹林帯区域内若しくは同項第五号の河川立体区域内の土地でなくなったときは、河川管理者は、遅滞なく、その旨の登記の抹消を登記所に嘱託しなければならない。
④ 土地の一部について前二項の規定により登記の嘱託をするときは、河川管理者は、当該土地の表題部所有者若しくは所有権の登記名義人又はこれらの者の相続人その他の一般承継人に代わって、当該土地の分筆の登記を登記所に嘱託することができる。
⑤ 第一項各号の河川区域内の土地の全部が滅失したときは、河川管理者は、遅滞なく、当該土地の滅失の登記を登記所に嘱託しなければならない。
⑥ 第一項各号の河川区域内の土地の一部が滅失したときは、河川管理者は、遅滞なく、当該土地の地積に関する変更の登記を登記所に嘱託しなければならない。

第三款 建物の表示に関する登記

（建物の表示に関する登記の登記事項）
第四四条① 建物の表示に関する登記の登記事項は、第二十七条各号に掲げるもののほか、次のとおりとする。
一 建物の所在する市、区、郡、町、村、字及び土地の地番（区分建物である建物にあっては、当該建物が属する一棟の建物の所在する市、区、郡、町、村、字及び土地の地番）
二 家屋番号
三 建物の種類、構造及び床面積
四 建物の名称があるときは、その名称
五 附属建物があるときは、その所在する市、区、郡、町、村、字及び土地の地番（区分建物である附属建物にあっては、当該附属建物が属する一棟の建物の所在する市、区、郡、町、村、字及び土地の地番）並びに種類、構造及び床面積
六 建物が共用部分又は団地共用部分であるときは、その旨
七 建物又は附属建物が区分建物であるときは、当該建物又は附属建物が属する一棟の建物の構造及び床面積
八 建物又は附属建物が区分建物である場合であって、当該建物又は附属建物が属する一棟の建物の名称があるときは、その名称
九 建物又は附属建物が区分建物である場合において、当該区分建物について区分所有法第二条第六項に規定する敷地利用権（登記されたものに限る。）であって、区分所有法第二十二条第一項本文（同条第三項において準用する場合を含む。）の規定により区分所有者の有する専有部分と分離して処分することができないもの（以下「敷地権」という。）があるときは、その敷地権
② 前項第三号、第五号及び第七号の建物の種類、構造及び床面積に関し必要な事項は、法務省令で定める。

（家屋番号）
第四五条 登記所は、法務省令で定めるところにより、一個の建物ごとに家屋番号を付さなければならない。

（敷地権である旨の登記）
第四六条 登記官は、表示に関する登記のうち、区分建物に関する敷地権について表題部に最初に登記をするときは、職権で、当該敷地権の目的である土地の登記記録について、所有権、地上権その他の権利が敷地権である旨の登記をしなければならない。

（建物の表題登記の申請）
第四七条① 新築した建物又は区分建物以外の表題登記がない建物の所有権を取得した者は、その所有権の取得の日から一月以内に、表題登記を申請しなければならない。
② 区分建物である建物を新築した場合において、その所有者について相続その他の一般承継があったときは、相続人その他の一般承継人も、被承継人を表題部所有者とする当該建物についての表題登記を申請することができる。

（区分建物についての建物の表題登記の申請方法）
第四八条① 区分建物が属する一棟の建物が新築された場合又は表題登記がない建物に接続して区分建物が新築されて一棟の建物となった場合における当該区分建物についての表題登記の申請は、当該新築された一棟の建物又は当該区分建物が属することとなった一棟の建物に属する他の区分建物についての表題登記の申請と併せてしなければならない。
② 前項の場合において、当該区分建物の所有者は、他の区分建物の所有者に代わって、当該他の区分建物についての表題登記を申請することができる。
③ 表題登記がある建物（区分建物を除く。）に接続して区分建物が新築された場合における当該区分建物についての表題登記の申請は、当該表題登記がある建物についての表題部の変更の登記の申請と併せてしなければならない。
④ 前項の場合において、当該区分建物の所有者は、当該表題登記がある建物の表題部所有者若しくは所有権の登記名義人又はこれらの者の相続人その他の一般承継人に代わって、当該表題登記がある建物についての表題部の変更の登記を申請することができる。

（合体による登記等の申請）
第四九条① 二以上の建物が合体して一個の建物となった場合において、次の各号に掲げるときは、それぞれ当該各号に定める者は、当該合体の日から一月以内に、合体後の建物についての建物の表題登記及び合体前の建物についての建物の表題部の登

記の抹消（以下「合体による登記等」と総称する。）を申請しなければならない。この場合において、第二号に掲げる場合にあっては当該表題登記がない建物の所有者、第四号に掲げる場合にあっては当該表題登記がある建物（所有権の登記がある建物を除く。以下この条において同じ。）の表題部所有者、第六号に掲げる場合にあっては当該表題登記がない建物の所有者及び当該表題登記がある建物の表題部所有者をそれぞれ当該合体後の建物の登記名義人とする所有権の登記を併せて申請しなければならない。

一　合体前の二以上の建物が表題登記がない建物及び表題登記がある建物のみであるとき。　当該表題登記がない建物の所有者又は当該表題登記がある建物の表題部所有者

二　合体前の二以上の建物が表題登記がない建物及び所有権の登記がある建物のみであるとき。　当該表題登記がない建物の所有者又は当該所有権の登記がある建物の所有権の登記名義人

三　合体前の二以上の建物がいずれも表題登記がある建物であるとき。　当該建物の表題部所有者

四　合体前の二以上の建物が表題登記がある建物及び所有権の登記がある建物のみであるとき。　当該表題登記がある建物の表題部所有者又は当該所有権の登記がある建物の所有権の登記名義人

五　合体前の二以上の建物がいずれも所有権の登記がある建物であるとき。　当該建物の所有権の登記名義人

六　合体前の三以上の建物が表題登記がない建物、表題登記がある建物及び所有権の登記がある建物のみであるとき。　当該表題登記がない建物の所有者、当該表題登記がある建物の表題部所有者又は当該所有権の登記がある建物の所有権の登記名義人

②　第四十七条並びに前条第一項及び第二項の規定は、二以上の建物が合体して一個の建物となった場合において合体前の建物がいずれも表題登記がない建物であるときの当該建物についての表題登記の申請について準用する。この場合において、第四十七条第一項中「新築した建物又は区分建物以外の表題登記がない建物の所有権を取得した者」とあるのは「いずれも表題登記がない二以上の建物が合体して一個の建物となった場合における当該合体後の建物についての合体時の所有者又は当該合体後の建物が区分建物以外の表題登記がない建物である場合において当該合体時の所有者から所有権を取得した者」と、同条第二項中「区分建物である建物を新築した場合」とあり、及び前条第一項中「区分建物が属する一棟の建物が新築された場合又は表題登記がない建物に接続して区分建物が新築されて一棟の建物となった場合」とあるのは「いずれも表題登記がない二以上の建物が合体して一個の区分建物となった場合」と、同項中「当該新築された一棟の建物又は当該区分建物が属することとなった一棟の建物」とあるのは「当該合体後の区分建物が属する一棟の建物」と読み替えるものとする。

③　第一項第一号、第二号又は第六号に掲げる場合において、当該二以上の建物（同号に掲げる場合にあっては、当該三以上の建物）が合体して一個の建物となった後当該合体前の表題登記がない建物の所有者から当該合体後の建物について合体前の表題登記がない建物の所有権に相当する持分を取得した者は、その持分の取得の日から一月以内に、合体による登記等を申請しなければならない。

④　第一項各号に掲げる場合において、当該二以上の建物（同項第六号に掲げる場合にあっては、当該三以上の建物）が合体して一個の建物となった後に合体前の表題登記がある建物の表題部所有者又は合体前の所有権の登記がある建物の所有権の登記名義人となった者は、その者に係る表題部所有者についての更正の登記又は所有権の登記があった日から一月以内に、合体による登記等を申請しなければならない。

第五〇条（**合体に伴う権利の消滅の登記**）　登記官は、所有権等（所有権、地上権、永小作権、地役権及び採石権をいう。以下この款及び第百十八条第五項において同じ。）の登記以外の権利に関する登記がある建物について合体による登記等をする場合において、当該合体による登記等の申請情報と併せて当該権利に関する登記に係る権利の登記名義人（当該権利に関する登記が抵当権の登記である場合において、抵当証券が発行されているときは、当該抵当証券の所持人又は裏書人を含む。）が合体後の建物について当該権利を消滅させることについて承諾したことを証する情報が提供されたとき（当該権利を目的とする第三者の権利に関する登記がある場合にあっては、当該第三者が承諾したことを証する情報が併せて提供されたときに限る。）は、法務省令で定めるところにより、当該権利が消滅した旨を登記しなければならない。

第五一条（**建物の表題部の変更の登記**）①　第四十四条第一項各号（第二号及び第六号を除く。）に掲げる登記事項について変更があったときは、表題部所有者又は所有権の登記名義人（共用部分である旨の登記又は団地共用部分である旨の登記がある建物の場合にあっては、所有者）は、当該変更があった日から一月以内に、当該登記事項に関する変更の登記を申請しなければならない。

②　前項の登記事項について変更があった後に表題部所有者又は所有権の登記名義人となった者は、その者に係る表題部所有者についての更正の登記又は所有権の登記があった日から一月以内に、当該登記事項に関する変更の登記を申請しなければならない。

③　第一項の登記事項について変更があった後に共用部分である旨の登記又は団地共用部分である旨の登記があったときは、所有者（前二項の規定により登記を申請しなければならない者を除く。）は、共用部分である旨の登記又は団地共用部分である旨の登記がされた日から一月以内に、当該登記事項に関する変更の登記を申請しなければならない。

④　共用部分である旨の登記又は団地共用部分である旨の登記がある建物について、第一項の登記事項について変更があった後に所有権を取得した者（前項の規定により登記を申請しなければならない者を除く。）は、その所有権の取得の日から一月以内に、当該登記事項に関する変更の登記を申請しなければならない。

⑤　建物が区分建物である場合において、第四十四条第一項第一号（区分建物である建物に係るものに限る。）又は第七号から第九号までに掲げる登記事項（同号に掲げる登記事項にあっては、法務省令で定めるものに限る。次項及び第五十三条第二項において同じ。）に関する変更の登記は、当該登記に係る区分建物と同じ一棟の建物に属する他の区分建物についてされた変更の登記としての効力を有する。

⑥　前項の場合において、同項に規定する登記事項に関する変更の登記がされたときは、登記官は、職権で、当該一棟の建物に属する他の区分建物について、当該登記事項に関する変更の登記をしなければならない。

第五二条（**区分建物となったことによる建物の表題部の変更の登記**）①　表題登記がある建物（区分建物を除く。）に接続して区分建物が新築されて一棟の建物となったことにより当該表題登記がある建物が区分建物になった場合における当該表題登記がある建物についての表題部の変更の登記の申請は、当該新築に係る区分建物についての表題登記の申請と併せてしなければならない。

②　前項の場合において、当該表題登記がある建物の表題部所有者又は所有権の登記名義人は、当該新築に係る区分建物の所有者に代わって、当該新築に係る区分建物についての表題登記を申請することができる。

③　いずれも表題登記がある二以上の建物（区分建物を除く。）が増築その他の工事により相互に接続して区分建物になった場合における当該表題登記がある二以上の建物についての表題部の変更の登記の申請は、一括してしなければならない。

④　前項の場合において、当該表題登記がある二以上の建物のう

ち、表題登記がある一の建物の表題部所有者又は所有権の登記名義人は、表題登記がある他の建物の表題部所有者若しくは所有権の登記名義人又はこれらの者の相続人その他の一般承継人に代わって、当該表題登記がある他の建物について表題部の変更の登記を申請することができる。

（建物の表題部の更正の登記）

第五三条① 第二十七条第一号、第二号若しくは第四号（同号にあっては、法務省令で定めるものに限る。）又は第四十四条第一項各号（第二号及び第六号を除く。）に掲げる登記事項に関する更正の登記は、表題部所有者又は所有権の登記名義人（共用部分である旨の登記又は団地共用部分である旨の登記がある建物の場合にあっては、所有者）以外の者は、申請することができない。

② 第五十一条第五項及び第六項の規定は、建物が区分建物である場合における同条第五項に規定する登記事項に関する表題部の更正の登記について準用する。

（建物の分割、区分又は合併の登記）

第五四条① 次に掲げる登記は、表題部所有者又は所有権の登記名義人以外の者は、申請することができない。

一 建物の分割の登記（表題登記がある建物の附属建物を当該表題登記がある建物の登記記録から分割して登記記録上別の一個の建物とする登記をいう。以下同じ。）

二 建物の区分の登記（表題登記がある建物又は附属建物の部分であって区分建物に該当するものを登記記録上区分建物とする登記をいう。以下同じ。）

三 建物の合併の登記（表題登記がある建物を登記記録上他の表題登記がある建物の附属建物とする登記又は表題登記がある区分建物を登記記録上これと接続する他の区分建物である表題登記がある建物若しくは附属建物に合併して一個の建物とする登記をいう。以下同じ。）

② 共用部分である旨の登記又は団地共用部分である旨の登記がある建物についての建物の分割の登記又は建物の区分の登記は、所有者以外の者は、申請することができない。

③ 第四十条の規定は、所有権等の登記以外の権利に関する登記がある建物についての建物の分割の登記又は建物の区分の登記をするときについて準用する。

（特定登記）

第五五条① 登記官は、敷地権付き区分建物（区分建物に関する敷地権の登記がある建物をいう。第七十三条第一項及び第三項、第七十四条第二項並びに第七十六条第一項において同じ。）のうち特定登記（所有権等の登記以外の権利に関する登記であって、第七十三条第一項の規定により敷地権についてされた登記としての効力を有するものをいう。以下この条において同じ。）があるものについて、第四十四条第一項第九号の敷地利用権が区分所有者の有する専有部分と分離して処分することができるものとなったことにより敷地権の変更の登記をする場合において、当該変更の登記の申請情報と併せて特定登記に係る権利の登記名義人（当該特定登記が抵当権の登記である場合において、抵当証券が発行されているときは、当該抵当証券の所持人又は裏書人を含む。）が当該変更の登記後の当該建物又は当該敷地権の目的であった土地について当該特定登記に係る権利を消滅させることを承諾したことを証する情報が提供されたとき（当該特定登記に係る権利を目的とする第三者の権利に関する登記がある場合にあっては、当該第三者が承諾したことを証する情報が併せて提供されたときに限る。）は、法務省令で定めるところにより、当該承諾に係る建物又は土地について当該特定登記に係る権利が消滅した旨を登記しなければならない。

② 前項の規定は、特定登記がある建物について敷地権の不存在を原因とする表題部の更正の登記について準用する。この場合において、同項中「第四十四条第一項第九号の敷地利用権が区分所有者の有する専有部分と分離して処分することができるものとなったことにより敷地権の変更の登記」とあるのは「敷地権の不存在を原因とする表題部の更正の登記」と、「当該変更の登記」とあるのは「当該更正の登記」と読み替えるものとする。

③ 第一項の規定は、特定登記がある建物の合体又は合併により当該建物が敷地権のない建物となる場合における合体による登記等又は建物の合併の登記について準用する。この場合において、同項中「第四十四条第一項第九号の敷地利用権が区分所有者の有する専有部分と分離して処分することができるものとなったことにより敷地権の変更の登記」とあるのは「当該建物の合体又は合併により当該建物が敷地権のない建物となる場合における合体による登記等又は建物の合併の登記」と、「当該変更の登記」とあるのは「当該合体による登記等又は当該建物の合併の登記」と読み替えるものとする。

④ 第一項の規定は、特定登記がある建物の滅失の登記について準用する。この場合において、同項中「第四十四条第一項第九号の敷地利用権が区分所有者の有する専有部分と分離して処分することができるものとなったことにより敷地権の変更の登記」とあるのは「建物の滅失の登記」と、「当該変更の登記」とあるのは「当該建物の滅失の登記」と、「当該建物又は当該敷地権の目的であった土地」とあるのは「当該敷地権の目的であった土地」と、「当該承諾に係る建物又は土地」とあるのは「当該土地」と読み替えるものとする。

（建物の合併の登記の制限）

第五六条 次に掲げる建物の合併の登記は、することができない。

一 共用部分である旨の登記又は団地共用部分である旨の登記がある建物の合併の登記

二 表題部所有者又は所有権の登記名義人が相互に異なる建物の合併の登記

三 表題部所有者又は所有権の登記名義人が相互に持分を異にする建物の合併の登記

四 所有権の登記がない建物と所有権の登記がある建物との建物の合併の登記

五 所有権等の登記以外の権利に関する登記がある建物（権利に関する登記であって、合併後の建物の登記記録に登記することができるものとして法務省令で定めるものがある建物を除く。）の建物の合併の登記

（建物の滅失の登記の申請）

第五七条 建物が滅失したときは、表題部所有者又は所有権の登記名義人（共用部分である旨の登記又は団地共用部分である旨の登記がある建物の場合にあっては、所有者）は、その滅失の日から一月以内に、当該建物の滅失の登記を申請しなければならない。

（共用部分である旨の登記等）

第五八条① 共用部分である旨の登記又は団地共用部分である旨の登記に係る建物の表示に関する登記の登記事項は、第二十七条各号（第三号を除く。）及び第四十四条第一項各号（第六号を除く。）に掲げるもののほか、次のとおりとする。

一 共用部分である旨の登記にあっては、当該共用部分である建物が当該建物の属する一棟の建物以外の一棟の建物に属する建物の区分所有者の共用に供されるものであるときは、その旨

二 団地共用部分である旨の登記にあっては、当該団地共用部分を共用すべき者の所有する建物（当該建物が区分建物であるときは、当該建物が属する一棟の建物）

② 共用部分である旨の登記又は団地共用部分である旨の登記は、当該共用部分である旨の登記又は団地共用部分である旨の登記をする建物の表題部所有者又は所有権の登記名義人以外の者は、申請することができない。

③ 共用部分である旨の登記又は団地共用部分である旨の登記は、当該共用部分又は団地共用部分である建物に所有権等の登記以外の権利に関する登記があるときは、当該権利に関する登記に係る権利の登記名義人（当該権利に関する登記が抵当権の登記である場合において、抵当証券が発行されているときは、

当該抵当証券の所持人又は裏書人を含む。）の承諾があるとき（当該権利を目的とする第三者の権利に関する登記がある場合にあっては、当該第三者の承諾を得たときに限る。）でなければ、申請することができない。

④ 登記官は、共用部分である旨の登記又は団地共用部分である旨の登記をするときは、職権で、当該建物について表題部所有者の登記又は権利に関する登記を抹消しなければならない。

⑤ 第一項各号に掲げる登記事項についての変更の登記又は更正の登記は、当該共用部分である旨の登記又は団地共用部分である旨の登記がある建物の所有者以外の者は、申請することができない。

⑥ 共用部分である旨の登記又は団地共用部分である旨の登記がある建物について共用部分である旨又は団地共用部分である旨を定めた規約を廃止した場合には、当該建物の所有者は、当該規約の廃止の日から一月以内に、当該建物の表題登記を申請しなければならない。

⑦ 前項の規約を廃止した後に当該建物の所有権を取得した者は、その所有権の取得の日から一月以内に、当該建物の表題登記を申請しなければならない。

第三節 権利に関する登記

第一款 通則

（権利に関する登記の登記事項）

第五九条 権利に関する登記の登記事項は、次のとおりとする。

一 登記の目的

二 申請の受付の年月日及び受付番号

三 登記原因及びその日付

四 登記に係る権利の権利者の氏名又は名称及び住所並びに登記名義人が二人以上であるときは当該権利の登記名義人ごとの持分

五 登記の目的である権利の消滅に関する定めがあるときは、その定め

六 共有物分割禁止の定め（共有物若しくは所有権以外の財産権について民法（明治二十九年法律第八十九号）第二百五十六条第一項ただし書（同法第二百六十四条において準用する場合を含む。）若しくは第九百八条第二項の規定により分割をしない旨の契約をした場合若しくは同条第一項の規定により被相続人が遺言で共有物若しくは所有権以外の財産権について分割を禁止した場合における共有物若しくは所有権以外の財産権の分割を禁止する定め又は同条第四項の規定により家庭裁判所が遺産である共有物若しくは所有権以外の財産権についてした分割を禁止する審判をいう。第六十五条において同じ。）があるときは、その定め

七 民法第四百二十三条その他の法令の規定により他人に代わって登記を申請した者（以下「代位者」という。）があるときは、当該代位者の氏名又は名称及び住所並びに代位原因

八 第二号に掲げるもののほか、権利の順位を明らかにするために必要な事項として法務省令で定めるもの

（共同申請）

第六〇条 権利に関する登記の申請は、法令に別段の定めがある場合を除き、登記権利者及び登記義務者が共同してしなければならない。

（登記原因証明情報の提供）

第六一条 権利に関する登記を申請する場合には、申請人は、法令に別段の定めがある場合を除き、その申請情報と併せて登記原因を証する情報を提供しなければならない。

（一般承継人による申請）

第六二条 登記権利者、登記義務者又は登記名義人が権利に関する登記の申請人となることができる場合において、当該登記権利者、登記義務者又は登記名義人について相続その他の一般承継があったときは、相続人その他の一般承継人は、当該権利に関する登記を申請することができる。

（判決による登記等）

第六三条① 第六十条、第六十五条又は第八十九条第一項（同条第二項（第九十五条第二項において準用する場合を含む。）及び第九十五条第二項において準用する場合を含む。）の規定にかかわらず、これらの規定により申請を共同してしなければならない者の一方に登記手続をすべきことを命ずる確定判決による登記は、当該申請を共同してしなければならない者の他方が単独で申請することができる。

② 相続又は法人の合併による権利の移転の登記は、登記権利者が単独で申請することができる。

③ 遺贈（相続人に対する遺贈に限る。）による所有権の移転の登記は、第六十条の規定にかかわらず、登記権利者が単独で申請することができる。

（登記名義人の氏名等の変更の登記又は更正の登記等）

第六四条① 登記名義人の氏名若しくは名称又は住所についての変更の登記又は更正の登記は、登記名義人が単独で申請することができる。

② 抵当証券が発行されている場合における債務者の氏名若しくは名称又は住所についての変更の登記又は更正の登記は、債務者が単独で申請することができる。

（共有物分割禁止の定めの登記）

第六五条 共有物分割禁止の定めに係る権利の変更の登記の申請は、当該権利の共有者であるすべての登記名義人が共同してしなければならない。

（権利の変更の登記又は更正の登記）

第六六条 権利の変更の登記又は更正の登記は、登記上の利害関係を有する第三者（権利の変更の登記又は更正の登記につき利害関係を有する抵当証券の所持人又は裏書人を含む。以下この条において同じ。）の承諾がある場合及び当該第三者がない場合に限り、付記登記によってすることができる。

（登記の更正）

第六七条① 登記官は、権利に関する登記に錯誤又は遺漏があることを発見したときは、遅滞なく、その旨を登記権利者及び登記義務者（登記権利者及び登記義務者がない場合にあっては、登記名義人。第三項及び第七十一条第一項において同じ。）に通知しなければならない。ただし、登記権利者、登記義務者又は登記名義人がそれぞれ二人以上あるときは、その一人に対し通知すれば足りる。

② 登記官は、前項の場合において、登記の錯誤又は遺漏が登記官の過誤によるものであるときは、遅滞なく、当該登記官を監督する法務局又は地方法務局の長の許可を得て、登記の更正をしなければならない。ただし、登記上の利害関係を有する第三者（当該登記の更正につき利害関係を有する抵当証券の所持人又は裏書人を含む。以下この項において同じ。）がある場合にあっては、当該第三者の承諾があるときに限る。

③ 登記官が前項の登記の更正をしたときは、その旨を登記権利者及び登記義務者に通知しなければならない。この場合においては、第一項ただし書の規定を準用する。

④ 第一項及び前項の通知は、代位者にもしなければならない。この場合においては、第一項ただし書の規定を準用する。

（登記の抹消）

第六八条 権利に関する登記の抹消は、登記上の利害関係を有する第三者（当該登記の抹消につき利害関係を有する抵当証券の所持人又は裏書人を含む。以下この条において同じ。）がある場合には、当該第三者の承諾があるときに限り、申請することができる。

（死亡又は解散による登記の抹消）

第六九条 権利が人の死亡又は法人の解散によって消滅する旨が登記されている場合において、当該権利がその死亡又は解散によって消滅したときは、第六十条の規定にかかわらず、登記権利者は、単独で当該権利に係る権利に関する登記の抹消を申請することができる。

（買戻しの特約に関する登記の抹消）

第六九条の二 買戻しの特約に関する登記がされている場合にお

いて、契約の日から十年を経過したときは、第六十条の規定にかかわらず、登記権利者は、単独で当該登記の抹消を申請することができる。

（除権決定による登記の抹消等）

第七〇条① 登記権利者は、共同して登記の抹消の申請をすべき者の所在が知れないためその者と共同して権利に関する登記の抹消を申請することができないときは、非訟事件手続法（平成二十三年法律第五十一号）第九十九条に規定する公示催告の申立てをすることができる。

② 前項の登記が地上権、永小作権、質権、賃借権若しくは採石権に関する登記又は買戻しの特約に関する登記であり、かつ、登記された存続期間又は買戻しの期間が満了している場合において、相当の調査が行われたと認められるものとして法務省令で定める方法により調査を行ってもなお共同して登記の抹消の申請をすべき者の所在が判明しないときは、その者の所在が知れないものとみなして、同項の規定を適用する。

③ 前二項の場合において、非訟事件手続法第百六条第一項に規定する除権決定があったときは、第六十条の規定にかかわらず、当該登記権利者は、単独で第一項の登記の抹消を申請することができる。

④ 第一項に規定する場合において、登記権利者が先取特権、質権又は抵当権の被担保債権が消滅したことを証する情報として政令で定めるものを提供したときは、第六十条の規定にかかわらず、当該登記権利者は、単独でそれらの権利に関する登記の抹消を申請することができる。同項に規定する場合において、被担保債権の弁済期から二十年を経過し、かつ、その期間を経過した後に当該被担保債権、その利息及び債務不履行により生じた損害の全額に相当する金銭が供託されたときも、同様とする。

（解散した法人の担保権に関する登記の抹消）

第七〇条の二 登記権利者は、共同して登記の抹消の申請をすべき法人が解散し、前条第二項に規定する方法により調査を行ってもなおその法人の清算人の所在が判明しないためその法人と共同して先取特権、質権又は抵当権に関する登記の抹消を申請することができない場合において、被担保債権の弁済期から三十年を経過し、かつ、その法人の解散の日から三十年を経過したときは、第六十条の規定にかかわらず、単独で当該登記の抹消を申請することができる。

（職権による登記の抹消）

第七一条① 登記官は、権利に関する登記を完了した後に当該登記が第二十五条第一号から第三号まで又は第十三号に該当することを発見したときは、登記権利者及び登記義務者並びに登記上の利害関係を有する第三者に対し、一月以内の期間を定め、当該登記の抹消について異議のある者がその期間内に書面で異議を述べないときは、当該登記を抹消する旨を通知しなければならない。

② 登記官は、通知を受けるべき者の住所又は居所が知れないときは、法務省令で定めるところにより、前項の通知に代えて、通知をすべき内容を公告しなければならない。

③ 登記官は、第一項の異議を述べた者がある場合において、当該異議に理由がないと認めるときは決定で当該異議を却下し、当該異議に理由があると認めるときは決定でその旨を宣言し、かつ、当該異議を述べた者に通知しなければならない。

④ 登記官は、第一項の異議を述べた者がないとき、又は前項の規定により当該異議を却下したときは、職権で、第一項に規定する登記を抹消しなければならない。

（抹消された登記の回復）

第七二条 抹消された登記（権利に関する登記に限る。）の回復は、登記上の利害関係を有する第三者（当該登記の回復につき利害関係を有する抵当証券の所持人又は裏書人を含む。以下この条において同じ。）がある場合には、当該第三者の承諾があるときに限り、申請することができる。

（敷地権付き区分建物に関する登記等）

第七三条① 敷地権付き区分建物についての所有権又は担保権（一般の先取特権、質権又は抵当権をいう。以下この条において同じ。）に係る権利に関する登記は、第四十六条の規定により敷地権である旨の登記をした土地の敷地権についてされた登記としての効力を有する。ただし、次に掲げる登記は、この限りでない。

一 敷地権付き区分建物についての所有権又は担保権に係る権利に関する登記であって、区分建物に関する敷地権の登記をする前に登記されたもの（担保権に係る権利に関する登記にあっては、当該登記の目的等（登記の目的、申請の受付の年月日及び受付番号並びに登記原因及びその日付をいう。以下この号において同じ。）が当該敷地権となった土地の権利についてされた担保権に係る権利に関する登記の目的等と同一であるものを除く。）

二 敷地権付き区分建物についての所有権に係る仮登記であって、区分建物に関する敷地権の登記をした後に登記されたものであり、かつ、その登記原因が当該建物の当該敷地権が生ずる前に生じたもの

三 敷地権付き区分建物についての質権又は抵当権に係る権利に関する登記であって、区分建物に関する敷地権の登記をした後に登記されたものであり、かつ、その登記原因が当該建物の当該敷地権が生ずる前に生じたもの

四 敷地権付き区分建物についての所有権又は質権若しくは抵当権に係る権利に関する登記であって、区分建物に関する敷地権の登記をした後に登記されたものであり、かつ、その登記原因が当該建物の当該敷地権が生じた後に生じたもの（区分所有法第二十二条第一項本文（同条第三項において準用する場合を含む。）の規定により区分所有者の有する専有部分とその専有部分に係る敷地利用権とを分離して処分することができない場合（以下この条において「分離処分禁止の場合」という。）を除く。）

② 第四十六条の規定により敷地権である旨の登記をした土地には、敷地権の移転の登記又は敷地権を目的とする担保権に係る権利に関する登記をすることができない。ただし、当該土地が敷地権の目的となった後にその登記原因が生じたもの（分離処分禁止の場合を除く。）又は敷地権についての仮登記若しくは質権若しくは抵当権に係る権利に関する登記であって当該土地が敷地権の目的となる前にその登記原因が生じたものは、この限りでない。

③ 敷地権付き区分建物には、当該建物のみの所有権の移転を登記原因とする所有権の登記又は当該建物のみを目的とする担保権に係る権利に関する登記をすることができない。ただし、当該建物の敷地権が生じた後にその登記原因が生じたもの（分離処分禁止の場合を除く。）又は当該建物のみの所有権についての仮登記若しくは当該建物のみを目的とする質権若しくは抵当権に係る権利に関する登記であって当該建物の敷地権が生ずる前にその登記原因が生じたものは、この限りでない。

第二款　所有権に関する登記

（所有権の登記の登記事項）

第七三条の二① 所有権の登記の登記事項は、第五十九条各号に掲げるもののほか、次のとおりとする。

一 所有権の登記名義人が法人であるときは、会社法人等番号（商業登記法（昭和三十八年法律第百二十五号）第七条（他の法令において準用する場合を含む。）に規定する会社法人等番号をいう。）その他の特定の法人を識別するために必要な事項として法務省令で定めるもの

二 所有権の登記名義人が国内に住所を有しないときは、その国内における連絡先となる者の氏名又は名称及び住所その他の国内における連絡先に関する事項として法務省令で定めるもの

② 前項各号に掲げる登記事項についての登記に関し必要な事項は、法務省令で定める。

＊令和三法二四（令和六・四・一施行）により第七三条の二追加

（所有権の保存の登記）
第七四条① 所有権の保存の登記は、次に掲げる者以外の者は、申請することができない。
一 表題部所有者又はその相続人その他の一般承継人
二 所有権を有することが確定判決によって確認された者
三 収用（土地収用法（昭和二十六年法律第二百十九号）その他の法律の規定による収用をいう。第百十八条第一項及び第三項から第五項までにおいて同じ。）によって所有権を取得した者
② 区分建物にあっては、表題部所有者から所有権を取得した者も、前項の登記を申請することができる。この場合において、当該建物が敷地権付き区分建物であるときは、当該敷地権の登記名義人の承諾を得なければならない。

（表題登記がない不動産についてする所有権の保存の登記）
第七五条 登記官は、前条第一項第二号又は第三号に掲げる者の申請に基づいて表題登記がない不動産について所有権の保存の登記をするときは、当該不動産に関する不動産の表示のうち法務省令で定めるものを登記しなければならない。

（所有権の保存の登記の登記事項等）
第七六条① 所有権の保存の登記においては、第五十九条第三号の規定にかかわらず、登記原因及びその日付を登記することを要しない。ただし、敷地権付き区分建物について第七十四条第二項の規定により所有権の保存の登記をする場合は、この限りでない。
② 登記官は、所有権の登記がない不動産について嘱託により所有権の処分の制限の登記をするときは、職権で、所有権の保存の登記をしなければならない。
③ 前条の規定は、表題登記がない不動産について嘱託により所有権の処分の制限の登記をする場合について準用する。

（相続等による所有権の移転の登記の申請）
第七六条の二① 所有権の登記名義人について相続の開始があったときは、当該相続により所有権を取得した者は、自己のために相続の開始があったことを知り、かつ、当該所有権を取得したことを知った日から三年以内に、所有権の移転の登記を申請しなければならない。遺贈（相続人に対する遺贈に限る。）により所有権を取得した者も、同様とする。
② 前項前段の規定による登記（民法第九百条及び第九百一条の規定により算定した相続分に応じてされたものに限る。次条第四項において同じ。）がされた後に遺産の分割があったときは、当該遺産の分割によって当該相続分を超えて所有権を取得した者は、当該遺産の分割の日から三年以内に、所有権の移転の登記を申請しなければならない。
③ 前二項の規定は、代位者その他の者の申請又は嘱託により、当該各項の規定による登記がされた場合には、適用しない。

＊令和三法二四（令和六・四・一施行）により第七六条の二追加

（相続人である旨の申出等）
第七六条の三① 前条第一項の規定により所有権の移転の登記を申請する義務を負う者は、法務省令で定めるところにより、登記官に対し、所有権の登記名義人について相続が開始した旨及び自らが当該所有権の登記名義人の相続人である旨を申し出ることができる。
② 前条第一項に規定する期間内に前項の規定による申出をした者は、同条第一項に規定する所有権の取得（当該申出の前にされた遺産の分割によるものを除く。）に係る所有権の移転の登記を申請する義務を履行したものとみなす。
③ 登記官は、第一項の規定による申出があったときは、職権で、その旨並びに当該申出をした者の氏名及び住所その他法務省令で定める事項を所有権の登記に付記することができる。
④ 第一項の規定による申出をした者は、その後の遺産の分割によって所有権を取得したとき（前条第一項前段の規定による登記がされた後に当該遺産の分割によって所有権を取得したときを除く。）は、当該遺産の分割の日から三年以内に、所有権の移転の登記を申請しなければならない。
⑤ 前項の規定は、代位者その他の者の申請又は嘱託により、同項の規定による登記がされた場合には、適用しない。
⑥ 第一項の規定による申出の手続及び第三項の規定による登記に関し必要な事項は、法務省令で定める。

＊令和三法二四（令和六・四・一施行）により第七六条の三追加

＊令和三法二四（令和八・四・二七までに施行）による改正後

（所有権の登記名義人についての符号の表示）
第七六条の四 登記官は、所有権の登記名義人（法務省令で定めるものに限る。）が権利能力を有しないこととなったと認めるべき場合として法務省令で定める場合には、法務省令で定めるところにより、職権で、当該所有権の登記名義人についてその旨を示す符号を表示することができる。（改正により追加）

（所有権の登記名義人の氏名等の変更の登記の申請）
第七六条の五 所有権の登記名義人の氏名若しくは名称又は住所について変更があったときは、当該所有権の登記名義人は、その変更があった日から二年以内に、氏名若しくは名称又は住所についての変更の登記を申請しなければならない。（改正により追加）

（職権による氏名等の変更の登記）
第七六条の六 登記官は、所有権の登記名義人の氏名若しくは名称又は住所について変更があったと認めるべき場合として法務省令で定める場合には、法務省令で定めるところにより、職権で、氏名若しくは名称又は住所についての変更の登記をすることができる。ただし、当該所有権の登記名義人が自然人であるときは、その申出があるときに限る。（改正により追加）

（所有権の登記の抹消）
第七七条 所有権の登記の抹消は、所有権の移転の登記がない場合に限り、所有権の登記名義人が単独で申請することができる。

第三款 用益権に関する登記

（地上権の登記の登記事項）
第七八条 地上権の登記の登記事項は、第五十九条各号に掲げるもののほか、次のとおりとする。
一 地上権設定の目的
二 地代又はその支払時期の定めがあるときは、その定め
三 存続期間又は借地借家法（平成三年法律第九十号）第二十二条第一項前段若しくは第二十三条第一項若しくは大規模な災害の被災地における借地借家に関する特別措置法（平成二十五年法律第六十一号）第七条第一項の定めがあるときは、その定め
四 地上権設定の目的が借地借家法第二十三条第一項又は第二項に規定する建物の所有であるときは、その旨
五 民法第二百六十九条の二第一項前段に規定する地上権の設定にあっては、その目的である地下又は空間の上下の範囲及び同項後段の定めがあるときはその定め

（永小作権の登記の登記事項）
第七九条 永小作権の登記の登記事項は、第五十九条各号に掲げるもののほか、次のとおりとする。
一 小作料
二 存続期間又は小作料の支払時期の定めがあるときは、その定め
三 民法第二百七十二条ただし書の定めがあるときは、その定め
四 前二号に規定するもののほか、永小作人の権利又は義務に関する定めがあるときは、その定め

（地役権の登記の登記事項等）

第八〇条① 承役地（民法第二百八十五条第一項に規定する承役地をいう。以下この条において同じ。）についてする地役権の登記の登記事項は、第五十九条各号に掲げるもののほか、次のとおりとする。

一 要役地（民法第二百八十一条第一項に規定する要役地をいう。以下この条において同じ。）

二 地役権設定の目的及び範囲

三 民法第二百八十一条第一項ただし書若しくは第二百八十五条第一項ただし書の別段の定め又は同法第二百八十六条の定めがあるときは、その定め

② 前項の登記においては、第五十九条第四号の規定にかかわらず、地役権者の氏名又は名称及び住所を登記することを要しない。

③ 要役地に所有権の登記がないときは、承役地に地役権の設定の登記をすることができない。

④ 登記官は、承役地に地役権の設定の登記をしたときは、要役地について、職権で、法務省令で定める事項を登記しなければならない。

（賃借権の登記等の登記事項）

第八一条 賃借権の登記又は賃借物の転貸の登記の登記事項は、第五十九条各号に掲げるもののほか、次のとおりとする。

一 賃料

二 存続期間又は賃料の支払時期の定めがあるときは、その定め

三 賃借権の譲渡又は賃借物の転貸を許す旨の定めがあるときは、その定め

四 敷金があるときは、その旨

五 賃貸人が財産の処分につき行為能力の制限を受けた者又は財産の処分の権限を有しない者であるときは、その旨

六 土地の賃借権設定の目的が建物の所有であるときは、その旨

七 前号に規定する場合において建物が借地借家法第二十三条第一項又は第二項に規定する建物であるときは、その旨

八 借地借家法第二十二条第一項前段、第二十三条第一項、第三十八条第一項前段若しくは第三十九条第一項、高齢者の居住の安定確保に関する法律（平成十三年法律第二十六号）第五十二条第一項又は大規模な災害の被災地における借地借家に関する特別措置法第七条第一項の定めがあるときは、その定め

（配偶者居住権の登記の登記事項）

第八一条の二 配偶者居住権の登記の登記事項は、第五十九条各号に掲げるもののほか、次のとおりとする。

一 存続期間

二 第三者に居住建物（民法第千二十八条第一項に規定する居住建物をいう。）の使用又は収益をさせることを許す旨の定めがあるときは、その定め

（採石権の登記の登記事項）

第八二条 採石権の登記の登記事項は、第五十九条各号に掲げるもののほか、次のとおりとする。

一 存続期間

二 採石権の内容又は採石料若しくはその支払時期の定めがあるときは、その定め

第四款 担保権等に関する登記

（担保権の登記の登記事項）

第八三条① 先取特権、質権若しくは転質又は抵当権の登記の登記事項は、第五十九条各号に掲げるもののほか、次のとおりとする。

一 債権額（一定の金額を目的としない債権については、その価額）

二 債務者の氏名又は名称及び住所

三 所有権以外の権利を目的とするときは、その目的となる権利

四 二以上の不動産に関する権利を目的とするときは、当該二以上の不動産及び当該権利

五 外国通貨で第一号の債権額を指定した債権を担保する質権若しくは転質又は抵当権の登記にあっては、本邦通貨で表示した担保限度額

② 登記官は、前項第四号に掲げる事項を明らかにするため、法務省令で定めるところにより、共同担保目録を作成することができる。

（債権の一部譲渡による担保権の移転の登記等の登記事項）

第八四条 債権の一部について譲渡又は代位弁済がされた場合における先取特権、質権若しくは転質又は抵当権の移転の登記の登記事項は、第五十九条各号に掲げるもののほか、当該譲渡又は代位弁済の目的である債権の額とする。

（不動産工事の先取特権の保存の登記）

第八五条 不動産工事の先取特権の保存の登記においては、第八十三条第一項第一号の債権額として工事費用の予算額を登記事項とする。

（建物を新築する場合の不動産工事の先取特権の保存の登記）

第八六条① 建物を新築する場合における不動産工事の先取特権の保存の登記については、当該建物の所有者となるべき者を登記義務者とみなす。この場合においては、第二十二条本文の規定は、適用しない。

② 前項の登記の登記事項は、第五十九条各号及び第八十三条第一項各号（第三号を除く。）に掲げるもののほか、次のとおりとする。

一 新築する建物並びに当該建物の種類、構造及び床面積は設計書による旨

二 登記義務者の氏名又は名称及び住所

③ 前項第一号の規定は、所有権の登記がある建物の附属建物を新築する場合における不動産工事の先取特権の保存の登記について準用する。

（建物の建築が完了した場合の登記）

第八七条① 前条第一項の登記をした場合において、建物の建築が完了したときは、当該建物の所有者は、遅滞なく、所有権の保存の登記を申請しなければならない。

② 前条第三項の登記をした場合において、附属建物の建築が完了したときは、当該附属建物が属する建物の所有権の登記名義人は、遅滞なく、当該附属建物の新築による建物の表題部の変更の登記を申請しなければならない。

（抵当権の登記の登記事項）

第八八条① 抵当権（根抵当権（民法第三百九十八条の二第一項の規定による抵当権をいう。以下同じ。）を除く。）の登記の登記事項は、第五十九条各号及び第八十三条第一項各号に掲げるもののほか、次のとおりとする。

一 利息に関する定めがあるときは、その定め

二 民法第三百七十五条第二項に規定する損害の賠償額の定めがあるときは、その定め

三 債権に付した条件があるときは、その条件

四 民法第三百七十条ただし書の別段の定めがあるときは、その定め

五 抵当証券発行の定めがあるときは、その定め

六 前号の定めがある場合において元本又は利息の弁済期又は支払場所の定めがあるときは、その定め

② 根抵当権の登記の登記事項は、第五十九条各号及び第八十三条第一項各号（第一号を除く。）に掲げるもののほか、次のとおりとする。

一 担保すべき債権の範囲及び極度額

二 民法第三百七十条ただし書の別段の定めがあるときは、その定め

三 担保すべき元本の確定すべき期日の定めがあるときは、その定め

四 民法第三百九十八条の十四第一項ただし書の定めがあるときは、その定め

（**抵当権の順位の変更の登記等**）
第八九条① 抵当権の順位の変更の登記の申請は、順位を変更する当該抵当権の登記名義人が共同してしなければならない。
② 前項の規定は、民法第三百九十八条の十四第一項ただし書の定めがある場合の当該定めの登記の申請について準用する。

（**抵当権の処分の登記**）
第九〇条 第八十三条及び第八十八条の規定は、民法第三百七十六条第一項の規定により抵当権を他の債権のための担保とし、又は抵当権を譲渡し、若しくは放棄する場合の登記について準用する。

（**共同抵当の代位の登記**）
第九一条① 民法第三百九十三条の規定による代位の登記の登記事項は、第五十九条各号に掲げるもののほか、先順位の抵当権者が弁済を受けた不動産に関する権利、当該不動産の代価及び当該弁済を受けた額とする。
② 第八十三条及び第八十八条の規定は、前項の登記について準用する。

（**根抵当権当事者の相続に関する合意の登記の制限**）
第九二条 民法第三百九十八条の八第一項又は第二項の合意の登記は、当該相続による根抵当権の移転又は債務者の変更の登記をした後でなければ、することができない。

（**根抵当権の元本の確定の登記**）
第九三条 民法第三百九十八条の十九第二項又は第三百九十八条の二十第一項第三号若しくは第四号の規定により根抵当権の担保すべき元本が確定した場合の登記は、第六十条の規定にかかわらず、当該根抵当権の登記名義人が単独で申請することができる。ただし、同項第三号又は第四号の規定により根抵当権の担保すべき元本が確定した場合における申請は、当該根抵当権又はこれを目的とする権利の取得の登記の申請と併せてしなければならない。

（**抵当証券に関する登記**）
第九四条① 登記官は、抵当証券を交付したときは、職権で、抵当証券交付の登記をしなければならない。
② 抵当証券法第一条第二項の申請があった場合において、同法第五条第二項の嘱託を受けた登記所の登記官が抵当証券を作成したときは、当該登記官は、職権で、抵当証券作成の登記をしなければならない。
③ 前項の場合において、同項の申請を受けた登記所の登記官は、抵当証券を交付したときは抵当証券交付の登記を、同項の申請を却下したときは抵当証券作成の登記の抹消を同項の登記所に嘱託しなければならない。
④ 第二項の規定による抵当証券作成の登記をした不動産について、前項の規定による嘱託により抵当証券交付の登記をしたときは、当該抵当証券交付の登記は、当該抵当証券作成の登記をした時にさかのぼってその効力を生ずる。

（**質権の登記等の登記事項**）
第九五条① 質権又は転質の登記の登記事項は、第五十九条各号及び第八十三条第一項各号に掲げるもののほか、次のとおりとする。
一 存続期間の定めがあるときは、その定め
二 利息に関する定めがあるときは、その定め
三 違約金又は賠償額の定めがあるときは、その定め
四 債権に付した条件があるときは、その条件
五 民法第三百四十六条ただし書の別段の定めがあるときは、その定め
六 民法第三百五十九条の規定によりその設定行為について別段の定め（同法第三百五十六条又は第三百五十七条に規定するものに限る。）があるときは、その定め
七 民法第三百六十一条において準用する同法第三百七十条ただし書の別段の定めがあるときは、その定め
② 第八十八条第二項及び第八十九条から第九十三条までの規定は、質権について準用する。この場合において、第九十条及び第九十一条第二項中「第八十八条」とあるのは、「第九十五条第一項又は同条第二項において準用する第八十八条第二項」と読み替えるものとする。

（**買戻しの特約の登記の登記事項**）
第九六条 買戻しの特約の登記の登記事項は、第五十九条各号に掲げるもののほか、買主が支払った代金（民法第五百七十九条の別段の合意をした場合にあっては、その合意により定めた金額）及び契約の費用並びに買戻しの期間の定めがあるときはその定めとする。

第五款　信託に関する登記

（**信託の登記の登記事項**）
第九七条① 信託の登記の登記事項は、第五十九条各号に掲げるもののほか、次のとおりとする。
一 委託者、受託者及び受益者の氏名又は名称及び住所
二 受益者の指定に関する条件又は受益者を定める方法の定めがあるときは、その定め
三 信託管理人があるときは、その氏名又は名称及び住所
四 受益者代理人があるときは、その氏名又は名称及び住所
五 信託法（平成十八年法律第百八号）第百八十五条第三項に規定する受益証券発行信託であるときは、その旨
六 信託法第二百五十八条第一項に規定する受益者の定めのない信託であるときは、その旨
七 公益信託ニ関スル法律（大正十一年法律第六十二号）第一条に規定する公益信託であるときは、その旨
八 信託の目的
九 信託財産の管理方法
十 信託の終了の事由
十一 その他の信託の条項
② 前項第二号から第六号までに掲げる事項のいずれかを登記したときは、同項第一号の受益者（同項第四号に掲げる事項を登記した場合にあっては、当該受益者代理人が代理する受益者に限る。）の氏名又は名称及び住所を登記することを要しない。
③ 登記官は、第一項各号に掲げる事項を明らかにするため、法務省令で定めるところにより、信託目録を作成することができる。

（**信託の登記の申請方法等**）
第九八条① 信託の登記の申請は、当該信託に係る権利の保存、設定、移転又は変更の登記の申請と同時にしなければならない。
② 信託の登記は、受託者が単独で申請することができる。
③ 信託法第三条第三号に掲げる方法によってされた信託による権利の変更の登記は、受託者が単独で申請することができる。

（**代位による信託の登記の申請**）
第九九条 受益者又は委託者は、受託者に代わって信託の登記を申請することができる。

（**受託者の変更による登記等**）
第一〇〇条① 受託者の任務が死亡、後見開始若しくは保佐開始の審判、破産手続開始の決定、法人の合併以外の理由による解散又は裁判所若しくは主務官庁（その権限の委任を受けた国に所属する行政庁及びその権限に属する事務を処理する都道府県の執行機関を含む。第百二条第二項において同じ。）の解任命令により終了し、新たに受託者が選任されたときは、信託財産に属する不動産についてする受託者の変更による権利の移転の登記は、第六十条の規定にかかわらず、新たに選任された当該受託者が単独で申請することができる。
② 受託者が二人以上ある場合において、そのうち少なくとも一人の受託者の任務が前項に規定する事由により終了したときは、信託財産に属する不動産についてする当該受託者の任務の終了による権利の変更の登記は、第六十条の規定にかかわらず、他の受託者が単独で申請することができる。

（**職権による信託の変更の登記**）
第一〇一条 登記官は、信託財産に属する不動産について次に掲げる登記をするときは、職権で、信託の変更の登記をしなければ

ばならない。
一　信託法第七十五条第一項又は第二項の規定による権利の移転の登記
二　信託法第八十六条第四項本文の規定による権利の変更の登記
三　受託者である登記名義人の氏名若しくは名称又は住所についての変更の登記又は更正の登記

（嘱託による信託の変更の登記）
第一〇二条①　裁判所書記官は、受託者の解任の裁判があったとき、信託管理人若しくは受益者代理人の選任若しくは解任の裁判があったとき、又は信託の変更を命ずる裁判があったときは、職権で、遅滞なく、信託の変更の登記を登記所に嘱託しなければならない。
②　主務官庁は、受託者を解任したとき、信託管理人若しくは受益者代理人を選任し、若しくは解任したとき、又は信託の変更を命じたときは、遅滞なく、信託の変更の登記を登記所に嘱託しなければならない。

（信託の変更の登記の申請）
第一〇三条①　前二条に規定するもののほか、第九十七条第一項各号に掲げる登記事項について変更があったときは、受託者は、遅滞なく、信託の変更の登記を申請しなければならない。
②　第九十九条の規定は、前項の信託の変更の登記の申請について準用する。

（信託の登記の抹消）
第一〇四条①　信託財産に属する不動産に関する権利が移転、変更又は消滅により信託財産に属しないこととなった場合における信託の登記の抹消の申請は、当該権利の移転の登記若しくは変更の登記又は当該権利の登記の抹消の申請と同時にしなければならない。
②　信託の登記の抹消は、受託者が単独で申請することができる。

（権利の変更の登記等の特則）
第一〇四条の二①　信託の併合又は分割により不動産に関する権利が一の信託の信託財産に属する財産から他の信託の信託財産に属する財産となった場合における当該権利に係る当該一の信託についての信託の登記の抹消及び当該他の信託についての信託の登記の申請は、信託の併合又は分割による権利の変更の登記の申請と同時にしなければならない。信託の併合又は分割以外の事由により不動産に関する権利が一の信託の信託財産に属する財産から受託者を同一とする他の信託の信託財産に属する財産となった場合も、同様とする。
②　信託財産に属する不動産についてする次の表の上欄に掲げる場合における権利の変更の登記（第九十八条第三項の登記を除く。）については、同表の中欄に掲げる者を登記権利者とし、同表の下欄に掲げる者を登記義務者とする。この場合において、受益者（信託管理人がある場合にあっては、信託管理人。以下この項において同じ。）については、第二十二条本文の規定は、適用しない。

一　不動産に関する権利が固有財産に属する財産から信託財産に属する財産となった場合	受益者	受託者
二　不動産に関する権利が信託財産に属する財産から固有財産に属する財産となった場合	受託者	受益者
三　不動産に関する権利が一の信託の信託財産に属する財産から他の信託の信託財産に属する財産となった場合	当該他の信託の受益者及び受託者	当該一の信託の受益者及び受託者

第六款　仮登記

（仮登記）
第一〇五条　仮登記は、次に掲げる場合にすることができる。
一　第三条各号に掲げる権利について保存等があった場合において、当該保存等に係る登記の申請をするために登記所に対し提供しなければならない情報であって、第二十五条第九号の申請情報と併せて提供しなければならないものとされているもののうち法務省令で定めるものを提供することができないとき。
二　第三条各号に掲げる権利の設定、移転、変更又は消滅に関して請求権（始期付き又は停止条件付きのものその他将来確定することが見込まれるものを含む。）を保全しようとするとき。

（仮登記に基づく本登記の順位）
第一〇六条　仮登記に基づいて本登記（仮登記がされた後、これと同一の不動産についてされる同一の権利についての権利に関する登記であって、当該不動産に係る登記記録に当該仮登記に基づく登記であることが記録されているものをいう。以下同じ。）をした場合は、当該本登記の順位は、当該仮登記の順位による。

（仮登記の申請方法）
第一〇七条①　仮登記は、仮登記の登記義務者の承諾があるとき及び次条に規定する仮登記を命ずる処分があるときは、第六十条の規定にかかわらず、当該仮登記の登記権利者が単独で申請することができる。
②　仮登記の登記権利者及び登記義務者が共同して仮登記を申請する場合については、第二十二条本文の規定は、適用しない。

（仮登記を命ずる処分）
第一〇八条①　裁判所は、仮登記の登記権利者の申立てにより、仮登記を命ずる処分をすることができる。
②　前項の申立てをするときは、仮登記の原因となる事実を疎明しなければならない。
③　第一項の申立てに係る事件は、不動産の所在地を管轄する地方裁判所の管轄に専属する。
④　第一項の申立てを却下した決定に対しては、即時抗告をすることができる。
⑤　非訟事件手続法第二条及び第二編（同法第五条、第六条、第七条第二項、第四十条、第五十九条、第六十六条第一項及び第二項並びに第七十二条を除く。）の規定は、前項の即時抗告について準用する。

（仮登記に基づく本登記）
第一〇九条①　所有権に関する仮登記に基づく本登記は、登記上の利害関係を有する第三者（本登記につき利害関係を有する抵当証券の所持人又は裏書人を含む。以下この条において同じ。）がある場合には、当該第三者の承諾があるときに限り、申請することができる。
②　登記官は、前項の規定による申請に基づいて登記をするときは、職権で、同項の第三者の権利に関する登記を抹消しなければならない。

（仮登記の抹消）
第一一〇条　仮登記の抹消は、第六十条の規定にかかわらず、仮登記の登記名義人が単独で申請することができる。仮登記の登記名義人の承諾がある場合における当該仮登記の登記上の利害関係人も、同様とする。

第七款　仮処分に関する登記

（仮処分の登記に後れる登記の抹消）
第一一一条①　所有権について民事保全法（平成元年法律第九十一号）第五十三条第一項の規定による処分禁止の登記（同条第二項に規定する保全仮登記（以下「保全仮登記」という。）とともにしたものを除く。以下この条において同じ。）がされた後、当該処分禁止の登記に係る仮処分の債権者が当該仮処分の債務者を登記義務者とする所有権の登記（仮登記を除く。）を申請する場合においては、当該債権者は、当該処分禁止の登記に後れる登記の抹消を単独で申請することができる。

② 前項の規定は、所有権以外の権利について民事保全法第五十三条第一項の規定による処分禁止の登記がされた後、当該処分禁止の登記に係る仮処分の債権者が当該仮処分の債務者を登記義務者とする当該権利の移転又は消滅に関し登記（仮登記を除く。）を申請する場合について準用する。

③ 登記官は、第一項（前項において準用する場合を含む。）の申請に基づいて当該処分禁止の登記に後れる登記を抹消するときは、職権で、当該処分禁止の登記も抹消しなければならない。

（保全仮登記に基づく本登記の順位）

第一一二条　保全仮登記に基づいて本登記をした場合は、当該本登記の順位は、当該保全仮登記の順位による。

（保全仮登記に係る仮処分の登記に後れる登記の抹消）

第一一三条　不動産の使用又は収益をする権利について保全仮登記がされた後、当該保全仮登記に係る仮処分の債権者が本登記を申請する場合においては、当該債権者は、所有権以外の不動産の使用若しくは収益をする権利又は当該権利を目的とする権利に関する登記であって当該保全仮登記とともにした処分禁止の登記に後れるものの抹消を単独で申請することができる。

（処分禁止の登記の抹消）

第一一四条　登記官は、保全仮登記に基づく本登記をするときは、職権で、当該保全仮登記とともにした処分禁止の登記を抹消しなければならない。

第八款　官庁又は公署が関与する登記等

（公売処分による登記）

第一一五条　官庁又は公署は、公売処分をした場合において、登記権利者の請求があったときは、遅滞なく、次に掲げる事項を登記所に嘱託しなければならない。

一　公売処分による権利の移転の登記
二　公売処分により消滅した権利の登記の抹消
三　滞納処分に関する差押えの登記の抹消

（官庁又は公署の嘱託による登記）

第一一六条①　国又は地方公共団体が登記権利者となって権利に関する登記をするときは、官庁又は公署は、遅滞なく、登記義務者の承諾を得て、当該登記を登記所に嘱託しなければならない。

② 国又は地方公共団体が登記義務者となる権利に関する登記について登記権利者の請求があったときは、官庁又は公署は、遅滞なく、当該登記を登記所に嘱託しなければならない。

（官庁又は公署の嘱託による登記の登記識別情報）

第一一七条①　登記官は、官庁又は公署が登記権利者（登記をすることによって登記名義人となる者に限る。以下この条において同じ。）のためにした登記の嘱託に基づいて登記を完了したときは、速やかに、当該登記権利者のために登記識別情報を当該官庁又は公署に通知しなければならない。

② 前項の規定により登記識別情報の通知を受けた官庁又は公署は、遅滞なく、これを同項の登記権利者に通知しなければならない。

（収用による登記）

第一一八条①　不動産の収用による所有権の移転の登記は、第六十条の規定にかかわらず、起業者が単独で申請することができる。

② 国又は地方公共団体が起業者であるときは、官庁又は公署は、遅滞なく、前項の登記を登記所に嘱託しなければならない。

③ 前二項の規定は、不動産に関する所有権以外の権利の収用による権利の消滅の登記について準用する。

④ 土地の収用による権利の移転の登記を申請する場合には、当該収用により消滅した権利又は失効した差押え、仮差押え若しくは仮処分に関する登記を指定しなければならない。この場合において、権利の移転の登記をするときは、登記官は、職権で、当該指定に係る登記を抹消しなければならない。

⑤ 登記官は、建物の収用による所有権の移転の登記をするときは、職権で、当該建物を目的とする所有権等の登記以外の権利に関する登記を抹消しなければならない。第三項の登記をする場合において同項の権利を目的とする権利に関する登記についても、同様とする。

⑥ 登記官は、第一項の登記をするときは、職権で、裁決手続開始の登記を抹消しなければならない。

第五章　登記事項の証明等

（登記事項証明書の交付等）

第一一九条①　何人も、登記官に対し、手数料を納付して、登記記録に記録されている事項の全部又は一部を証明した書面（以下「登記事項証明書」という。）の交付を請求することができる。

② 何人も、登記官に対し、手数料を納付して、登記記録に記録されている事項の概要を記載した書面の交付を請求することができる。

③ 前二項の手数料の額は、物価の状況、登記事項証明書の交付に要する実費その他一切の事情を考慮して政令で定める。

④ 第一項及び第二項の手数料の納付は、収入印紙をもってしなければならない。ただし、法務省令で定める方法で登記事項証明書の交付を請求するときは、法務省令で定めるところにより、現金をもってすることができる。

⑤ 第一項の交付の請求は、法務省令で定める場合を除き、請求に係る不動産の所在地を管轄する登記所以外の登記所の登記官に対してもすることができる。

⑥ 登記官は、第一項及び第二項の規定にかかわらず、登記記録に記録されている者（自然人であるものに限る。）の住所が明らかにされることにより、人の生命若しくは身体に危害を及ぼすおそれがある場合又はこれに準ずる程度に心身に有害な影響を及ぼすおそれがあるものとして法務省令で定める場合において、その者からの申出があったときは、法務省令で定めるところにより、第一項及び第二項に規定する各書面に当該住所に代わるものとして法務省令で定める事項を記載しなければならない。

＊令和三法二四（令和六・四・一施行）により第六項追加

＊令和三法二四（令和八・四・二七までに施行）による改正後

（所有不動産記録証明書の交付等）

第一一九条の二①　何人も、登記官に対し、手数料を納付して、自らが所有権の登記名義人（これに準ずる者として法務省令で定めるものを含む。）として記録されている不動産に係る登記記録に記録されている事項のうち法務省令で定めるもの（記録がないときは、その旨）を証明した書面（以下この条において「所有不動産記録証明書」という。）の交付を請求することができる。

② 相続人その他の一般承継人は、登記官に対し、手数料を納付して、被承継人に係る所有不動産記録証明書の交付を請求することができる。

③ 前二項の交付の請求は、法務大臣の指定する登記所の登記官に対し、法務省令で定めるところにより、することができる。

④ 前条第三項及び第四項の規定は、所有不動産記録証明書の手数料について準用する。

（改正により追加）

（地図の写しの交付等）

第一二〇条①　何人も、登記官に対し、手数料を納付して、地図、建物所在図又は地図に準ずる図面（以下この条において「地図等」という。）の全部又は一部の写し（地図等が電磁的記録に記録されているときは、当該記録された情報の内容を証明した書面）の交付を請求することができる。

② 何人も、登記官に対し、手数料を納付して、地図等（地図等が電磁的記録に記録されているときは、当該記録された情報の内容を法務省令で定める方法により表示したもの）の閲覧を請

求することができる。

③　前条第三項から第五項までの規定は、地図等について準用する。

＊令和三法二四（令和八・四・二七までに施行）による改正
第三項中「前条第三項」を「第百十九条第三項」に改める。
（本文未織込み）

（登記簿の附属書類の写しの交付等）

第百二十一条①　何人も、登記官に対し、手数料を納付して、登記簿の附属書類（電磁的記録を含む。以下同じ。）のうち政令で定める図面の全部又は一部の写し（これらの図面が電磁的記録に記録されているときは、当該記録された情報の内容を証明した書面）の交付を請求することができる。

②　何人も、登記官に対し、手数料を納付して、登記簿の附属書類のうち前項の図面（電磁的記録にあっては、記録された情報の内容を法務省令で定める方法により表示したもの。次項において同じ。）の閲覧を請求することができる。

③　何人も、正当な理由があるときは、登記官に対し、法務省令で定めるところにより、手数料を納付して、登記簿の附属書類（第一項の図面を除き、電磁的記録にあっては、記録された情報の内容を法務省令で定める方法により表示したもの。次項において同じ。）の全部又は一部（その正当な理由があると認められる部分に限る。）の閲覧を請求することができる。

④　前項の規定にかかわらず、登記を申請した者は、登記官に対し、法務省令で定めるところにより、手数料を納付して、自己を申請人とする登記記録に係る登記簿の附属書類の閲覧を請求することができる。

⑤　第百十九条第三項から第五項までの規定は、登記簿の附属書類について準用する。

（法務省令への委任）

第百二十二条　この法律に定めるもののほか、登記簿、地図、建物所在図及び地図に準ずる図面並びに登記簿の附属書類（第百五十四条及び第百五十五条において「登記簿等」という。）の公開に関し必要な事項は、法務省令で定める。

第六章　筆界特定

第一節　総則

（定義）

第百二十三条　この章において、次の各号に掲げる用語の意義は、それぞれ当該各号に定めるところによる。

一　筆界　表題登記がある一筆の土地（以下単に「一筆の土地」という。）とこれに隣接する他の土地（表題登記がない土地を含む。以下同じ。）との間において、当該一筆の土地が登記された時にその境を構成するものとされた二以上の点及びこれらを結ぶ直線をいう。

二　筆界特定　一筆の土地及びこれに隣接する他の土地について、この章の定めるところにより、筆界の現地における位置を特定すること（その位置を特定することができないときは、その位置の範囲を特定すること）をいう。

三　対象土地　筆界特定の対象となる筆界で相互に隣接する一筆の土地及び他の土地をいう。

四　関係土地　対象土地以外の土地（表題登記がない土地を含む。）であって、筆界特定の対象となる筆界上の点を含む他の筆界で対象土地の一方又は双方と接するものをいう。

五　所有権登記名義人等　所有権の登記がある一筆の土地にあっては所有権の登記名義人、所有権の登記がない一筆の土地にあっては表題部所有者、表題登記がない土地にあっては所有者をいい、所有権の登記名義人又は表題部所有者の相続人その他の一般承継人を含む。

（筆界特定の事務）

第百二十四条①　筆界特定の事務は、対象土地の所在地を管轄する法務局又は地方法務局がつかさどる。

②　第六条第二項及び第三項の規定は、筆界特定の事務について準用する。この場合において、同条第二項中「不動産」とあるのは「対象土地」と、「登記所」とあるのは「法務局又は地方法務局」と、「法務局若しくは地方法務局」とあるのは「法務局」と、同条第三項中「登記所」とあるのは「法務局又は地方法務局」と読み替えるものとする。

（筆界特定登記官）

第百二十五条　筆界特定は、筆界特定登記官（登記官のうちから、法務局又は地方法務局の長が指定する者をいう。以下同じ。）が行う。

（筆界特定登記官の除斥）

第百二十六条　筆界特定登記官が次の各号のいずれかに該当する者であるときは、当該筆界特定登記官は、対象土地について筆界特定を行うことができない。

一　対象土地又は関係土地のうちいずれかの土地の所有権の登記名義人（仮登記の登記名義人を含む。以下この号において同じ。）、表題部所有者若しくは所有者又は所有権以外の権利の登記名義人若しくは当該権利を有する者

二　前号に掲げる者の配偶者又は四親等内の親族（配偶者又は四親等内の親族であった者を含む。次号において同じ。）

三　第一号に掲げる者の代理人若しくは代表者（代理人又は代表者であった者を含む。）又はその配偶者若しくは四親等内の親族

（筆界調査委員）

第百二十七条①　法務局及び地方法務局に、筆界特定について必要な事実の調査を行い、筆界特定登記官に意見を提出させるため、筆界調査委員若干人を置く。

②　筆界調査委員は、前項の職務を行うのに必要な専門的知識及び経験を有する者のうちから、法務局又は地方法務局の長が任命する。

③　筆界調査委員の任期は、二年とする。

④　筆界調査委員は、再任されることができる。

⑤　筆界調査委員は、非常勤とする。

（筆界調査委員の欠格事由）

第百二十八条①　次の各号のいずれかに該当する者は、筆界調査委員となることができない。

一　禁錮以上の刑に処せられ、その執行を終わり、又はその執行を受けることがなくなった日から五年を経過しない者

＊令和四法六八（令和七・六・一六までに施行）による改正
第一号中「禁錮」を「拘禁刑」に改める。（本文未織込み）

二　弁護士法（昭和二十四年法律第二百五号）、司法書士法（昭和二十五年法律第百九十七号）又は土地家屋調査士法（昭和二十五年法律第二百二十八号）の規定による懲戒処分により、弁護士会からの除名又は司法書士若しくは土地家屋調査士の業務の禁止の処分を受けた者でこれらの処分を受けた日から三年を経過しないもの

三　公務員で懲戒免職の処分を受け、その処分の日から三年を経過しない者

②　筆界調査委員が前項各号のいずれかに該当するに至ったときは、当然失職する。

（筆界調査委員の解任）

第百二十九条　法務局又は地方法務局の長は、筆界調査委員が次の各号のいずれかに該当するときは、その筆界調査委員を解任することができる。

一　心身の故障のため職務の執行に堪えないと認められるとき。

二　職務上の義務違反その他筆界調査委員たるに適しない非行があると認められるとき。

（標準処理期間）

第百三十条　法務局又は地方法務局の長は、筆界特定の申請がされてから筆界特定登記官が筆界特定をするまでに通常要すべき

標準的な期間を定め、法務局又は地方法務局における備付けその他の適当な方法により公にしておかなければならない。

第二節　筆界特定の手続

第一款　筆界特定の申請

（筆界特定の申請）

第一三一条① 土地の所有権登記名義人等は、筆界特定登記官に対し、当該土地とこれに隣接する他の土地との筆界について、筆界特定の申請をすることができる。

② 地方公共団体は、その区域内の対象土地の所有権登記名義人等のうちいずれかの者の同意を得たときは、筆界特定登記官に対し、当該対象土地の筆界（第十四条第一項の地図に表示されないものに限る。）について、筆界特定の申請をすることができる。

③ 筆界特定の申請は、次に掲げる事項を明らかにしてしなければならない。

一　申請の趣旨
二　筆界特定の申請人の氏名又は名称及び住所
三　対象土地に係る第三十四条第一項第一号及び第二号に掲げる事項（表題登記がない土地にあっては、同項第一号に掲げる事項）
四　対象土地について筆界特定を必要とする理由
五　前各号に掲げるもののほか、法務省令で定める事項

④ 筆界特定の申請人は、政令で定めるところにより、手数料を納付しなければならない。

⑤ 第十八条の規定は、筆界特定の申請について準用する。この場合において、同条中「不動産を識別するために必要な事項、申請人の氏名又は名称、登記の目的その他の登記の申請に必要な事項として政令で定める情報（以下「申請情報」という。）」とあるのは「第百三十一条第三項各号に掲げる事項に係る情報（第二号、第百三十二条第一項第四号及び第百五十条において「筆界特定申請情報」という。）」と、「登記所」とあるのは「法務局又は地方法務局」と、同条第二号中「申請情報」とあるのは「筆界特定申請情報」と読み替えるものとする。

（申請の却下）

第一三二条① 筆界特定登記官は、次に掲げる場合には、理由を付した決定で、筆界特定の申請を却下しなければならない。ただし、当該申請の不備が補正することができるものである場合において、筆界特定登記官が定めた相当の期間内に、筆界特定の申請人がこれを補正したときは、この限りでない。

一　対象土地の所在地が当該申請を受けた法務局又は地方法務局の管轄に属しないとき。
二　申請の権限を有しない者の申請によるとき。
三　申請が前条第三項の規定に違反するとき。
四　筆界特定申請情報の提供の方法がこの法律に基づく命令の規定により定められた方式に適合しないとき。
五　申請が対象土地の所有権の境界の特定その他筆界特定以外の事項を目的とするものと認められるとき。
六　対象土地の筆界について、既に民事訴訟の手続により筆界の確定を求める訴えに係る判決（訴えを不適法として却下したものを除く。第百四十八条において同じ。）が確定しているとき。
七　対象土地の筆界について、既に筆界特定登記官による筆界特定がされているとき。ただし、対象土地について更に筆界特定をする特段の必要があると認められる場合を除く。
八　手数料を納付しないとき。
九　第百四十六条第五項の規定により予納を命じた場合においてその予納がないとき。

② 前項の規定による筆界特定の申請の却下は、登記官の処分とみなす。

（筆界特定の申請の通知）

第一三三条① 筆界特定の申請があったときは、筆界特定登記官は、遅滞なく、法務省令で定めるところにより、その旨を公告し、かつ、その旨を次に掲げる者（以下「関係人」という。）に通知しなければならない。ただし、前条第一項の規定により当該申請を却下すべき場合は、この限りでない。

一　対象土地の所有権登記名義人等であって筆界特定の申請人以外のもの
二　関係土地の所有権登記名義人等

② 前項本文の場合において、関係人の所在が判明しないときは、同項本文の規定による通知を、関係人の氏名又は名称、通知をすべき事項及び当該事項を記載した書面をいつでも関係人に交付する旨を対象土地の所在地を管轄する法務局又は地方法務局の掲示場に掲示することによって行うことができる。この場合においては、掲示を始めた日から二週間を経過したときに、当該通知が関係人に到達したものとみなす。

第二款　筆界の調査等

（筆界調査委員の指定等）

第一三四条① 法務局又は地方法務局の長は、前条第一項本文の規定による公告及び通知がされたときは、対象土地の筆界特定のために必要な事実の調査を行うべき筆界調査委員を指定しなければならない。

② 次の各号のいずれかに該当する者は、前項の筆界調査委員に指定することができない。

一　対象土地又は関係土地のうちいずれかの土地の所有権の登記名義人（仮登記の登記名義人を含む。以下この号において同じ。）、表題部所有者若しくは所有者又は所有権以外の権利の登記名義人若しくは当該権利を有する者
二　前号に掲げる者の配偶者又は四親等内の親族（配偶者又は四親等内の親族であった者を含む。次号において同じ。）
三　第一号に掲げる者の代理人若しくは代表者（代理人又は代表者であった者を含む。）又はその配偶者若しくは四親等内の親族

③ 第一項の規定による指定を受けた筆界調査委員が数人あるときは、共同してその職務を行う。ただし、筆界特定登記官の許可を得て、それぞれ単独にその職務を行い、又は職務を分掌することができる。

④ 法務局又は地方法務局の長は、その職員に、筆界調査委員による事実の調査を補助させることができる。

（筆界調査委員による事実の調査）

第一三五条① 筆界調査委員は、前条第一項の規定による指定を受けたときは、対象土地又は関係土地その他の土地の測量又は実地調査をすること、筆界特定の申請人若しくは関係人又はその他の者からその知っている事実を聴取し又は資料の提出を求めることその他対象土地の筆界特定のために必要な事実の調査をすることができる。

② 筆界調査委員は、前項の事実の調査に当たっては、筆界特定が対象土地の所有権の境界の特定を目的とするものでないことに留意しなければならない。

（測量及び実地調査）

第一三六条① 筆界調査委員は、対象土地の測量又は実地調査を行うときは、あらかじめ、その旨並びにその日時及び場所を筆界特定の申請人及び関係人に通知して、これに立ち会う機会を与えなければならない。

② 第百三十三条第二項の規定は、前項の規定による通知について準用する。

（立入調査）

第一三七条① 法務局又は地方法務局の長は、筆界調査委員が対象土地又は関係土地その他の土地の測量又は実地調査を行う場合において、必要があると認めるときは、その必要の限度において、筆界調査委員又は第百三十四条第四項の職員（以下この条において「筆界調査委員等」という。）に、他人の土地に立ち入らせることができる。

② 法務局又は地方法務局の長は、前項の規定により筆界調査委員等を他人の土地に立ち入らせようとするときは、あらかじ

め、その旨並びにその日時及び場所を当該土地の占有者に通知しなければならない。

③ 第一項の規定により宅地又は垣、さく等で囲まれた他人の占有する土地に立ち入ろうとする場合には、その立ち入ろうとする者は、立入りの際、あらかじめ、その旨を当該土地の占有者に告げなければならない。

④ 日出前及び日没後においては、土地の占有者の承諾があった場合を除き、前項に規定する土地に立ち入ってはならない。

⑤ 土地の占有者は、正当な理由がない限り、第一項の規定による立入りを拒み、又は妨げてはならない。

⑥ 第一項の規定による立入りをする場合には、筆界調査委員等は、その身分を示す証明書を携帯し、関係者の請求があったときは、これを提示しなければならない。

⑦ 国は、第一項の規定による立入りによって損失を受けた者があるときは、その者に対して、通常生ずべき損失を補償しなければならない。

（**関係行政機関等に対する協力依頼**）

第一三八条 法務局又は地方法務局の長は、筆界特定のため必要があると認めるときは、関係行政機関の長、関係地方公共団体の長又は関係のある公私の団体に対し、資料の提出その他必要な協力を求めることができる。

（**意見又は資料の提出**）

第一三九条① 筆界特定の申請があったときは、筆界特定の申請人及び関係人は、筆界特定登記官に対し、対象土地の筆界について、意見又は資料を提出することができる。この場合において、筆界特定登記官が意見又は資料を提出すべき相当の期間を定めたときは、その期間内にこれを提出しなければならない。

② 前項の規定による意見又は資料の提出は、電磁的方法（電子情報処理組織を使用する方法その他の情報通信の技術を利用する方法であって法務省令で定めるものをいう。）により行うことができる。

（**意見聴取等の期日**）

第一四〇条① 筆界特定の申請があったときは、筆界特定登記官は、第百三十三条第一項本文の規定による公告をした時から筆界特定をするまでの間に、筆界特定の申請人及び関係人に対し、あらかじめ期日及び場所を通知して、対象土地の筆界について、意見を述べ、又は資料（電磁的記録を含む。）を提出する機会を与えなければならない。

② 筆界特定登記官は、前項の期日において、適当と認める者に、参考人としてその知っている事実を陳述させることができる。

③ 筆界調査委員は、第一項の期日に立ち会うものとする。この場合において、筆界調査委員は、筆界特定登記官の許可を得て、筆界特定の申請人若しくは関係人又は参考人に対し質問を発することができる。

④ 筆界特定登記官は、第一項の期日の経過を記載した調書を作成し、当該調書において当該期日における筆界特定の申請人若しくは関係人又は参考人の陳述の要旨を明らかにしておかなければならない。

⑤ 前項の調書は、電磁的記録をもって作成することができる。

⑥ 第百三十三条第二項の規定は、第一項の規定による通知について準用する。

（**調書等の閲覧**）

第一四一条① 筆界特定の申請人及び関係人は、第百三十三条第一項本文の規定による公告があった時から第百四十四条第一項の規定により筆界特定の申請人に対する通知がされるまでの間、筆界特定登記官に対し、当該筆界特定の手続において作成された調書及び提出された資料（電磁的記録にあっては、記録された情報の内容を法務省令で定める方法により表示したもの）の閲覧を請求することができる。この場合において、筆界特定登記官は、第三者の利益を害するおそれがあるときその他正当な理由があるときでなければ、その閲覧を拒むことができない。

② 筆界特定登記官は、前項の閲覧について、日時及び場所を指定することができる。

第三節　筆界特定

（**筆界調査委員の意見の提出**）

第一四二条 筆界調査委員は、第百四十条第一項の期日の後、対象土地の筆界特定のために必要な事実の調査を終了したときは、遅滞なく、筆界特定登記官に対し、対象土地の筆界特定についての意見を提出しなければならない。

（**筆界特定**）

第一四三条① 筆界特定登記官は、前条の規定により筆界調査委員の意見が提出されたときは、その意見を踏まえ、登記記録、地図又は地図に準ずる図面及び登記簿の附属書類の内容、対象土地及び関係土地の地形、地目、面積及び形状並びに工作物、囲障又は境界標の有無その他の状況及びこれらの設置の経緯その他の事情を総合的に考慮して、対象土地の筆界特定をし、その結論及び理由の要旨を記載した筆界特定書を作成しなければならない。

② 筆界特定書においては、図面及び図面上の点の現地における位置を示す方法として法務省令で定めるものにより、筆界特定の内容を表示しなければならない。

③ 筆界特定書は、電磁的記録をもって作成することができる。

（**筆界特定の通知等**）

第一四四条① 筆界特定登記官は、筆界特定をしたときは、遅滞なく、筆界特定の申請人に対し、筆界特定書の写しを交付する方法（筆界特定書が電磁的記録をもって作成されているときは、法務省令で定める方法）により当該筆界特定書の内容を通知するとともに、法務省令で定めるところにより、筆界特定をした旨を公告し、かつ、関係人に通知しなければならない。

② 第百三十三条第二項の規定は、前項の規定による通知について準用する。

（**筆界特定手続記録の保管**）

第一四五条 前条第一項の規定により筆界特定の申請人に対する通知がされた場合における筆界特定の手続の記録（以下「筆界特定手続記録」という。）は、対象土地の所在地を管轄する登記所において保管する。

第四節　雑則

（**手続費用の負担等**）

第一四六条① 筆界特定の手続における測量に要する費用その他の法務省令で定める費用（以下この条において「手続費用」という。）は、筆界特定の申請人の負担とする。

② 筆界特定の申請人が二人ある場合において、その一人が対象土地の一方の土地の所有権登記名義人等であり、他の一人が他方の土地の所有権登記名義人等であるときは、各筆界特定の申請人は、等しい割合で手続費用を負担する。

③ 筆界特定の申請人が二人以上ある場合において、その全員が対象土地の一方の土地の所有権登記名義人等であるときは、各筆界特定の申請人は、その持分（所有権の登記がある一筆の土地にあっては第五十九条第四号の持分、所有権の登記がない一筆の土地にあっては第二十七条第三号の持分。次項において同じ。）の割合に応じて手続費用を負担する。

④ 筆界特定の申請人が三人以上ある場合において、その一人又は二人以上が対象土地の一方の土地の所有権登記名義人等であり、他の一人又は二人以上が他方の土地の所有権登記名義人等であるときは、対象土地のいずれかの土地の一人の所有権登記名義人等である筆界特定の申請人は、手続費用の二分の一に相当する額を負担し、対象土地のいずれかの土地の二人以上の所有権登記名義人等である各筆界特定の申請人は、手続費用の二分の一に相当する額についてその持分の割合に応じてこれを負担する。

⑤ 筆界特定登記官は、筆界特定の申請人に手続費用の概算額を予納させなければならない。

（筆界確定訴訟における釈明処分の特則）
第一四七条　筆界特定がされた場合において、当該筆界特定に係る筆界について民事訴訟の手続により筆界の確定を求める訴えが提起されたときは、裁判所は、当該訴えに係る訴訟において、訴訟関係を明瞭にするため、登記官に対し、当該筆界特定に係る筆界特定手続記録の送付を嘱託することができる。民事訴訟の手続により筆界の確定を求める訴えが提起された後、当該訴えに係る筆界について筆界特定がされたときも、同様とする。

（筆界確定訴訟の判決との関係）
第一四八条　筆界特定がされた場合において、当該筆界特定に係る筆界について民事訴訟の手続により筆界の確定を求める訴えに係る判決が確定したときは、当該筆界特定は、当該判決と抵触する範囲において、その効力を失う。

（筆界特定書等の写しの交付等）
第一四九条①　何人も、登記官に対し、手数料を納付して、筆界特定手続記録のうち筆界特定書又は政令で定める図面の全部又は一部（以下この条及び第百五十四条において「筆界特定書等」という。）の写し（筆界特定書等が電磁的記録をもって作成されているときは、当該記録された情報の内容を証明した書面）の交付を請求することができる。
②　何人も、登記官に対し、手数料を納付して、筆界特定手続記録（電磁的記録にあっては、記録された情報の内容を法務省令で定める方法により表示したもの）の閲覧を請求することができる。ただし、筆界特定書等以外のものについては、請求人が利害関係を有する部分に限る。
③　第百十九条第三項及び第四項の規定は、前二項の手数料について準用する。

（法務省令への委任）
第一五〇条　この章に定めるもののほか、筆界特定申請情報の提供の方法、筆界特定手続記録の公開その他の筆界特定の手続に関し必要な事項は、法務省令で定める。

第七章　雑則

（情報の提供の求め）
第一五一条　登記官は、職権による登記をし、又は第十四条第一項の地図を作成するために必要な限度で、関係地方公共団体の長その他の者に対し、その対象となる不動産の所有者等（所有権が帰属し、又は帰属していた自然人又は法人（法人でない社団又は財団を含む。）をいう。）に関する情報の提供を求めることができる。

（登記識別情報の安全確保）
第一五二条①　登記官は、その取り扱う登記識別情報の漏えい、滅失又はき損の防止その他の登記識別情報の安全管理のために必要かつ適切な措置を講じなければならない。
②　登記官その他の不動産登記の事務に従事する法務局若しくは地方法務局若しくはこれらの支局又はこれらの出張所に勤務する法務事務官又はその職にあった者は、その事務に関して知り得た登記識別情報の作成又は管理に関する秘密を漏らしてはならない。

（行政手続法の適用除外）
第一五三条　登記官の処分については、行政手続法（平成五年法律第八十八号）第二章及び第三章の規定は、適用しない。

（行政機関の保有する情報の公開に関する法律の適用除外）
第一五四条　登記簿等及び筆界特定書等については、行政機関の保有する情報の公開に関する法律（平成十一年法律第四十二号）の規定は、適用しない。

（個人情報の保護に関する法律の適用除外）
第一五五条　登記簿等に記録されている保有個人情報（個人情報の保護に関する法律（平成十五年法律第五十七号）第六十条第一項に規定する保有個人情報をいう。）については、同法第五章第四節の規定は、適用しない。

（審査請求）
第一五六条①　登記官の処分に不服がある者又は登記官の不作為に係る処分を申請した者は、当該登記官を監督する法務局又は地方法務局の長に審査請求をすることができる。
②　審査請求は、登記官を経由してしなければならない。

（審査請求事件の処理）
第一五七条①　登記官は、処分についての審査請求を理由があると認め、又は審査請求に係る不作為に係る処分をすべきものと認めるときは、相当の処分をしなければならない。
②　登記官は、前項に規定する場合を除き、審査請求の日から三日以内に、意見を付して事件を前条第一項の法務局又は地方法務局の長に送付しなければならない。この場合において、当該法務局又は地方法務局の長は、当該意見を行政不服審査法（平成二十六年法律第六十八号）第十一条第二項に規定する審理員に送付するものとする。
③　前条第一項の法務局又は地方法務局の長は、処分についての審査請求を理由があると認め、又は審査請求に係る不作為に係る処分をすべきものと認めるときは、登記官に相当の処分を命じ、その旨を審査請求人のほか登記上の利害関係人に通知しなければならない。
④　前条第一項の法務局又は地方法務局の長は、前項の処分を命ずる前に登記官に仮登記を命ずることができる。
⑤　前条第一項の法務局又は地方法務局の長は、審査請求に係る不作為に係る処分についての申請を却下すべきものと認めるときは、登記官に当該申請を却下する処分を命じなければならない。
⑥　前条第一項の審査請求に関する行政不服審査法の規定の適用については、同法第二十九条第五項中「処分庁等」とあるのは「審査庁」と、「弁明書の提出」とあるのは「不動産登記法（平成十六年法律第百二十三号）第百五十七条第二項に規定する意見の送付」と、同法第三十条第一項中「弁明書」とあるのは「不動産登記法第百五十七条第二項の意見」とする。

（行政不服審査法の適用除外）
第一五八条　行政不服審査法第十三条、第十五条第六項、第十八条、第二十一条、第二十五条第二項から第七項まで、第二十九条第一項から第四項まで、第三十一条、第三十七条、第四十五条第三項、第四十六条、第四十七条、第四十九条第三項（審査請求に係る不作為が違法又は不当である旨の宣言に係る部分を除く。）から第五項まで及び第五十二条の規定は、第百五十六条第一項の審査請求については、適用しない。

第八章　罰則

（秘密を漏らした罪）
第一五九条　第百五十二条第二項の規定に違反して登記識別情報の作成又は管理に関する秘密を漏らした者は、二年以下の懲役又は百万円以下の罰金に処する。

＊令和四法六八（令和七・六・一六までに施行）による改正
第一五九条中「懲役」を「拘禁刑」に改める。（本文未織込み）

（虚偽の登記名義人確認情報を提供した罪）
第一六〇条　第二十三条第四項第一号（第十六条第二項において準用する場合を含む。）の規定による情報の提供をする場合において、虚偽の情報を提供したときは、当該違反行為をした者は、二年以下の懲役又は五十万円以下の罰金に処する。

＊令和四法六八（令和七・六・一六までに施行）による改正
第一六〇条中「懲役」を「拘禁刑」に改める。（本文未織込み）

（不正に登記識別情報を取得等した罪）
第一六一条①　登記簿に不実の記録をさせることとなる登記の申請又は嘱託の用に供する目的で、登記識別情報を取得した者は、二年以下の懲役又は五十万円以下の罰金に処する。情を知って、その情報を提供した者も、同様とする。

> **＊令和四法六八**（令和七・六・一六までに施行）**による改正**
> 第一項中「懲役」を「拘禁刑」に改める。（本文未織込み）

② 不正に取得された登記識別情報を、前項の目的で保管した者も、同項と同様とする。

（検査の妨害等の罪）

第一六二条　次の各号のいずれかに該当する場合には、当該違反行為をした者は、三十万円以下の罰金に処する。

一　第二十九条第二項（第十六条第二項において準用する場合を含む。次号において同じ。）の規定による検査を拒み、妨げ、又は忌避したとき。

二　第二十九条第二項の規定による文書若しくは電磁的記録に記録された事項を法務省令で定める方法により表示したものの提示をせず、若しくは虚偽の文書若しくは電磁的記録に記録された事項を法務省令で定める方法により表示したものを提示し、又は質問に対し陳述をせず、若しくは虚偽の陳述をしたとき。

三　第百三十七条第五項の規定に違反して、同条第一項の規定による立入りを拒み、又は妨げたとき。

（両罰規定）

第一六三条　法人の代表者又は法人若しくは人の代理人、使用人その他の従業者が、その法人又は人の業務に関し、第百六十条又は前条の違反行為をしたときは、行為者を罰するほか、その法人又は人に対しても、各本条の罰金刑を科する。

（過料）

第一六四条　第三十六条、第三十七条第一項若しくは第二項、第四十二条、第四十七条第一項（第四十九条第二項において準用する場合を含む。）、第四十九条第一項、第三項若しくは第四項、第五十一条第一項から第四項まで、第五十七条、第五十八条第六項若しくは第七項、第七十六条の二第一項若しくは第二項又は第七十六条の三第四項の規定による申請をすべき義務がある者が正当な理由がないのにその申請を怠ったときは、十万円以下の過料に処する。

> **＊令和三法二四**（令和六・四・一施行）**による改正前**
> **（過料）**
> **第一六四条**　第三十六条、第三十七条第一項若しくは第二項、第四十二条、第四十七条第一項（第四十九条第二項において準用する場合を含む。）、第四十九条第一項、第三項若しくは第四項、第五十一条第一項から第四項まで、第五十七条又は第五十八条第六項若しくは第七項の規定による申請をすべき義務がある者がその申請を怠ったときは、十万円以下の過料に処する。

> **＊令和三法二四**（令和八・四・二七までに施行）**による改正後**
> **（過料）**
> **第一六四条①**（略、改正前の本条）
> ② 第七十六条の五の規定による申請をすべき義務がある者が正当な理由がないのにその申請を怠ったときは、五万円以下の過料に処する。（改正により追加）

附　則（抄）

（施行期日）

第一条　この法律は、公布の日から起算して一年を超えない範囲内において政令で定める日（平成一七・三・七—平成一六政三七八）から施行する。ただし、改正後の不動産登記法（中略）第百二十七条（中略）の規定は、行政機関の保有する個人情報の保護に関する法律の施行の日（平成十七年四月一日）又はこの法律の施行の日のいずれか遅い日から施行する。

附　則（令和三・四・二八法二四）（抄）

（施行期日）

第一条　この法律は、公布の日から起算して二年を超えない範囲内において政令で定める日（令和五・四・一—令和三政三三二）から施行する。ただし、次の各号に掲げる規定は、当該各号に定める日から施行する。

一　第二条中不動産登記法第百三十一条第五項の改正規定及び附則第三十四条の規定　公布の日

二　第二条中不動産登記法（中略）第十六条第二項の改正規定、同法第四章第三節第二款中第七十四条の前に一条を加える改正規定、同法第百十九条の改正規定及び同法第百六十四条の改正規定（第七十六条の二及び第七十六条の三に係る部分に限る。）、同法第七十六条の次に五条を加える改正規定（同条に一項を加える部分を除く。）並びに附則第五条第四項から第六項まで、第六条（中略）の規定　公布の日から起算して三年を超えない範囲内において政令で定める日（令和六・四・一—令和三政三三二）

三　第二条中不動産登記法第二十五条第七号の改正規定、同法第七十六条の次に五条を加える改正規定（第七十六条の四から第七十六条の六までに係る部分に限る。）、同法第百十九条の次に一条を加える改正規定、同法第百二十条第三項の改正規定及び同法第百六十四条の改正規定（同条に一項を加える部分に限る。）並びに附則第五条第七項の規定　公布の日から起算して五年を超えない範囲内において政令で定める日

（不動産登記法の一部改正に伴う経過措置）

第五条①　第二条の規定（附則第一条各号に掲げる改正規定を除く。）による改正後の不動産登記法（以下「新不動産登記法」という。）第六十三条第三項、第六十九条の二及び第七十条の二の規定は、施行日以後にされる登記の申請について適用する。

② 新不動産登記法第七十条第二項の規定は、施行日以後に申し立てられる公示催告の申立てに係る事件について適用する。

③ 新不動産登記法第百二十一条第二項から第五項までの規定は、施行日以後にされる登記簿の附属書類の閲覧請求について適用し、施行日前にされた登記簿の附属書類の閲覧請求については、なお従前の例による。

④ 第二条の規定（附則第一条第二号に掲げる改正規定に限る。）による改正後の不動産登記法（以下「第二号新不動産登記法」という。）第七十三条の二の規定は、同号に掲げる規定の施行の日（以下「第二号施行日」という。）以後に登記の申請がされる所有権の登記の登記事項について適用する。

⑤ 登記官は、第二号施行日において現に法人が所有権の登記名義人として記録されている不動産について、法務省令で定めるところにより、職権で、第二号新不動産登記法第七十三条の二第一項第一号に規定する登記事項に関する変更の登記をすることができる。

⑥ 第二号新不動産登記法第七十六条の二の規定は、第二号施行日前に所有権の登記名義人について相続の開始があった場合についても、適用する。この場合において、同条第一項中「所有権の登記名義人」とあるのは「民法等の一部を改正する法律（令和三年法律第二十四号）附則第一条第二号に掲げる規定の施行の日（以下この条において「第二号施行日」という。）前に所有権の登記名義人」と、「知った日」とあるのは「知った日又は第二号施行日のいずれか遅い日」と、同条第二項中「分割の日」とあるのは「分割の日又は第二号施行日のいずれか遅い日」とする。

⑦ 第二条の規定（附則第一条第三号に掲げる改正規定に限る。）による改正後の不動産登記法（以下この項において「第三号新不動産登記法」という。）第七十六条の五の規定は、同号に掲げる規定の施行の日（以下「第三号施行日」という。）前に所有権の登記名義人の氏名若しくは名称又は住所について変更があった場合についても、適用する。この場合において、第三号新不動産登記法第七十六条の五中「所有権の登記名義人の」とあるのは「民法等の一部を改正する法律（令和三年法律第二十四号）附則第一条第三号に掲げる規定の施行の日（以下この条において「第三号施行日」という。）前に所有権の登記名義人となった者の」と、「あった日」とあるのは「あった日又は第三号施行日のいずれか遅い日」とする。

（第三号施行日の前日までの間の読替え）

第六条 第二号施行日から第三号施行日の前日までの間における第二号新不動産登記法第十六条第二項の規定の適用については、同項中「第七十六条の四まで、第七十六条の六」とあるのは、「第七十六条の三まで」とする。

（その他の経過措置の政令等への委任）

第三四条① この附則に定めるもののほか、この法律の施行に関し必要な経過措置は、政令で定める。

② 第二条の規定による不動産登記法の一部改正に伴う登記に関する手続について必要な経過措置は、法務省令で定める。

刑法等の一部を改正する法律の施行に伴う関係法律整理法中経過規定（令和四・六・一七法六八）（抄）

第四四一条から第四四三条まで（刑法の同経過規定参照）

第五〇九条（刑法の同経過規定参照）

刑法等の一部を改正する法律の施行に伴う関係法律整理法

附　則（令和四・六・一七法六八）（抄）

（施行期日）

① この法律は、刑法等一部改正法（刑法等の一部を改正する法律（令和四法六七））施行日から施行する。ただし、次の各号に掲げる規定は、当該各号に定める日から施行する。

一　第五百九条の規定　公布の日

二　（略）

○仮登記担保契約に関する法律（昭和五三・六・二〇 法 七 八）

施行 昭和五四・四・一（昭和五三政二九九）
最終改正 平成一六法一五二

（**趣旨**）
第一条 この法律は、金銭債務を担保するため、その不履行があるときは債権者に債務者又は第三者に属する所有権その他の権利の移転等をすることを目的としてされた代物弁済の予約、停止条件付代物弁済契約その他の契約で、その契約による権利について仮登記又は仮登録のできるもの（以下「仮登記担保契約」という。）の効力等に関し、特別の定めをするものとする。

（**所有権移転の効力の制限等**）
第二条① 仮登記担保契約が土地又は建物（以下「土地等」という。）の所有権の移転を目的とするものである場合には、予約を完結する意思を表示した日、停止条件が成就した日その他のその契約において所有権を移転するものとされている日以後に、債権者が次条に規定する清算金の見積額（清算金がないと認めるときは、その旨）をその契約の相手方である債務者又は第三者（以下「債務者等」という。）に通知し、かつ、その通知が債務者等に到達した日から二月を経過しなければ、その所有権の移転の効力は、生じない。
② 前項の規定による通知は、同項に規定する期間（以下「清算期間」という。）が経過する時の土地等の見積価額並びにその時の債権及び債務者等が負担すべき費用で債権者が代わつて負担したもの（土地等が二個以上あるときは、各土地等の所有権の移転によつて消滅させようとする債権及びその費用をいう。）の額（以下「債権等の額」という。）を明らかにしてしなければならない。

（**清算金**）
第三条① 債権者は、清算期間が経過した時の土地等の価額がその時の債権等の額を超えるときは、その超える額に相当する金銭（以下「清算金」という。）を債務者等に支払わなければならない。
② 民法（明治二十九年法律第八十九号）第五百三十三条の規定は、清算金の支払の債務と土地等の所有権移転の登記及び引渡しの債務の履行について準用する。
③ 前二項の規定に反する特約で債務者等に不利なものは、無効とする。ただし、清算期間が経過した後にされたものは、この限りでない。

（**物上代位**）
第四条① 第二条第一項に規定する場合において、債権者のために土地等の所有権の移転に関する仮登記がされているときは、その仮登記（以下「担保仮登記」という。）後に登記（仮登記を含む。）がされた先取特権、質権又は抵当権を有する者は、その順位により、債務者等が支払を受けるべき清算金（同項の規定による通知に係る清算金の見積額を限度とする。）に対しても、その権利を行うことができる。この場合には、清算金の払渡し前に差押えをしなければならない。
② 前項の規定は、担保仮登記後にされた担保仮登記（第十四条の担保仮登記を除く。以下「後順位の担保仮登記」という。）の権利者について準用する。
③ 第十三条第二項及び第三項の規定は、後順位の担保仮登記の権利者が前項の規定によりその権利を行う場合について準用する。

（**物上代位権者等に対する通知**）
第五条① 第二条第一項の規定による通知が債務者等に到達した時において、担保仮登記後に登記（仮登記を含む。）がされている先取特権、質権若しくは抵当権を有する者又は後順位の担保仮登記の権利者があるときは、債権者は、遅滞なく、これらの者に対し、同項の規定による通知をした旨、その通知が債務者等に到達した日及び同条の規定により債務者等に通知した事項を通知しなければならない。
② 第二条第一項の規定による通知が債務者等に到達した時において、担保仮登記に基づく本登記につき登記上利害関係を有する第三者（前項の規定による通知を受けるべき者を除く。）があるときは、債権者は、遅滞なく、その第三者に対し、同条第一項の規定による通知をした旨及び同条の規定により債務者等に通知した債権等の額を通知しなければならない。
③ 前二項の規定による通知は、通知を受ける者の登記簿上の住所又は事務所にあてて発すれば足りる。

（**清算金の支払に関する処分の禁止**）
第六条① 清算金の支払を目的とする債権については、清算期間が経過するまでは、譲渡その他の処分をすることができない。
② 清算期間が経過する前に清算金の支払の債務が弁済された場合には、その弁済をもつて第四条第一項の先取特権、質権若しくは抵当権を有する者又は後順位の担保仮登記の権利者に対抗することができない。前条第一項の規定による通知がされないで清算金の支払の債務が弁済された場合も、同様とする。

（**清算金の供託**）
第七条① 債権者は、清算金の支払を目的とする債権につき差押え又は仮差押えの執行があつたときは、清算期間が経過した後、清算金を債務履行地の供託所に供託して、その限度において債務を免れることができる。
② 前項の規定により供託がされたときは、債務者等の供託金の還付請求権につき、同項の差押え又は仮差押えの執行がされたものとみなす。
③ 債権者は、第十五条第一項に規定する場合を除き、供託金を取り戻すことができない。
④ 債権者は、債務者等のほか、差押債権者又は仮差押債権者に対しても、遅滞なく、供託の通知をしなければならない。

（**通知の拘束力**）
第八条① 債権者は、清算金の額が第二条第一項の規定により通知した清算金の見積額に満たないことを主張することができない。
② 第四条第一項の先取特権、質権若しくは抵当権を有する者又は後順位の担保仮登記の権利者は、清算金の額が前項の見積額を超えることを主張することができない。

（**債権の一部消滅**）
第九条 清算期間が経過した時の土地等の価額がその時の債権等の額に満たないときは、債権は、反対の特約がない限り、その価額の限度において消滅する。

（**法定借地権**）
第一〇条 土地及びその上にある建物が同一の所有者に属する場合において、その土地につき担保仮登記がされたときは、その仮登記に基づく本登記がされる場合につき、その建物の所有を目的として土地の賃貸借がされたものとみなす。この場合において、その存続期間及び借賃は、当事者の請求により、裁判所が定める。

（**受戻権**）
第一一条 債務者等は、清算金の支払の債務の弁済を受けるまでは、債権等の額（債権が消滅しなかつたものとすれば、債務者が支払うべき債権等の額をいう。）に相当する金銭を債権者に提供して、土地等の所有権の受戻しを請求することができる。ただし、清算期間が経過した時から五年が経過したとき、又は第三者が所有権を取得したときは、この限りでない。

（**競売の請求**）
第一二条 第四条第一項の先取特権、質権又は抵当権を有する者は、清算期間内は、これらの権利によつて担保される債権の弁済期の到来前であつても、土地等の競売を請求することができる。

（**優先弁済請求権**）

第一三条① 担保仮登記がされている土地等に対する強制競売、担保権の実行としての競売又は企業担保権の実行手続（以下「強制競売等」という。）においては、その担保仮登記の権利者は、他の債権者に先立つて、その債権の弁済を受けることができる。この場合における順位に関しては、その担保仮登記に係る権利を抵当権とみなし、その担保仮登記のされた時にその抵当権の設定の登記がされたものとみなす。

② 前項の場合において、担保仮登記の権利者が利息その他の定期金を請求する権利を有するときは、その満期となつた最後の二年分についてのみ、同項の規定による権利を行うことができる。

③ 前項の規定は、担保仮登記の権利者が債務の不履行によつて生じた損害の賠償を請求する権利を有する場合において、その最後の二年分についても、これを適用する。ただし、利息その他の定期金と通算して二年分を超えることができない。

（根担保仮登記の効力）

第一四条 仮登記担保契約で、消滅すべき金銭債務がその契約の時に特定されていないものに基づく担保仮登記は、強制競売等においては、その効力を有しない。

（強制競売等の場合の担保仮登記）

第一五条① 担保仮登記がされている土地等につき強制競売等の開始の決定があつた場合において、その決定が清算金の支払の債務の弁済前（清算金がないときは、清算期間の経過前）にされた申立てに基づくときは、担保仮登記の権利者は、その仮登記に基づく本登記の請求をすることができない。

② 前項の強制競売等の開始の決定があつた場合において、その決定が清算金の支払の債務の弁済後（清算金がないときは、清算期間の経過後）にされた申立てに基づくときは、担保仮登記の権利者は、その土地等の所有権の取得をもつて差押債権者に対抗することができる。

第一六条① 担保仮登記がされている土地等につき強制競売等が行われたときは、担保仮登記に係る権利は、前条第二項の場合を除き、その土地等の売却によつて消滅する。

② 民事執行法（昭和五十四年法律第四号）第五十九条第二項及び第三項の規定は前項の規定により消滅する担保仮登記に係る権利を有する者に対抗することができない土地等に係る権利の取得及び仮処分の執行について、同条第五項の規定は利害関係を有する者のした前項の規定又はこの項において準用する同条第二項の規定と異なる合意の届出について準用する。

（強制競売等の特則）

第一七条① 裁判所書記官は、所有権の移転に関する仮登記がされている土地等に対する強制競売又は担保権の実行としての競売において配当要求の終期を定めたときは、仮登記の権利者に対し、その仮登記が、担保仮登記であるときはその旨並びに債権（利息その他の附帯の債権を含む。）の存否、原因及び額を、担保仮登記でないときはその旨を配当要求の終期までに執行裁判所に届け出るべき旨を催告しなければならない。

② 差押えの登記前にされた担保仮登記に係る権利で売却により消滅するものを有する債権者は、前項の規定による債権の届出をしたときに限り、売却代金の配当又は弁済金の交付を受けることができる。

③ 所有権の移転に関する仮登記がされている土地等につき企業担保権の実行の開始の決定があつたときは、管財人は、仮登記の権利者に対し、第一項に規定する事項を企業担保法（昭和三十三年法律第百六号）第二十二条第一項第五号の期間内に届け出るべき旨を催告しなければならない。

④ 民事執行法第五十条の規定は第一項又は前項の規定による催告を受けた仮登記の権利者について、同法第八十七条第二項の規定は第二項の債権者のための担保仮登記が仮差押えの登記後にされたものである場合について、同条第三項の規定は第二項の債権者のための担保仮登記が執行停止に係る差押えの登記後にされたものである場合について準用する。

（不動産登記の特則）

第一八条 担保仮登記の権利者は、清算金を供託した日から一月を経過した後にその担保仮登記に基づき不動産登記法（平成十六年法律第百二十三号）第百九条第一項に規定する本登記を申請する場合には、同項の規定にかかわらず、先取特権、質権若しくは抵当権を有する者又は後順位の担保仮登記の権利者が第四条第一項（同条第二項において準用する場合を含む。）の差押えをしたこと及び清算金を供託したことをもつてこれらの者の承諾に代えることができる。ただし、その本登記の申請に係る土地等につきこれらの者のために担保権の実行としての競売の申立ての登記がされているときは、この限りでない。

（破産手続等における担保仮登記）

第一九条① 破産財団に属する土地等についてされている担保仮登記（第十四条の担保仮登記を除く。第三項及び第四項において同じ。）の権利者については、破産法（平成十六年法律第七十五号）中破産財団に属する財産につき抵当権を有する者に関する規定を適用する。

② 破産財団に属しない破産者の土地等についてされている担保仮登記の権利者については、破産法中同法第百八条第二項に規定する抵当権を有する者に関する規定を準用する。

③ 再生債務者の土地等についてされている担保仮登記の権利者については、民事再生法（平成十一年法律第二百二十五号）中抵当権を有する者に関する規定を適用する。

④ 担保仮登記に係る権利は、会社更生法（平成十四年法律第百五十四号）又は金融機関等の更生手続の特例等に関する法律（平成八年法律第九十五号）の適用に関しては、抵当権とみなす。

⑤ 第十四条の担保仮登記は、破産手続、再生手続及び更生手続においては、その効力を有しない。

（土地等の所有権以外の権利を目的とする契約への準用）

第二〇条 第二条から前条までの規定は、仮登記担保契約で、土地等の所有権以外の権利（先取特権、質権、抵当権及び企業担保権を除く。）の取得を目的とするものについて準用する。

附　則（抄）

（施行期日）

第一条 この法律は、公布の日から起算して一年を超えない範囲内において政令で定める日（昭和五四・四・一―昭和五三政二九九）から施行する。ただし、附則第三条の規定は、公布の日から施行する。

（経過措置）

第二条 この法律の規定は、この法律の施行前にされた仮登記担保契約で、この法律の施行後にその契約において土地等の所有権又はその所有権以外の権利を取得するものとされている日が到来するものについても適用する。

第三条 この法律の公布の際、現に存する第十四条の担保仮登記については、政令で定める日（昭和五四・四・一―昭和五三政二九九）までに仮登記担保契約に基づき消滅すべき債務が特定されたときは、その契約の時にその債務が消滅すべきものと定められていたものとみなす。

○電子記録債権法（抄）（平成一九・六・二七 法一〇二）

施行 平成二〇・一二・一（平成二〇政三四二）
最終改正 令和四法六八

目次

第一章 総則

（趣旨）
第一条 この法律は、電子記録債権の発生、譲渡等について定めるとともに、電子記録債権に係る電子記録を行う電子債権記録機関の業務、監督等について必要な事項を定めるものとする。

（定義）
第二条① この法律において「電子記録債権」とは、その発生又は譲渡についてこの法律の規定による電子記録（以下単に「電子記録」という。）を要件とする金銭債権をいう。
② この法律において「電子債権記録機関」とは、第五十一条第一項の規定により主務大臣の指定を受けた株式会社をいう。
③ この法律において「記録原簿」とは、債権記録が記録される帳簿であって、磁気ディスク（これに準ずる方法により一定の事項を確実に記録することができる物として主務省令で定めるものを含む。）をもって電子債権記録機関が調製するものをいう。
④ この法律において「債権記録」とは、発生記録により発生する電子記録債権、電子記録債権から第四十三条第一項に規定する分割をする電子記録債権又は第四十七条の二第一項に規定する電子債権記録機関の変更をする電子記録債権ごとに作成される電磁的記録（電子的方式、磁気的方式その他人の知覚によっては認識することができない方式で作られる記録であって、電子計算機による情報処理の用に供されるものをいう。以下同じ。）をいう。
⑤ この法律において「記録事項」とは、この法律の規定に基づき債権記録に記録すべき事項をいう。
⑥ この法律において「電子記録名義人」とは、債権記録に電子記録債権の債権者又は質権者として記録されている者をいう。
⑦ この法律において「電子記録権利者」とは、電子記録をすることにより、電子記録上、直接に利益を受ける者をいい、間接に利益を受ける者を除く。
⑧ この法律において「電子記録義務者」とは、電子記録をすることにより、電子記録上、直接に不利益を受ける者をいい、間接に不利益を受ける者を除く。
⑨ この法律において「電子記録保証」とは、電子記録債権に係る債務を主たる債務とする保証であって、保証記録をしたものをいう。

第二章 電子記録債権の発生、譲渡等（抄）

第一節 通則

第一款 電子記録

（電子記録の方法）
第三条 電子記録は、電子債権記録機関が記録原簿に記録事項を記録することによって行う。

（当事者の請求又は官公署の嘱託による電子記録）
第四条① 電子記録は、法令に別段の定めがある場合を除き、当事者の請求又は官庁若しくは公署の嘱託がなければ、することができない。
② 請求による電子記録の手続に関するこの法律の規定は、法令に別段の定めがある場合を除き、官庁又は公署の嘱託による電子記録の手続について準用する。

（請求の当事者）
第五条① 電子記録の請求は、法令に別段の定めがある場合を除き、電子記録権利者及び電子記録義務者（これらの者について相続その他の一般承継があったときは、その相続人その他の一般承継人。第三項において同じ。）双方がしなければならない。
② 電子記録権利者又は電子記録義務者（これらの者について相続その他の一般承継があったときは、その相続人その他の一般承継人。以下この項において同じ。）に電子記録の請求をすべきことを命ずる確定判決による電子記録は、当該請求をしなければならない他の電子記録権利者又は電子記録義務者だけで請求することができる。
③ 電子記録権利者及び電子記録義務者が電子記録の請求を共同してしない場合における電子記録の請求は、これらの者のすべてが電子記録の請求をした時に、その効力を生ずる。

（請求の方法）
第六条 電子記録の請求は、請求者の氏名又は名称及び住所その他の電子記録の請求に必要な情報として政令で定めるものを電子債権記録機関に提供してしなければならない。

（電子債権記録機関による電子記録）
第七条① 電子債権記録機関は、この法律又はこの法律に基づく命令の規定による電子記録の請求があったときは、遅滞なく、当該請求に係る電子記録をしなければならない。
② 電子債権記録機関は、第五十一条第一項第五号に規定する業務規程（以下この章において単に「業務規程」という。）の定めるところにより、保証記録、質権設定記録、分割記録若しくは記録機関変更記録をしないこととし、又はこれらの電子記録若しくは譲渡記録について回数の制限その他の制限をすることができる。この場合において、電子債権記録機関が第十六条第二項第十五号に掲げる事項を債権記録に記録していないときは、何人も、当該業務規程の定めの効力を主張することができない。

（電子記録の順序）
第八条① 電子債権記録機関は、同一の電子記録債権に関し二以上の電子記録の請求があったときは、当該請求の順序に従って電子記録をしなければならない。
② 同一の電子記録債権に関し同時に二以上の電子記録が請求された場合において、請求に係る電子記録の内容が相互に矛盾する

るときは、前条第一項の規定にかかわらず、電子債権記録機関は、いずれの請求に基づく電子記録もしてはならない。

③ 同一の電子記録債権に関し二以上の電子記録が請求された場合において、その前後が明らかでないときは、これらの請求は、同時にされたものとみなす。

（電子記録の効力）

第九条① 電子記録債権の内容は、債権記録（記録機関変更記録がされているときは、第四十七条の二第二項に規定する変更後債権記録とし、当該変更後債権記録が複数あるときは、記録機関変更記録の年月日が直近のものとする。）の記録により定まるものとする。

② 電子記録名義人は、電子記録に係る電子記録債権についての権利を適法に有するものと推定する。

（電子記録の訂正等）

第一〇条① 電子債権記録機関は、次に掲げる場合には、電子記録の訂正をしなければならない。ただし、電子記録上の利害関係を有する第三者がある場合にあっては、当該第三者の承諾があるときに限る。

一 電子記録の請求に当たって電子債権記録機関に提供された情報の内容と異なる内容の記録がされている場合

二 請求がなければすることができない電子記録が、請求がないのにされている場合

三 電子債権記録機関が自らの権限により記録すべき記録事項について、記録すべき内容と異なる内容の記録がされている場合

四 電子債権記録機関が自らの権限により記録すべき記録事項について、その記録がされていない場合（一の電子記録の記録事項の全部が記録されていないときを除く。）

② 電子債権記録機関は、第八十六条各号に掲げる場合の区分に応じ、当該各号に定める日までに電子記録が消去されたときは、当該電子記録の回復をしなければならない。この場合においては、前項ただし書の規定を準用する。

③ 電子債権記録機関は、前二項の規定により電子記録の訂正又は回復をするときは、当該訂正又は回復後の電子記録の内容と矛盾する電子記録について、電子記録の訂正をしなければならない。

④ 電子債権記録機関が第一項又は第二項の規定により電子記録の訂正又は回復をしたときは、その内容を電子記録権利者及び電子記録義務者（電子記録権利者及び電子記録義務者がない場合にあっては、電子記録名義人）に通知しなければならない。

⑤ 前項の規定による通知は、民法（明治二十九年法律第八十九号）第四百二十三条その他の法令の規定により他人に代わって電子記録の請求をした者にもしなければならない。ただし、その者が二人以上あるときは、その一人に対し通知すれば足りる。

（不実の電子記録等についての電子債権記録機関の責任）

第一一条 電子債権記録機関は、前条第一項各号に掲げる場合又は同条第二項に規定するときは、これらの規定に規定する事由によって当該電子記録の請求をした者その他の第三者に生じた損害を賠償する責任を負う。ただし、電子債権記録機関の代表者及び使用人その他の従業者がその職務を行うについて注意を怠らなかったことを証明したときは、この限りでない。

第二款 電子記録債権に係る意思表示等

（意思表示の取消しの特則）

第一二条① 電子記録の請求における相手方に対する意思表示についての民法第九十五条第一項又は第九十六条第一項若しくは第二項の規定による取消しは、善意でかつ重大な過失がない第三者（同条第一項の規定による強迫による意思表示の取消しにあっては、取消し後の第三者に限る。）に対抗することができない。

② 前項の規定は、次に掲げる場合には、適用しない。

一 前項に規定する第三者が、支払期日以後に電子記録債権の譲渡、質入れ、差押え、仮差押え又は破産手続開始の決定（分割払の方法により支払う電子記録債権の場合には、到来した支払期日に係る部分についてのものに限る。）があった場合におけるその譲受人、質権者、差押債権者、仮差押債権者又は破産管財人であるとき。

二 前項の意思表示の取消しを対抗しようとする者が個人（当該電子記録において個人事業者（消費者契約法（平成十二年法律第六十一号）第二条第二項に規定する事業者である個人をいう。以下同じ。）である旨の記録がされている者を除く。）である場合

（無権代理人の責任の特則）

第一三条 電子記録の請求における相手方に対する意思表示についての民法第百十七条第二項第二号の規定の適用については、同号中「過失」とあるのは、「重大な過失」とする。

（権限がない者の請求による電子記録についての電子債権記録機関の責任）

第一四条 電子債権記録機関は、次に掲げる者の請求により電子記録をした場合には、これによって第三者に生じた損害を賠償する責任を負う。ただし、電子債権記録機関の代表者及び使用人その他の従業者がその職務を行うについて注意を怠らなかったことを証明したときは、この限りでない。

一 代理権を有しない者

二 他人になりすました者

第二節 発生

（電子記録債権の発生）

第一五条 電子記録債権（保証記録に係るもの及び電子記録保証をした者（以下「電子記録保証人」という。）が第三十五条第一項（同条第二項及び第三項において準用する場合を含む。）の規定により取得する電子記録債権（以下「特別求償権」という。）を除く。次条において同じ。）は、発生記録をすることによって生ずる。

（発生記録）

第一六条① 発生記録においては、次に掲げる事項を記録しなければならない。

一 債務者が一定の金額を支払う旨

二 支払期日（確定日に限るものとし、分割払の方法により債務を支払う場合にあっては、各支払期日とする。）

三 債権者の氏名又は名称及び住所

四 債権者が二人以上ある場合において、その債権が不可分債権又は連帯債権であるときはその旨、可分債権であるときは債権者ごとの債権の金額

五 債務者の氏名又は名称及び住所

六 債務者が二人以上ある場合において、その債務が不可分債務又は連帯債務であるときはその旨、可分債務であるときは債務者ごとの債務の金額

七 記録番号（発生記録、分割記録又は記録機関変更記録をする際に一の債権記録ごとに付す番号をいう。以下同じ。）

八 電子記録の年月日

② 発生記録においては、次に掲げる事項を記録することができる。

一 第六十二条第一項に規定する口座間送金決済に関する契約に係る支払をするときは、その旨並びに債務者の預金又は貯金の口座（以下「債務者口座」という。）及び債権者の預金又は貯金の口座（以下「債権者口座」という。）

二 第六十四条に規定する契約に係る支払をするときは、その旨

三 前二号に規定するもののほか、支払方法についての定めをするときは、その定め（分割払の方法により債務を支払う場合にあっては、各支払期日ごとに支払うべき金額を含む。）

四 利息、遅延損害金又は違約金についての定めをするときは、その定め

五 期限の利益の喪失についての定めをするときは、その定め

六　相殺又は代物弁済についての定めをするときは、その定め
七　弁済の充当の指定についての定めをするときは、その定め
八　第十九条第一項（第三十八条において読み替えて準用する場合を含む。）の規定を適用しない旨の定めをするときは、その定め
九　債権者又は債務者が個人事業者であるときは、その旨
十　債務者が法人又は個人事業者（その旨の記録がされる者に限る。）である場合において、第二十条第一項（第三十八条において読み替えて準用する場合を含む。）の規定を適用しない旨の定めをするときは、その定め
十一　債務者が法人又は個人事業者（その旨の記録がされる者に限る。）であって前号に掲げる定めが記録されない場合において、債務者が債権者（譲渡記録における譲受人を含む。以下この項において同じ。）に対抗することができる抗弁についての定めをするときは、その定め
十二　譲渡記録、保証記録、質権設定記録、分割記録若しくは記録機関変更記録をすることができないこととし、又はこれらの電子記録について回数の制限その他の制限をする旨の定めをするときは、その定め
十三　債権者と債務者との間の通知の方法についての定めをするときは、その定め
十四　債権者と債務者との間の紛争の解決の方法についての定めをするときは、その定め
十五　電子債権記録機関が第七条第二項の規定により保証記録、質権設定記録、分割記録若しくは記録機関変更記録をしないこととし、又はこれらの電子記録若しくは譲渡記録について回数の制限その他の制限をしたときは、その定め
十六　前各号に掲げるもののほか、電子記録債権の内容となるものとして政令で定める事項

③　第一項第一号から第六号までに掲げる事項のいずれかの記録が欠けているときは、電子記録債権は、発生しない。

④　消費者契約法第二条第一項に規定する消費者（以下単に「消費者」という。）についてされた第二項第九号に掲げる事項の記録は、その効力を有しない。

⑤　第一項及び第二項の規定にかかわらず、電子債権記録機関は、業務規程の定めるところにより、第一項第二号（分割払の方法により債務を支払う場合における各支払期日の部分に限る。）及び第二項各号（第一号、第二号及び第九号を除く。）に掲げる事項について、その記録をしないこととし、又はその記録を制限することができる。

第三節　譲渡

（電子記録債権の譲渡）

第一七条　電子記録債権の譲渡は、譲渡記録をしなければ、その効力を生じない。

（譲渡記録）

第一八条①　譲渡記録においては、次に掲げる事項を記録しなければならない。
一　電子記録債権の譲渡をする旨
二　譲渡人が電子記録義務者の相続人であるときは、譲渡人の氏名及び住所
三　譲受人の氏名又は名称及び住所
四　電子記録の年月日

②　譲渡記録においては、次に掲げる事項を記録することができる。
一　発生記録（当該発生記録の記録事項について変更記録がされているときは、当該変更記録を含む。以下同じ。）において債務の支払を債権者口座に対する払込みによってする旨の定めが記録されている場合において、譲渡記録に当たり譲受人が譲受人の預金又は貯金の口座に対する払込みによって支払を受けようとするときは、当該口座（発生記録において払込みをする預金又は貯金の口座の変更に関する定めが記録されているときは、これと抵触しないものに限る。）
二　譲渡人が個人事業者であるときは、その旨
三　譲渡人と譲受人（譲渡記録後に譲受人として記録された者を含む。次号において同じ。）との間の通知の方法についての定めをするときは、その定め
四　譲渡人と譲受人との間の紛争の解決の方法についての定めをするときは、その定め
五　前各号に掲げるもののほか、政令で定める事項

③　消費者についてされた前項第二号に掲げる事項の記録は、その効力を有しない。

④　電子債権記録機関は、発生記録において第十六条第二項第十二号又は第十五号に掲げる事項（譲渡記録に係る部分に限る。）が記録されているときは、その記録の内容に抵触する譲渡記録をしてはならない。

（善意取得）

第一九条①　譲渡記録の請求により電子記録債権の譲受人として記録された者は、当該電子記録債権を取得する。ただし、その者に悪意又は重大な過失があるときは、この限りでない。

②　前項の規定は、次に掲げる場合には、適用しない。
一　第十六条第二項第八号に掲げる事項が記録されている場合
二　前項に規定する者が、支払期日以後にされた譲渡記録の請求により電子記録債権（分割払の方法により支払うものにあっては、到来した支払期日に係る部分に限る。）の譲受人として記録されたものである場合
三　個人（個人事業者である旨の記録がされている者を除く。）である電子記録債権の譲渡人がした譲渡記録の請求における譲受人に対する意思表示が効力を有しない場合において、前項に規定する者が当該譲渡記録後にされた譲渡記録の請求により記録されたものであるとき。

（抗弁の切断）

第二〇条①　発生記録における債務者又は電子記録保証人（以下「電子記録債務者」という。）は、電子記録債権の債権者に当該電子記録債権を譲渡した者に対する人的関係に基づく抗弁をもって当該債権者に対抗することができない。ただし、当該債権者が、当該電子記録債務者を害することを知って当該電子記録債権を取得したときは、この限りでない。

②　前項の規定は、次に掲げる場合には、適用しない。
一　第十六条第二項第十号又は第三十二条第二項第六号に掲げる事項が記録されている場合
二　前項の債権者が、支払期日以後にされた譲渡記録の請求により電子記録債権（分割払の方法により支払うものにあっては、到来した支払期日に係る部分に限る。）の譲受人として記録されたものである場合
三　前項の電子記録債務者が個人（個人事業者である旨の記録がされている者を除く。）である場合

第四節　消滅

（支払免責）

第二一条　電子記録名義人に対してした電子記録債権についての支払は、当該電子記録名義人がその支払を受ける権利を有しない場合であっても、その効力を有する。ただし、その支払をした者に悪意又は重大な過失があるときは、この限りでない。

（混同等）

第二二条①　電子記録債務者（その相続人その他の一般承継人を含む。以下この項において同じ。）が電子記録債権を取得した場合には、民法第五百二十条本文の規定にかかわらず、当該電子記録債権は消滅しない。ただし、当該電子記録債務者又は当該電子記録債務者の承諾を得た他の電子記録債務者の請求により、当該電子記録債権の取得に伴う混同を原因とする支払等記録がされたときは、この限りでない。

②　次の各号に掲げる者は、電子記録債権を取得しても、当該各号に定める者に対して電子記録保証によって生じた債務（以下「電子記録保証債務」という。）の履行を請求することができない。

一　発生記録における債務者　電子記録保証人

二　電子記録保証人　他の電子記録保証人（弁済その他自己の財産をもって主たる債務として記録された債務を消滅させるべき行為をしたとするならば、この号に掲げる電子記録保証人に対して特別求償権を行使することができるものに限る。）

（消滅時効）

第二三条　電子記録債権は、これを行使することができる時から三年間行使しないときは、時効によって消滅する。

（支払等記録の記録事項）

第二四条　支払等記録においては、次に掲げる事項を記録しなければならない。

一　支払、相殺その他の債務の全部若しくは一部を消滅させる行為又は混同（以下「支払等」という。）により消滅し、又は消滅することとなる電子記録名義人に対する債務を特定するために必要な事項

二　支払等をした金額その他の当該支払等の内容（利息、遅延損害金、違約金又は費用が生じている場合にあっては、消滅した元本の額を含む。）

三　支払等があった日

四　支払等をした者（支払等が相殺による債務の消滅である場合にあっては、電子記録名義人が当該相殺によって免れた債務の債権者。以下同じ。）の氏名又は名称及び住所

五　支払等をした者が当該支払等をするについて民法第五百条の正当な利益を有する者であるときは、その事由

六　電子記録の年月日

七　前各号に掲げるもののほか、政令で定める事項

（支払等記録の請求）

第二五条①　支払等記録は、次に掲げる者だけで請求することができる。

一　当該支払等記録についての電子記録義務者

二　前号に掲げる者の相続人その他の一般承継人

三　次に掲げる者であって、前二号に掲げる者全員の承諾を得たもの

イ　電子記録債務者

ロ　支払等をした者（前二号及びイに掲げる者を除く。）

ハ　イ又はロに掲げる者の相続人その他の一般承継人

②　電子記録債権又はこれを目的とする質権の被担保債権（次項において「電子記録債権等」という。）について支払等がされた場合には、前項第三号イからハまでに掲げる者は、同項第一号又は第二号に掲げる者に対し、同項第三号の承諾をすることを請求することができる。

③　電子記録債権等について支払をする者は、第一項第一号又は第二号に掲げる者に対し、当該支払をするのと引換えに、同項第三号の承諾をすることを請求することができる。

④　根質権の担保すべき債権についての支払等をしたことによる支払等記録の請求は、当該支払等が当該根質権の担保すべき元本の確定後にされたものであり、かつ、当該確定の電子記録がされている場合でなければ、することができない。

第五節　記録事項の変更（抄）

（電子記録債権の内容等の意思表示による変更）

第二六条　電子記録債権又はこれを目的とする質権の内容の意思表示による変更は、この法律に別段の定めがある場合を除き、変更記録をしなければ、その効力を生じない。

（変更記録の記録事項）

第二七条　変更記録においては、次に掲げる事項を記録しなければならない。

一　変更する記録事項

二　前号の記録事項を変更する旨及びその原因

三　第一号の記録事項についての変更後の内容（当該記録事項を記録しないこととする場合にあっては、当該記録事項を削除する旨）

四　電子記録の年月日

第二八条から第三〇条まで　（略）

第六節　電子記録保証　から　第十節　雑則　まで

（第三一条から第五〇条まで）（略）

第三章　電子債権記録機関

（第五一条から第八五条まで）（略）

第四章　雑則

（第八六条から第九二条まで）（略）

第五章　罰則

（第九三条から第一〇〇条まで）（略）

附　則（抄）

（施行期日）

第一条　この法律は、公布の日から起算して一年六月を超えない範囲内において政令で定める日（平成二〇・一二・一―平成二〇政三四二）から施行する。

●利息制限法

（昭和二九・五・一五 法 一〇〇）

施行 昭和二九・六・一五（附則参照）
改正 平成一一法一五五、平成一八法**一一五**

目次

第一章 利息等の制限

（利息の制限）

第一条 金銭を目的とする消費貸借における利息の契約は、その利息が次の各号に掲げる場合に応じ当該各号に定める利率により計算した金額を超えるときは、その超過部分について、無効とする。

一 元本の額が十万円未満の場合 年二割
二 元本の額が十万円以上百万円未満の場合 年一割八分
三 元本の額が百万円以上の場合 年一割五分

一 元本の額に応じた制限利率の区分

[1] ①継続的な金銭消費貸借取引に関する基本契約に基づいて金銭の借入れと弁済が繰り返され、同契約に基づく債務の弁済がその借入金全体に対して行われる場合には、各借入れの時点における従前の借入金残元本と新たな借入金との合計額が本条にいう「元本」の額に当たると解するのが相当である。②取引の過程におけるある借入れの時点で、右の合計額が本条所定の各区分における下限額を下回るに至ったとしても、一旦無効となった利息の約定が有効になることはなく、右取引に適用される制限利率が変更されることはない。（最判平22・4・20民集六四・三・九二一、重判平22民六……平成一八法一一五による本法改正前の事案）

[2] 継続的な金銭消費貸借取引に関する基本契約に基づいて金銭の借入れと弁済が繰り返され、同契約に基づく債務の弁済がその借入金全体に対して行われる場合において、過払金が発生している時点で新たな借入れをしたときには、本条にいう「元本」の額は、新たな借入金に過払金を充当した後の額をいう。（最判平25・7・18判時二二〇一・四八……平成一八法一一五による本法改正前の事案）

（平成一八法一一五による改正前の条文）

（利息の最高限）

旧**第一条**① （略）

② 債務者は、前項の超過部分を任意に支払つたときは、同項の規定にかかわらず、その返還を請求することができない。

（平成一八法一一五による改正前の事案）

二 制限超過利息を任意に支払った場合

[3] 債務者が本法所定の制限を超える利息・損害金を任意に支払っても、右制限を超過する部分は、強行法規である本条・四条の各一項により無効とされ、その部分の債務は存在しないのであるから、その部分に対する支払は弁済の効力を生じない。したがって、債務者が利息、損害金と指定して支払っても、制限超過部分に対する指定は無意味であり、結局その部分に対する指定がないのと同一であるから、元本が残存するときは、民法四九一条［平成二九法四四による改正後は四八九条］の適用により元本に充当されるものとなる。（最大判昭39・11・18民集一八・九・一八六八、民百選Ⅱ初版三……横田［正俊］ほか三裁判官の反対意見がある）

[4] 右の制限超過部分の充当により、計算上元本が完済となったときは、その後に債務の存在しないことを知らないで支払った金額の返還を請求することができる。（最大判昭43・11・13民集二二・一二・二五二六、民百選Ⅱ五補五六）

[5] 本法所定の制限を超えた利息・損害金を元本と共に任意に支払った場合において、その支払に当たり充当に関して特段の意思表示がない限り、右制限に従った元利合計を超える支払額は、債務者において、不当利得として、その返還を請求することができる。（最判昭44・11・25民集二三・一一・二一三七）

[6] 同一の貸主と借主との間で基本契約に基づき継続的に貸付けが繰り返される金銭消費貸借取引において、借主が一つの借入金債務につき本法所定の制限を超える利息を任意に支払い、この制限超過部分を元本に充当してもなお過払金が存する場合、この過払金は、当事者間に充当に関する特約が存在するなど特段の事情のない限り、民法四八九条及び四九一条［平成二九法四四による改正後は四八八条四項・四八九条］の規定に従って、弁済当時存在する他の借入金債務に充当され、当該他の借入金債務の利率が本法所定の制限を超える場合には、貸主は充当されるべき元本に対する約定の期限までの利息を取得することができない。（最判平15・7・18民集五七・七・八九五、重判平15民六）

[7] カードの利用により借入限度額内で繰り返して借入れができ、毎月の返済は、借入金債務の残額の合計を基準とする一定額が指定口座からの振替によってされ、利息も残元金合計額を基準に毎月分が計算される仕組みになっている基本契約があるときは、債務の弁済は、借入金の全額に対して行われるのであり、弁済当時他の借入金債務が存在しなければ、過払金はその後に発生する新たな借入金債務に充当する旨の合意を含むものと解するのが相当である。（最判平19・6・7民集六一・四・一五三七、重判平19民六②）

[8] 同一の貸主と借主との間で継続的に貸付けと弁済が繰り返されることを予定した基本契約が締結され、これに基づく取引に係る債務について本法の制限を超過する利息の過払金が発生した後に、改めて第二の基本契約が締結され、これに基づく取引に係る債務が発生した場合、右過払金を新たな借入金債務に充当する旨の合意が存在するなど特段の事情がない限り、右過払金は、第二の基本契約に基づく取引に係る債務には充当されない。右の合意は、諸事情を考慮して、第一の基本契約に基づく債務が完済されてもこれが終了せず、第一の基本契約に基づく取引と第二の基本契約に基づく取引とが事実上一個の連続した貸付取引であると評価することができる場合には存在すると解するのが相当である。（最判平20・1・18民集六二・一・二八、消費百選二版五六②……右の諸事情とは、第一の基本契約に基づく貸付け及び弁済が反復継続して行われた期間の長さやこれに基づく最終の弁済から第二の基本契約に基づく最初の貸付けまでの期間、第一の基本契約についての契約書の返還の有無、借入れ等に際し使用されるカードが発行されている場合にはその失効手続の有無、第一の基本契約に基づく最終の弁済から第二の基本契約が締結されるまでの間における貸主と借主との接触の状況、第二の基本契約が締結されるに至る経緯、第一と第二の各基本契約における利率等の契約条件の異同等である）

[9] 同一の貸主と借主との間で無担保のリボルビング方式の金銭消費貸借に係る基本契約に基づく取引が続けられた後、改めて不動産に担保権を設定した上で確定金額に係る金銭消費貸借契約が締結された場合にも、[8]と同じく、原則として、前者の基本契約に基づく取引により発生した過払金を後者の契約に基づく借入金債務に充当する旨の合意が存在すると解することはできない。（最判平24・9・11民集六六・九・三二二七）

[10] 貸主と借主との間で基本契約が締結されていない場合において、第一の貸付けに係る債務の各弁済金について発生した過払金は、各弁済が第二の貸付けの前にされたものであるか否かにかかわらず、特段の事情のない限り、第二の貸付けに係る債務には充当されない。（最判平19・2・13民集六一・

一・一八二、総則・商行為百選[五版]四三）→民七〇四条[4]

[11] 貸主と借主との間で基本契約が締結されていなくても、従前の貸付けの切替え及び貸増しとして長年にわたり同様の方法で貸付けが反復継続されているときには、各貸付けは一個の連続した貸付取引と解すべきであり、過払金はその後に発生する新たな借入金債務に充当する旨の合意を含むものと解するのが相当である。（最判平19・7・19民集六一・五・二一七五、重判平19民六③）

[12] 継続的な金銭消費貸借取引に係る基本契約が過払金充当合意を含む場合、過払金について発生した法定利息の充当について別段の合意があると評価できるような特段の事情がない限り、まず法定利息を新たな借入金債務に充当し、次いで、過払金を新たな借入金債務の残額に充当すべきである。（最判平25・4・11判時二一九五・一六）

三　過払金返還請求権の消滅時効

[13] 過払金充当合意を含む基本契約に基づく継続的な金銭消費貸借取引においては、同取引継続中は過払金充当合意が法律上の障害となり、過払金返還請求権の行使が妨げられるから、その消滅時効は、特段の事情がない限り、同取引が終了した時点から進行する。（最判平21・1・22民集六三・一・二四七、重判平21民三）→民一六六条[20]

四　過払金が発生している継続的金銭消費貸借取引当事者間での特定調停手続における調停の効力↓民九〇条[43]

五　年数回の重利の予約の効力

[14] 年数回の利息の組入れを約する重利の予約は、毎期における組入利息とこれに対する利息との合計額が、本来の元本額に対する関係において、一年につき本法所定の制限利率により計算した額を超えない限度においてのみ有効である。（最判昭45・4・21民集二四・四・二九八）

六　貸金業法旧四三条によるみなし弁済

[参考] **貸金業法**（平成一八法一一五による改正前のもの）（抜粋）

旧第四三条（任意に支払つた場合のみなし弁済）① 貸金業者が業として行う金銭を目的とする消費貸借上の利息の契約に基づき、債務者が利息として任意に支払つた金銭の額が、利息制限法第一条第一項に定める利息の制限額を超える場合において、その支払が次の各号に該当するときは、当該超過部分の支払は、同項の規定にかかわらず、有効な利息の債務の弁済とみなす。

一　第十七条第一項（中略）の規定により第十七条第一項に規定する書面を交付している場合若しくは第十六条の二第一項並びに第十七条第三項及び第四項（中略）の規定により第十六条の二第一項並びに第十七条第三項及び第四項に規定するすべての書面［注・貸付契約締結のとき債務者又は保証人に交付すべき契約の内容を明らかにした書面］を交付している場合におけるその交付をしている者に対する貸付けに係る契約（極度方式貸付けに係る契約を除く。）若しくは当該貸付けに係る契約に係る保証契約に基づく支払又は第十七条第一項及び第二項（中略）の規定により第十七条第一項及び第二項に規定するすべての書面を交付している場合若しくは第十六条の二第一項及び第十七条第三項から第五項まで（中略）の規定により第十六条の二第一項及び第十七条第三項から第五項までに規定するすべての書面を交付している場合におけるその交付をしている者に対する極度方式貸付けに係る契約若しくは当該契約に係る保証契約に基づく支払

二　第十八条第一項（中略）の規定により第十八条第一項に規定する書面［注・弁済を受けたとき弁済者に交付すべき書面］を交付した場合における同項の弁済に係る支払

② 前項の規定は、次の各号に掲げる支払に係る同項の超過部分の支払については、適用しない。

一・二（略）

三　出資の受入れ、預り金及び金利等の取締りに関する法律第五条第二項の規定［注・年二十九・二％を超える金利の禁止］に違反して締結された貸付けに係る契約又は当該貸付けに係る契約に係る保証契約に基づく支払

③ 前二項の規定は、貸金業者が業として行う金銭を目的とする消費貸借上の債務の不履行による賠償額の予定に基づき、債務者が賠償として任意に支払つた金銭の額が、利息制限法第四条第一項に定める賠償額の予定の制限額を超える場合において、その支払が第一項各号に該当するときに準用する。

[15] 貸金業法四三条一項、三項にいう「任意に支払つた」とは、債務者が契約に基づく利息又は賠償額の予定に基づく賠償金の支払に充当されることを認識した上、自己の自由な意思によって支払ったことをいい、支払った額が本条一項又は四条一項の制限額を超えていること、あるいはその超過部分の契約が無効であることまで認識していることを要しない。（最判平2・1・22民集四四・一・三三二、消取百選七八……任意に支払ったものとされた事例）

[16] 貸金業法四三条一項によるみなし弁済の効果を生ずるためには、債務者の利息の支払が貸金業者の預金又は貯金の口座に対する払込みによってされた場合であっても、特段の事情のない限り、貸金業者は、右の払込みを受けたことを確認した都度、直ちに、同法一八条一項に規定する書面を債務者に交付しなければならない。（最判平11・1・21民集五三・一・九八、民百選Ⅱ[五補]五七）

[17] ① 貸金業法四三条一項は本法二条の特則規定ではないので、貸金業者との間における金銭消費貸借上の約定に基づき利息の天引きがされた場合における天引利息については、同項の適用はない。

② 貸金業者の業務の適正な運営を確保し、資金需要者等の利益の保護を図ること等を目的として、貸金業に対する必要な規制等を定める法の趣旨、目的と、右業務規制に違反した場合の罰則が設けられていること等に鑑みると、貸金業法四三条一項の規定の適用要件は厳格に解釈すべきである。

③ 貸金業法四三条一項の規定の適用要件として、交付が求められている同法一七条一項所定の事項を記載した書面には、同項所定の事項の全てが記載されていることを要するものであり、その一部が記載されていないときは、同法四三条一項適用の要件を欠き、有効な利息の債務の弁済とみなすことはできない。（最判平16・2・20民集五八・二・四七五、重判平16民四②）

[18] ① 利息制限法所定の制限を超える約定利息とともに元本を分割返済する約定の金銭消費貸借契約において、債務者が元本又は約定利息の支払を遅滞したときには当然に期限の利益を喪失するという特約は、約定利息のうち制限超過部分の支払の遅滞も期限の利益を喪失させるという部分については無効であり、債務者は約定の元本及び利息制限法の制限内での利息を支払いさえすれば、期限の利益を喪失することはない。

② しかし、右の約定は、債務者に誤解を与え、約定利息のうち制限超過部分についての支払も債務者に事実上強制することになるから、当該特約の下で制限額を超える利息の支払がされた場合には、誤解が生じなかったといえるような特段の事情のない限り、債務者が自己の自由な意思によってした支払とはいえない。（最判平18・1・13民集六〇・一・一、消費百選[二版]五六①）→行総◘【Ⅱ】[10]

[19] 貸金業者が民法七〇四条の「悪意の受益者」であると推定される場合（最判平19・7・13民集六一・五・一九八〇、重判平19民一〇）→民七〇四条[2]

[20] 貸金業者が民法七〇四条の「悪意の受益者」であると推定できない場合（最判平21・7・10民集六三・六・一一七〇、重判平21民九）→民七〇四条[3]

七　金銭消費貸借以外への適用

[21] 社債発行の目的、募集事項の内容、その決定の経緯等に照

らし、当該社債の発行が利息制限法の規制の潜脱を企図したものと認められるなどの特段の事情がある場合を除き、社債に本条は適用されない。（最判令3・1・26民集七五・一・一、重判令3商八……特段の事情の存在を認めなかった例）→会社六七六条[7]

（利息の天引き）
第二条　利息の天引きをした場合において、天引額が債務者の受領額を元本として前条に規定する利率により計算した金額を超えるときは、その超過部分は、元本の支払に充てたものとみなす。

貸金業法旧四三条一項との関係↓一条[17]

（みなし利息）
第三条　前二条の規定の適用については、金銭を目的とする消費貸借に関し債権者の受ける元本以外の金銭は、礼金、割引金、手数料、調査料その他いかなる名義をもってするかを問わず、利息とみなす。ただし、契約の締結及び債務の弁済の費用は、この限りでない。

[7]　信用保証会社が債権者の一〇〇パーセント子会社であり、最終的には同社から受ける株式配当等を通じて保証料等を自らに還流させる目的で、債権者が債務者をして同社に対する保証委託をさせていた場合には、信用保証会社の受ける保証料及び事務手数料もみなし利息に該当する。（最判平15・7・18民集五七・七・八九五、重判平15民六）

（賠償額の予定の制限）
第四条①　金銭を目的とする消費貸借上の債務の不履行による賠償額の予定は、その賠償額の元本に対する割合が第一条に規定する率の一・四六倍を超えるときは、その超過部分について、無効とする。
②　前項の規定の適用については、違約金は、賠償額の予定とみなす。

（平成一八法一一五による改正前の条文）
（賠償額予定の制限）
旧**第四条①**　（略）
②　第一条第二項の規定は、債務者が前項の超過部分を任意に支払つた場合に準用する。
③　（略）

[7]　本法所定の制限を超える利息の定めのある金銭消費貸借において、遅延損害金について特約のない場合には、本法一条一項所定の利率にまで減縮される利息と同率に減縮される。（平成一八法一一五による改正前の事案）（最大判昭43・7・17民集二二・七・一五〇五、民百選Ⅱ[二版]一一）

第二章　営業的金銭消費貸借の特則

（元本額の特則）
第五条　次の各号に掲げる利息に関する第一条の規定の適用については、当該各号に定める額を同条に規定する元本の額とみなす。
一　営業的金銭消費貸借（債権者が業として行う金銭を目的とする消費貸借をいう。以下同じ。）上の債務を既に負担している債務者が同一の債権者から重ねて営業的金銭消費貸借による貸付けを受けた場合における当該貸付けに係る営業的金銭消費貸借上の利息　当該既に負担している債務の残元本の額と当該貸付けを受けた元本の額との合計額
二　債務者が同一の債権者から同時に二以上の営業的金銭消費貸借による貸付けを受けた場合におけるそれぞれの貸付けに係る営業的金銭消費貸借上の利息　当該二以上の貸付けを受けた元本の額の合計額

（みなし利息の特則）
第六条①　営業的金銭消費貸借に関し債権者の受ける元本以外の金銭のうち、金銭の貸付け及び弁済に用いるため債務者に交付されたカードの再発行の手数料その他の債務者の要請により債権者が行う事務の費用として政令で定めるものについては、第三条本文の規定は、適用しない。
②　営業的金銭消費貸借においては、次に掲げる契約の締結及び債務の弁済の費用に限り、第三条ただし書の規定の適用があるものとする。
一　公租公課の支払に充てられるべきもの
二　強制執行の費用、担保権の実行としての競売の手続の費用その他公の機関が行う手続に関してその機関に支払うべきもの
三　債務者が金銭の受領又は弁済のために利用する現金自動支払機その他の機械の利用料（政令で定める額の範囲内のものに限る。）

（賠償額の予定の特則）
第七条①　第四条第一項の規定にかかわらず、営業的金銭消費貸借上の債務の不履行による賠償額の予定は、その賠償額の元本に対する割合が年二割を超えるときは、その超過部分について、無効とする。
②　第四条第二項の規定は、前項の賠償額の予定について準用する。

（保証料の制限等）
第八条①　営業的金銭消費貸借上の債務を主たる債務とする保証（業として行うものに限る。以下同じ。）がされた場合における保証料（主たる債務者が支払うものに限る。以下同じ。）の契約は、その保証料が当該主たる債務の元本に係る法定上限額（第一条及び第五条の規定の例により計算した金額をいう。以下同じ。）から当該主たる債務について支払うべき利息の額を減じて得た金額を超えるときは、その超過部分について、無効とする。
②　前項の規定にかかわらず、同項の主たる債務について支払うべき利息が利息の契約後変動し得る利率（以下「変動利率」という。）をもって定められている場合における保証料の契約は、その保証料が次の各号に掲げる場合に応じ当該各号に定める金額を超えるときは、その超過部分について、無効とする。
一　保証契約の時に債権者と保証人の合意により債権者が主たる債務者から支払を受けることができる利息の利率の上限（以下「特約上限利率」という。）の定めをし、かつ、債権者又は保証人が主たる債務者に当該定めを通知した場合　法定上限額から特約上限利率により計算した利息の金額（以下「特約上限利息額」という。）を減じて得た金額
二　前号に掲げる場合以外の場合　法定上限額の二分の一の金額
③　第一項の保証が根保証（一定の範囲に属する不特定の債務を主たる債務とする保証をいう。以下同じ。）である場合における前二項の法定上限額は、その保証料が主たる債務の元本に対する割合をもって定められている場合を除き、保証契約の時に現に存する主たる債務の元本に係る法定上限額とする。
④　前三項の規定にかかわらず、第一項の保証が元本極度額（保証人が履行の責任を負うべき主たる債務の元本の上限の額をいう。以下同じ。）及び元本確定期日（根保証契約において主たる債務の元本の確定すべき期日（確定日に限る。）をいう。以下同じ。）の定めがある根保証であって、主たる債務者が個人（保証の業務に関して行政機関の監督を受ける者として政令で定める者が保証人である場合に限る。）又は法人であるときは、債権者が法令の規定により業として貸付けを行うことができない者である場合を除き、保証人は、次の各号に掲げる場合に応じ当該各号に定める金額の範囲内で、保証料の支払を受けることができる。

一　第二項第一号に掲げる場合　元本極度額を主たる債務の元本の額、元本確定期日を弁済期とみなして計算した法定上限額から元本極度額を主たる債務の元本の額、元本確定期日を弁済期とみなして計算した特約上限利息額を減じて得た金額
二　前号に掲げる場合以外の場合　同号の法定上限額の二分の一の金額

⑤　前項の規定は、保証人が保証契約の時に債権者に対して同項の規定の適用を受けない旨の意思を表示し、かつ、その旨を主たる債務者に通知した場合には、適用しない。

⑥　第一項の保証がその主たる債務について他に同項の保証があるときに行うものである場合における保証料の契約は、その保証料が同項から第四項までの規定により支払を受けることができる保証料の上限額から当該他にある保証に係る保証料の額を減じて得た金額を超えるときは、その超過部分について、無効とする。

⑦　第一項から第四項まで及び前項の規定の適用については、保証契約に関し保証人が主たる債務者から受ける保証料以外の金銭は、次に掲げるものを除き、礼金、手数料、調査料その他いかなる名義をもってするかを問わず、保証料とみなす。
一　契約の締結又は債務の弁済の費用であって、次に掲げるもの
イ　公租公課の支払に充てられるべきもの
ロ　強制執行の費用、担保権の実行としての競売の手続の費用その他公の機関が行う手続に関してその機関に支払うべきもの
ハ　主たる債務者が弁済のために利用する現金自動支払機その他の機械の利用料（政令で定める額の範囲内のものに限る。）
二　弁済に用いるため主たる債務者に交付されたカードの再発行の手数料その他の主たる債務者の要請により保証人が行う事務の費用として政令で定めるもの

⑧　営業的金銭消費貸借の債権者が保証契約を締結しようとする場合において、第五条の規定の適用があるとき（これにより第一条において適用される利率が異なるときに限る。）、利息の天引きをするとき又は主たる債務について既に他の保証契約があるときは、あらかじめ、保証人となるべき者に対し、その旨の通知をしなければならない。この場合において、当該債権者が当該通知を怠ったときは、これによって保証人に生じた損害を賠償する責任を負う。

（保証がある場合における利息の制限の特則）

第九条①　前条第一項の保証料の契約後に債権者と主たる債務者の合意により利息を増加した場合における利息の契約は、第一条の規定にかかわらず、増加後の利息が法定上限額から保証料の額を減じて得た金額を超えるときは、その超過部分について、無効とする。

②　前条第一項の主たる債務について支払うべき利息が変動利率をもって定められている場合における利息の契約は、第一条及び前項の規定にかかわらず、その利息が次の各号に掲げる場合に応じ当該各号に定める金額を超えるときは、その超過部分について、無効とする。
一　前条第二項第一号に掲げる場合　特約上限利息額
二　前号に掲げる場合以外の場合　法定上限額の二分の一の金額

③　前条第四項の規定の適用がある場合における主たる債務に係る利息の契約は、第一条及び前二項の規定にかかわらず、その利息が次の各号に掲げる場合に応じ当該各号に定める金額を超えるときは、その超過部分について、無効とする。
一　前条第二項第一号に掲げる場合　特約上限利息額
二　前号に掲げる場合以外の場合　法定上限額の二分の一の金額

附　則（抄）

①　この法律は、公布の日から起算して一月を経過した日（昭和二九・六・一五）から施行する。

②　利息制限法（明治十年太政官布告第六十六号）は、廃止する。

④　この法律の施行前になされた契約については、なお従前の例による。

○消費者契約法（抄）（平成一二・五・一二 法 六一）

施行 平成一三・四・一（附則）
最終改正 令和四法六八

目次

第一章 総則

（目的）

第一条 この法律は、消費者と事業者との間の情報の質及び量並びに交渉力の格差に鑑み、事業者の一定の行為により消費者が誤認し、又は困惑した場合等について契約の申込み又はその承諾の意思表示を取り消すことができることとするとともに、事業者の損害賠償の責任を免除する条項その他の消費者の利益を不当に害することとなる条項の全部又は一部を無効とするほか、消費者の被害の発生又は拡大を防止するため適格消費者団体が事業者等に対し差止請求をすることができることとすることにより、消費者の利益の擁護を図り、もって国民生活の安定向上と国民経済の健全な発展に寄与することを目的とする。

（定義）

第二条① この法律において「消費者」とは、個人（事業として又は事業のために契約の当事者となる場合におけるものを除く。）をいう。

② この法律（第四十三条第二項第二号を除く。）において「事業者」とは、法人その他の団体及び事業として又は事業のために契約の当事者となる場合における個人をいう。

③ この法律において「消費者契約」とは、消費者と事業者との間で締結される契約をいう。

④ この法律において「適格消費者団体」とは、不特定かつ多数の消費者の利益のためにこの法律の規定による差止請求権を行使するのに必要な適格性を有する法人である消費者団体（消費者基本法（昭和四十三年法律第七十八号）第八条の消費者団体をいう。以下同じ。）として第十三条の定めるところにより内閣総理大臣の認定を受けた者をいう。

（事業者及び消費者の努力）

第三条① 事業者は、次に掲げる措置を講ずるよう努めなければならない。

一 消費者契約の条項を定めるに当たっては、消費者の権利義務その他の消費者契約の内容が、その解釈について疑義が生じない明確なもので、かつ、消費者にとって平易なものになるよう配慮すること。

二 消費者契約の締結について勧誘をするに際しては、消費者の理解を深めるために、物品、権利、役務その他の消費者契約の目的となるものの性質に応じ、事業者が知ることができた個々の消費者の年齢、心身の状態、知識及び経験を総合的に考慮した上で、消費者の権利義務その他の消費者契約の内容についての必要な情報を提供すること。

三 民法（明治二十九年法律第八十九号）第五百四十八条の二第一項に規定する定型取引合意に該当する消費者契約の締結について勧誘をするに際しては、消費者が同項に規定する定型約款の内容を容易に知り得る状態に置く措置を講じているときを除き、消費者が同法第五百四十八条の三第一項に規定する請求を行うために必要な情報を提供すること。

四 消費者の求めに応じて、消費者契約により定められた当該消費者が有する解除権の行使に関して必要な情報を提供すること。

② 消費者は、消費者契約を締結するに際しては、事業者から提供された情報を活用し、消費者の権利義務その他の消費者契約の内容について理解するよう努めるものとする。

第二章 消費者契約

第一節 消費者契約の申込み又はその承諾の意思表示の取消し

（消費者契約の申込み又はその承諾の意思表示の取消し）

第四条① 消費者は、事業者が消費者契約の締結について勧誘をするに際し、当該消費者に対して次の各号に掲げる行為をしたことにより当該各号に定める誤認をし、それによって当該消費者契約の申込み又はその承諾の意思表示をしたときは、これを取り消すことができる。

一 重要事項について事実と異なることを告げること。 当該告げられた内容が事実であるとの誤認

二 物品、権利、役務その他の当該消費者契約の目的となるものに関し、将来におけるその価額、将来において当該消費者が受け取るべき金額その他の将来における変動が不確実な事項につき断定的判断を提供すること。 当該提供された断定的判断の内容が確実であるとの誤認

② 消費者は、事業者が消費者契約の締結について勧誘をするに際し、当該消費者に対してある重要事項又は当該重要事項に関連する事項について当該消費者の利益となる旨を告げ、かつ、当該重要事項について当該消費者の不利益となる事実（当該告知により当該事実が存在しないと消費者が通常考えるべきものに限る。）を故意又は重大な過失によって告げなかったことにより、当該事実が存在しないとの誤認をし、それによって当該消費者契約の申込み又はその承諾の意思表示をしたときは、これを取り消すことができる。ただし、当該事業者が当該消費者に対し当該事実を告げようとしたにもかかわらず、当該消費者がこれを拒んだときは、この限りでない。

③ 消費者は、事業者が消費者契約の締結について勧誘をするに際し、当該消費者に対して次に掲げる行為をしたことにより困惑し、それによって当該消費者契約の申込み又はその承諾の意思表示をしたときは、これを取り消すことができる。

一 当該事業者に対し、当該消費者が、その住居又はその業務を行っている場所から退去すべき旨の意思を示したにもかかわらず、それらの場所から退去しないこと。

二 当該事業者が当該消費者契約の締結について勧誘をしている場所から当該消費者が退去する旨の意思を示したにもかかわらず、その場所から当該消費者を退去させないこと。

三 当該消費者に対し、当該消費者契約の締結について勧誘をすることを告げずに、当該消費者が任意に退去することが困難な場所であることを知りながら、当該消費者をその場所に同行し、その場所において当該消費者契約の締結について勧誘をすること。

四 当該消費者が当該消費者契約の締結について勧誘を受けている場所において、当該消費者が当該消費者契約を締結するか否かについて相談を行うために電話その他の内閣府令で定

める方法によって当該事業者以外の者と連絡する旨の意思を示したにもかかわらず、威迫する言動を交えて、当該消費者が当該方法によって連絡することを妨げること。

五　当該消費者が、社会生活上の経験が乏しいことから、次に掲げる事項に対する願望の実現に過大な不安を抱いていることを知りながら、その不安をあおり、裏付けとなる合理的な根拠がある場合その他の正当な理由がある場合でないのに、物品、権利、役務その他の当該消費者契約の目的となるものが当該願望を実現するために必要である旨を告げること。

イ　進学、就職、結婚、生計その他の社会生活上の重要な事項

ロ　容姿、体型その他の身体の特徴又は状況に関する重要な事項

六　当該消費者が、社会生活上の経験が乏しいことから、当該消費者契約の締結について勧誘を行う者に対して恋愛感情その他の好意の感情を抱き、かつ、当該勧誘を行う者も当該消費者に対して同様の感情を抱いているものと誤信していることを知りながら、これに乗じ、当該消費者契約を締結しなければ当該勧誘を行う者との関係が破綻することになる旨を告げること。

七　当該消費者が、加齢又は心身の故障によりその判断力が著しく低下していることから、生計、健康その他の事項に関しその現在の生活の維持に過大な不安を抱いていることを知りながら、その不安をあおり、裏付けとなる合理的な根拠がある場合その他の正当な理由がある場合でないのに、当該消費者契約を締結しなければその現在の生活の維持が困難となる旨を告げること。

八　当該消費者に対し、霊感その他の合理的に実証することが困難な特別な能力による知見として、そのままでは当該消費者に重大な不利益を与える事態が生ずる旨を示してその不安をあおり、当該消費者契約を締結することにより確実にその重大な不利益を回避することができる旨を告げること。

九　当該消費者が当該消費者契約の申込み又はその承諾の意思表示をする前に、当該消費者契約を締結したならば負うこととなる義務の内容の全部若しくは一部を実施し、又は当該消費者契約の目的物の現状を変更し、その実施又は変更前の原状の回復を著しく困難にすること。

十　前号に掲げるもののほか、当該消費者が当該消費者契約の申込み又はその承諾の意思表示をする前に、当該事業者が調査、情報の提供、物品の調達その他の当該消費者契約の締結を目指した事業活動を実施した場合において、当該事業活動が当該消費者からの特別の求めに応じたものであったことその他の取引上の社会通念に照らして正当な理由がある場合でないのに、当該事業活動が当該消費者のために特に実施したものである旨及び当該事業活動の実施により生じた損失の補償を請求する旨を告げること。

④　消費者は、事業者が消費者契約の締結について勧誘をするに際し、物品、権利、役務その他の当該消費者契約の目的となるものの分量、回数又は期間（以下この項において「分量等」という。）が当該消費者にとっての通常の分量等（消費者契約の目的となるものの内容及び取引条件並びに事業者がその締結について勧誘をする際の消費者の生活の状況及びこれについての当該消費者の認識に照らして当該消費者契約の目的となるものの分量等として通常想定される分量等をいう。以下この項において同じ。）を著しく超えるものであることを知っていた場合において、その勧誘により当該消費者契約の申込み又はその承諾の意思表示をしたときは、これを取り消すことができる。事業者が消費者契約の締結について勧誘をするに際し、消費者が既に当該消費者契約の目的となるものと同種のものを目的とする消費者契約（以下この項において「同種契約」という。）を締結し、当該同種契約の目的となるものの分量等と当該消費者契約の目的となるものの分量等とを合算した分量等が当該消費者にとっての通常の分量等を著しく超えるものであることを知っていた場合において、その勧誘により当該消費者契約の申込み又はその承諾の意思表示をしたときも、同様とする。

⑤　第一項第一号及び第二項の「重要事項」とは、消費者契約に係る次に掲げる事項（同項の場合にあっては、第三号に掲げるものを除く。）をいう。

一　物品、権利、役務その他の当該消費者契約の目的となるものの質、用途その他の内容であって、消費者の当該消費者契約を締結するか否かについての判断に通常影響を及ぼすべきもの

二　物品、権利、役務その他の当該消費者契約の目的となるものの対価その他の取引条件であって、消費者の当該消費者契約を締結するか否かについての判断に通常影響を及ぼすべきもの

三　前二号に掲げるもののほか、物品、権利、役務その他の当該消費者契約の目的となるものが当該消費者の生命、身体、財産その他の重要な利益についての損害又は危険を回避するために通常必要であると判断される事情

⑥　第一項から第四項までの規定による消費者契約の申込み又はその承諾の意思表示の取消しは、これをもって善意でかつ過失がない第三者に対抗することができない。

（媒介の委託を受けた第三者及び代理人）

第五条①　前条の規定は、事業者が第三者に対し、当該事業者と消費者との間における消費者契約の締結について媒介をすることの委託（以下この項において単に「委託」という。）をし、当該委託を受けた第三者（その第三者から委託（二以上の段階にわたる委託を含む。）を受けた者を含む。以下「受託者等」という。）が消費者に対して同条第一項から第四項までに規定する行為をした場合について準用する。この場合において、同条第二項ただし書中「当該事業者」とあるのは、「当該事業者又は次条第一項に規定する受託者等」と読み替えるものとする。

②　消費者契約の締結に係る消費者の代理人（復代理人（二以上の段階にわたり復代理人として選任された者を含む。）を含む。以下同じ。）、事業者の代理人及び受託者等の代理人は、前条第一項から第四項まで（前項において準用する場合を含む。次条から第七条までにおいて同じ。）の規定の適用については、それぞれ消費者、事業者及び受託者等とみなす。

（解釈規定）

第六条　第四条第一項から第四項までの規定は、これらの項に規定する消費者契約の申込み又はその承諾の意思表示に対する民法第九十六条の規定の適用を妨げるものと解してはならない。

（取消権を行使した消費者の返還義務）

第六条の二　民法第百二十一条の二第一項の規定にかかわらず、消費者契約に基づく債務の履行として給付を受けた消費者は、第四条第一項から第四項までの規定により当該消費者契約の申込み又はその承諾の意思表示を取り消した場合において、給付を受けた当時その意思表示が取り消すことができるものであることを知らなかったときは、当該消費者契約によって現に利益を受けている限度において、返還の義務を負う。

（取消権の行使期間等）

第七条①　第四条第一項から第四項までの規定による取消権は、追認をすることができる時から一年間行わないときは、時効によって消滅する。当該消費者契約の締結の時から五年を経過したときも、同様とする。

②　会社法（平成十七年法律第八十六号）その他の法律により詐欺又は強迫を理由として取消しをすることができないものとされている株式若しくは出資の引受け又は基金の拠出が消費者契約としてされた場合には、当該株式若しくは出資の引受け又は基金の拠出に係る意思表示については、第四条第一項から第四項までの規定によりその取消しをすることができない。

第二節　消費者契約の条項の無効

（事業者の損害賠償の責任を免除する条項等の無効）

第八条①　次に掲げる消費者契約の条項は、無効とする。

一　事業者の債務不履行により消費者に生じた損害を賠償する責任の全部を免除し、又は当該事業者にその責任の有無を決定する権限を付与する条項

二　事業者の債務不履行（当該事業者、その代表者又はその使用する者の故意又は重大な過失によるものに限る。）により消費者に生じた損害を賠償する責任の一部を免除し、又は当該事業者にその責任の限度を決定する権限を付与する条項

三　消費者契約における事業者の債務の履行に際してされた当該事業者の不法行為により消費者に生じた損害を賠償する責任の全部を免除し、又は当該事業者にその責任の有無を決定する権限を付与する条項

四　消費者契約における事業者の債務の履行に際してされた当該事業者の不法行為（当該事業者、その代表者又はその使用する者の故意又は重大な過失によるものに限る。）により消費者に生じた損害を賠償する責任の一部を免除し、又は当該事業者にその責任の限度を決定する権限を付与する条項

②　前項第一号又は第二号に掲げる条項のうち、消費者契約が有償契約である場合において、引き渡された目的物が種類又は品質に関して契約の内容に適合しないとき（当該消費者契約が請負契約である場合には、請負人が種類又は品質に関して契約の内容に適合しない仕事の目的物を注文者に引き渡したとき（その引渡しを要しない場合には、仕事が終了した時に仕事の目的物が種類又は品質に関して契約の内容に適合しないとき。）。以下この項において同じ。）に、これにより消費者に生じた損害を賠償する事業者の責任を免除し、又は当該事業者にその責任の有無若しくは限度を決定する権限を付与するものについては、次に掲げる場合に該当するときは、前項の規定は、適用しない。

一　当該消費者契約において、引き渡された目的物が種類又は品質に関して契約の内容に適合しないときに、当該事業者が履行の追完をする責任又は不適合の程度に応じた代金若しくは報酬の減額をする責任を負うこととされている場合

二　当該消費者と当該事業者の委託を受けた他の事業者との間の契約又は当該事業者と他の事業者との間の当該消費者のためにする契約で、当該消費者契約の締結に先立って又はこれと同時に締結されたものにおいて、引き渡された目的物が種類又は品質に関して契約の内容に適合しないときに、当該他の事業者が、その目的物が種類又は品質に関して契約の内容に適合しないことにより当該消費者に生じた損害を賠償する責任の全部若しくは一部を負い、又は履行の追完をする責任を負うこととされている場合

③　事業者の債務不履行（当該事業者、その代表者又はその使用する者の故意又は重大な過失によるものを除く。）又は消費者契約における事業者の債務の履行に際してされた当該事業者の不法行為（当該事業者、その代表者又はその使用する者の故意又は重大な過失によるものを除く。）により消費者に生じた損害を賠償する責任の一部を免除する消費者契約の条項であって、当該条項において事業者、その代表者又はその使用する者の重大な過失を除く過失による行為にのみ適用されることを明らかにしていないものは、無効とする。

（消費者の解除権を放棄させる条項等の無効）

第八条の二　事業者の債務不履行により生じた消費者の解除権を放棄させ、又は当該事業者にその解除権の有無を決定する権限を付与する消費者契約の条項は、無効とする。

（事業者に対し後見開始の審判等による解除権を付与する条項の無効）

第八条の三　事業者に対し、消費者が後見開始、保佐開始又は補助開始の審判を受けたことのみを理由とする解除権を付与する消費者契約（消費者が事業者に対し物品、権利、役務その他の消費者契約の目的となるものを提供することとされているものを除く。）の条項は、無効とする。

（消費者が支払う損害賠償の額を予定する条項等の無効等）

第九条①　次の各号に掲げる消費者契約の条項は、当該各号に定める部分について、無効とする。

一　当該消費者契約の解除に伴う損害賠償の額を予定し、又は違約金を定める条項であって、これらを合算した額が、当該条項において設定された解除の事由、時期等の区分に応じ、当該消費者契約と同種の消費者契約の解除に伴い当該事業者に生ずべき平均的な損害の額を超えるもの　当該超える部分

二　当該消費者契約に基づき支払うべき金銭の全部又は一部を消費者が支払期日（支払回数が二以上である場合には、それぞれの支払期日。以下この号において同じ。）までに支払わない場合における損害賠償の額を予定し、又は違約金を定める条項であって、これらを合算した額が、支払期日の翌日からその支払をする日までの期間について、その日数に応じ、当該支払期日に支払うべき額から当該支払期日に支払うべき額のうち既に支払われた額を控除した額に年十四・六パーセントの割合を乗じて計算した額を超えるもの　当該超える部分

②　事業者は、消費者に対し、消費者契約の解除に伴う損害賠償の額を予定し、又は違約金を定める条項に基づき損害賠償又は違約金の支払を請求する場合において、当該消費者から説明を求められたときは、損害賠償の額の予定又は違約金の算定の根拠（第十二条の四において「算定根拠」という。）の概要を説明するよう努めなければならない。

（消費者の利益を一方的に害する条項の無効）

第一〇条　消費者の不作為をもって当該消費者が新たな消費者契約の申込み又はその承諾の意思表示をしたものとみなす条項その他の法令中の公の秩序に関しない規定の適用による場合に比して消費者の権利を制限し又は消費者の義務を加重する消費者契約の条項であって、民法第一条第二項に規定する基本原則に反して消費者の利益を一方的に害するものは、無効とする。

第三節　補則

（他の法律の適用）

第一一条①　消費者契約の申込み又はその承諾の意思表示の取消し及び消費者契約の条項の効力については、この法律の規定によるほか、民法及び商法（明治三十二年法律第四十八号）の規定による。

②　消費者契約の申込み又はその承諾の意思表示の取消し及び消費者契約の条項の効力について民法及び商法以外の他の法律に別段の定めがあるときは、その定めるところによる。

第三章　差止請求（抄）

第一節　差止請求権等

（差止請求権）

第一二条①　適格消費者団体は、事業者、受託者等又は事業者の代理人若しくは受託者等の代理人（以下この項及び第四十三条第二項第一号において「事業者等」と総称する。）が、消費者契約の締結について勧誘をするに際し、不特定かつ多数の消費者に対して第四条第一項から第四項までに規定する行為（同条第二項に規定する行為にあっては、同項ただし書の場合に該当するものを除く。次項において同じ。）を現に行い又は行うおそれがあるときは、その事業者等に対し、当該行為の停止若しくは予防又は当該行為に供した物の廃棄若しくは除去その他の当該行為の停止若しくは予防に必要な措置をとることを請求することができる。ただし、民法及び商法以外の他の法律の規定によれば当該行為を理由として当該消費者契約を取り消すことができないときは、この限りでない。

②　適格消費者団体は、次の各号に掲げる者が、消費者契約の締結について勧誘をするに際し、不特定かつ多数の消費者に対して第四条第一項から第四項までに規定する行為を現に行い又は行うおそれがあるときは、当該各号に定める者に対し、当該各号に掲げる者に対する是正の指示又は教唆の停止その他の当該行為の停止又は予防に必要な措置をとることを請求することができる。この場合においては、前項ただし書の規定を準用する。

一　受託者等　当該受託者等に対して委託（二以上の段階にわたる委託を含む。）をした事業者又は他の受託者等

二　事業者の代理人又は受託者等の代理人　当該代理人を自己の代理人とする事業者若しくは受託者等又はこれらの他の代理人

③　適格消費者団体は、事業者又はその代理人が、消費者契約を締結するに際し、不特定かつ多数の消費者との間で第八条から第十条までに規定する消費者契約の条項（第八条第一項第一号又は第二号に掲げる消費者契約の条項にあっては、同条第二項の場合に該当するものを除く。次項及び第十二条の三第一項において同じ。）を含む消費者契約の申込み又はその承諾の意思表示を現に行い又は行うおそれがあるときは、その事業者又はその代理人に対し、当該行為の停止若しくは予防又は当該行為に供した物の廃棄若しくは除去その他の当該行為の停止若しくは予防に必要な措置をとることを請求することができる。ただし、民法及び商法以外の他の法律の規定によれば当該消費者契約の条項が無効とされないときは、この限りでない。

④　適格消費者団体は、事業者の代理人が、消費者契約を締結するに際し、不特定かつ多数の消費者との間で第八条から第十条までに規定する消費者契約の条項を含む消費者契約の申込み又はその承諾の意思表示を現に行い又は行うおそれがあるときは、当該代理人を自己の代理人とする事業者又は他の代理人に対し、当該代理人に対する是正の指示又は教唆の停止その他の当該行為の停止又は予防に必要な措置をとることを請求することができる。この場合においては、前項ただし書の規定を準用する。

第一二条の二（**差止請求の制限**）① 前条、不当景品類及び不当表示防止法（昭和三十七年法律第百三十四号）第三十条第一項、特定商取引に関する法律（昭和五十一年法律第五十七号）第五十八条の十八から第五十八条の二十四まで又は食品表示法（平成二十五年法律第七十号）第十一条の規定による請求（以下「差止請求」という。）は、次に掲げる場合には、することができない。

一　当該適格消費者団体若しくは第三者の不正な利益を図り又は当該差止請求に係る相手方に損害を加えることを目的とする場合

二　他の適格消費者団体を当事者とする差止請求に係る訴訟等（訴訟並びに和解の申立てに係る手続、調停及び仲裁をいう。以下同じ。）につき既に確定判決等（確定判決及びこれと同一の効力を有するものをいい、次のイからハまでに掲げるものを除く。以下同じ。）が存する場合において、請求の内容及び相手方が同一である場合。ただし、当該他の適格消費者団体について、当該確定判決等に係る訴訟等の手続に関し、第十三条第一項の認定が第三十四条第一項第四号に掲げる事由により取り消され、又は同条第三項の規定により同号に掲げる事由があった旨の認定がされたときは、この限りでない。

イ　訴えを却下した確定判決

ロ　前号に掲げる場合に該当することのみを理由として差止請求を棄却した確定判決及び仲裁判断

ハ　差止請求をする権利（以下「差止請求権」という。）の不存在又は差止請求権に係る債務の不存在の確認の請求（第二十四条において「差止請求権不存在等確認請求」という。）を棄却した確定判決及びこれと同一の効力を有するもの

②　前項第二号本文の規定は、当該確定判決に係る訴訟の口頭弁論の終結後又は当該確定判決と同一の効力を有するものの成立後に生じた事由に基づいて同号本文に掲げる場合の当該差止請求をすることを妨げない。

第一二条の三（**消費者契約の条項の開示要請**）① 適格消費者団体は、事業者又はその代理人が、消費者契約を締結するに際し、不特定かつ多数の消費者との間で第八条から第十条までに規定する消費者契約の条項を含む消費者契約の申込み又はその承諾の意思表示を現に行い又は行うおそれがあると疑うに足りる相当の理由があるときは、内閣府令で定めるところにより、その事業者又はその代理人に対し、その理由を示して、当該条項を開示するよう要請することができる。ただし、当該事業者又はその代理人が、当該条項を含む消費者契約の条項をインターネットの利用その他の適切な方法により公表しているときは、この限りでない。

②　事業者又はその代理人は、前項の規定による要請に応じるよう努めなければならない。

第一二条の四（**損害賠償の額を予定する条項等に関する説明の要請等**）① 適格消費者団体は、消費者契約の解除に伴う損害賠償の額を予定し、又は違約金を定める条項におけるこれらを合算した額が第九条第一項第一号に規定する平均的な損害の額を超えると疑うに足りる相当な理由があるときは、内閣府令で定めるところにより、当該条項を定める事業者に対し、その理由を示して、当該条項に係る算定根拠を説明するよう要請することができる。

②　事業者は、前項の算定根拠に営業秘密（不正競争防止法（平成五年法律第四十七号）第二条第六項に規定する営業秘密をいう。）が含まれる場合その他の正当な理由がある場合を除き、前項の規定による要請に応じるよう努めなければならない。

第一二条の五（**差止請求に係る講じた措置の開示要請**）① 第十二条第三項又は第四項の規定による請求により事業者又はその代理人がこれらの規定に規定する行為の停止若しくは予防又は当該行為の停止若しくは予防に必要な措置をとる義務を負うときは、当該請求をした適格消費者団体は、内閣府令で定めるところにより、その事業者又はその代理人に対し、これらの者が当該義務を履行するために講じた措置の内容を開示するよう要請することができる。

②　事業者又はその代理人は、前項の規定による要請に応じるよう努めなければならない。

第二節　適格消費者団体（抄）

第一款　適格消費者団体の認定等（抄）

第一三条（**適格消費者団体の認定**）① 差止請求関係業務（不特定かつ多数の消費者の利益のために差止請求権を行使する業務並びに当該業務の遂行に必要な消費者の被害に関する情報の収集並びに消費者の被害の防止及び救済に資する差止請求権の行使の結果に関する情報の収集及び提供に係る業務をいう。以下同じ。）を行おうとする者は、内閣総理大臣の認定を受けなければならない。

②　前項の認定を受けようとする者は、内閣総理大臣に認定の申請をしなければならない。

③　内閣総理大臣は、前項の申請をした者が次に掲げる要件の全てに適合しているときに限り、第一項の認定をすることができる。

一　特定非営利活動促進法（平成十年法律第七号）第二条第二項に規定する特定非営利活動法人又は一般社団法人若しくは一般財団法人であること。

二　消費生活に関する情報の収集及び提供並びに消費者の被害の防止及び救済のための活動その他の不特定かつ多数の消費者の利益の擁護を図るための活動を行うことを主たる目的とし、現にその活動を相当期間にわたり継続して適正に行っていると認められること。

三　差止請求関係業務の実施に係る組織、差止請求関係業務の実施の方法、差止請求関係業務に関して知り得た情報の管理及び秘密の保持の方法その他の差止請求関係業務を適正に遂行するための体制及び業務規程が適切に整備されていること。

四　その理事に関し、次に掲げる要件に適合するものであること。

イ　差止請求関係業務の執行を決定する機関として理事をもって構成する理事会が置かれており、かつ、定款で定め

るその決定の方法が次に掲げる要件に適合していると認められること。

(1)　当該理事会の決議が理事の過半数又はこれを上回る割合以上の多数決により行われるものとされていること。

(2)　第四十一条第一項の規定による差止請求、差止請求に係る訴えの提起その他の差止請求関係業務の執行に係る重要な事項の決定が理事その他の者に委任されていないこと。

ロ　理事の構成が次の(1)又は(2)のいずれかに該当するものでないこと。この場合において、第二号に掲げる要件に適合する者は、次の(1)又は(2)に規定する事業者に該当しないものとみなす。

(1)　理事の数のうちに占める特定の事業者（当該事業者との間に発行済株式の総数の二分の一以上の株式の数を保有する関係その他の内閣府令で定める特別の関係のある者を含む。）の関係者（当該事業者及びその役員又は職員である者その他の内閣府令で定める者をいう。(2)において同じ。）の数の割合が三分の一を超えていること。

(2)　理事の数のうちに占める同一の業種（内閣府令で定める事業の区分をいう。）に属する事業を行う事業者の関係者の数の割合が二分の一を超えていること。

五　差止請求の要否及びその内容についての検討を行う部門において次のイ及びロに掲げる者（以下「専門委員」と総称する。）が共にその専門的な知識経験に基づいて必要な助言を行い又は意見を述べる体制が整備されていることその他差止請求関係業務を遂行するための人的体制に照らして、差止請求関係業務を適正に遂行することができる専門的な知識経験を有すると認められること。

イ　消費生活に関する消費者と事業者との間に生じた苦情に係る相談（第四十条第一項において「消費生活相談」という。）その他の消費生活に関する事項について専門的な知識経験を有する者として内閣府令で定める条件に適合する者

ロ　弁護士、司法書士その他の法律に関する専門的な知識経験を有する者として内閣府令で定める条件に適合する者

六　差止請求関係業務を適正に遂行するに足りる経理的基礎を有すること。

七　差止請求関係業務以外の業務を行う場合には、その業務を行うことによって差止請求関係業務の適正な遂行に支障を及ぼすおそれがないこと。

④　前項第三号の業務規程には、差止請求関係業務の実施の方法、差止請求関係業務に関して知り得た情報の管理及び秘密の保持の方法その他の内閣府令で定める事項が定められていなければならない。この場合において、業務規程に定める差止請求関係業務の実施の方法には、同項第五号の検討を行う部門における専門委員からの助言又は意見の聴取に関する措置及び役員、職員又は専門委員が差止請求に係る相手方と特別の利害関係を有する場合の措置その他業務の公正な実施の確保に関する措置が含まれていなければならない。

⑤　次の各号のいずれかに該当する者は、第一項の認定を受けることができない。

一　この法律、消費者の財産的被害等の集団的な回復のための民事の裁判手続の特例に関する法律（平成二十五年法律第九十六号。以下「消費者裁判手続特例法」という。）その他消費者の利益の擁護に関する法律で政令で定めるもの若しくはこれらの法律に基づく命令の規定又はこれらの規定に基づく処分に違反して罰金の刑に処せられ、その刑の執行を終わり、又はその刑の執行を受けることがなくなった日から三年を経過しない法人

二　第三十四条第一項各号若しくは消費者裁判手続特例法第九十二条第二項各号に掲げる事由により第一項の認定を取り消され、又は第三十四条第三項の規定により同条第一項第四号に掲げる事由があった旨の認定がされ、その取消し又は認定の日から三年を経過しない法人

三　暴力団員による不当な行為の防止等に関する法律（平成三年法律第七十七号）第二条第六号に規定する暴力団員又は同号に規定する暴力団員でなくなった日から五年を経過しない者（次号及び第六号ハにおいて「暴力団員等」という。）がその事業活動を支配する法人

四　暴力団員等をその業務に従事させ、又はその業務の補助者として使用するおそれのある法人

五　政治団体（政治資金規正法（昭和二十三年法律第百九十四号）第三条第一項に規定する政治団体をいう。）

六　役員のうちに次のイからハまでのいずれかに該当する者のある法人

イ　禁錮以上の刑に処せられ、又はこの法律、消費者裁判手続特例法その他消費者の利益の擁護に関する法律で政令で定めるもの若しくはこれらの法律に基づく命令の規定若しくはこれらの規定に基づく処分に違反して罰金の刑に処せられ、その刑の執行を終わり、又はその刑の執行を受けることがなくなった日から三年を経過しない者

> **＊令和四法六八**（令和七・六・一六までに施行）**による改正**
> 第六号イ中「禁錮」を「拘禁刑」に改める。（本文未織込み）

ロ　適格消費者団体が第三十四条第一項各号若しくは消費者裁判手続特例法第九十二条第二項各号に掲げる事由により第一項の認定を取り消され、又は第三十四条第三項の規定により同条第一項第四号に掲げる事由があった旨の認定がされた場合において、その取消し又は認定の日前六月以内に当該適格消費者団体の役員であった者でその取消し又は認定の日から三年を経過しないもの

ハ　暴力団員等

第一四条から第二二条まで　（略）

第二款　差止請求関係業務等

（差止請求権の行使等）

第二三条①　適格消費者団体は、不特定かつ多数の消費者の利益のために、差止請求権を適切に行使しなければならない。

②　適格消費者団体は、差止請求権を濫用してはならない。

③　適格消費者団体は、事案の性質に応じて他の適格消費者団体と共同して差止請求権を行使するほか、差止請求関係業務について相互に連携を図りながら協力するように努めなければならない。

④　適格消費者団体は、次に掲げる場合には、内閣府令で定めるところにより、遅滞なく、その旨及びその内容その他内閣府令で定める事項を内閣総理大臣に報告しなければならない。この場合において、当該適格消費者団体が、当該通知及び報告に代えて、すべての適格消費者団体及び内閣総理大臣が電磁的方法（電子情報処理組織を使用する方法その他の情報通信の技術を利用する方法をいう。以下同じ。）を利用して同一の情報を閲覧することができる状態に置く措置であって内閣府令で定めるものを講じたときは、当該通知及び報告をしたものとみなす。

一　第四十一条第一項（同条第三項において準用する場合を含む。）の規定による差止請求をしたとき。

二　前号に掲げる場合のほか、裁判外において差止請求をしたとき。

三　差止請求に係る訴えの提起（和解の申立て、調停の申立て又は仲裁合意を含む。）又は仮処分命令の申立てがあったとき。

四　差止請求に係る判決の言渡し（調停の成立、調停に代わる決定の告知又は仲裁判断を含む。）又は差止請求に係る仮処分命令の申立てについての決定の告知があったとき。

五　前号の判決に対する上訴の提起（調停に代わる決定に対する異議の申立て又は仲裁判断の取消しの申立てを含む。）又は同号の決定に対する不服の申立てがあったとき。

六　第四号の判決（調停に代わる決定又は仲裁判断を含む。）又は同号の決定が確定したとき。
七　差止請求に係る裁判上の和解が成立したとき。
八　前二号に掲げる場合のほか、差止請求に係る訴訟（和解の申立てに係る手続、調停手続又は仲裁手続を含む。）又は差止請求に係る仮処分命令に関する手続が終了したとき。
九　差止請求に係る裁判外の和解が成立したときその他差止請求に関する相手方との間の協議が調ったとき、又はこれが調わなかったとき。
十　差止請求に関し、請求の放棄、和解、上訴の取下げその他の内閣府令で定める手続に係る行為であって、それにより確定判決及びこれと同一の効力を有するものが存することとなるものをしようとするとき。
十一　その他差止請求に関し内閣府令で定める手続に係る行為がされたとき。

⑤　内閣総理大臣は、前項の規定による報告を受けたときは、すべての適格消費者団体並びに内閣総理大臣及び経済産業大臣が電磁的方法を利用して同一の情報を閲覧することができる状態に置く措置その他の内閣府令で定める方法により、他の適格消費者団体及び経済産業大臣に当該報告の日時及び概要その他内閣府令で定める事項を伝達するものとする。

⑥　適格消費者団体について、第十二条の二第一項第二号本文の確定判決等で強制執行をすることができるものが存する場合には、当該適格消費者団体は、当該確定判決等に係る差止請求権を放棄することができない。

（消費者の被害に関する情報の取扱い）

第二四条　適格消費者団体は、差止請求権の行使（差止請求権不存在等確認請求に係る訴訟を含む。第二十八条において同じ。）に関し、消費者から収集した消費者の被害に関する情報をその相手方その他の第三者が当該被害に係る消費者を識別することができる方法で利用するに当たっては、あらかじめ、当該消費者の同意を得なければならない。

（秘密保持義務）

第二五条　適格消費者団体の役員、職員若しくは専門委員又はこれらの職にあった者は、正当な理由がなく、差止請求関係業務に関して知り得た秘密を漏らしてはならない。

（氏名等の明示）

第二六条　適格消費者団体の差止請求関係業務に従事する者は、その差止請求関係業務を行うに当たり、相手方の請求があったときは、当該適格消費者団体の名称、自己の氏名及び適格消費者団体における役職又は地位その他内閣府令で定める事項を、その相手方に明らかにしなければならない。

（判決等に関する情報の提供）

第二七条　適格消費者団体は、消費者の被害の防止及び救済に資するため、消費者に対し、差止請求に係る判決（確定判決と同一の効力を有するもの及び仮処分命令の申立てについての決定を含む。）又は裁判外の和解の内容その他必要な情報を提供するよう努めなければならない。

（財産上の利益の受領の禁止等）

第二八条①　適格消費者団体は、次に掲げる場合を除き、その差止請求に係る相手方から、その差止請求権の行使に関し、寄附金、賛助金その他名目のいかんを問わず、金銭その他の財産上の利益を受けてはならない。
一　差止請求に係る判決（確定判決と同一の効力を有するもの及び仮処分命令の申立てについての決定を含む。以下この項において同じ。）又は民事訴訟法（平成八年法律第百九号）第七十三条第一項の決定により訴訟費用（和解の費用、調停手続の費用及び仲裁手続の費用を含む。）を負担することとされた相手方から当該訴訟費用に相当する額の償還として財産上の利益を受けるとき。
二　差止請求に係る判決に基づいて民事執行法（昭和五十四年法律第四号）第百七十二条第一項の規定により命じられた金銭の支払として財産上の利益を受けるとき。
三　差止請求に係る判決に基づく強制執行の執行費用に相当する額の償還として財産上の利益を受けるとき。
四　差止請求に係る相手方の債務の履行を確保するために約定された違約金の支払として財産上の利益を受けるとき。

②　適格消費者団体の役員、職員又は専門委員は、適格消費者団体の差止請求に係る相手方から、その差止請求権の行使に関し、寄附金、賛助金その他名目のいかんを問わず、金銭その他の財産上の利益を受けてはならない。

③　適格消費者団体又はその役員、職員若しくは専門委員は、適格消費者団体の差止請求に係る相手方から、その差止請求権の行使に関し、寄附金、賛助金その他名目のいかんを問わず、金銭その他の財産上の利益を第三者に受けさせてはならない。

④　前三項に規定する差止請求に係る相手方からその差止請求権の行使に関して受け又は受けさせてはならない財産上の利益には、その相手方がその差止請求権の行使に関してした不法行為によって生じた損害の賠償として受け又は受けさせる財産上の利益は含まれない。

⑤　適格消費者団体は、第一項各号に規定する財産上の利益を受けたときは、これに相当する金額を積み立て、これを差止請求関係業務に要する費用に充てなければならない。

⑥　適格消費者団体は、その定款において、差止請求関係業務を廃止し、又は第十三条第一項の認定の失効（差止請求関係業務の廃止によるものを除く。）若しくは取消しにより差止請求関係業務を終了した場合において、積立金（前項の規定により積み立てられた金額をいう。）に残余があるときは、その残余に相当する金額を、他の適格消費者団体（第三十五条の規定により差止請求権を承継した適格消費者団体がある場合にあっては、当該適格消費者団体）があるときは当該他の適格消費者団体に、これがないときは第十三条第三項第二号に掲げる要件に適合する消費者団体であって内閣総理大臣が指定するもの又は国に帰属させる旨を定めておかなければならない。

（業務の範囲及び区分経理）

第二九条①　適格消費者団体は、その行う差止請求関係業務に支障がない限り、定款の定めるところにより、差止請求関係業務以外の業務を行うことができる。

②　適格消費者団体は、次に掲げる業務に係る経理をそれぞれ区分して整理しなければならない。
一　差止請求関係業務
二　不特定かつ多数の消費者の利益の擁護を図るための活動に係る業務（前号に掲げる業務を除く。）
三　前二号に掲げる業務以外の業務

第三款　監督

（第三〇条から第三五条まで）（略）

第四款　補則

（規律）

第三六条　適格消費者団体は、これを政党又は政治的目的のために利用してはならない。

（官公庁等への協力依頼）

第三七条　内閣総理大臣は、この法律の実施のため必要があると認めるときは、官庁、公共団体その他の者に照会し、又は協力を求めることができる。

（内閣総理大臣への意見）

第三八条　次の各号に掲げる者は、適格消費者団体についてそれぞれ当該各号に定める事由があると疑うに足りる相当な理由があるため、内閣総理大臣が当該適格消費者団体に対して適当な措置をとることが必要であると認める場合には、内閣総理大臣に対し、その旨の意見を述べることができる。
一　経済産業大臣　第十三条第三項第二号に掲げる要件に適合しない事由又は第三十四条第一項第四号に掲げる事由
二　警察庁長官　第十三条第五項第三号、第四号又は第六号ハに該当する事由

（判決等に関する情報の公表）

第三九条① 内閣総理大臣は、消費者の被害の防止及び救済に資するため、適格消費者団体から第二十三条第四項第四号から第九号まで及び第十一号の規定による報告を受けたときは、インターネットの利用その他適切な方法により、速やかに、差止請求に係る判決（確定判決と同一の効力を有するもの及び仮処分命令の申立てについての決定を含む。）又は裁判外の和解の概要、当該適格消費者団体の名称及び当該差止請求に係る相手方の氏名又は名称その他内閣府令で定める事項を公表するものとする。

② 前項に規定する事項のほか、内閣総理大臣は、差止請求関係業務に関する情報を広く国民に提供するため、インターネットの利用その他適切な方法により、適格消費者団体の名称及び住所並びに差止請求関係業務を行う事務所の所在地その他内閣府令で定める必要な情報を公表することができる。

③ 内閣総理大臣は、独立行政法人国民生活センターに、前二項の情報の公表に関する業務を行わせることができる。

（適格消費者団体への協力等）

第四〇条① 独立行政法人国民生活センター及び地方公共団体は、内閣府令で定めるところにより、適格消費者団体の求めに応じ、当該適格消費者団体が差止請求権を適切に行使するために必要な限度において、当該適格消費者団体に対し、消費生活相談に関する情報で内閣府令で定めるものを提供することができる。

② 前項の規定により情報の提供を受けた適格消費者団体は、当該情報を当該差止請求権の適切な行使の用に供する目的以外の目的のために利用し、又は提供してはならない。

第三節 訴訟手続等の特例

（書面による事前の請求）

第四一条① 適格消費者団体は、差止請求に係る訴えを提起しようとするときは、その訴えの被告となるべき者に対し、あらかじめ、請求の要旨及び紛争の要点その他の内閣府令で定める事項を記載した書面により差止請求をし、かつ、その到達した時から一週間を経過した後でなければ、その訴えを提起することができない。ただし、当該被告となるべき者がその差止請求を拒んだときは、この限りでない。

② 前項の請求は、その請求が通常到達すべきであった時に、到達したものとみなす。

③ 前二項の規定は、差止請求に係る仮処分命令の申立てについて準用する。

（訴訟の目的の価額）

第四二条 差止請求に係る訴えは、訴訟の目的の価額の算定については、財産権上の請求でない請求に係る訴えとみなす。

（管轄）

第四三条① 差止請求に係る訴訟については、民事訴訟法第五条（第五号に係る部分を除く。）の規定は、適用しない。

② 次の各号に掲げる規定による差止請求に係る訴えは、当該各号に定める行為があった地を管轄する裁判所にも提起することができる。

一 第十二条 同条に規定する事業者等の行為

二 不当景品類及び不当表示防止法第三十条第一項 同項に規定する事業者の行為

三 特定商取引に関する法律第五十八条の十八から第五十八条の二十四まで これらの規定に規定する当該差止請求に係る相手方である販売業者、役務提供事業者、統括者、勧誘者、一般連鎖販売業者、関連商品の販売を行う者、業務提供誘引販売業を行う者又は購入業者（同法第五十八条の二十一第二項の規定による差止請求に係る訴えにあっては、勧誘者）の行為

四 食品表示法第十一条 同条に規定する食品関連事業者の行為

（移送）

第四四条 裁判所は、差止請求に係る訴えが提起された場合であって、他の裁判所に同一又は同種の行為の差止請求に係る訴訟が係属している場合においては、当事者の住所又は所在地、尋問を受けるべき証人の住所、争点又は証拠の共通性その他の事情を考慮して、相当と認めるときは、申立てにより又は職権で、当該訴えに係る訴訟の全部又は一部について、当該他の裁判所又は他の管轄裁判所に移送することができる。

（弁論等の併合）

第四五条① 請求の内容及び相手方が同一である差止請求に係る訴訟が同一の第一審裁判所又は控訴裁判所に数個同時に係属するときは、その弁論及び裁判は、併合してしなければならない。ただし、審理の状況その他の事情を考慮して、他の差止請求に係る訴訟と弁論及び裁判を併合してすることが著しく不相当であると認めるときは、この限りでない。

② 前項本文に規定する場合には、当事者は、その旨を裁判所に申し出なければならない。

（訴訟手続の中止）

第四六条① 内閣総理大臣は、現に係属する差止請求に係る訴訟につき既に他の適格消費者団体を当事者とする第十二条の二第一項第二号本文の確定判決等が存する場合において、当該他の適格消費者団体につき当該確定判決等に係る訴訟等の手続に関し第三十四条第一項第四号に掲げる事由があると疑うに足りる相当な理由がある場合（同条第二項の規定により同号に掲げる事由があるものとみなすことができる場合を含む。）であって、同条第一項の規定による第十三条第一項の認定の取消し又は第三十四条第三項の規定による認定（次項において「認定の取消し等」という。）をするかどうかの判断をするため相当の期間を要すると認めるときは、内閣府令で定めるところにより、当該差止請求に係る訴訟が係属する裁判所（以下この条において「受訴裁判所」という。）に対し、その旨及びその判断に要すると認められる期間を通知するものとする。

② 内閣総理大臣は、前項の規定による通知をした場合には、その通知に係る期間内に、認定の取消し等をするかどうかの判断をし、その結果を受訴裁判所に通知するものとする。

③ 第一項の規定による通知があった場合において、必要があると認めるときは、受訴裁判所は、その通知に係る期間を経過する日まで（その期間を経過する前に前項の規定による通知を受けたときは、その通知を受けた日まで）、訴訟手続を中止することができる。

（間接強制の支払額の算定）

第四七条 差止請求権について民事執行法第百七十二条第一項に規定する方法により強制執行を行う場合において、同項又は同条第二項の規定により債務者が債権者に支払うべき金銭の額を定めるに当たっては、執行裁判所は、債務不履行により不特定かつ多数の消費者が受けるべき不利益を特に考慮しなければならない。

第四章 雑則

（適用除外）

第四八条 この法律の規定は、労働契約については、適用しない。

（権限の委任）

第四八条の二 内閣総理大臣は、前章の規定による権限（政令で定めるものを除く。）を消費者庁長官に委任する。

第五章 罰則

（第四九条から第五三条まで）（略）

附 則

この法律は、平成十三年四月一日から施行し、この法律の施行後に締結された消費者契約について適用する。

附 則（令和四・六・一法五九）（抄）

（施行期日）

第一条　この法律は、公布の日から起算して一年を経過した日（令和五・六・一）から施行する。ただし、次の各号に掲げる規定は、当該各号に定める日から施行する。

一　第一条中消費者契約法第十三条第五項の改正規定（中略）　公布の日から起算して一年六月を超えない範囲内において政令で定める日

二　附則第五条の規定　公布の日

（消費者契約法の一部改正に伴う経過措置）

第二条①　第一条の規定による改正後の消費者契約法（以下この条において「新消費者契約法」という。）第四条第三項第三号及び第四号（これらの規定を消費者契約法第五条第一項において準用する場合を含む。）の規定は、この法律の施行の日（次項から第四項までの規定において「施行日」という。）以後にされる消費者契約（消費者契約法第二条第三項に規定する消費者契約をいう。次項及び第三項において同じ。）の申込み又はその承諾の意思表示について適用する。

②　新消費者契約法第四条第三項第九号（消費者契約法第五条第一項において準用する場合を含む。）の規定は、施行日以後にされる消費者契約の申込み又はその承諾の意思表示について適用し、施行日前にされた消費者契約の申込み又はその承諾の意思表示については、なお従前の例による。

③　新消費者契約法第八条第三項の規定は、施行日以後に締結される消費者契約の条項について適用する。

④　新消費者契約法第十二条の五の規定は、施行日以後にされる新消費者契約法第十二条第三項又は消費者契約法第十二条第四項の規定による請求について適用する。

⑤―⑦　（略）

（政令への委任）

第五条　前三条に定めるもののほか、この法律の施行に伴い必要な経過措置（罰則に関する経過措置を含む。）は、政令で定める。

（検討）

第六条　政府は、この法律の施行後五年を経過した場合において、この法律による改正後の規定の施行の状況について検討を加え、必要があると認めるときは、その結果に基づいて必要な措置を講ずるものとする。

刑法等の一部を改正する法律の施行に伴う関係法律整理法中経過規定

（令和四・六・一七法六八）（抄）

第四四一条から第四四三条まで　（刑法の同経過規定参照）

第五〇九条　（刑法の同経過規定参照）

刑法等の一部を改正する法律の施行に伴う関係法律整理法

附　則（令和四・六・一七法六八）（抄）

（施行期日）

①　この法律は、刑法等一部改正法（刑法等の一部を改正する法律（令和四法六七））施行日から施行する。ただし、次の各号に掲げる規定は、当該各号に定める日から施行する。

一　第五百九条の規定　公布の日

二　（略）

○電子消費者契約に関する民法の特例に関する法律（平成一三・六・二九 法　九　五）

施行　平成一三・一二・二五（平成一三政三九〇）
題名改正　平成二九法四五（旧・電子消費者契約及び電子承諾通知に関する民法の特例に関する法律）
最終改正　平成二九法四五

（趣旨）

第一条　この法律は、消費者が行う電子消費者契約の申込み又はその承諾の意思表示について特定の錯誤があった場合に関し民法（明治二十九年法律第八十九号）の特例を定めるものとする。

（定義）

第二条①　この法律において「電子消費者契約」とは、消費者と事業者との間で電磁的方法により電子計算機の映像面を介して締結される契約であって、事業者又はその委託を受けた者が当該映像面に表示する手続に従って消費者がその使用する電子計算機を用いて送信することによってその申込み又はその承諾の意思表示を行うものをいう。

②　この法律において「消費者」とは、個人（事業として又は事業のために契約の当事者となる場合におけるものを除く。）をいい、「事業者」とは、法人その他の団体及び事業として又は事業のために契約の当事者となる場合における個人をいう。

③　この法律において「電磁的方法」とは、電子情報処理組織を使用する方法その他の情報通信の技術を利用する方法をいう。

（電子消費者契約に関する民法の特例）

第三条　民法第九十五条第三項の規定は、消費者が行う電子消費者契約の申込み又はその承諾の意思表示について、その意思表示が同条第一項第一号に掲げる錯誤に基づくものであって、その錯誤が法律行為の目的及び取引上の社会通念に照らして重要なものであり、かつ、次のいずれかに該当するときは、適用しない。ただし、当該電子消費者契約の相手方である事業者（その委託を受けた者を含む。以下同じ。）が、当該申込み又はその承諾の意思表示に際して、電磁的方法によりその映像面を介して、その消費者の申込み若しくはその承諾の意思表示を行う意思の有無について確認を求める措置を講じた場合又はその消費者から当該事業者に対して当該措置を講ずる必要がない旨の意思の表明があった場合は、この限りでない。

一　消費者がその使用する電子計算機を用いて送信した時に当該事業者との間で電子消費者契約の申込み又はその承諾の意思表示を行う意思がなかったとき。

二　消費者がその使用する電子計算機を用いて送信した時に当該電子消費者契約の申込み又はその承諾の意思表示と異なる内容の意思表示を行う意思があったとき。

附　則（抄）

（施行期日）

第一条　この法律は、公布の日から起算して六月を超えない範囲内において政令で定める日（平成一三・一二・二五―平成一三政三九〇）から施行する。

●借地借家法

（平成三・一〇・四 法 九〇）

施行 平成四・八・一（平成四政二五）
改正 平成八法一一〇、平成一一法一五三、平成一九法一三二、平成二三法五三、平成二九法四五、令和三法三七、令和四法四八

目次

第一章 総則

（趣旨）

第一条 この法律は、建物の所有を目的とする地上権及び土地の賃借権の存続期間、効力等並びに建物の賃貸借の契約の更新、効力等に関し特別の定めをするとともに、借地条件の変更等の裁判手続に関し必要な事項を定めるものとする。

一 **「建物の所有を目的とする」**

[1] 建物の築造が、賃借土地をゴルフ練習場として利用する上で、従たる目的にすぎないときは、建物の所有を目的とするものとはいえない。（最判昭42・12・5民集二一・一〇・二五四五）

[2] 賃借地である自動車教習場の一部に建物が存在する場合でも、教習コースとしての土地と建物が一体となって自動車学校経営の目的を達し得るものであるときは、土地全体について借地法の適用がある。（最判昭58・9・9判時一〇九二・五九）

◇[1][2]↓旧借地一条

二 **「建物の賃貸借」**

[3] 建物の一部であっても、障壁その他によって他の部分と区画され、独占的・排他的支配が可能な構造・規模を有するものは、借家法一条一項にいう「建物」に当たる。（最判昭42・6・2民集二一・六・一四三三）

[4] デパートの一部を使用して、商品・什器［じゅうき］をおいて営業している場合（いわゆる「ケース貸し」）、特定の場所の使用収益を請求できる権利がなく、デパート側の指示により売場を変更させられることがある等の事情があるものには、借家法の適用がない。（最判昭30・2・18民集九・二・一七九）

◇[3][4]↓旧借家一条

三 **公営住宅の使用関係に対する借地借家法の適用**↓民六〇一条[1]・◈【不動産賃貸借の解除】［六二〇条の後］[4]、行総◘【Ⅰ】[53]

（定義）

第二条 この法律において、次の各号に掲げる用語の意義は、当該各号に定めるところによる。

一 借地権 建物の所有を目的とする地上権又は土地の賃借権をいう。

二 借地権者 借地権を有する者をいう。

三 借地権設定者 借地権者に対して借地権を設定している者をいう。

四 転借地権 建物の所有を目的とする土地の賃借権で借地権者が設定しているものをいう。

五 転借地権者 転借地権を有する者をいう。

第二章 借地

第一節 借地権の存続期間等

（借地権の存続期間）

第三条 借地権の存続期間は、三十年とする。ただし、契約でこれより長い期間を定めたときは、その期間とする。

[参考] **借地法**（大正一〇・四・八法四九）（抜粋）

第二条【借地権の存続期間】 ①借地権の存続期間は石造、土造、煉瓦造又は之に類する堅固の建物の所有を目的とするものに付ては六十年、其の他の建物の所有を目的とするものに付ては三十年とす。但し建物が此の期間満了前朽廃したるときは借地権は之に因りて消滅す。

②契約を以て堅固の建物に付三十年以上、其の他の建物に付二十年以上の存続期間を定めたるときは借地権は前項の規定に拘らず其の期間の満了に因りて消滅す。

（借地権の更新後の期間）

第四条 当事者が借地契約を更新する場合においては、その期間は、更新の日から十年（借地権の設定後の最初の更新にあっては、二十年）とする。ただし、当事者がこれより長い期間を定めたときは、その期間とする。

[参考] **借地法**（大正一〇・四・八法四九）（抜粋）

第五条【借地権の更新後の期間】 ①当事者が契約を更新する場合に於ては借地権の存続期間は更新の時より起算し堅固の建物に付ては三十年、其の他の建物に付ては二十年とす。此の場合に於ては第二条第一項但書の規定を準用す。

②当事者が前項に規定する期間より長き期間を定めたるときは其の定に従ふ。

（借地契約の更新請求等）

第五条 ① 借地権の存続期間が満了する場合において、借地権者が契約の更新を請求したときは、建物がある場合に限り、前条の規定によるもののほか、従前の契約と同一の条件で契約を更新したものとみなす。ただし、借地権設定者が遅滞なく異議を述べたときは、この限りでない。

② 借地権の存続期間が満了した後、借地権者が土地の使用を継続するときも、建物がある場合に限り、前項と同様とする。

③ 転借地権が設定されている場合においては、転借地権者がする土地の使用の継続を借地権者がする土地の使用の継続とみなして、借地権者と借地権設定者との間について前項の規定を適用する。

（借地契約の更新拒絶の要件）

第六条 前条の異議は、借地権設定者及び借地権者（転借地権者を含む。以下この条において同じ。）が土地の使用を必要とする事情のほか、借地に関する従前の経過及び土地の利用状況並びに借地権設定者が土地の明渡しの条件として又は土地の明渡しと引換えに借地権者に対して財産上の給付をする旨の申出をした場合におけるその申出を考慮して、正当の事由があると認められる場合でなければ、述べることができない。

[参考] **借地法**（大正一〇・四・八法四九）（抜粋）

第四条【更新の請求等】 ①借地権消滅の場合に於て借地権者が契約の更新を請求したるときは建物ある場合に限り前契約と同一の条件を以て更に借地権を設定したるものと看做す。但し土地所有者が自ら土地を使用することを必要とする場合其の他正当の事由ある場合に於て遅滞なく異議を述べたるときは此の限に在らず。

②（略）

③第五条第一項の規定は第一項の場合に之を準用す。

第六条【法定更新】①借地権者借地権の消滅後土地の使用を継続する場合に於て土地所有者が遅滞なく異議を述べざりしときは前契約と同一の条件を以て更に借地権を設定したるものと看做す。此の場合に於ては前条第一項の規定を準用す。

②前項の場合に於て建物あるときは土地所有者は第四条第一項但書に規定する事由あるに非ざれば異議を述ぶることを得ず。

[1] 借地契約が当初から建物賃借人の存在を容認したものであるとか、実質上建物賃借人を借地人と同一視することができるなどの特段の事情のない限り、正当の事由の有無の判断に当たって、借地権者側の事情として建物賃借人の事情を斟酌［しんしゃく］することは許されない。（最判昭58・1・20民集三七・一・一、民百選Ⅱ[八版]六一）

[2] （借地法四条一項所定の）正当事由を補完する立退料等金員の提供ないしその増額の申出は、事実審の口頭弁論終結時までになされたものについては、土地所有者が意図的にその申出を遅らせるなど信義に反するような事情がない限り、原則としてこれを考慮することができる。（最判平6・10・25民集四八・七・一三〇三、民百選Ⅱ[八版]六二）

◇↓旧借地四条

第七条（建物の再築による借地権の期間の延長）① 借地権の存続期間が満了する前に建物の滅失（借地権者又は転借地権者による取壊しを含む。以下同じ。）があった場合において、借地権者が残存期間を超えて存続すべき建物を築造したときは、その建物を築造するにつき借地権設定者の承諾がある場合に限り、借地権は、承諾があった日又は建物が築造された日のいずれか早い日から二十年間存続する。ただし、残存期間がこれより長いとき、又は当事者がこれより長い期間を定めたときは、その期間による。

② 借地権者が借地権設定者に対し残存期間を超えて存続すべき建物を新たに築造する旨を通知した場合において、借地権設定者がその通知を受けた後二月以内に異議を述べなかったときは、その建物を築造するにつき前項の借地権設定者の承諾があったものとみなす。ただし、契約の更新の後（同項の規定により借地権の存続期間が延長された場合にあっては、借地権の当初の存続期間が満了すべき日の後。次条及び第十八条において同じ。）に通知があった場合においては、この限りでない。

③ 転借地権が設定されている場合においては、転借地権者がする建物の築造を借地権者がする建物の築造とみなして、借地権者と借地権設定者との間について第一項の規定を適用する。

参考 **借地法**（大正一〇・四・八法四九）（抜粋）

第七条【建物の再築の場合の法定更新】 借地権の消滅前建物が滅失したる場合に於て残存期間を超えて存続すべき建物の築造に対し土地所有者が遅滞なく異議を述べざりしときは借地権は建物滅失の日より起算し堅固の建物に付ては三十年間、其の他の建物に付ては二十年間存続す。但し残存期間之より長きときは其の期間に依る。

第八条（借地契約の更新後の建物の滅失による解約等）① 契約の更新の後に建物の滅失があった場合においては、借地権者は、地上権の放棄又は土地の賃貸借の解約の申入れをすることができる。

② 前項に規定する場合において、借地権者が借地権設定者の承諾を得ないで残存期間を超えて存続すべき建物を築造したときは、借地権設定者は、地上権の消滅の請求又は土地の賃貸借の解約の申入れをすることができる。

③ 前二項の場合においては、借地権は、地上権の放棄若しくは消滅の請求又は土地の賃貸借の解約の申入れがあった日から三月を経過することによって消滅する。

④ 第一項に規定する地上権の放棄又は土地の賃貸借の解約の申入れをする権利は、第二項に規定する地上権の消滅の請求又は土地の賃貸借の解約の申入れをする権利を制限する場合に限り、制限することができる。

⑤ 転借地権が設定されている場合においては、転借地権者がする建物の築造を借地権者がする建物の築造とみなして、借地権者と借地権設定者との間について第二項の規定を適用する。

第九条（強行規定） この節の規定に反する特約で借地権者に不利なものは、無効とする。

[1] 土地賃貸借契約の存続中になされた期限付合意解約も、その合意に際し賃借人に真実解約する意思があったと認めるに足りる合理的かつ客観的理由があり、他に右合意を不当とする事情がないなら無効とはいえない。（最判昭44・5・20民集二三・六・九七四）

[2] 賃料の不払があったときは催告を要せず解除できる、という特約は有効である。（最判昭40・7・2民集一九・五・一一五三）↓民◆【不動産賃貸借の解除】［六二〇条の後］[9]

◇↓旧借地一一条

第二節　借地権の効力

第一〇条（借地権の対抗力）① 借地権は、その登記がなくても、土地の上に借地権者が登記されている建物を所有するときは、これをもって第三者に対抗することができる。

② 前項の場合において、建物の滅失があっても、借地権者が、その建物を特定するために必要な事項、その滅失があった日及び建物を新たに築造する旨を土地の上の見やすい場所に掲示するときは、借地権は、なお同項の効力を有する。ただし、建物の滅失があった日から二年を経過した後にあっては、その前に建物を新たに築造し、かつ、その建物につき登記した場合に限る。

一　登記の意味

[1] 表示の登記も建物保護法一条の「登記」に当たる。（最判昭50・2・13民集二九・二・八三、不動産百選[三版]五二）

二　登記の名義人

[2] 建物が借地権者の家族名義で登記されている場合には、建物保護法一条による対抗力がない。（最大判昭41・4・27民集二〇・四・八七〇、民百選Ⅱ[八版]五八）

三　地番が相違するもの

[3] 登記された建物の地番が、錯誤又は遺漏により、実際と多少相違していても、建物の種類・構造・床面積等の記載とあいまって、建物の同一性を認識できれば、建物保護法一条の適用を妨げない。（最大判昭40・3・17民集一九・二・四五三、不動産百選[三版]五三）

四　敷地の個数との関係

[4] 一筆の土地の上に借地権者の所有する数棟の建物がある場合は、そのうちの一棟について登記があれば、対抗力は土地全部に及ぶ。（大判大3・4・4民録二〇・二六一）

[5] 登記ある建物の存在する一筆の土地が、後に分筆され、建物の登記のない土地を生じても、その土地につき建物保護法一条による対抗力は消滅しない。（最判昭30・9・23民集九・一〇・一三五〇）

[6] 二筆以上の土地の借地権者が、そのうち一筆の土地上にのみ登記ある建物を所有しているにすぎない場合は、登記ある建物がない他の土地には、建物保護法一条による対抗力が及ばない。（最判昭40・6・29民集一九・四・一〇二七、不動産百選[三版]五五……庭に使われている土地について対抗力を否定した例）

五　転借人の場合

[7] 賃借人が建物保護法一条により対抗力のある登記ある建物を所有している場合は、適法な転借人は自らは対抗力を備え

ていなくても、転貸人たる賃借人の賃借権を援用して、転借権を第三者に対抗することができる。（最判昭39・11・20民集一八・九・一九一四）

◇[1]～[7]↓旧建物保護一条

六　対抗力の内容↓三一条[7]

七　対抗力のない借地人に対する明渡請求が権利濫用とされた例↓民一条[17][18]

（地代等増減請求権）

第一一条①　地代又は土地の借賃（以下この条及び次条において「地代等」という。）が、土地に対する租税その他の公課の増減により、土地の価格の上昇若しくは低下その他の経済事情の変動により、又は近傍類似の土地の地代等に比較して不相当となったときは、契約の条件にかかわらず、当事者は、将来に向かって地代等の額の増減を請求することができる。ただし、一定の期間地代等を増額しない旨の特約がある場合には、その定めに従う。

② 地代等の増額について当事者間に協議が調わないときは、その請求を受けた者は、増額を正当とする裁判が確定するまでは、相当と認める額の地代等を支払うことをもって足りる。ただし、その裁判が確定した場合において、既に支払った額に不足があるときは、その不足額に年一割の割合による支払期後の利息を付してこれを支払わなければならない。

③ 地代等の減額について当事者間に協議が調わないときは、その請求を受けた者は、減額を正当とする裁判が確定するまでは、相当と認める額の地代等の支払を請求することができる。ただし、その裁判が確定した場合において、既に支払を受けた額が正当とされた地代等の額を超えるときは、その超過額に年一割の割合による受領の時からの利息を付してこれを返還しなければならない。

[1] 借地法一二条一項は強行規定であって、賃料の増減は公租公課の増加に応じ、当事者が協議して定める旨の合意によってその適用を排除できない。このような合意があっても、協議が成立しなければ賃料の増減が許されないとはいえない。また賃料増減の意思表示前に必ず協議を経なければならないものともいえない。（最判昭56・4・20民集三五・三・六五六）

[2] 賃借人が主観的に相当と認めていない額の賃料、又は、賃借人が主観的に相当と認めていても公租公課の額を下回ると知りながら支払う賃料は、借地法一二条二項にいう相当賃料とはいえない。（最判平8・7・12民集五〇・七・一八七六、重判平8民七）

[3] 本条一項は強行法規としての実質をもつ。地代等自動改訂特約の改訂基準の基礎とされていた事情が失われ、同特約によって地代等の額を定めることが同項の趣旨に照らして不相当となった場合、同特約にかかわらず、同項に基づく地代等増減請求権を行使できる。（最判平15・6・12民集五七・六・五九五、重判平15民七）↓三二条[4]

◇↓旧借地一二条

（借地権設定者の先取特権）

第一二条①　借地権設定者は、弁済期の到来した最後の二年分の地代等について、借地権者がその土地において所有する建物の上に先取特権を有する。

② 前項の先取特権は、地上権又は土地の賃貸借の登記をすることによって、その効力を保存する。

③ 第一項の先取特権は、他の権利に対して優先する効力を有する。ただし、共益費用、不動産保存及び不動産工事の先取特権並びに地上権又は土地の賃貸借の登記より前に登記された質権及び抵当権には後れる。

④ 前三項の規定は、転借地権者がその土地において所有する建物について準用する。

（建物買取請求権）

第一三条①　借地権の存続期間が満了した場合において、契約の更新がないときは、借地権者は、借地権設定者に対し、建物その他借地権者が権原により土地に附属させた物を時価で買い取るべきことを請求することができる。

② 前項の場合において、建物が借地権の存続期間が満了する前に借地権設定者の承諾を得ないで残存期間を超えて存続すべきものとして新たに築造されたものであるときは、裁判所は、借地権設定者の請求により、代金の全部又は一部の支払につき相当の期限を許与することができる。

③ 前二項の規定は、借地権の存続期間が満了した場合における転借地権者と借地権設定者との間について準用する。

[1] 抵当権に対抗することができる土地の短期賃貸借の期間が、抵当権の実行による差押えの効力が生じた後に満了した場合は、賃借人は競落人に対抗して建物買取請求権を行使することができない。（最判昭53・6・15民集三二・四・七二九、重判昭53民三）

◇↓旧借地四条

（第三者の建物買取請求権）

第一四条　第三者が賃借権の目的である土地の上の建物その他借地権者が権原によって土地に附属させた物を取得した場合において、借地権設定者が賃借権の譲渡又は転貸を承諾しないときは、その第三者は、借地権設定者に対し、建物その他借地権者が権原によって土地に附属させた物を時価で買い取るべきことを請求することができる。

[1] 一時使用の賃貸借には借地法一〇条の適用はない。（最判昭29・7・20民集八・七・一四一五）↓二五条[判]

[2] 買取請求権が行使されると、家屋の所有権はそれと同時に土地賃貸人に当然に移転する。（最判昭30・4・5民集九・四・四三九）↓民訴一五七条[4]

[3] 買取請求権行使後、建物取得者は、買取代金支払まで建物の引渡しを拒むことができるが、それによる敷地占有は不当利得として賃料相当額の返還を要する。（最判昭35・9・20民集一四・一一・二二二七）↓民七〇三条[8]

[4] 建物の「時価」には、借地権の価格は加算されないが、場所的環境は参酌される。（最判昭35・12・20民集一四・一四・三一三〇）

[5] 借地上の建物の賃借人は、自己の賃借権を保全するために、建物賃貸人（借地人）の有する借地法一〇条による建物買取請求権を代位行使することはできない。（最判昭38・4・23民集一七・三・五三六）↓民四二三条[19]

[6] 買取請求権は、その行使することができる時から一〇年の経過により、時効で消滅する。（最判昭42・7・20民集二一・六・一六〇一）↓民一六六条[29]

◇↓旧借地一〇条

（自己借地権）

第一五条①　借地権を設定する場合においては、他の者と共に有することとなるときに限り、借地権設定者が自らその借地権を有することを妨げない。

② 借地権が借地権設定者に帰した場合であっても、他の者と共にその借地権を有するときは、その借地権は、消滅しない。

（強行規定）

第一六条　第十条、第十三条及び第十四条の規定に反する特約で借地権者又は転借地権者に不利なものは、無効とする。

第三節　借地条件の変更等

（借地条件の変更及び増改築の許可）

第一七条①　建物の種類、構造、規模又は用途を制限する旨の借地条件がある場合において、法令による土地利用の規制の変更、付近の土地の利用状況の変化その他の事情の変更により現に借地権を設定するにおいてはその借地条件と異なる建物の所有を目的とすることが相当であるにもかかわらず、借地条件の変更につき当事者間に協議が調わないときは、裁判所は、当事者の申立てにより、その借地条件を変更することができる。

② 増改築を制限する旨の借地条件がある場合において、土地の通常の利用上相当とすべき増改築につき当事者間に協議が調わないときは、裁判所は、借地権者の申立てにより、その増改築についての借地権設定者の承諾に代わる許可を与えることができる。

③ 裁判所は、前二項の裁判をする場合において、当事者間の利益の衡平を図るため必要があるときは、他の借地条件を変更し、財産上の給付を命じ、その他相当の処分をすることができる。

④ 裁判所は、前三項の裁判をするには、借地権の残存期間、土地の状況、借地に関する従前の経過その他一切の事情を考慮しなければならない。

⑤ 転借地権が設定されている場合において、必要があるときは、裁判所は、転借地権者の申立てにより、転借地権とともに借地権につき第一項から第三項までの裁判をすることができる。

⑥ 裁判所は、特に必要がないと認める場合を除き、第一項から第三項まで又は前項の裁判をする前に鑑定委員会の意見を聴かなければならない。

[1] 非訟事件手続である借地条件変更の裁判において、借地権の存否を判断しても、この判断には既判力がなく、当事者は別に民事訴訟を提起して借地権の存否の確定を求めることができるから、憲法三二条、八二条に違反することはない。（最決昭45・5・19民集二四・五・三七七）

◇→旧借地八条の二

（借地契約の更新後の建物の再築の許可）

第一八条① 契約の更新の後において、借地権者が残存期間を超えて存続すべき建物を新たに築造することにつきやむを得ない事情があるにもかかわらず、借地権設定者がその建物の築造を承諾しないときは、借地権設定者が地上権の消滅の請求又は土地の賃貸借の解約の申入れをすることができない旨を定めた場合を除き、裁判所は、借地権者の申立てにより、借地権設定者の承諾に代わる許可を与えることができる。この場合において、当事者間の利益の衡平を図るため必要があるときは、延長すべき借地権の期間として第七条第一項の規定による期間と異なる期間を定め、他の借地条件を変更し、財産上の給付を命じ、その他相当の処分をすることができる。

② 裁判所は、前項の裁判をするには、建物の状況、建物の滅失があった場合には滅失に至った事情、借地に関する従前の経過、借地権設定者及び借地権者（転借地権者を含む。）が土地の使用を必要とする事情その他一切の事情を考慮しなければならない。

③ 前条第五項及び第六項の規定は、第一項の裁判をする場合に準用する。

（土地の賃借権の譲渡又は転貸の許可）

第一九条① 借地権者が賃借権の目的である土地の上の建物を第三者に譲渡しようとする場合において、その第三者が賃借権を取得し、又は転借をしても借地権設定者に不利となるおそれがないにもかかわらず、借地権設定者がその賃借権の譲渡又は転貸を承諾しないときは、裁判所は、借地権者の申立てにより、借地権設定者の承諾に代わる許可を与えることができる。この場合において、当事者間の利益の衡平を図るため必要があるときは、賃借権の譲渡若しくは転貸を条件とする借地条件の変更を命じ、又はその許可を財産上の給付に係らしめることができる。

② 裁判所は、前項の裁判をするには、賃借権の残存期間、借地に関する従前の経過、賃借権の譲渡又は転貸を必要とする事情その他一切の事情を考慮しなければならない。

③ 第一項の申立てがあった場合において、裁判所が定める期間内に借地権設定者が自ら建物の譲渡及び賃借権の譲渡又は転貸を受ける旨の申立てをしたときは、裁判所は、同項の規定にかかわらず、相当の対価及び転貸の条件を定めて、これを命ずることができる。この裁判においては、当事者双方に対し、その義務を同時に履行すべきことを命ずることができる。

④ 前項の申立ては、第一項の申立てが取り下げられたとき、又は不適法として却下されたときは、その効力を失う。

⑤ 第三項の裁判があった後は、第一項又は第三項の申立ては、当事者の合意がある場合でなければ取り下げることができない。

⑥ 裁判所は、特に必要がないと認める場合を除き、第一項又は第三項の裁判をする前に鑑定委員会の意見を聴かなければならない。

⑦ 前各項の規定は、転借地権が設定されている場合における転借地権者と借地権設定者との間について準用する。ただし、借地権設定者が第三項の申立てをするには、借地権者の承諾を得なければならない。

（建物競売等の場合における土地の賃借権の譲渡の許可）

第二〇条① 第三者が賃借権の目的である土地の上の建物を競売又は公売により取得した場合において、その第三者が賃借権を取得しても借地権設定者に不利となるおそれがないにもかかわらず、借地権設定者がその賃借権の譲渡を承諾しないときは、裁判所は、その第三者の申立てにより、借地権設定者の承諾に代わる許可を与えることができる。この場合において、当事者間の利益の衡平を図るため必要があるときは、借地条件を変更し、又は財産上の給付を命ずることができる。

② 前条第二項から第六項までの規定は、前項の申立てがあった場合に準用する。

③ 第一項の申立ては、建物の代金を支払った後二月以内に限り、することができる。

④ 民事調停法（昭和二十六年法律第二百二十二号）第十九条の規定は、同条に規定する期間内に第一項の申立てをした場合に準用する。

⑤ 前各項の規定は、転借地権者から競売又は公売により建物を取得した第三者と借地権設定者との間について準用する。ただし、借地権設定者が第二項において準用する前条第三項の申立てをするには、借地権者の承諾を得なければならない。

[1] 賃借権の目的である土地と他の土地とにまたがって建築されている建物を競売により取得した第三者が、本条一項の許可を求める申立てをした場合に、借地権設定者が本条二項・一九条三項に基づき、自ら当該建物及び賃借権の譲渡を受ける旨の申立てをすることは許されない。（最決平19・12・4民集六一・九・三二四五、重判平20民五）

[2] 敷金に関する権利義務関係は旧賃借人から新賃借人に承継されるものではないので、裁判所は、本条一項後段の付随的裁判の一つとして、第三者に対して、相当な額の敷金を差し入れるべき旨を定め、その交付を命ずることができる。（最決平13・11・21民集五五・六・一〇一四、重判平13民一三）

（強行規定）

第二一条 第十七条から第十九条までの規定に反する特約で借地権者又は転借地権者に不利なものは、無効とする。

第四節　定期借地権等

（定期借地権）

第二二条① 存続期間を五十年以上として借地権を設定する場合においては、第九条及び第十六条の規定にかかわらず、契約の更新（更新の請求及び土地の使用の継続によるものを含む。次条第一項において同じ。）及び建物の築造による存続期間の延長がなく、並びに第十三条の規定による買取りの請求をしないことする旨を定めることができる。この場合においては、その特約は、公正証書による等書面によってしなければならない。

② 前項前段の特約がその内容を記録した電磁的記録（電子的方式、磁気的方式その他人の知覚によっては認識することができない方式で作られる記録であって、電子計算機による情報処理の用に供されるものをいう。第三十八条第二項及び第三十九条第三項において同じ。）によってされたときは、その特約は、書面によってされたものとみなして、前項後段の規定を適用する。

（事業用定期借地権等）

第二三条① 専ら事業の用に供する建物（居住の用に供するものを除く。次項において同じ。）の所有を目的とし、かつ、存続期間を三十年以上五十年未満として借地権を設定する場合においては、第九条及び第十六条の規定にかかわらず、契約の更新及び建物の築造による存続期間の延長がなく、並びに第十三条の規定による買取りの請求をしないこととする旨を定めることができる。

② 専ら事業の用に供する建物の所有を目的とし、かつ、存続期間を十年以上三十年未満として借地権を設定する場合には、第三条から第八条まで、第十三条及び第十八条の規定は、適用しない。

③ 前二項に規定する借地権の設定を目的とする契約は、公正証書によってしなければならない。

（建物譲渡特約付借地権）

第二四条① 借地権を設定する場合（前条第二項に規定する借地権を設定する場合を除く。）においては、第九条の規定にかかわらず、借地権を消滅させるため、その設定後三十年以上を経過した日に借地権の目的である土地の上の建物を借地権設定者に相当の対価で譲渡する旨を定めることができる。

② 前項の特約により借地権が消滅した場合において、その借地権者又は建物の賃借人でその消滅後建物の使用を継続しているものが請求をしたときは、請求の時にその建物につきその借地権者又は建物の賃借人と借地権設定者との間で期間の定めのない賃貸借（借地権者が請求をした場合において、借地権の残存期間があるときは、その残存期間を存続期間とする賃貸借）がされたものとみなす。この場合において、建物の借賃は、当事者の請求により、裁判所が定める。

③ 第一項の特約がある場合において、借地権者又は建物の賃借人と借地権設定者との間でその建物につき第三十八条第一項の規定による賃貸借契約をしたときは、前項の規定にかかわらず、その定めに従う。

（一時使用目的の借地権）

第二五条 第三条から第八条まで、第十三条、第十七条、第十八条及び第二十二条から前条までの規定は、臨時設備の設置その他一時使用のために借地権を設定したことが明らかな場合には、適用しない。

[1] 賃貸借成立に至る動機、経緯、契約内容、契約条項、土地の位置及び周囲の環境、建物の所有目的と規模・構造などを総合考慮の上、一時使用か否かを判断した原判決を維持した例（最判昭32・7・30民集一一・七・一三八六）

[2] 土地を不法に占拠し仮設建物を所有する者に対し土地所有者が土地明渡しの調停を申し立てたところ、建物の居住者が多数利害関係人として存在していたため、事態の解決上、調停外で右居住者と期間を一〇年とする土地賃貸借契約を締結し、一〇年後には必ず返地することを確約させたものであるときは、たとえ契約に際し権利金を収受し、その後賃料を増額していても、一時使用に該当する。（最判昭36・7・6民集一五・七・一七七七）

[3] 裁判上の和解により成立したからといって、借地法一一条の適用がないとはいえないが、諸般の事情から、当事者間に、短期間に限り賃貸借を存続させる合意が成立したと認められるような、客観的かつ合理的な理由がある場合には、一時使用と解し得る。（最判昭43・3・28民集二二・三・六九二）

[4] 一時使用の賃貸借と認めるためには、その賃貸借期間は、借地法が定める借地権の存続期間よりは、相当短いものであることを要し、右存続期間に達するようなものは、一時使用とはいえない。（最判昭45・7・21民集二四・七・一〇九一……期間を二〇年と定めたもの）

◇→旧借地九条

第三章　借家

第一節　建物賃貸借契約の更新等

（建物賃貸借契約の更新等）

第二六条① 建物の賃貸借について期間の定めがある場合において、当事者が期間の満了の一年前から六月前までの間に相手方に対して更新をしない旨の通知又は条件を変更しなければ更新をしない旨の通知をしなかったときは、従前の契約と同一の条件で契約を更新したものとみなす。ただし、その期間は、定めがないものとする。

② 前項の通知をした場合であっても、建物の賃貸借の期間が満了した後建物の賃借人が使用を継続する場合において、建物の賃貸人が遅滞なく異議を述べなかったときも、同項と同様とする。

③ 建物の転貸借がされている場合においては、建物の転借人がする建物の使用の継続を建物の賃借人がする建物の使用の継続とみなして、建物の賃借人と賃貸人との間について前項の規定を適用する。

（解約による建物賃貸借の終了）

第二七条① 建物の賃貸人が賃貸借の解約の申入れをした場合においては、建物の賃貸借は、解約の申入れの日から六月を経過することによって終了する。

② 前条第二項及び第三項の規定は、建物の賃貸借が解約の申入れによって終了した場合に準用する。

（建物賃貸借契約の更新拒絶等の要件）

第二八条 建物の賃貸人による第二十六条第一項の通知又は建物の賃貸借の解約の申入れは、建物の賃貸人及び賃借人（転借人を含む。以下この条において同じ。）が建物の使用を必要とする事情のほか、建物の賃貸借に関する従前の経過、建物の利用状況及び建物の現況並びに建物の賃貸人が建物の明渡しの条件として又は建物の明渡しと引換えに建物の賃借人に対して財産上の給付をする旨の申出をした場合におけるその申出を考慮して、正当の事由があると認められる場合でなければ、することができない。

[参考] **借家法**（大正一〇・四・八法五〇）（抜粋）

第一条の二【更新拒絶又は解約の制限】 建物の賃貸人は自ら使用することを必要とする場合其の他正当の事由ある場合に非ざれば賃貸借の更新を拒み又は解約の申入を為すことを得ず。

移転料の額

[1] 移転料（立退料）につき明渡訴訟において賃貸人の申し出た額より高額のものの支払と引換えに明渡請求を認容しても差し支えない。（最判昭46・11・25民集二五・八・一三四三、民訴百選[五版]七五……家主が申出の立退料と格段の相違のない一定の範囲内で裁判所の認定する金員を支払う旨表明していた例）

[2] 建物の賃貸人が解約申入れ後に立退料の提供を申し出、又は解約時に申し出ていた立退料の増額を申し出た場合は、その提供又は増額にかかる金員を参酌して当初の解約申入れの正当事由を判断することができる。（最判平3・3・22民集四五・三・二九三、民百選II[四版]六七……立退料の提供又は増額を申し出た日から六月の経過により賃貸借が終了する旨の解釈を違法としたもの）

◇→旧借家一条の二

（建物賃貸借の期間）

第二九条① 期間を一年未満とする建物の賃貸借は、期間の定めがない建物の賃貸借とみなす。

② 民法（明治二十九年法律第八十九号）第六百四条の規定は、建物の賃貸借については、適用しない。

（強行規定）

第三〇条 この節の規定に反する特約で建物の賃借人に不利なものは、無効とする。

[1] 賃貸借について一定の期限を設定し、その到来により賃貸借を解約するという期限付合意解約は、他にこれを不当とする事情が認められない限り、賃借人に不利な特約には当たらない。（最判昭31・10・9民集一〇・一〇・一二五二）

[2] 賃借人が差押えを受け、又は破産の申立てを受けたときは、賃貸人は直ちに賃貸借を解除できる旨の特約は、借家法六条により無効である。（最判昭43・11・21民集二二・一二・二七二六）

[3] 賃貸人が、ショッピングセンターとするために一棟の建物を区分し、各部分を店舗として賃貸するに当たり、ショッピングセンターの正常な運営・維持のために特約を付し、賃借人が粗暴な言動をしたり、みだりに他人と抗争したり、他人を扇動してショッピングセンターの秩序を乱したりすること等を禁止することには、合理的な理由があり、借家法六条により無効とすることはできない。（最判昭50・2・20民集二九・二・九九、民百選II二版四八）↓民◆【不動産賃貸借の解除】［六二〇条の後］[6]

[4] 滞納家賃が三箇月分以上に達したときは催告を要せず解除できる、という特約は有効である。（最判昭37・4・5民集一六・四・六七九）↓民◆【不動産賃貸借の解除】［六二〇条の後］[8]

◇↓旧借家六条

第二節　建物賃貸借の効力

（建物賃貸借の対抗力）

第三一条 建物の賃貸借は、その登記がなくても、建物の引渡しがあったときは、その後その建物について物権を取得した者に対し、その効力を生ずる。

対抗力の内容↓民六〇五条の二[1]

[1] 建物が二重に賃貸された場合は、先に引渡しを受けた賃借人が優先する。（最判昭38・1・25民集一七・一・四一）

[2] 敷金に関する権利義務（最判昭44・7・17民集二三・八・一六一〇、不動産百選三版三五）↓民六〇五条の二[4]

[3] 賃借人が建物の前所有者に契約期間中の賃料を全額前払していたことは、新所有者に対抗できる。（最判昭38・1・18民集一七・一・一二）

[4] 転貸許容の特約のあったことについて、前出[3]と同旨（最判昭38・9・26民集一七・八・一〇二五）

[5] 賃料取立債務の約定について、前出[3]と同旨（最判昭39・6・26民集一八・五・九六八）

◇↓旧借家一条

（借賃増減請求権）

第三二条① 建物の借賃が、土地若しくは建物に対する租税その他の負担の増減により、土地若しくは建物の価格の上昇若しくは低下その他の経済事情の変動により、又は近傍同種の建物の借賃に比較して不相当となったときは、契約の条件にかかわらず、当事者は、将来に向かって建物の借賃の額の増減を請求することができる。ただし、一定の期間建物の借賃を増額しない旨の特約がある場合には、その定めに従う。

② 建物の借賃の増額について当事者間に協議が調わないときは、その請求を受けた者は、増額を正当とする裁判が確定するまでは、相当と認める額の建物の借賃を支払うことをもって足りる。ただし、その裁判が確定した場合において、既に支払った額に不足があるときは、その不足額に年一割の割合による支払期後の利息を付してこれを支払わなければならない。

③ 建物の借賃の減額について当事者間に協議が調わないときは、その請求を受けた者は、減額を正当とする裁判が確定するまでは、相当と認める額の建物の借賃の支払を請求することができる。ただし、その裁判が確定した場合において、既に支払を受けた額が正当とされた建物の借賃の額を超えるときは、その超過額に年一割の割合による受領の時からの利息を付してこれを返還しなければならない。

[1] 借家法七条による賃料の増減請求権は形成権としての性質を有するから、増減請求の意思表示が相手方に到達すれば、それによって同条所定の事由のある限り、以後賃料は相当額において増減したものとなる。（最判昭32・9・3民集一一・九・一四六七）

[2] 賃料増減請求権が行使された場合、増減の範囲について当事者間に争いがあるときは、既に客観的に定まった増減の範囲が裁判所によって確定される。（最判昭33・9・18民集一二・一三・二〇四〇）

[3] 賃料増減額確認請求訴訟の確定判決の既判力は、原告が特定の期間の賃料額について確認を求めていると認められる特段の事情のない限り、前提である賃料増減請求の効果が生じた時点の賃料額に係る判断について生ずる。（最判平26・9・25民集六八・七・六六一、重判平26民訴六）↓民訴一一四条[11]

[4] いわゆるサブリース契約は、建物の賃貸借契約であり、借地借家法が適用され、本条も適用される。本条一項は強行規定であって、賃料自動増額特約によってその適用を排除することはできない。（最判平15・10・21民集五七・九・一二一三、民百選II八版六七）↓一一条[1][3]

[5] 本条一項に基づく賃料減額請求の当否及び相当賃料額を判断する際には、当事者が現実に合意した直近の賃料を基にして、諸般の事情を総合的に考慮すべきであり、賃料自動増額特約があるとしてもこれに拘束されないので、同特約により増額された日から当該請求の日までの間に限定して経済事情の変動等を考慮して判断することは許されない。（最判平20・2・29判時二〇〇三・五一、重判平20民四）

◇↓旧借家七条

（造作買取請求権）

第三三条① 建物の賃貸人の同意を得て建物に付加した畳、建具その他の造作がある場合には、建物の賃借人は、建物の賃貸借が期間の満了又は解約の申入れによって終了するときに、建物の賃貸人に対し、その造作を時価で買い取るべきことを請求することができる。建物の賃貸人から買い受けた造作についても、同様とする。

② 前項の規定は、建物の賃貸借が期間の満了又は解約の申入れによって終了する場合における建物の転借人と賃貸人との間について準用する。

[1] 造作とは、建物に付加された物件で、賃借人の所有に属し、かつ、建物の使用に客観的便益を与えるものをいい、賃借人がその建物を特殊の目的に使用するため特に付加した設備を含まない。（最判昭29・3・11民集八・三・六七二）

[2] 賃借人の債務不履行により契約が解除された場合には、造作買取請求権は生じない。（最判昭31・4・6民集一〇・四・三五六）

◇↓旧借家五条

（建物賃貸借終了の場合における転借人の保護）

第三四条① 建物の転貸借がされている場合において、建物の賃貸借が期間の満了又は解約の申入れによって終了するときは、建物の賃貸人は、建物の転借人にその旨の通知をしなければ、その終了を建物の転借人に対抗することができない。

② 建物の賃貸人が前項の通知をしたときは、建物の転貸借は、その通知がされた日から六月を経過することによって終了する。

（借地上の建物の賃借人の保護）

第三五条① 借地権の目的である土地の上の建物につき賃貸借がされている場合において、借地権の存続期間の満了によって建物の賃借人が土地を明け渡すべきときは、建物の賃借人が借地権の存続期間が満了することをその一年前までに知らなかった場合に限り、裁判所は、建物の賃借人の請求により、建物の賃借人がこれを知った日から一年を超えない範囲内において、土地の明渡しにつき相当の期限を許与することができる。

② 前項の規定により裁判所が期限の許与をしたときは、建物の賃貸借は、その期限が到来することによって終了する。

（居住用建物の賃貸借の承継）

第三六条① 居住の用に供する建物の賃借人が相続人なしに死亡した場合において、その当時婚姻又は縁組の届出をしていないが、建物の賃借人と事実上夫婦又は養親子と同様の関係にあった同居者があるときは、その同居者は、建物の賃借人の権利義務を承継する。ただし、相続人なしに死亡したことを知った後一月以内に建物の賃貸人に反対の意思を表示したときは、この限りでない。

② 前項本文の場合においては、建物の賃貸借関係に基づき生じた債権又は債務は、同項の規定により建物の賃借人の権利義務を承継した者に帰属する。

内縁配偶者・事実上の養子の居住の保護↓民◘【Ⅰ 婚約ないし内縁】［七七一条の後］⑪⑫・◘【事実上の養子】［八一七条の後］⑦

（強行規定）

第三七条 第三十一条、第三十四条及び第三十五条の規定に反する特約で建物の賃借人又は転借人に不利なものは、無効とする。

第三節 定期建物賃貸借等

（定期建物賃貸借）

第三八条① 期間の定めがある建物の賃貸借をする場合においては、公正証書による等書面によって契約をするときに限り、第三十条の規定にかかわらず、契約の更新がないこととする旨を定めることができる。この場合には、第二十九条第一項の規定を適用しない。

② 前項の規定による建物の賃貸借の契約がその内容を記録した電磁的記録によってされたときは、その契約は、書面によってされたものとみなして、同項の規定を適用する。

③ 第一項の規定による建物の賃貸借をしようとするときは、建物の賃貸人は、あらかじめ、建物の賃借人に対し、同項の規定による建物の賃貸借は契約の更新がなく、期間の満了により当該建物の賃貸借は終了することについて、その旨を記載した書面を交付して説明しなければならない。

④ 建物の賃貸人は、前項の規定による書面の交付に代えて、政令で定めるところにより、建物の賃借人の承諾を得て、当該書面に記載すべき事項を電磁的方法（電子情報処理組織を使用する方法その他の情報通信の技術を利用する方法であって法務省令で定めるものをいう。）により提供することができる。この場合において、当該建物の賃貸人は、当該書面を交付したものとみなす。

⑤ 建物の賃貸人が第三項の規定による説明をしなかったときは、契約の更新がないこととする旨の定めは、無効とする。

⑥ 第一項の規定による建物の賃貸借において、期間が一年以上である場合には、建物の賃貸人は、期間の満了の一年前から六月前までの間（以下この項において「通知期間」という。）に建物の賃借人に対し期間の満了により建物の賃貸借が終了する旨の通知をしなければ、その終了を建物の賃借人に対抗することができない。ただし、建物の賃貸人が通知期間の経過後建物の賃借人に対しその旨の通知をした場合においては、その通知の日から六月を経過した後は、この限りでない。

⑦ 第一項の規定による居住の用に供する建物の賃貸借（床面積（建物の一部分を賃貸借の目的とする場合にあっては、当該一部分の床面積）が二百平方メートル未満の建物に係るものに限る。）において、転勤、療養、親族の介護その他のやむを得ない事情により、建物の賃借人が建物を自己の生活の本拠として使用することが困難となったときは、建物の賃借人は、建物の賃貸借の解約の申入れをすることができる。この場合においては、建物の賃貸借は、解約の申入れの日から一月を経過することによって終了する。

⑧ 前二項の規定に反する特約で建物の賃借人に不利なものは、無効とする。

⑨ 第三十二条の規定は、第一項の規定による建物の賃貸借において、借賃の改定に係る特約がある場合には、適用しない。

⑦ 本条二項［現三項］所定の書面は、賃借人が、当該契約に係る賃貸借は契約の更新がなく、期間の満了により終了すると認識しているか否かにかかわらず、契約書とは別個独立の書面であることを要する。（最判平24・9・13民集六六・九・三二六三、重判平24民九）

（取壊し予定の建物の賃貸借）

第三九条① 法令又は契約により一定の期間を経過した後に建物を取り壊すべきことが明らかな場合において、建物の賃貸借をするときは、第三十条の規定にかかわらず、建物を取り壊すこととなる時に賃貸借が終了する旨を定めることができる。

② 前項の特約は、同項の建物を取り壊すべき事由を記載した書面によってしなければならない。

③ 第一項の特約がその内容及び前項に規定する事由を記録した電磁的記録によってされたときは、その特約は、同項の書面によってされたものとみなして、同項の規定を適用する。

（一時使用目的の建物の賃貸借）

第四〇条 この章の規定は、一時使用のために建物の賃貸借をしたことが明らかな場合には、適用しない。

⑦ 一時使用とは、賃貸借の目的、動機その他諸般の事情から、その賃貸借を短期間に限り存続させる趣旨のものであることが、客観的に判断されるものであればよい。必ずしもその期間の長短だけを標準として決せられるものではなく、期間が一年未満でなければならないものでもない。（最判昭36・10・10民集一五・九・二二九四）

◇↓旧借家八条

第四章 借地条件の変更等の裁判手続

（管轄裁判所）

第四一条 第十七条第一項、第二項若しくは第五項（第十八条第三項において準用する場合を含む。）、第十八条第一項、第十九条第一項（同条第七項において準用する場合を含む。）若しくは第三項（同条第七項及び第二十条第二項（同条第五項において準用する場合を含む。）において準用する場合を含む。）又は第二十条第一項（同条第五項において準用する場合を含む。）に規定する事件は、借地権の目的である土地の所在地を管轄する地方裁判所が管轄する。ただし、当事者の合意があるときは、その所在地を管轄する簡易裁判所が管轄することを妨げない。

（非訟事件手続法の適用除外及び最高裁判所規則）

第四二条① 前条の事件については、非訟事件手続法（平成二十三年法律第五十一号）第二十七条、第四十条、第四十二条の二及び第六十三条第一項後段の規定は、適用しない。

② この法律に定めるもののほか、前条の事件に関し必要な事項は、最高裁判所規則で定める。

（強制参加）

第四三条① 裁判所は、当事者の申立てにより、当事者となる資格を有する者を第四十一条の事件の手続に参加させることができる。

② 前項の申立ては、その趣旨及び理由を記載した書面でしなければならない。

③ 第一項の申立てを却下する裁判に対しては、即時抗告をすることができる。

（手続代理人の資格）

第四四条① 法令により裁判上の行為をすることができる代理人のほか、弁護士でなければ手続代理人となることができない。ただし、簡易裁判所においては、その許可を得て、弁護士でない者を手続代理人とすることができる。

② 前項ただし書の許可は、いつでも取り消すことができる。

（手続代理人の代理権の範囲）

第四五条① 手続代理人は、委任を受けた事件について、非訟事件手続法第二十三条第一項に定める事項のほか、第十九条第三項（同条第七項及び第二十条第二項（同条第五項において準用する場合を含む。）において準用する場合を含む。次項において同じ。）の申立てに関する手続行為（次項に規定するものを除く。）をすることができる。

② 手続代理人は、非訟事件手続法第二十三条第二項各号に掲げる事項のほか、第十九条第三項の申立てについては、特別の委任を受けなければならない。

（事件の記録の閲覧等）

第四六条① 当事者及び利害関係を疎明した第三者は、裁判所書記官に対し、第四十一条の事件の記録の閲覧若しくは謄写、その正本、謄本若しくは抄本の交付又は同条の事件に関する事項の証明書の交付を請求することができる。

② 民事訴訟法（平成八年法律第百九号）第九十一条第四項及び第五項の規定は、前項の記録について準用する。

（鑑定委員会）

第四七条① 鑑定委員会は、三人以上の委員で組織する。

② 鑑定委員は、次に掲げる者の中から、事件ごとに、裁判所が指定する。ただし、特に必要があるときは、それ以外の者の中から指定することを妨げない。

一 地方裁判所が特別の知識経験を有する者その他適当な者の中から毎年あらかじめ選任した者

二 当事者が合意によって選定した者

③ 鑑定委員には、最高裁判所規則で定める旅費、日当及び宿泊料を支給する。

（手続の中止）

第四八条 裁判所は、借地権の目的である土地に関する権利関係について訴訟その他の事件が係属するときは、その事件が終了するまで、第四十一条の事件の手続を中止することができる。

（不適法な申立ての却下）

第四九条 申立てが不適法でその不備を補正することができないときは、裁判所は、審問期日を経ないで、申立てを却下することができる。

（申立書の送達）

第五〇条① 裁判所は、前条の場合を除き、第四十一条の事件の申立書を相手方に送達しなければならない。

② 非訟事件手続法第四十三条第四項から第六項までの規定は、申立書の送達をすることができない場合（申立書の送達に必要な費用を予納しない場合を含む。）について準用する。

（審問期日）

第五一条① 裁判所は、審問期日を開き、当事者の陳述を聴かなければならない。

② 当事者は、他の当事者の審問に立ち会うことができる。

（呼出費用の予納がない場合の申立ての却下）

第五二条 裁判所は、民事訴訟費用等に関する法律（昭和四十六年法律第四十号）の規定に従い当事者に対する期日の呼出しに必要な費用の予納を相当の期間を定めて申立人に命じた場合において、その予納がないときは、申立てを却下することができる。

（事実の調査の通知）

第五三条 裁判所は、事実の調査をしたときは、特に必要がないと認める場合を除き、その旨を当事者及び利害関係参加人に通知しなければならない。

（審理の終結）

第五四条 裁判所は、審理を終結するときは、審問期日においてその旨を宣言しなければならない。

（裁判書の送達及び効力の発生）

第五五条① 第十七条第一項から第三項まで若しくは第五項（第十八条第三項において準用する場合を含む。）、第十八条第一項、第十九条第一項（同条第七項において準用する場合を含む。）若しくは第三項（同条第七項及び第二十条第二項（同条第五項において準用する場合を含む。）において準用する場合を含む。）又は第二十条第一項（同条第五項において準用する場合を含む。）の規定による裁判があったときは、その裁判書を当事者に送達しなければならない。

② 前項の裁判は、確定しなければその効力を生じない。

（理由の付記）

第五六条 前条第一項の裁判には、理由を付さなければならない。

（裁判の効力が及ぶ者の範囲）

第五七条 第五十五条第一項の裁判は、当事者又は最終の審問期日の後裁判の確定前の承継人に対し、その効力を有する。

（給付を命ずる裁判の効力）

第五八条 第十七条第三項若しくは第五項（第十八条第三項において準用する場合を含む。）、第十八条第一項、第十九条第三項（同条第七項及び第二十条第二項（同条第五項において準用する場合を含む。）において準用する場合を含む。）又は第二十条第一項（同条第五項において準用する場合を含む。）の規定による裁判で給付を命ずるものは、強制執行に関しては、裁判上の和解と同一の効力を有する。

（譲渡又は転貸の許可の裁判の失効）

第五九条 第十九条第一項（同条第七項において準用する場合を含む。）の規定による裁判は、その効力を生じた後六月以内に借地権者が建物の譲渡をしないときは、その効力を失う。ただし、この期間は、その裁判において伸長し、又は短縮することができる。

（第一審の手続の規定の準用）

第六〇条 第四十九条、第五十条及び第五十二条の規定は、第五十五条第一項の裁判に対する即時抗告があった場合について準用する。

（当事者に対する住所、氏名等の秘匿）

第六一条 第四十一条の事件の手続における申立てその他の申述については、民事訴訟法第一編第八章の規定を準用する。この場合において、同法第百三十三条第一項中「当事者」とあるのは「当事者又は利害関係参加人（非訟事件手続法（平成二十三年法律第五十一号）第二十一条第五項に規定する利害関係参加人をいう。第百三十三条の四第一項、第二項及び第七項において同じ。）」と、同法第百三十三条の二第二項中「訴訟記録等（訴訟記録又は第百三十二条の四第一項の処分の申立てに係る事件の記録をいう。第百三十三条の四第一項及び第二項において同じ。）」とあるのは「借地借家法第四十一条の事件の記録」と、同法第百三十三条の四第一項中「者は、訴訟記録等」とあるのは「当事者若しくは利害関係参加人又は利害関係を疎明した第三者は、借地借家法第四十一条の事件の記録」と、同条第二項中「当事者」とあるのは「当事者又は利害関係参加人」と、「訴訟記録等」とあるのは「借地借家法第四十一条の事件の記録」と、同条第七項中「当事者」とあるのは「当事者若しくは利害関係参加人」と読み替えるものとする。

＊令和四法四八（令和八・五・二四までに施行）による改正後

（当事者に対する住所、氏名等の秘匿）

第六一条　第四十一条の事件の手続における申立てその他の申述については、民事訴訟法第一編第八章（第百三十三条の二第五項及び第六項並びに第百三十三条の三第二項を除く。）の規定を準用する。この場合において、同法第百三十三条第一項中「当事者」とあるのは「当事者又は利害関係参加人（非訟事件手続法（平成二十三年法律第五十一号）第二十一条第五項に規定する利害関係参加人をいう。第百三十三条の四第一項、第二項及び第七項において同じ。）」と、同条第三項中「訴訟記録等（訴訟記録又は第百三十二条の四第一項の処分の申立てに係る事件の記録をいう。以下この章において同じ。）」とあるのは「借地借家法第四十一条の事件の記録」と、「について訴訟記録等の閲覧等（訴訟記録の閲覧等、非電磁的証拠収集処分記録の閲覧等又は電磁的証拠収集処分記録の閲覧等をいう。以下この章において同じ。）」とあるのは「の閲覧若しくは謄写又はその謄本若しくは抄本の交付」と、同法第百三十三条の二第一項中「に係る訴訟記録等の閲覧等」とあるのは「の閲覧若しくは謄写又はその謄本若しくは抄本の交付」と、同条第二項中「訴訟記録等中」とあるのは「借地借家法第四十一条の事件の記録中」と、同項及び同条第三項中「に係る訴訟記録等の閲覧等」とあるのは「の閲覧若しくは謄写、その正本、謄本若しくは抄本の交付又はその複製」と、同法第百三十三条の三第一項中「記載され、又は記録された書面又は電磁的記録」とあるのは「記載された書面」と、「当該書面又は電磁的記録」とあるのは「当該書面」と、「又は電磁的記録その他これに類する書面又は電磁的記録に係る訴訟記録等の閲覧等」とあるのは「その他これに類する書面の閲覧若しくは謄写又はその謄本若しくは抄本の交付」と、同法第百三十三条の四第一項中「者は、訴訟記録等」とあるのは「当事者若しくは利害関係参加人又は利害関係を疎明した第三者は、借地借家法第四十一条の事件の記録」と、同条第二項中「当事者」とあるのは「当事者又は利害関係参加人」と、「訴訟記録等の存する」とあるのは「借地借家法第四十一条の事件の記録の存する」と、「訴訟記録等の閲覧等」とあるのは「閲覧若しくは謄写、その正本、謄本若しくは抄本の交付又はその複製」と、同条第七項中「当事者」とあるのは「当事者若しくは利害関係参加人」と読み替えるものとする。

附　則（抄）

（施行期日）

第一条　この法律は、公布の日から起算して一年を超えない範囲内において政令で定める日（平成四・八・一―平成四政二五）から施行する。

（建物保護に関する法律等の廃止）

第二条　次に掲げる法律は、廃止する。

一　建物保護に関する法律（明治四十二年法律第四十号）

二　借地法（大正十年法律第四十九号）

三　借家法（大正十年法律第五十号）

（旧借地法の効力に関する経過措置）

第三条　接収不動産に関する借地借家臨時処理法（昭和三十一年法律第百三十八号）第九条第二項の規定の適用については、前条の規定による廃止前の借地法は、この法律の施行後も、なおその効力を有する。

（経過措置の原則）

第四条　この法律の規定は、この附則に特別の定めがある場合を除き、この法律の施行前に生じた事項にも適用する。ただし、附則第二条の規定による廃止前の建物保護に関する法律、借地法及び借家法の規定により生じた効力を妨げない。

（借地上の建物の朽廃に関する経過措置）

第五条　この法律の施行前に設定された借地権について、その借地権の目的である土地の上の建物の朽廃による消滅に関しては、なお従前の例による。

（借地契約の更新に関する経過措置）

第六条　この法律の施行前に設定された借地権に係る契約の更新に関しては、なお従前の例による。

（建物の再築による借地権の期間の延長に関する経過措置）

第七条①　この法律の施行前に設定された借地権について、その借地権の目的である土地の上の建物の滅失後の建物の築造による借地権の期間の延長に関しては、なお従前の例による。

②　第八条の規定は、この法律の施行前に設定された借地権については、適用しない。

（借地権の対抗力に関する経過措置）

第八条　第十条第二項の規定は、この法律の施行前に借地権の目的である土地の上の建物の滅失があった場合には、適用しない。

（建物買取請求権に関する経過措置）

第九条①　第十三条第二項の規定は、この法律の施行前に設定された借地権については、適用しない。

②　第十三条第三項の規定は、この法律の施行前に設定された転借地権については、適用しない。

（借地条件の変更の裁判に関する経過措置）

第一〇条　この法律の施行前にした申立てに係る借地条件の変更の事件については、なお従前の例による。

（借地契約の更新後の建物の再築の許可の裁判に関する経過措置）

第一一条　第十八条の規定は、この法律の施行前に設定された借地権については、適用しない。

（建物賃貸借契約の更新拒絶等に関する経過措置）

第一二条　この法律の施行前にされた建物の賃貸借契約の更新の拒絶の通知及び解約の申入れに関しては、なお従前の例による。

（造作買取請求権に関する経過措置）

第一三条　第三十三条第二項の規定は、この法律の施行前にされた建物の転貸借については、適用しない。

（借地上の建物の賃借人の保護に関する経過措置）

第一四条　第三十五条の規定は、この法律の施行前又は施行後一年以内に借地権の存続期間が満了する場合には、適用しない。

附　則（令和四・五・二五法四八）（抄）

（施行期日）

第一条　この法律は、公布の日から起算して四年を超えない範囲内において政令で定める日から施行する。ただし、次の各号に掲げる規定は、当該各号に定める日から施行する。

一　（前略）附則第百二十五条の規定　公布の日

二　（前略）附則第七十三条（借地借家法の一部改正）の規定（中略）　公布の日から起算して九月を超えない範囲内において政令で定める日

三―五　（略）

（政令への委任）

第一二五条　（前略）この法律の施行に関し必要な経過措置は、政令で定める。

●失火の責任に関する法律（明治三二・三・八 法 四〇）

施行　明治三二・三・二八

民法第七百九条の規定は失火の場合には之を適用せず。但し失火者に重大なる過失ありたるときは此の限に在らず。

[1] 債務不履行による損害賠償には本法の適用はない。（最判昭30・3・25民集九・三・三八五）

[2] 被用者が重大な過失により失火したときは、使用者は被用者の選任・監督について重大な過失がなくても、民法七一五条による賠償責任を負う。（最判昭42・6・30民集二一・六・一五二六）→民七一五条[26]

[3] 公権力の行使に当たる公務員の失火による国又は公共団体の損害賠償責任についても、本法の適用がある。（最判昭53・7・17民集三二・五・一〇〇〇、行政百選Ⅱ〔七版〕二四四）→国賠四条[7]

[4] 責任を弁識する能力のない未成年者の行為により火災が発生した場合、重大な過失の有無は、未成年者の監督義務者の監督について考慮され、監督について重大な過失がなかったときは、右監督義務者は右火災により生じた損害を賠償する責任を免れる。（最判平7・1・24民集四九・一・二五、重判平7民九）→民七一四条[9]

○製造物責任法（平成六・七・一 法 八五）

施行　平成七・七・一（附則参照）
最終改正　平成二九法四五

（目的）
第一条　この法律は、製造物の欠陥により人の生命、身体又は財産に係る被害が生じた場合における製造業者等の損害賠償の責任について定めることにより、被害者の保護を図り、もって国民生活の安定向上と国民経済の健全な発展に寄与することを目的とする。

（定義）
第二条①　この法律において「製造物」とは、製造又は加工された動産をいう。

②　この法律において「欠陥」とは、当該製造物の特性、その通常予見される使用形態、その製造業者等が当該製造物を引き渡した時期その他の当該製造物に係る事情を考慮して、当該製造物が通常有すべき安全性を欠いていることをいう。

③　この法律において「製造業者等」とは、次のいずれかに該当する者をいう。

一　当該製造物を業として製造、加工又は輸入した者（以下単に「製造業者」という。）

二　自ら当該製造物の製造業者として当該製造物にその氏名、商号、商標その他の表示（以下「氏名等の表示」という。）をした者又は当該製造物にその製造業者と誤認させるような氏名等の表示をした者

三　前号に掲げる者のほか、当該製造物の製造、加工、輸入又は販売に係る形態その他の事情からみて、当該製造物にその実質的な製造業者と認めることができる氏名等の表示をした者

（製造物責任）
第三条　製造業者等は、その製造、加工、輸入又は前条第三項第二号若しくは第三号の氏名等の表示をした製造物であって、その引き渡したものの欠陥により他人の生命、身体又は財産を侵害したときは、これによって生じた損害を賠償する責めに任ずる。ただし、その損害が当該製造物についてのみ生じたときは、この限りでない。

（免責事由）
第四条　前条の場合において、製造業者等は、次の各号に掲げる事項を証明したときは、同条に規定する賠償の責めに任じない。

一　当該製造物をその製造業者等が引き渡した時における科学又は技術に関する知見によっては、当該製造物にその欠陥があることを認識することができなかったこと。

二　当該製造物が他の製造物の部品又は原材料として使用された場合において、その欠陥が専ら当該他の製造物の製造業者が行った設計に関する指示に従ったことにより生じ、かつ、その欠陥が生じたことにつき過失がないこと。

（消滅時効）
第五条①　第三条に規定する損害賠償の請求権は、次に掲げる場合には、時効によって消滅する。

一　被害者又はその法定代理人が損害及び賠償義務者を知った時から三年間行使しないとき。

二　その製造業者等が当該製造物を引き渡した時から十年を経過したとき。

②　人の生命又は身体を侵害した場合における損害賠償の請求権の消滅時効についての前項第一号の規定の適用については、同号中「三年間」とあるのは、「五年間」とする。

③　第一項第二号の期間は、身体に蓄積した場合に人の健康を害することとなる物質による損害又は一定の潜伏期間が経過した後に症状が現れる損害については、その損害が生じた時から起算する。

（民法の適用）
第六条　製造物の欠陥による製造業者等の損害賠償の責任については、この法律の規定によるほか、民法（明治二十九年法律第八十九号）の規定による。

附　則（抄）

（施行期日等）
①　この法律は、公布の日から起算して一年を経過した日（平成七・七・一）から施行し、この法律の施行後にその製造業者等が引き渡した製造物について適用する。

〇戸籍法（抄）（昭和二二・一二・二二 法二二四）

施行 昭和二三・一・一（附則）
最終改正 令和四法六八

目次

第一章 総則

第一条【戸籍事務の管掌】 ① 戸籍に関する事務は、この法律に別段の定めがあるものを除き、市町村長がこれを管掌する。

② 前項の規定により市町村長が処理することとされている事務は、地方自治法（昭和二十二年法律第六十七号）第二条第九項第一号に規定する第一号法定受託事務とする。

第二条【戸籍管掌者の除斥】 市町村長は、自己又はその配偶者、直系尊属若しくは直系卑属に関する戸籍事件については、その職務を行うことができない。

第三条【戸籍事務処理の基準、関与】 ① 法務大臣は、市町村長が戸籍事務を処理するに当たりよるべき基準を定めることができる。

② 市役所又は町村役場の所在地を管轄する法務局又は地方法務局の長（以下「管轄法務局長等」という。）は、戸籍事務の処理に関し必要があると認めるときは、市町村長に対し、報告を求め、又は助言若しくは勧告をすることができる。この場合において、戸籍事務の処理の適正を確保するため特に必要があると認めるときは、指示をすることができる。

③ 管轄法務局長等は、市町村長から戸籍事務の取扱いに関する照会を受けたときその他前項の規定による助言若しくは勧告又は指示をするために必要があると認めるときは、届出人、届出事件の本人その他の関係者に対し、質問をし、又は必要な書類の提出を求めることができる。

④ 戸籍事務については、地方自治法第二百四十五条の四、第二百四十五条の七第二項第一号、第三項及び第四項、第二百四十五条の八第十二項及び第十三項並びに第二百四十五条の九第二項第一号、第三項及び第四項の規定は、適用しない。

第四条【特別区・指定都市の特例】 この法律中市、市長及び市役所に関する規定は、特別区においては特別区、特別区の区長及び特別区の区役所に、地方自治法第二百五十二条の十九第一項の指定都市においては区及び総合区、区長及び総合区長並びに区及び総合区の区役所にこれを準用する。

第五条 削除

第二章 戸籍簿

第六条【戸籍の編製】 戸籍は、市町村の区域内に本籍を定める一の夫婦及びこれと氏を同じくする子ごとに、これを編製する。ただし、日本人でない者（以下「外国人」という。）と婚姻をした者又は配偶者がない者について新たに戸籍を編製するときは、その者及びこれと氏を同じくする子ごとに、これを編製する。

第七条【戸籍簿】 戸籍は、これをつづつて帳簿とする。

第八条【戸籍の正本と副本】 ① 戸籍は、正本と副本を設ける。

② 正本は、これを市役所又は町村役場に備え、副本は、管轄法務局若しくは地方法務局又はその支局がこれを保存する。

第九条【戸籍の表示】 戸籍は、その筆頭に記載した者の氏名及び本籍でこれを表示する。その者が戸籍から除かれた後も、同様である。

第一〇条【戸籍謄本等の交付請求】 ① 戸籍に記載されている者（その戸籍から除かれた者（その者に係る全部の記載が市町村長の過誤によつてされたものであつて、当該記載が第二十四条第二項の規定によつて訂正された場合におけるその者を除く。）を含む。）又はその配偶者、直系尊属若しくは直系卑属は、その戸籍の謄本若しくは抄本又は戸籍に記載した事項に関する証明書（以下「戸籍謄本等」という。）の交付の請求をすることができる。

② 市町村長は、前項の請求が不当な目的によることが明らかなときは、これを拒むことができる。

③ 第一項の請求をしようとする者は、郵便その他の法務省令で定める方法により、戸籍謄本等の送付を求めることができる。

第一〇条の二【第三者による戸籍謄本等の交付請求】 ① 前条第一項に規定する者以外の者は、次の各号に掲げる場合に限り、戸籍謄本等の交付の請求をすることができる。この場合において、当該請求をする者は、それぞれ当該各号に定める事項を明らかにしてこれをしなければならない。

一 自己の権利を行使し、又は自己の義務を履行するために戸籍の記載事項を確認する必要がある場合 権利又は義務の発生原因及び内容並びに当該権利を行使し、又は当該義務を履行するために戸籍の記載事項の確認を必要とする理由

二 国又は地方公共団体の機関に提出する必要がある場合 戸籍謄本等を提出すべき国又は地方公共団体の機関及び当該機関への提出を必要とする理由

三 前二号に掲げる場合のほか、戸籍の記載事項を利用する正当な理由がある場合 戸籍の記載事項の利用の目的及び方法並びにその利用を必要とする事由

② 前項の規定にかかわらず、国又は地方公共団体の機関は、法令の定める事務を遂行するために必要がある場合には、戸籍謄本等の交付の請求をすることができる。この場合において、当該請求の任に当たる権限を有する職員は、その官職、当該事務の種類及び根拠となる法令の条項並びに戸籍の記載事項の利用の目的を明らかにしてこれをしなければならない。

③ 第一項の規定にかかわらず、弁護士（弁護士法人及び弁護士・外国法事務弁護士共同法人を含む。次項において同じ。）、司法書士（司法書士法人を含む。次項において同じ。）、土地家屋調査士（土地家屋調査士法人を含む。次項において同じ。）、税理士（税理士法人を含む。次項において同じ。）、社会保険労務士（社会保険労務士法人を含む。次項において同じ。）、弁理士（弁理士法人を含む。次項において同じ。）、海事代理士又は行政書士（行政書士法人を含む。）は、受任している事件又は事

務に関する業務を遂行するために必要がある場合には、戸籍謄本等の交付の請求をすることができる。この場合において、当該請求をする者は、その有する資格、当該業務の種類、当該事件又は事務の依頼者の氏名又は名称及び当該依頼者についての第一項各号に定める事項を明らかにしてこれをしなければならない。

④　第一項及び前項の規定にかかわらず、弁護士、司法書士、土地家屋調査士、税理士、社会保険労務士又は弁理士は、受任している事件について次に掲げる業務を遂行するために必要がある場合には、戸籍謄本等の交付の請求をすることができる。この場合において、当該請求をする者は、その有する資格、当該事件の種類、その業務として代理し又は代理しようとする手続及び戸籍の記載事項の利用の目的を明らかにしてこれをしなければならない。

一　弁護士にあつては、裁判手続又は裁判外における民事上若しくは行政上の紛争処理の手続についての代理業務（弁護士法人については弁護士法（昭和二十四年法律第二百五号）第三十条の六第一項各号に規定する代理業務を除き、弁護士・外国法事務弁護士共同法人については外国弁護士による法律事務の取扱い等に関する法律（昭和六十一年法律第六十六号）第八十条第一項において準用する弁護士法第三十条の六第一項各号に規定する代理業務を除く。）

二　司法書士にあつては、司法書士法（昭和二十五年法律第百九十七号）第三条第一項第三号及び第六号から第八号までに規定する代理業務（同項第七号及び第八号に規定する相談業務並びに司法書士法人については同項第六号に規定する代理業務を除く。）

三　土地家屋調査士にあつては、土地家屋調査士法（昭和二十五年法律第二百二十八号）第三条第一項第二号に規定する審査請求の手続についての代理業務並びに同項第四号及び第七号に規定する代理業務

四　税理士にあつては、税理士法（昭和二十六年法律第二百三十七号）第二条第一項第一号に規定する不服申立て及びこれに関する主張又は陳述についての代理業務

五　社会保険労務士にあつては、社会保険労務士法（昭和四十三年法律第八十九号）第二条第一項第一号の三に規定する審査請求及び再審査請求並びにこれらに係る行政機関等の調査又は処分に関し当該行政機関等に対してする主張又は陳述についての代理業務並びに同項第一号の四から第一号の六までに規定する代理業務（同条第三項第一号に規定する相談業務を除く。）

六　弁理士にあつては、弁理士法（平成十二年法律第四十九号）第四条第一項に規定する特許庁における手続（不服申立てに限る。）、審査請求及び裁定に関する経済産業大臣に対する手続（裁定の取消しに限る。）についての代理業務、同条第二項第一号に規定する税関長又は財務大臣に対する手続（不服申立てに限る。）についての代理業務、同項第二号に規定する代理業務、同法第六条に規定する訴訟の手続についての代理業務並びに同法第六条の二第一項に規定する特定侵害訴訟の手続についての代理業務（弁理士法人については同法第六条に規定する訴訟の手続についての代理業務及び同項に規定する特定侵害訴訟の手続についての代理業務を除く。）

⑤　第一項及び第三項の規定にかかわらず、弁護士は、刑事に関する事件における弁護人としての業務、少年の保護事件若しくは心神喪失等の状態で重大な他害行為を行つた者の医療及び観察等に関する法律（平成十五年法律第百十号）第三条に規定する処遇事件における付添人としての業務、逃亡犯罪人引渡審査請求事件における補佐人としての業務、人身保護法（昭和二十三年法律第百九十九号）第十四条第二項の規定により裁判所が選任した代理人としての業務、人事訴訟法（平成十五年法律第百九号）第十三条第二項及び第三項の規定により裁判長が選任した訴訟代理人としての業務又は民事訴訟法（平成八年法律第百九号）第三十五条第一項に規定する特別代理人としての業務を遂行するために必要がある場合には、戸籍謄本等の交付の請求をすることができる。この場合において、当該請求をする者は、弁護士の資格、これらの業務の別及び戸籍の記載事項の利用の目的を明らかにしてこれをしなければならない。

⑥　前条第三項の規定は、前各項の請求をしようとする者について準用する。

第一〇条の三【交付請求の際の本人確認等】①　第十条第一項又は前条第一項から第五項までの請求をする場合において、現に請求の任に当たつている者は、市町村長に対し、運転免許証を提示する方法その他の法務省令で定める方法により、当該請求の任に当たつている者を特定するために必要な氏名その他の法務省令で定める事項を明らかにしなければならない。

②　前項の場合において、現に請求の任に当たつている者が、当該請求をする者（前条第二項の請求にあつては、当該請求の任に当たる権限を有する職員。以下この項及び次条において「請求者」という。）の代理人であるときその他請求者と異なる者であるときは、当該請求の任に当たつている者は、市町村長に対し、法務省令で定める方法により、請求者の依頼又は法令の規定により当該請求の任に当たるものであることを明らかにする書面を提供しなければならない。

第一〇条の四【請求者に対する必要な説明の要求】　市町村長は、第十条の二第一項から第五項までの請求がされた場合において、これらの規定により請求者が明らかにしなければならない事項が明らかにされていないと認めるときは、当該請求者に対し、必要な説明を求めることができる。

第一一条【戸籍簿の再製又は補完】　戸籍簿の全部又は一部が、滅失したとき、又は滅失のおそれがあるときは、法務大臣は、その再製又は補完について必要な処分を指示する。この場合において、滅失したものであるときは、その旨を告示しなければならない。

第一一条の二【戸籍の再製の申出】①　虚偽の届出等（届出、報告、申請、請求若しくは嘱託、証書若しくは航海日誌の謄本又は裁判をいう。以下この項において同じ。）若しくは錯誤による届出等又は市町村長の過誤によつて記載がされ、かつ、その記載につき第二十四条第二項、第百十三条、第百十四条又は第百十六条の規定によつて訂正がされた戸籍について、当該戸籍に記載されている者（その戸籍から除かれた者を含む。次項において同じ。）から、当該訂正に係る事項の記載のない戸籍の再製の申出があつたときは、法務大臣は、その再製について必要な処分を指示する。ただし、再製によつて記載に錯誤又は遺漏がある戸籍となるときは、この限りでない。

②　市町村長が記載をするに当たつて文字の訂正、追加又は削除をした戸籍について、当該戸籍に記載されている者から、当該訂正、追加又は削除に係る事項の記載のない戸籍の再製の申出があつたときも、前項本文と同様とする。

第一二条【除籍簿】①　一戸籍内の全員をその戸籍から除いたときは、その戸籍は、これを戸籍簿から除いて別につづり、除籍簿として、これを保存する。

②　第九条、第十一条及び前条の規定は、除籍簿及び除かれた戸籍について準用する。

第一二条の二【除籍謄本等の交付請求】　第十条から第十条の四までの規定は、除かれた戸籍の謄本若しくは抄本又は除かれた戸籍に記載した事項に関する証明書（以下「除籍謄本等」という。）の交付の請求をする場合に準用する。

第三章　戸籍の記載

第一三条【戸籍の記載事項】　戸籍には、本籍の外、戸籍内の各人について、左の事項を記載しなければならない。

一　氏名

二　出生の年月日

三　戸籍に入つた原因及び年月日

四　実父母の氏名及び実父母との続柄

五　養子であるときは、養親の氏名及び養親との続柄

六　夫婦については、夫又は妻である旨
七　他の戸籍から入つた者については、その戸籍の表示
八　その他法務省令で定める事項

第一四条【氏名の記載順序】①　氏名を記載するには、左の順序による。
第一　夫婦が、夫の氏を称するときは夫、妻の氏を称するときは妻
第二　配偶者
第三　子
②　子の間では、出生の前後による。
③　戸籍を編製した後にその戸籍に入るべき原因が生じた者については、戸籍の末尾にこれを記載する。

第一五条【戸籍の記載手続】　戸籍の記載は、届出、報告、申請、請求若しくは嘱託、証書若しくは航海日誌の謄本又は裁判によつてこれをする。

第一六条【婚姻による新戸籍の編製】①　婚姻の届出があつたときは、夫婦について新戸籍を編製する。但し、夫婦が、夫の氏を称する場合に夫、妻の氏を称する場合に妻が戸籍の筆頭に記載した者であるときは、この限りでない。
②　前項但書の場合には、夫の氏を称する妻は、夫の戸籍に入り、妻の氏を称する夫は、妻の戸籍に入る。
③　日本人と外国人との婚姻の届出があつたときは、その日本人について新戸籍を編製する。ただし、その者が戸籍の筆頭に記載した者であるときは、この限りでない。

第一七条【子ができたことによる新戸籍の編製】　戸籍の筆頭に記載した者及びその配偶者以外の者がこれと同一の氏を称する子又は養子を有するに至つたときは、その者について新戸籍を編製する。

第一八条【子の入籍】①　父母の氏を称する子は、父母の戸籍に入る。
②　前項の場合を除く外、父の氏を称する子は、父の戸籍に入り、母の氏を称する子は、母の戸籍に入る。
③　養子は、養親の戸籍に入る。

第一九条【離婚・離縁等による入籍又は新戸籍の編製】①　婚姻又は養子縁組によつて氏を改めた者が、離婚、離縁又は婚姻若しくは縁組の取消によつて、婚姻又は縁組前の氏に復するときは、婚姻又は縁組前の戸籍に入る。但し、その戸籍が既に除かれているとき、又はその者が新戸籍編製の申出をしたときは、新戸籍を編製する。
②　前項の規定は、民法第七百五十一条第一項の規定によつて婚姻前の氏に復する場合及び同法第七百九十一条第四項の規定によつて従前の氏に復する場合にこれを準用する。
③　民法第七百六十七条第二項（同法第七百四十九条及び第七百七十一条において準用する場合を含む。）又は同法第八百十六条第二項（同法第八百八条第二項において準用する場合を含む。）の規定によつて離婚若しくは婚姻の取消し又は離縁若しくは縁組の取消しの際に称していた氏を称する旨の届出があつた場合において、その届出をした者を筆頭に記載した戸籍が編製されていないとき、又はその者を筆頭に記載した戸籍に在る者が他にあるときは、その届出をした者について新戸籍を編製する。

第二〇条【入籍者に配偶者があるときの新戸籍の編製】　前二条の規定によつて他の戸籍に入るべき者に配偶者があるときは、前二条の規定にかかわらず、その夫婦について新戸籍を編製する。

第二〇条の二【氏の変更による新戸籍の編製】①　第百七条第二項又は第三項の規定によつて氏を変更する旨の届出があつた場合において、その届出をした者の戸籍に在る者が他にあるときは、その届出をした者について新戸籍を編製する。
②　第百七条第四項において準用する同条第一項の規定によつて氏を変更する旨の届出があつたときは、届出事件の本人について新戸籍を編製する。

第二〇条の三【特別養子縁組届による新戸籍の編製】①　第六十八条の二の規定によつて縁組の届出があつたときは、まず養子について新戸籍を編製する。ただし、養子が養親の戸籍に在るときは、この限りではない。
②　第十四条第三項の規定は、前項ただし書の場合に準用する。

第二〇条の四【性別の取扱い変更審判の場合の新戸籍の編製】　性同一性障害者の性別の取扱いの特例に関する法律（平成十五年法律第百十一号）第三条第一項の規定による性別の取扱いの変更の審判があつた場合において、当該性別の取扱いの変更の審判を受けた者の戸籍に記載されている者（その戸籍から除かれた者を含む。）が他にあるときは、当該性別の取扱いの変更の審判を受けた者について新戸籍を編製する。

第二一条【分籍】①　成年に達した者は、分籍をすることができる。但し、戸籍の筆頭に記載した者及びその配偶者は、この限りでない。
②　分籍の届出があつたときは、新戸籍を編製する。

第二二条【無籍者についての新戸籍の編製】　父又は母の戸籍に入る者を除く外、戸籍に記載がない者についてあらたに戸籍の記載をすべきときは、新戸籍を編製する。

第二三条【除籍】　第十六条乃至第二十一条の規定によつて、新戸籍を編製され、又は他の戸籍に入る者は、従前の戸籍から除籍される。死亡し、失踪の宣告を受け、又は国籍を失つた者も、同様である。

第二四条【職権による戸籍の訂正】①　戸籍の記載が法律上許されないものであること又はその記載に錯誤若しくは遺漏があることを発見した場合には、市町村長は、遅滞なく届出人又は届出事件の本人にその旨を通知しなければならない。ただし、戸籍の記載、届書の記載その他の書類から市町村長において訂正の内容及び事由が明らかであると認めるときは、この限りでない。
②　前項ただし書の場合においては、市町村長は、管轄法務局長等の許可を得て、戸籍の訂正をすることができる。
③　前項の規定にかかわらず、戸籍の訂正の内容が軽微なものであつて、かつ、戸籍に記載されている者の身分関係についての記載に影響を及ぼさないものについては、同項の許可を要しない。
④　裁判所その他の官庁、検察官又は吏員がその職務上戸籍の記載が法律上許されないものであること又はその記載に錯誤若しくは遺漏があることを知つたときは、遅滞なく届出事件の本人の本籍地の市町村長にその旨を通知しなければならない。

第四章　届出

第一節　通則

第二五条【届出地】①　届出は、届出事件の本人の本籍地又は届出人の所在地でこれをしなければならない。
②　外国人に関する届出は、届出人の所在地でこれをしなければならない。

第二六条【本籍分明届】　本籍が明かでない者又は本籍がない者について、届出があつた後に、その者の本籍が明かになつたとき、又はその者が本籍を有するに至つたときは、届出人又は届出事件の本人は、その事実を知つた日から十日以内に、届出事件を表示して、届出を受理した市町村長にその旨を届け出なければならない。

第二七条【届出の方法】　届出は、書面又は口頭でこれをすることができる。

第二七条の二【縁組等の届出の際の本人確認、届出受理の通知等】①　市町村長は、届出によつて効力を生ずべき認知、縁組、離縁、婚姻又は離婚の届出（以下この条において「縁組等の届出」という。）が市役所又は町村役場に出頭した者によつてされる場合には、当該出頭した者に対し、法務省令で定めるところにより、当該出頭した者が届出事件の本人（認知にあつては認知する者、民法第七百九十七条第一項に規定する縁組にあつては養親となる者及び養子となる者の法定代理人、同法第八百十一条第二項に規定する離縁にあつては養親及び養子の法定代理人となるべき者とする。次項及び第三項において同じ。）で

あるかどうかの確認をするため、当該出頭した者を特定するために必要な氏名その他の法務省令で定める事項を示す運転免許証その他の資料の提供又はこれらの事項についての説明を求めるものとする。

② 市町村長は、縁組等の届出があつた場合において、届出事件の本人のうちに、前項の規定による措置によつては市役所又は町村役場に出頭して届け出たことを確認することができない者があるときは、当該縁組等の届出を受理した後遅滞なく、その者に対し、法務省令で定める方法により、当該縁組等の届出を受理したことを通知しなければならない。

③ 何人も、その本籍地の市町村長に対し、あらかじめ、法務省令で定める方法により、自らを届出事件の本人とする縁組等の届出がされた場合であつても、自らが市役所又は町村役場に出頭して届け出たことを第一項の規定による措置により確認することができないときは当該縁組等の届出を受理しないよう申し出ることができる。

④ 市町村長は、前項の規定による申出に係る縁組等の届出があつた場合において、当該申出をした者が市役所又は町村役場に出頭して届け出たことを第一項の規定による措置により確認することができなかつたときは、当該縁組等の届出を受理することができない。

⑤ 市町村長は、前項の規定により縁組等の届出を受理することができなかつた場合は、遅滞なく、第三項の規定による申出をした者に対し、法務省令で定める方法により、当該縁組等の届出があつたことを通知しなければならない。

第二七条の三【市町村長の調査権】 市町村長は、次の各号のいずれかに該当すると認めるときは、届出人、届出事件の本人その他の関係者に対し、質問をし、又は必要な書類の提出を求めることができる。

一 届出の受理に際し、この法律の規定により届出人が明らかにすべき事項が明らかにされていないとき。

二 その他戸籍の記載のために必要があるとき。

第二八条【届書の様式】 ① 法務大臣は、事件の種類によつて、届書の様式を定めることができる。

② 前項の場合には、その事件の届出は、当該様式によつてこれをしなければならない。但し、やむを得ない事由があるときは、この限りでない。

第二九条【届書の記載事項】 届書には、次の事項を記載し、届出人が、これに署名しなければならない。

一 届出事件

二 届出の年月日

三 届出人の出生の年月日、住所及び戸籍の表示

四 届出人と届出事件の本人と異なるときは、届出事件の本人の氏名、出生の年月日、住所、戸籍の表示及び届出人の資格

第三〇条【届書における戸籍の表示】 ① 届出事件によつて、届出人又は届出事件の本人が他の戸籍に入るべきときは、その戸籍の表示を、その者が従前の戸籍から除かれるべきときは、従前の戸籍の表示を、その者について新戸籍を編製すべきときは、その旨、新戸籍編製の原因及び新本籍を、届書に記載しなければならない。

② 届出事件によつて、届出人若しくは届出事件の本人でない者が他の戸籍に入り、又はその者について新戸籍を編製すべきときは、届書にその者の氏名、出生の年月日及び住所を記載する外、その者が他の戸籍に入るか又はその者について新戸籍を編製するかの区別に従つて、前項に掲げる事項を記載しなければならない。

③ 届出人でない者について新戸籍を編製すべきときは、その者の従前の本籍と同一の場所を新本籍と定めたものとみなす。

第三一条【未成年者・成年被後見人の親権者等の届出】 ① 届出をすべき者が未成年者又は成年被後見人であるときは、親権を行う者又は後見人を届出義務者とする。ただし、未成年者又は成年被後見人が届出をすることを妨げない。

② 親権を行う者又は後見人が届出をする場合には、届書に次に掲げる事項を記載しなければならない。

一 届出をすべき者の氏名、出生の年月日及び本籍

二 行為能力の制限の原因

三 届出人が親権を行う者又は後見人である旨

第三二条【未成年者・成年被後見人本人の届出】 未成年者又は成年被後見人がその法定代理人の同意を得ないですることができる行為については、未成年者又は成年被後見人が、これを届け出なければならない。

第三三条【証人を必要とする事件の届出】 証人を必要とする事件の届出については、証人は、届書に出生の年月日、住所及び本籍を記載して署名しなければならない。

第三四条【不存在又は不知の事項についての記載】 ① 届書に記載すべき事項であつて、存しないもの又は知れないものがあるときは、その旨を記載しなければならない。

② 市町村長は、特に重要であると認める事項を記載しない届書を受理することができない。

第三五条【法令所定以外の事項の記載】 届書には、この法律その他の法令に定める事項の外、戸籍に記載すべき事項を明かにするために必要であるものは、これを記載しなければならない。

第三六条【届書の数】 ① 二箇所以上の市役所又は町村役場で戸籍の記載をすべき場合には、市役所又は町村役場の数と同数の届書を提出しなければならない。

② 本籍地外で届出をするときは、前項の規定によるものの外、なお、一通の届書を提出しなければならない。

③ 前二項の場合に、相当と認めるときは、市町村長は、届書の謄本を作り、これを届書に代えることができる。

第三七条【口頭届出】 ① 口頭で届出をするには、届出人は、市役所又は町村役場に出頭し、届書に記載すべき事項を陳述しなければならない。

② 市町村長は、届出人の陳述を筆記し、届出の年月日を記載して、これを届出人に読み聞かせ、かつ、届出人に、その書面に署名させなければならない。

③ 届出人が疾病その他の事故によつて出頭することができないときは、代理人によつて届出をすることができる。ただし、第六十条、第六十一条、第六十六条、第六十八条、第七十条から第七十二条まで、第七十四条及び第七十六条の届出については、この限りでない。

第三八条【同意書等の添付】 ① 届出事件について父母その他の者の同意又は承諾を必要とするときは、届書にその同意又は承諾を証する書面を添付しなければならない。ただし、同意又は承諾をした者に、届書にその旨を付記させて、署名させるだけで足りる。

② 届出事件について裁判又は官庁の許可を必要とするときは、届書に裁判又は許可書の謄本を添付しなければならない。

第三九条【届書の規定の準用】 届書に関する規定は、第三十七条第二項及び前条第一項の書面にこれを準用する。

第四〇条【在外日本人の届出】 外国に在る日本人は、この法律の規定に従つて、その国に駐在する日本の大使、公使又は領事に届出をすることができる。

第四一条【同前】 ① 外国に在る日本人が、その国の方式に従つて、届出事件に関する証書を作らせたときは、三箇月以内にその国に駐在する日本の大使、公使又は領事にその証書の謄本を提出しなければならない。

② 大使、公使又は領事がその国に駐在しないときは、三箇月以内に本籍地の市町村長に証書の謄本を発送しなければならない。

第四二条【同前】 大使、公使又は領事は、前二条の規定によつて書類を受理したときは、遅滞なく、外務大臣を経由してこれを本人の本籍地の市町村長に送付しなければならない。

第四三条【届出期間の起算日】 ① 届出期間は、届出事件発生の日からこれを起算する。

② 裁判が確定した日から期間を起算すべき場合に、裁判が送達又は交付前に確定したときは、その送達又は交付の日からこれ

を起算する。

第四四条【届出の催告】① 市町村長は、届出を怠つた者があることを知つたときは、相当の期間を定めて、届出義務者に対し、その期間内に届出をすべき旨を催告しなければならない。

② 届出義務者が前項の期間内に届出をしなかつたときは、市町村長は、更に相当の期間を定めて、催告をすることができる。

③ 前二項の催告をすることができないとき、又は催告をしても届出がないときは、市町村長は、管轄法務局長等の許可を得て、戸籍の記載をすることができる。

④ 第二十四条第四項の規定は、裁判所その他の官庁、検察官又は吏員がその職務上届出を怠つた者があることを知つた場合にこれを準用する。

第四五条【届出の追完】 市町村長は、届出を受理した場合に、届書に不備があるため戸籍の記載をすることができないときは、届出人に、その追完をさせなければならない。この場合には、前条の規定を準用する。

第四六条【期間経過後の届出】 届出期間が経過した後の届出であつても、市町村長は、これを受理しなければならない。

第四七条【死亡後に到達した届出】① 市町村長は、届出人がその生存中に郵便又は民間事業者による信書の送達に関する法律（平成十四年法律第九十九号）第二条第六項に規定する一般信書便事業者若しくは同条第九項に規定する特定信書便事業者による同条第二項に規定する信書便によつて発送した届書については、当該届出人の死亡後であつても、これを受理しなければならない。

② 前項の規定によつて届書が受理されたときは、届出人の死亡の時に届出があつたものとみなす。

第四八条【受理又は不受理の証明書、届書等の閲覧等】① 届出人は、届出の受理又は不受理の証明書を請求することができる。

② 利害関係人は、特別の事由がある場合に限り、届書その他市町村長の受理した書類の閲覧を請求し、又はその書類に記載した事項について証明書を請求することができる。

③ 第十条第三項及び第十条の三の規定は、前二項の場合に準用する。

第二節　出生

第四九条【出生届】① 出生の届出は、十四日以内（国外で出生があつたときは、三箇月以内）にこれをしなければならない。

② 届書には、次の事項を記載しなければならない。

一 子の男女の別及び嫡出子又は嫡出でない子の別

二 出生の年月日時分及び場所

三 父母の氏名及び本籍、父又は母が外国人であるときは、その氏名及び国籍

四 その他法務省令で定める事項

③ 医師、助産師又はその他の者が出産に立ち会つた場合には、医師、助産師、その他の者の順序に従つてそのうちの一人が法務省令・厚生労働省令の定めるところによつて作成する出生証明書を届書に添付しなければならない。ただし、やむを得ない事由があるときは、この限りでない。

第五〇条【子の名】① 子の名には、常用平易な文字を用いなければならない。

② 常用平易な文字の範囲は、法務省令でこれを定める。

第五一条【届出地】① 出生の届出は、出生地でこれをすることができる。

② 汽車その他の交通機関（船舶を除く。以下同じ。）の中で出生があつたときは母がその交通機関から降りた地で、航海日誌を備えない船舶の中で出生があつたときはその船舶が最初に入港した地で、出生の届出をすることができる。

第五二条【届出義務者】① 嫡出子出生の届出は、父又は母がこれをし、子の出生前に父母が離婚をした場合には、母がこれをしなければならない。

② 嫡出でない子の出生の届出は、母がこれをしなければならない。

③ 前二項の規定によつて届出をすべき者が届出をすることができない場合には、左の者は、その順序に従つて、届出をしなければならない。

第一 同居者

第二 出産に立ち会つた医師、助産師又はその他の者

④ 第一項又は第二項の規定によつて届出をすべき者が届出をすることができない場合には、その者以外の法定代理人も、届出をすることができる。

第五三条【嫡出子否認の訴えと出生届】 嫡出子否認の訴を提起したときであつても、出生の届出をしなければならない。

第五四条【裁判所が父を定むべきときと出生届】① 民法第七百七十三条の規定によつて裁判所が父を定むべきときは、出生の届出は、母がこれをしなければならない。この場合には、届書に、父が未定である事由を記載しなければならない。

② 第五十二条第三項及び第四項の規定は、前項の場合にこれを準用する。

第五五条【航海中の出生】① 航海中に出生があつたときは、船長は、二十四時間以内に、第四十九条第二項に掲げる事項を航海日誌に記載して、署名しなければならない。

② 前項の手続をした後に、船舶が日本の港に到着したときは、船長は、遅滞なく出生に関する航海日誌の謄本をその地の市町村長に送付しなければならない。

③ 船舶が外国の港に到着したときは、船長は、遅滞なく出生に関する航海日誌の謄本をその国に駐在する日本の大使、公使又は領事に送付し、大使、公使又は領事は、遅滞なく外務大臣を経由してこれを本籍地の市町村長に送付しなければならない。

第五六条【公設所における出生】 病院、刑事施設その他の公設所で出生があつた場合に、父母が共に届出をすることができないときは、公設所の長又は管理人が、届出をしなければならない。

第五七条【棄児】① 棄児を発見した者又は棄児発見の申告を受けた警察官は、二十四時間以内にその旨を市町村長に申し出なければならない。

② 前項の申出があつたときは、市町村長は、氏名をつけ、本籍を定め、且つ、附属品、発見の場所、年月日時その他の状況並びに氏名、男女の別、出生の推定年月日及び本籍を調書に記載しなければならない。その調書は、これを届書とみなす。

第五八条【同前】 前条第一項に規定する手続をする前に、棄児が死亡したときは、死亡の届出とともにその手続をしなければならない。

第五九条【同前】 父又は母は、棄児を引き取つたときは、その日から一箇月以内に、出生の届出をし、且つ、戸籍の訂正を申請しなければならない。

第三節　認知

第六〇条【認知届】 認知をしようとする者は、左の事項を届書に記載して、その旨を届け出なければならない。

一 父が認知をする場合には、母の氏名及び本籍

二 死亡した子を認知する場合には、死亡の年月日並びにその直系卑属の氏名、出生の年月日及び本籍

第六一条【胎児の認知】 胎内に在る子を認知する場合には、届書にその旨、母の氏名及び本籍を記載し、母の本籍地でこれを届け出なければならない。

第六二条【嫡出子出生届と認知の効力】 民法第七百八十九条第二項の規定によつて嫡出子となるべき者について、父母が嫡出子出生の届出をしたときは、その届出は、認知の届出の効力を有する。

第六三条【強制認知】① 認知の裁判が確定したときは、訴を提起した者は、裁判が確定した日から十日以内に、裁判の謄本を添附して、その旨を届け出なければならない。その届書には、裁判が確定した日を記載しなければならない。

② 訴えを提起した者が前項の規定による届出をしないときは、

その相手方は、裁判の謄本を添付して、認知の裁判が確定した旨を届け出ることができる。この場合には、同項後段の規定を準用する。

第六四条【遺言による認知】遺言による認知の場合には、遺言執行者は、その就職の日から十日以内に、認知に関する遺言の謄本を添附して、第六十条又は第六十一条の規定に従つて、その届出をしなければならない。

第六五条【認知された胎児の死産】認知された胎児が死体で生まれたときは、出生届出義務者は、その事実を知つた日から十四日以内に、認知の届出地で、その旨を届け出なければならない。但し、遺言執行者が前条の届出をした場合には、遺言執行者が、その届出をしなければならない。

第四節　養子縁組

第六六条【養子縁組届】縁組をしようとする者は、その旨を届け出なければならない。

第六七条　削除

第六八条【代諾縁組】民法第七百九十七条の規定によつて縁組の承諾をする場合には、届出は、その承諾をする者がこれをしなければならない。

第六八条の二【特別養子縁組届】第六十三条第一項の規定は、縁組の裁判が確定した場合に準用する。

第六九条【縁組の取消し】第六十三条の規定は、縁組取消の裁判が確定した場合にこれを準用する。

第六九条の二【取消し後の氏の回復】第七十三条の二の規定は、民法第八百八条第二項において準用する同法第八百十六条第二項の規定によつて縁組の取消しの際に称していた氏を称しようとする場合に準用する。

第五節　養子離縁

第七〇条【離縁届】離縁をしようとする者は、その旨を届け出なければならない。

第七一条【代諾離縁】民法第八百十一条第二項の規定によつて協議上の離縁をする場合には、届出は、その協議をする者がこれをしなければならない。

第七二条【縁組当事者一方の死亡後の離縁】民法第八百十一条第六項の規定によつて離縁をする場合には、生存当事者だけで、その届出をすることができる。

第七三条【裁判上の離縁・離縁の取消し】① 第六十三条の規定は、離縁又は離縁取消の裁判が確定した場合にこれを準用する。

② 第七十五条第二項の規定は、検察官が離縁の裁判を請求した場合に準用する。

第七三条の二【離縁後の氏の回復】民法第八百十六条第二項の規定によつて離縁の際に称していた氏を称しようとする者は、離縁の年月日を届書に記載して、その旨を届け出なければならない。

第六節　婚姻

第七四条【婚姻届】婚姻をしようとする者は、左の事項を届書に記載して、その旨を届け出なければならない。

一　夫婦が称する氏

二　その他法務省令で定める事項

第七五条【婚姻の取消し】① 第六十三条の規定は、婚姻取消の裁判が確定した場合にこれを準用する。

② 検察官が訴を提起した場合には、裁判が確定した後に、遅滞なく戸籍記載の請求をしなければならない。

第七五条の二【婚姻の取消し後の氏の回復】第七十七条の二の規定は、民法第七百四十九条において準用する同法第七百六十七条第二項の規定によつて婚姻の取消しの際に称していた氏を称しようとする場合に準用する。

第七節　離婚

第七六条【離婚届】離婚をしようとする者は、左の事項を届書に記載して、その旨を届け出なければならない。

一　親権者と定められる当事者の氏名及びその親権に服する子の氏名

二　その他法務省令で定める事項

第七七条【裁判上の離婚・離婚の取消し】① 第六十三条の規定は、離婚又は離婚取消の裁判が確定した場合にこれを準用する。

② 前項に規定する離婚の届書には、左の事項をも記載しなければならない。

一　親権者と定められた当事者の氏名及びその親権に服する子の氏名

二　その他法務省令で定める事項

第七七条の二【離婚後の氏の回復】民法第七百六十七条第二項（同法第七百七十一条において準用する場合を含む。）の規定によつて離婚の際に称していた氏を称しようとする者は、離婚の年月日を届書に記載して、その旨を届け出なければならない。

第八節　親権及び未成年者の後見

第七八条【協議による親権者の届出】民法第八百十九条第三項但書又は第四項の規定によつて協議で親権者を定めようとする者は、その旨を届け出なければならない。

第七九条【審判等による親権者の決定・変更等】第六十三条第一項の規定は、民法第八百十九条第三項ただし書若しくは第四項の協議に代わる審判が確定し、又は親権者変更の裁判が確定した場合において親権者に、親権喪失、親権停止又は管理権喪失の審判の取消しの裁判が確定した場合においてその裁判を請求した者について準用する。

第八〇条【親権・管理権の辞任又は回復】親権若しくは管理権を辞し、又はこれを回復しようとする者は、その旨を届け出なければならない。

第八一条【未成年後見開始の届出】① 民法第八百三十八条第一号に規定する場合に開始する後見（以下「未成年者の後見」という。）の開始の届出は、同法第八百三十九条の規定による指定をされた未成年後見人が、その就職の日から十日以内に、これをしなければならない。

② 届書には、次に掲げる事項を記載し、未成年後見人の指定に関する遺言の謄本を添付しなければならない。

一　後見開始の原因及び年月日

二　未成年後見人が就職した年月日

第八二条【未成年後見人が地位を失つた旨の届出】① 未成年後見人が死亡し、又は民法第八百四十七条第二号から第五号までに掲げる者に該当することとなつたことによりその地位を失つたことによつて未成年後見人が欠けたときは、後任者は、就職の日から十日以内に、未成年後見人が地位を失つた旨の届出をしなければならない。

② 数人の未成年後見人の一部の者が死亡し、又は民法第八百四十七条第二号から第五号までに掲げる者に該当することとなつたことによりその地位を失つたときは、他の未成年後見人は、その事実を知つた日から十日以内に、未成年後見人が地位を失つた旨の届出をしなければならない。

③ 未成年者、その親族又は未成年後見監督人は、前二項の届出をすることができる。

④ 届書には、未成年後見人がその地位を失つた原因及び年月日を記載しなければならない。

第八三条　削除

第八四条【未成年後見終了の届出】未成年者の後見の終了の届出は、未成年後見人が、十日以内に、これをしなければならない。その届書には、未成年者の後見の終了の原因及び年月日を記載しなければならない。

第八五条【未成年後見監督人への準用】未成年後見人に関するこの節の規定は、未成年後見監督人について準用する。

第九節　死亡及び失踪

第八六条【死亡届】①死亡の届出は、届出義務者が、死亡の事実を知つた日から七日以内（国外で死亡があつたときは、その事実を知つた日から三箇月以内）に、これをしなければならない。
②届書には、次の事項を記載し、診断書又は検案書を添付しなければならない。
一　死亡の年月日時分及び場所
二　その他法務省令で定める事項
③やむを得ない事由によつて診断書又は検案書を得ることができないときは、死亡の事実を証すべき書面を以てこれに代えることができる。この場合には、届書に診断書又は検案書を得ることができない事由を記載しなければならない。

第八七条【届出義務者】①次の者は、その順序に従つて、死亡の届出をしなければならない。ただし、順序にかかわらず届出をすることができる。
第一　同居の親族
第二　その他の同居者
第三　家主、地主又は家屋若しくは土地の管理人
②死亡の届出は、同居の親族以外の親族、後見人、保佐人、補助人、任意後見人及び任意後見受任者も、これをすることができる。

第八八条【届出地】①死亡の届出は、死亡地でこれをすることができる。
②死亡地が明らかでないときは死体が最初に発見された地で、汽車その他の交通機関の中で死亡があつたときは死体をその交通機関から降ろした地で、航海日誌を備えない船舶の中で死亡があつたときはその船舶が最初に入港した地で、死亡の届出をすることができる。

第八九条【事変による死亡の報告】水難、火災その他の事変によつて死亡した者がある場合には、その取調をした官庁又は公署は、死亡地の市町村長に死亡の報告をしなければならない。但し、外国又は法務省令で定める地域で死亡があつたときは、死亡者の本籍地の市町村長に死亡の報告をしなければならない。

第九〇条【刑死等の報告】①死刑の執行があつたときは、刑事施設の長は、遅滞なく刑事施設の所在地の市町村長に死亡の報告をしなければならない。
②前項の規定は、刑事施設に収容中死亡した者の引取人がない場合にこれを準用する。この場合には、報告書に診断書又は検案書を添付しなければならない。

第九一条【報告書の記載事項】前二条に規定する報告書には、第八十六条第二項に掲げる事項を記載しなければならない。

第九二条【本籍不明者等の死亡の報告】①死亡者の本籍が明かでない場合又は死亡者を認識することができない場合には、警察官は、検視調書を作り、これを添附して、遅滞なく死亡地の市町村長に死亡の報告をしなければならない。
②死亡者の本籍が明かになり、又は死亡者を認識することができるに至つたときは、警察官は、遅滞なくその旨を報告しなければならない。
③第一項の報告があつた後に、第八十七条第一項第一号又は第二号に掲げる者が、死亡者を認識したときは、その日から十日以内に、死亡の届出をしなければならない。

第九三条【航海中又は公設所における死亡】第五十五条及び第五十六条の規定は、死亡の届出にこれを準用する。

第九四条【失踪宣告】第六十三条第一項の規定は、失踪宣告又は失踪宣告取消の裁判が確定した場合においてその裁判を請求した者にこれを準用する。この場合には、失踪宣告の届書に民法第三十一条の規定によつて死亡したとみなされる日をも記載しなければならない。

第十節　生存配偶者の復氏及び姻族関係の終了

第九五条【生存配偶者の復氏届】民法第七百五十一条第一項の規定によつて婚姻前の氏に復しようとする者は、その旨を届け出なければならない。

第九六条【姻族関係終了届】民法第七百二十八条第二項の規定によつて姻族関係を終了させる意思を表示しようとする者は、死亡した配偶者の氏名、本籍及び死亡の年月日を届書に記載して、その旨を届け出なければならない。

第十一節　推定相続人の廃除

第九七条【廃除又は廃除の取消し】第六十三条第一項の規定は、推定相続人の廃除又は廃除取消の裁判が確定した場合において、その裁判を請求した者にこれを準用する。

第十二節　入籍

第九八条【子の改氏の届出】①民法第七百九十一条第一項から第三項までの規定によつて父又は母の氏を称しようとする者は、その父又は母の氏名及び本籍を届書に記載して、その旨を届け出なければならない。
②民法第七百九十一条第二項の規定によつて父母の氏を称しようとする者に配偶者がある場合には、配偶者とともに届け出なければならない。

第九九条【成年となつた後の復氏の届出】①民法第七百九十一条第四項の規定によつて従前の氏に復しようとする者は、同条第一項から第三項までの規定によつて氏を改めた年月日を届書に記載して、その旨を届け出なければならない。
②前項の者に配偶者がある場合には、配偶者とともに届け出なければならない。

第十三節　分籍

第一〇〇条【分籍の届出】①分籍をしようとする者は、その旨を届け出なければならない。
②他の市町村に新本籍を定める場合には、戸籍の謄本を届書に添附しなければならない。

第一〇一条【届出地】分籍の届出は、分籍地でこれをすることができる。

第十四節　国籍の得喪

第一〇二条【国籍取得の届出】①国籍法（昭和二十五年法律第百四十七号）第三条第一項又は第十七条第一項若しくは第二項の規定によつて国籍を取得した場合の国籍取得の届出は、国籍を取得した者が、その取得の日から一箇月以内（その者がその日に国外に在るときは、三箇月以内）に、これをしなければならない。
②届書には、次の事項を記載し、国籍取得を証すべき書面を添付しなければならない。
一　国籍取得の年月日
二　国籍取得の際に有していた外国の国籍
三　父母の氏名及び本籍、父又は母が外国人であるときは、その氏名及び国籍
四　配偶者の氏名及び本籍、配偶者が外国人であるときは、その氏名及び国籍
五　その他法務省令で定める事項

第一〇二条の二【帰化の届出】帰化の届出は、帰化した者が、告示の日から一箇月以内に、これをしなければならない。この場合における届書の記載事項については、前条第二項の規定を準用する。

第一〇三条【国籍喪失の届出】①国籍喪失の届出は、届出事件の本人、配偶者又は四親等内の親族が、国籍喪失の事実を知つた日から一箇月以内（届出をすべき者がその事実を知つた日に国外に在るときは、その日から三箇月以内）に、これをしなければならない。
②届書には、次の事項を記載し、国籍喪失を証すべき書面を添付しなければならない。
一　国籍喪失の原因及び年月日

二　新たに外国の国籍を取得したときは、その国籍

第一〇四条【国籍留保の意思表示】① 国籍法第十二条に規定する国籍の留保の意思の表示は、出生の届出をすることができる者（第五十二条第三項の規定によつて届出をすべき者を除く。）が、出生の日から三箇月以内に、日本の国籍を留保する旨を届け出ることによつて、これをしなければならない。

② 前項の届出は、出生の届出とともにこれをしなければならない。

③ 天災その他第一項に規定する者の責めに帰することができない事由によつて同項の期間内に届出をすることができないときは、その期間は、届出をすることができるに至つた時から十四日とする。

第一〇四条の二【日本国籍選択の宣言】① 国籍法第十四条第二項の規定による日本の国籍の選択の宣言は、その宣言をしようとする者が、その旨を届け出ることによつて、これをしなければならない。

② 届書には、その者が有する外国の国籍を記載しなければならない。

第一〇四条の三【国籍選択未了の通知】市町村長は、戸籍事務の処理に際し、国籍法第十四条第一項の規定により国籍の選択をすべき者が同項に定める期限内にその選択をしていないと思料するときは、その者の氏名、本籍その他法務省令で定める事項を管轄法務局長等に通知しなければならない。

第一〇五条【官庁又は公署の国籍喪失の報告】① 官庁又は公署がその職務上国籍を喪失した者があることを知つたときは、遅滞なく本籍地の市町村長に、国籍喪失を証すべき書面を添附して、国籍喪失の報告をしなければならない。

② 報告書には、第百三条第二項に掲げる事項を記載しなければならない。

第一〇六条【外国国籍喪失の届出】① 外国の国籍を有する日本人がその外国の国籍を喪失したときは、その者は、その喪失の事実を知つた日から一箇月以内（その者がその事実を知つた日に国外に在るときは、その日から三箇月以内）に、その旨を届け出なければならない。

② 届書には、外国の国籍の喪失の原因及び年月日を記載し、その喪失を証すべき書面を添付しなければならない。

第十五節　氏名の変更

第一〇七条【氏の変更】① やむを得ない事由によつて氏を変更しようとするときは、戸籍の筆頭に記載した者及びその配偶者は、家庭裁判所の許可を得て、その旨を届け出なければならない。

② 外国人と婚姻をした者がその氏を配偶者の称している氏に変更しようとするときは、その者は、その婚姻の日から六箇月以内に限り、家庭裁判所の許可を得ないで、その旨を届け出ることができる。

③ 前項の規定によつて氏を変更した者が離婚、婚姻の取消し又は配偶者の死亡の日以後にその氏を変更の際に称していた氏に変更しようとするときは、その者は、その日から三箇月以内に限り、家庭裁判所の許可を得ないで、その旨を届け出ることができる。

④ 第一項の規定は、父又は母が外国人である者（戸籍の筆頭に記載した者又はその配偶者を除く。）でその氏をその父又は母の称している氏に変更しようとするものに準用する。

第一〇七条の二【名の変更】正当な事由によつて名を変更しようとする者は、家庭裁判所の許可を得て、その旨を届け出なければならない。

第十六節　転籍及び就籍

第一〇八条【転籍の届出】① 転籍をしようとするときは、新本籍を届書に記載して、戸籍の筆頭に記載した者及びその配偶者が、その旨を届け出なければならない。

② 他の市町村に転籍をする場合には、戸籍の謄本を届書に添附しなければならない。

第一〇九条【届出地】転籍の届出は、転籍地でこれをすることができる。

第一一〇条【就籍の届出】① 本籍を有しない者は、家庭裁判所の許可を得て、許可の日から十日以内に就籍の届出をしなければならない。

② 届書には、第十三条に掲げる事項の外、就籍許可の年月日を記載しなければならない。

第一一一条【同前】前条の規定は、確定判決によつて就籍の届出をすべき場合にこれを準用する。この場合には、判決の謄本を届書に添附しなければならない。

第一一二条【届出地】就籍の届出は、就籍地でこれをすることができる。

第五章　戸籍の訂正

第一一三条【不適法な記載等の訂正】戸籍の記載が法律上許されないものであること又はその記載に錯誤若しくは遺漏があることを発見した場合には、利害関係人は、家庭裁判所の許可を得て、戸籍の訂正を申請することができる。

第一一四条【無効な行為の記載の訂正】届出によつて効力を生ずべき行為（第六十条、第六十一条、第六十六条、第六十八条、第七十条から第七十二条まで、第七十四条及び第七十六条の規定によりする届出に係る行為を除く。）について戸籍の記載をした後に、その行為が無効であることを発見したときは、届出人又は届出事件の本人は、家庭裁判所の許可を得て、戸籍の訂正を申請することができる。

第一一五条【訂正の申請】前二条の許可の裁判があつたときは、一箇月以内に、その謄本を添附して、戸籍の訂正を申請しなければならない。

第一一六条【判決による戸籍の訂正】① 確定判決によつて戸籍の訂正をすべきときは、訴を提起した者は、判決が確定した日から一箇月以内に、判決の謄本を添附して、戸籍の訂正を申請しなければならない。

② 検察官が訴を提起した場合には、判決が確定した後に、遅滞なく戸籍の訂正を請求しなければならない。

第一一七条【届出の規定の準用】第二十五条第一項、第二十七条から第三十二条まで、第三十四条から第三十九条まで、第四十三条から第四十八条まで、及び第六十三条第二項前段の規定は、戸籍訂正の申請に準用する。

第六章　電子情報処理組織による戸籍事務の取扱いに関する特例等（抄）

第一一八条【電子情報処理組織による戸籍事務】① 法務大臣の指定する市町村長は、法務省令で定めるところにより戸籍事務を電子情報処理組織（法務大臣の使用に係る電子計算機（磁気ディスク（これに準ずる方法により一定の事項を確実に記録することができる物を含む。以下同じ。）及び入出力装置を含む。以下同じ。）と市町村長の使用に係る電子計算機とを電気通信回線で接続した電子情報処理組織をいう。以下同じ。）によつて取り扱うものとする。ただし、電子情報処理組織によつて取り扱うことが相当でない戸籍又は除かれた戸籍として法務省令で定めるものに係る戸籍事務については、この限りでない。

② 前項の規定による指定は、市町村長の申出に基づき、告示してしなければならない。

第一一九条から第一二一条の三まで　（略）

第七章　不服申立て

第一二二条【不服の申立て】戸籍事件（第百二十四条に規定する請求に係るものを除く。）について、市町村長の処分を不当とする者は、家庭裁判所に不服の申立てをすることができる。

第一二三条【審査請求の適用除外】戸籍事件（次条に規定する請求に係るものを除く。）に関する市町村長の処分又はその不作為については、審査請求をすることができない。

第一二四条【審査請求】 第十条第一項又は第十条の二第一項から第五項まで（これらの規定を第十二条の二において準用する場合を含む。）、第四十八条第二項、第百二十条第一項、第百二十条の三第一項及び第百二十条の六第一項の規定によりする請求について市町村長が行う処分又はその不作為に不服がある者は、管轄法務局長等に審査請求をすることができる。

> **＊令和一法一七**（令和六・五・三〇までに施行）**による改正前**
> **第一二四条【審査請求】** 第十条第一項又は第十条の二第一項から第五項までの請求（これらの規定を第十二条の二において準用する場合を含む。）、第四十八条第二項の規定による請求及び第百二十条第一項の請求について市町村長が行う処分又はその不作為に不服がある者は、管轄法務局長等に審査請求をすることができる。

第一二五条 削除

第八章　雑則

第一二六条【戸籍記載事項等に係る情報提供】 市町村長又は法務局若しくは地方法務局の長は、法務省令で定める基準及び手続により、統計の作成又は学術研究であつて、公益性が高く、かつ、その目的を達成するために戸籍若しくは除かれた戸籍に記載した事項又は届書その他市町村長の受理した書類に記載した事項に係る情報を利用する必要があると認められるもののため、その必要の限度において、これらの情報を提供することができる。

第一二七条【行政手続法の適用除外】 戸籍事件に関する市町村長の処分については、行政手続法（平成五年法律第八十八号）第二章及び第三章の規定は、適用しない。

第一二八条【行政機関の保有する情報の公開に関する法律の適用除外】 戸籍及び除かれた戸籍の副本、第四十八条第二項に規定する書類並びに届書等情報については、行政機関の保有する情報の公開に関する法律（平成十一年法律第四十二号）の規定は、適用しない。

> **＊令和一法一七**（令和六・五・三〇までに施行）**による改正**
> 第一二八条中「副本並びに」は「副本、」に改められ、「書類」の下に「並びに届書等情報」が加えられた。（本文織込み済み）

第一二九条【個人情報の保護に関する法律の適用除外】 戸籍及び除かれた戸籍の正本及び副本、第四十八条第二項に規定する書類並びに届書等情報に記録されている保有個人情報（個人情報の保護に関する法律（平成十五年法律第五十七号）第六十条第一項に規定する保有個人情報をいう。）については、同法第五章第四節の規定は、適用しない。

> **＊令和一法一七**（令和六・五・三〇までに施行）**による改正**
> 第一二九条中「副本並びに」は「副本、」に改められ、「書類」の下に「並びに届書等情報」が加えられた。（本文織込み済み）

第一三〇条【電子情報処理組織による届出等の特例】 ① 情報通信技術を活用した行政の推進等に関する法律第六条第一項の規定により同項に規定する電子情報処理組織を使用してする届出の届出地及び同項の規定により同項に規定する電子情報処理組織を使用してする申請の申請地については、第四章及び第五章の規定にかかわらず、法務省令で定めるところによる。

> **＊令和一法一七**（令和六・五・三〇までに施行）**による改正**
> 第一項中「推進等に関する法律」の下の「（平成十四年法律第百五十一号）」は削られた。（本文織込み済み）

② 第四十七条の規定は、情報通信技術を活用した行政の推進等に関する法律第六条第一項の規定により同項に規定する電子情報処理組織を使用してした届出及び申請について準用する。

第一三一条【法務省令への委任】 この法律に定めるもののほか、届書その他戸籍事務の処理に関し必要な事項は、法務省令で定める。

第九章　罰則（抄）

第一三二条（略）

第一三三条【戸籍に関する事項の不正提供に対する罰則】 戸籍に関する事務に従事する市町村の職員若しくは職員であつた者又は市町村長の委託（二以上の段階にわたる委託を含む。）を受けて行う戸籍に関する事務の処理に従事している者若しくは従事していた者が、その事務に関して知り得た事項を自己若しくは第三者の不正な利益を図る目的で提供し、又は盗用したときは、一年以下の懲役又は五十万円以下の罰金に処する。

> **＊令和四法六八**（令和七・六・一六までに施行）**による改正**
> 第一三三条中「懲役」を「拘禁刑」に改める。（本文未織込み）

第一三四条【虚偽の届出に対する罰則】 戸籍の記載又は記録を要しない事項について虚偽の届出をした者は、一年以下の懲役又は二十万円以下の罰金に処する。外国人に関する事項について虚偽の届出をした者も、同様とする。

> **＊令和四法六八**（令和七・六・一六までに施行）**による改正**
> 第一三四条中「懲役」を「拘禁刑」に改める。（本文未織込み）

第一三五条【不正手段による戸籍謄本等の交付等に対する罰金】 偽りその他不正の手段により、第十条第一項若しくは第十条の二第一項から第五項までの規定による戸籍謄本等の交付、第十二条の二の規定による除籍謄本等の交付若しくは第百二十条第一項の規定による戸籍証明書若しくは除籍証明書の交付を受けた者、第百二十条の三第二項の規定による戸籍電子証明書提供用識別符号若しくは除籍電子証明書提供用識別符号の発行を受けた者又は同条第三項の規定による戸籍電子証明書若しくは除籍電子証明書の提供を受けた者は、三十万円以下の罰金に処する。

> **＊令和一法一七**（令和六・五・三〇までに施行）**による改正前**
> **第一三五条【不正手段による戸籍謄本等の交付に対する罰金】** 偽りその他不正の手段により、第十条若しくは第十条の二に規定する戸籍謄本等、第十二条の二に規定する除籍謄本等又は第百二十条第一項に規定する書面の交付を受けた者は、三十万円以下の罰金に処する。

第一三六条【不正手段による届書等の閲覧等に対する過料】 偽りその他不正の手段により、第四十八条第二項（第百十七条において準用する場合を含む。以下この条において同じ。）の規定による閲覧をし、若しくは同項の規定による証明書の交付を受けた者又は第百二十条の六第一項の規定による閲覧をし、若しくは同条の規定による証明書の交付を受けた者は、十万円以下の過料に処する。

> **＊令和一法一七**（令和六・五・三〇までに施行）**による改正前**
> **第一三六条【不正手段による届書等の閲覧等に対する過料】** 偽りその他不正の手段により、第四十八条第二項（第百十七条において準用する場合を含む。）の規定による閲覧をし、又は同項の規定による証明書の交付を受けた者は、十万円以下の過料に処する。

第一三七条【届出を怠つた者に対する過料】 正当な理由がなくて期間内にすべき届出又は申請をしない者は、五万円以下の過料に処する。

第一三八条【催告期間を徒過した者に対する過料】 市町村長が、第四十四条第一項又は第二項（これらの規定を第百十七条において準用する場合を含む。）の規定によつて、期間を定めて届出又は申請の催告をした場合に、正当な理由がなくてその期間内に届出又は申請をしない者は、十万円以下の過料に処する。

第一三九条【市町村長に対する過料】 次の場合には、市町村長を十万円以下の過料に処する。

一 正当な理由がなくて届出又は申請を受理しないとき。

二 戸籍の記載又は記録をすることを怠つたとき。

三 正当な理由がなくて、届書その他受理した書類の閲覧を拒んだとき、又は第百二十条の六第一項の規定による請求を拒んだとき。

四 正当な理由がなくて、戸籍謄本等、除籍謄本等、第四十八条第一項若しくは第二項（これらの規定を第百十七条において準用する場合を含む。）の証明書、戸籍証明書若しくは除籍証明書を交付しないとき、戸籍電子証明書提供用識別符号若しくは除籍電子証明書提供用識別符号の発行をしないとき、又は戸籍電子証明書若しくは除籍電子証明書を提供しないとき。

五 その他戸籍事件について職務を怠つたとき。

＊令和一法一七（令和六・五・三〇までに施行）**による改正前**

第一三九条【市町村長に対する過料】（柱書略）

一・二（略）

三 正当な理由がなくて届書その他受理した書類の閲覧を拒んだとき。

四 正当な理由がなくて戸籍謄本等、除籍謄本等、第四十八条第一項若しくは第二項（これらの規定を第百十七条において準用する場合を含む。）の証明書又は第百二十条第一項の書面を交付しないとき。

五（略）

第一四〇条【過料についての裁判の管轄】 過料についての裁判は、簡易裁判所がする。

附 則（令和一・五・三一法一七）（抄）

（施行期日）

第一条 この法律は、公布の日から起算して二十日を経過した日（令和一・六・二〇）から施行する。ただし、次の各号に掲げる規定は、当該各号に定める日から施行する。

一（略）

二 第二十四条、第四十四条及び第八十七条第二項の改正規定 公布の日から起算して一年を超えない範囲内において政令で定める日（令和二・五・一―令和二政四七）

三（前略）第六章の章名の改正規定（中略） 公布の日から起算して三年を超えない範囲内において政令で定める日（令和三・九・一―令和三政二三八）

四（略）

五（前略）第百二十四条の改正規定（「市役所又は町村役場の所在地を管轄する法務局又は地方法務局の長」を「管轄法務局長等」に改める部分を除く。）、第百二十八条から第百三十条までの改正規定、第百三十七条を改め、同条を第百三十九条とする改正規定（第百三十七条を改める部分に限る。）、第百三十四条を改め、同条を第百三十六条とする改正規定（第百三十四条を改める部分に限る。）及び第百三十三条を改め、同条を第百三十五条とする改正規定（第百三十三条を改める部分に限る。）（中略） 公布の日から起算して五年を超えない範囲内において政令で定める日

（政令への委任）

第四条 前二条に定めるもののほか、この法律の施行に伴い必要な経過措置は、政令で定める。

附 則（令和三・五・一九法三七）（抄）

（施行期日）

第一条 この法律は、令和三年九月一日から施行する。ただし、次の各号に掲げる規定は、当該各号に定める日から施行する。

一（前略）附則（中略）第七十一条から第七十三条までの規定 公布の日

二 附則第十八条（戸籍法第百二十九条の改正規定を除く。）（中略）の規定 戸籍法の一部を改正する法律（令和元年法律第十七号）附則第一条第三号に掲げる規定の施行の日又はこの法律の施行の日（以下「施行日」という。）のいずれか遅い日（令和三・九・一三）

三（略）

四（前略）附則（中略）第十八条（戸籍法第百二十九条の改正規定（「戸籍の」の下に「正本及び」を加える部分を除く。）に限る。）（中略）の規定 公布の日から起算して一年を超えない範囲内において、各規定につき、政令で定める日（令和四・四・一―令和三政二九一）

五・六（略）

七（前略）附則（中略）第十八条（戸籍法第百二十九条の改正規定（「戸籍の」の下に「正本及び」を加える部分に限る。）に限る。）（中略）の規定 公布の日から起算して二年を超えない範囲内において、各規定につき、政令で定める日（令和五・四・一―令和四政一七六）

八―十（略）

（政令への委任）

第七二条（前略）この法律の施行に関し必要な経過措置（中略）は、政令で定める。

（検討）

第七三条 政府は、行政機関等に係る申請、届出、処分の通知その他の手続において、個人の氏名を平仮名又は片仮名で表記したものを利用して当該個人を識別できるようにするため、個人の氏名を平仮名又は片仮名で表記したものを戸籍の記載事項とすることを含め、この法律の公布後一年以内を目途としてその具体的な方策について検討を加え、その結果に基づいて必要な措置を講ずるものとする。

刑法等の一部を改正する法律の施行に伴う関係法律整理法中経過規定（令和四・六・一七法六八）（抄）

第四四一条から第四四三条まで（刑法の同経過規定参照）

第五〇九条（刑法の同経過規定参照）

刑法等の一部を改正する法律の施行に伴う関係法律整理法

附 則（令和四・六・一七法六八）（抄）

（施行期日）

① この法律は、刑法等一部改正法（刑法等の一部を改正する法律（令和四法六七））施行日から施行する。ただし、次の各号に掲げる規定は、当該各号に定める日から施行する。

一 第五百九条の規定 公布の日

二（略）

○後見登記等に関する法律（抄）（平成一一・一二・八 法 一五二）

施行　平成一二・四・一（附則）
最終改正　令和三法三七

（趣旨）
第一条　民法（明治二十九年法律第八十九号）に規定する後見（後見開始の審判により開始するものに限る。以下同じ。）、保佐及び補助に関する登記並びに任意後見契約に関する法律（平成十一年法律第百五十号）に規定する任意後見契約の登記（以下「後見登記等」と総称する。）については、他の法令に定めるもののほか、この法律の定めるところによる。

（登記所）
第二条①　後見登記等に関する事務は、法務大臣の指定する法務局若しくは地方法務局若しくはこれらの支局又はこれらの出張所（次条において「指定法務局等」という。）が、登記所としてつかさどる。

②　（略）

第三条　（略）

（後見等の登記等）
第四条①　後見、保佐又は補助（以下「後見等」と総称する。）の登記は、嘱託又は申請により、磁気ディスク（これに準ずる方法により一定の事項を確実に記録することができる物を含む。第九条において同じ。）をもって調製する後見登記等ファイルに、次に掲げる事項を記録することによって行う。

一—十一　（略）

②　（略）

（任意後見契約の登記）
第五条　任意後見契約の登記は、嘱託又は申請により、後見登記等ファイルに、次に掲げる事項を記録することによって行う。

一—十一　（略）

第六条から**第九条**まで　（略）

（登記事項証明書の交付等）
第一〇条①　何人も、登記官に対し、次に掲げる登記記録について、後見登記等ファイルに記録されている事項（記録がないときは、その旨）を証明した書面（以下「登記事項証明書」という。）の交付を請求することができる。

一　自己を成年被後見人等又は任意後見契約の本人とする登記記録

二　自己を成年後見人等、成年後見監督人等、任意後見受任者、任意後見人又は任意後見監督人（退任したこれらの者を含む。）とする登記記録

三　自己の配偶者又は四親等内の親族を成年被後見人等又は任意後見契約の本人とする登記記録

四　自己を成年後見人等、成年後見監督人等又は任意後見監督人の職務代行者（退任したこれらの者を含む。）とする登記記録

五　自己を後見命令等の本人とする登記記録

六　自己を財産の管理者（退任した者を含む。）とする登記記録

七　自己の配偶者又は四親等内の親族を後見命令等の本人とする登記記録

②　次の各号に掲げる者は、登記官に対し、それぞれ当該各号に定める登記記録について、登記事項証明書の交付を請求することができる。

一　（略）

二　成年後見人等又は成年後見監督人等　その成年被後見人等を任意後見契約の本人とする登記記録

三　登記された任意後見契約の任意後見受任者　その任意後見契約の本人を成年被後見人等又は後見命令等の本人とする登記記録

③—⑤　（略）

第一一条から**第一七条**まで　（略）

◉商法

（明治三二・三・九 法 四 八）

施行 明治三二・六・一六（明治三二勅一三三）

改正 明治四四法七三、大正一一法七一、昭和七法二〇、昭和八法五七、昭和一二法七九、昭和一三法**七二**、昭和二二法六一・法一〇〇・法二二三、昭和二三法**一四八**、昭和二四法一三七、昭和二五法**一六七**（昭和二六法二〇九）・法二九〇、昭和二六法二一三、昭和二七法二六八、昭和三〇法**二八**、昭和三三法六二・法一〇六、昭和三七法**八二**、昭和三八法一二六、昭和四一法**八三**・法一一一、昭和四九法**二一**、昭和五〇法九四、昭和五四法五、昭和五六法**七四**、平成一法九一、平成二法**六四**、平成五法**六二**、平成六法六六、平成九法五六・法**七一**・法一〇七、平成一一法**一二五**・法一五一・法一六〇・法二二五、平成一二法**九〇**、平成一三法四一・法四九・法**七九**・法**一二八**（平成一三法一四九）・法一四九、平成一四法**四四**、平成一五法一三二・法一三四・法一三八、平成一六法七六・法八七・法八八・法一四七・法一五二・法一五四、平成一七法**八七**、平成一八法一〇九、平成二〇法**五七**、平成二三法五三、平成二六法四二・法九一、平成二九法**四五**（平成三〇法二九）、平成三〇法**二九**

注　平成一七・七・二六法八七、平成三〇・五・二五法二九による改正前の商法の下での判例について、適宜対応する条数、用語を注記した。

目次

朕帝国議会の協賛を経たる商法修正の件を裁可し茲に之を公布せしむ。

商法別冊の通之を定む。

此法律施行の期日は勅令を以て之を定む。（明治三二・六・一六施行―明治三二勅一三三）

明治二十三年法律第三十二号商法は第三編を除く外此法律施行の日より之を廃止す。

第一編　総則

第一章　通則

（趣旨等）

第一条① 商人の営業、商行為その他商事については、他の法律に特別の定めがあるものを除くほか、この法律の定めるところによる。

② 商事に関し、この法律に定めがない事項については商慣習に従い、商慣習がないときは、民法（明治二十九年法律第八十九号）の定めるところによる。

☞❶【商人↓四【営業↓四、五、一五―一二、二四、五〇二【商行為↓五〇一―五〇三、会社五【他の法律↓消費契約一一①、国際海運一五、ETC ❷【商慣習↓法適用三、民九二

> **商慣習法**
>
> **1 白地手形の有効性**↓手一〇条⑦・一〇条⑦
>
> **2 再保険者と代位権行使**
>
> ⑦ 保険業界においては、元受保険者が再保険者から再保険金を受領したときは、商法四一六条〔昭和一三法七二による改正前。保険二五条〕により被保険者又は保険契約者が第三者に対して有する損害賠償請求権を元受保険者が代位する権利は、右再保険金の限度で再保険者に移転するが、元受保険者が右の権利行使につき受託関係を有するものとして自己の名でこれを行使し、それによって回収した金員を再保険者に交付する商慣習があり、それは代位権行使の方法に関するもので、同条と抵触せず、公序良俗にも反しない。（大判昭15・2・21民集一九・二七三、商法百選一）

（公法人の商行為）

第二条　公法人が行う商行為については、法令に別段の定めがある場合を除き、この法律の定めるところによる。

☞⁺【公法人の例↓自治二【商行為↓五〇一―五〇三

（一方的商行為）

第三条① 当事者の一方のために商行為となる行為については、この法律をその双方に適用する。

② 当事者の一方が二人以上ある場合において、その一人のために商行為となる行為については、この法律をその全員に適用する。

☞❶【当事者双方が商人たることを要する場合↓五一三①、五

二一・五二四—五二八【当事者の一方が商人たることを要する場合↓五〇九・五一〇・五一二・五一三②・五九五　❷【多数当事者の債務↓五一一

中小企業協同組合が商人に貸し付ける行為と商行為性↓四条[4]

第二章　商人

（定義）
第四条① この法律において「商人」とは、自己の名をもって商行為をすることを業とする者をいう。
② 店舗その他これに類似する設備によって物品を販売することを業とする者又は鉱業を営む者は、商行為を行うことを業としない者であっても、これを商人とみなす。

§❶【商人↓七【商行為↓五〇一§・五〇二§、会社五

[1]
一 「自己の名をもって」の意味　自己の名をもって商行為をなすとは、自己が法律上商行為より生ずる権利義務の主体となることをいい、営業者として行政官庁に届け出ているかどうかを問わない。（大判大8・5・19民録二五・八七五）

二 営業準備行為と商人資格

[2]
1 商人資格の取得　特定の営業を開始する目的でその準備行為をした者は、その行為により営業を開始する意思を実現したもので、これにより商人たる資格を取得すべく、その準備行為もまた商人が営業のためにする行為として商行為になる。（最判昭33・6・19民集一二・一〇・一五七五、商法百選二）

[3]
2 営業の準備行為の意味―金銭の借入れの商行為性　営業の準備行為は、相手方はもとより、それ以外の者にも客観的に開業準備行為と認められ得るものであることを要し、金銭を借り入れる行為は、特段の事情のない限り、開業準備行為であるとすることはできないが、取引の相手方がこの事情を知っているときは、開業準備行為として商行為性が認められる。（最判昭47・2・24民集二六・一・一七二、商法の判例[三版]五二）

[4]
三 信用協同組合の非商人性　中小企業等協同組合法に基づいて設立された信用協同組合は、商法上の商人に当たらないが、同組合につき同法が商法中の特定の条文を準用する旨を定めている場合のほかは商法の適用が排除されると解すべきではなく、同組合が商人たる組合員に貸付けをするときは、商法五〇三条、三条一項により、五二二条［平成二九法四五による改正前］が適用される。（最判昭48・10・5判時七二六・九二、商法百選三）

[5]
中小企業等協同組合法に基づいて設立された信用協同組合は、今日、その事業の範囲はかなり拡張されてきているとはいえ、なお組合員の事業・家計の助成を図ることを目的とする共同組織であるとの性格に基本的な変更はないとみるべきであって、その業務は営利を目的とするものではないというべきであるから、商法上の商人には当たらない。（最判平18・6・23判時一九四三・一四六）

[6]
四 信用金庫の非商人性　信用金庫法に基づいて設立された信用金庫は、国民大衆のために金融の円滑を図り、その貯蓄の増強に資するために設けられた協同組織による金融機関であり、信用金庫の行う業務は営利を目的とするものではないというべきであるから、信用金庫は商法上の商人には当たらない。（最判昭63・10・18民集四二・八・五七五、倒産百選[六版]六五）

（未成年者登記）
第五条　未成年者が前条の営業を行うときは、その登記をしなければならない。

§⁺【未成年者の営業↓民六、八二三・八五七・八六四・八六五【登記↓九、商登六[三]・三五—三九【適用除外↓七

（後見人登記）
第六条① 後見人が被後見人のために第四条の営業を行うときは、その登記をしなければならない。
② 後見人の代理権に加えた制限は、善意の第三者に対抗することができない。

§⁺【後見人の営業の代理↓民八五九・八六四・八六五【登記↓九、商登六[三]・四〇—四二【適用除外↓七

（小商人）
第七条　第五条、前条、次章、第十一条第二項、第十五条第二項、第十七条第二項前段、第五章及び第二十二条の規定は、小商人（商人のうち、法務省令で定めるその営業のために使用する財産の価額が法務省令で定める金額を超えないものをいう。）については、適用しない。

第三章　商業登記

（通則）
第八条　この編の規定により登記すべき事項は、当事者の申請により、商業登記法（昭和三十八年法律第百二十五号）の定めるところに従い、商業登記簿にこれを登記する。

§⁺【この編の規定により登記すべき事項↓五・六・一〇・一一②・一七②・二二【登記所↓商登一の三—五【商業登記簿↓商登六—一一の二【登記手続↓商登

（登記の効力）
第九条① この編の規定により登記すべき事項は、登記の後でなければ、これをもって善意の第三者に対抗することができない。登記の後であっても、第三者が正当な事由によってその登記があることを知らなかったときは、同様とする。
② 故意又は過失によって不実の事項を登記した者は、その事項が不実であることをもって善意の第三者に対抗することができない。

§❶【この編の規定により登記すべき事項↓八§【特則↓一五②

一 本条一項の意義、適用範囲

[1]
1 登記事項を登記しない場合の効果　支配人選任の登記をしないときは、商法一二条［会社九〇八条一項］により支配人選任の事実を善意の第三者に対抗できないにとどまり、第三者からこれをもって支配人を選任した営業主に対抗することは妨げられない。（大判明41・10・12民録一四・九九九）

2 本条一項が適用されない場合

[2]
イ 第三者相互間　商法一二条［会社九〇八条一項］は、登記当事者が登記すべき事項を第三者に対抗できる場合を規定したものであり、会社の清算人から動産を買い受けた者Aが第三者Bに対して右所有権を主張する場合には適用されず、清算人選任登記の効力いかんにかかわらず、Aは右所有権をBに対して主張することができる。（最判昭29・10・15民集八・一〇・一八九八、商法百選四）

[3]
ロ 訴訟行為　商法一二条［会社九〇八条一項］は、会社と実体法上の取引関係に立つ第三者を保護するため、登記をもって対抗要件としているのであり、実体法上の取引行為でない民事訴訟において当事者である会社を代表する権限を有する者を定めるに当たっては適用されない。（最判昭43・11・1民集二二・一二・二四〇二、商法百選五）

八 合名会社の退社員の責任↓会社六一二条[2]

二 取締役の辞任登記未了と会社法四二九条の責任↓会社四二九条[14]

二 本条一項と民法一一二条との関係

[4]　**1　代表取締役の退任の登記と民法一一二条**　代表取締役の退任及び代表権の喪失につき登記したときは、その後にその者が会社代表者として第三者とした取引については、専ら商法一二条〔会社九〇八条一項〕が適用され、民法一一二条の適用ないし類推適用の余地はない。（最判昭49・3・22民集二八・二・三六八、商法百選六）

2　社会福祉法人の理事の辞任登記と民法一一二条→民一一二条[5]

[5]　**三　正当の事由の有無**
代表取締役の資格を喪失し、その登記がなされた者から手形の振出交付を受けた者が、右登記事項につき登記簿を閲覧することが可能な状態にあったときは、代表取締役の資格喪失を知らなかったことにつき、正当の事由があったとはいえない。（最判昭52・12・23判時八八〇・七八、商法百選七）

[6]　**四　選任登記前の代表取締役の手形振出しの効果**
実在する会社がその商号の変更及び代表取締役の氏名の登記をしていない場合に、その代表取締役が変更後の商号でその会社の代表取締役として約束手形を振り出したときは、手形の取得者は、右会社に対して手形上の責任を問うべきであって、代表取締役が手形法八条の責任を負うものでない。（最判昭35・4・14民集一四・五・八三三、総則・商行為百選[四版]五）

五　本条二項が適用されるための要件—登記申請権者の登記申請

[7]　商法一四条〔会社九〇八条二項〕が適用されるためには、原則として、登記自体が登記申請権者の申請に基づいてされたものであることを要し、そうでない場合には、登記申請権者が何らかの形で当該登記の実現に加功し、又はその不実登記の存在が判明しているのにこれを放置するなど、登記が申請権者の申請に基づく登記と同視するのを相当とするような特段の事情がない限り、同条による登記名義者の責任を肯定する余地はない。（最判昭55・9・11民集三四・五・七一七、商登百選九九……代表取締役でない取締役が自らを代表取締役として登記をし、会社の財産を処分した事例）

六　本条二項の類推適用

1　故意・過失により取締役就任登記を承諾した者の会社法四二九条の責任

[8]　取締役でない者につき取締役就任の不実登記がなされた場合において、その就任登記につき取締役とされた本人が承諾を与えたときは、同人も不実登記の出現に加功したものであるから、商法一四条〔会社九〇八条二項〕を類推適用して、同人に故意又は過失がある限り、登記事項の不実なことを善意の第三者に対抗できない。（最判昭47・6・15民集二六・五・九八四、商法百選八……商法二六六条ノ三〔会社四二九条〕の責任を問われた事例）

2　辞任した取締役の不実登記の残存についての承諾と会社法四二九条の責任→会社四二九条[13]

第一〇条（変更の登記及び消滅の登記）　この編の規定により登記した事項に変更が生じ、又はその事項が消滅したときは、当事者は、遅滞なく、変更の登記又は消滅の登記をしなければならない。

㊜⁺【登記した事項→八㊜【変更又は消滅の登記→九①

第四章　商号

第一一条（商号の選定）①　商人（会社及び外国会社を除く。以下この編において同じ。）は、その氏、氏名その他の名称をもってその商号とすることができる。

②　商人は、その商号の登記をすることができる。

㊜❶【商人→四【会社の商号→会社六【外国会社→会社二㈡【商号選定自由の制限→一二、会社七、八【名板貸し→一四　❷【商登記→九、商登六㈡、二七—三三

[1]　**一　商号の成立**
商号は商人の営業上の名称であるから、商号の成立には、営業の存在を前提とするが、営業が全面的に展開していることを要せず、その準備行為が存在すれば足りる。（大決大11・12・8民集一・七一四、総則・商行為百選[三版]一四）

[2]　**二　商号単一の原則**
商人が数種の独立した営業をし、又は数個の営業所を有する場合においては、その各営業又は営業所につき別異の商号を有することを妨げないが、同一営業について同一営業所で数個の商号を有することは許されない。（大決大13・6・13民集三・二八〇、総則・商行為百選[三版]一五）

第一二条（他の商人と誤認させる名称等の使用の禁止）①　何人も、不正の目的をもって、他の商人であると誤認されるおそれのある名称又は商号を使用してはならない。

②　前項の規定に違反する名称又は商号の使用によって営業上の利益を侵害され、又は侵害されるおそれがある商人は、その営業上の利益を侵害する者又は侵害するおそれがある者に対し、その侵害の停止又は予防を請求することができる。

㊜❶【不正の目的→不正競争二①㈠、独禁二⑨【制裁→一三　❷【差止請求→不正競争三①【損害賠償の請求→民七〇九、不正競争四

[1]　**一　不正の目的**
「不正の目的」は、他の会社の営業と誤認させる目的、他の会社と不正に競争する目的、他の会社を害する目的など不正な活動を行う積極的な意思を有することを要する。（知財高判平19・6・13判時二〇三六・一一七、商法百選一〇）

[2]　**二　商号使用差止めが認められた事例**
A会社（東京瓦斯株式会社）が東京都中央区に新社屋を建設し、そこに本店を移転する計画を持っていたことは広く世間に知られていたのに、B会社（新光電設株式会社）が同区内において商号を「東京瓦斯株式会社」と変更し、かつ、目的を「石炭瓦斯の製造販売」と変更する旨の登記をし、B会社には石炭瓦斯の製造販売の事業を営むに足る能力も準備もない等の事実があるときは、B会社は不正の目的でA会社の営業と誤認させる商号を使用したものであり、A会社はこれにより利益を害されるおそれがある。（最判昭36・9・29民集一五・八・二二五六、総則・商行為百選[五版]一三）

第一三条（過料）　前条第一項の規定に違反した者は、百万円以下の過料に処する。

㊜⁺【過料の裁判→非訟一一九—一二二【類似の規定→会社九七八㈢

第一四条（自己の商号の使用を他人に許諾した商人の責任）　自己の商号を使用して営業又は事業を行うことを他人に許諾した商人は、当該商人が当該営業を行うものと誤認して当該他人と取引をした者に対し、当該他人と連帯して、当該取引によって生じた債務を弁済する責任を負う。

㊜⁺【連帯責任→民四三六【類似の規定→五三七、会社五八八・五八九【名板貸しの禁止→金商三六の三

一　自己の氏名の使用許諾と認められた場合

1　薬局開設の許容

[1]　営業とする薬局の開設者として自己の名義を使用することを他人Bに許容した者Aは、Bが薬局の登録の申請をした場合には、その申請を通じ自己が当該薬局の営業者となることの意思を示したと認むべきであるから、商法二三条〔会社九条〕の許諾に該当する。（最判昭32・1・31民集一一・一・一六一、総則・商行為百選[二版]二二）

[2] 2 「東京地方裁判所厚生部」　一般に他人に自己の名称、商号等の使用を許し、もってその他人のする取引が自己の取引であるかのように見える外形を作り出した者は、商法二三条［会社九条］の法理に照らし、この外形を信頼して取引した第三者に対し自ら責めに任ずべきであって、東京地方裁判所が「東京地方裁判所厚生部」という名称を用いて他と取引することを認め、その職員に地方裁判所総務局厚生係に充てた部室を使用することを認めていた等の事情があるときは、自己の取引であるかのような外形を作り出したと認めるべきである。（最判昭35・10・21民集一四・一二・二六六一、民百選Ⅰ[八版]二八）

二　スーパー店がそのテナントの行為について本条の類推適用により責任を負う場合

[3]　スーパーマーケットYの屋上でテナントとしてZがペットショップを経営しており、その店舗の外部にはYの商標を表示した大きな看板が掲げられており、屋上案内板等には「ペットショップ」とのみ記載され、営業主体がYかZかが明らかにされておらず、一般客が営業主体をYと誤認するのもやむを得ない外観があり、かつ、YとZとの契約によりZをしてYの統一的営業方針に従わせる等の事情が存在しているときは、Yは、商法二三条［会社九条］の類推適用により、一般客とZとの取引に関して名板貸人と同様の責任を負う。（最判平7・11・30民集四九・九・二九七二、商法百選一四……Zから購入した手乗りインコが保有していた菌から肺炎にかかり死亡したとして、Yに対して債務不履行責任が追及された事例）

三　同種の営業であることとの必要性

1　原則―同種の営業であることが必要

[4]　自己の商号を使用して営業を営むことを他人に許諾した場合に商法二三条［会社九条］の責任を負うのは、特段の事情がない限り、商号使用の許諾を受けた者の営業がその許諾をした者の営業と同種の営業であることを要する。（最判昭43・6・13民集二二・六・一一七一、商法百選一三）

2　例外―異なる営業の場合

[5]　Aが、その営んでいた電気器具商をやめるに際し、従前店舗に掲げていた「現金屋」という看板をそのままにし、その名義のゴム印、印鑑、小切手帳等を店舗に置いたままにしておき、Aの営業当時の使用人であるBがAの営業当時の店舗を使用して「現金屋」の商号で食料品店を経営すること、及びその後経営していたことを了知していた等の事情があるときは、Bが右のゴム印、印鑑を用いて第三者とした取引につき、Aは商法二三条［会社九条］の責任を負う。（最判昭43・6・13前出[4]）

四　「取引によって生じた債務」の意味

1　売買契約解除による手付金返還債務は含まれる

[6]　自己の商号を使用して売買することを他人に許可した者は、他人がその売買契約の解除によって負った手付金返還債務につき、商法二三条［会社九条］の「其の取引に因りて生じたる債務」として連帯して弁済の責めに任ずる。（最判昭30・9・9民集九・一〇・一二四七、総則・商行為百選[二版]二五）

2　不法行為に起因した債務は含まれない

[7]　「其の取引に因りて生じたる債務」とは、第三者において名義貸与者が営業主であるとの外観を信じて取引に入ったため名義貸与を受けた者がその取引をしたことによって負担することとなった債務を指し、交通事故その他の事実行為たる不法行為に起因して負担した損害賠償債務は、右債務に当たらない。（最判昭52・12・23民集三一・七・一五七〇、総則・商行為百選[三版]二三）

3　取引行為の外形を持つ不法行為による債務は含まれる

[8]　商法二三条［会社九条］の趣旨は、第三者が名義貸与者を真実の営業者であると誤認して名義貸与を受けた者との間で取引をした場合に、その外観を信頼した第三者を保護することにあるから、名義貸与を受けた者が取引行為の外形を持つ不法行為により負担することになった損害賠償債務も、「取引に因りて生じたる債務」に含まれる。（最判昭58・1・25判時一〇七二・一四四、重判昭58商一……名板借人の詐欺的取引によって損害が発生した事例）

五　「営業の許諾」の意味

1　手形行為の許諾は含まれない→手◆【手形法総論】［二編名の後］[26]

2　許諾された名称を営業には使用せず、手形振出しに使用した場合―本条の類推適用

[9]　AがBに自己の名称で営業することを許諾した場合において、Bがその名称で営業を営むことはしなかったが、その名称で銀行と当座勘定取引契約を結び、その口座を利用してBの営業のためにA名義で手形を振り出したときは、Aは、A名義の手形が決済されてきた状況を確かめた上で裏書譲渡を受けた者に対して、商法二三条［会社九条］の類推適用により手形金の支払義務を負う。（最判昭55・7・15判時九八二・一四四、商法百選一一）

六　相手方の重過失と免責

[10]　商法二三条［会社九条］の名義貸与者の責任は、その者を営業者と誤認して取引をした者に対するものであって、たとえ誤認が取引をした者の過失による場合でも責任を免れないが、ただ重過失は悪意と同視すべきであるから、誤認して取引した者に重過失があるときは、名義貸与者は責任を免れる。（最判昭41・1・27民集二〇・一・一一一、商法百選一二）

商法

（商号の譲渡）

第一五条①　商人の商号は、営業とともにする場合又は営業を廃止する場合に限り、譲渡することができる。

②　前項の規定による商号の譲渡は、登記をしなければ、第三者に対抗することができない。

⑳❶【商号の続用】→一七　❷【登記】→九、商登三〇①②

（営業譲渡人の競業の禁止）

第一六条①　営業を譲渡した商人（以下この章において「譲渡人」という。）は、当事者の別段の意思表示がない限り、同一の市町村（特別区を含むものとし、地方自治法（昭和二十二年法律第六十七号）第二百五十二条の十九第一項の指定都市にあっては、区又は総合区。以下同じ。）の区域内及びこれに隣接する市町村の区域内においては、その営業を譲渡した日から二十年間は、同一の営業を行ってはならない。

②　譲渡人が同一の営業を行わない旨の特約をした場合には、その特約は、その営業を譲渡した日から三十年の期間内に限り、その効力を有する。

③　前二項の規定にかかわらず、譲渡人は、不正の競争の目的をもって同一の営業を行ってはならない。

⑳❶【営業譲渡の効果】→会社二一　❸【不正の競争の目的】→一二①、不正競争二①[一]

営業譲渡の意義

[1]　商法二四五条一項一号［会社四六七条一項一号・三〇九条二項一一号］によって特別決議を経ることを必要とする営業の譲渡とは、二四条以下［会社二一条以下］にいう営業の譲渡と同一意義であって、一定の営業目的のため組織化され、有機的一体として機能する財産（得意先関係等の経済的価値ある事実関係を含む）の全部又は重要な一部を譲渡し、これによって譲渡会社がその財産によって営んでいた営業的活動の全部又は重要な一部を譲受人に受け継がせ、譲渡会社がその譲渡の限度に応じ法律上当然に二五条［会社二一条］に定める競業避止義務を負う結果を伴うものをいう。（最大判昭40・9・22民集一九・六・一六〇〇、商法百選一五）

第一七条（譲渡人の商号を使用した譲受人の責任等）

第一七条① 営業を譲り受けた商人（以下この章において「譲受人」という。）が譲渡人の商号を引き続き使用する場合には、その譲受人も、譲渡人の営業によって生じた債務を弁済する責任を負う。

② 前項の規定は、営業を譲渡した後、遅滞なく、譲受人が譲渡人の債務を弁済する責任を負わない旨を登記した場合には、適用しない。営業を譲渡した後、遅滞なく、譲受人及び譲渡人から第三者に対しその旨の通知をした場合において、その通知を受けた第三者についても、同様とする。

③ 譲受人が第一項の規定により譲渡人の債務を弁済する責任を負う場合には、譲渡人の責任は、営業を譲渡した日後二年以内に請求又は請求の予告をしない債権者に対しては、その期間を経過した時に消滅する。

④ 第一項に規定する場合において、譲渡人の営業によって生じた債権について、その譲受人にした弁済は、弁済者が善意でかつ重大な過失がないときは、その効力を有する。

参 ❶【商号を続用しない場合→一八①　❷【責任を負わない旨の登記→商登三一　❹【善意の弁済→民四七八

一 譲受人が責任を負う範囲

[1] 商法二六条［会社二二条］は、譲渡人が営業を譲渡するまでの間にその営業による債権者に対する債務を負担した場合に適用され、営業譲渡後に新たに負担した債務には適用されない。（東京高判昭56・6・18判時一〇一六・一一〇、重判昭56商一）

二 債権者の善意の要否

[2] 商法二六条一項［会社二二条一項］の規定は、営業譲渡人の債権者が、営業譲渡の事実及び営業譲受人による債務の引受けがなされていない事実を知っている場合には適用がない。（東京地判昭49・12・9判時七七八・九六）

[3] 会社法二二条一項は債権者の認識等を要件としていないから、債権者と事業譲渡会社との取引状況等を根拠として同条項の適用を否定することはできない。（宇都宮地判平22・3・15判タ一三二四・二三一）

三 商号続用に当たらないとされた事例

[4] 「有限会社米安商店」から営業を譲り受けた者が、「合資会社新米安商店」という商号を使用する場合には、「新」の字句は取引の社会通念上は継承的文句ではなく、かえって新会社が旧会社の債務を承継しないことを示すための字句であるから、商法二六条［会社二二条］の商号の続用に当たらない。（最判昭38・3・1民集一七・二・二八〇、商法百選一七）

四 本条の類推適用

1 現物出資の場合

[5] 商法二六条［会社二二条］は、営業の現物出資を受けて設立された会社が現物出資をした者の商号を続用する場合にも類推適用される。（最判昭47・3・2民集二六・二・一八三、総則・商行為百選[五版]二一）

2 営業の賃貸借の場合

[6] 商法二六条［会社二二条］は、営業に最も重要な財産を賃借する等、その契約期間が一〇年という長期にわたるような営業の賃貸借と認められる場合にも、類推適用される。（東京高判平13・10・1判時一七七二・一三九）

3 経営委任の場合

[7] 商法二六条［会社二二条］は、業務委託契約が営業の包括的な賃貸借に当たる場合にも類推適用される。（東京高判平14・9・26判時一八〇七・一四九）

4 名称の続用

イ 営業譲渡の場合

[8] ゴルフ場の譲受人が、譲渡人の商号を続用していない場合であっても、ゴルフクラブの名称を継続して使用しているときは、譲受後遅滞なく当該ゴルフクラブ会員によるゴルフ場の優先利用を拒絶したなどといった特段の事情がない限り、商法二六条一項［会社二二条一項］の類推適用により、譲受人もまた預託金の返還義務を負う。（最判平16・2・20民集五八・二・三六七、商法百選一八）

ロ 会社分割の場合

[9] 分割会社がゴルフ場の事業主体を表すものとして用いていたゴルフクラブの名称を承継会社が引き続き使用しているときは、会社分割後遅滞なく会員によるゴルフ場施設の優先的利用を拒否したなどの特段の事情がない限り、承継会社は、会社法二二条一項の類推適用により、当該ゴルフクラブの会員が分割会社に交付した預託金の返還義務を負う。（最判平20・6・10判時二〇一四・一五〇、商法百選一九）

五 本条二項の登記と信義則違反

[10] 商法二六条二項［会社二二条二項］の登記をしている場合であっても、譲受人が対外的に譲渡人自体であるかのように振る舞い、かつ実質的にも譲渡人の業務を受託して債務を一部履行し、かつ残部も履行するかのように行動して、譲渡人の債権者がそのことを信じているような事情の下では、譲受人が譲渡人の債務の支払を拒絶するのは、信義則に反する。（東京地判平12・12・21金法一六二一・五四）

[11] 貸金業に関する営業譲渡において譲渡会社の商号を続用している譲受会社が、商法二六条二項［会社二二条二項］の登記をしているときでも、譲渡会社を自身と同一視して貸付返済業務等を行っていた譲受会社が、右登記を根拠に同条一項［会社二二条一項］の適用を排し過払金返還請求を拒むことは、信義則違反である。（東京地判平16・7・26金判一二三一・四二）

第一八条（譲受人による債務の引受け）

第一八条① 譲受人が譲渡人の商号を引き続き使用しない場合においても、譲渡人の営業によって生じた債務を引き受ける旨の広告をしたときは、譲渡人の債権者は、その譲受人に対して弁済の請求をすることができる。

② 譲受人が前項の規定により譲渡人の債務を弁済する責任を負う場合には、譲渡人の責任は、同項の広告があった日後二年以内に請求又は請求の予告をしない債権者に対しては、その期間を経過した時に消滅する。

参 ❶【商号を続用する場合→一七①

一 債務引受けの広告に当たるとされた事例

[1] 「鉄道軌道業並びに沿線バス事業を……譲受ける」という広告は、右事業に伴う営業上の債務を引き受ける趣旨を包含する。（最判昭29・10・7民集八・一〇・一七九五）

[2] 倒産した旧会社から営業譲渡を受け、その役員、定款の目的、従業員がほぼ同一である新会社による、旧会社の借入金等を消極財産として記載し、事故発生以降の旧債を新会社が引き継ぎ、金融機関により減免を受けた利息についても新会社が責任を負い、元金についても新会社が弁済を続けること等を記載した文書の配布は、単なる取引先に対する挨拶状ではなく、商法二八条［会社二三条］にいう債務引受けの広告に当たる。（東京高判平12・12・27金判一一二一・二七）

二 債務引受けの広告に当たらないとされた事例

[3] ABC三社が営業を廃止し、新会社が設立されて、旧三社と同一の業務を開始するという趣旨の取引先に対する単なる挨拶状は、旧三社の債務を新会社が引き受ける趣旨を含んでいない。（最判昭36・10・13民集一五・九・二三二〇、商法百選二〇）

第一八条の二（詐害営業譲渡に係る譲受人に対する債務の履行の請求）

第一八条の二① 譲渡人が譲受人に承継されない債務の債権者（以下この条において「残存債権者」という。）を害することを知って営業を譲渡した場合には、残存債権者は、その譲受人に対して、承継した財産の価額を限度として、当該債務の履行を請求することができる。ただし、その譲受人が営業の譲渡の効力が生じた時において残存債権者を害することを知らなかったときは、この限りでない。

② 譲受人が前項の規定により同項の債務を履行する責任を負う場合には、当該責任は、譲渡人が残存債権者を害することを知って営業を譲渡したことを知った時から二年以内に請求又は請求の予告をしない残存債権者に対しては、その期間を経過した時に消滅する。営業の譲渡の効力が生じた日から十年を経過したときも、同様とする。

③ 譲渡人について破産手続開始の決定又は再生手続開始の決定があったときは、残存債権者は、譲受人に対して第一項の規定による請求をする権利を行使することができない。

参❶【会社が営業を譲り受けた場合→会社二四②】【譲受人の責任→一七①、一八①】

第五章　商業帳簿

第一九条① 商人の会計は、一般に公正妥当と認められる会計の慣行に従うものとする。

② 商人は、その営業のために使用する財産について、法務省令で定めるところにより、適時に、正確な商業帳簿（会計帳簿及び貸借対照表をいう。以下この条において同じ。）を作成しなければならない。

③ 商人は、帳簿閉鎖の時から十年間、その商業帳簿及びその営業に関する重要な資料を保存しなければならない。

④ 裁判所は、申立てにより又は職権で、訴訟の当事者に対し、商業帳簿の全部又は一部の提出を命ずることができる。

参❹【一般原則→民訴二一九、二二〇】【不提出の効果→民訴二二四⁺】【適用除外→七】

一　一般に公正妥当と認められる会計慣行

[1] 少なくとも証券取引法［金融商品取引法］の適用がある株式会社においては、企業会計原則に違反しない会計処理をしている以上、特段の事情がない限り、「公正なる会計慣行」に違反していない。工事負担金を受け入れて固定資産を取得した鉄道会社が当該固定資産について圧縮記帳をせずに損益計算書を作成した行為は、企業会計原則に違反したものとは認められず、「公正なる会計慣行」に違反するものではない。（大阪地判平15・10・15金判一一七八・一九）

[2] 公正な会計慣行に合致する会計基準は複数存在することがあり得るので、ある会計基準が唯一絶対のものであることを認めるに足りる証拠がない以上、その基準に従った処理を義務づけられるものではない。（大阪高判平16・5・25判時一八六三・一一五、会社法百選[初版]八三）

[3] 平成一〇年三月期に係る有価証券報告書の提出及び配当に関する決算処理について、資産査定通達等によって補充される平成九年七月改正後の決算経理基準は、関連ノンバンク等に対する貸出金の資産査定に関しては、新たな基準として直ちに適用するには明確性に乏しく、従来の処理を排除して厳格に改正後の決算経理基準に従うべきことも必ずしも明確であったとはいえず、そのような過渡的な状況の下では、これまで「公正なる会計慣行」として行われていた税法基準の考え方によったことは、これが資産査定通達等の示す方向性から逸脱するものであったとしても、直ちに違法であったということはできない。（最判平20・7・18刑集六二・七・二一〇一〈長銀粉飾決算事件上告審判決〉、商法百選二一）

[4] 企業会計原則が継続性の原則を規定している以上、同原則も公正な会計慣行の一内容となるというべきであるが、従来の会計処理の原則及び手続を変更する場合であっても、直ちに継続性の原則に反すると解するべきではなく、当該変更が利益操作や粉飾決算を意図しているとか、会社の財産及び損益の状況の公正な判断を妨げるおそれがある場合に限り、公正な会計慣行に違反すると解するべきである。（東京地判平17・9・21判タ一二〇五・二二一）

[5] 簿価純資産上債務超過である関連企業グループへの貸付けについて、企業グループの拡大政策のため、新設会社が決算上債務超過を解消するには相当の長期間を要する予定された債務超過であり、関連企業グループの時価純資産が資産超過の状態であって、金融機関からの役員派遣、再建計画の着手、資金的支援などの事情がある場合には、公正な会計慣行である企業会計原則・公認会計士協会監査委員会報告を基準に判断すると、貸倒懸念債権とはいえず、貸倒引当金計上が必要であるとまではいえない。（東京地判平16・10・12判時一八八六・一一一②）

[6] 投資信託取引の解約時に、投資信託財産に属する資産であるコマーシャルペーパー（約束手形）を評価するに当たって、約款から導き出される基準として、商法三二条［会社四三一条］にいう公正なる会計慣行に従い、会計基準によって更生債権として貸倒見積額を控除した結果零円と評価され、その後に更生計画に基づき相当の額が回収されたとしても、同投資信託契約の解約時点での再評価をして清算する義務は投資信託会社にはない。（大阪地判平16・8・26判時一九〇五・一二六）

二　商業帳簿の範囲

[7] 損益計算書及び営業報告書も貸借対照表とともに商法三五条［会社四三四条］の商業帳簿又はこれに準ずるものである。（東京高決昭56・12・7下民三二・九～一二・一六〇六）

三　商業帳簿の証拠力

[8] 商業帳簿の記載が後れたからといってそのため商業帳簿の証拠力がなくなるわけではなく、自由な心証によりその記載によって事実の認定をすることは妨げられない。（大判昭17・9・8新聞四七九九・一〇、総則・商行為百選[五版]二五）

第六章　商業使用人

（支配人）

第二〇条 商人は、支配人を選任し、その営業所において、その営業を行わせることができる。

参⁺【支配人→二一—二三、民六二三—六三一・六四三—六五六、商登四三、会社一〇】

（支配人の代理権）

第二一条① 支配人は、商人に代わってその営業に関する一切の裁判上又は裁判外の行為をする権限を有する。

② 支配人は、他の使用人を選任し、又は解任することができる。

③ 支配人の代理権に加えた制限は、善意の第三者に対抗することができない。

参❶【代理権→五〇四—五〇六、民九九—一一八、民訴五四・五五】【類似の代理権→七〇八】❷【他の使用人→二五、二六】

一　「営業に関する行為」の意味

[1] 商法三八条一項［会社一一条一項］の「営業に関する行為」は、営業の目的たる行為のほか営業のため必要な行為を含み、かつ、それに当たるかどうかは、その行為の性質・種類等を勘案して客観的・抽象的に観察して決すべきものである。（最判昭54・5・1判時九三一・一一二、商法百選二五……信用金庫支店長が資金の預入れがないのに自己宛先日付小切手を振り出したことは、同人に職務上の義務違反を生じさせ、その権限濫用の意図を推測させるが、その権限の範囲内のものであることを妨げないとされた事例）

二　支配人の権限濫用の意図を知り又は知り得べき場合

[2] 商法三八条一項［会社一一条一項］に基づく責任は、相手方が善意である限り、支配人のした行為の目的のいかんに関わらないが、支配人の意図が自己の利益を図るにあり、かつ、相手方が右の意図を知り又は知り得べかりしものであったときは、民法九三条ただし書［改正後同条一項ただし書］

を類推適用して、営業主は右の行為につき責めに任じない。（最判昭51・10・1金判五一一・三三）

三　本条三項の「善意の第三者」の意味↓二五条[5]

（支配人の登記）

第二二条　商人が支配人を選任したときは、その登記をしなければならない。支配人の代理権の消滅についても、同様とする。

⊗⁺【支配人↓二〇【登記↓商登四三

（支配人の競業の禁止）

第二三条①　支配人は、商人の許可を受けなければ、次に掲げる行為をしてはならない。

一　自ら営業を行うこと。

二　自己又は第三者のためにその商人の営業の部類に属する取引をすること。

三　他の商人又は会社若しくは外国会社の使用人となること。

四　会社の取締役、執行役又は業務を執行する社員となること。

②　支配人が前項の規定に違反して同項第二号に掲げる行為をしたときは、当該行為によって支配人又は第三者が得た利益の額は、商人に生じた損害の額と推定する。

⊗❶[二]【競業禁止↓二八①、会社三五六①㈠・四一九②・五九四①　❷【損害額の推定↓二八②、会社四二三②・五九四②

（表見支配人）

第二四条　商人の営業所の営業の主任者であることを示す名称を付した使用人は、当該営業所の営業に関し、一切の裁判外の行為をする権限を有するものとみなす。ただし、相手方が悪意であったときは、この限りでない。

⊗⁺【支配人の権限↓二一【登記の効力と対比↓九【裁判上の行為↓民訴五四・五五④【表見代理↓民一〇九・一一〇

[1]

一　表見支配人の意義

1　表見支配人に当たるとされた事例―出張所長

支店管下の一出張所であるが、相場の著しい変動のあるもの以外は支店の許可を要せずに仕入れ行為をし、肥料を県下に販売し、その代金の回収と右販売に伴う運送等を行っており、その日常経費はその取立金で賄う等、本店から離れて独自の営業活動を決定し、対外的にも取引し得る地位にあったと認められるときは、それは支店と解してよく、同出張所長は表見支配人に該当する。（最判昭39・3・10民集一八・三・四五八、総則・商行為百選[二版]三〇）

[2]

2　表見支配人に当たらないとされた事例

イ　生命保険相互会社の支社長

商法四二条［会社一三条］にいう「本店又は支店」とは商法上の営業所としての実質を備えているもののみを指称し、生命保険相互会社支社は新規契約の募集と第一回保険料徴収の取次ぎがその業務の全てであって、一定の範囲で対外的に独自の事業活動をなすべき従たる事務所としての実質を備えていないから、同支社長は支店の営業の主任者に準ずるものとはいえない。（最判昭37・5・1民集一六・五・一〇三一、商法百選二三）

[3]

ロ　支店の庶務係長

支店庶務係長は「主任者たることを示すべき名称を附したる使用人」に当たらない。（最判昭30・7・15民集九・九・一〇六九）

二　「営業に関する行為」の意味↓二一条[1]

三　相手方が表見支配人の権限濫用を知り、又は知り得べき場合↓二一条[2]

[4]

四　本条ただし書の相手方と手形行為

商法四二条二項［会社一三条ただし書］にいう相手方は、当該取引の直接の相手方に限られるものであり、手形行為の場合には、この直接の相手方は、手形上の記載によって形式的に判断されるべきものではなく、実質的な取引の相手方をいう。（最判昭59・3・29判時一一三五・一二五、商法百選二四）

（ある種類又は特定の事項の委任を受けた使用人）

第二五条①　商人の営業に関するある種類又は特定の事項の委任を受けた使用人は、当該事項に関する一切の裁判外の行為をする権限を有する。

②　前項の使用人の代理権に加えた制限は、善意の第三者に対抗することができない。

⊗❶【使用人↓二一②【委任↓民六四三―六五六

[1]

一　本条が適用される事例

1　取締役貿易部長

代表権のない取締役で貿易部長として会社の業務に従事する者は商法四三条［会社一四条］にいう番頭［使用人］に該当する。（東京地判昭36・8・7金法二八六・五）

[2]

2　一営業部門の実質を有する組織体の責任者

「A会社食品事業部」と称して商取引をしていた組織体が、会社の一営業部門としての実質を有しており、そこで働いている者が会社の従業員ではないが、会社が、同人らの給料及び営業活動による経費を、いわば丸抱えのようにして支払っていた場合には、その責任者は商法四三条一項［会社一四条一項］の類推適用により、会社の商業使用人であると認めるのが相当である。（東京地判平元・9・12判時一三四五・一二二）

[3]

二　本条が適用されない事例―銀行の本店審査部付調査役

支店長在職中に貸し付けた金員の回収に当たっていたA銀行の本店審査部付調査役Bは、右債権の回収事務に関してのみ商法四三条［会社一四条］の委任を受けた使用人に当たるにすぎず、不動産によって担保されるA銀行の債権の回収が不可能になるような債務免除の代理権までも与えられていたものではないと解するのが相当である。（最判昭51・6・30判時八三六・一〇五、総則・商行為百選[三版]三三）

[4]

三　本条一項にいう「権限」の立証責任

商法四三条一項［会社一四条一項］の代理権限を主張する者は、当該使用人が営業主からその営業に関するある種類又は特定の事項の処理を委任された者であること及び当該行為が客観的にみて右事項の範囲内に属することを主張・立証しなければならないが、右事項につき代理権を授与されたことまでを主張・立証することを要しない。（最判平2・2・22商事法務一二〇九・四九、商法百選二六）

[5]

四　本条二項にいう「善意の第三者」の意味

商法四三条二項［会社一四条二項］にいう「善意の第三者」には、代理権に加えられた制限を知らなかったことに過失のある第三者は含まれるが、重大な過失のある第三者は含まれない。（最判平2・2・22前出[4]）

（物品の販売等を目的とする店舗の使用人）

第二六条　物品の販売等（販売、賃貸その他これらに類する行為をいう。以下この条において同じ。）を目的とする店舗の使用人は、その店舗に在る物品の販売等をする権限を有するものとみなす。ただし、相手方が悪意であったときは、この限りでない。

⊗⁺【店舗の使用人↓民一〇九・一一〇

第七章　代理商

（通知義務）

第二七条　代理商（商人のためにその平常の営業の部類に属する取引の代理又は媒介をする者で、その商人の使用人でないものをいう。以下この章において同じ。）は、取引の代理又は媒介をしたときは、遅滞なく、商人に対して、その旨の通知を発しなければならない。

参+【代理商→四【取引の代理・媒介→五〇二[十一][十二]・五〇四—五〇六【代理商と本人との関係→五一二、民六四三—六五六【受任者の報告義務→民六四五、六五六

第二八条（代理商の競業の禁止）① 代理商は、商人の許可を受けなければ、次に掲げる行為をしてはならない。

一 自己又は第三者のためにその商人の営業の部類に属する取引をすること。

二 その商人の営業と同種の事業を行う会社の取締役、執行役又は業務を執行する社員となること。

② 代理商が前項の規定に違反して同項第一号に掲げる行為をしたときは、当該行為によって代理商又は第三者が得た利益の額は、商人に生じた損害の額と推定する。

参❶【競業禁止→民六四四、二三参 ❷【損害額の推定→二三参

第二九条（通知を受ける権限） 物品の販売又はその媒介の委託を受けた代理商は、第五百二十六条第二項の通知その他売買に関する通知を受ける権限を有する。

参+【買主の通知義務→五二六、民五六一—五七〇【受動代理の原則→民九九②

第三〇条（契約の解除）① 商人及び代理商は、契約の期間を定めなかったときは、二箇月前までに予告し、その契約を解除することができる。

② 前項の規定にかかわらず、やむを得ない事由があるときは、商人及び代理商は、いつでもその契約を解除することができる。

参+【委任契約解除の原則→民六五一

第三一条（代理商の留置権） 代理商は、取引の代理又は媒介をしたことによって生じた債権の弁済期が到来しているときは、その弁済を受けるまでは、商人のために当該代理商が占有する物又は有価証券を留置することができる。ただし、当事者が別段の意思表示をしたときは、この限りでない。

参+【留置権→民二九五、五二一参【効力→民二九六—三〇二、破六六、一八六、一九二、民再一四八、会更二⑩・二九、一〇四、民執一九五

[1] 商法五一条［会社二〇条］の留置権は、目的物が債務者の所有に属するものであることを要件とするものではないが、委託者、本人が全く無権原ないし無権限であったり、権原ないし取引権限を取得することが社会通念上不可能な場合にまで、代理商に留置権を認めて、保護しようとするものではない。（東京高判平12・6・22金判一一〇三・二三……証券会社が株券の受託売却をした後、それが盗難株券であることを知り、証券取引所の会員間の内規に従い、その株券を買い戻し、売買差損について、本条を準用する商法五五七条に基づき、被盗取者に対して問屋の留置権を主張したが認められなかった事例）

第三二条から第五〇〇条まで 削除

第二編 商行為

第一章 総則

第五〇一条（絶対的商行為） 次に掲げる行為は、商行為とする。

一 利益を得て譲渡する意思をもってする動産、不動産若しくは有価証券の有償取得又はその取得したものの譲渡を目的とする行為

二 他人から取得する動産又は有価証券の供給契約及びその履行のためにする有償取得を目的とする行為

三 取引所においてする取引

四 手形その他の商業証券に関する行為

参+【商行為→五〇二・五〇三・一一—四・六八四、会社五【四】【商業証券上の行為→手、小、会社一二八・一二九・一四六②・二一四—二一三三・二五五②・二六七⑤・二九二・六七六[四]・六九六—七〇〇、六〇〇—六一七・七五七—七六九、国際海運一五

[1] 一 **譲り受けた物品を加工して販売する行為**

商法二六三条一号［昭和一三法七二による改正後の本条一号］は、譲り受けた物品をそのまま譲渡して利益を図るか、これに加工をし、あるいはこれを原料として他の物品を製造し、これを譲渡して利益を得るかで区別する理由がなく、したがって土を買い入れてこれで瓦を製造販売する営利行為も同号に含まれる。（大判昭4・9・28民集八・七六九、商法百選二七）

二 **手形に関する行為**

1 **白地補充権**

[2] 白地手形の補充権授与行為は、本条四号の「手形に関する行為」に準ずるものと解してよく、その消滅時効については商法五二二条［平成二九法四五による改正前］の「商行為によって生じた債権」の規定を準用するのが相当である。（最判昭36・11・24民集一五・一〇・二五三六、総則・商行為百選[五版]三四）→手一〇条[10]

2 **利得償還請求権**→手附八五条[9]

第五〇二条（営業的商行為） 次に掲げる行為は、営業としてするときは、商行為とする。ただし、専ら賃金を得る目的で物を製造し、又は労務に従事する者の行為は、この限りでない。

一 賃貸する意思をもってする動産若しくは不動産の有償取得若しくは賃借又はその取得し若しくは賃借したものの賃貸を目的とする行為

二 他人のためにする製造又は加工に関する行為

三 電気又はガスの供給に関する行為

四 運送に関する行為

五 作業又は労務の請負

六 出版、印刷又は撮影に関する行為

七 客の来集を目的とする場屋における取引

八 両替その他の銀行取引

九 保険

十 寄託の引受け

十一 仲立ち又は取次ぎに関する行為

十二 商行為の代理の引受け

十三 信託の引受け

参【一】【投機貸借→民六〇一—六二二の二【二】【他人のための製造・加工→民二四六【三】【四】【運送→五六九—五九四・七三七—七六九、国際海運【五】【作業又は労務の請負→民六三二—六四二、労派遣【七】【場屋取引→五九六—五九八、ETC民六五七—六六六、五九五—六一七【十】【寄託の引受け→【九】【保険→保険二、八一五—八三〇【十一】【仲立ち→五四三—五五〇、消費契約五①、金商二⑧[二]—[四][五]、二七—三一、会社一六—二〇【取次ぎ→五五一—五五八、金商二⑧[二]—[四][五]、五五九—五六四【十二】【商行為の代理の引受け→民九九—一一八、六四三—六五六、二七—三一、会社一六—二〇、消費契約五②【十三】【信託の引受け→信託

[1] 一 **他人のためにする加工**（二号）**と精米**

賃金を得て精米をする賃搗［つ］き業務も、主として自己の労力でする場合は専ら賃金を得る目的でする行為（本条ただし書）として商行為ではないが、相当の資本を投じて主として機械力を利用する設備経営の下に精米を請け負う場合は加工業として商行為に属する。（大判昭18・7・12民集二二・五三九、総則・商行為百選[三版]三七）

商法

[2] **二　場屋の取引（七号）の意義**

商法二六四条七号〔昭和一三法七二による改正後の本条七号〕にいう「場屋における取引」とは客に一定の設備を利用させることを目的とする取引をいい、理髪業者の営業的設備は理髪のためだけのもので客に利用させるためのものではないから、理髪業者と客との間には、理髪という請負又は労務に関する契約が存するだけで、場屋の取引があるということはできない。（大判昭12・11・26民集一六・一六八一、総則・商行為百選[三版]二五）

三　銀行取引（八号）

1　銀行取引の意義

[3] 金貸しを業とする者が他人に金銭の貸付けをする場合であっても、預金その他の方法によって収受した金銭を他人の需要に供する媒介行為をする場合でなければ、銀行取引に該当しない。（大判昭13・2・28新聞四二四六・一六）

2　質屋営業—商行為性の否定

[4] 質屋営業者の金員貸付行為は、本条八号の銀行取引に当たらないから、商行為ではない。（最判昭50・6・27判時七八五・一〇〇、商法百選二八）

四　仲立ちに関する行為（一一号）

[5] 宅地建物取引業者は、商法五四三条にいう「他人間の商行為の媒介」を業とする者ではないから、いわゆる商事仲立人ではなく、民事仲立人であるが、本条一一号にいう「仲立ちに関する行為」を営業とする者であるから、商人である。（最判昭44・6・26民集二三・七・一二六四、商法百選三四）→五一二条[2]

第五〇三条（附属的商行為）① 商人がその営業のためにする行為は、商行為とする。

② 商人の行為は、その営業のためにするものと推定する。

⊛【商人】→四

一　営業の準備行為と商行為性

1　商人資格の取得→四条[2]

2　営業の準備行為の意味—金銭の借入れ→四条[3]

二　商行為性の主張立証責任→会社五条[1]

三　商行為と認められるもの

1　労働契約

[1] 商人が労働者と締結する労働契約は、反証のない限りその営業のためにするものと推定される。（最判昭51・7・9判時八一九・九一）

2　会社・労働組合間の退職金についての協定

[2] 会社と労働組合との間の退職金給与に関する約定は、本条の規定上商行為であって、この退職金につき商法所定の年六分の遅延損害金（商法五一四条〔平成二九法四五による改正前〕）の支払を求め得る。（最判昭29・9・10民集八・九・一五八一）

3　[3] **商人である主債務者の委託に基づく保証**→五一一条

4　信用協同組合が商人たる組合員に貸し付ける行為→四条[4]

第五〇四条（商行為の代理）　商行為の代理人が本人のためにすることを示さないでこれをした場合であっても、その行為は、本人に対してその効力を生ずる。ただし、相手方が、代理人が本人のためにすることを知らなかったときは、代理人に対して履行の請求をすることを妨げない。

⊛【代理の顕名主義→民九九・一〇〇【手形・小切手の特則→手八・七七②、小一一

一　本条ただし書の趣旨

[1] 本条ただし書の趣旨は、本人と相手方との間には本条本文の規定によって代理関係が生じているが、相手方において、代理人が本人のためにすることを知らなかったとき（過失により知らなかったときを除く）は、相手方保護のため、相手方と代理人の間にも右と同一の法律関係が生ずるものとし、相手方は、その選択に従い、本人との法律関係を否定し、代理人との法律関係を主張することを許容したものである。（最大判昭43・4・24民集二二・四・一〇四三、商法百選三〇）

二　本条が適用された事例

[2] 民法上の組合であって、建設工事を営業の目的とする共同企業体では、代表権限を有する会社が共同企業体の事業の執行に当たって第三者との間で締結する契約につき、本条の規定が適用され、共同企業体のためにすることを表示しない場合でも、契約の当事者は共同企業体となる。（函館地判平12・2・24判時一七三二・一〇二）

三　本人の債権の請求とその訴訟係属中の代理人の債権の時効の完成猶予〔平成二九法四四による民法改正前の時効中断〕

[3] 本条ただし書により、相手方がその選択により本人又は代理人のいずれかに対して債務を負担することを主張することができる場合において、本人が相手方に対して右債務の履行を求める訴えを提起し、その訴訟の係属中に相手方が債権者として代理人を選択したときは、本人の請求は、右訴訟が係属している間代理人の債権につき催告に準じた時効中断〔時効の完成猶予〕の効力を及ぼす。（最判昭48・10・30民集二七・九・一二五八、商法百選三一）

第五〇五条（商行為の委任）　商行為の受任者は、委任の本旨に反しない範囲内において、委任を受けていない行為をすることができる。

⊛【受任者の義務一般→民六四四

第五〇六条（商行為の委任による代理権の消滅事由の特例）　商行為の委任による代理権は、本人の死亡によっては、消滅しない。

⊛【商行為の委任による代理の例→二〇、会社一〇【一般原則→民一一一①[一]・六五三

一　商行為の委任の意味

[1] 商法二六八条〔昭和一三法七二による改正後の本条〕の規定は、委任行為自体が委任者からみて商行為である場合でなければ適用されない。（大判昭13・8・1民集一七・一五九七、総則・商行為百選[二版]四二）

二　相続人が営業を承継しなかった場合と本条の適用の有無（肯定）

[2] 個人商人Aの従業員で代理人であるBが、Aを殺害し、Aが生存しているように装ってAの代理人としてXから商品の仕入れをした場合には、AがBに営業に関して付与した代理権は、その死亡によっても消滅せずBは、Aの相続人であるYらの代理人となるものというべきであって、YらにAの営業を承継し継続する意思がなかったとしても、Aの相続人としてその債権債務一切を承継する以上は、併せてその企業体としての営業も承継したというべきであって、YらはXに対して債務を負うことになる。（東京高判平10・8・27高民五一・二・一〇二、総則・商行為百選[四版]四二）

第五〇七条【対話者間における契約の申込み】　削除

第五〇八条（隔地者間における契約の申込み）① 商人である隔地者の間において承諾の期間を定めないで契約の申込みを受けた者が相当の期間内に承諾の通知を発しなかったときは、その申込みは、その効力を失う。

② 民法第五百二十四条の規定は、前項の場合について準用する。

⊛❶【隔地者間における申込みの効力→民五二五、五二三、五二二①、五二七

（契約の申込みを受けた者の諾否通知義務）

第五〇九条① 商人が平常取引をする者からその営業の部類に属する契約の申込みを受けたときは、遅滞なく、契約の申込みに対する諾否の通知を発しなければならない。

② 商人が前項の通知を発することを怠ったときは、その商人は、同項の契約の申込みを承諾したものとみなす。

⊛+民五二二①、五二七

1 **一　借地権放棄の申込み—本条に該当しない**　本条は、商人が平常取引をする者からその営業の部類に属する契約の申込みを受けた場合に関するものであって、商人がその借地権を放棄するようにという申込みを受けたとしても、それは本条にいう「営業の部類に属する契約の申込み」とはいえない。（最判昭28・10・9民集七・一〇・一〇七二、商法百選三二）

2 **二　銀行に対する保証人脱退の申込み—本条に該当しない**　銀行取引における保証人脱退の申込みは、承諾が当然に予想されるものではないことが明らかであるから、右申込みにつき本条の適用ないし類推適用の余地はない。（最判昭59・5・29金法一〇六九・三一）

（契約の申込みを受けた者の物品保管義務）

第五一〇条　商人がその営業の部類に属する契約の申込みを受けた場合において、その申込みとともに受け取った物品があるときは、その申込みを拒絶したときであっても、申込者の費用をもってその物品を保管しなければならない。ただし、その物品の価額がその費用を償うのに足りないとき、又は商人がその保管によって損害を受けるときは、この限りでない。

⊛+【売買契約解除の場合→五二七

（多数当事者間の債務の連帯）

第五一一条① 数人の者がその一人又は全員のために商行為となる行為によって債務を負担したときは、その債務は、各自が連帯して負担する。

② 保証人がある場合において、債務が主たる債務者の商行為によって生じたものであるとき、又は保証が商行為であるときは、主たる債務者及び保証人が各別の行為によって債務を負担したときであっても、その債務は、各自が連帯して負担する。

⊛❶【多数債務者間の連帯→民四二七、四三六—四四五　❷【保証人の連帯→民四四六、四五四、四五八、四五二、四五三、四五六

一　本条一項の意義・それが適用される場合

1 **1　意義**　数人がその一人又は全員のために商行為である行為によって債務を負担したときは、相手方のために商行為でないときであっても、商法三条により、二七三条一項［昭和一三法七二による改正後の本条一項］の規定が双方に適用されるが、その行為が一人のためにも商行為でないときは、たとえ相手方のために商行為であっても、同条項の規定は適用されない。（大判明45・2・29民録一八・一四八）

2 **2　適用される場合—商行為を目的とする共同企業体の場合**　共同企業体は、基本的には民法上の組合の性質を有するものであり、共同企業体の債務については、共同企業体の財産がその引当てになるとともに、各構成員がその固有の財産をもって弁済すべき債務を負うと解されるが、共同企業体の構成員が会社である場合には、会社が共同企業体を結成してその構成員として共同企業体の事業を行う行為は、会社の営業のためにする行為（附属的商行為）にほかならず、共同企業体がその事業のために第三者に対して負担した債務につき構成員が負う債務は、構成員である会社にとって自らの商行為により負担した債務というべきものであり、したがって、右の場合には、共同企業体の各構成員は、共同企業体がその事業のために第三者に対して負担した債務につき、本条一項により連帯債務を負う。（最判平10・4・14民集五二・三・八一三、商法百選三三）

二　本条二項の意義・適用範囲

3 **1　債権者にとって商行為性を有する場合**　商法二七三条二項［昭和一三法七二による改正後の本条二項］にいわゆる保証が商行為であるときとは、保証人にとり商行為であるだけでなく、債権者にとって商行為性を有する場合を包含する。（大判昭14・12・27民集一八・一六八一、総則・商行為百選三版四三）

4 **2　数人の保証人がいる場合**　商法二七三条二項［昭和一三法七二による改正後の本条二項］は、数人の保証人がいる場合において、債務が主たる債務者の商行為で生じたとき又は保証自体が商行為であるときは、各保証人が主たる債務者と連帯すると同時に、保証人相互間でも連帯して債務を負担せしめる趣旨を包含する。（大判明44・5・23民録一七・三二〇）

（報酬請求権）

第五一二条　商人がその営業の範囲内において他人のために行為をしたときは、相当な報酬を請求することができる。

⊛+【委任の無償性→民六四八①、六五六【寄託の無償性→民六六五、六六六【事務管理の無償性→民七〇一、七〇二

宅地建物取引業者の報酬請求権

1 **1　黙示の媒介契約の成立が肯定された事例**　宅地建物取引業を営む商人が買主より委託を受けて、不動産の売買契約を締結させるため、買主を現場に案内し、契約締結に立ち会い、売買代金について売主・買主の言い分を調整して合意させ、目的物の受渡しや売買代金の授受に関与した事例においては、買主と商人との間には、明示の媒介契約が成立していなかったとしても、黙示の媒介契約が成立しているものと解することができ、商人は、本条により、買主に対し、不動産売買の媒介の報酬を請求することができる。（最判昭43・4・2民集二二・四・八〇三、総則・商行為百選初版五五）

2 **2　委託を受けなかった者に対する報酬請求権の有無**　宅地建物取引業者は、商法五〇二条一一号にいう「仲立ちに関する行為」を営業とする者であるから、四条一項により商人であるが、買主からの委託によって売買の媒介をした場合であって、売主からの委託によるものでないときは、本条により売主に対して報酬請求権を取得できず、五五〇条の適用の余地もない。（最判昭44・6・26民集二三・七・一二六四、商法百選二四）→五〇二条5

3 **3　仲介活動が途中で排除された場合**　宅地建物取引業者に仲介を依頼した者が、仲介活動の進行中にこれを排除して直接相手方と売買契約を締結した場合には、契約成立の時期が右の仲介活動の時期と近接しており、売買価格が右業者と買主との下相談した価格を僅かに上回っていたにすぎない等の事情の下では、報酬の支払に係る条件の成就を故意に妨げたものとして、右業者に対する報酬支払義務を免れない。（最判昭45・10・22民集二四・一一・一五九九、商法百選六六）→民一三〇条2

4 **4　無免許営業の場合**　無免許業者のなした媒介行為によって、一応私法上有効に本条に基づく報酬請求権が成立するとしても、右報酬請求権の行使に対して、依頼者が任意に報酬を支払う場合は格別、民事無免許営業に対する厳しい刑罰規定の存在に鑑みれば、民事裁判においても、裁判所が無免許業者に右報酬請求権の行使を認めて利益を得させることにより、無免許営業に加担する

ことはできず、無免許業者に対する依頼者の報酬支払債務は自然債務にとどまる。（東京地判平10・7・16判タ一〇〇九・二四五）

（利息請求権）

第五一三条① 商人間において金銭の消費貸借をしたときは、貸主は、法定利息を請求することができる。

② 商人がその営業の範囲内において他人のために金銭の立替えをしたときは、その立替えの日以後の法定利息を請求することができる。

⦿❶【消費貸借の無償性↓民五八七、五八九①　❷【立替費用↓民六五〇①、六六五、七〇一、七〇二

第五一四条　**【商事法定利率】**　削除

注　平成二九法四四・法四五による改正前の商事法定利率に関する事案

（平成二九法四五による改正前の条文）

（商事法定利率）

第五一四条　商行為によって生じた債務に関しては、法定利率は、年六分とする。

一　商法五一四条［平成二九法四五による改正前］に該当するもの

[1] **1　債権者にとって商行為たる行為によって生じた債権**　商法五一四条［平成二九法四五による改正前］にいわゆる「商行為によって生じた債務」とは、単に債務者にとり商行為たる行為によって生じた債務に限らず、債権者にとり商行為たる行為によって生じた債権をも含む。（最判昭30・9・8民集九・一〇・一二二二、総則・商行為百選[五版]四二）

[2] **2　契約の解除による前渡代金返還債務**　売買契約が商行為であるときは、その解除による前渡代金返還債務にも商法五一四条［平成二九法四五による改正前］の適用がある。（最判昭30・9・8前出[1]）

[3] **3　債務不履行による損害賠償債務**　契約上の債務の不履行を原因とする損害賠償債務は、契約上の債務がその態様を変じたにすぎないものであるから、当該契約が商行為たる性格を有すれば、右損害賠償債務も、その性格を同じくし、商法五一四条［平成二九法四五による改正前］にいう「商行為によって生じた債務」に当たる。（最判昭47・5・25判時六七一・八三、総則・商行為百選[初版]五八……会社を借主とする賃貸借契約上の債務の不履行を原因とする損害賠償債務に関する事例）

[4] **4　無保険車傷害保険金**　無保険車傷害保険金の支払債務は、賠償義務者に対する損害賠償請求に代わる性質を有するが、商行為によって生じた債務に該当する。（最判平24・4・27判時二一五一・一一二）

二　商法五一四条［平成二九法四五による改正前］に該当しないもの

[5] **1　自動車損害賠償保障法一六条一項に基づく保険会社に対する請求**　自動車損害賠償保障法一六条一項に基づく被害者の保険会社に対する直接請求権は、被害者の保険会社に対して有する損害賠償請求権であって、保険金請求権の変形ないしそれに準ずる権利ではないから、保険会社の被害者に対する損害賠償債務は商法五一四条［平成二九法四五による改正前］の「商行為によって生じた債務」に該当しない。（最判昭57・1・19民集三六・一・一、総則・商行為百選[五版]四四）

[6] **2　商行為である貸付けにつき利息制限法の制限を超えて支払われた利息を元本充当することにより発生する過払金の返還請求**　商行為である貸付けに係る債務の弁済金のうち利息の制限額を超えて利息として支払われた部分を元本に充当することにより発生する過払金を不当利得として返還する場合において、悪意の受益者が付すべき民法七〇四条前段所定の利息の利率は、民法所定の年五分である。（最判平19・2・13民集六一・一・一八二、総則・商行為百選[五版]四三）↓民七〇四条[4]

3　会社法四二三条一項に基づく取締役の会社に対する損害賠償債務の遅延損害金↓会社四二三条[23]

（契約による質物の処分の禁止の適用除外）

第五一五条　民法第三百四十九条の規定は、商行為によって生じた債権を担保するために設定した質権については、適用しない。

⦿+【流質契約禁止↓民三四九、担信三九①

（債務の履行の場所）

第五一六条　商行為によって生じた債務の履行をすべき場所がその行為の性質又は当事者の意思表示によって定まらないときは、特定物の引渡しはその行為の時にその物が存在した場所において、その他の債務の履行は債権者の現在の営業所（営業所がない場合にあっては、その住所）において、それぞれしなければならない。

⦿+【営業所↓会社二七③・五七六①③・九一一③③・九一二③・九一四③・九三六①【住所↓民二二、一般法人四、会社四【債務履行の場所に関する原則↓民四八四

第五一七条から第五二〇条まで　**【指図債権等の証券の提示と履行遅滞、有価証券喪失の場合の権利行使方法、有価証券の譲渡方法及び善意取得、取引時間】**　削除

（商人間の留置権）

第五二一条　商人間においてその双方のために商行為となる行為によって生じた債権が弁済期にあるときは、債権者は、その債権の弁済を受けるまで、その債務者との間における商行為によって自己の占有に属した債務者の所有する物又は有価証券を留置することができる。ただし、当事者の別段の意思表示があるときは、この限りでない。

⦿+【留置権の効力↓破六六、会更二⑩・二九・一〇四、民執一九五【民法の留置権と対比↓民二九五【その他の商事留置権↓三一・五五七・五六二・五七四・七四一②、会社二〇、国際海運一五

一　不動産に対する本条の適用の有無

[1] 民法は、「物」を有体物である不動産及び動産と定めた上、留置権の目的物を「物」と定め、不動産をその目的物から除外していないこと、本条が留置権の目的物を「物又は有価証券」と定め、不動産を除外することをうかがわせる文言がないこと、不動産が留置権の目的物になり得ると解することは本条の趣旨にかなうことから、不動産は、本条が商人間の留置権の目的物として定める「物」に該当する。（最判平29・12・14民集七一・一〇・二一八四、商法百選三五）

二　本条の留置権の成立に必要な占有

[2] **1　建築請負業者の建物に対する占有が肯定された事例**　建築請負業者の建築建物に対する占有が、建築請負業者と破産者（注文者）の双方にとって商行為である本件建物建築請負契約の締結によるものであり、右業者が本件建物を上棟し、破産者倒産後は職員に建物を巡回させ、右入口に立入禁止の表示をし、社名入りのトタン塀を巡らせ、建築土地の周囲にしていた等の場合には、右占有は、右建物に対する商事留置権の成立要件としての占有と評価するに十分なものである。（福岡地判平9・6・11判時一六三二・一四七）

[3] **2　建築請負業者の敷地に対する占有が否定された事例**　工事の着工からその完成と注文主への引渡しまでの間の請負人による土地の使用は、使用貸借契約などの独立の契約関係に基づくものではなく、請負人が請負契約に基づき工事を完成し完成した建物を注文主に引き渡すべき義務の履行のために、注文主の占有補助者として土地を使用しているにすぎないというべきであり、土地に対する商事留置権を基礎付け

るに足りる独立した占有には当たらない。（東京高決平10・6・12金判一〇五九・三六）

④ 債務者の所有物又は有価証券について、本条の留置権が成立するには、商人の一方が他の商人の所有物又は有価証券を常態的に占有することが予定されている場合に、その取引のためにその物又は有価証券を占有したことが必要であり、取引目的の実現の際、取引目的外の物に占有を及ぼし、それがたまたま債務者所有であったという場合のその目的外の物は「商行為によって自己の占有に属した」とはいえない。（東京高決平22・7・26金法一九〇六・七五）

三 被担保債権の債務者の倒産と留置的効力

⑤ 〔旧〕破産法九三条一項前段〔現六六条一項〕の商法上の留置権は「特別の先取特権と看做す」という文言は、商事留置権者の有していた留置権能を消滅させる意味ではなく、他に破産宣告〔破産手続開始決定〕によって右留置権能を消滅させる旨の明文の規定は存在しないから、手形につき商事留置権を有する者は、破産会社に対する破産宣告後においても、破産管財人によるその手形の返還請求を拒絶することができ、手形の占有を適法に継続し得る。（最判平10・7・14民集五二・五・一二六一、商法百選三七……銀行が手形割引のために約束手形を預かっていた場合に取引先が破産し破産管財人からその返還請求がなされた事例）

四 倒産手続開始決定後の商事留置権の対象である手形

1 銀行取引約定書四条の適用の有無

イ 破産手続の場合

⑥ 銀行が手形につき商事留置権を有しており、銀行取引約定書四条四項により、取引先が債務を履行しなかったときは銀行の占有している手形を銀行が取り立てて、弁済に充当し得る権限を有する場合は、取引先が破産した後も、〔旧〕破産法九三条一項後段〔現六六条二項〕に定める他の先取特権のない限り、銀行は本件手形を手形交換制度によって取り立てて、破産者に対する債権の弁済に充当することができる。（最判平10・7・14前出⑤……銀行が破産管財人からの手形返還請求を拒絶して手形を取り立て債権の弁済に充てた行為が破産管財人に対する不法行為とはならないとされた事例）

ロ 民事再生手続の場合

⑦ 約束手形の取立金を法定の手続によらず債務の弁済に充当できる旨を定める銀行取引約定は、別除権の行使に付随する合意として民再法上も有効であるため、会社から取立委任を受けた約束手形の商事留置権者は、会社の再生手続開始決定後の取立てに係る取立金を、会社の債務に弁済充当することができる。（最判平23・12・15民集六五・九・三五一一、商法百選三八）→破六六条⑤

2 手形取立金に対する本条の適用の有無

⑧ 留置権による競売は、被担保債権の弁済を受けないまま目的物の留置をいつまでも継続しなければならない負担から留置権者を解放するために認められた手続であって、留置権の本質的な効力を否定する趣旨に出たものではないから、留置権者は、競売による換価金を留置することができる。このことは約束手形が取立てにより取立金に変じた場合であっても同じであるから、商事留置権者は、約束手形の取立金を留置できる。（最判平23・12・15前出⑦）

第五二二条及び第五二三条【商事消滅時効、準商行為】 削除

注 平成二九法四四・法四五による改正前の商事消滅時効に関する事案

（平成二九法四五による改正前の条文）

（商事消滅時効）

第五二二条 商行為によって生じた債権は、この法律に別段の定めがある場合を除き、五年間行使しないときは、時効によって消滅する。ただし、他の法令に五年間より短い時効期間の定めがあるときは、その定めるところによる。

一 債務者のために商行為たる行為の場合

① 商法二八五条〔昭和一三法七二による改正前。平成二九法四五による改正前の五二二条〕は、債権者のために商行為である行為によって生じた債権だけでなく、債務者のために商行為たる行為によって生じた債権についても適用される。（大判大4・2・8民録二一・七五）

二 主債務が民事債務で保証債務が商行為による場合

② 主たる債務が民事債務であって保証債務が商行為によって生じた債務であるときは、前者は一〇年の消滅時効にかかり、後者は五年の消滅時効にかかる。（大判昭13・4・8民集一七・六六四）

三 商人である主債務者の委託に基づく保証の商行為性

③ 保証人自身は商人でなくても、商人である主債務者の委託に基づくものであれば、その保証委託行為が主債務者の営業のためにするものと推定され、保証人が主債務者に代わって弁済したことによって発生した求償権にも、商法五二二条〔平成二九法四五による改正前〕の適用がある。（最判昭42・10・6民集二一・八・二〇五一、総則・商行為百選〔五版〕四八）

四 株式払込取扱機関が会社法六四条によって負担する債務の商行為性

④ 銀行等が株式払込取扱委託契約に基づいて真正に払い込まれた払込金を会社に返還する債務は商行為によって生じた債務であるから、これと同一に取り扱われるべきものとしての商法一八九条二項〔会社六四条二項〕に基づく銀行等の債務も、商行為によって生じた債務である。（最判昭39・5・26民集一八・四・六三五、総則・商行為百選〔四版〕五三）

五 利息制限法の制限を超える利息等の不当利得返還請求権—商行為性の否定

⑤ 利息制限法所定の制限を超えて支払われた利息・損害金についての不当利得返還請求権は、法律の規定によって発生する債権であり、また商事取引関係の迅速な解決のため短期消滅時効を定めた立法趣旨からみて、商行為によって生じた債権に準ずるものと解することもできない。（最判昭55・1・24民集三四・一・六一、総則・商行為百選〔五版〕四九）

六 支払われた保険金の不当利得返還請求権—商行為性の否定

⑥ 商行為たる保険契約及びその保険金請求権上の質権設定契約に基づき保険者から質権者に支払われた保険金が、法定の免責事由があるため法律上の原因を欠く場合の不当利得返還請求権は、商行為から生じた債権に準ずるものということができない。（最判平3・4・26判時一三八九・一四五、保険・海商百選〔二版〕一七）

七 商事契約の解除による原状回復義務

⑦ 商事契約の解除による原状回復（特定物の返還義務）は商事債務であり、その履行不能による賠償義務も商事債務である。（最判昭35・11・1民集一四・一三・二七八一、総則・商行為百選〔初版〕六四）

八 債務不履行による損害賠償請求権

⑧ 債務者が債務を履行しなかったことにより債権者が有する損害賠償請求権は、債権の効力にほかならず、本来の債権が変更したにとどまり、別個の債権をなすものではないから、本来の債権が商行為によって生じたものであれば、損害賠償請求権も同様である。（大判明41・1・21民録一四・一三）

九 商行為の解除権の時効

⑨ 商行為によって生じた債権は、商法二八五条〔昭和一三法七二による改正前。平成二九法四五による改正前の五二二条〕により五年の短期時効で消滅するから、商行為の解除権も商行為によって生じた債権と同視され、五年の時効で消滅する。（大判大5・5・10民録二二・九三六）

一〇 白地補充権の時効→五〇一条②

一一 利得償還請求権の時効→手附八五条⑨

第二章　売買

（売主による目的物の供託及び競売）

第五二四条① 商人間の売買において、買主がその目的物の受領を拒み、又はこれを受領することができないときは、売主は、その物を供託し、又は相当の期間を定めて催告をした後に競売に付することができる。この場合において、売主がその物を供託し、又は競売に付したときは、遅滞なく、買主に対してその旨の通知を発しなければならない。

② 損傷その他の事由による価格の低落のおそれがある物は、前項の催告をしないで競売に付することができる。

③ 前二項の規定により売買の目的物を競売に付したときは、売主は、その代価を供託しなければならない。ただし、その代価の全部又は一部を代金に充当することを妨げない。

参+【目的物の供託→民四九四・四九六、供【競売→民執一九五、民四九七　❶【発信主義につき対比→民九七　❶❷【準用規定→六一五　+【本条の準用→五五六

（定期売買の履行遅滞による解除）

第五二五条　商人間の売買において、売買の性質又は当事者の意思表示により、特定の日時又は一定の期間内に履行をしなければ契約をした目的を達することができない場合において、当事者の一方が履行をしないでその時期を経過したときは、相手方は、直ちにその履行の請求をした場合を除き、契約の解除をしたものとみなす。

参+民五四二①四

> ⑦ **一　本条の意味**
> 本条の適用については、当事者の一方の不履行が債務者履行遅滞に当たるかどうかに関せず、所定時期の経過という客観的事実によって契約は解除されたものとみなされる。（最判昭44・8・29判時五七〇・四九、商法百選三九）
>
> ② **二　確定期売買の例―クリスマス用品**
> クリスマス用品として売買されたときは確定期売買である。（大判昭17・4・4法学一一・一二・一二八九）

（買主による目的物の検査及び通知）

第五二六条① 商人間の売買において、買主は、その売買の目的物を受領したときは、遅滞なく、その物を検査しなければならない。

② 前項に規定する場合において、買主は、同項の規定による検査により売買の目的物が種類、品質又は数量に関して契約の内容に適合しないことを発見したときは、直ちに売主に対してその旨の通知を発しなければ、その不適合を理由とする履行の追完の請求、代金の減額の請求、損害賠償の請求及び契約の解除をすることができない。売買の目的物が種類又は品質に関して契約の内容に適合しないことを直ちに発見することができない場合において、買主が六箇月以内にその不適合を発見したときも、同様とする。

③ 前項の規定は、売買の目的物が種類、品質又は数量に関して契約の内容に適合しないことにつき売主が悪意であった場合には、適用しない。

参+【一般の原則→民五六二―五六四【代理商の通知受領権限→二九、会社一八【責任の消滅→五八四・六一六、国際海運七

> **注**　平成二九法四四・法四五による改正前の瑕疵担保責任に関する事案（「瑕疵」は改正後の「契約の内容に適合しないこと」に相当）
>
> ⑦ **一　本条の適用範囲**
> 本条は不特定物の売買にも適用される。（最判昭35・12・2民集一四・一三・二八九三、総則・商行為百選[五版]五一）
>
> ② 目的物の調査だけでなく、過去の権利者等に対する調査等が必要となるから、本条二項の「瑕疵」とは、売買の目的物自体の物の瑕疵を指し、売主に所有権がないなどの権利の瑕疵は含まれない。（東京地判平25・6・6判時二二〇七・五〇、重判平26商一二）
>
> ③ **二　求められる通知の内容**
> 本条一項が買主に瑕疵の通知義務を課したのは、売主に適切な善後策を講ずる機会を速やかに与えるためであるから、同項の要求する通知の内容は、瑕疵がある旨を通知するだけでは足りないが、瑕疵の種類及び大体の範囲を明らかにすることで足り、詳細かつ正確な内容の通知であることを要しない。（大判大11・4・1民集一・一五五、売買百選五七）
>
> ④ **三　完全な給付の請求の可否**
> 商人間の不特定物売買において、その瑕疵が直ちに発見し得ないものであるときでも、受領後六箇月内にその瑕疵を発見して直ちにその通知をしなければ、契約解除又は損害賠償の請求をすることができない。（最判昭47・1・25判時六六二・八五、商法百選四一）
>
> ⑤ **四　解除権の行使期間**
> 商人間の不特定物売買において、本条に基づき通知をした後、隠れた瑕疵を原因として売買契約を解除するには、民法五七〇条、五六六条三項により買主がその瑕疵を知った時から一年以内にその旨の意思表示をする必要があり、債務不履行を理由とする場合にも同様である。（東京高判平11・8・9判時一六九二・一三六）

（買主による目的物の保管及び供託）

第五二七条① 前条第一項に規定する場合においては、買主は、契約の解除をしたときであっても、売主の費用をもって売買の目的物を保管し、又は供託しなければならない。ただし、その物について滅失又は損傷のおそれがあるときは、裁判所の許可を得てその物を競売に付し、かつ、その代価を保管し、又は供託しなければならない。

② 前項ただし書の許可に係る事件は、同項の売買の目的物の所在地を管轄する地方裁判所が管轄する。

③ 第一項の規定により買主が売買の目的物を競売に付したときは、遅滞なく、売主に対してその旨の通知を発しなければならない。

④ 前三項の規定は、売主及び買主の営業所（営業所がない場合にあっては、その住所）が同一の市町村の区域内にある場合には、適用しない。

参❶【民法の原則→民五四五【競売→民執一九五　❸【発信主義と民法の原則→民九七　❹【同市町村→自治五

第五二八条　前条の規定は、売主から買主に引き渡した物品が注文した物品と異なる場合における当該売主から買主に引き渡した物品及び売主から買主に引き渡した物品の数量が注文した数量を超過した場合における当該超過した部分の数量の物品について準用する。

参+五一〇

第三章　交互計算

（交互計算）

第五二九条　交互計算は、商人間又は商人と商人でない者との間で平常取引をする場合において、一定の期間内の取引から生ずる債権及び債務の総額について相殺をし、その残額の支払をすることを約することによって、その効力を生ずる。

参+【商人→四・五〇三【一定の期間→五三一【一括相殺→民五〇五―五一二の二【譲渡質入れの不能→民四六六・三四三・三六二②

> ⑦ **各個の債権の譲渡・差押えの可否**
> 交互計算に組み入れた各個の債権は、各別に取り立て又は譲渡することができず、譲渡の不許については民法四六六条二項ただし書［改正後同条二項に相当］の適用がなく、した

がって各個の債権の差押・転付命令も第三者の善意悪意を問わず無効である。（大判昭11・3・11民集一五・三二〇、商法百選六四）

第五三〇条（商業証券に係る債権債務に関する特則） 手形その他の商業証券から生じた債権及び債務を交互計算に組み入れた場合において、その商業証券の債務者が弁済をしないときは、当事者は、その債務に関する項目を交互計算から除外することができる。

参+【弁済がない場合→手四三、七七①四、小三九、破一九四②

（交互計算の期間）

第五三一条 当事者が相殺をすべき期間を定めなかったときは、その期間は、六箇月とする。

参+五二九

（交互計算の承認）

第五三二条 当事者は、債権及び債務の各項目を記載した計算書の承認をしたときは、当該各項目について異議を述べることができない。ただし、当該計算書の記載に錯誤又は脱漏があったときは、この限りでない。

参+【承認の効果→民五二三、五一八【錯誤→民九五、七〇三

（残額についての利息請求権等）

第五三三条① 相殺によって生じた残額については、債権者は、計算の閉鎖の日以後の法定利息を請求することができる。

② 前項の規定は、当該相殺に係る債権及び債務の各項目を交互計算に組み入れた日からこれに利息を付することを妨げない。

参❷【重利の許容→民四〇五

（交互計算の解除）

第五三四条 各当事者は、いつでも交互計算の解除をすることができる。この場合において、交互計算の解除をしたときは、直ちに、計算を閉鎖して、残額の支払を請求することができる。

参+【法定原因による終了→破五九

第四章　匿名組合

（匿名組合契約）

第五三五条 匿名組合契約は、当事者の一方が相手方の営業のために出資をし、その営業から生ずる利益を分配することを約することによって、その効力を生ずる。

参+【営業者→四、五〇二【匿名組合員の地位→五三六③④、五三八、五三九

7 営業者の善管注意義務の内容―営業者と匿名組合員の利益が対立する場合

営業者の代表取締役とその弟が匿名組合員の出資した財産を利用して営業者に新たに会社を設立させ自らの保有する株式を取得させるという一連の行為は匿名組合員と営業者の代表取締役との間に実質的な利益相反関係を生じさせるものであり、かつ、これら一連の行為は匿名組合員が営業者に出資した額の半分以上が営業者の代表取締役から株式を取得するために設立された会社に拠出されているなど匿名組合員の利益を害する危険性の高いものであるから、営業者が上記の一連の行為を行うことは、匿名組合員の承諾を得ない限り、営業者の善管注意義務に違反する。（最判平28・9・6判時二三二七・八二、商法百選六五）

（匿名組合員の出資及び権利義務）

第五三六条① 匿名組合員の出資は、営業者の財産に属する。

② 匿名組合員は、金銭その他の財産のみをその出資の目的とすることができる。

③ 匿名組合員は、営業者の業務を執行し、又は営業者を代表することができない。

④ 匿名組合員は、営業者の行為について、第三者に対して権利及び義務を有しない。

参❶【匿名組合員の出資→民四一二、五三六、五五九、五六一―五七〇、六六八、五三八、五四二 ❷【出資の目的→会社五七六①六 ❸【業務執行・代表権→会社五九〇① ❹【匿名組合員の対外関係→会社五八〇②、民六七五、五三七

（自己の氏名等の使用を許諾した匿名組合員の責任）

第五三七条 匿名組合員は、自己の氏名若しくは自己の商号を営業者の商号中に用いること又は自己の氏名を営業者の商号として使用することを許諾したときは、その使用以後に生じた債務については、営業者と連帯してこれを弁済する責任を負う。

参+【同旨の規定→一四、会社九、五八八、五八九、六一三

（利益の配当の制限）

第五三八条 出資が損失によって減少したときは、その損失をてん補した後でなければ、匿名組合員は、利益の配当を請求することができない。

参+五四二但、民六七四

（貸借対照表の閲覧等並びに業務及び財産状況に関する検査）

第五三九条① 匿名組合員は、営業年度の終了時において、営業者の営業時間内に、次に掲げる請求をし、又は営業者の業務及び財産の状況を検査することができる。

一　営業者の貸借対照表が書面をもって作成されているときは、当該書面の閲覧又は謄写の請求

二　営業者の貸借対照表が電磁的記録（電子的方式、磁気的方式その他人の知覚によっては認識することができない方式で作られる記録であって、電子計算機による情報処理の用に供されるもので法務省令で定めるものをいう。）をもって作成されているときは、当該電磁的記録に記録された事項を法務省令で定める方法により表示したものの閲覧又は謄写の請求

② 匿名組合員は、重要な事由があるときは、いつでも、裁判所の許可を得て、営業者の業務及び財産の状況を検査することができる。

③ 前項の許可に係る事件は、営業者の営業所の所在地（営業所がない場合にあっては、営業者の住所地）を管轄する地方裁判所が管轄する。

参❶【貸借対照表→一九②

（匿名組合契約の解除）

第五四〇条① 匿名組合契約で匿名組合の存続期間を定めなかったとき、又はある当事者の終身の間匿名組合が存続すべきことを定めたときは、各当事者は、営業年度の終了時において、契約の解除をすることができる。ただし、六箇月前にその予告をしなければならない。

② 匿名組合の存続期間を定めたか否かにかかわらず、やむを得ない事由があるときは、各当事者は、いつでも匿名組合契約の解除をすることができる。

参+【組合・合資会社の場合→民六七八、六八三、会社六〇六③

（匿名組合契約の終了事由）

第五四一条 前条の場合のほか、匿名組合契約は、次に掲げる事由によって終了する。

一　匿名組合の目的である事業の成功又はその成功の不能

二　営業者の死亡又は営業者が後見開始の審判を受けたこと。

三　営業者又は匿名組合員が破産手続開始の決定を受けたこと。

参+【組合・合資会社の場合→民六七九、六八二、会社六〇七―六〇九、六四一

（匿名組合契約の終了に伴う出資の価額の返還）

第五四二条 匿名組合契約が終了したときは、営業者は、匿名組合員にその出資の価額を返還しなければならない。ただし、出

資が損失によって減少したときは、その残額を返還すれば足りる。

参【出資↓五三六参【民法の場合↓民六八一

第五章 仲立営業

宅地建物取引業者の商人性↓五〇二条[5]

(定義)

第五四三条 この章において「仲立人」とは、他人間の商行為の媒介をすることを業とする者をいう。

参【商行為の媒介↓五〇二[十一]、民六五六、金商二⑧[三]—[四][十]【仲立人↓四【媒介代理商↓二七、会社一六、消費契約五②

(当事者のために給付を受けることの制限)

第五四四条 仲立人は、その媒介により成立させた行為について、当事者のために支払その他の給付を受けることができない。ただし、当事者の別段の意思表示又は別段の慣習があるときは、この限りでない。

参【自ら履行をする義務↓五四九

(見本保管義務)

第五四五条 仲立人がその媒介に係る行為について見本を受け取ったときは、その行為が完了するまで、これを保管しなければならない。

参民六五六・六四四

(結約書の交付義務等)

第五四六条① 当事者間において媒介に係る行為が成立したときは、仲立人は、遅滞なく、次に掲げる事項を記載した書面(以下この章において「結約書」という。)を作成し、かつ、署名し、又は記名押印した後、これを各当事者に交付しなければならない。

一 各当事者の氏名又は名称

二 当該行為の年月日及びその要領

② 前項の場合においては、当事者が直ちに履行をすべきときを除き、仲立人は、各当事者に結約書に署名させ、又は記名押印させた後、これをその相手方に交付しなければならない。

③ 前二項の場合において、当事者の一方が結約書を受領せず、又はこれに署名若しくは記名押印をしないときは、仲立人は、遅滞なく、相手方に対してその旨の通知を発しなければならない。

参【結約書↓五四八・五五〇①

(帳簿記載義務等)

第五四七条① 仲立人は、その帳簿に前条第一項各号に掲げる事項を記載しなければならない。

② 当事者は、いつでも、仲立人がその媒介により当該当事者のために成立させた行為について、前項の帳簿の謄本の交付を請求することができる。

参【帳簿↓一九③【謄本↓五四八

(当事者の氏名等を相手方に示さない場合)

第五四八条 当事者がその氏名又は名称を相手方に示してはならない旨を仲立人に命じたときは、仲立人は、結約書及び前条第二項の謄本にその氏名又は名称を記載することができない。

参五四九

第五四九条 仲立人は、当事者の一方の氏名又は名称をその相手方に示さなかったときは、当該相手方に対して自ら履行をする責任を負う。

参【弁済による代位↓民五〇〇【問屋の場合↓五五二①・五五五

(仲立人の報酬)

第五五〇条① 仲立人は、第五百四十六条の手続を終了した後でなければ、報酬を請求することができない。

② 仲立人の報酬は、当事者双方が等しい割合で負担する。

参❶【報酬の請求↓五一二【民法の準委任の場合↓民六五六・六四八② ❷【当事者の平分負担↓五四六・五四七②

宅地建物取引業者の報酬請求権↓五一二条[判]

第六章 問屋営業

(定義)

第五五一条 この章において「問屋」とは、自己の名をもって他人のために物品の販売又は買入れをすることを業とする者をいう。

参【取次ぎに関する行為↓五〇二[十一]・五五八—五六四【問屋↓四、金商二⑧[三]—[四][十]

[1] 「物品」の意義

本条の「物品」中には、有価証券を包含する。(最判昭32・5・30民集一一・五・八五四、総則・商行為百選[初版]七八)

(問屋の権利義務)

第五五二条① 問屋は、他人のためにした販売又は買入れにより、相手方に対して、自ら権利を取得し、義務を負う。

② 問屋と委託者との間の関係については、この章に定めるもののほか、委任及び代理に関する規定を準用する。

参【委任↓民六四三—六五六、五〇五【代理↓民九九—一一八、五〇四・五〇六、民執三八、破六二・六三③・六四、民再五二

一 再委託と民法一〇七条二項[平成二九法四四による改正後は同法一〇六条二項]の準用の有無

[1] 問屋と委託者との法律関係の本質は委任であって代理権を伴わないから、物品販売の委託を受けた問屋が他の問屋に再委託をした場合には、再委託を受けた問屋と委託者との関係につき民法一〇七条二項[平成二九法四四による改正後は同法一〇六条二項]を準用すべきではない。(最判昭31・10・12民集一〇・一〇・一二六〇、総則・商行為百選[三版]六七……委託者が再委託を受けた問屋に対して委託充当代金を請求して棄却された事例)

二 問屋の破産と取戻権

[2] 問屋が委託の実行としてした売買により取得した権利につき実質的利益を有するのは委託者であるから、問屋がこの権利を取得した後これを委託者に移転しない間に破産した場合においては、委託者は右権利につき取戻権を行使し得る。(最判昭43・7・11民集二二・七・一四六二、商法百選七〇)

三 利益相反関係が生じる場合の商品取引員の説明・通知義務

[3] 特定の種類の商品先物取引について差玉向かいを行っている商品取引員が専門的な知識を有しない委託者との間で商品先物取引委託契約を締結した場合には、商品取引員は、右委託契約上、当該商品先物取引を受託する前に、委託者に対し、その取引については差玉向かいを行っていること及び差玉向かいは商品取引員と委託者との間に利益相反関係が生ずる可能性の高いものであることを十分に説明すべき義務を負い、委託者が右の説明を受けた上で右取引を委託したときにも、委託者において、どの程度の頻度で、自らの委託玉が商品取引員の自己玉と対当する結果となっているのかを確認することができるように、自己玉を建てる都度、その自己玉に対当する委託玉を建てた委託者に対し、その委託玉が商品取引員の自己玉と対当する結果となったことを通知する義務を負う。(最判平21・7・16民集六三・六・一二八〇、商法百選六九)

④　四　**受注者の委託者に対する損害賠償請求権**　証券取引所の会員が顧客の委託を受けて売り渡した株券が事故株であったため会員間の申合せにより買い戻した場合、会員は顧客に対し、民法六五〇条三項に基づき、買戻しに要した代金に相当する損害賠償を請求できる。（大阪高判平12・7・31判時一七四六・九四、金商百選七〇）

（問屋の担保責任）

第五五三条　問屋は、委託者のためにした販売又は買入れにつき相手方がその債務を履行しないときに、自らその履行をする責任を負う。ただし、当事者の別段の意思表示又は別段の慣習があるときは、この限りでない。

参【相手方に対する関係→五五二②、民五〇〇

（問屋が委託者の指定した金額との差額を負担する場合の販売又は買入れの効力）

第五五四条　問屋が委託者の指定した金額より低い価格で販売をし、又は高い価格で買入れをした場合において、自らその差額を負担するときは、その販売又は買入れは、委託者に対してその効力を生ずる。

参【指定価額に従う義務→民六四四、五〇五【委託者に対する効力→五五二②、五五七、二七【逆指値注文の禁止→金商一六二①□②

（介入権）

第五五五条①　問屋は、取引所の相場がある物品の販売又は買入れの委託を受けたときは、自ら買主又は売主となることができる。この場合において、売買の代価は、問屋が買主又は売主となったことの通知を発した時における取引所の相場によって定める。

②　前項の場合においても、問屋は、委託者に対して報酬を請求することができる。

参【一般の場合→民六四四、一〇八

（問屋が買い入れた物品の供託及び競売）

第五五六条　問屋が買入れの委託を受けた場合において、委託者が買い入れた物品の受領を拒み、又はこれを受領することができないときは、第五百二十四条の規定を準用する。

（代理商に関する規定の準用）

第五五七条　第二十七条及び第三十一条の規定は、問屋について準用する。

参【通知義務→民六四五

問屋の留置権の適用範囲↓三一条⑦

（準問屋）

第五五八条　この章の規定は、自己の名をもって他人のために販売又は買入れ以外の行為をすることを業とする者について準用する。

参【準問屋→五〇二⑪、五五九

第七章　運送取扱営業

（定義等）

第五五九条①　この章において「運送取扱人」とは、自己の名をもって物品運送の取次ぎをすることを業とする者をいう。

②　運送取扱人については、この章に別段の定めがある場合を除き、第五百五十一条に規定する問屋に関する規定を準用する。

参❶【物品運送→五七〇―五八八、七三七―七七〇、国際海運【取次ぎに関する行為→五〇二⑪【運送取扱人→四　❷【問屋→五五一―五五七

⑦　**委託者の地位**　運送取扱人には問屋に関する規定が準用されるから、運送取扱人と委託者との間では、運送取扱人が取得した権利は直ちに委託者に帰するが、委託者は取次行為の相手方その他の第三者に対しては運送取扱人が取次行為により取得した権利を直ちに行使することはできない。（大判明40・6・21民録一三・六九四）

（運送取扱人の責任）

第五六〇条　運送取扱人は、運送品の受取から荷受人への引渡しまでの間にその運送品が滅失し若しくは損傷し、若しくはその滅失若しくは損傷の原因が生じ、又は運送品が延着したときは、これによって生じた損害を賠償する責任を負う。ただし、運送取扱人がその運送品の受取、保管及び引渡し、運送人の選択その他の運送の取次ぎについて注意を怠らなかったことを証明したときは、この限りでない。

参【損害賠償に関する原則→民四一五―四二二の二、七一五【運送取扱人の責任→五六四、五七七、五八五、五八七【運送人の責任→五七六、五九〇、国際海運三、四

⑦　**過失が認定された事例**　荷受人が荷物の受取を拒否した場合、発送人に通知をせずに第三者に荷物を引き渡した運送取扱人は、荷物引渡しにつき注意義務を尽くしたとはいえない。（最判昭30・4・12民集九・四・四七四、総則・商行為百選初版八二）

（運送取扱人の報酬）

第五六一条①　運送取扱人は、運送品を運送人に引き渡したときは、直ちにその報酬を請求することができる。

②　運送取扱契約で運送賃の額を定めたときは、運送取扱人は、特約がなければ、別に報酬を請求することができない。

参【報酬→五一二、五六二、五六四、五八六【受任者の報酬請求の原則→五五九②、五五二②、民六四八②③

（運送取扱人の留置権）

第五六二条　運送取扱人は、運送品に関して受け取るべき報酬、付随の費用及び運送賃その他の立替金についてのみ、その弁済を受けるまで、その運送品を留置することができる。

参【留置権→民二九五【運送品の留置→五七四、五八〇【競売→民執一九五【他の留置権と対比→五二一、三一、五五七【留置権の効力→破六六、会更二⑩、二九、一〇四【立替え→五五九②、五五二②、民六五〇、五一三②

（介入権）

第五六三条①　運送取扱人は、自ら運送をすることができる。この場合において、運送取扱人は、運送人と同一の権利義務を有する。

②　運送取扱人が委託者の請求によって船荷証券又は複合運送証券を作成したときは、自ら運送をするものとみなす。

参【運送人の権利・義務→五七三―五八八、七三七―七四六、七四八―七五六ETC【船荷証券・複合運送証券→七五七―七六九【介入と報酬請求権→五五九②、五五五②

（物品運送に関する規定の準用）

第五六四条　第五百七十二条、第五百七十七条、第五百七十九条（第三項を除く。）、第五百八十一条、第五百八十五条、第五百八十六条、第五百八十七条（第五百七十七条及び第五百八十五条の規定の準用に係る部分に限る。）及び第五百八十八条の規定は、運送取扱営業について準用する。この場合において、第五百七十九条第二項中「前の運送人」とあるのは「前の運送取扱人又は運送人」と、第五百八十五条第一項中「運送品の引渡し」とあるのは「荷受人に対する運送品の引渡し」と読み替えるものとする。

第五六五条から第五六八条まで　削除

第八章　運送営業

第一節　総則

第五六九条　この法律において、次の各号に掲げる用語の意義は、当該各号に定めるところによる。
一　運送人　陸上運送、海上運送又は航空運送の引受けをすることを業とする者をいう。
二　陸上運送　陸上における物品又は旅客の運送をいう。
三　海上運送　第六百八十四条に規定する船舶（第七百四十七条に規定する非航海船を含む。）による物品又は旅客の運送をいう。
四　航空運送　航空法（昭和二十七年法律第二百三十一号）第二条第一項に規定する航空機による物品又は旅客の運送をいう。

【運送→五〇二四、民六三二―六四二、七三七―七八七、国際海運【運送人→四【物品運送→五七〇―五八八【海上物品運送→七三七―七五六【旅客運送→五八九―五九三

第二節　物品運送

（物品運送契約）
第五七〇条　物品運送契約は、運送人が荷送人からある物品を受け取りこれを運送して荷受人に引き渡すことを約し、荷送人がその結果に対してその運送賃を支払うことを約することによって、その効力を生ずる。

【運送人→五六九㈠、国際海運二②【荷送人→国際海運二③【運送賃→五七三

> 1 **国際海上物品運送法二条にいう「荷送人」の意義**
> 船荷証券上の荷送人欄の記載は広く荷主を指し、必ずしも運送契約の当事者に限るものではないので、そこに現地法人や代理店の名称が記載されていたとしても、利用運送事業者として世界的なネットワークを築いている利用運送事業者（フォワーダー）が運送人との間で直接運賃交渉等を行っている場合には、当該業者を運送契約の当事者（荷送人）と解すべきである。（東京地判平16・4・9判時一八六九・一〇二……国際海上物品運送法の事例）

（送り状の交付義務等）
第五七一条①　荷送人は、運送人の請求により、次に掲げる事項を記載した書面（次項において「送り状」という。）を交付しなければならない。
一　運送品の種類
二　運送品の容積若しくは重量又は包若しくは個品の数及び運送品の記号
三　荷造りの種類
四　荷送人及び荷受人の氏名又は名称
五　発送地及び到達地

② 前項の荷送人は、送り状の交付に代えて、法務省令で定めるところにより、運送人の承諾を得て、送り状に記載すべき事項を電磁的方法（電子情報処理組織を使用する方法その他の情報通信の技術を利用する方法であって法務省令で定めるものをいう。以下同じ。）により提供することができる。この場合において、当該荷送人は、送り状を交付したものとみなす。

（危険物に関する通知義務）
第五七二条　荷送人は、運送品が引火性、爆発性その他の危険性を有するものであるときは、その引渡しの前に、運送人に対し、その旨及び当該運送品の品名、性質その他の当該運送品の安全な運送に必要な情報を通知しなければならない。

【国際海上物品運送→国際海運六

（運送賃）
第五七三条①　運送賃は、到達地における運送品の引渡しと同時に、支払わなければならない。
② 運送品がその性質又は瑕疵（かし）によって滅失し、又は損傷したときは、荷送人は、運送賃の支払を拒むことができない。

【運送賃→五一二、七五八①㈤、五八一③、五七四、民三一八、六三三、五八〇【危険負担に関する原則→民五三六【返還→民七〇三―七〇八

（運送人の留置権）
第五七四条　運送人は、運送品に関して受け取るべき運送賃、付随の費用及び立替金（以下この節において「運送賃等」という。）についてのみ、その弁済を受けるまで、その運送品を留置することができる。

【留置権→民二九五【運送品の留置→五六二、五八〇、五二一、五五七【留置権の効力→会更二⑩、二九、一〇四―一一二、破六六【立替え→五五九②、五五二②、民六五〇、五一三②【競売→民執一九五

（運送人の責任）
第五七五条　運送人は、運送品の受取から引渡しまでの間にその運送品が滅失し若しくは損傷し、若しくはその滅失若しくは損傷の原因が生じ、又は運送品が延着したときは、これによって生じた損害を賠償する責任を負う。ただし、運送人がその運送品の受取、運送、保管及び引渡しについて注意を怠らなかったことを証明したときは、この限りでない。

【損害賠償に関する原則→民四一五―四二二の二、七〇九、七一五【運送人の責任→五七七、五七九・五八四・五八五【場屋営業者の責任と対比→五九六【旅客運送の場合→五九一【海上運送の場合→七三九、国際海運三・四・九・一一

> 1 **一　無過失の立証の必要**
> 運送人は、自己又は運送に使用した者に過失がなかったことを立証し得ない限り、これらの者に対する選任・監督につき注意を怠らなかったことを証明し得たとしても、損害賠償責任を免れない。（大判昭5・9・13新聞三一八二・一四）
>
> 2 **二　過失が認定された事例**
> 設立準備中の会社を荷受人とする運送契約であって、運送品を設立事務所に運送することを内容とするものであり、かつ、かつて同じ荷受人の表示のある運送契約において設立事務所に配達したことがあるのに、その一箇月後に、設立準備委員の一人の指図に従い、同委員に運送品を引き渡した結果その滅失を招いたときは、右準備委員から自己名義の虚偽の注文書写しを呈示された等の事情があっても、運送人に過失がなかったとはいえない。（最判昭35・3・17民集一四・三・四五一、商法百選七三）

（損害賠償の額）
第五七六条①　運送品の滅失又は損傷の場合における損害賠償の額は、その引渡しがされるべき地及び時における運送品の市場価格（取引所の相場がある物品については、その相場）によって定める。ただし、市場価格がないときは、その地及び時における同種類で同一の品質の物品の正常な価格によって定める。
② 運送品の滅失又は損傷のために支払うことを要しなくなった運送賃その他の費用は、前項の損害賠償の額から控除する。
③ 前二項の規定は、運送人の故意又は重大な過失によって運送品の滅失又は損傷が生じたときは、適用しない。

【一般原則→民四一六【責任限度法定の例→国際海運一〇【不法行為に基づく請求→五八七、五八八、国際海運一六 ❷【滅失・毀損がない延着→民四一五、四一六 ❸【本項の準用→国際海運八②

> 1 **一　損害が生じない場合と本条一項の適用の有無**
> 本条一項は、運送品が全部滅失したにもかかわらず荷送人又は荷受人に全く損害が生じない場合についてまで運送人に損害賠償責任を負わせるものではない。（最判昭53・4・20民集三二・三・六七〇、商法百選七四）
>
> 2 **二　紛失原因不明の場合の重過失（本条三項）の有無**
> **1　重過失が推認されるとしたもの**
> 運送人の支配下に移った後の品物の滅失の原因について

は、運送人側が立証に協力してくれなければ、運送依頼人は全く救済される余地がなくなってしまうことになるから、原因関係が全く判明しない場合には、運送人に重過失があったものと推認し、商法五八一条〔現本条三項〕を適用することが妥当である。（東京地判平元・4・20判時一三三七・一二九）

③ **2 重過失が推認されないとしたもの（宅配便の場合）** 荷送人にとって、重過失の存在を立証することは困難であるが、重過失の立証がなされなくても、責任限度額の範囲では損害賠償を受けられ、また、高価品についての損害等は、価格の明告、保険制度の利用等により回避が可能であること、重過失の立証についても、他の運送業者との比較等により、その管理体制の不備等を具体的に立証することなどにより、立証可能な場合もあり得るから、少なくとも運送保険をかけずに低廉な料金で運送することが主要な合意事項でもある宅配便システムにおいては、重過失を推認しなくとも公平を著しく害することはない。（大阪地判平3・11・11判時一四六一・一五六）

④ **三 運送人の使用人の重過失の例** 運送業者の使用人が集荷した貨物を自動車に積み込んだ際に、積込口の扉の施錠又は扉が完全に嵌合〔かんごう〕して走行中に開扉することのないことの確認を怠った場合には、その者に重過失がある。（最判昭55・3・25判時九六七・六一、商法百選七六）

⑤ **四 ワルソー条約二五条の「故意に相当すると認められる過失」の意義** 国際航空運送に関するある規則の統一に関する条約（ワルソー条約）二五条は、本条を準用する商法七六六条〔平成三〇法二九による改正前〕、国際海上物品運送法二〇条二項の規定と同趣旨の規定と解され、したがって同条の「故意に相当する過失」とは、我が国の法律上「重大な過失」を意味する。（最判昭51・3・19民集三〇・二・一二八、重判昭51商四）

⑥ **五 外航船の海上運送契約上の債務不履行に基づく損害賠償額を算出する基準** 国際海上物品運送法一二条の二〔同法現八条〕一項は、損害賠償の定型化、画一化を図り賠償額に関する紛争を防止するとともに、逸失利益その他の間接損害は賠償の対象としないことにより大量の物品の運送に当たる運送人を保護しようとする趣旨の規定であり、本件貨物に生じた損害賠償の額は、本件貨物の出荷価額（FOB価格）に保険料、運送費を加算したCIF価格を基準に算出するのが相当である。（東京地判平20・10・27判タ一三〇五・二二三）→八〇八条②

（高価品の特則）

第五七七条① 貨幣、有価証券その他の高価品については、荷送人が運送を委託するに当たりその種類及び価額を通知した場合を除き、運送人は、その滅失、損傷又は延着について損害賠償の責任を負わない。

② 前項の規定は、次に掲げる場合には、適用しない。

一 物品運送契約の締結の当時、運送品が高価品であることを運送人が知っていたとき。

二 運送人の故意又は重大な過失によって高価品の滅失、損傷又は延着が生じたとき。

⊕【類似の規定→五九七【不実通告→国際海運九⑥―⑧【不法行為に基づく請求→五八七、五八八、国際海運一六【本条の準用→五六四、八〇九③㈢ハ、国際海運一五

① **一 高価品の意義** 本条所定の高価品とは、容積又は重量の割に著しく高価な物品をいい、容積重量ともに相当巨大であって、その高価なことも一見明瞭なものはそれに当たらない。（最判昭45・4・21判時五九三・八七、商法百選七五……研磨機の例）

② **二 高価品であることを否定された例** パスポートは、各人にとっては貴重品であるが、それ自体として交換価値があるものではなく、本条の適用のある高価品には当たらない。（東京地判平元・4・20判時一三三七・一二九）

③ **三 高価品の通知があったとされる場合** 絨毯〔じゅうたん〕目録が運送人の依頼によって作成され、送付されたが、そこには絨毯の産地名、工房名、色及び柄の特徴、新旧の別並びに大きさによって、それぞれの絨毯の種類が特定されるとともに、それぞれについての評価額が記載されており、これらの事実は本条所定の高価品の明告〔通知〕に該当する。（東京地判平10・5・13判時一六七六・一二九）

四 宅配便の荷受人の運送会社に対する損害賠償請求の限度→五八七条⑦

（複合運送人の責任）

第五七八条① 陸上運送、海上運送又は航空運送のうち二以上の運送を一の契約で引き受けた場合における運送品の滅失等（運送品の滅失、損傷又は延着をいう。以下この節において同じ。）についての運送人の損害賠償の責任は、それぞれの運送においてその運送品の滅失等の原因が生じた場合に当該運送ごとに適用されることとなる我が国の法令又は我が国が締結した条約の規定に従う。

② 前項の規定は、陸上運送であってその区間ごとに異なる二以上の法令が適用されるものを一の契約で引き受けた場合について準用する。

⊕❶【陸上運送→五六九㈡【海上運送→五六九㈢【航空運送→五六九㈣【我が国の法令→国際海運

（相次運送人の権利義務）

第五七九条① 数人の運送人が相次いで陸上運送をするときは、後の運送人は、前の運送人に代わってその権利を行使する義務を負う。

② 前項の場合において、後の運送人が前の運送人に弁済をしたときは、後の運送人は、前の運送人の権利を取得する。

③ ある運送人が引き受けた陸上運送についてその荷送人のために他の運送人が相次いで当該陸上運送の一部を引き受けたときは、各運送人は、運送品の滅失等につき連帯して損害賠償の責任を負う。

④ 前三項の規定は、海上運送及び航空運送について準用する。

⊕【連帯→民四三六―四四五【本条の準用→五六四、国際海運一五

⑦ **相次運送の意義** 相次運送とは、ある運送人が荷送人より引き受けた運送につき、他の運送人が荷送人のためにする意思をもって相次いで運送を引き受ける場合をいい、当初の運送人が運送の全部を引き受け、後の運送人が受託者又は下請負人としてする運送を包含しない。（大判明45・2・8民録一八・九三、総則・商行為百選〔三版〕七九）

（荷送人による運送の中止等の請求）

第五八〇条 荷送人は、運送人に対し、運送の中止、荷受人の変更その他の処分を請求することができる。この場合において、運送人は、既にした運送の割合に応じた運送賃、付随の費用、立替金及びその処分によって生じた費用の弁済を請求することができる。

⊕【処分権→民六四一【売主の取戻権→破六三、民再五二【運送品の到達と荷受人の権利→五八一【本条の準用→国際海運一五

（荷受人の権利義務等）

第五八一条① 荷受人は、運送品が到達地に到着し、又は運送品の全部が滅失したときは、物品運送契約によって生じた荷送人の権利と同一の権利を取得する。

② 前項の場合において、荷受人が運送品の引渡し又はその損害

賠償の請求をしたときは、荷送人は、その権利を行使することができない。

③　荷受人は、運送品を受け取ったときは、運送人に対し、運送賃等を支払う義務を負う。

⚭❶【荷受人の地位↓七六一・七四一】【到達地↓五七一①㈤・七五八①㈤　❸【運送品の受取↓五八四・五八五・五七四
⁺【本条の準用↓国際海運一五

（運送品の供託及び競売）

第五八二条①　運送人は、荷受人を確知することができないときは、運送品を供託することができる。

②　前項に規定する場合において、運送人が荷送人に対し相当の期間を定めて運送品の処分につき指図をすべき旨を催告したにもかかわらず、荷送人がその指図をしないときは、運送人は、その運送品を競売に付することができる。

③　損傷その他の事由による価格の低落のおそれがある運送品は、前項の催告をしないで競売に付することができる。

④　前二項の規定により運送品を競売に付したときは、運送人は、その代価を供託しなければならない。ただし、その代価の全部又は一部を運送賃等に充当することを妨げない。

⑤　運送人は、第一項から第三項までの規定により運送品を供託し、又は競売に付したときは、遅滞なく、荷送人に対してその旨の通知を発しなければならない。

⚭❶【供託↓供　❷【荷送人の指図↓五八〇】【競売↓民執一九五、五二四③

第五八三条　前条の規定は、荷受人が運送品の受取を拒み、又はこれを受け取ることができない場合について準用する。この場合において、同条第二項中「運送人が」とあるのは「運送人が、荷受人に対し相当の期間を定めて運送品の受取を催告し、かつ、その期間の経過後に」と、同条第五項中「荷送人」とあるのは「荷送人及び荷受人」と読み替えるものとする。

⚭⁺【競売↓五八二②⚭【荷送人の指図↓五八〇】【催告不要の場合↓五八二③

（運送人の責任の消滅）

第五八四条①　運送品の損傷又は一部滅失についての運送人の責任は、荷受人が異議をとどめないで運送品を受け取ったときは、消滅する。ただし、運送品に直ちに発見することができない損傷又は一部滅失があった場合において、荷受人が引渡しの日から二週間以内に運送人に対してその旨の通知を発したときは、この限りでない。

②　前項の規定は、運送品の引渡しの当時、運送人がその運送品に損傷又は一部滅失があることを知っていたときは、適用しない。

③　運送人が更に第三者に対して運送を委託した場合において、荷受人が第一項ただし書の期間内に運送人に対して同項ただし書の通知を発したときは、運送人に対する第三者の責任に係る同項ただし書の期間は、運送人が当該通知を受けた日から二週間を経過する日まで延長されたものとみなす。

⚭⁺【運送人の責任↓五七五―五七九、五八五】【国際海上運送の場合↓国際海運七】【不法行為に基づく請求↓国際海運一六】【本条と同趣旨の規定↓六一六

第五八五条①　運送品の滅失等についての運送人の責任は、運送品の引渡しがされた日（運送品の全部滅失の場合にあっては、その引渡しがされるべき日）から一年以内に裁判上の請求がされないときは、消滅する。

②　前項の期間は、運送品の滅失等による損害が発生した後に限り、合意により、延長することができる。

③　運送人が更に第三者に対して運送を委託した場合において、運送人が第一項の期間内に損害を賠償し又は裁判上の請求をされたときは、運送人に対する第三者の責任に係る同項の期間は、運送人が損害を賠償し又は裁判上の請求をされた日から三箇月を経過する日まで延長されたものとみなす。

⚭⁺【本条の準用↓五八七、国際海運一六　❶【運送人の責任↓五七五⚭【引渡しの日↓五八四①・五八二①・五八三　❶❸【裁判上の請求↓民訴一三四⚭・三八二、仲裁一三、民調二　❷【時効の場合↓民一四六　❸【下請運送の場合↓五七五

（運送人の債権の消滅時効）

第五八六条　運送人の荷送人又は荷受人に対する債権は、これを行使することができる時から一年間行使しないときは、時効によって消滅する。

（運送人の不法行為責任）

第五八七条　第五百七十六条、第五百七十七条、第五百八十四条及び第五百八十五条の規定は、運送品の滅失等についての運送人の荷送人又は荷受人に対する不法行為による損害賠償の責任について準用する。ただし、荷受人があらかじめ荷送人の委託による運送を拒んでいたにもかかわらず荷送人から運送を引き受けた運送人の荷受人に対する責任については、この限りでない。

⚭⁺国際海運一六①②【不法行為責任↓民七〇九・七一五

一　宅配便の荷受人の運送会社に対する損害賠償請求の限度

[1]　賠償額をあらかじめ定めた責任限度額に限定することは、運賃を可能な限り低い額にとどめて宅配便を運営していく上で、合理的なものであり、右の趣旨からすれば、責任限度額の定めは、運送人の荷送人に対する債務不履行に基づく責任についてだけでなく、荷送人に対する不法行為に基づく責任についても適用されるものと解するのが当事者の合理的な意思に合致するというべきであり、荷受人も、少なくとも宅配便によって荷物が運送されることを容認していたなどの事情が存するときは、信義則上、責任限度額を超えて運送人に対して損害の賠償を求めることは許されないと解するのが相当である。（最判平10・4・30判時一六四六・一六二、商法百選七七）……荷受人が宅配便によることを容認していた等の事情から、右の限度額を超える損害賠償請求が信義則上許されないとされた事例

二　鉄道営業法一一条の二第二項の適用がある場合

[2]　鉄道営業法一一条の二第二項及び鉄道運輸規程七三条二号は、商法五七八条［本条が準用する現五七七条］の特則であると解すべきであるから、荷送人が運送人に対し高価品の運送を委託するに当たり、その種類及び価額を明告［通知］した場合であっても、要償額を表示し、かつ、表示料を支払っていなければ、運送人は、荷送人に対し、鉄道運輸規程七三条二号所定の金額を超えて損害賠償責任を負うものではない。（最判昭63・3・25判時一二九六・五二、総則・商行為百選〔三版〕八一）

（運送人の被用者の不法行為責任）

第五八八条①　前条の規定により運送品の滅失等についての運送人の損害賠償の責任が免除され、又は軽減される場合には、その責任が免除され、又は軽減される限度において、その運送品の滅失等についての運送人の被用者の荷送人又は荷受人に対する不法行為による損害賠償の責任も、免除され、又は軽減される。

②　前項の規定は、運送人の被用者の故意又は重大な過失によって運送品の滅失等が生じたときは、適用しない。

⚭❶国際海運一六③④【運送人の責任↓五七六・五七七・五八四・五八五　❷国際海運一六⑤・五七六②・五七七②

第三節　旅客運送

（旅客運送契約）

第五八九条　旅客運送契約は、運送人が旅客を運送することを約し、相手方がその結果に対してその運送賃を支払うことを約す

ることによって、その効力を生ずる。

【運送人→五六九㊂【旅客に対する責任→五九〇

[1]　一　**回数乗車券の性質**　回数乗車券は、運送業者と公衆との間に他日成立すべき運送契約を予想し、その乗車賃の前払があったことを証して乗車賃に代用される一種の票券であって、その発行によってその所持人との間に旅客運送契約又はその予約が成立するものではなく、右運送契約は、公衆が乗車の都度乗客と運送業者との間に成立するものである。（大判昭14・2・1民集一八・七七、運輸百選七三）

[2]　二　**旅客の運送人が負う債務の内容—特別料金を徴収して特別車両を提供した場合**　旅客から特別料金を徴収して特別車両を提供した場合の運送契約における鉄道事業者が負担すべき債務の内容は、旅客を安全に目的地まで輸送することに尽きるものではなく、一定の付加価値を有する設備及びサービスの提供により、旅客の快適性を確保することをも含むが、それが確保されているかは、列車の性質、運送区間、運送料金等の各運送契約の内容を勘案し、客観的にみて、一定の水準の設備、サービスが提供されているか否かにより決せられる。（東京地判平17・10・4判時一九四四・一一三）

（運送人の責任）

第五九〇条　運送人は、旅客が運送のために受けた損害を賠償する責任を負う。ただし、運送人が運送に関し注意を怠らなかったことを証明したときは、この限りでない。

【損害賠償→民四一五—四二二の二、七〇九、七一五、七二二

（特約禁止）

第五九一条①　旅客の生命又は身体の侵害による運送人の損害賠償の責任（運送の遅延を主たる原因とするものを除く。）を免除し、又は軽減する特約は、無効とする。

② 前項の規定は、次に掲げる場合には、適用しない。

一　大規模な火災、震災その他の災害が発生し、又は発生するおそれがある場合において運送を行うとき。

二　運送に伴い通常生ずる振動その他の事情により生命又は身体に重大な危険が及ぶおそれがある者の運送を行うとき。

【海上物品運送→七三九②、国際海運一一【消費者契約→消費契約八

（引渡しを受けた手荷物に関する運送人の責任等）

第五九二条①　運送人は、旅客から引渡しを受けた手荷物については、運送賃を請求しないときであっても、物品運送契約における運送人と同一の責任を負う。

② 運送人の被用者は、前項に規定する手荷物について、物品運送契約における運送人の被用者と同一の責任を負う。

③ 第一項に規定する手荷物が到達地に到着した日から一週間以内に旅客がその引渡しを請求しないときは、運送人は、その手荷物を供託し、又は相当の期間を定めて催告をした後に競売に付することができる。この場合において、運送人がその手荷物を供託し、又は競売に付したときは、遅滞なく、旅客に対してその旨の通知を発しなければならない。

④ 損傷その他の事由による価格の低落のおそれがある手荷物は、前項の催告をしないで競売に付することができる。

⑤ 前二項の規定により手荷物を競売に付したときは、運送人は、その代価を供託しなければならない。ただし、その代価の全部又は一部を運送賃に充当することを妨げない。

⑥ 旅客の住所又は居所が知れないときは、第三項の催告及び通知は、することを要しない。

【引渡しを受けない場合の責任→五九三【物品運送人の責任→五七五—五七九【場屋営業者の責任→五九六①

（引渡しを受けていない手荷物に関する運送人の責任等）

第五九三条①　運送人は、旅客から引渡しを受けていない手荷物（身の回り品を含む。）の滅失又は損傷については、故意又は過失がある場合を除き、損害賠償の責任を負わない。

② 第五百七十六条第一項及び第三項、第五百八十四条第一項、第五百八十五条第一項及び第二項、第五百八十七条（第五百七十六条第一項及び第三項、第五百八十四条第一項並びに第五百八十五条第一項及び第二項の規定の準用に係る部分に限る。）並びに第五百八十八条の規定は、運送人が前項に規定する手荷物の滅失又は損傷に係る損害賠償の責任を負う場合について準用する。この場合において、第五百七十六条第一項中「その引渡しがされるべき」とあるのは「その運送が終了すべき」と、第五百八十四条第一項中「荷受人が異議をとどめないで運送品を受け取った」とあるのは「旅客が運送の終了の時までに異議をとどめなかった」と、「荷受人が引渡しの日」とあるのは「旅客が運送の終了の日」と、第五百八十五条第一項中「運送品の引渡しがされた日（運送品の全部滅失の場合にあっては、その引渡しがされるべき日）」とあるのは「運送の終了の日」と読み替えるものとする。

【引渡しを受けた場合の責任→五九二【場屋営業者の責任→五九六②

（運送人の債権の消滅時効）

第五九四条　第五百八十六条の規定は、旅客運送について準用する。

第九章　寄託

第一節　総則

（受寄者の注意義務）

第五九五条　商人がその営業の範囲内において寄託を受けた場合には、報酬を受けないときであっても、善良な管理者の注意をもって、寄託物を保管しなければならない。

【商人→四【寄託→民六五七—六六六【報酬→五一二【受寄者の注意義務の原則→民四〇〇、六五九

（場屋営業者の責任）

第五九六条①　旅館、飲食店、浴場その他の客の来集を目的とする場屋における取引をすることを業とする者（以下この節において「場屋営業者」という。）は、客から寄託を受けた物品の滅失又は損傷については、不可抗力によるものであったことを証明しなければ、損害賠償の責任を免れることができない。

② 客が寄託していない物品であっても、場屋の中に携帯した物品が、場屋営業者が注意を怠ったことによって滅失し、又は損傷したときは、場屋営業者は、損害賠償の責任を負う。

③ 客が場屋の中に携帯した物品につき責任を負わない旨を表示したときであっても、場屋営業者は、前二項の責任を免れることができない。

【客の来集を目的とする場屋の取引→五〇二⑦ ❶【場屋営業者→四【他の場合の責任と対比→五六〇、五七五、五九〇、国際海運三、四、六一〇 ❷【類似の規定→五九三

[1]　一　**寄託を受けた物品—ホテル利用者が自己所有の自動車の鍵をホテル従業員に交付した場合**　ホテル利用者が自己所有の自動車をホテル側でホテルの敷地内で移動させることを了承し、その鍵を従業員に交付した場合には、それによりホテルに対してその保管を委託し、ホテルがこれを承諾したのであるから、ホテルはその営業の範囲内において、無償で右のホテル利用者から本件自動車の寄託を受けたというべきであり、ホテル利用者が交付した鍵がスペアキーであり、マスターキーは自己のもとに所持していたこと、ホテルにおいて短時間だけ鍵を預かる意図であったことは、いずれも右認定を左右するものではない。（大阪高判平12・9・28判時一七四六・一三九）

[2]　二　**不可抗力の証明が否定された事例**　旅館の玄関前面の丘陵部分が集中豪雨により崩落し、それ

に接して設けられていた駐車場に駐車していた車両が損傷を受けた場合において、右丘陵部分に何らかの土留め設備が設けられていれば本件崩落事故は生じなかったとの可能性があり、また、土砂崩れが始まってから旅館従業員等が事態に迅速に対応していれば本件車両の損傷の被害を防止できたとの疑いがあるから、車両の損傷が不可抗力によるものとは認められない。（東京地判平8・9・27判時一六〇一・一四九）

③ **三　不注意が肯定された事例**

ゴルフ場経営者は自らが営業する場屋に「貴重品ロッカー」と銘打ってロッカーを設置したのであるから、ロッカー自体の安全を維持確保することは当然であるが、ロッカーはフロントから全く見えないところに設置され、警備の程度が通常採られるべき水準に達していなかったと推認され、ゴルフ場経営者にはロッカーに保管されていた財布が窃取されたことにつき本条二項の「不注意」［注意を怠ったこと］がある。（秋田地判平17・4・14判時一九三六・一六七）↓五九七条④

（高価品の特則）

第五九七条　貨幣、有価証券その他の高価品については、客がその種類及び価額を通知してこれを場屋営業者に寄託した場合を除き、場屋営業者は、その滅失又は損傷によって生じた損害を賠償する責任を負わない。

⇨【類似の規定↓五六四、五七七、国際海運一五

① **一　債務不履行責任を負わない場合と不法行為責任**

債務不履行による損害賠償責任を負わない場合でも、不法行為による損害賠償責任を負うことはあり得る。（大判昭17・6・29新聞四七八八・一三、総則・商行為百選[三版]九一）

② **二　不法行為責任への類推適用**

本条は、債務不履行についてのみならず、不法行為にも類推適用される。（大阪高判平13・4・11判時一七五三・一四二、総則・商行為百選[四版]一〇九……③の原審）

③ **三　同趣旨の約款の適用範囲**

宿泊客の携行品等のうちフロントに預けなかった物については、あらかじめ種類及び価額の明告［通知］がない限り、ホテル側が負担すべき損害賠償額の上限を一五万円とする旨の約款は、ホテル側に故意又は重大な過失がある場合には適用されない。（最判平15・2・28判時一八二九・一五一、商法百選九八）

④ **四　高価品の通知の欠如が否定された事例**

ロッカーの上には、「貴重品ロッカー」との文言が掲げられていたこと、ロッカーに貴重品を預けることを勧める旨の張り紙がなされていたこと、ロッカーのボックスの大きさから財布が預けられることが多いことは容易に想像されること、財布には通常キャッシュカードの類が入っていることに加え、預金金額もゴルフ場の会員として常識的な額の範囲内であったことなどの事情を考慮すれば、ゴルフ場経営者には高価品の認識があったと認めるのが相当であり、高価品の明告［通知］の欠如は認められない。（秋田地判平17・4・14判時一九三六・一六七）↓五九六条③

（場屋営業者の責任に係る債権の消滅時効）

第五九八条①　前二条の場屋営業者の責任に係る債権は、場屋営業者が寄託を受けた物品を返還し、又は客が場屋の中に携帯した物品を持ち去った時（物品の全部滅失の場合にあっては、客が場屋を去った時）から一年間行使しないときは、時効によって消滅する。

②　前項の規定は、場屋営業者が同項に規定する物品の滅失又は損傷につき悪意であった場合には、適用しない。

第二節　倉庫営業

① **一　荷渡指図書による占有の移転**

寄託者Aが倉庫業者Bに寄託した物品のCへの売渡しによるその引渡しの手段として、右物品を買受人Cに引き渡すことを依頼する旨を記載した荷渡指図書をB宛てに発行し、BがAの意思を確認するなどしてその寄託者台帳上の寄託者名義をAからCに変更した場合には、Cは指図による占有移転を受けることによって民法一八二条にいう占有を取得したことになる。（最判昭57・9・7民集三六・八・一五二七、商法百選九七）

② **二　荷渡指図書の性質**

1　指図の撤回の可能性

荷渡指図書は、寄託者から受寄者である倉庫業者に宛てて荷渡先を指定して、これに受寄物を引き渡すことを依頼するものにすぎず、荷渡先がこれを受寄者に呈示する前は、寄託者が受寄者に対する通知により右の依頼を撤回することができる。（最判昭35・3・22民集一四・四・五〇一、民百選Ⅰ[四版]四九）

③ **2　物権的効力の有無**

荷渡指図書による指図は、いつでも電話や口頭で取消し・撤回ができるから、貨物引渡証や倉庫証券とは異なり、それには物権的効力はなく、その交付に占有移転を指図する効力があるとはいえない。（最判昭48・3・29判時七〇五・一〇三、総則・商行為百選[初版]七三）

（定義）

第五九九条　この節において「倉庫営業者」とは、他人のために物品を倉庫に保管することを業とする者をいう。

⇨【倉庫営業↓五〇二⑩、民六五七—六六五【倉庫業者↓四

（倉荷証券の交付義務）

第六〇〇条　倉庫営業者は、寄託者の請求により、寄託物の倉荷証券を交付しなければならない。

倉荷証券の受戻証券性↓六一三条①

（倉荷証券の記載事項）

第六〇一条　倉荷証券には、次に掲げる事項及びその番号を記載し、倉庫営業者がこれに署名し、又は記名押印しなければならない。

一　寄託物の種類、品質及び数量並びにその荷造りの種類、個数及び記号

二　寄託者の氏名又は名称

三　保管場所

四　保管料

五　保管期間を定めたときは、その期間

六　寄託物を保険に付したときは、保険金額、保険期間及び保険者の氏名又は名称

七　作成地及び作成の年月日

⇨[五]【保管期間↓六一二　⁺【要式証券性に関し対比↓手二①、小二①

① **倉荷証券の譲渡と保管料等の費用の負担者**

倉荷証券に、保管料等寄託物に関する費用は証券所持人が負担するものとする趣旨の記載がある場合には、第三者が裏書譲渡によってその倉荷証券を取得したときは、特段の事情のない限り、各当事者間に、その所持人がその記載の文言に従い右費用の債務を引き受けるという意思の合致があると解すべきである。（最判昭32・2・19民集一一・二・二九五、商法百選九六）

（帳簿記載義務）

第六〇二条　倉庫営業者は、倉荷証券を寄託者に交付したときは、その帳簿に次に掲げる事項を記載しなければならない。

一　前条第一号、第二号及び第四号から第六号までに掲げる事

二　項
二　倉荷証券の番号及び作成の年月日

参【本条以外の記載事項→六〇八、六一四【保存義務→一九③

（寄託物の分割請求）
第六〇三条① 倉荷証券の所持人は、倉庫営業者に対し、寄託物の分割及びその各部分に対する倉荷証券の交付を請求することができる。この場合において、所持人は、その所持する倉荷証券を倉庫営業者に返還しなければならない。
② 前項の規定による寄託物の分割及び倉荷証券の交付に関する費用は、所持人が負担する。

（倉荷証券の不実記載）
第六〇四条 倉庫営業者は、倉荷証券の記載が事実と異なることをもって善意の所持人に対抗することができない。

参【他の証券の場合→七六〇

一　証券の記載と受寄物とが不一致の場合
① 倉庫業者が、寄託を受けた物品が厳重に包装されていてその内容を点検することができなかったため、外装に記載してある通りに真実在中しているものと信じて、実際に預かった物でないものを受託物として倉荷証券に記載した場合にも、特に内容につき責任を負わない旨を記入しない限り善意の証券所持人に対して、責任を免れない。（大判昭11・2・12民集一五・三五七、総則・商行為百選[三版]八四）

二　免責条項の効力
1　免責される場合
② 倉庫業者は、倉荷証券に表示された荷造りの方法、受寄物の種類からみて、その内容を検査することが容易でなく、又は荷造りを解いて内容を検査することによりその品質又は価格に影響を及ぼすことが、一般取引の通念に照らして明らかな場合に限り、受寄物の種類、品質及び数量を記載しても責めに任じない旨の免責条項を援用して証券所持人に対する文言上の責任を免れ得る。（最判昭44・4・15民集二三・四・七五五、商法百選九五）
2　免責されない場合
③ 倉庫業者は、荷造りの性質上受寄物の内容を検査することができない場合には、証券上に受寄物の内容に責任を負わない旨の免責文句を記載することができるが、容易に点検することができるにもかかわらず、包装すら点検せずに寄託者の申出だけに頼って受寄物に関し証券に虚偽の記載をし、そのため証券所持人に損害を生ぜしめた場合には、たとえ右のような免責文句を記入したとしても責任を免れない。（大判昭14・6・30民集一八・七二九）

（寄託物に関する処分）
第六〇五条 倉荷証券が作成されたときは、寄託物に関する処分は、倉荷証券によってしなければならない。

参【所持人→六〇六、小一二【他の証券の場合→七六一

倉荷証券の譲渡と保管料等の費用の負担者→六〇一条⑦

（倉荷証券の譲渡又は質入れ）
第六〇六条 倉荷証券は、記名式であるときであっても、裏書によって、譲渡し、又は質権の目的とすることができる。ただし、倉荷証券に裏書を禁止する旨を記載したときは、この限りでない。

参【他の証券の場合→七六二

① **会社の記名捺印［なついん］があるが代表者のそれがない裏書の効力**
倉荷証券の裏書人欄に裏書人である会社の記名捺印がなされていれば、会社の代表機関が会社のためにすることを示して記名捺印しなくても、適式の裏書として取り扱う商慣習法ないし商慣習は存在しない。（最判昭57・7・8判時一〇五五・一三〇、総則・商行為百選[三版]八八）

（倉荷証券の引渡しの効力）
第六〇七条 倉荷証券により寄託物を受け取ることができる者に倉荷証券を引き渡したときは、その引渡しは、寄託物について行使する権利の取得に関しては、寄託物の引渡しと同一の効力を有する。

参【他の証券の場合→七六三

（倉荷証券の再交付）
第六〇八条 倉荷証券の所持人は、その倉荷証券を喪失したときは、相当の担保を供して、その再交付を請求することができる。この場合において、倉庫営業者は、その旨を帳簿に記載しなければならない。

参【帳簿→六〇二

（寄託物の点検等）
第六〇九条 寄託者又は倉荷証券の所持人は、倉庫営業者の営業時間内は、いつでも、寄託物の点検若しくはその見本の提供を求め、又はその保存に必要な処分をすることができる。

（倉庫営業者の責任）
第六一〇条 倉庫営業者は、寄託物の保管に関し注意を怠らなかったことを証明しなければ、その滅失又は損傷につき損害賠償の責任を免れることができない。

参【保管義務→五九五、民六五八【場屋営業者の責任と対比→五九六【損害賠償→六一六、六一七

① **寄託者に損害がない場合と受寄者の損害賠償責任の有無**
受寄者の責めに帰すべき事由により寄託物返還義務が履行不能となったとしても、寄託者が即時取得しなかったため寄託物の所有者でなく、寄託物がその真の所有者の手中に帰った等の場合には、寄託者が寄託物の価格相当の損害を被ったといえないから、寄託者は寄託物の返還に代わる填補賠償を請求する権利を有しない。（最判昭42・11・17判時五〇九・六三、商法百選九四）

（保管料等の支払時期）
第六一一条 倉庫営業者は、寄託物の出庫の時以後でなければ、保管料及び立替金その他寄託物に関する費用（第六百十六条第一項において「保管料等」という。）の支払を請求することができない。ただし、寄託物の一部を出庫するときは、出庫の割合に応じて、その支払を請求することができる。

参【保管料の支払→五一二、民六六五、六四八【費用の支払→民六六五、六四九、六五〇【一部出庫→六一四

（寄託物の返還の制限）
第六一二条 当事者が寄託物の保管期間を定めなかったときは、倉庫営業者は、寄託物の入庫の日から六箇月を経過した後でなければ、その返還をすることができない。ただし、やむを得ない事由があるときは、この限りでない。

参【保管の期間→六〇一㈣、六〇〇、六一五【寄託物返還時期に関する原則→民六六三①

（倉荷証券が作成された場合における寄託物の返還請求）
第六一三条 倉荷証券が作成されたときは、これと引換えでなければ、寄託物の返還を請求することができない。

参【証券喪失の場合→六〇八【他の証券の場合→七六四

① **受戻証券性**
倉庫業者は、倉荷証券と引換えでなければ受寄物を返還すべきではなく、それと引換えでなしに受寄物を返還したときは、特別の事情のない限り、証券所持人がそれにより受けた損害を賠償しなければならない。（大判昭8・2・23民集一二・四四九、総則・商行為百選[三版]八九）

（倉荷証券を質入れした場合における寄託物の一部の返還請求）

第六一四条　倉荷証券を質権の目的とした場合において、質権者の承諾があるときは、寄託者は、当該質権の被担保債権の弁済期前であっても、寄託物の一部の返還を請求することができる。この場合において、倉庫営業者は、返還した寄託物の種類、品質及び数量を倉荷証券に記載し、かつ、その旨を帳簿に記載しなければならない。

⊛+【質権の成立要件→民三四四、六〇七、七六三【全部の返還の場合→六一三【帳簿→六〇二

（寄託物の供託及び競売）

第六一五条　第五百二十四条第一項及び第二項の規定は、寄託者又は倉荷証券の所持人が寄託物の受領を拒み、又はこれを受領することができない場合について準用する。

⊛+【寄託物の返還→六〇一[五]、六一二【質入証券所持人の権利→民三五〇、三〇四

（倉庫営業者の責任の消滅）

第六一六条①　寄託物の損傷又は一部滅失についての倉庫営業者の責任は、寄託者又は倉荷証券の所持人が異議をとどめないで寄託物を受け取り、かつ、保管料等を支払ったときは、消滅する。ただし、寄託物に直ちに発見することができない損傷又は一部滅失があった場合において、寄託者又は倉荷証券の所持人が引渡しの日から二週間以内に倉庫営業者に対してその旨の通知を発したときは、この限りでない。

② 前項の規定は、倉庫営業者が寄託物の損傷又は一部滅失につき悪意であった場合には、適用しない。

⊛+六一〇　❶【類似の規定→五八四

（倉庫営業者の責任に係る債権の消滅時効）

第六一七条①　寄託物の滅失又は損傷についての倉庫営業者の責任に係る債権は、寄託物の出庫の日から一年間行使しないときは、時効によって消滅する。

② 前項の期間は、寄託物の全部滅失の場合においては、倉庫営業者が倉荷証券の所持人（倉荷証券を作成していないとき又は倉荷証券の所持人が知れないときは、寄託者）に対してその旨の通知を発した日から起算する。

③ 前二項の規定は、倉庫営業者が寄託物の滅失又は損傷につき悪意であった場合には、適用しない。

⊛+【倉庫営業者の責任→六一〇【類似の規定→五八五

第六一八条から第六八三条まで　削除

第三編　海商

第一章　船舶

第一節　総則

（定義）

第六八四条　この編（第七百四十七条を除く。）において「船舶」とは、商行為をする目的で航海の用に供する船舶（端舟その他ろかいのみをもって運転し、又は主としてろかいをもって運転する舟を除く。）をいう。

⊛+【船舶→八五〇、国際海運二①、船主責任制限二①[一]【商行為→五〇二[四][五]【航海→五六九[三]【ろかい舟→国際海運二①【ろかい舟への不適用→民執一一二、船主責任制限二①[一]

[ア] **一　二〇トン未満の船舶と本編の適用**
端舟〔はしぶね〕その他櫓櫂〔ろかい〕だけで運転し、又は主として櫓櫂で運転する舟でない限り、商行為を目的として船舶を航海の用に供する以上、総トン数二〇トン未満のものでも、海商法の適用がある。（大判昭12・12・8民集一六・一七二八、保険・海商百選〔初版〕五六）

[イ] **二　自ら航行できない「艀〔はしけ〕」**
タンカーのスクラップ船体を改造したものであって、機関部、油タンクの壁等が撤去され、浚渫〔しゅんせつ〕船積付けのための設備をしており、長さ一一六メートル、排水量二、六〇〇トンあり、自ら航行することができないが、重い積荷を乗せて水上に浮揚し、曳航〔えいこう〕されて航行し得る「艀」は本条の「船舶」に当たる。（東京高判昭47・8・23高民二五・四・三〇九）

（従物の推定等）

第六八五条①　船舶の属具目録に記載した物は、その従物と推定する。

② 属具目録の書式は、国土交通省令で定める。

⊛+【属具目録→七一〇　❶【従物→民八七、八四七②、八四二

第二節　船舶の所有

第一款　総則

（船舶の登記等）

第六八六条①　船舶所有者は、船舶法（明治三十二年法律第四十六号）の定めるところに従い、登記をし、かつ、船舶国籍証書の交付を受けなければならない。

② 前項の規定は、総トン数二十トン未満の船舶については、適用しない。

⊛❶【船舶所有者→船主責任制限二①[二]、三一八【登記→六八七、七〇一、八四七

（船舶所有権の移転の対抗要件）

第六八七条　船舶所有権の移転は、その登記をし、かつ、船舶国籍証書に記載しなければ、第三者に対抗することができない。

⊛+【移転→六八八【第三者対抗要件→民一七七、一七八

（航海中の船舶を譲渡した場合の損益の帰属）

第六八八条　航海中の船舶を譲渡したときは、その航海によって生ずる損益は、譲受人に帰属する。

（航海中の船舶に対する差押え等の制限）

第六八九条　差押え及び仮差押えの執行（仮差押えの登記をする方法によるものを除く。）は、航海中の船舶（停泊中のものを除く。）に対してはすることができない。

⊛+【差押え→民執四五①、一一二―一二一【仮差押えの執行→民保四三、四八

（船舶所有者の責任）

第六九〇条　船舶所有者は、船長その他の船員がその職務を行うについて故意又は過失によって他人に加えた損害を賠償する責任を負う。

⊛+【一般原則→民七一五【船舶所有者の責任→五七五―五七九、国際海運三―五、船主責任制限三①③、四、五、六①②④、七、八

[ア] **一　船主責任制限法と憲法二九条一項、二項**
船主責任制限法二章の規定は、航海に関して生じた一定の債権について特に船舶所有者等の責任を制限するものであるが、それは、(1)古くから各国において採用されてきたものであり、(2)「海上航行船舶の所有者の責任の制限に関する国際条約」との規定に則して定められたものであり、(3)損害が船舶所有者自身の故意・過失によって発生した場合の債権等は制限債権としない等の諸点から、公共の福祉に適合する定めとして是認することができ、憲法二九条一項、二項に違反しない。（最大決昭55・11・5民集三四・六・七六五、重判昭56商八）

[イ] **二　本条と民法七一五条との関係**
本条は、船長その他の船員の職務の特殊性に鑑み、民法七一五条に対する特則を定めたものであって、船舶所有者の責任の範囲について有限責任を規定する反面で、船長その他の

船員がその職務を行うに当たり故意又は過失により他人に加えた損害については、船舶所有者は、船員の選任及び監督につき相当の注意を怠ったかどうかを問わず、賠償の責めに任ずべき旨を定めたものである。〔船主責任制限法を制定した昭和五〇法九四による改正前の事件〕（最判昭48・2・16民集二七・一・一三二、商法百選九九）

三　船主責任制限の対象となる債権

③　他の船舶との衝突事故により沈没した船の所有者が、右沈没船を除去すべき法令上の義務を課され、これを履行することによって被った損害は、右事故と相当因果関係のある損害というべきであるから、右沈没船の所有者が、相手方船舶の所有者等又は船長等に対して有する右損害の賠償請求権は、船主責任制限法（昭和五七法五四による改正前のもの）三条一項二号所定の同項一号に掲げる物及び当該船舶以外の物の滅失若しくは損傷による損害に基づく債権に該当する。（最判昭60・4・26民集三九・三・八九九、商法百選一〇〇）

四　船舶責任制限の対象とならない債権

④　船舶所有者が船荷証券を所持しない者に積荷を引き渡したことによって生じた損害は、船主責任制限法三条一項一号にいう「船舶上で又は船舶の運航に直接関連して生ずる……物の滅失」にも、同項三号にいう「船舶の運航に直接関連して生ずる権利侵害」にも当たらないため、それに基づく損害賠償請求権について同法九五条一項の先取特権は成立しない。（東京高決平12・2・25判時一七四三・一三四）

（社員の持分の売渡しの請求）

第六九一条　持分会社の業務を執行する社員の持分の移転により当該持分会社の所有する船舶が日本の国籍を喪失することとなるときは、他の業務を執行する社員は、相当の対価でその持分を売り渡すことを請求することができる。

【持分の移転→六九六【国籍喪失→国籍一一―一三【競売→民執一九五【会社の社員の持分の譲渡→会社五八五

第二款　船舶の共有

（共有に係る船舶の利用）

第六九二条　船舶共有者の間においては、船舶の利用に関する事項は、各船舶共有者の持分の価格に従い、その過半数で決する。

【船舶共有者→民六六七、六九六【民法の共有と対比→民二四九―二六四【持分の価格主義→六九三・六九五【決定方法につき対比→民二五二・六七〇【過半数の決議→六九四・六九七②

第六九三条　船舶共有者は、その持分の価格に応じ、船舶の利用に関する費用を負担しなければならない。

【費用の分担→六九五【共有の場合→民二五三

（船舶共有者の持分買取請求）

第六九四条①　船舶共有者が次に掲げる事項を決定したときは、その決定について異議のある船舶共有者は、他の船舶共有者に対し、相当の対価で自己の持分を買い取ることを請求することができる。

一　新たな航海（船舶共有者の間で予定されていなかったものに限る。）をすること。

二　船舶の大修繕をすること。

②　前項の規定による請求をしようとする者は、同項の決定の日（当該決定に加わらなかった場合にあっては、当該決定の通知を受けた日の翌日）から三日以内に、他の船舶共有者又は船舶管理人に対してその旨の通知を発しなければならない。

【決議→六九二　❶【持分買取請求権→七一五③　❷【船舶管理人→六九七

（船舶共有者の第三者に対する責任）

第六九五条　船舶共有者は、その持分の価格に応じ、船舶の利用について生じた債務を弁済する責任を負う。

【持分の価格に応ずる弁済責任→五一一・六九三【債務→六九〇、船主責任制限三

本条の適用範囲

⑦　本条は、「船舶の利用に付て」と規定しており、契約責任に限定していないから、不法行為責任にも適用される。（大阪高判昭54・2・28判時九三八・一〇八）

（持分の譲渡）

第六九六条①　船舶共有者の間に組合契約があるときであっても、各船舶共有者（船舶管理人であるものを除く。）は、他の船舶共有者の承諾を得ないで、その持分の全部又は一部を他人に譲渡することができる。

②　船舶管理人である船舶共有者は、他の船舶共有者の全員の承諾を得なければ、その持分の全部又は一部を他人に譲渡することができない。

【持分の譲渡→七〇〇、民六七六【船舶管理人→六九七

（船舶管理人）

第六九七条①　船舶共有者は、船舶管理人を選任しなければならない。

②　船舶共有者でない者を船舶管理人とするには、船舶共有者の全員の同意がなければならない。

③　船舶共有者が船舶管理人を選任したときは、その登記をしなければならない。船舶管理人の代理権の消滅についても、同様とする。

④　第九条の規定は、前項の規定による登記について準用する。

【船舶管理人→船主責任制限九八①　❷【選任→六九二

（船舶管理人の代理権）

第六九八条①　船舶管理人は、次に掲げる行為を除き、船舶共有者に代わって船舶の利用に関する一切の裁判上又は裁判外の行為をする権限を有する。

一　船舶を賃貸し、又はこれについて抵当権を設定すること。

二　船舶を保険に付すること。

三　新たな航海（船舶共有者の間で予定されていなかったものに限る。）をすること。

四　船舶の大修繕をすること。

五　借財をすること。

②　船舶管理人の代理権に加えた制限は、善意の第三者に対抗することができない。

【権限→二一　❶〔一〕【賃貸→七〇一【抵当→八四七　〔三〕〔四〕【新航海・大修繕→六九四【保険→八一五

（船舶管理人の義務）

第六九九条①　船舶管理人は、その職務に関する帳簿を備え、船舶の利用に関する一切の事項を記載しなければならない。

②　船舶管理人は、一定の期間ごとに、船舶の利用に関する計算を行い、各船舶共有者の承認を求めなければならない。

【一般原則→民六四五

（船舶共有者の持分の売渡しの請求等）

第七〇〇条　船舶共有者の持分の移転又は国籍の喪失により船舶が日本の国籍を喪失することとなるときは、他の船舶共有者は、相当の対価でその持分を売り渡すことを請求し、又は競売に付することができる。

【持分の移転→六九六【国籍喪失→国籍一一―一三【競売→民執一九五

第三節　船舶賃貸借

（船舶賃貸借の対抗力）

第七〇一条　船舶の賃貸借は、これを登記したときは、その後その船舶について物権を取得した者に対しても、その効力を生ずる。

【船舶の賃貸借↓民六〇一―六二二の二【登記の効力↓民六〇五

（船舶の賃借人による修繕）

第七〇二条　船舶の賃借人であって商行為をする目的でその船舶を航海の用に供しているものは、その船舶を受け取った後にこれに生じた損傷があるときは、その利用に必要な修繕をする義務を負う。ただし、その損傷が賃貸人の責めに帰すべき事由によるものであるときは、この限りでない。

【一般の賃貸借の場合↓民六〇六

（船舶の賃借人の権利義務等）

第七〇三条①　前条に規定する船舶の賃借人は、その船舶の利用に関する事項については、第三者に対して、船舶所有者と同一の権利義務を有する。

②　前項の場合において、その船舶の利用について生じた先取特権は、船舶所有者に対しても、その効力を生ずる。ただし、船舶の賃借人によるその利用の態様が船舶所有者との契約に反することを先取特権者が知っていたときは、この限りでない。

❶【船舶賃借人↓船主責任制限二①㈢・三―八【船舶所有者の権利義務↓船主責任制限三―八、七三七―七七〇　❷【先取特権↓八四二―八四六・八四八・八五〇、民三〇三―三四一

> [1]　**一　本条二項の「先取特権」の意義**
> 本条二項にいう「先取特権」には、商法八四二条に定める船舶先取特権のみならず、民法上の先取特権も含まれるから、船舶の修繕費請求権を被担保債権とする動産保存の先取特権は船舶所有者に対してもその効力が及ぶ。（最決平14・2・5判時一七八七・一五七、商法百選一〇九）
>
> [2]　**二　船舶共有者の持分に対する先取特権の成否**
> 船舶共有者の一人が他の共有者の持分を賃借して船舶を運航している場合、本条二項の先取特権は、運航に従事している船舶共有者の持分のみならず、他の共有者の持分の上にも成立する。（最決平14・2・5前出[1]）

第四節　定期傭船

（定期傭船契約）

第七〇四条　定期傭船契約は、当事者の一方が艤装した船舶に船員を乗り組ませて当該船舶を一定の期間相手方の利用に供することを約し、相手方がこれに対してその傭船料を支払うことを約することによって、その効力を生ずる。

【傭船↓船主責任制限二①㈢【艤装↓七三九、国際海運五【船員の乗組み↓七三九、国際海運五

> [1]　**一　定期傭船契約における船荷証券の債務者**
> 定期傭船契約によって傭船されている船舶が運送の目的で航海の用に供されている場合には、本条の船舶の賃貸借と異なり、船舶所有者が船舶を艤装し、船長を選任し、船員を雇い入れた上でこれを提供するものであるから、右船舶に積載された貨物につき船長により発行された船荷証券については、船舶所有者が船荷証券に表彰された運送契約上の請求権についての債務者となり得るのであって、船荷証券を所持する第三者に対して運送契約上の債務を負担する運送人が誰であるかは、船荷証券の記載に基づいてこれを確定することを要するものと解するのが相当である。（最判平10・3・27民集五二・二・五二七、商法百選一〇二）
>
> [2]　**二　定期傭船者の衝突責任**
> 船舶が、専属的に定期傭船者の営業の運送に従事し、その煙突には、定期傭船者のマークが表示され、また、その運航については、定期傭船者が日常的に具体的な指示命令を発しており、定期傭船者としては、各船舶を定期傭船者の企業組織の一部として、日常的に指揮監督しながら、継続的かつ排他的、独占的に使用して、定期傭船者の事業に従事させていた場合には、右船舶の航行の過失によって他の船舶に与えた損害については、本条［平成三〇法二九による改正前。現七〇三条］一項の類推適用により、商法六九〇条による船舶所有者と同一の損害賠償義務を負担すべきである。（最判平4・4・28判時一四二一・一二二、商法百選一〇二）
>
> [3]　**三　「傭船契約」の内容**
> 傭船契約又は「チャーター・パーチー」という名称で締結される契約は、その内容が一様ではなく、船舶所有者が傭船者のために運送することを約する運送契約の場合だけではなく、傭船契約の名義で、純然たる船舶の賃貸借の場合もあれば、賃貸借と労働供給契約との混合契約の場合もあり、商法六一二条［現七四八条］が適用されるのは、傭船契約又は「チャーター・パーチー」が運送契約の性質を有する場合に限られる。（大判昭3・6・28民集七・五一九、保険・海商百選初版六三）

（定期傭船者による指示）

第七〇五条　定期傭船者は、船長に対し、航路の決定その他の船舶の利用に関し必要な事項を指示することができる。ただし、発航前の検査その他の航海の安全に関する事項については、この限りでない。

（費用の負担）

第七〇六条　船舶の燃料、水先料、入港料その他船舶の利用に関する通常の費用は、定期傭船者の負担とする。

【水先料↓八四二㈢

（運送及び船舶賃貸借に関する規定の準用）

第七〇七条　第五百七十二条、第七百三十九条第一項並びに第七百四十条第一項及び第三項の規定は定期傭船契約に係る船舶により物品を運送する場合について、第七百三条第二項の規定は定期傭船者の船舶の利用について生ずる先取特権について、それぞれ準用する。この場合において、第七百三十九条第一項中「発航の当時」とあるのは、「各航海に係る発航の当時」と読み替えるものとする。

【先取特権↓八四二―八四六・八四八・八五〇、民三〇三―三四一

第二章　船長

（船長の代理権）

第七〇八条①　船長は、船籍港外においては、次に掲げる行為を除き、船舶所有者に代わって航海のために必要な一切の裁判上又は裁判外の行為をする権限を有する。

一　船舶について抵当権を設定すること。

二　借財をすること。

②　船長の代理権に加えた制限は、善意の第三者に対抗することができない。

❶【代理権↓七五七、民訴五四・五五④、二一【航海を継続するために必要な費用↓八四二㈣【利害関係人のための積荷処分↓七一一【航海継続のための積荷使用↓七一二　【二】【船舶抵当↓八四八　❷【代理権の制限の効力↓二一③

> [1]　**一　船長の権限に属する例**
> 船長は船籍港外においては、船舶所有者の承諾を要しないで、他人に船荷証券の発行を委任することができる。（大判昭8・12・12民集一二・二八三六、海事百選増補一三）
>
> [2]　**二　船長の権限に属しない例**
> 貨物を積載した貨物船が他の船舶を曳船［ひきふね］して自船を危険にさらすことは、特別の事情の存しない限り、本条

一項にいう航海のために必要な裁判外の行為とはいえない。（最判昭50・1・31民集二九・一・六、保険法百選五二）

（船長による職務代行者の選任）

第七〇九条　船長は、やむを得ない事由により自ら船舶を指揮することができない場合には、法令に別段の定めがあるときを除き、自己に代わって船長の職務を行うべき者を選任することができる。この場合において、船長は、船舶所有者に対してその選任についての責任を負う。

☞【代船長の選任→民一〇四、六二五②

（属具目録の備置き）

第七一〇条　船長は、属具目録を船内に備え置かなければならない。

☞【属具目録→六八五①

（船長による積荷の処分）
第七一一条①　船長は、航海中に積荷の利害関係人の利益のため必要があるときは、利害関係人に代わり、最もその利益に適合する方法によって、その積荷の処分をしなければならない。
②　積荷の利害関係人は、前項の処分によりその積荷について債務を負担したときは、当該債務に係る債権者にその積荷について有する権利を移転して、その責任を免れることができる。ただし、利害関係人に過失があったときは、この限りでない。
☞【積荷の処分→七一二、八〇八

（航海継続のための積荷の使用）
第七一二条①　船長は、航海を継続するため必要があるときは、積荷を航海の用に供することができる。
②　第五百七十六条第一項及び第二項の規定は、前項の場合において船舶所有者が支払うべき償金の額について準用する。この場合において、同条第一項中「引渡し」とあるのは、「陸揚げ」と読み替えるものとする。
☞七四六

（船長の責任）

第七一三条　船長は、海員がその職務を行うについて故意又は過失によって他人に加えた損害を賠償する責任を負う。ただし、船長が海員の監督について注意を怠らなかったことを証明したときは、この限りでない。

☞【一般の場合と対比→民七一五【船舶所有者の責任→船主責任制限三―八

（船長の報告義務）

第七一四条　船長は、遅滞なく、航海に関する重要な事項を船舶所有者に報告しなければならない。

☞【一般の場合の報告義務→民六四五【航海に関する重要な事項の例→七〇八①、八〇八、七八八

（船長の解任）
第七一五条①　船舶所有者は、いつでも、船長を解任することができる。
②　前項の規定により解任された船長は、その解任について正当な理由がある場合を除き、船舶所有者に対し、解任によって生じた損害の賠償を請求することができる。
③　船長が船舶共有者である場合において、その意に反して解任されたときは、船長は、他の船舶共有者に対し、相当の対価で自己の持分を買い取ることを請求することができる。
④　船長は、前項の規定による請求をしようとするときは、遅滞なく、他の船舶共有者又は船舶管理人に対してその旨の通知を発しなければならない。
☞❶❷【解任→民六二七、六二八、六五一、会社三三九　❸【船舶共有→六九二、六九四①　❹【船舶管理人→六九七、六九八①

第七一六条から第七三六条まで　削除

第三章　海上物品運送に関する特則

第一節　個品運送

（運送品の船積み等）
第七三七条①　運送人は、個品運送契約（個々の運送品を目的とする運送契約をいう。以下この節において同じ。）に基づいて荷送人から運送品を受け取ったときは、その船積み及び積付けをしなければならない。
②　荷送人が運送品の引渡しを怠ったときは、船長は、直ちに発航することができる。この場合において、荷送人は、運送賃の全額（運送人がその運送品に代わる他の運送品について運送賃を得た場合にあっては、当該運送賃の額を控除した額）を支払わなければならない。
☞❶【船積み→七四八、七四九　❷【発航→七五〇、七五三【運送人→五六九㈠、国際海運二②、一五

（船長に対する必要書類の交付）
第七三八条　荷送人は、船積期間内に、運送に必要な書類を船長に交付しなければならない。

（航海に堪える能力に関する注意義務）
第七三九条①　運送人は、発航の当時次に掲げる事項を欠いたことにより生じた運送品の滅失、損傷又は延着について、損害賠償の責任を負う。ただし、運送人がその当時当該事項について注意を怠らなかったことを証明したときは、この限りでない。
一　船舶を航海に堪える状態に置くこと。
二　船員の乗組み、船舶の艤装及び需品の補給を適切に行うこと。
三　船倉、冷蔵室その他運送品を積み込む場所を運送品の受入れ、運送及び保存に適する状態に置くこと。
②　前項の規定による運送人の損害賠償の責任を免除し、又は軽減する特約は、無効とする。
☞【堪航能力→八二六㈣、国際海運五

1　**堪航〔たんこう〕能力の意義**
堪航能力とは、単に船舶自体が安全に航海できることだけでなく、その船舶による運送委託を受けた貨物を、通常の海上危険に耐えて安全に目的地まで運送できる能力をもいい、船舶の構造に欠陥があり、それに加えて通常の海上危険によって海水が船倉内に浸入し、そのために貨物が損傷を受けた場合には、その船舶は堪航能力を有しなかったというべきである。（最判昭49・3・15民集二八・二・二二二、保険・海商百選［三版］八五）

（違法な船積品の陸揚げ等）
第七四〇条①　法令に違反して又は個品運送契約によらないで船積みがされた運送品については、運送人は、いつでも、これを陸揚げすることができ、船舶又は積荷に危害を及ぼすおそれがあるときは、これを放棄することができる。
②　運送人は、前項に規定する運送品を運送したときは、船積みがされた地及び時における同種の運送品に係る運送賃の最高額を請求することができる。
③　前二項の規定は、運送人その他の利害関係人の荷送人に対する損害賠償の請求を妨げない。
☞❶【危害予防措置→国際海運六

（荷受人の運送賃支払義務等）
第七四一条①　荷受人は、運送品を受け取ったときは、個品運送契約又は船荷証券の趣旨に従い、運送人に対し、次に掲げる金額の合計額（以下この節において「運送賃等」という。）を支払う義務を負う。
一　運送賃、付随の費用及び立替金の額
二　運送品の価格に応じて支払うべき救助料の額及び共同海損

② 運送人は、運送賃等の支払を受けるまで、運送品を留置することができる。

参❶【荷受人の義務↓七四二・五八一③【船荷証券↓七六〇【運送賃↓七五八㈡・七四六・五七三【共同海損分担金↓八〇八―八一二【救助料↓七九二―七九五・八〇四 ❷【運送品の引渡し↓七六四【競売↓民執一九五【船舶所有者の留置権につき対比↓五二一、民二九五

（運送品の競売）

第七四二条 運送人は、荷受人に運送品を引き渡した後においても、運送賃等の支払を受けるため、その運送品を競売に付することができる。ただし、第三者がその占有を取得したときは、この限りでない。

参＋【競売権↓民執一九五【運送品引渡し前の運送人の保護↓民三一八・二九五、七四一②【船舶所有者↓国際海運二②・一五

（荷送人による発航前の解除）

第七四三条① 発航前においては、荷送人は、運送賃の全額を支払って個品運送契約の解除をすることができる。ただし、個品運送契約の解除によって運送人に生ずる損害の額が運送賃の全額を下回るときは、その損害を賠償すれば足りる。

② 前項の規定は、運送品の全部又は一部の船積みがされた場合には、他の荷送人及び傭船者の全員の同意を得たときに限り、適用する。この場合において、荷送人は、運送品の船積み及び陸揚げに要する費用を負担しなければならない。

参＋【発航前の解除↓七五三【運送人↓五六九㈠、国際海運二②・一五

第七四四条 荷送人は、前条の規定により個品運送契約の解除をしたときであっても、運送人に対する付随の費用及び立替金の支払義務を免れることができない。

参＋【共同海損分担金↓八〇八―八一二【救助料↓七九二―七九五・八〇四【本条の準用↓七五六

（荷送人による発航後の解除）

第七四五条 発航後においては、荷送人は、他の荷送人及び傭船者の全員の同意を得、かつ、運送賃等及び運送品の陸揚げによって生ずべき損害の額の合計額を支払い、又は相当の担保を供しなければ、個品運送契約の解除をすることができない。

参＋七四三【本条の準用↓七五五

（積荷を航海の用に供した場合の運送賃）

第七四六条 運送人は、船長が第七百十二条第一項の規定により積荷を航海の用に供したときにおいても、運送賃の全額を請求することができる。

（非航海船による物品運送への準用）

第七四七条 この節の規定は、商行為をする目的で専ら湖川、港湾その他の海以外の水域において航行の用に供する船舶（端舟その他ろかいのみをもって運転し、又は主としてろかいをもって運転する舟を除く。以下この編において「非航海船」という。）によって物品を運送する場合について準用する。

参＋【海上運送↓五六九㈢【船舶↓六八四

第二節　航海傭船

（運送品の船積み）

第七四八条① 航海傭船契約（船舶の全部又は一部を目的とする運送契約をいう。以下この節において同じ。）に基づいて運送品の船積みのために必要な準備を完了したときは、船長は、遅滞なく、傭船者に対してその旨の通知を発しなければならない。

② 船積期間の定めがある航海傭船契約において始期を定めなかったときは、その期間は、前項の通知があった時から起算する。この場合において、不可抗力によって船積みをすることができない期間は、船積期間に算入しない。

③ 傭船者が船積期間の経過後に運送品の船積みをした場合には、運送人は、特約がないときであっても、相当な滞船料を請求することができる。

参❶【船積準備の通知↓七四九・七三七・七五二① ❷❸【船積期間↓七五一・七五三③・七三七②・七五六・七三八【停泊料請求権↓七五六・七四一

（第三者による船積み）

第七四九条① 船長は、第三者から運送品を受け取るべき場合において、その第三者を確知することができないとき、又はその第三者が運送品の船積みをしないときは、直ちに傭船者に対してその旨の通知を発しなければならない。

② 前項の場合において、傭船者は、船積期間内に限り、運送品の船積みをすることができる。

参＋【船積準備の通知↓七四八①【船積期間↓七五一・七五三③

（傭船者による発航の請求）

第七五〇条① 傭船者は、運送品の全部の船積みをしていないときであっても、船長に対し、発航の請求をすることができる。

② 傭船者は、前項の請求をしたときは、運送人に対し、運送賃の全額のほか、運送品の全部の船積みをしないことによって生じた費用を支払う義務を負い、かつ、その請求により、当該費用の支払について相当の担保を供しなければならない。

参＋【船長の発航権↓七五一 ❷【運送人↓五六九㈠、国際海運二②・一五【相当の担保↓七四二・七五四

（船長の発航権）

第七五一条 船長は、船積期間が経過した後は、傭船者が運送品の全部の船積みをしていないときであっても、直ちに発航することができる。この場合においては、前条第二項の規定を準用する。

参＋【船積期間↓七四八②③【発航権↓七三七②

（運送品の陸揚げ）

第七五二条① 運送品の陸揚げのために必要な準備を完了したときは、船長は、遅滞なく、荷受人に対してその旨の通知を発しなければならない。

② 陸揚期間の定めがある航海傭船契約において始期を定めなかったときは、その期間は、前項の通知があった時から起算する。この場合において、不可抗力によって陸揚げをすることができない期間は、陸揚期間に算入しない。

③ 荷受人が陸揚期間の経過後に運送品の陸揚げをした場合には、運送人は、特約がないときであっても、相当な滞船料を請求することができる。

参❶❷【陸揚準備通知・陸揚期間↓七四八・七四九 ❸【停泊料請求権↓七五六・七四一・五八六・七四八③【運送人↓五六九㈠、国際海運二②・一五

（全部航海傭船契約の傭船者による発航前の解除）

第七五三条① 発航前においては、全部航海傭船契約（船舶の全部を目的とする航海傭船契約をいう。以下この節において同じ。）の傭船者は、運送賃の全額及び滞船料を支払って全部航海傭船契約の解除をすることができる。ただし、全部航海傭船契約の解除によって運送人に生ずる損害の額が運送賃の全額及び滞船料を下回るときは、その損害を賠償すれば足りる。

② 傭船者は、運送品の全部又は一部の船積みをした後に前項の規定により全部航海傭船契約の解除をしたときは、その船積み及び陸揚げに要する費用を負担しなければならない。

③ 全部航海傭船契約の傭船者が船積期間内に運送品の船積みをしなかったときは、運送人は、その傭船者が全部航海傭船契約の解除をしたものとみなすことができる。

参＋【契約の解除↓民五四〇―五四八、七五四・七五五・七四三【付随費用・立替金等の支払義務↓七五六・七四一 ❸【船積期間の徒過↓七四八②③・七五一 ＋【本条の準用↓七五五

（全部航海傭船契約の傭船者による発航後の解除）
第七五四条　発航後においては、全部航海傭船契約の傭船者は、第七百四十五条に規定する合計額及び滞船料を支払い、又は相当の担保を供しなければ、全部航海傭船契約の解除をすることができない。

参+【解除↓七五三【本条の準用↓七五五

（一部航海傭船契約の解除への準用）
第七五五条　第七百四十三条、第七百四十五条及び第七百五十三条第三項の規定は、船舶の一部を目的とする航海傭船契約の解除について準用する。この場合において、第七百四十三条第一項中「全額」とあるのは「全額及び滞船料」と、第七百四十五条中「合計額」とあるのは「合計額並びに滞船料」と読み替えるものとする。

（個品運送契約に関する規定の準用等）
第七五六条①　第七百三十八条から第七百四十二条まで（第七百三十九条第二項を除く。）、第七百四十四条、第七百四十六条及び第七百四十七条の規定は、航海傭船契約について準用する。この場合において、第七百四十一条第一項中「金額」とあるのは「金額及び滞船料」と、第七百四十四条中「前条」とあるのは「第七百五十三条第一項又は第七百五十五条において準用する前条」と、第七百四十七条中「この節」とあるのは「次節」と読み替えるものとする。

② 運送人は、前項において準用する第七百三十九条第一項の規定による運送人の損害賠償の責任を免除し、又は軽減する特約をもって船荷証券の所持人に対抗することができない。

参❷【特約の禁止↓七三九②、国際海運一一・一二

第三節　船荷証券等

（船荷証券の交付義務）
第七五七条①　運送人又は船長は、荷送人又は傭船者の請求により、運送品の船積み後遅滞なく、船積みがあった旨を記載した船荷証券（以下この節において「船積船荷証券」という。）の一通又は数通を交付しなければならない。運送品の船積み前においても、その受取後は、荷送人又は傭船者の請求により、受取があった旨を記載した船荷証券（以下この節において「受取船荷証券」という。）の一通又は数通を交付しなければならない。

② 受取船荷証券が交付された場合には、受取船荷証券の全部と引換えでなければ、船積船荷証券の交付を請求することができない。

③ 前二項の規定は、運送品について現に海上運送状が交付されているときは、適用しない。

参+【運送人↓五六九㊂、国際海運二②【荷送人↓五七〇、国際海運二③【船荷証券↓七五八―七六五【船積船荷証券↓七五八①四②【受取船荷証券↓七五八②　❸【海上運送状↓七七〇

[1]　一　**物品の船積みのない船荷証券の効力**　運送人が運送のため荷送人から物品を受け取り、船積みしていることが有効な船荷証券成立の前提要件をなすものであって、物品が船積みされていないのに発行された船荷証券は無効である。（大判大15・2・2民集五・三三五、保険・海商百選[初版]八〇）

[2]　二　**船荷証券の効力発生時期**　船荷証券の効力は、運送人が荷送人にそれを交付した時点で発生するから、荷受人が売買代金を支払わなかったために荷送人に船荷証券が返送された場合でも、荷送人は、船荷証券の正当な所持人として運送人の責任を追及できる。（東京地判平13・5・28判タ一〇九三・一七四、国私百選[補正]三〇）

三　**定期傭船〔ようせん〕契約における船荷証券の債務者**↓七〇四条[1]

（船荷証券の記載事項）
第七五八条①　船荷証券には、次に掲げる事項（受取船荷証券にあっては、第七号及び第八号に掲げる事項を除く。）を記載し、運送人又は船長がこれに署名し、又は記名押印しなければならない。

一　運送品の種類
二　運送品の容積若しくは重量又は包若しくは個品の数及び運送品の記号
三　外部から認められる運送品の状態
四　荷送人又は傭船者の氏名又は名称
五　荷受人の氏名又は名称
六　運送人の氏名又は名称
七　船舶の名称
八　船積港及び船積みの年月日
九　陸揚港
十　運送賃
十一　数通の船荷証券を作成したときは、その数
十二　作成地及び作成の年月日

② 受取船荷証券と引換えに船積船荷証券の交付の請求があったときは、その受取船荷証券に船積みがあった旨を記載し、かつ、署名し、又は記名押印して、船積船荷証券の作成に代えることができる。この場合においては、前項第七号及び第八号に掲げる事項をも記載しなければならない。

参❶【記載事項↓七六〇、国際海運九⑤・一一②④・一四②　[一]―[三]【運送品の表示↓七五九、国際海運四②㊂③　[四]【荷送人↓五七〇、国際海運二③　[五]【荷受人↓国際海運七　[六]【運送人↓五六九㊀、国際海運二②　[八]【船積港↓国際海運一、七五七　[九]【陸揚港↓国際海運一、七六五　[十]【運送賃↓五七〇参　[十二]【数通発行↓七六五―七六七　❷【代用船積船荷証券↓七五七①②

[1]　一　**一部の記載を欠く船荷証券の効力**　商法六二二条〔現本条〕に列挙されている事項中、船舶の名称、運送品の種類、重量若しくは容積、荷送人の表示等、船荷証券の本質上記載しなければならないものを欠く証券は無効であるが、運送賃のようにその本質を害しないものを欠いても、その記載事項その他全ての事情から船荷証券として観察できるものである以上は、その証券は無効でない。（大判昭12・12・11民集一六・一七九三、保険・海商百選[二版]九一）

[2]　二　**運送取扱委託者を荷送人と記載した場合**　船荷証券には、荷送人の氏名若しくは商号を記載しなければならないが、運送取扱委託者も荷送人ということができるから、それを表示しても、証券上荷送人の記載を欠くとはいえない。（大判昭12・12・11前出[1]）

[3]　三　**運送品の記載方法**　「一等朝鮮白米二百叺〔かます〕」、「台南玄米一百袋」等の記載により、一般の取引通念上運送品の個性と数量を知り得るから、商法六六二条三号〔現本条一項一号・二号〕の記載は満たされている。（大判昭12・12・11前出[1]）

四　**定期傭船〔ようせん〕者が船荷証券上の運送人になるか（否定）**↓七〇四条[1]

（荷送人又は傭船者の通知）
第七五九条①　前条第一項第一号及び第二号に掲げる事項は、その事項につき荷送人又は傭船者の書面又は電磁的方法による通知があったときは、その通知に従って記載しなければならない。

② 前項の規定は、同項の通知が正確でないと信ずべき正当な理由がある場合及び当該通知が正確であることを確認する適当な方法がない場合には、適用しない。運送品の記号について、運送品又はその容器若しくは包装に航海の終了の時まで判読に堪える表示がされていない場合も、同様とする。

③ 荷送人又は傭船者は、運送人に対し、第一項の通知が正確で

ないことによって生じた損害を賠償する責任を負う。

∞❶❷【荷送人の通告↓国際海運二③、七五八①㊁㊂【記載の効力↓七六〇【記号↓七五八①㊁、国際海運四②㊉③

（船荷証券の不実記載）

第七六〇条　運送人は、船荷証券の記載が事実と異なることをもって善意の所持人に対抗することができない。

∞+【記載事項↓七五八①∞、国際海運四②㊉③【船荷証券所持人↓七五六②、国際海運一一④・一二・一四②・七、七六二、民五二〇の六、五二〇の一六・五二〇の二〇

[1]　**一　「外観上良好」の記載の意味**
　船荷証券上の「運送品を外観上良好な状態で船積した」旨の記載は、国際海上物品運送法七条［商法現七五八条］一項三号所定の記載であって、外部からは異常を感知できない状態であることを認めたものであるが、外部から感知できない異常がないことまでも承認されるものではない。（最判昭48・4・19民集二七・三・五二七、商法百選八三）

[2]　**二　無故障船荷証券を発行した運送人の責任**
　運送人は、船荷証券上に「外観上良好」と記載したことにより、右の記載が事実と異なることをもって善意の船荷証券所持人に対抗することができないのであるから、所持人は、船積み時に外観上良好であったことを証明したことになり、運送人は、外観上良好でない状態が航海中に生じたことを前提にしなければならないことになる。（東京高判平12・10・25金判一一〇九・四三……本件では、本件貨物の外部も内部も塩水によって濡損［じゅそん］しており、しかも、その程度は本件貨物の全量に及び、塩水が滴るほどであったことから、外部の良好でない状態が内部の濡損に直接結び付くものとして、運送人の国際海上物品運送法九条［現本条］に基づく損害賠償責任が認められた）

（運送品に関する処分）

第七六一条　船荷証券が作成されたときは、運送品に関する処分は、船荷証券によってしなければならない。

∞+【運送品の引渡し・処分との関係↓七六三・五八〇【同趣旨の条文↓六〇五

[1]　**一　運送品の一部滅失による損害賠償請求権と船荷証券**
　船荷証券の交付があった場合には、船荷証券の所持人とならない限り、船舶所有者に対して運送品の引渡しを請求できず、したがってその一部滅失による損害賠償請求権も有しない。（大判昭8・10・24民集一二・二五八〇、保険・海商百選

二　初版七一）

1　貨物引換証に関する参考判例

[2]　**1　貨物引換証により貨物を処分できる者**
　貨物引換証によってその記載の貨物を自由に処分し得る者はその適法な所持人に限られ、無記名式の場合はその証券所持人、記名式の場合はその名宛人又は被裏書人が適法な所持人であるから、記名式貨物引渡証については単に証券を所持するだけでは貨物を自由に処分することができない。（大判大13・7・18民集三・三九九、総則・商行為百選二版七三）

[3]　**2　貨物引換証と引換えでなく引き渡す約定**
　商法五八四条［平成三〇法二九による改正前］は強行規定ではなく、運送人が荷受人に対し、後日貨物引換証の交付を受ける約定の下にそれと引換えでなく貨物を引き渡したときは、その後貨物引換証の正当な所持人の請求による貨物引渡しの不履行による損害賠償の責任を免れることはできないが、右の約定が無効とはいえない。（大判大15・9・16民集五・六八八）

（船荷証券の譲渡又は質入れ）

第七六二条　船荷証券は、記名式であるときであっても、裏書によって、譲渡し、又は質権の目的とすることができる。ただし、船荷証券に裏書を禁止する旨を記載したときは、この限りでない。

∞+【裏書↓手一一・一三・一四②、小一九【裏書禁止の場合の譲渡方法↓民四六七・四六八【他の証券の場合↓六〇六

（船荷証券の引渡しの効力）

第七六三条　船荷証券により運送品を受け取ることができる者に船荷証券を引き渡したときは、その引渡しは、運送品について行使する権利の取得に関しては、運送品の引渡しと同一の効力を有する。

∞+【運送品を受け取ることができる者↓七六二、小五②【運送品引渡しの効力↓民一七八・三四四・一八四【本条と同趣旨の条文↓六〇七

貨物引換証に関する参考判例

[1]　**1　運送品の即時取得と貨物引換証所持人の地位**
　貨物引換証の発行されている運送品につき、運送人又は運送人が指定した到達地の運送取扱人が、貨物引換証と引換えでなく運送品をその所持人以外の者に引き渡し、引渡しを受けた者が自己の所有物としてこれに質権を設定し、質権者が平穏かつ公然、善意、無過失でこれを占有したときは、その者は民法一九二条によりその運送品に対する質権を取得し、貨物引換証の所持人はたとえその事実を知らなくても、その売得金に対し権利を主張できない。（大判昭7・2・23民集一一・一四八、商法百選八二）

[2]　**2　貨物引換証の引渡しにより運送の引渡しの効力を生じない場合**
　貨物引換証記載の運送品が真実の運送品と全然異なるときは、証券を引き渡しても、その引渡しは運送品の引渡しと同一の効力を生ずるものでない。（大判昭18・1・15法学一二・九・七九二）

（運送品の引渡請求）

第七六四条　船荷証券が作成されたときは、これと引換えでなければ、運送品の引渡しを請求することができない。

∞+【他の証券の場合↓七六四、手三九①・七七①㊂、小三四①

[1]　**船荷証券と引換えでない貨物の引渡し**
　運送業者が船荷証券と引換えでなしに貨物を引き渡し、万一の場合の損害の賠償につき銀行の保証を得て、これによって証券所持人の権利を害した場合には、自己の過失の有無を問わず損害賠償をする商慣習は、公序良俗に反せず商法六二九条［昭和一三法七二による改正前］の準用する三四四条［同前］も、この商慣習を排斥するものでない。（大判昭5・6・14新聞三一三九・四、保険・海商百選初版八三）

（数通の船荷証券を作成した場合における運送品の引渡し）

第七六五条①　陸揚港においては、運送人は、数通の船荷証券のうち一通の所持人が運送品の引渡しを請求したときであっても、その引渡しを拒むことができない。

②　陸揚港外においては、運送人は、船荷証券の全部の返還を受けなければ、運送品の引渡しをすることができない。

∞+【陸揚港↓七五八①㊈【数通の船荷証券の発行↓七五七・七五八①㊉㊁【引渡し↓七六四

第七六六条　二人以上の船荷証券の所持人がある場合において、その一人が他の所持人より先に運送人から運送品の引渡しを受けたときは、当該他の所持人の船荷証券は、その効力を失う。

∞+【一通の所持人への引渡し↓七六四・七六五・七六七【船荷証券の失効と対比↓手六五

（二人以上の船荷証券の所持人から請求を受けた場合の供託）

第七六七条①　二人以上の船荷証券の所持人が運送品の引渡しを請求したときは、運送人は、その運送品を供託することができる。運送人が第七百六十五条第一項の規定により運送品の一部

を引き渡した後に他の所持人が運送品の引渡しを請求したときにおけるその運送品の残部についても、同様とする。

② 運送人は、前項の規定により運送品を供託したときは、遅滞なく、請求をした各所持人に対してその旨の通知を発しなければならない。

③ 第一項に規定する場合においては、最も先に発送され、又は引き渡された船荷証券の所持人が他の所持人に優先する。

参❶❷【引渡し↓七六四【供託↓供　❸【優先する所持人↓七六一、七六三【先後不明のとき↓民二四九―二五六、二五八―二六三

（船荷証券が作成された場合の特則）

第七六八条　船荷証券が作成された場合における前編第八章第二節の規定の適用については、第五百八十条中「荷送人」とあるのは、「船荷証券の所持人」とし、第五百八十一条、第五百八十二条第二項及び第五百八十七条ただし書の規定は、適用しない。

（複合運送証券）

第七六九条①　運送人又は船長は、陸上運送及び海上運送を一の契約で引き受けたときは、荷送人の請求により、運送品の船積み後遅滞なく、船積みがあった旨を記載した複合運送証券の一通又は数通を交付しなければならない。運送品の船積み前においても、その受取後は、荷送人の請求により、受取があった旨を記載した複合運送証券の一通又は数通を交付しなければならない。

② 第七百五十七条第二項及び第七百五十八条から前条までの規定は、複合運送証券について準用する。この場合において、第七百五十八条第一項中「除く。」とあるのは、「除く。」並びに発送地及び到達地」と読み替えるものとする。

参+【運送人↓五六九㊀、国際海運二②【荷送人↓五七〇、国際海運二③【陸上運送↓五六九㊁【海上運送↓五六九㊂【複合運送↓五七八【船積船荷証券↓七五八①㊃②【受取船荷証券↓七五八②

第四節　海上運送状

第七七〇条①　運送人又は船長は、荷送人又は傭船者の請求により、運送品の船積み後遅滞なく、船積みがあった旨を記載した海上運送状を交付しなければならない。運送品の船積み前においても、その受取後は、荷送人又は傭船者の請求により、受取があった旨を記載した海上運送状を交付しなければならない。

② 海上運送状には、次に掲げる事項を記載しなければならない。

一　第七百五十八条第一項各号（第十一号を除く。）に掲げる事項（運送品の受取があった旨を記載した海上運送状にあっては、同項第七号及び第八号に掲げる事項を除く。）

二　数通の海上運送状を作成したときは、その数

③ 第一項の運送人又は船長は、海上運送状の交付に代えて、法務省令で定めるところにより、荷送人又は傭船者の承諾を得て、海上運送状に記載すべき事項を電磁的方法により提供することができる。この場合において、当該運送人又は船長は、海上運送状を交付したものとみなす。

④ 前三項の規定は、運送品について現に船荷証券が交付されているときは、適用しない。

参❶【運送人↓五六九㊀、国際海運二②【荷送人↓五七〇、国際海運二③【七五七　❷七五八参　❸【電磁的方法↓五七一②　❹【船荷証券の交付との関係↓七五七③

第七七一条から第七八七条まで　削除

第四章　船舶の衝突

（船舶所有者間の責任の分担）

第七八八条　船舶と他の船舶との衝突（次条において「船舶の衝突」という。）に係る事故が生じた場合において、衝突したいずれの船舶についてもその船舶所有者又は船員に過失があったときは、裁判所は、これらの過失の軽重を考慮して、各船舶所有者について、その衝突による損害賠償の責任及びその額を定める。この場合において、過失の軽重を定めることができないときは、損害賠償の責任及びその額は、各船舶所有者が等しい割合で負担する。

参+【船舶↓六八四【船舶の衝突↓民七〇九、船主責任制限三―八、七八九【日本の裁判所の管轄権↓民訴三の三㊈【裁判籍↓民訴五㊉

1　**本条の適用範囲**　商法六五〇条［現本条］は、双方船員の過失による衝突により生じた損害の負担につき、各船主間の関係を規定したものであって、被害を受けた荷主に対する関係には適用がなく、各船主は、荷主に対して、民法七一九条一項により、各自連帯して賠償の責めに任ずる。（大判明44・11・6民録一七・六二七、商法百選一〇五）

（船舶の衝突による損害賠償請求権の消滅時効）

第七八九条　船舶の衝突を原因とする不法行為による損害賠償請求権（財産権が侵害されたことによるものに限る。）は、不法行為の時から二年間行使しないときは、時効によって消滅する。

参+【船舶衝突による債権↓七八八【時効↓民七二四、七二四の二【時効の起算点の原則↓民一六六、一六七

1　**一　本条の適用範囲**　商法六五一条［現本条］にいう船舶の衝突によって生じた債権については、六五〇条［現七八八条］に規定した場合に制限されていないから、船舶の衝突が一方の船員の過失によって生じた場合の債権も含まれる。（大判明40・1・25民録一三・一六、保険・海商百選［初版］八九）

2　**二　官公署所属船舶と本条の適用排除**　官庁又は公署の所属船舶が他船と衝突したため被った損害に関する債権については、船舶法三五条ただし書により、商法第五編［現本編］の規定の適用がなくなるので、商法一条の規定に従い、民法七二四条の規定により三年の時効で消滅する。（大判大11・9・26民集一・五四九、保険・海商百選［初版］八六……平成二九法四四による民法改正前の事案）

3　**三　被曳船との関係**　船舶衝突に関しては、被曳船たる艀［はしけ］舟は独立の船舶ではなく、曳船と一体をなすものとみるのが相当である。（大判昭13・9・10民集一七・一七三一、保険・海商百選［初版］八七）

（準衝突）

第七九〇条　前二条の規定は、船舶がその航行若しくは船舶の取扱いに関する行為又は船舶に関する法令に違反する行為により他の船舶に著しく接近し、当該他の船舶又は当該他の船舶内にある人若しくは物に損害を加えた事故について準用する。

参+【航行・船舶の取扱いに関する行為↓国際海運三②

（非航海船との衝突等への準用）

第七九一条　前三条の規定は、船舶と非航海船との事故について準用する。

第五章　海難救助

（救助料の支払の請求等）

第七九二条①　船舶又は積荷その他の船舶内にある物（以下この編において「積荷等」という。）の全部又は一部が海難に遭遇した場合において、これを救助した者があるときは、その者（以下この章において「救助者」という。）は、契約に基づかないで救助したときであっても、その結果に対して救助料の支払を請求することができる。

② 船舶所有者及び船長は、積荷等の所有者に代わってその救助に係る契約を締結する権限を有する。

⊛⁺【海難救助→国際海運四②四【救助者→船主責任制限二①二の二【責任制限→船主責任制限三②③・四・五・六②—④・七・八【救助活動→船主責任制限二②【船舶→六八四【救助料につき対比→民七〇二、七九四

[1] **一　海難に遭遇したといえない場合**
海岸に接触擱座［かくざ］等のおそれのある船舶が、他船又は陸上の物件を利用して自船の曳出作業遂行の計画及び準備を完了したときは、同船は自力で危険脱出の可能性を失っていないので、海難に遭遇したということはできない。（大判昭11・3・28民集一五・五六五、商法百選一〇六）

[2] **二　曳船［ひきふね］所有者と被曳船援助義務**
曳船の所有者は、異常事態の発生のため予想を超える労力・費用を要する場合でも、自船に急迫な危険が存在しない限り、被曳船の陥った危険に対して信義則上相当と認められる程度の適切な処置をとるべき契約上の義務を負っており、その義務の範囲内である限り、曳船所有者は救助料を請求できず、この場合には、曳船の船長及び海員もこれを請求できない。（最判昭49・9・26民集二八・六・一三三二、商法百選一〇七）

[3] **三　海難救助条約と救助料請求権発生の要件**
海難救助条約は、救助料請求権発生の要件として救助が義務なくしてなされたことを規定していないが、救助料請求権が発生するために救援救助行為が義務なくしてなされたものであることを要する点では、本条と同一である。（最判昭49・9・26前出[2]）

（救助料の額）

第七九三条　救助料につき特約がない場合において、その額につき争いがあるときは、裁判所は、危険の程度、救助の結果、救助のために要した労力及び費用（海洋の汚染の防止又は軽減のためのものを含む。）その他一切の事情を考慮して、これを定める。

⊛⁺【裁判所→民訴三の三田・五十二、八〇三【救助料の増減の請求→七九四【本条の準用→七九六①

（救助料の増減の請求）

第七九四条　海難に際し契約で救助料を定めた場合において、その額が著しく不相当であるときは、当事者は、その増減を請求することができる。この場合においては、前条の規定を準用する。

⊛⁺【救助料につき特約がない場合→七九三、七九五、七九六①

（救助料の上限額）

第七九五条　救助料の額は、特約がないときは、救助された物の価額（救助された積荷の運送賃の額を含む。）の合計額を超えることができない。

⊛⁺【物的有限責任→八〇四

（救助料の割合等）

第七九六条①　数人が共同して救助した場合において、各救助者に支払うべき救助料の割合については、第七百九十三条の規定を準用する。

② 第七百九十二条第一項に規定する場合において、人命の救助に従事した者があるときは、その者も、前項の規定に従って救助料の支払を受けることができる。

⊛❷【人命のみの救助→七九二　⁺【本条の準用→七九七④

第七九七条①　救助に従事した船舶に係る救助料については、その三分の二を船舶所有者に支払い、その三分の一を船員に支払わなければならない。

② 前項の規定に反する特約で船員に不利なものは、無効とする。

③ 前二項の規定にかかわらず、救助料の割合が著しく不相当であるときは、船舶所有者又は船員の一方は、他の一方に対し、その増減を請求することができる。この場合においては、第七百九十三条の規定を準用する。

④ 各船員に支払うべき救助料の割合は、救助に従事した船舶の船舶所有者が決定する。この場合においては、前条の規定を準用する。

⑤ 救助者が救助することを業とする者であるときは、前各項の規定にかかわらず、救助料の全額をその救助者に支払わなければならない。

⊛❶【救助料の支払→八〇三　❸【救助料の増減→七九三　❹【分配→七九八—八〇〇

（救助料の割合の案）

第七九八条　船舶所有者が前条第四項の規定により救助料の割合を決定するには、航海を終了するまでにその案を作成し、これを船員に示さなければならない。

⊛⁺【懈怠の場合→八〇〇

第七九九条①　船員は、前条の案に対し、異議の申立てをすることができる。この場合において、当該異議の申立ては、その案が示された後、当該異議の申立てをすることができる最初の港の管海官庁にしなければならない。

② 管海官庁は、前項の規定による異議の申立てを理由があると認めるときは、前条の案を更正することができる。

③ 船舶所有者は、第一項の規定による異議の申立てについての管海官庁の決定があるまでは、船員に対し、救助料の支払をすることができない。

第八〇〇条①　船舶所有者が第七百九十八条の案の作成を怠ったときは、管海官庁は、船員の請求により、船舶所有者に対し、その案の作成を命ずることができる。

② 船舶所有者が前項の規定による命令に従わないときは、管海官庁は、自ら第七百九十七条第四項の規定による決定をすることができる。

⊛⁺【船員に支払うべき救助料の割合→七九七④

（救助料を請求することができない場合）

第八〇一条　次に掲げる場合には、救助者は、救助料を請求することができない。

一　故意に海難を発生させたとき。

二　正当な事由により救助を拒まれたにもかかわらず、救助したとき。

⊛⁺【救助料請求権の発生→七九二

（積荷等についての先取特権）

第八〇二条①　救助料に係る債権を有する者は、救助された積荷等について先取特権を有する。

② 前項の先取特権については、第八百四十三条第二項、第八百四十四条及び第八百四十六条の規定を準用する。

⊛❶【救助料の先取特権→八四二三【第三取得者に対する積荷の引渡し→民三三三・三〇四　❷【船舶債権者の先取特権に関する規定→八四二—八四六

（救助料の支払等に係る船長の権限）

第八〇三条①　救助された船舶の船長は、救助料の債務者に代わってその支払に関する一切の裁判上又は裁判外の行為をする権限を有する。

② 救助された船舶の船長は、救助料に関し、救助料の債務者のために、原告又は被告となることができる。

③ 前二項の規定は、救助に従事した船舶の船長について準用する。この場合において、これらの規定中「債務者」とあるのは、「債権者（当該船舶の船舶所有者及び海員に限る。）」と読み替えるものとする。

④ 前三項の規定は、契約に基づく救助については、適用しな

い。

⚭【救助料に関する訴え↓民訴一一五①㊂・五四、五五】

第八〇四条（**積荷等の所有者の責任**）　積荷等の全部又は一部が救助されたときは、当該積荷等の所有者は、当該積荷等をもって救助料に係る債務を弁済する責任を負う。

⚭【物的有限責任につき対比↓七九五、船主責任制限四㊂【積荷の上に存する先取特権↓八〇二【第三取得者に対する積荷の引渡し↓民三三三・三〇四】

第八〇五条（**特別補償料**）①　海難に遭遇した船舶から排出された油その他の物により海洋が汚染され、当該汚染が広範囲の沿岸海域において海洋環境の保全に著しい障害を及ぼし、若しくは人の健康を害し、又はこれらの障害を及ぼすおそれがある場合において、当該船舶の救助に従事した者が当該障害の防止又は軽減のための措置をとったときは、その者（以下この条において「汚染対処船舶救助従事者」という。）は、特約があるときを除き、船舶所有者に対し、特別補償料の支払を請求することができる。

②　特別補償料の額は、前項に規定する措置として必要又は有益であった費用に相当する額とする。

③　汚染対処船舶救助従事者がその措置により第一項に規定する障害を防止し、又は軽減したときは、特別補償料は、当事者の請求により、前項に規定する費用に相当する額以上当該額に百分の三十（当該額が当該障害の防止又は軽減の結果に比して著しく少ないことその他の特別の事情がある場合にあっては、百分の百）を乗じて得た額を加算した額以下の範囲内において、裁判所がこれを定める。この場合においては、第七百九十三条の規定を準用する。

④　汚染対処船舶救助従事者が同一の海難につき救助料に係る債権を有するときは、特別補償料の額は、当該救助料の額を控除した額とする。

⑤　汚染対処船舶救助従事者の過失によって第一項に規定する障害を防止し、又は軽減することができなかったときは、裁判所は、これを考慮して、特別補償料の額を定めることができる。

⚭【特別補償料債権の消滅↓八〇六　❸❺【裁判所による額の決定↓七九三】

第八〇六条（**救助料に係る債権等の消滅時効**）　救助料又は特別補償料に係る債権は、救助の作業が終了した時から二年間行使しないときは、時効によって消滅する。

⚭【救助料に係る債権↓七九二【特別補償料に係る債権↓八〇五①】

第八〇七条（**非航海船の救助への準用**）　この章の規定は、非航海船又は非航海船内にある積荷その他の物を救助する場合について準用する。

第六章　共同海損

第八〇八条（**共同海損の成立**）①　船舶及び積荷等に対する共同の危険を避けるために船舶又は積荷等について処分がされたときは、当該処分（以下この章において「共同危険回避処分」という。）によって生じた損害及び費用は、共同海損とする。

②　前項の規定は、同項の危険が過失によって生じた場合における利害関係人から当該過失のある者に対する求償権の行使を妨げない。

⚭【船長の積荷処分の義務↓七一二【単独海損↓七八八・七九二【共同海損分担請求権↓八四二㊂・八一二】

一　共同海損となるべき費用の範囲

[1]　商法六四一条［現本条］の共同海損となるべき費用は、船長の又はその依頼により利害関係人が支出したものであることを要し、その利害関係人は、船長が代理する船舶所有者を除けば、当該船舶に積載した積荷の所有者だけであって、定期傭船［ようせん］者は含まれない。（大判昭9・7・27民集一三・一三九三、保険・海商百選[二版]九六）

二　貨物海上保険契約の保険者に対して船主が有している共同海損分担金保証債務履行請求権と船主に対する損害賠償請求権の相殺

[2]　共同海損は、海上運送における危険を公平に分担するための海商法上の特殊な制度であり、共同海損に関する処理を定めた一九七四年ヨーク・アントワープ規則には、分担金請求権を受働債権とする相殺を禁止する規定はなく、同規則D条は、分担金請求権者の過失による共同海損行為により分担義務者が損害を被った場合に、分担義務者が分担金請求権者に対する損害賠償請求権をもって、分担金請求権と相殺することを許容しており、分担金の支払が優先されない場合も存することに照らせば、分担金保証債務がその性質上相殺が許されない債務であると解することはできない。（東京地判平20・10・27判タ一三〇五・二二三）↓五七六条[6]

第八〇九条（**共同海損となる損害又は費用**）①　共同海損となる損害の額は、次の各号に掲げる区分に応じ、当該各号に定める額によって算定する。ただし、第二号及び第四号に定める額については、積荷の滅失又は損傷のために支払うことを要しなくなった一切の費用の額を控除するものとする。

一　船舶　到達の地及び時における当該船舶の価格

二　積荷　陸揚げの地及び時における当該積荷の価格

三　積荷以外の船舶内にある物　到達の地及び時における当該物の価格

四　運送賃　陸揚げの地及び時において請求することができる運送賃の額

②　船荷証券その他積荷の価格を評定するに足りる書類（以下この章において「価格評定書類」という。）に積荷の実価より低い価額を記載したときは、その積荷に加えた損害の額は、当該価格評定書類に記載された価額によって定める。積荷の価格に影響を及ぼす事項につき価格評定書類に虚偽の記載をした場合において、当該記載によることとすれば積荷の実価より低い価格が評定されることとなるときも、同様とする。

③　次に掲げる損害又は費用は、利害関係人が分担することを要しない。

一　次に掲げる物に加えた損害。ただし、次のハに掲げる物にあっては第五百七十七条第二項第一号に掲げる場合を、次のニに掲げる物にあっては甲板積みをする商慣習がある場合を除く。

イ　船舶所有者に無断で船積みがされた積荷

ロ　船積みに際して故意に虚偽の申告がされた積荷

ハ　高価品である積荷であって、荷送人又は傭船者が運送を委託するに当たりその種類及び価額を通知していないもの

ニ　甲板上の積荷

ホ　属具目録に記載がない属具

二　特別補償料

⚭❶【陸揚げの地及び時における積荷の価格↓五七六、国際海運八【運送賃↓五七三③・七四六　❷【船荷証券↓七五八㊂【不実記載↓国際海運九⑦　❸【属具目録↓七一〇【高価品↓五七七【甲板上の積荷↓国際海運一四【特別補償料↓八〇五】

第八一〇条（**共同海損の分担額**）①　共同海損は、次の各号に掲げる者（船員及び旅客を除く。）が当該各号に定める額の割合に応じて分担する。

一　船舶の利害関係人　到達の地及び時における当該船舶の価格

二　積荷の利害関係人　次のイに掲げる額から次のロに掲げる

額を控除した額

イ　陸揚げの地及び時における当該積荷の価格

ロ　共同危険回避処分の時においてイに規定する積荷の全部が滅失したとした場合に当該積荷の利害関係人が支払うことを要しないこととなる運送賃その他の費用の額

三　積荷以外の船舶内にある物（船舶に備え付けた武器を除く。）の利害関係人　到達の地及び時における当該物の価格

四　運送人　次のイに掲げる額から次のロに掲げる額を控除した額

イ　第二号ロに規定する運送賃のうち、陸揚げの地及び時において現に存する債権の額

ロ　船員の給料その他の航海に必要な費用（共同海損となる費用を除く。）のうち、共同危険回避処分の時に船舶及び第二号イに規定する積荷の全部が滅失したとした場合に運送人が支払うことを要しないこととなる額

② 共同危険回避処分の後、到達又は陸揚げ前に船舶又は積荷等について必要費又は有益費を支出したときは、当該船舶又は積荷等については、前項第一号から第三号までに定める額は、その費用（共同海損となる費用を除く。）の額を控除した額とする。

③ 第一項に規定する者が共同危険回避処分によりその財産につき損害を受けたときは、その者については、同項各号に定める額は、その損害の額（当該財産について前項に規定する必要費又は有益費を支出した場合にあっては、その費用（共同海損となる費用に限る。）の額を超える部分の額に限る。）を加算した額とする。

④ 価格評定書類に積荷の実価を超える価額を記載したときは、その積荷の利害関係人は、当該価格評定書類に記載された価額に応じて共同海損を分担する。積荷の価格に影響を及ぼす事項につき価格評定書類に虚偽の記載をした場合において、当該記載によることとすれば積荷の実価を超える価格が評定されることとなるときも、同様とする。

❶【共同海損である損害↓八〇九【運送賃↓五七三㈢・七四六【分担者の有限責任↓八一一【分担額と保険↓八一七

（共同海損を分担すべき者の責任）

第八一一条　前条の規定により共同海損を分担すべき者は、船舶の到達（同条第一項第二号又は第四号に掲げる者にあっては、積荷の陸揚げ）の時に現存する価額の限度においてのみ、その責任を負う。

【有限責任につき対比↓七一一②、船主責任制限四㈠

（共同海損の分担に基づく債権の消滅時効）

第八一二条　共同海損の分担に基づく債権は、その計算が終了した時から一年間行使しないときは、時効によって消滅する。

【共同海損分担金請求権↓八一〇

第八一三条及び第八一四条　削除

第七章　海上保険

（定義等）

第八一五条① この章において「海上保険契約」とは、損害保険契約のうち、保険者（営業として保険の引受けを行うものに限る。以下この章において同じ。）が航海に関する事故によって生ずることのある損害を塡補することを約するものをいう。

② 海上保険契約については、この章に別段の定めがある場合を除き、保険法（平成二十年法律第五十六号）第二章第一節から第四節まで及び第六節並びに第五章の規定を適用する。

❶【保険事故〈航海に関する事故〉↓八二一・八二六、保険六①㈣【損害塡補↓八一六・八一七

（保険者の塡補責任）

第八一六条　保険者は、この章又は海上保険契約に別段の定めがある場合を除き、保険の目的について、保険期間内に発生した航海に関する事故によって生じた一切の損害を塡補する責任を負う。

【本章の別段の定め↓八二六【保険期間↓八二一、保険六①㈤【保険金請求権譲渡の禁止↓国際海運一一①

> ⑴　一　「航海に関する事故」の意義
> 保険者が全ての海上危険を負担する場合において、海上危険とは、商法にいう航海に関する事故と同一の包括的意義を有し、単に風波のような絶対的自然力に基づく危険だけでなく、相対的・人為的に出た不慮の危険も含まれる。（大判大2・12・20民録一九・一〇三六、保険法百選五一）
>
> ⑵　二　保険期間中の事故による期間終了後の損害の発生と保険者の責任
> 保険者は、保険期間中に生じた保険事故につきその責めに任ずべきものであるから、保険期間中に保険事故が発生し、その結果損害が発生したとすれば、その損害の発生の時期が保険期間終了後であっても、その損害を塡補する責めを免れない。（大判大13・1・21刑集三・一、損保百選[二版]七六）

第八一七条① 保険者は、海難の救助又は共同海損の分担のため被保険者が支払うべき金額を塡補する責任を負う。

② 保険法第十九条の規定は、前項に規定する金額について準用する。この場合において、同条中「てん補損害額」とあるのは、「商法（明治三十二年法律第四十八号）第八百十七条第一項に規定する金額」と読み替えるものとする。

【共同海損の分担額↓八一〇【一部保険↓保険一九

（船舶保険の保険価額）

第八一八条　船舶を保険の目的物とする海上保険契約（以下この章において「船舶保険契約」という。）については、保険期間の始期における当該船舶の価額を保険価額とする。

【船舶保険↓八二一㈠【保険価額↓保険九

（貨物保険の保険価額）

第八一九条　貨物を保険の目的物とする海上保険契約（以下この章において「貨物保険契約」という。）については、その船積みがされた地及び時における当該貨物の価額、運送賃並びに保険に関する費用の合計額を保険価額とする。

【貨物保険↓八二一㈡・八二四・八二七・八二八【保険価額↓保険九

（告知義務）

第八二〇条　保険契約者又は被保険者になる者は、海上保険契約の締結に際し、海上保険契約により塡補することとされる損害の発生の可能性（以下この章において「危険」という。）に関する重要な事項について、事実の告知をしなければならない。

【一般の保険契約の告知義務↓保険四

（契約締結時に交付すべき書面の記載事項）

第八二一条　保険者が海上保険契約を締結した場合においては、保険法第六条第一項に規定する書面には、同項各号に掲げる事項のほか、次の各号に掲げる場合の区分に応じ、当該各号に定める事項を記載しなければならない。

一　船舶保険契約を締結した場合　船舶の名称、国籍、種類、船質、総トン数、建造の年及び航行区域（一の航海について船舶保険契約を締結した場合にあっては、発航港及び到達港（寄航港の定めがあるときは、その港を含む。））並びに船舶所有者の氏名又は名称

二　貨物保険契約を締結した場合　船舶の名称並びに貨物の発送地、船積港、陸揚港及び到達地

【契約締結時交付書面↓八一五②、保険六①【船舶の名称↓八二四【発航港又は到達港↓八二二・八二三㈡

指図式保険証券の裏書の効力

⑦ 保険証券につき指図証券となり得べき旨の規定のない我が法制の下では、保険証券が当事者の合意で指図式で発行された場合でも、その免責証券としての意味は認められるが、その有価証券としての特性を有し得ず、その裏書による保険金請求権の譲渡を第三者に対抗することはできない。（大判昭10・5・22民集一四・九二三、保険・海商百選［初版］九九）

（航海の変更）

第八二二条① 保険期間の始期の到来前に航海の変更をしたときは、海上保険契約は、その効力を失う。

② 保険期間内に航海の変更をしたときは、保険者は、その変更以後に発生した事故によって生じた損害を填補する責任を負わない。ただし、その変更が保険契約者又は被保険者の責めに帰することができない事由によるものであるときは、この限りでない。

③ 到達港を変更し、その実行に着手した場合においては、海上保険契約で定める航路を離れないときであっても、航海の変更をしたものとみなす。

【航海の特定→八二一・八二三㈢】

（著しい危険の増加）

第八二三条 次に掲げる場合には、保険者は、その事実が生じた時以後に発生した事故によって生じた損害を填補する責任を負わない。ただし、当該事実が当該事故の発生に影響を及ぼさなかったとき、又は保険契約者若しくは被保険者の責めに帰することができない事由によるものであるときは、この限りでない。

一 被保険者が発航又は航海の継続を怠ったとき。

二 被保険者が航路を変更したとき。

三 前二号に掲げるもののほか、保険契約者又は被保険者が危険を著しく増加させたとき。

【危険の変更増加→保険二九・三一②㈢、八二二】

（船舶の変更）

第八二四条 貨物保険契約で定める船舶を変更したときは、保険者は、その変更以後に発生した事故によって生じた損害を填補する責任を負わない。ただし、その変更が保険契約者又は被保険者の責めに帰することができない事由によるものであるときは、この限りでない。

【貨物保険→八一九【船舶の変更→八二一㈢】

（予定保険）

第八二五条① 貨物保険契約において、保険期間、保険金額、保険の目的物、約定保険価額、保険料若しくはその支払の方法、船舶の名称又は貨物の発送地、船積港、陸揚港若しくは到達地（以下この条において「保険期間等」という。）につきその決定の方法を定めたときは、保険法第六条第一項に規定する書面には、保険期間等を記載することを要しない。

② 保険契約者又は被保険者は、前項に規定する場合において、保険期間等が確定したことを知ったときは、遅滞なく、保険者に対し、その旨の通知を発しなければならない。

③ 保険契約者又は被保険者が故意又は重大な過失により遅滞なく前項の通知をしなかったときは、貨物保険契約は、その効力を失う。

【契約締結時交付書面記載事項→八二一㈢】

（保険者の免責）

第八二六条 保険者は、次に掲げる損害を填補する責任を負わない。ただし、第四号に掲げる損害にあっては、保険契約者又は被保険者が発航の当時同号に規定する事項について注意を怠らなかったことを証明したときは、この限りでない。

一 保険の目的物の性質若しくは瑕疵又はその通常の損耗によって生じた損害

二 保険契約者又は被保険者の故意又は重大な過失（責任保険契約にあっては、故意）によって生じた損害

三 戦争その他の変乱によって生じた損害

四 船舶保険契約にあっては、発航の当時第七百三十九条第一項各号（第七百七条及び第七百五十六条第一項において準用する場合を含む。）に掲げる事項を欠いたことにより生じた損害

五 貨物保険契約にあっては、貨物の荷造りの不完全によって生じた損害

［二］【保険契約者被保険者の故意・重過失→保険一七①】［三］【戦争危険の不除外→保険一七①】［四］【堪航能力→七三八、七五六、国際海運五】

⑦ 一 **免責事由等の立証責任** 被保険者は、保険事故が発生したことを立証する責任があるが、保険事故発生の原因を立証することを要せず、保険者は、免責事由が存すること、及び保険事故がそれと因果関係のあることを立証する必要がある。（大判大14・11・28民集四・六七七、損保百選［二版］八二）

② 二 **二号の「重過失」** 商法六四一条［平成二〇法五七による改正前。保険一七条一項前段］所定の重過失とは、注意義務違反の程度が顕著であるもの、すなわち、僅かの注意を払えば、違法有害な結果を予見できたのに、注意を怠ったため右結果を予見できなかった場合をいう。（大阪高判平2・1・17判時一三六一・一二八……災害割増特約における「重過失」の意味が問題とされた事例）

（貨物の損傷等の場合の填補責任）

第八二七条 保険の目的物である貨物が損傷し、又はその一部が滅失して到達地に到着したときは、保険者は、第一号に掲げる額の第二号に掲げる額に対する割合を保険価額（約定保険価額があるときは、当該約定保険価額）に乗じて得た額を填補する責任を負う。

一 当該貨物に損傷又は一部滅失がなかったとした場合の当該貨物の価額から損傷又は一部滅失後の当該貨物の価額を控除した額

二 当該貨物に損傷又は一部滅失がなかったとした場合の当該貨物の価額

【保険価額の一部填補→八一九・八一五②、保険一八①】

（不可抗力による貨物の売却の場合の填補責任）

第八二八条 航海の途中において不可抗力により保険の目的物である貨物が売却されたときは、保険者は、第一号に掲げる額から第二号に掲げる額を控除した額を填補する責任を負う。

一 保険価額（約定保険価額があるときは、当該約定保険価額）

二 当該貨物の売却によって得た代価から運送賃その他の費用を控除した額

【積荷の売却→五八〇【積荷の保険価額→八一九【一部保険→保険一九

（告知義務違反による解除）

第八二九条 保険者は、保険契約者又は被保険者が、危険に関する重要な事項について、故意又は重大な過失により事実の告知をせず、又は不実の告知をしたときは、海上保険契約を解除することができる。この場合においては、保険法第二十八条第二項（第一号に係る部分に限る。）及び第四項並びに第三十一条第二項（第一号に係る部分に限る。）の規定を準用する。

【一般の保険契約の場合→保険二八

（相互保険への準用）

第八三〇条 この章の規定は、相互保険について準用する。ただし、その性質がこれを許さないときは、この限りでない。

第八三一条から第八四一条まで　削除

第八章　船舶先取特権及び船舶抵当権

（船舶先取特権）

第八四二条　次に掲げる債権を有する者は、船舶及びその属具について先取特権を有する。

一　船舶の運航に直接関連して生じた人の生命又は身体の侵害による損害賠償請求権

二　救助料に係る債権又は船舶の負担に属する共同海損の分担に基づく債権

三　国税徴収法（昭和三十四年法律第百四十七号）若しくは国税徴収の例によって徴収することのできる請求権であって船舶の入港、港湾の利用その他船舶の航海に関して生じたもの又は水先料若しくは引き船料に係る債権

四　航海を継続するために必要な費用に係る債権

五　雇用契約によって生じた船長その他の船員の債権

参【船舶先取特権↓民三〇三—三〇五・三三三・三三七【船舶↓八五〇、国際海運二①【属具↓六八五・七一〇　[三]【救助料↓七九二—七九五・八〇六【共同海損分担額↓八〇八—八一二　[四]【航海継続の必要費↓七一二　[五]【雇用契約による船員の債権↓船主責任制限四㈢

航海継続の必要によって生じた債権（四号）

[1]　**1　「航海」の意義**

我が国を出港し、漁獲に従事し、再び我が国に帰港するまでの間の全航海を継続するために必要とした燃料油、機械油、部品等の補給等に要した諸経費の立替金債権は、本条六号［現四号］の債権に当たる。（最判昭58・3・24判時一〇七七・一二六）

2　船舶所有者が我が国で締結した契約に基づき生じた債権

[2]　我が国で船舶所有者が締結した契約に基づき、航海中の我が国の船舶に燃料や食料等の補給がなされたことによって生じた債権でも、本条六号［現四号］の債権である。（最判昭59・3・27判時一一一六・一三三、商法百選一〇八）

（船舶先取特権の順位）

第八四三条①　前条各号に掲げる債権に係る先取特権（以下この章において「船舶先取特権」という。）が互いに競合する場合には、その優先権の順位は、同条各号に掲げる順序に従う。ただし、同条第二号に掲げる債権（救助料に係るものに限る。）に係る船舶先取特権は、その発生の時において既に生じている他の船舶先取特権に優先する。

②　同一順位の船舶先取特権を有する者が数人あるときは、これらの者は、その債権額の割合に応じて弁済を受ける。ただし、前条第二号から第四号までに掲げる債権にあっては、同一順位の船舶先取特権が同時に生じたものでないときは、後に生じた船舶先取特権が前に生じた船舶先取特権に優先する。

参【他の担保物権に優先↓八四四、民三三四、八四八

（船舶先取特権と他の先取特権との競合）

第八四四条　船舶先取特権と他の先取特権とが競合する場合には、船舶先取特権は、他の先取特権に優先する。

参【他の先取特権↓民三〇六・三一一・三三四

（船舶先取特権と船舶の譲受人）

第八四五条①　船舶所有者がその船舶を譲渡したときは、譲受人は、その登記をした後、船舶先取特権を有する者に対し、一定の期間内にその債権の申出をすべき旨を公告しなければならない。この場合において、その期間は、一箇月を下ることができない。

②　船舶先取特権を有する者が前項の期間内に同項の申出をしなかったときは、その船舶先取特権は、消滅する。

参❶【先取特権と第三取得者との関係↓民三三三・三三七・三三八・三四〇【譲渡の登記↓六八七【船舶先取特権の追及性につき対比↓民三三七・三三八・三四〇

（船舶先取特権の消滅）

第八四六条　船舶先取特権は、その発生後一年を経過したときは、消滅する。

（船舶抵当権）

第八四七条①　登記した船舶は、抵当権の目的とすることができる。

②　船舶の抵当権は、その属具に及ぶ。

③　船舶の抵当権には、不動産の抵当権に関する規定を準用する。この場合において、民法第三百八十四条第一号中「抵当権を実行して競売の申立てをしないとき」とあるのは、「抵当権の実行としての競売の申立て若しくはその提供を承諾しない旨の第三取得者に対する通知をせず、又はその通知をした債権者が抵当権の実行としての競売の申立てをすることができるに至った後一週間以内にこれをしないとき」と読み替えるものとする。

参❶【登記した船舶↓六八六・八四九・八五〇【抵当権の目的に関する原則↓民三六九【船舶の抵当↓民執一八九、六九八①㈢・七〇八①㈢・六九六　❷【属具↓六八五、民八七②・三七〇　❸【不動産の抵当権に関する規定↓民三六九—三九七

一　内航船舶に設定された船舶抵当権と納付金免除船舶引当資格

[1]　内航船舶に係る納付金免除船舶引当資格は、客観的に本件船舶と経済的一体性がある権利とまで認めることは困難であり、納付金免除船舶引当資格には、船舶抵当権の効力は及ばない。（大阪高判平21・4・23金法一八七九・三七）

二　担保権を証明する文書

[2]　船舶先取特権の存在を証する文書は、自由心証によってその存在を証明し得るものであれば足りるが、当該文書の証明力については、債務者及び所有者はもちろん、他の担保権者や一般債権者の反論反証がないことを踏まえた上で執行裁判所にその存在を確信させるものである必要がある。（仙台高決平17・11・11金判一二三一・二四）

（船舶抵当権と船舶先取特権等との競合）

第八四八条①　船舶の抵当権と船舶先取特権とが競合する場合には、船舶先取特権は、船舶の抵当権に優先する。

②　船舶の抵当権と先取特権（船舶先取特権を除く。）とが競合する場合には、船舶の抵当権は、民法第三百三十条第一項に規定する第一順位の先取特権と同順位とする。

参【船舶先取特権↓八四二【抵当権と先取特権との競合↓民三三六—三四一

（質権設定の禁止）

第八四九条　登記した船舶は、質権の目的とすることができない。

参【登記した船舶↓六八六、八四七【質権の目的↓民三四三

（製造中の船舶への準用）

第八五〇条　この章の規定は、製造中の船舶について準用する。

附　則（平成一一・五・三一法九〇）（抄）

（施行期日）

第一条　この法律は、公布の日から起算して一年を超えない範囲内において政令で定める日（平成一二・四・一—平成一一政五四六）から施行する。

（労働契約の取扱いに関する措置）

第五条①　会社法（平成十七年法律第八十六号）の規定に基づく会社分割に伴う労働契約の承継に関しては、会社分割をする会社は、会社分割に伴う労働契約の承継等に関する法律（平成十二年法律第百三号）第二条第一項の規定による通知をすべき日までに、労働者と協議をするものとする。

② 前項に規定するもののほか、同項の労働契約の承継に関連して必要となる労働者の保護に関しては、別に法律で定める。

附　則（平成三〇・五・二五法二九）（抄）

（施行期日）

第一条　この法律は、公布の日から起算して一年を超えない範囲内において政令で定める日（平成三一・四・一―平成三〇政三三八）から施行する。ただし、附則第五十条（民法の一部を改正する法律の施行に伴う関係法律の整備等に関する法律（平成二九法四五）の一部改正）及び第五十二条の規定は、公布の日から施行する。

（商法の一部改正に伴う経過措置の原則）

第二条　第一条の規定による改正後の商法（以下「新商法」という。）の規定は、この附則に特別の定めがある場合を除き、この法律の施行の日（以下「施行日」という。）前に生じた事項にも適用する。ただし、同条の規定による改正前の商法（以下「旧商法」という。）の規定によって生じた効力を妨げない。

（運送取扱営業に関する経過措置）

第三条　施行日前に締結された運送取扱契約（以下「旧運送取扱契約」という。）並びに旧運送取扱契約に係る運送品に関する運送取扱人及びその被用者の不法行為による損害賠償の責任については、なお従前の例による。

（物品運送に関する経過措置）

第四条　施行日前に締結された物品運送契約（以下「旧物品運送契約」という。）並びに旧物品運送契約に係る運送品に関する運送人及びその被用者の不法行為による損害賠償の責任については、なお従前の例による。

（旅客運送に関する経過措置）

第五条　施行日前に締結された旅客運送契約（以下この条において「旧旅客運送契約」という。）並びに旧旅客運送契約に係る手荷物（旅客から引渡しを受けていないものにあっては、身の回り品を含む。）に関する運送人及びその被用者の不法行為による損害賠償の責任については、なお従前の例による。ただし、施行日以後に旧旅客運送契約に基づいて発生した旅客の生命又は身体の侵害に係る運送人の損害賠償の責任については、この限りでない。

（寄託に関する経過措置）

第六条　施行日前に締結された寄託契約（以下「旧寄託契約」という。）については、なお従前の例による。

（船舶に対する差押え等に関する経過措置）

第七条　施行日前に申し立てられた船舶の差押え又は仮差押えの執行の申立てに係る事件については、新商法第六百八十九条の規定にかかわらず、なお従前の例による。

（共有に係る船舶についての損益の分配等に関する経過措置）

第八条①　共有に係る船舶であって施行日前に発航をしたものについての旧商法第六百九十七条に規定する損益の分配については、その航海に限り、なお従前の例による。

②　前項に規定する船舶の利用に関する計算については、新商法第六百九十九条第二項の規定にかかわらず、その航海に限り、なお従前の例による。

（船舶賃貸借に関する経過措置）

第九条　新商法第七百二条の規定は、施行日前に締結された船舶の賃貸借契約については、適用しない。

（定期傭船に関する経過措置）

第一〇条　新商法第七百四条から第七百七条までの規定は、施行日前に締結された定期傭船契約については、適用しない。

（船長に関する経過措置）

第一一条①　船長の施行日前の行為に基づく旧商法第七百五条に規定する損害賠償の責任については、なお従前の例による。

②　施行日前に発航をした船舶（以下「既発航船舶」という。）に係る船長による代理については、その航海に限り、なお従前の例による。

③　既発航船舶に係る旧商法第七百二十条第二項に規定する航海に関する計算については、その航海に限り、なお従前の例による。

（船舶の衝突に関する経過措置）

第一二条①　施行日前に生じた船舶と他の船舶との衝突に係る事故については、新商法第七百八十八条及び第七百八十九条の規定にかかわらず、なお従前の例による。

②　新商法第七百九十条及び第七百九十一条の規定は、施行日前に生じた事故については、適用しない。

（海難救助に関する経過措置）

第一三条①　既発航船舶又は既発航船舶内にある積荷その他の物が海難に遭遇した場合におけるその救助については、その航海に限り、なお従前の例による。

②　新商法第八百七条の規定は、施行日前に発航をした非航海船については、その航行を終了するまでの間は、適用しない。

（共同海損に関する経過措置）

第一四条①　既発航船舶に係る共同海損については、その航海に限り、なお従前の例による。

②　既発航船舶に係る旧商法第七百九十九条に規定する費用については、その航海に限り、なお従前の例による。

（海上保険に関する経過措置）

第一五条　施行日前に締結された海上保険契約については、なお従前の例による。

（船舶先取特権に関する経過措置）

第一六条　施行日前に船舶（製造中の船舶を含む。）、その属具及び受領していない運送賃に関し国税徴収法（昭和三十四年法律第百四十七号）第二条第十二号に規定する強制換価手続、再生手続、更生手続又は特別清算手続が開始された場合における旧商法第八百四十二条の先取特権（中略）の効力及び順位については、なお従前の例による。

（政令への委任）

第五二条　この附則に規定するもののほか、この法律の施行に関し必要な経過措置は、政令で定める。

○商法施行規則（平成一四・三・二九 法務 二二）

施行 平成一四・四・一（附則参照）
最終改正 平成三一法務一六

目次

第一章 総則

（目的）

第一条 この規則は、商法（明治三十二年法律第四十八号）の委任に基づく事項を定めることを目的とする。

（定義）

第二条 この規則において、次の各号に掲げる用語の意義は、当該各号に定めるところによる。

一 商人 商法第四条第一項に規定する商人（同条第二項により商人とみなされる者を含み、法人その他の団体を除く。）をいう。

二 商業帳簿 商法第十九条第二項に規定する商業帳簿をいう。

三 貸借対照表 商法第十九条第二項の規定により商人が作成すべき貸借対照表をいう。

四 電磁的記録 商法第五百三十九条第一項第二号に規定する電磁的記録をいう。

五 電磁的方法 商法第五百七十一条第二項に規定する電磁的方法をいう。

第二章 商人

第三条① 商法第七条に規定する法務省令で定める財産の価額は、営業の用に供する財産につき最終の営業年度に係る貸借対照表（最終の営業年度がない場合にあっては、開業時における貸借対照表）に計上した額とする。

② 商法第七条に規定する法務省令で定める金額は、五十万円とする。

第三章 商業帳簿

（通則）

第四条① 商法第十九条第二項の規定により作成すべき商業帳簿については、この章の定めるところによる。

② この章の用語の解釈及び規定の適用に関しては、一般に公正妥当と認められる会計の基準その他の会計の慣行を斟酌しなければならない。

③ 商業帳簿は、書面又は電磁的記録をもって作成及び保存をすることができる。

（会計帳簿）

第五条① 商人の会計帳簿に計上すべき資産については、この省令又は商法以外の法令に別段の定めがある場合を除き、その取得価額を付さなければならない。ただし、取得価額を付すことが適切でない資産については、営業年度の末日（営業年度の末日以外の日において評価すべき場合にあっては、その日。以下この章において同じ。）における時価又は適正な価格を付すことができる。

② 償却すべき資産については、営業年度の末日において、相当の償却をしなければならない。

③ 次の各号に掲げる資産については、営業年度の末日において当該各号に定める価格を付すべき場合には、当該各号に定める価格を付さなければならない。

一 営業年度の末日における時価がその時の取得原価より著しく低い資産（当該資産の時価がその時の取得原価まで回復すると認められるものを除く。） 営業年度の末日における時価

二 営業年度の末日において予測することができない減損が生じた資産又は減損損失を認識すべき資産 その時の取得原価から相当の減額をした額

④ 取立不能のおそれのある債権については、営業年度の末日においてその時に取り立てることができないと見込まれる額を控除しなければならない。

⑤ 商人の会計帳簿に計上すべき負債については、この省令又は商法以外の法令に別段の定めがある場合を除き、債務額を付さなければならない。ただし、債務額を付すことが適切でない負債については、時価又は適正な価格を付すことができる。

⑥ のれんは、有償で譲り受けた場合に限り、資産又は負債として計上することができる。

（貸借対照表の表示の原則）

第六条① 貸借対照表に係る事項の金額は、一円単位、千円単位又は百万円単位をもって表示するものとする。

② 貸借対照表は、日本語をもって表示するものとする。ただし、その他の言語をもって表示することが不当でない場合は、この限りでない。

（貸借対照表の作成）

第七条① 商人は、その開業時における貸借対照表を作成しなければならない。この場合においては、開業時の会計帳簿に基づき作成しなければならない。

② 商人は、各営業年度に係る貸借対照表を作成しなければならない。この場合においては、当該営業年度に係る会計帳簿に基づき作成しなければならない。

③ 各営業年度に係る貸借対照表の作成に係る期間は、当該営業年度の前営業年度の末日の翌日（当該営業年度の前営業年度がない場合にあっては、開業の日）から当該営業年度の末日までの期間とする。この場合において、当該期間は、一年（営業年度の末日を変更する場合における変更後の最初の営業年度については、一年六箇月）を超えることができない。

（貸借対照表の区分）

第八条① 貸借対照表は、次に掲げる部に区分して表示しなければならない。

一 資産

二 負債

三 純資産

② 前項各号に掲げる部は、適当な項目に細分することができる。この場合において、当該各項目については、資産、負債又は純資産を示す適当な名称を付さなければならない。

第四章 匿名組合

第九条① 商法第五百三十九条第一項第二号に規定する法務省令で定めるものは、磁気ディスクその他これに準ずる方法により一定の情報を確実に記録しておくことができる物をもって調製するファイルに情報を記録したものとする。

② 商法第五百三十九条第一項第二号に規定する法務省令で定める方法は、同号の電磁的記録に記録された事項を紙面又は映像面に表示する方法とする。

第五章 仲立営業

（結約書等の作成）

第一〇条① 民間事業者等が行う書面の保存等における情報通信の技術の利用に関する法律（平成十六年法律第百四十九号。以下「電子文書法」という。）第四条第一項の主務省令で定める作成（電子文書法第二条第六号に規定する作成をいう。以下この章において同じ。）は、商法第五百四十六条第一項に規定する結約書の作成及び同法第五百四十七条第一項の帳簿の作成とす

る。

② 民間事業者等（電子文書法第二条第一号に規定する民間事業者等をいう。以下この章において同じ。）が前項の作成を行う場合は、その使用に係る電子計算機に備えられたファイルに記録する方法又は磁気ディスクその他これに準ずる方法により一定の事項を確実に記録しておくことができる物をもって調製する方法により作成を行わなければならない。

③ 第一項の場合における電子文書法第四条第三項に規定する氏名又は名称を明らかにする措置であって法務省令で定めるものは、当該署名等をすべき者による電子署名（電子署名及び認証業務に関する法律（平成十二年法律第百二号）第二条第一項に規定する電子署名をいう。）とする。

第一一条（結約書等の交付等）① 電子文書法第六条第一項の主務省令で定める交付等（電子文書法第二条第九号に規定する交付等をいう。以下この章において同じ。）は、商法第五百四十六条第一項及び第二項並びに第五百四十七条第二項の交付とする。

② 民間事業者等が、電子文書法第六条第一項の規定に基づき、前項の交付に代えて当該書面に係る電磁的記録の交付等を行う場合は、次に掲げる方法により行わなければならない。

一 電子情報処理組織を使用する方法のうちイ又はロに掲げるもの

イ 民間事業者等の使用に係る電子計算機と交付等の相手方の使用に係る電子計算機とを接続する電気通信回線を通じて送信し、受信者の使用に係る電子計算機に備えられたファイルに記録する方法

ロ 民間事業者等の使用に係る電子計算機に備えられたファイルに記録された当該交付等に係る事項を電気通信回線を通じて交付等の相手方の閲覧に供し、当該相手方の使用に係る電子計算機に備えられたファイルに当該事項を記録する方法（電子文書法第六条第一項に規定する方法による交付等を受ける旨の承諾又は受けない旨の申出をする場合にあっては、民間事業者等の使用に係る電子計算機に備えられたファイルにその旨を記録する方法）

二 磁気ディスクその他これに準ずる方法により一定の事項を確実に記録しておくことができる物をもって調製するファイルに当該交付等に係る事項を記録したものを交付する方法

③ 前項に掲げる方法は、交付等の相手方がファイルへの記録を出力することによる書面を作成することができるものでなければならない。

④ 第二項の場合における民間事業者等が行う書面の保存等における情報通信の技術の利用に関する法律施行令（平成十七年政令第八号）第二条第一項の規定により示すべき方法の種類及び内容は、次に掲げる事項とする。

一 第二項に掲げる方法のうち民間事業者等が使用するもの

二 ファイルへの記録の方式

第六章　運送営業等

第一二条（書面に記載すべき事項の電磁的方法による提供の承諾等）① 次に掲げる規定に規定する事項を電磁的方法により提供しようとする者（次項において「提供者」という。）は、あらかじめ、当該事項の提供の相手方に対し、その用いる電磁的方法の種類及び内容を示し、書面又は電磁的方法による承諾を得なければならない。

一 商法第五百七十一条第二項

二 商法第七百七十条第三項

② 前項の規定による承諾を得た提供者は、同項の相手方から書面又は電磁的方法により電磁的方法による事項の提供を受けない旨の申出があったときは、当該相手方に対し、当該事項の提供を電磁的方法によってしてはならない。ただし、当該相手方が再び同項の規定による承諾をした場合は、この限りでない。

③ 第一項の規定により示すべき電磁的方法の種類及び内容は、次に掲げるものとする。

一 次に掲げる方法のうち、送信者が使用するもの

イ 電子情報処理組織を使用する方法のうち次に掲げるもの

(1) 送信者の使用に係る電子計算機と受信者の使用に係る電子計算機とを接続する電気通信回線を通じて送信し、受信者の使用に係る電子計算機に備えられたファイルに記録する方法

(2) 送信者の使用に係る電子計算機に備えられたファイルに記録された情報の内容を電気通信回線を通じて情報の提供を受ける者の閲覧に供し、当該情報の提供を受ける者の使用に係る電子計算機に備えられたファイルに当該情報を記録する方法

ロ 磁気ディスクその他これに準ずる方法により一定の情報を確実に記録しておくことができる物をもって調製するファイルに情報を記録したものを交付する方法

ハ 送信者が使用するファクシミリ装置と受信者が使用するファクシミリ装置とを接続する電気通信回線を通じて送信する方法

二 前号イ又はロに掲げる方法を使用する場合にあっては、ファイルへの記録の方式

第一三条（電磁的方法）① 商法第五百七十一条第二項に規定する電子情報処理組織を使用する方法その他の情報通信の技術を利用する方法であって法務省令で定めるものは、次に掲げる方法とする。

一 電子情報処理組織を使用する方法のうちイ又はロに掲げるもの

イ 送信者の使用に係る電子計算機と受信者の使用に係る電子計算機とを接続する電気通信回線を通じて送信し、受信者の使用に係る電子計算機に備えられたファイルに記録する方法

ロ 送信者の使用に係る電子計算機に備えられたファイルに記録された情報の内容を電気通信回線を通じて情報の提供を受ける者の閲覧に供し、当該情報の提供を受ける者の使用に係る電子計算機に備えられたファイルに当該情報を記録する方法

二 磁気ディスクその他これに準ずる方法により一定の情報を確実に記録しておくことができる物をもって調製するファイルに情報を記録したものを交付する方法

三 送信者が使用するファクシミリ装置と受信者が使用するファクシミリ装置とを接続する電気通信回線を通じて送信する方法

② 前項第一号又は第二号に掲げる方法は、受信者がファイルへの記録を出力することにより書面を作成することができるものでなければならない。

附　則（抄）

第一条（施行期日） この省令は、平成十四年四月一日から施行する。ただし、第十三条第五項、第十七条、第八十四条第一項第十号及び第八十六条第一項第十一号の規定並びに第十四条第三項の規定中監査役の選任に関する議案に係る部分は、商法及び株式会社の監査等に関する商法の特例に関する法律の一部を改正する法律（平成十三年法律第百四十九号）の施行の日（平成一四・五・一）から施行する。

●会社法（平成一七・七・二六法八六）

施行　平成一八・五・一（平成一八政七七）

改正　平成一八法五〇・法六六・法一〇九、平成一九法四七・法九九、平成二〇法六五、平成二一法二九・法五八・法七四、平成二三法五三、平成二四法一六、平成二五法四五、平成二六法四二・**法九〇**、平成二七法六三、平成二八法六二、平成二九法四五、平成三〇法九五、令和一法二・**法七〇**、令和二法三三・法七八、令和四法四八・法六一・法六八

注　ここでは、本法施行前の商法（平成一七・七・二六法八七による改正前）の下での判例であっても、本法の下でも妥当するもの及び本法の解釈の参考になるものは、本法に移し替えて掲載している。適宜、本法において対応する条数・用語を注記した。

目次

第一編　総則

第一章　通則

（趣旨）

第一条　会社の設立、組織、運営及び管理については、他の法律に特別の定めがある場合を除くほか、この法律の定めるところによる。

参＊【会社→二㈠】【他の法律→会社法整備法二―四六

（定義）

第二条　この法律において、次の各号に掲げる用語の意義は、当該各号に定めるところによる。

一　会社　株式会社、合名会社、合資会社又は合同会社をいう。

二　外国会社　外国の法令に準拠して設立された法人その他の外国の団体であって、会社と同種のもの又は会社に類似するものをいう。

三　子会社　会社がその総株主の議決権の過半数を有する株式会社その他の当該会社がその経営を支配している法人として法務省令で定めるものをいう。

三の二　子会社等　次のいずれかに該当する者をいう。

イ　子会社

ロ　会社以外の者がその経営を支配している法人として法務省令で定めるもの

四　親会社　株式会社を子会社とする会社その他の当該株式会社の経営を支配している法人として法務省令で定めるものをいう。

四の二　親会社等　次のいずれかに該当する者をいう。

イ　親会社

ロ　株式会社の経営を支配している者（法人であるものを除く。）として法務省令で定めるもの

五　公開会社　その発行する全部又は一部の株式の内容として譲渡による当該株式の取得について株式会社の承認を要する旨の定款の定めを設けていない株式会社をいう。

六　大会社　次に掲げる要件のいずれかに該当する株式会社をいう。

イ　最終事業年度に係る貸借対照表（第四百三十九条前段に規定する場合にあっては、同条の規定により定時株主総会に報告された貸借対照表をいい、株式会社の成立後最初の定時株主総会までの間においては、第四百三十五条第一項の貸借対照表をいう。ロにおいて同じ。）に資本金として計上した額が五億円以上であること。

ロ　最終事業年度に係る貸借対照表の負債の部に計上した額の合計額が二百億円以上であること。

七　取締役会設置会社　取締役会を置く株式会社又はこの法律の規定により取締役会を置かなければならない株式会社をいう。

八　会計参与設置会社　会計参与を置く株式会社をいう。

九　監査役設置会社　監査役を置く株式会社（その監査役の監査の範囲を会計に関するものに限定する旨の定款の定めがあるものを除く。）又はこの法律の規定により監査役を置かなければならない株式会社をいう。

十　監査役会設置会社　監査役会を置く株式会社又はこの法律の規定により監査役会を置かなければならない株式会社をいう。

十一　会計監査人設置会社　会計監査人を置く株式会社又はこの法律の規定により会計監査人を置かなければならない株式会社をいう。

十一の二　監査等委員会設置会社　監査等委員会を置く株式会社をいう。

十二　指名委員会等設置会社　指名委員会、監査委員会及び報酬委員会（以下「指名委員会等」という。）を置く株式会社をいう。

十三　種類株式発行会社　剰余金の配当その他の第百八条第一項各号に掲げる事項について内容の異なる二以上の種類の株式を発行する株式会社をいう。

十四　種類株主総会　種類株主（種類株式発行会社におけるある種類の株式の株主をいう。以下同じ。）の総会をいう。

十五　社外取締役　株式会社の取締役であって、次に掲げる要件のいずれにも該当するものをいう。

イ　当該株式会社又はその子会社の業務執行取締役（株式会社の第三百六十三条第一項各号に掲げる取締役及び当該株式会社の業務を執行したその他の取締役をいう。以下同じ。）若しくは執行役又は支配人その他の使用人（以下「業務執行取締役等」という。）でなく、かつ、その就任の前十年間当該株式会社又はその子会社の業務執行取締役等であったことがないこと。

ロ　その就任の前十年内のいずれかの時において当該株式会社又はその子会社の取締役、会計参与（会計参与が法人であるときは、その職務を行うべき社員）又は監査役であったことがある者（業務執行取締役等であったことがあるものを除く。）にあっては、当該取締役、会計参与又は監査役への就任の前十年間当該株式会社又はその子会社の業務執行取締役等であったことがないこと。

ハ　当該株式会社の親会社等（自然人であるものに限る。）又は親会社等の取締役若しくは執行役若しくは支配人その他の使用人でないこと。

ニ　当該株式会社の親会社等の子会社等（当該株式会社及びその子会社を除く。）の業務執行取締役等でないこと。

ホ　当該株式会社の取締役若しくは執行役若しくは

支配人その他の重要な使用人又は親会社等（自然人であるものに限る。）の配偶者又は二親等内の親族でないこと。

十六　社外監査役　株式会社の監査役であって、次に掲げる要件のいずれにも該当するものをいう。

イ　その就任の前十年間当該株式会社又はその子会社の取締役、会計参与（会計参与が法人であるときは、その職務を行うべき社員。ロにおいて同じ。）若しくは執行役又は支配人その他の使用人であったことがないこと。

ロ　その就任の前十年内のいずれかの時において当該株式会社又はその子会社の監査役であったことがある者にあっては、当該監査役への就任の前十年間当該株式会社又はその子会社の取締役、会計参与若しくは執行役又は支配人その他の使用人であったことがないこと。

ハ　当該株式会社の親会社等（自然人であるものに限る。）又は親会社等の取締役、監査役若しくは執行役若しくは支配人その他の使用人でないこと。

ニ　当該株式会社の親会社等の子会社等（当該株式会社及びその子会社を除く。）の業務執行取締役等でないこと。

ホ　当該株式会社の取締役若しくは支配人その他の重要な使用人又は親会社等（自然人であるものに限る。）の配偶者又は二親等内の親族でないこと。

十七　譲渡制限株式　株式会社がその発行する全部又は一部の株式の内容として譲渡による当該株式の取得について当該株式会社の承認を要する旨の定めを設けている場合における当該株式をいう。

十八　取得請求権付株式　株式会社がその発行する全部又は一部の株式の内容として株主が当該株式会社に対して当該株式の取得を請求することができる旨の定めを設けている場合における当該株式をいう。

十九　取得条項付株式　株式会社がその発行する全部又は一部の株式の内容として当該株式会社が一定の事由が生じたことを条件として当該株式を取得することができる旨の定めを設けている場合における当該株式をいう。

二十　単元株式数　株式会社がその発行する株式について、一定の数の株式をもって株主が株主総会又は種類株主総会において一個の議決権を行使することができる一単元の株式とする旨の定款の定めを設けている場合における当該一定の数をいう。

二十一　新株予約権　株式会社に対して行使することにより当該株式会社の株式の交付を受けることができる権利をいう。

二十二　新株予約権付社債　新株予約権を付した社債をいう。

二十三　社債　この法律の規定により会社が行う割当てにより発生する当該会社を債務者とする金銭債権であって、第六百七十六条各号に掲げる事項についての定めに従い償還されるものをいう。

二十四　最終事業年度　各事業年度に係る第四百三十五条第二項に規定する計算書類につき第四百三十八条第二項の承認（第四百三十九条前段に規定する場合にあっては、第四百三十六条第三項の承認）を受けた場合における当該各事業年度のうち最も遅いものをいう。

二十五　配当財産　株式会社が剰余金の配当をする場合における配当する財産をいう。

二十六　組織変更　次のイ又はロに掲げる会社がその組織を変更することにより当該イ又はロに定める会社となることをいう。

イ　株式会社　合名会社、合資会社又は合同会社

ロ　合名会社、合資会社又は合同会社　株式会社

二十七　吸収合併　会社が他の会社とする合併であって、合併により消滅する会社の権利義務の全部を合併後存続する会社に承継させるものをいう。

二十八　新設合併　二以上の会社がする合併であって、合併により消滅する会社の権利義務の全部を合併により設立する会社に承継させるものをいう。

二十九　吸収分割　株式会社又は合同会社がその事業に関して有する権利義務の全部又は一部を分割後他の会社に承継させることをいう。

三十　新設分割　一又は二以上の株式会社又は合同会社がその事業に関して有する権利義務の全部又は一部を分割により設立する会社に承継させることをいう。

三十一　株式交換　株式会社がその発行済株式（株式会社が発行している株式をいう。以下同じ。）の全部を他の株式会社又は合同会社に取得させることをいう。

三十二　株式移転　一又は二以上の株式会社がその発行済株式の全部を新たに設立する株式会社に取得させることをいう。

三十二の二　株式交付　株式会社が他の株式会社をその子会社（法務省令で定めるものに限る。第七百七十四条の三第二項において同じ。）とするために当該他の株式会社の株式を譲り受け、当該株式の譲渡人に対して当該株式の対価として当該株式会社の株式を交付することをいう。

三十三　公告方法　会社（外国会社を含む。）が公告（この法律又は他の法律の規定により官報に掲載する方法によりしなければならないものとされているものを除く。）をする方法をいう。

三十四　電子公告　公告方法のうち、電磁的方法（電子情報処理組織を使用する方法その他の情報通信の技術を利用する方法であって法務省令で定めるものをいう。以下同じ。）により不特定多数の者が公告すべき内容である情報の提供を受けることができる状態に置く措置であって法務省令で定めるものをとる方法をいう。

㊜［一］【株式会社→二五―五七四】【合名会社→五七五―六二四、六三七―六七五】【合資会社→五七五―六二四、六三七―六七五】【合同会社→五七五―六七五】　［二］【外国会社→八一七―八二三、九三三―九三六】【外国法人→民三五、民訴三の三四・四⑤】［三］【子会社→独禁九⑤、一〇⑥】【省令で定めるもの→会社則三①③、四】　［三の二］【省令で定めるもの→会社則三の二①】　［四］【省令で定めるもの→会社則三②③、四】　［四の二］【省令で定め

るもの↓会社則三の二②　【七】【取締役会↓三六二―三七三【取締役会の設置義務↓三二七①　【八】【会計参与↓三七四―三八〇　【九】【監査役↓三八一―三八九【監査役の設置義務↓三二七②③　【十】【監査役会↓三九〇―三九五【監査役会の設置義務↓三二八①　【十一】【会計監査人↓三九六―三九九【会計監査人の設置義務↓三二七⑤、三二八　【十二】【指名委員会等・執行役↓四〇〇―四二二　【十五】【社外取締役↓四〇〇③、四二七【業務執行取締役↓四六二　【十六】【社外監査役↓三三五③、四二七　【十七】【譲渡制限株式↓一〇七①㈠②㈠、一〇八①㈣②㈣、一三四　【十八】【取得請求権付株式↓一〇七①㈡②㈡、一〇八①㈤②㈤、一五五㈣　【十九】【取得条項付株式↓一〇七①㈢②㈢、一〇八①㈥②㈥、一五五㈠　【二十】【単元株式数↓一八八―一九五　【二十一】【新株予約権↓二三六―二九四　【二十二】【新株予約権付社債↓二三六―二九四、六八一―七四二　【二十三】【社債↓六七六―七四二　【二十六】【組織変更↓七四三―七四七、七七五―七八一　【二十七】【吸収合併↓七四八―七五二、七八二―八〇二　【二十八】【新設合併↓七四八、七五三―七五六、八〇三―八一六　【二十九】【吸収分割↓七五七―七六一、七八二―八〇二　【三十】【新設分割↓七六二―七六六、八〇三―八一六　【三十一】【株式交換↓七六七―七七一、七八二―八〇二　【三十二】【株式移転↓七七二―七七四、八〇三―八一六　【三十二の二】【株式交付↓七七四の二―七七四の一一、八一六の二―八一六の一〇【省令で定めるもの↓会社則四の二　【三十三】【公告方法↓九三九①②、二九、五七七　【三十四】【電子公告↓九三九①㈢③、九四〇―九五九【省令で定める方法↓会社則二二二【省令で定める措置↓会社則二二三

（法人格）

第三条　会社は、法人とする。

【法人性↓民三三

一　会社の目的の範囲

1　目的の範囲の意味

[1] **イ　目的遂行に必要な行為も含まれる**
目的の範囲内の行為とは、定款に明示された目的自体に限局されるのではなく、その目的を遂行する上に直接又は間接に必要な行為も包含され、それに必要な行為かどうかは、目的遂行上現実に必要であったかどうかではなく、行為の客観的性質に即し、抽象的に判断されなければならない。（最大判昭45・6・24民集二四・六・六二五〈八幡製鉄政治献金事件〉会社法百選[四版]二）↓三五五条[1][2]、憲三章[4]

[2] **ロ　目的のため必要な行為の具体例**
不動産その他の財産の保存、運用、利殖を計ることを目的とする会社が、その所有する土地、建物を売却する行為は、右目的のために必要な行為であり得る。（最判昭27・2・15民集六・二・七七、会社法百選[四版]一）

[3] **2　政治献金と目的の範囲**
会社による政治資金の寄附は、客観的、抽象的に観察して会社の社会的役割を果たすためになされたものと認められる限りにおいて会社の定款所定の目的の範囲内の行為である。（最大判昭45・6・24前出[1]）

3　手形行為と目的の範囲↓手◇【手形法総論】〔一編名の後〕[3]

二　法人格否認

1　法人格否認が要請される場合

[4] **イ　法人格の形骸化と濫用**
法人格が全くの形骸にすぎない場合、又はそれが法律の適用を回避するために濫用されるような場合には、法人格を認めることは、法人格なるものの本来の目的に照らして許すべきでなく、法人格を否認される場合が生ずる。（最判昭44・2・27民集二三・二・五一一、会社法百選[四版]三）

[5] **ロ　法人格の濫用の例**
会社の代表取締役が、取引の相手方からの債務履行請求の手続を誤らせ、時間と費用を浪費させる手段として、旧会社の営業財産をそのまま流用し、その商号、代表取締役、営業目的、従業員などが旧会社のそれと同一の新会社を設立した場合には、新会社の設立は旧会社の債務の免脱を目的としてなされた会社制度の濫用であって、会社は取引の相手方に対して信義則上、新旧両会社が別人格であることを主張できず、相手方は新旧両会社のいずれに対してもその債務について責任を追及できる。（最判昭48・10・26民集二七・九・一二四〇、民訴百選[五版]七）

[6] **ハ　実質が個人企業と認められる場合**
株式会社形態がいわばわら人形にすぎず、その実質が全く個人企業と認められるような場合には、これと取引する相手方は、会社名義でなされた取引であっても、会社という法人格を否認して、その取引を会社の背後者である個人の行為と認めてその責任を追及することができ、また個人名義でなされた行為であっても、商法五〇四条を待つまでもなく、その行為を会社の行為と認め得る。（最判昭44・2・27前出[4]）

2　法人格否認の効果

[7] **イ　個人との和解の効力が会社に及ぶとされた事例**
AがBの個人企業であるC会社を賃借人として店舗を賃貸した場合において、AとBとの間で右店舗を明け渡すべき旨の裁判上の和解が成立したときは、右和解はB名義でなされたにせよ、その行為はC会社の行為と解し得るから、C会社は右店舗をAに明け渡すべきである。（最判昭44・2・27前出[4]）

[8] **ロ　子会社の労働者の賃金債権が親会社に及ぶとされた事例**
親会社が子会社の業務財産を一般的に支配し得るに足る株式を所有するとともに、親会社が子会社を企業活動の面で現実的統一的に管理支配している場合には、使用者の一方的意思によって支配される従属労働関係にある子会社の従業員のような労働的債権者に対する賃金債務関係は、重畳的に親会社において引き受けている法律関係にある。（仙台地判昭45・3・26労民二一・二・三三〇、労働百選[五版]四三）

3　小規模、閉鎖的な会社の経営者の交代等と民法六一二条の適用の有無

[9] 特定の個人が経営の実権を握り、社員や役員が右個人及びその家族、知人等によって占められている小規模、閉鎖的な有限会社が賃借人であっても、賃借人に有限会社としての活動の実体が無く、その法人格が形骸化しているような場合を除いては、持分の譲渡及び役員の交代により実質的な経営者が交代しても、これをもって賃借権の譲渡に当たるとすることは、賃借人の法人格を無視するもので正当ではなく、民法六一二条にいう賃借権の譲渡には当たらない。（最判平8・10・14民集五〇・九・二四三一、民百選Ⅱ[八版]六〇）↓民六一二条[7]

4　訴訟手続、執行手続には適用されない

[10] A会社の設立がB会社の債務の支払を免れる意図の下になされたものであり、法人格否認の法理により、B会社に対する確定判決の内容である損害賠償請求をA会社に対してすることができる場合でも、手続の明確、安定を重んずる訴訟手続ないし強制執行手続においては、その手続の性格上、B会社に対する判決の既判力及び執行力の範囲をA会社にまで拡張することは許されない。（最判昭53・9・14判時九〇六・八八、執保百選[三版]九）

5　第三者異議の訴えに対する法人格否認の法理の適

用

[11] 第三者異議の訴えは、強制執行による侵害を受忍すべき地位にないことを異議事由として強制執行の排除を求めるものであることから、法人格否認の法理の適用を排除すべき理由はなく、法人格が執行債務者に対する強制執行を回避するために濫用されている場合には、当該法人は、執行債務者と別個の法人格であることを主張して強制執行の不許を求めることは許されない。（最判平17・7・15民集五九・六・一七四二、会社法百選[三版]四）↓民執三八条[11]

[12] **6　法人格否認の法理の主張権者**
法人格否認の法理は、取引の相手方を保護するためのものであるから、法人格を否認される会社が自らの有利のためにこれを主張することは許されない。（東京高判昭51・4・28判時八二六・四四）

（住所）

第四条　会社の住所は、その本店の所在地にあるものとする。

【住所↓民二二、一般法人四【本店の所在地↓二七[三]・五七六①[三]・九一六②・八三五①・八四八・八五六・八六二・八六七・八六八・九一一③[三]・九一二[三]・九一三[三]・九一四[三]、民訴三の二③・四④

（商行為）

第五条　会社（外国会社を含む。次条第一項、第八条及び第九条において同じ。）がその事業としてする行為及びその事業のためにする行為は、商行為とする。

【外国会社↓二[二]・八一七—八二三【事業としてする行為↓二七[一]・五七六①[一]・九一一③[一]・九一二[一]・九一三[一]・九一四[一]【事業のためにする行為↓商五〇三【商行為↓商三・五〇四—五二一

[1] **商行為性の主張立証責任**
会社の行為は商行為と推定され、これを争う者において当該行為が当該会社の事業と無関係であることの主張立証責任を負う。（最判平20・2・22民集六二・二・五七六、商法百選二九……会社による貸付けが代表者の情宜に基づいてされたとみる余地があるとしても、それだけでは会社の事業と無関係であることの立証がされたということはできない）↓

民訴◆【証明責任】〔一七九条の前〕[11]

第二章　会社の商号

（商号）

第六条①　会社は、その名称を商号とする。

②　会社は、株式会社、合名会社、合資会社又は合同会社の種類に従い、それぞれその商号中に株式会社、合名会社、合資会社又は合同会社という文字を用いなければならない。

③　会社は、その商号中に、他の種類の会社であると誤認されるおそれのある文字を用いてはならない。

❶【会社の商号↓八・九・二二・二七[二]・五七六①[二]・九一一③[二]・九一二[二]・九一三[二]・九一四[二]【会社以外の商人の商号↓商一一①　❸【過料の制裁↓九七八[二]

（会社と誤認させる名称等の使用の禁止）

第七条　会社でない者は、その名称又は商号中に、会社であると誤認されるおそれのある文字を用いてはならない。

【過料の制裁↓九七八[三]

第八条①　何人も、不正の目的をもって、他の会社であると誤認されるおそれのある名称又は商号を使用してはならない。

②　前項の規定に違反する名称又は商号の使用によって営業上の利益を侵害され、又は侵害されるおそれがある会社は、その営業上の利益を侵害する者又は侵害するおそれがある者に対し、その侵害の停止又は予防を請求することができる。

❶【過料の制裁↓九七八[三]　❷【差止請求↓不正競争三①【損害賠償の請求↓民七〇九、不正競争四

◇↓商一二条[判]

（自己の商号の使用を他人に許諾した会社の責任）

第九条　自己の商号を使用して事業又は営業を行うことを他人に許諾した会社は、当該会社が当該事業を行うものと誤認して当該他人と取引をした者に対し、当該他人と連帯して、当該取引によって生じた債務を弁済する責任を負う。

【連帯責任↓民四三六【名板貸しの禁止↓金商三六の三

◇↓商一四条[判]

第三章　会社の使用人等

第一節　会社の使用人

（支配人）

第一〇条　会社（外国会社を含む。以下この編において同じ。）は、支配人を選任し、その本店又は支店において、その事業を行わせることができる。

【外国会社↓二[二]・八一七—八二三【支配人↓一一・一二、民六二三—六三一・六四三—六五五、三四八③[三]・三六二④[三]・五九一②・二[十五][十六]・三三一④・三三三③[三]・三三五②・九一八、商登四四・四五【会社以外の商人↓商二〇

（支配人の代理権）

第一一条①　支配人は、会社に代わってその事業に関する一切の裁判上又は裁判外の行為をする権限を有する。

②　支配人は、他の使用人を選任し、又は解任することができる。

③　支配人の代理権に加えた制限は、善意の第三者に対抗することができない。

❶【代理権↓商五〇四—五〇六、民九九—一一八、民訴五四・五五【類似の代理権↓商七〇八　❷【他の使用人↓一四・一五

◇↓商二一条[判]

（支配人の競業の禁止）

第一二条①　支配人は、会社の許可を受けなければ、次に掲げる行為をしてはならない。

一　自ら営業を行うこと。

二　自己又は第三者のために会社の事業の部類に属する取引をすること。
三　他の会社又は商人（会社を除く。第二十四条において同じ。）の使用人となること。
四　他の会社の取締役、執行役又は業務を執行する社員となること。

②　支配人が前項の規定に違反して同項第二号に掲げる行為をしたときは、当該行為によって支配人又は第三者が得た利益の額は、会社に生じた損害の額と推定する。

❶［三］【競業禁止】→一七①、三五六①㈠、四一九②、五九四①　❷【損害額の推定】→一七②、四二三②、五九四②

（表見支配人）
第一三条　会社の本店又は支店の事業の主任者であることを示す名称を付した使用人は、当該本店又は支店の事業に関し、一切の裁判外の行為をする権限を有するものとみなす。ただし、相手方が悪意であったときは、この限りでない。

＋【支配人の権限】→一一【登記の効力と対比】→九〇八①【裁判上の行為】→民訴五四、五五④【表見代理】→民一〇九、一一〇

◇→商二四条判

（ある種類又は特定の事項の委任を受けた使用人）
第一四条①　事業に関するある種類又は特定の事項の委任を受けた使用人は、当該事項に関する一切の裁判外の行為をする権限を有する。

②　前項に規定する使用人の代理権に加えた制限は、善意の第三者に対抗することができない。

❶【使用人】→一一②【使用人に対する罰則の適用】→九六〇①㈦、九六三⑤、九六四①㈠、九六五、九七〇【会社以外の商人】→商二五【委任】→民六四三—六五六

◇→商二五条判

（物品の販売等を目的とする店舗の使用人）
第一五条　物品の販売等（販売、賃貸その他これらに類する行為をいう。以下この条において同じ。）を目的とする店舗の使用人は、その店舗に在る物品の販売等をする権限を有するものとみなす。ただし、相手方が悪意であったときは、この限りでない。

＋【店舗の使用人】→商二六、民一〇九、一一〇

第二節　会社の代理商

（通知義務）
第一六条　代理商（会社のためにその平常の事業の部類に属する取引の代理又は媒介をする者で、その会社の使用人でないものをいう。以下この節において同じ。）は、取引の代理又は媒介をしたときは、遅滞なく、会社に対して、その旨の通知を発しなければならない。

＋【代理商】→商四、二七【取引の代理・媒介】→商五〇二〔十一〕〔十二〕、五〇四—五〇六【代理商と本人との関係】→商五一二、民六四三—六五六【受任者の報告義務】→民六四五、六五六

（代理商の競業の禁止）
第一七条①　代理商は、会社の許可を受けなければ、次に掲げる行為をしてはならない。
一　自己又は第三者のために会社の事業の部類に属する取引をすること。
二　会社の事業と同種の事業を行う他の会社の取締役、執行役又は業務を執行する社員となること。

②　代理商が前項の規定に違反して同項第一号に掲げる行為をしたときは、当該行為によって代理商又は第三者が得た利益の額は、会社に生じた損害の額と推定する。

❶【競業禁止】→民六四四、一二　❷【損害額の推定】→一二

（通知を受ける権限）
第一八条　物品の販売又はその媒介の委託を受けた代理商は、商法（明治三十二年法律第四十八号）第五百二十六条第二項の通知その他の売買に関する通知を受ける権限を有する。

＋【買主の通知義務】→商五二六、民五六一—五七〇【受動代理の原則】→民九九②

（契約の解除）
第一九条①　会社及び代理商は、契約の期間を定めなかったときは、二箇月前までに予告し、その契約を解除することができる。

②　前項の規定にかかわらず、やむを得ない事由があるときは、会社及び代理商は、いつでもその契約を解除することができる。

＋【委任契約解除の原則】→民六五一

（代理商の留置権）
第二〇条　代理商は、取引の代理又は媒介をしたことによって生じた債権の弁済期が到来しているときは、その弁済を受けるまでは、会社のために当該代理商が占有する物又は有価証券を留置することができる。ただし、当事者が別段の意思表示をしたときは、この限りでない。

＋【留置権】→民二九五、商五二一【効力】→民二九六—三〇二、破六六、一八六、一九二、民再一四八、会更二⑩、二九、一〇四、民執一九五

◇→商三一条判

第四章　事業の譲渡をした場合の競業の禁止等

（譲渡会社の競業の禁止）
第二一条①　事業を譲渡した会社（以下この章において「譲渡会社」という。）は、当事者の別段の意思表示がない限り、同一の市町村（特別区を含むものとし、地方自治法（昭和二十二年法律第六十七号）第二百五十二条の十九第一項の指定都市にあっては、区又は総合区。以下この項において同じ。）の区域内及びこれに隣接する市町村の区域内においては、その譲渡した日から二十年間は、同一の事業を行ってはならない。

② 譲渡会社が同一の事業を行わない旨の特約をした場合には、その特約は、その事業を譲渡した日から三十年の期間内に限り、その効力を有する。

③ 前二項の規定にかかわらず、譲渡会社は、不正の競争の目的をもって同一の事業を行ってはならない。

参❶【事業の譲渡→四六七①㈠【譲渡の制限→独禁一六、一七

◇→商一六条判

（譲渡会社の商号を使用した譲受会社の責任等）

第二二条① 事業を譲り受けた会社（以下この章において「譲受会社」という。）が譲渡会社の商号を引き続き使用する場合には、その譲受会社も、譲渡会社の事業によって生じた債務を弁済する責任を負う。

② 前項の規定は、事業を譲り受けた後、遅滞なく、譲受会社がその本店の所在地において譲渡会社の債務を弁済する責任を負わない旨を登記した場合には、適用しない。事業を譲り受けた後、遅滞なく、譲受会社及び譲渡会社から第三者に対しその旨の通知をした場合において、その通知を受けた第三者についても、同様とする。

③ 譲受会社が第一項の規定により譲渡会社の債務を弁済する責任を負う場合には、譲渡会社の責任は、事業を譲渡した日後二年以内に請求又は請求の予告をしない債権者に対しては、その期間を経過した時に消滅する。

④ 第一項に規定する場合において、譲渡会社の事業によって生じた債権について、譲受会社にした弁済は、弁済者が善意でかつ重大な過失がないときは、その効力を有する。

参❶【会社が営業を譲り受けた場合→二四②【会社の商号→六① ❷【責めに任じない旨の登記→商登三一 ❹【善意の弁済→民四七八

◇→商一七条判

（譲受会社による債務の引受け）

第二三条① 譲受会社が譲渡会社の商号を引き続き使用しない場合においても、譲渡会社の事業によって生じた債務を引き受ける旨の広告をしたときは、譲渡会社の債権者は、その譲受会社に対して弁済の請求をすることができる。

② 譲受会社が前項の規定により譲渡会社の債務を弁済する責任を負う場合には、譲渡会社の責任は、同項の広告があった日後二年以内に請求又は請求の予告をしない債権者に対しては、その期間を経過した時に消滅する。

参❶【譲受会社の責任→二二①、二四②

◇→商一八条判

（詐害事業譲渡に係る譲受会社に対する債務の履行の請求）

第二三条の二① 譲渡会社が譲受会社に承継されない債務の債権者（以下この条において「残存債権者」という。）を害することを知って事業を譲渡した場合には、残存債権者は、その譲受会社に対して、承継した財産の価額を限度として、当該債務の履行を請求することができる。ただし、その譲受会社が事業の譲渡の効力が生じた時において残存債権者を害することを知らなかったときは、この限りでない。

② 譲受会社が前項の規定により同項の債務を履行する責任を負う場合には、当該責任は、譲渡会社が残存債権者を害することを知って事業を譲渡したことを知った時から二年以内に請求又は請求の予告をしない残存債権者に対しては、その期間を経過した時に消滅する。事業の譲渡の効力が生じた日から十年を経過したときも、同様とする。

③ 譲渡会社について破産手続開始の決定、再生手続開始の決定又は更生手続開始の決定があったときは、残存債権者は、譲受会社に対して第一項の規定による請求をする権利を行使することができない。

参❶【会社が営業を譲り受けた場合→二四②【譲受会社の責任→二二①、二三①

（商人との間での事業の譲渡又は譲受け）

第二四条① 会社が商人に対してその事業を譲渡した場合には、当該会社を商法第十六条第一項に規定する譲渡人とみなして、同法第十七条から第十八条の二までの規定を適用する。この場合において、同条第三項中「又は再生手続開始の決定」とあるのは、「、再生手続開始の決定又は更生手続開始の決定」とする。

② 会社が商人の営業を譲り受けた場合には、当該商人を譲渡会社とみなして、前三条の規定を適用する。この場合において、前条第三項中「、再生手続開始の決定」とあるのは、「又は再生手続開始の決定」とする。

参❶【事業の譲渡→四六七①㈠【譲渡の制限→独禁一六、一七 ❷【営業の譲渡→商一五①、一六

第二編　株式会社

第一章　設立

第一節　総則

第二五条① 株式会社は、次に掲げるいずれかの方法により設立することができる。

一 次節から第八節までに規定するところにより、発起人が設立時発行株式（株式会社の設立に際して発行する株式をいう。以下同じ。）の全部を引き受ける方法

二 次節、第三節、第三十九条及び第六節から第九節までに規定するところにより、発起人が設立時発行株式を引き受けるほか、設立時発行株式を引き受ける者の募集をする方法

② 各発起人は、株式会社の設立に際し、設立時発行株式を一株以上引き受けなければならない。

参+【発起人→二七㈤、二八㈢、三二、五二―五六、一〇三 ❶【設立の手続→二六―一〇三【特殊の場合→二[二十八][三十][三十二]、会更一六七②、一八三、二二五①、八一四① ❷【発起人の株

会社

式引受け→三二①㈢、五九①㈢【引受けの取消し→三三⑧【失権手続→三六

第二節 定款の作成

（定款の作成）

第二六条① 株式会社を設立するには、発起人が定款を作成し、その全員がこれに署名し、又は記名押印しなければならない。

② 前項の定款は、電磁的記録（電子的方式、磁気的方式その他人の知覚によっては認識することができない方式で作られる記録であって、電子計算機による情報処理の用に供されるものとして法務省令で定めるものをいう。以下同じ。）をもって作成することができる。この場合において、当該電磁的記録に記録された情報については、法務省令で定める署名又は記名押印に代わる措置をとらなければならない。

❸❶【定款→二七―三〇、三三⑦⑨、三七①②、九五―一〇一、四六六、商登四七②㈠【備置義務違反の制裁→九七六㈣【不実記載・記録の制裁→九七六㈢【定款違反行為→二一〇㈠、三六〇、三八四、三八五、三九七、四〇六、四二二、八三一①㈡、八五四 ❷【省令で定めるもの→会社則二二四【省令で定める措置→会社則二二五

1 **一 発起人の意義**

発起人は、定款にその氏名、住所を記載して署名することを要し、発起人として署名しない者はたとえ設立につき実際発起人のように行動した事実があっても、法律上発起人とみなすことはできない。（大判大3・3・12民録二〇・一六八）

二 発起人組合

2 会社設立のための発起人団体は民法上の組合である。（大判大7・7・10民録二四・一四八〇）

三 発起人の権限→二八条2

（定款の記載又は記録事項）

第二七条 株式会社の定款には、次に掲げる事項を記載し、又は記録しなければならない。

一 目的

二 商号

三 本店の所在地

四 設立に際して出資される財産の価額又はその最低額

五 発起人の氏名又は名称及び住所

❸【一】【目的→五、九一一③㈠【目的違反の場合→三六〇①、三八五①、四二二①、八二四①㈠ 【二】【商号→六①、九一一③㈡ 【三】【本店→四、九一一③㈢ 【四】【設立時の出資額→三二①㈠、二八㈠、五八①㈠ 【五】【発起人の住所→六八⑤ ＋【その他の絶対的記載事項→三七①【募集設立における通知→五九①㈡

1 **一 取締役の選任等の決議の効力を第三者の意思にかからせる定款の規定の効力**

法令に別段の定めある場合を除き、株主総会の取締役・監査役の選任・解任、定款の変更、利益金の処分等は株主総会の専決事項であり、その決議の効力を第三者の意思にかからしめる規定は、原始定款をもってしても、また定款変更の方法によっても、定款に定めることができない。（東京高決昭24・10・31高民二・二・二四五……右の決議につき県知事の承認を得べきことが定款に定められていた事例）

二 目的→三条1～3

第二八条 株式会社を設立する場合には、次に掲げる事項は、第二十六条第一項の定款に記載し、又は記録しなければ、その効力を生じない。

一 金銭以外の財産を出資する者の氏名又は名称、当該財産及びその価額並びにその者に対して割り当てる設立時発行株式の数（設立しようとする株式会社が種類株式発行会社である場合にあっては、設立時発行株式の種類及び種類ごとの数。第三十二条第一項第一号において同じ。）

二 株式会社の成立後に譲り受けることを約した財産及びその価額並びにその譲渡人の氏名又は名称

三 株式会社の成立により発起人が受ける報酬その他の特別の利益及びその発起人の氏名又は名称

四 株式会社の負担する設立に関する費用（定款の認証の手数料その他株式会社に損害を与えるおそれがないものとして法務省令で定めるものを除く。）

❸＋【変態設立事項→三三、五九①㈢、八七②㈢、九七 【一】【現物出資→三四①、五二①、一九九①㈢ 【二】【財産引受け→四六七①㈤【譲渡人→三三⑪㈡ 【三】【発起人→二五❸ 【四】【定款の認証→三〇【省令で定めるもの→会社則五

1 **一 現物出資**

株式会社に対する現物出資行為についても、少なくとも株式会社の資本を毀損しない範囲では、設立行為を直接取り消すことにはならないから、詐害行為として取り消すことができる。（東京地判平15・10・10金判一一七八・二、重判平15商二）

二 財産引受け・開業準備行為

1 発起人の権限と開業準備行為

2 発起人は、会社設立自体に必要な行為のほかは開業準備行為といえどもなし得ず、ただ原始定款に記載されて厳重な法定要件を満たした財産引受けのみが例外的に許される。（最判昭38・12・24民集一七・一二・一七四四）

2 債務引受けと財産引受け

3 単純な債務引受けは、商法一六八条一項六号［本条二号］の財産引受けに該当しないが、積極・消極両財産を含む営業財産を一括して譲り受ける場合には、消極財産が積極財産に対してある程度の対価的意義を持ち得るから、財産引受けに該当する。（最判昭38・12・24前出2）

3 定款に記載のない財産引受け・開業準備行為

イ その効力

4 会社の設立前にその発起人組合が会社の営業の目的のために土地を買い受けても、右売買契約について商法一六八条一項六号［本条二号］による原始定款の記載がなされていなければ会社に対して効力を有せず、財産引受契約の価額が適正であったとしても契約の効力は生じない。（最判昭36・9・15民集一五・八・二一五四）

ロ 無効を主張し得る者

5 定款に記載しない財産引受けの無効は、会社側だけではなくいずれの当事者も主張し得る。（最判昭28・12・3民集七・一二・一二九九、会社百選〔五版〕七）

ハ 成立後の会社による追認の可否

[6] 財産引受けは、現物出資に関する規定の潜脱行為として利用される弊があるので現物出資と同様の手続を経ること を要するものとしたのであり、その法意に徴すれば、成立後の会社が追認したからといって、法定の要件を欠く無効な財産引受けが有効となるものと解することはできず、事後設立の手続で承認しても有効にならない。（最判昭42・9・26民集二一・七・一八七〇、商法の判例〔三版〕三）

二　発起人の権利義務

[7] 当事者間に特約が存する場合、民法一一七条の類推適用により発起人が履行の責めに任ずべき場合等の特別の事情の認められない限り、原始定款の記載等の法定要件を満たさないため成立後の会社に効力を有しない財産引受けに基づき、発起人又は発起人組合が当然に財産引受契約上の権利を取得し、義務を負うに至ることはない。（最判昭42・9・26前出[6]）

ホ　発起人について無権代理人の責任に関する規定の類推適用

[8] 会社の設立を計画発起した者が、設立手続未了で設立の登記をしていない会社（後に設立登記がなされた）の代表取締役として第三者と契約し、その契約が会社の設立に関する行為に属しないときは、その効果は設立後の会社に属すべきいわれはなく、民法一一七条の類推適用により、右代表者がその責めに任ずる。（最判昭33・10・24民集一二・一四・三二二八、会社法百選〔四版〕四）

三　設立費用

1　設立費用の負担者

[9] 株主募集広告費用は、会社の負担に帰すべき設立費用に属するから、その金額が定款に記載されて創立総会において承認されれば、右広告に関する契約から生ずる権利義務は当然に会社に移転し、会社は広告料支払の義務を負い、発起人は全くその義務を負担しない。（大判昭2・7・4民集六・四二八、会社法百選〔四版〕六）

2　設立費用に属しないもの

[10] 組合の組織を改めて株式会社とするにつき、その準備として組合財産を会社のため買い受ける費用は、営業準備費で設立費用ではないから、仮に創立総会で右買収を異議なく可決しても、右購入費を会社の負担に帰せしめることはできない。（大判昭10・4・19民集一四・一一三四）

第二九条　第二十七条各号及び前条各号に掲げる事項のほか、株式会社の定款には、この法律の規定により定款の定めがなければその効力を生じない事項及びその他の事項でこの法律の規定に違反しないものを記載し、又は記録することができる。

参【相対的記載・記録事項↓四四②⑤・六八①・八九①・九二②④・一〇七②・一〇八②・一二三・一三九①・一四〇⑤・一四五・一六四・一六五②・一七四・一八六③・一八八①・一八九②③・一九四①・二〇二③〔一〕〔二〕・二〇四②・二一四・二四一③〔一〕〔二〕・二九七①④〔二〕・二九九①・三〇三②・三〇四・三〇五①⑥・三〇六①・三〇九・三一一②・三二四・三三〇三二①②・三三六②③・三四一・三四二①・三二六②・三三六〇①②・三六八①・三六九①・三七〇・三七六②・三八九・三九二①・四〇一②・四〇二⑦・四二一①②・四二六①⑦・四二七①・四三三①・四五九①・四六〇①・四六七①〔二〕〔五〕・四六八①・四七一〔二〕〔三〕・四七七②・四七九②・四八二②・五二一①・五三六①〔二〕・七八四②・七九六②・八〇五・八三三①・八五四①・九三九①④【任意的記載事項↓三二一①・三八④・三四九③・三六一①・三六六①・三七九①・四七八①〔二〕・四八三③【無益的記載事項↓一〇五②・二九五③・三三一②・四〇二⑤

取締役会設置会社の代表取締役を株主総会で選定する旨の定款の定めの有効性↓二九五条[2]

（定款の認証）

第三〇条①　第二十六条第一項の定款は、公証人の認証を受けなければ、その効力を生じない。

②　前項の公証人の認証を受けた定款は、株式会社の成立前は、第三十三条第七項若しくは第九項又は第三十七条第一項若しくは第二項の規定による場合を除き、これを変更することができない。

参❶【公証人の認証↓五九①〔一〕【定款認証手数料↓二八四　❷【定款の変更↓九六

（定款の備置き及び閲覧等）

第三一条①　発起人（株式会社の成立後にあっては、当該株式会社）は、定款を発起人が定めた場所（株式会社の成立後にあっては、その本店及び支店）に備え置かなければならない。

②　発起人（株式会社の成立後にあっては、その株主及び債権者）は、発起人が定めた時間（株式会社の成立後にあっては、その営業時間）内は、いつでも、次に掲げる請求をすることができる。ただし、第二号又は第四号に掲げる請求をするには、発起人（株式会社の成立後にあっては、当該株式会社）の定めた費用を支払わなければならない。

一　定款が書面をもって作成されているときは、当該書面の閲覧の請求

二　前号の書面の謄本又は抄本の交付の請求

三　定款が電磁的記録をもって作成されているときは、当該電磁的記録に記録された事項を法務省令で定める方法により表示したものの閲覧の請求

四　前号の電磁的記録に記録された事項を電磁的方法であって発起人（株式会社の成立後にあっては、当該株式会社）の定めたものにより提供することの請求又はその事項を記載した書面の交付の請求

③　株式会社の成立後において、当該株式会社の親会社社員（親会社の株主その他の社員をいう。以下同じ。）がその権利を行使するため必要があるときは、当該親会社社員は、裁判所の許可を得て、当該株式会社の定款について前項各号に掲げる請求をすることができる。ただし、同項第二号又は第四号に掲げる請求をするには、当該株式会社の定めた費用を支払わなければならない。

④　定款が電磁的記録をもって作成されている場合であって、支店における第二項第三号及び第四号に掲げる請求に応じることを可能とするための措置として法務省令で定めるものをとっている株式会社についての第一項の規定の適用については、同項中「本店及び支店」とあるのは、「本店」とする。

参❶【本店↓二七〔三〕・九一一③〔三〕【支店↓三四八③〔二〕・三六二④〔四〕・九一一③〔三〕・九三〇【備置義務↓五〇八①、商一九③、七四⑥・七五③・七六④・八一②・八二②【備置義務違反の制裁↓九七六〔四〕　❷【発起人・株主・債権者の閲覧権等↓一〇二①【違反の制裁↓九七六〔四〕　[三]【省令で定める方法↓会社則二二六　[三][四]【電磁的記録↓二六②　❸【裁判所の管轄↓八六八

②【違反の制裁↓九七六四 ❹【省令で定めるもの↓会社則二二七

第三節 出資

（設立時発行株式に関する事項の決定）

第三二条① 発起人は、株式会社の設立に際して次に掲げる事項（定款に定めがある事項を除く。）を定めようとするときは、その全員の同意を得なければならない。

一 発起人が割当てを受ける設立時発行株式の数

二 前号の設立時発行株式と引換えに払い込む金銭の額

三 成立後の株式会社の資本金及び資本準備金の額に関する事項

② 設立しようとする株式会社が種類株式発行会社である場合において、前項第一号の設立時発行株式が第百八条第三項前段の規定による定款の定めがあるものであるときは、発起人は、その全員の同意を得て、当該設立時発行株式の内容を定めなければならない。

参❶【定款に定めがある事項↓二八㊀・二九【発起人全員の同意↓二六①、商登四七③【違反の効果↓八二八①㊀【募集設立における通知↓五九①㊁ 【㊀】発起人への株式割当て↓二五②・三七③【㊂】【資本金・資本準備金↓四四五②・一九九①㊄

（定款の記載又は記録事項に関する検査役の選任）

第三三条① 発起人は、定款に第二十八条各号に掲げる事項についての記載又は記録があるときは、第三十条第一項の公証人の認証の後遅滞なく、当該事項を調査させるため、裁判所に対し、検査役の選任の申立てをしなければならない。

② 前項の申立てがあった場合には、裁判所は、これを不適法として却下する場合を除き、検査役を選任しなければならない。

③ 裁判所は、前項の検査役を選任した場合には、成立後の株式会社が当該検査役に対して支払う報酬の額を定めることができる。

④ 第二項の検査役は、必要な調査を行い、当該調査の結果を記載し、又は記録した書面又は電磁的記録（法務省令で定めるものに限る。）を裁判所に提供して報告をしなければならない。

⑤ 裁判所は、前項の報告について、その内容を明瞭にし、又はその根拠を確認するため必要があると認めるときは、第二項の検査役に対し、更に前項の報告を求めることができる。

⑥ 第二項の検査役は、第四項の報告をしたときは、発起人に対し、同項の書面の写しを交付し、又は同項の電磁的記録に記録された事項を法務省令で定める方法により提供しなければならない。

⑦ 裁判所は、第四項の報告を受けた場合において、第二十八条各号に掲げる事項（第二項の検査役の調査を経ていないものを除く。）を不当と認めたときは、これを変更する決定をしなければならない。

⑧ 発起人は、前項の決定により第二十八条各号に掲げる事項の全部又は一部が変更された場合には、当該決定の確定後一週間以内に限り、その設立時発行株式の引受けに係る意思表示を取り消すことができる。

⑨ 前項に規定する場合には、発起人は、その全員の同意によって、第七項の決定の確定後一週間以内に限り、当該決定により変更された事項についての定めを廃止する定款の変更をすることができる。

⑩ 前各項の規定は、次の各号に掲げる場合には、当該各号に定める事項については、適用しない。

一 第二十八条第一号及び第二号の財産（以下この章において「現物出資財産等」という。）について定款に記載され、又は記録された価額の総額が五百万円を超えない場合 同条第一号及び第二号に掲げる事項

二 現物出資財産等のうち、市場価格のある有価証券（金融商品取引法（昭和二十三年法律第二十五号）第二条第一項に規定する有価証券をいい、同条第二項の規定により有価証券とみなされる権利を含む。以下同じ。）について定款に記載され、又は記録された価額が当該有価証券の市場価格として法務省令で定める方法により算定されるものを超えない場合 当該有価証券についての第二十八条第一号又は第二号に掲げる事項

三 現物出資財産等について定款に記載され、又は記録された価額が相当であることについて弁護士、弁護士法人、弁護士・外国法事務弁護士共同法人、公認会計士（外国公認会計士（公認会計士法（昭和二十三年法律第百三号）第十六条の二第五項に規定する外国公認会計士をいう。）を含む。以下同じ。）、監査法人、税理士又は税理士法人の証明（現物出資財産等が不動産である場合にあっては、当該証明及び不動産鑑定士の鑑定評価。以下この号において同じ。）を受けた場合 第二十八条第一号又は第二号に掲げる事項（当該証明を受けた現物出資財産等に係るものに限る。）

⑪ 次に掲げる者は、前項第三号に規定する証明をすることができない。

一 発起人

二 第二十八条第二号の財産の譲渡人

三 設立時取締役（第三十八条第一項に規定する設立時取締役をいう。）又は設立時監査役（同条第三項第二号に規定する設立時監査役をいう。）

四 業務の停止の処分を受け、その停止の期間を経過しない者

五 弁護士法人、弁護士・外国法事務弁護士共同法人、監査法人又は税理士法人であって、その社員の半数以上が第一号から第三号までに掲げる者のいずれかに該当するもの

参❶【検査役の選任↓八六八①・八七六【調査妨害に対する制裁↓九七六㊄【検査役の調査の効果↓五二②㊁ ❸【検査役の報酬↓二八㊃ ❹【検査役の報告↓商登四七②㊂イ、八七②㊁【不実報告に対する制裁↓九六三③・九七六㊅【省令で定めるもの↓会社則二二八 ❹❻【電磁的記録↓二六② ❻【省令で定める方法↓会社則二二九 ❼【変更決定の手続↓八七〇①㊂、商登四七②㊃、三〇② ❽【引受けの取消し↓二七㊃㊄ ❾【定款変更↓三〇②・三七①②・九五―一〇一・四六六 ❿【㊁】【㊂】

会社

【価額の相当性→四六①〔一〕・五二―五五　[二]【市場価格を証する書面→商登四七②〔三〕【省令で定める方法→会社則六　[三]【証明・鑑定評価を記載した書面→商登四七②〔三〕、四六①〔三〕・八七②〔三〕【証明者等の財産価格塡補責任→五二　⓫[四]【業務停止→弁護五七①〔二〕②〔二〕、ETC

（出資の履行）

第三四条①　発起人は、設立時発行株式の引受け後遅滞なく、その引き受けた設立時発行株式につき、その出資に係る金銭の全額を払い込み、又はその出資に係る金銭以外の財産の全部を給付しなければならない。ただし、発起人全員の同意があるときは、登記、登録その他権利の設定又は移転を第三者に対抗するために必要な行為は、株式会社の成立後にすることを妨げない。

②　前項の規定による払込みは、発起人が定めた銀行等（銀行（銀行法（昭和五十六年法律第五十九号）第二条第一項に規定する銀行をいう。第七百三条第一号において同じ。）、信託会社（信託業法（平成十六年法律第百五十四号）第二条第二項に規定する信託会社をいう。以下同じ。）その他これに準ずるものとして法務省令で定めるものをいう。以下同じ。）の払込みの取扱いの場所においてしなければならない。

❶【株式の引受けの無効・取消しの制限→五一【出資に係る金銭→三二①〔三〕【出資に係る金銭以外の財産→二八〔一〕・三三【出資の履行→四六①〔三〕・三六・三五・五〇②【払込完了を証する書面→商登四七②〔五〕【登記→民一七七【登録→特許九八・九九、ETC 七　❷【払込取扱機関→六三・六四【省令で定めるもの→会社則七

> **〔1〕本条一項ただし書の趣旨**→六三条〔2〕〔4〕〔5〕
> 商法一七二条ただし書［本条一項ただし書］の例外は、登記・登録を発起人名義にして、会社成立後更に会社名義にするという二重の手続と費用を避けるためにあるから動産の引渡しには適用がなく、また不動産又はそれに準ずる権利の登記・登録の場合もその手続をするのに必要な権利証、委任状、印鑑証明書その他の書類は払込期日に発起人代表に交付されていなければならない。（東京地判昭38・10・31下民一四・一〇・二一七二）

（設立時発行株式の株主となる権利の譲渡）

第三五条　前条第一項の規定による払込み又は給付（以下この章において「出資の履行」という。）をすることにより設立時発行株式の株主となる権利の譲渡は、成立後の株式会社に対抗することができない。

【株主となる権利の譲渡→五〇②、六三②、二〇八④

（設立時発行株式の株主となる権利の喪失）

第三六条①　発起人のうち出資の履行をしていないものがある場合には、発起人は、当該出資の履行をしていない発起人に対して、期日を定め、その期日までに当該出資の履行をしなければならない旨を通知しなければならない。

②　前項の規定による通知は、同項に規定する期日の二週間前までにしなければならない。

③　第一項の規定による通知を受けた発起人は、同項に規定する期日までに出資の履行をしないときは、当該出資の履行をすることにより設立時発行株式の株主となる権利を失う。

❶【期日→五九②【通知→二七〔五〕【到達主義→民九七①【罰則→九七六〔二〕　❸【発起人の失権→二五②、二七〔五〕、六三③、二〇八⑤

（発行可能株式総数の定め等）

第三七条①　発起人は、株式会社が発行することができる株式の総数（以下「発行可能株式総数」という。）を定款で定めていない場合には、株式会社の成立の時までに、その全員の同意によって、定款を変更して発行可能株式総数の定めを設けなければならない。

②　発起人は、発行可能株式総数を定款で定めている場合には、株式会社の成立の時までに、その全員の同意によって、発行可能株式総数についての定款の変更をすることができる。

③　設立時発行株式の総数は、発行可能株式総数の四分の一を下ることができない。ただし、設立しようとする株式会社が公開会社でない場合は、この限りでない。

❶❷【発行可能株式総数→一一三①、一八四②、二一〇〔二〕・八二八①〔二〕、四二三①、四二九①、九一一③〔六〕【超過発行の罰則→九六六【会社の成立→四九【定款変更→三〇②、九五、九八　❸【発行済株式総数・発行可能株式総数の関係→一一三③【公開会社→二〔五〕

> **〔1〕会社が発行する株式の総数の変更**
> 会社が発行する株式の総数すなわち授権資本の枠は定款の必要的記載事項として、その変更は必ず定款変更の手続を要し、償還株式を償還した一事でその枠が変更されるものではない。（最判昭40・3・18判時四一三・七五、会社百選〔六版〕八一）

第四節　設立時役員等の選任及び解任

（設立時役員等の選任）

第三八条①　発起人は、出資の履行が完了した後、遅滞なく、設立時取締役（株式会社の設立に際して取締役となる者をいう。以下同じ。）を選任しなければならない。

②　設立しようとする株式会社が監査等委員会設置会社である場合には、前項の規定による設立時取締役の選任は、設立時監査等委員（株式会社の設立に際して監査等委員（監査等委員会の委員をいう。以下同じ。）となる者をいう。以下同じ。）である設立時取締役とそれ以外の設立時取締役とを区別してしなければならない。

③　次の各号に掲げる場合には、発起人は、出資の履行が完了した後、遅滞なく、当該各号に定める者を選任しなければならない。

一　設立しようとする株式会社が会計参与設置会社である場合　設立時会計参与（株式会社の設立に際して会計参与となる者をいう。以下同じ。）

二　設立しようとする株式会社が監査役設置会社（監査役の監査の範囲を会計に関するものに限定する旨の定款の定めがある株式会社を含む。）である場合　設立時監査役（株式会社の設立に際して監査役とな

る者をいう。以下同じ。）

三　設立しようとする株式会社が会計監査人設置会社である場合　設立時会計監査人（株式会社の設立に際して会計監査人となる者をいう。以下同じ。）

④　定款で設立時取締役（設立しようとする株式会社が監査等委員会設置会社である場合にあっては、設立時監査等委員である設立時取締役又はそれ以外の設立時取締役。以下この項において同じ。）、設立時会計参与、設立時監査役又は設立時会計監査人として定められた者は、出資の履行が完了した時に、それぞれ設立時取締役、設立時会計参与、設立時監査役又は設立時会計監査人に選任されたものとみなす。

【出資の履行↓三四　❶【取締役の選任↓三九④・四〇・四一・九一一③[十三]・八八①、商登四七②[五]③【役員兼任の制限↓独禁一三・一七【設立時取締役の任務・責任↓四六―四八・五二―五五・九三　❷【監査等委員会設置会社↓二[十一の二]【募集設立の場合↓八八②【取締役の場合↓三二九②　❸[二]【会計参与の選任↓九一一③[十六]・八八①、商登四七②[十]　[三]【設立時監査役の選任↓九一一③[十七]・八八①、商登四七②[五]【設立時監査役の任務・責任↓四六①・五三―五五　[三]【会計監査人の選任↓九一一③[十九]・八八①、商登四七②[十一]

第三九条①　設立しようとする株式会社が取締役会設置会社である場合には、設立時取締役は、三人以上でなければならない。

②　設立しようとする株式会社が監査役会設置会社である場合には、設立時監査役は、三人以上でなければならない。

③　設立しようとする株式会社が監査等委員会設置会社である場合には、設立時監査等委員である設立時取締役は、三人以上でなければならない。

④　第三百三十一条第一項（第三百三十五条第一項において準用する場合を含む。）、第三百三十三条第一項若しくは第三項又は第三百三十七条第一項若しくは第三項の規定により成立後の株式会社の取締役（監査等委員会設置会社にあっては、監査等委員である取締役又はそれ以外の取締役）、会計参与、監査役又は会計監査人となることができない者は、それぞれ設立時取締役（成立後の株式会社が監査等委員会設置会社である場合にあっては、設立時監査等委員である設立時取締役又はそれ以外の設立時取締役）、設立時会計参与、設立時監査役又は設立時会計監査人（以下この節において「設立時役員等」という。）となることができない。

⑤　第三百三十一条の二〈取締役の資格等〉の規定は、設立時取締役及び設立時監査役について準用する。

❶【取締役会設置会社↓二[七]　❷【監査役会設置会社↓二[十]　❸【取締役の場合↓三三一⑥　❹【設立時取締役↓三八①【設立時会計参与↓三八②[一]【設立時監査役↓三八②[二]【設立時会計監査人↓三八②[三]

第四〇条①（**設立時役員等の選任の方法**）　設立時役員等の選任は、発起人の議決権の過半数をもって決定する。

②　前項の場合には、発起人は、出資の履行をした設立時発行株式一株につき一個の議決権を有する。ただし、単元株式数を定款で定めている場合には、一単元の設立時発行株式につき一個の議決権を有する。

③　前項の規定にかかわらず、設立しようとする株式会社が種類株式発行会社である場合において、取締役の全部又は一部の選任について議決権を行使することができないものと定められた種類の設立時発行株式を発行するときは、当該種類の設立時発行株式については、発起人は、当該取締役となる設立時取締役の選任についての議決権を行使することができない。

④　設立しようとする株式会社が監査等委員会設置会社である場合における前項の規定の適用については、同項中「、取締役」とあるのは「、監査等委員である取締役又はそれ以外の取締役」と、「当該取締役」とあるのは「これらの取締役」とする。

⑤　第三項の規定は、設立時会計参与、設立時監査役及び設立時会計監査人の選任について準用する。

❶【設立時役員等↓三九④【議決権の過半数↓商登四七③【本項による選任の効力に関する特則↓四五①[一]　❷【出資の履行↓三四【一株一議決権↓三〇八①【単元株式数↓二[二十]・一八八―一九五・三〇八①・九一一③[八]　❸【議決権制限株式↓一〇八①[三]②[三]・一一五・九一一③[七]　❹【監査等委員会設置会社↓二[十一の二]【監査等委員↓三八②

第四一条①（**設立時役員等の選任の方法の特則**）　前条第一項の規定にかかわらず、株式会社の設立に際して第百八条第一項第九号に掲げる事項（取締役（監査等委員会設置会社にあっては、監査等委員である取締役又はそれ以外の取締役）に関するものに限る。）についての定めがある種類の株式を発行する場合には、設立時取締役（設立しようとする株式会社が監査等委員会設置会社である場合にあっては、設立時監査等委員である設立時取締役又はそれ以外の設立時取締役）の選任は、同条第二項第九号に定める事項についての定款の定めの例に従い、当該種類の設立時発行株式を引き受けた発起人の議決権（当該種類の設立時発行株式についての議決権に限る。）の過半数をもって決定する。

②　前項の場合には、発起人は、出資の履行をした種類の設立時発行株式一株につき一個の議決権を有する。ただし、単元株式数を定款で定めている場合には、一単元の種類の設立時発行株式につき一個の議決権を有する。

③　前二項の規定は、株式会社の設立に際して第百八条第一項第九号に掲げる事項（監査役に関するものに限る。）についての定めがある種類の株式を発行する場合について準用する。

❶【議決権の過半数↓商登四七③【本項により選任された取締役の解任↓四四①②　❷【出資の履行↓三四【一株一議決権↓三〇八①【単元株式数↓二[二十]・一八八―一九五・三〇八①・九一一③[八]　❸【本項により選任された監査役の解任↓四四⑤

第四二条（**設立時役員等の解任**）　発起人は、株式会社の成立の時までの間、その選任した設立時役員等（第三十八条第四項の規定により設立時役員等に選任されたものとみなされたものを含む。）を解任することができる。

【会社の成立↓四九【設立時役員等↓三九④

（設立時役員等の解任の方法）
第四三条① 設立時役員等の解任は、発起人の議決権の過半数（設立時監査等委員である設立時取締役又は設立時監査役を解任する場合にあっては、三分の二以上に当たる多数）をもって決定する。
② 前項の場合には、発起人は、出資の履行をした設立時発行株式一株につき一個の議決権を有する。ただし、単元株式数を定款で定めている場合には、一単元の設立時発行株式につき一個の議決権を有する。
③ 前項の規定にかかわらず、設立しようとする株式会社が種類株式発行会社である場合において、取締役の全部又は一部の解任について議決権を行使することができないものと定められた種類の設立時発行株式を発行するときは、当該種類の設立時発行株式については、発起人は、当該取締役となる設立時取締役の解任についての議決権を行使することができない。
④ 設立しようとする株式会社が監査等委員会設置会社である場合における前項の規定の適用については、同項中「取締役」とあるのは、「監査等委員である取締役又はそれ以外の取締役」と、「当該取締役」とあるのは「これらの取締役」とする。
⑤ 第三項の規定は、設立時会計参与、設立時監査役及び設立時会計監査人の解任について準用する。

❶【設立時役員等↓三九④【本項による解任の効力に関する特則↓四五①[一]　❶❹【設立時監査役↓三八②[二]　❷【出資の履行↓三四【一株一議決権↓三〇八①【単元株式数↓二[二十]・一八八―一九五、三〇八①、九一一③[四]　❸【議決権制限株式↓一〇八①[三]②[三]・一一五、九一一③[七]　❹【監査等委員会設置会社↓二[十一の二]【監査等委員↓三八②　❺【設立時会計参与↓三八②[一]【設立時会計監査人↓三八②[三]

（設立時取締役等の解任の方法の特則）
第四四条① 前条第一項の規定にかかわらず、第四十一条第一項の規定により選任された設立時取締役（設立時監査等委員である設立時取締役を除く。次項及び第四項において同じ。）の解任は、その選任に係る発起人の議決権の過半数をもって決定する。
② 前項の規定にかかわらず、第四十一条第一項の規定により又は種類創立総会（第八十四条に規定する種類創立総会をいう。）若しくは種類株主総会において選任された取締役（監査等委員である取締役を除く。第四項において同じ。）を株主総会の決議によって解任することができる旨の定款の定めがある場合には、第四十一条第一項の規定により選任された設立時取締役の解任は、発起人の議決権の過半数をもって決定する。
③ 前二項の場合には、発起人は、出資の履行をした種類の設立時発行株式一株につき一個の議決権を有する。ただし、単元株式数を定款で定めている場合には、一単元の種類の設立時発行株式につき一個の議決権を有する。
④ 前項の規定にかかわらず、第二項の規定により設立時取締役を解任する場合において、取締役の全部又は一部の解任について議決権を行使することができないものと定められた種類の設立時発行株式を発行するときは、当該種類の設立時発行株式については、発起人は、当該取締役となる設立時取締役の解任についての議決権を行使することができない。
⑤ 前各項の規定は、第四十一条第一項の規定により選任された設立時監査等委員である設立時取締役及び同条第三項において準用する同条第一項の規定により選任された設立時監査役の解任について準用する。この場合において、第一項及び第二項中「過半数」とあるのは、「三分の二以上に当たる多数」と読み替えるものとする。

❶【設立時取締役↓三八①　❷【種類株主総会による取締役の選任↓一〇八①[九]　❸【出資の履行↓三四【一株一議決権↓三〇八①【単元株式数↓二[二十]・一八八―一九五、三〇八①、九一一③[四]　❹【議決権制限株式↓一〇八①[三]②[三]・一一五、九一一③[七]　❺【設立時監査役↓三八②[二]

（設立時役員等の選任又は解任の効力についての特則）
第四五条① 株式会社の設立に際して第百八条第一項第八号に掲げる事項についての定めがある種類の株式を発行する場合において、当該種類の株式の内容として次の各号に掲げる事項について種類株主総会の決議があることを必要とする旨の定款の定めがあるときは、当該各号に定める事項は、定款の定めに従い、第四十条第一項又は第四十三条第一項の規定による決定のほか、当該種類の設立時発行株式を引き受けた発起人の議決権（当該種類の設立時発行株式についての議決権に限る。）の過半数をもってする決定がなければ、その効力を生じない。
一 取締役（監査等委員会設置会社の取締役を除く。）の全部又は一部の選任又は解任　当該取締役となる設立時取締役の選任又は解任
二 監査等委員である取締役又はそれ以外の取締役の全部又は一部の選任又は解任　これらの取締役となる設立時取締役の選任又は解任
三 会計参与の全部又は一部の選任又は解任　当該会計参与となる設立時会計参与の選任又は解任
四 監査役の全部又は一部の選任又は解任　当該監査役となる設立時監査役の選任又は解任
五 会計監査人の全部又は一部の選任又は解任　当該会計監査人となる設立時会計監査人の選任又は解任
② 前項の場合には、発起人は、出資の履行をした種類の設立時発行株式一株につき一個の議決権を有する。ただし、単元株式数を定款で定めている場合には、一単元の種類の設立時発行株式につき一個の議決権を有する。

❶【議決権の過半数↓商登四七③　[一]【設立時取締役↓三八①　[三]【設立時会計参与↓三八②[一]　[四]【設立時監査役↓三八②[二]　[五]【設立時会計監査人↓三八②[三]　❷【出資の履行↓三四【一株一議決権↓三〇八①【単元株式数↓二[二十]・一八八―一九五、三〇八①、九一一③[四]

第五節　設立時取締役等による調査

第四六条① 設立時取締役（設立しようとする株式会社が監査役設置会社である場合にあっては、設立時取締役及び設立時監査役。以下この条において同じ。）は、

その選任後遅滞なく、次に掲げる事項を調査しなければならない。

一　第三十三条第十項第一号又は第二号に掲げる場合における現物出資財産等（同号に掲げる場合にあっては、同号の有価証券に限る。）について定款に記載され、又は記録された価額が相当であること。

二　第三十三条第十項第三号に規定する証明が相当であること。

三　出資の履行が完了していること。

四　前三号に掲げる事項のほか、株式会社の設立の手続が法令又は定款に違反していないこと。

②　設立時取締役は、前項の規定による調査により、同項各号に掲げる事項について法令若しくは定款に違反し、又は不当な事項があると認めるときは、発起人にその旨を通知しなければならない。

③　設立しようとする株式会社が指名委員会等設置会社である場合には、設立時取締役は、第一項の規定による調査を終了したときはその旨を、前項の規定による通知をしたときはその旨及びその内容を、設立時代表執行役（第四十八条第一項第三号に規定する設立時代表執行役をいう。）に通知しなければならない。

❶【設立時取締役→三八①、五二―五五【監査役設置会社→二[九]【設立時監査役→三八②[三]、五三―五五【調査報告→商登四七②[三]イ【調査の終了→九一一①[一]　[二]【変態設立事項につき検査役の調査を要しない場合→三三⑩[一][二]　[三]【変態設立事項に関する弁護士等の証明→三三⑩[三]　[三]【出資の履行→三四　❷【法令・定款違反等→五二―五五【通知懈怠に対する制裁→九七六[二]　❸【代表執行役への通知→九一一①[二]

第六節　設立時代表取締役等の選定等

（**設立時代表取締役の選定等**）

第四七条①　設立時取締役は、設立しようとする株式会社が取締役会設置会社（指名委員会等設置会社を除く。）である場合には、設立時取締役（設立しようとする株式会社が監査等委員会設置会社である場合にあっては、設立時監査等委員である設立時取締役を除く。）の中から株式会社の設立に際して代表取締役（株式会社を代表する取締役をいう。以下同じ。）となる者（以下「設立時代表取締役」という。）を選定しなければならない。

②　設立時取締役は、株式会社の成立の時までの間、設立時代表取締役を解職することができる。

③　前二項の規定による設立時代表取締役の選定及び解職は、設立時取締役の過半数をもって決定する。

+【設立時取締役→三八①　❶【設立時代表取締役→九一一③[十四]、商登四七①②[七]　❷【会社の成立→四九

（**設立時委員の選定等**）

第四八条①　設立しようとする株式会社が指名委員会等設置会社である場合には、設立時取締役は、次に掲げる措置をとらなければならない。

一　設立時取締役の中から次に掲げる者（次項において「設立時委員」という。）を選定すること。

イ　株式会社の設立に際して指名委員会の委員となる者

ロ　株式会社の設立に際して監査委員会の委員となる者

ハ　株式会社の設立に際して報酬委員会の委員となる者

二　株式会社の設立に際して執行役となる者（以下「設立時執行役」という。）を選任すること。

三　設立時執行役の中から株式会社の設立に際して代表執行役となる者（以下「設立時代表執行役」という。）を選定すること。ただし、設立時執行役が一人であるときは、その者が設立時代表執行役に選定されたものとする。

②　設立時取締役は、株式会社の成立の時までの間、設立時委員若しくは設立時代表執行役を解職し、又は設立時執行役を解任することができる。

③　前二項の規定による措置は、設立時取締役の過半数をもって決定する。

+【設立時取締役→三八①　❶[一]【指名委員会→四〇四①【監査委員会→四〇四②【報酬委員会→四〇四③【委員の登記→九一一③[二十三]ロ、商登四七②[四]　[二]【設立時執行役→九一一③[二十三]ロ、商登四七②[四]　[三]【設立時代表執行役→九一一③[二十三]ハ、商登四七①②[四]【変態設立事項に関する通知→四六③　❷【会社の成立→四九

第七節　株式会社の成立

（**株式会社の成立**）

第四九条　株式会社は、その本店の所在地において設立の登記をすることによって成立する。

+【本店の所在地→四【設立の登記→九一一、商登四七【成立の効果→五一②、八二四①[三]、九七九①【成立の日における貸借対照表の作成→四三五①【設立無効の訴えの提訴期間・提訴権者→八二八①[一]②[一]

（**株式の引受人の権利**）

第五〇条①　発起人は、株式会社の成立の時に、出資の履行をした設立時発行株式の株主となる。

②　前項の規定により株主となる権利の譲渡は、成立後の株式会社に対抗することができない。

❶【会社の成立→四九、一〇二②【出資の履行→三四【会社成立前の発起人の地位→二六①、三二―四五、五七―六〇、六五　❷【株主となる権利の譲渡→三五

（**引受けの無効又は取消しの制限**）

第五一条①　民法（明治二十九年法律第八十九号）第九十三条第一項ただし書及び第九十四条第一項の規定は、設立時発行株式の引受けに係る意思表示については、適用しない。

②　発起人は、株式会社の成立後は、錯誤、詐欺又は強迫を理由として設立時発行株式の引受けの取消しをすることができない。

❶【設立時発行株式の引受け→三二①[一]、三四①　❷【会社の成立→四九【錯誤→民九五、消費契約四①②【詐欺・強迫→民九六、消費契約四①―④、七②　+【同旨の規定→一〇二⑤⑥、二一一

株式会社に対する現物出資行為の詐害行為取消しの可否
→二八条[1]

第八節　発起人等の責任等

（出資された財産等の価額が不足する場合の責任）

第五二条① 株式会社の成立の時における現物出資財産等の価額が当該現物出資財産等について定款に記載され、又は記録された価額（定款の変更があった場合にあっては、変更後の価額）に著しく不足するときは、発起人及び設立時取締役は、当該株式会社に対し、連帯して、当該不足額を支払う義務を負う。

② 前項の規定にかかわらず、次に掲げる場合には、発起人（第二十八条第一号の財産を給付した者又は同条第二号の財産の譲渡人を除く。第二号において同じ。）及び設立時取締役は、現物出資財産等について同項の義務を負わない。

一　第二十八条第一号又は第二号に掲げる事項について第三十三条第二項の検査役の調査を経た場合

二　当該発起人又は設立時取締役がその職務を行うについて注意を怠らなかったことを証明した場合

③ 第一項に規定する場合には、第三十三条第十項第三号に規定する証明をした者（以下この項において「証明者」という。）は、第一項の義務を負う者と連帯して、同項の不足額を支払う義務を負う。ただし、当該証明者が当該証明をするについて注意を怠らなかったことを証明した場合は、この限りでない。

⊛【財産価格塡補責任↓五三、五五、二一三　❶【会社の成立↓四九【現物出資財産等↓三三⑩[三]、二八[一][二]　❶❷【発起人↓二七[五]【設立時取締役↓三八①、四六　❷[二]【適用除外↓一〇三①

（出資の履行を仮装した場合の責任等）

第五二条の二① 発起人は、次の各号に掲げる場合には、株式会社に対し、当該各号に定める行為をする義務を負う。

一　第三十四条第一項の規定による払込みを仮装した場合　払込みを仮装した出資に係る金銭の全額の支払

二　第三十四条第一項の規定による給付を仮装した場合　給付を仮装した出資に係る金銭以外の財産の全部の給付（株式会社が当該給付に代えて当該財産の価額に相当する金銭の支払を請求した場合にあっては、当該金銭の全額の支払）

② 前項各号に掲げる場合には、発起人がその出資の履行を仮装することに関与した発起人又は設立時取締役として法務省令で定める者は、株式会社に対し、当該各号に規定する支払をする義務を負う。ただし、その者（当該出資の履行を仮装したものを除く。）がその職務を行うについて注意を怠らなかったことを証明した場合は、この限りでない。

③ 発起人が第一項各号に規定する支払をする義務を負う場合において、前項に規定する者が同項の義務を負うときは、これらの者は、連帯債務者とする。

④ 発起人は、第一項各号に掲げる場合には、当該各号に定める支払若しくは給付又は第二項の規定による支払がされた後でなければ、出資の履行を仮装した設立時発行株式について、設立時株主（第六十五条第一項に規定する設立時株主をいう。次項において同じ。）及び株主の権利を行使することができない。

⑤ 前項の設立時発行株式又はその株主となる権利を譲り受けた者は、当該設立時発行株式についての設立時株主及び株主の権利を行使することができる。ただし、その者に悪意又は重大な過失があるときは、この限りでない。

⊛❶【払込みの仮装↓六四②、九六五、一〇二の二、二一三の二、二八六の二　❷【仮装払込関与者の責任↓一〇三②、二一三の三①、二八六の三①【省令で定める者↓会社則七の二　❹【株主となる時期↓五〇①　❺【株主となる権利の譲渡↓三五、五〇②

（発起人等の損害賠償責任）

第五三条① 発起人、設立時取締役又は設立時監査役は、株式会社の設立についてその任務を怠ったときは、当該株式会社に対し、これによって生じた損害を賠償する責任を負う。

② 発起人、設立時取締役又は設立時監査役がその職務を行うについて悪意又は重大な過失があったときは、当該発起人、設立時取締役又は設立時監査役は、これによって第三者に生じた損害を賠償する責任を負う。

⊛❶【会社に対する責任↓五四、五五、八四七、五四二、五四五　❶❷【発起人↓二七[五]【設立時取締役↓三八①【設立時監査役↓三八②[三]　❷【第三者に対する責任↓五四、一〇三④【不法行為と対比↓民七〇九、七一九【不実目論見書等使用の責任↓金商一七、二一、二三

1 **第三者の範囲—株主も含まれる**

商法一四二条ノ二第二項［昭和一三法七二改正前。本条二項］の第三者には株主も含まれる。（大判昭2・2・10民集六・二〇、会社百選[四版]一二）

（発起人等の連帯責任）

第五四条 発起人、設立時取締役又は設立時監査役が株式会社又は第三者に生じた損害を賠償する責任を負う場合において、他の発起人、設立時取締役又は設立時監査役も当該損害を賠償する責任を負うときは、これらの者は、連帯債務者とする。

⊛【責任の内容↓民四三六—四四五、五四五

（責任の免除）

第五五条 第五十二条第一項の規定により発起人又は設立時取締役の負う義務、第五十二条の二第一項の規定により発起人の負う義務、同条第二項の規定により発起人又は設立時取締役の負う義務及び第五十三条第一項の規定により発起人、設立時取締役又は設立時監査役の負う責任は、総株主の同意がなければ、免除することができない。

⊛【総株主↓八四七【責任の免除↓四二四—四二八、五四三、五四四【適用除外↓八五〇④

（株式会社不成立の場合の責任）

第五六条 株式会社が成立しなかったときは、発起人は、連帯して、株式会社の設立に関してした行為についてその責任を負い、株式会社の設立に関して支出した費用を負担する。

⊛†【会社不成立となる場合↓三三⑧・九七・一〇〇②・六六・七三④・四九・九一一【連帯責任↓民四三六―四四五【組合員の分割責任と対比↓民六七四・六七五【擬似発起人の責任↓一〇三④

[1] **設立に関してなした行為の内容**　発起人が設立に関してなした行為とは、株金の払込受領等のような設立行為自体に属するもの、及び設立事務所の賃借のような設立に必要な行為をいい、設立に必要な行為に要する費用の借入行為は含まれない。（大判昭14・4・19民集一八・四七二、会社百選〔四版〕一五）

第九節　募集による設立

第一款　設立時発行株式を引き受ける者の募集

（設立時発行株式を引き受ける者の募集）

第五七条①　発起人は、この款の定めるところにより、設立時発行株式を引き受ける者の募集をする旨を定めることができる。

②　発起人は、前項の募集をする旨を定めようとするときは、その全員の同意を得なければならない。

⊛❶【設立時発行株式の引受人の募集↓金商二①四・三―二六【株式取得の制限↓独禁九②・一〇・一一・一四・一七　❷【発起人全員の同意↓商登四七③

（設立時募集株式に関する事項の決定）

第五八条①　発起人は、前条第一項の募集をしようとするときは、その都度、設立時募集株式（同項の募集に応じて設立時発行株式の引受けの申込みをした者に対して割り当てる設立時発行株式をいう。以下この節において同じ。）について次に掲げる事項を定めなければならない。

一　設立時募集株式の数（設立しようとする株式会社が種類株式発行会社である場合にあっては、その種類及び種類ごとの数。以下この款において同じ。）

二　設立時募集株式の払込金額（設立時募集株式一株と引換えに払い込む金銭の額をいう。以下この款において同じ。）

三　設立時募集株式と引換えにする金銭の払込みの期日又はその期間

四　一定の日までに設立の登記がされない場合において、設立時募集株式の引受けの取消しをすることができることとするときは、その旨及びその一定の日

②　発起人は、前項各号に掲げる事項を定めようとするときは、その全員の同意を得なければならない。

③　設立時募集株式の払込金額その他の前条第一項の募集の条件は、当該募集（設立しようとする株式会社が種類株式発行会社である場合にあっては、種類及び当該募集）ごとに、均等に定めなければならない。

⊛❶【募集設立における通知↓五九①二　[二]【設立時募集株式の数↓三七③　[三]【払込期日・期間↓六三③・六〇②・六五①・九五　[四]【設立の登記↓四九・九一一③【引受けの取消し↓九七・一〇〇②　❷【発起人全員の同意↓商登四七③　❸【募集条件の均等↓一九九⑤

（設立時募集株式の申込み）

第五九条①　発起人は、第五十七条第一項の募集に応じて設立時募集株式の引受けの申込みをしようとする者に対し、次に掲げる事項を通知しなければならない。

一　定款の認証の年月日及びその認証をした公証人の氏名

二　第二十七条各号、第二十八条各号、第三十二条第一項各号及び前条第一項各号に掲げる事項

三　発起人が出資した財産の価額

四　第六十三条第一項の規定による払込みの取扱いの場所

五　前各号に掲げるもののほか、法務省令で定める事項

②　発起人のうち出資の履行をしていないものがある場合には、発起人は、第三十六条第一項に規定する期日後でなければ、前項の規定による通知をすることができない。

③　第五十七条第一項の募集に応じて設立時募集株式の引受けの申込みをする者は、次に掲げる事項を記載した書面を発起人に交付しなければならない。

一　申込みをする者の氏名又は名称及び住所

二　引き受けようとする設立時募集株式の数

④　前項の申込みをする者は、同項の書面の交付に代えて、政令で定めるところにより、発起人の承諾を得て、同項の書面に記載すべき事項を電磁的方法により提供することができる。この場合において、当該申込みをした者は、同項の書面を交付したものとみなす。

⑤　発起人は、第一項各号に掲げる事項について変更があったときは、直ちに、その旨及び当該変更があった事項を第三項の申込みをした者（以下この款において「申込者」という。）に通知しなければならない。

⑥　発起人が申込者に対してする通知又は催告は、第三項第一号の住所（当該申込者が別に通知又は催告を受ける場所又は連絡先を発起人に通知した場合にあっては、その場所又は連絡先）にあてて発すれば足りる。

⑦　前項の通知又は催告は、その通知又は催告が通常到達すべきであった時に、到達したものとみなす。

⊛❶[一]【定款の認証↓三〇⊛　[三]【発起人が出資した財産の価額↓二八三・三二①三・三三⑦・三四・三六　[四]【払込取扱機関↓三四②・六四　[五]【省令で定める事項↓会社則八　❷【発起人の失権期日↓三六①　❸【設立時募集株式↓五八①【申込み↓一〇二⑤、商登四七②三　[一]【申込者の住所↓六八⑤　[二]【引受株式数↓六〇①・六二三　❼【到達↓民九七　†【虚偽文書行使等の罪↓九六四①【適用除外↓六一

（設立時募集株式の割当て）

第六〇条①　発起人は、申込者の中から設立時募集株式の割当てを受ける者を定め、かつ、その者に割り当てる設立時募集株式の数を定めなければならない。この場合において、発起人は、当該申込者に割り当てる設立時募集株式の数を、前条第三項第二号の数よりも減少することができる。

②　発起人は、第五十八条第一項第三号の期日（同号の期間を定めた場合にあっては、その期間の初日）の前日までに、申込者に対し、当該申込者に割り当てる設

立時募集株式の数を通知しなければならない。

⊛❶【申込者↓五九⑤【設立時募集株式↓五八①【割当て↓一〇二⑤ ＋【適用除外↓六一

（設立時募集株式の申込み及び割当てに関する特則）

第六一条　前二条の規定は、設立時募集株式を引き受けようとする者がその総数の引受けを行う契約を締結する場合には、適用しない。

⊛＋【設立時募集株式↓五八①【総数引受契約↓六二㊁・一〇二⑤

（設立時募集株式の引受け）

第六二条　次の各号に掲げる者は、当該各号に定める設立時募集株式の数について設立時募集株式の引受人となる。

一　申込者　発起人の割り当てた設立時募集株式の数

二　前条の契約により設立時募集株式の総数を引き受けた者　その者が引き受けた設立時募集株式の数

⊛＋【設立時募集株式↓五八①【設立時募集株式の引受人↓一〇二②⑥【引受けに係る意思表示の取消し↓九七・一〇〇②　【二】【申込者↓五九⑤

（設立時募集株式の払込金額の払込み）

第六三条①　設立時募集株式の引受人は、第五十八条第一項第三号の期日又は同号の期間内に、発起人が定めた銀行等の払込みの取扱いの場所において、それぞれの設立時募集株式の払込金額の全額の払込みを行わなければならない。

②　前項の規定による払込みをすることにより設立時発行株式の株主となる権利の譲渡は、成立後の株式会社に対抗することができない。

③　設立時募集株式の引受人は、第一項の規定による払込みをしないときは、当該払込みをすることにより設立時募集株式の株主となる権利を失う。

⊛❶【設立時募集株式の引受人↓六二・一〇二②【払込取扱機関↓五九①㊃・六四【株式の払込み↓五八①㊂・六二【払込みの調査↓九三①㊂　❷【株主となる権利の譲渡↓三五・二〇八④　❸【引受人の失権↓三六・二〇八⑤

一　小切手による払込みの効力

[1] 株式の払込みは定款に別段の定めがない限り金銭でなすべきものであって、小切手が株式の払込みとして授受された場合には、小切手の支払がない限り、株式の払込みが完了したということができない。（大判大8・12・24民録二五・二三六〇、会社百選初版二三）

二　見せ金による払込み

1　その効力

[2] 当初から真実の株式の払込みとして会社資金を確保する意図がなく、一時的の借入金をもって単に払込みの外形を整え、会社成立の手続後直ちに右払込金を払い戻してこれを借入れ先に返済する場合には、会社の営業資金は何ら確保されたことにならず、払込みとしての効力を有しない。（最判昭38・12・6民集一七・一二・一六三三、会社法百選四版七）

2　増資の登記申請と公正証書原本不実記載罪

[3] 増資に際し、株金の払込みがいわゆる見せ金によってなされた仮装のものであるにかかわらず、その株式引受人による払込みが完了し、増資をした旨の登記申請をし、商業登記簿の原本にその記載をさせたときは、「発行済株式の総数」（商法一八八条二項五号〔会社九一一条三項九号〕）に関し、公正証書原本不実記載罪が成立する。（最判昭47・1・18刑集二六・一・一、重判昭47刑四）

三　会社資金による払込みの効力

[4] 払込みが増資会社自身の資金によってなされたときは、形式的な払込手続の履行があるにもかかわらず、会社資本は増資によって何ら実質的に増加しないから、預合いや見せ金の場合と同様、仮装払込みにほかならない。（東京高判昭48・1・17高民二六・一・一、重判昭48商一）

[5] 会社から第三者を通じて間接的に融資された資金により新株引受人が払込みを行った場合、このような払込みは会社の資金によりなされたものにほかならず、しかも会社が第三者に対して有する貸金債権も新株引受人が第三者に返済しなければ、会社が第三者に返済を求められないものであり、かつ、新株引受人において第三者に対する債務を弁済する能力がなかったと認められ、会社が取得した貸金債権は、実質的な資産と評価することはできず、株式の払込みとしての効力を有しない。（最決平17・12・13刑集五九・一〇・一九三八）

（払込金の保管証明）

第六四条①　第五十七条第一項の募集をした場合には、発起人は、第三十四条第一項及び前条第一項の規定による払込みの取扱いをした銀行等に対し、これらの規定により払い込まれた金額に相当する金銭の保管に関する証明書の交付を請求することができる。

②　前項の証明書を交付した銀行等は、当該証明書の記載が事実と異なること又は第三十四条第一項若しくは前条第一項の規定により払い込まれた金銭の返還に関する制限があることをもって成立後の株式会社に対抗することができない。

⊛❶【払込金保管証明書↓商登四七②㊄　❷【預合いの罰則↓九六五

一　払込取扱銀行の株金の返還時期

[1] 株金払込取扱銀行は、その証明した払込金額を、会社成立の時まで保管してこれを会社に引き渡すべきものであって、会社成立前に発起人又は取締役に払込金を返還しても、その後成立した会社に対し払込金返還をもって対抗できない。（最判昭37・3・2民集一六・三・四二三、会社百選五版一二）

二　本条二項によって負担する債務の商行為性↓商五二二条[4]

三　仮装の払込みの場合の保管証明責任

1　悪意の場合の責任

[2] 会社資金による払込み等のいわゆる仮装払込みの認められる場合には、銀行が仮装払込みであることを認識しながら払込金保管証明をした場合にのみ保管証明責任を負うのが原則である。（東京高判昭48・1・17高民二六・一・一、重判昭48商一）↓六三条[4]

2　資本の欠缺〔けんけつ〕の塡補による責任額の減免

[3] 仮装払込みの場合において、銀行の保管証明責任が発生した後に払込資金を会社が回収して資本の欠缺が補塡されれば、それに伴って保管証明責任の価額が減免される。（東京高判昭48・1・17前出[2]）

四　仮装払込みの効力

1　見せ金による払込みの効力↓六三条[2]

2　会社資金による払込みの効力↓六三条[4][5]

第二款　創立総会等

（**創立総会の招集**）

第六五条① 第五十七条第一項の募集をする場合には、発起人は、第五十八条第一項第三号の期日又は同号の期間の末日のうち最も遅い日以後、遅滞なく、設立時株主（第五十条第一項又は第百二条第二項の規定により株式会社の株主となる者をいう。以下同じ。）の総会（以下「創立総会」という。）を招集しなければならない。

② 発起人は、前項に規定する場合において、必要があると認めるときは、いつでも、創立総会を招集することができる。

◎❶【創立総会↓六六―一〇一、商登四七②[九]

（**創立総会の権限**）

第六六条　創立総会は、この節に規定する事項及び株式会社の設立の廃止、創立総会の終結その他株式会社の設立に関する事項に限り、決議をすることができる。

◎+【設立の廃止↓七三③・五六【創立総会の終結↓八〇【創立総会の権限↓七三④・八八①・九四①【株主総会と対比↓二九五

（**創立総会の招集の決定**）

第六七条① 発起人は、創立総会を招集する場合には、次に掲げる事項を定めなければならない。

一　創立総会の日時及び場所

二　創立総会の目的である事項

三　創立総会に出席しない設立時株主が書面によって議決権を行使することができることとするときは、その旨

四　創立総会に出席しない設立時株主が電磁的方法によって議決権を行使することができることとするときは、その旨

五　前各号に掲げるもののほか、法務省令で定める事項

② 発起人は、設立時株主（創立総会において決議をすることができる事項の全部につき議決権を行使することができない設立時株主を除く。次条から第七十一条までにおいて同じ。）の数が千人以上である場合には、前項第三号に掲げる事項を定めなければならない。

◎❶【決定事項の通知↓六八④　[一]【日時↓九一一②[一]　[三]【書面による議決権行使↓七五・六八①②[一]・六九・七〇　[四]【電磁的方法による議決権行使↓七六・六八①②[一]・六九・七一　[五]【省令で定める事項↓会社則九　❷【議決権制限設立時株主↓七二②　+【適用除外↓八〇

（**創立総会の招集の通知**）

第六八条① 創立総会を招集するには、発起人は、創立総会の日の二週間（前条第一項第三号又は第四号に掲げる事項を定めたときを除き、設立しようとする株式会社が公開会社でない場合にあっては、一週間（当該設立しようとする株式会社が取締役会設置会社以外の株式会社である場合において、これを下回る期間を定款で定めた場合にあっては、その期間））前までに、設立時株主に対してその通知を発しなければならない。

② 次に掲げる場合には、前項の通知は、書面でしなければならない。

一　前条第一項第三号又は第四号に掲げる事項を定めた場合

二　設立しようとする株式会社が取締役会設置会社である場合

③ 発起人は、前項の書面による通知の発出に代えて、政令で定めるところにより、設立時株主の承諾を得て、電磁的方法により通知を発することができる。この場合において、当該発起人は、同項の書面による通知を発したものとみなす。

④ 前二項の通知には、前条第一項各号に掲げる事項を記載し、又は記録しなければならない。

⑤ 発起人が設立時株主に対してする通知又は催告は、第二十七条第五号又は第五十九条第三項第一号の住所（当該設立時株主が別に通知又は催告を受ける場所又は連絡先を発起人に通知した場合にあっては、その場所又は連絡先）にあてて発すれば足りる。

⑥ 前項の通知又は催告は、その通知又は催告が通常到達すべきであった時に、到達したものとみなす。

⑦ 前二項の規定は、第一項の通知に際して設立時株主に書面を交付し、又は当該書面に記載すべき事項を電磁的方法により提供する場合について準用する。この場合において、前項中「到達したもの」とあるのは、「当該書面の交付又は当該事項の電磁的方法による提供があったもの」と読み替えるものとする。

◎❶【公開会社↓二[五]【設立時株主↓六五①【創立総会参考書類↓七〇①・七一①　❸【承諾した設立時株主↓七四④・七六②【電磁的方法による通知↓七〇②・七一②　❻【到達↓民九七①　+【適用除外↓八〇

（**招集手続の省略**）

第六九条　前条の規定にかかわらず、創立総会は、設立時株主の全員の同意があるときは、招集の手続を経ることなく開催することができる。ただし、第六十七条第一項第三号又は第四号に掲げる事項を定めた場合は、この限りでない。

◎+【設立時株主全員の同意を証する書面↓商登四六①

（**創立総会参考書類及び議決権行使書面の交付等**）

第七〇条① 発起人は、第六十七条第一項第三号に掲げる事項を定めた場合には、第六十八条第一項の通知に際して、法務省令で定めるところにより、設立時株主に対し、議決権の行使について参考となるべき事項を記載した書類（以下この款において「創立総会参考書類」という。）及び設立時株主が議決権を行使するための書面（以下この款において「議決権行使書面」という。）を交付しなければならない。

② 発起人は、第六十八条第三項の承諾をした設立時株主に対しては、前項の規定による創立総会参考書類及び議決権行使書面の交付に代えて、これらの書類に記載すべき事項を電磁的方法により提供することができる。ただし、設立時株主の請求があったときは、これらの書類を当該設立時株主に交付しなければならない。

参†【設立時株主→六五①　❶【省令の定め→会社則一〇・一一

第七一条① 発起人は、第六十七条第一項第四号に掲げる事項を定めた場合には、第六十八条第一項の通知に際して、法務省令で定めるところにより、設立時株主に対し、創立総会参考書類を交付しなければならない。

② 発起人は、第六十八条第三項の承諾をした設立時株主に対し同項の電磁的方法による通知を発するときは、前項の規定による創立総会参考書類の交付に代えて、当該創立総会参考書類に記載すべき事項を電磁的方法により提供することができる。ただし、設立時株主の請求があったときは、創立総会参考書類を当該設立時株主に交付しなければならない。

③ 発起人は、第一項に規定する場合には、第六十八条第三項の承諾をした設立時株主に対する同項の電磁的方法による通知に際して、法務省令で定めるところにより、設立時株主に対し、議決権行使書面に記載すべき事項を当該電磁的方法により提供しなければならない。

④ 発起人は、第一項に規定する場合において、第六十八条第三項の承諾をしていない設立時株主から創立総会の日の一週間前までに議決権行使書面に記載すべき事項の電磁的方法による提供の請求があったときは、法務省令で定めるところにより、直ちに、当該設立時株主に対し、当該事項を電磁的方法により提供しなければならない。

参†【設立時株主→六五①　❶【省令の定め→会社則一〇　❸❹【省令の定め→会社則一一

（議決権の数）

第七二条① 設立時株主（成立後の株式会社がその総株主の議決権の四分の一以上を有することその他の事由を通じて成立後の株式会社がその経営を実質的に支配することが可能となる関係にあるものとして法務省令で定める設立時株主を除く。）は、創立総会において、その引き受けた設立時発行株式一株につき一個の議決権を有する。ただし、単元株式数を定款で定めている場合には、一単元の設立時発行株式につき一個の議決権を有する。

② 設立しようとする株式会社が種類株式発行会社である場合において、株主総会において議決権を行使することができる事項について制限がある種類の設立時発行株式を発行するときは、創立総会において、設立時株主は、株主総会において議決権を行使することができる事項に相当する事項に限り、当該設立時発行株式について議決権を行使することができる。

③ 前項の規定にかかわらず、株式会社の設立の廃止については、設立時株主は、その引き受けた設立時発行株式について議決権を行使することができる。

参❶【相互保有株式の議決権→三〇八①【省令で定める設立時株主→会社則一二【一株一議決権→三〇八①【単元株式数→二㉐・一八八—一九五、三〇八①、九二③㈣【議決権数の例外→八九③　❷【議決権制限株式→一〇八①㈢②㈢、一一五、九二③㈦　❸【設立廃止決議→六六

（創立総会の決議）

第七三条① 創立総会の決議は、当該創立総会において議決権を行使することができる設立時株主の議決権の過半数であって、出席した当該設立時株主の議決権の三分の二以上に当たる多数をもって行う。

② 前項の規定にかかわらず、その発行する全部の株式の内容として譲渡による当該株式の取得について当該株式会社の承認を要する旨の定款の定めを設ける定款の変更を行う場合（設立しようとする株式会社が種類株式発行会社である場合を除く。）には、当該定款の変更についての創立総会の決議は、当該創立総会において議決権を行使することができる設立時株主の半数以上であって、当該設立時株主の議決権の三分の二以上に当たる多数をもって行わなければならない。

③ 定款を変更してその発行する全部の株式の内容として第百七条第一項第三号に掲げる事項についての定款の定めを設け、又は当該事項についての定款の変更（当該事項についての定款の定めを廃止するものを除く。）をしようとする場合（設立しようとする株式会社が種類株式発行会社である場合を除く。）には、設立時株主全員の同意を得なければならない。

④ 創立総会は、第六十七条第一項第二号に掲げる事項以外の事項については、決議をすることができない。ただし、定款の変更又は株式会社の設立の廃止については、この限りでない。

参†【創立総会の決議に対する訴え→八三〇・八三一　❶❷【決議方法→七二①、七四—七七【特別決議との対比→三〇九②【設立登記申請書への議事録の添付→商登四七②㈨　❷【全部の株式を譲渡制限株式とすること→三〇九③㈠【種類株式発行会社→二⑬・一〇〇①　❸【全部の株式を取得条項付株式とすること→二⑲　参【種類株式発行会社である場合→九九㈠【設立時株主全員の同意→商登四六①、一一〇　❹【創立総会の権限→六六・八八・九四①【定款の変更→九六—一〇一【設立の廃止→六六

参【延期・続行の決議→八〇

（議決権の代理行使）

第七四条① 設立時株主は、代理人によってその議決権を行使することができる。この場合においては、当該設立時株主又は代理人は、代理権を証明する書面を発起人に提出しなければならない。

② 前項の代理権の授与は、創立総会ごとにしなければならない。

③ 第一項の設立時株主又は代理人は、代理権を証明する書面の提出に代えて、政令で定めるところにより、発起人の承諾を得て、当該書面に記載すべき事項を電磁的方法により提供することができる。この場合において、当該設立時株主又は代理人は、当該書面を提出したものとみなす。

④ 設立時株主が第六十八条第三項の承諾をした者である場合には、発起人は、正当な理由がなければ、前項の承諾をすることを拒んではならない。

⑤ 発起人は、創立総会に出席することができる代理人の数を制限することができる。

⑥ 発起人（株式会社の成立後にあっては、当該株式会社。次条第三項及び第七十六条第四項において同じ。）は、創立総会の日から三箇月間、代理権を証明する書

面及び第三項の電磁的方法により提供された事項が記録された電磁的記録を発起人が定めた場所（株式会社の成立後にあっては、その本店。次条第三項及び第七十六条第四項において同じ。）に備え置かなければならない。

⑦　設立時株主（株式会社の成立後にあっては、その株主。次条第四項及び第七十六条第五項において同じ。）は、発起人が定めた時間（株式会社の成立後にあっては、その営業時間。次条第四項及び第七十六条第五項において同じ。）内は、いつでも、次に掲げる請求をすることができる。

一　代理権を証明する書面の閲覧又は謄写の請求

二　前項の電磁的記録に記録された事項を法務省令で定める方法により表示したものの閲覧又は謄写の請求

❶【議決権の代理行使↓三一〇　❶❼【設立時株主↓六五①　❷【創立総会ごと↓八〇　❺【代理人の数の制限↓七七　❻【本店↓二七㊂【その他の書類の公示↓三一①・七五③・七六④・八一②・八二②【懈怠に対する制裁↓九七六㈣　❼【違反に対する制裁↓九七六㈣　【㈡】【省令で定める方法↓会社則二二六

（書面による議決権の行使）

第七五条①　書面による議決権の行使は、議決権行使書面に必要な事項を記載し、法務省令で定める時までに当該議決権行使書面を発起人に提出して行う。

②　前項の規定により書面によって行使した議決権の数は、出席した設立時株主の議決権の数に算入する。

③　発起人は、創立総会の日から三箇月間、第一項の規定により提出された議決権行使書面を発起人が定めた場所に備え置かなければならない。

④　設立時株主は、発起人が定めた時間内は、いつでも、第一項の規定により提出された議決権行使書面の閲覧又は謄写の請求をすることができる。

❶【書面投票↓三一一【省令で定める時↓会社則一三　❷❹【設立時株主↓六五①　❸【備置場所↓七四⑥【懈怠に対する制裁↓九七六㈣【その他の書類の公示↓三一①・七四⑥・七六④・八一②・八二②　❹【違反に対する制裁↓九七六㈣

（電磁的方法による議決権の行使）

第七六条①　電磁的方法による議決権の行使は、政令で定めるところにより、発起人の承諾を得て、法務省令で定める時までに議決権行使書面に記載すべき事項を、電磁的方法により当該発起人に提供して行う。

②　設立時株主が第六十八条第三項の承諾をした者である場合には、発起人は、正当な理由がなければ、前項の承諾をすることを拒んではならない。

③　第一項の規定により電磁的方法によって行使した議決権の数は、出席した設立時株主の議決権の数に算入する。

④　発起人は、創立総会の日から三箇月間、第一項の規定により提供された事項を記録した電磁的記録を発起人が定めた場所に備え置かなければならない。

⑤　設立時株主は、発起人が定めた時間内は、いつでも、前項の電磁的記録に記録された事項を法務省令で定める方法により表示したものの閲覧又は謄写の請求をすることができる。

❶【電磁的方法による議決権行使↓三一二【省令で定める時↓会社則一四　❷❸❺【設立時株主↓六五①　❹【備置場所↓七四⑥【懈怠に対する制裁↓九七六㈣【その他の書類の公示↓三一①・七四⑥・七五③・八一②・八二②　❺【省令で定める方法↓会社則二二六【違反に対する制裁↓九七六㈣

（議決権の不統一行使）

第七七条①　設立時株主は、その有する議決権を統一しないで行使することができる。この場合においては、創立総会の日の三日前までに、発起人に対してその旨及びその理由を通知しなければならない。

②　発起人は、前項の設立時株主が他人のために設立時発行株式を引き受けた者でないときは、当該設立時株主が同項の規定によりその有する議決権を統一しないで行使することを拒むことができる。

❶【議決権の不統一行使↓三一三・七四⑤【会日より三日前通知↓民九七①　＊【設立時株主↓六五①

（発起人の説明義務）

第七八条　発起人は、創立総会において、設立時株主から特定の事項について説明を求められた場合には、当該事項について必要な説明をしなければならない。ただし、当該事項が創立総会の目的である事項に関しないものである場合、その説明をすることにより設立時株主の共同の利益を著しく害する場合その他正当な理由がある場合として法務省令で定める場合は、この限りでない。

＊【説明義務↓三一四【設立時株主↓六五①【説明をしなかった場合↓八三一①㈠・九七六㈨【総会の目的である事項↓六七①㈡・七三④【設立時株主の共同の利益↓四三三②㈢【省令で定める場合↓会社則一五【株主の権利の行使に関する贈収賄罪↓九六八①㈠

（議長の権限）

第七九条①　創立総会の議長は、当該創立総会の秩序を維持し、議事を整理する。

②　創立総会の議長は、その命令に従わない者その他当該創立総会の秩序を乱す者を退場させることができる。

＊【総会の議長↓三一五

（延期又は続行の決議）

第八〇条　創立総会においてその延期又は続行について決議があった場合には、第六十七条及び第六十八条の規定は、適用しない。

＊【延期・続行↓三一七、会更一九八①

（議事録）

第八一条①　創立総会の議事については、法務省令で定めるところにより、議事録を作成しなければならない。

②　発起人（株式会社の成立後にあっては、当該株式会社。次条第二項において同じ。）は、創立総会の日から十年間、前項の議事録を発起人が定めた場所（株式会社の成立後にあっては、その本店。同条第二項において同じ。）に備え置かなければならない。

③　設立時株主（株式会社の成立後にあっては、その株主及び債権者。次条第三項において同じ。）は、発起人

が定めた時間（株式会社の成立後にあっては、その営業時間。同項において同じ。）内は、いつでも、次に掲げる請求をすることができる。

一 第一項の議事録が書面をもって作成されているときは、当該書面の閲覧又は謄写の請求

二 第一項の議事録が電磁的記録をもって作成されているときは、当該電磁的記録に記録された事項を法務省令で定める方法により表示したものの閲覧又は謄写の請求

④ 株式会社の成立後において、当該株式会社の親会社社員は、その権利を行使するため必要があるときは、裁判所の許可を得て、第一項の議事録について前項各号に掲げる請求をすることができる。

§❶【議事録↓商登四七②〔九〕【不実記載等に対する制裁↓九七六〔七〕【省令の定め↓会社則一六 ❷【本店↓二七〔三〕【その他の書類の公示↓三一①・七四⑥・七五③・七六④・八二②【懈怠に対する制裁↓九七六〔四〕 ❸【設立時株主↓六五① 〔三〕【省令で定める方法↓会社則二二六 ❸❹【違反に対する制裁↓九七六〔四〕 ❹【裁判所の許可↓八六八②

（創立総会の決議の省略）

第八二条① 発起人が創立総会の目的である事項について提案をした場合において、当該提案につき設立時株主（当該事項について議決権を行使することができるものに限る。）の全員が書面又は電磁的記録により同意の意思表示をしたときは、当該提案を可決する旨の創立総会の決議があったものとみなす。

② 発起人は、前項の規定により創立総会の決議があったものとみなされた日から十年間、同項の書面又は電磁的記録を発起人が定めた場所に備え置かなければならない。

③ 設立時株主は、発起人が定めた時間内は、いつでも、次に掲げる請求をすることができる。

一 前項の書面の閲覧又は謄写の請求

二 前項の電磁的記録に記録された事項を法務省令で定める方法により表示したものの閲覧又は謄写の請求

④ 株式会社の成立後において、当該株式会社の親会社社員は、その権利を行使するため必要があるときは、裁判所の許可を得て、第二項の書面又は電磁的記録について前項各号に掲げる請求をすることができる。

§【電磁的記録↓二六② ❶【創立総会の目的である事項↓六七①〔二〕・七三④【書面の設立登記申請書への添付↓商登四七④ ❶❸【設立時株主↓六五① ❷【懈怠に対する制裁↓九七六〔四〕【その他の書類の公示↓三一①・七四⑥・七五③・七六④・八一② ❸〔三〕【省令で定める方法↓会社則二二六 ❸❹【違反に対する制裁↓九七六〔四〕 ❹【裁判所の許可↓八六八②

（創立総会への報告の省略）

第八三条 発起人が設立時株主の全員に対して創立総会に報告すべき事項を通知した場合において、当該事項を創立総会に報告することを要しないことにつき設立時株主の全員が書面又は電磁的記録により同意の意思表示をしたときは、当該事項の創立総会への報告があったものとみなす。

§【設立時株主↓六五①【創立総会に報告すべき事項↓八七【電磁的記録↓二六②

（種類株主総会の決議を必要とする旨の定めがある場合）

第八四条 設立しようとする株式会社が種類株式発行会社である場合において、その設立に際して発行するある種類の株式の内容として、株主総会において決議すべき事項について、当該決議のほか、当該種類の株式の種類株主を構成員とする種類株主総会の決議があることを必要とする旨の定めがあるときは、当該事項は、その定款の定めの例に従い、創立総会の決議のほか、当該種類の設立時発行株式の設立時種類株主（ある種類の設立時発行株式の設立時株主をいう。以下この節において同じ。）を構成員とする種類創立総会（ある種類の設立時発行株式の設立時種類株主の総会をいう。以下同じ。）の決議がなければ、その効力を生じない。ただし、当該種類創立総会において議決権を行使することができる設立時種類株主が存しない場合は、この限りでない。

§【種類株主の拒否権↓一〇八①〔四〕【種類創立総会↓八五・八六、商登四七②〔九〕

（種類創立総会の招集及び決議）

第八五条① 前条、第九十条第一項（同条第二項において準用する場合を含む。）、第九十二条第一項（同条第四項において準用する場合を含む。）、第百条第一項又は第百一条第一項の規定により種類創立総会の決議をする場合には、発起人は、種類創立総会を招集しなければならない。

② 種類創立総会の決議は、当該種類創立総会において議決権を行使することができる設立時種類株主の議決権の過半数であって、出席した当該設立時種類株主の議決権の三分の二以上に当たる多数をもって行う。

③ 前項の規定にかかわらず、第百条第一項の決議は、同項に規定する種類創立総会において議決権を行使することができる設立時種類株主の半数以上であって、当該設立時種類株主の議決権の三分の二以上に当たる多数をもって行わなければならない。

§【種類創立総会↓八四・九一一②〔三〕 ❶【招集手続↓八六・六七―七一 ❷【議決権↓八六・七二①・七四―七七【決議に対する訴え↓八三〇・八三一

（創立総会に関する規定の準用）

第八六条 第六十七条から第七十一条まで〈創立総会の招集等〉、第七十二条第一項〈議決権の数〉及び第七十四条から第八十二条まで〈議決権の行使、決議等〉の規定は、種類創立総会について準用する。この場合において、第六十七条第一項第三号及び第四号並びに第二項、第六十八条第一項及び第三項、第六十九条から第七十一条まで、第七十二条第一項、第七十四条第一項、第三項及び第四項、第七十五条第二項、第七十六条第二項及び第三項、第七十七条、第七十八条本文並びに第八十二条第一項中「設立時株主」とあるのは、「設立時種類株主（ある種類の設立時発行株式の設立時株主をいう。）」と読み替えるものとする。

§【種類創立総会↓八四、商登四七④

第三款 設立に関する事項の報告

第八七条① 発起人は、株式会社の設立に関する事項を創立総会に報告しなければならない。

② 発起人は、次の各号に掲げる場合には、当該各号に定める事項を記載し、又は記録した書面又は電磁的記録を創立総会に提出し、又は提供しなければならない。

一 定款に第二十八条各号に掲げる事項（第三十三条第十項各号に掲げる場合における当該各号に定める事項を除く。）の定めがある場合 第三十三条第二項の検査役の同条第四項の報告の内容

二 第三十三条第十項第三号に掲げる場合 同号に規定する証明の内容

参 ❶【報告の懈怠→五三】【罰則→九六三①、九七六㈥】【設立時取締役による報告→九三②】 ❷【電磁的記録→二六②】

第四款 設立時取締役等の選任及び解任

（設立時取締役等の選任）

第八八条① 第五十七条第一項の募集をする場合には、設立時取締役、設立時会計参与、設立時監査役又は設立時会計監査人の選任は、創立総会の決議によって行わなければならない。

② 設立しようとする株式会社が監査等委員会設置会社である場合には、前項の規定による設立時取締役の選任は、設立時監査等委員である設立時取締役とそれ以外の設立時取締役とを区別してしなければならない。

参+【設立時取締役→三八①、九〇①】【設立時会計参与→三八②㈠】【設立時監査役→三八②㈡、九〇②】 ❶【設立時会計監査人→三八②㈢】【創立総会の決議→七三、八四、商登四七②㈨】【発起設立における選任方法→四〇、四一、四五】 ❷【監査等委員会設置会社→二[十一の二]】【発起設立の場合→三八②】【取締役の場合→三二九②】

（累積投票による設立時取締役の選任）

第八九条① 創立総会の目的である事項が二人以上の設立時取締役（設立しようとする株式会社が監査等委員会設置会社である場合にあっては、設立時監査等委員である設立時取締役又はそれ以外の設立時取締役。以下この条において同じ。）の選任である場合には、設立時株主（設立時取締役の選任について議決権を行使することができる設立時株主に限る。以下この条において同じ。）は、定款に別段の定めがあるときを除き、発起人に対し、第三項から第五項までに規定するところにより設立時取締役を選任すべきことを請求することができる。

② 前項の規定による請求は、同項の創立総会の日の五日前までにしなければならない。

③ 第七十二条第一項の規定にかかわらず、第一項の規定による請求があった場合には、設立時株主は、その引き受けた設立時発行株式一株（単元株式数を定款で定めている場合にあっては、一単元の設立時発行株式）につき、当該創立総会において選任する設立時取締役の数と同数の議決権を有する。この場合においては、設立時株主は、一人のみに投票し、又は二人以上に投票して、その議決権を行使することができる。

④ 前項の場合には、投票の最多数を得た者から順次設立時取締役に選任されたものとする。

⑤ 前二項に定めるもののほか、第一項の規定による請求があった場合における設立時取締役の選任に関し必要な事項は、法務省令で定める。

参 ❶【創立総会の目的→六七①㈡】【設立時取締役→三九①】【設立時株主→六五①】 ❹【最多数者の選任→公選九五】 ❺【省令の定め→会社則一八】

（種類創立総会の決議による設立時取締役等の選任）

第九〇条① 第八十八条の規定にかかわらず、株式会社の設立に際して第百八条第一項第九号に掲げる事項（取締役（設立しようとする株式会社が監査等委員会設置会社である場合にあっては、監査等委員である取締役又はそれ以外の取締役）に関するものに限る。）についての定めがある種類の株式を発行する場合には、設立時取締役（設立しようとする株式会社が監査等委員会設置会社である場合にあっては、設立時監査等委員である設立時取締役又はそれ以外の設立時取締役）は、同条第二項第九号に定める事項についての定款の定めの例に従い、当該種類の設立時発行株式の設立時種類株主を構成員とする種類創立総会の決議によって選任しなければならない。

② 前項の規定は、株式会社の設立に際して第百八条第一項第九号に掲げる事項（監査役に関するものに限る。）についての定めがある種類の株式を発行する場合について準用する。

参+【種類創立総会の決議→八五②、商登四七②㈨】 ❶【取締役選任に関する種類株式→四一①】 ❷【監査役選任に関する種類株式→四一③】

（設立時取締役等の解任）

第九一条 第八十八条の規定により選任された設立時取締役、設立時会計参与、設立時監査役又は設立時会計監査人は、株式会社の成立の時までの間、創立総会の決議によって解任することができる。

参+【会社の成立→四九】【創立総会の決議→七三①、八四、四三①】

第九二条① 第九十条第一項の規定により選任された設立時取締役は、株式会社の成立の時までの間、その選任に係る種類の設立時発行株式の設立時種類株主を構成員とする種類創立総会の決議によって解任することができる。

② 前項の規定にかかわらず、第四十一条第一項の規定により又は種類創立総会若しくは種類株主総会において選任された取締役を株主総会の決議によって解任することができる旨の定款の定めがある場合には、第九十条第一項の規定により選任された設立時取締役は、株式会社の成立の時までの間、創立総会の決議によって解任することができる。

③ 設立しようとする株式会社が監査等委員会設置会社である場合における前項の規定の適用については、同項中「取締役を」とあるのは「監査等委員である取締

役又はそれ以外の取締役を」と、「設立時取締役」とあるのは「設立時監査等委員である設立時取締役又はそれ以外の設立時取締役」とする。

④　第一項及び第二項の規定は、第九十条第二項において準用する同条第一項の規定により選任された設立時監査役について準用する。

ⓢ❶【会社の成立↓四九【種類創立総会の決議↓八五②・四四①　❷【創立総会の決議↓七三①・八四・四四②　❸【監査等委員会設置会社↓二[十一の二]【設立時監査等委員↓三八②

第五款　設立時取締役等による調査

（設立時取締役等による調査）

第九三条①　設立時取締役（設立しようとする株式会社が監査役設置会社である場合にあっては、設立時取締役及び設立時監査役。以下この条において同じ。）は、その選任後遅滞なく、次に掲げる事項を調査しなければならない。

一　第三十三条第十項第一号又は第二号に掲げる場合における現物出資財産等（同号に掲げる場合にあっては、同号の有価証券に限る。）について定款に記載され、又は記録された価額が相当であること。

二　第三十三条第十項第三号に規定する証明が相当であること。

三　発起人による出資の履行及び第六十三条第一項の規定による払込みが完了していること。

四　前三号に掲げる事項のほか、株式会社の設立の手続が法令又は定款に違反していないこと。

②　設立時取締役は、前項の規定による調査の結果を創立総会に報告しなければならない。

③　設立時取締役は、創立総会において、設立時株主から第一項の規定による調査に関する事項について説明を求められた場合には、当該事項について必要な説明をしなければならない。

ⓢ❶【設立時取締役↓三八①・五二・五三・一〇三【監査役設置会社↓二[九]【設立時監査役↓三八②[二]・五三―五五【調査報告↓商登四七②[三]イ【創立総会による調査者の選任↓九四①　【一】【変態設立事項につき検査役の調査を要しない場合↓三三⑩[一][二]　【二】【変態設立事項に関する弁護士等の証明↓三三⑩[三]　【三】【発起人による出資の履行↓三四　❷【報告の懈怠↓五三【罰則↓九六三①・九七六[六]　❸【説明の懈怠に対する制裁↓九七六[九]

（設立時取締役等が発起人である場合の特則）

第九四条①　設立時取締役（設立しようとする株式会社が監査役設置会社である場合にあっては、設立時取締役及び設立時監査役）の全部又は一部が発起人である場合には、創立総会においては、その決議によって、前条第一項各号に掲げる事項を調査する者を選任することができる。

②　前項の規定により選任された者は、必要な調査を行い、当該調査の結果を創立総会に報告しなければならない。

ⓢ+【検査役の選任↓三一六・三五八【会社財産を危うくする罪↓九六三④　❶【設立時取締役↓三八①【監査役設置会社↓二[九]【設立時監査役↓三八②[二]【創立総会の決議↓七三・八四

第六款　定款の変更

（発起人による定款の変更の禁止）

第九五条　発起人は、第五十七条第一項の募集をする場合には、第五十八条第一項第三号の期日又は同号の期間の初日のうち最も早い日以後は、第三十三条第九項並びに第三十七条第一項及び第二項の規定にかかわらず、定款の変更をすることができない。

ⓢ+【変態設立事項に関する定款変更↓三三⑨・九七【発行可能株式総数に関する定款変更↓三七①②・九八

（創立総会における定款の変更）

第九六条　第三十条第二項の規定にかかわらず、創立総会においては、その決議によって、定款の変更をすることができる。

ⓢ+【創立総会の決議↓七三、商登四七②[九]

（設立時発行株式の引受けの取消し）

第九七条　創立総会において、第二十八条各号に掲げる事項を変更する定款の変更の決議をした場合には、当該創立総会においてその変更に反対した設立時株主は、当該決議後二週間以内に限り、その設立時発行株式の引受けに係る意思表示を取り消すことができる。

ⓢ+【設立時株主↓六五①【設立時発行株式の引受けに係る意思表示↓五九③④・六〇・六二【決議の日↓九一②[二]

（創立総会の決議による発行可能株式総数の定め）

第九八条　第五十七条第一項の募集をする場合において、発行可能株式総数を定款で定めていないときは、株式会社の成立の時までに、創立総会の決議によって、定款を変更して発行可能株式総数の定めを設けなければならない。

ⓢ+【発行可能株式総数↓三七【会社の成立↓四九【創立総会の決議↓七三①、商登四七②[九]

（定款の変更の手続の特則）

第九九条　設立しようとする会社が種類株式発行会社である場合において、次の各号に掲げるときは、当該各号の種類の設立時発行株式の設立時種類株主全員の同意を得なければならない。

一　ある種類の株式の内容として第百八条第一項第六号に掲げる事項についての定款の定めを設け、又は当該事項についての定款の変更（当該事項についての定款の定めを廃止するものを除く。）をしようとするとき。

二　ある種類の株式について第三百二十二条第二項の規定による定款の定めを設けようとするとき。

ⓢ+【種類株式発行会社↓二[十三]【設立時種類株主↓八四【同意があったことを証する書面↓商登四六①　【一】【取得条項付株式↓二[十九]　【二】【種類株主総会の排除↓三二二②

第一〇〇条①　設立しようとする株式会社が種類株式発行会社である場合において、定款を変更してある種類の株式の内容として第百八条第一項第四号又は第七号に掲げる事項についての定款の定めを設けるときは、当該定款の変更は、次に掲げる設立時種類株主を構成員とする種類創立総会（当該設立時種類株主に係る設立時発行株式の種類が二以上ある場合にあっては、当該二以上の設立時発行株式の種類別に区分された設立時種類株主を構成員とする各種類創立総会。以下この条において同じ。）の決議がなければ、その効力を生じない。ただし、当該種類創立総会において議決権を行使することができる設立時種類株主が存しない場合は、この限りでない。

一　当該種類の設立時発行株式の設立時種類株主

二　第百八条第二項第五号ロの他の株式を当該種類の株式とする定めがある取得請求権付株式の設立時種類株主

三　第百八条第二項第六号ロの他の株式を当該種類の株式とする定めがある取得条項付株式の設立時種類株主

②　前項に規定する種類創立総会において当該定款の変更に反対した設立時種類株主は、当該種類創立総会の決議後二週間以内に限り、その設立時発行株式の引受けに係る意思表示を取り消すことができる。

§❶【種類株式発行会社→二十三】【設立時種類株主→八四】【種類創立総会の決議→八五③、商登四七②四、九一一②四　❷【設立時発行株式の引受けに係る意思表示→五九③④・六〇・六二

第一〇一条①　設立しようとする株式会社が種類株式発行会社である場合において、次に掲げる事項についての定款の変更をすることにより、ある種類の設立時発行株式の設立時種類株主に損害を及ぼすおそれがあるときは、当該定款の変更は、当該種類の設立時発行株式の設立時種類株主を構成員とする種類創立総会（当該設立時種類株主に係る設立時発行株式の種類が二以上ある場合にあっては、当該二以上の設立時発行株式の種類別に区分された設立時種類株主を構成員とする各種類創立総会）の決議がなければ、その効力を生じない。ただし、当該種類創立総会において議決権を行使することができる設立時種類株主が存しない場合は、この限りでない。

一　株式の種類の追加

二　株式の内容の変更

三　発行可能株式総数又は発行可能種類株式総数（株式会社が発行することができる一の種類の株式の総数をいう。以下同じ。）の増加

②　前項の規定は、単元株式数についての定款の変更であって、当該定款の変更について第三百二十二条第二項の規定による定款の定めがある場合における当該種類の設立時発行株式の設立時種類株主を構成員とする種類創立総会については、適用しない。

§❶【設立時種類株主→八四】【種類創立総会の決議→八五②・九一一②五、商登四七②九　❷【単元株式数→二二十・一八八

第七款　設立手続等の特則等

（設立手続等の特則）

第一〇二条①　設立時募集株式の引受人は、発起人が定めた時間内は、いつでも、第三十一条第二項各号に掲げる請求をすることができる。ただし、同項第二号又は第四号に掲げる請求をするには、発起人の定めた費用を支払わなければならない。

②　設立時募集株式の引受人は、株式会社の成立の時に、第六十三条第一項の規定による払込みを行った設立時発行株式の株主となる。

③　設立時募集株式の引受人は、第六十三条第一項の規定による払込みを仮装した場合には、次条第一項又は第百三条第二項の規定による支払がされた後でなければ、払込みを仮装した設立時発行株式について、設立時株主及び株主の権利を行使することができない。

④　前項の設立時発行株式又はその株主となる権利を譲り受けた者は、当該設立時発行株式についての設立時株主及び株主の権利を行使することができる。ただし、その者に悪意又は重大な過失があるときは、この限りでない。

⑤　民法第九十三条第一項ただし書及び第九十四条第一項の規定は、設立時募集株式の引受けの申込み及び割当て並びに第六十一条の契約に係る意思表示については、適用しない。

⑥　設立時募集株式の引受人は、株式会社の成立後又は創立総会若しくは種類創立総会においてその議決権を行使した後は、錯誤、詐欺又は強迫を理由として設立時発行株式の引受けの取消しをすることができない。

§❶❸❻【設立時募集株式の引受人→六二　❷❻【会社の成立→四九　❸【仮装払込人の権利の制限→二〇九②・二八二②　❹【株主となる権利の譲渡→六三②【仮装払込みに係る株式の譲渡→二〇九③・二八二③　❺【設立時募集株式の引受けの申込み→五九③④【設立時募集株式の割当て→六〇①　❺❻【同旨の規定→五一・二一一　❻【錯誤→民九五、消費契約四①②【詐欺・強迫→民九六、消費契約四①―④・七②、特定商取引九―九の三・一五の三・二四―二四の三・二六②

（払込みを仮装した設立時募集株式の引受人の責任）

第一〇二条の二①　設立時募集株式の引受人は、前条第三項に規定する場合には、株式会社に対し、払込みを仮装した払込金額の全額の支払をする義務を負う。

②　前項の規定により設立時募集株式の引受人の負う義務は、総株主の同意がなければ、免除することができない。

§❶【仮装払込みをした者の責任→五二の二①・二一三の二・二八六の二

（発起人の責任等）

第一〇三条①　第五十七条第一項の募集をした場合における第五十二条第二項の規定の適用については、同項中「次に」とあるのは、「第一号に」とする。

②　第百二条第三項に規定する場合には、払込みを仮装することに関与した発起人又は設立時取締役として法務省令で定める者は、株式会社に対し、前条第一項の引受人と連帯して、同項に規定する支払をする義務を負う。ただし、その者（当該払込みを仮装したものを除く。）がその職務を行うについて注意を怠らなかったことを証明した場合は、この限りでない。

③　前項の規定により発起人又は設立時取締役の負う義務は、総株主の同意がなければ、免除することができない。

④　第五十七条第一項の募集をした場合において、当該

募集の広告その他当該募集に関する書面又は電磁的記録に自己の氏名又は名称及び株式会社の設立を賛助する旨を記載し、又は記録することを承諾した者（発起人を除く。）は、発起人とみなして、前節及び前三項の規定を適用する。

⊛❶【財産価格塡補責任→五二②㈠　❷【仮装払込関与者の責任→五二の二②・二一三の三①・二八六の三①【省令で定める者→会社則一八の二　❹【募集に関する書面・電磁的記録→五九①、金商二⑩【発起人の責任→五二―五六【虚偽文書行使等の制裁→九六四①

第二章　株式

第一節　総則

一　**株式の性質**

1　**株主自身の利益のためのもの**

［1］有限会社［特例有限会社］における社員の持分は、株式会社における株式と同様、社員が社員たる資格において会社に対して有する法律上の地位を意味し、社員はかかる社員たる地位に基づいて、自益権と共益権とを有し、これらの権利は、いずれも、直接間接社員自身の経済的利益のために与えられ、その利益のために行使し得る。（最大判昭45・7・15民集二四・七・八〇四、会社法百選三版一三）

2　**共益権の移転**

［2］共益権は、自益権と密接不可分の関係において全体として社員の法律上の地位としての持分に包含され、したがって持分の移転が認められる以上、共益権もこれによって移転するのであって、それを一身専属的な権利であって譲渡、相続の対象となり得ないと解するいわれはない。（最大判昭45・7・15前出［1］）

3　**会社解散等の訴えの原告の死亡とその地位の承継**

［3］有限会社［特例有限会社］の社員が社員の資格に基づいて会社解散の訴え、社員総会決議取消しの訴え又は無効確認の訴えを提起した後、死亡した場合には、その持分を相続により取得した者が原告たる地位を当然に承継する。（最大判昭45・7・15前出［1］）

二　**株式の帰属**

1　**他人名義による株式引受け**

［4］他人の承諾を得てその名義で株式を引き受けた場合には、名義貸与者ではなく、実質上の引受人すなわち名義借用者がその株主となる。（最判昭42・11・17民集二一・九・二四四八、会社法百選四版八）

2　**株式の帰属についての訴訟**

［5］有限会社［特例有限会社］の持分の帰属について争いがある場合には、その争いのある当事者だけで持分の帰属の確認を求める請求は適法であり、右持分の帰属を会社との間でも合一に確定しなければならない理由はない。（最判昭35・3・11民集一四・三・四一八）

3　**共同相続された振替株式**→民八九六条［18］、民執一六七条［3］

三　**株券の没収と株主権**

［6］刑事判決において株券が没収されたときは、没収の効力は右株券に表章される株主権に及ぶから、右判決確定後本件株式につき国に名義書換がなされるまでの間に名簿上の株主が交付を受けた利益配当金及び無償交付新株は、不当利得として国に返還すべき義務がある。（最判昭37・4・20民集一六・四・八六〇、証取百選一〇二）

（**株主の責任**）

第一〇四条　株主の責任は、その有する株式の引受価額を限度とする。

⊕【株主の有限責任→二二二【持分会社の有限責任社員と対比→五八〇②【引受価額→二八㈢・三二①㈢・五八①㈢・六二・一九九①㈢・二〇六【払込みの時期→三四・六三・二〇八

（**株主の権利**）

第一〇五条①　株主は、その有する株式につき次に掲げる権利その他この法律の規定により認められた権利を有する。

一　剰余金の配当を受ける権利

二　残余財産の分配を受ける権利

三　株主総会における議決権

②　株主に前項第一号及び第二号に掲げる権利の全部を与えない旨の定款の定めは、その効力を有しない。

⊛❶【属人的な権利の定め→一〇九②　〔一〕【剰余金の額→四四六【剰余金の配当→四五三　〔二〕【残余財産の分配→五〇四・五〇五　〔三〕【株主総会における議決権→三〇八　❷【剰余金の配当に関する種類株式→一〇八①㈠②㈠③【残余財産の分配に関する種類株式→一〇八①㈡②㈡【議決権制限株式→一〇八①㈢②㈢

（**共有者による権利の行使**）

第一〇六条　株式が二以上の者の共有に属するときは、共有者は、当該株式についての権利を行使する者一人を定め、株式会社に対し、その者の氏名又は名称を通知しなければ、当該株式についての権利を行使することができない。ただし、株式会社が当該権利を行使することに同意した場合は、この限りでない。

⊕【共有→民二六四・二四九―二六二【株式についての権利→一〇五・一二六③④【通知→民九七①

一　**株式が共有される場合**

［1］株式が共同相続された場合（最判平26・2・25民集六八・二・一七三、民百選Ⅲ二版六七）→民八九九条［7］

二　**権利行使者の指定**

1　**権利行使者の指定方法―持分価格の過半数**

［2］準共有者間において権利行使者を定めるに当たっては、持分の価格に従いその過半数をもってこれを決することができる。（最判平9・1・28判時一五九九・一三九、会社法百選四版一〇……有限会社［特例有限会社］の持分を共同相続により準共有するに至った場合）

2　**株券提出期間経過後の権利行使者の指定**

［3］商法三五〇条三項、三七八条［平成一二法六四改正前。会社二二〇条］の異議催告の公告は、株券提出期間経過前の株式譲受により、株式が名義書換を経ていない数人の共有に属することになった場合には、株主の権利を行使すべき者の指定が株券提出期間経過後になされたときであっても、その者が請求できる。（最判昭52・11・8民集三一・六・八四七、会社法百選初版三五）

3　**権利行使者の指定と親権者の利益相反行為**

［4］株式が未成年の子とその親権者を含む数人の共有に属する場合において、親権者が未成年の子を代理して商法二〇三条二項［本条］の株主の権利を行使すべき者を指定する行為は、親権者自身を指定するときでも、（民法八二六条の）利益相反行為には当たらない。（最判昭52・11・8前出［3］）

三　**権利行使者の権限**

[5] 有限会社［特例有限会社］の持分が数名の共有に属する場合に、その共有者が社員の権利を行使すべき者一人を選定し、それを会社に届け出たときは、共有者間で総会における決議事項について逐一合意するとの取決めがなされ、ある事項につき共有者間に意見の相違があっても、被選定者は、自己の判断に基づき議決権を行使できる。（最判昭53・4・14民集三二・三・六〇一、会社百選[五版]九八……有限会社の事例）

四　**権利行使者の指定を欠く場合**

1　**議決権の行使**

[6] 本条ただし書は民法の共有に関する規定に対する「特別の定め」（民法二六四条ただし書）である本条本文の適用が株式会社の同意によって排除されることを定めるものであるから、権利行使者の指定及び通知を欠く議決権の行使が株式会社の同意によって適法となるためには、原則に戻り、議決権の行使が民法の共有に関する規定に従ったものである必要があり、共有に属する株式についての議決権の行使は、その行使が直ちに株式の処分又は株式の内容の変更につながるなどの特段の事情のない限り管理行為であるから、民法二五二条本文により各共有者の持分の価格に従いその過半数で決せられる。（最判平27・2・19民集六九・一・二五、会社法百選[四版]一一）

2　**訴訟における原告適格**

イ　**原則**

[7] 共同相続人が準共有株主として総会決議不存在確認の訴えを提起する場合も、権利行使者としての指定を受けてその旨を会社に通知していないときは、特段の事情がない限り、原告適格を有しない。（最判平2・12・4民集四四・九・一一六五、会社法百選[四版]九）

ロ　**例外―「特段の事情」の肯定例**

[8] 共同相続人が準共有株主としての地位に基づいて株主総会の決議不存在確認の訴えを提起する場合に、共同相続人間において権利行使者の指定及び会社に対する通知を欠く場合であっても、右共同相続人の有する株式が発行済株式の全部に相当し、共同相続人のうちの一人を取締役に選任する旨の総会決議がされたとしてその旨登記されているようなときは、前出[7]の特段の事情が存在し、他の共同相続人は、右決議の不存在確認の訴えにつき原告適格を有する。（最判平2・12・4前出[7]）

[9] 合併当事会社の株式を準共有する共同相続人間において権利行使者の指定及び会社に対する通知を欠く場合であっても、共同相続人の準共有に係る株式が双方又は一方の会社の発行済株式総数の過半数を占めているのに合併契約書の承認決議がされたことを前提として合併の登記がされているときは、特段の事情が存在し、共同相続人は、右決議の不存在を原因とする合併無効の訴えにつき原告適格を有する。（最判平3・2・19判時一三八九・一四〇、重判平3商二）

（株式の内容についての特別の定め）

第一〇七条①　株式会社は、その発行する全部の株式の内容として次に掲げる事項を定めることができる。

一　譲渡による当該株式の取得について当該株式会社の承認を要すること。

二　当該株式について、株主が当該株式会社に対してその取得を請求することができること。

三　当該株式について、当該株式会社が一定の事由が生じたことを条件としてこれを取得することができること。

②　株式会社は、全部の株式の内容として次の各号に掲げる事項を定めるときは、当該各号に定める事項を定款で定めなければならない。

一　譲渡による当該株式の取得について当該株式会社の承認を要すること　次に掲げる事項

イ　当該株式を譲渡により取得することについて当該株式会社の承認を要する旨

ロ　一定の場合においては株式会社が第百三十六条又は第百三十七条第一項の承認をしたものとみなすときは、その旨及び当該一定の場合

二　当該株式について、株主が当該株式会社に対してその取得を請求することができること　次に掲げる事項

イ　株主が当該株式会社に対して当該株主の有する株式を取得することを請求することができる旨

ロ　イの株式一株を取得するのと引換えに当該株主に対して当該株式会社の社債（新株予約権付社債についてのものを除く。）を交付するときは、当該社債の種類（第六百八十一条第一号に規定する種類をいう。以下この編において同じ。）及び種類ごとの各社債の金額の合計額又はその算定方法

ハ　イの株式一株を取得するのと引換えに当該株主に対して当該株式会社の新株予約権（新株予約権付社債に付されたものを除く。）を交付するときは、当該新株予約権の内容及び数又はその算定方法

ニ　イの株式一株を取得するのと引換えに当該株主に対して当該株式会社の新株予約権付社債を交付するときは、当該新株予約権付社債についてのロに規定する事項及び当該新株予約権付社債に付された新株予約権についてのハに規定する事項

ホ　イの株式一株を取得するのと引換えに当該株主に対して当該株式会社の株式等（株式、社債及び新株予約権をいう。以下同じ。）以外の財産を交付するときは、当該財産の内容及び数若しくは額又はこれらの算定方法

ヘ　株主が当該株式会社に対して当該株式を取得することを請求することができる期間

三　当該株式について、当該株式会社が一定の事由が生じたことを条件としてこれを取得することができること　次に掲げる事項

イ　一定の事由が生じた日に当該株式会社がその株式を取得する旨及びその事由

ロ　当該株式会社が別に定める日が到来することをもってイの事由とするときは、その旨

ハ　イの事由が生じた日にイの株式の一部を取得することとするときは、その旨及び取得する株式の一部の決定の方法

ニ　イの株式一株を取得するのと引換えに当該株主に対して当該株式会社の社債（新株予約権付社債についてのものを除く。）を交付するときは、当該

社債の種類及び種類ごとの各社債の金額の合計額又はその算定方法

ホ　イの株式一株を取得するのと引換えに当該株主に対して当該株式会社の新株予約権（新株予約権付社債に付されたものを除く。）を交付するときは、当該新株予約権の内容及び数又はその算定方法

ヘ　イの株式一株を取得するのと引換えに当該株主に対して当該株式会社の新株予約権付社債を交付するときは、当該新株予約権付社債についてのニに規定する事項及び当該新株予約権付社債に付された新株予約権についてのホに規定する事項

ト　イの株式一株を取得するのと引換えに当該株主に対して当該株式会社の株式等以外の財産を交付するときは、当該財産の内容及び数若しくは額又はこれらの算定方法

参【株式の内容】九一一③〔七〕　❶【一】【譲渡制限株式】二〔十七〕・一三四・一三六―一四五・二〔五〕　【二】【取得請求権付株式】二〔十八〕・一六六・一六七　【三】【取得条項付株式】二〔十九〕・一六八―一七〇　❷【一】【定款変更の方法】七三②・三〇九③〔一〕【定款変更の際の株券の提出】二一九①〔一〕【定款変更と役員の任期】三三二⑦〔三〕・三三六④〔四〕【反対株主の株式買取請求権】一一六①〔一〕【新株予約権買取請求】一一八①〔一〕【登記】商登六二【会社の承認】一三六―一四五　【二】【効力の発生】一六七【二】【三】【社債】六七六―七四二【新株予約権・新株予約権付社債】二三六―二九四　【三】【定款の定め】一六八①・一六九②【定款変更の方法】七三③・一一〇【別に定める日】一六八①【一部の決定】一六九②【効力の発生】一七〇

（異なる種類の株式）

第一〇八条① 株式会社は、次に掲げる事項について異なる定めをした内容の異なる二以上の種類の株式を発行することができる。ただし、指名委員会等設置会社及び公開会社は、第九号に掲げる事項についての定めがある種類の株式を発行することができない。

一　剰余金の配当

二　残余財産の分配

三　株主総会において議決権を行使することができる事項

四　譲渡による当該種類の株式の取得について当該株式会社の承認を要すること。

五　当該種類の株式について、株主が当該株式会社に対してその取得を請求することができること。

六　当該種類の株式について、当該株式会社が一定の事由が生じたことを条件としてこれを取得することができること。

七　当該種類の株式について、当該株式会社が株主総会の決議によってその全部を取得すること。

八　株主総会（取締役会設置会社にあっては株主総会又は取締役会、清算人会設置会社（第四百七十八条第八項に規定する清算人会設置会社をいう。以下この条において同じ。）にあっては株主総会又は清算人会）において決議すべき事項のうち、当該決議のほか、当該種類の株式の種類株主を構成員とする種類株主総会の決議があることを必要とするもの

九　当該種類の株式の種類株主を構成員とする種類株主総会において取締役（監査等委員会設置会社にあっては、監査等委員である取締役又はそれ以外の取締役。次項第九号及び第百十二条第一項において同じ。）又は監査役を選任すること。

② 株式会社は、次の各号に掲げる事項について内容の異なる二以上の種類の株式を発行する場合には、当該各号に定める事項及び発行可能種類株式総数を定款で定めなければならない。

一　剰余金の配当　当該種類の株主に交付する配当財産の価額の決定の方法、剰余金の配当をする条件その他剰余金の配当に関する取扱いの内容

二　残余財産の分配　当該種類の株主に交付する残余財産の価額の決定の方法、当該残余財産の種類その他残余財産の分配に関する取扱いの内容

三　株主総会において議決権を行使することができる事項　次に掲げる事項

イ　株主総会において議決権を行使することができる事項

ロ　当該種類の株式につき議決権の行使の条件を定めるときは、その条件

四　譲渡による当該種類の株式の取得について当該株式会社の承認を要すること　当該種類の株式についての前条第二項第一号に定める事項

五　当該種類の株式について、株主が当該株式会社に対してその取得を請求することができること　次に掲げる事項

イ　当該種類の株式についての前条第二項第二号に定める事項

ロ　当該種類の株式一株を取得するのと引換えに当該株主に対して当該株式会社の他の株式を交付するときは、当該他の株式の種類及び種類ごとの数又はその算定方法

六　当該種類の株式について、当該株式会社が一定の事由が生じたことを条件としてこれを取得することができること　次に掲げる事項

イ　当該種類の株式についての前条第二項第三号に定める事項

ロ　当該種類の株式一株を取得するのと引換えに当該株主に対して当該株式会社の他の株式を交付するときは、当該他の株式の種類及び種類ごとの数又はその算定方法

七　当該種類の株式について、当該株式会社が株主総会の決議によってその全部を取得すること　次に掲げる事項

イ　第百七十一条第一項第一号に規定する取得対価の価額の決定の方法

ロ　当該株主総会の決議をすることができるか否かについての条件を定めるときは、その条件

八　株主総会（取締役会設置会社にあっては株主総会又は取締役会、清算人会設置会社にあっては株主総会又は清算人会）において決議すべき事項のうち、当該決議のほか、当該種類の株式の種類株主を構成員とする種類株主総会の決議があることを必要とするもの　次に掲げる事項

イ　当該種類株主総会の決議があることを必要とする事項
ロ　当該種類株主総会の決議を必要とする条件を定めるときは、その条件
九　当該種類の株式の種類株主を構成員とする種類株主総会において取締役又は監査役を選任すること
次に掲げる事項
イ　当該種類株主を構成員とする種類株主総会において取締役又は監査役を選任すること及び選任する取締役又は監査役の数
ロ　イの定めにより選任することができる取締役又は監査役の全部又は一部を他の種類株主と共同して選任することとするときは、当該他の種類株主の有する株式の種類及び共同して選任する取締役又は監査役の数
ハ　イ又はロに掲げる事項を変更する条件があるときは、その条件及びその条件が成就した場合における変更後のイ又はロに掲げる事項
ニ　イからハまでに掲げるもののほか、法務省令で定める事項

③　前項の規定にかかわらず、同項各号に定める事項（剰余金の配当について内容の異なる種類の種類株主が配当を受けることができる額その他法務省令で定める事項に限る。）の全部又は一部については、当該種類の株式を初めて発行する時までに、株主総会（取締役会設置会社にあっては株主総会又は取締役会、清算人会設置会社にあっては株主総会又は清算人会）の決議によって定める旨を定款で定めることができる。この場合においては、その内容の要綱を定款で定めなければならない。

参【株式の内容↓九一一③㊆・一〇九①③　❶[一]【剰余金の配当↓四五三―四六五　[二]【残余財産の分配↓五〇四・五〇五　[三]【株主総会における議決権の行使↓三〇八―三一三・四〇③⑤・七二②・一一五　[四]【譲渡制限種類株式↓二[十七]・一三四・一三六―一四五・二一九①㊀、商登六二　[五]【取得請求権付種類株式↓二[十八]・一六六・一六七・一一一②㊁　[六]【取得条項付種類株式↓二[十九]・一六八―一七〇・一一一②㊁　[七]【全部取得条項付種類株式↓一七一―一七三の二・三〇九②㊂　[八]【拒否権付種類株式↓四五・八四・三二三　[九]【種類株主総会による取締役・監査役の選任↓四一・九〇・三四七・一一二　❷【発行可能種類株式総数↓九一一③㊆・三二二①㊀ハ【定款の定め↓三二二①㊀ロ　[二]【剰余金の配当に関する取扱いの内容↓四五四②　[三]【残余財産の分配に関する取扱いの内容↓五〇四②　[四]【会社の承認↓一三六―一四五・一一一②【定款変更に反対する株主の株式買取請求権↓一一六①㊁【新株予約権買取請求↓一一八①㊁　[五]【会社に対する取得請求↓一六六①【効力の発生↓一六七【定款の別段の定め↓一六七③　[六]【会社による取得↓一六八①・一六九①・一一一①　[七]【総会決議による全部取得↓一七一①・一一一②【定款変更に反対する株主の株式買取請求権↓一一六①㊂【新株予約権買取請求↓一一八①㊂　[九]【種類株主総会による選任↓三四七【省令で定める事項↓会社則一九　❸【省令で定める事項↓会社則二〇【要綱を定めた場合の具体的内容の決定↓三二二②

一　取得条項付・取得請求権付株式の取得と会社が発行する株式総数↓三七条[7]
二　取得条項付・取得請求権付株式の取得と発行済株式総数↓一一三条[2]

（**株主の平等**）
第一〇九条①　株式会社は、株主を、その有する株式の内容及び数に応じて、平等に取り扱わなければならない。
②　前項の規定にかかわらず、公開会社でない株式会社は、第百五条第一項各号に掲げる権利に関する事項について、株主ごとに異なる取扱いを行う旨を定款で定めることができる。
③　前項の規定による定款の定めがある場合には、同項の株主が有する株式を同項の権利に関する事項について内容の異なる種類の株式とみなして、この編及び第五編の規定を適用する。

参❶【株式の内容↓一〇八①【株式の数による権利の制限↓一八九①②　❷【定款変更の要件↓三〇九④

[1]
一　利益配当と株主平等の原則
会社が、特定の株主に対して無配による投資上の損失を填補する意味でなされた贈与契約は、その特定の株主のみを優遇し、利益を与えるものであるから、株主平等の原則に違反し、商法二九三条本文［会社四五四条三項］の趣旨に徴して無効である。（最判昭45・11・24民集二四・一二・一九六三、会社法百選[初版]一二）
二　株主平等の原則の趣旨↓二四七条[1][5]・八三〇条[13]
三　定款の規定によらない全株主の同意のある残余財産の分配に関する属人的な定め
[2]
残余財産の分配に関する属人的な定めは、定款変更という形式がとられなくても、全株主が同意している場合などには、定款変更のための特殊決議があったものと同視できるし、他に権利を害される株主がいないので、本条二項の趣旨に反するところはなく、有効である。（東京高判平28・2・10金判一四九二・五五……定款外の株主間の合意の後に株主となった者もいたが、その者は当該合意に従った残余財産の分配によって不利益を受けなかった事例）

（**定款の変更の手続の特則**）
第一一〇条　定款を変更してその発行する全部の株式の内容として第百七条第一項第三号に掲げる事項についての定款の定めを設け、又は当該事項についての定款の変更（当該事項についての定款の定めを廃止するものを除く。）をしようとする場合（株式会社が種類株式発行会社である場合を除く。）には、株主全員の同意を得なければならない。

参【株主全員の同意↓商登四六①

第一一一条①　種類株式発行会社がある種類の株式の発行後に定款を変更して当該種類の株式の内容として第百八条第一項第六号に掲げる事項についての定款の定めを設け、又は当該事項についての定款の変更（当該事項についての定款の定めを廃止するものを除く。）をしようとするときは、当該種類の株式を有する株主全員の同意を得なければならない。
②　種類株式発行会社がある種類の株式の内容として第百八条第一項第四号又は第七号に掲げる事項についての定款の定めを設ける場合には、当該定款の変更は、次に掲げる種類株主を構成員とする種類株主総会（当

該種類株主に係る株式の種類が二以上ある場合にあっては、当該二以上の株式の種類別に区分された種類株主を構成員とする各種類株主総会。以下この条において同じ。）の決議がなければ、その効力を生じない。ただし、当該種類株主総会において議決権を行使することができる種類株主が存しない場合は、この限りでない。

一　当該種類の株式の種類株主

二　第百八条第二項第五号ロの他の株式を当該種類の株式とする定めがある取得請求権付株式の種類株主

三　第百八条第二項第六号ロの他の株式を当該種類の株式とする定めがある取得条項付株式の種類株主

❶【株主全員の同意→商登四六①　❷【種類株主総会の決議→三二四②㈡③㈡、商登四六②【議決権を行使できる種類株主→三二二①

（取締役の選任等に関する種類株式の定款の定めの廃止の特則）

第一一二条①　第百八条第二項第九号に掲げる事項（取締役に関するものに限る。）についての定款の定めは、この法律又は定款で定めた取締役の員数を欠いた場合において、そのために当該員数に足りる数の取締役を選任することができないときは、廃止されたものとみなす。

②　前項の規定は、第百八条第二項第九号に掲げる事項（監査役に関するものに限る。）についての定款の定めについて準用する。

【その定款の定めのため取締役等を選任できない場合→一〇八①㈤—㈦

（発行可能株式総数）

第一一三条①　株式会社は、定款を変更して発行可能株式総数についての定めを廃止することができない。

②　定款を変更して発行可能株式総数を減少するときは、変更後の発行可能株式総数は、当該定款の変更が効力を生じた時における発行済株式の総数を下ることができない。

③　次に掲げる場合には、当該定款の変更後の発行可能株式総数は、当該定款の変更が効力を生じた時における発行済株式の総数の四倍を超えることができない。

一　公開会社が定款を変更して発行可能株式総数を増加する場合

二　公開会社でない株式会社が定款を変更して公開会社となる場合

④　新株予約権（第二百三十六条第一項第四号の期間の初日が到来していないものを除く。）の新株予約権者が第二百八十二条第一項の規定により取得することとなる株式の数は、発行可能株式総数から発行済株式（自己株式（株式会社が有する自己の株式をいう。以下同じ。）を除く。）の総数を控除して得た数を超えてはならない。

【発行可能株式総数の定め→三七①、九一一③㈥、二一〇㈡、八二八①㈡、四二三①、四二九①【超過発行の罰則→九六六　❷❸【発行済株式の総数→九一一③㈨、一一五　❸【発行可能株式総数の増加の定款変更→三二二①㈡ハ、一八四②

一　**未発行株式がある場合と定款変更の可否**

[1]　会社が発行する株式総数中に未発行部分がある場合でも、会社が発行する株式総数を増加する旨の定款変更は、それが発行済株式総数の四倍を超えないものである限り、なし得る。（最判昭37・3・8民集一六・三・四七三、会社法百選［四版］A12）

二　**取得条項付・取得請求権付株式の取得と会社が発行する株式総数**→三七条[7]

三　**取得条項付・取得請求権付株式の取得と発行済株式総数**

[2]　商法三四七条［本条三項］にいう「発行済株式の総数」とは現に存する発行株式総数を意味し、償還［取得して消却］済みの償還［取得条項付・取得請求権付］株式の株式数はこれに含まれない。（最判昭40・3・18判時四一三・七五、会社百選［六版］八二）

（発行可能種類株式総数）

第一一四条①　定款を変更してある種類の株式の発行可能種類株式総数を減少するときは、変更後の当該種類の株式の発行可能種類株式総数は、当該定款の変更が効力を生じた時における当該種類の発行済株式の総数を下ることができない。

②　ある種類の株式についての次に掲げる数の合計数は、当該種類の株式の発行可能種類株式総数から当該種類の発行済株式（自己株式を除く。）の総数を控除して得た数を超えてはならない。

一　取得請求権付株式（第百七条第二項第二号ヘの期間の初日が到来していないものを除く。）の株主（当該株式会社を除く。）が第百六十七条第二項の規定により取得することとなる同項第四号に規定する他の株式の数

二　取得条項付株式の株主（当該株式会社を除く。）が第百七十条第二項の規定により取得することとなる同項第四号に規定する他の株式の数

三　新株予約権（第二百三十六条第一項第四号の期間の初日が到来していないものを除く。）の新株予約権者が第二百八十二条第一項の規定により取得することとなる株式の数

【発行可能種類株式総数の定め→九一一③㈦、二一〇㈡、八二八①㈡、四二三①、四二九①　❶❷【発行済株式の種類ごとの数→九一一③㈨　❷【取得請求権付株式→二⑱、一〇八①㈤【取得条項付株式→二⑲、一〇八①㈥

（議決権制限株式の発行数）

第一一五条　種類株式発行会社が公開会社である場合において、株主総会において議決権を行使することができる事項について制限のある種類の株式（以下この条において「議決権制限株式」という。）の数が発行済株式の総数の二分の一を超えるに至ったときは、株式会社は、直ちに、議決権制限株式の数を発行済株式の総数の二分の一以下にするための必要な措置をとらなければならない。

【必要な措置の例→一五六、一八〇、一八三、一八五、一九九

（反対株主の株式買取請求）

第一一六条①　次の各号に掲げる場合には、反対株主は、株式会社に対し、自己の有する当該各号に定める株式を公正な価格で買い取ることを請求することができる。
一　その発行する全部の株式の内容として第百七条第一項第一号に掲げる事項についての定めを設ける定款の変更をする場合　全部の株式
二　ある種類の株式の内容として第百八条第一項第四号又は第七号に掲げる事項についての定めを設ける定款の変更をする場合　第百十一条第二項各号に規定する株式
三　次に掲げる行為をする場合において、ある種類の株式（第三百二十二条第二項の規定による定款の定めがあるものに限る。）を有する種類株主に損害を及ぼすおそれがあるとき　当該種類の株式
イ　株式の併合又は株式の分割
ロ　第百八十五条に規定する株式無償割当て
ハ　単元株式数についての定款の変更
ニ　当該株式会社の株式を引き受ける者の募集（第二百二条第一項各号に掲げる事項を定めるものに限る。）
ホ　当該株式会社の新株予約権を引き受ける者の募集（第二百四十一条第一項各号に掲げる事項を定めるものに限る。）
ヘ　第二百七十七条に規定する新株予約権無償割当て

②　前項に規定する「反対株主」とは、次の各号に掲げる場合における当該各号に定める株主をいう。
一　前項各号の行為をするために株主総会（種類株主総会を含む。）の決議を要する場合　次に掲げる株主
イ　当該株主総会に先立って当該行為に反対する旨を当該株式会社に対し通知し、かつ、当該株主総会において当該行為に反対した株主（当該株主総会において議決権を行使することができるものに限る。）
ロ　当該株主総会において議決権を行使することができない株主
二　前号に規定する場合以外の場合　すべての株主

③　第一項各号の行為をしようとする株式会社は、当該行為が効力を生ずる日（以下この条及び次条において「効力発生日」という。）の二十日前までに、同項各号に定める株式の株主に対し、当該行為をする旨を通知しなければならない。

④　前項の規定による通知は、公告をもってこれに代えることができる。

⑤　第一項の規定による請求（以下この節において「株式買取請求」という。）は、効力発生日の二十日前の日から効力発生日の前日までの間に、その株式買取請求に係る株式の数（種類株式発行会社にあっては、株式の種類及び種類ごとの数）を明らかにしてしなければならない。

⑥　株券が発行されている株式について株式買取請求をしようとするときは、当該株式の株主は、株式会社に対し、当該株式に係る株券を提出しなければならない。ただし、当該株券について第二百二十三条の規定による請求をした者については、この限りでない。

⑦　株式買取請求をした株主は、株式会社の承諾を得た場合に限り、その株式買取請求を撤回することができる。

⑧　株式会社が第一項各号の行為を中止したときは、株式買取請求は、その効力を失う。

⑨　第百三十三条の規定は、株式買取請求に係る株式については、適用しない。

【類似の手続】↓一七二・一七九の八・一八二の四・四六九・七八五・七九七・八〇六【振替株式の場合】↓社債株式振替一五五⑧【業務執行者の責任】↓四六四　❶【三】【株式の併合】↓一八〇―一八二の六【株式の分割】↓一八三・一八四【単元株式数】↓一八八―一九五・九一一③四　❷【二】【株主総会・種類株主総会決議を要する場合】↓一八〇②・一八三②・一八六③・一八八・四六六・一九九②・二三八②・二七八③　❸【株主への通知】↓一二六　❹【公告】↓九三九　❸❹【懈怠の制裁】↓九七六㈡　❺【種類株式発行会社】↓二㈩㈢　❻【株式買取請求時の株券提出義務】↓一八二の四⑤・四六九⑥・七八五⑥・七九七⑥・八〇六⑥　❼【請求の撤回】↓一九二③・一九四④【適用除外】↓一一七③

一　「当該株主総会において議決権を行使することができない株主」の意味
1　該当する例
[1]　株主総会の基準日後に株式を取得した株主（東京地決平25・7・31資料版商事法務三五八・一四八、会社法百選[三版]A34）↓一七二条[1]
2　該当しない例
[2]　名義書換未了の株主（東京地決平21・10・19金判一三二九・三〇）↓◘【II　反対株主の株式買取請求権】［五編名の後］
二　[5]　**組織再編の公表後に取得された株式**↓◘【II　反対株主の株式買取請求権】［五編名の後］[6]

（株式の価格の決定等）
第一一七条①　株式買取請求があった場合において、株式の価格の決定について、株主と株式会社との間に協議が調ったときは、株式会社は、効力発生日から六十日以内にその支払をしなければならない。

②　株式の価格の決定について、効力発生日から三十日以内に協議が調わないときは、株主又は株式会社は、その期間の満了の日後三十日以内に、裁判所に対し、価格の決定の申立てをすることができる。

③　前条第七項の規定にかかわらず、前項に規定する場合において、効力発生日から六十日以内に同項の申立てがないときは、その期間の満了後は、株主は、いつでも、株式買取請求を撤回することができる。

④　株式会社は、裁判所の決定した価格に対する第一項の期間の満了の日後の法定利率による利息をも支払わなければならない。

⑤　株式会社は、株式の価格の決定があるまでは、株主に対し、当該株式会社が公正な価格と認める額を支払うことができる。

⑥　株式買取請求に係る株式の買取りは、効力発生日に、その効力を生ずる。

⑦　株券発行会社（その株式（種類株式発行会社にあっては、全部の種類の株式）に係る株券を発行する旨の

会社

定款の定めがある株式会社をいう。以下同じ。）は、株券が発行されている株式について株式買取請求があったときは、株券と引換えに、その株式買取請求に係る株式の代金を支払わなければならない。

⊛❶【株式買取請求↓一一六⑤　❶―❸【効力発生日↓一一六③　❷【裁判所↓八六八①・八七〇②⊟　❹【裁判所による価格の決定↓八七一―八七四　❺【株式買取価格等の前払↓一七二⑤・一八二の五・四七〇⑤・七八六⑤・七九八⑤・八〇七⑤　❼【株券発行会社↓二一四⊛

[1] 一　申立ての適格―株式を失った場合

株主は、株式買取請求に係る株式を有する限りにおいて、買取価格の決定の申立ての適格を有すると解すべきところ、株式買取請求をした株主が同請求に係る株式を失った場合は、当該株主は買取価格の決定の申立ての適格を欠くに至り、同申立ては不適法になる。（最決平24・3・28民集六六・五・二三四四、重判平24商三……株式買取請求に係る株式の買取りの効力が代金支払時に生じるとされていた平成二六法九〇による改正前において、全部取得条項を付す定款変更に対する株式買取請求・価格決定申立てがなされている間に全部取得条項付種類株式の取得がなされた事例）

二　振替株式の場合―個別株主通知の要否・時期

[2] 振替株式について株式買取請求を受けた会社が、請求者が株主であることを争った場合には、買取価格の決定の申立てに係る審理終結までの間に個別株主通知がされることを要し、争った時点で既に当該株式について振替機関の取扱いが廃止されていた場合であっても、同様である。（最決平24・3・28前出[1]）

[3] 個別株主通知がなされるべき時期（最決平22・12・7民集六四・八・二〇〇三、会社法百選[四版]一五）↓一七二条[5]

第一一八条（**新株予約権買取請求**）① 次の各号に掲げる定款の変更をする場合には、当該各号に定める新株予約権の新株予約権者は、株式会社に対し、自己の有する新株予約権を公正な価格で買い取ることを請求することができる。

一　その発行する全部の株式の内容として第百七条第一項第一号に掲げる事項についての定めを設ける定款の変更　全部の新株予約権

二　ある種類の株式の内容として第百八条第一項第四号又は第七号に掲げる事項についての定款の定めを設ける定款の変更　当該種類の株式を目的とする新株予約権

② 新株予約権付社債に付された新株予約権の新株予約権者は、前項の規定による請求（以下この節において「新株予約権買取請求」という。）をするときは、併せて、新株予約権付社債についての社債を買い取ることを請求しなければならない。ただし、当該新株予約権付社債に付された新株予約権について別段の定めがある場合は、この限りでない。

③ 第一項各号に掲げる定款の変更をしようとする株式会社は、当該定款の変更が効力を生ずる日（以下この条及び次条において「定款変更日」という。）の二十日前までに、同項各号に定める新株予約権の新株予約権者に対し、当該定款の変更を行う旨を通知しなければならない。

④ 前項の規定による通知は、公告をもってこれに代えることができる。

⑤ 新株予約権買取請求は、定款変更日の二十日前の日から定款変更日の前日までの間に、その新株予約権買取請求に係る新株予約権の内容及び数を明らかにしてしなければならない。

⑥ 新株予約権証券が発行されている新株予約権について新株予約権買取請求をしようとするときは、当該新株予約権の新株予約権者は、株式会社に対し、その新株予約権証券を提出しなければならない。ただし、当該新株予約権証券について非訟事件手続法（平成二十三年法律第五十一号）第百十四条に規定する公示催告の申立てをした者については、この限りでない。

⑦ 新株予約権付社債券（第二百四十九条第二号に規定する新株予約権付社債券をいう。以下この項及び次条第八項において同じ。）が発行されている新株予約権付社債に付された新株予約権について新株予約権買取請求をしようとするときは、当該新株予約権の新株予約権者は、株式会社に対し、その新株予約権付社債券を提出しなければならない。ただし、当該新株予約権付社債券について非訟事件手続法第百十四条に規定する公示催告の申立てをした者については、この限りでない。

⑧ 新株予約権買取請求をした新株予約権者は、株式会社の承諾を得た場合に限り、その新株予約権買取請求を撤回することができる。

⑨ 株式会社が第一項各号に掲げる定款の変更を中止したときは、新株予約権買取請求は、その効力を失う。

⑩ 第二百六十条の規定は、新株予約権買取請求に係る新株予約権については、適用しない。

⊛+【新株予約権買取請求↓一一九・二三八①⊞・七八七・七八八　❶【新株予約権↓二[二十一]　❷【新株予約権付社債↓二[二十二]　❸【新株予約権者への通知↓二五三　❸❹【公告↓九三九　❸❹【懈怠の制裁↓九七六⊟　❻【新株予約権買取請求と新株予約権証券提出義務↓七七七⑥・七八七⑥・八〇八⑥　❼【新株予約権買取請求と新株予約権付社債券提出義務↓七七七⑦・七八七⑦・八〇八⑦　❽【適用除外↓一一九③

第一一九条（**新株予約権の価格の決定等**）① 新株予約権買取請求があった場合において、新株予約権（当該新株予約権が新株予約権付社債に付されたものである場合において、当該新株予約権付社債についての社債の買取りの請求があったときは、当該社債を含む。以下この条において同じ。）の価格の決定について、新株予約権者と株式会社との間に協議が調ったときは、株式会社は、定款変更日から六十日以内にその支払をしなければならない。

② 新株予約権の価格の決定について、定款変更日から三十日以内に協議が調わないときは、新株予約権者又は株式会社は、その期間の満了の日後三十日以内に、裁判所に対し、価格の決定の申立てをすることができる。

③ 前条第八項の規定にかかわらず、前項に規定する場合において、定款変更日から六十日以内に同項の申立てがないときは、その期間の満了後は、新株予約権者

会社

は、いつでも、新株予約権買取請求を撤回することができる。

④　株式会社は、裁判所の決定した価格に対する第一項の期間の満了の日後の法定利率による利息をも支払わなければならない。

⑤　株式会社は、新株予約権の価格の決定があるまでは、新株予約権者に対し、当該株式会社が公正な価格と認める額を支払うことができる。

⑥　新株予約権買取請求に係る新株予約権の買取りは、定款変更日に、その効力を生ずる。

⑦　株式会社は、新株予約権証券が発行されている新株予約権について新株予約権買取請求があったときは、新株予約権証券と引換えに、その新株予約権買取請求に係る新株予約権の代金を支払わなければならない。

⑧　株式会社は、新株予約権付社債券が発行されている新株予約権付社債に付された新株予約権について新株予約権買取請求があったときは、その新株予約権付社債券と引換えに、その新株予約権買取請求に係る新株予約権の代金を支払わなければならない。

❶【新株予約権買取請求↓一一八②　❶―❸【定款変更日↓一一八③　❷【裁判所↓八六八①・八七〇②㈢　❹【裁判所による価格の決定↓八七一―八七四　❺【新株予約権の買取価格の前払↓七七八⑤・七八八⑤・八〇九⑤　❼【新株予約権証券↓二八八―二九一

（株主等の権利の行使に関する利益の供与）

第一二〇条①　株式会社は、何人に対しても、株主の権利、当該株式会社に係る適格旧株主（第八百四十七条の二第九項に規定する適格旧株主をいう。）の権利又は当該株式会社の最終完全親会社等（第八百四十七条の三第一項に規定する最終完全親会社等をいう。）の株主の権利の行使に関し、財産上の利益の供与（当該株式会社又はその子会社の計算においてするものに限る。以下この条において同じ。）をしてはならない。

②　株式会社が特定の株主に対して無償で財産上の利益の供与をしたときは、当該株式会社は、株主の権利の行使に関し、財産上の利益の供与をしたものと推定する。株式会社が特定の株主に対して有償で財産上の利益の供与をした場合において、当該株式会社又はその子会社の受けた利益が当該財産上の利益に比して著しく少ないときも、同様とする。

③　株式会社が第一項の規定に違反して財産上の利益の供与をしたときは、当該利益の供与を受けた者は、これを当該株式会社又はその子会社に返還しなければならない。この場合において、当該利益の供与を受けた者は、当該株式会社又はその子会社に対して当該利益と引換えに給付をしたものがあるときは、その返還を受けることができる。

④　株式会社が第一項の規定に違反して財産上の利益の供与をしたときは、当該利益の供与をすることに関与した取締役（指名委員会等設置会社にあっては、執行役を含む。以下この項において同じ。）として法務省令で定める者は、当該株式会社に対して、連帯して、供与した利益の価額に相当する額を支払う義務を負う。ただし、その者（当該利益の供与をした取締役を除く。）がその職務を行うについて注意を怠らなかったことを証明した場合は、この限りでない。

⑤　前項の義務は、総株主の同意がなければ、免除することができない。

❶【違反行為↓九七〇①【株主の権利の行使の例↓三〇八・三〇九・三一四・三六〇・四三三・八二八―八三一・八三三・八四七【財産上の利益↓九六七・九六八【賄賂と対比↓刑一九七・一九七の二【子会社↓二㈢　❸【利益の供与を受けた者↓九七〇②―④・八四七①　❹【取締役等の責任↓八四七①【省令で定める者↓会社則二一　❺【総株主の同意による免責↓四二四【本項の適用除外↓八五〇④　＋【類似の制度↓九六八

[1]
一　株主の権利行使に関する利益供与と認定された事例
A銀行の総会の議事進行に協力していた総会屋BからA銀行総務部に対して融資の要請がなされ、A銀行がBの実弟に対して、A銀行の直接融資又は系列ノンバンクを通ずる迂回融資がなされた場合に、右融資がA銀行の与党的総会屋であるBに対するA銀行の株主総会での議事進行への協力を求める趣旨と認められるとされた事例（東京地判平11・9・8判タ一〇四二・二八五）

[2]
株主提案と会社提案が競合する場合において、有効な議決権行使を条件として株主一名につきＱｕｏカード一枚（五〇〇円分）を交付することは、会社提案に賛成する議決権行使の獲得をも目的としたものであって、株主の権利行使に影響を及ぼすおそれのない正当な目的によるものとはいえないことから、例外的に違法性を有しないものとして許容される場合に該当するとは解し得ず、本条が禁止する利益供与に該当する。（東京地判平19・12・6判タ一二五八・六九、会社法百選[四版]三一）↓八三一条[8]

[3]
二　株式の譲渡と株主の権利の行使に関する利益供与
株式の譲渡は株主たる地位の移転であり、それ自体は「株主の権利の行使」とはいえないから、会社が、株式を譲渡することの対価として何人かに利益を供与しても、当然には商法二九四条ノ二第一項［本条一項］が禁止する利益供与には当たらないけれども、会社から見て好ましくないと判断される株主が議決権等の株主の権利を行使することを回避する目的で、当該株主から株式を譲り受けるための対価を何人かに供与する行為は、「株主の権利の行使に関し」利益を供与する行為というべきである。（最判平18・4・10民集六〇・四・一二七三〈蛇の目ミシン利益供与事件〉会社法百選[四版]一二）↓四二三条[17]

[4]
三　会社の計算による利益供与の意味
利益供与罪は、総会屋の活動を抑止する観点から、株主の権利の行使と財産上の利益の供与とが結びつくことによって会社運営の健全性が害されることを防止する趣旨で規定されたものであって、右趣旨からすれば、財産上の利益の供与が会社の計算においてなされたか否かを判断するには、供与の主体の形式的な名義によって判断すべきではなく、供与による損益が実質的に会社に帰属しているか否かによって判断するのが相当である。（東京地判平11・9・8前出[1]）

[5]
四　従業員持株会に対する奨励金の支出
会社が（その従業員及びその全額出資の子会社の従業員で組織されている）持株会会員に対してなす奨励金の支払は、従業員に対する福利厚生の一環等の目的をもってしたものと認めるのが相当であるから、それは、株主の権利の行使に関してなしたものとの推定は覆るものというべきである。（福井地判昭60・3・29判タ五五九・二七五、重判昭60商五）

第二節　株主名簿

（株主名簿）

第一二一条　株式会社は、株主名簿を作成し、これに次に掲げる事項（以下「株主名簿記載事項」という。）を記載し、又は記録しなければならない。

一　株主の氏名又は名称及び住所

二　前号の株主の有する株式の数（種類株式発行会社にあっては、株式の種類及び種類ごとの数）

三　第一号の株主が株式を取得した日

四　株式会社が株券発行会社である場合には、第二号の株式（株券が発行されているものに限る。）に係る株券の番号

⊛+【株主名簿→一二四・一二五・一三二・一三三・一四七①・二一七③【不実記載・備置義務違反に対する制裁→九七六[七][四]　[一]【株主の氏名等・住所→二七[五]・五九③[二]・一二六・一三〇①・二〇三②[二]・四五七　[二]【株式の種類→一〇八①　[三]【取得の日→五〇①・一〇二②・一三三①・一六七②[四]・一七〇②[四]・一八二①・一八四①・一八七・二〇九①・二八二①　[四]【株券発行会社→一一七⑦【株券の番号→二一六・二二一[二]・二二五③

原始株主の株主名簿への記載請求権→一三二条[1]

（株主名簿記載事項を記載した書面の交付等）

第一二二条①　前条第一号の株主は、株式会社に対し、当該株主についての株主名簿に記載され、若しくは記録された株主名簿記載事項を記載した書面の交付又は当該株主名簿記載事項を記録した電磁的記録の提供を請求することができる。

②　前項の書面には、株式会社の代表取締役（指名委員会等設置会社にあっては、代表執行役。次項において同じ。）が署名し、又は記名押印しなければならない。

③　第一項の電磁的記録には、株式会社の代表取締役が法務省令で定める署名又は記名押印に代わる措置をとらなければならない。

④　前三項の規定は、株券発行会社については、適用しない。

⊛❶【書面等の交付に関する制裁→九七六[四][七]　❶❸【電磁的記録→二六②　❸【省令で定める措置→会社則二二五　❹【株券発行会社→一一七⑦　+【登録質権者の権利→一四九

（株主名簿管理人）

第一二三条　株式会社は、株主名簿管理人（株式会社に代わって株主名簿の作成及び備置きその他の株主名簿に関する事務を行う者をいう。以下同じ。）を置く旨を定款で定め、当該事務を行うことを委託することができる。

⊛+【株主名簿管理人→九一一③[十一]・一二五①・二二二・二五一、商登四七②[六]・六四

（基準日）

第一二四条①　株式会社は、一定の日（以下この章において「基準日」という。）を定めて、基準日において株主名簿に記載され、又は記録されている株主（以下この条において「基準日株主」という。）をその権利を行使することができる者と定めることができる。

②　基準日を定める場合には、株式会社は、基準日株主が行使することができる権利（基準日から三箇月以内に行使するものに限る。）の内容を定めなければならない。

③　株式会社は、基準日を定めたときは、当該基準日の二週間前までに、当該基準日及び前項の規定により定めた事項を公告しなければならない。ただし、定款に当該基準日及び当該事項について定めがあるときは、この限りでない。

④　基準日株主が行使することができる権利が株主総会又は種類株主総会における議決権である場合には、株式会社は、当該基準日後に株式を取得した者の全部又は一部を当該権利を行使することができる者と定めることができる。ただし、当該株式の基準日株主の権利を害することができない。

⑤　第一項から第三項までの規定は、第百四十九条第一項に規定する登録株式質権者について準用する。

⊛+【株主としての権利の行使→一八一・一八四・一八五・二〇二・二四一・三〇八・四五三・五〇四・五〇五【基準日の株主→社債株式振替一五一　❸【公告→九三九【罰則→九七六[二]

本条三項ただし書の定款の定め→八三一条[3]

（株主名簿の備置き及び閲覧等）

第一二五条①　株式会社は、株主名簿をその本店（株主名簿管理人がある場合にあっては、その営業所）に備え置かなければならない。

②　株主及び債権者は、株式会社の営業時間内は、いつでも、次に掲げる請求をすることができる。この場合においては、当該請求の理由を明らかにしてしなければならない。

一　株主名簿が書面をもって作成されているときは、当該書面の閲覧又は謄写の請求

二　株主名簿が電磁的記録をもって作成されているときは、当該電磁的記録に記録された事項を法務省令で定める方法により表示したものの閲覧又は謄写の請求

③　株式会社は、前項の請求があったときは、次のいずれかに該当する場合を除き、これを拒むことができない。

一　当該請求を行う株主又は債権者（以下この項において「請求者」という。）がその権利の確保又は行使に関する調査以外の目的で請求を行ったとき。

二　請求者が当該株式会社の業務の遂行を妨げ、又は株主の共同の利益を害する目的で請求を行ったとき。

三　請求者が株主名簿の閲覧又は謄写によって知り得た事実を利益を得て第三者に通報するため請求を行ったとき。

四　請求者が、過去二年以内において、株主名簿の閲覧又は謄写によって知り得た事実を利益を得て第三者に通報したことがあるものであるとき。

④　株式会社の親会社社員は、その権利を行使するため

必要があるときは、裁判所の許可を得て、当該株式会社の株主名簿について第二項各号に掲げる請求をすることができる。この場合においては、当該請求の理由を明らかにしてしなければならない。

⑤　前項の親会社社員について第三項各号のいずれかに規定する事由があるときは、裁判所は、前項の許可をすることができない。

⊛❶【本店→四【懈怠に対する制裁→九七六㊃　❷㊁【電磁的記録→二六②【省令で定める方法→会社則二二六　❷—❺【株主・債権者・親会社社員の閲覧等請求不当拒否に対する制裁→九七六㊃　❹【裁判所の許可→八六八②

株主名簿の閲覧請求

[1]　株主名簿の閲覧又は謄写の請求が、不当な意図・目的によるものであるなど、その権利を濫用するものと認められる場合には、会社は株主の請求を拒絶することができる。（最判平2・4・17判時一三八〇・一三六、会社百選[五版]二〇……右の請求をした者が、会社からの金員の支払を打ち切られた元いわゆる総会屋で、その請求が、株主としての権利の確保等のためではなく、金員の支払を再開、継続させる目的をもってされた嫌がらせであるか、あるいは右金員の支払を打ち切ったことに対する報復としてされたものと推認された事例）

[2]　公開買付勧誘目的及び委任状勧誘目的は、いずれも「株主の権利の確保又は行使に関する調査以外の目的」とはいえない。（東京地決平24・12・21金判一四〇八・五二、重判平25商二）

[3]　金商法上の損害賠償請求権を行使するためには現に株主である必要はなく、株主の株主名簿閲覧等請求権は、株主を保護するために、株主として有する権利を適切に行使するために認められたものであるから、右損害賠償請求権を行使するための調査は「株主の権利の確保又は行使に関する調査」に該当しない。（名古屋高決平22・6・17資料版商事法務三一六・一九八、会社法百選[四版]A3……最決平22・9・14資料版商事法務三二一・五八で抗告棄却）

（株主に対する通知等）

第一二六条①　株式会社が株主に対してする通知又は催告は、株主名簿に記載し、又は記録した当該株主の住所（当該株主が別に通知又は催告を受ける場所又は連絡先を当該株式会社に通知した場合にあっては、その場所又は連絡先）にあてて発すれば足りる。

②　前項の通知又は催告は、その通知又は催告が通常到達すべきであった時に、到達したものとみなす。

③　株式が二以上の者の共有に属するときは、共有者は、株式会社が株主に対してする通知又は催告を受領する者一人を定め、当該株式会社に対し、その者の氏名又は名称を通知しなければならない。この場合においては、その者を株主とみなして、前二項の規定を適用する。

④　前項の規定による共有者の通知がない場合には、株式会社が株式の共有者に対してする通知又は催告は、そのうちの一人に対してすれば足りる。

⑤　前各項の規定は、第二百九十九条第一項（第三百二十五条において準用する場合を含む。）の通知に際して株主に書面を交付し、又は当該書面に記載すべき事項を電磁的方法により提供する場合について準用する。この場合において、第二項中「到達したもの」とあるのは、「当該書面の交付又は当該事項の電磁的方法による提供があったもの」と読み替えるものとする。

⊛+【株主への通知・催告→六八⑤・八六①・一一六③・一四一①・一五八①・一六八②・一六九③・一七〇③・一八一①・一八七②・一九五②・一九八・二〇一③・二〇二④・二一八①③・二一九①・二二四①・二四〇②・二四一④・二七九②・二九九①・三〇七①㊂・三五九①㊂・四二六③・四五五①・四六九③・五〇五②・七八五③・七九七③・八〇六③・八四九⑤【通知・催告を要しない場合→一九六①【通知の懈怠に対する制裁→九七六㊂【株主名簿の他の効果→一三〇①・一四七・四五七①、会更一六五②—⑤　❶【株主名簿上の住所→一二一㊂・一九八②　❷【到達→民九七①　❸❹【株式の共有→一〇六
⊛【本項の適用除外→一九八③

第三節　株式の譲渡等

第一款　株式の譲渡

（株式の譲渡）

第一二七条　株主は、その有する株式を譲渡することができる。

⊛+【譲渡方法→一二八①・一二九、社債株式振替一四〇【株式譲渡の対抗要件→一三〇【株式の質入れ→一四六・一四七

従業員持株制度における株式の譲渡に関する合意の有効性

[1]　従業員持株制度に基づいて、会社の株式を一定額で取得し、退職に際しては、同制度に基づいて取得した株式を同額で取締役会の指定する者に譲渡する旨の株主と会社との合意は、従業員が、右制度の趣旨、内容を了解した上で株式を取得し、毎年八ないし三〇パーセントの割合による配当を受けていた等の事情の下では、商法二〇四条一項［本条］に違反せず、公序良俗にも反しないから有効である。（最判平7・4・25裁判集民一七五・九一、会社法百選[四版]一八）

[2]　日刊新聞法の適用を受ける非公開株式会社において、持株会より一定額で取得した株式を従業員が個人的理由で売却する必要が生じたときは、持株会が同額でこれを買い戻すとする株式譲渡ルールには合理性がないとはいえず、本件株式譲渡ルールに従う旨の自由意思による合意は、会社法一〇七条及び本条の規定に反せず、公序良俗にも反しないから有効である。（最判平21・2・17判時二〇三八・一四四〈日経新聞株式譲渡ルール事件上告審判決〉重判平21商一）

（株券発行会社の株式の譲渡）

第一二八条①　株券発行会社の株式の譲渡は、当該株式に係る株券を交付しなければ、その効力を生じない。ただし、自己株式の処分による株式の譲渡については、この限りでない。

②　株券の発行前にした譲渡は、株券発行会社に対し、その効力を生じない。

⊛+【株券発行会社→一一七⑦　❶【株券→二一四—二一六【株券の交付→一三〇②・一三一・一四六②【自己株式の処分→一九九①・二二九【振替株式の譲渡の効力発生→社債株式振替一四〇　❷【株券の発行→二一五・二一七

株券の発行が遅延している場合

[1] **1 株式の譲渡方法**　会社が株券の発行を不当に遅滞し、信義則に照らしても株式譲渡の効力を否定するのを相当としない状況に立ち至った場合には、株主は意思表示のみによって有効に株式を譲渡でき、会社は株券発行前であることを理由としてその効力を否定できず、譲受人を株主として遇しなければならない。（最大判昭47・11・8民集二六・九・一四八九、会社法百選[四版]A4）

[2] **2 株式の差押方法**　会社が株券を発行していない場合には、債権者は、株券の交付請求権のみでなく、民執法一六七条により、株式自体の差押えを求めることができる。（東京地決平4・6・26判タ七九四・二五五、民執百選六(三)）↓民執一六七条[2]

（自己株式の処分に関する特則）

第一二九条①　株券発行会社は、自己株式を処分した日以後遅滞なく、当該自己株式を取得した者に対し、株券を交付しなければならない。

②　前項の規定にかかわらず、公開会社でない株券発行会社は、同項の者から請求がある時までは、同項の株券を交付しないことができる。

参＊【株券発行会社↓一一七⑦【株券↓二一四―二一六　❶【自己株式の処分↓一九九①　❷【公開会社↓二⑤

（株式の譲渡の対抗要件）

第一三〇条①　株式の譲渡は、その株式を取得した者の氏名又は名称及び住所を株主名簿に記載し、又は記録しなければ、株式会社その他の第三者に対抗することができない。

②　株券発行会社における前項の規定の適用については、同項中「株式会社その他の第三者」とあるのは、「株式会社」とする。

参❶【取得者の氏名等・住所の記載↓一二一⑴【株主名簿↓一二一―一二六・一三二・一三三、社債株式振替一五二①【本項の適用除外↓社債株式振替一五四　❷【株券発行会社↓一一七⑦・一二八・一二九

一　名義書換未了の場合

[1] **1 会社の過失により名義書換をしなかった場合**　株式譲受人から名義書換請求があったのに、会社が過失によりその書換えをしなかった場合には、会社は株式譲受人を株主として取り扱うことを要し、株主名簿に株主として記載されている譲渡人を株主として取り扱ってはならない。（最判昭41・7・28民集二〇・六・一二五一、会社法百選[四版]一三）

[2] **2 名義書換の不当拒絶の場合**　会社が正当な理由がないのに、株主名簿の名義書換に応じない場合には、新株主が株主名簿に記載されていないという事由を主張することは許されず、その者に招集通知を欠く招集手続は違法である。（最判昭42・9・28民集二一・七・一九七〇、会社法百選[四版]三三）

3 会社が名義書換を正当な理由なく拒絶した場合と同視し得る場合

[3] 名義書換前の株主Aらが、本件訴訟において、会社に対し本件株式の株主であることの確認を求めており、会社がAらの本件係争株式の取得を否定してこれを争っており、Aらが会社に対して名義書換を請求したとしても、会社がこれを拒絶することが明らかであり、また、会社は、本件係争株式がAらに帰属している事実を知っており、かつ、そのことを容易に証明し得る状態にあり、仮に、会社がAらの名義書換請求を拒否したとすれば、正当な理由なく拒否したものと評価すべきことになるということができるような事情がある場合には、会社がAらの名義書換請求を正当な理由なく拒絶した場合と同視することができ、Aらは、本件係争株式について名義書換を経ていなくても、株主たる地位を会社に対抗することができる。（名古屋高判平3・4・24高民四四・二・四三）

二　会社からの移転の効力の主張

[4] 商法二〇六条一項［本条一項］によれば、株式の移転は、取得者の氏名及び住所を株主名簿に記載しなければ会社に対抗できないが、会社からは右移転のあったことを主張することは妨げない。（最判昭30・10・20民集九・一一・一六五七、会社百選[二版]二九）

三　社債株式振替法に定める個別株主通知

[5] 募集株式発行差止めの仮処分の申立ては、社債株式振替法一五四条二項所定の少数株主権等の行使に該当するものとして、個別株主通知が株式会社に対する対抗要件となるものと解され、したがって、個別株主通知がないまま同申立てがされた場合であっても、直ちに当該申立てが不適法となるものではなく、債務者である株式会社が、債権者が株主であることを認めて対抗要件の具備を争わない場合には、対抗要件具備の有無は問題とならず、当該申立ては適法となるというべきであるが、債務者である株式会社が対抗要件の具備を争う場合には、債権者たる株主において対抗要件を具備したことを疎明する必要があり、仮処分の決定までに債権者がこの疎明をしない場合には、債権者としての当事者適格を欠く。（東京高決平21・12・1金判一三三八・四〇）↓二一〇条[4]

四　失念株

1 株主割当ての場合の募集株式の割当てを受ける権利は原則として株主名簿上の株主が取得する↓二〇二条[1]～[3]

2 配当・株式併合・株式分割の場合には不当利得返還請求の対象となる↓二編二章一節[6]・一八二条[1]・一八四条[1][2]

3 失念株の譲渡人が不当利得返還義務を負う場合に悪意の受益者となる時期

[6] 訴訟に係る証拠が全て取り調べられた口頭弁論期日においては、譲受人が権利者であったことの証明があったのであるから、譲渡人は、このことを認識し、利得につき悪意の受益者となるに至ったものと認めるべきである。（東京地判平16・7・15金判一二二五・五九）↓一八四条[7]

五　株券提出期間経過後の名義書換請求

[7] 商法三五〇条一項［会社二一九条一項］に基づいて定められた株券提出期間の経過後は、旧株券は株券としては無効となると解されるが、株券提出期間経過前に株主となっていた者は、右期間を徒過したためその所持する旧株券が株券としては無効となった後であっても、会社に対し、旧株券を呈示し、株券提出期間経過前に右旧株券の交付を受けて株式を譲り受けたことを証明して、名義書換を請求することができる。（最判昭60・3・7民集三九・二・一〇七、会社法百選[四版]A5）

（権利の推定等）

第一三一条①　株券の占有者は、当該株券に係る株式に

ついての権利を適法に有するものと推定する。
② 株券の交付を受けた者は、当該株券に係る株式についての権利を取得する。ただし、その者に悪意又は重大な過失があるときは、この限りでない。

⊛❶【占有者の資格↓二五八【対比↓手一六①、小一九【名義書換えにおける会社の免責↓手四〇③、小三五【振替株式の権利の推定↓社債株式振替一四三　❷【株券の交付↓一二八、一二九、一四六②【即時取得↓社債株式振替一四四、手一六②、小二一、民一九二—一九四

[1] 一　権利者性についての調査義務
証券会社がなすべき委託者の権利者性についての調査義務は、委託者との従前の取引の経緯、取引の態様、取引額、委託者の言動などに照らし、委託者の権利者性に疑問を生じさせるような具体的な事情が認められる場合において、具体的な事情の内容や程度に応じた調査義務を尽くすことをもって足りる。（東京地判平13・1・18判タ一〇七三・一九四）

[2] 株券の所持人が暴力団組員であることが容易に分かり、株券の出所について説明も不自然であったため、株券の所持人が正当な所持人ではないことを容易に知り得たと認められる場合には、証券会社を通じて事故株券照合システムを利用した結果、事故株券に該当しないという回答結果が得られたとしても、それのみをもって正当な所持人でないという疑いを否定するに足りる十分な調査を尽くしたとはいえない。（名古屋高判平16・11・1判タ一一九一・三二六）

[3] 二　善意取得が成立しない場合の株券返還請求権者
株券の受寄者がその株券を盗取された場合において、株券の所持人がその取得につき悪意・重過失があって株券上の権利を取得し得ない場合に誰が株券の返還請求権を有するかについては、商法に規定がなく、商慣習法も存在しないから、民法一九三条の趣旨に基づき株券の受寄者が盗品の被害者として右株券の返還を請求できる。（最判昭59・4・20判時一一二二・一一三、重判昭59商七）

[4] 三　二重株券
既に株券が発行された株式につき、会社の一取締役がほしいままに重ねて発行した二重株券はそれ自体無効であるからそれについては、商法二二九条［本条二項］は適用されない。（東京地判昭36・10・23下民一二・一〇・二五〇八、証取百選五三）

（株主の請求によらない株主名簿記載事項の記載又は記録）

第一三二条① 株式会社は、次の各号に掲げる場合には、当該各号の株式の株主に係る株主名簿記載事項を株主名簿に記載し、又は記録しなければならない。
一　株式を発行した場合
二　当該株式会社の株式を取得した場合
三　自己株式を処分した場合
② 株式会社は、株式の併合をした場合には、併合した株式について、その株式の株主に係る株主名簿記載事項を株主名簿に記載し、又は記録しなければならない。
③ 株式会社は、株式の分割をした場合には、分割した株式について、その株式の株主に係る株主名簿記載事項を株主名簿に記載し、又は記録しなければならない。

⊛+【株主名簿記載事項↓一二一　❶[二]【株式の発行↓五〇①、一〇二②、一六七②㊃、一七〇②㊃、一八二①、一八四①、一八七、二〇九①、二八二①【適用除外↓二九四①　[三]【株式の取得↓一五五　[三]【自己株式の処分↓一九九①　❷【株式の併合↓一八〇—一八二の六　❸【株式の分割↓一八三　+【その他の場合の株主名簿への記載・記録↓社債株式振替一五二①

[1] 会社が設立時や新株発行時に発行する株式を引き受けて原始株主となる者は、本条一項の規定により、会社に対して株主名簿記載事項を株主名簿に記載することを請求できる。（東京高判令元・11・20金判一五八四・二六、重判令2商一……株主名簿の作成を怠っていた会社においても同様とした事例）

（株主の請求による株主名簿記載事項の記載又は記録）

第一三三条① 株式を当該株式を発行した株式会社以外の者から取得した者（当該株式会社を除く。以下この節において「株式取得者」という。）は、当該株式会社に対し、当該株式に係る株主名簿記載事項を株主名簿に記載し、又は記録することを請求することができる。
② 前項の規定による請求は、利害関係人の利益を害するおそれがないものとして法務省令で定める場合を除き、その取得した株式の株主として株主名簿に記載され、若しくは記録された者又はその相続人その他の一般承継人と共同してしなければならない。

⊛❶【発行会社からの取得↓一三二①[一][三]⊛【株主名簿記載事項↓一二一、五四一　❷【省令で定める場合↓会社則二二【その他の一般承継人↓七五〇①、七五二①、七五四①、七五六①、七五九①、七六一①、七六四①、七六六①

第一三四条　前条の規定は、株式取得者が取得した株式が譲渡制限株式である場合には、適用しない。ただし、次のいずれかに該当する場合は、この限りでない。
一　当該株式取得者が当該譲渡制限株式を取得することについて第百三十六条の承認を受けていること。
二　当該株式取得者が当該譲渡制限株式を取得したことについて第百三十七条第一項の承認を受けていること。
三　当該株式取得者が第百四十条第四項に規定する指定買取人であること。
四　当該株式取得者が相続その他の一般承継により譲渡制限株式を取得した者であること。

⊛+【譲渡制限株式↓二[十七]、一三六—一四五　[四]【その他の一般承継による取得↓七五〇①、七五二①、七五四①、七五六①、七五九①、七六一①、七六四①、七六六①

（親会社株式の取得の禁止）

第一三五条① 子会社は、その親会社である株式会社の株式（以下この条において「親会社株式」という。）を取得してはならない。
② 前項の規定は、次に掲げる場合には、適用しない。
一　他の会社（外国会社を含む。）の事業の全部を譲り受ける場合において当該他の会社の有する親会社株式を譲り受ける場合

二　合併後消滅する会社から親会社株式を承継する場合

三　吸収分割により他の会社から親会社株式を承継する場合

四　新設分割により他の会社から親会社株式を承継する場合

五　前各号に掲げるもののほか、法務省令で定める場合

③　子会社は、相当の時期にその有する親会社株式を処分しなければならない。

⊛❶【子会社が有する親会社株式→三〇八①　❶❸【違反に対する制裁→九七六㈩　❷[二]【事業全部の譲受け→四六七①㈢　[三]【合併による承継→七五〇①・七五四①　[三]【吸収分割による承継→七五九①　[四]【新設分割による承継→七六四①　[五]【省令で定める場合→会社則二三

第二款　株式の譲渡に係る承認手続

（株主からの承認の請求）

第一三六条　譲渡制限株式の株主は、その有する譲渡制限株式を他人（当該譲渡制限株式を発行した株式会社を除く。）に譲り渡そうとするときは、当該株式会社に対し、当該他人が当該譲渡制限株式を取得することについて承認をするか否かの決定をすることを請求することができる。

⊛【譲渡制限株式→二[十七]・一三四㈠【譲渡等承認請求→一三八㈠・一三九—一四五

（株式取得者からの承認の請求）

第一三七条①　譲渡制限株式を取得した株式取得者は、株式会社に対し、当該譲渡制限株式を取得したことについて承認をするか否かの決定をすることを請求することができる。

②　前項の規定による請求は、利害関係人の利益を害するおそれがないものとして法務省令で定める場合を除き、その取得した株式の株主として株主名簿に記載され、若しくは記録された者又はその相続人その他の一般承継人と共同してしなければならない。

⊛❶【株式取得者→一三三①【譲渡等承認請求→一三八㈡・一三九—一四五　❷【省令で定める場合→会社則二四【その他の一般承継人→一三三②⊛

> **競落人が取締役会の承認を得ない場合**
>
> [1]　競落人が取締役会の承認の請求をしない場合は、競売前の株主は会社に対してはなお株主としての地位を有する。（最判昭63・3・15判時一二七三・一二四、会社法百選[初版]二〇）

（譲渡等承認請求の方法）

第一三八条　次の各号に掲げる請求（以下この款において「譲渡等承認請求」という。）は、当該各号に定める事項を明らかにしてしなければならない。

一　第百三十六条の規定による請求　次に掲げる事項

イ　当該請求をする株主が譲り渡そうとする譲渡制限株式の数（種類株式発行会社にあっては、譲渡制限株式の種類及び種類ごとの数）

ロ　イの譲渡制限株式を譲り受ける者の氏名又は名称

ハ　株式会社が第百三十六条の承認をしない旨の決定をする場合において、当該株式会社又は第百四十条第四項に規定する指定買取人がイの譲渡制限株式を買い取ることを請求するときは、その旨

二　前条第一項の規定による請求　次に掲げる事項

イ　当該請求をする株式取得者の取得した譲渡制限株式の数（種類株式発行会社にあっては、譲渡制限株式の種類及び種類ごとの数）

ロ　イの株式取得者の氏名又は名称

ハ　株式会社が前条第一項の承認をしない旨の決定をする場合において、当該株式会社又は第百四十条第四項に規定する指定買取人がイの譲渡制限株式を買い取ることを請求するときは、その旨

⊛[一][二]【不承認の場合→一四二・一五五㈢【請求の撤回→一四三　[二]【株式取得者→一三三①

（譲渡等の承認の決定等）

第一三九条①　株式会社が第百三十六条又は第百三十七条第一項の承認をするか否かの決定をするには、株主総会（取締役会設置会社にあっては、取締役会）の決議によらなければならない。ただし、定款に別段の定めがある場合は、この限りでない。

②　株式会社は、前項の決定をしたときは、譲渡等承認請求をした者（以下この款において「譲渡等承認請求者」という。）に対し、当該決定の内容を通知しなければならない。

⊛❶【承認の決定→一三四㈡㈢【不承認の決定→一四〇—一四四・一四五㈡【株主総会決議→三〇九①【取締役会決議→四一六④㈡　❷【通知→一二六①②・一四五㈡【罰則→九七六㈡

> **譲渡制限**
>
> **1　承認がなくても有効とされた場合**
>
> [1]　譲渡人以外の社員［株主］全員がこれを承認していたときは、右譲渡が、社員総会［株主総会］の承認がなくしてなされていても、譲渡当事者以外の者に対する関係においても有効と解するのが相当である。（最判平9・3・27民集五一・三・一六二八、重判平9商三）
>
> [2]　一人会社の株主がその保有する株式を他に譲渡した場合には、定款所定の取締役会の承認がなくても、その譲渡は、会社に対する関係においても有効である。（最判平5・3・30民集四七・四・三四三九、会社法百選[二版]一八）
>
> **2　株主総会（取締役会）の承認を得ずになされた譲渡の効力**
>
> [3]　定款に株式譲渡につき取締役会の承認を要する定めがある場合に、取締役会の承認を得ずになされた株式の譲渡は、会社に対する関係では効力を生じないが、譲渡当事者間では有効である。（最判昭48・6・15民集二七・六・七〇〇、会社法百選[四版]一六）
>
> [4]　定款に株式譲渡につき取締役会の承認を要する定めがある場合に、取締役会の承認を得ないでされた株式の譲渡は、譲渡の当事者間においては有効であるが、会社に対する関係では効力を生じないと解すべきであるから（前出[3]参照）、会社は、右譲渡人を株主として取り扱う義務があるものというべきであり、その反面として、譲渡人は、会社に対してはなお株主の地位を有するものというべきである。（最判昭63・3・15判時一二七三・一二四、会社法百選

[初版]二〇）

[5] **3 譲渡担保の設定と譲渡制限**　株式の譲渡につき定款による制限のある場合に、譲渡担保につき取締役会の承認を得ていなくても当事者間には株式移転の効力を生ずる。（最判昭48・6・15前出[3]）

4 遺言による信託の設定

[6] 遺言によって譲渡制限株式を信託財産とする信託が設定されたとしても、当該株式を受託者に移転することは遺贈と同じく一般承継ではないから、当該株式を受託者に移転するためには会社の承認が必要となる。（東京高判平28・10・19判時二三二五・四一……受託者が信託財産とされた株式の株主として株主総会決議の不存在確認の訴え及び取消しの訴えを提起したことに対して、当該株式の移転について会社の承認を得ることができなければ受託者としての役割を果たすことができず信託は目的達成不能により終了すると解されるし、みなし承認に関する規定が適用される可能性があるが受益者全員が受益権を放棄したことにより信託は目的達成不能により終了したので、受託者は信託財産とされた株式について株主権を行使することはできないとして訴えを却下した事例）

（株式会社又は指定買取人による買取り）

第一四〇条①　株式会社は、第百三十八条第一号ハ又は第二号ハの請求を受けた場合において、第百三十六条又は第百三十七条第一項の承認をしない旨の決定をしたときは、当該譲渡等承認請求に係る譲渡制限株式（以下この款において「対象株式」という。）を買い取らなければならない。この場合においては、次に掲げる事項を定めなければならない。

一　対象株式を買い取る旨

二　株式会社が買い取る対象株式の数（種類株式発行会社にあっては、対象株式の種類及び種類ごとの数）

②　前項各号に掲げる事項の決定は、株主総会の決議によらなければならない。

③　譲渡等承認請求者は、前項の株主総会において議決権を行使することができない。ただし、当該譲渡等承認請求者以外の株主の全部が同項の株主総会において議決権を行使することができない場合は、この限りでない。

④　第一項の規定にかかわらず、同項に規定する場合には、株式会社は、対象株式の全部又は一部を買い取る者（以下この款において「指定買取人」という。）を指定することができる。

⑤　前項の規定による指定は、株主総会（取締役会設置会社にあっては、取締役会）の決議によらなければならない。ただし、定款に別段の定めがある場合は、この限りでない。

⊛❶【会社による対象株式の買取り↓一五五㊂・一四一・一四四①―⑥・四六一①㊂・四六二①・四六五①㊂　❷❺【総会決議↓三〇九②㊀　❸【特別利害関係株主の議決権の排除↓一六〇④・一七五②　❹❺【指定買取人による買取り↓一四二・一四四⑦【取締役会決議↓四一六④㊀

（株式会社による買取りの通知）

第一四一条①　株式会社は、前条第一項各号に掲げる事項を決定したときは、譲渡等承認請求者に対し、これらの事項を通知しなければならない。

②　株式会社は、前項の規定による通知をしようとするときは、一株当たり純資産額（一株当たりの純資産額として法務省令で定める方法により算定される額をいう。以下同じ。）に前条第一項第二号の対象株式の数を乗じて得た額をその本店の所在地の供託所に供託し、かつ、当該供託を証する書面を譲渡等承認請求者に交付しなければならない。

③　対象株式が株券発行会社の株式である場合には、前項の書面の交付を受けた譲渡等承認請求者は、当該交付を受けた日から一週間以内に、前条第一項第二号の対象株式に係る株券を当該株券発行会社の本店の所在地の供託所に供託しなければならない。この場合においては、当該譲渡等承認請求者は、当該株券発行会社に対し、遅滞なく、当該供託をした旨を通知しなければならない。

④　前項の譲渡等承認請求者が同項の期間内に同項の規定による供託をしなかったときは、株券発行会社は、前条第一項第二号の対象株式の売買契約を解除することができる。

⊛❶【通知↓一二六①②・一四三①・一四五㊂【罰則↓九七六㊁　❷【供託額と売買価格の関係↓一四四⑤⑥【省令で定める方法↓会社則二五　❷❸【本店の所在地↓四⊛【供託↓民四九五⊛・四九六①　❸【株券発行会社↓一一七⑦【通知↓民九七①　❹【売買の解除↓民五四一

（指定買取人による買取りの通知）

第一四二条①　指定買取人は、第百四十条第四項の規定による指定を受けたときは、譲渡等承認請求者に対し、次に掲げる事項を通知しなければならない。

一　指定買取人として指定を受けた旨

二　指定買取人が買い取る対象株式の数（種類株式発行会社にあっては、対象株式の種類及び種類ごとの数）

②　指定買取人は、前項の規定による通知をしようとするときは、一株当たり純資産額に同項第二号の対象株式の数を乗じて得た額を株式会社の本店の所在地の供託所に供託し、かつ、当該供託を証する書面を譲渡等承認請求者に交付しなければならない。

③　対象株式が株券発行会社の株式である場合には、前項の書面の交付を受けた譲渡等承認請求者は、当該交付を受けた日から一週間以内に、第一項第二号の対象株式に係る株券を当該株券発行会社の本店の所在地の供託所に供託しなければならない。この場合においては、当該譲渡等承認請求者は、指定買取人に対し、遅滞なく、当該供託をした旨を通知しなければならない。

④　前項の譲渡等承認請求者が同項の期間内に同項の規定による供託をしなかったときは、指定買取人は、第一項第二号の対象株式の売買契約を解除することができる。

⊛❶❸【通知↓民九七①、一四三②・一四五㊂　❷【供託額と売買価格の関係↓一四四⑤―⑦　❷❸【本店の所在地↓四⊛【供託↓民四九五⊛・四九六①　❸【株券発行会社↓一一七⑦　❹【売買の解除↓民五四一

[1] **指定買取人の売渡請求の法的効果**
先買権者［指定買取人］の売渡請求は株主の株式売却の申込みに対する承諾に当たり、それによって売買なる法律関係が一方的に成立し、その後は先買権者が右請求を一方的に撤回する余地はない。（大阪高判平元・4・27判時一三三二・一三〇、重判平元商一……先買権者が売買価格の協議不調のため請求を撤回した事例）

（譲渡等承認請求の撤回）
第一四三条① 第百三十八条第一号ハ又は第二号ハの請求をした譲渡等承認請求者は、第百四十一条第一項の規定による通知を受けた後は、株式会社の承諾を得た場合に限り、その請求を撤回することができる。
② 第百三十八条第一号ハ又は第二号ハの請求をした譲渡等承認請求者は、前条第一項の規定による通知を受けた後は、指定買取人の承諾を得た場合に限り、その請求を撤回することができる。

参【請求の撤回→民五二三①、五二五

（売買価格の決定）
第一四四条① 第百四十一条第一項の規定による通知があった場合には、第百四十条第一項第二号の対象株式の売買価格は、株式会社と譲渡等承認請求者との協議によって定める。
② 株式会社又は譲渡等承認請求者は、第百四十一条第一項の規定による通知があった日から二十日以内に、裁判所に対し、売買価格の決定の申立てをすることができる。
③ 裁判所は、前項の決定をするには、譲渡等承認請求の時における株式会社の資産状態その他一切の事情を考慮しなければならない。
④ 第一項の規定にかかわらず、第二項の期間内に同項の申立てがあったときは、当該申立てにより裁判所が定めた額をもって第百四十条第一項第二号の対象株式の売買価格とする。
⑤ 第一項の規定にかかわらず、第二項の期間内に同項の申立てがないとき（当該期間内に第一項の協議が調った場合を除く。）は、一株当たり純資産額に第百四十条第一項第二号の対象株式の数を乗じて得た額をもって当該対象株式の売買価格とする。
⑥ 第百四十一条第二項の規定による供託をした場合において、第百四十条第一項第二号の対象株式の売買価格が確定したときは、株式会社は、供託した金銭に相当する額を限度として、売買代金の全部又は一部を支払ったものとみなす。
⑦ 前各項の規定は、第百四十二条第一項の規定による通知があった場合について準用する。この場合において、第一項中「第百四十条第一項第二号」とあるのは「第百四十二条第一項第二号」と、「株式会社」とあるのは「指定買取人」と、第二項中「株式会社」とあるのは「指定買取人」と、第四項及び第五項中「第百四十条第一項第二号」とあるのは「第百四十二条第一項第二号」と、前項中「第百四十一条第二項」とあるのは「第百四十二条第二項」と、「第百四十条第一項第二号」とあるのは「同条第一項第二号」と、「株式会社」とあるのは「指定買取人」と読み替えるものとする。

参【売買価格→四六一①㈠、八七〇②㈢　❺【一株当たり純資産額→一四一②　❷―❹❼【裁判所の決定→八六八①

一　同族会社の株式の売買価格決定の基準
[1] 同族会社的色彩が濃厚で少数者による支配が確立している会社では、配当額の決定は経営担当者や支配株主の経営政策に依拠するところが多く、それ自体不確定要素の高いものであるから、過去の配当額に多くを依拠する配当還元方式のみによることは不十分であり、純資産価額方式及び収益還元方式をも併用するのが相当である。（東京高決平元・5・23判時一三一八・一二五……配当還元方式六、簿価純資産方式及び収益還元方式を各二とするのが相当とされた事例）

二　株式会社自身が買取人である場合の株式の売買価格決定の基準
[2] 株式会社が自らを株式の先買権者［買取人］として指定した場合において、その株式会社は自己株式の取得により当該株式についての配当を免れる立場にあり、将来配当利益を受けることを目的として自己株式を取得するということはあり得ないから、株式の価格決定に際し、株主が将来受けるのであろう配当利益を基礎とする配当還元方式に重きを置くことはできず、買手の立場からは収益方式が、売手の立場からは配当方式と純資産方式が合理的であり、これらを併用すべきである。（札幌高決平17・4・26判タ一二一六・二七二……配当方式二五、純資産方式二五、収益方式五〇の割合で組み合わせる併用方式により決定するのが相当とされた事例）

三　ベンチャー企業の株式の売買価格を収益還元方式のみで評価すべきとされた事例
[3] 譲渡制限のある非上場会社の株式譲渡により、相手方が会社を完全に支配できる場合には、経営権の移動に準じて取り扱い、純資産方式、収益還元方式を検討すべきであるが、当該会社が、創業してさほど年月が経過しておらず、資産に含み益がある不動産等は存在しないこと、ベンチャー企業として成長力が大きく、売上げは順調に推移しており、その事業の進展の経緯からすれば、その後も同程度の利益が確実に見込まれることを考慮すると、純資産方式を採用すると株式価値を過小に評価するおそれがあり、収益還元方式のみによって評価するのが相当である。（東京高決平20・4・4判タ一二八四・二七三）

（株式会社が承認をしたとみなされる場合）
第一四五条 次に掲げる場合には、株式会社は、第百三十六条又は第百三十七条第一項の承認をする旨の決定をしたものとみなす。ただし、株式会社と譲渡等承認請求者との合意により別段の定めをしたときは、この限りでない。
一 株式会社が第百三十六条又は第百三十七条第一項の規定による請求の日から二週間（これを下回る期間を定款で定めた場合にあっては、その期間）以内に第百三十九条第二項の規定による通知をしなかった場合
二 株式会社が第百三十九条第二項の規定による通知

の日から四十日（これを下回る期間を定款で定めた場合にあっては、その期間）以内に第百四十一条第一項の規定による通知をしなかった場合（指定買取人が第百三十九条第二項の規定による通知の日から十日（これを下回る期間を定款で定めた場合にあっては、その期間）以内に第百四十二条第一項の規定による通知をした場合を除く。）

三　前二号に掲げる場合のほか、法務省令で定める場合

参〔二〕【指定買取人→一四〇④】〔三〕【省令で定める場合→会社則二六】

◆【譲渡担保】

〔7〕
一　**非上場会社の株式を譲渡担保に供した場合の株主共益権の帰属**　非上場会社の全株式を譲渡担保に供した場合、譲渡担保の設定が、株式の交換価値の把握を目的にしたものにとどまらず、営業権を貸付金の実質的な担保として確保するために株式を取得することにより経営権を確保しようとしたものであるときは、株主共益権は債権者に帰属すると解するのが当事者の合理的な意思解釈に合致する。（最決平17・11・15刑集五九・九・一四七六）

二　**譲渡担保の設定と譲渡制限**→一三九条〔5〕

第三款　株式の質入れ

（株式の質入れ）

第一四六条①　株主は、その有する株式に質権を設定することができる。

②　株券発行会社の株式の質入れは、当該株式に係る株券を交付しなければ、その効力を生じない。

参❶【質権の効力→民三六二・三四二—三五五、一五一①・一五三、一五四】❷【株券発行会社→一一七⑦】【株券の交付→一四七②・一二八①、一三二②】【振替口座簿の記載・記録→社債株式振替一四一】

（株式の質入れの対抗要件）

第一四七条①　株式の質入れは、その質権者の氏名又は名称及び住所を株主名簿に記載し、又は記録しなければ、株式会社その他の第三者に対抗することができない。

②　前項の規定にかかわらず、株券発行会社の株式の質権者は、継続して当該株式に係る株券を占有しなければ、その質権をもって株券発行会社その他の第三者に対抗することができない。

③　民法第三百六十四条の規定は、株式については、適用しない。

参†【対抗要件→民三六四、社債株式振替一三二③〔五〕・一五一②〔三〕】❶【株主名簿→一二一—一二六・一四八・一五二①、社債株式振替一五一③④】【株主名簿に記載された質権者→一四九—一五四】

（株主名簿の記載等）

第一四八条　株式に質権を設定した者は、株式会社に対し、次に掲げる事項を株主名簿に記載し、又は記録することを請求することができる。

一　質権者の氏名又は名称及び住所

二　質権の目的である株式

参†【株主名簿→一二一—一二六】【質権設定者による請求→一三三②・二一八⑤】【物上代位による記載・記録→一五二①・八四四③④】【総株主通知による質権者の記載・記録→社債株式振替一五一③④】【記載の禁止→五四一】

（株主名簿の記載事項を記載した書面の交付等）

第一四九条①　前条各号に掲げる事項が株主名簿に記載され、又は記録された質権者（以下「登録株式質権者」という。）は、株式会社に対し、当該登録株式質権者についての株主名簿に記載され、若しくは記録された同条各号に掲げる事項を記載した書面の交付又は当該事項を記録した電磁的記録の提供を請求することができる。

②　前項の書面には、株式会社の代表取締役（指名委員会等設置会社にあっては、代表執行役。次項において同じ。）が署名し、又は記名押印しなければならない。

③　第一項の電磁的記録には、株式会社の代表取締役が法務省令で定める署名又は記名押印に代わる措置をとらなければならない。

④　前三項の規定は、株券発行会社については、適用しない。

参❶【書面等の交付に関する制裁→九七六〔四〕〔七〕】❶❸【電磁的記録→二六②】❸【省令で定める措置→会社則二二五】❹【株券発行会社→一一七⑦】†【株主の権利→一二二】

（登録株式質権者に対する通知等）

第一五〇条①　株式会社が登録株式質権者に対してする通知又は催告は、株主名簿に記載し、又は記録した当該登録株式質権者の住所（当該登録株式質権者が別に通知又は催告を受ける場所又は連絡先を当該株式会社に通知した場合にあっては、その場所又は連絡先）にあてて発すれば足りる。

②　前項の通知又は催告は、その通知又は催告が通常到達すべきであった時に、到達したものとみなす。

参†【登録株式質権者への通知・催告→一六八②・一六九③・一七〇③・一八一①・一八七②・一九八、二一八①③・二一九①・二二四①・二七九②・七七六②・七八三⑤】【通知・催告を要しない場合→一九六③】【通知の懈怠に対する制裁→九七六〔二〕】【株主名簿の他の効果→一二六】参❶【株主名簿上の住所→一四八〔二〕・一九八②】❷【到達→民九七①】

（株式の質入れの効果）

第一五一条①　株式会社が次に掲げる行為をした場合には、株式を目的とする質権は、当該行為によって当該株式の株主が受けることのできる金銭等（金銭その他の財産をいう。以下同じ。）について存在する。

一　第百六十七条第一項の規定による取得請求権付株式の取得

二　第百七十条第一項の規定による取得条項付株式の取得

三　第百七十三条第一項の規定による第百七十一条第一項に規定する全部取得条項付種類株式の取得

四　株式の併合

五　株式の分割

六　第百八十五条に規定する株式無償割当て

七　第二百七十七条に規定する新株予約権無償割当て
八　剰余金の配当
九　残余財産の分配
十　組織変更
十一　合併（合併により当該株式会社が消滅する場合に限る。）
十二　株式交換
十三　株式移転
十四　株式の取得（第一号から第三号までに掲げる行為を除く。）

② 特別支配株主（第百七十九条第一項に規定する特別支配株主をいう。第百五十四条第三項において同じ。）が株式売渡請求（第百七十九条第二項に規定する株式売渡請求をいう。）により売渡株式（第百七十九条の二第一項第二号に規定する売渡株式をいう。以下この項において同じ。）の取得をした場合には、売渡株式を目的とする質権は、当該取得によって当該売渡株式の株主が受けることのできる金銭について存在する。

⊛❶【物上代位↓一五四①．八四〇④．八四一②．八四二②【権利質の一般原則↓民三六二②．三五〇．三〇四　【一】―【三】【六】【株主名簿への記載↓一五二①【登録株式質権者への株券交付↓一五三①　【四】【株式の併合↓一八〇―一八二の六．一五二②【登録株式質権者への株券交付↓一五三②　【五】【株式の分割↓一八三．一八四．一五二③【登録株式質権者への株券交付↓一五三③　【八】【剰余金の配当↓四五三―四六五　【九】【残余財産の分配↓五〇四．五〇五　【十】【組織変更↓七四四．七四五　【十一】【合併↓七四九―七五六　【十二】【株式交換↓七六七―七七一　【十三】【株式移転↓七七二―七七四　【十四】【株式の取得↓一五五―一六五　❷【株式売渡請求↓一七九―一七九の一〇

物上代位権行使の方法

[1]　**1　株券の提出を要する権利の場合**　商法二〇八条［本条一項］所定の物上代位の目的とされている権利のうち、その行使に株券の提出を要するものについては、質権を主張するための会社への提出を要する。株券の会社及び第三者に対する対抗要件としては、株券の占有で足り、民法三五〇条、三〇四条一項ただし書所定の差押えを要しない。（東京高判昭56・3・30高民三四・一・一一、会社法百選[初版]二三）

[2]　**2　株券の提出を要しない権利の場合**　商法二〇八条［本条一項］所定の物上代位の目的とされている権利のうち、その行使に株券の提出を要せず、株主名簿の記載のみを基準とされるものについては、対抗要件としての差押えは必要でないが、株券等が株主の一般財産に混入してしまえば質権が消滅するから、これを防止するためには、一般財産に混入する以前に差押えをする必要がある。（東京高判昭56・3・30前出[1]）

第一五二条① 株式会社（株券発行会社を除く。以下この条において同じ。）は、前条第一項第一号から第三号までに掲げる行為をした場合（これらの行為に際して当該株式会社が株式を交付する場合に限る。）又は同項第六号に掲げる行為をした場合において、同項の質権の質権者が登録株式質権者（第二百十八条第五項の規定による請求により第百四十八条各号に掲げる事項が株主名簿に記載され、又は記録されたものを除く。以下この款において同じ。）であるときは、前条第一項の株主が受けることができる株式について、その質権者の氏名又は名称及び住所を株主名簿に記載し、又は記録しなければならない。

② 株式会社は、株式の併合をした場合において、前条第一項の質権の質権者が登録株式質権者であるときは、併合した株式について、その質権者の氏名又は名称及び住所を株主名簿に記載し、又は記録しなければならない。

③ 株式会社は、株式の分割をした場合において、前条第一項の質権の質権者が登録株式質権者であるときは、分割した株式について、その質権者の氏名又は名称及び住所を株主名簿に記載し、又は記録しなければならない。

⊛+【登録株式質権者↓一四九①【株券発行会社↓一一七⑦．一五三

第一五三条① 株券発行会社は、前条第一項に規定する場合には、第百五十一条第一項の株主が受ける株式に係る株券を登録株式質権者に引き渡さなければならない。

② 株券発行会社は、前条第二項に規定する場合には、併合した株式に係る株券を登録株式質権者に引き渡さなければならない。

③ 株券発行会社は、前条第三項に規定する場合には、分割した株式について新たに発行する株券を登録株式質権者に引き渡さなければならない。

⊛+【株券発行会社↓一一七⑦【登録株式質権者↓一四九①

第一五四条① 登録株式質権者は、第百五十一条第一項の金銭等（金銭に限る。）又は同条第二項の金銭を受領し、他の債権者に先立って自己の債権の弁済に充てることができる。

② 株式会社が次の各号に掲げる行為をした場合において、前項の債権の弁済期が到来していないときは、登録株式質権者は、当該各号に定める者に同項に規定する金銭等に相当する金額を供託させることができる。この場合において、質権は、その供託金について存在する。

一　第百五十一条第一項第一号から第六号まで、第八号、第九号又は第十四号に掲げる行為　当該株式会社
二　組織変更　第七百四十四条第一項第一号に規定する組織変更後持分会社
三　合併（合併により当該株式会社が消滅する場合に限る。）　第七百四十九条第一項に規定する吸収合併存続会社又は第七百五十三条第一項に規定する新設合併設立会社
四　株式交換　第七百六十七条に規定する株式交換完全親会社
五　株式移転　第七百七十三条第一項第一号に規定する株式移転設立完全親会社

③ 第百五十一条第二項に規定する場合において、第一項の債権の弁済期が到来していないときは、登録株式質権者は、当該特別支配株主に同条第二項の金銭に相

当する金額を供託させることができる。この場合において、質権は、その供託金について存在する。

参+【登録株式質権者↓一四九①　❶【金銭の受領↓民三六二②・三五〇・二九七、八四〇⑤・八四一②・八四二②　❷❸【質権者のための供託↓民三六六③・四九五、供、八四〇⑥・八四一②・八四二②

第四款　信託財産に属する株式についての対抗要件等

第一五四条の二① 株式については、当該株式が信託財産に属する旨を株主名簿に記載し、又は記録しなければ、当該株式が信託財産に属することを株式会社その他の第三者に対抗することができない。

② 第百二十一条第一号の株主は、その有する株式が信託財産に属するときは、株式会社に対し、その旨を株主名簿に記載し、又は記録することを請求することができる。

③ 株主名簿に前項の規定による記載又は記録がされた場合における第百二十二条第一項及び第百三十二条の規定の適用については、第百二十二条第一項中「記録された株主名簿記載事項」とあるのは「記録された株主名簿記載事項（当該株主の有する株式が信託財産に属する旨を含む。）」と、第百三十二条中「株主名簿記載事項」とあるのは「株主名簿記載事項（当該株主の有する株式が信託財産に属する旨を含む。）」とする。

④ 前三項の規定は、株券発行会社については、適用しない。

参+【信託財産↓信託二③　❶【株主名簿↓一二一―一二六【振替口座簿の記載・記録↓社債株式振替一四二　❷【株主名簿記載事項↓一二一・五四一　❹【株券発行会社↓一一七⑦

第四節　株式会社による自己の株式の取得

第一款　総則

第一五五条　株式会社は、次に掲げる場合に限り、当該株式会社の株式を取得することができる。

一　第百七条第二項第三号イの事由が生じた場合

二　第百三十八条第一号ハ又は第二号ハの請求があった場合

三　次条第一項の決議があった場合

四　第百六十六条第一項の規定による請求があった場合

五　第百七十一条第一項の決議があった場合

六　第百七十六条第一項の規定による請求をした場合

七　第百九十二条第一項の規定による請求があった場合

八　第百九十七条第三項各号に掲げる事項を定めた場合

九　第二百三十四条第四項各号（第二百三十五条第二項において準用する場合を含む。）に掲げる事項を定めた場合

十　他の会社（外国会社を含む。）の事業の全部を譲り受ける場合において当該他の会社が有する当該株式会社の株式を取得する場合

十一　合併後消滅する会社から当該株式会社の株式を承継する場合

十二　吸収分割をする会社から当該株式会社の株式を承継する場合

十三　前各号に掲げる場合のほか、法務省令で定める場合

参+【自己株式↓一九四・一九九①・三〇八②・四五三・七四九①㊂・七五八㊃・七六八①㊂【金融商品取引法の規制↓金商二四の六、二五①㊉・一六二の二・一六六①②㊀二⑥㊃の㊁【二】【三】【四】―【十三】【取得方法↓一五六②　【十】【事業全部の譲受け↓四六七①㊂②　【十一】【合併による承継↓七五〇①・七五四①　【十二】【吸収分割による承継↓七五九①　+【不正な取得↓九六三⑤㊀【適用除外↓五〇九①㊀③

第二款　株主との合意による取得

第一目　総則

（**株式の取得に関する事項の決定**）

第一五六条① 株式会社が株主との合意により当該株式会社の株式を有償で取得するには、あらかじめ、株主総会の決議によって、次に掲げる事項を定めなければならない。ただし、第三号の期間は、一年を超えることができない。

一　取得する株式の数（種類株式発行会社にあっては、株式の種類及び種類ごとの数）

二　株式を取得するのと引換えに交付する金銭等（当該株式会社の株式等を除く。以下この款において同じ。）の内容及びその総額

三　株式を取得することができる期間

② 前項の規定は、前条第一号及び第二号並びに第四号から第十三号までに掲げる場合には、適用しない。

参❶【総会決議↓一六〇①・三〇九①②㊁・四六〇①【取締役会決議で足りる場合↓一六三・一六五③・四五九①㊀

> **7　自己株式買受けの商行為性**　株式の消却のための株式の買受けは、商法五〇三条一項［会社五条］にいう営業［事業］のためにする行為には当たらない。（福島地判平12・10・31判タ一一一三・二一七）

（**取得価格等の決定**）

第一五七条① 株式会社は、前条第一項の規定による決定に従い株式を取得しようとするときは、その都度、次に掲げる事項を定めなければならない。

一　取得する株式の数（種類株式発行会社にあっては、株式の種類及び数）

二　株式一株を取得するのと引換えに交付する金銭等の内容及び数若しくは額又はこれらの算定方法

三　株式を取得するのと引換えに交付する金銭等の総額

四　株式の譲渡しの申込みの期日

② 取締役会設置会社においては、前項各号に掲げる事項の決定は、取締役会の決議によらなければならない。

③ 第一項の株式の取得の条件は、同項の規定による決定ごとに、均等に定めなければならない。

参❶【株主への通知・公告↓一五八　【二】【取得総数↓一五九②

〔三〕【金銭等の総額↓四六一①〔三〕・四六二①〔三〕・四六五①〔三〕〔四〕【申込みの期日↓一五九②　【本条の適用除外↓一六三・一六五①

（株主に対する通知等）

第一五八条①　株式会社は、株主（種類株式発行会社にあっては、取得する株式の種類の種類株主）に対し、前条第一項各号に掲げる事項を通知しなければならない。

②　公開会社においては、前項の規定による通知は、公告をもってこれに代えることができる。

❶【通知↓一二六、一五九、一六〇⑤　❷【公告↓九三九、九四〇　【懈怠への制裁↓九七六〔二〕【本条の適用除外↓一六三、一六五①

（譲渡しの申込み）

第一五九条①　前条第一項の規定による通知を受けた株主は、その有する株式の譲渡しの申込みをしようとするときは、株式会社に対し、その申込みに係る株式の数（種類株式発行会社にあっては、株式の種類及び数）を明らかにしなければならない。

②　株式会社は、第百五十七条第一項第四号の期日において、前項の株主が申込みをした株式の譲受けを承諾したものとみなす。ただし、同項の株主が申込みをした株式の総数（以下この項において「申込総数」という。）が同条第一項第一号の数（以下この項において「取得総数」という。）を超えるときは、取得総数を申込総数で除して得た数に前項の株主が申込みをした株式の数を乗じて得た数（その数に一に満たない端数がある場合にあっては、これを切り捨てるものとする。）の株式の譲受けを承諾したものとみなす。

【本条の適用除外↓一六三、一六五①

第二目　特定の株主からの取得

（特定の株主からの取得）

第一六〇条①　株式会社は、第百五十六条第一項各号に掲げる事項の決定に併せて、同項の株主総会の決議によって、第百五十八条第一項の規定による通知を特定の株主に対して行う旨を定めることができる。

②　株式会社は、前項の規定による決定をしようとするときは、法務省令で定める時までに、株主（種類株式発行会社にあっては、取得する株式の種類の種類株主）に対し、次項の規定による請求をすることができる旨を通知しなければならない。

③　前項の株主は、第一項の特定の株主に自己をも加えたものを同項の株主総会の議案とすることを、法務省令で定める時までに、請求することができる。

④　第一項の特定の株主は、第百五十六条第一項の株主総会において議決権を行使することができない。ただし、第一項の特定の株主以外の株主の全部が当該株主総会において議決権を行使することができない場合は、この限りでない。

⑤　第一項の特定の株主を定めた場合における第百五十八条第一項の規定の適用については、同項中「株主（種類株式発行会社にあっては、取得する株式の種類の種類株主）」とあるのは、「第百六十条第一項の特定の株主」とする。

❶【総会決議↓三〇九②〔二〕　❷【省令で定める時↓会社則二八　❷❸【適用除外↓一六一・一六二【定款による適用排除↓一六四　❸【省令で定める時↓会社則二九　❹【特別利害関係株主の議決権排除↓一四〇③・一七五②　【本条の適用除外↓一六三、一六五①

（市場価格のある株式の取得の特則）

第一六一条　前条第二項及び第三項の規定は、取得する株式が市場価格のある株式である場合において、当該株式一株を取得するのと引換えに交付する金銭等の額が当該株式一株の市場価格として法務省令で定める方法により算定されるものを超えないときは、適用しない。

【市場価格のある株式↓三三⑩〔二〕・一六七③〔一〕・一九三①〔一〕・一九七②、二〇一②、二八三〔一〕【省令で定める方法↓会社則三〇

（相続人等からの取得の特則）

第一六二条　第百六十条第二項及び第三項の規定は、株式会社が株主の相続人その他の一般承継人からその相続その他の一般承継により取得した当該株式会社の株式を取得する場合には、適用しない。ただし、次のいずれかに該当する場合は、この限りでない。

一　株式会社が公開会社である場合

二　当該相続人その他の一般承継人が株主総会又は種類株主総会において当該株式について議決権を行使した場合

【その他の一般承継人↓一三三②　〔一〕【公開会社↓二〔五〕

（子会社からの株式の取得）

第一六三条　株式会社がその子会社の有する当該株式会社の株式を取得する場合における第百五十六条第一項の規定の適用については、同項中「株主総会」とあるのは、「株主総会（取締役会設置会社にあっては、取締役会）」とする。この場合においては、第百五十七条から第百六十条までの規定は、適用しない。

【子会社↓二〔三〕【取得対価に関する制約↓四六一①〔二〕・四六二①〔二〕【欠損が生じた場合の責任↓四六五①〔二〕

（特定の株主からの取得に関する定款の定め）

第一六四条①　株式会社は、株式（種類株式発行会社にあっては、ある種類の株式。次項において同じ。）の取得について第百六十条第一項の規定による決定をするときは同条第二項及び第三項の規定を適用しない旨を定款で定めることができる。

②　株式の発行後に定款を変更して当該株式について前項の規定による定款の定めを設け、又は当該定めについての定款の変更（同項の定款の定めを廃止するものを除く。）をしようとするときは、当該株式を有する株主全員の同意を得なければならない。

❷【株主全員の同意↓商登四六①

第三目　市場取引等による株式の取得

第一六五条①　第百五十七条から第百六十条までの規定

は、株式会社が市場において行う取引又は金融商品取引法第二十七条の二第六項に規定する公開買付けの方法（以下この条において「市場取引等」という。）により当該株式会社の株式を取得する場合には、適用しない。

② 取締役会設置会社は、市場取引等により当該株式会社の株式を取得することを取締役会の決議によって定めることができる旨を定款で定めることができる。

③ 前項の規定による定款の定めを設けた場合における第百五十六条第一項の規定の適用については、同項中「株主総会」とあるのは、「株主総会（第百六十五条第一項に規定する場合にあっては、株主総会又は取締役会）」とする。

参＋【取得対価に関する制約→四六一①〔二〕・四六二①〔二〕】【欠損が生じた場合の責任→四六五①〔二〕】

第三款　取得請求権付株式及び取得条項付株式の取得

第一目　取得請求権付株式の取得の請求

（取得の請求）

第一六六条① 取得請求権付株式の株主は、株式会社に対して、当該株主の有する取得請求権付株式を取得することを請求することができる。ただし、当該取得請求権付株式を取得するのと引換えに第百七条第二項第二号ロからホまでに規定する財産を交付する場合において、これらの財産の帳簿価額が当該請求の日における第四百六十一条第二項の分配可能額を超えているときは、この限りでない。

② 前項の規定による請求は、その請求に係る取得請求権付株式の数（種類株式発行会社にあっては、取得請求権付株式の種類及び種類ごとの数）を明らかにしてしなければならない。

③ 株券発行会社の株主がその有する取得請求権付株式について第一項の規定による請求をしようとするときは、当該取得請求権付株式に係る株券を株券発行会社に提出しなければならない。ただし、当該取得請求権付株式に係る株券が発行されていない場合は、この限りでない。

参❶【取得請求権付株式→二〔十八〕・一〇七①〔二〕②〔二〕・一〇八①〔五〕②〔五〕】【取得等の効力の発生→一六七①②】【取得の制約→四六五①〔四〕】❸【株券発行会社→一一七⑦】

（効力の発生）

第一六七条① 株式会社は、前条第一項の規定による請求の日に、その請求に係る取得請求権付株式を取得する。

② 次の各号に掲げる場合には、前条第一項の規定による請求をした株主は、その請求の日に、第百七条第二項第二号（種類株式発行会社にあっては、第百八条第二項第五号）に定める事項についての定めに従い、当該各号に定める者となる。

一 第百七条第二項第二号ロに掲げる事項についての定めがある場合　同号ロの社債の社債権者

二 第百七条第二項第二号ハに掲げる事項についての定めがある場合　同号ハの新株予約権の新株予約権者

三 第百七条第二項第二号ニに掲げる事項についての定めがある場合　同号ニの新株予約権付社債についての社債の社債権者及び当該新株予約権付社債に付された新株予約権の新株予約権者

四 第百八条第二項第五号ロに掲げる事項についての定めがある場合　同号ロの他の株式の株主

③ 前項第四号に掲げる場合において、同号に規定する他の株式の数に一株に満たない端数があるときは、これを切り捨てるものとする。この場合においては、株式会社は、定款に別段の定めがある場合を除き、次の各号に掲げる場合の区分に応じ、当該各号に定める額にその端数を乗じて得た額に相当する金銭を前条第一項の規定による請求をした株主に対して交付しなければならない。

一 当該株式が市場価格のある株式である場合　当該株式一株の市場価格として法務省令で定める方法により算定される額

二 前号に掲げる場合以外の場合　一株当たり純資産額

④ 前項の規定は、当該株式会社の社債及び新株予約権について端数がある場合について準用する。この場合において、同項第二号中「一株当たり純資産額」とあるのは、「法務省令で定める額」と読み替えるものとする。

参❶【自己株式の取得→一五五〔四〕】❷【株主が受ける金銭等→一五一①〔一〕】【四】【発行可能種類株式総数の留保→一一四②〔一〕】【振替株式の場合→社債株式振替一五六②】❶❷【変更登記→九一一③〔九〕・九一五①③〔二〕、一六一・一九三①〔一〕・一九七②・二〇一②・二八三〔一〕、商登五八・六六】❸【市場価格のある株式→三三⑩〔二〕】【二】【省令で定める方法→会社則三一】

第二目　取得条項付株式の取得

（取得する日の決定）

第一六八条① 第百七条第二項第三号ロに掲げる事項についての定めがある場合には、株式会社は、同号ロの日を株主総会（取締役会設置会社にあっては、取締役会）の決議によって定めなければならない。ただし、定款に別段の定めがある場合は、この限りでない。

② 第百七条第二項第三号ロの日を定めたときは、株式会社は、取得条項付株式の株主（同号ハに掲げる事項についての定めがある場合にあっては、次条第一項の規定により決定した取得条項付株式の株主）及びその登録株式質権者に対し、当該日の二週間前までに、当該日を通知しなければならない。

③ 前項の規定による通知は、公告をもってこれに代えることができる。

参❶【取得条項付株式→二〔十九〕・一〇七①〔三〕②〔三〕・一〇八①〔六〕②〔六〕】【総会決議→三〇九①】❷【株主等への通知→一二六・一五〇】❸【公告→九三九・九四〇】❷❸【懈怠への制裁→九七六〔二〕】

（取得する株式の決定等）

第一六九条① 株式会社は、第百七条第二項第三号ハに掲げる事項についての定めがある場合において、取得条項付株式を取得しようとするときは、その取得する取得条項付株式を決定しなければならない。

② 前項の取得条項付株式は、株主総会（取締役会設置会社にあっては、取締役会）の決議によって定めなければならない。ただし、定款に別段の定めがある場合は、この限りでない。

③ 第一項の規定による決定をしたときは、株式会社は、同項の規定により決定した取得条項付株式の株主及びその登録株式質権者に対し、直ちに、当該取得条項付株式を取得する旨を通知しなければならない。

④ 前項の規定による通知は、公告をもってこれに代えることができる。

❶【取得条項付株式→二⑲・一〇七①㊂②㊂・一〇八①㊅②㊅　❷【総会決議→三〇九①　❸【株主等への通知→一二六、一五〇　❹【公告→九三九・九四〇　❸❹【通知・公告の効果→一七〇①㊁【懈怠への制裁→九七六㊂

（効力の発生等）

第一七〇条① 株式会社は、第百七条第二項第三号イの事由が生じた日（同号ハに掲げる事項についての定めがある場合にあっては、第一号に掲げる日又は第二号に掲げる日のいずれか遅い日。次項及び第五項において同じ。）に、取得条項付株式（同条第二項第三号ハに掲げる事項についての定めがある場合にあっては、前条第一項の規定により決定したもの。次項において同じ。）を取得する。

一 第百七条第二項第三号イの事由が生じた日

二 前条第三項の規定による通知の日又は同条第四項の公告の日から二週間を経過した日

② 次の各号に掲げる場合には、取得条項付株式の株主（当該株式会社を除く。）は、第百七条第二項第三号イの事由が生じた日に、同号（種類株式発行会社にあっては、第百八条第二項第六号）に定める事項についての定めに従い、当該各号に定める者となる。

一 第百七条第二項第三号ニに掲げる事項についての定めがある場合　同号ニの社債の社債権者

二 第百七条第二項第三号ホに掲げる事項についての定めがある場合　同号ホの新株予約権の新株予約権者

三 第百七条第二項第三号ヘに掲げる事項についての定めがある場合　同号ヘの新株予約権付社債についての社債の社債権者及び当該新株予約権付社債に付された新株予約権の新株予約権者

四 第百八条第二項第六号ロに掲げる事項についての定めがある場合　同号ロの他の株式の株主

③ 株式会社は、第百七条第二項第三号イの事由が生じた後、遅滞なく、取得条項付株式の株主及びその登録株式質権者（同号ハに掲げる事項についての定めがある場合にあっては、前条第一項の規定により決定した取得条項付株式の株主及びその登録株式質権者）に対し、当該事由が生じた旨を通知しなければならない。ただし、第百六十八条第二項の規定による通知又は同条第三項の公告をしたときは、この限りでない。

④ 前項本文の規定による通知は、公告をもってこれに代えることができる。

⑤ 前各項の規定は、取得条項付株式を取得するのと引換えに第百七条第二項第三号ニからトまでに規定する財産を交付する場合において、これらの財産の帳簿価額が同号イの事由が生じた日における第四百六十一条第二項の分配可能額を超えているときは、適用しない。

❶【取得条項付株式→二⑲・一〇七①㊂②㊂・一〇八①㊅②㊅【自己株式の取得→一五五㊀、社債株式振替一五七【株券の提出→二一九①㊃　❶❷【変更登記→九一一③㊈・九一五①、商登五九・六七　❷【株主が受ける金銭等→一五一①㊀・一八九②㊂・二三四①㊀　㊃【発行可能種類株式総数の留保→一一四②㊁　❸【株主等への通知→一二六、一五〇　❹【公告→九三九・九四〇　❸❹【懈怠への制裁→九七六㊂　❺【取得の制約→四六五①㊄

第四款　全部取得条項付種類株式の取得

（全部取得条項付種類株式の取得に関する決定）

第一七一条① 全部取得条項付種類株式（第百八条第一項第七号に掲げる事項についての定めがある種類の株式をいう。以下この款において同じ。）を発行した種類株式発行会社は、株主総会の決議によって、全部取得条項付種類株式の全部を取得することができる。この場合においては、当該株主総会の決議によって、次に掲げる事項を定めなければならない。

一 全部取得条項付種類株式を取得するのと引換えに金銭等を交付するときは、当該金銭等（以下この条において「取得対価」という。）についての次に掲げる事項

イ 当該取得対価が当該株式会社の株式であるときは、当該株式の種類及び種類ごとの数又はその数の算定方法

ロ 当該取得対価が当該株式会社の社債（新株予約権付社債についてのものを除く。）であるときは、当該社債の種類及び種類ごとの各社債の金額の合計額又はその算定方法

ハ 当該取得対価が当該株式会社の新株予約権（新株予約権付社債に付されたものを除く。）であるときは、当該新株予約権の内容及び数又はその算定方法

ニ 当該取得対価が当該株式会社の新株予約権付社債であるときは、当該新株予約権付社債についてのロに規定する事項及び当該新株予約権付社債に付された新株予約権についてのハに規定する事項

ホ 当該取得対価が当該株式会社の株式等以外の財産であるときは、当該財産の内容及び数若しくは額又はこれらの算定方法

二 前号に規定する場合には、全部取得条項付種類株式の株主に対する取得対価の割当てに関する事項

三 株式会社が全部取得条項付種類株式を取得する日（以下この款において「取得日」という。）

② 前項第二号に掲げる事項についての定めは、株主（当該株式会社を除く。）の有する全部取得条項付種類株式の数に応じて取得対価を割り当てることを内容とするものでなければならない。

③　取締役は、第一項の株主総会において、全部取得条項付種類株式の全部を取得することを必要とする理由を説明しなければならない。

参❶【自己株式の取得↓一五五㈤、一七三①【株主総会決議↓三〇九②㈢【反対株主の権利↓一七二①【取得対価↓一七三②、一八九②㈡、二三六―二九四、四六一①㈣、六七六―七四二 ❸【理由の説明↓一八〇④、一九〇、一九九③、二〇〇②、二三八③、二三九②、三六一④

一　全部取得条項付種類株式の利用による既存株主の締め出しと株主総会決議の無効↓八三〇条14
二　全部取得条項付種類株式の利用による少数株主排除と株主総会決議取消事由↓八三一条15
三　本条一項の決議取消訴訟の訴えの利益と吸収合併↓八三一条22

（全部取得条項付種類株式の取得対価等に関する書面等の備置き及び閲覧等）

第一七一条の二①　全部取得条項付種類株式を取得する株式会社は、次に掲げる日のいずれか早い日から取得日後六箇月を経過する日までの間、前条第一項各号に掲げる事項その他法務省令で定める事項を記載し、又は記録した書面又は電磁的記録をその本店に備え置かなければならない。

一　前条第一項の株主総会の日の二週間前の日（第三百十九条第一項の場合にあっては、同項の提案があった日）

二　第百七十二条第二項の規定による通知の日又は同条第三項の公告の日のいずれか早い日

②　全部取得条項付種類株式を取得する株式会社の株主は、当該株式会社に対して、その営業時間内は、いつでも、次に掲げる請求をすることができる。ただし、第二号又は第四号に掲げる請求をするには、当該株式会社の定めた費用を支払わなければならない。

一　前項の書面の閲覧の請求

二　前項の書面の謄本又は抄本の交付の請求

三　前項の電磁的記録に記録された事項を法務省令で定める方法により表示したものの閲覧の請求

四　前項の電磁的記録に記録された事項を電磁的方法であって株式会社の定めたものにより提供することの請求又はその事項を記載した書面の交付の請求

参❶【違反に対する制裁↓九七六㈦㈣【省令で定める事項↓会社則三三の二 ❷【違反に対する制裁↓九七六㈣　㈢【省令で定める方法↓会社則二二六　＋【電磁的記録↓二六②

（全部取得条項付種類株式の取得をやめることの請求）

第一七一条の三　第百七十一条第一項の規定による全部取得条項付種類株式の取得が法令又は定款に違反する場合において、株主が不利益を受けるおそれがあるときは、株主は、株式会社に対し、当該全部取得条項付種類株式の取得をやめることを請求することができる。

参＋【差止請求↓民保二三②、一七九の七、一八二の三、二一〇、三六〇、七八四の二、七九六の二、八〇五の二【濫用株主等に対する制裁↓九六八①㈡②

（裁判所に対する価格の決定の申立て）

第一七二条①　第百七十一条第一項各号に掲げる事項を定めた場合には、次に掲げる株主は、取得日の二十日前の日から取得日の前日までの間に、裁判所に対し、株式会社による全部取得条項付種類株式の取得の価格の決定の申立てをすることができる。

一　当該株主総会に先立って当該株式会社による全部取得条項付種類株式の取得に反対する旨を当該株式会社に対し通知し、かつ、当該株主総会において当該取得に反対した株主（当該株主総会において議決権を行使することができるものに限る。）

二　当該株主総会において議決権を行使することができない株主

②　株式会社は、取得日の二十日前までに、全部取得条項付種類株式の株主に対し、当該全部取得条項付種類株式の全部を取得する旨を通知しなければならない。

③　前項の規定による通知は、公告をもってこれに代えることができる。

④　株式会社は、裁判所の決定した価格に対する取得日後の法定利率による利息をも支払わなければならない。

⑤　株式会社は、全部取得条項付種類株式の取得の価格の決定があるまでは、株主に対し、当該株式会社がその公正な価格と認める額を支払うことができる。

参❶【裁判所↓八六八①、八七〇②㈣【類似の手続↓一一六、一七九の八、一八二の四、四六九、七八五、七九七、八〇六 ❷❸【株主への通知↓一一六①【懈怠に対する制裁↓九七六㈡ ❸【公告↓九三九 ❺【株式買取価格等の前払↓一一七⑤、一八二の五、四七〇⑤、七八六⑤、七九八⑤、八〇七⑤

一　価格決定申立てをすることができる株主

1　「当該株主総会において議決権を行使することができない株主」の意味

イ　該当する例

1　株主総会の基準日後、かつ、総会の開催日前に取得された株式の株主は、「当該株主総会において議決権を行使することができない株主」として価格決定申立てをすることができる。（東京地決平25・7・31資料版商事法務三五八・一四八、会社法百選〔3版〕A34）

2　株主総会の基準日後、総会の日までに株式を取得した者は、決議がなされるまでの間に名義書換を行っていない場合でも、価格決定の申立適格を有する。（東京地決令2・7・9資料版商事法務四三七・一五七、重判令2商二）

ロ　該当しない例

3　株主総会の基準日前に株式を取得したが名義書換未了であった株主（東京地決平21・10・19金判一三二九・三〇）↓◆【Ⅱ　反対株主の株式買取請求権】〔五編名の後〕5

2　組織再編の公表後に取得された株式↓◆【Ⅱ　反対株主の株式買取請求権】〔五編名の後〕6

3　振替株式の場合―個別株主通知の要否・時期

4　振替機関の取扱いが廃止されていた場合（最決平24・3・28民集六六・五・二三四四、重判平24商三）↓一一七条2

5　振替株式についての本条一項に基づく価格の決定の申立てを受けた会社が、裁判所における株式価格決定申立て事件の審理において、申立人が株主であることを争った場合には、その審理終結までの間に個別株主通知がされることを要する。（最決平22・12・7民集六四・八・二〇〇三、会社法百選[四版]一五）

[6] 二 **取得価格の判断基準**
全部取得条項付種類株式の取得価格とは、取得日の公正な価格をいい、取得日における当該株式の客観的価値に加えて、強制的取得により失われる今後の株価の上昇に対する期待を評価した価額をも考慮し、かつ裁判所の合理的な裁量に委ねるとすることが相当である。（東京高決平20・9・12金判一三〇一・二八〈レックス株式取得価格決定申立事件〉会社法百選[四版]八七……経営者による自社買収（MBO）で全部取得条項付種類株式が用いられた事案。抗告棄却（最決平21・5・29金判一三二六・三五））

[7] 対象会社の株式の相当数を保有する株主（多数株主）が買収者として対象会社の株式等の公開買付けを行い、その後に対象会社の株式を全部取得条項付種類株式とし、対象会社が同株式の全部を取得する取引において、独立した第三者委員会や専門家の意見を聴くなど買収者である多数株主又は対象会社と少数株主との間の利益相反関係の存在により意思決定過程が恣意的になることを排除するための措置が講じられ、公開買付けに応募しなかった株主の保有する株式も公開買付けに係る買付け等の価格（公開買付価格）と同額で取得する旨が明示されているなど一般に公正と認められる手続により公開買付けが行われ、その後に対象会社が公開買付価格と同額で全部取得条項付種類株式を取得した場合には、取引の基礎となった事情に予期しない変動が生じたと認めるに足りる特段の事情がない限り、裁判所は、全部取得条項付種類株式の取得価格を公開買付価格と同額とするのが相当である。（最決平28・7・1民集七〇・六・一四四五〈ジュピターテレコム事件〉会社法百選[四版]八六……公開買付価格は公正な手続により決定されたものであるが公開買付けの公表後の各種の株価指数が上昇傾向にあったことなどから取得日までの市場全体の株価の動向を考慮した補正を行った原決定を破棄し、公開買付価格を取得価格とした事例）

（効力の発生）
第一七三条① 株式会社は、取得日に、全部取得条項付種類株式の全部を取得する。
② 次の各号に掲げる場合には、当該株式会社以外の全部取得条項付種類株式の株主（前条第一項の申立てをした株主を除く。）は、取得日に、第百七十一条第一項の株主総会の決議による定めに従い、当該各号に定める者となる。
一 第百七十一条第一項第一号イに掲げる事項についての定めがある場合 同号イの株式の株主
二 第百七十一条第一項第一号ロに掲げる事項についての定めがある場合 同号ロの社債の社債権者
三 第百七十一条第一項第一号ハに掲げる事項についての定めがある場合 同号ハの新株予約権の新株予約権者
四 第百七十一条第一項第一号ニに掲げる事項についての定めがある場合 同号ニの新株予約権付社債についての社債の社債権者及び当該新株予約権付社債に付された新株予約権の新株予約権者

【全部取得条項付種類株式↓一七一①[三]・二一九①[三]、社債株式振替一五七③④ ❶【取得日↓一七一①[三] ❶【取得に対する制約↓四六一①[四]・四六二①[三]・四六五①[六] ❶❷【変更登記↓九一一③[九]・九一五①、商登六〇・六八 ❷【株主が受ける金銭等↓一五一①[三]・二三四①[二]

（全部取得条項付種類株式の取得に関する書面等の備置き及び閲覧等）
第一七三条の二① 株式会社は、取得日後遅滞なく、株式会社が取得した全部取得条項付種類株式の数その他の全部取得条項付種類株式の取得に関する事項として法務省令で定める事項を記載し、又は記録した書面又は電磁的記録を作成しなければならない。
② 株式会社は、取得日から六箇月間、前項の書面又は電磁的記録をその本店に備え置かなければならない。
③ 全部取得条項付種類株式を取得した株式会社の株主又は取得日に全部取得条項付種類株式の株主であった者は、当該株式会社に対して、その営業時間内は、いつでも、次に掲げる請求をすることができる。ただし、第二号又は第四号に掲げる請求をするには、当該株式会社の定めた費用を支払わなければならない。
一 前項の書面の閲覧の請求
二 前項の書面の謄本又は抄本の交付の請求
三 前項の電磁的記録に記録された事項を法務省令で定める方法により表示したものの閲覧の請求
四 前項の電磁的記録に記録された事項を電磁的方法であって株式会社の定めたものにより提供することの請求又はその事項を記載した書面の交付の請求

❶【違反に対する制裁↓九七六[七]【省令で定める事項↓会社則三三の三 ❷【違反に対する制裁↓九七六[四] [三]【省令で定める方法↓会社則二二六 【電磁的記録↓二六②

第五款 相続人等に対する売渡しの請求

（相続人等に対する売渡しの請求に関する定款の定め）
第一七四条 株式会社は、相続その他の一般承継により当該株式会社の株式（譲渡制限株式に限る。）を取得した者に対し、当該株式を当該株式会社に売り渡すことを請求することができる旨を定款で定めることができる。

【自己株式の取得↓一五五[六]【その他の一般承継人↓一三三②【譲渡制限株式↓二[十七]・一〇七①[一]・一〇八①[四]・一三四・一三六―一四五

（売渡しの請求の決定）
第一七五条① 株式会社は、前条の規定による定款の定めがある場合において、次条第一項の規定による請求をしようとするときは、その都度、株主総会の決議によって、次に掲げる事項を定めなければならない。
一 次条第一項の規定による請求をする株式の数（種類株式発行会社にあっては、株式の種類及び種類ごとの数）
二 前号の株式を有する者の氏名又は名称
② 前項第二号の者は、同項の株主総会において議決権を行使することができない。ただし、同号の者以外の株主の全部が当該株主総会において議決権を行使する

ことができない場合は、この限りでない。

❶【株主総会決議↓三〇九②[三]　❷【特別利害関係株主の議決権排除↓一四〇③、一六〇④

[1]
一　**特例有限会社における決議要件**
本条一項に基づく株主総会の決議は会社法三〇九条二項の要件を満たす決議（特別決議）でなければならないが、特例有限会社における特別決議は、会社法整備法一四条に基づき、「総株主の半数以上……であって、当該株主の議決権の四分の三」以上の賛成によって成立するとされており、株主の範囲を限定する文言が存在しない以上、「総株主」及び「当該株主」には本条二項に基づき議決権を行使できない株主も含まれる。（広島高松江支判平30・3・14金判一五四二・二二）

[2]
二　**持分割合が未確定な場合の「株式の数」**
相続人間で持分割合が確定していない準共有状態にある株式について、準共有者の一部の者のみに対して売渡請求をすることが会社法上禁止されているとは解されず、その場合の「株式の数」（本条一項一号）は、遺産分割協議等によって最終的に確定した持分割合の限度で有効なものとして定めることができる。（東京高判平24・11・28資料版商事法務三五六・三〇）

（**売渡しの請求**）
第一七六条①　株式会社は、前条第一項各号に掲げる事項を定めたときは、同項第二号の者に対し、同項第一号の株式を当該株式会社に売り渡すことを請求することができる。ただし、当該株式会社が相続その他の一般承継があったことを知った日から一年を経過したときは、この限りでない。
②　前項の規定による請求は、その請求に係る株式の数（種類株式発行会社にあっては、株式の種類及び種類ごとの数）を明らかにしてしなければならない。
③　株式会社は、いつでも、第一項の規定による請求を撤回することができる。

❶【売渡しの請求↓一五五[六]、一七七⑤【売買価格の決定↓一七七　❸【請求の撤回↓四六一①[五]、四六五①[七]

（**売買価格の決定**）
第一七七条①　前条第一項の規定による請求があった場合には、第百七十五条第一項第一号の株式の売買価格は、株式会社と同項第二号の者との協議によって定める。
②　株式会社又は第百七十五条第一項第二号の者は、前条第一項の規定による請求があった日から二十日以内に、裁判所に対し、売買価格の決定の申立てをすることができる。
③　裁判所は、前項の決定をするには、前条第一項の規定による請求の時における株式会社の資産状態その他一切の事情を考慮しなければならない。
④　第一項の規定にかかわらず、第二項の期間内に同項の申立てがあったときは、当該申立てにより裁判所が定めた額をもって第百七十五条第一項第一号の株式の売買価格とする。
⑤　第二項の期間内に同項の申立てがないとき（当該期間内に第一項の協議が調った場合を除く。）は、前条第一項の規定による請求は、その効力を失う。

＋【売買価格↓四六一①[五]　❷【裁判所↓八六八①、八七〇②[三]

第六款　株式の消却

第一七八条①　株式会社は、自己株式を消却することができる。この場合においては、消却する自己株式の数（種類株式発行会社にあっては、自己株式の種類及び種類ごとの数）を定めなければならない。
②　取締役会設置会社においては、前項後段の規定による決定は、取締役会の決議によらなければならない。

❶【自己株式↓一五五【株式の消却↓九一一③[九]、九一五①【剰余金の算出の際の取扱い↓四四六[五]　❷【取締役会の決議↓商登四六②　＋【違反に対する制裁↓九七六[十一]

第四節の二　特別支配株主の株式等売渡請求

（**株式等売渡請求**）
第一七九条①　株式会社の特別支配株主（株式会社の総株主の議決権の十分の九（これを上回る割合を当該株式会社の定款で定めた場合にあっては、その割合）以上を当該株式会社以外の者及び当該者が発行済株式の全部を有する株式会社その他これに準ずるものとして法務省令で定める法人（以下この条及び次条第一項において「特別支配株主完全子法人」という。）が有している場合における当該者をいう。以下同じ。）は、当該株式会社の株主（当該株式会社及び当該特別支配株主を除く。）の全員に対し、その有する当該株式会社の株式の全部を当該特別支配株主に売り渡すことを請求することができる。ただし、特別支配株主完全子法人に対しては、その請求をしないことができる。
②　特別支配株主は、前項の規定による請求（以下この章及び第八百四十六条の二第二項第一号において「株式売渡請求」という。）をするときは、併せて、その株式売渡請求に係る株式を発行している株式会社（以下「対象会社」という。）の新株予約権の新株予約権者（対象会社及び当該特別支配株主を除く。）の全員に対し、その有する対象会社の新株予約権の全部を当該特別支配株主に売り渡すことを請求することができる。ただし、特別支配株主完全子法人に対しては、その請求をしないことができる。
③　特別支配株主は、新株予約権付社債に付された新株予約権について前項の規定による請求（以下「新株予約権売渡請求」という。）をするときは、併せて、新株予約権付社債についての社債の全部を当該特別支配株主に売り渡すことを請求しなければならない。ただし、当該新株予約権付社債に付された新株予約権について別段の定めがある場合は、この限りでない。

❶【省令で定める法人↓会社則三三の四

（**株式等売渡請求の方法**）
第一七九条の二①　株式売渡請求は、次に掲げる事項を定めてしなければならない。
一　特別支配株主完全子法人に対して株式売渡請求をしないこととするときは、その旨及び当該特別支配

一　株主完全子法人の名称
二　株式売渡請求によりその有する対象会社の株式を売り渡す株主（以下「売渡株主」という。）に対して当該株式（以下この章において「売渡株式」という。）の対価として交付する金銭の額又はその算定方法
三　売渡株主に対する前号の金銭の割当てに関する事項
四　株式売渡請求に併せて新株予約権売渡請求（その新株予約権売渡請求に係る新株予約権が新株予約権付社債に付されたものである場合における前条第三項の規定による請求を含む。以下同じ。）をするときは、その旨及び次に掲げる事項
イ　特別支配株主完全子法人に対して新株予約権売渡請求をしないこととするときは、その旨及び当該特別支配株主完全子法人の名称
ロ　新株予約権売渡請求によりその有する対象会社の新株予約権を売り渡す新株予約権者（以下「売渡新株予約権者」という。）に対して当該新株予約権（当該新株予約権が新株予約権付社債に付されたものである場合において、前条第三項の規定による請求をするときは、当該新株予約権付社債についての社債を含む。以下この編において「売渡新株予約権」という。）の対価として交付する金銭の額又はその算定方法
ハ　売渡新株予約権者に対するロの金銭の割当てに関する事項
五　特別支配株主が売渡株式（株式売渡請求に併せて新株予約権売渡請求をする場合にあっては、売渡株式及び売渡新株予約権。以下「売渡株式等」という。）を取得する日（以下この節において「取得日」という。）
六　前各号に掲げるもののほか、法務省令で定める事項
②　対象会社が種類株式発行会社である場合には、特別支配株主は、対象会社の発行する種類の株式の内容に応じ、前項第三号に掲げる事項として、同項第二号の金銭の割当てについて売渡株式の種類ごとに異なる取扱いを行う旨及び当該異なる取扱いの内容を定めることができる。
③　第一項第三号に掲げる事項についての定めは、売渡株主の有する売渡株式の数（前項に規定する定めがある場合にあっては、各種類の売渡株式の数）に応じて金銭を交付することを内容とするものでなければならない。

㊜❶【特別支配株主完全子法人↓一七九①　〔六〕【省令で定める事項↓会社則三三の五　❶❷【特別支配株主↓一七九①

（対象会社の承認）
第一七九条の三①　特別支配株主は、株式売渡請求（株式売渡請求に併せて新株予約権売渡請求をする場合にあっては、株式売渡請求及び新株予約権売渡請求。以下「株式等売渡請求」という。）をしようとするときは、対象会社に対し、その旨及び前条第一項各号に掲げる事項を通知し、その承認を受けなければならない。
②　対象会社は、特別支配株主が株式売渡請求に併せて新株予約権売渡請求をしようとするときは、新株予約権売渡請求のみを承認することはできない。
③　取締役会設置会社が第一項の承認をするか否かの決定をするには、取締役会の決議によらなければならない。
④　対象会社は、第一項の承認をするか否かの決定をしたときは、特別支配株主に対し、当該決定の内容を通知しなければならない。

㊜❶❷❹【特別支配株主↓一七九①　❹【懈怠に対する制裁↓九七六〔二〕

（売渡株主等に対する通知等）
第一七九条の四①　対象会社は、前条第一項の承認をしたときは、取得日の二十日前までに、次の各号に掲げる者に対し、当該各号に定める事項を通知しなければならない。
一　売渡株主（特別支配株主が株式売渡請求に併せて新株予約権売渡請求をする場合にあっては、売渡株主及び売渡新株予約権者。以下この節において「売渡株主等」という。）　当該承認をした旨、特別支配株主の氏名又は名称及び住所、第百七十九条の二第一項第一号から第五号までに掲げる事項その他法務省令で定める事項
二　売渡株式の登録株式質権者（特別支配株主が株式売渡請求に併せて新株予約権売渡請求をする場合にあっては、売渡株式の登録株式質権者及び売渡新株予約権の登録新株予約権質権者（第二百七十条第一項に規定する登録新株予約権質権者をいう。））　当該承認をした旨
②　前項の規定による通知（売渡株主に対してするものを除く。）は、公告をもってこれに代えることができる。
③　対象会社が第一項の規定による通知又は前項の公告をしたときは、特別支配株主から売渡株主等に対し、株式等売渡請求がされたものとみなす。
④　第一項の規定による通知又は第二項の公告の費用は、特別支配株主の負担とする。

㊜❶〔一〕【株主への通知↓一二六①【省令で定める事項↓会社則三三の六　〔二〕【登録株式質権者↓一四九①【登録株式質権者への通知↓一五〇①、社債株式振替一六一②　❶❷【全部取得条項付種類株主への通知↓一七二②③【懈怠に対する制裁↓九七六〔二〕　❶❸【対象会社↓一七九②　❶❹【特別支配株主↓一七九①　❷【公告↓九三九

（株式等売渡請求に関する書面等の備置き及び閲覧等）
第一七九条の五①　対象会社は、前条第一項第一号の規定による通知の日又は同条第二項の公告の日のいずれか早い日から取得日後六箇月（対象会社が公開会社でない場合にあっては、取得日後一年）を経過する日までの間、次に掲げる事項を記載し、又は記録した書面又は電磁的記録をその本店に備え置かなければならない。

一 特別支配株主の氏名又は名称及び住所
二 第百七十九条の二第一項各号に掲げる事項
三 第百七十九条の三第一項の承認をした旨
四 前三号に掲げるもののほか、法務省令で定める事項

② 売渡株主等は、対象会社に対して、その営業時間内は、いつでも、次に掲げる請求をすることができる。ただし、第二号又は第四号に掲げる請求をするには、当該対象会社の定めた費用を支払わなければならない。
一 前項の書面の閲覧の請求
二 前項の書面の謄本又は抄本の交付の請求
三 前項の電磁的記録に記録された事項を法務省令で定める方法により表示したものの閲覧の請求
四 前項の電磁的記録に記録された事項を電磁的方法であって対象会社の定めたものにより提供することの請求又はその事項を記載した書面の交付の請求

参照 ❶【違反に対する制裁→九七六七八】 【四】【省令で定める事項→会社則三三の七】 ❷【違反に対する制裁→九七六四】 【三】【省令で定める方法→会社則二二六】 ＊【電磁的記録→二六②】

（株式等売渡請求の撤回）
第一七九条の六① 特別支配株主は、第百七十九条の三第一項の承認を受けた後は、取得日の前日までに対象会社の承諾を得た場合に限り、売渡株式等の全部について株式等売渡請求を撤回することができる。
② 取締役会設置会社が前項の承諾をするか否かの決定をするには、取締役会の決議によらなければならない。
③ 対象会社は、第一項の承諾をするか否かの決定をしたときは、特別支配株主に対し、当該決定の内容を通知しなければならない。
④ 対象会社は、第一項の承諾をしたときは、遅滞なく、売渡株主等に対し、当該承諾をした旨を通知しなければならない。
⑤ 前項の規定による通知は、公告をもってこれに代えることができる。
⑥ 対象会社が第四項の規定による通知又は前項の公告をしたときは、株式等売渡請求は、売渡株式等の全部について撤回されたものとみなす。
⑦ 第四項の規定による通知又は第五項の公告の費用は、特別支配株主の負担とする。
⑧ 前各項の規定は、新株予約権売渡請求のみを撤回する場合について準用する。この場合において、第四項中「売渡株主等」とあるのは、「売渡新株予約権者」と読み替えるものとする。

参照 ❶❷社債株式振替一六一②【特別支配株主による売渡請求の承認→一七九の三①③】 ❸❹【株主への通知→一二六①】 ❸―❺【懈怠に対する制裁→九七六□】

（売渡株式等の取得をやめることの請求）
第一七九条の七① 次に掲げる場合において、売渡株主が不利益を受けるおそれがあるときは、売渡株主は、特別支配株主に対し、株式等売渡請求に係る売渡株式等の全部の取得をやめることを請求することができる。
一 株式売渡請求が法令に違反する場合
二 対象会社が第百七十九条の四第一項第一号（売渡株主に対する通知に係る部分に限る。）又は第百七十九条の五の規定に違反した場合
三 第百七十九条の二第一項第二号又は第三号に掲げる事項が対象会社の財産の状況その他の事情に照らして著しく不当である場合
② 次に掲げる場合において、売渡新株予約権者が不利益を受けるおそれがあるときは、売渡新株予約権者は、特別支配株主に対し、株式等売渡請求に係る売渡株式等の全部の取得をやめることを請求することができる。
一 新株予約権売渡請求が法令に違反する場合
二 対象会社が第百七十九条の四第一項第一号（売渡新株予約権者に対する通知に係る部分に限る。）又は第百七十九条の五の規定に違反した場合
三 第百七十九条の二第一項第四号ロ又はハに掲げる事項が対象会社の財産の状況その他の事情に照らして著しく不当である場合

参照 ＊民保二三②、一七一の三、一八二の三、二一〇、三六〇、七八四の二、七九六の二、八〇五の二【濫用株主等に対する制裁→九六八①□②】

（売買価格の決定の申立て）
第一七九条の八① 株式等売渡請求があった場合には、売渡株主等は、取得日の二十日前の日から取得日の前日までの間に、裁判所に対し、その有する売渡株式等の売買価格の決定の申立てをすることができる。
② 特別支配株主は、裁判所の決定した売買価格に対する取得日後の法定利率による利息をも支払わなければならない。
③ 特別支配株主は、売渡株式等の売買価格の決定があるまでは、売渡株主等に対し、当該特別支配株主が公正な売買価格と認める額を支払うことができる。

参照 ❶❷【裁判所→八六八③、八七〇②五】 ❷【利息の支払（全部取得条項付種類株式の場合）→一七二④】 ❸【売買価格の前払（全部取得条項付種類株式の場合）→一七二⑤】 ＊【類似の手続→一一六、一七二、一八二の四、四六九、七八五、七九七、八〇六】

7 **申立てをすることができる株主の範囲**
本条一項の趣旨は、会社法一七九条の四第一項一号、社債株式振替法一六一条二項に基づく通知又は公告により株式を強制的に売り渡さなければならなくなる株主に適正な対価を得る機会を与えることにあるから、上記の通知又は公告により株式を強制的に売り渡さなければならないことが確定した後に株式を取得した者は本条一項による保護の対象ではなく、同項に基づく申立てをすることはできない。（最決平29・8・30民集七一・六・一〇〇〇、会社法百選四版八三）

（売渡株式等の取得）
第一七九条の九① 株式等売渡請求をした特別支配株主は、取得日に、売渡株式等の全部を取得する。

② 前項の規定により特別支配株主が取得した売渡株式等が譲渡制限株式又は譲渡制限新株予約権（第二百四十三条第二項第二号に規定する譲渡制限新株予約権をいう。）であるときは、対象会社は、当該特別支配株主が当該売渡株式等を取得したことについて、第百三十七条第一項又は第二百六十三条第一項の承認をする旨の決定をしたものとみなす。

❶【取得日→一七九の二①㊄】 ❷【譲渡制限株式→二⑰】【譲渡を承認したとみなされる場合→一四五・二六六】

（売渡株式等の取得に関する書面等の備置き及び閲覧等）

第一七九条の一〇① 対象会社は、取得日後遅滞なく、株式等売渡請求により特別支配株主が取得した売渡株式等の数その他の株式等売渡請求に係る売渡株式等の取得に関する事項として法務省令で定める事項を記載し、又は記録した書面又は電磁的記録を作成しなければならない。

② 対象会社は、取得日から六箇月間（対象会社が公開会社でない場合にあっては、取得日から一年間）、前項の書面又は電磁的記録をその本店に備え置かなければならない。

③ 取得日に売渡株主等であった者は、対象会社に対して、その営業時間内は、いつでも、次に掲げる請求をすることができる。ただし、第二号又は第四号に掲げる請求をするには、当該対象会社の定めた費用を支払わなければならない。

一 前項の書面の閲覧の請求

二 前項の書面の謄本又は抄本の交付の請求

三 前項の電磁的記録に記録された事項を法務省令で定める方法により表示したものの閲覧の請求

四 前項の電磁的記録に記録された事項を電磁的方法であって対象会社の定めたものにより提供することの請求又はその事項を記載した書面の交付の請求

❶【違反に対する制裁→九七六㊆】【省令で定める事項→会社則三三の八】 ❷【違反に対する制裁→九七六㊃】 ❸【違反に対する制裁→九七六㊃】 [三]【省令で定める方法→会社則二二六】

＋【電磁的記録→二六②】

第五節 株式の併合等

第一款 株式の併合

（株式の併合）

第一八〇条① 株式会社は、株式の併合をすることができる。

② 株式会社は、株式の併合をしようとするときは、その都度、株主総会の決議によって、次に掲げる事項を定めなければならない。

一 併合の割合

二 株式の併合がその効力を生ずる日（以下この款において「効力発生日」という。）

三 株式会社が種類株式発行会社である場合には、併合する株式の種類

四 効力発生日における発行可能株式総数

③ 前項第四号の発行可能株式総数は、効力発生日における発行済株式の総数の四倍を超えることができない。ただし、株式会社が公開会社でない場合は、この限りでない。

④ 取締役は、第二項の株主総会において、株式の併合をすることを必要とする理由を説明しなければならない。

❶【株式の併合→一五一①㊃・九一一③㊈・九一五①、商登六一】 ❷【株主総会決議→三〇九②㊃、商登四六②】 [二]【効力発生日→一八一・一八二①・二一五②】 [三]【種類株式発行会社→三二二①㊂】 ❸【発行可能株式総数→三七①】【発行済株式→二㉛】【発行可能株式総数と発行済株式の関係→三七③・一一三③】 ❹【理由の説明→一七一③・一九〇・一九九③・二〇〇②・二三八③・二三九②・三六一④】

（株主に対する通知等）

第一八一条① 株式会社は、効力発生日の二週間前までに、株主（種類株式発行会社にあっては、前条第二項第三号の種類の種類株主。以下この款において同じ。）及びその登録株式質権者に対し、同項各号に掲げる事項を通知しなければならない。

② 前項の規定による通知は、公告をもってこれに代えることができる。

❶【株主等に対する通知→一二六・一五〇】 ❷【公告→九三九】 ＋【懈怠への制裁→九七六㊁】

（効力の発生）

第一八二条① 株主は、効力発生日に、その日の前日に有する株式（種類株式発行会社にあっては、第百八十条第二項第三号の種類の株式。以下この項において同じ。）の数に同条第二項第一号の割合を乗じて得た数の株式の株主となる。

② 株式の併合をした株式会社は、効力発生日に、第百八十条第二項第四号に掲げる事項についての定めに従い、当該事項に係る定款の変更をしたものとみなす。

❶＋【効力の発生→一五一①㊃・二一九①㊂・二三五・九一一③㊈・九一五①、商登六一、社債株式振替一三六】【効力発生日→一八〇②㊁】 ❷【発行可能株式総数→三七①】【発行済株式→二㉛】【定款変更の株主総会決議→三〇九②⑪】

1 名義書換未了の場合 株式を譲り受けたが、名義書換をしない間に減資のための株式併合決議がなされ、株券提出期間内に株券を提出しなかったため失権した譲受人は、譲渡人に対して受領した競売代金を不当利得として請求できる。（大判昭7・11・30法学二・七・八三一……株式併合における失権制度を廃止した平成一三法七九による改正前の商法下の事例）

（株式の併合に関する事項に関する書面等の備置き及び閲覧等）

第一八二条の二① 株式の併合（単元株式数（種類株式発行会社にあっては、第百八十条第二項第三号の種類の株式の単元株式数。以下この項において同じ。）を定款で定めている場合にあっては、当該単元株式数に同条第二項第一号の割合を乗じて得た数に一に満たない端数が生ずるものに限る。以下この款において同じ。）をする株式会社は、次に掲げる日のいずれか早い日から効力発生日後六箇月を経過する日までの間、同項各

号に掲げる事項その他法務省令で定める事項を記載し、又は記録した書面又は電磁的記録をその本店に備え置かなければならない。

一　第百八十条第二項の株主総会（株式の併合をするために種類株主総会の決議を要する場合にあっては、当該種類株主総会を含む。第百八十二条の四第二項において同じ。）の日の二週間前の日（第三百十九条第一項の場合にあっては、同項の提案があった日）

二　第百八十二条の四第三項の規定により読み替えて適用する第百八十一条第一項の規定による株主に対する通知の日又は第百八十一条第二項の公告の日のいずれか早い日

② 株式の併合をする株式会社の株主は、当該株式会社に対して、その営業時間内は、いつでも、次に掲げる請求をすることができる。ただし、第二号又は第四号に掲げる請求をするには、当該株式会社の定めた費用を支払わなければならない。

一　前項の書面の閲覧の請求

二　前項の書面の謄本又は抄本の交付の請求

三　前項の電磁的記録に記録された事項を法務省令で定める方法により表示したものの閲覧の請求

四　前項の電磁的記録に記録された事項を電磁的方法であって株式会社の定めたものにより提供することの請求又はその事項を記載した書面の交付の請求

＊❶【違反に対する制裁→九七六㊃】【省令で定める事項→会社則三三の九　❷【違反に対する制裁→九七六㊃】【三】【省令で定める方法→会社則二二六　＊【電磁的記録→二六②

（株式の併合をやめることの請求）

第一八二条の三　株式の併合が法令又は定款に違反する場合において、株主が不利益を受けるおそれがあるときは、株主は、株式会社に対し、当該株式の併合をやめることを請求することができる。

＊民保二三②、一七一の三、一七九の七、二一〇、三六〇、七八四の二、七九六の二、八〇五の二【濫用株主等に対する制裁→九六八①㈡②

（反対株主の株式買取請求）

第一八二条の四① 株式会社が株式の併合をすることにより株式の数に一株に満たない端数が生ずる場合には、反対株主は、当該株式会社に対し、自己の有する株式のうち一株に満たない端数となるものの全部を公正な価格で買い取ることを請求することができる。

② 前項に規定する「反対株主」とは、次に掲げる株主をいう。

一　第百八十条第二項の株主総会に先立って当該株式の併合に反対する旨を当該株式会社に対し通知し、かつ、当該株主総会において当該株式の併合に反対した株主（当該株主総会において議決権を行使することができるものに限る。）

二　当該株主総会において議決権を行使することができない株主

③ 株式会社が株式の併合をする場合における株主に対する通知についての第百八十一条第一項の規定の適用については、同項中「二週間」とあるのは、「二十日」とする。

④ 第一項の規定による請求（以下この款において「株式買取請求」という。）は、効力発生日の二十日前の日から効力発生日の前日までの間に、その株式買取請求に係る株式の数（種類株式発行会社にあっては、株式の種類及び種類ごとの数）を明らかにしてしなければならない。

⑤ 株券が発行されている株式について株式買取請求をしようとするときは、当該株式の株主は、株式会社に対し、当該株式に係る株券を提出しなければならない。ただし、当該株券について第二百二十三条の規定による請求をした者については、この限りでない。

⑥ 株式買取請求をした株主は、株式会社の承諾を得た場合に限り、その株式買取請求を撤回することができる。

⑦ 第百三十三条の規定は、株式買取請求に係る株式については、適用しない。

＊【類似の手続→一一六、一七二、一七九の八、四六九、七八五、七九七、八〇六　❷【株式併合の株主総会決議→三〇九②㊃　❹【種類株式発行会社→二⑬　❺【株式買取請求時の株券提出義務→一一六⑥、四六九⑥、七八五⑥、七九七⑥、八〇六⑥

一　「当該株主総会において議決権を行使することができない株主」の意味

1　該当する例

[1] 株主総会の基準日後に株式を取得した株主（東京地決平25・7・31資料版商事法務三五八・一四八、会社法百選〔三版〕A34）→一七二条[1]

2　該当しない例

[2] 名義書換未了の株主（東京地決平21・10・19金判一三二九・三〇）→◘【Ⅱ　反対株主の株式買取請求権】〔五編名の後〕

二　[5] 組織再編の公表後に取得された株式→◘【Ⅱ　反対株主の株式買取請求権】〔五編名の後〕[6]

（株式の価格の決定等）

第一八二条の五① 株式買取請求があった場合において、株式の価格の決定について、株主と株式会社との間に協議が調ったときは、株式会社は、効力発生日から六十日以内にその支払をしなければならない。

② 株式の価格の決定について、効力発生日から三十日以内に協議が調わないときは、株主又は株式会社は、その期間の満了の日後三十日以内に、裁判所に対し、価格の決定の申立てをすることができる。

③ 前条第六項の規定にかかわらず、前項に規定する場合において、効力発生日から六十日以内に同項の申立てがないときは、その期間の満了後は、株主は、いつでも、株式買取請求を撤回することができる。

④ 株式会社は、裁判所の決定した価格に対する第一項の期間の満了の日後の法定利率による利息をも支払わなければならない。

⑤ 株式会社は、株式の価格の決定があるまでは、株主に対し、当該株式会社が公正な価格と認める額を支払うことができる。

⑥　株式買取請求に係る株式の買取りは、効力発生日に、その効力を生ずる。

⑦　株券発行会社は、株券が発行されている株式について株式買取請求があったときは、株券と引換えに、その株式買取請求に係る株式の代金を支払わなければならない。

§❶【株式買取請求↓一八二の四②〔三〕　❶―❸❻【効力発生日↓一八〇②〔二〕　❷【裁判所↓八六八①・八七〇②〔二〕　❹【裁判所による価格の決定↓八七一―八七四　❺【株式買取価格等の前払↓一一七⑤・一七二⑤・四七〇⑤・七八六⑤・七九八⑤・八〇七⑤　❼【株券発行会社↓二一四

一　取得価格の判断基準↓一七二条[6][7]
二　振替株式の場合―個別株主通知の要否・時期↓一一七条[2][3]
三　本条五項に基づく仮払いを受けた者による株主総会議事録閲覧等請求↓三一八条[1]

（株式の併合に関する書面等の備置き及び閲覧等）

第一八二条の六①　株式の併合をした株式会社は、効力発生日後遅滞なく、株式の併合が効力を生じた時における発行済株式（種類株式発行会社にあっては、第百八十条第二項第三号の種類の発行済株式）の総数その他の株式の併合に関する事項として法務省令で定める事項を記載し、又は記録した書面又は電磁的記録を作成しなければならない。

②　株式会社は、効力発生日から六箇月間、前項の書面又は電磁的記録をその本店に備え置かなければならない。

③　株式の併合をした株式会社の株主又は効力発生日に当該株式会社の株主であった者は、当該株式会社に対して、その営業時間内は、いつでも、次に掲げる請求をすることができる。ただし、第二号又は第四号に掲げる請求をするには、当該株式会社の定めた費用を支払わなければならない。

一　前項の書面の閲覧の請求

二　前項の書面の謄本又は抄本の交付の請求

三　前項の電磁的記録に記録された事項を法務省令で定める方法により表示したものの閲覧の請求

四　前項の電磁的記録に記録された事項を電磁的方法であって株式会社の定めたものにより提供することの請求又はその事項を記載した書面の交付の請求

§❶【違反に対する制裁↓九七六〔七〕【省令で定める事項↓会社則三三の一〇　❷【違反に対する制裁↓九七六〔四〕　❸【違反に対する制裁↓九七六〔四〕　〔三〕【省令で定める方法↓会社則二二六†【電磁的記録↓二六②

第二款　株式の分割

（株式の分割）

第一八三条①　株式会社は、株式の分割をすることができる。

②　株式会社は、株式の分割をしようとするときは、その都度、株主総会（取締役会設置会社にあっては、取締役会）の決議によって、次に掲げる事項を定めなければならない。

一　株式の分割により増加する株式の総数の株式の分割前の発行済株式（種類株式発行会社にあっては、第三号の種類の発行済株式）の総数に対する割合及び当該株式の分割に係る基準日

二　株式の分割がその効力を生ずる日

三　株式会社が種類株式発行会社である場合には、分割する株式の種類

§❶【株式の分割↓一五一①〔五〕・一八四②・九一一③〔六〕〔九〕・九一五①　❷【株主総会決議↓三〇九①　〔一〕【基準日↓一二四③・一八四①　〔三〕【種類株式発行会社↓二一八四・二一五③　〔三〕【種類株式発行会社↓三二一①〔三〕

一　株式の分割と募集株式の発行等の差止めの規定の類推適用

[1]〈敵対的な株式公開買付けに対する対抗手段として行われた株式の分割の差止めの仮処分が求められた事案について〉株式の分割について差止請求権が規定されなかったのは、二以上の種類の株式を発行している場合を除けば、株式の分割が行われても議決権割合や株式の総体的価値の低下という不利益を株主が受けるおそれがないためであり、仮に本件株式分割により公開買付けを実施する上で事実上の支障が生ずるとしてもそれは新たに株主となろうとする期待が阻害されるというにすぎないので、本件株式分割については、株主の地位に実質的変動を及ぼすものとは認められず、商法二八〇条ノ一〇〔会社二一〇条〕の規定を類推適用することはできない。（東京地決平17・7・29判時一九〇九・八七〈日本技術開発事件〉金商百選一二）

二　敵対的な株式公開買付けに対する対抗手段として行われた株式の分割と取締役会の権限濫用

[2]〈前出[1]の事案について〉取締役会が採った敵対的買収に対する対抗手段の相当性については、取締役会が当該対抗手段を採った意図・経緯、当該対抗手段が既存株主に与える不利益の有無及び程度、当該買収に及ぼす阻害効果等を総合的に考慮して判断すべきであり、本件株式の分割は右基準に照らして相当性を欠き、取締役会の権限濫用に当たるとはいえない。（東京地決平17・7・29前出[1]）

（効力の発生等）

第一八四条①　基準日において株主名簿に記載され、又は記録されている株主（種類株式発行会社にあっては、基準日において株主名簿に記載され、又は記録されている前条第二項第三号の種類の種類株主）は、同項第二号の日に、基準日に有する株式（種類株式発行会社にあっては、同項第三号の種類の株式。以下この項において同じ。）の数に同条第二項第一号の割合を乗じて得た数の株式を取得する。

②　株式会社（現に二以上の種類の株式を発行しているものを除く。）は、第四百六十六条の規定にかかわらず、株主総会の決議によらないで、前条第二項第二号の日における発行可能株式総数をその日の前日の発行可能株式総数に同項第一号の割合を乗じて得た数の範囲内で増加する定款の変更をすることができる。

§❶【基準日↓一八三②〔二〕・一二四【株式の分割の効果↓一五一①〔五〕・二三五・九一一③〔六〕〔九〕・九一五①、社債株式振替一三七　❷【定款変更の株主総会決議↓三〇九②〔十一〕・一九一【発行可能株式総数↓一一三§

名義書換未了の場合の不当利得返還請求

⑦　**1　株券が特定できない場合**　株式を譲り受け、名義書換未了の間に行われた株式の分割により譲渡人に割り当てられた新株［増加分の株式］は、譲渡人の保有する他の株式に対する新株と合わせて割当てがなされており、譲受人が譲り受けた株式に対する新株に対応する株券を特定することは不可能と認められるから、譲受人としては、所有権に基づき当該株券の引渡しを求めることはできず、金銭による不当利得返還請求の方法によるほかはない。（東京地判平16・7・15金判一二二五・五九……譲受人の不当利得返還請求を認めた事例）↓一三〇条⑥

②　**2　増加分の株式を売却した場合**　株主名簿上の株主は売却代金相当額の金員の返還義務を負う。（最判平19・3・8民集六一・二・四七九、会社法百選四版一四……配当金及び株式分割による増加分の株式につき不当利得返還請求を認めた事例）↓民七〇三条㉔

第三款　株式無償割当て

（株式無償割当て）

第一八五条　株式会社は、株主（種類株式発行会社にあっては、ある種類の種類株主）に対して新たに払込みをさせないで当該株式会社の株式の割当て（以下この款において「株式無償割当て」という。）をすることができる。

参【各株主への割当数↓一八六②・一八九②三・二三四①三【種類株式発行会社↓三二二①三【発行済株式総数の増加↓九一一③五・九一五①

（株式無償割当てに関する事項の決定）

第一八六条①　株式会社は、株式無償割当てをしようとするときは、その都度、次に掲げる事項を定めなければならない。

一　株主に割り当てる株式の数（種類株式発行会社にあっては、株式の種類及び種類ごとの数）又はその数の算定方法

二　当該株式無償割当てがその効力を生ずる日

三　株式会社が種類株式発行会社である場合には、当該株式無償割当てを受ける株主の有する株式の種類

②　前項第一号に掲げる事項についての定めは、当該株式会社以外の株主（種類株式発行会社にあっては、同項第三号の種類の種類株主）の有する株式（種類株式発行会社にあっては、同項第三号の種類の株式）の数に応じて同項第一号の株式を割り当てることを内容とするものでなければならない。

③　第一項各号に掲げる事項の決定は、株主総会（取締役会設置会社にあっては、取締役会）の決議によらなければならない。ただし、定款に別段の定めがある場合は、この限りでない。

参❶[二][三]【種類株式発行会社↓三二二①三　[二]【効力発生日↓一八七、二二四③　❸【株主総会決議↓三〇九①

（株式無償割当ての効力の発生等）

第一八七条①　前条第一項第一号の株式の割当てを受けた株主は、同項第二号の日に、同項第一号の株式の株主となる。

②　株式会社は、前条第一項第二号の日後遅滞なく、株主（種類株式発行会社にあっては、同項第三号の種類の種類株主）及びその登録株式質権者に対し、当該株主が割当てを受けた株式の数（種類株式発行会社にあっては、株式の種類及び種類ごとの数）を通知しなければならない。

参❶【効力の発生↓一五一①六・九一一③五・九一五①　❷【株主等に対する通知↓一二六、一五〇【懈怠に対する制裁↓九七六二

第六節　単元株式数

第一款　総則

（単元株式数）

第一八八条①　株式会社は、その発行する株式について、一定の数の株式をもって株主が株主総会又は種類株主総会において一個の議決権を行使することができる一単元の株式とする旨を定款で定めることができる。

②　前項の一定の数は、法務省令で定める数を超えることはできない。

③　種類株式発行会社においては、単元株式数は、株式の種類ごとに定めなければならない。

参【単元未満株主の議決権の排除↓一八九①・三〇八①但、三〇三④　❶【定款変更により単元株制度を採用する決議↓一九〇【株主総会決議によらず定款変更できる場合↓一九一・一九五【登記↓九一一③四　【省令で定める数↓会社則三四　❸【種類株式発行会社↓三二二③

（単元未満株式についての権利の制限等）

第一八九条①　単元株式数に満たない数の株式（以下「単元未満株式」という。）を有する株主（以下「単元未満株主」という。）は、その有する単元未満株式について、株主総会及び種類株主総会において議決権を行使することができない。

②　株式会社は、単元未満株主が当該単元未満株式について次に掲げる権利以外の権利の全部又は一部を行使することができない旨を定款で定めることができる。

一　第百七十一条第一項第一号に規定する取得対価の交付を受ける権利

二　株式会社による取得条項付株式の取得と引換えに金銭等の交付を受ける権利

三　第百八十五条に規定する株式無償割当てを受ける権利

四　第百九十二条第一項の規定により単元未満株式を買い取ることを請求する権利

五　残余財産の分配を受ける権利

六　前各号に掲げるもののほか、法務省令で定める権利

③　株券発行会社は、単元未満株式に係る株券を発行しないことができる旨を定款で定めることができる。

参❷[三]【取得条項付株式の取得↓一七〇　[五]【残余財産の分配↓五〇四・五〇五　[六]【省令で定める権利↓会社則三五

（理由の開示）

第一九〇条　単元株式数を定める場合には、取締役は、

当該単元株式数を定める定款の変更を目的とする株主総会において、当該単元株式数を定めることを必要とする理由を説明しなければならない。

⦾†【理由の説明↓一七一③、一八〇④、一九九③、二〇〇②、二三八③、二三九②、三六一④

（定款変更手続の特則）

第一九一条　株式会社は、次のいずれにも該当する場合には、第四百六十六条の規定にかかわらず、株主総会の決議によらないで、単元株式数（種類株式発行会社にあっては、各種類の株式の単元株式数。以下この条において同じ。）を増加し、又は単元株式数についての定款の定めを設ける定款の変更をすることができる。

一　株式の分割と同時に単元株式数を増加し、又は単元株式数についての定款の定めを設けるものであること。

二　イに掲げる数がロに掲げる数を下回るものでないこと。

イ　当該定款の変更後において各株主がそれぞれ有する株式の数を単元株式数で除して得た数

ロ　当該定款の変更前において各株主がそれぞれ有する株式の数（単元株式数を定めている場合にあっては、当該株式の数を単元株式数で除して得た数）

⦾†【株主総会決議によらない単元株式数の変更↓一九五　［二］【株式の分割↓一八三、一八四

第二款　単元未満株主の買取請求

（単元未満株式の買取りの請求）

第一九二条①　単元未満株主は、株式会社に対し、自己の有する単元未満株式を買い取ることを請求することができる。

②　前項の規定による請求は、その請求に係る単元未満株式の数（種類株式発行会社にあっては、単元未満株式の種類及び種類ごとの数）を明らかにしてしなければならない。

③　第一項の規定による請求をした単元未満株主は、株式会社の承諾を得た場合に限り、当該請求を撤回することができる。

⦾❶【会社による単元未満株式の買取り↓一五五㈦、一九三、社債株式振替一五五⑧　❸【買取請求の撤回↓一一六⑦、一九四④

（単元未満株式の価格の決定）

第一九三条①　前条第一項の規定による請求があった場合には、次の各号に掲げる場合の区分に応じ、当該各号に定める額をもって当該請求に係る単元未満株式の価格とする。

一　当該単元未満株式が市場価格のある株式である場合　当該単元未満株式の市場価格として法務省令で定める方法により算定される額

二　前号に掲げる場合以外の場合　株式会社と前条第一項の規定による請求をした単元未満株主との協議によって定める額

②　前項第二号に掲げる場合には、前条第一項の規定による請求をした単元未満株主又は株式会社は、当該請求をした日から二十日以内に、裁判所に対し、価格の決定の申立てをすることができる。

③　裁判所は、前項の決定をするには、前条第一項の規定による請求の時における株式会社の資産状態その他一切の事情を考慮しなければならない。

④　第一項の規定にかかわらず、第二項の期間内に同項の申立てがあったときは、当該申立てにより裁判所が定めた額をもって当該単元未満株式の価格とする。

⑤　第一項の規定にかかわらず、同項第二号に掲げる場合において、第二項の期間内に同項の申立てがないとき（当該期間内に第一項第二号の協議が調った場合を除く。）は、一株当たり純資産額に前条第一項の規定による請求に係る単元未満株式の数を乗じて得た額をもって当該単元未満株式の価格とする。

⑥　前条第一項の規定による請求に係る株式の買取りは、当該株式の代金の支払の時に、その効力を生ずる。

⑦　株券発行会社は、株券が発行されている株式につき前条第一項の規定による請求があったときは、株券と引換えに、その請求に係る株式の代金を支払わなければならない。

⦾❶［二］【市場価格のある株式↓三三⑩㈡、一六一、一六七③㈡、一九七②、二〇一②、二八三㈡【省令で定める方法↓会社則三六　❷【裁判所↓八六八①、八七〇②㈡　❺【一株当たり純資産額↓一四一②

第三款　単元未満株主の売渡請求

第一九四条①　株式会社は、単元未満株主が当該株式会社に対して単元未満株式売渡請求（単元未満株主が有する単元未満株式の数と併せて単元株式数となる数の株式を当該単元未満株主に売り渡すことを請求することをいう。以下この条において同じ。）をすることができる旨を定款で定めることができる。

②　単元未満株式売渡請求は、当該単元未満株主に売り渡す単元未満株式の数（種類株式発行会社にあっては、単元未満株式の種類及び種類ごとの数）を明らかにしてしなければならない。

③　単元未満株式売渡請求を受けた株式会社は、当該単元未満株式売渡請求を受けた時に前項の単元未満株式の数に相当する数の株式を有しない場合を除き、自己株式を当該単元未満株主に売り渡さなければならない。

④　第百九十二条第三項〈請求の撤回〉及び前条第一項から第六項までの規定は、単元未満株式売渡請求について準用する。

第四款　単元株式数の変更等

第一九五条①　株式会社は、第四百六十六条の規定にかかわらず、取締役の決定（取締役会設置会社にあっては、取締役会の決議）によって、定款を変更して単元株式数を減少し、又は単元株式数についての定款の定めを廃止することができる。

② 前項の規定により定款の変更をした場合には、株式会社は、当該定款の変更の効力が生じた日以後遅滞なく、その株主（種類株式発行会社にあっては、同項の規定により単元株式数を変更した種類の種類株主）に対し、当該定款の変更をした旨を通知しなければならない。

③ 前項の規定による通知は、公告をもってこれに代えることができる。

§❶【株主総会決議によらない単元株式数の変更↓一九一 ❷【株主への通知↓一二六 ❸【公告↓九三九 ❷❸【懈怠に対する制裁↓九七六〔二〕

第七節 株主に対する通知の省略等

（株主に対する通知の省略）

第一九六条① 株式会社が株主に対してする通知又は催告が五年以上継続して到達しない場合には、株式会社は、当該株主に対する通知又は催告をすることを要しない。

② 前項の場合には、同項の株主に対する株式会社の義務の履行を行う場所は、株式会社の住所地とする。

③ 前二項の規定は、登録株式質権者について準用する。

§❶【株主への通知・催告↓一二六§【不到達の効果↓一九七①〔一〕【本項の適用除外↓一九八④ ❷【会社の義務履行地↓民四八四、四五七①【本店↓四§ ❸【登録株式質権者↓一四九、一五〇【不到達の効果↓一九七⑤〔一〕【本項の適用除外↓一九八④

（株式の競売）

第一九七条① 株式会社は、次のいずれにも該当する株式を競売し、かつ、その代金をその株式の株主に交付することができる。

一 その株式の株主に対して前条第一項又は第二百九十四条第二項の規定により通知及び催告をすることを要しないもの

二 その株式の株主が継続して五年間剰余金の配当を受領しなかったもの

② 株式会社は、前項の規定による競売に代えて、市場価格のある同項の株式については市場価格として法務省令で定める方法により算定される額をもって、市場価格のない同項の株式については裁判所の許可を得て競売以外の方法により、これを売却することができる。この場合において、当該許可の申立ては、取締役が二人以上あるときは、その全員の同意によってしなければならない。

③ 株式会社は、前項の規定により売却する株式の全部又は一部を買い取ることができる。この場合においては、次に掲げる事項を定めなければならない。

一 買い取る株式の数（種類株式発行会社にあっては、株式の種類及び種類ごとの数）

二 前号の株式の買取りをするのと引換えに交付する金銭の総額

④ 取締役会設置会社においては、前項各号に掲げる事項の決定は、取締役会の決議によらなければならない。

⑤ 第一項及び第二項の規定にかかわらず、登録株式質権者がある場合には、当該登録株式質権者が次のいずれにも該当する者であるときに限り、株式会社は、第一項の規定による競売又は第二項の規定による売却をすることができる。

一 前条第三項において準用する同条第一項の規定により通知又は催告をすることを要しない者

二 継続して五年間第百五十四条第一項の規定により受領することができる剰余金の配当を受領しなかった者

§❶【競売↓民執一九五 〔二〕【剰余金の配当の受領↓四五七 ❶❷【競売等の際の公告・催告↓一九八①【違反に対する制裁↓九七六〔十二〕【適用除外↓一三〇④ ❷【市場価格のある株式↓三三⑩〔二〕・一六一・一六七③〔二〕・一九三①〔二〕・二〇一②・二八三〔二〕【省令で定める方法↓会社則三八【裁判所の許可↓八六八①・八七四〔四〕 ❸【会社の買受け↓一五五〔四〕・四六一①〔四〕・四六二①〔四〕・四六五①〔四〕 ❺【登録株式質権者↓一四九① 〔二〕【剰余金の配当の受領↓四五七

（利害関係人の異議）

第一九八条① 前条第一項の規定による競売又は同条第二項の規定による売却をする場合には、株式会社は、同条第一項の株式の株主その他の利害関係人が一定の期間内に異議を述べることができる旨その他法務省令で定める事項を公告し、かつ、当該株式の株主及びその登録株式質権者には、各別にこれを催告しなければならない。ただし、当該期間は、三箇月を下ることができない。

② 第百二十六条第一項及び第百五十条第一項の規定にかかわらず、前項の規定による催告は、株主名簿に記載し、又は記録した当該株主及び登録株式質権者の住所（当該株主又は登録株式質権者が別に通知又は催告を受ける場所又は連絡先を当該株式会社に通知した場合にあっては、その場所又は連絡先を含む。）にあてて発しなければならない。

③ 第百二十六条第三項及び第四項の規定にかかわらず、株式が二以上の者の共有に属するときは、第一項の規定による催告は、共有者に対し、株主名簿に記載し、又は記録した住所（当該共有者が別に通知又は催告を受ける場所又は連絡先を当該株式会社に通知した場合にあっては、その場所又は連絡先を含む。）にあてて発しなければならない。

④ 第百九十六条第一項（同条第三項において準用する場合を含む。）の規定は、第一項の規定による催告については、適用しない。

⑤ 第一項の規定による公告をした場合（前条第一項の株式に係る株券が発行されている場合に限る。）において、第一項の期間内に利害関係人が異議を述べなかったときは、当該株式に係る株券は、当該期間の末日に無効となる。

§❶【省令で定める事項↓会社則三九【公告↓九三九【公告・催告の懈怠↓九七六〔二〕 ❷【株主名簿↓一二一 ❺【株券の無効↓二二八§

第八節 募集株式の発行等

第一款 募集事項の決定等

（募集事項の決定）

第一九九条①　株式会社は、その発行する株式又はその処分する自己株式を引き受ける者の募集をしようとするときは、その都度、募集株式（当該募集に応じてこれらの株式の引受けの申込みをした者に対して割り当てる株式をいう。以下この節において同じ。）について次に掲げる事項を定めなければならない。

一　募集株式の数（種類株式発行会社にあっては、募集株式の種類及び数。以下この節において同じ。）

二　募集株式の払込金額（募集株式一株と引換えに払い込む金銭又は給付する金銭以外の財産の額をいう。以下この節において同じ。）又はその算定方法

三　金銭以外の財産を出資の目的とするときは、その旨並びに当該財産の内容及び価額

四　募集株式と引換えにする金銭の払込み又は前号の財産の給付の期日又はその期間

五　株式を発行するときは、増加する資本金及び資本準備金に関する事項

②　前項各号に掲げる事項（以下この節において「募集事項」という。）の決定は、株主総会の決議によらなければならない。

③　第一項第二号の払込金額が募集株式を引き受ける者に特に有利な金額である場合には、取締役は、前項の株主総会において、当該払込金額でその者の募集をすることを必要とする理由を説明しなければならない。

④　種類株式発行会社において、第一項第一号の募集株式の種類が譲渡制限株式であるときは、当該種類の株式に関する募集事項の決定は、当該種類の株式を引き受ける者の募集について当該種類の株式の種類株主を構成員とする種類株主総会の決議を要しない旨の定款の定めがある場合を除き、当該種類株主総会の決議がなければ、その効力を生じない。ただし、当該種類株主総会において議決権を行使することができる種類株主が存しない場合は、この限りでない。

⑤　募集事項は、第一項の募集ごとに、均等に定めなければならない。

参❶【株式の発行→二五①三・四四五①②・四四七③【発行可能株式総数→三七・一一三・一一四【更生手続における特則→会更四五①・一六七②・一七五・二一五【自己株式→一五五参【募集株式→五八①【株主割当ての場合に定めるべき事項→二〇二①【一】【種類株式発行会社→二十三【二】【払込金額→二〇一②・二〇二①三【三】【金銭以外の財産の出資→二〇七・二一二①三・二一三・九六三②【四】【払込期日・期間→二〇九①・九一五②【五】【株式の発行による資本金・資本準備金の変動→四四五①―③❷【株主総会の決議→三〇九②五・二〇〇①・二〇一・二〇二③三四❷―❹【適用除外→二〇二⑤❸【理由の説明→一七一③・一八〇④・一九〇・二〇〇②・二三八③・二三九②・三六一④❹【譲渡制限株式→二十七・一〇八①四・一三四・一三六―一四五【種類株主総会→三二四②三・二〇〇①【議決権を行使できる種類株主→三二一①参❺【募集事項の均等性→五八③

一　株主総会の特別決議を経ないでなされた募集株式の発行等の効力

1　非公開会社の場合→八二八条[6]

2　公開会社における有利発行の場合→八二八条[15]

二　本条三項の「特に有利な金額」

1　有利発行かどうかの判断基準

[1]　株主以外の第三者に対する時価発行の場合の公正な価額は、払込金額決定前の当該会社の株価、その騰落習性、売買出来高の実績、会社の資産・収益状態、配当状況、発行済みの株式数、新たに発行される株式数、株式市況の動向、これらから予測される新株の消化可能性等の諸事情を総合し、旧株主の利益と会社が有利な資本調達を実現するという利益との調和の中に求められるべきである。（最判昭50・4・8民集二九・四・三五〇、会社法百選[初版]二七）

2　市場価格との関係

イ　異常で一時的な市場価格の高騰を価額の算定基礎から排除することを認めたもの

[2]　会社の株式が、一般に許容される限度を超える不当な目的をもった大量買占めのため、市場において極めて異常な程度にまで投機の対象とされ、その市場価額が企業の客観的価値よりはるかに高騰し、かつ、それが右不当な買占めの影響を受ける期間の現象に止まるような、極めて例外的な場合においては、その払込金額決定直前の市場価額を、新株発行における公正な価額算定の基礎から排除することが許されると考えられる。（大阪地判平2・5・2金判八四九・九、重判平2商四）

ロ　異常で一時的な高騰ではないとして発行直前の市場価格によるべきであるとされたもの

[3]　株価の高騰が相当長期間続いている場合には、その原因が株式の大量取得に原因があるとしても、その価格を公正な価額の算定基礎から排除することは許されない。（東京地決平元・7・25判時一三一七・二八〈忠実屋・いなげや事件〉会社法百選[初版]三二）

3　非上場会社の場合

[4]　非上場会社が株主以外の者に新株を発行するに際し、客観的資料に基づく一応合理的な算定方法によって発行価額が決定されていたといえる場合には、その発行価額は、特別の事情のない限り「特に有利な金額」には当たらない。（最判平27・2・19民集六九・一・五一、会社法百選[四版]二二）

4　自己株式処分の経緯等を踏まえて判断された事例

[5]　非上場会社の自己株式が処分された場合の価額の算定に当たっては、規制の趣旨、目的を踏まえつつ、処分が行われた経緯、目的、数量、会社の財務状況等の諸般の事情を考慮して判断するのが相当であるところ、当該会社の株式は役員や社員持株会等の関係者の間で一定額で取引されてきたこと、当該自己株式処分は実質的には当該会社が同族会社の認定を受けることを回避するために代表取締役から当該一定額で取得した株式の買戻しにすぎないこと、取得から処分まで一年程度しか経過していないことなどに照らすと、当該自己株式処分における公正な価格は当該会社による取得時における取得価格と同額とするのが相当である。（東京高判平25・1・30判タ一三九四・二八一）

三　適法な特別決議を経ずに募集株式の有利発行を行った取締役の損害賠償責任

[6]　代表取締役が、株主以外の者に特に有利な発行価額をもって新株を発行する場合に当たるのに株主総会を開催しないで新株発行を決定・実施した場合には、公正な発行価額と実際の発行価額との差額が会社の損害となる。（東京地判平12・7・27判タ一〇五六・二四六）

[7]　取締役が一部の株主に招集の通知をすることなく株主総会を開催し特別決議を経て特に有利な発行価額で新株を発行した場合、既存株主は特に有利な発行価額と本来会社に払い込まれるべき適正な発行価額との差額（すなわち、本

来増加すべき会社資産）が増加しないことにより既存株式の客観的価値が低下するという損害を被っており、平成一七年改正前商法二六六条の三［会社法四二九条］第一項に基づき新株発行直前の株式価額と新株発行直後の株式価額との差額について取締役に損害賠償請求できる。（大阪高判平11・6・17判時一七一七・一四四、会社法百選[四版]二六）

（募集事項の決定の委任）

第二〇〇条① 前条第二項及び第四項の規定にかかわらず、株主総会においては、その決議によって、募集事項の決定を取締役（取締役会設置会社にあっては、取締役会）に委任することができる。この場合においては、その委任に基づいて募集事項の決定をすることができる募集株式の数の上限及び払込金額の下限を定めなければならない。

② 前項の払込金額の下限が募集株式を引き受ける者に特に有利な金額である場合には、取締役は、同項の株主総会において、当該払込金額でその者の募集をすることを必要とする理由を説明しなければならない。

③ 第一項の決議は、前条第一項第四号の期日（同号の期間を定めた場合にあっては、その期間の末日）が当該決議の日から一年以内の日である同項の募集についてのみその効力を有する。

④ 種類株式発行会社において、第一項の募集株式の種類が譲渡制限株式であるときは、当該種類の株式に関する募集事項の決定の委任は、当該種類の株式について前条第四項の定款の定めがある場合を除き、当該種類の株式の種類株主を構成員とする種類株主総会の決議がなければ、その効力を生じない。ただし、当該種類株主総会において議決権を行使することができる種類株主が存しない場合は、この限りでない。

参❶【募集株式の数↓一九九①㈢【募集株式の払込金額↓一九九①㈡【株主総会決議↓三〇九②[五] ❷【理由の説明↓一七一③・一八〇④・一九〇・一九九③・二三八③・二三九③・三六一④ ❹【譲渡制限株式↓二[十七]・一〇八①[四]・一三四・一三六―一四五【種類株主総会↓三二四②㈡【議決権を行使できる種類株主↓三二二①参 ⁺【適用除外↓二〇一①・二〇二⑤

（公開会社における募集事項の決定の特則）

第二〇一条① 第百九十九条第三項に規定する場合を除き、公開会社における同条第二項の規定の適用については、同項中「株主総会」とあるのは、「取締役会」とする。この場合においては、前条の規定は、適用しない。

② 前項の規定により読み替えて適用する第百九十九条第二項の取締役会の決議によって募集事項を定める場合において、市場価格のある株式を引き受ける者の募集をするときは、同条第一項第二号に掲げる事項に代えて、公正な価額による払込みを実現するために適当な払込金額の決定の方法を定めることができる。

③ 公開会社は、第一項の規定により読み替えて適用する第百九十九条第二項の取締役会の決議によって募集事項を定めたときは、同条第一項第四号の期日（同号の期間を定めた場合にあっては、その期間の初日）の二週間前までに、株主に対し、当該募集事項（前項の規定により払込金額の決定の方法を定めた場合にあっては、その方法を含む。以下この節において同じ。）を通知しなければならない。

④ 前項の規定による通知は、公告をもってこれに代えることができる。

⑤ 第三項の規定は、株式会社が募集事項について同項に規定する期日の二週間前までに金融商品取引法第四条第一項から第三項までの届出をしている場合その他の株主の保護に欠けるおそれがないものとして法務省令で定める場合には、適用しない。

参⁺【公開会社↓二[五] ❷【市場価格のある株式↓三三⑩㈡・一六一・一六七③㈡・一九三①㈡・一九七②・二八三㈡ ❸【株主への通知↓一二六① ❹【公告↓九三九 ❸❹【懈怠に対する制裁↓九七六㈡ ❺【省令で定める場合↓会社則四〇 ⁺【適用除外↓二〇二⑤

一　有効な取締役会決議を経ないでなされた募集株式の発行等の効力↓八二八条[13]
二　通知・公告を欠いた募集株式の発行等の効力↓八二八条[8]

（株主に株式の割当てを受ける権利を与える場合）

第二〇二条① 株式会社は、第百九十九条第一項の募集において、株主に株式の割当てを受ける権利を与えることができる。この場合においては、募集事項のほか、次に掲げる事項を定めなければならない。

一　株主に対し、次条第二項の申込みをすることにより当該株式会社の募集株式（種類株式発行会社にあっては、当該株主の有する種類の株式と同一の種類のもの）の割当てを受ける権利を与える旨
二　前号の募集株式の引受けの申込みの期日

② 前項の場合には、同項第一号の株主（当該株式会社を除く。）は、その有する株式の数に応じて募集株式の割当てを受ける権利を有する。ただし、当該株主が割当てを受ける募集株式の数に一株に満たない端数があるときは、これを切り捨てるものとする。

③ 第一項各号に掲げる事項を定める場合には、募集事項及び同項各号に掲げる事項は、次の各号に掲げる場合の区分に応じ、当該各号に定める方法によって定めなければならない。

一　当該募集事項及び第一項各号に掲げる事項を取締役の決定によって定めることができる旨の定款の定めがある場合（株式会社が取締役会設置会社である場合を除く。）　取締役の決定
二　当該募集事項及び第一項各号に掲げる事項を取締役会の決議によって定めることができる旨の定款の定めがある場合（次号に掲げる場合を除く。）　取締役会の決議
三　株式会社が公開会社である場合　取締役会の決議
四　前三号に掲げる場合以外の場合　株主総会の決議

④ 株式会社は、第一項各号に掲げる事項を定めた場合には、同項第二号の期日の二週間前までに、同項第一号の株主（当該株式会社を除く。）に対し、次に掲げる事項を通知しなければならない。

一　募集事項
二　当該株主が割当てを受ける募集株式の数
三　第一項第二号の期日

⑤　第百九十九条第二項から第四項まで及び前二条の規定は、第一項から第三項までの規定により株主に株式の割当てを受ける権利を与える場合には、適用しない。

⊗❶【二】【種類株式発行会社↓三二二①四【株主が募集株式の割当てを受ける権利↓二〇四①④　【二】【募集株式の引受けの申込みの期日↓二〇三　❷【一に満たない端数の処理↓二三四、二三五　❸【四】【株主総会の決議↓三〇九②五　❹【株主への通知↓一二六【懈怠に対する制裁↓九七六二

一　名義書換未了の場合における募集株式の割当てを受ける権利

[7]　**1　原則**　株主総会の決議により、一定の日現在の株主に新株引受権［募集株式の割当てを受ける権利］が与えられた場合、その株主とは、その日時において株主名簿に登録されていて会社に対抗できる株主であり、株式の譲渡がなされて譲受株式につき右日時までに名義書換を失念していた場合には、同人は新株引受権を取得せず、譲渡人たる名簿上の株主が引受払込みにより自己の権利として株式を取得する。（最判昭35・9・15民集一四・一一・二一四六、会社法百選[四版]A6）→一三〇条[7]

[2]　**2　会社の過失による名義書換未了の場合**　適法な名義書換請求がなされたにもかかわらず、会社の過失によって名義書換をしなかった場合には、名義書換請求をした者を株主として取り扱うことを要し、譲渡人たる名簿上の株主が会社に対してした新株［募集株式の］引受申込みは無効である。（最判昭41・7・28民集二〇・六・一二五一、会社法百選[四版]一三）

[3]　**3　特例有限会社に関する事例**　有限会社［特例有限会社］の増資に際して名義上の社員に社員名簿上の持分割合に応じて割り当てられた出資引受権は、社員名簿の記載にかかわらず、実質的な権利を有していた者に帰属し、名義上の社員により払い込まれた増資分の出資金を支払うことと引換えに、名義上の社員に付与された持分それ自体の取得を求めることができる。（千葉地判平15・5・28金判一一二五・五二）

二　新株申込証拠金

1　適法性

[4]　会社が株主に新株引受権［募集株式の割当てを受ける権利］を付与するに当たり、その新株引受権の行使に条件を付することは、その条件が不法ないし不合理のものでなく、かつ、それが法定の期間内に各株主に通知される限り、許されるものであり、会社がその資金計画を予定通り達成するため、必要最小限度の期日を見込んで申込期間を定め、株式申込みの際に、払込金額と同額の申込証拠金を添えることを要求することはそれ自体不当又は不合理とはいえない。（最判昭45・11・12民集二四・一二・一九〇一、会社百選[五版]七二）

[5]　**2　本条四項による通知**　商法二八〇条ノ五第一項［本条一項］に列挙されている事項は、制限的なものではなく、株主が新株引受権［募集株式の割当てを受ける権利］を行使するにつき通常必要とされる事項を例示したものにすぎず、その行使につき株式申込金の払込みという条件を付することが許される以上、これも同条項により通知を要する事項に属する。（最判昭45・11・12前出[4]）

[6]　**3　払込期日まで利息を付さない条件の適法性**　会社が株主に新株引受権［募集株式の割当てを受ける権利］を付与するに当たり、株式引受けの申込みの際に払込金額と同額の申込証拠金を添えることを要求し、その申込証拠金が払込期日に払込金に充当されるまでの期間中これに利息を付けないとすることも、違法でなく、それを伴わない申込みを拒否することができる。（最判昭45・11・12前出[4]）

三　本条四項に違反してなされた募集株式の発行等の効力

1　本条四項の通知がなされなかった場合↓八二八条[10]

2　本条四項の通知が申込期日の二週間前の日の翌日であり、かつ、払込期間が始まった後に株主に到達した場合↓八二八条[9]

（取締役の報酬等に係る募集事項の決定の特則）

第二〇二条の二①　金融商品取引法第二条第十六項に規定する金融商品取引所に上場されている株式を発行している株式会社は、定款又は株主総会の決議による第三百六十一条第一項第三号に掲げる事項についての定めに従いその発行する株式又はその処分する自己株式を引き受ける者の募集をするときは、第百九十九条第一項第二号及び第四号に掲げる事項を定めることを要しない。この場合において、当該株式会社は、募集株式について次に掲げる事項を定めなければならない。

一　取締役の報酬等（第三百六十一条第一項に規定する報酬等をいう。第二百三十六条第三項第一号において同じ。）として当該募集に係る株式の発行又は自己株式の処分をするものであり、募集株式と引換えにする金銭の払込み又は第百九十九条第一項第三号の財産の給付を要しない旨

二　募集株式を割り当てる日（以下この節において「割当日」という。）

②　前項各号に掲げる事項を定めた場合における第百九十九条第二項の規定の適用については、同項中「前項各号」とあるのは、「前項各号（第二号及び第四号を除く。）及び第二百二条の二第一項各号」とする。この場合においては、第二百条及び前条の規定は、適用しない。

③　指名委員会等設置会社における第一項の規定の適用については、同項中「定款又は株主総会の決議による第三百六十一条第一項第三号に掲げる事項についての定め」とあるのは「報酬委員会による第四百九条第三項第三号に定める事項についての決定」と、「取締役」とあるのは「執行役又は取締役」とする。

⊗+【取締役の報酬等↓三六一【報酬等↓三三〇、四二五①一、民六四八、六五六、会更六六【募集↓二〇五③　❶【株式の発行↓一九九①一、四四五⑥、三七、一一三、一一四、会社計算四二の二、四二の三【自己株式↓一五五⊗　【二】【金銭の払込み↓一九九①三四【財産の給付↓一九九①三四　【三】【割当日↓二〇四、二〇五④　❸【報酬委員会↓四〇四③、四〇九

第二款　募集株式の割当て

（募集株式の申込み）

第二〇三条①　株式会社は、第百九十九条第一項の募集

に応じて募集株式の引受けの申込みをしようとする者に対し、次に掲げる事項を通知しなければならない。
一　株式会社の商号
二　募集事項
三　金銭の払込みをすべきときは、払込みの取扱いの場所
四　前三号に掲げるもののほか、法務省令で定める事項
② 第百九十九条第一項の募集に応じて募集株式の引受けの申込みをする者は、次に掲げる事項を記載した書面を株式会社に交付しなければならない。
一　申込みをする者の氏名又は名称及び住所
二　引き受けようとする募集株式の数
③ 前項の申込みをする者は、同項の書面の交付に代えて、政令で定めるところにより、株式会社の承諾を得て、同項の書面に記載すべき事項を電磁的方法により提供することができる。この場合において、当該申込みをした者は、同項の書面を交付したものとみなす。
④ 第一項の規定は、株式会社が同項各号に掲げる事項を記載した金融商品取引法第二条第十項に規定する目論見書を第一項の申込みをしようとする者に対して交付している場合その他募集株式の引受けの申込みをしようとする者の保護に欠けるおそれがないものとして法務省令で定める場合には、適用しない。
⑤ 株式会社は、第一項各号に掲げる事項について変更があったときは、直ちに、その旨及び当該変更があった事項を第二項の申込みをした者（以下この款において「申込者」という。）に通知しなければならない。
⑥ 株式会社が申込者に対してする通知又は催告は、第二項第一号の住所（当該申込者が別に通知又は催告を受ける場所又は連絡先を当該株式会社に通知した場合にあっては、その場所又は連絡先）にあてて発すれば足りる。
⑦ 前項の通知又は催告は、その通知又は催告が通常到達すべきであった時に、到達したものとみなす。

参❶【虚偽記載等についての責任↓四二九②[一]【虚偽記載等に関する罰則↓九六四①　[一]【会社の商号↓六①　[二]【募集事項↓一九九②　[三]【払込取扱機関↓二〇八①　[四]【省令で定める事項↓会社則四一　❷【申込み↓商登五六[一]、二一一①・二〇四④　[二]【引受株式数↓二〇四①　❹【省令で定める場合↓会社則四二　❻【申込者への通知・催告↓二〇四③　❼【到達↓民九七①　†【適用除外↓二〇五①

第二〇四条（募集株式の割当て）① 株式会社は、申込者の中から募集株式の割当てを受ける者を定め、かつ、その者に割り当てる募集株式の数を定めなければならない。この場合において、株式会社は、当該申込者に割り当てる募集株式の数を、前条第二項第二号の数よりも減少することができる。
② 募集株式が譲渡制限株式である場合には、前項の規定による決定は、株主総会（取締役会設置会社にあっては、取締役会）の決議によらなければならない。ただし、定款に別段の定めがある場合は、この限りでない。
③ 株式会社は、第百九十九条第一項第四号の期日（同号の期間を定めた場合にあっては、その期間の初日）の前日までに、申込者に対し、当該申込者に割り当てる募集株式の数を通知しなければならない。
④ 第二百二条の規定により株主に株式の割当てを受ける権利を与えた場合において、株主が同条第一項第二号の期日までに前条第二項の申込みをしないときは、当該株主は、募集株式の割当てを受ける権利を失う。

参❶【割当て↓二一一①　❶❸【申込者↓二〇三⑤　❷【譲渡制限株式↓二[十七]・一〇七①[一]・一〇八①[四]・一三四・一三六―一四五【株主総会決議↓三〇九②[五]　†【適用除外↓二〇五①

第二〇五条（募集株式の申込み及び割当てに関する特則）① 前二条の規定は、募集株式を引き受けようとする者がその総数の引受けを行う契約を締結する場合には、適用しない。
② 前項に規定する場合において、募集株式が譲渡制限株式であるときは、株式会社は、株主総会（取締役会設置会社にあっては、取締役会）の決議によって、同項の契約の承認を受けなければならない。ただし、定款に別段の定めがある場合は、この限りでない。
③ 第二百二条の二第一項後段の規定による同項各号に掲げる事項についての定めがある場合には、定款又は株主総会の決議による第三百六十一条第一項第三号に掲げる事項についての定めに係る取締役（取締役であった者を含む。）以外の者は、第二百三条第二項の申込みをし、又は第一項の契約を締結することができない。
④ 前項に規定する場合における前条第三項並びに第二百六条の二第一項、第三項及び第四項の規定の適用については、前条第三項及び第二百六条の二第一項中「第百九十九条第一項第四号の期日（同号の期間を定めた場合にあっては、その期間の初日）」とあり、並びに同条第四項中「同項に規定する期日」とあり、並びに同条第四項中「第一項に規定する期日」とあるのは、「割当日」とする。
⑤ 指名委員会等設置会社における第三項の規定の適用については、同項中「定款又は株主総会の決議による第三百六十一条第一項第三号に掲げる事項についての定め」とあるのは「報酬委員会による第四百九条第三項第三号に定める事項についての決定」と、「取締役」とあるのは「執行役又は取締役」とする。

参❶【総数引受契約↓二〇六[一]・二一一①、商登五六[一]　❷【募集株式↓一九九①【譲渡制限株式↓二[十七]【定款の定め↓二九❹【割当日↓二〇二の二①[一]　❺【指名委員会等設置会社↓二〇二の二③

第二〇六条（募集株式の引受け）　次の各号に掲げる者は、当該各号に定める募集株式の数について募集株式の引受人となる。
一　申込者　株式会社の割り当てた募集株式の数
二　前条第一項の契約により募集株式の総数を引き受けた者　その者が引き受けた募集株式の数

参†【募集株式の引受人↓二〇八、二〇九①【引受けの取消し↓二〇七⑧・二一一②【引受けの無効・取消しの制限↓二一一②[一]【申込者↓二〇三⑤

（公開会社における募集株式の割当て等の特則）

第二〇六条の二① 公開会社は、募集株式の引受人について、第一号に掲げる数の第二号に掲げる数に対する割合が二分の一を超える場合には、第百九十九条第一項第四号の期日（同号の期間を定めた場合にあっては、その期間の初日）の二週間前までに、株主に対し、当該引受人（以下この項及び第四項において「特定引受人」という。）の氏名又は名称及び住所、当該特定引受人についての第一号に掲げる数その他の法務省令で定める事項を通知しなければならない。ただし、当該特定引受人が当該公開会社の親会社等である場合又は第二百二条の規定により株主に株式の割当てを受ける権利を与えた場合は、この限りでない。

一 当該引受人（その子会社等を含む。）がその引き受けた募集株式の株主となった場合に有することとなる議決権の数

二 当該募集株式の引受人の全員がその引き受けた募集株式の株主となった場合における総株主の議決権の数

② 前項の規定による通知は、公告をもってこれに代えることができる。

③ 第一項の規定にかかわらず、株式会社が同項の事項について同項に規定する期日の二週間前までに金融商品取引法第四条第一項から第三項までの届出をしている場合その他の株主の保護に欠けるおそれがないものとして法務省令で定める場合には、第一項の規定による通知は、することを要しない。

④ 総株主（この項の株主総会において議決権を行使することができない株主を除く。）の議決権の十分の一（これを下回る割合を定款で定めた場合にあっては、その割合）以上の議決権を有する株主が第一項の規定による通知又は第二項の公告の日（前項の場合にあっては、法務省令で定める日）から二週間以内に特定引受人（その子会社等を含む。以下この項において同じ。）による募集株式の引受けに反対する旨を公開会社に対し通知したときは、当該公開会社は、第一項に規定する期日の前日までに、株主総会の決議によって、当該特定引受人に対する募集株式の割当て又は当該特定引受人との間の第二百五条第一項の契約の承認を受けなければならない。ただし、当該公開会社の財産の状況が著しく悪化している場合において、当該公開会社の事業の継続のため緊急の必要があるときは、この限りでない。

⑤ 第三百九条第一項の規定にかかわらず、前項の株主総会の決議は、議決権を行使することができる株主の議決権の過半数（三分の一以上の割合を定款で定めた場合にあっては、その割合以上）を有する株主が出席し、出席した当該株主の議決権の過半数（これを上回る割合を定款で定めた場合にあっては、その割合以上）をもって行わなければならない。

⊛【公開会社→二〔五〕 ❶【親会社等→二〔四の二〕 【子会社等→二〔三の二〕 【株主への通知→一二六① 【省令で定める事項→会社則四二の二 ❶❷【懈怠に対する制裁→九七六〔二〕 ❷【公告→九三九 ❸【省令で定める場合→会社則四二の三 ❹【省令で定める日→会社則四二の四

7 本条四項ただし書の「緊急の必要があるとき」の意義
本条四項ただし書にいう「緊急の必要があるとき」とは、倒産の危機が迫っている場合等、財産の状況の著しい悪化によって会社の事業の継続が現に困難となり、又は近い将来困難になる蓋然性があり、株主総会の決議を経ることなく特定引受人に対する募集株式の発行をしなければ、会社の存立自体が危ぶまれるような緊急の必要性がある場合をいう。（東京地判令3・3・18【令元ワ一六六二九】重判令3商(二)）→八二八条〔7〕

第三款 金銭以外の財産の出資

第二〇七条① 株式会社は、第百九十九条第一項第三号に掲げる事項を定めたときは、募集事項の決定の後遅滞なく、同号の財産（以下この節において「現物出資財産」という。）の価額を調査させるため、裁判所に対し、検査役の選任の申立てをしなければならない。

② 前項の申立てがあった場合には、裁判所は、これを不適法として却下する場合を除き、検査役を選任しなければならない。

③ 裁判所は、前項の検査役を選任した場合には、株式会社が当該検査役に対して支払う報酬の額を定めることができる。

④ 第二項の検査役は、必要な調査を行い、当該調査の結果を記載し、又は記録した書面又は電磁的記録（法務省令で定めるものに限る。）を裁判所に提供して報告をしなければならない。

⑤ 裁判所は、前項の報告について、その内容を明瞭にし、又はその根拠を確認するため必要があると認めるときは、第二項の検査役に対し、更に前項の報告を求めることができる。

⑥ 第二項の検査役は、第四項の報告をしたときは、株式会社に対し、同項の書面の写しを交付し、又は同項の電磁的記録に記録された事項を法務省令で定める方法により提供しなければならない。

⑦ 裁判所は、第四項の報告を受けた場合において、現物出資財産について定められた第百九十九条第一項第三号の価額（第二項の検査役の調査を経ていないものを除く。）を不当と認めたときは、これを変更する決定をしなければならない。

⑧ 募集株式の引受人（現物出資財産を給付する者に限る。以下この条において同じ。）は、前項の決定により現物出資財産の価額の全部又は一部が変更された場合には、当該決定の確定後一週間以内に限り、その募集株式の引受けの申込み又は第二百五条第一項の契約に係る意思表示を取り消すことができる。

⑨ 前各項の規定は、次の各号に掲げる場合には、当該各号に定める事項については、適用しない。

一 募集株式の引受人に割り当てる株式の総数が発行済株式の総数の十分の一を超えない場合 当該募集株式の引受人が給付する現物出資財産の価額

二 現物出資財産について定められた第百九十九条第一項第三号の価額の総額が五百万円を超えない場合

当該現物出資財産の価額

三　現物出資財産のうち、市場価格のある有価証券について定められた第百九十九条第一項第三号の価額が当該有価証券の市場価格として法務省令で定める方法により算定されるものを超えない場合　当該有価証券についての現物出資財産の価額

四　現物出資財産について定められた第百九十九条第一項第三号の価額が相当であることについて弁護士、弁護士法人、弁護士・外国法事務弁護士共同法人、公認会計士、監査法人、税理士又は税理士法人の証明（現物出資財産が不動産である場合にあっては、当該証明及び不動産鑑定士の鑑定評価。以下この号において同じ。）を受けた場合　当該証明を受けた現物出資財産の価額

五　現物出資財産が株式会社に対する金銭債権（弁済期が到来しているものに限る。）であって、当該金銭債権について定められた第百九十九条第一項第三号の価額が当該金銭債権に係る負債の帳簿価額を超えない場合　当該金銭債権についての現物出資財産の価額

⑩　次に掲げる者は、前項第四号に規定する証明をすることができない。

一　取締役、会計参与、監査役若しくは執行役又は支配人その他の使用人

二　募集株式の引受人

三　業務の停止の処分を受け、その停止の期間を経過しない者

四　弁護士法人、弁護士・外国法事務弁護士共同法人、監査法人又は税理士法人であって、その社員の半数以上が第一号又は第二号に掲げる者のいずれかに該当するもの

❶【募集事項→一九九②【検査役の選任→八六八①・八七六【調査妨害に対する制裁→九七六[五]【検査役の調査の効果→二一三②[二]　❹【検査役の報告→商登五六[三]イ【不実報告に対する制裁→九六三③【省令で定めるもの→会社則二二八　❹❻【電磁的記録→二六②　❻【省令で定める方法→会社則二二九　❼【裁判所の変更決定→八七〇①[四]・八七六、商登五六[四]　❽【募集株式の引受人の意思表示等の取消し→二一一②　❾[三]【市場価格を証する書面→商登五六[三]ロ【省令で定める方法→会社則四三　[四]【証明・鑑定評価を記載した書面→商登五六[三]ハ【証明者の財産価格塡補責任→二一三③　[五]【帳簿価額を示す会計帳簿→商登五六[三]ニ　❿[三]【業務停止→弁護五七①[二]②[二]　ETC

第四款　出資の履行等

（出資の履行）

第二〇八条①　募集株式の引受人（現物出資財産を給付する者を除く。）は、第百九十九条第一項第四号の期日又は同号の期間内に、株式会社が定めた銀行等の払込みの取扱いの場所において、それぞれの募集株式の払込金額の全額を払い込まなければならない。

②　募集株式の引受人（現物出資財産を給付する者に限る。）は、第百九十九条第一項第四号の期日又は同号の期間内に、それぞれの募集株式の払込金額の全額に相当する現物出資財産を給付しなければならない。

③　募集株式の引受人は、第一項の規定による払込み又は前項の規定による給付（以下この款において「出資の履行」という。）をする債務と株式会社に対する債権とを相殺することができない。

④　出資の履行をすることにより募集株式の株主となる権利の譲渡は、株式会社に対抗することができない。

⑤　募集株式の引受人は、出資の履行をしないときは、当該出資の履行をすることにより募集株式の株主となる権利を失う。

【募集株式の引受人→二〇六　❶【払込取扱機関→二〇三①[三]、商登五六[二]【株式の払込み→一九九①[二]・二〇〇①　❷【現物出資財産→二〇七　❸【相殺→民五〇五―五〇八・五一一・五一二【相殺禁止→二八一③　❹【株主となる権利の譲渡→三五・六三②　❺【失権→六三③

一　「見せ金」による払込みの効力→六三条[2][3]
二　会社資金による払込みの効力→六三条[4][5]

（株主となる時期等）

第二〇九条①　募集株式の引受人は、次の各号に掲げる場合には、当該各号に定める日に、出資の履行をした募集株式の株主となる。

一　第百九十九条第一項第四号の期日を定めた場合　当該期日

二　第百九十九条第一項第四号の期間を定めた場合　出資の履行をした日

②　募集株式の引受人は、第二百十三条の二第一項各号に掲げる場合には、当該各号に定める支払若しくは給付又は第二百十三条の三第一項の規定による支払がされた後でなければ、出資の履行を仮装した募集株式について、株主の権利を行使することができない。

③　前項の募集株式を譲り受けた者は、当該募集株式についての株主の権利を行使することができる。ただし、その者に悪意又は重大な過失があるときは、この限りでない。

④　第一項の規定にかかわらず、第二百二条の二第一項後段の規定による同項各号に掲げる事項についての定めがある場合には、募集株式の引受人は、割当日に、その引き受けた募集株式の株主となる。

【募集株式の引受人→二〇六【出資の履行→二〇八【登記→九一五②、商登五六【振替株式の場合→社債株式振替一三〇【株式発行等の無効の訴え→八二八①[二][三]②[二][三]【株式発行等の不存在確認の訴え→八二九[一][二]　❷【出資の仮装→三四②・六四②・九六五【仮装払込人の権利の制約→一〇二③・二八二②　❸【仮装払込みに係る株式の譲渡→一〇二④・二八二③　❹【割当日→二〇二の二①[三]

第五款　募集株式の発行等をやめることの請求

第二一〇条　次に掲げる場合において、株主が不利益を受けるおそれがあるときは、株主は、株式会社に対し、第百九十九条第一項の募集に係る株式の発行又は自己株式の処分をやめることを請求することができる。

一　当該株式の発行又は自己株式の処分が法令又は定款に違反する場合

二　当該株式の発行又は自己株式の処分が著しく不公正な方法により行われる場合

⑬†【差止請求↓民保二三②、一七一の三、一七九の七、三六〇【濫用株主等に対する制裁↓九六八①㊁②　【二】【法令・定款違反の例↓一九九―二〇四、二〇七、二〇八ETC　【三】【著しく不公正な方法↓二〇四　†【違法な発行等に関する民事責任↓二一二、二一三、四二三①、四二九①【違法な発行等に関する無効の訴え↓八二八①㊁㊂

一　不公正な方法とされた事例―特定の株主の持株比率を低下させることを主要な目的としてなされた場合

[1] 支配権につき争いがある場合に、従来の株主の持株比率に重大な影響を及ぼすような数の新株が発行され、その第三者割当が、特定の株主の持株比率を低下させ現経営者の支配権を維持することを主要な目的としてされたときは、その新株発行は、不公正発行に当たり、また、その主要な目的が右のところにあるといえなくても、特定の株主の持株比率が著しく低下されることを認識しつつなされる新株発行は、その新株発行を正当化させるだけの合理的な理由がない限り、不公正発行に当たる。（東京地決平元・7・25判時一三一七・二八〈忠実屋・いなげや事件〉会社法百選[初版]三二）

[2] 新株発行が、会社の支配権につき争いがある状況下で、既存の株主の持株比率に重大な影響を及ぼすような数の新株が発行され、それが第三者に割り当てられる場合であって、かつ、それが、成否の見通しが必ずしもつかない反対派取締役の解任が議案となっている株主総会の直前に行われ、しかも、あらかじめ反対派取締役を解任する旨の会社提案に賛成することを表明している割当先に会社法一二四条四項に基づき議決権を付与することを予定している以上は、他にこれを合理化できる特段の事情がない限り、本件新株発行は、既存の株主の持株比率を低下させ現経営者の支配権を維持することを主要な目的としてされたものであると推認できる。（東京地決平20・6・23金判一二九六・一〇、重判平20商二）

[3] 有利発行を承認する株主総会において、株主は、取締役から、当該払込金額でその者の募集をすることを必要とする理由について説明を受けたとはいえないから、たとえ特別決議が承認可決されたとしても、株主が議決権行使するに当たってその判断の正当性を失わせるような瑕疵［かし］があったといわざるを得ず、支配権維持の目的による不公正性を阻却することにはならない。（京都地決平30・3・28金判一五四一・五一、重判平30商三……支配権維持を目的とする新株発行が有利発行にも該当するため、それを承認する株主総会決議を得ていたが、より高い払込金額での引受けの提案があったにもかかわらず株主総会参考書類で明らかにしていなかった事案において、不公正発行に当たるとされた事例）

二　不公正な方法とはいえないとされた事例

1　支配権維持の動機が存在してもなお資金調達目的が主要目的である場合

[4] 支配権をめぐる争いがある状況で行われた新株発行であっても、現実に増資の方法による資金調達の必要性があり、調達の金額も不相当とはいえず、新株の割当先の選択も合理的であり、新株の発行によって既存株主の持株比率に重大な影響を及ぼすこともない場合、現経営者の支配権維持という動機が存在したとしても、それが主要な目的であったとまでは認められず、新株発行が「著しく不公正な方法により行われる場合」であるとまでは評価できない。（東京高決平21・12・1金判一三三八・四〇）↓一三〇条[5]

2　公募の場合

[5] 経営陣と特別決議を否決できる数の議決権を有する大株主の間で合併を前提とする他社との経営統合の当否を中核とした支配権争いが存在した状況の下で公募による株式発行が行われたが、その目的には経営陣が支配権争いにおいて自らを有利な立場に置くことだけではなく客観的な資金調達の目的も併存しており、そして、公募の場合には取締役に反対する株主の支配権を減弱させる確実性は弱く、また、株式発行後に経営陣が前記合併の承認を目的とする臨時株主総会を招集する可能性も低いし、資金調達の必要性が高いことは客観的に明らかであるから、本件株式発行は支配権の維持・確保を主要な目的とするものではなく、したがって、著しく不公正な方法により行われたとはいえない。（東京高決平29・7・19金判一五三二・五七、会社法百選[四版]A41）

3　従業員持株会支援会を割当先とする場合

[6] 会社の経営支配権に争いのある状況の下で、従業員向け報酬制度の一環である日本版ESOPを採用することで株主の持株比率に一定の不利益が与えられる新株発行が行われるが、ESOPのスキームが従業員の意欲や士気を高め、従業員を通じたコーポレートガバナンスの向上を主目的としており特定の株主の影響力を排除するために検討が開始されたものではないこと、経済産業省の検討会報告書の内容におおむね沿って作られ導入目的に適合した制度設計がなされていること、株主間の保有比率の変動が著しくはないこと、資金調達の必要性があることといった事情が認められる場合、著しく不公正な方法による発行とはならない。（東京高決平24・7・12金法一九六九・八八、重判平24商二）

三　差止めの仮処分命令に違反してなされた募集株式の発行等の効力↓八二八条[11]

四　新株予約権の行使に応じてする新株発行の差止め

[7] 新株予約権の発行に無効原因がある場合や新株予約権発行に差止事由がありながら、その差止めの機会が株主に十分に保障されていなかった場合に限り、本条の準用あるいは類推適用により、新株予約権の行使に応じてする新株の発行の差止めが認められる。（名古屋地一宮支決令2・12・24金判一六一六・三〇、重判令3商二）

五　募集株式の発行等無効の訴えとの関係↓八二八条[18][19]

第六款　募集に係る責任等

（引受けの無効又は取消しの制限）

第二一一条①　民法第九十三条第一項ただし書及び第九十四条第一項の規定は、募集株式の引受けの申込み及び割当て並びに第二百五条第一項の契約に係る意思表示については、適用しない。

②　募集株式の引受人は、第二百九条第一項の規定により株主となった日から一年を経過した後又はその株式について権利を行使した後は、錯誤、詐欺又は強迫を理由として募集株式の引受けの取消しをすることができない。

⑬†【同旨の規定↓五一・一〇二⑤⑥　❷【錯誤↓民九五、消費契約四①②【詐欺・強迫↓民九六、消費契約四①―④・七②、特定商取引九―九の三・一五の三・二四―二四の三・二六②

（不公正な払込金額で株式を引き受けた者等の責任）
第二一二条① 募集株式の引受人は、次の各号に掲げる場合には、株式会社に対し、当該各号に定める額を支払う義務を負う。
一 取締役（指名委員会等設置会社にあっては、取締役又は執行役）と通じて著しく不公正な払込金額で募集株式を引き受けた場合　当該払込金額と当該募集株式の公正な価額との差額に相当する金額
二 第二百九条第一項の規定により募集株式の株主となった時におけるその給付した現物出資財産の価額がこれについて定められた第百九十九条第一項第三号の価額に著しく不足する場合　当該不足額
② 前項第二号に掲げる場合において、現物出資財産を給付した募集株式の引受人が当該現物出資財産の価額がこれについて定められた第百九十九条第一項第三号の価額に著しく不足することにつき善意でかつ重大な過失がないときは、募集株式の引受人は、第二百五条第一項の契約に係る意思表示を取り消すことができる。

参【募集株式の引受人→二〇六　❶【一】【指名委員会等設置会社→二【十二】【不公正な払込金額→一九九①【三】・二〇一③④・二一〇・四二三①・四二九①【差額の支払→二〇八③・八四七　【二】【現物出資財産の価額の不足→二一三　❷【募集株式の引受人の意思表示等の取消し→二〇七⑧

1 著しく不公正な払込金額とはいえないとされた事例　新株を買取引受けの方式により引き受けた証券業者の具申した意見に基づき、株価が人気化していたため急落する可能性が強く、公募株数が大量であること、その他当時の株式市況の見通し等を勘案して発行価額を、その意見具申前一週間の平均株価より一〇パーセント程度低く定めたとしても、特別の事情がない限り、著しく不公正な発行価額に当たらない。（最判昭50・4・8民集二九・四・三五〇、会社法百選【初版】二七）→一九九条7

2 資本参加・業務提携の方法として発行済株式総数と同数の新株を、新株発行に係る取締役会決議時の市場価額の半額以下の発行価額で発行した事案において、資本参加・業務提携の機運を前提とする投機的思惑によって異常に高騰したと認められる部分が考慮されてはならないとして、著しく不公正な発行価額とはいえないとされた事例（東京高判昭48・7・27判時七一五・一〇〇〈ソニー・アイワ事件〉会社法百選【四版】九五）

（出資された財産等の価額が不足する場合の取締役等の責任）
第二一三条① 前条第一項第二号に掲げる場合には、次に掲げる者（以下この条において「取締役等」という。）は、株式会社に対し、同号に定める額を支払う義務を負う。
一 当該募集株式の引受人の募集に関する職務を行った業務執行取締役（指名委員会等設置会社にあっては、執行役。以下この号において同じ。）その他当該業務執行取締役の行う業務の執行に職務上関与した者として法務省令で定めるもの
二 現物出資財産の価額の決定に関する株主総会の決議があったときは、当該株主総会に議案を提案した取締役として法務省令で定めるもの
三 現物出資財産の価額の決定に関する取締役会の決議があったときは、当該取締役会に議案を提案した取締役（指名委員会等設置会社にあっては、取締役又は執行役）として法務省令で定めるもの
② 前項の規定にかかわらず、次に掲げる場合には、取締役等は、現物出資財産について同項の義務を負わない。
一 現物出資財産の価額について第二百七条第二項の検査役の調査を経た場合
二 当該取締役等がその職務を行うについて注意を怠らなかったことを証明した場合
③ 第一項に規定する場合には、第二百七条第九項第四号に規定する証明をした者（以下この条において「証明者」という。）は、株式会社に対し前条第一項第二号に定める額を支払う義務を負う。ただし、当該証明者が当該証明をするについて注意を怠らなかったことを証明したときは、この限りでない。
④ 募集株式の引受人がその給付した現物出資財産についての前条第一項第二号に定める額を支払う義務を負う場合において、次の各号に掲げる者が当該現物出資財産について当該各号に定める義務を負うときは、これらの者は、連帯債務者とする。
一 取締役等　第一項の義務
二 証明者　前項本文の義務

参【財産価格塡補責任→五二・五五・一〇三①・二八六　❶【一】【省令で定めるもの→会社則四四　【二】【省令で定めるもの→会社則四五　【三】【省令で定めるもの→会社則四六

（出資の履行を仮装した募集株式の引受人の責任）
第二一三条の二① 募集株式の引受人は、次の各号に掲げる場合には、株式会社に対し、当該各号に定める行為をする義務を負う。
一 第二百八条第一項の規定による払込みを仮装した場合　払込みを仮装した払込金額の全額の支払
二 第二百八条第二項の規定による給付を仮装した場合　給付を仮装した現物出資財産の給付（株式会社が当該給付に代えて当該現物出資財産の価額に相当する金銭の支払を請求した場合にあっては、当該金銭の全額の支払）
② 前項の規定により募集株式の引受人の負う義務は、総株主の同意がなければ、免除することができない。

参【仮装払込みをした者の責任→五二の二①、一〇二の二、二八六の二

（出資の履行を仮装した場合の取締役等の責任）
第二一三条の三① 前条第一項各号に掲げる場合には、募集株式の引受人が出資の履行を仮装することに関与した取締役（指名委員会等設置会社にあっては、執行役を含む。）として法務省令で定める者は、株式会社に対し、当該各号に規定する支払をする義務を負う。ただし、その者（当該出資の履行を仮装したものを除く。）がその職務を行うについて注意を怠らなかったことを証明した場合は、この限りでない。

② 募集株式の引受人が前条第一項各号に規定する支払をする義務を負う場合において、前項に規定する者が同項の義務を負うときは、これらの者は、連帯債務者とする。

参❶【省令で定める者↓会社則四六の二　❷【仮装払込関与者の責任↓五二の二②、一〇三②、二八六の三①

第九節　株券

第一款　総則

（株券を発行する旨の定款の定め）

第二一四条　株式会社は、その株式（種類株式発行会社にあっては、全部の種類の株式）に係る株券を発行する旨を定款で定めることができる。

参＋【株券発行会社↓一一七⑦、一二八—一三二・一四六②、一四七②、八四〇①、八四一①、八四四①、九一一③[十]

（株券の発行）

第二一五条①　株券発行会社は、株式を発行した日以後遅滞なく、当該株式に係る株券を発行しなければならない。

② 株券発行会社は、株式の併合をしたときは、第百八十条第二項第二号の日以後遅滞なく、併合した株式に係る株券を発行しなければならない。

③ 株券発行会社は、株式の分割をしたときは、第百八十三条第二項第二号の日以後遅滞なく、分割した株式に係る株券（既に発行されているものを除く。）を発行しなければならない。

④ 前三項の規定にかかわらず、公開会社でない株券発行会社は、株主から請求がある時までは、これらの規定の株券を発行しないことができる。

参❶【株券発行会社↓一一七⑦【株式を発行した日↓四九、五〇①、一〇二②、二〇九①【株式発行日前の発行に対する制裁↓九七六[十三]【不発行に対する制裁↓九七六[十四]　❷【株式の併合↓一八〇—一八二の六　❸【株式の分割↓一八三—一八四　❹【公開会社↓二[五]

一　株券発行の意義

[1] 商法二二六条［本条］にいう株券の発行とは、会社が商法二二五条［会社二一六条］所定の形式を具備した文書を株主に交付することをいい、株主に交付したとき初めて該文書が株券になる。（最判昭40・11・16民集一九・八・一九七〇、会社法百選［四版］二三）

二　株券不発行の合意の効力

[2] 単に会社と株主との間において株券不発行の合意がされたとしても、そのような合意は商法二〇五条、二二六条、二二六条ノ二［会社一二八条、二一五条、二一七条］の趣旨に徴して無効であり、その合意は、実質的には株主の株券不所持の申出とこれに応じる会社による株券不発行の措置と解すべきものであって、株主が株券の所持を欲しない限りにおいて有効であるが、そのような合意があったとしても後に株主が翻意して株券の発行を請求した場合においては、商法二二六条ノ二第四項［会社二一七条六項］により、会社はもはや当該株主が会社との間で株券不発行の合意をしたことを理由に株券の発行を拒むことは許されない。（名古屋高判昭63・1・28判時一二七六・一二九、重判昭63商三）

三　株券発行前の株式の譲渡↓一二八条[7]

（株券の記載事項）

第二一六条　株券には、次に掲げる事項及びその番号を記載し、株券発行会社の代表取締役（指名委員会等設置会社にあっては、代表執行役）がこれに署名し、又は記名押印しなければならない。

一　株券発行会社の商号

二　当該株券に係る株式の数

三　譲渡による当該株券に係る株式の取得について株式会社の承認を要することを定めたときは、その旨

四　種類株式発行会社にあっては、当該株券に係る株式の種類及びその内容

参＋【株券虚偽記載の責任↓九七六[十五]【株券の番号↓一二一[四]、二二一[一]、二二五③　[一]【会社の商号↓六参　[三]【譲渡制限株式↓二[十七]、一三四、一〇七①[一]、一〇八①[四]、一三六—一四五　[四]【株式の種類・内容↓一〇八

（株券不所持の申出）

第二一七条①　株券発行会社の株主は、当該株券発行会社に対し、当該株主の有する株式に係る株券の所持を希望しない旨を申し出ることができる。

② 前項の規定による申出は、その申出に係る株式の数（種類株式発行会社にあっては、株式の種類及び種類ごとの数）を明らかにしてしなければならない。この場合において、当該株式に係る株券が発行されているときは、当該株主は、当該株券を株券発行会社に提出しなければならない。

③ 第一項の規定による申出を受けた株券発行会社は、遅滞なく、前項前段の株式に係る株券を発行しない旨を株主名簿に記載し、又は記録しなければならない。

④ 株券発行会社は、前項の規定による記載又は記録をしたときは、第二項前段の株式に係る株券を発行することができない。

⑤ 第二項後段の規定により提出された株券は、第三項の規定による記載又は記録をした時において、無効となる。

⑥ 第一項の規定による申出をした株主は、いつでも、株券発行会社に対し、第二項前段の株式に係る株券を発行することを請求することができる。この場合において、第二項後段の規定により提出された株券があるときは、株券の発行に要する費用は、当該株主の負担とする。

参❶❷【株券の不所持↓一二八①、一三〇、一三一②【会社に対する申出↓一二三　❸【株主名簿↓一二一　❻【株券の発行請求↓一二八①、一四六②　＋【株券不発行と強制執行↓民執一六三・一六七

（株券を発行する旨の定款の定めの廃止）

第二一八条①　株券発行会社は、その株式（種類株式発行会社にあっては、全部の種類の株式）に係る株券を発行する旨の定款の定めを廃止する定款の変更をしようとするときは、当該定款の変更の効力が生ずる日の二週間前までに、次に掲げる事項を公告し、かつ、株主及び登録株式質権者には、各別にこれを通知しなければならない。

会社

一　その株式（種類株式発行会社にあっては、全部の種類の株式）に係る株券を発行する旨の定款の定めを廃止する旨
二　定款の変更がその効力を生ずる日
三　前号の日において当該株式会社の株券は無効となる旨

② 株券発行会社の株式に係る株券は、前項第二号の日に無効となる。

③ 第一項の規定にかかわらず、株式の全部について株券を発行していない株券発行会社がその株式（種類株式発行会社にあっては、全部の種類の株式）に係る株券を発行する旨の定款の定めを廃止する定款の変更をしようとする場合には、同項第二号の日の二週間前までに、株主及び登録株式質権者に対し、同項第一号及び第二号に掲げる事項を通知すれば足りる。

④ 前項の規定による通知は、公告をもってこれに代えることができる。

⑤ 第一項に規定する場合には、株式の質権者（登録株式質権者を除く。）は、同項第二号の日の前日までに、株券発行会社に対し、第百四十八条各号に掲げる事項を株主名簿に記載し、又は記録することを請求することができる。

(参)❶【株券の提出手続不要↓二一九　❶❸【株主・登録株式質権者への通知↓一二六、一五〇【懈怠への制裁↓九七六㊂　❶❹【公告↓九三九、商登六三【懈怠への制裁↓九七六㊂　❷【株券の無効↓二三一㊁、二三七　❸【株券を発行していない株券発行会社↓二一五④、二一七、商登六三　❺【質権者の請求による登録↓一四八

第二款　株券の提出等

（株券の提出に関する公告等）

第二一九条① 株券発行会社は、次の各号に掲げる行為をする場合には、当該行為の効力が生ずる日（第四号の二に掲げる行為をする場合にあっては、第百七十九条の二第一項第五号に規定する取得日。以下この条において「株券提出日」という。）までに当該株券発行会社に対し当該各号に定める株式に係る株券を提出しなければならない旨を株券提出日の一箇月前までに、公告し、かつ、当該株式の株主及びその登録株式質権者には、各別にこれを通知しなければならない。ただし、当該株式の全部について株券を発行していない場合は、この限りでない。
一　第百七条第一項第一号に掲げる事項についての定款の定めを設ける定款の変更　全部の株式（種類株式発行会社にあっては、当該事項についての定めを設ける種類の株式）
二　株式の併合　全部の株式（種類株式発行会社にあっては、第百八十条第二項第三号の種類の株式）
三　第百七十一条第一項に規定する全部取得条項付種類株式の取得　当該全部取得条項付種類株式
四　取得条項付株式の取得　当該取得条項付株式
四の二　第百七十九条の三第一項の承認　売渡株式
五　組織変更　全部の株式
六　合併（合併により当該株式会社が消滅する場合に限る。）　全部の株式
七　株式交換　全部の株式
八　株式移転　全部の株式

② 株券発行会社が次の各号に掲げる行為をする場合において、株券提出日までに当該株券発行会社に対して株券を提出しない者があるときは、当該各号に定める者は、当該株券の提出があるまでの間、当該行為（第二号に掲げる行為をする場合にあっては、株式売渡請求に係る売渡株式の取得）によって当該株券に係る株式の株主が受けることのできる金銭等の交付を拒むことができる。
一　前項第一号から第四号までに掲げる行為　当該株券発行会社
二　第百七十九条の三第一項の承認　特別支配株主
三　組織変更　第七百四十四条第一項第一号に規定する組織変更後持分会社
四　合併（合併により当該株式会社が消滅する場合に限る。）　第七百四十九条第一項に規定する吸収合併存続会社又は第七百五十三条第一項に規定する新設合併設立会社
五　株式交換　第七百六十七条に規定する株式交換完全親会社
六　株式移転　第七百七十三条第一項第一号に規定する株式移転設立完全親会社

③ 第一項各号に定める株式に係る株券は、株券提出日に無効となる。

④ 第一項第四号の二の規定による公告及び通知の費用は、特別支配株主の負担とする。

(参)❶【株券の提出↓二二〇【公告↓九三九【公告懈怠への制裁↓九七六㊂【株主・登録株式質権者への通知↓一二六、一五〇【通知懈怠への制裁↓九七六㊂【株券を発行していない株券発行会社↓二一五④、二一七、商登五九①㊁、六〇―六二、七七㊃、八〇㊄、八一㊄、八九㊃、九〇㊃　[二]【譲渡制限株式への定款変更↓商登六二、五九①㊁　[三]【株式の併合↓一八〇―一八二の六、商登六一、五九①㊁　[三]【全部取得条項付種類株式の取得↓一七一―一七三の二、商登六〇、五九①㊁　[四]【取得条項付株式の取得↓一〇七―一七〇、商登五九①㊁　[五]【組織変更↓七四三、七四四、七七五―七八〇、九二〇、商登七七㊃、五九①㊁　[六]【合併↓七四八、七四九、七五一、七五三、七五五、七八二―七九二、八〇三―八一二、九二二、商登八〇㊄、五九①㊁　[七]【株式交換↓七六七、七六八、七八二―七九二、九一一③㊄、九一五、商登八九㊃、五九①㊁　[八]【株式移転↓七七二、七七三、八〇三―八一二、九二五、商登九〇㊃、五九①㊁　❷【金銭等の交付↓二二〇②　❸【株券の無効↓二二一㊁

一　**株券提出期間経過後の名義書換請求↓一三〇条[7]**
二　**株券提出期間内に提出されなかった株券の効力**

[7] 商法二一五条二項［会社一八二条一項］の株券提出期間内に提出されなかった解散会社［吸収合併消滅会社］の株券は、もはや株券としての効力を有せず、単に存続会社に対する新株券交付請求権を表章する有価証券となるにすぎない。（東京地判平2・3・29金判八五七・二七）

（株券の提出をすることができない場合）

第二二〇条① 前条第一項各号に掲げる行為をした場合において、株券を提出することができない者があるときは、株券発行会社は、その者の請求により、利害関

係人に対し異議があれば一定の期間内にこれを述べることができる旨を公告することができる。ただし、当該期間は、三箇月を下ることができない。

② 株券発行会社が前項の規定による公告をした場合において、同項の期間内に利害関係人が異議を述べなかったときは、前条第二項各号に定める者は、前項の請求をした者に対し、同条第二項の金銭等を交付することができる。

③ 第一項の規定による公告の費用は、同項の請求をした者の負担とする。

参❶【株券の提出不能の場合→二二〇―二二三】【株券喪失登録者による請求→二二九】【公告→九三九、二二九②】【公告懈怠への制裁→九七六㈡】

1 一 **公告を請求できる者**　会社に対して異議催告公告を請求できる者は必ずしも株主名簿上の株主であることを要せず、株券提出期間の経過前に株式を譲り受けた者もこれを請求できる。（最判昭52・11・8民集三一・六・八四七、会社法百選〔初版〕三五）

2 二 **株式の共有と公告請求**　株券提出期間経過前の株式譲受により、株式が名義書換を経ていない数人の共有に属することとなった場合には、株主の権利を行使すべき者の指定が株券提出期間経過後になされたときであっても、その者が異議催告公告を請求できる。（最判昭52・11・8前出1）

第三款　株券喪失登録

第二二一条（**株券喪失登録簿**）　株券発行会社（株式会社がその株式（種類株式発行会社にあっては、全部の種類の株式）に係る株券を発行する旨の定款の定めを廃止する定款の変更をした日の翌日から起算して一年を経過していない場合における当該株式会社を含む。以下この款（第二百二十三条、第二百二十七条及び第二百二十八条第二項を除く。）において同じ。）は、株券喪失登録簿を作成し、これに次に掲げる事項（以下この款において「株券喪失登録簿記載事項」という。）を記載し、又は記録しなければならない。

一 第二百二十三条の規定による請求に係る株券（第二百十八条第二項又は第二百十九条第三項の規定により無効となった株券及び株式の発行又は自己株式の処分の無効の訴えに係る請求を認容する判決が確定した場合における当該株式に係る株券を含む。以下この款（第二百二十八条を除く。）において同じ。）の番号

二 前号の株券を喪失した者の氏名又は名称及び住所

三 第一号の株券に係る株式の株主又は登録株式質権者として株主名簿に記載され、又は記録されている者（以下この款において「名義人」という。）の氏名又は名称及び住所

四 第一号の株券につき前三号に掲げる事項を記載し、又は記録した日（以下この款において「株券喪失登録日」という。）

参+【株券喪失登録簿→二三一・二三二】【虚偽記載等に対する制裁→九七六㈦】【株券発行会社→一一七⑦】【株券を発行する旨の定款の定めの廃止→二一八】〔一〕【株券の番号→一二一㈣・二一六、二二五③】【株式の発行・自己株式の処分の無効判決→八二八①㈡㈢】〔二〕〔三〕〔四〕【各事項の名義人への通知→二二四①】〔二〕【株券喪失者→二三一①、二二四①】〔三〕【登録株式質権者→一四九①】【株主名簿→一二一】

第二二二条（**株券喪失登録簿に関する事務の委託**）　株券発行会社における第百二十三条の規定の適用については、同条中「株主名簿の」とあるのは「株主名簿及び株券喪失登録簿の」と、「株主名簿に」とあるのは「株主名簿及び株券喪失登録簿に」とする。

参+【株券発行会社→一一七⑦】

第二二三条（**株券喪失登録の請求**）　株券を喪失した者は、法務省令で定めるところにより、株券発行会社に対し、当該株券についての株券喪失登録簿記載事項を株券喪失登録簿に記載し、又は記録すること（以下「株券喪失登録」という。）を請求することができる。

参+【株券喪失者→二三一①、二二四①】【省令の定め→会社則四七】【株券喪失登録簿記載事項→二二一】

第二二四条（**名義人等に対する通知**）① 株券発行会社が前条の規定による請求に応じて株券喪失登録をした場合において、当該請求に係る株券を喪失した者として株券喪失登録簿に記載され、又は記録された者（以下この款において「株券喪失登録者」という。）が当該株券に係る株式の名義人でないときは、株券発行会社は、遅滞なく、当該名義人に対し、当該株券について株券喪失登録をした旨並びに第二百二十一条第一号、第二号及び第四号に掲げる事項を通知しなければならない。

② 株式についての権利を行使するために株券が株券発行会社に提出された場合において、当該株券について株券喪失登録がされているときは、株券発行会社は、遅滞なく、当該株券を提出した者に対し、当該株券について株券喪失登録がされている旨を通知しなければならない。

参❶【名義人→二二一㈢】【通知→一二六、一五〇】【名義人でない者が株券喪失登録をした場合の効果→二三〇①㈢③】❷【権利を行使するための株券提出→一三〇②、一六六③、一九二②、一九四②、二一九

第二二五条（**株券を所持する者による抹消の申請**）① 株券喪失登録がされた株券を所持する者（その株券についての株券喪失登録者を除く。）は、法務省令で定めるところにより、株券発行会社に対し、当該株券喪失登録の抹消を申請することができる。ただし、株券喪失登録日の翌日から起算して一年を経過したときは、この限りでない。

② 前項の規定による申請をしようとする者は、株券発行会社に対し、同項の株券を提出しなければならない。

③ 第一項の規定による申請を受けた株券発行会社は、遅滞なく、同項の株券喪失登録者に対し、同項の規定

による申請をした者の氏名又は名称及び住所並びに同項の株券の番号を通知しなければならない。

④ 株券発行会社は、前項の規定による通知の日から二週間を経過した日に、第二項の規定により提出された株券に係る株券喪失登録を抹消しなければならない。この場合においては、株券発行会社は、当該株券を第一項の規定による申請をした者に返還しなければならない。

❶【株券を所持する者↓一三一①【省令の定め↓会社則四八【株券喪失登録日↓二二一[四]、二二八① ❶❸【株券喪失登録者↓二二四① ❸【株券の番号↓二二一[四]、二二六、二二一[三]【通知↓二三二 ❹【株券喪失登録の抹消↓二二六、二二七、二二九② 【懈怠に対する制裁↓九七六[十六]【二週間の期間↓民保二三① 【株券喪失登録の抹消の効果↓二三〇①

（株券喪失登録者による抹消の申請）

第二二六条① 株券喪失登録者は、法務省令で定めるところにより、株券発行会社に対し、株券喪失登録（その株式（種類株式発行会社にあっては、全部の種類の株式）に係る株券を発行する旨の定款の定めを廃止する定款の変更をした場合にあっては、前条第二項の規定により提出された株券についての株券喪失登録を除く。）の抹消を申請することができる。

② 前項の規定による申請を受けた日に、当該申請に係る株券喪失登録を抹消しなければならない。

【株券喪失登録の抹消↓二二五、二二七、二二九②【懈怠に対する制裁↓九七六[十六] ❶【株券喪失登録者↓二二四①【省令の定め↓会社則四九【株券を発行する旨の定款の定めの廃止↓二一八 ❷【株券喪失登録の抹消の効果↓二三〇①

（株券を発行する旨の定款の定めを廃止した場合における株券喪失登録の抹消）

第二二七条 その株式（種類株式発行会社にあっては、全部の種類の株式）に係る株券を発行する旨の定款の定めを廃止する定款の変更をする場合には、株券発行会社は、当該定款の変更の効力が生ずる日に、株券喪失登録（当該株券喪失登録がされた株券に係る株式の名義人が株券喪失登録者であるものに限り、第二百二十五条第二項の規定により提出された株券についてのものを除く。）を抹消しなければならない。

【株券を発行する旨の定款の定めの廃止↓二一八② 【名義人↓二二一[三] 【株券喪失登録の抹消↓二二五、二二六、二二九② 【懈怠に対する制裁↓九七六[十六] 【株券喪失登録の抹消の効果↓二三〇①

（株券の無効）

第二二八条① 株券喪失登録（抹消されたものを除く。）がされた株券は、株券喪失登録日の翌日から起算して一年を経過した日に無効となる。

② 前項の規定により株券が無効となった場合には、株券発行会社は、当該株券についての株券喪失登録者に対し、株券を再発行しなければならない。

【株券の失効↓一九八⑤、二一七⑤、二一八②、二一九③ ❶【株券喪失登録の抹消↓二二五、二二六 ❷【株券喪失登録者↓二二四①【株券の再発行禁止↓二三〇②

（異議催告手続との関係）

第二二九条① 株券喪失登録者が第二百二十条第一項の請求をした場合には、株券発行会社は、同項の期間の末日が株券喪失登録日の翌日から起算して一年を経過する日前に到来するときに限り、同項の規定による公告をすることができる。

② 株券発行会社が第二百二十条第一項の規定による公告をするときは、当該株券発行会社は、当該公告をした日に、当該公告に係る株券についての株券喪失登録を抹消しなければならない。

❶【株券喪失登録者↓二二四①【株券喪失登録日↓二二一[四]、二二八① ❷【株券喪失登録の抹消↓二二五―二二七【懈怠に対する制裁↓九七六[十六]

（株券喪失登録の効力）

第二三〇条① 株券発行会社は、次に掲げる日のいずれか早い日（以下この条において「登録抹消日」という。）までの間は、株券喪失登録がされた株券に係る株式を取得した者の氏名又は名称及び住所を株主名簿に記載し、又は記録することができない。

一 当該株券喪失登録が抹消された日

二 株券喪失登録日の翌日から起算して一年を経過した日

② 株券発行会社は、登録抹消日後でなければ、株券喪失登録がされた株券を再発行することができない。

③ 株券喪失登録者が株券喪失登録をした株券に係る株式の名義人でないときは、当該株式の株主は、登録抹消日までの間は、株主総会又は種類株主総会において議決権を行使することができない。

④ 株券喪失登録がされた株券に係る株式については、第百九十七条第一項の規定による競売又は同条第二項の規定による売却をすることができない。

❶【株券喪失登録がされた株券に係る株式を取得した者↓一三三①【違反に対する制裁↓九七六[十七] [二]【株券喪失登録の抹消日↓二二五、二二六②、二二七、二二九② [二]【一年経過の効果↓二二八① ❷【株券の再発行↓二二八② ❸【株主↓一三〇

（株券喪失登録簿の備置き及び閲覧等）

第二三一条① 株券発行会社は、株券喪失登録簿をその本店（株主名簿管理人がある場合にあっては、その営業所）に備え置かなければならない。

② 何人も、株券発行会社の営業時間内は、いつでも、株券喪失登録簿（利害関係がある部分に限る。）について、次に掲げる請求をすることができる。この場合においては、当該請求の理由を明らかにしてしなければならない。

一 株券喪失登録簿が書面をもって作成されているときは、当該書面の閲覧又は謄写の請求

二 株券喪失登録簿が電磁的記録をもって作成されているときは、当該電磁的記録に記録された事項を法務省令で定める方法により表示したものの閲覧又は謄写の請求

【株券喪失登録簿↓二二一 ❶【本店↓四【株主名簿管理人↓一二三、二二二【本項の違反に対する制裁↓九七六[四] ❷【不当拒絶に対する制裁↓九七六[四] [二]【電磁的記録↓二六②【省令で定める方法↓会社則二二六

（株券喪失登録者に対する通知等）

第二三二条① 株券発行会社が株券喪失登録者に対してする通知又は催告は、株券喪失登録簿に記載し、又は記録した当該株券喪失登録者の住所（当該株券喪失登録者が別に通知又は催告を受ける場所又は連絡先を株券発行会社に通知した場合にあっては、その場所又は連絡先）にあてて発すれば足りる。

② 前項の通知又は催告は、その通知又は催告が通常到達すべきであった時に、到達したものとみなす。

参【株券喪失登録者に対する通知・催告→二二五③】

（適用除外）

第二三三条 非訟事件手続法第四編の規定は、株券については、適用しない。

参【公示催告手続→二九一①、六九九①】

第十節　雑則

（一に満たない端数の処理）

第二三四条① 次の各号に掲げる行為に際して当該各号に定める者に当該株式会社の株式を交付する場合において、その者に対し交付しなければならない当該株式会社の株式の数に一株に満たない端数があるときは、その端数の合計数（その合計数に一に満たない端数がある場合にあっては、これを切り捨てるものとする。）に相当する数の株式を競売し、かつ、その端数に応じてその競売により得られた代金を当該者に交付しなければならない。

一　第百七十条第一項の規定による株式の取得　当該株式会社の株主

二　第百七十三条第一項の規定による株式の取得　当該株式会社の株主

三　第百八十五条に規定する株式無償割当て　当該株式会社の株主

四　第二百七十五条第一項の規定による新株予約権の取得　第二百三十六条第一項第七号イの新株予約権の新株予約権者

五　合併（合併により当該株式会社が存続する場合に限る。）　合併後消滅する会社の株主又は社員

六　合併契約に基づく設立時発行株式の発行　合併後消滅する会社の株主又は社員

七　株式交換による他の株式会社の発行済株式全部の取得　株式交換をする株式会社の株主

八　株式移転計画に基づく設立時発行株式の発行　株式移転をする株式会社の株主

九　株式交付　株式交付親会社（第七百七十四条の三第一項第一号に規定する株式交付親会社をいう。）に株式交付に際して株式交付子会社（同号に規定する株式交付子会社をいう。）の株式又は新株予約権等（同項第七号に規定する新株予約権等をいう。）を譲り渡した者

② 株式会社は、前項の規定による競売に代えて、市場価格のある同項の株式については市場価格として法務省令で定める方法により算定される額をもって、市場価格のない同項の株式については裁判所の許可を得て競売以外の方法により、これを売却することができる。この場合において、当該許可の申立ては、取締役が二人以上あるときは、その全員の同意によってしなければならない。

③ 前項の規定により第一項の株式を売却した場合における同項の規定の適用については、同項中「競売により」とあるのは、「売却により」とする。

④ 株式会社は、第二項の規定により売却する株式の全部又は一部を買い取ることができる。この場合においては、次に掲げる事項を定めなければならない。

一　買い取る株式の数（種類株式発行会社にあっては、株式の種類及び種類ごとの数）

二　前号の株式の買取りをするのと引換えに交付する金銭の総額

⑤ 取締役会設置会社においては、前項各号に掲げる事項の決定は、取締役会の決議によらなければならない。

⑥ 第一項から第四項までの規定は、第一項各号に掲げる行為に際して当該各号に定める者に当該株式会社の社債又は新株予約権を交付するときについて準用する。

参❶【競売→民執一九五　〔五〕【吸収合併による株式の交付→七五〇③[三]　〔六〕【新設合併による株式の交付→七五四②　〔七〕【株式交換による株式の交付→七六九③[三]　〔八〕【株式移転による株式の交付→七七四②　〔九〕【株式交付による株式の交付→七七四の一一③　❷【市場価格のある株式→三三⑩[三]、一六一、一六七③[一]、一九三①[一]、一九七②、二〇一②【省令で定める方法→会社則五〇【裁判所の許可→八六八①、八七四[四]　❹【自己株式の取得→一五五[九]、四六一①[七]、四六二①[五]、四六五①[九]　❻【社債・新株予約権の交付→一七〇②[一]―[三]、一七三②[三]―[四]、二七五③[三]―[四]、七五〇③[三]―[四]、七五四③、七六九③[三]―[四]、七七四③

第二三五条① 株式会社が株式の分割又は株式の併合をすることにより株式の数に一株に満たない端数が生ずるときは、その端数の合計数（その合計数に一に満たない端数が生ずる場合にあっては、これを切り捨てるものとする。）に相当する数の株式を競売し、かつ、その端数に応じてその競売により得られた代金を株主に交付しなければならない。

② 前条第二項から第五項までの規定は、前項の場合について準用する。

参❶【株式の分割→一八三、一八四【株式の併合→一八〇―一八二の六【競売→民執一九五

第三章　新株予約権

第一節　総則

（新株予約権の内容）

第二三六条① 株式会社が新株予約権を発行するときは、次に掲げる事項を当該新株予約権の内容としなければならない。

一　当該新株予約権の目的である株式の数（種類株式発行会社にあっては、株式の種類及び種類ごとの数）又はその数の算定方法

二　当該新株予約権の行使に際して出資される財産の価額又はその算定方法

三　金銭以外の財産を当該新株予約権の行使に際してする出資の目的とするときは、その旨並びに当該財産の内容及び価額
四　当該新株予約権を行使することができる期間
五　当該新株予約権の行使により株式を発行する場合における増加する資本金及び資本準備金に関する事項
六　譲渡による当該新株予約権の取得について当該株式会社の承認を要することとするときは、その旨
七　当該新株予約権について、当該株式会社が一定の事由が生じたことを条件としてこれを取得することができることとするときは、次に掲げる事項
イ　一定の事由が生じた日に当該株式会社がその新株予約権を取得する旨及びその事由
ロ　当該株式会社が別に定める日が到来することをもってイの事由とするときは、その旨
ハ　イの事由が生じた日にイの新株予約権の一部を取得することとするときは、その旨及び取得する新株予約権の一部の決定の方法
ニ　イの新株予約権を取得するのと引換えに当該新株予約権の新株予約権者に対して当該株式会社の株式を交付するときは、当該株式の数（種類株式発行会社にあっては、株式の種類及び種類ごとの数）又はその算定方法
ホ　イの新株予約権を取得するのと引換えに当該新株予約権の新株予約権者に対して当該株式会社の社債（新株予約権付社債についてのものを除く。）を交付するときは、当該社債の種類及び種類ごとの各社債の金額の合計額又はその算定方法
ヘ　イの新株予約権を取得するのと引換えに当該新株予約権の新株予約権者に対して当該株式会社の他の新株予約権（新株予約権付社債に付されたものを除く。）を交付するときは、当該他の新株予約権の内容及び数又はその算定方法
ト　イの新株予約権を取得するのと引換えに当該新株予約権の新株予約権者に対して当該株式会社の新株予約権付社債を交付するときは、当該新株予約権付社債についてのホに規定する事項及び当該新株予約権付社債に付された新株予約権についてのヘに規定する事項
チ　イの新株予約権を取得するのと引換えに当該新株予約権の新株予約権者に対して当該株式会社の株式等以外の財産を交付するときは、当該財産の内容及び数若しくは額又はこれらの算定方法
八　当該株式会社が次のイからホまでに掲げる行為をする場合において、当該新株予約権の新株予約権者に当該イからホまでに定める株式会社の新株予約権を交付することとするときは、その旨及びその条件
イ　合併（合併により当該株式会社が消滅する場合に限る。）　合併後存続する株式会社又は合併により設立する株式会社
ロ　吸収分割　吸収分割をする株式会社がその事業に関して有する権利義務の全部又は一部を承継する株式会社
ハ　新設分割　新設分割により設立する株式会社
ニ　株式交換　株式交換をする株式会社の発行済株式の全部を取得する株式会社
ホ　株式移転　株式移転により設立する株式会社
九　新株予約権を行使した新株予約権者に交付する株式の数に一株に満たない端数がある場合において、これを切り捨てるものとするときは、その旨
十　当該新株予約権（新株予約権付社債に付されたものを除く。）に係る新株予約権証券を発行することとするときは、その旨
十一　前号に規定する場合において、新株予約権者が第二百九十条の規定による請求の全部又は一部をすることができないこととするときは、その旨

②　新株予約権付社債に付された新株予約権の数は、当該新株予約権付社債についての社債の金額ごとに、均等に定めなければならない。

③　金融商品取引法第二条第十六項に規定する金融商品取引所に上場されている株式を発行している株式会社は、定款又は株主総会の決議による第三百六十一条第一項第四号又は第五号ロに掲げる事項についての定めに従い新株予約権を発行するときは、第一項第二号に掲げる事項を当該新株予約権の内容とすることを要しない。この場合において、当該株式会社は、次に掲げる事項を当該新株予約権の内容としなければならない。
一　取締役の報酬等として又は取締役の報酬等をもってする払込みと引換えに当該新株予約権を発行するものであり、当該新株予約権の行使に際してする金銭の払込み又は第一項第三号の財産の給付を要しない旨
二　定款又は株主総会の決議による第三百六十一条第一項第四号又は第五号ロに掲げる事項についての定めに係る取締役（取締役であった者を含む。）以外の者は、当該新株予約権を行使することができない旨

④　指名委員会等設置会社における前項の規定の適用については、同項中「定款又は株主総会の決議による第三百六十一条第一項第四号又は第五号ロに掲げる事項についての定め」とあるのは「報酬委員会による第四百九条第三項第四号又は第五号ロに定める事項についての決定」と、同項第一号中「取締役」とあるのは「執行役若しくは取締役」と、同項第二号中「取締役」とあるのは「執行役又は取締役」とする。

参†【新株予約権↓二[二十一]　❶【新株予約権の内容↓二三八①[一]・二七八①[一]　[一]【発行可能株式総数等による制約↓一一三④・一一四②[三]　[一]—[四][七]【登記事項↓九一一③[十二]　[二]【行使価額↓二八一①　[三]【現物出資による行使↓二七二⑤・二八〇④・二八一②・二八四・二八六【会社財産を危うくする罪↓九六三②　[四]【行使期間↓二四六①　[五]【資本金・資本準備金の額↓四四五　[六]【譲渡制限新株予約権↓二四三②[二]・二六一—二六六　[七]【取得条項付新株予約権↓二七三—二七五、商登五九②[一]　[八]【合併による新株予約権の承継↓七四九①[四]・七五三①[十]【吸収分割による新株予約権の承継↓七五八[五]【新設分割による新株予約権の承継↓七六三①[十]【株式交換による新株予約権の承継↓七六八①[四]【株式移転による新株予約権の承継↓七七三①[九]【新株予約権買取請求↓七七七・七八七・八〇八　[九]【一に満たない端数の処理↓二八三　[十]【新株予約権証券↓二五五①・二五六①②・二五七②・二五

八①②・二六七④・二六八②・二八〇②・二八八—二九一・二九三、二九四 ❷【新株予約権付社債→二二十二【均等性→二三八⑤ ❸【取締役の報酬等→三六一【報酬等→三三〇・四二五①一、民六四八、六五六、会更六六【新株予約権の発行→二三八①一・四四五⑥【発行可能株式総数等による制約→一一三④・一一四②三 【二】【金銭の払込み→二三六①三四【財産の給付→二三六①三四 ❹【報酬委員会→四〇四③・四〇九

（共有者による権利の行使）

第二百三十七条 新株予約権が二以上の者の共有に属するときは、共有者は、当該新株予約権についての権利を行使する者一人を定め、株式会社に対し、その者の氏名又は名称を通知しなければ、当該新株予約権についての権利を行使することができない。ただし、株式会社が当該権利を行使することに同意した場合は、この限りでない。

【共有→民二六四、二四九—二六二【新株予約権の権利行使→二八〇—二八三、二五三③【通知→民九七①

第二節　新株予約権の発行

第一款　募集事項の決定等

（募集事項の決定）

第二百三十八条① 株式会社は、その発行する新株予約権を引き受ける者の募集をしようとするときは、その都度、募集新株予約権（当該募集に応じて当該新株予約権の引受けの申込みをした者に対して割り当てる新株予約権をいう。以下この章において同じ。）について次に掲げる事項（以下この節において「募集事項」という。）を定めなければならない。

一　募集新株予約権の内容及び数

二　募集新株予約権と引換えに金銭の払込みを要しないこととする場合には、その旨

三　前号に規定する場合以外の場合には、募集新株予約権の払込金額（募集新株予約権一個と引換えに払い込む金銭の額をいう。以下この章において同じ。）又はその算定方法

四　募集新株予約権を割り当てる日（以下この節において「割当日」という。）

五　募集新株予約権と引換えにする金銭の払込みの期日を定めるときは、その期日

六　募集新株予約権が新株予約権付社債に付されたものである場合には、第六百七十六条各号に掲げる事項

七　前号に規定する場合において、同号の新株予約権付社債に付された募集新株予約権についての第百十八条第一項、第百七十九条第二項、第七百七十七条第一項、第七百八十七条第一項又は第八百八条第一項の規定による請求の方法につき別段の定めをするときは、その定め

② 募集事項の決定は、株主総会の決議によらなければならない。

③ 次に掲げる場合には、取締役は、前項の株主総会において、第一号の条件又は第二号の金額で募集新株予約権を引き受ける者の募集をすることを必要とする理由を説明しなければならない。

一　第一項第二号に規定する場合において、金銭の払込みを要しないこととすることが当該者に特に有利な条件であるとき。

二　第一項第三号に規定する場合において、同号の払込金額が当該者に特に有利な金額であるとき。

④ 種類株式発行会社において、募集新株予約権の目的である株式の種類の全部又は一部が譲渡制限株式であるときは、当該募集新株予約権に関する募集事項の決定は、当該種類の株式を目的とする募集新株予約権を引き受ける者の募集について当該種類の株式の種類株主を構成員とする種類株主総会の決議を要しない旨の定款の定めがある場合を除き、当該種類株主総会の決議がなければ、その効力を生じない。ただし、当該種類株主総会において議決権を行使することができる種類株主が存しない場合は、この限りでない。

⑤ 募集事項は、第一項の募集ごとに、均等に定めなければならない。

❶【新株予約権の発行→商登六五【無効の訴えの提訴期間・提訴権者→八二八①四②四【不存在確認の訴え→八二九三【株主割当ての場合に定めるべき事項→二四一【一】【新株予約権の内容→二三六①【新株予約権の数→九一一③十二イ【二】【無償の発行→二八五①一【二】【三】【登記事項→九一一③十二【三】【払込金額→二四六①②【四】【割当日→二三九③・二四〇②④・二四三③【五】【払込期日→二四六①③【六】【新株予約権付社債の場合→二四八、六七六 ❷【株主総会の決議→三〇九②六・二三九①・二四〇①・二四一③三 ❷—❹【適用除外→二四一⑤ ❸【理由の説明→一七一③・一八〇④・一九〇・一九九③・二〇〇②・二三九②・三六一④【特に有利な条件・金額→四二五①三 ❹【譲渡制限株式→二十七・一〇八①四・一三四・一三六—一四五【種類株主総会→三二四②三・二三九①【議決権を行使できる種類株主→三二二① ❺【均等性→二三六②・一九九⑤

一　取得条項付きの募集新株予約権の発行が有利発行に当たるとされた事例

[1] 取得条項があることにより理論的にオプション価格を下げる余地があるとしても、取得条項が直ちに行使される可能性が高くない本件発行の下では、取得条項がないとして算定された募集新株予約権の価額を大幅に下回ってまでオプション価格を下げる合理的な理由を直ちに見いだすことは困難である。（東京地決平18・6・30判タ一二二〇・一一〇、会社法百選四版二五）

二　新株予約権付社債の発行の有利発行該当性

1　第三者割当ての場合

[2] 新株予約権付社債を発行する場合において、当該新株予約権と引換えに金銭の払込みを要しないこととする場合には、当該新株予約権の実質的な対価は、特段の事情のない限り、当該新株予約権付社債について定められた利率とその会社が普通社債を発行する場合に必要とされる利率との差に相当する経済的価値であるということができ、また、当該新株予約権の公正な価値は、現在の株価、権利行使価額、行使期間、金利、株価変動率等の要素をもとにオプション評価理論に基づき算出された新株予約権の発行時点における価額である。こうして算出された発行時点における当該新株予約権の公正な価値と当該新株予約権の実質的な対価とを比較し、当該新株予約権の実質的な対価が公正な価値を大きく下回るときは、当該新株予約権付社債の発行は、「特に有利な条件」による発行に該当する。（東京地決平19・11・12金判一二八

一・五二、会社法百選[三版]A32……有利発行に当たらないとされた事例）

[3] **２ 公募の場合**　公募により新株予約権付社債を発行するに際し、客観的資料に基づく一応合理的な算定方法によって発行条件が決定されていたといえる場合には、その発行条件は、特段の事情のない限り、引受人に「特に有利な条件」に当たらないと解するのが相当であるところ、ブックビルディングは、これが実質的に機能すれば、最終的な発行条件を市場参加者が合理的と考える水準に収れんさせることが期待できること、本件ブックビルディングの方法が特に不相当なものであるとはいえないことに照らすと、本件新株予約権付社債の発行条件については、本件ブックビルディングを経て決定されていることをもって、「客観的資料に基づく一応合理的な算定方法によって発行条件が決定された」ということができる。（東京高判令元・7・17判時二四五四・六四、会社法百選[四版]A34）↓一九九条[4]

[4] **三 ロックアップ合意の効力**　新株予約権者がロックアップ合意をしている場合、少なくともその合意により、新株予約権を行使して株式を取得してもロックアップ合意期間中は市場で売却することはできない。（東京地判平20・9・30判タ一二九二・二七一……新株予約権の行使に当たり、新株予約権行使を急ぐ理由があるのかを確認しつつ、その処理手続を後に回すことをもって、新株予約権の行使の妨害とはいえないとされた事例）

（**募集事項の決定の委任**）

第二三九条①　前条第二項及び第四項の規定にかかわらず、株主総会においては、その決議によって、募集事項の決定を取締役（取締役会設置会社にあっては、取締役会）に委任することができる。この場合においては、次に掲げる事項を定めなければならない。

一　その委任に基づいて募集事項の決定をすることができる募集新株予約権の内容及び数の上限

二　前号の募集新株予約権につき金銭の払込みを要しないこととする場合には、その旨

三　前号に規定する場合以外の場合には、募集新株予約権の払込金額の下限

②　次に掲げる場合には、取締役は、前項の株主総会において、第一号の条件又は第二号の金額で募集新株予約権を引き受ける者の募集をすることを必要とする理由を説明しなければならない。

一　前項第二号に規定する場合において、金銭の払込みを要しないこととすることが当該者に特に有利な条件であるとき。

二　前項第三号に規定する場合において、同号の払込金額の下限が当該者に特に有利な金額であるとき。

③　第一項の決議は、割当日が当該決議の日から一年以内の日である前条第一項の募集についてのみその効力を有する。

④　種類株式発行会社において、募集新株予約権の目的である株式の種類の全部又は一部が譲渡制限株式であるときは、当該募集新株予約権に関する募集事項の決定の委任は、前条第四項の定款の定めがある場合を除き、当該種類株主総会の決議がなければ、その効力を生じない。ただし、当該種類株主総会において議決権を行使することができる種類株主が存しない場合は、この限りでない。

⊛❶【株主総会決議↓三〇九②[六]　[一]【募集新株予約権の内容・数↓二三八①[一]　[二]【払込みを要しない旨↓二三八①[二]　[三]【払込金額↓二三八①[三]　❷【理由の説明↓一七一③・一八〇④・一九〇・一九九③・二〇〇②・二三八③・三六一④　❸【割当日↓二三八①[四]　❹【譲渡制限株式↓二[十七]・一〇八①[四]・一三四・一三六―一四五【種類株主総会↓三二四②[三]【議決権を行使できる種類株主↓三二二①⊛ ⁺【適用除外↓二四〇①・二四一⑤

[1]　取締役会が株主総会決議による委任を受けて新株予約権の行使条件を定めた場合に、新株予約権の発行後に当該行使条件を変更することができる旨の明示の委任がないときは、当該新株予約権の発行後に行使条件を変更することは原則として許されず、これを変更する取締役会決議は、行使条件の細目的な変更をするにとどまるものであるときを除き、無効である。（最判平24・4・24民集六六・六・二九〇八、会社法百選[四版]二六）↓八二八条[6][12]

（**公開会社における募集事項の決定の特則**）

第二四〇条①　第二百三十八条第三項各号に掲げる場合を除き、公開会社における同条第二項の規定の適用については、同項中「株主総会」とあるのは、「取締役会」とする。この場合においては、前条の規定は、適用しない。

②　公開会社は、前項の規定により読み替えて適用する第二百三十八条第二項の取締役会の決議によって募集事項を定めた場合には、割当日の二週間前までに、株主に対し、当該募集事項を通知しなければならない。

③　前項の規定による通知は、公告をもってこれに代えることができる。

④　第二項の規定は、株式会社が募集事項について割当日の二週間前までに金融商品取引法第四条第一項から第三項までの届出をしている場合その他の株主の保護に欠けるおそれがないものとして法務省令で定める場合には、適用しない。

⊛⁺【公開会社↓二[五]　❷【株主への通知↓一二六①　❸【公告↓九三九　❷❸【懈怠に対する制裁↓九七六[二]　❷❹【割当日↓二三八①[四]　❹【省令で定める場合↓会社則五三　⁺【適用除外↓二四一⑤

（**株主に新株予約権の割当てを受ける権利を与える場合**）

第二四一条①　株式会社は、第二百三十八条第一項の募集において、株主に新株予約権の割当てを受ける権利を与えることができる。この場合においては、募集事項のほか、次に掲げる事項を定めなければならない。

一　株主に対し、次条第二項の申込みをすることにより当該株式会社の募集新株予約権（種類株式発行会社にあっては、その目的である株式の種類が当該株主の有する種類の株式と同一の種類のもの）の割当てを受ける権利を与える旨

二　前号の募集新株予約権の引受けの申込みの期日

②　前項の場合には、同項第一号の株主（当該株式会社を除く。）は、その有する株式の数に応じて募集新株予約権の割当てを受ける権利を有する。ただし、当該株

主が割当てを受ける募集新株予約権の数に一に満たない端数があるときは、これを切り捨てるものとする。

③　第一項各号に掲げる事項を定める場合には、募集事項及び同項各号に掲げる事項は、次の各号に掲げる場合の区分に応じ、当該各号に定める方法によって定めなければならない。

一　当該募集事項及び第一項各号に掲げる事項を取締役の決定によって定めることができる旨の定款の定めがある場合（株式会社が取締役会設置会社である場合を除く。）　取締役の決定

二　当該募集事項及び第一項各号に掲げる事項を取締役会の決議によって定めることができる旨の定款の定めがある場合（次号に掲げる場合を除く。）　取締役会の決議

三　株式会社が公開会社である場合　取締役会の決議

四　前三号に掲げる場合以外の場合　株主総会の決議

④　株式会社は、第一項各号に掲げる事項を定めた場合には、同項第二号の期日の二週間前までに、同項第一号の株主（当該株式会社を除く。）に対し、次に掲げる事項を通知しなければならない。

一　募集事項

二　当該株主が割当てを受ける募集新株予約権の内容及び数

三　第一項第二号の期日

⑤　第二百三十八条第二項から第四項まで及び前二条の規定は、第一項から第三項までの規定により株主に新株予約権の割当てを受ける権利を与える場合には、適用しない。

参❶〔二〕【種類株式発行会社↓二二①[五]【株主が募集新株予約権の割当てを受ける権利↓二四三①④　〔三〕【募集新株予約権の引受けの申込期日↓二四二　❸〔四〕【株主総会の決議↓三〇九②[六]　❹【株主への通知↓一二六【懈怠に対する制裁↓九七六[三]

第二款　募集新株予約権の割当て

（募集新株予約権の申込み）

第二四二条①　株式会社は、第二百三十八条第一項の募集に応じて募集新株予約権の引受けの申込みをしようとする者に対し、次に掲げる事項を通知しなければならない。

一　株式会社の商号

二　募集事項

三　新株予約権の行使に際して金銭の払込みをすべきときは、払込みの取扱いの場所

四　前三号に掲げるもののほか、法務省令で定める事項

②　第二百三十八条第一項の募集に応じて募集新株予約権の引受けの申込みをする者は、次に掲げる事項を記載した書面を株式会社に交付しなければならない。

一　申込みをする者の氏名又は名称及び住所

二　引き受けようとする募集新株予約権の数

③　前項の申込みをする者は、同項の書面の交付に代えて、政令で定めるところにより、株式会社の承諾を得て、同項の書面に記載すべき事項を電磁的方法により提供することができる。この場合において、当該申込みをした者は、同項の書面を交付したものとみなす。

④　第一項の規定は、株式会社が同項各号に掲げる事項を記載した金融商品取引法第二条第十項に規定する目論見書を第一項の申込みをしようとする者に対して交付している場合その他募集新株予約権の引受けの申込みをしようとする者の保護に欠けるおそれがないものとして法務省令で定める場合には、適用しない。

⑤　株式会社は、第一項各号に掲げる事項について変更があったときは、直ちに、その旨及び当該変更があった事項を第二項の申込みをした者（以下この款において「申込者」という。）に通知しなければならない。

⑥　募集新株予約権が新株予約権付社債に付されたものである場合には、申込者（募集新株予約権のみの申込みをした者に限る。）は、その申込みに係る募集新株予約権を付した新株予約権付社債の引受けの申込みをしたものとみなす。

⑦　株式会社が申込者に対してする通知又は催告は、第二項第一号の住所（当該申込者が別に通知又は催告を受ける場所又は連絡先を当該株式会社に通知した場合にあっては、その場所又は連絡先）にあてて発すれば足りる。

⑧　前項の通知又は催告は、その通知又は催告が通常到達すべきであった時に、到達したものとみなす。

参❶【通知虚偽記載等に対する責任↓四二九②[一]【通知虚偽記載等に対する罰則↓九六四①　〔一〕【会社の商号↓六①　〔二〕【募集事項↓二三八①　〔三〕【払込取扱機関↓二八一①　〔四〕【省令で定める事項↓会社則五四　❷【申込み↓商登六五[一]【株主割当てにおける株主の失権↓二四三④【新株予約権者となる時期↓二四五　〔二〕【引受新株予約権数↓二四三①　❹【省令で定める場合↓会社則五五　❻【新株予約権付社債の場合↓二四八・六七七　❼【申込者への通知・催告↓二四三③　❽【到達↓民九七①　+【適用除外↓二四四①

（募集新株予約権の割当て）

第二四三条①　株式会社は、申込者の中から募集新株予約権の割当てを受ける者を定め、かつ、その者に割り当てる募集新株予約権の数を定めなければならない。この場合において、株式会社は、当該申込者に割り当てる募集新株予約権の数を、前条第二項第二号の数よりも減少することができる。

②　次に掲げる場合には、前項の規定による決定は、株主総会（取締役会設置会社にあっては、取締役会）の決議によらなければならない。ただし、定款に別段の定めがある場合は、この限りでない。

一　募集新株予約権の目的である株式の全部又は一部が譲渡制限株式である場合

二　募集新株予約権が譲渡制限新株予約権（新株予約権であって、譲渡による当該新株予約権の取得について株式会社の承認を要する旨の定めがあるものをいう。以下この章において同じ。）である場合

③　株式会社は、割当日の前日までに、申込者に対し、当該申込者に割り当てる募集新株予約権の数（当該募集新株予約権が新株予約権付社債に付されたものである場合にあっては、当該新株予約権付社債についての社債の種類及び各社債の金額の合計額を含む。）を通知しなければならない。

会社

④　第二百四十一条の規定により株主に新株予約権の割当てを受ける権利を与えた場合において、株主が同条第一項第二号の期日までに前条第二項の申込みをしないときは、当該株主は、募集新株予約権の割当てを受ける権利を失う。

参❷【株主総会決議→三〇九②㊅　【二】【譲渡制限株式→二【十七】・一〇七①㊀、一〇八①㊃、一三四、一三六―一四五　【三】【譲渡制限新株予約権→二三六①㊅、二六二―二六六　❸【割当日→二三八①㊃【新株予約権付社債の場合→二四八、六七八　✝【適用除外→二四四①

（募集新株予約権の申込み及び割当てに関する特則）

第二百四十四条①　前二条の規定は、募集新株予約権を引き受けようとする者がその総数の引受けを行う契約を締結する場合には、適用しない。

②　募集新株予約権が新株予約権付社債に付されたものである場合における前項の規定の適用については、同項中「の引受け」とあるのは、「及び当該募集新株予約権を付した社債の総額の引受け」とする。

③　第一項に規定する場合において、次に掲げるときは、株式会社は、株主総会（取締役会設置会社にあっては、取締役会）の決議によって、同項の契約の承認を受けなければならない。ただし、定款に別段の定めがある場合は、この限りでない。

一　募集新株予約権の目的である株式の全部又は一部が譲渡制限株式であるとき。

二　募集新株予約権が譲渡制限新株予約権であるとき。

参❶【総数引受契約→二四五①㊁、商登六五㊁　❷【新株予約権付社債の場合→二四八、六七九　❸【募集新株予約権→二三八①【譲渡制限株式→二【十七】【譲渡制限新株予約権→二四三②㊁【定款の定め→二九

（公開会社における募集新株予約権の割当て等の特則）

第二百四十四条の二①　公開会社は、募集新株予約権の割当てを受けた申込者又は前条第一項の契約により募集新株予約権の総数を引き受けた者（以下この項において「引受人」と総称する。）について、第一号に掲げる数の第二号に掲げる数に対する割合が二分の一を超える場合には、割当日の二週間前までに、株主に対し、当該引受人（以下この項及び第五項において「特定引受人」という。）の氏名又は名称及び住所、当該特定引受人についての第一号に掲げる数その他の法務省令で定める事項を通知しなければならない。ただし、当該特定引受人が当該公開会社の親会社等である場合又は第二百四十一条の規定により株主に新株予約権の割当てを受ける権利を与えた場合は、この限りでない。

一　当該引受人（その子会社等を含む。）がその引き受けた募集新株予約権に係る交付株式の株主となった場合に有することとなる最も多い議決権の数

二　前号に規定する場合における最も多い総株主の議決権の数

②　前項第一号に規定する「交付株式」とは、募集新株予約権の目的である株式、募集新株予約権の内容として第二百三十六条第一項第七号ニに掲げる事項についての定めがある場合における同号ニの株式その他募集新株予約権の新株予約権者が交付を受ける株式として法務省令で定める株式をいう。

③　第一項の規定による通知は、公告をもってこれに代えることができる。

④　第一項の規定にかかわらず、株式会社が同項の事項について割当日の二週間前までに金融商品取引法第四条第一項から第三項までの届出をしている場合その他の株主の保護に欠けるおそれがないものとして法務省令で定める場合には、第一項の規定による通知は、することを要しない。

⑤　総株主（この項の株主総会において議決権を行使することができない株主を除く。）の議決権の十分の一（これを下回る割合を定款で定めた場合にあっては、その割合）以上の議決権を有する株主が第一項の規定による通知又は第三項の公告の日（前項の場合にあっては、法務省令で定める日）から二週間以内に特定引受人（その子会社等を含む。以下この項において同じ。）による募集新株予約権の引受けに反対する旨を公開会社に対し通知したときは、当該公開会社は、割当日の前日までに、株主総会の決議によって、当該特定引受人に対する募集新株予約権の割当て又は当該特定引受人との間の前条第一項の契約の承認を受けなければならない。ただし、当該公開会社の財産の状況が著しく悪化している場合において、当該公開会社の事業の継続のため緊急の必要があるときは、この限りでない。

⑥　第三百九条第一項の規定にかかわらず、前項の株主総会の決議は、議決権を行使することができる株主の議決権の過半数（三分の一以上の割合を定款で定めた場合にあっては、その割合以上）を有する株主が出席し、出席した当該株主の議決権の過半数（これを上回る割合を定款で定めた場合にあっては、その割合以上）をもって行わなければならない。

参❶【株主への通知→一二六①【省令で定める事項→会社則五五の二　❷【省令で定める株式→会社則五五の三　❸【公告→九三九　❹【省令で定める株式→会社則五五の四　❺【省令で定める日→会社則五五の五

（新株予約権者となる日）

第二百四十五条①　次の各号に掲げる者は、割当日に、当該各号に定める募集新株予約権の新株予約権者となる。

一　申込者　株式会社の割り当てた募集新株予約権

二　第二百四十四条第一項の契約により募集新株予約権の総数を引き受けた者　その者が引き受けた募集新株予約権

②　募集新株予約権が新株予約権付社債に付されたものである場合には、前項の規定により募集新株予約権の新株予約権者となる者は、当該募集新株予約権を付した新株予約権付社債についての社債の社債権者となる。

参❶【新株予約権者→二四六　【二】【申込者→二四二⑤　❷【新株予約権付社債の場合→二四八、六八〇　✝【新株予約権の発行による変更の登記→商登六五【振替新株予約権の発行→社債株式振替一六六

第三款　募集新株予約権に係る払込み

第二四六条① 第二百三十八条第一項第三号に規定する場合には、新株予約権者は、募集新株予約権についての第二百三十六条第一項第四号の期間の初日の前日（第二百三十八条第一項第五号に規定する場合にあっては、同号の期日。第三項において「払込期日」という。）までに、株式会社が定めた銀行等の払込みの取扱いの場所において、それぞれの募集新株予約権の払込金額の全額を払い込まなければならない。

② 前項の規定にかかわらず、新株予約権者は、株式会社の承諾を得て、同項の規定による払込みに代えて、払込金額に相当する金銭以外の財産を給付し、又は当該株式会社に対する債権をもって相殺することができる。

③ 第二百三十八条第一項第三号に規定する場合には、新株予約権者は、募集新株予約権についての払込期日までに、それぞれの募集新株予約権の払込金額の全額の払込み（当該払込みに代えてする金銭以外の財産の給付又は当該株式会社に対する債権をもってする相殺を含む。）をしないときは、当該募集新株予約権を行使することができない。

⊛❶【払込金額↓二三八①㈢　❷【金銭以外の財産の給付↓二八四【相殺↓民五〇五―五〇八・五一一・五一二

第四款　募集新株予約権の発行をやめることの請求

第二四七条　次に掲げる場合において、株主が不利益を受けるおそれがあるときは、株主は、株式会社に対し、第二百三十八条第一項の募集に係る新株予約権の発行をやめることを請求することができる。

一　当該新株予約権の発行が法令又は定款に違反する場合

二　当該新株予約権の発行が著しく不公正な方法により行われる場合

⊛+【差止請求↓民保二三②、三六〇【濫用株主等に対する制裁↓九六八①㈢②　【一】【法令・定款違反の例↓二三八―二四三、二四六、二八五①㈠㈢ETC　【三】【著しく不公正な方法↓二四三+【違法な発行等に関する民事責任↓二八五、二八六、四二三①、四二九①【違法な発行等に関する無効の訴え↓八二八①㈣

[1]

一　法令又は定款違反に当たるとされなかった事例

株式会社が特定の株主による株式の公開買付けに対抗して当該株主の持株比率を低下させるためにする新株予約権無償割当てにつき、株主平等の原則の趣旨は及ぶが、会社の企業価値の毀損の防止のために当該株主を差別的に取り扱ったとしても、衡平の理念に反し、相当性を欠くものでない限り、同原則の趣旨に反するものではない。（最決平19・8・7民集六一・五・二二一五〈ブルドックソース事件〉会社法百選[四版]九八）→[5]

[2]

二　著しく不公正な方法に当たるとされた事例

会社の経営支配権に現に争いが生じている場面において、特定の株主の経営支配権を維持・確保することを主要な目的として新株予約権の発行がされた場合には、原則として、商法二八〇条ノ三九第四項、二八〇条ノ一〇［本条二号］にいう「著しく不公正な方法」による新株予約権の発行に該当する。（東京高決平17・3・23判時一八九九・五六〈ニッポン放送事件〉会社法百選[四版]九七）

[3] 将来一定割合以上を保有する敵対的買収者が現れた場合に、取締役会決議による無償消却がなされない限り極めて低額の払込金額で株式を発行することになる譲渡制限条項付きの新株予約権を現時点の株主に無償で割り当てるという内容の新株予約権の発行は、敵対的買収者以外の株主に不測の損害を与えるから、著しく不公正な方法によるものというべきである。（東京高決平17・6・15判時一九〇〇・一五六〈ニレコ新株予約権発行差止事件抗告審決定〉会社法百選[四版]A42）

[4] 取締役会が、取締役会決議によって導入した買収防衛策の定める手続に違反して公開買付けの実施を予告した買収者に対し対抗措置の発動として差別的行使条件・取得条項付新株予約権の無償割当てを行うことを決定し、これに対して本件買収者が本件新株予約権無償割当ての差止めの仮処分を申し立てた事案において、経営陣と本件買収者の対立は経営陣が主導したMBOが本件買収者によって妨げられたこと等を背景として深刻かつ解消困難な程度に至っていることに加えて、取締役会決議によって導入した本件買収防衛策及び同じく発動した対抗措置の当否について株主総会を開催して株主意思を確認することは予定されていないこと、本件買収者は本件公開買付けの実施前は対象会社の議決権割合の三分の一までしか市場内外買付けを行わずその後の買付けは本件公開買付け（買付予定数に上限及び下限を設けず公開買付け終了後の議決権割合が三分の二以上となった場合には公開買付価格と同額のスクイーズアウトを予定）によって行うことを明言しているので本件買収防衛策及び対抗措置の目的が強圧性のある買収手法の排除であったとしてもその目的は弱いというべきであること等を挙げ、本件新株予約権無償割当ては経営支配権に現に争いがある場合において経営を担当している取締役等又はこれを支持する特定の株主の経営支配権を維持・確保することを主要な目的とするものであるから著しく不公正な方法によるものであるとして、本件買収者の申立てを認めた事例（東京高決令3・4・23資料版商事法務四四六・一五四〈日本アジアグループ事件〉重判令3商三）

[5]

三　著しく不公正な方法に当たるとされなかった事例

株式会社が特定の株主による株式の公開買付けに対抗して当該株主の持株比率を低下させるためにする新株予約権無償割当ては、株式会社の定款を変更して急きょ行われたものであるが、多数の株主が企業価値の毀損を防ぐためには多額の支出をしてもこれを採用する必要があると判断して行われたものであり、緊急の事態に対処するための措置であること、公開買付者に割り当てられた新株予約権に対してはその価値に見合う対価が支払われることも考慮すれば、著しく不公正な方法によるものということはできない。（最決平19・8・7前出[1]）

[6] 取締役会が、定時株主総会の普通決議で導入及び継続が承認されていた買収防衛策の定める手続に違反して公開買付けを開始した買収者に対して対抗措置の発動として差別的行使条件・取得条項付新株予約権の無償割当てを行うことを決定し、これに対して本件買収者が本件新株予約権無償割当ての差止めの仮処分を申し立てた事案において、本件買収防衛策は取締役会の判断によって買収を阻止することを目的とするものではなく濫用防止の措置が講じられているため目的及び内容に合理性があり、また、本件買収者がその対象になり得ることが明らかな状況において本件買収防衛策に違反した場合には対抗措置が発動されることを

含めて株主総会によって承認されているから株主平等の原則又はその趣旨に反するものとはいえないと述べた上で、対抗措置の発動としての本件新株予約権無償割当ては、本件買収者が本件買収防衛策の定める手続に違反したことについて合理的な理由があったとは認められず、対抗措置の発動により経済的不利益を被ることについて本件買収者には事前の警告があり本件買収防衛策の定める手続に違反する買付けを中止すれば対抗措置が停止される等の経済的不利益の回避又は軽減措置が講じられているので、株主平等の原則又はその趣旨に反するものとはいえず、また、著しく不公正な方法によるものであるともいえないとして、本件買収者の申立てを認めなかった事例（名古屋高決令3・4・22資料版商事法務四四六・一三〇〈日邦産業事件〉）

7 取締役会が公開買付けの開始後に買収防衛策を導入し、買収者に本件公開買付けの買付期間の延長要請をしたが拒否されたため、本件買収防衛策に基づく対抗措置の発動として差別的行使条件・取得条項付新株予約権の無償割当てを行うことを、その後に開催予定の定時株主総会において承認されなかった場合に本件新株予約権無償割当てを撤回することと併せて決定し、これに対して本件買収者が本件新株予約権無償割当ての差止めの仮処分を申し立てた事案において、取締役と本件買収者の間では経営支配権自体というよりも非公開化の是非について争いが生じていたというべきであり、本件公開買付けへの取締役会の対応は本件公開買付けについて適切な判断を下すための十分な情報と時間を確保することができないことにより、会社の利益ひいては株主の共同の利益が害されることになるか否かについて、会社の利益の帰属主体である株主自身により判断させることを目的とするものであったといえ、また、本件公開買付け（買付予定数に上限はないが本件公開買付け後の本件買収者の持株割合が四〇パーセントになるように下限を設定し公開買付け終了後に公開買付価格と同額のキャッシュアウトを予定）には強圧性の問題が全く生じないとはいえないこと等を挙げ、本件新株予約権無償割当ては専ら経営を担当している取締役等又はこれを支持する特定の株主の経営支配権を維持するためのものではないから著しく不公正な方法によるものではないし、かつ、法令（株主平等原則〔会社法一〇九条一項〕）にも違反しないとして、本件買収者の申立てを認めなかった事例（東京地決令3・6・23【令3ヨ二〇〇八九】〈富士興産事件第一審〉）……[8]の原審）

8 [7]の定時株主総会において本件買収防衛策の導入及び本件新株予約権無償割当てのいずれも承認された後、本件買収者が本件新株予約権無償割当ての差止めの仮処分を認めなかった原決定の取消しを求めて抗告した事案において、原決定の理由を全面的に引用した上で、本件公開買付けの買付予定数の下限は特別決議に必要な持株割合を下回っているため本件公開買付けの成立後にキャッシュアウトが行われないまま企業価値が低下する事態を恐れて本件公開買付けに応募せざるを得ない株主が存在する可能性があるから強圧性の問題が全く生じないとはいえず、定時株主総会における承認の決議要件を支配株主の異動をもたらす募集株式の発行等の場面で株主総会が必要となる場合（会社法二〇六条の二第五項）と同様の普通決議としたことには合理性が認められること等を挙げ、本件買収者の抗告を棄却した事例（東京高決令3・8・10金判一六三〇・一六〈富士興産事件抗告審〉）

9 取締役会が、取締役会決議によって導入した買収防衛策の定める手続に違反して市場内取引による株式取得を継続した買収者に対し対抗措置の発動として差別的行使条件・取得条項付新株予約権の無償割当てを行うことを、その後に開催予定の株主意思確認総会において取締役や本件買収者を除く出席株主の議決権の過半数の賛成（ＭｏＭ要件）によって承認されなかった場合には中止することと併せて決定し、これに対して本件買収者が本件新株予約権無償割当ての差止めの仮処分を申し立てた事案において、本件株主意思確認総会による対抗措置の発動の承認は本件買収者が強圧性のあることが否定できない買収手法を用いて会社の経営支配権を取得する現実的可能性が生じたことによって影響を受ける株主の大多数が上記の手法による買収の継続により会社の企業価値が毀損されることひいては株主の共同利益が害されることを防止するために本件新株予約権無償割当てが必要であると判断したものということができ、また、本件買収者が持株割合を本件買収防衛策の発動時点の数字まで減少させれば本件新株予約権無償割当ての実行が留保されているなど相当性を欠くものではないから、本件新株予約権無償割当ては専ら経営を担当している取締役等の経営支配権の維持等を目的として行われたものではないので著しく不公正な方法によるものではなく、かつ、法令（株主平等原則〔会社法一〇九条一項〕）にも違反しないとして、本件買収者の申立てを認めなかった事例（東京高決令3・11・9金判一六四一・一〇〈東京機械製作所事件〉）

四 新株予約権株主無償割当てに基づく新株発行の差止め→二一〇条[7]

第五款 雑則

第二四八条 第六百七十六条から第六百八十条までの規定は、新株予約権付社債についての社債を引き受ける者の募集については、適用しない。

【新株予約権付社債を引き受ける者の募集→二三八①[四]・二四二⑥・二四三③・二四四②・二四五②】

第三節 新株予約権原簿

（新株予約権原簿）

第二四九条 株式会社は、新株予約権を発行した日以後遅滞なく、新株予約権原簿を作成し、次の各号に掲げる新株予約権の区分に応じ、当該各号に定める事項（以下「新株予約権原簿記載事項」という。）を記載し、又は記録しなければならない。

一 無記名式の新株予約権証券が発行されている新株予約権（以下この章において「無記名新株予約権」という。） 当該新株予約権証券の番号並びに当該無記名新株予約権の内容及び数

二 無記名式の新株予約権付社債券（証券発行新株予約権付社債（新株予約権付社債であって、当該新株予約権付社債についての社債につき社債券を発行する旨の定めがあるものをいう。以下この章において同じ。）に係る社債券をいう。以下同じ。）が発行されている新株予約権付社債（以下この章において「無記名新株予約権付社債」という。）に付された新株予約権 当該新株予約権付社債券の番号並びに当該新株予約権の内容及び数

三　前二号に掲げる新株予約権以外の新株予約権　次に掲げる事項

イ　新株予約権者の氏名又は名称及び住所

ロ　イの新株予約権者の有する新株予約権の内容及び数

ハ　イの新株予約権者が新株予約権を取得した日

ニ　ロの新株予約権が証券発行新株予約権（新株予約権（新株予約権付社債に付されたものを除く。）であって、当該新株予約権に係る新株予約権証券を発行する旨の定めがあるものをいう。以下この章において同じ。）であるときは、当該新株予約権（新株予約権証券が発行されているものに限る。）に係る新株予約権証券の番号

ホ　ロの新株予約権が証券発行新株予約権付社債に付されたものであるときは、当該新株予約権を付した新株予約権付社債（新株予約権付社債券が発行されているものに限る。）に係る新株予約権付社債券の番号

†【新株予約権原簿→二五二、二五九、二六〇、二六八①【不実記載・備置義務違反に対する制裁→九七六[七][四]【新株予約権の内容→二三六①【[二]【無記名新株予約権→二五七③、二五九②、二六〇③、二六九②、二九〇、二九四①【[三]【無記名新株予約権付社債→二五七③、二五九②、二六〇③、二六九②【[二][三]【証券発行新株予約権付社債→二五〇④、二五五②、二五七②、二五八③④、二六七⑤、二六八③、二七〇④、二八〇③④【[三]【新株予約権者→二四二②[三]、二四五①【証券発行新株予約権→二五〇④、二五五①、二五七②、二五八①②、二六七④、二六八②、二七〇④、二八〇②、二八八―二九一

（新株予約権原簿記載事項を記載した書面の交付等）

第二五〇条①　前条第三号イの新株予約権者は、株式会社に対し、当該新株予約権者についての新株予約権原簿に記載され、若しくは記録された新株予約権原簿記載事項を記載した書面の交付又は当該新株予約権原簿記載事項を記録した電磁的記録の提供を請求することができる。

②　前項の書面には、株式会社の代表取締役（指名委員会等設置会社にあっては、代表執行役。次項において同じ。）が署名し、又は記名押印しなければならない。

③　第一項の電磁的記録には、株式会社の代表取締役が法務省令で定める署名又は記名押印に代わる措置をとらなければならない。

④　前三項の規定は、証券発行新株予約権及び証券発行新株予約権付社債に付された新株予約権については、適用しない。

❶【書面等の交付に関する制裁→九七六[四][七]　❶❸【電磁的記録→二六②　❸【省令で定める措置→会社則二二五　❹【証券発行新株予約権→二四九[三]ニ【証券発行新株予約権付社債→二四九[三]　†【登録新株予約権質権者の権利→二七〇

（新株予約権原簿の管理）

第二五一条　株式会社が新株予約権を発行している場合における第百二十三条の規定の適用については、同条中「株主名簿の」とあるのは「株主名簿及び新株予約権原簿の」と、「株主名簿に」とあるのは「株主名簿及び新株予約権原簿に」とする。

[十二]　†【新株予約権を発行している場合→二三八―二四六、九一一③

（新株予約権原簿の備置き及び閲覧等）

第二五二条①　株式会社は、新株予約権原簿をその本店（株主名簿管理人がある場合にあっては、その営業所）に備え置かなければならない。

②　株主及び債権者は、株式会社の営業時間内は、いつでも、次に掲げる請求をすることができる。この場合においては、当該請求の理由を明らかにしてしなければならない。

一　新株予約権原簿が書面をもって作成されているときは、当該書面の閲覧又は謄写の請求

二　新株予約権原簿が電磁的記録をもって作成されているときは、当該電磁的記録に記録された事項を法務省令で定める方法により表示したものの閲覧又は謄写の請求

③　株式会社は、前項の請求があったときは、次のいずれかに該当する場合を除き、これを拒むことができない。

一　当該請求を行う株主又は債権者（以下この項において「請求者」という。）がその権利の確保又は行使に関する調査以外の目的で請求を行ったとき。

二　請求者が当該株式会社の業務の遂行を妨げ、又は株主の共同の利益を害する目的で請求を行ったとき。

三　請求者が新株予約権原簿の閲覧又は謄写によって知り得た事実を利益を得て第三者に通報するため請求を行ったとき。

四　請求者が、過去二年以内において、新株予約権原簿の閲覧又は謄写によって知り得た事実を利益を得て第三者に通報したことがあるものであるとき。

④　株式会社の親会社社員は、その権利を行使するため必要があるときは、裁判所の許可を得て、当該株式会社の新株予約権原簿について第二項各号に掲げる請求をすることができる。この場合においては、当該請求の理由を明らかにしてしなければならない。

⑤　前項の親会社社員について第三項各号のいずれかに規定する事由があるときは、裁判所は、前項の許可をすることができない。

❶【本店→四【株主名簿管理人→一二三【懈怠に対する制裁→九七六[四]　❷[二]【電磁的記録→二六②【省令で定める方法→会社則二二六　❷―❺【株主・債権者・親会社社員の閲覧請求不当拒否に対する制裁→九七六[四]　❸[三]【競争関係→独禁二④　❹【親会社→二[四]【裁判所の許可→八六八②

（新株予約権者に対する通知等）

第二五三条①　株式会社が新株予約権者に対してする通知又は催告は、新株予約権原簿に記載し、又は記録した当該新株予約権者の住所（当該新株予約権者が別に通知又は催告を受ける場所又は連絡先を当該株式会社に通知した場合にあっては、その場所又は連絡先）にあてて発すれば足りる。

②　前項の通知又は催告は、その通知又は催告が通常到達すべきであった時に、到達したものとみなす。

③　新株予約権が二以上の者の共有に属するときは、共

有者は、株式会社が新株予約権者に対してする通知又は催告を受領する者一人を定め、当該株式会社に対し、その者の氏名又は名称を通知しなければならない。この場合においては、その者を新株予約権者とみなして、前二項の規定を適用する。

④ 前項の規定による共有者の通知がない場合には、株式会社が新株予約権の共有者に対してする通知又は催告は、そのうちの一人に対してすれば足りる。

参＋【新株予約権者への通知・催告→二七三②・二七四③・二七五④・二九三①・七七七③・七八七③・八〇八③【通知・催告を要しない場合→二九四④⑥【新株予約権原簿の他の効果→二五七①②・二六八①②・二七一　❶【新株予約権原簿上の住所→二四九㈢イ　❷【到達→民九七①　❸❹【新株予約権の共有→二三七参

第四節　新株予約権の譲渡等

第一款　新株予約権の譲渡

（新株予約権の譲渡）

第二五四条①　新株予約権者は、その有する新株予約権を譲渡することができる。

② 前項の規定にかかわらず、新株予約権付社債に付された新株予約権のみを譲渡することはできない。ただし、当該新株予約権付社債についての社債が消滅したときは、この限りでない。

③ 新株予約権付社債についての社債のみを譲渡することはできない。ただし、当該新株予約権付社債に付された新株予約権が消滅したときは、この限りでない。

参❶【譲渡方法→二五五【譲渡の対抗要件→二五七【譲渡の制限→二六二—二六六、四二五④【新株予約権の質入れ→二六七—二七二　❷❸【質入れの場合→二六七②③

（証券発行新株予約権の譲渡）

第二五五条①　証券発行新株予約権の譲渡は、当該証券発行新株予約権に係る新株予約権証券を交付しなければ、その効力を生じない。ただし、自己新株予約権（株式会社が有する自己の新株予約権をいう。以下この章において同じ。）の処分による証券発行新株予約権の譲渡については、この限りでない。

② 証券発行新株予約権付社債に付された新株予約権の譲渡は、当該証券発行新株予約権付社債に係る新株予約権付社債券を交付しなければ、その効力を生じない。ただし、自己新株予約権付社債（株式会社が有する自己の新株予約権付社債をいう。以下この条及び次条において同じ。）の処分による当該自己新株予約権付社債に付された新株予約権の譲渡については、この限りでない。

参❶【証券発行新株予約権→二四九㈢ニ【新株予約権証券→二五七②③・二五八②・二六七④【自己新株予約権の処分→二五六①②　❷【証券発行新株予約権付社債→二四九㈢【新株予約権付社債券→二五七②③・二五八④・二六七⑤【自己新株予約権付社債の処分→二五六③④

（自己新株予約権の処分に関する特則）

第二五六条①　株式会社は、自己新株予約権（証券発行新株予約権に限る。）を処分した日以後遅滞なく、当該自己新株予約権を取得した者に対し、新株予約権証券を交付しなければならない。

② 前項の規定にかかわらず、株式会社は、同項の者から請求がある時までは、同項の新株予約権証券を交付しないことができる。

③ 株式会社は、自己新株予約権付社債（証券発行新株予約権付社債に限る。）を処分した日以後遅滞なく、当該自己新株予約権付社債を取得した者に対し、新株予約権付社債券を交付しなければならない。

④ 第六百八十七条の規定は、自己新株予約権付社債についての社債の処分による当該自己新株予約権付社債についての社債の譲渡については、適用しない。

参❶【証券発行新株予約権→二四九㈢ニ【新株予約権証券→二八八—二九一　❷【請求による新株予約権証券の交付→二八八②　❸【証券発行新株予約権付社債→二四九㈢【新株予約権付社債券→二九二

（新株予約権の譲渡の対抗要件）

第二五七条①　新株予約権の譲渡は、その新株予約権を取得した者の氏名又は名称及び住所を新株予約権原簿に記載し、又は記録しなければ、株式会社その他の第三者に対抗することができない。

② 記名式の新株予約権証券が発行されている証券発行新株予約権及び記名式の新株予約権付社債券が発行されている証券発行新株予約権付社債に付された新株予約権についての前項の規定の適用については、同項中「株式会社その他の第三者」とあるのは、「株式会社」とする。

③ 第一項の規定は、無記名新株予約権及び無記名新株予約権付社債に付された新株予約権については、適用しない。

参❶【取得者の氏名等・住所の記載→二四九㈢イ【新株予約権原簿→二四九—二五三・二六〇・二六一　❷【記名式新株予約権証券→二四九㈢ニ　❸【無記名新株予約権→二四九㈠【無記名新株予約権付社債→二四九㈡

（権利の推定等）

第二五八条①　新株予約権証券の占有者は、当該新株予約権証券に係る証券発行新株予約権についての権利を適法に有するものと推定する。

② 新株予約権証券の交付を受けた者は、当該新株予約権証券に係る証券発行新株予約権についての権利を取得する。ただし、その者に悪意又は重大な過失があるときは、この限りでない。

③ 新株予約権付社債券の占有者は、当該新株予約権付社債券に係る証券発行新株予約権付社債に付された新株予約権についての権利を適法に有するものと推定する。

④ 新株予約権付社債券の交付を受けた者は、当該新株予約権付社債券に係る証券発行新株予約権付社債に付された新株予約権についての権利を取得する。ただし、その者に悪意又は重大な過失があるときは、この限りでない。

参❶【新株予約権証券の占有者の資格→一三一①【名義書換えにおける会社の免責→手四〇③、小三五　❷【新株予約権証券の交付→二五五①・二五六①・二六七④【即時取得→手一六②、小二一、民一九二—一九四　❸【新株予約権付社債券の占有者の資格→一三一①【名義書換えにおける会社の免責→手四〇③、

会社

小三五　❹【新株予約権付社債券の交付→二五五②、二五六③、二六七⑤【即時取得→手一六②、小二一、民一九二―一九四

（新株予約権者の請求によらない新株予約権原簿記載事項の記載又は記録）

第二五九条① 株式会社は、次の各号に掲げる場合には、当該各号の新株予約権の新株予約権者に係る新株予約権原簿記載事項を新株予約権原簿に記載し、又は記録しなければならない。

一 当該株式会社の新株予約権を取得した場合

二 自己新株予約権を処分した場合

② 前項の規定は、無記名新株予約権及び無記名新株予約権付社債に付された新株予約権については、適用しない。

§❶【新株予約権原簿記載事項→二四九　[一]【自己新株予約権の取得→二七三―二七五、二九四③⑤　[二]【自己新株予約権の処分→二五六　❷【無記名新株予約権→二四九[三]【無記名新株予約権付社債→二四九[三]

（新株予約権者の請求による新株予約権原簿記載事項の記載又は記録）

第二六〇条① 新株予約権を当該新株予約権を発行した株式会社以外の者から取得した者（当該株式会社を除く。以下この節において「新株予約権取得者」という。）は、当該株式会社に対し、当該新株予約権に係る新株予約権原簿記載事項を新株予約権原簿に記載し、又は記録することを請求することができる。

② 前項の規定による請求は、利害関係人の利益を害するおそれがないものとして法務省令で定める場合を除き、その取得した新株予約権の新株予約権者として新株予約権原簿に記載され、若しくは記録された者又はその相続人その他の一般承継人と共同してしなければならない。

③ 前二項の規定は、無記名新株予約権及び無記名新株予約権付社債に付された新株予約権については、適用しない。

§❶【発行会社からの取得→二四九【新株予約権原簿記載事項→二四九　❷【省令で定める場合→会社則五六【その他の一般承継人→一三三②§　❸【無記名新株予約権→二四九[三]【無記名新株予約権付社債→二四九[三]

第二六一条 前条の規定は、新株予約権取得者が取得した新株予約権が譲渡制限新株予約権である場合には、適用しない。ただし、次のいずれかに該当する場合は、この限りでない。

一 当該新株予約権取得者が当該譲渡制限新株予約権を取得することについて次条の承認を受けていること。

二 当該新株予約権取得者が当該譲渡制限新株予約権を取得したことについて第二百六十三条第一項の承認を受けていること。

三 当該新株予約権取得者が相続その他の一般承継により譲渡制限新株予約権を取得した者であること。

§+【譲渡制限新株予約権→二三六①[六]、二六二―二六六　[三]【その他の一般承継による取得→七五〇①、七五二①、七五四①、七五六①、七五九①、七六一①、七六四①、七六六①

第二款　新株予約権の譲渡の制限

（新株予約権者からの承認の請求）

第二六二条 譲渡制限新株予約権の新株予約権者は、その有する譲渡制限新株予約権を他人（当該譲渡制限新株予約権を発行した株式会社を除く。）に譲り渡そうとするときは、当該株式会社に対し、当該他人が当該譲渡制限新株予約権を取得することについて承認をするか否かの決定をすることを請求することができる。

§+【譲渡制限新株予約権→二三六①[六]【新株予約権者からの承認請求→二六四[一]【承認・不承認の決定→二六五、二六六

（新株予約権取得者からの承認の請求）

第二六三条① 譲渡制限新株予約権を取得した新株予約権取得者は、株式会社に対し、当該譲渡制限新株予約権を取得したことについて承認をするか否かの決定をすることを請求することができる。

② 前項の規定による請求は、利害関係人の利益を害するおそれがないものとして法務省令で定める場合を除き、その取得した新株予約権の新株予約権者として新株予約権原簿に記載され、若しくは記録された者又はその相続人その他の一般承継人と共同してしなければならない。

§❶【譲渡制限新株予約権→二三六①[六]【取得者からの承認請求→二六四[二]【承認・不承認の決定→二六五、二六六　❷【省令で定める場合→会社則五七【その他の一般承継人→一三三②§

（譲渡等承認請求の方法）

第二六四条 次の各号に掲げる請求（以下この款において「譲渡等承認請求」という。）は、当該各号に定める事項を明らかにしてしなければならない。

一 第二百六十二条の規定による請求　次に掲げる事項

イ 当該請求をする新株予約権者が譲り渡そうとする譲渡制限新株予約権の内容及び数

ロ イの譲渡制限新株予約権を譲り受ける者の氏名又は名称

二 前条第一項の規定による請求　次に掲げる事項

イ 当該請求をする新株予約権取得者の取得した譲渡制限新株予約権の内容及び数

ロ イの新株予約権取得者の氏名又は名称

§+【新株予約権の内容→二三六①

（譲渡等の承認の決定等）

第二六五条① 株式会社が第二百六十二条又は第二百六十三条第一項の承認をするか否かの決定をするには、株主総会（取締役会設置会社にあっては、取締役会）の決議によらなければならない。ただし、新株予約権の内容として別段の定めがある場合は、この限りでない。

② 株式会社は、前項の決定をしたときは、譲渡等承認請求をした者に対し、当該決定の内容を通知しなければならない。

§❶【株主総会の決議→三〇九①【取締役会の決議→四一六④[三]【不承認の場合→一四〇―一四四　❷【通知→二五三、二六六

【罰則→九七六㊂】

（株式会社が承認をしたとみなされる場合）

第二六六条　株式会社が譲渡等承認請求の日から二週間（これを下回る期間を定款で定めた場合にあっては、その期間）以内に前条第二項の規定による通知をしなかった場合には、第二百六十二条又は第二百六十三条第一項の承認をしたものとみなす。ただし、当該株式会社と当該譲渡等承認請求をした者との合意により別段の定めをしたときは、この限りでない。

参＋【譲渡承認請求→二六四】

第三款　新株予約権の質入れ

（新株予約権の質入れ）

第二六七条①　新株予約権者は、その有する新株予約権に質権を設定することができる。

②　前項の規定にかかわらず、新株予約権付社債に付された新株予約権のみに質権を設定することはできない。ただし、当該新株予約権付社債についての社債が消滅したときは、この限りでない。

③　新株予約権付社債についての社債のみに質権を設定することはできない。ただし、当該新株予約権付社債に付された新株予約権が消滅したときは、この限りでない。

④　証券発行新株予約権の質入れは、当該証券発行新株予約権に係る新株予約権証券を交付しなければ、その効力を生じない。

⑤　証券発行新株予約権付社債に付された新株予約権の質入れは、当該証券発行新株予約権付社債に係る新株予約権付社債券を交付しなければ、その効力を生じない。

参❶【質権の効力→民三六二・三四二―三五五、二七二　❷❸【譲渡の場合→二五四②③　❹【証券発行新株予約権→二四九㊂ニ【新株予約権証券の交付→二六八②・二五五①・二五八②　❺【証券発行新株予約権付社債→二四九㊂【新株予約権付社債券の交付→二六八③・二五五②・二五八④

（新株予約権の質入れの対抗要件）

第二六八条①　新株予約権の質入れは、その質権者の氏名又は名称及び住所を新株予約権原簿に記載し、又は記録しなければ、株式会社その他の第三者に対抗することができない。

②　前項の規定にかかわらず、証券発行新株予約権の質権者は、継続して当該証券発行新株予約権に係る新株予約権証券を占有しなければ、その質権をもって株式会社その他の第三者に対抗することができない。

③　第一項の規定にかかわらず、証券発行新株予約権付社債に付された新株予約権の質権者は、継続して当該証券発行新株予約権付社債に係る新株予約権付社債券を占有しなければ、その質権をもって株式会社その他の第三者に対抗することができない。

参＋【対抗要件→民三六四　❶【新株予約権原簿→二四九―二五三、二六九【新株予約権原簿に記載された質権者→二七〇―二七二　❷【証券発行新株予約権→二四九㊂ニ　❸【証券発行新株予約権付社債→二四九㊂

（新株予約権原簿の記載等）

第二六九条①　新株予約権に質権を設定した者は、株式会社に対し、次に掲げる事項を新株予約権原簿に記載し、又は記録することを請求することができる。

一　質権者の氏名又は名称及び住所

二　質権の目的である新株予約権

②　前項の規定は、無記名新株予約権及び無記名新株予約権付社債に付された新株予約権については、適用しない。

参❶【新株予約権原簿→二四九―二五三【質権設定者による請求→一四八【登録新株予約権質権者の権利→二七二②　❷【無記名新株予約権→二四九㊀【無記名新株予約権付社債→二四九㊁

（新株予約権原簿の記載事項を記載した書面の交付等）

第二七〇条①　前条第一項各号に掲げる事項が新株予約権原簿に記載され、又は記録された質権者（以下「登録新株予約権質権者」という。）は、株式会社に対し、当該登録新株予約権質権者についての新株予約権原簿に記載され、若しくは記録された同項各号に掲げる事項を記載した書面の交付又は当該事項を記録した電磁的記録の提供を請求することができる。

②　前項の書面には、株式会社の代表取締役（指名委員会等設置会社にあっては、代表執行役。次項において同じ。）が署名し、又は記名押印しなければならない。

③　第一項の電磁的記録には、株式会社の代表取締役が法務省令で定める署名又は記名押印に代わる措置をとらなければならない。

④　前三項の規定は、証券発行新株予約権及び証券発行新株予約権付社債に付された新株予約権については、適用しない。

参❶【虚偽記載に対する制裁→九七六㊆　❶❸【電磁的記録→二六②　❸【省令で定める措置→会社則二二五　❹【証券発行新株予約権→二四九㊂ニ【証券発行新株予約権付社債→二四九㊂

（登録新株予約権質権者に対する通知等）

第二七一条①　株式会社が登録新株予約権質権者に対してする通知又は催告は、新株予約権原簿に記載し、又は記録した当該登録新株予約権質権者の住所（当該登録新株予約権質権者が別に通知又は催告を受ける場所又は連絡先を当該株式会社に通知した場合にあっては、その場所又は連絡先）にあてて発すれば足りる。

②　前項の通知又は催告は、その通知又は催告が通常到達すべきであった時に、到達したものとみなす。

参＋【登録新株予約権質権者に対する通知・催告→二七三②・二七四③・二七五④・二九三①・七七六②・七八三⑤【新株予約権原簿の他の効果→二五三参❶【新株予約権原簿上の住所→二六九①㊀　❷【到達→民九七①

（新株予約権の質入れの効果）

第二七二条①　株式会社が次に掲げる行為をした場合には、新株予約権を目的とする質権は、当該行為によって当該新株予約権の新株予約権者が受けることのできる金銭等について存在する。

一　新株予約権の取得

二　組織変更

三　合併（合併により当該株式会社が消滅する場合に

限る。）
四　吸収分割
五　新設分割
六　株式交換
七　株式移転

② 登録新株予約権質権者は、前項の金銭等（金銭に限る。）を受領し、他の債権者に先立って自己の債権の弁済に充てることができる。

③ 株式会社が次の各号に掲げる行為をした場合において、前項の債権の弁済期が到来していないときは、登録新株予約権質権者は、当該各号に定める者に同項に規定する金銭等に相当する金額を供託させることができる。この場合において、質権は、その供託金について存在する。
一　新株予約権の取得　当該株式会社
二　組織変更　第七百四十四条第一項第一号に規定する組織変更後持分会社
三　合併（合併により当該株式会社が消滅する場合に限る。）　第七百四十九条第一項に規定する吸収合併存続会社又は第七百五十三条第一項に規定する新設合併設立会社

④ 前三項の規定は、特別支配株主が新株予約権売渡請求により売渡新株予約権の取得をした場合について準用する。この場合において、前項中「当該各号に定める者」とあるのは、「当該特別支配株主」と読み替えるものとする。

⑤ 新株予約権付社債に付された新株予約権（第二百三十六条第一項第三号の財産が当該新株予約権付社債についての社債であるものであって、当該社債の償還額が当該新株予約権についての同項第二号の価額以上であるものに限る。）を目的とする質権は、当該新株予約権の行使をすることにより当該新株予約権の新株予約権者が交付を受ける株式について存在する。

⊛❶【物上代位】↓民三六二②・三五〇・三〇四　[一]【新株予約権の取得】↓二三六①〔七〕・二七三―二七五　[二]【組織変更】↓七四四・七四五　[三]【合併】↓七四九―七五六　[四]【吸収分割】↓七五八―七六一　[五]【新設分割】↓七六二―七六六　[六]【株式交換】↓七六七―七七一　[七]【株式移転】↓七七二―七七四　❷【金銭の受領】↓民三六二②・三五〇・二九七　❸【質権者のための供託】↓民三六六③・四九五、供　❹【特別支配株主による新株予約権売渡請求】↓一七九―一七九の一〇

第四款　信託財産に属する新株予約権についての対抗要件等

第二七二条の二① 新株予約権については、当該新株予約権が信託財産に属する旨を新株予約権原簿に記載し、又は記録しなければ、当該新株予約権が信託財産に属することを株式会社その他の第三者に対抗することができない。

② 第二百四十九条第三号イの新株予約権者は、その有する新株予約権が信託財産に属するときは、株式会社に対し、その旨を新株予約権原簿に記載し、又は記録することを請求することができる。

③ 新株予約権原簿に前項の規定による記載又は記録がされた場合における第二百五十条第一項及び第二百五十九条第一項の規定の適用については、第二百五十条第一項中「記録された新株予約権原簿記載事項」とあるのは「記録された新株予約権原簿記載事項（当該新株予約権者の有する新株予約権が信託財産に属する旨を含む。）」と、第二百五十九条第一項中「新株予約権原簿記載事項」とあるのは「新株予約権原簿記載事項（当該新株予約権者の有する新株予約権が信託財産に属する旨を含む。）」とする。

④ 前三項の規定は、証券発行新株予約権及び証券発行新株予約権付社債に付された新株予約権については、適用しない。

⊛+【信託財産】↓信託二③　❶【新株予約権原簿】↓二四九―二五三　❷【新株予約権原簿の記載事項】↓二四九　❹【証券発行新株予約権】↓二四九〔三〕ニ【証券発行新株予約権付社債】↓二四九〔三〕

第五節　株式会社による自己の新株予約権の取得

第一款　募集事項の定めに基づく新株予約権の取得

（取得する日の決定）

第二七三条① 取得条項付新株予約権（第二百三十六条第一項第七号イに掲げる事項についての定めがある新株予約権をいう。以下この章において同じ。）の内容として同号ロに掲げる事項についての定めがある場合には、株式会社は、同号ロの日を株主総会（取締役会設置会社にあっては、取締役会）の決議によって定めなければならない。ただし、当該取得条項付新株予約権の内容として別段の定めがある場合は、この限りでない。

② 第二百三十六条第一項第七号ロの日を定めたときは、株式会社は、取得条項付新株予約権の新株予約権者（同号ハに掲げる事項についての定めがある場合にあっては、次条第一項の規定により決定した取得条項付新株予約権の新株予約権者）及びその登録新株予約権質権者に対し、当該日の二週間前までに、当該日を通知しなければならない。

③ 前項の規定による通知は、公告をもってこれに代えることができる。

⊛❶【株主総会決議】↓三〇九①　❷【新株予約権者等への通知】↓二五三・二七一　❸【公告】↓九三九・九四〇　❷❸【懈怠への制裁】↓九七六〔二〕【通知・公告の効果】↓二七五④

（取得する新株予約権の決定等）

第二七四条① 株式会社は、新株予約権の内容として第二百三十六条第一項第七号ハに掲げる事項についての定めがある場合において、取得条項付新株予約権を取得しようとするときは、その取得する取得条項付新株予約権を決定しなければならない。

② 前項の取得条項付新株予約権は、株主総会（取締役会設置会社にあっては、取締役会）の決議によって定

めなければならない。ただし、当該取得条項付新株予約権の内容として別段の定めがある場合は、この限りでない。

③　第一項の規定による決定をしたときは、株式会社は、同項の規定により決定した取得条項付新株予約権の新株予約権者及びその登録新株予約権質権者に対し、直ちに、当該取得条項付新株予約権を取得する旨を通知しなければならない。

④　前項の規定による通知は、公告をもってこれに代えることができる。

参❶【取得条項付新株予約権↓二七三①　❷【株主総会決議↓三〇九①　❸【新株予約権者等への通知↓二五三、二七一　❹【公告↓九三九、九四〇　❸❹【懈怠への制裁↓九七六[二]【通知・公告の効果↓二七五①[二]

（効力の発生等）

第二七五条①　株式会社は、第二百三十六条第一項第七号イの事由が生じた日（同号ハに掲げる事項についての定めがある場合にあっては、第一号に掲げる日又は第二号に掲げる日のいずれか遅い日。次項及び第三項において同じ。）に、取得条項付新株予約権（同条第一項第七号ハに掲げる事項についての定めがある場合にあっては、前条第一項の規定により決定したもの。次項及び第三項において同じ。）を取得する。

一　第二百三十六条第一項第七号イの事由が生じた日

二　前条第三項の規定による通知の日又は同条第四項の公告の日から二週間を経過した日

②　前項の規定により株式会社が取得する取得条項付新株予約権が新株予約権付社債に付されたものである場合には、株式会社は、第二百三十六条第一項第七号イの事由が生じた日に、当該新株予約権付社債についての社債を取得する。

③　次の各号に掲げる場合には、取得条項付新株予約権の新株予約権者（当該株式会社を除く。）は、第二百三十六条第一項第七号イの事由が生じた日に、同号に定める事項についての定めに従い、当該各号に定める者となる。

一　第二百三十六条第一項第七号ニに掲げる事項についての定めがある場合　同号ニの株式の株主

二　第二百三十六条第一項第七号ホに掲げる事項についての定めがある場合　同号ホの社債の社債権者

三　第二百三十六条第一項第七号ヘに掲げる事項についての定めがある場合　同号ヘの他の新株予約権の新株予約権者

四　第二百三十六条第一項第七号トに掲げる事項についての定めがある場合　同号トの新株予約権付社債についての社債の社債権者及び当該新株予約権付社債に付された新株予約権の新株予約権者

④　株式会社は、第二百三十六条第一項第七号イの事由が生じた後、遅滞なく、取得条項付新株予約権の新株予約権者及びその登録新株予約権質権者（同号ハに掲げる事項についての定めがある場合にあっては、前条第一項の規定により決定した取得条項付新株予約権の新株予約権者及びその登録新株予約権質権者）に対し、当該事由が生じた旨を通知しなければならない。ただし、第二百七十三条第二項の規定による通知又は同条第三項の公告をしたときは、この限りでない。

⑤　前項本文の規定による通知は、公告をもってこれに代えることができる。

参【取得条項付新株予約権↓二七三①　❶❷【新株予約権証券・新株予約権付社債券がある場合↓二九三　❸【一株未満の端数等の処理↓二三四①[四]⑥　[二]【登記↓商登五九②　❹【新株予約権者等への通知↓二五三、二七一　❺【公告↓九三九、九四〇　❹❺【懈怠への制裁↓九七六[二]

第二款　新株予約権の消却

第二七六条①　株式会社は、自己新株予約権を消却することができる。この場合においては、消却する自己新株予約権の内容及び数を定めなければならない。

②　取締役会設置会社においては、前項後段の規定による決定は、取締役会の決議によらなければならない。

参【自己新株予約権↓一五五、二八〇⑥【新株予約権の消滅↓二八七　❶【自己新株予約権の消却↓九一一③[十二]、九一五①　❷【取締役会の決議↓商登四六②

第六節　新株予約権無償割当て

（新株予約権無償割当て）

第二七七条　株式会社は、株主（種類株式発行会社にあっては、ある種類の種類株主）に対して新たに払込みをさせないで当該株式会社の新株予約権の割当て（以下この節において「新株予約権無償割当て」という。）をすることができる。

参【各株主への割当数↓二七八②【種類株式発行会社↓二三二①[四]【新株予約権の数の増加↓九一一③[十二]、九一五①

（新株予約権無償割当てに関する事項の決定）

第二七八条①　株式会社は、新株予約権無償割当てをしようとするときは、その都度、次に掲げる事項を定めなければならない。

一　株主に割り当てる新株予約権の内容及び数又はその算定方法

二　前号の新株予約権が新株予約権付社債に付されたものであるときは、当該新株予約権付社債についての社債の種類及び各社債の金額の合計額又はその算定方法

三　当該新株予約権無償割当てがその効力を生ずる日

四　株式会社が種類株式発行会社である場合には、当該新株予約権無償割当てを受ける株主の有する株式の種類

②　前項第一号及び第二号に掲げる事項についての定めは、当該株式会社以外の株主（種類株式発行会社にあっては、同項第四号の種類の種類株主）の有する株式（種類株式発行会社にあっては、同項第四号の種類の株式）の数に応じて同項第一号の新株予約権及び同項第二号の社債を割り当てることを内容とするものでなければならない。

③　第一項各号に掲げる事項の決定は、株主総会（取締役会設置会社にあっては、取締役会）の決議によらなければならない。ただし、定款に別段の定めがある場合は、この限りでない。

参❶[二]【新株予約権の内容↓二三六①【新株予約権の数↓九一一

③〔十二〕イ　〔三〕【効力発生日→二七九①、一二四③　〔四〕【種類株式発行会社→三二二①〔六〕　❸【株主総会決議→三〇九①

（新株予約権無償割当ての効力の発生等）

第二七九条①　前条第一項第一号の新株予約権の割当てを受けた株主は、同項第三号の日に、同項第一号の新株予約権の新株予約権者（同項第二号に規定する場合にあっては、同項第一号の新株予約権の新株予約権者及び同項第二号の社債の社債権者）となる。

② 株式会社は、前条第一項第三号の日後遅滞なく、株主（種類株式発行会社にあっては、同項第四号の種類の種類株主）及びその登録株式質権者に対し、当該株主が割当てを受けた新株予約権の内容及び数（同項第二号に規定する場合にあっては、当該株主が割当てを受けた社債の種類及び各社債の金額の合計額を含む。）を通知しなければならない。

③ 前項の規定による通知がされた場合において、前条第一項第一号の新株予約権についての第二百三十六条第一項第四号の期間の末日が当該通知の日から二週間を経過する日前に到来するときは、同号の期間は、当該通知の日から二週間を経過する日まで延長されたものとみなす。

❶【効力の発生→一五一①〔七〕、九一一③〔十二〕、九一五①　❷【株主等に対する通知→一二六、一五〇【懈怠に対する制裁→九七六〔二〕

第七節　新株予約権の行使

第一款　総則

（新株予約権の行使）

第二八〇条①　新株予約権の行使は、次に掲げる事項を明らかにしてしなければならない。

一　その行使に係る新株予約権の内容及び数

二　新株予約権を行使する日

② 証券発行新株予約権を行使しようとするときは、当該証券発行新株予約権の新株予約権者は、当該証券発行新株予約権に係る新株予約権証券を株式会社に提出しなければならない。ただし、当該新株予約権証券が発行されていないときは、この限りでない。

③ 証券発行新株予約権付社債に付された新株予約権を行使しようとする場合には、当該新株予約権の新株予約権者は、当該新株予約権を付した新株予約権付社債に係る新株予約権付社債券を株式会社に提示しなければならない。この場合において、当該株式会社は、当該新株予約権付社債券に当該証券発行新株予約権付社債に付された新株予約権が消滅した旨を記載しなければならない。

④ 前項の規定にかかわらず、証券発行新株予約権付社債に付された新株予約権を行使しようとする場合において、当該新株予約権の行使により当該証券発行新株予約権付社債についての社債が消滅するときは、当該新株予約権の新株予約権者は、当該新株予約権を付した新株予約権付社債に係る新株予約権付社債券を株式会社に提出しなければならない。

⑤ 第三項の規定にかかわらず、証券発行新株予約権付社債についての社債の償還後に当該証券発行新株予約権付社債に付された新株予約権を行使しようとする場合には、当該新株予約権の新株予約権者は、当該新株予約権を付した新株予約権付社債に係る新株予約権付社債券を株式会社に提出しなければならない。

⑥ 株式会社は、自己新株予約権を行使することができない。

＊【新株予約権の行使→二三六①〔四〕、四二五④、四二六⑧、四二七⑤、商登五七〔一〕　❶〔二〕【新株予約権の内容→二三六①　〔二〕【行使日→二八二　❷【証券発行新株予約権→二四九〔三〕ニ　❸【社債が償還される場合→二九二②　❸―❺【証券発行新株予約権付社債→二四九〔三〕　❹【社債の消滅→二三六①〔三〕　❻【自己新株予約権→二七六

（新株予約権の行使に際しての払込み）

第二八一条①　金銭を新株予約権の行使に際してする出資の目的とするときは、新株予約権者は、前条第一項第二号の日に、株式会社が定めた銀行等の払込みの取扱いの場所において、その行使に係る新株予約権についての第二百三十六条第一項第二号の価額の全額を払い込まなければならない。

② 金銭以外の財産を新株予約権の行使に際してする出資の目的とするときは、新株予約権者は、前条第一項第二号の日に、その行使に係る新株予約権についての第二百三十六条第一項第三号の財産を給付しなければならない。この場合において、当該財産の価額が同項第二号の価額に足りないときは、前項の払込みの取扱いの場所においてその差額に相当する金銭を払い込まなければならない。

③ 新株予約権者は、第一項の規定による払込み又は前項の規定による給付をする債務と株式会社に対する債権とを相殺することができない。

❶【払込取扱機関→二四二①〔三〕、商登五七〔三〕　❷【出資の目的の給付→二八四、商登五七〔三〕　❸【相殺→民五〇五―五〇八、五一一、五一二【相殺禁止→二〇八③

（株主となる時期等）

第二八二条①　新株予約権を行使した新株予約権者は、当該新株予約権を行使した日に、当該新株予約権の目的である株式の株主となる。

② 新株予約権を行使した新株予約権者であって第二百八十六条の二第一項各号に掲げる者に該当するものは、当該各号に定める支払若しくは給付又は第二百八十六条の三第一項の規定による支払がされた後でなければ、第二百八十六条の二第一項各号の払込み又は給付が仮装された新株予約権の目的である株式について、株主の権利を行使することができない。

③ 前項の株式を譲り受けた者は、当該株式についての株主の権利を行使することができる。ただし、その者に悪意又は重大な過失があるときは、この限りでない。

❶【行使による発行済株式総数の増加→一一三④、一一四②〔三〕、九一一③〔九〕、九一五③、商登五七　❷【仮装払込人の権利の制約→一〇二③、二〇九②　❸【仮装払込みに係る株式の譲渡→一〇二④、二〇九③

（一に満たない端数の処理）

第二八三条　新株予約権を行使した場合において、当該新株予約権の新株予約権者に交付する株式の数に一株に満たない端数があるときは、株式会社は、当該新株予約権者に対し、次の各号に掲げる場合の区分に応じ、当該各号に定める額にその端数を乗じて得た額に相当する金銭を交付しなければならない。ただし、第二百三十六条第一項第九号に掲げる事項についての定めがある場合は、この限りでない。

一　当該株式が市場価格のある株式である場合　当該株式一株の市場価格として法務省令で定める方法により算定される額

二　前号に掲げる場合以外の場合　一株当たり純資産額

【市場価格のある株式↓三三⑩㈢・一六一・一六七③㈢・一九三①㈢・一九七②・二〇一②　【二】【省令で定める方法↓会社則五八

第二款　金銭以外の財産の出資

第二八四条①　株式会社は、第二百三十六条第一項第三号に掲げる事項についての定めがある新株予約権が行使された場合には、第二百八十一条第二項の規定による給付があった後、遅滞なく、同号の財産（以下この節において「現物出資財産」という。）の価額を調査させるため、裁判所に対し、検査役の選任の申立てをしなければならない。

②　前項の申立てがあった場合には、裁判所は、これを不適法として却下する場合を除き、検査役を選任しなければならない。

③　裁判所は、前項の検査役を選任した場合には、株式会社が当該検査役に対して支払う報酬の額を定めることができる。

④　第二項の検査役は、必要な調査を行い、当該調査の結果を記載し、又は記録した書面又は電磁的記録（法務省令で定めるものに限る。）を裁判所に提供して報告をしなければならない。

⑤　裁判所は、前項の報告について、その内容を明瞭にし、又はその根拠を確認するため必要があると認めるときは、第二項の検査役に対し、更に前項の報告を求めることができる。

⑥　第二項の検査役は、第四項の報告をしたときは、株式会社に対し、同項の書面の写しを交付し、又は同項の電磁的記録に記録された事項を法務省令で定める方法により提供しなければならない。

⑦　裁判所は、第四項の報告を受けた場合において、現物出資財産について定められた第二百三十六条第一項第三号の価額（第二項の検査役の調査を経ていないものを除く。）を不当と認めたときは、これを変更する決定をしなければならない。

⑧　第一項の新株予約権の新株予約権者は、前項の決定により現物出資財産の価額の全部又は一部が変更された場合には、当該決定の確定後一週間以内に限り、その新株予約権の行使に係る意思表示を取り消すことができる。

⑨　前各項の規定は、次の各号に掲げる場合には、当該各号に定める事項については、適用しない。

一　行使された新株予約権の新株予約権者が交付を受ける株式の総数が発行済株式の総数の十分の一を超えない場合　当該新株予約権者が給付する現物出資財産の価額

二　現物出資財産について定められた第二百三十六条第一項第三号の価額の総額が五百万円を超えない場合　当該現物出資財産の価額

三　現物出資財産のうち、市場価格のある有価証券について定められた第二百三十六条第一項第三号の価額が当該有価証券の市場価格として法務省令で定める方法により算定されるものを超えない場合　当該有価証券についての現物出資財産の価額

四　現物出資財産について定められた第二百三十六条第一項第三号の価額が相当であることについて弁護士、弁護士法人、弁護士・外国法事務弁護士共同法人、公認会計士、監査法人、税理士又は税理士法人の証明（現物出資財産が不動産である場合にあっては、当該証明及び不動産鑑定士の鑑定評価。以下この号において同じ。）を受けた場合　当該証明を受けた現物出資財産の価額

五　現物出資財産が株式会社に対する金銭債権（弁済期が到来しているものに限る。）であって、当該金銭債権について定められた第二百三十六条第一項第三号の価額が当該金銭債権に係る負債の帳簿価額を超えない場合　当該金銭債権についての現物出資財産の価額

⑩　次に掲げる者は、前項第四号に規定する証明をすることができない。

一　取締役、会計参与、監査役若しくは執行役又は支配人その他の使用人

二　新株予約権者

三　業務の停止の処分を受け、その停止の期間を経過しない者

四　弁護士法人、弁護士・外国法事務弁護士共同法人、監査法人又は税理士法人であって、その社員の半数以上が第一号又は第二号に掲げる者のいずれかに該当するもの

❶【検査役の選任↓八六八①・八七六【調査妨害に対する制裁↓九七六㈤【検査役の調査の効果↓二八六②㈠　❹【検査役の報告↓商登五七㈢イ【不実報告に対する制裁↓九六三③【省令で定めるもの↓会社則二二八　❹❻【電磁的記録↓二六②　❻【省令で定める方法↓会社則二二九　❼【裁判所の変更決定↓八七〇①㈣・八七六、商登五七㈣　❽【新株予約権の行使に係る意思表示の取消し↓二八五②　❾【三】【市場価格を証する書面↓商登五七㈢ロ【省令で定める方法↓会社則五九　【四】【証明・鑑定評価を記載した書面↓商登五七㈢ハ【証明者の財産価格塡補責任↓二八六③　【五】【帳簿価額を示す会計帳簿↓商登五七㈢ニ　❿【三】【業務停止↓弁護五七①㈡②㈡、ETC

第三款　責任

（不公正な払込金額で新株予約権を引き受けた者等の責任）

第二八五条①　新株予約権を行使した新株予約権者は、次の各号に掲げる場合には、株式会社に対し、当該各

号に定める額を支払う義務を負う。
一　第二百三十八条第一項第二号に規定する場合において、募集新株予約権につき金銭の払込みを要しないこととすることが著しく不公正な条件であるとき（取締役（指名委員会等設置会社にあっては、取締役又は執行役。次号において同じ。）と通じて新株予約権を引き受けた場合に限る。）　当該新株予約権の公正な価額
二　第二百三十八条第一項第三号に規定する場合において、取締役と通じて著しく不公正な払込金額で新株予約権を引き受けたとき　当該払込金額と当該新株予約権の公正な価額との差額に相当する金額
三　第二百八十二条第一項の規定により株主となった時におけるその給付した現物出資財産の価額がこれについて定められた第二百三十六条第一項第三号の価額に著しく不足する場合　当該不足額
② 前項第三号に掲げる場合において、現物出資財産を給付した新株予約権者が当該現物出資財産の価額がこれについて定められた第二百三十六条第一項第三号の価額に著しく不足することにつき善意でかつ重大な過失がないときは、新株予約権の行使に係る意思表示を取り消すことができる。

参❶〔一〕【指名委員会等設置会社↓二〔十二〕】【不公正な条件↓二三八①㊂②・二三九①㊂・二四〇】【公正な価額の支払↓二八一③・二四八四七】〔二〕〔三〕【不公正な条件・払込金額↓二四〇②③・二四七・四二三①・四二九①】〔二〕【不公正な払込金額↓二三八①㊂②・二三九①㊂・二四〇】【差額の支払↓二八一③】〔三〕【現物出資財産の価額の不足↓二八六　❷【新株予約権の行使に係る意思表示の取消し↓二八四⑧

（出資された財産等の価額が不足する場合の取締役等の責任）
第二百八十六条① 前条第一項第三号に掲げる場合には、次に掲げる者（以下この条において「取締役等」という。）は、株式会社に対し、同号に定める額を支払う義務を負う。
一　当該新株予約権者の募集に関する職務を行った業務執行取締役（指名委員会等設置会社にあっては、執行役。以下この号において同じ。）その他当該業務執行取締役の行う業務の執行に職務上関与した者として法務省令で定めるもの
二　現物出資財産の価額の決定に関する株主総会の決議があったときは、当該株主総会に議案を提案した取締役として法務省令で定めるもの
三　現物出資財産の価額の決定に関する取締役会の決議があったときは、当該取締役会に議案を提案した取締役（指名委員会等設置会社にあっては、取締役又は執行役）として法務省令で定めるもの
② 前項の規定にかかわらず、次に掲げる場合には、取締役等は、現物出資財産について同項の義務を負わない。
一　現物出資財産の価額について第二百八十四条第二項の検査役の調査を経た場合
二　当該取締役等がその職務を行うについて注意を怠らなかったことを証明した場合
③ 第一項に規定する場合には、第二百八十四条第九項第四号に規定する証明をした者（以下この条において「証明者」という。）は、株式会社に対し前条第一項第三号に定める額を支払う義務を負う。ただし、当該証明者が当該証明をするについて注意を怠らなかったことを証明したときは、この限りでない。
④ 新株予約権者がその給付した現物出資財産についての前条第一項第三号に定める額を支払う義務を負う場合において、次に掲げる者が当該現物出資財産について当該各号に定める義務を負うときは、これらの者は、連帯債務者とする。
一　取締役等　第一項の義務
二　証明者　前項本文の義務

参+【財産価格塡補責任↓五二・五五・一〇三①・二一三　❶〔一〕【省令で定めるもの↓会社則六〇　〔二〕〔三〕【省令で定めるもの↓会社則六一　〔三〕【省令で定めるもの↓会社則六二

（新株予約権に係る払込み等を仮装した新株予約権者等の責任）
第二百八十六条の二① 新株予約権を行使した新株予約権者であって次の各号に掲げる者に該当するものは、株式会社に対し、当該各号に定める行為をする義務を負う。
一　第二百四十六条第一項の規定による払込み（同条第二項の規定により当該払込みに代えてする金銭以外の財産の給付を含む。）を仮装した者又は当該払込みが仮装されたことを知って、若しくは重大な過失により知らないで募集新株予約権を譲り受けた者　払込みが仮装された払込金額の全額の支払（当該払込みに代えてする金銭以外の財産の給付が仮装された場合にあっては、当該財産の給付（株式会社が当該給付に代えて当該財産の価額に相当する金銭の支払を請求した場合にあっては、当該金銭の全額の支払））
二　第二百八十一条第一項又は第二項後段の規定による払込みを仮装した者　払込みを仮装した金銭の全額の支払
三　第二百八十一条第二項前段の規定による給付を仮装した者　給付を仮装した金銭以外の財産の給付（株式会社が当該給付に代えて当該財産の価額に相当する金銭の支払を請求した場合にあっては、当該金銭の全額の支払）
② 前項の規定により同項に規定する新株予約権者の負う義務は、総株主の同意がなければ、免除することができない。

参+【仮装払込みをした者の責任↓五二の二①・一〇二の二・二一三の二

（新株予約権に係る払込み等を仮装した場合の取締役等の責任）
第二百八十六条の三① 新株予約権を行使した新株予約権者であって前条第一項各号に掲げる者に該当するものが当該各号に定める行為をする義務を負う場合には、当該各号の払込み又は給付を仮装することに関与した取

締役（指名委員会等設置会社にあっては、執行役を含む。）として法務省令で定める者は、株式会社に対し、当該各号に規定する支払をする義務を負う。ただし、その者（当該払込み又は当該給付を仮装したものを除く。）がその職務を行うについて注意を怠らなかったことを証明した場合は、この限りでない。

② 新株予約権を行使した新株予約権者であって前条第一項各号に掲げる者に該当するものが当該各号に規定する支払をする義務を負う場合において、前項に規定する者が同項の義務を負うときは、これらの者は、連帯債務者とする。

∞+【仮装払込関与者の責任↓五二の二②、一〇三②、二一三の三①　❶【省令で定める者↓会社則六二の二

第四款　雑則

第二八七条　第二百七十六条第一項の場合のほか、新株予約権者がその有する新株予約権を行使することができなくなったときは、当該新株予約権は、消滅する。

∞+【行使できない場合↓二三六①[四]

第八節　新株予約権に係る証券

第一款　新株予約権証券

（新株予約権証券の発行）

第二八八条①　株式会社は、証券発行新株予約権を発行した日以後遅滞なく、当該証券発行新株予約権に係る新株予約権証券を発行しなければならない。

② 前項の規定にかかわらず、株式会社は、新株予約権者から請求がある時までは、同項の新株予約権証券を発行しないことができる。

∞+【新株予約権証券↓二三六①[十]、二三八①[二]、二八九、二四九、二五五①、二五六①、二五七②③、二五八、二六七④、二六八②、二八〇②、二九一、二九三、四二五⑤、四二六⑧、四二七⑤　❶【新株予約権の発行日↓二四五【新株予約権の発行日前の発行に対する制裁↓九七六[十三]【不発行に対する制裁↓九七六[十四]

（新株予約権証券の記載事項）

第二八九条　新株予約権証券には、次に掲げる事項及びその番号を記載し、株式会社の代表取締役（指名委員会等設置会社にあっては、代表執行役）がこれに署名し、又は記名押印しなければならない。

一　株式会社の商号

二　当該新株予約権証券に係る証券発行新株予約権の内容及び数

∞+【新株予約権証券の番号↓二四九【虚偽記載に対する制裁↓九七六[十五]　[一]【会社の商号↓六①　[二]【新株予約権の内容↓二三六①

（記名式と無記名式との間の転換）

第二九〇条　証券発行新株予約権の新株予約権者は、第二百三十六条第一項第十一号に掲げる事項についての定めによりすることができないこととされている場合を除き、いつでも、その記名式の新株予約権証券を無記名式とし、又はその無記名式の新株予約権証券を記名式とすることを請求することができる。

∞+【記名式・無記名式の新株予約権証券↓二四九∞

（新株予約権証券の喪失）

第二九一条①　新株予約権証券は、非訟事件手続法第百条に規定する公示催告手続によって無効とすることができる。

② 新株予約権証券を喪失した者は、非訟事件手続法第百六条第一項に規定する除権決定を得た後でなければ、その再発行を請求することができない。

∞❶【新株予約権証券の失効↓二九三③、二二八∞　❷【証券の再発行↓二二八②、二三〇②

第二款　新株予約権付社債券

第二九二条①　証券発行新株予約権付社債に係る新株予約権付社債券には、第六百九十七条第一項の規定により記載すべき事項のほか、当該証券発行新株予約権付社債に付された新株予約権の内容及び数を記載しなければならない。

② 証券発行新株予約権付社債についての社債の償還をする場合において、当該証券発行新株予約権付社債に付された新株予約権が消滅していないときは、株式会社は、当該証券発行新株予約権付社債に係る新株予約権付社債券と引換えに社債の償還をすることを請求することができない。この場合においては、株式会社は、社債の償還をするのと引換えに、当該新株予約権付社債券の提示を求め、当該新株予約権付社債券に社債の償還をした旨を記載することができる。

∞+【新株予約権付社債券↓六七六[六]、二四九[三]、二五五②、二五六③、二五七②③、二五八③④、二六七⑤、二六八③、二八〇③―⑤、二九三、六九九　❶【新株予約権の内容↓二三六①　❷【新株予約権が消滅した場合↓二八〇③

第三款　新株予約権証券等の提出

（新株予約権証券の提出に関する公告等）

第二九三条①　株式会社が次の各号に掲げる行為をする場合において、当該各号に定める新株予約権に係る新株予約権証券（当該新株予約権が新株予約権付社債に付されたものである場合にあっては、当該新株予約権付社債に係る新株予約権付社債券。以下この款において同じ。）を発行しているときは、当該株式会社は、当該行為の効力が生ずる日（第一号に掲げる行為をする場合にあっては、第百七十九条の二第一項第五号に規定する取得日。以下この条において「新株予約権証券提出日」という。）までに当該株式会社に対し当該新株予約権証券を提出しなければならない旨を新株予約権証券提出日の一箇月前までに、公告し、かつ、当該新株予約権の新株予約権者及びその登録新株予約権質権者には、各別にこれを通知しなければならない。

一　第百七十九条の三第一項の承認　売渡新株予約権

一の二　取得条項付新株予約権の取得　当該取得条項付新株予約権

二　組織変更　全部の新株予約権

三　合併（合併により当該株式会社が消滅する場合に限る。）　全部の新株予約権

四　吸収分割　第七百五十八条第五号イに規定する吸

収分割契約新株予約権
五　新設分割　第七百六十三条第一項第十号イに規定する新設分割計画新株予約権
六　株式交換　第七百六十八条第一項第四号イに規定する株式交換契約新株予約権
七　株式移転　第七百七十三条第一項第九号イに規定する株式移転計画新株予約権

②　株式会社が次の各号に掲げる行為をする場合において、新株予約権証券提出日までに当該株式会社に対して新株予約権証券を提出しない者があるときは、当該各号に定める者は、当該新株予約権証券の提出があるまでの間、当該行為（第一号に掲げる行為をする場合にあっては、新株予約権売渡請求に係る売渡新株予約権の取得）によって当該新株予約権証券に係る新株予約権の新株予約権者が交付を受けることができる金銭等の交付を拒むことができる。
一　第百七十九条の三第一項の承認　特別支配株主
二　取得条項付新株予約権の取得　当該株式会社
三　組織変更　第七百四十四条第一項第一号に規定する組織変更後持分会社
四　合併（合併により当該株式会社が消滅する場合に限る。）　第七百四十九条第一項に規定する吸収合併存続会社又は第七百五十三条第一項に規定する新設合併設立会社
五　吸収分割　第七百五十八条第一号に規定する吸収分割承継株式会社
六　新設分割　第七百六十三条第一項第一号に規定する新設分割設立株式会社
七　株式交換　第七百六十八条第一項第一号に規定する株式交換完全親株式会社
八　株式移転　第七百七十三条第一項第一号に規定する株式移転設立完全親会社

③　第一項各号に定める新株予約権に係る新株予約権証券は、新株予約権証券提出日に無効となる。

④　第一項第一号の規定による公告及び通知の費用は、特別支配株主の負担とする。

⑤　第二百二十条〈異議催告手続〉の規定は、第一項各号に掲げる行為をした場合において、新株予約権証券を提出することができない者があるときについて準用する。この場合において、同条第二項中「前条第二項各号」とあるのは、「第二百九十三条第二項各号」と読み替えるものとする。

❶【公告→九三九【公告懈怠への制裁→九七六㊂【新株予約権者・登録新株予約権質権者への通知→二五三・二七一【通知懈怠への制裁→九七六㊂【一の二】【取得条項付新株予約権の取得→二三六①㊆・二七三―二七五、商登五九②㊂【二】【組織変更→七四三・七四四・七七五―七八〇・九二〇、商登七七㊄【三】【合併→七四八・七四九・七五一・七五三・七五五・七八二―七九二・八〇三―八一二・九二一・九二二、商登八〇㊉・八一㊉【四】【吸収分割→七五七・七五八・七六〇・七八二―七九二・九二三、商登八五㊈【五】【新設分割→七六二・七六三①・七六五・八〇三―八一二・九二四、商登八六㊈【六】【株式交換→七六七・七六八・七八二―七九二・九一一③㊄・九一五、商登八九㊈【七】【株式移転→七七二・七七三・八〇三―八一二・九二五、商登九〇㊈ ❷【金銭等の交付→二七五③・七四四①㊆・七四九①㊃・七五一①㊄・七五三①㊉・七五五①㊃・七五八㊄・七六三①㊉・七六八①㊃・七七三①㊈ ❸【新株予約権証券の失効→二九一①

（無記名式の新株予約権証券等が提出されない場合）

第二九四条①　第百三十二条の規定にかかわらず、前条第一項第一号の二に掲げる行為をする場合（株式会社が新株予約権を取得するのと引換えに当該新株予約権の新株予約権者に対して当該株式会社の株式を交付する場合に限る。）において、同項の規定により新株予約権証券（無記名式のものに限る。以下この条において同じ。）が提出されないときは、株式会社は、当該新株予約権証券を有する者が交付を受けることができる株式に係る第百二十一条第一号に掲げる事項を株主名簿に記載し、又は記録することを要しない。

②　前項に規定する場合には、株式会社は、前条第一項の規定により提出しなければならない新株予約権証券を有する者が交付を受けることができる株式の株主に対する通知又は催告をすることを要しない。

③　第二百四十九条及び第二百五十九条第一項の規定にかかわらず、前条第一項第一号の二に掲げる行為をする場合（株式会社が新株予約権を取得するのと引換えに当該新株予約権の新株予約権者に対して当該株式会社の他の新株予約権（新株予約権付社債に付されたものを除く。）を交付する場合に限る。）において、同項の規定により新株予約権証券が提出されないときは、株式会社は、当該新株予約権証券を有する者が交付を受けることができる当該他の新株予約権（無記名新株予約権を除く。）に係る第二百四十九条第三号イに掲げる事項を新株予約権原簿に記載し、又は記録することを要しない。

④　前項に規定する場合には、株式会社は、前条第一項の規定により提出しなければならない新株予約権証券を有する者が交付を受けることができる新株予約権の新株予約権者に対する通知又は催告をすることを要しない。

⑤　第二百四十九条及び第二百五十九条第一項の規定にかかわらず、前条第一項第一号の二に掲げる行為をする場合（株式会社が新株予約権付社債を取得するのと引換えに当該新株予約権付社債の新株予約権者に対して当該株式会社の新株予約権付社債を交付する場合に限る。）において、同項の規定により新株予約権証券が提出されないときは、株式会社は、当該新株予約権証券を有する者が交付を受けることができる新株予約権付社債（無記名新株予約権付社債を除く。）に付された新株予約権に係る第二百四十九条第三号イに掲げる事項を新株予約権原簿に記載し、又は記録することを要しない。

⑥　前項に規定する場合には、株式会社は、前条第一項の規定により提出しなければならない新株予約権証券を有する者が交付を受けることができる新株予約権付社債に付された新株予約権の新株予約権者に対する通知又は催告をすることを要しない。

❷【株主への通知・催告を要しないことの効果→一九七①㊂
❹❻【新株予約権者に対する通知・催告→二五三

第四章　機関

第一節　株主総会及び種類株主総会等

第一款　株主総会

（株主総会の権限）

第二九五条①　株主総会は、この法律に規定する事項及び株式会社の組織、運営、管理その他株式会社に関する一切の事項について決議をすることができる。

②　前項の規定にかかわらず、取締役会設置会社においては、株主総会は、この法律に規定する事項及び定款で定めた事項に限り、決議をすることができる。

③　この法律の規定により株主総会の決議を必要とする事項について、取締役、執行役、取締役会その他の株主総会以外の機関が決定することができることを内容とする定款の定めは、その効力を有しない。

§†【株主総会→二九六①②　❶【法律に規定する事項→一三九①・一四〇②・一五六①・一六〇①・一六八①・一六九②・一七一①・一七五①・一八〇②・一八三②・一八六③・一九九②・二三八②・二四一③四・二四三②・二六五①・二七三①・二七四②・二七八③・三二九①・三三九①・三五三・三五六・三六一・三七九①・三八七①・四二五①④・四三八②・四四一④・四四七①・四四八①・四五〇②・四五二・四五四①・四六六・四七八①三・四七九①・四八三③・四九二③・四九七②・五〇七③・七八三①・七九五①・八〇四①　❷【法律に規定する事項→一四〇②・一五六①・一六〇①・一七一①・一七五①・一八〇②・一九九②・二三八②・二四一③四・三二九①・三三九①・三五三・三六一・三七九①・三八七①・四〇八①三・四二五①④・四三八②・四四一④・四四七①・四四八①・四五〇②・四五二・四五四①・四六六・四七八①三・四七九①・四八三③・四九二③・四九七②・五〇七③・七八三①・七九五①・八〇四①【取締役会設置会社の総会決議事項→三〇九⑤

1

一　本条二項に違反する決議の効力

商法二三〇条ノ一〇［本条二項］に違反して、その許された決議事項を逸脱してなされた決議は、内容が法令に違反するものとして無効である。（東京地判昭27・3・28下民三・三・四二八）

二　取締役会設置会社の代表取締役を株主総会で選定する旨の定款の定めの有効性

2

取締役会設置会社である非公開会社における、取締役会の決議によるほか株主総会の決議によっても代表取締役を定めることができる旨の定款の定めは有効である。（最決平29・2・21民集七一・二・一九五、会社法百選四版四一）

（株主総会の招集）

第二九六条①　定時株主総会は、毎事業年度の終了後一定の時期に招集しなければならない。

②　株主総会は、必要がある場合には、いつでも、招集することができる。

③　株主総会は、次条第四項の規定により招集する場合を除き、取締役が招集する。

§❶【定時株主総会→三〇九②五・四三七・四三八②・四三九・四四四⑥⑦・四四九①【不開催に対する制裁→九七六十八【決議の省略→三一九⑤【役員等の任期との関係→三三二①②・三三六①②・三三八①②　❷【招集を要する場合の例→一三九①・一七五①・三〇七①・三三九①・三五九・四九二③・五〇七③　❸【取締役による招集→二九八・二九九

1

代表取締役職務代行者による臨時株主総会の招集の効力

臨時社員総会［臨時株主総会］の招集は会社の常務とはいえないが、代表取締役職務代行者が招集した臨時総会における決議は、当然無効ではなく、商法二四七条［会社八三一条］の決議取消しの訴えによってのみ取り消され得るにとどまる。（最判昭39・5・21民集一八・四・六〇八、会社百選二版九九）

（株主による招集の請求）

第二九七条①　総株主の議決権の百分の三（これを下回る割合を定款で定めた場合にあっては、その割合）以上の議決権を六箇月（これを下回る期間を定款で定めた場合にあっては、その期間）前から引き続き有する株主は、取締役に対し、株主総会の目的である事項（当該株主が議決権を行使することができる事項に限る。）及び招集の理由を示して、株主総会の招集を請求することができる。

②　公開会社でない株式会社における前項の規定の適用については、同項中「六箇月（これを下回る期間を定款で定めた場合にあっては、その期間）前から引き続き有する」とあるのは、「有する」とする。

③　第一項の株主総会の目的である事項について議決権を行使することができない株主が有する議決権の数は、同項の総株主の議決権の数に算入しない。

④　次に掲げる場合には、第一項の規定による請求をした株主は、裁判所の許可を得て、株主総会を招集することができる。

一　第一項の規定による請求の後遅滞なく招集の手続が行われない場合

二　第一項の規定による請求があった日から八週間（これを下回る期間を定款で定めた場合にあっては、その期間）以内の日を株主総会の日とする株主総会の招集の通知が発せられない場合

§❶【百分の三以上の議決権を有する株主→三〇三①②【贈収賄に対する制裁→九六八①三・一〇〇八①三　❸【議決権を行使できない株主→一四〇③・一六〇④・一七五②・一八九①・三〇八　❹【裁判所の許可→八六八①・八七四四【株主による招集→二九八・二九九　†【検査役の選任→三一六②

1

一　本条一項の「株主総会の目的である事項」の意義

本条一項にいう「株主総会の目的である事項」とは、株主総会の権限に属する事項、すなわち、取締役会設置会社においては会社法に規定する事項及び定款で定めた事項に限定され、裁判所はその該当性を判断すれば足り、それが否定された場合にまで、当該事案における議題の実質的な意味を検討して「株主総会の目的である事項」に該当すると判断することは許されない。（名古屋地決令3・7・14資料版商事法務四五一・一二一）

二　会社招集による総会の開催の可能性と招集許可申立ての利益

2

会社が本条一項の規定による請求があった後に、これと同一の事項を目的とする総会の招集通知を発し、又は通知を発する蓋然性があったとしても、その会日が本条四項二号所定の期間を超える日である場合は、原則として総会の招集許可を求める申立ての利益が認められるが、裁判所が株主による総会の招集を許可したとしても、会社の招集す

る総会より前に総会を開催することができる見込みがないなどの事情が認められるときは、招集許可申立ての利益は失われる。（東京高決令2・11・10金判一六〇八・四六）

[3] **三　裁判所の許可した以外の事項についての決議の効力**
裁判所の許可した会議〔株主総会〕の目的を逸脱した事項についての決議は、当然無効ではなく、取消しを請求すべきもの（商法二四七条〔会社八三一条〕）である。（金沢地判昭34・9・23下民一〇・九・一九八四）

[4] **四　少数株主の招集した総会の議長**
定款に、総会の議長は取締役社長が当たるという規定があっても、それは取締役の招集による通常の総会を予定したもので、株主の招集に係る総会には適用がなく、この総会において改めて議長を選出すべきである。（横浜地決昭38・7・4下民一四・七・一三三三、保全百選九〇）

[5] **五　基準日現在の株主を確知する書類の閲覧権**
少数株主による株主総会招集が裁判所により許可された場合には、少数株主は、総会に招集すべき株主を確知する権利を有するというべきであり、右確知のためには、株主名簿を閲覧・謄写することができるのはもちろんのこと、必要な場合には、株主名簿に代わり基準日現在の株主を確知することができる書類（名義書換請求書）の閲覧・謄写をすることもできる。（東京地決昭63・11・14判時一二九六・一四六）

（株主総会の招集の決定）

第二九八条① 取締役（前条第四項の規定により株主が株主総会を招集する場合にあっては、当該株主。次項本文及び次条から第三百二条までにおいて同じ。）は、株主総会を招集する場合には、次に掲げる事項を定めなければならない。

一　株主総会の日時及び場所

二　株主総会の目的である事項があるときは、当該事項

三　株主総会に出席しない株主が書面によって議決権を行使することができることとするときは、その旨

四　株主総会に出席しない株主が電磁的方法によって議決権を行使することができることとするときは、その旨

五　前各号に掲げるもののほか、法務省令で定める事項

② 取締役は、株主（株主総会において決議をすることができる事項の全部につき議決権を行使することができない株主を除く。次条から第三百二条までにおいて同じ。）の数が千人以上である場合には、前項第三号に掲げる事項を定めなければならない。ただし、当該株式会社が金融商品取引法第二条第十六項に規定する金融商品取引所に上場されている株式を発行している株式会社であって法務省令で定めるものである場合は、この限りでない。

③ 取締役会設置会社における前項の規定の適用については、同項中「株主総会において決議をすることができる事項」とあるのは、「前項第二号に掲げる事項」とする。

④ 取締役会設置会社においては、前条第四項の規定により株主が株主総会を招集するときを除き、第一項各号に掲げる事項の決定は、取締役会の決議によらなければならない。

参❶【取締役の決定↓三四八③□】【招集通知への記載↓二九九④】【□】【日時・場所↓三四五③】【□】【株主総会の目的事項↓三〇三、三〇九⑤】【三】【書面による議決権行使↓三一一】【参考書類等の交付↓三〇一】【招集に関する特則↓二九九①②□・三〇〇】【四】【電磁的方法による議決権行使↓三一二】【参考書類等の交付↓三〇二】【招集に関する特則↓二九九①②□・三〇〇】【五】【省令で定める事項↓会社則六三】❷【議決権を行使できない株主↓二九七③参【省令で定めるもの↓会社則六四】❹【取締役会の決議↓三六九、四一六④四　＋【適用除外↓三二七

一　株主総会の目的↓二九九条[7]
二　取締役会の決議を経ないで招集された総会の決議の効力

[7] **1　代表取締役が招集した場合**
代表取締役が取締役会の決議によらないで招集した総会の決議は、当然無効ではなく決議取消しの訴えを待ってその効力が決せられる。（東京高判昭30・7・19下民六・七・一四八八、証取百選六二）

2　代表取締役以外の取締役が招集した場合
[2] 代表取締役以外の取締役によって取締役会の決議を経ることなしに招集された総会は、法律上の意義における株主総会ということができず、そこで決議がなされても株主総会の決議があったと解することはできない。（最判昭45・8・20判時六〇七・七九）

三　適法な招集手続を欠く全員出席総会の決議の効力—決議の効力を肯定したもの

[3] **1　一人会社の場合**
いわゆる一人会社の場合には、その一人の株主が出席すればそれで株主総会が成立し、招集の手続を要しない。（最判昭46・6・24民集二五・四・五九六、会社百選[四版]二七）

[4] **2　一人会社以外の会社の場合**
招集権者による招集の手続を欠く場合であっても、株主全員がその開催に同意して出席したいわゆる全員出席総会において決議をしたときは、右決議は有効に成立する。（最判昭60・12・20民集三九・八・一八六九、会社法百選[四版]二七）

（株主総会の招集の通知）

第二九九条① 株主総会を招集するには、取締役は、株主総会の日の二週間（前条第一項第三号又は第四号に掲げる事項を定めたときを除き、公開会社でない株式会社にあっては、一週間（当該株式会社が取締役会設置会社以外の株式会社である場合において、これを下回る期間を定款で定めた場合にあっては、その期間））前までに、株主に対してその通知を発しなければならない。

② 次に掲げる場合には、前項の通知は、書面でしなければならない。

一　前条第一項第三号又は第四号に掲げる事項を定めた場合

二　株式会社が取締役会設置会社である場合

③ 取締役は、前項の書面による通知の発出に代えて、政令で定めるところにより、株主の承諾を得て、電磁的方法により通知を発することができる。この場合に

おいて、当該取締役は、同項の書面による通知を発したものとみなす。

④　前二項の通知には、前条第一項各号に掲げる事項を記載し、又は記録しなければならない。

㊜❶【招集の通知↓二二六⑤、四三七、四四四⑥【公開会社↓二五【招集期間の短縮↓一三九、一四五㊀　❷❸【通知の記載事項↓三〇五①【電子提供措置による代替↓三二五の四②　❸【電磁的方法による通知↓三〇一②、三〇二②③【本項による承諾をしていない株主による請求↓三〇二④【本項による承諾をした株主との関係↓三一〇④、三一二②　＋【招集手続の省略↓三〇〇【適用除外↓三一七

一　招集の通知の発送日

1　商法二五六条一項［本条一項］の規定は、株主総会招集の通知書を発した日の翌日より起算して会日までの間に少なくとも二週間の日数を存することを要する趣旨である。（大判昭10・7・15民集一四・一四〇一、会社百選〔二版〕四一）

二　招集の通知の内容

1　株主総会の目的である事項の記載の意義

2　商法二三二条二項［平成一七法八七改正前。本条四項］は、株主をして総会の目的及び総会で決議されるべき事項が何かを予知させ、その議決権を行うのに十分の準備をさせるための規定であるから、会社が株主にする総会の通知にはその議事日程である事項が何かを了解することができるに足りる記載があることを要する。（大決明35・7・8民録八・七・五一）

2　取締役の解任を株主総会の目的とする場合

3　会社が取締役の解任を株主総会に提案する場合、取締役の解任は必然的に特定の取締役についての決議となるから、取締役会設置会社が株主総会の目的を株主に通知しなければならない場合には、特段の事情のない限り、解任を提案する取締役の氏名を明示しなければならない。（名古屋高決平25・6・10判時二二一六・一一七）

三　ある株主に対する招集通知の欠如と取締役の責任

4　ある株主に対する招集通知の欠如は、全ての株主に対する関係において取締役の職務上の義務違反を構成する。（最判平9・9・9判時一六一八・一三八、重判平9商二……取締役に商法二六六条ノ三第一項［会社四二九条一項］の責任が認められた事例）

四　適法な招集手続を欠く全員出席総会の効力↓二九八

（招集手続の省略）

第三〇〇条　前条の規定にかかわらず、株主総会は、株主の全員の同意があるときは、招集の手続を経ることなく開催することができる。ただし、第二百九十八条第一項第三号又は第四号に掲げる事項を定めた場合は、この限りでない。

㊜＋【株主総会決議の省略↓三一九

（株主総会参考書類及び議決権行使書面の交付等）

第三〇一条①　取締役は、第二百九十八条第一項第三号に掲げる事項を定めた場合には、第二百九十九条第一項の通知に際して、法務省令で定めるところにより、株主に対し、議決権の行使について参考となるべき事項を記載した書類（以下この節において「株主総会参考書類」という。）及び株主が議決権を行使するための書面（以下この節において「議決権行使書面」という。）を交付しなければならない。

②　取締役は、第二百九十九条第三項の承諾をした株主に対し同項の電磁的方法による通知を発するときは、前項の規定による株主総会参考書類及び議決権行使書面の交付に代えて、これらの書類に記載すべき事項を電磁的方法により提供することができる。ただし、株主の請求があったときは、これらの書類を当該株主に交付しなければならない。

㊜❶【株主総会参考書類↓三〇二①②【議決権行使書面↓三〇二③④【省令の定め↓会社則六五、六六、七三―九四

第三〇二条①　取締役は、第二百九十八条第一項第四号に掲げる事項を定めた場合には、第二百九十九条第一項の通知に際して、法務省令で定めるところにより、株主に対し、株主総会参考書類を交付しなければならない。

②　取締役は、第二百九十九条第三項の承諾をした株主に対し同項の電磁的方法による通知を発するときは、前項の規定による株主総会参考書類の交付に代えて、株主総会参考書類に記載すべき事項を電磁的方法により提供することができる。ただし、株主の請求があったときは、株主総会参考書類を当該株主に交付しなければならない。

③　取締役は、第一項に規定する場合には、第二百九十九条第三項の承諾をした株主に対する同項の電磁的方法による通知に際して、法務省令で定めるところにより、株主に対し、議決権行使書面に記載すべき事項を当該電磁的方法により提供しなければならない。

④　取締役は、第一項に規定する場合において、第二百九十九条第三項の承諾をしていない株主から株主総会の日の一週間前までに議決権行使書面に記載すべき事項の電磁的方法による提供の請求があったときは、法務省令で定めるところにより、直ちに、当該株主に対し、当該事項を電磁的方法により提供しなければならない。

㊜❶❷【株主総会参考書類↓三〇一①【省令の定め↓会社則六五、七三―九四　❸❹【議決権行使書面↓三〇一①【省令の定め↓会社則六六

（株主提案権）

第三〇三条①　株主は、取締役に対し、一定の事項（当該株主が議決権を行使することができる事項に限る。次項において同じ。）を株主総会の目的とすることを請求することができる。

②　前項の規定にかかわらず、取締役会設置会社においては、総株主の議決権の百分の一（これを下回る割合を定款で定めた場合にあっては、その割合）以上の議決権又は三百個（これを下回る数を定款で定めた場合にあっては、その個数）以上の議決権を六箇月（これを下回る期間を定款で定めた場合にあっては、その期間）前から引き続き有する株主に限り、取締役に対し、一定の事項を株主総会の目的とすることを請求することができる。この場合において、その請求は、株主総会の日の八週間（これを下回る期間を定款で定め

た場合にあっては、その期間）前までにしなければならない。

③　公開会社でない取締役会設置会社における前項の規定の適用については、同項中「六箇月（これを下回る期間を定款で定めた場合にあっては、その期間）前から引き続き有する」とあるのは、「有する」とする。

④　第二項の一定の事項について議決権を行使することができない株主が有する議決権の数は、同項の総株主の議決権の数に算入しない。

㊜❶【議決権を行使できる事項↓一〇八①㊂　❶❷【請求に応じない場合の制裁↓九七六[十九]【濫用株主等に対する制裁↓九六八①㊂　❹【議決権を行使することができない株主↓二九七③㊜

[1]　一　株式保有期間

商法二三二条ノ二第一項［本条二項］の六箇月の期間は、請求の日（書面を提出した日）から逆算して丸六箇月の期間を意味する。（東京地判昭60・10・29金判七三四・二三、会社百選[五版]三二……原告が請求をしたのが昭和六〇年五月一四日及び一五日で法定数の株式を取得したのが昭和五九年一一月一五日であり、右の要件を充足していないとして、その請求が棄却された事例）

[2]　二　本条違反と成立した決議の効力

会社が原告の提案に係る会議［株主総会］の目的たる事項（議題）を株主総会の議題としなかったとしても、その総会で成立した決議自体に何らの瑕疵［かし］もない以上、仮に会社の右措置が商法二三二条ノ二第一項［本条一項］の規定に違反するとしても、過料の制裁（商法四九八条一項一六号ノ二［平成一三法一四九改正前。会社九七六条一九号］）があるのは格別、右違法は本件決議自体の取消事由にはならない。（東京地判昭60・10・29前出[1]）

[3]　三　株主提案権の行使が権利の濫用に当たるとされた事例

本条や会社法三〇五条の株主提案権の行使が私的な不満や疑念の解消という個人的な目的のため、あるいは、自身が満足できる対応をしなかった会社を困惑させる目的のためにされたものであって、全体として株主としての正当な目的を有するものではなかったと認められることからすれば、その提案の全体が権利の濫用に当たるものというべきであり、そうすると、取締役が提案を招集通知に記載しなかったことには正当な理由がある。（東京高判平27・5・19金判一四七三・二六、会社法百選[四版]二八……株主提案権を行使した株主から取締役に対する損害賠償請求が否定された事例）

第三〇四条　株主は、株主総会において、株主総会の目的である事項（当該株主が議決権を行使することができる事項に限る。次条第一項において同じ。）につき議案を提出することができる。ただし、当該議案が法令若しくは定款に違反する場合又は実質的に同一の議案につき株主総会において総株主（当該議案について議決権を行使することができない株主を除く。）の議決権の十分の一（これを下回る割合を定款で定めた場合にあっては、その割合）以上の賛成を得られなかった日から三年を経過していない場合は、この限りでない。

㊜+【株主総会の目的事項↓二九八①㊁④、三〇三㊁【議決権を行使できる事項↓一〇八①㊂【濫用株主等に対する制裁↓九六八①㊁

[1]　議案の再提出権と決議方法

株主による同一議案の再提案権の有無をめぐる不確定な状況については、紛争が現実化した段階で別途の手続により解決が図られるべきものであり、このこと自体をもって決議取消しの訴えの理由となるものではない。（東京地判平14・2・21判時一七八九・一五七）↓三〇九条[3]

第三〇五条①　株主は、取締役に対し、株主総会の日の八週間（これを下回る期間を定款で定めた場合にあっては、その期間）前までに、株主総会の目的である事項につき当該株主が提出しようとする議案の要領を株主に通知すること（第二百九十九条第二項又は第三項の通知をする場合にあっては、その通知に記載し、又は記録すること）を請求することができる。ただし、取締役会設置会社においては、総株主の議決権の百分の一（これを下回る割合を定款で定めた場合にあっては、その割合）以上の議決権又は三百個（これを下回る数を定款で定めた場合にあっては、その個数）以上の議決権を六箇月（これを下回る期間を定款で定めた場合にあっては、その期間）前から引き続き有する株主に限り、当該請求をすることができる。

②　公開会社でない取締役会設置会社における前項ただし書の規定の適用については、同項ただし書中「六箇月（これを下回る期間を定款で定めた場合にあっては、その期間）前から引き続き有する」とあるのは、「有する」とする。

③　第一項の株主総会の目的である事項について議決権を行使することができない株主が有する議決権の数は、同項ただし書の総株主の議決権の数に算入しない。

④　取締役会設置会社の株主が第一項の規定による請求をする場合において、当該株主が提出しようとする議案の数が十を超えるときは、前三項の規定は、十を超える数に相当することとなる数の議案については、適用しない。この場合において、当該株主が提出しようとする次の各号に掲げる議案の数については、当該各号に定めるところによる。

一　取締役、会計参与、監査役又は会計監査人（次号において「役員等」という。）の選任に関する議案　当該議案の数にかかわらず、これを一の議案とみなす。

二　役員等の解任に関する議案　当該議案の数にかかわらず、これを一の議案とみなす。

三　会計監査人を再任しないことに関する議案　当該議案の数にかかわらず、これを一の議案とみなす。

四　定款の変更に関する二以上の議案　当該二以上の議案について異なる議決がされたとすれば当該議決の内容が相互に矛盾する可能性がある場合には、これらを一の議案とみなす。

⑤　前項前段の十を超える数に相当することとなる数の議案は、取締役がこれを定める。ただし、第一項の規定による請求をした株主が当該請求と併せて当該株主が提出しようとする二以上の議案の全部又は一部につ

き議案相互間の優先順位を定めている場合には、取締役は、当該優先順位に従い、これを定めるものとする。

⑥ 第一項から第三項までの規定は、第一項の議案が法令若しくは定款に違反する場合又は実質的に同一の議案につき株主総会において総株主（当該議案について議決権を行使することができない株主を除く。）の議決権の十分の一（これを下回る割合を定款で定めた場合にあっては、その割合）以上の賛成を得られなかった日から三年を経過していない場合には、適用しない。

§❶【濫用株主等に対する制裁↓九六八①[三]　❸【議決権を行使することができない株主↓二九七③§　❹【議案↓三〇四　[二]【役員等の選任↓三二九　[三]【役員等の解任↓三三九　[三]【会計監査人の不再任↓三三八②・三四四　[四]【定款変更↓四六六　❻【議決権を行使することができない株主↓二九七③§

[7] **「議案の要領」の意義**
「議案の要領」とは、株主総会の議題に関し、株主が提案する解決案の基本的内容について、会社及び一般株主が理解できる程度の記載をいう。（東京地判平19・6・13判時一九九三・一四〇）

（株主総会の招集手続等に関する検査役の選任）

第三〇六条① 株式会社又は総株主（株主総会において決議をすることができる事項の全部につき議決権を行使することができない株主を除く。）の議決権の百分の一（これを下回る割合を定款で定めた場合にあっては、その割合）以上の議決権を有する株主は、株主総会に係る招集の手続及び決議の方法を調査させるため、当該株主総会に先立ち、裁判所に対し、検査役の選任の申立てをすることができる。

② 公開会社である取締役会設置会社における前項の規定の適用については、同項中「株主総会において決議をすることができる事項」とあるのは「第二百九十八条第一項第二号に掲げる事項」と、「有する」とあるのは「六箇月（これを下回る期間を定款で定めた場合にあっては、その期間）前から引き続き有する」とし、公開会社でない取締役会設置会社における同項の規定の適用については、同項中「株主総会において決議をすることができる事項」とあるのは、「第二百九十八条第一項第二号に掲げる事項」とする。

③ 前二項の規定による検査役の選任の申立てがあった場合には、裁判所は、これを不適法として却下する場合を除き、検査役を選任しなければならない。

④ 裁判所は、前項の検査役を選任した場合には、株式会社が当該検査役に対して支払う報酬の額を定めることができる。

⑤ 第三項の検査役は、必要な調査を行い、当該調査の結果を記載し、又は記録した書面又は電磁的記録（法務省令で定めるものに限る。）を裁判所に提供して報告をしなければならない。

⑥ 裁判所は、前項の報告について、その内容を明瞭にし、又はその根拠を確認するため必要があると認めるときは、第三項の検査役に対し、更に前項の報告を求めることができる。

⑦ 第三項の検査役は、第五項の報告をしたときは、株式会社（検査役の選任の申立てをした者が当該株式会社でない場合にあっては、当該株式会社及びその者）に対し、同項の書面の写しを交付し、又は同項の電磁的記録に記録された事項を法務省令で定める方法により提供しなければならない。

§+【検査役の選任↓三一六、三五八　❶【議決権を行使することができない株主↓二九七③§【総会の招集手続↓二九八―三〇五【決議の方法↓三〇八―三一七【法令・定款違反又は著しい不公正↓八三一①[一]【裁判所↓八六八①　❶❷【濫用株主等に対する制裁↓九六八①[一]　❹【報酬の決定↓八七〇①[一]　❺【検査役の報告↓三〇七【虚偽の申述等に対する制裁↓九六三③　【省令で定めるもの↓会社則二二八　❼【電磁的記録↓二六②【省令で定める方法↓会社則二二九

（裁判所による株主総会招集等の決定）

第三〇七条① 裁判所は、前条第五項の報告があった場合において、必要があると認めるときは、取締役に対し、次に掲げる措置の全部又は一部を命じなければならない。

一 一定の期間内に株主総会を招集すること。

二 前条第五項の調査の結果を株主に通知すること。

② 裁判所が前項第一号に掲げる措置を命じた場合には、取締役は、前条第五項の報告の内容を同号の株主総会において開示しなければならない。

③ 前項に規定する場合には、取締役（監査役設置会社にあっては、取締役及び監査役）は、前条第五項の報告の内容を調査し、その結果を第一項第一号の株主総会に報告しなければならない。

§❶[二]【総会招集命令違反に対する制裁↓九七六[十八]　[二]【株主への通知↓一二六【懈怠に対する制裁↓九七六[二]　❷【開示懈怠に対する制裁↓九七六[三]

（議決権の数）

第三〇八条① 株主（株式会社がその総株主の議決権の四分の一以上を有することその他の事由を通じて株式会社がその経営を実質的に支配することが可能な関係にあるものとして法務省令で定める株主を除く。）は、株主総会において、その有する株式一株につき一個の議決権を有する。ただし、単元株式数を定款で定めている場合には、一単元の株式につき一個の議決権を有する。

② 前項の規定にかかわらず、株式会社は、自己株式については、議決権を有しない。

§❶【議決権↓独禁七〇の四①、一〇八①[三]・一〇九②・一〇五①[三]【更生手続における議決権↓会更一六六・一九一②③【一株一議決権の例外↓三四二③、社債株式振替一五三【単元株式数↓一八八―一九五【省令で定める株主↓会社則六七　❷【自己株式↓一五五

（株主総会の決議）

第三〇九条① 株主総会の決議は、定款に別段の定めがある場合を除き、議決権を行使することができる株主の議決権の過半数を有する株主が出席し、出席した当該株主の議決権の過半数をもって行う。

② 前項の規定にかかわらず、次に掲げる株主総会の決議は、当該株主総会において議決権を行使することができる株主の議決権の過半数（三分の一以上の割合を

定款で定めた場合にあっては、その割合以上）を有する株主が出席し、出席した当該株主の議決権の三分の二（これを上回る割合を定款で定めた場合にあっては、その割合）以上に当たる多数をもって行わなければならない。この場合においては、当該決議の要件に加えて、一定の数以上の株主の賛成を要する旨その他の要件を定款で定めることを妨げない。
一　第百四十条第二項及び第五項の株主総会
二　第百五十六条第一項の株主総会（第百六十条第一項の特定の株主を定める場合に限る。）
三　第百七十一条第一項及び第百七十五条第一項の株主総会
四　第百八十条第二項の株主総会
五　第百九十九条第二項、第二百条第一項、第二百二条第三項第四号、第二百四条第二項及び第二百五条第二項の株主総会
六　第二百三十八条第二項、第二百三十九条第一項、第二百四十一条第三項第四号、第二百四十三条第二項及び第二百四十四条第三項の株主総会
七　第三百三十九条第一項の株主総会（第三百四十二条第三項から第五項までの規定により選任された取締役（監査等委員である取締役を除く。）を解任する場合又は監査等委員である取締役若しくは監査役を解任する場合に限る。）
八　第四百二十五条第一項の株主総会
九　第四百四十七条第一項の株主総会（次のいずれにも該当する場合を除く。）
イ　定時株主総会において第四百四十七条第一項各号に掲げる事項を定めること。
ロ　第四百四十七条第一項第一号の額がイの定時株主総会の日（第四百三十九条前段に規定する場合にあっては、第四百三十六条第三項の承認があった日）における欠損の額として法務省令で定める方法により算定される額を超えないこと。
十　第四百五十四条第四項の株主総会（配当財産が金銭以外の財産であり、かつ、株主に対して同項第一号に規定する金銭分配請求権を与えないこととする場合に限る。）
十一　第六章から第八章までの規定により株主総会の決議を要する場合における当該株主総会
十二　第五編の規定により株主総会の決議を要する場合における当該株主総会

③　前二項の規定にかかわらず、次に掲げる株主総会（種類株式発行会社の株主総会を除く。）の決議は、当該株主総会において議決権を行使することができる株主の半数以上（これを上回る割合を定款で定めた場合にあっては、その割合以上）であって、当該株主の議決権の三分の二（これを上回る割合を定款で定めた場合にあっては、その割合）以上に当たる多数をもって行わなければならない。
一　その発行する全部の株式の内容として譲渡による当該株式の取得について当該株式会社の承認を要する旨の定款の定めを設ける定款の変更を行う株主総会
二　第七百八十三条第一項の株主総会（合併により消滅する株式会社又は株式交換をする株式会社が公開会社であり、かつ、当該株式会社の株主に対して交付する金銭等の全部又は一部が譲渡制限株式等（同条第三項に規定する譲渡制限株式等をいう。次号において同じ。）である場合における当該株主総会に限る。）
三　第八百四条第一項の株主総会（合併又は株式移転をする株式会社が公開会社であり、かつ、当該株式会社の株主に対して交付する金銭等の全部又は一部が譲渡制限株式等である場合における当該株主総会に限る。）

④　前三項の規定にかかわらず、第百九条第二項の規定による定款の定めについての定款の変更（当該定款の定めを廃止するものを除く。）を行う株主総会の決議は、総株主の半数以上（これを上回る割合を定款で定めた場合にあっては、その割合以上）であって、総株主の議決権の四分の三（これを上回る割合を定款で定めた場合にあっては、その割合）以上に当たる多数をもって行わなければならない。

⑤　取締役会設置会社においては、株主総会は、第二百九十八条第一項第二号に掲げる事項以外の事項については、決議をすることができない。ただし、第三百十六条第一項若しくは第二項に規定する者の選任又は第三百九十八条第二項の会計監査人の出席を求めることについては、この限りでない。

【株主総会の決議に関する訴え↓八三〇・八三一【贈収賄罪↓九六八①[一]【関係人集会の決議要件↓会更一九六⑤　❶❷【出席株主の議決権数の算定↓三一〇・三一一②・三一二③　❶―③【議決権を行使できる株主↓二九七③【議決権の数↓三〇八①　【九】【省令で定める方法↓会社則六八　❸【二】【全部の株式の譲渡制限↓一〇七①[一]・一三四・一三六―一四五　❹【定款変更↓一〇九③・三二二①[一]ロ　❺【取締役会設置会社の総会決議事項↓二九五②・三一七

一　採決

1　採決の要否

[1]　定款に別段の定めがないかぎり、総会の討議の過程を通じて、その最終段階において、議案に対する各株主の確定的な賛否の態度がおのずから明らかとなり、その議案に対する賛成の議決権数がその総会の決議に必要な議決権数に達したことが明白になった時に決議は成立し、議長が改めてその議案について株主に対し挙手・起立・投票など採決の手続をとる必要はない。（最判昭42・7・25民集二一・六・一六六九、会社百選[二版]四三……議案に対する各株主の賛否が出席株主全員にとって明らかであった事案）

[2]　投票によって採決が行われた場合、議長の宣言は決議の成立要件ではなく、決議は、会社が株主の投票を集計し、決議結果を認識し得る状態となった時点で成立する。（東京高判令元・10・17金判一五八二・三〇、会社法百選[四版]A9……書面による議決権の行使が撤回されたとの会社の取扱いは違法であり、議決権行使書面の内容に従って議決権行使がなされたと取り扱うと決議の成立要件を満たす議案について、決議の成立が認められた事例）↓三一一条[1]

2　採決の方法

[3]　決議の方法について、定款に別段の定めがない限り、議案の賛否について判定できる方法であれば、いかなる方法

によるかは総会の円滑な運営の職責を有する議長の合理的裁量に委ねられている。賛否を集計し明示すべきことが確立した慣行として一般的に定着していることを認めるに足りる証拠はない。（東京地判平14・2・21判時一七八九・一五七）→三〇四条[7]

[4]

二　議決権行使に関する株主間の合意

株主が多数の賛成を得るために他の株主に働きかけて議決権行使の合意をすることは、何らこれを不当視すべきものではなく、商法の精神にもとるものともいえないから、当該合意は有効である。（東京高判平12・5・30判時一七五〇・一六九、会社法百選[四版]A18）→三六九条[9]

三　特例有限会社における特別決議の要件→一七五条[7]

（議決権の代理行使）

第三一〇条①　株主は、代理人によってその議決権を行使することができる。この場合においては、当該株主又は代理人は、代理権を証明する書面を株式会社に提出しなければならない。

②　前項の代理権の授与は、株主総会ごとにしなければならない。

③　第一項の株主又は代理人は、代理権を証明する書面の提出に代えて、政令で定めるところにより、株式会社の承諾を得て、当該書面に記載すべき事項を電磁的方法により提供することができる。この場合において、当該株主又は代理人は、当該書面を提出したものとみなす。

④　株主が第二百九十九条第三項の承諾をした者である場合には、株式会社は、正当な理由がなければ、前項の承諾をすることを拒んではならない。

⑤　株式会社は、株主総会に出席することができる代理人の数を制限することができる。

⑥　株式会社は、株主総会の日から三箇月間、代理権を証明する書面及び第三項の電磁的方法により提供された事項が記録された電磁的記録をその本店に備え置かなければならない。

⑦　株主（前項の株主総会において決議をした事項の全部につき議決権を行使することができない株主を除く。次条第四項及び第三百十二条第五項において同じ。）は、株式会社の営業時間内は、いつでも、次に掲げる請求をすることができる。この場合においては、当該請求の理由を明らかにしてしなければならない。

一　代理権を証明する書面の閲覧又は謄写の請求

二　前項の電磁的記録に記録された事項を法務省令で定める方法により表示したものの閲覧又は謄写の請求

⑧　株式会社は、前項の請求があったときは、次のいずれかに該当する場合を除き、これを拒むことができない。

一　当該請求を行う株主（以下この項において「請求者」という。）がその権利の確保又は行使に関する調査以外の目的で請求を行ったとき。

二　請求者が当該株式会社の業務の遂行を妨げ、又は株主の共同の利益を害する目的で請求を行ったとき。

三　請求者が代理権を証明する書面の閲覧若しくは謄写又は前項第二号の電磁的記録に記録された事項を法務省令で定める方法により表示したものの閲覧若しくは謄写によって知り得た事実を利益を得て第三者に通報するため請求を行ったとき。

四　請求者が、過去二年以内において、代理権を証明する書面の閲覧若しくは謄写又は前項第二号の電磁的記録に記録された事項を法務省令で定める方法により表示したものの閲覧若しくは謄写によって知り得た事実を利益を得て第三者に通報したことがあるものであるとき。

§❶【議決権の代理行使→金商一九四、会更一二二・一九三①　❷【株主総会→三一七　❺【代理人の数の制限→三一三　❻【本店→四§【懈怠に対する制裁→九七六四　❼【議決権を行使できない株主→二九七③§【株主の閲覧等請求不当拒否に対する制裁→九七六四　【三】【省令で定める方法→会社則二二六　❻❼【電磁的記録→二六②　❽【二】【株主の権利の確保→三六〇・八四七

一　代理人資格を株主に限る旨の定款の定め

1　定款の定めの効力

[1]　代理人は株主に限る旨の定款の規定は、株主総会が、株主以外の第三者によって攪乱［かくらん］されることを防止し、会社の利益を保護する趣旨に出たものと認められ、合理的理由による相当程度の制限ということができるから有効である。（最判昭43・11・1民集二二・一二・二四〇二、会社法百選[四版]二九）

2　株主以外の代理人の可否

イ　地方公共団体等の議決権行使

[2]　定款で総会における議決権行使の代理人資格を会社の株主に限る旨を定めた場合において、株主である県、市、株式会社がその職員又は従業員（株主でない者）に議決権を代理行使させても、それらの者が組織の一員として上司の命令に服する義務を負い、議決権代理行使に当たっても法人である株主の代表者の意図に反することができないようになっているという事実関係の下では、右定款の規定に反しない。（最判昭51・12・24民集三〇・一一・一〇七六、会社法百選[四版]三四）

ロ　弁護士が代理人である場合

[3]　総会へ出席を委任された者が弁護士である場合には、受任者である弁護士が本人たる株主の意図に反する行為をとることは通常考えられず、株主総会を混乱させるおそれがあるとは一般的には認め難いといえるから、弁護士の代理人としての総会出席の申出を拒絶することは、本件総会がこの者の出席によって攪乱されるおそれがあるなどの特段の事由がない限り、合理的な理由による相当程度の制限ということはできず、定款の規定の解釈運用を誤ったものというべきである。（神戸地尼崎支判平12・3・28判タ一〇二八・二八八、重判平12商一……上場会社の事例）

[4]　弁護士のように総会をかく乱するおそれのない職種の者であれば非株主であっても入場を許さなければならないと解することは、判断に明確な基準がなく受付事務を混乱させるおそれが高いため相当ではない。（宮崎地判平14・4・25金判一一五九・四三……非公開会社の事例）

[5]　弁護士等のように高い信頼の下にある職種の者であって具体的に総会をかく乱するおそれのない者については代理人となることを許さなければならないとすれば、受付事務を混乱させ円滑な株主総会の運営を阻害するおそれがあ

り、しかも、実質的な判断基準を持ち込むことにより恣意的運用の余地を与え、株主総会の混乱を増幅する可能性もあり、このような考慮は、あらかじめ会社にとって身元の明らかな弁護士が議事をかく乱しない旨の誓約書を提出している場合であってもなお当てはまる。（東京高判平22・11・24資料版商事法務三二二・一八〇……本人である会社の代表者や従業員は総会に出席していた、上場会社の事例）

二　代理権を証明する書面

⑥ 1　代理権を証明する資料を欠く委任状
株主権行使の際に本人であることの証明資料等の添付・提供を求める株式取扱規程に基づき、議決権行使書用紙が添付されている委任状については代理権を証明する資料が添付されているものとして有効と取り扱い、議決権行使書用紙が添付されていない委任状であっても、これに匹敵する代理権を推認させる資料がある場合には有効なものとして取り扱ったことに照らすと、それらを欠く委任状を無効とした取扱いは違法ではない。（東京高判平22・11・24前出⑤）

⑦ 2　署名はあるが押印のない委任状
株式取扱規程が署名又は記名押印した委任状の添付を求めている場合に、会社が一部の委任状について署名があるにもかかわらず押印を欠くために無効であるとして議決権の行使を認めなかったことは違法である。（東京高判平22・11・24前出⑤）

⑧ 3　私製委任状
作成名義が真正であることの確認のため、印影照合等の確認手段を全く採らないまま、私製委任状であるというだけの理由で、委任状の受取を拒否することは、株主権を侵害する違法なものである。（宮崎地判平14・4・25前出④）

（書面による議決権の行使）
第三一一条①　書面による議決権の行使は、議決権行使書面に必要な事項を記載し、法務省令で定める時までに当該記載をした議決権行使書面を株式会社に提出して行う。
②　前項の規定により書面によって行使した議決権の数は、出席した株主の議決権の数に算入する。
③　株式会社は、株主総会の日から三箇月間、第一項の規定により提出された議決権行使書面をその本店に備え置かなければならない。
④　株主は、株式会社の営業時間内は、いつでも、第一項の規定により提出された議決権行使書面の閲覧又は謄写の請求をすることができる。この場合においては、当該請求の理由を明らかにしてしなければならない。
⑤　株式会社は、前項の請求があったときは、次のいずれかに該当する場合を除き、これを拒むことができない。
一　当該請求を行う株主（以下この項において「請求者」という。）がその権利の確保又は行使に関する調査以外の目的で請求を行ったとき。
二　請求者が当該株式会社の業務の遂行を妨げ、又は株主の共同の利益を害する目的で請求を行ったとき。
三　請求者が第一項の規定により提出された議決権行使書面の閲覧又は謄写によって知り得た事実を利益を得て第三者に通報するため請求を行ったとき。
四　請求者が、過去二年以内において、第一項の規定により提出された議決権行使書面の閲覧又は謄写によって知り得た事実を利益を得て第三者に通報したことがあるものであるとき。

㊜❶【書面による議決権行使↓二九八②、三〇一①【省令で定める時↓会社則六九　❷【出席株主の議決権数↓三〇九①②　❸【本店↓四㊜【備置義務懈怠に対する制裁↓九七六㈣　❹【株主の閲覧等請求不当拒否に対する制裁↓九七六㈣　❺【二】【株主の権利の確保↓三六〇・八四七

一　書面による議決権の行使をした株主の総会への出席

⑦ 1　法人株主が議決権行使権限のない担当者を出席させた場合
事前に書面による議決権の行使をしていた法人株主が議決権行使の権限を有さない担当者を株主総会に出席させたところ、出席株主が投票用紙を用いて議決権行使をすることになり、法人株主の担当者が議決権行使の権限を授与されていないことを明らかにした上で何も記載せずに投票用紙を返還した場合、会社は、法人株主は議決権行使書面の内容に従って議決権行使をしたと扱うのが相当である。（東京高判令元・10・17金判一五八二・三〇、会社法百選㈣版A9……法人株主の担当者は株主総会に職務代行者として出席した以上、その時点で事前の書面による議決権行使は撤回され、担当者は白紙の投票用紙を交付したのであるから、法人株主は棄権したと扱うのが相当であると判示した第一審判決と異なる判断がなされた事例）↓三〇九条②

2　株主に誤認があり投票用紙以外の事情を考慮できる場合

❷ 投票ルールの周知や説明がされておらず、そのために株主がこれを誤認したことがやむを得ないと認められる場合であって、投票用紙以外の事情をも考慮することにより、その誤認のために投票に込められた投票時の株主の意思が投票用紙と異なっていたことが明確に認められ、恣意的な取扱いとなるおそれがない場合には、議長において投票用紙以外の事情を考慮して株主の投票内容を把握することも許容される。（大阪高決令3・12・7【令3ラ一三三七】……事前に書面により議決権を行使した法人株主の代表取締役が株主総会に出席し、その意思としては事前の議決権行使のとおり議案に賛成であるものの、事前の議決権行使が撤回されておらず、効力を有すると誤認したことにより、投票時に二重投票を避ける趣旨で未記入のまま投票用紙を投票箱に入れた場合に、投票用紙以外の事情である事前の議決権行使を考慮して賛成票として取り扱うことが認められた事例。許可抗告審（最決令3・12・14資料版商事法務四五四・一〇一）で許可抗告を棄却）

二　賛否の表示のない議決権行使書面の取扱い

③ 株主総会における議決権行使書面に「保留・棄権」欄を設けず、議決権行使書面に賛否の表示がない場合に取締役の提出議案については賛成とし株主の提出議案については反対として取り扱うことは決議方法が著しく不公正なときに当たらない。（大阪地判平13・2・28金判一一一四・二一、重判平13商一）

（電磁的方法による議決権の行使）
第三一二条①　電磁的方法による議決権の行使は、政令で定めるところにより、株式会社の承諾を得て、法務

省令で定める時までに議決権行使書面に記載すべき事項を、電磁的方法により当該株式会社に提供して行う。

② 株主が第二百九十九条第三項の承諾をした者である場合には、株式会社は、正当な理由がなければ、前項の承諾をすることを拒んではならない。

③ 第一項の規定により電磁的方法によって行使した議決権の数は、出席した株主の議決権の数に算入する。

④ 株式会社は、株主総会の日から三箇月間、第一項の規定により提供された事項を記録した電磁的記録をその本店に備え置かなければならない。

⑤ 株主は、株式会社の営業時間内は、いつでも、前項の電磁的記録に記録された事項を法務省令で定める方法により表示したものの閲覧又は謄写の請求をすることができる。この場合においては、当該請求の理由を明らかにしてしなければならない。

⑥ 株式会社は、前項の請求があったときは、次のいずれかに該当する場合を除き、これを拒むことができない。

一　当該請求を行う株主（以下この項において「請求者」という。）がその権利の確保又は行使に関する調査以外の目的で請求を行ったとき。

二　請求者が当該株式会社の業務の遂行を妨げ、又は株主の共同の利益を害する目的で請求を行ったとき。

三　請求者が前項の電磁的記録に記録された事項を法務省令で定める方法により表示したものの閲覧又は謄写によって知り得た事実を利益を得て第三者に通報するため請求を行ったとき。

四　請求者が、過去二年以内において、前項の電磁的記録に記録された事項を法務省令で定める方法により表示したものの閲覧又は謄写によって知り得た事実を利益を得て第三者に通報したことがあるものであるとき。

参❶【電磁的方法による議決権行使→二九八①四・三〇二①③④【省令で定める時→会社則七〇　❸【出席株主の議決権数→三〇九①②　❹【本店→四　参【備置義務懈怠に対する制裁→九七六四　❺【株主の閲覧等請求不当拒否に対する制裁→九七六四【省令で定める方法→会社則二二六　❻【一】【株主の権利の確保→三六〇、八四七

（議決権の不統一行使）

第三一三条①　株主は、その有する議決権を統一しないで行使することができる。

② 取締役会設置会社においては、前項の株主は、株主総会の日の三日前までに、取締役会設置会社に対してその有する議決権を統一しないで行使する旨及びその理由を通知しなければならない。

③ 株式会社は、第一項の株主が他人のために株式を有する者でないときは、当該株主が同項の規定によりその有する議決権を統一しないで行使することを拒むことができる。

参❶【議決権の不統一行使→三一〇⑤　❷【会日より三日前の通知→民九七①　❸【他人のために株式を有する例→民六五七、六五八

（取締役等の説明義務）

第三一四条　取締役、会計参与、監査役及び執行役は、株主総会において、株主から特定の事項について説明を求められた場合には、当該事項について必要な説明をしなければならない。ただし、当該事項が株主総会の目的である事項に関しないものである場合、その説明をすることにより株主の共同の利益を著しく害する場合その他正当な理由がある場合として法務省令で定める場合は、この限りでない。

参＋【説明しなかった場合→八三一①一、九七六四【株主総会の目的事項→二九八①二、三〇三①②、四三八③、四三九【株主の共同の利益→四三三②三【省令で定める場合→会社則七一【株主の権利の行使に関する贈収賄罪→九六八①一

一　説明の方法――一括説明の適法性

[1] 説明方法については、商法は特に規定を設けておらず、株主が会議［株主総会］の目的事項を合理的に判断するのに客観的に必要な範囲の説明であれば足り、一括説明が直ちに違法になるものではない。一括説明をする場合に、質問状の質問者を明らかにしなかったことは、説明義務違反にはならない。（東京高判昭61・2・19判時一二〇七・一二〇、会社法百選［四版］三二……上告審（最判昭61・9・25商事法務一〇九〇・九二）で原審の認定判断を正当として上告棄却）

二　意見表明に対する説明義務の有無

[2] 発言の内容が総会のあり方や取締役の責任問題に関する意見表明にすぎないときは、取締役に説明義務はない。（東京地判昭62・1・13判時一二三四・一四三）

三　報告事項についての説明義務違反と決議取消事由→八三一条[16]

四　退職慰労金贈呈議案に関する説明義務

[3] 総会決議において個別の額や総額を決定しない場合には、その支給基準の存在、株主がそれを容易に知り得ること、その内容が支給額を一意的に算出できるものであること等について説明する必要がある。（東京地判昭63・1・28判時一二六三・三（ブリヂストン事件一審）会社百選［五版］五六）→八三一条[22]

五　質問状と説明義務

[4] あらかじめ会社に質問状を提出していても、総会で質問しない限り、取締役等がこれについて説明しなければならないものではないが、総会の運営を円滑に行うため、あらかじめ質問状の提出のあったものについて、総会で質問を待つことなく説明することは、総会運営方法の当否の問題として会社に委ねられる。（東京高判昭61・2・19前出[1]）

六　説明の程度

[5] 株主総会でされた質問については、取締役等は、決議事項の内容、株主の質問事項と当該決議事項との関連性の程度、質問がされるまでに行われた説明の内容及び質問事項に対する説明の内容に加えて、質問株主が保有する資料等も総合的に考慮して、平均的な株主が議決権行使の前提として合理的な理解及び判断を行い得る程度の説明をする義務を負う。（東京高判平23・9・27資料版商事法務三三三・三九）

（議長の権限）

第三一五条①　株主総会の議長は、当該株主総会の秩序を維持し、議事を整理する。

② 株主総会の議長は、その命令に従わない者その他当該株主総会の秩序を乱す者を退場させることができる。

参【総会の議長↓七九

[1] 一 **議長の閉会宣言後に残留株主がした決議の効力**

総会開催後、議長が議案を残しながら総会に諮らずにした閉会の宣言は無効であり、その後に総会の決議により出席株主を議長に選任してした決議は有効である。（神戸地判昭31・2・1下民七・二・一八五）

二 **少数株主の招集した総会の議長**↓二九七条[4]

三 **総会の運営―従業員株主を株主席の前方に着席させた措置の当否**

[2] 会社は、同じ株主総会に出席する株主に対しては合理的な理由がない限り同一の取扱いをすべきであって、原発反対派の動向から総会の議事進行の妨害等のおそれがあることをもって、従業員株主らを他の株主より先に入場させ株主席の前方に着席させる措置を採ることの合理的理由にはならず、会社の右措置は適切でなかったといわざるを得ない。（最判平8・11・12判時一五九八・一五二〈四国電力事件〉会社法百選[四版]A11……原発反対派株主が株主席前方に着席できなかったとして、差別的取扱いにより受けた精神的苦痛、財産的損害を理由とする不法行為による損害賠償請求をした事件に関するものであって、結論としては、原告は会場の中央部付近に着席し、動議を提出しており、権利行使が妨げられていないとして、請求が棄却された事例）

（株主総会に提出された資料等の調査）

第三百十六条① 株主総会においては、その決議によって、取締役、会計参与、監査役、監査役会及び会計監査人が当該株主総会に提出し、又は提供した資料を調査する者を選任することができる。

② 第二百九十七条の規定により招集された株主総会においては、その決議によって、株式会社の業務及び財産の状況を調査する者を選任することができる。

参【検査役の選任↓九四、三五八、三〇九⑤

（延期又は続行の決議）

第三百十七条 株主総会においてその延期又は続行について決議があった場合には、第二百九十八条及び第二百九十九条の規定は、適用しない。

参【延期・続行↓八〇、五六〇、七三〇、会更一九八①【総会の目的事項以外の決議↓三〇九⑤

（議事録）

第三百十八条① 株主総会の議事については、法務省令で定めるところにより、議事録を作成しなければならない。

② 株式会社は、株主総会の日から十年間、前項の議事録をその本店に備え置かなければならない。

③ 株式会社は、株主総会の日から五年間、第一項の議事録の写しをその支店に備え置かなければならない。ただし、当該議事録が電磁的記録をもって作成されている場合であって、支店における次項第二号に掲げる請求に応じることを可能とするための措置として法務省令で定めるものをとっているときは、この限りでない。

④ 株主及び債権者は、株式会社の営業時間内は、いつでも、次に掲げる請求をすることができる。

一 第一項の議事録が書面をもって作成されているときは、当該書面又は当該書面の写しの閲覧又は謄写の請求

二 第一項の議事録が電磁的記録をもって作成されているときは、当該電磁的記録に記録された事項を法務省令で定める方法により表示したものの閲覧又は謄写の請求

⑤ 株式会社の親会社社員は、その権利を行使するため必要があるときは、裁判所の許可を得て、第一項の議事録について前項各号に掲げる請求をすることができる。

参【議事録↓商登四六②【虚偽記載等への制裁↓九七六[七]【省令の定め↓会社則七二 ❷【本店↓四参 ❷❸【備置義務懈怠に対する制裁↓九七六[四] ❸【支店↓九一一③[三]【省令で定めるもの↓会社則二二七 ❸❹【電磁的記録↓二六② ❹【株主・債権者の閲覧等請求不当拒否に対する制裁↓九七六[四] [二]【省令で定める方法↓会社則二二六 ❺【親会社↓二四【裁判所の許可↓八六八②

[7] **株式買取請求権を行使し仮払いを受けた者の本条四項の「債権者」該当性**

会社法一八二条の四第一項に基づき株式の買取請求をした者は、同法一八二条の五第五項に基づく支払を受けた場合であっても、株式の価格につき会社との協議が調い又はその決定に係る裁判が確定するまでは、本条四項にいう「債権者」に当たる。（最判令3・7・5民集七五・七・三三九二、重判令3商五）

（株主総会の決議の省略）

第三百十九条① 取締役又は株主が株主総会の目的である事項について提案をした場合において、当該提案につき株主（当該事項について議決権を行使することができるものに限る。）の全員が書面又は電磁的記録により同意の意思表示をしたときは、当該提案を可決する旨の株主総会の決議があったものとみなす。

② 株式会社は、前項の規定により株主総会の決議があったものとみなされた日から十年間、同項の書面又は電磁的記録をその本店に備え置かなければならない。

③ 株主及び債権者は、株式会社の営業時間内は、いつでも、次に掲げる請求をすることができる。

一 前項の書面の閲覧又は謄写の請求

二 前項の電磁的記録に記録された事項を法務省令で定める方法により表示したものの閲覧又は謄写の請求

④ 株式会社の親会社社員は、その権利を行使するため必要があるときは、裁判所の許可を得て、第二項の書面又は電磁的記録について前項各号に掲げる請求をすることができる。

⑤ 第一項の規定により定時株主総会の目的である事項のすべてについての提案を可決する旨の株主総会の決議があったものとみなされた場合には、その時に当該

定時株主総会が終結したものとみなす。

参❶【株主総会の目的である事項→二九八①㈡、三〇三①②【議決権を行使できる株主→二九七③参【書面の登記申請書への添付→商登四六③　❶―❹【電磁的記録→二六②　❷【本店→四参【備置義務違反に対する制裁→九七六㈣　❸【㈡【省令で定める方法→会社則二二六　❸❹【閲覧等の請求不当拒否に対する制裁→九七六㈣　❹【裁判所の許可→八六八②　❺【定時株主総会→二九六①

（株主総会への報告の省略）

第三二〇条　取締役が株主の全員に対して株主総会に報告すべき事項を通知した場合において、当該事項を株主総会に報告することを要しないことにつき株主の全員が書面又は電磁的記録により同意の意思表示をしたときは、当該事項の株主総会への報告があったものとみなす。

参+【株主総会に報告すべき事項→四三八③、四三九【電磁的記録→二六②

第二款　種類株主総会

（種類株主総会の権限）

第三二一条　種類株主総会は、この法律に規定する事項及び定款で定めた事項に限り、決議をすることができる。

参+【種類株主総会の決議に関する訴え→八三〇、八三一【法律に規定する事項→一一一②、一九九④、二〇〇④、二三八④、二三九④、三二二①、三四七、七八三③、七九五④、八〇四③

（ある種類の種類株主に損害を及ぼすおそれがある場合の種類株主総会）

第三二二条①　種類株式発行会社が次に掲げる行為をする場合において、ある種類の株式の種類株主に損害を及ぼすおそれがあるときは、当該行為は、当該種類の株式の種類株主を構成員とする種類株主総会（当該種類株主に係る株式の種類が二以上ある場合にあっては、当該二以上の株式の種類別に区分された種類株主を構成員とする各種類株主総会。以下この条において同じ。）の決議がなければ、その効力を生じない。ただし、当該種類株主総会において議決権を行使することができる種類株主が存しない場合は、この限りでない。

一　次に掲げる事項についての定款の変更（第百十一条第一項又は第二項に規定するものを除く。）

イ　株式の種類の追加

ロ　株式の内容の変更

ハ　発行可能株式総数又は発行可能種類株式総数の増加

一の二　第百七十九条の三第一項の承認

二　株式の併合又は株式の分割

三　第百八十五条に規定する株式無償割当て

四　当該株式会社の株式を引き受ける者の募集（第二百二条第一項各号に掲げる事項を定めるものに限る。）

五　当該株式会社の新株予約権を引き受ける者の募集（第二百四十一条第一項各号に掲げる事項を定めるものに限る。）

六　第二百七十七条に規定する新株予約権無償割当て

七　合併

八　吸収分割

九　吸収分割による他の会社がその事業に関して有する権利義務の全部又は一部の承継

十　新設分割

十一　株式交換

十二　株式交換による他の株式会社の発行済株式全部の取得

十三　株式移転

十四　株式交付

②　種類株式発行会社は、ある種類の株式の内容として、前項の規定による種類株主総会の決議を要しない旨を定款で定めることができる。

③　第一項の規定は、前項の規定による定款の定めがある種類の株式の種類株主を構成員とする種類株主総会については、適用しない。ただし、第一項第一号に規定する定款の変更（単元株式数についてのものを除く。）を行う場合は、この限りでない。

④　ある種類の株式の発行後に定款を変更して当該種類の株式について第二項の規定による定款の定めを設けようとするときは、当該種類の種類株主全員の同意を得なければならない。

参❶【種類株主総会の決議→三二四②㈣【議決権を行使することができる種類株主→一八九①、三〇八、三二五　㈠【定款の記載事項→三七、一〇八②、一一三、一八〇―一八二の六【株式の分割→一八三、一八四　㈦【合併→七四九、七五一、七五三、七五五　㈧【吸収分割→七五八、七六〇　㈨【吸収分割承継会社による権利義務の承継→七五八　㈩【新設分割→七六三①、七六五　㈩㈠【株式交換→七六八、七七〇　㈩㈡【株式交換完全親会社による発行済株式全部の取得→七六八　㈩㈢【株式移転→七七三　㈩㈣【株式交付→七七四の三　❷【種類株主総会の決議を要しない旨の定款の定め→一一六①㈢、七八五②㈢、七九七②㈢【反対株主の株式買取請求→八〇六②㈢　❸【単元株式数に関する定款の定め→一八八③　❹【種類株主全員の同意→商登四六①

（種類株主総会の決議を必要とする旨の定めがある場合）

第三二三条　種類株式発行会社において、ある種類の株式の内容として、株主総会（取締役会設置会社にあっては株主総会又は取締役会、第四百七十八条第八項に規定する清算人会設置会社にあっては株主総会又は清算人会）において決議すべき事項について、当該決議のほか、当該種類の株式の種類株主を構成員とする種類株主総会の決議があることを必要とする旨の定めがあるときは、当該事項は、その定款の定めに従い、株主総会、取締役会又は清算人会の決議のほか、当該種類の株式の種類株主を構成員とする種類株主総会の決議がなければ、その効力を生じない。ただし、当該種類株主総会において議決権を行使することができる種類株主が存しない場合は、この限りでない。

参+【種類株主総会の拒否権に関する定款の定め→一〇八①㈣②㈣【議決権を行使することができる種類株主→三二二①参

（種類株主総会の決議）

第三二四条①　種類株主総会の決議は、定款に別段の定めがある場合を除き、その種類の株式の総株主の議決権の過半数を有する株主が出席し、出席した当該株主の議決権の過半数をもって行う。

② 前項の規定にかかわらず、次に掲げる種類株主総会の決議は、当該種類株主総会において議決権を行使することができる株主の議決権の過半数（三分の一以上の割合を定款で定めた場合にあっては、その割合以上）を有する株主が出席し、出席した当該株主の議決権の三分の二（これを上回る割合を定款で定めた場合にあっては、その割合）以上に当たる多数をもって行わなければならない。この場合においては、当該決議の要件に加えて、一定の数以上の株主の賛成を要する旨その他の要件を定款で定めることを妨げない。

一 第百十一条第二項の種類株主総会（ある種類の株式の内容として第百八条第一項第七号に掲げる事項についての定款の定めを設ける場合に限る。）

二 第百九十九条第四項及び第二百条第四項の種類株主総会

三 第二百三十八条第四項及び第二百三十九条第四項の種類株主総会

四 第三百二十二条第一項の種類株主総会

五 第三百四十七条第二項の規定により読み替えて適用する第三百三十九条第一項の種類株主総会

六 第七百九十五条第四項の種類株主総会

七 第八百十六条の三第三項の種類株主総会

③ 前二項の規定にかかわらず、次に掲げる種類株主総会の決議は、当該種類株主総会において議決権を行使することができる株主の半数以上（これを上回る割合を定款で定めた場合にあっては、その割合以上）であって、当該株主の議決権の三分の二（これを上回る割合を定款で定めた場合にあっては、その割合）以上に当たる多数をもって行わなければならない。

一 第百十一条第二項の種類株主総会（ある種類の株式の内容として第百八条第一項第四号に掲げる事項についての定款の定めを設ける場合に限る。）

二 第七百八十三条第三項及び第八百四条第三項の種類株主総会

⊛【贈収賄罪→九六八①㊀　❶❷【出席種類株主の議決権の算定→三二五、三一〇、三一一②、三一二③　❶―❸【議決権の数→三二五、三〇八①　❷❸【議決権を行使することができる種類株主→三二二①⊛

（株主総会に関する規定の準用）

第三二五条 前款（第二百九十五条第一項及び第二項、第二百九十六条第一項及び第二項並びに第三百九条を除く。）の規定は、種類株主総会について準用する。この場合において、第二百九十七条第一項中「総株主」とあるのは「総株主（ある種類の株式の株主に限る。以下この款（第三百八条第一項を除く。）において同じ。）」と、「株主は」とあるのは「株主（ある種類の株式の株主に限る。以下この款（第三百十八条第四項及び第三百十九条第三項を除く。）において同じ。）は」と読み替えるものとする。

⊛【三二九条一項の準用→商登四六③】

第三款　電子提供措置

（電子提供措置をとる旨の定款の定め）

第三二五条の二 株式会社は、取締役が株主総会（種類株主総会を含む。）の招集の手続を行うときは、次に掲げる資料（以下この款において「株主総会参考書類等」という。）の内容である情報について、電子提供措置（電磁的方法により株主（種類株主総会を招集する場合にあっては、ある種類の株主に限る。）が情報の提供を受けることができる状態に置く措置であって、法務省令で定めるものをいう。以下この款、第九百十一条第三項第十二号の二及び第九百七十六条第十九号において同じ。）をとる旨を定款で定めることができる。この場合において、その定款には、電子提供措置をとる旨を定めれば足りる。

一 株主総会参考書類

二 議決権行使書面

三 第四百三十七条の計算書類及び事業報告

四 第四百四十四条第六項の連結計算書類

⊛【株主総会の招集→二九八、二九九【種類株主総会→二㊉四【省令の定め→会社則九五の二　【一】【株主総会参考書類→三〇一①　【二】【議決権行使書面→三〇一①　【三】【計算書類→四三五②【事業報告→四三五②　【四】【連結計算書類→四四四①

（電子提供措置）

第三二五条の三① 電子提供措置をとる旨の定款の定めがある株式会社の取締役は、第二百九十九条第二項各号に掲げる場合には、株主総会の日の三週間前の日又は同条第一項の通知を発した日のいずれか早い日（以下この款において「電子提供措置開始日」という。）から株主総会の日後三箇月を経過する日までの間（以下この款において「電子提供措置期間」という。）、次に掲げる事項に係る情報について継続して電子提供措置をとらなければならない。

一 第二百九十八条第一項各号に掲げる事項

二 第三百一条第一項に規定する場合には、株主総会参考書類及び議決権行使書面に記載すべき事項

三 第三百二条第一項に規定する場合には、株主総会参考書類に記載すべき事項

四 第三百五条第一項の規定による請求があった場合には、同項の議案の要領

五 株式会社が取締役会設置会社である場合において、取締役が定時株主総会を招集するときは、第四百三十七条の計算書類及び事業報告に記載され、又は記録された事項

六 株式会社が会計監査人設置会社（取締役会設置会社に限る。）である場合において、取締役が定時株主総会を招集するときは、第四百四十四条第六項の連結計算書類に記載され、又は記録された事項

七 前各号に掲げる事項を修正したときは、その旨及び修正前の事項

② 前項の規定にかかわらず、取締役が第二百九十九条第一項の通知に際して株主に対し議決権行使書面を交付するときは、議決権行使書面に記載すべき事項に係る情報については、前項の規定により電子提供措置を

とることを要しない。

③ 第一項の規定にかかわらず、金融商品取引法第二十四条第一項の規定によりその発行する株式について有価証券報告書を内閣総理大臣に提出しなければならない株式会社が、電子提供措置開始日までに第一項各号に掲げる事項（定時株主総会に係るものに限り、議決権行使書面に記載すべき事項を除く。）を記載した有価証券報告書（添付書類及びこれらの訂正報告書を含む。）の提出の手続を同法第二十七条の三十の二に規定する開示用電子情報処理組織（以下この款において単に「開示用電子情報処理組織」という。）を使用して行う場合には、当該事項に係る情報については、同項の規定により電子提供措置をとることを要しない。

⊛+【電子提供措置→三二五の二　❶[二]【株主総会参考書類→三〇一①　[三]【議決権行使書面→三〇一①　[五]【計算書類→四三五②【事業報告→四三五②　[六]【会計監査人設置会社→二[十一]【連結計算書類→四四四①　❷【議決権行使書面→三〇一①

（株主総会の招集の通知等の特則）

第三二五条の四① 前条第一項の規定により電子提供措置をとる場合における第二百九十九条第一項の規定の適用については、同項中「二週間（前条第一項第三号又は第四号に掲げる事項を定めたときを除き、公開会社でない株式会社にあっては、一週間（当該株式会社が取締役会設置会社以外の株式会社である場合において、これを下回る期間を定款で定めた場合にあっては、その期間））」とあるのは、「二週間」とする。

② 第二百九十九条第四項の規定にかかわらず、前条第一項の規定により電子提供措置をとる場合には、第二百九十九条第二項又は第三項の通知には、第二百九十八条第一項第五号に掲げる事項を記載し、又は記録することを要しない。この場合において、当該通知には、同項第一号から第四号までに掲げる事項のほか、次に掲げる事項を記載し、又は記録しなければならない。

一　電子提供措置をとっているときは、その旨
二　前条第三項の手続を開示用電子情報処理組織を使用して行ったときは、その旨
三　前二号に掲げるもののほか、法務省令で定める事項

③ 第三百一条第一項、第三百二条第一項、第四百三十七条及び第四百四十四条第六項の規定にかかわらず、電子提供措置をとる旨の定款の定めがある株式会社においては、取締役は、第二百九十九条第一項の通知に際して、株主に対し、株主総会参考書類等を交付し、又は提供することを要しない。

④ 電子提供措置をとる旨の定款の定めがある株式会社における第三百五条第一項の規定の適用については、同項中「その通知に記載し、又は記録する」とあるのは、「当該議案の要領について第三百二十五条の二に規定する電子提供措置をとる」とする。

⊛+【電子提供措置→三二五の二　❷[二]【開示用電子情報処理組織→三二五の三③　[三]【省令の定め→会社則九五の三　❸【株主総会参考書類等→三二五の二

（書面交付請求）

第三二五条の五① 電子提供措置をとる旨の定款の定めがある株式会社の株主（第二百九十九条第三項（第三百二十五条において準用する場合を含む。）の承諾をした株主を除く。）は、株式会社に対し、第三百二十五条の三第一項各号（第三百二十五条の七において準用する場合を含む。）に掲げる事項（以下この条において「電子提供措置事項」という。）を記載した書面の交付を請求することができる。

② 取締役は、第三百二十五条の三第一項の規定により電子提供措置をとる場合には、第二百九十九条第一項の通知に際して、前項の規定による請求（以下この条において「書面交付請求」という。）をした株主（当該株主総会において議決権を行使することができる者を定めるための基準日（第百二十四条第一項に規定する基準日をいう。）を定めた場合にあっては、当該基準日までに書面交付請求をした者に限る。）に対し、当該株主総会に係る電子提供措置事項を記載した書面を交付しなければならない。

③ 株式会社は、電子提供措置事項のうち法務省令で定めるものの全部又は一部については、前項の規定により交付する書面に記載することを要しない旨を定款で定めることができる。

④ 書面交付請求をした株主がある場合において、その書面交付請求の日（当該株主が次項ただし書の規定により異議を述べた場合にあっては、当該異議を述べた日）から一年を経過したときは、株式会社は、当該株主に対し、第二項の規定による書面の交付を終了する旨を通知し、かつ、これに異議のある場合には一定の期間（以下この条において「催告期間」という。）内に異議を述べるべき旨を催告することができる。ただし、催告期間は、一箇月を下ることができない。

⑤ 前項の規定による通知及び催告を受けた株主がした書面交付請求は、催告期間を経過した時にその効力を失う。ただし、当該株主が催告期間内に異議を述べたときは、この限りでない。

⊛❶―❸【電子提供措置→三二五の二　❸【省令の定め→会社則九五の四

（電子提供措置の中断）

第三二五条の六　第三百二十五条の三第一項の規定にかかわらず、電子提供措置期間中に電子提供措置の中断（株主が提供を受けることができる状態に置かれた情報がその状態に置かれないこととなったこと又は当該情報がその状態に置かれた後改変されたこと（同項第七号の規定により修正されたことを除く。）をいう。以下この条において同じ。）が生じた場合において、次の各号のいずれにも該当するときは、その電子提供措置の中断は、当該電子提供措置の効力に影響を及ぼさない。

一　電子提供措置の中断が生ずることにつき株式会社が善意でかつ重大な過失がないこと又は株式会社に正当な事由があること。
二　電子提供措置の中断が生じた時間の合計が電子提

供措置期間の十分の一を超えないこと。
三　電子提供措置開始日から株主総会の日までの期間中に電子提供措置の中断が生じたときは、当該期間中に電子提供措置の中断が生じた時間の合計が当該期間の十分の一を超えないこと。
四　株式会社が電子提供措置の中断が生じたことを知った後速やかにその旨、電子提供措置の中断が生じた時間及び電子提供措置の中断の内容について当該電子提供措置に付して電子提供措置をとったこと。

§†【電子提供措置↓三二五の二【電子提供措置期間↓三二五の三①

（株主総会に関する規定の準用）
第三二五条の七　第三百二十五条の三から前条まで（電子提供措置）（第三百二十五条の三第一項（第五号及び第六号に係る部分に限る。）及び第三項並びに第三百二十五条の五第一項及び第三項から第五項までを除く。）の規定は、種類株主総会について準用する。この場合において、第三百二十五条の三第一項中「第二百九十九条第二項各号」とあるのは「第三百二十五条において準用する第二百九十九条第二項各号」と、「同条第一項」とあるのは「同条第一項（第三百二十五条において準用する場合に限る。）」と、「第二百九十八条第一項各号」とあるのは「第二百九十八条第一項各号（第三百二十五条において準用する場合に限る。）」と、「第三百一条第一項」とあるのは「第三百二十五条において準用する第三百一条第一項」と、「第三百二条第一項」とあるのは「第三百二十五条において準用する第三百二条第一項」と、「第三百五条第一項」とあるのは「第三百五条第一項（第三百二十五条において準用する場合に限る。次条第四項において同じ。）」と、同条第二項中「株主」とあるのは「株主（ある種類の株式の株主に限る。次条から第三百二十五条の六までにおいて同じ。）」と、第三百二十五条の四第二項中「第二百九十九条第四項」とあるのは「第三百二十五条において準用する第二百九十九条第四項」と、「第二百九十九条第二項」とあるのは「第三百二十五条において準用する第二百九十九条第二項」と、「第二百九十八条第一項第五号」とあるのは「第三百二十五条において準用する第二百九十八条第一項第五号」と、「同項第一号から第四号まで」とあるのは「第三百二十五条において準用する同項第一号から第四号まで」と、同条第三項中「第三百一条第一項、第三百二条第一項、第四百三十七条及び第四百四十四条第六項」とあるのは「第三百二十五条において準用する第三百一条第一項及び第三百二条第一項」と読み替えるものとする。

§†【種類株主総会↓二[十四]・三二一―三二五

第二節　株主総会以外の機関の設置

（株主総会以外の機関の設置）
第三二六条①　株式会社には、一人又は二人以上の取締役を置かなければならない。
②　株式会社は、定款の定めによって、取締役会、会計参与、監査役、監査役会、会計監査人、監査等委員会又は指名委員会等を置くことができる。

§❶【取締役↓三〇九②[七]・三二九①・三三一・三三一の二・三三二・三三九・三四一・三四八―三六一・三六三・四二三―四三〇・四六二・八二八②　❷【取締役会↓二[七]・三二七①・三六二―三七三【会計参与↓三二九①・三三三・三三四・三三九・三四一・三七四―三八〇・四二三―四二七・四二九・四三〇【監査役↓三〇九②[七]・三二七②③・三二九①・三三五・三三六・三三九・三四一・四二三―四二七・四二九・四三〇【監査役会↓三二八①【会計監査人↓三二七⑤・三二八・三二九①・三三七―三四〇・四二三―四二七・四二九・四三〇【指名委員会等↓四〇〇・四〇四　†【適用除外↓四七七⑦

（取締役会等の設置義務等）
第三二七条①　次に掲げる株式会社は、取締役会を置かなければならない。
一　公開会社
二　監査役会設置会社
三　監査等委員会設置会社
四　指名委員会等設置会社
②　取締役会設置会社（監査等委員会設置会社及び指名委員会等設置会社を除く。）は、監査役を置かなければならない。ただし、公開会社でない会計参与設置会社については、この限りでない。
③　会計監査人設置会社（監査等委員会設置会社及び指名委員会等設置会社を除く。）は、監査役を置かなければならない。
④　監査等委員会設置会社及び指名委員会等設置会社は、監査役を置いてはならない。
⑤　監査等委員会設置会社及び指名委員会等設置会社は、会計監査人を置かなければならない。
⑥　指名委員会等設置会社は、監査等委員会を置いてはならない。

§❶【取締役会↓三二六②§　[二]【公開会社↓二[五]　[三]【監査役会設置会社↓二[十]　[三]【監査等委員会設置会社↓二[十一の二]　[四]【指名委員会等設置会社↓二[十二]　❷【監査役↓三二六②§【会計参与設置会社↓二[四]　❸【会計監査人設置会社↓二[十一]　†【適用除外↓四七七⑦

（社外取締役の設置義務）
第三二七条の二　監査役会設置会社（公開会社であり、かつ、大会社であるものに限る。）であって金融商品取引法第二十四条第一項の規定によりその発行する株式について有価証券報告書を内閣総理大臣に提出しなければならないものは、社外取締役を置かなければならない。

§†【監査役会設置会社↓二[十]【公開会社↓二[五]【大会社↓二[六]【社外取締役↓二[十五]

（大会社における監査役会等の設置義務）
第三二八条①　大会社（公開会社でないもの、監査等委員会設置会社及び指名委員会等設置会社を除く。）は、監査役会及び会計監査人を置かなければならない。
②　公開会社でない大会社は、会計監査人を置かなければならない。

§❶【大会社↓二[六]【公開会社↓二[五]【指名委員会等設置会社↓

二[十二]【監査役会→三二六②【会計監査人→三二六②
†【適用除外→四七七⑦

第三節　役員及び会計監査人の選任及び解任

第一款　選任

（選任）

第三二九条①　役員（取締役、会計参与及び監査役をいう。以下この節、第三百七十一条第四項及び第三百九十四条第三項において同じ。）及び会計監査人は、株主総会の決議によって選任する。

②　監査等委員会設置会社においては、前項の規定による取締役の選任は、監査等委員である取締役とそれ以外の取締役とを区別してしなければならない。

③　第一項の決議をする場合には、法務省令で定めるところにより、役員（監査等委員会設置会社にあっては、監査等委員である取締役若しくはそれ以外の取締役又は会計参与。以下この項において同じ。）が欠けた場合又はこの法律若しくは定款で定めた役員の員数を欠くこととなるときに備えて補欠の役員を選任することができる。

❶【株主総会決議→三〇九①、三四一―三四三、三四四①、三四七、四〇四①【役員の選任→九一一③[十三][十六][十七]、九一五、商登四六②、五四【会計監査人の選任→九一一③[十九]、九一五、商登四六②、五四②③　❷【監査等委員会設置会社→二[十一の二]【監査等委員→三八②【設立時取締役の場合→三八②、八八②　❸【役員の員数→三三一⑤、三三五③、三四六【補欠の役員→三三六③【省令の定め→会社則九六

（株式会社と役員等との関係）

第三三〇条　株式会社と役員及び会計監査人との関係は、委任に関する規定に従う。

†【委任の関係→民六四三―六五六、三五五―三五七、三六一・八四七―八五三

[7]

一　役員の辞任の意思表示

取締役は、会社に対し委任関係にあるものとして、何時でも会社に対する意思表示により辞任することができるが（商法二五四条三項［本条］、民法六五一条一項）、辞任の意思表示は会社の代表取締役に対して、また代表取締役が辞任する場合にも、他に代表取締役がいるときはその者に対し、他に代表取締役がいないときは取締役会を招集して取締役会に対し、辞任の意思表示をすることを要する。（東京高判昭59・11・13判時一一三八・一四七）

二　会社の破産と役員の地位

[2]　商法二五四条三項［本条］により、会社と取締役との関係は委任に関する規定に従い、民法六五三条により委任は委任者の破産によって終了するから、取締役は会社の破産によって当然取締役の地位を失う。（最判昭43・3・15民集二二・三・六二五、倒産百選[四版]八七）↓四七八条[7]

[3]　取締役らは、破産手続開始によりその地位を当然には失わず、会社組織に係る行為等については取締役らとしての権限を行使し得る。（最判平21・4・17判時二〇四四・七四、会社法百選[四版]A15）↓八三〇条[6]、民訴一三四条の二[19]、破四四条[2]

三　役員の善管注意義務

1　忠実義務との関係↓三五五条

2　取締役の責任↓四二三条[3]～[11]

3　監査役の責任↓四二三条[12]

四　会計監査人の善管注意義務↓四二三条[13]

五　株式会社と執行役員との関係

[4]　会社と執行役員間の契約の法的性質については、個別事案ごとにその実態に即して判断すべきであるが、執行役員には、就業規則が適用されず、取締役及び監査役に関する諸規定が適用又は準用され、その職務内容が、一定の範囲で最終決裁権限を有するなど、裁量の幅があるものである場合、株式会社と執行役員間の契約の性質は、会社と取締役間の委任契約に類似する契約である。（東京地判平20・9・30判タ一二九二・二七一）

（取締役の資格等）

第三三一条①　次に掲げる者は、取締役となることができない。

一　法人

二　削除

三　この法律若しくは一般社団法人及び一般財団法人に関する法律（平成十八年法律第四十八号）の規定に違反し、又は金融商品取引法第百九十七条、第百九十七条の二第一号から第十号の三まで若しくは第十三号から第十五号まで、第百九十八条第八号、第百九十九条、第二百条第一号から第十二号の二まで、第二十号若しくは第二十一号、第二百三条第三項若しくは第二百五条第一号から第六号まで、第十九号若しくは第二十号の罪、民事再生法（平成十一年法律第二百二十五号）第二百五十五条、第二百五十六条、第二百五十八条から第二百六十条まで若しくは第二百六十二条の罪、外国倒産処理手続の承認援助に関する法律（平成十二年法律第百二十九号）第六十五条、第六十六条、第六十八条若しくは第六十九条の罪、会社更生法（平成十四年法律第百五十四号）第二百六十六条、第二百六十七条、第二百六十九条から第二百七十一条まで若しくは第二百七十三条の罪若しくは破産法（平成十六年法律第七十五号）第二百六十五条、第二百六十六条、第二百六十八条から第二百七十二条まで若しくは第二百七十四条の罪を犯し、刑に処せられ、その執行を終わり、又はその執行を受けることがなくなった日から二年を経過しない者

四　前号に規定する法律の規定以外の法令の規定に違反し、禁錮以上の刑に処せられ、その執行を終わるまで又はその執行を受けることがなくなるまでの者（刑の執行猶予中の者を除く。）

＊**令和四法六八**（令和七・六・一六までに施行）**による改正**
第四号中「禁錮」を「拘禁刑」に改める。（本文未織込み）

②　株式会社は、取締役が株主でなければならない旨を定款で定めることができない。ただし、公開会社でない株式会社においては、この限りでない。

③　監査等委員である取締役は、監査等委員会設置会社若しくはその子会社の業務執行取締役若しくは支配人その他の使用人又は当該子会社の会計参与（会計参与

が法人であるときは、その職務を行うべき社員）若しくは執行役を兼ねることができない。

④ 指名委員会等設置会社の取締役は、当該指名委員会等設置会社の支配人その他の使用人を兼ねることができない。

⑤ 取締役会設置会社においては、取締役は、三人以上でなければならない。

⑥ 監査等委員会設置会社においては、監査等委員である取締役は、三人以上で、その過半数は、社外取締役でなければならない。

※❶[二]【法人→民三三※ [三]【この法律に定める罪→九六〇―九七四 [三][四]【刑の執行の免除→刑三一【刑の時効→刑三一―三四【執行猶予→刑二七、二七の七 [四]【禁錮以上の刑→刑一三、一〇、九【刑の執行猶予→刑二五―二七の七 ❸【監査等委員会設置会社→二[十一の二]【監査等委員→三八② ❸❹【支配人その他の使用人→一〇―一五 ❻【監査等委員会設置会社→二[十一の二]【監査等委員→三八②【社外取締役→二[十五]

[1] **定款により、役員の資格を日本人に限定することの可否**
「取締役・監査役は日本国籍を有する者に限る」旨の定款変更決議は、私法的自治の原則の範囲内に属する事柄で、公序良俗にも反しない。（名古屋地判昭46・4・30下民二二・三＝四・五四九、重判昭46商三……定款変更決議無効確認事件）

第三三一条の二① 成年被後見人が取締役に就任するには、その成年後見人が、成年被後見人の同意（後見監督人がある場合にあっては、成年被後見人及び後見監督人の同意）を得た上で、成年被後見人に代わって就任の承諾をしなければならない。

② 被保佐人が取締役に就任するには、その保佐人の同意を得なければならない。

③ 第一項の規定は、保佐人が民法第八百七十六条の四第一項の代理権を付与する旨の審判に基づき被保佐人に代わって就任の承諾をする場合について準用する。この場合において、第一項中「成年被後見人の同意（後見監督人がある場合にあっては、成年被後見人及び後見監督人の同意）」とあるのは、「被保佐人の同意」と読み替えるものとする。

④ 成年被後見人又は被保佐人がした取締役の資格に基づく行為は、行為能力の制限によっては取り消すことができない。

※【成年被後見人→民七【被保佐人→民一一、一三②、一四【取締役の資格→三三一

（取締役の任期）

第三三二条① 取締役の任期は、選任後二年以内に終了する事業年度のうち最終のものに関する定時株主総会の終結の時までとする。ただし、定款又は株主総会の決議によって、その任期を短縮することを妨げない。

② 前項の規定は、公開会社でない株式会社（監査等委員会設置会社及び指名委員会等設置会社を除く。）において、定款によって、同項の任期を選任後十年以内に終了する事業年度のうち最終のものに関する定時株主総会の終結の時まで伸長することを妨げない。

③ 監査等委員会設置会社の取締役（監査等委員であるものを除く。）についての第一項の規定の適用については、同項中「二年」とあるのは、「一年」とする。

④ 監査等委員である取締役の任期については、第一項ただし書の規定は、適用しない。

⑤ 第一項本文の規定は、定款によって、任期の満了前に退任した監査等委員である取締役の補欠として選任された監査等委員である取締役の任期を退任した監査等委員である取締役の任期の満了する時までとすることを妨げない。

⑥ 指名委員会等設置会社の取締役についての第一項の規定の適用については、同項中「二年」とあるのは、「一年」とする。

⑦ 前各項の規定にかかわらず、次に掲げる定款の変更をした場合には、取締役の任期は、当該定款の変更の効力が生じた時に満了する。

一 監査等委員会又は指名委員会等を置く旨の定款の変更

二 監査等委員会又は指名委員会等を置く旨の定款の定めを廃止する定款の変更

三 その発行する株式の全部の内容として譲渡による当該株式の取得について当該株式会社の承認を要する旨の定款の定めを廃止する定款の変更（監査等委員会設置会社及び指名委員会等設置会社がするものを除く。）

※【取締役の任期→四五九 ❶❷【定時総会→二九六① ❸【監査等委員会設置会社→二[十一の二] ❸―❺【監査等委員→三八② ❺【補欠役員の選任→三二九②【補欠監査役の任期→三三六③

[7] **取締役の任期を短縮する旨の定款変更の効力**
定款変更によって取締役の任期が短縮された場合、変更後の定款の定めは在任中の取締役にも当然に適用されるので、その変更後の任期によれば、既に取締役の任期が満了している者は、定款変更の効力発生時に取締役から当然に退任する。（東京地判平27・6・29判時二二七四・一一三、会社法百選[四版]A16）→三三九条[7]

（会計参与の資格等）

第三三三条① 会計参与は、公認会計士若しくは監査法人又は税理士若しくは税理士法人でなければならない。

② 会計参与に選任された監査法人又は税理士法人は、その社員の中から会計参与の職務を行うべき者を選定し、これを株式会社に通知しなければならない。この場合においては、次項各号に掲げる者を選定することはできない。

③ 次に掲げる者は、会計参与となることができない。

一 株式会社又はその子会社の取締役、監査役若しくは執行役又は支配人その他の使用人

二 業務の停止の処分を受け、その停止の期間を経過しない者

三 税理士法（昭和二十六年法律第二百三十七号）第四十三条の規定により同法第二条第二項に規定する税理士業務を行うことができない者

※【会計参与→三七四―三八〇、三三五②、四〇〇④、四二七

①・九一一③[十六]　❸[二][三]【支配人その他の使用人↓一〇―一五】【その者の使用禁止↓三七四⑤】

第三三四条（会計参与の任期）① 第三百三十二条（第四項及び第五項を除く。次項において同じ。）〈取締役の任期〉の規定は、会計参与の任期について準用する。

② 前項において準用する第三百三十二条の規定にかかわらず、会計参与設置会社が会計参与を置く旨の定款の定めを廃止する定款の変更をした場合には、会計参与の任期は、当該定款の変更の効力が生じた時に満了する。

第三三五条（監査役の資格等）① 第三百三十一条第一項及び第二項〈取締役の資格等〉並びに第三百三十一条の二〈同前〉の規定は、監査役について準用する。

② 監査役は、株式会社若しくはその子会社の取締役若しくは支配人その他の使用人又は当該子会社の会計参与（会計参与が法人であるときは、その職務を行うべき社員）若しくは執行役を兼ねることができない。

③ 監査役会設置会社においては、監査役は、三人以上で、そのうち半数以上は、社外監査役でなければならない。

❷【支配人その他の使用人↓一〇―一五】　❸【社外監査役↓二[十六]】【選任義務違反に対する制裁↓九七六[二十]】

[1] **一　本条に該当する者を監査役に選任した場合の効力**

商法二七六条［本条］に該当する者が監査役に選任され、その就任を承諾した者が事実上従前の地位を辞さなかったとしても、監査役の任務懈怠の責任の原因にはなるが、選任決議の効力には影響を及ぼさない。（最判平元・9・19判時一三五四・一四九、重判平元商三……顧問弁護士が監査役に選任された場合に、それが商法二七六条［本条］によって兼任を禁止される地位に当たるかどうかにかかわらず選任決議が有効とされた事例）

[2] **二　監査役が支配人として会社を代理して締結した契約の効力**

監査役が取締役、支配人その他の使用人として業務を執行したときは、その者が監査役としてした監査は無効だが、使用人として第三者となした業務の執行行為は無効ではない。（福岡高判昭36・12・14下民一二・一二・二九四二）

[3] **三　弁護士である監査役の訴訟代理の可否**

商法二七六条［本条］の規定は、弁護士の資格を有する監査役が特定の訴訟事件につき会社から委任を受けてその訴訟代理人となることまでを禁止するものではない。（最判昭61・2・18民集四〇・一・三二、会社法百選[四版]七〇）

[4] **四　いわゆる「自己監査」の適法性**

営業年度の途中に取締役から監査役に選任された者が、自分が取締役であった期間について自己を含む取締役の職務の執行を監査することは、不可能を強いるものではなく、右選任が違法とはいえない。（東京高判昭61・6・26判時一二〇〇・一五四……上告審（最判昭62・4・21商事法務一一一〇・七九）が上告棄却）

五　監査役の資格を日本人に限定することの可否↓三三一条[判]

第三三六条（監査役の任期）① 監査役の任期は、選任後四年以内に終了する事業年度のうち最終のものに関する定時株主総会の終結の時までとする。

② 前項の規定は、公開会社でない株式会社において、定款によって、同項の任期を選任後十年以内に終了する事業年度のうち最終のものに関する定時株主総会の終結の時まで伸長することを妨げない。

③ 第一項の規定は、定款によって、任期の満了前に退任した監査役の補欠として選任された監査役の任期を退任した監査役の任期の満了する時までとすることを妨げない。

④ 前三項の規定にかかわらず、次に掲げる定款の変更をした場合には、監査役の任期は、当該定款の変更の効力が生じた時に満了する。

一　監査役を置く旨の定款の定めを廃止する定款の変更

二　監査等委員会又は指名委員会等を置く旨の定款の変更

三　監査役の監査の範囲を会計に関するものに限定する旨の定款の定めを廃止する定款の変更

四　その発行する全部の株式の内容として譲渡による当該株式の取得について当該株式会社の承認を要する旨の定款の定めを廃止する定款の変更

❶❷【定時株主総会↓二九六①】　❸【補欠の役員↓三二九③】　⁺【適用除外↓四八〇②】

第三三七条（会計監査人の資格等）① 会計監査人は、公認会計士又は監査法人でなければならない。

② 会計監査人に選任された監査法人は、その社員の中から会計監査人の職務を行うべき者を選定し、これを株式会社に通知しなければならない。この場合においては、次項第二号に掲げる者を選定することはできない。

③ 次に掲げる者は、会計監査人となることができない。

一　公認会計士法の規定により、第四百三十五条第二項に規定する計算書類について監査をすることができない者

二　株式会社の子会社若しくはその取締役、会計参与、監査役若しくは執行役から公認会計士若しくは監査法人の業務以外の業務により継続的な報酬を受けている者又はその配偶者

三　監査法人でその社員の半数以上が前号に掲げる者であるもの

⁺【会計監査人↓三九六―三九九、四二七①】　❸[二][三]【その者の使用禁止↓三九六⑤[三]】

第三三八条（会計監査人の任期）① 会計監査人の任期は、選任後一年以内に終了する事業年度のうち最終のものに関する定時株主総会の終結の時までとする。

② 会計監査人は、前項の定時株主総会において別段の決議がされなかったときは、当該定時株主総会におい

て再任されたものとみなす。

③ 前二項の規定にかかわらず、会計監査人設置会社が会計監査人を置く旨の定款の定めを廃止する定款の変更をした場合には、会計監査人の任期は、当該定款の変更の効力が生じた時に満了する。

§❶❷【定時株主総会→二九六①　❷【不再任決議→三〇九①・三四四

第二款　解任

（解任）

第三三九条①　役員及び会計監査人は、いつでも、株主総会の決議によって解任することができる。

② 前項の規定により解任された者は、その解任について正当な理由がある場合を除き、株式会社に対し、解任によって生じた損害の賠償を請求することができる。

§❶【役員→三二九①【会計監査人→三二六②§・三四〇【株主総会決議→三〇九①②七・三四一・三四七・四〇四①【解任→三三〇、民六五一、九一一③十三十六十七十九・九一五、商登五四④、金商一五六の三二③

一　不存在の解任決議を追認する決議の遡及効

[1] 不存在と評価される取締役解任決議を追認する決議に遡及効を認めることは、取締役の地位の喪失時期に影響を与え、追認決議までの取締役の報酬請求権を一方的に奪うことになるので、できない。（東京地判平23・1・26判タ一三六一・二一八）

二　本条二項の「正当な理由」

1　具体例

[2] 代表取締役Aの持病が悪化したため、その有する株式全部を取締役Bに譲渡して代表取締役の地位を交替した後、Bが経営陣の一新を図るため臨時総会を招集し、その決議により、Aを解任した場合には、商法二五七条一項ただし書［本条二項］の正当な事由がある。（最判昭57・1・21判時一〇三七・一二九、会社法百選四版四二）

[3] ボウリング事業を展開するために取締役（任期一〇年）に就任したが、当該事業の売上は僅かであり、同事業を展開するだけの能力がなかったものといわざるを得ず、ボウリング事業から撤退するとの経営判断をしたものであり、当該取締役を解任するについては正当な理由があった。（横浜地判平24・7・20判時二一六五・一四一）

2　会社の認識の要否

[4] 正当な理由の根拠となる事情は、解任の時点で客観的に存在していれば足り、会社が認識している必要はない。（東京高判平30・10・4【平30ネ二四二八】）

三　本条二項の損害賠償の性質、内容

[5] 商法二五七条一項ただし書［本条二項］の賠償責任は、取締役を正当な事由なく解任したことについて故意・過失を必要としない法定の責任であって、その損害の範囲は、取締役を解任されなければ残存任期期間中と任期満了時に得べかりし利益（所得）の喪失による損害を指す。（大阪高判昭56・1・30判時一〇一三・一二一）

[6] 会社と取締役の間で締結された取締役任用契約において会社の無条件の解除権や解除された場合の処理（会社から取締役への退職一時金の支払など）が具体的に規定されていたとしても、取締役の任期に対する期待権が生じないとはいえないから解任された取締役は本条二項に基づき会社に損害賠償請求できることに変わりはなく、会社は、残存任期分の役員報酬相当額に加えて、取締役が解任されなかったら任期終了時に取締役任用契約に基づき支払われていたであろう退職一時金に相当する額についても支払義務を負う。（東京地判平29・1・26金判一五一四・四三）

四　定款変更による退任の場合

[7] 取締役の任期途中に任期を短縮する旨の定款変更がなされて本来の任期前に取締役から退任させられ、その後、取締役として再任されることがなかった者は、会社が再任しなかったことについて正当な理由がある場合を除き、本条二項の類推適用により損害賠償を請求することができる。（東京地判平27・6・29判時二二七四・一一三）→三三二条[1]

五　特例有限会社の場合

[8] 廃止前の有限会社法の下では、取締役が正当な理由なく解任されたとしても、同法三二条が準用する平成一七年改正前商法二五七条一項ただし書［本条二項］に基づき、任期の定めがあった場合に限り会社に損害賠償請求することが認められていたが、会社法の施行によってこのような解釈を変更する理由は存在しないから、特例有限会社における任期の定めのない取締役が解任された場合、解任に正当な理由があったか否かを問わず、少なくとも本条二項に基づく損害賠償請求は認められない。（東京地判平28・6・29判時二三三五・一二四）

（監査役等による会計監査人の解任）

第三四〇条①　監査役は、会計監査人が次のいずれかに該当するときは、その会計監査人を解任することができる。

一　職務上の義務に違反し、又は職務を怠ったとき。

二　会計監査人としてふさわしくない非行があったとき。

三　心身の故障のため、職務の執行に支障があり、又はこれに堪えないとき。

② 前項の規定による解任は、監査役が二人以上ある場合には、監査役の全員の同意によって行わなければならない。

③ 第一項の規定により会計監査人を解任したときは、監査役（監査役が二人以上ある場合にあっては、監査役の互選によって定めた監査役）は、その旨及び解任の理由を解任後最初に招集される株主総会に報告しなければならない。

④ 監査役会設置会社における前三項の規定の適用については、第一項中「監査役」とあるのは「監査役会」と、第二項中「監査役が二人以上ある場合には、監査役」とあるのは「監査役」と、前項中「監査役（監査役が二人以上ある場合にあっては、監査役の互選によって定めた監査役）」とあるのは「監査役会が選定した監査役」とする。

⑤ 監査等委員会設置会社における第一項から第三項までの規定の適用については、第一項中「監査役」とあるのは「監査等委員会」と、第二項中「監査役が二人以上ある場合には、監査役」とあるのは「監査等委員」と、第三項中「監査役（監査役が二人以上ある場合にあっては、監査役の互選によって定めた監査役）」とあるのは「監査等委員会が選定した監査等委

員」とする。

⑥ 指名委員会等設置会社における第一項から第三項までの規定の適用については、第一項中「監査役」とあるのは「監査委員会」と、第二項中「監査役が二人以上ある場合には、監査役」とあるのは「監査委員会の委員」と、第三項中「監査役」（監査役が二人以上ある場合にあっては、監査役の互選によって定めた監査役）」とあるのは「監査委員会が選定した監査委員会の委員」とする。

⊛❶【監査役の権限→三四四、三四六④、三八一 ⊛【二】【職務上の義務→三九六―三九八 ❷【登記→商登五四④ ❸【株主総会への虚偽の報告等に対する制裁→九七六因 ❺【監査等委員会設置会社→二〔十一の二〕【監査等委員→三八②【監査等委員会→三九九の二―三九九の一二

第三款 選任及び解任の手続に関する特則

（役員の選任及び解任の株主総会の決議）

第三四一条 第三百九条第一項の規定にかかわらず、役員を選任し、又は解任する株主総会の決議は、議決権を行使することができる株主の議決権の過半数（三分の一以上の割合を定款で定めた場合にあっては、その割合以上）を有する株主が出席し、出席した当該株主の議決権の過半数（これを上回る割合を定款で定めた場合にあっては、その割合以上）をもって行わなければならない。

⊛＊【役員の選任・解任の決議→三二九①、三三九①、三四七【本条の適用除外→三四二⑥、三四三④

（累積投票による取締役の選任）

第三四二条① 株主総会の目的である事項が二人以上の取締役（監査等委員会設置会社にあっては、監査等委員である取締役又はそれ以外の取締役。以下この条において同じ。）の選任である場合には、株主（取締役の選任について議決権を行使することができる株主に限る。以下この条において同じ。）は、定款に別段の定めがあるときを除き、株式会社に対し、第三項から第五項までに規定するところにより取締役を選任すべきことを請求することができる。

② 前項の規定による請求は、同項の株主総会の日の五日前までにしなければならない。

③ 第三百八条第一項の規定にかかわらず、第一項の規定による請求があった場合には、取締役の選任の決議については、株主は、その有する株式一株（単元株式数を定款で定めている場合にあっては、一単元の株式）につき、当該株主総会において選任する取締役の数と同数の議決権を有する。この場合においては、株主は、一人のみに投票し、又は二人以上に投票して、その議決権を行使することができる。

④ 前項の場合には、投票の最多数を得た者から順次取締役に選任されたものとする。

⑤ 前二項に定めるもののほか、第一項の規定による請求があった場合における取締役の選任に関し必要な事項は、法務省令で定める。

⑥ 前条の規定は、前三項に規定するところにより選任された取締役の解任の決議については、適用しない。

⊛❶【取締役の選任→三二九①【議決権を行使することができる株主→二九七③⊛【省令の定め→会社則九七 ❻【累積投票により選任された取締役の解任→三〇九②七

二名の取締役の選任を別個の総会で決議することが決議取消事由に当たるとした事例

[7] 株主の累積投票の請求の機会を失わしめる目的で、取締役会で、取締役二名の選任を決しながら、殊更にその同時選任を避け、一名宛て各別の総会で選任することは、決議取消原因となる。（大阪高判昭38・6・20高民一六・四・二七〇）

（監査等委員である取締役等の選任等についての意見の陳述）

第三四二条の二① 監査等委員である取締役は、株主総会において、監査等委員である取締役の選任若しくは解任又は辞任について意見を述べることができる。

② 監査等委員である取締役を辞任した者は、辞任後最初に招集される株主総会に出席して、辞任した旨及びその理由を述べることができる。

③ 取締役は、前項の者に対し、同項の株主総会を招集する旨及び第二百九十八条第一項第一号に掲げる事項を通知しなければならない。

④ 監査等委員会が選定する監査等委員は、株主総会において、監査等委員である取締役以外の取締役の選任若しくは解任又は辞任について監査等委員会の意見を述べることができる。

⊛❶❹【選任→三二九①【辞任→三三〇、民六五一 ❸【通知→民九七①、九七六三

（監査役の選任に関する監査役の同意等）

第三四三条① 取締役は、監査役がある場合において、監査役の選任に関する議案を株主総会に提出するには、監査役（監査役が二人以上ある場合にあっては、その過半数）の同意を得なければならない。

② 監査役は、取締役に対し、監査役の選任を株主総会の目的とすること又は監査役の選任に関する議案を株主総会に提出することを請求することができる。

③ 監査役会設置会社における前二項の規定の適用については、第一項中「監査役（監査役が二人以上ある場合にあっては、その過半数）」とあるのは「監査役会」と、前項中「監査役は」とあるのは「監査役会は」とする。

④ 第三百四十一条の規定は、監査役の解任の決議については、適用しない。

⊛＊【監査等委員である取締役の場合の選任に関する監査等委員会の同意権等→三四四の二 ❶【監査役の選任→三二九①、三四一 ❶❷【種類株主総会の場合→三四七② ❷【監査役選任の議題・議案の提案権→三〇三、三〇四【総会に付議しない場合の制裁→九七六〔二十一〕 ❹【監査役の解任→三〇九②七

（会計監査人の選任等に関する議案の内容の決定）

第三四四条① 監査役設置会社においては、株主総会に提出する会計監査人の選任及び解任並びに会計監査人を再任しないことに関する議案の内容は、監査役が決定する。

② 監査役が二人以上ある場合における前項の規定の適

用については、同項中「監査役が」とあるのは、「監査役の過半数をもって」とする。

③ 監査役会設置会社における第一項の規定の適用については、同項中「監査役」とあるのは、「監査役会」とする。

❶【指名委員会等設置会社の場合→四〇四②三【会計監査人の選任→三二九①【会計監査人の解任→三三九①【会計監査人の不再任→三三八②

（監査等委員である取締役の選任に関する監査等委員会の同意等）

第三四四条の二① 取締役は、監査等委員会がある場合において、監査等委員である取締役の選任に関する議案を株主総会に提出するには、監査等委員会の同意を得なければならない。

② 監査等委員会は、取締役に対し、監査等委員である取締役の選任を株主総会の目的とすること又は監査等委員である取締役の選任に関する議案を株主総会に提出することを請求することができる。

③ 第三百四十一条の規定は、監査等委員である取締役の解任の決議については、適用しない。

+【監査役の場合の選任に関する監査役の同意権等→三四三 ❶【監査等委員の選任→三二九①②、三四一 ❶❷【種類株主総会の場合→三四七② ❷【監査役選任の議題・議案の提案権→三〇三、三〇四、九七六二十 ❹【監査等委員の解任→三〇九②七

（会計参与等の選任等についての意見の陳述）

第三四五条① 会計参与は、株主総会において、会計参与の選任若しくは解任又は辞任について意見を述べることができる。

② 会計参与を辞任した者は、辞任後最初に招集される株主総会に出席して、辞任した旨及びその理由を述べることができる。

③ 取締役は、前項の者に対し、同項の株主総会を招集する旨及び第二百九十八条第一項第一号に掲げる事項を通知しなければならない。

④ 第一項の規定は監査役について、前二項の規定は監査役を辞任した者について、それぞれ準用する。この場合において、第一項中「会計参与の」とあるのは、「監査役の」と読み替えるものとする。

⑤ 第一項の規定は会計監査人について、第二項及び第三項の規定は会計監査人を辞任した者及び第三百四十条第一項の規定により会計監査人を解任された者について、それぞれ準用する。この場合において、第一項中「株主総会において、会計参与の選任若しくは解任又は辞任について」とあるのは「会計監査人の選任、解任若しくは不再任又は辞任について、株主総会に出席して」と、第二項中「辞任後」とあるのは「解任後又は辞任後」と、「辞任した旨及びその理由」とあるのは「辞任した旨及びその理由又は解任についての意見」と読み替えるものとする。

❶❹❺【選任→三二九①【解任→三三九①【辞任→三三〇、民六五一 ❸【通知の到達→民九七①【懈怠に対する制裁→九七六二

（役員等に欠員を生じた場合の措置）

第三四六条① 役員（監査等委員会設置会社にあっては、監査等委員である取締役若しくはそれ以外の取締役又は会計参与。以下この条において同じ。）が欠けた場合又はこの法律若しくは定款で定めた役員の員数が欠けた場合には、任期の満了又は辞任により退任した役員は、新たに選任された役員（次項の一時役員の職務を行うべき者を含む。）が就任するまで、なお役員としての権利義務を有する。

② 前項に規定する場合において、裁判所は、必要があると認めるときは、利害関係人の申立てにより、一時役員の職務を行うべき者を選任することができる。

③ 裁判所は、前項の一時役員の職務を行うべき者を選任した場合には、株式会社がその者に対して支払う報酬の額を定めることができる。

④ 会計監査人が欠けた場合又は定款で定めた会計監査人の員数が欠けた場合において、遅滞なく会計監査人が選任されないときは、監査役は、一時会計監査人の職務を行うべき者を選任しなければならない。

⑤ 第三百三十七条〈会計監査人の資格等〉及び第三百四十条〈監査役等による会計監査人の解任〉の規定は、前項の一時会計監査人の職務を行うべき者について準用する。

⑥ 監査役会設置会社における第四項の規定の適用については、同項中「監査役」とあるのは、「監査役会」とする。

⑦ 監査等委員会設置会社における第四項の規定の適用については、同項中「監査役」とあるのは、「監査等委員会」とする。

⑧ 指名委員会等設置会社における第四項の規定の適用については、同項中「監査役」とあるのは、「監査委員会」とする。

❶【役員の員数→三二九③【役員の任期→三三二・三三四・三三六【役員の辞任→三三〇、民六五一・六五四【新役員の選任懈怠に対する制裁→九七六二十二【役員としての権利義務を有する者→八三一 ❷【一時役員の選任→八六八①・九三七①二・八七四一【報酬の決定→八七〇①一 ❹【会計監査人の選任等に関する監査役の権限→三四〇・三四四【一時会計監査人→九一一③二十、商登五五 +【代表取締役に欠員が生じた場合→三五一

[1]
一 役員の権利義務を有する者と退任登記→九一五条[1]

取締役・監査役を辞任又は退任した者が商法二五八条一項・二八〇条一項［本条一項］により、なお取締役又は監査役の権利義務を有する場合には、その者が取締役又は監査役の権利義務を有することを登記公示する必要があるから、まだ商法六七条［会社九一五条］に定める登記事項の変更を生ぜず、退任による変更登記は許されない。（最判昭43・12・24民集二二・一三・三三三四、商法百選九）

[2]
二 取締役の権利義務を有する者と清算人の権利義務

会社解散前既に取締役の任期が満了し、後任の選任がなかったため商法二五八条［本条］により取締役の権利義務を有していた者は、解散と同時に清算人としての権利義務を有するに至り、商法四一七条二項［会社四七八条二項］は適用されない。（最判昭44・3・28民集二三・三・六四五、会社法百選[四版]六三）

三 「専務理事は理事長が欠員のときはその職務を行

う」旨の定款の「欠員」の意味

3 事業協同組合の定款の「専務理事は理事長が欠員のときはその職務を行う」旨の定款の定めにいう欠員には、定款に、任期満了によって退任した役員は後任の役員が就任するまで役員の職務を行う旨の定めがあるときは、理事長が任期満了によって退任した場合は含まれない。（最判平5・3・2民集四七・四・二八三二……中小企業等協同組合法により会社法制定前の商法の規定が準用された事例）

四 退任後もなお役員の権利義務を有する者の解任請求
↓八五四条4

（種類株主総会における取締役又は監査役の選任等）

第三四七条① 第百八条第一項第九号に掲げる事項（取締役（監査等委員会設置会社にあっては、監査等委員である取締役又はそれ以外の取締役）に関するものに限る。）についての定めがある種類の株式を発行している場合における第三百二十九条第一項、第三百三十二条第一項、第三百三十九条第一項、第三百四十一条並びに第三百四十四条の二第一項及び第二項の規定の適用については、第三百二十九条第一項中「株主総会」とあるのは「株主総会（取締役（監査等委員会設置会社にあっては、監査等委員である取締役又はそれ以外の取締役）については、第百八条第二項第九号に定める事項についての定款の定めに従い、各種類の株式の種類株主を構成員とする種類株主総会）」と、第三百三十二条第一項及び第三百三十九条第一項中「株主総会の決議」とあるのは「株主総会（第四十一条第一項の規定により又は第九十条第一項の種類創立総会若しくは第三百四十七条第一項の規定により読み替えて適用する第三百二十九条第一項の種類株主総会において選任された取締役（監査等委員会設置会社にあっては、監査等委員である取締役又はそれ以外の取締役。以下この項において同じ。）については、当該取締役の選任に係る種類の株式の種類株主を構成員とする種類株主総会（定款に別段の定めがある場合又は当該取締役の任期満了前に当該種類株主総会において議決権を行使することができる株主が存在しなくなった場合にあっては、株主総会）の決議」と、第三百四十一条中「第三百九条第一項」とあるのは「第三百九条第一項及び第三百二十四条」と、「株主総会」とあるのは「株主総会（第三百四十七条第一項の規定により読み替えて適用する第三百二十九条第一項及び第三百三十九条第一項の種類株主総会を含む。）」と、第三百四十四条の二第一項及び第二項中「株主総会」とあるのは「第三百四十七条第一項の規定により読み替えて適用する第三百二十九条第一項の種類株主総会」とする。

② 第百八条第一項第九号に掲げる事項（監査役に関するものに限る。）についての定めがある種類の株式を発行している場合における第三百二十九条第一項、第三百三十九条第一項、第三百四十一条並びに第三百四十三条第一項及び第二項の規定の適用については、第三百二十九条第一項中「株主総会」とあるのは「株主総会（監査役については、第百八条第二項第九号に定める事項についての定款の定めに従い、各種類の株式の種類株主を構成員とする種類株主総会）」と、第三百三十九条第一項中「株主総会」とあるのは「株主総会（第四十一条第三項において準用する同条第一項の規定により又は第九十条第二項において準用する同条第一項の種類創立総会若しくは第三百四十七条第二項の規定により読み替えて適用する第三百二十九条第一項の種類株主総会において選任された監査役については、当該監査役の選任に係る種類の株式の種類株主を構成員とする種類株主総会（定款に別段の定めがある場合又は当該監査役の任期満了前に当該種類株主総会において議決権を行使することができる株主が存在しなくなった場合にあっては、株主総会）」と、第三百四十一条中「第三百九条第一項」とあるのは「第三百九条第一項及び第三百二十四条」と、「株主総会」とあるのは「株主総会（第三百四十七条第二項の規定により読み替えて適用する第三百二十九条第一項の種類株主総会を含む。）」と、第三百四十三条第一項及び第二項中「株主総会」とあるのは「第三百四十七条第二項の規定により読み替えて適用する第三百二十九条第一項の種類株主総会」とする。

参+【種類株主総会による取締役・監査役の選任・解任↓四一・四四・九〇・九二　❶【監査等委員会設置会社↓二[十一の二]【監査等委員↓三八②　❷【監査役の解任↓三三四②[五]

第四節　取締役

（業務の執行）

第三四八条① 取締役は、定款に別段の定めがある場合を除き、株式会社（取締役会設置会社を除く。以下この条において同じ。）の業務を執行する。

② 取締役が二人以上ある場合には、株式会社の業務は、定款に別段の定めがある場合を除き、取締役の過半数をもって決定する。

③ 前項の場合には、取締役は、次に掲げる事項についての決定を各取締役に委任することができない。

一 支配人の選任及び解任

二 支店の設置、移転及び廃止

三 第二百九十八条第一項各号（第三百二十五条において準用する場合を含む。）に掲げる事項

四 取締役の職務の執行が法令及び定款に適合することを確保するための体制その他株式会社の業務並びに当該株式会社及びその子会社から成る企業集団の業務の適正を確保するために必要なものとして法務省令で定める体制の整備

五 第四百二十六条第一項の規定による定款の定めに基づく第四百二十三条第一項の責任の免除

④ 大会社においては、取締役は、前項第四号に掲げる事項を決定しなければならない。

参+❶【取締役の業務執行↓三五〇・三六三①・四二三・四二九　❷【業務執行の決定↓三六二②[一]　❸[二]【支配人↓一〇—一二　[三]【支店↓九一一③[三]　[四]【省令で定める体制↓会社則九八

1

一 代表取締役による多額の借財と取締役の過半数の同意

代表取締役が選任された場合でも、多額の借財について

は、明示の委任がない限り、取締役の過半数の同意が必要である。（東京高判昭62・7・20金法一一八二・四四）

[2]
二　**取締役による決定の無効**
決議の特別利害関係人でもある取締役がした代表取締役解任決議は、関係者の合意に反し、定款違反と同視し得るものであるのみならず、権利濫用の内容程度としても著しく不当なものであるから無効というべきであり、これを前提として併せて行われた代表取締役選任決議も同様に無効というべきである。（長崎地判平27・11・9金法二〇三七・七〇……再建途上の会社において、新たに代表取締役となる取締役及びその者が代表取締役となっている会社の従業員である取締役が行った、代表取締役の解任決議と新たな代表取締役の選任決議につき、当該会社の再建スキームは株主全員及び取締役全員を含む関係者全員の間での黙示の合意によるものであるという認定事実を前提に、決議は合意に反し、同スキームの根幹を破壊するものであって無効であるとした事例）

（業務の執行の社外取締役への委託）

第三四八条の二①　株式会社（指名委員会等設置会社を除く。）が社外取締役を置いている場合において、当該株式会社と取締役との利益が相反する状況にあるとき、その他取締役が当該株式会社の業務を執行することにより株主の利益を損なうおそれがあるときは、当該株式会社は、その都度、取締役の決定（取締役会設置会社にあっては、取締役会の決議）によって、当該株式会社の業務を執行することを社外取締役に委託することができる。

②　指名委員会等設置会社と執行役との利益が相反する状況にあるとき、その他執行役が指名委員会等設置会社の業務を執行することにより株主の利益を損なうおそれがあるときは、当該指名委員会等設置会社は、その都度、取締役会の決議によって、当該指名委員会等設置会社の業務を執行することを社外取締役に委託することができる。

③　前二項の規定により委託された業務の執行は、第二条第十五号イに規定する株式会社の業務の執行に該当しないものとする。ただし、社外取締役が業務執行取締役（指名委員会等設置会社にあっては、執行役）の指揮命令により当該委託された業務を執行したときは、この限りでない。

【社外取締役→二[十五]　❶【取締役の業務執行→三四八・三六三①・三五〇・四二三・四二九【業務執行の決定→三四八②・三六二②[一]【取締役会の決議→三六九・三九九の一三⑤[四]　❷【執行役の業務の執行→四一五・四一八【取締役会の決議→三六九・四一六④[四]　❸【業務執行取締役→二[十五]イ

（株式会社の代表）

第三四九条①　取締役は、株式会社を代表する。ただし、他に代表取締役その他株式会社を代表する者を定めた場合は、この限りでない。

②　前項本文の取締役が二人以上ある場合には、取締役は、各自、株式会社を代表する。

③　株式会社（取締役会設置会社を除く。）は、定款、定款の定めに基づく取締役の互選又は株主総会の決議によって、取締役の中から代表取締役を定めることができる。

④　代表取締役は、株式会社の業務に関する一切の裁判上又は裁判外の行為をする権限を有する。

⑤　前項の権限に加えた制限は、善意の第三者に対抗することができない。

❶❸❹【代表取締役→三五〇・三五四・九一一③[十四]　❶❹【会社の代表→三五三　❸【株主総会の決議→三〇九①【取締役会設置会社の場合→三六二③

[1]
一　**代表取締役の権限濫用行為の効力**
代表取締役が自己の利益のために表面上会社の代表者として法律行為をした場合には、相手方が右代表取締役の真意を知り又は知り得べきものであったときは、民法九三条ただし書〔改正後同条一項ただし書〕の規定を類推し、右の法律行為はその効力を生じない。（最判昭38・9・5民集一七・八・九〇九）

[2]
二　**代表取締役退任の登記と民法一一二条**
代表取締役の退任及び代表権の喪失につき登記したときは、その後にその者が会社代表者として第三者とした取引については、専ら商法一二条〔会社九〇八条〕が適用され、民法一一二条の適用ないし類推適用の余地はない。（最判昭49・3・22民集二八・二・三六八、商法百選六）

三　**取締役会設置会社の場合**
1　代表取締役解職決議の効力発生時期→三六二条[11]
2　代表取締役解職の取締役会決議の無効確認の利益の有無→三六二条[12]

（代表者の行為についての損害賠償責任）

第三五〇条　株式会社は、代表取締役その他の代表者がその職務を行うについて第三者に加えた損害を賠償する責任を負う。

【代表取締役その他の代表者→三四九①

[1]
一　**代表取締役の不法行為**
代表取締役がその職務を行うにつき不法行為をして他人に損害を加えたため、会社がその責めに任ずる場合には、代表取締役も個人として不法行為責任を負う。（最判昭49・2・28判時七三五・九七）

[2]
株式持合いの合意に基づき株式を売却した売主の代表取締役は、当該株式につき上場廃止のおそれがある事実の存在について、株式売買の相手方に対し、条理上事前にそれを説明する義務を負う。（東京地判平19・9・26判時二〇〇一・一一九……代表取締役が説明義務を怠ったことによって会社の損害賠償責任が認められた事例）

[3]
二　**実質上のオーナー・経営者の場合**
取締役に選任されておらず、かつ、商業登記簿上の会社代表でもないが、実質的には、会社のオーナー又は経営者として代表者の地位にある者については、その者が会社の代表者としての外形を有しており、会社もその点について責任があること、並びに民法四四条一項及び商法二六二条〔会社三五四条〕の趣旨を併せて考慮すれば、民法四四条一項にいう「理事その他の代理人」に該当する。〔平成一八法五〇による民法改正前の事案〕（東京地判平11・1・29判時一六八七・九四）

（代表取締役に欠員を生じた場合の措置）

第三五一条① 代表取締役が欠けた場合又は定款で定めた代表取締役の員数が欠けた場合には、任期の満了又は辞任により退任した代表取締役は、新たに選定された代表取締役（次項の一時代表取締役の職務を行うべき者を含む。）が就任するまで、なお代表取締役としての権利義務を有する。
② 前項に規定する場合において、裁判所は、必要があると認めるときは、利害関係人の申立てにより、一時代表取締役の職務を行うべき者を選任することができる。
③ 裁判所は、前項の一時代表取締役の職務を行うべき者を選任した場合には、株式会社がその者に対して支払う報酬の額を定めることができる。

参❶【代表取締役の辞任→民六五一、六五四】❷【一時代表取締役の選任→八六八①、九三七①[一]、八七四[一]】❸【報酬の決定→八七〇①[一]】

（取締役の職務を代行する者の権限）
第三五二条① 民事保全法（平成元年法律第九十一号）第五十六条に規定する仮処分命令により選任された取締役又は代表取締役の職務を代行する者は、仮処分命令に別段の定めがある場合を除き、株式会社の常務に属しない行為をするには、裁判所の許可を得なければならない。
② 前項の規定に違反して行った取締役又は代表取締役の職務を代行する者の行為は、無効とする。ただし、株式会社は、これをもって善意の第三者に対抗することができない。

参❶【取締役・代表取締役の職務代行者→九一七[一]、民保二三②、二四】【職務代行者に対する罰則→九六〇①[四]、九六三②、九六四①[一]、九六六[四]、九六七①[一]、九七〇①、九七六】【裁判所の許可→八六八①、八七四[四]】

一 会社の常務
1 少数株主の請求による臨時総会の招集と会社の常務
[1] 取締役の解任を目的とする臨時総会の招集は、それが少数株主の招集の請求に基づく場合でも、会社の常務に属しない行為に該当する。（最判昭50・6・27民集二九・六・八七九、会社法百選[四版]四五）
2 代表取締役職務代行者の招集した臨時総会の決議の効力
[2] 臨時社員総会の招集は会社の常務とはいえないが、代表取締役職務代行者が招集した臨時総会における決議は、当然無効ではなく、商法二四七条［会社八三一条］の決議取消しの訴えによってのみ取り消され得るにとどまる。（最判昭39・5・21民集一八・四・六〇八、会社百選[三版]九九）……有限会社の事例
二 本案訴訟における会社代表者
[3] 取締役選任決議無効確認請求訴訟を本案とする職務執行停止、代行者選任の仮処分がなされ、それによって代表取締役が職務執行を停止された場合には、本案訴訟において被告たる会社を代表して訴訟の追行に当たる者も右代表取締役職務代行者である。（最判昭59・9・28民集三八・九・一一二一、民訴百選Ⅰ[補正]五三）
三 職務執行を停止された者の行為の効力
[4] 職務執行を停止された者が仮処分の趣旨に反して行った行為は絶対に無効であり、後に仮処分が取り消されてもその取消原因のいかんを問わず遡って有効となるものではない。（最判昭39・5・21前出[2]）
四 後任取締役の選任と職務代行者
1 職務代行者の権限
[5] 仮処分により職務執行停止中の取締役が辞任し、総会で後任取締役が選任された場合でも、仮処分によって与えられた代行者の権限は消滅せず、後任取締役の選任により事情の変更があるとして仮処分を取り消す判決があって初めて代行者の権限が消滅する。（最判昭45・11・6民集二四・一二・一七四四、会社法百選[四版]四四）
2 後任取締役の地位
[6] 取締役の職務代行者が選任されている場合には、職務執行を停止された取締役が辞任し、後任取締役が選任されても、取締役の職務は原則として職務代行者が行うべきものであって、その限度で後任取締役は職務の執行を制限され、代表取締役に選任された者も仮処分の存続中は代表取締役の権限を行使できない。（最判昭45・11・6前出[5]）

（株式会社と取締役との間の訴えにおける会社の代表）
第三五三条 第三百四十九条第四項の規定にかかわらず、株式会社が取締役（取締役であった者を含む。以下この条において同じ。）に対し、又は取締役が株式会社に対して訴えを提起する場合には、株主総会は、当該訴えについて株式会社を代表する者を定めることができる。

参＊【取締役に対する訴えの例→八四七①】【取締役の会社に対する訴えの例→八二八②、八三一】【株主総会決議→三〇九①】【取締役会設置会社の場合→三六四】【監査役設置会社の場合→三八六】【指名委員会等設置会社の場合→四〇八①】

（表見代表取締役）
第三五四条 株式会社は、代表取締役以外の取締役に社長、副社長その他株式会社を代表する権限を有するものと認められる名称を付した場合には、当該取締役がした行為について、善意の第三者に対してその責任を負う。

参＊【対比→九〇八①、九一一③[十四]、民一〇九、一一三、四二一】

一 代表する権限を有すると認めるべき名称
1 取締役会長
[1] 取締役会長は表見代表取締役に当たる。（東京地判昭48・4・25下民二四・一〜四・二二六）
2 代表取締役職務代行者
[2] 代表取締役職務代行者という名称は、商法二六二条［本条］にいう会社を代表する権限を有するものと認めるべき名称に該当する。（最判昭44・11・27民集二三・一一・二三〇一、会社百選[三版]六二）
二 主観的要件
1 第三者に過失がある場合
[3] 第三者が善意である限り、過失があっても、会社は商法二六二条［本条］の責めを免れない。（最判昭41・11・10民集二〇・九・一七七一、会社百選[三版]六四）
2 第三者に重過失がある場合
[4] 第三者が善意である限り、過失があっても会社は商法二六二条［本条］の責任を免れないが、同条は第三者の正当な信頼を保護しようとするものであるから、代表権の欠缺

〔けんけつ〕を知らないことにつき第三者に重大な過失があるときは、悪意の場合と同視し、会社はその責任を免れる。（最判昭52・10・14民集三一・六・八二五、会社法百選四版四六）

三　本条の適用範囲

1　表見代表取締役が代表者名義で手形を振り出した場合と本条の適用

5　Aが会社代表取締役B名義で手形を振り出した場合において、Bは代表権のある取締役であり、Aは代表権を有しないが、常務取締役の名称の使用を許されているときは、Aが表見代表取締役として直接自己の氏名を表示した場合と同様に、会社はその責めに任じなければならない。（最判昭40・4・9民集一九・三・六三二、手形小切手百選三版一五）

2　訴訟上の代表者と本条の不適用

6　民法一〇九条及び商法二六二条［本条］は、取引の相手方を保護するために設けられた規定であるから、訴訟手続において会社を代表する者を定めるに当たっては適用されない。（最判昭45・12・15民集二四・一三・二〇七二、民訴百選五版一八）

四　本条の類推適用

1　使用人の場合

7　会社の使用人が社長の了解を得て会社の金員借入れの交渉につき常務取締役の名称を使用している場合には、会社は商法二六二条［本条］の類推適用により、右の者のした金銭借入れにつき善意の第三者に対してその責めを負う。（最判昭35・10・14民集一四・一二・二四九九、会社百選二版六一）

2　代表取締役選定決議が無効な場合

8　代表取締役に通知しないで招集された取締役会で代表取締役に選任〔選定〕された取締役が、その選任決議に基づき代表取締役の職務を行ったときは、右選任決議が無効な場合であっても、会社は、商法二六二条［本条］の類推適用により、善意の第三者に対してその責めに任ずる。（最判昭56・4・24判時一〇〇一・一一〇、重判昭56商三）

五　本条の趣旨―実質上のオーナー・経営者の場合→三五〇条3

（忠実義務）

第三五五条　取締役は、法令及び定款並びに株主総会の決議を遵守し、株式会社のため忠実にその職務を行わなければならない。

⊛+【忠実義務→三三〇、民六四四、三五六、三六五、四二三、四六二、四六四、四六五、金商一六三―一六六、独禁二⑨因【特別背任罪→九六〇

一　忠実義務の性質―善管注意義務との関係

1　商法二五四条ノ三［本条］の規定は、同法二五四条三項［会社三三〇条］、民法六四四条に定める善管注意義務を敷衍〔ふえん〕し、かつ、一層明確にしたにとどまるのであって、通常の委任関係に伴う善管注意義務とは別個の、高度な義務を規定したものではない。（最大判昭45・6・24後出2）

二　政治献金と忠実義務

2　取締役が会社を代表して政治資金の寄附をなすに当たっては、その会社の規模、経営実績その他社会的・経済的地位及び寄附の相手方など諸般の事情を考慮して、合理的な範囲内でその金額を決すべきであり、右の範囲を超え、不相応な寄附をすることは取締役の忠実義務に反する。（最大判昭45・6・24民集二四・六・六二五〈八幡製鉄政治献金事件〉、会社法百選四版二）→三条1 3

3　少なくとも会社に欠損が生じて以後の政治資金の寄附に関しては、三事業年度の継続という政治資金規正法の禁止要件に該当しないときであっても会社においてその可否・範囲・数額・時期等につき厳格な審査を行い、欠損の解消にどの程度の影響があるか、株主への配当に優先して寄附を行う必要性があるかを慎重に判断することが求められ、寄附額が法の定める上限に達しないからといって、そのような判断を経ることなく寄附することが許されると解すべきではない。（福井地判平15・2・12判時一八一四・一五一）

三　任務懈怠責任→四二三条1～14

（競業及び利益相反取引の制限）

第三五六条①　取締役は、次に掲げる場合には、株主総会において、当該取引につき重要な事実を開示し、その承認を受けなければならない。

一　取締役が自己又は第三者のために株式会社の事業の部類に属する取引をしようとするとき。

二　取締役が自己又は第三者のために株式会社と取引をしようとするとき。

三　株式会社が取締役の債務を保証することその他取締役以外の者との間において株式会社と当該取締役との利益が相反する取引をしようとするとき。

②　民法第百八条の規定は、前項の承認を受けた同項第二号又は第三号の取引については、適用しない。

⊛❶【株主総会の承認→三〇九①、三六五【重要事実の開示に関する罰則→九七六㈢因　【一】【競業避止義務→一二、四二三②、会更六五【役員兼任の制限→独禁一三、一七　【二】【自己のための取引→四二八①　【二】【三】【利益相反取引→四二三③

一　競業取引の制限

1　「自己又は第三者のために」の意味

1　商法二六四条一項［本条一項一号］の自己又は第三者のためにするとは、自己又は第三者のいずれの名をもってするを問わず、行為の経済上の利益が自己又は第三者に帰属することをいい、取締役が第三者を実質上支配する場合を含む。（大阪高判平2・7・18判時一三七八・一一三）

2　第三者のために会社の営業の部類に属する取引をしたとされる場合

イ　競業会社の事実上の主宰者の場合

2　A社の代表取締役甲がB社の事実上の主宰者としてその経営を支配し、B社のためにA社の営業の部類に属する取引をしていれば、商法二六四条一項［本条一項一号］に違反する。（大阪高判平2・7・18前出1）

ロ　会社が進出を決意して具体的に準備をしている場合

3　A会社が一定の地域への進出を決意し、既に具体的に市場調査等を進めていたにもかかわらず、A会社の代表取締役がその地域において他の競業会社Bの代表取締役として経営することは、第三者BのためにAの営業の部類に属する取引をしたことになる。（東京地判昭56・3・26判時一〇一五・二七、会社法百選四版五三）

ハ　同業を営む会社を設立して、従業員のほとんどを引き抜いた場合

4　警備業務を営むX会社の取締役Yらがその在任中にX会

社の受注業務の乗取りを計画し、A会社を設立して警備業認定申請をし、X会社の従業員のほとんどを引き抜いてその計画を実行に移した場合には、Yらは忠実義務及び競業取引の制限に違反する。（前橋地判平7・3・14判時一五三二・一三五）

3 競業取引の制限違反と不法行為

[5] 取締役が、在職中に将来的に会社の取引先の商権の奪取を企て、競業会社の設立を準備し、退職後に競業会社を設立して、会社と取引先との直接取引を停止するなどした行為が会社に対する不法行為を構成するとされた場合（大阪地判平14・1・31金判一一六一・三七）

二 利益相反取引の制限

1 本条の「取引」に当たるか否か

イ 債務引受け

[6] 商法二六五条一項［本条一項二号・三号］の取引の中には、取締役と会社との間に直接成立すべき利益相反の行為だけでなく、取締役個人の債務につき、その取締役が会社を代表して、債権者に対し債務引受けをするような、取締役個人に利益で、会社に不利益を及ぼす行為も、取締役の自己のためにする取引として、これに包含される。（最大判昭43・12・25民集二二・一三・三五一一、会社法百選[四版]五六）

ロ 保証

[7] AB会社の代表取締役を兼ねていた者がA会社の第三者に対する債務につきB会社を代表して保証した場合（最判昭45・4・23民集二四・四・三六四）

[8] 取締役が自己の債務について会社を代表してする連帯保証契約（最判昭45・3・12判時五九一・八八）

ハ [8] 為替手形の引受け（合資会社の事例）→手八条

2 手形行為―原則として「取引」に当たる

イ 取締役に対する手形振出し

[9] 約束手形の振出しは、単に売買、消費貸借等の実質的取引の決済手段としてのみ行われるものではなく、簡易かつ有効な信用授受の手段としても行われ、また、約束手形の振出人は、その手形の振出しにより、原因関係におけるとは別個の新たな債務を負担し、しかも、その債務は、挙証責任の加重、抗弁の切断、不渡処分の危険等を伴うことにより、原因関係上の債務よりも一層厳格な支払義務であるから、会社がその取締役に宛てて約束手形を振り出す行為は、原則として、商法二六五条一項［本条一項二号・三号］の取引に当たり、会社はこれにつき取締役会の承認を受けることを要する。（最大判昭46・10・13民集二五・七・九〇〇、会社法百選[四版]五五）→手八条[6]

ロ 取締役が代表取締役を兼ねている会社に対する手形振出し

[10] A会社の取締役がB会社の代表取締役を兼ねている場合に、A会社がB会社に宛てて約束手形を振り出す行為は原則として取引に当たる。（最判昭46・12・23判時六五六・八五）

3 手形行為―「取引」に当たらないとされたもの

[11] A会社が取締役に対して約束手形を裏書譲渡した際に、取締役が会社に手形金額と同額の現金を融資した場合（最判昭39・1・28民集一八・一・一八〇、会社百選[二版]六八）

4 「取引」に当たらないとされた事例

[12] 会社のその取締役に対する債務の履行行為（大判大9・2・20民録二六・一八四）

[13] 取締役の会社に対する無償贈与（大判昭13・9・28民集一七・一八九五）

[14] 取締役が会社に対し無利息、無担保で金員を貸し付ける行為（最判昭38・12・6民集一七・一二・一六六四）

[15] 会社が第三者を介して関連会社に融資したときは、商法二六五条一項［本条一項二号・三号］の適用を回避する目的で第三者を介在させた等の特段の事情がない限り、同項前段［同号］の取引には該当しない。（大阪地判平14・1・30判タ一一〇八・二四八、重判平14商四）

[16] 関連会社に対する債権放棄が、形式的には商法二六五条一項［本条一項二号・三号］に該当する取引であっても、実質的にみて、会社の利益を図る目的でされたものであり、かつ当該取引の内容、効果などその客観的な性質に照らして会社と取締役又は第三者との間に利益相反をもたらさないとされた場合（大阪地判平14・1・30前出[15]）

[17] 株式の譲渡につき取締役会の承認を要する旨の定款の定めのある会社が株主以外の者に株式を発行するためには、商法二八〇条ノ五ノ二ただし書及び同法二八〇条ノ二第一項に基づき、発行する株式の種類及びその総数、発行価額及びその総額、割当先、割当株式の種類及び数、申込期日並びに払込期日について取締役会決議が必要となるので、取締役を引受人とする第三者割当てにより株式を発行することについて取締役会決議がなされれば、同法二六五条一項［本条一項二号・三六五条一項］の趣旨は既に実現されているというべきであるから、重ねて同項に基づく取締役会の承認を受けることは要しないのであって、同項［本条一項二号］が適用される取引に当たらない。（東京高判平26・11・26［平26ネ四〇四四］）……平成一七法八七による改正前の商法下の事例

5 取締役会設置会社―取締役会の承認→三六五条一項

イ 事後承認

[18] 本条の承認は事後の承認でもよい。（東京高判昭34・3・30東高民一〇・三・六八）

ロ 承認を要しない場合

[19] 会社の株主全員の合意がある場合（最判昭49・9・26民集二八・六・一三〇六、会社法百選[四版]五四）

[20] 会社の株式全部を取締役が所有しており、実質上その個人経営にすぎない場合（最判昭45・8・20民集二四・九・一三〇五）

6 「自己又は第三者のために」の意味

イ 経済上の利益の帰属

[21] 商法二六五条一項［本条一項二号］の自己又は第三者のためにするとは、自己又は第三者のいずれの名をもってするとを問わず、行為の経済上の利益が自己又は第三者に帰属することをいい、取締役が第三者を実質上支配する場合を含めて規制が及ぶ。（大阪高判平2・7・18前出[7]）

ロ 事実上の主宰者による利益相反取引

[22] A社の代表取締役甲がB社の事実上の主宰者としてこれを経営し、A社との間で取引を行っていれば、商法二六五条一項［本条一項二号］に違反する。（大阪高判平2・7・18前出[7]）

7 違反行為の効力

イ 第三者の悪意の主張・立証の必要（相対的無効）

a 間接取引について―取締役会設置会社の場合

[23] 取締役と会社との間に直接成立すべき利益相反する取引にあっては、会社は、当該取締役に対して、取締役会の承認を受けなかったことを理由として、その行為の無効を主張し得ることは当然であるが、会社以外の第三者と取締役

が会社を代表して自己のためにした取引については、取引の安全の見地より、善意の第三者を保護する必要があるから、会社は、その取引について取締役会の承認を受けなかったことのほか、相手方である第三者が悪意であることを主張し、立証して初めて、その無効をその相手方である第三者に主張し得る。（最大判昭43・12・25前出⑥）

b　手形行為について―取締役会設置会社の場合

24　手形が本来不特定多数人の間を転々流通する性質を有するものであることに鑑みれば、取引の安全の見地より、善意の第三者を保護する必要があるから、会社がその取締役に宛てて約束手形を振り出した場合においては、会社は、当該取締役に対しては、取締役会の承認を受けなかったことを理由として、その手形の振出しの無効を主張することができるが、一旦その手形が第三者に裏書譲渡されたときは、その第三者に対しては、その手形の振出しにつき取締役会の承認を受けなかったことのほか、その振出しにつき取締役会の承認がなかったことについて右の第三者が悪意であったことを主張し、立証するのでなければ、その振出しの無効を主張して手形上の責任を免れない。（最大判昭46・10・13前出⑨）

ロ　取締役からの無効の主張は許されない

25　取締役が会社に対して無効を主張することは許されない。（最判昭48・12・11民集二七・一一・一五二九……会社が取締役個人に対して貸し付けた金員の返還を求めた事例）

ハ　破産管財人に対する無効の主張―取締役会設置会社の場合

26　会社が利益相反取引の相手方の差押債権者に対して当該取引の無効を主張するためには差押債権者が取締役会の承認決議不存在につき悪意であることを主張立証しなければならないが、差押債権者に対するのと同様の保護が相手方の破産債権者全員に与えられるべきであるから、破産管財人は会社が利益相反取引の無効を主張するために取締役会の承認決議不存在につき悪意であることを主張立証しなければならない第三者に当たり、会社が破産管財人に対して利益相反取引の無効を主張するためには破産手続開始決定時を基準として破産債権者全員が悪意又は重過失であることを主張立証しなければならないと判示した事例（東京地判平25・4・15判タ一三九三・三六〇）

（取締役の報告義務）

第三五七条①　取締役は、株式会社に著しい損害を及ぼすおそれのある事実があることを発見したときは、直ちに、当該事実を株主（監査役設置会社にあっては、監査役）に報告しなければならない。

②　監査役会設置会社における前項の規定の適用については、同項中「株主（監査役設置会社にあっては、監査役）」とあるのは、「監査役会」とする。

③　監査等委員会設置会社における第一項の規定の適用については、同項中「株主（監査役設置会社にあっては、監査役）」とあるのは、「監査等委員会」とする。

❶【株主・監査役の権限→三六〇、三八五、三八六、八四七①】【適用除外→四一九③】

（業務の執行に関する検査役の選任）

第三五八条①　株式会社の業務の執行に関し、不正の行為又は法令若しくは定款に違反する重大な事実があることを疑うに足りる事由があるときは、次に掲げる株主は、当該株式会社の業務及び財産の状況を調査させるため、裁判所に対し、検査役の選任の申立てをすることができる。

一　総株主（株主総会において決議をすることができる事項の全部につき議決権を行使することができない株主を除く。）の議決権の百分の三（これを下回る割合を定款で定めた場合にあっては、その割合）以上の議決権を有する株主

二　発行済株式（自己株式を除く。）の百分の三（これを下回る割合を定款で定めた場合にあっては、その割合）以上の数の株式を有する株主

②　前項の申立てがあった場合には、裁判所は、これを不適法として却下する場合を除き、検査役を選任しなければならない。

③　裁判所は、前項の検査役を選任した場合には、株式会社が当該検査役に対して支払う報酬の額を定めることができる。

④　第二項の検査役は、その職務を行うため必要があるときは、株式会社の子会社の業務及び財産の状況を調査することができる。

⑤　第二項の検査役は、必要な調査を行い、当該調査の結果を記載し、又は記録した書面又は電磁的記録（法務省令で定めるものに限る。）を裁判所に提供して報告をしなければならない。

⑥　裁判所は、前項の報告について、その内容を明瞭にし、又はその根拠を確認するため必要があると認めるときは、第二項の検査役に対し、更に前項の報告を求めることができる。

⑦　第二項の検査役は、第五項の報告をしたときは、株式会社及び検査役の選任の申立てをした株主に対し、同項の書面の写しを交付し、又は同項の電磁的記録に記録された事項を法務省令で定める方法により提供しなければならない。

【検査役の選任→三〇六、三一六】【少数株主権の行使に関する罰則→九六八①㈡】❶【不正の行為又は法令・定款違反の行為→三七五①、三八二、三九七①、四〇六、八五四①】【会社の業務・財産→四三三①】【調査妨害に対する制裁→九七六㈤】【裁判所→八六八①】【㈠㈡】【議決権を行使することができない株主→二九七③】❷【検査役の選任→八七四㈠】❸【報酬の決定→八七〇①㈠】❺【検査役の報告→三五九】【虚偽の申述等に対する制裁→九六三③】【省令で定めるもの→会社則二二八】❼【電磁的記録→二六②】【省令で定める方法→会社則二二九】

一　検査役選任が認められるための要件

1　会社財産の損害の有無等の調査の必要性

1　商法二九四条［本条］により検査役を選任するには、違法・不正の業務執行により、会社財産に損害を及ぼしているかどうか、又は取締役に責任を生ずるかどうかを検査役が調査する必要があると疑われる場合であることを要し、会社財産に何ら影響のない単なる違法の業務執行がある場合だけでは足りず、単なる株主総会不開催等の主張だけでは足りない。（東京高決昭40・4・27下民一六・四・七七〇、会社百選〔五版〕八〇）

2　選任請求が権利濫用に当たる事例

2　商法二九四条［本条］による権利行使が少数株主の利益追求のみの手段として、又は会社の業務担当者を困惑させることのみを目的としてなされる場合には、権利濫用とし

てこれを排斥することができ、競争相手である相手方会社を困惑させようとしてなされた検査役選任申請は権利濫用に当たる。（東京高決昭40・4・27前出[7]）

[3] **3　選任請求が認められた例**
定時総会が開催されず、計算書類が作成されず、個人で負担すべき代表取締役の治療費が会社の資金から支出され、小規模赤字会社なのに代表取締役に年間一〇〇〇万円の報酬が支出された等の場合には、商法二九四条一項［本条二項］の事由に当たる。（大阪高決昭55・6・9判タ四二七・一七八、会社法百選[四版]A30）

[4] **二　取締役の地位にある株主の選任請求権**
取締役である株主は、取締役の職務執行の監督権限を有する取締役会の構成員としての立場から、必要な範囲において会社の業務財産の状況を調査することができるものとしても、実際上、ことに小規模で閉鎖的な会社では、取締役の地位にある者であっても会社の業務財産の状況を調査しこれを把握することができない事態を生ずることがあるから、株主として商法二九四条［本条］所定の検査役選任請求権を有するものと解される。（大阪高決平元・12・15判時一三六二・一一九）

[5] **三　株式保有要件の存続期間**
株式保有要件は、株主がこの請求権を有する要件であるから、この要件は選任につき確定裁判のあるまで存続することを要する。（大決大10・5・20民録二七・九四七、会社百選[四版]六八）

[6] **四　新株発行による持株比率の低下**
株主が検査役選任の申請をした時点で、当該株主が当該会社の総株主の議決権の一〇〇分の三以上を有していたとしても、その後、当該会社が新株を発行したことにより、当該株主が当該会社の総株主の議決権の一〇〇分の三未満しか有しないものとなった場合には、当該会社が当該株主の右申請を妨害する目的で新株を発行したなどの特段の事情のない限り、右申請は、申請人の適格を欠くものとして不適法であり却下を免れない。（最決平18・9・28民集六〇・七・二六三四、会社法百選[四版]五七）

[7] **五　検査事項の制限**
検査役の職務権限の範囲を検査事項の点で制限することは可能である。（大阪高決昭36・7・10下民一二・七・一六四〇）

（裁判所による株主総会招集等の決定）

第三五九条① 裁判所は、前条第五項の報告があった場合において、必要があると認めるときは、取締役に対し、次に掲げる措置の全部又は一部を命じなければならない。

一　一定の期間内に株主総会を招集すること。

二　前条第五項の調査の結果を株主に通知すること。

② 裁判所が前項第一号に掲げる措置を命じた場合には、取締役は、前条第五項の報告の内容を同号の株主総会において開示しなければならない。

③ 前項に規定する場合には、取締役（監査役設置会社にあっては、取締役及び監査役）は、前条第五項の報告の内容を調査し、その結果を第一項第一号の株主総会に報告しなければならない。

関❶［一］【株主総会招集命令違反に対する制裁↓九七六[十八]】［二］【株主への通知↓一二六】【懈怠に対する制裁↓九七六[三]】❷【懈怠に対する制裁↓九七六[三]】

（株主による取締役の行為の差止め）

第三六〇条① 六箇月（これを下回る期間を定款で定めた場合にあっては、その期間）前から引き続き株式を有する株主は、取締役が株式会社の目的の範囲外の行為その他法令若しくは定款に違反する行為をし、又はこれらの行為をするおそれがある場合において、当該行為によって当該株式会社に著しい損害が生ずるおそれがあるときは、当該取締役に対し、当該行為をやめることを請求することができる。

② 公開会社でない株式会社における前項の規定の適用については、同項中「六箇月（これを下回る期間を定款で定めた場合にあっては、その期間）前から引き続き株式を有する株主」とあるのは、「株主」とする。

③ 監査役設置会社、監査等委員会設置会社又は指名委員会等設置会社における第一項の規定の適用については、同項中「著しい損害」とあるのは、「回復することができない損害」とする。

関+【株主の差止請求権↓民保二三②、一七一の三、一七九の七、二四七、四二二】【濫用株主等に対する制裁↓九六八①[三]】【監査役・監査委員の差止請求権↓三八五、四〇七】❶【会社の目的↓二七[一]、九一一③[一]】【目的の範囲外の行為その他法令・定款違反の行為↓三六七①、三八五①、四〇七①】

[1] **違法行為差止請求が棄却された事例**
原子炉施設を設置・運転する会社の代表取締役には原子炉施設の安全性を維持し、原子炉の工作物に事故の発生につながり得るような欠陥が存在する疑いや安全運転上の異常徴候があるときには、直ちに原子炉の運転を停止させることにより、事故の発生を未然に防止する注意義務があり、その業務の執行に当たり、原子炉施設が技術基準に適合するか否かについても留意し、技術基準に適合するようにこれを維持すべき義務を、代表取締役の善管注意義務ないし忠実義務の一態様として電力会社に対して負うが、他方、原子炉施設を設置・運転する会社の代表取締役としては、極めて高度の専門的・技術的事項にわたる点が多いから、特段の事情がない限り、会社内外の専門家ないし専門機関の評価・判断に依拠することができ、また、そうすることが相当というべきであり、諸検査の終了、合格という結果を信頼して、本件原子炉施設に技術基準に適合しない状態はないと判断して原子炉の運転の継続を命ずることは、代表取締役としての会社に対する善管注意義務ないし忠実義務に違反するものではないというべきである。（東京高判平11・3・25判時一六八六・三三〈東京電力福島第二原発運転差止訴訟〉会社法百選[初版]六七……原子炉運転停止を求める本条の請求が棄却された事例）

（取締役の報酬等）

第三六一条① 取締役の報酬、賞与その他の職務執行の対価として株式会社から受ける財産上の利益（以下この章において「報酬等」という。）についての次に掲げる事項は、定款に当該事項を定めていないときは、株主総会の決議によって定める。

一　報酬等のうち額が確定しているものについては、その額

二　報酬等のうち額が確定していないものについては、その具体的な算定方法

三　報酬等のうち当該株式会社の募集株式（第百九十九条第一項に規定する募集株式をいう。以下この項及び第四百九条第三項において同じ。）については、当該募集株式の数（種類株式発行会社にあっては、募集株式の種類及び種類ごとの数）の上限その他法務省令で定める事項

四　報酬等のうち当該株式会社の募集新株予約権（第二百三十八条第一項に規定する募集新株予約権をいう。以下この項及び第四百九条第三項において同じ。）については、当該募集新株予約権の数の上限その他法務省令で定める事項

五　報酬等のうち次のイ又はロに掲げるものと引換えにする払込みに充てるための金銭については、当該イ又はロに定める事項

イ　当該株式会社の募集株式　取締役が引き受ける当該募集株式の数（種類株式発行会社にあっては、募集株式の種類及び種類ごとの数）の上限その他法務省令で定める事項

ロ　当該株式会社の募集新株予約権　取締役が引き受ける当該募集新株予約権の数の上限その他法務省令で定める事項

六　報酬等のうち金銭でないもの（当該株式会社の募集株式及び募集新株予約権を除く。）については、その具体的な内容

② 監査等委員会設置会社においては、前項各号に掲げる事項は、監査等委員である取締役とそれ以外の取締役とを区別して定めなければならない。

③ 監査等委員である各取締役の報酬等について定款の定め又は株主総会の決議がないときは、当該報酬等は、第一項の報酬等の範囲内において、監査等委員である取締役の協議によって定める。

④ 第一項各号に掲げる事項を定め、又はこれを改定する議案を株主総会に提出した取締役は、当該株主総会において、当該事項を相当とする理由を説明しなければならない。

⑤ 監査等委員である取締役は、株主総会において、監査等委員である取締役の報酬等について意見を述べることができる。

⑥ 監査等委員会が選定する監査等委員は、株主総会において、監査等委員である取締役以外の取締役の報酬等について監査等委員会の意見を述べることができる。

⑦ 次に掲げる株式会社の取締役会は、取締役（監査等委員である取締役を除く。以下この項において同じ。）の報酬等の内容として定款又は株主総会の決議による第一項各号に掲げる事項についての定めがある場合には、当該定めに基づく取締役の個人別の報酬等の内容についての決定に関する方針として法務省令で定める事項を決定しなければならない。ただし、取締役の個人別の報酬等の内容が定款又は株主総会の決議により定められているときは、この限りでない。

一　監査役会設置会社（公開会社であり、かつ、大会社であるものに限る。）であって、金融商品取引法第二十四条第一項の規定によりその発行する株式について有価証券報告書を内閣総理大臣に提出しなければならないもの

二　監査等委員会設置会社

⊛【報酬・賞与↓三三〇、民六四八・六五六、四二五①㊀、会更六六【募集株式↓二〇二の二・二〇五③―⑤【新株予約権↓二三六③―⑥ ❶【株主総会の決議↓三〇九①【指名委員会等設置会社の場合↓四〇四③ [三]【省令で定める事項↓会社則九八の二 [四]【省令で定める事項↓会社則九八の三 [五]【省令で定める事項↓会社則九八の四 ❸【報酬の分配に関する協議↓三七九②・三八七② ❹【理由の説明↓一七一③・一八〇④・一九〇・一九九③・二〇〇②・二三八③・二三九② ❺❻【意見陳述権↓三七九③・三八七③ ❼【取締役会の決議↓三六九・三九九の一三⑤㊃【省令で定める事項↓会社則九八の五

一　具体的な報酬請求権

[1] 株式会社の取締役については、定款又は株主総会の決議によって報酬の金額が定められなければ、株主総会決議に代わる株主全員の同意がない限り、具体的な報酬請求権は発生せず、取締役が会社に対して報酬を請求することはできない。（最判平15・2・21金判一一八〇・二九、会社法百選[四版]A21）

[2] 会社と取締役の法的関係が委任ないし準委任関係にあり、明示又は黙示的に報酬を与える特約が存在するとしても、報酬額が定款又は株主総会の決議により定められない限り、具体的報酬請求権は発生しないが、退職慰労金支給議案を否決した株主総会決議が公序良俗に反するような場合には、右報酬請求権が発生すると解する余地がある。（東京地判平9・8・26判タ九六八・二三九）

[3] 退職慰労金を支給する旨の株主総会の決議等が存在しない以上は、退職慰労金請求権が発生しておらず、内規に従った退職慰労金相当額の金員の支給を受けたことが不当利得になることは否定し難くとも、会社がその返還を請求することが、信義則に反し、権利の濫用として許されない場合がある。（最判平21・12・18判時二〇六八・一五一、会社法百選[四版]A22）

二　使用人兼務取締役の報酬

[4] 使用人として受ける給与の体系が明確に確立されている場合には、使用人兼務取締役について、別に使用人として給与を受けることを予定しつつ、取締役として給与を受ける報酬額のみを株主総会で決議することにしても、取締役としての実質的意味における報酬が過多でないかどうかについて総会が監視機能を果たせなくなるとは考えられないから、右の決議が商法二六九条［本条］の脱法行為に当たるとはいえない。（最判昭60・3・26判時一一五九・一五〇）

三　退職慰労金

1　その性質

[5] 会社の役員に対する退職慰労金は、その在職中の職務執行の対価として支給されるものである限り、商法二六九条［本条］の報酬に含まれる。（最判昭39・12・11民集一八・一〇・二一四三、会社法百選[四版]五九）

2　決定方法―監査等委員ではない取締役に対する報酬の場合

[6] 株主総会が退職慰労金の金額、時期、方法を取締役会に一任し、取締役会は、会社の業績、退職役員の勤続年数、担当業務、功績の軽重等から割り出した一定の基準により慰労金を決定する以上、総会の支給決議は株主総会でその金額等に関する一定の枠が決定されたというべきであるから、商法二六九条［本条］の趣旨に反して無効の決議があるということはできない。（最判昭39・12・11前出[5]）

7　退職慰労金につき、役付きでない取締役には功績度率による加算をしない慣行のある会社で、役付きでない退任取締役に対する退職慰労金の贈呈に関し、株主総会でその金額について、従来の基準に従い、相当額の範囲内とし、具体的金額等の決定は取締役会に一任する旨の決議がなされ、取締役会で、右金額等の決定を取締役会長等に一任する旨の決議がなされた場合に、右株主総会の決議は商法二六九条［本条］に違反せず、また右取締役会決議も同条及び総会の決議の趣旨に反しない。（最判昭58・2・22判時一〇七六・一四〇）

8　退職慰労金贈呈決議が商法二四七条一項三号［会社八三一条一項三号］に該当するとされた事例（神戸地尼崎支判平10・8・21判時一六六二・一四八）↓八三一条13

3　退職慰労金を支給しない旨の総会決議の効力

9　その就任中に会社の経営成績が悪化した代表取締役の退職慰労金につき、退職慰労金支給議案を否決した株主総会決議は、公序良俗に反するものということはできない。（東京地判平9・8・26前出2）

4　退職慰労金不支給議案の提出が不法行為に当たる場合

10　取締役会が会社内規に基づく退職慰労金の支給を前提とする議案を速やかに株主総会に提出し、これが可決されて退職慰労金の支給を受けられるという強い期待を抱いていた退任取締役に対して、退職慰労金を支給しない旨の議案を株主総会に提出した取締役会の措置は、退任取締役の期待を裏切り、その人格的利益を侵害した違法なもので退任取締役に対する不法行為に当たる。（大阪高判平19・3・30判夕一二六六・二九五）

5　監査等委員ではない取締役に対する退職慰労金の額等の決定を一任された取締役会が決定しなかった場合

11　株主総会により退職慰労金の額等の決定が取締役会に一任された場合に、会社の内規等に退職慰労金の額を算定する基準が定められていたとしても、取締役会に退職慰労金の額等の決定を一任する旨の株主総会決議によって直ちに退任取締役の会社に対する退職慰労金請求権が発生するわけではなく、決定を一任された取締役会が額を具体的に決定して初めて、退職慰労金請求権が発生することになる。（東京高判平12・6・21判夕一〇六三・一八五……取締役会が決定しない場合に、退職慰労金請求権が［旧］破産法二三条［現一〇三条四項］の条件付債権又は将来の債権と評価できるまでに至っていないとされた事例）

6　使用人兼務取締役の退職慰労金

12　使用人兼務取締役が取締役の辞任とともに退職により従業員の地位を失う場合において、その支給を受けるべき退職慰労金が、従業員にも共通に適用される退職慰労金支給規定に基づいて算出すべきものとされているときでも、右慰労金は商法二六九条［本条］の報酬に当たり、定款又は総会決議により定めなければならない。（最判昭56・5・11判時一〇〇九・一二四、労働百選七版四七）

四　株主総会決議が事後的になされた場合

13　株主総会の決議を経ずに取締役及び監査役報酬が支払われた場合であっても、これについて後に株主総会の決議を経ることにより、事後的にせよ商法二六九条［本条］の規定の趣旨目的は達せられるものということができるから、当該決議の内容等に照らして前記規定の趣旨目的を没却するような特段の事情があると認められない限り、当該役員報酬の支払は株主総会の決議に基づく適法有効なものになる。（最判平17・2・15判時一八九〇・一四三、重判平17商三）

五　任期中の報酬額の変更

14　一旦定められた取締役の報酬額は、原則として当該取締役の同意のない限り、任期中に減額することは許されないが、各取締役の報酬が個人ごとではなく、役職ごとに定められており、任期中に役職の変更が生じた取締役に対して当然に変更後の役職について定められた報酬額が支払われているような場合には、こうした報酬の定め方及び慣行を了知した上で取締役就任に応じた者は、明示の意思表示がなくとも、取締役報酬の減額をも甘受することを黙示のうちに応諾したとみるべきであるから、会社は、当該取締役の役職の変更を理由とした報酬減額の措置をとることができる。（東京地判平2・4・20判時一三五〇・一三八〈三越社長解任事件〉重判平2商三）

15　役職が取締役の報酬額決定の基準ないし基準の一つとなっており、役職の変更に連動して当然に一定額の報酬が減額されるような場合などのように、取締役にとって報酬の減額が予測可能なものであり、そのような変更について取締役就任の際に当該取締役の黙示の同意があったと推認できる程度のものであって初めて、慣行の存在を理由として個別の変更に対する同意がなくても報酬額の減額が認められる。（福岡高判平16・12・21判夕一一九四・二七一……減額が認められなかった事例）

六　取締役の報酬額の決定後にそれを無報酬とする旨の総会決議と報酬請求権

16　定款又は株主総会の決議（株主総会において取締役報酬の総額を定め、取締役会において各取締役に対する配分を決議した場合を含む）によって取締役の報酬額が具体的に定められた場合には、その報酬額は、会社と取締役間の契約内容となり、契約当事者である会社と取締役の双方を拘束するから、その後株主総会が当該取締役の報酬につきこれを無報酬とする旨の決議をしたとしても、当該取締役は、これに同意しない限り、右報酬の請求権を失うものではない。この理は、取締役の職務内容に著しい変更があり、それを前提に右株主総会決議がされた場合であっても異ならない。（最判平4・12・18民集四六・九・三〇〇六、会社法百選四版A23）

第五節　取締役会

第一款　権限等

（取締役会の権限等）

第三六二条①　取締役会は、すべての取締役で組織する。

②　取締役会は、次に掲げる職務を行う。

一　取締役会設置会社の業務執行の決定

二　取締役の職務の執行の監督

三　代表取締役の選定及び解職

③　取締役会は、取締役の中から代表取締役を選定しなければならない。

④　取締役会は、次に掲げる事項その他の重要な業務執行の決定を取締役に委任することができない。

一　重要な財産の処分及び譲受け

二　多額の借財

三　支配人その他の重要な使用人の選任及び解任

四　支店その他の重要な組織の設置、変更及び廃止
五　第六百七十六条第一号に掲げる事項その他の社債を引き受ける者の募集に関する重要な事項として法務省令で定める事項
六　取締役の職務の執行が法令及び定款に適合することを確保するための体制その他株式会社の業務並びに当該株式会社及びその子会社から成る企業集団の業務の適正を確保するために必要なものとして法務省令で定める体制の整備
七　第四百二十六条第一項の規定による定款の定めに基づく第四百二十三条第一項の責任の免除

⑤ 大会社である取締役会設置会社においては、取締役会は、前項第六号に掲げる事項を決定しなければならない。

参【取締役の権限→三九九の一三、四一六　❶【取締役会設置会社の取締役の員数→三三一⑤【各取締役の権限→三六六①・三七〇　❷【一】【取締役会による業務執行の決定→三四八②・四一六①④　【三】【取締役の職務執行の監督→三六三②・三六五②　❷【三】❸【代表取締役→三四九—三五一　❸【取締役会設置会社以外における選任→三四九③　❹【一】【重要な財産の処分等→四六七—四七〇、独禁一六　【二】【三】【特別取締役への委任→三七三①　【三】【支配人→一〇—一二　【四】【支店→九一一③㊂　【五】【省令で定める事項→会社則九九　【六】【省令で定める体制→会社則一〇〇

一　必要な取締役会の決議を経ないでなされた取引行為の効力

[1] 代表取締役は会社の業務に関し一切の裁判上又は裁判外の行為をする権限を有するから、代表取締役が取締役会の決議を経てすることを要する対外的取引を決議なしでした場合も、右取引行為は内部的意思決定を欠くにとどまり、原則として有効であって、ただ相手方が右決議を経ていないことを知り又は知り得べかりしときに限って無効である。（最判昭40・9・22民集一九・六・一六五六、会社法百選[四版]六二）→民一〇七条[5]

二　必要な取締役会の決議を経ないでなされた取引行為の無効主張

[2] 株式会社の代表取締役が取締役会の決議を経ないで重要な業務執行に該当する取引をした場合に、取締役会の決議を経ていないことを理由とする取引の無効は、原則として会社のみが主張することができ、会社以外の者は、当該会社の取締役会が取引の無効を主張する旨の決議をしているなどの特段の事情がない限り、取引の無効を主張することはできない。（最判平21・4・17民集六三・四・五三五、重判平21商二）→民一〇七条[6]

三　代表取締役の業務執行に対する取締役の監視義務

[3] 取締役会は会社の業務執行につき監査する地位にあるから、取締役会を構成する取締役は、取締役会に上程された事柄について監視するにとどまらず、代表取締役の業務執行一般につき、これを監視し、必要があれば、取締役会を自ら招集し、あるいは招集することを求め、取締役会を通じて業務執行が適正に行われるようにする職務を有する。（最判昭48・5・22民集二七・五・六五五、会社法百選[四版]六七……商法二六六条ノ三［会社四二九条一項］の責任が問われた事例）

四　本条四項に該当する場合

1　一号の重要な財産の処分

イ　その判断基準

[4] 商法二六〇条二項一号［本条四項一号］の重要な財産の処分に該当するかどうかは、当該財産の価額、会社の総資産に占める割合、保有目的、処分の態様、従来の取扱い等の事情を総合的に考慮して判断される。（最判平6・1・20民集四八・一・一、会社法百選[四版]六〇）

ロ　株式の譲渡が該当するとされた例

[5] 株式の帳簿価額が会社の総資産の約一・六パーセントに相当し、その適正時価が把握し難く、その代価いかんによっては会社の資産・損益に著しい影響を与え得るものであり、しかもその譲渡が会社の営業の通常の取引に属しない等の事情があれば、その譲渡は商法二六〇条二項一号［本条四項一号］に該当しないとはいえない。（最判平6・1・20前出[4]）

ハ　船舶の譲受けが該当するとされた事例

[6] 支配船舶数（所有船舶又は用船）が十数隻程度という規模の海運業を営む株式会社においては、支配船舶一隻の増加は、特段の事情のない限り、商法二六〇条二項一号［本条四項一号］所定の「重要なる財産の譲受」に匹敵するものとして、同項柱書の「重要なる業務執行」に該当し、合弁会社に船舶を保有させて共同運航する旨の合弁契約の締結についても同様である。（東京地判平18・4・26判時一九三〇・一四七）

二　社債の引受け

[7] 社債の額や総資産に占める割合等、会社における従前の取扱い及び保有目的、取引の態様その他の事情に照らすと、社債の引受け行為は、重要な財産の処分に当たる。（さいたま地判平23・9・2金判一三七六・五四）

2　多額の借財の判断基準

[8] 多額の借財に該当するか否かについては、当該借財の額、その会社の総資産及び経常利益等に占める割合、当該借財の目的及び会社における従来の取扱い等の事情を総合的に考慮して判断される。（東京地判平9・3・17判時一六〇五・一四一）

3　業務の適正を確保するために必要な体制の整備

[9] 通常想定される不正行為を防止し得る程度の管理体制を整えていたということができ、本件架空売上げが通常想定しがたい方法によるものであり、その発生を予見すべき特別な事情も見当たらず、監査法人も財務諸表につき適正であるとの意見を表明していたのであるから、本件不正行為を防止するためのリスク管理体制を構築すべき義務に違反した過失があるとはいえない。（最判平21・7・9判時二〇五五・一四七、会社法百選[四版]五〇）

[10] 法令遵守体制の一環として、グループ会社の事業場内で就労する者から法令等の遵守に関する相談を受ける相談窓口制度を設け、周知してその利用を促し、現に相談への対応を行っていた趣旨は、グループ会社から成る企業集団の業務の適正の確保等を目的として、相談窓口における相談への対応を通じて、グループ会社の業務に関して生じる可能性がある法令等に違反する行為を予防し、又は現に生じた法令等違反行為に対処することにあると解されることに照らすと、グループ会社の事業場内で就労した際に、法令等違反行為によって被害を受けた従業員等が、相談窓口に対しその旨の相談の申出をすれば、会社は、相応の対応をするよう努めることが想定されていたものといえ、申出の具体的状況いかんによっては、当該申出をした者に対し、当該申出を受け、体制として整備された仕組みの内容、当該申出に係る相談の内容等に応じて適切に対応すべき信義則上の義務を負う場合がある。（最判平30・2・15判時二三八三・一五、重判平30商八）

五　取締役会設置会社の代表取締役を株主総会で選定する旨の定款の定めの有効性→二九五条②

六　代表取締役解職決議の効力発生時期

11 取締役会の代表取締役解任［解職］決議によって代表権限も当然消滅し、告知を待って初めて解任の効果が生ずるものではない。（最判昭41・12・20民集二〇・一〇・二一六〇）

七　代表取締役解職の取締役会決議の無効確認の利益の有無

12 代表取締役解任［解職］の取締役会決議の無効確認を請求する訴えは、過去の法律関係の確認を求めるものであるが、その確認でも、現存する紛争の直接かつ抜本的な解決のために有効・適切かつ必要と認められる場合には、確認の利益が認められる。（名古屋高判平10・7・8判タ一〇二三・二四八……現存する紛争として、右の取締役会決議後になされた株主総会における取締役選任決議の瑕疵［かし］の有無、解任されなければ存続しているはずの代表取締役の地位の有無及び解任されなければ得ていたはずの代表取締役の報酬の存否が考えられるが、それらの紛争の解決のために有効・適切かつ必要であるとは認められないとして、訴えが却下された事例）

第三六三条（**取締役会設置会社の取締役の権限**）① 次に掲げる取締役は、取締役会設置会社の業務を執行する。

一　代表取締役

二　代表取締役以外の取締役であって、取締役会の決議によって取締役会設置会社の業務を執行する取締役として選定されたもの

② 前項各号に掲げる取締役は、三箇月に一回以上、自己の職務の執行の状況を取締役会に報告しなければならない。

参❶【業務執行→三四八①　【一】【代表取締役→三四九―三五一・三六二③　❷【取締役会への報告→三六二②三・三七二②・四一七④

7 取締役の会計帳簿等閲覧請求権の有無　取締役に会計帳簿等閲覧謄写請求権を認める明文の規定は存在しないし、そのような権利が認められなくとも、取締役が会社に対する義務を履行するために会計帳簿等の閲覧謄写を請求したにもかかわらず不当に拒絶されたという事実を取締役の義務違反の有無の判断の中で取締役に有利にしんしゃくできると解すれば取締役の利益が不当に損なわれることはないとして、取締役会設置会社の取締役は会社に対して会計帳簿等の閲覧謄写を求める権利を有さないと判断した事例（東京地判平23・10・18金判一四二一・六〇）

第三六四条（**取締役会設置会社と取締役との間の訴えにおける会社の代表**）　第三百五十三条に規定する場合には、取締役会は、同条の規定による株主総会の定めがある場合を除き、同条の訴えについて取締役会設置会社を代表する者を定めることができる。

参＋【取締役・会社間の訴訟→三五三参

第三六五条（**競業及び取締役会設置会社との取引等の制限**）① 取締役会設置会社における第三百五十六条の規定の適用については、同条第一項中「株主総会」とあるのは、「取締役会」とする。

② 取締役会設置会社においては、第三百五十六条第一項各号の取引をした取締役は、当該取引後、遅滞なく、当該取引についての重要な事実を取締役会に報告しなければならない。

参❶【取締役会の承認→四一六④七　❷【重要な事実の報告→三六二②二　【違反に対する制裁→九七六二十三

取締役会の承認→三五六条17～19

第二款　運営

第三六六条（**招集権者**）① 取締役会は、各取締役が招集する。ただし、取締役会を招集する取締役を定款又は取締役会で定めたときは、その取締役が招集する。

② 前項ただし書に規定する場合には、同項ただし書の規定により定められた取締役（以下この章において「招集権者」という。）以外の取締役は、招集権者に対し、取締役会の目的である事項を示して、取締役会の招集を請求することができる。

③ 前項の規定による請求があった日から五日以内に、その請求があった日から二週間以内の日を取締役会の日とする取締役会の招集の通知が発せられない場合には、その請求をした取締役は、取締役会を招集することができる。

参❶【取締役会の招集→三六八・三七三②・四一七①②【取締役会による招集権者の決定→四一六④四　❷【会議の目的である事項の例→二〇一①・三六二②④・三六四・三六五【監査役による招集請求→三八三②　❸【監査役による招集→三八三③　＋【適用除外→三七三④

第三六七条（**株主による招集の請求**）① 取締役会設置会社（監査役設置会社、監査等委員会設置会社及び指名委員会等設置会社を除く。）の株主は、取締役が取締役会設置会社の目的の範囲外の行為その他法令若しくは定款に違反する行為をし、又はこれらの行為をするおそれがあると認めるときは、取締役会の招集を請求することができる。

② 前項の規定による請求は、取締役（前条第一項ただし書に規定する場合にあっては、招集権者）に対し、取締役会の目的である事項を示して行わなければならない。

③ 前条第三項の規定は、第一項の規定による請求があった場合について準用する。

④ 第一項の規定による請求を行った株主は、当該請求に基づき招集され、又は前項において準用する前条第三項の規定により招集した取締役会に出席し、意見を述べることができる。

参❶【目的の範囲外の行為その他法令・定款違反の行為→三六〇①・三八五①・四〇七①　❷【会議の目的である事項の例→三六二②三・三六四　＋【適用除外→三七三④【清算株式会社の場合→四九〇④

第三六八条（招集手続）①　取締役会を招集する者は、取締役会の日の一週間（これを下回る期間を定款で定めた場合にあっては、その期間）前までに、各取締役（監査役設置会社にあっては、各取締役及び各監査役）に対してその通知を発しなければならない。

②　前項の規定にかかわらず、取締役会は、取締役（監査役設置会社にあっては、取締役及び監査役）の全員の同意があるときは、招集の手続を経ることなく開催することができる。

㊜❶【各取締役への通知↓三七三②　❷【招集手続の省略↓三七六③、三九九の九②【取締役会の決議の省略↓三七〇】【監査役の出席義務↓三八三①

一　名目的取締役に対する招集通知の必要性

[1]　取締役会の招集通知は、取締役全員に対してしなければならず、単に名目的取締役の地位にあるにすぎない者に対しては通知を要しないという理由はない。（最判昭44・12・2民集二三・一二・二三九六、会社法百選[四版]六二）

二　一部の取締役に対する招集通知漏れと取締役会決議の効力

[2]　取締役会の開催に当たり、取締役の一部の者に対する招集通知を欠くことにより、その招集手続に瑕疵〔かし〕があるときは、特段の事情がない限り取締役会決議は無効であるが、その取締役が出席してもなお決議の結果に影響がないと認められるべき特段の事情があるときは、右瑕疵は決議の効力に影響がないとして、決議は有効になる。（最判昭44・12・2前出[1]）

三　取締役会の招集通知に議題として記載されていない代表取締役解職・選定決議の効力

[3]　取締役会規程に取締役会の招集通知は書面でなし、右通知には、会議の目的事項を記載すべき旨規定しているとしても、取締役会において右招集通知に記載されていない事項について審議又は決議することを禁じているものと解することはできず、したがって、招集通知に議題として記載されていない事項である代表取締役社長の解任〔解職〕・選任〔選定〕の取締役会決議は違法ではない。（名古屋高判平12・1・19金判一〇八七・一八）

四　取締役全員による協議決定と招集手続の省略

[4]　取締役全員が業務執行について協議決定したときは、特に招集手続を省略する旨の明示の同意がなくても、適法に取締役会の承認を得たと解してよい。（最判昭31・6・29民集一〇・六・七七四、会社法百選[三版]五六）

第三六九条（取締役会の決議）①　取締役会の決議は、議決に加わることができる取締役の過半数（これを上回る割合を定款で定めた場合にあっては、その割合以上）が出席し、その過半数（これを上回る割合を定款で定めた場合にあっては、その割合以上）をもって行う。

②　前項の決議について特別の利害関係を有する取締役は、議決に加わることができない。

③　取締役会の議事については、法務省令で定めるところにより、議事録を作成し、議事録が書面をもって作成されているときは、出席した取締役及び監査役は、これに署名し、又は記名押印しなければならない。

④　前項の議事録が電磁的記録をもって作成されている場合における当該電磁的記録に記録された事項については、法務省令で定める署名又は記名押印に代わる措置をとらなければならない。

⑤　取締役会の決議に参加した取締役であって第三項の議事録に異議をとどめないものは、その決議に賛成したものと推定する。

㊜❶【決議の特則↓三七三①　❷【特別利害関係取締役の議決権の排除↓四二六①【特別利害関係株主に関する原則↓八三一①㊂【特別利害関係株主の議決権の排除↓一四〇③・一六〇④・一七五②【特別利害関係委員の議決権排除↓四一二②　❸【議事録↓三七一、商登四六②　❹【電磁的記録↓二六②【省令の定め↓会社則一〇一　❺【決議への賛成↓四二三③㊂【省令で定める措置↓会社則二二五

一　定足数

1　定足数の充足時期

[1]　取締役会の定足数は、討議、議決の全過程を通じて維持されるべきであって、開会時に充足されただけでは足りない。（最判昭41・8・26民集二〇・六・一二八九、会社法百選[三版]三七）

2　定足数を欠いた決議の効力

[2]　定足数を欠く取締役会の決議は無効である。（最判昭41・8・26前出[1]）

二　採決方法

[3]　取締役会の決議の方法については、挙手、起立、投票等の採決の手続が取られなくとも、必要な議決権数に達したことが明白になれば、その時に表決が成立したものと解される。（東京地判平24・9・11金判一四〇四・五二、会社法百選[三版]A28）

三　可否同数の場合は議長が決する旨の定め

[4]　「取締役会の決議は総取締役の過半数が出席し、出席取締役の過半数を以て決し、可否同数の時は議長の決するところによる」という取締役会規定は、商法二六〇条ノ二第一項〔本条一項〕に反して決議要件を緩和するものであって許されない。（大阪地判昭28・6・19下民四・六・八八六）

四　取締役の特別利害

1　特別利害関係が認められた事例

イ　代表取締役解職決議と特別利害関係

[5]　代表取締役の解任〔解職〕に関する取締役会決議については、当該代表取締役は、特別利害関係を有する者に当たる。（最判昭44・3・28民集二三・三・六四五、会社法百選[四版]六三）

ロ　株主総会への取締役解任議案の提出

[6]　本条二項の特別の利害関係は特定の取締役が会社に対する忠実義務を誠実に履行することを定型的に困難にすると認められる個人的利害関係ないしは会社外の利害関係であると解した上で、株主総会に取締役の解任議案を提出するか否かを決定する取締役会の決議において、解任議案の対象とされている取締役は特別の利害関係を有する。（東京地決平29・9・26金判一五二九・六〇、重判平30商六）

2　特別利害関係のある取締役が議長として議事を主宰することの可否

[7]　決議につき特別利害関係人として議決権のない取締役は、当該決議から排除されるべき者であり、そのような者に議長として議事を主宰する権限を認めることはできない。（東京高判平8・2・8資料版商事法務一五一・一四三、重判平8商四……議決権のない者が決議に参加した瑕疵〔かし〕とあわせて、これらの瑕疵を帯びた本件決議は無効とされ

会社

た）

3　特別利害関係ある理事が加わってなされた理事会の議決の効力

[8]　漁業協同組合の理事会の議決が、当該議決について特別の利害関係を有する理事が加わってされたものであっても、当該理事を除外してもなお議決の成立に必要な多数が存するときは、その効力は否定されない。（最判平28・1・22民集七〇・一・八四、会社法百選[四版]A17）

五　議決権行使に関する取締役間の合意

[9]　取締役の間で取締役会における議決権の行使につき約束したとしても、何ら商法の精神に反するものとはいえず、合意は有効である。（東京高判平12・5・30判時一七五〇・一六九、会社法百選[四版]A18）↓三〇九条[4]

（取締役会の決議の省略）

第三七〇条　取締役会設置会社は、取締役が取締役会の決議の目的である事項について提案をした場合において、当該提案につき取締役（当該事項について議決に加わることができるものに限る。）の全員が書面又は電磁的記録により同意の意思表示をしたとき（監査役設置会社にあっては、監査役が当該提案について異議を述べたときを除く。）は、当該提案を可決する旨の取締役会の決議があったものとみなす旨を定款で定めることができる。

参【決議の省略↓商登四六③【決議の目的である事項の例↓一三九①、二〇一①、三六二②㈠㈢④、三六四、三六五①【議決に加わることができる取締役↓三六九②【電磁的記録↓二六②【適用除外↓三七三④

持ち回り決議の効力

[1]　代表取締役が行方不明となったので、他の取締役全員がその一人に代表権を付与することを承認したが、その承認が持ち回りの方法でなされたにすぎないときは、有効な取締役会の選任ということはできず、右取締役は代表権を取得しない。（最判昭44・11・27民集二三・一一・二三〇一、会社百選[二版]六二）

（議事録等）

第三七一条①　取締役会設置会社は、取締役会の日（前条の規定により取締役会の決議があったものとみなされた日を含む。）から十年間、第三百六十九条第三項の議事録又は前条の意思表示を記載し、若しくは記録した書面若しくは電磁的記録（以下この条において「議事録等」という。）をその本店に備え置かなければならない。

②　株主は、その権利を行使するため必要があるときは、株式会社の営業時間内は、いつでも、次に掲げる請求をすることができる。

一　前項の議事録等が書面をもって作成されているときは、当該書面の閲覧又は謄写の請求

二　前項の議事録等が電磁的記録をもって作成されているときは、当該電磁的記録に記録された事項を法務省令で定める方法により表示したものの閲覧又は謄写の請求

③　監査役設置会社、監査等委員会設置会社又は指名委員会等設置会社における前項の規定の適用については、同項中「株式会社の営業時間内は、いつでも」とあるのは、「裁判所の許可を得て」とする。

④　取締役会設置会社の債権者は、役員又は執行役の責任を追及するため必要があるときは、裁判所の許可を得て、当該取締役会設置会社の議事録等について第二項各号に掲げる請求をすることができる。

⑤　前項の規定は、取締役会設置会社の親会社社員がその権利を行使するため必要があるときについて準用する。

⑥　裁判所は、第三項において読み替えて適用する第二項各号に掲げる請求又は第四項（前項において準用する場合を含む。以下この項において同じ。）の請求に係る閲覧又は謄写をすることにより、当該取締役会設置会社又はその親会社若しくは子会社に著しい損害を及ぼすおそれがあると認めるときは、第三項において読み替えて適用する第二項の許可又は第四項の許可をすることができない。

参【議事録↓商登四六②【虚偽記載等への制裁↓九七六㈦ ❶【本店↓四参【備置義務懈怠に対する制裁↓九七六㈣ ❷【二【省令で定める方法↓会社則二二六 ❷❹❺【株主等の閲覧等請求不当拒否に対する制裁↓九七六㈣ ❸❹【裁判所の許可↓八六八① ❹【債権者による役員等の責任追及の例↓四二九 ❺【親会社社員の権利行使に関する裁判所の許可↓八六八②

一　閲覧・謄写の対象となる取締役会議事録の特定

[1]　取締役会議事録の閲覧・謄写の許可申請の趣旨においては、閲覧・謄写の対象となる取締役会議事録を特定する必要があるものの、その程度は、当該申請に係る取締役会議事録の閲覧・謄写の範囲をその外の部分と識別することが可能な程度で足りる。（東京地決平18・2・10判時一九二三・一三〇）

二　閲覧・謄写の許可の対象となる議事録の範囲

[2]　会社が一〇年間の備置期間経過後に保存している取締役会議事録は、商法二六〇条ノ四第五項［本条一項］の規定により本店に備え置いている取締役会議事録とはいえないから、閲覧・謄写の許可の対象とはならない。（東京地決平18・2・10前出[1]）

三　権利行使の必要性

[3]　株主提案権を行使して電力事業会社の定款に原子力発電事業に関する条項を追加する議案を提案することを検討している地方公共団体が、同社の取締役会が原子力発電事業について協議又は決定した部分の議事録の閲覧及び謄写を求めることは、地方公共団体は市民の生命・安全を確保し、その円滑な日常生活を確保する責務を有していること及び原子力発電事業に関する経営判断が同社の存続及び帰趨〔きすう〕を決定的に左右し株主が重大な利害関係を有するものであることを踏まえると、株主としての権利行使の必要性に基づくものといえる。（大阪高決平25・11・8判時二二一四・一〇五、会社法百選[四版]A19）

（取締役会への報告の省略）

第三七二条①　取締役、会計参与、監査役又は会計監査人が取締役（監査役設置会社にあっては、取締役及び監査役）の全員に対して取締役会に報告すべき事項を通知したときは、当該事項を取締役会へ報告することを要しない。

② 前項の規定は、第三百六十三条第二項の規定による報告については、適用しない。

③ 指名委員会等設置会社についての前二項の規定の適用については、第一項中「監査役又は会計監査人」とあるのは「会計監査人又は執行役」と、「取締役（監査役設置会社にあっては、取締役及び監査役）」とあるのは「取締役」と、前項中「第三百六十三条第二項」とあるのは「第四百十七条第四項」とする。

参❶【報告すべき事項→三六五②、三八二　❸【報告すべき事項→四一七③④、四一九②、三六五②

（特別取締役による取締役会の決議）

第三七三条① 第三百六十九条第一項の規定にかかわらず、取締役会設置会社（指名委員会等設置会社を除く。）が次に掲げる要件のいずれにも該当する場合（監査等委員会設置会社にあっては、第三百九十九条の十三第五項に規定する場合又は同条第六項の規定による定款の定めがある場合を除く。）には、取締役会は、第三百六十二条第四項第一号及び第二号又は第三百九十九条の十三第四項第一号及び第二号に掲げる事項についての取締役会の決議については、あらかじめ選定した三人以上の取締役（以下この章において「特別取締役」という。）のうち、議決に加わることができるものの過半数（これを上回る割合を取締役会で定めた場合にあっては、その割合以上）が出席し、その過半数（これを上回る割合を取締役会で定めた場合にあっては、その割合以上）をもって行うことができる旨を定めることができる。

一 取締役の数が六人以上であること。

二 取締役のうち一人以上が社外取締役であること。

② 前項の規定による特別取締役による議決の定めがある場合には、特別取締役以外の取締役は、第三百六十二条第四項第一号及び第二号又は第三百九十九条の十三第四項第一号及び第二号に掲げる事項の決定をする取締役会に出席することを要しない。この場合における第三百六十六条第一項本文及び第三百六十八条の規定の適用については、第三百六十六条第一項本文中「各取締役」とあるのは「各特別取締役（第三百七十三条第一項に規定する特別取締役をいう。第三百六十八条において同じ。）」と、第三百六十八条第一項中「定款」とあるのは「取締役会」と、「各取締役」とあるのは「各特別取締役」と、同条第二項中「取締役（」とあるのは「特別取締役（」と、「取締役及び」とあるのは「特別取締役及び」とする。

③ 特別取締役の互選によって定められた者は、前項の取締役会の決議後、遅滞なく、当該決議の内容を特別取締役以外の取締役に報告しなければならない。

④ 第三百六十六条（第一項本文を除く。）、第三百六十七条、第三百六十九条第一項、第三百七十条及び第三百九十九条の十四の規定は、第二項の取締役会については、適用しない。

参❶【特別取締役による議決の定め→九一一③〔二十一〕、商登四七②〔十二〕【議決に加わることができる取締役→三六九②〔二〕【社外取締役→二〔十五〕・九一一③〔二十一〕　❷【監査役の出席→三八三①【監査役の取締役会招集請求権等の排除→三八三④

第六節　会計参与

（会計参与の権限）

第三七四条① 会計参与は、取締役と共同して、計算書類（第四百三十五条第二項に規定する計算書類をいう。以下この章において同じ。）及びその附属明細書、臨時計算書類（第四百四十一条第一項に規定する臨時計算書類をいう。以下この章において同じ。）並びに連結計算書類（第四百四十四条第一項に規定する連結計算書類をいう。第三百九十六条第一項において同じ。）を作成する。この場合において、会計参与は、法務省令で定めるところにより、会計参与報告を作成しなければならない。

② 会計参与は、いつでも、次に掲げるものの閲覧及び謄写をし、又は取締役及び支配人その他の使用人に対して会計に関する報告を求めることができる。

一 会計帳簿又はこれに関する資料が書面をもって作成されているときは、当該書面

二 会計帳簿又はこれに関する資料が電磁的記録をもって作成されているときは、当該電磁的記録に記録された事項を法務省令で定める方法により表示したもの

③ 会計参与は、その職務を行うため必要があるときは、会計参与設置会社の子会社に対して会計に関する報告を求め、又は会計参与設置会社若しくはその子会社の業務及び財産の状況の調査をすることができる。

④ 前項の子会社は、正当な理由があるときは、同項の報告又は調査を拒むことができる。

⑤ 会計参与は、その職務を行うに当たっては、第三百三十三条第三項第二号又は第三号に掲げる者を使用してはならない。

⑥ 指名委員会等設置会社における第一項及び第二項の規定の適用については、第一項中「取締役」とあるのは「執行役」と、第二項中「取締役及び」とあるのは「執行役及び取締役並びに」とする。

参＊【会計参与→三三三　参【会計参与の職務執行→三八〇　❶【計算書類・臨時計算書類・連結計算書類→三七七①、三七八【会計参与報告→三七八、四二九②〔二〕【虚偽記載等に対する制裁→九七六〔七〕【省令の定め→会社則一〇二　❷【会計帳簿→四三二〔二〕【電磁的記録→二六②【省令で定める方法→会社則二二六　❸【調査の妨害に対する制裁→九七六〔五〕

（会計参与の報告義務）

第三七五条① 会計参与は、その職務を行うに際して取締役の職務の執行に関し不正の行為又は法令若しくは定款に違反する重大な事実があることを発見したときは、遅滞なく、これを株主（監査役設置会社にあっては、監査役）に報告しなければならない。

② 監査役会設置会社における前項の規定の適用については、同項中「株主（監査役設置会社にあっては、監査役）」とあるのは、「監査役会」とする。

③ 監査等委員会設置会社における第一項の規定の適用については、同項中「株主（監査役設置会社にあっては、監査役）」とあるのは、「監査等委員会」とする。

④ 指名委員会等設置会社における第一項の規定の適用については、同項中「取締役」とあるのは「執行役又は取締役」と、「株主（監査役設置会社にあっては、監査役）」とあるのは「監査委員会」とする。

+【不正の行為又は法令・定款違反の行為→三五八①、三八二、三九七①、四〇六、八五四①】

（取締役会への出席）

第三七六条① 取締役会設置会社の会計参与（会計参与が監査法人又は税理士法人である場合にあっては、その職務を行うべき社員。以下この条において同じ。）は、第四百三十六条第三項、第四百四十一条第三項又は第四百四十四条第五項の承認をする取締役会に出席しなければならない。この場合において、会計参与は、必要があると認めるときは、意見を述べなければならない。

② 会計参与設置会社において、前項の取締役会を招集する者は、当該取締役会の日の一週間（これを下回る期間を定款で定めた場合にあっては、その期間）前までに、各会計参与に対してその通知を発しなければならない。

③ 会計参与設置会社において、第三百六十八条第二項の規定により第一項の取締役会を招集の手続を経ることなく開催するときは、会計参与の全員の同意を得なければならない。

❶【会計参与→三七四②③】 ❷【取締役会の招集権者→三六六①】

（株主総会における意見の陳述）

第三七七条① 第三百七十四条第一項に規定する書類の作成に関する事項について会計参与が取締役と意見を異にするときは、会計参与（会計参与が監査法人又は税理士法人である場合にあっては、その職務を行うべき社員）は、株主総会において意見を述べることができる。

② 指名委員会等設置会社における前項の規定の適用については、同項中「取締役」とあるのは、「執行役」とする。

+【株主総会→三二九①、三三九①】

（会計参与による計算書類等の備置き等）

第三七八条① 会計参与は、次の各号に掲げるものを、当該各号に定める期間、法務省令で定めるところにより、当該会計参与が定めた場所に備え置かなければならない。

一 各事業年度に係る計算書類及びその附属明細書並びに会計参与報告　定時株主総会の日の一週間（取締役会設置会社にあっては、二週間）前の日（第三百十九条第一項の場合にあっては、同項の提案があった日）から五年間

二 臨時計算書類及び会計参与報告　臨時計算書類を作成した日から五年間

② 会計参与設置会社の株主及び債権者は、会計参与設置会社の営業時間内（会計参与が請求に応ずることが困難な場合として法務省令で定める場合を除く。）は、いつでも、会計参与に対し、次に掲げる請求をすることができる。ただし、第二号又は第四号に掲げる請求をするには、当該会計参与の定めた費用を支払わなければならない。

一 前項各号に掲げるものが書面をもって作成されているときは、当該書面の閲覧の請求

二 前号の書面の謄本又は抄本の交付の請求

三 前項各号に掲げるものが電磁的記録をもって作成されているときは、当該電磁的記録に記録された事項を法務省令で定める方法により表示したものの閲覧の請求

四 前号の電磁的記録に記録された事項を電磁的方法であって会計参与の定めたものにより提供することの請求又はその事項を記載した書面の交付の請求

③ 会計参与設置会社の親会社社員は、その権利を行使するため必要があるときは、裁判所の許可を得て、当該会計参与設置会社の第一項各号に掲げるものについて前項各号に掲げる請求をすることができる。ただし、同項第二号又は第四号に掲げる請求をするには、当該会計参与の定めた費用を支払わなければならない。

❶【備置義務違反に対する制裁→九七六[四]】【備置場所→九一一③[十六]】【会計参与報告→三七四①】【省令の定め→会社則一〇三①】[一]【計算書類・附属明細書→三七四①】【定時株主総会→二九六①】[二]【臨時計算書類→三七四①】 ❷【株主・債権者の閲覧等請求不当拒絶に対する制裁→九七六[四]】【省令で定める場合→会社則一〇四】[三]【省令で定める方法→会社則二二六】[三][四]【電磁的記録→二六②】 ❸【裁判所の許可→八六八②】

（会計参与の報酬等）

第三七九条① 会計参与の報酬等は、定款にその額を定めていないときは、株主総会の決議によって定める。

② 会計参与が二人以上ある場合において、各会計参与の報酬等について定款の定め又は株主総会の決議がないときは、当該報酬等は、前項の報酬等の範囲内において、会計参与の協議によって定める。

③ 会計参与（会計参与が監査法人又は税理士法人である場合にあっては、その職務を行うべき社員）は、株主総会において、会計参与の報酬等について意見を述べることができる。

❶【報酬等→三六一】【株主総会の決議→三〇九①】 ❶❷【指名委員会等設置会社の場合→四〇四③、四〇九】 ❷【報酬等の分配に関する協議→三六一③、三八七②】 ❸【意見陳述権→三六一⑤⑥、三八七③】

（費用等の請求）

第三八〇条 会計参与がその職務の執行について会計参与設置会社に対して次に掲げる請求をしたときは、当該会計参与設置会社は、当該請求に係る費用又は債務が当該会計参与の職務の執行に必要でないことを証明した場合を除き、これを拒むことができない。

一 費用の前払の請求

二 支出した費用及び支出の日以後におけるその利息の償還の請求

三 負担した債務の債権者に対する弁済（当該債務が弁済期にない場合にあっては、相当の担保の提供）の請求

会社

§†【会計参与の職務執行↓三七四【会計参与と会社との関係↓三三〇§、民六五〇

第七節　監査役

第三八一条（**監査役の権限**）① 監査役は、取締役（会計参与設置会社にあっては、取締役及び会計参与）の職務の執行を監査する。この場合において、監査役は、法務省令で定めるところにより、監査報告を作成しなければならない。

② 監査役は、いつでも、取締役及び会計参与並びに支配人その他の使用人に対して事業の報告を求め、又は監査役設置会社の業務及び財産の状況の調査をすることができる。

③ 監査役は、その職務を行うため必要があるときは、監査役設置会社の子会社に対して事業の報告を求め、又はその子会社の業務及び財産の状況の調査をすることができる。

④ 前項の子会社は、正当な理由があるときは、同項の報告又は調査を拒むことができる。

§❶【監査役の職務権限↓三四三・三四四・三八三―三八六・三八九・三九〇②・三九七②・三九九・四二五③・四三六①②・四四一②・四四四④・八二八②・八四九③㊁【取締役の職務執行↓三四八―三五七・三六二―三七三【会計参与の職務執行↓三七四―三七八【監査報告↓三八九②・三九〇②・四〇四②㊁・四二九②㊂・四四二【虚偽記載等に対する制裁↓九七六㊆【省令の定め↓会社則一〇五　❷【事業の報告の請求↓三五七①・三七五①【支配人その他の使用人↓一〇―一二・一四・一五①　❷❸【調査の妨害に対する制裁↓九七六㊄　†【適用除外↓三八九⑦

第三八二条（**取締役への報告義務**）　監査役は、取締役が不正の行為をし、若しくは当該行為をするおそれがあると認めるとき、又は法令若しくは定款に違反する事実若しくは著しく不当な事実があると認めるときは、遅滞なく、その旨を取締役（取締役会設置会社にあっては、取締役会）に報告しなければならない。

§†【不正の行為又は法令・定款違反の行為↓三五八①・三七五・三九七①・四〇六・八五四①【取締役会への報告↓三八三②③【取締役会への報告の省略↓三七二【適用除外↓三八九⑦

第三八三条（**取締役会への出席義務等**）① 監査役は、取締役会に出席し、必要があると認めるときは、意見を述べなければならない。ただし、監査役が二人以上ある場合において、第三百七十三条第一項の規定による特別取締役による議決の定めがあるときは、監査役の互選によって、監査役の中から特に同条第二項の取締役会に出席する監査役を定めることができる。

② 監査役は、前条に規定する場合において、必要があると認めるときは、取締役（第三百六十六条第一項ただし書に規定する場合にあっては、招集権者）に対し、取締役会の招集を請求することができる。

③ 前項の規定による請求があった日から五日以内に、その請求があった日から二週間以内の日を取締役会の日とする取締役会の招集の通知が発せられない場合は、その請求をした監査役は、取締役会を招集することができる。

④ 前二項の規定は、第三百七十三条第二項の取締役会については、適用しない。

§❶【取締役会への出席義務↓三六八①　❷❸【取締役会の招集請求等↓三六六②③　†【適用除外↓三八九⑦

第三八四条（**株主総会に対する報告義務**）　監査役は、取締役が株主総会に提出しようとする議案、書類その他法務省令で定めるものを調査しなければならない。この場合において、法令若しくは定款に違反し、又は著しく不当な事項があると認めるときは、その調査の結果を株主総会に報告しなければならない。

§†【株主総会に提出しようとする議案↓二九五§【株主総会に提出しようとする書類↓四三八・四四四④【省令で定めるもの↓会社則一〇六【調査妨害・虚偽の報告等の制裁↓九七六㊄㊅【適用除外↓三八九⑦

第三八五条（**監査役による取締役の行為の差止め**）① 監査役は、取締役が監査役設置会社の目的の範囲外の行為その他法令若しくは定款に違反する行為をし、又はこれらの行為をするおそれがある場合において、当該行為によって当該監査役設置会社に著しい損害が生ずるおそれがあるときは、当該取締役に対し、当該行為をやめることを請求することができる。

② 前項の場合において、裁判所が仮処分をもって同項の取締役に対し、その行為をやめることを命ずるときは、担保を立てさせないものとする。

§†【監査役の差止請求権↓民保二三①、三六〇・四二二・三九九の六・四〇七　❶【会社の目的↓二七㊀・九一一③㊀【目的の範囲外の行為その他法令・定款違反の行為↓三六〇①・三六七①・四〇七①　❷【担保↓民保一四　†【適用除外↓三八九⑦

第三八六条（**監査役設置会社と取締役との間の訴えにおける会社の代表等**）① 第三百四十九条第四項、第三百五十三条及び第三百六十四条の規定にかかわらず、次の各号に掲げる場合には、当該各号の訴えについては、監査役が監査役設置会社を代表する。

一　監査役設置会社が取締役（取締役であった者を含む。以下この条において同じ。）に対し、又は取締役が監査役設置会社に対して訴えを提起する場合

二　株式交換等完全親会社（第八百四十九条第二項第一号に規定する株式交換等完全親会社をいう。次項第三号において同じ。）である監査役設置会社がその株式交換等完全子会社（第八百四十七条の二第一項に規定する株式交換等完全子会社をいう。次項第三号において同じ。）の取締役、執行役（執行役であった者を含む。以下この条において同じ。）又は清算人（清算人であった者を含む。以下この条において同じ。）の責任（第八百四十七条の二第一項各号に掲げる行為の効力が生じた時までにその原因となった事実が生じたものに限る。）を追及する訴えを提起する場合

三　最終完全親会社等（第八百四十七条の三第一項に規定する最終完全親会社等をいう。次項第四号において同じ。）である監査役設置会社がその完全子会社等（同条第二項第二号に規定する完全子会社等をいい、同条第三項の規定により当該完全子会社等とみなされるものを含む。次項第四号において同じ。）である株式会社の取締役、執行役又は清算人に対して特定責任追及の訴え（同条第一項に規定する特定責任追及の訴えをいう。）を提起する場合

② 第三百四十九条第四項の規定にかかわらず、次に掲げる場合には、監査役が監査役設置会社を代表する。

一　監査役設置会社が第八百四十七条第一項、第八百四十七条の二第一項若しくは第三項（同条第四項及び第五項において準用する場合を含む。）又は第八百四十七条の三第一項の規定による請求（取締役の責任を追及する訴えの提起の請求に限る。）を受ける場合

二　監査役設置会社が第八百四十九条第四項の訴訟告知（取締役の責任を追及する訴えに係るものに限る。）並びに第八百五十条第二項の規定による通知及び催告（取締役の責任を追及する訴えに係る訴訟における和解に関するものに限る。）を受ける場合

三　株式交換等完全親会社である監査役設置会社が第八百四十七条第一項の規定による請求（前項第二号に規定する訴えの提起の請求に限る。）をする場合又は第八百四十九条第六項の規定による通知（その株式交換等完全子会社の取締役、執行役又は清算人の責任を追及する訴えに係るものに限る。）を受ける場合

四　最終完全親会社等である監査役設置会社が第八百四十七条第一項の規定による請求（前項第三号に規定する特定責任追及の訴えの提起の請求に限る。）をする場合又は第八百四十九条第七項の規定による通知（その完全子会社等である株式会社の取締役、執行役又は清算人の責任を追及する訴えに係るものに限る。）を受ける場合

❶【取締役・会社間の訴訟→三五三　＋【適用除外→三八九⑦

一　代表取締役が取締役であることを争っている者の訴え提起と三五三条・三六四条

[7] 商法特例法二四条一項［会社三五三条・三六四条］の趣旨は、いわゆるなれ合い訴訟を防止するためにあるが、XらがY会社の取締役の地位にあることの確認等を求める訴えを提起した場合において、Y会社の代表取締役がそれを争っているときは、なれ合いのおそれがないから、Xらは同項にいう取締役に当たらず、XがY会社代表取締役を相手に提起した訴えについては、同項は適用されない。（最判平5・3・30民集四七・四・三四三九、重判平5商三）

二　代表取締役に対しなされた代表訴訟の提訴請求の適法性→八四七条[4]

第三八七条（監査役の報酬等）① 監査役の報酬等は、定款にその額を定めていないときは、株主総会の決議によって定める。

② 監査役が二人以上ある場合において、各監査役の報酬等について定款の定め又は株主総会の決議がないときは、当該報酬等は、前項の報酬等の範囲内において、監査役の協議によって定める。

③ 監査役は、株主総会において、監査役の報酬等について意見を述べることができる。

❶【報酬等→三六一　【株主総会の決議→三〇九①　❷【報酬等の分配に関する協議→三六一③、三七九②　❸【意見陳述権→三六一⑤⑥、三七九③

株主総会の決議が事後的になされた場合→三六一条[13]

第三八八条（費用等の請求） 監査役がその職務の執行について監査役設置会社（監査役の監査の範囲を会計に関するものに限定する旨の定款の定めがある株式会社を含む。）に対して次に掲げる請求をしたときは、当該監査役設置会社は、当該請求に係る費用又は債務が当該監査役の職務の執行に必要でないことを証明した場合を除き、これを拒むことができない。

一　費用の前払の請求

二　支出した費用及び支出の日以後におけるその利息の償還の請求

三　負担した債務の債権者に対する弁済（当該債務が弁済期にない場合にあっては、相当の担保の提供）の請求

＋【監査役の職務執行→三八一　【監査役と会社との関係→三三〇、民六五〇

一　目的による制約

[7] 本条は、株主代表訴訟（会社法八四七条一項ただし書）とは異なり、監査役による費用請求に目的要件を規定していないこと、監査役が株主総会で選任され、会社に対して善管注意義務を負い、会社の利益のために権限を行使しなければならない立場にあることを考慮すると、監査役による訴えの提起が（費用請求が認められない）不当な目的によるものであるかを判断するにしても、訴えの提起が会社の利益に沿ったものであるかを第一に判断すべきである。（東京高判平24・7・25判時二一六八・一二四）

二　職務の執行に必要とされた事例

[2] 監査役による取締役の責任追及訴訟が請求棄却された場合でも、当事者双方が主張立証を尽くした上で、取締役の判断が著しく不合理であると判断されなかった結果であるならば、提訴のための印紙代の支出についても、監査役の職務に必要でないものとは認められない。（東京高判平24・7・25前出[7]）

第三八九条（定款の定めによる監査範囲の限定）① 公開会社でない株式会社（監査役会設置会社及び会計監査人設置会社を除く。）は、第三百八十一条第一項の規定にかかわらず、その監査役の監査の範囲を会計に関するものに限定する旨を定款で定めることができる。

② 前項の規定による定款の定めがある株式会社の監査役は、法務省令で定めるところにより、監査報告を作成しなければならない。

③　前項の監査役は、取締役が株主総会に提出しようとする会計に関する議案、書類その他の法務省令で定めるものを調査し、その調査の結果を株主総会に報告しなければならない。
④　第二項の監査役は、いつでも、次に掲げるものの閲覧及び謄写をし、又は取締役及び会計参与並びに支配人その他の使用人に対して会計に関する報告を求めることができる。
一　会計帳簿又はこれに関する資料が書面をもって作成されているときは、当該書面
二　会計帳簿又はこれに関する資料が電磁的記録をもって作成されているときは、当該電磁的記録に記録された事項を法務省令で定める方法により表示したもの
⑤　第二項の監査役は、その職務を行うため必要があるときは、株式会社の子会社に対して会計に関する報告を求め、又は株式会社若しくはその子会社の業務及び財産の状況の調査をすることができる。
⑥　前項の子会社は、正当な理由があるときは、同項の規定による報告又は調査を拒むことができる。
⑦　第三百八十一条から第三百八十六条までの規定は、第一項の規定による定款の定めがある株式会社については、適用しない。

参❶【公開会社↓二㊄【監査役の会計監査↓四三六①　❷【監査報告↓三八一①【省令の定め↓会社則一〇七　❸【会計に関する議案↓四三八②・四四七①・四四八①・四五四①【会計に関する書類↓四四四⑦【省令で定めるもの↓会社則一〇八【調査妨害・虚偽の報告等の制裁↓九七六㊄㊅　❹【支配人その他の使用人↓一〇—一二・一四・一五【会計帳簿↓四三二—四三四【二】【電磁的記録↓二六②【省令で定める方法↓会社則二二六　❺【調査の妨害に対する制裁↓九七六㊄

一　監査の範囲が会計に限定される監査役（会計限定監査役）による監査の範囲

7　監査役は、会計帳簿の内容が正確であることを当然の前提として計算書類等の監査を行ってよいものではなく、会計帳簿が信頼性を欠くものであることが明らかでなくとも、計算書類等が会社の財産及び損益の状況を全ての重要な点において適正に表示しているかどうかを確認するため、会計帳簿の作成状況等につき取締役等に報告を求め、又はその基礎資料を確かめるなどすべき場合があるところ、このことは会計限定監査役についても異なるものではなく、会計限定監査役は、計算書類等に表示された情報が会計帳簿の内容に合致していることを確認しさえすれば、常にその任務を尽くしたといえるものではない。（最判令3・7・19判タ一四九三・二二、重判令3商七）

二　会計限定監査役として大会社の監査役に就任した者の責任

2　本条一項の定款の定めを有する会社が大会社になると、会社法三二八条二項に基づき会計監査人の設置が義務付けられるため本条一項の定款の定めを廃止しなければならないが、当該定款の定めが廃止される前に会計限定監査役として大会社の監査役に就任した者は、当然に業務監査の職責まで負うことになるわけではないとして、当該監査役の会社法四二九条一項の責任を否定した事例（大阪高判平29・4・20判時二三四八・一一〇、重判平29商九）

第八節　監査役会

第一款　権限等

第三九〇条①　監査役会は、すべての監査役で組織する。
②　監査役会は、次に掲げる職務を行う。ただし、第三号の決定は、監査役の権限の行使を妨げることはできない。
一　監査報告の作成
二　常勤の監査役の選定及び解職
三　監査の方針、監査役会設置会社の業務及び財産の状況の調査の方法その他の監査役の職務の執行に関する事項の決定
③　監査役会は、監査役の中から常勤の監査役を選定しなければならない。
④　監査役は、監査役会の求めがあるときは、いつでもその職務の執行の状況を監査役会に報告しなければならない。

参❶【監査役会設置会社の監査役の員数・資格↓三三五③　❷【監査役会の権限↓三四三③・三四四③・三四六⑥・三五七②・三七五②・三九七③・三九九②　【二】【監査報告↓三八一①　【三】【業務財産の調査↓三八一②③　❸【選任の懈怠に対する制裁↓九七六㉔　❹【監査役会への報告の省略↓三九五

第二款　運営

（招集権者）
第三九一条　監査役会は、各監査役が招集する。

参＋【監査役会の招集↓三九二【招集権者↓三九九の八・三六六①・四一〇

（招集手続）
第三九二条①　監査役会を招集するには、監査役は、監査役会の日の一週間（これを下回る期間を定款で定めた場合にあっては、その期間）前までに、各監査役に対してその通知を発しなければならない。
②　前項の規定にかかわらず、監査役会は、監査役の全員の同意があるときは、招集の手続を経ることなく開催することができる。

参❷【招集手続の省略↓三六八②・三九九の九②・四一一②

（監査役会の決議）
第三九三条①　監査役会の決議は、監査役の過半数をもって行う。
②　監査役会の議事については、法務省令で定めるところにより、議事録を作成し、議事録が書面をもって作成されているときは、出席した監査役は、これに署名し、又は記名押印しなければならない。
③　前項の議事録が電磁的記録をもって作成されている場合における当該電磁的記録に記録された事項については、法務省令で定める署名又は記名押印に代わる措置をとらなければならない。
④　監査役会の決議に参加した監査役であって第二項の議事録に異議をとどめないものは、その決議に賛成したものと推定する。

参❷【議事録→三九四【省令の定め→会社則一〇九　❸【電磁的記録→二六②【省令で定める措置→会社則二二五

（議事録）

第三九四条① 監査役会設置会社は、監査役会の日から十年間、前条第二項の議事録をその本店に備え置かなければならない。

② 監査役会設置会社の株主は、その権利を行使するため必要があるときは、裁判所の許可を得て、次に掲げる請求をすることができる。

一 前項の議事録が書面をもって作成されているときは、当該書面の閲覧又は謄写の請求

二 前項の議事録が電磁的記録をもって作成されているときは、当該電磁的記録に記録された事項を法務省令で定める方法により表示したものの閲覧又は謄写の請求

③ 前項の規定は、監査役会設置会社の債権者が役員の責任を追及するため必要があるとき及び親会社社員がその権利を行使するため必要があるときについて準用する。

④ 裁判所は、第二項（前項において準用する場合を含む。以下この項において同じ。）の請求に係る閲覧又は謄写をすることにより、当該監査役会設置会社又はその親会社若しくは子会社に著しい損害を及ぼすおそれがあると認めるときは、第二項の許可をすることができない。

参+【議事録虚偽記載等への制裁→九七六㈦　❶【本店→四参【備置義務懈怠に対する制裁→九七六㈣　❷【二】【省令で定める方法→会社則二二六　❷❸【株主等の閲覧等請求不当拒絶に対する制裁→九七六㈣【裁判所の許可→八六八①②

（監査役会への報告の省略）

第三九五条 取締役、会計参与、監査役又は会計監査人が監査役の全員に対して監査役会に報告すべき事項を通知したときは、当該事項を監査役会へ報告することを要しない。

参+【報告すべき事項→三五七②、三七五②、三九〇④、三九七③

第九節　会計監査人

（会計監査人の権限等）

第三九六条① 会計監査人は、次章の定めるところにより、株式会社の計算書類及びその附属明細書、臨時計算書類並びに連結計算書類を監査する。この場合において、会計監査人は、法務省令で定めるところにより、会計監査報告を作成しなければならない。

② 会計監査人は、いつでも、次に掲げるものの閲覧及び謄写をし、又は取締役及び会計参与並びに支配人その他の使用人に対し、会計に関する報告を求めることができる。

一 会計帳簿又はこれに関する資料が書面をもって作成されているときは、当該書面

二 会計帳簿又はこれに関する資料が電磁的記録をもって作成されているときは、当該電磁的記録に記録された事項を法務省令で定める方法により表示したもの

③ 会計監査人は、その職務を行うため必要があるときは、会計監査人設置会社の子会社に対して会計に関する報告を求め、又は会計監査人設置会社若しくはその子会社の業務及び財産の状況の調査をすることができる。

④ 前項の子会社は、正当な理由があるときは、同項の報告又は調査を拒むことができる。

⑤ 会計監査人は、その職務を行うに当たっては、次のいずれかに該当する者を使用してはならない。

一 第三百三十七条第三項第一号又は第二号に掲げる者

二 会計監査人設置会社又はその子会社の取締役、会計参与、監査役若しくは執行役又は支配人その他の使用人である者

三 会計監査人設置会社又はその子会社から公認会計士又は監査法人の業務以外の業務により継続的な報酬を受けている者

⑥ 指名委員会等設置会社における第二項の規定の適用については、同項中「取締役」とあるのは、「執行役、取締役」とする。

参❶【会計監査人の職務権限→四三六②、四四一②、四四四④【計算書類・臨時計算書類・連結計算書類→三九八①【監査報告→四二九②㈣【虚偽記載等に対する制裁→九七六㈦【省令の定め→会社則一一〇　❷【会計帳簿→四三二　【二】【電磁的記録→二六②【省令で定める方法→会社則二二六　❸【調査の妨害に対する制裁→九七六㈤

実務指針に準拠した監査手続を実施した会計監査人の責任が否定された事例

1 日本公認会計士協会の定める実務指針に準拠して監査計画を策定し、これに基づき通常実施すべき監査手続を実施したのであるから、一般に公正妥当と認められる監査基準である企業会計審議会の定める「監査実施基準」に準拠した監査手続を実施したものといえ、その過程において、会計監査人として通常要求される程度の注意義務を尽くしたものということができる。（東京地判平19・11・28判タ一二八三・三〇三、会社法百選四版六九）

（監査役に対する報告）

第三九七条① 会計監査人は、その職務を行うに際して取締役の職務の執行に関し不正の行為又は法令若しくは定款に違反する重大な事実があることを発見したときは、遅滞なく、これを監査役に報告しなければならない。

② 監査役は、その職務を行うため必要があるときは、会計監査人に対し、その監査に関する報告を求めることができる。

③ 監査役会設置会社における第一項の規定の適用については、同項中「監査役」とあるのは、「監査役会」とする。

④ 監査等委員会設置会社における第一項及び第二項の規定の適用については、第一項中「監査役」とあるのは「監査等委員会」と、第二項中「監査役」とあるのは「監査等委員会が選定した監査等委員」とする。

⑤ 指名委員会等設置会社における第一項及び第二項の

規定の適用については、第一項中「取締役」とあるのは「執行役又は取締役」と、「監査役」とあるのは「監査委員会」と、第二項中「監査役」とあるのは「監査委員会が選定した監査委員会の委員」とする。

⊜❶【不正の行為又は法令・定款違反の行為→三五八①、三七五①、三八二、四〇六、八五四①　❷【監査役の会計監査人に対する報告徴求権→三九六②③

（定時株主総会における会計監査人の意見の陳述）

第三九八条①　第三百九十六条第一項に規定する書類が法令又は定款に適合するかどうかについて会計監査人が監査役と意見を異にするときは、会計監査人（会計監査人が監査法人である場合にあっては、その職務を行うべき社員。次項において同じ。）は、定時株主総会に出席して意見を述べることができる。

② 定時株主総会において会計監査人の出席を求める決議があったときは、会計監査人は、定時株主総会に出席して意見を述べなければならない。

③ 監査役会設置会社における第一項の規定の適用については、同項中「監査役」とあるのは、「監査役会又は監査役」とする。

④ 監査等委員会設置会社における第一項の規定の適用については、同項中「監査役」とあるのは、「監査等委員会又は監査等委員」とする。

⑤ 指名委員会等設置会社における第一項の規定の適用については、同項中「監査役」とあるのは、「監査委員会又はその委員」とする。

⊜❶【定時株主総会→二九六①、四三八②、四三九　❷【会計監査人の出席を求める決議→三〇九⑤

（会計監査人の報酬等の決定に関する監査役の関与）

第三九九条①　取締役は、会計監査人又は一時会計監査人の職務を行うべき者の報酬等を定める場合には、監査役（監査役が二人以上ある場合にあっては、その過半数）の同意を得なければならない。

② 監査役会設置会社における前項の規定の適用については、同項中「監査役（監査役が二人以上ある場合にあっては、その過半数）」とあるのは、「監査役会」とする。

③ 監査等委員会設置会社における第一項の規定の適用については、同項中「監査役（監査役が二人以上ある場合にあっては、その過半数）」とあるのは、「監査等委員会」とする。

④ 指名委員会等設置会社における第一項の規定の適用については、同項中「監査役（監査役が二人以上ある場合にあっては、その過半数）」とあるのは、「監査委員会」とする。

⊜†【一時会計監査人の職務を行うべき者→三四六④―⑧【報酬等→三六一⊜

第九節の二　監査等委員会

第一款　権限等

（監査等委員会の権限等）

第三九九条の二①　監査等委員会は、全ての監査等委員で組織する。

② 監査等委員は、取締役でなければならない。

③ 監査等委員会は、次に掲げる職務を行う。

一 取締役（会計参与設置会社にあっては、取締役及び会計参与）の職務の執行の監査及び監査報告の作成

二 株主総会に提出する会計監査人の選任及び解任並びに会計監査人を再任しないことに関する議案の内容の決定

三 第三百四十二条の二第四項及び第三百六十一条第六項に規定する監査等委員会の意見の決定

④ 監査等委員がその職務の執行（監査等委員会の職務の執行に関するものに限る。以下この項において同じ。）について監査等委員会設置会社に対して次に掲げる請求をしたときは、当該監査等委員会設置会社は、当該請求に係る費用又は債務が当該監査等委員の職務の執行に必要でないことを証明した場合を除き、これを拒むことができない。

一 費用の前払の請求

二 支出をした費用及び支出の日以後におけるその利息の償還の請求

三 負担した債務の債権者に対する弁済（当該債務が弁済期にない場合にあっては、相当の担保の提供）の請求

⊜❶【監査等委員会設置会社の監査等委員の員数・資格→三三一⑥　❸【監査等委員会の権限→三四四、三四四の二、三五七③、三七五③、三九七④、三九九③　【二】【監査報告→三八一①、三九〇②㈠、四〇四②㈠【業務財産の調査→三八一②③、三九〇②㈢、四〇五②③　❹【監査委員と会社取締役の関係→三三〇、民六五〇

（監査等委員会による調査）

第三九九条の三①　監査等委員会が選定する監査等委員は、いつでも、取締役（会計参与設置会社にあっては、取締役及び会計参与）及び支配人その他の使用人に対し、その職務の執行に関する事項の報告を求め、又は監査等委員会設置会社の業務及び財産の状況の調査をすることができる。

② 監査等委員会が選定する監査等委員は、監査等委員会の職務を執行するため必要があるときは、監査等委員会設置会社の子会社に対して事業の報告を求め、又はその子会社の業務及び財産の状況の調査をすることができる。

③ 前項の子会社は、正当な理由があるときは、同項の報告又は調査を拒むことができる。

④ 第一項及び第二項の監査等委員は、当該各項の報告の徴収又は調査に関する事項についての監査等委員会の決議があるときは、これに従わなければならない。

⊜❶【監査等委員会→三九九の二【監査等委員→三三一③【取締役→三九九の二③㈠【職務執行の報告の請求→三七五③【支配人その他の使用人→一〇―一二、一四、一五　❶❷【調査の妨害に対する制裁→九七六㈤　❹【監査等委員会の決議→三九九の一〇

（取締役会への報告義務）

第三九九条の四　監査等委員は、取締役が不正の行為を

会
社

し、若しくは当該行為をするおそれがあると認めるとき、又は法令若しくは定款に違反する事実若しくは著しく不当な事実があると認めるときは、遅滞なく、その旨を取締役会に報告しなければならない。

【不正の行為又は法令・定款違反の行為→三五八①、三七五、三九七①、四〇六、八五四①【取締役会への報告の省略→三七二

（株主総会に対する報告義務）

第三九九条の五　監査等委員は、取締役が株主総会に提出しようとする議案、書類その他法務省令で定めるものについて法令若しくは定款に違反し、又は著しく不当な事項があると認めるときは、その旨を株主総会に報告しなければならない。

【株主総会へ提出しようとする議案→二九五【株主総会へ提出しようとする書類→四三八、四四四④【調査結果の報告→九七六㊄㊅【省令で定めるもの→会社則一一〇の二

（監査等委員による取締役の行為の差止め）

第三九九条の六①　監査等委員は、取締役が監査等委員会設置会社の目的の範囲外の行為その他法令若しくは定款に違反する行為をし、又はこれらの行為をするおそれがある場合において、当該行為によって当該監査等委員会設置会社に著しい損害が生ずるおそれがあるときは、当該取締役に対し、当該行為をやめることを請求することができる。

②　前項の場合において、裁判所が仮処分をもって同項の取締役に対し、その行為をやめることを命ずるときは、担保を立てさせないものとする。

【監査等委員の差止請求権→民保二三①、三六〇・四二二・三八五、四〇七　❶【会社の目的→二七㊀、九一一③㊀【目的の範囲外の行為その他法令・定款違反の行為→三六〇①、三六七①、四〇七①　❷【担保→民保一四

（監査等委員会設置会社と取締役との間の訴えにおける会社の代表等）

第三九九条の七①　第三百四十九条第四項、第三百五十三条及び第三百六十四条の規定にかかわらず、監査等委員会設置会社が取締役（取締役であった者を含む。以下この条において同じ。）に対し、又は取締役が監査等委員会設置会社に対して訴えを提起する場合には、当該訴えについては、次の各号に掲げる場合の区分に応じ、当該各号に定める者が監査等委員会設置会社を代表する。

一　監査等委員が当該訴えに係る訴訟の当事者である場合　取締役会が定める者（株主総会が当該訴えについて監査等委員会設置会社を代表する者を定めた場合にあっては、その者）

二　前号に掲げる場合以外の場合　監査等委員会が選定する監査等委員

②　前項の規定にかかわらず、取締役が監査等委員会設置会社に対して訴えを提起する場合には、監査等委員（当該訴えを提起する者であるものを除く。）に対してされた訴状の送達は、当該監査等委員会設置会社に対して効力を有する。

③　第三百四十九条第四項、第三百五十三条及び第三百六十四条の規定にかかわらず、次の各号に掲げる株式会社が監査等委員会設置会社である場合において、当該各号に定める訴えを提起するときは、当該訴えについては、監査等委員会が選定する監査等委員が当該監査等委員会設置会社を代表する。

一　株式交換等完全親会社（第八百四十九条第二項第一号に規定する株式交換等完全親会社をいう。次項第一号及び第五項第三号において同じ。）　その株式交換等完全子会社（第八百四十七条の二第一項に規定する株式交換等完全子会社をいう。第五項第三号において同じ。）の取締役、執行役（執行役であった者を含む。以下この条において同じ。）又は清算人（清算人であった者を含む。以下この条において同じ。）の責任（第八百四十七条の二第一項各号に掲げる行為の効力が生じた時までにその原因となった事実が生じたものに限る。）を追及する訴え

二　最終完全親会社等（第八百四十七条の三第一項に規定する最終完全親会社等をいう。次項第二号及び第五項第四号において同じ。）　その完全子会社等（同条第二項第二号に規定する完全子会社等をいい、同条第三項の規定により当該完全子会社等とみなされるものを含む。第五項第四号において同じ。）である株式会社の取締役、執行役又は清算人に対する特定責任追及の訴え（同条第一項に規定する特定責任追及の訴えをいう。）

④　第三百四十九条第四項の規定にかかわらず、次の各号に掲げる株式会社が監査等委員会設置会社である場合において、当該各号に定める請求をするときは、監査等委員会が選定する監査等委員が当該監査等委員会設置会社を代表する。

一　株式交換等完全親会社　第八百四十七条第一項の規定による請求（前項第一号に規定する訴えの提起の請求に限る。）

二　最終完全親会社等　第八百四十七条第一項の規定による請求（前項第二号に規定する特定責任追及の訴えの提起の請求に限る。）

⑤　第三百四十九条第四項の規定にかかわらず、次に掲げる場合には、監査等委員が監査等委員会設置会社を代表する。

一　監査等委員会設置会社が第八百四十七条第一項、第八百四十七条の二第一項若しくは第三項（同条第四項及び第五項において準用する場合を含む。）又は第八百四十七条の三第一項の規定による請求（取締役の責任を追及する訴えの提起の請求に限る。）を受ける場合（当該監査等委員が当該訴えに係る訴訟の相手方となる場合を除く。）

二　監査等委員会設置会社が第八百四十九条第四項の訴訟告知（取締役の責任を追及する訴えに係るものに限る。）並びに第八百五十条第二項の規定による通知及び催告（取締役の責任を追及する訴えに係る訴訟における和解に関するものに限る。）を受ける場合（当該監査等委員がこれらの訴えに係る訴訟の当事者である場合を除く。）

三　株式交換等完全親会社である監査等委員会設置会社が第八百四十九条第六項の規定による通知（その

株式交換等完全子会社の取締役、執行役又は清算人の責任を追及する訴えに係るものに限る。）を受ける場合

四　最終完全親会社等である監査等委員会設置会社が第八百四十九条第七項の規定による通知（その完全子会社等である株式会社の取締役、執行役又は清算人の責任を追及する訴えに係るものに限る。）を受ける場合

§❶【取締役・会社間の訴訟→三五三　[二]【取締役会の決定→三九九の一三⑤⑪【株主総会の決定→三〇九①

第二款　運営

（招集権者）

第三九九条の八　監査等委員会は、各監査等委員が招集する。

§+【招集手続→三九九の九【招集権者→三九一・三六六①・四一〇

（招集手続等）

第三九九条の九①　監査等委員会を招集するには、監査等委員は、監査等委員会の日の一週間（これを下回る期間を定款で定めた場合にあっては、その期間）前までに、各監査等委員に対してその通知を発しなければならない。

②　前項の規定にかかわらず、監査等委員会は、監査等委員の全員の同意があるときは、招集の手続を経ることなく開催することができる。

③　取締役（会計参与設置会社にあっては、取締役及び会計参与）は、監査等委員会の要求があったときは、監査等委員会に出席し、監査等委員会が求めた事項について説明をしなければならない。

§❷【招集手続の省略→三六八②・三九二②・四一一②　❸【執行役の説明義務→四一一③・三二四・四一七⑤

（監査等委員会の決議）

第三九九条の一〇①　監査等委員会の決議は、議決に加わることができる監査等委員の過半数が出席し、その過半数をもって行う。

②　前項の決議について特別の利害関係を有する監査等委員は、議決に加わることができない。

③　監査等委員会の議事については、法務省令で定めるところにより、議事録を作成し、議事録が書面をもって作成されているときは、出席した監査等委員は、これに署名し、又は記名押印しなければならない。

④　前項の議事録が電磁的記録をもって作成されている場合における当該電磁的記録に記録された事項については、法務省令で定める署名又は記名押印に代わる措置をとらなければならない。

⑤　監査等委員会の決議に参加した監査等委員であって第三項の議事録に異議をとどめないものは、その決議に賛成したものと推定する。

§❷【特別利害関係委員の議決権排除→三六九②　❸【議事録の備置・閲覧等→三九九の一一【省令の定め→会社則一一〇の三　❹【電磁的記録→二六②

（議事録）

第三九九条の一一①　監査等委員会設置会社は、監査等委員会の日から十年間、前条第三項の議事録をその本店に備え置かなければならない。

②　監査等委員会設置会社の株主は、その権利を行使するため必要があるときは、裁判所の許可を得て、次に掲げる請求をすることができる。

一　前項の議事録が書面をもって作成されているときは、当該書面の閲覧又は謄写の請求

二　前項の議事録が電磁的記録をもって作成されているときは、当該電磁的記録に記録された事項を法務省令で定める方法により表示したものの閲覧又は謄写の請求

③　前項の規定は、監査等委員会設置会社の債権者が取締役又は会計参与の責任を追及するため必要があるとき及び親会社社員がその権利を行使するため必要があるときについて準用する。

④　裁判所は、第二項（前項において準用する場合を含む。以下この項において同じ。）の請求に係る閲覧又は謄写をすることにより、当該監査等委員会設置会社又はその親会社若しくは子会社に著しい損害を及ぼすおそれがあると認めるときは、第二項の許可をすることができない。

§+【指名委員会等の議事録→四一三【議事録虚偽記載等に対する制裁→九七六⑦　❶【本店→四§【備置義務懈怠に対する制裁→九七六四　❷[二]【省令で定める方法→会社則二二六【電磁的記録→二六②　❷❸【株主等の閲覧等請求不当拒否に対する制裁→九七六四【裁判所の許可→八六八①②

（監査等委員会への報告の省略）

第三九九条の一二　取締役、会計参与又は会計監査人が監査等委員の全員に対して監査等委員会に報告すべき事項を通知したときは、当該事項を監査等委員会へ報告することを要しない。

§+【報告すべき事項→三五七③・三七五③・三九七④

第三款　監査等委員会設置会社の取締役会の権限等

（監査等委員会設置会社の取締役会の権限）

第三九九条の一三①　監査等委員会設置会社の取締役会は、第三百六十二条の規定にかかわらず、次に掲げる職務を行う。

一　次に掲げる事項その他監査等委員会設置会社の業務執行の決定

イ　経営の基本方針

ロ　監査等委員会の職務の執行のため必要なものとして法務省令で定める事項

ハ　取締役の職務の執行が法令及び定款に適合することを確保するための体制その他株式会社の業務並びに当該株式会社及びその子会社から成る企業集団の業務の適正を確保するために必要なものとして法務省令で定める体制の整備

二　取締役の職務の執行の監督

三　代表取締役の選定及び解職

② 監査等委員会設置会社の取締役会は、前項第一号イからハまでに掲げる事項を決定しなければならない。

③ 監査等委員会設置会社の取締役会は、取締役（監査等委員である取締役を除く。）の中から代表取締役を選定しなければならない。

④ 監査等委員会設置会社の取締役会は、次に掲げる事項その他の重要な業務執行の決定を取締役に委任することができない。

一 重要な財産の処分及び譲受け

二 多額の借財

三 支配人その他の重要な使用人の選任及び解任

四 支店その他の重要な組織の設置、変更及び廃止

五 第六百七十六条第一号に掲げる事項その他の社債を引き受ける者の募集に関する重要な事項として法務省令で定める事項

六 第四百二十六条第一項の規定による定款の定めに基づく第四百二十三条第一項の責任の免除

⑤ 前項の規定にかかわらず、監査等委員会設置会社の取締役の過半数が社外取締役である場合には、当該監査等委員会設置会社の取締役会は、その決議によって、重要な業務執行の決定を取締役に委任することができる。ただし、次に掲げる事項については、この限りでない。

一 第百三十六条又は第百三十七条第一項の決定及び第百四十条第四項の規定による指定

二 第百六十五条第三項において読み替えて適用する第百五十六条第一項各号に掲げる事項の決定

三 第二百六十二条又は第二百六十三条第一項の決定

四 第二百九十八条第一項各号に掲げる事項の決定

五 株主総会に提出する議案（会計監査人の選任及び解任並びに会計監査人を再任しないことに関するものを除く。）の内容の決定

六 第三百四十八条の二第一項の規定による委託

七 第三百六十一条第七項の規定による同項の事項の決定

八 第三百六十五条第一項において読み替えて適用する第三百五十六条第一項の承認

九 第三百六十六条第一項ただし書の規定による取締役会を招集する取締役の決定

十 第三百九十九条の七第一項第一号の規定による監査等委員会設置会社を代表する者の決定

十一 前項第六号に掲げる事項

十二 補償契約（第四百三十条の二第一項に規定する補償契約をいう。第四百十六条第四項第十四号において同じ。）の内容の決定

十三 役員等賠償責任保険契約（第四百三十条の三第一項に規定する役員等賠償責任保険契約をいう。第四百十六条第四項第十五号において同じ。）の内容の決定

十四 第四百三十六条第三項、第四百四十一条第三項及び第四百四十四条第五項の承認

十五 第四百五十四条第五項において読み替えて適用する同条第一項の規定により定めなければならないとされる事項の決定

十六 第四百六十七条第一項各号に掲げる行為に係る契約（当該監査等委員会設置会社の株主総会の決議による承認を要しないものを除く。）の内容の決定

十七 合併契約（当該監査等委員会設置会社の株主総会の決議による承認を要しないものを除く。）の内容の決定

十八 吸収分割契約（当該監査等委員会設置会社の株主総会の決議による承認を要しないものを除く。）の内容の決定

十九 新設分割計画（当該監査等委員会設置会社の株主総会の決議による承認を要しないものを除く。）の内容の決定

二十 株式交換契約（当該監査等委員会設置会社の株主総会の決議による承認を要しないものを除く。）の内容の決定

二十一 株式移転計画の内容の決定

二十二 株式交付計画（当該監査等委員会設置会社の株主総会の決議による承認を要しないものを除く。）の内容の決定

⑥ 前二項の規定にかかわらず、監査等委員会設置会社は、取締役会の決議によって重要な業務執行（前項各号に掲げる事項を除く。）の決定の全部又は一部を取締役に委任することができる旨を定款で定めることができる。

参+【取締役の権限→三六二・四一六 ❶［二］【省令で定める事項→会社則一一〇の四①【省令で定める体制→会社則一一〇の四②［三］【職務の執行の監督→三九九の四 ❸【特別取締役制度の適用除外→三七三① ❹［五］【省令で定める事項→会社則一一〇の五 ❺❻【業務執行の決定の委任→四一六④

第三九九条の一四（監査等委員会による取締役会の招集） 招集権者の定めがある場合であっても、監査等委員会設置会社においては、監査等委員会が選定する監査等委員は、取締役会を招集することができる。

参❶【招集権者の定め→三六六①【招集権者の定めがある場合の取締役会の招集権→四一七①

第十節 指名委員会等及び執行役

第一款 委員の選定、執行役の選任等

第四〇〇条（委員の選定等） ① 指名委員会、監査委員会又は報酬委員会の各委員会（以下この条、次条及び第九百十一条第三項第二十三号ロにおいて単に「各委員会」という。）は、委員三人以上で組織する。

② 各委員会の委員は、取締役の中から、取締役会の決議によって選定する。

③ 各委員会の委員の過半数は、社外取締役でなければならない。

④ 監査委員会の委員（以下「監査委員」という。）は、指名委員会等設置会社若しくはその子会社の執行役若しくは業務執行取締役又は指名委員会等設置会社の子会社の会計参与（会計参与が法人であるときは、その職務を行うべき社員）若しくは支配人その他の使用人を兼ねることができない。

§❶❷【取締役の員数→三三一⑤　❷【委員→四〇一・九一一③[二十三]、商登五四①【取締役会の決議→四一六④㊈　❸【社外取締役→二[十五]　❹【監査委員→四〇五—四〇八・四二五③・八四九③㊂・四七七⑥【業務執行取締役→三四八①・三六三①【支配人その他の使用人→一〇—一二・一四・一五

（委員の解職等）

第四〇一条①　各委員会の委員は、いつでも、取締役会の決議によって解職することができる。

②　前条第一項に規定する各委員会の委員の員数（定款で四人以上の員数を定めたときは、その員数）が欠けた場合には、任期の満了又は辞任により退任した委員は、新たに選定された委員（次項の一時委員の職務を行うべき者を含む。）が就任するまで、なお委員としての権利義務を有する。

③　前項に規定する場合において、裁判所は、必要があると認めるときは、利害関係人の申立てにより、一時委員の職務を行うべき者を選任することができる。

④　裁判所は、前項の一時委員の職務を行うべき者を選任した場合には、指名委員会等設置会社がその者に対して支払う報酬の額を定めることができる。

§❶【取締役会の決議→四一六④㊈　❷【辞任→民六五一・六五四　❸【一時委員の選任→八六八①・九三七①㊁・八七四㊀　❹【報酬の決定→八七〇①㊀

（執行役の選任等）

第四〇二条①　指名委員会等設置会社には、一人又は二人以上の執行役を置かなければならない。

②　執行役は、取締役会の決議によって選任する。

③　指名委員会等設置会社と執行役との関係は、委任に関する規定に従う。

④　第三百三十一条第一項〈取締役の資格等〉及び第三百三十一条の二〈同前〉の規定は、執行役について準用する。

⑤　株式会社は、執行役が株主でなければならない旨を定款で定めることができない。ただし、公開会社でない指名委員会等設置会社については、この限りでない。

⑥　執行役は、取締役を兼ねることができる。

⑦　執行役の任期は、選任後一年以内に終了する事業年度のうち最終のものに関する定時株主総会の終結後最初に招集される取締役会の終結の時までとする。ただし、定款によって、その任期を短縮することを妨げない。

⑧　前項の規定にかかわらず、指名委員会等設置会社が指名委員会等を置く旨の定款の定めを廃止する定款の変更をした場合には、執行役の任期は、当該定款の変更の効力が生じた時に満了する。

§❶【執行役→三一四・四〇三・四〇四③・四〇九・四一一③・四一七②④⑤・四一八—四二六・四二八—四三〇・四六二・九一一③[二十三]、商登五四①　❷【取締役会の決議→三六九・四一六④㊉　❸【委任の関係→民六四三—六五六、三五五・三五六・四〇九・四一九②・八四七—八五三　❻【取締役との兼任→四〇〇③④　❼【任期→三三二⑥

（執行役の解任等）

第四〇三条①　執行役は、いつでも、取締役会の決議によって解任することができる。

②　前項の規定により解任された執行役は、その解任について正当な理由がある場合を除き、指名委員会等設置会社に対し、解任によって生じた損害の賠償を請求することができる。

③　第四百一条第二項から第四項まで〈委員が欠けた場合〉の規定は、執行役が欠けた場合又は定款で定めた執行役の員数が欠けた場合について準用する。

§❶【取締役会の決議→三六九・四一六④㊉　❸【四〇一条の準用→八七〇①㊀・八七四㊀

第二款　指名委員会等の権限等

（指名委員会等の権限等）

第四〇四条①　指名委員会は、株主総会に提出する取締役（会計参与設置会社にあっては、取締役及び会計参与）の選任及び解任に関する議案の内容を決定する。

②　監査委員会は、次に掲げる職務を行う。

一　執行役等（執行役及び取締役をいい、会計参与設置会社にあっては、執行役、取締役及び会計参与をいう。以下この節において同じ。）の職務の執行の監査及び監査報告の作成

二　株主総会に提出する会計監査人の選任及び解任並びに会計監査人を再任しないことに関する議案の内容の決定

③　報酬委員会は、第三百六十一条第一項並びに第三百七十九条第一項及び第二項の規定にかかわらず、執行役等の個人別の報酬等の内容を決定する。執行役が指名委員会等設置会社の支配人その他の使用人を兼ねているときは、当該支配人その他の使用人の報酬等の内容についても、同様とする。

④　委員がその職務の執行（当該委員が所属する指名委員会等の職務の執行に関するものに限る。以下この項において同じ。）について指名委員会等設置会社に対して次に掲げる請求をしたときは、当該指名委員会等設置会社は、当該請求に係る費用又は債務が当該委員の職務の執行に必要でないことを証明した場合を除き、これを拒むことができない。

一　費用の前払の請求

二　支出をした費用及び支出の日以後におけるその利息の償還の請求

三　負担した債務の債権者に対する弁済（当該債務が弁済期にない場合にあっては、相当の担保の提供）の請求

§❶【指名委員会→四〇〇①—③【株主総会による選任→三二九①　❶—❸【指名委員会等の運営→四一〇—四一四【指名委員会等の取締役会への報告義務→四一七③　❷【監査委員会→三四〇⑤・三四六⑧・三七五④・三九九④・四〇〇・四〇五・四〇八①・四三六②・四四一②・四四四④　【一】【監査・監査報告→三八一①§　【二】【会計監査人の選任等の議案の決定→三四四　❸【報酬委員会→四〇〇①—③・四〇九【報酬等→三六一①【支配人その他の使用人→一〇—一二・一四・一五　❹【委員の職務執行→四〇五—四一四【委員と会社との関係→四〇〇②・三三〇、民六五〇

（監査委員会による調査）

第四〇五条①　監査委員会が選定する監査委員は、いつ

でも、執行役等及び支配人その他の使用人に対し、その職務の執行に関する事項の報告を求め、又は指名委員会等設置会社の業務及び財産の状況の調査をすることができる。

② 監査委員会が選定する監査委員は、監査委員会の職務を執行するため必要があるときは、指名委員会等設置会社の子会社に対して事業の報告を求め、又はその子会社の業務及び財産の状況の調査をすることができる。

③ 前項の子会社は、正当な理由があるときは、同項の報告又は調査を拒むことができる。

④ 第一項及び第二項の監査委員は、当該各項の報告の徴収又は調査に関する事項についての監査委員会の決議があるときは、これに従わなければならない。

参 ❶【監査委員会→四〇四②】【監査委員→四〇〇④】【執行役等→四〇四②㈡】【職務執行の報告の請求→三七五④、四一九①】【支配人その他の使用人→一〇―一三、一四、一五 ❶❷【調査の妨害に対する制裁→九七六㈤ ❹【監査委員会の決議→四一二

（取締役会への報告義務）

第四〇六条 監査委員は、執行役又は取締役が不正の行為をし、若しくは当該行為をするおそれがあると認めるとき、又は法令若しくは定款に違反する事実若しくは著しく不当な事実があると認めるときは、遅滞なく、その旨を取締役会に報告しなければならない。

参【不正の行為又は法令・定款違反の行為→三五八①、三七五①、三八二、三九七①、八五四①【取締役会への報告→四一七①【取締役会への報告の省略→三七二③

（監査委員による執行役等の行為の差止め）

第四〇七条① 監査委員は、執行役又は取締役が指名委員会等設置会社の目的の範囲外の行為その他法令若しくは定款に違反する行為をし、又はこれらの行為をするおそれがある場合において、当該行為によって当該指名委員会等設置会社に著しい損害が生ずるおそれがあるときは、当該執行役又は取締役に対し、当該行為をやめることを請求することができる。

② 前項の場合において、裁判所が仮処分をもって同項の執行役又は取締役に対し、その行為をやめることを命ずるときは、担保を立てさせないものとする。

参【監査委員の差止請求権→民保二三①、三六〇、三八五、三九九の六 ❶【会社の目的→二七㈠、九一一③㈠【目的の範囲外の行為その他法令・定款違反の行為→三六〇①、三六七①、三八五① ❷【担保→民保一四

（指名委員会等設置会社と執行役又は取締役との間の訴えにおける会社の代表等）

第四〇八条① 第四百二十条第三項において準用する第三百四十九条第四項の規定並びに第三百五十三条及び第三百六十四条の規定にかかわらず、指名委員会等設置会社が執行役（執行役であった者を含む。以下この条において同じ。）若しくは取締役（取締役であった者を含む。以下この条において同じ。）に対し、又は執行役若しくは取締役が指名委員会等設置会社に対して訴えを提起する場合には、当該訴えについては、次の各号に掲げる場合の区分に応じ、当該各号に定める者が指名委員会等設置会社を代表する。

一 監査委員が当該訴えに係る訴訟の当事者である場合 取締役会が定める者（株主総会が当該訴えについて指名委員会等設置会社を代表する者を定めた場合にあっては、その者）

二 前号に掲げる場合以外の場合 監査委員会が選定する監査委員

② 前項の規定にかかわらず、執行役又は取締役が指名委員会等設置会社に対して訴えを提起する場合には、監査委員（当該訴えを提起する者であるものを除く。）に対してされた訴状の送達は、当該指名委員会等設置会社に対して効力を有する。

③ 第四百二十条第三項において準用する第三百四十九条第四項の規定並びに第三百五十三条及び第三百六十四条の規定にかかわらず、次の各号に掲げる株式会社が指名委員会等設置会社である場合において、当該各号に定める訴えを提起するときは、当該訴えについては、監査委員会が選定する監査委員が当該指名委員会等設置会社を代表する。

一 株式交換等完全親会社（第八百四十九条第二項第一号に規定する株式交換等完全親会社をいう。次項第一号及び第五項第三号において同じ。） その株式交換等完全子会社（第八百四十七条の二第一項に規定する株式交換等完全子会社をいう。第五項第三号において同じ。）の取締役、執行役又は清算人（清算人であった者を含む。以下この条において同じ。）の責任（第八百四十七条の二第一項各号に掲げる行為の効力が生じた時までにその原因となった事実が生じたものに限る。）を追及する訴え

二 最終完全親会社等（第八百四十七条の三第一項に規定する最終完全親会社等をいう。次項第二号及び第五項第四号において同じ。） その完全子会社等（同条第二項第二号に規定する完全子会社等をいい、同条第三項の規定により当該完全子会社等とみなされるものを含む。第五項第四号において同じ。）である株式会社の取締役、執行役又は清算人に対する特定責任追及の訴え（同条第一項に規定する特定責任追及の訴えをいう。）

④ 第四百二十条第三項において準用する第三百四十九条第四項の規定にかかわらず、次の各号に掲げる株式会社が指名委員会等設置会社である場合において、当該各号に定める請求をするときは、監査委員会が選定する監査委員が当該指名委員会等設置会社を代表する。

一 株式交換等完全親会社 第八百四十七条第一項の規定による請求（前項第一号に規定する訴えの提起の請求に限る。）

二 最終完全親会社等 第八百四十七条第一項の規定による請求（前項第二号に規定する特定責任追及の訴えの提起の請求に限る。）

⑤ 第四百二十条第三項において準用する第三百四十九条第四項の規定にかかわらず、次に掲げる場合には、監査委員が指名委員会等設置会社を代表する。

一 指名委員会等設置会社が第八百四十七条第一項、第八百四十七条の二第一項若しくは第三項（同条第

四項及び第五項において準用する場合を含む。）又は第八百四十七条の三第一項の規定による請求（執行役又は取締役の責任を追及する訴えの提起の請求に限る。）を受ける場合（当該監査委員が当該訴えに係る訴訟の相手方となる場合を除く。）

二　指名委員会等設置会社が第八百四十九条第四項の訴訟告知（執行役又は取締役の責任を追及する訴えに係るものに限る。）並びに第八百五十条第二項の規定による通知及び催告（執行役又は取締役の責任を追及する訴えに係る訴訟における和解に関するものに限る。）を受ける場合（当該監査委員がこれらの訴えに係る訴訟の当事者である場合を除く。）

三　株式交換等完全親会社である指名委員会等設置会社が第八百四十九条第六項の規定による通知（その株式交換等完全子会社の取締役、執行役又は清算人の責任を追及する訴えに係るものに限る。）を受ける場合

四　最終完全親会社等である指名委員会等設置会社が第八百四十九条第七項の規定による通知（その完全子会社等である株式会社の取締役、執行役又は清算人の責任を追及する訴えに係るものに限る。）を受ける場合

§❶【取締役・会社間の訴訟↓三五三§　[二]【取締役会の決定↓四一六④[十二]【株主総会の決定↓三〇九①

提訴請求を受けた監査委員の善管注意義務・忠実義務↓四二三条[13]

（報酬委員会による報酬の決定の方法等）

第四〇九条① 報酬委員会は、執行役等の個人別の報酬等の内容に係る決定に関する方針を定めなければならない。

② 報酬委員会は、第四百四条第三項の規定による決定をするには、前項の方針に従わなければならない。

③ 報酬委員会は、次の各号に掲げるものを執行役等の個人別の報酬等とする場合には、その内容として、当該各号に定める事項について決定しなければならない。ただし、会計参与の個人別の報酬等は、第一号に掲げるものでなければならない。

一　額が確定しているもの　個人別の額

二　額が確定していないもの　個人別の具体的な算定方法

三　当該株式会社の募集株式　当該募集株式の数（種類株式発行会社にあっては、募集株式の種類及び種類ごとの数）その他法務省令で定める事項

四　当該株式会社の募集新株予約権　当該募集新株予約権の数その他法務省令で定める事項

五　次のイ又はロに掲げるものと引換えにする払込みに充てるための金銭　当該イ又はロに定める事項

イ　当該株式会社の募集株式　執行役等が引き受ける当該募集株式の数（種類株式発行会社にあっては、募集株式の種類及び種類ごとの数）その他法務省令で定める事項

ロ　当該株式会社の募集新株予約権　執行役等が引き受ける当該募集新株予約権の数その他法務省令で定める事項

六　金銭でないもの（当該株式会社の募集株式及び募集新株予約権を除く。）　個人別の具体的な内容

§+【報酬委員会↓四〇四③§　❶【執行役等↓四〇四②【報酬等↓三六一①　❸【募集株式↓二〇二の二・二〇五③―⑤【新株予約権↓二三六③―⑥　[三]【省令で定める事項↓会社則一一一　[四]【省令で定める事項↓会社則一一一の二　[五]【省令で定める事項↓会社則一一一の三

第三款　指名委員会等の運営

（招集権者）

第四一〇条　指名委員会等は、当該指名委員会等の各委員が招集する。

§+【指名委員会等↓三二六②§【指名委員会等の招集権者↓三六六①・三九一

（招集手続等）

第四一一条① 指名委員会等を招集するには、その委員は、指名委員会等の日の一週間（これを下回る期間を取締役会で定めた場合にあっては、その期間）前までに、当該指名委員会等の各委員に対してその通知を発しなければならない。

② 前項の規定にかかわらず、指名委員会等は、当該指名委員会等の委員の全員の同意があるときは、招集の手続を経ることなく開催することができる。

③ 執行役等は、指名委員会等の要求があったときは、当該指名委員会等に出席し、当該指名委員会等が求めた事項について説明をしなければならない。

§❷【招集手続の省略↓三六八②・三九二②・三九九の九②　❸【執行役の説明義務↓三一四・三九九の九③・四一七⑤

（指名委員会等の決議）

第四一二条① 指名委員会等の決議は、議決に加わることができるその委員の過半数（これを上回る割合を取締役会で定めた場合にあっては、その割合以上）が出席し、その過半数（これを上回る割合を取締役会で定めた場合にあっては、その割合以上）をもって行う。

② 前項の決議について特別の利害関係を有する委員は、議決に加わることができない。

③ 指名委員会等の議事については、法務省令で定めるところにより、議事録を作成し、議事録が書面をもって作成されているときは、出席した委員は、これに署名し、又は記名押印しなければならない。

④ 前項の議事録が電磁的記録をもって作成されている場合における当該電磁的記録に記録された事項については、法務省令で定める署名又は記名押印に代わる措置をとらなければならない。

⑤ 指名委員会等の決議に参加した委員であって第三項の議事録に異議をとどめないものは、その決議に賛成したものと推定する。

§❷【特別利害関係委員の議決権排除↓三六九②§　❸【議事録↓四一三【省令の定め↓会社則一一一の四　❹【電磁的記録↓二六②【省令で定める措置↓会社則二二五

（議事録）

第四一三条① 指名委員会等設置会社は、指名委員会等の日から十年間、前条第三項の議事録をその本店に備え置かなければならない。

② 指名委員会等設置会社の取締役は、次に掲げるものの閲覧及び謄写をすることができる。

一 前項の議事録が書面をもって作成されているときは、当該書面

二 前項の議事録が電磁的記録をもって作成されているときは、当該電磁的記録に記録された事項を法務省令で定める方法により表示したもの

③ 指名委員会等設置会社の株主は、その権利を行使するため必要があるときは、裁判所の許可を得て、第一項の議事録について前項各号に掲げるものの閲覧又は謄写の請求をすることができる。

④ 前項の規定は、指名委員会等設置会社の債権者が委員の責任を追及するため必要があるとき及び親会社社員がその権利を行使するため必要があるときについて準用する。

⑤ 裁判所は、第三項（前項において準用する場合を含む。以下この項において同じ。）の請求に係る閲覧又は謄写をすることにより、当該指名委員会等設置会社又はその親会社若しくは子会社に著しい損害を及ぼすおそれがあると認めるときは、第三項の許可をすることができない。

⊛【監査等委員会の議事録→三九九の一一】【議事録虚偽記載等に対する制裁→九七六[七]】❶【本店→四⊛】【備置義務懈怠に対する制裁→九七六[四]】❷[二]【省令で定める方法→会社則二二六】❷—❹【取締役等の閲覧等請求不当拒否に対する制裁→九七六[四]】❸❹【裁判所の許可→八六八①②】

（**指名委員会等への報告の省略**）

第四一四条 執行役、取締役、会計参与又は会計監査人が委員の全員に対して指名委員会等に報告すべき事項を通知したときは、当該事項を指名委員会等へ報告することを要しない。

⊛【報告すべき事項→三七五④・三九七⑤・四一九①】

第四款 指名委員会等設置会社の取締役の権限等

（**指名委員会等設置会社の取締役の権限**）

第四一五条 指名委員会等設置会社の取締役は、この法律又はこの法律に基づく命令に別段の定めがある場合を除き、指名委員会等設置会社の業務を執行することができない。

⊛【取締役による業務の執行→四〇四④・四〇五—四〇八】【取締役会の職務執行の委任の禁止→四一六③】【取締役による執行役の兼任→四〇二⑥】

（**指名委員会等設置会社の取締役会の権限**）

第四一六条① 指名委員会等設置会社の取締役会は、第三百六十二条の規定にかかわらず、次に掲げる職務を行う。

一 次に掲げる事項その他指名委員会等設置会社の業務執行の決定

イ 経営の基本方針

ロ 監査委員会の職務の執行のため必要なものとして法務省令で定める事項

ハ 執行役が二人以上ある場合における執行役の職務の分掌及び指揮命令の関係その他の執行役相互の関係に関する事項

ニ 次条第二項の規定による取締役会の招集の請求を受ける取締役

ホ 執行役の職務の執行が法令及び定款に適合することを確保するための体制その他株式会社の業務並びに当該株式会社及びその子会社から成る企業集団の業務の適正を確保するために必要なものとして法務省令で定める体制の整備

二 執行役等の職務の執行の監督

② 指名委員会等設置会社の取締役会は、前項第一号イからホまでに掲げる事項を決定しなければならない。

③ 指名委員会等設置会社の取締役会は、第一項各号に掲げる職務の執行を取締役に委任することができない。

④ 指名委員会等設置会社の取締役会は、その決議によって、指名委員会等設置会社の業務執行の決定を執行役に委任することができる。ただし、次に掲げる事項については、この限りでない。

一 第百三十六条又は第百三十七条第一項の決定及び第百四十条第四項の規定による指定

二 第百六十五条第三項において読み替えて適用する第百五十六条第一項各号に掲げる事項の決定

三 第二百六十二条又は第二百六十三条第一項の決定

四 第二百九十八条第一項各号に掲げる事項の決定

五 株主総会に提出する議案（取締役、会計参与及び会計監査人の選任及び解任並びに会計監査人を再任しないことに関するものを除く。）の内容の決定

六 第三百四十八条の二第二項の規定による委託

七 第三百六十五条第一項において読み替えて適用する第三百五十六条第一項（第四百十九条第二項において読み替えて準用する場合を含む。）の承認

八 第三百六十六条第一項ただし書の規定による取締役会を招集する取締役の決定

九 第四百条第二項の規定による委員の選定及び第四百一条第一項の規定による委員の解職

十 第四百二条第二項の規定による執行役の選任及び第四百三条第一項の規定による執行役の解任

十一 第四百八条第一項第一号の規定による指名委員会等設置会社を代表する者の決定

十二 第四百二十条第一項前段の規定による代表執行役の選定及び同条第二項の規定による代表執行役の解職

十三 第四百二十六条第一項の規定による定款の定めに基づく第四百二十三条第一項の責任の免除

十四 補償契約の内容の決定

十五 役員等賠償責任保険契約の内容の決定

十六 第四百三十六条第三項、第四百四十一条第三項及び第四百四十四条第五項の承認

十七 第四百五十四条第五項において読み替えて適用

する同条第一項の規定により定めなければならないとされる事項の決定

十八　第四百六十七条第一項各号に掲げる行為に係る契約（当該指名委員会等設置会社の株主総会の決議による承認を要しないものを除く。）の内容の決定

十九　合併契約（当該指名委員会等設置会社の株主総会の決議による承認を要しないものを除く。）の内容の決定

二十　吸収分割契約（当該指名委員会等設置会社の株主総会の決議による承認を要しないものを除く。）の内容の決定

二十一　新設分割計画（当該指名委員会等設置会社の株主総会の決議による承認を要しないものを除く。）の内容の決定

二十二　株式交換契約（当該指名委員会等設置会社の株主総会の決議による承認を要しないものを除く。）の内容の決定

二十三　株式移転計画の内容の決定

二十四　株式交付計画（当該指名委員会等設置会社の株主総会の決議による承認を要しないものを除く。）の内容の決定

§+【取締役の権限↓三六二、三九九の一三　❶［二］【執行役の職務分掌等の決定↓四二〇①【省令で定める事項↓会社則一一二①【省令で定める体制↓会社則一一二②　［三］【執行役等↓四〇四②㈠【職務の執行の監督↓四〇〇②、四〇一①、四〇二②、四〇三①、四〇六、四一七③、四一九②、三五六、三六五②　❸　❹【執行役への委任↓【特別取締役制度の適用除外↓三七三①　商登四六⑤

（指名委員会等設置会社の取締役会の運営）

第四一七条①　指名委員会等設置会社においては、招集権者の定めがある場合であっても、指名委員会等がその委員の中から選定する者は、取締役会を招集することができる。

②　執行役は、前条第一項第一号ニの取締役に対し、取締役会の目的である事項を示して、取締役会の招集を請求することができる。この場合において、当該請求があった日から五日以内に、当該請求があった日から二週間以内の日を取締役会の日とする取締役会の招集の通知が発せられないときは、当該執行役は、取締役会を招集することができる。

③　指名委員会等がその委員の中から選定する者は、遅滞なく、当該指名委員会等の職務の執行の状況を取締役会に報告しなければならない。

④　執行役は、三箇月に一回以上、自己の職務の執行の状況を取締役会に報告しなければならない。この場合において、執行役は、代理人（他の執行役に限る。）により当該報告をすることができる。

⑤　執行役は、取締役会の要求があったときは、取締役会に出席し、取締役会が求めた事項について説明をしなければならない。

§❶【招集権者の定め↓三六六①　❷【会議の目的である事項↓三六六②§　❹【取締役会への報告↓三六三②

第五款　執行役の権限等

（執行役の権限）

第四一八条　執行役は、次に掲げる職務を行う。

一　第四百十六条第四項の規定による取締役会の決議によって委任を受けた指名委員会等設置会社の業務の執行の決定

二　指名委員会等設置会社の業務の執行

§［二］【業務執行の決定↓商登四六⑤　［三］【業務の執行↓四一五

（執行役の監査委員に対する報告義務等）

第四一九条①　執行役は、指名委員会等設置会社に著しい損害を及ぼすおそれのある事実を発見したときは、直ちに、当該事実を監査委員に報告しなければならない。

②　第三百五十五条〈忠実義務〉、第三百五十六条〈競業及び利益相反取引の制限〉及び第三百六十五条第二項〈競業等に関する報告〉の規定は、執行役について準用する。この場合において、第三百五十六条第一項中「株主総会」とあるのは「取締役会」と、第三百六十五条第二項中「取締役会設置会社においては、第三百五十六条第一項各号」とあるのは「第三百五十六条第一項各号」と読み替えるものとする。

③　第三百五十七条の規定は、指名委員会等設置会社については、適用しない。

§❶【監査委員の権限↓四〇七、四〇八①㈢、八四七①　❷【忠実義務↓三五五§【競業・利益相反取引の制限↓三五六、三六五②【自己のための取引↓四二八①

（代表執行役）

第四二〇条①　取締役会は、執行役の中から代表執行役を選定しなければならない。この場合において、執行役が一人のときは、その者が代表執行役に選定されたものとする。

②　代表執行役は、いつでも、取締役会の決議によって解職することができる。

③　第三百四十九条第四項及び第五項〈代表取締役の権限〉の規定は代表執行役について、第三百五十二条〈取締役の職務を代行する者の権限〉の規定は民事保全法第五十六条に規定する仮処分命令により選任された執行役又は代表執行役の職務を代行する者について、第四百一条第二項から第四項まで〈委員が欠けた場合〉の規定は代表執行役が欠けた場合又は定款で定めた代表執行役の員数が欠けた場合について、それぞれ準用する。

§❶【代表執行役↓九一一③㈡㈢、商登五四①　❶❷【取締役会の決議↓四一六④㈩㈢　❸【代表執行役の権限↓四〇八①⑤【四〇一条の準用↓八七〇①㈡、八七四㈡

（表見代表執行役）

第四二一条　指名委員会等設置会社は、代表執行役以外の執行役に社長、副社長その他指名委員会等設置会社を代表する権限を有するものと認められる名称を付した場合には、当該執行役がした行為について、善意の第三者に対してその責任を負う。

§+【表見代表執行役↓三五四

（株主による執行役の行為の差止め）

第四二二条① 六箇月（これを下回る期間を定款で定めた場合にあっては、その期間）前から引き続き株式を有する株主は、執行役が指名委員会等設置会社の目的の範囲外の行為その他法令若しくは定款に違反する行為をし、又はこれらの行為をするおそれがある場合において、当該行為によって当該指名委員会等設置会社に回復することができない損害が生ずるおそれがあるときは、当該執行役に対し、当該行為をやめることを請求することができる。

② 公開会社でない指名委員会等設置会社における前項の規定の適用については、同項中「六箇月（これを下回る期間を定款で定めた場合にあっては、その期間）前から引き続き株式を有する株主」とあるのは、「株主」とする。

参+【株主の差止請求権→三六〇　参【濫用株主等に対する制裁→九六八①㈡

第十一節　役員等の損害賠償責任

（役員等の株式会社に対する損害賠償責任）

第四二三条① 取締役、会計参与、監査役、執行役又は会計監査人（以下この章において「役員等」という。）は、その任務を怠ったときは、株式会社に対し、これによって生じた損害を賠償する責任を負う。

② 取締役又は執行役が第三百五十六条第一項（第四百十九条第二項において準用する場合を含む。以下この項において同じ。）の規定に違反して第三百五十六条第一項第一号の取引をしたときは、当該取引によって取締役、執行役又は第三者が得た利益の額は、前項の損害の額と推定する。

③ 第三百五十六条第一項第二号又は第三号（これらの規定を第四百十九条第二項において準用する場合を含む。）の取引によって株式会社に損害が生じたときは、次に掲げる取締役又は執行役は、その任務を怠ったものと推定する。

一 第三百五十六条第一項（第四百十九条第二項において準用する場合を含む。）の取締役又は執行役

二 株式会社が当該取引をすることを決定した取締役又は執行役

三 当該取引に関する取締役会の承認の決議に賛成した取締役（指名委員会等設置会社においては、当該取引が指名委員会等設置会社と取締役との間の取引又は指名委員会等設置会社と取締役との利益が相反する取引である場合に限る。）

④ 前項の規定は、第三百五十六条第一項第二号又は第三号に掲げる場合において、同項の取締役（監査等委員であるものを除く。）が当該取引につき監査等委員会の承認を受けたときは、適用しない。

参+【役員等の会社に対する責任→三五三、三六四、三八六、四〇八、四六二、五四五、八四七―八五二、八九九、破一七八―一八一、会更一〇〇―一〇三　❶【役員等の任務懈怠→民六四四、三三〇、三五五、四一九②、四二四―四二七、四二八①、四三〇　❷【損害額の推定→特許一〇二②　❸[一]【自己のため直接取引をした取締役・執行役→四二八①　[三]【承認決議に賛成した取締役→三六九⑤　❹【監査等委員会の決議→三九九の一〇

一 具体的な法令違反行為に基づく任務懈怠責任

1 会社の法令遵守が取締役の職務上の義務であることを認めた事例

[1] 商法二六六条一項五号〔会社三五五条〕の法令には、善管注意義務、忠実義務等の一般規定のほか、商法その他の法令中の会社を名宛人とし、会社がその業務を行うに際して遵守すべき全ての規定が含まれ、取締役が会社をして右規定に違反させる行為をしたときは、取締役の右行為が一般規定の定める義務に違反することになるか否かを問うまでもなく、法令に違反する行為をしたときに該当する。（最判平12・7・7民集五四・六・一七六七〈野村證券損失補塡株主代表訴訟事件〉会社法百選[四版]四七……独禁法一九条違反行為が問題となったが、問題となった行為（証券会社の損失補塡行為）が同法に違反することの認識を欠き、それにつき過失があったとすることができないとして、取締役の損害賠償責任が否定されている）

2 会社が外国法令に違反したことに基づき取締役の善管注意義務違反が認められた事例

[2] 銀行頭取らは、米国で事業を展開していたにもかかわらず、米国当局の監督を受けていること、並びに、米国の外国銀行に対する法規制の峻厳さに対する正しい認識を欠き、米国当局に対する届出を行わず、米国法令違反行為を行うという選択を行っており、取締役に与えられた広い裁量も、外国法令を含む法令に違反しない限りにおいてのものであり、取締役に対し、外国法令を含む法令に違反するか否かの裁量が与えられているものではないから、取締役の善管注意義務及び忠実義務に違反したものである。（大阪地判平12・9・20判時一七二一・三〈大和銀行株主代表訴訟事件〉会社法百選[初版]六〇……頭取らに罰金額（三億四〇〇〇万ドル）及び弁護士報酬（一〇〇〇万ドル）を基準に、各取締役の寄与度に応じて賠償義務を認めた事例）

二 善管注意義務違反に基づく任務懈怠責任

1 取締役の責任

イ 経営判断の原則との関係

a 経営判断に際して取締役に認められる裁量の範囲

[3] 取締役の業務についての善管注意義務違反又は忠実義務違反の有無の判断に当たっては、取締役によって当該行為がなされた当時における会社の状況及び会社を取り巻く社会、経済、文化等の情勢の下において、当該会社の属する業界における通常の経営者の有すべき知見及び経験を基準として、前提としての事実の認識に不注意な誤りがなかったか否か及びその事実に基づく行為の選択決定に不合理がなかったか否かという観点から、当該行為をすることが著しく不合理と評価されるか否かによるべきである。（東京地判平16・9・28判時一八八六・一一一①、会社法百選[初版]五九）

[4] グループ企業の事業再編計画の一環として、子会社を完全子会社とする目的で行われた事業再編計画の策定は、完全子会社とすることのメリットの評価を含め、将来予測にわたる経営上の専門的判断に委ねられていると解され、株式取得の方法や価格についても、取締役において、株式の評価額のほか、取得の必要性、親会社の財務上の負担、株式の取得を円滑に進める必要性の程度等をも総合考慮して決定することができ、その決定の過程、内容に著しく不合理な点がない限り、親会社の取締役としての善管注意義務に違反するものではない。（最判平22・7・15判時二〇九一・九〇〈アパマンショップHD株主代表訴訟事件〉会社法百選[四版]四八）

b　銀行の取締役に認められる裁量の範囲

5　銀行の取締役が融資業務に際して要求される注意義務の程度は一般の株式会社取締役の場合と比べ高い水準のものであり、経営判断の原則が適用される余地はそれだけ限定的なものにとどまるといわざるを得ない。（最決平21・11・9刑集六三・九・一一一七〈拓銀特別背任事件〉刑百選Ⅱ八版七二）

6　銀行が、特定の企業の財務内容、事業内容及び経営者の資質等の情報を十分把握した上で、成長の可能性があると合理的に判断される企業に対し、不動産等の確実な物的担保がなくとも積極的に融資を行ってその経営を金融面から支援することは、必ずしも一律に不合理な判断として否定されるべきものではないが、その財務内容が極めて不透明であるとか、借入金が過大で財務内容は良好とはいえないという調査結果がなされた場合には、銀行が採用していた企業育成路線の一環として行われたものであったことを考慮しても、当該融資は、銀行の取締役に一般的に期待される水準に照らし、著しく不合理なものといわざるを得ない。（最判平20・1・28判時一九九七・一四八、会社法百選四版四九）

c　法令違反行為を発見した取締役に認められる裁量の範囲

7　会社が販売する食品に食品衛生法で使用が許されていない添加物が混入していたことを外部から指摘されたにもかかわらず添加物の混入を隠蔽して食品の販売を継続したが、これらの事実が厚生労働省への匿名の通報及びその後のマスコミ報道によって公にされてしまった事案において、法令違反及びその隠蔽行為が公になることによって会社が被る可能性のある信頼喪失などの損害を回避するための方策を検討することなく、法令違反等の事実を自ら積極的には公表しないという方針を採用した取締役は善管注意義務に違反するとした事例（大阪高判平18・6・9判時一九七九・一一五、重判平18商二）

ロ　取締役の監視・監督義務

a　リスク管理体制を構築すべき義務及びその履行の監視義務との関係

8　健全な会社経営を行うためには、目的とする事業の種類、性質等に応じて生じる各種のリスクの状況を正確に把握し、適切に制御すること、すなわちリスク管理が欠かせず、会社経営の根幹に関わるリスク管理体制の大綱については、取締役会で決定することを要し、業務執行を担当する代表取締役及び業務担当取締役は、大綱を踏まえ、担当する部門におけるリスク管理体制を具体的に決定するべき職務を負い、取締役は、取締役会の構成員として、また、代表取締役又は業務担当取締役として、リスク管理体制を構築すべき義務を負い、さらに、代表取締役及び業務担当取締役がリスク管理体制を構築すべき義務を履行しているか否かを監視する義務を負うのであり、これもまた、取締役としての善管注意義務及び忠実義務の内容をなす。（大阪地判平12・9・20前出2）

b　子会社の監督義務

9　子会社が在庫商品を買い取った上で、一定の預かり期間に売却できなければ期間満了時に買い取る旨約束して、当該商品を買い取ってもらい、その後、同期間満了時に、同期間内に売却できなかった場合には、同じことを繰り返す「グルグル回し取引」を行っていた事案において、子会社における在庫の増加が取締役会等で問題視されていたのであるから、親会社の代表取締役又は取締役として、子会社の在庫の増加の原因を解明すべく、自ら、あるいは、親会社の取締役会を通じ、さらには、子会社の取締役等に働きかけるなどして、個別の契約書面等の確認、在庫の検品や担当者からの聴取り等の具体的かつ詳細な調査をし、又はこれを命ずべき義務があった。（福岡高判平24・4・13金判一三九九・二四、会社法百選四版五一）

ハ　MBOの対象会社の役員の義務

10　MBOにおいて、株主は適正な企業価値の分配を受けることについて共同の利益を有するので、取締役及び監査役は、善管注意義務の一環として、公正な企業価値の移転を図らなければならない義務（公正価値移転義務）、及び個別の事案において情報開示を行う義務又は情報開示を行うときにはその情報開示を適正に行う義務（適正情報開示義務）を負うが、買収価格は客観的な企業価値と比較して低いとはいえないことを理由に公正価値移転義務違反を否定し、会社がMBOの一環として行われた公開買付けに賛同する旨の意見を表明した際に株主が公開買付けに応募するか否かを判断するために必要な情報が適正に開示されなかったとして適正情報開示義務違反を肯定した事例（東京高判平25・4・17判時二一九〇・九六、会社法百選四版五二）

11　内部通報に基づく調査により買収者側の立場にある取締役が買収対象会社の算定する自社の株価の引下げ等を買収対象会社の担当者に指示していたことが明らかになった後にMBOが頓挫した事案において、買収対象会社の取締役は善管注意義務の一環としてMBOを公正な手続で行うことで一般株主に対して公正な企業価値の移転を図る義務を負担すると述べた上で、株価の引下げ等は手続の公正さを害する行為であるから指示を行った取締役及び指示を認識しながら放置していた取締役は善管注意義務に違反しているが、同義務違反とMBOの頓挫の間に因果関係は認められないとして、内部通報に基づく調査のための費用など手続の公正さが害されたことにより会社が支出を余儀なくされた費用相当額についてのみ損賠償責任を負うとした事例（大阪高判平27・10・29判時二二八五・一一七、会社法百選四版A28）

2　監査役・監査等委員の責任

12　代表取締役が会社の資金を不当に流出させるという任務懈怠行為を繰り返していた事案において、公認会計士であり一〇年にわたり監査役を務め、代表取締役の任務懈怠行為が監査業務の職務分担上、同人の担当する業務に関して行われており、かつ、取締役会への出席を通じて代表取締役による一連の任務懈怠行為を熟知していた監査役は、監査役監査規程に基づき、取締役会に対して会社の資金が不当に流出することに対処するための内部統制システムを構築するよう助言又は勧告すべき義務を負い、また、監査役として取締役の職務の執行を監督すべき立場にあったのであるから代表取締役として不適格であることを明らかに示す一連の行為を行っていた者を代表取締役から解職すべき旨を取締役会又は取締役に助言又は勧告すべき義務を負っていたが、いずれの義務にも違反したと判示した事例（大阪高判平27・5・21判時二二七九・九六、会社法百選四版A31）→四二七条7

13　監査委員会は会社法八四七条一項に基づく提訴請求を受けて訴えを提起するか否かを判断・決定する権限を有するが、監査委員会の構成員である監査委員の善管注意義務・忠実義務の違反の有無は、その判断・決定時に監査委員が合理的に知り得た情報を基礎として訴えを提起するか否かの判断・決定権を会社のために最善となるように行使したか否かによって決するのが相当であり、訴えを提起した場合の勝訴の可能性が非常に低い場合には、監査委員が訴えを提起しないと判断・決定したことをもって、監査委員に善管注意義務・忠実義務の違反があるとはいえない。（東京高判平28・12・7金判一五一〇・四七、重判平29商八）……株主が監査委員会による不提訴の決定の後に株主代表訴訟を提起したが消滅時効の完成を理由に請求が棄却された後に、同じ株主が監査委員の会社に対する損害賠償責任を追及するために株主代表訴訟を提起した事例）

３　会計監査人の責任

14　会計監査人は職業的専門家として通常実施すべき監査手続を行う義務を負い、監査計画の設定に際しては個別の被監査会社の監査上の危険性（財務諸表に重要な虚偽記載が含まれているにもかかわらず、監査人がこれを発見できずに不適切な意見を表明する可能性）を最小限にするように監査資源の割り振りを行うこと等が求められるとした上で、不自然な兆候を読み取っていたにもかかわらずその原因を解明するような追加の監査手続を行わなかったことについて会計監査人に過失があるとした事例（大阪地判平20・4・18判時二〇〇七・一〇四、会社法百選［四版］七一……結論として、過失のある監査に基づき行われた違法配当金相当額から被監査会社が組織ぐるみで粉飾決算を行ったこと等を理由とする過失相殺により八割減額した額について会計監査人の損害賠償責任が認められた）

三　故意・過失

１　一般論

15　取締役が法令又は定款に違反する行為をしたとして商法二六六条一項五号［本条一項］によりその責任を追及するには、右違反行為につき取締役の故意又は過失を必要とする。（最判昭51・3・23金判五〇三・一四、会社百選［四版］五〇）

２　証券会社の損失補塡の独禁法違反に関する過失の有無

16　証券会社が、一部の顧客に対し、有価証券の売買等の取引により生じた損失を補塡する行為は、証券業界における正常な商慣習に照らして不当な利益の供与というべきであるから、証券会社が顧客との取引関係の維持拡大を目的として、顧客に対し損失補塡を実施したことは、独禁法一九条に違反するものと解すべきであり、同条は、事業者たる会社がその業務を行うに際して遵守すべき規定にほかならないから、商法二六六条一項五号［会社三五五条］にいう法令に含まれるが、取締役が独禁法に違反することの認識を欠き、それにつき過失があったとすることができないとして、取締役の損害賠償責任が否定された事例（最判平12・7・7前出[7]）↓独禁◆【不公正な取引方法】〔二条の後〕

49　**３　株主による脅迫行為に係る金員の交付**

17　株主の地位を濫用した不当な要求がされた場合には、法令に従った適切な対応をすべき義務を有するものというべきであり、警察に届け出るなどの適切な対応をすることが期待できない状況にあったとはいえないから、株主の理不尽な要求に従って巨額の金員を交付することを提案し又はこれに同意した取締役の行為については、やむを得なかったものとして過失を否定することはできない。（最判平18・4・10民集六〇・四・一一七三（蛇の目ミシン利益供与事件）会社法百選［四版］一二）↓一二〇条[3]

四　損害

１　贈賄と損益相殺

18　贈賄は、公序良俗に反する行為であり、交付した賄賂は不法原因給付として返還を求めることができないから、賄賂として供与した金額が会社の損害となり、贈賄行為により受注した工事による利益があったとしても、それは贈賄による損害を直接に塡補する目的、機能を有するものではないから、損害の原因関係との間に相当因果関係がなく、損益相殺の対象とならない。（東京地判平6・12・22判時一五一八・三）

２　特別決議を経ない新株の有利発行と会社の損害↓一九九条[6]

３　株式を対価とする不当な合併比率による合併と会社の損害

19　合併比率が合併当事会社の資産内容からみて不合理、不公平であり、消滅会社の株主に対し過当な存続会社株式が割り当てられたとしても、存続会社自体には何ら損害は生じない。（大阪地判平12・5・31判時一七四二・一四一①）

４　本条二項に基づき損害額が推定された事例

20　代表取締役が競業避止義務違反によって得た利益は、役員報酬又は給与手当が役務の対価又は労務の対価であり、競合会社において代表取締役が資金調達、信用及び営業について中心的役割を果たしていることに鑑みれば、代表取締役及びその家族の報酬の合計額の五割とするのが相当であり、商法二六六条四項［本条二項］により、会社が被った損害と推定される。（名古屋高判平20・4・17金判一三二五・四七）

５　因果関係の割合的認定

21　被告取締役は損害の原因事実たる一連の不正輸出の一部にしか責任がなく、しかも、責任の認められる不正輸出に対する関与の度合いも限定されたものであるところ、このような場合、条件的な因果関係が認められるからといって、生じた損害の全額について責任を負わせるのは酷であって、寄与度に応じた因果関係の割合的認定を行うことが合理的である。（東京地判平8・6・20判時一五七二・二七（日本航空電子工業事件）重判平8商三）

６　会社が支払った罰金・課徴金

22　賠償の範囲には任務懈怠と相当因果関係がある限り、特段の限定はなく、会社が取締役の任務懈怠によって課徴金・罰金の支払を余儀なくされた場合において、その課徴金・罰金を損害から除く根拠はない。（東京高判令元・5・16判時二四五九・一七）

五　遅延損害金

23　商法二六六条一項五号［本条一項］に基づく取締役の会社に対する損害賠償債務は、期限の定めのない債務であって履行の請求を受けた時に遅滞に陥る。（最判平26・1・30判時二二一三・一二三、重判平26商五）

（株式会社に対する損害賠償責任の免除）

第四二四条　前条第一項の責任は、総株主の同意がなければ、免除することができない。

参【総株主の同意】↓八四七【責任の免除】↓四六二③・四六四②・四六五②・五四三・五四四①・八五〇④【責任の一部免除】↓四二五―四二七【適用除外】↓八五〇④

一人株主である取締役の損害賠償責任の免除

7　一人会社において、当該株主が代表取締役に就任している場合であっても、当該株主兼代表取締役は、法人格が会社と別個であるから、任務に違背して会社に損害を加えたときは、会社に対する損害賠償義務が発生するというべきであり、その免除には、総株主の同意、免除の意思表示が必要であって、一人株主であることにより、当該責任が、当然に免除されるものではない。（東京地判平20・7・18判タ一二九〇・二〇〇）

（責任の一部免除）

第四二五条① 前条の規定にかかわらず、第四百二十三条第一項の責任は、当該役員等が職務を行うにつき善意でかつ重大な過失がないときは、賠償の責任を負う額から次に掲げる額の合計額（第四百二十七条第一項において「最低責任限度額」という。）を控除して得た額を限度として、株主総会（株式会社に最終完全親会社等（第八百四十七条の三第一項に規定する最終完全親会社等をいう。以下この節において同じ。）がある場合において、当該責任が特定責任（第八百四十七条の三第四項に規定する特定責任をいう。以下この節において同じ。）であるときにあっては、当該株式会社及び当該最終完全親会社等の株主総会。以下この条において同じ。）の決議によって免除することができる。

一　当該役員等がその在職中に株式会社から職務執行の対価として受け、又は受けるべき財産上の利益の一年間当たりの額に相当する額として法務省令で定める方法により算定される額に、次のイからハまでに掲げる役員等の区分に応じ、当該イからハまでに定める数を乗じて得た額

イ　代表取締役又は代表執行役　六

ロ　代表取締役以外の取締役（業務執行取締役等であるものに限る。）又は代表執行役以外の執行役　四

ハ　取締役（イ及びロに掲げるものを除く。）、会計参与、監査役又は会計監査人　二

二　当該役員等が当該株式会社の新株予約権を引き受けた場合（第二百三十八条第三項各号に掲げる場合に限る。）における当該新株予約権に関する財産上の利益に相当する額として法務省令で定める方法により算定される額

② 前項の場合には、取締役（株式会社に最終完全親会社等がある場合において、同項の規定により免除しようとする責任が特定責任であるときにあっては、当該株式会社及び当該最終完全親会社等の取締役）は、同項の株主総会において次に掲げる事項を開示しなければならない。

一　責任の原因となった事実及び賠償の責任を負う額

二　前項の規定により免除することができる額の限度及びその算定の根拠

三　責任を免除すべき理由及び免除額

③ 監査役設置会社、監査等委員会設置会社又は指名委員会等設置会社においては、取締役（これらの会社に最終完全親会社等がある場合において、第一項の規定により免除しようとする責任が特定責任であるときにあっては、当該会社及び当該最終完全親会社等の取締役）は、第四百二十三条第一項の責任の免除（取締役（監査等委員又は監査委員であるものを除く。）及び執行役の責任の免除に限る。）に関する議案を株主総会に提出するには、次の各号に掲げる株式会社の区分に応じ、当該各号に定める者の同意を得なければならない。

一　監査役設置会社　監査役（監査役が二人以上ある場合にあっては、各監査役）

二　監査等委員会設置会社　各監査等委員

三　指名委員会等設置会社　各監査委員

④ 第一項の決議があった場合において、株式会社が当該決議後に同項の役員等に対し退職慰労金その他の法務省令で定める財産上の利益を与えるときは、株主総会の承認を受けなければならない。当該役員等が同項第二号の新株予約権を当該決議後に行使し、又は譲渡するときも同様とする。

⑤ 第一項の決議があった場合において、当該役員等が前項の新株予約権を表示する新株予約権証券を所持するときは、当該役員等は、遅滞なく、当該新株予約権証券を株式会社に対し預託しなければならない。この場合において、当該役員等は、同項の譲渡について同項の承認を受けた後でなければ、当該新株予約権証券の返還を求めることができない。

❶【賠償の責任を負う額】↓四二三①【株主総会決議】↓三〇九② 四 【［一］【省令で定める方法】↓会社則一一三 【［二］【省令で定める方法】↓会社則一一四 ❷【開示の懈怠に対する制裁】↓九七六 三 【［二］【賠償の責任を負う額】↓四二三① 【［三］【責任を免除すべき理由】↓四二六① ❹【省令で定める財産上の利益】↓会社則一一五【株主総会の承認】↓三〇九①、会社則八四の二 ❺【新株予約権証券】↓二八八 ＋【適用除外】↓四二八②

（取締役等による免除に関する定款の定め）

第四二六条① 第四百二十四条の規定にかかわらず、監査役設置会社（取締役が二人以上ある場合に限る。）、監査等委員会設置会社又は指名委員会等設置会社は、第四百二十三条第一項の責任について、当該役員等が職務を行うにつき善意でかつ重大な過失がない場合において、責任の原因となった事実の内容、当該役員等の職務の執行の状況その他の事情を勘案して特に必要と認めるときは、前条第一項の規定により免除することができる額を限度として取締役（当該責任を負う取締役を除く。）の過半数の同意（取締役会設置会社にあっては、取締役会の決議）によって免除することができる旨を定款で定めることができる。

② 前条第三項の規定は、定款を変更して前項の規定による定款の定め（取締役（監査等委員又は監査委員であるものを除く。）及び執行役の責任を免除することができる旨の定めに限る。）を設ける議案を株主総会に提出する場合、同項の規定による定款の定めに基づく責任の免除（取締役（監査等委員又は監査委員であるものを除く。）及び執行役の責任の免除に限る。）について取締役の同意を得る場合及び当該責任の免除に関する議案を取締役会に提出する場合について準用する。この場合において、同条第三項中「取締役（これらの会社に最終完全親会社等がある場合において、第一項の規定により免除しようとする責任が特定責任であるときにあっては、当該会社及び当該最終完全親会社等

の取締役）」とあるのは、「取締役」と読み替えるものとする。

③　第一項の規定による定款の定めに基づいて役員等の責任を免除する旨の同意（取締役会設置会社にあっては、取締役会の決議）を行ったときは、取締役は、遅滞なく、前条第二項各号に掲げる事項及び責任を免除することに異議がある場合には一定の期間内に当該異議を述べるべき旨を公告し、又は株主に通知しなければならない。ただし、当該期間は、一箇月を下ることができない。

④　公開会社でない株式会社における前項の規定の適用については、同項中「公告し、又は株主に通知し」とあるのは、「株主に通知し」とする。

⑤　株式会社に最終完全親会社等がある場合において、第三項の規定による公告又は通知（特定責任の免除に係るものに限る。）がされたときは、当該最終完全親会社等の取締役は、遅滞なく、前条第二項各号に掲げる事項及び責任を免除することに異議がある場合には一定の期間内に当該異議を述べるべき旨を公告し、又は株主に通知しなければならない。ただし、当該期間は、一箇月を下ることができない。

⑥　公開会社でない最終完全親会社等における前項の規定の適用については、同項中「公告し、又は株主に通知し」とあるのは、「株主に通知し」とする。

⑦　総株主（第三項の責任を負う役員等であるものを除く。）の議決権の百分の三（これを下回る割合を定款で定めた場合にあっては、その割合）以上の議決権を有する株主が同項の期間内に同項の異議を述べたとき（株式会社に最終完全親会社等がある場合において、第一項の規定による定款の定めに基づき免除しようとする責任が特定責任であるときにあっては、当該株式会社の総株主（第三項の責任を負う役員等であるものを除く。）の議決権の百分の三（これを下回る割合を定款で定めた場合にあっては、その割合）以上の議決権を有する株主又は当該最終完全親会社等の総株主（第三項の責任を負う役員等であるものを除く。）の議決権の百分の三（これを下回る割合を定款で定めた場合にあっては、その割合）以上の議決権を有する株主が第三項又は第五項の期間内に当該各項の異議を述べたとき）は、株式会社は、第一項の規定による定款の定めに基づく免除をしてはならない。

⑧　前条第四項及び第五項の規定は、第一項の規定による定款の定めに基づき責任を免除した場合について準用する。

❶【責任の一部免除に関する定款の定め→九一一③[二十四]【取締役の過半数の同意→三四八③[五]【取締役会の決議→三六九②・三六二④[七]・四一六④[十三]　❸【公告→九三九　❸❹【株主への通知→一二六①【懈怠に対する制裁→九七六[二]　❺❻【株主への通知→一二六①【公告→九三九　❼【濫用株主等に対する制裁→九六八①[二]　❽【四二五条四項の準用→会社則八四の二　＋【適用除外→四二八②

（責任限定契約）

第四二七条①　第四百二十四条の規定にかかわらず、株式会社は、取締役（業務執行取締役等であるものを除く。）、会計参与、監査役又は会計監査人（以下この条及び第九百十一条第三項第二十五号において「非業務執行取締役等」という。）の第四百二十三条第一項の責任について、当該非業務執行取締役等が職務を行うにつき善意でかつ重大な過失がないときは、定款で定めた額の範囲内であらかじめ株式会社が定めた額と最低責任限度額とのいずれか高い額を限度とする旨の契約を非業務執行取締役等と締結することができる旨を定款で定めることができる。

②　前項の契約を締結した非業務執行取締役等が当該株式会社の業務執行取締役等に就任したときは、当該契約は、将来に向かってその効力を失う。

③　第四百二十五条第三項の規定は、定款を変更して第一項の規定による定款の定め（同項に規定する取締役（監査等委員又は監査委員であるものを除く。）と契約を締結することができる旨の定めに限る。）を設ける議案を株主総会に提出する場合について準用する。この場合において、同条第三項中「取締役（これらの会社に最終完全親会社等がある場合において、第一項の規定により免除しようとする責任が特定責任であるときにあっては、当該会社及び当該最終完全親会社等の取締役）」とあるのは、「取締役」と読み替えるものとする。

④　第一項の契約を締結した株式会社が、当該契約の相手方である非業務執行取締役等が任務を怠ったことにより損害を受けたことを知ったときは、その後最初に招集される株主総会（当該株式会社に最終完全親会社等がある場合において、当該損害が特定責任に係るものであるときにあっては、当該株式会社及び当該最終完全親会社等の株主総会）において次に掲げる事項を開示しなければならない。

一　第四百二十五条第二項第一号及び第二号に掲げる事項

二　当該契約の内容及び当該契約を締結した理由

三　第四百二十三条第一項の損害のうち、当該非業務執行取締役等が賠償する責任を負わないとされた額

⑤　第四百二十五条第四項及び第五項（新株予約権の取扱い）の規定は、非業務執行取締役等が第一項の契約によって同項に規定する限度を超える部分について損害を賠償する責任を負わないとされた場合について準用する。

❶【責任の一部免除に関する定款の定め→九一一③[二十五]【最低責任限度額→四二五①　❷【業務執行取締役→二[十五]イ【支配人その他の使用人→一〇―一二・一四・一五　❹【開示の懈怠に対する制裁→九七六[三]　❺【四二五条四項の準用→会社則八四の二　＋【適用除外→四二八②

重過失

[7]　責任限定契約における重過失とは、監査役の行為が監査役としての任務懈怠に当たることを知るべきであるのに著しく注意を欠いたためにそれを知らなかったことであると解すべきであるとした上で、監査役は、会社の資金が不当に流出することに対処するための内部統制システムの構築及び会社の資金を不当に流出させていた代表取締役の解職を取締役会又は取締役に助言又は勧告しなかったという点で任務を怠ったが、代表取締役の一連の任務懈怠行為に対

して取締役会において度々疑義を表明し、事実関係の報告を求め、代表取締役の任務懈怠行為が是正されない場合には監査役を辞任する旨の申入れを行っていたことなどを踏まえると、重過失は認められない。（大阪高判平27・5・21判時二二七九・九六、会社法百選〔四版〕A31）→四二三条⑫

（取締役が自己のためにした取引に関する特則）

第四二八条① 第三百五十六条第一項第二号（第四百十九条第二項において準用する場合を含む。）の取引（自己のためにした取引に限る。）をした取締役又は執行役の第四百二十三条第一項の責任は、任務を怠ったことが当該取締役又は執行役の責めに帰することができない事由によるものであることをもって免れることができない。

② 前三条の規定は、前項の責任については、適用しない。

❶【無過失責任→四二三③】

（役員等の第三者に対する損害賠償責任）

第四二九条① 役員等がその職務を行うについて悪意又は重大な過失があったときは、当該役員等は、これによって第三者に生じた損害を賠償する責任を負う。

② 次の各号に掲げる者が、当該各号に定める行為をしたときも、前項と同様とする。ただし、その者が当該行為をすることについて注意を怠らなかったことを証明したときは、この限りでない。

一 取締役及び執行役 次に掲げる行為

イ 株式、新株予約権、社債若しくは新株予約権付社債を引き受ける者の募集をする際に通知しなければならない重要な事項についての虚偽の通知又は当該募集のための当該株式会社の事業その他の事項に関する説明に用いた資料についての虚偽の記載若しくは記録

ロ 計算書類及び事業報告並びにこれらの附属明細書並びに臨時計算書類に記載し、又は記録すべき重要な事項についての虚偽の記載又は記録

ハ 虚偽の登記

ニ 虚偽の公告（第四百四十条第三項に規定する措置を含む。）

二 会計参与 計算書類及びその附属明細書、臨時計算書類並びに会計参与報告に記載し、又は記録すべき重要な事項についての虚偽の記載又は記録

三 監査役、監査等委員及び監査委員 監査報告に記載し、又は記録すべき重要な事項についての虚偽の記載又は記録

四 会計監査人 会計監査報告に記載し、又は記録すべき重要な事項についての虚偽の記載又は記録

❶【第三者に対する責任→五三②・四八七 ❷【一】【募集の際の通知→二〇三①・二四二①・六七七①【虚偽文書行使等の罪→九六四①【計算書類等の虚偽記載の罰則→九七六㈦【虚偽の登記の罰則→刑一五七①【虚偽の公告の罰則→九七六㈢【二】【会計参与報告→三七四①【三】【監査報告→三八一①・四〇四②㈡【四】【会計監査報告→三九六①

一 本条一項の責任の性質―不法行為責任との関係

[1] 取締役はその職務を行うにつき故意・過失により直接第三者に損害を加えた場合は、一般不法行為の規定によって損害を賠償する義務を負うが、取締役の任務懈怠により損害を受けた第三者としては、その任務懈怠につき取締役の悪意又は重過失を主張し立証しさえすれば、自己に対する加害につき故意・過失があることを主張し立証するまでもなく、商法二六六条ノ三〔本条〕により取締役に対して損害の賠償を求め得る。（最大判昭44・11・26民集二三・一一・二一五〇、会社法百選〔四版〕六六）

二 間接損害と本条の適用の有無

1 原告が債権者の場合―肯定

[2] 取締役が悪意・重過失により善管義務・忠実義務に違反し、これによって第三者に損害を被らせたときは、取締役の行為と第三者の損害との間に相当の因果関係がある限り、会社が損害を被った結果ひいて第三者が損害を被った場合であると、直接第三者が損害が生じた場合であるとを問うことなく、当該取締役が直接第三者に対し損害賠償の責めに任ずる。（最大判昭44・11・26前出[1]）

2 原告が従業員の場合―肯定

[3] 取締役の任務懈怠により会社が営業を廃止して解散することとなり、当該会社の従業員が会社から解雇されたものであるから、取締役の任務懈怠と会社による解雇との間に相当因果関係があり、雇用契約上の権利喪失による損害及び取締役の任務懈怠と相当因果関係にあるその他の損害について、商法二六六条ノ三〔本条〕による損害賠償請求ができる。（名古屋高金沢支判平17・5・18判時一八九八・一三〇）

3 原告が株主の場合―否定

[4] 株式が証券取引所などに上場され公開取引がなされている公開会社である株式会社の業績が取締役の過失により悪化して株価が下落するなど、全株主が平等に不利益を受けた場合、株主が取締役に対しその責任を追及するためには、特段の事情のない限り、商法二六七条〔会社八四七条〕に定める会社に代位して会社に対し損害賠償をすることを求める株主による責任追及の訴えを提起する方法によらなければならず、商法二六六条ノ三〔本条〕や民法七〇九条により取締役に対し直接損害賠償請求することは認められない。（東京高判平17・1・18金判一二〇九・一〇、会社法百選〔三版〕A22）

三 本条一項の責任の態様

1 手形振出しに関する重過失

[5] 代表取締役として、事業の遂行につきはっきりとした見通しも方針もなく、事業の拡張により収益が増加し、手形金の支払が可能であると軽率に考え、手形振出しにより金融を受けて、調査不十分の事業に多額の投資をして会社の破綻を招いた場合には、右取締役は右手形振出しに関し、その職務を行うにつき重大な過失がある。（最判昭41・4・15民集二〇・四・六六〇、会社百選〔三版〕七一）

2 会社業務を他の者に任せきりとした代表取締役の責任

[6] 代表取締役が他の代表取締役その他の者に会社業務の一切を任せきりとし、その業務執行に何ら意を用いることなく、それらの者の不正行為ないし任務懈怠を看過するに至れば、自らも悪意・重過失により任務を怠ったと解すべきである。（最大判昭44・11・26前出[1]）

3 代表取締役の監視義務違反

[7] 代表取締役Aがその注意義務を著しく怠り、満期に支払えないことを容易に予見できたにもかかわらずそれが可能だと軽信して、会社代表取締役B名義の約束手形を振り出

し、その支払不能により第三者に損害を被らせた場合に、他の代表取締役Bが Aの職務執行上の重過失又は不正行為を未然に防止すべき義務があるにもかかわらず、著しくこれを怠り、業務一切をAに任せきりとし、右約束手形を振り出させたことは、Bの任務の遂行に重大な過失がある。（最大判昭44・11・26前出⑦）

⑧ **4 名目的取締役の監視義務違反**
社外重役として名目的に取締役に就任した者Aが、代表取締役Bの業務執行を全く監視せず、取締役会の招集を求めたり自ら招集したりせず、Bの独断専行に任せ、その間、Bが代金支払の見込みもないのに商品を買い入れ、その代金を支払うことができないで売主に損害を与えたときは、Aは商法二六六条ノ三第一項［本条一項］の責任を負う。（最判昭55・3・18判時九七一・一〇一、重判昭55商三）

5 代表取締役の業務執行に対する取締役の監視義務違反↓三六二条③

6 ある株主に対する招集通知の欠如と取締役の責任↓二九九条④

7 有利発行の場合↓一九九条⑦

8 MBOの場合
⑨ MBOに係る利益相反行為につき、買収側取締役が、投資者の株式評価を含む投資判断のために重要な事項について虚偽の事実を公表したといえる場合、又は公表すべき重要な事項若しくは誤解を生じさせないために必要な重要な事実の公表をしなかったといえる場合には、投資者がMBOの実施を踏まえた投資によって被った損失に関して買収側取締役の義務違反を認め得る。（東京高判平23・12・21判タ一三七二・一九八……本件における利益相反行為はそれらの事項・事実には当たらないとした事例）

四 商法特例法一〇条［本条二項］による会計監査人の責任が否定された事例↓三九六条①

五 損害との因果関係

1 因果関係が肯定された事例
⑩ 会社がその発行すべき新株式の申込証拠金に充当されるべく第三者から金員を委託されたにもかかわらず、これを会社の経常費に流用費消する旨議決した取締役会に出席していた同会社の取締役副社長が右金員を同会社の経常費に使用した場合には、右の行為と金員委託者の損害との間に相当因果関係がある。（最判昭38・10・4民集一七・九・一一七〇）

2 因果関係が否定された事例
⑪ Aは、自己の経営する個人企業を会社組織とした会社において、対外的信用を得るためBを名目上の代表取締役に就任させ、自らは取締役に就任し、Bは経営の実権を包括的にAに授権し、Aが業務を独断専行していた場合には、Bには故意による任務懈怠があるが、Aの行為により第三者が被った損害につき、Aに故意・重過失による任務懈怠があったといえないときは、右損害とBの任務懈怠行為との間には相当因果関係がない。（最判昭45・7・16民集二四・七・一〇六一、重判昭45商七）

六 九〇八条と本条の責任

1 取締役就任登記を承諾した者の責任
⑫ 会社の取締役でないのにそれに就任した旨の登記をすることに承諾を与え、登記事項が不実であることを少なくとも過失によって知らず、商法一四条［会社九〇八条二項］の類推適用により、右登記事項が不実であることを善意の第三者に対抗できない者は、商法二六六条ノ三［本条］の取締役としての責任を免れない。（最判昭47・6・15民集二六・五・九八四、商法百選八）

2 辞任した役員の不実登記の残存についての承諾と本条の責任
⑬ 取締役を辞任した者が、登記申請権者である会社の代表取締役に対し、辞任登記を申請しないで不実登記を残存させることにつき明示的に承諾を与えていたなどの特別の事情がある場合には、商法一四条［会社九〇八条二項］の類推適用により、善意の第三者に対して、商法二六六条ノ三第一項［本条一項］の責任を負う。（最判昭62・4・16判時一二四八・一二七、会社法百選四版六八……このような事情が存在しないとして責任が否定された事例）

3 役員の辞任登記未了と本条の責任
⑭ 取締役を辞任した者は、なお積極的に取締役として対外的又は内部的な行為をあえてした場合を除いては、辞任登記未了であることにより、その者を取締役と信じて会社と取引をした第三者に対しても、商法二六六条ノ三第一項［本条一項］に基づく責任を負わない。（最判昭62・4・16前出⑬）

七 本条一項の責任と過失相殺
⑮ 商法二六六条ノ三第一項［本条一項］により、取締役が第三者に対して損害賠償の責めに任ずる場合において、その第三者にも過失があるときは、民法七二二条二項の類推適用により、過失相殺が認められる。（最判昭59・10・4判時一一四三・一四三、重判昭60商三）

八 履行遅滞の時期
⑯ 商法二六六条ノ三第一項［本条一項］の損害賠償債務は、法が取締役の責任を加重するため特に認めたものであって、不法行為に基づく損害賠償債務の性質を有するものではないから、履行の請求を受けた時に遅滞に陥る。（最判平元・9・21判時一三三四・二二三）

九 事実上の取締役
⑰ 取締役ではないが、実質的な経営者として会社財産を管理し、代表取締役を含め全ての役員、従業員が部下のような状況であり、従業員らも実質的な経営者とみていた者は、事実上の（代表）取締役であって、本条一項が類推適用される。（名古屋地判平22・5・14判時二一一二・六六）

（役員等の連帯責任）

第四三〇条　役員等が株式会社又は第三者に生じた損害を賠償する責任を負う場合において、他の役員等も当該損害を賠償する責任を負うときは、これらの者は、連帯債務者とする。

【役員等の責任↓四二三、四二九【適用除外↓四八八②

第十二節　補償契約及び役員等のために締結される保険契約

（補償契約）

第四三〇条の二①　株式会社が、役員等に対して次に掲げる費用等の全部又は一部を当該株式会社が補償することを約する契約（以下この条において「補償契約」という。）の内容の決定をするには、株主総会（取締役会設置会社にあっては、取締役会）の決議によらなければならない。

一　当該役員等が、その職務の執行に関し、法令の規定に違反したことが疑われ、又は責任の追及に係る請求を受けたことに対処するために支出する費用

二　当該役員等が、その職務の執行に関し、第三者に生じた損害を賠償する責任を負う場合における次に掲げる損失

イ　当該損害を当該役員等が賠償することにより生ずる損失

ロ　当該損害の賠償に関する紛争について当事者間に和解が成立したときは、当該役員等が当該和解に基づく金銭を支払うことにより生ずる損失

②　株式会社は、補償契約を締結している場合であっても、当該補償契約に基づき、次に掲げる費用等を補償することができない。

一　前項第一号に掲げる費用のうち通常要する費用の額を超える部分

二　当該株式会社が前項第二号の損害を賠償するとすれば当該役員等が当該株式会社に対して第四百二十三条第一項の責任を負う場合には、同号に掲げる損失のうち当該責任に係る部分

三　役員等がその職務を行うにつき悪意又は重大な過失があったことにより前項第二号の責任を負う場合には、同号に掲げる損失の全部

③　補償契約に基づき第一項第一号に掲げる費用を補償した株式会社が、当該役員等が自己若しくは第三者の不正な利益を図り、又は当該株式会社に損害を加える目的で同号の職務を執行したことを知ったときは、当該役員等に対し、補償した金額に相当する金銭を返還することを請求することができる。

④　取締役会設置会社においては、補償契約に基づく補償をした取締役及び当該補償を受けた取締役は、遅滞なく、当該補償についての重要な事実を取締役会に報告しなければならない。

⑤　前項の規定は、執行役について準用する。この場合において、同項中「取締役会設置会社においては、補償契約」とあるのは、「補償契約」と読み替えるものとする。

⑥　第三百五十六条第一項及び第三百六十五条第二項（これらの規定を第四百十九条第二項において準用する場合を含む。）、第四百二十三条第三項並びに第四百二十八条第一項の規定は、株式会社と取締役又は執行役との間の補償契約については、適用しない。

⑦　民法第百八条の規定は、第一項の決議によってその内容が定められた前項の補償契約の締結については、適用しない。

参【役員等と会社との関係→三三〇、民六五〇【取締役の業務執行→三四八、三六三①、四二三、四二九、八四七　❶【株主総会の決議→三〇九①【取締役会の決議→三六九、三九九の一三⑤十二、四一六④十四　❹【重要な事実の報告→三六二②三、九七六二十三

（役員等のために締結される保険契約）

第四三〇条の三①　株式会社が、保険者との間で締結する保険契約のうち役員等がその職務の執行に関し責任を負うこと又は当該責任の追及に係る請求を受けることによって生ずることのある損害を保険者が塡補することを約するものであって、役員等を被保険者とするもの（当該保険契約を締結することにより被保険者である役員等の職務の執行の適正性が著しく損なわれるおそれがないものとして法務省令で定めるものを除く。第三項ただし書において「役員等賠償責任保険契約」という。）の内容の決定をするには、株主総会（取締役会設置会社にあっては、取締役会）の決議によらなければならない。

②　第三百五十六条第一項及び第三百六十五条第二項（これらの規定を第四百十九条第二項において準用する場合を含む。）並びに第四百二十三条第三項の規定は、株式会社が保険者との間で締結する保険契約のうち役員等がその職務の執行に関し責任を負うこと又は当該責任の追及に係る請求を受けることによって生ずることのある損害を保険者が塡補することを約するものであって、取締役又は執行役を被保険者とするものの締結については、適用しない。

③　民法第百八条の規定は、前項の保険契約の締結については、適用しない。ただし、当該契約が役員等賠償責任保険契約である場合には、第一項の決議によってその内容が定められたときに限る。

参【役員等と会社との関係→三三〇、民六五〇【取締役の業務執行→三四八、三六三①、四二三、四二九、八四七　❶【株主総会の決議→三〇九①【取締役会の決議→三六九、三九九の一三⑤十三、四一六④十五【省令で定めるもの→会社則一一五の二

第五章　計算等

第一節　会計の原則

第四三一条　株式会社の会計は、一般に公正妥当と認められる企業会計の慣行に従うものとする。

◇↓商一九条①〜⑥

第二節　会計帳簿等

第一款　会計帳簿

（会計帳簿の作成及び保存）

第四三二条①　株式会社は、法務省令で定めるところにより、適時に、正確な会計帳簿を作成しなければならない。

②　株式会社は、会計帳簿の閉鎖の時から十年間、その会計帳簿及びその事業に関する重要な資料を保存しなければならない。

参❶【省令の定め→会社則一一六、会社計算四―五六　❷【会計帳簿・資料の保存→四三三、四三四、四三五④

（会計帳簿の閲覧等の請求）

第四三三条①　総株主（株主総会において決議をすることができる事項の全部につき議決権を行使することができない株主を除く。）の議決権の百分の三（これを下回る割合を定款で定めた場合にあっては、その割合）以上の議決権を有する株主又は発行済株式（自己株式を除く。）の百分の三（これを下回る割合を定款で定めた場合にあっては、その割合）以上の数の株式を有す

る株主は、株式会社の営業時間内は、いつでも、次に掲げる請求をすることができる。この場合においては、当該請求の理由を明らかにしてしなければならない。

一　会計帳簿又はこれに関する資料が書面をもって作成されているときは、当該書面の閲覧又は謄写の請求

二　会計帳簿又はこれに関する資料が電磁的記録をもって作成されているときは、当該電磁的記録に記録された事項を法務省令で定める方法により表示したものの閲覧又は謄写の請求

② 前項の請求があったときは、株式会社は、次のいずれかに該当すると認められる場合を除き、これを拒むことができない。

一　当該請求を行う株主（以下この項において「請求者」という。）がその権利の確保又は行使に関する調査以外の目的で請求を行ったとき。

二　請求者が当該株式会社の業務の遂行を妨げ、株主の共同の利益を害する目的で請求を行ったとき。

三　請求者が当該株式会社の業務と実質的に競争関係にある事業を営み、又はこれに従事するものであるとき。

四　請求者が会計帳簿又はこれに関する資料の閲覧又は謄写によって知り得た事実を利益を得て第三者に通報するため請求したとき。

五　請求者が、過去二年以内において、会計帳簿又はこれに関する資料の閲覧又は謄写によって知り得た事実を利益を得て第三者に通報したことがあるものであるとき。

③ 株式会社の親会社社員は、その権利を行使するため必要があるときは、裁判所の許可を得て、会計帳簿又はこれに関する資料について第一項各号に掲げる請求をすることができる。この場合においては、当該請求の理由を明らかにしてしなければならない。

④ 前項の親会社社員について第二項各号のいずれかに規定する事由があるときは、裁判所は、前項の許可をすることができない。

【株主の会計帳簿閲覧等請求権→三五八　❶【議決権→三〇八①【濫用株主等に対する制裁→九六八①㈢　[一][二]【会計帳簿・資料→四三二　[三]【電磁的記録→二六②【省令で定める方法→会社則二二六　❷【不当拒絶に対する制裁→九七六㈣[二]【株主の権利の確保→三六〇・八四七　[三]【競争関係→独禁二④　❸【裁判所の許可→八六八②

一　「会計帳簿又はこれに関する資料」の意義

[1] 商法二九三条ノ六［本条］にいう「会計ノ帳簿［会計帳簿］」とは、商法三二条［会社四三二条・四三三条一項に相当］及び企業会計原則に基づけば、通常会計学上の仕訳帳、元帳及び補助簿を意味し、「会計ノ書類［これに関する資料］」とは、会計帳簿作成に当たり直接の資料となった書類、その他会計帳簿を実質的に補充する書類を意味するところ、法人税確定申告書は、会計の帳簿を材料として作成される書類であって、会計の帳簿作成の資料となる余地はない。（横浜地判平3・4・19判時一三九七・一一四、会社法百選[四版]A32）

二　請求の理由の具体性

1　請求の理由の具体性とそれを基礎付ける事実の立証の要否

[2] 会計帳簿等の閲覧謄写請求の理由は、具体的に記載されなければならないが、その記載された請求の理由を基礎付ける事実が存在することを立証する必要はない。（最判平16・7・1民集五八・五・一二一四、会社法百選[四版]七三）

2　請求の理由の具体性を欠くとされた事例

[3] 予定されている新株発行その他会社財産が適正妥当に運用されているかどうかにつき、会計帳簿・書類［これに関する資料］の閲覧謄写をしたいというだけでは、請求の理由を具体的に記載したとはいえない。（最判平2・11・8判時一三七二・一三一、会社百選[六版]七六）

三　請求の理由と閲覧等請求の対象との関連性

1　関連性の要否

[4] 会計帳簿等の閲覧謄写に当たって具体的理由が要求される趣旨は、会社において、当該具体的理由と関連性のある会計帳簿等の範囲を特定できるようにすることにあるから、当該具体的理由と離れて、一般的に会計帳簿等の閲覧謄写を認めることはできない。（東京高判平18・3・29判タ一二〇九・二六六、重判平18商五）

2　関連性を欠く請求が本条二項二号に該当するとされた事例

[5] 請求者は理由との関係で必要となる会計帳簿の内容については開示を受けており、更に他の会計帳簿の閲覧謄写を求めることは、不必要に多数の会計帳簿の閲覧謄写を求めるものと認められ、会社の業務の遂行を妨げるものとして本条二項二号に該当する。（東京高判平28・3・28金判一四九一・一六）

四　「株主の権利の確保又は行使に関する調査」

1　拒絶事由に当たるとされた事例

[6] Y会社の株主Xによる本件会計帳簿等の閲覧・謄写請求は、Yをして、Xの関連会社であるA会社にY所有の不動産を相場を下回る廉価で売却させるとともに、Xに右売却に関する専任媒介権を付与させることにより、利益配当以外の方法による利益の供与をさせようとして、Yとの間で行われる交渉を有利に運ぶための手段としてされたものと推認され、株主の権利の確保又は行使に関する調査を目的とするものではない。（大阪地判平11・3・24判時一七四一・一五〇）

2　拒絶事由に当たらないとされた事例

[7] 株式の譲渡につき定款で制限を設けている株式会社において、その有する株式を他に譲渡しようとする株主が、株式の適正な価格を算定する目的でした会計帳簿等の閲覧謄写請求は、特段の事情が存しない限り、商法二九三条ノ七第一号［本条二項一号］に該当しない。（最判平16・7・1前出[2]）

五　「実質的に競争関係にある事業」

1　競争関係の有無

イ　近い将来競業を行う蓋然性が高い場合

[8] 商法二九三条ノ七第二号［本条二項三号］の「会社と競業を為す会社［実質的に競争関係にある事業を営むもの］」には、現に競業を行う会社のみならず、近い将来競業を行う蓋然性の高い会社も含まれる。（東京地決平6・3・4判時一四九五・一三九、重判平6商六）

ロ　親会社と一体的に事業を営む完全子会社の場合

[9] 本条二項三号所定の「請求者が当該株式会社の業務と実質的に競争関係にある事業」を営む場合とは、請求者（完全子会社）がその親会社と一体的に事業を営んでいると評価することができるような場合には、当該事業が相手方会

会社

社の業務と競争関係にあるときも含む。（東京地判平19・9・20判時一九八五・一四〇、重判平19商三）

[10] **2 請求者の主観的意図**
会社の会計帳簿等の閲覧謄写請求をした株主につき商法二九三条ノ七第二号［本条二項三号］に規定する拒絶事由があるというためには、当該株主が当該会社と競業をなす者であるなどの客観的事実が認められれば足り、当該株主に会計帳簿等の閲覧謄写によって知り得る情報を自己の競業に利用するなどの主観的意図があることを要せず、同号に掲げる事由を不許可事由として規定する同法二九三条ノ八第二項［本条四項］についても、上記と同様である。（最決平21・1・15民集六三・一・一、会社法百選[四版]七四……親会社株主による閲覧等許可申請の事例）

（会計帳簿の提出命令）
第四三四条　裁判所は、申立てにより又は職権で、訴訟の当事者に対し、会計帳簿の全部又は一部の提出を命ずることができる。

§†【一般原則→民訴二一九、二二〇【不提出の効果→民訴二二四【計算書類等の提出命令→四四三

第二款　計算書類等

（計算書類等の作成及び保存）
第四三五条①　株式会社は、法務省令で定めるところにより、その成立の日における貸借対照表を作成しなければならない。
② 株式会社は、法務省令で定めるところにより、各事業年度に係る計算書類（貸借対照表、損益計算書その他株式会社の財産及び損益の状況を示すために必要かつ適当なものとして法務省令で定めるものをいう。以下この章において同じ。）及び事業報告並びにこれらの附属明細書を作成しなければならない。
③ 計算書類及び事業報告並びにこれらの附属明細書は、電磁的記録をもって作成することができる。
④ 株式会社は、計算書類を作成した時から十年間、当該計算書類及びその附属明細書を保存しなければならない。

§❶【成立の日→四九【省令の定め→会社則一一六、会社計算五七、五八、七二－八六、九七－一一六　❶－❸【適用除外→五〇九①[三]　❷【計算書類・事業報告→三七四①、四三六、四三八、四四〇、四四二①[二]②[二]③、四四三【虚偽記載等に対する制裁→九七六[七]【省令の定め→会社則一一六－一二八、会社計算五七、五九、七二－一一七　❸【電磁的記録→二六②　❹【計算書類等の保存→四三二②

（計算書類等の監査等）
第四三六条①　監査役設置会社（監査役の監査の範囲を会計に関するものに限定する旨の定款の定めがある株式会社を含み、会計監査人設置会社を除く。）においては、前条第二項の計算書類及び事業報告並びにこれらの附属明細書は、法務省令で定めるところにより、監査役の監査を受けなければならない。
② 会計監査人設置会社においては、次の各号に掲げるものは、法務省令で定めるところにより、当該各号に定める者の監査を受けなければならない。
一　前条第二項の計算書類及びその附属明細書　監査役（監査等委員会設置会社にあっては監査等委員会、指名委員会等設置会社にあっては監査委員会）及び会計監査人
二　前条第二項の事業報告及びその附属明細書　監査役（監査等委員会設置会社にあっては監査等委員会、指名委員会等設置会社にあっては監査委員会）
③ 取締役会設置会社においては、前条第二項の計算書類及び事業報告並びにこれらの附属明細書（第一項又は前項の規定の適用がある場合にあっては、第一項又は前項の監査を受けたもの）は、取締役会の承認を受けなければならない。

§❶【監査役の監査範囲の限定→三八九①　❶❷【監査役・監査委員会・会計監査人の監査→四四一②【監査報告・会計監査報告→四三七、四四二①[一]②[一]③【省令の定め→会社則一一六、一一七、一二九－一三二、会社計算一二一－一三一　❸【取締役会の承認→三七六①、四一六④[十四]、四三九、四四一③、四五九①　†【適用除外→五〇九①[三]

実務指針に準拠した監査手続を実施した会計監査人の責任が否定された事例→三九六条[7]

（計算書類等の株主への提供）
第四三七条　取締役会設置会社においては、取締役は、定時株主総会の招集の通知に際して、法務省令で定めるところにより、株主に対し、前条第三項の承認を受けた計算書類及び事業報告（同条第一項又は第二項の規定の適用がある場合にあっては、監査報告又は会計監査報告を含む。）を提供しなければならない。

§†【定時株主総会→二九六①【株主総会の招集通知→二九九【省令の定め→会社則一一六、一三三、一三三の二、会社計算一三三、一三三の二【適用除外→五〇九①[三]

（計算書類等の定時株主総会への提出等）
第四三八条①　次の各号に掲げる株式会社においては、取締役は、当該各号に定める計算書類及び事業報告を定時株主総会に提出し、又は提供しなければならない。
一　第四百三十六条第一項に規定する監査役設置会社（取締役会設置会社を除く。）　第四百三十六条第一項の監査を受けた計算書類及び事業報告
二　会計監査人設置会社（取締役会設置会社を除く。）　第四百三十六条第二項の監査を受けた計算書類及び事業報告
三　取締役会設置会社　第四百三十六条第三項の承認を受けた計算書類及び事業報告
四　前三号に掲げるもの以外の株式会社　第四百三十五条第二項の計算書類及び事業報告
② 前項の規定により提出され、又は提供された計算書類は、定時株主総会の承認を受けなければならない。
③ 取締役は、第一項の規定により提出され、又は提供された事業報告の内容を定時株主総会に報告しなければならない。

§❶【定時株主総会→二九六①　❷【株主総会の承認→三〇九①、四三九　❸【虚偽申述等に対する制裁→九七六[六]　†【適用除外→五〇九①[三]

ある決算期の計算書類決議に取消事由がある場合と、その後の決算期の決算案の承認

[7] 計算書類等の承認決議がその手続に法令違反等があるとして取り消されたときは、たとえ計算書類等の内容に違法、不当がない場合であっても、右決議は既往に遡って無効となり、右計算書類等は未確定となるから、右議案につき再決議がなされたなどの特別の事情がない限り、その後の決算期の決算案の承認がなされたとしても、右決議の取消しを求める訴えの利益は失われない。（最判昭58・6・7民集三七・五・五一七、会社法百選[四版]三七）

（会計監査人設置会社の特則）

第四三九条　会計監査人設置会社については、第四百三十六条第三項の承認を受けた計算書類が法令及び定款に従い株式会社の財産及び損益の状況を正しく表示しているものとして法務省令で定める要件に該当する場合には、前条第二項の規定は、適用しない。この場合においては、取締役は、当該計算書類の内容を定時株主総会に報告しなければならない。

+【会計監査人設置会社の特則↓四五九【虚偽申述等に対する制裁↓九七六[四]【省令で定める要件↓会社則一一六、会社計算一三五【適用除外↓五〇九①[二]

（計算書類の公告）

第四四〇条① 株式会社は、法務省令で定めるところにより、定時株主総会の終結後遅滞なく、貸借対照表（大会社にあっては、貸借対照表及び損益計算書）を公告しなければならない。

② 前項の規定にかかわらず、その公告方法が第九百三十九条第一項第一号又は第二号に掲げる方法である株式会社は、前項に規定する貸借対照表の要旨を公告することで足りる。

③ 前項の株式会社は、法務省令で定めるところにより、定時株主総会の終結後遅滞なく、第一項に規定する貸借対照表の内容である情報を、定時株主総会の終結の日後五年を経過する日までの間、継続して電磁的方法により不特定多数の者が提供を受けることができる状態に置く措置をとることができる。この場合においては、前二項の規定は、適用しない。

④ 金融商品取引法第二十四条第一項の規定により有価証券報告書を内閣総理大臣に提出しなければならない株式会社については、前三項の規定は、適用しない。

❶【定時株主総会↓二九六①【公告↓九三九・八一九【公告懈怠に対する制裁↓九七六[二]【省令の定め↓会社則一一六、会社計算一三六―一四三・一四八　❶❷❹【適用除外↓五〇九①[二]　❸【登記↓九一一③[二十六]【省令の定め↓会社則一一六、会社計算一四七

（臨時計算書類）

第四四一条① 株式会社は、最終事業年度の直後の事業年度に属する一定の日（以下この項において「臨時決算日」という。）における当該株式会社の財産の状況を把握するため、法務省令で定めるところにより、次に掲げるもの（以下「臨時計算書類」という。）を作成することができる。

一　臨時決算日における貸借対照表

二　臨時決算日の属する事業年度の初日から臨時決算日までの期間に係る損益計算書

② 第四百三十六条第一項に規定する監査役設置会社又は会計監査人設置会社においては、臨時計算書類は、法務省令で定めるところにより、監査役又は会計監査人（監査等委員会設置会社にあっては監査等委員会及び会計監査人、指名委員会等設置会社にあっては監査委員会及び会計監査人）の監査を受けなければならない。

③ 取締役会設置会社においては、臨時計算書類（前項の規定の適用がある場合にあっては、同項の監査を受けたもの）は、取締役会の承認を受けなければならない。

④ 次の各号に掲げる株式会社においては、当該各号に定める臨時計算書類は、株主総会の承認を受けなければならない。ただし、臨時計算書類が法令及び定款に従い株式会社の財産及び損益の状況を正しく表示しているものとして法務省令で定める要件に該当する場合は、この限りでない。

一　第四百三十六条第一項に規定する監査役設置会社又は会計監査人設置会社（いずれも取締役会設置会社を除く。）　第二項の監査を受けた臨時計算書類

二　取締役会設置会社　前項の承認を受けた臨時計算書類

三　前二号に掲げるもの以外の株式会社　第一項の臨時計算書類

❶【臨時計算書類↓三七四①・四四一①[二]②[三]③【省令の定め↓会社則一一六、会社計算五七・六〇・七二―一一七　❷【監査報告・会計監査報告↓四四二①[二]②[二]③【省令の定め↓会社則一一六、会社計算一二一―一三二　❸【取締役会の承認↓三六①・四一六④[十六]　❹【株主総会の承認↓三〇九①・四六一②[二]【省令で定める要件↓会社則一一六、会社計算一三五
+【適用除外↓五〇九①[二]

（計算書類等の備置き及び閲覧等）

第四四二条① 株式会社は、次の各号に掲げるもの（以下この条において「計算書類等」という。）を、当該各号に定める期間、その本店に備え置かなければならない。

一　各事業年度に係る計算書類及び事業報告並びにこれらの附属明細書（第四百三十六条第一項又は第二項の規定の適用がある場合にあっては、監査報告又は会計監査報告を含む。）　定時株主総会の日の一週間（取締役会設置会社にあっては、二週間）前の日（第三百十九条第一項の場合にあっては、同項の提案があった日）から五年間

二　臨時計算書類（前条第二項の規定の適用がある場合にあっては、監査報告又は会計監査報告を含む。）　臨時計算書類を作成した日から五年間

② 株式会社は、次の各号に掲げる計算書類等の写しを、当該各号に定める期間、その支店に備え置かなければならない。ただし、計算書類等が電磁的記録で作成されている場合であって、支店における次項第三号及び第四号に掲げる請求に応じることを可能とするための措置として法務省令で定めるものをとっていると

きは、この限りでない。

一　前項第一号に掲げる計算書類等　定時株主総会の日の一週間（取締役会設置会社にあっては、二週間）前の日（第三百十九条第一項の場合にあっては、同項の提案があった日）から三年間

二　前項第二号に掲げる計算書類等　同号の臨時計算書類を作成した日から三年間

③　株主及び債権者は、株式会社の営業時間内は、いつでも、次に掲げる請求をすることができる。ただし、第二号又は第四号に掲げる請求をするには、当該株式会社の定めた費用を支払わなければならない。

一　計算書類等が書面をもって作成されているときは、当該書面又は当該書面の写しの閲覧の請求

二　前号の書面の謄本又は抄本の交付の請求

三　計算書類等が電磁的記録をもって作成されているときは、当該電磁的記録に記録された事項を法務省令で定める方法により表示したものの閲覧の請求

四　前号の電磁的記録に記録された事項を電磁的方法であって株式会社の定めたものにより提供することの請求又はその事項を記載した書面の交付の請求

④　株式会社の親会社社員は、その権利を行使するため必要があるときは、裁判所の許可を得て、当該株式会社の計算書類等について前項各号に掲げる請求をすることができる。ただし、同項第二号又は第四号に掲げる請求をするには、当該株式会社の定めた費用を支払わなければならない。

§❶【計算書類等の備置義務懈怠に対する制裁→九七六㈣【本店→四§❷【支店→九一一③㈢【省令で定めるもの→会社則二二七　❷❸【電磁的記録→二六②　❸㈢【省令で定める方法→会社則二二六　❸❹【株主等の閲覧等請求不当拒否に対する制裁→九七六㈣　❹【裁判所の許可→八六八②

（計算書類等の提出命令）

第四四三条　裁判所は、申立てにより又は職権で、訴訟の当事者に対し、計算書類及びその附属明細書の全部又は一部の提出を命ずることができる。

§†【一般原則→民訴二一九、二二〇【不提出の効果→民訴二二四【会計帳簿の提出命令→四三四

第三款　連結計算書類

第四四四条①　会計監査人設置会社は、法務省令で定めるところにより、各事業年度に係る連結計算書類（当該会計監査人設置会社及びその子会社から成る企業集団の財産及び損益の状況を示すために必要かつ適当なものとして法務省令で定めるものをいう。以下同じ。）を作成することができる。

②　連結計算書類は、電磁的記録をもって作成することができる。

③　事業年度の末日において大会社であって金融商品取引法第二十四条第一項の規定により有価証券報告書を内閣総理大臣に提出しなければならないものは、当該事業年度に係る連結計算書類を作成しなければならない。

④　連結計算書類は、法務省令で定めるところにより、監査役（監査等委員会設置会社にあっては監査等委員会、指名委員会等設置会社にあっては監査委員会）及び会計監査人の監査を受けなければならない。

⑤　会計監査人設置会社が取締役会設置会社である場合には、前項の監査を受けた連結計算書類は、取締役会の承認を受けなければならない。

⑥　会計監査人設置会社が取締役会設置会社である場合には、取締役は、定時株主総会の招集の通知に際して、法務省令で定めるところにより、株主に対し、前項の承認を受けた連結計算書類を提供しなければならない。

⑦　次の各号に掲げる会計監査人設置会社においては、取締役は、当該各号に定める連結計算書類を定時株主総会に提出し、又は提供しなければならない。この場合においては、当該各号に定める連結計算書類の内容及び第四項の監査の結果を定時株主総会に報告しなければならない。

一　取締役会設置会社である会計監査人設置会社　第五項の承認を受けた連結計算書類

二　前号に掲げるもの以外の会計監査人設置会社　第四項の監査を受けた連結計算書類

§❶【連結計算書類→三七四①、会社計算六一【省令の定め→会社則一一六、会社計算六二—六九　❷【電磁的記録→二六②　❹【省令の定め→会社則一一六、会社計算一二一—一三一　❺【取締役会の承認→三七六①・四一六④㈩　❻【定時株主総会→二九六①【株主総会の招集通知→二九九【省令の定め→会社則一一六、会社計算一三四　❼【虚偽申述等に対する制裁→九七六㈩　†【適用除外→五〇九①㈢【特別清算事件の管轄に関する取扱い→八七九④

第三節　資本金の額等

第一款　総則

（資本金の額及び準備金の額）

第四四五条①　株式会社の資本金の額は、この法律に別段の定めがある場合を除き、設立又は株式の発行に際して株主となる者が当該株式会社に対して払込み又は給付をした財産の額とする。

②　前項の払込み又は給付に係る額の二分の一を超えない額は、資本金として計上しないことができる。

③　前項の規定により資本金として計上しないこととした額は、資本準備金として計上しなければならない。

④　剰余金の配当をする場合には、株式会社は、法務省令で定めるところにより、当該剰余金の配当により減少する剰余金の額に十分の一を乗じて得た額を資本準備金又は利益準備金（以下「準備金」と総称する。）として計上しなければならない。

⑤　合併、吸収分割、新設分割、株式交換、株式移転又は株式交付に際して資本金又は準備金として計上すべき額については、法務省令で定める。

⑥　定款又は株主総会の決議による第三百六十一条第一項第三号、第四号若しくは第五号ロに掲げる事項についての定め又は報酬委員会による第四百九条第三項第三号、第四号若しくは第五号ロに定める事項についての決定に基づく株式の発行により資本金又は準備金として計上すべき額については、法務省令で定める。

§❶【資本金→九一一③〔五〕・四四六〔二〕ニ【法律の別段の定め→四四七・四四八①〔三〕・四四九・四五〇 ❷❸【資本金・資本準備金の額の決定→三二①〔三〕・五九①〔三〕・一九九①〔五〕・二三六①〔五〕 ❸【資本準備金→四四八・四四九・四五一【違反に対する制裁→九七六〔二十五〕 ❹【利益準備金→四四八・四四九・四五一・八一二【違反に対する制裁→九七六〔二十五〕【省令の定め→会社則一一六、会社計算二二 ❺【省令の定め→会社則一一六、会社計算三五―五二 ❻【省令の定め→会社則一一六、会社計算四二の二・四二の三 ＋【適用除外→五〇九①〔三〕

（剰余金の額）

第四四六条 株式会社の剰余金の額は、第一号から第四号までに掲げる額の合計額から第五号から第七号までに掲げる額の合計額を減じて得た額とする。

一 最終事業年度の末日におけるイ及びロに掲げる額の合計額からハからホまでに掲げる額の合計額を減じて得た額

イ 資産の額

ロ 自己株式の帳簿価額の合計額

ハ 負債の額

ニ 資本金及び準備金の額の合計額

ホ ハ及びニに掲げるもののほか、法務省令で定める各勘定科目に計上した額の合計額

二 最終事業年度の末日後に自己株式の処分をした場合における当該自己株式の対価の額から当該自己株式の帳簿価額を控除して得た額

三 最終事業年度の末日後に資本金の額の減少をした場合における当該減少額（次条第一項第二号の額を除く。）

四 最終事業年度の末日後に準備金の額の減少をした場合における当該減少額（第四百四十八条第一項第二号の額を除く。）

五 最終事業年度の末日後に第百七十八条第一項の規定により自己株式の消却をした場合における当該自己株式の帳簿価額

六 最終事業年度の末日後に剰余金の配当をした場合における次に掲げる額の合計額

イ 第四百五十四条第一項第一号の配当財産の帳簿価額の総額（同条第四項第一号に規定する金銭分配請求権を行使した株主に割り当てた当該配当財産の帳簿価額を除く。）

ロ 第四百五十四条第四項第一号に規定する金銭分配請求権を行使した株主に交付した金銭の額の合計額

ハ 第四百五十六条に規定する基準未満株式の株主に支払った金銭の額の合計額

七 前二号に掲げるもののほか、法務省令で定める各勘定科目に計上した額の合計額

§＋【剰余金→四五三・四五〇―四五二・四六一②〔二〕 〔二〕【自己株式→一五五【準備金→四四五④【省令で定める額→会社則一一六、会社計算一四九 〔三〕【自己株式の処分→一九四・一九九①・七四九①〔二〕イ・七五八〔四〕イ・七六八①〔二〕イ 〔三〕【資本金の減少→四四七・四四九 〔四〕【準備金の減少→四四八・四四九 〔七〕【省令で定める額→会社則一一六、会社計算一五〇 ＋【適用除外→五〇九①〔二〕

第二款 資本金の額の減少等

第一目 資本金の額の減少等

（資本金の額の減少）

第四四七条① 株式会社は、資本金の額を減少することができる。この場合においては、株主総会の決議によって、次に掲げる事項を定めなければならない。

一 減少する資本金の額

二 減少する資本金の額の全部又は一部を準備金とするときは、その旨及び準備金とする額

三 資本金の額の減少がその効力を生ずる日

② 前項第一号の額は、同項第三号の日における資本金の額を超えてはならない。

③ 株式会社が株式の発行と同時に資本金の額を減少する場合において、当該資本金の額の減少の効力が生ずる日後の資本金の額が当該日前の資本金の額を下回らないときにおける第一項の規定の適用については、同項中「株主総会の決議」とあるのは、「取締役の決定（取締役会設置会社にあっては、取締役会の決議）」とする。

§＋【資本金の減少→四四五①§・四四九・八二八①〔五〕②〔五〕・九一一③〔五〕・九六七②、会更四五①〔三〕・一六七②、❶【株主総会決議→三〇九②〔九〕、商登四六②・七〇、四六五①〔田〕ロ 〔三〕【効力の発生→四四九⑥⑦ ＋【適用除外→五〇九①〔二〕

[7] 減資決議の撤回 資本金の額の減少の決議は、その効力が発生するまではいつでも株主総会の特別決議で取り消すことができる。（大判昭5・7・17民集九・八六八、会社百選〔四版〕七六）

（準備金の額の減少）

第四四八条① 株式会社は、準備金の額を減少することができる。この場合においては、株主総会の決議によって、次に掲げる事項を定めなければならない。

一 減少する準備金の額

二 減少する準備金の額の全部又は一部を資本金とするときは、その旨及び資本金とする額

三 準備金の額の減少がその効力を生ずる日

② 前項第一号の額は、同項第三号の日における準備金の額を超えてはならない。

③ 株式会社が株式の発行と同時に準備金の額を減少する場合において、当該準備金の額の減少の効力が生ずる日後の準備金の額が当該日前の準備金の額を下回らないときにおける第一項の規定の適用については、同項中「株主総会の決議」とあるのは、「取締役の決定（取締役会設置会社にあっては、取締役会の決議）」とする。

§＋【準備金の減少→四四五④・四四九【違反に対する制裁→九七六〔二十五〕 ❶【株主総会決議→三〇九①・四五九①〔二〕・四六〇①・四六五①〔田〕ハ 〔二〕【資本金の増加→九一一③〔五〕・九一五①、商登四六②・六九 〔三〕【効力の発生→四四九⑥⑦ ＋【適用除外→五〇九①〔二〕

（債権者の異議）

第四四九条① 株式会社が資本金又は準備金（以下この条において「資本金等」という。）の額を減少する場合

（減少する準備金の額の全部を資本金とする場合を除く。）には、当該株式会社の債権者は、当該株式会社に対し、資本金等の額の減少について異議を述べることができる。ただし、準備金の額のみを減少する場合であって、次のいずれにも該当するときは、この限りでない。

一　定時株主総会において前条第一項各号に掲げる事項を定めること。

二　前条第一項第一号の額が前号の定時株主総会の日（第四百三十九条前段に規定する場合にあっては、第四百三十六条第三項の承認があった日）における欠損の額として法務省令で定める方法により算定される額を超えないこと。

② 前項の規定により株式会社の債権者が異議を述べることができる場合には、当該株式会社は、次に掲げる事項を官報に公告し、かつ、知れている債権者には、各別にこれを催告しなければならない。ただし、第三号の期間は、一箇月を下ることができない。

一　当該資本金等の額の減少の内容

二　当該株式会社の計算書類に関する事項として法務省令で定めるもの

三　債権者が一定の期間内に異議を述べることができる旨

③ 前項の規定にかかわらず、株式会社が同項の規定による公告を、官報のほか、第九百三十九条第一項の規定による定款の定めに従い、同項第二号又は第三号に掲げる公告方法によりするときは、前項の規定による各別の催告は、することを要しない。

④ 債権者が第二項第三号の期間内に異議を述べなかったときは、当該債権者は、当該資本金等の額の減少について承認をしたものとみなす。

⑤ 債権者が第二項第三号の期間内に異議を述べたときは、株式会社は、当該債権者に対し、弁済し、若しくは相当の担保を提供し、又は当該債権者に弁済を受けさせることを目的として信託会社等（信託会社及び信託業務を営む金融機関（金融機関の信託業務の兼営等に関する法律（昭和十八年法律第四十三号）第一条第一項の認可を受けた金融機関をいう。）をいう。以下同じ。）に相当の財産を信託しなければならない。ただし、当該資本金等の額の減少をしても当該債権者を害するおそれがないときは、この限りでない。

⑥ 次の各号に掲げるものは、当該各号に定める日にその効力を生ずる。ただし、第二項から前項までの規定による手続が終了していないときは、この限りでない。

一　資本金の額の減少　第四百四十七条第一項第三号の日

二　準備金の額の減少　前条第一項第三号の日

⑦ 株式会社は、前項各号に定める日前は、いつでも当該日を変更することができる。

❶【資本金・準備金の減少↓四四七・四四八【債権者の異議↓八二八②五　【二】【定時株主総会↓四五九①三③・四四八①【三】【省令で定める方法↓会社計算一五一　❷【三】【省令で定めるもの↓会社計算一五二　❷❺【登記申請書への添付書類↓商登七〇【本項違反に対する制裁↓九七六二十六　【適用除外↓五〇九①三、民再一八三④

> 一　知れている債権者の意義↓七八九条判
> 二　害することの意義
>
> 1 「債権者を害するおそれ」は、資本金の額の減少によって抽象的に将来に向けて剰余金の分配可能性が高まるというだけではなく、不当に付加的なリスクを負わされることになるという具体的な影響が債権者に生ずる場合に認められ、その判断に際しては、資本金の額の減少の直後に剰余金の配当等が予定されているか否かに加え、当該債権者の債権の額やその弁済期等が総合的に勘案されるべきである。（大阪高判平29・4・27判タ一四四六・一四二、会社法百選四版A33）

第二目　資本金の額の増加等

（資本金の額の増加）

第四五〇条① 株式会社は、剰余金の額を減少して、資本金の額を増加することができる。この場合においては、次に掲げる事項を定めなければならない。

一　減少する剰余金の額

二　資本金の額の増加がその効力を生ずる日

② 前項各号に掲げる事項の決定は、株主総会の決議によらなければならない。

③ 第一項第二号の額は、同項第二号の日における剰余金の額を超えてはならない。

❶【剰余金↓四四六【資本金↓四四五【変更登記↓九一一③五・九一五①、商登六九　❷【株主総会決議↓三〇九①、商登四六②　【適用除外↓五〇九①三

（準備金の額の増加）

第四五一条① 株式会社は、剰余金の額を減少して、準備金の額を増加することができる。この場合においては、次に掲げる事項を定めなければならない。

一　減少する剰余金の額

二　準備金の額の増加がその効力を生ずる日

② 前項各号に掲げる事項の決定は、株主総会の決議によらなければならない。

③ 第一項第一号の額は、同項第二号の日における剰余金の額を超えてはならない。

❶【剰余金↓四四六【準備金↓四四五④　❷【株主総会決議↓三〇九①　【適用除外↓五〇九①三

第三目　剰余金についてのその他の処分

第四五二条　株式会社は、株主総会の決議によって、損失の処理、任意積立金の積立てその他の剰余金の処分（前目に定めるもの及び剰余金の配当その他株式会社の財産を処分するものを除く。）をすることができる。この場合においては、当該剰余金の処分の額その他の法務省令で定める事項を定めなければならない。

【損失の処理↓三〇九②九ロ・四五九①三・四四七①・四四九①三【株主総会決議↓三〇九①・四六〇①【省令で定める事項↓会社則一一六、会社計算一五三【適用除外↓五〇九①三

第四節　剰余金の配当

（株主に対する剰余金の配当）

第四五三条　株式会社は、その株主（当該株式会社を除く。）に対し、剰余金の配当をすることができる。

参†【剰余金の配当】↓一〇五①㈡②・一〇八①㈠・一〇九①②・四五七・四六一①㈣・四六二①㈥・四六五①㈩【剰余金の配当の決定】↓四五四①④⑤・三〇九②㈩【適用除外】↓四五八・五〇九①㈡

（剰余金の配当に関する事項の決定）

第四五四条①　株式会社は、前条の規定による剰余金の配当をしようとするときは、その都度、株主総会の決議によって、次に掲げる事項を定めなければならない。

一　配当財産の種類（当該株式会社の株式等を除く。）及び帳簿価額の総額

二　株主に対する配当財産の割当てに関する事項

三　当該剰余金の配当がその効力を生ずる日

②　前項に規定する場合において、剰余金の配当について内容の異なる二以上の種類の株式を発行しているときは、株式会社は、当該種類の株式の内容に応じ、同項第二号に掲げる事項として、次に掲げる事項を定めることができる。

一　ある種類の株式の株主に対して配当財産の割当てをしないこととするときは、その旨及び当該株式の種類

二　前号に掲げる事項のほか、配当財産の割当てについて株式の種類ごとに異なる取扱いを行うこととするときは、その旨及び当該異なる取扱いの内容

③　第一項第二号に掲げる事項についての定めは、株主（当該株式会社及び前項第一号の種類の株式の株主を除く。）の有する株式の数（前項第二号に掲げる事項についての定めがある場合にあっては、各種類の株式の数）に応じて配当財産を割り当てることを内容とするものでなければならない。

④　配当財産が金銭以外の財産であるときは、株式会社は、株主総会の決議によって、次に掲げる事項を定めることができる。ただし、第一号の期間の末日は、第一項第三号の日以前の日でなければならない。

一　株主に対して金銭分配請求権（当該配当財産に代えて金銭を交付することを株式会社に対して請求する権利をいう。以下この章において同じ。）を与えるときは、その旨及び金銭分配請求権を行使することができる期間

二　一定の数未満の数の株式を有する株主に対して配当財産の割当てをしないこととするときは、その旨及びその数

⑤　取締役会設置会社は、一事業年度の途中において一回に限り取締役会の決議によって剰余金の配当（配当財産が金銭であるものに限る。以下この項において「中間配当」という。）をすることができる旨を定款で定めることができる。この場合における中間配当についての第一項の規定の適用については、同項中「株主総会」とあるのは、「取締役会」とする。

参❶【株主総会決議】↓三〇九①・四五九①㈣・四六〇①　【二】【当該株式会社の株式等】↓一〇七②㈡ホ・一八三―一八七【配当財産の帳簿価額】↓四四六㈥イ　【三】【株主に対する配当財産の割当て】↓一〇八①㈡②㈡・一〇九①②　❷【剰余金の配当に関する種類株式】↓一〇八①㈡②㈡　❸【株主平等の原則】↓一〇九①　❹【株主総会決議】↓三〇九②㈩・四五九①㈣・四六〇①【二】【金銭分配請求権】↓四五五①②・四四六㈥ロ・五〇五①【三】【基準未満株式】↓四五六　❺【中間配当】↓四一六④[十七]　†【適用除外】↓四五八・五〇九①㈡

一　資本維持の原則と株主相互金融会社の株主優待金の支払

[1]　会社が株主の募集に際し、株式引受人又は株式買受人に対し、会社の決算期における利益の有無に関係なく、これらの者が支払った払込金又は代金に対し、あらかじめ定められた利率により算出した金員を定期的に支払うべきことを約する資金調達の方法は、資本維持の原則に照らして許されない。（最大判昭43・11・13民集二二・一二・二四四九）

二　剰余金配当請求権の性質とその譲渡性

[2]　利益配当［剰余金配当］請求権は、総会決議により利益配当の金額が確定したときに初めてその金額の支払を目的とする独立の請求権が発生するものであって、その以前は株主権の包含するその一内容をなすにすぎず、独立した一個の権利ではないから、株主権の包含する一内容たる利益配当請求権そのものは、株主権と分離して譲渡することはできない。（大判大8・1・24民録二五・三〇、会社百選[二版]二二）

三　総会前の株式譲渡と剰余金配当請求権

[3]　営業年度の終了後株主総会前であっても、総会の決議を条件とする利益配当［剰余金配当］請求権のみを留保して株式を譲渡することができるが、株式譲渡当事者間に特約がないときは、右利益配当請求権も共に譲受人に移転する。（大判大5・3・9民録二二・二四七、会社百選[二版]三〇）

四　剰余金配当請求権の差押え

[4]　利益配当［剰余金配当］の金額及び時期は総会の決議によって確定するが、その決議以前でも、株主が会社に対して利益の配当を請求し得べき権利は、その決議以前でも後日配当金の支払を受くべき債権の性質を有するから、民訴法［現・民執法］上債権の差押えが許される。（大判大2・11・19民録一九・九七四）

五　定款による剰余金配当請求権行使期間の制限

[5]　定款で、支払期日より五年を経過しても配当金支払請求がないときはその支払義務を免れると定めることは、権利の本質に反せず、公序良俗にも反しないから、有効である。（大判昭2・8・3民集六・四八四、会社百選[五版]七七）

六　偽造の配当金領収証と債権の準占有者

[6]　偽造の印章を押捺［おうなつ］して配当金領収証を偽造し、これを提出して配当金の請求をした場合に、会社に備え付けた印鑑と配当金領収証に押捺した株主の印章とが符合しているときは、右の領収証の提出者に対する支払は債権の準占有者に対する弁済に当たる。（大判昭2・6・22民集六・四〇八、会社百選[五版]七八）

七　特定の株主に対する金員贈与契約と株主平等の原則

[7]　会社が、特定の株主に対して無配による投資上の損失を塡補する意味で締結した贈与契約は、その特定の株主のみを特別に有利に待遇し、利益を与えるものであるから、株主平等の原則に違反し、商法二九三条本文［会社四五四条三項］の規定の趣旨に徴して無効である。（最判昭45・11・24民集二四・一二・一九六三、会社法百選[初版]一二）

（金銭分配請求権の行使）

第四五五条① 前条第四項第一号に規定する場合には、株式会社は、同号の期間の末日の二十日前までに、株主に対し、同号に掲げる事項を通知しなければならない。

② 株式会社は、金銭分配請求権を行使した株主に対し、当該株主が割当てを受けた配当財産に代えて、当該配当財産の価額に相当する金銭を支払わなければならない。この場合においては、次の各号に掲げる場合の区分に応じ、当該各号に定める額をもって当該配当財産の価額とする。

一 当該配当財産が市場価格のある財産である場合　当該配当財産の市場価格として法務省令で定める方法により算定される額

二 前号に掲げる場合以外の場合　株式会社の申立てにより裁判所が定める額

❶【株主への通知→一二六①　❷【配当財産の価額→四五六　[一]【省令で定める方法→会社計算一五四　[二]【裁判所→八六八①、八七〇①[五]　+【適用除外→四五八、五〇九①[三]

（**基準株式数を定めた場合の処理**）

第四五六条 第四百五十四条第四項第二号の数（以下この条において「基準株式数」という。）を定めた場合には、株式会社は、基準株式数に満たない数の株式（以下この条において「基準未満株式」という。）を有する株主に対し、前条第二項後段の規定の例により基準株式数の株式を有する株主が割当てを受けた配当財産の価額として定めた額に当該基準未満株式の数の基準株式数に対する割合を乗じて得た額に相当する金銭を支払わなければならない。

+【基準未満株式への金銭の支払→四四六[六]八【株主の陳述の聴取→八七〇①[六]【適用除外→四五八、五〇九①[三]

（**配当財産の交付の方法等**）

第四五七条① 配当財産（第四百五十五条第二項の規定により支払う金銭及び前条の規定により支払う金銭を含む。以下この条において同じ。）は、株主名簿に記載し、又は記録した株主（登録株式質権者を含む。以下この条において同じ。）の住所又は株主が株式会社に通知した場所（第三項において「住所等」という。）において、これを交付しなければならない。

② 前項の規定による配当財産の交付に要する費用は、株式会社の負担とする。ただし、株主の責めに帰すべき事由によってその費用が増加したときは、その増加額は、株主の負担とする。

③ 前二項の規定は、日本に住所等を有しない株主に対する配当財産の交付については、適用しない。

❶【株主名簿上の住所→一二一[三]、一四八[三]、民四八四　❷【費用負担→民四八五　+【適用除外→四五八、五〇九①[三]

（**適用除外**）

第四五八条 第四百五十三条から前条までの規定は、株式会社の純資産額が三百万円を下回る場合には、適用しない。

+【剰余金の配当に関する特則→八一二

第五節　剰余金の配当等を決定する機関の特則

（**剰余金の配当等を取締役会が決定する旨の定款の定め**）

第四五九条① 会計監査人設置会社（取締役（監査等委員会設置会社にあっては、監査等委員である取締役以外の取締役）の任期の末日が選任後一年以内に終了する事業年度のうち最終のものに関する定時株主総会の終結の日後の日であるもの及び監査役設置会社であって監査役会設置会社でないものを除く。）は、次に掲げる事項を取締役会（第二号に掲げる事項については第四百三十六条第三項の取締役会に限る。）が定めることができる旨を定款で定めることができる。

一 第百六十条第一項の規定による決定をする場合以外の場合における第百五十六条第一項各号に掲げる事項

二 第四百四十九条第一項第二号に該当する場合における第四百四十八条第一項第一号及び第三号に掲げる事項

三 第四百五十二条後段の事項

四 第四百五十四条第一項各号及び同条第四項各号に掲げる事項。ただし、配当財産が金銭以外の財産であり、かつ、株主に対して金銭分配請求権を与えないこととする場合を除く。

② 前項の規定による定款の定めは、最終事業年度に係る計算書類が法令及び定款に従い株式会社の財産及び損益の状況を正しく表示しているものとして法務省令で定める要件に該当する場合に限り、その効力を有する。

③ 第一項の規定による定款の定めがある場合における第四百四十九条第一項第一号の規定の適用については、同号中「定時株主総会」とあるのは、「定時株主総会又は第四百三十六条第三項の取締役会」とする。

❶【会計監査人設置会社の特則→四三六③、四三九、四六〇①【取締役の任期→三三二　❷【省令で定める要件→会社則一一六、会社計算一五五　+【適用除外→五〇九①[三]

（**株主の権利の制限**）

第四六〇条① 前条第一項の規定による定款の定めがある場合には、株式会社は、同項各号に掲げる事項を株主総会の決議によっては定めない旨を定款で定めることができる。

② 前項の規定による定款の定めは、最終事業年度に係る計算書類が法令及び定款に従い株式会社の財産及び損益の状況を正しく表示しているものとして法務省令で定める要件に該当する場合に限り、その効力を有する。

+【株主総会の権限→二九五　❷【省令で定める要件→会社則一一六、会社計算一五五　+【適用除外→五〇九①[三]

第六節　剰余金の配当等に関する責任

（**配当等の制限**）

第四六一条① 次に掲げる行為により株主に対して交付する金銭等（当該株式会社の株式を除く。以下この節において同じ。）の帳簿価額の総額は、当該行為がその効力を生ずる日における分配可能額を超えてはならない。

一　第百三十八条第一号ハ又は第二号ハの請求に応じて行う当該株式会社の株式の買取り
二　第百五十六条第一項の規定による決定に基づく当該株式会社の株式の取得（第百六十三条に規定する場合又は第百六十五条第一項に規定する場合における当該株式会社による株式の取得に限る。）
三　第百五十七条第一項の規定による決定に基づく当該株式会社の株式の取得
四　第百七十三条第一項の規定による当該株式会社の株式の取得
五　第百七十六条第一項の規定による請求に基づく当該株式会社の株式の買取り
六　第百九十七条第三項の規定による当該株式会社の株式の買取り
七　第二百三十四条第四項（第二百三十五条第二項において準用する場合を含む。）の規定による当該株式会社の株式の買取り
八　剰余金の配当

②　前項に規定する「分配可能額」とは、第一号及び第二号に掲げる額の合計額から第三号から第六号までに掲げる額の合計額を減じて得た額をいう（以下この節において同じ。）。
一　剰余金の額
二　臨時計算書類につき第四百四十一条第四項の承認（同項ただし書に規定する場合にあっては、同条第三項の承認）を受けた場合における次に掲げる額
イ　第四百四十一条第一項第二号の期間の利益の額として法務省令で定める各勘定科目に計上した額の合計額
ロ　第四百四十一条第一項第二号の期間内に自己株式を処分した場合における当該自己株式の対価の額
三　自己株式の帳簿価額
四　最終事業年度の末日後に自己株式を処分した場合における当該自己株式の対価の額
五　第二号に規定する場合における第四百四十一条第一項第二号の期間の損失の額として法務省令で定める各勘定科目に計上した額の合計額
六　前三号に掲げるもののほか、法務省令で定める各勘定科目に計上した額の合計額

㊜❶【金銭等↓一五一①【分配可能額↓一六六①・一七〇⑤【分配可能額超過の責任↓四六二　[三]【省令で定める額↓会社則一一六、会社計算一五六　[三]—[四][六]—[八]【分配可能額超過の責任を負う者↓四六二①　[八]【剰余金の配当↓四五三　❷[二]【剰余金の額↓四四六、四六五①　[三]—[四]【自己株式↓一五五　[三][四][六]【剰余金を超過する場合の責任↓四六五①　[四]【自己株式の処分↓一九四・一九九①・七四九①[三]イ・七五八[四]イ・七六八①[三]イ　[五]【省令で定める額↓会社則一一六、会社計算一五七　[六]【省令で定める額↓会社則一一六、会社計算一五八

第四六二条（剰余金の配当等に関する責任）①　前条第一項の規定に違反して株式会社が同項各号に掲げる行為をした場合には、当該行為により金銭等の交付を受けた者並びに当該行為に関する職務を行った業務執行者（業務執行取締役（指名委員会等設置会社にあっては、執行役。以下この項において同じ。）その他当該業務執行取締役の行う業務の執行に職務上関与した者として法務省令で定めるものをいう。以下この節において同じ。）及び当該行為が次の各号に掲げるものである場合における当該各号に定める者は、当該株式会社に対し、連帯して、当該金銭等の交付を受けた者が交付を受けた金銭等の帳簿価額に相当する金銭を支払う義務を負う。
一　前条第一項第二号に掲げる行為　次に掲げる者
イ　第百五十六条第一項の規定による決定に係る株主総会の決議があった場合（当該決議によって定められた同項第二号の金銭等の総額が当該決議の日における分配可能額を超える場合に限る。）における当該株主総会に係る総会議案提案取締役（当該株主総会に議案を提案した取締役として法務省令で定めるものをいう。以下この項において同じ。）
ロ　第百五十六条第一項の規定による決定に係る取締役会の決議があった場合（当該決議によって定められた同項第二号の金銭等の総額が当該決議の日における分配可能額を超える場合に限る。）における当該取締役会に係る取締役会議案提案取締役（当該取締役会に議案を提案した取締役（指名委員会等設置会社にあっては、取締役又は執行役）として法務省令で定めるものをいう。以下この項において同じ。）
二　前条第一項第三号に掲げる行為　次に掲げる者
イ　第百五十七条第一項の規定による決定に係る株主総会の決議があった場合（当該決議によって定められた同項第三号の総額が当該決議の日における分配可能額を超える場合に限る。）における当該株主総会に係る総会議案提案取締役
ロ　第百五十七条第一項の規定による決定に係る取締役会の決議があった場合（当該決議によって定められた同項第三号の総額が当該決議の日における分配可能額を超える場合に限る。）における当該取締役会に係る取締役会議案提案取締役
三　前条第一項第四号に掲げる行為　第百七十一条第一項の株主総会（当該株主総会の決議によって定められた同項第一号に規定する取得対価の総額が当該決議の日における分配可能額を超える場合における当該株主総会に限る。）に係る総会議案提案取締役
四　前条第一項第六号に掲げる行為　次に掲げる者
イ　第百九十七条第三項後段の規定による決定に係る株主総会の決議があった場合（当該決議によって定められた同項第二号の総額が当該決議の日における分配可能額を超える場合に限る。）における当該株主総会に係る総会議案提案取締役
ロ　第百九十七条第三項後段の規定による決定に係る取締役会の決議があった場合（当該決議によって定められた同項第二号の総額が当該決議の日に

おける分配可能額を超える場合に限る。）における当該取締役会に係る取締役会議案提案取締役

五　前条第一項第七号に掲げる行為　次に掲げる者

イ　第二百三十四条第四項後段（第二百三十五条第二項において準用する場合を含む。）の規定による決定に係る株主総会の決議があった場合（当該決議によって定められた第二百三十四条第四項第二号（第二百三十五条第二項において準用する場合を含む。）の総額が当該決議の日における分配可能額を超える場合に限る。）における当該株主総会に係る総会議案提案取締役

ロ　第二百三十四条第四項後段（第二百三十五条第二項において準用する場合を含む。）の規定による決定に係る取締役会の決議があった場合（当該決議によって定められた第二百三十四条第四項第二号（第二百三十五条第二項において準用する場合を含む。）の総額が当該決議の日における分配可能額を超える場合に限る。）における当該取締役会に係る取締役会議案提案取締役

六　前条第一項第八号に掲げる行為　次に掲げる者

イ　第四百五十四条第一項の規定による決定に係る株主総会の決議があった場合（当該決議によって定められた配当財産の帳簿価額が当該決議の日における分配可能額を超える場合に限る。）における当該株主総会に係る総会議案提案取締役

ロ　第四百五十四条第一項の規定による決定に係る取締役会の決議があった場合（当該決議によって定められた配当財産の帳簿価額が当該決議の日における分配可能額を超える場合に限る。）における当該取締役会に係る取締役会議案提案取締役

②　前項の規定にかかわらず、業務執行者及び同項各号に定める者は、その職務を行うについて注意を怠らなかったことを証明したときは、同項の義務を負わない。

③　第一項の規定により業務執行者及び同項各号に定める者の負う義務は、免除することができない。ただし、前条第一項各号に掲げる行為の時における分配可能額を限度として当該義務を免除することについて総株主の同意がある場合は、この限りでない。

❶【金銭等↓一五一①【金銭の交付を受けた者↓四六三【業務執行者↓四六三①・四六四・四六五①【業務執行取締役↓二十五イ【省令で定めるもの↓会社則一一六、会社計算一五九【二【省令で定めるもの↓会社則一一六、会社計算一六〇・一六一 ❸【責任の免除↓四二四・四六四・四六五②【適用除外↓八五〇④ ＋【刑事責任↓九六三⑤二

（株主に対する求償権の制限等）

第四六三条①　前条第一項に規定する場合において、株式会社が第四百六十一条第一項各号に掲げる行為により株主に対して交付した金銭等の帳簿価額の総額が当該行為がその効力を生じた日における分配可能額を超えることにつき善意の株主は、当該株主が交付を受けた金銭等について、前条第一項の金銭を支払った業務執行者及び同項各号に定める者からの求償の請求に応ずる義務を負わない。

②　前条第一項に規定する場合には、株式会社の債権者は、同項の規定により義務を負う株主に対し、その交付を受けた金銭等の帳簿価額（当該額が当該債権者の株式会社に対して有する債権額を超える場合にあっては、当該債権額）に相当する金銭を支払わせることができる。

＋【金銭等↓一五一①　❷【債権者の請求↓民四二三―四二三の五

（買取請求に応じて株式を取得した場合の責任）

第四六四条①　株式会社が第百十六条第一項又は第百八十二条の四第一項の規定による請求に応じて株式を取得する場合において、当該請求をした株主に対して支払った金銭の額が当該支払の日における分配可能額を超えるときは、当該株式の取得に関する職務を行った業務執行者は、株式会社に対し、連帯して、その超過額を支払う義務を負う。ただし、その者がその職務を行うについて注意を怠らなかったことを証明した場合は、この限りでない。

②　前項の義務は、総株主の同意がなければ、免除することができない。

❶【分配可能額↓四六一②【業務執行者↓四六二①　❷【責任の免除↓四二四・四六二③・四六五②【適用除外↓八五〇④

（欠損が生じた場合の責任）

第四六五条①　株式会社が次の各号に掲げる行為をした場合において、当該行為をした日の属する事業年度（その事業年度の直前の事業年度が最終事業年度でないときは、その事業年度の直前の事業年度）に係る計算書類につき第四百三十八条第二項の承認（第四百三十九条前段に規定する場合にあっては、第四百三十六条第三項の承認）を受けた時における第四百六十一条第二項第三号、第四号及び第六号に掲げる額の合計額が同項第一号に掲げる額を超えるときは、当該各号に掲げる行為に関する職務を行った業務執行者は、当該株式会社に対し、連帯して、その超過額（当該超過額が当該各号に定める額を超える場合にあっては、当該各号に定める額）を支払う義務を負う。ただし、当該業務執行者がその職務を行うについて注意を怠らなかったことを証明した場合は、この限りでない。

一　第百三十八条第一号ハ又は第二号ハの請求に応じて行う当該株式会社の株式の買取り　当該株式の買取りにより株主に対して交付した金銭等の帳簿価額の総額

二　第百五十六条第一項の規定による決定に基づく当該株式会社の株式の取得（第百六十三条に規定する場合又は第百六十五条第一項に規定する場合における当該株式会社による株式の取得に限る。）　当該株式の取得により株主に対して交付した金銭等の帳簿価額の総額

三　第百五十七条第一項の規定による決定に基づく当該株式会社の株式の取得　当該株式の取得により株主に対して交付した金銭等の帳簿価額の総額

四　第百六十七条第一項の規定による当該株式会社の株式の取得により株主に対して交

付した金銭等の帳簿価額の総額

五 第百七十条第一項の規定による当該株式会社の株式の取得 当該株式の取得により株主に対して交付した金銭等の帳簿価額の総額

六 第百七十三条第一項の規定による当該株式会社の株式の取得 当該株式の取得により株主に対して交付した金銭等の帳簿価額の総額

七 第百七十六条第一項の規定による請求に基づく当該株式会社の株式の買取り 当該株式の買取りにより株主に対して交付した金銭等の帳簿価額の総額

八 第百九十七条第三項の規定による当該株式会社の株式の買取り 当該株式の買取りにより株主に対して交付した金銭等の帳簿価額の総額

九 次のイ又はロに掲げる規定による当該株式会社の株式の買取り 当該株式の買取りにより当該イ又はロに定める者に対して交付した金銭等の帳簿価額の総額

イ 第二百三十四条第四項 同条第一項各号に定める者

ロ 第二百三十五条第二項において準用する第二百三十四条第四項 株主

十 剰余金の配当（次のイからハまでに掲げるものを除く。） 当該剰余金の配当についての第四百四十六条第六号イからハまでに掲げる額の合計額

イ 定時株主総会（第四百三十九条前段に規定する場合にあっては、定時株主総会又は第四百三十六条第三項の取締役会）において第四百五十四条第一項各号に掲げる事項を定める場合における剰余金の配当

ロ 第四百四十七条第一項各号に掲げる事項を定めるための株主総会において第四百五十四条第一項各号に掲げる事項を定める場合（同項第一号の額（第四百五十六条の規定により基準未満株式の株主に支払う金銭があるときは、その額を合算した額）が第四百四十七条第一項第一号の額を超えない場合であって、同項第二号に掲げる事項についての定めがない場合に限る。）における剰余金の配当

ハ 第四百四十八条第一項各号に掲げる事項を定めるための株主総会において第四百五十四条第一項各号に掲げる事項を定める場合（同項第一号の額（第四百五十六条の規定により基準未満株式の株主に支払う金銭があるときは、その額を合算した額）が第四百四十八条第一項第一号の額を超えない場合であって、同項第二号に掲げる事項についての定めがない場合に限る。）における剰余金の配当

② 前項の義務は、総株主の同意がなければ、免除することができない。

❶【業務執行者→四六二①　❷【責任の免除→四二四、四六二③、四六四②【適用除外→八五〇④

第六章 定款の変更

第四六六条 株式会社は、その成立後、株主総会の決議によって、定款を変更することができる。

＋【株主総会決議→三〇九②十一【定款変更手続の特則→一八四②、一九一、一九五

定款変更等の決議の効力を第三者の意思にかからせる定款の規定の効力→二七条7

第七章 事業の譲渡等

企業再編→◇【I 企業再編・企業買収】［五編名の後］判

（事業譲渡等の承認等）

第四六七条① 株式会社は、次に掲げる行為をする場合には、当該行為がその効力を生ずる日（以下この章において「効力発生日」という。）の前日までに、株主総会の決議によって、当該行為に係る契約の承認を受けなければならない。

一 事業の全部の譲渡

二 事業の重要な一部の譲渡（当該譲渡により譲り渡す資産の帳簿価額が当該株式会社の総資産額として法務省令で定める方法により算定される額の五分の一（これを下回る割合を定款で定めた場合にあっては、その割合）を超えないものを除く。）

二の二 その子会社の株式又は持分の全部又は一部の譲渡（次のいずれにも該当する場合における譲渡に限る。）

イ 当該譲渡により譲り渡す株式又は持分の帳簿価額が当該株式会社の総資産額として法務省令で定める方法により算定される額の五分の一（これを下回る割合を定款で定めた場合にあっては、その割合）を超えるとき。

ロ 当該株式会社が、効力発生日において当該子会社の議決権の総数の過半数の議決権を有しないとき。

三 他の会社（外国会社その他の法人を含む。次条において同じ。）の事業の全部の譲受け

四 事業の全部の賃貸、事業の全部の経営の委任、他人と事業上の損益の全部を共通にする契約その他これらに準ずる契約の締結、変更又は解約

五 当該株式会社（第二十五条第一項各号に掲げる方法により設立したものに限る。以下この号において同じ。）の成立後二年以内におけるその成立前から存在する財産であってその事業のために継続して使用するものの取得。ただし、イに掲げる額のロに掲げる額に対する割合が五分の一（これを下回る割合を当該株式会社の定款で定めた場合にあっては、その割合）を超えない場合を除く。

イ 当該財産の対価として交付する財産の帳簿価額の合計額

ロ 当該株式会社の純資産額として法務省令で定める方法により算定される額

② 前項第三号に掲げる行為をする場合において、当該行為をする株式会社が譲り受ける資産に当該株式会社

の株式が含まれるときは、取締役は、同項の株主総会において、当該株式に関する事項を説明しなければならない。

⑱+【事業譲渡等の契約→四一六④[十八] ❶【株主総会決議→三〇九②[十一]【反対株主の株式買取請求→四六九、四七〇 【[二][三]【事業譲渡→二一、独禁七、八の四、一七の二、民再四二①、四三① 【[二]—[四]【適用除外→四六八① 【[三][三の二]【省令で定める方法→会社則一三四 【[三]【事業全部の譲受け→独禁一六、一七【適用除外→四六八② 【[四]【事業の賃貸等→独禁一六、一七 【[五]【事後設立→二八[二]、三三⑦、九六【会社の成立→四九【省令で定める方法→会社則一三五 ❷【自己株式の取得→一五五[十] +【適用除外→五三六③

一 事業の譲渡→商一六条[7]

二 株主総会の議案の概要→八三一条[32]

三 株主総会の承認手続を経ない契約の効力

1 誰に対する関係でも無効

[1] 株主総会の特別決議による承認手続の経由がないと、本件営業［事業］譲渡契約は無効であり、しかも、その無効は、何人との関係においても常に無効であり、譲渡会社、譲渡会社の株主・債権者等の会社の利害関係人のほか、譲受会社もまた右の無効を主張できる。譲受会社は、譲渡会社ないしその利害関係人が無効を主張するまで営業譲渡を有効なものと扱うことを余儀なくされるなど著しく不安定な立場に置かれるからである。特段の事情のない限り、本件営業譲渡契約について右の無効をいつでも主張できる。（最判昭61・9・11判時一二一五・一二五、会社法百選[四版]五）

2 譲受会社が信義則により無効を主張できないとされた事例

[2] 譲渡会社は本件営業［事業］譲渡契約に基づく債務を全て履行済みであり、他方譲受会社は右の履行について苦情を申し出たことがなく、また、本件営業譲渡契約が有効であることを前提に、譲渡会社に対し本件営業譲渡契約に基づく自己の債務を承認し、その履行として譲渡代金の一部を弁済し、かつ、譲り受けた製品・原材料等を販売又は消費し、しかも株主総会の承認手続を経由していないことを理由とする無効事由については契約後約二〇年を経て、初めて主張するに至ったものである等の事情がある場合には、その無効を主張して本件営業譲渡契約に基づく自己の残債務の履行を拒むことは信義則に反し許されない。（最判昭61・9・11前出[7]）

四 資本提携と財産状態の告知義務

[3] 資本提携に際し自社の経営の健全性を公言した当事会社が、資本提携の時点で実質的破綻状態に陥っていたにもかかわらず、それを告知しない行為は、相手会社に対する不法行為を構成する。（東京地判平15・1・17判時一八二三・八二）

五 定款の記載を欠く財産引受けと事後設立

[4] 定款の記載を欠く財産引受けは、事後設立の手続で承認しても有効にならない。（最判昭42・9・26民集二一・七・一八七〇、商法の判例[三版]三）→二八条[6]

第四六八条（事業譲渡等の承認を要しない場合）① 前条の規定は、同条第一項第一号から第四号までに掲げる行為（以下この章において「事業譲渡等」という。）に係る契約の相手方が当該事業譲渡等をする株式会社の特別支配会社（ある株式会社の総株主の議決権の十分の九（これを上回る割合を当該株式会社の定款で定めた場合にあっては、その割合）以上を他の会社及び当該他の会社が発行済株式の全部を有する株式会社その他これに準ずるものとして法務省令で定める法人が有している場合における当該他の会社をいう。以下同じ。）である場合には、適用しない。

② 前条の規定は、同条第一項第三号に掲げる行為をする場合において、第一号に掲げる額の第二号に掲げる額に対する割合が五分の一（これを下回る割合を定款で定めた場合にあっては、その割合）を超えないときは、適用しない。

一 当該他の会社の事業の全部の対価として交付する財産の帳簿価額の合計額

二 当該株式会社の純資産額として法務省令で定める方法により算定される額

③ 前項に規定する場合において、法務省令で定める数の株式（前条第一項の株主総会において議決権を行使することができるものに限る。）を有する株主が次条第三項の規定による通知又は同条第四項の公告の日から二週間以内に前条第一項第三号に掲げる行為に反対する旨を当該行為をする株式会社に対し通知したときは、当該株式会社は、効力発生日の前日までに、株主総会の決議によって、当該行為に係る契約の承認を受けなければならない。

⑱❶【特別支配会社→七八四、七九六①【省令で定める法人→会社則一三六 ❷[二]【省令で定める方法→会社則一三七 ❸【議決権を行使することができる株式→二九七③⑱【省令で定める数→会社則一三八【株主総会決議→三〇九②[十一] +【適用除外→五三六③

第四六九条（反対株主の株式買取請求）① 事業譲渡等をする場合（次に掲げる場合を除く。）には、反対株主は、事業譲渡等をする株式会社に対し、自己の有する株式を公正な価格で買い取ることを請求することができる。

一 第四百六十七条第一項第一号に掲げる行為をする場合において、同項の株主総会の決議と同時に第四百七十一条第三号の株主総会の決議がされたとき。

二 前条第二項に規定する場合（同条第三項に規定する場合を除く。）

② 前項に規定する「反対株主」とは、次の各号に掲げる場合における当該各号に定める株主をいう。

一 事業譲渡等をするために株主総会（種類株主総会を含む。）の決議を要する場合 次に掲げる株主

イ 当該株主総会に先立って当該事業譲渡等に反対する旨を当該株式会社に対し通知し、かつ、当該株主総会において当該事業譲渡等に反対した株主（当該株主総会において議決権を行使することができるものに限る。）

ロ 当該株主総会において議決権を行使することができない株主

二 前号に規定する場合以外の場合 全ての株主（前条第一項に規定する場合における当該特別支配会社を除く。）

③ 事業譲渡等をしようとする株式会社は、効力発生日

の二十日前までに、その株主（前条第一項に規定する場合における当該特別支配会社を除く。）に対し、事業譲渡等をする旨（第四百六十七条第二項に規定する場合にあっては、同条第一項第三号に掲げる行為をする旨及び同条第二項の株式に関する事項）を通知しなければならない。

④　次に掲げる場合には、前項の規定による通知は、公告をもってこれに代えることができる。

一　事業譲渡等をする株式会社が公開会社である場合

二　事業譲渡等をする株式会社が第四百六十七条第一項の株主総会の決議によって事業譲渡等に係る契約の承認を受けた場合

⑤　第一項の規定による請求（以下この章において「株式買取請求」という。）は、効力発生日の二十日前の日から効力発生日の前日までの間に、その株式買取請求に係る株式の数（種類株式発行会社にあっては、株式の種類及び種類ごとの数）を明らかにしてしなければならない。

⑥　株券が発行されている株式について株式買取請求をしようとするときは、当該株式の株主は、事業譲渡等をする株式会社に対し、当該株式に係る株券を提出しなければならない。ただし、当該株券について第二百二十三条の規定による請求をした者については、この限りでない。

⑦　株式買取請求をした株主は、事業譲渡等をする株式会社の承諾を得た場合に限り、その株式買取請求を撤回することができる。

⑧　事業譲渡等を中止したときは、株式買取請求は、その効力を失う。

⑨　第百三十三条の規定は、株式買取請求に係る株式については、適用しない。

⊛⁺【類似の手続↓一一六、一七二、一七九の八、一八二の四、七八五、七九七、八〇六【振替株式の場合↓社債株式振替一五五⑧【事業譲渡等↓四六八①　❷【二】【議決権を行使することができない株主↓二九七③⊛　❸【株主への通知↓一二六　❹【公告↓九三九　❸❹【懈怠の制裁↓九七六㊂　❺【種類株式発行会社↓二⑬　❻【株式買取請求時の株券提出義務↓一一六⑥、一八二の四⑤、七八五⑥、七九七⑥、八〇六⑥　⁺【適用除外↓五三六③

◇↓◇【Ⅱ　反対株主の株式買取請求権】［五編名の後］判

第四七〇条（株式の価格の決定等）①　株式買取請求があった場合において、株式の価格の決定について、株主と事業譲渡等をする株式会社との間に協議が調ったときは、当該株式会社は、効力発生日から六十日以内にその支払をしなければならない。

②　株式の価格の決定について、効力発生日から三十日以内に協議が調わないときは、株主又は前項の株式会社は、その期間の満了の日後三十日以内に、裁判所に対し、価格の決定の申立てをすることができる。

③　前条第七項の規定にかかわらず、前項に規定する場合において、効力発生日から六十日以内に同項の申立てがないときは、その期間の満了後は、株主は、いつでも、株式買取請求を撤回することができる。

④　第一項の株式会社は、裁判所の決定した価格に対する同項の期間の満了の日後の法定利率による利息をも支払わなければならない。

⑤　第一項の株式会社は、株式の価格の決定があるまでは、株主に対し、当該株式会社が公正な価格と認める額を支払うことができる。

⑥　株式買取請求に係る株式の買取りは、効力発生日に、その効力を生ずる。

⑦　株券発行会社は、株券が発行されている株式について株式買取請求があったときは、株券と引換えに、その株式買取請求に係る株式の代金を支払わなければならない。

⊛❶【株式買取請求↓四六九⑤　❶―❸【効力発生日↓四六七①　❷【裁判所↓八六八①、八七〇②㊁　❹【裁判所による価格の決定↓八七一―八七四　❺【株式買取価格等の前払↓一一七⑤、一七二⑤、一八二の五、七八六⑤、七九八⑤、八〇七⑤　❼【株券発行会社↓二一四⊛　⁺【適用除外↓五三六③

◇↓◇【Ⅱ　反対株主の株式買取請求権】［五編名の後］判

第八章　解散

第四七一条（解散の事由）　株式会社は、次に掲げる事由によって解散する。

一　定款で定めた存続期間の満了

二　定款で定めた解散の事由の発生

三　株主総会の決議

四　合併（合併により当該株式会社が消滅する場合に限る。）

五　破産手続開始の決定

六　第八百二十四条第一項又は第八百三十三条第一項の規定による解散を命ずる裁判

⊛⁺【解散↓四七五㊀、九二六、商登七一【解散による禁止事項↓四七四【特殊の解散事由↓四七二、ETC　【一】―【三】【会社の継続の可能性↓四七三　【三】【株主総会決議↓三〇九②⑪【株式買取請求の排除↓四六九①　【四】【合併↓七四九①㊀、七五三①㊀　【五】【破産手続開始の決定↓破三〇、三五、四七五㊀　【六】【解散判決等↓四七八③　⁺【更生会社における特則↓会更四五①㊄、一六七②

第四七二条（休眠会社のみなし解散）①　休眠会社（株式会社であって、当該株式会社に関する登記が最後にあった日から十二年を経過したものをいう。以下この条において同じ。）は、法務大臣が休眠会社に対し二箇月以内に法務省令で定めるところによりその本店の所在地を管轄する登記所に事業を廃止していない旨の届出をすべき旨を官報に公告した場合において、その届出をしないときは、その二箇月の期間の満了の時に、解散したものとみなす。ただし、当該期間内に当該休眠会社に関する登記がされたときは、この限りでない。

②　登記所は、前項の規定による公告があったときは、休眠会社に対し、その旨の通知を発しなければならない。

❶【最後の登記↓九一一・九一五【本店↓四】【解散↓四七一、商登七二【清算の必要↓四七五㈠【会社の継続↓四七三【省令の定め↓会社則一三九　❷【通知↓民九七】

（株式会社の継続）

第四七三条　株式会社は、第四百七十一条第一号から第三号までに掲げる事由によって解散した場合（前条第一項の規定により解散したものとみなされた場合を含む。）には、次章の規定による清算が結了するまで（同項の規定により解散したものとみなされた場合にあっては、解散したものとみなされた後三年以内に限る。）、株主総会の決議によって、株式会社を継続することができる。

【会社の継続↓九二七、商登四六②【更生手続と継続↓会更四五①㈤・一六七②【破産手続廃止と継続↓破二一八・二一九【清算の結了↓五〇七、商登七五【株主総会決議↓三〇九②㈩㈡

（解散した株式会社の合併等の制限）

第四七四条　株式会社が解散した場合には、当該株式会社は、次に掲げる行為をすることができない。

一　合併（合併により当該株式会社が存続する場合に限る。）

二　吸収分割による他の会社がその事業に関して有する権利義務の全部又は一部の承継

【解散↓四七一・四七二　[一]【吸収合併存続会社↓七四九・七五〇・七九四―八〇一　[二]【吸収分割承継会社↓七五七―七五九・七九四―八〇一

第九章　清算

第一節　総則

第一款　清算の開始

（清算の開始原因）

第四七五条　株式会社は、次に掲げる場合には、この章の定めるところにより、清算をしなければならない。

一　解散した場合（第四百七十一条第四号に掲げる事由によって解散した場合及び破産手続開始の決定により解散した場合であって当該破産手続が終了していない場合を除く。）

二　設立の無効の訴えに係る請求を認容する判決が確定した場合

三　株式移転の無効の訴えに係る請求を認容する判決が確定した場合

【清算↓四七六―四九一・五〇七　[一]【解散↓四七一・四七二【破産手続開始の決定↓破三〇　[二]【設立無効の訴え↓八二八①㈠・八三九【清算人の選任↓四七八④　[三]【株式移転の無効の訴え↓八二八①㈩㈡・八三九【清算人の選任↓四七八④

（清算株式会社の能力）

第四七六条　前条の規定により清算をする株式会社（以下「清算株式会社」という。）は、清算の目的の範囲内において、清算が結了するまではなお存続するものとみなす。

【清算の目的↓四八二【清算の結了↓五〇七、商登七五

清算株式会社と清算の目的の範囲

[1]　**1　慰労金の贈与**

会社は解散した後は清算の目的の範囲内でのみ存続するのであるから、株主総会といえども清算の目的以外の事項を決議することはできないが、清算の目的の範囲は、商法九一条〔昭和一三法七二改正前。会社六四九条〕に掲げる事項に限られず、会社に功労のある者に対して慰労金を贈与することは会社が当然になし得る行為に属する。（大判大2・7・9民録一九・六一九、会社百選〔四版〕八一）↓六四九条[1]

[2]　**2　貸付け等の継続**

清算株式会社は、清算の目的の範囲内でのみ権利能力を有するにとどまり、したがって当然に貸付け等を継続してすることはできないから、清算人のした右貸付けが清算事務の遂行に必要で清算の目的内に属する理由を明らかにする必要がある。（最判昭42・12・15判時五〇五・六一）

第二款　清算株式会社の機関

第一目　株主総会以外の機関の設置

第四七七条①　清算株式会社には、一人又は二人以上の清算人を置かなければならない。

②　清算株式会社は、定款の定めによって、清算人会、監査役又は監査役会を置くことができる。

③　監査役会を置く旨の定款の定めがある清算株式会社は、清算人会を置かなければならない。

④　第四百七十五条各号に掲げる場合に該当することとなった時において公開会社又は大会社であった清算株式会社は、監査役を置かなければならない。

⑤　第四百七十五条各号に掲げる場合に該当することとなった時において監査等委員会設置会社であった清算株式会社であって、前項の規定の適用があるものにおいては、監査等委員である取締役が監査役となる。

⑥　第四百七十五条各号に掲げる場合に該当することとなった時において指名委員会等設置会社であった清算株式会社であって、第四項の規定の適用があるものにおいては、監査委員が監査役となる。

⑦　第四章第二節の規定は、清算株式会社については、適用しない。

❶【清算人↓三三〇・四七八・四七九・四八一―四八四・四八六・四八七・五二三―五二六、九二八、商登七三・七四　❷【定款の定め↓四八〇①㈢【清算人会↓三三一⑤・四七八⑧・四八九―四九一・四九二②・四九五②・五〇七②・九二八①㈢【監査役↓三三六・四八〇・四八八・四九五①　❻【監査委員↓四〇〇④

第二目　清算人の就任及び解任並びに監査役の退任

（清算人の就任）

第四七八条①　次に掲げる者は、清算株式会社の清算人となる。

一　取締役（次号又は第三号に掲げる者がある場合を除く。）

二　定款で定める者

三　株主総会の決議によって選任された者

②　前項の規定により清算人となる者がないときは、裁

判所は、利害関係人の申立てにより、清算人を選任する。

③ 前二項の規定にかかわらず、第四百七十一条第六号に掲げる事由によって解散した清算株式会社については、裁判所は、利害関係人若しくは法務大臣の申立てにより又は職権で、清算人を選任する。

④ 第一項及び第二項の規定にかかわらず、第四百七十五条第二号又は第三号に掲げる場合に該当することとなった清算株式会社については、裁判所は、利害関係人の申立てにより、清算人を選任する。

⑤ 第四百七十五条各号に掲げる場合に該当することとなった時において監査等委員会設置会社であった清算株式会社における第一項第一号の規定の適用については、同号中「取締役」とあるのは、「監査等委員である取締役以外の取締役」とする。

⑥ 第四百七十五条各号に掲げる場合に該当することとなった時において指名委員会等設置会社であった清算株式会社における第一項第一号の規定の適用については、同号中「取締役」とあるのは、「監査委員以外の取締役」とする。

⑦ 第三百三十五条第三項の規定にかかわらず、第四百七十五条各号に掲げる場合に該当することとなった時において監査等委員会設置会社又は指名委員会等設置会社であった清算株式会社である監査役会設置会社においては、監査役は、三人以上で、そのうち半数以上は、次に掲げる要件のいずれにも該当するものでなければならない。

一 その就任の前十年間当該監査等委員会設置会社若しくは指名委員会等設置会社又はその子会社の取締役（社外取締役を除く。）、会計参与（会計参与が法人であるときは、その職務を行うべき社員。次号において同じ。）若しくは執行役又は支配人その他の使用人であったことがないこと。

二 その就任の前十年内のいずれかの時において当該監査等委員会設置会社若しくは指名委員会等設置会社又はその子会社の社外取締役又は監査役であったことがある者にあっては、当該社外取締役又は監査役への就任の前十年間当該監査等委員会設置会社若しくは指名委員会等設置会社又はその子会社の取締役（社外取締役を除く。）、会計参与若しくは執行役又は支配人その他の使用人であったことがないこと。

三 第二条第十六号ハからホまでに掲げる要件

⑧ 第三百三十条〈株式会社と役員等との関係〉、第三百三十一条第一項〈取締役の資格等〉及び第三百三十一条の二〈同前〉の規定は清算人について、第三百三十一条第五項〈同前〉の規定は清算人会設置会社（清算人会を置く清算株式会社又はこの法律の規定により清算人会を置かなければならない清算株式会社をいう。以下同じ。）について、それぞれ準用する。この場合において、同項中「取締役は」とあるのは、「清算人は」と読み替えるものとする。

∞❶【清算人→四七七①∞〔二〕【取締役→四八三④・九二八①、商登七三①〔二〕〔三〕【登記→九二八③、商登七三②〔三〕【株主総会決議→三〇九①　❷－❹【裁判所による選任→四八三⑤・八六八①・八七四〔二〕・九二八③、商登七三③【報酬→四八五

一 **取締役の権利義務を有する者と清算人の権利義務**→三四六条[2]

二 **同時破産廃止の決定と清算人**

[1] 会社と取締役とは委任関係であり（商法二五四条［会社三三〇条］）、委任は委任者の破産によって終了するから（民法六五三条）、取締役は会社の破産により当然取締役の地位を失い、同時破産廃止決定があったからといって商法四一七条一項本文［本条一項一号］で当然清算人になると解することはできず、この場合には、同項ただし書［本条一項二号・三号］の場合を除き、商法四一七条二項［本条二項］により、裁判所が利害関係人の請求により清算人を選任する。（最判昭43・3・15民集二二・三・六二五、倒産百選[四版]八七）→三三〇条[2]、破◆【破産者の地位】〔三七条の前〕[3]

（**清算人の解任**）

第四七九条① 清算人（前条第二項から第四項までの規定により裁判所が選任したものを除く。）は、いつでも、株主総会の決議によって解任することができる。

② 重要な事由があるときは、裁判所は、次に掲げる株主の申立てにより、清算人を解任することができる。

一 総株主（次に掲げる株主を除く。）の議決権の百分の三（これを下回る割合を定款で定めた場合にあっては、その割合）以上の議決権を六箇月（これを下回る期間を定款で定めた場合にあっては、その期間）前から引き続き有する株主（次に掲げる株主を除く。）

イ 清算人を解任する旨の議案について議決権を行使することができない株主

ロ 当該申立てに係る清算人である株主

二 発行済株式（次に掲げる株主の有する株式を除く。）の百分の三（これを下回る割合を定款で定めた場合にあっては、その割合）以上の数の株式を六箇月（これを下回る期間を定款で定めた場合にあっては、その期間）前から引き続き有する株主（次に掲げる株主を除く。）

イ 当該清算株式会社である株主

ロ 当該申立てに係る清算人である株主

③ 公開会社でない清算株式会社における前項各号の規定の適用については、これらの規定中「六箇月（これを下回る期間を定款で定めた場合にあっては、その期間）前から引き続き有する」とあるのは、「有する」とする。

④ 第三百四十六条第一項から第三項まで〈役員等に欠員を生じた場合の措置〉の規定は、清算人について準用する。

∞+【清算人の解任→商登七四②　❶【株主総会決議→三〇九①・八七〇①〔二〕・九三七①〔二〕【株主の権限濫用に対する制裁→九六八①〔二〕　❷【裁判所→八六八①・八七〇①〔二〕【議決権を行使することができない株主→二九七③∞　❹【清算人の権利義務を有する者→八三一【三四六条の準用→八七〇①〔二〕・八七四〔二〕・九三七①〔二〕

会社

（監査役の退任）

第四八〇条① 清算株式会社の監査役は、当該清算株式会社が次に掲げる定款の変更をした場合には、当該定款の変更の効力が生じた時に退任する。

一 監査役を置く旨の定款の定めを廃止する定款の変更

二 監査役の監査の範囲を会計に関するものに限定する旨の定款の定めを廃止する定款の変更

② 第三百三十六条の規定は、清算株式会社の監査役については、適用しない。

§❶【定款の変更→四六六、三〇九②〔十一〕】【一】【監査役を置く旨の定款の定め→四七七②】【二】【監査の範囲の限定→三八九①】

第三目　清算人の職務等

（清算人の職務）

第四八一条 清算人は、次に掲げる職務を行う。

一 現務の結了

二 債権の取立て及び債務の弁済

三 残余財産の分配

§【二】【債務の弁済→四九九―五〇三】【三】【残余財産の分配→五〇四―五〇六】

（業務の執行）

第四八二条① 清算人は、清算株式会社（清算人会設置会社を除く。以下この条において同じ。）の業務を執行する。

② 清算人が二人以上ある場合には、清算株式会社の業務は、定款に別段の定めがある場合を除き、清算人の過半数をもって決定する。

③ 前項の場合には、清算人は、次に掲げる事項についての決定を各清算人に委任することができない。

一 支配人の選任及び解任

二 支店の設置、移転及び廃止

三 第二百九十八条第一項各号（第三百二十五条において準用する場合を含む。）に掲げる事項

四 清算人の職務の執行が法令及び定款に適合することを確保するための体制その他清算株式会社の業務の適正を確保するために必要なものとして法務省令で定める体制の整備

④ 第三百五十三条から第三百五十七条（第三項を除く。）まで〈取締役の権限・義務等〉、第三百六十条〈株主による取締役の行為の差止め〉並びに第三百六十一条第一項及び第四項〈取締役の報酬等〉の規定は、清算人（同条の規定については、第四百七十八条第二項から第四項までの規定により裁判所が選任したものを除く。）について準用する。この場合において、第三百五十三条中「第三百四十九条第四項」とあるのは「第四百八十三条第六項において準用する第三百四十九条第四項」と、第三百五十四条中「代表取締役」とあるのは「代表清算人（第四百八十三条第一項に規定する代表清算人をいう。）」と、第三百六十条第三項中「監査役設置会社、監査等委員会設置会社又は指名委員会等設置会社」とあるのは「監査役設置会社」と読み替えるものとする。

§❶【清算人の業務執行→四九二①、四八九⑦、四八六、四八七】❸【二】【支配人→一〇―一二】【三】【支店→九一一③〔三〕】【四】【省令で定める体制→会社則一四〇】❹【競業・利益相反取引の制限違反→四八六②】【任務懈怠の推定→四八六③】

> **清算人と会社との取引**
>
> 〔1〕 清算人は、特段の事情がない限り清算株式会社と取引をすることは許されない（商法四三〇条［本条］・二六五条［会社三五六条一項］）。（最判昭42・12・15判時五〇五・六一）

（清算株式会社の代表）

第四八三条① 清算人は、清算株式会社を代表する。ただし、他に代表清算人（清算株式会社を代表する清算人をいう。以下同じ。）その他清算株式会社を代表する者を定めた場合は、この限りでない。

② 前項本文の清算人が二人以上ある場合には、清算人は、各自、清算株式会社を代表する。

③ 清算株式会社（清算人会設置会社を除く。）は、定款、定款の定めに基づく清算人（第四百七十八条第二項から第四項までの規定により裁判所が選任したものを除く。以下この項において同じ。）の互選又は株主総会の決議によって、清算人の中から代表清算人を定めることができる。

④ 第四百七十八条第一項第一号の規定により取締役が清算人となる場合において、代表取締役を定めていたときは、当該代表取締役が代表清算人となる。

⑤ 裁判所は、第四百七十八条第二項から第四項までの規定により清算人を選任する場合には、その清算人の中から代表清算人を定めることができる。

⑥ 第三百四十九条第四項及び第五項〈代表取締役の権限〉並びに第三百五十一条〈代表取締役に欠員を生じた場合の措置〉の規定は代表清算人について、第三百五十二条〈取締役の職務を代行する者の権限〉の規定は民事保全法第五十六条に規定する仮処分命令により選任された清算人又は代表清算人の職務を代行する者について、それぞれ準用する。

§❶【代表清算人→九二八①〔二〕】❸【株主総会決議→三〇九①】❹【その代表清算人の解任→四八九④】❺【裁判所が選任した代表清算人→四八九⑤、商登七四①】❻【三五一条の準用→八七〇①〔一〕・八七四〔一〕、九三七①〔一〕】

（清算株式会社についての破産手続の開始）

第四八四条① 清算株式会社の財産がその債務を完済するのに足りないことが明らかになったときは、清算人は、直ちに破産手続開始の申立てをしなければならない。

② 清算人は、清算株式会社が破産手続開始の決定を受けた場合において、破産管財人にその事務を引き継いだときは、その任務を終了したものとする。

③ 前項に規定する場合において、清算株式会社が既に債権者に支払い、又は株主に分配したものがあるときは、破産管財人は、これを取り戻すことができる。

§❶【破産手続開始の申立て→破一九②】【違反に対する制裁→九七六〔二十七〕】❷【破産手続開始の決定→破三〇】❸【破産管財人→破七四―九〇】

[7] 清算手続では全ての債権者に債務の全額を弁済できることが前提とされており、清算会社が破産手続開始の決定を受けた場合に清算手続において債権者に弁済等がされた財産が破産財団に属しないとすると債権者間の公平を害することになるから、破産管財人は、相手方の主観的事情や弁済等の時点で破産者が支払不能であったか等を問わず、本条三項の取戻権を行使できる。（福岡高那覇支判令2・2・27金判一五九三・一四）

（裁判所の選任する清算人の報酬）

第四八五条 裁判所は、第四百七十八条第二項から第四項までの規定により清算人を選任した場合には、清算株式会社が当該清算人に対して支払う報酬の額を定めることができる。

参【裁判所→八六八①、八七〇①㊀】

（清算人の清算株式会社に対する損害賠償責任）

第四八六条① 清算人は、その任務を怠ったときは、清算株式会社に対し、これによって生じた損害を賠償する責任を負う。

② 清算人が第四百八十二条第四項において準用する第三百五十六条第一項の規定に違反して同項第一号の取引をしたときは、当該取引により清算人又は第三者が得た利益の額は、前項の損害の額と推定する。

③ 第四百八十二条第四項において準用する第三百五十六条第一項第二号又は第三号の取引によって清算株式会社に損害が生じたときは、次に掲げる清算人は、その任務を怠ったものと推定する。

一 第四百八十二条第四項において準用する第三百五十六条第一項の清算人

二 清算株式会社が当該取引をすることを決定した清算人

三 当該取引に関する清算人会の承認の決議に賛成した清算人

④ 第四百二十四条〈株式会社に対する損害賠償責任の免除〉及び第四百二十八条第一項〈取締役が自己のためにした取引に関する特則〉の規定は、清算人の第一項の責任について準用する。この場合において、同条第一項中「第三百五十六条第一項第二号（第四百十九条第二項において準用する場合を含む。）」とあるのは、「第四百八十二条第四項において準用する第三百五十六条第一項第二号」と読み替えるものとする。

参【清算人の会社に対する責任→四八八①・五〇七④・四八二④・三五三・四八九⑧・三六四・四九一・八四七―八五三・五四五・八九九 ❶【清算人の任務懈怠→四七八⑧・三三〇、民六四四、四八二④・三五五 ❹【四二四条の準用→八五〇④

（清算人の第三者に対する損害賠償責任）

第四八七条① 清算人がその職務を行うについて悪意又は重大な過失があったときは、当該清算人は、これによって第三者に生じた損害を賠償する責任を負う。

② 清算人が、次に掲げる行為をしたときも、前項と同様とする。ただし、当該清算人が当該行為をすることについて注意を怠らなかったことを証明したときは、この限りでない。

一 株式、新株予約権、社債若しくは新株予約権付社債を引き受ける者の募集をする際に通知しなければならない重要な事項についての虚偽の通知又は当該募集のための当該清算株式会社の事業その他の事項に関する説明に用いた資料についての虚偽の記載若しくは記録

二 第四百九十二条第一項に規定する財産目録等並びに第四百九十四条第一項の貸借対照表及び事務報告並びにこれらの附属明細書に記載し、又は記録すべき重要な事項についての虚偽の記載又は記録

三 虚偽の登記

四 虚偽の公告

参❶【第三者に対する責任→五三②・四二九 ❷【二】【財産目録等の虚偽記載の罰則→九七六㊆ 【三】【虚偽の登記の罰則→刑一五七① 【四】【虚偽の公告の罰則→九七六㊁

（清算人及び監査役の連帯責任）

第四八八条① 清算人又は監査役が清算株式会社又は第三者に生じた損害を賠償する責任を負う場合において、他の清算人又は監査役も当該損害を賠償する責任を負うときは、これらの者は、連帯債務者とする。

② 前項の場合には、第四百三十条の規定は、適用しない。

参❶【会社に対する責任→四二三、四八六【第三者に対する責任→四二九、四八七

第四目 清算人会

（清算人会の権限等）

第四八九条① 清算人会は、すべての清算人で組織する。

② 清算人会は、次に掲げる職務を行う。

一 清算人会設置会社の業務執行の決定

二 清算人の職務の執行の監督

三 代表清算人の選定及び解職

③ 清算人会は、清算人の中から代表清算人を選定しなければならない。ただし、他に代表清算人があるときは、この限りでない。

④ 清算人会は、その選定した代表清算人及び第四百八十三条第四項の規定により代表清算人となった者を解職することができる。

⑤ 第四百八十三条第五項の規定により裁判所が代表清算人を定めたときは、清算人会は、代表清算人を選定し、又は解職することができない。

⑥ 清算人会は、次に掲げる事項その他の重要な業務執行の決定を清算人に委任することができない。

一 重要な財産の処分及び譲受け

二 多額の借財

三 支配人その他の重要な使用人の選任及び解任

四 支店その他の重要な組織の設置、変更及び廃止

五 第六百七十六条第一号に掲げる事項その他の社債を引き受ける者の募集に関する重要な事項として法務省令で定める事項

六 清算人の職務の執行が法令及び定款に適合することを確保するための体制その他清算株式会社の業務の適正を確保するために必要なものとして法務省令

で定める体制の整備

⑦　次に掲げる清算人は、清算人会設置会社の業務を執行する。

一　代表清算人

二　代表清算人以外の清算人であって、清算人会の決議によって清算人会設置会社の業務を執行する清算人として選定されたもの

⑧　第三百六十三条第二項〈取締役会への報告〉、第三百六十四条〈取締役会設置会社と取締役との間の訴えにおける会社の代表〉及び第三百六十五条〈競業及び取締役会設置会社との取引等の制限〉の規定は、清算人会設置会社について準用する。この場合において、第三百六十三条第二項中「前項各号」とあるのは「第四百八十九条第七項各号」と、「取締役は」とあるのは「清算人は」と、「取締役会」とあるのは「清算人会」と、第三百六十四条中「第三百五十三条」とあるのは「第四百八十二条第四項において準用する第三百五十三条」と、「取締役会は」とあるのは「清算人会は」と、第三百六十五条第一項中「第三百五十六条」とあるのは「第四百八十二条第四項において準用する第三百五十六条」と、「「取締役会」とあるのは「「清算人会」と、同条第二項中「第三百五十六条第一項各号」とあるのは「第四百八十二条第四項において準用する第三百五十六条第一項各号」と、「取締役は」とあるのは「清算人は」と、「取締役会に」とあるのは「清算人会に」と読み替えるものとする。

⑧❶【清算人会設置会社の清算人の員数↓四七八⑧、三三一⑤　❷[一]【業務執行の決定↓四八二②　[二]【清算人の職務執行の監督↓三六三②、四八九⑧、四九二②、四九五②　[三]【代表清算人↓九二八①㊂　❸【他に代表清算人があるとき↓四八三④⑤　❻[一]【重要な財産の処分等↓四六七—四七〇、独禁一六　[三]【支配人↓一〇—一二　[四]【支店↓九一一③㊂　[五]【省令で定める事項↓会社則一四二　[六]【省令で定める体制↓会社則一四二　❼【業務執行↓四八二①、四九二①【帳簿資料の保存者↓五〇八①

第四九〇条（**清算人会の運営**）① 清算人会は、各清算人が招集する。ただし、清算人会を招集する清算人を定款又は清算人会で定めたときは、その清算人が招集する。

②　前項ただし書に規定する場合には、同項ただし書の規定により定められた清算人（以下この項において「招集権者」という。）以外の清算人は、招集権者に対し、清算人会の目的である事項を示して、清算人会の招集を請求することができる。

③　前項の規定による請求があった日から五日以内に、その請求があった日から二週間以内の日を清算人会の日とする清算人会の招集の通知が発せられない場合には、その請求をした清算人は、清算人会を招集することができる。

④　第三百六十七条〈株主による招集の請求〉及び第三百六十八条〈招集手続〉の規定は、清算人会設置会社における清算人会の招集について準用する。この場合において、第三百六十七条第一項中「監査役設置会社、監査等委員会設置会社及び指名委員会等設置会社」とあるのは「監査役設置会社」と、「取締役が」とあるのは「清算人が」と、同条第二項中「取締役（前条第一項ただし書に規定する場合にあっては、招集権者）」とあるのは「清算人（第四百九十条第一項ただし書に規定する場合にあっては、同条第二項に規定する招集権者）」と、同条第三項及び第四項中「前条第三項」とあるのは「第四百九十条第三項」と、第三百六十八条第一項中「各取締役」とあるのは「各清算人」と、同条第二項中「取締役（」とあるのは「清算人（」と、「取締役及び」とあるのは「清算人及び」と読み替えるものとする。

⑤　第三百六十九条から第三百七十一条まで〈取締役会の決議、議事録等〉の規定は、清算人会設置会社における清算人会の決議について準用する。この場合において、第三百六十九条第一項中「取締役の」とあるのは「清算人の」と、同条第二項中「取締役」とあるのは「清算人」と、同条第三項中「取締役及び」とあるのは「清算人及び」と、同条第五項中「取締役であって」とあるのは「清算人であって」と、第三百七十条中「取締役が」とあるのは「清算人が」と、第三百七十一条第三項中「監査役設置会社、監査等委員会設置会社又は指名委員会等設置会社」とあるのは「監査役設置会社」と、同条第四項中「役員又は執行役」とあるのは「清算人又は監査役」と読み替えるものとする。

⑥　第三百七十二条第一項及び第二項〈取締役会への報告の省略〉の規定は、清算人会設置会社における清算人会への報告について準用する。この場合において、同条第一項中「取締役、会計参与、監査役又は会計監査人」とあるのは「清算人又は監査役」と、「取締役（」とあるのは「清算人（」と、「取締役及び」とあるのは「清算人及び」と、同条第二項中「第三百六十三条第二項」とあるのは「第四百八十九条第八項において準用する第三百六十三条第二項」と読み替えるものとする。

⑧❷【会議の目的である事項の例↓四八九②㊂⑥　❺【三七〇条の準用↓商登四六③

第五目　取締役等に関する規定の適用

第四九一条　清算株式会社については、第二章（第百五十五条を除く。）、第三章、第四章第一節、第三百三十五条第二項、第三百四十三条第一項及び第二項、第三百四十五条第四項において準用する同条第三項、第三百五十九条、同章第七節及び第八節並びに第七章の規定中取締役、代表取締役、取締役会又は取締役会設置会社に関する規定は、それぞれ清算人、代表清算人、清算人会又は清算人会設置会社に関する規定として清算人、代表清算人、清算人会又は清算人会設置会社に適用があるものとする。

第三款　財産目録等

第四九二条（**財産目録等の作成等**）① 清算人（清算人会設置会社にあっては、第四百八十九条第七項各号に掲げる清算人）は、その就任後遅滞なく、清算株式会社の財産の現況を調査

し、法務省令で定めるところにより、第四百七十五条各号に掲げる場合に該当することとなった日における財産目録及び貸借対照表（以下この条及び次条において「財産目録等」という。）を作成しなければならない。

② 清算人会設置会社においては、財産目録等は、清算人会の承認を受けなければならない。

③ 清算人は、財産目録等（前項の規定の適用がある場合にあっては、同項の承認を受けたもの）を株主総会に提出し、又は提供し、その承認を受けなければならない。

④ 清算株式会社は、財産目録等を作成した時からその本店の所在地における清算結了の登記の時までの間、当該財産目録等を保存しなければならない。

参❶【財産の現況の調査妨害に対する制裁→九七六〔五〕【財産目録等→四九三、四八七②〔二〕・五二一・五六二【虚偽記載に対する罰則→九七六〔七〕【省令の定め→会社則一四四・一四五 ❸【株主総会の承認→三〇九① ❹【清算結了の登記→九二九、商登七五

（財産目録等の提出命令）

第四九三条 裁判所は、申立てにより又は職権で、訴訟の当事者に対し、財産目録等の全部又は一部の提出を命ずることができる。

参＋【一般原則→民訴二一九・二二〇【不提出の効果→民訴二二四

（貸借対照表等の作成及び保存）

第四九四条① 清算株式会社は、法務省令で定めるところにより、各清算事務年度（第四百七十五条各号に掲げる場合に該当することとなった日の翌日又はその後毎年その日に応当する日（応当する日がない場合にあっては、その前日）から始まる各一年の期間をいう。）に係る貸借対照表及び事務報告並びにこれらの附属明細書を作成しなければならない。

② 前項の貸借対照表及び事務報告並びにこれらの附属明細書は、電磁的記録をもって作成することができる。

③ 清算株式会社は、第一項の貸借対照表を作成した時からその本店の所在地における清算結了の登記の時までの間、当該貸借対照表及びその附属明細書を保存しなければならない。

参❶【貸借対照表・事務報告・附属明細書→四九五①・四九七・四九八、四八七②〔二〕【虚偽記載に対する罰則→九七六〔七〕【省令の定め→会社則一四六・一四七 ❷【電磁的記録→二六② ❸【清算結了の登記→九二九、商登七五【貸借対照表等の保存→四九六

（貸借対照表等の監査等）

第四九五条① 監査役設置会社（監査役の監査の範囲を会計に関するものに限定する旨の定款の定めがある株式会社を含む。）においては、前条第一項の貸借対照表及び事務報告並びにこれらの附属明細書は、法務省令で定めるところにより、監査役の監査を受けなければならない。

② 清算人会設置会社においては、前条第一項の貸借対照表及び事務報告並びにこれらの附属明細書（前項の規定の適用がある場合にあっては、同項の監査を受けたもの）は、清算人会の承認を受けなければならない。

参❶【監査の範囲の限定→三八九①【省令の定め→会社則一四八

（貸借対照表等の備置き及び閲覧等）

第四九六条① 清算株式会社は、第四百九十四条第一項に規定する各清算事務年度に係る貸借対照表及び事務報告並びにこれらの附属明細書（前条第一項の規定の適用がある場合にあっては、監査報告を含む。以下この条において「貸借対照表等」という。）を、定時株主総会の日の一週間前の日（第三百十九条第一項の場合にあっては、同項の提案があった日）からその本店の所在地における清算結了の登記の時までの間、その本店に備え置かなければならない。

② 株主及び債権者は、清算株式会社の営業時間内は、いつでも、次に掲げる請求をすることができる。ただし、第二号又は第四号に掲げる請求をするには、当該清算株式会社の定めた費用を支払わなければならない。

一 貸借対照表等が書面をもって作成されているときは、当該書面の閲覧の請求

二 前号の書面の謄本又は抄本の交付の請求

三 貸借対照表等が電磁的記録をもって作成されているときは、当該電磁的記録に記録された事項を法務省令で定める方法により表示したものの閲覧の請求

四 前号の電磁的記録に記録された事項を電磁的方法であって清算株式会社の定めたものにより提供することの請求又はその事項を記載した書面の交付の請求

③ 清算株式会社の親会社社員は、その権利を行使するため必要があるときは、裁判所の許可を得て、当該清算株式会社の貸借対照表等について前項各号に掲げる請求をすることができる。ただし、同項第二号又は第四号に掲げる請求をするには、当該清算株式会社の定めた費用を支払わなければならない。

参❶【貸借対照表等の備置義務懈怠に対する制裁→九七六〔八〕【清算結了の登記→九二九、商登七五【本店→四参 ❷【株主・債権者の閲覧等請求不当拒否に対する制裁→九七六〔四〕 〔三〕【電磁的記録→二六②【省令で定める方法→会社則二二六 ❸【裁判所の許可→八六八②

（貸借対照表等の定時株主総会への提出等）

第四九七条① 次の各号に掲げる清算株式会社においては、清算人は、当該各号に定める貸借対照表及び事務報告を定時株主総会に提出し、又は提供しなければならない。

一 第四百九十五条第一項に規定する監査役設置会社（清算人会設置会社を除く。） 同項の監査を受けた貸借対照表及び事務報告

二 清算人会設置会社 第四百九十五条第二項の承認を受けた貸借対照表及び事務報告

三 前二号に掲げるもの以外の清算株式会社 第四百九十四条第一項の貸借対照表及び事務報告

② 前項の規定により提出され、又は提供された貸借対

照表は、定時株主総会の承認を受けなければならない。

③　清算人は、第一項の規定により提出され、又は提供された事務報告の内容を定時株主総会に報告しなければならない。

参❶【定時株主総会→二九六①　❷【株主総会の承認→三〇九①

（貸借対照表等の提出命令）

第四九八条　裁判所は、申立てにより又は職権で、訴訟の当事者に対し、第四百九十四条第一項の貸借対照表及びその附属明細書の全部又は一部の提出を命ずることができる。

参【一般原則→民訴二一九、二二〇【不提出の効果→民訴二二四

第四款　債務の弁済等

（債権者に対する公告等）

第四九九条①　清算株式会社は、第四百七十五条各号に掲げる場合に該当することとなった後、遅滞なく、当該清算株式会社の債権者に対し、一定の期間内にその債権を申し出るべき旨を官報に公告し、かつ、知れている債権者には、各別にこれを催告しなければならない。ただし、当該期間は、二箇月を下ることができない。

②　前項の規定による公告には、当該債権者が当該期間内に申出をしないときは清算から除斥される旨を付記しなければならない。

参【公告懈怠に対する制裁→九七六[三]　❶【債権申立期間→五〇〇①【不当な期間に対する制裁→九七六[二十八]【知れている債権者→五〇三①【債権申出催告→五〇〇　❷【除斥→五〇三

[1] **一　公告前の債権の主張**　商法四二一条〔本条〕の公告前に既に会社に対して債権を有することを主張していた者は、同条の公告に応じて重ねて債権の届出をする必要はなく、公告期間内に債権の届出がないことを理由にその者を清算から除外することはできない。（大阪高判昭36・9・14下民一二・九・二二八一）

二　債権の申出と時効の完成猶予〔平成二九法四四による民法改正前の時効中断〕

[2] 商法四二一条〔本条〕による公告に応じて債権者がする債権の申出は裁判外の請求であるから、それにより債権の時効は中断〔完成猶予〕される。（大判大6・10・13民録二三・一八一五）

[3] **三　知れている債権者に対する催告と債務の承認**　商法四二一条〔本条〕により会社の清算人が知れている債権者に対してする債権の申出の催告は、会社の負担する債務があることを認識してするものであるから、時効中断〔時効の更新〕の効力を生ずる債務の承認に当たる。（大判大4・4・30民録二一・六二五）

（債務の弁済の制限）

第五〇〇条①　清算株式会社は、前条第一項の期間内は、債務の弁済をすることができない。この場合において、清算株式会社は、その債務の不履行によって生じた責任を免れることができない。

②　前項の規定にかかわらず、清算株式会社は、前条第一項の期間内であっても、裁判所の許可を得て、少額の債権、清算株式会社の財産につき存する担保権によって担保される債権その他これを弁済しても他の債権者を害するおそれがない債権に係る債務について、その弁済をすることができる。この場合において、当該許可の申立ては、清算人が二人以上あるときは、その全員の同意によってしなければならない。

参【債務の弁済→四八一[三]、五〇一　❶【遅延による損害賠償責任→民四一二、四一九【本項違反の弁済に対する制裁→九七六[二十九]　❷【裁判所の許可→八六八①、八七四[四]

（条件付債権等に係る債務の弁済）

第五〇一条①　清算株式会社は、条件付債権、存続期間が不確定な債権その他その額が不確定な債権に係る債務を弁済することができる。この場合においては、これらの債権を評価させるため、裁判所に対し、鑑定人の選任の申立てをしなければならない。

②　前項の場合には、清算株式会社は、同項の鑑定人の評価に従い同項の債権に係る債務を弁済しなければならない。

③　第一項の鑑定人の選任の手続に関する費用は、清算株式会社の負担とする。当該鑑定人による鑑定のための呼出し及び質問に関する費用についても、同様とする。

参❶【条件→民一二七―一二九【債権の価額の鑑定→八六八①、八七四[一]　❶❷【類似の規定→民九三〇②、会更一三六①、破一〇三

（債務の弁済前における残余財産の分配の制限）

第五〇二条　清算株式会社は、当該清算株式会社の債務を弁済した後でなければ、その財産を株主に分配することができない。ただし、その存否又は額について争いのある債権に係る債務についてその弁済をするために必要と認められる財産を留保した場合は、この限りでない。

参【債務の弁済→五〇〇、五〇一【本条違反の分配に対する制裁→九七六[三十]

（清算からの除斥）

第五〇三条①　清算株式会社の債権者（知れている債権者を除く。）であって第四百九十九条第一項の期間内にその債権の申出をしなかったものは、清算から除斥される。

②　前項の規定により清算から除斥された債権者は、分配がされていない残余財産に対してのみ、弁済を請求することができる。

③　清算株式会社の残余財産を株主の一部に分配した場合には、当該株主の受けた分配と同一の割合の分配を当該株主以外の株主に対してするために必要な財産は、前項の残余財産から控除する。

参❶【除斥の旨の公告→四九九②【知れている債権者→四九九①　❷【同旨の規定→一般法人二三八②

[1] **債権申出催告期間内に申出をしなかった債権による相殺の可否**　債権申出催告期間内に申出をしなかった債権も、債権自体には何らの消長を来すものではないから、これを自働債

権とする相殺は可能である。（墨田簡判昭39・12・23下民一五・一二・三〇三九）

第五款　残余財産の分配

（残余財産の分配に関する事項の決定）

第五〇四条①　清算株式会社は、残余財産の分配をしようとするときは、清算人の決定（清算人会設置会社にあっては、清算人会の決議）によって、次に掲げる事項を定めなければならない。

一　残余財産の種類

二　株主に対する残余財産の割当てに関する事項

②　前項に規定する場合において、残余財産の分配について内容の異なる二以上の種類の株式を発行しているときは、清算株式会社は、当該種類の株式の内容に応じ、同項第二号に掲げる事項として、次に掲げる事項を定めることができる。

一　ある種類の株式の株主に対して残余財産の割当てをしないこととするときは、その旨及び当該株式の種類

二　前号に掲げる事項のほか、残余財産の割当てについて株式の種類ごとに異なる取扱いを行うこととするときは、その旨及び当該異なる取扱いの内容

③　第一項第二号に掲げる事項についての定めは、株主（当該清算株式会社及び前項第一号の種類の株式の株主を除く。）の有する株式の数（前項第二号に掲げる事項についての定めがある場合にあっては、各種類の株式の数）に応じて残余財産を割り当てることを内容とするものでなければならない。

参【残余財産の分配→四八一〔三〕　❶【一】【残余財産の種類→五〇五　【二】【株主に対する残余財産の割当て→一〇八①〔二〕②〔二〕・一〇九①②　❷【残余財産分配に関する種類株式→一〇八①〔二〕②〔二〕　❸【株主平等の原則→一〇九①

（残余財産が金銭以外の財産である場合）

第五〇五条①　株主は、残余財産が金銭以外の財産であるときは、金銭分配請求権（当該残余財産に代えて金銭を交付することを清算株式会社に対して請求する権利をいう。以下この条において同じ。）を有する。この場合において、清算株式会社は、清算人の決定（清算人会設置会社にあっては、清算人会の決議）によって、次に掲げる事項を定めなければならない。

一　金銭分配請求権を行使することができる期間

二　一定の数未満の数の株式を有する株主に対して残余財産の割当てをしないこととするときは、その旨及びその数

②　前項に規定する場合には、清算株式会社は、同項第一号の期間の末日の二十日前までに、株主に対し、同号に掲げる事項を通知しなければならない。

③　清算株式会社は、金銭分配請求権を行使した株主に対し、当該株主が割当てを受けた残余財産に代えて、当該残余財産の価額に相当する金銭を支払わなければならない。この場合においては、次の各号に掲げる場合の区分に応じ、当該各号に定める額をもって当該残余財産の価額とする。

一　当該残余財産が市場価格のある財産である場合　当該残余財産の市場価格として法務省令で定める方法により算定される額

二　前号に掲げる場合以外の場合　清算株式会社の申立てにより裁判所が定める額

参❶【金銭分配請求権→四五四④〔一〕　【二】【基準未満株式→五〇六　❷【株主への通知→一二六①　❸【残余財産の価額→五〇六　【一】【省令で定める方法→会社則一四九　【二】【裁判所→八六八①・八七〇①〔五〕

（基準株式数を定めた場合の処理）

第五〇六条　前条第一項第二号の数（以下この条において「基準株式数」という。）を定めた場合には、清算株式会社は、基準株式数に満たない数の株式（以下この条において「基準未満株式」という。）を有する株主に対し、前条第三項後段の規定の例により基準株式数の株式を有する株主が割当てを受けた残余財産の価額として定めた額に当該基準未満株式の数の基準株式数に対する割合を乗じて得た額に相当する金銭を支払わなければならない。

参【株主の陳述の聴取→八七〇①〔六〕

第六款　清算事務の終了等

第五〇七条①　清算株式会社は、清算事務が終了したときは、遅滞なく、法務省令で定めるところにより、決算報告を作成しなければならない。

②　清算人会設置会社においては、決算報告は、清算人会の承認を受けなければならない。

③　清算人は、決算報告（前項の規定の適用がある場合にあっては、同項の承認を受けたもの）を株主総会に提出し、又は提供し、その承認を受けなければならない。

④　前項の承認があったときは、任務を怠ったことによる清算人の損害賠償の責任は、免除されたものとみなす。ただし、清算人の職務の執行に関し不正の行為があったときは、この限りでない。

参❶【清算事務→四八一　【清算事務の終了→四九二④　【決算報告虚偽記載等に対する制裁→九七六〔七〕　【省令の定め→会社則一五〇　❸【株主総会の承認→三〇九①・九二九〔一〕、商登七五　❹【清算人の責任解除→四八六

総会による決算報告書の承認と法人格消滅の時期

〔1〕　清算の結了により法人格が消滅したといえるためには、商法四三〇条一項・一二四条〔会社四八一条〕所定の清算事務が終了しただけでは足りず、清算人が決算報告書を作成して株主総会に提出し、その承認を得ることを要し、この手続が完了しない限り、清算結了により法人格が消滅したということはできない。（最判昭59・2・24刑集三八・四・一二八七）

第七款　帳簿資料の保存

第五〇八条①　清算人（清算人会設置会社にあっては、第四百八十九条第七項各号に掲げる清算人）は、清算株式会社の本店の所在地における清算結了の登記の時から十年間、清算株式会社の帳簿並びにその事業及び

清算に関する重要な資料（以下この条において「帳簿資料」という。）を保存しなければならない。

② 裁判所は、利害関係人の申立てにより、前項の清算人に代わって帳簿資料を保存する者を選任することができる。この場合においては、同項の規定は、適用しない。

③ 前項の規定により選任された者は、清算株式会社の本店の所在地における清算結了の登記の時から十年間、帳簿資料を保存しなければならない。

④ 第二項の規定による選任の手続に関する費用は、清算株式会社の負担とする。

§❶❸【本店↓四 §【清算結了の登記↓九二九㈢【帳簿資料の保存↓四三二② ❷【裁判所↓八六八①

7 **清算結了後の株式会社の利害関係人による帳簿・重要資料の閲覧・謄写請求の可否**
清算結了後の株式会社の帳簿・重要資料の閲覧又は謄写の請求について規定がなく、これらの資料の中には、清算結了後においても秘匿することを要する情報が記載された資料が存在し得ることに鑑みると、清算結了後の株式会社の帳簿・重要資料の閲覧又は謄写の請求は認められていないものと解するのが相当であり、清算の結了した株式会社の利害関係人は、保存者に対し帳簿・重要資料の閲覧又は謄写を請求することはできない。（最判平16・10・4民集五八・七・一七七一）

第八款　適用除外等

第五〇九条① 次に掲げる規定は、清算株式会社については、適用しない。

一 第百五十五条

二 第五章第二節第二款（第四百三十五条第四項、第四百四十条第三項、第四百四十二条及び第四百四十三条を除く。）及び第三款並びに第三節から第五節まで

三 第五編第四章及び第四章の二並びに同編第五章中株式交換、株式移転及び株式交付の手続に係る部分

② 第二章第四節の二の規定は、対象会社が清算株式会社である場合には、適用しない。

③ 清算株式会社は、無償で取得する場合その他法務省令で定める場合に限り、当該清算株式会社の株式を取得することができる。

§❸【自己株式の取得↓一五五【省令で定める場合↓会社則一五一

第二節　特別清算

第一款　特別清算の開始

（特別清算開始の原因）

第五一〇条 裁判所は、清算株式会社に次に掲げる事由があると認めるときは、第五百十四条の規定に基づき、申立てにより、当該清算株式会社に対し特別清算の開始を命ずる。

一 清算の遂行に著しい支障を来すべき事情があること。

二 債務超過（清算株式会社の財産がその債務を完済するのに足りない状態をいう。次条第二項において同じ。）の疑いがあること。

§+【特別清算開始命令↓五一四―五一六、五一七①㈡、五一八①㈡、五四〇①、五六二、八六八①、八七九、八八〇、八九〇、九三八①㈡【申立て↓五一一 § [二]【債務超過↓破一六、民再二一、会更一七①

（特別清算開始の申立て）

第五一一条① 債権者、清算人、監査役又は株主は、特別清算開始の申立てをすることができる。

② 清算株式会社に債務超過の疑いがあるときは、清算人は、特別清算開始の申立てをしなければならない。

§❶【特別清算開始の申立て↓五一二、五一七①㈣、五一八①㈣、五四〇②、八六八①、八七九、八八八【申立ての取下げ↓五一三【株主等の権利の行使に関する贈収賄罪↓九六八①㈡【破産手続との関係↓五七四③㈡ ❷【清算人の特別清算申立義務違反に対する制裁↓九七六[二十七]

7 **協定成立の見込みがない場合と特別清算の申立て**
会社の多数の債権者が、特別清算開始に反対し、破産手続による厳格な清算を望んでおり、現に有力債権者から破産宣告［破産手続開始決定］の申立てがなされており、商法四四八条、四五〇条［会社五六五条、五六七条］による協定成立の見込みがないときは、特別清算開始の申立てはその必要性を欠くから却下される。（横浜地決昭38・4・22下民一四・四・六五六）

（他の手続の中止命令等）

第五一二条① 裁判所は、特別清算開始の申立てがあった場合において、必要があると認めるときは、債権者、清算人、監査役若しくは株主の申立てにより又は職権で、特別清算開始の申立てにつき決定があるまでの間、次に掲げる手続又は処分の中止を命ずることができる。ただし、第一号に掲げる破産手続については破産手続開始の決定がされていない場合に限り、第二号に掲げる手続又は第三号に掲げる処分についてはその手続の申立人である債権者又はその処分を行う者に不当な損害を及ぼすおそれがない場合に限る。

一 清算株式会社についての破産手続

二 清算株式会社の財産に対して既にされている強制執行、仮差押え又は仮処分の手続（一般の先取特権その他一般の優先権がある債権に基づくものを除く。）

三 清算株式会社の財産に対して既にされている共助対象外国租税（租税条約等の実施に伴う所得税法、法人税法及び地方税法の特例等に関する法律（昭和四十四年法律第四十六号。第五百十八条の二及び第五百七十一条第四項において「租税条約等実施特例法」という。）第十一条第一項に規定する共助対象外国租税をいう。以下同じ。）の請求権に基づき国税滞納処分の例によってする処分（第五百十五条第一項において「外国租税滞納処分」という。）

② 特別清算開始の申立てを却下する決定に対して第八百九十条第五項の即時抗告がされたときも、前項と同様とする。

§❶【特別清算開始の申立て↓五一一 §【他の手続の中止命令↓八八九、五一三【破産手続開始の決定↓破三〇 [三]【一般の先取

会社

特権→民三〇六⊛

（特別清算開始の申立ての取下げの制限）

第五一三条　特別清算開始の申立てをした者は、特別清算開始の命令前に限り、当該申立てを取り下げることができる。この場合において、前条の規定による中止の命令、第五百四十条第二項の規定による保全処分又は第五百四十一条第二項の規定による処分がされた後は、裁判所の許可を得なければならない。

⊛【申立権者→五一一①【裁判所の許可→八八一、八七四四

（特別清算開始の命令）

第五一四条　裁判所は、特別清算開始の申立てがあった場合において、特別清算開始の原因となる事由があると認めるときは、次のいずれかに該当する場合を除き、特別清算開始の命令をする。

一　特別清算の手続の費用の予納がないとき。

二　特別清算によっても清算を結了する見込みがないことが明らかであるとき。

三　特別清算によることが債権者の一般の利益に反することが明らかであるとき。

四　不当な目的で特別清算開始の申立てがされたとき、その他申立てが誠実にされたものでないとき。

⊛【特別清算開始の原因となる事由→五一〇【特別清算開始命令→五一〇⊛　【二】【手続の費用→八八八③、八九〇③　【三】【特別清算の結了→五七三三

（他の手続の中止等）

第五一五条①　特別清算開始の命令があったときは、破産手続開始の申立て、清算株式会社の財産に対する強制執行、仮差押え、仮処分若しくは外国租税滞納処分又は財産開示手続（民事執行法（昭和五十四年法律第四号）第百九十七条第一項の申立てによるものに限る。以下この項において同じ。）若しくは第三者からの情報取得手続（同法第二百五条第一項第一号、第二百六条第一項又は第二百七条第一項の申立てによるものに限る。以下この項において同じ。）の申立てはすることができず、破産手続（破産手続開始の決定がされていないものに限る。）、清算株式会社の財産に対して既にされている強制執行、仮差押え及び仮処分の手続並びに外国租税滞納処分並びに財産開示手続及び第三者からの情報取得手続は中止する。ただし、一般の先取特権その他一般の優先権がある債権に基づく強制執行、仮差押え、仮処分又は財産開示手続若しくは第三者からの情報取得手続については、この限りでない。

②　特別清算開始の命令が確定したときは、前項の規定により中止した手続又は処分は、特別清算の手続の関係においては、その効力を失う。

③　特別清算開始の命令があったときは、清算株式会社の債権者の債権（一般の先取特権その他一般の優先権がある債権、特別清算の手続のために清算株式会社に対して生じた債権及び特別清算の手続に関する清算株式会社に対する費用請求権を除く。以下この節において「協定債権」という。）については、第九百三十八条第一項第二号又は第三号に規定する特別清算開始の取消しの登記又は特別清算終結の登記の日から二箇月を経過する日までの間は、時効は、完成しない。

⊛❶【特別清算開始命令→五一〇⊛【破産手続開始の申立て→破一九　❶❸【一般の先取特権→民三〇六⊛　❸【協定債権→五三七①、五六三―五七二【一般の優先権がある債権等の取扱い→五四九④、五五九三、五六六三

（担保権の実行の手続等の中止命令）

第五一六条　裁判所は、特別清算開始の命令があった場合において、債権者の一般の利益に適合し、かつ、担保権の実行の手続等（清算株式会社の財産につき存する担保権の実行の手続、企業担保権の実行の手続又は清算株式会社の財産に対して既にされている一般の先取特権その他一般の優先権がある債権に基づく強制執行の手続をいう。以下この条において同じ。）の申立人に不当な損害を及ぼすおそれがないものと認めるときは、清算人、監査役、債権者若しくは株主の申立てにより又は職権で、相当の期間を定めて、担保権の実行の手続等の中止を命ずることができる。

⊛【特別清算開始命令→五一〇⊛【一般の先取特権→民三〇六⊛【担保権の実行の手続等の中止命令→八九一

（相殺の禁止）

第五一七条①　協定債権を有する債権者（以下この節において「協定債権者」という。）は、次に掲げる場合には、相殺をすることができない。

一　特別清算開始後に清算株式会社に対して債務を負担したとき。

二　支払不能（清算株式会社が、支払能力を欠くために、その債務のうち弁済期にあるものにつき、一般的かつ継続的に弁済することができない状態をいう。以下この款において同じ。）になった後に契約によって負担する債務を専ら協定債権をもってする相殺に供する目的で清算株式会社の財産の処分を内容とする契約を清算株式会社との間で締結し、又は清算株式会社に対して債務を負担する者の債務を引き受けることを内容とする契約を締結することにより清算株式会社に対して債務を負担した場合であって、当該契約の締結の当時、支払不能であったことを知っていたとき。

三　支払の停止があった後に清算株式会社に対して債務を負担した場合であって、その負担の当時、支払の停止があったことを知っていたとき。ただし、当該支払の停止があった時において支払不能でなかったときは、この限りでない。

四　特別清算開始の申立てがあった後に清算株式会社に対して債務を負担した場合であって、その負担の当時、特別清算開始の申立てがあったことを知っていたとき。

②　前項第二号から第四号までの規定は、これらの規定に規定する債務の負担が次に掲げる原因のいずれかに基づく場合には、適用しない。

一　法定の原因

二　支払不能であったこと又は支払の停止若しくは特別清算開始の申立てがあったことを協定債権者が知った時より前に生じた原因

三 特別清算開始の申立てがあった時より一年以上前に生じた原因

❶【協定債権↓五一五③【協定債権者↓五三七①、五六三―五七二【二】【特別清算の開始↓八九〇②

第五一八条① 清算株式会社に対して債務を負担する者は、次に掲げる場合には、相殺をすることができない。

一 特別清算開始後に他人の協定債権を取得したとき。

二 支払不能になった後に協定債権を取得した場合であって、その取得の当時、支払不能であったことを知っていたとき。

三 支払の停止があった後に協定債権を取得した場合であって、その取得の当時、支払の停止があったことを知っていたとき。ただし、当該支払の停止があった時において支払不能でなかったときは、この限りでない。

四 特別清算開始の申立てがあった後に協定債権を取得した場合であって、その取得の当時、特別清算開始の申立てがあったことを知っていたとき。

② 前項第二号から第四号までの規定は、これらの規定に規定する協定債権の取得が次に掲げる原因のいずれかに基づく場合には、適用しない。

一 法定の原因

二 支払不能であったこと又は支払の停止若しくは特別清算開始の申立てがあったことを清算株式会社に対して債務を負担する者が知った時より前に生じた原因

三 特別清算開始の申立てがあった時より一年以上前に生じた原因

四 清算株式会社に対して債務を負担する者と清算株式会社との間の契約

【協定債権↓五一五③ ❶【二】【特別清算の開始↓八九〇②【二】【支払不能↓五一七①二

（共助対象外国租税債権者の手続参加）

第五一八条の二 協定債権者は、共助対象外国租税の請求権をもって特別清算の手続に参加するには、租税条約等実施特例法第十一条第一項に規定する共助実施決定を得なければならない。

第二款 裁判所による監督及び調査

（裁判所による監督）

第五一九条① 特別清算開始の命令があったときは、清算株式会社の清算は、裁判所の監督に属する。

② 裁判所は、必要があると認めるときは、清算株式会社の業務を監督する官庁に対し、当該清算株式会社の特別清算の手続について意見の陳述を求め、又は調査を嘱託することができる。

③ 前項の官庁は、裁判所に対し、当該清算株式会社の特別清算の手続について意見を述べることができる。

【裁判所↓八六八①、八七九、五二〇、五二二、五二四、五二七、五二八、五三五―五四五、五五二①、五六八、五七三 ❶【特別清算開始命令↓五一〇

（裁判所による調査）

第五二〇条 裁判所は、いつでも、清算株式会社に対し、清算事務及び財産の状況の報告を命じ、その他清算の監督上必要な調査をすることができる。

【清算事務↓四八一【調査↓五一九②、五二二

（裁判所への財産目録等の提出）

第五二一条 特別清算開始の命令があった場合には、清算株式会社は、第四百九十二条第三項の承認があった後遅滞なく、財産目録等（同項に規定する財産目録等をいう。以下この条において同じ。）を裁判所に提出しなければならない。ただし、財産目録等が電磁的記録をもって作成されているときは、当該電磁的記録に記録された事項を記載した書面を裁判所に提出しなければならない。

【財産目録等↓八八六、八八七【電磁的記録↓二六②

（調査命令）

第五二二条① 裁判所は、特別清算開始後において、清算株式会社の財産の状況を考慮して必要があると認めるときは、清算人、監査役、債権の申出をした債権者その他清算株式会社に知れている債権者の債権の総額の十分の一以上に当たる債権を有する債権者若しくは総株主（株主総会において決議をすることができる事項の全部につき議決権を行使することができない株主を除く。）の議決権の百分の三（これを下回る割合を定款で定めた場合にあっては、その割合）以上の議決権を六箇月（これを下回る期間を定款で定めた場合にあっては、その期間）前から引き続き有する株主若しくは発行済株式（自己株式を除く。）の百分の三（これを下回る割合を定款で定めた場合にあっては、その割合）以上の数の株式を六箇月（これを下回る期間を定款で定めた場合にあっては、その期間）前から引き続き有する株主の申立てにより又は職権で、次に掲げる事項について、調査委員による調査を命ずる処分（第五百三十三条において「調査命令」という。）をすることができる。

一 特別清算開始に至った事情

二 清算株式会社の業務及び財産の状況

三 第五百四十条第一項の規定による保全処分をする必要があるかどうか。

四 第五百四十二条第一項の規定による保全処分をする必要があるかどうか。

五 第五百四十五条第一項に規定する役員等責任査定決定をする必要があるかどうか。

六 その他特別清算に必要な事項で裁判所の指定するもの

② 清算株式会社の財産につき担保権（特別の先取特権、質権、抵当権又はこの法律若しくは商法の規定による留置権に限る。）を有する債権者がその担保権の行使によって弁済を受けることができる債権の額は、前項の債権の額に算入しない。

③ 公開会社でない清算株式会社における第一項の規定の適用については、同項中「六箇月（これを下回る期間を定款で定めた場合にあっては、その期間）前から

引き続き有する」とあるのは、「有する」とする。

参❶【議決権を行使することができない株主↓二九七③参【調査委員↓五三三【調査命令↓八九二 ❷【本項の担保権↓五三八②、五四七②、五四八④、五五九㈢、五六四①、五六六㈢【特別の先取特権↓民三二一参、三二五参【商法の規定による留置権↓商五二一参

第三款　清算人

（清算人の公平誠実義務）

第五二三条　特別清算が開始された場合には、清算人は、債権者、清算株式会社及び株主に対し、公平かつ誠実に清算事務を行う義務を負う。

参＊【清算人↓四七七参、五二四―五二六、八九三④

（清算人の解任等）

第五二四条①　裁判所は、清算人が清算事務を適切に行っていないとき、その他重要な事由があるときは、債権者若しくは株主の申立てにより又は職権で、清算人を解任することができる。

②　清算人が欠けたときは、裁判所は、清算人を選任する。

③　清算人がある場合においても、裁判所は、必要があると認めるときは、更に清算人を選任することができる。

参❶【解任↓八八二①、八九三①―③、九三八②㈣ ❷❸【裁判所による選任↓九二八③、商登七三③

（清算人代理）

第五二五条①　清算人は、必要があるときは、その職務を行わせるため、自己の責任で一人又は二人以上の清算人代理を選任することができる。

②　前項の清算人代理の選任については、裁判所の許可を得なければならない。

参❶【清算人代理↓五二六② ❷【裁判所の許可↓八八一、八七四㈣

（清算人の報酬等）

第五二六条①　清算人は、費用の前払及び裁判所が定める報酬を受けることができる。

②　前項の規定は、清算人代理について準用する。

参＊【費用の前払・報酬の決定↓八九三④、八八二①

第四款　監督委員

（監督委員の選任等）

第五二七条①　裁判所は、一人又は二人以上の監督委員を選任し、当該監督委員に対し、第五百三十五条第一項の許可に代わる同意をする権限を付与することができる。

②　法人は、監督委員となることができる。

参❶【監督委員↓五二八―五三二【監督委員の同意↓五三五③

（監督委員に対する監督等）

第五二八条①　監督委員は、裁判所が監督する。

②　裁判所は、監督委員が清算株式会社の業務及び財産の管理の監督を適切に行っていないとき、その他重要な事由があるときは、利害関係人の申立てにより又は職権で、監督委員を解任することができる。

参❷【解任↓八九四①

（二人以上の監督委員の職務執行）

第五二九条　監督委員が二人以上あるときは、共同してその職務を行う。ただし、裁判所の許可を得て、それぞれ単独にその職務を行い、又は職務を分掌することができる。

参＊【裁判所の許可↓八八一、八七四㈣

（監督委員による調査等）

第五三〇条①　監督委員は、いつでも、清算株式会社の清算人及び監査役並びに支配人その他の使用人に対し、事業の報告を求め、又は清算株式会社の業務及び財産の状況を調査することができる。

②　監督委員は、その職務を行うため必要があるときは、清算株式会社の子会社に対し、事業の報告を求め、又はその子会社の業務及び財産の状況を調査することができる。

参❶【支配人その他の使用人↓一〇―一三、一四、一五

（監督委員の注意義務）

第五三一条①　監督委員は、善良な管理者の注意をもって、その職務を行わなければならない。

②　監督委員が前項の注意を怠ったときは、その監督委員は、利害関係人に対し、連帯して損害を賠償する責任を負う。

参❶【善管注意義務↓民六四四

（監督委員の報酬等）

第五三二条①　監督委員は、費用の前払及び裁判所が定める報酬を受けることができる。

②　監督委員は、その選任後、清算株式会社の株式を譲り受け、又は清算株式会社に対する債権を譲り受け、又は譲り渡すには、裁判所の許可を得なければならない。

③　監督委員は、前項の許可を得ないで同項に規定する行為をしたときは、費用及び報酬の支払を受けることができない。

参❶【費用の前払・報酬の決定↓八九四②、八八二① ❷【裁判所の許可↓八八一、八七四㈣

第五款　調査委員

（調査委員の選任等）

第五三三条　裁判所は、調査命令をする場合には、当該調査命令において、一人又は二人以上の調査委員を選任し、調査委員が調査すべき事項及び裁判所に対して調査の結果の報告をすべき期間を定めなければならない。

参＊【調査命令↓五二二①

（監督委員に関する規定の準用）

第五三四条　前款（第五百二十七条第一項及び第五百二十九条ただし書を除く。）〈監督委員〉の規定は、調査委員について準用する。

参＊【調査委員↓八九四、八九五

第六款　清算株式会社の行為の制限等

（清算株式会社の行為の制限）

第五三五条①　特別清算開始の命令があった場合には、清算株式会社が次に掲げる行為をするには、裁判所の許可を得なければならない。ただし、第五百二十七条第一項の規定により監督委員が選任されているときは、これに代わる監督委員の同意を得なければならない。

一　財産の処分（次条第一項各号に掲げる行為を除く。）

二　借財

三　訴えの提起

四　和解又は仲裁合意（仲裁法（平成十五年法律第百三十八号）第二条第一項に規定する仲裁合意をいう。）

五　権利の放棄

六　その他裁判所の指定する行為

②　前項の規定にかかわらず、同項第一号から第五号までに掲げる行為については、次に掲げる場合には、同項の許可を要しない。

一　最高裁判所規則で定める額以下の価額を有するものに関するとき。

二　前号に掲げるもののほか、裁判所が前項の許可を要しないものとしたものに関するとき。

③　第一項の許可又はこれに代わる監督委員の同意を得ないでした行為は、無効とする。ただし、これをもって善意の第三者に対抗することができない。

❶【裁判所の許可→八八一・八七四四】【違反に対する制裁→九七六三十一】【二】【適用除外→五三八①　❷【二】【最高裁判所規則→八七六

（事業の譲渡の制限等）

第五三六条①　特別清算開始の命令があった場合には、清算株式会社が次に掲げる行為をするには、裁判所の許可を得なければならない。

一　事業の全部の譲渡

二　事業の重要な一部の譲渡（当該譲渡により譲り渡す資産の帳簿価額が当該清算株式会社の総資産額として法務省令で定める方法により算定される額の五分の一（これを下回る割合を定款で定めた場合にあっては、その割合）を超えないものを除く。）

三　その子会社の株式又は持分の全部又は一部の譲渡（次のいずれにも該当する場合における譲渡に限る。）

イ　当該譲渡により譲り渡す株式又は持分の帳簿価額が当該清算株式会社の総資産額として法務省令で定める方法により算定される額の五分の一（これを下回る割合を定款で定めた場合にあっては、その割合）を超えるとき。

ロ　当該清算株式会社が、当該譲渡がその効力を生ずる日において当該子会社の議決権の総数の過半数の議決権を有しないとき。

②　前条第三項の規定は、前項の許可を得ないでした行為について準用する。

③　第七章（第四百六十七条第一項第五号を除く。）の規定は、特別清算の場合には、適用しない。

❶【裁判所の許可→八八一・八九六、八七四四】【違反に対する制裁→九七六三十一】【特別清算以外の場合→四六七①】【二】【三】【省令で定める方法→会社則一五二

（債務の弁済の制限）

第五三七条①　特別清算開始の命令があった場合には、清算株式会社は、協定債権者に対して、その債権額の割合に応じて弁済をしなければならない。

②　前項の規定にかかわらず、清算株式会社は、裁判所の許可を得て、少額の協定債権、清算株式会社の財産につき存する担保権によって担保される協定債権その他これを弁済しても他の債権者を害するおそれがない協定債権に係る債務について、債権額の割合を超えて弁済をすることができる。

❶【協定債権者→五一七①】【違反に対する制裁→九七六二十九】　❷【裁判所の許可→八八一・八七四四】【協定債権→五一五③】【少額の協定債権の取扱い→五六五

（換価の方法）

第五三八条①　清算株式会社は、民事執行法その他強制執行の手続に関する法令の規定により、その財産の換価をすることができる。この場合においては、第五百三十五条第一項第一号の規定は、適用しない。

②　清算株式会社は、民事執行法その他強制執行の手続に関する法令の規定により、第五百二十二条第二項に規定する担保権（以下この条及び次条において単に「担保権」という。）の目的である財産の換価をすることができる。この場合においては、当該担保権を有する者（以下この条及び次条において「担保権者」という。）は、その換価を拒むことができない。

③　前二項の場合には、民事執行法第六十三条及び第百二十九条（これらの規定を同法その他強制執行の手続に関する法令において準用する場合を含む。）の規定は、適用しない。

④　第二項の場合において、担保権者が受けるべき金額がまだ確定していないときは、清算株式会社は、代金を別に寄託しなければならない。この場合においては、担保権は、寄託された代金につき存する。

❶―❸【民事執行法その他強制執行の手続→民執一九五　❹【寄託→民四九五

（担保権者が処分をすべき期間の指定）

第五三九条①　担保権者が法律に定められた方法によらないで担保権の目的である財産の処分をする権利を有するときは、裁判所は、清算株式会社の申立てにより、担保権者がその処分をすべき期間を定めることができる。

②　担保権者は、前項の期間内に処分をしないときは、同項の権利を失う。

❶【法律に定められた方法→民執一八〇―一九五】【法定でない方法→商五一五】【即時抗告→八九七、八八四

第七款　清算の監督上必要な処分等

（清算株式会社の財産に関する保全処分）

第五四〇条① 裁判所は、特別清算開始の命令があった場合において、清算の監督上必要があると認めるときは、債権者、清算人、監査役若しくは株主の申立てにより又は職権で、清算株式会社の財産に関し、その財産の処分禁止の仮処分その他の必要な保全処分を命ずることができる。

② 裁判所は、特別清算開始の申立てがあった時から当該申立てについての決定があるまでの間においても、必要があると認めるときは、債権者、清算人、監査役若しくは株主の申立てにより又は職権で、前項の規定による保全処分をすることができる。特別清算開始の申立てを却下する決定に対して第八百九十条第五項の即時抗告がされたときも、同様とする。

③ 裁判所が前二項の規定により清算株式会社が債権者に対して弁済その他の債務を消滅させる行為をすることを禁止する旨の保全処分を命じた場合には、債権者は、特別清算の関係においては、当該保全処分に反してされた弁済その他の債務を消滅させる行為の効力を主張することができない。ただし、債権者が、その行為の当時、当該保全処分がされたことを知っていたときに限る。

❶【財産の保全処分→五二二①[三]　❶❷【保全処分命令→八九八①[三]②—④、九三八③[二]④⑤【命令違反に対する制裁→九七六[三十二]　❷【特別清算開始命令前の保全処分→五一三

（株主名簿の記載等の禁止）

第五四一条① 裁判所は、特別清算開始の命令があった場合において、清算の監督上必要があると認めるときは、債権者、清算人、監査役若しくは株主の申立てにより又は職権で、清算株式会社が株主名簿記載事項を株主名簿に記載し、又は記録することを禁止することができる。

② 裁判所は、特別清算開始の申立てがあった時から当該申立てについての決定があるまでの間においても、必要があると認めるときは、債権者、清算人、監査役若しくは株主の申立てにより又は職権で、前項の規定による処分をすることができる。特別清算開始の申立てを却下する決定に対して第八百九十条第五項の即時抗告がされたときも、同様とする。

＋【株主名簿記載事項→一二一、一三〇、一四七【本条の処分→八九八①[三]②—⑤、八八五　❷【特別清算開始命令前の処分→五一三

（役員等の財産に対する保全処分）

第五四二条① 裁判所は、特別清算開始の命令があった場合において、清算の監督上必要があると認めるときは、清算株式会社の申立てにより又は職権で、発起人、設立時取締役、設立時監査役、第四百二十三条第一項に規定する役員等又は清算人（以下この款において「対象役員等」という。）の責任に基づく損害賠償請求権につき、当該対象役員等の財産に対する保全処分をすることができる。

② 裁判所は、特別清算開始の申立てがあった時から当該申立てについての決定があるまでの間においても、緊急の必要があると認めるときは、清算株式会社の申立てにより又は職権で、前項の規定による保全処分をすることができる。特別清算開始の申立てを却下する決定に対して第八百九十条第五項の即時抗告がされたときも、同様とする。

❶【対象役員等の財産の保全処分→五二二①[四]　＋【本条の保全処分→八九八①[三]②—④、九三八③[二]④⑤【違反に対する制裁→九七六[三十二]

（役員等の責任の免除の禁止）

第五四三条 裁判所は、特別清算開始の命令があった場合において、清算の監督上必要があると認めるときは、債権者、清算人、監査役若しくは株主の申立てにより又は職権で、対象役員等の責任の免除の禁止の処分をすることができる。

＋【対象役員等の責任の免除→五五、四二四—四二六【本条の処分→八九八

（役員等の責任の免除の取消し）

第五四四条① 特別清算開始の命令があったときは、清算株式会社は、特別清算開始の申立てがあった後又はその前一年以内にした対象役員等の責任の免除を取り消すことができる。不正の目的によってした対象役員等の責任の免除についても、同様とする。

② 前項の規定による取消権は、訴え又は抗弁によって、行使する。

③ 第一項の規定による取消権は、特別清算開始の命令があった日から二年を経過したときは、行使することができない。当該対象役員等の責任の免除の日から二十年を経過したときも、同様とする。

❶【対象役員等の責任の免除→五五、四二四—四二六　❷【訴え→八五七

（役員等責任査定決定）

第五四五条① 裁判所は、特別清算開始の命令があった場合において、必要があると認めるときは、清算株式会社の申立てにより又は職権で、対象役員等の責任に基づく損害賠償請求権の査定の裁判（以下この条において「役員等責任査定決定」という。）をすることができる。

② 裁判所は、職権で役員等責任査定決定の手続を開始する場合には、その旨の決定をしなければならない。

③ 第一項の申立て又は前項の決定があったときは、時効の完成猶予及び更新に関しては、裁判上の請求があったものとみなす。

④ 役員等責任査定決定の手続（役員等責任査定決定があった後のものを除く。）は、特別清算が終了したときは、終了する。

❶【役員等責任査定決定→八九九【決定に対する異議の訴え→八五八【類似の制度→破一七八—一八一　❸【時効の完成猶予→民一四七[二]　❹【特別清算の終了→五七三

第八款　債権者集会

（債権者集会の招集）

第五四六条① 債権者集会は、特別清算の実行上必要がある場合には、いつでも、招集することができる。

② 債権者集会は、次条第三項の規定により招集する場合を除き、清算株式会社が招集する。

+【債権者集会→五四七―五五一・五五三―五五八、五六二、五六三、五六七【権利の行使に関する贈収賄罪→九六八①㈡

第五四七条（債権者による招集の請求）① 債権の申出をした協定債権者その他清算株式会社に知れている協定債権者の協定債権の総額の十分の一以上に当たる協定債権を有する協定債権者は、清算株式会社に対し、債権者集会の目的である事項及び招集の理由を示して、債権者集会の招集を請求することができる。

② 清算株式会社の財産につき第五百二十二条第二項に規定する担保権を有する協定債権者がその担保権の行使によって弁済を受けることができる協定債権の額は、前項の協定債権の額に算入しない。

③ 次に掲げる場合には、第一項の規定による請求をした協定債権者は、裁判所の許可を得て、債権者集会を招集することができる。

一 第一項の規定による請求の後遅滞なく招集の手続が行われない場合

二 第一項の規定による請求があった日から六週間以内の日を債権者集会の日とする債権者集会の招集の通知が発せられない場合

❶【債権の申出↓四九九【協定債権者↓五一七①　❸【裁判所の許可↓九〇〇、八八四、八七四㈣

第五四八条（債権者集会の招集等の決定）① 債権者集会を招集する者（以下この款において「招集者」という。）は、債権者集会を招集する場合には、次に掲げる事項を定めなければならない。

一 債権者集会の日時及び場所

二 債権者集会の目的である事項

三 債権者集会に出席しない協定債権者が電磁的方法によって議決権を行使することができることとするときは、その旨

四 前三号に掲げるもののほか、法務省令で定める事項

② 清算株式会社が債権者集会を招集する場合には、当該清算株式会社は、各協定債権について債権者集会における議決権の行使の許否及びその額を定めなければならない。

③ 清算株式会社以外の者が債権者集会を招集する場合には、その招集者は、清算株式会社に対し、前項に規定する事項を定めることを請求しなければならない。この場合において、その請求があったときは、清算株式会社は、同項に規定する事項を定めなければならない。

④ 清算株式会社の財産につき第五百二十二条第二項に規定する担保権を有する協定債権者は、その担保権の行使によって弁済を受けることができる協定債権の額については、議決権を有しない。

⑤ 協定債権者は、共助対象外国租税の請求権については、議決権を有しない。

❶【招集通知への記載↓五四九③【裁判所への届出↓五五二②㈢【目的事項↓五五四③　㈢【電磁的方法による議決権行使↓五五一①、五五七【省令で定める事項↓会社則一五三　❷❸【議決権↓五五四①㈢、五五〇①、五五二②、五五三　+【適用除外↓五六〇

第五四九条（債権者集会の招集の通知）① 債権者集会を招集するには、招集者は、債権者集会の日の二週間前までに、債権の申出をした協定債権者その他清算株式会社に知れている協定債権者及び清算株式会社に対して、書面をもってその通知を発しなければならない。

② 招集者は、前項の書面による通知の発出に代えて、政令で定めるところにより、同項の通知を受けるべき者の承諾を得て、電磁的方法により通知を発することができる。この場合において、当該招集者は、同項の書面による通知を発したものとみなす。

③ 前二項の通知には、前条第一項各号に掲げる事項を記載し、又は記録しなければならない。

④ 前三項の規定は、債権の申出をした債権者その他清算株式会社に知れている債権者であって一般の先取特権その他一般の優先権がある債権、特別清算の手続のために清算株式会社に対して生じた債権又は特別清算の手続に関する清算株式会社に対する費用請求権を有するものについて準用する。

❶【通知↓五五〇①　❷【電磁的方法による通知↓五五〇②、五五一①【本項による承諾をしていない協定債権者による請求↓五五一②【本項による承諾をした協定債権者との関係↓五五五④、五五七②　+【適用除外↓五六〇

第五五〇条（債権者集会参考書類及び議決権行使書面の交付等）① 招集者は、前条第一項の通知に際しては、法務省令で定めるところにより、債権の申出をした協定債権者その他清算株式会社に知れている協定債権者に対し、当該協定債権者が有する協定債権について第五百四十八条第二項又は第三項の規定により定められた事項及び議決権の行使について参考となるべき事項を記載した書類（次項において「債権者集会参考書類」という。）並びに協定債権者が議決権を行使するための書面（以下この款において「議決権行使書面」という。）を交付しなければならない。

② 招集者は、前条第二項の承諾をした協定債権者に対し同項の電磁的方法による通知を発するときは、前項の規定による債権者集会参考書類及び議決権行使書面の交付に代えて、これらの書類に記載すべき事項を電磁的方法により提供することができる。ただし、協定債権者の請求があったときは、これらの書類を当該協定債権者に交付しなければならない。

+【債権者集会参考書類↓五五六①【議決権行使書面↓五五六、五五一　❶【省令の定め↓会社則一五四、一五五

第五五一条① 招集者は、第五百四十八条第一項第三号に掲げる事項を定めた場合には、第五百四十九条第二項の承諾をした協定債権者に対する電磁的方法による通知に際して、法務省令で定めるところにより、協定債権者に対し、議決権行使書面に記載すべき事項を当該電磁的方法により提供しなければならない。

② 招集者は、第五百四十八条第一項第三号に掲げる事項を定めた場合において、第五百四十九条第二項の承諾をしていない協定債権者から債権者集会の日の一週間前までに議決権行使書面に記載すべき事項の電磁的方法による提供の請求があったときは、法務省令で定めるところにより、直ちに、当該協定債権者に対し、当該事項を電磁的方法により提供しなければならない。

参【議決権行使書面に記載すべき事項↓五五七①【省令の定め↓会社則一五五

（債権者集会の指揮等）

第五五二条① 債権者集会は、裁判所が指揮する。

② 債権者集会を招集しようとするときは、招集者は、あらかじめ、第五百四十八条第一項各号に掲げる事項及び同条第二項又は第三項の規定により定められた事項を裁判所に届け出なければならない。

参❶【裁判所の指揮↓五一九①、五五三

（異議を述べられた議決権の取扱い）

第五五三条 債権者集会において、第五百四十八条第二項又は第三項の規定により各協定債権について定められた事項について、当該協定債権を有する者又は他の協定債権者が異議を述べたときは、裁判所がこれを定める。

参【裁判所の決定↓五五二①

（債権者集会の決議）

第五五四条① 債権者集会において決議をする事項を可決するには、次に掲げる同意のいずれもがなければならない。

一 出席した議決権者（議決権を行使することができる協定債権者をいう。以下この款及び次款において同じ。）の過半数の同意

二 出席した議決権者の議決権の総額の二分の一を超える議決権を有する者の同意

② 第五百五十八条第一項の規定によりその有する議決権の一部のみを前項の事項に同意するものとして行使した議決権者（その余の議決権を行使しなかったものを除く。）があるときの同項第一号の規定の適用については、当該議決権者一人につき、出席した議決権者の数に一を、同意をした議決権者の数に二分の一を、それぞれ加算するものとする。

③ 債権者集会は、第五百四十八条第一項第二号に掲げる事項以外の事項については、決議をすることができない。

参❶【決議要件の例外↓五六七　【二】【議決権を行使することができる協定債権者↓五四八④　❸【目的事項以外の決議↓五五九、五六〇

（議決権の代理行使）

第五五五条① 協定債権者は、代理人によってその議決権を行使することができる。この場合においては、当該協定債権者又は代理人は、代理権を証明する書面を招集者に提出しなければならない。

② 前項の代理権の授与は、債権者集会ごとにしなければならない。

③ 第一項の協定債権者又は代理人は、代理権を証明する書面の提出に代えて、政令で定めるところにより、招集者の承諾を得て、当該書面に記載すべき事項を電磁的方法により提供することができる。この場合において、当該協定債権者又は代理人は、当該書面を提出したものとみなす。

④ 協定債権者が第五百四十九条第二項の承諾をした者である場合には、招集者は、正当な理由がなければ、前項の承諾をすることを拒んではならない。

参❷【債権者集会↓五六〇

（書面による議決権の行使）

第五五六条① 債権者集会に出席しない協定債権者は、書面によって議決権を行使することができる。

② 書面による議決権の行使は、議決権行使書面に必要な事項を記載し、法務省令で定める時までに当該記載をした議決権行使書面を招集者に提出して行う。

③ 前項の規定により書面によって議決権を行使した議決権者は、第五百五十四条第一項及び第五百六十七条第一項の規定の適用については、債権者集会に出席したものとみなす。

参❶【書面による議決権行使↓五五〇　❷【議決権行使書面↓五五〇①【省令で定める時↓会社則一五六

（電磁的方法による議決権の行使）

第五五七条① 電磁的方法による議決権の行使は、政令で定めるところにより、招集者の承諾を得て、法務省令で定める時までに議決権行使書面に記載すべき事項を、電磁的方法により当該招集者に提供して行う。

② 協定債権者が第五百四十九条第二項の承諾をした者である場合には、招集者は、正当な理由がなければ、前項の承諾をすることを拒んではならない。

③ 第一項の規定により電磁的方法によって議決権を行使した議決権者は、第五百五十四条第一項及び第五百六十七条第一項の規定の適用については、債権者集会に出席したものとみなす。

参❶【電磁的方法による議決権行使↓五五〇②、五五一【省令で定める時↓会社則一五七

（議決権の不統一行使）

第五五八条① 協定債権者は、その有する議決権を統一しないで行使することができる。この場合においては、債権者集会の日の三日前までに、招集者に対してその旨及びその理由を通知しなければならない。

② 招集者は、前項の協定債権者が他人のために協定債権を有する者でないときは、当該協定債権者が同項の規定によりその有する議決権を統一しないで行使することを拒むことができる。

参❶【議決権の不統一行使↓五五四②、五六七②【集会の三日前の通知↓民九七①　❷【他人のために協定債権を有する例↓民六五七、六五八

（担保権を有する債権者等の出席等）

第五五九条 債権者集会又は招集者は、次に掲げる債権者の出席を求め、その意見を聴くことができる。この

会社

場合において、債権者集会にあっては、これをする旨の決議を経なければならない。

一　第五百二十二条第二項に規定する担保権を有する債権者

二　一般の先取特権その他一般の優先権がある債権、特別清算の手続のために清算株式会社に対して生じた債権又は特別清算の手続に関する清算株式会社に対する費用請求権を有する債権者

⊛【目的事項以外の決議→五五四③　〔二〕【一般の優先権がある債権等の債権者→五四九④

（延期又は続行の決議）

第五六〇条　債権者集会においてその延期又は続行について決議があった場合には、第五百四十八条（第四項を除く。）及び第五百四十九条の規定は、適用しない。

⊛【延期・続行→八〇・三一七・七三〇、会更一九八①【目的事項以外の決議→五五四③

（議事録）

第五六一条　債権者集会の議事については、招集者は、法務省令で定めるところにより、議事録を作成しなければならない。

⊛【議事録虚偽記載等に対する制裁→九七六㈦【省令の定め→会社則一五八

（清算人の調査結果等の債権者集会に対する報告）

第五六二条　特別清算開始の命令があった場合において、第四百九十二条第一項に規定する清算人が清算株式会社の財産の現況についての調査を終了して財産目録等（同項に規定する財産目録等をいう。以下この条において同じ。）を作成したときは、清算株式会社は、遅滞なく、債権者集会を招集し、当該債権者集会に対して、清算株式会社の業務及び財産の状況の調査の結果並びに財産目録等の要旨を報告するとともに、清算の実行の方針及び見込みに関して意見を述べなければならない。ただし、債権者集会に対する報告及び意見の陳述以外の方法によりその報告すべき事項及び当該意見の内容を債権者に周知させることが適当であると認めるときは、この限りでない。

⊛【債権者集会の招集→五四八、五四九【虚偽の報告等に対する制裁→九七六㈥

第九款　協定

（協定の申出）

第五六三条　清算株式会社は、債権者集会に対し、協定の申出をすることができる。

⊛【協定→五六四、五六五、五六七―五七〇【破産手続との関係→五七四①㈠㈢

（協定の条項）

第五六四条①　協定においては、協定債権者の権利（第五百二十二条第二項に規定する担保権を除く。）の全部又は一部の変更に関する条項を定めなければならない。

②　協定債権者の権利の全部又は一部を変更する条項においては、債務の減免、期限の猶予その他の権利の変更の一般的基準を定めなければならない。

⊛【協定債権者→五一七①【協定の効力範囲→五七一

（協定による権利の変更）

第五六五条　協定による権利の変更の内容は、協定債権者の間では平等でなければならない。ただし、不利益を受ける協定債権者の同意がある場合又は少額の協定債権について別段の定めをしても衡平を害しない場合その他協定債権者の間に差を設けても衡平を害しない場合は、この限りでない。

⊛【権利変更の内容→五六九②㈠、五七一【少額の協定債権の取扱い→五三七②

（担保権を有する債権者等の参加）

第五六六条　清算株式会社は、協定案の作成に当たり必要があると認めるときは、次に掲げる債権者の参加を求めることができる。

一　第五百二十二条第二項に規定する担保権を有する債権者

二　一般の先取特権その他一般の優先権がある債権を有する債権者

⊛【協定の効力範囲→五七一　〔一〕【担保権を有する協定債権者→五六四①　〔二〕【一般の優先権がある債権の債権者→五一五③・五一七①

（協定の可決の要件）

第五六七条①　第五百五十四条第一項の規定にかかわらず、債権者集会において協定を可決するには、次に掲げる同意のいずれもがなければならない。

一　出席した議決権者の過半数の同意

二　議決権者の議決権の総額の三分の二以上の議決権を有する者の同意

②　第五百五十四条第二項（議決権不統一行使の取扱い）の規定は、前項第一号の規定の適用について準用する。

⊛【協定の可決→五七〇【協定の否決→五七四②㈠

（協定の認可の申立て）

第五六八条　協定が可決されたときは、清算株式会社は、遅滞なく、裁判所に対し、協定の認可の申立てをしなければならない。

⊛【可決の要件→五六七【認可の要件→五六九【認可の手続→九〇一①

（協定の認可又は不認可の決定）

第五六九条①　前条の申立てがあった場合には、裁判所は、次項の場合を除き、協定の認可の決定をする。

②　裁判所は、次のいずれかに該当する場合には、協定の不認可の決定をする。

一　特別清算の手続又は協定が法律の規定に違反し、かつ、その不備を補正することができないものであるとき。ただし、特別清算の手続が法律の規定に違反する場合において、当該違反の程度が軽微であるときは、この限りでない。

二　協定が遂行される見込みがないとき。

三　協定が不正の方法によって成立するに至ったとき。

四　協定が債権者の一般の利益に反するとき。

※❶【協定の認可→九〇一③④【不認可の決定→五七四②㊁、九〇二④ ❷【二】【協定の法令違反の例→五六五 【三】【不正の方法による成立の例→九七六因

（協定の効力発生の時期）

第五七〇条 協定は、認可の決定の確定により、その効力を生ずる。

※+【認可の決定の確定→九〇一④

（協定の効力範囲）

第五七一条① 協定は、清算株式会社及びすべての協定債権者のために、かつ、それらの者に対して効力を有する。

② 協定は、第五百二十二条第二項に規定する債権者が有する同項に規定する担保権、協定債権者が清算株式会社の保証人その他清算株式会社と共に債務を負担する者に対して有する権利及び清算株式会社以外の者が協定債権者のために提供した担保に影響を及ぼさない。

③ 協定の認可の決定が確定したときは、協定債権者の権利は、協定の定めに従い、変更される。

④ 前項の規定にかかわらず、共助対象外国租税の請求権についての協定による権利の変更の効力は、租税条約等実施特例法第十一条第一項の規定による共助との関係においてのみ主張することができる。

※❶【協定債権者に対する効力→五六四①【担保権を有する債権者等が協定に参加した場合→五六六

> 7 **個別和解による債務免除と付従性の排除**
> 和解契約が、商法四四五条［会社五三五条］に基づく裁判所の許可により、商法四四七条［会社五六三条］の協定に代わる個別和解として成立したものであるときには、その効果においても、商法四五〇条三項［会社五七〇条］の場合と同様、旧破産法三二六条二項［本条二項］が準用され、保証債務の付従性が排除される。（東京地判平18・6・27金法一七九六・五九……特別清算手続中の個別和解においてなされた主債務者に対する債務免除が、債務者の保証人に対する権利の行使には影響を及ぼさないとした事例）

（協定の内容の変更）

第五七二条 協定の実行上必要があるときは、協定の内容を変更することができる。この場合においては、第五百六十三条から前条まで〈協定の成立〉の規定を準用する。

※+【協定の内容の変更→九〇一⑤

第十款 特別清算の終了

（特別清算終結の決定）

第五七三条 裁判所は、特別清算開始後、次に掲げる場合には、清算人、監査役、債権者、株主又は調査委員の申立てにより、特別清算終結の決定をする。

一 特別清算が結了したとき。

二 特別清算の必要がなくなったとき。

※+【特別清算終結の決定→九〇二、九三八①㊂ 【一】【特別清算の結了→五七四①㊀ 【二】【特別清算の必要なし→五一〇

（破産手続開始の決定）

第五七四条① 裁判所は、特別清算開始後、次に掲げる場合において、清算株式会社に破産手続開始の原因となる事実があると認めるときは、職権で、破産法に従い、破産手続開始の決定をしなければならない。

一 協定の見込みがないとき。

二 協定の実行の見込みがないとき。

三 特別清算によることが債権者の一般の利益に反するとき。

② 裁判所は、特別清算開始後、次に掲げる場合において、清算株式会社に破産手続開始の原因となる事実があると認めるときは、職権で、破産法に従い、破産手続開始の決定をすることができる。

一 協定が否決されたとき。

二 協定の不認可の決定が確定したとき。

③ 前二項の規定により破産手続開始の決定があった場合における破産法第七十一条第一項第四号並びに第二項第二号及び第三号、第七十二条第一項第四号並びに第二項第二号及び第三号、第百六十条（第一項第一号を除く。）、第百六十二条（第一項第二号を除く。）、第百六十三条第二項、第百六十四条第一項（同条第二項において準用する場合を含む。）、第百六十六条並びに第百六十七条第二項（同法第百七十条第二項において準用する場合を含む。）の規定の適用については、次の各号に掲げる区分に応じ、当該各号に定める申立てがあった時に破産手続開始の申立てがあったものとみなす。

一 特別清算開始の申立ての前に特別清算開始の命令の確定によって効力を失った破産手続における破産手続開始の申立てがある場合 当該破産手続開始の申立て

二 前号に掲げる場合以外の場合 特別清算開始の申立て

④ 第一項又は第二項の規定により破産手続開始の決定があったときは、特別清算の手続のために清算株式会社に対して生じた債権及び特別清算の手続に関する清算株式会社に対する費用請求権は、財団債権とする。

※❶【破産手続開始の原因→破一五―一七 【一】【三】【協定→五六三※❷【二】【協定の否決→五六七 【三】【協定の不認可→五六九② ❹【財団債権→破一五一・一五二

> **協定成立の見込みがない場合と特別清算の申立て**→五一一条7

第三編 持分会社

第一章 設立

（定款の作成）

第五七五条① 合名会社、合資会社又は合同会社（以下「持分会社」と総称する。）を設立するには、その社員になろうとする者が定款を作成し、その全員がこれに署名し、又は記名押印しなければならない。

② 前項の定款は、電磁的記録をもって作成することができる。この場合において、当該電磁的記録に記録された情報については、法務省令で定める署名又は記名

押印に代わる措置をとらなければならない。

❶【合名会社→五七六②【合資会社→五七六③【合同会社→五七六④【定款→五七六①・五七七・六三七―六四〇、商登九四㊂・一一一・一一八【定款不実記載・記録の制裁→九七六㊆【定款遵守義務→五九三② ❷【電磁的記録→二六②【省令で定める措置→会社則二二五

（定款の記載又は記録事項）
第五七六条① 持分会社の定款には、次に掲げる事項を記載し、又は記録しなければならない。
一 目的
二 商号
三 本店の所在地
四 社員の氏名又は名称及び住所
五 社員が無限責任社員又は有限責任社員のいずれであるかの別
六 社員の出資の目的（有限責任社員にあっては、金銭等に限る。）及びその価額又は評価の標準

② 設立しようとする持分会社が合名会社である場合には、前項第五号に掲げる事項として、その社員の全部を無限責任社員とする旨を記載し、又は記録しなければならない。

③ 設立しようとする持分会社が合資会社である場合には、第一項第五号に掲げる事項として、その社員の一部を無限責任社員とし、その他の社員を有限責任社員とする旨を記載し、又は記録しなければならない。

④ 設立しようとする持分会社が合同会社である場合には、第一項第五号に掲げる事項として、その社員の全部を有限責任社員とする旨を記載し、又は記録しなければならない。

+【持分会社の種類の変更→六三八 ❶〔一〕【目的→五・九一二㊀・九一三㊀・九一四㊀ 〔二〕【商号→六①・九一二㊁・九一三㊁・九一四㊁ 〔三〕【本店→四・九一二㊂・九一三㊂・九一四㊂ 〔四〕【社員の登記→九一二㊄・九一三㊄ 〔五〕【無限責任社員→五八〇①【有限責任社員→五八〇②【社員の責任の登記→九一三㊅ 〔六〕【出資→九一三㊆・五七八・五八〇②・六〇四③・六一一・六二二・六二四・六二六・六三二―六三四・六四〇・六六三・六六六【金銭等→一五一①【出資の不履行→五八二・六〇八④・八五九

第五七七条 前条に規定するもののほか、持分会社の定款には、この法律の規定により定款の定めがなければその効力を生じない事項及びその他の事項でこの法律の規定に違反しないものを記載し、又は記録することができる。

+【定款の定め→五八五④・五九〇―五九二・五九三⑤・五九四①・五九五①・五九九③・六〇六・六〇七①㊀・六〇八・六一八②・六二一②・六二二・六二四②・六二七③・六三五③・六四一㊁㊂・六四七①㊁㊂・六四八②・六五〇②・六五五③・六六六・六六八・六七〇③・六七二②・九一二㊃・九一三㊉・九一四㊈

（合同会社の設立時の出資の履行）
第五七八条 設立しようとする持分会社が合同会社である場合には、当該合同会社の社員になろうとする者は、定款の作成後、合同会社の設立の登記をする時までに、その出資に係る金銭の全額を払い込み、又はその出資に係る金銭以外の財産の全部を給付しなければならない。ただし、合同会社の社員になろうとする者全員の同意があるときは、登記、登録その他権利の設定又は移転を第三者に対抗するために必要な行為は、合同会社の成立後にすることを妨げない。

+【設立の登記→九一四、商登一一七・一一八【合同会社の成立→五七九

一 金銭出資義務の履行期と社員資格

[1] 社員の金銭出資義務につき、定款又は総社員の同意により弁済期の定めがあるときはその到来により特定額を支払うべき金銭債務となるが、その定めがないときは会社の請求により初めて特定額の給付を目的とする金銭債務となるのであって、金銭債務となる以前の出資義務は、退社によって社員の資格を喪失するときはそれとともに消滅する。（大連判昭16・5・21民集二〇・六九三、会社百選〔二版〕一〇二……合資会社の事例）

二 現物出資の目的物の所有権移転時期

[2] 合名会社においても、一定の物件につき現物出資する旨の記載のある定款が作成され、会社設立の登記がなされただけでは、目的物件の所有権が会社に帰属する効果は生ぜず、出資義務者の履行があって初めて所有権移転が生ずる。（東京高判昭50・5・30判時七九一・一一七）

三 出資義務の不履行と持分払戻請求権→六一一条[4]

（持分会社の成立）
第五七九条 持分会社は、その本店の所在地において設立の登記をすることによって成立する。

+【本店の所在地→五七六①㊂【設立の登記→九一二―九一四、商登九三―九五・一一〇・一一一・一一七・一一八【変更登記→九一五【設立無効の訴え→八二八①㊀【設立取消しの訴え→八三二

第二章 社員

第一節 社員の責任等

（社員の責任）
第五八〇条① 社員は、次に掲げる場合には、連帯して、持分会社の債務を弁済する責任を負う。
一 当該持分会社の財産をもってその債務を完済することができない場合
二 当該持分会社の財産に対する強制執行がその効を奏しなかった場合（社員が、当該持分会社に弁済をする資力があり、かつ、強制執行が容易であることを証明した場合を除く。）

② 有限責任社員は、その出資の価額（既に持分会社に対し履行した出資の価額を除く。）を限度として、持分会社の債務を弁済する責任を負う。

+【社員・有限責任社員→五七六①㊄【連帯→民四三六―四四五【責任の消滅時効→六七三 ❷【出資の価額→五七六①㊅・九一三㊆【既に履行した出資の価額→九一三㊆、商登一一〇、五七八・六〇四③【超過配当の場合→六二三②

一 社員の責任の発生及びその内容

1 債務の完済不能の意味

[1] 商法六三条〔昭和一三法七二改正前。本条一項一号〕にいう会社の財産をもってその債務を完済することができない場合とは、〔旧〕破産法一二七条一項〔現一六条一項〕におけると同様いわゆる債務超過を指し、この事実が存在する以上、会社債務に対する社員の連帯無限の責任は当然発生

し、しかもそれは債務の全額に対するもので、会社財産より弁済を受けることができない部分についてだけではない。（大判大13・3・22民集三・一八五、会社百選[五版]一〇四）

[2]

2 「会社財産」の範囲

商法六三条［昭和一三法七二改正前。本条一項一号］の会社財産には、会社に積極財産が存在しないにもかかわらず違法に社員に対して残余財産を分配した場合の会社の社員に対する取戻請求権を包含する。（大判大7・7・2民録二四・一三三一、会社百選[二版]一〇七）

[3]

二 社員の責任の付従性

商法六三条［昭和一三法七二改正前。本条一項］所定の社員の責任は、会社債務に付従する性質を有し、会社債務が時効その他の事由により消滅したときは社員の責任も当然に消滅する。（大判昭3・10・19民集七・八〇一、会社百選[二版]一〇九）

三 社員の責任の消滅時効

[4] 商法六三条［昭和一三法七二改正前。本条一項］による社員の責任は、会社債務が消滅しない限り存続し、その性質上独立して消滅時効の目的となり得ない。（大判昭9・9・26新聞三七五七・九……合資会社の無限責任社員の事例）

四 有限責任社員の債権出資と責任

[5] 有限責任社員は、現実にその出資義務を完了しないときは、その限度で会社に対する債権を請求することができない。（大判昭16・7・5民集二〇・一〇五七、会社百選[二版]一〇四）

（社員の抗弁）

第五八一条① 社員が持分会社の債務を弁済する責任を負う場合には、社員は、持分会社が主張することができる抗弁をもって当該持分会社の債権者に対抗することができる。

② 前項に規定する場合において、持分会社がその債権者に対して相殺権、取消権又は解除権を有するときは、これらの権利の行使によって持分会社がその債務を免れるべき限度において、社員は、当該債権者に対して債務の履行を拒むことができる。

⇒【持分会社の債務を弁済する責任を負う場合→五八〇】

（社員の出資に係る責任）

第五八二条① 社員が金銭を出資の目的とした場合において、その出資をすることを怠ったときは、当該社員は、その利息を支払うほか、損害の賠償をしなければならない。

② 社員が債権を出資の目的とした場合において、当該債権の債務者が弁済期に弁済をしなかったときは、当該社員は、その弁済をする責任を負う。この場合においては、当該社員は、その利息を支払うほか、損害の賠償をしなければならない。

⇒【出資の目的→五七六①[六]】【利息→民四一九】【損害賠償→民四一六】【不履行の効果→八五九[二]】❷【債権の出資者の担保責任→民五六九】

（社員の責任を変更した場合の特則）

第五八三条① 有限責任社員が無限責任社員となった場合には、当該無限責任社員となった者は、その者が無限責任社員となる前に生じた持分会社の債務についても、無限責任社員としてこれを弁済する責任を負う。

② 有限責任社員（合同会社の社員を除く。）が出資の価額を減少した場合であっても、当該有限責任社員は、その旨の登記をする前に生じた持分会社の債務については、従前の責任の範囲内でこれを弁済する責任を負う。

③ 無限責任社員が有限責任社員となった場合であっても、当該有限責任社員となった者は、その旨の登記をする前に生じた持分会社の債務については、無限責任社員として当該債務を弁済する責任を負う。

④ 前二項の責任は、前二項の登記後二年以内に請求又は請求の予告をしない持分会社の債権者に対しては、当該登記後二年を経過した時に消滅する。

⇒【有限責任社員・無限責任社員→五七六①[五]】【社員の責任の変更→六三七】【社員の責任の変更の登記→九一三[六]・九一五】【持分会社の種類の変更とその登記→六三八、九一九】❷【出資の価額の減少→五七六①[六]・六二四】【登記→九一三[七]・九一五】

（無限責任社員となることを許された未成年者の行為能力）

第五八四条 持分会社の無限責任社員となることを許された未成年者は、社員の資格に基づく行為に関しては、行為能力者とみなす。

⇒【無限責任社員→五七六①[五]】【未成年者→民四】【許可→民五】

第二節　持分の譲渡等

（持分の譲渡）

第五八五条① 社員は、他の社員の全員の承諾がなければ、その持分の全部又は一部を他人に譲渡することができない。

② 前項の規定にかかわらず、業務を執行しない有限責任社員は、業務を執行する社員の全員の承諾があるときは、その持分の全部又は一部を他人に譲渡することができる。

③ 第六百三十七条の規定にかかわらず、業務を執行しない有限責任社員の持分の譲渡に伴い定款の変更を生ずるときは、その持分の譲渡による定款の変更は、業務を執行する社員の全員の同意によってすることができる。

④ 前三項の規定は、定款で別段の定めをすることを妨げない。

⇒【持分譲渡の効果→五七六①[四]・六〇四、六〇六】❷【業務執行社員→五九〇・五九一】

（持分の全部の譲渡をした社員の責任）

第五八六条① 持分の全部を他人に譲渡した社員は、その旨の登記をする前に生じた持分会社の債務について、従前の責任の範囲内でこれを弁済する責任を負う。

② 前項の責任は、同項の登記後二年以内に請求又は請求の予告をしない持分会社の債権者に対しては、当該登記後二年を経過した時に消滅する。

⇒【持分の譲渡→五八五】【登記→九一二[五]・九一三[五]・九一四[四][七]・九一五①】【従前の責任→五八〇】

第五八七条① 持分会社は、その持分の全部又は一部を譲り受けることができない。

② 持分会社が当該持分会社の持分を取得した場合には、当該持分は、当該持分会社がこれを取得した時に、消滅する。

参【株式会社の場合↓一五五—一七八】

第三節 誤認行為の責任

（無限責任社員であると誤認させる行為等をした有限責任社員の責任）

第五八八条① 合資会社の有限責任社員が自己を無限責任社員であると誤認させる行為をしたときは、当該有限責任社員は、その誤認に基づいて合資会社と取引をした者に対し、無限責任社員と同一の責任を負う。

② 合資会社又は合同会社の有限責任社員がその責任の限度を誤認させる行為（前項の行為を除く。）をしたときは、当該有限責任社員は、その誤認に基づいて合資会社又は合同会社と取引をした者に対し、その誤認させた責任の範囲内で当該合資会社又は合同会社の債務を弁済する責任を負う。

参【合資会社↓五七六③【有限責任社員・無限責任社員↓五七六①㊄ ❶【無限責任社員の責任↓五八〇① ❷【合同会社↓五七六④【有限責任社員の責任↓五八〇②

（社員であると誤認させる行為をした者の責任）

第五八九条① 合名会社又は合資会社の社員でない者が自己を無限責任社員であると誤認させる行為をしたときは、当該社員でない者は、その誤認に基づいて合名会社又は合資会社と取引をした者に対し、無限責任社員と同一の責任を負う。

② 合資会社又は合同会社の社員でない者が自己を有限責任社員であると誤認させる行為をしたときは、当該社員でない者は、その誤認に基づいて合資会社又は合同会社と取引をした者に対し、その誤認させた責任の範囲内で当該合資会社又は合同会社の債務を弁済する責任を負う。

参【合資会社↓五七六③【責任発生の防止↓六一三 ❶【合名会社↓五七六②【無限責任社員↓五七六①㊄【無限責任社員の責任↓五八〇① ❷【合同会社↓五七六④【有限責任社員↓五七六①㊄【有限責任社員の責任↓五八〇②

第三章 管理

第一節 総則

（業務の執行）

第五九〇条① 社員は、定款に別段の定めがある場合を除き、持分会社の業務を執行する。

② 社員が二人以上ある場合には、持分会社の業務は、定款に別段の定めがある場合を除き、社員の過半数をもって決定する。

③ 前項の規定にかかわらず、持分会社の常務は、各社員が単独で行うことができる。ただし、その完了前に他の社員が異議を述べた場合は、この限りでない。

参【業務執行社員↓五九一、五九三【業務執行権のない社員↓五九二【任務懈怠の責任↓五九六【不当な業務執行の効果↓八五九㊂、八六〇【職務執行停止の仮処分↓民保二三②、九一七㊀—㊃【職務代行者↓六〇三【合同会社の業務執行者の登記↓九一四㊅

（業務を執行する社員を定款で定めた場合）

第五九一条① 業務を執行する社員を定款で定めた場合において、業務を執行する社員が二人以上あるときは、持分会社の業務は、定款に別段の定めがある場合を除き、業務を執行する社員の過半数をもって決定する。この場合における前条第三項の規定の適用については、同項中「社員」とあるのは、「業務を執行する社員」とする。

② 前項の規定にかかわらず、同項に規定する場合には、支配人の選任及び解任は、社員の過半数をもって決定する。ただし、定款で別段の定めをすることを妨げない。

③ 業務を執行する社員を定款で定めた場合において、その業務を執行する社員の全員が退社したときは、当該定款の定めは、その効力を失う。

④ 業務を執行する社員を定款で定めた場合には、その業務を執行する社員は、正当な事由がなければ、辞任することができない。

⑤ 前項の業務を執行する社員は、正当な事由がある場合に限り、他の社員の一致によって解任することができる。

⑥ 前二項の規定は、定款で別段の定めをすることを妨げない。

参【定款の定めのない場合↓五九〇 ❷【支配人↓一〇【支配人の選任・解任↓九一八 ❸【退社↓六〇六、六〇七

（社員の持分会社の業務及び財産状況に関する調査）

第五九二条① 業務を執行する社員を定款で定めた場合には、各社員は、持分会社の業務を執行する権利を有しないときであっても、その業務及び財産の状況を調査することができる。

② 前項の規定は、定款で別段の定めをすることを妨げない。ただし、定款によっても、社員が事業年度の終了時又は重要な事由があるときに同項の規定による調査をすることを制限する旨を定めることができない。

参【業務執行社員に関する定款の定め↓五九一

第二節 業務を執行する社員

（業務を執行する社員と持分会社との関係）

第五九三条① 業務を執行する社員は、善良な管理者の注意をもって、その職務を行う義務を負う。

② 業務を執行する社員は、法令及び定款を遵守し、持分会社のため忠実にその職務を行わなければならない。

③ 業務を執行する社員は、持分会社又は他の社員の請求があるときは、いつでもその職務の執行の状況を報告し、その職務が終了した後は、遅滞なくその経過及び結果を報告しなければならない。

④ 民法第六百四十六条から第六百五十条まで〈委任〉の規定は、業務を執行する社員と持分会社との関係について準用する。この場合において、同法第六百四十

六条第一項、第六百四十八条第二項、第六百四十八条の二、第六百四十九条及び第六百五十条中「委任事務」とあるのは「その職務」と、同法第六百四十八条第三項第一号中「委任」とあるのは「前項の職務」と読み替えるものとする。

⑤ 前二項の規定は、定款で別段の定めをすることを妨げない。

参+【業務執行社員→五九〇・五九一【義務違反の効果→五九六・八五九[二]・八六〇　❶【善良な管理者の注意→民六四四、三三〇　❷【忠実義務→三五五

（競業の禁止）

第五九四条① 業務を執行する社員は、当該社員以外の社員の全員の承認を受けなければ、次に掲げる行為をしてはならない。ただし、定款に別段の定めがある場合は、この限りでない。

一　自己又は第三者のために持分会社の事業の部類に属する取引をすること。

二　持分会社の事業と同種の事業を目的とする会社の取締役、執行役又は業務を執行する社員となること。

② 業務を執行する社員が前項の規定に違反して同項第一号に掲げる行為をしたときは、当該行為によって当該業務を執行する社員又は第三者が得た利益の額は、当該持分会社に生じた損害の額と推定する。

参+【業務執行社員→五九三参【違反の効果→五九六・八五九[二]・八六〇【株式会社の場合→三五六・三六五　❶[二]【株式会社の取締役→三二九・三四一・三四八・三六二【株式会社の執行役→四〇二・四一八―四二二

（利益相反取引の制限）

第五九五条① 業務を執行する社員は、次に掲げる場合には、当該取引について当該社員以外の社員の過半数の承認を受けなければならない。ただし、定款に別段の定めがある場合は、この限りでない。

一　業務を執行する社員が自己又は第三者のために持分会社と取引をしようとするとき。

二　持分会社が業務を執行する社員の債務を保証することその他社員でない者との間において持分会社と当該社員との利益が相反する取引をしようとするとき。

② 民法第百八条の規定は、前項の承認を受けた同項各号の取引については、適用しない。

参+【業務執行社員→五九三参【違反の効果→五九六・八五九[二]・八六〇【株式会社の場合→三五六・三六五

為替手形の引受けと本条の適用（合資会社の事例）↓手八条[8]

（業務を執行する社員の持分会社に対する損害賠償責任）

第五九六条 業務を執行する社員は、その任務を怠ったときは、持分会社に対し、連帯して、これによって生じた損害を賠償する責任を負う。

参+【業務執行社員→五九三参【任務→五九三①②【連帯→民四三六―四四五【株式会社の場合→四二三

（業務を執行する有限責任社員の第三者に対する損害賠償責任）

第五九七条 業務を執行する有限責任社員がその職務を行うについて悪意又は重大な過失があったときは、当該有限責任社員は、連帯して、これによって第三者に生じた損害を賠償する責任を負う。

参+【業務執行社員→五九三参【有限責任社員→五七六①[五]【連帯→民四三六―四四五【株式会社の場合→四二九

（法人が業務を執行する社員である場合の特則）

第五九八条① 法人が業務を執行する社員である場合には、当該法人は、当該業務を執行する社員の職務を行うべき者を選任し、その者の氏名及び住所を他の社員に通知しなければならない。

② 第五百九十三条から前条まで〈業務執行社員〉の規定は、前項の規定により選任された社員の職務を行うべき者について準用する。

参+【業務執行社員→五九三参【代表権のある場合→九一二[七]・九一三[五]・九一四[四]、商登九四・九七・一一一・一一八【株式会社の場合→三三一①[一]

（持分会社の代表）

第五九九条① 業務を執行する社員は、持分会社を代表する。ただし、他に持分会社を代表する社員その他持分会社を代表する者を定めた場合は、この限りでない。

② 前項本文の業務を執行する社員が二人以上ある場合には、業務を執行する社員は、各自、持分会社を代表する。

③ 持分会社は、定款又は定款の定めに基づく社員の互選によって、業務を執行する社員の中から持分会社を代表する社員を定めることができる。

④ 持分会社を代表する社員は、持分会社の業務に関する一切の裁判上又は裁判外の行為をする権限を有する。

⑤ 前項の権限に加えた制限は、善意の第三者に対抗することができない。

参+【業務執行社員→五九三参【代表者の登記→九一二[六][七]・九一三[四][九]・九一四[七][四]【不当な代表行為の効果→八五九[四]・八六〇【職務執行停止の仮処分→民保二三②、九一七[三]―[四]【職務代行者→六〇三　❶【例外→六〇二　❹【例外→六〇一

（持分会社を代表する社員等の行為についての損害賠償責任）

第六〇〇条 持分会社は、持分会社を代表する社員その他の代表者がその職務を行うについて第三者に加えた損害を賠償する責任を負う。

参+【持分会社の代表者→五九九

（持分会社と社員との間の訴えにおける会社の代表）

第六〇一条 第五百九十九条第四項の規定にかかわらず、持分会社が社員に対し、又は社員が持分会社に対して訴えを提起する場合において、当該訴えについて持分会社を代表する者（当該社員を除く。）が存しないときは、当該社員以外の社員の過半数をもって、当該

会社

訴えについて持分会社を代表する者を定めることができる。

【持分会社の代表者↓五九九【株式会社の場合↓三五三・三六四・三八六

㋐ **退社員の持分払戻請求には適用されない**
退社した社員の持分払戻請求権は、社員たる資格から生じた権利ではあるが、社員たる地位を去った者が取得する権利であるから、右持分払戻請求訴訟については、商法七九条［本条］は適用されない。（最判昭58・4・7判時一〇七八・一三七、重判昭58商二）

第六〇二条　第五百九十九条第一項の規定にかかわらず、社員が持分会社に対して社員の責任を追及する訴えの提起を請求した場合において、持分会社が当該請求の日から六十日以内に当該訴えを提起しないときは、当該請求をした社員は、当該訴えについて持分会社を代表することができる。ただし、当該訴えが当該社員若しくは第三者の不正な利益を図り又は当該持分会社に損害を加えることを目的とする場合は、この限りでない。

【社員の対会社責任↓五八二・五九六・六二三【株式会社の場合↓八四七―八五三

第三節　業務を執行する社員の職務を代行する者

第六〇三条①　民事保全法第五十六条に規定する仮処分命令により選任された業務を執行する社員又は持分会社を代表する社員の職務を代行する者は、仮処分命令に別段の定めがある場合を除き、持分会社の常務に属しない行為をするには、裁判所の許可を得なければならない。

②　前項の規定に違反して行った業務を執行する社員又は持分会社を代表する社員の職務を代行する者の行為は、無効とする。ただし、持分会社は、これをもって善意の第三者に対抗することができない。

【業務執行社員↓五九三【代表者↓五九九【職務執行停止の仮処分↓民保二三②、九一七㊂―㊃　❶【裁判所の許可↓八六八①

㋐ **合資会社の業務執行社員の職務執行停止・職務代行者選任仮処分申立てが認められた事例**
〈合資会社の唯一の業務執行社員が重症急性心筋梗塞で倒れ、自己の意思を発声して表示できない情況にあり、また、有効に選任されていない支配人が業務を行い、従来から取引のあった有限責任社員との取引を拒む等していた場合に、合資会社が会社法八六〇条の訴えを本案訴訟として申し立てた事案において〉業務執行社員について会社法八六〇条二号の事由が存在することが一応認められるため被保全権利の疎明はあり、また、取引拒否の事態に至れば、会社の信用失墜、売上げの減少、ひいては損害賠償義務は免れないところであって、保全の必要性の疎明もある。（那覇地決平19・4・5金判一二六八・六一）

第四章　社員の加入及び退社

第一節　社員の加入

（社員の加入）
第六〇四条①　持分会社は、新たに社員を加入させることができる。

②　持分会社の社員の加入は、当該社員に係る定款の変更をした時に、その効力を生ずる。

③　前項の規定にかかわらず、合同会社が新たに社員を加入させる場合において、新たに社員となろうとする者が同項の定款の変更をした時にその出資に係る払込み又は給付の全部又は一部を履行していないときは、その者は、当該払込み又は給付を完了した時に、合同会社の社員となる。

【定款記載事項↓五七六①㊃【登記事項↓九一二㊄・九一三㊄、商登九六・一一一【持分会社の種類の変更↓六三八①㊂③㊂【清算会社への不適用↓六七四　❷【定款の変更↓六三七【例外↓六〇八②　❸【払込み・給付の証明↓商登一一九【設立の場合↓五七八

（加入した社員の責任）
第六〇五条　持分会社の成立後に加入した社員は、その加入前に生じた持分会社の債務についても、これを弁済する責任を負う。

【持分会社の成立↓五七九【社員の加入↓六〇四【社員の責任↓五八〇

第二節　社員の退社

（任意退社）
第六〇六条①　持分会社の存続期間を定款で定めなかった場合又はある社員の終身の間持分会社が存続することを定款で定めた場合には、各社員は、事業年度の終了の時において退社をすることができる。この場合においては、各社員は、六箇月前までに持分会社に退社の予告をしなければならない。

②　前項の規定は、定款で別段の定めをすることを妨げない。

③　前二項の規定にかかわらず、各社員は、やむを得ない事由があるときは、いつでも退社することができる。

【登記事項↓九一二㊄・九一三㊄、商登九六・一一一【適用除外↓六七四㊂【退社による持分会社の種類の変更↓六三九　❶【存続期間の定め↓九一二㊃・九一三㊃・九一四㊃【事業年度↓六一七②【退社の効果↓六一〇・六一一・九一二㊄―㊆・九一三㊄―㊈・九一四㊅―㊃・九一五①

（法定退社）
第六〇七条①　社員は、前条、第六百九条第一項、第六百四十二条第二項及び第八百四十五条の場合のほか、次に掲げる事由によって退社する。

一　定款で定めた事由の発生
二　総社員の同意
三　死亡
四　合併（合併により当該法人である社員が消滅する場合に限る。）
五　破産手続開始の決定
六　解散（前二号に掲げる事由によるものを除く。）

七　後見開始の審判を受けたこと。
八　除名

② 持分会社は、その社員が前項第五号から第七号までに掲げる事由の全部又は一部によっては退社しない旨を定めることができる。

参❶【退社の効果→六〇六①参】【三】【四】【例外→六〇八、六七五】【五】【破産手続開始の決定→破三〇】【無限責任社員の破産の効果→破一〇六】【七】【後見開始の審判→民七】【八】【除名→八五九】

[1] **社員数名が同時に退社申出をした場合と総社員の同意**
社員数名が同時に退社する場合には、退社申出をした社員も退社の効力が生ずるまでは社員たる地位にあるから、定款で別段の定めをした場合を除き、その退社には各退社申出者自身を除く他の全ての社員の同意を要する。（最判昭40・11・11民集一九・八・一九五三、会社法百選[初版]八七……合資会社の事例）

（相続及び合併の場合の特則）
第六〇八条① 持分会社は、その社員が死亡した場合又は合併により消滅した場合における当該社員の相続人その他の一般承継人が当該社員の持分を承継する旨を定款で定めることができる。

② 第六百四条第二項の規定にかかわらず、前項の規定による定款の定めがある場合には、同項の一般承継人（社員以外のものに限る。）は、同項の持分を承継した時に、当該持分を有する社員となる。

③ 第一項の定款の定めがある場合には、持分会社は、同項の一般承継人が持分を承継した時に、当該一般承継人に係る定款の変更をしたものとみなす。

④ 第一項の一般承継人（相続により持分を承継したものであって、出資に係る払込み又は給付の全部又は一部を履行していないものに限る。）が二人以上ある場合には、各一般承継人は、連帯して当該出資に係る払込み又は給付の履行をする責任を負う。

⑤ 第一項の一般承継人（相続により持分を承継したものに限る。）が二人以上ある場合には、各一般承継人は、承継した持分についての権利を行使する者一人を定めなければ、当該持分についての権利を行使することができない。ただし、持分会社が当該権利を行使することに同意した場合は、この限りでない。

参【相続人→民八八六―八九一】【その他の一般承継人の例→七四九①・七五一①・七五三①・七五五①】【持分の承継→五八五―五八七】❶【社員の死亡・合併による消滅→六〇七①[三][四]】❸【定款のみなし変更→九一二[五]―[七]・九一三[五]―[九]・九一四[六]―[四]・九一五①】❹【出資→五七六①[六]・五八二】【連帯→民四三六―四四五】

（持分の差押債権者による退社）
第六〇九条① 社員の持分を差し押さえた債権者は、事業年度の終了時において当該社員を退社させることができる。この場合においては、当該債権者は、六箇月前までに持分会社及び当該社員にその予告をしなければならない。

② 前項後段の予告は、同項の社員が、同項の債権者に対し、弁済し、又は相当の担保を提供したときは、その効力を失う。

③ 第一項後段の予告をした同項の債権者は、裁判所に対し、持分の払戻しの請求権の保全に関し必要な処分をすることを申し立てることができる。

参【持分の差押え→民執一六七】【退社の効果→六一〇・六一一・九一二[五]―[七]・九一三[五]―[九]・九一四[六]―[四]・九一五①】【持分差押えの効果→六二一③・六二四③】❸【保全命令の申立て→八六八①・八七二[一]】

[1] 商法九一条二項［本条二項］の相当の担保を提供したときとは、差押債権者との間で、担保物権を設定し、又は保証契約を締結した場合をいい、差押債権者の承諾を伴わない担保物権設定又は保証契約締結の単なる申込みはこれに当たらない。（最判昭49・12・20判時七六八・一〇一、会社法百選[四版]七六）

（退社に伴う定款のみなし変更）
第六一〇条　第六百六条、第六百七条第一項、前条第一項又は第六百四十二条第二項の規定により社員が退社した場合（第八百四十五条の規定により社員が退社したものとみなされる場合を含む。）には、持分会社は、当該社員が退社した時に、当該社員に係る定款の定めを廃止する定款の変更をしたものとみなす。

参【社員に関する定款の定め→五七六①[四]―[六]】【定款の変更→六三七】

（退社に伴う持分の払戻し）
第六一一条① 退社した社員は、その出資の種類を問わず、その持分の払戻しを受けることができる。ただし、第六百八条第一項及び第二項の規定により当該社員の一般承継人が社員となった場合は、この限りでない。

② 退社した社員と持分会社との間の計算は、退社の時における持分会社の財産の状況に従ってしなければならない。

③ 退社した社員の持分は、その出資の種類を問わず、金銭で払い戻すことができる。

④ 退社の時にまだ完了していない事項については、その完了後に計算をすることができる。

⑤ 社員が除名により退社した場合における第二項及び前項の規定の適用については、これらの規定中「退社の時」とあるのは、「除名の訴えを提起した時」とする。

⑥ 前項に規定する場合には、持分会社は、除名の訴えを提起した日後の法定利率による利息をも支払わなければならない。

⑦ 社員の持分の差押えは、持分の払戻しを請求する権利に対しても、その効力を有する。

参【社員の退社→六〇六・六〇七①・六〇九①・六四二②・八四五】【合同会社の場合→六三五・六三六】❶❸【出資の種類→五七六①[五]】❷【持分会社の財産の状況→六一七②】【財産の状況を知る方法→六一八】❺❻【除名→六〇七①[八]】【除名の訴え→八五九】❼【持分の差押え→六〇九①】

[1] **一　持分計算の基礎となる会社財産の価額の評価**
1　一括譲渡する場合の価額
退社による払戻持分の計算の基礎となる会社財産の価額の評価は、帳簿価額によるべきではなく、会社の事業の継続を前提として、なるべく有利にこれを一括譲渡する場合の価額を標準とすべきである。（名古屋高判昭55・5・20判時九七五・一一〇）

[2]　**2　営業価格**　持分の払戻しは、退社当時の会社財産の状況によりなされるが、右財産の評価方法としては、帳簿価額によるべきではなく、会社の営業を前提とした営業価格によるべきで、会社の清算や破産の場合のような単純な売却価格（清算価格）によるべきではない。（名古屋地判昭62・9・29判時一二六四・一二八）

二　退社した社員が負担すべき損失の額の方が大きい場合

[3]　無限責任社員が合資会社を退社した場合には、退社の時における当該会社の財産の状況に従って当該社員と当該会社との間の計算がされ、その結果、当該社員が負担すべき損失の額が当該社員の出資の価額を超えるときには、定款に別段の定めがあるなどの特段の事情のない限り、当該社員は、当該会社に対してその超過額を支払わなければならない。（最判令元・12・24民集七三・五・四五七、会社法百選[四版]七八）

三　出資義務の不履行と持分払戻請求権

[4]　出資義務を履行しなかった社員が退社した場合でも、債務を超過する会社財産につき持分の払戻しを受ける権利を生ずるが、会社は出資請求権をもって右払戻請求権と相殺することができる。（大判昭15・10・30民集一九・二一四二、会社百選[二版]一〇三）

四　出資義務の履行請求前の退社と持分払戻請求権の成否

[5]　履行期の定めのない社員の金銭出資義務は、会社の請求により金銭債務として具体化するものであり、このような金銭債務となる前の出資義務は社員たる地位と終始するものであり、社員が退社したときは出資義務も消滅するから、右退社社員の払戻請求権は成立しない。（最判昭62・1・22判時一二二三・一三六、会社法百選[四版]七七……合資会社の事例）

五　払戻請求をしない旨の定款の定めの有効性

[6]　社員が除名によって退社したときは持分払戻請求権を失う旨の定款の規定は、合名会社が内部関係において定款で規律し得る事項に属する。（東京高判昭40・9・28下民一六・九・一四六五）

六　持分払戻請求訴訟と六〇一条→六〇一条[7]

（退社した社員の責任）

第六一二条①　退社した社員は、その登記をする前に生じた持分会社の債務について、従前の責任の範囲内でこれを弁済する責任を負う。

②　前項の責任は、同項の登記後二年以内に請求又は請求の予告をしない持分会社の債権者に対しては、当該登記後二年を経過した時に消滅する。

⊛+【退社→六〇六―六一一】⊛【退社の登記→九一二[五]―[七]・九一三[五]―[九]・九一四[六]―[四]・九一五①】❶【従前の責任の範囲→五八〇】

一　社員の死亡による退社の登記前の会社債務と相続人の責任

[1]　社員の死亡後その退社登記前に会社に生じた債務については、その相続人は責任を負わない。（大判昭10・3・9民集一四・二九一、会社百選[四版]九二）

二　退社員の責任と九〇八条一項の適用の有無

[2]　社員が退社しても、退社の登記がない以上、取引の相手方が退社の事実を知るかどうかに関わりなく、その登記前に生じた会社の債務につき責任を負うことは商法七三条一項［昭和一三法七二改正前。本条一項］の解釈上明白であって、この場合には商法一二条［会社九〇八条一項］の適用はない。（大判昭14・2・8民集一八・五四、会社百選[五版]一〇六）

三　本条二項の退社員の責任の消滅期間の性質

[3]　商法九三条二項［本条二項］の退社員の責任の消滅期間は、除斥期間であり、会社債権者の権利行使をその期間内に限る趣旨であるから、民法一四二条に従って期間が伸長されるものではない。（福岡高判平8・4・15判時一五九四・一四四）

（商号変更の請求）

第六一三条　持分会社がその商号中に退社した社員の氏若しくは氏名又は名称を用いているときは、当該退社した社員は、当該持分会社に対し、その氏若しくは氏名又は名称の使用をやめることを請求することができる。

⊛+【商号→五七六①[一]・九一二[二]・九一三[二]・九一四[二]】【退社→六〇六―六一一】⊛【差止めの請求→民保二三】【氏名続用→五八九】

第五章　計算等

第一節　会計の原則

第六一四条　持分会社の会計は、一般に公正妥当と認められる企業会計の慣行に従うものとする。

⊛+【株式会社の場合→四三一】

第二節　会計帳簿

（会計帳簿の作成及び保存）

第六一五条①　持分会社は、法務省令で定めるところにより、適時に、正確な会計帳簿を作成しなければならない。

②　持分会社は、会計帳簿の閉鎖の時から十年間、その会計帳簿及びその事業に関する重要な資料を保存しなければならない。

⊛❶【省令の定め→会社則一五九、会社計算四―五六】❷【期間→民一三八―一四三】【清算時の帳簿資料の保存→六七二】

（会計帳簿の提出命令）

第六一六条　裁判所は、申立てにより又は職権で、訴訟の当事者に対し、会計帳簿の全部又は一部の提出を命ずることができる。

⊛+【他の書類の提出義務→六一九、民訴二一九―二二七】

第三節　計算書類

（計算書類の作成及び保存）

第六一七条①　持分会社は、法務省令で定めるところにより、その成立の日における貸借対照表を作成しなければならない。

②　持分会社は、法務省令で定めるところにより、各事業年度に係る計算書類（貸借対照表その他持分会社の

財産の状況を示すために必要かつ適切なものとして法務省令で定めるものをいう。以下この章において同じ。）を作成しなければならない。

③ 計算書類は、電磁的記録をもって作成することができる。

④ 持分会社は、計算書類を作成した時から十年間、これを保存しなければならない。

参❶【会社成立の日→五七九【省令の定め→会社則一五九、会社計算五七・七一―八六・九七―一一六 ❷【省令の定め→会社則一五九、会社計算七一―一一七 ❸【電磁的記録→二六② ❹【期間→民一三八―一四三

（計算書類の閲覧等）

第六一八条① 持分会社の社員は、当該持分会社の営業時間内は、いつでも、次に掲げる請求をすることができる。

一 計算書類が書面をもって作成されているときは、当該書面の閲覧又は謄写の請求

二 計算書類が電磁的記録をもって作成されているときは、当該電磁的記録に記録された事項を法務省令で定める方法により表示したものの閲覧又は謄写の請求

② 前項の規定は、定款で別段の定めをすることを妨げない。ただし、定款によっても、社員が事業年度の終了時に同項各号に掲げる請求をすることを制限する旨を定めることができない。

参【計算書類→六一七②【合同会社の特則→六二五 ❶[二]【電磁的記録→二六②【省令で定める方法→会社則二二六

（計算書類の提出命令）

第六一九条 裁判所は、申立てにより又は職権で、訴訟の当事者に対し、計算書類の全部又は一部の提出を命ずることができる。

参【他の書類の提出義務→六一六、民訴二一九―二二七

第四節　資本金の額の減少

第六二〇条① 持分会社は、損失のてん補のために、その資本金の額を減少することができる。

② 前項の規定により減少する資本金の額は、損失の額として法務省令で定める方法により算定される額を超えることができない。

参【資本金→九一四[五]【合同会社の特則→六二六、六二七

第五節　利益の配当

（利益の配当）

第六二一条① 社員は、持分会社に対し、利益の配当を請求することができる。

② 持分会社は、利益の配当を請求する方法その他の利益の配当に関する事項を定款で定めることができる。

③ 社員の持分の差押えは、利益の配当を請求する権利に対しても、その効力を有する。

参【利益→六二三①【合同会社の特則→六二八―六三一 ❶【配当請求を拒める場合→六二八 ❸【持分の差押え→六〇九

（社員の損益分配の割合）

第六二二条① 損益分配の割合について定款の定めがないときは、その割合は、各社員の出資の価額に応じて定める。

② 利益又は損失の一方についてのみ分配の割合についての定めを定款で定めたときは、その割合は、利益及び損失の分配に共通であるものと推定する。

参❶【社員の出資の価額→五七六①[六]

（有限責任社員の利益の配当に関する責任）

第六二三条① 持分会社が利益の配当により有限責任社員に対して交付した金銭等の帳簿価額（以下この項において「配当額」という。）が当該利益の配当をする日における利益額（持分会社の利益の額として法務省令で定める方法により算定される額をいう。以下この章において同じ。）を超える場合には、当該利益の配当を受けた有限責任社員は、当該持分会社に対し、連帯して、当該配当額に相当する金銭を支払う義務を負う。

② 前項に規定する場合における同項の利益の配当を受けた有限責任社員についての第五百八十条第二項の規定の適用については、同項中「を限度として」とあるのは、「及び第六百二十三条第一項の配当額が同項の利益額を超過する額（同項の義務を履行した額を除く。）の合計額を限度として」とする。

参【利益の配当→六二一【有限責任社員→五七六①[五]【金銭等→一五一①【合同会社の特則→六二九―六三一 ❶【連帯→民四三六―四四五 ❷【合資会社にのみ適用→六三〇③

第六節　出資の払戻し

第六二四条① 社員は、持分会社に対し、既に出資として払込み又は給付をした金銭等の払戻し（以下この編において「出資の払戻し」という。）を請求することができる。この場合において、当該金銭等が金銭以外の財産であるときは、当該財産の価額に相当する金銭の払戻しを請求することを妨げない。

② 持分会社は、出資の払戻しを請求する方法その他の出資の払戻しに関する事項を定款で定めることができる。

③ 社員の持分の差押えは、出資の払戻しを請求する権利に対しても、その効力を有する。

参【合同会社の特則→六二六・六二七・六三二―六三四 ❶【出資→五七六①[六]【金銭等→一五一①【払戻請求を拒める場合→六三二 ❸【持分の差押え→六〇九

第七節　合同会社の計算等に関する特則

第一款　計算書類の閲覧に関する特則

第六二五条 合同会社の債権者は、当該合同会社の営業時間内は、いつでも、その計算書類（作成した日から五年以内のものに限る。）について第六百十八条第一項各号に掲げる請求をすることができる。

参【合同会社→五七六④【計算書類→六一七②―④

第二款　資本金の額の減少に関する特則

（出資の払戻し又は持分の払戻しを行う場合の資本金

会社

の額の減少）

第六二六条① 合同会社は、第六百二十条第一項の場合のほか、出資の払戻し又は持分の払戻しのために、その資本金の額を減少することができる。

② 前項の規定により出資の払戻しのために減少する資本金の額は、第六百三十二条第二項に規定する出資払戻額から出資の払戻しをする日における剰余金額を控除して得た額を超えてはならない。

③ 第一項の規定により持分の払戻しのために減少する資本金の額は、第六百三十五条第一項に規定する持分払戻額から持分の払戻しをする日における剰余金額を控除して得た額を超えてはならない。

④ 前二項に規定する「剰余金額」とは、第一号に掲げる額から第二号から第四号までに掲げる額の合計額を減じて得た額をいう（第四款及び第五款において同じ。）。

一 資産の額
二 負債の額
三 資本金の額
四 前二号に掲げるもののほか、法務省令で定める各勘定科目に計上した額の合計額

参照【出資の払戻し→六二四①、六三二①】

（債権者の異議）

第六二七条① 合同会社が資本金の額を減少する場合には、当該合同会社の債権者は、当該合同会社に対し、資本金の額の減少について異議を述べることができる。

② 前項に規定する場合には、合同会社は、次に掲げる事項を官報に公告し、かつ、知れている債権者には、各別にこれを催告しなければならない。ただし、第二号の期間は、一箇月を下ることができない。

一 当該資本金の額の減少の内容
二 債権者が一定の期間内に異議を述べることができる旨

③ 前項の規定にかかわらず、合同会社が同項の規定による公告を、官報のほか、第九百三十九条第一項の規定による定款の定めに従い、同項第二号又は第三号に掲げる公告方法によりするときは、前項の規定による各別の催告は、することを要しない。

④ 債権者が第二項第二号の期間内に異議を述べなかったときは、当該債権者は、当該資本金の額の減少について承認をしたものとみなす。

⑤ 債権者が第二項第二号の期間内に異議を述べたときは、合同会社は、当該債権者に対し、弁済し、若しくは相当の担保を提供し、又は当該債権者に弁済を受けさせることを目的として信託会社等に相当の財産を信託しなければならない。ただし、当該資本金の額の減少をしても当該債権者を害するおそれがないときは、この限りでない。

⑥ 資本金の額の減少は、前各項の手続が終了した日に、その効力を生ずる。

参照【資本金の額の減少→六二六】【社債権者の異議の場合→七四〇】❷【官報による公告→九三九①[三]④】【変更登記→商登一二〇】❺【信託会社→三四②】❷❺【罰則→九七六[二十六]】

第三款　利益の配当に関する特則

（利益の配当の制限）

第六二八条 合同会社は、利益の配当により社員に対して交付する金銭等の帳簿価額（以下この款において「配当額」という。）が当該利益の配当をする日における利益額を超える場合には、当該利益の配当をすることができない。この場合においては、合同会社は、第六百二十一条第一項の規定による請求を拒むことができる。

参照【利益配当→六二一】【利益額→六二三①】

（利益の配当に関する責任）

第六二九条① 合同会社が前条の規定に違反して利益の配当をした場合には、当該利益の配当に関する業務を執行した社員は、当該合同会社に対し、当該利益の配当を受けた社員と連帯して、当該配当額に相当する金銭を支払う義務を負う。ただし、当該業務を執行した社員がその職務を行うについて注意を怠らなかったことを証明した場合は、この限りでない。

② 前項の義務は、免除することができない。ただし、利益の配当をした日における利益額を限度として当該義務を免除することについて総社員の同意がある場合は、この限りでない。

参照❶【業務執行社員→五九〇、五九一】【業務執行社員の責任の原則→五九六】❷【利益額→六二三①】

（社員に対する求償権の制限等）

第六三〇条① 前条第一項に規定する場合において、利益の配当を受けた社員は、配当額が利益の配当をした日における利益額を超えることにつき善意であるときは、当該配当額について、当該利益の配当に関する業務を執行した社員からの求償の請求に応ずる義務を負わない。

② 前条第一項に規定する場合には、合同会社の債権者は、利益の配当を受けた社員に対し、配当額（当該配当額が当該債権者の合同会社に対して有する債権額を超える場合にあっては、当該債権額）に相当する金銭を支払わせることができる。

③ 第六百二十三条第二項の規定は、合同会社の社員については、適用しない。

参照【配当額→六二八】❶【利益額→六二三①】

（欠損が生じた場合の責任）

第六三一条① 合同会社が利益の配当をした場合において、当該利益の配当をした日の属する事業年度の末日に欠損額（合同会社の欠損の額として法務省令で定める方法により算定される額をいう。以下この項において同じ。）が生じたときは、当該利益の配当に関する業務を執行した社員は、当該合同会社に対し、当該利益の配当を受けた社員と連帯して、その欠損額（当該欠損額が配当額を超えるときは、当該配当額）を支払う義務を負う。ただし、当該業務を執行した社員がその職務を行うについて注意を怠らなかったことを証明し

た場合は、この限りでない。

② 前項の義務は、総社員の同意がなければ、免除することができない。

㊟❶【業務執行社員↓五九〇、五九一【業務執行社員の責任の原則↓五九六

第四款 出資の払戻しに関する特則

（出資の払戻しの制限）

第六三二条① 第六百二十四条第一項の規定にかかわらず、合同会社の社員は、定款を変更してその出資の価額を減少する場合を除き、同項前段の規定による請求をすることができない。

② 合同会社が出資の払戻しにより社員に対して交付する金銭等の帳簿価額（以下この款において「出資払戻額」という。）が、第六百二十四条第一項前段の規定による請求をした日における剰余金額（第六百二十六条第一項の資本金の額の減少をした場合にあっては、その減少をした後の剰余金額。以下この款において同じ。）又は前項の出資の価額を減少した額のいずれか少ない額を超える場合には、当該出資の払戻しをすることができない。この場合においては、合同会社は、第六百二十四条第一項前段の規定による請求を拒むことができる。

㊟【出資の払戻し↓六二四 ❶【定款変更↓六三七【出資の価額↓五七六①四

（出資の払戻しに関する社員の責任）

第六三三条① 合同会社が前条の規定に違反して出資の払戻しをした場合には、当該出資の払戻しに関する業務を執行した社員は、当該合同会社に対し、当該出資の払戻しを受けた社員と連帯して、当該出資払戻額に相当する金銭を支払う義務を負う。ただし、当該業務を執行した社員がその職務を行うについて注意を怠らなかったことを証明した場合は、この限りでない。

② 前項の義務は、免除することができない。ただし、出資の払戻しをした日における剰余金額を限度として当該義務を免除することについて総社員の同意がある場合は、この限りでない。

㊟【出資の払戻し↓六二四 ❶【業務執行社員↓五九〇、五九一【出資払戻額↓六三二②【業務執行社員の責任の原則↓五九六

（社員に対する求償権の制限等）

第六三四条① 前条第一項に規定する場合において、出資の払戻しを受けた社員は、出資払戻額が出資の払戻しをした日における剰余金額を超えることにつき善意であるときは、当該出資払戻額について、当該出資の払戻しに関する業務を執行した社員からの求償の請求に応ずる義務を負わない。

② 前条第一項に規定する場合には、合同会社の債権者は、出資の払戻しを受けた社員に対し、出資払戻額（当該出資払戻額が当該債権者の合同会社に対して有する債権額を超える場合にあっては、当該債権額）に相当する金銭を支払わせることができる。

㊟【出資の払戻し↓六二四【出資払戻額↓六三二② ❶【剰余金額↓六三二②

第五款 退社に伴う持分の払戻しに関する特則

（債権者の異議）

第六三五条① 合同会社が持分の払戻しにより社員に対して交付する金銭等の帳簿価額（以下この款において「持分払戻額」という。）が当該持分の払戻しをする日における剰余金額を超える場合には、当該合同会社の債権者は、当該合同会社に対し、持分の払戻しについて異議を述べることができる。

② 前項に規定する場合には、合同会社は、次に掲げる事項を官報に公告し、かつ、知れている債権者には、各別にこれを催告しなければならない。ただし、第二号の期間は、一箇月（持分払戻額が当該合同会社の純資産額として法務省令で定める方法により算定される額を超える場合にあっては、二箇月）を下ることができない。

一 当該剰余金額を超える持分の払戻しの内容

二 債権者が一定の期間内に異議を述べることができる旨

③ 前項の規定にかかわらず、合同会社が同項の規定による公告を、官報のほか、第九百三十九条第一項の規定による定款の定めに従い、同項第二号又は第三号に掲げる公告方法によりするときは、前項の規定による各別の催告は、することを要しない。ただし、持分払戻額が当該合同会社の純資産額として法務省令で定める方法により算定される額を超える場合は、この限りでない。

④ 債権者が第二項第二号の期間内に異議を述べなかったときは、当該債権者は、当該持分の払戻しについて承認をしたものとみなす。

⑤ 債権者が第二項第二号の期間内に異議を述べたときは、合同会社は、当該債権者に対し、弁済し、若しくは相当の担保を提供し、又は当該債権者に弁済を受けさせることを目的として信託会社等に相当の財産を信託しなければならない。ただし、持分払戻額が当該合同会社の純資産額として法務省令で定める方法により算定される額を超えない場合において、当該持分の払戻しをしても当該債権者を害するおそれがないときは、この限りでない。

㊟【持分の払戻し↓六一一【異議↓六三五④⑤【社債権者の異議の場合↓七四〇 ❶【剰余金額↓六三二② ❷【官報による公告↓九三九①一④ ❸❺【持分払戻額↓六三五① ❺【信託会社↓三四② ❷❺【罰則↓九七六[二十六]

（業務を執行する社員の責任）

第六三六条① 合同会社が前条の規定に違反して持分の払戻しをした場合には、当該持分の払戻しに関する業務を執行した社員は、当該合同会社に対し、当該持分の払戻しを受けた社員と連帯して、当該持分払戻額に相当する金銭を支払う義務を負う。ただし、持分の払戻しに関する業務を執行した社員がその職務を行うについて注意を怠らなかったことを証明した場合は、この限りでない。

② 前項の義務は、免除することができない。ただし、持分の払戻しをした時における剰余金額を限度として当該義務を免除することについて総社員の同意がある場合は、この限りでない。

参【持分の払戻し↓六一一【業務執行社員↓五九〇・五九一 ❶【持分払戻額↓六三五①【業務執行社員の責任の原則↓五九六 ❷【剰余金額↓六三二②

第六章 定款の変更

（定款の変更）

第六三七条 持分会社は、定款に別段の定めがある場合を除き、総社員の同意によって、定款の変更をすることができる。

参【定款↓五七六【例外↓五八五③

（定款の変更による持分会社の種類の変更）

第六三八条① 合名会社は、次の各号に掲げる定款の変更をすることにより、当該各号に定める種類の持分会社となる。

一 有限責任社員を加入させる定款の変更 合資会社

二 その社員の一部を有限責任社員とする定款の変更 合資会社

三 その社員の全部を有限責任社員とする定款の変更 合同会社

② 合資会社は、次の各号に掲げる定款の変更をすることにより、当該各号に定める種類の持分会社となる。

一 その社員の全部を無限責任社員とする定款の変更 合名会社

二 その社員の全部を有限責任社員とする定款の変更 合同会社

③ 合同会社は、次の各号に掲げる定款の変更をすることにより、当該各号に定める種類の持分会社となる。

一 その社員の全部を無限責任社員とする定款の変更 合名会社

二 無限責任社員を加入させる定款の変更 合資会社

三 その社員の一部を無限責任社員とする定款の変更 合資会社

参【定款の変更↓六三七【合名会社↓五七六②【合資会社↓五七六③【合同会社↓五七六④【社員の加入↓六〇四【無限責任社員・有限責任社員↓五七六①[五]【社員の責任↓五八〇【社員の責任の変更の特則↓五八三①③【登記↓九一九 ❶【登記↓九一二、商登一〇四—一〇六 ❷【登記↓九一三、商登一一三 ❸【登記↓九一四、商登一二二 ❶[三]❷[二]【合同会社への変更↓六四〇【適用除外↓六七四

（合資会社の社員の退社による定款のみなし変更）

第六三九条① 合資会社の有限責任社員が退社したことにより当該合資会社の社員が無限責任社員のみとなった場合には、当該合資会社は、合名会社となる定款の変更をしたものとみなす。

② 合資会社の無限責任社員が退社したことにより当該合資会社の社員が有限責任社員のみとなった場合には、当該合資会社は、合同会社となる定款の変更をしたものとみなす。

参【合資会社↓五七六③【無限責任社員・有限責任社員↓五七六①[五]【退社↓六〇六・六〇七【定款の変更の原則↓六三七【登記↓商登一一三 ❶【合名会社↓五七六② ❷【合同会社↓五七六④

（定款の変更時の出資の履行）

第六四〇条① 第六百三十八条第一項第三号又は第二項第二号に掲げる定款の変更をする場合において、当該定款の変更をする持分会社の社員が当該定款の変更後の合同会社に対する出資に係る払込み又は給付の全部又は一部を履行していないときは、当該定款の変更は、当該払込み及び給付が完了した日に、その効力を生ずる。

② 前条第二項の規定により合同会社となる定款の変更をしたものとみなされた場合において、社員がその出資に係る払込み又は給付の全部又は一部を履行していないときは、当該定款の変更をしたものとみなされた日から一箇月以内に、当該払込み又は給付を完了しなければならない。ただし、当該期間内に、合名会社又は合資会社となる定款の変更をした場合は、この限りでない。

参【定款の変更↓六三七【出資の払込み・給付↓五七八 ❷【合名会社↓五七六②【合資会社↓五七六③

第七章 解散

（解散の事由）

第六四一条 持分会社は、次に掲げる事由によって解散する。

一 定款で定めた存続期間の満了

二 定款で定めた解散の事由の発生

三 総社員の同意

四 社員が欠けたこと。

五 合併（合併により当該持分会社が消滅する場合に限る。）

六 破産手続開始の決定

七 第八百二十四条第一項又は第八百三十三条第二項の規定による解散を命ずる裁判

参【株式会社の場合↓四七一 [一][二]【定款↓五七六【存続期間・定款上の解散事由↓九一二[四]・九一三[四]・九一四[四] [一]—[四]【解散の登記↓九二六、商登九八・一一一・一一八 [五]【合併↓七四八・七九三①[一] [六]【破産手続開始の決定↓破三〇

（持分会社の継続）

第六四二条① 持分会社は、前条第一号から第三号までに掲げる事由によって解散した場合には、次章の規定による清算が結了するまで、社員の全部又は一部の同意によって、持分会社を継続することができる。

② 前項の場合には、持分会社を継続することについて同意しなかった社員は、持分会社が継続することとなった日に、退社する。

参❶【清算の結了↓六六七【継続の登記↓九二七、商登一〇三・一一一・一一八 ❷【退社↓六一〇・六一一

（解散した持分会社の合併等の制限）

第六四三条 持分会社が解散した場合には、当該持分会社は、次に掲げる行為をすることができない。

一 合併（合併により当該持分会社が存続する場合に

限る。）

二　吸収分割による他の会社がその事業に関して有する権利義務の全部又は一部の承継

参+【解散→六四一　【二】合併→七四八、七五一　【三】持分会社に権利義務を承継させる吸収分割→七六〇

第八章　清算

第一節　清算の開始

（清算の開始原因）

第六四四条　持分会社は、次に掲げる場合には、この章の定めるところにより、清算をしなければならない。

一　解散した場合（第六百四十一条第五号に掲げる事由によって解散した場合及び破産手続開始の決定により解散した場合であって当該破産手続が終了していない場合を除く。）

二　設立の無効の訴えに係る請求を認容する判決が確定した場合

三　設立の取消しの訴えに係る請求を認容する判決が確定した場合

参+【株式会社の場合→四七五　【一】解散→六四一　【二】設立無効の訴え→八二八①㈥　【二】【三】判決の確定→民訴一一六　【三】設立の取消しの訴え→八三二

（清算持分会社の能力）

第六四五条　前条の規定により清算をする持分会社（以下「清算持分会社」という。）は、清算の目的の範囲内において、清算が結了するまではなお存続するものとみなす。

参+【清算の目的→六四九【清算の結了→六六七

第二節　清算人

（清算人の設置）

第六四六条　清算持分会社には、一人又は二人以上の清算人を置かなければならない。

参+【清算持分会社→六四五【清算人→六四七ETC【合名会社・合資会社の特則→六六八②

（清算人の就任）

第六四七条①　次に掲げる者は、清算持分会社の清算人となる。

一　業務を執行する社員（次号又は第三号に掲げる者がある場合を除く。）

二　定款で定める者

三　社員（業務を執行する社員を定款で定めた場合にあっては、その社員）の過半数の同意によって定める者

②　前項の規定により清算人となる者がないときは、裁判所は、利害関係人の申立てにより、清算人を選任する。

③　前二項の規定にかかわらず、第六百四十一条第四号又は第七号に掲げる事由によって解散した清算持分会社については、裁判所は、利害関係人若しくは法務大臣の申立てにより又は職権で、清算人を選任する。

④　第一項及び第二項の規定にかかわらず、第六百四十四条第二号又は第三号に掲げる場合に該当することとなった清算持分会社については、裁判所は、利害関係人の申立てにより、清算人を選任する。

参+【清算持分会社→六四五【清算人の登記→九二八②–④、商登九九、一〇〇、一一一、一一八【職務執行停止の仮処分等の登記→九一七【合名会社・合資会社の特則→六六八②　❶【一】【三】【業務執行社員→五九〇、五九一　【三】定款→五七六　❷–❹【裁判所による選任→八六八①、八七四㈠【裁判所の選任する清算人の報酬→六五七

> 7　**利害関係人の範囲―社員の債権者も含まれる**　社員の債権者は、清算が正当に行われることを期するため、社員と同じく清算人の選任を申請する利益を有する。（大決大8・6・9民録二五・九九七）

（清算人の解任）

第六四八条①　清算人（前条第二項から第四項までの規定により裁判所が選任したものを除く。）は、いつでも、解任することができる。

②　前項の規定による解任は、定款に別段の定めがある場合を除き、社員の過半数をもって決定する。

③　重要な事由があるときは、裁判所は、社員その他利害関係人の申立てにより、清算人を解任することができる。

参❷【定款→五七六　❸【清算人解任の裁判→八六八①、八七〇①㈠　+【退任の登記→商登一〇〇③

（清算人の職務）

第六四九条　清算人は、次に掲げる職務を行う。

一　現務の結了

二　債権の取立て及び債務の弁済

三　残余財産の分配

参+【清算人→六四七【合名会社・合資会社の特則→六六八②　【二】【三】債務の弁済→六六〇—六六二、六六四　【三】残余財産の分配→六六四、六六六

> 7　**清算の目的の範囲―功労者に対する慰労金の贈与**　商法九一条［昭和一三法七二改正前。本条］に規定するものは清算人が当然の職務としてなし得る範囲を定めたにすぎず、清算の目的がそれに限られるわけではないから、会社に功労のあった者にその報酬として慰労金を贈与することは清算事務を遂行するのに必要な行為に当たる。（大判大2・7・9民録一九・六一九、会社百選四版八一……株式会社の事例）→四七六条7

（業務の執行）

第六五〇条①　清算人は、清算持分会社の業務を執行する。

②　清算人が二人以上ある場合には、清算持分会社の業務は、定款に別段の定めがある場合を除き、清算人の過半数をもって決定する。

③　前項の規定にかかわらず、社員が二人以上ある場合には、清算持分会社の事業の全部又は一部の譲渡は、社員の過半数をもって決定する。

参+【清算人→六四七【清算持分会社→六四五【合名会社・合資会社の特則→六六八②　❶【業務→六四五、六四九　❷【定款→五七六　❸【事業の譲渡→二一—二四

（清算人と清算持分会社との関係）

第六五一条① 清算持分会社と清算人との関係は、委任に関する規定に従う。

② 第五百九十三条第二項〈忠実義務〉、第五百九十四条〈競業の禁止〉及び第五百九十五条〈利益相反取引の制限〉の規定は、清算人について準用する。この場合において、第五百九十四条第一項及び第五百九十五条第一項中「当該社員以外の社員」とあるのは、「社員（当該清算人が社員である場合にあっては、当該清算人以外の社員）」と読み替えるものとする。

参【清算人→六四七【清算持分会社→六四五　❶【委任に関する規定→民六四三―六五六

（清算人の清算持分会社に対する損害賠償責任）

第六五二条 清算人は、その任務を怠ったときは、清算持分会社に対し、連帯して、これによって生じた損害を賠償する責任を負う。

参【清算人→六四七【清算人の任務→六四九・六五一②【清算持分会社→六四五【連帯→民四三六―四四五

（清算人の第三者に対する損害賠償責任）

第六五三条 清算人がその職務を行うについて悪意又は重大な過失があったときは、当該清算人は、連帯して、これによって第三者に生じた損害を賠償する責任を負う。

参【清算人→六四七【清算人の職務→六四九【連帯→民四三六―四四五

（法人が清算人である場合の特則）

第六五四条① 法人が清算人である場合には、当該法人は、当該清算人の職務を行うべき者を選任し、その者の氏名及び住所を社員に通知しなければならない。

② 前三条の規定は、前項の規定により選任された清算人の職務を行うべき者について準用する。

参【清算人→六四七【法人清算人の登記→商登九九・一〇一・一一一・一一八【清算人の職務→六四九

（清算持分会社の代表）

第六五五条① 清算人は、清算持分会社を代表する。ただし、他に清算持分会社を代表する清算人その他清算持分会社を代表する者を定めた場合は、この限りでない。

② 前項本文の清算人が二人以上ある場合には、清算人は、各自、清算持分会社を代表する。

③ 清算持分会社は、定款又は定款の定めに基づく清算人（第六百四十七条第二項から第四項までの規定により裁判所が選任したものを除く。以下この項において同じ。）の互選によって、清算人の中から清算持分会社を代表する清算人を定めることができる。

④ 第六百四十七条第一項第一号の規定により業務を執行する社員が清算人となる場合において、持分会社を代表する社員を定めていたときは、当該持分会社を代表する社員が清算持分会社を代表する清算人となる。

⑤ 裁判所は、第六百四十七条第二項から第四項までの規定により清算人を選任する場合には、その清算人の中から清算持分会社を代表する清算人を定めることができる。

⑥ 第五百九十九条第四項及び第五項〈代表社員の権限〉の規定は清算持分会社を代表する清算人について、第六百三条〈業務執行社員の職務を代行する者〉の規定は民事保全法第五十六条に規定する仮処分命令により選任された清算人又は清算持分会社を代表する清算人の職務を代行する者について、それぞれ準用する。

参【清算人→六四七【清算持分会社→六四五　❶❸【代表清算人の登記→九二八②[三]　❹【裁判所による選任→八六八①・八七四[一]　❺【職務執行停止の仮処分→九二八④・九一七

（清算持分会社についての破産手続の開始）

第六五六条① 清算持分会社の財産がその債務を完済するのに足りないことが明らかになったときは、清算人は、直ちに破産手続開始の申立てをしなければならない。

② 清算人は、清算持分会社が破産手続開始の決定を受けた場合において、破産管財人にその事務を引き継いだときは、その任務を終了したものとする。

③ 前項に規定する場合において、清算持分会社が既に債権者に支払い、又は社員に分配したものがあるときは、破産管財人は、これを取り戻すことができる。

参【清算持分会社→六四五【清算人→六四七　❶【破産手続開始の申立て→破一八―二三【罰則→九七六[二十七]　❷❸【破産手続開始の決定→破三〇【破産管財人→破二⑫・七四―九〇

（裁判所の選任する清算人の報酬）

第六五七条 裁判所は、第六百四十七条第二項から第四項までの規定により清算人を選任した場合には、清算持分会社が当該清算人に対して支払う報酬の額を定めることができる。

参【清算人→六四七【裁判所による報酬額の決定→八六八①・八七〇①[一]

第三節　財産目録等

（財産目録等の作成等）

第六五八条① 清算人は、その就任後遅滞なく、清算持分会社の財産の現況を調査し、法務省令で定めるところにより、第六百四十四条各号に掲げる場合に該当することとなった日における財産目録及び貸借対照表（以下この節において「財産目録等」という。）を作成し、各社員にその内容を通知しなければならない。

② 清算持分会社は、財産目録等を作成した時からその本店の所在地における清算結了の登記の時までの間、当該財産目録等を保存しなければならない。

③ 清算持分会社は、社員の請求により、毎月清算の状況を報告しなければならない。

参【清算人→六四七【清算持分会社→六四五【合名会社・合資会社の特則→六六八②・六六九　❶【省令の定め→会社則一六〇・一六一　❷【清算結了の登記→九二九[三]

（財産目録等の提出命令）

第六五九条 裁判所は、申立てにより又は職権で、訴訟の当事者に対し、財産目録等の全部又は一部の提出を命ずることができる。

参【財産目録等→六五八①

第四節　債務の弁済

（債権者に対する公告等）

第六六〇条① 清算持分会社（合同会社に限る。以下この項及び次条において同じ。）は、第六百四十四条各号に掲げる場合に該当することとなった後、遅滞なく、当該清算持分会社の債権者に対し、一定の期間内にその債権を申し出るべき旨を官報に公告し、かつ、知れている債権者には、各別にこれを催告しなければならない。ただし、当該期間は、二箇月を下ることができない。

② 前項の規定による公告には、当該債権者が当該期間内に申出をしないときは清算から除斥される旨を付記しなければならない。

参【合同会社→五七六④【官報による公告→九三九①[一]④【合名会社・合資会社における清算手続→六六二―六六四、六六八―六七一　❶【罰則→九七六[二十八]　❷【清算からの除斥→六六五

（債務の弁済の制限）

第六六一条① 清算持分会社は、前条第一項の期間内は、債務の弁済をすることができない。この場合において、清算持分会社は、その債務の不履行によって生じた責任を免れることができない。

② 前項の規定にかかわらず、清算持分会社は、前条第一項の期間内であっても、裁判所の許可を得て、少額の債権、清算持分会社の財産につき存する担保権によって担保される債権その他これを弁済しても他の債権者を害するおそれがない債権に係る債務について、その弁済をすることができる。この場合において、当該許可の申立ては、清算人が二人以上あるときは、その全員の同意によってしなければならない。

参【清算持分会社→六六〇①【合名会社・合資会社の特則→六六八②　❶【債務不履行責任→民四一五【罰則→九七六[二十九]　❷【裁判所の許可→八六八①、八七四[四]

（条件付債権等に係る債務の弁済）

第六六二条① 清算持分会社は、条件付債権、存続期間が不確定な債権その他その額が不確定な債権に係る債務を弁済することができる。この場合においては、これらの債権を評価させるため、裁判所に対し、鑑定人の選任の申立てをしなければならない。

② 前項の場合には、清算持分会社は、同項の鑑定人の評価に従い同項の債権に係る債務を弁済しなければならない。

③ 第一項の鑑定人の選任の手続に関する費用は、清算持分会社の負担とする。当該鑑定人による鑑定のための呼出し及び質問に関する費用についても、同様とする。

参【清算持分会社→六四五【鑑定人選任の申立て→八六八①、八七四[一]【合名会社・合資会社の特則→六六八②

（出資の履行の請求）

第六六三条 清算持分会社に現存する財産がその債務を完済するのに足りない場合において、その出資の全部又は一部を履行していない社員があるときは、当該出資に係る定款の定めにかかわらず、当該清算持分会社は、当該社員に出資させることができる。

参【清算持分会社→六四五【定款の定め→五七六①[六]

（債務の弁済前における残余財産の分配の制限）

第六六四条 清算持分会社は、当該清算持分会社の債務を弁済した後でなければ、その財産を社員に分配することができない。ただし、その存否又は額について争いのある債権に係る債務についてその弁済をするために必要と認められる財産を留保した場合は、この限りでない。

参【清算持分会社→六四五【債務の弁済→六六二【社員への分配→六六六【罰則→九七六[三十]【合名会社・合資会社の特則→六六八②

（清算からの除斥）

第六六五条① 清算持分会社（合同会社に限る。以下この条において同じ。）の債権者（知れている債権者を除く。）であって第六百六十条第一項の期間内にその債権の申出をしなかったものは、清算から除斥される。

② 前項の規定により清算から除斥された債権者は、分配がされていない残余財産に対してのみ、弁済を請求することができる。

③ 清算持分会社の残余財産を社員の一部に分配した場合には、当該社員の受けた分配と同一の割合の分配を当該社員以外の社員に対してするために必要な財産は、前項の残余財産から控除する。

参【合同会社の清算→六六〇、六六一【合名会社・合資会社の特則→六六八②、六七〇　❸【残余財産の分配→六六六

第五節　残余財産の分配

（残余財産の分配の割合）

第六六六条 残余財産の分配の割合について定款の定めがないときは、その割合は、各社員の出資の価額に応じて定める。

参【債務弁済前の残余財産の分配の制限→六六四【定款→五七六【出資の価額→五七六①[六]【分配前の残余財産からの弁済の請求→六六五②③【破産手続における取戻し→六五六③

第六節　清算事務の終了等

第六六七条① 清算持分会社は、清算事務が終了したときは、遅滞なく、清算に係る計算をして、社員の承認を受けなければならない。

② 社員が一箇月以内に前項の計算について異議を述べなかったときは、社員は、当該計算の承認をしたものとみなす。ただし、清算人の職務の執行に不正の行為があったときは、この限りでない。

参【清算持分会社→六四五【清算事務・清算人の職務→六四九【清算結了の登記→九二九[二][三]、商登一〇二・一一一・一二一【合名会社・合資会社の特則→六六八②

第七節　任意清算

（財産の処分の方法）

第六六八条① 持分会社（合名会社及び合資会社に限る。以下この節において同じ。）は、定款又は総社員の

同意によって、当該持分会社が第六百四十一条第一号から第三号までに掲げる事由によって解散した場合における当該持分会社の財産の処分の方法を定めることができる。

② 第二節から前節までの規定は、前項の財産の処分の方法を定めた持分会社については、適用しない。

参❶【合名会社↓五七六②】【合資会社↓五七六③】【定款↓五七六】

（財産目録等の作成）

第六六九条① 前条第一項の財産の処分の方法を定めた持分会社が第六百四十一条第一号から第三号までに掲げる事由によって解散した場合には、清算持分会社（合名会社及び合資会社に限る。以下この節において同じ。）は、解散の日から二週間以内に、法務省令で定めるところにより、解散の日における財産目録及び貸借対照表を作成しなければならない。

② 前条第一項の財産の処分の方法を定めていない持分会社が第六百四十一条第一号から第三号までに掲げる事由によって解散した場合において、解散後に同項の財産の処分の方法を定めたときは、清算持分会社は、当該財産の処分の方法を定めた日から二週間以内に、法務省令で定めるところにより、解散の日における財産目録及び貸借対照表を作成しなければならない。

参❶【省令の定め↓会社則一六〇・一六一】❷【持分会社↓六六八①】

（債権者の異議）

第六七〇条① 持分会社が第六百六十八条第一項の財産の処分の方法を定めた場合には、その解散後の清算持分会社の債権者は、当該清算持分会社に対し、当該財産の処分の方法について異議を述べることができる。

② 前項に規定する場合には、清算持分会社は、解散の日（前条第二項に規定する場合にあっては、当該財産の処分の方法を定めた日）から二週間以内に、次に掲げる事項を官報に公告し、かつ、知れている債権者には、各別にこれを催告しなければならない。ただし、第二号の期間は、一箇月を下ることができない。

一 第六百六十八条第一項の財産の処分の方法に従い清算をする旨

二 債権者が一定の期間内に異議を述べることができる旨

③ 前項の規定にかかわらず、清算持分会社が同項の規定による公告を、官報のほか、第九百三十九条第一項の規定による定款の定めに従い、同項第二号又は第三号に掲げる公告方法によりするときは、前項の規定による各別の催告は、することを要しない。

④ 債権者が第二項第二号の期間内に異議を述べなかったときは、当該債権者は、当該財産の処分の方法について承認をしたものとみなす。

⑤ 債権者が第二項第二号の期間内に異議を述べたときは、清算持分会社は、当該債権者に対し、弁済し、若しくは相当の担保を提供し、又は当該債権者に弁済を受けさせることを目的として信託会社等に相当の財産を信託しなければならない。

参【持分会社↓六六八①】【清算持分会社↓六六九①】【社債権者の異議の場合↓七四〇】【本条に違反して行った財産の処分↓八六三①㈠】❷【罰則↓九七六[二十六][二十八]】❷❸【官報による公告↓九三九①㈠④】❺【信託会社↓三四②】【罰則↓九七六[二十六]】

（持分の差押債権者の同意等）

第六七一条① 持分会社が第六百六十八条第一項の財産の処分の方法を定めた場合において、社員の持分を差し押さえた債権者があるときは、その解散後の清算持分会社がその財産の処分をするには、その債権者の同意を得なければならない。

② 前項の清算持分会社が同項の規定に違反してその財産の処分をしたときは、社員の持分を差し押さえた債権者は、当該清算持分会社に対し、その持分に相当する金額の支払を請求することができる。

参【持分会社↓六六八①】【清算持分会社↓六六九①】【持分の差押え↓民執一六七】【持分の差押債権者↓六〇九】【本条に違反して行った財産の処分↓八六三①㈡】

第八節 帳簿資料の保存

第六七二条① 清算人（第六百六十八条第一項の財産の処分の方法を定めた場合にあっては、清算持分会社を代表する社員）は、清算持分会社の本店の所在地における清算結了の登記の時から十年間、清算持分会社の帳簿並びにその事業及び清算に関する重要な資料（以下この条において「帳簿資料」という。）を保存しなければならない。

② 前項の規定にかかわらず、定款で又は社員の過半数をもって帳簿資料を保存する者を定めた場合には、その者は、清算持分会社の本店の所在地における清算結了の登記の時から十年間、帳簿資料を保存しなければならない。

③ 裁判所は、利害関係人の申立てにより、第一項の清算人又は前項の規定により帳簿資料を保存する者に代わって帳簿資料を保存する者を選任することができる。この場合においては、前二項の規定は、適用しない。

④ 前項の規定により選任された者は、清算持分会社の本店の所在地における清算結了の登記の時から十年間、帳簿資料を保存しなければならない。

⑤ 第三項の規定による選任の手続に関する費用は、清算持分会社の負担とする。

参【清算人↓六四七】【清算持分会社↓六四五】【本店の所在地↓九一二㈢・九一三㈢・九一四㈢】【清算結了の登記↓九二九㈢】❸【帳簿資料を保存する者の選任↓八七四㈠】

第九節 社員の責任の消滅時効

第六七三条① 第五百八十条に規定する社員の責任は、清算持分会社の本店の所在地における解散の登記をした後五年以内に請求又は請求の予告をしない清算持分会社の債権者に対しては、その登記後五年を経過した時に消滅する。

② 前項の期間の経過後であっても、社員に分配していない残余財産があるときは、清算持分会社の債権者は、清算持分会社に対して弁済を請求することができる。

参+【清算持分会社→六四五【本店の所在地→九一二[三]・九一三[三]・九一四[三]【解散の登記→九二六　❷【残余財産の分配→六六六

第十節　適用除外等

（適用除外）

第六七四条　次に掲げる規定は、清算持分会社については、適用しない。

一　第四章第一節

二　第六百六条、第六百七条第一項（第三号及び第四号を除く。）及び第六百九条

三　第五章第三節（第六百十七条第四項、第六百十八条及び第六百十九条を除く。）から第六節まで及び第七節第二款

四　第六百三十八条第一項第三号及び第二項第二号

参+【清算持分会社→六四五

（相続及び合併による退社の特則）

第六七五条　清算持分会社の社員が死亡した場合又は合併により消滅した場合には、第六百八条第一項の定款の定めがないときであっても、当該社員の相続人その他の一般承継人は、当該社員の持分を承継する。この場合においては、同条第四項及び第五項（一般承継人の権限・責任）の規定を準用する。

参+【清算持分会社→六四五【社債権者の異議の場合→七四〇

> **共同相続人の全員が社員である場合と本条**
> [1]　解散後に社員が死亡した場合において、相続人が数人あるときは、当該社員の持分の遺産分割がされ、その共有関係が解消されるまでの間、共同相続人が清算に関する権利を行使するには、商法一四四条［本条］の規定に従い、そのうち一人を権利行使者と定めることを要し、この理は、死亡した社員の共同相続人の全員が社員である場合においても異なるものではない。（最判平4・1・24民集四六・一・二八、重判平4商四）

第四編　社債

第一章　総則

（募集社債に関する事項の決定）

第六七六条　会社は、その発行する社債を引き受ける者の募集をしようとするときは、その都度、募集社債（当該募集に応じて当該社債の引受けの申込みをした者に対して割り当てる社債をいう。以下この編において同じ。）について次に掲げる事項を定めなければならない。

一　募集社債の総額

二　各募集社債の金額

三　募集社債の利率

四　募集社債の償還の方法及び期限

五　利息支払の方法及び期限

六　社債券を発行するときは、その旨

七　社債権者が第六百九十八条の規定による請求の全部又は一部をすることができないこととするときは、その旨

七の二　社債管理者を定めないこととするときは、その旨

八　社債管理者が社債権者集会の決議によらずに第七百六条第一項第二号に掲げる行為をすることができることとするときは、その旨

八の二　社債管理補助者を定めることとするときは、その旨

九　各募集社債の払込金額（各募集社債と引換えに払い込む金銭の額をいう。以下この章において同じ。）若しくはその最低金額又はこれらの算定方法

十　募集社債と引換えにする金銭の払込みの期日

十一　一定の日までに募集社債の総額について割当てを受ける者を定めていない場合において、募集社債の全部を発行しないこととするときは、その旨及びその一定の日

十二　前各号に掲げるもののほか、法務省令で定める事項

参+【社債→二[二十三]【取締役会の権限→三六二④[五]【株主総会の権限→二九五①②【清算人会の権限→四八九⑥[五]【適用除外→二四八【金融商品取引法の規制→金商二①[五]・三一二六【会社更生法の特則→会更四五①・一六七②　[六]【社債券→六九六参　[七の二][八]【社債管理者→七〇二参　[八]【社債権者集会→七一六参　[八の二]【社債管理補助者→七一四の二参　[十二]【省令で定める事項→会社則一六二

> **利息制限法の適用の有無**
> [1]　債権者が会社に金銭を貸し付けるに際し、社債の発行に仮託して、不当に高利を得る目的で当該会社に働きかけて社債を発行させるなど、社債の発行の目的、募集事項の内容、その決定の経緯等に照らし、当該社債の発行が利息制限法の規制を潜脱することを企図して行われたものと認められるなどの特段の事情がある場合を除き、社債には利息制限法一条の規定は適用されない。（最判令3・1・26民集七五・一・一、重判令3商八）→利息一条[21]

（募集社債の申込み）

第六七七条①　会社は、前条の募集に応じて募集社債の引受けの申込みをしようとする者に対し、次に掲げる事項を通知しなければならない。

一　会社の商号

二　当該募集に係る前条各号に掲げる事項

三　前二号に掲げるもののほか、法務省令で定める事項

②　前条の募集に応じて募集社債の引受けの申込みをする者は、次に掲げる事項を記載した書面を会社に交付しなければならない。

一　申込みをする者の氏名又は名称及び住所

二　引き受けようとする募集社債の金額及び金額ごとの数

三　会社が前条第九号の最低金額を定めたときは、希望する払込金額

③　前項の申込みをする者は、同項の書面の交付に代えて、政令で定めるところにより、会社の承諾を得て、同項の書面に記載すべき事項を電磁的方法により提供することができる。この場合において、当該申込みを

した者は、同項の書面を交付したものとみなす。

④　第一項の規定は、会社が同項各号に掲げる事項を記載した金融商品取引法第二条第十項に規定する目論見書を第一項の申込みをしようとする者に対して交付している場合その他募集社債の引受けの申込みをしようとする者の保護に欠けるおそれがないものとして法務省令で定める場合には、適用しない。

⑤　会社は、第一項各号に掲げる事項について変更があったときは、直ちに、その旨及び当該変更があった事項を第二項の申込みをした者（以下この章において「申込者」という。）に通知しなければならない。

⑥　会社が申込者に対してする通知又は催告は、第二項第一号の住所（当該申込者が別に通知又は催告を受ける場所又は連絡先を当該会社に通知した場合にあっては、その場所又は連絡先）にあてて発すれば足りる。

⑦　前項の通知又は催告は、その通知又は催告が通常到達すべきであった時に、到達したものとみなす。

【募集社債→六七六　❶【通知事項→社債株式振替八四①　【二】【会社の商号→六　【三】【省令で定める事項→会社則一六三　❷【記載事項→社債株式振替八四③　❸【電磁的方法→二[三十四]　❹【省令で定める場合→会社則一六四　+【虚偽の通知等→四二九②[一]【通知懈怠・不正通知の過料→九七六[二]【適用除外→二四八【担保付社債の場合→担信二四・二五

（募集社債の割当て）

第六七八条①　会社は、申込者の中から募集社債の割当てを受ける者を定め、かつ、その者に割り当てる募集社債の金額及び金額ごとの数を定めなければならない。この場合において、会社は、当該申込者に割り当てる募集社債の金額ごとの数を、前条第二項第二号の数よりも減少することができる。

②　会社は、第六百七十六条第十号の期日の前日までに、申込者に対し、当該申込者に割り当てる募集社債の金額及び金額ごとの数を通知しなければならない。

【募集社債→六七六　❷【申込者に対してする通知→六七七⑥⑦　+【通知懈怠・不正通知の過料→九七六[二]【適用除外→二四八

（募集社債の申込み及び割当てに関する特則）

第六七九条　前二条の規定は、募集社債を引き受けようとする者がその総額の引受けを行う契約を締結する場合には、適用しない。

【募集社債→六七六【売出しのための総額引受けをすることができる者→金商二⑥⑧[六]⑨【適用除外→二四八

（募集社債の社債権者）

第六八〇条　次の各号に掲げる者は、当該各号に定める募集社債の社債権者となる。

一　申込者　会社の割り当てた募集社債

二　前条の契約により募集社債の総額を引き受けた者　その者が引き受けた募集社債

【募集社債→六七六【社債権者→六八二・六八四・六九一・六九八・七〇五②・七〇九②・七一〇・七一八・七二一・七二三・七二五―七二八・七三二③【社債権者に対する通知等→六八五【適用除外→二四八

（社債原簿）

第六八一条　会社は、社債を発行した日以後遅滞なく、社債原簿を作成し、これに次に掲げる事項（以下この章において「社債原簿記載事項」という。）を記載し、又は記録しなければならない。

一　第六百七十六条第三号から第八号の二までに掲げる事項その他の社債の内容を特定するものとして法務省令で定める事項（以下この編において「種類」という。）

二　種類ごとの社債の総額及び各社債の金額

三　各社債と引換えに払い込まれた金銭の額及び払込みの日

四　社債権者（無記名社債（無記名式の社債券が発行されている社債をいう。以下この編において同じ。）の社債権者を除く。）の氏名又は名称及び住所

五　前号の社債権者が各社債を取得した日

六　社債券を発行したときは、社債券の番号、発行の日、社債券が記名式か、又は無記名式かの別及び無記名式の社債券の数

七　前各号に掲げるもののほか、法務省令で定める事項

【社債原簿→六八二―六八五・六八八・六九〇・六九一・六九三―六九五の二、社債株式振替八四②【不記載・虚偽記載の過料→九七六[七]　【二】【省令で定める事項→会社則一六五　【四】【五】【社債権者→六八〇　【七】【省令で定める事項→会社則一六六　+【担保付社債の場合→担信二八―三〇【株主名簿→一二一―一二六【新株予約権原簿→二四九―二五三

（社債原簿記載事項を記載した書面の交付等）

第六八二条①　社債権者（無記名社債の社債権者を除く。）は、社債を発行した会社（以下この編において「社債発行会社」という。）に対し、当該社債権者についての社債原簿に記載され、若しくは記録された社債原簿記載事項を記載した書面の交付又は当該社債原簿記載事項を記録した電磁的記録の提供を請求することができる。

②　前項の書面には、社債発行会社の代表者が署名し、又は記名押印しなければならない。

③　第一項の電磁的記録には、社債発行会社の代表者が法務省令で定める署名又は記名押印に代わる措置をとらなければならない。

④　前三項の規定は、当該社債について社債券を発行する旨の定めがある場合には、適用しない。

❶【社債権者→六八〇【無記名社債→六九八【社債原簿→六八一【不記載・虚偽記載の過料→九七六[七]　❶❸【電磁的記録→二六②　❷❸【株式会社の代表→三四九【持分会社の代表→五九九　❸【省令で定める措置→会社則二二五

（社債原簿管理人）

第六八三条　会社は、社債原簿管理人（会社に代わって社債原簿の作成及び備置きその他の社債原簿に関する事務を行う者をいう。以下同じ。）を定め、当該事務を行うことを委託することができる。

【社債原簿の備置及び閲覧等→六八四【過料制裁の対象者→九七六【株主名簿管理人→一二三【担保付社債の場合→担信二九・三〇

（社債原簿の備置き及び閲覧等）

第六八四条① 社債発行会社は、社債原簿をその本店（社債原簿管理人がある場合にあっては、その営業所）に備え置かなければならない。

② 社債権者その他の法務省令で定める者は、社債発行会社の営業時間内は、いつでも、次に掲げる請求をすることができる。この場合においては、当該請求の理由を明らかにしてしなければならない。

一 社債原簿が書面をもって作成されているときは、当該書面の閲覧又は謄写の請求

二 社債原簿が電磁的記録をもって作成されているときは、当該電磁的記録に記録された事項を法務省令で定める方法により表示したものの閲覧又は謄写の請求

③ 社債発行会社は、前項の請求があったときは、次のいずれかに該当する場合を除き、これを拒むことができない。

一 当該請求を行う者がその権利の確保又は行使に関する調査以外の目的で請求を行ったとき。

二 当該請求を行う者が社債原簿の閲覧又は謄写によって知り得た事実を利益を得て第三者に通報するため請求を行ったとき。

三 当該請求を行う者が、過去二年以内において、社債原簿の閲覧又は謄写によって知り得た事実を利益を得て第三者に通報したことがあるものであるとき。

④ 社債発行会社が株式会社である場合には、当該社債発行会社の親会社社員は、その権利を行使するため必要があるときは、裁判所の許可を得て、当該社債発行会社の社債原簿について第二項各号に掲げる請求をすることができる。この場合においては、当該請求の理由を明らかにしてしなければならない。

⑤ 前項の親会社社員について第三項各号のいずれかに規定する事由があるときは、裁判所は、前項の許可をすることができない。

❶【本店→四】【社債原簿管理人→六八三】【不備置の過料→九七六四】 ❷【省令で定める者→会社則一六七】 [二]【電磁的記録→二六②】【省令で定める方法→会社則二二六】 ❷❹【不当拒否に対する制裁→九七六四】 ❹【親会社→二四】【親会社社員→三一③】【裁判所許可の管轄→八六八②】 ＊【担保付社債の場合→担信三〇】【株主名簿の備置及び閲覧等→一二五】【株券喪失登録簿の備置及び閲覧等→二三一】【新株予約権原簿の備置及び閲覧等→二五二】

（社債権者に対する通知等）

第六八五条① 社債発行会社が社債権者に対してする通知又は催告は、社債原簿に記載し、又は記録した当該社債権者の住所（当該社債権者が別に通知又は催告を受ける場所又は連絡先を当該社債発行会社に通知した場合にあっては、その場所又は連絡先）にあてて発すれば足りる。

② 前項の通知又は催告は、その通知又は催告が通常到達すべきであった時に、到達したものとみなす。

③ 社債が二以上の者の共有に属するときは、共有者は、社債発行会社が社債権者に対してする通知又は催告を受領する者一人を定め、当該社債発行会社に対し、その者の氏名又は名称を通知しなければならない。この場合においては、その者を社債権者とみなして、前二項の規定を適用する。

④ 前項の規定による共有者の通知がない場合には、社債発行会社が社債の共有者に対してする通知又は催告は、そのうちの一人に対してすれば足りる。

⑤ 前各項の規定は、第七百二十条第一項の通知に際して社債権者に書面を交付し、又は当該書面に記載すべき事項を電磁的方法により提供する場合について準用する。この場合において、第二項中「到達したもの」とあるのは、「当該書面の交付又は当該事項の電磁的方法による提供があったもの」と読み替えるものとする。

＊【社債原簿→六八一】【社債権者への通知の例→七〇六②・七一四④・七一八③[三]・七二〇―七二二】【通知懈怠・不正通知の過料→九七六[二]】 ❸【共有→民二六四・二四九―二六二】 ❺【招集通知に際して交付する書面等→七二一・七二二】 ＊【募集社債の申込者等に対してする通知→六七七①⑤―⑦・六七八②】【株主に対する通知等→一二六】

（共有者による権利の行使）

第六八六条 社債が二以上の者の共有に属するときは、共有者は、当該社債についての権利を行使する者一人を定め、会社に対し、その者の氏名又は名称を通知しなければ、当該社債についての権利を行使することができない。ただし、会社が当該権利を行使することに同意した場合は、この限りでない。

＊【共有→民二六四・二四九―二六二】【社債権者の権利→六八〇】【社債権共有者への通知→六八五③―⑤】【株式の共有→一〇六】

（社債券を発行する場合の社債の譲渡）

第六八七条 社債券を発行する旨の定めがある社債の譲渡は、当該社債に係る社債券を交付しなければ、その効力を生じない。

＊【社債券を発行する旨の定め→六七六[六]】【株券の場合→一二八】【適用除外→二五六④】

（社債の譲渡の対抗要件）

第六八八条① 社債の譲渡は、その社債を取得した者の氏名又は名称及び住所を社債原簿に記載し、又は記録しなければ、社債発行会社その他の第三者に対抗することができない。

② 当該社債について社債券を発行する旨の定めがある場合における前項の規定の適用については、同項中「社債発行会社その他の第三者」とあるのは、「社債発行会社」とする。

③ 前二項の規定は、無記名社債については、適用しない。

❶【社債原簿→六八一】【社債原簿管理人→六八三】【株式譲渡の対抗要件→一三〇】 ❷【社債券を発行する旨の定め→六七六[六]】 ❸【無記名社債→六九八】

（権利の推定等）

第六八九条① 社債券の占有者は、当該社債券に係る社債についての権利を適法に有するものと推定する。

② 社債券の交付を受けた者は、当該社債券に係る社債についての権利を取得する。ただし、その者に悪意又

は重大な過失があるときは、この限りでない。

参❶【占有者↓民一八八　+【株券の場合↓一三一【無記名債権との対比↓民五二〇の四、五二〇の五、五二〇の一四、五二〇の一五、五二〇の二〇、一七八、商五一九、小二一

（社債権者の請求によらない社債原簿記載事項の記載又は記録）

第六九〇条①　社債発行会社は、次の各号に掲げる場合には、当該各号の社債の社債権者に係る社債原簿記載事項を社債原簿に記載し、又は記録しなければならない。

一　当該社債発行会社の社債を取得した場合

二　当該社債発行会社が有する自己の社債を処分した場合

②　前項の規定は、無記名社債については、適用しない。

参+【株式の場合↓一三二　❷【無記名社債↓六九八参

（社債権者の請求による社債原簿記載事項の記載又は記録）

第六九一条①　社債を社債発行会社以外の者から取得した者（当該社債発行会社を除く。）は、当該社債発行会社に対し、当該社債に係る社債原簿記載事項を社債原簿に記載し、又は記録することを請求することができる。

②　前項の規定による請求は、利害関係人の利益を害するおそれがないものとして法務省令で定める場合を除き、その取得した社債の社債権者として社債原簿に記載され、若しくは記録された者又はその相続人その他の一般承継人と共同してしなければならない。

③　前二項の規定は、無記名社債については、適用しない。

参❶【社債原簿↓六八一【社債原簿管理人↓六八三【株式の場合↓一三三　❷【省令で定める場合↓会社則一六八　❸【無記名社債↓六九八参

（社債券を発行する場合の社債の質入れ）

第六九二条　社債券を発行する旨の定めがある社債の質入れは、当該社債に係る社債券を交付しなければ、その効力を生じない。

参+【社債券を発行する旨の定め↓六七六[六]【質入↓民三四四、三六二、五二〇の七、五二〇の二〇【株式の場合↓一四六

（社債の質入れの対抗要件）

第六九三条①　社債の質入れは、その質権者の氏名又は名称及び住所を社債原簿に記載し、又は記録しなければ、社債発行会社その他の第三者に対抗することができない。

②　前項の規定にかかわらず、社債券を発行する旨の定めがある社債の質権者は、継続して当該社債に係る社債券を占有しなければ、その質権をもって社債発行会社その他の第三者に対抗することができない。

参❶【社債原簿↓六八一【社債原簿管理人↓六八三【記名社債質の対抗要件↓民五二〇の一七、五二〇の二〇　❷【社債券を発行する旨の定め↓六七六[六]　+【株式の場合↓一四七

（質権に関する社債原簿の記載等）

第六九四条①　社債に質権を設定した者は、社債発行会社に対し、次に掲げる事項を社債原簿に記載し、又は記録することを請求することができる。

一　質権者の氏名又は名称及び住所

二　質権の目的である社債

②　前項の規定は、社債券を発行する旨の定めがある場合には、適用しない。

参❶【社債原簿↓六八一【社債原簿管理人↓六八三　❷【社債券を発行する旨の定め↓六七六[六]　+【株式の場合↓一四八

（質権に関する社債原簿の記載事項を記載した書面の交付等）

第六九五条①　前条第一項各号に掲げる事項が社債原簿に記載され、又は記録された質権者は、社債発行会社に対し、当該質権者についての社債原簿に記載され、若しくは記録された同項各号に掲げる事項を記載した書面の交付又は当該事項を記録した電磁的記録の提供を請求することができる。

②　前項の書面には、社債発行会社の代表者が署名し、又は記名押印しなければならない。

③　第一項の電磁的記録には、社債発行会社の代表者が法務省令で定める署名又は記名押印に代わる措置をとらなければならない。

参❶【社債原簿↓六八一【社債原簿管理人↓六八三【不記載・虚偽記載の過料↓九七六[七]　❶❸【電磁的記録↓二六②　❷❸【株式会社の代表↓三四九【持分会社の代表↓五九九　❸【省令で定める措置↓会社則二二五　+【株式の場合↓一四九

（信託財産に属する社債についての対抗要件等）

第六九五条の二①　社債については、当該社債が信託財産に属する旨を社債原簿に記載し、又は記録しなければ、当該社債が信託財産に属することを社債発行会社その他の第三者に対抗することができない。

②　第六百八十一条第四号の社債権者は、その有する社債が信託財産に属するときは、社債発行会社に対し、その旨を社債原簿に記載し、又は記録することを請求することができる。

③　社債原簿に前項の規定による記載又は記録がされた場合における第六百八十二条第一項及び第六百九十条第一項の規定の適用については、第六百八十二条第一項中「記録された社債原簿記載事項」とあるのは「記録された社債原簿記載事項（当該社債権者の有する社債が信託財産に属する旨を含む。）」と、第六百九十条第一項中「社債原簿記載事項」とあるのは「社債原簿記載事項（当該社債権者の有する社債が信託財産に属する旨を含む。）」とする。

④　前三項の規定は、社債券を発行する旨の定めがある社債については、適用しない。

参+【信託財産↓信託二③　❶【社債原簿↓六八一　❷【社債原簿の記載事項↓六八一　❹【社債券を発行する旨の定め↓六七六[六]

（社債券の発行）

第六九六条　社債発行会社は、社債券を発行する旨の定めがある社債を発行した日以後遅滞なく、当該社債に係る社債券を発行しなければならない。

参+【社債券を発行する旨の定め↓六七六[六]【記載事項↓六九七【不発行の過料↓九七六[十四]【記名式と無記名式との間の転換

↓六九八【社債券の喪失↓六九九【株式の場合↓二一五①

（社債券の記載事項）
第六九七条①　社債券には、次に掲げる事項及びその番号を記載し、社債発行会社の代表者がこれに署名し、又は記名押印しなければならない。
一　社債発行会社の商号
二　当該社債券に係る社債の金額
三　当該社債券に係る社債の種類
②　社債券には、利札を付することができる。
⊛❶【社債券の発行↓六九六【株式会社の代表↓三四九【持分会社の代表↓五九九　㈠【会社の商号↓六　㈢【社債の種類↓六八一㈠　❷【利札↓七〇〇・七〇五②　+【担保付社債券の場合↓担信二六、二七【新株予約権付社債券の記載事項↓二九二①

（記名式と無記名式との間の転換）

第六九八条　社債券が発行されている社債の社債権者は、第六百七十六条第七号に掲げる事項についての定めによりすることができないこととされている場合を除き、いつでも、その記名式の社債券を無記名式とし、又はその無記名式の社債券を記名式とすることを請求することができる。

⊛+【社債券を発行する旨の定め↓六七六㈥【募集社債に関する事項の決定↓六七六㈦【無記名社債↓六八一㈣㈥、七一八④、七二三③、七二〇④⑤、七二一③④【無記名社債に関する適用除外↓六八一㈣、六八二①、六八八③、六九〇②、六九一③

（社債券の喪失）
第六九九条①　社債券は、非訟事件手続法第百条に規定する公示催告手続によって無効とすることができる。
②　社債券を喪失した者は、非訟事件手続法第百六条第一項に規定する除権決定を得た後でなければ、その再発行を請求することができない。
⊛+【社債券↓六九六⊛　❶【公示催告手続↓非訟九九―一一八【有価証券喪失の場合の特則↓民五二〇の一一、五二〇の一二、五二〇の一八、五二〇の二〇　❷【除権決定↓非訟一〇六―一〇八、一一八　+【株券喪失の場合↓二二一―二三三【新株予約権証券の場合↓二九一

（利札が欠けている場合における社債の償還）
第七〇〇条①　社債発行会社は、社債券が発行されている社債をその償還の期限前に償還する場合において、これに付された利札が欠けているときは、当該利札に表示される社債の利息の請求権の額を償還額から控除しなければならない。ただし、当該請求権が弁済期にある場合は、この限りでない。
②　前項の利札の所持人は、いつでも、社債発行会社に対し、これと引換えに同項の規定により控除しなければならない額の支払を請求することができる。
⊛+【社債券↓六九六⊛【利札↓六九七②【社債管理者に対する償還や利息の支払請求↓七〇五②【償還や利息の支払を怠った場合↓七三九、七一〇②、七一二　❶【社債の償還期限↓六七六㈣　❷【時効↓七〇一②

（社債の償還請求権等の消滅時効）
第七〇一条①　社債の償還請求権は、これを行使することができる時から十年間行使しないときは、時効によって消滅する。
②　社債の利息の請求権及び前条第二項の規定による請求権は、これらを行使することができる時から五年間行使しないときは、時効によって消滅する。
⊛❶【元金請求権の時効↓民一六六①

第二章　社債管理者

（社債管理者の設置）
第七〇二条　会社は、社債を発行する場合には、社債管理者を定め、社債権者のために、弁済の受領、債権の保全その他の社債の管理を行うことを委託しなければならない。ただし、各社債の金額が一億円以上である場合その他社債権者の保護に欠けるおそれがないものとして法務省令で定める場合は、この限りでない。
⊛+【社債管理者↓七〇三―七一四【社債権者↓六八〇⊛【弁済の受領・債権の保全↓七〇五①、民一四七―一五四、民保一【各社債の金額↓六七六㈢【社債管理委任契約↓民六四三―六五六、五三七【過料↓九七六〔三十三〕【社債管理者の辞任↓七一一②【債権者の異議手続の特則↓七四〇②【省令で定める場合↓会社則一六九【担保付社債の場合↓担信二

（社債管理者の資格）
第七〇三条　社債管理者は、次に掲げる者でなければならない。
一　銀行
二　信託会社
三　前二号に掲げるもののほか、これらに準ずるものとして法務省令で定める者
⊛+【社債管理者↓七〇二⊛【銀行・信託会社↓三四②【資格喪失の場合↓七一四①㈠【担保付社債の場合↓担信三―一七　❸【省令で定める者↓会社則一七〇

（社債管理者の義務）
第七〇四条①　社債管理者は、社債権者のために、公平かつ誠実に社債の管理を行わなければならない。
②　社債管理者は、社債権者に対し、善良な管理者の注意をもって社債の管理を行わなければならない。
⊛+【社債管理者↓七〇二⊛【担保付社債の受託会社の場合↓担信三六【善管注意義務↓民六四四【社債管理者の責任↓七一〇

（社債管理者の権限等）
第七〇五条①　社債管理者は、社債権者のために社債に係る債権の弁済を受け、又は社債に係る債権の実現を保全するために必要な一切の裁判上又は裁判外の行為をする権限を有する。
②　社債管理者が前項の弁済を受けた場合には、社債権者は、その社債管理者に対し、社債の償還額及び利息の支払を請求することができる。この場合において、社債券を発行する旨の定めがあるときは、社債権者は、社債券と引換えに当該償還額の支払を、利札と引換えに当該利息の支払を請求しなければならない。
③　前項前段の規定による請求権は、これを行使することができる時から十年間行使しないときは、時効によって消滅する。
④　社債管理者は、その管理の委託を受けた社債につき第一項の行為をするために必要があるときは、裁判所の許可を得て、社債発行会社の業務及び財産の状況を調査することができる。

参+【社債管理者→七〇二参　❶【債権実現の保全→民一四七−一五四、民保一【社債の償還請求権等の消滅時効→七〇一【二以上の社債管理者がある場合の特則→七〇九②　❷【社債券を発行する旨の定め→六七六因【社債券→六九六参【利札→六九七②【社債管理者等の報酬等→七四一③　❹【業務・財産調査権→七〇六④【裁判所の許可→八六八④・八七四四【調査妨害の過料→九七六国　+【担保付社債の受託会社の場合→担信三五・四三・四四

1　一　担保付社債の受託会社の弁済受領権と債券提出の要否

無記名社債券の所持人が受託会社から元利金の支払を受けるには債券と引換えでなければならないが、受託会社が担信法八四条〔現三五条に相当〕により社債権者に代わって委託会社から弁済を受けるには、各社債権者の所有する債券を提出する必要はない。（大判昭6・11・14民集一〇・一〇六〇、会社百選［四版］七〇）

2　二　担保付社債の受託会社の権限と各社債権者の弁済受領権

担信法は、信託契約に基づく担保権の保存実行により社債の募集、償還を容易かつ確実にすることを主眼とするものであって、社債権者は、担保に関する事項を除いては、その権利を行使するにつき制限を受けるものではなく、委託会社に対して単独で社債の償還を請求できる。（大判昭3・11・28民集七・一〇〇八、会社法百選［四版］八一）

3　三　貨幣価値の下落と償還金額

特約がない限り、債券発行後に貨幣価値の下落があったとしても、債券発行会社は、償還期限に債券面記載の償還金額を支払えば足りる。（最判昭36・6・20民集一五・六・一六〇二）

第七〇六条①　社債管理者は、社債権者集会の決議によらなければ、次に掲げる行為をしてはならない。ただし、第二号に掲げる行為については、第六百七十六条第八号に掲げる事項についての定めがあるときは、この限りでない。

一　当該社債の全部についてするその支払の猶予、その債務若しくはその債務の不履行によって生じた責任の免除又は和解（次号に掲げる行為を除く。）

二　当該社債の全部についてする訴訟行為又は破産手続、再生手続、更生手続若しくは特別清算に関する手続に属する行為（前条第一項の行為を除く。）

②　社債管理者は、前項ただし書の規定により社債権者集会の決議によらずに同項第二号に掲げる行為をしたときは、遅滞なく、その旨を公告し、かつ、知れている社債権者には、各別にこれを通知しなければならない。

③　前項の規定による公告は、社債発行会社における公告の方法によりしなければならない。ただし、その方法が電子公告であるときは、その公告は、官報に掲載する方法でしなければならない。

④　社債管理者は、その管理の委託を受けた社債につき第一項各号に掲げる行為をするために必要があるときは、裁判所の許可を得て、社債発行会社の業務及び財産の状況を調査することができる。

参+【社債管理者→七〇二参【社債権者集会の決議→七二四②【代表社債権者による決定→七三六　❶［一］【免除→民五一九【和解→民六九五、民訴八九・二六四・二六五・二六七・二七五①、民執二二七【二【募集社債に関する事項の決定→六七六四【訴訟行為→民訴八七−三三七【破産手続→破一八−二二一【再生手続→民再二一−一九五【更生手続→会更一七−二四一【特別清算→五一〇−五七四　❷【通知→六八五【通知・公告の懈怠・不正の制裁→九七六□　❸【公告方法→二三十三・九三九【電子公告→二三十四・九四〇　❹【業務・財産調査権→七〇五④【裁判所の許可→八六八④【調査妨害の過料→九七六国　+【担保付社債の受託会社の場合→担信三五

（特別代理人の選任）

第七〇七条　社債権者と社債管理者との利益が相反する場合において、社債権者のために裁判上又は裁判外の行為をする必要があるときは、裁判所は、社債権者集会の申立てにより、特別代理人を選任しなければならない。

参+【社債管理者→七〇二参【利益が相反する場合→七一〇②【裁判上又は裁判外の行為→七〇二・七〇五①・七〇六①【社債権者集会の申立て→七一六・七二四①・七二三【代表社債権者による決定→七三六【裁判所の選任→八六八④・八七四□【特別代理人→七〇八・七二九【担保付社債の受託会社の場合→担信四五

（社債管理者等の行為の方式）

第七〇八条　社債管理者又は前条の特別代理人が社債権者のために裁判上又は裁判外の行為をするときは、個別の社債権者を表示することを要しない。

参+【社債管理者→七〇二参【裁判上又は裁判外の行為→七〇二・七〇五①・七〇六①【特別代理人→七〇七【一般原則→民九九①【担保付社債の受託会社の場合→担信四六【本条の準用→七一四の七

（二以上の社債管理者がある場合の特則）

第七〇九条①　二以上の社債管理者があるときは、これらの者が共同してその権限に属する行為をしなければならない。

②　前項に規定する場合において、社債管理者が第七百五条第一項の弁済を受けたときは、社債管理者は、社債権者に対し、連帯して、当該弁済の額を支払う義務を負う。

参❶【社債管理者の権限→七〇二・七〇五①・七〇六①　❷七〇五①【連帯債務→民四三六−四四五

（社債管理者の責任）

第七一〇条①　社債管理者は、この法律又は社債権者集会の決議に違反する行為をしたときは、社債権者に対し、連帯して、これによって生じた損害を賠償する責任を負う。

②　社債管理者は、社債発行会社が社債の償還若しくは利息の支払を怠り、若しくは社債発行会社について支払の停止があった後又はその前三箇月以内に、次に掲げる行為をしたときは、社債権者に対し、損害を賠償する責任を負う。ただし、当該社債管理者が誠実にすべき社債の管理を怠らなかったこと又は当該損害が当該行為によって生じたものでないことを証明したときは、この限りでない。

一　当該社債管理者の債権に係る債務について社債発行会社から担保の供与又は債務の消滅に関する行為を受けること。

二　当該社債管理者と法務省令で定める特別の関係がある者に対して当該社債管理者の債権を譲り渡すこと（当該特別の関係がある者が当該債権に係る債務について社債発行会社から担保の供与又は債務の消滅に関する行為を受けた場合に限る。）。

三　当該社債管理者が社債発行会社に対する債権を有する場合において、契約によって負担する債務を専ら当該債権をもってする相殺に供する目的で社債発行会社の財産の処分を内容とする契約を社債発行会社との間で締結し、又は社債発行会社に対して債務を負担する者の債務を引き受けることを内容とする契約を締結し、かつ、これにより社債発行会社に対し負担した債務と当該債権とを相殺すること。

四　当該社債管理者が社債発行会社に対して債務を負担する場合において、社債発行会社に対する債権を譲り受け、かつ、当該債務と当該債権とを相殺すること。

❀+【社債管理者↓七〇二❀　❶【本法違反↓七〇四【社債権者集会決議違反↓七一六❀　❷【社債の償還↓七〇一①【利息の支払↓七〇一②【支払の停止↓破一五②【誠実義務↓七〇四　[二]【担保の供与又は債務の消滅に関する行為↓破一六二、民再一二七の三、会更八六の三、民四七三―五一八【省令で定める特別の関係↓会社則一七一　[三][四]【債権譲渡↓民四六六―四六九・五二〇の二―五二〇の二〇　[三][四]【相殺↓民五〇五―五一二の二

（社債管理者の辞任）

第七一一条①　社債管理者は、社債発行会社及び社債権者集会の同意を得て辞任することができる。この場合において、他に社債管理者がないときは、当該社債管理者は、あらかじめ、事務を承継する社債管理者を定めなければならない。

②　前項の規定にかかわらず、社債管理者は、第七百二条の規定による委託に係る契約に定めた事由があるときは、辞任することができる。ただし、当該契約に事務を承継する社債管理者に関する定めがないときは、この限りでない。

③　第一項の規定にかかわらず、社債管理者は、やむを得ない事由があるときは、裁判所の許可を得て、辞任することができる。

❀+【社債管理者↓七〇二❀【辞任↓民六五一　❶【社債権者集会の同意↓七二四①【代表社債権者による決定↓七三六　❸【社債管理者の事務の承継↓七一四①[二]【裁判所の許可↓八六八④・八七四[四]　+【担保付社債の場合↓担信五〇・五二―五四

（社債管理者が辞任した場合の責任）

第七一二条　第七百十条第二項（社債管理者の責任）の規定は、社債発行会社が社債の償還若しくは利息の支払を怠り、若しくは社債発行会社について支払の停止があった後又はその前三箇月以内に前条第二項の規定により辞任した社債管理者について準用する。

❀+【社債管理者↓七〇二❀【辞任↓民六五一

（社債管理者の解任）

第七一三条　裁判所は、社債管理者がその義務に違反したとき、その事務処理に不適任であるときその他正当な理由があるときは、社債発行会社又は社債権者集会の申立てにより、当該社債管理者を解任することができる。

❀+【社債管理者の義務↓七〇四【社債権者集会の申立て↓七二四①・七三六・七三七【解任↓民六五一、七一四①[三]【解任の裁判↓八六八④・八七〇①[二]【社債管理者の事務の承継↓七一四①[三]②④【担保付社債の場合↓担信四一・五一・五二

（社債管理者の事務の承継）

第七一四条①　社債管理者が次のいずれかに該当することとなった場合において、他に社債管理者がないときは、社債発行会社は、事務を承継する社債管理者を定め、社債権者のために、社債の管理を行うことを委託しなければならない。この場合においては、社債発行会社は、社債権者集会の同意を得るため、遅滞なく、これを招集し、かつ、その同意を得ることができなかったときは、その同意に代わる裁判所の許可の申立てをしなければならない。

一　第七百三条各号に掲げる者でなくなったとき。

二　第七百十一条第三項の規定により辞任したとき。

三　前条の規定により解任されたとき。

四　解散したとき。

②　社債発行会社は、前項前段に規定する場合において、同項各号のいずれかに該当することとなった日後二箇月以内に、同項後段の規定による招集をせず、又は同項後段の申立てをしなかったときは、当該社債の総額について期限の利益を喪失する。

③　第一項前段に規定する場合において、やむを得ない事由があるときは、利害関係人は、裁判所に対し、事務を承継する社債管理者の選任の申立てをすることができる。

④　社債発行会社は、第一項前段の規定により事務を承継する社債管理者を定めた場合（社債権者集会の同意を得た場合を除く。）又は前項の規定による事務を承継する社債管理者の選任があった場合には、遅滞なく、その旨を公告し、かつ、知れている社債権者には、各別にこれを通知しなければならない。

❀+【社債管理者↓七〇二❀　❶【事務承継者の資格↓七〇三【社債管理の委託↓七〇二【社債権者集会の招集↓七一七―七二二【社債権者集会の同意↓七二四①・七三六・七三七【裁判所の許可↓八六八④・八七四[四]【過料↓九七六[三十三]　❷【期限の利益の喪失↓民一三六・一三七　❸【裁判所の選任↓八六八④・八七四[一]　❹【通知・公告の懈怠・不正の制裁↓九七六[二]　+【担保付社債の場合↓担信五二―五五

第二章の二　社債管理補助者

（社債管理補助者の設置）

第七一四条の二　会社は、第七百二条ただし書に規定する場合には、社債管理補助者を定め、社債権者のために、社債の管理の補助を行うことを委託することができる。ただし、当該社債が担保付社債である場合は、この限りでない。

❀+【社債管理補助者↓七一四の二―七一四の七【社債権者↓六八〇❀【社債の管理↓七〇二・七一四の四【社債管理補助委託契約↓民六四三―六五六【社債管理補助委託契約の終了↓七一四の六【担保付社債の場合↓担信二

（社債管理補助者の資格）

第七一四条の三　社債管理補助者は、第七百三条各号に掲げる者その他法務省令で定める者でなければならない。

⊛【省令で定める者↓会社則一七一の二

第七一四条の四（**社債管理補助者の権限等**）① 社債管理補助者は、社債権者のために次に掲げる行為をする権限を有する。

一　破産手続参加、再生手続参加又は更生手続参加

二　強制執行又は担保権の実行の手続における配当要求

三　第四百九十九条第一項の期間内に債権の申出をすること。

② 社債管理補助者は、第七百十四条の二の規定による委託に係る契約に定める範囲内において、社債権者のために次に掲げる行為をする権限を有する。

一　社債に係る債権の弁済を受けること。

二　第七百五条第一項の行為（前項各号及び前号に掲げる行為を除く。）

三　第七百六条第一項各号に掲げる行為

四　社債発行会社が社債の総額について期限の利益を喪失することとなる行為

③ 前項の場合において、社債管理補助者は、社債権者集会の決議によらなければ、次に掲げる行為をしてはならない。

一　前項第二号に掲げる行為であって、次に掲げるもの

イ　当該社債の全部についてするその支払の請求

ロ　当該社債の全部に係る債権に基づく強制執行、仮差押え又は仮処分

ハ　当該社債の全部についてする訴訟行為又は破産手続、再生手続、更生手続若しくは特別清算に関する手続に属する行為（イ及びロに掲げる行為を除く。）

二　前項第三号及び第四号に掲げる行為

④ 社債管理補助者は、第七百十四条の二の規定による委託に係る契約に従い、社債の管理に関する事項を社債権者に報告し、又は社債権者がこれを知ることができるようにする措置をとらなければならない。

⑤ 第七百五条第二項及び第三項〈社債管理者の権限等〉の規定は、第二項第一号に掲げる行為をする権限を有する社債管理補助者について準用する。

⊛【社債管理補助者↓七一四の二⊛ ❶[二]【破産手続↓破一八—一二一【再生手続↓民再二一—一九五【更生手続↓会更一七—二四一 ❷[四]【社債の総額↓六七六[一]【期限の利益の喪失↓民一三六・一三七 ❸【社債権者集会の決議↓七二四①②[二]

第七一四条の五（**二以上の社債管理補助者がある場合の特則**）① 二以上の社債管理補助者があるときは、社債管理補助者は、各自、その権限に属する行為をしなければならない。

② 社債管理補助者が社債権者に生じた損害を賠償する責任を負う場合において、他の社債管理補助者も当該損害を賠償する責任を負うときは、これらの者は、連帯債務者とする。

⊛❶【社債管理補助者の権限↓七一四の四 ❷【連帯債務↓民四三六—四四五

第七一四条の六（**社債管理者等との関係**）第七百二条の規定による委託に係る契約又は担保付社債信託法（明治三十八年法律第五十二号）第二条第一項に規定する信託契約の効力が生じた場合には、第七百十四条の二の規定による委託に係る契約は、終了する。

⊛【社債管理補助委託契約↓民六四三—六五六

第七一四条の七（**社債管理者に関する規定の準用**）第七百四条〈社債管理者の義務〉、第七百七条〈特別代理人の選任〉、第七百八条〈社債管理者等の行為の方式〉、第七百十条第一項〈社債管理者の責任〉、第七百十一条〈社債管理者の辞任〉、第七百十三条〈社債管理者の解任〉及び第七百十四条〈社債管理者の事務の承継〉の規定は、社債管理補助者について準用する。この場合において、第七百四条中「社債の管理」とあるのは「社債の管理の補助」と、同項中「社債権者に対し、連帯して」とあるのは「社債権者に対し」と、第七百十一条第一項中「において、他に社債管理者がないときは」とあるのは「において」と、同条第二項中「第七百二条」とあるのは「第七百十四条の二」と、第七百十四条第一項中「において、他に社債管理者がないときは」とあるのは「には」と、「社債の管理」とあるのは「社債の管理の補助」と、「第七百三条各号に掲げる」とあるのは「第七百十四条の三に規定する」と、「解散した」とあるのは「死亡し、又は解散した」と読み替えるものとする。

第三章　社債権者集会

第七一五条（**社債権者集会の構成**）社債権者は、社債の種類ごとに社債権者集会を組織する。

⊛【社債の種類↓六八一[一]【社債権者集会↓七一六⊛【種類株主総会との対比↓二[十三][十四]・三二一

第七一六条（**社債権者集会の権限**）社債権者集会は、この法律に規定する事項及び社債権者の利害に関する事項について決議をすることができる。

⊛【本法に規定がある決議事項↓七〇六・七〇七・七一一・七一三・七一四・七二九②・七三〇・七三六—七四〇・八六五③【決議の方法↓七二三—七二八【決議事項決定の委任↓七三六・七三八【決議の効力↓七三二—七三五【決議の執行↓七三七【株主等の権利の行使に関する贈収賄罪↓九六八①[一]【虚偽申述・事実隠蔽の制裁↓九七六[六]【担保付社債の場合↓担信三一—三四

第七一七条（**社債権者集会の招集**）① 社債権者集会は、必要がある場合には、いつでも、招集することができる。

② 社債権者集会は、次項又は次条第三項の規定により招集する場合を除き、社債発行会社又は社債管理者が招集する。

③ 次に掲げる場合には、社債管理補助者は、社債権者

集会を招集することができる。
一　次条第一項の規定による請求があった場合
二　第七百十四条の七において準用する第七百十一条第一項の社債権者集会の同意を得るため必要がある場合

⊛†【招集の決定】↓七一九【招集の通知】↓七二〇【参考書類・議決権行使書面の交付等】↓七二一・七二二【社債権者による招集の請求】↓七一八【社債権者集会の権限】↓七一六【社債権者集会の決議】↓七二四　❷【社債管理者】↓七〇二⊛【担保付社債の場合】↓担信三一　❸【社債管理補助者】↓七一四の二⊛　†【手続違反】↓七三三㈠

第七一八条（社債権者による招集の請求）①　ある種類の社債の総額（償還済みの額を除く。）の十分の一以上に当たる社債を有する社債権者は、社債発行会社、社債管理者又は社債管理補助者に対し、社債権者集会の目的である事項及び招集の理由を示して、社債権者集会の招集を請求することができる。

② 社債発行会社が有する自己の当該種類の社債の金額の合計額は、前項に規定する社債の総額に算入しない。

③ 次に掲げる場合には、第一項の規定による請求をした社債権者は、裁判所の許可を得て、社債権者集会を招集することができる。
一　第一項の規定による請求の後遅滞なく招集の手続が行われない場合
二　第一項の規定による請求があった日から八週間以内の日を社債権者集会の日とする社債権者集会の招集の通知が発せられない場合

④ 第一項の規定による請求又は前項の規定による招集をしようとする無記名社債の社債権者は、その社債券を社債発行会社、社債管理者又は社債管理補助者に提示しなければならない。

⊛❶【社債の種類】↓六八一㈠【社債管理者】↓七〇二⊛【社債管理補助者】↓七一四の二⊛【社債権者集会の目的である事項】↓七一六、七一九㈡、七二四③　❷【株式の場合】↓三〇八②　❸【裁判所の許可】↓八六八④、八七四㈣【社債権者集会の招集】↓七一七【招集の手続】↓七一九―七二二【社債権者集会の日】↓七一九㈠【招集の通知】↓七二〇　❹【無記名社債】↓六八一㈣　❶❹【担保付社債の場合】↓担信三一　†【株主等の権利の行使に関する贈収賄罪】↓九六八①㈢②【手続違反】↓七三三㈠

第七一九条（社債権者集会の招集の決定）　社債権者集会を招集する者（以下この章において「招集者」という。）は、社債権者集会を招集する場合には、次に掲げる事項を定めなければならない。
一　社債権者集会の日時及び場所
二　社債権者集会の目的である事項
三　社債権者集会に出席しない社債権者が電磁的方法によって議決権を行使することができることとするときは、その旨
四　前三号に掲げるもののほか、法務省令で定める事項

⊛†【社債権者集会を招集する者】↓七一七②、七一八③　㈢【社債権者集会の目的である事項】↓七一六、七二四③　㈢【電磁的方法による議決権の行使】↓七二七　㈣【省令で定める事項】↓会社則一七二　†【適用除外】↓七三〇【手続違反】↓七三三㈠

第七二〇条（社債権者集会の招集の通知）①　社債権者集会を招集するには、招集者は、社債権者集会の日の二週間前までに、知れている社債権者及び社債発行会社並びに社債管理者又は社債管理補助者がある場合にあっては社債管理者又は社債管理補助者に対して、書面をもってその通知を発しなければならない。

② 招集者は、前項の書面による通知の発出に代えて、政令で定めるところにより、同項の通知を受けるべき者の承諾を得て、電磁的方法により通知を発することができる。この場合において、当該招集者は、同項の書面による通知を発したものとみなす。

③ 前二項の通知には、前条各号に掲げる事項を記載し、又は記録しなければならない。

④ 社債発行会社が無記名式の社債券を発行している場合において、社債権者集会を招集するには、招集者は、社債権者集会の日の三週間前までに、社債権者集会を招集する旨及び前条各号に掲げる事項を公告しなければならない。

⑤ 前項の規定による公告は、社債発行会社における公告の方法によりしなければならない。ただし、招集者が社債発行会社以外の者である場合において、その方法が電子公告であるときは、その公告は、官報に掲載する方法でしなければならない。

⊛†【社債権者集会】↓七一六⊛【招集者】↓七一九、七一七②、七一八③【社債権者集会の日】↓七一九㈠【社債管理者】↓七〇二⊛【社債管理補助者】↓七一四の二⊛【社債権者に対する通知等】↓六八五【通知・公告の懈怠・不正の制裁】↓九七六㈡　❶【担保付社債の場合】↓担信三一　❷【電磁的方法】↓二[三十四]、七二一②④、七二二　❹【公告】↓二[三十三]　❺【電子公告】↓二[三十四]【社債発行会社における公告の方法】↓九三九、九一一③[二十七]―[二十九]、九一一三㈩―[十二]、九一一四[九]―[十一]　†【適用除外】↓七三〇【手続違反】↓七三三㈠

第七二一条（社債権者集会参考書類及び議決権行使書面の交付等）①　招集者は、前条第一項の通知に際しては、法務省令で定めるところにより、知れている社債権者に対し、議決権の行使について参考となるべき事項を記載した書類（以下この条において「社債権者集会参考書類」という。）及び社債権者が議決権を行使するための書面（以下この章において「議決権行使書面」という。）を交付しなければならない。

② 招集者は、前条第二項の承諾をした社債権者に対し同項の電磁的方法による通知を発するときは、前項の規定による社債権者集会参考書類及び議決権行使書面の交付に代えて、これらの書類に記載すべき事項を電磁的方法により提供することができる。ただし、社債権者の請求があったときは、これらの書類を当該社債権者に交付しなければならない。

③ 招集者は、前条第四項の規定による公告をした場合において、社債権者集会の日の一週間前までに無記名社債の社債権者の請求があったときは、直ちに、社債権者集会参考書類及び議決権行使書面を当該社債権者

に交付しなければならない。

④　招集者は、前項の規定による社債権者集会参考書類及び議決権行使書面の交付に代えて、政令で定めるところにより、社債権者の承諾を得て、これらの書類に記載すべき事項を電磁的方法により提供することができる。この場合において、当該招集者は、同項の規定によるこれらの書類の交付をしたものとみなす。

⊗+【社債権者集会↓七一六⊗【招集者↓七一九、七一七②、七一八③　❶【省令の定め↓会社則一七三、一七四　❷【電磁的方法↓二[三十四]、七二二　❸【無記名社債↓六八一㊃　+【手続違反↓七三三㊀

第七二二条①　招集者は、第七百十九条第三号に掲げる事項を定めた場合には、第七百二十条第二項の承諾をした社債権者に対する電磁的方法による通知に際して、法務省令で定めるところにより、社債権者に対し、議決権行使書面に記載すべき事項を当該電磁的方法により提供しなければならない。

②　招集者は、第七百十九条第三号に掲げる事項を定めた場合において、第七百二十条第二項の承諾をしていない社債権者から社債権者集会の日の一週間前までに議決権行使書面に記載すべき事項の電磁的方法による提供の請求があったときは、法務省令で定めるところにより、直ちに、当該社債権者に対し、当該事項を電磁的方法により提供しなければならない。

⊗+【社債権者集会の招集通知↓七二〇【社債権者集会参考書類・議決権行使書面の交付等↓七二一【招集者↓七一九、七一七②、七一八③【電磁的方法による議決権の行使↓七一九㊂、七二七【電磁的方法による招集通知↓七二〇②【省令の定め↓会社則一七四【手続違反↓七三三㊀

（議決権の額等）

第七二三条①　社債権者は、社債権者集会において、その有する当該種類の社債の金額の合計額（償還済みの額を除く。）に応じて、議決権を有する。

②　前項の規定にかかわらず、社債発行会社は、その有する自己の社債については、議決権を有しない。

③　議決権を行使しようとする無記名社債の社債権者は、社債権者集会の日の一週間前までに、その社債券を招集者に提示しなければならない。

⊗❶【社債権者集会↓七一六⊗【社債の種類↓六八一㊀【議決権↓社債株式振替八五、七二四―七二八　❷【株式との対比↓三〇八②　❸【無記名社債↓六八一㊃【振替社債の場合↓社債株式振替八六　+【決議方法違反↓七三三㊀

（社債権者集会の決議）

第七二四条①　社債権者集会において決議をする事項を可決するには、出席した議決権者（議決権を行使することができる社債権者をいう。以下この章において同じ。）の議決権の総額の二分の一を超える議決権を有する者の同意がなければならない。

②　前項の規定にかかわらず、社債権者集会において次に掲げる事項を可決するには、議決権者の議決権の総額の五分の一以上で、かつ、出席した議決権者の議決権の総額の三分の二以上の議決権を有する者の同意がなければならない。

一　第七百六条第一項各号に掲げる行為に関する事項

二　第七百六条第一項、第七百十四条の四第三項（同条第二項第三号に掲げる行為に係る部分に限る。）、第七百三十六条第一項、第七百三十七条第一項ただし書及び第七百三十八条の規定により社債権者集会の決議を必要とする事項

③　社債権者集会は、第七百十九条第二号に掲げる事項以外の事項については、決議をすることができない。

⊗+【社債権者集会の決議事項↓七一六⊗【議決権↓七二三【無記名社債の議決権行使↓七二三③【議決権の行使↓七二五―七二八【支払の猶予・責任の免除・和解↓七〇六①㊀【社債についてする訴訟行為等↓七〇六①㊁【決議事項決定の委任↓七三六、七三八【社債権者集会の決議の執行↓七三七【株主総会の決議↓三〇九

（議決権の代理行使）

第七二五条①　社債権者は、代理人によってその議決権を行使することができる。この場合においては、当該社債権者又は代理人は、代理権を証明する書面を招集者に提出しなければならない。

②　前項の代理権の授与は、社債権者集会ごとにしなければならない。

③　第一項の社債権者又は代理人は、同項の書面の提出に代えて、政令で定めるところにより、招集者の承諾を得て、当該書面に記載すべき事項を電磁的方法により提供することができる。この場合において、当該社債権者又は代理人は、当該書面を提出したものとみなす。

④　社債権者が第七百二十条第二項の承諾をした者である場合には、招集者は、正当な理由がなければ、前項の承諾をすることを拒んではならない。

⊗+【招集者↓七一九、七一七②、七一八③【社債権者集会↓七一六⊗　❸【電磁的方法↓二[三十四]　+【株主総会の場合↓三一〇

（書面による議決権の行使）

第七二六条①　社債権者集会に出席しない社債権者は、書面によって議決権を行使することができる。

②　書面による議決権の行使は、議決権行使書面に必要な事項を記載し、法務省令で定める時までに当該記載をした議決権行使書面を招集者に提出して行う。

③　前項の規定により書面によって行使した議決権の額は、出席した議決権者の議決権の額に算入する。

⊗+【社債権者集会↓七一六⊗【招集者↓七一九、七一七②、七一八③【議決権者↓七二四①【議決権↓七二三【株主総会の場合↓三一一　❷【省令で定める時↓会社則一七五

（電磁的方法による議決権の行使）

第七二七条①　電磁的方法による議決権の行使は、政令で定めるところにより、招集者の承諾を得て、法務省令で定める時までに議決権行使書面に記載すべき事項を、電磁的方法により当該招集者に提供して行う。

②　社債権者が第七百二十条第二項の承諾をした者である場合には、招集者は、正当な理由がなければ、前項の承諾をすることを拒んではならない。

③　第一項の規定により電磁的方法によって行使した議決権の額は、出席した議決権者の議決権の額に算入する。

参照【招集者→七一九、七一七②、七一八③【社債権者集会→七一六参照【電磁的方法→二[三十四]【議決権者→七二四①【議決権→七二三【株主総会の場合→三一二　❶【省令で定める時→会社則一七六

（議決権の不統一行使）

第七二八条① 社債権者は、その有する議決権を統一しないで行使することができる。この場合においては、社債権者集会の日の三日前までに、招集者に対してその旨及びその理由を通知しなければならない。

② 招集者は、前項の社債権者が他人のために社債を有する者でないときは、当該社債権者が同項の規定によりその有する議決権を統一しないで行使することを拒むことができる。

参照【招集者→七一九、七一七②、七一八③【社債権者集会→七一六参照【株主総会の場合→三一三

（社債発行会社の代表者の出席等）

第七二九条① 社債発行会社、社債管理者又は社債管理補助者は、その代表者若しくは代理人を社債権者集会に出席させ、又は書面により意見を述べることができる。ただし、社債管理者又は社債管理補助者にあっては、その社債権者集会が第七百七条（第七百十四条の七において準用する場合を含む。）の特別代理人の選任について招集されたものであるときは、この限りでない。

② 社債権者集会又は招集者は、必要があると認めるときは、社債発行会社に対し、その代表者又は代理人の出席を求めることができる。この場合において、社債権者集会にあっては、これをする旨の決議を経なければならない。

参照【社債権者集会→七一六参照　❶【社債管理者→七〇二参照【社債管理補助者→七一四の二参照【担保付社債の場合→担信三二　❷【招集者→七一九、七一七②、七一八③【社債権者集会の決議→七二四①、七三六、七三七　＊【社債権者集会での虚偽申述・事実隠蔽の制裁→九七六[六]

（延期又は続行の決議）

第七三〇条 社債権者集会においてその延期又は続行について決議があった場合には、第七百十九条及び第七百二十条の規定は、適用しない。

参照【社債権者集会→七一六参照【社債権者集会の決議→七二四①【株主総会の場合→三一七

（議事録）

第七三一条① 社債権者集会の議事については、招集者は、法務省令で定めるところにより、議事録を作成しなければならない。

② 社債発行会社は、社債権者集会の日から十年間、前項の議事録をその本店に備え置かなければならない。

③ 社債管理者、社債管理補助者及び社債権者は、社債発行会社の営業時間内は、いつでも、次に掲げる請求をすることができる。

一 第一項の議事録が書面をもって作成されているときは、当該書面の閲覧又は謄写の請求

二 第一項の議事録が電磁的記録をもって作成されているときは、当該電磁的記録に記録された事項を法務省令で定める方法により表示したものの閲覧又は謄写の請求

参照【社債権者集会→七一六参照　❶【招集者→七一九、七一七②、七一八③【省令の定め→会社則一七七【虚偽記載等の過料→九七六[七]　❷【不備置の過料→九七六[八]　❸【電磁的記録→二六②【閲覧等の拒否の過料→九七六[四]【担保付社債の場合→担信三二　[二]【省令で定める方法→会社則二二六　＊【株主総会の場合→三一八

（社債権者集会の決議の認可の申立て）

第七三二条 社債権者集会の決議があったときは、招集者は、当該決議があった日から一週間以内に、裁判所に対し、当該決議の認可の申立てをしなければならない。

参照【社債権者集会→七一六参照【社債権者集会の決議→七二四【招集者→七一九、七一七②、七一八③【決議認可の申立て→八六八④、七四二②【決議認可の裁判→八七〇①[七]、八七二[四]、八七三【決議の不認可→七三三

（社債権者集会の決議の不認可）

第七三三条 裁判所は、次のいずれかに該当する場合には、社債権者集会の決議の認可をすることができない。

一 社債権者集会の招集の手続又はその決議の方法が法令又は第六百七十六条の募集のための当該社債発行会社の事業その他の事項に関する説明に用いた資料に記載され、若しくは記録された事項に違反するとき。

二 決議が不正の方法によって成立するに至ったとき。

三 決議が著しく不公正であるとき。

四 決議が社債権者の一般の利益に反するとき。

参照【決議認可の申立て→七三二、七四二②、八六八④【決議認可の裁判→八七〇①[七]、八七二[四]、八七三【招集の手続→七一七―七二二【決議の方法→七二三―七二八【再生計画不認可の決定→民再一七四②【更生計画認可の要件→会更一九九②③【株主総会決議の瑕疵の是正→八三〇、八三一【募集のための資料→金商二⑩、四二九②[二]イ

（社債権者集会の決議の効力）

第七三四条① 社債権者集会の決議は、裁判所の認可を受けなければ、その効力を生じない。

② 社債権者集会の決議は、当該種類の社債を有するすべての社債権者に対してその効力を有する。

参照❶【社債権者集会の決議→七二四【裁判所の認可→七三二、七三三、七三五【認可の効力発生時期→外法夫婦登五六②【認可の裁判に対する抗告→八七二[四]、八七三　❷【社債の種類→六八一[一]

（社債権者集会の決議の認可又は不認可の決定の公告）

第七三五条 社債発行会社は、社債権者集会の決議の認可又は不認可の決定があった場合には、遅滞なく、その旨を公告しなければならない。

参照【社債権者集会の決議→七二四【決議の認可・不認可→七三二、七三三【公告方法→二[三十三]、九三九【電子公告→二[三十四]、九四〇【公告の懈怠・不正の制裁→九七六[二]

（社債権者集会の決議の省略）

第七三五条の二① 社債発行会社、社債管理者、社債管

理補助者又は社債権者が社債権者集会の目的である事項について（社債管理補助者にあっては、第七百十四条の七において準用する第七百十一条第一項の社債権者集会の同意をすることについて）提案をした場合において、当該提案につき議決権者の全員が書面又は電磁的記録により同意の意思表示をしたときは、当該提案を可決する旨の社債権者集会の決議があったものとみなす。

② 社債発行会社は、前項の規定により社債権者集会の決議があったものとみなされた日から十年間、同項の書面又は電磁的記録をその本店に備え置かなければならない。

③ 社債管理者、社債管理補助者及び社債権者は、社債発行会社の営業時間内は、いつでも、次に掲げる請求をすることができる。

一 前項の書面の閲覧又は謄写の請求

二 前項の電磁的記録に記録された事項を法務省令で定める方法により表示したものの閲覧又は謄写の請求

④ 第一項の規定により社債権者集会の決議があったものとみなされる場合には、第七百三十二条から前条まで（第七百三十四条第二項を除く。）の規定は、適用しない。

※+【社債権者集会の決議↓七二四【議事録↓七三一①、会社則一七七④ ❶【社債権者集会の目的である事項↓七一六、七一九㈢、七二四③ ❶―❸【電磁的記録↓二六② ❷【本店↓四※ ❸[二]【省令で定める方法↓会社則二二六

（代表社債権者の選任等）

第七三六条① 社債権者集会においては、その決議によって、当該種類の社債の総額（償還済みの額を除く。）の千分の一以上に当たる社債を有する社債権者の中から、一人又は二人以上の代表社債権者を選任し、これに社債権者集会において決議をする事項についての決定を委任することができる。

② 第七百十八条第二項〈自己社債の取扱い〉の規定は、前項に規定する社債の総額について準用する。

③ 代表社債権者が二人以上ある場合において、社債権者集会において別段の定めを行わなかったときは、第一項に規定する事項についての決定は、その過半数をもって行う。

※+【社債権者集会↓七一六※【代表社債権者↓七三七、七三八、七四一、八六五③【担保付社債の場合↓担信三四②【代表社債権者に対する罰則↓九六一・九六二、九六七、九七六 ❶【社債権者集会の決議↓七二四②㈢【社債の種類↓六八一㈠【代表者のする決定↓七一六【決定事項の認可・公告↓七三二―七三五【数人の代表者がある場合↓七三七②、七〇九

（社債権者集会の決議の執行）

第七三七条① 社債権者集会の決議は、次の各号に掲げる場合の区分に応じ、当該各号に定める者が執行する。ただし、社債権者集会の決議によって別に社債権者集会の決議を執行する者を定めたときは、この限りでない。

一 社債管理者がある場合　社債管理者

二 社債管理補助者がある場合において、社債管理補助者の権限に属する行為に関する事項を可決する旨の社債権者集会の決議があったとき　社債管理補助者

三 前二号に掲げる場合以外の場合　代表社債権者

② 第七百五条第一項から第三項まで〈社債管理者等の行為の方式〉及び第七百八条〈社債管理者等の権限等〉、第七百九条〈二以上の社債管理者がある場合の特則〉の規定は、代表社債権者又は前項ただし書の規定により定められた社債権者集会の決議を執行する者（以下この章において「決議執行者」という。）が社債権者集会の決議を執行する場合について準用する。

※❶【社債権者集会の決議↓七一六※【執行者の地位↓七三八、七四一・八六五③【担保付社債の場合↓担信三四【執行者に対する罰則↓九六一・九六二、九六七、九七六【別に執行者を定める場合↓七二四②㈢・七三六【三】【社債権者集会決議に基づく社債管理補助者の権限に属する行為↓七一四の四③

（代表社債権者等の解任等）

第七三八条 社債権者集会においては、その決議によって、いつでも、代表社債権者若しくは決議執行者を解任し、又はこれらの者に委任した事項を変更することができる。

※+【社債権者集会↓七一六※【代表社債権者↓七三六【決議執行者↓七三七①但【決議要件↓七二四②㈢、七三六

（社債の利息の支払等を怠ったことによる期限の利益の喪失）

第七三九条① 社債発行会社が社債の利息の支払を怠ったとき、又は定期に社債の一部を償還しなければならない場合においてその償還を怠ったときは、社債権者集会の決議に基づき、当該決議を執行する者は、社債発行会社に対し、一定の期間内にその弁済をしなければならない旨及び当該期間内にその弁済をしないときは当該社債の総額について期限の利益を喪失する旨を書面により通知することができる。ただし、当該期間は、二箇月を下ることができない。

② 前項の決議を執行する者は、同項の規定による書面による通知に代えて、政令で定めるところにより、社債発行会社の承諾を得て、同項の規定により通知する事項を電磁的方法により提供することができる。この場合において、当該決議を執行する者は、当該書面による通知をしたものとみなす。

③ 社債発行会社は、第一項の期間内に同項の弁済をしなかったときは、当該社債の総額について期限の利益を喪失する。

※+【社債の総額↓六七六㈢【期限の利益の喪失↓民一三六、一三七 ❶【利息の支払↓六七六㈤【社債の償還↓六七六㈣【社債権者集会の決議↓七二四①、七三六【決議を執行する者↓七三七 ❷【電磁的方法↓二[三十四]

（債権者の異議手続の特則）

第七四〇条① 第四百四十九条、第六百二十七条、第六百三十五条、第六百七十条、第七百七十九条（第七百八十一条第二項において準用する場合を含む。）、第七百八十九条（第七百九十三条第二項において準用する場合を含む。）、第七百九十九条（第八百二条第二項に

おいて準用する場合を含む。）、第八百十条（第八百十三条第二項において準用する場合を含む。）又は第八百十六条の八の規定により社債権者が異議を述べるには、社債権者集会の決議によらなければならない。この場合においては、裁判所は、利害関係人の申立てにより、社債権者のために異議を述べることができる期間を伸長することができる。

② 前項の規定にかかわらず、社債管理者は、社債権者のために、異議を述べることができる。ただし、第七百二条の規定による委託に係る契約に別段の定めがある場合は、この限りでない。

③ 社債発行会社における第四百四十九条第二項、第六百二十七条第二項、第六百三十五条第二項、第六百七十条第二項、第七百七十九条第二項（第七百八十一条第二項において準用する場合を含む。以下この項において同じ。）、第七百八十九条第二項（第七百九十三条第二項において準用する場合を含む。以下この項において同じ。）、第七百九十九条第二項（第八百二条第二項において準用する場合を含む。以下この項において同じ。）、第八百十条第二項（第八百十三条第二項において準用する場合を含む。以下この項において同じ。）及び第八百十六条の八第二項の規定の適用については、第四百四十九条第二項、第六百二十七条第二項、第六百三十五条第二項、第六百七十条第二項、第七百七十九条第二項、第七百九十九条第二項及び第八百十六条の八第二項中「知れている債権者」とあるのは「知れている債権者（社債管理者又は社債管理補助者がある場合にあっては、当該社債管理者又は社債管理補助者を含む。）」と、第七百八十九条第二項及び第八百十条第二項中「知れている債権者（同項の規定により異議を述べることができるものに限る。）」とあるのは「知れている債権者（同項の規定により異議を述べることができるものに限り、社債管理者又は社債管理補助者がある場合にあっては当該社債管理者又は社債管理補助者を含む。）」とする。

🔗❶【社債権者集会の決議↓七二四①・七三六・七三七【異議期間伸張の裁判↓八六八④・八七〇①四・八七二四【社債管理者↓七〇二🔗

（社債管理者等の報酬等）

第七四一条① 社債管理者、社債管理補助者、代表社債権者又は決議執行者に対して与えるべき報酬、その事務処理のために要する費用及びその支出の日以後における利息並びにその事務処理のために自己の過失なくして受けた損害の賠償額は、社債発行会社との契約に定めがある場合を除き、裁判所の許可を得て、社債発行会社の負担とすることができる。

② 前項の許可の申立ては、社債管理者、社債管理補助者、代表社債権者又は決議執行者がする。

③ 社債管理者、社債管理補助者、代表社債権者又は決議執行者は、第一項の報酬、費用及び利息並びに損害の賠償額に関し、第七百五条第一項（第七百三十七条第二項において準用する場合を含む。）又は第七百十四条の四第二項第一号の弁済を受けた額について、社債権者に先立って弁済を受ける権利を有する。

🔗+【社債管理者↓七〇二🔗【社債管理補助者↓七一四の二🔗【代表社債権者↓七三六【決議執行者↓七三七①但【裁判所の許可↓八六八④・八七〇①四・八七二四・八七三【担保付社債の場合↓担信四七・四八

（社債権者集会等の費用の負担）

第七四二条① 社債権者集会に関する費用は、社債発行会社の負担とする。

② 第七百三十二条の申立てに関する費用は、社債発行会社の負担とする。ただし、裁判所は、社債発行会社その他利害関係人の申立てにより又は職権で、当該費用の全部又は一部について、招集者その他利害関係人の中から別に負担者を定めることができる。

🔗❶【集会の招集↓七一七・七一八・七二〇―七二二【担保付社債の場合↓担信四八　❷【社債権者集会決議の認可↓七三二🔗【招集者↓七一九・七一七②・七一八③

第五編　組織変更、合併、会社分割、株式交換、株式移転及び株式交付

◆【Ⅰ　企業再編・企業買収】

[1] **一　売主の表明保証違反と買主の重過失**

売主が表明保証を行った事項に関して違反していることについて、買主が善意であることが買主の重大な過失に基づくと認められる場合には、公平の見地に照らし、悪意の場合と同視し、売主は表明保証責任を免れると解する余地がある。（東京地判平18・1・17判時一九二〇・一三六、総則・商行為百選[五版]二四……M&Aの対象会社の株式全部を貸借対照表に基づき算出された一株当たりの価額で譲渡する旨の契約において、対象会社の財務諸表が一般に承認された会計原則に従い作成され、財務内容が貸借対照表のとおりであること等の表明保証を売主が買主に対して行ったところ、契約締結後に会計原則違反の会計処理が発見されたとして、買主の売主に対する損害補償請求が認められた事例）

二　協働事業化の合意の効力

[2] **1　協働事業化の基本合意と最終契約の締結義務**

協働事業化の基本合意書において最終契約を締結すべき義務を負う旨を明確に定めた具体的な規定がなく、合意書の規定文言が、最終契約を締結するか否かについて、デュー・ディリジェンスや具体的な契約条件などに関する協議等の結果を踏まえた上で、各当事者の判断に委ねられていると解するのが相当な場合には、各当事者は協働事業化に関する最終契約を締結する義務を負うとはいえない。（東京地判平18・2・13判時一九二八・三〈UFJ信託銀行経営統合交渉損害賠償請求事件〉）↓[4][6]

[3] **2　独占交渉権条項の効力**

協働事業化に関する基本合意が定める誠実協議義務、独占交渉義務は、最終的な合意を成立させるための手段として定められたものであるから、今後、当事者が交渉を重ねても、社会通念上、最終的な合意が成立する可能性が存しないと判断される場合には、本件条項に基づく債務も消滅する。（最決平16・8・30民集五八・六・一七六三〈UFJ信託銀行経営統合交渉差止仮処分申立事件〉会社法百選[四版]九四）↓[5]、民保二三条[1]

[4] **3　独占交渉義務違反が肯定された事例**

一方的に協働事業化の基本合意の解約を申し入れ、原告からの協議、交渉を拒絶し、第三者に対して経営統合の話を持ちかけることは、基本合意が定める独占交渉義務及び

誠実協議義務に違反し、債務不履行責任がある。（東京地判平18・2・13前出[2]）↓[6]

4 **独占交渉義務違反と損害の範囲**

[5] 協働事業化に関する基本合意において最終的な合意をすべき義務を負う旨の規定はなく、最終的な合意が成立するか否かは今後の交渉次第である場合、抗告人は、その成立についての期待を有するにすぎないものであるから、本件条項違反により抗告人が被る損害は、抗告人と相手方との間で最終的な合意が成立するとの期待が侵害されることによる損害とみるべきである。（最決平16・8・30前出[3]）↓民保二三条[1]

[6] 協働事業化に関する最終契約が成立していない上、独占交渉義務及び誠実協議義務を履行していたとしても、契約成立が確実であったとはいえず、契約の内容も具体的に確定していない場合、最終契約が成立した場合の得べかりし利益（履行利益）は、独占交渉義務及び誠実協議義務違反と相当因果関係があるとは認められない。（東京地判平18・2・13前出[2]）↓[4]

5 **債権者に生ずる著しい損害**↓民保二三条[1]

三 議決権拘束契約に基づく議決権行使の差止請求

[7] 議決権拘束契約に基づき、議決権を行使してはならない不作為義務を負うといえる場合でも、原則として、議決権行使の差止請求は認められないが、株主全員が当事者である議決権拘束契約であること、契約内容が明確に議決権を行使しないことを求めるものといえることの二つの要件を満たす場合には例外的に差止請求が認められる余地がある。（名古屋地決平19・11・12金判一三一九・五〇……株式譲渡を禁止する合意に基づき、株式交換契約の承認を目的とする議案に賛成する議決権行使禁止の仮処分申立てが却下された事例）

◆【II 反対株主の株式買取請求権】

一 「公正な価格」による株式買取請求権の趣旨

[1] 反対株主に「公正な価格」での株式の買取りを請求する権利が付与された趣旨は、吸収合併等という会社組織の基礎に本質的変更をもたらす行為を株主総会の多数決により可能とする反面、それに反対する株主に会社からの退出の機会を与えるとともに、退出を選択した株主には、吸収合併等がなされなかったとした場合と経済的に同等の状況を確保し、さらに、吸収合併等によりシナジーその他の企業価値の増加が生ずる場合には、右株主に対してもこれを適切に分配し得るものとすることにより、右株主の利益を一定の範囲で保障することにある。（最決平23・4・19民集六五・三・一三一一〈楽天対TBS株式買取価格決定申立事件〉会社法百選[四版]八四）

二 株式買取価格決定の性質

[2] 裁判所による価格の決定は、客観的に定まっている過去の株価の確認ではなく、新たに「公正な価格」を形成するものであり、法が価格決定の基準について格別規定していないことからすると、法は価格決定を裁判所の裁量に委ねているものと解される。（最決昭48・3・1民集二七・二・一六一）

[3] 裁判所は、職権により諸般の事情を斟酌［しんしゃく］して迅速に買取価格を決定することが要請されるのであって、その決定は、固有の司法権の作用に属しない非訟事件の裁判であり、したがってまた、本件を非訟事件手続法により審理裁判すること、本件非訟事件の手続に関する法律の規定及び本件における実際の審理手続について、憲法三二条、八二条違反の問題は生じない。（最決昭48・3・1前出[2]）

三 株式買取請求・価格決定申立てをすることができる株主

1 **「当該株主総会において議決権を行使することができない株主」の意味**

イ **該当する例**

[4] 株主総会の基準日後に株式を取得した株主（東京地決平25・7・31資料版商事法務三五八・一四八、会社法百選[三版]A34）↓一七二条[1]

ロ **該当しない例**

[5] 「当該株主総会において議決権を行使することができない株主」には、当該株主総会の基準日以前に議決権を有する株式を取得しながら名義書換を怠って株主名簿上の株主でなかった者は含まない。（東京地決平21・10・19金判一三二九・三〇〈カネボウ第二次株式買取価格決定申立事件〉）

2 **組織再編の公表後に取得された株式**

[6] 吸収合併が公表された後に取得された株式が買取請求の対象とならないとする直接的な規定は存しないし、そのように解すべきであることを前提とする規定もなく、そのような制限を設けるべき合理的な理由・事情も見当たらない。（東京高決平21・7・17金判一三四一・三一）

3 **振替株式の場合―個別株主通知の要否・時期**

[7] 振替機関の取扱いが廃止されていた場合（最決平24・3・28民集六六・五・二三四四、重判平24商三）↓一一七条[2]

[8] 個別株主通知がなされるべき時期（最決平22・12・7民集六四・八・二〇〇三、会社法百選[四版]一五）↓一七二条[5]

四 「公正な価格」

1 **「公正な価格」の内容**

[9] 吸収合併等によりシナジーその他の企業価値の増加が生じない場合には、増加した企業価値の適切な分配を考慮する余地はないから、吸収合併契約等を承認する旨の株主総会決議がなければその株式が有したであろう価格（ナカリセバ価格）を算定し、これをもって「公正な価格」を定めるべきである。（最決平23・4・19前出[1]）

[10] 株式移転によりシナジー効果その他の企業価値の増加が生じる場合には、「公正な価格」は、原則として、株式移転計画において定められていた株式移転比率が公正なものであったならば株式買取請求がされた日においてその株式が有していると認められる価格をいう。（最決平24・2・29民集六六・三・一七八四〈テクモ株式買取価格決定申立事件〉会社法百選[四版]八五）

2 **「公正な価格」の算定基準日**

[11] 「公正な価格」は、売買契約が成立したのと同様の法律関係が生ずる時点であり、かつ、株主が会社から退出する意思を明示した時点である株式買取請求がされた日を基準日として定めるべきである。（最決平23・4・19前出[1]）

3 **「公正な価格」の算定**

イ **市場価格が参照される場合**

[12] 吸収合併等により企業価値が増加も毀損もしないため、当該吸収合併等が株式の価値に変動をもたらすものでなかったときは、株式買取請求がされた日のナカリセバ価格を算定するに当たって参照すべき市場株価として、同日における市場株価やこれに近接する一定期間の市場価格の平均値を用いることも、裁判所の合理的な裁量の範囲内にある。（最決平23・4・19前出[1]）

13 反対株主が株式買取請求をした日のナカリセバ価格を算定するに当たり、株式交換を行う旨の公表等がされる前の市場株価を参照することや、公表等がされた後株式買取請求がされた日までの間に当該吸収合併等以外の市場の一般的な価格変動要因により、当該株式の市場株価が変動している場合に、これを踏まえて参照した株価に補正を加えるなどして同日のナカリセバ価格を算定することは、裁判所の合理的な裁量の範囲内にある。（最決平23・4・26判時二一二〇・一二六〈インテリジェンス株式買取価格決定申立事件〉）

14 相互に特別の資本関係がない会社間において一般に公正と認められる手続により株式移転の効力が発生した場合には、特段の事情がない限り、株式移転比率は公正なものとみるのが相当であり、また、株式移転比率が公正なものと認められる場合には、その公表後における市場株価は、特段の事情がない限り、公正な株式移転比率により株式移転がされることを織り込んだ上で形成されているとみられるので、このような場合には、企業価値の増加が生じないときを除き、「公正な価格」を算定するに当たって参照すべき市場株価として、基準日である株式買取請求がされた日における市場株価や、偶発的要素による株価の変動を排除するためこれに近接する一定期間の市場株価の平均値を用いることは、裁判所の合理的裁量の範囲内にある。（最決平24・2・29前出10）

15 株式交換をする各当事会社が相互に特別の資本関係があり独立した会社同士でない場合、各当事会社側において、公正性を確保するための手厚い措置が講じられたより透明性の高い手続によって株式交換が進められたことを具体的に明らかにする必要があるが、そのような手続によって株式交換の効力が発生したと認められる場合には、特段の事情がない限り、当該株式交換は公正に行われたものと推認することができる。（東京地決平23・3・30金判一三七〇・一九……十分な公正性確保措置が採られたと認められ、基準日前一か月間の市場株価の終値による出来高加重平均値が「公正な価格」とされた事例）

ロ　先行する公開買付けがあった場合↓一七二条7

16 株式交換の前に株式交換完全子会社となる会社の株式について公開買付けが行われ、公開買付価格と株式交換比率の算定の際の株式交換完全子会社株式の基準価格が同じ価格とされている場合には、当該価格は、株式交換の効力発生時において生ずる相乗効果（シナジー）を織り込んだものとして設定されたものと推認するのが相当であるから、その後に株式交換完全子会社の株価が下落したとしても、同社の株式の「公正な価格」は、原則として、当該公開買付価格及び当該基準価格を下回ることはない。（東京地決平21・3・31判時二〇四〇・一三五〈日興コーディアルグループ株式買取価格決定申立事件〉重判平21商五）

17 強圧的な公開買付けを防止するために政策的に公開買付価格をもって「公正な価格」と解するのが相当な場合もあるが、本件のように、株式交換完全子会社となる会社の完全親会社が株式交換完全親会社となる会社を対象会社として公開買付けを行い、その後、株式交換が行われた場合には、公開買付けが行われた後の株式交換完全親会社の残存株主はそのまま同社の株主としての地位を維持し得るのであるから、政策的に公開買付価格を「公正な価格」と解する理由はない。（東京地決平21・4・17金判一三二〇・三一①）

18 本件公開買付価格が公表された時点においては本件株式交換が行われるかが確定しておらず、株式交換比率も明らかでなかったので、本件公開買付価格のプレミアムは本件株式交換による株式交換完全子会社の企業価値の増加がいまだ具体化していなかった時点のものであり、それを本件株式交換による企業価値の増加の公正な分配分であると直ちにみることは相当でなく、また、公開買付けの強圧性の問題は公開買付けに対する法規制によって対処すべきものであり、「公正な価格」の決定に当たってしんしゃくしなければならない事柄ではない。（大阪地決平24・2・10判時二一五二・一三九）

八　非上場株式の場合

19 営業譲渡に反対の株主は、会社が清算される場合と同様、会社の全財産に対する残余財産分配請求権を有すると観念的には捉えることができるところ、その価値は、清算に際し事業が一体として譲渡される場合を想定した譲渡価値、すなわち、その事業から生ずると予想される将来のキャッシュ・フローの割引現在価格に一致すると考えるのが合理的であるから、ＤＣＦ法により評価することが一番妥当である。（東京高決平22・5・24金判一三四五・一二〈カネボウ第一次株式買取価格決定申立事件抗告審〉……常に「ナカリセバ価格」による買取りとなる旧法下において、非上場株式について買取請求がなされた事例）

20 非上場会社において、裁判所が収益還元法を用いて株式の買取価格を決定する場合に、非流動性ディスカウントを行うことはできない。（最決平27・3・26民集六九・二・三六五、会社法百選四版八八……非上場会社である吸収合併消滅会社の株式の「ナカリセバ価格」を、当該会社の事業継続を前提とする収益還元法によって算出した企業価値から非流動性ディスカウントを行った上で算出することの可否が問題となった事例）

五　鑑定費用の負担方法

21 株主の申立てに係る株式買取価格決定手続における鑑定費用の負担については、申立てが適法と判断された株主らと会社との間においては、各株主らの持株数と株式の価格についての株主らと会社それぞれの主張額と裁判所が決定する額との乖離率に応じて各当事者が負担し、申立てが不適当とされた株主らと会社との間においては、株主らの持株数に応じて株主らにおいて負担するのが相当である。（東京地決平20・3・14判時二〇〇一・一一〈カネボウ第一次株式買取価格決定申立事件一審〉）

六　株式買取請求の撤回後の処理

22 株式交換の効力発生日後に株式交換完全子会社の株主による株式買取請求が撤回された場合には、完全子会社には原状回復義務として完全親会社の株式を返還する義務が生ずるが、完全親会社が完全子会社の株式を取得していることから、当該義務は履行不能となり、結局、完全子会社は、株式交換の効力発生日を基準として株式買取請求に係る株式の価格相当額の金銭を返還する義務を負うことになる。（東京高判平28・7・6判時二三三八・九一、重判平28商八）

第一章　組織変更

第一節　通則

（組織変更計画の作成）

第七四三条　会社は、組織変更をすることができる。この場合においては、組織変更計画を作成しなければならない。

⊛+【組織変更↓二[二十六]．七四五．七四七．九二〇．九三二、商登七六．七七．一〇七【他の制度との比較↓六三八．七四八—七五六【組織変更計画↓七四四．七四六①．七七五．七七六．七八一

第二節　株式会社の組織変更

（株式会社の組織変更計画）

第七四四条①　株式会社が組織変更をする場合には、当該株式会社は、組織変更計画において、次に掲げる事項を定めなければならない。

一　組織変更後の持分会社（以下この編において「組織変更後持分会社」という。）が合名会社、合資会社又は合同会社のいずれであるかの別

二　組織変更後持分会社の目的、商号及び本店の所在地

三　組織変更後持分会社の社員についての次に掲げる事項

イ　当該社員の氏名又は名称及び住所

ロ　当該社員が無限責任社員又は有限責任社員のいずれであるかの別

ハ　当該社員の出資の価額

四　前二号に掲げるもののほか、組織変更後持分会社の定款で定める事項

五　組織変更後持分会社が組織変更に際して組織変更をする株式会社の株主に対してその株式に代わる金銭等（組織変更後持分会社の持分を除く。以下この号及び次号において同じ。）を交付するときは、当該金銭等についての次に掲げる事項

イ　当該金銭等が組織変更後持分会社の社債であるときは、当該社債の種類（第百七条第二項第二号ロに規定する社債の種類をいう。以下この編において同じ。）及び種類ごとの各社債の金額の合計額又はその算定方法

ロ　当該金銭等が組織変更後持分会社の社債以外の財産であるときは、当該財産の内容及び数若しくは額又はこれらの算定方法

六　前号に規定する場合には、組織変更をする株式会社の株主（組織変更をする株式会社を除く。）に対する同号の金銭等の割当てに関する事項

七　組織変更をする株式会社が新株予約権を発行しているときは、組織変更後持分会社が組織変更に際して当該新株予約権の新株予約権者に対して交付する当該新株予約権に代わる金銭の額又はその算定方法

八　前号に規定する場合には、組織変更をする株式会社の新株予約権の新株予約権者に対する同号の金銭の割当てに関する事項

九　組織変更がその効力を生ずる日（以下この章において「効力発生日」という。）

② 組織変更後持分会社が合名会社であるときは、前項第三号ロに掲げる事項として、その社員の全部を無限責任社員とする旨を定めなければならない。

③ 組織変更後持分会社が合資会社であるときは、第一項第三号ロに掲げる事項として、その社員の一部を無限責任社員とし、その他の社員を有限責任社員とする旨を定めなければならない。

④ 組織変更後持分会社が合同会社であるときは、第一項第三号ロに掲げる事項として、その社員の全部を有限責任社員とする旨を定めなければならない。

⊛+【会社↓二[三]⊛【持分会社↓五七五①【金銭等↓一五一①【社債等↓七四六①[七]ニ【持分会社の設立登記↓九一二—九一四【登記申請書の添付書面↓商登九四．一一〇．一一七 ❶[三]—[四]【持分会社の定款記載・記録事項↓五七六．五七七[三]【組織変更後の社員の責任↓五八三 [五]【株式・持分に代わる対価↓七四六①[七]．七四九①[二]．七五一①[三]．七五三①[四]．七五五①[六]．七五八[四]．七六〇[五]．七六三①[六]．七六五①[六]．七六八①[二]．七七〇①[三]．七七三①[七]．七八二①．七九四①　[六]【金銭等の割当て↓一〇九【持分会社との比較↓六二一．六二二　[七][八]【新株予約権の消滅とその対価↓二三六．七四五⑤．七七七．七七八【他に新株予約権が消滅する場合↓七四九①[四][五]．七五〇④．七五三①[十][十一]．七五四④．七五八[五][六]．七五九⑨．七六三①[十][十一]．七六四⑪．七六八①[四][五]．七六九④．七七三①[九][十]．七七四④　[九]【効力発生日↓四六七．七四五．七四六①[九]．七四七．七四九①[六]．七五〇．七五一①[七]．七五二．七五八[七]．七五九．七六〇[六]．七六一．七六八①[六]．七六九．七七〇①[五]．七七一．七八〇．八二八①[六]．九二〇．九三二、商登七六【他の制度との比較↓七五四．七五六．七六四．七六六．七七四 ❷—❹【持分会社の社員の責任↓五七六

（株式会社の組織変更の効力の発生等）

第七四五条①　組織変更をする株式会社は、効力発生日に、持分会社となる。

② 組織変更をする株式会社は、効力発生日に、前条第一項第二号から第四号までに掲げる事項についての定めに従い、当該事項に係る定款の変更をしたものとみなす。

③ 組織変更をする株式会社の株主は、効力発生日に、前条第一項第三号に掲げる事項についての定めに従い、組織変更後持分会社の社員となる。

④ 前条第一項第五号イに掲げる事項についての定めがある場合には、組織変更をする株式会社の株主は、効力発生日に、同項第六号に掲げる事項についての定めに従い、同項第五号イの社債の社債権者となる。

⑤ 組織変更をする株式会社の新株予約権は、効力発生日に、消滅する。

⑥ 前各項の規定は、第七百七十九条の規定による手続が終了していない場合又は組織変更を中止した場合には、適用しない。

⊛+【株式会社の組織変更↓七四七【効力発生日↓七四四①[九]⊛ ❶【持分会社の成立↓五七九．九一二—九一四 ❷【みなし定款変更↓七四七②．七五二③．七六一⑧ ❸【持分会社の社員となる時期↓五七五—五七九 ❹【社債権者となる時期↓二[二十三]．一五一①[十]．六七六[十][十二]．六七八—六八〇【消費貸借契約との対比↓民五八七 ❺【新株予約権の消滅↓七四四①[七][四]⊛ ❻【効力発生障害事由↓七五〇⑥．七五二⑥．七七九．七八一②．七八九①[三]．七九九．八一〇．八一三

第三節　持分会社の組織変更

（持分会社の組織変更計画）

第七四六条①　持分会社が組織変更をする場合には、当該持分会社は、組織変更計画において、次に掲げる事項を定めなければならない。

一　組織変更後の株式会社（以下この条において「組

織変更後株式会社」という。）の目的、商号、本店の所在地及び発行可能株式総数

二　前号に掲げるもののほか、組織変更後株式会社の定款で定める事項

三　組織変更後株式会社の取締役の氏名

四　次のイからハまでに掲げる場合の区分に応じ、当該イからハまでに定める事項

イ　組織変更後株式会社が会計参与設置会社である場合　組織変更後株式会社の会計参与の氏名又は名称

ロ　組織変更後株式会社が監査役設置会社（監査役の監査の範囲を会計に関するものに限定する旨の定款の定めがある株式会社を含む。）である場合　組織変更後株式会社の監査役の氏名

ハ　組織変更後株式会社が会計監査人設置会社である場合　組織変更後株式会社の会計監査人の氏名又は名称

五　組織変更をする持分会社の社員が組織変更に際して取得する組織変更後株式会社の株式の数（種類株式発行会社にあっては、株式の種類及び種類ごとの数）又はその数の算定方法

六　組織変更をする持分会社の社員に対する前号の株式の割当てに関する事項

七　組織変更後株式会社が組織変更に際して組織変更をする持分会社の社員に対してその持分に代わる金銭等（組織変更後株式会社の株式を除く。以下この号及び次号において同じ。）を交付するときは、当該金銭等についての次に掲げる事項

イ　当該金銭等が組織変更後株式会社の社債（新株予約権付社債についてのものを除く。）であるときは、当該社債の種類及び種類ごとの各社債の金額の合計額又はその算定方法

ロ　当該金銭等が組織変更後株式会社の新株予約権（新株予約権付社債に付されたものを除く。）であるときは、当該新株予約権の内容及び数又はその算定方法

ハ　当該金銭等が組織変更後株式会社の新株予約権付社債であるときは、当該新株予約権付社債についてのイに規定する事項及び当該新株予約権付社債に付された新株予約権についてのロに規定する事項

ニ　当該金銭等が組織変更後株式会社の社債等（社債及び新株予約権をいう。以下この編において同じ。）以外の財産であるときは、当該財産の内容及び数若しくは額又はこれらの算定方法

八　前号に規定する場合には、組織変更をする持分会社の社員に対する同号の金銭等の割当てに関する事項

九　効力発生日

②　組織変更後株式会社が監査等委員会設置会社である場合には、前項第三号に掲げる事項は、監査等委員である取締役とそれ以外の取締役とを区別して定めなければならない。

∞❶【会社↓二[一]∞【株式会社の設立登記↓九一一∞　[二]【発行可能株式総数↓三七、一一三　[三]【株式会社の定款記載・記録事項↓二七―二九　[三]【設立時取締役↓三八①、三九、九一一③　[四]【設立時役員等の選任↓三八②【会計参与設置会社↓二[八]、九一一③[十六]【会計参与↓三七四―三八〇、九一一③[十六]【監査役設置会社↓二[九]、九一一③[十七]【監査役↓三八一―三八九、九一一③[十七]【会計監査人設置会社↓二[十一]、九一一③[十九]【会計監査人↓三九六―三九九、九一一③[十九]　[五]【種類株式発行会社↓二[十三]、九一一③[七]【株式の種類↓一〇八∞　[六]【新株の割当て↓六〇、二〇三―二〇六、一八三、一八四、一五一①[十二]、二一九①[二][四]、二三〇、二三四　[七][八]【金銭等↓一五一①【金銭等の交付↓七四四①[五][六]∞　[九]【効力発生日↓七四四①[九]∞　❷【監査等委員↓三八②

第七四七条（**持分会社の組織変更の効力の発生等**）①　組織変更をする持分会社は、効力発生日に、株式会社となる。

②　組織変更をする持分会社は、効力発生日に、前条第一項第一号及び第二号に掲げる事項についての定めに従い、当該事項に係る定款の変更をしたものとみなす。

③　組織変更をする持分会社の社員は、効力発生日に、前条第一項第六号に掲げる事項についての定めに従い、同項第五号の株式の株主となる。

④　次の各号に掲げる場合には、組織変更をする持分会社の社員は、効力発生日に、前条第一項第八号に掲げる事項についての定めに従い、当該各号に定める者となる。

一　前条第一項第七号イに掲げる事項についての定めがある場合　同号イの社債の社債権者

二　前条第一項第七号ロに掲げる事項についての定めがある場合　同号ロの新株予約権の新株予約権者

三　前条第一項第七号ハに掲げる事項についての定めがある場合　同号ハの新株予約権付社債についての社債の社債権者及び当該新株予約権付社債に付された新株予約権の新株予約権者

⑤　前各項の規定は、第七百八十一条第二項において準用する第七百七十九条（第二項第二号を除く。）の規定による手続が終了していない場合又は組織変更を中止した場合には、適用しない。

∞+【持分会社の組織変更↓七四五【効力発生日↓七四四①[九]∞　❷【みなし定款変更↓七四五②∞　❸【株主となる時期↓五〇、二〇九①、二八二①　❹【社債権者となる時期↓七四五④∞【質権の効力↓一五一①[十一]【新株予約権者↓二四五①、二三八①[四]　❺【効力発生障害事由↓七四五⑥∞　+【金銭等の交付↓七四四①[五][六]∞

第二章　合併

第一節　通則

第七四八条（**合併契約の締結**）　会社は、他の会社と合併をすることができる。この場合においては、合併をする会社は、合併契約を締結しなければならない。

∞+【会社↓二[一]∞【合併↓二[二十七][二十八]、四七一[四]、六四一[五]、七五〇、七五二、七五四、七五六、七八二―八一六、八四三、九二一、九二二【合併の制限↓四七四、六四三、独禁一五、一七、会社法整備法三七【合併契約↓七四九、七五一、七五三、七五五【合併契約の承認↓七八三、八〇四【合併契約書の登記申請書への添付↓商登八〇、八一、一〇八、一一五、一

二四

第二節　吸収合併

第一款　株式会社が存続する吸収合併

（株式会社が存続する吸収合併契約）

第七四九条①　会社が吸収合併をする場合において、吸収合併後存続する会社（以下この編において「吸収合併存続会社」という。）が株式会社であるときは、吸収合併契約において、次に掲げる事項を定めなければならない。

一　株式会社である吸収合併存続会社（以下この編において「吸収合併存続株式会社」という。）及び吸収合併により消滅する会社（以下この編において「吸収合併消滅会社」という。）の商号及び住所

二　吸収合併存続株式会社が吸収合併に際して株式会社である吸収合併消滅会社（以下この編において「吸収合併消滅株式会社」という。）の株主又は持分会社である吸収合併消滅会社（以下この編において「吸収合併消滅持分会社」という。）の社員に対してその株式又は持分に代わる金銭等を交付するときは、当該金銭等についての次に掲げる事項

イ　当該金銭等が吸収合併存続株式会社の株式であるときは、当該株式の数（種類株式発行会社にあっては、株式の種類及び種類ごとの数）又はその数の算定方法並びに当該吸収合併存続株式会社の資本金及び準備金の額に関する事項

ロ　当該金銭等が吸収合併存続株式会社の社債（新株予約権付社債についてのものを除く。）であるときは、当該社債の種類及び種類ごとの各社債の金額の合計額又はその算定方法

ハ　当該金銭等が吸収合併存続株式会社の新株予約権（新株予約権付社債に付されたものを除く。）であるときは、当該新株予約権の内容及び数又はその算定方法

ニ　当該金銭等が吸収合併存続株式会社の新株予約権付社債であるときは、当該新株予約権付社債についてのロに規定する事項及び当該新株予約権付社債に付された新株予約権についてのハに規定する事項

ホ　当該金銭等が吸収合併存続株式会社の株式等以外の財産であるときは、当該財産の内容及び数若しくは額又はこれらの算定方法

三　前号に規定する場合には、吸収合併消滅株式会社の株主（吸収合併消滅株式会社及び吸収合併存続株式会社を除く。）又は吸収合併消滅持分会社の社員（吸収合併存続株式会社を除く。）に対する同号の金銭等の割当てに関する事項

四　吸収合併消滅株式会社が新株予約権を発行しているときは、吸収合併存続株式会社が吸収合併に際して当該新株予約権の新株予約権者に対して交付する当該新株予約権に代わる当該吸収合併存続株式会社の新株予約権又は金銭についての次に掲げる事項

イ　当該吸収合併消滅株式会社の新株予約権の新株予約権者に対して吸収合併存続株式会社の新株予約権を交付するときは、当該新株予約権の内容及び数又はその算定方法

ロ　イに規定する場合において、イの吸収合併消滅株式会社の新株予約権が新株予約権付社債に付された新株予約権であるときは、吸収合併存続株式会社が当該新株予約権付社債についての社債に係る債務を承継する旨並びにその承継に係る社債の種類及び種類ごとの各社債の金額の合計額又はその算定方法

ハ　当該吸収合併消滅株式会社の新株予約権の新株予約権者に対して金銭を交付するときは、当該金銭の額又はその算定方法

五　前号に規定する場合には、吸収合併消滅株式会社の新株予約権の新株予約権者に対する同号の吸収合併存続株式会社の新株予約権又は金銭の割当てに関する事項

六　吸収合併がその効力を生ずる日（以下この節において「効力発生日」という。）

②　前項に規定する場合において、吸収合併消滅株式会社が種類株式発行会社であるときは、吸収合併存続株式会社及び吸収合併消滅株式会社は、吸収合併消滅株式会社の発行する種類の株式の内容に応じ、同項第三号に掲げる事項として次に掲げる事項を定めることができる。

一　ある種類の株式の株主に対して金銭等の割当てをしないこととするときは、その旨及び当該株式の種類

二　前号に掲げる事項のほか、金銭等の割当てについて株式の種類ごとに異なる取扱いを行うこととするときは、その旨及び当該異なる取扱いの内容

③　第一項に規定する場合には、同項第三号に掲げる事項についての定めは、吸収合併消滅株式会社の株主（吸収合併消滅株式会社及び吸収合併存続株式会社並びに前項第一号の種類の株式の株主を除く。）の有する株式の数（前項第二号に掲げる事項についての定めがある場合にあっては、各種類の株式の数）に応じて金銭等を交付することを内容とするものでなければならない。

∞❶[一]【株式会社の定款記載・記録事項↓二七－二九・四六六【商号↓六－九【住所↓四∞　[二]【株式・持分に代わる対価↓七四四①[五]∞【一に満たない端数の処理↓二三四①[五][六]【新株の割当て↓七四六①[六]∞【株式の種類↓一〇八∞【資本金・準備金の額↓四四五⑤【社債の割当て↓六七六[十一]・六七八・六七九【社債の種類↓七四四①[五]イ【新株予約権の内容↓二三六①[四]【新株予約権付社債↓二四五②・二九二【株式等↓一〇七②[三]ホ【存続株式会社の株式等以外の財産↓八〇〇　[二][三]【略式組織再編に対する差止請求↓七八四の二[三]・七九六の二[三]　[三]【金銭等↓一五一①　[四]【新株予約権の消滅とその対価↓七四四①[七][八]∞【新株予約権の内容↓二三六①[四]【社債の種類↓七四四①[五]イ【社債に係る債務の承継↓七五三①[十]ロ・七五八[五]ハ・七六三①[十]ハ・七六八①[四]ハ・七七三①[九]ハ　[四][五]【新株予約権買取請求↓七八七①[一]　[五]【新株予約権の割当て↓二三八①[四]・二四三－二四五　[六]【効力発生日↓七四四①[九]∞・七五〇・七九〇・八二八①[七]・九二一　❷【種類株式発行会社↓二[十三]・九一一③[七]【株式の種類↓一〇八∞
❷❸【株主平等原則↓一〇九

1 本条所定の記載を欠く合併契約書の効力
合併契約は要式契約であるから、その契約書に商法四〇九条［本条］所定の事項の記載を欠くときは、その契約は無効であって、株主総会でこれを承認しても、効力を生じない。（大判昭19・8・25民集二三・五二四、会社百選〔五版〕九二）

（株式会社が存続する吸収合併の効力の発生等）

第七五〇条① 吸収合併存続株式会社は、効力発生日に、吸収合併消滅会社の権利義務を承継する。

② 吸収合併消滅会社の吸収合併による解散は、吸収合併の登記の後でなければ、これをもって第三者に対抗することができない。

③ 次の各号に掲げる場合には、吸収合併消滅株式会社の株主又は吸収合併消滅持分会社の社員は、効力発生日に、前条第一項第三号に掲げる事項についての定めに従い、当該各号に定める者となる。

一 前条第一項第二号イに掲げる事項についての定めがある場合 同号イの株式の株主

二 前条第一項第二号ロに掲げる事項についての定めがある場合 同号ロの社債の社債権者

三 前条第一項第二号ハに掲げる事項についての定めがある場合 同号ハの新株予約権の新株予約権者

四 前条第一項第二号ニに掲げる事項についての定めがある場合 同号ニの新株予約権付社債についての社債の社債権者及び当該新株予約権付社債に付された新株予約権の新株予約権者

④ 吸収合併消滅株式会社の新株予約権は、効力発生日に、消滅する。

⑤ 前条第一項第四号イに規定する場合には、吸収合併消滅株式会社の新株予約権の新株予約権者は、効力発生日に、同項第五号に掲げる事項についての定めに従い、同項第四号イの吸収合併存続株式会社の新株予約権の新株予約権者となる。

⑥ 前各項の規定は、第七百八十九条（第一項第三号及び第二項第三号を除き、第七百九十三条第二項において準用する場合を含む。）若しくは第七百九十九条の規定による手続が終了していない場合又は吸収合併を中止した場合には、適用しない。

【効力発生日→七四四①[四]】 ❶【権利義務の包括的承継→七五二、七五四、七五六、七五九、七六一・七六四、七六六【他の制度との比較→四六七、七六九、七七一・七七四 ❷【吸収合併の登記→九二一、商登七九、一〇八①【登記の一般的効力→商九、七五〇②、七五二②、九〇八 ❸[一]【株主となる時期→五〇、二〇九①、二八二①【一に満たない端数の処理→二三四①[五]【振替株式の場合における記載・記録→社債株式振替一三八 [二]【社債権者となる時期→七四五④ [三]【新株予約権者→二四五①、二三八①[四] [四]【新株予約権付社債→二四五②、二九二 ❹【新株予約権の消滅→七四四①[七][四] ❹❺【新株予約権の質入れの効果→二七二①[三] ❺【新株予約権の内容→二三六①[四]【新株予約権者→二四五①、二三八①[四] ❻【効力発生障害事由→七四五⑥

一 合併による債権の承継と対抗要件の要否
1 合併による債権の承継については、民法四六七条による対抗要件を具備することを要しない。（大判昭12・4・22民集一六・四八七）

二 義務を承継しない旨の決議の効力
2 合併後存続する会社が消滅した会社の義務を承継するのは消滅した会社の債権者を保護するためであるから、一般に義務を承継しない旨の決議をしても無効である。（大判大6・9・26民録二三・一四九八、会社百選〔四版〕八〇）

第二款 持分会社が存続する吸収合併

（持分会社が存続する吸収合併契約）

第七五一条① 会社が吸収合併をする場合において、吸収合併存続会社が持分会社であるときは、吸収合併契約において、次に掲げる事項を定めなければならない。

一 持分会社である吸収合併存続会社（以下この節において「吸収合併存続持分会社」という。）及び吸収合併消滅会社の商号及び住所

二 吸収合併消滅株式会社の株主又は吸収合併消滅持分会社の社員が吸収合併に際して吸収合併存続持分会社の社員となるときは、次のイからハまでに掲げる吸収合併存続持分会社の区分に応じ、当該イからハまでに定める事項

イ 合名会社 当該社員の氏名又は名称及び住所並びに出資の価額

ロ 合資会社 当該社員の氏名又は名称及び住所、当該社員が無限責任社員又は有限責任社員のいずれであるかの別並びに当該社員の出資の価額

ハ 合同会社 当該社員の氏名又は名称及び住所並びに出資の価額

三 吸収合併存続持分会社が吸収合併に際して吸収合併消滅株式会社の株主又は吸収合併消滅持分会社の社員に対してその株式又は持分に代わる金銭等（吸収合併存続持分会社の持分を除く。）を交付するときは、当該金銭等についての次に掲げる事項

イ 当該金銭等が吸収合併存続持分会社の社債であるときは、当該社債の種類及び種類ごとの各社債の金額の合計額又はその算定方法

ロ 当該金銭等が吸収合併存続持分会社の社債以外の財産であるときは、当該財産の内容及び数若しくは額又はこれらの算定方法

四 前号に規定する場合には、吸収合併消滅株式会社の株主（吸収合併消滅株式会社及び吸収合併存続持分会社を除く。）又は吸収合併消滅持分会社の社員（吸収合併存続持分会社を除く。）に対する同号の金銭等の割当てに関する事項

五 吸収合併消滅株式会社が新株予約権を発行しているときは、吸収合併存続持分会社が吸収合併に際して当該新株予約権の新株予約権者に対して交付する当該新株予約権に代わる金銭の額又はその算定方法

六 前号に規定する場合には、吸収合併消滅株式会社の新株予約権の新株予約権者に対する同号の金銭の割当てに関する事項

七 効力発生日

② 前項に規定する場合において、吸収合併消滅株式会

社が種類株式発行会社であるときは、吸収合併存続持分会社及び吸収合併消滅株式会社は、吸収合併消滅株式会社の発行する種類の株式の内容に応じ、同項第四号に掲げる事項として次に掲げる事項を定めることができる。

一　ある種類の株式の株主に対して金銭等の割当てをしないこととするときは、その旨及び当該株式の種類

二　前号に掲げる事項のほか、金銭等の割当てについて株式の種類ごとに異なる取扱いを行うこととするときは、その旨及び当該異なる取扱いの内容

③　第一項に規定する場合には、同項第四号に掲げる事項についての定めは、吸収合併消滅株式会社の株主（吸収合併消滅株式会社及び吸収合併存続持分会社並びに前項第一号の種類の株式の株主を除く。）の有する株式の数（前項第二号に掲げる事項についての定めがある場合にあっては、各種類の株式の数）に応じて金銭等を交付することを内容とするものでなければならない。

∞❶〔一〕【持分会社の定款記載・記録事項↓五七六、五七七【商号↓六―九【住所↓四∞　〔二〕【社員の責任の変更の特則↓五八三【定款記載・記録事項↓五七六　〔三〕【金銭等の交付↓七四四①[五][六]∞【一に満たない端数の処理↓二三四①[五]【社債の割当て↓六七六[十二]・六七八、六七九【社債の種類↓七四四①[五]イ〔三〕〔四〕【金銭等↓一五一①【略式組織再編に対する差止請求↓七八四の二[二]　〔五〕〔六〕【新株予約権の消滅とその対価↓七四四①[七][八]∞【新株予約権の内容↓二三六①[四]　〔七〕【効力発生日↓七四四①[九]∞　❷【種類株式発行会社↓二[十三]・九一一③[七]【株式の種類↓一〇八∞　❷❸【株主平等原則↓一〇九

第七五二条①（**持分会社が存続する吸収合併の効力の発生等**）　吸収合併存続持分会社は、効力発生日に、吸収合併消滅会社の権利義務を承継する。

②　吸収合併消滅会社の吸収合併による解散は、吸収合併の登記の後でなければ、これをもって第三者に対抗することができない。

③　前条第一項第二号に規定する場合には、吸収合併消滅株式会社の株主又は吸収合併消滅持分会社の社員は、効力発生日に、同号に掲げる事項についての定めに従い、吸収合併存続持分会社の社員となる。この場合においては、吸収合併存続持分会社は、効力発生日に、同号の社員に係る定款の変更をしたものとみなす。

④　前条第一項第三号イに掲げる事項についての定めがある場合には、吸収合併消滅株式会社の株主又は吸収合併消滅持分会社の社員は、効力発生日に、同項第四号に掲げる事項についての定めに従い、同項第三号イの社債の社債権者となる。

⑤　吸収合併消滅株式会社の新株予約権は、効力発生日に、消滅する。

⑥　前各項の規定は、第七百八十九条（第一項第三号及び第二項第三号を除き、第七百九十三条第二項において準用する場合を含む。）若しくは第八百二条第二項において準用する第七百九十九条（第二項第三号を除く。）の規定による手続が終了していない場合又は吸収合併を中止した場合には、適用しない。

∞+【効力発生日↓七四四①[九]∞　❶【権利義務の包括的承継↓七五〇①∞　❷【吸収合併による解散↓四七一[四]・六四一[五]【吸収合併の登記↓九二一【合併契約書の申請書の添付書類↓商登一〇八①②・一一四・一二五　❸【持分会社の社員となる時期↓五七五―五七九【みなし定款変更↓七四五②∞　❹【社債権者となる時期↓七四五④∞　❺【新株予約権の消滅↓七四四①[七][八]∞【新株予約権の質入れの効果↓二七二①[三]　❻【効力発生障害事由↓七四五⑥∞

第三節　新設合併

第一款　株式会社を設立する新設合併

第七五三条①（**株式会社を設立する新設合併契約**）　二以上の会社が新設合併をする場合において、新設合併により設立する会社（以下この編において「新設合併設立会社」という。）が株式会社であるときは、新設合併契約において、次に掲げる事項を定めなければならない。

一　新設合併により消滅する会社（以下この編において「新設合併消滅会社」という。）の商号及び住所

二　株式会社である新設合併設立会社（以下この編において「新設合併設立株式会社」という。）の目的、商号、本店の所在地及び発行可能株式総数

三　前号に掲げるもののほか、新設合併設立株式会社の定款で定める事項

四　新設合併設立株式会社の設立時取締役の氏名

五　次のイからハまでに掲げる場合の区分に応じ、当該イからハまでに定める事項

イ　新設合併設立株式会社が会計参与設置会社である場合　新設合併設立株式会社の設立時会計参与の氏名又は名称

ロ　新設合併設立株式会社が監査役設置会社（監査役の監査の範囲を会計に関するものに限定する旨の定款の定めがある株式会社を含む。）である場合　新設合併設立株式会社の設立時監査役の氏名

ハ　新設合併設立株式会社が会計監査人設置会社である場合　新設合併設立株式会社の設立時会計監査人の氏名又は名称

六　新設合併設立株式会社が新設合併に際して株式会社である新設合併消滅会社（以下この編において「新設合併消滅株式会社」という。）の株主又は持分会社である新設合併消滅会社（以下この編において「新設合併消滅持分会社」という。）の社員に対して交付するその株式又は持分に代わる当該新設合併設立株式会社の株式の数（種類株式発行会社にあっては、株式の種類及び種類ごとの数）又はその数の算定方法並びに当該新設合併設立株式会社の資本金及び準備金の額に関する事項

七　新設合併消滅株式会社の株主（新設合併消滅株式会社を除く。）又は新設合併消滅持分会社の社員に対する前号の株式の割当てに関する事項

八　新設合併設立株式会社が新設合併に際して新設合併消滅株式会社の株主又は新設合併消滅持分会社の社員に対してその株式又は持分に代わる当該新設合併設立株式会社の社債等を交付するときは、当該社債等についての次に掲げる事項

イ　当該社債等が新設合併設立株式会社の社債（新株予約権付社債についてのものを除く。）であるときは、当該社債の種類及び種類ごとの各社債の金額の合計額又はその算定方法

ロ　当該社債等が新設合併設立株式会社の新株予約権（新株予約権付社債に付されたものを除く。）であるときは、当該新株予約権の内容及び数又はその算定方法

ハ　当該社債等が新設合併設立株式会社の新株予約権付社債であるときは、当該新株予約権付社債についてのイに規定する事項及び当該新株予約権付社債に付された新株予約権についてのロに規定する事項

九　前号に規定する場合には、新設合併消滅株式会社の株主（新設合併消滅株式会社を除く。）又は新設合併消滅持分会社の社員に対する同号の社債等の割当てに関する事項

十　新設合併消滅株式会社が新株予約権を発行しているときは、新設合併設立株式会社が新設合併に際して当該新株予約権の新株予約権者に対して交付する当該新株予約権に代わる当該新設合併設立株式会社の新株予約権又は金銭についての次に掲げる事項

イ　当該新設合併消滅株式会社の新株予約権の新株予約権者に対して新設合併設立株式会社の新株予約権を交付するときは、当該新株予約権の内容及び数又はその算定方法

ロ　イに規定する場合において、イの新設合併消滅株式会社の新株予約権が新株予約権付社債に付された新株予約権であるときは、新設合併設立株式会社が当該新株予約権付社債についての社債に係る債務を承継する旨並びにその承継に係る社債の種類及び種類ごとの各社債の金額の合計額又はその算定方法

ハ　当該新設合併消滅株式会社の新株予約権の新株予約権者に対して金銭を交付するときは、当該金銭の額又はその算定方法

十一　前号に規定する場合には、新設合併消滅株式会社の新株予約権の新株予約権者に対する同号の新設合併設立株式会社の新株予約権又は金銭の割当てに関する事項

② 新設合併設立株式会社が監査等委員会設置会社である場合には、前項第四号に掲げる事項は、設立時監査等委員である設立時取締役とそれ以外の設立時取締役とを区別して定めなければならない。

③ 第一項に規定する場合において、新設合併消滅株式会社の全部又は一部が種類株式発行会社であるときは、新設合併消滅会社は、新設合併消滅株式会社の発行する種類の株式の内容に応じ、同項第七号に掲げる事項（新設合併消滅株式会社の株主に係る事項に限る。次項において同じ。）として次に掲げる事項を定めることができる。

一　ある種類の株式の株主に対して新設合併設立株式会社の株式の割当てをしないこととするときは、その旨及び当該株式の種類

二　前号に掲げる事項のほか、新設合併設立株式会社の株式の割当てについて株式の種類ごとに異なる取扱いを行うこととするときは、その旨及び当該異なる取扱いの内容

④ 第一項に規定する場合には、同項第七号に掲げる事項についての定めは、新設合併消滅株式会社の株主（新設合併消滅会社及び前項第一号の種類の株式の株主を除く。）の有する株式の数（前項第二号に掲げる事項についての定めがある場合にあっては、各種類の株式の数）に応じて新設合併設立株式会社の株式を交付することを内容とするものでなければならない。

⑤ 前二項の規定は、第一項第九号に掲げる事項について準用する。この場合において、前二項中「新設合併設立株式会社の株式」とあるのは、「新設合併設立株式会社の社債等」と読み替えるものとする。

❽❶【会社の設立→九二一　〔一〕‐〔三〕【株式会社の定款記載・記録事項→二七‐二九　〔二〕【商号→六‐九【住所→四❽　〔三〕【発行可能株式総数→三七・一一三・九一一③〔六〕　〔四〕【設立時取締役→三八①・三九・九一一③〔十三〕　〔五〕【会計参与設置会社・会計参与・監査役設置会社・監査役・会計監査人設置会社・会計監査人→三八②・七四六①〔四〕　〔六〕【資本金・準備金の額→四四五⑤　〔六〕〔七〕【新株の割当て→七四六①〔六〕❽・一〇九【一に満たない端数の処理→二三四①〔五〕〔六〕　〔八〕【株式・持分に代わる社債等の交付→七四四①〔五〕〔六〕❽　〔八〕〔九〕【社債等→七四六①〔七〕ニ　〔九〕【社債等の割当て→一〇九・六七六〔十二〕・六七八・六七九【新株予約権の割当て→二三八①〔四〕・二四三‐二四五　〔十〕【新株予約権の内容→二三六①〔四〕【社債に係る債務の承継→七四九①〔四〕ロ・七五八〔五〕八・七六八①〔四〕八・七七三①〔九〕八　〔十〕〔十一〕【新株予約権の消滅とその対価→七四四①〔七〕〔八〕❽【新株予約権買取請求→八〇八①〔一〕　❷【設立時監査等委員→三八②　❸【種類株式発行会社→二〔十三〕・九一一③〔七〕【株式の種類→一〇八❽　❸‐❺【株主平等原則→一〇九

（株式会社を設立する新設合併の効力の発生等）

第七五四条① 新設合併設立株式会社は、その成立の日に、新設合併消滅会社の権利義務を承継する。

② 前条第一項に規定する場合には、新設合併消滅株式会社の株主又は新設合併消滅持分会社の社員は、新設合併設立株式会社の成立の日に、同項第七号に掲げる事項についての定めに従い、同項第六号の株式の株主となる。

③ 次の各号に掲げる場合には、新設合併消滅株式会社の株主又は新設合併消滅持分会社の社員は、新設合併設立株式会社の成立の日に、前条第一項第九号に掲げる事項についての定めに従い、当該各号に定める者となる。

一　前条第一項第八号イに掲げる事項についての定めがある場合　同号イの社債の社債権者

二　前条第一項第八号ロに掲げる事項についての定めがある場合　同号ロの新株予約権の新株予約権者

三　前条第一項第八号ハに掲げる事項についての定めがある場合　同号ハの新株予約権付社債についての社債の社債権者及び当該新株予約権付社債に付された新株予約権の新株予約権者

④ 新設合併消滅株式会社の新株予約権は、新設合併設立株式会社の成立の日に、消滅する。

⑤ 前条第一項第十号イに規定する場合には、新設合併消滅株式会社の新株予約権の新株予約権者は、新設合併設立株式会社の成立の日に、同項第十一号に掲げる事項についての定めに従い、同項第十号イの新設合併設立株式会社の新株予約権の新株予約権者となる。

⊛+【株式会社成立の日→四九、七六四、七七四、九一一、商登四七【持分会社の場合→七五六、七六六、九一二—九一四、商登九四、一一〇、一一七　❶【権利義務の包括的承継→七五〇①⊛　❷【株主となる時期→五〇、二〇九①、二八二①【一に満たない端数の処理→二三四①[六]【振替株式の場合における記載・記録→社債株式振替一三八　❸〔二〕【社債権者となる時期→七四五④⊛　❸〔二〕〔三〕❺【新株予約権者→二四五①、二三八①[四]　❹【新株予約権の消滅→七四四①[七][四]⊛【新株予約権の質入れの効果→二七二①[三]

一　合併による債権の承継と対抗要件の要否→七五〇条[1]
二　義務を承継しない旨の決議の効力→七五〇条[2]

第二款　持分会社を設立する新設合併

（持分会社を設立する新設合併契約）

第七五五条① 二以上の会社が新設合併をする場合において、新設合併設立会社が持分会社であるときは、新設合併契約において、次に掲げる事項を定めなければならない。

一　新設合併消滅会社の商号及び住所

二　持分会社である新設合併設立会社（以下この編において「新設合併設立持分会社」という。）が合名会社、合資会社又は合同会社のいずれであるかの別

三　新設合併設立持分会社の目的、商号及び本店の所在地

四　新設合併設立持分会社の社員についての次に掲げる事項

イ　当該社員の氏名又は名称及び住所

ロ　当該社員が無限責任社員又は有限責任社員のいずれであるかの別

ハ　当該社員の出資の価額

五　前二号に掲げるもののほか、新設合併設立持分会社の定款で定める事項

六　新設合併設立持分会社が新設合併に際して新設合併消滅株式会社の株主又は新設合併消滅持分会社の社員に対してその株式又は持分に代わる当該新設合併設立持分会社の社債を交付するときは、当該社債の種類及び種類ごとの各社債の金額の合計額又はその算定方法

七　前号に規定する場合には、新設合併消滅株式会社の株主（新設合併消滅株式会社を除く。）又は新設合併消滅持分会社の社員に対する同号の社債の割当てに関する事項

八　新設合併消滅株式会社が新株予約権を発行しているときは、新設合併設立持分会社が新設合併に際して当該新株予約権の新株予約権者に対して交付する当該新株予約権に代わる金銭の額又はその算定方法

九　前号に規定する場合には、新設合併消滅株式会社の新株予約権の新株予約権者に対する同号の金銭の割当てに関する事項

② 新設合併設立持分会社が合名会社であるときは、前項第四号ロに掲げる事項として、その社員の全部を無限責任社員とする旨を定めなければならない。

③ 新設合併設立持分会社が合資会社であるときは、第一項第四号ロに掲げる事項として、その社員の一部を無限責任社員とし、その他の社員を有限責任社員とする旨を定めなければならない。

④ 新設合併設立持分会社が合同会社であるときは、第一項第四号ロに掲げる事項として、その社員の全部を有限責任社員とする旨を定めなければならない。

⊛❶【持分会社の設立→五七九【持分会社の設立登記→九一二—九一四　〔一〕—〔五〕【持分会社の定款記載・記録事項→五七六、五七七　〔二〕【商号→六—九【住所→四⊛　〔三〕【本店所在地→四⊛　〔六〕【一に満たない端数の処理→二三四①[五]【社債の交付→七六五①[六]【社債の種類→七四四①[五]　〔七〕【社債の割当て→一〇九、六七六[十二]、六七八、六七九、七五三⑤　〔八〕【金銭の交付→二三六、二三八、七四四①[五][六]⊛　〔九〕【金銭の割当て→一〇九　❷—❹【持分会社設立後の社員の責任→五七六

（持分会社を設立する新設合併の効力の発生等）

第七五六条① 新設合併設立持分会社は、その成立の日に、新設合併消滅会社の権利義務を承継する。

② 前条第一項に規定する場合には、新設合併消滅株式会社の株主又は新設合併消滅持分会社の社員は、新設合併設立持分会社の成立の日に、同項第四号に掲げる事項についての定めに従い、当該新設合併設立持分会社の社員となる。

③ 前条第一項第六号に掲げる事項についての定めがある場合には、新設合併消滅株式会社の株主又は新設合併消滅持分会社の社員は、新設合併設立持分会社の成立の日に、同項第七号に掲げる事項についての定めに従い、同項第六号の社債の社債権者となる。

④ 新設合併消滅株式会社の新株予約権は、新設合併設立持分会社の成立の日に、消滅する。

⊛+【持分会社成立の日→七六六、五七九、九一二—九一四、商登九四、一一〇、一一七　❶【権利義務の包括的承継→七五〇①⊛　❷【持分会社の社員となる時期→五七五—五七九【社員の責任の変更の特則→五八三　❸【社債権者となる時期→七四五④⊛　❹【新株予約権の消滅→七四四①[七][四]⊛【新株予約権の質入れの効果→二七二①[三]

一　合併による債権の承継と対抗要件の要否→七五〇条[1]
二　義務を承継しない旨の決議の効力→七五〇条[2]

第三章　会社分割

一　**新設分割を対象とする否認権の行使**

[1] 会社分割（新設分割）は、会社間で財産を移転することを要素としており、債務者たる分割会社の一般財産を減少させ得る行為であって、破産法上の否認権の対象となる。（東京高判平24・6・20判タ一三八八・三六六、会社法百選[三版]A36）

[2] 民事再生手続の監督委員が、再生債務者が分割型新設分割の新設分割株式会社として行った剰余金の配当（新設分割設立株式会社の株式の交付）に対して否認権を行使した

事案において、新設分割に伴って行われる剰余金の配当は新設分割から独立した法律行為ではなく新設分割と密接に関連した法律行為であるから否認権行使の可否は新設分割に関する諸規定を踏まえて判断されるべきであるとした上で、新設分割当時の再生債務者の債権者は剰余金の配当を行うことを含め債権者異議手続において異議を述べることができたし、新設分割後に再生債務者の債権者となった者は新設分割が行われたことを前提として債権者となったのであるから、会社法所定の債権者異議手続を経て分割型新設分割が行われた以上、新設分割に係る事前開示書面の内容に債権者が異議を申し立てるか否かの判断を誤らせるような虚偽の記載があったなど特段の事情がない限り、新設分割に伴って行われる剰余金の配当に対して否認権を行使することはできないと判示した事例（東京地判平28・5・26判時二三三八・一二二）

二　**新設分割を対象とする詐害行為取消権の行使**

③　株式会社を設立する新設分割がされた場合において、新設分割設立株式会社にその債権に係る債務が承継されず、新設分割について異議を述べることもできない新設分割株式会社の債権者は、詐害行為取消権を行使して新設分割を取り消すことができる。（最判平24・10・12民集六六・一〇・三三一一、会社法百選[四版]九一……平成二六法九〇による七六四条四項制定前の事例）↓民四二四条⑬

三　**債務の免脱を目的とした新設分割と法人格否認の法理**

1　**承継の対象とされなかった債務についての新設会社の責任**

④　会社分割により設立された新設会社は、当該会社分割が分割会社の債務を不当に免脱するために会社制度を濫用して行われたものであったといえるときには、法人格否認の法理により、当該会社分割で承継の対象とされなかった分割会社の債務について責任を負う。（福岡地判平23・2・17判タ一三四九・一七七、重判平23商五）

2　**承継の対象とされた債務についての分割会社の責任**

⑤　会社分割により分割会社が新設会社に債務を承継させたことが債務を免れる目的で行われたものと認められる場合には、分割会社が新設会社を設立したことは法人格を濫用するものということができ、分割会社は新設会社が分割会社とは法人格が異なることを理由に承継の対象とされた債務の履行を免れることはできない。（東京地判平22・7・22金法一九二一・一一七①）

四　**吸収分割によって債務を負わなくなったとする分割会社の主張の可否**

⑥　建物の賃借人であった分割会社が賃貸人に対し、吸収分割がされたことを理由に当該賃貸借契約に基づく違約金債権に係る債務を負わないと主張することは、信義則に反して許されず、賃貸人は、吸収分割の後も、分割会社に対して同債務の履行を請求することができる。（最決平29・12・19民集七一・一〇・二五九二、会社法百選[四版]九〇……転用が困難な建物の賃貸借契約において、当該建物の建築に対する賃貸人の投下資本の確実な回収を目的として、賃借人が契約当事者を実質的に変更した場合につき賃貸人の無催告解除権と解除時の違約金が定められていたところ、当該建物を利用する事業を営んでいた賃借人が分割会社となり、当該賃貸借契約に関する権利義務を含む当該事業に関する権利義務を資力の乏しい承継会社に承継させる吸収分割が行われた事例）

第一節　吸収分割

第一款　通則

（吸収分割契約の締結）

第七五七条　会社（株式会社又は合同会社に限る。）は、吸収分割をすることができる。この場合においては、当該会社がその事業に関して有する権利義務の全部又は一部を当該会社から承継する会社（以下この編において「吸収分割承継会社」という。）との間で、吸収分割契約を締結しなければならない。

㊜+【吸収分割↓二[二十九]㊜【吸収分割契約↓七五八・七六〇・七八二・七八三・七九一・七九四・七九五・八〇一・八〇二【営業に関して有する権利義務の包括的承継↓七五〇①㊜【吸収分割の効果↓七五九【吸収分割の制限↓会社法整備法三七、独禁一五の二・一八②【内部者取引に関する重要事実↓金商一六六②[一]ヲ[五]ホ

第二款　株式会社に権利義務を承継させる吸収分割

（株式会社に権利義務を承継させる吸収分割契約）

第七五八条　会社が吸収分割をする場合において、吸収分割承継会社が株式会社であるときは、吸収分割契約において、次に掲げる事項を定めなければならない。

一　吸収分割をする会社（以下この編において「吸収分割会社」という。）及び株式会社である吸収分割承継会社（以下この編において「吸収分割承継株式会社」という。）の商号及び住所

二　吸収分割承継株式会社が吸収分割により吸収分割会社から承継する資産、債務、雇用契約その他の権利義務（株式会社である吸収分割会社（以下この編において「吸収分割株式会社」という。）及び吸収分割承継株式会社の株式並びに吸収分割株式会社の新株予約権に係る義務を除く。）に関する事項

三　吸収分割により吸収分割株式会社又は吸収分割承継株式会社の株式を吸収分割承継株式会社に承継させるときは、当該株式に関する事項

四　吸収分割承継株式会社が吸収分割に際して吸収分割会社に対してその事業に関する権利義務の全部又は一部に代わる金銭等を交付するときは、当該金銭等についての次に掲げる事項

イ　当該金銭等が吸収分割承継株式会社の株式であるときは、当該株式の数（種類株式発行会社にあっては、株式の種類及び種類ごとの数）又はその数の算定方法並びに当該吸収分割承継株式会社の資本金及び準備金の額に関する事項

ロ　当該金銭等が吸収分割承継株式会社の社債（新株予約権付社債についてのものを除く。）であるときは、当該社債の種類及び種類ごとの各社債の金額の合計額又はその算定方法

ハ　当該金銭等が吸収分割承継株式会社の新株予約権（新株予約権付社債に付されたものを除く。）であるときは、当該新株予約権の内容及び数又はその

の算定方法

ニ　当該金銭等が吸収分割承継株式会社の新株予約権付社債であるときは、当該新株予約権付社債についてのロに規定する事項及び当該新株予約権付社債に付された新株予約権についてのハに規定する事項

ホ　当該金銭等が吸収分割承継株式会社の株式等以外の財産であるときは、当該財産の内容及び数若しくは額又はこれらの算定方法

五　吸収分割承継株式会社が吸収分割に際して吸収分割株式会社の新株予約権の新株予約権者に対して当該新株予約権に代わる当該吸収分割承継株式会社の新株予約権を交付するときは、当該新株予約権についての次に掲げる事項

イ　当該吸収分割承継株式会社の新株予約権の交付を受ける吸収分割株式会社の新株予約権の新株予約権者の有する新株予約権（以下この編において「吸収分割契約新株予約権」という。）の内容

ロ　吸収分割契約新株予約権の新株予約権者に対して交付する吸収分割承継株式会社の新株予約権の内容及び数又はその算定方法

ハ　吸収分割契約新株予約権が新株予約権付社債に付された新株予約権であるときは、吸収分割承継株式会社が当該新株予約権付社債についての社債に係る債務を承継する旨並びにその承継に係る社債の種類及び種類ごとの各社債の金額の合計額又はその算定方法

六　前号に規定する場合には、吸収分割契約新株予約権の新株予約権者に対する同号の吸収分割承継株式会社の新株予約権の割当てに関する事項

七　吸収分割がその効力を生ずる日（以下この節において「効力発生日」という。）

八　吸収分割株式会社が効力発生日に次に掲げる行為をするときは、その旨

イ　第百七十一条第一項の規定による株式の取得（同項第一号に規定する取得対価が吸収分割承継株式会社の株式（吸収分割株式会社が吸収分割をする前から有するものを除き、吸収分割承継株式会社の株式に準ずるものとして法務省令で定めるものを含む。ロにおいて同じ。）のみであるものに限る。）

ロ　剰余金の配当（配当財産が吸収分割承継株式会社の株式のみであるものに限る。）

∞＋【吸収分割の制限↓七五七∞　[一]【株式会社の定款記載・記録事項↓二七―二九　[二]【雇用契約↓労働承継【その他の権利義務↓民三九八の一〇　[三]【承継会社による自己株式の取得↓一五五〔十三〕・一五六・一六六・七五七・七九五③【自己株式の処分↓一九九①　[四]【略式組織再編に対する差止請求↓七八四の二〔二〕・七九六の二〔二〕【株式・持分に代わる対価↓七四四①〔五〕∞【金銭等↓一五一【金銭等の割当て↓一〇九・六二一・六二二【株式等↓一〇七②〔二〕ホ　[四][五]【社債の種類↓七四四①〔五〕イ　[五]【新株予約権の内容↓二三六①〔八〕【社債に係る債務の承継↓七四九①〔四〕ロ・七五三①〔十〕ロ・七六三①〔十〕ハ・七六八①〔四〕ハ・七七三①〔九〕ハ　[五][六]【新株予約権の消滅とその対価↓七四四①〔七〕〔八〕∞【新株予約権買取請求↓七八七①〔二〕　[七]【効力発生日↓七四四①〔九〕∞　[八]【債権者の異議↓七八九①〔二〕【取得条項付株式↓二〔十九〕・四五八・四六一①〔四〕・七九二〔一〕【省令で定めるもの↓会社則一七八【配当財産↓二〔二十五〕【現物配当↓一〇九・四五四①③・四五八・四六一①〔八〕・七九二〔二〕

（株式会社に権利義務を承継させる吸収分割の効力の発生等）

第七五九条①　吸収分割承継株式会社は、効力発生日に、吸収分割契約の定めに従い、吸収分割会社の権利義務を承継する。

②　前項の規定にかかわらず、第七百八十九条第一項第二号（第七百九十三条第二項において準用する場合を含む。次項において同じ。）の規定により異議を述べることができる吸収分割会社の債権者であって、第七百八十九条第二項（第三号を除き、第七百九十三条第二項において準用する場合を含む。次項において同じ。）の各別の催告を受けなかったもの（第七百八十九条第三項（第七百九十三条第二項において準用する場合を含む。）に規定する場合にあっては、不法行為によって生じた債務の債権者であるものに限る。次項において同じ。）は、吸収分割契約において吸収分割後に吸収分割会社に対して債務の履行を請求することができないものとされているときであっても、吸収分割会社に対して、吸収分割会社が効力発生日に有していた財産の価額を限度として、当該債務の履行を請求することができる。

③　第一項の規定にかかわらず、第七百八十九条第一項第二号の規定により異議を述べることができる吸収分割会社の債権者であって、同条第二項の各別の催告を受けなかったものは、吸収分割契約において吸収分割後に吸収分割承継株式会社に対して債務の履行を請求することができないものとされているときであっても、吸収分割承継株式会社に対して、承継した財産の価額を限度として、当該債務の履行を請求することができる。

④　第一項の規定にかかわらず、吸収分割会社が吸収分割承継株式会社に承継されない債務の債権者（以下この条において「残存債権者」という。）を害することを知って吸収分割をした場合には、残存債権者は、吸収分割承継株式会社に対して、承継した財産の価額を限度として、当該債務の履行を請求することができる。ただし、吸収分割承継株式会社が吸収分割の効力が生じた時において残存債権者を害することを知らなかったときは、この限りでない。

⑤　前項の規定は、前条第八号に掲げる事項についての定めがある場合には、適用しない。

⑥　吸収分割承継株式会社が第四項の規定により同項の債務を履行する責任を負う場合には、当該責任は、吸収分割会社が残存債権者を害することを知って吸収分割をしたことを知った時から二年以内に請求又は請求の予告をしない残存債権者に対しては、その期間を経過した時に消滅する。効力発生日から十年を経過したときも、同様とする。

⑦　吸収分割会社について破産手続開始の決定、再生手続開始の決定又は更生手続開始の決定があったとき

は、残存債権者は、吸収分割承継株式会社に対して第四項の規定による請求をする権利を行使することができない。

⑧次の各号に掲げる場合には、吸収分割会社は、効力発生日に、吸収分割契約の定めに従い、当該各号に定める者となる。

一　前条第四号イに掲げる事項についての定めがある場合　同号イの株式の株主

二　前条第四号ロに掲げる事項についての定めがある場合　同号ロの社債の社債権者

三　前条第四号ハに掲げる事項についての定めがある場合　同号ハの新株予約権の新株予約権者

四　前条第四号ニに掲げる事項についての定めがある場合　同号ニの新株予約権付社債についての社債の社債権者及び当該新株予約権付社債に付された新株予約権の新株予約権者

⑨前条第五号に規定する場合には、効力発生日に、吸収分割契約新株予約権は、消滅し、当該吸収分割契約新株予約権の新株予約権者は、同条第六号に掲げる事項についての定めに従い、同条第五号ロの吸収分割承継株式会社の新株予約権の新株予約権者となる。

⑩前各項の規定は、第七百八十九条（第一項第三号及び第二項第三号を除き、第七百九十三条第二項において準用する場合を含む。）若しくは第七百九十九条の規定による手続が終了していない場合又は吸収分割を中止した場合には、適用しない。

❖【効力発生日↓七四四①九❖　❶【営業に関する権利義務の包括的承継↓七五〇①❖　❷❸【連帯債務↓民四三六―四四五　❸【分割する会社から承継する財産の価額↓八〇一③④　❹―❼【詐害事業譲渡↓二三の二【詐害的吸収分割↓七六一④―⑦【詐害的新設分割↓七六四④―⑦、七六六④―⑦　❽〔一〕【株主となる時期↓五〇、二〇九①、二八二①　〔二〕【社債権者となる時期↓七四五④❖　〔三〕【新株予約権者↓二四五①、二三八①四　❾【新株予約権の消滅↓七四四①七四❖【新株予約権者↓二四五①、二三八①四【新株予約権の質入れの効果↓二七二①四　❿【効力発生障害事由↓七四五⑥❖

第三款　持分会社に権利義務を承継させる吸収分割

（持分会社に権利義務を承継させる吸収分割契約）

第七六〇条　会社が吸収分割をする場合において、吸収分割承継会社が持分会社であるときは、吸収分割契約において、次に掲げる事項を定めなければならない。

一　吸収分割会社及び持分会社である吸収分割承継会社（以下この節において「吸収分割承継持分会社」という。）の商号及び住所

二　吸収分割承継持分会社が吸収分割により吸収分割会社から承継する資産、債務、雇用契約その他の権利義務（吸収分割株式会社の株式及び新株予約権に係る義務を除く。）に関する事項

三　吸収分割により吸収分割株式会社の株式を吸収分割承継持分会社に承継させるときは、当該株式に関する事項

四　吸収分割会社が吸収分割に際して吸収分割承継持分会社の社員となるときは、次のイからハまでに掲げる吸収分割承継持分会社の区分に応じ、当該イからハまでに定める事項

イ　合名会社　当該社員の氏名又は名称及び住所並びに出資の価額

ロ　合資会社　当該社員の氏名又は名称及び住所、当該社員が無限責任社員又は有限責任社員のいずれであるかの別並びに当該社員の出資の価額

ハ　合同会社　当該社員の氏名又は名称及び住所並びに出資の価額

五　吸収分割承継持分会社が吸収分割に際して吸収分割会社に対してその事業に関する権利義務の全部又は一部に代わる金銭等（吸収分割承継持分会社の持分を除く。）を交付するときは、当該金銭等についての次に掲げる事項

イ　当該金銭等が吸収分割承継持分会社の社債であるときは、当該社債の種類及び種類ごとの各社債の金額の合計額又はその算定方法

ロ　当該金銭等が吸収分割承継持分会社の社債以外の財産であるときは、当該財産の内容及び数若しくは額又はこれらの算定方法

六　効力発生日

七　吸収分割株式会社が効力発生日に次に掲げる行為をするときは、その旨

イ　第百七十一条第一項の規定による株式の取得（同項第一号に規定する取得対価が吸収分割承継持分会社の持分（吸収分割株式会社が吸収分割をする前から有するものを除き、吸収分割承継持分会社の持分に準ずるものとして法務省令で定めるものを含む。ロにおいて同じ。）のみであるものに限る。）

ロ　剰余金の配当（配当財産が吸収分割承継持分会社の持分のみであるものに限る。）

❖【吸収分割の制限↓七五七❖　〔二〕【持分会社の定款記載・記録事項↓五七六、五七七　〔三〕【雇用契約↓労働承継【その他の権利義務↓七五八五、民三九八の一〇　〔三〕【自己株式の処分↓一九九①　〔四〕【定款の記載・記録事項↓五七六【社員の責任の変更の特則↓五八三　〔四〕〔五〕【略式組織再編に対する差止請求↓七八四の二三　〔五〕【金銭等↓一五一①【金銭等の交付↓七四四①五❖【社債の種類↓七四四①五イ　〔六〕【効力発生日↓七四四①九❖　〔七〕七五八四❖

（持分会社に権利義務を承継させる吸収分割の効力の発生等）

第七六一条①吸収分割承継持分会社は、効力発生日に、吸収分割契約の定めに従い、吸収分割会社の権利義務を承継する。

②前項の規定にかかわらず、第七百八十九条第一項第二号（第七百九十三条第二項において準用する場合を含む。次項において同じ。）の規定により異議を述べることができる吸収分割会社の債権者であって、第七百八十九条第二項（第三号を除き、第七百九十三条第二項において準用する場合を含む。次項において同じ。）の各別の催告を受けなかったもの（第七百八十九条第三項（第七百九十三条第二項において準用する場合を含む。）に規定する場合にあっては、不法行為によって

生じた債務の債権者であるものに限る。次項において同じ。）は、吸収分割契約において吸収分割後に吸収分割会社に対して債務の履行を請求することができないものとされているときであっても、吸収分割会社に対して、吸収分割会社が効力発生日に有していた財産の価額を限度として、当該債務の履行を請求することができる。

③　第一項の規定にかかわらず、第七百八十九条第一項第二号の規定により異議を述べることができる吸収分割会社の債権者であって、同条第二項の各別の催告を受けなかったものは、吸収分割契約において吸収分割後に吸収分割承継持分会社に対して債務の履行を請求することができないものとされているときであっても、吸収分割承継持分会社に対して、承継した財産の価額を限度として、当該債務の履行を請求することができる。

④　第一項の規定にかかわらず、吸収分割会社が吸収分割承継持分会社に承継されない債務の債権者（以下この条において「残存債権者」という。）を害することを知って吸収分割をした場合には、残存債権者は、吸収分割承継持分会社に対して、承継した財産の価額を限度として、当該債務の履行を請求することができる。ただし、吸収分割承継持分会社が吸収分割の効力が生じた時において残存債権者を害することを知らなかったときは、この限りでない。

⑤　前項の規定は、前条第七号に掲げる事項についての定めがある場合には、適用しない。

⑥　吸収分割承継持分会社が第四項の規定により同項の債務を履行する責任を負う場合には、当該責任は、吸収分割会社が残存債権者を害することを知って吸収分割をしたことを知った時から二年以内に請求又は請求の予告をしない残存債権者に対しては、その期間を経過した時に消滅する。効力発生日から十年を経過したときも、同様とする。

⑦　吸収分割会社について破産手続開始の決定、再生手続開始の決定又は更生手続開始の決定があったときは、残存債権者は、吸収分割承継持分会社に対して第四項の規定による請求をする権利を行使することができない。

⑧　前条第四号に規定する場合には、吸収分割会社は、効力発生日に、同号に掲げる事項についての定めに従い、吸収分割承継持分会社の社員となる。この場合においては、吸収分割承継持分会社は、効力発生日に、同号の社員に係る定款の変更をしたものとみなす。

⑨　前条第五号イに掲げる事項についての定めがある場合には、吸収分割会社は、効力発生日に、吸収分割契約の定めに従い、同号イの社債の社債権者となる。

⑩　前各項の規定は、第七百八十九条（第一項第三号及び第二項第三号を除き、第七百九十三条第二項において準用する場合を含む。）若しくは第八百二条第二項において準用する第七百九十九条（第二項第三号を除く。）の規定による手続が終了していない場合又は吸収分割を中止した場合には、適用しない。

⊛+【効力発生日→七四四①㊄⊛【新株予約権の質入れの効果→二七二①㊃　❶【営業に関する権利義務の包括的承継→七五〇①⊛　❷❸【連帯債務→民四三六―四四五　❸【分割する会社から承継する財産の価額→七六〇㊁・八〇二①㊁　❹―❼【詐害事業譲渡→二三の二【詐害的吸収分割→七五九④―⑦【詐害的新設分割→七六四④―⑦・七六六④―⑦　❽【持分会社の社員となる時期→五七五―五七九【社員の責任の変更の特則→五八三【みなし定款変更→七四五②⊛　❾【社債権者となる時期→七四五④⊛　❿【効力発生障害事由→七四五⑥⊛

第二節　新設分割

第一款　通則

（新設分割計画の作成）

第七六二条①　一又は二以上の株式会社又は合同会社は、新設分割をすることができる。この場合においては、新設分割計画を作成しなければならない。

②　二以上の株式会社又は合同会社が共同して新設分割をする場合には、当該二以上の株式会社又は合同会社は、共同して新設分割計画を作成しなければならない。

⊛❶【新設分割→二[三十]・九二四、商登八六・一〇九②・一一六・一二五【新設分割計画→七六三①・七六五・八〇三・八〇四・八一一・八一三・八一五③④【新設分割の効果→七六四・七六六【新設分割の制限→七五七【内部者取引に関する重要事項→金商一六六②㊂ヲ㊄ホ　❷【共同新設分割の制限→独禁一五の二・一八②

新設分割後に開始された再生手続における別除権の取扱い

[7]　会社分割により被担保債務が分割会社に、担保目的物が新設会社にそれぞれ帰属するようになった後、分割会社について民事再生手続が開始された場合には、当該再生債権者の有する担保権は別除権として扱われることはない。（東京地判平18・1・30判タ一二二五・三一二）

第二款　株式会社を設立する新設分割

（株式会社を設立する新設分割計画）

第七六三条①　一又は二以上の株式会社又は合同会社が新設分割をする場合において、新設分割により設立する会社（以下この編において「新設分割設立会社」という。）が株式会社であるときは、新設分割計画において、次に掲げる事項を定めなければならない。

一　株式会社である新設分割設立会社（以下この編において「新設分割設立株式会社」という。）の目的、商号、本店の所在地及び発行可能株式総数

二　前号に掲げるもののほか、新設分割設立株式会社の定款で定める事項

三　新設分割設立株式会社の設立時取締役の氏名

四　次のイからハまでに掲げる場合の区分に応じ、当該イからハまでに定める事項

イ　新設分割設立株式会社が会計参与設置会社である場合　新設分割設立株式会社の設立時会計参与の氏名又は名称

ロ　新設分割設立株式会社が監査役設置会社（監査役の監査の範囲を会計に関するものに限定する旨の定款の定めがある株式会社を含む。）である場合

新設分割設立株式会社の設立時監査役の氏名

ハ　新設分割設立株式会社が会計監査人設置会社である場合　新設分割設立株式会社の設立時会計監査人の氏名又は名称

五　新設分割設立株式会社が新設分割により新設分割をする会社（以下この編において「新設分割会社」という。）から承継する資産、債務、雇用契約その他の権利義務（株式会社である新設分割会社（以下この編において「新設分割株式会社」という。）の株式及び新株予約権に係る義務を除く。）に関する事項

六　新設分割設立株式会社が新設分割に際して新設分割会社に対して交付するその事業に関する権利義務の全部又は一部に代わる当該新設分割設立株式会社の株式の数（種類株式発行会社にあっては、株式の種類及び種類ごとの数）又はその数の算定方法並びに当該新設分割設立株式会社の資本金及び準備金の額に関する事項

七　二以上の株式会社又は合同会社が共同して新設分割をするときは、新設分割会社に対する前号の株式の割当てに関する事項

八　新設分割設立株式会社が新設分割に際して新設分割会社に対してその事業に関する権利義務の全部又は一部に代わる当該新設分割設立株式会社の社債等を交付するときは、当該社債等についての次に掲げる事項

イ　当該社債等が新設分割設立株式会社の社債（新株予約権付社債についてのものを除く。）であるときは、当該社債の種類及び種類ごとの各社債の金額の合計額又はその算定方法

ロ　当該社債等が新設分割設立株式会社の新株予約権（新株予約権付社債に付されたものを除く。）であるときは、当該新株予約権の内容及び数又はその算定方法

ハ　当該社債等が新設分割設立株式会社の新株予約権付社債であるときは、当該新株予約権付社債についてのイに規定する事項及び当該新株予約権付社債に付された新株予約権についてのロに規定する事項

九　前号に規定する場合において、二以上の株式会社又は合同会社が共同して新設分割をするときは、新設分割会社に対する同号の社債等の割当てに関する事項

十　新設分割設立株式会社が新設分割に際して新設分割株式会社の新株予約権の新株予約権者に対して当該新株予約権に代わる当該新設分割設立株式会社の新株予約権を交付するときは、当該新株予約権についての次に掲げる事項

イ　当該新設分割設立株式会社の新株予約権の交付を受ける新設分割株式会社の新株予約権の新株予約権者の有する新株予約権（以下この編において「新設分割計画新株予約権」という。）の内容

ロ　新設分割計画新株予約権の新株予約権者に対して交付する新設分割設立株式会社の新株予約権の内容及び数又はその算定方法

ハ　新設分割計画新株予約権が新株予約権付社債に付された新株予約権であるときは、新設分割設立株式会社が当該新株予約権付社債についての社債に係る債務を承継する旨並びにその承継に係る社債の種類及び種類ごとの各社債の金額の合計額又はその算定方法

十一　前号に規定する場合には、新設分割計画新株予約権の新株予約権者に対する同号の新設分割設立株式会社の新株予約権の割当てに関する事項

十二　新設分割株式会社が新設分割設立株式会社の成立の日に次に掲げる行為をするときは、その旨

イ　第百七十一条第一項の規定による株式の取得（同項第一号に規定する取得対価が新設分割設立株式会社の株式（これに準ずるものとして法務省令で定めるものを含む。ロにおいて同じ。）のみであるものに限る。）

ロ　剰余金の配当（配当財産が新設分割設立株式会社の株式のみであるものに限る。）

②　新設分割設立株式会社が監査等委員会設置会社である場合には、前項第三号に掲げる事項は、設立時監査等委員である設立時取締役とそれ以外の設立時取締役とを区別して定めなければならない。

参❶〔二〕〔三〕【株式会社の定款記載・記録事項↓二七―二九　〔二〕【目的↓八二四①㊂・三六〇【商号↓六―九【本店所在地↓四参【発行可能株式総数↓三七・一一三・九一一③㊅　〔三〕【設立時取締役↓三八①・三九・九一一③　〔四〕【設立時役員等の選任↓三八②【会計参与設置会社↓二四・九一一③〔十六〕【会計参与↓三七四―三八〇・九一一③〔十六〕【監査役設置会社↓二㊄・九一一③〔十七〕【監査役↓三八一―三八九・九一一③〔十七〕【会計監査人設置会社↓二〔十一〕・九一一③〔十九〕【会計監査人↓三九六―三九九・九一一③〔十九〕　〔五〕【雇用契約↓労働承継【その他の権利義務↓民三九八の一〇　〔六〕〔七〕【新設分割に際し発行する株式の種類↓三二①【新株の割当て↓七四六①㊅参　〔八〕〔九〕【社債等↓七四六①㊆二【社債等の交付↓七四四①㊄参　〔八〕〔十〕【社債の種類↓七四四①㊄イ【新株予約権の消滅とその取得対価↓七四四①㊆㊃参【新株予約権の内容↓二三六①㊃【社債に係る債務の承継↓七四九①㊃ロ・七五三①㊈ロ・七五八㊄ハ・七六八①㊃ハ・七七三①㊈ハ　〔十〕〔十一〕【新株予約権買取請求↓八〇八①㊂　〔十一〕【新株予約権の割当て↓二三六①㊃　〔十二〕【株式会社成立の日↓七五四参【持分会社の場合↓七五四参【債権者の異議↓八一〇①㊁【取得条項付株式↓二〔十九〕・四六一①㊃・八一二㊂【省令で定めるもの↓会社則一七九【配当財産↓二〔二十五〕【現物配当↓一〇九・四五四①③・四六一①㊃・八一二㊂　❷【設立時監査等委員↓三八②

（株式会社を設立する新設分割の効力の発生等）

第七六四条①　新設分割設立株式会社は、その成立の日に、新設分割計画の定めに従い、新設分割会社の権利義務を承継する。

②　前項の規定にかかわらず、第八百十条第一項第二号（第八百十三条第二項において準用する場合を含む。次項において同じ。）の規定により異議を述べることができる新設分割会社の債権者であって、第八百十条第二項（第三号を除き、第八百十三条第二項において準用する場合を含む。次項において同じ。）の各別の催告を受けなかったもの（第八百十条第三項（第八百十三条第二項において準用する場合を含む。）に規定する場合にあっては、不法行為によって生じた債務の債権者であるものに限る。次項において同じ。）は、新設分割

計画において新設分割後に新設分割会社に対して債務の履行を請求することができないものとされているときであっても、新設分割会社に対して、新設分割設立株式会社の成立の日に有していた財産の価額を限度として、当該債務の履行を請求することができる。

③　第一項の規定にかかわらず、第八百十条第一項第二号の規定により異議を述べることができる新設分割会社の債権者であって、同条第二項の各別の催告を受けなかったものは、新設分割計画において新設分割後に新設分割設立株式会社に対して債務の履行を請求することができないものとされているときであっても、新設分割設立株式会社に対して、承継した財産の価額を限度として、当該債務の履行を請求することができる。

④　第一項の規定にかかわらず、新設分割会社が新設分割設立株式会社に承継されない債務の債権者（以下この条において「残存債権者」という。）を害することを知って新設分割をした場合には、残存債権者は、新設分割設立株式会社に対して、承継した財産の価額を限度として、当該債務の履行を請求することができる。

⑤　前項の規定は、前条第一項第十二号に掲げる事項についての定めがある場合には、適用しない。

⑥　新設分割設立株式会社が第四項の規定により同項の債務を履行する責任を負う場合には、当該責任は、新設分割会社が残存債権者を害することを知って新設分割をしたことを知った時から二年以内に請求又は請求の予告をしない残存債権者に対しては、その期間を経過した時に消滅する。新設分割設立株式会社の成立の日から十年を経過したときも、同様とする。

⑦　新設分割会社について破産手続開始の決定、再生手続開始の決定又は更生手続開始の決定があったときは、残存債権者は、新設分割設立株式会社に対して第四項の規定による請求をする権利を行使することができない。

⑧　前条第一項に規定する場合には、新設分割会社は、新設分割設立株式会社の成立の日に、新設分割計画の定めに従い、同項第六号の株式の株主となる。

⑨　次の各号に掲げる場合には、新設分割会社は、新設分割設立株式会社の成立の日に、新設分割計画の定めに従い、当該各号に定める者となる。

一　前条第一項第八号イに掲げる事項についての定めがある場合　同号イの社債の社債権者

二　前条第一項第八号ロに掲げる事項についての定めがある場合　同号ロの新株予約権の新株予約権者

三　前条第一項第八号ハに掲げる事項についての定めがある場合　同号ハの新株予約権付社債についての社債の社債権者及び当該新株予約権付社債に付された新株予約権の新株予約権者

⑩　二以上の株式会社又は合同会社が共同して新設分割をする場合における前二項の規定の適用については、第八項中「新設分割計画の定め」とあるのは「同項第七号に掲げる事項についての定め」と、前項中「新設分割計画の定め」とあるのは「前条第一項第九号に掲げる事項についての定め」とする。

⑪　前条第一項第十号に規定する場合には、新設分割設立株式会社の成立の日に、新設分割計画新株予約権は、消滅し、当該新設分割計画新株予約権の新株予約権者は、同項第十一号に掲げる事項についての定めに従い、同項第十号ロの新設分割設立株式会社の新株予約権の新株予約権者となる。

【株式会社成立の日↓七五四】　❶【新設分割計画↓七六三①】　❷❸【連帯債務↓民四三六―四四五】【営業に関する権利義務の包括的承継↓七五〇①】　❸【分割する会社から承継する財産の価額↓七六三①五・八一一②③】　❹―❼【詐害事業譲渡↓二三の二】【詐害的吸収分割↓七五九④―⑦、七六一④―⑦】【詐害的新設分割↓七六六④―⑦】　❽【株主となる時期↓五〇、二〇九①、二八二①】　❾【社債権者となる時期↓七四五④】【新株予約権者↓二四五①、二三八①四】　❿【共同新設分割↓七六二、七六三①七】　⓫【新株予約権の消滅↓七四四①七四】【新株予約権者↓二四五①、二三八①四】【新株予約権の質入れの効果↓二七二①五】

労働契約の承継の効力

[7]　会社分割において、労働契約承継法三条により、分割会社との労働契約が承継会社ないし新設会社に承継される労働者であっても、商法等の一部を改正する法律（平成一二法九〇）附則五条に基づく労働者との協議が全く行われなかったときや、協議の際の分割会社からの説明や協議の内容が著しく不十分であるために同条が協議を求めた趣旨に反することが明らかなときは、労働契約承継法三条に基づく労働契約承継の効力を争うことができる。（最判平22・7・12民集六四・五・一三三三、会社法百選[四版]九二……八二八条[28]の上告審）↓労契六条[6]

第三款　持分会社を設立する新設分割

第七六五条①（持分会社を設立する新設分割計画）　一又は二以上の株式会社又は合同会社が新設分割をする場合において、新設分割設立会社が持分会社であるときは、新設分割計画において、次に掲げる事項を定めなければならない。

一　持分会社である新設分割設立会社（以下この編において「新設分割設立持分会社」という。）が合名会社、合資会社又は合同会社のいずれであるかの別

二　新設分割設立持分会社の目的、商号及び本店の所在地

三　新設分割設立持分会社の社員についての次に掲げる事項

イ　当該社員の名称及び住所

ロ　当該社員が無限責任社員又は有限責任社員のいずれであるかの別

ハ　当該社員の出資の価額

四　前二号に掲げるもののほか、新設分割設立持分会社の定款で定める事項

五　新設分割設立持分会社が新設分割により新設分割会社から承継する資産、債務、雇用契約その他の権利義務（新設分割株式会社の株式及び新株予約権に係る義務を除く。）に関する事項

六　新設分割設立持分会社が新設分割に際して新設分

割会社に対してその事業に関する権利義務の全部又は一部に代わる当該新設分割設立持分会社の社債を交付するときは、当該社債の種類及び種類ごとの各社債の金額の合計額又はその算定方法

七　前号に規定する場合において、二以上の株式会社又は合同会社が共同して新設分割をするときは、新設分割会社に対する同号の社債の割当てに関する事項

八　新設分割株式会社が新設分割設立持分会社の成立の日に次に掲げる行為をするときは、その旨

イ　第百七十一条第一項の規定による株式の取得（同項第一号に規定する取得対価が新設分割設立持分会社の持分（これに準ずるものとして法務省令で定めるものを含む。ロにおいて同じ。）のみであるものに限る。）

ロ　剰余金の配当（配当財産が新設分割設立持分会社の持分のみであるものに限る。）

②　新設分割設立持分会社が合名会社であるときは、前項第三号ロに掲げる事項として、その社員の全部を無限責任社員とする旨を定めなければならない。

③　新設分割設立持分会社が合資会社であるときは、第一項第三号ロに掲げる事項として、その社員の一部を無限責任社員とし、その他の社員を有限責任社員とする旨を定めなければならない。

④　新設分割設立持分会社が合同会社であるときは、第一項第三号ロに掲げる事項として、その社員の全部を有限責任社員とする旨を定めなければならない。

⊛+【持分会社→五七五【新設分割計画→七六二、七六三①、七六五　❶[二]－[四]【持分会社の定款記載・記録事項→五七六、五七七　[三]【目的→五七六①[一]【商号→六－九【本店所在地→四⊛　[五]【雇用契約→労働承継　[六]【社債の交付→七五五①[四]【共同新設分割→七六二①[二]、七六三①[七]【共同新設分割の制限→独禁一五の二、一八②　[八]【持分会社成立の日→七六六、五七九、九一二－九一四、商登九四、一一〇、一一七【債権者の異議→八一〇①[三]【取得条項付株式→二[十九]、四六一①[四]、八一二[三]【省令で定めるもの→会社則一七九【現物配当→一〇九、四五四①③、四六六、四六一①[四]、八一二[三]　❷【合名会社の定款記載・記録事項→五七六①②　❸【合資会社の定款記載・記録事項→五七六①③　❹【合同会社の定款記載・記録事項→五七六①④　❷－❹【社員の責任の変更の特則→五八三

第七六六条（持分会社を設立する新設分割の効力の発生等）①　新設分割設立持分会社は、その成立の日に、新設分割計画の定めに従い、新設分割会社の権利義務を承継する。

②　前項の規定にかかわらず、第八百十条第一項第二号（第八百十三条第二項において準用する場合を含む。次項において同じ。）の規定により異議を述べることができる新設分割会社の債権者であって、第八百十条第二項（第三号を除き、第八百十三条第二項において準用する場合を含む。次項において同じ。）の各別の催告を受けなかったもの（第八百十条第三項（第八百十三条第二項において準用する場合を含む。）に規定する場合にあっては、不法行為によって生じた債務の債権者であるものに限る。次項において同じ。）は、新設分割計画において新設分割後に新設分割会社に対して債務の履行を請求することができないものとされているときであっても、新設分割会社に対して、新設分割会社が新設分割設立持分会社の成立の日に有していた財産の価額を限度として、当該債務の履行を請求することができる。

③　第一項の規定にかかわらず、第八百十条第一項第二号の規定により異議を述べることができる新設分割会社の債権者であって、同条第二項の各別の催告を受けなかったものは、新設分割計画において新設分割後に新設分割設立持分会社に対して債務の履行を請求することができないものとされているときであっても、新設分割設立持分会社に対して、承継した財産の価額を限度として、当該債務の履行を請求することができる。

④　第一項の規定にかかわらず、新設分割会社が新設分割設立持分会社に承継されない債務の債権者（以下この条において「残存債権者」という。）を害することを知って新設分割をした場合には、残存債権者は、新設分割設立持分会社に対して、承継した財産の価額を限度として、当該債務の履行を請求することができる。

⑤　前項の規定は、前条第一項第八号に掲げる事項についての定めがある場合には、適用しない。

⑥　新設分割設立持分会社が第四項の規定により同項の債務を履行する責任を負う場合には、当該責任は、新設分割会社が残存債権者を害することを知って新設分割をしたことを知った時から二年以内に請求又は請求の予告をしない残存債権者に対しては、その期間を経過した時に消滅する。新設分割設立持分会社の成立の日から十年を経過したときも、同様とする。

⑦　新設分割会社について破産手続開始の決定、再生手続開始の決定又は更生手続開始の決定があったときは、残存債権者は、新設分割設立持分会社に対して第四項の規定による請求をする権利を行使することができない。

⑧　前条第一項に規定する場合には、新設分割会社は、新設分割設立持分会社の成立の日に、同項第三号に掲げる事項についての定めに従い、当該新設分割設立持分会社の社員となる。

⑨　前条第一項第六号に掲げる事項についての定めがある場合には、新設分割会社は、新設分割設立持分会社の成立の日に、新設分割計画の定めに従い、同号の社債の社債権者となる。

⑩　二以上の株式会社又は合同会社が共同して新設分割をする場合における前項の規定の適用については、同項中「新設分割計画の定めに従い、同号」とあるのは、「同項第七号に掲げる事項についての定めに従い、同項第六号」とする。

⊛+【持分会社成立の日→七五四⊛【新株予約権の質入れの効果→二七二①[五]　❶【営業に関する権利義務の包括的承継→七五〇①⊛　❷❸【連帯債務→民四三六－四四五　❸【分割する会社から承継する財産の価額→七六五①[五]　❹－❼【詐害事業譲渡→二三の二【詐害的吸収分割→七五九④－⑦、七六一④－⑦【詐害的新設分割→七六四④－⑦　❽【持分会社の社員となる時期→五七五－五七九　❾【社債権者となる時期→七四五④⊛　❿【共同新設分割→七六二、七六三①[七]

第四章　株式交換及び株式移転

第一節　株式交換

第一款　通則

（株式交換契約の締結）

第七六七条　株式会社は、株式交換をすることができる。この場合においては、当該株式会社の発行済株式の全部を取得する会社（株式会社又は合同会社に限る。以下この編において「株式交換完全親会社」という。）との間で、株式交換契約を締結しなければならない。

参+【株式交換↓二［三十一］・九一五、商登八九【発行済株式↓二［三十一］【株式交換契約↓七六八・七八二①［三］・七八三①・七九四①・七九五【株式交換の効果↓七六九・七七一【株式交換の制限↓独禁九②・一〇①【内部者取引に関する重要事実↓金商一六六②［一］チ［五］イ

第二款　株式会社に発行済株式を取得させる株式交換

（株式会社に発行済株式を取得させる株式交換契約）

第七六八条①　株式会社が株式交換をする場合において、株式交換完全親会社が株式会社であるときは、株式交換契約において、次に掲げる事項を定めなければならない。

一　株式交換をする株式会社（以下この編において「株式交換完全子会社」という。）及び株式会社である株式交換完全親会社（以下この編において「株式交換完全親株式会社」という。）の商号及び住所

二　株式交換完全親株式会社が株式交換に際して株式交換完全子会社の株主に対してその株式に代わる金銭等を交付するときは、当該金銭等についての次に掲げる事項

イ　当該金銭等が株式交換完全親株式会社の株式であるときは、当該株式の数（種類株式発行会社にあっては、株式の種類及び種類ごとの数）又はその数の算定方法並びに当該株式交換完全親株式会社の資本金及び準備金の額に関する事項

ロ　当該金銭等が株式交換完全親株式会社の社債（新株予約権付社債についてのものを除く。）であるときは、当該社債の種類及び種類ごとの各社債の金額の合計額又はその算定方法

ハ　当該金銭等が株式交換完全親株式会社の新株予約権（新株予約権付社債に付されたものを除く。）であるときは、当該新株予約権の内容及び数又はその算定方法

ニ　当該金銭等が株式交換完全親株式会社の新株予約権付社債であるときは、当該新株予約権付社債についてのロに規定する事項及び当該新株予約権付社債に付された新株予約権についてのハに規定する事項

ホ　当該金銭等が株式交換完全親株式会社の株式等以外の財産であるときは、当該財産の内容及び数若しくは額又はこれらの算定方法

三　前号に規定する場合には、株式交換完全子会社の株主（株式交換完全親株式会社を除く。）に対する同号の金銭等の割当てに関する事項

四　株式交換完全親株式会社が株式交換に際して株式交換完全子会社の新株予約権の新株予約権者に対して当該新株予約権に代わる当該株式交換完全親株式会社の新株予約権を交付するときは、当該新株予約権についての次に掲げる事項

イ　当該株式交換完全親株式会社の新株予約権の交付を受ける株式交換完全子会社の新株予約権の新株予約権者の有する新株予約権（以下この編において「株式交換契約新株予約権」という。）の内容

ロ　株式交換契約新株予約権の新株予約権者に対して交付する株式交換完全親株式会社の新株予約権の内容及び数又はその算定方法

ハ　株式交換契約新株予約権が新株予約権付社債に付された新株予約権であるときは、株式交換完全親株式会社が当該新株予約権付社債についての社債に係る債務を承継する旨並びにその承継に係る社債の種類及び種類ごとの各社債の金額の合計額又はその算定方法

五　前号に規定する場合には、株式交換契約新株予約権の新株予約権者に対する同号の株式交換完全親株式会社の新株予約権の割当てに関する事項

六　株式交換がその効力を生ずる日（以下この節において「効力発生日」という。）

②　前項に規定する場合において、株式交換完全子会社が種類株式発行会社であるときは、株式交換完全子会社及び株式交換完全親株式会社は、株式交換完全子会社の発行する種類の株式の内容に応じ、同項第三号に掲げる事項として次に掲げる事項を定めることができる。

一　ある種類の株式の株主に対して金銭等の割当てをしないこととするときは、その旨及び当該株式の種類

二　前号に掲げる事項のほか、金銭等の割当てについて株式の種類ごとに異なる取扱いを行うこととするときは、その旨及び当該異なる取扱いの内容

③　第一項に規定する場合には、同項第三号に掲げる事項についての定めは、株式交換完全子会社の株主（株式交換完全親株式会社及び前項第一号の種類の株式の株主を除く。）の有する株式の数（前項第二号に掲げる事項についての定めがある場合にあっては、各種類の株式の数）に応じて金銭等を交付することを内容とするものでなければならない。

参+【経過措置↓会社法整備法三八【適用除外↓五〇九①［三］❶【親会社・子会社↓二［三］［四］・一三五【株式の移転の原則↓一二八①【略式組織再編に対する差止請求↓七八四の二［二］〔二〕【株式会社の定款記載・記録事項↓二七－二九〔三〕【株式・持分に代わる対価↓七四四①［五］参【資本金・準備金↓四四五⑤〔二〕〔三〕【一に満たない端数の処理↓二三四①［七］【新株の割当て↓一〇八・一〇九・一五一①・一八三・一八四・一九九・二一九・二三四【社債の割当て↓六七六［十二］・六七八・六七九【新株予約権とその割当て↓二三六①【社債権者による閲覧等↓七九四③【新株予約権付社債とその割当て↓二三六①・二九二【株式等↓一〇七②［三］ホ【株式等以外の財産とその割当て↓八〇〇〔四〕〔五〕【新株予約権の消滅とその対価↓七四四①［七］［四］

⊛【新株予約権買取請求→七八七①[三]【新株予約権の内容→二三六①[四]【社債に係る債務の承継→七四九①[四]ロ・七五三①[十]ロ・七五八[五]ハ・七六三①[十]ハ・七七三①[九]ハ　〔六〕【効力発生日→七四四①[九]⊛　❷【種類株式発行会社→二[十三]・九一一③[七]【株式の種類→一〇八⊛　❸【金銭等→一五一①【金銭等の交付→一〇九

（株式会社に発行済株式を取得させる株式交換の効力の発生等）

第七六九条① 株式交換完全親株式会社は、効力発生日に、株式交換完全子会社の発行済株式（株式交換完全親株式会社の有する株式交換完全子会社の株式を除く。）の全部を取得する。

② 前項の場合には、株式交換完全親株式会社が株式交換完全子会社の株式（譲渡制限株式に限り、当該株式交換完全親株式会社が効力発生日前から有するものを除く。）を取得したことについて、当該株式交換完全子会社が第百三十七条第一項の承認をしたものとみなす。

③ 次の各号に掲げる場合には、株式交換完全子会社の株主は、効力発生日に、前条第一項第三号に掲げる事項についての定めに従い、当該各号に定める者となる。

一 前条第一項第二号イに掲げる事項についての定めがある場合　同号イの株式の株主

二 前条第一項第二号ロに掲げる事項についての定めがある場合　同号ロの社債の社債権者

三 前条第一項第二号ハに掲げる事項についての定めがある場合　同号ハの新株予約権の新株予約権者

四 前条第一項第二号ニに掲げる事項についての定めがある場合　同号ニの新株予約権付社債についての社債の社債権者及び当該新株予約権付社債に付された新株予約権の新株予約権者

④ 前条第一項第四号に規定する場合には、効力発生日に、株式交換契約新株予約権は、消滅し、当該株式交換契約新株予約権の新株予約権者は、同項第五号に掲げる事項についての定めに従い、同項第四号ロの株式交換完全親株式会社の新株予約権の新株予約権者となる。

⑤ 前条第一項第四号ハに規定する場合には、株式交換完全親株式会社は、効力発生日に、同号ハの新株予約権付社債についての社債に係る債務を承継する。

⑥ 前各項の規定は、第七百八十九条若しくは第七百九十九条の規定による手続が終了していない場合又は株式交換を中止した場合には、適用しない。

⊛†【効力発生日→七四四①[九]⊛　❶【株式の移転の原則→一二八①　❷【譲渡制限株式→二[十七]【譲渡制限株式の譲渡の承認→一三六－一四五【みなし譲渡承認→一四五　❸〔一〕【株主となる時期→五〇・二〇九①・二八二①【一に満たない端数の処理→二三四①[七]【振替株式の場合における記載・記録→社債株式振替一三八　〔二〕【社債権者となる時期→七四五④⊛　〔三〕〔四〕【新株予約権者→二三八・二四五①・二九二　❹【新株予約権の消滅→七四四①[七][四]⊛【新株予約権者→二四五①・二三八①[四]【新株予約権の質入れの効果→二七二①[六]　❺【社債に係る債務の承継→七四九①[四]ロ・七五三①[十]ロ・七五八[五]ハ・七六三①[十]ハ・七七三①[九]ハ　❻【効力発生障害事由→七四五⑥⊛

第三款　合同会社に発行済株式を取得させる株式交換

（合同会社に発行済株式を取得させる株式交換契約）

第七七〇条① 株式会社が株式交換をする場合において、株式交換完全親会社が合同会社であるときは、株式交換契約において、次に掲げる事項を定めなければならない。

一 株式交換完全子会社及び合同会社である株式交換完全親会社（以下この編において「株式交換完全親合同会社」という。）の商号及び住所

二 株式交換完全子会社の株主が株式交換に際して株式交換完全親合同会社の社員となるときは、当該社員の氏名又は名称及び住所並びに出資の価額

三 株式交換完全親合同会社が株式交換に際して株式交換完全子会社の株主に対してその株式に代わる金銭等（株式交換完全親合同会社の持分を除く。）を交付するときは、当該金銭等についての次に掲げる事項

イ 当該金銭等が当該株式交換完全親合同会社の社債であるときは、当該社債の種類及び種類ごとの各社債の金額の合計額又はその算定方法

ロ 当該金銭等が当該株式交換完全親合同会社の社債以外の財産であるときは、当該財産の内容及び数若しくは額又はこれらの算定方法

四 前号に規定する場合には、株式交換完全子会社の株主（株式交換完全親合同会社を除く。）に対する同号の金銭等の割当てに関する事項

五 効力発生日

② 前項に規定する場合において、株式交換完全子会社が種類株式発行会社であるときは、株式交換完全子会社及び株式交換完全親合同会社は、株式交換完全子会社の発行する種類の株式の内容に応じ、同項第四号に掲げる事項として次に掲げる事項を定めることができる。

一 ある種類の株式の株主に対して金銭等の割当てをしないこととするときは、その旨及び当該株式の種類

二 前号に掲げる事項のほか、金銭等の割当てについて株式の種類ごとに異なる取扱いを行うこととするときは、その旨及び当該異なる取扱いの内容

③ 第一項に規定する場合には、同項第四号に掲げる事項についての定めは、株式交換完全子会社の株主（株式交換完全親合同会社及び前項第一号の種類の株式の株主を除く。）の有する株式の数（前項第二号に掲げる事項についての定めがある場合にあっては、各種類の株式の数）に応じて金銭等を交付することを内容とするものでなければならない。

⊛†【適用除外→五〇九①[三]　❶【株式交換→二[三十一]【親会社・子会社→二[三][四]・一三五　〔二〕〔三〕【持分会社の定款記載・記録事項→五七六・五七七　〔三〕【合同会社の定款記載・記録事項→五七六①④　〔三〕【株式・持分に代わる対価→七四四①[五]⊛【社債の種類→七四四①[五]イ　〔三〕〔四〕【略式組織再編に対する差止請求→七八四の二[二]　〔四〕【金銭等→一五一①　〔五〕【効力発

生日→七四四①九 ❶❷【一に満たない端数の処理→二三四①七 ❷【種類株式発行会社→二十三・九一一③七【株式の種類→一〇八【種類ごとの異なる取扱い→一〇九 ❸【金銭等→一五一①【金銭等の交付→一〇九

（合同会社に発行済株式を取得させる株式交換の効力の発生等）

第七七一条① 株式交換完全親合同会社は、効力発生日に、株式交換完全子会社の発行済株式（株式交換完全親合同会社の有する株式交換完全子会社の株式を除く。）の全部を取得する。

② 前項の場合には、株式交換完全親合同会社が株式交換完全子会社の株式（譲渡制限株式に限り、当該株式交換完全親合同会社が効力発生日前から有するものを除く。）を取得したことについて、当該株式交換完全子会社が第百三十七条第一項の承認をしたものとみなす。

③ 前条第一項第二号に規定する場合には、株式交換完全子会社の株主は、効力発生日に、同号に掲げる事項についての定めに従い、株式交換完全親合同会社の社員となる。この場合においては、株式交換完全親合同会社は、効力発生日に、同号の社員に係る定款の変更をしたものとみなす。

④ 前条第一項第三号イに掲げる事項についての定めがある場合には、株式交換完全子会社の株主は、効力発生日に、同項第四号に掲げる事項についての定めに従い、同項第三号イの社債の社債権者となる。

⑤ 前各項の規定は、第八百二条第二項において準用する第七百九十九条（第二項第三号を除く。）の規定による手続が終了していない場合又は株式交換を中止した場合には、適用しない。

【効力発生日→七四四①九【新株予約権の質入れの効果→二七二①六 ❶【株式の移転の原則→一二八① ❷【譲渡制限株式→二十七【譲渡制限株式の譲渡の承認→一三六—一四五【みなし譲渡承認→一四五 ❸【合同会社の社員となる時期→五七五—五七九 ❹【社債権者となる時期→七四五④ ❺【効力発生障害事由→七四五⑥

第二節 株式移転

（株式移転計画の作成）

第七七二条① 一又は二以上の株式会社は、株式移転をすることができる。この場合においては、株式移転計画を作成しなければならない。

② 二以上の株式会社が共同して株式移転をする場合には、当該二以上の株式会社は、共同して株式移転計画を作成しなければならない。

【株式移転→二三十二・九二五、商登九〇【株式移転計画→七七三・八〇三・八〇四・八一五【株式移転の効果→七七四【株式移転の制限→独禁九①・一五の三①【内部者取引に関する重要事実→金商一六六②一リ五ロ

（株式移転計画）

第七七三条① 一又は二以上の株式会社が株式移転をする場合には、株式移転計画において、次に掲げる事項を定めなければならない。

一 株式移転により設立する株式会社（以下この編において「株式移転設立完全親会社」という。）の目的、商号、本店の所在地及び発行可能株式総数

二 前号に掲げるもののほか、株式移転設立完全親会社の定款で定める事項

三 株式移転設立完全親会社の設立時取締役の氏名

四 次のイからハまでに掲げる場合の区分に応じ、当該イからハまでに定める事項

イ 株式移転設立完全親会社が会計参与設置会社である場合 株式移転設立完全親会社の設立時会計参与の氏名又は名称

ロ 株式移転設立完全親会社が監査役設置会社（監査役の監査の範囲を会計に関するものに限定する旨の定款の定めがある株式会社を含む。）である場合 株式移転設立完全親会社の設立時監査役の氏名

ハ 株式移転設立完全親会社が会計監査人設置会社である場合 株式移転設立完全親会社の設立時会計監査人の氏名又は名称

五 株式移転設立完全親会社が株式移転に際して株式移転をする株式会社（以下この編において「株式移転完全子会社」という。）の株主に対して交付するその株式に代わる当該株式移転設立完全親会社の株式の数（種類株式発行会社にあっては、株式の種類及び種類ごとの数）又はその数の算定方法並びに当該株式移転設立完全親会社の資本金及び準備金の額に関する事項

六 株式移転完全子会社の株主に対する前号の株式の割当てに関する事項

七 株式移転設立完全親会社が株式移転に際して株式移転完全子会社の株主に対してその株式に代わる当該株式移転設立完全親会社の社債等を交付するときは、当該社債等についての次に掲げる事項

イ 当該社債等が株式移転設立完全親会社の社債（新株予約権付社債についてのものを除く。）であるときは、当該社債の種類及び種類ごとの各社債の金額の合計額又はその算定方法

ロ 当該社債等が株式移転設立完全親会社の新株予約権（新株予約権付社債に付されたものを除く。）であるときは、当該新株予約権の内容及び数又はその算定方法

ハ 当該社債等が株式移転設立完全親会社の新株予約権付社債であるときは、当該新株予約権付社債についてのイに規定する事項及び当該新株予約権付社債に付された新株予約権についてのロに規定する事項

八 前号に規定する場合には、株式移転完全子会社の株主に対する同号の社債等の割当てに関する事項

九 株式移転設立完全親会社が株式移転に際して株式移転完全子会社の新株予約権の新株予約権者に対して当該新株予約権に代わる当該株式移転設立完全親会社の新株予約権を交付するときは、当該新株予約権についての次に掲げる事項

イ 当該株式移転設立完全親会社の新株予約権の交付を受ける株式移転完全子会社の新株予約権の新

株予約権者の有する新株予約権（以下この編において「株式移転計画新株予約権」という。）の内容
ロ　株式移転計画新株予約権の新株予約権者に対して交付する株式移転設立完全親会社の新株予約権の内容及び数又はその算定方法
ハ　株式移転計画新株予約権が新株予約権付社債に付された新株予約権であるときは、株式移転設立完全親会社が当該新株予約権付社債についての社債に係る債務を承継する旨並びにその承継に係る社債の種類及び種類ごとの各社債の金額の合計額又はその算定方法

十　前号に規定する場合には、株式移転計画新株予約権の新株予約権者に対する同号の株式移転設立完全親会社の新株予約権の割当てに関する事項

② 株式移転設立完全親会社が監査等委員会設置会社である場合には、前項第三号に掲げる事項は、設立時監査等委員である設立時取締役とそれ以外の設立時取締役とを区別して定めなければならない。

③ 第一項に規定する場合において、株式移転完全子会社が種類株式発行会社であるときは、株式移転完全子会社は、その発行する種類の株式の内容に応じ、同項第六号に掲げる事項として次に掲げる事項を定めることができる。

一　ある種類の株式の株主に対して株式移転設立完全親会社の株式の割当てをしないこととするときは、その旨及び当該株式の種類

二　前号に掲げる事項のほか、株式移転設立完全親会社の株式の割当てについて株式の種類ごとに異なる取扱いを行うこととするときは、その旨及び当該異なる取扱いの内容

④ 第一項に規定する場合には、同項第六号に掲げる事項についての定めは、株式移転完全子会社の株主（前項第一号の種類の株式の株主を除く。）の有する株式の数（前項第二号に掲げる事項についての定めがある場合にあっては、各種類の株式の数）に応じて株式移転設立完全親会社の株式を交付することを内容とするものでなければならない。

⑤ 前二項の規定は、第一項第八号に掲げる事項について準用する。この場合において、前二項中「株式移転完全子会社の株式」とあるのは、「株式移転設立完全親会社の社債等」と読み替えるものとする。

【経過措置→会社法整備法三八【適用除外→五〇九①㊂　❶【二】―【三】【株式会社の定款記載・記録事項→二七―二九　【二】【目的→八二四①㊀・三六〇【商号→六―九【本店所在地→四【発行可能株式総数→三七・一一三・九一一③㊅　【三】【親会社→二㊃　【三】【設立時取締役→三八①・三九・九一一③【四】【設立時役員等の選任→三八②【会計参与設置会社→二㊃・九一一③[十六]【会計参与→三七四―三八〇・九一一③[十六]【監査役設置会社→二㊈・九一一③[十七]【監査役→三八一―三八九・九一一③[十七]【会計監査人設置会社→二[十一]・九一一③[十九]【会計監査人→三九六―三九九・九一一③[十九]　【五】【資本金・準備金の額→四四五⑤　【五】【六】【株式移転に関して発行する株式の種類→三二①【新株の割当て→七六八①㊁㊂　【七】【株式・持分に代わる対価→七四四①㊄【社債→六七六①㊀[十二]・六七八―六八〇・六九七①【新株予約権→二三六①㊃【新株予約権付社債→二九二・二三六①㊃・六九七①　【七】【九】【社債の種類→七四四①㊄イ　【八】【社債等→七四六①㊆ニ【九】【新株予約権の消滅とその対価→七四四①㊆㊃【新株予約権の内容→二三六①㊃【社債に係る債務の承継→七四九①㊃ロ・七五三①㊀ロ・七五八㊄ハ・七六三①㊀ハ・七六八①㊃ハ　【九】【十】【新株予約権買取請求→八〇八①㊂　【十】【新株予約権の割当て→二三六①　❶❸【一に満たない端数の処理→二三四①㊃　❷【設立時監査等委員→三八②　❸【種類株式発行会社→二[十三]・九一一③㊆【株式の種類→一〇八【種類ごとの異なる取扱い→一〇九

第七七四条（**株式移転の効力の発生等**）① 株式移転設立完全親会社は、その成立の日に、株式移転完全子会社の発行済株式の全部を取得する。

② 株式移転完全子会社の株主は、株式移転設立完全親会社の成立の日に、前条第一項第六号に掲げる事項についての定めに従い、同項第五号の株式の株主となる。

③ 次の各号に掲げる場合には、株式移転完全子会社の株主は、株式移転設立完全親会社の成立の日に、前条第一項第八号に掲げる事項についての定めに従い、当該各号に定める者となる。

一　前条第一項第七号イに掲げる事項についての定めがある場合　同号イの社債の社債権者

二　前条第一項第七号ロに掲げる事項についての定めがある場合　同号ロの新株予約権の新株予約権者

三　前条第一項第七号ハに掲げる事項についての定めがある場合　同号ハの新株予約権付社債についての社債の社債権者及び当該新株予約権付社債に付された新株予約権の新株予約権者

④ 前条第一項第九号に規定する場合には、株式移転設立完全親会社の成立の日に、株式移転計画新株予約権は、消滅し、当該株式移転計画新株予約権の新株予約権者は、同項第十号に掲げる事項についての定めに従い、同項第九号ロの株式移転設立完全親会社の新株予約権の新株予約権者となる。

⑤ 前条第一項第九号ハに規定する場合には、株式移転設立完全親会社は、その成立の日に、同号ハの新株予約権付社債についての社債に係る債務を承継する。

【株式会社成立の日→七六三①[十二]【経過措置→会社法整備法三八　❶【親会社・子会社→二㊂㊃・一三五【株式の移転の原則→一二八①　❷【株主となる時期→五〇・二〇九①・二八二①【一に満たない端数の処理→二三四①㊃【振替株式の場合における記載・記録→社債株式振替一三八　❸【二】【社債権者となる時期→七四五④　【二】【三】【新株予約権者→二四五①・二三八①㊃・二九二　❹【新株予約権の消滅→七四四①㊆㊃【新株予約権者→二四五①・二三八①㊃【新株予約権の質入れの効果→二七二①㊆　❺【社債に係る債務の承継→七七三①㊈

第四章の二　株式交付

第七七四条の二（**株式交付計画の作成**）　株式会社は、株式交付をすることができる。この場合においては、株式交付計画を作成しなければならない。

【株式交付→二[三十二の二]・九一五、商登九〇の二【発行済株式→二[三十一]【株式交付計画→七七四の三、八一六の二、八一六の一〇・八一六の三【株式交付の効果→七七四の一一【株式交付の制限→独禁九①、一〇①【内部者取引に関する重要事実→

金商一六六②[一]ヌ[五]八[十二]ホ

（株式交付計画）

第七七四条の三① 株式会社が株式交付をする場合には、株式交付計画において、次に掲げる事項を定めなければならない。

一 株式交付子会社（株式交付親会社（株式交付をする株式会社をいう。以下同じ。）が株式交付に際して譲り受ける株式を発行する株式会社をいう。以下同じ。）の商号及び住所

二 株式交付親会社が株式交付に際して譲り受ける株式交付子会社の株式の数（株式交付子会社が種類株式発行会社である場合にあっては、株式の種類及び種類ごとの数）の下限

三 株式交付親会社が株式交付に際して株式交付子会社の株式の譲渡人に対して当該株式の対価として交付する株式交付親会社の株式の数（種類株式発行会社にあっては、株式の種類及び種類ごとの数）又はその数の算定方法並びに当該株式交付親会社の資本金及び準備金の額に関する事項

四 株式交付子会社の株式の譲渡人に対する前号の株式交付親会社の株式の割当てに関する事項

五 株式交付親会社が株式交付に際して株式交付子会社の株式の譲渡人に対して当該株式の対価として金銭等（株式交付親会社の株式を除く。以下この号及び次号において同じ。）を交付するときは、当該金銭等についての次に掲げる事項

イ 当該金銭等が株式交付親会社の社債（新株予約権付社債についてのものを除く。）であるときは、当該社債の種類及び種類ごとの各社債の金額の合計額又はその算定方法

ロ 当該金銭等が株式交付親会社の新株予約権（新株予約権付社債に付されたものを除く。）であるときは、当該新株予約権の内容及び数又はその算定方法

ハ 当該金銭等が株式交付親会社の新株予約権付社債であるときは、当該新株予約権付社債についてのイに規定する事項及び当該新株予約権付社債に付された新株予約権についてのロに規定する事項

ニ 当該金銭等が株式交付親会社の社債及び新株予約権以外の財産であるときは、当該財産の内容及び数若しくは額又はこれらの算定方法

六 前号に規定する場合には、株式交付子会社の株式の譲渡人に対する同号の金銭等の割当てに関する事項

七 株式交付親会社が株式交付に際して株式交付子会社の株式と併せて株式交付子会社の新株予約権（新株予約権付社債に付されたものを除く。）又は新株予約権付社債（以下「新株予約権等」と総称する。）を譲り受けるときは、当該新株予約権等の内容及び数又はその算定方法

八 前号に規定する場合において、株式交付親会社が株式交付に際して株式交付子会社の新株予約権等の譲渡人に対して当該新株予約権等の対価として金銭等を交付するときは、当該金銭等についての次に掲げる事項

イ 当該金銭等が株式交付親会社の株式であるときは、当該株式の数（種類株式発行会社にあっては、株式の種類及び種類ごとの数）又はその数の算定方法並びに当該株式交付親会社の資本金及び準備金の額に関する事項

ロ 当該金銭等が株式交付親会社の社債（新株予約権付社債についてのものを除く。）であるときは、当該社債の種類及び種類ごとの各社債の金額の合計額又はその算定方法

ハ 当該金銭等が株式交付親会社の新株予約権（新株予約権付社債に付されたものを除く。）であるときは、当該新株予約権の内容及び数又はその算定方法

ニ 当該金銭等が株式交付親会社の新株予約権付社債であるときは、当該新株予約権付社債についてのロに規定する事項及び当該新株予約権付社債に付された新株予約権についてのハに規定する事項

ホ 当該金銭等が株式交付親会社の株式等以外の財産であるときは、当該財産の内容及び数若しくは額又はこれらの算定方法

九 前号に規定する場合には、株式交付子会社の新株予約権等の譲渡人に対する同号の金銭等の割当てに関する事項

十 株式交付子会社の株式及び新株予約権等の譲渡しの申込みの期日

十一 株式交付がその効力を生ずる日（以下この章において「効力発生日」という。）

② 前項に規定する場合には、同項第二号に掲げる事項についての定めは、株式交付子会社が効力発生日において株式交付親会社の子会社となる数を内容とするものでなければならない。

③ 第一項に規定する場合において、株式交付子会社が種類株式発行会社であるときは、株式交付親会社は、株式交付子会社の発行する種類の株式の内容に応じ、同項第四号に掲げる事項として次に掲げる事項を定めることができる。

一 ある種類の株式の譲渡人に対して株式交付親会社の株式の割当てをしないこととするときは、その旨及び当該株式の種類

二 前号に掲げる事項のほか、株式交付親会社の株式の割当てについて株式の種類ごとに異なる取扱いを行うこととするときは、その旨及び当該異なる取扱いの内容

④ 第一項に規定する場合には、同項第四号に掲げる事項についての定めは、株式交付子会社の株式の譲渡人（前項第一号の種類の株式の譲渡人を除く。）が株式交付親会社に譲り渡す株式交付子会社の株式の数（前項第二号に掲げる事項についての定めがある場合にあっては、各種類の株式の数）に応じて株式交付親会社の株式を交付することを内容とするものでなければならない。

⑤ 前二項の規定は、第一項第六号に掲げる事項につい

て準用する。この場合において、前二項中「株式交付親会社の株式」とあるのは、「金銭等（株式交付親会社の株式を除く。）」と読み替えるものとする。

参+【適用除外】↓会社法整備法三八、五〇九①㊂　❶【親会社・子会社】↓二三四【株式の移転の原則】↓一二八①【差止請求】↓八一六の五　[二]【株式会社の定款記載・記録事項】↓二七―二九五⑤　[三]【株式に代わる対価】↓七四四①㊄参【資本金・準備金】↓四四五　[三][四]【一に満たない端数の処理】↓二三四①㊄【新株の割当て】↓七七四の四―七七四の六、二〇八　[五]【新株予約権の内容】↓二三六①㊃　[五][六]【社債の割当て】↓六七六[十二]・六七八、六七九【新株予約権とその割当て】↓二三六①【新株予約権付社債とその割当て】↓二三六①・二九二　[十]【譲渡しの申込みの期日】↓七七四の四②　[十二]【効力発生日】↓七七四の一一　❸【種類株式発行会社】↓二[十三]・九一一③㊆【株式の種類】↓一〇八参　❸❹【株主平等原則】↓一〇九　❺【金銭等】↓一五一①

（株式交付子会社の株式の譲渡しの申込み）
第七七四条の四①　株式交付親会社は、株式交付子会社の株式の譲渡しの申込みをしようとする者に対し、次に掲げる事項を通知しなければならない。
一　株式交付親会社の商号
二　株式交付計画の内容
三　前二号に掲げるもののほか、法務省令で定める事項

②　株式交付子会社の株式の譲渡しの申込みをする者は、前条第一項第十号の期日までに、次に掲げる事項を記載した書面を株式交付親会社に交付しなければならない。
一　申込みをする者の氏名又は名称及び住所
二　譲り渡そうとする株式交付子会社の株式の数（株式交付子会社が種類株式発行会社である場合にあっては、株式の種類及び種類ごとの数）

③　前項の申込みをする者は、同項の書面の交付に代えて、政令で定めるところにより、株式交付親会社の承諾を得て、同項の書面に記載すべき事項を電磁的方法により提供することができる。この場合において、当該申込みをした者は、同項の書面を交付したものとみなす。

④　第一項の規定は、株式交付親会社が同項各号に掲げる事項を記載した金融商品取引法第二条第十項に規定する目論見書を第一項の申込みをしようとする者に対して交付している場合その他株式交付子会社の株式の譲渡しの申込みをしようとする者の保護に欠けるおそれがないものとして法務省令で定める場合には、適用しない。

⑤　株式交付親会社は、第一項各号に掲げる事項について変更があったとき（第八百十六条の九第一項の規定により効力発生日を変更したとき及び同条第五項の規定により前条第一項第十号の期日を変更したときを含む。）は、直ちに、その旨及び当該変更があった事項を第二項の申込みをした者（以下この章において「申込者」という。）に通知しなければならない。

⑥　株式交付親会社が申込者に対してする通知又は催告は、第二項第一号の住所（当該申込者が別に通知又は催告を受ける場所又は連絡先を当該株式交付親会社に通知した場合にあっては、その場所又は連絡先）に宛てて発すれば足りる。

⑦　前項の通知又は催告は、その通知又は催告が通常到達すべきであった時に、到達したものとみなす。

参❶[二]【会社の商号】↓六①　[三]【株式交付計画の内容】↓七七四の三　[三]【省令で定める事項】↓会社則一七九の二　❷【申込み】↓商登五六㊂、七七四の八　❹【省令で定める場合】↓会社則一七九の三　❻【効力発生日】↓七七四の三①[十]【譲渡しの申込みの期日】↓七七四の三①㊉　❼【到達】↓民九七①　+【適用除外】↓七七四の六

（株式交付親会社が譲り受ける株式交付子会社の株式の割当て）
第七七四条の五①　株式交付親会社は、申込者の中から当該株式交付子会社の株式を譲り受ける者を定め、かつ、その者に割り当てる当該株式交付親会社が譲り受ける株式交付子会社の株式の数（株式交付子会社が種類株式発行会社である場合にあっては、株式の種類ごとの数。以下この条において同じ。）を定めなければならない。この場合において、株式交付親会社は、申込者に割り当てる当該株式の数の合計が第七百七十四条の三第一項第二号の下限の数を下回らない範囲内で、当該株式の数を、前条第二項第二号の数よりも減少することができる。

②　株式交付親会社は、効力発生日の前日までに、申込者に対し、当該申込者から当該株式交付親会社が譲り受ける株式交付子会社の株式の数を通知しなければならない。

参+【申込者】↓七七四の四⑤　❶【割当て】↓七七四の八　❷【効力発生日】↓七七四の三①[十一]　+【適用除外】↓七七四の六、七七四の一〇

（株式交付子会社の株式の譲渡しの申込み及び株式交付親会社が譲り受ける株式交付子会社の株式の割当てに関する特則）
第七七四条の六　前二条の規定は、株式交付子会社の株式を譲り渡そうとする者が、株式交付親会社が株式交付に際して譲り受ける株式交付子会社の株式の総数の譲渡しを行う契約を締結する場合には、適用しない。

参+【総数譲渡契約】↓七七四の七①㊂、商登五六㊂、七七四の八

（株式交付子会社の株式の譲渡し）
第七七四条の七①　次の各号に掲げる者は、当該各号に定める株式交付子会社の株式の数について株式交付における株式交付子会社の株式の譲渡人となる。
一　申込者　第七百七十四条の五第二項の規定により通知を受けた株式交付子会社の株式の数
二　前条の契約により株式交付親会社が株式交付に際して譲り受ける株式交付子会社の株式の総数を譲り渡すことを約した者　その者が譲り渡すことを約した株式交付子会社の株式の数

②　前項各号の規定により株式交付子会社の株式の譲渡人となった者は、効力発生日に、それぞれ当該各号に定める数の株式交付子会社の株式を株式交付親会社に給付しなければならない。

参+【譲渡人】↓二〇八　❶[一]【申込者】↓七七四の四⑤　[二]【総数譲渡契約】↓七七四の六　❷【効力発生日】↓七七四の三①[十一]・

七七四の一一②　＊【適用除外→七七四の一〇

（株式交付子会社の株式の譲渡しの無効又は取消しの制限）

第七七四条の八① 民法第九十三条第一項ただし書及び第九十四条第一項の規定は、第七百七十四条の四第二項の申込み、第七百七十四条の五第一項の規定による割当て及び第七百七十四条の六の契約に係る意思表示については、適用しない。

② 株式交付における株式交付子会社の株式の譲渡人は、第七百七十四条の十一第二項の規定により株式交付親会社の株式の株主となった日から一年を経過した後又はその株式について権利を行使した後は、錯誤、詐欺又は強迫を理由として株式交付子会社の株式の譲渡しの取消しをすることができない。

＊【同旨の規定→五一・一〇二⑤⑥・二一一　❷【錯誤→民九五、消費契約四①②【詐欺・強迫→民九六、消費契約四①―④・七②、特定商取引九―九の三・一五の三・二四―二四の三・二六②

（株式交付子会社の株式の譲渡しに関する規定の準用）

第七七四条の九 第七百七十四条の四から前条まで〈株式交付子会社の株式の譲渡しの申込み、株式の割当て、株式の譲渡しの申込み及び株式の割当てに関する特則、株式の譲渡しの無効又は取消しの制限〉の規定は、第七百七十四条の三第一項第七号に規定する場合における株式交付子会社の新株予約権等の譲渡しについて準用する。この場合において、第七百七十四条の四第二項第二号中「数（株式交付子会社が種類株式発行会社である場合にあっては、株式の種類及び種類ごとの数）」とあるのは「内容及び数」と、第七百七十四条の五第一項中「数（株式交付子会社が種類株式発行会社である場合にあっては、株式の種類ごとの数。以下この条において同じ。）」とあるのは「数」と、「申込者に割り当てる当該株式の数の合計が第七百七十四条の三第一項第二号の下限の数を下回らない範囲内で、当該株式」とあるのは「当該新株予約権等」と、前条第二項中「第七百七十四条の十一第二項」とあるのは「第七百七十四条の十一第四項第一号」と読み替えるものとする。

＊【新株予約権等→七七四の三①七

（申込みがあった株式交付子会社の株式の数が下限の数に満たない場合）

第七七四条の一〇 第七百七十四条の五及び第七百七十四条の七（第一項第二号に係る部分を除く。）（これらの規定を前条において準用する場合を含む。）の規定は、第七百七十四条の三第一項第十号の期日において、申込者が譲渡しの申込みをした株式交付子会社の株式の総数が同項第二号の下限の数に満たない場合には、適用しない。この場合においては、株式交付親会社は、申込者に対し、遅滞なく、株式交付をしない旨を通知しなければならない。

＊【譲渡しの申込み→七七四の四

（株式交付の効力の発生等）

第七七四条の一一① 株式交付親会社は、効力発生日に、第七百七十四条の七第二項（第七百七十四条の九において準用する場合を含む。）の規定による給付を受けた株式交付子会社の株式及び新株予約権等を譲り受ける。

② 第七百七十四条の七第二項の規定による給付をした株式交付子会社の株式の譲渡人は、効力発生日に、第七百七十四条の三第一項第四号に掲げる事項についての定めに従い、同項第三号の株式交付親会社の株式の株主となる。

③ 次の各号に掲げる場合には、第七百七十四条の七第二項の規定による給付をした株式交付子会社の株式の譲渡人は、効力発生日に、第七百七十四条の三第一項第六号に掲げる事項についての定めに従い、当該各号に定める者となる。

一　第七百七十四条の三第一項第五号イに掲げる事項についての定めがある場合　同号イの社債の社債権者

二　第七百七十四条の三第一項第五号ロに掲げる事項についての定めがある場合　同号ロの新株予約権の新株予約権者

三　第七百七十四条の三第一項第五号ハに掲げる事項についての定めがある場合　同号ハの新株予約権付社債についての社債の社債権者及び当該新株予約権付社債に付された新株予約権の新株予約権者

④ 次の各号に掲げる場合には、第七百七十四条の七第二項（第七百七十四条の九において準用する場合を含む。）の規定による給付をした株式交付子会社の新株予約権等の譲渡人は、効力発生日に、第七百七十四条の三第一項第九号に掲げる事項についての定めに従い、当該各号に定める者となる。

一　第七百七十四条の三第一項第八号イに掲げる事項についての定めがある場合　同号イの株式の株主

二　第七百七十四条の三第一項第八号ロに掲げる事項についての定めがある場合　同号ロの社債の社債権者

三　第七百七十四条の三第一項第八号ハに掲げる事項についての定めがある場合　同号ハの新株予約権の新株予約権者

四　第七百七十四条の三第一項第八号ニに掲げる事項についての定めがある場合　同号ニの新株予約権付社債についての社債の社債権者及び当該新株予約権付社債に付された新株予約権の新株予約権者

⑤ 前各項の規定は、次に掲げる場合には、適用しない。

一　効力発生日において第八百十六条の八の規定による手続が終了していない場合

二　株式交付を中止した場合

三　効力発生日において株式交付親会社が第七百七十四条の七第二項の規定による給付を受けた株式交付子会社の株式の総数が第七百七十四条の三第一項第二号の下限の数に満たない場合

四　効力発生日において第二項の規定により第七百七

十四条の三第一項第三号の株式交付親会社の株式の株主となる者がない場合
⑥ 前項各号に掲げる場合には、株式交付親会社は、第七百七十四条の七第一項各号（第七百七十四条の九において準用する場合を含む。）に掲げる者に対し、遅滞なく、株式交付をしない旨を通知しなければならない。この場合において、第七百七十四条の七第二項（第七百七十四条の九において準用する場合を含む。）の規定による給付を受けた株式交付子会社の株式又は新株予約権等があるときは、株式交付親会社は、遅滞なく、これらをその譲渡人に返還しなければならない。

∞+【効力発生日↓七七四の三①[十一] ❶【親会社・子会社↓二[三][四]【株式の移転の原則↓一二八① ❷【一に満たない端数の処理↓二三四①[九] ❸[二]【社債権者となる時期↓七四五④∞[二][三]【新株予約権者↓二四五①・二三八①[四]・二九二 ❹【新株予約権の消滅↓七四四①[七][八]∞【新株予約権者↓二四五①・二三八①[四]【新株予約権の質入れの効果↓二七二①[七] ❺【効力発生日↓七七四の三①[十一]【効力発生障害事由↓七四五⑥∞ ❻【新株予約権等↓七七四の三①[七]

第五章 組織変更、合併、会社分割、株式交換、株式移転及び株式交付の手続

第一節 組織変更の手続

第一款 株式会社の手続

（組織変更計画に関する書面等の備置き及び閲覧等）

第七七五条① 組織変更をする株式会社は、組織変更計画備置開始日から組織変更がその効力を生ずる日（以下この節において「効力発生日」という。）までの間、組織変更計画の内容その他法務省令で定める事項を記載し、又は記録した書面又は電磁的記録をその本店に備え置かなければならない。

② 前項に規定する「組織変更計画備置開始日」とは、次に掲げる日のいずれか早い日をいう。

一 組織変更計画について組織変更をする株式会社の総株主の同意を得た日

二 組織変更をする株式会社が新株予約権を発行しているときは、第七百七十七条第三項の規定による通知の日又は同条第四項の公告の日のいずれか早い日

三 第七百七十九条第二項の規定による公告の日又は同項の規定による催告の日のいずれか早い日

③ 組織変更をする株式会社の株主及び債権者は、当該株式会社に対して、その営業時間内は、いつでも、次に掲げる請求をすることができる。ただし、第二号又は第四号に掲げる請求をするには、当該株式会社の定めた費用を支払わなければならない。

一 第一項の書面の閲覧の請求

二 第一項の書面の謄本又は抄本の交付の請求

三 第一項の電磁的記録に記録された事項を法務省令で定める方法により表示したものの閲覧の請求

四 第一項の電磁的記録に記録された事項を電磁的方法であって株式会社の定めたものにより提供することの請求又はその事項を記載した書面の交付の請求

∞+【組織変更↓七四三∞【組織変更計画↓七四四∞ ❶【効力発生日↓七四四①[九]∞【電磁的記録↓二六②【本店↓二七[三]【省令で定める事項↓会社則一八〇【その他の書類の公示↓七八二・七九一・七九四・八〇一・八〇三・八一一・八一五【備置義務懈怠の制裁↓九七六[八] ❷[一]【組織変更計画の同意↓七七六①[二][三]【公告方法↓二[三十三]・九三九① ❸【違反に対する制裁↓九七六[四]【取締役の責任↓四二三①[三]【省令で定める方法↓会社則二二六[三][四]【電磁的記録↓二六②[四]【電磁的方法↓二[三十四]

（株式会社の組織変更計画の承認等）

第七七六条① 組織変更をする株式会社は、効力発生日の前日までに、組織変更計画について当該株式会社の総株主の同意を得なければならない。

② 組織変更をする株式会社は、効力発生日の二十日前までに、その登録株式質権者及び登録新株予約権質権者に対し、組織変更をする旨を通知しなければならない。

③ 前項の規定による通知は、公告をもってこれに代えることができる。

∞+【組織変更↓七四三∞【効力発生日↓七四四①[九]∞ ❶【総株主の同意↓七八三②・八〇四②【総社員の同意↓七八一①・八〇二①・八一三① ❸【公告方法↓二[三十三]・九三九【通知に代わる公告↓七七七④・七八三⑥・七八五④・七八七④・七九七④・八〇六④・八〇八④【違反に対する制裁↓九七六[三]

（新株予約権買取請求）

第七七七条① 組織変更をする場合には、組織変更をする株式会社の新株予約権の新株予約権者は、当該株式会社に対し、自己の有する新株予約権を公正な価格で買い取ることを請求することができる。

② 新株予約権付社債に付された新株予約権の新株予約権者は、前項の規定による請求（以下この款において「新株予約権買取請求」という。）をするときは、併せて、新株予約権付社債についての社債を買い取ることを請求しなければならない。ただし、当該新株予約権付社債に付された新株予約権について別段の定めがある場合は、この限りでない。

③ 組織変更をしようとする株式会社は、効力発生日の二十日前までに、その新株予約権の新株予約権者に対し、組織変更をする旨を通知しなければならない。

④ 前項の規定による通知は、公告をもってこれに代えることができる。

⑤ 新株予約権買取請求は、効力発生日の二十日前の日から効力発生日の前日までの間に、その新株予約権買取請求に係る新株予約権の内容及び数を明らかにしてしなければならない。

⑥ 新株予約権証券が発行されている新株予約権について新株予約権買取請求をしようとするときは、当該新株予約権の新株予約権者は、組織変更をする株式会社に対し、その新株予約権証券を提出しなければならない。ただし、当該新株予約権証券について非訟事件手続法第百十四条に規定する公示催告の申立てをした者については、この限りでない。

⑦ 新株予約権付社債券が発行されている新株予約権付社債に付された新株予約権について新株予約権買取請求をしようとするときは、当該新株予約権の新株予約権者は、組織変更をする株式会社に対し、その新株予

約権付社債券を提出しなければならない。ただし、当該新株予約権付社債券について非訟事件手続法第百十四条に規定する公示催告の申立てをした者については、この限りでない。

⑧ 新株予約権買取請求をした新株予約権者は、組織変更をする株式会社の承諾を得た場合に限り、その新株予約権買取請求を撤回することができる。

⑨ 組織変更を中止したときは、新株予約権買取請求は、その効力を失う。

⑩ 第二百六十条の規定は、新株予約権買取請求に係る新株予約権については、適用しない。

+【組織変更→七四三】【新株予約権→二［二十一］】❶【新株予約権買取請求→一一八①・七七八・七八七①・八〇八①】【株式買取請求→一一六①・七八五①・七九七①・八〇六①】❷【新株予約権付社債→二［二十二］】【別段の定め→二三八①［七］】❸【新株予約権者への通知→二五三】❹【公告→二［三十三］・九三九】【通知に代わる公告→七七六③】❸❹【違反に対する制裁→九七六［三］】❻【新株予約権買取請求と新株予約権証券提出義務→一一八⑥・七八七⑥・八〇八⑥】❼【新株予約権買取請求と新株予約権付社債券提出義務→一一八⑦・七八七⑦・八〇八⑦】❽【請求の撤回→七八七⑧・七八五⑦・七九七⑦・八〇六⑧・八〇八⑥】【適用除外→七七八③】

（新株予約権の価格の決定等）

第七七八条① 新株予約権買取請求があった場合において、新株予約権（当該新株予約権が新株予約権付社債に付されたものである場合において、当該新株予約権付社債についての社債の買取りの請求があったときは、当該社債を含む。以下この条において同じ。）の価格の決定について、新株予約権者と組織変更をする株式会社（効力発生日後にあっては、組織変更後持分会社。以下この条において同じ。）との間に協議が調ったときは、当該株式会社は、効力発生日から六十日以内にその支払をしなければならない。

② 新株予約権の価格の決定について、効力発生日から三十日以内に協議が調わないときは、新株予約権者又は組織変更後持分会社は、その期間の満了の日後三十日以内に、裁判所に対し、価格の決定の申立てをすることができる。

③ 前条第八項の規定にかかわらず、前項に規定する場合において、効力発生日から六十日以内に同項の申立てがないときは、その期間の満了後は、新株予約権者は、いつでも、新株予約権買取請求を撤回することができる。

④ 組織変更後持分会社は、裁判所の決定した価格に対する第一項の期間の満了の日後の法定利率による利息をも支払わなければならない。

⑤ 組織変更をする株式会社は、新株予約権の価格の決定があるまでは、新株予約権者に対し、当該株式会社が公正な価格と認める額を支払うことができる。

⑥ 新株予約権買取請求に係る新株予約権の買取りは、効力発生日に、その効力を生ずる。

⑦ 組織変更をする株式会社は、新株予約権証券が発行されている新株予約権について新株予約権買取請求があったときは、新株予約権証券と引換えに、その新株予約権買取請求に係る新株予約権の代金を支払わなければならない。

⑧ 組織変更をする株式会社は、新株予約権付社債券が発行されている新株予約権付社債に付された新株予約権について新株予約権買取請求があったときは、新株予約権付社債券と引換えに、その新株予約権買取請求に係る新株予約権の代金を支払わなければならない。

❶【新株予約権買取請求→七七七②】❶―❸❻【効力発生日→七四四①［九］】❷【裁判所→八六八①・八七〇②［三］】❷❹【裁判所による価格の決定→八七一―八七四】❺【新株予約権の買取価格の前払→一一九⑤・七八八⑤・八〇九⑤】❼【新株予約権証券→二八八―二九一】❽【新株予約権付社債券→二九二】

（債権者の異議）

第七七九条① 組織変更をする株式会社の債権者は、当該株式会社に対し、組織変更について異議を述べることができる。

② 組織変更をする株式会社は、次に掲げる事項を官報に公告し、かつ、知れている債権者には、各別にこれを催告しなければならない。ただし、第三号の期間は、一箇月を下ることができない。

一 組織変更をする旨

二 組織変更をする株式会社の計算書類（第四百三十五条第二項に規定する計算書類をいう。以下この章において同じ。）に関する事項として法務省令で定めるもの

三 債権者が一定の期間内に異議を述べることができる旨

③ 前項の規定にかかわらず、組織変更をする株式会社が同項の規定による公告を、官報のほか、第九百三十九条第一項の規定による定款の定めに従い、同項第二号又は第三号に掲げる公告方法によりするときは、前項の規定による各別の催告は、することを要しない。

④ 債権者が第二項第三号の期間内に異議を述べなかったときは、当該債権者は、当該組織変更について承認をしたものとみなす。

⑤ 債権者が第二項第三号の期間内に異議を述べたときは、組織変更をする株式会社は、当該債権者に対し、弁済し、若しくは相当の担保を提供し、又は当該債権者に弁済を受けさせることを目的として信託会社等に相当の財産を信託しなければならない。ただし、当該組織変更をしても当該債権者を害するおそれがないときは、この限りでない。

+【登記申請書への添付→商登七七［三］】【類似の制度→七八九・七九九・八一〇】【組織変更に関する特例→会更二一九】❶【異議債権者の保護→八二八②［六］】【債権者の異議手続の特則→七四〇①②】❷【公告→九三九】【違反に対する制裁→九七六［二］［二十六］】【各別の催告を受けなかった債権者への効果→七四五⑥】【省令で定めるもの→会社則一八一】❸【株式会社の定款記載・記録→九三九①・二九】【各別の催告が不要な場合→七八九③・七九九③・八一〇③】❺【違反に対する制裁→九七六［二十六］】

（組織変更の効力発生日の変更）

第七八〇条① 組織変更をする株式会社は、効力発生日を変更することができる。

② 前項の場合には、組織変更をする株式会社は、変更前の効力発生日（変更後の効力発生日が変更前の効力発生日前の日である場合にあっては、当該変更後の効

力発生日）の前日までに、変更後の効力発生日を公告しなければならない。

③　第一項の規定により効力発生日を変更したときは、変更後の効力発生日を効力発生日とみなして、この款及び第七百四十五条の規定を適用する。

参+【効力発生日→七四四①[九]参❶【効力発生日の変更→七九〇 ❷【公告→九三九【違反に対する制裁→九七六[三]

第二款　持分会社の手続

第七八一条①　組織変更をする持分会社は、効力発生日の前日までに、組織変更計画について当該持分会社の総社員の同意を得なければならない。ただし、定款に別段の定めがある場合は、この限りでない。

②　第七百七十九条（第二項第二号を除く。）（債権者の異議）及び前条の規定は、組織変更をする持分会社について準用する。この場合において、第七百七十九条第三項中「組織変更をする株式会社」とあるのは「組織変更をする持分会社（合同会社に限る。）」と、前条第三項中「及び第七百四十五条」とあるのは「並びに第七百四十七条及び次条第一項」と読み替えるものとする。

参+【効力発生日→七四四①[九]参【組織変更計画→七四三参❶【総社員の同意→七七六①参❷【債権者の異議手続の特則→七四〇①②【違反に対する制裁→九七六[二十六]

第二節　吸収合併等の手続

第一款　吸収合併消滅会社、吸収分割会社及び株式交換完全子会社の手続

第一目　株式会社の手続

（吸収合併契約等に関する書面等の備置き及び閲覧等）

第七八二条①　次の各号に掲げる株式会社（以下この目において「消滅株式会社等」という。）は、吸収合併契約等備置開始日から吸収合併、吸収分割又は株式交換（以下この節において「吸収合併等」という。）がその効力を生ずる日（以下この節において「効力発生日」という。）後六箇月を経過する日（吸収合併消滅株式会社にあっては、効力発生日）までの間、当該各号に定めるもの（以下この節において「吸収合併契約等」という。）の内容その他法務省令で定める事項を記載し、又は記録した書面又は電磁的記録をその本店に備え置かなければならない。

一　吸収合併消滅株式会社　吸収合併契約

二　吸収分割株式会社　吸収分割契約

三　株式交換完全子会社　株式交換契約

②　前項に規定する「吸収合併契約等備置開始日」とは、次に掲げる日のいずれか早い日をいう。

一　吸収合併契約等について株主総会（種類株主総会を含む。）の決議によってその承認を受けなければならないときは、当該株主総会の日の二週間前の日（第三百十九条第一項の場合にあっては、同項の提案があった日）

二　第七百八十五条第三項の規定による通知を受けるべき株主があるときは、同項の規定による通知の日又は同条第四項の公告の日のいずれか早い日

三　第七百八十七条第三項の規定による通知を受けるべき新株予約権者があるときは、同項の規定による通知の日又は同条第四項の公告の日のいずれか早い日

四　第七百八十九条の規定による手続をしなければならないときは、同条第二項の規定による公告の日又は同項の規定による催告の日のいずれか早い日

五　前各号に規定する場合以外の場合には、吸収分割契約又は株式交換契約の締結の日から二週間を経過した日

③　消滅株式会社等の株主及び債権者（株式交換完全子会社にあっては、株主及び新株予約権者）は、消滅株式会社等に対して、その営業時間内は、いつでも、次に掲げる請求をすることができる。ただし、第二号又は第四号に掲げる請求をするには、当該消滅株式会社等の定めた費用を支払わなければならない。

一　第一項の書面の閲覧の請求

二　第一項の書面の謄本又は抄本の交付の請求

三　第一項の電磁的記録に記録された事項を法務省令で定める方法により表示したものの閲覧の請求

四　第一項の電磁的記録に記録された事項を電磁的方法であって消滅株式会社等の定めたものにより提供することの請求又はその事項を記載した書面の交付の請求

参❶【効力発生日→七四四①[九]参【電磁的記録→二六②【省令で定める事項→会社則一八二―一八四【本店→二七[三]【違反に対する制裁→九七六[七][四]　【一】【吸収合併→二[二十七]　【二】【吸収分割→二[二十九]　【三】【株式交換→二[三十一]【子会社→二[三]　【二】―【四】❷【一】【株主総会の決議→七八三①、三〇九②[十二]③　【三】【新株予約権者への通知→二五三【公告→九三九　❸【違反に対する制裁→九七六[四]【取締役の責任→四二三①【省令で定める方法→会社則二二六　【三】【四】【電磁的記録→二六②【四】【電磁的方法→二[三十四]

（吸収合併契約等の承認等）

第七八三条①　消滅株式会社等は、効力発生日の前日までに、株主総会の決議によって、吸収合併契約等の承認を受けなければならない。

②　前項の規定にかかわらず、吸収合併消滅株式会社又は株式交換完全子会社が種類株式発行会社でない場合において、吸収合併消滅株式会社又は株式交換完全子会社の株主に対して交付する金銭等（以下この条及び次条第一項において「合併対価等」という。）の全部又は一部が持分等（持分会社の持分その他これに準ずるものとして法務省令で定めるものをいう。以下この条において同じ。）であるときは、吸収合併契約又は株式交換契約について吸収合併消滅株式会社又は株式交換完全子会社の総株主の同意を得なければならない。

③　吸収合併消滅株式会社又は株式交換完全子会社が種類株式発行会社である場合において、合併対価等の全部又は一部が譲渡制限株式等（譲渡制限株式その他これに準ずるものとして法務省令で定めるものをいう。以下この章において同じ。）であるときは、吸収合併又は株式交換は、当該譲渡制限株式等の割当てを受ける

種類の株式（譲渡制限株式を除く。）の種類株主を構成員とする種類株主総会（当該種類株主に係る株式の種類が二以上ある場合にあっては、当該二以上の株式の種類別に区分された種類株主を構成員とする各種類株主総会）の決議がなければ、その効力を生じない。ただし、当該種類株主総会において議決権を行使することができる株主が存しない場合は、この限りでない。

④ 吸収合併消滅株式会社又は株式交換完全子会社が種類株式発行会社である場合において、合併対価等の全部又は一部が持分等であるときは、吸収合併又は株式交換は、当該持分等の割当てを受ける種類の株主の全員の同意がなければ、その効力を生じない。

⑤ 消滅株式会社等は、効力発生日の二十日前までに、その登録株式質権者（次条第二項に規定する場合における登録株式質権者を除く。）及び第七百八十七条第三項各号に定める新株予約権の登録新株予約権質権者に対し、吸収合併等をする旨を通知しなければならない。

⑥ 前項の規定による通知は、公告をもってこれに代えることができる。

❶❺【効力発生日↓七四四①九】 ❶【株主総会の決議↓三〇九②十二③【簡易組織再編↓七八四②【略式組織再編↓七八四① ❷【株式・持分に代わる対価↓七四四①五】【省令で定めるもの↓会社則一八五【総株主の同意↓七七六①】【株式買取請求権の否定↓七八五①一 ❸【種類株式発行会社↓二十三【種類株主総会↓二十四・三二四③二【譲渡制限株式↓二十七【省令で定めるもの↓会社則一八六 ❹【株式買取請求権の否定↓七八五①② ❺【登録株式質権者に対する通知↓一五〇【登録新株予約権者に対する通知↓二七一【質権の効力↓一五一①十・二七二①二【違反に対する制裁↓九七六二 ❻【通知に代わる公告↓七七六③

（吸収合併契約等の承認を要しない場合）

第七八四条① 前条第一項の規定は、吸収合併存続会社、吸収分割承継会社又は株式交換完全親会社（以下この目において「存続会社等」という。）が消滅株式会社等の特別支配会社である場合には、適用しない。ただし、吸収合併又は株式交換における合併対価等の全部又は一部が譲渡制限株式等である場合であって、消滅株式会社等が公開会社であり、かつ、種類株式発行会社でないときは、この限りでない。

② 前条の規定は、吸収分割により吸収分割承継会社に承継させる資産の帳簿価額の合計額が吸収分割株式会社の総資産額として法務省令で定める方法により算定される額の五分の一（これを下回る割合を吸収分割株式会社の定款で定めた場合にあっては、その割合）を超えない場合には、適用しない。

【総会決議の不要な場合↓四六八①・七九六① ❶【登記申請書の添付書類↓商登八〇六【特別支配会社↓四六八①【譲渡制限株式↓二十七【公開会社↓二五【種類株式発行会社↓二十三【譲渡制限会社における特例↓七九六①但 ❷【登録株式質権者への通知の不安↓七八三⑤【株式買取請求権の否定↓七八五①二【消滅株式会社等における簡易吸収合併等↓七九六②・八〇五・四六八②【省令で定める方法↓会社則一八七

（吸収合併等をやめることの請求）

第七八四条の二 次に掲げる場合において、消滅株式会社等の株主が不利益を受けるおそれがあるときは、消滅株式会社等の株主は、消滅株式会社等に対し、吸収合併等をやめることを請求することができる。ただし、前条第二項に規定する場合は、この限りでない。

一 当該吸収合併等が法令又は定款に違反する場合

二 前条第一項本文に規定する場合において、第七百四十九条第一項第二号若しくは第三号、第七百五十一条第一項第三号若しくは第四号、第七百五十八条第四号、第七百六十条第四号若しくは第五号、第七百六十八条第一項第二号若しくは第三号又は第七百七十条第一項第三号若しくは第四号に掲げる事項が消滅株式会社等又は存続会社等の財産の状況その他の事情に照らして著しく不当であるとき。

民保二三②、一七一の三・一七九の七・一八二の三・二一〇・三六〇・七九六の二・八〇五の二【濫用株主等に対する制裁↓九六八①二②

（反対株主の株式買取請求）

第七八五条① 吸収合併等をする場合（次に掲げる場合を除く。）には、反対株主は、消滅株式会社等に対し、自己の有する株式を公正な価格で買い取ることを請求することができる。

一 第七百八十三条第二項に規定する場合

二 第七百八十四条第二項に規定する場合

② 前項に規定する「反対株主」とは、次の各号に掲げる場合における当該各号に定める株主（第七百八十三条第四項に規定する場合における同項に規定する持分等の割当てを受ける株主を除く。）をいう。

一 吸収合併等をするために株主総会（種類株主総会を含む。）の決議を要する場合 次に掲げる株主

イ 当該株主総会に先立って当該吸収合併等に反対する旨を当該消滅株式会社等に対し通知し、かつ、当該株主総会において当該吸収合併等に反対した株主（当該株主総会において議決権を行使することができるものに限る。）

ロ 当該株主総会において議決権を行使することができない株主

二 前号に規定する場合以外の場合 全ての株主（第七百八十四条第一項本文に規定する場合における当該特別支配会社を除く。）

③ 消滅株式会社等は、効力発生日の二十日前までに、その株主（第七百八十三条第四項に規定する持分等の割当てを受ける株主及び第七百八十四条第一項本文に規定する場合における当該特別支配会社を除く。）に対し、吸収合併等をする旨並びに存続会社等の商号及び住所を通知しなければならない。ただし、第一項各号に掲げる場合は、この限りでない。

④ 次に掲げる場合には、前項の規定による通知は、公告をもってこれに代えることができる。

一 消滅株式会社等が公開会社である場合

二 消滅株式会社等が第七百八十三条第一項の株主総会の決議によって吸収合併契約等の承認を受けた場合

⑤ 第一項の規定による請求（以下この目において「株

式買取請求」という。）は、効力発生日の二十日前の日から効力発生日の前日までの間に、その株式買取請求に係る株式の数（種類株式発行会社にあっては、株式の種類及び種類ごとの数）を明らかにしてしなければならない。

⑥ 株券が発行されている株式について株式買取請求をしようとするときは、当該株式の株主は、消滅株式会社等に対し、当該株式に係る株券を提出しなければならない。ただし、当該株券について第二百二十三条の規定による請求をした者については、この限りでない。

⑦ 株式買取請求をした株主は、消滅株式会社等の承諾を得た場合に限り、その株式買取請求を撤回することができる。

⑧ 吸収合併等を中止したときは、株式買取請求は、その効力を失う。

⑨ 第百三十三条の規定は、株式買取請求に係る株式については、適用しない。

⊛⁺【類似の手続↓一一六・一七二・一七九の八・一八二の四・四六九・七九七・八〇六　❷【二】【株主総会・種類株主総会を要する場合↓七八三①・一一六⊛　❸【効力発生日↓七四四①[九]⊛【株主に対する通知↓一一六　❹【公告↓九三九【通知に代わる公告↓七七六③⊛　【二】【公開会社↓二[五]　❸❹【違反に対する制裁↓九七六[三]　❺【種類株式発行会社↓二[十三]　❻【株式買取請求時の株券提出義務↓一一六⑥・一八二の四⑤・四六九⑥・七九七⑥・八〇六⑥　❼【請求の撤回↓七七七⑧・七八七⑧・七九七⑦・八〇六⑧【適用除外↓七八六③

◇→◘【Ⅱ　反対株主の株式買取請求権】［五編名の後］[判]

（株式の価格の決定等）

第七八六条① 株式買取請求があった場合において、株式の価格の決定について、株主と消滅株式会社等（吸収合併をする場合における効力発生日後にあっては、吸収合併存続会社。以下この条において同じ。）との間に協議が調ったときは、消滅株式会社等は、効力発生日から六十日以内にその支払をしなければならない。

② 株式の価格の決定について、効力発生日から三十日以内に協議が調わないときは、株主又は消滅株式会社等は、その期間の満了の日後三十日以内に、裁判所に対し、価格の決定の申立てをすることができる。

③ 前条第七項の規定にかかわらず、前項に規定する場合において、効力発生日から六十日以内に同項の申立てがないときは、その期間の満了後は、株主は、いつでも、株式買取請求を撤回することができる。

④ 消滅株式会社等は、裁判所の決定した価格に対する第一項の期間の満了の日後の法定利率による利息をも支払わなければならない。

⑤ 消滅株式会社等は、株式の価格の決定があるまでは、株主に対し、当該消滅株式会社等が公正な価格と認める額を支払うことができる。

⑥ 株式買取請求に係る株式の買取りは、効力発生日に、その効力を生ずる。

⑦ 株券発行会社は、株券が発行されている株式について株式買取請求があったときは、株券と引換えに、その株式買取請求に係る株式の代金を支払わなければならない。

⊛❶【株式買取請求↓七八五⑤　❷【効力発生日↓七四四①[九]⊛【裁判所↓八六八①・八七〇②[二]　❹【裁判所による価格の決定↓八七一―八七四　❺【株式買取価格等の前払↓一一七⑤・一七二⑤・一八二の五・四七〇⑤・七九八⑤・八〇七⑤　❼【株券発行会社↓二一四⊛

◇→◘【Ⅱ　反対株主の株式買取請求権】［五編名の後］[判]

（新株予約権買取請求）

第七八七条① 次の各号に掲げる行為をする場合には、当該各号に定める消滅株式会社等の新株予約権の新株予約権者は、消滅株式会社等に対し、自己の有する新株予約権を公正な価格で買い取ることを請求することができる。

一 吸収合併　第七百四十九条第一項第四号又は第五号に掲げる事項についての定めが第二百三十六条第一項第八号の条件（同号イに関するものに限る。）に合致する新株予約権以外の新株予約権

二 吸収分割（吸収分割承継会社が株式会社である場合に限る。）　次に掲げる新株予約権のうち、第七百五十八条第五号又は第六号に掲げる事項についての定めが第二百三十六条第一項第八号の条件（同号ロに関するものに限る。）に合致する新株予約権以外の新株予約権

イ 吸収分割契約新株予約権

ロ 吸収分割契約新株予約権以外の新株予約権であって、吸収分割をする場合において当該新株予約権の新株予約権者に吸収分割承継株式会社の新株予約権を交付することとする旨の定めがあるもの

三 株式交換（株式交換完全親会社が株式会社である場合に限る。）　次に掲げる新株予約権のうち、第七百六十八条第一項第四号又は第五号に掲げる事項についての定めが第二百三十六条第一項第八号の条件（同号ニに関するものに限る。）に合致する新株予約権以外の新株予約権

イ 株式交換契約新株予約権

ロ 株式交換契約新株予約権以外の新株予約権であって、株式交換をする場合において当該新株予約権の新株予約権者に株式交換完全親株式会社の新株予約権を交付することとする旨の定めがあるもの

② 新株予約権付社債に付された新株予約権の新株予約権者は、前項の規定による請求（以下この目において「新株予約権買取請求」という。）をするときは、併せて、新株予約権付社債についての社債を買い取ることを請求しなければならない。ただし、当該新株予約権付社債に付された新株予約権について別段の定めがある場合は、この限りでない。

③ 次の各号に掲げる消滅株式会社等は、効力発生日の二十日前までに、当該各号に定める新株予約権の新株予約権者に対し、吸収合併等をする旨並びに存続会社

等の商号及び住所を通知しなければならない。
一　吸収合併消滅株式会社　全部の新株予約権
二　吸収分割承継会社が株式会社である場合における吸収分割株式会社　次に掲げる新株予約権
イ　吸収分割契約新株予約権
ロ　吸収分割契約新株予約権以外の新株予約権であって、吸収分割をする場合において当該新株予約権の新株予約権者に吸収分割承継株式会社の新株予約権を交付することとする旨の定めがあるもの
三　株式交換完全親会社が株式会社である場合における株式交換完全子会社　次に掲げる新株予約権
イ　株式交換契約新株予約権
ロ　株式交換契約新株予約権以外の新株予約権であって、株式交換をする場合において当該新株予約権の新株予約権者に株式交換完全親株式会社の新株予約権を交付することとする旨の定めがあるもの

④　前項の規定による通知は、公告をもってこれに代えることができる。

⑤　新株予約権買取請求は、効力発生日の二十日前の日から効力発生日の前日までの間に、その新株予約権買取請求に係る新株予約権の内容及び数を明らかにしなければならない。

⑥　新株予約権証券が発行されている新株予約権について新株予約権買取請求をしようとするときは、当該新株予約権の新株予約権者は、消滅株式会社等に対し、その新株予約権証券を提出しなければならない。ただし、当該新株予約権証券について非訟事件手続法第百十四条に規定する公示催告の申立てをした者については、この限りでない。

⑦　新株予約権付社債券が発行されている新株予約権付社債に付された新株予約権について新株予約権買取請求をしようとするときは、当該新株予約権の新株予約権付社債権者は、消滅株式会社等に対し、その新株予約権付社債券を提出しなければならない。ただし、当該新株予約権付社債券について非訟事件手続法第百十四条に規定する公示催告の申立てをした者については、この限りでない。

⑧　新株予約権買取請求をした新株予約権者は、消滅株式会社等の承諾を得た場合に限り、その新株予約権買取請求を撤回することができる。

⑨　吸収合併等を中止したときは、新株予約権買取請求は、その効力を失う。

⑩　第二百六十条の規定は、新株予約権買取請求に係る新株予約権については、適用しない。

§+【新株予約権買取請求↓七七七・七七八・七八八・八〇八・八〇九　❶【新株予約権↓二㉑　【効力発生↓七八八⑥　【二】【吸収分割契約新株予約権↓七五八㊄イ　【三】【株式交換契約新株予約権↓七六八①㊃イ　❷【新株予約権付社債↓二㉒　【別段の定め↓二三八①㊆　❸【新株予約権者への通知↓二五三【登録新株予約権者への通知↓七八三⑤　❹【公告↓九三九【通知に代わる公告↓七七六③§　❸❹【違反に対する制裁↓九七六㊁　❻【新株予約権買取請求と新株予約権証券提出義務↓一一八⑥・七七七⑥・八〇八⑥　❼【新株予約権買取請求と新株予約権付社債券提出義務↓一一八⑦・七七七⑦・八〇八⑦　❽【適用除外↓七八八③

第七八八条（新株予約権の価格の決定等）

①　新株予約権買取請求があった場合において、新株予約権（当該新株予約権が新株予約権付社債に付されたものである場合において、当該新株予約権付社債についての社債の買取りの請求があったときは、当該社債を含む。以下この条において同じ。）の価格の決定について、新株予約権者と消滅株式会社等（吸収合併をする場合における効力発生日後にあっては、吸収合併存続会社。以下この条において同じ。）との間に協議が調ったときは、消滅株式会社等は、効力発生日から六十日以内にその支払をしなければならない。

②　新株予約権の価格の決定について、効力発生日から三十日以内に協議が調わないときは、新株予約権者又は消滅株式会社等は、その期間の満了の日後三十日以内に、裁判所に対し、価格の決定の申立てをすることができる。

③　前条第八項の規定にかかわらず、前項に規定する場合において、効力発生日から六十日以内に同項の申立てがないときは、その期間の満了後は、新株予約権者は、いつでも、新株予約権買取請求を撤回することができる。

④　消滅株式会社等は、裁判所の決定した価格に対する第一項の期間の満了の日後の法定利率による利息をも支払わなければならない。

⑤　消滅株式会社等は、新株予約権の価格の決定があるまでは、新株予約権者に対し、当該消滅株式会社等が公正な価格と認める額を支払うことができる。

⑥　新株予約権買取請求に係る新株予約権の買取りは、効力発生日に、その効力を生ずる。

⑦　消滅株式会社等は、新株予約権証券が発行されている新株予約権について新株予約権買取請求があったときは、新株予約権証券と引換えに、その新株予約権買取請求に係る新株予約権の代金を支払わなければならない。

⑧　消滅株式会社等は、新株予約権付社債券が発行されている新株予約権付社債に付された新株予約権について新株予約権買取請求があったときは、新株予約権付社債券と引換えに、その新株予約権買取請求に係る新株予約権の代金を支払わなければならない。

§❶【新株予約権買取請求↓七八七②　❷【裁判所↓八六八①・八七〇②㊁　❶―❸【効力発生日↓七四四①㊈§　❹【裁判所による価格の決定↓八七一―八七四　❺【新株予約権の買取価格の前払↓一一九⑤・七七八⑤・八〇九⑤　❼【新株予約権証券↓二八八―二九一　❽【新株予約権付社債券↓二九二

第七八九条（債権者の異議）

①　次の各号に掲げる場合には、当該各号に定める債権者は、消滅株式会社等に対し、吸収合併等について異議を述べることができる。
一　吸収合併をする場合　吸収合併消滅株式会社の債権者
二　吸収分割をする場合　吸収分割後吸収分割株式会

社に対して債務の履行（当該債務の保証人として吸収分割承継会社と連帯して負担する保証債務の履行を含む。）を請求することができない吸収分割株式会社の債権者（第七百五十八条第八号又は第七百六十条第七号に掲げる事項についての定めがある場合にあっては、吸収分割株式会社の債権者）

三　株式交換契約新株予約権が新株予約権付社債に付された新株予約権である場合　当該新株予約権付社債についての社債権者

② 前項の規定により消滅株式会社等の債権者の全部又は一部が異議を述べることができる場合には、消滅株式会社等は、次に掲げる事項を官報に公告し、かつ、知れている債権者（同項の規定により異議を述べることができるものに限る。）には、各別にこれを催告しなければならない。ただし、第四号の期間は、一箇月を下ることができない。

一　吸収合併等をする旨

二　存続会社等の商号及び住所

三　消滅株式会社等及び存続会社等（株式会社に限る。）の計算書類に関する事項として法務省令で定めるもの

四　債権者が一定の期間内に異議を述べることができる旨

③ 前項の規定にかかわらず、消滅株式会社等が同項の規定による公告を、官報のほか、第九百三十九条第一項の規定による定款の定めに従い、同項第二号又は第三号に掲げる公告方法によりするときは、前項の規定による各別の催告（吸収分割をする場合における不法行為によって生じた吸収分割株式会社の債務の債権者に対するものを除く。）は、することを要しない。

④ 債権者が第二項第四号の期間内に異議を述べなかったときは、当該債権者は、当該吸収合併等について承認をしたものとみなす。

⑤ 債権者が第二項第四号の期間内に異議を述べたときは、消滅株式会社等は、当該債権者に対し、弁済し、若しくは相当の担保を提供し、又は当該債権者に弁済を受けさせることを目的として信託会社等に相当の財産を信託しなければならない。ただし、当該吸収合併等をしても当該債権者を害するおそれがないときは、この限りでない。

⊛【登記申請書への添付→商登八〇四・八五四・八九七【類似の制度→七七九・七九九・八一〇　❶【異議債権者の保護→八二八②七九十二【債権者の異議手続の特則→七四〇①【効力発生条件→七五〇⑥・七五二⑥・七五九⑩・七六一⑩・七六九⑥【吸収分割における履行請求→七五九②③・七六一②③　❷【公告→九三九【違反に対する制裁→九七六二二十六【三】【省令で定めるもの→会社則一八八　❸【株式会社の定款記載・記録→九三九①・二九【各別の催告が不要な場合→七七九③・七九九③・八一〇③　❺【違反に対する制裁→九七六二十六

一　知れている債権者の意義―会社が訴訟で債権の存在を争っている債権者の場合

[1] 知れている債権者とは、債権者が誰か、またどのような原因に基づく請求権かの大体が会社に知られている債権者をいい、訴訟において会社が債権の存在を争っている債権者もそれに該当しないとはいえない。（大判昭7・4・30民集一一・七〇六、会社法百選[四版]七五）

二　知れている債権者の意義―金銭債権者以外の債権者の場合

[2] 知れている債権者とは、その債権者の有する債権が金銭債権のように数額の知れたるものである必要はない。（大判昭10・2・1民集一四・七五……電力供給契約の相手方が債権者かどうか争われた事例）

第七九〇条①（吸収合併等の効力発生日の変更）　消滅株式会社等は、存続会社等との合意により、効力発生日を変更することができる。

② 前項の場合には、消滅株式会社等は、変更前の効力発生日（変更後の効力発生日が変更前の効力発生日前の日である場合にあっては、当該変更後の効力発生日）の前日までに、変更後の効力発生日を公告しなければならない。

③ 第一項の規定により効力発生日を変更したときは、変更後の効力発生日を効力発生日とみなして、この節並びに第七百五十条、第七百五十二条、第七百五十九条、第七百六十一条、第七百六十九条及び第七百七十一条の規定を適用する。

⊛【効力発生日→七四四①九⊛　❶【効力発生日の変更→七八〇　❷【公告→九三九【違反に対する制裁→九七六三

第七九一条①（吸収分割又は株式交換に関する書面等の備置き及び閲覧等）　吸収分割株式会社又は株式交換完全子会社は、効力発生日後遅滞なく、吸収分割承継会社又は株式交換完全親会社と共同して、次の各号に掲げる区分に応じ、当該各号に定めるものを作成しなければならない。

一　吸収分割株式会社　吸収分割により吸収分割承継会社が承継した吸収分割株式会社の権利義務その他の吸収分割に関する事項として法務省令で定める事項を記載し、又は記録した書面又は電磁的記録

二　株式交換完全子会社　株式交換により株式交換完全親会社が取得した株式交換完全子会社の株式の数その他の株式交換に関する事項として法務省令で定める事項を記載し、又は記録した書面又は電磁的記録

② 吸収分割株式会社又は株式交換完全子会社は、効力発生日から六箇月間、前項各号の書面又は電磁的記録をその本店に備え置かなければならない。

③ 吸収分割株式会社の株主、債権者その他の利害関係人は、吸収分割株式会社に対して、その営業時間内は、いつでも、次に掲げる請求をすることができる。ただし、第二号又は第四号に掲げる請求をするには、当該吸収分割株式会社の定めた費用を支払わなければならない。

一　前項の書面の閲覧の請求

二　前項の書面の謄本又は抄本の交付の請求

三　前項の電磁的記録に記録された事項を法務省令で定める方法により表示したものの閲覧の請求

四　前項の電磁的記録に記録された事項を電磁的方法

であって吸収分割株式会社の定めたものにより提供することの請求又はその事項を記載した書面の交付の請求

④　前項の規定は、株式交換完全子会社について準用する。この場合において、同項中「吸収分割株式会社の株主、債権者その他の利害関係人」とあるのは、「効力発生日に株式交換完全子会社の株主又は新株予約権者であった者」と読み替えるものとする。

⚭❶【効力発生日↓七四四①九】⚭【書面等の備置↓八〇一③三】【違反に対する制裁↓九七六七】　[二]【省令で定める事項↓会社則一八九】　[三]【省令で定める事項↓会社則一九〇】　❷【本店↓二七三】【違反に対する制裁↓九七六四】　❸【違反に対する制裁↓九七六四】　[三]【省令で定める方法↓会社則二二六】　❶—❸【電磁的記録↓二六②】

（剰余金の配当等に関する特則）

第七九二条　第四百四十五条第四項、第四百五十八条及び第二編第五章第六節の規定は、次に掲げる行為については、適用しない。

一　第七百五十八条第八号イ又は第七百六十条第七号イの株式の取得

二　第七百五十八条第八号ロ又は第七百六十条第七号ロの剰余金の配当

第二目　持分会社の手続

第七九三条①　次に掲げる行為をする持分会社は、効力発生日の前日までに、吸収合併契約等について当該持分会社の総社員の同意を得なければならない。ただし、定款に別段の定めがある場合は、この限りでない。

一　吸収合併（吸収合併により当該持分会社が消滅する場合に限る。）

二　吸収分割（当該持分会社（合同会社に限る。）がその事業に関して有する権利義務の全部を他の会社に承継させる場合に限る。）

②　第七百八十九条（第一項第三号及び第二項第三号を除く。）〈債権者の異議〉及び第七百九十条〈吸収合併等の効力発生日の変更〉の規定は、吸収合併消滅持分会社又は合同会社である吸収分割会社（以下この節において「吸収分割合同会社」という。）について準用する。この場合において、第七百八十九条第一項第二号中「債権者（第七百五十八条第八号又は第七百六十条第七号に掲げる事項についての定めがある場合にあっては、吸収分割株式会社の債権者）」とあるのは「債権者」と、同条第三項中「消滅株式会社等」とあるのは「吸収合併消滅持分会社（吸収合併存続会社が株式会社又は合同会社である場合にあっては、合同会社に限る。）又は吸収分割合同会社」と読み替えるものとする。

⚭❶【総社員の同意↓七七六①】⚭

第二款　吸収合併存続会社、吸収分割承継会社及び株式交換完全親会社の手続

第一目　株式会社の手続

（吸収合併契約等に関する書面等の備置き及び閲覧等）

第七九四条①　吸収合併存続株式会社、吸収分割承継株式会社又は株式交換完全親株式会社（以下この目において「存続株式会社等」という。）は、吸収合併契約等備置開始日から効力発生日後六箇月を経過する日までの間、吸収合併契約等の内容その他法務省令で定める事項を記載し、又は記録した書面又は電磁的記録をその本店に備え置かなければならない。

②　前項に規定する「吸収合併契約等備置開始日」とは、次に掲げる日のいずれか早い日をいう。

一　吸収合併契約等について株主総会（種類株主総会を含む。）の決議によってその承認を受けなければならないときは、当該株主総会の日の二週間前の日（第三百十九条第一項の場合にあっては、同項の提案があった日）

二　第七百九十七条第三項の規定による通知の日又は同条第四項の公告の日のいずれか早い日

三　第七百九十九条の規定による手続をしなければならないときは、同条第二項の規定による公告の日又は同項の規定による催告の日のいずれか早い日

③　存続株式会社等の株主及び債権者（株式交換完全子会社の株主に対して交付する金銭等が株式交換完全親株式会社の株式その他これに準ずるものとして法務省令で定めるもののみである場合（第七百六十八条第一項第四号ハに規定する場合を除く。）にあっては、株主）は、存続株式会社等に対して、その営業時間内は、いつでも、次に掲げる請求をすることができる。ただし、第二号又は第四号に掲げる請求をするには、当該存続株式会社等の定めた費用を支払わなければならない。

一　第一項の書面の閲覧の請求

二　第一項の書面の謄本又は抄本の交付の請求

三　第一項の電磁的記録に記録された事項を法務省令で定める方法により表示したものの閲覧の請求

四　第一項の電磁的記録に記録された事項を電磁的方法であって存続株式会社等の定めたものにより提供することの請求又はその事項を記載した書面の交付の請求

⚭❶【電磁的記録↓二六②】【省令で定める事項↓会社則一九一—一九三】【本店↓二七三】【違反に対する制裁↓九七六七四】　❷[二]【株主総会の決議が必要な場合↓七九五①・三〇九②十二③】[二]【株主に対する通知↓一二六】　[三][三]【公告↓九三九】【違反に対する制裁↓九七六二】　❸【省令で定めるもの↓会社則一九四】　[三]【省令で定める方法↓会社則二二六】　[三][四]【電磁的記録↓二六②】【違反に対する制裁↓九七六四】

（吸収合併契約等の承認等）

第七九五条①　存続株式会社等は、効力発生日の前日までに、株主総会の決議によって、吸収合併契約等の承認を受けなければならない。

②　次に掲げる場合には、取締役は、前項の株主総会において、その旨を説明しなければならない。

一　吸収合併存続株式会社又は吸収分割承継株式会社が承継する吸収合併消滅会社又は吸収分割会社の債務の額として法務省令で定める額（次号において

「承継債務額」という。）が吸収合併存続株式会社又は吸収分割承継株式会社が承継する吸収合併消滅会社又は吸収分割会社の資産の額として法務省令で定める額（同号において「承継資産額」という。）を超える場合

二　吸収合併存続株式会社又は吸収分割承継株式会社が吸収合併消滅株式会社の株主、吸収合併消滅持分会社の社員又は吸収分割会社に対して交付する金銭等（吸収合併存続株式会社又は吸収分割承継株式会社の株式等を除く。）の帳簿価額が承継資産額から承継債務額を控除して得た額を超える場合

三　株式交換完全親株式会社が株式交換完全子会社の株主に対して交付する金銭等（株式交換完全親株式会社の株式等を除く。）の帳簿価額が株式交換完全親株式会社が取得する株式交換完全子会社の株式の額として法務省令で定める額を超える場合

③　承継する吸収合併消滅会社又は吸収分割会社の資産に吸収合併存続株式会社又は吸収分割承継株式会社の株式が含まれる場合には、取締役は、第一項の株主総会において、当該株式に関する事項を説明しなければならない。

④　存続株式会社等が種類株式発行会社である場合において、次の各号に掲げる場合には、吸収合併等は、当該各号に定める種類の株式（譲渡制限株式であって、第百九十九条第四項の定款の定めがないものに限る。）の種類株主を構成員とする種類株主総会（当該種類株主に係る株式の種類が二以上ある場合にあっては、当該二以上の株式の種類別に区分された種類株主を構成員とする各種類株主総会）の決議がなければ、その効力を生じない。ただし、当該種類株主総会において議決権を行使することができる株主が存しない場合は、この限りでない。

一　吸収合併消滅株式会社の株主又は吸収合併消滅持分会社の社員に対して交付する金銭等が吸収合併存続株式会社の株式である場合　第七百四十九条第一項第二号イの種類の株式

二　吸収分割会社に対して交付する金銭等が吸収分割承継株式会社の株式である場合　第七百五十八条第四号イの種類の株式

三　株式交換完全子会社の株主に対して交付する金銭等が株式交換完全親株式会社の株式である場合　第七百六十八条第一項第二号イの種類の株式

㊟【適用除外↓九七六①②　❶【効力発生日↓七四四①九　㊟【株主総会の決議↓三〇九②十二③・三二一①七九十二　❷【二】【三】【省令で定める額↓会社則一九五　❷❸【取締役の説明義務↓三一四　❸【吸収分割契約における定め↓七五八三　❹【種類株式発行会社↓二十三　【譲渡制限株式↓二十七　【種類株主総会↓二十四・三二四②四

（吸収合併契約等の承認を要しない場合等）

第七九六条①　前条第一項から第三項までの規定は、吸収合併消滅会社、吸収分割会社又は株式交換完全子会社（以下この目において「消滅会社等」という。）が存続株式会社等の特別支配会社である場合には、適用しない。ただし、吸収合併消滅株式会社若しくは株式交換完全子会社の株主、吸収合併消滅持分会社の社員又は吸収分割会社に対して交付する金銭等の全部又は一部が存続株式会社等の譲渡制限株式である場合であって、存続株式会社等が公開会社でないときは、この限りでない。

②　前条第一項から第三項までの規定は、第一号に掲げる額の第二号に掲げる額に対する割合が五分の一（これを下回る割合を存続株式会社等の定款で定めた場合にあっては、その割合）を超えない場合には、適用しない。ただし、同条第二項各号に掲げる場合又は前項ただし書に規定する場合は、この限りでない。

一　次に掲げる額の合計額

イ　吸収合併消滅株式会社若しくは株式交換完全子会社の株主、吸収合併消滅持分会社の社員又は吸収分割会社（以下この号において「消滅会社等の株主等」という。）に対して交付する存続株式会社等の株式の数に一株当たり純資産額を乗じて得た額

ロ　消滅会社等の株主等に対して交付する存続株式会社等の社債、新株予約権又は新株予約権付社債の帳簿価額の合計額

ハ　消滅会社等の株主等に対して交付する存続株式会社等の株式等以外の財産の帳簿価額の合計額

二　存続株式会社等の純資産額として法務省令で定める方法により算定される額

③　前項本文に規定する場合において、法務省令で定める数の株式（前条第一項の株主総会において議決権を行使することができるものに限る。）を有する株主が第七百九十七条第三項の規定による通知又は同条第四項の公告の日から二週間以内に吸収合併等に反対する旨を存続株式会社等に対し通知したときは、当該存続株式会社等は、効力発生日の前日までに、株主総会の決議によって、吸収合併契約等の承認を受けなければならない。

㊟【総会決議の不要な場合↓四六八①・七八四①　❶【登記申請書の添付書類↓商登八〇三　【特別支配会社↓四六八①　【譲渡制限株式↓二十七　【公開会社↓二五　【譲渡制限会社における特例↓七八四①但　❷【差損の生じる場合↓七九五②　【省令で定める方法↓会社則一九六　❸【省令で定める数↓会社則一九七　【株主総会の決議↓三〇九②十二

（吸収合併等をやめることの請求）

第七九六条の二　次に掲げる場合において、存続株式会社等の株主が不利益を受けるおそれがあるときは、存続株式会社等の株主は、存続株式会社等に対し、吸収合併等をやめることを請求することができる。ただし、前条第二項本文に規定する場合（第七百九十五条第二項各号に掲げる場合及び前条第一項ただし書又は第三項に規定する場合を除く。）は、この限りでない。

一　当該吸収合併等が法令又は定款に違反する場合

二　前条第一項本文に規定する場合において、第七百四十九条第一項第二号若しくは第三号、第七百五十八条第四号又は第七百六十八条第一項第二号若しくは第三号に掲げる事項が存続株式会社等又は消滅会社等の財産の状況その他の事情に照らして著しく不

当であるとき。

参＋民保二三②、一七一の三・一七九の七・一八二の三・二一〇・三六〇・七八四の二・八〇五の二【濫用株主等に対する制裁→九六八①〔三〕②】

第七九七条（**反対株主の株式買取請求**）① 吸収合併等をする場合には、反対株主は、存続株式会社等に対し、自己の有する株式を公正な価格で買い取ることを請求することができる。ただし、第七百九十六条第二項本文に規定する場合（第七百九十七条第二項各号に掲げる場合及び第七百九十六条第一項ただし書又は第三項に規定する場合を除く。）は、この限りでない。

② 前項に規定する「反対株主」とは、次の各号に掲げる場合における当該各号に定める株主をいう。

一 吸収合併等をするために株主総会（種類株主総会を含む。）の決議を要する場合 次に掲げる株主

イ 当該株主総会に先立って当該吸収合併等に反対する旨を当該存続株式会社等に対し通知し、かつ、当該株主総会において当該吸収合併等に反対した株主（当該株主総会において議決権を行使することができるものに限る。）

ロ 当該株主総会において議決権を行使することができない株主

二 前号に規定する場合以外の場合 全ての株主（第七百九十六条第一項本文に規定する場合における当該特別支配会社を除く。）

③ 存続株式会社等は、効力発生日の二十日前までに、その株主（第七百九十六条第一項本文に規定する場合における当該特別支配会社を除く。）に対し、吸収合併等をする旨並びに消滅会社等の商号及び住所（第七百九十五条第三項に規定する場合にあっては、吸収合併等をする旨、消滅会社等の商号及び住所並びに同項の株式に関する事項）を通知しなければならない。

④ 次に掲げる場合には、前項の規定による通知は、公告をもってこれに代えることができる。

一 存続株式会社等が公開会社である場合

二 存続株式会社等が第七百九十五条第一項の株主総会の決議によって吸収合併契約等の承認を受けた場合

⑤ 第一項の規定による請求（以下この目において「株式買取請求」という。）は、効力発生日の二十日前の日から効力発生日の前日までの間に、その株式買取請求に係る株式の数（種類株式発行会社にあっては、株式の種類及び種類ごとの数）を明らかにしてしなければならない。

⑥ 株券が発行されている株式について株式買取請求をしようとするときは、当該株式の株主は、存続株式会社等に対し、当該株式に係る株券を提出しなければならない。ただし、当該株券について第二百二十三条の規定による請求をした者については、この限りでない。

⑦ 株式買取請求をした株主は、存続株式会社等の承諾を得た場合に限り、その株式買取請求を撤回することができる。

⑧ 吸収合併等を中止したときは、株式買取請求は、その効力を失う。

⑨ 第百三十三条の規定は、株式買取請求に係る株式については、適用しない。

参＋【類似の手続→一一六・一七二・一七九の八・一八二の四・四六九・七八五・八〇六 ❷〔二〕【株主総会・種類株主総会を要する場合→七九五①・一一六参・八〇四参 ❸【効力発生日→七四四①〔九〕参【株主に対する通知→一二六 ❹【公告→九三九【通知に代わる公告→七七六③参 〔二〕【公開会社→二〔五〕 ❸❹【簡易組織再編に対する株主の反対→七九六③【違反に対する制裁→九七六〔二〕 ❺【種類株式発行会社→二〔十三〕 ❻【株式買取請求時の株券提出義務→一一六⑥・一八二の四⑤・四六九⑥・七八五⑥・八〇六⑥ ❼【請求の撤回→七七七⑧・七八五⑦・七八七⑧・八〇六⑦・八〇八⑧【適用除外→七九八③

◇→◘【II 反対株主の株式買取請求権】〔五編名の後〕判

第七九八条（**株式の価格の決定等**）① 株式買取請求があった場合において、株式の価格の決定について、株主と存続株式会社等との間に協議が調ったときは、存続株式会社等は、効力発生日から六十日以内にその支払をしなければならない。

② 株式の価格の決定について、効力発生日から三十日以内に協議が調わないときは、株主又は存続株式会社等は、その期間の満了の日後三十日以内に、裁判所に対し、価格の決定の申立てをすることができる。

③ 前条第七項の規定にかかわらず、前項に規定する場合において、効力発生日から六十日以内に同項の申立てがないときは、その期間の満了後は、株主は、いつでも、株式買取請求を撤回することができる。

④ 存続株式会社等は、裁判所の決定した価格に対する第一項の期間の満了の日後の法定利率による利息をも支払わなければならない。

⑤ 存続株式会社等は、株式の価格の決定があるまでは、株主に対し、当該存続株式会社等が公正な価格と認める額を支払うことができる。

⑥ 株式買取請求に係る株式の買取りは、効力発生日に、その効力を生ずる。

⑦ 株券発行会社は、株券が発行されている株式について株式買取請求があったときは、株券と引換えに、その株式買取請求に係る株式の代金を支払わなければならない。

参❶【株式買取請求→七九七⑤ ❷【効力発生日→七四四①〔九〕参【裁判所→八六八①・八七〇②〔三〕 ❹【裁判所による価格の決定→八七一—八七四 ❺【株式買取価格等の前払→一一七⑤・一七二⑤・一八二の五・四七〇⑤・七八六⑤・八〇七⑤ ❼【株券発行会社→二一四参

◇→◘【II 反対株主の株式買取請求権】〔五編名の後〕判

第七九九条（**債権者の異議**）① 次の各号に掲げる場合には、当該各号に定める債権者は、存続株式会社等に対し、吸収合併等について異議を述べることができる。

一　吸収合併をする場合　吸収合併存続株式会社の債権者
二　吸収分割をする場合　吸収分割承継株式会社の債権者
三　株式交換をする場合において、株式交換完全子会社の株主に対して交付する金銭等が株式交換完全親株式会社の株式その他これに準ずるものとして法務省令で定めるもののみである場合以外の場合又は第七百六十八条第一項第四号ハに規定する場合　株式交換完全親株式会社の債権者

② 前項の規定により存続株式会社等の債権者が異議を述べることができる場合には、存続株式会社等は、次に掲げる事項を官報に公告し、かつ、知れている債権者には、各別にこれを催告しなければならない。ただし、第四号の期間は、一箇月を下ることができない。
一　吸収合併等をする旨
二　消滅会社等の商号及び住所
三　存続株式会社等及び消滅会社等（株式会社に限る。）の計算書類に関する事項として法務省令で定めるもの
四　債権者が一定の期間内に異議を述べることができる旨

③ 前項の規定にかかわらず、存続株式会社等が同項の規定による公告を、官報のほか、第九百三十九条第一項の規定による定款の定めに従い、同項第二号又は第三号に掲げる公告方法によりするときは、前項の規定による各別の催告は、することを要しない。

④ 債権者が第二項第四号の期間内に異議を述べなかったときは、当該債権者は、当該吸収合併等について承認をしたものとみなす。

⑤ 債権者が第二項第四号の期間内に異議を述べたときは、存続株式会社等は、当該債権者に対し、弁済し、若しくは相当の担保を提供し、又は当該債権者に弁済を受けさせることを目的として信託会社等に相当の財産を信託しなければならない。ただし、当該吸収合併等をしても当該債権者を害するおそれがないときは、この限りでない。

参【登記申請書への添付→商登八〇[三]・八五[三]・八九[三]【類似の制度→七七九・七八九・八一〇　❶【異議債権者の保護→八二八②[七][九][十一]　[三]【省令で定めるもの→会社則一九八　❷【公告→九三九【違反に対する制裁→九七六[二][二十六]　[三]【省令で定めるもの→会社則一九九　❸【株式会社の定款記載・記録→九三九①・二九【各別の催告が不要な場合→七八九③・八一〇③　❺【違反に対する制裁→九七六[二十六]

（消滅会社等の株主等に対して交付する金銭等が存続株式会社等の親会社株式である場合の特則）

第八〇〇条① 第百三十五条第一項の規定にかかわらず、吸収合併消滅株式会社若しくは株式交換完全子会社の株主、吸収合併消滅持分会社の社員又は吸収分割会社（以下この項において「消滅会社等の株主等」という。）に対して交付する金銭等の全部又は一部が存続株式会社等の親会社株式（同条第一項に規定する親会社株式をいう。以下この条において同じ。）である場合には、当該存続株式会社等は、吸収合併等に際して消滅会社等の株主等に対して交付する当該親会社株式の総数を超えない範囲において当該親会社株式を取得することができる。

② 第百三十五条第三項の規定にかかわらず、前項の存続株式会社等は、効力発生日までの間は、存続株式会社等の親会社株式を保有することができる。ただし、吸収合併等を中止したときは、この限りでない。

参【子会社による親会社株式の取得の禁止→一三五①【親会社株式・持分の取得を要する場合→七四九①[三]ホ・七五一①[三]ロ・七五八[四]ホ・七六八①[二]ホ

（吸収合併等に関する書面等の備置き及び閲覧等）

第八〇一条① 吸収合併存続株式会社は、効力発生日後遅滞なく、吸収合併により吸収合併存続株式会社が承継した吸収合併消滅会社の権利義務その他の吸収合併に関する事項として法務省令で定める事項を記載し、又は記録した書面又は電磁的記録を作成しなければならない。

② 吸収分割承継株式会社（合同会社が吸収分割をする場合における当該吸収分割承継株式会社に限る。）は、効力発生日後遅滞なく、吸収分割合同会社と共同して、吸収分割により吸収分割承継株式会社が承継した吸収分割合同会社の権利義務その他の吸収分割に関する事項として法務省令で定める事項を記載し、又は記録した書面又は電磁的記録を作成しなければならない。

③ 次の各号に掲げる存続株式会社等は、効力発生日から六箇月間、当該各号に定めるものをその本店に備え置かなければならない。
一　吸収合併存続株式会社　第一項の書面又は電磁的記録
二　吸収分割承継株式会社　前項又は第七百九十一条第一項第一号の書面又は電磁的記録
三　株式交換完全親株式会社　第七百九十一条第一項第二号の書面又は電磁的記録

④ 吸収合併存続株式会社の株主及び債権者は、吸収合併存続株式会社に対して、その営業時間内は、いつでも、次に掲げる請求をすることができる。ただし、第二号又は第四号に掲げる請求をするには、当該吸収合併存続株式会社の定めた費用を支払わなければならない。
一　前項第一号の書面の閲覧の請求
二　前項第一号の書面の謄本又は抄本の交付の請求
三　前項第一号の電磁的記録に記録された事項を法務省令で定める方法により表示したものの閲覧の請求
四　前項第一号の電磁的記録に記録された事項を電磁的方法であって吸収合併存続株式会社の定めたものにより提供することの請求又はその事項を記載した書面の交付の請求

⑤ 前項の規定は、吸収分割承継株式会社について準用する。この場合において、同項中「株主及び債権者」とあるのは「株主、債権者その他の利害関係人」と、同項各号中「前項第一号」とあるのは「前項第二号」と読み替えるものとする。

⑥ 第四項の規定は、株式交換完全親株式会社について

準用する。この場合において、同項中「株主及び債権者」とあるのは「株主及び債権者（株式交換完全子会社の株主に対して交付する金銭等が株式交換完全親株式会社の株式その他これに準ずるものとして法務省令で定めるもののみである場合（第七百六十八条第一項第四号ハに規定する場合を除く。）にあっては、株式交換完全親株式会社の株主）」と、同項各号中「前項第一号」とあるのは「前項第三号」と読み替えるものとする。

❶【省令で定める事項→会社則二〇〇　❷【省令で定める事項→会社則二〇一　❶❷【違反に対する制裁→九七六㊆　❸【本店→二七㊂【違反に対する制裁→九七六㊃　❹【違反に対する制裁→九七六㊃　[三]【省令で定める方法→会社則二二六　❶—❸【効力発生日→七四四①㊈　❶—❹【電磁的記録→二六②

第二目　持分会社の手続

第八〇二条①　次の各号に掲げる行為をする持分会社（以下この条において「存続持分会社等」という。）は、当該各号に定める場合には、効力発生日の前日までに、吸収合併契約等について存続持分会社等の総社員の同意を得なければならない。ただし、定款に別段の定めがある場合は、この限りでない。

一　吸収合併（吸収合併により当該持分会社が存続する場合に限る。）　第七百五十一条第一項第二号に規定する場合

二　吸収分割による他の会社がその事業に関して有する権利義務の全部又は一部の承継　第七百六十条第四号に規定する場合

三　株式交換による株式会社の発行済株式の全部の取得　第七百七十条第一項第二号に規定する場合

②　第七百九十九条（第二項第三号を除く。）（債権者の異議）及び第八百条（消滅会社等の株主等に対して交付する金銭等が存続株式会社等の親会社株式である場合の特則）の規定は、存続持分会社等について準用する。この場合において、第七百九十九条第一項第三号中「株式交換完全親株式会社の株式」とあるのは「株式交換完全親合同会社の持分」と、「場合又は第七百六十八条第一項第四号ハに規定する場合」とあるのは「場合」と読み替えるものとする。

❶【総社員の同意→七七六①

第三節　新設合併等の手続

第一款　新設合併消滅会社、新設分割会社及び株式移転完全子会社の手続

第一目　株式会社の手続

（新設合併契約等に関する書面等の備置き及び閲覧等）

第八〇三条①　次の各号に掲げる株式会社（以下この目において「消滅株式会社等」という。）は、新設合併契約等備置開始日から新設合併設立会社、新設分割設立会社又は株式移転設立完全親会社（以下この目において「設立会社」という。）の成立の日後六箇月を経過する日（新設合併消滅株式会社にあっては、新設合併設立会社の成立の日）までの間、当該各号に定めるもの（以下この節において「新設合併契約等」という。）の内容その他法務省令で定める事項を記載し、又は記録した書面又は電磁的記録をその本店に備え置かなければならない。

一　新設合併消滅株式会社　新設合併契約

二　新設分割株式会社　新設分割計画

三　株式移転完全子会社　株式移転計画

②　前項に規定する「新設合併契約等備置開始日」とは、次に掲げる日のいずれか早い日をいう。

一　新設合併契約等について株主総会（種類株主総会を含む。）の決議によってその承認を受けなければならないときは、当該株主総会の日の二週間前の日（第三百十九条第一項の場合にあっては、同項の提案があった日）

二　第八百六条第三項の規定による通知を受けるべき株主があるときは、同項の規定による通知の日又は同条第四項の公告の日のいずれか早い日

三　第八百八条第三項の規定による通知を受けるべき新株予約権者があるときは、同項の規定による通知の日又は同条第四項の公告の日のいずれか早い日

四　第八百十条の規定による手続をしなければならないときは、同条第二項の規定による通知の日又は同項の規定による公告の日のいずれか早い日

五　前各号に規定する場合以外の場合には、新設分割計画の作成の日から二週間を経過した日

③　消滅株式会社等の株主及び債権者（株式移転完全子会社にあっては、株主及び新株予約権者）は、消滅株式会社等に対して、その営業時間内は、いつでも、次に掲げる請求をすることができる。ただし、第二号又は第四号に掲げる請求をするには、当該消滅株式会社等の定めた費用を支払わなければならない。

一　第一項の書面の閲覧の請求

二　第一項の書面の謄本又は抄本の交付の請求

三　第一項の電磁的記録に記録された事項を法務省令で定める方法により表示したものの閲覧の請求

四　第一項の電磁的記録に記録された事項を電磁的方法であって消滅株式会社等の定めたものにより提供することの請求又はその事項を記載した書面の交付の請求

❶【電磁的記録→二六②【省令で定める事項→会社則二〇四—二〇六【本店→二七㊂【違反に対する制裁→九七六㊆㊃　❷[二]【株主総会の決議が必要な場合→八〇四①・三〇九②[十二]③　[二]【株主への通知→一二六　[三]【新株予約権者への通知→二五三　[二]—[四]【公告→九三九【違反に対する制裁→九七六㊂　❸[三]【省令で定める方法→会社則二二六　[三][四]【電磁的記録→二六②

（新設合併契約等の承認）

第八〇四条①　消滅株式会社等は、株主総会の決議によって、新設合併契約等の承認を受けなければならない。

②　前項の規定にかかわらず、新設合併設立会社が持分会社である場合には、新設合併契約について新設合併消滅株式会社の総株主の同意を得なければならない。

③　新設合併消滅株式会社又は株式移転完全子会社が種類株式発行会社である場合において、新設合併消滅株式会社又は株式移転完全子会社の株主に対して交付する新設合併設立株式会社又は株式移転設立完全親会社の株式等の全部又は一部が譲渡制限株式等であるときは、当該新設合併又は株式移転は、当該譲渡制限株式等の割当てを受ける種類の株式（譲渡制限株式を除く。）の種類株主を構成員とする種類株主総会（当該種類株主に係る株式の種類が二以上ある場合にあっては、当該二以上の株式の種類別に区分された種類株主を構成員とする各種類株主総会）の決議がなければ、その効力を生じない。ただし、当該種類株主総会において議決権を行使することができる株主が存しない場合は、この限りでない。

④　消滅株式会社等は、第一項の株主総会の決議の日（第二項に規定する場合にあっては、同項の総株主の同意を得た日）から二週間以内に、その登録株式質権者（次条に規定する場合における登録株式質権者を除く。）及び第八百八条第三項各号に定める新株予約権の登録新株予約権質権者に対し、新設合併、新設分割又は株式移転（以下この節において「新設合併等」という。）をする旨を通知しなければならない。

⑤　前項の規定による通知は、公告をもってこれに代えることができる。

参❶【株主総会の決議↓三〇九②[十二]③、三二二①[七][八][十三]【適用除外↓八〇五【反対株主の株式買取請求↓八〇六①②【消滅株式会社等の株主への通知↓八〇六③　❷【総株主の同意↓七七六①参【株式買取請求の否定↓八〇六①[一]　❸【種類株式発行会社↓二[十三]【譲渡制限株式↓二[十七]【種類株主総会↓二[十四]、三二四③[三]　❹【登録株式質権者への通知↓一五〇【登録新株予約権者に対する通知↓二七一【違反に対する制裁↓九七六[三]　❺【通知に代わる公告↓七七六③参

（新設分割計画の承認を要しない場合）
第八〇五条　前条第一項の規定は、新設分割により新設分割設立会社に承継させる資産の帳簿価額の合計額が新設分割株式会社の総資産額として法務省令で定める方法により算定される額の五分の一（これを下回る割合を新設分割株式会社の定款で定めた場合にあっては、その割合）を超えない場合には、適用しない。

参+【株式買取請求の否定↓八〇六①[二]【消滅株式会社の新株予約権者への通知↓八〇八③【消滅株式会社等における簡易吸収合併等↓七八四②、七九六②、四六八②【省令で定める方法↓会社則二〇七

（新設合併等をやめることの請求）
第八〇五条の二　新設合併等が法令又は定款に違反する場合において、消滅株式会社等の株主が不利益を受けるおそれがあるときは、消滅株式会社等の株主は、消滅株式会社等に対し、当該新設合併等をやめることを請求することができる。ただし、前条に規定する場合は、この限りでない。

参+民保二三②、一七一の三、一七九の七、一八二の三、二一〇、三六〇、七八四の二、七九六の二【濫用株主等に対する制裁↓九六八①[三]②

（反対株主の株式買取請求）
第八〇六条①　新設合併等をする場合（次に掲げる場合を除く。）には、反対株主は、消滅株式会社等に対し、自己の有する株式を公正な価格で買い取ることを請求することができる。

一　第八百四条第二項に規定する場合

二　第八百五条に規定する場合

②　前項に規定する「反対株主」とは、次に掲げる株主をいう。

一　第八百四条第一項の株主総会（新設合併等をするために種類株主総会の決議を要する場合にあっては、当該種類株主総会を含む。）に先立って当該新設合併等に反対する旨を当該消滅株式会社等に対し通知し、かつ、当該株主総会において当該新設合併等に反対した株主（当該株主総会において議決権を行使することができるものに限る。）

二　当該株主総会において議決権を行使することができない株主

③　消滅株式会社等は、第八百四条第一項の株主総会の決議の日から二週間以内に、その株主に対し、新設合併等をする旨並びに他の新設合併消滅会社、新設分割会社又は株式移転完全子会社（以下この節において「消滅会社等」という。）及び設立会社の商号及び住所を通知しなければならない。ただし、第一項各号に掲げる場合は、この限りでない。

④　前項の規定による通知は、公告をもってこれに代えることができる。

⑤　第一項の規定による請求（以下この目において「株式買取請求」という。）は、第三項の規定による通知又は前項の公告をした日から二十日以内に、その株式買取請求に係る株式の数（種類株式発行会社にあっては、株式の種類及び種類ごとの数）を明らかにしてしなければならない。

⑥　株券が発行されている株式について株式買取請求をしようとするときは、当該株式の株主は、消滅株式会社等に対し、当該株式に係る株券を提出しなければならない。ただし、当該株券について第二百二十三条の規定による請求をした者については、この限りでない。

⑦　株式買取請求をした株主は、消滅株式会社等の承諾を得た場合に限り、その株式買取請求を撤回することができる。

⑧　新設合併等を中止したときは、株式買取請求は、その効力を失う。

⑨　第百三十三条の規定は、株式買取請求に係る株式については、適用しない。

参+【類似の手続↓一一六、一七二、一七九の八、一八二の四、四六九、七八五、七九七　❷【種類株主総会↓二[十四]　❸【株主への通知↓一二六【違反に対する制裁↓九七六[二]　❹【通知に代わる公告↓七七六③参　❹❺【公告↓九三九　❻【株式買取請求時の株券提出義務↓一一六⑥、一八二の四⑤、四六九⑥、七八五⑥、七九七⑥　❼【請求の撤回↓七七七⑧、七八五⑦、七八七⑧、七九七⑦、八〇八⑧【適用除外↓八〇七③

◇↓◇【II　反対株主の株式買取請求権】〔五編名の後〕判

（株式の価格の決定等）

第八〇七条①　株式買取請求があった場合において、株式の価格の決定について、株主と消滅株式会社等（新設合併をする場合における新設合併設立会社の成立の日後にあっては、新設合併設立会社。以下この条において同じ。）との間に協議が調ったときは、消滅株式会社等は、設立会社の成立の日から六十日以内にその支払をしなければならない。

②　株式の価格の決定について、設立会社の成立の日から三十日以内に協議が調わないときは、株主又は消滅株式会社等は、その期間の満了の日後三十日以内に、裁判所に対し、価格の決定の申立てをすることができる。

③　前条第七項の規定にかかわらず、前項に規定する場合において、設立会社の成立の日から六十日以内に同項の申立てがないときは、その期間の満了後は、株主は、いつでも、株式買取請求を撤回することができる。

④　消滅株式会社等は、裁判所の決定した価格に対する第一項の期間の満了の日後の法定利率による利息をも支払わなければならない。

⑤　消滅株式会社等は、株式の価格の決定があるまでは、株主に対し、当該消滅株式会社等が公正な価格と認める額を支払うことができる。

⑥　株式買取請求に係る株式の買取りは、設立会社の成立の日に、その効力を生ずる。

⑦　株券発行会社は、株券が発行されている株式について株式買取請求があったときは、株券と引換えに、その株式買取請求に係る株式の代金を支払わなければならない。

㊂❶【株式買取請求↓八〇六⑤　❷【設立会社成立の日↓七六三①十二㊂【裁判所↓八六八①・八七〇②三　❹【裁判所による価格の決定↓八七一―八七四　❺【株式買取価格等の前払↓一一七⑤・一七二⑤・一八二の五・四七〇⑤・七八六⑤・七九八⑤　❼【株券発行会社↓二一四㊂

◇→◆【II　反対株主の株式買取請求権】［五編名の後］判

（**新株予約権買取請求**）

第八〇八条①　次の各号に掲げる行為をする場合には、当該各号に定める消滅株式会社等の新株予約権の新株予約権者は、消滅株式会社等に対し、自己の有する新株予約権を公正な価格で買い取ることを請求することができる。

一　新設合併　第七百五十三条第一項第十号又は第十一号に掲げる事項についての定めが第二百三十六条第一項第八号の条件（同号イに関するものに限る。）に合致する新株予約権以外の新株予約権

二　新設分割（新設分割設立会社が株式会社である場合に限る。）　次に掲げる新株予約権のうち、第七百六十三条第一項第十号又は第十一号に掲げる事項についての定めが第二百三十六条第一項第八号の条件（同号ハに関するものに限る。）に合致する新株予約権以外の新株予約権

イ　新設分割計画新株予約権

ロ　新設分割計画新株予約権以外の新株予約権であって、新設分割をする場合において当該新株予約権の新株予約権者に新設分割設立株式会社の新株予約権を交付することとする旨の定めがあるもの

三　株式移転　次に掲げる新株予約権のうち、第七百七十三条第一項第九号又は第十号に掲げる事項についての定めが第二百三十六条第一項第八号の条件（同号ホに関するものに限る。）に合致する新株予約権以外の新株予約権

イ　株式移転計画新株予約権

ロ　株式移転計画新株予約権以外の新株予約権であって、株式移転をする場合において当該新株予約権の新株予約権者に株式移転設立完全親会社の新株予約権を交付することとする旨の定めがあるもの

②　新株予約権付社債に付された新株予約権の新株予約権者は、前項の規定による請求（以下この目において「新株予約権買取請求」という。）をするときは、併せて、新株予約権付社債についての社債を買い取ることを請求しなければならない。ただし、当該新株予約権付社債に付された新株予約権について別段の定めがある場合は、この限りでない。

③　次の各号に掲げる消滅株式会社等は、第八百四条第一項の株主総会の決議の日（同条第二項に規定する場合にあっては同項の総株主の同意を得た日、第八百五条に規定する場合にあっては新設分割計画の作成の日）から二週間以内に、当該各号に定める新株予約権の新株予約権者に対し、新設合併等をする旨並びに他の消滅会社等及び設立会社の商号及び住所を通知しなければならない。

一　新設合併消滅株式会社　全部の新株予約権

二　新設分割設立会社が株式会社である場合における新設分割株式会社　次に掲げる新株予約権

イ　新設分割計画新株予約権

ロ　新設分割計画新株予約権以外の新株予約権であって、新設分割をする場合において当該新株予約権の新株予約権者に新設分割設立株式会社の新株予約権を交付することとする旨の定めがあるもの

三　株式移転完全子会社　次に掲げる新株予約権

イ　株式移転計画新株予約権

ロ　株式移転計画新株予約権以外の新株予約権であって、株式移転をする場合において当該新株予約権の新株予約権者に株式移転設立完全親会社の新株予約権を交付することとする旨の定めがあるもの

④　前項の規定による通知は、公告をもってこれに代えることができる。

⑤　新株予約権買取請求は、第三項の規定による通知又は前項の公告をした日から二十日以内に、その新株予約権の内容及び数を明らかにしてしなければならない。

⑥　新株予約権証券が発行されている新株予約権について新株予約権買取請求をしようとするときは、当該新

株予約権の新株予約権者は、消滅株式会社等に対し、その新株予約権証券を提出しなければならない。ただし、当該新株予約権証券について非訟事件手続法第百十四条に規定する公示催告の申立てをした者については、この限りでない。

⑦ 新株予約権付社債券が発行されている新株予約権付社債に付された新株予約権について新株予約権買取請求をしようとするときは、当該新株予約権の新株予約権者は、消滅株式会社等に対し、その新株予約権付社債券を提出しなければならない。ただし、当該新株予約権付社債券について非訟事件手続法第百十四条に規定する公示催告の申立てをした者については、この限りでない。

⑧ 新株予約権買取請求をした新株予約権者は、消滅株式会社等の承諾を得た場合に限り、その新株予約権買取請求を撤回することができる。

⑨ 新設合併等を中止したときは、新株予約権買取請求は、その効力を失う。

⑩ 第二百六十条の規定は、新株予約権買取請求に係る新株予約権については、適用しない。

参+【新株予約権買取請求↓七七七・七七八・七八七・七八八・八〇九 ❶【新株予約権↓二[二十一] [三]【新設分割計画新株予約権↓七六三①[十]イ [三]【株式移転計画新株予約権↓七七三①[九]イ ❷【新株予約権付社債↓二[二十二]【別段の定め↓二三八①[七] ❸【新株予約権者への通知↓二五三【登録株式質権者への通知↓八〇四④ ❹【公告↓九三九【通知に代わる公告↓七七六③参 ❷—❹【違反に対する制裁↓九七六[二] ❻【新株予約権買取請求と新株予約権証券提出義務↓一一八⑥・七七七⑥・七八七⑥ ❼【新株予約権買取請求と新株予約権付社債券提出義務↓一一八⑦・七七七⑦・七八七⑦ ❽【請求の撤回↓七七七⑧・七八五⑦・七八七⑧・七九七⑦・八〇六⑦【適用除外↓八〇九③

第八〇九条（新株予約権の価格の決定等）① 新株予約権買取請求があった場合において、新株予約権（当該新株予約権が新株予約権付社債に付されたものである場合において、当該新株予約権付社債についての社債の買取りの請求があったときは、当該社債を含む。以下この条において同じ。）の価格の決定について、新株予約権者と消滅株式会社等（新設合併をする場合における新設合併設立会社の成立の日後にあっては、新設合併設立会社。以下この条において同じ。）との間に協議が調ったときは、消滅株式会社等は、設立会社の成立の日から六十日以内にその支払をしなければならない。

② 新株予約権の価格の決定について、設立会社の成立の日から三十日以内に協議が調わないときは、新株予約権者又は消滅株式会社等は、その期間の満了の日後三十日以内に、裁判所に対し、価格の決定の申立てをすることができる。

③ 前条第八項の規定にかかわらず、前項に規定する場合において、設立会社の成立の日から六十日以内に同項の申立てがないときは、その期間の満了後は、新株予約権者は、いつでも、新株予約権買取請求を撤回することができる。

④ 消滅株式会社等は、裁判所の決定した価格に対する第一項の期間の満了の日後の法定利率による利息をも支払わなければならない。

⑤ 消滅株式会社等は、新株予約権の価格の決定があるまでは、新株予約権者に対し、当該消滅株式会社等が公正な価格と認める額を支払うことができる。

⑥ 新株予約権買取請求に係る新株予約権の買取りは、設立会社の成立の日に、その効力を生ずる。

⑦ 消滅株式会社等は、新株予約権証券が発行されている新株予約権について新株予約権買取請求があったときは、新株予約権証券と引換えに、その新株予約権買取請求に係る新株予約権の代金を支払わなければならない。

⑧ 消滅株式会社等は、新株予約権付社債券が発行されている新株予約権付社債に付された新株予約権について新株予約権買取請求があったときは、新株予約権付社債券と引換えに、その新株予約権買取請求に係る新株予約権の代金を支払わなければならない。

参❶【新株予約権買取請求↓八〇八② ❷【裁判所↓八六八①・八七〇②[二] ❹【裁判所による価格の決定↓八七一—八七四 ❶—❹❻【設立会社成立の日↓七六三①[十二]参 ❺【新株予約権の買取価格の前払↓一一九⑤・七七八⑤・七八八⑤ ❼【新株予約権証券↓二八八—二九一 ❽【新株予約権付社債券↓二九二

第八一〇条（債権者の異議）① 次の各号に掲げる場合には、当該各号に定める債権者は、消滅株式会社等に対し、新設合併等について異議を述べることができる。

一 新設合併をする場合 新設合併消滅株式会社の債権者

二 新設分割をする場合 新設分割後新設分割株式会社に対して債務の履行（当該債務の保証人として新設分割設立会社と連帯して負担する保証債務の履行を含む。）を請求することができない新設分割株式会社の債権者（第七百六十三条第一項第十二号又は第七百六十五条第一項第八号に掲げる事項についての定めがある場合にあっては、新設分割株式会社の債権者）

三 株式移転計画新株予約権が新株予約権付社債に付された新株予約権である場合 当該新株予約権付社債についての社債権者

② 前項の規定により消滅株式会社等の債権者の全部又は一部が異議を述べることができる場合には、消滅株式会社等は、次に掲げる事項を官報に公告し、かつ、知れている債権者（同項の規定により異議を述べることができるものに限る。）には、各別にこれを催告しなければならない。ただし、第四号の期間は、一箇月を下ることができない。

一 新設合併等をする旨

二 他の消滅会社等及び設立会社の商号及び住所

三 消滅株式会社等の計算書類に関する事項として法務省令で定めるもの

四 債権者が一定の期間内に異議を述べることができる旨

③ 前項の規定にかかわらず、消滅株式会社等が同項の

規定による公告を、官報のほか、第九百三十九条第一項の規定による定款の定めに従い、同項第二号又は第三号に掲げる公告方法によりするときは、前項の規定による各別の催告（新設分割をする場合における不法行為によって生じた新設分割株式会社の債務の債権者に対するものを除く。）は、することを要しない。

④ 債権者が第二項第四号の期間内に異議を述べなかったときは、当該債権者は、当該新設合併等について承認をしたものとみなす。

⑤ 債権者が第二項第四号の期間内に異議を述べたときは、消滅株式会社等は、当該債権者に対し、弁済し、若しくは相当の担保を提供し、又は当該債権者に弁済を受けさせることを目的として信託会社等に相当の財産を信託しなければならない。ただし、当該新設合併等をしても当該債権者を害するおそれがないときは、この限りでない。

※【類似の制度→七七九、七八九、七九九 ❶【異議債権者の保護→八二八②四十【債権者の異議手続の特則→七四〇① 【三】【株式移転計画新株予約権→七七三①九イ ❶【三】❷【新設分割会社の債権者の履行請求→七六四②③、七六六②③ ❷【公告→九三九【登記申請書への添付→商登八一四、八六四、九〇七【違反に対する制裁→九七六二十六 【三】【省令で定めるもの→会社則二〇八 ❸【株式会社の定款記載・記録→九三九①、二九【各別の催告が不要な場合→七八九③、七九九③ ❺【違反に対する制裁→九七六二十六

（新設分割又は株式移転に関する書面等の備置き及び閲覧等）

第八一一条① 新設分割株式会社又は株式移転完全子会社は、新設分割設立会社又は株式移転設立完全親会社の成立の日後遅滞なく、新設分割設立会社又は株式移転設立完全親会社と共同して、次の各号に掲げる区分に応じ、当該各号に定めるものを作成しなければならない。

一 新設分割株式会社 新設分割により新設分割設立会社が承継した新設分割株式会社の権利義務その他の新設分割に関する事項として法務省令で定める事項を記載し、又は記録した書面又は電磁的記録

二 株式移転完全子会社 株式移転により株式移転設立完全親会社が取得した株式移転完全子会社の株式の数その他の株式移転に関する事項として法務省令で定める事項を記載し、又は記録した書面又は電磁的記録

② 新設分割株式会社又は株式移転完全子会社は、新設分割設立会社又は株式移転設立完全親会社の成立の日から六箇月間、前項各号の書面又は電磁的記録をその本店に備え置かなければならない。

③ 新設分割株式会社の株主、債権者その他の利害関係人は、新設分割株式会社に対して、その営業時間内は、いつでも、次に掲げる請求をすることができる。ただし、第二号又は第四号に掲げる請求をするには、当該新設分割株式会社の定めた費用を支払わなければならない。

一 前項の書面の閲覧の請求

二 前項の書面の謄本又は抄本の交付の請求

三 前項の電磁的記録に記録された事項を法務省令で定める方法により表示したものの閲覧の請求

四 前項の電磁的記録に記録された事項を電磁的方法であって新設分割株式会社の定めたものにより提供することの請求又はその事項を記載した書面の交付の請求

④ 前項の規定は、株式移転完全子会社について準用する。この場合において、同項中「新設分割株式会社の株主、債権者その他の利害関係人」とあるのは、「株式移転設立完全親会社の成立の日に株式移転完全子会社の株主又は新株予約権者であった者」と読み替えるものとする。

※❶【書面等の備置→八一五③二三【違反に対する制裁→九七六七 【二】【省令で定める事項→会社則二〇九 【二】【省令で定める事項→会社則二一〇 ❷【本店→二七三【違反に対する制裁→九七六四 ❶❷【株式会社成立の日→七六三①十二※ ❸【違反に対する制裁→九七六四 【三】【省令で定める方法→会社則二二六 ❶―❸【電磁的記録→二六②

（剰余金の配当等に関する特則）

第八一二条 第四百四十五条第四項、第四百五十八条及び第二編第五章第六節の規定は、次に掲げる行為については、適用しない。

一 第七百六十三条第一項第十二号イ又は第七百六十五条第一項第八号イの株式の取得

二 第七百六十三条第一項第十二号ロ又は第七百六十五条第一項第八号ロの剰余金の配当

第二目 持分会社の手続

第八一三条① 次に掲げる行為をする持分会社は、新設合併契約等について当該持分会社の総社員の同意を得なければならない。ただし、定款に別段の定めがある場合は、この限りでない。

一 新設合併

二 新設分割（当該持分会社（合同会社に限る。）がその事業に関して有する権利義務の全部を他の会社に承継させる場合に限る。）

② 第八百十条（第一項第三号及び第二項第三号を除く。）（債権者の異議）の規定は、新設合併消滅持分会社又は合同会社である新設分割会社（以下この節において「新設分割合同会社」という。）について準用する。この場合において、同条第一項第二号中「債権者（第七百六十三条第一項第十二号又は第七百六十五条第一項第八号に掲げる事項についての定めがある場合にあっては、新設分割株式会社の債権者）」とあるのは「債権者」と、同条第三項中「消滅株式会社等」とあるのは「新設合併消滅持分会社（新設合併設立会社が株式会社又は合同会社である場合にあっては、合同会社に限る。）又は新設分割合同会社」と読み替えるものとする。

※❶【総社員の同意→七七六①※

第二款　新設合併設立会社、新設分割設立会社及び株式移転設立完全親会社の手続

第一目　株式会社の手続

（株式会社の設立の特則）

第八一四条① 第二編第一章（第二十七条（第四号及び第五号を除く。）、第二十九条、第三十一条、第三十七条第三項、第三十九条、第六節及び第四十九条を除く。）の規定は、新設合併設立株式会社、新設分割設立株式会社又は株式移転設立完全親会社（以下この目において「設立株式会社」という。）の設立については、適用しない。

② 設立株式会社の定款は、消滅会社等が作成する。

（新設合併契約等に関する書面等の備置き及び閲覧等）

第八一五条① 新設合併設立株式会社は、その成立の日後遅滞なく、新設合併により新設合併設立株式会社が承継した新設合併消滅会社の権利義務その他の新設合併に関する事項として法務省令で定める事項を記載し、又は記録した書面又は電磁的記録を作成しなければならない。

② 新設分割設立株式会社（一又は二以上の合同会社のみが新設分割をする場合における当該新設分割設立株式会社に限る。）は、その成立の日後遅滞なく、新設分割合同会社と共同して、新設分割により新設分割設立株式会社が承継した新設分割合同会社の権利義務その他の新設分割に関する事項として法務省令で定める事項を記載し、又は記録した書面又は電磁的記録を作成しなければならない。

③ 次の各号に掲げる設立株式会社は、その成立の日から六箇月間、当該各号に定めるものをその本店に備え置かなければならない。

一　新設合併設立株式会社　第一項の書面又は電磁的記録及び新設合併契約の内容その他法務省令で定める事項を記載し、又は記録した書面又は電磁的記録

二　新設分割設立株式会社　前項又は第八百十一条第一項第一号の書面又は電磁的記録

三　株式移転設立完全親会社　第八百十一条第一項第二号の書面又は電磁的記録

④ 新設合併設立株式会社の株主及び債権者は、新設合併設立株式会社に対して、その営業時間内は、いつでも、次に掲げる請求をすることができる。ただし、第二号又は第四号に掲げる請求をするには、当該新設合併設立株式会社の定めた費用を支払わなければならない。

一　前項第一号の書面の閲覧の請求

二　前項第一号の書面の謄本又は抄本の交付の請求

三　前項第一号の電磁的記録に記録された事項を法務省令で定める方法により表示したものの閲覧の請求

四　前項第一号の電磁的記録に記録された事項を電磁的方法であって新設合併設立株式会社の定めたものにより提供することの請求又はその事項を記載した書面の交付の請求

⑤ 前項の規定は、新設分割設立株式会社について準用する。この場合において、同項中「株主及び債権者」とあるのは「株主、債権者その他の利害関係人」と、同項各号中「前項第一号」とあるのは「前項第二号」と読み替えるものとする。

⑥ 第四項の規定は、株式移転設立完全親会社について準用する。この場合において、同項中「株主及び債権者」とあるのは「株主及び新株予約権者」と、同項各号中「前項第一号」とあるのは「前項第三号」と読み替えるものとする。

罰❶【株式会社成立の日→七六三①[十二]　罰【省令で定める事項→会社則二一一　❶❷【違反に対する制裁→九七六[七]　❷【省令で定める事項→会社則二一二　❸【本店→二七[三]【違反に対する制裁→九七六[四]　[二]【省令で定める事項→会社則二一三　❹【違反に対する制裁→九七六[四]　[三]【省令で定める方法→会社則二二六　❶―❹【電磁的記録→二六②

第二目　持分会社の手続

（持分会社の設立の特則）

第八一六条① 第五百七十五条及び第五百七十八条の規定は、新設合併設立持分会社又は新設分割設立持分会社（次項において「設立持分会社」という。）の設立については、適用しない。

② 設立持分会社の定款は、消滅会社等が作成する。

第四節　株式交付の手続

（株式交付計画に関する書面等の備置き及び閲覧等）

第八一六条の二① 株式交付親会社は、株式交付計画備置開始日から株式交付がその効力を生ずる日（以下この節において「効力発生日」という。）後六箇月を経過する日までの間、株式交付計画の内容その他法務省令で定める事項を記載し、又は記録した書面又は電磁的記録をその本店に備え置かなければならない。

② 前項に規定する「株式交付計画備置開始日」とは、次に掲げる日のいずれか早い日をいう。

一　株式交付計画について株主総会（種類株主総会を含む。）の決議によってその承認を受けなければならないときは、当該株主総会の日の二週間前の日（第三百十九条第一項の場合にあっては、同項の提案があった日）

二　第八百十六条の六第三項の規定による通知の日又は同条第四項の公告の日のいずれか早い日

三　第八百十六条の八の規定による手続をしなければならないときは、同条第二項の規定による公告の日又は同項の規定による催告の日のいずれか早い日

③ 株式交付親会社の株主（株式交付に際して株式交付子会社の株式及び新株予約権等の譲渡人に対して交付する金銭等（株式交付親会社の株式を除く。）が株式交付親会社の株式に準ずるものとして法務省令で定めるもののみである場合以外の場合にあっては、株主及び債権者）は、株式交付親会社に対して、その営業時間内は、いつでも、次に掲げる請求をすることができる。ただし、第二号又は第四号に掲げる請求をするには、当該株式交付親会社の定めた費用を支払わなけれ

ばならない。

一　第一項の書面の閲覧の請求
二　第一項の書面の謄本又は抄本の交付の請求
三　第一項の電磁的記録に記録された事項を法務省令で定める方法により表示したものの閲覧の請求
四　第一項の電磁的記録に記録された事項を電磁的方法であって株式交付親会社の定めたものにより提供することの請求又はその事項を記載した書面の交付の請求

⊛❶【電磁的記録↓二六②【本店↓二七[三]【違反に対する制裁↓九七六[七][四]【省令で定める事項↓会社則二一三の二　❷[一]【株主総会の決議が必要な場合↓八一六の三①・三〇九②[十二]　❸[三]【株主に対する通知↓一二六　[三][三]【公告↓九三九【省令で定めるもの↓会社則二二三の三　[三]【省令で定める方法↓会社則二二六　[三][四]【電磁的記録↓二六②【違反に対する制裁↓九七六[四]

（株式交付計画の承認等）

第八一六条の三①　株式交付親会社は、効力発生日の前日までに、株主総会の決議によって、株式交付計画の承認を受けなければならない。

②　株式交付親会社が株式交付子会社の株式及び新株予約権等の譲渡人に対して交付する金銭等（株式交付親会社の株式等を除く。）の帳簿価額が株式交付親会社が譲り受ける株式交付子会社の株式及び新株予約権等の額として法務省令で定める額を超える場合には、取締役は、前項の株主総会において、その旨を説明しなければならない。

③　株式交付親会社が種類株式発行会社である場合において、次の各号に掲げるときは、株式交付は、当該各号に定める種類の株式（譲渡制限株式であって、第百九十九条第四項の定款の定めがないものに限る。）の種類株主を構成員とする種類株主総会（当該種類株主に係る株式の種類が二以上ある場合にあっては、当該二以上の株式の種類別に区分された種類株主を構成員とする各種類株主総会）の決議がなければ、その効力を生じない。ただし、当該種類株主総会において議決権を行使することができる株主が存しない場合は、この限りでない。

一　株式交付子会社の株式の譲渡人に対して交付する金銭等が株式交付親会社の株式であるとき　第七百七十四条の三第一項第三号の種類の株式

二　株式交付子会社の新株予約権等の譲渡人に対して交付する金銭等が株式交付親会社の株式であるとき　第七百七十四条の三第一項第八号イの種類の株式

⊛+【適用除外↓八一六の四①　❶【効力発生日↓七七四の三①[十一]【株主総会の決議↓三〇九②[十二]・三二一①[十四]　❷【取締役の説明義務↓三一四【省令で定める額↓会社則二一三の四　❸【種類株式発行会社↓二[十三]【譲渡制限株式↓二[十七]【種類株主総会↓二[十四]・三二四②[七]

（株式交付計画の承認を要しない場合等）

第八一六条の四①　前条第一項及び第二項の規定は、第一号に掲げる額の第二号に掲げる額に対する割合が五分の一（これを下回る割合を株式交付親会社の定款で定めた場合にあっては、その割合）を超えない場合には、適用しない。ただし、同項に規定する場合又は株式交付親会社が公開会社でない場合は、この限りでない。

一　次に掲げる額の合計額

イ　株式交付子会社の株式及び新株予約権等の譲渡人に対して交付する株式交付親会社の株式の数に一株当たり純資産額を乗じて得た額

ロ　株式交付子会社の株式及び新株予約権等の譲渡人に対して交付する株式交付親会社の社債、新株予約権又は新株予約権付社債の帳簿価額の合計額

ハ　株式交付子会社の株式及び新株予約権等の譲渡人に対して交付する株式交付親会社の株式等以外の財産の帳簿価額の合計額

二　株式交付親会社の純資産額として法務省令で定める方法により算定される額

②　前項本文に規定する場合において、法務省令で定める数の株式（前条第一項の株主総会において議決権を行使することができるものに限る。）を有する株主が第八百十六条の六第三項の規定による通知又は同条第四項の公告の日から二週間以内に株式交付に反対する旨を株式交付親会社に対し通知したときは、当該株式交付親会社は、効力発生日の前日までに、株主総会の決議によって、株式交付計画の承認を受けなければならない。

⊛+【同旨の規定↓四六八②③・七九六②③　❶【登記申請書の添付書類↓商登九〇の二[三]【公開会社↓二[五]【差損の生じる場合↓八一六の三②　[三]【省令で定める方法↓会社則二一三の五　❷【効力発生日↓七七四の三①[十一]【株主総会の決議↓三〇九②[十二]【省令で定める数↓会社則二一三の六

（株式交付をやめることの請求）

第八一六条の五　株式交付が法令又は定款に違反する場合において、株式交付親会社の株主が不利益を受けるおそれがあるときは、株式交付親会社の株主は、株式交付親会社に対し、株式交付をやめることを請求することができる。ただし、前条第一項本文に規定する場合（同項ただし書又は同条第二項に規定する場合を除く。）は、この限りでない。

⊛+【差止請求↓民保二三②、一七一の三・一七九の七・一八二の三・二一〇・三六〇・七八四の二・七九六の二・八〇五の二

（反対株主の株式買取請求）

第八一六条の六①　株式交付をする場合には、反対株主は、株式交付親会社に対し、自己の有する株式を公正な価格で買い取ることを請求することができる。ただし、第八百十六条の四第一項本文に規定する場合（同項ただし書又は同条第二項に規定する場合を除く。）は、この限りでない。

②　前項に規定する「反対株主」とは、次の各号に掲げる場合における当該各号に定める株主をいう。

一　株式交付をするために株主総会（種類株主総会を含む。）の決議を要する場合　次に掲げる株主

イ　当該株主総会に先立って当該株式交付に反対する旨を当該株式交付親会社に対し通知し、かつ、当該株主総会において当該株式交付に反対した株主（当該株主総会において議決権を行使すること

ができるものに限る。）

ロ　当該株主総会において議決権を行使することができない株主

二　前号に掲げる場合以外の場合　全ての株主

③　株式交付親会社は、効力発生日の二十日前までに、その株主に対し、株式交付をする旨並びに株式交付子会社の商号及び住所を通知しなければならない。

④　次に掲げる場合には、前項の規定による通知は、公告をもってこれに代えることができる。

一　株式交付親会社が公開会社である場合

二　株式交付親会社が第八百十六条の三第一項の株主総会の決議によって株式交付計画の承認を受けた場合

⑤　第一項の規定による請求（以下この節において「株式買取請求」という。）は、効力発生日の二十日前の日から効力発生日の前日までの間に、その株式買取請求に係る株式の数（種類株式発行会社にあっては、株式の種類及び種類ごとの数）を明らかにしてしなければならない。

⑥　株券が発行されている株式について株式買取請求をしようとするときは、当該株式の株主は、株式交付親会社に対し、当該株式に係る株券を提出しなければならない。ただし、当該株券について第二百二十三条の規定による請求をした者については、この限りでない。

⑦　株式買取請求をした株主は、株式交付親会社の承諾を得た場合に限り、その株式買取請求を撤回することができる。

⑧　株式交付を中止したときは、株式買取請求は、その効力を失う。

⑨　第百三十三条の規定は、株式買取請求に係る株式については、適用しない。

㊟【類似の手続↓一一六、一七二、一七九の八、一八二の四、四六九、七八五、七九七、八〇六　❷【二】株主総会・種類株主総会を要する場合↓八一六の三①、一一六㊟、八〇四㊟　❸【効力発生日↓七七四の三①[十二]【株主に対する通知↓一二六　❹【公告↓九三九【通知に代わる公告↓七七六③㊟　【二】【公開会社↓二[五]　❸❹【簡易株式交付に対する株主の反対↓八一六の四②【違反に対する制裁↓九七六[二]　❺【種類株式発行会社↓二[十三]　❼【適用除外↓八一六の七③　❽【株式交付の中止↓七七四の一一⑤[三]

第八一六条の七（株式の価格の決定等）① 株式買取請求があった場合において、株式の価格の決定について、株主と株式交付親会社との間に協議が調ったときは、株式交付親会社は、効力発生日から六十日以内にその支払をしなければならない。

② 株式の価格の決定について、効力発生日から三十日以内に協議が調わないときは、株主又は株式交付親会社は、その期間の満了の日後三十日以内に、裁判所に対し、価格の決定の申立てをすることができる。

③ 前条第七項の規定にかかわらず、前項に規定する場合において、効力発生日から六十日以内に同項の申立てがないときは、その期間の満了後は、株主は、いつでも、株式買取請求を撤回することができる。

④ 株式交付親会社は、裁判所の決定した価格に対する第一項の期間の満了の日後の法定利率による利息をも支払わなければならない。

⑤ 株式交付親会社は、株式の価格の決定があるまでは、株主に対し、当該株式交付親会社が公正な価格と認める額を支払うことができる。

⑥ 株式買取請求に係る株式の買取りは、効力発生日に、その効力を生ずる。

⑦ 株券発行会社は、株券が発行されている株式について株式買取請求があったときは、株券と引換えに、その株式買取請求に係る株式の代金を支払わなければならない。

㊟❶【株式買取請求↓八一六の六①⑤　❷【効力発生日↓七七四の三①[十二]【裁判所↓八六八①、八七〇②[三]　❹【裁判所による価格の決定↓八七一―八七四　❺【株式買取価格等の前払↓一一七⑤、一七二⑤、一八二の五、四七〇⑤、七八六⑤、七九八⑤、八〇七⑤　❼【株券発行会社↓二一四㊟

第八一六条の八（債権者の異議）① 株式交付に際して株式交付子会社の株式及び新株予約権等の譲渡人に対して交付する金銭等（株式交付親会社の株式を除く。）が株式交付親会社の株式に準ずるものとして法務省令で定めるもののみである場合以外の場合には、株式交付親会社の債権者は、株式交付親会社に対し、株式交付について異議を述べることができる。

② 前項の規定により株式交付親会社の債権者が異議を述べることができる場合には、株式交付親会社は、次に掲げる事項を官報に公告し、かつ、知れている債権者には、各別にこれを催告しなければならない。ただし、第四号の期間は、一箇月を下ることができない。

一　株式交付をする旨

二　株式交付子会社の商号及び住所

三　株式交付親会社及び株式交付子会社の計算書類に関する事項として法務省令で定めるもの

四　債権者が一定の期間内に異議を述べることができる旨

③ 前項の規定にかかわらず、株式交付親会社が同項の規定による公告を、官報のほか、第九百三十九条第一項の規定による定款の定めに従い、同項第二号又は第三号に掲げる公告方法によりするときは、前項の規定による各別の催告は、することを要しない。

④ 債権者が第二項第四号の期間内に異議を述べなかったときは、当該債権者は、当該株式交付について承認をしたものとみなす。

⑤ 債権者が第二項第四号の期間内に異議を述べたときは、株式交付親会社は、当該債権者に対し、弁済し、若しくは相当の担保を提供し、又は当該債権者に弁済を受けさせることを目的として信託会社等に相当の財産を信託しなければならない。ただし、当該株式交付をしても当該債権者を害するおそれがないときは、この限りでない。

㊟【登記申請書への添付↓商登九〇の二[四]【類似の制度↓七七九、七八九、七九九、八一〇　❶【異議債権者の保護↓八二八

②㈩㈢【省令で定めるもの→会社則二一三の七 ❷【公告→九三九【違反に対する制裁→九七六㉖ ㈢【省令で定めるもの→会社則二一三の八 ❸【株式会社の定款記載・記録→九三九①・二九 ❺【違反に対する制裁→九七六㉖

第八一六条の九（**株式交付の効力発生日の変更**）① 株式交付親会社は、効力発生日を変更することができる。

② 前項の規定による変更後の効力発生日は、株式交付計画において定めた当初の効力発生日から三箇月以内の日でなければならない。

③ 第一項の場合には、株式交付親会社は、変更前の効力発生日（変更後の効力発生日が変更前の効力発生日前の日である場合にあっては、当該変更後の効力発生日）の前日までに、変更後の効力発生日を公告しなければならない。

④ 第一項の規定により効力発生日を変更したときは、変更後の効力発生日を効力発生日とみなして、この節（第二項を除く。）及び前章（第七百七十四条の三第一項第十一号を除く。）の規定を適用する。

⑤ 株式交付親会社は、第一項の規定による効力発生日の変更をする場合には、当該変更と同時に第七百七十四条の三第一項第十号の期日を変更することができる。

⑥ 第三項及び第四項の規定は、前項の規定による第七百七十四条の三第一項第十号の期日の変更について準用する。この場合において、第四項中「この節（第二項を除く。）及び前章（第七百七十四条の三第一項第十一号を除く。）」とあるのは、「第七百七十四条の四、第七百七十四条の十及び前項」と読み替えるものとする。

【効力発生日→七七四の三①㈩㈡ ❶【効力発生日の変更→七八〇 ❸【公告→九三九【違反に対する制裁→九七六㈢

第八一六条の一〇（**株式交付に関する書面等の備置き及び閲覧等**）① 株式交付親会社は、効力発生日後遅滞なく、株式交付に際して株式交付親会社が譲り受けた株式交付子会社の株式の数その他の株式交付に関する事項として法務省令で定める事項を記載し、又は記録した書面又は電磁的記録を作成しなければならない。

② 株式交付親会社は、効力発生日から六箇月間、前項の書面又は電磁的記録をその本店に備え置かなければならない。

③ 株式交付親会社の株主（株式交付に際して株式交付子会社の株式及び新株予約権等の譲渡人に対して交付する金銭等（株式交付親会社の株式に準ずるものとして法務省令で定めるもののみである場合以外の場合にあっては、株主及び債権者）は、株式交付親会社に対して、その営業時間内は、いつでも、次に掲げる請求をすることができる。ただし、第二号又は第四号に掲げる請求をするには、当該株式交付親会社の定めた費用を支払わなければならない。

一 前項の書面の閲覧の請求

二 前項の書面の謄本又は抄本の交付の請求

三 前項の電磁的記録に記録された事項を法務省令で定める方法により表示したものの閲覧の請求

四 前項の電磁的記録に記録された事項を電磁的方法であって株式交付親会社の定めたものにより提供することの請求又はその事項を記載した書面の交付の請求

【電磁的記録→二六② ❶【効力発生日→七七四の三①㈩㈡【違反に対する制裁→九七六㈦【省令で定める事項→会社則二一三の九 ❷【本店→二七㈢【違反に対する制裁→九七六㈣ ❸【違反に対する制裁→九七六㈣【省令で定めるもの→会社則二一三の一〇 ㈢【省令で定める方法→会社則二二六

第六編　外国会社

第八一七条（**外国会社の日本における代表者**）① 外国会社は、日本において取引を継続してしようとするときは、日本における代表者を定めなければならない。この場合において、その日本における代表者のうち一人以上は、日本に住所を有する者でなければならない。

② 外国会社の日本における代表者は、当該外国会社の日本における業務に関する一切の裁判上又は裁判外の行為をする権限を有する。

③ 前項の権限に加えた制限は、善意の第三者に対抗することができない。

④ 外国会社は、その日本における代表者がその職務を行うについて第三者に加えた損害を賠償する責任を負う。

【外国会社→二㈡・八二三 ❶【代表者→八二〇・八二七①㈣・九三三①②㈢・九三四・九三五、商登一二九①㈢【代表者に対する罰則→九七六 ❷―❹【権限等→三四九④⑤・三五〇

第八一八条（**登記前の継続取引の禁止等**）① 外国会社は、外国会社の登記をするまでは、日本において取引を継続してすることができない。

② 前項の規定に違反して取引をした者は、相手方に対し、外国会社と連帯して、当該取引によって生じた債務を弁済する責任を負う。

❶【外国会社の登記→九三三・九三六、商登一二九【違反に対する制裁→九七九②【外国法人の否認→民三七⑤

第八一九条（**貸借対照表に相当するものの公告**）① 外国会社の登記をした外国会社（日本における同種の会社又は最も類似する会社が株式会社であるものに限る。）は、法務省令で定めるところにより、第四百三十八条第二項の承認と同種の手続又はこれに類似する手続の終結後遅滞なく、貸借対照表に相当するものを日本において公告しなければならない。

② 前項の規定にかかわらず、その公告方法が第九百三十九条第一項第一号又は第二号に掲げる方法である外国会社は、前項に規定する貸借対照表に相当するものの要旨を公告することで足りる。

③ 前項の外国会社は、法務省令で定めるところによ

り、第一項の手続の終結後遅滞なく、同項に規定する貸借対照表に相当するものの内容である情報を、当該手続の終結の日後五年を経過する日までの間、継続して電磁的方法により日本において不特定多数の者が提供を受けることができる状態に置く措置をとることができる。この場合においては、前二項の規定は、適用しない。

④　金融商品取引法第二十四条第一項の規定により有価証券報告書を内閣総理大臣に提出しなければならない外国会社については、前三項の規定は、適用しない。

参❶【公告方法↓九三九②—④、九四〇②【省令の定め↓会社則二一四　❷—❹【要旨の公告等↓四四〇②—④　❸【省令の定め↓会社則二一五

（日本に住所を有する日本における代表者の退任）

第八二〇条①　外国会社の登記をした外国会社は、日本における代表者（日本に住所を有するものに限る。）の全員が退任しようとするときは、当該外国会社の債権者に対し異議があれば一定の期間内にこれを述べることができる旨を官報に公告し、かつ、知れている債権者には、各別にこれを催告しなければならない。ただし、当該期間は、一箇月を下ることができない。

②　債権者が前項の期間内に異議を述べたときは、同項の外国会社は、当該債権者に対し、弁済し、若しくは相当の担保を提供し、又は当該債権者に弁済を受けさせることを目的として信託会社等に相当の財産を信託しなければならない。ただし、同項の退任をしても当該債権者を害するおそれがないときは、この限りでない。

③　第一項の退任は、前二項の手続が終了した後にその登記をすることによって、その効力を生ずる。

参❶❷【債権者の保護措置解怠の制裁↓九七六[二十六]、商登一三〇　②+【適用除外↓八二二④

（擬似外国会社）

第八二一条①　日本に本店を置き、又は日本において事業を行うことを主たる目的とする外国会社は、日本においで取引を継続してすることができない。

②　前項の規定に違反して取引をした者は、相手方に対し、外国会社と連帯して、当該取引によって生じた債務を弁済する責任を負う。

参❶【違反に対する制裁↓九七九②

（日本にある外国会社の財産についての清算）

第八二二条①　裁判所は、次に掲げる場合には、利害関係人の申立てにより又は職権で、日本にある外国会社の財産の全部について清算の開始を命ずることができる。

一　外国会社が第八百二十七条第一項の規定による命令を受けた場合

二　外国会社が日本において取引を継続してすることをやめた場合

②　前項の場合には、裁判所は、清算人を選任する。

③　第四百七十六条〈清算株式会社の能力〉、第二編第九章第一節第二款〈清算株式会社の機関〉、第四百九十二条〈財産目録等の作成等〉、同節第四款〈債務の弁済等〉及び第五百八条〈帳簿資料の保存〉の規定並びに同章第二節（第五百十条、第五百十一条及び第五百十四条を除く。）〈特別清算〉の規定は、その性質上許されないものを除き、第一項の規定による日本にある外国会社の財産についての清算について準用する。

④　第八百二十条の規定は、外国会社が第一項の清算の開始を命じられた場合において、当該外国会社の日本における代表者（日本に住所を有するものに限る。）の全員が退任しようとするときは、適用しない。

参+【日本にある外国会社の財産についての清算↓八七九—九〇三、九三八　❶【裁判所↓八六八⑤　❸【五〇八条の準用↓八七四[二]

（他の法律の適用関係）

第八二三条　外国会社は、他の法律の適用については、日本における同種の会社又は最も類似する会社とみなす。ただし、他の法律に別段の定めがあるときは、この限りでない。

参+【外国会社の地位↓破三、民再三、会更三、民三②、三五②　【法律の別段の定めの例↓民三五②但

第七編　雑則

第一章　会社の解散命令等

第一節　会社の解散命令

（会社の解散命令）

第八二四条①　裁判所は、次に掲げる場合において、公益を確保するため会社の存立を許すことができないと認めるときは、法務大臣又は株主、社員、債権者その他の利害関係人の申立てにより、会社の解散を命ずることができる。

一　会社の設立が不法な目的に基づいてされたとき。

二　会社が正当な理由がないのにその成立の日から一年以内にその事業を開始せず、又は引き続き一年以上その事業を休止したとき。

三　業務執行取締役、執行役又は業務を執行する社員が、法令若しくは定款で定める会社の権限を逸脱し若しくは濫用する行為又は刑罰法令に触れる行為をした場合において、法務大臣から書面による警告を受けたにもかかわらず、なお継続的に又は反覆して当該行為をしたとき。

②　株主、社員、債権者その他の利害関係人が前項の申立てをしたときは、裁判所は、会社の申立てにより、同項の申立てをした者に対し、相当の担保を立てるべきことを命ずることができる。

③　会社は、前項の規定による申立てをするには、第一項の申立てが悪意によるものであることを疎明しなければならない。

④　民事訴訟法（平成八年法律第百九号）第七十五条第五項及び第七項〈担保提供命令〉並びに第七十六条から第八十条まで〈担保提供の方法等〉の規定は、第二項の規定により第一項の申立てについて立てるべき担保について準用する。

参+【解散命令↓一般法人二六一、八二七、独禁八の二、九五の四

【解散命令の手続↓八六八①・八七〇①〔十〕・九〇四・九三七①〔三〕【解散命令の効果↓四七一〔六〕・四七八③　❶【申立て↓八二五①・八二六　〔三〕【権限の逸脱↓二七〔一〕・五七六①〔一〕　❷【担保提供命令↓八三六・八四七の四②

（会社の財産に関する保全処分）

第八二五条① 裁判所は、前条第一項の申立てがあった場合には、法務大臣若しくは株主、社員、債権者その他の利害関係人の申立てにより又は職権で、同項の申立てにつき決定があるまでの間、会社の財産に関し、管理人による管理を命ずる処分（次項において「管理命令」という。）その他の必要な保全処分を命ずることができる。

② 裁判所は、管理命令をする場合には、当該管理命令において、管理人を選任しなければならない。

③ 裁判所は、法務大臣若しくは株主、社員、債権者その他の利害関係人の申立てにより又は職権で、前項の管理人を解任することができる。

④ 裁判所は、第二項の管理人を選任した場合には、会社が当該管理人に対して支払う報酬の額を定めることができる。

⑤ 第二項の管理人は、裁判所が監督する。

⑥ 裁判所は、第二項の管理人に対し、会社の財産の状況の報告をし、かつ、その管理の計算をすることを命ずることができる。

⑦ 民法第六百四十四条〈受任者の注意義務〉、第六百四十六条〈受任者による受取物の引渡し等〉、第六百四十七条〈受任者の金銭の消費についての責任〉及び第六百五十条〈受任者による費用等の償還請求等〉の規定は、第二項の管理人について準用する。この場合において、同法第六百四十六条、第六百四十七条及び第六百五十条中「委任者」とあるのは、「会社」と読み替えるものとする。

❶【管理命令その他の保全処分↓九〇五・八七二〔一〕　❷【管理人の選任↓八七四〔一〕　❹【管理人の報酬↓八七〇①〔一〕　❻【報告・計算↓九〇六・八七四〔三〕

（官庁等の法務大臣に対する通知義務）

第八二六条 裁判所その他の官庁、検察官又は吏員は、その職務上第八百二十四条第一項の申立て又は同項第三号の警告をすべき事由があることを知ったときは、法務大臣にその旨を通知しなければならない。

第二節　外国会社の取引継続禁止又は営業所閉鎖の命令

第八二七条① 裁判所は、次に掲げる場合には、法務大臣又は株主、社員、債権者その他の利害関係人の申立てにより、外国会社が日本において取引を継続してすることの禁止又はその日本に設けられた営業所の閉鎖を命ずることができる。

一　外国会社の事業が不法な目的に基づいて行われたとき。

二　外国会社が正当な理由がないのに外国会社の登記の日から一年以内にその事業を開始せず、又は引き続き一年以上その事業を休止したとき。

三　外国会社が正当な理由がないのに支払を停止したとき。

四　外国会社の日本における代表者その他その業務を執行する者が、法令で定める外国会社の権限を逸脱し若しくは濫用する行為又は刑罰法令に触れる行為をした場合において、法務大臣から書面による警告を受けたにもかかわらず、なお継続的に又は反覆して当該行為をしたとき。

② 第八百二十四条第二項から第四項まで〈会社の解散命令〉及び前条の規定は、前項の場合について準用する。この場合において、第八百二十四条第二項中「前項」とあり、同条第三項及び第四項中「第一項」とあり、並びに第八百二十五条第一項中「前条第一項」とあるのは「第八百二十七条第一項」と、前条中「第八百二十四条第一項」とあるのは「次条第一項」と、「同項第三号」とあるのは「同項第四号」と読み替えるものとする。

❶【取引継続禁止等の命令の手続↓八六八⑤・八七〇①〔十一〕・九〇四・九三七②【取引継続禁止等の命令↓八二二①〔一〕・九七六〔三十四〕　〔二〕【外国会社の登記↓八一八①　〔三〕【支払の停止↓破一五②　❷【八二五条の準用↓八六八⑤・八七二〔一〕

第二章　訴訟

第一節　会社の組織に関する訴え

（会社の組織に関する行為の無効の訴え）

第八二八条① 次の各号に掲げる行為の無効は、当該各号に定める期間に、訴えをもってのみ主張することができる。

一　会社の設立　会社の成立の日から二年以内

二　株式会社の成立後における株式の発行　株式の発行の効力が生じた日から六箇月以内（公開会社でない株式会社にあっては、株式の発行の効力が生じた日から一年以内）

三　自己株式の処分　自己株式の処分の効力が生じた日から六箇月以内（公開会社でない株式会社にあっては、自己株式の処分の効力が生じた日から一年以内）

四　新株予約権（当該新株予約権が新株予約権付社債に付されたものである場合にあっては、当該新株予約権付社債についての社債を含む。以下この章において同じ。）の発行　新株予約権の発行の効力が生じた日から六箇月以内（公開会社でない株式会社にあっては、新株予約権の発行の効力が生じた日から一年以内）

五　株式会社における資本金の額の減少　資本金の額の減少の効力が生じた日から六箇月以内

六　会社の組織変更　組織変更の効力が生じた日から六箇月以内

七　会社の吸収合併　吸収合併の効力が生じた日から六箇月以内

八　会社の新設合併　新設合併の効力が生じた日から六箇月以内

九　会社の吸収分割　吸収分割の効力が生じた日から六箇月以内

十　会社の新設分割　新設分割の効力が生じた日から六箇月以内
十一　株式会社の株式交換　株式交換の効力が生じた日から六箇月以内
十二　株式会社の株式移転　株式移転の効力が生じた日から六箇月以内
十三　株式会社の株式交付　株式交付の効力が生じた日から六箇月以内

②　次の各号に掲げる行為の無効の訴えは、当該各号に定める者に限り、提起することができる。

一　前項第一号に掲げる行為　設立する株式会社の株主等（株主、取締役又は清算人（監査役設置会社にあっては株主、取締役、監査役又は清算人、指名委員会等設置会社にあっては株主、取締役、執行役又は清算人）をいう。以下この節において同じ。）又は設立する持分会社の社員等（社員又は清算人をいう。以下この項において同じ。）
二　前項第二号に掲げる行為　当該株式会社の株主等
三　前項第三号に掲げる行為　当該株式会社の株主等
四　前項第四号に掲げる行為　当該株式会社の株主等又は新株予約権者
五　前項第五号に掲げる行為　当該株式会社の株主等、破産管財人又は資本金の額の減少について承認をしなかった債権者
六　前項第六号に掲げる行為　当該行為の効力が生じた日において組織変更をする会社の株主等若しくは社員等であった者又は組織変更後の会社の株主等、社員等、破産管財人若しくは組織変更について承認をしなかった債権者
七　前項第七号に掲げる行為　当該行為の効力が生じた日において吸収合併をする会社の株主等若しくは社員等であった者又は吸収合併後存続する会社の株主等、社員等、破産管財人若しくは吸収合併について承認をしなかった債権者
八　前項第八号に掲げる行為　当該行為の効力が生じた日において新設合併をする会社の株主等若しくは社員等であった者又は新設合併により設立する会社の株主等、社員等、破産管財人若しくは新設合併について承認をしなかった債権者
九　前項第九号に掲げる行為　当該行為の効力が生じた日において吸収分割契約をした会社の株主等若しくは社員等であった者又は吸収分割契約をした会社の株主等、社員等、破産管財人若しくは吸収分割について承認をしなかった債権者
十　前項第十号に掲げる行為　当該行為の効力が生じた日において新設分割をする会社の株主等若しくは社員等であった者又は新設分割をする会社若しくは新設分割により設立する会社の株主等、社員等、破産管財人若しくは新設分割について承認をしなかった債権者
十一　前項第十一号に掲げる行為　当該行為の効力が生じた日において株式交換契約をした会社の株主等若しくは社員等であった者又は株式交換契約をした会社の株主等、社員等、破産管財人若しくは株式交換について承認をしなかった債権者
十二　前項第十二号に掲げる行為　当該行為の効力が生じた日において株式移転をする株式会社の株主等であった者又は株式移転により設立する株式会社の株主等
十三　前項第十三号に掲げる行為　当該行為の効力が生じた日において株式交付親会社の株主等であった者、株式交付に際して株式交付親会社に株式交付子会社の株式若しくは新株予約権等を譲り渡した者又は株式交付親会社の株主等、破産管財人若しくは株式交付について承認をしなかった債権者

参 ❶【無効の訴え→八三四[一]－[十二の二]・八三五－八三七【株主等の権利の行使に関する贈収賄罪→九六八①[四]【無効判決の効力→八三八、八三九、九三七①③④　[一]【設立の無効→四九、五七九、四七五[三]・六四四[三]・八四五　[二][三]【株式発行・自己株式処分の無効→二〇九①・一六七②[四]・一七〇②[四]・一七三②[三]・一八四①・一八七①・八二九[一]・八四〇・八四一　[四]【新株予約権発行の無効→二四五・八二九[三]・八四二　[五]【資本金減少の無効→四四九⑥　[六]【組織変更の無効→七四四①[五]・七四六①[五]　[七]【吸収合併の無効→七四九①[六]・七五一①[七]　[八]【新設合併の無効→四九、八一四①・五七九　[九]【吸収分割の無効→七五八[七]・七六〇[六]　[十]【新設分割の無効→四九、八一四①・五七九　[十一]【株式交換の無効→七六八①[六]　[十二]【株式移転の無効→四九、八一四①・五七九　[十三]【株式交付の無効→七七四の三①[十一]　❷[五]【承認しなかった債権者→四四九　[六]【承認しなかった債権者→七七九・七八一②　[七][九][十一]【承認しなかった債権者→七八九・七九九・八〇二②　[八][十][十三]【承認しなかった債権者→八一〇・八一三②・八一六の八

一　設立無効の訴え

1　引受け・払込みの欠陥と設立の有効・無効の判定

[1]　会社設立の有効・無効の判定は、引受け・払込みの欠陥が重大で、そのため会社資本の強固と事業の遂行に障害を与えるかどうかを標準として判断すべく、それは会社の目的、資本の総額その他諸般の事情を総合して判断すべきである。（大判大6・3・8民録二三・三四六）

2　原告適格等―会社設立後に株主となった者

[2]　会社設立後新たに株主になった者も設立無効の訴えを提起できる。（大判昭7・5・20法学一・一一・五七一）

3　訴えの利益等―総会への出席等と訴えの利益

[3]　株主が総会に出席し、又は利益配当を受けた事実があったとしても、会社の設立無効を主張する利益を放棄したものとはいえない。（大判昭12・7・14新聞四一六六・一五）

4　会社の不存在

[4]　会社設立を仮装したにとどまり、当初より設立行為のない虚構のものであるときは、設立無効の訴えを提起するまでもなく、何人もその不存在を主張し得る。（大判昭12・9・2判決全集四・一七・四九）

二　新株発行等の無効の訴え

1　無効事由に該当する場合

イ　発行可能株式総数を超えた募集株式の発行等

[5]　発行可能株式総数を超えてなされた新株発行は無効である。（東京地判昭31・6・13下民七・六・一五五〇）

ロ　非公開会社における株主総会決議を欠く募集株式の発行等

[6]　非公開会社において、株主総会の特別決議を経ないまま株主割当て以外の方法による募集株式の発行がされた場合、その発行手続には重大な法令違反があり、この瑕疵

〔かし〕は株式発行の無効原因になる。（最判平24・4・24民集六六・六・二九〇八、会社法百選[四版]二六）

ハ　会社法二〇六条の二第四項の承認決議を欠く募集株式の発行等

[7]　会社が、会社法二〇六条の二第四項の反対通知を行った大株主等の反対により同項の承認決議が行われない蓋然性を認識しながら、承認決議のための株主総会を開催するような態度を示しつつ、払込期日の五日前になって当該大株主に対して株主総会を開催しない旨を伝えたという状況の下で、同項の承認決議を経ないまま された新株発行の手続には重大な法令違反があり、この瑕疵は新株発行の無効原因になる。（東京地判令3・3・18【令元ワ一六六二九】重判令3商一）→二〇六条の二[7]

ニ　募集株式の発行等事項の通知・公告を欠いた募集株式の発行等

[8]　商法二八〇条ノ三ノ二〔会社二〇一条三項・四項〕の公示（通知・公告）は、株主が新株発行差止請求権（同法二八〇条ノ一〇〔会社二一〇条〕）を行使する機会を保障することを目的として会社に義務付けられたものであるから、新株発行に関する事項の公示を欠くことは、新株発行差止請求をしたとしても差止めの事由がないためにこれが許容されないと認められる場合でない限り、新株発行の無効原因となる。（最判平9・1・28民集五一・一・七一、会社法百選[四版]二四）

[9]　会社が株主割当てに係る会社法二〇二条四項の通知を行ったが、通知が株主に到達したのが申込期日から二週間前の日の翌日であり、かつ、払込期間が始まった後であった場合、そのような通知は差止めの機会を株主に付与したものとはいえないから同法二〇二条四項、二一〇条の趣旨に反し、違法であり、株式発行差止請求をしたとしても差止事由がないためにこれが許容されないと認められる場合でない限り、株式発行の無効原因がある。（大阪高判平28・7・15判タ一四三一・一三二、重判平28商四）

ホ　株主が株式の割当てを受ける権利を有する場合において、株主に対して二〇二条四項の通知なしになされた募集株式の発行等

[10]　株主が株式の割当てを受ける権利を有する場合、株主に対して商法二八〇条ノ五第一項〔会社二〇二条四項〕の通知をしないで、むしろ新株発行を秘匿する形で、右の新株引受権を無視してなされた新株発行は無効である。（東京高判平12・8・7判タ一〇四二・二三四）

ヘ　募集株式の発行等差止めの仮処分命令に違反してなされた募集株式の発行等の効力

[11]　商法二八〇条ノ一〇〔会社二一〇条〕に基づく新株発行差止請求訴訟を本案とする新株発行差止めの仮処分命令があるにもかかわらず、あえて右仮処分命令に違反して新株発行がされた場合には、この仮処分命令に違反したことが新株発行の効力に影響がないとすれば、差止請求権を株主の権利として特に認め、しかも仮処分命令を得る機会を株主に与えることによって差止請求権の実効性を担保しようとした法の趣旨が没却されてしまうことになるから、右仮処分命令違反は、新株発行無効の訴えの無効原因となる。（最判平5・12・16民集四七・一〇・五四二三、会社法百選[四版]九九）

ト　株主総会によって付された新株予約権の行使条件に違反した株式の発行

[12]　非公開会社が株主割当て以外の方法により発行した新株予約権に株主総会によって行使条件が付された場合に、この行使条件が当該新株予約権を発行した趣旨に照らして当該新株予約権の重要な内容を構成しているときは、当該行使条件に反した新株予約権の行使による株式の発行は、株主総会の特別決議を経ないまま株主割当て以外の方法による募集株式の発行がされた場合と異なるところはないから、そのような株式の発行には無効原因がある。（最判平24・4・24前出[6]）

2　無効事由に該当しない場合

イ　有効な取締役会決議を経ないでされた募集株式の発行等

[13]　対外的に会社を代表する権限のある取締役が新株を発行した以上、たとえ右新株の発行について有効な取締役会の決議がなくとも、右新株の発行は有効である。（最判昭36・3・31民集一五・三・六四五、会社百選[五版]七三）

ロ　招集通知を欠いて開催された取締役会決議により著しく不公正な方法で発行された場合

[14]　Y会社の代表取締役Aが、専ら会社の支配権を奪い取る目的で、取締役Xに招集通知をしないで開催した取締役会決議により、Xに秘して新株を発行し、その全部を自ら引き受けて保有している場合でも、代表取締役が発行した以上、有効な新株発行であり、著しく不公正な方法で発行されたものであり、また、取締役が新株を現に保有し、Yが小規模閉鎖会社であったとしても、結論に影響しない。（最判平6・7・14判時一五一二・一七八、会社法百選[四版]一〇〇）

ハ　公開会社において株主総会の特別決議を経ないでなされた有利発行の効力

[15]　代表取締役が新株を発行した場合には、右新株が、株主総会の特別決議を経ることなく、株主以外の者に対して特に有利な金額で発行されたものでも、新株発行無効の原因にならない。（最判昭46・7・16判時六四一・九七、会社法百選[四版]二二）

3　出訴期間経過後に新たな無効事由を追加することの可否

[16]　新株発行無効の訴えにおいて、商法二八〇条ノ一五第一項〔本条一項二号〕の出訴期間経過後に新たな無効事由を追加して主張することは許されない。（最判平6・7・18裁判集民一七二・九六七、重判平6商五）

4　募集株式の発行等に関する総会決議無効確認の訴えと確認の利益

[17]　新株が既に発行された後は、新株発行無効の訴えを提起しない限り当該新株の発行を無効とすることができず、新株発行に関する総会決議無効確認の訴えは、確認の利益を欠き、提起できない。（最判昭40・6・29民集一九・四・一〇四五）

5　募集株式の発行等差止請求の訴えとの関係

イ　請求の基礎の同一性

[18]　新株発行差止請求の訴えとそれを本案とする新株発行差止めの仮処分命令に違反してなされた新株発行の無効の訴えとは、同一の経済的利益を追求するものであるから、請求の基礎に同一性がある。（最判平5・12・16前出[11]……民訴法一四三条〔旧二三二条〕による訴えの変更が認められた事例）

ロ　差止請求の訴えを無効の訴えに変更した場合と無効の訴えの出訴期間

[19]　新株発行差止請求の訴えを提起し、差止めの仮処分命令を得た後、それに違反して新株発行がなされた場合において、差止請求の訴えを新株発行無効の訴えに変更したときは、新株発行無効の訴えは、差止請求の訴えの提起時に提

起されたものと同視することができる特段の事情が存在する。（最判平5・12・16前出⑪）

⑳ **6 提訴期間経過後の訴え提起の可否**

イ 事情によらず不適法とされた事例

商法［会社法］は新株発行の手続に瑕疵があって無効となる場合であっても、その関係を長期間不安定の状態に置かないため、「発行ノ日［発行の効力が生じた日］」から六か月［ないし一年］以内に訴えの方法によってのみ争えるとしたものであり、一部の株主の株式発行の事実についての知・不知によって、若しくは知り得べかりし事情の存否によって、「発行ノ日」を特別に解したり、実質六か月の期間を延長するような解釈は採り得ない。（東京高判昭61・8・21判時一二〇八・一二三）

㉑ **ロ 適法とされた事例**

会社の代表者が大株主を排斥する意図の下で新株発行の隠蔽工作を繰り返しており、大株主が新株発行の事実を予想し、又は想定することは容易ではなく、また、会社は非公開会社であり、株式の発行を受けた者は会社の代表者だけである上、大株主が新株発行の存在を知った日から一年以内に無効の訴えを提起しており、訴訟提起が不当に遅延したとはいえないという事実関係の下においては、信義則上、大株主が無効の訴えを所定の提訴期間を徒過して提起したとすることはできず、当該訴えは適法である。（名古屋地判平28・9・30判時二三二九・七七、重判平29商四……新株発行の効力発生日からおよそ二年後に訴えが提起された事例）→八二九条②

三 合併無効の訴え

㉒ **1 原告適格―債権者の破産管財人**

存続会社の債権者について破産手続開始の決定があった場合、当該債権者が存続会社に対して有する債権は破産財団に属する財産としてその管理処分権は破産管財人に専属することになるから、存続会社の債権者の破産管財人は、管理処分権に基づき吸収合併に対する異議申立権を有し、所定の期間内に異議を述べた場合には存続会社から弁済等を受ける権限を有するほか、当該債権の回収の実効性を確保するため、吸収合併無効の訴えを提起することができる。（名古屋高判平24・1・17判タ一三七三・二二四）

㉓ **2 承認決議の瑕疵と合併無効の訴え**

合併承認決議に瑕疵がある場合でも、右決議の取消し又は無効確認のみを訴求することは許されず、その瑕疵を争おうとする者は、必ず合併無効の訴えを提起すべきである。（東京地判昭30・2・28下民六・二・三六一）

㉔ **3 動機の錯誤と合併無効の訴え**

合併契約の前提である事項に錯誤があり、錯誤無効［錯誤の取消し］の主張を制限すれば存続会社の営業価値を著しく毀損する結果につながることが明らかであるときは、会社法五一条二項を類推適用すべきではなく、合併契約の錯誤無効を主張することは許される。（名古屋地判平19・11・21金判一二九四・六〇、会社法百選〔三版〕九二……吸収合併存続会社が風俗営業法の公安委員会の許可を受けた吸収合併消滅会社を吸収合併した際に、存続会社が遊技場の営業を引き継ぐことが当然の前提となっていたにもかかわらず、消滅会社が風俗営業者の地位の承継について手続を行っていない点に錯誤があるとされた事例）

㉕ **4 吸収合併の不成立ないし不存在が否定された事例**

A会社の法人格が清算の結了によって消滅する前に、そのA会社の継続、B会社との間の合併契約等所定の手続を履践して行われた吸収合併は、これを不成立ないし不存在と観念することは許されず、合併無効の訴えによりその効力が否定されない限り、商法上有効である。（最判昭59・2・24刑集三八・四・一二八七）

四 会社分割無効の訴え

㉖ **1 原告適格―承認をしなかった債権者**

新設分割の無効の訴えの原告適格が認められる「新設分割について承認をしなかった債権者」とは、新設分割の手続上、新設分割について承認するかどうか述べることができる債権者、すなわち、新設分割に異議を述べることができる債権者である。（東京高判平23・1・26金判一三六三・三〇、重判平23商四）

㉗ **2 営業許可の承継のための便法としての会社分割**

風俗営業等の規制及び業務の適正化等に関する法律に基づくパチンコ営業許可のみを承継の対象とする会社分割は、分割会社の営業の全部又は一部を承継会社に承継させるものということができず、単に営業許可を承継させるための便法として用いられたものであるから、無効である。（東京高判平21・9・30金法一九二二・一〇九……会社分割による承継の対象が「営業」の全部又は一部とされていた平成一七法八七による改正前の商法下での事例）

㉘ **3 労働者との協議義務の違反と会社分割の無効**

分割会社が商法等の一部を改正する法律（平成一二法九〇）附則五条の定める労働者との協議を行う義務に違反したときは、分割手続の瑕疵となり、特に分割会社が協議を全く行わなかった場合又は実質的にこれと同視し得る場合には分割の無効原因となり得るが、その義務違反が一部の労働者との間で生じたにすぎない場合にはこれを無効原因とするのは相当ではなく、一定の要件の下に、労働契約の承継に異議のある労働者について、分割会社との間で労働契約の承継の効力を争うことができるようにして個別の解決が図られるべきものである。（東京高判平20・6・26判時二〇二六・一五〇、労働百選〔八版〕七三……七六四条⑦の原審）

五 株式交換・株式移転無効の訴え―事前備置書面等の不備置

㉙ 株式交換完全子会社の本店に事前備置書面等が備え置かれていなかったことは、株主等利害関係人が株式交換の公正等を判断することを妨げ、株主の議決権行使等の権利行使に重大な支障を来すものであるから、株式交換の無効原因になる。（神戸地尼崎支判平27・2・6金判一四六八・五八、重判平27商一〇）

六 詐害判決と第三者再審→民訴三三八条⑮

第八二九条（**新株発行等の不存在の確認の訴え**）　次に掲げる行為については、当該行為が存在しないことの確認を、訴えをもって請求することができる。

一　株式会社の成立後における株式の発行

二　自己株式の処分

三　新株予約権の発行

㊜†【新株発行等の不存在確認の訴え→八三四[十三]―[十五]・八三五―八三八、九三七①[三]】【株主等の権利の行使に関する贈収賄罪→九六八①[四]】

⑦ **一 不存在確認の訴えが認められる場合**

新株発行が存在しない場合とは、新株発行の実体が存在しない場合、具体的には、新株発行の手続が全くされずに、新株発行の登記がされている場合であるとか、代表権限のない者が新株の株券を独断で発行した場合などである。代表取締役により取締役会を経たものとして実施され、株式払込金の払込みも行われ、発行済株式の総数及び資本の額についての変更登記が経由されたことが認められることから、新株発行の実体があり、本件新株発行は存在する。（東京高判平15・1・30判時一八二四・一二七）

［2］ 新株発行不存在確認の訴えには提訴期間の制限がないこと等に照らせば、新株発行無効の訴えの提訴期間を徒過した場合の救済手段として、新株発行不存在事由を広く解釈することは相当でない。（名古屋地判平28・9・30判時二三二九・七七、重判平29商四）↓八二八条[21]

二 訴えの利益

［3］ 原告Xらは、新株発行不存在確認の訴えを提起しているが、別に被告会社との間で、Xらが本件株式を所有する株主であることの確認の訴えを提起して、Xらが本件株式の株主でない旨が確定している場合には、新株発行につき他に格別の利害関係を有しないときは、Xらには本件新株発行が存在しないことの確認を求める訴えの利益がない。（最判平4・10・29判時一四五四・一四六、重判平4商八）

三 出訴期間との関係

［4］ 新株発行不存在確認の訴えは、新株発行無効の訴えに準じて認められるものであるから、その性質に反しない限り新株発行無効の訴えに関する規定を類推適用すべきであるが、新株発行の不存在はこれを前提とする訴訟においていつでも主張することができるから、新株発行不存在確認の訴えの出訴期間を制限しても、同期間の経過により新株発行の存否が終局的に確定することにはならないのであり、新株発行の効力を早期に確定させるために設けられた出訴期間に関する規定を類推適用する合理的な根拠を欠く。したがって、新株発行不存在確認の訴えには、出訴期間の制限はない。（最判平15・3・27民集五七・三・三一二、重判平15商四）

（株主総会等の決議の不存在又は無効の確認の訴え）

第八三〇条① 株主総会若しくは種類株主総会（以下この節及び第九百三十七条第一項第一号トにおいて「株主総会等」という。）の決議については、決議が存在しないことの確認を、訴えをもって請求することができる。

② 株主総会等の決議については、決議の内容が法令に違反することを理由として、決議が無効であることの確認を、訴えをもって請求することができる。

⊛+【株主総会↓二九五－三二〇【種類株主総会↓三二一－三二五【創立総会↓六五－八三【種類創立総会↓八四－八六【決議不存在・無効確認の訴え↓八三四[十六]・八三五－八三八、九一七[一]・九三七①[一]【株主等の権利の行使に関する贈収賄罪↓九六八①[四]

一 決議不存在

1 決議不存在の意義

［1］ 決議が不存在というには、決議の手続的瑕疵〔かし〕が著しく、そのため決議が法律上存在するとは認められないような場合を指すと解すべきである。（横浜地判平元・1・19判時一三一九・一四七）

2 決議不存在の例

イ 親子三名による決議

［2］ 代表取締役（株主）が、株主九人（総株式数五〇〇〇株）のうち、六名の株主（その持株二一〇〇株）には招集通知をせず、自分の実子である二名の株主にのみ口頭で招集通知をしたにすぎないときは、その株主総会の決議は、何ら法律所定の手続によらず単に親子三人によってなされたことが明白であるから、これをもって総会が成立し、その決議があったものとはいえない。（最判昭33・10・3民集一二・一四・三〇五三、会社百選[四版]三四）

ロ 取締役の選任決議の不存在の連鎖

［3］ 取締役の選任決議不存在の場合に、その者を構成員とする取締役会の決議で選任された代表取締役は正当に選任されたものではないから、このような取締役会の招集決定に基づき右の代表取締役が招集した株主総会の決議は、全員出席総会である等の特段の事情がない限り、不存在である。（最判平2・4・17民集四四・三・五二六、会社法百選[四版]三九）

ハ 招集通知の欠缺〔けんけつ〕

［4］ 株主二名、持株数各二分の一の会社で、その一名に対する招集通知を欠いた場合には、法律上株主総会と評価できない。（大阪高判平2・7・19判時一三七七・一二三）

ニ 取締役会の決議を経ることなく代表取締役以外の取締役によって招集された場合↓二九八条[2]

3 確認の利益

イ 確認の利益が肯定された場合

［5］ 取締役を選任する先行株主総会決議の不存在確認訴訟係属中に、その総会で選任されたと称する取締役によって構成される取締役会で選任された代表取締役が招集した後行総会の決議不存在確認の訴えが提起され、後行決議の存否を決するためには先行決議の存否が先決問題となり、その判断をすることが不可欠であり、両者の決議がこのような関係にある場合において、先行決議の不存在確認を求める訴えに後行決議の不存在確認を求める訴えが併合されているときは、後者についての確認の利益があることはもとより、前者についても、民訴法一四五条一項の法意に照らし、当然に確認の利益が存する。（最判平11・3・25民集五三・三・五八〇、重判平11商二）↓八三一条[18]、民訴一三四条の二[18]

［6］ 株式会社の取締役又は監査役の解任又は選任を内容とする株主総会決議不存在確認の訴えの係属中に当該株式会社が破産手続開始の決定を受けても、当該訴訟についての訴えの利益は当然には消滅するものではない。（最判平21・4・17判時二〇四四・七四、会社法百選[四版]A15）↓三三〇条[3]、民訴一三四条の二[19]、破四四条[2]

［7］ 係属中の決議取消訴訟において当該先行決議を追認する旨の株主総会決議・種類株主総会決議によって取消しを求める訴えの利益が失われた旨を会社が主張していることなどからすれば、それらの追認決議が不存在であることの確認を求める訴えについては確認の利益があると認められ、また、当該先行決議が取り消されてそれに基づく効果が生じなかったことを停止条件とする、当該先行決議と同様の内容の株主総会決議・種類株主総会決議についても、条件が成就した場合には会社がそれらの決議により効力が生じたことを前提とすることが容易に想定されるから、それらが不存在であることの確認を求める訴えについては確認の利益があると認められる。（東京地判平27・3・16判時二二七二・一三八……全部取得条項付種類株式制度を利用したスクイズアウトに係る決議の追認決議等の不存在の確認の利益が問題となった事例）

［8］ 取締役及び監査役を選任する株主総会決議を前提に構成された取締役会の決議の効力について、当事者間に争いが

あり、瑕疵が継続していると認められるため、当該株主総会決議の不存在確認を求める訴えの利益は存するものとするのが相当である。（東京高判平30・6・6金判一五四七・一四、重判平30商四……株主と認められない者によって構成された株主総会の決議によって取締役・監査役の選任があったものとされ、その旨の登記もなされたが、後に適法に構成された株主総会決議によって解任決議がなされ、その旨の登記がなされた事案において、前者の決議の不存在の確認の利益が問題となった事例）

ロ 確認の利益が否定された場合

9 既に後任取締役が選任され、その就任登記が経由された後に、それ以前における既に退任している取締役の選任決議の不存在確認を求める利益は認められない。（最判昭43・4・12判時五二〇・五一）

4 役員選任決議不存在確認の訴えと職務執行停止・代行者選任の仮処分

10 株主総会決議不存在確認の訴えを認容する判決は第三者にもその効力を及ぼすから、総会決議不存在確認の訴えを本案とし、その決議で選任されたと称する取締役・監査役の職務執行停止、代行者選任の仮処分をなし得る。（東京地判昭30・7・8下民六・七・一三七三）

5 決議不存在確認の訴えの適法性

11 総会決議がその成立要件を欠いた場合でも、その決議の内容が商業登記簿に登記されているときは、その効力のないことの確認を求める訴えは適法である。（最判昭45・7・9民集二四・七・七五五、会社法百選[五版]四一）

6 訴権の濫用

12 会社の経営の実権を握っていた者が、相当の代償を受けて自らその社員持分［株式］を譲渡する旨の意思表示をし、社員［株主］たる地位を失うことを承諾した者は、右譲渡に対する社員総会［株主総会］の承認を受けるように努める義務があり、それにもかかわらず、社員総会の持分譲渡承認決議の不存在を主張し、会社の経営が第三者に委ねられてから相当長年月経た後にその不存在確認の訴えを提起したことは、訴権の濫用に当たる。（最判昭53・7・10民集三二・五・八八八、会社法百選[三版]四二）

7 決議不存在確認の訴えの管轄→八三五条判

二 決議無効

1 決議無効の例

イ 二九五条二項に違反する決議→二九五条7

ロ 議決権等について属人的定めを新設する定款変更決議

13 定款を変更して株主ごとに異なる取扱いを行う旨の属人的定めを新設する目的が多数派の経営支配の維持・確保にあり、かつ、それによって権利が縮減する株主に何らの経済的代償措置が行われていない事案において、当該定款変更を目的とする決議は、株主平等原則の趣旨に著しく違反する上、多数株主が少数株主の基本的権利を実質的に奪うという点で公序良俗にも違反するとして、決議の内容が法令に違反するから無効であると判示した事例（東京地立川支判平25・9・25金判一五一八・五四、重判平29商一……当該定款変更により、無効の訴えを提起した株主の権利が、議決権は一四・七パーセントから〇・一七パーセントに減少し、剰余金の配当を受ける権利は一株当たりその他の株主の一〇〇分の一となる事例）

2 決議無効とされなかった例

14 全部取得条項付種類株式の全部取得につき正当事由は不要と解されるから、既存株主の締め出しのための各決議が正当事由を欠くという理由では、決議の内容に法の趣旨に違反する法令違反があるとはいえない。（福岡高判平26・6・27金判一四六二・一八、会社法百選[三版]A3）→八三一条15

3 決議無効の主張方法

15 決議無効の主張につき、無効確認の訴えという形で提起された場合に限って特にその訴えを認容する判決の効力を第三者に及ぼすことにしたのであり、決議無効原因が存在し、かつ、それを主張する一般原則上の利益の存する限り、何人でも何時でもこれを主張し得るものであって、決議無効を主張する方法は、必ずしも訴えによることを要せず、訴訟上の抗弁その他いかなる方法でもよい。（東京地判昭30・11・11下民六・一一・二三六五）

4 無効確認の利益

イ 新株発行無効との関係

16 新株発行に関する総会決議に無効事由があっても、その決議に基づく新株が発行済みであるときは、新株発行無効の訴えを提起しない限り当該新株を無効にすることができず、新株発行に関する決議無効確認の訴えは確認の利益を欠き提起できない。（最判昭40・6・29民集一九・四・一〇四五）

ロ 合併無効との関係

17 合併契約承認決議に瑕疵がある場合でも右決議の取消し又は無効確認のみを独立して訴求することは許されず、これを争おうとする者は必ず合併無効の訴えを提起すべきである。（東京地判昭30・2・28下民六・二・三六一）

ハ 後の合併による会社の消滅

18 全部取得条項付種類株式の取得によって株主たる地位を奪われた者には、基本的に関連する株主総会決議無効確認の訴え及び取消しの訴えを提起する訴えの利益があるが、その後当該会社を消滅会社とする吸収合併が行われたにもかかわらず当該合併について合併無効の訴えが法定の期間内に提起されていないので、その者はもはや株主たる地位の前提となる当該会社の消滅を争うことができず、しかも、当該合併では消滅会社の株主は何らの合併対価の交付も受けないことになっているから、株主総会決議の無効確認等を求める訴えは訴えの利益を欠く。（大阪地判平24・6・29判タ一三九〇・三〇九）

ニ 否決の決議

19 無効の確認が求められている決議は提出された議案を否決するものであるから、それまでにあった法律状態はそのまま維持されているのであり、また、決議の無効が確認されたとしても、決議の対象議案が可決されたことにはならないのはもとより、これにより新たな法律関係が形成されるということにもならないので、決議の無効を確認することに法律的な意味はなく、訴えの利益があるということはできない。（東京高判令3・5・13金判一六二三・一二）→21

ホ 勧告的決議

20 株主総会決議の無効確認の訴えは、決議が会社法二九五条二項所定の事項に関してされたものであるかどうかにかかわりなく、決議の法的効力を確定することが、紛争を解決し、当事者の法律上の地位ないし利益が害される危険を除去するために必要かつ適切であるときは、確認の利益があるものとして許容される。（東京地判平26・11・20判時二二六六・一一五、会社法百選[四版]A43……あらかじめ定められた手続に従って会社が株式の大規模買付けに対応する中で行われた、買付行為の中止を求める株主総会決議には対抗措置の発動を左右するような効力はないとして、その無効確認の利益を否定した事例）

21　**5　一般私法上の決議無効確認の訴えの可否**　株主総会決議によって形成された法律関係を画一的に確定させようとする会社法の趣旨からすると、仮に一般私法上の決議無効確認の訴えとして確認の利益があるような事例があるとしても、会社法の定める規制や効力のない一般私法上の訴えにより決議の瑕疵について争うことを否定しているものと解するのが相当である。（東京高判令3・5・13前出**19**）

（株主総会等の決議の取消しの訴え）

第八三一条①　次の各号に掲げる場合には、株主等（当該各号の株主総会等が創立総会又は種類創立総会である場合にあっては、株主等、設立時株主、設立時取締役又は設立時監査役）は、株主総会等の決議の日から三箇月以内に、訴えをもって当該決議の取消しを請求することができる。当該決議の取消しにより株主（当該決議が創立総会の決議である場合にあっては、設立時株主）又は取締役（監査等委員会設置会社にあっては、監査等委員である取締役又はそれ以外の取締役。以下この項において同じ。）、監査役若しくは清算人（当該決議が株主総会又は種類株主総会の決議である場合にあっては第三百四十六条第一項（第四百七十九条第四項において準用する場合を含む。）の規定により取締役、監査役又は清算人としての権利義務を有する者を含み、当該決議が創立総会又は種類創立総会の決議である場合にあっては設立時取締役（設立しようとする株式会社が監査等委員会設置会社である場合にあっては、設立時監査等委員である設立時取締役又はそれ以外の設立時取締役）又は設立時監査役を含む。）となる者も、同様とする。

一　株主総会等の招集の手続又は決議の方法が法令若しくは定款に違反し、又は著しく不公正なとき。

二　株主総会等の決議の内容が定款に違反するとき。

三　株主総会等の決議について特別の利害関係を有する者が議決権を行使したことによって、著しく不当な決議がされたとき。

②　前項の訴えの提起があった場合において、株主総会等の招集の手続又は決議の方法が法令又は定款に違反するときであっても、裁判所は、その違反する事実が重大でなく、かつ、決議に影響を及ぼさないものであると認めるときは、同項の規定による請求を棄却することができる。

§§+【決議取消しの訴え↓八三四[十七]・八三五－八三八・九一七[三]・九三七①[三]【株主等の権利の行使に関する贈収賄罪↓九六八①[四]　❶【株主等↓八二八②[一]【株主総会等↓八三〇[三]【特別利害関係株主↓一四〇③・一六〇④・一七五②・三六九②

一　招集手続の瑕疵［かし］

1　**1　名義書換拒絶と招集通知の欠缺**［けんけつ］　会社が、正当な理由がないのに、株主名簿の名義書換に応じないで、その請求者である新株主に招集通知を欠く総会招集手続は違法である。（最判昭42・9・28後出**24**）

2　**2　取締役会の決議を経ないで代表取締役が招集した場合**↓二九八条**1**

3　総会前の計算書類等の備置きを怠った場合　取締役が計算書類等の備置義務に違反した場合には、総会の招集手続には法令に定められた手続に反した違法があり、このような招集手続の瑕疵は軽微なものとはいえず、総会決議は取り消されるべきである。（福岡高宮崎支判平13・3・2判タ一〇九三・一九七……計算書類等の承認決議と退任取締役に対する退職慰労金贈呈の承認決議が取り消された事例）

3　決議取消原因となる瑕疵は、取消しが求められている決議と関連するものに限られるべきであるところ、監査報告の備置きや提供がないという招集手続の瑕疵は、取締役選任決議及び監査役選任決議に関連するものとはいえないから、それらの決議との関係では決議取消事由とならない。（東京地判平27・10・28判時二二三一・一〇九）

4　**4　議決権行使に係る基準日の公告を欠いた場合**　会社法一二四条三項ただし書の定款の定めは基準日の二週間前までに存在することが必要であるところ、それはなく、かつ、議決権行使に係る基準日の適法な公告もなかった場合、当該基準日を前提として行われた種類株主総会に係る招集の手続は法令に違反し、決議には取消事由がある。（東京高判平27・3・12金判一四六九・五八、会社法百選[四版]A13……全部取得条項付種類株式制度を利用したスクイズアウトの一環として行われた、新たに種類株式となった株式の株主を構成員とする種類株主総会について、同日の株主総会決議によって置かれた議決権行使に係る基準日に関する定款の定めは会社法一二四条三項ただし書の定款の定めには該当しないとされた事例）↓**20**

5　他の株主に対する招集手続の瑕疵↓**24**

二　決議方法の瑕疵

5　**1　招集通知に記載されなかった事項についてなされた決議の効力**　通知のなかった事項についてなされた総会の決議は決議取消しの訴えにより取り消されるべきである。（最判昭31・11・15民集一〇・一一・一四二三）

2　少数株主の招集した総会において裁判所の許可した以外の事項についてなされた決議の効力↓二九七条**3**

6　**3　投票による意思を表明しない者の議決権を算入した場合**　議長が投票という表決方法を選択した以上、投票によって意思を表明しない者の議決権を、その者の内心を推測して当該議案に賛成する旨投票したものとして扱うことは許されない。（大阪地判平16・2・4金判一一九一・三八）

4　上場株式につき議決権の代理行使の勧誘がなされた場合

7　上場株式の議決権の代理行使の勧誘に関する内閣府令に違反して、所定参考書類の不交付、議案ごとの賛否欄の不記載があっても、議決権の代理行使の勧誘は、株主総会の決議の前段階の事実行為であって、株主総会の決議の方法ということはできないから、同内閣府令は株主総会の決議方法を規定する法令ではなく、商法二四七条一項一号［本条一項一号］の法令に違反する場合には当たらない。（東京地判平17・7・7判時一九一五・一五〇、金商百選七九）

8　役員選任決議の要件である「出席議決権数の過半数」を算出するに当たり株主提案に賛成して提出された委任状に関する議決権数を会社提案の出席議決権数に含めない方法によりなされた決議は、決議方法の法令違反に当たる。（東京地判平19・12・6判タ一二五八・六九、会社法百選[四版]三一……株主が行う議決権代理行使の勧誘に当たり、会社提案につき賛否を記載する欄を設けた委任状を作成しなければならないとすることは、会社と株主の公平を著しく害するとした事例）→一二〇条[2]

5　著しく不公正

イ　開会時刻の遅延

[9]　総会の開会時刻が、社会通念上から是認し得る程度に遅延することは、手続上の瑕疵にならないが、三時間以上も遅延した場合には、定刻に参集した株主の出席を困難ならしめるもので、その手続は著しく不公正である。（水戸地下妻支判昭35・9・30下民一一・九・二〇四三）

ロ　従業員株主によるヤラセ質問

[10]　一般に、上場会社の株主総会において、会社が従業員である株主に対し、会社が自ら準備した質問をするよう促し、実際にも従業員株主が自らの意思とは無関係に当該質問をして会社がこれに応答した場合には、当該質疑応答に相応の時間を費やすことになり、その分、一般株主の質疑応答に充てられる時間が減少し、質問又は意見を述べることを求めていた一般株主がそれを行うことができなくなるおそれがあるというべきであって、このような事態が生じることは、上場会社における適切な株主総会の議事運営とは言い難いが、本件では、一般株主からの質疑応答のためにも相応の時間を充てたこと、一般株主の質問内容の多くは、質疑応答の時間が経過するに従い、決議事項又は報告事項と関連性を有するとはいえない事項に関するものが続くようになっていたこと、質疑打切りの直前の時点において質問等を求めて挙手をしていた一般株主の数は、出席株主の数に比して多いとはいえないこと、従業員株主のした質問が、一般株主が質問をする誘引となっているとの側面をもおよそ否定することはできないことからすれば、ヤラセの質問の点を捉えて決議の方法が著しく不公正であると断ずることはできない。（東京高判平29・7・12金判一五二四・八、重判平29商七）

6　議案の再提出権と決議方法→三〇四条[7]・三〇九条[3]

三　特別利害関係人の議決権行使

1　本条一項三号に該当する決議か否かの判断基準

[11]　会社取締役の賠償責任を免除する総会決議において、商法二四七条一項三号［本条一項三号］の決議がなされたか否かについては、当該取締役の会社での地位や権限、会社の経営等についての関与の有無及び程度、当該取引に対して果たした役割、会社が右取引をなすに至った経緯や目的及び当該取引が会社に与える効果等についての知識の有無及び程度等の諸事情を考慮して、一般的に、当該取締役について責任を免除することが不合理なものであったか否かの観点から判断するのが相当である。（大阪高判平11・3・26金判一〇六五・八……[12][13]の控訴審判決）

2　本条一項三号に該当するとされた事例

イ　取締役の責任免除

[12]　取締役会の承認を得てなされた会社・取締役間の取引によって会社に生じた損害につき取締役会でその取引の承認決議に賛成した取締役に対する損害賠償請求の株主代表訴訟が提起され、その請求を認容する第一審判決が言い渡されたにもかかわらず、右第一審判決に対抗するために右の取締役が議決権を行使したことにより可決されたその責任を免除する旨の株主総会決議が、右の取締役の議決権行使により可決されたときは、その決議は商法二四七条一項三号［本条一項三号］に該当する。（神戸地尼崎支判平10・8・21判時一六六二・一四八）

ロ　退職慰労金贈呈決議

[13]　前出[12]の取締役の一部の退職に伴う退職慰労金贈呈の株主総会決議が右の退職取締役の議決権行使により可決された場合には、その退職取締役につき別件訴訟で会社に対する損害賠償責任が認められている以上、その決議は商法二四七条一項三号［本条一項三号］に該当する。（神戸地尼崎支判平10・8・21前出[12]）

3　本条一項三号に該当しないとされた事例

[14]　前出[11]の場合につき、当該取締役が非常勤の社外取締役であり、会社の実務に関与せず、会社・取締役間の取引についてもその詳細についてあらかじめ知らされていなかった等の事由があるときは、その責任を免除する旨の総会決議が著しく不公正なものであったということはできない。（大阪高判平11・3・26前出[11]）

4　全部取得条項付種類株式の利用による少数株主排除と不当性の要件

[15]　不当性の要件について、全部取得条項付種類株式制度を規定した会社法一〇八条一項七号、二項七号、一七一条ないし一七三条が、多数決により公正な対価をもって株主資格を失わせることを予定していることに照らせば、単に会社側に少数株主を排除する目的があるというだけでは足りず、同要件を満たすためには、少なくとも、少数株主に交付される予定の金員が、対象会社の株式の公正な価格に比して著しく低廉であることを必要とすると解すべきである。（東京地判平22・9・6判タ一三三四・一一七）→八三〇条[14]

四　報告事項についての説明義務違反と決議取消事由の存在

[16]　報告事項についての取締役等の説明義務違反があっても、それによって当該取締役等に過料の制裁が課せられるのは格別（商法四九八条一項一七号ノ二［会社九七六条九号］）、決議事項について、これを理由に決議を取り消すことはできない。（福岡地判平3・5・14判時一三九二・一二六）

五　判決の効力―役員選任決議取消判決と遡及効の有無

[17]　社員総会［株主総会］決議取消判決があったときは、決議の対象がそれ自体完了的意味を有するものであるときは別として、右決議を前提として社団的あるいは取引的行為が進展する場合、たとえば役員の選任決議等にあっては、会社関係の法的安定の見地から取消しの遡及効を否定するのを相当とする。（広島高岡山支判昭42・12・22高民二〇・六・五五六……有限会社の事例）

六　訴えの利益

1　訴えの利益が失われない場合

イ　計算書類承認決議取消しの訴えの利益

[18]　本条一項［中小企業等協同組合法五四条が準用］に基づき提起された事業協同組合の理事を選出する選挙（先行の選挙）の取消しを求める訴えに後任理事又は監事を選出する選挙（後行の選挙）の効力を争う訴えが併合された場合において、先行の選挙を取り消す旨の判決が確定すると後行の選挙は理事会の招集決定に基づき代表理事によって招集された総会でなされたものではなくなるとの瑕疵の主張がされているときは、先行の選挙が取り消されるべきものであるか否かが後行の選挙の効力の先決問題となるから、後行の選挙が全員出席総会においてされたなどの特段の事情がない限り、先行の選挙の取消しを求める訴えの利益は消滅しない。（最判令2・9・3民集七四・六・一五五七、重判令2商五）→八三〇条[5]、民訴◆【訴え】［一三四条の前］[19]

[19]　計算書類等の承認決議がその手続に法令違反等があると

して取り消されたときは、たとえ計算書類等の内容に違法、不当がない場合であっても、右決議は既往に遡って無効となり、右計算書類等は未確定となるから、右議案につき再決議がなされたなどの特別の事情がない限り、その後の決算期の決算案の承認がなされたとしても、右決議の取消しを求める訴えの利益は失われない。（最判昭58・6・7民集三七・五・五一七、会社法百選[四版]三七）

ロ　全部取得条項付種類株式制度を利用したスクイズアウトに係る決議の取消しの訴えの利益

20　全部取得条項付種類株式の発行について提訴期間の経過により無効を主張し得ない段階に至っていても、全部取得条項付種類株式制度を利用したスクイズアウトに係る決議の取消判決により、全ての普通株式に全部取得条項を付し、会社がそれを全部取得する部分の限度では遡及的に決議の効力が失われると解する余地があり、また、それらの決議による定款変更は全部取得条項付種類株式の全部取得をもって一回的に効力が消滅するのではなく、少なくともその限りにおいて決議の取消しを求める訴えの利益は消滅しない。（東京高判平27・3・12前出[4]）

2　訴えの利益を欠く場合

イ　役員選任決議取消訴訟係属中の役員の任期満了と訴えの利益

21　役員選任の総会決議取消しの訴えが係属中、その決議に基づいて選任された取締役ら役員が全て任期満了により退任し、その後の総会決議で取締役ら役員が新たに選任されたときは、特別の事情のない限り、決議取消しの訴えの利益を欠くに至る。（最判昭45・4・2民集二四・四・二二三、会社法百選[四版]三八）

ロ　決議取消訴訟が提起された決議についての再決議と取消しの訴えの利益の消滅

22　役員退職慰労金贈呈の株主総会決議（第一の決議）の取消しの訴えの係属中に、第一の決議と同一の内容を持ち、かつ、第一の決議の取消判決が確定した場合に遡って効力を生ずるものとされている第二の決議が有効に成立したときは、仮に第一の決議に取消事由があるとしてこれを取り消したとしても、その判決の確定により、第二の決議が第一の決議に代わってその効力を生ずることになるのであるから、特別の事情がない限り、右決議取消しの訴えの利益は失われる。（最判平4・10・29民集四六・七・二五八〇〈ブリヂストン事件上告審〉重判平4商五）

ハ　合併無効との関係↓八三〇条[17]

ニ　株主総会決議後、吸収合併の無効の訴えが法定期間内に提起されない場合

23　吸収合併無効の訴えが法定の期間内に提起されていないから、この吸収合併は、たとえ吸収消滅会社の株主への招集手続を欠く当該吸収消滅会社の株主総会において合併契約の承認決議がされたという瑕疵があるとしても、もはやその効力を争うことはできず、有効な合併として扱われるべきことが、対世的に確定し、当該合併契約において、当該株主は、何らの合併対価の交付も受けないため、本件決議を取り消したとしても、吸収合併消滅会社又は吸収合併存続会社の株主の地位等、対世的に確認すべき権利、地位がなく、本件決議取消訴訟は、訴えの利益を欠くものとして不適法である。（東京高判平22・7・7判時二〇九五・一二八、重判平22商二）

ホ　後の合併による会社の消滅↓八三〇条[18]

七　訴えの当事者―他の株主に対する招集手続の瑕疵の場合

24　株主は自己に対する株主総会招集手続に瑕疵がなくとも、他の株主に対する招集手続に瑕疵がある場合には、決議取消しの訴えを提起し得る。（最判昭42・9・28民集二一・七・一九七〇、会社法百選[四版]三三）

八　訴えを提起した社員の死亡と相続人による訴訟承継

25　有限会社社員［株主］の提起した社員総会［株主総会］決議取消しの訴えの係属中に右社員が死亡した場合には、相続人は、被相続人の法律上の地位を包括的に承継するから、相続により持分を取得した者がその訴訟の原告たる地位を承継する。（最大判昭45・7・15民集二四・七・八〇四、会社法百選[三版]一三）

九　決議不存在・無効確認請求と決議取消しの請求との関係

1　決議取消しの請求の出訴期間

26　決議無効確認を求める訴えにおいて決議無効原因として主張された瑕疵が決議取消原因に該当しており、しかも決議取消訴訟の原告適格、出訴期間等の要件を満たしているときは、たとえ決議取消しの請求が出訴期間経過後になされても、決議無効確認訴訟提起時から提起されているのと同様に扱うのを相当とする。（最判昭54・11・16民集三三・七・七〇九、会社法百選[四版]四〇）

2　決議不存在確認の訴えが当然に決議取消しの請求を含むか

27　決議不存在確認請求事件において不存在事由として主張された事実が不存在事由に当たらない場合には、決議不存在確認請求が当初から当然（訴えの変更手続を待つまでもなく）予備的にその決議取消請求が含まれているものとして審理・判決すべきであると解するのは主張事実が決議取消事由に該当する場合であっても相当でない。（東京高判昭59・4・17判時一一二六・一二〇、重判昭59商三）

一〇　提訴期間経過後に新たな取消事由を追加主張することの可否

28　総会決議取消しの訴えを提起した後、商法二四八条一項［本条一項］所定の期間経過後に新たな取消事由を追加主張することは許されない。（最判昭51・12・24民集三〇・一一・一〇七六、会社法百選[四版]三四）

一一　裁量棄却

1　裁量棄却が認められた事例

29　発行済株式総数一万株の会社で、二七〇〇株の株主に対する招集通知の発送と総会までの期間が法定の期間より六日足りなかったが、以前からその株主に議題を話しており、右株主も自分の居住している建物にある会社事務所で総会が開催されることを熟知しながらわざと留守にして出席せず、また他の株主全員の一致で決議が成立したなどの場合には、右瑕疵が決議の結果に影響を及ぼさないとして、決議取消しを裁量棄却するのが相当である。（最判昭55・6・16判時九七八・一一二）

2　裁量棄却が許されない場合

イ　招集手続又は決議方法に重大な瑕疵がある場合

30　招集手続又は決議方法に性質、程度等からみて重大な瑕疵がある場合には、その瑕疵が決議の結果に影響を及ぼさないと認められるときでも、裁判所は、決議取消しの請求を認容すべきであって、これを棄却することは許されない。（最判昭46・3・18民集二五・二・一八三、会社法百選[四版]三八）

ロ　招集手続に重大な瑕疵があるとされた事例

31　取締役会の決議に基づかないで招集され、その招集通知が全ての株主に対して法定の招集期間に二日足りない会日より一二日前になされたときは、右招集手続にはその性質及び程度からみて重大な瑕疵がある。（最判昭46・3・18前出[30]）

八 招集通知に営業譲渡の要領の記載がない場合

[32] 商法二四五条二項〔会社四六七条一項一号～四号〕が同条一項各号〔会社則六三条七号に相当〕の行為について株主総会の招集通知にその要領を記載すべきものとしているのは、議案に反対の株主が株式買取請求をすることができるようにするためであるから、その記載を欠いた違法が重大でないとはいえない。（最判平7・3・9判時一五二九・一五三、重判平7商三）

一二 否決の決議の取消しの訴えの適否

[33] ある議案を否決する株主総会等の決議の取消しを請求する訴えは不適法である。（最判平28・3・4民集七〇・三・八二七、会社法百選[四版]三五）

（持分会社の設立の取消しの訴え）

第八三二条 次の各号に掲げる場合には、当該各号に定める者は、持分会社の成立の日から二年以内に、訴えをもって持分会社の設立の取消しを請求することができる。

一 社員が民法その他の法律の規定により設立に係る意思表示を取り消すことができるとき 当該社員

二 社員がその債権者を害することを知って持分会社を設立したとき 当該債権者

参照【設立取消しの訴え】→八三五—八三九、六四四[三]、八四五、九三七①[一]【成立の日】→五七九【一】【被告】→八三四[十八]【取消原因の例】→民五、一三、九六【二】【被告】→八三四[十九]【詐害行為】→民四二四—四二五、破一六〇—一七六

[1] **本条と民法四二四条との関係**

商法一四一条〔本条二号〕は、民法四二四条の特則として規定されたものであり、したがって商法一四一条の適用又は準用ある会社についての詐害設立取消しには、民法の右の規定を適用する余地がない。（最判昭39・1・23民集一八・一・八七、会社法百選[五版]一〇一……有限会社〔特例有限会社〕の社員の債権者が、有限会社に対して民法四二四条により、社員の出資金の支払を求める訴えを提起した事件）

（会社の解散の訴え）

第八三三条① 次に掲げる場合において、やむを得ない事由があるときは、総株主（株主総会において決議をすることができる事項の全部につき議決権を行使することができない株主を除く。）の議決権の十分の一（これを下回る割合を定款で定めた場合にあっては、その割合）以上の議決権を有する株主又は発行済株式（自己株式を除く。）の十分の一（これを下回る割合を定款で定めた場合にあっては、その割合）以上の数の株式を有する株主は、訴えをもって株式会社の解散を請求することができる。

一 株式会社が業務の執行において著しく困難な状況に至り、当該株式会社に回復することができない損害が生じ、又は生ずるおそれがあるとき。

二 株式会社の財産の管理又は処分が著しく失当で、当該株式会社の存立を危うくするとき。

② やむを得ない事由がある場合には、持分会社の社員は、訴えをもって持分会社の解散を請求することができる。

参照【解散判決】→八三五—八三八、九三七①[一] ❶【被告】→八三四[二十]【議決権を行使することができない株主】→二九七③参照【株主等の権利の行使に関する贈収賄罪】→九六八①[四] ❷【被告】→八三四[二十一]

一 株式会社における「著しく困難な状況」及び「やむを得ない事由」の意義

[1] 本条一項一号にいう「業務の執行において著しく困難な状況」とは、例えば、株主や取締役が等分に対立していて、相互の対立、不信が極めて強く、取締役の改選等を行ってみても停滞を打破することができないような場合や、そもそも株主総会を開催して取締役の改選決議をすることが困難な場合をいい、また、同項柱書にいう「やむを得ない事由があるとき」とは、多数派株主の不公正かつ利己的な業務執行により、少数派株主がいわれのない不利益を被っており、このような状況を打破する方法として解散以外に公正かつ相当な手段がない場合のほか、株主間の不和等を原因として、会社の正常な運営に必要な意思決定ができないために、業務の継続が不可能となり、会社の存続自体が無意味となるほどに達しているときに、会社維持の観点から解散をしないで別の公正かつ相当な方法でその状況を打開することができない場合をいう。（東京地判平28・2・1〔平25ワ一七三二九〕会社法百選[四版]九三）

二 持分会社における「やむを得ない事由」に該当する場合

1 多数派社員の不公正かつ利己的な業務執行

[2] 合名会社は総社員の利益のために存立する目的的存在であるから、会社の業務が一応困難なく行われているとしても、社員間に多数派と少数派の対立があり、右の業務の執行が多数派社員によって不公正かつ利己的に行われ、その結果少数派社員がいわれのない恒常的な不利益を被っているような場合にも、また、これを打開する手段のない限り、解散事由がある。（最判昭61・3・13民集四〇・二・二二九、会社法百選[四版]七九）

2 「打開の手段」の内容

[3] （前出[2]の判例にいう）多数派の不公正な業務執行による少数派社員の恒常的な不利益を打開する手段とは、社員間の信頼関係が破壊されて不和対立が生ずるに至った原因、解散を求める社員又はこれに反対する社員の右原因との関わり合いの度合い、会社の業務執行や利益分配が解散を求める社員にとってどの程度不公正・不利益に行われてきたか、その他諸般の事情を考慮して、解散を求める社員とこれに反対する社員の双方にとって公正かつ相当な手段であると認められるものでなければならない。（最判昭61・3・13前出[2]）

三 持分会社における「やむを得ない事由」に該当しない場合

[4] ある社員が会社から除名されることは到底免れない事情にあり、右の除名が実現すれば、社員間の不和・対立は原因を失って、会社の存続を困難ならしめる事情を十分打開し得るときは、やむを得ない事由がある場合に該当しない。（最判昭33・5・20民集一二・七・一〇七七、会社百選[四版]九八）

四 解散請求の訴えにおける請求の認諾の可否

[5] 解散請求は、関係者に及ぼす影響が大であることに鑑

み、訴えによってのみ可能とされるし、その判決は形成判決であってその効力は第三者にまで画一的な拘束力を持つから、請求の認諾はできず、また裁判上の自白の規定も適用がない。（大阪地判昭35・1・22下民一一・一・八五）

（被告）
第八三四条　次の各号に掲げる訴え（以下この節において「会社の組織に関する訴え」と総称する。）については、当該各号に定める者を被告とする。

一　会社の設立の無効の訴え　設立する会社
二　株式会社の成立後における株式の発行の無効の訴え（第八百四十条第一項において「新株発行の無効の訴え」という。）　株式の発行をした株式会社
三　自己株式の処分の無効の訴え　自己株式の処分をした株式会社
四　新株予約権の発行の無効の訴え　新株予約権の発行をした株式会社
五　株式会社における資本金の額の減少の無効の訴え　当該株式会社
六　会社の組織変更の無効の訴え　組織変更後の会社
七　会社の吸収合併の無効の訴え　吸収合併後存続する会社
八　会社の新設合併の無効の訴え　新設合併により設立する会社
九　会社の吸収分割の無効の訴え　吸収分割契約をした会社
十　会社の新設分割の無効の訴え　新設分割をする会社及び新設分割により設立する会社
十一　株式会社の株式交換の無効の訴え　株式交換契約をした会社
十二　株式会社の株式移転の無効の訴え　株式移転をする株式会社及び株式移転により設立する株式会社
十二の二　株式会社の株式交付の無効の訴え　株式交付親会社
十三　株式会社の成立後における株式の発行が存在しないことの確認の訴え　株式の発行をした株式会社
十四　自己株式の処分が存在しないことの確認の訴え　自己株式の処分をした株式会社
十五　新株予約権の発行が存在しないことの確認の訴え　新株予約権の発行をした株式会社
十六　株主総会等の決議が存在しないこと又は株主総会等の決議の内容が法令に違反することを理由として当該決議が無効であることの確認の訴え　当該株式会社
十七　株主総会等の決議の取消しの訴え　当該株式会社
十八　第八百三十二条第一号の規定による持分会社の設立の取消しの訴え　当該持分会社
十九　第八百三十二条第二号の規定による持分会社の設立の取消しの訴え　当該持分会社及び同号の社員
二十　株式会社の解散の訴え　当該株式会社
二十一　持分会社の解散の訴え　当該持分会社

参【被告→八三五、八三八】

一　株主総会等の決議の取消しの訴えの被告側への共同訴訟参加

[1]　民訴法五二条〔旧七五条〕の規定により参加することが許されるためには、その訴訟の当事者となり得る適格を有しなければならず、決議取消訴訟の被告となり得る者は、その性質上、当然会社に限られるから、取締役が自分たちの取締役選任決議の取消訴訟につき、被告会社側の共同訴訟人として参加することは許されない。（最判昭36・11・24民集一五・一〇・二五八三、民訴百選[五版]A33）

二　清算中の会社に対する設立無効の訴えと会社代表者

[2]　清算中の会社に対する設立無効の訴えは、清算人を会社の代表者として提起すべきものである。（大判昭13・12・24民集一七・二七一三）

（訴えの管轄及び移送）
第八三五条①　会社の組織に関する訴えは、被告となる会社の本店の所在地を管轄する地方裁判所の管轄に専属する。

②　前条第九号から第十二号までの規定により二以上の地方裁判所が管轄権を有するときは、当該各号に掲げる訴えは、先に訴えの提起があった地方裁判所が管轄する。

③　前項の場合には、裁判所は、当該訴えに係る訴訟がその管轄に属する場合においても、著しい損害又は遅滞を避けるため必要があると認めるときは、申立てにより又は職権で、訴訟を他の管轄裁判所に移送することができる。

参❶【被告→八三四】【本店→四】参【専属管轄→民訴三の五①・三の一〇・一三】❸【移送→民訴一七】

株主総会決議不存在確認の訴えの管轄

1　実体的な営業の本拠地とされた事例

[1]　株主総会決議不存在確認の訴えは、本店所在地の地方裁判所に専属することとなるが、ここでいう本店所在地とは、登記簿の記載にかかわらず、実体的に営業の本拠地となっている現実の本店所在地をいう。（東京高決平10・9・11判タ一〇四七・二八九①）

2　登記簿上の本店所在地とされた事例

[2]　株主総会決議無効確認の訴えその他の各種会社関係訴訟の管轄が会社の本店の所在地の地方裁判所に専属するとされているのは、この種の訴訟は同一の原因に基づいて複数の者から提起されることがあり得、それらの訴訟の弁論及び裁判を併合して行うことによりその判断が区々になることを防止する必要があり、これを容易にするためには管轄裁判所を形式的・画一的に定めるのが相当であるとの考慮に出たものであるから、「本店の所在地」とは、登記をした「本店の所在地」をいう。（東京高決平11・3・24判タ一〇四七・二八九②）

（担保提供命令）
第八三六条①　会社の組織に関する訴えであって、株主又は設立時株主が提起することができるものについては、裁判所は、被告の申立てにより、当該会社の組織に関する訴えを提起した株主又は設立時株主に対し、相当の担保を立てるべきことを命ずることができる。

ただし、当該株主が取締役、監査役、執行役若しくは清算人であるとき、又は当該設立時株主が設立時取締役若しくは設立時監査役であるときは、この限りでない。

② 前項の規定は、会社の組織に関する訴えであって、債権者又は株式交付に際して株式交付親会社に株式交付子会社の株式若しくは新株予約権等を譲り渡した者が提起することができるものについて準用する。

③ 被告は、第一項（前項において準用する場合を含む。）の申立てをするには、原告の訴えの提起が悪意によるものであることを疎明しなければならない。

参【担保提供命令↓八四六【株主等の権利の行使に関する贈収賄罪↓九六八①四　❷【債権者が提起できる訴え↓八二八②五―十二

本条三項の「悪意」の意味↓八四七条の四[1]

[1] 商法一〇六条二項［本条三項］は、原告が株主の権利の正当な行使としてではなく、会社荒しのように株主の権利を濫用して殊更に会社を困らせるためになされる訴えの提起を抑制するためであるから、右規定にいう「悪意」とは「害意」の意味である。（東京高決昭51・8・2判時八三三・一〇八）

（弁論等の必要的併合）

第八三七条　同一の請求を目的とする会社の組織に関する訴えに係る訴訟が数個同時に係属するときは、その弁論及び裁判は、併合してしなければならない。

参【弁論の併合↓民訴一五二①

本条に違反する裁判の効力

[1] 商法九九条ノ三［昭和一三法七二改正前。本条］は、裁判所に対して併合して審理裁判をすることを訓示する趣旨の規定にすぎず、これに反してなした裁判の効力はこれによって影響を受けるものではない。（大判昭8・3・10民集一二・四六二）

（認容判決の効力が及ぶ者の範囲）

第八三八条　会社の組織に関する訴えに係る請求を認容する確定判決は、第三者に対してもその効力を有する。

参【対世効↓民訴一一五

（無効又は取消しの判決の効力）

第八三九条　会社の組織に関する訴え（第八百三十四条第一号から第十二号の二まで、第十八号及び第十九号に掲げる訴えに限る。）に係る請求を認容する判決が確定したときは、当該判決において無効とされ、又は取り消された行為（当該行為によって会社が設立された場合にあっては当該設立を含み、当該行為に際して株式又は新株予約権が交付された場合にあっては当該株式又は新株予約権を含む。）は、将来に向かってその効力を失う。

参【将来に向かい効力を失う↓四七五二三・八四〇―八四五

設立無効判決の効果―破産開始後の設立無効判決の効力

[1] 破産開始後に設立無効判決が確定しても、破産宣告［破産手続開始決定］が効力を失い破産管財人が資格を喪失するものではない。（大判大12・3・26民集二・一七一）

（新株発行の無効判決の効力）

第八四〇条①　新株発行の無効の訴えに係る請求を認容する判決が確定したときは、当該株式会社は、当該判決の確定時における当該株式に係る株主に対し、払込みを受けた金額又は給付を受けた財産の給付の時における価額に相当する金銭を支払わなければならない。この場合において、当該株式会社が株券発行会社であるときは、当該株式会社は、当該株主に対し、当該金銭の支払をするのと引換えに、当該株式に係る旧株券（前条の規定により効力を失った株式に係る株券をいう。以下この節において同じ。）を返還することを請求することができる。

② 前項の金銭の金額が同項の判決が確定した時における会社財産の状況に照らして著しく不相当であるときは、裁判所は、同項前段の株式会社又は株主の申立てにより、当該金額の増減を命ずることができる。

③ 前項の申立ては、同項の判決が確定した日から六箇月以内にしなければならない。

④ 第一項前段に規定する場合には、同項前段の株式を目的とする質権は、同項の金銭について存在する。

⑤ 第一項前段に規定する場合には、前項の質権の登録株式質権者は、第一項前段の株式会社から同項の金銭を受領し、他の債権者に先立って自己の債権の弁済に充てることができる。

⑥ 前項の債権の弁済期が到来していないときは、同項の登録株式質権者は、第一項前段の株式会社に同項の金銭に相当する金額を供託させることができる。この場合において、質権は、その供託金について存在する。

参【新株発行の無効↓八二八①二　❶【払込金額等↓二〇八【株券発行会社↓二一四参　❷【裁判↓八六八①・八七七・八七八①・八七二三　❹【質権の効力↓一五一①　❺❻【登録株式質権者の権利↓一五四

（自己株式の処分の無効判決の効力）

第八四一条①　自己株式の処分の無効の訴えに係る請求を認容する判決が確定したときは、当該株式会社は、当該判決の確定時における当該自己株式に係る株主に対し、払込みを受けた金額又は給付を受けた財産の給付の時における価額に相当する金銭を支払わなければならない。この場合において、当該株式会社が株券発行会社であるときは、当該株式会社は、当該株主に対し、当該金銭の支払をするのと引換えに、当該自己株式に係る旧株券を返還することを請求することができる。

② 前条第二項から第六項までの規定は、前項の場合について準用する。この場合において、同条第四項中「株式」とあるのは、「自己株式」と読み替えるものとする。

参【自己株式処分の無効↓八二八①三　❶【払込金額等↓二〇八【株券発行会社↓二一四参　❷【八四〇条二項の準用↓八七七・

会社

八七八・八七二㈢

（新株予約権発行の無効判決の効力）

第八四二条①　新株予約権の発行の無効の訴えに係る請求を認容する判決が確定したときは、当該株式会社は、当該判決の確定時における当該新株予約権に係る新株予約権者に対し、払込みを受けた金額又は給付を受けた財産の給付の時における価額に相当する金銭を支払わなければならない。この場合において、当該新株予約権に係る新株予約権証券（当該新株予約権が新株予約権付社債に付されたものである場合にあっては、当該新株予約権付社債に係る新株予約権付社債券。以下この項において同じ。）を発行しているときは、当該株式会社は、当該新株予約権者に対し、当該金銭の支払をするのと引換えに、第八百三十九条の規定により効力を失った新株予約権に係る新株予約権証券を返還することを請求することができる。

②　第八百四十条第二項から第六項まで〈新株発行の無効判決の効力〉の規定は、前項の場合について準用する。この場合において、同条第二項中「株主」とあるのは「新株予約権者」と、同条第四項中「株式」とあるのは「新株予約権」と、同条第五項及び第六項中「登録株式質権者」とあるのは「登録新株予約権質権者」と読み替えるものとする。

⊛✝【新株予約権発行の無効↓八二八①㈣　❶【払込金額等↓二三八①㈢・二四六【新株予約権証券↓二八八⊛　❷【八四〇条二項の準用↓八七七・八七二㈢

（合併又は会社分割の無効判決の効力）

第八四三条①　次の各号に掲げる行為の無効の訴えに係る請求を認容する判決が確定したときは、当該行為をした会社は、当該行為の効力が生じた日後に当該各号に定める会社が負担した債務について、連帯して弁済する責任を負う。

一　会社の吸収合併　吸収合併後存続する会社

二　会社の新設合併　新設合併により設立する会社

三　会社の吸収分割　吸収分割をする会社がその事業に関して有する権利義務の全部又は一部を当該会社から承継する会社

四　会社の新設分割　新設分割により設立する会社

②　前項に規定する場合には、同項各号に掲げる行為の効力が生じた日後に当該各号に定める会社が取得した財産は、当該行為をした会社の共有に属する。ただし、同項第四号に掲げる行為を一の会社がした場合には、同号に定める会社が取得した財産は、当該行為をした一の会社に属する。

③　第一項及び前項本文に規定する場合には、各会社の第一項の債務の負担部分及び前項本文の財産の共有持分は、各会社の協議によって定める。

④　各会社の第一項の債務の負担部分又は第二項本文の財産の共有持分について、前項の協議が調わないときは、裁判所は、各会社の申立てにより、第一項各号に掲げる行為の効力が生じた時における各会社の財産の額その他一切の事情を考慮して、これを定める。

⊛❶㈠【吸収合併↓八二八①㈦　㈡【新設合併↓八二八①㈧　㈢【吸収分割↓八二八①㈨　㈣【新設分割↓八二八①㈩　❹【裁判所↓八六八⑥・八七〇②㈥

（株式交換又は株式移転の無効判決の効力）

第八四四条①　株式会社の株式交換又は株式移転の無効の訴えに係る請求を認容する判決が確定した場合において、株式交換又は株式移転をする株式会社（以下この条において「旧完全子会社」という。）の発行済株式の全部を取得する株式会社（以下この条において「旧完全親会社」という。）が当該株式交換又は株式移転に際して当該旧完全親会社の株式（以下この条において「旧完全親会社株式」という。）を交付したときは、当該旧完全親会社は、当該判決の確定時における当該旧完全親会社株式に係る株主に対し、当該株式交換又は株式移転の際に当該旧完全親会社株式の交付を受けた者が有していた旧完全子会社の株式（以下この条において「旧完全子会社株式」という。）を交付しなければならない。この場合において、旧完全親会社が株券発行会社であるときは、当該旧完全親会社は、当該株主に対し、当該旧完全子会社株式を交付するのと引換えに、当該旧完全親会社株式に係る旧株券を返還することを請求することができる。

②　前項前段に規定する場合には、旧完全親会社株式を目的とする質権は、旧完全子会社株式について存在する。

③　前項の質権の質権者が登録株式質権者であるときは、旧完全親会社は、第一項の判決の確定後遅滞なく、旧完全子会社に対し、当該登録株式質権者についての第百四十八条各号に掲げる事項を通知しなければならない。

④　前項の規定による通知を受けた旧完全子会社は、その株主名簿に同項の登録株式質権者の質権の目的である株式に係る株主名簿記載事項を記載し、又は記録した場合には、直ちに、当該株主名簿に当該登録株式質権者についての第百四十八条各号に掲げる事項を記載し、又は記録しなければならない。

⑤　第三項に規定する場合において、同項の旧完全子会社が株券発行会社であるときは、旧完全親会社は、登録株式質権者に対し、第二項の旧完全子会社株式に係る株券を引き渡さなければならない。ただし、第一項前段の株主が旧完全子会社株式の交付を受けるために旧完全親会社株式に係る旧株券を提出しなければならない場合において、旧株券の提出があるまでの間は、この限りでない。

⊛✝【株式交換↓八二八①㈩㈠【株式移転↓八二八①㈩㈡・四七五㈢　❶❺【株券発行会社↓二一四⊛　❷【質権の効力↓一五一①

（株式交付の無効判決の効力）

第八四四条の二①　株式会社の株式交付の無効の訴えに係る請求を認容する判決が確定した場合において、株式交付親会社が当該株式交付に際して当該株式交付親会社の株式（以下この条において「旧株式交付親会社株式」という。）を交付したときは、当該株式交付親会社は、当該判決の確定時における当該旧株式交付親会社株式に係る株主に対し、当該株式交付の際に当該旧株式交付親会社株式の交付を受けた者から給付を受けた株式交付子会社の株式及び新株予約権等（以下この条において「旧株式交付子会社株式等」という。）を返還しなければならない。この場合において、株式交付親会社が株券発行会社であるときは、当該株式交付親会社は、当該株主に対し、当該旧株式交付子会社株式等を返還するのと引換えに、当該旧株式交付親会社株式に係る旧株券を返還することを請求することができる。

② 前項前段に規定する場合には、旧株式交付親会社株式を目的とする質権は、旧株式交付子会社株式等について存在する。

⊕【株式交付→八二八①十三】❶【株券発行会社→二一四⊕】❷【質権の効力→一五一①】

（持分会社の設立の無効又は取消しの判決の効力）

第八四五条 持分会社の設立の無効又は取消しの訴えに係る請求を認容する判決が確定した場合において、その無効又は取消しの原因が一部の社員のみにあるときは、他の社員の全員の同意によって、当該持分会社を継続することができる。この場合においては、当該原因がある社員は、退社したものとみなす。

⊕【持分会社の設立無効→八二八①一】【持分会社の設立の取消し→八三二⊕】【持分会社の継続→六四二】

（原告が敗訴した場合の損害賠償責任）

第八四六条 会社の組織に関する訴えを提起した原告が敗訴した場合において、原告に悪意又は重大な過失があったときは、原告は、被告に対し、連帯して損害を賠償する責任を負う。

⊕【敗訴原告の損害賠償責任→八三六】【株主等の権利の行使に関する贈収賄罪→九六八①四】

第一節の二　売渡株式等の取得の無効の訴え

（売渡株式等の取得の無効の訴え）

第八四六条の二① 株式等売渡請求に係る売渡株式等の全部の取得の無効は、取得日（第百七十九条の二第一項第五号に規定する取得日をいう。以下この条において同じ。）から六箇月以内（対象会社が公開会社でない場合にあっては、当該取得日から一年以内）に、訴えをもってのみ主張することができる。

② 前項の訴え（以下この節において「売渡株式等の取得の無効の訴え」という。）は、次に掲げる者に限り、提起することができる。

一 取得日において売渡株主（株式売渡請求に併せて新株予約権売渡請求がされた場合にあっては、売渡株主又は売渡新株予約権者。第八百四十六条の五第一項において同じ。）であった者

二 取得日において対象会社の取締役（監査役設置会社にあっては取締役又は監査役、指名委員会等設置会社にあっては取締役又は執行役。以下この号において同じ。）であった者又は対象会社の取締役若しくは清算人

⊕❶【特別支配株主による株式等売渡請求→一七九―一七九の一〇】

（被告）

第八四六条の三 売渡株式等の取得の無効の訴えについては、特別支配株主を被告とする。

⊕【売渡株式等の取得の無効の訴え→八四六の二】【特別支配株主→一七九①】

（訴えの管轄）

第八四六条の四 売渡株式等の取得の無効の訴えは、対象会社の本店の所在地を管轄する地方裁判所の管轄に専属する。

⊕【売渡株式等の取得の無効の訴え→八四六の二】【本店→四⊕】【専属管轄→民訴三の五①・三の一〇・一三】

（担保提供命令）

第八四六条の五① 売渡株式等の取得の無効の訴えについては、裁判所は、被告の申立てにより、当該売渡株式等の取得の無効の訴えを提起した売渡株主に対し、相当の担保を立てるべきことを命ずることができる。ただし、当該売渡株主が対象会社の取締役、監査役、執行役又は清算人であるときは、この限りでない。

② 被告は、前項の申立てをするには、原告の訴えの提起が悪意によるものであることを疎明しなければならない。

⊕【担保提供命令→八四六の九・九六八①四】

（弁論等の必要的併合）

第八四六条の六 同一の請求を目的とする売渡株式等の取得の無効の訴えに係る訴訟が数個同時に係属するときは、その弁論及び裁判は、併合してしなければならない。

⊕【弁論の併合→民訴一五二①】

（認容判決の効力が及ぶ者の範囲）

第八四六条の七 売渡株式等の取得の無効の訴えに係る請求を認容する確定判決は、第三者に対してもその効力を有する。

⊕【対世効→民訴一一五】

（無効の判決の効力）

第八四六条の八 売渡株式等の取得の無効の訴えに係る請求を認容する判決が確定したときは、当該判決において無効とされた売渡株式等の全部の取得は、将来に向かってその効力を失う。

⊕【売渡株式等の取得の無効→八四六の二①】

（原告が敗訴した場合の損害賠償責任）

第八四六条の九 売渡株式等の取得の無効の訴えを提起した原告が敗訴した場合において、原告に悪意又は重大な過失があったときは、原告は、被告に対し、連帯して損害を賠償する責任を負う。

⊕【敗訴原告の損害賠償責任→八四六の五、九六八①四】

第二節　株式会社における責任追及等の訴え

（株主による責任追及等の訴え）

第八四七条① 六箇月（これを下回る期間を定款で定め

た場合にあっては、その期間）前から引き続き株式を有する株主（第百八十九条第二項の定款の定めによりその権利を行使することができない単元未満株主を除く。）は、株式会社に対し、書面その他の法務省令で定める方法により、発起人、設立時取締役、設立時監査役、役員等（第四百二十三条第一項に規定する役員等をいう。）若しくは清算人（以下この節において「発起人等」という。）の責任を追及する訴え、第百二条の二第一項、第二百十二条第一項若しくは第二百八十五条第一項の規定による支払を求める訴え、第百二十条第三項の利益の返還を求める訴え又は第二百十三条の二第一項若しくは第二百八十六条の二第一項の規定による支払若しくは給付を求める訴え（以下この節において「責任追及等の訴え」という。）の提起を請求することができる。ただし、責任追及等の訴えが当該株主若しくは第三者の不正な利益を図り又は当該株式会社に損害を加えることを目的とする場合は、この限りでない。

② 公開会社でない株式会社における前項の規定の適用については、同項中「六箇月（これを下回る期間を定款で定めた場合にあっては、その期間）前から引き続き株式を有する株主」とあるのは、「株主」とする。

③ 株式会社が第一項の規定による請求の日から六十日以内に責任追及等の訴えを提起しないときは、当該請求をした株主は、株式会社のために、責任追及等の訴えを提起することができる。

④ 株式会社は、第一項の規定による請求の日から六十日以内に責任追及等の訴えを提起しない場合において、当該請求をした株主又は同項の発起人等から請求を受けたときは、当該請求をした者に対し、遅滞なく、責任追及等の訴えを提起しない理由を書面その他の法務省令で定める方法により通知しなければならない。

⑤ 第一項及び第三項の規定にかかわらず、同項の期間の経過により株式会社に回復することができない損害が生ずるおそれがある場合には、第一項の株主は、株式会社のために、直ちに責任追及等の訴えを提起することができる。ただし、同項ただし書に規定する場合は、この限りでない。

❶【発起人・設立時取締役の責任→五二・五三】【設立時監査役の責任→五三】【役員等の責任→四二三・四二八・四六二、金商一六四①―③】【清算人の責任→四八六】【責任追及等の訴え→三四九④・三五三・三六四・三八六・四〇八・八四八―八五三】【省令で定める方法→会社則二一七】【不正な利益・損害を与える目的→八四七の二①・八四七の三①】 ❸【会社のため→民訴一一五①㈡】【原告適格→八五一】 ❸❺【株主等の権利の行使に関する贈収賄罪→九六八①㈣】 ❹【省令で定める方法→会社則二一八】

一　本条の対象となる責任

1　取締役の会社に対する取引債務

[1] 商法二六七条一項［本条一項］にいう「取締役ノ責任」には、商法［会社法］が取締役の地位に基づいて取締役に負わせている厳格な責任のほか、取締役が会社との取引によって負担することになった債務についての責任も含まれる。（最判平21・3・10民集六三・三・三六一、会社法百選四版六四）

2　贈賄行為の共謀及び交付行為の時期との関係

[2] 贈賄行為は、その共謀行為が取締役就任前に行われていたとしても、その共謀に基づく交付行為が取締役就任後に実行された場合には、取締役の行為として、代表訴訟による責任追及の対象になる。（東京地判平6・12・22判時一五一八・三）→四二三条[18]

二　提訴請求

1　訴えの変更による請求の追加の場合

[3] 訴えの変更は、変更後の新請求については新たな訴えの提起にほかならないから、変更後の訴えについての提訴請求の有無は、原則として、訴えの変更の時を基準としてこれを決すべきである。（東京高判平26・4・24金判一四五一・八、会社法百選三版A20）

2　提訴請求の適法性

イ　提訴請求が代表取締役に対してなされた場合

[4] 農業協同組合の理事に対する代表訴訟を提起しようとする組合員が、農業協同組合の代表者として監事ではなく代表理事を記載した提訴請求書を農業協同組合に対して送付した場合であっても、監事において、右請求書の記載内容を正確に認識した上で当該理事に対する訴訟を提起すべきか否かを自ら判断する機会があったといえるときには、代表者として監事が記載された適式な提訴請求書があらかじめ農業協同組合に送付されていたのと同視することができる。（最判平21・3・31民集六三・三・四七二、会社法百選四版A24）

ロ　事実の特定の程度

[5] 株主が代表訴訟提起前に監査役に提訴を請求する場合の事実の特定の程度については、一般株主にとっては取締役等の違法行為の具体的内容・損害の範囲を正確に知り得ないことが多いから、会社において、いかなる事実・事項について責任追及が求められているかが判断できる程度に特定されていれば足りる。（東京地判平8・6・20判時一五七二・二七〈日本航空電子工業事件〉）

ハ　不正利益を図ることを目的とした事例

[6] A銀行の取締役YらがBに対する不当融資によりA銀行に与えた損害の賠償請求につきXにより代表訴訟が提起されたが、それは、A銀行を困惑させ、Bの担保物件のXの手による任意処分に応じさせ、経済的利益を得るための手段として提起されたものであり、株主の利益と関係のない純然たる個人的利益を追求するための行使であって、権利の濫用に当たる。（長崎地判平3・2・19判時一三九三・一三八……本条一項ただし書に相当する規定がなかった平成一七法八七による改正前の商法下で、訴権の濫用に当たるとして訴えが却下された事例）

3　提訴請求を経なかった場合

イ　代表訴訟提起後の提訴請求

[7] 株主Xが、会社に対して訴えの提起を請求することなく代表訴訟を提起し、その後に会社に対して同一の訴えの提起を請求した場合には、たとえ会社がその請求に応じて訴えを提起したとしても、その訴えは、二重起訴に当たるものとして却下されるおそれがあるから（民訴法一四二条［旧二三一条］）、会社に対し、真に訴えを提起する機会を与えたことにはならず、したがって、Xが本訴の提起後に会社に対して訴え提起の請求をし、その後三〇日が経過したからといって、本訴が適法なものとなるに至ったと認めることはできない。（東京地判平4・2・13判時一四二七・一三七、重判平4商六）

ロ　他の株主による提訴請求があった場合

⑧ 商法二六七条一項、二項〔平成一三法一二八改正前。本条一項・三項〕の趣旨は、会社に取締役責任追及の懈怠を是正する機会を与えるとともに株主に濫訴の弊を防止することにあるから、同時に訴えを提起した他の原告が右の手続を履践し、会社が訴え提起の意思のないことを回答している場合には、右の手続を履践しない株主の訴え提起も適法である。（大阪地判平6・3・1判タ八九三・二六九……中小企業等協同組合法により準用されている事例）

八 会社が代表訴訟に参加した場合

a 原告側に参加した場合

⑨ 株主が商法二六七条一項、二項〔平成一三法一二八改正前。本条一項・三項〕の手続を経ないで代表訴訟を提起した場合において、会社がその訴訟に参加して原告と同旨の請求をしたときは、同条一項、二項の手続欠缺〔けんけつ〕による瑕疵〔かし〕は治癒される。（東京地判昭39・10・12下民一五・一〇・二四三二）

b 被告側に補助参加した場合

⑩ 会社が代表訴訟の被告に補助参加しており、また、提訴請求の欠缺について何ら言及せず、被告に対する訴え提起の見込み等についても何ら明らかにしていない場合のように、会社が訴えの提起の機会を放棄しているものとみることができる場合にまで、提訴請求の欠缺を理由に代表訴訟の提起を不適法とする理由はない。（東京高判平26・4・24前出③）

4 提訴請求を受けた監査委員の善管注意義務・忠実義務→四二三条⑬

三 代表訴訟の帰趨〔きすう〕

1 会社の破産等と代表訴訟の帰趨

イ 破産

⑪ 株主代表訴訟の訴訟追行中において、会社が破産した場合、当該損害賠償請求権は破産財団に属する権利であるから、会社の破産によって訴訟は中断し、破産管財人が継受することができる。（東京地決平12・1・27金判一一二〇・五八①、倒産百選〔六版〕二二）→破四五条⑤

ロ 金融整理管財人による管理命令

⑫ 信用協同組合に対し金融整理管財人による業務及び財産の管理を命ずる処分がされても、当該信用協同組合の組合員は、組合員代表訴訟を提起することができ、また係属中の組合員代表訴訟を追行する資格又は権限を失うものではない。（最判平15・6・12判時一八二五・一三六、重判平15民訴七）

2 訴訟物たる債権の譲渡と代表訴訟の帰趨

イ 一般

⑬ 会社は、原則として会社の取締役に対する損害賠償請求権を第三者に譲渡することが可能であるが、会社による取締役に対する損害賠償請求権の免除について法が厳格な規制をしている〔会社四二五条～四二七条〕ことを考慮すると、取締役に対する責任追及を回避する目的で行う譲渡は、無効となる。株主代表訴訟が提起され、又はその提起が予定されている場合において、会社が当該損害賠償請求権を譲渡した場合には、特段の事情のない限り、その譲渡は取締役に対する責任追及を回避する目的でされたものと推認される。（東京地判平17・5・12金法一七五七・四六）

ロ 清算人が譲渡した場合

⑭ 損害賠償請求権の譲渡が、取締役と利害関係のない弁護士である清算人により行われた場合において、特別清算手続上早期終結を目的とした早期換価が困難であること、売却先・売却価格が適正であり、監査委員の同意を得るなどの適正手続を履践していること、譲受人が損害賠償請求の履行を求めている事実を総合すると、損害賠償の譲渡が責任追及を回避する目的でされたという推認を覆す特段の事情が認められる。（東京地判平17・5・12前出⑬）

（旧株主による責任追及等の訴え）

第八四七条の二① 次の各号に掲げる行為の効力が生じた日の六箇月（これを下回る期間を定款で定めた場合にあっては、その期間）前から当該日まで引き続き株式会社の株主であった者（第百八十九条第二項の定款の定めによりその権利を行使することができない単元未満株主であった者を除く。以下この条において「旧株主」という。）は、当該株式会社の株主でなくなった場合であっても、当該各号に定めるときは、当該株式会社（第二号に定める場合にあっては、同号の吸収合併後存続する株式会社。以下この節において「株式交換等完全子会社」という。）に対し、書面その他の法務省令で定める方法により、責任追及等の訴え（次の各号に掲げる行為の効力が生じた時までにその原因となった事実が生じた責任又は義務に係るものに限る。以下この条において同じ。）の提起を請求することができる。ただし、責任追及等の訴えが当該旧株主若しくは第三者の不正な利益を図り又は当該株式交換等完全子会社若しくは次の各号の完全親会社（特定の株式会社の発行済株式の全部を有する株式会社その他これと同等のものとして法務省令で定める株式会社をいう。以下この節において同じ。）に損害を加えることを目的とする場合は、この限りでない。

一 当該株式会社の株式交換又は株式移転 当該株式交換又は株式移転により当該株式会社の完全親会社の株式を取得し、引き続き当該株式を有するとき。

二 当該株式会社が吸収合併により消滅する会社となる吸収合併 当該吸収合併により、吸収合併後存続する株式会社の完全親会社の株式を取得し、引き続き当該株式を有するとき。

② 公開会社でない株式会社における前項の規定の適用については、同項中「次の各号に掲げる行為の効力が生じた日の六箇月（これを下回る期間を定款で定めた場合にあっては、その期間）前から当該日まで引き続き」とあるのは、「次の各号に掲げる行為の効力が生じた日において」とする。

③ 旧株主は、第一項各号の完全親会社の株主でなくなった場合であっても、次に掲げるときは、株式交換等完全子会社に対し、書面その他の法務省令で定める方法により、責任追及等の訴えの提起を請求することができる。ただし、責任追及等の訴えが当該旧株主若しくは第三者の不正な利益を図り又は当該株式交換等完全子会社若しくは次の各号の株式を発行している株式会社に損害を加えることを目的とする場合は、この限りでない。

一 当該完全親会社の株式交換又は株式移転により当該完全親会社の完全親会社の株式を取得し、引き続き当該株式を有するとき。

二 当該完全親会社が合併により消滅する会社となる

合併により、合併により設立する株式会社又は合併後存続する株式会社若しくはその完全親会社の株式を取得し、引き続き当該株式を有するとき。

④ 前項の規定は、同項第一号（この項又は次項において準用する場合を含む。以下この項において同じ。）に掲げる場合において、旧株主が同号の株式の株主でなくなったときについて準用する。

⑤ 第三項の規定は、同項第二号（前項又はこの項において準用する場合を含む。以下この項において同じ。）に掲げる場合において、旧株主が同号の株式の株主でなくなったときについて準用する。この場合において、第三項（前項又はこの項において準用する場合を含む。）中「当該完全親会社」とあるのは、「合併により設立する株式会社又は合併後存続する株式会社若しくはその完全親会社」と読み替えるものとする。

⑥ 株式交換等完全子会社が第一項又は第三項（前二項において準用する場合を含む。以下この条において同じ。）の規定による請求（以下この条において「提訴請求」という。）の日から六十日以内に責任追及等の訴えを提起しないときは、当該提訴請求をした旧株主は、株式交換等完全子会社のために、責任追及等の訴えを提起することができる。

⑦ 株式交換等完全子会社は、提訴請求の日から六十日以内に責任追及等の訴えを提起しない場合において、当該提訴請求をした旧株主又は当該提訴請求に係る責任追及等の訴えの被告となることとなる発起人等から請求を受けたときは、当該請求をした者に対し、遅滞なく、責任追及等の訴えを提起しない理由を書面その他の法務省令で定める方法により通知しなければならない。

⑧ 第一項、第三項及び第六項の規定にかかわらず、同項の期間の経過により株式交換等完全子会社に回復することができない損害が生ずるおそれがある場合には、提訴請求をすることができる旧株主は、株式交換等完全子会社のために、直ちに責任追及等の訴えを提起することができる。

⑨ 株式交換等完全子会社に係る適格旧株主（第一項本文又は第三項本文の規定によれば提訴請求をすることができることとなる旧株主をいう。以下この節において同じ。）がある場合において、第一項各号に掲げる行為の効力が生じた時までにその原因となった事実が生じた責任又は義務を免除するときにおける第五十五条、第百二条の二第二項、第百三条第三項、第百二十条第五項、第二百十三条の二第二項、第二百八十六条の二第二項、第四百二十四条（第四百八十六条第四項において準用する場合を含む。）、第四百六十二条第三項ただし書、第四百六十四条第二項及び第四百六十五条第二項の規定の適用については、これらの規定中「総株主」とあるのは、「総株主及び第八百四十七条の二第九項に規定する適格旧株主の全員」とする。

❶【不正な利益・損害を与える目的→八四七①【発起人・設立時取締役の責任→五二・五三【設立時監査役の責任→五三【役員等の責任→四二三・四二八・四六二、金商一六四①－③【清算人の責任→四八六【責任追及等の訴え→三四九④・三五三・三六四・三八六・四〇八・八四八－八五三【省令で定める株式会社→会社則二一八の三　❶❸－❺【省令で定める方法→会社則二一八の二　❸❹【会社の株主でなくなった者の訴訟追行→八五一　❻【会社のため→民訴一一五①㊁【原告適格→八五一　❼【省令で定める方法→会社則二一八の四　❻❽【株主の権利に関する贈収賄罪→九六八①㊃

（最終完全親会社等の株主による特定責任追及の訴え）

第八四七条の三① 六箇月（これを下回る期間を定款で定めた場合にあっては、その期間）前から引き続き株式会社の最終完全親会社等（当該株式会社の完全親会社等であって、その完全親会社等がないものをいう。以下この節において同じ。）の総株主（株主総会において決議をすることができる事項の全部につき議決権を行使することができない株主を除く。）の議決権の百分の一（これを下回る割合を定款で定めた場合にあっては、その割合）以上の議決権を有する株主又は当該最終完全親会社等の発行済株式（自己株式を除く。）の百分の一（これを下回る割合を定款で定めた場合にあっては、その割合）以上の数の株式を有する株主は、当該株式会社に対し、書面その他の法務省令で定める方法により、特定責任に係る責任追及等の訴え（以下この節において「特定責任追及の訴え」という。）の提起を請求することができる。ただし、次のいずれかに該当する場合は、この限りでない。

一 特定責任追及の訴えが当該株主若しくは第三者の不正な利益を図り又は当該株式会社若しくは当該最終完全親会社等に損害を加えることを目的とする場合

二 当該特定責任の原因となった事実によって当該最終完全親会社等に損害が生じていない場合

② 前項に規定する「完全親会社等」とは、次に掲げる株式会社をいう。

一 完全親会社

二 株式会社の発行済株式の全部を他の株式会社及びその完全子会社等（株式会社がその株式又は持分の全部を有する法人をいう。以下この条及び第八百四十九条第三項において同じ。）又は他の株式会社の完全子会社等が有する場合における当該他の株式会社（完全親会社を除く。）

③ 前項第二号の場合において、同号の他の株式会社及びその完全子会社等又は同号の他の株式会社の完全子会社等が他の法人の株式又は持分の全部を有する場合における当該他の法人は、当該他の株式会社の完全子会社等とみなす。

④ 第一項に規定する「特定責任」とは、当該株式会社の発起人等の責任の原因となった事実が生じた日において最終完全親会社等及びその完全子会社等（前項の規定により当該完全子会社等とみなされるものを含む。次項及び第八百四十九条第三項において同じ。）における当該株式会社の株式の帳簿価額が当該最終完全親会社等の総資産額として法務省令で定める方法により算定される額の五分の一（これを下回る割合を定款で定めた場合にあっては、その割合）を超える場合における当該発起人等の責任をいう（第十項及び同条第

七項において同じ。）。

⑤　最終完全親会社等が、発起人等の責任の原因となった事実が生じた日において最終完全親会社等であった株式会社をその完全子会社等としたものである場合には、前項の規定の適用については、当該最終完全親会社等であった株式会社を同項の最終完全親会社等とみなす。

⑥　公開会社でない最終完全親会社等における第一項の規定の適用については、同項中「六箇月（これを下回る期間を定款で定めた場合にあっては、その期間）前から引き続き株式会社」とあるのは、「株式会社」とする。

⑦　株式会社が第一項の規定による請求の日から六十日以内に特定責任追及の訴えを提起しないときは、当該請求をした最終完全親会社等の株主は、株式会社のために、特定責任追及の訴えを提起することができる。

⑧　株式会社は、第一項の規定による請求の日から六十日以内に特定責任追及の訴えを提起しない場合において、当該請求をした最終完全親会社等の株主又は当該請求に係る特定責任追及の訴えの被告となることとなる発起人等から請求を受けたときは、当該請求をした者に対し、遅滞なく、特定責任追及の訴えを提起しない理由を書面その他の法務省令で定める方法により通知しなければならない。

⑨　第一項及び第七項の規定にかかわらず、同項の期間の経過により株式会社に回復することができない損害が生ずるおそれがある場合には、第一項に規定する株主は、株式会社のために、直ちに特定責任追及の訴えを提起することができる。ただし、同項ただし書に規定する場合は、この限りでない。

⑩　株式会社に最終完全親会社等がある場合において、特定責任を免除するときにおける第五十五条、第百二十条第三項、第百二十条第五項、第四百二十四条（第四百八十六条第四項において準用する場合を含む。）、第四百六十二条第三項ただし書、第四百六十四条第二項及び第四百六十五条第二項の規定の適用については、これらの規定中「総株主」とあるのは、「総株主及び株式会社の第八百四十七条の三第一項に規定する最終完全親会社等の総株主」とする。

⊛❶【不正な利益・損害を与える目的↓八四七①【発起人・設立時取締役の責任↓五二・五三【設立時監査役の責任↓五三【役員等の責任↓四二三・四二八・四六二、金商一六四①―③【清算人の責任↓四八六【責任追及等の訴え↓三四九④・三五三・三六四・三八六・四〇八・八四八―八五三【省令で定める方法↓会社則二一八の五　❹【省令で定める方法↓会社則二一八の六　❼【会社のため↓民訴一一五①㈡【原告適格↓八五一　❽【省令で定める方法↓会社則二一八の七

第八四七条の四（**責任追及等の訴えに係る訴訟費用等**）①　第八百四十七条第三項若しくは第五項、第八百四十七条の二第六項若しくは第八項又は前条第七項若しくは第九項の責任追及等の訴えは、訴訟の目的の価額の算定については、財産権上の請求でない請求に係る訴えとみなす。

②　株主等（株主、適格旧株主又は最終完全親会社等の株主をいう。以下この節において同じ。）が責任追及等の訴えを提起したときは、裁判所は、被告の申立てにより、当該株主等に対し、相当の担保を立てるべきことを命ずることができる。

③　被告が前項の申立てをするには、責任追及等の訴えの提起が悪意によるものであることを疎明しなければならない。

⊛❶【訴訟の目的の価額↓民訴費四①②【財産上の請求でない請求に係る訴え↓民訴費四②　❷【担保↓民七〇九

一　本条三項の「悪意」の意義

1　一般論

⑦　右の「悪意」とは被告（取締役又は監査役）の責任に事実的、法律的根拠のないことを知りながら、又は株主代表訴訟の制度の趣旨を逸脱し、不当な目的をもって被告を害することを知りながら訴えを提起した場合をいう。（大阪高決平9・11・18判時一六二八・一三三……担保提供命令に対する即時抗告）

2　事実的、法律的根拠のないことを知っているとの推認

②　請求原因が主張自体失当である場合、請求原因事実の立証の見込みが極めて少ないと予想すべき顕著な事由がある場合、あるいは被告の抗弁が成立して請求が棄却される蓋然性が高い場合などに、右の事情を認識しながら訴えを提起していると一応認められるならば、被告の責任に事実的、法律的根拠のないことを知りながら訴えを提起したものと推認することができるが、右の点は、本案訴訟における審理、判断の先取りとなることなどを考慮し、慎重に判断すべきである。（大阪高決平9・11・18前出⑦）

二　担保の額の決定基準

1　諸般の事情を総合的に考慮すべきものとするもの

③　担保の額は、被告が被ると予測される損害額を考慮するほか、不当訴訟となる蓋然性の程度、悪意の態様・程度等諸般の事情を総合的に考慮した上、裁判所の裁量により決定することができる。（東京地決平6・7・22判時一五〇四・一二一〈蛇の目ミシン担保提供申立事件〉重判平6商三）

2　損害賠償請求訴訟で認容される可能性のある損害額を基準とすべきものとするもの

④　担保は被告（取締役）が提訴株主に対して有することあるべき不法行為による損害賠償請求権の履行を確保するためのものであるから、その額は損害賠償請求訴訟において認容される可能性のある損害額を基準として定められるべきである。（名古屋高決平7・3・8判時一五三一・一三四）

三　担保提供しなかったため株主による責任追及の訴えが却下された場合と提訴株主の不法行為責任の有無

⑤　株主代表訴訟において、提訴者の悪意が疎明されて担保提供が命じられたとしても、同訴訟の提起そのものの違法性については、改めてその成立要件を検討すべきであって、訴えの提起の違法性については、提訴者が当該訴訟において主張した権利又は法律関係が事実的、法律的根拠を欠くものである上、同人がそのことを知りながら又は通常人であれば容易にそのことを知り得たのにあえて提起したなど、裁判制度の趣旨目的に照らして著しく相当性を欠く場合に限り、相手方に対する違法な行為となり、不法行為を構成する。（東京地判平10・5・25判時一六六〇・八〇〈蛇の目ミシン株主代表訴訟不当訴訟損害賠償請求事件〉重判平10商四……株主代表訴訟の提訴株主につき請求原因につき理由がないことを知り、又は通常人であればこれを知り得たと

いうことができないとして、その不法行為責任が否定された事例）

（訴えの管轄）

第八四八条　責任追及等の訴えは、株式会社又は株式交換等完全子会社（以下この節において「株式会社等」という。）の本店の所在地を管轄する地方裁判所の管轄に専属する。

⊛【責任追及等の訴え↓八四七①【本店↓四⊛【専属管轄↓民訴三の五①、三の一〇、一三

（訴訟参加）

第八四九条①　株主等又は株式会社等は、共同訴訟人として、又は当事者の一方を補助するため、責任追及等の訴え（適格旧株主にあっては第八百四十七条の二第一項各号に掲げる行為の効力が生じた時までにその原因となった事実が生じた責任又は義務に係るものに限り、最終完全親会社等の株主にあっては特定責任追及の訴えに限る。）に係る訴訟に参加することができる。ただし、不当に訴訟手続を遅延させることとなるとき、又は裁判所に対し過大な事務負担を及ぼすこととなるときは、この限りでない。

② 次の各号に掲げる者は、株式会社等の株主でない場合であっても、当事者の一方を補助するため、当該各号に定める者が提起した責任追及等の訴えに係る訴訟に参加することができる。ただし、前項ただし書に規定するときは、この限りでない。

一　株式交換等完全親会社（第八百四十七条の二第一項各号に定める場合又は同条第三項第一号（同条第四項及び第五項において準用する場合を含む。以下この号において同じ。）若しくは第二号（同条第四項及び第五項において準用する場合を含む。以下この号において同じ。）に掲げる場合における株式交換等完全子会社の完全親会社（同条第一項各号に掲げる行為又は同条第三項第一号の株式交換若しくは株式移転若しくは同項第二号の合併の効力が生じた時においてその完全親会社があるものを除く。）であって、当該完全親会社の株式交換若しくは株式移転又は当該完全親会社が合併により消滅する会社となる合併によりその完全親会社となった株式会社がないものをいう。以下この条において同じ。）　適格旧株主

二　最終完全親会社等　当該最終完全親会社等の株主

③ 株式会社等、株式交換等完全親会社又は最終完全親会社等が、当該株式会社等、当該株式交換等完全子会社又は当該最終完全親会社等の完全子会社等である株式会社の取締役（監査等委員及び監査委員を除く。）、執行役及び清算人並びにこれらの者であった者を補助するため、責任追及等の訴えに係る訴訟に参加するには、次の各号に掲げる株式会社の区分に応じ、当該各号に定める者の同意を得なければならない。

一　監査役設置会社　監査役（監査役が二人以上ある場合にあっては、各監査役）

二　監査等委員会設置会社　各監査等委員

三　指名委員会等設置会社　各監査委員

④ 株主等は、責任追及等の訴えを提起したときは、遅滞なく、当該株式会社等に対し、訴訟告知をしなければならない。

⑤ 株式会社等は、責任追及等の訴えを提起したとき、又は前項の訴訟告知を受けたときは、遅滞なく、その旨を公告し、又は株主に通知しなければならない。

⑥ 株式会社等に株式交換等完全親会社がある場合であって、前項の責任追及等の訴え又は訴訟告知が第八百四十七条の二第一項各号に掲げる行為の効力が生じた時までにその原因となった事実が生じた責任又は義務に係るものであるときは、当該株式会社等は、前項の規定による公告又は通知のほか、当該株式交換等完全親会社に対し、遅滞なく、当該責任追及等の訴えを提起し、又は当該訴訟告知を受けた旨を通知しなければならない。

⑦ 株式会社等に最終完全親会社等がある場合であって、第五項の責任追及等の訴え又は訴訟告知が特定責任に係るものであるときは、当該株式会社等は、同項の規定による公告又は通知のほか、当該最終完全親会社等に対し、遅滞なく、当該責任追及等の訴えを提起し、又は当該訴訟告知を受けた旨を通知しなければならない。

⑧ 第六項の株式交換等完全親会社が株式交換等完全子会社の発行済株式の全部を有する場合における同項の規定及び前項の最終完全親会社等が株式会社の発行済株式の全部を有する場合における同項の規定の適用については、これらの規定中「のほか」とあるのは、「に代えて」とする。

⑨ 公開会社でない株式会社等における第五項から第七項までの規定の適用については、第五項中「公告し、又は株主に通知し」とあるのは「株主に通知し」と、第六項及び第七項中「公告又は通知」とあるのは「通知」とする。

⑩ 次の各号に掲げる場合には、当該各号に規定する株式会社は、遅滞なく、その旨を公告し、又は当該各号に定める者に通知しなければならない。

一　株式交換等完全親会社が第六項の規定による通知を受けた場合　適格旧株主

二　最終完全親会社等が第七項の規定による通知を受けた場合　当該最終完全親会社等の株主

⑪ 前項各号に規定する株式会社が公開会社でない場合における同項の規定の適用については、同項中「公告し、又は当該各号に定める者に通知し」とあるのは、「当該各号に定める者に通知し」とする。

⊛【責任追及等の訴え↓八四七①　❶❷【共同訴訟参加↓民訴五二、八五二③【補助参加↓民訴四二―四六【株主等の権利の行使に関する贈収賄罪↓九六八①㈤　❷【株式交換等完全親会社↓八四九②㈠【株式交換等完全子会社↓八四七の二①【最終完全親会社等↓八四七の三①　❹【訴訟の告知↓民訴五三、三八六②㈡、四〇八⑤㈢　❹❻❼【懈怠に対する制裁↓九七六㈢　❺【公告↓九三九【株主への通知↓一二六①　❻【株式交換等完全親会社↓八四九②㈠　❼【最終完全親会社等↓八四七の三①【特定責任↓八四七の三④　❿【株主への通知↓一二六①【公告

→九三九

1 一　**株主の訴訟参加**　訴訟参加申立人の参加申立ては不適切な訴訟追行を是正するためであり、相当期間にわたる審理が必要となるとも解されない。さらに、それが認められない場合には訴えを提起した株主以外の会社の株主は看過し得ない不利益を被ることに鑑み、商法二六八条二項［本条一項］による株主代表訴訟への参加が不当に訴訟を遅延させるものとはいえない。（最判平14・1・22判時一七七七・一五一、重判平14商三）

2 二　**会社の被告取締役側への補助参加**　取締役会の意思決定が違法であるとして取締役に対し提起された株主代表訴訟において、株式会社は、特段の事情がない限り、取締役を補助するため訴訟に参加することが許されると解するのが相当である。けだし、取締役の個人的な権限逸脱行為ではなく、取締役会の意思決定の違法を原因とする株式会社の取締役に対する損害賠償請求が認められれば、その取締役会の意思決定を前提として形成された株式会社の私法上又は公法上の法的地位又は法的利益に影響を及ぼすおそれがあるというべきであり、株式会社は、取締役の敗訴を防ぐことに法律上の利害関係を有するということができるからである。そして、株式会社が株主代表訴訟につき中立的立場を採るか補助参加をするかはそれ自体が取締役の責任に関わる経営判断の一つであることからすると、補助参加を認めたからといって、株主の利益を害するような補助参加がされ、公正妥当な訴訟運営が損なわれるとまではいえず、それによる著しい訴訟の遅延や複雑化を招くおそれはなく、また、会社側からの訴訟資料、証拠資料の提出が期待され、その結果として審理の充実が図られる利点も認められる。（最決平13・1・30民集五五・一・三〇、会社法百選［四版］A25……本条一項に相当する規定がなかった平成一七法八七による改正前の商法下の事例）→民訴四二条7

3 補助参加申立人がどのような法令遵守態勢を採っていたかという問題は、個々の従業員等の業務執行を超えた組織全体としての態勢整備に関わる問題であるから、当然に組織としての意思決定ないし方針の積み重ねという性質を有するものである。会社の違法態勢に問題が存することを理由に被告取締役らに対する損害賠償請求が認められれば、会社の信用が毀損され、対外的取引関係を前提に形成される会社の法的地位又は法的利益に影響を及ぼすおそれがあるというべきであるがゆえに、補助参加申立人には被告らのために補助参加する利益がある。（東京地決平14・6・21判時一七九〇・一五六）

（和解）

第八四九条の二　株式会社等が、当該株式会社等の取締役（監査等委員及び監査委員を除く。）、執行役及び清算人並びにこれらの者であった者の責任を追及する訴えに係る訴訟における和解をするには、次の各号に掲げる株式会社の区分に応じ、当該各号に定める者の同意を得なければならない。

一　監査役設置会社　監査役（監査役が二人以上ある場合にあっては、各監査役）

二　監査等委員会設置会社　各監査等委員

三　指名委員会等設置会社　各監査委員

参【責任追及の訴え→八四七【取締役・会社間の訴訟→三五三・三八六【訴訟上の和解→民訴八九・二六七・二七五、民執二二［七］

第八五〇条①　民事訴訟法第二百六十七条の規定は、株式会社等が責任追及等の訴えに係る訴訟における和解の当事者でない場合には、当該訴訟における訴訟の目的については、適用しない。ただし、当該株式会社等の承認がある場合は、この限りでない。

②　前項に規定する場合において、裁判所は、株式会社等に対し、和解の内容を通知し、かつ、当該和解に異議があるときは二週間以内に異議を述べるべき旨を催告しなければならない。

③　株式会社等が前項の期間内に書面により異議を述べなかったときは、同項の規定による通知の内容で株主等が和解をすることを承認したものとみなす。

④　第五十五条、第百二条の二第二項、第百三条第三項、第百二十条第五項、第二百十三条の二第二項、第二百八十六条の二第二項、第四百二十四条（第四百八十六条第四項において準用する場合を含む。）、第四百六十二条第三項（同項ただし書に規定する分配可能額を超えない部分について負う義務に係る部分に限る。）、第四百六十四条第二項及び第四百六十五条第二項の規定は、責任追及等の訴えに係る訴訟における和解をする場合には、適用しない。

参❶【和解→民六九五、民訴八九・二六四・二六五・二七五①、民執二二［七］　❷【通知・催告の受領者→三八六②［二］・四〇八⑤［二］

（株主でなくなった者の訴訟追行）

第八五一条①　責任追及等の訴えを提起した株主又は第八百四十九条第一項の規定により共同訴訟人として当該責任追及等の訴えに係る訴訟に参加した株主が当該訴訟の係属中に株主でなくなった場合であっても、次に掲げるときは、その者が、訴訟を追行することができる。

一　その者が当該株式会社の株式交換又は株式移転により当該株式会社の完全親会社の株式を取得したとき。

二　その者が当該株式会社が合併により消滅する会社となる合併により、合併により設立する株式会社又は合併後存続する株式会社若しくはその完全親会社の株式を取得したとき。

②　前項の規定は、同項第一号（この項又は次項において準用する場合を含む。）に掲げる場合において、前項の株主が同項の訴訟の係属中に当該株式会社の完全親会社の株式の株主でなくなったときについて準用する。この場合において、同項（この項又は次項において準用する場合を含む。）中「当該株式会社」とあるのは、「当該完全親会社」と読み替えるものとする。

③　第一項の規定は、同項第二号（前項又はこの項において準用する場合を含む。）に掲げる場合において、第一項の株主が同項の訴訟の係属中に合併により設立する株式会社又は合併後存続する株式会社若しくはその

完全親会社の株式の株主でなくなったときについて準用する。この場合において、同項（前項又はこの項において準用する場合を含む。）中「当該株式会社」とあるのは、「合併により設立する株式会社又は合併後存続する株式会社若しくはその完全親会社」と読み替えるものとする。

❶[二]【完全親会社の株式の取得→七六八①[三]・七七三①[五]】[三]【合併による存続会社等の株式の取得→七四九①[三]・七五三①[七][九]】

（費用等の請求）

第八五二条① 責任追及等の訴えを提起した株主等が勝訴（一部勝訴を含む。）した場合において、当該責任追及等の訴えに係る訴訟に関し、必要な費用（訴訟費用を除く。）を支出したとき又は弁護士、弁護士法人若しくは弁護士・外国法事務弁護士共同法人に報酬を支払うべきときは、当該株式会社等に対し、その費用の額の範囲内又はその報酬額の範囲内で相当と認められる額の支払を請求することができる。

② 責任追及等の訴えを提起した株主等が敗訴した場合であっても、悪意があったときを除き、当該株主等は、当該株式会社等に対し、これによって生じた損害を賠償する義務を負わない。

③ 前二項の規定は、第八百四十九条第一項の規定により同項の訴訟に参加した株主等について準用する。

❶【訴訟費用の負担→民訴六一―七四】❷【損害賠償→民七〇九・七一九】

一 「勝訴した場合」の意義

[1] 商法二六八条ノ二［本条］の「株主が勝訴した場合」の中には、株主と取締役らの間に訴訟上の和解が成立し、右取締役らが会社に対して損害賠償金を支払う旨を約束した場合も含まれる。（東京高判平12・4・27金判一〇九五・二一）

二 弁護士報酬のうち「相当と認められる額」の意義

[2] 株主が会社に対して支払を請求できる弁護士報酬額の相当額については、個別具体的な訴訟において、その請求額、当事者の数、事案の内容（難易度）、弁護士の手数の繁簡（口頭弁論期日の回数、提出した訴訟資料の内容、証拠調べの内容、和解交渉の経緯、事件の終了に至るまでの期間等）、提訴前に採った措置、訴訟の結果会社が得た利益などの諸般の事情を考慮して、弁護士がする訴訟追行の対価として相当な額であるかどうかという観点から客観的に判断すべきである。（東京高判平12・4・27前出[1]）

（再審の訴え）

第八五三条① 責任追及等の訴えが提起された場合において、原告及び被告が共謀して責任追及等の訴えに係る訴訟の目的である株式会社等の権利を害する目的をもって判決をさせたときは、次の各号に掲げる者は、当該各号に定める訴えに係る確定した終局判決に対し、再審の訴えをもって、不服を申し立てることができる。

一 株主又は株式会社等　責任追及等の訴え

二 適格旧株主　責任追及等の訴え（第八百四十七条の二第一項各号に掲げる行為の効力が生じた時までにその原因となった事実が生じた責任又は義務に係るものに限る。）

三 最終完全親会社等の株主　特定責任追及の訴え

② 前条の規定は、前項の再審の訴えについて準用する。

＋【再審の訴え→民訴三三八・三四〇・三四二】【和解・請求の放棄の場合→民訴二六七】【権利の行使に関する贈収賄罪→九六八①[四]】

第三節　株式会社の役員の解任の訴え

（株式会社の役員の解任の訴え）

第八五四条① 役員（第三百二十九条第一項に規定する役員をいう。以下この節において同じ。）の職務の執行に関し不正の行為又は法令若しくは定款に違反する重大な事実があったにもかかわらず、当該役員を解任する旨の議案が株主総会において否決されたとき又は当該役員を解任する旨の株主総会の決議が第三百二十三条の規定によりその効力を生じないときは、次に掲げる株主は、当該株主総会の日から三十日以内に、訴えをもって当該役員の解任を請求することができる。

一 総株主（次に掲げる株主を除く。）の議決権の百分の三（これを下回る割合を定款で定めた場合にあっては、その割合）以上の議決権を六箇月（これを下回る期間を定款で定めた場合にあっては、その期間）前から引き続き有する株主（次に掲げる株主を除く。）

イ 当該役員を解任する旨の議案について議決権を行使することができない株主

ロ 当該請求に係る役員である株主

二 発行済株式（次に掲げる株主の有する株式を除く。）の百分の三（これを下回る割合を定款で定めた場合にあっては、その割合）以上の数の株式を六箇月（これを下回る期間を定款で定めた場合にあっては、その期間）前から引き続き有する株主（次に掲げる株主を除く。）

イ 当該株式会社である株主

ロ 当該請求に係る役員である株主

② 公開会社でない株式会社における前項各号の規定の適用については、これらの規定中「六箇月（これを下回る期間を定款で定めた場合にあっては、その期間）前から引き続き有する」とあるのは、「有する」とする。

③ 第百八条第一項第九号に掲げる事項（取締役（監査等委員会設置会社にあっては、監査等委員である取締役又はそれ以外の取締役）に関するものに限る。）についての定めがある種類の株式を発行している場合における第一項の規定の適用については、同項中「株主総会」とあるのは、「株主総会（第三百四十七条第一項の規定により読み替えて適用する第三百三十九条第一項の種類株主総会を含む。）」とする。

④ 第百八条第一項第九号に掲げる事項（監査役に関するものに限る。）についての定めがある種類の株式を発行している場合における第一項の規定の適用については、同項中「株主総会」とあるのは、「株主総会（第

会社

三百四十七条第二項の規定により読み替えて適用する第三百三十九条第一項の種類株主総会を含む。」とする。

⊛【役員の解任→三三九⊛【役員の解任の訴え→八五五・八五六、九一七㊂、九三七①㊀【株主等の権利の行使に関する贈収賄罪→九六八①四 ❶【不正の行為又は法令・定款違反→三五八①、三七五①、三八二、三九七①、四〇六 【二】【議決権を行使することができない株主→二九七③⊛

[1] **一 再任取締役の解任事由の時期**
取締役解任の訴えの目的とするところは、原則として、取締役が当該任期中に、職務の執行に関して、取締役の地位にとどめておくことが不適切と認められるような不正行為等を行った場合、任期満了前に当該取締役と会社との委任関係を解消させることにあると解せられ、現在の任期開始前に発生・判明していた事由は、本条一項規定の解任事由には当たらない。（宮崎地判平22・9・3判時二〇九四・一四〇）

[2] **二 本条一項の「あったにもかかわらず」の意義**
本条一項の解任事由が「あったにもかかわらず」とは、役員解任議案が否決された後に当該役員について生じた不正行為又は法令若しくは定款に違反する重大な行為をもって役員解任の訴えの解任事由とすることはできないが、当該役員解任議案が否決された時点までに生じた解任事由については、役員解任の訴えの解任事由とすることができることを意味する。（高松高決平18・11・27金判一二六五・一四）……取締役解任議案を審議する株主総会の議事運営上重大な法令違反があり解任事由に当たるとされた事例

[3] **三 役員の任期満了と訴えの利益**
本条一項の規定する取締役解任の訴えの効力は、解任対象となる取締役の地位をその残任期間につき将来に向かって失わせるにとどまるため、取締役解任の訴えの係属中に当該取締役が任期満了により退任した場合には、訴えの利益を欠くに至る。（東京高判令3・11・17金判一六三五・一四）

[4] **四 退任後もなお役員の権利義務を有する者の解任請求**
会社法三四六条一項に基づき退任後もなお役員としての権利義務を有する者の職務の執行に関し不正の行為又は法令若しくは定款に違反する重大な事実があった場合において、本条を適用又は類推適用して株主が訴えをもって当該者の解任請求をすることは許されない。（最判平20・2・26民集六二・二・六三八、会社法百選[四版]四三）

（被告）
第八五五条 前条第一項の訴え（次条及び第九百三十七条第一項第一号ヌにおいて「株式会社の役員の解任の訴え」という。）については、当該株式会社及び前条第一項の役員を被告とする。

⊛【必要的共同訴訟→民訴四〇

（訴えの管轄）
第八五六条 株式会社の役員の解任の訴えは、当該株式会社の本店の所在地を管轄する地方裁判所の管轄に専属する。

⊛【本店→四⊛【専属管轄→民訴三の五①、三の一〇、一三

第四節 特別清算に関する訴え

（役員等の責任の免除の取消しの訴えの管轄）
第八五七条 第五百四十四条第二項の訴えは、特別清算裁判所（第八百八十条第一項に規定する特別清算裁判所をいう。次条第三項において同じ。）の管轄に専属する。

⊛【専属管轄→民訴一三

（役員等責任査定決定に対する異議の訴え）
第八五八条① 役員等責任査定決定（第五百四十五条第一項に規定する役員等責任査定決定をいう。以下この条において同じ。）に不服がある者は、第八百九十九条第四項の規定による送達を受けた日から一箇月の不変期間内に、異議の訴えを提起することができる。
② 前項の訴えは、これを提起する者が、対象役員等（第五百四十二条第一項に規定する対象役員等をいう。以下この項において同じ。）であるときは清算株式会社を、清算株式会社であるときは対象役員等を、それぞれ被告としなければならない。
③ 第一項の訴えは、特別清算裁判所の管轄に専属する。
④ 第一項の訴えについての判決においては、訴えを不適法として却下する場合を除き、役員等責任査定決定を認可し、変更し、又は取り消す。
⑤ 役員等責任査定決定を認可し、又は変更した判決は、強制執行に関しては、給付を命ずる判決と同一の効力を有する。
⑥ 役員等責任査定決定を認可し、又は変更した判決については、受訴裁判所は、民事訴訟法第二百五十九条第一項の定めるところにより、仮執行の宣言をすることができる。

⊛【株主等の権利の行使に関する贈収賄罪→九六八①四 ❸【特別清算裁判所→八八〇① 【専属管轄→民訴一三 ❺【給付判決と同一の効力→民執二二㊀

第五節 持分会社の社員の除名の訴え等

（持分会社の社員の除名の訴え）
第八五九条 持分会社の社員（以下この条及び第八百六十一条第一号において「対象社員」という。）について次に掲げる事由があるときは、当該持分会社は、対象社員以外の社員の過半数の決議に基づき、訴えをもって対象社員の除名を請求することができる。
一 出資の義務を履行しないこと。
二 第五百九十四条第一項（第五百九十八条第二項において準用する場合を含む。）の規定に違反したこと。
三 業務を執行するに当たって不正の行為をし、又は業務を執行する権利がないのに業務の執行に関与したこと。
四 持分会社を代表するに当たって不正の行為をし、又は代表権がないのに持分会社を代表して行為をしたこと。
五 前各号に掲げるもののほか、重要な義務を尽くさないこと。

⊛【社員の除名→六〇七①四【除名の訴え→八六一㊀、八六二・

九三七①㈠ 【二】【出資義務↓五七六①㈥・五七八 【三】【業務執行↓五九〇―五九八 【四】【代表↓五九九

[1] 一 本条の強行法規性

商法八六条一項［本条］は、会社の私的自治と除名の対象となる社員の権利利益の保護とを調和させるべく、法定の事由がある場合に、他の社員の過半数の決議をもってする会社の請求により、裁判所の判決をもってのみ除名をすることを認めたものであり、右規定は、その趣旨に照らし、強行法規と解するのが相当である。（東京地判平9・10・13判時一六五四・一三七……「他の社員の過半数の決議により退社する」という定款規定に基づく退社決議による退社の登記が商法八六条一項違反で無効とされた合資会社の事例）

[2] 二 除名が認められるための要件

除名は、その意思に反して社員を合同会社から強制的に排除するものであるから、社員の行為が形式的に除名事由に該当するだけでは足りず、当該行為により社員間の信頼関係が損なわれる等により、合同会社の活動が成り立たなくなるため、社員を合同会社から排除することが、合同会社が存続して活動するためにやむを得ないといえるような事情を要する。（東京高判令元・12・11金判一五九四・二八）

（持分会社の業務を執行する社員の業務執行権又は代表権の消滅の訴え）

第八六〇条 持分会社の業務を執行する社員（以下この条及び次条第二号において「対象業務執行社員」という。）について次に掲げる事由があるときは、当該持分会社は、対象業務執行社員以外の社員の過半数の決議に基づき、訴えをもって対象業務執行社員の業務を執行する権利又は代表権の消滅を請求することができる。

一 前条各号に掲げる事由があるとき。

二 持分会社の業務を執行し、又は持分会社を代表することに著しく不適任なとき。

【業務執行権↓五九〇・五九一【代表権↓五九九【業務執行権・代表権の消滅の訴え↓八六一㈡・八六二・九三七①㈠

（被告）

第八六一条 次の各号に掲げる訴えについては、当該各号に定める者を被告とする。

一 第八百五十九条の訴え（次条及び第九百三十七条第一項第一号ルにおいて「持分会社の社員の除名の訴え」という。） 対象社員

二 前条の訴え（次条及び第九百三十七条第一項第一号ヲにおいて「持分会社の業務を執行する社員の業務執行権又は代表権の消滅の訴え」という。） 対象業務執行社員

【二】【対象社員↓八五九 【三】【対象業務執行社員↓八六〇

（訴えの管轄）

第八六二条 持分会社の社員の除名の訴え及び持分会社の業務を執行する社員の業務執行権又は代表権の消滅の訴えは、当該持分会社の本店の所在地を管轄する地方裁判所の管轄に専属する。

【本店↓四【専属管轄↓民訴三の五①・三の一〇・一三

第六節 清算持分会社の財産処分の取消しの訴え

（清算持分会社の財産処分の取消しの訴え）

第八六三条 ① 清算持分会社（合名会社及び合資会社に限る。以下この項において同じ。）が次の各号に掲げる行為をしたときは、当該各号に定める者は、訴えをもって当該行為の取消しを請求することができる。ただし、当該行為がその者を害しないものであるときは、この限りでない。

一 第六百七十条の規定に違反して行った清算持分会社の財産の処分 清算持分会社の債権者

二 第六百七十一条第一項の規定に違反して行った清算持分会社の財産の処分 清算持分会社の社員の持分を差し押さえた債権者

② 民法第四百二十四条第一項ただし書〈詐害行為取消請求〉、第四百二十四条の五〈転得者に対する詐害行為取消請求〉、第四百二十四条の七第二項〈訴訟告知〉及び第四百二十五条から第四百二十六条まで〈詐害行為取消権の期間の制限〉の規定は、前項の場合について準用する。この場合において、同法第四百二十四条第一項ただし書中「その行為によって」とあるのは「会社法（平成十七年法律第八十六号）第八百六十三条第一項各号に掲げる行為によって」と、同法第四百二十四条の五第一号中「債務者」とあるのは「清算持分会社（会社法第六百四十五条に規定する清算持分会社をいい、合名会社及び合資会社に限る。以下同じ。）」と、同条第二号並びに同法第四百二十四条の七第二項及び第四百二十五条から第四百二十六条までの規定中「債務者」とあるのは「清算持分会社」と読み替えるものとする。

【清算持分会社↓六四五【財産処分の取消しの訴え↓八六四

（被告）

第八六四条 前条第一項の訴えについては、同項各号に掲げる行為の相手方又は転得者を被告とする。

第七節 社債発行会社の弁済等の取消しの訴え

（社債発行会社の弁済等の取消しの訴え）

第八六五条 ① 社債を発行した会社が社債権者に対してした弁済、社債権者との間でした和解その他の社債権者に対してし、又は社債権者との間でした行為が著しく不公正であるときは、社債管理者は、訴えをもって当該行為の取消しを請求することができる。

② 前項の訴えは、社債管理者が同項の行為の取消しの原因となる事実を知った時から六箇月を経過したときは、提起することができない。同項の行為の時から一年を経過したときも、同様とする。

③ 第一項に規定する場合において、社債権者集会の決議があるときは、代表社債権者又は決議執行者（第七百三十七条第二項に規定する決議執行者をいう。）も、訴えをもって第一項の行為の取消しを請求することができる。ただし、同項の行為の時から一年を経過した

ときは、この限りでない。

④　民法第四百二十四条第一項ただし書〈詐害行為取消請求〉、第四百二十四条の五〈転得者に対する詐害行為取消請求〉、第四百二十四条の七第二項〈訴訟告知〉及び第四百二十五条から第四百二十五条の四まで〈詐害行為取消権の行使の効果〉の規定は、第一項及び前項本文の場合について準用する。この場合において、同法第四百二十四条第一項ただし書中「その行為によって」とあるのは「会社法第八百六十五条第一項に規定する行為によって」と、「債権者を害すること」とあるのは「その行為が著しく不公正であること」と、同法第四百二十四条の五各号中「債権者を害すること」とあるのは「著しく不公正であること」と、同法第四百二十五条中「債権者」とあるのは「社債権者」と読み替えるものとする。

参【社債発行会社の弁済等の取消しの訴え→八六六、八六七　❶【社債管理者→七〇二―七一四　❸【代表社債権者→七三六①

（被告）

第八六六条　前条第一項又は第三項の訴えについては、同条第一項の行為の相手方又は転得者を被告とする。

（訴えの管轄）

第八六七条　第八百六十五条第一項又は第三項の訴えは、社債を発行した会社の本店の所在地を管轄する地方裁判所の管轄に専属する。

参【本店→四参【専属管轄→民訴三の五①、三の一〇、一三

第三章　非訟

第一節　総則

（非訟事件の管轄）

第八六八条①　この法律の規定による非訟事件（次項から第六項までに規定する事件を除く。）は、会社の本店の所在地を管轄する地方裁判所の管轄に属する。

②　親会社社員（会社である親会社の株主又は社員に限る。）によるこの法律の規定により株式会社が作成し、又は備え置いた書面又は電磁的記録についての次に掲げる閲覧等（閲覧、謄写、謄本若しくは抄本の交付、事項の提供又は事項を記載した書面の交付をいう。第八百七十条第二項第一号において同じ。）の許可の申立てに係る事件は、当該株式会社の本店の所在地を管轄する地方裁判所の管轄に属する。

一　当該書面の閲覧若しくは謄写又はその謄本若しくは抄本の交付

二　当該電磁的記録に記録された事項を表示したものの閲覧若しくは謄写又は電磁的方法による当該事項の提供若しくは当該事項を記載した書面の交付

③　第百七十九条の八第一項の規定による売渡株式等の売買価格の決定の申立てに係る事件は、対象会社の本店の所在地を管轄する地方裁判所の管轄に属する。

④　第七百五条第四項及び第七百六条第四項の規定、第七百七条、第七百十一条第三項、第七百十三条並びに第七百十四条第一項及び第三項（これらの規定を第七百十四条の七において準用する場合を含む。）の規定並びに第七百十八条第三項、第七百三十二条、第七百四十条第一項及び第七百四十一条第一項の規定による裁判の申立てに係る事件は、社債を発行した会社の本店の所在地を管轄する地方裁判所の管轄に属する。

⑤　第八百二十二条第一項の規定による外国会社の清算に係る事件並びに第八百二十七条第一項の規定による裁判及び同条第二項において準用する第八百二十五条第一項の規定による保全処分に係る事件は、当該外国会社の日本における営業所の所在地（日本に営業所を設けていない場合にあっては、日本における代表者の住所地）を管轄する地方裁判所の管轄に属する。

⑥　第八百四十三条第四項の申立てに係る事件は、同条第一項各号に掲げる行為の無効の訴えの第一審の受訴裁判所の管轄に属する。

参【本店→四参【専属管轄→民訴一三　❶【本項の非訟事件→三三①、一一七②、一一九②、一四四②、一七二①、一七七②、一八二の五②、一九三②、一九七②、二三四②、二八四①、二九七④、三〇六①、三五一②、三五二①、三五八①、三七一③、三九四②③、三九九の一一②③、四一三③④、四五五②、四七〇②、四七八②―④、四七九②、四八五、五〇〇②、五〇五③㊂、五〇八②、五一〇、五一三、五二五②、五二九、五三二①②、五三五①、五三六①、五三七②、五四七③、五五三、五六八、六四七②③、六五七、六七二③、七七八②、七八六②、七八八②、七九八②、八〇七②、八〇九②【特別清算事件等の管轄→八七九【特別清算開始後の通常清算事件の管轄・移送→八八〇　❷【本項の非訟事件→三一③、八一④、八二④、一二五④、二五二④、三一八⑤、三一九④、三七一⑤、三七八③、三九四③、三九九の一一③、四一三④、四三三③、四四二④、四九六③、六八四④　㊂【電磁的記録→二六②

（疎明）

第八六九条　この法律の規定による許可の申立てをする場合には、その原因となる事実を疎明しなければならない。

参【本法による許可の申立て→三一③、八一④、八二④、一二五④、一九七②、二三四②、二五二④、二九七④、三一八⑤、三一九④、三五二①、三七一③―⑤、三七八③、三九四②③、四一三③④、四三三③、四四二④、四九六③、五〇〇②、六八四④、七〇五④、七〇六④、七一一③、七一四①、七一八③、七四一①【疎明→民訴一八八【本条の適用除外→八八一

（陳述の聴取）

第八七〇条①　裁判所は、この法律の規定（第二編第九章第二節を除く。）による非訟事件についての裁判のうち、次の各号に掲げる裁判をする場合には、当該各号に定める者の陳述を聴かなければならない。ただし、不適法又は理由がないことが明らかであるとして申立てを却下する裁判をするときは、この限りでない。

一　第三百四十六条第二項、第三百五十一条第二項若しくは第四百一条第三項（第四百三条第三項及び第四百二十条第三項において準用する場合を含む。）の規定により選任された一時取締役（監査等委員会設置会社にあっては、監査等委員である取締役又はそれ以外の取締役）、会計参与、監査役、代表取締役、委員（指名委員会、監査委員会又は報酬委員会の委員をいう。第八百七十四条第一号において同じ。）、執行役若しくは代表執行役の職務を行うべき者、清算人、第四百七十九条第四項において準用する第三百四十六条第二項若しくは第四百八十三条第六項に

おいて準用する第三百五十一条第二項の規定により選任された一時清算人若しくは代表清算人の職務を行うべき者、検査役又は第八百二十五条第二項（第八百二十七条第二項において準用する場合を含む。）の管理人の報酬の額の決定　当該会社（第八百二十七条第二項において準用する第八百二十五条第二項の管理人の報酬の額の決定にあっては、当該外国会社）及び報酬を受ける者

二　清算人、社債管理者又は社債管理補助者の解任についての裁判　当該清算人、社債管理者又は社債管理補助者

三　第三十三条第七項の規定による裁判　設立時取締役、第二十八条第一号の金銭以外の財産を出資する者及び同条第二号の譲渡人

四　第二百七条第七項又は第二百八十四条第七項の規定による裁判　当該株式会社及び第百九十九条第一項第三号又は第二百三十六条第一項第三号の規定により金銭以外の財産を出資する者

五　第四百五十五条第二項第二号又は第五百五条第三項第二号の規定による裁判　当該株主

六　第四百五十六条又は第五百六条の規定による裁判　当該株主

七　第七百三十二条の規定による裁判　利害関係人

八　第七百四十条第一項の規定による申立てを認容する裁判　社債を発行した会社

九　第七百四十一条第一項の許可の申立てについての裁判　社債を発行した会社

十　第八百二十四条第一項の規定による裁判　当該会社

十一　第八百二十七条第一項の規定による裁判　当該外国会社

②　裁判所は、次の各号に掲げる裁判をする場合には、審問の期日を開いて、申立人及び当該各号に定める者の陳述を聴かなければならない。ただし、不適法又は理由がないことが明らかであるとして申立てを却下する裁判をするときは、この限りでない。

一　この法律の規定により株式会社が作成し、又は備え置いた書面又は電磁的記録についての閲覧等の許可の申立てについての裁判　当該株式会社

二　第百十七条第二項、第百十九条第二項、第百八十二条の五第二項、第百九十三条第二項（第百九十四条第四項において準用する場合を含む。）、第四百七十条第二項、第七百七十八条第二項、第七百八十六条第二項、第七百九十八条第二項、第八百七条第二項、第八百十六条の七第二項の規定による株式又は新株予約権（当該新株予約権が新株予約権付社債に付されたものである場合において、当該新株予約権付社債についての社債の買取りの請求があったときは、当該社債を含む。）の価格の決定　価格の決定の申立てをすることができる者（申立人を除く。）

三　第百四十四条第二項（同条第七項において準用する場合を含む。）又は第百七十七条第二項の規定による株式の売買価格の決定　売買価格の決定の申立てをすることができる者（申立人を除く。）

四　第百七十二条第一項の規定による株式の価格の決定　当該株式会社

五　第百七十九条の八第一項の規定による売渡株式等の売買価格の決定　特別支配株主

六　第八百四十三条第四項の申立てについての裁判　同項に規定する行為をした会社

【即時抗告の許容→八七二[四][五]　❶[二]【理由の付記不要→八七一[三]　[三]【解任の裁判→四七九②・五二四①・七一三　[二]―[四]・[八]【即時抗告の効力→八七三　❷【申立書の写しの送付等→八七〇の二　[二]【本号の裁判→三一③・八一④・八二④・一二五④・二五二④・三一八⑤・三一九④・三七一③―⑤・三九四②③・四一三③④・四三三③・四四二④・四九六③・六八四④

（申立書の写しの送付等）

第八七〇条の二①　裁判所は、前条第二項各号に掲げる裁判の申立てがあったときは、当該各号に定める者に対し、申立書の写しを送付しなければならない。

②　前項の規定により申立書の写しを送付することができない場合には、裁判長は、相当の期間を定め、その期間内に不備を補正すべきことを命じなければならない。申立書の写しの送付に必要な費用を予納しない場合も、同様とする。

③　前項の場合において、申立人が不備を補正しないときは、裁判長は、命令で、申立書を却下しなければならない。

④　前項の命令に対しては、即時抗告をすることができる。

⑤　裁判所は、第一項の申立てがあった場合において、当該申立てについての裁判をするときは、相当の猶予期間を置いて、審理を終結する日を定め、申立人及び前条第二項各号に定める者に告知しなければならない。ただし、これらの者が立ち会うことができる期日においては、直ちに審理を終結する旨を宣言することができる。

⑥　裁判所は、前項の規定により審理を終結したときは、裁判をする日を定め、これを同項の者に告知しなければならない。

⑦　裁判所は、第一項の申立てが不適法であるとき、又は申立てに理由がないことが明らかなときは、同項及び前二項の規定にかかわらず、直ちに申立てを却下することができる。

⑧　前項の規定は、前条第二項各号に掲げる裁判の申立てがあった裁判所が民事訴訟費用等に関する法律（昭和四十六年法律第四十号）の規定に従い当該各号に定める者に対する期日の呼出しに必要な費用の予納を相当の期間を定めて申立人に命じた場合において、その予納がないときについて準用する。

❹【即時抗告→非訟六七、八七三】

（理由の付記）

第八七一条　この法律の規定による非訟事件についての裁判には、理由を付さなければならない。ただし、次に掲げる裁判については、この限りでない。

一　第八百七十条第一項第一号に掲げる裁判

二　第八百七十四条各号に掲げる裁判

【適用除外→八八二②】

（即時抗告）

第八七二条　次の各号に掲げる裁判に対しては、当該各号に定める者に限り、即時抗告をすることができる。

一　第六百九条第三項又は第八百二十五条第一項（第八百二十七条第二項において準用する場合を含む。）の規定による保全処分についての裁判　利害関係人

二　第八百四十条第二項（第八百四十一条第二項において準用する場合を含む。）の規定による申立てについての裁判　申立人、株主及び株式会社

三　第八百四十二条第二項において準用する第八百四十条第二項の規定による申立てについての裁判　申立人、新株予約権者及び株式会社

四　第八百七十条第一項各号に掲げる裁判　申立人及び当該各号に定める者（同項第一号、第三号及び第四号に掲げる裁判にあっては、当該各号に定める者）

五　第八百七十条第二項各号に掲げる裁判　申立人及び当該各号に定める者

【即時抗告→非訟六七、八七三・八八四　[一]【解散命令等に関する保全処分に対する即時抗告→九〇五②】

（抗告状の写しの送付等）

第八七二条の二①　裁判所は、第八百七十条第二項各号に掲げる裁判に対する即時抗告があったときは、申立人及び当該各号に定める者（抗告人を除く。）に対し、抗告状の写しを送付しなければならない。この場合においては、第八百七十条の二第二項及び第三項（申立書の写しの送付ができない場合の処理）の規定を準用する。

②　第八百七十条の二第五項から第八項まで（申立てについての裁判）の規定は、前項の即時抗告があった場合について準用する。

❶【即時抗告→非訟六七、八七三】

（原裁判の執行停止）

第八七三条　第八百七十二条の即時抗告は、執行停止の効力を有する。ただし、第八百七十条第一項第一号から第四号まで及び第八号に掲げる裁判に対するものについては、この限りでない。

【執行停止→民訴三三四①】

（不服申立ての制限）

第八七四条　次に掲げる裁判に対しては、不服を申し立てることができない。

一　第八百七十条第一項第一号に規定する一時取締役、会計参与、監査役、代表取締役、委員、執行役若しくは代表執行役の職務を行うべき者、清算人、代表清算人、清算持分会社を代表する清算人、同号に規定する一時清算人若しくは代表清算人の職務を行うべき者、検査役、第五百一条第一項（第八百二十二条第三項において準用する場合を含む。）若しくは第六百六十二条第一項の鑑定人、第五百八条第二項（第八百二十二条第三項において準用する場合を含む。）若しくは第六百七十二条第三項の帳簿資料の保存をする者、社債管理者若しくは社債管理補助者の特別代理人又は第七百十四条第三項（第七百十四条の七において準用する場合を含む。）の事務を承継する社債管理者若しくは社債管理補助者の選任又は選定の裁判

二　第八百二十五条第二項（第八百二十七条第二項において準用する場合を含む。）の管理人の選任又は解任についての裁判

三　第八百二十五条第六項（第八百二十七条第二項において準用する場合を含む。）の規定による裁判

四　この法律の規定による許可の申立てを認容する裁判（第八百七十条第一項第九号及び第二項第一号に掲げる裁判を除く。）

【本条の裁判→八七一[三]　[四]【本法による許可の申立て→一九七②・二〇四②・二〇五②・二三四②・二九七④・三五二①・五〇〇②・五一三・五二五②・五二九・五三二②・五三五①・五三六①・五三七②・五四七③・七〇五④・七〇六④・七一一③・七一四①・七一八③】

（非訟事件手続法の規定の適用除外）

第八七五条　この法律の規定による非訟事件については、非訟事件手続法第四十条及び第五十七条第二項第二号の規定は、適用しない。

（最高裁判所規則）

第八七六条　この法律に定めるもののほか、この法律の規定による非訟事件の手続に関し必要な事項は、最高裁判所規則で定める。

第二節　新株発行の無効判決後の払戻金増減の手続に関する特則

（審問等の必要的併合）

第八七七条　第八百四十条第二項（第八百四十一条第二項及び第八百四十二条第二項において準用する場合を含む。）の申立てに係る事件が数個同時に係属するときは、審問及び裁判は、併合してしなければならない。

（裁判の効力）

第八七八条①　第八百四十条第二項（第八百四十一条第二項において準用する場合を含む。）の申立てについての裁判は、総株主に対してその効力を生ずる。

②　第八百四十二条第二項において準用する第八百四十条第二項の申立てについての裁判は、総新株予約権者に対してその効力を生ずる。

第三節　特別清算の手続に関する特則

第一款　通則

（特別清算事件の管轄）

第八七九条①　第八百六十八条第一項の規定にかかわらず、法人が株式会社の総株主（株主総会において決議をすることができる事項の全部につき議決権を行使することができない株主を除く。次項において同じ。）の議決権の過半数を有する場合には、当該法人（以下この条において「親法人」という。）について特別清算事件、破産事件、再生事件又は更生事件（以下この条に

おいて「特別清算事件等」という。）が係属しているときにおける当該株式会社についての特別清算開始の申立ては、親法人の特別清算事件等が係属している地方裁判所にもすることができる。

② 前項に規定する株式会社又は親法人及び同項に規定する株式会社が他の株式会社の総株主の議決権の過半数を有する場合には、当該他の株式会社についての特別清算開始の申立ては、親法人の特別清算事件等が係属している地方裁判所にもすることができる。

③ 前二項の規定の適用については、第三百八条第一項の法務省令で定める株主は、その有する株式について、議決権を有するものとみなす。

④ 第八百六十八条第一項の規定にかかわらず、株式会社が最終事業年度について第四百四十四条の規定により当該株式会社及び他の株式会社に係る連結計算書類を作成し、かつ、当該株式会社の定時株主総会においてその内容が報告された場合には、当該株式会社について特別清算事件等が係属しているときにおける当該他の株式会社についての特別清算開始の申立ては、当該株式会社の特別清算事件等が係属している地方裁判所にもすることができる。

❶【議決権を行使することができない株主→二九七③】【特別清算事件→五一〇―五七四】

（特別清算開始後の通常清算事件の管轄及び移送）

第八八〇条① 第八百六十八条第一項の規定にかかわらず、清算株式会社について特別清算開始の命令があったときは、当該清算株式会社についての第二編第九章第一節（第五百八条を除く。）の規定による申立てに係る事件（次項において「通常清算事件」という。）は、当該清算株式会社の特別清算事件が係属する地方裁判所（以下この節において「特別清算裁判所」という。）が管轄する。

② 通常清算事件が係属する地方裁判所以外の地方裁判所に同一の清算株式会社について特別清算事件が係属し、かつ、特別清算開始の命令があった場合において、当該通常清算事件を処理するために相当と認めるときは、裁判所（通常清算事件を取り扱う一人の裁判官又は裁判官の合議体をいう。）は、職権で、当該通常清算事件を特別清算裁判所に移送することができる。

【特別清算開始命令→五一〇】

（疎明）

第八八一条 第二編第九章第二節（第五百四十七条第三項を除く。）の規定による許可の申立てについては、第八百六十九条の規定は、適用しない。

【特別清算における許可の申立て→五一三・五二五②・五二九・五三二②・五三五①・五三六①・五三七②】

（理由の付記）

第八八二条① 特別清算の手続に関する決定で即時抗告をすることができるものには、理由を付さなければならない。ただし、第五百二十六条第一項（同条第二項において準用する場合を含む。）及び第五百三十二条第一項（第五百三十四条において準用する場合を含む。）の規定による決定については、この限りでない。

② 特別清算の手続に関する決定については、第八百七十一条の規定は、適用しない。

❶【特別清算に関する決定で即時抗告ができるもの→八八四①】

（裁判書の送達）

第八八三条 この節の規定による裁判書の送達については、民事訴訟法第一編第五章第四節（第百四条を除く。）〈送達〉の規定を準用する。

＊令和四法四八（令和八・五・二四までに施行）**による改正後**

第八八三条① この節の規定による裁判書の送達については、民事訴訟法第一編第五章第四節（第百条第二項、第百四条、第三款、第百十一条及び第百十三条を除く。）の規定を準用する。この場合において、同法第百十二条第一項本文中「前条の規定による措置を開始した」とあるのは「裁判所書記官が送達すべき裁判書を保管し、いつでも送達を受けるべき者に交付すべき旨の裁判所の掲示場への掲示を始めた」と、同項ただし書中「前条の規定による措置を開始した」とあるのは「当該掲示を始めた」と読み替えるものとする。（改正前の本条）

② 前項において準用する民事訴訟法第百十条第一項の規定による公示送達は、裁判所書記官が送達すべき裁判書を保管し、いつでも送達を受けるべき者に交付すべき旨を裁判所の掲示場に掲示してする。（改正により追加）

【裁判書の送達→八八九④・八九〇①・八九一⑤・八九二④・八九七②・八九八④・八九九④】

（不服申立て）

第八八四条① 特別清算の手続に関する裁判につき利害関係を有する者は、この節に特別の定めがある場合に限り、当該裁判に対し即時抗告をすることができる。

② 前項の即時抗告は、この節に特別の定めがある場合を除き、執行停止の効力を有する。

❶【本節の特別の定め→八八八④・八八九②・八九〇④⑤・八九一③・八九二②・八九三②・八九四②・八九五・八九七①・八九八②・九〇〇・九〇一④⑤・九〇二②】❷【本節の特別の定め→八八九③・八九一④・八九二③・八九八③】

（公告）

第八八五条① この節の規定による公告は、官報に掲載してする。

② 前項の公告は、掲載があった日の翌日に、その効力を生ずる。

【特別清算事件の公告→八九〇①⑥・八九八⑤・九〇一③⑤・九〇二①④】【類似の規定→破一〇、民再一〇、会更一〇】

（事件に関する文書の閲覧等）

第八八六条① 利害関係人は、裁判所書記官に対し、第二編第九章第二節若しくはこの節又は非訟事件手続法第二編（特別清算開始の命令があった場合にあっては、同章第二節若しくは第一節（同章第一節の規定による申立てに係る事件に係る部分に限る。）若しくはこの節又は非訟事件手続法第二編）の規定（これらの規定において準用するこの法律その他の法律の規定を含む。）に基づき、裁判所に提出され、又は裁判所が作成した文書その他の物件（以下この条及

会社

び次条第一項において「文書等」という。）の閲覧を請求することができる。

② 利害関係人は、裁判所書記官に対し、文書等の謄写、その正本、謄本若しくは抄本の交付又は事件に関する事項の証明書の交付を請求することができる。

③ 前項の規定は、文書等のうち録音テープ又はビデオテープ（これらに準ずる方法により一定の事項を記録した物を含む。）に関しては、適用しない。この場合において、これらの物について利害関係人の請求があるときは、裁判所書記官は、その複製を許さなければならない。

④ 前三項の規定にかかわらず、次の各号に掲げる者は、当該各号に定める命令、保全処分、処分又は裁判のいずれかがあるまでの間は、前三項の規定による請求をすることができない。ただし、当該者が特別清算開始の申立人である場合は、この限りでない。

一　清算株式会社以外の利害関係人　第五百十二条の規定による中止の命令、第五百四十条第二項の規定による保全処分、第五百四十一条第二項の規定による処分又は特別清算開始の申立てについての裁判

二　清算株式会社　特別清算開始の申立てに関する清算株式会社を呼び出す審問の期日の指定の裁判又は前号に定める命令、保全処分、処分若しくは裁判

⑤ 非訟事件手続法第三十二条第一項から第四項までの規定は、特別清算の手続には、適用しない。

参【類似の規定→九〇六、破一一、民再一六】

（支障部分の閲覧等の制限）

第八八七条① 次に掲げる文書等について、利害関係人がその閲覧若しくは謄写、その正本、謄本若しくは抄本の交付又はその複製（以下この条において「閲覧等」という。）を行うことにより、清算株式会社の清算の遂行に著しい支障を生ずるおそれがある部分（以下この条において「支障部分」という。）があることにつき疎明があった場合には、裁判所は、当該文書等を提出した清算株式会社又は調査委員の申立てにより、支障部分の閲覧等の請求をすることができる者を、当該申立てをした者及び清算株式会社に限ることができる。

一　第五百二十条の規定による報告又は第五百二十二条第一項に規定する調査の結果の報告に係る文書等

二　第五百三十五条第一項又は第五百三十六条第一項の許可を得るために裁判所に提出された文書等

② 前項の申立てがあったときは、その申立てについての裁判が確定するまで、利害関係人（同項の申立てをした者及び清算株式会社を除く。次項において同じ。）は、支障部分の閲覧等の請求をすることができない。

③ 支障部分の閲覧等の請求をしようとする利害関係人は、特別清算裁判所に対し、第一項に規定する要件を欠くこと又はこれを欠くに至ったことを理由として、同項の規定による決定の取消しの申立てをすることができる。

④ 第一項の申立てを却下する決定及び前項の申立てについての裁判に対しては、即時抗告をすることができる。

⑤ 第一項の規定による決定を取り消す決定は、確定しなければその効力を生じない。

参【類似の規定→破一二、民再一七、民訴九二】

第二款　特別清算の開始の手続に関する特則

（特別清算開始の申立て）

第八八八条① 債権者又は株主が特別清算開始の申立てをするときは、特別清算開始の原因となる事由を疎明しなければならない。

② 債権者が特別清算開始の申立てをするときは、その有する債権の存在をも疎明しなければならない。

③ 特別清算開始の申立てをするときは、申立人は、第五百十四条第一号に規定する特別清算の手続の費用として裁判所の定める金額を予納しなければならない。

④ 前項の費用の予納に関する決定に対しては、即時抗告をすることができる。

参【特別清算開始の申立て→五一一　参❸【手続費用の予納→五一四㈢　❹【即時抗告→八八四②

（他の手続の中止命令）

第八八九条① 裁判所は、第五百十二条の規定による中止の命令を変更し、又は取り消すことができる。

② 前項の中止の命令及び同項の規定による決定に対しては、即時抗告をすることができる。

③ 前項の即時抗告は、執行停止の効力を有しない。

④ 第二項に規定する裁判及び同項の即時抗告についての裁判があった場合には、その裁判書を当事者に送達しなければならない。

参❷❸【即時抗告→八八四①②

（特別清算開始の命令）

第八九〇条① 裁判所は、特別清算開始の命令をしたときは、直ちに、その旨を公告し、かつ、特別清算開始の命令の裁判書を清算株式会社に送達しなければならない。

② 特別清算開始の命令は、清算株式会社に対する裁判書の送達がされた時から、効力を生ずる。

③ 特別清算開始の命令があったときは、特別清算の手続の費用は、清算株式会社の負担とする。

④ 特別清算開始の命令に対しては、清算株式会社に限り、即時抗告をすることができる。

⑤ 特別清算開始の申立てを却下した裁判に対しては、申立人に限り、即時抗告をすることができる。

⑥ 特別清算開始の命令をした裁判所は、第四項の即時抗告があった場合において、当該命令を取り消す決定が確定したときは、直ちに、その旨を公告しなければならない。

参【特別清算開始命令→五一〇　参❶【公告→八八五【送達→八八三　❹【即時抗告→八八四②　❺【即時抗告→五一二②、五四〇②、五四一②、五四二②　❻【特別清算命令の取消し→九三八①㈢

（担保権の実行の手続等の中止命令）

第八九一条① 裁判所は、第五百十六条の規定による中止の命令を発する場合には、同条に規定する担保権の実行の手続等の申立人の陳述を聴かなければならない。
② 裁判所は、前項の中止の命令を変更し、又は取り消すことができる。
③ 第一項の中止の命令及び前項の規定による変更の決定に対しては、第一項の申立人に限り、即時抗告をすることができる。
④ 前項の即時抗告は、執行停止の効力を有しない。
⑤ 第三項に規定する裁判及び同項の即時抗告についての裁判があった場合には、その裁判書を当事者に送達しなければならない。
❸❹【即時抗告→八八四①②　❺【送達→八八三

第三款　特別清算の実行の手続に関する特則

（**調査命令**）
第八九二条① 裁判所は、調査命令（第五百二十二条第一項に規定する調査命令をいう。次項において同じ。）を変更し、又は取り消すことができる。
② 調査命令及び前項の規定による決定に対しては、即時抗告をすることができる。
③ 前項の即時抗告は、執行停止の効力を有しない。
④ 第二項に規定する裁判及び同項の即時抗告についての裁判があった場合には、その裁判書を当事者に送達しなければならない。
❷❸【即時抗告→八八四①②　❹【送達→八八三

（**清算人の解任及び報酬等**）
第八九三条① 裁判所は、第五百二十四条第一項の規定により清算人を解任する場合には、当該清算人の陳述を聴かなければならない。
② 第五百二十四条第一項の規定による解任の裁判に対しては、即時抗告をすることができる。
③ 前項の即時抗告は、執行停止の効力を有しない。
④ 第五百二十六条第一項（同条第二項において準用する場合を含む。）の規定による決定に対しては、即時抗告をすることができる。
❷❸【即時抗告→八八四①②　❺【即時抗告→八八四②

（**監督委員の解任及び報酬等**）
第八九四条① 裁判所は、監督委員を解任する場合には、当該監督委員の陳述を聴かなければならない。
② 第五百三十二条第一項の規定による決定に対しては、即時抗告をすることができる。
❶【監督委員の解任→五二八②　❷【即時抗告→八八四②

（**調査委員の解任及び報酬等**）
第八九五条 前条の規定は、調査委員について準用する。
＊【調査委員→五三三、五三四

（**事業の譲渡の許可の申立て**）
第八九六条① 清算人は、第五百三十六条第一項の許可の申立てをする場合には、知れている債権者の意見を聴き、その内容を裁判所に報告しなければならない。
② 裁判所は、第五百三十六条第一項の許可をする場合には、労働組合等（清算株式会社の使用人その他の従業者の過半数で組織する労働組合があるときはその労働組合、清算株式会社の使用人その他の従業者の過半数で組織する労働組合がないときは清算株式会社の使用人その他の従業者の過半数を代表する者をいう。）の意見を聴かなければならない。
＊【類似の規定→破七八④⑥

（**担保権者が処分をすべき期間の指定**）
第八九七条① 第五百三十九条第一項の申立てについての裁判に対しては、即時抗告をすることができる。
② 前項の裁判及び同項の即時抗告についての裁判があった場合には、その裁判書を当事者に送達しなければならない。
❶【即時抗告→八八四②　❷【送達→八八三

（**清算株式会社の財産に関する保全処分等**）
第八九八条① 裁判所は、次に掲げる裁判を変更し、又は取り消すことができる。
一　第五百四十条第一項又は第二項の規定による保全処分
二　第五百四十一条第一項又は第二項の規定による処分
三　第五百四十二条第一項又は第二項の規定による保全処分
四　第五百四十三条の規定による処分
② 前項各号に掲げる裁判及び同項の規定による決定に対しては、即時抗告をすることができる。
③ 前項の即時抗告は、執行停止の効力を有しない。
④ 第二項に規定する裁判及び同項の即時抗告についての裁判があった場合には、その裁判書を当事者に送達しなければならない。
⑤ 裁判所は、第一項第二号に掲げる裁判をしたときは、直ちに、その旨を公告しなければならない。当該裁判を変更し、又は取り消す決定があったときも、同様とする。
❷❸【即時抗告→八八四①②　❹【送達→八八三　❺【公告→八八五

（**役員等責任査定決定**）
第八九九条① 清算株式会社は、第五百四十五条第一項の申立てをするときは、その原因となる事実を疎明しなければならない。
② 役員等責任査定決定（第五百四十五条第一項に規定する役員等責任査定決定をいう。以下この条において同じ。）及び前項の申立てを却下する決定には、理由を付さなければならない。
③ 裁判所は、前項に規定する裁判をする場合には、対象役員等（第五百四十二条第一項に規定する対象役員等をいう。）の陳述を聴かなければならない。
④ 役員等責任査定決定があった場合には、その裁判書を当事者に送達しなければならない。

⑤ 第八百五十八条第一項の訴えが、同項の期間内に提起されなかったとき、又は却下されたときは、役員等責任査定決定は、給付を命ずる確定判決と同一の効力を有する。

参【役員等責任査定決定→八五八　❶【疎明→民訴一八八　❹【送達→八八三　❺【確定判決と同一の効力→民執二二㈠

（債権者集会の招集の許可の申立てについての裁判）

第九〇〇条　第五百四十七条第三項の許可の申立てを却下する決定に対しては、即時抗告をすることができる。

参【即時抗告→八八四

（協定の認可又は不認可の決定）

第九〇一条①　利害関係人は、第五百六十八条の申立てに係る協定を認可すべきかどうかについて、意見を述べることができる。

② 共助対象外国租税の請求権について、協定において減免その他権利に影響を及ぼす定めをする場合には、徴収の権限を有する者の意見を聴かなければならない。

③ 第五百六十九条第一項の協定の認可の決定をしたときは、裁判所は、直ちに、その旨を公告しなければならない。

④ 第五百六十八条の申立てについての裁判に対しては、即時抗告をすることができる。この場合において、前項の協定の認可の決定に対する即時抗告の期間は、同項の規定による公告が効力を生じた日から起算して二週間とする。

⑤ 前各項の規定は、第五百七十二条の規定により協定の内容を変更する場合について準用する。

参❸【公告→八八五　❹【即時抗告→八八四②

第四款　特別清算の終了の手続に関する特則

（特別清算終結の申立てについての裁判）

第九〇二条①　特別清算終結の決定をしたときは、裁判所は、直ちに、その旨を公告しなければならない。

② 特別清算終結の申立てについての裁判に対しては、即時抗告をすることができる。この場合において、特別清算終結の決定に対する即時抗告の期間は、前項の規定による公告が効力を生じた日から起算して二週間とする。

③ 特別清算終結の決定は、確定しなければその効力を生じない。

④ 特別清算終結の決定をした裁判所は、第二項の即時抗告があった場合において、当該決定を取り消す決定が確定したときは、直ちに、その旨を公告しなければならない。

参❶【特別清算終結の決定→五七三　❶❹【公告→八八五　❷【即時抗告→八八四②

第四節　外国会社の清算の手続に関する特則

（特別清算の手続に関する規定の準用）

第九〇三条　前節の規定は、その性質上許されないものを除き、第八百二十二条第一項の規定による日本にある外国会社の財産についての清算について準用する。

第五節　会社の解散命令等の手続に関する特則

（法務大臣の関与）

第九〇四条①　裁判所は、第八百二十四条第一項又は第八百二十七条第一項の申立てについての裁判をする場合には、法務大臣に対し、意見を求めなければならない。

② 法務大臣は、裁判所が前項の申立てに係る事件について審問をするときは、当該審問に立ち会うことができる。

③ 裁判所は、法務大臣に対し、第一項の申立てに係る事件が係属したこと及び前項の審問の期日を通知しなければならない。

④ 第一項の申立てを却下する裁判に対しては、第八百七十二条第四号に定める者のほか、法務大臣も、即時抗告をすることができる。

（会社の財産に関する保全処分についての特則）

第九〇五条①　裁判所が第八百二十五条第一項（第八百二十七条第二項において準用する場合を含む。）の保全処分をした場合には、非訟事件の手続の費用は、会社又は外国会社の負担とする。当該保全処分について必要な費用も、同様とする。

② 前項の保全処分又は第八百二十五条第一項（第八百二十七条第二項において準用する場合を含む。）の規定による申立てを却下する裁判に対して即時抗告があった場合において、抗告裁判所が当該即時抗告を理由があると認めて原裁判を取り消したときは、その抗告審における手続に要する裁判費用及び抗告人が負担した前審における手続に要する裁判費用は、会社又は外国会社の負担とする。

参❷【即時抗告→八七二㈠

第九〇六条①　利害関係人は、裁判所書記官に対し、第八百二十五条第六項（第八百二十七条第二項において準用する場合を含む。）の報告又は計算に関する資料の閲覧を請求することができる。

② 利害関係人は、裁判所書記官に対し、前項の資料の謄写又はその正本、謄本若しくは抄本の交付を請求することができる。

③ 前項の規定は、第一項の資料のうち録音テープ又はビデオテープ（これらに準ずる方法により一定の事項を記録した物を含む。）に関しては、適用しない。この場合において、これらの物について利害関係人の請求があるときは、裁判所書記官は、その複製を許さなければならない。

④ 法務大臣は、裁判所書記官に対し、第一項の資料の閲覧を請求することができる。

⑤ 民事訴訟法第九十一条第五項〈訴訟記録の閲覧等〉の規定は、第一項の資料について準用する。

参【類似の規定↓八八六、破一一、民再一六

第四章　登記

第一節　総則

（通則）

第九〇七条　この法律の規定により登記すべき事項（第九百三十八条第三項の保全処分の登記に係る事項を除く。）は、当事者の申請又は裁判所書記官の嘱託により、商業登記法（昭和三十八年法律第百二十五号）の定めるところに従い、商業登記簿にこれを登記する。

参【当事者申請主義↓商登一四、一七②三、四七①、九五、一一一、一一八、一二八【嘱託による登記↓商登一四、九三七、九三八

（登記の効力）

第九〇八条①　この法律の規定により登記すべき事項は、登記の後でなければ、これをもって善意の第三者に対抗することができない。登記の後であっても、第三者が正当な事由によってその登記があることを知らなかったときは、同様とする。

②　故意又は過失によって不実の事項を登記した者は、その事項が不実であることをもって善意の第三者に対抗することができない。

参❶【登記すべき事項↓九一一―九三八【登記の効力の特則↓一三、四九、三五四、四二一、五七九、六一二、七五〇②、七五二②、八一八　†【類似の規定↓商九

◇↓商九条判

（変更の登記及び消滅の登記）

第九〇九条　この法律の規定により登記した事項に変更が生じ、又はその事項が消滅したときは、当事者は、遅滞なく、変更の登記又は消滅の登記をしなければならない。

参†【登記した事項↓九一一―九一四、九一六、九一八、九一九、九二八、九三三―九三六【変更・消滅の登記↓九一五、九一六、九一九、九三一、九三二、九三五、九〇八①【懈怠に対する制裁↓九七六㈠【類似の規定↓商一〇

（登記の期間）

第九一〇条　この法律の規定により登記すべき事項のうち官庁の許可を要するものの登記の期間については、その許可書の到達した日から起算する。

第二節　会社の登記

（株式会社の設立の登記）

第九一一条①　株式会社の設立の登記は、その本店の所在地において、次に掲げる日のいずれか遅い日から二週間以内にしなければならない。

一　第四十六条第一項の規定による調査が終了した日（設立しようとする株式会社が指名委員会等設置会社である場合にあっては、設立時代表執行役が同条第三項の規定による通知を受けた日）

二　発起人が定めた日

②　前項の規定にかかわらず、第五十七条第一項の募集をする場合には、前項の登記は、次に掲げる日のいずれか遅い日から二週間以内にしなければならない。

一　創立総会の終結の日

二　第八十四条の種類創立総会の決議をしたときは、当該決議の日

三　第九十七条の創立総会の決議をしたときは、当該決議の日から二週間を経過した日

四　第百条第一項の種類創立総会の決議をしたときは、当該決議の日から二週間を経過した日

五　第百一条第一項の種類創立総会の決議をしたときは、当該決議の日

③　第一項の登記においては、次に掲げる事項を登記しなければならない。

一　目的

二　商号

三　本店及び支店の所在場所

四　株式会社の存続期間又は解散の事由についての定款の定めがあるときは、その定め

五　資本金の額

六　発行可能株式総数

七　発行する株式の内容（種類株式発行会社にあっては、発行可能種類株式総数及び発行する各種類の株式の内容）

八　単元株式数についての定款の定めがあるときは、その単元株式数

九　発行済株式の総数並びにその種類及び種類ごとの数

十　株券発行会社であるときは、その旨

十一　株主名簿管理人を置いたときは、その氏名又は名称及び住所並びに営業所

十二　新株予約権を発行したときは、次に掲げる事項

イ　新株予約権の数

ロ　第二百三十六条第一項第一号から第四号まで（ハに規定する場合にあっては、第二号を除く。）に掲げる事項

ハ　第二百三十六条第三項各号に掲げる事項を定めたときは、その定め

ニ　ロ及びハに掲げる事項のほか、新株予約権の行使の条件を定めたときは、その条件

ホ　第二百三十六条第一項第七号及び第二百三十八条第一項第二号に掲げる事項

ヘ　第二百三十八条第一項第三号に掲げる事項を定めたときは、募集新株予約権（同項に規定する募集新株予約権をいう。以下へにおいて同じ。）の払込金額（同号に規定する払込金額をいう。以下へにおいて同じ。）（同号に掲げる事項として募集新株予約権の払込金額の算定方法を定めた場合において、登記の申請の時までに募集新株予約権の払込金額が確定していないときは、当該算定方法）

十二の二　第三百二十五条の二の規定による電子提供措置をとる旨の定款の定めがあるときは、その定め

十三　取締役（監査等委員会設置会社の取締役を除く。）の氏名

十四　代表取締役の氏名及び住所（第二十三号に規定

する場合を除く。）

十五　取締役会設置会社であるときは、その旨

十六　会計参与設置会社であるときは、その旨並びに会計参与の氏名又は名称及び第三百七十八条第一項の場所

十七　監査役設置会社（監査役の監査の範囲を会計に関するものに限定する旨の定款の定めがある株式会社を含む。）であるときは、その旨及び次に掲げる事項

イ　監査役の監査の範囲を会計に関するものに限定する旨の定款の定めがある株式会社であるときは、その旨

ロ　監査役の氏名

十八　監査役会設置会社であるときは、その旨及び監査役のうち社外監査役であるものについて社外監査役である旨

十九　会計監査人設置会社であるときは、その旨及び会計監査人の氏名又は名称

二十　第三百四十六条第四項の規定により選任された一時会計監査人の職務を行うべき者を置いたときは、その氏名又は名称

二十一　第三百七十三条第一項の規定による特別取締役による議決の定めがあるときは、次に掲げる事項

イ　第三百七十三条第一項の規定による特別取締役による議決の定めがある旨

ロ　特別取締役の氏名

ハ　取締役のうち社外取締役であるものについて、社外取締役である旨

二十二　監査等委員会設置会社であるときは、その旨及び次に掲げる事項

イ　監査等委員である取締役及びそれ以外の取締役の氏名

ロ　取締役のうち社外取締役であるものについて、社外取締役である旨

ハ　第三百九十九条の十三第六項の規定による重要な業務執行の決定の取締役への委任についての定款の定めがあるときは、その旨

二十三　指名委員会等設置会社であるときは、その旨及び次に掲げる事項

イ　取締役のうち社外取締役であるものについて、社外取締役である旨

ロ　各委員会の委員及び執行役の氏名

ハ　代表執行役の氏名及び住所

二十四　第四百二十六条第一項の規定による取締役、会計参与、監査役、執行役又は会計監査人の責任の免除についての定款の定めがあるときは、その定め

二十五　第四百二十七条第一項の規定による非業務執行取締役等が負う責任の限度に関する契約の締結についての定款の定めがあるときは、その定め

二十六　第四百四十条第三項の規定による措置をとることとするときは、同条第一項に規定する貸借対照表の内容である情報について不特定多数の者がその提供を受けるために必要な事項であって法務省令で定めるもの

二十七　第九百三十九条第一項の規定による公告方法についての定款の定めがあるときは、その定め

二十八　前号の定款の定めが電子公告を公告方法とする旨のものであるときは、次に掲げる事項

イ　電子公告により公告すべき内容である情報について不特定多数の者がその提供を受けるために必要な事項であって法務省令で定めるもの

ロ　第九百三十九条第三項後段の規定による定款の定めがあるときは、その定め

二十九　第二十七号の定款の定めがないときは、第九百三十九条第四項の規定により官報に掲載する方法を公告方法とする旨

⊛+【設立の登記の効力↓四九、五〇、五一②【支店の所在地における登記↓九三〇①㈡ ❶❷【登記期間↓九一〇【懈怠に対する制裁↓九七六㈠【登記手続等↓商登六㈤、四六－五〇 ❷【一】【創立総会↓六五⊛ ❸【本店を移転した場合↓九一六㈠【二】【三】【目的・商号↓二七㈠㈡ 【三】【本店↓二七㈢【支店↓三一①⊛ 【四】【存続期間・解散事由↓四七一㈠㈢ 【五】【資本金↓四四五 【六】【発行可能株式総数↓三七①、一一三 【七】【発行する株式の内容↓一〇七、一〇八 【八】【単元株式数↓一八八－一九五 【十】【株券発行会社↓二一四⊛ 【十一】【株主名簿管理人↓一二三 【十二】【新株予約権↓二［二十一］、二三六－二九四 【十三】【取締役↓三八①、八八①、三二九① 【十四】【代表取締役↓四七①、三四九③、三六二③ 【十五】【取締役会設置会社↓二［七］、三六二－三七三 【十六】【会計参与設置会社↓二［四］ 【会計参与↓三八②㈠、八八①、三二九① 【十七】【監査役設置会社↓二［九］、三八一－三八九【監査範囲の限定↓三八九【監査役↓三八②㈡、八八①、三二九① 【十八】【監査役会設置会社↓二［十］、三九〇－三九五 【十八】【二十六】【社外監査役↓二［十六］、三三五③ 【十九】【会計監査人設置会社↓二［十一］、三九六－三九九【会計監査人↓三八②㈢、八八①、三二九① 【二十一】－【二十三】【社外取締役↓二［十五］ 【二十三】【指名委員会等設置会社↓二［十二］、四〇〇－四二二 【二十六】【二十八】【省令で定めるもの↓会社則二二〇

一　代表取締役の退任の登記と民法一一二条→三四九条②

二　見せ金による払込みの登記申請と公正証書原本不実記載罪の成否→六三条③

（合名会社の設立の登記）

第九一二条　合名会社の設立の登記は、その本店の所在地において、次に掲げる事項を登記してしなければならない。

一　目的

二　商号

三　本店及び支店の所在場所

四　合名会社の存続期間又は解散の事由についての定款の定めがあるときは、その定め

五　社員の氏名又は名称及び住所

六　合名会社を代表する社員の氏名又は名称（合名会社を代表しない社員がある場合に限る。）

七　合名会社を代表する社員が法人であるときは、当該社員の職務を行うべき者の氏名及び住所

八　第九百三十九条第一項の規定による公告方法についての定款の定めがあるときは、その定め

九　前号の定款の定めが電子公告を公告方法とする旨のものであるときは、次に掲げる事項

イ　電子公告により公告すべき内容である情報について不特定多数の者がその提供を受けるために必要な事項であって法務省令で定めるもの

ロ　第九百三十九条第三項後段の規定による定款の定めがあるときは、その定め

十　第八号の定款の定めがないときは、第九百三十九条第四項の規定により官報に掲載する方法を公告方法とする旨

【設立の登記の効力】→五七九【支店の所在地における登記】→九三〇①㈡【登記期間】→九一〇【登記手続等】→商登六㈡・九三―九五【本店を移転した場合】→九一六㈡　【二】【三】【目的・商号】→五七六①㈠㈡　【三】【本店】→五七六①㈢　【四】【存続期間・解散事由】→六四一㈠㈡㈢　【五】【社員の氏名等】→五七六①㈣　【六】【代表社員】→五九九③　【七】【職務執行者】→五九八　【九】【省令で定めるもの】→会社則二二〇

（合資会社の設立の登記）

第九一三条　合資会社の設立の登記は、その本店の所在地において、次に掲げる事項を登記してしなければならない。

一　目的

二　商号

三　本店及び支店の所在場所

四　合資会社の存続期間又は解散の事由についての定款の定めがあるときは、その定め

五　社員の氏名又は名称及び住所

六　社員が有限責任社員又は無限責任社員のいずれであるかの別

七　有限責任社員の出資の目的及びその価額並びに既に履行した出資の価額

八　合資会社を代表する社員の氏名又は名称（合資会社を代表しない社員がある場合に限る。）

九　合資会社を代表する社員が法人であるときは、当該社員の職務を行うべき者の氏名及び住所

十　第九百三十九条第一項の規定による公告方法についての定款の定めがあるときは、その定め

十一　前号の定款の定めが電子公告を公告方法とする旨のものであるときは、次に掲げる事項

イ　電子公告により公告すべき内容である情報について不特定多数の者がその提供を受けるために必要な事項であって法務省令で定めるもの

ロ　第九百三十九条第三項後段の規定による定款の定めがあるときは、その定め

十二　第十号の定款の定めがないときは、第九百三十九条第四項の規定により官報に掲載する方法を公告方法とする旨

【設立の登記の効力】→五七九【支店の所在地における登記】→九三〇①㈡【登記期間】→九一〇【登記手続等】→商登六㈢・一一〇・一一一【本店を移転した場合】→九一六㈢　【二】【三】【目的・商号】→五七六①㈠㈡　【三】【本店】→五七六①㈢　【四】【存続期間・解散事由】→六四一㈠㈡㈢　【五】【社員の氏名等】→五七六①㈣　【六】【有限責任社員・無限責任社員の別】→五七六①㈤　【七】【有限責任社員の出資の目的・価額】→五七六①㈥　【八】【代表社員】→五九九③　【九】【職務執行者】→五九八　【十二】【省令で定めるもの】→会社則二二〇

（合同会社の設立の登記）

第九一四条　合同会社の設立の登記は、その本店の所在地において、次に掲げる事項を登記してしなければならない。

一　目的

二　商号

三　本店及び支店の所在場所

四　合同会社の存続期間又は解散の事由についての定款の定めがあるときは、その定め

五　資本金の額

六　合同会社の業務を執行する社員の氏名又は名称

七　合同会社を代表する社員の氏名又は名称及び住所

八　合同会社を代表する社員が法人であるときは、当該社員の職務を行うべき者の氏名及び住所

九　第九百三十九条第一項の規定による公告方法についての定款の定めがあるときは、その定め

十　前号の定款の定めが電子公告を公告方法とする旨のものであるときは、次に掲げる事項

イ　電子公告により公告すべき内容である情報について不特定多数の者がその提供を受けるために必要な事項であって法務省令で定めるもの

ロ　第九百三十九条第三項後段の規定による定款の定めがあるときは、その定め

十一　第九号の定款の定めがないときは、第九百三十九条第四項の規定により官報に掲載する方法を公告方法とする旨

【設立の登記の効力】→五七九【支店の所在地における登記】→九三〇①㈡【登記期間】→九一〇【登記手続等】→商登六㈣・一一七・一一八【本店を移転した場合】→九一六㈣　【二】【三】【目的・商号】→五七六①㈠㈡　【三】【本店】→五七六①㈢　【四】【存続期間・解散事由】→六四一㈠㈡㈢　【五】【資本金】→六二〇・六二六③　【六】【業務執行社員】→五九〇―五九八　【七】【代表社員】→五九九　【八】【職務執行者】→五九八　【十】【省令で定めるもの】→会社則二二〇

（変更の登記）

第九一五条①　会社において第九百十一条第三項各号又は前三条各号に掲げる事項に変更が生じたときは、二週間以内に、その本店の所在地において、変更の登記をしなければならない。

②　前項の規定にかかわらず、第百九十九条第一項第四号の期間を定めた場合における株式の発行による変更の登記は、当該期間の末日現在により、当該末日から二週間以内にすれば足りる。

③　第一項の規定にかかわらず、次に掲げる事由による変更の登記は、毎月末日現在により、当該末日から二週間以内にすれば足りる。

一　新株予約権の行使

二　第百六十六条第一項の規定による請求（株式の内容として第百七条第二項第二号ハ若しくはニ又は第百八条第二項第五号ロに掲げる事項についての定めがある場合に限る。）

【変更の登記】→九〇八①、商登五一―七〇【懈怠に対する制裁】→九七六㈠　❸【新株予約権の行使】→二八〇―二八四

役員の権利義務を有する者と退任登記

1　取締役・監査役を辞任又は退任した者が商法二五八条一項・二八〇条一項［会社三四六条］により、なお取締役又

は監査役の権利義務を有する場合には、その者が取締役又は監査役の権利義務を有することを登記公示する必要があるから、まだ商法六七条［本条一項］に定める登記事項の変更を生ぜず、退任による変更登記は許されない。（最判昭43・12・24民集二二・一三・三三三四、商法百選九）

（他の登記所の管轄区域内への本店の移転の登記）

第九一六条　会社がその本店を他の登記所の管轄区域内に移転したときは、二週間以内に、旧所在地においては移転の登記をし、新所在地においては次の各号に掲げる会社の区分に応じ当該各号に定める事項を登記しなければならない。

一　株式会社　第九百十一条第三項各号に掲げる事項
二　合名会社　第九百十二条各号に掲げる事項
三　合資会社　第九百十三条各号に掲げる事項
四　合同会社　第九百十四条各号に掲げる事項

⊛+【本店↓四⊛【本店移転の登記↓商登五一―五三、九五、一一一、一一八

（職務執行停止の仮処分等の登記）

第九一七条　次の各号に掲げる会社の区分に応じ、当該各号に定める者の職務の執行を停止し、若しくはその職務を代行する者を選任する仮処分命令又はその仮処分命令を変更し、若しくは取り消す決定がされたときは、その本店の所在地において、その登記をしなければならない。

一　株式会社　取締役（監査等委員会設置会社にあっては、監査等委員である取締役又はそれ以外の取締役）、会計参与、監査役、代表取締役、委員（指名委員会、監査委員会又は報酬委員会の委員をいう。）、執行役又は代表執行役
二　合名会社　社員
三　合資会社　社員
四　合同会社　業務を執行する社員

⊛+【職務執行停止等の仮処分↓民保二三②④【職務を代行する者↓三五二、四二〇③、六〇三【その登記の嘱託↓民保五六【仮処分の変更・取消し↓民保三二、三七③、三八、三九【本店↓四⊛

（支配人の登記）

第九一八条　会社が支配人を選任し、又はその代理権が消滅したときは、その本店の所在地において、その登記をしなければならない。

⊛+【支配人↓一〇⊛、三四八③㊀、三六二④㊀、五九一②、商登四四、四五【本店↓四⊛【懈怠に対する制裁↓九七六㊀

（持分会社の種類の変更の登記）

第九一九条　持分会社が第六百三十八条の規定により他の種類の持分会社となったときは、同条に規定する定款の変更の効力が生じた日から二週間以内に、その本店の所在地において、種類の変更前の持分会社については解散の登記をし、種類の変更後の持分会社については設立の登記をしなければならない。

⊛+【本店↓四⊛【設立の登記↓九一二―九一四【持分会社の種類変更の登記↓商登一〇四―一〇六、一一三、一二二、九三二【懈怠に対する制裁↓九七六㊀

（組織変更の登記）

第九二〇条　会社が組織変更をしたときは、その効力が生じた日から二週間以内に、その本店の所在地において、組織変更前の会社については解散の登記をし、組織変更後の会社については設立の登記をしなければならない。

⊛+【組織変更↓七四五、七四七【本店↓四⊛【設立の登記↓九一一―九一四【組織変更の登記↓商登七六―七八、一〇七①②、一二四、一二三、九三二【懈怠に対する制裁↓九七六㊀

（吸収合併の登記）

第九二一条　会社が吸収合併をしたときは、その効力が生じた日から二週間以内に、その本店の所在地において、吸収合併により消滅する会社については解散の登記をし、吸収合併後存続する会社については変更の登記をしなければならない。

⊛+【吸収合併↓七五〇、七五二【本店↓四⊛【解散の登記↓商登八二【変更の登記↓九一五①【吸収合併による変更の登記↓七五〇②、七五二②、九三二、商登七九、八〇、八二、八三、一〇八①③、一一五、一二四【懈怠に対する制裁↓九七六㊀

（新設合併の登記）

第九二二条①　二以上の会社が新設合併をする場合において、新設合併により設立する会社が株式会社であるときは、次の各号に掲げる場合の区分に応じ、当該各号に定める日から二週間以内に、その本店の所在地において、新設合併により消滅する会社については解散の登記をし、新設合併により設立する会社については設立の登記をしなければならない。

一　新設合併により消滅する会社が株式会社のみである場合　次に掲げる日のいずれか遅い日
イ　第八百四条第一項の株主総会の決議の日
ロ　新設合併をするために種類株主総会の決議を要するときは、当該決議の日
ハ　第八百六条第三項の規定による通知又は同条第四項の公告をした日から二十日を経過した日
ニ　新設合併により消滅する会社が新株予約権を発行しているときは、第八百八条第三項の規定による通知又は同条第四項の公告をした日から二十日を経過した日
ホ　第八百十条の規定による手続が終了した日
ヘ　新設合併により消滅する会社が合意により定めた日
二　新設合併により消滅する会社が持分会社のみである場合　次に掲げる日のいずれか遅い日
イ　第八百十三条第一項の総社員の同意を得た日（同項ただし書に規定する場合にあっては、定款の定めによる手続を終了した日）
ロ　第八百十三条第二項において準用する第八百十条の規定による手続が終了した日
ハ　新設合併により消滅する会社が合意により定めた日
三　新設合併により消滅する会社が株式会社及び持分会社である場合　前二号に定める日のいずれか遅い

日

② 二以上の会社が新設合併をする場合において、新設合併により設立する会社が持分会社であるときは、次の各号に掲げる場合の区分に応じ、当該各号に定める日から二週間以内に、その本店の所在地において、新設合併により消滅する会社については解散の登記をし、新設合併により設立する会社については設立の登記をしなければならない。

一 新設合併により消滅する会社が株式会社のみである場合　次に掲げる日のいずれか遅い日

イ 第八百四条第二項の総株主の同意を得た日

ロ 新設合併により消滅する会社が新株予約権を発行しているときは、第八百八条第三項の規定による通知又は同条第四項の公告をした日から二十日を経過した日

ハ 第八百十条の規定による手続が終了した日

ニ 新設合併により消滅する会社が合意により定めた日

二 新設合併により消滅する会社が持分会社のみである場合　次に掲げる日のいずれか遅い日

イ 第八百十三条第一項の総社員の同意を得た日（同項ただし書に規定する場合にあっては、定款の定めによる手続を終了した日）

ロ 第八百十三条第二項において準用する第八百十条の規定による手続が終了した日

ハ 新設合併により消滅する会社が合意により定めた日

三 新設合併により消滅する会社が株式会社及び持分会社である場合　前二号に定める日のいずれか遅い日

◎【本店↓四◎　❶【株式会社を設立する新設合併↓七五四【解散の登記↓商登八二【設立の登記↓九一一【新設合併による設立の登記↓四九・七五四・九三二、商登七九・八一―八三【懈怠に対する制裁↓九七六㈠　❷【持分会社を設立する新設合併↓七五六【解散の登記↓商登一〇八③・一一五・一二四・八二【設立の登記↓九一二―九一四【新設合併による設立の登記↓五七九・七五六、九三二、商登七九・八二・八三・一〇八②③・一一五・一二四【懈怠に対する制裁↓九七六㈠

（吸収分割の登記）

第九二三条　会社が吸収分割をしたときは、その効力が生じた日から二週間以内に、その本店の所在地において、吸収分割をする会社及び当該会社がその事業に関して有する権利義務の全部又は一部を当該会社から承継する会社についての変更の登記をしなければならない。

◎【吸収分割↓七五九・七六一【本店↓四◎【変更の登記↓九一五①【吸収分割による変更の登記↓商登八四・八五・八七・八八・一〇九①③・一一六・一二五、九三二【懈怠に対する制裁↓九七六㈠

（新設分割の登記）

第九二四条①　一又は二以上の株式会社又は合同会社が新設分割をする場合において、新設分割により設立する会社が株式会社であるときは、次の各号に掲げる場合の区分に応じ、当該各号に定める日から二週間以内に、その本店の所在地において、新設分割をする会社については変更の登記をし、新設分割により設立する会社については設立の登記をしなければならない。

一 新設分割をする会社が株式会社のみである場合　次に掲げる日のいずれか遅い日

イ 第八百五条に規定する場合以外の場合には、第八百四条第一項の株主総会の決議の日

ロ 新設分割をするために種類株主総会の決議を要するときは、当該決議の日

ハ 第八百五条に規定する場合には、第八百六条第三項の規定による通知又は同条第四項の公告をした日から二十日を経過した日

ニ 第八百八条第三項の規定による通知を受けるべき新株予約権者があるときは、同項の規定による通知又は同条第四項の公告をした日から二十日を経過した日

ホ 第八百十条の規定による手続をしなければならないときは、当該手続が終了した日

ヘ 新設分割をする株式会社が定めた日（二以上の株式会社が共同して新設分割をする場合にあっては、当該二以上の新設分割をする株式会社が合意により定めた日）

二 新設分割をする会社が合同会社のみである場合　次に掲げる日のいずれか遅い日

イ 第八百十三条第一項の総社員の同意を得た日（同項ただし書の場合にあっては、定款の定めによる手続を終了した日）

ロ 第八百十三条第二項において準用する第八百十条の規定による手続をしなければならないときは、当該手続が終了した日

ハ 新設分割をする合同会社が定めた日（二以上の合同会社が共同して新設分割をする場合にあっては、当該二以上の新設分割をする合同会社が合意により定めた日）

三 新設分割をする会社が株式会社及び合同会社である場合　前二号に定める日のいずれか遅い日

② 一又は二以上の株式会社又は合同会社が新設分割をする場合において、新設分割により設立する会社が持分会社であるときは、次の各号に掲げる場合の区分に応じ、当該各号に定める日から二週間以内に、その本店の所在地において、新設分割をする会社については変更の登記をし、新設分割により設立する会社については設立の登記をしなければならない。

一 新設分割をする会社が株式会社のみである場合　次に掲げる日のいずれか遅い日

イ 第八百五条に規定する場合以外の場合には、第八百四条第一項の株主総会の決議の日

ロ 新設分割をするために種類株主総会の決議を要するときは、当該決議の日

ハ 第八百五条に規定する場合には、第八百六条第三項の規定による通知又は同条第四項の公告をした日から二十日を経過した日

ニ 第八百十条の規定による手続をしなければならないときは、当該手続が終了した日

ホ　新設分割をする株式会社が定めた日（二以上の株式会社が共同して新設分割をする場合にあっては、当該二以上の新設分割をする株式会社が合意により定めた日）

二　新設分割をする会社が合同会社のみである場合　次に掲げる日のいずれか遅い日

イ　第八百十三条第一項の総社員の同意を得た日（同項ただし書の場合にあっては、定款の定めによる手続を終了した日）

ロ　第八百十三条第二項において準用する第八百十条の規定による手続をしなければならないときは、当該手続が終了した日

ハ　新設分割をする合同会社が定めた日（二以上の合同会社が共同して新設分割をする場合にあっては、当該二以上の新設分割をする合同会社が合意により定めた日）

三　新設分割をする会社が株式会社及び合同会社である場合　前二号に定める日のいずれか遅い日

参+【本店→四参　❶【株式会社を設立する新設分割→七六四【変更の登記→商登八四②・八七【設立の登記→九一一【新設分割による設立の登記→四九・七五四・九三二、商登八四①・八六―八八【懈怠に対する制裁→九七六㈠　❷【持分会社を設立する新設分割→七六六【変更の登記→商登八四②・八七・一〇九③・一一六・一二五【設立の登記→九一二―九一四【新設分割による設立の登記→五七九・七六六・九三二、商登八四①・八七・八八・一〇九②③・一一六・一二五【懈怠に対する制裁→九七六㈠

（株式移転の登記）

第九二五条　一又は二以上の株式会社が株式移転をする場合には、次に掲げる日のいずれか遅い日から二週間以内に、株式移転により設立する株式会社について、その本店の所在地において、設立の登記をしなければならない。

一　第八百四条第一項の株主総会の決議の日

二　株式移転をするために種類株主総会の決議を要するときは、当該決議の日

三　第八百六条第三項の規定による通知又は同条第四項の公告をした日から二十日を経過した日

四　第八百八条第三項の規定による通知を受けるべき新株予約権者があるときは、同項の規定による通知をした日又は同条第四項の公告をした日から二十日を経過した日

五　第八百十条の規定による手続をしなければならないときは、当該手続が終了した日

六　株式移転をする株式会社が定めた日（二以上の株式会社が共同して株式移転をする場合にあっては、当該二以上の株式移転をする株式会社が合意により定めた日）

参+【株式移転→七七四【本店→四参【設立の登記→九一一【株式移転による設立の登記→四九・七七四・九三二、商登九〇―九二【懈怠に対する制裁→九七六㈠

（解散の登記）

第九二六条　第四百七十一条第一号から第三号まで又は第六百四十一条第一号から第四号までの規定により会社が解散したときは、二週間以内に、その本店の所在地において、解散の登記をしなければならない。

参+【本店→四参【解散の登記→商登七一・九八・一二一・一一八

（継続の登記）

第九二七条　第四百七十三条、第六百四十二条第一項又は第八百四十五条の規定により会社が継続したときは、二週間以内に、その本店の所在地において、継続の登記をしなければならない。

参+【本店→四参【継続の登記→商登四六②・九三・一〇三・一一一・一一八

（清算人の登記）

第九二八条①　第四百七十八条第一項第一号に掲げる者が清算株式会社の清算人となったときは、解散の日から二週間以内に、その本店の所在地において、次に掲げる事項を登記しなければならない。

一　清算人の氏名

二　代表清算人の氏名及び住所

三　清算株式会社が清算人会設置会社であるときは、その旨

②　第六百四十七条第一項第一号に掲げる者が清算持分会社の清算人となったときは、解散の日から二週間以内に、その本店の所在地において、次に掲げる事項を登記しなければならない。

一　清算人の氏名又は名称及び住所

二　清算持分会社を代表する清算人の氏名又は名称（清算持分会社を代表しない清算人がある場合に限る。）

三　清算持分会社を代表する清算人が法人であるときは、清算人の職務を行うべき者の氏名及び住所

③　清算人が選任されたときは、二週間以内に、その本店の所在地において、清算株式会社にあっては第一項各号に掲げる事項を、清算持分会社にあっては前項各号に掲げる事項を登記しなければならない。

④　第九百十五条第一項〈変更の登記〉の規定は前三項の規定による登記について、第九百十七条〈職務執行停止の仮処分等の登記〉の規定は清算人、代表清算人又は清算持分会社を代表する清算人について、それぞれ準用する。

参+【本店→四参【懈怠に対する制裁→九七六㈠　❶【登記→商登七三①　〔三〕【清算人会設置会社→四七八⑧・四八九・四九〇　❷【登記→商登九九①㈠・一一一・一一八　〔三〕【会社を代表する清算人→六五五①、商登一〇〇②・一〇二・一一一・一一八　〔三〕【清算人の職務を行うべき者→六五四　❸【清算人の選任→四七八①㈡㈢②―④・六四七①㈡㈢②―④・五二四②③【登記→商登七三②③・九九①㈡―㈣・一一一・一一八

（清算結了の登記）

第九二九条　清算が結了したときは、次の各号に掲げる会社の区分に応じ、当該各号に定める日から二週間以内に、その本店の所在地において、清算結了の登記をしなければならない。

一　清算株式会社　第五百七条第三項の承認の日

二　清算持分会社（合名会社及び合資会社に限る。）　第六百六十七条第一項の承認の日（第六百六十八条第一項の財産の処分の方法を定めた場合にあって

は、その財産の処分を完了した日）

三　清算持分会社（合同会社に限る。）　第六百六十七条第一項の承認の日

⊛+【本店↓四⊛【懈怠に対する制裁↓九七六㊂【清算結了の登記↓商登七五・一〇二・一一一・一二一、九三二

清算結了の登記

[1]　**1　当事者能力との関係**　清算開始の原因となった解散決議が不存在であれば、清算が形式的、実質的に結了したとされても、その清算結了は無効であり、清算結了の登記がなされても、法人格は消滅しないから、解散決議の存否を争う訴訟においては、会社の法人格消滅による当事者能力を否定することはできない。（東京高判昭57・12・23判時一〇六七・一三一）

[2]　**2　清算が結了しない場合と清算結了の登記**　会社の清算結了の登記が存しても、実際に清算が結了していないときは、その登記は実体上効力を生ずることなく、したがって会社財産に属する債権が残存するときは、会社は消滅したということができない。（大判大5・3・17民録二二・三六四、会社百選[三版]九七）

第九三〇条から第九三二条まで　**【支店の所在地における登記】**　削除

第三節　外国会社の登記

（**外国会社の登記**）

第九三三条①　外国会社が第八百十七条第一項の規定により初めて日本における代表者を定めたときは、三週間以内に、次の各号に掲げる場合の区分に応じ、当該各号に定める地において、外国会社の登記をしなければならない。

一　日本に営業所を設けていない場合　日本における代表者（日本に住所を有するものに限る。以下この節において同じ。）の住所地

二　日本に営業所を設けた場合　当該営業所の所在地

②　外国会社の登記においては、日本における同種の会社又は最も類似する会社の種類に従い、第九百十一条第三項各号又は第九百十二条から第九百十四条までの各号に掲げる事項を登記するほか、次に掲げる事項を登記しなければならない。

一　外国会社の設立の準拠法

二　日本における代表者の氏名及び住所

三　日本における同種の会社又は最も類似する会社が株式会社であるときは、第一号に規定する準拠法の規定による公告をする方法

四　前号に規定する場合において、第八百十九条第三項に規定する措置をとることとするときは、同条第一項に規定する貸借対照表に相当するものの内容である情報について不特定多数の者がその提供を受けるために必要な事項であって法務省令で定めるもの

五　第九百三十九条第二項の規定による公告方法についての定めがあるときは、その定め

六　前号の定めが電子公告を公告方法とする旨のものであるときは、次に掲げる事項

イ　電子公告により公告すべき内容である情報について不特定多数の者がその提供を受けるために必要な事項であって法務省令で定めるもの

ロ　第九百三十九条第三項後段の規定による定めがあるときは、その定め

七　第五号の定めがないときは、第九百三十九条第四項の規定により官報に掲載する方法を公告方法とする旨

③　外国会社が日本に設けた営業所に関する前項の規定の適用については、当該営業所を第九百十一条第三項第三号、第九百十二条第三号、第九百十三条第三号又は第九百十四条第三号に規定する支店とみなす。

④　第九百十五条〈変更の登記〉及び第九百十八条から第九百二十九条まで〈支配人の登記等〉の規定は、外国会社について準用する。この場合において、これらの規定中「二週間」とあるのは「三週間」と、「本店の所在地」とあるのは「日本における代表者（日本に住所を有するものに限る。）の住所地（日本に営業所を設けた外国会社にあっては、当該営業所の所在地）」と読み替えるものとする。

⑤　前各項の規定により登記すべき事項が外国において生じたときは、登記の期間は、その通知が日本における代表者に到達した日から起算する。

⊛+【外国会社↓二㊁・八一七―八二三【外国会社の登記↓八一八、商登一二八　❶【日本における代表者↓八一七　[一]【日本に営業所を設けていない場合↓商登一二七、九三四①・九三五①・九三六①・九三七②㊂　❷[三]【日本における同種の会社②・九三六②・九三七②㊂　[二]【営業所↓九三四②・九三五↓商登一二九①㊂　[四][六]【省令で定めるもの↓会社則二二〇　[五]【公告方法の定め↓商登一二九①㊃　❹【変更の登記↓商登一三〇

（**日本における代表者の選任の登記等**）

第九三四条①　日本に営業所を設けていない外国会社が外国会社の登記後に日本における代表者を新たに定めた場合（その住所地が登記がされた他の日本における代表者の住所地を管轄する登記所の管轄区域内にある場合を除く。）には、三週間以内に、その新たに定めた日本における代表者の住所地においても、外国会社の登記をしなければならない。

②　日本に営業所を設けた外国会社が外国会社の登記後に日本に営業所を新たに設けた場合（その所在地が登記がされた他の営業所の所在地を管轄する登記所の管轄区域内にある場合を除く。）には、三週間以内に、その新たに設けた日本における営業所の所在地においても、外国会社の登記をしなければならない。

⊛❶【日本における代表者↓八一七・九三三①・九三五①　❷【営業所↓九三三①㊁③・九三五②・九三六②

（**日本における代表者の住所の移転の登記等**）

第九三五条①　日本に営業所を設けていない外国会社の日本における代表者が外国会社の登記後にその住所を他の登記所の管轄区域内に移転したときは、旧住所地においては三週間以内に移転の登記をし、新住所地においては四週間以内に外国会社の登記をしなければならない。ただし、登記がされた他の日本における代表者の住所地を管轄する登記所の管轄区域内に住所を移

転したときは、新住所地においては、その住所を移転したことを登記すれば足りる。

② 日本に営業所を設けた外国会社が外国会社の登記後に営業所を他の登記所の管轄区域内に移転したときは、旧所在地においては三週間以内に移転の登記をし、新所在地においては四週間以内に外国会社の登記をしなければならない。ただし、登記がされた他の営業所の所在地を管轄する登記所の管轄区域内に営業所を移転したときは、新所在地においては、その営業所を移転したことを登記すれば足りる。

参❶【日本における代表者↓八一七、九三三①、九三四①　❷【営業所↓九三三①㊂、九三四②、九三六②

第九三六条（日本における営業所の設置の登記等）① 日本に営業所を設けていない外国会社が外国会社の登記後に日本に営業所を設けたときは、日本における代表者の住所地においては三週間以内に営業所を設けたことを登記し、その営業所の所在地においては四週間以内に外国会社の登記をしなければならない。ただし、登記がされた日本における代表者の住所地を管轄する登記所の管轄区域内に営業所を設けたときは、その営業所を設けたことを登記すれば足りる。

② 日本に営業所を設けた外国会社が外国会社の登記後にすべての営業所を閉鎖した場合には、その外国会社の日本における代表者の全員が退任しようとするときを除き、その営業所の所在地においては三週間以内に営業所を閉鎖したことを登記し、日本における代表者の住所地においては四週間以内に外国会社の登記をしなければならない。ただし、登記がされた営業所の所在地を管轄する登記所の管轄区域内に日本における代表者の住所地があるときは、すべての営業所を閉鎖したことを登記すれば足りる。

参❶【営業所↓九三三①㊂、九三四②、九三五②　❶【日本における代表者↓八一七、九三三①、九三四①、九三五①　❷【日本における代表者全員の退任↓八二〇、商登一三〇②

第四節　登記の嘱託

第九三七条（裁判による登記の嘱託）① 次に掲げる場合には、裁判所書記官は、職権で、遅滞なく、会社の本店の所在地を管轄する登記所にその登記を嘱託しなければならない。

一 次に掲げる訴えに係る請求を認容する判決が確定したとき。

イ 会社の設立の無効の訴え

ロ 株式会社の成立後における株式の発行の無効の訴え

ハ 新株予約権（当該新株予約権が新株予約権付社債に付されたものである場合にあっては、当該新株予約権付社債についての社債を含む。以下この節において同じ。）の発行の無効の訴え

ニ 株式会社における資本金の額の減少の無効の訴え

ホ 株式会社の成立後における株式の発行が存在しないことの確認の訴え

ヘ 新株予約権の発行が存在しないことの確認の訴え

ト 株主総会等の決議した事項についての登記があった場合における次に掲げる訴え

(1) 株主総会等の決議が存在しないこと又は株主総会等の決議の内容が法令に違反することを理由として当該決議が無効であることの確認の訴え

(2) 株主総会等の決議の取消しの訴え

チ 持分会社の設立の取消しの訴え

リ 会社の解散の訴え

ヌ 株式会社の役員の解任の訴え

ル 持分会社の社員の除名の訴え

ヲ 持分会社の業務を執行する社員の業務執行権又は代表権の消滅の訴え

二 次に掲げる裁判があったとき。

イ 第三百四十六条第二項、第三百五十一条第二項又は第四百一条第三項（第四百三条第三項及び第四百二十条第三項において準用する場合を含む。）の規定による一時取締役（監査等委員会設置会社にあっては、監査等委員である取締役又はそれ以外の取締役）、会計参与、監査役、代表取締役、委員（指名委員会、監査委員会又は報酬委員会の委員をいう。）、執行役又は代表執行役の職務を行うべき者の選任の裁判

ロ 第四百七十九条第四項において準用する第三百四十六条第二項又は第四百八十三条第六項において準用する第三百五十一条第二項の規定による一時清算人又は代表清算人の職務を行うべき者の選任の裁判（次条第二項第一号に規定する裁判を除く。）

ハ イ又はロに掲げる裁判を取り消す裁判（次条第二項第二号に規定する裁判を除く。）

ニ 清算人又は代表清算人若しくは清算持分会社を代表する清算人の選任又は選定の裁判を取り消す裁判（次条第二項第三号に規定する裁判を除く。）

ホ 清算人の解任の裁判（次条第二項第四号に規定する裁判を除く。）

三 次に掲げる裁判が確定したとき。

イ 前号ホに掲げる裁判を取り消す裁判

ロ 第八百二十四条第一項の規定による会社の解散を命ずる裁判

② 第八百二十七条第一項の規定による外国会社の日本における取引の継続の禁止又は営業所の閉鎖を命ずる裁判が確定したときは、裁判所書記官は、職権で、遅滞なく、次の各号に掲げる外国会社の区分に応じ、当該各号に定める地を管轄する登記所にその登記を嘱託しなければならない。

一 日本に営業所を設けていない外国会社　日本における代表者（日本に住所を有するものに限る。）の住所地

二 日本に営業所を設けている外国会社　当該営業所の所在地

③ 次の各号に掲げる訴えに係る請求を認容する判決が確定した場合には、裁判所書記官は、職権で、遅滞なく、各会社の本店の所在地を管轄する登記所に当該各号に定める登記を嘱託しなければならない。
一 会社の組織変更の無効の訴え　組織変更後の会社についての解散の登記及び組織変更をする会社についての回復の登記
二 会社の吸収合併の無効の訴え　吸収合併後存続する会社についての変更の登記及び吸収合併により消滅する会社についての回復の登記
三 会社の新設合併の無効の訴え　新設合併により設立する会社についての解散の登記及び新設合併により消滅する会社についての回復の登記
四 会社の吸収分割の無効の訴え　吸収分割をする会社及び当該会社がその事業に関して有する権利義務の全部又は一部を当該会社から承継する会社についての変更の登記
五 会社の新設分割の無効の訴え　新設分割をする会社についての変更の登記及び新設分割により設立する会社についての解散の登記
六 株式会社の株式交換の無効の訴え　株式交換をする株式会社（第七百六十八条第一項第四号に掲げる事項についての定めがある場合に限る。）及び株式交換をする株式会社の発行済株式の全部を取得する会社についての変更の登記
七 株式会社の株式移転の無効の訴え　株式移転をする株式会社（第七百七十三条第一項第九号に掲げる事項についての定めがある場合に限る。）についての変更の登記及び株式移転により設立する株式会社についての解散の登記
八 株式会社の株式交付の無効の訴え　株式交付親会社についての変更の登記

⊗+【本店↓四⊗【登記の嘱託↓商登一五 ❶[二]【本号の訴え↓八二八―八四二、八四五、八四六、八五四―八五六、八五九―八六二 [二]【清算人の解任の裁判↓四七九② ❸【本項の訴え↓八二八、八三四―八三九、八四三、八四四、八四六

第九三八条（**特別清算に関する裁判による登記の嘱託**）① 次の各号に掲げる場合には、裁判所書記官は、職権で、遅滞なく、清算株式会社の本店の所在地を管轄する登記所に当該各号に定める登記を嘱託しなければならない。
一 特別清算開始の命令があったとき　特別清算開始の登記
二 特別清算開始の命令を取り消す決定が確定したとき　特別清算開始の取消しの登記
三 特別清算終結の決定が確定したとき　特別清算終結の登記
② 次に掲げる場合には、裁判所書記官は、職権で、遅滞なく、清算株式会社の本店の所在地を管轄する登記所にその登記を嘱託しなければならない。
一 特別清算開始後における第四百七十九条第四項において準用する第三百四十六条第二項又は第四百八十三条第六項において準用する第三百五十一条第二項の規定による一時清算人又は代表清算人の職務を行うべき者の選任の裁判があったとき。
二 前号の裁判を取り消す裁判があったとき。
三 特別清算開始後における清算人又は代表清算人の選任又は選定の裁判を取り消す裁判があったとき。
四 特別清算開始後における清算人の解任の裁判があったとき。
五 前号の裁判を取り消す裁判が確定したとき。
③ 次に掲げる場合には、裁判所書記官は、職権で、遅滞なく、当該保全処分の登記を嘱託しなければならない。
一 清算株式会社の財産に属する権利で登記されたものに関し第五百四十条第一項又は第二項の規定による保全処分があったとき。
二 登記のある権利に関し第五百四十二条第一項又は第二項の規定による保全処分があったとき。
④ 前項の規定は、同項に規定する保全処分の変更若しくは取消しがあった場合又は当該保全処分が効力を失った場合について準用する。
⑤ 前二項の規定は、登録のある権利について準用する。
⑥ 前各項の規定は、その性質上許されないものを除き、第八百二十二条第一項の規定による日本にある外国会社の財産についての清算について準用する。

⊗+【本店↓四⊗【登記の嘱託↓商登一五 ❶[二]【特別清算開始命令↓五一〇⊗ [三]【特別清算開始命令の取消し↓八九〇⑥ [三]【特別清算終結の決定↓五七三 ❷[四]【清算人の解任↓五二四

第五章　公告

第一節　総則

第九三九条（**会社の公告方法**）① 会社は、公告方法として、次に掲げる方法のいずれかを定款で定めることができる。
一 官報に掲載する方法
二 時事に関する事項を掲載する日刊新聞紙に掲載する方法
三 電子公告
② 外国会社は、公告方法として、前項各号に掲げる方法のいずれかを定めることができる。
③ 会社又は外国会社が第一項第三号に掲げる方法を公告方法とする旨を定める場合には、電子公告を公告方法とする旨を定めれば足りる。この場合においては、事故その他やむを得ない事由によって電子公告による公告をすることができない場合の公告方法として、同項第一号又は第二号に掲げる方法のいずれかを定めることができる。
④ 第一項又は第二項の規定による定めがない会社又は外国会社の公告方法は、第一項第一号の方法とする。

⊗+【公告方法↓二〔三十三〕、九一一③〔二十七〕、九一二〔四〕、九一三〔田〕、九一四〔九〕 ❶[二][三]【この方法を定める会社↓四四〇② ③[三][三]【債権者に対する公告をこの方法で行う場合↓四四九③、六二七③、六三五③、六七〇③、七七九③、七八一②、七八九③、七九三②、七九九③、八〇二②、八一〇③、八一三② [三]【電子公告↓九一一③〔二十八〕、九一二〔九〕、九一三〔十一〕、九一四〔田〕、九四〇、九四一 ❷【外国会社の公告方法↓八一一

九、九三三②五―七 ❹【官報による公告→九一一③二十九、九一二四、九一三十二、九一四十二】

（電子公告の公告期間等）

第九四〇条① 株式会社又は持分会社が電子公告によりこの法律の規定による公告をする場合には、次の各号に掲げる公告の区分に応じ、当該各号に定める日までの間、継続して電子公告による公告をしなければならない。

一 この法律の規定により特定の日の一定の期間前に公告しなければならない場合における当該公告 当該特定の日

二 第四百四十条第一項の規定による公告 同項の定時株主総会の終結の日後五年を経過する日

三 公告に定める期間内に異議を述べることができる旨の公告 当該期間を経過する日

四 前三号に掲げる公告以外の公告 当該公告の開始後一箇月を経過する日

② 外国会社が電子公告により第八百十九条第一項の規定による公告をする場合には、同項の手続の終結の日後五年を経過する日までの間、継続して電子公告による公告をしなければならない。

③ 前二項の規定にかかわらず、これらの規定により電子公告による公告をしなければならない期間（以下この章において「公告期間」という。）中公告の中断（不特定多数の者が提供を受けることができる状態に置かれた情報がその状態に置かれないこととなったこと又はその情報がその状態に置かれた後改変されたことをいう。以下この項において同じ。）が生じた場合において、次のいずれにも該当するときは、その公告の中断は、当該公告の効力に影響を及ぼさない。

一 公告の中断が生ずることにつき会社が善意でかつ重大な過失がないこと又は会社に正当な事由があること。

二 公告の中断が生じた時間の合計が公告期間の十分の一を超えないこと。

三 会社が公告の中断が生じたことを知った後速やかにその旨、公告の中断が生じた時間及び公告の中断の内容を当該公告に付して公告したこと。

❶【二】【基準日等の公告→一二六④、一二八④、一二四③、一五八②、一六八③、一六九④、一八一②、二〇一④、二一八①④、二一九①、二四〇③、二七三③、二七四④、四六九④、七二〇④、七七六③、七七七④、七八〇②、七八三⑥、七八五④、七八七④、七九〇②、七九七④、八〇四⑤、八〇六④、八〇八④【三】【異議→二二〇①、四二六③、四四九③、七七九③、七八一②、七八九③、七九三②、七九九③、八〇二②、八一〇③、八一三②【四】【その他→一七〇④、一九五③、二七五⑤、七〇六③、七一四④、七三五、八四九⑤ ❸【公告の中断→九四一

第二節 電子公告調査機関

（電子公告調査）

第九四一条 この法律又は他の法律の規定による公告（第四百四十条第一項の規定による公告を除く。以下この節において同じ。）を電子公告によりしようとする会社は、公告期間中、当該公告の内容である情報が不特定多数の者が提供を受けることができる状態に置かれているかどうかについて、法務省令で定めるところにより、法務大臣の登録を受けた者（以下この節において「調査機関」という。）に対し、調査を行うことを求めなければならない。

【電子公告→九三九①三、九四〇【調査機関→九四二―九五九【違反に対する制裁→九七六三十五

（登録）

第九四二条① 前条の登録（以下この節において単に「登録」という。）は、同条の規定による調査（以下この節において「電子公告調査」という。）を行おうとする者の申請により行う。

② 登録を受けようとする者は、実費を勘案して政令で定める額の手数料を納付しなければならない。

【登録→九四三、九四四、九五四、九五九一

（欠格事由）

第九四三条 次のいずれかに該当する者は、登録を受けることができない。

一 この節の規定若しくは農業協同組合法（昭和二十二年法律第百三十二号）第九十七条の四第五項、金融商品取引法第五十条の二第十項及び第六十六条の四十第六項、公認会計士法第三十四条の二十第六項及び第三十四条の二十三第四項、消費生活協同組合法（昭和二十三年法律第二百号）第二十六条第六項、水産業協同組合法（昭和二十三年法律第二百四十二号）第百二十六条の四第五項、中小企業等協同組合法（昭和二十四年法律第百八十一号）第三十三条第七項（輸出水産業の振興に関する法律（昭和二十九年法律第百五十四号）第二十条並びに中小企業団体の組織に関する法律（昭和三十二年法律第百八十五号）第五条の二十三第三項及び第四十七条第二項において準用する場合を含む。）、弁護士法（昭和二十四年法律第二百五号）第三十条の二十八第六項（同法第四十三条第三項並びに外国弁護士による法律事務の取扱い等に関する法律（昭和六十一年法律第六十六号）第六十七条第二項、第八十条第一項及び第八十二条第三項において準用する場合を含む。）、船主相互保険組合法（昭和二十五年法律第百七十七号）第五十五条第三項、司法書士法（昭和二十五年法律第百九十七号）第四十五条の二第六項、土地家屋調査士法（昭和二十五年法律第二百二十八号）第四十条の二第六項、商品先物取引法（昭和二十五年法律第二百三十九号）第十一条第九項、行政書士法（昭和二十六年法律第四号）第十三条の二十の二第六項、投資信託及び投資法人に関する法律（昭和二十六年法律第百九十八号）第二十五条第二項（同法第五十九条において準用する場合を含む。）及び第百八十六条の二第四項、税理士法第四十八条の十九の二第六項（同法第四十九条の十二第三項において準用する場合を含む。）、信用金庫法（昭和二十六年法律第二百三十八号）第八十七条の四第四項、輸出入取引法（昭和二十七年法律第二百九十九

号）第十五条第六項（同法第十九条の六において準用する場合を含む。）、中小漁業融資保証法（昭和二十七年法律第三百四十六号）第五十五条第五項、労働金庫法（昭和二十八年法律第二百二十七号）第九十一条の四第四項、技術研究組合法（昭和三十六年法律第八十一号）第十六条第八項、農業信用保証保険法（昭和三十六年法律第二百四号）第四十八条の三第五項（同法第四十八条の九第七項において準用する場合を含む。）、社会保険労務士法（昭和四十三年法律第八十九号）第二十五条の二十三の二第六項、森林組合法（昭和五十三年法律第三十六号）第八条の二第五項、銀行法第四十九条の二第二項及び第五十二条の六十の三十六第七項（協同組合による金融事業に関する法律（昭和二十四年法律第百八十三号）第六条の五第一項及び信用金庫法第八十九条第七項において準用する場合を含む。）、保険業法（平成七年法律第百五号）第六十七条の二及び第二百十七条第三項、資産の流動化に関する法律（平成十年法律第百五号）第百九十四条第四項、弁理士法（平成十二年法律第四十九号）第五十三条の二第六項、農林中央金庫法（平成十三年法律第九十三号）第九十六条の二第四項、信託業法第五十七条第六項、一般社団法人及び一般財団法人に関する法律第三百三十三条、資金決済に関する法律（平成二十一年法律第五十九号）第二十条第四項、第六十一条第七項、第六十二条の二十五第七項及び第六十三条の二十第七項並びに労働者協同組合法（令和二年法律第七十八号）第二十九条第六項（同法第百十一条第二項において準用する場合を含む。）（以下この節において「電子公告関係規定」と総称する。）において準用する第九百五十五条第一項の規定又はこの節の規定に基づく命令に違反し、罰金以上の刑に処せられ、その執行を終わり、又は執行を受けることがなくなった日から二年を経過しない者

二　第九百五十四条の規定により登録を取り消され、その取消しの日から二年を経過しない者

三　法人であって、その業務を行う理事等（理事、取締役、執行役、業務を執行する社員、監事若しくは監査役又はこれらに準ずる者をいう。第九百四十七条において同じ。）のうちに前二号のいずれかに該当する者があるもの

❸〔二〕【刑の執行の免除→刑三一】【刑の時効→刑三二―三四】【執行猶予→刑二七・二七の七】〔二〕〔三〕【登録取消事由→九五四㊀】

（登録基準）

第九四四条① 法務大臣は、第九百四十二条第一項の規定により登録を申請した者が、次に掲げる要件のすべてに適合しているときは、その登録をしなければならない。この場合において、登録に関して必要な手続は、法務省令で定める。

一　電子公告調査に必要な電子計算機（入出力装置を含む。以下この号において同じ。）及びプログラム（電子計算機に対する指令であって、一の結果を得ることができるように組み合わされたものをいう。以下この号において同じ。）であって次に掲げる要件のすべてに適合するものを用いて電子公告調査を行うものであること。

イ　当該電子計算機及びプログラムが電子公告により公告されている情報をインターネットを利用して閲覧することができるものであること。

ロ　当該電子計算機若しくはその用に供する電磁的記録を損壊し、若しくは当該電子計算機に虚偽の情報若しくは不正な指令を与え、又はその他の方法により、当該電子計算機に使用目的に沿うべき動作をさせず、又は使用目的に反する動作をさせることを防ぐために必要な措置が講じられていること。

ハ　当該電子計算機及びプログラムがその電子公告調査を行う期間を通じて当該電子計算機に入力された情報及び指令並びにインターネットを利用して提供を受けた情報を保存する機能を有していること。

二　電子公告調査を適正に行うために必要な実施方法が定められていること。

② 登録は、調査機関登録簿に次に掲げる事項を記載し、又は記録してするものとする。

一　登録年月日及び登録番号

二　登録を受けた者の氏名又は名称及び住所並びに法人にあっては、その代表者の氏名

三　登録を受けた者が電子公告調査を行う事業所の所在地

❸❶【本項に適合しなくなった場合の措置→九五二】〔一〕【電子公告調査→九四二】【電磁的記録→二六②】〔二〕【実施方法→九四九】

（登録の更新）

第九四五条① 登録は、三年を下らない政令で定める期間ごとにその更新を受けなければ、その期間の経過によって、その効力を失う。

② 前三条の規定は、前項の登録の更新について準用する。

❸❶【登録→九四二】【失効→九五九㊂】

（調査の義務等）

第九四六条① 調査機関は、電子公告調査を行うことを求められたときは、正当な理由がある場合を除き、電子公告調査を行わなければならない。

② 調査機関は、公正に、かつ、法務省令で定める方法により電子公告調査を行わなければならない。

③ 調査機関は、電子公告調査を行う場合には、法務省令で定めるところにより、電子公告調査を行うことを求めた者（以下この節において「調査委託者」という。）の商号その他の法務省令で定める事項を法務大臣に報告しなければならない。

④ 調査機関は、電子公告調査の後遅滞なく、調査委託者に対して、法務省令で定めるところにより、当該電子公告調査の結果を通知しなければならない。

❸†【調査機関→九四一】【電子公告調査→九四二①】【本条に違反する場合の措置→九五三】❶【正当な理由の例→九四七】❸【本項の違反→九七七㊂】

（電子公告調査を行うことができない場合）
第九四七条　調査機関は、次に掲げる者の電子公告による公告又はその者若しくはその理事等が電子公告による公告に関与した場合として法務省令で定める場合における当該公告については、電子公告調査を行うことができない。
一　当該調査機関
二　当該調査機関が株式会社である場合における親株式会社（当該調査機関を子会社とする株式会社をいう。）
三　理事等又は職員（過去二年間にそのいずれかであった者を含む。次号において同じ。）が当該調査機関の理事等に占める割合が二分の一を超える法人
四　理事等又は職員のうちに当該調査機関（法人であるものを除く。）又は当該調査機関の代表権を有する理事等が含まれている法人

参+【調査機関↓九四一【電子公告↓九三九①㈢、九四〇【違反の効果↓九五四㈢

（事業所の変更の届出）
第九四八条　調査機関は、電子公告調査を行う事業所の所在地を変更しようとするときは、変更しようとする日の二週間前までに、法務大臣に届け出なければならない。

参+【調査機関↓九四一【電子公告調査↓九四二【届出の公示↓九五九㈢【違反の効果↓九五四㈢

（業務規程）
第九四九条①　調査機関は、電子公告調査の業務に関する規程（次項において「業務規程」という。）を定め、電子公告調査の業務の開始前に、法務大臣に届け出なければならない。これを変更しようとするときも、同様とする。
②　業務規程には、電子公告調査の実施方法、電子公告調査に関する料金その他の法務省令で定める事項を定めておかなければならない。

参❶【調査機関↓九四一【電子公告調査↓九四二【業務の状況の検査↓九五八①　❷【実施方法↓九四四①㈡　+【違反の効果↓九五四㈢

（業務の休廃止）
第九五〇条　調査機関は、電子公告調査の業務の全部又は一部を休止し、又は廃止しようとするときは、法務省令で定めるところにより、あらかじめ、その旨を法務大臣に届け出なければならない。

参+【調査機関↓九四一【電子公告調査↓九四二【届出の公示↓九五九㈢【違反の効果↓九五四㈢

（財務諸表等の備置き及び閲覧等）
第九五一条①　調査機関は、毎事業年度経過後三箇月以内に、その事業年度の財産目録、貸借対照表及び損益計算書又は収支計算書並びに事業報告書（これらの作成に代えて電磁的記録の作成がされている場合における当該電磁的記録を含む。次項において「財務諸表等」という。）を作成し、五年間事業所に備え置かなければならない。
②　調査委託者その他の利害関係人は、調査機関に対し、その業務時間内は、いつでも、次に掲げる請求をすることができる。ただし、第二号又は第四号に掲げる請求をするには、当該調査機関の定めた費用を支払わなければならない。
一　財務諸表等が書面をもって作成されているときは、当該書面の閲覧又は謄写の請求
二　前号の書面の謄本又は抄本の交付の請求
三　財務諸表等が電磁的記録をもって作成されているときは、当該電磁的記録に記録された事項を法務省令で定める方法により表示したものの閲覧又は謄写の請求
四　前号の電磁的記録に記録された事項を電磁的方法であって調査機関の定めたものにより提供することの請求又は当該事項を記載した書面の交付の請求

参❶【調査機関↓九四一【貸借対照表↓四三五①②・六一七①②、商一九②、一般法人一二三②・一九九【損益計算書↓四三五②、一般法人一二三②・一九九【事業報告書↓四三五②、一般法人一二三②・一九九【電磁的記録↓二六②【違反の効果↓九五四㈢、九七七㈢　❷【調査委託者↓九四六③【違法な請求拒絶↓九五四㈢、九七七㈢

（適合命令）
第九五二条　法務大臣は、調査機関が第九百四十四条第一項各号のいずれかに適合しなくなったと認めるときは、その調査機関に対し、これらの規定に適合するため必要な措置をとるべきことを命ずることができる。

参+【調査機関↓九四一【命令違反↓九五四㈣

（改善命令）
第九五三条　法務大臣は、調査機関が第九百四十六条の規定に違反していると認めるときは、その調査機関に対し、電子公告調査を行うべきこと又は電子公告調査の方法その他の業務の方法の改善に関し必要な措置をとるべきことを命ずることができる。

参+【調査機関↓九四一【電子公告調査↓九四二【業務の方法↓九四九【命令違反↓九五四㈣

（登録の取消し等）
第九五四条　法務大臣は、調査機関が次のいずれかに該当するときは、その登録を取り消し、又は期間を定めて電子公告調査の業務の全部若しくは一部の停止を命ずることができる。
一　第九百四十三条第一号又は第三号に該当するに至ったとき。
二　第九百四十七条（電子公告関係規定において準用する場合を含む。）から第九百五十条まで、第九百五十一条第一項又は次条第一項（電子公告関係規定において準用する場合を含む。）の規定に違反したとき。
三　正当な理由がないのに第九百五十一条第二項各号又は次条第二項各号（電子公告関係規定において準用する場合を含む。）の規定による請求を拒んだとき。
四　第九百五十二条又は前条（電子公告関係規定において準用する場合を含む。）の命令に違反したとき。
五　不正の手段により第九百四十一条の登録を受けた

とき。

参【調査機関→九四一【登録→九四二【電子公告調査→九四二①【登録取消し・業務停止時の措置→九五六①・九五七①【登録取消し・業務停止等の公示→九五九〔四〕【違反の効果→九七三

（調査記録簿等の記載等）

第九五五条① 調査機関は、法務省令で定めるところにより、調査記録又はこれに準ずるものとして法務省令で定めるもの（以下この条において「調査記録簿等」という。）を備え、電子公告調査に関し法務省令で定めるものを記載し、又は記録し、及び当該調査記録簿等を保存しなければならない。

② 調査委託者その他の利害関係人は、調査機関に対し、その業務時間内は、いつでも、当該調査機関が前項又は次条第二項の規定により保存している調査記録簿等（利害関係がある部分に限る。）について、次に掲げる請求をすることができる。ただし、当該請求をするには、当該調査機関の定めた費用を支払わなければならない。

一 調査記録簿等が書面をもって作成されているときは、当該書面の写しの交付の請求

二 調査記録簿等が電磁的記録をもって作成されているときは、当該電磁的記録に記録された事項を電磁的方法であって調査機関の定めたものにより提供することの請求又は当該事項を記載した書面の交付の請求

参❶【調査機関→九四一【帳簿等の検査→九五八①【電子公告調査→九四二①【違反の効果→九五四〔三〕・九七四〔三〕 ❷【調査委託者→九四六③【違法な請求拒絶→九五四〔三〕・九七七〔三〕 ［二］【電磁的記録→二六②

（調査記録簿等の引継ぎ）

第九五六条① 調査機関は、電子公告調査の業務の全部の廃止をしようとするとき、又は第九百五十四条の規定により登録が取り消されたときは、その保存に係る前条第一項（電子公告関係規定において準用する場合を含む。）の調査記録簿等を他の調査機関に引き継がなければならない。

② 前項の規定により同項の調査記録簿等の引継ぎを受けた調査機関は、法務省令で定めるところにより、その調査記録簿等を保存しなければならない。

参❶【調査機関→九四一【電子公告調査→九四二① ❷【違反の効果→九七四〔三〕

（法務大臣による電子公告調査の業務の実施）

第九五七条① 法務大臣は、登録を受ける者がないとき、第九百五十条の規定による電子公告調査の業務の全部又は一部の休止又は廃止の届出があったとき、第九百五十四条の規定により登録を取り消し、又は調査機関に対し電子公告調査の業務の全部若しくは一部の停止を命じたとき、調査機関が天災その他の事由によって電子公告調査の業務の全部又は一部を実施することが困難となったとき、その他必要があると認めるときは、当該電子公告調査の業務の全部又は一部を自ら行うことができる。

② 法務大臣が前項の規定により電子公告調査の業務の全部又は一部を自ら行う場合における電子公告調査の業務の引継ぎその他の必要な事項については、法務省令で定める。

③ 第一項の規定により法務大臣が行う電子公告調査を求める者は、実費を勘案して政令で定める額の手数料を納付しなければならない。

参【電子公告調査→九四二① ❶【公示→九五九〔五〕

（報告及び検査）

第九五八条① 法務大臣は、この法律の施行に必要な限度において、調査機関に対し、その業務若しくは経理の状況に関し報告をさせ、又はその職員に、調査機関の事務所若しくは事業所に立ち入り、業務の状況若しくは帳簿、書類その他の物件を検査させることができる。

② 前項の規定により職員が立入検査をする場合には、その身分を示す証明書を携帯し、関係人にこれを提示しなければならない。

③ 第一項の規定による立入検査の権限は、犯罪捜査のために認められたものと解釈してはならない。

参❶【調査機関→九四一【帳簿・書類→九五五①【検査忌避等の効果→九七四〔三〕

（公示）

第九五九条 法務大臣は、次に掲げる場合には、その旨を官報に公示しなければならない。

一 登録をしたとき。

二 第九百四十五条第一項の規定により登録が効力を失ったことを確認したとき。

三 第九百四十八条又は第九百五十条の届出があったとき。

四 第九百五十四条の規定により登録を取り消し、又は電子公告調査の業務の全部若しくは一部の停止を命じたとき。

五 第九百五十七条第一項の規定により法務大臣が電子公告調査の業務の全部若しくは一部を自ら行うものとするとき、又は自ら行っていた電子公告調査の業務の全部若しくは一部を行わないこととするとき。

参［二］【登録→九四二

第八編　罰則

（取締役等の特別背任罪）

第九六〇条① 次に掲げる者が、自己若しくは第三者の利益を図り又は株式会社に損害を加える目的で、その任務に背く行為をし、当該株式会社に財産上の損害を加えたときは、十年以下の懲役若しくは千万円以下の罰金に処し、又はこれを併科する。

一 発起人

二 設立時取締役又は設立時監査役

三 取締役、会計参与、監査役又は執行役

四 民事保全法第五十六条に規定する仮処分命令により選任された取締役、監査役又は執行役の職務を代行する者

五 第三百四十六条第二項、第三百五十一条第二項又

は第四百一条第三項（第四百三条第三項及び第四百二十条第三項において準用する場合を含む。）の規定により選任された一時取締役（監査等委員会設置会社にあっては、監査等委員である取締役又はそれ以外の取締役）、会計参与、監査役、代表取締役、委員（指名委員会、監査委員会又は報酬委員会の委員をいう。）、執行役又は代表執行役の職務を行うべき者

六　支配人

七　事業に関するある種類又は特定の事項の委任を受けた使用人

八　検査役

＊**令和四法六八**（令和七・六・一六までに施行）**による改正**　第一項中「懲役」を「拘禁刑」に改める。（本文未織込み）

② 次に掲げる者が、自己若しくは第三者の利益を図り又は清算株式会社に損害を加える目的で、その任務に背く行為をし、当該清算株式会社に財産上の損害を加えたときも、前項と同様とする。

一　清算株式会社の清算人

二　民事保全法第五十六条に規定する仮処分命令により選任された清算株式会社の清算人の職務を代行する者

三　第四百七十九条第四項において準用する第三百四十六条第二項又は第四百八十三条第六項において準用する第三百五十一条第二項の規定により選任された一時清算人又は代表清算人の職務を行うべき者

四　清算人代理

五　監督委員

六　調査委員

参【特別背任罪↓刑二四七【国外犯↓九七一①【法人の場合↓九七二　❶【四】【仮処分命令により選任された職務代行者↓三五二、四二〇③　【六】【支配人↓一〇―一二　【七】【ある種類又は特定の事項の委任を受けた使用人↓一四　【八】【検査役↓三三①、九四①、二〇七①、二八四①、三〇六①、三一六①、三五八①　❷【二】【仮処分命令により選任された職務代行者↓四八三⑥　【四】【清算人代理↓五二五　【五】【監督委員↓五二七　【六】【調査委員↓五三三】

一　**主として自己の利益を図るための融資と背任罪**

1 会社資金による融資行為が、主として不法に融資して自己の利益を図る目的でなされた以上、たとえ従として右融資により会社のため事故金を回収してその補塡を図る目的があったとしても、背任罪の成立を免れない。（最決昭35・8・12刑集一四・一〇・一三六〇）

二　**第三者の利益を図る目的があるとされた事例**

2 融資先に対し、大幅な担保不足であるのに多額の融資を受けられるという利益を与えることを認識しつつあえて融資をした場合において、その融資により、融資銀行の利益を図るという動機があったにしても、融資銀行にとって極めて問題が大きい本件融資を行わなければならないという必要性、緊急性は認められないこと等にも照らすと、それは融資の決定的な動機ではなく、本件融資は、主として右のように融資先の利益を図る目的をもって行われたということができ、そうすると、本件融資につき特別背任罪におけるいわゆる図利目的があったというに妨げない。（最決平10・11・25刑集五二・八・五七〇、刑百選Ⅱ八版七三）

三　**特別背任罪の行為主体の身分を有しない者について共同正犯の成立が認められた事例**

3 融資の実行が銀行の代表取締役頭取らの任務に違背するものであること、銀行に財産上の損害を与えるものであること、頭取らが自己の利益を図る目的も有していたことを認識した上で、単に融資の申込みをしたにとどまらず、融資の実現に積極的に加担した融資先会社の実質的経営者は、頭取らの特別背任行為について共同加功したものと評価することができる。（最決平20・5・19刑集六二・六・一六二三）↓刑二四七条27

（**代表社債権者等の特別背任罪**）

第九六一条　代表社債権者又は決議執行者（第七百三十七条第二項に規定する決議執行者をいう。以下同じ。）が、自己若しくは第三者の利益を図り又は社債権者に損害を加える目的で、その任務に背く行為をし、社債権者に財産上の損害を加えたときは、五年以下の懲役若しくは五百万円以下の罰金に処し、又はこれを併科する。

＊**令和四法六八**（令和七・六・一六までに施行）**による改正**　第九六一条中「懲役」を「拘禁刑」に改める。（本文未織込み）

参【代表社債権者↓七三六【国外犯↓九七一①【法人の場合↓九七二

（**未遂罪**）

第九六二条　前二条の罪の未遂は、罰する。

参【未遂罪↓刑四四、二五〇【国外犯↓九七一①

（**会社財産を危うくする罪**）

第九六三条①　第九百六十条第一項第一号又は第二号に掲げる者が、第三十四条第一項若しくは第六十三条第一項の規定による払込み若しくは給付について、又は第二十八条各号に掲げる事項について、裁判所又は創立総会若しくは種類創立総会に対し、虚偽の申述を行い、又は事実を隠ぺいしたときは、五年以下の懲役若しくは五百万円以下の罰金に処し、又はこれを併科する。

② 第九百六十条第一項第三号から第五号までに掲げる者が、第百九十九条第一項第三号又は第二百三十六条第一項第三号に掲げる事項について、裁判所又は株主総会若しくは種類株主総会に対し、虚偽の申述を行い、又は事実を隠ぺいしたときも、前項と同様とする。

③ 検査役が、第二十八条各号、第百九十九条第一項第三号又は第二百三十六条第一項第三号に掲げる事項について、裁判所に対し、虚偽の申述を行い、又は事実を隠ぺいしたときも、第一項と同様とする。

④ 第九十四条第一項の規定により選任された者が、第三十四条第一項若しくは第六十三条第一項の規定による払込み若しくは給付について、又は第二十八条各号に掲げる事項について、創立総会に対し、虚偽の申述を行い、又は事実を隠ぺいしたときも、第一項と同様

⑤ 第九百六十条第一項第三号から第七号までに掲げる者が、次のいずれかに該当する場合にも、第一項と同様とする。

一 何人の名義をもってするかを問わず、株式会社の計算において不正にその株式を取得したとき。

二 法令又は定款の規定に違反して、剰余金の配当をしたとき。

三 株式会社の目的の範囲外において、投機取引のために株式会社の財産を処分したとき。

＊令和四法六八（令和七・六・一六までに施行）による改正
第一項中「隠ぺいした」を「隠蔽した」に、「懲役」を「拘禁刑」に改め、第二項、第三項及び第四項中「隠ぺいした」を「隠蔽した」に改める。（本文未織込み）

⊛＋【国外犯↓九七一①【法人の場合↓九七二 ❺〔一〕【不正な自己株式取得↓一五五⊛〔二〕【違法な剰余金の配当↓四六一・四六二〔三〕【会社の目的の範囲↓二七〔一〕

一 本条五項一号に該当する場合

1 その目的が会社の利益を図る場合も該当する

[1] 商法二六一条一項二号〔昭和一三法七二改正前。本条五項一号〕にいう「不正の取得」とは、法律の規定に基づく正当な方法によらない株式の取得一般をいい、その目的が会社の利益を図ることにあるかどうかに関わりがない。（大判大11・9・27刑集一・四八三、会社百選〔初版〕三三）

2 株券発行の前後を問わない

[2] 商法四八九条二号〔本条五項一号〕違反の罪は、同号所定の株式取得の効力いかんに関わりなく成立し、また株券の発行前かどうかを問わない。（最決昭33・4・25刑集一二・六・一二二一）

二 本条五項三号に該当する場合

[3] 化粧品、雑貨等の卸売並びにそれに附帯する業務を目的とする資本金二〇〇万円の会社で、回復の困難な営業上の損失を生じたことから、代表取締役が穀物等の商品取引を行って会社に利を得させようと企て、前後二六回にわたり会社財産から一九九九万余円を委託証拠金として支払い、差損金に充当した行為は、社会通念に照らし、定款所定の目的にそう業務又はその遂行に必要な附帯業務とは認め難く、商法四八九条四号〔本条五項三号〕の罪に該当する。（最決昭46・12・10判時六五〇・九九）

第九六四条（虚偽文書行使等の罪）① 次に掲げる者が、株式、新株予約権、社債又は新株予約権付社債を引き受ける者の募集をするに当たり、会社の事業その他の事項に関する説明を記載した資料若しくは当該募集の広告その他の当該募集に関する文書であって重要な事項について虚偽の記載のあるものを行使し、又はこれらの書類の作成に代えて電磁的記録の作成がされている場合における当該電磁的記録であって重要な事項について虚偽の記録のあるものをその募集の事務の用に供したときは、五年以下の懲役若しくは五百万円以下の罰金に処し、又はこれを併科する。

一 第九百六十条第一項第一号から第七号までに掲げる者

二 持分会社の業務を執行する社員

三 民事保全法第五十六条に規定する仮処分命令により選任された持分会社の業務を執行する社員の職務を代行する者

四 株式、新株予約権、社債又は新株予約権付社債を引き受ける者の募集の委託を受けた者

② 株式、新株予約権、社債又は新株予約権付社債の売出しを行う者が、その売出しに関する文書であって重要な事項について虚偽の記載のあるものを行使し、又は当該文書の作成に代えて電磁的記録の作成がされている場合における当該電磁的記録であって重要な事項について虚偽の記録のあるものをその売出しの事務の用に供したときも、前項と同様とする。

＊令和四法六八（令和七・六・一六までに施行）による改正
第一項中「懲役」を「拘禁刑」に改める。（本文未織込み）

⊛❶【株式の募集↓五九・一九九・二〇三⊛【新株予約権・新株予約権付社債の募集↓二三八・二四二⊛【社債の募集↓六七六・六七七⊛ ❷【株式等の売出し↓金商二④⑧〔四〕⑨ ＋【特別規定↓金商一六九―一七一・二〇〇〔二十二〕・二〇五〔二十〕・一五八・一九七①〔五〕②・一六八・二〇〇〔二十〕・二〇五〔二〕【法人の場合↓九七二

第九六五条（預合いの罪）第九百六十条第一項第一号から第七号までに掲げる者が、株式の発行に係る払込みを仮装するため預合いを行ったときは、五年以下の懲役若しくは五百万円以下の罰金に処し、又はこれを併科する。預合いに応じた者も、同様とする。

＊令和四法六八（令和七・六・一六までに施行）による改正
第九六五条中「懲役」を「拘禁刑」に改める。（本文未織込み）

⊛＋【預合い↓六四【国外犯↓九七一①【法人の場合↓九七二

一 預合いの意義

[1] 商法四九一条〔本条〕の預合いとは、同法四八六条一項〔会社九六〇条一項一号～七号〕に掲げる者が株金の払込みを仮装するために、株金払込みを取り扱う機関の役職員らと通謀してなす仮装行為をいう。（最決昭36・3・28刑集一五・三・五九〇、銀取百選〔二版〕一〇四……設立登記完了とともに返済する約定で金融機関から見せ金的に払込みに必要な金員の貸付けを受け、貸付けも返済も全て帳簿上の操作ですませ、利息の支払以外に現実の金員の授受がなされなかった事案につき、本条に該当するとされた事例）

二 預合いに該当するとされた事例

[2] 株金払込取扱銀行Aの役職員が発起人Bと共謀し、A銀行支店からその取引先Cに融資をし、BがCから設立登記完了までという約定でその金額の融資を受け、払込金としてA銀行の別段預金口座に振り替え、設立登記が完了するや即日、Cに同金額の小切手を交付し、CがそれをA銀行に交付してCの借入金の弁済に充当した行為は、通謀して株金の払込みを仮装する行為に該当する。（最決昭35・6・21刑集一四・八・九八一、続刑百選七二）

三 預合いに該当しないとされた事例

[3] 会社が払込取扱銀行から借入れをし、これを株式引受人（従業員）に対する債務の弁済に充て、株式引受人は真実払込みの意思で、この返済金を引受株式の払込みに充当す

るという方式をとった場合に、株式引受人の会社に対する債権が真実に存在し、かつ、会社にこれを弁済する資力があるときは、資本充実の原則に反せず、株金払込仮装行為とはいえないから、商法四九一条［本条］の罪に当たらない。（最判昭42・12・14刑集二一・一〇・一三六九、会社法百選［四版］A44）

（株式の超過発行の罪）

第九六六条 次に掲げる者が、株式会社が発行することができる株式の総数を超えて株式を発行したときは、五年以下の懲役又は五百万円以下の罰金に処する。

一 発起人

二 設立時取締役又は設立時執行役

三 取締役、執行役又は清算株式会社の清算人

四 民事保全法第五十六条に規定する仮処分命令により選任された取締役、執行役又は清算株式会社の清算人の職務を代行する者

五 第三百四十六条第二項（第四百七十九条第四項において準用する場合を含む。）又は第四百三条第三項において準用する第四百一条第三項の規定により選任された一時取締役（監査等委員会設置会社にあっては、監査等委員である取締役又はそれ以外の取締役）、執行役又は清算株式会社の清算人の職務を行うべき者

＊令和四法六八（令和七・六・一六までに施行）**による改正**
第九六六条中「懲役」を「拘禁刑」に改める。（本文未織込み）

⑱＊【発行可能株式総数↓三七、一一三【国外犯↓九七一①【法人の場合↓九七二　［四］【職務代行者↓三五二、四二〇③、四八三⑥

（取締役等の贈収賄罪）

第九六七条① 次に掲げる者が、その職務に関し、不正の請託を受けて、財産上の利益を収受し、又はその要求若しくは約束をしたときは、五年以下の懲役又は五百万円以下の罰金に処する。

一 第九百六十条第一項各号又は第二項各号に掲げる者

二 第九百六十一条に規定する者

三 会計監査人又は第三百四十六条第四項の規定により選任された一時会計監査人の職務を行うべき者

② 前項の利益を供与し、又はその申込み若しくは約束をした者は、三年以下の懲役又は三百万円以下の罰金に処する。

＊令和四法六八（令和七・六・一六までに施行）**による改正**
第九六七条中「懲役」を「拘禁刑」に改める。（本文未織込み）

⑱❶【収賄罪↓九六九、九七一①、九七二、刑一九七―一九七の五　❷【全ての者の国外犯↓九七一②

（株主等の権利の行使に関する贈収賄罪）

第九六八条① 次に掲げる事項に関し、不正の請託を受けて、財産上の利益を収受し、又はその要求若しくは約束をした者は、五年以下の懲役又は五百万円以下の罰金に処する。

一 株主総会若しくは種類株主総会、創立総会若しくは種類創立総会、社債権者集会又は債権者集会における発言又は議決権の行使

二 第二百十条若しくは第二百四十七条、第二百九十七条第一項若しくは第四項、第三百三条第一項若しくは第二項、第三百四条、第三百五条第一項若しくは第三百六条第一項若しくは第二項（これらの規定を第三百二十五条において準用する場合を含む。）、第三百五十八条第一項、第三百六十条第一項若しくは第二項（これらの規定を第四百八十二条第四項において準用する場合を含む。）、第四百二十二条第一項若しくは第二項、第四百二十六条第七項、第四百三十三条第一項若しくは第四百七十九条第二項に規定する株主の権利の行使、第五百十一条第一項若しくは第五百二十二条第一項に規定する株主若しくは債権者の権利の行使又は第五百四十七条第一項若しくは第三項に規定する債権者の権利の行使

三 社債の総額（償還済みの額を除く。）の十分の一以上に当たる社債を有する社債権者の権利の行使

四 第八百二十八条第一項、第八百二十九条から第八百三十一条まで、第八百三十三条第一項、第八百四十七条第三項若しくは第五項、第八百四十七条の二第六項若しくは第八項、第八百四十七条の三第七項若しくは第九項、第八百五十三条、第八百五十四条又は第八百五十八条に規定する訴えの提起（株主等（第八百四十七条の四第二項に規定する株主等をいう。次号において同じ。）、株式会社の債権者又は新株予約権若しくは新株予約権付社債を有する者がするものに限る。）

五 第八百四十九条第一項の規定による株主等の訴訟参加

② 前項の利益を供与し、又はその申込み若しくは約束をした者も、同項と同様とする。

＊令和四法六八（令和七・六・一六までに施行）**による改正**
第一項中「懲役」を「拘禁刑」に改める。（本文未織込み）

⑱❶【収賄罪↓九六九、九七一①、刑一九七―一九七の五　❷【全ての者の国外犯↓九七一②

「不正の請託」に該当する場合―総会における公正な発言等を妨害することの依頼

［1］ 会社役員等が経営上の不正や失策の追及を免れるため、株主総会における公正な発言又は公正な議決権の行使を妨げることを株主に依頼してこれに財産上の利益を供与することは、商法四九四条［本条］の「不正の請託」に該当する。（最決昭44・10・16刑集二三・一〇・一三五九、会社法百選［四版］一〇二）……会社役員に新製品開発に関する経営上の失策があり、来るべき株主総会で株主からその責任追及が行われることが予想されているときに、右会社の役員が総会屋たる株主に報酬を与え、総会の席上他の一般株主の発言を抑えて、議案を原案通り成立させるよう議事進行を図ることを依頼することが「不正の請託」に当たるとされた事例

（没収及び追徴）

第九六九条 第九百六十七条第一項又は前条第一項の場合において、犯人の収受した利益は、没収する。その全部又は一部を没収することができないときは、その価額を追徴する。

参【没収・追徴↓刑一九七の五】

（**株主等の権利の行使に関する利益供与の罪**）

第九七〇条① 第九百六十条第一項第三号から第六号までに掲げる者又はその他の株式会社の使用人が、株主の権利、当該株式会社に係る適格旧株主（第八百四十七条の二第九項に規定する適格旧株主をいう。第三項において同じ。）の権利又は当該株式会社の最終完全親会社等（第八百四十七条の三第一項に規定する最終完全親会社等をいう。第三項において同じ。）の株主の権利の行使に関し、当該株式会社又はその子会社の計算において財産上の利益を供与したときは、三年以下の懲役又は三百万円以下の罰金に処する。

② 情を知って、前項の利益の供与を受け、又は第三者にこれを供与させた者も、同項と同様とする。

③ 株主の権利、株式会社に係る適格旧株主の権利又は株式会社の最終完全親会社等の株主の権利の行使に関し、当該株式会社又はその子会社の計算において第一項の利益を自己又は第三者に供与することを同項に規定する者に要求した者も、同項と同様とする。

④ 前二項の罪を犯した者が、その実行について第一項に規定する者に対し威迫の行為をしたときは、五年以下の懲役又は五百万円以下の罰金に処する。

⑤ 前三項の罪を犯した者には、情状により、懲役及び罰金を併科することができる。

⑥ 第一項の罪を犯した者が自首したときは、その刑を減軽し、又は免除することができる。

＊令和四法六八（令和七・六・一六までに施行）**による改正** 第一項、第四項及び第五項中「懲役」を「拘禁刑」に改める。（本文未織込み）

参【株主等の権利の行使に関する利益供与↓一二〇【会社荒し等に関する贈収賄罪↓九六八 ❶【国外犯↓九七一①【法人の場合↓九七二 ❷―❹【全ての者の国外犯↓九七一②

7 総会屋に対する巨額融資と利益供与罪 銀行が総会屋に対し、直接融資又は同行系列のノンバンクを利用して自行の計算において迂回融資をしたと認められ、銀行の取締役、総務部長等につき商法四九七条［本条］が適用された事例（東京地判平10・10・19判時一六六三・一五〇）

（**国外犯**）

第九七一条① 第九百六十条から第九百六十三条まで、第九百六十五条、第九百六十六条、第九百六十七条第一項、第九百六十八条第一項及び前条第一項の罪は、日本国外においてこれらの罪を犯した者にも適用する。

② 第九百六十七条第二項、第九百六十八条第二項及び前条第二項から第四項までの罪は、刑法（明治四十年法律第四十五号）第二条の例に従う。

（**法人における罰則の適用**）

第九七二条 第九百六十条、第九百六十一条、第九百六十三条から第九百六十六条まで、第九百六十七条第一項又は第九百七十条第一項に規定する者が法人であるときは、これらの規定及び第九百六十二条の規定は、その行為をした取締役、執行役その他業務を執行する役員又は支配人に対してそれぞれ適用する。

（**業務停止命令違反の罪**）

第九七三条 第九百五十四条の規定による電子公告調査（第九百四十二条第一項に規定する電子公告調査をいう。以下同じ。）の業務の全部又は一部の停止の命令に違反した者は、一年以下の懲役若しくは百万円以下の罰金に処し、又はこれを併科する。

＊令和四法六八（令和七・六・一六までに施行）**による改正** 第九七三条中「懲役」を「拘禁刑」に改める。（本文未織込み）

参【両罰規定↓九七五

（**虚偽届出等の罪**）

第九七四条 次のいずれかに該当する者は、三十万円以下の罰金に処する。

一 第九百五十条の規定による届出をせず、又は虚偽の届出をした者

二 第九百五十五条第一項の規定に違反して、調査記録簿等（同項に規定する調査記録簿等をいう。以下この号において同じ。）に同項に規定する電子公告調査に関し法務省令で定めるものを記載せず、若しくは記録せず、若しくは虚偽の記載若しくは記録をし、又は同項若しくは第九百五十六条第二項の規定に違反して調査記録簿等を保存しなかった者

三 第九百五十八条第一項の規定による報告をせず、若しくは虚偽の報告をし、又は同項の規定による検査を拒み、妨げ、若しくは忌避した者

参【両罰規定↓九七五

（**両罰規定**）

第九七五条 法人の代表者又は法人若しくは人の代理人、使用人その他の従業者が、その法人又は人の業務に関し、前二条の違反行為をしたときは、行為者を罰するほか、その法人又は人に対しても、各本条の罰金刑を科する。

（**過料に処すべき行為**）

第九七六条 発起人、設立時取締役、設立時監査役、設立時執行役、取締役、会計参与若しくはその職務を行うべき社員、監査役、執行役、会計監査人若しくはその職務を行うべき社員、清算人、清算人代理、持分会社の業務を執行する社員、民事保全法第五十六条に規定する仮処分命令により選任された取締役、監査役、執行役、清算人若しくは持分会社の業務を執行する社員の職務を代行する者、第九百六十条第一項第五号に規定する一時取締役、会計参与、監査役、代表取締役、委員、執行役若しくは代表執行役の職務を行うべき者、同条第二項第三号に規定する一時清算人若しくは代表清算人の職務を行うべき者、第九百六十七条第

一項第三号に規定する一時会計監査人の職務を行うべき者、検査役、監督委員、調査委員、株主名簿管理人、社債原簿管理人、社債管理者、事務を承継する社債管理者、社債管理補助者、事務を承継する社債管理補助者、代表社債権者、決議執行者、外国会社の日本における代表者又は支配人は、次のいずれかに該当する場合には、百万円以下の過料に処する。ただし、その行為について刑を科すべきときは、この限りでない。

一　この法律の規定による登記をすることを怠ったとき。

二　この法律の規定による公告若しくは通知をすることを怠ったとき、又は不正の公告若しくは通知をしたとき。

三　この法律の規定による開示をすることを怠ったとき。

四　この法律の規定に違反して、正当な理由がないのに、書類若しくは電磁的記録に記録された事項を法務省令で定める方法により表示したものの閲覧若しくは謄写又は書類の謄本若しくは抄本の交付、電磁的記録に記録された事項を電磁的方法により提供すること若しくはその事項を記載した書面の交付を拒んだとき。

五　この法律の規定による調査を妨げたとき。

六　官庁、株主総会若しくは種類株主総会、創立総会若しくは種類創立総会、社債権者集会又は債権者集会に対し、虚偽の申述を行い、又は事実を隠蔽したとき。

七　定款、株主名簿、株券喪失登録簿、新株予約権原簿、社債原簿、議事録、財産目録、会計帳簿、貸借対照表、損益計算書、事業報告、事務報告、第四百三十五条第二項若しくは第四百九十四条第一項の附属明細書、会計参与報告、監査報告、会計監査報告、決算報告又は第百二十二条第一項、第百四十九条第一項、第百七十一条の二第一項、第百七十三条の二第一項、第百七十九条の十第一項、第百八十二条の二第一項、第百八十二条の六第一項、第二百五十条第一項、第二百七十条第一項、第六百八十二条第一項、第六百九十五条第一項、第七百八十二条第一項、第七百九十一条第一項、第七百九十四条第一項、第八百一条第一項若しくは第二項、第八百三条第一項、第八百十一条第一項、第八百十五条第一項若しくは第二項、第八百十六条の二第一項若しくは第八百十六条の十第一項の書面若しくは電磁的記録に記載し、若しくは記録すべき事項を記載せず、若しくは記録せず、又は虚偽の記載若しくは記録をしたとき。

八　第三十一条第一項の規定、第七十四条第六項、第七十五条第三項、第七十六条第四項、第八十一条第二項若しくは第八十二条第二項（これらの規定を第八十六条において準用する場合を含む。）、第百二十五条第一項、第百七十一条の二第一項、第百七十三条の二第二項、第百七十九条の五第一項、第百七十九条の十第二項、第百八十二条の二第一項、第百八十二条の六第二項、第二百三十一条第一項若しくは第二百五十二条第一項、第三百十条第六項、第三百十一条第三項、第三百十二条第四項、第三百十八条第二項若しくは第三項若しくは第三百十九条第二項（これらの規定を第三百二十五条において準用する場合を含む。）、第三百七十一条第一項（第四百九十条第五項において準用する場合を含む。）、第三百七十八条第一項、第三百九十四条第一項、第三百九十九条の十一第一項、第四百十三条第一項、第四百四十二条第一項若しくは第二項、第四百九十六条第一項、第六百八十四条第一項、第七百三十一条第二項、第七百八十二条第一項、第七百九十一条第二項、第七百九十四条第一項、第八百一条第三項、第八百三条第一項、第八百十一条第二項、第八百十五条第三項、第八百十六条の二第一項又は第八百十六条の十第二項の規定に違反して、帳簿又は書類若しくは電磁的記録を備え置かなかったとき。

九　正当な理由がないのに、株主総会若しくは種類株主総会又は創立総会若しくは種類創立総会において、株主又は設立時株主の求めた事項について説明をしなかったとき。

十　第百三十五条第一項の規定に違反して株式を取得したとき、又は同条第三項の規定に違反して株式の処分をすることを怠ったとき。

十一　第百七十八条第一項又は第二項の規定に違反して、株式の消却をしたとき。

十二　第百九十七条第一項又は第二項の規定に違反して、株式の競売又は売却をしたとき。

十三　株式、新株予約権又は社債の発行の日前に株券、新株予約権証券又は社債券を発行したとき。

十四　第二百十五条第一項、第二百八十八条第一項又は第六百九十六条の規定に違反して、遅滞なく、株券、新株予約権証券又は社債券を発行しなかったとき。

十五　株券、新株予約権証券又は社債券に記載すべき事項を記載せず、又は虚偽の記載をしたとき。

十六　第二百二十五条第四項、第二百二十六条第二項、第二百二十七条又は第二百二十九条第二項の規定に違反して、株券喪失登録を抹消しなかったとき。

十七　第二百三十条第一項の規定に違反して、株主名簿に記載し、又は記録したとき。

十八　第二百九十六条第一項の規定又は第三百七条第一項第一号（第三百二十五条において準用する場合を含む。）若しくは第三百五十九条第一項第一号の規定による裁判所の命令に違反して、株主総会を招集しなかったとき。

十八の二　第三百三条第一項又は第二項（これらの規定を第三百二十五条において準用する場合を含む。）の規定による請求があった場合において、その請求に係る事項を株主総会又は種類株主総会の目的としなかったとき。

十九　第三百二十五条の三第一項（第三百二十五条の七において準用する場合を含む。）の規定に違反して、電子提供措置をとらなかったとき。

十九の二　第三百二十七条の二の規定に違反して、社外取締役を選任しなかったとき。

十九の三　第三百三十一条第六項の規定に違反して、社外取締役を監査等委員である取締役の過半数に選任しなかったとき。

二十　第三百三十五条第三項の規定に違反して、社外監査役を監査役の半数以上に選任しなかったとき。

二十一　第三百四十三条第二項（第三百四十七条第二項の規定により読み替えて適用する場合を含む。）又は第三百四十四条の二第二項（第三百四十七条第一項の規定により読み替えて適用する場合を含む。）の規定による請求があった場合において、その請求に係る事項を株主総会若しくは種類株主総会の目的とせず、又はその請求に係る議案を株主総会若しくは種類株主総会に提出しなかったとき。

二十二　取締役（監査等委員会設置会社にあっては、監査等委員である取締役又はそれ以外の取締役）、会計参与、監査役、執行役又は会計監査人がこの法律又は定款で定めたその員数を欠くこととなった場合において、その選任（一時会計監査人の職務を行うべき者の選任を含む。）の手続をすることを怠ったとき。

二十三　第三百六十五条第二項（第四百十九条第二項及び第四百八十九条第八項において準用する場合を含む。）又は第四百三十条の二第四項（同条第五項において準用する場合を含む。）の規定に違反して、取締役会又は清算人会に報告せず、又は虚偽の報告をしたとき。

二十四　第三百九十条第三項の規定に違反して、常勤の監査役を選定しなかったとき。

二十五　第四百四十五条第三項若しくは第四項の規定に違反して資本準備金若しくは準備金を計上せず、又は第四百四十八条の規定に違反して準備金の額の減少をしたとき。

二十六　第四百四十九条第二項若しくは第五項、第六百二十七条第二項若しくは第五項、第六百三十五条第二項若しくは第五項、第六百七十条第二項若しくは第五項（これらの規定を第七百七十九条第二項若しくは第五項（これらの規定を第七百八十一条第二項において準用する場合を含む。）、第七百九十三条第二項若しくは第五項（これらの規定を第七百九十九条第二項において準用する場合を含む。）、第八百二条第二項若しくは第五項（これらの規定を第八百十条第二項において準用する場合を含む。）、第八百十三条第二項において準用する場合を含む。）、第八百十六条の八第二項若しくは第五項又は第八百二十条第一項若しくは第二項の規定に違反して、資本金若しくは準備金の額の減少、持分の払戻し、持分会社の財産の処分、組織変更、吸収合併、新設合併、吸収分割、新設分割、株式交換、株式移転、株式交付又は外国会社の日本における代表者の全員の退任をしたとき。

二十七　第四百八十四条第一項若しくは第六百五十六条第一項の規定に違反して破産手続開始の申立てを怠ったとき、又は第五百十一条第二項の規定に違反して特別清算開始の申立てをすることを怠ったとき。

二十八　清算の結了を遅延させる目的で、第四百九十九条第一項、第六百六十条第一項又は第六百七十条第二項の期間を不当に定めたとき。

二十九　第五百条第一項、第五百三十七条第一項又は第六百六十一条第一項の規定に違反して、債務の弁済をしたとき。

三十　第五百二条又は第六百六十四条の規定に違反して、清算株式会社又は清算持分会社の財産を分配したとき。

三十一　第五百三十五条第一項又は第五百三十六条第一項の規定に違反したとき。

三十二　第五百四十条第一項若しくは第二項又は第五百四十二条第一項若しくは第二項の規定による保全処分に違反したとき。

三十三　第七百二条の規定に違反して社債を発行し、又は第七百十四条第一項（第七百十四条の七において準用する場合を含む。）の規定に違反して事務を承継する社債管理者若しくは社債管理補助者を定めなかったとき。

三十四　第八百二十七条第一項の規定による裁判所の命令に違反したとき。

三十五　第九百四十一条の規定に違反して、電子公告調査を求めなかったとき。

関連【過料→非訟一一九―一二二【清算人代理→五二五【職務代行者→三五二、四二〇③、四八三⑥【監督委員→五二七【調査委員→五三三

一　法定の登記期間経過後に就職した新代表取締役の登記義務

[1] 登記事項につき法定の登記期間経過後に就職した新任の代表取締役も右事項についての登記義務者として、就職後遅滞なく（就職後二週間内に）登記義務を履行しなければならない。（大阪高決昭36・4・28下民一二・四・九二六）

二　取締役の選任懈怠と帰責事由

[2] 株主間に争いがあり、株主総会を招集することができなかった等の主張を全て事実として認めるとしても、取締役の欠員が生じた場合、裁判所は、必要があると認めるときは、利害関係人の申立てによって、一時取締役の職務を行うべき者を選任することができるのであるから、この申立てを怠った代表取締役については、本条二二号の規定が定める要件である帰責事由があったというべきである。（大阪高決平20・3・25判タ一二六九・二五七）

第九七七条　次のいずれかに該当する者は、百万円以下の過料に処する。

一　第九百四十六条第三項の規定に違反して、報告をせず、又は虚偽の報告をした者

二　第九百五十一条第一項の規定に違反して、財務諸表等（同項に規定する財務諸表等をいう。以下同じ。）を備え置かず、又は財務諸表等に記載し、若し

くは記録すべき事項を記載せず、若しくは記録せず、若しくは虚偽の記載若しくは記録をした者

三　正当な理由がないのに、第九百五十一条第二項各号又は第九百五十五条第二項各号に掲げる請求を拒んだ者

第九七八条　次のいずれかに該当する者は、百万円以下の過料に処する。

一　第六条第三項の規定に違反して、他の種類の会社であると誤認されるおそれのある文字をその商号中に用いた者

二　第七条の規定に違反して、会社であると誤認されるおそれのある文字をその名称又は商号中に使用した者

三　第八条第一項の規定に違反して、他の会社（外国会社を含む。）であると誤認されるおそれのある名称又は商号を使用した者

第九七九条①　会社の成立前に当該会社の名義を使用して事業をした者は、会社の設立の登録免許税の額に相当する過料に処する。

②　第八百十八条第一項又は第八百二十一条第一項の規定に違反して取引をした者も、前項と同様とする。

参❶〔会社の成立↓四九・五七九

附　則　（抄）

（施行期日）

①　この法律は、公布の日から起算して一年六月を超えない範囲内において政令で定める日（平成一八・五・一—平成一八政七七）から施行する。

（経過措置の原則）

②　この法律の規定（罰則を除く。）は、他の法律に特別の定めがある場合を除き、この法律の施行前に生じた事項にも適用する。

附　則（令和一・一二・一一法七〇）

（施行期日）

第一条　この法律は、公布の日から起算して一年六月を超えない範囲内において政令で定める日（令和三・三・一—令和二政三二五）から施行する。ただし、（中略）第二編第四章第一節の節名の改正規定、第三百一条第一項の改正規定、同節に一款を加える改正規定、第七編第四章第二節第一款の款名を削る改正規定、第九百十一条第三項第十二号の次に一号を加える改正規定、同節第二款の款名を削る改正規定、第九百三十条から第九百三十二条までの改正規定、第九百三十七条第一項の改正規定、同条第四項を削る改正規定、第九百三十八条第一項の改正規定及び第九百七十六条中第十九号を第十八号の二とし、同号の次に一号を加える改正規定は、公布の日から起算して三年六月を超えない範囲内において政令で定める日（令和四・九・一—令和三政三三四）から施行する。

（経過措置の原則）

第二条　この法律による改正後の会社法（以下「新法」という。）の規定（罰則を除く。）は、この附則に特別の定めがある場合を除き、この法律（前条ただし書に規定する規定については、当該規定。附則第十条において同じ。）の施行前に生じた事項にも適用する。ただし、この法律による改正前の会社法（以下「旧法」という。）の規定によって生じた効力を妨げない。

（株主提案権に関する経過措置）

第三条　この法律の施行前にされた会社法第三百五条第一項の規定による請求については、なお従前の例による。

（代理権を証明する書面等に関する経過措置）

第四条　この法律の施行前にされた旧法第三百十条第七項、第三百十一条第四項又は第三百十二条第五項の請求については、なお従前の例による。

（社外取締役の設置義務等に関する経過措置）

第五条　この法律の施行の際現に監査役会設置会社（会社法第二条第五号に規定する公開会社であり、かつ、同条第六号に規定する大会社であるものに限る。）であって金融商品取引法（昭和二十三年法律第二十五号）第二十四条第一項の規定によりその発行する株式について有価証券報告書を内閣総理大臣に提出しなければならないものについては、新法第三百二十七条の二の規定は、この法律の施行後最初に終了する事業年度に関する定時株主総会の終結の時までは、適用しない。この場合において、旧法第三百二十七条の二に規定する場合における理由の開示については、なお従前の例による。

（補償契約に関する経過措置）

第六条　新法第四百三十条の二の規定は、この法律の施行後に締結された補償契約（同条第一項に規定する補償契約をいう。）について適用する。

（役員等のために締結される保険契約に関する経過措置）

第七条　この法律の施行前に株式会社と保険者との間で締結された保険契約のうち役員等（旧法第四百二十三条第一項に規定する役員等をいう。以下この条において同じ。）がその職務の執行に関し責任を負うこと又は当該責任の追及に係る請求を受けることによって生ずることのある損害を保険者が塡補することを約するものであって、役員等を被保険者とするものについては、新法第四百三十条の三の規定は、適用しない。

（社債に関する経過措置）

第八条①　この法律の施行前に旧法第六百七十六条に規定する事項の決定があった場合におけるその募集社債及びこの法律の施行前に会社法第二百三十八条第一項に規定する募集事項の決定があった場合におけるその新株予約権付社債の発行の手続については、新法第六百七十六条第七号の二及び第八号の二の規定にかかわらず、なお従前の例による。

②　この法律の施行の際現に存する社債であって、社債管理者を定めていないもの（この法律の施行の日以後に前項の規定によりなお従前の例により社債管理者を定めないで発行された社債を含む。）には、新法第六百七十六条第七号の二に掲げる事項についての定めがあるものとみなす。

③　この法律の施行の際現に存する社債券の記載事項については、なお従前の例による。

④　この法律の施行前に社債発行会社、社債管理者又は社債権者が社債権者集会の目的である事項について提案をした場合については、新法第七百三十五条の二の規定は、適用しない。

（新株予約権に係る登記に関する経過措置）

第九条　この法律の施行前に登記の申請がされた新株予約権の発行に関する登記の登記事項については、新法第九百十一条第三項第十二号の規定にかかわらず、なお従前の例による。

（罰則に関する経過措置）

第一〇条　この法律の施行前にした行為及びこの附則の規定によりなお従前の例によることとされる場合におけるこの法律の施行後にした行為に対する罰則の適用については、なお従前の例による。

（政令への委任）

第一一条　この附則に規定するもののほか、この法律の施行に関し必要な経過措置は、政令で定める。

附　則（令和四・五・二五法四八）（抄）

（施行期日）

第一条　この法律は、公布の日から起算して四年を超えない範囲内において政令で定める日から施行する。ただし、次の各号に掲げる規定は、当該各号に定める日から施行する。

一　（前略）附則第百二十五条の規定　公布の日

二―五　（略）

（政令への委任）

第一二五条　（前略）この法律の施行に関し必要な経過措置は、政令で定める。

附　則（令和四・六・一〇法六一）（抄）

（施行期日）

第一条　この法律は、公布の日から起算して一年を超えない範囲内において政令で定める日から施行する。ただし、次の各号に掲げる規定は、当該各号に定める日から施行する。

一　附則第二十九条の規定　公布の日

二　（略）

（政令への委任）

第二九条　（前略）この法律の施行に関し必要な経過措置は、政令で定める。

刑法等の一部を改正する法律の施行に伴う関係法律整理法中経過規定　（令和四・六・一七法六八）（抄）

第四四一条から**第四四三条**まで　（刑法の同経過規定参照）

第五〇九条　（刑法の同経過規定参照）

刑法等の一部を改正する法律の施行に伴う関係法律整理法

附　則（令和四・六・一七法六八）（抄）

（施行期日）

①　この法律は、刑法等一部改正法（刑法等の一部を改正する法律（令和四法六七））施行日から施行する。ただし、次の各号に掲げる規定は、当該各号に定める日から施行する。

一　第五百九条の規定　公布の日

二　（略）

会社法の施行に伴う関係法律の整備等に関する法律（抜粋）

（平成一七・七・二六 法 八 七）

施行 平成一八・五・一（附則参照）
最終改正 令和一法七一

目次

第一章 法律の廃止等（抄）

第一節 商法中署名すべき場合に関する法律等の廃止

第一条 次に掲げる法律は、廃止する。
一 商法中署名すべき場合に関する法律（明治三十三年法律第十七号）
二 商法中改正法律施行法（昭和十三年法律第七十三号）
三 有限会社法（昭和十三年法律第七十四号）
四 （略）
五 会社の配当する利益又は利息の支払に関する法律（昭和二十三年法律第六十四号）
六・七 （略）
八 株式会社の監査等に関する商法の特例に関する法律（昭和四十九年法律第二十二号）
九 （略）

第二節 有限会社法の廃止に伴う経過措置（抄）

第一款 旧有限会社の存続

第二条① 前条第三号の規定による廃止前の有限会社法（以下「旧有限会社法」という。）の規定による有限会社であってこの法律の施行の際現に存するもの（以下「旧有限会社」という。）は、この法律の施行の日（以下「施行日」という。）以後は、この節の定めるところにより、会社法（平成十七年法律第八十六号）の規定による株式会社として存続するものとする。
② 前項の場合においては、旧有限会社の定款、社員、持分及び出資一口を、それぞれ同項の規定により存続する株式会社の定款、株主、株式及び一株とみなす。
③ 第一項の規定により存続する株式会社の施行日における発行可能株式総数及び発行済株式の総数は、同項の旧有限会社の資本の総額を当該旧有限会社の出資一口の金額で除して得た数とする。

第二款 経過措置及び特例有限会社に関する会社法の特則（抄）

（商号に関する特則）
第三条① 前条第一項の規定により存続する株式会社は、会社法第六条第二項の規定にかかわらず、その商号中に有限会社という文字を用いなければならない。
② 前項の規定によりその商号中に有限会社という文字を用いる前条第一項の規定により存続する株式会社（以下「特例有限会社」という。）は、その商号中に特例有限会社である株式会社以外の株式会社、合名会社、合資会社又は合同会社であると誤認されるおそれのある文字を用いてはならない。
③ 特例有限会社である株式会社以外の株式会社、合名会社、合資会社又は合同会社は、その商号中に、特例有限会社であると誤認されるおそれのある文字を用いてはならない。
④ 前二項の規定に違反して、他の種類の会社であると誤認されるおそれのある文字をその商号中に用いた者は、百万円以下の過料に処する。

（定款の記載等に関する経過措置）
第五条① 旧有限会社の定款における旧有限会社法第六条第一項第一号、第二号及び第七号に掲げる事項の記載又は記録はそれぞれ第二条第一項の規定により存続する株式会社の定款における会社法第二十七条第一号から第三号までに掲げる事項の記載又は記録とみなし、旧有限会社の定款における旧有限会社法第六条第一項第三号から第六号までに掲げる事項の記載又は記録は第二条第一項の規定により存続する株式会社の定款に記載又は記録がないものとみなす。
② 旧有限会社における旧有限会社法第八十八条第三項第一号又は第二号に掲げる定款の定めは、第二条第一項の規定により存続する株式会社の定款における会社法第九百三十九条第一項の規定による公告方法の定めとみなす。
③ 旧有限会社における旧有限会社法第八十八条第三項第三号に掲げる定款の定めは、第二条第一項の規定により存続する株式会社の定款における会社法第九百三十九条第三項後段の規定による定めとみなす。
④ 前二項の規定にかかわらず、この法律の施行の際現に旧有限会社が旧有限会社法第八十八条第一項に規定する公告について異なる二以上の方法の定款の定めを設けている場合には、施行日に、当該定款の定めはその効力を失う。
⑤ 会社法第二十七条第四号及び第五号の規定は、第二条第一項の規定により存続する株式会社には、適用しない。

（定款の備置き及び閲覧等に関する特則）
第六条 第二条第一項の規定により存続する株式会社は、会社法第三十一条第二項各号に掲げる請求に応じる場合には、当該請求をした者に対し、定款に記載又は記録がないものであっても、この節の規定により定款に定めがあるものとみなされる事項を示さなければならない。

（出資の引受けの意思表示の効力）
第七条 第二条第一項の規定により存続する株式会社の株主は、当該株主がした旧有限会社の出資の引受けの意思表示について、民法（明治二十九年法律第八十九号）第九十三条ただし書、第九十四条第一項若しくは第九十五条の規定によりその無効を主張し、又は詐欺若しくは強迫を理由としてその取消しをすることができない。

（社員名簿に関する経過措置）
第八条① 旧有限会社の社員名簿は、会社法第百二十一条の株主名簿とみなす。
② 前項の社員名簿における次の各号に掲げる事項の記載又は記

録は、同項の株主名簿における当該各号に定める規定に掲げる事項の記載又は記録とみなす。

一　社員の氏名又は名称及び住所　会社法第百二十一条第一号

二　社員の出資の口数　会社法第百二十一条第二号

（株式の譲渡制限の定めに関する特則）

第九条①　特例有限会社の定款には、その発行する全部の株式の内容として当該株式を譲渡により取得することについて当該特例有限会社の承認を要する旨及び当該特例有限会社の株主が当該株式を譲渡により取得する場合においては当該特例有限会社が会社法第百三十六条又は第百三十七条第一項の承認をしたものとみなす旨の定めがあるものとみなす。

②　特例有限会社は、その発行する全部又は一部の株式の内容として前項の定めと異なる内容の定めを設ける定款の変更をすることができない。

（持分に関する定款の定めに関する経過措置）

第一〇条　この法律の施行の際旧有限会社の定款に現に次の各号に掲げる規定に規定する別段の定めがある場合における当該定めに係る持分は、第二条第一項の規定により存続する株式会社における当該各号に定める規定に掲げる事項についての定めがある種類の株式とみなす。

一　旧有限会社法第三十九条第一項ただし書　会社法第百八条第一項第三号

二　旧有限会社法第四十四条　会社法第百八条第一項第一号

三　旧有限会社法第七十三条　会社法第百八条第一項第二号

（株主総会に関する特則）

第一四条①　特例有限会社の総株主の議決権の十分の一以上を有する株主は、取締役に対し、株主総会の目的である事項及び招集の理由を示して、株主総会の招集を請求することができる。ただし、定款に別段の定めがある場合は、この限りでない。

②　次に掲げる場合には、前項本文の規定による請求をした株主は、裁判所の許可を得て、株主総会を招集することができる。

一　前項本文の規定による請求の後遅滞なく招集の手続が行われない場合

二　前項本文の規定による請求があった日から八週間（これを下回る期間を定款で定めた場合にあっては、その期間）以内の日を株主総会の日とする株主総会の招集の通知が発せられない場合

③　特例有限会社の株主総会の決議については、会社法第三百九条第二項中「当該株主総会において議決権を行使することができる株主の議決権の過半数（三分の一以上の割合を定款で定めた場合にあっては、その割合以上）を有する株主が出席し、出席した当該株主の議決権の三分の二」とあるのは、「総株主の半数以上（これを上回る割合を定款で定めた場合にあっては、その割合以上）であって、当該株主の議決権の四分の三」とする。

④　特例有限会社は、会社法第百八条第一項第三号に掲げる事項についての定めがある種類の株式に関し、その株式を有する株主が総株主の議決権の十分の一以上を有する株主の権利の行使についての規定の全部又は一部の適用については議決権を有しないものとする旨を定款で定めることができる。

⑤　特例有限会社については、会社法第二百九十七条及び第三百一条から第三百七条までの規定は、適用しない。

（株主総会以外の機関の設置に関する特則）

第一七条①　特例有限会社の株主総会以外の機関の設置については、会社法第三百二十六条第二項中「取締役会、会計参与、監査役、監査役会、会計監査人、監査等委員会又は指名委員会等」とあるのは、「監査役」とする。

②　特例有限会社については、会社法第三百二十八条第二項の規定は、適用しない。

（取締役の任期等に関する規定の適用除外）

第一八条　特例有限会社については、会社法第三百三十二条、第三百三十六条及び第三百四十三条の規定は、適用しない。

（取締役等の資格に関する経過措置）

第一九条①　会社法第三百三十一条第一項（同法第三百三十五条第一項、第四百二条第四項及び第四百七十八条第八項において準用する場合を含む。）の規定の適用については、旧有限会社法の規定（この節の規定によりなお従前の例によることとされる場合における旧有限会社法の規定を含む。）に違反し、刑に処せられた者は、会社法の規定に違反し、刑に処せられたものとみなす。

②　（略）

（取締役に関する規定の適用除外）

第二一条　特例有限会社については、会社法第三百四十八条第三項及び第四項並びに第三百五十七条の規定は、適用しない。

（監査役の監査範囲に関する特則）

第二四条　監査役を置く旨の定款の定めのある特例有限会社の定款には、会社法第三百八十九条第一項の規定による定めがあるものとみなす。

（会計帳簿の閲覧等の請求等に関する特則）

第二六条①　特例有限会社の会計帳簿の閲覧等の請求については、会社法第四百三十三条第一項中「総株主（株主総会において決議をすることができる事項の全部につき議決権を行使することができない株主を除く。）の議決権の百分の三（これを下回る割合を定款で定めた場合にあっては、その割合）以上の議決権を有する株主又は発行済株式（自己株式を除く。）の百分の三（これを下回る割合を定款で定めた場合にあっては、その割合）以上の数の株式を有する株主」とあるのは「総株主の議決権の十分の一以上の議決権を有する株主」と、同条第三項中「親会社社員」とあるのは「親会社社員であって当該親会社の総株主の議決権の十分の一以上を有するもの」とする。

②　この法律の施行の際現に旧有限会社法第四十四条ノ二第二項の規定による定款の定めがある特例有限会社における附属明細書の作成については、なお従前の例による。

（計算書類の公告等に関する規定の適用除外）

第二八条　特例有限会社については、会社法第四百四十条及び第四百四十二条第二項の規定は、適用しない。

（休眠会社のみなし解散に関する規定の適用除外）

第三二条　特例有限会社については、会社法第四百七十二条の規定は、適用しない。

（清算株式会社である特例有限会社に関する特則）

第三三条①　清算株式会社である特例有限会社の株主総会以外の機関の設置については、会社法第四百七十七条第二項中「清算人会、監査役又は監査役会」とあるのは、「監査役」とする。

②　清算株式会社である特例有限会社の清算人の解任については、会社法第四百七十九条第二項各号列記以外の部分中「次に掲げる株主」とあるのは、「株主」とする。

（特別清算に関する規定の適用除外）

第三五条　特例有限会社については、会社法第二編第九章第二節の規定は、適用しない。

（合併等の制限）

第三七条　特例有限会社は、会社法第七百四十九条第一項に規定する吸収合併存続会社又は同法第七百五十七条に規定する吸収分割承継会社となることができない。

（株式交換、株式移転及び株式交付に関する規定の適用除外）

第三八条　特例有限会社については、会社法第五編第四章及び第四章の二並びに同編第五章中株式交換、株式移転及び株式交付の手続に係る部分の規定は、適用しない。

（役員の解任の訴えに関する特則）

第三九条　特例有限会社の役員の解任の訴えについては、会社法第八百五十四条第一項各号列記以外の部分中「次に掲げる株主」とあるのは、「総株主の議決権の十分の一以上の議決権を有する株主」とする。

（登記に関する経過措置）

第四二条①　旧有限会社法の規定による旧有限会社の資本の総額の登記は、会社法の規定による特例有限会社の資本金の額の登記とみなす。

② 前項に規定するもののほか、旧有限会社法の規定による旧有限会社の登記は、会社法の相当規定（次条の規定により読み替えて適用する場合を含む。）による特例有限会社の登記とみなす。

③ 特例有限会社については、施行日に、その本店の所在地において、会社法第九百十一条第三項第六号及び第九号に掲げる事項として、第二条第三項の規定による発行可能株式総数及び発行済株式の総数が登記されたものとみなす。

④ 特例有限会社については、施行日に、その本店の所在地において、会社法第九百十一条第三項第七号に掲げる事項として、第九条第一項の規定によりあるものとみなされた定款の定めが登記されたものとみなす。

⑤ 旧有限会社が旧有限会社法第八十八条第三項第一号又は第二号に掲げる定款の定めの登記をしている場合には、施行日に、特例有限会社について、その本店の所在地において、会社法第九百十一条第三項第二十八号及び第二十九号イに掲げる事項として、第五条第二項の規定によりみなされた公告方法の定めが登記されたものとみなす。

⑥ 旧有限会社が旧有限会社法第八十八条第三項第三号に掲げる定款の定めの登記をしている場合には、施行日に、特例有限会社について、その本店の所在地において、会社法第九百十一条第三項第二十九号ロに掲げる事項として、第五条第三項の規定によりみなされた同法第九百三十九条第三項後段の規定による定めが登記されたものとみなす。

⑦ 旧有限会社が旧有限会社法第八十八条第三項第一号若しくは第二号に掲げる定款の定めの登記をしていない場合又は第五条第四項の規定に該当する場合には、施行日に、特例有限会社について、その本店の所在地において、会社法第九百十一条第三項第三十号に掲げる事項が登記されたものとみなす。

⑧—⑪ （略）

（登記に関する特則）

第四三条① 特例有限会社の登記については、会社法第九百十一条第三項第十三号中「氏名」とあるのは「氏名及び住所」と、同項第十四号中「氏名及び住所」とあるのは「氏名（特例有限会社を代表しない取締役がある場合に限る。）」と、同項第十七号中「その旨及び次に掲げる事項」とあるのは「監査役の氏名及び住所」とする。

② 特例有限会社の清算人の登記については、会社法第九百二十八条第一項第一号中「氏名」とあるのは「氏名及び住所」と、同項第二号中「氏名及び住所」とあるのは「氏名（特例有限会社を代表しない清算人がある場合に限る。）」とする。

（旧有限会社法の規定の読替え等）

第四四条 この節の規定によりなお従前の例によることとされる場合においては、旧有限会社法中「社員」とあるのは「株主」と、「社員総会」とあるのは「株主総会」と、「社員名簿」とあるのは「株主名簿」とするほか、必要な技術的読替えは、法務省令で定める。

第三款 商号変更による通常の株式会社への移行

（株式会社への商号変更）

第四五条① 特例有限会社は、第三条第一項の規定にかかわらず、定款を変更してその商号中に株式会社という文字を用いる商号の変更をすることができる。

② 前項の規定による定款の変更は、次条の登記（本店の所在地におけるものに限る。）をすることによって、その効力を生ずる。

（特例有限会社の通常の株式会社への移行の登記）

第四六条 特例有限会社が前条第一項の規定による定款の変更をする株主総会の決議をしたときは、二週間以内に、その本店の所在地において、当該特例有限会社については解散の登記をし、同項の商号の変更後の株式会社については設立の登記をしなければならない。この場合においては、会社法第九百十五条第一項の規定は、適用しない。

第三節 会社の配当する利益又は利息の支払に関する法律の廃止に伴う経過措置

（第四七条）（略）

第四節 株式会社の監査等に関する商法の特例に関する法律の廃止に伴う経過措置（抄）

（取締役等の資格等に関する経過措置）

第五八条① 会社法第三百三十一条第一項（同法第三百三十五条第一項、第四百二条第四項及び第四百七十八条第八項において準用する場合を含む。）の規定の適用については、旧商法特例法の規定（この節の規定によりなお従前の例によることとされる場合における旧商法特例法の規定を含む。）に違反し、刑に処せられた者は、会社法の規定に違反し、刑に処せられたものとみなす。

② 会社法第四百二条第四項において準用する同法第三百三十一条第一項第三号の規定は、この法律の施行の際現に旧商法特例法の規定による執行役である者が施行日前に犯した旧会社法第三百三十一条第一項第三号に規定する証券取引法、民事再生法、外国倒産処理手続の承認援助に関する法律、会社更生法又は破産法の罪により刑に処せられた場合におけるその者の第六十六条第一項前段の規定により存続する株式会社の執行役としての継続する在任については、適用しない。

③ 旧商法特例法の規定による執行役の施行日前の行為に基づく損害賠償責任については、なお従前の例による。

第五節 銀行持株会社の創設のための銀行等に係る合併手続の特例等に関する法律の廃止に伴う経過措置

（第六三条）（略）

第二章 法務省関係（抄）

第一節 商法の一部改正等（抄）

第一款 商法の一部改正

（第六四条）（略）

第二款 商法の一部改正に伴う経過措置（抄）

（経過措置の原則）

第六五条 前条の規定による改正後の商法（以下「新商法」という。）の規定は、この款に別段の定めがある場合を除き、施行日前に生じた事項にも適用する。ただし、旧商法の規定によって生じた効力を妨げない。

（旧株式会社の存続等）

第六六条① 旧株式会社は、施行日以後は、会社法の規定による株式会社として存続するものとする。第七十五条の規定により従前の例により施行日以後に設立された株式会社、第三十六条の規定により従前の例による合併により施行日以後に設立された株式会社並びに第百五条本文の規定により従前の例による合併（合併により会社を設立する場合に限る。）、新設分割及び株式移転により施行日以後に設立された株式会社についても、同様とする。

②—④ （略）

（株式会社の定款の記載等に関する経過措置）

第七六条① 旧株式会社及び第六十六条第一項後段に規定する株式会社の定款における旧商法第百六十六条第一項各号（第六号を除く。）及び第百六十八条第一項各号に掲げる事項の記載又は記録は、これに相当する新株式会社の定款における会社法第二十七条各号（第四号を除く。）及び第二十八条各号に掲げる事項並びに同法第二十九条に規定する事項の記載又は記録とみなす。

② 新株式会社（委員会設置会社を除く。）の定款には、取締役会及び監査役を置く旨の定めがあるものとみなす。

③ 旧株式会社若しくは第六十六条第一項後段に規定する株式会

社の定款に旧商法第二百四条第一項ただし書の規定による定めがある場合又は施行日以後に第百四条の規定により従前の例により旧商法第三百四十八条の規定による定款の変更をした場合における新株式会社の定款には、その発行する全部の株式の内容として譲渡による当該株式の取得について当該新株式会社の承認を要する旨の定め及び会社法第二百二条第三項第二号に規定する定めがあるものとみなす。

④ 旧株式会社又は第六十六条第一項後段に規定する株式会社の定款に株券を発行しない旨の定めがない場合における新株式会社の定款には、その株式（種類株式発行会社にあっては、全部の種類の株式）に係る株券を発行する旨の定めがあるものとみなす。

（定款の備置き及び閲覧等に関する特則）

第七七条 新株式会社は、会社法第三十一条第二項各号に掲げる請求に応じる場合には、当該請求をした者に対し、定款に記載又は記録がないものであっても、前章第四節及びこの款の規定により定款に定めがあるものとみなされる事項を示さなければならない。

（種類株式等に関する経過措置）

第八七条① 旧商法第二百二十二条第一項第三号又は第四号に掲げる事項について内容の異なる種類の株式であって、この法律の施行の際現に発行されているもの又は新株予約権の目的であるものは、次に掲げる区分に応じ、当該各号に定める種類の株式とみなす。

一 株主が旧株式会社に対して当該株式の買受け又は利益をもってする消却を請求することができるもの　取得請求権付株式であって、当該株主が新株式会社に対してその取得を請求した場合に当該新株式会社が当該取得請求権付株式一株を取得するのと引換えに当該株主に対して金銭を交付するもの

二 旧株式会社が一定の事由が生じたことを条件として当該株式の買受け又は利益をもってする消却をすることができるもの　取得条項付株式であって、当該事由が生じた場合に新株式会社が当該取得条項付株式一株を取得するのと引換えに当該取得条項付株式の株主に対して金銭を交付するもの

② 旧商法第二百二十二条第一項第三号又は第四号に掲げる事項について内容の異なる種類の株式であって、次に掲げるものについても、前項と同様とする。

一 第九十八条第二項に規定する新株の引受権の目的であるもの

二 商法等の一部を改正する法律（平成十三年法律第百二十八号。以下この条において「平成十三年改正法」という。）附則第六条第一項に規定する新株の引受権の目的であるもの

三 平成十三年改正法附則第七条第一項の規定によりなお従前の例によるものとされる転換社債の転換によって発行するもの

四 平成十三年改正法附則第七条第一項の規定によりなお従前の例によるものとされる新株引受権付社債に付された新株の引受権の目的であるもの

③ 旧商法第二百二十二条ノ三に規定する転換予約権付株式であって、この法律の施行の際現に発行されているものは、取得請求権付株式であって、当該株主が新株式会社に対してその取得を請求した場合に当該新株式会社が当該取得請求権付株式一株を取得するのと引換えに当該株主に対して当該新株式会社の他の株式を交付するものとみなす。

④ 旧商法第二百二十二条ノ九第一項に規定する強制転換条項付株式であって、この法律の施行の際現に発行されているものは、取得条項付株式であって、当該転換に係る事由が生じた場合に新株式会社が当該取得条項付株式一株を取得するのと引換えに当該取得条項付株式の株主に対して当該新株式会社の他の株式を交付するものとみなす。

⑤ 平成十三年改正法附則第三条第一項の規定によりなお従前の例によるものとされる平成十三年改正法第一条の規定による改正前の商法第二百四十二条第一項の規定により議決権がないものとされた種類の株式であって、この法律の施行の際現に発行されているものは、会社法第百八条第一項第一号及び第三号に掲げる事項についての定めがある種類の株式とみなす。

（取締役等の資格等に関する経過措置）

第九四条① 会社法第三百三十一条第一項（同法第三百三十五条第一項、第四百二条第四項及び第四百七十八条第八項において準用する場合を含む。）の規定の適用については、旧商法の規定（この款の規定によりなお従前の例によることとされる場合における旧商法の規定を含む。）に違反し、刑に処せられた者は、会社法の規定に違反し、刑に処せられたものとみなす。

② （略）

第二節　民法等の一部改正等

（第一一六条から第一六〇条まで）（略）

第三章から第十二章まで

（第一六一条から第五二八条まで）（略）

附　則

この法律は、会社法の施行の日（平成一八・五・一）から施行する。（後略）

○会社法施行規則（抄）（平成一八・二・七 法務一二）

施行 平成一八・五・一（附則参照）
最終改正 令和三法務四五

目次

第一編 総則

第一章 通則

（目的）
第一条 この省令は、会社法（平成十七年法律第八十六号。以下「法」という。）の委任に基づく事項その他法の施行に必要な事項を定めることを目的とする。

（定義）
第二条① この省令において、「会社」、「外国会社」、「子会社」、

「子会社等」、「親会社」、「親会社等」、「公開会社」、「取締役会設置会社」、「会計参与設置会社」、「監査役設置会社」、「監査役会設置会社」、「会計監査人設置会社」、「監査等委員会設置会社」、「指名委員会等設置会社」、「種類株式発行会社」、「種類株主総会」、「社外取締役」、「社外監査役」、「譲渡制限株式」、「取得条項付株式」、「単元株式数」、「新株予約権」、「新株予約権付社債」、「社債」、「配当財産」、「組織変更」、「吸収合併」、「新設合併」、「吸収分割」、「新設分割」、「株式交換」、「株式移転」、「株式交付」又は「電子公告」とは、それぞれ法第二条に規定する会社、外国会社、子会社、子会社等、親会社、親会社等、公開会社、取締役会設置会社、会計参与設置会社、監査役設置会社、監査役会設置会社、会計監査人設置会社、監査等委員会設置会社、指名委員会等設置会社、種類株式発行会社、種類株主総会、社外取締役、社外監査役、譲渡制限株式、取得条項付株式、単元株式数、新株予約権、新株予約権付社債、社債、配当財産、組織変更、吸収合併、新設合併、吸収分割、新設分割、株式交換、株式移転、株式交付又は電子公告をいう。

②　この省令において、次の各号に掲げる用語の意義は、当該各号に定めるところによる。

一　指名委員会等　法第二条第十二号に規定する指名委員会等をいう。

二　種類株主　法第二条第十四号に規定する種類株主をいう。

三　業務執行取締役　法第二条第十五号イに規定する業務執行取締役をいう。

四　業務執行取締役等　法第二条第十五号イに規定する業務執行取締役等をいう。

五　発行済株式　法第二条第三十一号に規定する発行済株式をいう。

六　電磁的方法　法第二条第三十四号に規定する電磁的方法をいう。

七　設立時発行株式　法第二十五条第一項第一号に規定する設立時発行株式をいう。

八　有価証券　法第三十三条第十項第二号に規定する有価証券をいう。

九　銀行等　法第三十四条第二項に規定する銀行等をいう。

十　発行可能株式総数　法第三十七条第一項に規定する発行可能株式総数をいう。

十一　設立時取締役　法第三十八条第一項に規定する設立時取締役をいう。

十二　設立時監査等委員　法第三十八条第二項に規定する設立時監査等委員をいう。

十三　監査等委員　法第三十八条第二項に規定する監査等委員をいう。

十四　設立時会計参与　法第三十八条第三項第一号に規定する設立時会計参与をいう。

十五　設立時監査役　法第三十八条第三項第二号に規定する設立時監査役をいう。

十六　設立時会計監査人　法第三十八条第三項第三号に規定する設立時会計監査人をいう。

十七　代表取締役　法第四十七条第一項に規定する代表取締役をいう。

十八　設立時執行役　法第四十八条第一項第二号に規定する設立時執行役をいう。

十九　設立時募集株式　法第五十八条第一項に規定する設立時募集株式をいう。

二十　設立時株主　法第六十五条第一項に規定する設立時株主をいう。

二十一　創立総会　法第六十五条第一項に規定する創立総会をいう。

二十二　創立総会参考書類　法第七十条第一項に規定する創立総会参考書類をいう。

二十三　種類創立総会　法第八十四条に規定する種類創立総会をいう。

二十四　発行可能種類株式総数　法第百一条第一項第三号に規定する発行可能種類株式総数をいう。

二十五　株式等　法第百七条第二項第二号ホに規定する株式等をいう。

二十六　自己株式　法第百十三条第四項に規定する自己株式をいう。

二十七　株券発行会社　法第百十七条第七項に規定する株券発行会社をいう。

二十八　株主名簿記載事項　法第百二十一条に規定する株主名簿記載事項をいう。

二十九　株主名簿管理人　法第百二十三条に規定する株主名簿管理人をいう。

三十　株式取得者　法第百三十三条第一項に規定する株式取得者をいう。

三十一　親会社株式　法第百三十五条第一項に規定する親会社株式をいう。

三十二　譲渡等承認請求者　法第百三十九条第二項に規定する譲渡等承認請求者をいう。

三十三　対象株式　法第百四十条第一項に規定する対象株式をいう。

三十四　指定買取人　法第百四十条第四項に規定する指定買取人をいう。

三十五　一株当たり純資産額　法第百四十一条第二項に規定する一株当たり純資産額をいう。

三十六　登録株式質権者　法第百四十九条第一項に規定する登録株式質権者をいう。

三十七　金銭等　法第百五十一条第一項に規定する金銭等をいう。

三十八　全部取得条項付種類株式　法第百七十一条第一項に規定する全部取得条項付種類株式をいう。

三十九　特別支配株主　法第百七十九条第一項に規定する特別支配株主をいう。

四十　株式売渡請求　法第百七十九条第二項に規定する株式売渡請求をいう。

四十一　対象会社　法第百七十九条第二項に規定する対象会社をいう。

四十二　新株予約権売渡請求　法第百七十九条第三項に規定する新株予約権売渡請求をいう。

四十三　売渡株式　法第百七十九条の二第一項第二号に規定する売渡株式をいう。

四十四　売渡新株予約権　法第百七十九条の二第一項第四号ロに規定する売渡新株予約権をいう。

四十五　売渡株式等　法第百七十九条の二第一項第五号に規定する売渡株式等をいう。

四十六　株式等売渡請求　法第百七十九条の三第一項に規定する株式等売渡請求をいう。

四十七　売渡株主等　法第百七十九条の四第一項第一号に規定する売渡株主等をいう。

四十八　単元未満株式売渡請求　法第百九十四条第一項に規定する単元未満株式売渡請求をいう。

四十九　募集株式　法第百九十九条第一項に規定する募集株式をいう。

五十　株券喪失登録日　法第二百二十一条第四号に規定する株券喪失登録日をいう。

五十一　株券喪失登録　法第二百二十三条に規定する株券喪失登録をいう。

五十二　株券喪失登録者　法第二百二十四条第一項に規定する株券喪失登録者をいう。

五十三　募集新株予約権　法第二百三十八条第一項に規定する募集新株予約権をいう。

五十四　新株予約権付社債券　法第二百四十九条第二号に規定する新株予約権付社債券をいう。

五十五　証券発行新株予約権付社債　法第二百四十九条第二号

に規定する証券発行新株予約権付社債をいう。

五十六　証券発行新株予約権　法第二百四十九条第三号ニに規定する証券発行新株予約権をいう。

五十七　自己新株予約権　法第二百五十五条第一項に規定する自己新株予約権をいう。

五十八　新株予約権取得者　法第二百六十条第一項に規定する新株予約権取得者をいう。

五十九　取得条項付新株予約権　法第二百七十三条第一項に規定する取得条項付新株予約権をいう。

六十　新株予約権無償割当て　法第二百七十七条に規定する新株予約権無償割当てをいう。

六十一　株主総会参考書類　法第三百一条第一項に規定する株主総会参考書類をいう。

六十二　電子提供措置　法第三百二十五条の二に規定する電子提供措置をいう。

六十三　報酬等　法第三百六十一条第一項に規定する報酬等をいう。

六十四　議事録等　法第三百七十一条第一項に規定する議事録等をいう。

六十五　執行役等　法第四百四条第二項第一号に規定する執行役等をいう。

六十六　役員等　法第四百二十三条第一項に規定する役員等をいう。

六十七　補償契約　法第四百三十条の二第一項に規定する補償契約をいう。

六十八　役員等賠償責任保険契約　法第四百三十条の三第一項に規定する役員等賠償責任保険契約をいう。

六十九　臨時決算日　法第四百四十一条第一項に規定する臨時決算日をいう。

七十　臨時計算書類　法第四百四十一条第一項に規定する臨時計算書類をいう。

七十一　連結計算書類　法第四百四十四条第一項に規定する連結計算書類をいう。

七十二　分配可能額　法第四百六十一条第二項に規定する分配可能額をいう。

七十三　事業譲渡等　法第四百六十八条第一項に規定する事業譲渡等をいう。

七十四　清算株式会社　法第四百七十六条に規定する清算株式会社をいう。

七十五　清算人会設置会社　法第四百七十八条第八項に規定する清算人会設置会社をいう。

七十六　財産目録等　法第四百九十二条第一項に規定する財産目録等をいう。

七十七　各清算事務年度　法第四百九十四条第一項に規定する各清算事務年度をいう。

七十八　貸借対照表等　法第四百九十六条第一項に規定する貸借対照表等をいう。

七十九　協定債権　法第五百十五条第三項に規定する協定債権をいう。

八十　協定債権者　法第五百十七条第一項に規定する協定債権者をいう。

八十一　債権者集会参考書類　法第五百五十条第一項に規定する債権者集会参考書類をいう。

八十二　持分会社　法第五百七十五条第一項に規定する持分会社をいう。

八十三　清算持分会社　法第六百四十五条に規定する清算持分会社をいう。

八十四　募集社債　法第六百七十六条に規定する募集社債をいう。

八十五　社債発行会社　法第六百八十二条第一項に規定する社債発行会社をいう。

八十六　社債原簿管理人　法第六百八十三条に規定する社債原簿管理人をいう。

八十七　社債権者集会参考書類　法第七百二十一条第一項に規定する社債権者集会参考書類をいう。

八十八　組織変更後持分会社　法第七百四十四条第一項第一号に規定する組織変更後持分会社をいう。

八十九　社債等　法第七百四十六条第一項第七号ニに規定する社債等をいう。

九十　吸収合併消滅会社　法第七百四十九条第一項第一号に規定する吸収合併消滅会社をいう。

九十一　吸収合併存続会社　法第七百四十九条第一項に規定する吸収合併存続会社をいう。

九十二　吸収合併存続株式会社　法第七百四十九条第一項第一号に規定する吸収合併存続株式会社をいう。

九十三　吸収合併消滅株式会社　法第七百四十九条第一項第二号に規定する吸収合併消滅株式会社をいう。

九十四　吸収合併存続持分会社　法第七百五十一条第一項第一号に規定する吸収合併存続持分会社をいう。

九十五　新設合併設立会社　法第七百五十三条第一項に規定する新設合併設立会社をいう。

九十六　新設合併消滅会社　法第七百五十三条第一項第一号に規定する新設合併消滅会社をいう。

九十七　新設合併設立株式会社　法第七百五十三条第一項第二号に規定する新設合併設立株式会社をいう。

九十八　新設合併消滅株式会社　法第七百五十三条第一項第六号に規定する新設合併消滅株式会社をいう。

九十九　吸収分割承継会社　法第七百五十七条に規定する吸収分割承継会社をいう。

百　吸収分割会社　法第七百五十八条第一号に規定する吸収分割会社をいう。

百一　吸収分割承継株式会社　法第七百五十八条第一号に規定する吸収分割承継株式会社をいう。

百二　吸収分割株式会社　法第七百五十八条第二号に規定する吸収分割株式会社をいう。

百三　吸収分割承継持分会社　法第七百六十条第一号に規定する吸収分割承継持分会社をいう。

百四　新設分割会社　法第七百六十三条第一項第五号に規定する新設分割会社をいう。

百五　新設分割株式会社　法第七百六十三条第一項第五号に規定する新設分割株式会社をいう。

百六　新設分割設立会社　法第七百六十三条第一項に規定する新設分割設立会社をいう。

百七　新設分割設立株式会社　法第七百六十三条第一項第一号に規定する新設分割設立株式会社をいう。

百八　新設分割設立持分会社　法第七百六十五条第一項第一号に規定する新設分割設立持分会社をいう。

百九　株式交換完全親会社　法第七百六十七条に規定する株式交換完全親会社をいう。

百十　株式交換完全子会社　法第七百六十八条第一項第一号に規定する株式交換完全子会社をいう。

百十一　株式交換完全親株式会社　法第七百六十八条第一項第一号に規定する株式交換完全親株式会社をいう。

百十二　株式交換完全親合同会社　法第七百七十条第一項第一号に規定する株式交換完全親合同会社をいう。

百十三　株式移転設立完全親会社　法第七百七十三条第一項第一号に規定する株式移転設立完全親会社をいう。

百十四　株式移転完全子会社　法第七百七十三条第一項第五号に規定する株式移転完全子会社をいう。

百十五　株式交付親会社　法第七百七十四条の三第一項第一号に規定する株式交付親会社をいう。

百十六　株式交付子会社　法第七百七十四条の三第一項第一号に規定する株式交付子会社をいう。

百十七　吸収分割合同会社　法第七百九十三条第二項に規定する吸収分割合同会社をいう。

百十八　存続株式会社等　法第七百九十四条第一項に規定する

存続株式会社等をいう。
百十九　新設分割合同会社　法第八百十三条第二項に規定する新設分割合同会社をいう。
百二十　責任追及等の訴え　法第八百四十七条第一項に規定する責任追及等の訴えをいう。
百二十一　株式交換等完全子会社　法第八百四十七条の二第一項に規定する株式交換等完全子会社をいう。
百二十二　最終完全親会社等　法第八百四十七条の三第一項に規定する最終完全親会社等をいう。
百二十三　特定責任追及の訴え　法第八百四十七条の三第一項に規定する特定責任追及の訴えをいう。
百二十四　完全親会社等　法第八百四十七条の三第二項に規定する完全親会社等をいう。
百二十五　完全子会社等　法第八百四十七条の三第二項第二号に規定する完全子会社等をいう。
百二十六　特定責任　法第八百四十七条の三第四項に規定する特定責任をいう。
百二十七　株式交換等完全親会社　法第八百四十九条第二項第一号に規定する株式交換等完全親会社をいう。

③　この省令において、次の各号に掲げる用語の意義は、当該各号に定めるところによる。
一　法人等　法人その他の団体をいう。
二　会社等　会社（外国会社を含む。）、組合（外国における組合に相当するものを含む。）その他これらに準ずる事業体をいう。
三　役員　取締役、会計参与、監査役、執行役、理事、監事その他これらに準ずる者をいう。
四　会社役員　当該株式会社の取締役、会計参与、監査役及び執行役をいう。
五　社外役員　会社役員のうち、次のいずれにも該当するものをいう。
イ　当該会社役員が社外取締役又は社外監査役であること。
ロ　当該会社役員が次のいずれかの要件に該当すること。
(1)　当該会社役員が法第三百二十七条の二、第三百三十一条第六項、第三百七十三条第一項第二号、第三百九十九条の十三第五項又は第四百条第三項の社外取締役であること。
(2)　当該会社役員が法第三百三十五条第三項の社外監査役であること。
(3)　当該会社役員を当該株式会社の社外取締役又は社外監査役であるものとして計算関係書類、事業報告、株主総会参考書類その他当該株式会社が法令その他これに準ずるものの規定に基づき作成する資料に表示していること。
六　業務執行者　次に掲げる者をいう。
イ　業務執行取締役、執行役その他の法人等の業務を執行する役員（法第三百四十八条の二第一項及び第二項の規定による委託を受けた社外取締役を除く。）
ロ　業務を執行する社員、法第五百九十八条第一項の職務を行うべき者その他これに相当する者
ハ　使用人
七　社外取締役候補者　次に掲げるいずれにも該当する候補者をいう。
イ　当該候補者が当該株式会社の取締役に就任した場合には、社外取締役となる見込みであること。
ロ　次のいずれかの要件に該当すること。
(1)　当該候補者を法第三百二十七条の二、第三百三十一条第六項、第三百七十三条第一項第二号、第三百九十九条の十三第五項又は第四百条第三項の社外取締役であるものとする予定があること。
(2)　当該候補者を当該株式会社の社外取締役であるものとして計算関係書類、事業報告、株主総会参考書類その他株式会社が法令その他これに準ずるものの規定に基づき作成する資料に表示する予定があること。
八　社外監査役候補者　次に掲げるいずれにも該当する候補者をいう。
イ　当該候補者が当該株式会社の監査役に就任した場合には、社外監査役となる見込みであること。
ロ　次のいずれかの要件に該当すること。
(1)　当該候補者を法第三百三十五条第三項の社外監査役であるものとする予定があること。
(2)　当該候補者を当該株式会社の社外監査役であるものとして計算関係書類、事業報告、株主総会参考書類その他株式会社が法令その他これに準ずるものの規定に基づき作成する資料に表示する予定があること。
九　最終事業年度　次のイ又はロに掲げる会社の区分に応じ、当該イ又はロに定めるものをいう。
イ　株式会社　法第二条第二十四号に規定する最終事業年度
ロ　持分会社　各事業年度に係る法第六百十七条第二項に規定する計算書類を作成した場合における当該各事業年度のうち最も遅いもの
十　計算書類　次のイ又はロに掲げる会社の区分に応じ、当該イ又はロに定めるものをいう。
イ　株式会社　法第四百三十五条第二項に規定する計算書類
ロ　持分会社　法第六百十七条第二項に規定する計算書類
十一　計算関係書類　株式会社についての次に掲げるものをいう。
イ　成立の日における貸借対照表
ロ　各事業年度に係る計算書類及びその附属明細書
ハ　臨時計算書類
ニ　連結計算書類
十二　計算書類等　次のイ又はロに掲げる会社の区分に応じ、当該イ又はロに定めるものをいう。
イ　株式会社　各事業年度に係る計算書類及び事業報告（法第四百三十六条第一項又は第二項の規定の適用がある場合にあっては、監査報告又は会計監査報告を含む。）
ロ　持分会社　法第六百十七条第二項に規定する計算書類
十三　臨時計算書類等　法第四百四十一条第一項に規定する臨時計算書類（同条第二項の規定の適用がある場合にあっては、監査報告又は会計監査報告を含む。）をいう。
十四　新株予約権等　新株予約権その他当該法人等に対して行使することにより当該法人等の株式その他の持分の交付を受けることができる権利（株式引受権（会社計算規則第二条第三項第三十四号に規定する株式引受権をいう。以下同じ。）を除く。）をいう。
十五　公開買付け等　金融商品取引法（昭和二十三年法律第二十五号）第二十七条の二第六項（同法第二十七条の二十二の二第二項において準用する場合を含む。）に規定する公開買付け及びこれに相当する外国の法令に基づく制度をいう。
十六　社債取得者　社債を社債発行会社以外の者から取得した者（当該社債発行会社を除く。）をいう。
十七　信託社債　信託の受託者が発行する社債であって、信託財産（信託法（平成十八年法律第百八号）第二条第三項に規定する信託財産をいう。以下同じ。）のために発行するものをいう。
十八　設立時役員等　設立時取締役、設立時会計参与、設立時監査役及び設立時会計監査人をいう。
十九　特定関係事業者　次に掲げるものをいう。
イ　次の(1)又は(2)に掲げる場合の区分に応じ、当該(1)又は(2)に定めるもの
(1)　当該株式会社に親会社等がある場合　当該親会社等並びに当該親会社等の子会社等（当該株式会社を除く。）及び関連会社（当該親会社等が会社でない場合におけるその関連会社に相当するものを含む。）
(2)　当該株式会社に親会社等がない場合　当該株式会社の子会社及び関連会社

ロ　当該株式会社の主要な取引先である者（法人以外の団体を含む。）

二十　関連会社　会社計算規則（平成十八年法務省令第十三号）第二条第三項第二十一号に規定する関連会社をいう。

二十一　連結配当規制適用会社　会社計算規則第二条第三項第五十五号に規定する連結配当規制適用会社をいう。

二十二　組織変更株式交換　保険業法（平成七年法律第百五号）第九十六条の五第一項に規定する組織変更株式交換をいう。

二十三　組織変更株式移転　保険業法第九十六条の八第一項に規定する組織変更株式移転をいう。

第二章　子会社等及び親会社等

（子会社及び親会社）

第三条①　法第二条第三号に規定する法務省令で定めるものは、同号に規定する会社が他の会社等の財務及び事業の方針の決定を支配している場合における当該他の会社等とする。

②　法第二条第四号に規定する法務省令で定めるものは、会社等が同号に規定する株式会社の財務及び事業の方針の決定を支配している場合における当該会社等とする。

③　前二項に規定する「財務及び事業の方針の決定を支配している場合」とは、次に掲げる場合（財務上又は事業上の関係からみて他の会社等の財務又は事業の方針の決定を支配していないことが明らかであると認められる場合を除く。）をいう（以下この項において同じ。）。

一　他の会社等（次に掲げる会社等であって、有効な支配従属関係が存在しないと認められるものを除く。以下この項において同じ。）の議決権の総数に対する自己（その子会社及び子法人等（会社以外の会社等が他の会社等の財務及び事業の方針の決定を支配している場合における当該他の会社等をいう。）を含む。以下この項において同じ。）の計算において所有している議決権の数の割合が百分の五十を超えている場合

イ　民事再生法（平成十一年法律第二百二十五号）の規定による再生手続開始の決定を受けた会社等

ロ　会社更生法（平成十四年法律第百五十四号）の規定による更生手続開始の決定を受けた株式会社

ハ　破産法（平成十六年法律第七十五号）の規定による破産手続開始の決定を受けた会社等

ニ　その他イからハまでに掲げる会社等に準ずる会社等

二　他の会社等の議決権の総数に対する自己の計算において所有している議決権の数の割合が百分の四十以上である場合（前号に掲げる場合を除く。）であって、次に掲げるいずれかの要件に該当する場合

イ　他の会社等の議決権の総数に対する自己所有等議決権数（次に掲げる議決権の数の合計数をいう。次号において同じ。）の割合が百分の五十を超えていること。

(1)　自己の計算において所有している議決権

(2)　自己と出資、人事、資金、技術、取引等において緊密な関係があることにより自己の意思と同一の内容の議決権を行使すると認められる者が所有している議決権

(3)　自己の意思と同一の内容の議決権を行使することに同意している者が所有している議決権

ロ　他の会社等の取締役会その他これに準ずる機関の構成員の総数に対する次に掲げる者（当該他の会社等の財務及び事業の方針の決定に関して影響を与えることができるものに限る。）の数の割合が百分の五十を超えていること。

(1)　自己の役員

(2)　自己の業務を執行する社員

(3)　自己の使用人

(4)　(1)から(3)までに掲げる者であった者

ハ　自己が他の会社等の重要な財務及び事業の方針の決定を支配する契約等が存在すること。

ニ　他の会社等の資金調達額（貸借対照表の負債の部に計上されているものに限る。）の総額に対する自己が行う融資（債務の保証及び担保の提供を含む。ニにおいて同じ。）の額（自己と出資、人事、資金、技術、取引等において緊密な関係のある者が行う融資の額を含む。）の割合が百分の五十を超えていること。

ホ　その他自己が他の会社等の財務及び事業の方針の決定を支配していることが推測される事実が存在すること。

三　他の会社等の議決権の総数に対する自己所有等議決権数の割合が百分の五十を超えている場合（自己の計算において議決権を所有していない場合を含み、前二号に掲げる場合を除く。）であって、前号ロからホまでに掲げるいずれかの要件に該当する場合

④　法第百三十五条第一項の親会社についての第二項の規定の適用については、同条第一項の子会社を第二項の法第二条第四号に規定する株式会社とみなす。

（子会社等及び親会社等）

第三条の二①　法第二条第三号の二ロに規定する法務省令で定めるものは、同号ロに規定する者が他の会社等の財務及び事業の方針の決定を支配している場合における当該他の会社等とする。

②　法第二条第四号の二ロに規定する法務省令で定めるものは、ある者（会社等であるものを除く。）が同号ロに規定する株式会社の財務及び事業の方針の決定を支配している場合における当該ある者とする。

③　前二項に規定する「財務及び事業の方針の決定を支配している場合」とは、次に掲げる場合（財務上又は事業上の関係からみて他の会社等の財務又は事業の方針の決定を支配していないことが明らかであると認められる場合を除く。）をいう（以下この項において同じ。）。

一　他の会社等（次に掲げる会社等であって、有効な支配従属関係が存在しないと認められるものを除く。以下この項において同じ。）の議決権の総数に対する自己（その子会社等を含む。以下この項において同じ。）の計算において所有している議決権の数の割合が百分の五十を超えている場合

イ　民事再生法の規定による再生手続開始の決定を受けた会社等

ロ　会社更生法の規定による更生手続開始の決定を受けた株式会社

ハ　破産法の規定による破産手続開始の決定を受けた会社等

ニ　その他イからハまでに掲げる会社等に準ずる会社等

二　他の会社等の議決権の総数に対する自己の計算において所有している議決権の数の割合が百分の四十以上である場合（前号に掲げる場合を除く。）であって、次に掲げるいずれかの要件に該当する場合

イ　他の会社等の議決権の総数に対する自己所有等議決権数（次に掲げる議決権の数の合計数をいう。次号において同じ。）の割合が百分の五十を超えていること。

(1)　自己の計算において所有している議決権

(2)　自己と出資、人事、資金、技術、取引等において緊密な関係があることにより自己の意思と同一の内容の議決権を行使すると認められる者が所有している議決権

(3)　自己の意思と同一の内容の議決権を行使することに同意している者が所有している議決権

(4)　自己（自然人であるものに限る。）の配偶者又は二親等内の親族が所有している議決権

ロ　他の会社等の取締役会その他これに準ずる機関の構成員の総数に対する次に掲げる者（当該他の会社等の財務及び事業の方針の決定に関して影響を与えることができるものに限る。）の数の割合が百分の五十を超えていること。

(1)　自己（自然人であるものに限る。）

(2)　自己の役員

(3)　自己の業務を執行する社員

(4)　自己の使用人

(5) 自己（自然人であるものに限る。）の配偶者又は二親等内の親族
(6) (2)から(4)までに掲げる者であった者

ハ 自己が他の会社等の重要な財務及び事業の方針の決定を支配する契約等が存在すること。

ニ 他の会社等の資金調達額（貸借対照表の負債の部に計上されているものに限る。）の総額に対する自己が行う融資額（債務の保証及び担保の提供を含む。ニにおいて同じ。）の額（自己と出資、人事、資金、技術、取引等において緊密な関係のある者及び自己（自然人であるものに限る。）の配偶者又は二親等内の親族が行う融資の額を含む。）の割合が百分の五十を超えていること。

ホ その他自己が他の会社等の財務及び事業の方針の決定を支配していることが推測される事実が存在すること。

三 他の会社等の議決権の総数に対する自己所有等議決権数の割合が百分の五十を超えている場合（自己の計算において議決権を所有していない場合を含み、前二号に掲げる場合を除く。）であって、前号ロからホまでに掲げるいずれかの要件に該当する場合

（特別目的会社の特則）

第四条 第三条の規定にかかわらず、特別目的会社（資産の流動化に関する法律（平成十年法律第百五号）第二条第三項に規定する特定目的会社及び事業の内容の変更が制限されているこれと同様の事業を営む事業体をいう。以下この条において同じ。）については、次に掲げる要件のいずれにも該当する場合には、当該特別目的会社に資産を譲渡した会社の子会社に該当しないものと推定する。

一 当該特別目的会社が適正な価額で譲り受けた資産から生ずる収益をその発行する証券（当該証券に表示されるべき権利を含む。）の所有者（資産の流動化に関する法律第二条第十二項に規定する特定借入れに係る債権者及びこれと同様の借入れに係る債権者を含む。）に享受させることを目的として設立されていること。

二 当該特別目的会社の事業がその目的に従って適切に遂行されていること。

（株式交付子会社）

第四条の二 法第二条第三十二号の二に規定する法務省令で定めるものは、同条第三号に規定する会社が他の会社等の財務及び事業の方針の決定を支配している場合（第三条第三項第一号に掲げる場合に限る。）における当該他の会社等とする。

第二編　株式会社

第一章　設立

第一節　通則

（設立費用）

第五条 法第二十八条第四号に規定する法務省令で定めるものは、次に掲げるものとする。

一 定款に係る印紙税

二 設立時発行株式と引換えにする金銭の払込みの取扱いをした銀行等に支払うべき手数料及び報酬

三 法第三十三条第三項の規定により決定された検査役の報酬

四 株式会社の設立の登記の登録免許税

（検査役の調査を要しない市場価格のある有価証券）

第六条 法第三十三条第十項第二号に規定する法務省令で定める方法は、次に掲げる額のうちいずれか高い額をもって同号に規定する有価証券の価格とする方法とする。

一 法第三十条第一項の認証の日における当該有価証券を取引する市場における最終の価格（当該日に売買取引がない場合又は当該日が当該市場の休業日に当たる場合にあっては、その後最初になされた売買取引の成立価格）

二 法第三十条第一項の認証の日において当該有価証券が公開買付け等の対象であるときは、当該日における当該公開買付け等に係る契約における当該有価証券の価格

（銀行等）

第七条 法第三十四条第二項に規定する法務省令で定めるものは、次に掲げるものとする。

一 株式会社商工組合中央金庫

二 農業協同組合法（昭和二十二年法律第百三十二号）第十条第一項第三号の事業を行う農業協同組合又は農業協同組合連合会

三 水産業協同組合法（昭和二十三年法律第二百四十二号）第十一条第一項第四号、第八十七条第一項第四号、第九十三条第一項第二号又は第九十七条第一項第二号の事業を行う漁業協同組合、漁業協同組合連合会、水産加工業協同組合又は水産加工業協同組合連合会

四 信用協同組合又は中小企業等協同組合法（昭和二十四年法律第百八十一号）第九条の九第一項第一号の事業を行う協同組合連合会

五 信用金庫又は信用金庫連合会

六 労働金庫又は労働金庫連合会

七 農林中央金庫

（出資の履行の仮装に関して責任をとるべき発起人等）

第七条の二 法第五十二条の二第二項に規定する法務省令で定める者は、次に掲げる者とする。

一 出資の履行（法第三十五条に規定する出資の履行をいう。次号において同じ。）の仮装に関する職務を行った発起人及び設立時取締役

二 出資の履行の仮装が創立総会の決議に基づいて行われたときは、次に掲げる者

イ 当該創立総会に当該出資の履行の仮装に関する議案を提案した発起人

ロ イの議案の提案の決定に同意した発起人

ハ 当該創立総会において当該出資の履行の仮装に関する事項について説明をした発起人及び設立時取締役

第二節　募集設立

（申込みをしようとする者に対して通知すべき事項）

第八条 法第五十九条第一項第五号に規定する法務省令で定める事項は、次に掲げる事項とする。

一 発起人が法第三十二条第一項第一号の規定により割当てを受けた設立時発行株式（出資の履行をしたものに限る。）及び引き受けた設立時募集株式の数（設立しようとする株式会社が種類株式発行会社である場合にあっては、種類及び種類ごとの数）

二 法第三十二条第二項の規定による決定の内容

三 株主名簿管理人を置く旨の定款の定めがあるときは、その氏名又は名称及び住所並びに営業所

四 定款に定められた事項（法第五十九条第一項第一号から第四号まで及び前号に掲げる事項を除く。）であって、発起人に対して設立時募集株式の引受けの申込みをしようとする者が当該者に対して通知することを請求した事項

（招集の決定事項）

第九条 法第六十七条第一項第五号に規定する法務省令で定める事項は、次に掲げる事項とする。

一 法第六十七条第一項第三号又は第四号に掲げる事項を定めたときは、次に掲げる事項

イ 次条第一項の規定により創立総会参考書類に記載すべき事項

ロ 法第六十七条第一項第三号に掲げる事項を定めたときは、書面による議決権の行使の期限（創立総会の日時以前の時であって、法第六十八条第一項の規定による通知を発した日から二週間を経過した日以後の時に限る。）

ハ 法第六十七条第一項第四号に掲げる事項を定めたとき

は、電磁的方法による議決権の行使の期限（創立総会の日時以前の時であって、法第六十八条第一項の規定による通知を発した日から二週間を経過した日以後の時に限る。）

ニ　第十一条第一項第二号の取扱いを定めるときは、その取扱いの内容

ホ　一の設立時株主が同一の議案につき次に掲げる場合の区分に応じ、次に定める規定により重複して議決権を行使した場合において、当該同一の議案に対する議決権の行使の内容が異なるものであるときにおける当該設立時株主の議決権の行使の取扱いに関する事項を定めるとき（次号に規定する場合を除く。）は、その事項

(1)　法第六十七条第一項第三号に掲げる事項を定めた場合　法第七十五条第一項

(2)　法第六十七条第一項第四号に掲げる事項を定めた場合　法第七十六条第一項

二　法第六十七条第一項第三号及び第四号に掲げる事項を定めたときは、次に掲げる事項

イ　法第六十八条第三項の承諾をした設立時株主の請求があった時に当該設立時株主に対して法第七十条第一項の規定による議決権行使書面（同項に規定する議決権行使書面をいう。以下この節において同じ。）の交付（当該交付に代えて行う同条第二項の規定による電磁的方法による提供を含む。）をすることとするときは、その旨

ロ　一の設立時株主が同一の議案につき法第七十五条第一項又は第七十六条第一項の規定により重複して議決権を行使した場合において、当該同一の議案に対する議決権の行使の内容が異なるものであるときにおける当該設立時株主の議決権の行使の取扱いに関する事項を定めるときは、その事項

三　第一号に規定する場合以外の場合において、次に掲げる事項が創立総会の目的である事項であるときは、当該事項に係る議案の概要

イ　設立時役員等の選任

ロ　定款の変更

（創立総会参考書類）

第一〇条①　法第七十条第一項又は第七十一条第一項の規定により交付すべき創立総会参考書類に記載すべき事項は、次に掲げる事項とする。

一　議案及び提案の理由

二　議案が設立時取締役（設立しようとする株式会社が監査等委員会設置会社である場合にあっては、設立時監査等委員である設立時取締役を除く。）の選任に関する議案であるときは、当該設立時取締役についての第七十四条に規定する事項

三　議案が設立時監査等委員である設立時取締役の選任に関する議案であるときは、当該設立時監査等委員である設立時取締役についての第七十四条の三に規定する事項

四　議案が設立時会計参与の選任に関する議案であるときは、当該設立時会計参与についての第七十五条に規定する事項

五　議案が設立時監査役の選任に関する議案であるときは、当該設立時監査役についての第七十六条に規定する事項

六　議案が設立時会計監査人の選任に関する議案であるときは、当該設立時会計監査人についての第七十七条に規定する事項

七　議案が設立時役員等の解任に関する議案であるときは、解任の理由

八　前各号に掲げるもののほか、設立時株主の議決権の行使について参考となると認める事項

②　法第六十七条第一項第三号及び第四号に掲げる事項を定めた発起人が行った創立総会参考書類の交付（当該交付に代えて行う電磁的方法による提供を含む。）は、法第七十条第一項及び第七十一条第一項の規定による創立総会参考書類の交付とする。

（議決権行使書面）

第一一条①　法第七十条第一項の規定により交付すべき議決権行使書面に記載すべき事項又は法第七十一条第三項若しくは第四項の規定により電磁的方法により提供すべき議決権行使書面に記載すべき事項は、次に掲げる事項とする。

一　各議案（次のイ又はロに掲げる場合にあっては、当該イ又はロに定めるもの）についての賛否（棄権の欄を設ける場合にあっては、棄権を含む。）を記載する欄

イ　二以上の設立時役員等の選任に関する議案である場合　各候補者の選任

ロ　二以上の設立時役員等の解任に関する議案である場合　各設立時役員等の解任

二　第九条第一号ニに掲げる事項を定めたときは、前号の欄に記載がない議決権行使書面が発起人に提出された場合における各議案についての賛成、反対又は棄権のいずれかの意思の表示があったものとする取扱いの内容

三　第九条第一号ホ又は第二号ロに掲げる事項を定めたときは、当該事項

四　議決権の行使の期限

五　議決権を行使すべき設立時株主の氏名又は名称及び行使することができる議決権の数（次のイ又はロに掲げる場合にあっては、当該イ又はロに定める事項を含む。）

イ　議案ごとに行使することができる議決権の数が異なる場合　議案ごとの議決権の数

ロ　一部の議案につき議決権を行使することができない場合　議決権を行使することができる議案又は議決権を行使することができない議案

②　第九条第二号イに掲げる事項を定めた場合には、発起人は、法第六十八条第三項の承諾をした設立時株主の請求があった時に、当該設立時株主に対して、法第七十条第一項の規定による議決権行使書面の交付（当該交付に代えて行う同条第二項の規定による電磁的方法による提供を含む。）をしなければならない。

（実質的に支配することが可能となる関係）

第一二条　法第七十二条第一項に規定する法務省令で定める設立時株主は、成立後の株式会社（当該株式会社の子会社を含む。）が、当該成立後の株式会社の株主となる設立時株主である会社等の議決権（法第三百八条第一項その他これに準ずる法以外の法令（外国の法令を含む。）の規定により行使することができないとされる議決権を含み、役員等（会計監査人を除く。）の選任及び定款の変更に関する議案（これらの議案に相当するものを含む。）の全部につき株主総会（これに相当するものを含む。）において議決権を行使することができない株式（これに相当するものを含む。）に係る議決権を除く。）の総数の四分の一以上を有することとなる場合における当該成立後の株式会社の株主となる設立時株主である会社等（当該設立時株主であるもの以外の者が当該創立総会の議案につき議決権を行使することができない場合（当該議案を決議する場合に限る。）における当該設立時株主を除く。）とする。

（書面による議決権行使の期限）

第一三条　法第七十五条第一項に規定する法務省令で定める時は、第九条第一号ロの行使の期限とする。

（電磁的方法による議決権行使の期限）

第一四条　法第七十六条第一項に規定する法務省令で定める時は、第九条第一号ハの行使の期限とする。

（発起人の説明義務）

第一五条　法第七十八条に規定する法務省令で定める場合は、次に掲げる場合とする。

一　設立時株主が説明を求めた事項について説明をするために調査をすることが必要である場合（次に掲げる場合を除く。）

イ　当該設立時株主が創立総会の日より相当の期間前に当該事項を発起人に対して通知した場合

ロ　当該事項について説明をするために必要な調査が著しく容易である場合

二　設立時株主が説明を求めた事項について説明をすることに

より成立後の株式会社その他の者（当該設立時株主を除く。）の権利を侵害することとなる場合

三　設立時株主が当該創立総会において実質的に同一の事項について繰り返して説明を求める場合

四　前三号に掲げる場合のほか、設立時株主が説明を求めた事項について説明をしないことにつき正当な事由がある場合

（創立総会の議事録）

第一六条① 法第八十一条第一項の規定による創立総会の議事録の作成については、この条の定めるところによる。

② 創立総会の議事録は、書面又は電磁的記録（法第二十六条第二項に規定する電磁的記録をいう。第七編第四章第二節を除き、以下同じ。）をもって作成しなければならない。

③ 創立総会の議事録は、次に掲げる事項を内容とするものでなければならない。

一　創立総会が開催された日時及び場所

二　創立総会の議事の経過の要領及びその結果

三　創立総会に出席した発起人、設立時取締役（設立しようとする株式会社が監査等委員会設置会社である場合にあっては、設立時監査等委員である設立時取締役又はそれ以外の設立時取締役）、設立時執行役、設立時会計参与、設立時監査役又は設立時会計監査人の氏名又は名称

四　創立総会の議長が存するときは、議長の氏名

五　議事録の作成に係る職務を行った発起人の氏名又は名称

④ 次の各号に掲げる場合には、創立総会の議事録は、当該各号に定める事項を内容とするものとする。

一　法第八十二条第一項の規定により創立総会の決議があったものとみなされた場合　次に掲げる事項

イ　創立総会の決議があったものとみなされた事項の内容

ロ　イの事項の提案をした者の氏名又は名称

ハ　創立総会の決議があったものとみなされた日

ニ　議事録の作成に係る職務を行った発起人の氏名又は名称

二　法第八十三条の規定により創立総会への報告があったものとみなされた場合　次に掲げる事項

イ　創立総会への報告があったものとみなされた事項の内容

ロ　創立総会への報告があったものとみなされた日

ハ　議事録の作成に係る職務を行った発起人の氏名又は名称

（種類創立総会）

第一七条 次の各号に掲げる規定は、当該各号に定めるものについて準用する。

一　第九条　法第八十六条において準用する法第六十七条第一項第五号に規定する法務省令で定める事項

二　第十条　種類創立総会の創立総会参考書類

三　第十一条　種類創立総会の議決権行使書面

四　第十二条　法第八十六条において準用する法第七十二条第一項に規定する法務省令で定める設立時株主

五　第十三条　法第八十六条において準用する法第七十五条第一項に規定する法務省令で定める時

六　第十四条　法第八十六条において準用する法第七十六条第一項に規定する法務省令で定める時

七　第十五条　法第八十六条において準用する法第七十八条に規定する法務省令で定める場合

八　前条　法第八十六条において準用する法第八十一条第一項の規定による議事録の作成

（累積投票による設立時取締役の選任）

第一八条① 法第八十九条第五項の規定により法務省令で定めるべき事項は、この条の定めるところによる。

② 法第八十九条第一項の規定による請求があった場合には、発起人（創立総会の議長が存する場合にあっては、議長）は、同項の創立総会における設立時取締役（設立しようとする株式会社が監査等委員会設置会社である場合にあっては、設立時監査等委員である設立時取締役又はそれ以外の設立時取締役。以下この条において同じ。）の選任の決議に先立ち、法第八十九条第三項から第五項までに規定するところにより設立時取締役を選任することを明らかにしなければならない。

③ 法第八十九条第四項の場合において、投票の同数を得た者が二人以上存することにより同条第一項の創立総会において選任する設立時取締役の数の設立時取締役について投票の最多数を得た者から順次設立時取締役に選任されたものとすることができないときは、当該創立総会において選任する設立時取締役の数以下の数であって投票の最多数を得た者から順次設立時取締役に選任されたものとすることができる数の範囲内で、投票の最多数を得た者から順次設立時取締役に選任されたものとする。

④ 前項に規定する場合において、法第八十九条第一項の創立総会において選任する設立時取締役の数から前項の規定により設立時取締役に選任されたものとされた者の数を減じて得た数の設立時取締役は、同条第三項及び第四項に規定するところによらないで、創立総会の決議により選任する。

（払込みの仮装に関して責任をとるべき発起人等）

第一八条の二 法第百三条第二項に規定する法務省令で定める者は、次に掲げる者とする。

一　払込み（法第六十三条第一項の規定による払込みをいう。次号において同じ。）の仮装に関する職務を行った発起人及び設立時取締役

二　払込みの仮装が創立総会の決議に基づいて行われたときは、次に掲げる者

イ　当該創立総会に当該払込みの仮装に関する議案を提案した発起人

ロ　イの議案の提案の決定に同意した発起人

ハ　当該創立総会において当該払込みの仮装に関する事項について説明をした発起人及び設立時取締役

第二章　株式

第一節　総則

（種類株主総会における取締役又は監査役の選任）

第一九条 法第百八条第二項第九号ニに規定する法務省令で定める事項は、次に掲げる事項とする。

一　当該種類の株式の種類株主を構成員とする種類株主総会において取締役（監査等委員会設置会社にあっては、監査等委員である取締役又はそれ以外の取締役）を選任することができる場合にあっては、次に掲げる事項

イ　当該種類株主総会において社外取締役（監査等委員会設置会社にあっては、監査等委員である社外取締役又はそれ以外の社外取締役。イ及びロにおいて同じ。）を選任しなければならないこととするときは、その旨及び選任しなければならない社外取締役の数

ロ　イの定めにより選任しなければならない社外取締役の全部又は一部を他の種類株主と共同して選任することとするときは、当該他の種類株主の有する株式の種類及び共同して選任する社外取締役の数

ハ　イ又はロに掲げる事項を変更する条件があるときは、その条件及びその条件が成就した場合における変更後のイ又はロに掲げる事項

二　当該種類の株式の種類株主を構成員とする種類株主総会において監査役を選任することができる場合にあっては、次に掲げる事項

イ　当該種類株主総会において社外監査役を選任しなければならないこととするときは、その旨及び選任しなければならない社外監査役の数

ロ　イの定めにより選任しなければならない社外監査役の全部又は一部を他の種類株主と共同して選任することとするときは、当該他の種類株主の有する株式の種類及び共同して選任する社外監査役の数

ハ　イ又はロに掲げる事項を変更する条件があるときは、その条件及びその条件が成就した場合における変更後のイ又はロに掲げる事項

（種類株式の内容）
第二〇条① 法第百八条第三項に規定する法務省令で定める事項は、次の各号に掲げる事項について内容の異なる種類の株式の内容のうち、当該各号に定める事項以外の事項とする。
一 剰余金の配当 配当財産の種類
二 残余財産の分配 残余財産の種類
三 株主総会において議決権を行使することができる事項 法第百八条第三項第三号イに掲げる事項
四 譲渡による当該種類の株式の取得について当該株式会社の承認を要すること 法第百七条第二項第一号イに掲げる事項
五 当該種類の株式について、株主が当該株式会社に対してその取得を請求することができること 次に掲げる事項
イ 法第百七条第二項第二号イに掲げる事項
ロ 当該種類の株式一株を取得するのと引換えに当該種類の株主に対して交付する財産の種類
六 当該種類の株式について、当該株式会社が一定の事由が生じたことを条件としてこれを取得することができること 次に掲げる事項
イ 一定の事由が生じた日に当該株式会社がその株式を取得する旨
ロ 法第百七条第二項第三号ロに規定する場合における同号イの事由
ハ 法第百七条第二項第三号ハに掲げる事項（当該種類の株式の株主の有する当該種類の株式の数に応じて定めるものを除く。）
ニ 当該種類の株式一株を取得するのと引換えに当該種類の株主に対して交付する財産の種類
七 当該種類の株式について、当該株式会社が株主総会の決議によってその全部を取得すること 法第百八条第二項第七号イに掲げる事項
八 株主総会（取締役会設置会社にあっては株主総会又は取締役会、清算人会設置会社にあっては株主総会又は清算人会）において決議すべき事項のうち、当該決議のほか、当該種類の株式の種類株主を構成員とする種類株主総会の決議があることを必要とするもの 法第百八条第二項第八号イに掲げる事項
九 当該種類の株式の種類株主を構成員とする種類株主総会において取締役（監査等委員会設置会社にあっては、監査等委員である取締役又はそれ以外の取締役）又は監査役を選任すること 法第百八条第二項第九号イ及びロに掲げる事項
② 次に掲げる事項は、前項の株式の内容に含まれるものと解してはならない。
一 法第百六十四条第一項に規定する定款の定め
二 法第百六十七条第三項に規定する定款の定め
三 法第百六十八条第一項及び第百六十九条第二項に規定する定款の定め
四 法第百七十四条に規定する定款の定め
五 法第百八十九条第二項及び第百九十四条第一項に規定する定款の定め
六 法第百九十九条第四項及び第二百三十八条第四項に規定する定款の定め

（利益の供与に関して責任をとるべき取締役等）
第二一条 法第百二十条第四項に規定する法務省令で定める者は、次に掲げる者とする。
一 利益の供与（法第百二十条第一項に規定する利益の供与をいう。以下この条において同じ。）に関する職務を行った取締役及び執行役
二 利益の供与が取締役会の決議に基づいて行われたときは、次に掲げる者
イ 当該取締役会の決議に賛成した取締役
ロ 当該取締役会に当該利益の供与に関する議案を提案した取締役及び執行役
三 利益の供与が株主総会の決議に基づいて行われたときは、次に掲げる者
イ 当該株主総会に当該利益の供与に関する議案を提案した取締役
ロ イの議案の提案の決定に同意した取締役（取締役会設置会社の取締役を除く。）
ハ イの議案の提案が取締役会の決議に基づいて行われたときは、当該取締役会の決議に賛成した取締役
ニ 当該株主総会において当該利益の供与に関する事項について説明をした取締役及び執行役

第二節 株式の譲渡等

（株主名簿記載事項の記載等の請求）
第二二条① 法第百三十三条第二項に規定する法務省令で定める場合は、次に掲げる場合とする。
一 株式取得者が、株主として株主名簿に記載若しくは記録がされた者又はその一般承継人に対して当該株式取得者の取得した株式に係る法第百三十三条第一項の規定による請求をすべきことを命ずる確定判決を得た場合において、当該確定判決の内容を証する書面その他の資料を提供して請求をしたとき。
二 株式取得者が前号の確定判決と同一の効力を有するものの内容を証する書面その他の資料を提供して請求をしたとき。
三 株式取得者が指定買取人である場合において、譲渡等承認請求者に対して売買代金の全部を支払ったことを証する書面その他の資料を提供して請求をしたとき。
四 株式取得者が一般承継により当該株式会社の株式を取得した者である場合において、当該一般承継を証する書面その他の資料を提供して請求をしたとき。
五 株式取得者が当該株式会社の株式を競売により取得した者である場合において、当該競売により取得したことを証する書面その他の資料を提供して請求をしたとき。
六 株式取得者が株式売渡請求により当該株式会社の発行する売渡株式の全部を取得した者である場合において、当該株式取得者が請求をしたとき。
七 株式取得者が株式交換（組織変更株式交換を含む。）により当該株式会社の発行済株式の全部を取得した会社である場合において、当該株式取得者が請求をしたとき。
八 株式取得者が株式移転（組織変更株式移転を含む。）により当該株式会社の発行済株式の全部を取得した株式会社である場合において、当該株式取得者が請求をしたとき。
九 株式取得者が法第百九十七条第一項の株式を取得した者である場合において、同条第二項の規定による売却に係る代金の全部を支払ったことを証する書面その他の資料を提供して請求をしたとき。
十 株式取得者が株券喪失登録者である場合において、当該株式取得者が株券喪失登録日の翌日から起算して一年を経過した日以降に、請求をしたとき（株券喪失登録が当該日前に抹消された場合を除く。）。
十一 株式取得者が法第二百三十四条第二項（法第二百三十五条第二項において準用する場合を含む。）の規定による売却に係る株式を取得した者である場合において、当該売却に係る代金の全部を支払ったことを証する書面その他の資料を提供して請求をしたとき。
② 前項の規定にかかわらず、株式会社が株券発行会社である場合には、法第百三十三条第二項に規定する法務省令で定める場合は、次に掲げる場合とする。
一 株式取得者が株券を提示して請求をした場合
二 株式取得者が株式売渡請求により当該株式会社の発行する売渡株式の全部を取得した者である場合において、当該株式取得者が請求をしたとき。
三 株式取得者が株式交換（組織変更株式交換を含む。）により当該株式会社の発行済株式の全部を取得した会社である場合において、当該株式取得者が請求をしたとき。

四　株式取得者が株式移転（組織変更株式移転を含む。）により当該株式会社の発行済株式の全部を取得した株式会社である場合において、当該株式取得者が請求をしたとき。

五　株式取得者が法第百九十七条第一項の株式を取得した者である場合において、同項の規定による競売又は同条第二項の規定による売却に係る代金の全部を支払ったことを証する書面その他の資料を提供して請求をしたとき。

六　株式取得者が法第二百三十四条第一項若しくは第二百三十五条第一項の規定による競売又は法第二百三十四条第二項（法第二百三十五条第二項において準用する場合を含む。）の規定による売却に係る株式を取得した者である場合において、当該競売又は当該売却に係る代金の全部を支払ったことを証する書面その他の資料を提供して請求をしたとき。

第二三条（子会社による親会社株式の取得）　法第百三十五条第二項第五号に規定する法務省令で定める場合は、次に掲げる場合とする。

一　吸収分割（法以外の法令（外国の法令を含む。以下この条において同じ。）に基づく吸収分割に相当する行為を含む。）に際して親会社株式の割当てを受ける場合

二　株式交換（法以外の法令に基づく株式交換に相当する行為を含む。）に際してその有する自己の株式（持分その他これに準ずるものを含む。以下この条において同じ。）と引換えに親会社株式の割当てを受ける場合

三　株式移転（法以外の法令に基づく株式移転に相当する行為を含む。）に際してその有する自己の株式と引換えに親会社株式の割当てを受ける場合

四　他の法人等が行う株式交付（法以外の法令に基づく株式交付に相当する行為を含む。）に際して親会社株式の割当てを受ける場合

五　親会社株式を無償で取得する場合

六　その有する他の法人等の株式につき当該他の法人等が行う剰余金の配当又は残余財産の分配（これらに相当する行為を含む。）により親会社株式の交付を受ける場合

七　その有する他の法人等の株式につき当該他の法人等が行う次に掲げる行為に際して当該株式と引換えに当該親会社株式の交付を受ける場合

イ　組織の変更

ロ　合併

ハ　株式交換（法以外の法令に基づく株式交換に相当する行為を含む。）

ニ　株式移転（法以外の法令に基づく株式移転に相当する行為を含む。）

ホ　取得条項付株式（これに相当する株式を含む。）の取得

ヘ　全部取得条項付種類株式（これに相当する株式を含む。）の取得

八　その有する他の法人等の新株予約権等を当該他の法人等が当該新株予約権等の定めに基づき取得することと引換えに親会社株式の交付をする場合において、当該親会社株式の交付を受けるとき。

九　法第百三十五条第一項の子会社である者（会社を除く。）が行う次に掲げる行為に際して当該者がその対価として親会社株式を交付するために、その対価として交付すべき当該親会社株式の総数を超えない範囲において当該親会社株式を取得する場合

イ　組織の変更

ロ　合併

ハ　法以外の法令に基づく吸収分割に相当する行為による他の法人等がその事業に関して有する権利義務の全部又は一部の承継

ニ　法以外の法令に基づく株式交換に相当する行為による他の法人等が発行している株式の全部の取得

十　他の法人等（会社及び外国会社を除く。）の事業の全部を譲り受ける場合において、当該他の法人等の有する親会社株式を譲り受けるとき。

十一　合併後消滅する法人等（会社を除く。）から親会社株式を承継する場合

十二　吸収分割又は新設分割に相当する行為により他の法人等（会社を除く。）から親会社株式を承継する場合

十三　親会社株式を発行している株式会社（連結配当規制適用会社に限る。）の他の子会社から当該親会社株式を譲り受ける場合

十四　その権利の実行に当たり目的を達成するために親会社株式を取得することが必要かつ不可欠である場合（前各号に掲げる場合を除く。）

第二四条（株式取得者からの承認の請求）①　法第百三十七条第二項に規定する法務省令で定める場合は、次に掲げる場合とする。

一　株式取得者が、株主として株主名簿に記載若しくは記録がされた者又はその一般承継人に対して当該株式取得者の取得した株式に係る法第百三十七条第一項の規定による請求をすべきことを命ずる確定判決を得た場合において、当該確定判決の内容を証する書面その他の資料を提供して請求をしたとき。

二　株式取得者が前号の確定判決と同一の効力を有するものの内容を証する書面その他の資料を提供して請求をしたとき。

三　株式取得者が当該株式会社の株式を競売により取得した者である場合において、当該競売により取得したことを証する書面その他の資料を提供して請求をしたとき。

四　株式取得者が組織変更株式交換により当該株式会社の株式の全部を取得した会社である場合において、当該株式取得者が請求をしたとき。

五　株式取得者が株式移転（組織変更株式移転を含む。）により当該株式会社の発行済株式の全部を取得した株式会社である場合において、当該株式取得者が請求をしたとき。

六　株式取得者が法第百九十七条第一項の株式を取得した者である場合において、同条第二項の規定による売却に係る代金の全部を支払ったことを証する書面その他の資料を提供して請求をしたとき。

七　株式取得者が株券喪失登録者である場合において、当該株式取得者が株券喪失登録日の翌日から起算して一年を経過した日以降に、請求をしたとき（株券喪失登録が当該日前に抹消された場合を除く。）。

八　株式取得者が法第二百三十四条第二項（法第二百三十五条第二項において準用する場合を含む。）の規定による売却に係る株式を取得した者である場合において、当該売却に係る代金の全部を支払ったことを証する書面その他の資料を提供して請求をしたとき。

②　前項の規定にかかわらず、株式会社が株券発行会社である場合には、法第百三十七条第二項に規定する法務省令で定める場合は、次に掲げる場合とする。

一　株式取得者が株券を提示して請求をした場合

二　株式取得者が組織変更株式交換により当該株式会社の株式の全部を取得した会社である場合において、当該株式取得者が請求をしたとき。

三　株式取得者が株式移転（組織変更株式移転を含む。）により当該株式会社の発行済株式の全部を取得した株式会社である場合において、当該株式取得者が請求をしたとき。

四　株式取得者が法第百九十七条第一項の株式を取得した者である場合において、同項の規定による競売又は同条第二項の規定による売却に係る代金の全部を支払ったことを証する書面その他の資料を提供して請求をしたとき。

五　株式取得者が法第二百三十四条第一項若しくは第二百三十五条第一項の規定による競売又は法第二百三十四条第二項（法第二百三十五条第二項において準用する場合を含む。）の規定による売却に係る株式を取得した者である場合において、当該競売又は当該売却に係る代金の全部を支払ったこと

を証する書面その他の資料を提供して請求をしたとき。

（一株当たり純資産額）

第二五条① 法第百四十一条第二項に規定する法務省令で定める方法は、基準純資産額を基準株式数で除して得た額に一株当たり純資産額を算定すべき株式についての株式係数を乗じて得た額をもって当該株式の一株当たりの純資産額とする方法とする。

② 当該株式会社が算定基準日において清算株式会社である場合における前項の規定の適用については、同項中「基準純資産額」とあるのは、「法第四百九十二条第一項の規定により作成した貸借対照表の資産の部に計上した額から負債の部に計上した額を減じて得た額（零未満である場合にあっては、零）」とする。

③ 第一項に規定する「基準純資産額」とは、算定基準日における第一号から第七号までに掲げる額の合計額から第八号に掲げる額を減じて得た額（零未満である場合にあっては、零）をいう。

一 資本金の額
二 資本準備金の額
三 利益準備金の額
四 法第四百四十六条に規定する剰余金の額
五 最終事業年度（法第四百六十一条第二項第二号に規定する場合にあっては、法第四百四十一条第一項第二号の期間（当該期間が二以上ある場合にあっては、その末日が最も遅いもの））の末日（最終事業年度がない場合にあっては、株式会社の成立の日）における評価・換算差額等に係る額
六 株式引受権の帳簿価額
七 新株予約権の帳簿価額
八 自己株式及び自己新株予約権の帳簿価額の合計額

④ 第一項に規定する「基準株式数」とは、次に掲げる場合の区分に応じ、当該各号に定める数をいう。

一 種類株式発行会社でない場合　発行済株式（自己株式を除く。）の総数
二 種類株式発行会社である場合　株式会社が発行している各種類の株式（自己株式を除く。）の数に当該種類の株式に係る株式係数を乗じて得た数の合計数

⑤ 第一項及び前項第二号に規定する「株式係数」とは、一（種類株式発行会社において、定款である種類の株式についての第一項及び前項の適用に関して当該種類の株式一株を一とは異なる数の株式として取り扱うために一以外の数を定めた場合にあっては、当該数）をいう。

⑥ 第二項及び第三項に規定する「算定基準日」とは、次の各号に掲げる規定に規定する一株当たり純資産額を算定する場合における当該各号に定める日をいう。

一 法第百四十一条第二項　同条第一項の規定による通知の日
二 法第百四十二条第二項　同条第一項の規定による通知の日
三 法第百四十四条第五項　法第百四十一条第一項の規定による通知の日
四 法第百四十四条第七項において準用する同条第五項　法第百四十二条第一項の規定による通知の日
五 法第百六十七条第三項第二号　法第百六十六条第一項本文の規定による請求の日
六 法第百九十三条第五項　法第百九十二条第一項の規定による請求の日
七 法第百九十四条第四項において準用する法第百九十三条第五項　単元未満株式売渡請求の日
八 法第二百八十三条第二号　新株予約権の行使の日
九 法第七百九十六条第二項第一号イ　吸収合併契約、吸収分割契約又は株式交換契約を締結した日（当該契約により当該契約を締結した日と異なる時（当該契約を締結した日後から当該吸収合併、吸収分割又は株式交換の効力が生ずる時の直前までの間の時に限る。）を定めた場合にあっては、当該時）
十 法第八百十六条の四第一項第一号イ　株式交付計画を作成した日（当該株式交付計画により当該株式交付計画を作成した日と異なる時（当該株式交付計画を作成した日後から当該株式交付の効力が生ずる時の直前までの間の時に限る。）を定めた場合にあっては、当該時）
十一 第三十三条第二号　法第百六十六条第一項本文の規定による請求の日

（承認したものとみなされる場合）

第二六条 法第百四十五条第三号に規定する法務省令で定める場合は、次に掲げる場合とする。

一 株式会社が法第百三十九条第二項の規定による通知の日から四十日（これを下回る期間を定款で定めた場合にあっては、その期間）以内に法第百四十一条第一項の規定による通知をした場合において、当該期間内に譲渡等承認請求者に対して同条第二項の書面を交付しなかったとき（指定買取人が法第百三十九条第二項の規定による通知の日から十日（これを下回る期間を定款で定めた場合にあっては、その期間）以内に法第百四十二条第一項の規定による通知をした場合を除く。）。
二 指定買取人が法第百三十九条第二項の規定による通知の日から十日（これを下回る期間を定款で定めた場合にあっては、その期間）以内に法第百四十二条第一項の規定による通知をした場合において、当該期間内に譲渡等承認請求者に対して同条第二項の書面を交付しなかったとき。
三 譲渡等承認請求者が当該株式会社又は指定買取人との間の対象株式に係る売買契約を解除した場合

第三節　株式会社による自己の株式の取得

（自己の株式を取得することができる場合）

第二七条 法第百五十五条第十三号に規定する法務省令で定める場合は、次に掲げる場合とする。

一 当該株式会社の株式を無償で取得する場合
二 当該株式会社が有する他の法人等の株式（持分その他これに準ずるものを含む。以下この条において同じ。）につき当該他の法人等が行う剰余金の配当又は残余財産の分配（これらに相当する行為を含む。）により当該株式会社の株式の交付を受ける場合
三 当該株式会社が有する他の法人等の株式につき当該他の法人等が行う次に掲げる行為に際して当該株式と引換えに当該株式会社の株式の交付を受ける場合
　イ 組織の変更
　ロ 合併
　ハ 株式交換（法以外の法令（外国の法令を含む。）に基づく株式交換に相当する行為を含む。）
　ニ 取得条項付株式（これに相当する株式を含む。）の取得
　ホ 全部取得条項付種類株式（これに相当する株式を含む。）の取得
四 当該株式会社が有する他の法人等の新株予約権等を当該他の法人等が当該新株予約権等の定めに基づき取得することと引換えに当該株式会社の株式の交付をする場合において、当該株式会社の株式の交付を受けるとき。
五 当該株式会社が法第百十六条第五項、第百八十二条の四第四項、第四百六十九条第五項、第七百八十五条第五項、第七百九十七条第五項、第八百六条第五項又は第八百十六条の六第五項（これらの規定を株式会社について他の法令において準用する場合を含む。）に規定する株式買取請求に応じて当該株式会社の株式を取得する場合
六 合併後消滅する法人等（会社を除く。）から当該株式会社の株式を承継する場合
七 他の法人等（会社及び外国会社を除く。）の事業の全部を譲り受ける場合において、当該他の法人等の有する当該株式会社の株式を譲り受けるとき。
八 その権利の実行に当たり目的を達成するために当該株式会社の株式を取得することが必要かつ不可欠である場合（前各

号に掲げる場合を除く。）

（特定の株主から自己の株式を取得する際の通知時期）

第二八条　法第百六十条第二項に規定する法務省令で定める時は、法第百五十六条第一項の株主総会の日の二週間前とする。ただし、次の各号に掲げる場合には、当該各号に定める時とする。

一　法第二百九十九条第一項の規定による通知を発すべき時が当該株主総会の日の二週間を下回る期間（一週間以上の期間に限る。）前である場合　当該通知を発すべき時

二　法第二百九十九条第一項の規定による通知を発すべき時が当該株主総会の日の一週間を下回る期間前である場合　当該株主総会の日の一週間前

三　法第三百条の規定により招集の手続を経ることなく当該株主総会を開催する場合　当該株主総会の日の一週間前

（議案の追加の請求の時期）

第二九条　法第百六十条第三項に規定する法務省令で定める時は、法第百五十六条第一項の株主総会の日の五日（定款でこれを下回る期間を定めた場合にあっては、その期間）前とする。ただし、前条各号に掲げる場合には、三日（定款でこれを下回る期間を定めた場合にあっては、その期間）前とする。

（市場価格を超えない額の対価による自己の株式の取得）

第三〇条　法第百六十一条に規定する法務省令で定める方法は、次に掲げる額のうちいずれか高い額をもって同条に規定する株式の価格とする方法とする。

一　法第百五十六条第一項の決議の日の前日における当該株式を取引する市場における最終の価格（当該日に売買取引がない場合又は当該日が当該市場の休業日に当たる場合にあっては、その後最初になされた売買取引の成立価格）

二　法第百五十六条第一項の決議の日の前日において当該株式が公開買付け等の対象であるときは、当該日における当該公開買付け等に係る契約における当該株式の価格

（取得請求権付株式の行使により株式の数に端数が生ずる場合）

第三一条　法第百六十七条第三項第一号に規定する法務省令で定める方法は、次に掲げる額のうちいずれか高い額をもって同号に規定する株式の価格とする方法とする。

一　法第百六十六条第一項の規定による請求の日（以下この条において「請求日」という。）における当該株式を取引する市場における最終の価格（当該請求日に売買取引がない場合又は当該請求日が当該市場の休業日に当たる場合にあっては、その後最初になされた売買取引の成立価格）

二　請求日において当該株式が公開買付け等の対象であるときは、当該請求日における当該公開買付け等に係る契約における当該株式の価格

（取得請求権付株式の行使により市場価格のある社債等に端数が生ずる場合）

第三二条　法第百六十七条第四項において準用する同条第三項第一号に規定する法務省令で定める方法は、次の各号に掲げる財産の区分に応じ、当該各号に定める額をもって当該財産の価格とする方法とする。

一　社債（新株予約権付社債についてのものを除く。以下この号において同じ。）　法第百六十六条第一項の規定による請求の日（以下この条において「請求日」という。）における当該社債を取引する市場における最終の価格（当該請求日に売買取引がない場合又は当該請求日が当該市場の休業日に当たる場合にあっては、その後最初になされた売買取引の成立価格）

二　新株予約権（当該新株予約権が新株予約権付社債に付されたものである場合にあっては、当該新株予約権付社債。以下この号において同じ。）　次に掲げる額のうちいずれか高い額

イ　請求日における当該新株予約権を取引する市場における最終の価格（当該請求日に売買取引がない場合又は当該請求日が当該市場の休業日に当たる場合にあっては、その後最初になされた売買取引の成立価格）

ロ　請求日において当該新株予約権が公開買付け等の対象であるときは、当該請求日における当該公開買付け等に係る契約における当該新株予約権の価格

（取得請求権付株式の行使により市場価格のない社債等に端数が生ずる場合）

第三三条　法第百六十七条第四項において準用する同条第三項第二号に規定する法務省令で定める額は、次の各号に掲げる場合の区分に応じ、当該各号に定める額とする。

一　社債について端数がある場合　当該社債の金額

二　新株予約権について端数がある場合　当該新株予約権につき会計帳簿に付すべき価額（当該価額を算定することができないときは、当該新株予約権の目的である各株式についての一株当たり純資産額の合計額から当該新株予約権の行使に際して出資される財産の価額を減じて得た額（零未満である場合にあっては、零））

（全部取得条項付種類株式の取得に関する事前開示事項）

第三三条の二①　法第百七十一条の二第一項に規定する法務省令で定める事項は、次に掲げる事項とする。

一　取得対価（法第百七十一条第一項第一号に規定する取得対価をいう。以下この条において同じ。）の相当性に関する事項

二　取得対価について参考となるべき事項

三　計算書類等に関する事項

四　備置開始日（法第百七十一条の二第一項各号に掲げる日のいずれか早い日をいう。第四項第一号において同じ。）後株式会社が全部取得条項付種類株式の全部を取得する日までの間に、前三号に掲げる事項に変更が生じたときは、変更後の当該事項

②　前項第一号に規定する「取得対価の相当性に関する事項」とは、次に掲げる事項その他の法第百七十一条第一項第一号及び第二号に掲げる事項についての定め（当該定めがない場合にあっては、当該定めがないこと）の相当性に関する事項とする。

一　取得対価の総数又は総額の相当性に関する事項

二　取得対価として当該種類の財産を選択した理由

三　全部取得条項付種類株式を取得する株式会社に親会社等がある場合には、当該株式会社の株主（当該親会社等を除く。）の利益を害さないように留意した事項（当該事項がない場合にあっては、その旨）

四　法第二百三十四条の規定により一に満たない端数の処理をすることが見込まれる場合における次に掲げる事項

イ　次に掲げる事項その他の当該処理の方法に関する事項

(1)　法第二百三十四条第一項又は第二項のいずれの規定による処理を予定しているかの別及びその理由

(2)　法第二百三十四条第一項の規定による処理を予定している場合には、競売の申立てをする時期の見込み（当該見込みに関する取締役（取締役会設置会社にあっては、取締役会。(3)及び(4)において同じ。）の判断及びその理由を含む。）

(3)　法第二百三十四条第二項の規定による処理（市場において行う取引による売却に限る。）を予定している場合には、売却する時期及び売却により得られた代金を株主に交付する時期の見込み（当該見込みに関する取締役の判断及びその理由を含む。）

(4)　法第二百三十四条第二項の規定による処理（市場において行う取引による売却を除く。）を予定している場合には、売却に係る株式を買い取る者となると見込まれる者の氏名又は名称、当該者が売却に係る代金の支払のための資金を確保する方法及び当該方法の相当性並びに売却する時期及び売却により得られた代金を株主に交付する時期の見込み（当該見込みに関する取締役の判断及びその理由を含む。）

ロ　当該処理により株主に交付することが見込まれる金銭の

額及び当該額の相当性に関する事項

③　第一項第二号に規定する「取得対価について参考となるべき事項」とは、次の各号に掲げる場合の区分に応じ、当該各号に定める事項その他これに準ずる事項（法第百七十一条の二第一項に規定する書面又は電磁的記録にこれらの事項の全部又は一部の記載又は記録をしないことにつき全部取得条項付種類株式を取得する株式会社の総株主の同意がある場合にあっては、当該同意があったものを除く。）とする。

一　取得対価の全部又は一部が当該株式会社の株式である場合　次に掲げる事項

イ　当該株式の内容

ロ　次に掲げる事項その他の取得対価の換価の方法に関する事項

(1)　取得対価を取引する市場

(2)　取得対価の取引の媒介、取次ぎ又は代理を行う者

(3)　取得対価の譲渡その他の処分に制限があるときは、その内容

ハ　取得対価に市場価格があるときは、その価格に関する事項

二　取得対価の全部又は一部が法人等の株式、持分その他これらに準ずるもの（当該株式会社の株式を除く。）である場合　次に掲げる事項（当該事項が日本語以外の言語で表示されている場合にあっては、当該事項（氏名又は名称を除く。）を日本語で表示した事項）

イ　当該法人等の定款その他これに相当するものの定め

ロ　当該法人等が会社でないときは、次に掲げる権利に相当する権利その他の取得対価に係る権利（重要でないものを除く。）の内容

(1)　剰余金の配当を受ける権利

(2)　残余財産の分配を受ける権利

(3)　株主総会における議決権

(4)　合併その他の行為がされる場合において、自己の有する株式を公正な価格で買い取ることを請求する権利

(5)　定款その他の資料（当該資料が電磁的記録をもって作成されている場合にあっては、当該電磁的記録に記録された事項を表示したもの）の閲覧又は謄写を請求する権利

ハ　当該法人等が、その株主、社員その他これらに相当する者（以下この号において「株主等」という。）に対し、日本語以外の言語を使用して情報の提供をすることとされているときは、当該言語

ニ　当該株式会社が全部取得条項付種類株式の全部を取得する日に当該法人等の株主総会その他これに相当するものの開催があるものとした場合における当該法人等の株主等が有すると見込まれる議決権その他これに相当する権利の総数

ホ　当該法人等について登記（当該法人等が外国の法令に準拠して設立されたものである場合にあっては、法第九百三十三条第一項の外国会社の登記又は外国法人の登記及び夫婦財産契約の登記に関する法律（明治三十一年法律第十四号）第二条の外国法人の登記に限る。）がされていないときは、次に掲げる事項

(1)　当該法人等を代表する者の氏名又は名称及び住所

(2)　当該法人等の役員（(1)の者を除く。）の氏名又は名称

ヘ　当該法人等の最終事業年度（当該法人等が会社以外のものである場合にあっては、最終事業年度に相当するもの。以下この号において同じ。）に係る計算書類（最終事業年度がない場合にあっては、当該法人等の成立の日における貸借対照表）その他これに相当するものの内容（当該計算書類その他これに相当するものについて監査役、監査等委員会、監査委員会、会計監査人その他これらに相当するものの監査を受けている場合にあっては、監査報告その他これに相当するものの内容の概要を含む。）

ト　次に掲げる場合の区分に応じ、次に定める事項

(1)　当該法人等が株式会社である場合　当該法人等の最終事業年度に係る事業報告の内容（当該事業報告について監査役、監査等委員会又は監査委員会の監査を受けている場合にあっては、監査報告の内容を含む。）

(2)　当該法人等が株式会社以外のものである場合　当該法人等の最終事業年度に係る第百十八条各号及び第百十九条各号に掲げる事項に相当する事項の内容の概要（当該事項について監査役、監査等委員会、監査委員会その他これらに相当するものの監査を受けている場合にあっては、監査報告その他これに相当するものの内容の概要を含む。）

チ　当該法人等の過去五年間にその末日が到来した各事業年度（次に掲げる事業年度を除く。）に係る貸借対照表その他これに相当するものの内容

(1)　最終事業年度

(2)　ある事業年度に係る貸借対照表その他これに相当するものの内容につき、法令の規定に基づく公告（法第四百四十条第三項の措置に相当するものを含む。）をしている場合における当該事業年度

(3)　ある事業年度に係る貸借対照表その他これに相当するものの内容につき、金融商品取引法第二十四条第一項の規定により有価証券報告書を内閣総理大臣に提出している場合における当該事業年度

リ　前号ロ及びハに掲げる事項

ヌ　取得対価が自己株式の取得、持分の払戻しその他これらに相当する方法により払戻しを受けることができるものであるときは、その手続に関する事項

三　取得対価の全部又は一部が当該株式会社の社債、新株予約権又は新株予約権付社債である場合　第一号ロ及びハに掲げる事項

四　取得対価の全部又は一部が法人等の社債、新株予約権、新株予約権付社債その他これらに準ずるもの（当該株式会社の社債、新株予約権又は新株予約権付社債を除く。）である場合　次に掲げる事項（当該事項が日本語以外の言語で表示されている場合にあっては、当該事項（氏名又は名称を除く。）を日本語で表示した事項）

イ　第一号ロ及びハに掲げる事項

ロ　第二号イ及びホからチまでに掲げる事項

五　取得対価の全部又は一部が当該株式会社その他の法人等の株式、持分、社債、新株予約権、新株予約権付社債その他これらに準ずるもの及び金銭以外の財産である場合　第一号ロ及びハに掲げる事項

④　第一項第三号に規定する「計算書類等に関する事項」とは、次に掲げる事項とする。

一　全部取得条項付種類株式を取得する株式会社（清算株式会社を除く。以下この項において同じ。）において最終事業年度の末日（最終事業年度がない場合にあっては、当該株式会社の成立の日）後に重要な財産の処分、重大な債務の負担その他の会社財産の状況に重要な影響を与える事象が生じたときは、その内容（備置開始日後当該株式会社が全部取得条項付種類株式の全部を取得する日までの間に新たな最終事業年度が存することとなる場合にあっては、当該新たな最終事業年度の末日後に生じた事象の内容に限る。）

二　全部取得条項付種類株式を取得する株式会社において最終事業年度がないときは、当該株式会社の成立の日における貸借対照表

（全部取得条項付種類株式の取得に関する事後開示事項）

第三三条の三　法第百七十三条の二第一項に規定する法務省令で定める事項は、次に掲げる事項とする。

一　株式会社が全部取得条項付種類株式の全部を取得した日

二　法第百七十一条の三の規定による請求に係る手続の経過

三　法第百七十二条の規定による手続の経過

四　株式会社が取得した全部取得条項付種類株式の数
五　前各号に掲げるもののほか、全部取得条項付種類株式の取得に関する重要な事項

第三節の二　特別支配株主の株式等売渡請求

（特別支配株主完全子法人）
第三三条の四①　法第百七十九条第一項に規定する法務省令で定める法人は、次に掲げるものとする。
一　法第百七十九条第一項に規定する者がその持分の全部を有する法人（株式会社を除く。）
二　法第百七十九条第一項に規定する者及び特定完全子法人（当該者が発行済株式の全部を有する株式会社及び前号に掲げる法人をいう。以下この項において同じ。）又は特定完全子法人がその持分の全部を有する法人
②　前項第二号の規定の適用については、同号に掲げる法人は、同号に規定する特定完全子法人とみなす。

（株式等売渡請求に際して特別支配株主が定めるべき事項）
第三三条の五①　法第百七十九条の二第一項第六号に規定する法務省令で定める事項は、次に掲げる事項とする。
一　株式売渡対価（株式売渡請求に併せて新株予約権売渡請求（その新株予約権売渡請求に係る新株予約権が新株予約権付社債に付されたものである場合における法第百七十九条第三項の規定による請求を含む。以下同じ。）をする場合にあっては、株式売渡対価及び新株予約権売渡対価）の支払のための資金を確保する方法
二　法第百七十九条の二第一項第一号から第五号までに掲げる事項のほか、株式等売渡請求に係る取引条件を定めるときは、その取引条件
②　前項第一号に規定する「株式売渡対価」とは、法第百七十九条の二第一項第二号の金銭をいう（第三十三条の七第一号イ及び第二号において同じ。）。
③　第一項第一号に規定する「新株予約権売渡対価」とは、法第百七十九条の二第一項第四号ロの金銭をいう（第三十三条の七第一号イ及び第二号において同じ。）。

（売渡株主等に対して通知すべき事項）
第三三条の六　法第百七十九条の四第一項第一号に規定する法務省令で定める事項は、前条第一項第二号に掲げる事項とする。

（対象会社の事前開示事項）
第三三条の七　法第百七十九条の五第一項第四号に規定する法務省令で定める事項は、次に掲げる事項とする。
一　次に掲げる事項その他の法第百七十九条の二第一項第二号及び第三号に掲げる事項（株式売渡請求に併せて新株予約権売渡請求をする場合にあっては、同項第二号及び第三号並びに第四号ロ及びハに掲げる事項）についての定めの相当性に関する事項（当該相当性に関する対象会社の取締役（取締役会設置会社にあっては、取締役会。次号及び第三号において同じ。）の判断及びその理由を含む。）
イ　株式売渡対価の総額（株式売渡請求に併せて新株予約権売渡請求をする場合にあっては、株式売渡対価の総額及び新株予約権売渡対価の総額）の相当性に関する事項
ロ　法第百七十九条の三第一項の承認に当たり売渡株主等の利益を害さないように留意した事項（当該事項がない場合にあっては、その旨）
二　第三十三条の五第一項第一号に掲げる事項についての定めの相当性その他の株式売渡対価（株式売渡請求に併せて新株予約権売渡請求をする場合にあっては、株式売渡対価及び新株予約権売渡対価）の交付の見込みに関する事項（当該見込みに関する対象会社の取締役の判断及びその理由を含む。）
三　第三十三条の五第一項第二号に掲げる事項についての定めがあるときは、当該定めの相当性に関する事項（当該相当性に関する対象会社の取締役の判断及びその理由を含む。）
四　対象会社についての次に掲げる事項
イ　対象会社において最終事業年度の末日（最終事業年度がない場合にあっては、対象会社の成立の日）後に重要な財産の処分、重大な債務の負担その他の会社財産の状況に重要な影響を与える事象が生じたときは、その内容（法第百七十九条の四第一項第一号の規定による通知の日又は同条第二項の公告の日のいずれか早い日（次号において「備置開始日」という。）後特別支配株主が売渡株式等の全部を取得する日までの間に新たな最終事業年度が存することとなる場合にあっては、当該新たな最終事業年度の末日後に生じた事象の内容に限る。）
ロ　対象会社において最終事業年度がないときは、対象会社の成立の日における貸借対照表
五　備置開始日後特別支配株主が売渡株式等の全部を取得する日までの間に、前各号に掲げる事項に変更が生じたときは、変更後の当該事項

（対象会社の事後開示事項）
第三三条の八　法第百七十九条の十第一項に規定する法務省令で定める事項は、次に掲げる事項とする。
一　特別支配株主が売渡株式等の全部を取得した日
二　法第百七十九条の七第一項又は第二項の規定による請求に係る手続の経過
三　法第百七十九条の八の規定による手続の経過
四　株式売渡請求により特別支配株主が取得した売渡株式の数（対象会社が種類株式発行会社であるときは、売渡株式の種類及び種類ごとの数）
五　新株予約権売渡請求により特別支配株主が取得した売渡新株予約権の数
六　前号の売渡新株予約権が新株予約権付社債に付されたものである場合には、当該新株予約権付社債についての各社債（特別支配株主が新株予約権売渡請求により取得したものに限る。）の金額の合計額
七　前各号に掲げるもののほか、株式等売渡請求に係る売渡株式等の取得に関する重要な事項

第三節の三　株式の併合

（株式の併合に関する事前開示事項）
第三三条の九　法第百八十二条の二第一項に規定する法務省令で定める事項は、次に掲げる事項とする。
一　次に掲げる事項その他の法第百八十条第二項第一号及び第三号に掲げる事項についての定めの相当性に関する事項
イ　株式の併合をする株式会社に親会社等がある場合には、当該株式会社の株主（当該親会社等を除く。）の利益を害さないように留意した事項（当該事項がない場合にあっては、その旨）
ロ　法第二百三十五条の規定により一株に満たない端数の処理をすることが見込まれる場合における次に掲げる事項
(1)　次に掲げる事項その他の当該処理の方法に関する事項
(i)　法第二百三十五条第一項又は同条第二項において準用する法第二百三十四条第二項のいずれの規定による処理を予定しているかの別及びその理由
(ii)　法第二百三十五条第一項の規定による処理を予定している場合には、競売の申立てをする時期の見込み（当該見込みに関する取締役（取締役会設置会社にあっては、取締役会。(iii)及び(iv)において同じ。）の判断及びその理由を含む。）
(iii)　法第二百三十五条第二項において準用する法第二百三十四条第二項の規定による処理（市場において行う取引による売却に限る。）を予定している場合には、売却する時期及び売却により得られた代金を株主に交付する時期の見込み（当該見込みに関する取締役の判断及びその理由を含む。）
(iv)　法第二百三十五条第二項において準用する法第二百三十四条第二項の規定による処理（市場において行う取引による売却を除く。）を予定している場合には、

売却に係る株式を買い取る者となると見込まれる者の氏名又は名称、当該者が売却に係る代金の支払のための資金を確保する方法及び当該方法の相当性並びに売却する時期及び売却により得られた代金を株主に交付する時期の見込み（当該見込みに関する取締役の判断及びその理由を含む。）

(2) 当該処理により株主に交付することが見込まれる金銭の額及び当該額の相当性に関する事項

二　株式の併合をする株式会社（清算株式会社を除く。以下この号において同じ。）についての次に掲げる事項

イ　当該株式会社において最終事業年度の末日（最終事業年度がない場合にあっては、当該株式会社の成立の日）後に重要な財産の処分、重大な債務の負担その他の会社財産の状況に重要な影響を与える事象が生じたときは、その内容（備置開始日（法第百八十二条の二第一項各号に掲げる日のいずれか早い日をいう。次号において同じ。）後株式の併合がその効力を生ずる日までの間に新たな最終事業年度が存することとなる場合にあっては、当該新たな最終事業年度の末日後に生じた事象の内容に限る。）

ロ　当該株式会社において最終事業年度がないときは、当該株式会社の成立の日における貸借対照表

三　備置開始日後株式の併合がその効力を生ずる日までの間に、前二号に掲げる事項に変更が生じたときは、変更後の当該事項

（株式の併合に関する事後開示事項）

第三三条の一〇　法第百八十二条の六第一項に規定する法務省令で定める事項は、次に掲げる事項とする。

一　株式の併合が効力を生じた日

二　法第百八十二条の三の規定による請求に係る手続の経過

三　法第百八十二条の四の規定による手続の経過

四　株式の併合が効力を生じた時における発行済株式（種類株式発行会社にあっては、法第百八十条第二項第三号の種類の発行済株式）の総数

五　前各号に掲げるもののほか、株式の併合に関する重要な事項

第四節　単元株式数

（単元株式数）

第三四条　法第百八十八条第二項に規定する法務省令で定める数は、千及び発行済株式の総数の二百分の一に当たる数とする。

（単元未満株式についての権利）

第三五条①　法第百八十九条第二項第六号に規定する法務省令で定める権利は、次に掲げるものとする。

一　法第三十一条第二項各号に掲げる請求をする権利

二　法第百二十二条第一項の規定による株主名簿記載事項（法第百五十四条の二第三項に規定する場合にあっては、当該株主の有する株式が信託財産に属する旨を含む。）を記載した書面の交付又は当該株主名簿記載事項を記録した電磁的記録の提供を請求する権利

三　法第百二十五条第二項各号に掲げる請求をする権利

四　法第百三十三条第一項の規定による請求（次に掲げる事由により取得した場合における請求に限る。）をする権利

イ　相続その他の一般承継

ロ　株式売渡請求による売渡株式の全部の取得

ハ　吸収分割又は新設分割による他の会社がその事業に関して有する権利義務の承継

ニ　株式交換又は株式移転による他の株式会社の発行済株式の全部の取得

ホ　法第百九十七条第二項の規定による売却

ヘ　法第二百三十四条第二項（法第二百三十五条第二項において準用する場合を含む。）の規定による売却

ト　競売

五　法第百三十七条第一項の規定による請求（前号イからトまでに掲げる事由により取得した場合における請求に限る。）をする権利

六　株式売渡請求により特別支配株主が売渡株式の取得の対価として交付する金銭の交付を受ける権利

七　株式会社が行う次に掲げる行為により金銭等の交付を受ける権利

イ　株式の併合

ロ　株式の分割

ハ　新株予約権無償割当て

ニ　剰余金の配当

ホ　組織変更

八　株式会社が行う次の各号に掲げる行為により当該各号に定める者が交付する金銭等の交付を受ける権利

イ　吸収合併（会社以外の者と行う合併を含み、合併により当該株式会社が消滅する場合に限る。）　当該吸収合併後存続するもの

ロ　新設合併（会社以外の者と行う合併を含む。）　当該新設合併により設立されるもの

ハ　株式交換　株式交換完全親会社

ニ　株式移転　株式移転設立完全親会社

②　前項の規定にかかわらず、株式会社が株券発行会社である場合には、法第百八十九条第二項第六号に規定する法務省令で定める権利は、次に掲げるものとする。

一　前項第一号、第三号及び第六号から第八号までに掲げる権利

二　法第百三十三条第一項の規定による請求をする権利

三　法第百三十七条第一項の規定による請求をする権利

四　法第百八十九条第三項の定款の定めがある場合以外の場合における法第二百十五条第四項及び第二百十七条第六項の規定による株券の発行を請求する権利

五　法第百八十九条第三項の定款の定めがある場合以外の場合における法第二百十七条第一項の規定による株券の所持を希望しない旨の申出をする権利

（市場価格のある単元未満株式の買取りの価格）

第三六条　法第百九十三条第一項第一号に規定する法務省令で定める方法は、次に掲げる額のうちいずれか高い額をもって同号に規定する株式の価格とする方法とする。

一　法第百九十二条第一項の規定による請求の日（以下この条において「請求日」という。）における当該株式を取引する市場における最終の価格（当該請求日に売買取引がない場合又は当該請求日が当該市場の休業日に当たる場合にあっては、その後最初になされた売買取引の成立価格）

二　請求日において当該株式が公開買付け等の対象であるときは、当該請求日における当該公開買付け等に係る契約における当該株式の価格

（市場価格のある単元未満株式の売渡しの価格）

第三七条　法第百九十四条第四項において準用する法第百九十三条第一項第一号に規定する法務省令で定める方法は、次に掲げる額のうちいずれか高い額をもって単元未満株式売渡請求に係る株式の価格とする方法とする。

一　単元未満株式売渡請求の日（以下この条において「請求日」という。）における当該株式を取引する市場における最終の価格（当該請求日に売買取引がない場合又は当該請求日が当該市場の休業日に当たる場合にあっては、その後最初になされた売買取引の成立価格）

二　請求日において当該株式が公開買付け等の対象であるときは、当該請求日における当該公開買付け等に係る契約における当該株式の価格

第五節　株主に対する通知の省略等

（市場価格のある株式の売却価格）

第三八条　法第百九十七条第二項に規定する法務省令で定める方法は、次の各号に掲げる場合の区分に応じ、当該各号に定める

額をもって同項に規定する株式の価格とする方法とする。

一　当該株式を市場において行う取引によって売却する場合　当該取引によって売却する価格

二　前号に掲げる場合以外の場合　次に掲げる額のうちいずれか高い額

イ　法第百九十七条第二項の規定により売却する日（以下この条において「売却日」という。）における当該株式を取引する市場における最終の価格（当該売却日に売買取引がない場合又は当該売却日が当該市場の休業日に当たる場合にあっては、その後最初になされた売買取引の成立価格）

ロ　売却日において当該株式が公開買付け等の対象であるときは、当該売却日における当該公開買付け等に係る契約における当該株式の価格

（公告事項）

第三九条　法第百九十八条第一項に規定する法務省令で定める事項は、次に掲げるものとする。

一　法第百九十七条第一項の株式（以下この条において「競売対象株式」という。）の競売又は売却をする旨

二　競売対象株式の株主として株主名簿に記載又は記録がされた者の氏名又は名称及び住所

三　競売対象株式の数（種類株式発行会社にあっては、競売対象株式の種類及び種類ごとの数）

四　競売対象株式につき株券が発行されているときは、当該株券の番号

第六節　募集株式の発行等

（募集事項の通知を要しない場合）

第四〇条　法第二百一条第五項に規定する法務省令で定める場合は、株式会社が同条第三項に規定する期日の二週間前までに、金融商品取引法の規定に基づき次に掲げる書類（同項に規定する募集事項に相当する事項をその内容とするものに限る。）の届出又は提出をしている場合（当該書類に記載すべき事項を同法の規定に基づき電磁的方法により提供している場合を含む。）であって、内閣総理大臣が当該期日の二週間前の日から当該期日まで継続して同法の規定に基づき当該書類を公衆の縦覧に供しているときとする。

一　金融商品取引法第四条第一項から第三項までの届出をする場合における同法第五条第一項の届出書（訂正届出書を含む。）

二　金融商品取引法第二十三条の三第一項に規定する発行登録書及び同法第二十三条の八第一項に規定する発行登録追補書類（訂正発行登録書を含む。）

三　金融商品取引法第二十四条第一項に規定する有価証券報告書（訂正報告書を含む。）

四　金融商品取引法第二十四条の四の七第一項に規定する四半期報告書（訂正報告書を含む。）

五　金融商品取引法第二十四条の五第一項に規定する半期報告書（訂正報告書を含む。）

六　金融商品取引法第二十四条の五第四項に規定する臨時報告書（訂正報告書を含む。）

（申込みをしようとする者に対して通知すべき事項）

第四一条　法第二百三条第一項第四号に規定する法務省令で定める事項は、次に掲げる事項とする。

一　発行可能株式総数（種類株式発行会社にあっては、各種類の株式の発行可能種類株式総数を含む。）

二　株式会社（種類株式発行会社を除く。）が発行する株式の内容として法第百七条第一項各号に掲げる事項を定めているときは、当該株式の内容

三　株式会社（種類株式発行会社に限る。）が法第百八条第一項各号に掲げる事項につき内容の異なる株式を発行することとしているときは、各種類の株式の内容（ある種類の株式につき同条第三項の定款の定めがある場合において、当該定款の定めにより株式会社が当該種類の株式の内容を定めていないときは、当該種類の株式の内容の要綱）

四　単元株式数についての定款の定めがあるときは、その単元株式数（種類株式発行会社にあっては、各種類の株式の単元株式数）

五　次に掲げる定款の定めがあるときは、その規定

イ　法第百三十九条第一項、第百四十条第五項又は第百四十五条第一号若しくは第二号に規定する定款の定め

ロ　法第百六十四条第一項に規定する定款の定め

ハ　法第百六十七条第三項に規定する定款の定め

ニ　法第百六十八条第一項又は第百六十九条第二項に規定する定款の定め

ホ　法第百七十四条に規定する定款の定め

ヘ　法第三百四十七条に規定する定款の定め

ト　第二十六条第一号又は第二号に規定する定款の定め

六　株主名簿管理人を置く旨の定款の定めがあるときは、その氏名又は名称及び住所並びに営業所

七　電子提供措置をとる旨の定款の定めがあるときは、その規定

八　定款に定められた事項（法第二百三条第一項第一号から第三号まで及び前各号に掲げる事項を除く。）であって、当該株式会社に対して募集株式の引受けの申込みをしようとする者が当該者に対して通知することを請求した事項

（申込みをしようとする者に対する通知を要しない場合）

第四二条　法第二百三条第四項に規定する法務省令で定める場合は、次に掲げる場合であって、株式会社が同条第一項の申込みをしようとする者に対して同項各号に掲げる事項を提供している場合とする。

一　当該株式会社が金融商品取引法の規定に基づき目論見書に記載すべき事項を電磁的方法により提供している場合

二　当該株式会社が外国の法令に基づき目論見書その他これに相当する書面その他の資料を提供している場合

（株主に対して通知すべき事項）

第四二条の二　法第二百六条の二第一項に規定する法務省令で定める事項は、次に掲げる事項とする。

一　特定引受人（法第二百六条の二第一項に規定する特定引受人をいう。以下この条において同じ。）の氏名又は名称及び住所

二　特定引受人（その子会社等を含む。第五号及び第七号において同じ。）がその引き受けた募集株式の株主となった場合に有することとなる議決権の数

三　前号の募集株式に係る議決権の数

四　募集株式の引受人の全員がその引き受けた募集株式の株主となった場合における総株主の議決権の数

五　特定引受人に対する募集株式の割当て又は特定引受人との間の法第二百五条第一項の契約の締結に関する取締役会の判断及びその理由

六　社外取締役を置く株式会社において、前号の取締役会の判断が社外取締役の意見と異なる場合には、その意見

七　特定引受人に対する募集株式の割当て又は特定引受人との間の法第二百五条第一項の契約の締結に関する監査役、監査等委員会又は監査委員会の意見

（株主に対する通知を要しない場合）

第四二条の三　法第二百六条の二第三項に規定する法務省令で定める場合は、株式会社が同条第一項に規定する期日の二週間前までに、金融商品取引法の規定に基づき第四十条各号に掲げる書類（前条各号に掲げる事項に相当する事項をその内容とするものに限る。）の届出又は提出をしている場合（当該書類に記載すべき事項を同法の規定に基づき電磁的方法により提供している場合を含む。）であって、内閣総理大臣が当該期日の二週間前の日から当該期日まで継続して同法の規定に基づき当該書類を公衆の縦覧に供しているときとする。

（株主に対する通知を要しない場合における反対通知の期間の初日）

第四二条の四 法第二百六条の二第四項に規定する法務省令で定める日は、株式会社が金融商品取引法の規定に基づき前条の書類の届出又は提出（当該書類に記載すべき事項を同法の規定に基づき電磁的方法により提供した場合にあっては、その提供）をした日とする。

（検査役の調査を要しない市場価格のある有価証券）
第四三条 法第二百七条第九項第三号に規定する法務省令で定める方法は、次に掲げる額のうちいずれか高い額をもって同号に規定する有価証券の価格とする方法とする。
一 法第百九十九条第一項第三号の価額を定めた日（以下この条において「価額決定日」という。）における当該有価証券を取引する市場における最終の価格（当該価額決定日に売買取引がない場合又は当該価額決定日が当該市場の休業日に当たる場合にあっては、その後最初になされた売買取引の成立価格）
二 価額決定日において当該有価証券が公開買付け等の対象であるときは、当該価額決定日における当該公開買付け等に係る契約における当該有価証券の価格

（出資された財産等の価額が不足する場合に責任をとるべき取締役等）
第四四条 法第二百十三条第一項第一号に規定する法務省令で定めるものは、次に掲げる者とする。
一 現物出資財産（法第二百七条第一項に規定する現物出資財産をいう。以下この条から第四十六条までにおいて同じ。）の価額の決定に関する職務を行った取締役及び執行役
二 現物出資財産の価額の決定に関する株主総会の決議があったときは、当該株主総会において当該現物出資財産の価額に関する事項について説明をした取締役及び執行役
三 現物出資財産の価額の決定に関する取締役会の決議があったときは、当該取締役会の決議に賛成した取締役

第四五条 法第二百十三条第一項第二号に規定する法務省令で定めるものは、次に掲げる者とする。
一 株主総会に現物出資財産の価額の決定に関する議案を提案した取締役
二 前号の議案の提案の決定に同意した取締役（取締役会設置会社の取締役を除く。）
三 第一号の議案の提案が取締役会の決議に基づいて行われたときは、当該取締役会の決議に賛成した取締役

第四六条 法第二百十三条第一項第三号に規定する法務省令で定めるものは、取締役会に現物出資財産の価額の決定に関する議案を提案した取締役及び執行役とする。

（出資の履行の仮装に関して責任をとるべき取締役等）
第四六条の二 法第二百十三条の三第一項に規定する法務省令で定める者は、次に掲げる者とする。
一 出資の履行（法第二百八条第三項に規定する出資の履行をいう。以下この条において同じ。）の仮装に関する職務を行った取締役及び執行役
二 出資の履行の仮装が取締役会の決議に基づいて行われたときは、次に掲げる者
イ 当該取締役会の決議に賛成した取締役
ロ 当該取締役会に当該出資の履行の仮装に関する議案を提案した取締役及び執行役
三 出資の履行の仮装が株主総会の決議に基づいて行われたときは、次に掲げる者
イ 当該株主総会に当該出資の履行の仮装に関する議案を提案した取締役
ロ イの議案の提案の決定に同意した取締役（取締役会設置会社の取締役を除く。）
ハ イの議案の提案が取締役会の決議に基づいて行われたときは、当該取締役会の決議に賛成した取締役
ニ 当該株主総会において当該出資の履行の仮装に関する事項について説明をした取締役及び執行役

第七節 株券

（株券喪失登録請求）
第四七条① 法第二百二十三条の規定による請求（以下この条において「株券喪失登録請求」という。）は、この条に定めるところにより、行わなければならない。
② 株券喪失登録請求は、株券喪失登録請求をする者（次項において「株券喪失登録請求者」という。）の氏名又は名称及び住所並びに喪失した株券の番号を明らかにしてしなければならない。
③ 株券喪失登録請求者が株券喪失登録請求をしようとするときは、次の各号に掲げる場合の区分に応じ、当該各号に定める資料を株式会社に提供しなければならない。
一 株券喪失登録請求者が当該株券に係る株式の株主又は登録株式質権者として株主名簿に記載又は記録がされている者である場合 株券の喪失の事実を証する資料
二 前号に掲げる場合以外の場合 次に掲げる資料
イ 株券喪失登録請求者が株券喪失登録請求に係る株券を、当該株券に係る株式につき法第百二十一条第三号の取得の日として株主名簿に記載又は記録がされている日以後に所持していたことを証する資料
ロ 株券の喪失の事実を証する資料
④ 株券喪失登録に係る株券が会社法の施行に伴う関係法律の整備等に関する法律の施行に伴う経過措置を定める政令（平成十七年政令第三百六十七号）第二条の規定により法第百二十一条第三号の規定が適用されない株式に係るものである場合における前項第二号の規定の適用については、同号中「次に」とあるのは、「ロに」とする。

（株券を所持する者による抹消の申請）
第四八条 法第二百二十五条第一項の規定による申請は、株券を提示し、当該申請をする者の氏名又は名称及び住所を明らかにしてしなければならない。

（株券喪失登録者による抹消の申請）
第四九条 法第二百二十六条第一項の規定による申請は、当該申請をする株券喪失登録者の氏名又は名称及び住所並びに当該申請に係る株券喪失登録がされた株券の番号を明らかにしてしなければならない。

第八節 雑則

（株式の発行等により一に満たない株式の端数を処理する場合における市場価格）
第五〇条 法第二百三十四条第二項に規定する法務省令で定める方法は、次の各号に掲げる場合の区分に応じ、当該各号に定める額をもって同項に規定する株式の価格とする方法とする。
一 当該株式を市場において行う取引によって売却する場合 当該取引によって売却する価格
二 前号に掲げる場合以外の場合 次に掲げる額のうちいずれか高い額
イ 法第二百三十四条第二項の規定により売却する日（以下この条において「売却日」という。）における当該株式を取引する市場における最終の価格（当該売却日に売買取引がない場合又は当該売却日が当該市場の休業日に当たる場合にあっては、その後最初になされた売買取引の成立価格）
ロ 売却日において当該株式が公開買付け等の対象であるときは、当該売却日における当該公開買付け等に係る契約における当該株式の価格

（一に満たない社債等の端数を処理する場合における市場価格）
第五一条 法第二百三十四条第六項において準用する同条第二項に規定する法務省令で定める方法は、次の各号に掲げる場合の区分に応じ、当該各号に定める額をもって同条第六項において準用する同条第二項の規定により売却する財産の価格とする方法とする。
一 法第二百三十四条第六項に規定する社債又は新株予約権を

市場において行う取引によって売却する場合　当該取引によって売却する価格

二　前号に掲げる場合以外の場合において、社債（新株予約権付社債についての社債を除く。以下この号において同じ。）を売却するとき　法第二百三十四条第六項において準用する同条第二項の規定により売却する日（以下この条において「売却日」という。）における当該社債を取引する市場における最終の価格（当該売却日に売買取引がない場合又は当該売却日が当該市場の休業日に当たる場合にあっては、その後最初になされた売買取引の成立価格）

三　第一号に掲げる場合以外の場合において、新株予約権（当該新株予約権が新株予約権付社債に付されたものである場合にあっては、当該新株予約権付社債。以下この号において同じ。）を売却するとき　次に掲げる額のうちいずれか高い額

イ　売却日における当該新株予約権を取引する市場における最終の価格（当該売却日に売買取引がない場合又は当該売却日が当該市場の休業日に当たる場合にあっては、その後最初になされた売買取引の成立価格）

ロ　売却日において当該新株予約権が公開買付け等の対象であるときは、当該売却日における当該公開買付け等に係る契約における当該新株予約権の価格

（株式の分割等により一に満たない株式の端数を処理する場合における市場価格）

第五二条　法第二百三十五条第二項において準用する法第二百三十四条第二項に規定する法務省令で定める方法は、次の各号に掲げる場合の区分に応じ、当該各号に定める額をもって法第二百三十五条第二項において準用する法第二百三十四条第二項に規定する株式の価格とする方法とする。

一　当該株式を市場において行う取引によって売却する場合　当該取引によって売却する価格

二　前号に掲げる場合以外の場合　次に掲げる額のうちいずれか高い額

イ　法第二百三十五条第二項において準用する法第二百三十四条第二項の規定により売却する日（以下この条において「売却日」という。）における当該株式を取引する市場における最終の価格（当該売却日に売買取引がない場合又は当該売却日が当該市場の休業日に当たる場合にあっては、その後最初になされた売買取引の成立価格）

ロ　売却日において当該株式が公開買付け等の対象であるときは、当該売却日における当該公開買付け等に係る契約における当該株式の価格

第三章　新株予約権

（募集事項の通知を要しない場合）

第五三条　法第二百四十条第四項に規定する法務省令で定める場合は、株式会社が割当日（法第二百三十八条第一項第四号に規定する割当日をいう。第五十五条の四において同じ。）の二週間前までに、金融商品取引法の規定に基づき次に掲げる書類（法第二百三十八条第一項に規定する募集事項に相当する事項をその内容とするものに限る。）の届出又は提出をしている場合（当該書類に記載すべき事項を同法の規定に基づき電磁的方法により提供している場合を含む。）であって、内閣総理大臣が当該割当日の二週間前の日から当該割当日まで継続して同法の規定に基づき当該書類を公衆の縦覧に供しているときとする。

一　金融商品取引法第四条第一項から第三項までの届出をする場合における同法第五条第一項の届出書（訂正届出書を含む。）

二　金融商品取引法第二十三条の三第一項に規定する発行登録書及び同法第二十三条の八第一項に規定する発行登録追補書類（訂正発行登録書を含む。）

三　金融商品取引法第二十四条第一項に規定する有価証券報告書（訂正報告書を含む。）

四　金融商品取引法第二十四条の四の七第一項に規定する四半期報告書（訂正報告書を含む。）

五　金融商品取引法第二十四条の五第一項に規定する半期報告書（訂正報告書を含む。）

六　金融商品取引法第二十四条の五第四項に規定する臨時報告書（訂正報告書を含む。）

（申込みをしようとする者に対して通知すべき事項）

第五四条　法第二百四十二条第一項第四号に規定する法務省令で定める事項は、次に掲げる事項とする。

一　発行可能株式総数（種類株式発行会社にあっては、各種類の株式の発行可能種類株式総数を含む。）

二　株式会社（種類株式発行会社を除く。）が発行する株式の内容として法第百七条第一項各号に掲げる事項を定めているときは、当該株式の内容

三　株式会社（種類株式発行会社に限る。）が法第百八条第一項各号に掲げる事項につき内容の異なる株式を発行することとしているときは、各種類の株式の内容（ある種類の株式につき同条第三項の定款の定めがある場合において、当該定款の定めにより株式会社が当該種類の株式の内容を定めていないときは、当該種類の株式の内容の要綱）

四　単元株式数についての定款の定めがあるときは、その単元株式数（種類株式発行会社にあっては、各種類の株式の単元株式数）

五　次に掲げる定款の定めがあるときは、その規定

イ　法第百三十九条第一項、第百四十条第五項又は第百四十五条第一号若しくは第二号に規定する定款の定め

ロ　法第百六十四条第一項に規定する定款の定め

ハ　法第百六十七条第三項に規定する定款の定め

ニ　法第百六十八条第一項又は第百六十九条第二項に規定する定款の定め

ホ　法第百七十四条に規定する定款の定め

ヘ　法第三百四十七条に規定する定款の定め

ト　第二十六条第一号又は第二号に規定する定款の定め

六　株主名簿管理人を置く旨の定款の定めがあるときは、その氏名又は名称及び住所並びに営業所

七　電子提供措置をとる旨の定款の定めがあるときは、その規定

八　定款に定められた事項（法第二百四十二条第一項第一号から第三号まで及び前各号に掲げる事項を除く。）であって、当該株式会社に対して募集新株予約権の引受けの申込みをしようとする者が当該者に対して通知することを請求した事項

（申込みをしようとする者に対する通知を要しない場合）

第五五条　法第二百四十二条第四項に規定する法務省令で定める場合は、次に掲げる場合であって、株式会社が同条第一項の申込みをしようとする者に対して同項各号に掲げる事項を提供している場合とする。

一　当該株式会社が金融商品取引法の規定に基づき目論見書に記載すべき事項を電磁的方法により提供している場合

二　当該株式会社が外国の法令に基づき目論見書その他これに相当する書面その他の資料を提供している場合

（株主に対して通知すべき事項）

第五五条の二　法第二百四十四条の二第一項に規定する法務省令で定める事項は、次に掲げる事項とする。

一　特定引受人（法第二百四十四条の二第一項に規定する特定引受人をいう。以下この条及び次条第三項において同じ。）の氏名又は名称及び住所

二　特定引受人（その子会社等を含む。以下この条及び次条第三項において同じ。）がその引き受けた募集新株予約権に係る交付株式（法第二百四十四条の二第二項に規定する交付株式をいう。次号及び次条第三項において同じ。）の株主となった場合に有することとなる最も多い議決権の数

三　前号の交付株式に係る最も多い議決権の数

四　第二号に規定する場合における最も多い総株主の議決権の

数

五　特定引受人に対する募集新株予約権の割当て又は特定引受人との間の法第二百四十四条第一項の契約の締結に関する取締役会の判断及びその理由

六　社外取締役を置く株式会社において、前号の取締役会の判断が社外取締役の意見と異なる場合には、その意見

七　特定引受人に対する募集新株予約権の割当て又は特定引受人との間の法第二百四十四条第一項の契約の締結に関する監査役、監査等委員会又は監査委員会の意見

（交付株式）

第五五条の三①　法第二百四十四条の二第二項に規定する法務省令で定める株式は、次に掲げる株式とする。

一　募集新株予約権の内容として次のイ又はロに掲げる事項についての定めがある場合における当該イ又はロに定める新株予約権（次号及び次項において「取得対価新株予約権」という。）の目的である株式

イ　法第二百三十六条第一項第七号ヘに掲げる事項　同号ヘの他の新株予約権

ロ　法第二百三十六条第一項第七号トに掲げる事項　同号トの新株予約権付社債に付された新株予約権

二　取得対価新株予約権の内容として法第二百三十六条第一項第七号ニに掲げる事項についての定めがある場合における同号ニの株式

②　前項の規定の適用については、取得対価新株予約権の内容として同項第一号イ又はロに掲げる事項についての定めがある場合における当該イ又はロに定める新株予約権は、取得対価新株予約権とみなす。

③　交付株式の数が特定引受人に対する募集新株予約権の割当ての決定又は特定引受人との間の法第二百四十四条第一項の契約の締結の日（以下この項において「割当等決定日」という。）後のいずれか一の日の市場価額その他の指標に基づき決定する方法その他の算定方法により決定される場合における当該交付株式の数は、割当等決定日の前日に当該交付株式が交付されたものとみなして計算した数とする。

（株主に対する通知を要しない場合）

第五五条の四　法第二百四十四条の二第四項に規定する法務省令で定める場合は、株式会社が割当日の二週間前までに、金融商品取引法の規定に基づき第五十三条各号に掲げる書類（第五十五条の二各号に掲げる事項に相当する事項をその内容とするものに限る。）の届出又は提出をしている場合（当該書類に記載すべき事項を同法の規定に基づき電磁的方法により提供している場合を含む。）であって、内閣総理大臣が当該割当日の二週間前の日から当該割当日まで継続して同法の規定に基づき当該書類を公衆の縦覧に供しているときとする。

（株主に対する通知を要しない場合における反対通知の期間の初日）

第五五条の五　法第二百四十四条の二第五項に規定する法務省令で定める日は、株式会社が金融商品取引法の規定に基づき前条の書類の届出又は提出（当該書類に記載すべき事項を同法の規定に基づき電磁的方法により提供した場合にあっては、その提供）をした日とする。

（新株予約権原簿記載事項の記載等の請求）

第五六条①　法第二百六十条第二項に規定する法務省令で定める場合は、次に掲げる場合とする。

一　新株予約権取得者が、新株予約権者として新株予約権原簿に記載若しくは記録がされた者又はその一般承継人に対して当該新株予約権取得者の取得した新株予約権に係る法第二百六十条第一項の規定による請求をすべきことを命ずる確定判決を得た場合において、当該確定判決の内容を証する書面その他の資料を提供して請求をしたとき。

二　新株予約権取得者が前号の確定判決と同一の効力を有するものの内容を証する書面その他の資料を提供して請求をしたとき。

三　新株予約権取得者が一般承継により当該株式会社の新株予約権を取得した者である場合において、当該一般承継を証する書面その他の資料を提供して請求をしたとき。

四　新株予約権取得者が当該株式会社の新株予約権を競売により取得した者である場合において、当該競売により取得したことを証する書面その他の資料を提供して請求をしたとき。

五　新株予約権取得者が新株予約権売渡請求により当該株式会社の発行する売渡新株予約権の全部を取得した者である場合において、当該新株予約権取得者が請求をしたとき。

②　前項の規定にかかわらず、新株予約権取得者が取得した新株予約権が証券発行新株予約権又は証券発行新株予約権付社債に付された新株予約権である場合には、法第二百六十条第二項に規定する法務省令で定める場合は、次に掲げる場合とする。

一　新株予約権取得者が新株予約権証券又は新株予約権付社債券を提示して請求をした場合

二　新株予約権取得者が新株予約権売渡請求により当該株式会社の発行する売渡新株予約権の全部を取得した者である場合において、当該新株予約権取得者が請求をしたとき。

（新株予約権取得者からの承認の請求）

第五七条①　法第二百六十三条第二項に規定する法務省令で定める場合は、次に掲げる場合とする。

一　新株予約権取得者が、新株予約権者として新株予約権原簿に記載若しくは記録がされた者又はその一般承継人に対して当該新株予約権取得者の取得した新株予約権に係る法第二百六十三条第一項の規定による請求をすべきことを命ずる確定判決を得た場合において、当該確定判決の内容を証する書面その他の資料を提供して請求をしたとき。

二　新株予約権取得者が前号の確定判決と同一の効力を有するものの内容を証する書面その他の資料を提供して請求をしたとき。

三　新株予約権取得者が当該株式会社の新株予約権を競売により取得した者である場合において、当該競売により取得したことを証する書面その他の資料を提供して請求をしたとき。

②　前項の規定にかかわらず、新株予約権取得者が取得した新株予約権が証券発行新株予約権又は証券発行新株予約権付社債に付された新株予約権である場合には、法第二百六十三条第二項に規定する法務省令で定める場合は、新株予約権取得者が新株予約権証券又は新株予約権付社債券を提示して請求をした場合とする。

（新株予約権の行使により株式に端数が生じる場合）

第五八条　法第二百八十三条第一号に規定する法務省令で定める方法は、次に掲げる額のうちいずれか高い額をもって同号に規定する株式の価格とする方法とする。

一　新株予約権の行使の日（以下この条において「行使日」という。）における当該株式を取引する市場における最終の価格（当該行使日に売買取引がない場合又は当該行使日が当該市場の休業日に当たる場合にあっては、その後最初になされた売買取引の成立価格）

二　行使日において当該株式が公開買付け等の対象であるときは、当該行使日における当該公開買付け等に係る契約における当該株式の価格

（検査役の調査を要しない市場価格のある有価証券）

第五九条　法第二百八十四条第九項第三号に規定する法務省令で定める方法は、次に掲げる額のうちいずれか高い額をもって同号に規定する有価証券の価格とする方法とする。

一　新株予約権の行使の日（以下この条において「行使日」という。）における当該有価証券を取引する市場における最終の価格（当該行使日に売買取引がない場合又は当該行使日が当該市場の休業日に当たる場合にあっては、その後最初になされた売買取引の成立価格）

二　行使日において当該有価証券が公開買付け等の対象であるときは、当該行使日における当該公開買付け等に係る契約における当該有価証券の価格

（出資された財産等の価額が不足する場合に責任をとるべき取締役等）

第六〇条　法第二百八十六条第一項第一号に規定する法務省令で定めるものは、次に掲げる者とする。

一　現物出資財産（法第二百八十四条第一項に規定する現物出資財産をいう。以下この条から第六十二条までにおいて同じ。）の価額の決定に関する職務を行った取締役及び執行役

二　現物出資財産の価額の決定に関する株主総会の決議があったときは、当該株主総会において当該現物出資財産の価額に関する事項について説明をした取締役及び執行役

三　現物出資財産の価額の決定に関する取締役会の決議があったときは、当該取締役会の決議に賛成した取締役

第六一条　法第二百八十六条第一項第二号に規定する法務省令で定めるものは、次に掲げる者とする。

一　株主総会に現物出資財産の価額の決定に関する議案を提案した取締役

二　前号の議案の提案の決定に同意した取締役（取締役会設置会社の取締役を除く。）

三　第一号の議案の提案が取締役会の決議に基づいて行われたときは、当該取締役会の決議に賛成した取締役

第六二条　法第二百八十六条第一項第三号に規定する法務省令で定めるものは、取締役会に現物出資財産の価額の決定に関する議案を提案した取締役及び執行役とする。

（新株予約権に係る払込み等の仮装に関して責任をとるべき取締役等）

第六二条の二　法第二百八十六条の三第一項に規定する法務省令で定める者は、次に掲げる者とする。

一　払込み等（法第二百八十六条の二第一項各号の払込み又は給付をいう。以下この条において同じ。）の仮装に関する職務を行った取締役及び執行役

二　払込み等の仮装が取締役会の決議に基づいて行われたときは、次に掲げる者

イ　当該取締役会の決議に賛成した取締役

ロ　当該取締役会に当該払込み等の仮装に関する議案を提案した取締役及び執行役

三　払込み等の仮装が株主総会の決議に基づいて行われたときは、次に掲げる者

イ　当該株主総会に当該払込み等の仮装に関する議案を提案した取締役

ロ　イの議案の提案の決定に同意した取締役（取締役会設置会社の取締役を除く。）

ハ　イの議案の提案が取締役会の決議に基づいて行われたときは、当該取締役会の決議に賛成した取締役

ニ　当該株主総会において当該払込み等の仮装に関する事項について説明をした取締役及び執行役

第四章　機関

第一節　株主総会及び種類株主総会等

第一款　通則

（招集の決定事項）

第六三条　法第二百九十八条第一項第五号に規定する法務省令で定める事項は、次に掲げる事項とする。

一　法第二百九十八条第一項第一号に規定する株主総会が定時株主総会である場合において、同号の日が次に掲げる要件のいずれかに該当するときは、その日時を決定した理由（ロに該当する場合にあっては、その日時を決定したことにつき特に理由がある場合における当該理由に限る。）

イ　当該日が前事業年度に係る定時株主総会の日に応当する日と著しく離れた日であること。

ロ　株式会社が公開会社である場合において、当該日と同一の日において定時株主総会を開催する他の株式会社（公開会社に限る。）が著しく多いこと。

二　法第二百九十八条第一項第一号に規定する株主総会の場所が過去に開催した株主総会のいずれの場所とも著しく離れた場所であるとき（次に掲げる場合を除く。）は、その場所を決定した理由

イ　当該場所が定款で定められたものである場合

ロ　当該場所で開催することについて株主総会に出席しない株主全員の同意がある場合

三　法第二百九十八条第一項第三号又は第四号に掲げる事項を定めたときは、次に掲げる事項（定款にロからニまで及びヘに掲げる事項についての定めがある場合又はこれらの事項の決定を取締役に委任する旨を決定した場合における当該事項を除く。）

イ　次款の規定により株主総会参考書類に記載すべき事項（第八十五条の二第三号、第八十五条の三第三号、第八十六条第三号及び第四号、第八十七条第三号及び第四号、第八十八条第三号及び第四号、第八十九条第三号、第九十条第三号、第九十一条第三号、第九十一条の二第三号並びに第九十二条第三号に掲げる事項を除く。）

ロ　特定の時（株主総会の日時以前の時であって、法第二百九十九条第一項の規定により通知を発した日から二週間を経過した日以後の時に限る。）をもって書面による議決権の行使の期限とする旨を定めるときは、その特定の時

ハ　特定の時（株主総会の日時以前の時であって、法第二百九十九条第一項の規定により通知を発した日から二週間を経過した日以後の時に限る。）をもって電磁的方法による議決権の行使の期限とする旨を定めるときは、その特定の時

ニ　第六十六条第一項第二号の取扱いを定めるときは、その取扱いの内容

ホ　第九十四条第一項の措置をとることにより株主に対して提供する株主総会参考書類に記載しないものとする事項

ヘ　一の株主が同一の議案につき次に掲げる場合の区分に応じ、次に定める規定により重複して議決権を行使した場合において、当該同一の議案に対する議決権の行使の内容が異なるものであるときにおける当該株主の議決権の行使の取扱いに関する事項を定めるとき（次号に規定する場合を除く。）は、その事項

(1)　法第二百九十八条第一項第三号に掲げる事項を定めた場合　法第三百十一条第一項

(2)　法第二百九十八条第一項第四号に掲げる事項を定めた場合　法第三百十二条第一項

ト　株主総会参考書類に記載すべき事項のうち、法第三百二十五条の五第三項の規定による定款の定めに基づき同条第二項の規定により交付する書面（第九十五条の四において「電子提供措置事項記載書面」という。）に記載しないものとする事項

四　法第二百九十八条第一項第三号及び第四号に掲げる事項を定めたときは、次に掲げる事項（定款にイからハまでに掲げる事項についての定めがある場合における当該事項を除く。）

イ　法第二百九十九条第三項の承諾をした株主の請求があった時に当該株主に対して法第三百一条第一項の規定による議決権行使書面（法第三百一条第一項に規定する議決権行使書面をいう。以下この節において同じ。）の交付（当該交付に代えて行う同条第二項の規定による電磁的方法による提供を含む。）をすることとするときは、その旨

ロ　一の株主が同一の議案につき法第三百十一条第一項又は第三百十二条第一項の規定により重複して議決権を行使した場合において、当該同一の議案に対する議決権の行使の内容が異なるものであるときにおける当該株主の議決権の行使の取扱いに関する事項を定めるときは、その事項

ハ　電子提供措置をとる旨の定款の定めがある場合において、法第二百九十九条第三項の承諾をした株主の請求があった時に議決権行使書面に記載すべき事項（当該株主に係る事項に限る。第六十六条第三項において同じ。）に係る

情報について電子提供措置をとることとするときは、その旨

五　法第三百十条第一項の規定による代理人による議決権の行使について、代理権（代理人の資格を含む。）を証明する方法、代理人の数その他代理人による議決権の行使に関する事項を定めるとき（定款に当該事項についての定めがある場合を除く。）は、その事項

六　法第三百十三条第二項の規定による通知の方法を定めるとき（定款に当該通知の方法についての定めがある場合を除く。）は、その方法

七　第三号に規定する場合以外の場合において、次に掲げる事項が株主総会の目的である事項であるときは、当該事項に係る議案の概要（議案が確定していない場合にあっては、その旨）

イ　役員等の選任

ロ　役員等の報酬等

ハ　全部取得条項付種類株式の取得

ニ　株式の併合

ホ　法第百九十九条第三項又は第二百条第二項に規定する場合における募集株式を引き受ける者の募集

ヘ　法第二百三十八条第三項各号又は第二百三十九条第二項各号に掲げる場合における募集新株予約権を引き受ける者の募集

ト　事業譲渡等

チ　定款の変更

リ　合併

ヌ　吸収分割

ル　吸収分割による他の会社がその事業に関して有する権利義務の全部又は一部の承継

ヲ　新設分割

ワ　株式交換

カ　株式交換による他の株式会社の発行済株式全部の取得

ヨ　株式移転

タ　株式交付

（書面による議決権の行使について定めることを要しない株式会社）

第六四条　法第二百九十八条第二項に規定する法務省令で定めるものは、株式会社の取締役（法第二百九十七条第四項の規定により株主が株主総会を招集する場合にあっては、当該株主）が法第二百九十八条第二項（同条第三項の規定により読み替えて適用する場合を含む。）に規定する株主の全部に対して金融商品取引法の規定に基づき株主総会の通知に際して委任状の用紙を交付することにより議決権の行使を第三者に代理させることを勧誘している場合における当該株式会社とする。

（株主総会参考書類）

第六五条①　法第三百一条第一項又は第三百二条第一項の規定により交付すべき株主総会参考書類に記載すべき事項は、次款の定めるところによる。

②　法第二百九十八条第一項第三号及び第四号に掲げる事項を定めた株式会社が行った株主総会参考書類の交付（当該交付に代えて行う電磁的方法による提供を含む。）は、法第三百一条第一項及び第三百二条第一項の規定による株主総会参考書類の交付とする。

③　取締役は、株主総会参考書類に記載すべき事項について、招集通知（法第二百九十九条第二項又は第三項の規定による通知をいう。以下この節において同じ。）を発出した日から株主総会の前日までの間に修正をすべき事情が生じた場合における修正後の事項を株主に周知させる方法を、当該招集通知と併せて通知することができる。

（議決権行使書面）

第六六条①　法第三百一条第一項の規定により交付すべき議決権行使書面に記載すべき事項又は法第三百二条第三項若しくは第四項の規定により電磁的方法により提供すべき議決権行使書面に記載すべき事項は、次に掲げる事項とする。

一　各議案（次のイからハまでに掲げる場合にあっては、当該イからハまでに定めるもの）についての賛否（棄権の欄を設ける場合にあっては、棄権を含む。）を記載する欄

イ　二以上の役員等の選任に関する議案である場合　各候補者の選任

ロ　二以上の役員等の解任に関する議案である場合　各役員等の解任

ハ　二以上の会計監査人の不再任に関する議案である場合　各会計監査人の不再任

二　第六十三条第三号ニに掲げる事項についての定めがあるときは、第一号の欄に記載がない議決権行使書面が株式会社に提出された場合における各議案についての賛成、反対又は棄権のいずれかの意思の表示があったものとする取扱いの内容

三　第六十三条第三号ヘ又は第四号ロに掲げる事項についての定めがあるときは、当該事項

四　議決権の行使の期限

五　議決権を行使すべき株主の氏名又は名称及び行使することができる議決権の数（次のイ又はロに掲げる場合にあっては、当該イ又はロに定める事項を含む。）

イ　議案ごとに当該株主が行使することができる議決権の数が異なる場合　議案ごとの議決権の数

ロ　一部の議案につき議決権を行使することができない場合　議決権を行使することができる議案又は議決権を行使することができない議案

②　第六十三条第四号イに掲げる事項についての定めがある場合には、株式会社は、法第二百九十九条第三項の承諾をした株主の請求があった時に、当該株主に対して、法第三百一条第一項の規定による議決権行使書面の交付（当該交付に代えて行う同条第二項の規定による電磁的方法による提供を含む。）をしなければならない。

③　第六十三条第四号ハに掲げる事項についての定めがある場合には、株式会社は、法第二百九十九条第三項の承諾をした株主の請求があった時に、議決権行使書面に記載すべき事項に係る情報について電子提供措置をとらなければならない。ただし、当該株主に対して、法第三百二十五条の三第二項の規定による議決権行使書面の交付をする場合は、この限りでない。

④　同一の株主総会に関して株主に対して提供する招集通知の内容とすべき事項のうち、議決権行使書面に記載している事項がある場合には、当該事項は、招集通知の内容とすることを要しない。

⑤　同一の株主総会に関して株主に対して提供する議決権行使書面に記載すべき事項（第一項第二号から第四号までに掲げる事項に限る。）のうち、招集通知の内容としている事項がある場合には、当該事項は、議決権行使書面に記載することを要しない。

（実質的に支配することが可能となる関係）

第六七条①　法第三百八条第一項に規定する法務省令で定める株主は、株式会社（当該株式会社の子会社を含む。）が、当該株式会社の株主である会社等の議決権（同項その他これに準ずる法以外の法令（外国の法令を含む。）の規定により行使することができないとされる議決権を含み、役員等（会計監査人を除く。）の選任及び定款の変更に関する議案（これらの議案に相当するものを含む。）の全部につき株主総会（これに相当するものを含む。）において議決権を行使することができない株式（これに相当するものを含む。）に係る議決権を除く。以下この条において「相互保有対象議決権」という。）の総数の四分の一以上を有する場合における当該株主であるもの（当該株主であるもの以外の者が当該株式会社の株主総会の議案につき議決権を行使することができない場合（当該議案を決議する場合に限る。）における当該株主を除く。）とする。

②　前項の場合には、株式会社及びその子会社の有する相互保有対象議決権の数並びに相互保有対象議決権の総数（以下この条

において「対象議決権数」という。）は、当該株式会社の株主総会の日における対象議決権数とする。

③ 前項の規定にかかわらず、特定基準日（当該株主総会において議決権を行使することができる者を定めるための法第百二十四条第一項に規定する基準日をいう。以下この条において同じ。）を定めた場合には、対象議決権数は、当該特定基準日における対象議決権数とする。ただし、次の各号に掲げる場合には、当該各号に定める日における対象議決権数とする。

一 特定基準日後に当該株式会社又はその子会社が株式交換、株式移転その他の行為により相互保有対象議決権の全部を取得した場合　当該行為の効力が生じた日

二 対象議決権数の増加又は減少が生じた場合（前号に掲げる場合を除く。）において、当該増加又は減少により第一項の株主であるものが有する当該株式会社の株式につき議決権を行使できることとなること又は議決権を行使できないこととなることを特定基準日から当該株主総会についての法第二百九十八条第一項各号に掲げる事項の全部を決定した日（株式会社が当該日後の日を定めた場合にあっては、その日）までの間に当該株式会社が知ったとき　当該株式会社が知った日

④ 前項第二号の規定にかかわらず、当該株式会社は、当該株主総会についての法第二百九十八条第一項各号に掲げる事項の全部を決定した日（株式会社が当該日後の日を定めた場合にあっては、その日）から当該株主総会の日までの間に生じた事項（当該株式会社が前項第二号の増加又は減少の事実を知ったことを含む。）を勘案して、対象議決権数を算定することができる。

（欠損の額）

第六八条　法第三百九条第二項第九号ロに規定する法務省令で定める方法は、次に掲げる額のうちいずれか高い額をもって欠損の額とする方法とする。

一 零

二 零から分配可能額を減じて得た額

（書面による議決権行使の期限）

第六九条　法第三百十一条第一項に規定する法務省令で定める時は、株主総会の日時の直前の営業時間の終了時（第六十三条第三号ロに掲げる事項についての定めがある場合にあっては、同号ロの特定の時）とする。

（電磁的方法による議決権行使の期限）

第七〇条　法第三百十二条第一項に規定する法務省令で定める時は、株主総会の日時の直前の営業時間の終了時（第六十三条第三号ハに掲げる事項についての定めがある場合にあっては、同号ハの特定の時）とする。

（取締役等の説明義務）

第七一条　法第三百十四条に規定する法務省令で定める場合は、次に掲げる場合とする。

一 株主が説明を求めた事項について説明をするために調査をすることが必要である場合（次に掲げる場合を除く。）

イ 当該株主が株主総会の日より相当の期間前に当該事項を株式会社に対して通知した場合

ロ 当該事項について説明をするために必要な調査が著しく容易である場合

二 株主が説明を求めた事項について説明をすることにより株式会社その他の者（当該株主を除く。）の権利を侵害することとなる場合

三 株主が当該株主総会において実質的に同一の事項について繰り返して説明を求める場合

四 前三号に掲げる場合のほか、株主が説明を求めた事項について説明をしないことにつき正当な理由がある場合

（議事録）

第七二条① 法第三百十八条第一項の規定による株主総会の議事録の作成については、この条の定めるところによる。

② 株主総会の議事録は、書面又は電磁的記録をもって作成しなければならない。

③ 株主総会の議事録は、次に掲げる事項を内容とするものでなければならない。

一 株主総会が開催された日時及び場所（当該場所に存しない取締役（監査等委員会設置会社にあっては、監査等委員である取締役又はそれ以外の取締役。第四号において同じ。）、執行役、会計参与、監査役、会計監査人又は株主が株主総会に出席をした場合における当該出席の方法を含む。）

二 株主総会の議事の経過の要領及びその結果

三 次に掲げる規定により株主総会において述べられた意見又は発言があるときは、その意見又は発言の内容の概要

イ 法第三百四十二条の二第一項

ロ 法第三百四十二条の二第二項

ハ 法第三百四十二条の二第四項

ニ 法第三百四十五条第一項（同条第四項及び第五項において準用する場合を含む。）

ホ 法第三百四十五条第二項（同条第四項及び第五項において準用する場合を含む。）

ヘ 法第三百六十一条第五項

ト 法第三百六十一条第六項

チ 法第三百七十七条第一項

リ 法第三百七十九条第三項

ヌ 法第三百八十四条

ル 法第三百八十七条第三項

ヲ 法第三百八十九条第三項

ワ 法第三百九十八条第一項

カ 法第三百九十八条第二項

ヨ 法第三百九十九条の五

四 株主総会に出席した取締役、執行役、会計参与、監査役又は会計監査人の氏名又は名称

五 株主総会の議長が存するときは、議長の氏名

六 議事録の作成に係る職務を行った取締役の氏名

④ 次の各号に掲げる場合には、株主総会の議事録は、当該各号に定める事項を内容とするものとする。

一 法第三百十九条第一項の規定により株主総会の決議があったものとみなされた場合　次に掲げる事項

イ 株主総会の決議があったものとみなされた事項の内容

ロ イの事項の提案をした者の氏名又は名称

ハ 株主総会の決議があったものとみなされた日

ニ 議事録の作成に係る職務を行った取締役の氏名

二 法第三百二十条の規定により株主総会への報告があったものとみなされた場合　次に掲げる事項

イ 株主総会への報告があったものとみなされた事項の内容

ロ 株主総会への報告があったものとみなされた日

ハ 議事録の作成に係る職務を行った取締役の氏名

第二款　株主総会参考書類

第一目　通則

第七三条① 株主総会参考書類には、次に掲げる事項を記載しなければならない。

一 議案

二 提案の理由（議案が取締役の提出に係るものに限り、株主総会において一定の事項を説明しなければならない議案の場合における当該説明すべき内容を含む。）

三 議案につき法第三百八十四条、第三百八十九条第三項又は第三百九十九条の五の規定により株主総会に報告をすべきときは、その報告の内容の概要

② 株主総会参考書類には、この節に定めるもののほか、株主の議決権の行使について参考となると認める事項を記載することができる。

③ 同一の株主総会に関して株主に対して提供する株主総会参考書類に記載すべき事項のうち、他の書面に記載している事項又は電磁的方法により提供する事項がある場合には、これらの事項は、株主に対して提供する株主総会参考書類に記載すること

を要しない。この場合においては、他の書面に記載している事項又は電磁的方法により提供する事項があることを明らかにしなければならない。

④ 同一の株主総会に関して株主に対して提供する招集通知又は法第四百三十七条の規定により株主に対して提供する事業報告の内容とすべき事項のうち、株主総会参考書類に記載している事項がある場合には、当該事項は、株主に対して提供する招集通知又は法第四百三十七条の規定により株主に対して提供する事業報告の内容とすることを要しない。

第二目 役員の選任

第七四条（取締役の選任に関する議案）① 取締役が取締役（株式会社が監査等委員会設置会社である場合にあっては、監査等委員である取締役を除く。次項第二号において同じ。）の選任に関する議案を提出する場合には、株主総会参考書類には、次に掲げる事項を記載しなければならない。

一 候補者の氏名、生年月日及び略歴

二 就任の承諾を得ていないときは、その旨

三 株式会社が監査等委員会設置会社である場合において、法第三百四十二条の二第四項の規定による監査等委員会の意見があるときは、その意見の内容の概要

四 候補者と当該株式会社との間で法第四百二十七条第一項の契約を締結しているとき又は当該契約を締結する予定があるときは、その契約の内容の概要

五 候補者と当該株式会社との間で補償契約を締結しているとき又は補償契約を締結する予定があるときは、その補償契約の内容の概要

六 候補者を被保険者とする役員等賠償責任保険契約を締結しているとき又は当該役員等賠償責任保険契約を締結する予定があるときは、その役員等賠償責任保険契約の内容の概要

② 前項に規定する場合において、株式会社が公開会社であるときは、株主総会参考書類には、次に掲げる事項を記載しなければならない。

一 候補者の有する当該株式会社の株式の数（種類株式発行会社にあっては、株式の種類及び種類ごとの数）

二 候補者が当該株式会社の取締役に就任した場合において第百二十一条第八号に定める重要な兼職に該当する事実があることとなるときは、その事実

三 候補者と株式会社との間に特別の利害関係があるときは、その事実の概要

四 候補者が現に当該株式会社の取締役であるときは、当該株式会社における地位及び担当

③ 第一項に規定する場合において、株式会社が公開会社であって、かつ、他の者の子会社等であるときは、株主総会参考書類には、次に掲げる事項を記載しなければならない。

一 候補者が現に当該他の者（自然人であるものに限る。）であるときは、その旨

二 候補者が現に当該他の者（当該他の者の子会社等（当該株式会社を除く。）を含む。以下この項において同じ。）の業務執行者であるときは、当該他の者における地位及び担当

三 候補者が過去十年間に当該他の者の業務執行者であったことを当該株式会社が知っているときは、当該他の者における地位及び担当

④ 第一項に規定する場合において、候補者が社外取締役候補者であるときは、株主総会参考書類には、次に掲げる事項（株式会社が公開会社でない場合にあっては、第四号から第八号までに掲げる事項を除く。）を記載しなければならない。

一 当該候補者が社外取締役候補者である旨

二 当該候補者を社外取締役候補者とした理由

三 当該候補者が社外取締役（社外役員に限る。以下この項において同じ。）に選任された場合に果たすことが期待される役割の概要

四 当該候補者が現に当該株式会社の社外取締役である場合において、当該候補者が最後に選任された後在任中に当該株式会社において法令又は定款に違反する事実その他不当な業務の執行が行われた事実（重要でないものを除く。）があるときは、その事実並びに当該事実の発生の予防のために当該候補者が行った行為及び当該事実の発生後の対応として行った行為の概要

五 当該候補者が過去五年間に他の株式会社の取締役、執行役又は監査役に就任していた場合において、その在任中に当該他の株式会社において法令又は定款に違反する事実その他不当な業務の執行が行われた事実があることを当該候補者が知っているときは、その事実（重要でないものを除き、当該候補者が当該他の株式会社における社外取締役又は監査役であったときは、当該事実の発生の予防のために当該候補者が行った行為及び当該事実の発生後の対応として行った行為の概要を含む。）

六 当該候補者が過去に社外取締役又は社外監査役（社外役員に限る。）となること以外の方法で会社（外国会社を含む。）の経営に関与していない者であるときは、当該経営に関与したことがない候補者であっても社外取締役としての職務を適切に遂行することができるものと当該株式会社が判断した理由

七 当該候補者が次のいずれかに該当することを当該株式会社が知っているときは、その旨

イ 過去に当該株式会社又はその子会社の業務執行者又は役員（業務執行者であるものを除く。ハ及びホ(2)において同じ。）であったことがあること。

ロ 当該株式会社の親会社等（自然人であるものに限る。ロ及びホ(1)において同じ。）であり、又は過去十年間に当該株式会社の親会社等であったことがあること。

ハ 当該株式会社の特定関係事業者の業務執行者若しくは役員であり、又は過去十年間に当該株式会社の特定関係事業者（当該株式会社の子会社を除く。）の業務執行者若しくは役員であったことがあること。

ニ 当該株式会社又は当該株式会社の特定関係事業者から多額の金銭その他の財産（これらの者の取締役、会計参与、監査役、執行役その他これらに類する者としての報酬等を除く。）を受ける予定があり、又は過去二年間に受けていたこと。

ホ 次に掲げる者の配偶者、三親等以内の親族その他これに準ずる者であること（重要でないものを除く。）。

(1) 当該株式会社の親会社等

(2) 当該株式会社又は当該株式会社の特定関係事業者の業務執行者又は役員

ヘ 過去二年間に合併、吸収分割、新設分割又は事業の譲受け（ヘ、第七十四条の三第四項第六号ヘ及び第七十六条第四項第六号ヘにおいて「合併等」という。）により他の株式会社がその事業に関して有する権利義務を当該株式会社が承継又は譲受けをした場合において、当該合併等の直前に当該株式会社の社外取締役又は監査役でなく、かつ、当該他の株式会社の業務執行者であったこと。

八 当該候補者が現に当該株式会社の社外取締役又は監査役であるときは、これらの役員に就任してからの年数

九 前各号に掲げる事項に関する記載についての当該候補者の意見があるときは、その意見の内容

第七四条の二 削除

第七四条の三（監査等委員である取締役の選任に関する議案）① 取締役が監査等委員である取締役の選任に関する議案を提出する場合には、株主総会参考書類には、次に掲げる事項を記載しなければならない。

一 候補者の氏名、生年月日及び略歴

二 株式会社との間に特別の利害関係があるときは、その事実の概要

三 就任の承諾を得ていないときは、その旨

四　議案が法第三百四十四条の二第二項の規定による請求により提出されたものであるときは、その旨

五　法第三百四十二条の二第一項の規定による監査等委員である取締役の意見があるときは、その意見の内容の概要

六　候補者と当該株式会社との間で法第四百二十七条第一項の契約を締結しているとき又は当該契約を締結する予定があるときは、その契約の内容の概要

七　候補者と当該株式会社との間で補償契約を締結しているとき又は補償契約を締結する予定があるときは、その補償契約の内容の概要

八　候補者を被保険者とする役員等賠償責任保険契約を締結しているとき又は当該役員等賠償責任保険契約を締結する予定があるときは、その役員等賠償責任保険契約の内容の概要

②　前項に規定する場合において、株式会社が公開会社であるときは、株主総会参考書類には、次に掲げる事項を記載しなければならない。

一　候補者の有する当該株式会社の株式の数（種類株式発行会社にあっては、株式の種類及び種類ごとの数）

二　候補者が当該株式会社の監査等委員である取締役に就任した場合において第百二十一条第八号に定める重要な兼職に該当する事実があることとなるときは、その事実

三　候補者が現に当該株式会社の監査等委員である取締役であるときは、当該株式会社における地位及び担当

③　第一項に規定する場合において、株式会社が公開会社であり、かつ、他の者の子会社等であるときは、株主総会参考書類には、次に掲げる事項を記載しなければならない。

一　候補者が現に当該他の者（自然人であるものに限る。）であるときは、その旨

二　候補者が現に当該他の者（当該他の者の子会社等（当該株式会社を除く。）を含む。以下この項において同じ。）の業務執行者であるときは、当該他の者における地位及び担当

三　候補者が過去十年間に当該他の者の業務執行者であったことを当該株式会社が知っているときは、当該他の者における地位及び担当

④　第一項に規定する場合において、候補者が社外取締役候補者であるときは、株主総会参考書類には、次に掲げる事項（株式会社が公開会社でない場合にあっては、第四号から第八号までに掲げる事項を除く。）を記載しなければならない。

一　当該候補者が社外取締役候補者である旨

二　当該候補者を社外取締役候補者とした理由

三　当該候補者が社外取締役（社外役員に限る。以下この項において同じ。）に選任された場合に果たすことが期待される役割の概要

四　当該候補者が現に当該株式会社の社外取締役である場合において、当該候補者が最後に選任された後在任中に当該株式会社において法令又は定款に違反する事実その他不当な業務の執行が行われた事実（重要でないものを除く。）があるときは、その事実並びに当該事実の発生の予防のために当該候補者が行った行為及び当該事実の発生後の対応として行った行為の概要

五　当該候補者が過去五年間に他の株式会社の取締役、執行役又は監査役に就任していた場合において、その在任中に当該他の株式会社において法令又は定款に違反する事実その他不当な業務の執行が行われた事実があることを当該株式会社が知っているときは、その事実（重要でないものを除き、当該候補者が当該他の株式会社における社外取締役又は監査役であったときは、当該事実の発生の予防のために当該候補者が行った行為及び当該事実の発生後の対応として行った行為の概要を含む。）

六　当該候補者が過去に社外取締役又は社外監査役（社外役員に限る。）となること以外の方法で会社（外国会社を含む。）の経営に関与していない者であるときは、当該経営に関与したことがない候補者であっても監査等委員である社外取締役としての職務を適切に遂行することができるものと当該株式会社が判断した理由

七　当該候補者が次のいずれかに該当することを当該株式会社が知っているときは、その旨

イ　過去に当該株式会社又はその子会社の業務執行者又は役員（業務執行者であるものを除く。ハ及びホ(2)において同じ。）であったことがあること。

ロ　当該株式会社の親会社等（自然人であるものに限る。ロ及びホ(1)において同じ。）であり、又は過去十年間に当該株式会社の親会社等であったことがあること。

ハ　当該株式会社の特定関係事業者の業務執行者若しくは役員であり、又は過去十年間に当該株式会社の特定関係事業者（当該株式会社の子会社を除く。）の業務執行者若しくは役員であったことがあること。

ニ　当該株式会社又は当該株式会社の特定関係事業者から多額の金銭その他の財産（これらの者の取締役、会計参与、監査役、執行役その他これらに類する者としての報酬等を除く。）を受ける予定があり、又は過去二年間に受けていたこと。

ホ　次に掲げる者の配偶者、三親等以内の親族その他これに準ずる者であること（重要でないものを除く。）。

(1)　当該株式会社の親会社等

(2)　当該株式会社又は当該株式会社の特定関係事業者の業務執行者又は役員

ヘ　過去二年間に合併等により他の株式会社がその事業に関して有する権利義務を当該株式会社が承継又は譲受けをした場合において、当該合併等の直前に当該株式会社の社外取締役又は監査役でなく、かつ、当該他の株式会社の業務執行者であったこと。

八　当該候補者が現に当該株式会社の社外取締役又は監査等委員である取締役であるときは、これらの役員に就任してからの年数

九　前各号に掲げる事項に関する記載についての当該候補者の意見があるときは、その意見の内容

（会計参与の選任に関する議案）

第七五条　取締役が会計参与の選任に関する議案を提出する場合には、株主総会参考書類には、次に掲げる事項を記載しなければならない。

一　次のイ又はロに掲げる場合の区分に応じ、当該イ又はロに定める事項

イ　候補者が公認会計士（公認会計士法（昭和二十三年法律第百三号）第十六条の二第五項に規定する外国公認会計士を含む。以下同じ。）又は税理士である場合　その氏名、事務所の所在場所、生年月日及び略歴

ロ　候補者が監査法人又は税理士法人である場合　その名称、主たる事務所の所在場所及び沿革

二　就任の承諾を得ていないときは、その旨

三　法第三百四十五条第一項の規定による会計参与の意見があるときは、その意見の内容の概要

四　候補者と当該株式会社との間で法第四百二十七条第一項の契約を締結しているとき又は当該契約を締結する予定があるときは、その契約の内容の概要

五　候補者と当該株式会社との間で補償契約を締結しているとき又は補償契約を締結する予定があるときは、その補償契約の内容の概要

六　候補者を被保険者とする役員等賠償責任保険契約を締結しているとき又は当該役員等賠償責任保険契約を締結する予定があるときは、その役員等賠償責任保険契約の内容の概要

七　当該候補者が過去二年間に業務の停止の処分を受けた者である場合における当該処分に係る事項のうち、当該株式会社が株主総会参考書類に記載することが適切であるものと判断した事項

（監査役の選任に関する議案）

第七六条① 取締役が監査役の選任に関する議案を提出する場合には、株主総会参考書類には、次に掲げる事項を記載しなければならない。

一 候補者の氏名、生年月日及び略歴

二 株式会社との間に特別の利害関係があるときは、その事実の概要

三 就任の承諾を得ていないときは、その旨

四 議案が法第三百四十三条第二項の規定による請求により提出されたものであるときは、その旨

五 法第三百四十五条第四項において準用する同条第一項の規定による監査役の意見があるときは、その意見の内容の概要

六 候補者と当該株式会社との間で法第四百二十七条第一項の契約を締結しているとき又は当該契約を締結する予定があるときは、その契約の内容の概要

七 候補者と当該株式会社との間で補償契約を締結しているとき又は補償契約を締結する予定があるときは、その補償契約の内容の概要

八 候補者を被保険者とする役員等賠償責任保険契約を締結しているとき又は当該役員等賠償責任保険契約を締結する予定があるときは、その役員等賠償責任保険契約の内容の概要

② 前項に規定する場合において、株式会社が公開会社であるときは、株主総会参考書類には、次に掲げる事項を記載しなければならない。

一 候補者の有する当該株式会社の株式の数（種類株式発行会社にあっては、株式の種類及び種類ごとの数）

二 候補者が当該株式会社の監査役に就任した場合において第百二十一条第八号に定める重要な兼職に該当する事実があることとなるときは、その事実

三 候補者が現に当該株式会社の監査役であるときは、当該株式会社における地位

③ 第一項に規定する場合において、株式会社が公開会社であり、かつ、他の者の子会社等であるときは、株主総会参考書類には、次に掲げる事項を記載しなければならない。

一 候補者が現に当該他の者（自然人であるものに限る。）であるときは、その旨

二 候補者が現に当該他の者（当該他の者の子会社等（当該株式会社を除く。）を含む。以下この項において同じ。）の業務執行者であるときは、当該他の者における地位及び担当

三 候補者が過去十年間に当該他の者の業務執行者であったことを当該株式会社が知っているときは、当該他の者における地位及び担当

④ 第一項に規定する場合において、候補者が社外監査役候補者であるときは、株主総会参考書類には、次に掲げる事項（株式会社が公開会社でない場合にあっては、第三号から第七号までに掲げる事項を除く。）を記載しなければならない。

一 当該候補者が社外監査役候補者である旨

二 当該候補者を社外監査役候補者とした理由

三 当該候補者が現に当該株式会社の社外監査役（社外役員に限る。以下この項において同じ。）である場合において、当該候補者が最後に選任された後在任中に当該株式会社において法令又は定款に違反する事実その他不正な業務の執行が行われた事実（重要でないものを除く。）があるときは、その事実並びに当該事実の発生の予防のために当該候補者が行った行為及び当該事実の発生後の対応として行った行為の概要

四 当該候補者が過去五年間に他の株式会社の取締役、執行役又は監査役に就任していた場合において、その在任中に当該他の株式会社において法令又は定款に違反する事実その他不正な業務の執行が行われた事実があることを当該株式会社が知っているときは、その事実（重要でないものを除き、当該候補者が当該他の株式会社における社外取締役（社外役員に限る。次号において同じ。）又は監査役であったときは、当該事実の発生の予防のために当該候補者が行った行為及び当該事実の発生後の対応として行った行為の概要を含む。）

五 当該候補者が過去に社外取締役又は社外監査役となること以外の方法で会社（外国会社を含む。）の経営に関与していない者であるときは、当該経営に関与したことがない候補者であっても社外監査役としての職務を適切に遂行することができるものと当該株式会社が判断した理由

六 当該候補者が次のいずれかに該当することを当該株式会社が知っているときは、その旨

イ 過去に当該株式会社又はその子会社の業務執行者又は役員（業務執行者であるものを除く。ハ及びホ(2)において同じ。）であったことがあること。

ロ 当該株式会社の親会社等（自然人であるものに限る。ロ及びホ(1)において同じ。）であり、又は過去十年間に当該株式会社の親会社等であったことがあること。

ハ 当該株式会社の特定関係事業者の業務執行者若しくは役員であり、又は過去十年間に当該株式会社の特定関係事業者（当該株式会社の子会社を除く。）の業務執行者若しくは役員であったことがあること。

ニ 当該株式会社又は当該株式会社の特定関係事業者から多額の金銭その他の財産（これらの者の監査役としての報酬等を除く。）を受ける予定があり、又は過去二年間に受けていたこと。

ホ 次に掲げる者の配偶者、三親等以内の親族その他これに準ずる者であること（重要でないものを除く。）。

(1) 当該株式会社の親会社等

(2) 当該株式会社又は当該株式会社の特定関係事業者の業務執行者又は役員

へ 過去二年間に合併等により他の株式会社がその事業に関して有する権利義務を当該株式会社が承継又は譲受けをした場合において、当該合併等の直前に当該株式会社の社外監査役でなく、かつ、当該他の株式会社の業務執行者であったこと。

七 当該候補者が現に当該株式会社の監査役であるときは、監査役に就任してからの年数

八 前各号に掲げる事項に関する記載についての当該候補者の意見があるときは、その意見の内容

第七七条（会計監査人の選任に関する議案） 取締役が会計監査人の選任に関する議案を提出する場合には、株主総会参考書類には、次に掲げる事項を記載しなければならない。

一 次のイ又はロに掲げる場合の区分に応じ、当該イ又はロに定める事項

イ 候補者が公認会計士である場合　その氏名、事務所の所在場所、生年月日及び略歴

ロ 候補者が監査法人である場合　その名称、主たる事務所の所在場所及び沿革

二 就任の承諾を得ていないときは、その旨

三 監査役（監査役会設置会社にあっては監査役会、監査等委員会設置会社にあっては監査等委員会、指名委員会等設置会社にあっては監査委員会）が当該候補者を会計監査人の候補者とした理由

四 法第三百四十五条第五項において準用する同条第一項の規定による会計監査人の意見があるときは、その意見の内容の概要

五 候補者と当該株式会社との間で法第四百二十七条第一項の契約を締結しているとき又は当該契約を締結する予定があるときは、その契約の内容の概要

六 候補者と当該株式会社との間で補償契約を締結しているとき又は補償契約を締結する予定があるときは、その補償契約の内容の概要

七 候補者を被保険者とする役員等賠償責任保険契約を締結しているとき又は当該役員等賠償責任保険契約を締結する予定があるときは、その役員等賠償責任保険契約の内容の概要

八 当該候補者が現に業務の停止の処分を受け、その停止の期

間を経過しない者であるときは、当該処分に係る事項

九　当該候補者が過去二年間に業務の停止の処分を受けた者である場合における当該処分に係る事項のうち、当該株式会社が株主総会参考書類に記載することが適切であるものと判断した事項

十　株式会社が公開会社である場合において、当該候補者が次のイ又はロに掲げる場合の区分に応じ、当該イ又はロに定めるものから多額の金銭その他の財産上の利益（これらの者から受ける会計監査人（法以外の法令の規定によるこれに相当するものを含む。）としての報酬等及び公認会計士法第二条第一項に規定する業務の対価を除く。）を受ける予定があるとき又は過去二年間に受けていたときは、その内容

イ　当該株式会社に親会社等がある場合　当該株式会社、当該親会社等又は当該親会社等の子会社等（当該株式会社を除く。）若しくは関連会社（当該親会社等が会社でない場合におけるその関連会社に相当するものを含む。）

ロ　当該株式会社に親会社等がない場合　当該株式会社又は当該株式会社の子会社若しくは関連会社

第三目　役員の解任等

（取締役の解任に関する議案）

第七八条　取締役が取締役（株式会社が監査等委員会設置会社である場合にあっては、監査等委員である取締役を除く。第一号において同じ。）の解任に関する議案を提出する場合には、株主総会参考書類には、次に掲げる事項を記載しなければならない。

一　取締役の氏名

二　解任の理由

三　株式会社が監査等委員会設置会社である場合において、法第三百四十二条の二第四項の規定による監査等委員会の意見があるときは、その意見の内容の概要

（監査等委員である取締役の解任に関する議案）

第七八条の二　取締役が監査等委員である取締役の解任に関する議案を提出する場合には、株主総会参考書類には、次に掲げる事項を記載しなければならない。

一　監査等委員である取締役の氏名

二　解任の理由

三　法第三百四十二条の二第一項の規定による監査等委員である取締役の意見があるときは、その意見の内容の概要

（会計参与の解任に関する議案）

第七九条　取締役が会計参与の解任に関する議案を提出する場合には、株主総会参考書類には、次に掲げる事項を記載しなければならない。

一　会計参与の氏名又は名称

二　解任の理由

三　法第三百四十五条第一項の規定による会計参与の意見があるときは、その意見の内容の概要

（監査役の解任に関する議案）

第八〇条　取締役が監査役の解任に関する議案を提出する場合には、株主総会参考書類には、次に掲げる事項を記載しなければならない。

一　監査役の氏名

二　解任の理由

三　法第三百四十五条第四項において準用する同条第一項の規定による監査役の意見があるときは、その意見の内容の概要

（会計監査人の解任又は不再任に関する議案）

第八一条　取締役が会計監査人の解任又は不再任に関する議案を提出する場合には、株主総会参考書類には、次に掲げる事項を記載しなければならない。

一　会計監査人の氏名又は名称

二　監査役（監査役会設置会社にあっては監査役会、監査等委員会設置会社にあっては監査等委員会、指名委員会等設置会社にあっては監査委員会）が議案の内容を決定した理由

三　法第三百四十五条第五項において準用する同条第一項の規定による会計監査人の意見があるときは、その意見の内容の概要

第四目　役員の報酬等

（取締役の報酬等に関する議案）

第八二条①　取締役が取締役（株式会社が監査等委員会設置会社である場合にあっては、監査等委員である取締役を除く。以下この項及び第三項において同じ。）の報酬等に関する議案を提出する場合には、株主総会参考書類には、次に掲げる事項を記載しなければならない。

一　法第三百六十一条第一項各号に掲げる事項の算定の基準

二　議案が既に定められている法第三百六十一条第一項各号に掲げる事項を変更するものであるときは、変更の理由

三　議案が二以上の取締役についての定めであるときは、当該定めに係る取締役の員数

四　議案が退職慰労金に関するものであるときは、退職する各取締役の略歴

五　株式会社が監査等委員会設置会社である場合において、法第三百六十一条第六項の規定による監査等委員会の意見があるときは、その意見の内容の概要

②　前項第四号に規定する場合において、議案が一定の基準に従い退職慰労金の額を決定することを取締役、監査役その他の第三者に一任するものであるときは、株主総会参考書類には、当該一定の基準の内容を記載しなければならない。ただし、各株主が当該基準を知ることができるようにするための適切な措置を講じている場合は、この限りでない。

③　第一項に規定する場合において、株式会社が公開会社であり、かつ、取締役の一部が社外取締役（監査等委員であるものを除き、社外役員に限る。以下この項において同じ。）であるときは、株主総会参考書類には、第一項第一号から第三号までに掲げる事項のうち社外取締役に関するものは、社外取締役以外の取締役と区別して記載しなければならない。

（監査等委員である取締役の報酬等に関する議案）

第八二条の二①　取締役が監査等委員である取締役の報酬等に関する議案を提出する場合には、株主総会参考書類には、次に掲げる事項を記載しなければならない。

一　法第三百六十一条第一項各号に掲げる事項の算定の基準

二　議案が既に定められている法第三百六十一条第一項各号に掲げる事項を変更するものであるときは、変更の理由

三　議案が二以上の監査等委員である取締役についての定めであるときは、当該定めに係る監査等委員である取締役の員数

四　議案が退職慰労金に関するものであるときは、退職する各監査等委員である取締役の略歴

五　法第三百六十一条第五項の規定による監査等委員である取締役の意見があるときは、その意見の内容の概要

②　前項第四号に規定する場合において、議案が一定の基準に従い退職慰労金の額を決定することを取締役その他の第三者に一任するものであるときは、株主総会参考書類には、当該一定の基準の内容を記載しなければならない。ただし、各株主が当該基準を知ることができるようにするための適切な措置を講じている場合は、この限りでない。

（会計参与の報酬等に関する議案）

第八三条①　取締役が会計参与の報酬等に関する議案を提出する場合には、株主総会参考書類には、次に掲げる事項を記載しなければならない。

一　法第三百七十九条第一項に規定する事項の算定の基準

二　議案が既に定められている法第三百七十九条第一項に規定する事項を変更するものであるときは、変更の理由

三　議案が二以上の会計参与についての定めであるときは、当該定めに係る会計参与の員数

四　議案が退職慰労金に関するものであるときは、退職する各会計参与の略歴

五　法第三百七十九条第三項の規定による会計参与の意見があるときは、その意見の内容の概要

②　前項第四号に規定する場合において、議案が一定の基準に従い退職慰労金の額を決定することを取締役、監査役その他の第三者に一任するものであるときは、株主総会参考書類には、当該一定の基準の内容を記載しなければならない。ただし、各株主が当該基準を知ることができるようにするための適切な措置を講じている場合は、この限りでない。

（監査役の報酬等に関する議案）

第八四条①　取締役が監査役の報酬等に関する議案を提出する場合には、株主総会参考書類には、次に掲げる事項を記載しなければならない。

一　法第三百八十七条第一項に規定する事項の算定の基準

二　議案が既に定められている法第三百八十七条第一項に規定する事項を変更するものであるときは、変更の理由

三　議案が二以上の監査役についての定めであるときは、当該定めに係る監査役の員数

四　議案が退職慰労金に関するものであるときは、退職する各監査役の略歴

五　法第三百八十七条第三項の規定による監査役の意見があるときは、その意見の内容の概要

②　前項第四号に規定する場合において、議案が一定の基準に従い退職慰労金の額を決定することを取締役、監査役その他の第三者に一任するものであるときは、株主総会参考書類には、当該一定の基準の内容を記載しなければならない。ただし、各株主が当該基準を知ることができるようにするための適切な措置を講じている場合は、この限りでない。

（責任免除を受けた役員等に対し退職慰労金等を与える議案等）

第八四条の二　次の各号に掲げる場合において、取締役が法第四百二十五条第四項（法第四百二十六条第八項及び第四百二十七条第五項において準用する場合を含む。）に規定する承認の決議に関する議案を提出するときは、株主総会参考書類には、責任を免除し、又は責任を負わないとされた役員等が得る第百十四条各号に規定する額及び当該役員等に与える第百十五条各号に規定するものの内容を記載しなければならない。

一　法第四百二十五条第一項に規定する決議に基づき役員等の責任を免除した場合

二　法第四百二十六条第一項の規定による定款の定めに基づき役員等の責任を免除した場合

三　法第四百二十七条第一項の契約によって同項に規定する限度を超える部分について同項に規定する非業務執行取締役等が損害を賠償する責任を負わないとされた場合

第五目　計算関係書類の承認

第八五条　取締役が計算関係書類の承認に関する議案を提出する場合において、次の各号に掲げるときは、株主総会参考書類には、当該各号に定める事項を記載しなければならない。

一　法第三百九十八条第一項の規定による会計監査人の意見がある場合　その意見の内容

二　株式会社が取締役会設置会社である場合において、取締役会の意見があるとき　その意見の内容の概要

第五目の二　全部取得条項付種類株式の取得

第八五条の二　取締役が全部取得条項付種類株式の取得に関する議案を提出する場合には、株主総会参考書類には、次に掲げる事項を記載しなければならない。

一　当該全部取得条項付種類株式の取得を行う理由

二　法第百七十一条第一項各号に掲げる事項の内容

三　法第二百九十八条第一項の決定をした日における第三十三条の二第一項各号（第四号を除く。）に掲げる事項があるときは、当該事項の内容の概要

第五目の三　株式の併合

第八五条の三　取締役が株式の併合（法第百八十二条の二第一項に規定する株式の併合をいう。第九十三条第一項第五号ロにおいて同じ。）に関する議案を提出する場合には、株主総会参考書類には、次に掲げる事項を記載しなければならない。

一　当該株式の併合を行う理由

二　法第百八十条第二項各号に掲げる事項の内容

三　法第二百九十八条第一項の決定をした日における第三十三条の九第一号及び第二号に掲げる事項があるときは、当該事項の内容の概要

第六目　合併契約等の承認

（吸収合併契約の承認に関する議案）

第八六条　取締役が吸収合併契約の承認に関する議案を提出する場合には、株主総会参考書類には、次に掲げる事項を記載しなければならない。

一　当該吸収合併を行う理由

二　吸収合併契約の内容の概要

三　当該株式会社が吸収合併消滅株式会社である場合において、法第二百九十八条第一項の決定をした日における第百八十二条第一項各号（第五号及び第六号を除く。）に掲げる事項があるときは、当該事項の内容の概要

四　当該株式会社が吸収合併存続株式会社である場合において、法第二百九十八条第一項の決定をした日における第百九十一条各号（第六号及び第七号を除く。）に掲げる事項があるときは、当該事項の内容の概要

（吸収分割契約の承認に関する議案）

第八七条　取締役が吸収分割契約の承認に関する議案を提出する場合には、株主総会参考書類には、次に掲げる事項を記載しなければならない。

一　当該吸収分割を行う理由

二　吸収分割契約の内容の概要

三　当該株式会社が吸収分割株式会社である場合において、法第二百九十八条第一項の決定をした日における第百八十三条各号（第二号、第六号及び第七号を除く。）に掲げる事項があるときは、当該事項の内容の概要

四　当該株式会社が吸収分割承継株式会社である場合において、法第二百九十八条第一項の決定をした日における第百九十二条各号（第二号、第七号及び第八号を除く。）に掲げる事項があるときは、当該事項の内容の概要

（株式交換契約の承認に関する議案）

第八八条　取締役が株式交換契約の承認に関する議案を提出する場合には、株主総会参考書類には、次に掲げる事項を記載しなければならない。

一　当該株式交換を行う理由

二　株式交換契約の内容の概要

三　当該株式会社が株式交換完全子会社である場合において、法第二百九十八条第一項の決定をした日における第百八十四条第一項各号（第五号及び第六号を除く。）に掲げる事項があるときは、当該事項の内容の概要

四　当該株式会社が株式交換完全親株式会社である場合において、法第二百九十八条第一項の決定をした日における第百九十三条各号（第五号及び第六号を除く。）に掲げる事項があるときは、当該事項の内容の概要

（新設合併契約の承認に関する議案）

第八九条　取締役が新設合併契約の承認に関する議案を提出する場合には、株主総会参考書類には、次に掲げる事項を記載しなければならない。

一　当該新設合併を行う理由

二　新設合併契約の内容の概要

三　当該株式会社が新設合併消滅株式会社である場合において、法第二百九十八条第一項の決定をした日における第二百四条各号（第六号及び第七号を除く。）に掲げる事項があると

きは、当該事項の内容の概要

四　新設合併設立株式会社の取締役となる者（新設合併設立株式会社が監査等委員会設置会社である場合にあっては、当該新設合併設立株式会社の監査等委員である取締役となる者を除く。）についての第七十四条に規定する事項

五　新設合併設立株式会社が監査等委員会設置会社であるときは、当該新設合併設立株式会社の監査等委員である取締役となる者についての第七十四条の三に規定する事項

六　新設合併設立株式会社が会計参与設置会社であるときは、当該新設合併設立株式会社の会計参与となる者についての第七十五条に規定する事項

七　新設合併設立株式会社が監査役設置会社（監査役の監査の範囲を会計に関するものに限定する旨の定款の定めがある株式会社を含む。）であるときは、当該新設合併設立株式会社の監査役となる者についての第七十六条に規定する事項

八　新設合併設立株式会社が会計監査人設置会社であるときは、当該新設合併設立株式会社の会計監査人となる者についての第七十七条に規定する事項

（新設分割計画の承認に関する議案）

第九〇条　取締役が新設分割計画の承認に関する議案を提出する場合には、株主総会参考書類には、次に掲げる事項を記載しなければならない。

一　当該新設分割を行う理由

二　新設分割計画の内容の概要

三　当該株式会社が新設分割株式会社である場合において、法第二百九十八条第一項の決定をした日における第二百五条各号（第七号及び第八号を除く。）に掲げる事項があるときは、当該事項の内容の概要

（株式移転計画の承認に関する議案）

第九一条　取締役が株式移転計画の承認に関する議案を提出する場合には、株主総会参考書類には、次に掲げる事項を記載しなければならない。

一　当該株式移転を行う理由

二　株式移転計画の内容の概要

三　当該株式会社が株式移転完全子会社である場合において、法第二百九十八条第一項の決定をした日における第二百六条各号（第五号及び第六号を除く。）に掲げる事項があるときは、当該事項の内容の概要

四　株式移転設立完全親会社の取締役となる者（株式移転設立完全親会社が監査等委員会設置会社である場合にあっては、当該株式移転設立完全親会社の監査等委員である取締役となる者を除く。）についての第七十四条に規定する事項

五　株式移転設立完全親会社が監査等委員会設置会社であるときは、当該株式移転設立完全親会社の監査等委員である取締役となる者についての第七十四条の三に規定する事項

六　株式移転設立完全親会社が会計参与設置会社であるときは、当該株式移転設立完全親会社の会計参与となる者についての第七十五条に規定する事項

七　株式移転設立完全親会社が監査役設置会社（監査役の監査の範囲を会計に関するものに限定する旨の定款の定めがある株式会社を含む。）であるときは、当該株式移転設立完全親会社の監査役となる者についての第七十六条に規定する事項

八　株式移転設立完全親会社が会計監査人設置会社であるときは、当該株式移転設立完全親会社の会計監査人となる者についての第七十七条に規定する事項

（株式交付計画の承認に関する議案）

第九一条の二　取締役が株式交付計画の承認に関する議案を提出する場合には、株主総会参考書類には、次に掲げる事項を記載しなければならない。

一　当該株式交付を行う理由

二　株式交付計画の内容の概要

三　当該株式会社が株式交付親会社である場合において、法第二百九十八条第一項の決定をした日における第二百十三条の二各号（第六号及び第七号を除く。）に掲げる事項があるときは、当該事項の内容の概要

（事業譲渡等に係る契約の承認に関する議案）

第九二条　取締役が事業譲渡等に係る契約の承認に関する議案を提出する場合には、株主総会参考書類には、次に掲げる事項を記載しなければならない。

一　当該事業譲渡等を行う理由

二　当該事業譲渡等に係る契約の内容の概要

三　当該契約に基づき当該株式会社が受け取る対価又は契約の相手方に交付する対価の算定の相当性に関する事項の概要

第七目　株主提案の場合における記載事項

第九三条①　議案が株主の提出に係るものである場合には、株主総会参考書類には、次に掲げる事項（第三号から第五号までに掲げる事項が株主総会参考書類にその全部を記載することが適切でない程度の多数の文字、記号その他のものをもって構成されている場合（株式会社がその全部を記載することが適切であるものとして定めた分量を超える場合を含む。）にあっては、当該事項の概要）を記載しなければならない。

一　議案が株主の提出に係るものである旨

二　議案に対する取締役（取締役会設置会社である場合にあっては、取締役会）の意見があるときは、その意見の内容

三　株主が法第三百五条第一項の規定による請求に際して提案の理由（当該提案の理由が明らかに虚偽である場合又は専ら人の名誉を侵害し、若しくは侮辱する目的によるものと認められる場合における当該提案の理由を除く。）を株式会社に対して通知したときは、その理由

四　議案が次のイからホまでに掲げる者の選任に関するものである場合において、株主が法第三百五条第一項の規定による請求に際して当該イからホまでに定める事項（当該事項が明らかに虚偽である場合における当該事項を除く。）を株式会社に対して通知したときは、その内容

イ　取締役（株式会社が監査等委員会設置会社である場合にあっては、監査等委員である取締役を除く。）　第七十四条に規定する事項

ロ　監査等委員である取締役　第七十四条の三に規定する事項

ハ　会計参与　第七十五条に規定する事項

ニ　監査役　第七十六条に規定する事項

ホ　会計監査人　第七十七条に規定する事項

五　議案が次のイ又はロに掲げる事項に関するものである場合において、株主が法第三百五条第一項の規定による請求に際して当該イ又はロに定める事項（当該事項が明らかに虚偽である場合における当該事項を除く。）を株式会社に対して通知したときは、その内容

イ　全部取得条項付種類株式の取得　第八十五条の二に規定する事項

ロ　株式の併合　第八十五条の三に規定する事項

②　二以上の株主から同一の趣旨の議案が提出されている場合には、株主総会参考書類には、その議案及びこれに対する取締役（取締役会設置会社である場合にあっては、取締役会）の意見の内容は、各別に記載することを要しない。ただし、二以上の株主から同一の趣旨の提案があった旨を記載しなければならない。

③　二以上の株主から同一の趣旨の提案の理由が提出されている場合には、株主総会参考書類には、その提案の理由は、各別に記載することを要しない。

第八目　株主総会参考書類の記載の特則

第九四条①　株主総会参考書類に記載すべき事項（次に掲げるものを除く。）に係る情報を、当該株主総会に係る招集通知を発出する時から当該株主総会の日から三箇月が経過する日までの間、継続して電磁的方法により株主が提供を受けることができ

る状態に置く措置（第二百二十二条第一項第一号ロに掲げる方法のうち、インターネットに接続された自動公衆送信装置（公衆の用に供する電気通信回線に接続することにより、その記録媒体のうち自動公衆送信の用に供する部分に記録され、又は当該装置に入力される情報を自動公衆送信する機能を有する装置をいう。以下同じ。）を使用する方法によって行われるものに限る。第三項において同じ。）をとる場合には、当該事項は、当該事項を記載した株主総会参考書類を株主に対して提供したものとみなす。ただし、この項の措置をとる旨の定款の定めがある場合に限る。

一　議案

二　第百三十三条第三項第一号に掲げる事項を株主総会参考書類に記載することとしている場合における当該事項

三　次項の規定により株主総会参考書類に記載すべき事項

四　株主総会参考書類に記載すべき事項（前各号に掲げるものを除く。）につきこの項の措置をとることについて監査役、監査等委員会又は監査委員会が異議を述べている場合における当該事項

②　前項の場合には、株主に対して提供する株主総会参考書類に、同項の措置をとるために使用する自動公衆送信装置のうち当該措置をとるための用に供する部分をインターネットにおいて識別するための文字、記号その他の符号又はこれらの結合であって、情報の提供を受ける者がその使用に係る電子計算機に入力することによって当該情報の内容を閲覧し、当該電子計算機に備えられたファイルに当該情報を記録することができるものを記載しなければならない。

③　第一項の規定は、同項各号に掲げる事項に係る情報についても、電磁的方法により株主が提供を受けることができる状態に置く措置をとることを妨げるものではない。

第三款　種類株主総会

第九五条　次の各号に掲げる規定は、当該各号に定めるものについて準用する。

一　第六十三条（第一号を除く。）　法第三百二十五条において準用する法第二百九十八条第一項第五号に規定する法務省令で定める事項

二　第六十四条　法第三百二十五条において準用する法第二百九十八条第二項に規定する法務省令で定めるもの

三　第六十五条及び前款　種類株主総会の株主総会参考書類

四　第六十六条　種類株主総会の議決権行使書面

五　第六十七条　法第三百二十五条において準用する法第三百八条第一項に規定する法務省令で定める株主

六　第六十九条　法第三百二十五条において準用する法第三百十一条第一項に規定する法務省令で定める時

七　第七十条　法第三百二十五条において準用する法第三百十二条第一項に規定する法務省令で定める時

八　第七十一条　法第三百二十五条において準用する法第三百十四条に規定する法務省令で定める場合

九　第七十二条　法第三百二十五条において準用する法第三百十八条第一項の規定による議事録の作成

第四款　電子提供措置

（電子提供措置）

第九五条の二　法第三百二十五条の二に規定する法務省令で定めるものは、第二百二十二条第一項第一号ロに掲げる方法のうち、インターネットに接続された自動公衆送信装置を使用するものによる措置とする。

（電子提供措置をとる場合における招集通知の記載事項）

第九五条の三①　法第三百二十五条の四第二項第三号に規定する法務省令で定める事項は、次に掲げる事項とする。

一　電子提供措置をとっているときは、電子提供措置をとるために使用する自動公衆送信装置のうち当該電子提供措置をとるための用に供する部分をインターネットにおいて識別するための文字、記号その他の符号又はこれらの結合であって、情報の提供を受ける者がその使用に係る電子計算機に入力することによって当該情報の内容を閲覧し、当該電子計算機に備えられたファイルに当該情報を記録することができるものその他の当該者が当該情報の内容を閲覧し、当該電子計算機に備えられたファイルに当該情報を記録するために必要な事項

二　法第三百二十五条の三第三項に規定する場合には、同項の手続であって、金融商品取引法施行令（昭和四十年政令第三百二十一号）第十四条の十二の規定によりインターネットを利用して公衆の縦覧に供されるものをインターネットにおいて識別するための文字、記号その他の符号又はこれらの結合であって、情報の提供を受ける者がその使用に係る電子計算機に入力することによって当該情報の内容を閲覧することができるものその他の当該者が当該情報の内容を閲覧するために必要な事項

②　法第三百二十五条の七において読み替えて準用する法第三百二十五条の四第二項第三号に規定する法務省令で定める事項は、前項第一号に掲げる事項とする。

（電子提供措置事項記載書面に記載することを要しない事項）

第九五条の四①　法第三百二十五条の五第三項に規定する法務省令で定めるものは、次に掲げるものとする。

一　株主総会参考書類に記載すべき事項（次に掲げるものを除く。）

イ　議案

ロ　株主総会参考書類に記載すべき事項（イに掲げるものを除く。）につき電子提供措置事項記載書面に記載しないことについて監査役、監査等委員会又は監査委員会が異議を述べている場合における当該事項

二　事業報告に記載され、又は記録された事項（次に掲げるものを除く。）

イ　第百二十条第一項第四号、第五号、第七号及び第八号、第百二十一条第一号から第六号の三まで、第百二十一条の二、第百二十五条並びに第百二十六条第七号から第七号の四までに掲げる事項

ロ　事業報告に記載され、又は記録された事項（イに掲げるものを除く。）につき電子提供措置事項記載書面に記載しないことについて監査役、監査等委員会又は監査委員会が異議を述べている場合における当該事項

三　計算書類に記載され、又は記録された事項（株主資本等変動計算書又は個別注記表に係るものに限る。）

四　連結計算書類に記載され、又は記録された事項（会社計算規則第六十一条第一号ハの連結株主資本等変動計算書若しくは同号ニの連結注記表に係るもの又はこれらに相当するものに限る。）

②　次の各号に掲げる事項の全部又は一部を電子提供措置事項記載書面に記載しないときは、取締役は、当該各号に定める事項を株主（電子提供措置事項記載書面の交付を受ける株主に限る。以下この項において同じ。）に対して通知しなければならない。

一　前項第二号に掲げる事項　監査役、監査等委員会又は監査委員会が、電子提供措置事項記載書面に記載された事項（事業報告に記載され、又は記録された事項に限る。）が監査報告を作成するに際して監査をした事業報告に記載され、又は記録された事項の一部である旨を株主に対して通知すべきことを取締役に請求したときは、その旨

二　前項第三号に掲げる事項　監査役、会計監査人、監査等委員会又は監査委員会が、電子提供措置事項記載書面に記載された事項（計算書類に記載され、又は記録された事項に限る。）が監査報告又は会計監査報告を作成するに際して監査をした計算書類に記載され、又は記録された事項の一部である旨を株主に対して通知すべきことを取締役に請求したときは、その旨

三　前項第四号に掲げる事項　監査役、会計監査人、監査等委員会又は監査委員会が、電子提供措置事項記載書面に記載された事項（連結計算書類に記載され、又は記録された事項に限る。）が監査報告又は会計監査報告を作成するに際して監査をした連結計算書類に記載され、又は記録された事項の一部である旨を株主に対して通知すべきことを取締役に請求したときは、その旨

第二節　会社役員の選任

（補欠の会社役員の選任）

第九六条①　法第三百二十九条第三項の規定による補欠の会社役員（執行役を除き、監査等委員会設置会社にあっては、監査等委員である取締役若しくはそれ以外の取締役又は会計参与。以下この条において同じ。）の選任については、この条の定めるところによる。

②　法第三百二十九条第三項に規定する決議により補欠の会社役員を選任する場合には、次に掲げる事項も併せて決定しなければならない。

一　当該候補者が補欠の会社役員である旨

二　当該候補者を補欠の社外取締役として選任するときは、その旨

三　当該候補者を補欠の社外監査役として選任するときは、その旨

四　当該候補者を一人又は二人以上の特定の会社役員の補欠の会社役員として選任するときは、その旨及び当該特定の会社役員の氏名（会計参与である場合にあっては、氏名又は名称）

五　同一の会社役員（二以上の会社役員の補欠として選任した場合にあっては、当該二以上の会社役員）につき二人以上の補欠の会社役員を選任するときは、当該補欠の会社役員相互間の優先順位

六　補欠の会社役員について、就任前にその選任の取消しを行う場合があるときは、その旨及び取消しを行うための手続

③　補欠の会社役員の選任に係る決議が効力を有する期間は、定款に別段の定めがある場合を除き、当該決議後最初に開催する定時株主総会の開始の時までとする。ただし、株主総会（当該補欠の会社役員を法第百八条第一項第九号に掲げる事項についての定めに従い種類株主総会の決議によって選任する場合にあっては、当該種類株主総会）の決議によってその期間を短縮することを妨げない。

（累積投票による取締役の選任）

第九七条①　法第三百四十二条第五項の規定により法務省令で定めるべき事項は、この条の定めるところによる。

②　法第三百四十二条第一項の規定による請求があった場合には、取締役（株主総会の議長が存する場合にあっては議長、取締役及び議長が存しない場合にあっては当該請求をした株主）は、同項の株主総会における取締役（監査等委員会設置会社にあっては、監査等委員である取締役又はそれ以外の取締役。以下この条において同じ。）の選任の決議に先立ち、法第三百四十二条第三項から第五項までに規定するところにより取締役を選任することを明らかにしなければならない。

③　法第三百四十二条第四項の場合において、投票の同数を得た者が二人以上存することにより同条第一項の株主総会において選任する取締役の数の取締役について投票の最多数を得た者から順次取締役に選任されたものとすることができないときは、当該株主総会において選任する取締役の数以下の数であって投票の最多数を得た者から順次取締役に選任されたものとすることができる数の範囲内で、投票の最多数を得た者から順次取締役に選任されたものとする。

④　前項に規定する場合において、法第三百四十二条第一項の株主総会において選任する取締役の数から前項の規定により取締役に選任されたものとされた者の数を減じて得た数の取締役は、同条第三項及び第四項に規定するところによらないで、株主総会の決議により選任する。

第三節　取締役

（業務の適正を確保するための体制）

第九八条①　法第三百四十八条第三項第四号に規定する法務省令で定める体制は、当該株式会社における次に掲げる体制とする。

一　当該株式会社の取締役の職務の執行に係る情報の保存及び管理に関する体制

二　当該株式会社の損失の危険の管理に関する規程その他の体制

三　当該株式会社の取締役の職務の執行が効率的に行われることを確保するための体制

四　当該株式会社の使用人の職務の執行が法令及び定款に適合することを確保するための体制

五　次に掲げる体制その他の当該株式会社並びにその親会社及び子会社から成る企業集団における業務の適正を確保するための体制

イ　当該株式会社の子会社の取締役、執行役、業務を執行する社員、法第五百九十八条第一項の職務を行うべき者その他これらの者に相当する者（ハ及びニにおいて「取締役等」という。）の職務の執行に係る事項の当該株式会社への報告に関する体制

ロ　当該株式会社の子会社の損失の危険の管理に関する規程その他の体制

ハ　当該株式会社の子会社の取締役等の職務の執行が効率的に行われることを確保するための体制

ニ　当該株式会社の子会社の取締役等及び使用人の職務の執行が法令及び定款に適合することを確保するための体制

②　取締役が二人以上ある株式会社である場合には、前項に規定する体制には、業務の決定が適正に行われることを確保するための体制を含むものとする。

③　監査役設置会社以外の株式会社である場合には、第一項に規定する体制には、取締役が株主に報告すべき事項の報告をするための体制を含むものとする。

④　監査役設置会社（監査役の監査の範囲を会計に関するものに限定する旨の定款の定めがある株式会社を含む。）である場合には、第一項に規定する体制には、次に掲げる体制を含むものとする。

一　当該監査役設置会社の監査役がその職務を補助すべき使用人を置くことを求めた場合における当該使用人に関する事項

二　前号の使用人の当該監査役設置会社の取締役からの独立性に関する事項

三　当該監査役設置会社の監査役の第一号の使用人に対する指示の実効性の確保に関する事項

四　次に掲げる体制その他の当該監査役設置会社の監査役への報告に関する体制

イ　当該監査役設置会社の取締役及び会計参与並びに使用人が当該監査役設置会社の監査役に報告をするための体制

ロ　当該監査役設置会社の子会社の取締役、会計参与、監査役、執行役、業務を執行する社員、法第五百九十八条第一項の職務を行うべき者その他これらの者に相当する者及び使用人又はこれらの者から報告を受けた者が当該監査役設置会社の監査役に報告をするための体制

五　前号の報告をした者が当該報告をしたことを理由として不利な取扱いを受けないことを確保するための体制

六　当該監査役設置会社の監査役の職務の執行について生ずる費用の前払又は償還の手続その他の当該職務の執行について生ずる費用又は債務の処理に係る方針に関する事項

七　その他当該監査役設置会社の監査役の監査が実効的に行われることを確保するための体制

（取締役の報酬等のうち株式会社の募集株式について定めるべき事項）

第九八条の二　法第三百六十一条第一項第三号に規定する法務省令で定める事項は、同号の募集株式に係る次に掲げる事項とする。

一　一定の事由が生ずるまで当該募集株式を他人に譲り渡さないことを取締役に約させることとするときは、その旨及び当該一定の事由の概要

二　一定の事由が生じたことを条件として当該募集株式を当該株式会社に無償で譲り渡すことを取締役に約させることとするときは、その旨及び当該一定の事由の概要

三　前二号に掲げる事項のほか、取締役に対して当該募集株式を割り当てる条件を定めるときは、その条件の概要

（取締役の報酬等のうち株式会社の募集新株予約権について定めるべき事項）

第九八条の三　法第三百六十一条第一項第四号に規定する法務省令で定める事項は、同号の募集新株予約権に係る次に掲げる事項とする。

一　法第二百三十六条第一項第一号から第四号までに掲げる事項（同条第三項の場合には、同条第一項第一号、第三号及び第四号に掲げる事項並びに同条第三項各号に掲げる事項）

二　一定の資格を有する者が当該募集新株予約権を行使することができることとするときは、その旨及び当該一定の資格の内容の概要

三　前二号に掲げる事項のほか、当該募集新株予約権の行使の条件を定めるときは、その条件の概要

四　法第二百三十六条第一項第六号に掲げる事項

五　法第二百三十六条第一項第七号に掲げる事項の内容の概要

六　取締役に対して当該募集新株予約権を割り当てる条件を定めるときは、その条件の概要

（取締役の報酬等のうち株式等と引換えにする払込みに充てるための金銭について定めるべき事項）

第九八条の四①　法第三百六十一条第一項第五号イに規定する法務省令で定める事項は、同号イの募集株式に係る次に掲げる事項とする。

一　一定の事由が生ずるまで当該募集株式を他人に譲り渡さないことを取締役に約させることとするときは、その旨及び当該一定の事由の概要

二　一定の事由が生じたことを条件として当該募集株式を当該株式会社に無償で譲り渡すことを取締役に約させることとするときは、その旨及び当該一定の事由の概要

三　前二号に掲げる事項のほか、取締役に対して当該募集株式と引換えにする払込みに充てるための金銭を交付する条件又は取締役に対して当該募集株式を割り当てる条件を定めるときは、その条件の概要

②　法第三百六十一条第一項第五号ロに規定する法務省令で定める事項は、同号ロの募集新株予約権に係る次に掲げる事項とする。

一　法第二百三十六条第一項第一号から第四号までに掲げる事項（同条第三項の場合には、同条第一項第一号、第三号及び第四号に掲げる事項並びに同条第三項各号に掲げる事項）

二　一定の資格を有する者が当該募集新株予約権を行使することができることとするときは、その旨及び当該一定の資格の内容の概要

三　前二号に掲げる事項のほか、当該募集新株予約権の行使の条件を定めるときは、その条件の概要

四　法第二百三十六条第一項第六号に掲げる事項

五　法第二百三十六条第一項第七号に掲げる事項の内容の概要

六　取締役に対して当該募集新株予約権と引換えにする払込みに充てるための金銭を交付する条件又は取締役に対して当該募集新株予約権を割り当てる条件を定めるときは、その条件の概要

（取締役の個人別の報酬等の内容についての決定に関する方針）

第九八条の五　法第三百六十一条第七項に規定する法務省令で定める事項は、次に掲げる事項とする。

一　取締役（監査等委員である取締役を除く。以下この条において同じ。）の個人別の報酬等（次号に規定する業績連動報酬等及び第三号に規定する非金銭報酬等のいずれでもないものに限る。）の額又はその算定方法の決定に関する方針

二　取締役の個人別の報酬等のうち、利益の状況を示す指標、株式の市場価格の状況を示す指標その他の当該株式会社又はその関係会社（会社計算規則第二条第三項第二十五号に規定する関係会社をいう。）の業績を示す指標（以下この号及び第百二十一条第五号の二において「業績指標」という。）を基礎としてその額又は数が算定される報酬等（以下この条並びに第百二十一条第四号及び第五号の二において「業績連動報酬等」という。）がある場合には、当該業績連動報酬等に係る業績指標の内容及び当該業績連動報酬等の額又は数の算定方法の決定に関する方針

三　取締役の個人別の報酬等のうち、金銭でないもの（募集株式又は募集新株予約権と引換えにする払込みに充てるための金銭を取締役の報酬等とする場合における当該募集株式又は募集新株予約権を含む。以下この条並びに第百二十一条第四号及び第五号の三において「非金銭報酬等」という。）がある場合には、当該非金銭報酬等の内容及び当該非金銭報酬等の額若しくは数又はその算定方法の決定に関する方針

四　第一号の報酬等の額、業績連動報酬等の額又は非金銭報酬等の額の取締役の個人別の報酬等の額に対する割合の決定に関する方針

五　取締役に対し報酬等を与える時期又は条件の決定に関する方針

六　取締役の個人別の報酬等の内容についての決定の全部又は一部を取締役その他の第三者に委任することとするときは、次に掲げる事項

イ　当該委任を受ける者の氏名又は当該株式会社における地位及び担当

ロ　イの者に委任する権限の内容

ハ　イの者によりロの権限が適切に行使されるようにするための措置を講ずることとするときは、その内容

七　取締役の個人別の報酬等の内容についての決定の方法（前号に掲げる事項を除く。）

八　前各号に掲げる事項のほか、取締役の個人別の報酬等の内容についての決定に関する重要な事項

第四節　取締役会

（社債を引き受ける者の募集に際して取締役会が定めるべき事項）

第九九条①　法第三百六十二条第四項第五号に規定する法務省令で定める事項は、次に掲げる事項とする。

一　二以上の募集（法第六百七十六条の募集をいう。以下この条において同じ。）に係る法第六百七十六条各号に掲げる事項の決定を委任するときは、その旨

二　募集社債の総額の上限（前号に規定する場合にあっては、各募集に係る募集社債の総額の上限の合計額）

三　募集社債の利率の上限その他の利率に関する事項の要綱

四　募集社債の払込金額（法第六百七十六条第九号に規定する払込金額をいう。以下この号において同じ。）の総額の最低金額その他の払込金額に関する事項の要綱

②　前項の規定にかかわらず、信託社債（当該信託社債について信託財産に属する財産のみをもってその履行の責任を負うものに限る。）の募集に係る法第六百七十六条各号に掲げる事項の決定を委任する場合には、法第三百六十二条第四項第五号に規定する法務省令で定める事項は、当該決定を委任する旨とする。

（業務の適正を確保するための体制）

第一〇〇条①　法第三百六十二条第四項第六号に規定する法務省令で定める体制は、当該株式会社における次に掲げる体制とする。

一　当該株式会社の取締役の職務の執行に係る情報の保存及び管理に関する体制
二　当該株式会社の損失の危険の管理に関する規程その他の体制
三　当該株式会社の取締役の職務の執行が効率的に行われることを確保するための体制
四　当該株式会社の使用人の職務の執行が法令及び定款に適合することを確保するための体制
五　次に掲げる体制その他の当該株式会社並びにその親会社及び子会社から成る企業集団における業務の適正を確保するための体制
イ　当該株式会社の子会社の取締役、執行役、業務を執行する社員、法第五百九十八条第一項の職務を行うべき者その他これらの者に相当する者（ハ及びニにおいて「取締役等」という。）の職務の執行に係る事項の当該株式会社への報告に関する体制
ロ　当該株式会社の子会社の損失の危険の管理に関する規程その他の体制
ハ　当該株式会社の子会社の取締役等の職務の執行が効率的に行われることを確保するための体制
ニ　当該株式会社の子会社の取締役等及び使用人の職務の執行が法令及び定款に適合することを確保するための体制

②　監査役設置会社以外の株式会社である場合には、前項に規定する体制には、取締役が株主に報告すべき事項の報告をするための体制を含むものとする。

③　監査役設置会社（監査役の監査の範囲を会計に関するものに限定する旨の定款の定めがある株式会社を含む。）である場合には、第一項に規定する体制には、次に掲げる体制を含むものとする。
一　当該監査役設置会社の監査役がその職務を補助すべき使用人を置くことを求めた場合における当該使用人に関する事項
二　前号の使用人の当該監査役設置会社の取締役からの独立性に関する事項
三　当該監査役設置会社の監査役の第一号の使用人に対する指示の実効性の確保に関する事項
四　次に掲げる体制その他の当該監査役設置会社の監査役への報告に関する体制
イ　当該監査役設置会社の取締役及び会計参与並びに使用人が当該監査役設置会社の監査役に報告をするための体制
ロ　当該監査役設置会社の子会社の取締役、会計参与、監査役、執行役、業務を執行する社員、法第五百九十八条第一項の職務を行うべき者その他これらの者に相当する者及び使用人又はこれらの者から報告を受けた者が当該監査役設置会社の監査役に報告をするための体制
五　前号の報告をした者が当該報告をしたことを理由として不利な取扱いを受けないことを確保するための体制
六　当該監査役設置会社の監査役の職務の執行について生ずる費用の前払又は償還の手続その他の当該職務の執行について生ずる費用又は債務の処理に係る方針に関する事項
七　その他当該監査役設置会社の監査役の監査が実効的に行われることを確保するための体制

（取締役会の議事録）

第一〇一条①　法第三百六十九条第三項の規定による取締役会の議事録の作成については、この条の定めるところによる。

②　取締役会の議事録は、書面又は電磁的記録をもって作成しなければならない。

③　取締役会の議事録は、次に掲げる事項を内容とするものでなければならない。
一　取締役会が開催された日時及び場所（当該場所に存しない取締役（監査等委員会設置会社にあっては、監査等委員である取締役又はそれ以外の取締役）、執行役、会計参与、監査役、会計監査人又は株主が取締役会に出席をした場合における当該出席の方法を含む。）
二　取締役会が法第三百七十三条第二項の取締役会であるときは、その旨
三　取締役会が次に掲げるいずれかのものに該当するときは、その旨
イ　法第三百六十六条第二項の規定による取締役の請求を受けて招集されたもの
ロ　法第三百六十六条第三項の規定により取締役が招集したもの
ハ　法第三百六十七条第一項の規定による株主の請求を受けて招集されたもの
ニ　法第三百六十七条第三項において準用する法第三百六十六条第三項の規定により株主が招集したもの
ホ　法第三百八十三条第二項の規定による監査役の請求を受けて招集されたもの
ヘ　法第三百八十三条第三項の規定により監査役が招集したもの
ト　法第三百九十九条の十四の規定により監査等委員会が選定した監査等委員が招集したもの
チ　法第四百十七条第一項の規定により指名委員会等の委員の中から選定された者が招集したもの
リ　法第四百十七条第二項前段の規定による執行役の請求を受けて招集されたもの
ヌ　法第四百十七条第二項後段の規定により執行役が招集したもの
四　取締役会の議事の経過の要領及びその結果
五　決議を要する事項について特別の利害関係を有する取締役があるときは、当該取締役の氏名
六　次に掲げる規定により取締役会において述べられた意見又は発言があるときは、その意見又は発言の内容の概要
イ　法第三百六十五条第二項（法第四百十九条第二項において準用する場合を含む。）
ロ　法第三百六十七条第四項
ハ　法第三百七十六条第一項
ニ　法第三百八十二条
ホ　法第三百八十三条第一項
ヘ　法第三百九十九条の四
ト　法第四百六条
チ　法第四百三十条の二第四項
七　取締役会に出席した執行役、会計参与、会計監査人又は株主の氏名又は名称
八　取締役会の議長が存するときは、議長の氏名

④　次の各号に掲げる場合には、取締役会の議事録は、当該各号に定める事項を内容とするものとする。
一　法第三百七十条の規定により取締役会の決議があったものとみなされた場合　次に掲げる事項
イ　取締役会の決議があったものとみなされた事項の内容
ロ　イの事項の提案をした取締役の氏名
ハ　取締役会の決議があったものとみなされた日
ニ　議事録の作成に係る職務を行った取締役の氏名
二　法第三百七十二条第一項（同条第三項の規定により読み替えて適用する場合を含む。）の規定により取締役会への報告を要しないものとされた場合　次に掲げる事項
イ　取締役会への報告を要しないものとされた事項の内容
ロ　取締役会への報告を要しないものとされた日
ハ　議事録の作成に係る職務を行った取締役の氏名

第五節　会計参与

（会計参与報告の内容）

第一〇二条　法第三百七十四条第一項の規定により作成すべき会計参与報告は、次に掲げる事項を内容とするものでなければならない。
一　会計参与が職務を行うにつき会計参与設置会社と合意した事項のうち主なもの

二　計算関係書類のうち、取締役又は執行役と会計参与が共同して作成したものの種類
三　会計方針（会社計算規則第二条第三項第六十二号に規定する会計方針をいう。）に関する次に掲げる事項（重要性の乏しいものを除く。）
イ　資産の評価基準及び評価方法
ロ　固定資産の減価償却の方法
ハ　引当金の計上基準
ニ　収益及び費用の計上基準
ホ　その他計算関係書類の作成のための基本となる重要な事項
四　計算関係書類の作成に用いた資料の種類その他計算関係書類の作成の過程及び方法
五　前号に規定する資料が次に掲げる事由に該当するときは、その旨及びその理由
イ　当該資料が著しく遅滞して作成されたとき。
ロ　当該資料の重要な事項について虚偽の記載がされていたとき。
六　計算関係書類の作成に必要な資料が作成されていなかったとき又は適切に保存されていなかったときは、その旨及びその理由
七　会計参与が計算関係書類の作成のために行った報告の徴収及び調査の結果
八　会計参与が計算関係書類の作成に際して取締役又は執行役と協議した主な事項

（計算書類等の備置き）
第一〇三条①　法第三百七十八条第一項の規定により会計参与が同項各号に掲げるものを備え置く場所（以下この条において「会計参与報告等備置場所」という。）を定める場合には、この条の定めるところによる。
② 会計参与は、当該会計参与である公認会計士若しくは監査法人又は税理士若しくは税理士法人の事務所（会計参与が税理士法（昭和二十六年法律第二百三十七号）第二条第三項の規定により税理士又は税理士法人の補助者として当該税理士の税理士事務所に勤務し、又は当該税理士法人に所属し、同項に規定する業務に従事する者であるときは、その勤務する税理士事務所又は当該税理士法人の事務所）の場所の中から会計参与報告等備置場所を定めなければならない。
③ 会計参与は、会計参与報告等備置場所として会計参与設置会社の本店又は支店と異なる場所を定めなければならない。
④ 会計参与は、会計参与報告等備置場所を定めた場合には、遅滞なく、会計参与設置会社に対して、会計参与報告等備置場所を通知しなければならない。

（計算書類の閲覧）
第一〇四条　法第三百七十八条第二項に規定する法務省令で定める場合とは、会計参与である公認会計士若しくは監査法人又は税理士若しくは税理士法人の業務時間外である場合とする。

第六節　監査役

（監査報告の作成）
第一〇五条①　法第三百八十一条第一項の規定により法務省令で定める事項については、この条の定めるところによる。
② 監査役は、その職務を適切に遂行するため、次に掲げる者との意思疎通を図り、情報の収集及び監査の環境の整備に努めなければならない。この場合において、取締役又は取締役会は、監査役の職務の執行のための必要な体制の整備に留意しなければならない。
一　当該株式会社の取締役、会計参与及び使用人
二　当該株式会社の子会社の取締役、会計参与、執行役、業務を執行する社員、法第五百九十八条第一項の職務を行うべき者その他これらの者に相当する者及び使用人
三　その他監査役が適切に職務を遂行するに当たり意思疎通を図るべき者
③ 前項の規定は、監査役が公正不偏の態度及び独立の立場を保持することができなくなるおそれのある関係の創設及び維持を認めるものと解してはならない。
④ 監査役は、その職務の遂行に当たり、必要に応じ、当該株式会社の他の監査役、当該株式会社の親会社及び子会社の監査役その他これらに相当する者との意思疎通及び情報の交換を図るよう努めなければならない。

（監査役の調査の対象）
第一〇六条　法第三百八十四条に規定する法務省令で定めるものは、電磁的記録その他の資料とする。

（監査報告の作成）
第一〇七条①　法第三百八十九条第二項の規定により法務省令で定める事項については、この条の定めるところによる。
② 監査役は、その職務を適切に遂行するため、次に掲げる者との意思疎通を図り、情報の収集及び監査の環境の整備に努めなければならない。この場合において、取締役又は取締役会は、監査役の職務の執行のための必要な体制の整備に留意しなければならない。
一　当該株式会社の取締役、会計参与及び使用人
二　当該株式会社の子会社の取締役、会計参与、執行役、業務を執行する社員、法第五百九十八条第一項の職務を行うべき者その他これらの者に相当する者及び使用人
三　その他監査役が適切に職務を遂行するに当たり意思疎通を図るべき者
③ 前項の規定は、監査役が公正不偏の態度及び独立の立場を保持することができなくなるおそれのある関係の創設及び維持を認めるものと解してはならない。
④ 監査役は、その職務の遂行に当たり、必要に応じ、当該株式会社の他の監査役、当該株式会社の親会社及び子会社の監査役その他これらに相当する者との意思疎通及び情報の交換を図るよう努めなければならない。

（監査の範囲が限定されている監査役の調査の対象）
第一〇八条　法第三百八十九条第三項に規定する法務省令で定めるものは、次に掲げるものとする。
一　計算関係書類
二　次に掲げる議案が株主総会に提出される場合における当該議案
イ　当該株式会社の株式の取得に関する議案（当該取得に際して交付する金銭等の合計額に係る部分に限る。）
ロ　剰余金の配当に関する議案（剰余金の配当に際して交付する金銭等の合計額に係る部分に限る。）
ハ　法第四百四十七条第一項の資本金の額の減少に関する議案
ニ　法第四百四十八条第一項の準備金の額の減少に関する議案
ホ　法第四百五十条第一項の資本金の額の増加に関する議案
ヘ　法第四百五十一条第一項の準備金の額の増加に関する議案
ト　法第四百五十二条に規定する剰余金の処分に関する議案
三　次に掲げる事項を含む議案が株主総会に提出される場合における当該事項
イ　法第百九十九条第一項第五号の増加する資本金及び資本準備金に関する事項
ロ　法第二百三十六条第一項第五号の増加する資本金及び資本準備金に関する事項
ハ　法第七百四十九条第一項第二号イの資本金及び準備金の額に関する事項
ニ　法第七百五十三条第一項第六号の資本金及び準備金の額に関する事項
ホ　法第七百五十八条第四号イの資本金及び準備金の額に関する事項
ヘ　法第七百六十三条第一項第六号の資本金及び準備金の額に関する事項

ト　法第七百六十八条第一項第二号イの資本金及び準備金の額に関する事項
チ　法第七百七十三条第一項第五号の資本金及び準備金の額に関する事項
リ　法第七百七十四条の三第一項第三号の資本金及び準備金の額に関する事項
ヌ　法第七百七十四条の三第一項第八号イの資本金及び準備金の額に関する事項
四　前三号に掲げるもののほか、これらに準ずるもの

第七節　監査役会

第一〇九条①　法第三百九十三条第二項の規定による監査役会の議事録の作成については、この条の定めるところによる。
②　監査役会の議事録は、書面又は電磁的記録をもって作成しなければならない。
③　監査役会の議事録は、次に掲げる事項を内容とするものでなければならない。
一　監査役会が開催された日時及び場所（当該場所に存しない監査役、取締役、会計参与又は会計監査人が監査役会に出席をした場合における当該出席の方法を含む。）
二　監査役会の議事の経過の要領及びその結果
三　次に掲げる規定により監査役会において述べられた意見又は発言があるときは、その意見又は発言の内容の概要
イ　法第三百五十七条第二項の規定により読み替えて適用する同条第一項（法第四百八十二条第四項において準用する場合を含む。）
ロ　法第三百七十五条第二項の規定により読み替えて適用する同条第一項
ハ　法第三百九十七条第三項の規定により読み替えて適用する同条第一項
四　監査役会に出席した取締役、会計参与又は会計監査人の氏名又は名称
五　監査役会の議長が存するときは、議長の氏名
④　法第三百九十五条の規定により監査役会への報告を要しないものとされた場合には、監査役会の議事録は、次の各号に掲げる事項を内容とするものとする。
一　監査役会への報告を要しないものとされた事項の内容
二　監査役会への報告を要しないものとされた日
三　議事録の作成に係る職務を行った監査役の氏名

第八節　会計監査人

第一一〇条①　法第三百九十六条第一項後段の規定により法務省令で定める事項については、この条の定めるところによる。
②　会計監査人は、その職務を適切に遂行するため、次に掲げる者との意思疎通を図り、情報の収集及び監査の環境の整備に努めなければならない。ただし、会計監査人が公正不偏の態度及び独立の立場を保持することができなくなるおそれのある関係の創設及び維持を認めるものと解してはならない。
一　当該株式会社の取締役、会計参与及び使用人
二　当該株式会社の子会社の取締役、会計参与、執行役、業務を執行する社員、法第五百九十八条第一項の職務を行うべき者その他これらの者に相当する者及び使用人
三　その他会計監査人が適切に職務を遂行するに当たり意思疎通を図るべき者

第八節の二　監査等委員会

（監査等委員の報告の対象）
第一一〇条の二　法第三百九十九条の五に規定する法務省令で定めるものは、電磁的記録その他の資料とする。
（監査等委員会の議事録）
第一一〇条の三①　法第三百九十九条の十第三項の規定による監査等委員会の議事録の作成については、この条の定めるところによる。
②　監査等委員会の議事録は、書面又は電磁的記録をもって作成しなければならない。
③　監査等委員会の議事録は、次に掲げる事項を内容とするものでなければならない。
一　監査等委員会が開催された日時及び場所（当該場所に存しない監査等委員、取締役（監査等委員であるものを除く。）、会計参与又は会計監査人が監査等委員会に出席をした場合における当該出席の方法を含む。）
二　監査等委員会の議事の経過の要領及びその結果
三　決議を要する事項について特別の利害関係を有する監査等委員があるときは、その氏名
四　次に掲げる規定により監査等委員会において述べられた意見又は発言があるときは、その意見又は発言の内容の概要
イ　法第三百五十七条第三項の規定により読み替えて適用する同条第一項
ロ　法第三百七十五条第三項の規定により読み替えて適用する同条第一項
ハ　法第三百九十七条第四項の規定により読み替えて適用する同条第一項
五　監査等委員会に出席した取締役（監査等委員であるものを除く。）、会計参与又は会計監査人の氏名又は名称
六　監査等委員会の議長が存するときは、議長の氏名
④　法第三百九十九条の十二の規定により監査等委員会への報告を要しないものとされた場合には、監査等委員会の議事録は、次の各号に掲げる事項を内容とするものとする。
一　監査等委員会への報告を要しないものとされた事項の内容
二　監査等委員会への報告を要しないものとされた日
三　議事録の作成に係る職務を行った監査等委員の氏名
（業務の適正を確保するための体制）
第一一〇条の四①　法第三百九十九条の十三第一項第一号ロに規定する法務省令で定めるものは、次に掲げるものとする。
一　当該株式会社の監査等委員会の職務を補助すべき取締役及び使用人に関する事項
二　前号の取締役及び使用人の当該株式会社の他の取締役（監査等委員である取締役を除く。）からの独立性に関する事項
三　当該株式会社の監査等委員会の第一号の取締役及び使用人に対する指示の実効性の確保に関する事項
四　次に掲げる体制その他の当該株式会社の監査等委員会への報告に関する体制
イ　当該株式会社の取締役（監査等委員である取締役を除く。）及び会計参与並びに使用人が当該株式会社の監査等委員会に報告をするための体制
ロ　当該株式会社の子会社の取締役、会計参与、監査役、執行役、業務を執行する社員、法第五百九十八条第一項の職務を行うべき者その他これらの者に相当する者及び使用人又はこれらの者から報告を受けた者が当該株式会社の監査等委員会に報告をするための体制
五　前号の報告をした者が当該報告をしたことを理由として不利な取扱いを受けないことを確保するための体制
六　当該株式会社の監査等委員の職務の執行（監査等委員会の職務の執行に関するものに限る。）について生ずる費用の前払又は償還の手続その他の当該職務の執行について生ずる費用又は債務の処理に係る方針に関する事項
七　その他当該株式会社の監査等委員会の監査が実効的に行われることを確保するための体制
②　法第三百九十九条の十三第一項第一号ハに規定する法務省令で定める体制は、当該株式会社における次に掲げる体制とする。
一　当該株式会社の取締役の職務の執行に係る情報の保存及び管理に関する体制
二　当該株式会社の損失の危険の管理に関する規程その他の体制
三　当該株式会社の取締役の職務の執行が効率的に行われるこ

とを確保するための体制

四　当該株式会社の使用人の職務の執行が法令及び定款に適合することを確保するための体制

五　次に掲げる体制その他の当該株式会社並びにその親会社及び子会社から成る企業集団における業務の適正を確保するための体制

イ　当該株式会社の子会社の取締役、執行役、業務を執行する社員、法第五百九十八条第一項の職務を行うべき者その他これらの者に相当する者（ハ及びニにおいて「取締役等」という。）の職務の執行に係る事項の当該株式会社への報告に関する体制

ロ　当該株式会社の子会社の損失の危険の管理に関する規程その他の体制

ハ　当該株式会社の子会社の取締役等の職務の執行が効率的に行われることを確保するための体制

ニ　当該株式会社の子会社の取締役等及び使用人の職務の執行が法令及び定款に適合することを確保するための体制

（社債を引き受ける者の募集に際して取締役会が定めるべき事項）

第一一〇条の五①　法第三百九十九条の十三第四項第五号に規定する法務省令で定める事項は、次に掲げる事項とする。

一　二以上の募集（法第六百七十六条の募集をいう。以下この条において同じ。）に係る法第六百七十六条各号に掲げる事項の決定を委任するときは、その旨

二　募集社債の総額の上限（前号に規定する場合にあっては、各募集に係る募集社債の総額の上限の合計額）

三　募集社債の利率の上限その他の利率に関する事項の要綱

四　募集社債の払込金額（法第六百七十六条第九号に規定する払込金額をいう。以下この号において同じ。）の総額の最低金額その他の払込金額に関する事項の要綱

②　前項の規定にかかわらず、信託社債（当該信託社債について信託財産に属する財産のみをもってその履行の責任を負うものに限る。）の募集に係る法第六百七十六条各号に掲げる事項の決定を委任する場合には、法第三百九十九条の十三第四項第五号に規定する法務省令で定める事項は、当該決定を委任する旨とする。

第九節　指名委員会等及び執行役

（執行役等の報酬等のうち株式会社の募集株式について定めるべき事項）

第一一一条　法第四百九条第三項第三号に規定する法務省令で定める事項は、同号の募集株式に係る次に掲げる事項とする。

一　一定の事由が生ずるまで当該募集株式を他人に譲り渡さないことを執行役等に約させることとするときは、その旨及び当該一定の事由

二　一定の事由が生じたことを条件として当該募集株式を当該株式会社に無償で譲り渡すことを執行役等に約させることとするときは、その旨及び当該一定の事由

三　前二号に掲げる事項のほか、執行役等に対して当該募集株式を割り当てる条件を定めるときは、その条件

（執行役等の報酬等のうち株式会社の募集新株予約権について定めるべき事項）

第一一一条の二　法第四百九条第三項第四号に規定する法務省令で定める事項は、同号の募集新株予約権に係る次に掲げる事項とする。

一　法第二百三十六条第一項第一号から第四号までに掲げる事項（同条第三項（同条第四項の規定により読み替えて適用する場合に限る。以下この号において同じ。）の場合には、同条第一項第一号、第三号及び第四号に掲げる事項並びに同条第三項各号に掲げる事項）

二　一定の資格を有する者が当該募集新株予約権を行使することができることとするときは、その旨及び当該一定の資格の内容

三　前二号に掲げる事項のほか、当該募集新株予約権の行使の条件を定めるときは、その条件

四　法第二百三十六条第一項第六号に掲げる事項

五　法第二百三十六条第一項第七号に掲げる事項の内容

六　執行役等に対して当該募集新株予約権を割り当てる条件を定めるときは、その条件

（執行役等の報酬等のうち株式等と引換えにする払込みに充てるための金銭について定めるべき事項）

第一一一条の三①　法第四百九条第三項第五号イに規定する法務省令で定める事項は、同号イの募集株式に係る次に掲げる事項とする。

一　一定の事由が生ずるまで当該募集株式を他人に譲り渡さないことを執行役等に約させることとするときは、その旨及び当該一定の事由

二　一定の事由が生じたことを条件として当該募集株式を当該株式会社に無償で譲り渡すことを執行役等に約させることとするときは、その旨及び当該一定の事由

三　前二号に掲げる事項のほか、執行役等に対して当該募集株式と引換えにする払込みに充てるための金銭を交付する条件又は執行役等に対して当該募集株式を割り当てる条件を定めるときは、その条件

②　法第四百九条第三項第五号ロに規定する法務省令で定める事項は、同号ロの募集新株予約権に係る次に掲げる事項とする。

一　法第二百三十六条第一項第一号から第四号までに掲げる事項（同条第三項（同条第四項の規定により読み替えて適用する場合に限る。以下この号において同じ。）の場合には、同条第一項第一号、第三号及び第四号に掲げる事項並びに同条第三項各号に掲げる事項）

二　一定の資格を有する者が当該募集新株予約権を行使することができることとするときは、その旨及び当該一定の資格の内容

三　前二号に掲げる事項のほか、当該募集新株予約権の行使の条件を定めるときは、その条件

四　法第二百三十六条第一項第六号に掲げる事項

五　法第二百三十六条第一項第七号に掲げる事項の内容

六　執行役等に対して当該募集新株予約権と引換えにする払込みに充てるための金銭を交付する条件又は執行役等に対して当該募集新株予約権を割り当てる条件を定めるときは、その条件

（指名委員会等の議事録）

第一一一条の四①　法第四百十二条第三項の規定による指名委員会等の議事録の作成については、この条の定めるところによる。

②　指名委員会等の議事録は、書面又は電磁的記録をもって作成しなければならない。

③　指名委員会等の議事録は、次に掲げる事項を内容とするものでなければならない。

一　指名委員会等が開催された日時及び場所（当該場所に存しない取締役、執行役、会計参与又は会計監査人が指名委員会等に出席をした場合における当該出席の方法を含む。）

二　指名委員会等の議事の経過の要領及びその結果

三　決議を要する事項について特別の利害関係を有する委員があるときは、その氏名

四　次に掲げる規定により指名委員会等において述べられた意見又は発言があるときは、その意見又は発言の内容の概要

イ　法第三百七十五条第四項の規定により読み替えて適用する同条第一項の規定により監査委員会において述べられた意見又は発言

ロ　法第三百九十七条第五項の規定により読み替えて適用する同条第一項の規定により監査委員会において述べられた意見又は発言

ハ　法第四百十九条第一項の規定により行うべき監査委員に

対する報告が監査委員会において行われた場合における当該報告に係る意見又は発言

五　指名委員会等に出席した取締役（当該指名委員会等の委員であるものを除く。）、執行役、会計参与又は会計監査人の氏名又は名称

六　指名委員会等の議長が存するときは、議長の氏名

④　法第四百十四条の規定により指名委員会等への報告を要しないものとされた場合には、指名委員会等の議事録は、次の各号に掲げる事項を内容とするものとする。

一　指名委員会等への報告を要しないものとされた事項の内容

二　指名委員会等への報告を要しないものとされた日

三　議事録の作成に係る職務を行った委員の氏名

（業務の適正を確保するための体制）

第一一二条①　法第四百十六条第一項第一号ロに規定する法務省令で定めるものは、次に掲げるものとする。

一　当該株式会社の監査委員会の職務を補助すべき取締役及び使用人に関する事項

二　前号の取締役及び使用人の当該株式会社の執行役からの独立性に関する事項

三　当該株式会社の監査委員会の第一号の取締役及び使用人に対する指示の実効性の確保に関する事項

四　次に掲げる体制その他の当該株式会社の監査委員会への報告に関する体制

イ　当該株式会社の取締役（監査委員である取締役を除く。）、執行役及び会計参与並びに使用人が当該株式会社の監査委員会に報告をするための体制

ロ　当該株式会社の子会社の取締役、会計参与、監査役、執行役、業務を執行する社員、法第五百九十八条第一項の職務を行うべき者その他これらの者に相当する者及び使用人又はこれらの者から報告を受けた者が当該株式会社の監査委員会に報告をするための体制

五　前号の報告をした者が当該報告をしたことを理由として不利な取扱いを受けないことを確保するための体制

六　当該株式会社の監査委員の職務の執行（監査委員会の職務の執行に関するものに限る。）について生ずる費用の前払又は償還の手続その他の当該職務の執行について生ずる費用又は債務の処理に係る方針に関する事項

七　その他当該株式会社の監査委員会の監査が実効的に行われることを確保するための体制

②　法第四百十六条第一項第一号ホに規定する法務省令で定める体制は、当該株式会社における次に掲げる体制とする。

一　当該株式会社の執行役の職務の執行に係る情報の保存及び管理に関する体制

二　当該株式会社の損失の危険の管理に関する規程その他の体制

三　当該株式会社の執行役の職務の執行が効率的に行われることを確保するための体制

四　当該株式会社の使用人の職務の執行が法令及び定款に適合することを確保するための体制

五　次に掲げる体制その他の当該株式会社並びにその親会社及び子会社から成る企業集団における業務の適正を確保するための体制

イ　当該株式会社の子会社の取締役、執行役、業務を執行する社員、法第五百九十八条第一項の職務を行うべき者その他これらの者に相当する者（ハ及びニにおいて「取締役等」という。）の職務の執行に係る事項の当該株式会社への報告に関する体制

ロ　当該株式会社の子会社の損失の危険の管理に関する規程その他の体制

ハ　当該株式会社の子会社の取締役等の職務の執行が効率的に行われることを確保するための体制

ニ　当該株式会社の子会社の取締役等及び使用人の職務の執行が法令及び定款に適合することを確保するための体制

第十節　役員等の損害賠償責任

（報酬等の額の算定方法）

第一一三条　法第四百二十五条第一項第一号に規定する法務省令で定める方法により算定される額は、次に掲げる額の合計額とする。

一　役員等がその在職中に報酬、賞与その他の職務執行の対価（当該役員等が当該株式会社の取締役、執行役又は支配人その他の使用人を兼ねている場合における当該取締役、執行役又は支配人その他の使用人の報酬、賞与その他の職務執行の対価を含む。）として株式会社から受け、又は受けるべき財産上の利益（次号に定めるものを除く。）の額の事業年度（次のイからハまでに掲げる場合の区分に応じ、当該イからハまでに定める日を含む事業年度及びその前の各事業年度に限る。）ごとの合計額（当該事業年度の期間が一年でない場合にあっては、当該合計額を一年当たりの額に換算した額）のうち最も高い額

イ　法第四百二十五条第一項の株主総会の決議を行った場合　当該株主総会（株式会社に最終完全親会社等がある場合において、同項の規定により免除しようとする責任が特定責任であるときにあっては、当該株式会社の株主総会）の決議の日

ロ　法第四百二十六条第一項の規定による定款の定めに基づいて責任を免除する旨の同意（取締役会設置会社にあっては、取締役会の決議。ロにおいて同じ。）を行った場合　当該同意のあった日

ハ　法第四百二十七条第一項の契約を締結した場合　責任の原因となる事実が生じた日（二以上の日がある場合にあっては、最も遅い日）

二　イに掲げる額をロに掲げる数で除して得た額

イ　次に掲げる額の合計額

(1)　当該役員等が当該株式会社から受けた退職慰労金の額

(2)　当該役員等が当該株式会社の取締役、執行役又は支配人その他の使用人を兼ねていた場合における当該取締役若しくは執行役としての退職慰労金又は支配人その他の使用人としての退職手当のうち当該役員等を兼ねていた期間の職務執行の対価である部分の額

(3)　(1)又は(2)に掲げるものの性質を有する財産上の利益の額

ロ　当該役員等がその職に就いていた年数（当該役員等が次に掲げるものに該当する場合における次に定める数が当該年数を超えている場合にあっては、当該数）

(1)　代表取締役又は代表執行役　六

(2)　代表取締役以外の取締役（業務執行取締役等であるものに限る。）又は代表執行役以外の執行役　四

(3)　取締役（(1)及び(2)に掲げるものを除く。）、会計参与、監査役又は会計監査人　二

（特に有利な条件で引き受けた職務執行の対価以外の新株予約権）

第一一四条　法第四百二十五条第一項第二号に規定する法務省令で定める方法により算定される額は、次の各号に掲げる場合の区分に応じ、当該各号に定める額とする。

一　当該役員等が就任後に新株予約権（当該役員等が職務執行の対価として株式会社から受けたものを除く。以下この条において同じ。）を行使した場合　イに掲げる額からロに掲げる額を減じて得た額（零未満である場合にあっては、零）に当該新株予約権の行使により当該役員等が交付を受けた当該株式会社の株式の数を乗じて得た額

イ　当該新株予約権の行使時における当該株式の一株当たりの時価

ロ　当該新株予約権についての法第二百三十六条第一項第二号の価額及び法第二百三十八条第一項第三号の払込金額の合計額の当該新株予約権の目的である株式一株当たりの額

二　当該役員等が就任後に新株予約権を譲渡した場合　当該新株予約権の譲渡価額から法第二百三十八条第一項第三号の払込金額を減じて得た額に当該新株予約権の数を乗じた額

（責任の免除の決議後に受ける退職慰労金等）

第一一五条　法第四百二十五条第四項（法第四百二十六条第八項及び第四百二十七条第五項において準用する場合を含む。）に規定する法務省令で定める財産上の利益とは、次に掲げるものとする。

一　退職慰労金

二　当該役員等が当該株式会社の取締役又は執行役を兼ねていたときは、当該取締役又は執行役としての退職慰労金

三　当該役員等が当該株式会社の支配人その他の使用人を兼ねていたときは、当該支配人その他の使用人としての退職手当のうち当該役員等を兼ねていた期間の職務執行の対価である部分

四　前三号に掲げるものの性質を有する財産上の利益

第十一節　役員等のために締結される保険契約

第一一五条の二　法第四百三十条の三第一項に規定する法務省令で定めるものは、次に掲げるものとする。

一　被保険者に保険者との間で保険契約を締結する株式会社を含む保険契約であって、当該株式会社がその業務に関連し第三者に生じた損害を賠償する責任を負うこと又は当該責任の追及に係る請求を受けることによって当該株式会社に生ずることのある損害を保険者が塡補することを主たる目的として締結されるもの

二　役員等が第三者に生じた損害を賠償する責任を負うこと又は当該責任の追及に係る請求を受けることによって当該役員等に生ずることのある損害（役員等がその職務上の義務に違反し若しくは職務を怠ったことによって第三者に生じた損害を賠償する責任を負うこと又は当該責任の追及に係る請求を受けることによって当該役員等に生ずることのある損害を除く。）を保険者が塡補することを目的として締結されるもの

第五章　計算等

第一節　計算関係書類

第一一六条　次に掲げる規定に規定する法務省令で定めるべき事項（事業報告及びその附属明細書に係るものを除く。）は、会社計算規則の定めるところによる。

一　法第四百三十二条第一項

二　法第四百三十五条第一項及び第二項

三　法第四百三十六条第一項及び第二項

四　法第四百三十七条

五　法第四百三十九条

六　法第四百四十条第一項及び第三項

七　法第四百四十一条第一項、第二項及び第四項

八　法第四百四十四条第一項、第四項及び第六項

九　法第四百四十五条第四項から第六項まで

十　法第四百四十六条第一号ホ及び第七号

十一　法第四百五十二条

十二　法第四百五十九条第二項

十三　法第四百六十条第二項

十四　法第四百六十一条第二項第二号イ、第五号及び第六号

十五　法第四百六十二条第一項

第二節　事業報告

第一款　通則

第一一七条　次の各号に掲げる規定に規定する法務省令で定めるべき事項（事業報告及びその附属明細書に係るものに限る。）は、当該各号に定める規定の定めるところによる。ただし、他の法令に別段の定めがある場合は、この限りでない。

一　法第四百三十五条第二項　次款

二　法第四百三十六条第一項及び第二項　第三款

三　法第四百三十七条　第四款

第二款　事業報告等の内容

第一目　通則

第一一八条　事業報告は、次に掲げる事項をその内容としなければならない。

一　当該株式会社の状況に関する重要な事項（計算書類及びその附属明細書並びに連結計算書類の内容となる事項を除く。）

二　法第三百四十八条第三項第四号、第三百六十二条第四項第六号、第三百九十九条の十三第一項第一号ロ及びハ並びに第四百十六条第一項第一号ロ及びホに規定する体制の整備についての決定又は決議があるときは、その決定又は決議の内容の概要及び当該体制の運用状況の概要

三　株式会社が当該株式会社の財務及び事業の方針の決定を支配する者の在り方に関する基本方針（以下この号において「基本方針」という。）を定めているときは、次に掲げる事項

イ　基本方針の内容の概要

ロ　次に掲げる取組みの具体的な内容の概要

(1)　当該株式会社の財産の有効な活用、適切な企業集団の形成その他の基本方針の実現に資する特別な取組み

(2)　基本方針に照らして不適切な者によって当該株式会社の財務及び事業の方針の決定が支配されることを防止するための取組み

ハ　ロの取組みの次に掲げる要件への該当性に関する当該株式会社の取締役（取締役会設置会社にあっては、取締役会）の判断及びその理由（当該理由が社外役員の存否に関する事項のみである場合における当該事項を除く。）

(1)　当該取組みが基本方針に沿うものであること。

(2)　当該取組みが当該株式会社の株主の共同の利益を損なうものではないこと。

(3)　当該取組みが当該株式会社の会社役員の地位の維持を目的とするものではないこと。

四　当該株式会社（当該事業年度の末日において、その完全親会社等があるものを除く。）に特定完全子会社（当該事業年度の末日において、当該株式会社及びその完全子会社等（法第八百四十七条の三第三項の規定により当該完全子会社等とみなされるものを含む。以下この号において同じ。）における当該株式会社のある完全子会社等（株式会社に限る。）の株式の帳簿価額が当該株式会社の当該事業年度に係る貸借対照表の資産の部に計上した額の合計額の五分の一（法第八百四十七条の三第四項の規定により五分の一を下回る割合を定款で定めた場合にあっては、その割合）を超える場合における当該ある完全子会社等をいう。以下この号において同じ。）がある場合には、次に掲げる事項

イ　当該特定完全子会社の名称及び住所

ロ　当該株式会社及びその完全子会社等における当該特定完全子会社の株式の当該事業年度の末日における帳簿価額の合計額

ハ　当該株式会社の当該事業年度に係る貸借対照表の資産の部に計上した額の合計額

五　当該株式会社とその親会社等との間の取引（当該株式会社と第三者との間の取引で当該株式会社とその親会社等との間の利益が相反するものを含む。）であって、当該株式会社の当該事業年度に係る個別注記表において会社計算規則第百十二条第一項に規定する注記を要するもの（同項ただし書の規定により同項第四号から第六号まで及び第八号に掲げる事項を省略するものを除く。）があるときは、当該取引に係る次に掲げる事項

イ　当該取引をするに当たり当該株式会社の利益を害さないように留意した事項（当該事項がない場合にあっては、その旨）

ロ　当該取引が当該株式会社の利益を害さないかどうかについての当該株式会社の取締役（取締役会設置会社にあって

は、取締役会。ハにおいて同じ。）の判断及びその理由

ハ　社外取締役を置く株式会社において、ロの取締役の判断が社外取締役の意見と異なる場合には、その意見

第二目　公開会社における事業報告の内容

（公開会社の特則）

第一一九条　株式会社が当該事業年度の末日において公開会社である場合には、次に掲げる事項を事業報告の内容に含めなければならない。

一　株式会社の現況に関する事項

二　株式会社の会社役員に関する事項

二の二　株式会社の役員等賠償責任保険契約に関する事項

三　株式会社の株式に関する事項

四　株式会社の新株予約権等に関する事項

（株式会社の現況に関する事項）

第一二〇条①　前条第一号に規定する「株式会社の現況に関する事項」とは、次に掲げる事項（当該株式会社の事業が二以上の部門に分かれている場合にあっては、部門別に区別することが困難である場合を除き、その部門別に区別された事項）とする。

一　当該事業年度の末日における主要な事業内容

二　当該事業年度の末日における主要な営業所及び工場並びに使用人の状況

三　当該事業年度の末日において主要な借入先があるときは、その借入先及び借入額

四　当該事業年度における事業の経過及びその成果

五　当該事業年度における次に掲げる事項についての状況（重要なものに限る。）

イ　資金調達

ロ　設備投資

ハ　事業の譲渡、吸収分割又は新設分割

ニ　他の会社（外国会社を含む。）の事業の譲受け

ホ　吸収合併（会社以外の者との合併（当該合併後当該株式会社が存続するものに限る。）を含む。）又は吸収分割による他の法人等の事業に関する権利義務の承継

ヘ　他の会社（外国会社を含む。）の株式その他の持分又は新株予約権等の取得又は処分

六　直前三事業年度（当該事業年度の末日において三事業年度が終了していない株式会社にあっては、成立後の各事業年度）の財産及び損益の状況

七　重要な親会社及び子会社の状況（当該親会社と当該株式会社との間に当該株式会社の重要な財務及び事業の方針に関する契約等が存在する場合には、その内容の概要を含む。）

八　対処すべき課題

九　前各号に掲げるもののほか、当該株式会社の現況に関する重要な事項

②　株式会社が当該事業年度に係る連結計算書類を作成している場合には、前項各号に掲げる事項については、当該株式会社及びその子会社から成る企業集団の現況に関する事項とすることができる。この場合において、当該事項に相当する事項が連結計算書類の内容となっているときは、当該事項を事業報告の内容としないことができる。

③　第一項第六号に掲げる事項については、当該事業年度における過年度事項（当該事業年度より前の事業年度に係る貸借対照表、損益計算書又は株主資本等変動計算書に表示すべき事項をいう。）が会計方針の変更その他の正当な理由により当該事業年度より前の事業年度に係る定時株主総会において承認又は報告をしたものと異なっているときは、修正後の過年度事項を反映した事項とすることを妨げない。

（株式会社の会社役員に関する事項）

第一二一条　第百十九条第二号に規定する「株式会社の会社役員に関する事項」とは、次に掲げる事項とする。ただし、当該事業年度の末日において監査役会設置会社（公開会社であり、かつ、大会社であるものに限る。）であって金融商品取引法第二十四条第一項の規定によりその発行する株式について有価証券報告書を内閣総理大臣に提出しなければならないもの、監査等委員会設置会社又は指名委員会等設置会社でない株式会社にあっては、第六号の二に掲げる事項を省略することができる。

一　会社役員（直前の定時株主総会の終結の日の翌日以降に在任していた者に限る。次号から第三号の二まで、第八号及び第九号並びに第百二十八条第二項において同じ。）の氏名（会計参与にあっては、氏名又は名称）

二　会社役員の地位及び担当

三　会社役員（取締役又は監査役に限る。以下この号において同じ。）と当該株式会社との間で法第四百二十七条第一項の契約を締結しているときは、当該契約の内容の概要（当該契約によって当該会社役員の職務の執行の適正性が損なわれないようにするための措置を講じている場合にあっては、その内容を含む。）

三の二　会社役員（取締役、監査役又は執行役に限る。以下この号において同じ。）と当該株式会社との間で補償契約を締結しているときは、次に掲げる事項

イ　当該会社役員の氏名

ロ　当該補償契約の内容の概要（当該補償契約によって当該会社役員の職務の執行の適正性が損なわれないようにするための措置を講じている場合にあっては、その内容を含む。）

三の三　当該株式会社が会社役員（取締役、監査役又は執行役に限り、当該事業年度の前事業年度の末日までに退任した者を含む。以下この号及び次号において同じ。）に対して補償契約に基づき法第四百三十条の二第一項第一号に掲げる費用を補償した場合において、当該株式会社が、当該事業年度において、当該会社役員が同号の職務の執行に関し法令の規定に違反したこと又は責任を負うことを知ったときは、その旨

三の四　当該株式会社が会社役員に対して補償契約に基づき法第四百三十条の二第一項第二号に掲げる損失を補償したときは、その旨及び補償した金額

四　当該事業年度に係る会社役員の報酬等について、次のイからハまでに掲げる場合の区分に応じ、当該イからハまでに定める事項

イ　会社役員の全部につき取締役（監査等委員会設置会社にあっては、監査等委員である取締役又はそれ以外の取締役。イ及びハにおいて同じ。）、会計参与、監査役又は執行役ごとの報酬等の総額（当該報酬等が業績連動報酬等又は非金銭報酬等を含む場合には、業績連動報酬等の総額、非金銭報酬等の総額及びそれら以外の報酬等の総額。イ及びハ並びに第百二十四条第五号イ及びハにおいて同じ。）を掲げることとする場合　取締役、会計参与、監査役又は執行役ごとの報酬等の総額及び員数

ロ　会社役員の全部につき当該会社役員ごとの報酬等の額（当該報酬等が業績連動報酬等又は非金銭報酬等を含む場合には、業績連動報酬等の額、非金銭報酬等の額及びそれら以外の報酬等の額。ロ及びハ並びに第百二十四条第五号ロ及びハにおいて同じ。）を掲げることとする場合　当該会社役員ごとの報酬等の額

ハ　会社役員の一部につき当該会社役員ごとの報酬等の額を掲げることとする場合　当該会社役員ごとの報酬等の額並びにその他の会社役員についての取締役、会計参与、監査役又は執行役ごとの報酬等の総額及び員数

五　当該事業年度において受け、又は受ける見込みの額が明らかとなった会社役員の報酬等（前号の規定により当該事業年度に係る事業報告の内容とする報酬等及び当該事業年度前の事業年度に係る事業報告の内容とした報酬等を除く。）について、同号イからハまでに掲げる場合の区分に応じ、当該イからハまでに定める事項

五の二　前二号の会社役員の報酬等の全部又は一部が業績連動

報酬等である場合には、次に掲げる事項
イ　当該業績連動報酬等の額又は数の算定の基礎として選定した業績指標の内容及び当該業績指標を選定した理由
ロ　当該業績連動報酬等の額又は数の算定方法
ハ　当該業績連動報酬等の額又は数の算定に用いたイの業績指標に関する実績
五の三　第四号及び第五号の会社役員の報酬等の全部又は一部が非金銭報酬等である場合には、当該非金銭報酬等の内容
五の四　会社役員の報酬等についての定款の定め又は株主総会の決議による定めに関する次に掲げる事項
イ　当該定款の定めを設けた日又は当該株主総会の決議の日
ロ　当該定めの内容の概要
ハ　当該定めに係る会社役員の員数
六　法第三百六十一条第七項の方針又は法第四百九条第一項の方針を定めているときは、次に掲げる事項
イ　当該方針の決定の方法
ロ　当該方針の内容の概要
ハ　当該事業年度に係る取締役（監査等委員である取締役を除き、指名委員会等設置会社にあっては、執行役等）の個人別の報酬等の内容が当該方針に沿うものであると取締役会（指名委員会等設置会社にあっては、報酬委員会）が判断した理由
六の二　各会社役員の報酬等の額又はその算定方法に係る決定に関する方針（前号の方針を除く。）を定めているときは、当該方針の決定の方法及びその方針の内容の概要
六の三　株式会社が当該事業年度の末日において取締役会設置会社（指名委員会等設置会社を除く。）である場合において、取締役会から委任を受けた取締役その他の第三者が当該事業年度に係る取締役（監査等委員である取締役を除く。）の個人別の報酬等の内容の全部又は一部を決定したときは、その旨及び次に掲げる事項
イ　当該委任を受けた者の氏名並びに当該内容を決定した日における当該株式会社における地位及び担当
ロ　イの者に委任された権限の内容
ハ　イの者にロの権限を委任した理由
ニ　イの者によりロの権限が適切に行使されるようにするための措置を講じた場合にあっては、その内容
七　辞任した会社役員又は解任された会社役員（株主総会又は種類株主総会の決議によって解任されたものを除く。）があるときは、次に掲げる事項（当該事業年度前の事業年度に係る事業報告の内容としたものを除く。）
イ　当該会社役員の氏名（会計参与にあっては、氏名又は名称）
ロ　法第三百四十二条の二第一項若しくは第四項又は第三百四十五条第一項（同条第四項において読み替えて準用する場合を含む。）の意見があるときは、その意見の内容
ハ　法第三百四十二条の二第二項又は第三百四十五条第二項（同条第四項において読み替えて準用する場合を含む。）の理由があるときは、その理由
八　当該事業年度に係る当該株式会社の会社役員（会計参与を除く。）の重要な兼職の状況
九　会社役員のうち監査役、監査等委員又は監査委員が財務及び会計に関する相当程度の知見を有しているものであるときは、その事実
十　次のイ又はロに掲げる場合の区分に応じ、当該イ又はロに定める事項
イ　株式会社が当該事業年度の末日において監査等委員会設置会社である場合　常勤の監査等委員の選定の有無及びその理由
ロ　株式会社が当該事業年度の末日において指名委員会等設置会社である場合　常勤の監査委員の選定の有無及びその理由
十一　前各号に掲げるもののほか、株式会社の会社役員に関する重要な事項

（株式会社の役員等賠償責任保険契約に関する事項）
第一二一条の二　第百十九条第二号の二に規定する「株式会社の役員等賠償責任保険契約に関する事項」とは、当該株式会社が保険者との間で役員等賠償責任保険契約を締結しているときにおける次に掲げる事項とする。
一　当該役員等賠償責任保険契約の被保険者の範囲
二　当該役員等賠償責任保険契約の内容の概要（被保険者が実質的に保険料を負担している場合にあってはその負担割合、塡補の対象とされる保険事故の概要及び当該役員等賠償責任保険契約によって被保険者である役員等（当該株式会社の役員等に限る。）の職務の執行の適正性が損なわれないようにするための措置を講じている場合にあってはその内容を含む。）

（株式会社の株式に関する事項）
第一二二条①　第百十九条第三号に規定する「株式会社の株式に関する事項」とは、次に掲げる事項とする。
一　当該事業年度の末日において発行済株式（自己株式を除く。次項において同じ。）の総数に対するその有する株式の数の割合が高いことにおいて上位となる十名の株主の氏名又は名称、当該株主の有する株式の数（種類株式発行会社にあっては、株式の種類及び種類ごとの数を含む。）及び当該株主の有する株式に係る当該割合
二　当該事業年度中に当該株式会社の会社役員（会社役員であった者を含む。）に対して当該株式会社が交付した当該株式会社の株式（職務執行の対価として当該株式会社が交付したものに限り、当該株式会社が会社役員に対して職務執行の対価として募集株式と引換えにする払込みに充てるための金銭を交付した場合において、当該金銭の払込みと引換えに当該株式会社の株式を交付したときにおける当該株式を含む。以下この号において同じ。）があるときは、次に掲げる者（次に掲げる者であった者を含む。）の区分ごとの株式の数（種類株式発行会社にあっては、株式の種類及び種類ごとの数）及び株式の交付を受けた者の人数
イ　当該株式会社の取締役（監査等委員である取締役及び社外役員を除き、執行役を含む。）
ロ　当該株式会社の社外取締役（監査等委員である取締役を除き、社外役員に限る。）
ハ　当該株式会社の監査等委員である取締役
ニ　当該株式会社の取締役（執行役を含む。）以外の会社役員
三　前二号に掲げるもののほか、株式会社の株式に関する重要な事項
②　当該事業年度に関する定時株主総会において議決権を行使することができる者を定めるための法第百二十四条第一項に規定する基準日を定めた場合において、当該基準日が当該事業年度の末日後の日であるときは、前項第一号に掲げる事項については、当該基準日において発行済株式の総数に対するその有する株式の数の割合が高いことにおいて上位となる十名の株主の氏名又は名称、当該株主の有する株式の数（種類株式発行会社にあっては、株式の種類及び種類ごとの数を含む。）及び当該株主の有する株式に係る当該割合とすることができる。この場合においては、当該基準日を明らかにしなければならない。

（株式会社の新株予約権等に関する事項）
第一二三条　第百十九条第四号に規定する「株式会社の新株予約権等に関する事項」とは、次に掲げる事項とする。
一　当該事業年度の末日において当該株式会社の会社役員（当該事業年度の末日において在任している者に限る。以下この条において同じ。）が当該株式会社の新株予約権等（職務執行の対価として当該株式会社が交付したものに限り、当該株式会社が会社役員に対して職務執行の対価として募集新株予約権と引換えにする払込みに充てるための金銭を交付した場合において、当該金銭の払込みと引換えに当該株式会社の新株予約権を交付したときにおける当該新株予約権を含む。以下この号及び次号において同じ。）を有しているときは、次に掲

げる者の区分ごとの当該新株予約権等の内容の概要及び新株予約権等を有する者の人数

イ　当該株式会社の取締役（監査等委員であるもの及び社外役員を除き、執行役を含む。）

ロ　当該株式会社の社外取締役（監査等委員であるものを除き、社外役員に限る。）

ハ　当該株式会社の監査等委員である取締役

ニ　当該株式会社の取締役（執行役を含む。）以外の会社役員

二　当該事業年度中に次に掲げる者に対して当該株式会社が交付した新株予約権等があるときは、次に掲げる者の区分ごとの当該新株予約権等の内容の概要及び交付した者の人数

イ　当該株式会社の使用人（当該株式会社の会社役員を兼ねている者を除く。）

ロ　当該株式会社の子会社の役員及び使用人（当該株式会社の会社役員又はイに掲げる者を兼ねている者を除く。）

三　前二号に掲げるもののほか、当該株式会社の新株予約権等に関する重要な事項

（社外役員等に関する特則）

第百二十四条　会社役員のうち社外役員である者が存する場合には、株式会社の会社役員に関する事項には、第百二十一条に規定する事項のほか、次に掲げる事項を含むものとする。

一　社外役員（直前の定時株主総会の終結の日の翌日以降に在任していた者に限る。次号から第四号までにおいて同じ。）が他の法人等の業務執行者であることが第百二十一条第八号に定める重要な兼職に該当する場合は、当該株式会社と当該他の法人等との関係

二　社外役員が他の法人等の社外役員その他これに類する者を兼任していることが第百二十一条第八号に定める重要な兼職に該当する場合は、当該株式会社と当該他の法人等との関係

三　社外役員が次に掲げる者の配偶者、三親等以内の親族その他これに準ずる者であることを当該株式会社が知っているときは、その事実（重要でないものを除く。）

イ　当該株式会社の親会社等（自然人であるものに限る。）

ロ　当該株式会社又は当該株式会社の特定関係事業者の業務執行者又は役員（業務執行者であるものを除く。）

四　各社外役員の当該事業年度における主な活動状況（次に掲げる事項を含む。）

イ　取締役会（当該社外役員が次に掲げる者である場合にあっては、次に定めるものを含む。ロにおいて同じ。）への出席の状況

(1)　監査役会設置会社の社外監査役　監査役会

(2)　監査等委員会設置会社の監査等委員　監査等委員会

(3)　指名委員会等設置会社の監査委員　監査委員会

ロ　取締役会における発言の状況

ハ　当該社外役員の意見により当該株式会社の事業の方針又は事業その他の事項に係る決定が変更されたときは、その内容（重要でないものを除く。）

ニ　当該事業年度中に当該株式会社において法令又は定款に違反する事実その他不当な業務の執行（当該社外役員が社外監査役である場合にあっては、不正な業務の執行）が行われた事実（重要でないものを除く。）があるときは、各社外役員が当該事実の発生の予防のために行った行為及び当該事実の発生後の対応として行った行為の概要

ホ　当該社外役員が社外取締役であるときは、当該社外役員が果たすことが期待される役割に関して行った職務の概要（イからニまでに掲げる事項を除く。）

五　当該事業年度に係る社外役員の報酬等について、次のイからハまでに掲げる場合の区分に応じ、当該イからハまでに定める事項

イ　社外役員の全部につき報酬等の総額を掲げることとする場合　社外役員の報酬等の総額及び員数

ロ　社外役員の全部につき当該社外役員ごとの報酬等の額を掲げることとする場合　当該社外役員ごとの報酬等の額

ハ　社外役員の一部につき当該社外役員ごとの報酬等の額を掲げることとする場合　当該社外役員ごとの報酬等の額並びにその他の社外役員についての報酬等の総額及び員数

六　当該事業年度において受け、又は受ける見込みの額が明らかとなった社外役員の報酬等（前号の規定により当該事業年度に係る事業報告の内容とする報酬等及び当該事業年度前の事業年度に係る事業報告の内容とした報酬等を除く。）について、同号イからハまでに掲げる場合の区分に応じ、当該イからハまでに定める事項

七　社外役員が次のイ又はロに掲げる場合の区分に応じ、当該イ又はロに定めるものから当該事業年度において役員としての報酬等を受けているときは、当該報酬等の総額（社外役員であった期間に受けたものに限る。）

イ　当該株式会社に親会社等がある場合　当該親会社等又は当該親会社等の子会社等（当該株式会社を除く。）

ロ　当該株式会社に親会社等がない場合　当該株式会社の子会社

八　社外役員についての前各号に掲げる事項の内容に対して当該社外役員の意見があるときは、その意見の内容

第三目　会計参与設置会社における事業報告の内容

第百二十五条　株式会社が当該事業年度の末日において会計参与設置会社である場合には、次に掲げる事項を事業報告の内容としなければならない。

一　会計参与と当該株式会社との間で法第四百二十七条第一項の契約を締結しているときは、当該契約の内容の概要（当該契約によって当該会計参与の職務の執行の適正性が損なわれないようにするための措置を講じている場合にあっては、その内容を含む。）

二　会計参与と当該株式会社との間で補償契約を締結しているときは、次に掲げる事項

イ　当該会計参与の氏名又は名称

ロ　当該補償契約の内容の概要（当該補償契約によって当該会計参与の職務の執行の適正性が損なわれないようにするための措置を講じている場合にあっては、その内容を含む。）

三　当該株式会社が会計参与（当該事業年度の前事業年度の末日までに退任した者を含む。以下この号及び次号において同じ。）に対して補償契約に基づき法第四百三十条の二第一項第一号に掲げる費用を補償した場合において、当該株式会社が、当該事業年度において、当該会計参与が同号の職務の執行に関し法令の規定に違反したこと又は責任を負うことを知ったときは、その旨

四　当該株式会社が会計参与に対して補償契約に基づき法第四百三十条の二第一項第二号に掲げる損失を補償したときは、その旨及び補償した金額

第四目　会計監査人設置会社における事業報告の内容

第百二十六条　株式会社が当該事業年度の末日において会計監査人設置会社である場合には、次に掲げる事項（株式会社が当該事業年度の末日において公開会社でない場合にあっては、第二号から第四号までに掲げる事項を除く。）を事業報告の内容としなければならない。

一　会計監査人の氏名又は名称

二　当該事業年度に係る各会計監査人の報酬等の額及び当該報酬等について監査役（監査役会設置会社にあっては監査役会、監査等委員会設置会社にあっては監査等委員会、指名委員会等設置会社にあっては監査委員会）が法第三百九十九条第一項の同意をした理由

三　会計監査人に対して公認会計士法第二条第一項の業務以外の業務（以下この号において「非監査業務」という。）の対価を支払っているときは、その非監査業務の内容

四　会計監査人の解任又は不再任の決定の方針

五　会計監査人が現に業務の停止の処分を受け、その停止の期間を経過しない者であるときは、当該処分に係る事項

六　会計監査人が過去二年間に業務の停止の処分を受けた者である場合における当該処分に係る事項のうち、当該株式会社が事業報告の内容とすることが適切であるものと判断した事項

七　会計監査人と当該株式会社との間で法第四百二十七条第一項の契約を締結しているときは、当該契約の内容の概要（当該契約によって当該会計監査人の職務の執行の適正性が損なわれないようにするための措置を講じている場合にあっては、その内容を含む。）

七の二　会計監査人と当該株式会社との間で補償契約を締結しているときは、次に掲げる事項

イ　当該会計監査人の氏名又は名称

ロ　当該補償契約の内容の概要（当該補償契約によって当該会計監査人の職務の執行の適正性が損なわれないようにするための措置を講じている場合にあっては、その内容を含む。）

七の三　当該株式会社が会計監査人（当該事業年度の前事業年度の末日までに退任した者を含む。以下この号及び次号において同じ。）に対して補償契約に基づき法第四百三十条の二第一項第一号に掲げる費用を補償した場合において、当該株式会社が、当該事業年度において、当該会計監査人が同号の職務の執行に関し法令の規定に違反したこと又は責任を負うことを知ったときは、その旨

七の四　当該株式会社が会計監査人に対して補償契約に基づき法第四百三十条の二第一項第二号に掲げる損失を補償したときは、その旨及び補償した金額

八　株式会社が法第四百四十四条第三項に規定する大会社であるときは、次に掲げる事項

イ　当該株式会社の会計監査人である公認会計士（公認会計士法第十六条の二第五項に規定する外国公認会計士を含む。以下この条において同じ。）又は監査法人に当該株式会社及びその子会社が支払うべき金銭その他の財産上の利益の合計額（当該事業年度に係る連結損益計算書に計上すべきものに限る。）

ロ　当該株式会社の会計監査人以外の公認会計士又は監査法人（外国におけるこれらの資格に相当する資格を有する者を含む。）が当該株式会社の子会社（重要なものに限る。）の計算関係書類（これに相当するものを含む。）の監査（法又は金融商品取引法（これらの法律に相当する外国の法令を含む。）の規定によるものに限る。）をしているときは、その事実

九　辞任した会計監査人又は解任された会計監査人（株主総会の決議によって解任されたものを除く。）があるときは、次に掲げる事項（当該事業年度前の事業年度に係る事業報告の内容としたものを除く。）

イ　当該会計監査人の氏名又は名称

ロ　法第三百四十条第三項の理由があるときは、その理由

ハ　法第三百四十五条第五項において読み替えて準用する同条第一項の意見があるときは、その意見の内容

ニ　法第三百四十五条第五項において読み替えて準用する同条第二項の理由又は意見があるときは、その理由又は意見

十　法第四百五十九条第一項の規定による定款の定めがあるときは、当該定款の定めにより取締役会に与えられた権限の行使に関する方針

第一二七条　削除

第五目　事業報告の附属明細書の内容

第一二八条①　事業報告の附属明細書は、事業報告の内容を補足する重要な事項をその内容とするものでなければならない。

②　株式会社が当該事業年度の末日において公開会社であるときは、他の法人等の業務執行取締役、執行役、業務を執行する社員又は法第五百九十八条第一項の職務を行うべき者その他これに類する者を兼ねることが第百二十一条第八号の重要な兼職に該当する会社役員（会計参与を除く。）についての当該兼職の状況の明細（重要でないものを除く。）を事業報告の附属明細書の内容としなければならない。この場合において、当該他の法人等の事業が当該株式会社の事業と同一の部類のものであるときは、その旨を付記しなければならない。

③　当該株式会社とその親会社等との間の取引（当該株式会社と第三者との間の取引で当該株式会社とその親会社等との間の利益が相反するものを含む。）であって、当該株式会社の当該事業年度に係る個別注記表において会社計算規則第百十二条第一項に規定する注記を要するもの（同項ただし書の規定により同項第四号から第六号まで及び第八号に掲げる事項を省略するものに限る。）があるときは、当該取引に係る第百十八条第五号イからハまでに掲げる事項を事業報告の附属明細書の内容としなければならない。

第三款　事業報告等の監査

（監査役の監査報告の内容）

第一二九条①　監査役は、事業報告及びその附属明細書を受領したときは、次に掲げる事項（監査役会設置会社の監査役の監査報告にあっては、第一号から第六号までに掲げる事項）を内容とする監査報告を作成しなければならない。

一　監査役の監査（計算関係書類に係るものを除く。以下この款において同じ。）の方法及びその内容

二　事業報告及びその附属明細書が法令又は定款に従い当該株式会社の状況を正しく示しているかどうかについての意見

三　当該株式会社の取締役（当該事業年度中に当該株式会社が指名委員会等設置会社であった場合にあっては、執行役を含む。）の職務の遂行に関し、不正の行為又は法令若しくは定款に違反する重大な事実があったときは、その事実

四　監査のため必要な調査ができなかったときは、その旨及びその理由

五　第百十八条第二号に掲げる事項（監査の範囲に属さないものを除く。）がある場合において、当該事項の内容が相当でないと認めるときは、その旨及びその理由

六　第百十八条第三号若しくは第五号に規定する事項が事業報告の内容となっているとき又は前条第三項に規定する事項が事業報告の附属明細書の内容となっているときは、当該事項についての意見

七　監査報告を作成した日

②　前項の規定にかかわらず、監査役の監査の範囲を会計に関するものに限定する旨の定款の定めがある株式会社の監査役は、同項各号に掲げる事項に代えて、事業報告を監査する権限がないことを明らかにした監査報告を作成しなければならない。

（監査役会の監査報告の内容等）

第一三〇条①　監査役会は、前条第一項の規定により監査役が作成した監査報告（以下この条において「監査役監査報告」という。）に基づき、監査役会の監査報告（以下この条において「監査役会監査報告」という。）を作成しなければならない。

②　監査役会監査報告は、次に掲げる事項を内容とするものでなければならない。この場合において、監査役は、当該事項に係る監査役会監査報告の内容と当該事項に係る当該監査役の監査役監査報告の内容が異なる場合には、当該事項に係る監査役監査報告の内容を監査役会監査報告に付記することができる。

一　監査役及び監査役会の監査の方法及びその内容

二　前条第一項第二号から第六号までに掲げる事項

三　監査役会監査報告を作成した日

③　監査役会が監査役会監査報告を作成する場合には、監査役会は、一回以上、会議を開催する方法又は情報の送受信により同時に意見の交換をすることができる方法により、監査役会監査報告の内容（前項後段の規定による付記の内容を除く。）を審議しなければならない。

（監査等委員会の監査報告の内容等）
第一三〇条の二①　監査等委員会は、事業報告及びその附属明細書を受領したときは、次に掲げる事項を内容とする監査報告を作成しなければならない。この場合において、監査等委員は、当該事項に係る監査報告の内容が当該監査等委員の意見と異なる場合には、その意見を監査報告に付記することができる。
一　監査等委員会の監査の方法及びその内容
二　第百二十九条第一項第二号から第六号までに掲げる事項
三　監査報告を作成した日
②　前項に規定する監査報告の内容（同項後段の規定による付記の内容を除く。）は、監査等委員会の決議をもって定めなければならない。

（監査委員会の監査報告の内容等）
第一三一条①　監査委員会は、事業報告及びその附属明細書を受領したときは、次に掲げる事項を内容とする監査報告を作成しなければならない。この場合において、監査委員は、当該事項に係る監査報告の内容が当該監査委員の意見と異なる場合には、その意見を監査報告に付記することができる。
一　監査委員会の監査の方法及びその内容
二　第百二十九条第一項第二号から第六号までに掲げる事項
三　監査報告を作成した日
②　前項に規定する監査報告の内容（同項後段の規定による付記の内容を除く。）は、監査委員会の決議をもって定めなければならない。

（監査役監査報告等の通知期限）
第一三二条①　特定監査役は、次に掲げる日のいずれか遅い日までに、特定取締役に対して、監査報告（監査役会設置会社にあっては、第百三十条第一項の規定により作成した監査役会の監査報告に限る。以下この条において同じ。）の内容を通知しなければならない。
一　事業報告を受領した日から四週間を経過した日
二　事業報告の附属明細書を受領した日から一週間を経過した日
三　特定取締役及び特定監査役の間で合意した日
②　事業報告及びその附属明細書については、特定取締役が前項の規定による監査報告の内容の通知を受けた日に、監査役（監査等委員会設置会社にあっては監査等委員会、指名委員会等設置会社にあっては監査委員会）の監査を受けたものとする。
③　前項の規定にかかわらず、特定監査役が第一項の規定により通知をすべき日までに同項の規定による監査報告の内容の通知をしない場合には、当該通知をすべき日に、事業報告及びその附属明細書については、監査役（監査等委員会設置会社にあっては監査等委員会、指名委員会等設置会社にあっては監査委員会）の監査を受けたものとみなす。
④　第一項及び第二項に規定する「特定取締役」とは、次の各号に掲げる場合の区分に応じ、当該各号に定める者をいう。
一　第一項の規定による通知を受ける者を定めた場合　当該通知を受ける者と定められた者
二　前号に掲げる場合以外の場合　事業報告及びその附属明細書の作成に関する職務を行った取締役又は執行役
⑤　第一項及び第三項に規定する「特定監査役」とは、次の各号に掲げる株式会社の区分に応じ、当該各号に定める者とする。
一　監査役設置会社（監査役の監査の範囲を会計に関するものに限定する旨の定款の定めがある株式会社を含み、監査役会設置会社を除く。）　次のイからハまでに掲げる場合の区分に応じ、当該イからハまでに定める者
イ　二以上の監査役が存する場合において、第一項の規定による監査報告の内容の通知をすべき監査役を定めたとき　当該通知をすべき監査役として定められた監査役
ロ　二以上の監査役が存する場合において、第一項の規定による監査報告の内容の通知をすべき監査役を定めていないとき　全ての監査役
ハ　イ又はロに掲げる場合以外の場合　監査役
二　監査役会設置会社　次のイ又はロに掲げる場合の区分に応じ、当該イ又はロに定める者
イ　監査役会が第一項の規定による監査報告の内容の通知をすべき監査役を定めた場合　当該通知をすべき監査役として定められた監査役
ロ　イに掲げる場合以外の場合　全ての監査役
三　監査等委員会設置会社　次のイ又はロに掲げる場合の区分に応じ、当該イ又はロに定める者
イ　監査等委員会が第一項の規定による監査報告の内容の通知をすべき監査等委員を定めた場合　当該通知をすべき監査等委員として定められた監査等委員
ロ　イに掲げる場合以外の場合　監査等委員のうちいずれかの者
四　指名委員会等設置会社　次のイ又はロに掲げる場合の区分に応じ、当該イ又はロに定める者
イ　監査委員会が第一項の規定による監査報告の内容の通知をすべき監査委員を定めた場合　当該通知をすべき監査委員として定められた監査委員
ロ　イに掲げる場合以外の場合　監査委員のうちいずれかの者

第四款　事業報告等の株主への提供

（事業報告等の提供）
第一三三条①　法第四百三十七条の規定により株主に対して行う提供事業報告（次の各号に掲げる株式会社の区分に応じ、当該各号に定めるものをいう。以下この条において同じ。）の提供に関しては、この条に定めるところによる。
一　株式会社（監査役設置会社、監査等委員会設置会社及び指名委員会等設置会社を除く。）　事業報告
二　監査役設置会社、監査等委員会設置会社及び指名委員会等設置会社　次に掲げるもの
イ　事業報告
ロ　事業報告に係る監査役（監査役会設置会社にあっては監査役会、監査等委員会設置会社にあっては監査等委員会、指名委員会等設置会社にあっては監査委員会）の監査報告があるときは、当該監査報告（二以上の監査役が存する株式会社（監査役会設置会社を除く。）の各監査役の監査報告の内容（監査報告を作成した日を除く。）が同一である場合にあっては、一又は二以上の監査役の監査報告）
ハ　前条第三項の規定により監査を受けたものとみなされたときは、その旨を記載又は記録をした書面又は電磁的記録
②　定時株主総会の招集通知（法第二百九十九条第二項又は第三項の規定による通知をいう。以下この条において同じ。）を次の各号に掲げる方法により行う場合には、提供事業報告は、当該各号に定める方法により提供しなければならない。
一　書面の提供　次のイ又はロに掲げる場合の区分に応じ、当該イ又はロに定める方法
イ　提供事業報告が書面をもって作成されている場合　当該書面に記載された事項を記載した書面の提供
ロ　提供事業報告が電磁的記録をもって作成されている場合　当該電磁的記録に記録された事項を記載した書面の提供
二　電磁的方法による提供　次のイ又はロに掲げる場合の区分に応じ、当該イ又はロに定める方法
イ　提供事業報告が書面をもって作成されている場合　当該書面に記載された事項の電磁的方法による提供
ロ　提供事業報告が電磁的記録をもって作成されている場合　当該電磁的記録に記録された事項の電磁的方法による提供

③ 事業報告に表示すべき事項（次に掲げるものを除く。）に係る情報を、定時株主総会に係る招集通知を発出する時から定時株主総会の日から三箇月が経過する日までの間、継続して電磁的方法により株主が提供を受けることができる状態に置く措置（第二百二十二条第一項第一号ロに掲げる方法のうち、インターネットに接続された自動公衆送信装置を使用する方法によって行われるものに限る。第七項において同じ。）をとる場合における前項の規定の適用については、当該事項につき同項各号に掲げる場合の区分に応じ、当該各号に定める方法により株主に対して提供したものとみなす。ただし、この項の措置をとる旨の定款の定めがある場合に限る。

一 第百二十条第一項第四号、第五号、第七号及び第八号、第百二十一条第一号、第二号及び第三号の二から第六号の三まで、第百二十一条の二、第百二十五条第二号から第四号まで並びに第百二十六条第七号の二から第七号の四までに掲げる事項

二 事業報告に表示すべき事項（前号に掲げるものを除く。）につきこの項の措置をとることについて監査役、監査等委員会又は監査委員会が異議を述べている場合における当該事項

④ 前項の場合には、取締役は、同項の措置をとるために使用する自動公衆送信装置のうち当該措置をとるための用に供する部分をインターネットにおいて識別するための文字、記号その他の符号又はこれらの結合であって、情報の提供を受ける者がその使用に係る電子計算機に入力することによって当該情報の内容を閲覧し、当該電子計算機に備えられたファイルに当該情報を記録することができるものを株主に対して通知しなければならない。

⑤ 第三項の規定により事業報告に表示した事項の一部が株主に対して第二項各号に定める方法により提供したものとみなされた場合において、監査役、監査等委員会又は監査委員会が、現に株主に対して提供される事業報告が監査報告を作成するに際して監査をした事業報告の一部であることを株主に対して通知すべき旨を取締役に請求したときは、取締役は、その旨を株主に対して通知しなければならない。

⑥ 取締役は、事業報告の内容とすべき事項について、定時株主総会の招集通知を発出した日から定時株主総会の前日までの間に修正をすべき事情が生じた場合における修正後の事項を株主に周知させる方法を、当該招集通知と併せて通知することができる。

⑦ 第三項の規定は、同項各号に掲げる事項に係る情報についても、電磁的方法により株主が提供を受けることができる状態に置く措置をとることを妨げるものではない。

（**事業報告等の提供の特則**）

第一三三条の二① 前条第三項の規定にかかわらず、株式会社の取締役が定時株主総会の招集の手続を行う場合において、提供事業報告（同条第一項に規定する提供事業報告をいう。以下この条において同じ。）に表示すべき事項（次に掲げるものを除く。以下この条において同じ。）に係る情報を、定時株主総会に係る招集通知（法第二百九十九条第二項又は第三項の規定による通知をいう。以下この条において同じ。）を発出する時から定時株主総会の日から三箇月が経過する日までの間、継続して電磁的方法により株主が提供を受けることができる状態に置く措置（第二百二十二条第一項第一号ロに掲げる方法のうち、インターネットに接続された自動公衆送信装置を使用する方法によって行われるものに限る。）をとるときにおける前条第二項の規定の適用については、当該事項につき同項各号に掲げる場合の区分に応じ、当該各号に定める方法により株主に対して提供したものとみなす。ただし、同条第三項の措置をとる旨の定款の定めがある場合に限る。

一 第百二十条第一項第五号及び第七号、第百二十一条第一号、第二号及び第三号の二から第六号の三まで、第百二十一条の二、第百二十五条第二号から第四号まで並びに第百二十六条第七号の二から第七号の四までに掲げる事項

二 事業報告に表示すべき事項（前号に掲げるものを除く。）につきこの項の措置をとることについて監査役、監査等委員会又は監査委員会が異議を述べている場合における当該事項

② 前項の場合には、取締役は、同項の措置をとるために使用する自動公衆送信装置のうち当該措置をとるための用に供する部分をインターネットにおいて識別するための文字、記号その他の符号又はこれらの結合であって、情報の提供を受ける者がその使用に係る電子計算機に入力することによって当該情報の内容を閲覧し、当該電子計算機に備えられたファイルに当該情報を記録することができるものを株主に対して通知しなければならない。

③ 第一項の規定により提供事業報告に表示すべき事項が株主に対して前条第二項各号に定める方法により提供したものとみなされる場合において、監査役、監査等委員会又は監査委員会が、現に株主に対して提供される事業報告が監査報告を作成するに際して監査をした事業報告の一部であることを株主に対して通知すべき旨を取締役に請求したときは、取締役は、その旨を株主に対して通知しなければならない。

④ 取締役は、提供事業報告に表示すべき事項（前条第三項の事業報告に表示すべき事項を除く。）に係る情報について第一項の措置をとる場合には、株主の利益を不当に害することがないよう特に配慮しなければならない。

第六章　事業の譲渡等

（**総資産額**）

第一三四条① 法第四百六十七条第一項第二号及び第二号の二イに規定する法務省令で定める方法は、算定基準日（同項第二号又は第二号の二に規定する譲渡に係る契約を締結した日（当該契約により当該契約を締結した日と異なる時（当該契約を締結した日後から当該譲渡の効力が生ずる時の直前までの間の時に限る。）を定めた場合にあっては、当該時）をいう。以下この条において同じ。）における第一号から第九号までに掲げる額の合計額から第十号に掲げる額を減じて得た額をもって株式会社の総資産額とする方法とする。

一 資本金の額

二 資本準備金の額

三 利益準備金の額

四 法第四百四十六条に規定する剰余金の額

五 最終事業年度（法第四百六十一条第二項第二号に規定する場合にあっては、法第四百四十一条第一項第二号の期間（当該期間が二以上ある場合にあっては、その末日が最も遅いもの）。以下この項において同じ。）の末日（最終事業年度がない場合にあっては、株式会社の成立の日。以下この条において同じ。）における評価・換算差額等に係る額

六 株式引受権の帳簿価額

七 新株予約権の帳簿価額

八 最終事業年度の末日において負債の部に計上した額

九 最終事業年度の末日後に吸収合併、吸収分割による他の会社の事業に係る権利義務の承継又は他の会社（外国会社を含む。）の事業の全部の譲受けをしたときは、これらの行為により承継又は譲受けをした負債の額

十 自己株式及び自己新株予約権の帳簿価額の合計額

② 前項の規定にかかわらず、算定基準日において法第四百六十七条第一項第二号又は第二号の二に規定する譲渡をする株式会社が清算株式会社である場合における同項第二号及び第二号の二イに規定する法務省令で定める方法は、法第四百九十二条第一項の規定により作成した貸借対照表の資産の部に計上した額をもって株式会社の総資産額とする方法とする。

（**純資産額**）

第一三五条① 法第四百六十七条第一項第五号ロに規定する法務省令で定める方法は、算定基準日（同号に規定する取得に係る契約を締結した日（当該契約により当該契約を締結した日と異なる時（当該契約を締結した日後から当該取得の効力が生ずる

時の直前までの間の時に限る。）を定めた場合にあっては、当該時）をいう。以下この条において同じ。）における第一号から第七号までに掲げる額の合計額から第八号に掲げる額を減じて得た額（当該額が五百万円を下回る場合にあっては、五百万円）をもって株式会社の純資産額とする方法とする。

一　資本金の額
二　資本準備金の額
三　利益準備金の額
四　法第四百四十六条に規定する剰余金の額
五　最終事業年度（法第四百六十一条第二項第二号に規定する場合にあっては、法第四百四十一条第一項第二号の期間（当該期間が二以上ある場合にあっては、その末日が最も遅いもの）。以下この号において同じ。）の末日（最終事業年度がない場合にあっては、株式会社の成立の日）における評価・換算差額等に係る額
六　株式引受権の帳簿価額
七　新株予約権の帳簿価額
八　自己株式及び自己新株予約権の帳簿価額の合計額

②　前項の規定にかかわらず、算定基準日において法第四百六十七条第一項第五号に規定する取得をする株式会社が清算株式会社である場合における同号ロに規定する法務省令で定める方法は、法第四百九十二条第一項の規定により作成した貸借対照表の資産の部に計上した額から負債の部に計上した額を減じて得た額（当該額が五百万円を下回る場合にあっては、五百万円）をもって株式会社の純資産額とする方法とする。

（特別支配会社）

第一三六条①　法第四百六十八条第一項に規定する法務省令で定める法人は、次に掲げるものとする。

一　法第四百六十八条第一項に規定する他の会社がその持分の全部を有する法人（株式会社を除く。）
二　法第四百六十八条第一項に規定する他の会社及び特定完全子法人（当該他の会社が発行済株式の全部を有する株式会社及び前号に掲げる法人をいう。以下この項において同じ。）又は特定完全子法人がその持分の全部を有する法人

②　前項第二号の規定の適用については、同号に掲げる法人は、同号に規定する特定完全子法人とみなす。

（純資産額）

第一三七条①　法第四百六十八条第二項第二号に規定する法務省令で定める方法は、算定基準日（法第四百六十七条第一項第三号に規定する譲受けに係る契約を締結した日（当該契約により当該契約を締結した日と異なる時（当該契約を締結した日後から当該譲受けの効力が生ずる時の直前までの間の時に限る。）を定めた場合にあっては、当該時）をいう。以下この条において同じ。）における第一号から第七号までに掲げる額の合計額から第八号に掲げる額を減じて得た額（当該額が五百万円を下回る場合にあっては、五百万円）をもって株式会社の純資産額とする方法とする。

一　資本金の額
二　資本準備金の額
三　利益準備金の額
四　法第四百四十六条に規定する剰余金の額
五　最終事業年度（法第四百六十一条第二項第二号に規定する場合にあっては、法第四百四十一条第一項第二号の期間（当該期間が二以上ある場合にあっては、その末日が最も遅いもの）。以下この号において同じ。）の末日（最終事業年度がない場合にあっては、株式会社の成立の日）における評価・換算差額等に係る額
六　株式引受権の帳簿価額
七　新株予約権の帳簿価額
八　自己株式及び自己新株予約権の帳簿価額の合計額

②　前項の規定にかかわらず、算定基準日において法第四百六十七条第一項第三号に規定する譲受けをする株式会社が清算株式会社である場合における法第四百六十八条第二項第二号に規定する法務省令で定める方法は、法第四百九十二条第一項の規定により作成した貸借対照表の資産の部に計上した額から負債の部に計上した額を減じて得た額（当該額が五百万円を下回る場合にあっては、五百万円）をもって株式会社の純資産額とする方法とする。

（事業譲渡等につき株主総会の承認を要する場合）

第一三八条　法第四百六十八条第三項に規定する法務省令で定める数は、次に掲げる数のいずれか小さい数とする。

一　特定株式（法第四百六十八条第三項に規定する行為に係る株主総会において議決権を行使することができることを内容とする株式をいう。以下この条において同じ。）の総数に二分の一（当該株主総会の決議が成立するための要件として当該特定株式の議決権の総数の一定の割合以上の議決権を有する株主が出席しなければならない旨の定款の定めがある場合にあっては、当該一定の割合）を乗じて得た数に三分の一（当該株主総会の決議が成立するための要件として当該株主総会に出席した当該特定株主（特定株式の株主をいう。以下この条において同じ。）の有する議決権の総数の一定の割合以上の多数が賛成しなければならない旨の定款の定めがある場合にあっては、一から当該一定の割合を減じて得た割合）を乗じて得た数に一を加えた数
二　法第四百六十八条第三項に規定する行為に係る決議が成立するための要件として一定の数以上の特定株主の賛成を要する旨の定款の定めがある場合において、特定株主の総数から株式会社に対して当該行為に反対する旨の通知をした特定株主の数を減じて得た数が当該一定の数未満となるときにおける当該行為に反対する旨の通知をした特定株主の有する特定株式の数
三　法第四百六十八条第三項に規定する行為に係る決議が成立するための要件として前二号の定款の定め以外の定款の定めがある場合において、当該行為に反対する旨の通知をした特定株主の全部が同項に規定する株主総会において反対したとすれば当該決議が成立しないときは、当該行為に反対する旨の通知をした特定株主の有する特定株式の数
四　定款で定めた数

第七章　解散

第一三九条①　法第四百七十二条第一項の届出（以下この条において単に「届出」という。）は、書面でしなければならない。

②　前項の書面には、次に掲げる事項を記載しなければならない。

一　当該株式会社の商号及び本店並びに代表者の氏名及び住所
二　代理人によって届出をするときは、その氏名及び住所
三　まだ事業を廃止していない旨
四　届出の年月日
五　登記所の表示

③　代理人によって届出をするには、第一項の書面にその権限を証する書面を添付しなければならない。

第八章　清算

第一節　総則

（清算株式会社の業務の適正を確保するための体制）

第一四〇条①　法第四百八十二条第三項第四号に規定する法務省令で定める体制は、次に掲げる体制とする。

一　清算人の職務の執行に係る情報の保存及び管理に関する体制
二　損失の危険の管理に関する規程その他の体制
三　使用人の職務の執行が法令及び定款に適合することを確保するための体制

②　清算人が二人以上ある清算株式会社である場合には、前項に規定する体制には、業務の決定が適正に行われることを確保するための体制を含むものとする。

③　監査役設置会社以外の清算株式会社である場合には、第一項

に規定する体制には、清算人が株主に報告すべき事項の報告をするための体制を含むものとする。

④ 監査役設置会社（監査役の監査の範囲を会計に関するものに限定する旨の定款の定めがある清算株式会社を含む。）である場合には、第一項に規定する体制には、次に掲げる体制を含むものとする。

一 監査役がその職務を補助すべき使用人を置くことを求めた場合における当該使用人に関する体制

二 前号の使用人の清算人からの独立性に関する事項

三 監査役の第一号の使用人に対する指示の実効性の確保に関する事項

四 清算人及び使用人が監査役に報告をするための体制その他の監査役への報告に関する体制

五 前号の報告をした者が当該報告をしたことを理由として不利な取扱いを受けないことを確保するための体制

六 監査役の職務の執行について生ずる費用の前払又は償還の手続その他の当該職務の執行について生ずる費用又は債務の処理に係る方針に関する事項

七 その他監査役の監査が実効的に行われることを確保するための体制

第一四一条（社債を引き受ける者の募集に際して清算人会が定めるべき事項） 法第四百八十九条第六項第五号に規定する法務省令で定める事項は、次に掲げる事項とする。

一 二以上の募集（法第六百七十六条の募集をいう。以下この条において同じ。）に係る法第六百七十六条各号に掲げる事項の決定を委任するときは、その旨

二 募集社債の総額の上限（前号に規定する場合にあっては、各募集に係る募集社債の総額の上限の合計額）

三 募集社債の利率の上限その他の利率に関する事項の要綱

四 募集社債の払込金額（法第六百七十六条第九号に規定する払込金額をいう。以下この号において同じ。）の総額の最低金額その他の払込金額に関する事項の要綱

第一四二条（清算人会設置会社の業務の適正を確保するための体制）① 法第四百八十九条第六項第六号に規定する法務省令で定める体制は、次に掲げる体制とする。

一 清算人の職務の執行に係る情報の保存及び管理に関する体制

二 損失の危険の管理に関する規程その他の体制

三 使用人の職務の執行が法令及び定款に適合することを確保するための体制

② 監査役設置会社以外の清算株式会社である場合には、前項に規定する体制には、清算人が株主に報告すべき事項の報告をするための体制を含むものとする。

③ 監査役設置会社（監査役の監査の範囲を会計に関するものに限定する旨の定款の定めがある清算株式会社を含む。）である場合には、第一項に規定する体制には、次に掲げる体制を含むものとする。

一 監査役がその職務を補助すべき使用人を置くことを求めた場合における当該使用人に関する体制

二 前号の使用人の清算人からの独立性に関する事項

三 監査役の第一号の使用人に対する指示の実効性の確保に関する事項

四 清算人及び使用人が監査役に報告をするための体制その他の監査役への報告に関する体制

五 前号の報告をした者が当該報告をしたことを理由として不利な取扱いを受けないことを確保するための体制

六 監査役の職務の執行について生ずる費用の前払又は償還の手続その他の当該職務の執行について生ずる費用又は債務の処理に係る方針に関する事項

七 その他監査役の監査が実効的に行われることを確保するための体制

第一四三条（清算人会の議事録）① 法第四百九十条第五項において準用する法第三百六十九条第三項の規定による清算人会の議事録の作成については、この条の定めるところによる。

② 清算人会の議事録は、書面又は電磁的記録をもって作成しなければならない。

③ 清算人会の議事録は、次に掲げる事項を内容とするものでなければならない。

一 清算人会が開催された日時及び場所（当該場所に存しない清算人、監査役又は株主が清算人会に出席をした場合における当該出席の方法を含む。）

二 清算人会が次に掲げるいずれかのものに該当するときは、その旨

イ 法第四百九十条第二項の規定による清算人の請求を受けて招集されたもの

ロ 法第四百九十条第三項の規定により清算人が招集したもの

ハ 法第四百九十条第四項において準用する法第三百六十七条第一項の規定による株主の請求を受けて招集されたもの

ニ 法第四百九十条第四項において準用する法第三百六十七条第三項において読み替えて準用する法第四百九十条第三項の規定により株主が招集したもの

ホ 法第三百八十三条第二項の規定による監査役の請求を受けて招集されたもの

ヘ 法第三百八十三条第三項の規定により監査役が招集したもの

三 清算人会の議事の経過の要領及びその結果

四 決議を要する事項について特別の利害関係を有する清算人があるときは、その氏名

五 次に掲げる規定により清算人会において述べられた意見又は発言があるときは、その意見又は発言の内容の概要

イ 法第三百八十二条

ロ 法第三百八十三条第一項

ハ 法第四百八十九条第八項において準用する法第三百六十五条第二項

ニ 法第四百九十条第四項において準用する法第三百六十七条第四項

六 清算人会に出席した監査役又は株主の氏名又は名称

七 清算人会の議長が存するときは、議長の氏名

④ 次の各号に掲げる場合には、清算人会の議事録は、当該各号に定める事項を内容とするものとする。

一 法第四百九十条第五項において準用する法第三百七十条の規定により清算人会の決議があったものとみなされた場合 次に掲げる事項

イ 清算人会の決議があったものとみなされた事項の内容

ロ イの事項の提案をした清算人の氏名

ハ 清算人会の決議があったものとみなされた日

ニ 議事録の作成に係る職務を行った清算人の氏名

二 法第四百九十条第六項において準用する法第三百七十二条第一項の規定により清算人会への報告を要しないものとされた場合 次に掲げる事項

イ 清算人会への報告を要しないものとされた事項の内容

ロ 清算人会への報告を要しないものとされた日

ハ 議事録の作成に係る職務を行った清算人の氏名

第一四四条（財産目録）① 法第四百九十二条第一項の規定により作成すべき財産目録については、この条の定めるところによる。

② 前項の財産目録に計上すべき財産については、その処分価格を付すことが困難な場合を除き、法第四百七十五条各号に掲げる場合に該当することとなった日における処分価格を付さなければならない。この場合において、清算株式会社の会計帳簿については、財産目録に付された価格を取得価額とみなす。

③ 第一項の財産目録は、次に掲げる部に区分して表示しなければならない。この場合において、第一号及び第二号に掲げる部

は、その内容を示す適当な名称を付した項目に細分することができる。

一　資産
二　負債
三　正味資産

（清算開始時の貸借対照表）

第一四五条①　法第四百九十二条第一項の規定により作成すべき貸借対照表については、この条の定めるところによる。

②　前項の貸借対照表は、財産目録に基づき作成しなければならない。

③　第一項の貸借対照表は、次に掲げる部に区分して表示しなければならない。この場合において、第一号及び第二号に掲げる部は、その内容を示す適当な名称を付した項目に細分することができる。

一　資産
二　負債
三　純資産

④　処分価格を付すことが困難な資産がある場合には、第一項の貸借対照表には、当該資産に係る財産評価の方針を注記しなければならない。

（各清算事務年度に係る貸借対照表）

第一四六条①　法第四百九十四条第一項の規定により作成すべき貸借対照表は、各清算事務年度に係る会計帳簿に基づき作成しなければならない。

②　前条第三項の規定は、前項の貸借対照表について準用する。

③　法第四百九十四条第一項の規定により作成すべき貸借対照表の附属明細書は、貸借対照表の内容を補足する重要な事項をその内容としなければならない。

（各清算事務年度に係る事務報告）

第一四七条①　法第四百九十四条第一項の規定により作成すべき事務報告は、清算に関する事務の執行の状況に係る重要な事項をその内容としなければならない。

②　法第四百九十四条第一項の規定により作成すべき事務報告の附属明細書は、事務報告の内容を補足する重要な事項をその内容としなければならない。

（清算株式会社の監査報告）

第一四八条①　法第四百九十五条第一項の規定による監査については、この条の定めるところによる。

②　清算株式会社の監査役は、各清算事務年度に係る貸借対照表及び事務報告並びにこれらの附属明細書を受領したときは、次に掲げる事項（監査役会設置会社の監査役の監査報告にあっては、第一号から第五号までに掲げる事項）を内容とする監査報告を作成しなければならない。

一　監査役の監査の方法及びその内容
二　各清算事務年度に係る貸借対照表及びその附属明細書が当該清算株式会社の財産の状況を全ての重要な点において適正に表示しているかどうかについての意見
三　各清算事務年度に係る事務報告及びその附属明細書が法令又は定款に従い当該清算株式会社の状況を正しく示しているかどうかについての意見
四　清算人の職務の遂行に関し、不正の行為又は法令若しくは定款に違反する重大な事実があったときは、その事実
五　監査のため必要な調査ができなかったときは、その旨及びその理由
六　監査報告を作成した日

③　前項の規定にかかわらず、監査役の監査の範囲を会計に関するものに限定する旨の定款の定めがある清算株式会社の監査役は、同項第三号及び第四号に掲げる事項に代えて、これらの事項を監査する権限がないことを明らかにした監査報告を作成しなければならない。

④　清算株式会社の監査役会は、第二項の規定により清算株式会社の監査役が作成した監査報告に基づき、監査役会の監査報告を作成しなければならない。

⑤　清算株式会社の監査役会の監査報告は、次に掲げる事項を内容とするものでなければならない。

一　監査役及び監査役会の監査の方法及びその内容
二　第二項第二号から第五号までに掲げる事項
三　監査報告を作成した日

⑥　特定監査役は、第百四十六条第一項の貸借対照表及び前条第一項の事務報告の全部を受領した日から四週間を経過した日（特定清算人（次の各号に掲げる場合の区分に応じ、当該各号に定める者をいう。以下この条において同じ。）及び特定監査役の間で合意した日がある場合にあっては、当該日）までに、特定清算人に対して、監査報告（監査役会設置会社にあっては、第四項の規定により作成した監査役会の監査報告に限る。）の内容を通知しなければならない。

一　この項の規定による通知を受ける者を定めた場合　当該通知を受ける者として定められた者
二　前号に掲げる場合以外の場合　第百四十六条第一項の貸借対照表及び前条第一項の事務報告並びにこれらの附属明細書の作成に関する職務を行った清算人

⑦　第百四十六条第一項の貸借対照表及び前条第一項の事務報告並びにこれらの附属明細書については、特定清算人が前項の規定による監査報告の内容の通知を受けた日に、監査役の監査を受けたものとする。

⑧　前項の規定にかかわらず、特定監査役が第六項の規定により通知をすべき日までに同項の規定による監査報告の内容の通知をしない場合には、当該通知をすべき日に、第百四十六条第一項の貸借対照表及び前条第一項の事務報告並びにこれらの附属明細書については、監査役の監査を受けたものとみなす。

⑨　第六項及び前項に規定する「特定監査役」とは、次の各号に掲げる清算株式会社の区分に応じ、当該各号に定める者とする。

一　監査役設置会社（監査役の監査の範囲を会計に関するものに限定する旨の定款の定めがある清算株式会社を含み、監査役会設置会社を除く。）　次のイからハまでに掲げる場合の区分に応じ、当該イからハまでに定める者
　イ　二以上の監査役が存する場合において、第六項の規定による監査報告の内容の通知をすべき監査役を定めたとき　当該通知をすべき監査役として定められた監査役
　ロ　二以上の監査役が存する場合において、第六項の規定による監査報告の内容の通知をすべき監査役を定めていないとき　全ての監査役
　ハ　イ又はロに掲げる場合以外の場合　監査役
二　監査役会設置会社　次のイ又はロに掲げる場合の区分に応じ、当該イ又はロに定める者
　イ　監査役会が第六項の規定による監査報告の内容の通知をすべき監査役を定めた場合　当該通知をすべき監査役として定められた監査役
　ロ　イに掲げる場合以外の場合　全ての監査役

（金銭分配請求権が行使される場合における残余財産の価格）

第一四九条①　法第五百五条第三項第一号に規定する法務省令で定める方法は、次に掲げる額のうちいずれか高い額をもって同号に規定する残余財産の価格とする方法とする。

一　法第五百五条第一項第一号の期間の末日（以下この項において「行使期限日」という。）における当該残余財産を取引する市場における最終の価格（当該行使期限日に売買取引がない場合又は当該行使期限日が当該市場の休業日に当たる場合にあっては、その後最初になされた売買取引の成立価格）
二　行使期限日において当該残余財産が公開買付け等の対象であるときは、当該行使期限日における当該公開買付け等に係る契約における当該残余財産の価格

②　法第五百六条の規定により法第五百五条第三項後段の規定の例によることとされる場合における前項第一号の規定の適用については、同号中「法第五百五条第一項第一号の期間の末日」とあるのは、「残余財産の分配をする日」とする。

（決算報告）

第一五〇条① 法第五百七条第一項の規定により作成すべき決算報告は、次に掲げる事項を内容とするものでなければならない。この場合において、第一号及び第二号に掲げる事項については、適切な項目に細分することができる。

一 債権の取立て、資産の処分その他の行為によって得た収入の額

二 債務の弁済、清算に係る費用の支払その他の行為による費用の額

三 残余財産の額（支払税額がある場合には、その税額及び当該税額を控除した後の財産の額）

四 一株当たりの分配額（種類株式発行会社にあっては、各種類の株式一株当たりの分配額）

② 前項第四号に掲げる事項については、次に掲げる事項を注記しなければならない。

一 残余財産の分配を完了した日

二 残余財産の全部又は一部が金銭以外の財産である場合には、当該財産の種類及び価額

（清算株式会社が自己の株式を取得することができる場合）

第一五一条 法第五百九条第三項に規定する法務省令で定める場合は、次に掲げる場合とする。

一 当該清算株式会社が有する他の法人等の株式（持分その他これに準ずるものを含む。以下この条において同じ。）につき当該他の法人等が行う剰余金の配当又は残余財産の分配（これらに相当する行為を含む。）により当該清算株式会社の株式の交付を受ける場合

二 当該清算株式会社が有する他の法人等の株式につき当該他の法人等が行う次に掲げる行為に際して当該株式と引換えに当該清算株式会社の株式の交付を受ける場合

イ 組織変更

ロ 合併

ハ 株式交換（法以外の法令（外国の法令を含む。）に基づく株式交換に相当する行為を含む。）

ニ 取得条項付株式（これに相当する株式を含む。）の取得

ホ 全部取得条項付種類株式（これに相当する株式を含む。）の取得

三 当該清算株式会社が有する他の法人等の新株予約権等を当該他の法人等が当該新株予約権等の定めに基づき取得することと引換えに当該清算株式会社の株式の交付をする場合

四 当該清算株式会社が法第七百八十五条第五項又は第八百六条第五項（これらの規定を株式会社について他の法令において準用する場合を含む。）に規定する株式買取請求（合併に際して行使されるものに限る。）に応じて当該清算株式会社の株式を取得する場合

五 当該清算株式会社が法第百十六条第五項、第百八十二条の四第四項、第四百六十九条第五項、第七百八十五条第五項、第七百九十七条第五項、第八百六条第五項又は第八百十六条の六第五項（これらの規定を株式会社について他の法令において準用する場合を含む。）に規定する株式買取請求（清算株式会社となる前にした行為に際して行使されたものに限る。）に応じて当該清算株式会社の株式を取得する場合

六 当該清算株式会社が清算株式会社となる前に法第百九十二条第一項の規定による請求があった場合における当該請求に係る同条第二項の株式を取得する場合

第二節　特別清算

（総資産額）

第一五二条 法第五百三十六条第一項第二号及び第三号イに規定する法務省令で定める方法は、法第四百九十二条第一項の規定により作成した貸借対照表の資産の部に計上した額を総資産額とする方法とする。

（債権者集会の招集の決定事項）

第一五三条 法第五百四十八条第一項第四号に規定する法務省令で定める事項は、次に掲げる事項とする。

一 次条の規定により債権者集会参考書類に記載すべき事項（同条第一項第一号に掲げる事項を除く。）

二 書面による議決権の行使の期限（債権者集会（法第二編第九章第二節第八款の規定の適用のある債権者の集会をいう。以下この節において同じ。）の日時以前の時であって、法第五百四十九条第一項の規定による通知を発した日から二週間を経過した日以後の時に限る。）

三 一の協定債権者が同一の議案につき法第五百五十六条第一項（法第五百四十八条第一項第三号に掲げる事項を定めた場合にあっては、法第五百五十六条第一項又は第五百五十七条第一項）の規定により重複して議決権を行使した場合において、当該同一の議案に対する議決権の行使の内容が異なるものであるときにおける当該協定債権者の議決権の行使の取扱いに関する事項を定めるときは、その事項

四 第百五十五条第一項第三号の取扱いを定めるときは、その取扱いの内容

五 法第五百四十八条第一項第三号に掲げる事項を定めたときは、次に掲げる事項

イ 電磁的方法による議決権の行使の期限（債権者集会の日時以前の時であって、法第五百四十九条第一項の規定による通知を発した日から二週間を経過した日以後の時に限る。）

ロ 法第五百四十九条第二項の承諾をした協定債権者の請求があった時に当該協定債権者に対して法第五百五十条第一項の規定による議決権行使書面（同項に規定する議決権行使書面をいう。以下この節において同じ。）の交付（当該交付に代えて行う同条第二項の規定による電磁的方法による提供を含む。）をすることとするときは、その旨

（債権者集会参考書類）

第一五四条① 債権者集会参考書類には、次に掲げる事項を記載しなければならない。

一 当該債権者集会参考書類の交付を受けるべき協定債権者が有する協定債権について法第五百四十八条第二項又は第三項の規定により定められた事項

二 議案

② 債権者集会参考書類には、前項に定めるもののほか、協定債権者の議決権の行使について参考となると認める事項を記載することができる。

③ 同一の債権者集会に関して協定債権者に対して提供する債権者集会参考書類に記載すべき事項（第一項第二号に掲げる事項に限る。）のうち、他の書面に記載している事項又は電磁的方法により提供している事項がある場合には、これらの事項は、債権者集会参考書類に記載することを要しない。

④ 同一の債権者集会に関して協定債権者に対して提供する招集通知（法第五百四十九条第一項又は第二項の規定による通知をいう。以下この節において同じ。）の内容とすべき事項のうち、債権者集会参考書類に記載している事項がある場合には、当該事項は、招集通知の内容とすることを要しない。

（議決権行使書面）

第一五五条① 法第五百五十条第一項の規定により交付すべき議決権行使書面に記載すべき事項又は法第五百五十一条第一項若しくは第二項の規定により電磁的方法により提供すべき議決権行使書面に記載すべき事項は、次に掲げる事項とする。

一 各議案についての同意の有無（棄権の欄を設ける場合にあっては、棄権を含む。）を記載する欄

二 第百五十三条第三号に掲げる事項を定めたときは、当該事項

三 第百五十三条第四号に掲げる事項を定めたときは、第一号の欄に記載がない議決権行使書面が招集者（法第五百四十八条第一項に規定する招集者をいう。以下この条において同じ。）に提出された場合における各議案についての賛成、反対又は棄権のいずれかの意思の表示があったものとする取扱い

の内容

四　議決権の行使の期限

五　議決権を行使すべき協定債権者の氏名又は名称及び当該協定債権者について法第五百四十八条第二項又は第三項の規定により定められた事項

②　第百五十三条第五号ロに掲げる事項を定めた場合には、招集者は、法第五百四十九条第二項の承諾をした協定債権者の請求があった時に、当該協定債権者に対して、法第五百五十条第一項の規定による議決権行使書面の交付（当該交付に代えて行う同条第二項の規定による電磁的方法による提供を含む。）をしなければならない。

③　同一の債権者集会に関して協定債権者に対して提供する招集通知の内容とすべき事項のうち、議決権行使書面に記載している事項がある場合には、当該事項は、招集通知の内容とすることを要しない。

④　同一の債権者集会に関して協定債権者に対して提供する議決権行使書面に記載すべき事項（第一項第二号から第四号までに掲げる事項に限る。）のうち、招集通知の内容としている事項がある場合には、当該事項は、議決権行使書面に記載することを要しない。

（書面による議決権行使の期限）

第一五六条　法第五百五十六条第二項に規定する法務省令で定める時は、第百五十三条第二号の行使の期限とする。

（電磁的方法による議決権行使の期限）

第一五七条　法第五百五十七条第一項に規定する法務省令で定める時は、第百五十三条第五号イの行使の期限とする。

（債権者集会の議事録）

第一五八条①　法第五百六十一条の規定による債権者集会の議事録の作成については、この条の定めるところによる。

②　債権者集会の議事録は、書面又は電磁的記録をもって作成しなければならない。

③　債権者集会の議事録は、次に掲げる事項を内容とするものでなければならない。

一　債権者集会が開催された日時及び場所

二　債権者集会の議事の経過の要領及びその結果

三　法第五百五十九条の規定により債権者集会において述べられた意見があるときは、その意見の内容の概要

四　法第五百六十二条の規定により債権者集会に対する報告及び意見の陳述がされたときは、その報告及び意見の内容の概要

五　債権者集会に出席した清算人の氏名

六　債権者集会の議長が存するときは、議長の氏名

七　議事録の作成に係る職務を行った者の氏名又は名称

第三編　持分会社

第一章　計算等

第一五九条　次に掲げる規定に規定する法務省令で定めるべき事項は、会社計算規則の定めるところによる。

一　法第六百十五条第一項

二　法第六百十七条第一項及び第二項

三　法第六百二十条第二項

四　法第六百二十三条第一項

五　法第六百二十六条第四項第四号

六　法第六百三十一条第一項

七　法第六百三十五条第二項、第三項及び第五項

第二章　清算

（財産目録）

第一六〇条①　法第六百五十八条第一項又は第六百六十九条第一項若しくは第二項の規定により作成すべき財産目録については、この条の定めるところによる。

②　前項の財産目録に計上すべき財産については、その処分価格を付すことが困難な場合を除き、法第六百四十四条各号に掲げる場合に該当することとなった日における処分価格を付さなければならない。この場合において、清算持分会社の会計帳簿については、財産目録に付された価格を取得価額とみなす。

③　第一項の財産目録は、次に掲げる部に区分して表示しなければならない。この場合において、第一号及び第二号に掲げる部は、その内容を示す適当な名称を付した項目に細分することができる。

一　資産

二　負債

三　正味資産

（清算開始時の貸借対照表）

第一六一条①　法第六百五十八条第一項又は第六百六十九条第一項若しくは第二項の規定により作成すべき貸借対照表については、この条の定めるところによる。

②　前項の貸借対照表は、財産目録に基づき作成しなければならない。

③　第一項の貸借対照表は、次に掲げる部に区分して表示しなければならない。この場合において、第一号及び第二号に掲げる部は、その内容を示す適当な名称を付した項目に細分することができる。

一　資産

二　負債

三　純資産

④　処分価格を付すことが困難な資産がある場合には、第一項の貸借対照表には、当該資産に係る財産評価の方針を注記しなければならない。

第四編　社債

第一章　総則

（募集事項）

第一六二条　法第六百七十六条第十二号に規定する法務省令で定める事項は、次に掲げる事項とする。

一　数回に分けて募集社債と引換えに金銭の払込みをさせるときは、その旨及び各払込みの期日における払込金額（法第六百七十六条第九号に規定する払込金額をいう。）

二　他の会社と合同して募集社債を発行するときは、その旨及び各会社の負担部分

三　募集社債と引換えにする金銭の払込みに代えて金銭以外の財産を給付する旨の契約を締結するときは、その契約の内容

四　法第七百二条の規定による委託に係る契約において法に規定する社債管理者の権限以外の権限を定めるときは、その権限の内容

五　法第七百十一条第二項本文（法第七百十四条の七において読み替えて準用する場合を含む。）に規定するときは、同項本文に規定する事由

六　法第七百十四条の二の規定による委託に係る契約において法第七百十四条の四第二項各号に掲げる行為をする権限の全部若しくは一部又は法に規定する社債管理補助者の権限以外の権限を定めるときは、その権限の内容

七　法第七百十四条の二の規定による委託に係る契約における法第七百十四条の四第四項の規定による報告又は同項に規定する措置に係る定めの内容

八　募集社債が信託社債であるときは、その旨及び当該信託社債についての信託を特定するために必要な事項

（申込みをしようとする者に対して通知すべき事項）

第一六三条　法第六百七十七条第一項第三号に規定する法務省令で定める事項は、次に掲げる事項とする。

一　社債管理者を定めたときは、その名称及び住所

二　社債管理補助者を定めたときは、その氏名又は名称及び住所

三　社債原簿管理人を定めたときは、その氏名又は名称及び住所

（申込みをしようとする者に対する通知を要しない場合）

第一六四条　法第六百七十七条第四項に規定する法務省令で定める場合は、次に掲げる場合であって、会社が同条第一項の申込みをしようとする者に対して同項各号に掲げる事項を提供している場合とする。
一　当該会社が金融商品取引法の規定に基づき目論見書に記載すべき事項を電磁的方法により提供している場合
二　当該会社が外国の法令に基づき目論見書その他これに相当する書面その他の資料を提供している場合
三　長期信用銀行法（昭和二十七年法律第百八十七号）第十一条第四項の規定に基づく公告により同項各号の事項を提供している場合
四　株式会社商工組合中央金庫法（平成十九年法律第七十四号）第三十六条第三項の規定に基づく公告により同項各号の事項を提供している場合

（社債の種類）
第一六五条　法第六百八十一条第一号に規定する法務省令で定める事項は、次に掲げる事項とする。
一　社債の利率
二　社債の償還の方法及び期限
三　利息支払の方法及び期限
四　社債券を発行するときは、その旨
五　社債権者が法第六百九十八条の規定による請求の全部又は一部をすることができないこととするときは、その旨
六　社債管理者を定めないこととするときは、その旨
七　社債管理者が社債権者集会の決議によらずに法第七百六条第一項第二号に掲げる行為をすることができることとするときは、その旨
八　社債管理補助者を定めることとするときは、その旨
九　他の会社と合同して募集社債を発行するときは、その旨及び各会社の負担部分
十　社債管理者を定めたときは、その名称及び住所並びに法第七百二条の規定による委託に係る契約の内容
十一　社債管理補助者を定めたときは、その氏名又は名称及び住所並びに法第七百十四条の二の規定による委託に係る契約の内容
十二　社債原簿管理人を定めたときは、その氏名又は名称及び住所
十三　社債が担保付社債であるときは、担保付社債信託法（明治三十八年法律第五十二号）第十九条第一項第一号、第十一号及び第十三号に掲げる事項
十四　社債が信託社債であるときは、当該信託社債についての信託を特定するために必要な事項

（社債原簿記載事項）
第一六六条　法第六百八十一条第七号に規定する法務省令で定める事項は、次に掲げる事項とする。
一　募集社債と引換えにする金銭の払込みに代えて金銭以外の財産の給付があったときは、その財産の価額及び給付の日
二　社債権者が募集社債と引換えにする金銭の払込みをする債務と会社に対する債権とを相殺したときは、その債権の額及び相殺をした日

（閲覧権者）
第一六七条　法第六百八十四条第二項に規定する法務省令で定める者は、社債権者その他の社債発行会社の債権者及び社債発行会社の株主又は社員とする。

（社債原簿記載事項の記載等の請求）
第一六八条①　法第六百九十一条第二項に規定する法務省令で定める場合は、次に掲げる場合とする。
一　社債取得者が、社債権者として社債原簿に記載若しくは記録がされた者又はその一般承継人に対して当該社債取得者の取得した社債に係る法第六百九十一条第一項の規定による請求をすべきことを命ずる確定判決を得た場合において、当該確定判決の内容を証する書面その他の資料を提供して請求をしたとき。
二　社債取得者が前号の確定判決と同一の効力を有するものの内容を証する書面その他の資料を提供して請求をしたとき。
三　社債取得者が一般承継により当該会社の社債を取得した者である場合において、当該一般承継を証する書面その他の資料を提供して請求をしたとき。
四　社債取得者が当該会社の社債を競売により取得した者である場合において、当該競売により取得したことを証する書面その他の資料を提供して請求をしたとき。
五　社債取得者が法第百七十九条第三項の規定による請求により当該会社の社債を取得した者である場合において、当該社債取得者が請求をしたとき。
②　前項の規定にかかわらず、社債取得者が取得した社債が社債券を発行する定めがあるものである場合には、法第六百九十一条第二項に規定する法務省令で定める場合は、次に掲げる場合とする。
一　社債取得者が社債券を提示して請求をした場合
二　社債取得者が法第百七十九条第三項の規定による請求により当該会社の社債を取得した者である場合において、当該社債取得者が請求をしたとき。

第二章　社債管理者等

（社債管理者を設置することを要しない場合）
第一六九条　法第七百二条に規定する法務省令で定める場合は、ある種類（法第六百八十一条第一号に規定する種類をいう。以下この条において同じ。）の社債の総額を当該種類の各社債の金額の最低額で除して得た数が五十を下回る場合とする。

（社債管理者の資格）
第一七〇条　法第七百三条第三号に規定する法務省令で定める者は、次に掲げる者とする。
一　担保付社債信託法第三条の免許を受けた者
二　株式会社商工組合中央金庫
三　農業協同組合法第十条第一項第二号及び第三号の事業を併せ行う農業協同組合又は農業協同組合連合会
四　信用協同組合又は中小企業等協同組合法第九条の九第一項第一号の事業を行う協同組合連合会
五　信用金庫又は信用金庫連合会
六　労働金庫連合会
七　長期信用銀行法第二条に規定する長期信用銀行
八　保険業法第二条第二項に規定する保険会社
九　農林中央金庫

（特別の関係）
第一七一条①　法第七百十条第二項第二号（法第七百十二条において準用する場合を含む。）に規定する法務省令で定める特別の関係は、次に掲げる関係とする。
一　法人の総社員又は総株主の議決権の百分の五十を超える議決権を有する者（以下この条において「支配社員」という。）と当該法人（以下この条において「被支配法人」という。）との関係
二　被支配法人とその支配社員の他の被支配法人との関係
②　支配社員とその被支配法人が合わせて他の法人の総社員又は総株主の議決権の百分の五十を超える議決権を有する場合には、当該他の法人も、当該支配社員の被支配法人とみなして前項の規定を適用する。

（社債管理補助者の資格）
第一七一条の二　法第七百十四条の三に規定する法務省令で定める者は、次に掲げる者とする。
一　弁護士
二　弁護士法人

第三章　社債権者集会

（社債権者集会の招集の決定事項）
第一七二条　法第七百十九条第四号に規定する法務省令で定める事項は、次に掲げる事項とする。

一　次条の規定により社債権者集会参考書類に記載すべき事項

二　書面による議決権の行使の期限（社債権者集会の日時以前の時であって、法第七百二十条第一項の規定による通知を発した日から二週間を経過した日以後の時に限る。）

三　一の社債権者が同一の議案につき法第七百二十六条第一項（法第七百十九条第三号に掲げる事項を定めた場合にあっては、法第七百二十六条第一項又は第七百二十七条第一項）の規定により重複して議決権を行使した場合において、当該同一の議案に対する議決権の行使の内容が異なるものであるときにおける当該社債権者の議決権の行使の取扱いに関する事項を定めるときは、その事項

四　第百七十四条第一項第三号の取扱いを定めるときは、その取扱いの内容

五　法第七百十九条第三号に掲げる事項を定めたときは、次に掲げる事項

イ　電磁的方法による議決権の行使の期限（社債権者集会の日時以前の時であって、法第七百二十条第一項の規定による通知を発した日から二週間を経過した日以後の時に限る。）

ロ　法第七百二十条第二項の承諾をした社債権者の請求があった時に当該社債権者に対して法第七百二十一条第一項の規定による議決権行使書面（同項に規定する議決権行使書面をいう。以下この章において同じ。）の交付（当該交付に代えて行う同条第二項の規定による電磁的方法による提供を含む。）をすることとするときは、その旨

（社債権者集会参考書類）

第一七三条①　社債権者集会参考書類には、次に掲げる事項を記載しなければならない。

一　議案及び提案の理由

二　議案が代表社債権者の選任に関する議案であるときは、次に掲げる事項

イ　候補者の氏名又は名称

ロ　候補者の略歴又は沿革

ハ　候補者が社債発行会社、社債管理者又は社債管理補助者と特別の利害関係があるときは、その事実の概要

②　社債権者集会参考書類には、前項に定めるもののほか、社債権者の議決権の行使について参考となると認める事項を記載することができる。

③　同一の社債権者集会に関して社債権者に対して提供する社債権者集会参考書類に記載すべき事項のうち、他の書面に記載している事項又は電磁的方法により提供している事項がある場合には、これらの事項は、社債権者集会参考書類に記載することを要しない。

④　同一の社債権者集会に関して社債権者に対して提供する招集通知（法第七百二十条第一項又は第二項の規定による通知をいう。以下この章において同じ。）の内容とすべき事項のうち、社債権者集会参考書類に記載している事項がある場合には、当該事項は、招集通知の内容とすることを要しない。

（議決権行使書面）

第一七四条①　法第七百二十一条第一項の規定により交付すべき議決権行使書面に記載すべき事項又は法第七百二十二条第一項若しくは第二項の規定により電磁的方法により提供すべき議決権行使書面に記載すべき事項は、次に掲げる事項とする。

一　各議案についての賛否（棄権の欄を設ける場合にあっては、棄権を含む。）を記載する欄

二　第百七十二条第三号に掲げる事項を定めたときは、当該事項

三　第百七十二条第四号に掲げる事項を定めたときは、第一号の欄に記載がない議決権行使書面が招集者（法第七百十九条に規定する招集者をいう。以下この条において同じ。）に提出された場合における各議案についての賛成、反対又は棄権のいずれかの意思の表示があったものとする取扱いの内容

四　議決権の行使の期限

五　議決権を行使すべき社債権者の氏名又は名称及び行使することができる議決権の額

②　第百七十二条第五号ロに掲げる事項を定めた場合には、招集者は、法第七百二十条第二項の承諾をした社債権者の請求があった時に、当該社債権者に対して、法第七百二十一条第一項の規定による議決権行使書面の交付（当該交付に代えて行う同条第二項の規定による電磁的方法による提供を含む。）をしなければならない。

③　同一の社債権者集会に関して社債権者に対して提供する議決権行使書面に記載すべき事項（第一項第二号から第四号までに掲げる事項に限る。）のうち、招集通知の内容としている事項がある場合には、当該事項は、社債権者に対して提供する議決権行使書面に記載することを要しない。

④　同一の社債権者集会に関して社債権者に対して提供する招集通知の内容とすべき事項のうち、議決権行使書面に記載している事項がある場合には、当該事項は、社債権者に対して提供する招集通知の内容とすることを要しない。

（書面による議決権行使の期限）

第一七五条　法第七百二十六条第二項に規定する法務省令で定める時は、第百七十二条第二号の行使の期限とする。

（電磁的方法による議決権行使の期限）

第一七六条　法第七百二十七条第一項に規定する法務省令で定める時は、第百七十二条第五号イの行使の期限とする。

（社債権者集会の議事録）

第一七七条①　法第七百三十一条第一項の規定による社債権者集会の議事録の作成については、この条の定めるところによる。

②　社債権者集会の議事録は、書面又は電磁的記録をもって作成しなければならない。

③　社債権者集会の議事録は、次に掲げる事項を内容とするものでなければならない。

一　社債権者集会が開催された日時及び場所

二　社債権者集会の議事の経過の要領及びその結果

三　法第七百二十九条第一項の規定により社債権者集会において述べられた意見があるときは、その意見の内容の概要

四　社債権者集会に出席した社債発行会社の代表者又は代理人の氏名

五　社債権者集会に出席した社債管理者の代表者若しくは代理人の氏名又は社債管理補助者若しくはその代表者若しくは代理人の氏名

六　社債権者集会の議長が存するときは、議長の氏名

七　議事録の作成に係る職務を行った者の氏名又は名称

④　法第七百三十五条の二第一項の規定により社債権者集会の決議があったものとみなされた場合には、社債権者集会の議事録は、次の各号に掲げる事項を内容とするものとする。

一　社債権者集会の決議があったものとみなされた事項の内容

二　前号の事項の提案をした者の氏名又は名称

三　社債権者集会の決議があったものとみなされた日

四　議事録の作成に係る職務を行った者の氏名又は名称

第五編　組織変更、合併、会社分割、株式交換、株式移転及び株式交付

第一章　吸収分割契約及び新設分割計画

第一節　吸収分割契約

第一七八条　法第七百五十八条第八号イ及び第七百六十条第七号イに規定する法務省令で定めるものは、次に掲げるものとする。

一　イに掲げる額からロに掲げる額を減じて得た額がハに掲げる額よりも小さい場合における吸収分割承継会社が吸収分割株式会社から取得した金銭等であって、法第七百五十八条第八号又は第七百六十条第七号の定めに従い取得対価（法第百七十一条第一項第一号に規定する取得対価をいう。以下この条において同じ。）又は配当財産として交付

する承継会社株式等（吸収分割承継株式会社の株式又は吸収分割承継持分会社の持分をいう。以下この号において同じ。）以外の金銭等

イ　法第七百五十八条第八号イ若しくはロ又は第七百六十条第七号イ若しくはロに掲げる行為により吸収分割株式会社の株主に対して交付する金銭等（法第七百五十八条第八号イ又は第七百六十条第七号イに掲げる行為（次号において「特定株式取得」という。）をする場合にあっては、取得対価として交付する吸収分割株式会社の株式を除く。）の合計額

ロ　イに規定する金銭等のうち承継会社株式等の価額の合計額

ハ　イに規定する金銭等の合計額に二十分の一を乗じて得た額

二　特定株式取得をする場合における取得対価として交付する吸収分割株式会社の株式

第二節　新設分割計画

第一七九条　法第七百六十三条第一項第十二号イ及び第七百六十五条第一項第八号イに規定する法務省令で定めるものは、次に掲げるものとする。

一　イに掲げる額からロに掲げる額を減じて得た額がハに掲げる額よりも小さい場合における新設分割に際して新設分割株式会社が新設分割設立会社から取得した金銭等であって、法第七百六十三条第一項第十二号又は第七百六十五条第一項第八号の定めに従い取得対価（法第百七十一条第一項第一号に規定する取得対価をいう。以下この条において同じ。）又は配当財産として交付する設立会社株式等（新設分割設立株式会社の株式又は新設分割設立持分会社の持分をいう。以下この号において同じ。）以外の金銭等

イ　法第七百六十三条第一項第十二号イ若しくはロ又は第七百六十五条第一項第八号イ若しくはロに掲げる行為により新設分割株式会社の株主に対して交付する金銭等（法第七百六十三条第一項第十二号イ又は第七百六十五条第一項第八号イに掲げる行為（次号において「特定株式取得」という。）をする場合にあっては、取得対価として交付する新設分割株式会社の株式を除く。）の合計額

ロ　イに規定する金銭等のうち設立会社株式等の価額の合計額

ハ　イに規定する金銭等の合計額に二十分の一を乗じて得た額

二　特定株式取得をする場合における取得対価として交付する新設分割株式会社の株式

第一章の二　株式交付子会社の株式の譲渡しの申込み

（申込みをしようとする者に対して通知すべき事項）

第一七九条の二①　法第七百七十四条の四第一項第三号（法第七百七十四条の九において準用する場合を含む。）に規定する法務省令で定める事項は、次に掲げる事項とする。

一　交付対価について参考となるべき事項

二　株式交付親会社の計算書類等に関する事項

②　この条において「交付対価」とは、株式交付親会社が株式交付に際して株式交付子会社の株式、新株予約権（新株予約権付社債に付されたものを除く。以下この条において同じ。）又は新株予約権付社債の譲渡人に対して当該株式、新株予約権又は新株予約権付社債の対価として交付する金銭等をいう。

③　第一項第一号に規定する「交付対価について参考となるべき事項」とは、次に掲げる事項その他これに準ずる事項（これらの事項の全部又は一部を通知しないことにつき法第七百七十四条の四第一項（法第七百七十四条の九において準用する場合を含む。）の申込みをしようとする者の同意がある場合にあっては、当該同意があったものを除く。）とする。

一　交付対価として交付する株式交付親会社の株式に関する次に掲げる事項

イ　当該株式交付親会社の定款の定め

ロ　次に掲げる事項その他の交付対価の換価の方法に関する事項

(1)　交付対価を取引する市場

(2)　交付対価の取引の媒介、取次ぎ又は代理を行う者

(3)　交付対価の譲渡その他の処分に制限があるときは、その内容

ハ　交付対価に市場価格があるときは、その価格に関する事項

ニ　株式交付親会社の過去五年間にその末日が到来した各事業年度（次に掲げる事業年度を除く。）に係る貸借対照表の内容

(1)　最終事業年度

(2)　ある事業年度に係る貸借対照表の内容につき、法令の規定に基づく公告（法第四百四十条第三項の措置に相当するものを含む。）をしている場合における当該事業年度

(3)　ある事業年度に係る貸借対照表の内容につき、金融商品取引法第二十四条第一項の規定により有価証券報告書を内閣総理大臣に提出している場合における当該事業年度

二　交付対価の一部が法人等の株式、持分その他これらに準ずるもの（株式交付親会社の株式を除く。）であるときは、次に掲げる事項（当該事項が日本語以外の言語で表示されている場合にあっては、当該事項（氏名又は名称を除く。）を日本語で表示した事項）

イ　当該法人等の定款その他これに相当するものの定め

ロ　当該法人等が会社でないときは、次に掲げる権利に相当する権利その他の交付対価に係る権利（重要でないものを除く。）の内容

(1)　剰余金の配当を受ける権利

(2)　残余財産の分配を受ける権利

(3)　株主総会における議決権

(4)　合併その他の行為がされる場合において、自己の有する株式を公正な価格で買い取ることを請求する権利

(5)　定款その他の資料（当該資料が電磁的記録をもって作成されている場合にあっては、当該電磁的記録に記録された事項を表示したもの）の閲覧又は謄写を請求する権利

ハ　当該法人等が、その株主、社員その他これらに相当する者（以下この号、第百八十二条第四項第二号及び第百八十四条第四項第二号において「株主等」という。）に対し、日本語以外の言語を使用して情報の提供をすることとされているときは、当該言語

ニ　株式交付が効力を生ずる日に当該法人等の株主総会その他これに相当するものの開催があるものとした場合における当該法人等の株主等が有すると見込まれる議決権その他これに相当する権利の総数

ホ　当該法人等について登記（当該法人等が外国の法令に準拠して設立されたものである場合にあっては、法第九百三十三条第一項の外国会社の登記又は外国法人の登記及び夫婦財産契約の登記に関する法律第二条の外国法人の登記に限る。）がされていないときは、次に掲げる事項

(1)　当該法人等を代表する者の氏名又は名称及び住所

(2)　当該法人等の役員（(1)の者を除く。）の氏名又は名称

へ　当該法人等の最終事業年度（当該法人等が会社以外のものである場合にあっては、最終事業年度に相当するもの。以下この号において同じ。）に係る計算書類（最終事業年度がない場合にあっては、当該法人等の成立の日における貸借対照表）その他これに相当するものの内容（当該計算書類その他これに相当するものについて監査役、監査等委員会、監査委員会、会計監査人その他これらに相当するもの

の監査を受けている場合にあっては、監査報告その他これに相当するものの内容の概要を含む。）

ト　次に掲げる場合の区分に応じ、次に定める事項

(1)　当該法人等が株式会社である場合　当該法人等の最終事業年度に係る事業報告の内容（当該事業報告について監査役、監査等委員会又は監査委員会の監査を受けている場合にあっては、監査報告の内容を含む。）

(2)　当該法人等が株式会社以外のものである場合　当該法人等の最終事業年度に係る第百十八条各号及び第百十九条各号に掲げる事項に相当する事項の内容の概要（当該事項について監査役、監査等委員会、監査委員会その他これらに相当するものの監査を受けている場合にあっては、監査報告その他これに相当するものの内容の概要を含む。）

チ　当該法人等の過去五年間にその末日が到来した各事業年度（次に掲げる事業年度を除く。）に係る貸借対照表その他これに相当するものの内容

(1)　最終事業年度

(2)　ある事業年度に係る貸借対照表その他これに相当するものの内容につき、法令の規定に基づく公告（法第四百四十条第三項の措置に相当するものを含む。）をしている場合における当該事業年度

(3)　ある事業年度に係る貸借対照表その他これに相当するものの内容につき、金融商品取引法第二十四条第一項の規定により有価証券報告書を内閣総理大臣に提出している場合における当該事業年度

リ　前号ロ及びハに掲げる事項

ヌ　交付対価が自己株式の取得、持分の払戻しその他これらに相当する方法により払戻しを受けることができるものであるときは、その手続に関する事項

三　交付対価の一部が株式交付親会社の社債、新株予約権又は新株予約権付社債であるときは、第一号ロ及びハに掲げる事項

四　交付対価の一部が法人等の社債、新株予約権、新株予約権付社債その他これらに準ずるもの（株式交付親会社の社債、新株予約権又は新株予約権付社債を除く。）であるときは、次に掲げる事項（当該事項が日本語以外の言語で表示されている場合にあっては、当該事項（氏名又は名称を除く。）を日本語で表示した事項）

イ　第一号ロ及びハに掲げる事項

ロ　第二号イ及びホからチまでに掲げる事項

五　交付対価の一部が株式交付親会社その他の法人等の株式、持分、社債、新株予約権、新株予約権付社債その他これらに準ずるもの及び金銭以外の財産であるときは、第一号ロ及びハに掲げる事項

④　第一項第二号に規定する「株式交付親会社の計算書類等に関する事項」とは、次に掲げる事項とする。

一　最終事業年度に係る計算書類等（最終事業年度がない場合にあっては、株式交付親会社の成立の日における貸借対照表）の内容

二　最終事業年度の末日（最終事業年度がない場合にあっては、株式交付親会社の成立の日。次号において同じ。）後の日を臨時決算日（二以上の臨時決算日がある場合にあっては、最も遅いもの）とする臨時計算書類等があるときは、当該臨時計算書類等の内容

三　最終事業年度の末日後に重要な財産の処分、重大な債務の負担その他の会社財産の状況に重要な影響を与える事象が生じたときは、その内容

（申込みをしようとする者に対する通知を要しない場合）

第一七九条の三　法第七百七十四条の四（法第七百七十四条の九において準用する場合を含む。以下この条において同じ。）第四項に規定する法務省令で定める場合は、次に掲げる場合であって、株式交付親会社が法第七百七十四条の四第一項の申込みをしようとする者に対して同項各号に掲げる事項を提供している場合とする。

一　当該株式交付親会社が金融商品取引法の規定に基づき目論見書に記載すべき事項を電磁的方法により提供している場合

二　当該株式交付親会社が外国の法令に基づき目論見書その他これに相当する書面その他の資料を提供している場合

第二章　組織変更をする株式会社の手続

（組織変更をする株式会社の事前開示事項）

第一八〇条　法第七百七十五条第一項に規定する法務省令で定める事項は、次に掲げる事項とする。

一　組織変更をする株式会社が新株予約権を発行しているときは、法第七百四十四条第一項第七号及び第八号に掲げる事項についての定めの相当性に関する事項

二　組織変更をする株式会社において最終事業年度がないときは、当該組織変更をする株式会社の成立の日における貸借対照表

三　組織変更後持分会社の債務の履行の見込みに関する事項

四　法第七百七十五条第二項に規定する組織変更計画備置開始日後、前三号に掲げる事項に変更が生じたときは、変更後の当該事項

（計算書類に関する事項）

第一八一条　法第七百七十九条第二項第二号に規定する法務省令で定めるものは、同項の規定による公告の日又は同項の規定による催告の日のいずれか早い日における次の各号に掲げる場合の区分に応じ、当該各号に定めるものとする。

一　最終事業年度に係る貸借対照表又はその要旨につき組織変更をする株式会社が法第四百四十条第一項又は第二項の規定による公告をしている場合　次に掲げるもの

イ　官報で公告をしているときは、当該官報の日付及び当該公告が掲載されている頁

ロ　時事に関する事項を掲載する日刊新聞紙で公告をしているときは、当該日刊新聞紙の名称、日付及び当該公告が掲載されている頁

ハ　電子公告により公告をしているときは、法第九百十一条第三項第二十八号イに掲げる事項

二　最終事業年度に係る貸借対照表につき組織変更をする株式会社が法第四百四十条第三項に規定する措置をとっている場合　法第九百十一条第三項第二十六号に掲げる事項

三　組織変更をする株式会社が法第四百四十条第四項に規定する株式会社である場合において、当該株式会社が金融商品取引法第二十四条第一項の規定により最終事業年度に係る有価証券報告書を提出しているとき　その旨

四　組織変更をする株式会社が会社法の施行に伴う関係法律の整備等に関する法律（平成十七年法律第八十七号）第二十八条の規定により法第四百四十条の規定が適用されないものである場合　その旨

五　組織変更をする株式会社につき最終事業年度がない場合　その旨

六　組織変更をする株式会社が清算株式会社である場合　その旨

七　前各号に掲げる場合以外の場合　会社計算規則第六編第二章の規定による最終事業年度に係る貸借対照表の要旨の内容

第三章　吸収合併消滅株式会社、吸収分割株式会社及び株式交換完全子会社の手続

（吸収合併消滅株式会社の事前開示事項）

第一八二条①　法第七百八十二条第一項に規定する法務省令で定める事項は、同項に規定する消滅株式会社等が吸収合併消滅株式会社である場合には、次に掲げる事項とする。

一　合併対価の相当性に関する事項

二　合併対価について参考となるべき事項

三　吸収合併に係る新株予約権の定めの相当性に関する事項

四　計算書類等に関する事項
五　吸収合併が効力を生ずる日以後における吸収合併存続会社の債務（法第七百八十九条第一項の規定により吸収合併について異議を述べることができる債権者に対して負担する債務に限る。）の履行の見込みに関する事項
六　吸収合併契約等備置開始日（法第七百八十二条第二項に規定する吸収合併契約等備置開始日をいう。以下この章において同じ。）後、前各号に掲げる事項に変更が生じたときは、変更後の当該事項
②　この条において「合併対価」とは、吸収合併存続会社が吸収合併に際して吸収合併消滅株式会社の株主に対してその株式に代えて交付する金銭等をいう。
③　第一項第一号に規定する「合併対価の相当性に関する事項」とは、次に掲げる事項その他の法第七百四十九条第一項第二号及び第三号に掲げる事項又は法第七百五十一条第一項第二号から第四号までに掲げる事項についての定め（当該定めがない場合にあっては、当該定めがないこと）の相当性に関する事項とする。
一　合併対価の総数又は総額の相当性に関する事項
二　合併対価として当該種類の財産を選択した理由
三　吸収合併存続会社と吸収合併消滅株式会社とが共通支配下関係（会社計算規則第二条第三項第三十六号に規定する共通支配下関係をいう。以下この号及び第百八十四条において同じ。）にあるときは、当該吸収合併消滅株式会社の株主（当該吸収合併消滅株式会社と共通支配下関係にある株主を除く。）の利益を害さないように留意した事項（当該事項がない場合にあっては、その旨）
④　第一項第二号に規定する「合併対価について参考となるべき事項」とは、次の各号に掲げる場合の区分に応じ、当該各号に定める事項その他これに準ずる事項（法第七百八十二条第一項に規定する書面又は電磁的記録にこれらの事項の全部又は一部の記載又は記録をしないことにつき吸収合併消滅株式会社の総株主の同意がある場合にあっては、当該同意があったものを除く。）とする。
一　合併対価の全部又は一部が吸収合併存続会社の株式又は持分である場合　次に掲げる事項
イ　当該吸収合併存続会社の定款の定め
ロ　次に掲げる事項その他の合併対価の換価の方法に関する事項
(1)　合併対価を取引する市場
(2)　合併対価の取引の媒介、取次ぎ又は代理を行う者
(3)　合併対価の譲渡その他の処分に制限があるときは、その内容
ハ　合併対価に市場価格があるときは、その価格に関する事項
ニ　吸収合併存続会社の過去五年間にその末日が到来した各事業年度（次に掲げる事業年度を除く。）に係る貸借対照表の内容
(1)　最終事業年度
(2)　ある事業年度に係る貸借対照表の内容につき、法令の規定に基づく公告（法第四百四十条第三項の措置に相当するものを含む。）をしている場合における当該事業年度
(3)　ある事業年度に係る貸借対照表の内容につき、金融商品取引法第二十四条第一項の規定により有価証券報告書を内閣総理大臣に提出している場合における当該事業年度
二　合併対価の全部又は一部が法人等の株式、持分その他これらに準ずるもの（吸収合併存続会社の株式又は持分を除く。）である場合　次に掲げる事項（当該事項が日本語以外の言語で表示されている場合にあっては、当該事項（氏名又は名称を除く。）を日本語で表示した事項）
イ　当該法人等の定款その他これに相当するものの定め
ロ　当該法人等が会社でないときは、次に掲げる権利その他の合併対価に係る権利（重要でないものを除く。）の内容
(1)　剰余金の配当を受ける権利
(2)　残余財産の分配を受ける権利
(3)　株主総会における議決権
(4)　合併その他の行為がされる場合において、自己の有する株式を公正な価格で買い取ることを請求する権利
(5)　定款その他の資料（当該資料が電磁的記録をもって作成されている場合にあっては、当該電磁的記録に記録された事項を表示したもの）の閲覧又は謄写を請求する権利
ハ　当該法人等がその株主等に対し、日本語以外の言語を使用して情報の提供をすることとされているときは、当該言語
ニ　吸収合併が効力を生ずる日に当該法人等の株主総会その他これに相当するものの開催があるものとした場合における当該法人等の株主等が有すると見込まれる議決権その他これに相当する権利の総数
ホ　当該法人等について登記（当該法人等が外国の法令に準拠して設立されたものである場合にあっては、法第九百三十三条第一項の外国会社の登記又は外国法人の登記及び夫婦財産契約の登記に関する法律第二条の外国法人の登記に限る。）がされていないときは、次に掲げる事項
(1)　当該法人等を代表する者の氏名又は名称及び住所
(2)　当該法人等の役員（(1)の者を除く。）の氏名又は名称
ヘ　当該法人等の最終事業年度（当該法人等が会社以外のものである場合にあっては、最終事業年度に相当するもの。以下この号において同じ。）に係る計算書類（最終事業年度がない場合にあっては、当該法人等の成立の日における貸借対照表）その他これに相当するものの内容（当該計算書類その他これに相当するものについて監査役、監査等委員会、監査委員会、会計監査人その他これらに相当するものの監査を受けている場合にあっては、監査報告その他これに相当するものの内容の概要を含む。）
ト　次に掲げる場合の区分に応じ、次に定める事項
(1)　当該法人等が株式会社である場合　当該法人等の最終事業年度に係る事業報告の内容（当該事業報告について監査役、監査等委員会又は監査委員会の監査を受けている場合にあっては、監査報告の内容を含む。）
(2)　当該法人等が株式会社以外のものである場合　当該法人等の最終事業年度に係る第百十八条各号及び第百十九条各号に掲げる事項に相当する事項の内容の概要（当該事項について監査役、監査等委員会、監査委員会その他これらに相当するものの監査を受けている場合にあっては、監査報告その他これに相当するものの内容の概要を含む。）
チ　当該法人等の過去五年間にその末日が到来した各事業年度（次に掲げる事業年度を除く。）に係る貸借対照表その他これに相当するものの内容
(1)　最終事業年度
(2)　ある事業年度に係る貸借対照表その他これに相当するものの内容につき、法令の規定に基づく公告（法第四百四十条第三項の措置に相当するものを含む。）をしている場合における当該事業年度
(3)　ある事業年度に係る貸借対照表その他これに相当するものの内容につき、金融商品取引法第二十四条第一項の規定により有価証券報告書を内閣総理大臣に提出している場合における当該事業年度
リ　前号ロ及びハに掲げる事項
ヌ　合併対価が自己株式の取得、持分の払戻しその他これらに相当する方法により払戻しを受けることができるものであるときは、その手続に関する事項
三　合併対価の全部又は一部が吸収合併存続会社の社債、新株

予約権又は新株予約権付社債である場合　第一号イから二までに掲げる事項

四　合併対価の全部又は一部が法人等の社債、新株予約権、新株予約権付社債その他これらに準ずるもの（吸収合併存続会社の社債、新株予約権又は新株予約権付社債を除く。）である場合　次に掲げる事項（当該事項が日本語以外の言語で表示されている場合にあっては、当該事項（氏名又は名称を除く。）を日本語で表示した事項）

イ　第一号ロ及びハに掲げる事項

ロ　第二号イ及びホからチまでに掲げる事項

五　合併対価の全部又は一部が吸収合併存続会社その他の法人等の株式、持分、社債、新株予約権、新株予約権付社債その他これらに準ずるもの及び金銭以外の財産である場合　第一号ロ及びハに掲げる事項

⑤　第一項第三号に規定する「吸収合併に係る新株予約権の定めの相当性に関する事項」とは、次の各号に掲げる場合の区分に応じ、当該各号に定める定めの相当性に関する事項とする。

一　吸収合併存続会社が株式会社である場合　法第七百四十九条第一項第四号及び第五号に掲げる事項についての定め

二　吸収合併存続会社が持分会社である場合　法第七百五十一条第一項第五号及び第六号に掲げる事項についての定め

⑥　第一項第四号に規定する「計算書類等に関する事項」とは、次に掲げる事項とする。

一　吸収合併存続会社についての次に掲げる事項

イ　最終事業年度に係る計算書類等（最終事業年度がない場合にあっては、吸収合併存続会社の成立の日における貸借対照表）の内容

ロ　最終事業年度の末日（最終事業年度がない場合にあっては、吸収合併存続会社の成立の日。ハにおいて同じ。）後の日を臨時決算日（二以上の臨時決算日がある場合にあっては、最も遅いもの）とする臨時計算書類等があるときは、当該臨時計算書類等の内容

ハ　最終事業年度の末日後に重要な財産の処分、重大な債務の負担その他の会社財産の状況に重要な影響を与える事象が生じたときは、その内容（吸収合併契約等備置開始日後吸収合併の効力が生ずる日までの間に新たな最終事業年度が存することとなる場合にあっては、当該新たな最終事業年度の末日後に生じた事象の内容に限る。）

二　吸収合併消滅株式会社（清算株式会社を除く。以下この号において同じ。）についての次に掲げる事項

イ　吸収合併消滅株式会社において最終事業年度の末日（最終事業年度がない場合にあっては、吸収合併消滅株式会社の成立の日）後に重要な財産の処分、重大な債務の負担その他の会社財産の状況に重要な影響を与える事象が生じたときは、その内容（吸収合併契約等備置開始日後吸収合併の効力が生ずる日までの間に新たな最終事業年度が存することとなる場合にあっては、当該新たな最終事業年度の末日後に生じた事象の内容に限る。）

ロ　吸収合併消滅株式会社において最終事業年度がないときは、吸収合併消滅株式会社の成立の日における貸借対照表

第一八三条（吸収分割株式会社の事前開示事項）　法第七百八十二条第一項に規定する法務省令で定める事項は、同項に規定する消滅株式会社等が吸収分割株式会社である場合には、次に掲げる事項とする。

一　次のイ又はロに掲げる場合の区分に応じ、当該イ又はロに定める定め（当該定めがない場合にあっては、当該定めがないこと）の相当性に関する事項

イ　吸収分割承継会社が株式会社である場合　法第七百五十八条第四号に掲げる事項についての定め

ロ　吸収分割承継会社が持分会社である場合　法第七百六十条第四号及び第五号に掲げる事項についての定め

二　法第七百五十八条第八号又は第七百六十条第七号に掲げる事項を定めたときは、次に掲げる事項

イ　法第七百五十八条第八号イ又は第七百六十条第七号イに掲げる行為をする場合において、法第百七十一条第一項の決議が行われているときは、同項各号に掲げる事項

ロ　法第七百五十八条第八号ロ又は第七百六十条第七号ロに掲げる行為をする場合において、法第四百五十四条第一項の決議が行われているときは、同項第一号及び第二号に掲げる事項

三　吸収分割株式会社が法第七百八十七条第三項第二号に定める新株予約権を発行している場合において、吸収分割承継会社が株式会社であるときは、法第七百五十八条第五号及び第六号に掲げる事項についての定めの相当性に関する事項（当該新株予約権に係る事項に限る。）

四　吸収分割承継会社についての次に掲げる事項

イ　最終事業年度に係る計算書類等（最終事業年度がない場合にあっては、吸収分割承継会社の成立の日における貸借対照表）の内容

ロ　最終事業年度の末日（最終事業年度がない場合にあっては、吸収分割承継会社の成立の日。ハにおいて同じ。）後の日を臨時決算日（二以上の臨時決算日がある場合にあっては、最も遅いもの）とする臨時計算書類等があるときは、当該臨時計算書類等の内容

ハ　最終事業年度の末日後に重要な財産の処分、重大な債務の負担その他の会社財産の状況に重要な影響を与える事象が生じたときは、その内容（吸収合併契約等備置開始日後吸収分割の効力が生ずる日までの間に新たな最終事業年度が存することとなる場合にあっては、当該新たな最終事業年度の末日後に生じた事象の内容に限る。）

五　吸収分割株式会社（清算株式会社を除く。以下この号において同じ。）についての次に掲げる事項

イ　吸収分割株式会社において最終事業年度の末日（最終事業年度がない場合にあっては、吸収分割株式会社の成立の日）後に重要な財産の処分、重大な債務の負担その他の会社財産の状況に重要な影響を与える事象が生じたときは、その内容（吸収合併契約等備置開始日後吸収分割の効力が生ずる日までの間に新たな最終事業年度が存することとなる場合にあっては、当該新たな最終事業年度の末日後に生じた事象の内容に限る。）

ロ　吸収分割株式会社において最終事業年度がないときは、吸収分割株式会社の成立の日における貸借対照表

六　吸収分割が効力を生ずる日以後における吸収分割株式会社の債務及び吸収分割承継会社の債務（吸収分割株式会社が吸収分割により吸収分割承継会社に承継させるものに限る。）の履行の見込みに関する事項

七　吸収合併契約等備置開始日後吸収分割が効力を生ずる日までの間に、前各号に掲げる事項に変更が生じたときは、変更後の当該事項

第一八四条①（株式交換完全子会社の事前開示事項）　法第七百八十二条第一項に規定する法務省令で定める事項は、同項に規定する消滅株式会社等が株式交換完全子会社である場合には、次に掲げる事項とする。

一　交換対価の相当性に関する事項

二　交換対価について参考となるべき事項

三　株式交換に係る新株予約権の定めの相当性に関する事項

四　計算書類等に関する事項

五　法第七百八十九条第一項の規定により株式交換について異議を述べることができる債権者があるときは、株式交換が効力を生ずる日以後における株式交換完全親会社の債務（当該債権者に対して負担する債務に限る。）の履行の見込みに関する事項

六　吸収合併契約等備置開始日後株式交換が効力を生ずる日までの間に、前各号に掲げる事項に変更が生じたときは、変更後の当該事項

②　この条において「交換対価」とは、株式交換完全親会社が株

式交換に際して株式交換完全子会社の株主に対してその株式に代えて交付する金銭等をいう。

③ 第一項第一号に規定する「交換対価の相当性に関する事項」とは、次に掲げる事項その他の法第七百六十八条第一項第二号及び第三号に掲げる事項又は法第七百七十条第一項第二号から第四号までに掲げる事項についての定め（当該定めがない場合にあっては、当該定めがないこと）の相当性に関する事項とする。

一 交換対価の総数又は総額の相当性に関する事項

二 交換対価として当該種類の財産を選択した理由

三 株式交換完全親会社と株式交換完全子会社とが共通支配下関係にあるときは、当該株式交換完全子会社の株主（当該株式交換完全子会社と共通支配下関係にある株主を除く。）の利益を害さないように留意した事項（当該事項がない場合にあっては、その旨）

④ 第一項第二号に規定する「交換対価について参考となるべき事項」とは、次の各号に掲げる場合の区分に応じ、当該各号に定める事項その他これに準ずる事項（法第七百八十二条第一項に規定する書面又は電磁的記録にこれらの事項の全部又は一部の記載又は記録をしないことにつき株式交換完全子会社の総株主の同意がある場合にあっては、当該同意があったものを除く。）とする。

一 交換対価の全部又は一部が株式交換完全親会社の株式又は持分である場合　次に掲げる事項

イ 当該株式交換完全親会社の定款の定め

ロ 次に掲げる事項その他の交換対価の換価の方法に関する事項

(1) 交換対価を取引する市場

(2) 交換対価の取引の媒介、取次ぎ又は代理を行う者

(3) 交換対価の譲渡その他の処分に制限があるときは、その内容

ハ 交換対価に市場価格があるときは、その価格に関する事項

ニ 株式交換完全親会社の過去五年間にその末日が到来した各事業年度（次に掲げる事業年度を除く。）に係る貸借対照表の内容

(1) 最終事業年度

(2) ある事業年度に係る貸借対照表の内容につき、法令の規定に基づく公告（法第四百四十条第三項の措置に相当するものを含む。）をしている場合における当該事業年度

(3) ある事業年度に係る貸借対照表の内容につき、金融商品取引法第二十四条第一項の規定により有価証券報告書を内閣総理大臣に提出している場合における当該事業年度

二 交換対価の全部又は一部が法人等の株式、持分その他これらに準ずるもの（株式交換完全親会社の株式又は持分を除く。）である場合　次に掲げる事項（当該事項が日本語以外の言語で表示されている場合にあっては、当該事項（氏名又は名称を除く。）を日本語で表示した事項）

イ 当該法人等の定款その他これに相当するものの定め

ロ 当該法人等が会社でないときは、次に掲げる権利に相当する権利その他の交換対価に係る権利（重要でないものを除く。）の内容

(1) 剰余金の配当を受ける権利

(2) 残余財産の分配を受ける権利

(3) 株主総会における議決権

(4) 合併その他の行為がされる場合において、自己の有する株式を公正な価格で買い取ることを請求する権利

(5) 定款その他の資料（当該資料が電磁的記録をもって作成されている場合にあっては、当該電磁的記録に記録された事項を表示したもの）の閲覧又は謄写を請求する権利

ハ 当該法人等がその株主等に対し、日本語以外の言語を使用して情報の提供をすることとされているときは、当該言語

ニ 株式交換が効力を生ずる日に当該法人等の株主総会その他これに相当するものの開催があるものとした場合における当該法人等の株主等が有すると見込まれる議決権その他これに相当する権利の総数

ホ 当該法人等について登記（当該法人等が外国の法令に準拠して設立されたものである場合にあっては、法第九百三十三条第一項の外国会社の登記又は外国法人の登記及び夫婦財産契約の登記に関する法律第二条の外国法人の登記に限る。）がされていないときは、次に掲げる事項

(1) 当該法人等を代表する者の氏名又は名称及び住所

(2) 当該法人等の役員（(1)の者を除く。）の氏名又は名称

ヘ 当該法人等の最終事業年度（当該法人等が会社以外のものである場合にあっては、最終事業年度に相当するもの。以下この号において同じ。）に係る計算書類（最終事業年度がない場合にあっては、当該法人等の成立の日における貸借対照表）その他これに相当するものの内容（当該計算書類その他これに相当するものについて監査役、監査等委員会、監査委員会、会計監査人その他これらに相当するものの監査を受けている場合にあっては、監査報告その他これに相当するものの内容の概要を含む。）

ト 次に掲げる場合の区分に応じ、次に定める事項

(1) 当該法人等が株式会社である場合　当該法人等の最終事業年度に係る事業報告の内容（当該事業報告について監査役、監査等委員会又は監査委員会の監査を受けている場合にあっては、監査報告の内容を含む。）

(2) 当該法人等が株式会社以外のものである場合　当該法人等の最終事業年度に係る第百十八条各号及び第百十九条各号に掲げる事項に相当する事項の内容の概要（当該事項について監査役、監査等委員会、監査委員会その他これらに相当するものの監査を受けている場合にあっては、監査報告その他これに相当するものの内容の概要を含む。）

チ 当該法人等の過去五年間にその末日が到来した各事業年度（次に掲げる事業年度を除く。）に係る貸借対照表その他これに相当するものの内容

(1) 最終事業年度

(2) ある事業年度に係る貸借対照表その他これに相当するものの内容につき、法令の規定に基づく公告（法第四百四十条第三項の措置に相当するものを含む。）をしている場合における当該事業年度

(3) ある事業年度に係る貸借対照表その他これに相当するものの内容につき、金融商品取引法第二十四条第一項の規定により有価証券報告書を内閣総理大臣に提出している場合における当該事業年度

リ 前号ロ及びハに掲げる事項

ヌ 交換対価が自己株式の取得、持分の払戻しその他これらに相当する方法により払戻しを受けることができるものであるときは、その手続に関する事項

三 交換対価の全部又は一部が株式交換完全親会社の社債、新株予約権又は新株予約権付社債である場合　第一号イからニまでに掲げる事項

四 交換対価の全部又は一部が法人等の社債、新株予約権、新株予約権付社債その他これらに準ずるもの（株式交換完全親会社の社債、新株予約権又は新株予約権付社債を除く。）である場合　次に掲げる事項（当該事項が日本語以外の言語で表示されている場合にあっては、当該事項（氏名又は名称を除く。）を日本語で表示した事項）

イ 第一号ロ及びハに掲げる事項

ロ 第二号イ及びホからチまでに掲げる事項

五 交換対価の全部又は一部が株式交換完全親会社その他の法人等の株式、持分、社債、新株予約権、新株予約権付社債そ

の他これらに準ずるもの及び金銭以外の財産である場合　第一号ロ及びハに掲げる事項

⑤　第一項第三号に規定する「株式交換に係る新株予約権の定めの相当性に関する事項」とは、株式交換完全子会社が法第七百八十七条第三項第三号に定める新株予約権を発行している場合（株式交換完全親会社が株式会社であるときに限る。）における法第七百六十八条第一項第四号及び第五号に掲げる事項についての定めの相当性に関する事項（当該新株予約権に係る事項に限る。）とする。

⑥　第一項第四号に規定する「計算書類等に関する事項」とは、次に掲げる事項とする。

一　株式交換完全親会社についての次に掲げる事項

イ　最終事業年度に係る計算書類等（最終事業年度がない場合にあっては、株式交換完全親会社の成立の日における貸借対照表）の内容

ロ　最終事業年度の末日（最終事業年度がない場合にあっては、株式交換完全親会社の成立の日。ハにおいて同じ。）後の日を臨時決算日（二以上の臨時決算日がある場合にあっては、最も遅いもの）とする臨時計算書類等があるときは、当該臨時計算書類等の内容

ハ　最終事業年度の末日後に重要な財産の処分、重大な債務の負担その他の会社財産の状況に重要な影響を与える事象が生じたときは、その内容（吸収合併契約等備置開始日後株式交換の効力が生ずる日までの間に新たな最終事業年度が存することとなる場合にあっては、当該新たな最終事業年度の末日後に生じた事象の内容に限る。）

二　株式交換完全子会社についての次に掲げる事項

イ　株式交換完全子会社において最終事業年度の末日（最終事業年度がない場合にあっては、株式交換完全子会社の成立の日）後に重要な財産の処分、重大な債務の負担その他の会社財産の状況に重要な影響を与える事象が生じたときは、その内容（吸収合併契約等備置開始日後株式交換の効力が生ずる日までの間に新たな最終事業年度が存することとなる場合にあっては、当該新たな最終事業年度の末日後に生じた事象の内容に限る。）

ロ　株式交換完全子会社において最終事業年度がないときは、株式交換完全子会社の成立の日における貸借対照表

第一八五条（**持分等**）　法第七百八十三条第二項に規定する法務省令で定めるものは、権利の移転又は行使に債務者その他第三者の承諾を要するもの（持分会社の持分及び譲渡制限株式を除く。）とする。

第一八六条（**譲渡制限株式等**）　法第七百八十三条第三項に規定する法務省令で定めるものは、次の各号に掲げる場合の区分に応じ、当該各号に定める株式会社の取得条項付株式（当該取得条項付株式に係る法第百八条第二項第六号ロの他の株式の種類が当該各号に定める株式会社の譲渡制限株式であるものに限る。）又は取得条項付新株予約権（当該取得条項付新株予約権に係る法第二百三十六条第一項第七号ニの株式が当該各号に定める株式会社の譲渡制限株式であるものに限る。）とする。

一　吸収合併をする場合　吸収合併存続株式会社

二　株式交換をする場合　株式交換完全親株式会社

三　新設合併をする場合　新設合併設立株式会社

四　株式移転をする場合　株式移転設立完全親会社

第一八七条（**総資産の額**）①　法第七百八十四条第二項に規定する法務省令で定める方法は、算定基準日（吸収分割契約を締結した日（当該吸収分割契約により当該吸収分割契約を締結した日と異なる時（当該吸収分割契約を締結した日後から当該吸収分割の効力が生ずる時の直前までの間の時に限る。）を定めた場合にあっては、当該時）をいう。以下この条において同じ。）における第一号から第九号までに掲げる額の合計額から第十号に掲げる額を減じて得た額をもって吸収分割株式会社の総資産額とする方法とする。

一　資本金の額

二　資本準備金の額

三　利益準備金の額

四　法第四百四十六条に規定する剰余金の額

五　最終事業年度（法第四百六十一条第二項第二号に規定する場合にあっては、法第四百四十一条第一項第二号の期間（当該期間が二以上ある場合にあっては、その末日が最も遅いもの）。以下この項において同じ。）の末日（最終事業年度がない場合にあっては、吸収分割株式会社の成立の日。以下この項において同じ。）における評価・換算差額等に係る額

六　株式引受権の帳簿価額

七　新株予約権の帳簿価額

八　最終事業年度の末日において負債の部に計上した額

九　最終事業年度の末日後に吸収合併、吸収分割による他の会社の事業に係る権利義務の承継又は他の会社（外国会社を含む。）の事業の全部の譲受けをしたときは、これらの行為により承継又は譲受けをした負債の額

十　自己株式及び自己新株予約権の帳簿価額の合計額

②　前項の規定にかかわらず、算定基準日において吸収分割株式会社が清算株式会社である場合における法第七百八十四条第二項に規定する法務省令で定める方法は、法第四百九十二条第一項の規定により作成した貸借対照表の資産の部に計上した額をもって吸収分割株式会社の総資産額とする方法とする。

第一八八条（**計算書類に関する事項**）　法第七百八十九条第二項第三号に規定する法務省令で定めるものは、同項の規定による公告の日又は同項の規定による催告の日のいずれか早い日における次の各号に掲げる場合の区分に応じ、当該各号に定めるものとする。

一　最終事業年度に係る貸借対照表又はその要旨につき公告対象会社（法第七百八十九条第二項第三号の株式会社をいう。以下この条において同じ。）が法第四百四十条第一項又は第二項の規定による公告をしている場合　次に掲げるもの

イ　官報で公告をしているときは、当該官報の日付及び当該公告が掲載されている頁

ロ　時事に関する事項を掲載する日刊新聞紙で公告をしているときは、当該日刊新聞紙の名称、日付及び当該公告が掲載されている頁

ハ　電子公告により公告をしているときは、法第九百十一条第三項第二十八号イに掲げる事項

二　最終事業年度に係る貸借対照表につき公告対象会社が法第四百四十条第三項に規定する措置をとっている場合　法第九百十一条第三項第二十六号に掲げる事項

三　公告対象会社が法第四百四十条第四項に規定する株式会社である場合において、当該株式会社が金融商品取引法第二十四条第一項の規定により最終事業年度に係る有価証券報告書を提出しているとき　その旨

四　公告対象会社が会社法の施行に伴う関係法律の整備等に関する法律第二十八条の規定により法第四百四十条の規定が適用されないものである場合　その旨

五　公告対象会社につき最終事業年度がない場合　その旨

六　公告対象会社が清算株式会社である場合　その旨

七　前各号に掲げる場合以外の場合　会社計算規則第六編第二章の規定による最終事業年度に係る貸借対照表の要旨の内容

第一八九条（**吸収分割株式会社の事後開示事項**）　法第七百九十一条第一項第一号に規定する法務省令で定める事項は、次に掲げる事項とする。

一　吸収分割が効力を生じた日

二　吸収分割株式会社における次に掲げる事項

イ　法第七百八十四条の二の規定による請求に係る手続の経過

ロ　法第七百八十五条、第七百八十七条及び第七百八十九条

の規定による手続の経過
三　吸収分割承継会社における次に掲げる事項
イ　法第七百九十六条の二の規定による請求に係る手続の経過
ロ　法第七百九十七条の規定及び法第七百九十九条（法第八百二条第二項において準用する場合を含む。）の規定による手続の経過
四　吸収分割により吸収分割承継会社が吸収分割株式会社から承継した重要な権利義務に関する事項
五　法第九百二十三条の変更の登記をした日
六　前各号に掲げるもののほか、吸収分割に関する重要な事項

（株式交換完全子会社の事後開示事項）
第一九〇条　法第七百九十一条第一項第二号に規定する法務省令で定める事項は、次に掲げる事項とする。
一　株式交換が効力を生じた日
二　株式交換完全子会社における次に掲げる事項
イ　法第七百八十四条の二の規定による請求に係る手続の経過
ロ　法第七百八十五条、第七百八十七条及び第七百八十九条の規定による手続の経過
三　株式交換完全親会社における次に掲げる事項
イ　法第七百九十六条の二の規定による請求に係る手続の経過
ロ　法第七百九十七条の規定及び法第七百九十九条（法第八百二条第二項において準用する場合を含む。）の規定による手続の経過
四　株式交換により株式交換完全親会社に移転した株式交換完全子会社の株式の数（株式交換完全子会社が種類株式発行会社であるときは、株式の種類及び種類ごとの数）
五　前各号に掲げるもののほか、株式交換に関する重要な事項

第四章　吸収合併存続株式会社、吸収分割承継株式会社及び株式交換完全親株式会社の手続

（吸収合併存続株式会社の事前開示事項）
第一九一条　法第七百九十四条第一項に規定する法務省令で定める事項は、同項に規定する存続株式会社等が吸収合併存続株式会社である場合には、次に掲げる事項とする。
一　法第七百四十九条第一項第二号及び第三号に掲げる事項についての定め（当該定めがない場合にあっては、当該定めがないこと）の相当性に関する事項
二　法第七百四十九条第一項第四号及び第五号に掲げる事項を定めたときは、当該事項についての定め（全部の新株予約権の新株予約権者に対して交付する吸収合併存続株式会社の新株予約権の数及び金銭の額を零とする旨の定めを除く。）の相当性に関する事項
三　吸収合併消滅会社（清算株式会社及び清算持分会社を除く。）についての次に掲げる事項
イ　最終事業年度に係る計算書類等（最終事業年度がない場合にあっては、吸収合併消滅会社の成立の日における貸借対照表）の内容
ロ　最終事業年度の末日（最終事業年度がない場合にあっては、吸収合併消滅会社の成立の日。ハにおいて同じ。）後の日を臨時決算日（二以上の臨時決算日がある場合にあっては、最も遅いもの）とする臨時計算書類等があるときは、当該臨時計算書類等の内容
ハ　最終事業年度の末日後に重要な財産の処分、重大な債務の負担その他の会社財産の状況に重要な影響を与える事象が生じたときは、その内容（吸収合併契約等備置開始日（法第七百九十四条第一項に規定する吸収合併契約等備置開始日をいう。以下この章において同じ。）後吸収合併の効力が生ずる日までの間に新たな最終事業年度が存することとなる場合にあっては、当該新たな最終事業年度の末日後に生じた事象の内容に限る。）
四　吸収合併消滅会社（清算株式会社又は清算持分会社に限る。）が法第四百九十二条第一項又は第六百五十八条第一項若しくは第六百六十九条第一項若しくは第二項の規定により作成した貸借対照表
五　吸収合併存続株式会社についての次に掲げる事項
イ　吸収合併存続株式会社において最終事業年度の末日（最終事業年度がない場合にあっては、吸収合併存続株式会社の成立の日）後に重要な財産の処分、重大な債務の負担その他の会社財産の状況に重要な影響を与える事象が生じたときは、その内容（吸収合併契約等備置開始日後吸収合併の効力が生ずる日までの間に新たな最終事業年度が存することとなる場合にあっては、当該新たな最終事業年度の末日後に生じた事象の内容に限る。）
ロ　吸収合併存続株式会社において最終事業年度がないときは、吸収合併存続株式会社の成立の日における貸借対照表
六　吸収合併が効力を生ずる日以後における吸収合併存続株式会社の債務（法第七百九十九条第一項の規定により吸収合併について異議を述べることができる債権者に対して負担する債務に限る。）の履行の見込みに関する事項
七　吸収合併契約等備置開始日後吸収合併が効力を生ずる日までの間に、前各号に掲げる事項に変更が生じたときは、変更後の当該事項

（吸収分割承継株式会社の事前開示事項）
第一九二条　法第七百九十四条第一項に規定する法務省令で定める事項は、同項に規定する存続株式会社等が吸収分割承継株式会社である場合には、次に掲げる事項とする。
一　法第七百五十八条第四号に掲げる事項についての定め（当該定めがない場合にあっては、当該定めがないこと）の相当性に関する事項
二　法第七百五十八条第八号に掲げる事項を定めたときは、次に掲げる事項
イ　法第七百五十八条第八号イに掲げる行為をする場合において、法第百七十一条第一項の決議が行われているときは、同項各号に掲げる事項
ロ　法第七百五十八条第八号ロに掲げる行為をする場合において、法第四百五十四条第一項の決議が行われているときは、同項第一号及び第二号に掲げる事項
三　法第七百五十八条第五号及び第六号に掲げる事項を定めたときは、当該事項についての定めの相当性に関する事項
四　吸収分割会社（清算株式会社及び清算持分会社を除く。）についての次に掲げる事項
イ　最終事業年度に係る計算書類等（最終事業年度がない場合にあっては、吸収分割会社の成立の日における貸借対照表）の内容
ロ　最終事業年度の末日（最終事業年度がない場合にあっては、吸収分割会社の成立の日。ハにおいて同じ。）後の日を臨時決算日（二以上の臨時決算日がある場合にあっては、最も遅いもの）とする臨時計算書類等があるときは、当該臨時計算書類等の内容
ハ　最終事業年度の末日後に重要な財産の処分、重大な債務の負担その他の会社財産の状況に重要な影響を与える事象が生じたときは、その内容（吸収合併契約等備置開始日後吸収分割の効力が生ずる日までの間に新たな最終事業年度が存することとなる場合にあっては、当該新たな最終事業年度の末日後に生じた事象の内容に限る。）
五　吸収分割会社（清算株式会社又は清算持分会社に限る。）が法第四百九十二条第一項又は第六百五十八条第一項若しくは第六百六十九条第一項若しくは第二項の規定により作成した貸借対照表
六　吸収分割承継株式会社についての次に掲げる事項
イ　吸収分割承継株式会社において最終事業年度の末日（最終事業年度がない場合にあっては、吸収分割承継株式会社の成立の日）後に重要な財産の処分、重大な債務の負担そ

の他の会社財産の状況に重要な影響を与える事象が生じたときは、その内容（吸収合併契約等備置開始日後吸収分割の効力が生ずる日までの間に新たな最終事業年度が存することとなる場合にあっては、当該新たな最終事業年度の末日後に生じた事象の内容に限る。）

ロ　吸収分割承継株式会社において最終事業年度がないときは、吸収分割承継株式会社の成立の日における貸借対照表

七　吸収分割が効力を生ずる日以後における吸収分割承継株式会社の債務（法第七百九十九条第一項の規定により吸収分割について異議を述べることができる債権者に対して負担する債務に限る。）の履行の見込みに関する事項

八　吸収合併契約等備置開始日後吸収分割が効力を生ずる日までの間に、前各号に掲げる事項に変更が生じたときは、変更後の当該事項

（株式交換完全親株式会社の事前開示事項）

第一九三条　法第七百九十四条第一項に規定する法務省令で定める事項は、同項に規定する存続株式会社等が株式交換完全親株式会社である場合には、次に掲げる事項とする。

一　法第七百六十八条第一項第二号及び第三号に掲げる事項についての定め（当該定めがない場合にあっては、当該定めがないこと）の相当性に関する事項

二　法第七百六十八条第一項第四号及び第五号に掲げる事項を定めたときは、当該事項についての定めの相当性に関する事項

三　株式交換完全子会社についての次に掲げる事項

イ　最終事業年度に係る計算書類等（最終事業年度がない場合にあっては、株式交換完全子会社の成立の日における貸借対照表）の内容

ロ　最終事業年度の末日（最終事業年度がない場合にあっては、株式交換完全子会社の成立の日。ハにおいて同じ。）後の日を臨時決算日（二以上の臨時決算日がある場合にあっては、最も遅いもの）とする臨時計算書類等があるときは、当該臨時計算書類等の内容

ハ　最終事業年度の末日後に重要な財産の処分、重大な債務の負担その他の会社財産の状況に重要な影響を与える事象が生じたときは、その内容（吸収合併契約等備置開始日後株式交換の効力が生ずる日までの間に新たな最終事業年度が存することとなる場合にあっては、当該新たな最終事業年度の末日後に生じた事象の内容に限る。）

四　株式交換完全親株式会社についての次に掲げる事項

イ　株式交換完全親株式会社において最終事業年度の末日（最終事業年度がない場合にあっては、株式交換完全親株式会社の成立の日）後に重要な財産の処分、重大な債務の負担その他の会社財産の状況に重要な影響を与える事象が生じたときは、その内容（吸収合併契約等備置開始日後株式交換の効力が生ずる日までの間に新たな最終事業年度が存することとなる場合にあっては、当該新たな最終事業年度の末日後に生じた事象の内容に限る。）

ロ　株式交換完全親株式会社において最終事業年度がないときは、株式交換完全親株式会社の成立の日における貸借対照表

五　法第七百九十九条第一項の規定により株式交換について異議を述べることができる債権者があるときは、株式交換が効力を生ずる日以後における株式交換完全親株式会社の債務（当該債権者に対して負担する債務に限る。）の履行の見込みに関する事項

六　吸収合併契約等備置開始日後株式交換が効力を生ずる日までの間に、前各号に掲げる事項に変更が生じたときは、変更後の当該事項

（株式交換完全親株式会社の株式に準ずるもの）

第一九四条　法第七百九十四条第三項に規定する法務省令で定めるものは、第一号に掲げる額から第二号に掲げる額を減じて得た額が第三号に掲げる額よりも小さい場合における法第七百六十八条第一項第二号及び第三号の定めに従い交付する株式交換完全親株式会社の株式以外の金銭等とする。

一　株式交換完全子会社の株主に対して交付する金銭等の合計額

二　前号に規定する金銭等のうち株式交換完全親株式会社の株式の価額の合計額

三　第一号に規定する金銭等の合計額に二十分の一を乗じて得た額

（資産の額等）

第一九五条①　法第七百九十五条第二項第一号に規定する債務の額として法務省令で定める額は、第一号に掲げる額から第二号に掲げる額を減じて得た額とする。

一　吸収合併又は吸収分割の直後に吸収合併存続株式会社又は吸収分割承継株式会社の貸借対照表の作成があったものとする場合における当該貸借対照表の負債の部に計上すべき額から法第七百九十五条第二項第二号の株式等（社債（吸収合併又は吸収分割の直前に吸収合併存続株式会社又は吸収分割承継株式会社が有していた社債を除く。）に限る。）につき会計帳簿に付すべき額を減じて得た額

二　吸収合併又は吸収分割の直前に吸収合併存続株式会社又は吸収分割承継株式会社の貸借対照表の作成があったものとする場合における当該貸借対照表の負債の部に計上すべき額

②　法第七百九十五条第二項第一号に規定する資産の額として法務省令で定める額は、第一号に掲げる額から第二号に掲げる額を減じて得た額とする。

一　吸収合併又は吸収分割の直後に吸収合併存続株式会社又は吸収分割承継株式会社の貸借対照表の作成があったものとする場合における当該貸借対照表の資産の部に計上すべき額

二　吸収合併又は吸収分割の直前に吸収合併存続株式会社又は吸収分割承継株式会社の貸借対照表の作成があったものとする場合における当該貸借対照表の資産の部に計上すべき額から法第七百九十五条第二項第二号に規定する金銭等（同号の株式等のうち吸収合併又は吸収分割の直前に吸収合併存続株式会社又は吸収分割承継株式会社が有していた社債を含む。）の帳簿価額を減じて得た額

③　前項の規定にかかわらず、吸収合併存続株式会社が連結配当規制適用会社である場合において、吸収合併消滅会社が吸収合併存続株式会社の子会社であるときは、法第七百九十五条第二項第一号に規定する資産の額として法務省令で定める額は、次に掲げる額のうちいずれか高い額とする。

一　第一項第一号に掲げる額から同項第二号に掲げる額を減じて得た額

二　前項第一号に掲げる額から同項第二号に掲げる額を減じて得た額

④　第二項の規定にかかわらず、吸収分割承継株式会社が連結配当規制適用会社である場合において、吸収分割会社が吸収分割承継株式会社の子会社であるときは、法第七百九十五条第二項第一号に規定する資産の額として法務省令で定める額は、次に掲げる額のうちいずれか高い額とする。

一　第一項第一号に掲げる額から同項第二号に掲げる額を減じて得た額

二　第二項第一号に掲げる額から同項第二号に掲げる額を減じて得た額

⑤　法第七百九十五条第二項第三号に規定する法務省令で定める額は、第一号及び第二号に掲げる額の合計額から第三号に掲げる額を減じて得た額とする。

一　株式交換完全親株式会社が株式交換により取得する株式交換完全子会社の株式につき会計帳簿に付すべき額

二　会社計算規則第十一条の規定により計上したのれんの額

三　会社計算規則第十二条の規定により計上する負債の額（株式交換完全子会社が株式交換完全親株式会社（連結配当規制適用会社に限る。）の子会社である場合にあっては、零）

（純資産の額）

第一九六条　法第七百九十六条第二項第二号に規定する法務省令で定める方法は、算定基準日（吸収合併契約、吸収分割契約又は株式交換契約を締結した日（当該契約により当該契約を締結した日と異なる時（当該契約を締結した日後から当該吸収合併、吸収分割又は株式交換の効力が生ずる時の直前までの間の時に限る。）を定めた場合にあっては、当該時）をいう。）における第一号から第七号までに掲げる額の合計額から第八号に掲げる額を減じて得た額（当該額が五百万円を下回る場合にあっては、五百万円）をもって存続株式会社等（法第七百九十四条第一項に規定する存続株式会社等をいう。以下この条において同じ。）の純資産額とする方法とする。

一　資本金の額
二　資本準備金の額
三　利益準備金の額
四　法第四百四十六条に規定する剰余金の額
五　最終事業年度（法第四百六十一条第二項第二号に規定する場合にあっては、法第四百四十一条第一項第二号の期間（当該期間が二以上ある場合にあっては、その末日が最も遅いもの））の末日（最終事業年度がない場合にあっては、存続株式会社等の成立の日）における評価・換算差額等に係る額
六　株式引受権の帳簿価額
七　新株予約権の帳簿価額
八　自己株式及び自己新株予約権の帳簿価額の合計額

（株式の数）
第一九七条　法第七百九十六条第三項に規定する法務省令で定める数は、次に掲げる数のうちいずれか小さい数とする。

一　特定株式（法第七百九十六条第三項に規定する行為に係る株主総会において議決権を行使することができることを内容とする株式をいう。以下この条において同じ。）の総数に二分の一（当該株主総会の決議が成立するための要件として当該特定株式の議決権の総数の一定の割合以上の議決権を有する株主が出席しなければならない旨の定款の定めがある場合にあっては、当該一定の割合）を乗じて得た数に三分の一（当該株主総会の決議が成立するための要件として当該株主総会に出席した当該特定株主（特定株式の株主をいう。以下この条において同じ。）の有する議決権の総数の一定の割合以上の多数が賛成しなければならない旨の定款の定めがある場合にあっては、一から当該一定の割合を減じて得た割合）を乗じて得た数に一を加えた数
二　法第七百九十六条第三項に規定する行為に係る決議が成立するための要件として一定の数以上の特定株主の賛成を要する旨の定款の定めがある場合において、特定株主の総数から株式会社に対して当該行為に反対する旨の通知をした特定株主の数を減じて得た数が当該一定の数未満となるときにおける当該行為に反対する旨の通知をした特定株主の有する特定株式の数
三　法第七百九十六条第三項に規定する行為に係る決議が成立するための要件として前二号の定款の定め以外の定款の定めがある場合において、当該行為に反対する旨の通知をした特定株主の全部が同項に規定する株主総会において反対したとすれば当該決議が成立しないときは、当該行為に反対する旨の通知をした特定株主の有する特定株式の数
四　定款で定めた数

（株式交換完全親株式会社の株式に準ずるもの）
第一九八条　法第七百九十九条第一項第三号に規定する法務省令で定めるものは、第一号に掲げる額から第二号に掲げる額を減じて得た額が第三号に掲げる額よりも小さい場合における法第七百六十八条第一項第二号及び第三号の定めに従い交付する株式交換完全親株式会社の株式以外の金銭等とする。

一　株式交換完全子会社の株主に対して交付する金銭等の合計額
二　前号に規定する金銭等のうち株式交換完全親株式会社の株式の価額の合計額
三　第一号に規定する金銭等の合計額に二十分の一を乗じて得た額

（計算書類に関する事項）
第一九九条　法第七百九十九条第二項第三号に規定する法務省令で定めるものは、同項の規定による公告の日又は同項の規定による催告の日のいずれか早い日における次の各号に掲げる場合の区分に応じ、当該各号に定めるものとする。

一　最終事業年度に係る貸借対照表又はその要旨につき公告対象会社（法第七百九十九条第二項第三号の株式会社をいう。以下この条において同じ。）が法第四百四十条第一項又は第二項の規定による公告をしている場合　次に掲げるもの
　イ　官報で公告をしているときは、当該官報の日付及び当該公告が掲載されている頁
　ロ　時事に関する事項を掲載する日刊新聞紙で公告をしているときは、当該日刊新聞紙の名称、日付及び当該公告が掲載されている頁
　ハ　電子公告により公告をしているときは、法第九百十一条第三項第二十八号イに掲げる事項
二　最終事業年度に係る貸借対照表につき公告対象会社が法第四百四十条第三項に規定する措置をとっている場合　法第九百十一条第三項第二十六号に掲げる事項
三　公告対象会社が法第四百四十条第四項に規定する株式会社である場合において、当該株式会社が金融商品取引法第二十四条第一項の規定により最終事業年度に係る有価証券報告書を提出しているとき　その旨
四　公告対象会社が会社法の施行に伴う関係法律の整備等に関する法律第二十八条の規定により法第四百四十条の規定が適用されないものである場合　その旨
五　公告対象会社につき最終事業年度がない場合　その旨
六　公告対象会社が清算株式会社である場合　その旨
七　前各号に掲げる場合以外の場合　会社計算規則第六編第二章の規定による最終事業年度に係る貸借対照表の要旨の内容

（吸収合併存続株式会社の事後開示事項）
第二〇〇条　法第八百一条第一項に規定する法務省令で定める事項は、次に掲げる事項とする。

一　吸収合併が効力を生じた日
二　吸収合併消滅会社における次に掲げる事項
　イ　法第七百八十四条の二の規定による請求に係る手続の経過
　ロ　法第七百八十五条及び第七百八十七条の規定並びに法第七百八十九条（法第七百九十三条第二項において準用する場合を含む。）の規定による手続の経過
三　吸収合併存続株式会社における次に掲げる事項
　イ　法第七百九十六条の二の規定による請求に係る手続の経過
　ロ　法第七百九十七条及び第七百九十九条の規定による手続の経過
四　吸収合併により吸収合併存続株式会社が吸収合併消滅会社から承継した重要な権利義務に関する事項
五　法第七百八十二条第一項の規定により吸収合併消滅株式会社が備え置いた書面又は電磁的記録に記載又は記録がされた事項（吸収合併契約の内容を除く。）
六　法第九百二十一条の変更の登記をした日
七　前各号に掲げるもののほか、吸収合併に関する重要な事項

（吸収分割承継株式会社の事後開示事項）
第二〇一条　法第八百一条第二項に規定する法務省令で定める事項は、次に掲げる事項とする。

一　吸収分割が効力を生じた日
二　吸収分割合同会社における法第七百九十三条第二項において準用する法第七百八十九条の規定による手続の経過
三　吸収分割承継株式会社における次に掲げる事項
　イ　法第七百九十六条の二の規定による請求に係る手続の経過

ロ　法第七百九十七条及び第七百九十九条の規定による手続の経過

四　吸収分割により吸収分割承継株式会社が吸収分割合同会社から承継した重要な権利義務に関する事項

五　法第九百二十三条の変更の登記をした日

六　前各号に掲げるもののほか、吸収分割に関する重要な事項

（株式交換完全親株式会社の株式に準ずるもの）

第二〇二条　法第八百一条第六項において準用する同条第四項に規定する法務省令で定めるものは、第一号に掲げる額から第二号に掲げる額を減じて得た額が第三号に掲げる額よりも小さい場合における法第七百六十八条第一項第二号及び第三号の定めに従い交付する株式交換完全親株式会社の株式以外の金銭等とする。

一　株式交換完全子会社の株主に対して交付する金銭等の合計額

二　前号に規定する金銭等のうち株式交換完全親株式会社の株式の価額の合計額

三　第一号に規定する金銭等の合計額に二十分の一を乗じて得た額

（株式交換完全親合同会社の持分に準ずるもの）

第二〇三条　法第八百二条第二項において準用する法第七百九十九条第一項第三号に規定する法務省令で定めるものは、第一号に掲げる額から第二号に掲げる額を減じて得た額が第三号に掲げる額よりも小さい場合における法第七百六十八条第一項第二号及び第三号の定めに従い交付する株式交換完全親合同会社の持分以外の金銭等とする。

一　株式交換完全子会社の株主に対して交付する金銭等の合計額

二　前号に規定する金銭等のうち株式交換完全親合同会社の持分の価額の合計額

三　第一号に規定する金銭等の合計額に二十分の一を乗じて得た額

第五章　新設合併消滅株式会社、新設分割株式会社及び株式移転完全子会社の手続

（新設合併消滅株式会社の事前開示事項）

第二〇四条　法第八百三条第一項に規定する法務省令で定める事項は、同項に規定する消滅株式会社等が新設合併消滅株式会社である場合には、次に掲げる事項とする。

一　次のイ又はロに掲げる場合の区分に応じ、当該イ又はロに定める定めの相当性に関する事項

イ　新設合併設立会社が株式会社である場合　法第七百五十三条第一項第六号から第九号までに掲げる事項についての定め

ロ　新設合併設立会社が持分会社である場合　法第七百五十五条第一項第四号、第六号及び第七号に掲げる事項についての定め

二　新設合併消滅株式会社の全部又は一部が新株予約権を発行しているときは、次のイ又はロに掲げる場合の区分に応じ、当該イ又はロに定める定めの相当性に関する事項

イ　新設合併設立会社が株式会社である場合　法第七百五十三条第一項第十号及び第十一号に掲げる事項についての定め

ロ　新設合併設立会社が持分会社である場合　法第七百五十五条第一項第八号及び第九号に掲げる事項についての定め

三　他の新設合併消滅会社（清算株式会社及び清算持分会社を除く。以下この号において同じ。）についての次に掲げる事項

イ　最終事業年度に係る計算書類等（最終事業年度がない場合にあっては、他の新設合併消滅会社の成立の日における貸借対照表）の内容

ロ　最終事業年度の末日（最終事業年度がない場合にあっては、他の新設合併消滅会社の成立の日）後の日を臨時決算日（二以上の臨時決算日がある場合にあっては、最も遅いもの）とする臨時計算書類等があるときは、当該臨時計算書類等の内容

ハ　他の新設合併消滅会社において最終事業年度の末日（最終事業年度がない場合にあっては、他の新設合併消滅会社の成立の日）後に重要な財産の処分、重大な債務の負担その他の会社財産の状況に重要な影響を与える事象が生じたときは、その内容（新設合併契約等備置開始日（法第八百三条第二項に規定する新設合併契約等備置開始日をいう。以下この章において同じ。）後新設合併の効力が生ずる日までの間に新たな最終事業年度が存することとなる場合にあっては、当該新たな最終事業年度の末日後に生じた事象の内容に限る。）

四　他の新設合併消滅会社（清算株式会社又は清算持分会社に限る。）が法第四百九十二条第一項又は第六百五十八条第一項若しくは第六百六十九条第一項若しくは第二項の規定により作成した貸借対照表

五　当該新設合併消滅株式会社（清算株式会社を除く。以下この号において同じ。）についての次に掲げる事項

イ　当該新設合併消滅株式会社において最終事業年度の末日（最終事業年度がない場合にあっては、当該新設合併消滅株式会社の成立の日）後に重要な財産の処分、重大な債務の負担その他の会社財産の状況に重要な影響を与える事象が生じたときは、その内容（新設合併契約等備置開始日後新設合併の効力が生ずる日までの間に新たな最終事業年度が存することとなる場合にあっては、当該新たな最終事業年度の末日後に生じた事象の内容に限る。）

ロ　当該新設合併消滅株式会社において最終事業年度がないときは、当該新設合併消滅株式会社の成立の日における貸借対照表

六　新設合併が効力を生ずる日以後における新設合併設立会社の債務（他の新設合併消滅会社から承継する債務を除く。）の履行の見込みに関する事項

七　新設合併契約等備置開始日後、前各号に掲げる事項に変更が生じたときは、変更後の当該事項

（新設分割株式会社の事前開示事項）

第二〇五条　法第八百三条第一項に規定する法務省令で定める事項は、同項に規定する消滅株式会社等が新設分割株式会社である場合には、次に掲げる事項とする。

一　次のイ又はロに掲げる場合の区分に応じ、当該イ又はロに定める定めの相当性に関する事項

イ　新設分割設立会社が株式会社である場合　法第七百六十三条第一項第六号から第九号までに掲げる事項についての定め

ロ　新設分割設立会社が持分会社である場合　法第七百六十五条第一項第三号、第六号及び第七号に掲げる事項についての定め

二　法第七百六十三条第一項第十二号又は第七百六十五条第一項第八号に掲げる事項を定めたときは、次に掲げる事項

イ　法第七百六十三条第一項第十二号イ又は第七百六十五条第一項第八号イに掲げる行為をする場合において、法第百七十一条第一項の決議が行われているときは、同項各号に掲げる事項

ロ　法第七百六十三条第一項第十二号ロ又は第七百六十五条第一項第八号ロに掲げる行為をする場合において、法第四百五十四条第一項の決議が行われているときは、同項第一号及び第二号に掲げる事項

三　新設分割株式会社の全部又は一部が法第八百八条第三項第二号に定める新株予約権を発行している場合において、新設分割設立会社が株式会社であるときは、法第七百六十三条第一項第十号及び第十一号に掲げる事項についての定めの相当性に関する事項（当該新株予約権に係る事項に限る。）

四　他の新設分割会社（清算株式会社及び清算持分会社を除く。以下この号において同じ。）についての次に掲げる事項

イ　最終事業年度に係る計算書類等（最終事業年度がない場合にあっては、他の新設分割会社の成立の日における貸借対照表）の内容

ロ　最終事業年度の末日（最終事業年度がない場合にあっては、他の新設分割会社の成立の日）後の日を臨時決算日（二以上の臨時決算日がある場合にあっては、最も遅いもの）とする臨時計算書類等があるときは、当該臨時計算書類等の内容

ハ　他の新設分割会社において最終事業年度の末日（最終事業年度がない場合にあっては、他の新設分割会社の成立の日）後に重要な財産の処分、重大な債務の負担その他の会社財産の状況に重要な影響を与える事象が生じたときは、その内容（新設合併契約等備置開始日後新設分割の効力が生ずる日までの間に新たな最終事業年度が存することとなる場合にあっては、当該新たな最終事業年度の末日後に生じた事象の内容に限る。）

五　他の新設分割会社（清算株式会社又は清算持分会社に限る。）が法第四百九十二条第一項又は第六百五十八条第一項若しくは第六百六十九条第一項若しくは第二項の規定により作成した貸借対照表

六　当該新設分割株式会社（清算株式会社を除く。以下この号において同じ。）についての次に掲げる事項

イ　当該新設分割株式会社において最終事業年度の末日（最終事業年度がない場合にあっては、当該新設分割株式会社の成立の日）後に重要な財産の処分、重大な債務の負担その他の会社財産の状況に重要な影響を与える事象が生じたときは、その内容（新設合併契約等備置開始日後新設分割の効力が生ずる日までの間に新たな最終事業年度が存することとなる場合にあっては、当該新たな最終事業年度の末日後に生じた事象の内容に限る。）

ロ　当該新設分割株式会社において最終事業年度がないときは、当該新設分割株式会社の成立の日における貸借対照表

七　新設分割が効力を生ずる日以後における当該新設分割株式会社の債務及び新設分割設立会社の債務（当該新設分割株式会社が新設分割により新設分割設立会社に承継させるものに限る。）の履行の見込みに関する事項

八　新設合併契約等備置開始日後新設分割が効力を生ずる日までの間に、前各号に掲げる事項に変更が生じたときは、変更後の当該事項

第二〇六条（株式移転完全子会社の事前開示事項）　法第八百三条第一項に規定する法務省令で定める事項は、同項に規定する消滅株式会社等が株式移転完全子会社である場合には、次に掲げる事項とする。

一　法第七百七十三条第一項第五号から第八号までに掲げる事項についての定めの相当性に関する事項

二　株式移転完全子会社の全部又は一部が法第八百八条第三項第三号に定める新株予約権を発行している場合には、法第七百七十三条第一項第九号及び第十号に掲げる事項についての定めの相当性に関する事項（当該新株予約権に係る事項に限る。）

三　他の株式移転完全子会社についての次に掲げる事項

イ　最終事業年度に係る計算書類等（最終事業年度がない場合にあっては、他の株式移転完全子会社の成立の日における貸借対照表）の内容

ロ　最終事業年度の末日（最終事業年度がない場合にあっては、他の株式移転完全子会社の成立の日）後の日を臨時決算日（二以上の臨時決算日がある場合にあっては、最も遅いもの）とする臨時計算書類等があるときは、当該臨時計算書類等の内容

ハ　他の株式移転完全子会社において最終事業年度の末日（最終事業年度がない場合にあっては、他の株式移転完全子会社の成立の日）後に重要な財産の処分、重大な債務の負担その他の会社財産の状況に重要な影響を与える事象が生じたときは、その内容（新設合併契約等備置開始日後株式移転の効力が生ずる日までの間に新たな最終事業年度が存することとなる場合にあっては、当該新たな最終事業年度の末日後に生じた事象の内容に限る。）

四　当該株式移転完全子会社についての次に掲げる事項

イ　当該株式移転完全子会社において最終事業年度の末日（最終事業年度がない場合にあっては、当該株式移転完全子会社の成立の日）後に重要な財産の処分、重大な債務の負担その他の会社財産の状況に重要な影響を与える事象が生じたときは、その内容（新設合併契約等備置開始日後株式移転の効力が生ずる日までの間に新たな最終事業年度が存することとなる場合にあっては、当該新たな最終事業年度の末日後に生じた事象の内容に限る。）

ロ　当該株式移転完全子会社において最終事業年度がないときは、当該株式移転完全子会社の成立の日における貸借対照表

五　法第八百十条の規定により株式移転について異議を述べることができる債権者があるときは、株式移転が効力を生ずる日以後における株式移転設立完全親会社の債務（他の株式移転完全子会社から承継する債務を除き、当該異議を述べることができる債権者に対して負担する債務に限る。）の履行の見込みに関する事項

六　新設合併契約等備置開始日後株式移転が効力を生ずる日までの間に、前各号に掲げる事項に変更が生じたときは、変更後の当該事項

第二〇七条（総資産の額）①　法第八百五条に規定する法務省令で定める方法は、算定基準日（新設分割計画を作成した日（当該新設分割計画により当該新設分割計画を作成した日と異なる時（当該新設分割計画を作成した日後から当該新設分割の効力が生ずる時の直前までの間の時に限る。）を定めた場合にあっては、当該時）をいう。以下この条において同じ。）における第一号から第九号までに掲げる額の合計額から第十号に掲げる額を減じて得た額をもって新設分割株式会社の総資産額とする方法とする。

一　資本金の額

二　資本準備金の額

三　利益準備金の額

四　法第四百四十六条に規定する剰余金の額

五　最終事業年度（法第四百六十一条第二項第二号に規定する場合にあっては、法第四百四十一条第一項第二号の期間（当該期間が二以上ある場合にあっては、その末日が最も遅いもの）。以下この項において同じ。）の末日（最終事業年度がない場合にあっては、新設分割株式会社の成立の日。以下この項において同じ。）における評価・換算差額等に係る額

六　株式引受権の帳簿価額

七　新株予約権の帳簿価額

八　最終事業年度の末日後において負債の部に計上した額

九　最終事業年度の末日後に吸収合併、吸収分割による他の会社の事業に係る権利義務の承継又は他の会社（外国会社を含む。）の事業の全部の譲受けをしたときは、これらの行為により承継又は譲受けをした負債の額

十　自己株式及び自己新株予約権の帳簿価額の合計額

②　前項の規定にかかわらず、算定基準日において新設分割株式会社が清算株式会社である場合における法第八百五条に規定する法務省令で定める方法は、法第四百九十二条第一項の規定により作成した貸借対照表の資産の部に計上した額をもって新設分割株式会社の総資産額とする方法とする。

第二〇八条（計算書類に関する事項）　法第八百十条第二項第三号に規定する法務省令で定めるものは、同項の規定による公告の日又は同項の規定による催告の日のいずれか早い日における次の各号に掲げる場合の区分に応じ、当該各号に定めるものとする。

一　最終事業年度に係る貸借対照表又はその要旨につき公告対

象会社（法第八百十条第二項第三号の株式会社をいう。以下この条において同じ。）が法第四百四十条第一項又は第二項の規定による公告をしている場合　次に掲げるもの
イ　官報で公告をしているときは、当該官報の日付及び当該公告が掲載されている頁
ロ　時事に関する事項を掲載する日刊新聞紙で公告をしているときは、当該日刊新聞紙の名称、日付及び当該公告が掲載されている頁
ハ　電子公告により公告をしているときは、法第九百十一条第三項第二十八号イに掲げる事項
二　最終事業年度に係る貸借対照表につき公告対象会社が法第四百四十条第三項に規定する措置をとっている場合　法第九百十一条第三項第二十六号に掲げる事項
三　公告対象会社が法第四百四十条第四項に規定する株式会社である場合において、当該株式会社が金融商品取引法第二十四条第一項の規定により最終事業年度に係る有価証券報告書を提出しているとき　その旨
四　公告対象会社が会社法の施行に伴う関係法律の整備等に関する法律第二十八条の規定により法第四百四十条の規定が適用されないものである場合　その旨
五　公告対象会社につき最終事業年度がない場合　その旨
六　公告対象会社が清算株式会社である場合　その旨
七　前各号に掲げる場合以外の場合　会社計算規則第六編第二章の規定による最終事業年度に係る貸借対照表の要旨の内容

（新設分割株式会社の事後開示事項）
第二〇九条　法第八百十一条第一項第一号に規定する法務省令で定める事項は、次に掲げる事項とする。
一　新設分割が効力を生じた日
二　法第八百五条の二の規定による請求に係る手続の経過
三　法第八百六条及び第八百八条の規定並びに法第八百十条（法第八百十三条第二項において準用する場合を含む。）の規定による手続の経過
四　新設分割により新設分割設立会社が新設分割会社から承継した重要な権利義務に関する事項
五　前各号に掲げるもののほか、新設分割に関する重要な事項

（株式移転完全子会社の事後開示事項）
第二一〇条　法第八百十一条第一項第二号に規定する法務省令で定める事項は、次に掲げる事項とする。
一　株式移転が効力を生じた日
二　法第八百五条の二の規定による請求に係る手続の経過
三　法第八百六条、第八百八条及び第八百十条の規定による手続の経過
四　株式移転により株式移転設立完全親会社に移転した株式移転完全子会社の株式の数（株式移転完全子会社が種類株式発行会社であるときは、株式の種類及び種類ごとの数）
五　前各号に掲げるもののほか、株式移転に関する重要な事項

第六章　新設合併設立株式会社、新設分割設立株式会社及び株式移転設立完全親会社の手続

（新設合併設立株式会社の事後開示事項）
第二一一条　法第八百十五条第一項に規定する法務省令で定める事項は、次に掲げる事項とする。
一　新設合併が効力を生じた日
二　法第八百五条の二の規定による請求に係る手続の経過
三　法第八百六条及び第八百八条の規定並びに法第八百十条（法第八百十三条第二項において準用する場合を含む。）の規定による手続の経過
四　新設合併により新設合併設立株式会社が新設合併消滅会社から承継した重要な権利義務に関する事項
五　前各号に掲げるもののほか、新設合併に関する重要な事項

（新設分割設立株式会社の事後開示事項）
第二一二条　法第八百十五条第二項に規定する法務省令で定める事項は、次に掲げる事項とする。
一　新設分割が効力を生じた日
二　法第八百十三条第二項において準用する法第八百十条の規定による手続の経過
三　新設分割により新設分割設立株式会社が新設分割合同会社から承継した重要な権利義務に関する事項
四　前三号に掲げるもののほか、新設分割に関する重要な事項

（新設合併設立株式会社の事後開示事項）
第二一三条　法第八百十五条第三項第一号に規定する法務省令で定める事項は、法第八百三条第一項の規定により新設合併消滅株式会社が備え置いた書面又は電磁的記録に記載又は記録がされた事項（新設合併契約の内容を除く。）とする。

第七章　株式交付親会社の手続

（株式交付親会社の事前開示事項）
第二一三条の二　法第八百十六条の二第一項に規定する法務省令で定める事項は、次に掲げる事項とする。
一　法第七百七十四条の三第一項第二号に掲げる事項についての定めが同条第二項に定める要件を満たすと株式交付親会社が判断した理由
二　法第七百七十四条の三第一項第三号から第六号までに掲げる事項についての定めの相当性に関する事項
三　法第七百七十四条の三第一項第七号に掲げる事項を定めたときは、同項第八号及び第九号に掲げる事項についての定めの相当性に関する事項
四　株式交付子会社についての次に掲げる事項を株式交付親会社が知っているときは、当該事項
イ　最終事業年度に係る計算書類等（最終事業年度がない場合にあっては、株式交付子会社の成立の日における貸借対照表）の内容
ロ　最終事業年度の末日（最終事業年度がない場合にあっては、株式交付子会社の成立の日。ハにおいて同じ。）後の日を臨時決算日（二以上の臨時決算日がある場合にあっては、最も遅いもの）とする臨時計算書類等があるときは、当該臨時計算書類等の内容
ハ　最終事業年度の末日後に重要な財産の処分、重大な債務の負担その他の会社財産の状況に重要な影響を与える事象が生じたときは、その内容（株式交付計画備置開始日（法第八百十六条の二第二項に規定する株式交付計画備置開始日をいう。以下この条において同じ。）後株式交付の効力が生ずる日までの間に新たな最終事業年度が存することとなる場合にあっては、当該新たな最終事業年度の末日後に生じた事象の内容に限る。）
五　株式交付親会社についての次に掲げる事項
イ　株式交付親会社において最終事業年度の末日（最終事業年度がない場合にあっては、株式交付親会社の成立の日）後に重要な財産の処分、重大な債務の負担その他の会社財産の状況に重要な影響を与える事象が生じたときは、その内容（株式交付計画備置開始日後株式交付の効力が生ずる日までの間に新たな最終事業年度が存することとなる場合にあっては、当該新たな最終事業年度の末日後に生じた事象の内容に限る。）
ロ　株式交付親会社において最終事業年度がないときは、株式交付親会社の成立の日における貸借対照表
六　法第八百十六条の八第一項の規定により株式交付について異議を述べることができる債権者があるときは、株式交付が効力を生ずる日以後における株式交付親会社の債務（当該債権者に対して負担する債務に限る。）の履行の見込みに関する事項
七　株式交付計画備置開始日後株式交付が効力を生ずる日までの間に、前各号に掲げる事項に変更が生じたときは、変更後の当該事項

（株式交付親会社の株式に準ずるもの）
第二一三条の三　法第八百十六条の二第三項に規定する法務省令

で定めるものは、第一号に掲げる額から第二号に掲げる額を減じて得た額が第三号に掲げる額よりも小さい場合における法第七百七十四条の三第一項第五号、第六号、第八号及び第九号の定めに従い交付する株式交付親会社の株式以外の金銭等とする。

一　株式交付子会社の株式、新株予約権（新株予約権付社債に付されたものを除く。）又は新株予約権付社債の譲渡人に対して交付する金銭等の合計額

二　前号に規定する金銭等のうち株式交付親会社の株式の価額の合計額

三　第一号に規定する金銭等の合計額に二十分の一を乗じて得た額

（株式交付親会社が譲り受ける株式交付子会社の株式等の額）

第二一三条の四　法第八百十六条の三第二項に規定する法務省令で定める額は、第一号及び第二号に掲げる額の合計額から第三号に掲げる額を減じて得た額とする。

一　株式交付親会社が株式交付に際して譲り受ける株式交付子会社の株式、新株予約権（新株予約権付社債に付されたものを除く。）及び新株予約権付社債につき会計帳簿に付すべき額

二　会社計算規則第十一条の規定により計上したのれんの額

三　会社計算規則第十二条の規定により計上する負債の額（株式交付子会社が株式交付親会社（連結配当規制適用会社に限る。）の子会社である場合にあっては、零）

（純資産の額）

第二一三条の五　法第八百十六条の四第一項第二号に規定する法務省令で定める方法は、算定基準日（株式交付計画を作成した日（当該株式交付計画により当該計画を作成した日と異なる時（当該株式交付計画を作成した日後から当該株式交付の効力が生ずる時の直前までの間の時に限る。）を定めた場合にあっては、当該時）をいう。）における第一号から第七号までに掲げる額の合計額から第八号に掲げる額を減じて得た額（当該額が五百万円を下回る場合にあっては、五百万円）をもって株式交付親会社の純資産額とする方法とする。

一　資本金の額

二　資本準備金の額

三　利益準備金の額

四　法第四百四十六条に規定する剰余金の額

五　最終事業年度（法第四百六十一条第二項第二号に規定する場合にあっては、法第四百四十一条第一項第二号の期間（当該期間が二以上ある場合にあっては、その末日が最も遅いもの））の末日（最終事業年度がない場合にあっては、株式交付親会社の成立の日）における評価・換算差額等に係る額

六　株式引受権の帳簿価額

七　新株予約権の帳簿価額

八　自己株式及び自己新株予約権の帳簿価額の合計額

（株式の数）

第二一三条の六　法第八百十六条の四第一項に規定する法務省令で定める数は、次に掲げる数のうちいずれか小さい数とする。

一　特定株式（法第八百十六条の四第二項に規定する行為に係る株主総会において議決権を行使することができることを内容とする株式をいう。以下この条において同じ。）の総数に二分の一（当該株主総会の決議が成立するための要件として当該特定株式の議決権の総数の一定の割合以上の議決権を有する株主が出席しなければならない旨の定款の定めがある場合にあっては、当該一定の割合）を乗じて得た数に三分の一（当該株主総会の決議が成立するための要件として当該株主総会に出席した当該特定株主（特定株式の株主をいう。以下この条において同じ。）の有する議決権の総数の一定の割合以上の多数が賛成しなければならない旨の定款の定めがある場合にあっては、一から当該一定の割合を減じて得た割合）を乗じて得た数に一を加えた数

二　法第八百十六条の四第二項に規定する行為に係る決議が成立するための要件として一定の数以上の特定株主の賛成を要する旨の定款の定めがある場合において、特定株主の総数から株式会社に対して当該行為に反対する旨の通知をした特定株主の数を減じて得た数が当該一定の数未満となるときにおける当該行為に反対する旨の通知をした特定株主の有する特定株式の数

三　法第八百十六条の四第二項に規定する行為に係る決議が成立するための要件として前二号の定款の定め以外の定款の定めがある場合において、当該行為に反対する旨の通知をした特定株主の全部が同項に規定する株主総会において反対したとすれば当該決議が成立しないときは、当該行為に反対する旨の通知をした特定株主の有する特定株式の数

四　定款で定めた数

（株式交付親会社の株式に準ずるもの）

第二一三条の七　法第八百十六条の八第一項に規定する法務省令で定めるものは、第一号に掲げる額から第二号に掲げる額を減じて得た額が第三号に掲げる額よりも小さい場合における法第七百七十四条の三第一項第五号、第六号、第八号及び第九号の定めに従い交付する株式交付親会社の株式以外の金銭等とする。

一　株式交付子会社の株式、新株予約権（新株予約権付社債に付されたものを除く。）及び新株予約権付社債の譲渡人に対して交付する金銭等の合計額

二　前号に規定する金銭等のうち株式交付親会社の株式の価額の合計額

三　第一号に規定する金銭等の合計額に二十分の一を乗じて得た額

（計算書類に関する事項）

第二一三条の八　法第八百十六条の八第二項第三号に規定する法務省令で定めるものは、同項の規定による公告の日又は同項の規定による催告の日のいずれか早い日における次の各号に掲げる場合の区分に応じ、当該各号に定めるものとする。

一　最終事業年度に係る貸借対照表又はその要旨につき公告対象会社（法第八百十六条の八第二項第三号の株式交付親会社及び株式交付子会社をいう。以下この条において同じ。）が法第四百四十条第一項又は第二項の規定による公告をしている場合　次に掲げるもの

イ　官報で公告をしているときは、当該官報の日付及び当該公告が掲載されている頁

ロ　時事に関する事項を掲載する日刊新聞紙で公告をしているときは、当該日刊新聞紙の名称、日付及び当該公告が掲載されている頁

ハ　電子公告により公告をしているときは、法第九百十一条第三項第二十八号イに掲げる事項

二　最終事業年度に係る貸借対照表につき公告対象会社が法第四百四十条第三項に規定する措置をとっている場合　法第九百十一条第三項第二十六号に掲げる事項

三　公告対象会社が法第四百四十条第四項に規定する株式会社である場合において、当該株式会社が金融商品取引法第二十四条第一項の規定により最終事業年度に係る有価証券報告書を提出しているとき　その旨

四　公告対象会社が会社法の施行に伴う関係法律の整備等に関する法律第二十八条の規定により法第四百四十条の規定が適用されないものである場合　その旨

五　公告対象会社につき最終事業年度がない場合（株式交付親会社が株式交付子会社の最終事業年度の存否を知らない場合を含む。）　その旨

六　前各号に掲げる場合以外の場合　会社計算規則第六編第二章の規定による最終事業年度に係る貸借対照表の要旨の内容（株式交付子会社の当該貸借対照表の要旨の内容にあっては、株式交付親会社がその内容を知らないときは、その旨）

（株式交付親会社の事後開示事項）

第二一三条の九　法第八百十六条の十第一項に規定する法務省令で定める事項は、次に掲げる事項とする。

一　株式交付が効力を生じた日
二　株式交付親会社における次に掲げる事項
イ　法第八百十六条の五の規定による請求に係る手続の経過
ロ　法第八百十六条の六及び第八百十六条の八の規定による手続の経過
三　株式交付に際して株式交付親会社が譲り受けた株式交付子会社の株式の数（株式交付子会社が種類株式発行会社であるときは、株式の種類及び種類ごとの数）
四　株式交付に際して株式交付親会社が譲り受けた株式交付子会社の新株予約権の数
五　前号の新株予約権が新株予約権付社債に付されたものである場合には、当該新株予約権付社債についての各社債（株式交付親会社が株式交付に際して取得したものに限る。）の金額の合計額
六　前各号に掲げるもののほか、株式交付に関する重要な事項

（株式交付親会社の株式に準ずるもの）
第二一三条の一〇　法第八百十六条の十第三項に規定する法務省令で定めるものは、第一号に掲げる額から第二号に掲げる額を減じて得た額が第三号に掲げる額よりも小さい場合における法第七百七十四条の三第一項第五号、第六号、第八号及び第九号の定めに従い交付する株式交付親会社の株式以外の金銭等とする。
一　株式交付子会社の株式、新株予約権（新株予約権付社債に付されたものを除く。）及び新株予約権付社債の譲渡人に対して交付する金銭等の合計額
二　前号に規定する金銭等のうち株式交付親会社の株式の価額の合計額
三　第一号に規定する金銭等の合計額に二十分の一を乗じて得た額

第六編　外国会社

（計算書類の公告）
第二一四条①　外国会社が法第八百十九条第一項の規定により貸借対照表に相当するもの（以下この条において「外国貸借対照表」という。）の公告をする場合には、外国貸借対照表に関する注記（注記に相当するものを含む。）の部分を省略することができる。
②　法第八百十九条第二項に規定する外国貸借対照表の要旨とは、外国貸借対照表を次に掲げる項目（当該項目に相当するものを含む。）に区分したものをいう。
一　資産の部
イ　流動資産
ロ　固定資産
ハ　その他
二　負債の部
イ　流動負債
ロ　固定負債
ハ　その他
三　純資産の部
イ　資本金及び資本剰余金
ロ　利益剰余金
ハ　その他
③　外国会社が法第八百十九条第一項の規定による外国貸借対照表の公告又は同条第二項の規定による外国貸借対照表の要旨の公告をする場合において、当該外国貸借対照表が日本語以外の言語で作成されているときは、当該外国会社は、当該公告を日本語をもってすることを要しない。
④　外国貸借対照表が存しない外国会社については、当該外国会社に会社計算規則の規定を適用することとしたならば作成されることとなるものを外国貸借対照表とみなして、前三項の規定を適用する。

（法第八百十九条第三項の規定による措置）
第二一五条　法第八百十九条第三項の規定による措置は、第二百二十二条第一項第一号ロに掲げる方法のうち、インターネットに接続された自動公衆送信装置を使用する方法によって行わなければならない。

（日本にある外国会社の財産についての清算に関する事項）
第二一六条　第百四十条、第百四十二条から第百四十五条まで及び第二編第八章第二節の規定は、その性質上許されないものを除き、法第八百二十二条第三項において準用する法第四百八十二条第三項第四号、第四百八十九条第六項第六号、第四百九十二条第一項、第五百三十六条第一項第二号及び第三号イ、第五百四十八条第一項第四号、第五百五十条第一項、第五百五十一条第一項及び第二項、第五百五十六条第二項、第五百五十七条第一項並びに第五百六十一条の規定により法務省令で定めるべき事項について準用する。

第七編　雑則（抄）

第一章　訴訟

（株主による責任追及等の訴えの提起の請求方法）
第二一七条　法第八百四十七条第一項の法務省令で定める方法は、次に掲げる事項を記載した書面の提出又は当該事項の電磁的方法による提供とする。
一　被告となるべき者
二　請求の趣旨及び請求を特定するのに必要な事実

（株式会社が責任追及等の訴えを提起しない理由の通知方法）
第二一八条　法第八百四十七条第四項の法務省令で定める方法は、次に掲げる事項を記載した書面の提出又は当該事項の電磁的方法による提供とする。
一　株式会社が行った調査の内容（次号の判断の基礎とした資料を含む。）
二　法第八百四十七条第一項の規定による請求に係る訴えについての前条第一号に掲げる者の責任又は義務の有無についての判断及びその理由
三　前号の者に責任又は義務があると判断した場合において、責任追及等の訴えを提起しないときは、その理由

（旧株主による責任追及等の訴えの提起の請求方法）
第二一八条の二　法第八百四十七条の二第一項及び第三項（同条第四項及び第五項において準用する場合を含む。第二百十八条の四第二号において同じ。）の法務省令で定める方法は、次に掲げる事項を記載した書面の提出又は当該事項の電磁的方法による提供とする。
一　被告となるべき者
二　請求の趣旨及び請求を特定するのに必要な事実
三　株式交換等完全親会社の名称及び住所並びに当該株式交換等完全親会社の株主である旨

（完全親会社）
第二一八条の三①　法第八百四十七条の二第一項に規定する法務省令で定める株式会社は、ある株式会社及び当該ある株式会社の完全子会社（当該ある株式会社が発行済株式の全部を有する株式会社をいう。以下この条において同じ。）又は当該ある株式会社の完全子会社が法第八百四十七条の二第一項の特定の株式会社の発行済株式の全部を有する場合における当該ある株式会社とする。
②　前項の規定の適用については、同項のある株式会社及び当該ある株式会社の完全子会社又は当該ある株式会社の完全子会社が他の株式会社の発行済株式の全部を有する場合における当該他の株式会社は、完全子会社とみなす。

（株式交換等完全子会社が責任追及等の訴えを提起しない理由の通知方法）
第二一八条の四　法第八百四十七条の二第七項の法務省令で定める方法は、次に掲げる事項を記載した書面の提出又は当該事項の電磁的方法による提供とする。
一　株式交換等完全子会社が行った調査の内容（次号の判断の基礎とした資料を含む。）
二　法第八百四十七条の二第一項又は第三項の規定による請求

に係る訴えについての第二百十八条の二第一号に掲げる者の責任又は義務の有無についての判断及びその理由
三　前号の者に責任又は義務があると判断した場合において、責任追及等の訴えを提起しないときは、その理由

（特定責任追及の訴えの提起の請求方法）
第二一八条の五　法第八百四十七条の三第一項の法務省令で定める方法は、次に掲げる事項を記載した書面の提出又は当該事項の電磁的方法による提供とする。
一　被告となるべき者
二　請求の趣旨及び請求を特定するのに必要な事実
三　最終完全親会社等の名称及び住所並びに当該最終完全親会社等の株主である旨

（総資産額）
第二一八条の六①　法第八百四十七条の三第四項に規定する法務省令で定める方法は、同項の日（以下この条において「算定基準日」という。）における株式会社の最終完全親会社等の第一号から第九号までに掲げる額の合計額から第十号に掲げる額を減じて得た額をもって当該最終完全親会社等の総資産額とする方法とする。
一　資本金の額
二　資本準備金の額
三　利益準備金の額
四　法第四百四十六条に規定する剰余金の額
五　最終事業年度（法第四百六十一条第二項第二号に規定する場合にあっては、法第四百四十一条第一項第二号の期間（当該期間が二以上ある場合にあっては、その末日が最も遅いもの）。以下この項において同じ。）の末日（最終事業年度がない場合にあっては、当該最終完全親会社等の成立の日。以下この条において同じ。）における評価・換算差額等に係る額
六　株式引受権の帳簿価額
七　新株予約権の帳簿価額
八　最終事業年度の末日において負債の部に計上した額
九　最終事業年度の末日後に吸収合併、吸収分割による他の会社の事業に係る権利義務の承継又は他の会社（外国会社を含む。）の事業の全部の譲受けをしたときは、これらの行為により承継又は譲受けをした負債の額
十　自己株式及び自己新株予約権の帳簿価額の合計額
②　前項の規定にかかわらず、算定基準日において当該最終完全親会社等が清算株式会社である場合における法第八百四十七条の三第四項に規定する法務省令で定める方法は、法第四百九十二条第一項の規定により作成した貸借対照表の資産の部に計上した額をもって株式会社の総資産額とする方法とする。

（株式会社が特定責任追及の訴えを提起しない理由の通知方法）
第二一八条の七　法第八百四十七条の三第八項の法務省令で定める方法は、次に掲げる事項を記載した書面の提出又は当該事項の電磁的方法による提供とする。
一　株式会社が行った調査の内容（次号の判断の基礎とした資料を含む。）
二　法第八百四十七条の三第一項の規定による請求に係る訴えについての第二百十八条の五第一号に掲げる者の責任又は義務の有無についての判断及びその理由
三　前号の者に責任又は義務があると判断した場合において、特定責任追及の訴えを提起しないときは、その理由

第二一九条　削除

第二章　登記

第二二〇条①　次の各号に掲げる規定に規定する法務省令で定めるものは、当該各号に定める行為をするために使用する自動公衆送信装置のうち当該行為をするための用に供する部分をインターネットにおいて識別するための文字、記号その他の符号又はこれらの結合であって、情報の提供を受ける者がその使用に係る電子計算機に入力することによって当該情報の内容を閲覧し、当該電子計算機に備えられたファイルに当該情報を記録することができるものとする。
一　法第九百十一条第三項第二十六号　法第四百四十条第三項の規定による措置
二　法第九百十一条第三項第二十八号イ　株式会社が行う電子公告
三　法第九百十二条第九号イ　合名会社が行う電子公告
四　法第九百十三条第十一号イ　合資会社が行う電子公告
五　法第九百十四条第十号イ　合同会社が行う電子公告
六　法第九百三十三条第二項第四号　法第八百十九条第三項に規定する措置
七　法第九百三十三条第二項第六号イ　外国会社が行う電子公告
②　法第九百十一条第三項第二十八号に規定する場合には、同号イに掲げる事項であって、決算公告（法第四百四十条第一項の規定による公告をいう。以下この項において同じ。）の内容である情報の提供を受けるためのものを、当該事項であって決算公告以外の公告の内容である情報の提供を受けるためのものと別に登記することができる。

第三章　公告

第二二一条　次に掲げる規定に規定する法務省令で定めるべき事項は、電子公告規則（平成十八年法務省令第十四号）の定めるところによる。
一　法第九百四十一条
二　法第九百四十四条第一項（法第九百四十五条第二項において準用する場合を含む。）
三　法第九百四十六条第二項から第四項まで
四　法第九百四十七条
五　法第九百四十九条第二項
六　法第九百五十条
七　法第九百五十一条第二項第三号
八　法第九百五十五条第一項
九　法第九百五十六条第二項
十　法第九百五十七条第二項

第四章　電磁的方法及び電磁的記録等（抄）

第一節　電磁的方法及び電磁的記録等

（電磁的方法）
第二二二条①　法第二条第三十四号に規定する電子情報処理組織を使用する方法その他の情報通信の技術を利用する方法であって法務省令で定めるものは、次に掲げる方法とする。
一　電子情報処理組織を使用する方法のうちイ又はロに掲げるもの
イ　送信者の使用に係る電子計算機と受信者の使用に係る電子計算機とを接続する電気通信回線を通じて送信し、受信者の使用に係る電子計算機に備えられたファイルに記録する方法
ロ　送信者の使用に係る電子計算機に備えられたファイルに記録された情報の内容を電気通信回線を通じて情報の提供を受ける者の閲覧に供し、当該情報の提供を受ける者の使用に係る電子計算機に備えられたファイルに当該情報を記録する方法
二　磁気ディスクその他これに準ずる方法により一定の情報を確実に記録しておくことができる物をもって調製するファイルに情報を記録したものを交付する方法
②　前項各号に掲げる方法は、受信者がファイルへの記録を出力することにより書面を作成することができるものでなければならない。

（電子公告を行うための電磁的方法）
第二二三条　法第二条第三十四号に規定する措置であって法務省令で定めるものは、前条第一項第一号ロに掲げる方法のうち、インターネットに接続された自動公衆送信装置を使用するもの

による措置とする。

（電磁的記録）

第二二四条　法第二十六条第二項に規定する法務省令で定めるものは、磁気ディスクその他これに準ずる方法により一定の情報を確実に記録しておくことができる物をもって調製するファイルに情報を記録したものとする。

（電子署名）

第二二五条①　次に掲げる規定に規定する法務省令で定める署名又は記名押印に代わる措置は、電子署名とする。

一―十二（略）

②　前項に規定する「電子署名」とは、電磁的記録に記録することができる情報について行われる措置であって、次の要件のいずれにも該当するものをいう。

一　当該情報が当該措置を行った者の作成に係るものであることを示すためのものであること。

二　当該情報について改変が行われていないかどうかを確認することができるものであること。

（電磁的記録に記録された事項を表示する方法）

第二二六条　次に掲げる規定に規定する法務省令で定める方法は、次に掲げる規定の電磁的記録に記録された事項を紙面又は映像面に表示する方法とする。

一―四十三（略）

（電磁的記録の備置きに関する特則）

第二二七条　次に掲げる規定に規定する法務省令で定めるものは、会社の使用に係る電子計算機を電気通信回線で接続した電子情報処理組織を使用する方法であって、当該電子計算機に備えられたファイルに記録された情報の内容を電気通信回線を通じて会社の支店において使用される電子計算機に備えられたファイルに当該情報を記録するものによる措置とする。

一　法第三十一条第四項

二　法第三百十八条第三項（法第三百二十五条において準用する場合を含む。）

三　法第四百四十二条第二項

（検査役が提供する電磁的記録）

第二二八条　次に掲げる規定に規定する法務省令で定めるものは、商業登記規則（昭和三十九年法務省令第二十三号）第三十六条第一項に規定する電磁的記録媒体（電磁的記録に限る。）及び次に掲げる規定により電磁的記録の提供を受ける者が定める電磁的記録とする。

一　法第三十三条第四項

二　法第二百七条第四項

三　法第二百八十四条第四項

四　法第三百六条第五項（法第三百二十五条において準用する場合を含む。）

五　法第三百五十八条第五項

（検査役による電磁的記録に記録された事項の提供）

第二二九条　次に掲げる規定（以下この条において「検査役提供規定」という。）に規定する法務省令で定める方法は、電磁的方法のうち、検査役提供規定により当該検査役提供規定の電磁的記録に記録された事項の提供を受ける者が定めるものとする。

一　法第三十三条第六項

二　法第二百七条第六項

三　法第二百八十四条第六項

四　法第三百六条第七項（法第三百二十五条において準用する場合を含む。）

五　法第三百五十八条第七項

（会社法施行令に係る電磁的方法）

第二三〇条　会社法施行令（平成十七年政令第三百六十四号）第一条第一項又は第二条第一項の規定により示すべき電磁的方法の種類及び内容は、次に掲げるものとする。

一　次に掲げる方法のうち、送信者が使用するもの

イ　電子情報処理組織を使用する方法のうち次に掲げるもの

(1)　送信者の使用に係る電子計算機と受信者の使用に係る電子計算機とを接続する電気通信回線を通じて送信し、受信者の使用に係る電子計算機に備えられたファイルに記録する方法

(2)　送信者の使用に係る電子計算機に備えられたファイルに記録された情報の内容を電気通信回線を通じて情報の提供を受ける者の閲覧に供し、当該情報の提供を受ける者の使用に係る電子計算機に備えられたファイルに当該情報を記録する方法

ロ　磁気ディスクその他これに準ずる方法により一定の情報を確実に記録しておくことができる物をもって調製するファイルに情報を記録したものを交付する方法

二　ファイルへの記録の方式

第二節　情報通信の技術の利用

（第二三一条から第二三八条まで）（略）

附　則（抄）

（施行期日）

第一条　この省令は、法の施行の日（平成一八・五・一）から施行する。

（株式等に関する経過措置）

第三条①（略）

②　第三十一条第二号、第三十二条第二号ロ、第三十六条第二号、第三十七条第二号及び第五十八条第二号の規定は、当分の間、適用しない。

附　則（令和三・一二・一三法務四五）

（施行期日）

第一条　この省令は、公布の日から施行する。

（失効）

第二条　この省令による改正後の会社法施行規則（中略）第百三十三条（この省令により加えた部分に限る。）及び第百三十三条の二の規定（中略）は、令和五年二月二十八日限り、その効力を失う。ただし、同日までに招集の手続が開始された定時株主総会に係る提供事業報告（会社法施行規則第百三十三条第一項に規定する提供事業報告をいう。）（中略）の提供については、これらの規定は、なおその効力を有する。

○会社計算規則（抄）（平成一八・二・七 法務 一三）

施行 平成一八・五・一（附則参照）
最終改正 令和三法務四五

目次

第一編 総則

（目的）

第一条 この省令は、会社法（平成十七年法律第八十六号。以下「法」という。）の規定により委任された会社の計算に関する事項その他の事項について、必要な事項を定めることを目的とする。

（定義）

第二条① この省令において「会社」、「外国会社」、「子会社」、「親会社」、「公開会社」、「取締役会設置会社」、「会計参与設置会社」、「監査役設置会社」、「監査役会設置会社」、「会計監査人設置会社」、「監査等委員会設置会社」、「指名委員会等設置会社」、「種類株式発行会社」、「取得請求権付株式」、「取得条項付株式」、「新株予約権」、「新株予約権付社債」、「社債」、「配当財産」、「組織変更」、「吸収分割」、「新設分割」又は「電子公告」とは、それぞれ法第二条に規定する会社、外国会社、子会社、親会社、公開会社、取締役会設置会社、会計参与設置会社、監査役設置会社、監査役会設置会社、会計監査人設置会社、監査等委員会設置会社、指名委員会等設置会社、種類株式発行会社、取得請求権付株式、取得条項付株式、新株予約権、新株予約権付社債、社債、配当財産、組織変更、吸収分割、新設分割又は電子公告をいう。

② この省令において、次の各号に掲げる用語の意義は、当該各号に定めるところによる。

一 発行済株式 法第二条第三十一号に規定する発行済株式をいう。

二 電磁的方法 法第二条第三十四号に規定する電磁的方法をいう。

三 設立時発行株式 法第二十五条第一項第一号に規定する設立時発行株式をいう。

四 電磁的記録 法第二十六条第二項に規定する電磁的記録をいう。

五 自己株式 法第百十三条第四項に規定する自己株式をいう。

六 親会社株式 法第百三十五条第一項に規定する親会社株式をいう。

七　金銭等　法第百五十一条第一項に規定する金銭等をいう。

八　全部取得条項付種類株式　法第百七十一条第一項に規定する全部取得条項付種類株式をいう。

九　株式無償割当て　法第百八十五条に規定する株式無償割当てをいう。

十　単元未満株式売渡請求　法第百九十四条第一項に規定する単元未満株式売渡請求をいう。

十一　募集株式　法第百九十九条第一項に規定する募集株式をいう。

十二　募集新株予約権　法第二百三十八条第一項に規定する募集新株予約権をいう。

十三　自己新株予約権　法第二百五十五条第一項に規定する自己新株予約権をいう。

十四　取得条項付新株予約権　法第二百七十三条第一項に規定する取得条項付新株予約権をいう。

十五　新株予約権無償割当て　法第二百七十七条に規定する新株予約権無償割当てをいう。

十五の二　電子提供措置　法第三百二十五条の二に規定する電子提供措置をいう。

十六　報酬等　法第三百六十一条第一項に規定する報酬等をいう。

十七　臨時計算書類　法第四百四十一条第一項に規定する臨時計算書類をいう。

十八　臨時決算日　法第四百四十一条第一項に規定する臨時決算日をいう。

十九　連結計算書類　法第四百四十四条第一項に規定する連結計算書類をいう。

二十　準備金　法第四百四十五条第四項に規定する準備金をいう。

二十一　分配可能額　法第四百六十一条第二項に規定する分配可能額をいう。

二十二　持分会社　法第五百七十五条第一項に規定する持分会社をいう。

二十三　持分払戻額　法第六百三十五条第一項に規定する持分払戻額をいう。

二十四　組織変更後持分会社　法第七百四十四条第一項第一号に規定する組織変更後持分会社をいう。

二十五　組織変更後株式会社　法第七百四十六条第一項第一号に規定する組織変更後株式会社をいう。

二十六　社債等　法第七百四十六条第一項第七号ニに規定する社債等をいう。

二十七　吸収分割承継会社　法第七百五十七条に規定する吸収分割承継会社をいう。

二十八　吸収分割会社　法第七百五十八条第一号に規定する吸収分割会社をいう。

二十九　新設分割設立会社　法第七百六十三条第一項に規定する新設分割設立会社をいう。

三十　新設分割会社　法第七百六十三条第一項第五号に規定する新設分割会社をいう。

三十一　新株予約権等　法第七百七十四条の三第一項第七号に規定する新株予約権等をいう。

③　この省令において、次の各号に掲げる用語の意義は、当該各号に定めるところによる。

一　最終事業年度　次のイ又はロに掲げる会社の区分に応じ、当該イ又はロに定めるものをいう。

イ　株式会社　法第二条第二十四号に規定する最終事業年度

ロ　持分会社　各事業年度に係る計算書類を作成した場合における当該事業年度のうち最も遅いもの

二　計算書類　次のイ又はロに掲げる会社の区分に応じ、当該イ又はロに定めるものをいう。

イ　株式会社　法第四百三十五条第二項に規定する計算書類

ロ　持分会社　法第六百十七条第二項に規定する計算書類

三　計算関係書類　次に掲げるものをいう。

イ　成立の日における貸借対照表

ロ　各事業年度に係る計算書類及びその附属明細書

ハ　臨時計算書類

ニ　連結計算書類

四　吸収合併　法第二条第二十七号に規定する吸収合併（会社が会社以外の法人とする合併であって、合併後会社が存続するものを含む。）をいう。

五　新設合併　法第二条第二十八号に規定する新設合併（会社が会社以外の法人とする合併であって、合併後会社が設立されるものを含む。）をいう。

六　株式交換　法第二条第三十一号に規定する株式交換（保険業法（平成七年法律第百五号）第九十六条の五第一項に規定する組織変更株式交換を含む。）をいう。

七　株式移転　法第二条第三十二号に規定する株式移転（保険業法第九十六条の八第一項に規定する組織変更株式移転を含む。）をいう。

八　株式交付　法第二条第三十二号の二に規定する株式交付（保険業法第九十六条の九の二第一項に規定する組織変更株式交付を含む。）をいう。

九　吸収合併存続会社　法第七百四十九条第一項に規定する吸収合併存続会社（会社以外の法人とする吸収合併後存続する会社を含む。）をいう。

十　吸収合併消滅会社　法第七百四十九条第一項第一号に規定する吸収合併消滅会社（会社以外の法人とする吸収合併により消滅する会社以外の法人を含む。）をいう。

十一　新設合併設立会社　法第七百五十三条第一項に規定する新設合併設立会社（会社以外の法人とする新設合併により設立される会社を含む。）をいう。

十二　新設合併消滅会社　法第七百五十三条第一項第一号に規定する新設合併消滅会社（会社以外の法人とする新設合併により消滅する会社以外の法人を含む。）をいう。

十三　株式交換完全親会社　法第七百六十七条に規定する株式交換完全親会社（保険業法第九十六条の五第二項に規定する組織変更株式交換完全親会社を含む。）をいう。

十四　株式交換完全子会社　法第七百六十八条第一項第一号に規定する株式交換完全子会社（保険業法第九十六条の五第二項に規定する組織変更株式交換完全親会社にその株式の全部を取得されることとなる株式会社を含む。）をいう。

十五　株式移転設立完全親会社　法第七百七十三条第一項第一号に規定する株式移転設立完全親会社（保険業法第九十六条の九第一項第一号に規定する組織変更株式移転設立完全親会社を含む。）をいう。

十六　株式移転完全子会社　法第七百七十三条第一項第五号に規定する株式移転完全子会社（保険業法第九十六条の九第一項第一号に規定する組織変更株式移転設立完全親会社にその発行する株式の全部を取得されることとなる株式会社を含む。）をいう。

十七　株式交付親会社　法第七百七十四条の三第一項第一号に規定する株式交付親会社（保険業法第九十六条の九の二第一項に規定する組織変更株式交付をする相互会社を含む。）をいう。

十八　株式交付子会社　法第七百七十四条の三第一項第一号に規定する株式交付子会社（保険業法第九十六条の九の二第二項に規定する組織変更株式交付子会社を含む。）をいう。

十九　会社等　会社（外国会社を含む。）、組合（外国における組合に相当するものを含む。）その他これらに準ずる事業体をいう。

二十　株主等　株主及び持分会社の社員その他これらに相当する者をいう。

二十一　関連会社　会社が他の会社等の財務及び事業の方針の決定に対して重要な影響を与えることができる場合における当該他の会社等（子会社を除く。）をいう。

二十二　連結子会社　連結の範囲に含められる子会社をいう。

二十三　非連結子会社　連結の範囲から除かれる子会社をいう。

二十四　連結会社　当該株式会社及びその連結子会社をいう。

二十五　関係会社　当該株式会社の親会社、子会社及び関連会社並びに当該株式会社が他の会社等の関連会社である場合における当該他の会社等をいう。

二十六　持分法　投資会社が、被投資会社の純資産及び損益のうち当該投資会社に帰属する部分の変動に応じて、その投資の金額を各事業年度ごとに修正する方法をいう。

二十七　税効果会計　貸借対照表又は連結貸借対照表に計上されている資産及び負債の金額と課税所得の計算の結果算定された資産及び負債の金額との間に差異がある場合において、当該差異に係る法人税等（法人税、住民税及び事業税（利益に関連する金額を課税標準として課される事業税をいう。）をいう。以下同じ。）の金額を適切に期間配分することにより、法人税等を控除する前の当期純利益の金額と法人税等の金額を合理的に対応させるための会計処理をいう。

二十八　ヘッジ会計　ヘッジ手段（資産（将来の取引により確実に発生すると見込まれるものを含む。以下この号において同じ。）若しくは負債（将来の取引により確実に発生すると見込まれるものを含む。以下この号において同じ。）又はデリバティブ取引に係る価格変動、金利変動及び為替変動による損失の危険を減殺することを目的とし、かつ、当該損失の危険を減殺することが客観的に認められる取引をいう。以下同じ。）に係る損益とヘッジ対象（ヘッジ手段の対象である資産若しくは負債又はデリバティブ取引をいう。）に係る損益を同一の会計期間に認識するための会計処理をいう。

二十九　売買目的有価証券　時価の変動により利益を得ることを目的として保有する有価証券をいう。

三十　満期保有目的の債券　満期まで所有する意図をもって保有する債券（満期まで所有する意図をもって取得したものに限る。）をいう。

三十一　自己社債　会社が有する自己の社債をいう。

三十二　公開買付け等　金融商品取引法（昭和二十三年法律第二十五号）第二十七条の二第六項（同法第二十七条の二十二の二第二項において準用する場合を含む。）に規定する公開買付け及びこれに相当する外国の法令に基づく制度をいう。

三十三　株主資本等　株式会社及び持分会社の資本金、資本剰余金及び利益剰余金をいう。

三十四　株式引受権　取締役又は執行役がその職務の執行として株式会社に対して提供した役務の対価として当該株式会社の株式の交付を受けることができる権利（新株予約権を除く。）をいう。

三十五　支配取得　会社が他の会社（当該会社と当該他の会社が共通支配下関係にある場合における当該他の会社を除く。以下この号において同じ。）又は当該他の会社の事業に対する支配を得ることをいう。

三十六　共通支配下関係　二以上の者（人格のないものを含む。以下この号において同じ。）が同一の者に支配（一時的な支配を除く。以下この号において同じ。）をされている場合又は二以上の者のうちの一の者が他の全ての者を支配している場合における当該二以上の者に係る関係をいう。

三十七　吸収型再編　次に掲げる行為をいう。

イ　吸収合併

ロ　吸収分割

ハ　株式交換

ニ　株式交付

三十八　吸収型再編受入行為　次に掲げる行為をいう。

イ　吸収合併による吸収合併消滅会社の権利義務の全部の承継

ロ　吸収分割による吸収分割会社がその事業に関して有する権利義務の全部又は一部の承継

ハ　株式交換による株式交換完全子会社の発行済株式全部の取得

ニ　株式交付に際してする株式交付子会社の株式又は新株予約権等の譲受け

三十九　吸収型再編対象財産　次のイ又はロに掲げる吸収型再編の区分に応じ、当該イ又はロに定める財産をいう。

イ　吸収合併　吸収合併により吸収合併存続会社が承継する財産

ロ　吸収分割　吸収分割により吸収分割承継会社が承継する財産

四十　吸収型再編対価　次のイからニまでに掲げる吸収型再編の区分に応じ、当該イからニまでに定める財産をいう。

イ　吸収合併　吸収合併に際して吸収合併存続会社が吸収合併消滅会社の株主等に対して交付する財産

ロ　吸収分割　吸収分割に際して吸収分割承継会社が吸収分割会社に対して交付する財産

ハ　株式交換　株式交換に際して株式交換完全親会社が株式交換完全子会社の株主に対して交付する財産

ニ　株式交付　株式交付に際して株式交付親会社が株式交付子会社の株式又は新株予約権等の譲渡人に対して交付する財産

四十一　吸収型再編対価時価　吸収型再編対価の時価その他適切な方法により算定された吸収型再編対価の価額をいう。

四十二　対価自己株式　吸収型再編対価として処分される自己株式をいう。

四十三　先行取得分株式等　次のイ又はロに掲げる場合の区分に応じ、当該イ又はロに定めるものをいう。

イ　吸収合併の場合　吸収合併の直前に吸収合併存続会社が有する吸収合併消滅会社の株式若しくは持分又は吸収合併の直前に吸収合併消滅会社が有する当該吸収合併消滅会社の株式

ロ　新設合併の場合　各新設合併消滅会社が有する当該新設合併消滅会社の株式及び他の新設合併消滅会社の株式又は持分

四十四　分割型吸収分割　吸収分割のうち、吸収分割契約において法第七百五十八条第八号又は第七百六十条第七号に掲げる事項を定めたものであって、吸収分割会社が当該事項についての定めに従い吸収型再編対価の全部を当該吸収分割会社の株主に対して交付するものをいう。

四十五　新設型再編　次に掲げる行為をいう。

イ　新設合併

ロ　新設分割

ハ　株式移転

四十六　新設型再編対象財産　次のイ又はロに掲げる新設型再編の区分に応じ、当該イ又はロに定める財産をいう。

イ　新設合併　新設合併により新設合併設立会社が承継する財産

ロ　新設分割　新設分割により新設分割設立会社が承継する財産

四十七　新設型再編対価　次のイからハまでに掲げる新設型再編の区分に応じ、当該イからハまでに定める財産をいう。

イ　新設合併　新設合併に際して新設合併設立会社が新設合併消滅会社の株主等に対して交付する財産

ロ　新設分割　新設分割に際して新設分割設立会社が新設分割会社に対して交付する財産

ハ　株式移転　株式移転に際して株式移転設立完全親会社が株式移転完全子会社の株主に対して交付する財産

四十八　新設型再編対価時価　新設型再編対価の時価その他適切な方法により算定された新設型再編対価の価額をいう。

四十九　新設合併取得会社　新設合併消滅会社のうち、新設合併により支配取得をするものをいう。

五十　株主資本承継消滅会社　新設合併消滅会社の株主等に交付する新設型再編対価の全部が新設合併設立会社の株式又は持分である場合において、当該新設合併消滅会社がこの号に定める株主資本承継消滅会社となることを定めたときにおける当該新設合併消滅会社をいう。

五十一　非対価交付消滅会社　新設合併消滅会社の株主等に交付する新設型再編対価が存しない場合における当該新設合併消滅会社をいう。

五十二　非株式交付消滅会社　新設合併消滅会社の株主等に交付する新設型再編対価の全部が新設合併設立会社の社債等である場合における当該新設合併消滅会社及び非対価交付消滅会社をいう。

五十三　非株主資本承継消滅会社　株主資本承継消滅会社及び非株式交付消滅会社以外の新設合併消滅会社をいう。

五十四　分割型新設分割　新設分割のうち、新設分割計画において法第七百六十三条第一項第十二号又は第七百六十五条第一項第八号に掲げる事項を定めたものであって、新設分割会社が当該事項についての定めに従い新設型再編対価の全部を当該新設分割会社の株主に対して交付するものをいう。

五十五　連結配当規制適用会社　ある事業年度の末日が最終事業年度の末日となる時から当該ある事業年度の次の事業年度の末日が最終事業年度の末日となる時までの間における当該株式会社の分配可能額の算定につき第百五十八条第四号の規定を適用する旨を当該ある事業年度に係る計算書類の作成に際して定めた株式会社（ある事業年度に係る連結計算書類を作成しているものに限る。）をいう。

五十六　リース物件　リース契約により使用する物件をいう。

五十七　ファイナンス・リース取引　リース契約に基づく期間の中途において当該リース契約を解除することができないリース取引又はこれに準ずるリース取引で、リース物件の借主が、当該リース物件からもたらされる経済的利益を実質的に享受することができ、かつ、当該リース物件の使用に伴って生じる費用等を実質的に負担することとなるものをいう。

五十八　所有権移転ファイナンス・リース取引　ファイナンス・リース取引のうち、リース契約上の諸条件に照らしてリース物件の所有権が借主に移転すると認められるものをいう。

五十九　所有権移転外ファイナンス・リース取引　ファイナンス・リース取引のうち、所有権移転ファイナンス・リース取引以外のものをいう。

六十　資産除去債務　有形固定資産の取得、建設、開発又は通常の使用によって生じる当該有形固定資産の除去に関する法律上の義務及びこれに準ずるものをいう。

六十一　工事契約　請負契約のうち、土木、建築、造船、機械装置の製造その他の仕事に係る基本的な仕様及び作業内容が注文者の指図に基づいているものをいう。

六十二　会計方針　計算書類又は連結計算書類の作成に当たって採用する会計処理の原則及び手続をいう。

六十三　遡及適用　新たな会計方針を当該事業年度より前の事業年度に係る計算書類又は連結計算書類に遡って適用したと仮定して会計処理をすることをいう。

六十四　表示方法　計算書類又は連結計算書類の作成に当たって採用する表示の方法をいう。

六十五　会計上の見積り　計算書類又は連結計算書類に表示すべき項目の金額に不確実性がある場合において、計算書類又は連結計算書類の作成時に入手可能な情報に基づき、それらの合理的な金額を算定することをいう。

六十六　会計上の見積りの変更　新たに入手可能となった情報に基づき、当該事業年度より前の事業年度に係る計算書類又は連結計算書類の作成に当たってした会計上の見積りを変更することをいう。

六十七　誤謬　意図的であるかどうかにかかわらず、計算書類又は連結計算書類の作成時に入手可能な情報を使用しなかったこと又は誤って使用したことにより生じた誤りをいう。

六十八　誤謬の訂正　当該事業年度より前の事業年度に係る計算書類又は連結計算書類における誤謬を訂正したと仮定して計算書類又は連結計算書類を作成することをいう。

六十九　金融商品　金融資産（金銭債権、有価証券及びデリバティブ取引により生じる債権（これらに準ずるものを含む。）をいう。）及び金融負債（金銭債務及びデリバティブ取引により生じる債務（これらに準ずるものを含む。）をいう。）をいう。

七十　賃貸等不動産　たな卸資産に分類される不動産以外の不動産であって、賃貸又は譲渡による収益又は利益を目的として所有する不動産をいう。

④　前項第二十一号に規定する「財務及び事業の方針の決定に対して重要な影響を与えることができる場合」とは、次に掲げる場合（財務上又は事業上の関係からみて他の会社等の財務又は事業の方針の決定に対して重要な影響を与えることができないことが明らかであると認められる場合を除く。）をいう。

一　他の会社等（次に掲げる会社等であって、当該会社等の財務又は事業の方針の決定に対して重要な影響を与えることができないと認められるものを除く。以下この項において同じ。）の議決権の総数に対する自己（その子会社を含む。以下この項において同じ。）の計算において所有している議決権の数の割合が百分の二十以上である場合

イ　民事再生法（平成十一年法律第二百二十五号）の規定による再生手続開始の決定を受けた会社等

ロ　会社更生法（平成十四年法律第百五十四号）の規定による更生手続開始の決定を受けた株式会社

ハ　破産法（平成十六年法律第七十五号）の規定による破産手続開始の決定を受けた会社等

ニ　その他イからハまでに掲げる会社等に準ずる会社等

二　他の会社等の議決権の総数に対する自己の計算において所有している議決権の数の割合が百分の十五以上である場合（前号に掲げる場合を除く。）であって、次に掲げるいずれかの要件に該当する場合

イ　次に掲げる者（他の会社等の財務及び事業の方針の決定に関して影響を与えることができるものに限る。）が他の会社等の代表取締役、取締役又はこれらに準ずる役職に就任していること。

(1)　自己の役員

(2)　自己の業務を執行する社員

(3)　自己の使用人

(4)　(1)から(3)までに掲げる者であった者

ロ　自己が他の会社等に対して重要な融資を行っていること。

ハ　自己が他の会社等に対して重要な技術を提供していること。

ニ　自己と他の会社等との間に重要な販売、仕入れその他の事業上の取引があること。

ホ　その他自己が他の会社等の財務及び事業の方針の決定に対して重要な影響を与えることができることが推測される事実が存在すること。

三　他の会社等の議決権の総数に対する自己所有等議決権数（次に掲げる議決権の数の合計数をいう。）の割合が百分の二十以上である場合（自己の計算において議決権を所有していない場合を含み、前二号に掲げる場合を除く。）であって、前号イからホまでに掲げるいずれかの要件に該当する場合

イ　自己の計算において所有している議決権

ロ　自己と出資、人事、資金、技術、取引等において緊密な関係があることにより自己の意思と同一の内容の議決権を行使すると認められる者が所有している議決権

ハ　自己の意思と同一の内容の議決権を行使することに同意している者が所有している議決権

四　自己と自己から独立した者との間の契約その他これに準ずるものに基づきこれらの者が他の会社等を共同で支配している場合

（会計慣行のしん酌）
第三条　この省令の用語の解釈及び規定の適用に関しては、一般に公正妥当と認められる企業会計の基準その他の企業会計の慣行をしん酌しなければならない。

第二編　会計帳簿（抄）

第一章　総則

第四条①　法第四百三十二条第一項及び第六百十五条第一項の規定により会社が作成すべき会計帳簿に付すべき資産、負債及び純資産の価額その他会計帳簿の作成に関する事項（法第四百四十五条第四項から第六項までの規定により法務省令で定めるべき事項を含む。）については、この編の定めるところによる。
②　会計帳簿は、書面又は電磁的記録をもって作成しなければならない。

第二章　資産及び負債（抄）

第一節　資産及び負債の評価

第一款　通則

（資産の評価）
第五条①　資産については、この省令又は法以外の法令に別段の定めがある場合を除き、会計帳簿にその取得価額を付さなければならない。
②　償却すべき資産については、事業年度の末日（事業年度の末日以外の日において評価すべき場合にあっては、その日。以下この条、次条第二項及び第五十五条第六項第一号において同じ。）において、相当の償却をしなければならない。
③　次の各号に掲げる資産については、事業年度の末日において当該各号に定める価格を付すべき場合には、当該各号に定める価格を付さなければならない。
一　事業年度の末日における時価がその時の取得原価より著しく低い資産（当該資産の時価がその時の取得原価まで回復すると認められるものを除く。）　事業年度の末日における時価
二　事業年度の末日において予測することができない減損が生じた資産又は減損損失を認識すべき資産　その時の取得原価から相当の減額をした額
④　取立不能のおそれのある債権については、事業年度の末日においてその時に取り立てることができないと見込まれる額を控除しなければならない。
⑤　債権については、その取得価額が債権金額と異なる場合その他相当の理由がある場合には、適正な価格を付することができる。
⑥　次に掲げる資産については、事業年度の末日においてその時の時価又は適正な価格を付すことができる。
一　事業年度の末日における時価がその時の取得原価より低い資産
二　市場価格のある資産（子会社及び関連会社の株式並びに満期保有目的の債券を除く。）
三　前二号に掲げる資産のほか、事業年度の末日においてその時の時価又は適正な価格を付すことが適当な資産

（負債の評価）
第六条①　負債については、この省令又は法以外の法令に別段の定めがある場合を除き、会計帳簿に債務額を付さなければならない。
②　次に掲げる負債については、事業年度の末日においてその時の時価又は適正な価格を付すことができる。
一　退職給付引当金（使用人が退職した後に当該使用人に退職一時金、退職年金その他これらに類する財産の支給をする場合における事業年度の末日において繰り入れるべき引当金をいう。第七十五条第二項第二号において同じ。）その他の将来の費用又は損失の発生に備えて、その合理的な見積額のうち当該事業年度の負担に属する金額を費用又は損失として繰り入れることにより計上すべき引当金（株主等に対して役務を提供する場合において計上すべき引当金を含む。）
二　払込みを受けた金額が債務額と異なる社債
三　前二号に掲げる負債のほか、事業年度の末日においてその時の時価又は適正な価格を付すことが適当な負債

第二款　組織変更等の際の資産及び負債の評価

（組織変更の際の資産及び負債の評価替えの禁止）
第七条　会社が組織変更をする場合には、当該組織変更をすることを理由にその有する資産及び負債の帳簿価額を変更することはできない。

（組織再編行為の際の資産及び負債の評価）
第八条①　次の各号に掲げる会社は、吸収合併又は吸収分割が当該会社による支配取得に該当する場合その他の吸収型再編対象財産に時価を付すべき場合を除き、吸収型再編対象財産には、当該各号に定める会社における当該吸収合併又は吸収分割の直前の帳簿価額を付さなければならない。
一　吸収合併存続会社　吸収合併消滅会社
二　吸収分割承継会社　吸収分割会社
②　前項の規定は、新設合併及び新設分割の場合について準用する。

（持分会社の出資請求権）
第九条①　持分会社が組織変更をする場合において、当該持分会社が社員に対して出資の履行をすべきことを請求する権利に係る債権を資産として計上しているときは、当該組織変更の直前に、当該持分会社は、当該債権を資産として計上しないものと定めたものとみなす。
②　前項の規定は、社員に対して出資の履行をすべきことを請求する権利に係る債権を資産として計上している持分会社が吸収合併消滅会社又は新設合併消滅会社となる場合について準用する。

（会社以外の法人が会社となる場合における資産及び負債の評価）
第一〇条　次に掲げる法律の規定により会社以外の法人が会社となる場合には、当該会社がその有する資産及び負債に付すべき帳簿価額は、他の法令に別段の定めがある場合を除き、当該会社となる直前に当該法人が当該資産及び負債に付していた帳簿価額とする。
一　農業協同組合法（昭和二十二年法律第百三十二号）
二　金融商品取引法
三　商品先物取引法（昭和二十五年法律第二百三十九号）
四　中小企業団体の組織に関する法律（昭和三十二年法律第百八十五号）
五　技術研究組合法（昭和三十六年法律第八十一号）
六　金融機関の合併及び転換に関する法律（昭和四十三年法律第八十六号）
七　保険業法

第二節　のれん

第一一条　会社は、吸収型再編、新設型再編又は事業の譲受けをする場合において、適正な額ののれんを資産又は負債として計上することができる。

第三節　株式及び持分に係る特別勘定

（第一二条）（略）

第三章　純資産（抄）

第一節　株式会社の株主資本

第一款　株式の交付等

（通則）
第一三条①　株式会社がその成立後に行う株式の交付（法第四百四十五条第五項に掲げる行為に際しての株式の交付を除く。）による株式会社の資本金等増加限度額（同条第一項に規定する株主となる者が当該株式会社に対して払込み又は給付をした財産

の額をいう。以下この節において同じ。）、その他資本剰余金及びその他利益剰余金の額並びに自己株式対価額（第百五十条第二項第八号及び第百五十八条第八号ハ並びに法第四百四十六条第二号並びに第四百六十一条第二項第二号ロ及び第四号に規定する自己株式の対価の額をいう。以下この章において同じ。）については、この款の定めるところによる。

② 前項に規定する「成立後に行う株式の交付」とは、株式会社がその成立後において行う次に掲げる場合における株式の発行及び自己株式の処分（第八号、第九号、第十二号、第十四号及び第十五号に掲げる場合にあっては、自己株式の処分）をいう。

一　法第二編第二章第八節の定めるところにより募集株式を引き受ける者の募集を行う場合（法第二百二条の二第一項（同条第三項の規定により読み替えて適用する場合を含む。）の規定により募集株式を引き受ける者の募集を行う場合を除く。）

二　取得請求権付株式（法第百八条第二項第五号ロに掲げる事項についての定めがあるものに限る。以下この章において同じ。）の取得をする場合

三　取得条項付株式（法第百八条第二項第六号ロに掲げる事項についての定めがあるものに限る。以下この章において同じ。）の取得をする場合

四　全部取得条項付種類株式（当該全部取得条項付種類株式を取得するに際して法第百七十一条第一項第一号イに掲げる事項についての定めをした場合における当該全部取得条項付種類株式に限る。以下この章において同じ。）の取得をする場合

五　株式無償割当てをする場合

六　新株予約権の行使があった場合

七　取得条項付新株予約権（法第二百三十六条第一項第七号ニに掲げる事項についての定めがあるものに限る。以下この章において同じ。）の取得をする場合

八　単元未満株式売渡請求を受けた場合

九　株式会社が当該株式会社の株式を取得したことにより生ずる法第四百六十二条第一項に規定する義務を履行する株主（株主と連帯して義務を負う者を含む。）に対して当該株主から取得した株式に相当する株式を交付すべき場合

十　吸収合併後当該株式会社が存続する場合

十一　吸収分割による他の会社がその事業に関して有する権利義務の全部又は一部の承継をする場合

十二　吸収分割により吸収分割会社（株式会社に限る。）が自己株式を吸収分割承継会社に承継させる場合

十三　株式交換による他の株式会社の発行済株式の全部の取得をする場合

十四　株式交換に際して自己株式を株式交換完全親会社に取得される場合

十五　株式移転に際して自己株式を株式移転設立完全親会社に取得される場合

十六　株式交付に際して他の株式会社の株式又は新株予約権等の譲受けをする場合

（募集株式を引き受ける者の募集を行う場合）

第一四条① 法第二編第二章第八節の定めるところにより募集株式を引き受ける者の募集を行う場合には、資本金等増加限度額は、第一号及び第二号に掲げる額の合計額から第三号に掲げる額を減じて得た額に株式発行割合（当該募集に際して発行する株式の数を当該募集に際して発行する株式の数及び処分する自己株式の数の合計数で除して得た割合をいう。以下この条において同じ。）を乗じて得た額から第四号に掲げる額を減じて得た額（零未満である場合にあっては、零）とする。

一　法第二百八条第一項の規定により払込みを受けた金銭の額（次のイ又はロに掲げる場合における金銭にあっては、当該イ又はロに定める額）

イ　外国の通貨をもって金銭の払込みを受けた場合（ロに掲げる場合を除く。）　当該外国の通貨につき法第百九十九条第一項第四号の期日（同号の期間を定めた場合にあっては、法第二百八条第一項の規定により払込みを受けた日）の為替相場に基づき算出された額

ロ　当該払込みを受けた金銭の額（イに定める額を含む。）により資本金等増加限度額を計算することが適切でない場合　当該金銭の当該払込みをした者における当該払込みの直前の帳簿価額

二　法第二百八条第二項の規定により現物出資財産（法第二百七条第一項に規定する現物出資財産をいう。以下この条において同じ。）の給付を受けた場合にあっては、当該現物出資財産の法第百九十九条第一項第四号の期日（同号の期間を定めた場合にあっては、法第二百八条第二項の規定により給付を受けた日）における価額（次のイ又はロに掲げる場合における現物出資財産にあっては、当該イ又はロに定める額）

イ　当該株式会社と当該現物出資財産の給付をした者が共通支配下関係にある場合（当該現物出資財産に時価を付すべき場合を除く。）　当該現物出資財産の当該給付をした者における当該給付の直前の帳簿価額

ロ　イに掲げる場合以外の場合であって、当該給付を受けた現物出資財産の価額により資本金等増加限度額を計算することが適切でないとき　イに定める帳簿価額

三　法第百九十九条第一項第五号に掲げる事項として募集株式の交付に係る費用の額のうち、株式会社が資本金等増加限度額から減ずるべき額と定めた額

四　イに掲げる額からロに掲げる額を減じて得た額が零以上であるときは、当該額

イ　当該募集に際して処分する自己株式の帳簿価額

ロ　第一号及び第二号に掲げる額の合計額から前号に掲げる額を減じて得た額（零未満である場合にあっては、零）に自己株式処分割合（一から株式発行割合を減じて得た割合をいう。以下この条において同じ。）を乗じて得た額

② 前項に規定する場合には、同項の行為後の次の各号に掲げる額は、同項の行為の直前の当該額に、当該各号に定める額を加えて得た額とする。

一　その他資本剰余金の額　イ及びロに掲げる額の合計額からハに掲げる額を減じて得た額

イ　前項第一号及び第二号に掲げる額の合計額から同項第三号に掲げる額を減じて得た額に自己株式処分割合を乗じて得た額

ロ　次に掲げる額のうちいずれか少ない額

(1)　前項第四号に掲げる額

(2)　前項第一号及び第二号に掲げる額の合計額から同項第三号に掲げる額を減じて得た額に株式発行割合を乗じて得た額（零未満である場合にあっては、零）

ハ　当該募集に際して処分する自己株式の帳簿価額

二　その他利益剰余金の額　前項第一号及び第二号に掲げる額の合計額から同項第三号に掲げる額を減じて得た額が零未満である場合における当該額に株式発行割合を乗じて得た額

③ 第一項に規定する場合には、自己株式対価額は、第一項第一号及び第二号に掲げる額の合計額から同項第三号に掲げる額を減じて得た額に自己株式処分割合を乗じて得た額とする。

④ 第二項第一号ロに掲げる額は、第百五十条第二項第八号及び第百五十八条第八号ハ並びに法第四百四十六条第二号並びに第四百六十一条第二項第二号ロ及び第四号の規定の適用については、当該額も、自己株式対価額に含まれるものとみなす。

⑤ 第一項第二号の規定の適用については、現物出資財産について法第百九十九条第一項第三号に掲げる価額と、当該現物出資財産の帳簿価額（当該出資に係る資本金及び資本準備金の額を含む。）とが同一の額でなければならないと解してはならない。

（株式の取得に伴う株式の発行等をする場合）

第一五条① 次に掲げる場合には、資本金等増加限度額は、零とする。

一　取得請求権付株式の取得をする場合
二　取得条項付株式の取得をする場合
三　全部取得条項付種類株式の取得をする場合

② 前項各号に掲げる場合には、自己株式対価額は、当該各号に掲げる場合において処分する自己株式の帳簿価額とする。

第一六条（**株式無償割当てをする場合**）① 株式無償割当てをする場合には、資本金等増加限度額は、零とする。

② 前項に規定する場合には、株式無償割当て後のその他資本剰余金の額は、株式無償割当ての直前の当該額から当該株式無償割当てに際して処分する自己株式の帳簿価額を減じて得た額とする。

③ 第一項に規定する場合には、自己株式対価額は、零とする。

第一七条（**新株予約権の行使があった場合**）① 新株予約権の行使があった場合には、資本金等増加限度額は、第一号から第三号までに掲げる額の合計額から第四号に掲げる額を減じて得た額に株式発行割合（当該行使に際して発行する株式の数を当該行使に際して発行する株式の数及び処分する自己株式の数の合計数で除して得た割合をいう。以下この条において同じ。）を乗じて得た額から第五号に掲げる額を減じて得た額（零未満である場合にあっては、零）とする。

一　行使時における当該新株予約権の帳簿価額
二　法第二百八十一条第一項に規定する場合又は同条第二項後段に規定する場合におけるこれらの規定により払込みを受けた金銭の額（次のイ又はロに掲げる場合における金銭にあっては、当該イ又はロに定める額）

イ　外国の通貨をもって金銭の払込みを受けた場合（ロに掲げる場合を除く。）　当該外国の通貨につき行使時の為替相場に基づき算出された額

ロ　当該払込みを受けた金銭の額（イに定める額を含む。）により資本金等増加限度額を計算することが適切でない場合　当該金銭の当該払込みをした者における当該払込みの直前の帳簿価額

三　法第二百八十一条第二項前段の規定により現物出資財産（法第二百八十四条第一項に規定する現物出資財産をいう。以下この条において同じ。）の給付を受けた場合にあっては、当該現物出資財産の行使時における価額（次のイ又はロに掲げる場合における現物出資財産にあっては、当該イ又はロに定める額）

イ　当該株式会社と当該現物出資財産の給付をした者が共通支配下関係にある場合（当該現物出資財産に時価を付すべき場合を除く。）　当該現物出資財産の当該給付をした者における当該給付の直前の帳簿価額

ロ　イに掲げる場合以外の場合であって、当該給付を受けた現物出資財産の価額により資本金等増加限度額を計算することが適切でないとき　イに定める帳簿価額

四　法第二百三十六条第一項第五号に掲げる事項として新株予約権の行使に応じて行う株式の交付に係る費用の額のうち、株式会社が資本金等増加限度額から減ずるべき額と定めた額

五　イに掲げる額からロに掲げる額を減じて得た額が零以上であるときは、当該額

イ　当該行使に際して処分する自己株式の帳簿価額

ロ　第一号から第三号までに掲げる額の合計額から前号に掲げる額を減じて得た額（零未満である場合にあっては、零）に自己株式処分割合（一から株式発行割合を減じて得た割合をいう。以下この条において同じ。）を乗じて得た額

② 前項に規定する場合には、新株予約権の行使後の次の各号に掲げる額は、当該行使の直前の当該額に、当該各号に定める額を加えて得た額とする。

一　その他資本剰余金の額　イ及びロに掲げる額の合計額からハに掲げる額を減じて得た額

イ　前項第一号から第三号までに掲げる額の合計額から同項第四号に掲げる額を減じて得た額に自己株式処分割合を乗じて得た額

ロ　次に掲げる額のうちいずれか少ない額

(1)　前項第五号に掲げる額

(2)　前項第一号から第三号までに掲げる額の合計額から同項第四号に掲げる額を減じて得た額に株式発行割合を乗じて得た額（零未満である場合にあっては、零）

ハ　当該行使に際して処分する自己株式の帳簿価額

二　その他利益剰余金の額　前項第一号から第三号までに掲げる額の合計額から同項第四号に掲げる額を減じて得た額が零未満である場合における当該額に株式発行割合を乗じて得た額

③ 第一項に規定する場合には、自己株式対価額は、同項第一号から第三号までに掲げる額の合計額から同項第四号に掲げる額を減じて得た額に自己株式処分割合を乗じて得た額とする。

④ 第二項第一号ロに掲げる額は、第百五十条第二項第八号及び第百五十八条第八号ハ並びに法第四百四十六条第二号並びに第四百六十一条第二項第二号ロ及び第四号の規定の適用については、当該額も、自己株式対価額に含まれるものとみなす。

⑤ 第一項第一号の規定の適用については、新株予約権が募集新株予約権であった場合における当該募集新株予約権についての法第二百三十八条第一項第二号及び第三号に掲げる事項と、第一項第一号の帳簿価額とが同一のものでなければならないと解してはならない。

⑥ 第一項第三号の規定の適用については、現物出資財産について法第二百三十六条第一項第二号及び第三号に掲げる価額と、当該現物出資財産の帳簿価額（当該出資に係る資本金及び資本準備金の額を含む。）とが同一の額でなければならないと解してはならない。

第一八条（**取得条項付新株予約権の取得をする場合**）① 取得条項付新株予約権の取得をする場合には、資本金等増加限度額は、第一号に掲げる額から第二号及び第三号に掲げる額の合計額を減じて得た額に株式発行割合（当該取得に際して発行する株式の数を当該取得に際して発行する株式の数及び処分する自己株式の数の合計数で除して得た割合をいう。以下この条において同じ。）を乗じて得た額から第四号に掲げる額を減じて得た額（零未満である場合にあっては、零）とする。

一　当該取得時における当該取得条項付新株予約権（当該取得条項付新株予約権が新株予約権付社債（これに準ずるものを含む。以下この号において同じ。）に付されたものである場合にあっては、当該新株予約権付社債についての社債（これに準ずるものを含む。以下この項において同じ。）の価額を含む。）の価額

二　当該取得条項付新株予約権の取得と引換えに行う株式の交付に係る費用の額のうち、株式会社が資本金等増加限度額から減ずるべき額と定めた額

三　株式会社が当該取得条項付新株予約権を取得するのと引換えに交付する財産（当該株式会社の株式を除く。）の帳簿価額（当該財産が社債（自己社債を除く。）又は新株予約権（自己新株予約権を除く。）である場合にあっては、会計帳簿に付すべき額）の合計額

四　イに掲げる額からロに掲げる額を減じて得た額が零以上であるときは、当該額

イ　当該取得に際して処分する自己株式の帳簿価額

ロ　第一号に掲げる額から第二号及び前号に掲げる額の合計額を減じて得た額（零未満である場合にあっては、零）に自己株式処分割合（一から株式発行割合を減じて得た割合をいう。以下この条において同じ。）を乗じて得た額

② 前項に規定する場合には、取得条項付新株予約権の取得後の次の各号に掲げる額は、当該各号に定める額を加えて得た額とする。

一　その他資本剰余金の額　イ及びロに掲げる額の合計額からハに掲げる額を減じて得た額

イ　前項第一号に掲げる額から同項第二号及び第三号に掲げる額の合計額を減じて得た額に自己株式処分割合を乗じて得た額
ロ　次に掲げる額のうちいずれか少ない額
(1)　前項第四号に掲げる額
(2)　前項第一号に掲げる額から同項第二号及び第三号に掲げる額の合計額を減じて得た額に株式発行割合を乗じて得た額（零未満である場合にあっては、零）
ハ　当該取得に際して処分する自己株式の帳簿価額
二　その他利益剰余金の額　前項第一号に掲げる額から同項第二号及び第三号に掲げる額の合計額を減じて得た額が零未満である場合における当該額に株式発行割合を乗じて得た額
③　第一項に規定する場合には、自己株式対価額は、同項第一号に掲げる額から同項第二号及び第三号に掲げる額の合計額を減じて得た額に自己株式処分割合を乗じて得た額とする。
④　第二項第一号ロに掲げる額は、第百五十条第二項第八号及び第百五十八条第八号ハ並びに法第四百四十六条第二号並びに第四百六十一条第二項第二号ロ及び第四号の規定の適用については、当該額も、自己株式対価額に含まれるものとみなす。

（単元未満株式売渡請求を受けた場合）
第一九条①　単元未満株式売渡請求を受けた場合には、資本金等増加限度額は、零とする。
②　前項に規定する場合には、単元未満株式売渡請求後のその他資本剰余金の額は、第一号及び第二号に掲げる額の合計額から第三号に掲げる額を減じて得た額とする。
一　単元未満株式売渡請求の直前のその他資本剰余金の額
二　当該単元未満株式売渡請求に係る代金の額
三　当該単元未満株式売渡請求に応じて処分する自己株式の帳簿価額
③　第一項に規定する場合には、自己株式対価額は、単元未満株式売渡請求に係る代金の額とする。

（法第四百六十二条第一項に規定する義務を履行する株主に対して株式を交付すべき場合）
第二〇条①　株式会社が当該株式会社の株式を取得したことにより生ずる法第四百六十二条第一項に規定する義務を履行する株主（株主と連帯して義務を負う者を含む。）に対して当該株主から取得した株式に相当する株式を交付すべき場合には、資本金等増加限度額は、零とする。
②　前項に規定する場合には、同項の行為後のその他資本剰余金の額は、第一号及び第二号に掲げる額の合計額から第三号に掲げる額を減じて得た額とする。
一　前項の行為の直前のその他資本剰余金の額
二　前項の株主（株主と連帯して義務を負う者を含む。）が株式会社に対して支払った金銭の額
三　当該交付に際して処分する自己株式の帳簿価額
③　第一項に規定する場合には、自己株式対価額は、同項の株主（株主と連帯して義務を負う者を含む。）が株式会社に対して支払った金銭の額とする。

（設立時又は成立後の株式の交付に伴う義務が履行された場合）
第二一条　次に掲げる義務が履行された場合には、株式会社のその他資本剰余金の額は、当該義務の履行により株式会社に対して支払われた金銭又は給付された金銭以外の財産の額が増加するものとする。
一　法第五十二条第一項の規定により同項に定める額を支払う義務（当該義務を履行した者が法第二十八条第一号の財産を給付した発起人である場合における当該義務に限る。）
二　法第五十二条の二第一項各号に掲げる場合において同項の規定により当該各号に定める行為をする義務
三　法第百二条の二第一項の規定により同項に規定する支払をする義務
四　法第二百十二条第一項各号に掲げる場合において同項の規定により当該各号に定める額を支払う義務
五　法第二百十三条の二第一項各号に掲げる場合において同項の規定により当該各号に定める行為をする義務
六　法第二百八十五条第一項各号に掲げる場合において同項の規定により当該各号に定める額を支払う義務
七　新株予約権を行使した新株予約権者であって法第二百八十六条の二第一項各号に掲げる者に該当するものが同項の規定により当該各号に定める行為をする義務

第二款　剰余金の配当

（法第四百四十五条第四項の規定による準備金の計上）
第二二条①　株式会社が剰余金の配当をする場合には、剰余金の配当後の資本準備金の額は、当該剰余金の配当の直前の資本準備金の額に、次の各号に掲げる場合の区分に応じ、当該各号に定める額を加えて得た額とする。
一　当該剰余金の配当をする日における準備金の額が当該日における基準資本金額（資本金の額に四分の一を乗じて得た額をいう。以下この条において同じ。）以上である場合　零
二　当該剰余金の配当をする日における準備金の額が当該日における基準資本金額未満である場合　イ又はロに掲げる額のうちいずれか少ない額に資本剰余金配当割合（次条第一号イに掲げる額を法第四百四十六条第六号に掲げる額で除して得た割合をいう。）を乗じて得た額
イ　当該剰余金の配当をする日における準備金計上限度額（基準資本金額から準備金の額を減じて得た額をいう。以下この条において同じ。）
ロ　法第四百四十六条第六号に掲げる額に十分の一を乗じて得た額
②　株式会社が剰余金の配当をする場合には、剰余金の配当後の利益準備金の額は、当該剰余金の配当の直前の利益準備金の額に、次の各号に掲げる場合の区分に応じ、当該各号に定める額を加えて得た額とする。
一　当該剰余金の配当をする日における準備金の額が当該日における基準資本金額以上である場合　零
二　当該剰余金の配当をする日における準備金の額が当該日における基準資本金額未満である場合　イ又はロに掲げる額のうちいずれか少ない額に利益剰余金配当割合（次条第二号イに掲げる額を法第四百四十六条第六号に掲げる額で除して得た割合をいう。）を乗じて得た額
イ　当該剰余金の配当をする日における準備金計上限度額
ロ　法第四百四十六条第六号に掲げる額に十分の一を乗じて得た額

（減少する剰余金の額）
第二三条　株式会社が剰余金の配当をする場合には、剰余金の配当後の次の各号に掲げる額は、当該剰余金の配当の直前の当該額から、当該各号に定める額を減じて得た額とする。
一　その他資本剰余金の額　次に掲げる額の合計額
イ　法第四百四十六条第六号に掲げる額のうち、株式会社がその他資本剰余金から減ずるべき額と定めた額
ロ　前条第一項第二号に掲げるときは、同号に定める額
二　その他利益剰余金の額　次に掲げる額の合計額
イ　法第四百四十六条第六号に掲げる額のうち、株式会社がその他利益剰余金から減ずるべき額と定めた額
ロ　前条第二項第二号に掲げるときは、同号に定める額

第三款　自己株式

第二四条①　株式会社が当該株式会社の株式を取得する場合には、その取得価額を、増加すべき自己株式の額とする。
②　株式会社が自己株式の処分又は消却をする場合には、その帳簿価額を、減少すべき自己株式の額とする。
③　株式会社が自己株式の消却をする場合には、自己株式の消却後のその他資本剰余金の額は、当該自己株式の消却の直前の当該額から当該消却する自己株式の帳簿価額を減じて得た額とする。

第四款　株式会社の資本金等の額の増減

（**資本金の額**）
第二五条①　株式会社の資本金の額は、第一款並びに第四節及び第五節の二に定めるところのほか、次の各号に掲げる場合に限り、当該各号に定める額が増加するものとする。
一　法第四百四十八条の規定により準備金の額を減少する場合（同条第一項第二号に掲げる事項を定めた場合に限る。）　同号の資本金とする額に相当する額
二　法第四百五十条の規定により剰余金の額を減少する場合　同条第一項第一号の減少する剰余金の額に相当する額
②　株式会社の資本金の額は、法第四百四十七条の規定による場合に限り、同条第一項第一号の額に相当する額が減少するものとする。この場合において、次に掲げる場合には、資本金の額が減少するものと解してはならない。
一　新株の発行の無効の訴えに係る請求を認容する判決が確定した場合
二　自己株式の処分の無効の訴えに係る請求を認容する判決が確定した場合
三　会社の吸収合併、吸収分割、株式交換又は株式交付の無効の訴えに係る請求を認容する判決が確定した場合
四　設立時発行株式又は募集株式の引受けに係る意思表示その他の株式の発行又は自己株式の処分に係る意思表示が無効とされ、又は取り消された場合
五　株式交付子会社の株式又は新株予約権等の譲渡しに係る意思表示その他の株式交付に係る意思表示が無効とされ、又は取り消された場合

（**資本準備金の額**）
第二六条①　株式会社の資本準備金の額は、第一款及び第二款並びに第四節及び第五節の二に定めるところのほか、次の各号に掲げる場合に限り、当該各号に定める額が増加するものとする。
一　法第四百四十七条の規定により資本金の額を減少する場合（同条第一項第二号に掲げる事項を定めた場合に限る。）　同号の準備金とする額に相当する額
二　法第四百五十一条の規定により剰余金の額を減少する場合　同条第一項第一号の額（その他資本剰余金に係る額に限る。）に相当する額
②　株式会社の資本準備金の額は、法第四百四十八条の規定による場合に限り、同条第一項第一号の額（資本準備金に係る額に限る。）に相当する額が減少するものとする。この場合においては、前条第二項後段の規定を準用する。

（**その他資本剰余金の額**）
第二七条①　株式会社のその他資本剰余金の額は、第一款並びに第四節及び第五節の二に定めるところのほか、次の各号に掲げる場合に限り、当該各号に定める額が増加するものとする。
一　法第四百四十七条の規定により資本金の額を減少する場合　同条第一項第一号の額（同項第二号に規定する場合にあっては、当該額から同号の額を減じて得た額）に相当する額
二　法第四百四十八条の規定により準備金の額を減少する場合　同条第一項第一号の額（資本準備金に係る額に限り、同項第二号に規定する場合にあっては、当該額から資本準備金についての同号の額を減じて得た額）に相当する額
三　前二号に掲げるもののほか、その他資本剰余金の額を増加すべき場合　その他資本剰余金の額を増加する額として適切な額
②　株式会社のその他資本剰余金の額は、前三款並びに第四節及び第五節の二に定めるところのほか、次の各号に掲げる場合に限り、当該各号に定める額が減少するものとする。
一　法第四百五十条の規定により剰余金の額を減少する場合　同条第一項第一号の額（その他資本剰余金に係る額に限る。）に相当する額
二　法第四百五十一条の規定により剰余金の額を減少する場合　同条第一項第一号の額（その他資本剰余金に係る額に限る。）に相当する額
三　前二号に掲げるもののほか、その他資本剰余金の額を減少すべき場合　その他資本剰余金の額を減少する額として適切な額
③　前項、前三款並びに第四節及び第五節の二の場合において、これらの規定により減少すべきその他資本剰余金の額の全部又は一部を減少させないこととすることが必要かつ適当であるときは、これらの規定にかかわらず、減少させないことが適当な額については、その他資本剰余金の額を減少させないことができる。

（**利益準備金の額**）
第二八条①　株式会社の利益準備金の額は、第二款及び第四節に定めるところのほか、法第四百五十一条の規定により剰余金の額を減少する場合に限り、同条第一項第一号の額（その他利益剰余金に係る額に限る。）に相当する額が増加するものとする。
②　株式会社の利益準備金の額は、法第四百四十八条の規定による場合に限り、同条第一項第一号の額（利益準備金に係る額に限る。）に相当する額が減少するものとする。

（**その他利益剰余金の額**）
第二九条①　株式会社のその他利益剰余金の額は、第四節に定めるところのほか、次の各号に掲げる場合に限り、当該各号に定める額が増加するものとする。
一　法第四百四十八条の規定により準備金の額を減少する場合　同条第一項第一号の額（利益準備金に係る額に限り、同項第二号に規定する場合にあっては、当該額から利益準備金についての同号の額を減じて得た額）に相当する額
二　当期純利益金額が生じた場合　当該当期純利益金額
三　前二号に掲げるもののほか、その他利益剰余金の額を増加すべき場合　その他利益剰余金の額を増加する額として適切な額
②　株式会社のその他利益剰余金の額は、次項、前三款並びに第四節及び第五節の二に定めるところのほか、次の各号に掲げる場合に限り、当該各号に定める額が減少するものとする。
一　法第四百五十条の規定により剰余金の額を減少する場合　同条第一項第一号の額（その他利益剰余金に係る額に限る。）に相当する額
二　法第四百五十一条の規定により剰余金の額を減少する場合　同条第一項第一号の額（その他利益剰余金に係る額に限る。）に相当する額
三　当期純損失金額が生じた場合　当該当期純損失金額
四　前三号に掲げるもののほか、その他利益剰余金の額を減少すべき場合　その他利益剰余金の額を減少する額として適切な額
③　第二十七条第三項の規定により減少すべきその他資本剰余金の額を減少させない額がある場合には、当該減少させない額に対応する額をその他利益剰余金から減少させるものとする。

第二節　持分会社の社員資本　及び　第三節　組織変更に際しての株主資本及び社員資本

（第三〇条から第三四条まで）（略）

第四節　吸収合併、吸収分割、株式交換及び株式交付に際しての株主資本及び社員資本（抄）

第一款　吸収合併

（**吸収型再編対価の全部又は一部が吸収合併存続会社の株式又は持分である場合における吸収合併存続会社の株主資本等の変動額**）
第三五条①　吸収型再編対価の全部又は一部が吸収合併存続会社の株式又は持分である場合には、吸収合併存続会社において変動する株主資本等の総額（次項において「株主資本等変動額」という。）は、次の各号に掲げる場合の区分に応じ、当該各号に定める方法に従い定まる額とする。

一　当該吸収合併が支配取得に該当する場合（吸収合併消滅会社による支配取得に該当する場合を除く。）　吸収型再編対価時価又は吸収型再編対象財産の時価を基礎として算定する方法

二　吸収合併存続会社と吸収合併消滅会社が共通支配下関係にある場合　吸収型再編対象財産の吸収合併の直前の帳簿価額を基礎として算定する方法（前号に定める方法によるべき部分にあっては、当該方法）

三　前二号に掲げる場合以外の場合　前号に定める方法

②　前項の場合には、吸収合併存続会社の資本金及び資本剰余金の増加額は、株主資本等変動額の範囲内で、吸収合併存続会社が吸収合併契約の定めに従いそれぞれ定めた額とし、利益剰余金の額は変動しないものとする。ただし、株主資本等変動額が零未満の場合には、当該株主資本等変動額のうち、対価自己株式の処分により生ずる差損の額をその他資本剰余金（当該吸収合併存続会社が持分会社の場合にあっては、資本剰余金。次条において同じ。）の減少額とし、その余の額をその他利益剰余金（当該吸収合併存続会社が持分会社の場合にあっては、利益剰余金。次条において同じ。）の減少額とし、資本金、資本準備金及び利益準備金の額は変動しないものとする。

（株主資本等を引き継ぐ場合における吸収合併存続会社の株主資本等の変動額）

第三六条①　前条の規定にかかわらず、吸収型再編対価の全部が吸収合併存続会社の株式又は持分である場合であって、吸収合併消滅会社における吸収合併の直前の株主資本等を引き継ぐものとして計算することが適切であるときには、吸収合併の直前の吸収合併消滅会社の資本金、資本剰余金及び利益剰余金の額をそれぞれ当該吸収合併存続会社の資本金、資本剰余金及び利益剰余金の変動額とすることができる。ただし、対価自己株式又は先行取得分株式等がある場合にあっては、当該対価自己株式又は当該先行取得分株式等の帳簿価額を吸収合併の直前の吸収合併消滅会社のその他資本剰余金の額から減じて得た額を吸収合併存続会社のその他資本剰余金の変動額とする。

②　吸収型再編対価が存しない場合であって、吸収合併消滅会社における吸収合併の直前の株主資本等を引き継ぐものとして計算することが適切であるときには、吸収合併の直前の吸収合併消滅会社の資本金及び資本剰余金の合計額を当該吸収合併存続会社のその他資本剰余金の変動額とし、吸収合併の直前の利益剰余金の額を当該吸収合併存続会社のその他利益剰余金の変動額とすることができる。ただし、先行取得分株式等がある場合にあっては、当該先行取得分株式等の帳簿価額を吸収合併の直前の吸収合併消滅会社の資本金及び資本剰余金の合計額から減じて得た額を吸収合併存続会社のその他資本剰余金の変動額とする。

第二款　吸収分割

（第三七条及び第三八条）（略）

第三款　株式交換

第三九条①　吸収型再編対価の全部又は一部が株式交換完全親会社の株式又は持分である場合には、株式交換完全親会社において変動する株主資本等の総額（以下この条において「株主資本等変動額」という。）は、次の各号に掲げる場合の区分に応じ、当該各号に定める方法に従い定まる額とする。

一　当該株式交換が支配取得に該当する場合（株式交換完全子会社による支配取得に該当する場合を除く。）　吸収型再編対価時価又は株式交換完全子会社の株式の時価を基礎として算定する方法

二　株式交換完全親会社と株式交換完全子会社が共通支配下関係にある場合　株式交換完全子会社の財産の株式交換の直前の帳簿価額を基礎として算定する方法（前号に定める方法によるべき部分にあっては、当該方法）

三　前二号に掲げる場合以外の場合　前号に定める方法

②　前項の場合には、株式交換完全親会社の資本金及び資本剰余金の増加額は、株主資本等変動額の範囲内で、株式交換完全親会社が株式交換契約の定めに従い定めた額とし、利益剰余金の額は変動しないものとする。ただし、法第七百九十九条（法第八百二条第二項において読み替えて準用する場合を含む。）の規定による手続をとっている場合以外の場合にあっては、株式交換完全親会社の資本金及び資本準備金の増加額は、株主資本等変動額に対価自己株式の帳簿価額を加えて得た額に株式発行割合（当該株式交換に際して発行する株式の数を当該株式の数及び対価自己株式の数の合計数で除して得た割合をいう。）を乗じて得た額から株主資本等変動額まで（株主資本等変動額に対価自己株式の帳簿価額を加えて得た額に株式発行割合を乗じて得た額が株主資本等変動額を上回る場合にあっては、株主資本等変動額）の範囲内で、株式交換完全親会社が株式交換契約の定めに従いそれぞれ定めた額（株式交換完全親会社が持分会社である場合にあっては、株主資本等変動額）とし、当該額の合計額を株主資本等変動額から減じて得た額をその他資本剰余金の変動額とする。

③　前項の規定にかかわらず、株主資本等変動額が零未満の場合には、当該株主資本等変動額のうち、対価自己株式の処分により生ずる差損の額をその他資本剰余金（当該株式交換完全親会社が持分会社の場合にあっては、資本剰余金）の減少額とし、その余の額をその他利益剰余金（当該株式交換完全親会社が持分会社の場合にあっては、利益剰余金）の減少額とし、資本金、資本準備金及び利益準備金の額は変動しないものとする。

第四款　株式交付

第三九条の二①　株式交付に際し、株式交付親会社において変動する株主資本等の総額（以下この条において「株主資本等変動額」という。）は、次の各号に掲げる場合の区分に応じ、当該各号に定める方法に従い定まる額とする。

一　当該株式交付が支配取得に該当する場合（株式交付子会社による支配取得に該当する場合を除く。）　吸収型再編対価時価又は株式交付子会社の株式及び新株予約権等の時価を基礎として算定する方法

二　株式交付親会社と株式交付子会社が共通支配下関係にある場合　株式交付子会社の財産の株式交付の直前の帳簿価額を基礎として算定する方法（前号に定める方法によるべき部分にあっては、当該方法）

三　前二号に掲げる場合以外の場合　前号に定める方法

②　前項の場合には、株式交付親会社の資本金及び資本剰余金の増加額は、株主資本等変動額の範囲内で、株式交付親会社が株式交付計画の定めに従い定めた額とし、利益剰余金の額は変動しないものとする。ただし、法第八百十六条の八の規定による手続をとっている場合以外の場合にあっては、株式交付親会社の資本金及び資本準備金の増加額は、株主資本等変動額に対価自己株式の帳簿価額を加えて得た額に株式発行割合（当該株式交付に際して発行する株式の数を当該株式の数及び対価自己株式の数の合計数で除して得た割合をいう。）を乗じて得た額から株主資本等変動額まで（株主資本等変動額に対価自己株式の帳簿価額を加えて得た額に株式発行割合を乗じて得た額が株主資本等変動額を上回る場合にあっては、株主資本等変動額）の範囲内で、株式交付親会社が株式交付計画の定めに従いそれぞれ定めた額とし、当該額の合計額を株主資本等変動額から減じて得た額をその他資本剰余金の変動額とする。

③　前項の規定にかかわらず、株主資本等変動額が零未満の場合には、当該株主資本等変動額のうち、対価自己株式の処分により生ずる差損の額をその他資本剰余金の減少額とし、その余の額をその他利益剰余金の減少額とし、資本金、資本準備金及び利益準備金の額は変動しないものとする。

第五節　吸収分割会社等の自己株式の処分

（吸収分割会社の自己株式の処分）

第四〇条① 吸収分割により吸収分割会社（株式会社に限る。）が自己株式を吸収分割承継会社に承継させる場合には、当該吸収分割後の吸収分割会社のその他資本剰余金の額は、第一号及び第二号に掲げる額の合計額から第三号に掲げる額を減じて得た額とする。

一　吸収分割の直前の吸収分割会社のその他資本剰余金の額

二　吸収分割会社が交付を受ける吸収型再編対価に付すべき帳簿価額のうち、次号の自己株式の対価となるべき部分に係る額

三　吸収分割承継会社に承継させる自己株式の帳簿価額

② 前項に規定する場合には、自己株式対価額は、同項第二号に掲げる額とする。

（株式交換完全子会社の自己株式の処分）

第四一条① 株式交換完全子会社が株式交換に際して自己株式を株式交換完全親会社に取得される場合には、当該株式交換後の株式交換完全子会社のその他資本剰余金の額は、第一号及び第二号に掲げる額の合計額から第三号に掲げる額を減じて得た額とする。

一　株式交換の直前の株式交換完全子会社のその他資本剰余金の額

二　株式交換完全子会社が交付を受ける吸収型再編対価に付すべき帳簿価額

三　株式交換完全親会社に取得させる自己株式の帳簿価額

② 前項に規定する場合には、自己株式対価額は、同項第二号に掲げる額とする。

（株式移転完全子会社の自己株式の処分）

第四二条① 株式移転完全子会社が株式移転に際して自己株式を株式移転設立完全親会社に取得される場合には、当該株式移転後の株式移転完全子会社のその他資本剰余金の額は、第一号及び第二号に掲げる額の合計額から第三号に掲げる額を減じて得た額とする。

一　株式移転の直前の株式移転完全子会社のその他資本剰余金の額

二　株式移転完全子会社が交付を受ける新設型再編対価に付すべき帳簿価額のうち、次号の自己株式の対価となるべき部分に係る額

三　株式移転設立完全親会社に取得させる自己株式の帳簿価額

② 前項に規定する場合には、自己株式対価額は、同項第二号に掲げる額とする。

第五節の二　取締役等の報酬等として株式を交付する場合の株主資本

（取締役等が株式会社に対し割当日後にその職務の執行として募集株式を対価とする役務を提供する場合における株主資本の変動額）

第四二条の二① 法第二百二条の二第一項（同条第三項の規定により読み替えて適用する場合を含む。）の規定により募集株式を引き受ける者の募集を行う場合において、当該募集株式を引き受ける取締役又は執行役（以下この節及び第五十四条の二において「取締役等」という。）が株式会社に対し当該募集株式に係る割当日（法第二百二条の二第一項第二号に規定する割当日をいう。以下この節及び第五十四条の二において同じ。）後にその職務の執行として当該募集株式を対価とする役務を提供するときは、当該募集に係る株式の発行により各事業年度の末日（臨時計算書類を作成しようとし、又は作成した場合にあっては、臨時決算日。以下この項及び第五項において「株主資本変動日」という。）において増加する資本金の額は、この省令に別段の定めがある場合を除き、第一号に掲げる額から第二号に掲げる額を減じて得た額に株式発行割合（当該募集に際して発行する株式の数を当該募集に際して発行する株式の数及び処分する自己株式の数の合計数で除して得た割合をいう。以下この条において同じ。）を乗じて得た額（零未満である場合にあっては、零。以下この条において「資本金等増加限度額」という。）とする。

一　イに掲げる額からロに掲げる額を減じて得た額（零未満である場合にあっては、零）

イ　取締役等が当該株主資本変動日までにその職務の執行として当該株式会社に提供した役務（当該募集株式を対価とするものに限る。ロにおいて同じ。）の公正な評価額

ロ　取締役等が当該株主資本変動日の直前の株主資本変動日までにその職務の執行として当該株式会社に提供した役務の公正な評価額

二　法第百九十九条第一項第五号に掲げる事項として募集株式の交付に係る費用の額のうち、株式会社が資本金等増加限度額から減ずるべき額と定めた額

② 資本金等増加限度額の二分の一を超えない額は、資本金として計上しないことができる。

③ 前項の規定により資本金として計上しないこととした額は、資本準備金として計上しなければならない。

④ 法第二百二条の二第一項（同条第三項の規定により読み替えて適用する場合を含む。）の規定により募集株式を引き受ける者の募集を行う場合において、取締役等が株式会社に対し当該募集株式に係る割当日後にその職務の執行として当該募集株式を対価とする役務を提供するときは、当該割当日において、当該募集に際して処分する自己株式の帳簿価額をその他資本剰余金の額から減ずるものとする。

⑤ 法第二百二条の二第一項（同条第三項の規定により読み替えて適用する場合を含む。）の規定により募集株式を引き受ける者の募集を行う場合において、取締役等が株式会社に対し当該募集株式に係る割当日後にその職務の執行として当該募集株式を対価とする役務を提供するときは、各株主資本変動日において変動する次の各号に掲げる額は、当該各号に定める額とする。

一　その他資本剰余金の額　第一項第一号に掲げる額から同項第二号に掲げる額を減じて得た額に自己株式処分割合（一から株式発行割合を減じて得た割合をいう。）を乗じて得た額

二　その他利益剰余金の額　第一項第一号に掲げる額から同項第二号に掲げる額を減じて得た額が零未満である場合における当該額に株式発行割合を乗じて得た額

⑥ 法第二百二条の二第一項（同条第三項の規定により読み替えて適用する場合を含む。）の規定により募集株式を引き受ける者の募集を行う場合において、取締役等が株式会社に対し当該募集株式に係る割当日後にその職務の執行として当該募集株式を対価とする役務を提供するときは、自己株式対価額は、零とする。

⑦ 第二十四条第一項の規定にかかわらず、当該株式会社が法第二百二条の二第一項（同条第三項の規定により読み替えて適用する場合を含む。）の規定による募集に際して自己株式の処分により取締役等に対して当該株式会社の株式を交付した場合において、当該取締役等が当該株式の割当てを受けた際に約したところに従って当該株式を当該株式会社に無償で譲り渡し、当該株式会社がこれを取得するときは、当該自己株式の処分に際して減少した自己株式の額を、増加すべき自己株式の額とする。

（取締役等が株式会社に対し割当日前にその職務の執行として募集株式を対価とする役務を提供する場合における株主資本の変動額）

第四二条の三① 法第二百二条の二第一項（同条第三項の規定により読み替えて適用する場合を含む。）の規定により募集株式を引き受ける者の募集を行う場合において、取締役等が株式会社に対し当該募集株式に係る割当日前にその職務の執行として当該募集株式を対価とする役務を提供するときは、当該募集に係る株式の発行により増加する資本金の額は、この省令に別段の定めがある場合を除き、第一号に掲げる額から第二号に掲げる額を減じて得た額に株式発行割合（当該募集に際して発行する株式の数を当該募集に際して発行する株式の数及び処分する自己株式の数の合計数で除して得た割合をいう。以下この条において同じ。）を乗じて得た額（零未満である場合にあっては、

零。以下この条において「資本金等増加限度額」という。）とする。

一　第五十四条の二第二項の規定により減少する株式引受権の額

二　法第百九十九条第一項第五号に掲げる事項として募集株式の交付に係る費用の額のうち、株式会社が資本金等増加限度額から減ずるべき額と定めた額

② 資本金等増加限度額の二分の一を超えない額は、資本金として計上しないことができる。

③ 前項の規定により資本金として計上しないこととした額は、資本準備金として計上しなければならない。

④ 法第二百二条の二第一項（同条第三項の規定により読み替えて適用する場合を含む。）の規定により募集株式を引き受ける者の募集を行う場合において、取締役等が株式会社に対し当該募集株式に係る割当日前にその職務の執行として当該募集株式を対価とする役務を提供するときは、当該行為後の次の各号に掲げる額は、当該行為の直前の当該額に、当該各号に定める額を加えて得た額とする。

一　その他資本剰余金の額　イに掲げる額からロに掲げる額を減じて得た額

イ　第一項第一号に掲げる額から同項第二号に掲げる額を減じて得た額に自己株式処分割合（一から株式発行割合を減じて得た割合をいう。第五項において同じ。）を乗じて得た額

ロ　当該募集に際して処分する自己株式の帳簿価額

二　その他利益剰余金の額　第一項第一号に掲げる額から同項第二号に掲げる額を減じて得た額が零未満である場合における当該額に株式発行割合を乗じて得た額

⑤ 法第二百二条の二第一項（同条第三項の規定により読み替えて適用する場合を含む。）の規定により募集株式を引き受ける者の募集を行う場合において、取締役等が株式会社に対し当該募集株式に係る割当日前にその職務の執行として当該募集株式を対価とする役務を提供するときは、自己株式対価額は、第一項第一号に掲げる額から同項第二号に掲げる額を減じて得た額に自己株式処分割合を乗じて得た額とする。

第六節　設立時の株主資本及び社員資本（抄）

第一款　通常の設立（抄）

（株式会社の設立時の株主資本）

第四三条①　法第二十五条第一項各号に掲げる方法により株式会社を設立する場合における株式会社の設立時に行う株式の発行に係る法第四百四十五条第一項に規定する株主となる者が当該株式会社に対して払込み又は給付をした財産の額とは、第一号及び第二号に掲げる額の合計額から第三号に掲げる額を減じて得た額（零未満である場合にあっては、零）とする。

一　法第三十四条第一項又は第六十三条第一項の規定により払込みを受けた金銭の額（次のイ又はロに掲げる場合における金銭にあっては、当該イ又はロに定める額）

イ　外国の通貨をもって金銭の払込みを受けた場合（ロに掲げる場合を除く。）　当該外国の通貨につき払込みがあった日の為替相場に基づき算出された金額

ロ　当該払込みを受けた金銭の額（イに定める額を含む。）により資本金又は資本準備金の額として計上すべき額を計算することが適切でない場合　当該金銭の当該払込みをした者における当該払込みの直前の帳簿価額

二　法第三十四条第一項の規定により金銭以外の財産（以下この条において「現物出資財産」という。）の給付を受けた場合にあっては、当該現物出資財産の給付があった日における価額（次のイ又はロに掲げる場合における現物出資財産にあっては、当該イ又はロに定める額）

イ　当該株式会社と当該現物出資財産の給付をした者が共通支配下関係となる場合（当該現物出資財産に時価を付すべき場合を除く。）　当該現物出資財産の当該給付をした者における当該給付の直前の帳簿価額

ロ　イに掲げる場合以外の場合であって、当該給付を受けた現物出資財産の価額により資本金又は資本準備金の額として計上すべき額を計算することが適切でないとき　イに定める帳簿価額

三　法第三十二条第一項第三号に掲げる事項として、設立に要した費用の額のうち設立に際して資本金又は資本準備金の額として計上すべき額から減ずるべき額と定めた額

② 設立（法第二十五条第一項各号に掲げる方法によるものに限る。以下この条において同じ。）時の株式会社のその他資本剰余金の額は、零とする。

③ 設立時の株式会社の利益準備金の額は、零とする。

④ 設立時の株式会社のその他利益剰余金の額は、零（第一項第一号及び第二号に掲げる額の合計額から同項第三号に掲げる額を減じて得た額が零未満である場合にあっては、当該額）とする。

⑤ 第一項第二号の規定の適用については、現物出資財産について定款に定めた額と、当該現物出資財産の帳簿価額（当該出資に係る資本金及び資本準備金の額を含む。）とが同一の額でなければならないと解してはならない。

第四四条　（略）

第二款　新設合併

（第四五条から第四八条まで）（略）

第三款　新設分割

（単独新設分割の場合における新設分割設立会社の株主資本等）

第四九条①　新設分割設立会社（二以上の会社が新設分割する場合における新設分割設立会社を除く。以下この条及び次条において同じ。）の設立時における株主資本等の総額は、新設型再編対象財産の新設分割会社における新設分割の直前の帳簿価額を基礎として算定する方法（新設型再編対象財産に時価を付すべき場合にあっては、新設型再編対価時価又は新設型再編対象財産の時価を基礎として算定する方法）に従い定まる額（次項において「株主資本等変動額」という。）とする。

② 前項の場合には、新設分割設立会社の資本金及び資本剰余金の額は、株主資本等変動額の範囲内で、新設分割会社が新設分割計画の定めに従いそれぞれ定めた額とし、利益剰余金の額は零とする。ただし、株主資本等変動額が零未満の場合には、当該株主資本等変動額をその他利益剰余金（新設分割設立会社が持分会社である場合にあっては、利益剰余金）の額とし、資本金、資本剰余金及び利益準備金の額は零とする。

（株主資本等を引き継ぐ場合における新設分割設立会社の株主資本等）

第五〇条①　前条の規定にかかわらず、分割型新設分割の新設型再編対価の全部が新設分割設立会社の株式又は持分である場合であって、新設分割会社における新設分割の直前の株主資本等の全部又は一部を引き継ぐものとして計算することが適切であるときには、分割型新設分割により変動する新設分割会社の資本金、資本剰余金及び利益剰余金の額をそれぞれ新設分割設立会社の設立時の資本金、資本剰余金及び利益剰余金の額とすることができる。

② 前項の場合の新設分割会社における新設分割に際しての資本金、資本剰余金又は利益剰余金の額の変更に関しては、法第二編第五章第三節第二款の規定その他の法の規定に従うものとする。

（共同新設分割の場合における新設分割設立会社の株主資本等）

第五一条　二以上の会社が新設分割をする場合には、次に掲げるところに従い、新設分割設立会社の株主資本又は社員資本を計算するものとする。

一　仮に各新設分割会社が他の新設分割会社と共同しないで新

設分割を行うことによって会社を設立するものとみなして、当該会社（以下この条において「仮会社」という。）の計算を行う。

二 各仮会社が新設合併をすることにより設立される会社が新設分割設立会社となるものとみなして、当該新設分割設立会社の計算を行う。

第四款 株式移転

第五二条① 株式移転設立完全親会社の設立時における株主資本の総額は、次の各号に掲げる部分の区分に応じ、当該各号に定める額の合計額（次項において「株主資本変動額」という。）とする。

一 当該株式移転が株式移転完全子会社による支配取得に該当する場合における他の株式移転完全子会社に係る部分 当該他の株式移転完全子会社の株主に対して交付する新設型再編対価時価又は当該他の株式移転完全子会社の株式の時価を基礎として算定する方法に従い定まる額

二 株式移転完全子会社の全部が共通支配下関係にある場合における当該株式移転完全子会社に係る部分 当該株式移転完全子会社における財産の帳簿価額を基礎として算定する方法（前号に規定する方法によるべき部分にあっては、当該方法）に従い定まる額

三 前二号に掲げる部分以外の部分 前号に規定する方法に従い定まる額

② 前項の場合には、当該株式移転設立完全親会社の設立時の資本金及び資本剰余金の額は、株主資本変動額の範囲内で、株式移転完全子会社が株式移転計画の定めに従い定めた額とし、利益剰余金の額は零とする。ただし、株主資本変動額が零未満の場合にあっては、当該額を設立時のその他利益剰余金の額とし、資本金、資本剰余金及び利益準備金の額は零とする。

第七節 評価・換算差額等又はその他の包括利益累計額

（評価・換算差額等又はその他の包括利益累計額）

第五三条 次に掲げるものその他資産、負債又は株主資本若しくは社員資本以外のものであっても、純資産の部の項目として計上することが適当であると認められるものは、純資産として計上することができる。

一 資産又は負債（デリバティブ取引により生じる正味の資産又は負債を含む。以下この条において同じ。）につき時価を付すものとする場合における当該資産又は負債の評価差額（利益又は損失に計上するもの並びに次号及び第三号に掲げる評価差額を除く。）

二 ヘッジ会計を適用する場合におけるヘッジ手段に係る損益又は評価差額

三 土地の再評価に関する法律（平成十年法律第三十四号）第七条第一項に規定する再評価差額

（土地再評価差額金を計上している会社を当事者とする組織再編行為等における特則）

第五四条① 吸収合併若しくは吸収分割又は新設合併若しくは新設分割（以下この項において「合併分割」という。）に際して前条第三号に掲げる再評価差額を計上している土地が吸収型再編対象財産又は新設型再編対象財産（以下この項において「対象財産」という。）に含まれる場合において、当該対象財産につき吸収合併存続会社、吸収分割承継会社、新設合併設立会社又は新設分割設立会社が付すべき帳簿価額を当該合併分割の直前の帳簿価額とすべきときは、当該土地に係る土地の再評価に関する法律の規定による再評価前の帳簿価額を当該土地の帳簿価額とみなして、当該合併分割に係る株主資本等の計算に関する規定を適用する。

② 株式交換、株式交付又は株式移転（以下この項において「交換交付移転」という。）に際して前条第三号に掲げる再評価差額を計上している土地が株式交換完全子会社、株式交付子会社又は株式移転完全子会社（以下この項において「交換交付移転子会社」という。）の資産に含まれる場合において、当該交換交付移転子会社の株式につき株式交換完全親会社、株式交付親会社又は株式移転設立完全親会社が付すべき帳簿価額を算定の基礎となる交換交付移転子会社の財産の帳簿価額を評価すべき日における当該交換交付移転子会社の資産（自己新株予約権を含む。）に係る帳簿価額から負債（新株予約権に係る義務を含む。）に係る帳簿価額を減じて得た額をもって算定すべきときは、当該土地に係る土地の再評価に関する法律の規定による再評価前の帳簿価額を当該土地の帳簿価額とみなして、当該交換交付移転に係る株主資本等の計算に関する規定を適用する。

③ 事業の譲渡若しくは譲受け又は金銭以外の財産と引換えにする株式又は持分の交付（以下この項において「現物出資等」という。）に際して前条第三号に掲げる再評価差額を計上している土地が現物出資等の対象となる財産（以下この項において「対象財産」という。）に含まれている場合において、当該対象財産につき当該対象財産を取得する者が付すべき帳簿価額を当該現物出資等の直前の帳簿価額とすべきときは、当該土地に係る土地の再評価に関する法律の規定による再評価前の帳簿価額を当該土地の帳簿価額とみなして、当該現物出資等に係る株主資本等の計算に関する規定を適用する。

第七節の二 株式引受権

第五四条の二① 取締役等が株式会社に対し法第二百二条の二第一項（同条第三項の規定により読み替えて適用する場合を含む。）の募集株式に係る割当日前にその職務の執行として当該募集株式を対価とする役務を提供した場合には、当該役務の公正な評価額を、増加すべき株式引受権の額とする。

② 株式会社が前項の取締役等に対して同項の募集株式を割り当てる場合には、当該募集株式に係る割当日における同項の役務に対応する株式引受権の帳簿価額を、減少すべき株式引受権の額とする。

第八節 新株予約権

第五五条① 株式会社が新株予約権を発行する場合には、当該新株予約権と引換えにされた金銭の払込みの金額、金銭以外の財産の給付の額又は当該株式会社に対する債権をもってされた相殺の額その他適切な価格を、増加すべき新株予約権の額とする。

② 前項に規定する「株式会社が新株予約権を発行する場合」とは、次に掲げる場合において新株予約権を発行する場合をいう。

一 法第二編第三章第二節の定めるところにより募集新株予約権を引き受ける者の募集を行う場合

二 取得請求権付株式（法第百七条第二項第二号ハ又はニに掲げる事項についての定めがあるものに限る。）の取得をする場合

三 取得条項付株式（法第百七条第二項第三号ホ又はヘに掲げる事項についての定めがあるものに限る。）の取得をする場合

四 全部取得条項付種類株式（当該全部取得条項付種類株式を取得するに際して法第百七十一条第一項第一号ハ又はニに掲げる事項についての定めをした場合における当該全部取得条項付種類株式に限る。）の取得をする場合

五 新株予約権無償割当てをする場合

六 取得条項付新株予約権（法第二百三十六条第一項第七号ヘ又はトに掲げる事項についての定めがあるものに限る。）の取得をする場合

七 吸収合併後当該株式会社が存続する場合

八 吸収分割による他の会社がその事業に関して有する権利義務の全部又は一部の承継をする場合

九 株式交換による他の株式会社の発行済株式の全部の取得をする場合

十 株式交付に際して他の株式会社の株式又は新株予約権等の

③ 譲受けをする場合
新設合併、新設分割又は株式移転により設立された株式会社が設立に際して新株予約権を発行する場合には、当該新株予約権についての適切な価格を設立時の新株予約権の額とする。

④ 次の各号に掲げる場合には、当該各号に定める額を、減少すべき新株予約権の額とする。
一 株式会社が自己新株予約権の消却をする場合　当該自己新株予約権に対応する新株予約権の帳簿価額
二 新株予約権の行使又は消滅があった場合　当該新株予約権の帳簿価額

⑤ 株式会社が当該株式会社の新株予約権を取得する場合には、その取得価額を、増加すべき自己新株予約権の額とする。

⑥ 次の各号に掲げる自己新株予約権（当該新株予約権の帳簿価額を超える価額で取得するものに限る。）については、当該各号に定める価格を付さなければならない。
一 事業年度の末日における時価がその時の取得原価より著しく低い自己新株予約権（次号に掲げる自己新株予約権を除く。）　イ又はロに掲げる額のうちいずれか高い額
イ 当該事業年度の末日における時価
ロ 当該自己新株予約権に対応する新株予約権の帳簿価額
二 処分しないものと認められる自己新株予約権　当該自己新株予約権に対応する新株予約権の帳簿価額

⑦ 株式会社が自己新株予約権の処分若しくは消却をする場合又は自己新株予約権の消滅があった場合には、その帳簿価額を、減少すべき自己新株予約権の額とする。

⑧ 第一項及び第三項から前項までの規定は、株式等交付請求権（株式引受権及び新株予約権以外の権利であって、当該株式会社に対して行使することにより当該株式会社の株式の交付を受けることができる権利をいう。以下この条において同じ。）について準用する。

⑨ 募集株式を引き受ける者の募集に際して発行する株式又は処分する自己株式が株式等交付請求権の行使によって発行する株式又は処分する自己株式であるときにおける第十四条第一項の規定の適用については、同項中「第一号及び第二号に掲げる額の合計額」とあるのは、「第一号及び第二号に掲げる額の合計額並びに第五十五条第八項に規定する株式等交付請求権の行使時における帳簿価額の合計額」とする。

第四章　更生計画に基づく行為に係る計算に関する特則

第五六条（略）

第三編　計算関係書類（抄）

第一章　総則（抄）

第一節　表示の原則

第五七条① 計算関係書類に係る事項の金額は、一円単位、千円単位又は百万円単位をもって表示するものとする。

② 計算関係書類は、日本語をもって表示するものとする。ただし、その他の言語をもって表示することが不当でない場合は、この限りでない。

③ 計算関係書類（各事業年度に係る計算書類の附属明細書を除く。）の作成については、貸借対照表、損益計算書その他計算関係書類を構成するものごとに、一の書面その他の資料として作成をしなければならないものと解してはならない。

第二節　株式会社の計算書類

（成立の日の貸借対照表）

第五八条 法第四百三十五条第一項の規定により作成すべき貸借対照表は、株式会社の成立の日における会計帳簿に基づき作成しなければならない。

（各事業年度に係る計算書類）

第五九条① 法第四百三十五条第二項に規定する法務省令で定めるものは、この編の規定に従い作成される株主資本等変動計算書及び個別注記表とする。

② 各事業年度に係る計算書類及びその附属明細書の作成に係る期間は、当該事業年度の前事業年度の末日の翌日（当該事業年度の前事業年度がない場合にあっては、成立の日）から当該事業年度の末日までの期間とする。この場合において、当該期間は、一年（事業年度の末日を変更する場合における変更後の最初の事業年度については、一年六箇月）を超えることができない。

③ 法第四百三十五条第二項の規定により作成すべき各事業年度に係る計算書類及びその附属明細書は、当該事業年度に係る会計帳簿に基づき作成しなければならない。

（臨時計算書類）

第六〇条① 臨時計算書類の作成に係る期間（次項において「臨時会計年度」という。）は、当該事業年度の前事業年度の末日の翌日（当該事業年度の前事業年度がない場合にあっては、成立の日）から臨時決算日までの期間とする。

② 臨時計算書類は、臨時会計年度に係る会計帳簿に基づき作成しなければならない。

③ 株式会社が臨時計算書類を作成しようとする場合において、当該株式会社についての最終事業年度がないときは、当該株式会社の成立の日から最初の事業年度が終結する日までの間、当該最初の事業年度に属する一定の日を臨時決算日とみなして、法第四百四十一条の規定を適用することができる。

第三節　株式会社の連結計算書類

（連結計算書類）

第六一条 法第四百四十四条第一項に規定する法務省令で定めるものは、次に掲げるいずれかのものとする。
一 この編（第百二十条から第百二十条の三までを除く。）の規定に従い作成される次のイからニまでに掲げるもの
イ 連結貸借対照表
ロ 連結損益計算書
ハ 連結株主資本等変動計算書
ニ 連結注記表
二 第百二十条の規定に従い作成されるもの
三 第百二十条の二の規定に従い作成されるもの
四 第百二十条の三の規定に従い作成されるもの

（連結会計年度）

第六二条 各事業年度に係る連結計算書類の作成に係る期間（以下この編において「連結会計年度」という。）は、当該事業年度の前事業年度の末日の翌日（当該事業年度の前事業年度がない場合にあっては、成立の日）から当該事業年度の末日までの期間とする。

（連結の範囲）

第六三条① 株式会社は、その全ての子会社を連結の範囲に含めなければならない。ただし、次のいずれかに該当する子会社は、連結の範囲に含めないものとする。
一 財務及び事業の方針を決定する機関（株主総会その他これに準ずる機関をいう。）に対する支配が一時的であると認められる子会社
二 連結の範囲に含めることにより当該株式会社の利害関係人の判断を著しく誤らせるおそれがあると認められる子会社

② 前項の規定により連結の範囲に含めるべき子会社のうち、その資産、売上高（役務収益を含む。以下同じ。）等からみて、連結の範囲から除いてもその企業集団の財産及び損益の状況に関する合理的な判断を妨げない程度に重要性の乏しいものは、連結の範囲から除くことができる。

（事業年度に係る期間の異なる子会社）

第六四条① 株式会社の事業年度の末日と異なる日をその事業年度の末日とする連結子会社は、当該株式会社の事業年度の末日において、連結計算書類の作成の基礎となる計算書類を作成するために必要とされる決算を行わなければならない。ただし、

当該連結子会社の事業年度の末日と当該株式会社の事業年度の末日との差異が三箇月を超えない場合において、当該連結子会社の事業年度に係る計算書類を基礎として連結計算書類を作成するときは、この限りでない。

② 前項ただし書の規定により連結計算書類を作成する場合には、連結子会社の事業年度の末日と当該株式会社の事業年度の末日が異なることから生ずる連結会社相互間の取引に係る会計記録の重要な不一致について、調整をしなければならない。

（連結貸借対照表）

第六五条 連結貸借対照表は、株式会社の連結会計年度に対応する期間に係る連結会社の貸借対照表（連結子会社が前条第一項本文の規定による決算を行う場合における当該連結子会社の貸借対照表については、当該決算に係る貸借対照表）の資産、負債及び純資産の金額を基礎として作成しなければならない。この場合においては、連結会社の貸借対照表に計上された資産、負債及び純資産の金額を連結貸借対照表の適切な項目に計上することができる。

（連結損益計算書）

第六六条 連結損益計算書は、株式会社の連結会計年度に対応する期間に係る連結会社の損益計算書（連結子会社が第六十四条第一項本文の規定による決算を行う場合における当該連結子会社の損益計算書については、当該決算に係る損益計算書）の収益若しくは費用又は利益若しくは損失の金額を基礎として作成しなければならない。この場合においては、連結会社の損益計算書に計上された収益若しくは費用又は利益若しくは損失の金額を連結損益計算書の適切な項目に計上することができる。

（連結株主資本等変動計算書）

第六七条 連結株主資本等変動計算書は、株式会社の連結会計年度に対応する期間に係る連結会社の株主資本等変動計算書（連結子会社が第六十四条第一項本文の規定による決算を行う場合における当該連結子会社の株主資本等変動計算書については、当該決算に係る株主資本等変動計算書）の株主資本等（株主資本その他の会社等の純資産をいう。以下この条において同じ。）を基礎として作成しなければならない。この場合においては、連結会社の株主資本等変動計算書に表示された株主資本等に係る額を連結株主資本等変動計算書の適切な項目に計上することができる。

（連結子会社の資産及び負債の評価等）

第六八条 連結計算書類の作成に当たっては、連結子会社の資産及び負債の評価並びに株式会社の連結子会社に対する投資とこれに対応する当該連結子会社の資本との相殺消去その他必要とされる連結会社相互間の項目の相殺消去をしなければならない。

（持分法の適用）

第六九条① 非連結子会社及び関連会社に対する投資については、持分法により計算する価額をもって連結貸借対照表に計上しなければならない。ただし、次のいずれかに該当する非連結子会社及び関連会社に対する投資については、持分法を適用しないものとする。

一 財務及び事業の方針の決定に対する影響が一時的であると認められる関連会社

二 持分法を適用することにより株式会社の利害関係人の判断を著しく誤らせるおそれがあると認められる非連結子会社及び関連会社

② 前項の規定により持分法を適用すべき非連結子会社及び関連会社のうち、その損益等からみて、持分法の適用の対象から除いても連結計算書類に重要な影響を与えないものは、持分法の適用の対象から除くことができる。

第四節 持分会社の計算書類

（第七〇条及び第七一条（略））

第二章 貸借対照表等

（通則）

第七二条 貸借対照表等（貸借対照表及び連結貸借対照表をいう。以下この編において同じ。）については、この章に定めるところによる。

（貸借対照表等の区分）

第七三条① 貸借対照表等は、次に掲げる部に区分して表示しなければならない。

一 資産

二 負債

三 純資産

② 資産の部又は負債の部の各項目は、当該項目に係る資産又は負債を示す適当な名称を付さなければならない。

③ 連結会社が二以上の異なる種類の事業を営んでいる場合には、連結貸借対照表の資産の部及び負債の部は、その営む事業の種類ごとに区分することができる。

（資産の部の区分）

第七四条① 資産の部は、次に掲げる項目に区分しなければならない。この場合において、各項目（第二号に掲げる項目を除く。）は、適当な項目に細分しなければならない。

一 流動資産

二 固定資産

三 繰延資産

② 固定資産に係る項目は、次に掲げる項目に区分しなければならない。この場合において、各項目は、適当な項目に細分しなければならない。

一 有形固定資産

二 無形固定資産

三 投資その他の資産

③ 次の各号に掲げる資産は、当該各号に定めるものに属するものとする。

一 次に掲げる資産 流動資産

イ 現金及び預金（一年内に期限の到来しない預金を除く。）

ロ 受取手形（通常の取引（当該会社の事業目的のための営業活動において、経常的に又は短期間に循環して発生する取引をいう。以下この章において同じ。）に基づいて発生した手形債権（破産更生債権等（破産債権、再生債権、更生債権その他これらに準ずる債権をいう。以下この号において同じ。）で一年内に弁済を受けることができないことが明らかなものを除く。）をいう。）

ハ 売掛金（通常の取引に基づいて発生した事業上の未収金（当該未収金に係る債権が破産更生債権等で一年内に弁済を受けることができないことが明らかなものである場合における当該未収金を除く。）をいう。）

ニ 所有権移転ファイナンス・リース取引におけるリース債権のうち、通常の取引に基づいて発生したもの（破産更生債権等で一年内に回収されないことが明らかなものを除く。）及び通常の取引以外の取引に基づいて発生したもので一年内に期限が到来するもの

ホ 所有権移転外ファイナンス・リース取引におけるリース投資資産のうち、通常の取引に基づいて発生したもの（破産更生債権等で一年内に回収されないことが明らかなものを除く。）及び通常の取引以外の取引に基づいて発生したもので一年内に期限が到来するもの

ヘ 売買目的有価証券及び一年内に満期の到来する有価証券

ト 商品（販売の目的をもって所有する土地、建物その他の不動産を含む。）

チ 製品、副産物及び作業くず

リ 半製品（自製部分品を含む。）

ヌ 原料及び材料（購入部分品を含む。）

ル 仕掛品及び半成工事

ヲ 消耗品、消耗工具、器具及び備品その他の貯蔵品であって、相当な価額以上のもの

ワ 前渡金（商品及び原材料（これらに準ずるものを含む。）

の購入のための前渡金（当該前渡金に係る債権が破産更生債権等で一年内に弁済を受けることができないことが明らかなものである場合における当該前渡金を除く。）をいう。）
カ　前払費用であって、一年内に費用となるべきもの
ヨ　未収収益
タ　その他の資産であって、一年内に現金化することができると認められるもの
二　次に掲げる資産（ただし、イからチまでに掲げる資産については、事業の用に供するものに限る。）　有形固定資産
イ　建物及び暖房、照明、通風等の付属設備
ロ　構築物（ドック、橋、岸壁、さん橋、軌道、貯水池、坑道、煙突その他土地に定着する土木設備又は工作物をいう。）
ハ　機械及び装置並びにホイスト、コンベヤー、起重機等の搬送設備その他の付属設備
ニ　船舶及び水上運搬具
ホ　鉄道車両、自動車その他の陸上運搬具
ヘ　工具、器具及び備品（耐用年数が一年以上のものに限る。）
ト　土地
チ　リース資産（当該会社がファイナンス・リース取引におけるリース物件の借主である資産であって、当該リース物件がイからトまで及びヌに掲げるものである場合に限る。）
リ　建設仮勘定（イからトまでに掲げる資産で事業の用に供するものを建設した場合における支出及び当該建設の目的のために充当した材料をいう。）
ヌ　その他の有形資産であって、有形固定資産に属する資産とすべきもの
三　次に掲げる資産　無形固定資産
イ　特許権
ロ　借地権（地上権を含む。）
ハ　商標権
ニ　実用新案権
ホ　意匠権
ヘ　鉱業権
ト　漁業権（入漁権を含む。）
チ　ソフトウエア
リ　のれん
ヌ　リース資産（当該会社がファイナンス・リース取引におけるリース物件の借主である資産であって、当該リース物件がイからチまで及びルに掲げるものである場合に限る。）
ル　その他の無形資産であって、無形固定資産に属する資産とすべきもの
四　次に掲げる資産　投資その他の資産
イ　関係会社の株式（売買目的有価証券に該当する株式を除く。以下同じ。）その他流動資産に属しない有価証券
ロ　出資金
ハ　長期貸付金
ニ　前払年金費用（連結貸借対照表にあっては、退職給付に係る資産）
ホ　繰延税金資産
ヘ　所有権移転ファイナンス・リース取引におけるリース債権のうち第一号ニに掲げるもの以外のもの
ト　所有権移転外ファイナンス・リース取引におけるリース投資資産のうち第一号ホに掲げるもの以外のもの
チ　その他の資産であって、投資その他の資産に属する資産とすべきもの
リ　その他の資産であって、流動資産、有形固定資産、無形固定資産又は繰延資産に属しないもの
五　繰延資産として計上することが適当であると認められるもの　繰延資産

④　前項に規定する「一年内」とは、次の各号に掲げる貸借対照表等の区分に応じ、当該各号に定める日から起算して一年以内の日をいう（以下この編において同じ。）。
一　成立の日における貸借対照表　会社の成立の日
二　事業年度に係る貸借対照表　事業年度の末日の翌日
三　臨時計算書類の貸借対照表　臨時決算日の翌日
四　連結貸借対照表　連結会計年度の末日の翌日

（負債の部の区分）
第七五条①　負債の部は、次に掲げる項目に区分しなければならない。この場合において、各項目は、適当な項目に細分しなければならない。
一　流動負債
二　固定負債

②　次の各号に掲げる負債は、当該各号に定めるものに属するものとする。
一　次に掲げる負債　流動負債
イ　支払手形（通常の取引に基づいて発生した手形債務をいう。）
ロ　買掛金（通常の取引に基づいて発生した事業上の未払金をいう。）
ハ　前受金（受注工事、受注品等に対する前受金をいう。）
ニ　引当金（資産に係る引当金及び一年内に使用されないと認められるものを除く。）
ホ　通常の取引に関連して発生する未払金又は預り金で一般の取引慣行として発生後短期間に支払われるもの
ヘ　未払費用
ト　前受収益
チ　ファイナンス・リース取引におけるリース債務のうち、一年内に期限が到来するもの
リ　資産除去債務のうち、一年内に履行されると認められるもの
ヌ　その他の負債であって、一年内に支払われ、又は返済されると認められるもの
二　次に掲げる負債　固定負債
イ　社債
ロ　長期借入金
ハ　引当金（資産に係る引当金、前号ニに掲げる引当金及びニに掲げる退職給付引当金を除く。）
ニ　退職給付引当金（連結貸借対照表にあっては、退職給付に係る負債）
ホ　繰延税金負債
ヘ　のれん
ト　ファイナンス・リース取引におけるリース債務のうち、前号チに掲げるもの以外のもの
チ　資産除去債務のうち、前号リに掲げるもの以外のもの
リ　その他の負債であって、流動負債に属しないもの

（純資産の部の区分）
第七六条①　純資産の部は、次の各号に掲げる貸借対照表等の区分に応じ、当該各号に定める項目に区分しなければならない。
一　株式会社の貸借対照表　次に掲げる項目
イ　株主資本
ロ　評価・換算差額等
ハ　株式引受権
ニ　新株予約権
二　株式会社の連結貸借対照表　次に掲げる項目
イ　株主資本
ロ　次に掲げるいずれかの項目
(1)　評価・換算差額等
(2)　その他の包括利益累計額
ハ　株式引受権
ニ　新株予約権
ホ　非支配株主持分
三　持分会社の貸借対照表　次に掲げる項目
イ　社員資本
ロ　評価・換算差額等

②　株主資本に係る項目は、次に掲げる項目に区分しなければならない。この場合において、第五号に掲げる項目は、控除項目とする。
一　資本金
二　新株式申込証拠金
三　資本剰余金
四　利益剰余金
五　自己株式
六　自己株式申込証拠金
③　社員資本に係る項目は、次に掲げる項目に区分しなければならない。
一　資本金
二　出資金申込証拠金
三　資本剰余金
四　利益剰余金
④　株式会社の貸借対照表の資本剰余金に係る項目は、次に掲げる項目に区分しなければならない。
一　資本準備金
二　その他資本剰余金
⑤　株式会社の貸借対照表の利益剰余金に係る項目は、次に掲げる項目に区分しなければならない。
一　利益準備金
二　その他利益剰余金
⑥　第四項第二号及び前項第二号に掲げる項目は、適当な名称を付した項目に細分することができる。
⑦　評価・換算差額等又はその他の包括利益累計額に係る項目は、次に掲げる項目その他適当な名称を付した項目に細分しなければならない。ただし、第四号及び第五号に掲げる項目は、連結貸借対照表に限る。
一　その他有価証券評価差額金
二　繰延ヘッジ損益
三　土地再評価差額金
四　為替換算調整勘定
五　退職給付に係る調整累計額
⑧　新株予約権に係る項目は、自己新株予約権に係る項目を控除項目として区分することができる。
⑨　連結貸借対照表についての次の各号に掲げるものに計上すべきものは、当該各号に定めるものとする。
一　第二項第五号の自己株式　次に掲げる額の合計額
イ　当該株式会社が保有する当該株式会社の株式の帳簿価額
ロ　連結子会社並びに持分法を適用する非連結子会社及び関連会社が保有する当該株式会社の株式の帳簿価額のうち、当該株式会社のこれらの会社に対する持分に相当する額
二　第七項第四号の為替換算調整勘定　外国にある子会社又は関連会社の資産及び負債の換算に用いる為替相場と純資産の換算に用いる為替相場とが異なることによって生じる換算差額
三　第七項第五号の退職給付に係る調整累計額　次に掲げる項目の額の合計額
イ　未認識数理計算上の差異
ロ　未認識過去勤務費用
ハ　その他退職給付に係る調整累計額に計上することが適当であると認められるもの

第七七条（**たな卸資産及び工事損失引当金の表示**）　同一の工事契約に係るたな卸資産及び工事損失引当金がある場合には、両者を相殺した差額をたな卸資産又は工事損失引当金として流動資産又は流動負債に表示することができる。

第七八条（**貸倒引当金等の表示**）①　各資産に係る引当金は、次項の規定による場合のほか、当該各資産の項目に対する控除項目として、貸倒引当金その他当該引当金の設定目的を示す名称を付した項目をもって表示しなければならない。ただし、流動資産、有形固定資産、無形固定資産、投資その他の資産又は繰延資産の区分に応じ、これらの資産に対する控除項目として一括して表示することを妨げない。
②　各資産に係る引当金は、当該各資産の金額から直接控除し、その控除残高を当該各資産の金額として表示することができる。

第七九条（**有形固定資産に対する減価償却累計額の表示**）①　各有形固定資産に対する減価償却累計額は、次項の規定による場合のほか、当該各有形固定資産の項目に対する控除項目として、減価償却累計額の項目をもって表示しなければならない。ただし、これらの有形固定資産に対する控除項目として一括して表示することを妨げない。
②　各有形固定資産に対する減価償却累計額は、当該各有形固定資産の金額から直接控除し、その控除残高を当該各有形固定資産の金額として表示することができる。

第八〇条（**有形固定資産に対する減損損失累計額の表示**）①　各有形固定資産に対する減損損失累計額は、次項及び第三項の規定による場合のほか、当該各有形固定資産の金額（前条第二項の規定により有形固定資産に対する減価償却累計額を当該有形固定資産の金額から直接控除しているときは、その控除後の金額）から直接控除し、その控除残高を当該各有形固定資産の金額として表示しなければならない。
②　減価償却を行う各有形固定資産に対する減損損失累計額は、当該各有形固定資産の項目に対する控除項目として、減損損失累計額の項目をもって表示することができる。ただし、これらの有形固定資産に対する控除項目として一括して表示することを妨げない。
③　前条第一項及び前項の規定により減価償却累計額及び減損損失累計額を控除項目として表示する場合には、減損損失累計額を減価償却累計額に合算して、減価償却累計額の項目をもって表示することができる。

第八一条（**無形固定資産の表示**）　各無形固定資産に対する減価償却累計額及び減損損失累計額は、当該各無形固定資産の金額から直接控除し、その控除残高を当該各無形固定資産の金額として表示しなければならない。

第八二条（**関係会社株式等の表示**）①　関係会社の株式又は出資金は、関係会社株式又は関係会社出資金の項目をもって別に表示しなければならない。
②　前項の規定は、連結貸借対照表及び持分会社の貸借対照表については、適用しない。

第八三条（**繰延税金資産等の表示**）①　繰延税金資産の金額及び繰延税金負債の金額については、その差額のみを繰延税金資産又は繰延税金負債として投資その他の資産又は固定負債に表示しなければならない。
②　連結貸借対照表に係る前項の規定の適用については、同項中「その差額」とあるのは、「異なる納税主体に係るものを除き、その差額」とする。

第八四条（**繰延資産の表示**）　各繰延資産に対する償却累計額は、当該各繰延資産の金額から直接控除し、その控除残高を各繰延資産の金額として表示しなければならない。

第八五条（**連結貸借対照表ののれん**）　連結貸借対照表に表示するのれんには、連結子会社に係る投資の金額がこれに対応する連結子会社の資本の金額と異なる場合に生ずるのれんを含むものとする。

第八六条（**新株予約権の表示**）　自己新株予約権の額は、新株予約権の金額から直接控除し、その控除残高を新株予約権の金額として表示しなければならない。ただし、自己新株予約権を控除項目として表示することを妨げない。

第三章　損益計算書等

（通則）
第八七条　損益計算書等（損益計算書及び連結損益計算書をいう。以下この編において同じ。）については、この章の定めるところによる。

（**損益計算書等の区分**）
第八八条①　損益計算書等は、次に掲げる項目に区分して表示しなければならない。この場合において、各項目について細分することが適当な場合には、適当な項目に細分することができる。
一　売上高（売上高以外の名称を付すことが適当な場合には、当該名称を付した項目。以下同じ。）
二　売上原価
三　販売費及び一般管理費
四　営業外収益
五　営業外費用
六　特別利益
七　特別損失
②　特別利益に属する利益は、固定資産売却益、前期損益修正益、負ののれん発生益その他の項目の区分に従い、細分しなければならない。
③　特別損失に属する損失は、固定資産売却損、減損損失、災害による損失、前期損益修正損その他の項目の区分に従い、細分しなければならない。
④　前二項の規定にかかわらず、前二項の各利益又は各損失のうち、その金額が重要でないものについては、当該利益又は損失を細分しないこととすることができる。
⑤　連結会社が二以上の異なる種類の事業を営んでいる場合には、連結損益計算書の第一項第一号から第三号までに掲げる収益又は費用は、その営む事業の種類ごとに区分することができる。
⑥　次の各号に掲げる場合における連結損益計算書には、当該各号に定める額を相殺した後の額を表示することができる。
一　連結貸借対照表の資産の部に計上されたのれんの償却額及び負債の部に計上されたのれんの償却額が生ずる場合（これらの償却額が重要である場合を除く。）　連結貸借対照表の資産の部に計上されたのれんの償却額及び負債の部に計上されたのれんの償却額
二　持分法による投資利益及び持分法による投資損失が生ずる場合　投資利益及び投資損失
⑦　損益計算書等の各項目は、当該項目に係る収益若しくは費用又は利益若しくは損失を示す適当な名称を付さなければならない。

（**売上総損益金額**）
第八九条①　売上高から売上原価を減じて得た額（以下「売上総損益金額」という。）は、売上総利益金額として表示しなければならない。
②　前項の規定にかかわらず、売上総損益金額が零未満である場合には、零から売上総損益金額を減じて得た額を売上総損失金額として表示しなければならない。

（**営業損益金額**）
第九〇条①　売上総損益金額から販売費及び一般管理費の合計額を減じて得た額（以下「営業損益金額」という。）は、営業利益金額として表示しなければならない。
②　前項の規定にかかわらず、営業損益金額が零未満である場合には、零から営業損益金額を減じて得た額を営業損失金額として表示しなければならない。

（**経常損益金額**）
第九一条①　営業損益金額に営業外収益を加えて得た額から営業外費用を減じて得た額（以下「経常損益金額」という。）は、経常利益金額として表示しなければならない。
②　前項の規定にかかわらず、経常損益金額が零未満である場合には、零から経常損益金額を減じて得た額を経常損失金額として表示しなければならない。

（**税引前当期純損益金額**）
第九二条①　経常損益金額に特別利益を加えて得た額から特別損失を減じて得た額（以下「税引前当期純損益金額」という。）は、税引前当期純利益金額（連結損益計算書にあっては、税金等調整前当期純利益金額）として表示しなければならない。
②　前項の規定にかかわらず、税引前当期純損益金額が零未満である場合には、零から税引前当期純損益金額を減じて得た額を税引前当期純損失金額（連結損益計算書にあっては、税金等調整前当期純損失金額）として表示しなければならない。
③　前二項の規定にかかわらず、臨時計算書類の損益計算書の税引前当期純損益金額の表示については、適当な名称を付すことができる。

（**税等**）
第九三条①　次に掲げる項目の金額は、その内容を示す名称を付した項目をもって、税引前当期純利益金額又は税引前当期純損失金額（連結損益計算書にあっては、税金等調整前当期純利益金額又は税金等調整前当期純損失金額）の次に表示しなければならない。
一　当該事業年度（連結損益計算書にあっては、連結会計年度）に係る法人税等
二　法人税等調整額（税効果会計の適用により計上される前号に掲げる法人税等の調整額をいう。）
②　法人税等の更正、決定等による納付税額又は還付税額がある場合には、前項第一号に掲げる項目の次に、その内容を示す名称を付した項目をもって表示するものとする。ただし、これらの金額の重要性が乏しい場合は、同号に掲げる項目の金額に含めて表示することができる。

（**当期純損益金額**）
第九四条①　第一号及び第二号に掲げる額の合計額から第三号及び第四号に掲げる額の合計額を減じて得た額（以下「当期純損益金額」という。）は、当期純利益金額として表示しなければならない。
一　税引前当期純損益金額
二　前条第二項に規定する場合（同項ただし書の場合を除く。）において、還付税額があるときは、当該還付税額
三　前条第一項各号に掲げる項目の金額
四　前条第二項に規定する場合（同項ただし書の場合を除く。）において、納付税額があるときは、当該納付税額
②　前項の規定にかかわらず、当期純損益金額が零未満である場合には、零から当期純損益金額を減じて得た額を当期純損失金額として表示しなければならない。
③　連結損益計算書には、次に掲げる項目の金額は、その内容を示す名称を付した項目をもって、当期純利益金額又は当期純損失金額の次に表示しなければならない。
一　当期純利益として表示した額があるときは、当該額のうち非支配株主に帰属するもの
二　当期純損失として表示した額があるときは、当該額のうち非支配株主に帰属するもの
④　連結損益計算書には、当期純利益金額又は当期純損失金額に当期純利益又は当期純損失のうち非支配株主に帰属する額を加減して得た額は、親会社株主に帰属する当期純利益金額又は当期純損失金額として表示しなければならない。
⑤　第一項及び第二項の規定にかかわらず、臨時計算書類の損益計算書の当期純損益金額の表示については、適当な名称を付すことができる。

第九五条　削除

第四章　株主資本等変動計算書等

第九六条①　株主資本等変動計算書等（株主資本等変動計算書、連結株主資本等変動計算書及び社員資本等変動計算書をいう。以下この編において同じ。）については、この条に定めるところによる。
②　株主資本等変動計算書等は、次の各号に掲げる株主資本等変

動計算書等の区分に応じ、当該各号に定める項目に区分して表示しなければならない。

一 株主資本等変動計算書 次に掲げる項目
イ 株主資本
ロ 評価・換算差額等
ハ 株式引受権
ニ 新株予約権

二 連結株主資本等変動計算書 次に掲げる項目
イ 株主資本
ロ 次に掲げるいずれかの項目
(1) 評価・換算差額等
(2) その他の包括利益累計額
ハ 株式引受権
ニ 新株予約権
ホ 非支配株主持分

三 社員資本等変動計算書 次に掲げる項目
イ 社員資本
ロ 評価・換算差額等

③ 次の各号に掲げる項目は、当該各号に定める項目に区分しなければならない。

一 株主資本等変動計算書の株主資本 次に掲げる項目
イ 資本金
ロ 新株式申込証拠金
ハ 資本剰余金
ニ 利益剰余金
ホ 自己株式
ヘ 自己株式申込証拠金

二 連結株主資本等変動計算書の株主資本 次に掲げる項目
イ 資本金
ロ 新株式申込証拠金
ハ 資本剰余金
ニ 利益剰余金
ホ 自己株式
ヘ 自己株式申込証拠金

三 社員資本等変動計算書の社員資本 次に掲げる項目
イ 資本金
ロ 資本剰余金
ハ 利益剰余金

④ 株主資本等変動計算書の次の各号に掲げる項目は、当該各号に定める項目に区分しなければならない。この場合において、第一号ロ及び第二号ロに掲げる項目は、適当な名称を付した項目に細分することができる。

一 資本剰余金 次に掲げる項目
イ 資本準備金
ロ その他資本剰余金

二 利益剰余金 次に掲げる項目
イ 利益準備金
ロ その他利益剰余金

⑤ 評価・換算差額等又はその他の包括利益累計額に係る項目は、次に掲げる項目その他適当な名称を付した項目に細分することができる。

一 その他有価証券評価差額金
二 繰延ヘッジ損益
三 土地再評価差額金
四 為替換算調整勘定
五 退職給付に係る調整累計額

⑥ 新株予約権に係る項目は、自己新株予約権に係る項目を控除項目として区分することができる。

⑦ 資本金、資本剰余金、利益剰余金及び自己株式に係る項目は、それぞれ次に掲げるものについて明らかにしなければならない。この場合において、第二号に掲げるものは、各変動事由ごとに当期変動額及び変動事由を明らかにしなければならない。

一 当期首残高（遡及適用、誤謬の訂正又は当該事業年度の前事業年度における企業結合に係る暫定的な会計処理の確定をした場合にあっては、当期首残高及びこれに対する影響額。次項において同じ。）
二 当期変動額
三 当期末残高

⑧ 評価・換算差額等又はその他の包括利益累計額、株式引受権、新株予約権及び非支配株主持分に係る項目は、それぞれ次に掲げるものについて明らかにしなければならない。この場合において、第二号に掲げるものについては、その主要なものを変動事由とともに明らかにすることを妨げない。

一 当期首残高
二 当期変動額
三 当期末残高

⑨ 連結株主資本等変動計算書についての次の各号に掲げるものに計上すべきものは、当該各号に定めるものとする。

一 第三項第二号ホの自己株式 次に掲げる額の合計額
イ 当該株式会社が保有する当該株式会社の株式の帳簿価額
ロ 連結子会社並びに持分法を適用する非連結子会社及び関連会社が保有する当該株式会社の株式の帳簿価額のうち、当該株式会社のこれらの会社に対する持分に相当する額

二 第五項第四号の為替換算調整勘定 外国にある子会社又は関連会社の資産及び負債の換算に用いる為替相場と純資産の換算に用いる為替相場とが異なることによって生じる換算差額

三 第五項第五号の退職給付に係る調整累計額 次に掲げる項目の額の合計額
イ 未認識数理計算上の差異
ロ 未認識過去勤務費用
ハ その他退職給付に係る調整累計額に計上することが適当であると認められるもの

第五章 注記表

（通則）

第九七条 注記表（個別注記表及び連結注記表をいう。以下この編において同じ。）については、この章の定めるところによる。

（注記表の区分）

第九八条① 注記表は、次に掲げる項目に区分して表示しなければならない。

一 継続企業の前提に関する注記
二 重要な会計方針に係る事項（連結注記表にあっては、連結計算書類の作成のための基本となる重要な事項及び連結の範囲又は持分法の適用の範囲の変更）に関する注記
三 会計方針の変更に関する注記
四 表示方法の変更に関する注記
四の二 会計上の見積りに関する注記
五 会計上の見積りの変更に関する注記
六 誤謬の訂正に関する注記
七 貸借対照表等に関する注記
八 損益計算書に関する注記
九 株主資本等変動計算書（連結注記表にあっては、連結株主資本等変動計算書）に関する注記
十 税効果会計に関する注記
十一 リースにより使用する固定資産に関する注記
十二 金融商品に関する注記
十三 賃貸等不動産に関する注記
十四 持分法損益等に関する注記
十五 関連当事者との取引に関する注記
十六 一株当たり情報に関する注記
十七 重要な後発事象に関する注記
十八 連結配当規制適用会社に関する注記
十八の二 収益認識に関する注記
十九 その他の注記

② 次の各号に掲げる注記表には、当該各号に定める項目を表示することを要しない。

一 会計監査人設置会社以外の株式会社（公開会社を除く。）の個別注記表　前項第一号、第四号の二、第五号、第七号、第八号及び第十号から第十八号までに掲げる項目

二 会計監査人設置会社以外の公開会社の個別注記表　前項第一号、第四号の二、第五号、第十四号及び第十八号に掲げる項目

三 会計監査人設置会社であって、法第四百四十四条第三項に規定するもの以外の株式会社の個別注記表　前項第十四号に掲げる項目

四 連結注記表　前項第八号、第十号、第十一号、第十四号、第十五号及び第十八号に掲げる項目

五 持分会社の個別注記表　前項第一号、第四号の二、第五号及び第七号から第十八号までに掲げる項目

（注記の方法）

第九九条 貸借対照表等、損益計算書等又は株主資本等変動計算書等の特定の項目に関連する注記については、その関連を明らかにしなければならない。

（継続企業の前提に関する注記）

第一〇〇条 継続企業の前提に関する注記は、事業年度の末日において、当該株式会社が将来にわたって事業を継続するとの前提（以下この条において「継続企業の前提」という。）に重要な疑義を生じさせるような事象又は状況が存在する場合であって、当該事象又は状況を解消し、又は改善するための対応をしてもなお継続企業の前提に関する重要な不確実性が認められるとき（当該事業年度の末日後に当該重要な不確実性が認められなくなった場合を除く。）における次に掲げる事項とする。

一 当該事象又は状況が存在する旨及びその内容

二 当該事象又は状況を解消し、又は改善するための対応策

三 当該重要な不確実性が認められる旨及びその理由

四 当該重要な不確実性の影響を計算書類（連結注記表にあっては、連結計算書類）に反映しているか否かの別

（重要な会計方針に係る事項に関する注記）

第一〇一条① 重要な会計方針に係る事項に関する注記は、会計方針に関する次に掲げる事項（重要性の乏しいものを除く。）とする。

一 資産の評価基準及び評価方法

二 固定資産の減価償却の方法

三 引当金の計上基準

四 収益及び費用の計上基準

五 その他計算書類の作成のための基本となる重要な事項

② 会社が顧客との契約に基づく義務の履行の状況に応じて当該契約から生ずる収益を認識するときは、前項第四号に掲げる事項には、次に掲げる事項を含むものとする。

一 当該会社の主要な事業における顧客との契約に基づく主な義務の内容

二 前号に規定する義務に係る収益を認識する通常の時点

三 前二号に掲げるもののほか、当該会社が重要な会計方針に含まれると判断したもの

（連結計算書類の作成のための基本となる重要な事項に関する注記等）

第一〇二条① 連結計算書類の作成のための基本となる重要な事項に関する注記は、次に掲げる事項とする。この場合において、当該注記は当該各号に掲げる事項に区分しなければならない。

一 連結の範囲に関する次に掲げる事項

イ 連結子会社の数及び主要な連結子会社の名称

ロ 非連結子会社がある場合には、次に掲げる事項

(1) 主要な非連結子会社の名称

(2) 非連結子会社を連結の範囲から除いた理由

ハ 株式会社が議決権の過半数を自己の計算において所有している会社等を子会社としなかったときは、当該会社等の名称及び子会社としなかった理由

ニ 第六十三条第一項ただし書の規定により連結の範囲から除かれた子会社の財産又は損益に関する事項であって、当該企業集団の財産及び損益の状態の判断に影響を与えると認められる重要なものがあるときは、その内容

ホ 開示対象特別目的会社（会社法施行規則（平成十八年法務省令第十二号）第四条に規定する特別目的会社（同条の規定により当該特別目的会社に資産を譲渡した会社の子会社に該当しないものと推定されるものに限る。）をいう。以下この号及び第百十一条において同じ。）がある場合には、次に掲げる事項その他の重要な事項

(1) 開示対象特別目的会社の概要

(2) 開示対象特別目的会社との取引の概要及び取引金額

二 持分法の適用に関する次に掲げる事項

イ 持分法を適用した非連結子会社又は関連会社の数及びこれらのうち主要な会社等の名称

ロ 持分法を適用しない非連結子会社又は関連会社があるときは、次に掲げる事項

(1) 当該非連結子会社又は関連会社のうち主要な会社等の名称

(2) 当該非連結子会社又は関連会社に持分法を適用しない理由

ハ 当該株式会社が議決権の百分の二十以上、百分の五十以下を自己の計算において所有している会社等を関連会社としなかったときは、当該会社等の名称及び関連会社としなかった理由

ニ 持分法の適用の手続について特に示す必要があると認められる事項がある場合には、その内容

三 会計方針に関する次に掲げる事項

イ 重要な資産の評価基準及び評価方法

ロ 重要な減価償却資産の減価償却の方法

ハ 重要な引当金の計上基準

ニ その他連結計算書類の作成のための重要な事項

② 連結の範囲又は持分法の適用の範囲の変更に関する注記は、連結の範囲又は持分法の適用の範囲を変更した場合（当該変更が重要性の乏しいものである場合を除く。）におけるその旨及び当該変更の理由とする。

（会計方針の変更に関する注記）

第一〇二条の二① 会計方針の変更に関する注記は、一般に公正妥当と認められる会計方針を他の一般に公正妥当と認められる会計方針に変更した場合における次に掲げる事項（重要性の乏しいものを除く。）とする。ただし、会計監査人設置会社以外の株式会社及び持分会社にあっては、第四号ロ及びハに掲げる事項を省略することができる。

一 当該会計方針の変更の内容

二 当該会計方針の変更の理由

三 遡及適用をした場合には、当該事業年度の期首における純資産額に対する影響額

四 当該事業年度より前の事業年度の全部又は一部について遡及適用をしなかった場合には、次に掲げる事項（当該会計方針の変更を会計上の見積りの変更と区別することが困難なときは、ロに掲げる事項を除く。）

イ 計算書類又は連結計算書類の主な項目に対する影響額

ロ 当該事業年度より前の事業年度の全部又は一部について遡及適用をしなかった理由並びに当該会計方針の変更の適用方法及び適用開始時期

ハ 当該会計方針の変更が当該事業年度の翌事業年度以降の財産又は損益に影響を及ぼす可能性がある場合であって、当該影響に関する事項を注記することが適切であるときは、当該事項

② 個別注記表に注記すべき事項（前項第三号並びに第四号ロ及びハに掲げる事項に限る。）が連結注記表に注記すべき事項と同一である場合において、個別注記表にその旨を注記するとき

は、個別注記表における当該事項の注記を要しない。

（**表示方法の変更に関する注記**）

第一〇二条の三① 表示方法の変更に関する注記は、一般に公正妥当と認められる表示方法を他の一般に公正妥当と認められる表示方法に変更した場合における次に掲げる事項（重要性の乏しいものを除く。）とする。

一 当該表示方法の変更の内容

二 当該表示方法の変更の理由

② 個別注記表に注記すべき事項（前項第二号に掲げる事項に限る。）が連結注記表に注記すべき事項と同一である場合において、個別注記表にその旨を注記するときは、個別注記表における当該事項の注記を要しない。

（**会計上の見積りに関する注記**）

第一〇二条の三の二① 会計上の見積りに関する注記は、次に掲げる事項とする。

一 会計上の見積りにより当該事業年度に係る計算書類又は連結計算書類にその額を計上した項目であって、翌事業年度に係る計算書類又は連結計算書類に重要な影響を及ぼす可能性があるもの

二 当該事業年度に係る計算書類又は連結計算書類の前号に掲げる項目に計上した額

三 前号に掲げるもののほか、第一号に掲げる項目に係る会計上の見積りの内容に関する理解に資する情報

② 個別注記表に注記すべき事項（前項第三号に掲げる事項に限る。）が連結注記表に注記すべき事項と同一である場合において、個別注記表にその旨を注記するときは、個別注記表における当該事項の注記を要しない。

（**会計上の見積りの変更に関する注記**）

第一〇二条の四 会計上の見積りの変更に関する注記は、会計上の見積りの変更をした場合における次に掲げる事項（重要性の乏しいものを除く。）とする。

一 当該会計上の見積りの変更の内容

二 当該会計上の見積りの変更の計算書類又は連結計算書類の項目に対する影響額

三 当該会計上の見積りの変更が当該事業年度の翌事業年度以降の財産又は損益に影響を及ぼす可能性があるときは、当該影響に関する事項

（**誤謬の訂正に関する注記**）

第一〇二条の五 誤謬の訂正に関する注記は、誤謬の訂正をした場合における次に掲げる事項（重要性の乏しいものを除く。）とする。

一 当該誤謬の内容

二 当該事業年度の期首における純資産額に対する影響額

（**貸借対照表等に関する注記**）

第一〇三条 貸借対照表等に関する注記は、次に掲げる事項（連結注記表にあっては、第六号から第九号までに掲げる事項を除く。）とする。

一 資産が担保に供されている場合における次に掲げる事項

イ 資産が担保に供されていること。

ロ イの資産の内容及びその金額

ハ 担保に係る債務の金額

二 資産に係る引当金を直接控除した場合における各資産の資産項目別の引当金の金額（一括して注記することが適当な場合にあっては、各資産について流動資産、有形固定資産、無形固定資産、投資その他の資産又は繰延資産ごとに一括した引当金の金額）

三 資産に係る減価償却累計額を直接控除した場合における各資産の資産項目別の減価償却累計額（一括して注記することが適当な場合にあっては、各資産について一括した減価償却累計額）

四 資産に係る減損損失累計額を減価償却累計額に合算して減価償却累計額の項目をもって表示した場合にあっては、減価償却累計額に減損損失累計額が含まれている旨

五 保証債務、手形遡求債務、重要な係争事件に係る損害賠償義務その他これらに準ずる債務（負債の部に計上したものを除く。）があるときは、当該債務の内容及び金額

六 関係会社に対する金銭債権又は金銭債務をその金銭債権又は金銭債務が属する項目ごとに、他の金銭債権又は金銭債務と区分して表示していないときは、当該関係会社に対する金銭債権又は金銭債務が属する項目ごとの金額又は二以上の項目について一括した金額

七 取締役、監査役及び執行役との間の取引による取締役、監査役及び執行役に対する金銭債権があるときは、その総額

八 取締役、監査役及び執行役との間の取引による取締役、監査役及び執行役に対する金銭債務があるときは、その総額

九 当該株式会社の親会社株式の各表示区分別の金額

（**損益計算書に関する注記**）

第一〇四条 損益計算書に関する注記は、関係会社との営業取引による取引高の総額及び営業取引以外の取引による取引高の総額とする。

（**株主資本等変動計算書に関する注記**）

第一〇五条 株主資本等変動計算書に関する注記は、次に掲げる事項とする。この場合において、連結注記表を作成する株式会社は、第二号に掲げる事項以外の事項は、省略することができる。

一 当該事業年度の末日における発行済株式の数（種類株式発行会社にあっては、種類ごとの発行済株式の数）

二 当該事業年度の末日における自己株式の数（種類株式発行会社にあっては、種類ごとの自己株式の数）

三 当該事業年度中に行った剰余金の配当（当該事業年度の末日後に行う剰余金の配当のうち、剰余金の配当を受ける者を定めるための法第百二十四条第一項に規定する基準日が当該事業年度中のものを含む。）に関する次に掲げる事項その他の事項

イ 配当財産が金銭である場合における当該金銭の総額

ロ 配当財産が金銭以外の財産である場合における当該財産の帳簿価額（当該剰余金の配当をした日においてその時の時価を付した場合にあっては、当該時価を付した後の帳簿価額）の総額

四 当該事業年度の末日における株式引受権に係る当該株式会社の株式の数（種類株式発行会社にあっては、種類及び種類ごとの数）

五 当該事業年度の末日における当該株式会社が発行している新株予約権（法第二百三十六条第一項第四号の期間の初日が到来していないものを除く。）の目的となる当該株式会社の株式の数（種類株式発行会社にあっては、種類及び種類ごとの数）

（**連結株主資本等変動計算書に関する注記**）

第一〇六条 連結株主資本等変動計算書に関する注記は、次に掲げる事項とする。

一 当該連結会計年度の末日における当該株式会社の発行済株式の総数（種類株式発行会社にあっては、種類ごとの発行済株式の総数）

二 当該連結会計年度中に行った剰余金の配当（当該連結会計年度の末日後に行う剰余金の配当のうち、剰余金の配当を受ける者を定めるための法第百二十四条第一項に規定する基準日が当該連結会計年度中のものを含む。）に関する次に掲げる事項その他の事項

イ 配当財産が金銭である場合における当該金銭の総額

ロ 配当財産が金銭以外の財産である場合における当該財産の帳簿価額（当該剰余金の配当をした日においてその時の時価を付した場合にあっては、当該時価を付した後の帳簿価額）の総額

三 当該連結会計年度の末日における株式引受権に係る当該株式会社の株式の数（種類株式発行会社にあっては、種類及び

種類ごとの数）

四　当該連結会計年度の末日における当該株式会社が発行している新株予約権（法第二百三十六条第一項第四号の期間の初日が到来していないものを除く。）の目的となる当該株式会社の株式の数（種類株式発行会社にあっては、種類及び種類ごとの数）

（税効果会計に関する注記）

第一〇七条　税効果会計に関する注記は、次に掲げるもの（重要でないものを除く。）の発生の主な原因とする。

一　繰延税金資産（その算定に当たり繰延税金資産から控除された金額がある場合における当該金額を含む。）

二　繰延税金負債

（リースにより使用する固定資産に関する注記）

第一〇八条　リースにより使用する固定資産に関する注記は、ファイナンス・リース取引の借主である株式会社が当該ファイナンス・リース取引について通常の売買取引に係る方法に準じて会計処理を行っていない場合におけるリース物件（固定資産に限る。以下この条において同じ。）に関する事項とする。この場合において、当該リース物件の全部又は一部に係る次に掲げる事項（各リース物件について一括して注記する場合にあっては、一括して注記すべきリース物件に関する事項）を含めることを妨げない。

一　当該事業年度の末日における取得原価相当額

二　当該事業年度の末日における減価償却累計額相当額

三　当該事業年度の末日における未経過リース料相当額

四　前三号に掲げるもののほか、当該リース物件に係る重要な事項

（金融商品に関する注記）

第一〇九条①　金融商品に関する注記は、次に掲げるもの（重要性の乏しいものを除く。）とする。ただし、法第四百四十四条第三項に規定する株式会社以外の株式会社にあっては、第三号に掲げる事項を省略することができる。

一　金融商品の状況に関する事項

二　金融商品の時価等に関する事項

三　金融商品の時価の適切な区分ごとの内訳等に関する事項

②　連結注記表を作成する株式会社は、個別注記表における前項の注記を要しない。

（賃貸等不動産に関する注記）

第一一〇条①　賃貸等不動産に関する注記は、次に掲げるもの（重要性の乏しいものを除く。）とする。

一　賃貸等不動産の状況に関する事項

二　賃貸等不動産の時価に関する事項

②　連結注記表を作成する株式会社は、個別注記表における前項の注記を要しない。

（持分法損益等に関する注記）

第一一一条①　持分法損益等に関する注記は、次の各号に掲げる場合の区分に応じ、当該各号に定めるものとする。ただし、第一号に定める事項については、損益及び利益剰余金からみて重要性の乏しい関連会社を除外することができる。

一　関連会社がある場合　関連会社に対する投資の金額並びに当該投資に対して持分法を適用した場合の投資の金額及び投資利益又は投資損失の金額

二　開示対象特別目的会社がある場合　開示対象特別目的会社の概要、開示対象特別目的会社との取引の概要及び取引金額その他の重要な事項

②　連結計算書類を作成する株式会社は、個別注記表における前項の注記を要しない。

（関連当事者との取引に関する注記）

第一一二条①　関連当事者との取引に関する注記は、株式会社と関連当事者との間に取引（当該株式会社と第三者との間の取引で当該株式会社と当該関連当事者との間の利益が相反するものを含む。）がある場合における次に掲げる事項であって、重要なものとする。ただし、会計監査人設置会社以外の株式会社にあっては、第四号から第六号まで及び第八号に掲げる事項を省略することができる。

一　当該関連当事者が会社等であるときは、次に掲げる事項

イ　その名称

ロ　当該関連当事者の総株主の議決権の総数に占める株式会社が有する議決権の数の割合

ハ　当該株式会社の総株主の議決権の総数に占める当該関連当事者が有する議決権の数の割合

二　当該関連当事者が個人であるときは、次に掲げる事項

イ　その氏名

ロ　当該株式会社の総株主の議決権の総数に占める当該関連当事者が有する議決権の数の割合

三　当該株式会社と当該関連当事者との関係

四　取引の内容

五　取引の種類別の取引金額

六　取引条件及び取引条件の決定方針

七　取引により発生した債権又は債務に係る主な項目別の当該事業年度の末日における残高

八　取引条件の変更があったときは、その旨、変更の内容及び当該変更が計算書類に与えている影響の内容

②　関連当事者との間の取引のうち次に掲げる取引については、前項に規定する注記を要しない。

一　一般競争入札による取引並びに預金利息及び配当金の受取りその他取引の性質からみて取引条件が一般の取引と同様であることが明白な取引

二　取締役、会計参与、監査役又は執行役（以下この条において「役員」という。）に対する報酬等の給付

三　前二号に掲げる取引のほか、当該取引に係る条件につき市場価格その他当該取引に係る公正な価格を勘案して一般の取引の条件と同様のものを決定していることが明白な場合における当該取引

③　関連当事者との取引に関する注記は、第一項各号に掲げる区分に従い、関連当事者ごとに表示しなければならない。

④　前三項に規定する「関連当事者」とは、次に掲げる者をいう。

一　当該株式会社の親会社

二　当該株式会社の子会社

三　当該株式会社の親会社の子会社（当該親会社が会社でない場合にあっては、当該親会社の子会社に相当するものを含む。）

四　当該株式会社のその他の関係会社（当該株式会社が他の会社の関連会社である場合における当該他の会社をいう。以下この号において同じ。）並びに当該その他の関係会社の親会社（当該その他の関係会社が株式会社でない場合にあっては、親会社に相当するもの）及び子会社（当該その他の関係会社が会社でない場合にあっては、子会社に相当するもの）

五　当該株式会社の関連会社及び当該関連会社の子会社（当該関連会社が会社でない場合にあっては、子会社に相当するもの）

六　当該株式会社の主要株主（自己又は他人の名義をもって当該株式会社の総株主の議決権の総数の百分の十以上の議決権（次に掲げる株式に係る議決権を除く。）を保有している株主をいう。）及びその近親者（二親等内の親族をいう。以下この条において同じ。）

イ　信託業（信託業法（平成十六年法律第百五十四号）第二条第一項に規定する信託業をいう。）を営む者が信託財産として所有する株式

ロ　有価証券関連業（金融商品取引法第二十八条第八項に規定する有価証券関連業をいう。）を営む者が引受け又は売出しを行う業務により取得した株式

ハ　金融商品取引法第百五十六条の二十四第一項に規定する業務を営む者がその業務として所有する株式

七　当該株式会社の役員及びその近親者

八　当該株式会社の親会社の役員又はこれらに準ずる者及びその近親者

九　前三号に掲げる者が他の会社等の議決権の過半数を自己の計算において所有している場合における当該会社等及び当該会社等の子会社（当該会社等が会社でない場合にあっては、子会社に相当するもの）

十　従業員のための企業年金（当該株式会社と重要な取引（掛金の拠出を除く。）を行う場合に限る。）

（一株当たり情報に関する注記）

第一一三条　一株当たり情報に関する注記は、次に掲げる事項とする。

一　一株当たりの純資産額

二　一株当たりの当期純利益金額又は当期純損失金額（連結計算書類にあっては、一株当たりの親会社株主に帰属する当期純利益金額又は当期純損失金額）

三　株式会社が当該事業年度（連結計算書類にあっては、当該連結会計年度。以下この号において同じ。）又は当該事業年度の末日後において株式の併合又は株式の分割をした場合において、当該事業年度の期首に株式の併合又は株式の分割をしたと仮定して前二号に掲げる額を算定したときは、その旨

（重要な後発事象に関する注記）

第一一四条①　個別注記表における重要な後発事象に関する注記は、当該株式会社の事業年度の末日後、当該株式会社の翌事業年度以降の財産又は損益に重要な影響を及ぼす事象が発生した場合における当該事象とする。

②　連結注記表における重要な後発事象に関する注記は、当該株式会社の事業年度の末日後、連結会社並びに持分法が適用される非連結子会社及び関連会社の翌事業年度以降の財産又は損益に重要な影響を及ぼす事象が発生した場合における当該事象とする。ただし、当該株式会社の事業年度の末日と異なる日をその事業年度の末日とする子会社及び関連会社については、当該子会社及び関連会社の事業年度の末日後に発生した場合における当該事象とする。

（連結配当規制適用会社に関する注記）

第一一五条　連結配当規制適用会社に関する注記は、当該事業年度の末日が最終事業年度の末日となる時後、連結配当規制適用会社となる旨とする。

（収益認識に関する注記）

第一一五条の二①　収益認識に関する注記は、会社が顧客との契約に基づく義務の履行の状況に応じて当該契約から生ずる収益を認識する場合における次に掲げる事項（重要性の乏しいものを除く。）とする。ただし、法第四百四十四条第三項に規定する株式会社以外の株式会社にあっては、第一号及び第三号に掲げる事項を省略することができる。

一　当該事業年度に認識した収益を、収益及びキャッシュ・フローの性質、金額、時期及び不確実性に影響を及ぼす主要な要因に基づいて区分をした場合における当該区分ごとの収益の額その他の事項

二　収益を理解するための基礎となる情報

三　当該事業年度及び翌事業年度以降の収益の金額を理解するための情報

②　前項に掲げる事項が第百一条の規定により注記すべき事項と同一であるときは、同項の規定による当該事項の注記を要しない。

③　連結計算書類を作成する株式会社は、個別注記表における第一項（第二号を除く。）の注記を要しない。

④　個別注記表に注記すべき事項（第一項第二号に掲げる事項に限る。）が連結注記表に注記すべき事項と同一である場合において、個別注記表にその旨を注記するときは、個別注記表における当該事項の注記を要しない。

（その他の注記）

第一一六条　その他の注記は、第百条から前条までに掲げるもののほか、貸借対照表等、損益計算書等及び株主資本等変動計算書等により会社（連結注記表にあっては、企業集団）の財産又は損益の状態を正確に判断するために必要な事項とする。

第六章　附属明細書

第一一七条　各事業年度に係る株式会社の計算書類に係る附属明細書には、次に掲げる事項（公開会社以外の株式会社にあっては、第一号から第三号に掲げる事項）のほか、株式会社の貸借対照表、損益計算書、株主資本等変動計算書及び個別注記表の内容を補足する重要な事項を表示しなければならない。

一　有形固定資産及び無形固定資産の明細

二　引当金の明細

三　販売費及び一般管理費の明細

四　第百十二条第一項ただし書の規定により省略した事項があるときは、当該事項

第七章　雑則（抄）

第一一八条及び第一一九条　（略）

（国際会計基準で作成する連結計算書類に関する特則）

第一二〇条①　連結財務諸表の用語、様式及び作成方法に関する規則（昭和五十一年大蔵省令第二十八号）第九十三条の規定により連結財務諸表の用語、様式及び作成方法について指定国際会計基準（同条に規定する指定国際会計基準をいう。以下この条において同じ。）に従うことができるものとされた株式会社の作成すべき連結計算書類は、指定国際会計基準に従って作成することができる。この場合においては、第一章から第五章までの規定により第六十一条第一号に規定する連結計算書類において表示すべき事項に相当するものを除くその他の事項は、省略することができる。

②　前項の規定により作成した連結計算書類には、指定国際会計基準に従って作成した連結計算書類である旨を注記しなければならない。

③　第一項後段の規定により省略した事項がある同項の規定により作成した連結計算書類には、前項の規定にかかわらず、第一項の規定により作成した連結計算書類である旨及び同項後段の規定により省略した事項がある旨を注記しなければならない。

（修正国際基準で作成する連結計算書類に関する特則）

第一二〇条の二①　連結財務諸表の用語、様式及び作成方法に関する規則第九十四条の規定により連結財務諸表の用語、様式及び作成方法について修正国際基準（同条に規定する修正国際基準をいう。以下この条において同じ。）に従うことができるものとされた株式会社の作成すべき連結計算書類は、修正国際基準に従って作成することができる。

②　前項の規定により作成した連結計算書類には、修正国際基準に従って作成した連結計算書類である旨を注記しなければならない。

③　前条第一項後段及び第三項の規定は、第一項の場合について準用する。

（米国基準で作成する連結計算書類に関する特則）

第一二〇条の三①　連結財務諸表の用語、様式及び作成方法に関する規則第九十五条又は連結財務諸表の用語、様式及び作成方法に関する規則の一部を改正する内閣府令（平成十四年内閣府令第十一号）附則第三項の規定により、連結財務諸表の用語、様式及び作成方法について米国預託証券の発行等に関して要請されている用語、様式及び作成方法によることができるものとされた株式会社の作成すべき連結計算書類は、米国預託証券の発行等に関して要請されている用語、様式及び作成方法によることができる。

②　前項の規定による連結計算書類には、当該連結計算書類が準拠している用語、様式及び作成方法を注記しなければならない。

③　第百二十条第一項後段の規定は、第一項の場合について準用する。

第四編　計算関係書類の監査

第一章　通則

第一二一条① 法第四百三十六条第一項及び第二項、第四百四十一条第二項並びに第四百四十四条第四項の規定による監査（計算関係書類（成立の日における貸借対照表を除く。以下この編において同じ。）に係るものに限る。以下この編において同じ。）については、この編の定めるところによる。

② 前項に規定する監査には、公認会計士法（昭和二十三年法律第百三号）第二条第一項に規定する監査のほか、計算関係書類に表示された情報と計算関係書類に表示すべき情報との合致の程度を確かめ、かつ、その結果を利害関係者に伝達するための手続を含むものとする。

第二章　会計監査人設置会社以外の株式会社における監査

（監査役の監査報告の内容）

第一二二条① 監査役（会計監査人設置会社の監査役を除く。以下この章において同じ。）は、計算関係書類を受領したときは、次に掲げる事項（監査役会設置会社の監査役の監査報告にあっては、第一号から第四号までに掲げる事項）を内容とする監査報告を作成しなければならない。

一　監査役の監査の方法及びその内容
二　計算関係書類が当該株式会社の財産及び損益の状況を全ての重要な点において適正に表示しているかどうかについての意見
三　監査のため必要な調査ができなかったときは、その旨及びその理由
四　追記情報
五　監査報告を作成した日

② 前項第四号に規定する「追記情報」とは、次に掲げる事項その他の事項のうち、監査役の判断に関して説明を付す必要がある事項又は計算関係書類の内容のうち強調する必要がある事項とする。

一　会計方針の変更
二　重要な偶発事象
三　重要な後発事象

（監査役会の監査報告の内容等）

第一二三条① 監査役会（会計監査人設置会社の監査役会を除く。以下この章において同じ。）は、前条第一項の規定により監査役が作成した監査報告（以下この条において「監査役監査報告」という。）に基づき、監査役会の監査報告（以下この条において「監査役会監査報告」という。）を作成しなければならない。

② 監査役会監査報告は、次に掲げる事項を内容とするものでなければならない。この場合において、監査役は、当該事項に係る監査役会監査報告の内容が当該事項に係る監査役の監査役監査報告の内容と異なる場合には、当該事項に係る各監査役の監査役監査報告の内容を監査役会監査報告に付記することができる。

一　前条第一項第二号から第四号までに掲げる事項
二　監査役及び監査役会の監査の方法及びその内容
三　監査役会監査報告を作成した日

③ 監査役会が監査役会監査報告を作成する場合には、監査役会は、一回以上、会議を開催する方法又は情報の送受信により同時に意見の交換をすることができる方法により、監査役会監査報告の内容（前項後段の規定による付記を除く。）を審議しなければならない。

（監査報告の通知期限等）

第一二四条① 特定監査役は、次の各号に掲げる監査報告（監査役会設置会社にあっては、前条第一項の規定により作成された監査役会の監査報告に限る。以下この条において同じ。）の区分に応じ、当該各号に定める日までに、特定取締役に対し、当該監査報告の内容を通知しなければならない。

一　各事業年度に係る計算書類及びその附属明細書についての監査報告　次に掲げる日のいずれか遅い日
　イ　当該計算書類の全部を受領した日から四週間を経過した日
　ロ　当該計算書類の附属明細書を受領した日から一週間を経過した日
　ハ　特定取締役及び特定監査役が合意により定めた日があるときは、その日
二　臨時計算書類についての監査報告　次に掲げる日のいずれか遅い日
　イ　当該臨時計算書類の全部を受領した日から四週間を経過した日
　ロ　特定取締役及び特定監査役が合意により定めた日があるときは、その日

② 計算関係書類については、特定取締役が前項の規定による監査報告の内容の通知を受けた日に、監査役の監査を受けたものとする。

③ 前項の規定にかかわらず、特定監査役が第一項の規定により通知をすべき日までに同項の規定による監査報告の内容の通知をしない場合には、当該通知をすべき日に、計算関係書類については、監査役の監査を受けたものとみなす。

④ 第一項及び第二項に規定する「特定取締役」とは、次の各号に掲げる場合の区分に応じ、当該各号に定める者（当該株式会社が会計参与設置会社である場合にあっては、当該各号に定める者及び会計参与）をいう。

一　第一項の規定による通知を受ける者を定めた場合　当該通知を受ける者として定められた者
二　前号に掲げる場合以外の場合　監査を受けるべき計算関係書類の作成に関する職務を行った取締役

⑤ 第一項及び第三項に規定する「特定監査役」とは、次の各号に掲げる株式会社の区分に応じ、当該各号に定める者とする。

一　監査役設置会社（監査役の監査の範囲を会計に関するものに限定する旨の定款の定めがある株式会社を含み、監査役会設置会社及び会計監査人設置会社を除く。）　次のイからハまでに掲げる場合の区分に応じ、当該イからハまでに定める者
　イ　二以上の監査役が存する場合において、第一項の規定による監査報告の内容の通知をすべき監査役を定めたとき　当該通知をすべき監査役として定められた監査役
　ロ　二以上の監査役が存する場合において、第一項の規定による監査報告の内容の通知をすべき監査役を定めていないとき　全ての監査役
　ハ　イ又はロに掲げる場合以外の場合　監査役
二　監査役会設置会社（会計監査人設置会社を除く。）　次のイ又はロに掲げる場合の区分に応じ、当該イ又はロに定める者
　イ　監査役会が第一項の規定による監査報告の内容の通知をすべき監査役を定めた場合　当該通知をすべき監査役として定められた監査役
　ロ　イに掲げる場合以外の場合　全ての監査役

第三章　会計監査人設置会社における監査

（計算関係書類の提供）

第一二五条 計算関係書類を作成した取締役（指名委員会等設置会社にあっては、執行役）は、会計監査人に対して計算関係書類を提供しようとするときは、監査役（監査等委員会設置会社にあっては監査等委員会の指定した監査等委員、指名委員会等設置会社にあっては監査委員会の指定した監査委員）に対しても計算関係書類を提供しなければならない。

（会計監査報告の内容）

第一二六条① 会計監査人は、計算関係書類を受領したときは、次に掲げる事項を内容とする会計監査報告を作成しなければならない。

一　会計監査人の監査の方法及びその内容

二　計算関係書類が当該株式会社の財産及び損益の状況を全ての重要な点において適正に表示しているかどうかについての意見があるときは、その意見（当該意見が次のイからハまでに掲げる意見である場合にあっては、それぞれ当該イからハまでに定める事項）
イ　無限定適正意見　監査の対象となった計算関係書類が一般に公正妥当と認められる企業会計の慣行に準拠して、当該計算関係書類に係る期間の財産及び損益の状況を全ての重要な点において適正に表示していると認められる旨
ロ　除外事項を付した限定付適正意見　監査の対象となった計算関係書類が除外事項を除き一般に公正妥当と認められる企業会計の慣行に準拠して、当該計算関係書類に係る期間の財産及び損益の状況を全ての重要な点において適正に表示していると認められる旨、除外事項並びに除外事項を付した限定付適正意見とした理由
ハ　不適正意見　監査の対象となった計算関係書類が不適正である旨及びその理由
三　前号の意見がないときは、その旨及びその理由
四　継続企業の前提に関する注記に係る事項
五　第二号の意見があるときは、事業報告及びその附属明細書の内容と計算関係書類の内容又は会計監査人が監査の過程で得た知識との間の重要な相違等について、報告すべき事項の有無及び報告すべき事項があるときはその内容
六　追記情報
七　会計監査報告を作成した日
②　前項第五号に規定する「追記情報」とは、次に掲げる事項その他の事項のうち、会計監査人の判断に関して説明を付す必要がある事項又は計算関係書類の内容のうち強調する必要がある事項とする。
一　会計方針の変更
二　重要な偶発事象
三　重要な後発事象

（会計監査人設置会社の監査役の監査報告の内容）
第一二七条　会計監査人設置会社の監査役は、計算関係書類及び会計監査報告（第百三十条第三項に規定する場合にあっては、計算関係書類）を受領したときは、次に掲げる事項（監査役会設置会社の監査役の監査報告にあっては、第一号から第五号までに掲げる事項）を内容とする監査報告を作成しなければならない。
一　監査役の監査の方法及びその内容
二　会計監査人の監査の方法又は結果を相当でないと認めたときは、その旨及びその理由（第百三十条第三項に規定する場合にあっては、会計監査報告を受領していない旨）
三　重要な後発事象（会計監査報告の内容となっているものを除く。）
四　会計監査人の職務の遂行が適正に実施されることを確保するための体制に関する事項
五　監査のため必要な調査ができなかったときは、その旨及びその理由
六　監査報告を作成した日

（会計監査人設置会社の監査役会の監査報告の内容等）
第一二八条①　会計監査人設置会社の監査役会は、前条の規定により監査役が作成した監査報告（以下この条において「監査役監査報告」という。）に基づき、監査役会の監査報告（以下この条において「監査役会監査報告」という。）を作成しなければならない。
②　監査役会監査報告は、次に掲げる事項を内容とするものでなければならない。この場合において、監査役は、当該事項に係る監査役会監査報告の内容が当該事項に係る各監査役の監査役監査報告の内容と異なる場合には、当該事項に係る各監査役の監査役監査報告の内容を監査役会監査報告に付記することができる。
一　監査役及び監査役会の監査の方法及びその内容
二　前条第二号から第五号までに掲げる事項
三　監査役会監査報告を作成した日
③　会計監査人設置会社の監査役会が監査役会監査報告を作成する場合には、監査役会は、一回以上、会議を開催する方法又は情報の送受信により同時に意見の交換をすることができる方法により、監査役会監査報告の内容（前項後段の規定による付記を除く。）を審議しなければならない。

（監査等委員会の監査報告の内容）
第一二八条の二①　監査等委員会は、計算関係書類及び会計監査報告（第百三十条第三項に規定する場合にあっては、計算関係書類）を受領したときは、次に掲げる事項を内容とする監査報告を作成しなければならない。この場合において、監査等委員は、当該事項に係る監査報告の内容が当該監査等委員の意見と異なる場合には、その意見を監査報告に付記することができる。
一　監査等委員会の監査の方法及びその内容
二　第百二十七条第二号から第五号までに掲げる事項
三　監査報告を作成した日
②　前項に規定する監査報告の内容（同項後段の規定による付記を除く。）は、監査等委員会の決議をもって定めなければならない。

（監査委員会の監査報告の内容）
第一二九条①　監査委員会は、計算関係書類及び会計監査報告（次条第三項に規定する場合にあっては、計算関係書類）を受領したときは、次に掲げる事項を内容とする監査報告を作成しなければならない。この場合において、監査委員は、当該事項に係る監査報告の内容が当該監査委員の意見と異なる場合には、その意見を監査報告に付記することができる。
一　監査委員会の監査の方法及びその内容
二　第百二十七条第二号から第五号までに掲げる事項
三　監査報告を作成した日
②　前項に規定する監査報告の内容（同項後段の規定による付記を除く。）は、監査委員会の決議をもって定めなければならない。

（会計監査報告の通知期限等）
第一三〇条①　会計監査人は、次の各号に掲げる会計監査報告の区分に応じ、当該各号に定める日までに、特定監査役及び特定取締役に対し、当該会計監査報告の内容を通知しなければならない。
一　各事業年度に係る計算書類及びその附属明細書についての会計監査報告　次に掲げる日のいずれか遅い日
イ　当該計算書類の全部を受領した日から四週間を経過した日
ロ　当該計算書類の附属明細書を受領した日から一週間を経過した日
ハ　特定取締役、特定監査役及び会計監査人の間で合意により定めた日があるときは、その日
二　臨時計算書類についての会計監査報告　次に掲げる日のいずれか遅い日
イ　当該臨時計算書類の全部を受領した日から四週間を経過した日
ロ　特定取締役、特定監査役及び会計監査人の間で合意により定めた日があるときは、その日
三　連結計算書類についての会計監査報告　当該連結計算書類の全部を受領した日から四週間を経過した日（特定取締役、特定監査役及び会計監査人の間で合意により定めた日がある場合にあっては、その日）
②　計算関係書類については、特定監査役及び特定取締役が前項の規定による会計監査報告の内容の通知を受けた日に、会計監査人の監査を受けたものとする。
③　前項の規定にかかわらず、会計監査人が第一項の規定により通知をすべき日までに同項の規定による会計監査報告の内容の通知をしない場合には、当該通知をすべき日に、計算関係書類

については、会計監査人の監査を受けたものとみなす。

④　第一項及び第二項に規定する「特定取締役」とは、次の各号に掲げる場合の区分に応じ、当該各号に定める者（当該株式会社が会計参与設置会社である場合にあっては、当該各号に定める者及び会計参与）をいう（第百三十二条において同じ。）。

一　第一項の規定による通知を受ける者を定めた場合　当該通知を受ける者として定められた者

二　前号に掲げる場合以外の場合　監査を受けるべき計算関係書類の作成に関する職務を行った取締役及び執行役

⑤　第一項及び第二項に規定する「特定監査役」とは、次の各号に掲げる株式会社の区分に応じ、当該各号に定める者とする（以下この章において同じ。）。

一　監査役設置会社（監査役会設置会社を除く。）　次のイからハまでに掲げる場合の区分に応じ、当該イからハまでに定める者

イ　二以上の監査役が存する場合において、第一項の規定による会計監査報告の内容の通知を受ける監査役を定めたとき　当該通知を受ける監査役として定められた監査役

ロ　二以上の監査役が存する場合において、第一項の規定による会計監査報告の内容の通知を受ける監査役を定めていないとき　全ての監査役

ハ　イ又はロに掲げる場合以外の場合　監査役

二　監査役会設置会社　次のイ又はロに掲げる場合の区分に応じ、当該イ又はロに定める者

イ　監査役会が第一項の規定による会計監査報告の内容の通知を受ける監査役を定めた場合　当該通知を受ける監査役として定められた監査役

ロ　イに掲げる場合以外の場合　全ての監査役

三　監査等委員会設置会社　次のイ又はロに掲げる場合の区分に応じ、当該イ又はロに定める者

イ　監査等委員会が第一項の規定による会計監査報告の内容の通知を受ける監査等委員を定めた場合　当該通知を受ける監査等委員として定められた監査等委員

ロ　イに掲げる場合以外の場合　監査等委員のうちいずれかの者

四　指名委員会等設置会社　次のイ又はロに掲げる場合の区分に応じ、当該イ又はロに定める者

イ　監査委員会が第一項の規定による会計監査報告の内容の通知を受ける監査委員を定めた場合　当該通知を受ける監査委員として定められた監査委員

ロ　イに掲げる場合以外の場合　監査委員のうちいずれかの者

（会計監査人の職務の遂行に関する事項）

第一三一条　会計監査人は、前条第一項の規定による特定監査役に対する会計監査報告の内容の通知に際して、当該会計監査人についての次に掲げる事項（当該事項に係る定めがない場合にあっては、当該事項を定めていない旨）を通知しなければならない。ただし、全ての監査役（監査等委員会設置会社にあっては監査等委員会、指名委員会等設置会社にあっては監査委員会）が既に当該事項を知っている場合は、この限りでない。

一　独立性に関する事項その他監査に関する法令及び規程の遵守に関する事項

二　監査、監査に準ずる業務及びこれらに関する業務の契約の受任及び継続の方針に関する事項

三　会計監査人の職務の遂行が適正に行われることを確保するための体制に関するその他の事項

（会計監査人設置会社の監査役等の監査報告の通知期限）

第一三二条①　会計監査人設置会社の特定監査役は、次の各号に掲げる監査報告の区分に応じ、当該各号に定める日までに、特定取締役及び会計監査人に対し、監査報告（監査役会設置会社にあっては、第百二十八条第一項の規定により作成した監査役会の監査報告に限る。以下この条において同じ。）の内容を通知しなければならない。

一　連結計算書類以外の計算関係書類についての監査報告　次に掲げる日のいずれか遅い日

イ　会計監査報告を受領した日（第百三十条第三項に規定する場合にあっては、同項の規定により監査を受けたものとみなされた日。次号において同じ。）から一週間を経過した日

ロ　特定取締役及び特定監査役の間で合意により定めた日があるときは、その日

二　連結計算書類についての監査報告　会計監査報告を受領した日から一週間を経過した日（特定取締役及び特定監査役の間で合意により定めた日がある場合にあっては、その日）

②　計算関係書類については、特定取締役及び会計監査人が前項の規定による監査報告の内容の通知を受けた日に、監査役（監査等委員会設置会社にあっては監査等委員会、指名委員会等設置会社にあっては監査委員会）の監査を受けたものとする。

③　前項の規定にかかわらず、特定監査役が第一項の規定により通知をすべき日までに同項の規定による監査報告の内容の通知をしない場合には、当該通知をすべき日に、計算関係書類については、監査役（監査等委員会設置会社にあっては監査等委員会、指名委員会等設置会社にあっては監査委員会）の監査を受けたものとみなす。

第五編　計算書類の株主への提供及び承認の特則に関する要件

第一章　計算書類等の株主への提供

（計算書類等の提供）

第一三三条①　法第四百三十七条の規定により株主に対して行う提供計算書類（次の各号に掲げる株式会社の区分に応じ、当該各号に定めるものをいう。以下この条において同じ。）の提供に関しては、この条に定めるところによる。

一　株式会社（監査役設置会社（監査役の監査の範囲を会計に関するものに限定する旨の定款の定めがある株式会社を含む。次号において同じ。）及び会計監査人設置会社を除く。）　計算書類

二　会計監査人設置会社以外の監査役設置会社　次に掲げるもの

イ　計算書類

ロ　計算書類に係る監査役（監査役会設置会社にあっては、監査役会）の監査報告があるときは、当該監査報告（二以上の監査役が存する株式会社（監査役会設置会社を除く。）の各監査役の監査報告の内容（監査報告を作成した日を除く。）が同一である場合にあっては、一又は二以上の監査役の監査報告）

ハ　第百二十四条第三項の規定により監査を受けたものとみなされたときは、その旨の記載又は記録をした書面又は電磁的記録

三　会計監査人設置会社　次に掲げるもの

イ　計算書類

ロ　計算書類に係る会計監査報告があるときは、当該会計監査報告

ハ　会計監査人が存しないとき（法第三百四十六条第四項の一時会計監査人の職務を行うべき者が存する場合を除く。）は、会計監査人が存しない旨の記載又は記録をした書面又は電磁的記録

ニ　第百三十条第三項の規定により監査を受けたものとみなされたときは、その旨の記載又は記録をした書面又は電磁的記録

ホ　計算書類に係る監査役（監査役会設置会社にあっては監査役会、監査等委員会設置会社にあっては監査等委員会、指名委員会等設置会社にあっては監査委員会）の監査報告があるときは、当該監査報告（二以上の監査役が存する株式会社（監査役会設置会社を除く。）の各監査役の監査報告

の内容（監査報告を作成した日を除く。）が同一である場合にあっては、一又は二以上の監査役の監査報告）

へ　前条第三項の規定により監査を受けたものとみなされたときは、その旨の記載又は記録をした書面又は電磁的記録

② 定時株主総会の招集通知（法第二百九十九条第二項又は第三項の規定による通知をいう。以下同じ。）を次の各号に掲げる方法により行う場合にあっては、提供計算書類は、当該各号に定める方法により提供しなければならない。

一　書面の提供　次のイ又はロに掲げる場合の区分に応じ、当該イ又はロに定める方法

イ　提供計算書類が書面をもって作成されている場合　当該書面に記載された事項を記載した書面の提供

ロ　提供計算書類が電磁的記録をもって作成されている場合　当該電磁的記録に記録された事項を記載した書面の提供

二　電磁的方法による提供　次のイ又はロに掲げる場合の区分に応じ、当該イ又はロに定める方法

イ　提供計算書類が書面をもって作成されている場合　当該書面に記載された事項の電磁的方法による提供

ロ　提供計算書類が電磁的記録をもって作成されている場合　当該電磁的記録に記録された事項の電磁的方法による提供

③ 提供計算書類を提供する際には、当該事業年度より前の事業年度に係る貸借対照表、損益計算書又は株主資本等変動計算書に表示すべき事項（以下この項において「過年度事項」という。）を併せて提供することができる。この場合において、提供計算書類の提供をする時における過年度事項が会計方針の変更その他の正当な理由により当該事業年度より前の事業年度に係る定時株主総会において承認又は報告をしたものと異なるものとなっているときは、修正後の過年度事項を提供することを妨げない。

④ 提供計算書類に表示すべき事項（株主資本等変動計算書又は個別注記表に係るものに限る。）に係る情報を、定時株主総会に係る招集通知を発出する時から定時株主総会の日から三箇月が経過する日までの間、継続して電磁的方法により株主が提供を受けることができる状態に置く措置（会社法施行規則第二百二十二条第一項第一号ロに掲げる方法のうち、インターネットに接続された自動公衆送信装置（公衆の用に供する電気通信回線に接続することにより、その記録媒体のうち自動公衆送信の用に供する部分に記録され、又は当該装置に入力される情報を自動公衆送信する機能を有する装置をいう。以下この章において同じ。）を使用する方法によって行われるものに限る。第八項において同じ。）をとる場合における第二項の規定の適用については、当該事項につき同項各号に掲げる場合の区分に応じ、当該各号に定める方法により株主に対して提供したものとみなす。ただし、この項の措置をとる旨の定款の定めがある場合に限る。

⑤ 前項の場合には、取締役は、同項の措置をとるために使用する自動公衆送信装置のうち当該措置をとるための用に供する部分をインターネットにおいて識別するための文字、記号その他の符号又はこれらの結合であって、情報の提供を受ける者がその使用に係る電子計算機に入力することによって当該情報の内容を閲覧し、当該電子計算機に備えられたファイルに当該情報を記録することができるものを株主に対して通知しなければならない。

⑥ 第四項の規定により計算書類に表示した事項の一部が株主に対して第二項各号に定める方法により提供したものとみなされる場合において、監査役、会計監査人、監査等委員会又は監査委員会が、現に株主に対して提供された計算書類が監査報告又は会計監査報告を作成するに際して監査をした計算書類の一部であることを株主に対して通知すべき旨を取締役に請求したときは、取締役は、その旨を株主に対して通知しなければならない。

⑦ 取締役は、計算書類の内容とすべき事項について、定時株主総会の招集通知を発出した日から定時株主総会の前日までの間に修正をすべき事情が生じた場合における修正後の事項を株主に周知させる方法を当該招集通知と併せて通知することができる。

⑧ 第四項の規定は、提供計算書類に表示すべき事項のうち株主資本等変動計算書又は個別注記表に係るもの以外のものに係る情報についても、電磁的方法により株主が提供を受けることができる状態に置く措置をとることを妨げるものではない。

第一三三条の二（**計算書類等の提供の特則**）① 前条第四項の規定にかかわらず、株式会社の取締役が定時株主総会の招集の手続を行う場合において、提供計算書類（同条第一項に規定する提供計算書類をいう。以下この条において同じ。）に表示すべき事項に係る情報を、定時株主総会に係る招集通知を発出する時から定時株主総会の日から三箇月が経過する日までの間、継続して電磁的方法により株主が提供を受けることができる状態に置く措置（会社法施行規則第二百二十二条第一項第一号ロに掲げる方法のうち、インターネットに接続された自動公衆送信装置を使用する方法によって行われるものに限る。）をとるときにおける前条第二項の規定の適用については、当該事項につき同項各号に掲げる場合の区分に応じ、当該各号に定める方法により株主に対して提供したものとみなす。ただし、次の各号のいずれにも該当する場合に限る。

一　前条第四項の措置をとる旨の定款の定めがあること。

二　提供計算書類及びその附属明細書（第五号において「提供計算書類等」という。）についての会計監査報告の内容に第百二十六条第一項第二号イに定める事項が含まれていること。

三　前号の会計監査報告に係る監査役、監査役会、監査等委員会又は監査委員会の監査報告（監査役会設置会社にあっては、第百二十八条第一項の規定により作成した監査役会の監査報告に限る。）の内容として会計監査人の監査の方法又は結果を相当でないと認める意見がないこと。

四　第百二十八条第二項後段、第百二十八条の二第一項後段又は第百二十九条第一項後段の規定により第二号の会計監査報告に係る監査役会、監査等委員会又は監査委員会の監査報告に付記された内容が前号の意見でないこと。

五　提供計算書類等が第百三十二条第三項の規定により監査を受けたものとみなされたものでないこと。

六　取締役会を設置していること。

② 前項の場合には、取締役は、同項の措置をとるために使用する自動公衆送信装置のうち当該措置をとるための用に供する部分をインターネットにおいて識別するための文字、記号その他の符号又はこれらの結合であって、情報の提供を受ける者がその使用に係る電子計算機に入力することによって当該情報の内容を閲覧し、当該電子計算機に備えられたファイルに当該情報を記録することができるものを株主に対して通知しなければならない。

③ 第一項の規定により提供計算書類に表示すべき事項が株主に対して前条第二項各号に定める方法により提供したものとみなされる場合において、監査役、会計監査人、監査等委員会又は監査委員会が、現に株主に対して提供された計算書類が監査報告又は会計監査報告を作成するに際して監査をした計算書類の一部であることを株主に対して通知すべき旨を取締役に請求したときは、取締役は、その旨を株主に対して通知しなければならない。

④ 取締役は、提供計算書類に表示すべき事項（前条第四項の提供計算書類に表示すべき事項を除く。）に係る情報について第一項の措置をとる場合には、株主の利益を不当に害することがないよう特に配慮しなければならない。

第一三四条（**連結計算書類の提供**）① 法第四百四十四条第六項の規定により株主に対して連結計算書類の提供をする場合において、定時株主総会の招集通知を次の各号に掲げる方法により行うときは、連結計算書

類は、当該各号に定める方法により提供しなければならない。

一　書面の提供　次のイ又はロに掲げる場合の区分に応じ、当該イ又はロに定める方法

イ　連結計算書類が書面をもって作成されている場合　当該書面に記載された事項を記載した書面の提供

ロ　連結計算書類が電磁的記録をもって作成されている場合　当該電磁的記録に記録された事項を記載した書面の提供

二　電磁的方法による提供　次のイ又はロに掲げる場合の区分に応じ、当該イ又はロに定める方法

イ　連結計算書類が書面をもって作成されている場合　当該書面に記載された事項の電磁的方法による提供

ロ　連結計算書類が電磁的記録をもって作成されている場合　当該電磁的記録に記録された事項の電磁的方法による提供

②　前項の連結計算書類に係る会計監査報告又は監査報告がある場合において、当該会計監査報告又は監査報告の内容をも株主に対して提供することを定めたときにおける同項の規定の適用については、同項第一号イ及びロ並びに第二号イ及びロ中「連結計算書類」とあるのは、「連結計算書類（当該連結計算書類に係る会計監査報告又は監査報告を含む。）」とする。

③　電子提供措置をとる旨の定款の定めがある場合において、第一項の連結計算書類に係る会計監査報告又は監査報告があり、かつ、その内容をも株主に対して提供することを定めたときは、前二項の規定による提供に代えて当該会計監査報告又は監査報告に記載され、又は記録された事項に係る情報について電子提供措置をとることができる。

④　連結計算書類を提供する際には、当該連結会計年度より前の連結会計年度に係る連結貸借対照表、連結損益計算書又は連結株主資本等変動計算書に表示すべき事項（以下この項において「過年度事項」という。）を併せて提供することができる。この場合において、連結計算書類の提供をする時における過年度事項が会計方針の変更その他の正当な理由により当該連結会計年度より前の連結会計年度に相当する事業年度に係る定時株主総会において報告をしたものと異なるものとなっているときは、修正後の過年度事項を提供することを妨げない。

⑤　連結計算書類（第二項に規定する場合にあっては、当該連結計算書類に係る会計監査報告又は監査報告を含む。）に表示すべき事項に係る情報を、定時株主総会に係る招集通知を発出する時から定時株主総会の日から三箇月が経過する日までの間、継続して電磁的方法により株主が提供を受けることができる状態に置く措置（会社法施行規則第二百二十二条第一項第一号ロに掲げる方法のうち、インターネットに接続された自動公衆送信装置を使用する方法によって行われるものに限る。）をとる場合における第一項の規定の適用については、当該事項につき同項各号に掲げる場合の区分に応じ、当該各号に定める方法により株主に対して提供したものとみなす。ただし、この項の措置をとる旨の定款の定めがある場合に限る。

⑥　前項の場合には、取締役は、同項の措置をとるために使用する自動公衆送信装置のうち当該措置をとるための用に供する部分をインターネットにおいて識別するための文字、記号その他の符号又はこれらの結合であって、情報の提供を受ける者がその使用に係る電子計算機に入力することによって当該情報の内容を閲覧し、当該電子計算機に備えられたファイルに当該情報を記録することができるものを株主に対して通知しなければならない。

⑦　第四項の規定により連結計算書類に表示した事項の一部が株主に対して第一項各号に定める方法により提供したものとみなされた場合において、監査役、会計監査人、監査等委員会又は監査委員会が、現に株主に対して提供された連結計算書類が監査報告又は会計監査報告を作成するに際して監査をした連結計算書類の一部であることを株主に対して通知すべき旨を取締役に請求したときは、取締役は、その旨を株主に対して通知しなければならない。

⑧　取締役は、連結計算書類の内容とすべき事項について、定時株主総会の招集通知を発出した日から定時株主総会の前日までの間に修正をすべき事情が生じた場合における修正後の事項を株主に周知させる方法を当該招集通知と併せて通知することができる。

第二章　計算書類等の承認の特則に関する要件

第百三十五条　法第四百三十九条及び第四百四十一条第四項（以下この条において「承認特則規定」という。）に規定する法務省令で定める要件は、次の各号（監査役設置会社であって監査役会設置会社でない株式会社にあっては、第三号を除く。）のいずれにも該当することとする。

一　承認特則規定に規定する計算関係書類についての会計監査報告の内容に第百二十六条第一項第二号イに定める事項（当該計算関係書類が臨時計算書類である場合にあっては、当該事項に相当する事項を含む。）が含まれていること。

二　前号の会計監査報告に係る監査役、監査役会、監査等委員会又は監査委員会の監査報告（監査役会設置会社にあっては、第百二十八条第一項の規定により作成した監査役会の監査報告に限る。）の内容として会計監査人の監査の方法又は結果を相当でないと認める意見がないこと。

三　第百二十八条第二項後段、第百二十八条の二第一項後段又は第百二十九条第一項後段の規定により第一号の会計監査報告に係る監査役会、監査等委員会又は監査委員会の監査報告に付記された内容が前号の意見でないこと。

四　承認特則規定に規定する計算関係書類が第百三十二条第三項の規定により監査を受けたものとみなされたものでないこと。

五　取締役会を設置していること。

第六編　計算書類の公告等（抄）

第一章　計算書類の公告

第百三十六条①　株式会社が法第四百四十条第一項の規定による公告（同条第三項の規定による措置を含む。以下この項において同じ。）をする場合には、次に掲げる事項を当該公告において明らかにしなければならない。この場合において、第一号から第七号までに掲げる事項は、当該事業年度に係る個別注記表に表示した注記に限るものとする。

一　継続企業の前提に関する注記

二　重要な会計方針に係る事項に関する注記

三　貸借対照表に関する注記

四　税効果会計に関する注記

五　関連当事者との取引に関する注記

六　一株当たり情報に関する注記

七　重要な後発事象に関する注記

八　当期純損益金額

②　株式会社が法第四百四十条第一項の規定により損益計算書の公告をする場合における前項の規定の適用については、同項中「次に」とあるのは、「第一号から第七号までに」とする。

③　前項の規定は、株式会社が損益計算書の内容である情報について法第四百四十条第三項に規定する措置をとる場合について準用する。

第二章　計算書類の要旨の公告（抄）

第一節　総則

第百三十七条　法第四百四十条第二項の規定により貸借対照表の要旨又は損益計算書の要旨を公告する場合における貸借対照表の要旨及び損益計算書の要旨については、この章の定めるところによる。

第二節　貸借対照表の要旨

（貸借対照表の要旨の区分）

第百三十八条　貸借対照表の要旨は、次に掲げる部に区分しなければ

ばならない。
一 資産
二 負債
三 純資産

（資産の部）
第一三九条① 資産の部は、次に掲げる項目に区分しなければならない。
一 流動資産
二 固定資産
三 繰延資産

② 資産の部の各項目は、適当な項目に細分することができる。
③ 公開会社の貸借対照表の要旨における固定資産に係る項目は、次に掲げる項目に区分しなければならない。
一 有形固定資産
二 無形固定資産
三 投資その他の資産

④ 公開会社の貸借対照表の要旨における資産の部の各項目は、公開会社の財産の状態を明らかにするため重要な適宜の項目に細分しなければならない。
⑤ 資産の部の各項目は、当該項目に係る資産を示す適当な名称を付さなければならない。

（負債の部）
第一四〇条① 負債の部は、次に掲げる項目に区分しなければならない。
一 流動負債
二 固定負債

② 負債に係る引当金がある場合には、当該引当金については、引当金ごとに、他の負債と区分しなければならない。
③ 負債の部の各項目は、適当な項目に細分することができる。
④ 公開会社の貸借対照表の要旨における負債の部の各項目は、公開会社の財産の状態を明らかにするため重要な適宜の項目に細分しなければならない。
⑤ 負債の部の各項目は、当該項目に係る負債を示す適当な名称を付さなければならない。

（純資産の部）
第一四一条① 純資産の部は、次に掲げる項目に区分しなければならない。
一 株主資本
二 評価・換算差額等
三 株式引受権
四 新株予約権

② 株主資本に係る項目は、次に掲げる項目に区分しなければならない。この場合において、第五号に掲げる項目は、控除項目とする。
一 資本金
二 新株式申込証拠金
三 資本剰余金
四 利益剰余金
五 自己株式
六 自己株式申込証拠金

③ 資本剰余金に係る項目は、次に掲げる項目に区分しなければならない。
一 資本準備金
二 その他資本剰余金

④ 利益剰余金に係る項目は、次に掲げる項目に区分しなければならない。
一 利益準備金
二 その他利益剰余金

⑤ 第三項第二号及び前項第二号に掲げる項目は、適当な名称を付した項目に細分することができる。
⑥ 評価・換算差額等に係る項目は、次に掲げる項目その他適当な名称を付した項目に細分しなければならない。
一 その他有価証券評価差額金
二 繰延ヘッジ損益
三 土地再評価差額金

（貸借対照表の要旨への付記事項）
第一四二条 貸借対照表の要旨には、当期純損益金額を付記しなければならない。ただし、法第四百四十条第二項の規定により損益計算書の要旨を公告する場合は、この限りでない。

第三節 損益計算書の要旨

第一四三条① 損益計算書の要旨は、次に掲げる項目に区分しなければならない。
一 売上高
二 売上原価
三 売上総利益金額又は売上総損失金額
四 販売費及び一般管理費
五 営業外収益
六 営業外費用
七 特別利益
八 特別損失

② 前項の規定にかかわらず、同項第五号又は第六号に掲げる項目の額が重要でないときは、これらの項目を区分せず、その差額を営業外損益として区分することができる。
③ 第一項の規定にかかわらず、同項第七号又は第八号に掲げる項目の額が重要でないときは、これらの項目を区分せず、その差額を特別損益として区分することができる。
④ 損益計算書の要旨の各項目は、適当な項目に細分することができる。
⑤ 損益計算書の要旨の各項目は、株式会社の損益の状態を明らかにするため必要があるときは、重要な適宜の項目に細分しなければならない。
⑥ 損益計算書の要旨の各項目は、当該項目に係る利益又は損失を示す適当な名称を付さなければならない。
⑦ 次の各号に掲げる額が存する場合には、当該額は、当該各号に定めるものとして表示しなければならない。ただし、次の各号に掲げる額（第九号及び第十号に掲げる額を除く。）が零未満である場合は、零から当該額を減じて得た額を当該各号に定めるものとして表示しなければならない。
一 売上総損益金額（零以上の額に限る。） 売上総利益金額
二 売上総損益金額（零未満の額に限る。） 売上総損失金額
三 営業損益金額（零以上の額に限る。） 営業利益金額
四 営業損益金額（零未満の額に限る。） 営業損失金額
五 経常損益金額（零以上の額に限る。） 経常利益金額
六 経常損益金額（零未満の額に限る。） 経常損失金額
七 税引前当期純損益金額（零以上の額に限る。） 税引前当期純利益金額
八 税引前当期純損益金額（零未満の額に限る。） 税引前当期純損失金額
九 当該事業年度に係る法人税等 その内容を示す名称を付した項目
十 法人税等調整額 その内容を示す名称を付した項目
十一 当期純損益金額（零以上の額に限る。） 当期純利益金額
十二 当期純損益金額（零未満の額に限る。） 当期純損失金額

第四節 雑則

（第一四四条から第一四六条まで）（略）

第三章 雑則

（貸借対照表等の電磁的方法による公開の方法）
第一四七条 法第四百四十条第三項の規定による措置は、会社法施行規則第二百二十二条第一項第一号ロに掲げる方法のうち、インターネットに接続された自動公衆送信装置（公衆の用に供する電気通信回線に接続することにより、その記録媒体のうち自動公衆送信の用に供する部分に記録され、又は当該装置に入力される情報を自動公衆送信する機能を有する装置をいう。）を

使用する方法によって行わなければならない。

（不適正意見がある場合等における公告事項）

第一四八条　次の各号のいずれかに該当する場合において、会計監査人設置会社が法第四百四十条第一項又は第二項の規定による公告（同条第三項に規定する措置を含む。以下この条において同じ。）をするときは、当該各号に定める事項を当該公告において明らかにしなければならない。

一　会計監査人が存しない場合（法第三百四十六条第四項の一時会計監査人の職務を行うべき者が存する場合を除く。）　会計監査人が存しない旨

二　第百三十条第三項の規定により監査を受けたものとみなされた場合　その旨

三　当該公告に係る計算書類についての会計監査報告に不適正意見がある場合　その旨

四　当該公告に係る計算書類についての会計監査報告が第百二十六条第一項第三号に掲げる事項を内容としているものである場合　その旨

第七編　株式会社の計算に係る計数等に関する事項

第一章　株式会社の剰余金の額

（最終事業年度の末日における控除額）

第一四九条　法第四百四十六条第一号ホに規定する法務省令で定める各勘定科目に計上した額の合計額は、第一号に掲げる額から第二号から第四号までに掲げる額の合計額を減じて得た額とする。

一　法第四百四十六条第一号イ及びロに掲げる額の合計額

二　法第四百四十六条第一号ハ及びニに掲げる額の合計額

三　その他資本剰余金の額

四　その他利益剰余金の額

（最終事業年度の末日後に生ずる控除額）

第一五〇条①　法第四百四十六条第七号に規定する法務省令で定める各勘定科目に計上した額の合計額は、第一号から第四号までに掲げる額の合計額から第五号から第八号までに掲げる額の合計額を減じて得た額とする。

一　最終事業年度の末日後に剰余金の額を減少して資本金の額又は準備金の額を増加した場合における当該減少額

二　最終事業年度の末日後に剰余金の配当をした場合における第二十三条第一号ロ及び第二号ロに掲げる額

三　最終事業年度の末日後に株式会社が吸収型再編受入行為に際して処分する自己株式に係る法第四百四十六条第二号に掲げる額

四　最終事業年度の末日後に株式会社が吸収分割会社又は新設分割会社となる吸収分割又は新設分割に際して剰余金の額を減少した場合における当該減少額

五　最終事業年度の末日後に株式会社が吸収型再編受入行為をした場合における当該吸収型再編受入行為に係る次に掲げる額の合計額

イ　当該吸収型再編後の当該株式会社のその他資本剰余金の額から当該吸収型再編の直前の当該株式会社のその他資本剰余金の額を減じて得た額

ロ　当該吸収型再編後の当該株式会社のその他利益剰余金の額から当該吸収型再編の直前の当該株式会社のその他利益剰余金の額を減じて得た額

六　最終事業年度の末日後に第二十一条の規定により増加したその他資本剰余金の額

七　最終事業年度の末日後に第四十二条の二第五項第一号の規定により変動したその他資本剰余金の額

八　最終事業年度の末日後に第四十二条の二第七項の規定により自己株式の額を増加した場合における当該増加額

②　前項の規定にかかわらず、最終事業年度のない株式会社における法第四百四十六条第七号に規定する法務省令で定める各勘定科目に計上した額の合計額は、第一号から第五号までに掲げる額の合計額から第六号から第十四号までに掲げる額の合計額を減じて得た額とする。

一　成立の日（法以外の法令により株式会社となったものにあっては、当該株式会社が株式会社となった日。以下この項において同じ。）後に法第百七十八条第一項の規定により自己株式の消却をした場合における当該自己株式の帳簿価額

二　成立の日後に剰余金の配当をした場合における当該剰余金の配当に係る法第四百四十六条第六号に掲げる額

三　成立の日後に剰余金の額を減少して資本金の額又は準備金の額を増加した場合における当該減少額

四　成立の日後に剰余金の配当をした場合における第二十三条第一号ロ及び第二号ロに掲げる額

五　成立の日後に株式会社が吸収分割会社又は新設分割会社となる吸収分割又は新設分割に際して剰余金の額を減少した場合における当該減少額

六　成立の日におけるその他資本剰余金の額

七　成立の日におけるその他利益剰余金の額

八　成立の日後に自己株式の処分をした場合（吸収型再編受入行為に際して自己株式の処分をした場合を除く。）における当該自己株式の対価の額から当該自己株式の帳簿価額を減じて得た額

九　成立の日後に資本金の額の減少をした場合における当該減少額（法第四百四十七条第一項第二号の額を除く。）

十　成立の日後に準備金の額の減少をした場合における当該減少額（法第四百四十八条第一項第二号の額を除く。）

十一　成立の日後に株式会社が吸収型再編受入行為をした場合における当該吸収型再編に係る次に掲げる額の合計額

イ　当該吸収型再編後の当該株式会社のその他資本剰余金の額から当該吸収型再編の直前の当該株式会社のその他資本剰余金の額を減じて得た額

ロ　当該吸収型再編後の当該株式会社のその他利益剰余金の額から当該吸収型再編の直前の当該株式会社のその他利益剰余金の額を減じて得た額

十二　成立の日後に第二十一条の規定により増加したその他資本剰余金の額

十三　成立の日後に第四十二条の二第五項第一号の規定により変動したその他資本剰余金の額

十四　成立の日後に第四十二条の二第七項の規定により自己株式の額を増加した場合における当該増加額

③　最終事業年度の末日後に持分会社が株式会社となった場合には、株式会社となった日における当該株式会社のその他資本剰余金の額及びその他利益剰余金の額の合計額を最終事業年度の末日における剰余金の額とみなす。

第二章　資本金等の額の減少

（欠損の額）

第一五一条　法第四百四十九条第一項第二号に規定する法務省令で定める方法は、次に掲げる額のうちいずれか高い額をもって欠損の額とする方法とする。

一　零

二　零から分配可能額を減じて得た額

（計算書類に関する事項）

第一五二条　法第四百四十九条第二項第二号に規定する法務省令で定めるものは、同項の規定による公告の日又は同項の規定による催告の日のいずれか早い日における次の各号に掲げる場合の区分に応じ、当該各号に定めるものとする。

一　最終事業年度に係る貸借対照表又はその要旨につき公告対象会社（法第四百四十九条第二項第二号の株式会社をいう。以下この条において同じ。）が法第四百四十条第一項又は第二項の規定による公告をしている場合　次に掲げるもの

イ　官報で公告をしているときは、当該官報の日付及び当該公告が掲載されている頁

ロ　時事に関する事項を掲載する日刊新聞紙で公告をしているときは、当該日刊新聞紙の名称、日付及び当該公告が掲

載されている頁

ハ　電子公告により公告をしているときは、法第九百十一条第三項第二十八号イに掲げる事項

二　最終事業年度に係る貸借対照表につき公告対象会社が法第四百四十条第三項に規定する措置をとっている場合　法第九百十一条第三項第二十六号に掲げる事項

三　公告対象会社が法第四百四十条第四項に規定する株式会社である場合において、当該株式会社が金融商品取引法第二十四条第一項の規定により最終事業年度に係る有価証券報告書を提出している場合　その旨

四　公告対象会社が会社法の施行に伴う関係法律の整備等に関する法律（平成十七年法律第八十七号）第二十八条の規定により法第四百四十条の規定が適用されないものである場合　その旨

五　公告対象会社につき最終事業年度がない場合　その旨

六　前各号に掲げる場合以外の場合　前編第二章の規定による最終事業年度に係る貸借対照表の要旨の内容

第三章　剰余金の処分

第一五三条①　法第四百五十二条後段に規定する法務省令で定める事項は、同条前段に規定する剰余金の処分（同条前段の株主総会の決議を経ないで剰余金の項目に係る額の増加又は減少をすべき場合における剰余金の処分を除く。）に係る次に掲げる事項とする。

一　増加する剰余金の項目

二　減少する剰余金の項目

三　処分する各剰余金の項目に係る額

②　前項に規定する「株主総会の決議を経ないで剰余金の項目に係る額の増加又は減少をすべき場合」とは、次に掲げる場合とする。

一　法令又は定款の規定（法第四百五十二条の規定及び同条前段の株主総会（法第四百五十九条の定款の定めがある場合にあっては、取締役会を含む。以下この項において同じ。）の決議によるべき旨を定める規定を除く。）により剰余金の項目に係る額の増加又は減少をすべき場合

二　法第四百五十二条前段の株主総会の決議によりある剰余金の項目に係る額の増加又は減少をさせた場合において、当該決議の定めるところに従い、同条前段の株主総会の決議を経ないで当該剰余金の項目に係る額の減少又は増加をすべきとき。

第四章　剰余金の配当に際しての金銭分配請求権

第一五四条　法第四百五十五条第二項第一号に規定する法務省令で定める方法は、次に掲げる額のうちいずれか高い額をもって配当財産の価格とする方法とする。

一　法第四百五十四条第四項第一号の期間の末日（以下この条において「行使期限日」という。）における当該配当財産を取引する市場における最終の価格（当該行使期限日に売買取引がない場合又は当該行使期限日が当該市場の休業日に当たる場合にあっては、その後最初になされた売買取引の成立価格）

二　行使期限日において当該配当財産が公開買付け等の対象であるときは、当該行使期限日における当該公開買付け等に係る契約における当該配当財産の価格

第五章　剰余金の分配を決定する機関の特則に関する要件

第一五五条　法第四百五十九条第二項及び第四百六十条第二項（以下この条において「分配特則規定」という。）に規定する法務省令で定める要件は、次のいずれにも該当することとする。

一　分配特則規定に規定する計算書類についての会計監査報告の内容に第百二十六条第一項第二号イに定める事項が含まれていること。

二　前号の会計監査報告に係る監査役会、監査等委員会又は監査委員会の監査報告の内容として会計監査人の監査の方法又は結果を相当でないと認める意見がないこと。

三　第百二十八条第二項後段、第百二十八条の二第一項後段又は第百二十九条第一項後段の規定により第一号の会計監査報告に係る監査役会、監査等委員会又は監査委員会の監査報告に付記された内容が前号の意見でないこと。

四　分配特則規定に規定する計算関係書類が第百三十二条第三項の規定により監査を受けたものとみなされたものでないこと。

第六章　分配可能額

第一五六条（臨時計算書類の利益の額）　法第四百六十一条第二項第二号イに規定する法務省令で定める各勘定科目に計上した額の合計額は、臨時計算書類の損益計算書に計上された当期純損益金額（零以上の額に限る。）とする。

第一五七条（臨時計算書類の損失の額）　法第四百六十一条第二項第五号に規定する法務省令で定める各勘定科目に計上した額の合計額は、零から臨時計算書類の損益計算書に計上された当期純損益金額（零未満の額に限る。）を減じて得た額とする。

第一五八条（その他減ずるべき額）　法第四百六十一条第二項第六号に規定する法務省令で定める各勘定科目に計上した額の合計額は、第一号から第八号までに掲げる額の合計額から第九号及び第十号に掲げる額の合計額を減じて得た額とする。

一　最終事業年度（法第四百六十一条第二項第二号に規定する場合にあっては、法第四百四十一条第一項第二号の期間（当該期間が二以上ある場合にあっては、その末日が最も遅いもの）。以下この号から第三号まで、第六号ハ、第八号イ及びロ並びに第九号において同じ。）の末日（最終事業年度がない場合（法第四百六十一条第二項第二号に規定する場合を除く。）にあっては、成立の日。以下この号から第三号まで、第六号ハ、第八号イ及びロ並びに第九号において同じ。）におけるのれん等調整額（資産の部に計上したのれんの額を二で除して得た額及び繰延資産の部に計上した額の合計額をいう。以下この号及び第四号において同じ。）が次のイからハまでに掲げる場合に該当する場合における当該イからハまでに定める額

イ　当該のれん等調整額が資本等金額（最終事業年度の末日における資本金の額及び準備金の額の合計額をいう。以下この号において同じ。）以下である場合　零

ロ　当該のれん等調整額が資本等金額及び最終事業年度の末日におけるその他資本剰余金の額の合計額以下である場合（イに掲げる場合を除く。）　当該のれん等調整額から資本等金額を減じて得た額

ハ　当該のれん等調整額が資本等金額及び最終事業年度の末日におけるその他資本剰余金の額の合計額を超えている場合　次に掲げる場合の区分に応じ、次に定める額

(1)　最終事業年度の末日におけるのれんの額を二で除して得た額が資本等金額及び最終事業年度の末日におけるその他資本剰余金の額の合計額以下の場合　当該のれん等調整額から資本等金額を減じて得た額

(2)　最終事業年度の末日におけるのれんの額を二で除して得た額が資本等金額及び最終事業年度の末日におけるその他資本剰余金の額の合計額を超えている場合　最終事業年度の末日におけるその他資本剰余金の額及び繰延資産の部に計上した額の合計額

二　最終事業年度の末日における貸借対照表のその他有価証券評価差額金の項目に計上した額（当該額が零以上である場合にあっては、零）を零から減じて得た額

三　最終事業年度の末日における貸借対照表の土地再評価差額

金の項目に計上した額（当該額が零以上である場合にあっては、零）を零から減じて得た額

四　株式会社が連結配当規制適用会社であるとき（第二条第三項第五十五号のある事業年度が最終事業年度である場合に限る。）は、イに掲げる額からロ及びハに掲げる額の合計額を減じて得た額（当該額が零未満である場合にあっては、零）

イ　最終事業年度の末日における貸借対照表の(1)から(3)までに掲げる額の合計額から(4)に掲げる額を減じて得た額

(1)　株主資本の額

(2)　その他有価証券評価差額金の項目に計上した額（当該額が零以上である場合にあっては、零）

(3)　土地再評価差額金の項目に計上した額（当該額が零以上である場合にあっては、零）

(4)　のれん等調整額（当該のれん等調整額が資本金の額、資本剰余金の額及び利益準備金の額の合計額を超えている場合にあっては、資本金の額、資本剰余金の額及び利益準備金の額の合計額）

ロ　最終事業年度の末日後に子会社から当該株式会社の株式を取得した場合における当該株式の取得直前の当該子会社における帳簿価額のうち、当該株式会社の当該子会社に対する持分に相当する額

ハ　最終事業年度の末日における連結貸借対照表の(1)から(3)までに掲げる額の合計額から(4)に掲げる額を減じて得た額

(1)　株主資本の額

(2)　その他有価証券評価差額金の項目に計上した額（当該額が零以上である場合にあっては、零）

(3)　土地再評価差額金の項目に計上した額（当該額が零以上である場合にあっては、零）

(4)　のれん等調整額（当該のれん等調整額が資本金の額及び資本剰余金の額の合計額を超えている場合にあっては、資本金の額及び資本剰余金の額の合計額）

五　最終事業年度の末日（最終事業年度がない場合にあっては、成立の日。第七号及び第十号において同じ。）後に二以上の臨時計算書類を作成した場合における最終の臨時計算書類以外の臨時計算書類に係る法第四百六十一条第二項第二号に掲げる額（同号ロに掲げる額のうち、吸収型再編受入行為及び特定募集（次の要件のいずれにも該当する場合におけるロの募集をいう。以下この条において同じ。）に際して処分する自己株式に係るものを除く。）から同項第五号に掲げる額を減じて得た額

イ　最終事業年度の末日後に法第百七十三条第一項の規定により当該株式会社の株式の取得（株式の取得に際して当該株式の株主に対してロの募集により当該株式会社が払込み又は給付を受けた財産のみを交付する場合における当該株式の取得に限る。）をすること。

ロ　法第二編第二章第八節の規定によりイの株式（当該株式の取得と同時に当該取得した株式の内容を変更する場合にあっては、当該変更後の内容の株式）の全部又は一部を引き受ける者の募集をすること。

ハ　イの株式の取得に係る法第百七十一条第一項第三号の日とロの募集に係る法第百九十九条第一項第四号の期日が同一の日であること。

六　三百万円に相当する額から次に掲げる額の合計額を減じて得た額（当該額が零未満である場合にあっては、零）

イ　資本金の額及び準備金の額の合計額

ロ　株式引受権の額

ハ　新株予約権の額

ニ　最終事業年度の末日の貸借対照表の評価・換算差額等の各項目に計上した額（当該項目に計上した額が零未満である場合にあっては、零）の合計額

七　最終事業年度の末日後株式会社が吸収型再編受入行為又は特定募集に際して処分する自己株式に係る法第四百六十一条第二項第二号ロに掲げる額

八　次に掲げる額の合計額

イ　最終事業年度の末日後に第二十一条の規定により増加したその他資本剰余金の額

ロ　最終事業年度の末日後に第四十二条の二第五項第一号の規定により変動したその他資本剰余金の額

ハ　最終事業年度がない株式会社が成立の日後に自己株式を処分した場合における当該自己株式の対価の額

九　最終事業年度の末日後に株式会社が当該株式会社の株式を取得した場合（法第百五十五条第十二号に掲げる場合以外の場合において、当該株式の取得と引換えに当該株式の株主に対して当該株式会社の株式を交付するときに限る。）における当該取得した株式の帳簿価額から次に掲げる額の合計額を減じて得た額

イ　当該取得に際して当該取得した株式の株主に交付する当該株式会社の株式以外の財産（社債等（自己社債及び自己新株予約権を除く。ロにおいて同じ。）を除く。）の帳簿価額

ロ　当該取得に際して当該取得した株式の株主に交付する当該株式会社の社債等に付すべき帳簿価額

十　最終事業年度の末日後に株式会社が吸収型再編受入行為又は特定募集に際して処分する自己株式に係る法第四百六十一条第二項第四号（最終事業年度がない場合にあっては、第八号）に掲げる額

（剰余金の配当等に関して責任をとるべき取締役等）

第一五九条　法第四百六十二条第一項各号列記以外の部分に規定する法務省令で定めるものは、次の各号に掲げる行為の区分に応じ、当該各号に定める者とする。

一　法第四百六十一条第一項第一号に掲げる行為　次に掲げる者

イ　株式の買取りによる金銭等の交付に関する職務を行った取締役及び執行役

ロ　法第百四十条第二項の株主総会において株式の買取りに関する事項について説明をした取締役及び執行役

ハ　分配可能額の計算に関する報告を監査役（監査等委員会及び監査委員会を含む。以下この条において同じ。）又は会計監査人が請求したときは、当該請求に応じて報告をした取締役及び執行役

二　法第四百六十一条第一項第二号に掲げる行為　次に掲げる者

イ　株式の取得による金銭等の交付に関する職務を行った取締役及び執行役

ロ　法第百五十六条第一項の規定による決定に係る株主総会において株式の取得に関する事項について説明をした取締役及び執行役

ハ　法第百五十六条第一項の規定による決定に係る取締役会において株式の取得に賛成した取締役

ニ　分配可能額の計算に関する報告を監査役又は会計監査人が請求したときは、当該請求に応じて報告をした取締役及び執行役

三　法第四百六十一条第一項第三号に掲げる行為　次に掲げる者

イ　株式の取得による金銭等の交付に関する職務を行った取締役及び執行役

ロ　法第百五十七条第一項の規定による決定に係る株主総会において株式の取得に関する事項について説明をした取締役及び執行役

ハ　法第百五十七条第一項の規定による決定に係る取締役会において株式の取得に賛成した取締役

ニ　分配可能額の計算に関する報告を監査役又は会計監査人が請求したときは、当該請求に応じて報告をした取締役及び執行役

四　法第四百六十一条第一項第四号に掲げる行為　次に掲げる者

イ　株式の取得による金銭等の交付に関する職務を行った取

締役及び執行役

ロ　法第百七十一条第一項の株主総会において株式の取得に関する事項について説明をした取締役及び執行役

ハ　分配可能額の計算に関する報告を監査役又は会計監査人が請求したときは、当該請求に応じて報告をした取締役及び執行役

五　法第四百六十一条第一項第五号に掲げる行為　次に掲げる者

イ　株式の買取りによる金銭等の交付に関する職務を行った取締役及び執行役

ロ　法第百七十五条第一項の株主総会において株式の買取りに関する事項について説明をした取締役及び執行役

ハ　分配可能額の計算に関する報告を監査役又は会計監査人が請求したときは、当該請求に応じて報告をした取締役及び執行役

六　法第四百六十一条第一項第六号に掲げる行為　次に掲げる者

イ　株式の買取りによる金銭等の交付に関する職務を行った取締役及び執行役

ロ　法第百九十七条第三項後段の規定による決定に係る株主総会において株式の買取りに関する事項について説明をした取締役及び執行役

ハ　法第百九十七条第三項後段の規定による決定に係る取締役会において株式の買取りに賛成した取締役

ニ　分配可能額の計算に関する報告を監査役又は会計監査人が請求したときは、当該請求に応じて報告をした取締役及び執行役

七　法第四百六十一条第一項第七号に掲げる行為　次に掲げる者

イ　株式の買取りによる金銭等の交付に関する職務を行った取締役及び執行役

ロ　法第二百三十四条第四項後段（法第二百三十五条第二項において準用する場合を含む。）の規定による決定に係る株主総会において株式の買取りに関する事項について説明をした取締役及び執行役

ハ　法第二百三十四条第四項後段（法第二百三十五条第二項において準用する場合を含む。）の規定による決定に係る取締役会において株式の買取りに賛成した取締役

ニ　分配可能額の計算に関する報告を監査役又は会計監査人が請求したときは、当該請求に応じて報告をした取締役及び執行役

八　法第四百六十一条第一項第八号に掲げる行為　次に掲げる者

イ　剰余金の配当による金銭等の交付に関する職務を行った取締役及び執行役

ロ　法第四百五十四条第一項の規定による決定に係る株主総会において剰余金の配当に関する事項について説明をした取締役及び執行役

ハ　法第四百五十四条第一項の規定による決定に係る取締役会において剰余金の配当に賛成した取締役

ニ　分配可能額の計算に関する報告を監査役又は会計監査人が請求したときは、当該請求に応じて報告をした取締役及び執行役

九　法第百十六条第一項各号の行為に係る同項の規定による請求に応じてする株式の取得　株式の取得による金銭等の交付に関する職務を行った取締役及び次のイからニまでに掲げる行為の区分に応じ、当該イからニまでに定める者

イ　その発行する全部の株式の内容として法第百七条第一項第一号に掲げる事項についての定めを設ける定款の変更　次に掲げる者

(1)　株主総会に当該定款の変更に関する議案を提案した取締役

(2)　(1)の議案の提案の決定に同意した取締役（取締役会設置会社の取締役を除く。）

(3)　(1)の議案の提案が取締役会の決議に基づいて行われたときは、当該取締役会の決議に賛成した取締役

ロ　ある種類の株式の内容として法第百八条第一項第四号又は第七号に掲げる事項についての定めを設ける定款の変更　次に掲げる者

(1)　株主総会に当該定款の変更に関する議案を提案した取締役

(2)　(1)の議案の提案の決定に同意した取締役（取締役会設置会社の取締役を除く。）

(3)　(1)の議案の提案が取締役会の決議に基づいて行われたときは、当該取締役会の決議に賛成した取締役

ハ　法第百十六条第一項第三号に規定する場合における同号イからハまで及びヘに掲げる行為　次に掲げる者

(1)　当該行為が株主総会の決議に基づいて行われたときは、当該株主総会に当該行為に関する議案を提案した取締役

(2)　(1)の議案の提案の決定に同意した取締役（取締役会設置会社の取締役を除く。）

(3)　(1)の議案の提案が取締役会の決議に基づいて行われたときは、当該取締役会の決議に賛成した取締役

(4)　当該行為が取締役会の決議に基づいて行われたときは、当該取締役会において当該行為に賛成した取締役

ニ　法第百十六条第一項第三号に規定する場合における同号ニ及びホに掲げる行為　次に掲げる者

(1)　当該行為に関する職務を行った取締役及び執行役

(2)　当該行為が株主総会の決議に基づいて行われたときは、当該株主総会に当該行為に関する議案を提案した取締役

(3)　(2)の議案の提案の決定に同意した取締役（取締役会設置会社の取締役を除く。）

(4)　(2)の議案の提案が取締役会の決議に基づいて行われたときは、当該取締役会の決議に賛成した取締役

(5)　当該行為が取締役会の決議に基づいて行われたときは、当該取締役会の決議に賛成した取締役

十　法第百八十二条の四第一項の規定による請求に応じてする株式の取得　次に掲げる者

イ　株式の取得による金銭等の交付に関する職務を行った取締役

ロ　法第百八十条第二項の株主総会に株式の併合に関する議案を提案した取締役

ハ　ロの議案の提案の決定に同意した取締役（取締役会設置会社の取締役を除く。）

ニ　ロの議案の提案が取締役会の決議に基づいて行われたときは、当該取締役会の決議に賛成した取締役

十一　法第四百六十五条第一項第四号に掲げる行為　株式の取得による金銭等の交付に関する職務を行った取締役及び執行役

十二　法第四百六十五条第一項第五号に掲げる行為　次に掲げる者

イ　株式の取得による金銭等の交付に関する職務を行った取締役及び執行役

ロ　法第百七条第二項第三号イの事由が株主総会の決議に基づいて生じたときは、当該株主総会に当該行為に関する議案を提案した取締役

ハ　ロの議案の提案の決定に同意した取締役（取締役会設置会社の取締役を除く。）

ニ　ロの議案の提案が取締役会の決議に基づいて行われたときは、当該取締役会の決議に賛成した取締役

ホ　法第百七条第二項第三号イの事由が取締役会の決議に基づいて生じたときは、当該取締役会の決議に賛成した取締役

第一六〇条　法第四百六十二条第一項第一号イに規定する法務省

令で定めるものは、次に掲げる者とする。
一　株主総会に議案を提案した取締役
二　前号の議案の提案の決定に同意した取締役（取締役会設置会社の取締役を除く。）
三　第一号の議案の提案が取締役会の決議に基づいて行われたときは、当該取締役会において当該取締役会の決議に賛成した取締役

第一六一条　法第四百六十二条第一項第一号ロに規定する法務省令で定めるものは、取締役会に議案を提案した取締役及び執行役とする。

第八編　持分会社の計算に係る計数等に関する事項

（第一六二条から第一六六条まで）（略）

附　則（抄）

（施行期日）

第一条　この省令は、法の施行の日（平成一八・五・一）から施行する。

（募集株式の交付に係る費用等に関する特則）

第一一条　次に掲げる規定に掲げる額は、当分の間、零とする。
一　第十四条第一項第三号
二　第十七条第一項第四号
三　第十八条第一項第二号
四　（略）
五　第四十二条の二第一項第二号
六　第四十二条の三第一項第二号
七　第四十三条第一項第三号
八　（略）

附　則（令和三・一二・一三法務四五）

（施行期日）

第一条　この省令は、公布の日から施行する。

（失効）

第二条　（前略）この省令による改正後の会社計算規則（中略）第百三十三条の二の規定は、令和五年二月二十八日限り、その効力を失う。ただし、同日までに招集の手続が開始された定時株主総会に係る（中略）提供計算書類（会社計算規則第百三十三条第一項に規定する提供計算書類をいう。）の提供については、これらの規定は、なおその効力を有する。

○社債、株式等の振替に関する法律（抄）（平成一三・六・二七 法 七五）

施行 平成一四・四・一（附則参照）
題名改正 平成一四法六五（旧・短期社債等の振替に関する法律）、平成一六法八八（旧・社債等の振替に関する法律）
最終改正 令和四法六八

目次

第一章 総則

（目的）

第一条 この法律は、社債、株式その他の有価証券に表示されるべき権利の振替に関し、振替を行う振替機関及び口座管理機関、振替に関する手続並びに権利を有する者の保護を図るための加入者保護信託その他の必要な事項を定めることにより、社債、株式その他の有価証券に表示されるべき権利の流通の円滑化を図ることを目的とする。

（定義）

第二条① この法律において「社債等」とは、次に掲げるものをいう。

一 社債（第十四号に掲げるものを除く。以下同じ。）
二 国債
三 地方債
四 投資信託及び投資法人に関する法律（昭和二十六年法律第百九十八号）に規定する投資法人債

五　保険業法（平成七年法律第百五号）に規定する相互会社の社債
六　資産の流動化に関する法律（平成十年法律第百五号）に規定する特定社債（第十九号及び第二十号に掲げるものを除く。以下同じ。）
七　特別の法律により法人の発行する債券に表示されるべき権利（第一号及び第四号から前号までに掲げるものを除く。以下同じ。）
八　投資信託及び投資法人に関する法律に規定する投資信託又は外国投資信託の受益権
九　貸付信託法（昭和二十七年法律第百九十五号）に規定する貸付信託の受益権
十　資産の流動化に関する法律に規定する特定目的信託の受益権
十の二　信託法（平成十八年法律第百八号）に規定する受益証券発行信託の受益権
十一　外国又は外国法人の発行する債券（新株予約権付社債券の性質を有するものを除く。以下同じ。）に表示されるべき権利
十二　株式
十三　新株予約権
十四　新株予約権付社債
十五　投資信託及び投資法人に関する法律に規定する投資口
十六　協同組織金融機関の優先出資に関する法律（平成五年法律第四十四号）に規定する優先出資
十七　資産の流動化に関する法律に規定する優先出資
十七の二　投資信託及び投資法人に関する法律に規定する新投資口予約権
十八　資産の流動化に関する法律に規定する新優先出資の引受権
十九　資産の流動化に関する法律に規定する転換特定社債
二十　資産の流動化に関する法律に規定する新優先出資引受権付特定社債
二十一　金融商品取引法（昭和二十三年法律第二十五号）第二条第一項第二十一号に掲げる政令で定める証券又は証書に表示されるべき権利のうち、その権利の帰属が振替口座簿の記載又は記録により定まるものとすることが適当であるものとして政令で定めるもの
②　この法律において「振替機関」とは、次条第一項の規定により主務大臣の指定を受けた株式会社をいう。
③　この法律において「加入者」とは、振替機関等が第十二条第一項又は第四十四条第一項若しくは第二項の規定により社債等の振替を行うための口座を開設した者をいう。
④　この法律において「口座管理機関」とは、第四十四条第一項の規定による口座の開設を行った者及び同条第二項に規定する場合における振替機関をいう。
⑤　この法律において「振替機関等」とは、振替機関及び口座管理機関をいう。
⑥　この法律において「直近上位機関」とは、加入者にとってその口座が開設されている振替機関等をいう。
⑦　この法律において「上位機関」とは、次のいずれかに該当するものをいう。
一　直近上位機関
二　直近上位機関の直近上位機関
三　前号又はこの号の規定により上位機関に該当するものの直近上位機関
⑧　この法律において「直近下位機関」とは、振替機関等が第十二条第一項又は第四十四条第一項若しくは第二項の規定により口座を開設した口座管理機関をいう。
⑨　この法律において「下位機関」とは、次のいずれかに該当するものをいう。
一　直近下位機関
二　直近下位機関の直近下位機関
三　前号又はこの号の規定により下位機関に該当するものの直近下位機関
⑩　この法律において「共通直近上位機関」とは、複数の加入者に共通する上位機関であって、その下位機関のうちに当該各加入者に共通する上位機関がないものをいう。
⑪　この法律において「加入者保護信託」とは、この法律の定めるところにより設定された信託であって、第六十条の規定による支払を行うことにより加入者の保護を図り、社債等の振替に対する信頼を維持することを目的とするものをいう。

第二章　振替機関等（抄）

第一節　通則（抄）

（振替業を営む者の指定）
第三条①　主務大臣は、次に掲げる要件を備える者を、その申請により、この法律の定めるところにより第八条に規定する業務（以下「振替業」という。）を営む者として、指定することができる。
一　次に掲げる機関を置く株式会社であること。
イ　取締役会
ロ　監査役会、監査等委員会又は指名委員会等（会社法（平成十七年法律第八十六号）第二条第十二号に規定する指名委員会等をいう。）
ハ　会計監査人
二　第二十二条第一項の規定によりこの項の指定を取り消された日から五年を経過しない者でないこと。
三　この法律又はこれに相当する外国の法令の規定に違反し、罰金の刑（これに相当する外国の法令による刑を含む。）に処せられ、その刑の執行を終わり、又はその刑の執行を受けることがなくなった日から五年を経過しない者でないこと。
四　取締役、会計参与、監査役又は執行役のうちに次のいずれかに該当する者がないこと。
イ　心身の故障のため職務を適正に執行することができない者として主務省令で定めるもの
ロ　破産手続開始の決定を受けて復権を得ない者又は外国の法令上これと同様に取り扱われている者
ハ　禁錮以上の刑（これに相当する外国の法令による刑を含む。）に処せられ、その刑の執行を終わり、又はその刑の執行を受けることがなくなった日から五年を経過しない者

＊令和四法六八（令和七・六・一六までに施行）**による改正**
第四号ハ中「禁錮」を「拘禁刑」に改める。（本文未織込み）

ニ　第二十二条第一項の規定によりこの項の指定を取り消された場合又はこの法律に相当する外国の法令の規定により当該外国において受けているこの項の指定に類する行政処分を取り消された場合において、その取消しの日前三十日以内にその会社の取締役、会計参与、監査役又は執行役（外国の法令上これらと同様に取り扱われている者を含む。ホにおいて同じ。）であった者でその取消しの日から五年を経過しない者
ホ　第二十二条第一項の規定又はこの法律に相当する外国の法令の規定により解任を命ぜられた取締役、会計参与、監査役又は執行役でその処分を受けた日から五年を経過しない者
ヘ　この法律、会社法若しくはこれらに相当する外国の法令の規定に違反し、又は刑法（明治四十年法律第四十五号）第二百四条、第二百六条、第二百八条、第二百八条の二、第二百二十二条若しくは第二百四十七条の罪、暴力行為等処罰に関する法律（大正十五年法律第六十号）の罪若しくは暴力団員による不当な行為の防止等に関する法律（平成三年法律第七十七号）第四十六条から第四十九条まで、第五十条（第一号に係る部分に限る。）若しくは第五十一条の

罪を犯し、罰金の刑（これに相当する外国の法令による刑を含む。）に処せられ、その刑の執行を終わり、又はその刑の執行を受けることがなくなった日から五年を経過しない者

五　定款及び振替業（第四十四条第二項に規定する場合を除く。）の実施に関する規程（以下「業務規程」という。）が、法令に適合し、かつ、この法律の定めるところにより振替業を適正かつ確実に遂行するために十分であると認められること。

六　振替業を健全に遂行するに足りる財産的基礎を有し、かつ、振替業に係る収支の見込みが良好であると認められること。

七　その人的構成に照らして、振替業を適正かつ確実に遂行することができる知識及び経験を有し、かつ、十分な社会的信用を有すると認められること。

②　主務大臣は、前項の指定をしたときは、その指定した振替機関の商号及び本店の所在地を官報で公示しなければならない。

第四条から第七条まで（略）

第二節　業務（抄）

（**振替機関の業務**）

第八条　振替機関は、この法律及び業務規程の定めるところにより、社債等の振替に関する業務を行うものとする。

第九条及び第一〇条（略）

（**業務規程**）

第一一条①　振替機関は、業務規程において、次に掲げる事項を定めなければならない。

一　取り扱う社債等に関する事項

二　加入者の口座に関する事項

三　振替口座簿の記載又は記録に関する事項

四　取り扱う社債等に応じた（中略）第百四十五条第一項（中略）に規定する場合の振替機関の義務の履行に関する事項

五　加入者が口座管理機関である場合における次に掲げる事項

イ　口座管理機関とその加入者との契約に関する事項

ロ　取り扱う社債等に応じた（中略）第百四十六条第一項（中略）に規定する場合の口座管理機関の義務の履行に関する事項

ハ　口座管理機関が法令、法令に基づく行政官庁の処分又は業務規程に違反した場合の措置に関する事項

ニ　口座管理機関において第十九条に規定する事故が生じた場合の報告に関する事項

六　第三十三条に規定する加入者集会に関する事項

七　前各号に掲げるもののほか、振替業の実施に必要な事項として主務省令で定める事項

②　前項第五号に掲げる事項には、各口座管理機関（第四十四条第一項第十三号に掲げる者を除く。）が、その加入者（同号に掲げる者、金融商品取引法第二条第三項第一号に規定する適格機関投資家及び国、地方公共団体その他の政令で定める者を除く。以下この項及び第三章において同じ。）に対して、当該加入者の上位機関（保証が行われない場合においても加入者の保護に支障がない者として主務省令で定めるものを除く。）が取り扱う社債等に応じて当該加入者に対して負う（中略）第百四十七条第二項（中略）、第百四十八条第二項（中略）に規定する義務の全部の履行を連帯して保証する旨を含むものでなければならない。

（**口座の開設及び振替口座簿の備付け**）

第一二条①　振替機関は、業務規程の定めるところにより、他の者のために、その申出により社債等の振替を行うための口座を開設しなければならない。

②　振替機関は（中略）、第百四十五条第一項及び第三項（中略）の義務を履行する目的のため、自己のために社債等の振替を行うための口座（以下「機関口座」という。）を開設することができる。

③　振替機関は、振替口座簿を備えなければならない。

（**発行者の同意**）

第一三条①　振替機関は、あらかじめ発行者から当該振替機関において取り扱うことについて同意を得た社債等でなければ、取り扱うことができない。

②　前項の場合において、発行者は、特定の種類の社債等について一の振替機関に同意をしたときは、当該社債等について他の振替機関に同意をしてはならない。

③　発行者は、第一項の同意を撤回することができない。

第一四条（略）

第三節　監督　から　第六節　解散等　まで

（第一五条から第四三条まで）（略）

第七節　口座管理機関（抄）

（**口座管理機関の口座の開設**）

第四四条①　次に掲げる者は、この法律及び振替機関の業務規程の定めるところにより、他の者のために、その申出により社債等の振替を行うための口座を開設することができる。この場合において、あらかじめ当該振替機関又は当該振替機関に係る他の口座管理機関（主務省令で定める者を除く。）から社債等の振替を行うための口座の開設を受けなければならない。

一　金融商品取引業者（同法第二十八条第一項に規定する第一種金融商品取引業を行う者（同法第二十九条の四の二第九項に規定する第一種少額電子募集取扱業者を除く。）に限る。）

二　銀行法（昭和五十六年法律第五十九号）第二条第一項に規定する銀行（同法第四十七条第一項の規定により同法第四条第一項の内閣総理大臣の免許を受けた支店を含む。）

三　長期信用銀行法（昭和二十七年法律第百八十七号）第二条に規定する長期信用銀行

四　信託会社

五　株式会社商工組合中央金庫

六　農林中央金庫

七　農業協同組合法（昭和二十二年法律第百三十二号）第十条第一項第三号の事業を行う農業協同組合及び農業協同組合連合会

八　水産業協同組合法（昭和二十三年法律第二百四十二号）第十一条第一項第四号の事業を行う漁業協同組合及び同法第八十七条第一項第四号の事業を行う漁業協同組合連合会並びに同法第九十三条第一項第二号の事業を行う水産加工業協同組合及び同法第九十七条第一項第二号の事業を行う水産加工業協同組合連合会

九　信用協同組合及び中小企業等協同組合法（昭和二十四年法律第百八十一号）第九条の九第一項第一号の事業を行う協同組合連合会

十　信用金庫及び信用金庫連合会

十一　労働金庫及び労働金庫連合会

十二　前各号に掲げる者以外の者であって我が国の法令により業として他人の社債等の管理を行うことが認められるもののうち、主務省令で定める者

十三　外国において他人の社債等又は社債等に類する権利の管理を行うことにつき、当該外国の法令の規定により当該外国において免許又は登録その他これに類する処分を受けている者であって、主務大臣が指定する者

②　振替機関が、他の振替機関の業務規程の定めるところにより、他の者のために、その申出により社債等の振替を行うための口座を開設する場合には、あらかじめ当該他の振替機関又は当該他の振替機関に係る口座管理機関（主務省令で定める者を除く。）から社債等の振替を行うための口座の開設を受けなければならない。

（**口座管理機関の業務**）

第四五条①　口座管理機関は、この法律及び上位機関である振替

機関の業務規程の定めるところにより、口座管理機関として振替業を行うものとする。

②　口座管理機関は、振替口座簿を備えなければならない。

第四六条　（略）

第八節　日本銀行が振替業を営む場合の特例

（第四七条から第五〇条まで）（略）

第三章　加入者保護信託

（第五一条から第六五条の二まで）（略）

第四章　社債の振替（抄）

第一節　通則

（権利の帰属）

第六六条　次に掲げる社債で振替機関が取り扱うもの（以下この章において「振替社債」という。）についての権利（第七十三条に規定する利息の請求権を除く。）の帰属は、この章の規定による振替口座簿の記載又は記録により定まるものとする。

一　次に掲げる要件の全てに該当する社債（以下この章において「短期社債」という。）

イ　各社債の金額が一億円を下回らないこと。

ロ　元本の償還について、社債の総額の払込みのあった日から一年未満の日とする確定期限の定めがあり、かつ、分割払の定めがないこと。

ハ　利息の支払期限を、ロの元本の償還期限と同じ日とする旨の定めがあること。

ニ　担保付社債信託法（明治三十八年法律第五十二号）の規定により担保が付されるものでないこと。

二　当該社債の発行の決定において、当該決定に基づき発行する社債の全部についてこの法律の規定の適用を受けることとする旨を定めた社債

（社債券の不発行）

第六七条①　振替社債については、社債券を発行することができない。

②　振替社債の社債権者は、当該振替社債を取り扱う振替機関が第二十二条第一項の規定により第三条第一項の指定を取り消された場合若しくは第四十一条第一項の規定により当該指定が効力を失った場合であって当該振替機関の振替業を承継する者が存しないとき、又は当該振替社債が振替機関によって取り扱われなくなったときは、前項の規定にかかわらず、発行者に対し、社債券の発行を請求することができる。

③　前項の社債券は、無記名式とする。

第二節　振替口座簿　及び　第三節　振替の効果等

（第六八条から第八二条まで）（略）

第四節　会社法の特例（抄）

（短期社債の発行等に関する会社法の特例）

第八三条①　短期社債には、新株予約権を付することができない。

②　短期社債については、社債原簿を作成することを要しない。

③　短期社債については、会社法第四編第三章の規定は、適用しない。

（社債の発行に関する会社法の特例）

第八四条①　振替社債の発行者は、当該振替社債についての会社法第六百七十七条第一項の規定による通知において、当該振替社債についてこの法律の規定の適用がある旨を示さなければならない。ただし、短期社債については、この限りでない。

②　振替社債についての社債原簿には、当該振替社債についてこの法律の規定の適用がある旨を記載し、又は記録しなければならない。

③　振替社債の引受けの申込みをする者は、自己のために開設された当該振替社債の振替を行うための口座を会社法第六百七十七条第二項の書面に記載し、又は同法第六百七十九条の契約を締結する際に当該口座を当該振替社債の発行者に示さなければならない。

④　会社法第六百六十六条第一項本文の規定による請求により振替社債の交付を受けようとする者は、自己のために開設された当該振替社債の振替を行うための口座（特別口座を除く。）を当該振替社債を交付する会社に示さなければならない。

（超過記載又は記録に係る義務の不履行の場合における社債権者の議決権等）

第八五条①　第八十条第一項又は第八十一条第一項の場合においては、各社債権者は、会社法第七百二十三条第一項の規定にかかわらず、その有する社債の金額（振替機関分制限額及び口座管理機関分制限額の合計額を除く。）に応じて、社債権者集会における議決権を有する。

②　会社法第七百十八条第一項及び第七百三十六条第一項並びに担保付社債信託法第四十九条第一項の規定の適用については、第八十条第一項又は第八十一条第一項の社債権者は、振替機関分制限額及び口座管理機関分制限額については、社債を有しないものとみなす。

（証明書の提示）

第八六条①　振替社債の社債権者が、会社法第七百十八条第一項の規定による社債権者集会の招集の請求、同条第三項の規定による社債権者集会の招集、社債権者集会における議決権の行使又は担保付社債信託法第四十九条第一項の規定による担保物の保管の状況の検査をするには、第三項本文の規定により書面の交付を受けた上、次の各号に掲げる場合の区分に応じ、それぞれ当該各号に定める者に当該書面を提示しなければならない。

一　社債管理者がある場合　当該社債管理者

二　社債管理補助者がある場合　当該社債管理補助者

三　担保付社債信託法第二条第一項に規定する信託契約の受託会社がある場合　当該受託会社

四　前三号に掲げる場合以外の場合　発行者

②　振替社債の社債権者が社債権者集会において議決権を行使するには、社債権者集会の日の一週間前までに前項の規定による提示をし、かつ、社債権者集会の日に当該提示をしなければならない。

③　振替社債の社債権者は、その直近上位機関に対し、当該直近上位機関が備える振替口座簿の自己の口座に記載され、又は記録されている当該振替社債についての第六十八条第三項各号に掲げる事項を証明した書面の交付を請求することができる。ただし、当該振替社債について、既にこの項の規定による書面の交付を受けた者であって、当該書面を当該直近上位機関に返還していないものについては、この限りでない。

④　前項本文の規定により書面の交付を受けた社債権者は、当該書面を同項の直近上位機関に返還するまでの間は、当該書面における証明の対象となった振替社債について、振替の申請又は抹消の申請をすることができない。

第八六条の二から第八六条の四まで　（略）

第五節　雑則

（第八七条）（略）

第五章　国債の振替

（第八八条から第一一二条まで）（略）

第六章　地方債等の振替

（第一一三条から第一二七条まで）（略）

第六章の二　受益証券発行信託の受益権の振替

（第一二七条の二から第一二七条の三二まで）（略）

第七章　株式の振替

第一節　通則

第一二八条①　株券を発行する旨の定款の定めがない会社の株式

（譲渡制限株式を除く。）で振替機関が取り扱うもの（以下「振替株式」という。）についての権利の帰属は、この章の規定による振替口座簿の記載又は記録により定まるものとする。

② 発行者が、その株式について第十三条第一項の同意を与えるには、発起人全員の同意又は取締役会の決議によらなければならない。

第二節　振替口座簿

（振替口座簿の記載又は記録事項）

第一二九条① 振替口座簿は、各加入者の口座ごとに区分する。

② 振替口座簿中の口座管理機関の口座は、次に掲げるものに区分する。

一 当該口座管理機関が振替株式についての権利を有するものを記載し、又は記録する口座（以下この章において「自己口座」という。）

二 当該口座管理機関又はその下位機関の加入者が振替株式についての権利を有するものを記載し、又は記録する口座（以下この章において「顧客口座」という。）

③ 振替口座簿中の各口座（顧客口座を除く。）には、次に掲げる事項を記載し、又は記録する。

一 加入者の氏名又は名称及び住所

二 発行者の商号及び発行者が種類株式発行会社であるときは、振替株式の種類（以下この章において「銘柄」という。）

三 銘柄ごとの数（次号に掲げるものを除く。）

四 加入者が質権者であるときは、その旨、質権の目的である振替株式の銘柄ごとの数、当該数のうち株主ごとの数並びに当該株主の氏名又は名称及び住所

五 加入者が信託の受託者であるときは、その旨及び前二号の数のうち信託財産であるものの数

六 第三号又は第四号の数の増加又は減少の記載又は記録がされたときは、増加又は減少の別、その数及び当該記載又は記録がされた日

七 その他政令で定める事項

④ 振替口座簿中の顧客口座には、次に掲げる事項を記載し、又は記録する。

一 前項第一号及び第二号に掲げる事項

二 銘柄ごとの数

三 その他政令で定める事項

⑤ 振替機関が機関口座を開設する場合には、振替口座簿に機関口座の区分を設け、次に掲げる事項を記載し、又は記録する。

一 銘柄

二 銘柄ごとの数

三 その他政令で定める事項

⑥ 振替口座簿は、電磁的記録（主務省令で定めるものに限る。）で作成することができる。

（振替株式の発行時等の新規記載又は記録手続）

第一三〇条① 特定の銘柄の振替株式の発行者は、当該振替株式を発行した日以後（当該発行者が会社の成立後にその株式について第十三条第一項の同意を与える場合にあっては、当該同意（以下この項において「成立後同意」という。）をした日以後）遅滞なく、当該発行者が同条第一項の同意を与えた振替機関に対し、次に掲げる事項の通知をしなければならない。

一 当該発行又は成立後同意に係る振替株式の銘柄

二 前号の振替株式の株主又は登録株式質権者（会社法第百五十二条第一項に規定する登録株式質権者をいう。以下同じ。）である加入者の氏名又は名称

三 前号の加入者のために開設された第一号の振替株式の振替を行うための口座

四 加入者ごとの第一号の振替株式の数（次号に掲げるものを除く。）

五 加入者が登録株式質権者であるときは、その旨、加入者ごとの質権の目的である第一号の振替株式の数及び当該数のうち株主ごとの数

六 前号の株主の氏名又は名称及び住所

七 加入者が信託の受託者であるときは、その旨並びに第四号及び第五号の数のうち信託財産であるものの数

八 前条第三項第七号に掲げる事項のうち、発行者が知り得る事項として政令で定める事項

九 第一号の振替株式の総数その他主務省令で定める事項

② 前項の通知があった場合には、当該通知を受けた振替機関は、直ちに、当該通知に係る振替株式の銘柄について、次に掲げる措置を執らなければならない。

一 当該振替機関が前項第三号の口座を開設したものである場合には、次に掲げる記載又は記録

イ 当該口座の前条第三項第三号に掲げる事項を記載し、又は記録する欄（以下この章において「保有欄」という。）における前項第二号の加入者（同号の株主であるものに限る。）に係る同項第四号の数の増加の記載又は記録

ロ 当該口座の前条第三項第四号に掲げる事項を記載し、又は記録する欄（以下この章において「質権欄」という。）における前項第二号の加入者（同号の登録株式質権者であるものに限る。）に係る同項第五号の振替株式の数及び当該数のうち株主ごとの数の増加の記載又は記録

ハ 当該口座の質権欄における前項第六号に掲げる事項の記載又は記録

ニ 当該口座における前項第七号の信託財産であるものの数の増加の記載又は記録

ホ 当該口座における前項第八号に掲げる事項の記載又は記録

二 当該振替機関が前項第三号の口座を開設したものでない場合には、その直近下位機関であって同項第二号の加入者の上位機関であるものの口座の顧客口座における当該加入者に係る同項第四号の数と同項第五号の振替株式の数を合計した数の増加の記載又は記録及び当該直近下位機関に対する同項第一号から第八号までに掲げる事項の通知

③ 前項の規定は、同項第二号（この項において準用する場合を含む。）の通知があった場合における当該通知を受けた口座管理機関について準用する。

（会社が株主等の口座を知ることができない場合に関する手続）

第一三一条① 会社が特定の銘柄の振替株式を交付しようとする場合において、当該振替株式の株主又は登録株式質権者のために開設された振替株式の振替を行うための口座を知ることができないときは、当該会社（新設合併に際して振替株式を交付する場合その他の主務省令で定める場合にあっては、当該会社に準ずる者として主務省令で定めるもの。以下この条において「通知者」という。）は、次に掲げる事項を第一号の一定の日の一月前までに当該振替株式の株主又は登録株式質権者となるべき者に通知しなければならない。

一 会社が一定の日における当該振替株式の株主（登録株式質権者があるときは、その質権の目的である株式の株主を除く。）及び当該登録株式質権者について前条第一項の通知又は振替の申請をする旨

二 前号の株主又は登録株式質権者のために開設された当該振替株式の振替を行うための口座（第三項本文の申出により振替機関等が開設した口座を除く。）を同号の一定の日までに通知者に通知すべき旨

三 第三項本文の申出により口座を開設する振替機関等の氏名又は名称及び住所

四 その他主務省令で定める事項

② 前項の通知者が同項の会社以外の者である場合には、当該通知者は、同項第一号の一定の日において、当該会社に対し、同号の株主又は登録株式質権者が通知した同項第二号の口座を通知しなければならない。

③ 第一項第一号の株主又は登録株式質権者が同号の一定の日までに同項第二号の口座を通知者に通知しなかった場合には、会

社は、同項第三号の振替機関等に対して当該株主又は当該登録株式質権者のために振替株式の振替を行うための口座（以下この章において「特別口座」という。）の開設の申出をしなければならない。ただし、当該会社が当該株主又は当該登録株式質権者のために開設の申出をした特別口座があるときは、この限りでない。

④ 会社が第一項の振替株式に係る株式の発行者である場合において、同項第一号の一定の日までに第十三条第一項の同意を与えていないときは、速やかに、当該株式について振替機関に同項の同意を与えなければならない。

⑤ 第一項に規定する場合において、会社が前条第一項の通知をするときは、第一項第一号の株主又は登録株式質権者から通知を受けた同項第二号の口座（当該通知がないときは、当該会社が開設の申出をした特別口座）を同条第一項第三号の口座として同項の通知をしなければならない。

（振替手続）

第一三二条① 特定の銘柄の振替株式について、振替の申請があった場合には、振替機関等は、第四項から第八項までの規定により、当該申請において第三項の規定により示されたところに従い、その備える振替口座簿における減少若しくは増加の記載若しくは記録又は通知をしなければならない。

② 前項の申請は、この法律に別段の定めがある場合を除き、振替によりその口座（顧客口座を除く。）において減少の記載又は記録がされる加入者が、その直近上位機関に対して行うものとする。

③ 第一項の申請をする者は、当該申請において、次に掲げる事項を示さなければならない。

一 当該振替において減少及び増加の記載又は記録がされるべき振替株式の銘柄及び数

二 前項の加入者の口座において減少の記載又は記録がされるのが保有欄であるか、又は質権欄であるかの別

三 前号の口座において減少の記載又は記録がされるのが質権欄である場合には、当該記載又は記録がされるべき振替株式についての株主の氏名又は名称及び住所並びに第一号の数（以下この条において「振替数」という。）のうち当該株主ごとの数

四 増加の記載又は記録がされるべき口座（顧客口座を除く。以下この章において「振替先口座」という。）

五 振替先口座（機関口座を除く。）において増加の記載又は記録がされるのが保有欄であるか、又は質権欄であるかの別

六 振替先口座（機関口座を除く。）において増加の記載又は記録がされるのが質権欄である場合には、振替数のうち株主ごとの数並びに当該株主の氏名又は名称及び住所

④ 第一項の申請があった場合には、当該申請を受けた振替機関等は、遅滞なく、次に掲げる措置を執らなければならない。

一 第二項の加入者の口座の前項第二号の規定により示された保有欄又は質権欄における次に掲げる記載又は記録

イ 振替数についての減少の記載又は記録

ロ イの減少の記載又は記録がされるのが質権欄である場合には、前項第三号の株主ごとの数の減少の記載又は記録

二 当該振替機関等が当該振替に係る共通直近上位機関でない場合には、直近上位機関に対する前項第一号及び第四号から第六号までの規定により示された事項の通知

三 当該振替機関等が当該振替に係る共通直近上位機関であり、かつ、振替先口座を開設したものである場合には、当該振替先口座の前項第五号の規定により示された保有欄又は質権欄（機関口座にあっては、第百二十九条第五項第二号に掲げる事項を記載し、又は記録する欄。以下この条において「振替先欄」という。）における振替数についての増加の記載又は記録

四 前号の場合において、当該振替先欄が質権欄であるときは、当該質権欄における次に掲げる記載又は記録

イ 前項第六号の株主ごとの数についての増加の記載又は記録

ロ 当該株主の氏名又は名称及び住所の記載又は記録

五 当該振替機関等が当該振替に係る共通直近上位機関であり、かつ、振替先口座を開設したものでない場合には、その直近下位機関であって当該振替先口座の加入者の上位機関であるものの口座の顧客口座における振替数についての増加の記載又は記録並びに当該直近下位機関に対する前項第一号及び第四号から第六号までの規定により示された事項の通知

⑤ 前項第二号の通知があった場合には、当該通知を受けた振替機関等は、直ちに、次に掲げる措置を執らなければならない。

一 当該通知をした口座管理機関の口座の顧客口座における振替数についての減少の記載又は記録

二 当該振替機関等が当該振替に係る共通直近上位機関でない場合には、直近上位機関に対する前項第二号の規定により通知を受けた事項の通知

三 当該振替機関等が当該振替に係る共通直近上位機関であり、かつ、振替先口座を開設したものである場合には、当該振替先口座の振替先欄における振替数についての増加の記載又は記録

四 前号の場合において、当該振替先欄が質権欄であるときは、当該質権欄における前項第四号イ及びロに掲げる記載又は記録

五 当該振替機関等が当該振替に係る共通直近上位機関であり、かつ、振替先口座を開設したものでない場合には、その直近下位機関であって当該振替先口座の加入者の上位機関であるものの口座の顧客口座における振替数についての増加の記載又は記録及び当該直近下位機関に対する前項第二号の規定により通知を受けた事項の通知

⑥ 前項の規定は、同項第二号（この項において準用する場合を含む。）の通知があった場合における当該通知を受けた振替機関等について準用する。

⑦ 第四項第五号又は第五項第五号（前項において準用する場合を含む。以下この項において同じ。）の通知があった場合には、当該通知を受けた口座管理機関は、直ちに、次に掲げる措置を執らなければならない。

一 当該口座管理機関が振替先口座を開設したものである場合には、当該振替先口座の振替先欄における振替数についての増加の記載又は記録

二 前号の場合において、当該振替先欄が質権欄であるときは、当該質権欄における第四項第四号イ及びロに掲げる記載又は記録

三 当該口座管理機関が振替先口座を開設したものでない場合には、その直近下位機関であって当該振替先口座の加入者の上位機関であるものの口座の顧客口座における振替数についての増加の記載又は記録及び当該直近下位機関に対する第四項第五号又は第五項第五号の規定により通知を受けた事項の通知

⑧ 前項の規定は、同項第三号（この項において準用する場合を含む。）の通知があった場合における当該通知を受けた口座管理機関について準用する。

（特別口座に記載又は記録がされた振替株式についての振替手続等に関する特例）

第一三三条① 加入者は、特別口座に記載され、又は記録された振替株式については、当該加入者又は当該振替株式の発行者の口座以外の口座を振替先口座とする振替の申請をすることができない。

② 特定の銘柄の振替株式に係る第百三十条第一項の通知又は振替の申請の前に当該振替株式となる前の株式を取得した者であって株主名簿に記載又は記録がされていないものその他の主務省令で定める者（以下この条において「取得者等」という。）が、当該通知又は当該振替の申請の後に、当該振替株式についての記載又は記録がされた特別口座の加入者と共同して請求をした場合には、発行者は、次に掲げる行為をしなければならな

い。当該請求をすべきことを当該加入者に命ずる判決であって執行力を有するものの正本若しくは謄本若しくはこれに準ずる書類として主務省令で定めるものを当該取得者等が添付して請求をした場合又は当該取得者等の請求により次に掲げる行為をしても当該加入者その他の利害関係人の利益を害するおそれがない場合として主務省令で定める場合も、同様とする。

一　当該取得者等のための第百三十一条第三項本文の申出

二　前号の申出により開設された口座を振替先口座とする当該振替株式についての振替の申請

＊令和四法四八（令和八・五・二四までに施行）**による改正**

第二項中「謄本」の下に「若しくは当該判決であって執行力を有するものの内容を記載した書面であって裁判所書記官が当該書面の内容が当該判決の内容と同一であることを証明したもの」を加える。（本文未織込み）

③　特別口座の開設の申出をした発行者以外の加入者は、当該特別口座を振替先口座とする振替の申請をすることができない。

（**特別口座の移管**）

第一三三条の二①　特別口座に記載され、又は記録された振替株式の発行者は、当該特別口座を開設した振替機関等（次項及び第三項において「移管元振替機関等」という。）以外の振替機関等に対し、当該特別口座の加入者のために当該振替株式の振替を行うための特別口座の開設の申出をすることができる。

②　前項の申出は、移管元振替機関等が開設した当該振替株式の振替を行うための特別口座（次項及び第四項において「移管元特別口座」という。）の全ての加入者のために、一括してしなければならない。ただし、前項の発行者が加入者のために開設の申出をした特別口座が同項の申出に係る振替機関等にある場合における当該加入者については、この限りでない。

③　第一項の発行者は、移管元振替機関等に対し、移管元特別口座に記載され、又は記録された振替株式の全てについて、移管先特別口座（同項の申出により開設された特別口座又は前項ただし書の特別口座をいう。次項において同じ。）を振替先口座とする振替の申請をすることができる。

④　第一項の発行者は、前項の申請をした場合には、遅滞なく、移管元特別口座の加入者に対し、移管先特別口座を開設した振替機関等の氏名又は名称及び住所を通知しなければならない。

（**抹消手続**）

第一三四条①　特定の銘柄の振替株式について、抹消の申請があった場合には、振替機関等は、第四項から第六項までの規定により、当該申請において第三項の規定により示されたところに従い、その備える振替口座簿における減少の記載若しくは記録又は通知をしなければならない。

②　前項の申請は、発行者が、抹消によりその口座（顧客口座を除く。）において減少の記載又は記録がされる口座を開設した直近上位機関に対して行うものとする。

③　発行者は、第一項の申請において、抹消により減少の記載又は記録がされるべき振替株式の銘柄及び数を示さなければならない。

④　第一項の申請があった場合には、当該申請を受けた振替機関等は、遅滞なく、次に掲げる措置を執らなければならない。

一　発行者の口座の保有欄における前項の数についての減少の記載又は記録

二　当該振替機関等が口座管理機関である場合には、直近上位機関に対する前項の規定により示された事項の通知

⑤　前項第二号の通知があった場合には、当該通知を受けた振替機関等は、直ちに、次に掲げる措置を執らなければならない。

一　当該通知をした口座管理機関の口座の顧客口座における第三項の数についての減少の記載又は記録

二　当該振替機関等が口座管理機関である場合には、直近上位機関に対する前項第二号の規定により通知を受けた事項の通知

⑥　前項の規定は、同項第二号（この項において準用する場合を含む。）の通知があった場合における当該通知を受けた振替機関等について準用する。

（**全部抹消手続**）

第一三五条①　特定の銘柄の振替株式の発行者は、当該振替株式についての記載又は記録の全部を抹消しようとする場合には、第二号の日の二週間前までに、当該発行者が第十三条第一項の同意を与えた振替機関に対し、次に掲げる事項の通知をしなければならない。

一　当該振替株式の銘柄

二　当該振替株式についての記載又は記録の全部を抹消する日

②　前項の通知があった場合には、当該通知を受けた振替機関は、直ちに、当該通知に係る振替株式の銘柄について、その直近下位機関に対し、同項各号に掲げる事項の通知をしなければならない。

③　第一項の通知があった場合には、当該通知を受けた振替機関は、同項第二号の日において、その備える振替口座簿中の同項第一号の振替株式についての記載又は記録がされている口座（機関口座及び顧客口座以外の口座にあっては、当該口座の保有欄又は質権欄。以下この章において「保有欄等」という。）において、当該振替株式の全部についての記載又は記録の抹消をしなければならない。

④　前二項の規定は、第二項（この項において準用する場合を含む。）の通知があった場合における当該通知を受けた口座管理機関について準用する。

（**振替株式の併合に関する記載又は記録手続**）

第一三六条①　特定の銘柄の振替株式について株式の併合をしようとする場合には、当該振替株式の発行者は、第三号の日の二週間前までに、当該発行者が第十三条第一項の同意を与えた振替機関に対し、次に掲げる事項の通知をしなければならない。

一　当該株式の併合に係る振替株式の銘柄

二　一から次のイの発行総数のロの発行総数に対する割合を控除した割合（以下この条において「減少比率」という。）

イ　株式の併合後の当該振替株式の発行総数

ロ　株式の併合前の当該振替株式の発行総数

三　株式の併合がその効力を生ずる日

四　当該発行者の口座（二以上あるときは、そのうちの一）

②　前項の通知があった場合には、当該通知を受けた振替機関は、直ちに、当該通知に係る振替株式の銘柄について、その直近下位機関に対し、同項各号に掲げる事項の通知をしなければならない。

③　第一項の通知があった場合には、当該通知を受けた振替機関は、同項第三号の日において、その備える振替口座簿中の同項第一号の振替株式についての記載又は記録がされている保有欄等において、当該保有欄等に記載又は記録がされている数に減少比率をそれぞれ乗じた数についての減少の記載又は記録をしなければならない。

④　前二項の規定は、第二項（この項において準用する場合を含む。）の通知があった場合における当該通知を受けた口座管理機関について準用する。

⑤　振替機関等が第三項（前項において準用する場合を含む。以下この項において同じ。）の規定によって減少の記載又は記録をすることにより第三項に規定する保有欄等に一に満たない端数が記載され、又は記録されることとなる場合には、当該振替機関等は、同項の規定にかかわらず、当該保有欄等についてすべき記載又は記録に代えて、当該保有欄等の加入者の保有欄等又は第一項第四号の口座の保有欄に政令で定める記載又は記録をしなければならず、振替機関は、政令で定めるところにより、その下位機関に対し、当該記載又は記録をするための必要な指示をしなければならない。この場合において、当該下位機関は、当該指示に従った措置を執らなければならない。

（**振替株式の分割に関する記載又は記録手続**）

第一三七条①　特定の銘柄の振替株式について、株式の分割をしようとする場合には、当該振替株式の発行者は、株式の分割が

その効力を生ずる日の二週間前までに、当該発行者が第十三条第一項の同意を与えた振替機関に対し、次に掲げる事項の通知をしなければならない。
一　当該株式の分割に係る振替株式の銘柄
二　次のイの総数のロの発行総数に対する割合（以下この条において「増加比率」という。）
イ　株式の分割により株主が受ける当該振替株式の総数
ロ　株式の分割前の当該振替株式の発行総数
三　株式の分割に係る基準日（会社法第百二十四条第一項に規定する基準日をいう。以下この章において同じ。）及び株式の分割がその効力を生ずる日
四　当該発行者の口座（二以上あるときは、そのうちの一）
②　前項の通知があった場合には、当該通知を受けた振替機関は、直ちに、当該通知に係る振替株式の銘柄について、その直近下位機関に対し、同項各号に掲げる事項の通知をしなければならない。
③　第一項の通知があった場合には、当該通知を受けた振替機関は、株式の分割がその効力を生ずる日において、その備える振替口座簿中の同項第三号の基準日における同項第一号の振替株式についての記載又は記録がされている保有欄等において、当該保有欄等に記載又は記録がされている数に増加比率をそれぞれ乗じた数についての増加の記載又は記録をしなければならない。
④　前二項の規定は、第二項（この項において準用する場合を含む。）の通知があった場合における当該通知を受けた口座管理機関について準用する。
⑤　振替機関等が第三項（前項において準用する場合を含む。以下この項において同じ。）の規定によって増加の記載又は記録をすることにより第三項に規定する保有欄等に一に満たない端数が記載され、又は記録されることとなる場合には、当該振替機関等は、同項の規定にかかわらず、当該保有欄等についてすべき記載又は記録に代えて、当該保有欄等の加入者の保有欄等又は第一項第四号の口座の保有欄に政令で定める記載又は記録をしなければならず、振替機関は、政令で定めるところにより、その下位機関に対し、当該記載又は記録をするための必要な指示をしなければならない。この場合において、当該下位機関は、当該指示に従った措置を執らなければならない。

（合併等により他の銘柄の振替株式が交付される場合に関する記載又は記録手続）

第一三八条①　合併により消滅する会社又は株式交換若しくは株式移転をする会社（以下この章から第九章までにおいて「消滅会社等」と総称する。）の株式が振替株式である場合において、存続会社等又は新設会社等が吸収合併等又は新設合併等に際して振替株式を交付しようとするときは、消滅会社等は、合併等効力発生日の二週間前までに、当該消滅会社等が第十三条第一項の同意を与えた振替機関に対し、次に掲げる事項の通知をしなければならない。この場合において、第百三十条及び第百三十一条の規定は、適用しない。
一　当該消滅会社等の振替株式の株主に対して当該吸収合併等又は新設合併等に際して交付する振替株式の銘柄
二　当該消滅会社等の振替株式の銘柄
三　次のイの総数のロの発行総数に対する割合（以下この条において「割当比率」という。）
イ　第一号の振替株式の総数
ロ　前号の振替株式の発行総数
四　合併等効力発生日
五　第一号の振替株式の発行者の口座（二以上あるときは、そのうちの一）
六　第百二十九条第三項第七号に掲げる事項のうち、発行者が知り得る事項として政令で定める事項
七　第一号の振替株式のうち発行に係るものの総数その他主務省令で定める事項
②　前項前段の通知があった場合には、当該通知を受けた振替機関は、直ちに、当該通知に係る振替株式の銘柄について、その直近下位機関に対し、同項第一号から第六号までに掲げる事項の通知をしなければならない。
③　第一項前段の通知があった場合には、当該通知を受けた振替機関は、合併等効力発生日において、その備える振替口座簿中の同項第二号の振替株式についての記載又は記録がされている保有欄等において、次に掲げる措置を執らなければならない。
一　当該保有欄等に記載又は記録がされている第一項第二号の振替株式の数に割当比率をそれぞれ乗じた数の同項第一号の振替株式についての増加及び同項第六号に規定する事項の記載又は記録
二　第一項第二号の振替株式の全部についての記載又は記録の抹消
④　前二項の規定は、第二項（この項において準用する場合を含む。）の通知があった場合における当該通知を受けた口座管理機関について準用する。
⑤　振替機関等が第三項（前項において準用する場合を含む。以下この項において同じ。）の規定によって増加の記載又は記録をすることにより第三項に規定する保有欄等に一に満たない端数が記載され、又は記録されることとなる場合には、当該振替機関等は、同項の規定にかかわらず、当該保有欄等においてすべき記載又は記録に代えて、当該保有欄等の加入者の保有欄等又は第一項第五号の口座の保有欄に政令で定める記載又は記録をしなければならず、振替機関は、政令で定めるところにより、その下位機関に対し、当該記載又は記録をするための必要な指示をしなければならない。この場合において、当該下位機関は、当該指示に従った措置を執らなければならない。
⑥　第一項前段の存続会社等が、吸収合併等に際して自己の振替株式を移転しようとする場合には、当該存続会社等は、合併等効力発生日において、当該振替株式について抹消の申請をしなければならない。この場合において、第百四十条の規定にかかわらず、当該振替株式は、当該申請により第百三十四条第四項第一号の減少の記載又は記録がされた時において第一項前段の消滅会社等の株主に移転したものとみなす。

（記載又は記録の変更手続）

第一三九条　振替機関等は、その備える振替口座簿について、第百二十九条第三項各号、第四項各号又は第五項各号に掲げる事項につき変更が生じたことを知ったときは、直ちに、当該振替口座簿にその記載又は記録をしなければならない。

第三節　振替の効果等

（振替株式の譲渡）

第一四〇条　振替株式の譲渡は、振替の申請により、譲受人がその口座における保有欄（機関口座にあっては、第百二十九条第五項第二号に掲げる事項を記載し、又は記録する欄）に当該譲渡に係る数の増加の記載又は記録を受けなければ、その効力を生じない。

（振替株式の質入れ）

第一四一条　振替株式の質入れは、振替の申請により、質権者がその口座における質権欄に当該質入れに係る数の増加の記載又は記録を受けなければ、その効力を生じない。

（信託財産に属する振替株式についての対抗要件）

第一四二条①　振替株式については、第百二十九条第三項第五号の規定により当該振替株式が信託財産に属する旨を振替口座簿に記載し、又は記録しなければ、当該株式が信託財産に属することを第三者に対抗することができない。
②　前項に規定する振替口座簿への記載又は記録は、政令で定めるところにより行う。

（加入者の権利推定）

第一四三条　加入者は、その口座（第百五十五条第一項に規定する買取口座を除き、口座管理機関の口座にあっては自己口座に限る。）における記載又は記録がされた振替株式についての権利を適法に有するものと推定する。

（善意取得）

第一四四条　振替の申請によりその口座（口座管理機関の口座にあっては、自己口座に限る。）において特定の銘柄の振替株式についての増加の記載又は記録を受けた加入者（機関口座を有する振替機関を含む。）は、当該銘柄の振替株式についての当該増加の記載又は記録に係る権利を取得する。ただし、当該加入者に悪意又は重大な過失があるときは、この限りでない。

（超過記載又は記録がある場合の振替機関の義務）

第一四五条①　前条の規定による振替株式の取得によりすべての株主の有する同条に規定する銘柄の振替株式の総数が当該銘柄の振替株式の発行総数（消却された振替株式の数を除く。）を超えることとなる場合において、第一号の合計数が第二号の発行総数を超えるときは、振替機関は、その超過数（第一号の合計数から第二号の発行総数を控除した数をいう。）に達するまで当該銘柄の振替株式を取得する義務を負う。

一　振替機関の備える振替口座簿における振替機関の加入者の口座に記載され、又は記録された当該銘柄の振替株式の数の合計数

二　当該銘柄の振替株式の発行総数（消却された振替株式の数及び発行者が第百五十九条第一項の規定により同項の通知をすることができない振替株式の数を除く。）

②　前項第一号に規定する数は、同号に規定する口座における増加又は減少の記載又は記録であって当該記載又は記録に係る権利の発生、移転又は消滅が生じなかったものがある場合において、前条の規定により当該記載又は記録に係る数の振替株式を取得した者のないことが証明されたときは、当該記載又は記録がなかったとした場合の数とする。

③　振替機関は、第一項の規定により振替株式を取得したときは、直ちに、発行者に対し、当該振替株式についての権利の全部を放棄する旨の意思表示をする義務を負う。

④　前項に規定する振替株式についての権利は、同項の規定により放棄の意思表示がされたときは、消滅する。

⑤　振替機関は、振替株式について第三項の規定により放棄の意思表示を行ったときは、直ちに、当該振替株式について振替口座簿の抹消を行わなければならない。

⑥　第一項の銘柄の振替株式の発行者が、振替機関に対し、同項の規定による当該振替株式の取得をさせるため、自己の株式を処分する場合には、会社法第二編第二章第八節の規定は、適用しない。この場合において、当該処分は、公正な価額で行わなければならない。

（超過記載又は記録がある場合の口座管理機関の義務）

第一四六条①　前条第一項に規定する場合において、第一号の合計数が第二号の数を超えることとなる口座管理機関があるときは、当該口座管理機関は、発行者に対し、その超過数（第一号の合計数から第二号の数を控除した数をいう。）に相当する数の当該銘柄の振替株式について権利の全部を放棄する旨の意思表示をする義務を負う。

一　当該口座管理機関の備える振替口座簿における当該口座管理機関の加入者の口座に記載され、又は記録された当該銘柄の振替株式の数の合計数

二　当該口座管理機関の直近上位機関の備える振替口座簿における当該口座管理機関の口座の顧客口座に記載され、又は記録された当該銘柄の振替株式の数

②　前条第二項の規定は、次に掲げる事項について準用する。

一　前項第一号に規定する数

二　前項第二号に規定する顧客口座における増加又は減少の記載又は記録であって当該記載又は記録に係る権利の発生、移転又は消滅が生じなかったものがある場合における同号に掲げる数

③　第一項の場合において、口座管理機関は、同項に規定する超過数に相当する数の同項に規定する銘柄の振替株式を有していないときは、同項の規定による放棄の意思表示をする前に、当該超過数に達するまで、当該銘柄の振替株式を取得する義務を負う。

④　口座管理機関は、第一項の規定により放棄の意思表示をしたときは、直ちに、その直近上位機関に対し、次に掲げる事項を通知しなければならない。

一　当該放棄の意思表示をした旨

二　当該放棄の意思表示に係る振替株式の銘柄及び数

⑤　前項の直近上位機関は、同項の通知を受けたときは、直ちに、同項第二号に掲げる銘柄の振替株式について、その備える振替口座簿における次に掲げる記載又は記録をしなければならない。

一　前項の口座管理機関の口座の自己口座における同項第二号に掲げる数の減少の記載又は記録

二　前号の口座の顧客口座における前項第二号に掲げる数の増加の記載又は記録

⑥　第一項の銘柄の振替株式の発行者が、第三項の口座管理機関に対し、同項の規定による当該振替株式の取得をさせるため、自己の株式を処分する場合には、会社法第二編第二章第八節の規定は、適用しない。この場合において、当該処分は、公正な価額で行わなければならない。

（振替機関の超過記載又は記録に係る義務の不履行の場合における取扱い）

第一四七条①　第百四十五条第一項に規定する場合において、同項に規定する振替機関が同項及び同条第三項の義務の全部を履行するまでの間は、各株主は、当該株主の有する当該銘柄の振替株式のうち第一号の数が第二号の総数に占める割合を同条第一項に規定する超過数（同条第三項の義務の一部が履行されたときは、当該履行に係る数を控除した数）に乗じた数に関する部分について、発行者に対抗することができない。

一　当該株主の有する当該銘柄の振替株式の数（当該振替機関の下位機関であって前条第一項の規定により当該銘柄の振替株式についての権利の放棄の意思表示をすべきものがあるときは、当該下位機関についての同項に規定する超過数に関する当該株主（当該下位機関又はその下位機関が開設した口座に記載又は記録がされた振替株式についての株主に限る。）の次条第一項に規定する口座管理機関分制限数を控除した数）

二　すべての株主の有する当該銘柄の振替株式の総数（当該振替機関の下位機関であって前条第一項の規定により当該銘柄の振替株式についての権利の放棄の意思表示をすべきものがあるときは、当該下位機関についての同項に規定する超過数に関する当該下位機関又はその下位機関が開設した口座に記載又は記録がされた振替株式についてのすべての株主の次条第一項に規定する口座管理機関分制限数の合計数を控除した数）

②　第百四十五条第一項に規定する場合において、同項に規定する振替機関は、各株主に対して同項又は同条第三項の義務の不履行によって生じた損害の賠償をする義務を負う。

③　第百四十五条第一項に規定する場合において、同項に規定する振替機関が第百五十一条第一項第一号又は第四号の通知の後二週間以内に、第百四十五条第三項の規定により同項の振替株式についての権利の全部を放棄する旨の意思表示をしたときは、当該振替機関が当該通知において当該振替株式の株主として通知をした者（以下この項において「特定被通知株主」という。）以外の株主に係る会社法第百二十四条第一項に規定する権利の行使については、第一項の規定は、適用しない。ただし、当該振替株式が次の各号のいずれかに該当するものである場合に限る。

一　特定被通知株主が当該通知の後二週間以内に、発行者に対し、会社法第百二十四条第一項に規定する権利の全部を放棄する旨の意思表示をした振替株式

二　発行者が有する自己の株式

三　発行者が議決権を行使する者のみを定めるために基準日を定めた場合における単元未満株式（会社法第百八十九条第一項に規定する単元未満株式をいう。第百五十三条において同

じ。）

四　前号に規定する場合における会社法第三百八条第一項に規定する法務省令で定める株主の株式

④　振替機関が第百四十五条第三項の義務の全部を履行したときは、株主の権利（会社法第百二十四条第一項に規定する権利を除く。次条第四項及び第百五十四条において「少数株主権等」という。）の行使については、第一項の規定は、適用しない。

（口座管理機関の超過記載又は記録に係る義務の不履行の場合における取扱い）

第一四八条①　第百四十六条第一項に規定する場合において、同項に規定する口座管理機関が同項及び同条第三項の義務の全部を履行するまでの間は、株主（当該口座管理機関又はその下位機関が開設した口座に記載又は記録がされた振替株式についての株主に限る。）は、その有する当該銘柄の振替株式のうち第一号の数が第二号の総数に占める割合を同条第一項に規定する超過数（同項の義務の一部が履行されたときは、当該履行に係る数を控除した数）に乗じた数（以下この条において「口座管理機関分制限数」という。）に関する部分について、発行者に対抗することができない。

一　当該株主の有する当該銘柄の振替株式の数（当該口座管理機関の下位機関であって第百四十六条第一項の規定により当該銘柄の振替株式についての権利の放棄の意思表示をすべきものがあるときは、当該下位機関についての同項に規定する超過数に関する当該株主（当該下位機関又はその下位機関が開設した口座に記載又は記録がされた振替株式についての株主に限る。）の口座管理機関分制限数を控除した数）

二　当該口座管理機関又はその下位機関が開設した口座に記載又は記録がされた振替株式についてのすべての株主の有する当該銘柄の振替株式の総数（当該口座管理機関の下位機関であって第百四十六条第一項の規定により当該銘柄の振替株式についての権利の放棄の意思表示をすべきものがあるときは、当該下位機関についての同項に規定する超過数に関する当該下位機関又はその下位機関が開設した口座に記載又は記録がされた振替株式についてのすべての株主の口座管理機関分制限数の合計数を控除した数）

②　第百四十六条第一項に規定する場合において、同項に規定する口座管理機関は、前項に規定する株主に対して同条第一項又は第三項の義務の不履行によって生じた損害の賠償をする義務を負う。

③　前条第三項の規定は、第百四十六条第一項に規定する場合において、同項に規定する口座管理機関が、第百五十一条第一項第一号又は第四号の通知の後二週間以内に、第百四十六条第一項の規定により同項の振替株式についての権利の全部を放棄する旨の意思表示をしたときについて準用する。この場合において、次の表の上欄に掲げる字句は、それぞれ同表下欄に掲げる字句と読み替えるものとする。

当該振替機関	振替機関
会社法第百二十四条第一項に規定する権利	会社法第百二十四条第一項に規定する権利（当該口座管理機関又はその下位機関が開設した口座に記載又は記録がされた振替株式に係るものに限る。）
第一項の規定は	次条第一項の規定は

④　口座管理機関が第百四十六条第一項の義務の全部を履行したときは、当該口座管理機関又はその下位機関が開設した口座に記載又は記録がされた振替株式についての少数株主権等の行使については、第一項の規定は、適用しない。

（発行者が誤って振替株式について剰余金の配当をした場合における取扱い）

第一四九条①　発行者が第百四十七条第一項又は前条第一項の規定により当該発行者に対抗することができないものとされた振替株式についてした剰余金の配当は、当該発行者が善意の場合であっても、当該銘柄の他の振替株式に係る当該発行者の債務を消滅させる効力を有しない。

②　前項の場合において、株主は、発行者に対し、同項の剰余金の配当に係る金額の返還をする義務を負わない。

③　発行者は、第一項の剰余金の配当をしたときは、前項に規定する金額の限度において、第百四十七条第二項又は前条第二項の規定による株主の振替機関等に対する権利を取得する。

第四節　会社法等の特例

（株式の発行に関する会社法の特例）

第一五〇条①　会社が設立に際して発行する株式について第十三条第一項の同意を与える場合には、発起人は、会社法第三十二条第一項の規定により同項各号に掲げる事項を定める際に、自己のために開設された当該振替株式の振替を行うための口座（特別口座を除く。）を示さなければならない。

②　振替株式の発行者は、当該振替株式についての会社法第五十九条第一項又は第二百三条第一項の通知において、当該振替株式についてこの法律の規定の適用がある旨を示さなければならない。

③　振替株式を発行する会社の株主名簿には、当該振替株式についてこの法律の規定の適用がある旨を記載し、又は記録しなければならない。

④　振替株式の引受けの申込みをする者は、自己のために開設された当該振替株式の振替を行うための口座（特別口座を除く。）を会社法第二百三条第二項の書面に記載し、又は同法第二百五条第一項の契約を締結する際に当該口座を当該振替株式の発行者に示さなければならない。

⑤　新株予約権（その目的である株式が振替株式であるものに限る。）の発行者は、当該新株予約権についての会社法第二百四十二条第一項の通知において、当該新株予約権の目的である振替株式についてこの法律の規定の適用がある旨を示さなければならない。

⑥　新株予約権を行使する者は、当該新株予約権の目的である株式が振替株式であるときは、自己のために開設された当該振替株式の振替を行うための口座（特別口座を除く。）を当該振替株式の発行者に示さなければならない。

（総株主通知）

第一五一条①　振替機関は、次の各号に掲げる場合のいずれかに該当するときは、発行者に対し、当該各号に定める株主につき、氏名又は名称及び住所並びに当該株主の有する当該発行者が発行する振替株式の銘柄及び数その他主務省令で定める事項（以下この条及び次条において「通知事項」という。）を速やかに通知しなければならない。

一　発行者が基準日を定めたとき。　その日の株主

二　株式の併合がその効力を生ずる日が到来したとき。　その日の株主

三　振替機関等が第百三十五条第三項（同条第四項において準用する場合を含む。）の規定による抹消をしたとき。　当該抹消に係る振替株式の株主

四　事業年度を一年とする発行者について、事業年度ごとに、当該事業年度の開始の日から起算して六月を経過したとき（発行者が会社法第四百五十四条第五項に規定する中間配当に係る基準日を定めたときを除く。）。　当該事業年度の開始の日から起算して六月を経過した日の株主

五　特定の銘柄の振替株式を取り扱う振替機関が第二十二条第一項の規定により第三条第一項の指定を取り消された場合又は第四十一条第一項の規定により当該指定が効力を失った場合であって、当該振替機関の振替業を承継する者が存しないとき。　当該指定が取り消された日又は当該指定が効力を失った日の株主

六　特定の銘柄の振替株式が振替機関によって取り扱われなくなったとき。　当該振替機関が当該振替株式の取扱いをやめた日の株主

七　その他政令で定めるとき。　政令で定める日における株主

② 前項の場合において、振替機関は、次の各号に掲げる場合の区分に応じ、それぞれ当該各号に定める者を株主として通知しなければならない。

一　振替機関又はその下位機関の備える振替口座簿中の加入者の口座（顧客口座及び第百五十五条第一項に規定する買取口座を除く。）の保有欄に振替株式についての記載又は記録がされている場合　当該口座の加入者（主務省令で定めるところにより、当該加入者が、その直近上位機関に対し、当該振替株式につき他の加入者を株主として前項の通知をすることを求める旨の申出をしたときは、当該振替株式に係る他の加入者（第百五十四条第三項第二号及び第百五十九条の二第二項第二号において「特別株主」という。））

二　前号に規定する加入者の口座の質権欄に振替株式についての記載又は記録がされている場合　当該質権欄に株主として記載又は記録がされている者

三　第百五十五条第一項に規定する買取口座に振替株式についての記載又は記録がされている場合　当該振替株式について同条第三項の申請をした振替株式の株主（当該振替株式の買取りの効力が生じた後にあっては、当該買取口座の加入者）

③ 振替機関は、第一項の場合において、振替株式が質権欄に記載され、又は記録されている口座の加入者からの申出があったときは、同項の通知において、当該振替株式の質権者の氏名又は名称及び住所並びに当該振替株式の銘柄及び当該振替株式についての第百二十九条第三項第四号に掲げる事項その他主務省令で定める事項を示さなければならない。

④ 加入者は、前項の申出をするには、その直近上位機関を経由してしなければならない。

⑤ 第百四十七条第一項又は第百四十八条第一項の場合において、振替機関が第一項の通知をするときは、当該振替機関は、当該振替機関又はその下位機関の加入者の口座に記載又は記録がされた振替株式のうち第百四十七条第一項又は第百四十八条第一項の規定により発行者に対抗することができないものの数を示さなければならない。

⑥ 口座管理機関は、その直近上位機関から、当該口座管理機関又はその下位機関の加入者の口座に記載又は記録がされた振替株式につき、第一項の通知のために必要な事項（第三項及び前項に規定する事項を含む。）の報告を求められたときは、速やかに、当該事項を報告しなければならない。

⑦ 第一項第一号、第二号、第四号及び第七号に掲げる場合（政令で定める場合を除く。）には、発行者は、主務省令で定めるところにより、当該各号に定める日（同項第四号にあっては、同号の事業年度の開始の日）その他主務省令で定める事項を当該発行者が第十三条第一項の同意を与えた振替機関に通知しなければならない。

⑧ 発行者は、正当な理由があるときは、振替機関に対し、当該振替機関が定めた費用を支払って、当該発行者が定める一定の日の株主についての通知事項を通知することを請求することができる。この場合においては、第一項から第六項までの規定を準用する。

（株主名簿の名義書換に関する会社法の特例）

第一五二条① 発行者は、前条第一項（同条第八項において準用する場合を含む。以下この条において同じ。）の通知を受けた場合には、株主名簿に通知事項及び同条第三項（同条第八項において準用する場合を含む。）の規定により示された事項のうち主務省令で定めるもの並びに同条第五項（同条第八項において準用する場合を含む。以下この条において同じ。）の規定により示された事項を記載し、又は記録しなければならない。この場合において、同条第一項各号に定める日に会社法第百三十条第一項の規定による記載又は記録がされたものとみなす。

② 第百四十七条第三項（第百四十八条第三項において準用する場合を含む。）に規定する意思表示をした場合には、発行者は、第百四十五条第三項又は第百四十六条第一項の義務の全部を履行した振替機関等又はその下位機関が開設した口座に記載又は記録がされた振替株式については、前項の規定にかかわらず、前条第五項の規定により示された事項を株主名簿に記載し、又は記録してはならない。

③ 前項の場合には、発行者は、特定被通知株主（第百四十七条第三項（第百四十八条第三項において準用する場合を含む。）に規定する特定被通知株主をいう。以下この項において同じ。）については、第一号に掲げる数から第二号に掲げる数を控除した数を特定被通知株主の有する振替株式の数として株主名簿に記載し、又は記録しなければならない。

一　前条第一項の規定により通知された特定被通知株主の有する振替株式の数

二　第百四十五条第三項又は第百四十六条第一項の義務の全部の履行に係る振替株式のうち特定被通知株主に係るものの数

（超過記載又は記録に係る義務の不履行の場合における株主の議決権）

第一五三条　第百四十七条第一項又は第百四十八条第一項の規定により発行者に対抗することができない株式以外の株式について一株に満たない端数が生じたとき、又は単元未満株式が生じたときは、各株主は、会社法第三百八条第一項の規定にかかわらず、当該端数又は当該単元未満株式の数を単元株式数で除した数（これらの数に百分の一に満たない数があるときは、これを切り捨てた数）の議決権を有する。

（少数株主権等の行使に関する会社法の特例）

第一五四条① 振替株式についての少数株主権等の行使については、会社法第百三十条第一項の規定は、適用しない。

② 前項の振替株式についての少数株主権等は、次項の通知がされた後政令で定める期間が経過する日までの間でなければ、行使することができない。

③ 振替機関は、特定の銘柄の振替株式について自己又は下位機関の加入者からの申出があった場合には、遅滞なく、当該振替株式の発行者に対し、当該加入者の氏名又は名称及び住所並びに次に掲げる事項その他主務省令で定める事項の通知をしなければならない。

一　当該加入者の口座の保有欄に記載又は記録がされた当該振替株式（当該加入者が第百五十一条第二項第一号の申出をしたものを除く。）の数及びその数に係る第百二十九条第三項第六号に掲げる事項

二　当該加入者が他の加入者の口座における特別株主である場合には、当該口座の保有欄に記載又は記録がされた当該振替株式のうち当該特別株主についてのものの数及びその数に係る第百二十九条第三項第六号に掲げる事項

三　当該加入者が他の加入者の口座の質権欄に株主として記載又は記録がされた者である場合には、当該質権欄に記載又は記録がされた当該振替株式のうち当該株主についてのものの数及びその数に係る第百二十九条第三項第六号に掲げる事項

四　当該加入者が次条第三項の申請をした振替株式の株主である場合には、同条第一項に規定する買取口座に記載又は記録がされた当該振替株式のうち当該株主についてのものの数及びその数に係る第百二十九条第三項第六号に掲げる事項

④ 加入者は、前項の申出をするには、その直近上位機関を経由してしなければならない。

⑤ 第百五十一条第五項及び第六項の規定は、第三項の通知について準用する。この場合において、同条第六項中「第三項及び前項」とあるのは、「前項」と読み替えるものとする。

（株式買取請求に関する会社法の特例）

第一五五条① 振替株式の発行者が会社法第百十六条第一項各号の行為、同法第百八十二条の二第一項に規定する株式の併合、事業譲渡等（同法第四百六十八条第一項に規定する事業譲渡等をいう。第四項において同じ。）、合併、吸収分割、新設分割、株式交換契約、株式移転又は株式交付をしようとする場合には、当該発行者は、振替機関等に対し、株式買取請求（同法

第百十六条第一項、第百八十二条の四第一項、第四百六十九条第一項、第七百八十五条第一項、第七百九十七条第一項、第八百六条第一項又は第八百十六条の六第一項の規定による請求をいう。以下この条において同じ。）に係る振替株式の振替を行うための口座（以下この条及び第百五十九条の二第二項第四号において「買取口座」という。）の開設の申出をしなければならない。ただし、当該発行者が開設の申出をした買取口座があるとき、又はこれらの行為に係る株式買取請求をすることができる振替株式の株主が存しないときは、この限りでない。

② 前項の発行者は、第百六十一条第二項の規定により、会社法第百十六条第三項、第百八十一条第一項（同法第百八十二条の四第三項の規定により読み替えて適用する場合に限る。）、第四百六十九条第三項、第七百八十五条第三項、第七百九十七条第三項、第八百六条第三項又は第八百十六条の六第三項の規定による通知に代えて当該通知をすべき事項を公告する場合には、併せて、買取口座を公告しなければならない。

③ 振替株式の株主は、その有する振替株式について株式買取請求をしようとするときは、当該振替株式について買取口座を振替先口座とする振替の申請をしなければならない。

④ 第一項の発行者は、会社法第百十六条第一項各号の行為、同法第百八十二条の二第一項に規定する株式の併合、事業譲渡等、吸収合併、吸収分割、株式交換若しくは株式交付がその効力を生ずる日又は新設合併、新設分割若しくは株式移転により設立する会社の成立の日までは、買取口座に記載され、又は記録された振替株式（当該行為に係る株式買取請求に係るものに限る。）について当該発行者の口座を振替先口座とする振替の申請をすることができない。

⑤ 第一項の発行者は、第三項の申請をした振替株式の株主による株式買取請求の撤回を承諾したときは、遅滞なく、買取口座に記載され、又は記録された振替株式（当該撤回に係る株式買取請求に係るものに限る。）について当該株主の口座を振替先口座とする振替の申請をしなければならない。

⑥ 第一項の発行者は、買取口座に記載され、又は記録された振替株式については、当該発行者又は第三項の申請をした振替株式の株主の口座以外の口座を振替先口座とする振替の申請をすることができない。

⑦ 第三項の申請をする振替株式の株主以外の加入者は、買取口座を振替先口座とする振替の申請をすることができない。

⑧ 振替株式の株主が会社法第百九十二条第一項の規定により当該振替株式を買い取ることを請求した場合には、発行者は、当該株主に対し、当該振替株式の代金の支払をするのと引換えに当該振替株式について当該発行者の口座を振替先口座とする振替を当該株主の直近上位機関に対して申請することを請求することができる。

（取得請求権付株式に関する会社法の特例）

第一五六条① 取得請求権付株式である特定の銘柄の振替株式について会社法第百六十六条第一項本文の規定による請求をする加入者は、当該振替株式について振替の申請をしなければならない。

② 会社法第百六十七条第一項の規定にかかわらず、同法第百六十六条第一項本文の規定による請求に係る取得請求権付株式が振替株式である場合には、発行者は、前項の振替の申請により発行者の口座における保有欄に当該取得請求権付株式に係る数の増加の記載又は記録を受けた時に当該振替株式を取得する。

③ 会社法第百六十六条第一項本文の規定による請求により振替株式の交付を受けようとする者は、自己のために開設された当該振替株式の振替を行うための口座（特別口座を除く。）を当該振替株式を交付する会社に示さなければならない。

（取得条項付株式等に関する会社法の特例）

第一五七条① 取得条項付株式である振替株式の発行者が当該振替株式の一部を取得しようとする場合には、当該発行者は、会社法第百七条第二項第三号イの事由が生じた日以後遅滞なく、当該振替株式について当該発行者の口座を振替先口座とする振替の申請をしなければならない。この場合において、当該申請は、当該振替によりその口座（顧客口座を除く。）において減少の記載又は記録がされる加入者の直近上位機関に対して行うものとする。

② 会社法第百七十条第一項の規定にかかわらず、前項前段の場合には、発行者は、同項前段の振替の申請によりその口座における保有欄に同項前段の振替株式に係る数の増加の記載又は記録を受けた時に当該振替株式を取得する。

③ 取得条項付株式又は全部取得条項付種類株式（会社法第百七十一条第一項に規定する全部取得条項付種類株式をいう。）である振替株式の発行者が当該振替株式の全部を取得しようとする場合には、当該発行者は、同法第百七条第二項第三号イの事由が生じた日又は同法第百七十一条第一項第三号に規定する取得日（以下この項において「効力発生日」という。）以後遅滞なく、効力発生日を第百三十五条第一項第二号の日として同項の通知（以下この章において「全部抹消の通知」という。）をしなければならない。

④ 会社法第百七十条第一項及び第百七十三条第一項の規定にかかわらず、前項の場合には、発行者は、全部抹消の通知により同項の振替株式についての記載又は記録の抹消がされた時に当該振替株式を取得する。

（株式の消却に関する会社法の特例）

第一五八条① 発行者が自己の振替株式を消却しようとするときは、当該振替株式について抹消の申請をしなければならない。

② 振替株式の消却は、第百三十四条第四項第一号の減少の記載又は記録がされた日にその効力を生ずる。

（株券喪失登録がされた株券に係る会社法等の特例）

第一五九条① 第百三十条第一項の規定にかかわらず、株券喪失登録がされた株券の株式については、登録抹消日（会社法第二百三十条第一項に規定する登録抹消日をいう。以下この条において同じ。）まで第百三十条第一項の通知をすることができない。

② 前項の株式の発行者は、登録抹消日において、振替機関等に対して、当該株式についての登録抹消日における株券喪失登録者（会社法第二百二十四条第一項に規定する株券喪失登録者をいう。）である名義人（同法第二百二十一条第三号に規定する名義人をいう。）その他の主務省令で定める者（以下この条において「名義人等」という。）のために第百三十一条第三項本文の申出をしなければならない。ただし、当該名義人等が登録抹消日までに当該発行者に対し自己のために開設された当該振替株式の振替を行うための口座（特別口座を除く。）を通知したとき、又は当該発行者が当該名義人等のために開設の申出をした特別口座があるときは、この限りでない。

③ 前項本文の発行者が第一項の株式について第百三十条第一項の通知をする場合には、次の各号に掲げる事項を当該各号に定める事項として同項の通知をしなければならない。

一 前項本文の名義人等である加入者の氏名又は名称　第百三十条第一項第二号に掲げる事項

二 前号の加入者から通知を受けた前項ただし書の口座（当該通知がないときは、当該発行者が開設の申出をした特別口座）　第百三十条第一項第三号に掲げる事項

（電子提供措置に関する会社法の特例）

第一五九条の二① 振替株式を発行する会社は、電子提供措置（会社法第三百二十五条の二に規定する電子提供措置をいう。）をとる旨を定款で定めなければならない。

② 加入者は、次に掲げる振替株式の発行者に対する書面交付請求（会社法第三百二十五条の五第二項に規定する書面交付請求をいう。以下この項において同じ。）を、その直近上位機関を経由してすることができる。この場合においては、同法第百三十条第一項の規定にかかわらず、書面交付請求をする権利は、当該発行者に対抗することができる。

一 当該加入者の口座の保有欄に記載又は記録がされた当該振替株式（当該加入者が第百五十一条第二項第一号の申出をし

たものを除く。）

二　当該加入者が他の加入者の口座における特別株主である場合には、当該口座の保有欄に記載又は記録がされた当該振替株式のうち当該特別株主についてのもの

三　当該加入者が他の加入者の口座の質権欄に株主として記載又は記録がされた者である場合には、当該質権欄に記載又は記録がされた当該振替株式のうち当該株主についてのもの

四　当該加入者が第百五十五条第三項の申請をした振替株式の株主である場合には、買取口座に記載又は記録がされた当該振替株式のうち当該株主についてのもの

第一六〇条（合併等に関する会社法の特例）①　消滅会社等の株式が振替株式でない場合又は合併により消滅する会社が持分会社である場合において、存続会社等又は新設会社等が吸収合併等又は新設合併等に際して振替株式を交付しようとするときは、合併等効力発生日を第百三十一条第一項第一号の一定の日として同項の通知をしなければならない。

②　存続会社等が吸収合併等に際して振替株式を移転しようとする場合には、当該存続会社等は、合併等効力発生日以後遅滞なく、当該振替株式について振替の申請をしなければならない。

③　消滅会社等の株式が振替株式である場合において、存続会社等又は新設会社等が吸収合併等又は新設合併等に際して振替株式でない株式を交付しようとするとき、又は存続会社等若しくは新設会社等が株式会社でないときは、当該消滅会社等は、合併等効力発生日を第百三十五条第一項第二号の日として全部抹消の通知をしなければならない。

④　持分会社が合併をする場合において、吸収合併存続会社又は新設合併設立会社が合併に際して振替株式を交付しようとする場合には、合併契約において、持分会社の社員のために開設された当該振替株式の振替を行うための口座（特別口座を除く。）を定めなければならない。

⑤　吸収分割承継会社又は新設分割設立会社が会社分割に際して振替株式を交付しようとする場合には、吸収分割契約又は新設分割計画において、会社分割をする会社のために開設された当該振替株式の振替を行うための口座（特別口座を除く。）を定めなければならない。

第一六〇条の二（株式交付に関する会社法の特例）①　会社法第七百七十四条の三第一項第三号又は第八号イの株式交付親会社の株式が振替株式である場合には、株式交付親会社は、同法第七百七十四条の四第一項（同法第七百七十四条の九において準用する場合を含む。）の規定による通知において、当該振替株式についてこの法律の規定の適用がある旨を示さなければならない。

②　前項に規定する場合には、会社法第七百七十四条の四第二項（同法第七百七十四条の九において準用する場合を含む。以下この項において同じ。）の申込みをする者（同法第七百七十四条の三第一項第四号又は第九号に掲げる事項についての定めに従い株式交付親会社が発行する振替株式の株主にならないものを除く。）は、自己のために開設された当該振替株式の振替を行うための口座（特別口座を除く。）を同法第七百七十四条の四第二項の書面に記載し、又は同法第七百七十四条の六（同法第七百七十四条の九において準用する場合を含む。）の契約を締結する際に当該口座を当該振替株式の発行者に示さなければならない。

③　会社法第七百七十四条の三第一項第五号ロ又は第八号ハの新株予約権の目的である株式が振替株式である場合には、株式交付親会社は、同法第七百七十四条の四第一項（同法第七百七十四条の九において準用する場合を含む。）の規定による通知において、当該新株予約権の目的である振替株式についてこの法律の規定の適用がある旨を示さなければならない。

④　株式交付親会社が株式交付に際して振替株式を移転しようとする場合には、当該株式交付親会社は、当該株式交付がその効力を生ずる日以後遅滞なく、当該振替株式について振替の申請をしなければならない。

第一六一条（適用除外等）①　振替株式については、会社法第百二十二条第一項から第三項まで、第百三十二条第一項第二号及び第三号、第二項並びに第三項、第百三十三条、第百四十七条第一項、第百四十八条、第百五十二条並びに第百五十四条の二第一項から第三項までの規定は、適用しない。

②　会社法第百十六条第三項、第百五十八条第一項、第百六十八条第二項、第百六十九条第三項、第百七十条第三項、第百七十二条第二項、第百七十九条の四第一項、第百七十九条の六第四項、第百八十一条第一項、第百九十五条第二項、第二百一条第三項、第二百六条の二第一項、第二百四十条第二項、第二百四十四条の二第一項、第四百六十九条第三項、第七百七十六条第二項、第七百八十三条第五項、第七百八十五条第三項、第七百九十七条第三項、第八百四条第四項、第八百六条第三項及び第八百十六条の六第三項の規定にかかわらず、振替株式を発行している会社は、これらの規定による通知（当該振替株式の株主又はその登録株式質権者に対してするものに限る。）に代えて、当該通知をすべき事項を公告しなければならない。

③　振替株式の譲渡における会社法第百三十条第一項の規定の適用については、同項中「株式会社その他の第三者」とあるのは、「株式会社」とする。

第五節　雑則

第一六二条①　次の各号に掲げる通知があった場合には、当該通知を受けた振替機関は、直ちに、当該通知に係る振替株式の銘柄について、政令で定める方法により、加入者が当該各号に定める事項を知ることができるようにする措置を執らなければならない。

一　第百三十条第一項の通知　同項第九号に掲げる事項

二　第百三十八条第一項前段の通知　同項第七号に掲げる事項

②　前項の措置に関する費用は、同項の振替株式の発行者の負担とする。

第八章　新株予約権の振替（抄）

第一節　通則

第一六三条（権利の帰属）　新株予約権の発行の決定において、当該決定に基づき発行する新株予約権（その目的である株式が振替株式であるものに限り、会社法第二百三十六条第一項第六号に掲げる事項の定めがあるもの及び新株予約権付社債に付されたものを除く。）の全部についてこの法律の規定の適用を受けることとする旨を定めた新株予約権であって、振替機関が取り扱うもの（以下「振替新株予約権」という。）についての権利の帰属は、この章の規定による振替口座簿の記載又は記録により定まるものとする。

第一六四条（新株予約権証券の不発行）①　振替新株予約権については、新株予約権証券を発行することができない。

②　振替新株予約権の新株予約権者は、当該振替新株予約権を取り扱う振替機関が第二十二条第一項の規定により第三条第一項の指定を取り消された場合若しくは第四十一条第一項の規定により当該指定が効力を失った場合であって当該振替機関の振替業を承継する者が存しないとき、又は当該振替新株予約権が振替機関によって取り扱われなくなったときは、前項の規定にかかわらず、発行者に対し、新株予約権証券の発行を請求することができる。

③　前項の新株予約権証券は、無記名式とする。

第二節　振替口座簿　及び　第三節　振替の効果等

（第一六五条から第一八二条まで）（略）

第四節　会社法の特例

（新株予約権買取請求に関する会社法の特例）
第一八三条① 振替新株予約権の発行者が会社法第百十八条第一項各号に掲げる定款の変更、組織変更、合併、吸収分割契約、新設分割、株式交換契約又は株式移転をしようとする場合には、当該発行者は、振替機関等に対し、新株予約権買取請求（同項又は同法第七百七十七条第一項、第七百八十七条第一項若しくは第八百八条第一項の規定による請求をいう。以下この条において同じ。）に係る振替新株予約権の振替を行うための口座（以下この節において「買取口座」という。）の開設の申出をしなければならない。ただし、当該発行者が開設の申出をした買取口座があるとき、又はこれらの行為に係る新株予約権買取請求をすることができる振替新株予約権の新株予約権者が存しないときは、この限りでない。
② 前項の発行者は、会社法第百十八条第三項、第七百七十七条第三項、第七百八十七条第三項又は第八百八条第三項の規定による通知をする場合には、併せて、買取口座を通知しなければならない。
③ 第一項の発行者は、会社法第百十八条第四項、第七百七十七条第四項又は第八百八条第四項の規定により、同法第百十八条第三項、第七百七十七条第三項、第七百八十七条第三項又は第八百八条第三項の規定による通知に代えて当該通知をすべき事項を公告する場合には、併せて、買取口座を公告しなければならない。
④ 振替新株予約権の新株予約権者は、その有する振替新株予約権について新株予約権買取請求をしようとするときは、当該振替新株予約権について買取口座を振替先口座とする振替の申請をしなければならない。
⑤ 第一項の発行者は、会社法第百十八条第一項各号に掲げる定款の変更、組織変更、吸収合併、吸収分割若しくは株式交換がその効力を生ずる日又は新設合併、新設分割若しくは株式移転により設立する会社の成立の日までは、買取口座に記載され、又は記録された振替新株予約権（当該行為に係る新株予約権買取請求に係るものに限る。）について当該発行者の口座を振替先口座とする振替の申請をすることができない。
⑥ 第一項の発行者は、第四項の申請をした振替新株予約権の新株予約権者による新株予約権買取請求の撤回を承諾したときは、遅滞なく、買取口座に記載され、又は記録された振替新株予約権（当該撤回に係る新株予約権買取請求に係るものに限る。）について当該新株予約権者の口座を振替先口座とする振替の申請をしなければならない。
⑦ 第一項の発行者は、買取口座に記載され、又は記録された振替新株予約権については、当該発行者又は第四項の申請をした振替新株予約権の新株予約権者の口座以外の口座を振替先口座とする振替の申請をすることができない。
⑧ 第四項の申請をする振替新株予約権の新株予約権者以外の加入者は、買取口座を振替先口座とする振替の申請をすることができない。

（新株予約権の発行に関する会社法の特例）
第一八四条① 振替新株予約権の発行者は、当該振替新株予約権についての会社法第二百四十二条第一項の規定による通知において、当該振替新株予約権についてこの法律の規定の適用がある旨を示さなければならない。
② 会社法第二百四十九条第三号の規定にかかわらず、振替新株予約権についての新株予約権原簿には、当該振替新株予約権の内容及び数並びに当該振替新株予約権についてこの法律の規定の適用がある旨を記載し、又は記録しなければならない。
③ 振替新株予約権の引受けの申込みをする者は、自己のために開設された当該振替新株予約権の振替を行うための口座（特別口座を除く。）を会社法第二百四十二条第二項の書面に記載し、又は同法第二百四十四条第一項の契約を締結する際に当該口座を当該振替新株予約権の発行者に示さなければならない。
④ 会社法第百六十六条第一項本文の規定による請求により振替新株予約権の交付を受けようとする者は、自己のために開設された当該振替新株予約権の振替を行うための口座（特別口座を除く。）を当該振替新株予約権を交付する会社に示さなければならない。

（取得条項付新株予約権に関する会社法の特例）
第一八五条① 取得条項付新株予約権（会社法第二百七十三条第一項に規定する取得条項付新株予約権をいう。以下この章及び次章において同じ。）である振替新株予約権の発行者が当該振替新株予約権の一部を取得しようとする場合には、当該発行者は、同法第二百三十六条第一項第七号イの事由が生じた日以後遅滞なく、当該振替新株予約権について当該発行者の口座を振替先口座とする振替の申請をしなければならない。この場合において、当該申請は、当該振替によりその口座（顧客口座を除く。）において減少の記載又は記録がされる加入者の直近上位機関に対して行うものとする。
② 会社法第二百七十五条第一項の規定にかかわらず、前項前段の場合には、発行者は、同項前段の振替の申請により、その口座における保有欄に同項前段の振替新株予約権に係る数の増加の記載又は記録を受けた時に当該振替新株予約権を取得する。
③ 取得条項付新株予約権である振替新株予約権の発行者が当該振替新株予約権の全部を取得しようとする場合には、当該発行者は、会社法第二百三十六条第一項第七号イの事由が生じた日以後遅滞なく、その日を第百七十一条第一項第二号の日として同項の通知（以下この章において「全部抹消の通知」という。）をしなければならない。
④ 会社法第二百七十五条第一項の規定にかかわらず、発行者は、全部抹消の通知により前項の振替新株予約権についての記載又は記録の抹消がされた時に当該振替新株予約権を取得する。

（総新株予約権者通知）
第一八六条① 振替機関は、振替機関等が第百七十一条第三項（同条第四項において準用する場合を含む。）の規定による抹消をしたときは、発行者に対し、その抹消に係る振替新株予約権の新株予約権者につき、氏名又は名称及び住所並びに当該新株予約権者の有する振替新株予約権の銘柄及び数その他主務省令で定める事項（第五項において「通知事項」という。）を速やかに通知しなければならない。
② 前項の規定により通知する場合において、振替機関は、次の各号に掲げる場合の区分に応じ、それぞれ当該各号に定める者を新株予約権者として通知しなければならない。
一 振替機関又はその下位機関の備える振替口座簿中の加入者の口座（顧客口座及び買取口座を除く。）の保有欄に前項の振替新株予約権についての記載又は記録がされている場合　当該口座の加入者
二 前号に規定する加入者の口座の質権欄に前項の振替新株予約権についての記載又は記録がされている場合　当該質権欄に新株予約権者としてその氏名又は名称の記載又は記録がされている者
三 買取口座に前項の振替新株予約権についての記載又は記録がされている場合　当該振替新株予約権について第百八十三条第四項の申請をした振替新株予約権の新株予約権者（当該振替新株予約権の買取りの効力が生じた後にあっては、当該買取口座の加入者）
③ 第百八十一条第一項又は第百八十二条第一項の場合において、振替機関が第一項の通知をするときは、当該振替機関は、当該振替機関又はその下位機関の加入者の口座に記載又は記録がされた振替新株予約権のうち第百八十一条第一項又は第百八十二条第一項の規定により発行者に対抗することができないものの数を示さなければならない。
④ 口座管理機関は、その直近上位機関から、当該口座管理機関又はその下位機関の加入者の口座に記載又は記録がされた振替新株予約権につき、第一項の通知のために必要な事項（前項に規定する事項を含む。）の報告を求められたときは、速やかに、当該事項を報告しなければならない。

⑤ 発行者は、正当な理由があるときは、振替機関に対し、当該振替機関が定めた費用を支払って、当該発行者が定める一定の日の新株予約権者についての通知事項を通知することを請求することができる。この場合においては、前各項の規定を準用する。

（新株予約権の消却に関する会社法の特例）

第一八七条① 発行者が自己の振替新株予約権を消却しようとするときは、当該振替新株予約権について抹消の申請をしなければならない。

② 振替新株予約権の消却は、第百七十条第四項第一号の減少の記載又は記録がされた日にその効力を生ずる。

（新株予約権の行使に関する会社法の特例）

第一八八条 振替新株予約権を行使する加入者は、当該振替新株予約権について抹消の申請をしなければならない。

（合併等に関する会社法の特例）

第一八九条① 存続会社等又は新設会社等が吸収合併等又は新設合併等に際して振替新株予約権を交付しようとするときは、合併等効力発生日を第百六十七条第一項第一号の一定の日として同項の規定による通知をしなければならない。

② 存続会社等が吸収合併等に際して振替新株予約権を移転しようとする場合には、当該存続会社等は、合併等効力発生日以後遅滞なく、当該振替新株予約権について振替の申請をしなければならない。

③ 振替新株予約権の発行者が合併（合併により当該発行者が消滅する場合に限る。）、吸収分割（会社法第七百五十八条第五号に規定する場合に限る。）、新設分割（同法第七百六十三条第一項第十号に規定する場合に限る。）、株式交換（同法第七百六十八条第一項第四号に規定する場合に限る。）又は株式移転（同法第七百七十三条第一項第九号に規定する場合に限る。）をしようとする場合には、当該発行者は、これらの行為（以下この条において「合併等」という。）がその効力を生ずる日又は合併等により設立する会社の成立の日を第百七十一条第一項第二号の日として全部抹消の通知をしなければならない。

④ 持分会社が合併をする場合において、吸収合併存続会社又は新設合併設立会社が合併に際して振替新株予約権を交付しようとする場合には、合併契約において、持分会社の社員のために開設された当該振替新株予約権の振替を行うための口座（特別口座を除く。）を定めなければならない。

⑤ 吸収分割承継会社又は新設分割設立会社が会社分割に際して振替新株予約権を交付しようとする場合には、吸収分割契約又は新設分割計画において、会社分割をする株式会社のために開設された当該振替新株予約権の振替を行うための口座（特別口座を除く。）を定めなければならない。

（株式交付に関する会社法の特例）

第一八九条の二① 会社法第七百七十四条の三第一項第五号ロ又は第八号ハの新株予約権が振替新株予約権である場合には、株式交付親会社は、同法第七百七十四条の四第一項（同法第七百七十四条の九において準用する場合を含む。）の規定による通知において、当該振替新株予約権についてこの法律の規定の適用がある旨を示さなければならない。

② 前項に規定する場合には、会社法第七百七十四条の四第二項（同法第七百七十四条の九において準用する場合を含む。以下この項において同じ。）の申込みをする者（同法第七百七十四条の三第一項第六号又は第九号に掲げる事項についての定めに従い株式交付親会社が発行する振替新株予約権の新株予約権者にならないものを除く。）は、自己のために開設された当該振替新株予約権の振替を行うための口座（特別口座を除く。）を同法第七百七十四条の四第二項の書面に記載し、又は同法第七百七十四条の六（同法第七百七十四条の九において準用する場合を含む。）の契約を締結する際に当該口座を当該振替新株予約権の発行者に示さなければならない。

③ 株式交付親会社が株式交付に際して振替新株予約権を移転しようとする場合には、当該株式交付親会社は、当該株式交付がその効力を生ずる日以後遅滞なく、当該振替新株予約権について振替の申請をしなければならない。

（適用除外）

第一九〇条 振替新株予約権については、会社法第二百五十七条第一項、第二百五十九条第一項、第二百六十条第一項及び第二項、第二百六十八条第一項、第二百六十九条第一項、第二百七十条第一項から第三項まで並びに第二百七十二条の二第一項から第三項までの規定は、適用しない。

第五節 雑則

（第一九一条）（略）

第九章 新株予約権付社債の振替

（第一九二条から第二二五条まで）（略）

第十章 投資口等の振替

（第二二六条から第二五五条まで）（略）

第十一章 組織変更等に係る振替

（第二五六条から第二七五条まで）（略）

第十二章 その他の有価証券に表示されるべき権利の振替

（第二七六条）（略）

第十三章 雑則（抄）

（加入者等による振替口座簿に記載され、又は記録されている事項についての請求）

第二七七条 加入者は、その直近上位機関に対し、当該直近上位機関が定めた費用を支払って、当該直近上位機関が備える振替口座簿の自己の口座に記載され、若しくは記録されている事項を証明した書面の交付又は当該事項に係る情報を電磁的方法であって主務省令で定めるものにより提供することを請求することができる。当該口座につき利害関係を有する者として政令で定めるものについても、正当な理由があるときは、同様とする。

第二七八条から第二八七条まで （略）

第十四章 罰則

（第二八八条から第二九七条まで）（略）

附 則（抄）

（施行期日等）

第一条 この法律は、平成十四年四月一日（以下「施行日」という。）から施行し、施行日以後に発行される短期社債等について適用する。

附 則（令和四・五・二五法四八）（抄）

（施行期日）

第一条 この法律は、公布の日から起算して四年を超えない範囲内において政令で定める日から施行する。ただし、次の各号に掲げる規定は、当該各号に定める日から施行する。

一 （前略）附則第二十五条の規定 公布の日

二―五 （略）

（政令への委任）

第一二五条 （前略）この法律の施行に関し必要な経過措置は、政令で定める。

刑法等の一部を改正する法律の施行に伴う関係法律整理法中経過規定

（令和四・六・一七法六八）（抄）

第四四一条から第四四三条まで （刑法の同経過規定参照）

第五〇九条 （刑法の同経過規定参照）

刑法等の一部を改正する法律の施行に伴う関係法律整理法

附 則（令和四・六・一七法六八）（抄）

（施行期日）

① この法律は、刑法等一部改正法（刑法等の一部を改正する法律（令和四法六七））施行日から施行する。ただし、次の各号に掲げる規定は、当該各号に定める日から施行する。

一　第五百九条の規定　公布の日

二　（略）

○金融商品取引法（抄）（昭和二三・四・一三 法 二 五）

施行 昭和二三・五・六（附則参照）
題名改正 平成一八法六五（旧・証券取引法）
最終改正 令和四法六八

目次

第一章　総則

（目的）

第一条　この法律は、企業内容等の開示の制度を整備するとともに、金融商品取引業を行う者に関し必要な事項を定め、金融商品取引所の適切な運営を確保すること等により、有価証券の発行及び金融商品等の取引等を公正にし、有価証券の流通を円滑にするほか、資本市場の機能の十全な発揮による金融商品等の公正な価格形成等を図り、もつて国民経済の健全な発展及び投資者の保護に資することを目的とする。

（定義）

第二条①　この法律において「有価証券」とは、次に掲げるものをいう。

一　国債証券
二　地方債証券
三　特別の法律により法人の発行する債券（次号及び第十一号に掲げるものを除く。）
四　資産の流動化に関する法律（平成十年法律第百五号）に規定する特定社債券
五　社債券（相互会社の社債券を含む。以下同じ。）
六　特別の法律により設立された法人の発行する出資証券（次号、第八号及び第十一号に掲げるものを除く。）
七　協同組織金融機関の優先出資に関する法律（平成五年法律第四十四号。以下「優先出資法」という。）に規定する優先出資証券
八　資産の流動化に関する法律に規定する優先出資証券又は新優先出資引受権を表示する証券
九　株券又は新株予約権証券
十　投資信託及び投資法人に関する法律（昭和二十六年法律第百九十八号）に規定する投資信託又は外国投資信託の受益証券
十一　投資信託及び投資法人に関する法律に規定する投資証券、新投資口予約権証券若しくは投資法人債券又は外国投資証券
十二　貸付信託の受益証券
十三　資産の流動化に関する法律に規定する特定目的信託の受益証券
十四　信託法（平成十八年法律第百八号）に規定する受益証券発行信託の受益証券
十五　法人が事業に必要な資金を調達するために発行する約束手形のうち、内閣府令で定めるもの
十六　抵当証券法（昭和六年法律第十五号）に規定する抵当証

券

十七　外国又は外国の者の発行する証券又は証書で第一号から第九号まで又は第十二号から前号までに掲げる証券又は証書の性質を有するもの（次号に掲げるものを除く。）

十八　外国の者の発行する証券又は証書で銀行業を営む者その他の金銭の貸付けを業として行う者の貸付債権を信託する信託の受益権又はこれに類する権利を表示するもののうち、内閣府令で定めるもの

十九　金融商品市場において金融商品市場を開設する者の定める基準及び方法に従い行う第二十一項第三号に掲げる取引に係る権利、外国金融商品市場（第八項第三号ロに規定する外国金融商品市場をいう。以下この号において同じ。）において行う取引であつて第二十一項第三号に掲げる取引と類似の取引（金融商品（第二十四項第三号の三に掲げるものに限る。）又は金融指標（当該金融商品の価格及びこれに基づいて算出した数値に限る。）に係るものを除く。）に係る権利又は金融商品市場及び外国金融商品市場によらないで行う第二十二項第三号若しくは第四号に掲げる取引に係る権利（以下「オプション」という。）を表示する証券又は証書

二十　前各号に掲げる証券又は証書の預託を受けた者が当該証券又は証書の発行された国以外の国において発行する証券又は証書で、当該預託を受けた証券又は証書に係る権利を表示するもの

二十一　前各号に掲げるもののほか、流通性その他の事情を勘案し、公益又は投資者の保護を確保することが必要と認められるものとして政令で定める証券又は証書

② 前項第一号から第十五号までに掲げる有価証券、同項第十七号に掲げる有価証券（同項第十六号に掲げる有価証券の性質を有するものを除く。）及び同項第十八号に掲げる有価証券に表示されるべき権利（同項第十四号に掲げる有価証券及び同項第十七号に掲げる有価証券（同項第十四号に掲げる有価証券の性質を有するものに限る。）に表示されるべき権利にあつては、資金決済に関する法律（平成二十一年法律第五十九号）第二条第五項第三号又は第四号に掲げるものに該当するもので有価証券とみなさなくても公益又は投資者の保護のため支障を生ずることがないと認められるものとして政令で定めるものを除く。）並びに前項第十六号に掲げる有価証券、同項第十七号に掲げる有価証券（同項第十六号に掲げる有価証券の性質を有するものに限る。）及び同項第十九号から第二十一号までに掲げる有価証券であつて内閣府令で定めるものに表示されるべき権利（以下この項及び次項において「有価証券表示権利」と総称する。）は、有価証券表示権利について当該権利を表示する当該有価証券が発行されていない場合においても、当該権利を当該有価証券とみなし、電子記録債権（電子記録債権法（平成十九年法律第百二号）第二条第一項に規定する電子記録債権をいう。以下この項において同じ。）のうち、流通性その他の事情を勘案し、社債券その他の前項各号に掲げる有価証券とみなすことが必要と認められるものとして政令で定めるもの（第七号及び次項において「特定電子記録債権」という。）は、当該電子記録債権を当該有価証券とみなし、次に掲げる権利は、証券又は証書に表示されるべき権利以外の権利であつても有価証券とみなして、この法律の規定を適用する。

一　信託の受益権（前項第十号に規定する投資信託の受益証券に表示されるべきもの及び同項第十二号から第十四号までに掲げる有価証券に表示されるべきもの並びに資金決済に関する法律第二条第五項第三号又は第四号に掲げるものに該当するもので有価証券とみなさなくても公益又は投資者の保護のため支障を生ずることがないと認められるものとして政令で定めるものを除く。）

二　外国の者に対する権利で前号に掲げる権利の性質を有するもの（前項第十号に規定する外国投資信託の受益証券に表示されるべきもの並びに同項第十七号及び第十八号に掲げる有価証券に表示されるべきものに該当するものを除く。）

三　合名会社若しくは合資会社の社員権（政令で定めるものに限る。）又は合同会社の社員権

四　外国法人の社員権で前号に掲げる権利の性質を有するもの

五　民法（明治二十九年法律第八十九号）第六百六十七条第一項に規定する組合契約、商法（明治三十二年法律第四十八号）第五百三十五条に規定する匿名組合契約、投資事業有限責任組合契約に関する法律（平成十年法律第九十号）第三条第一項に規定する投資事業有限責任組合契約又は有限責任事業組合契約に関する法律（平成十七年法律第四十号）第三条第一項に規定する有限責任事業組合契約に基づく権利、社団法人の社員権その他の権利（外国の法令に基づくものを除く。）のうち、当該権利を有する者（以下この号において「出資者」という。）が出資又は拠出をした金銭（これに類するものとして政令で定めるものを含む。）を充てて行う事業（以下この号において「出資対象事業」という。）から生ずる収益の配当又は当該出資対象事業に係る財産の分配を受けることができる権利であつて、次のいずれにも該当しないもの（前項各号に掲げる有価証券に表示される権利及びこの項（この号を除く。）の規定により有価証券とみなされる権利を除く。）

イ　出資者の全員が出資対象事業に関与する場合として政令で定める場合における当該出資者の権利

ロ　出資者がその出資又は拠出の額を超えて収益の配当又は出資対象事業に係る財産の分配を受けることがないことを内容とする当該出資者の権利（イに掲げる権利を除く。）

ハ　保険業法（平成七年法律第百五号）第二条第一項に規定する保険業を行う者が保険者となる保険契約、農業協同組合法（昭和二十二年法律第百三十二号）第十条第一項第十号に規定する事業を行う同法第四条に規定する組合と締結した共済契約、消費生活協同組合法（昭和二十三年法律第二百号）第十条第二項に規定する共済事業を行う同法第四条に規定する組合と締結した共済契約、水産業協同組合法（昭和二十三年法律第二百四十二号）第十一条第一項第十一号、第九十三条第一項第六号の二若しくは第百条の二第一項第一号に規定する事業を行う同法第二条に規定する組合と締結した共済契約、中小企業等協同組合法（昭和二十四年法律第百八十一号）第九条の二第七項に規定する共済事業を行う同法第三条に規定する組合と締結した共済契約又は不動産特定共同事業法（平成六年法律第七十七号）第二条第三項に規定する不動産特定共同事業契約（同条第九項に規定する特例事業者と締結したものを除く。）に基づく権利（イ及びロに掲げる権利を除く。）

ニ　イからハまでに掲げるもののほか、当該権利を有価証券とみなさなくても公益又は出資者の保護のため支障を生ずることがないと認められるものとして政令で定める権利

六　外国の法令に基づく権利であつて、前号に掲げる権利に類するもの

七　特定電子記録債権及び前各号に掲げるもののほか、前項に規定する有価証券及び前各号に掲げる権利と同様の経済的性質を有することその他の事情を勘案し、有価証券とみなすことにより公益又は投資者の保護を確保することが必要かつ適当と認められるものとして政令で定める権利

③ この法律において、「有価証券の募集」とは、新たに発行される有価証券の取得の申込みの勧誘（これに類するものとして内閣府令で定めるもの（次項において「取得勧誘類似行為」という。）を含む。以下「取得勧誘」という。）のうち、当該取得勧誘が第一項各号に掲げる有価証券又は前項の規定により有価証券とみなされる有価証券表示権利、特定電子記録債権若しくは同項各号に掲げる権利（電子情報処理組織を用いて移転することができる財産的価値（電子機器その他の物に電子的方法により記録されるものに限る。）に表示される場合（流通性その他の事情を勘案して内閣府令で定める場合を除く。）に限る。以下「電子記録移転権利」という。）（次項及び第六項、第二条の三第四項及び第五項並びに第二十三条の十三第四項において「第一

項有価証券」という。）に係るものである場合にあつては第一号及び第二号に掲げる場合、当該取得勧誘が前項の規定により有価証券とみなされる同項各号に掲げる権利（電子記録移転権利を除く。次項、第二条の三第四項及び第五項並びに第二十三条の十三第四項において「第二項有価証券」という。）に係るものである場合にあつては第三号に掲げる場合に該当するものをいい、「有価証券の私募」とは、取得勧誘であつて有価証券の募集に該当しないものをいう。

一　多数の者（適格機関投資家（有価証券に対する投資に係る専門的知識及び経験を有する者として内閣府令で定める者をいう。以下同じ。）が含まれる場合であつて、当該有価証券がその取得者である適格機関投資家から適格機関投資家以外の者に譲渡されるおそれが少ないものとして政令で定める場合に該当するときは、当該適格機関投資家を除く。）を相手方として行う場合として政令で定める場合（特定投資家のみを相手方とする場合を除く。）

二　前号に掲げる場合のほか、次に掲げる場合のいずれにも該当しない場合

イ　適格機関投資家のみを相手方として行う場合であつて、当該有価証券がその取得者から適格機関投資家以外の者に譲渡されるおそれが少ないものとして政令で定める場合

ロ　特定投資家のみを相手方として行う場合であつて、次に掲げる要件の全てに該当するとき（イに掲げる場合を除く。）。

⑴　当該取得勧誘の相手方が国、日本銀行及び適格機関投資家以外の者である場合にあつては、金融商品取引業者等（第三十四条に規定する金融商品取引業者等をいう。次項、第四条第一項第四号及び第三項、第二十七条の三十二の二並びに第二十七条の三十四の二において同じ。）が顧客からの委託により又は自己のために当該取得勧誘を行うこと。

⑵　当該有価証券がその取得者から特定投資家等（特定投資家又は非居住者（外国為替及び外国貿易法（昭和二十四年法律第二百二十八号）第六条第一項第六号に規定する非居住者をいい、政令で定める者に限る。）をいう。以下同じ。）以外の者に譲渡されるおそれが少ないものとして政令で定める場合に該当すること。

ハ　前号に掲げる場合並びにイ及びロに掲げる場合以外の場合（当該有価証券と種類を同じくする有価証券の発行及び勧誘の状況等を勘案して政令で定める要件に該当する場合を除く。）であつて、当該有価証券が多数の者に所有されるおそれが少ないものとして政令で定める場合

三　その取得勧誘に応じることにより相当程度多数の者が当該取得勧誘に係る有価証券を所有することとなる場合として政令で定める場合

④　この法律において「有価証券の売出し」とは、既に発行された有価証券の売付けの申込み又はその買付けの申込みの勧誘（取得勧誘類似行為に該当するものその他内閣府令で定めるものを除く。以下「売付け勧誘等」という。）のうち、当該売付け勧誘等が第一項有価証券に係るものである場合にあつては第一号及び第二号に掲げる場合、当該売付け勧誘等が第二項有価証券に係るものである場合にあつては第三号に掲げる場合に該当するもの（取引所金融商品市場における有価証券の売買及びこれに準ずる取引その他の政令で定める有価証券の取引に係るものを除く。）をいう。

一　多数の者（適格機関投資家が含まれる場合であつて、当該有価証券がその取得者である適格機関投資家から適格機関投資家以外の者に譲渡されるおそれが少ないものとして政令で定める場合に該当するときは、当該適格機関投資家を除く。）を相手方として行う場合として政令で定める場合（特定投資家のみを相手方とする場合を除く。）

二　前号に掲げる場合のほか、次に掲げる場合のいずれにも該当しない場合

イ　適格機関投資家のみを相手方として行う場合であつて、当該有価証券がその取得者から適格機関投資家以外の者に譲渡されるおそれが少ないものとして政令で定める場合

ロ　特定投資家のみを相手方として行う場合であつて、次に掲げる要件の全てに該当するとき（イに掲げる場合を除く。）。

⑴　当該売付け勧誘等の相手方が国、日本銀行及び適格機関投資家以外の者である場合にあつては、金融商品取引業者等が顧客からの委託により又は自己のために当該売付け勧誘等を行うこと。

⑵　当該有価証券がその取得者から特定投資家等以外の者に譲渡されるおそれが少ないものとして政令で定める場合に該当すること。

ハ　前号に掲げる場合並びにイ及びロに掲げる場合以外の場合（当該有価証券と種類を同じくする有価証券の発行及び勧誘の状況等を勘案して政令で定める要件に該当する場合を除く。）であつて、当該有価証券が多数の者に所有されるおそれが少ないものとして政令で定める場合

三　その売付け勧誘等に応じることにより相当程度多数の者が当該売付け勧誘等に係る有価証券を所有することとなる場合として政令で定める場合

⑤　この法律において、「発行者」とは、有価証券を発行し、又は発行しようとする者（内閣府令で定める有価証券については、内閣府令で定める者）をいうものとし、証券又は証書に表示されるべき権利以外の権利で第二項の規定により有価証券とみなされるものについては、権利の種類ごとに内閣府令で定める者が内閣府令で定める時に当該権利を有価証券として発行するものとみなす。

⑥　この法律（第五章を除く。）において「引受人」とは、有価証券の募集若しくは売出し又は私募若しくは特定投資家向け売付け勧誘等（第一項有価証券に係る売付け勧誘等であつて、第四項第二号ロに掲げる場合に該当するもの（取引所金融商品市場における有価証券の売買及びこれに準ずる取引その他の政令で定める有価証券の取引に係るものを除く。）をいう。以下同じ。）に際し、次の各号のいずれかを行う者をいう。

一　当該有価証券を取得させることを目的として当該有価証券の全部又は一部を取得すること。

二　当該有価証券の全部又は一部につき他にこれを取得する者がない場合にその残部を取得することを内容とする契約をすること。

三　当該有価証券が新株予約権証券（これに準ずるものとして内閣府令で定める有価証券を含む。以下この号において同じ。）である場合において、当該新株予約権証券を取得した者が当該新株予約権証券の全部又は一部につき新株予約権（これに準ずるものとして内閣府令で定める権利を含む。以下この号において同じ。）を行使しないときに当該行使しない新株予約権に係る新株予約権証券を取得して自己又は第三者が当該新株予約権を行使することを内容とする契約をすること。

⑦　この法律において「有価証券届出書」とは、第五条第一項（同条第五項において準用する場合を含む。以下同じ。）の規定による届出書及び同条第十三項の規定によりこれに添付する書類並びに第七条第一項、第九条第一項又は第十条第一項の規定による訂正届出書をいう。

⑧　この法律において「金融商品取引業」とは、次に掲げる行為（その内容等を勘案し、投資者の保護のため支障を生ずることがないと認められるものとして政令で定めるもの及び銀行、優先出資法第二条第一項に規定する協同組織金融機関（以下「協同組織金融機関」という。）その他政令で定める金融機関が行う第十二号、第十四号、第十五号又は第二十八条第八項各号に掲げるものを除く。）のいずれかを業として行うことをいう。

一　有価証券の売買（デリバティブ取引に該当するものを除く。以下同じ。）、市場デリバティブ取引（金融商品（第二十四項第三号の三に掲げるものに限る。）又は金融指標（当該金

融商品の価格及びこれに基づいて算出した数値に限る。）に係る市場デリバティブ取引（以下「商品関連市場デリバティブ取引」という。）を除く。）又は外国市場デリバティブ取引（有価証券の売買にあつては、第十号に掲げるものを除く。）

二　有価証券の売買、市場デリバティブ取引又は外国市場デリバティブ取引の媒介、取次ぎ（有価証券等清算取次ぎを除く。）又は代理（有価証券の売買の媒介、取次ぎ又は代理にあつては、第十号に掲げるものを除く。）

三　次に掲げる取引の委託の媒介、取次ぎ又は代理

イ　取引所金融商品市場における有価証券の売買又は市場デリバティブ取引

ロ　外国金融商品市場（取引所金融商品市場に類似する市場で外国に所在するものをいう。以下同じ。）における有価証券の売買又は外国市場デリバティブ取引

四　店頭デリバティブ取引又はその媒介、取次ぎ（有価証券等清算取次ぎを除く。）若しくは代理（以下「店頭デリバティブ取引等」という。）

五　有価証券等清算取次ぎ

六　有価証券の引受け（有価証券の募集若しくは売出し又は私募若しくは特定投資家向け売付け勧誘等に際し、第六項各号に掲げるもののいずれかを行うことをいう。）

七　有価証券（次に掲げるものに限る。）の募集又は私募

イ　第一項第十号に規定する投資信託の受益証券のうち、投資信託及び投資法人に関する法律第二条第一項に規定する委託者指図型投資信託の受益権に係るもの

ロ　第一項第十号に規定する外国投資信託の受益証券

ハ　第一項第十六号に掲げる有価証券

ニ　第一項第十七号に掲げる有価証券のうち、同項第十六号に掲げる有価証券の性質を有するもの

ホ　イ若しくはロに掲げる有価証券に表示されるべき権利又はハ若しくはニに掲げる有価証券のうち内閣府令で定めるものに表示されるべき権利であつて、第二項の規定により有価証券とみなされるもの

ヘ　第二項の規定により有価証券とみなされる同項第五号又は第六号に掲げる権利

ト　イからヘまでに掲げるもののほか、政令で定める有価証券

八　有価証券の売出し又は特定投資家向け売付け勧誘等

九　有価証券の募集若しくは売出しの取扱い又は私募若しくは特定投資家向け売付け勧誘等の取扱い

十　有価証券の売買又はその媒介、取次ぎ若しくは代理であつて、電子情報処理組織を使用して、同時に多数の者を一方の当事者又は各当事者として次に掲げる売買価格の決定方法又はこれに類似する方法により行うもの（取り扱う有価証券の種類等に照らして取引所金融商品市場又は店頭売買有価証券市場（第六十七条第二項に規定する店頭売買有価証券市場をいう。）以外において行うことが投資者保護のため適当でないと認められるものとして政令で定めるものを除く。）

イ　競売買の方法（有価証券の売買高が政令で定める基準を超えない場合に限る。）

ロ　金融商品取引所に上場されている有価証券について、当該金融商品取引所が開設する取引所金融商品市場における当該有価証券の売買価格を用いる方法

ハ　第六十七条の十一第一項の規定により登録を受けた有価証券（以下「店頭売買有価証券」という。）について、当該登録を行う認可金融商品取引業協会が公表する当該有価証券の売買価格を用いる方法

ニ　顧客の間の交渉に基づく価格を用いる方法

ホ　イからニまでに掲げるもののほか、内閣府令で定める方法

十一　当事者の一方が相手方に対して次に掲げるものに関し、口頭、文書（新聞、雑誌、書籍その他不特定多数の者に販売することを目的として発行されるもので、不特定多数の者により随時に購入可能なものを除く。）その他の方法により助言を行うことを約し、相手方がそれに対し報酬を支払うことを約する契約（以下「投資顧問契約」という。）を締結し、当該投資顧問契約に基づき、助言を行うこと。

イ　有価証券の価値等（有価証券の価値、有価証券関連オプション（金融商品市場において金融商品市場を開設する者の定める基準及び方法に従い行う第二十八条第八項第三号ハに掲げる取引に係る権利、外国金融商品市場において行う取引であつて同号ハに掲げる取引と類似の取引に係る権利又は金融商品市場及び外国金融商品市場によらないで行う同項第四号ハ若しくはニに掲げる取引に係る権利をいう。）の対価の額又は有価証券指標（有価証券の価格若しくは利率その他これに準ずるものとして内閣府令で定めるもの又はこれらに基づいて算出した数値をいう。）の動向をいう。）

ロ　金融商品の価値等（金融商品（第二十四項第三号の三に掲げるものにあつては、金融商品取引所に上場されているものに限る。）の価値、オプションの対価の額又は金融指標（同号に掲げる金融商品に係るものにあつては、金融商品取引所に上場されているものに限る。）の動向をいう。以下同じ。）の分析に基づく投資判断（投資の対象となる有価証券の種類、銘柄、数及び価格並びに売買の別、方法及び時期についての判断又は行うべきデリバティブ取引の内容及び時期についての判断をいう。以下同じ。）

十二　次に掲げる契約を締結し、当該契約に基づき、金融商品の価値等の分析に基づく投資判断に基づいて有価証券又はデリバティブ取引に係る権利に対する投資として、金銭その他の財産の運用（その指図を含む。以下同じ。）を行うこと。

イ　投資信託及び投資法人に関する法律第二条第十三項に規定する登録投資法人と締結する同法第百八十八条第一項第四号に規定する資産の運用に係る委託契約

ロ　イに掲げるもののほか、当事者の一方が、相手方から、金融商品の価値等の分析に基づく投資判断の全部又は一部を一任されるとともに、当該投資判断に基づき当該相手方のため投資を行うのに必要な権限を委任されることを内容とする契約（以下「投資一任契約」という。）

十三　投資顧問契約又は投資一任契約の締結の代理又は媒介

十四　金融商品の価値等の分析に基づく投資判断に基づいて有価証券又はデリバティブ取引に係る権利に対する投資として、第一項第十号に掲げる有価証券に表示される権利その他の政令で定める権利を有する者から拠出を受けた金銭その他の財産の運用を行うこと（第十二号に掲げる行為に該当するものを除く。）。

十五　金融商品の価値等の分析に基づく投資判断に基づいて主として有価証券又はデリバティブ取引に係る権利に対する投資として、次に掲げる権利その他政令で定める権利を有する者から出資又は拠出を受けた金銭その他の財産の運用を行うこと（第十二号及び前号に掲げる行為に該当するものを除く。）。

イ　第一項第十四号に掲げる有価証券又は同項第十七号に掲げる有価証券（同項第十四号に掲げる有価証券の性質を有するものに限る。）に表示される権利

ロ　第二項第一号又は第二号に掲げる権利

ハ　第二項第五号又は第六号に掲げる権利

十六　その行う第一号から第十号までに掲げる行為に関して、顧客から金銭、第一項各号に掲げる証券若しくは証書又は電子記録移転権利の預託を受けること（商品関連市場デリバティブ取引についての第二号、第三号又は第五号に掲げる行為を行う場合にあつては、これらの行為に関して、顧客から商品（第二十四項第三号の三に掲げるものをいう。以下この号において同じ。）又は寄託された商品に関して発行された証券若しくは証書の預託を受けることを含む。）。

十七　社債、株式等の振替に関する法律（平成十三年法律第七

十五号）第二条第一項に規定する社債等の振替を行うために口座の開設を受けて社債等の振替を行うこと。

十八　前各号に掲げる行為に類するものとして政令で定める行為

⑨　この法律において「金融商品取引業者」とは、第二十九条の規定により内閣総理大臣の登録を受けた者をいう。

⑩　この法律において「目論見書」とは、有価証券の募集若しくは売出し、第四条第二項に規定する適格機関投資家取得有価証券一般勧誘（有価証券の売出しに該当するものを除く。）又は同条第三項に規定する特定投資家等取得有価証券一般勧誘（有価証券の売出しに該当するものを除く。）のために当該有価証券の発行者の事業その他の事項に関する説明を記載する文書であつて、相手方に交付し、又は相手方からの交付の請求があつた場合に交付するものをいう。

⑪　この法律において「金融商品仲介業」とは、金融商品取引業者（第二十八条第一項に規定する第一種金融商品取引業又は同条第四項に規定する投資運用業を行う者に限る。）又は登録金融機関（第三十三条の二の登録を受けた銀行、協同組織金融機関その他政令で定める金融機関をいう。以下同じ。）の委託を受けて、次に掲げる行為（同項に規定する投資運用業を行う者が行う第四号に掲げる行為を除く。）のいずれかを当該金融商品取引業者又は登録金融機関のために行う業務をいう。

一　有価証券の売買の媒介（第八項第十号に掲げるものを除く。）

二　第八項第三号に規定する媒介

三　第八項第九号に掲げる行為

四　第八項第十三号に規定する媒介

⑫　この法律において「金融商品仲介業者」とは、第六十六条の規定により内閣総理大臣の登録を受けた者をいう。

⑬　この法律において「認可金融商品取引業協会」とは、第四章第一節第一款の規定に基づいて設立された者をいう。

⑭　この法律において「金融商品市場」とは、有価証券の売買又は市場デリバティブ取引を行う市場（商品関連市場デリバティブ取引のみを行うものを除く。）をいう。

⑮　この法律において「金融商品会員制法人」とは、金融商品市場の開設を目的として第五章第二節第一款の規定に基づいて設立された会員組織の社団をいう。

⑯　この法律において「金融商品取引所」とは、第八十条第一項の規定により内閣総理大臣の免許を受けて金融商品市場を開設する金融商品会員制法人又は株式会社をいう。

⑰　この法律において「取引所金融商品市場」とは、金融商品取引所の開設する金融商品市場をいう。

⑱　この法律において「金融商品取引所持株会社」とは、取引所金融商品市場を開設する株式会社（以下「株式会社金融商品取引所」という。）を子会社（第八十七条の三第三項に規定する子会社をいう。）とする株式会社であつて、第百六条の十第一項の規定により内閣総理大臣の認可を受けて設立され、又は同項若しくは同条第三項ただし書の規定により内閣総理大臣の認可を受けているものをいう。

⑲　この法律において「取引参加者」とは、第百十二条第一項若しくは第二項又は第百十三条第一項若しくは第二項の規定による取引資格に基づき、取引所金融商品市場における有価証券の売買又は市場デリバティブ取引に参加できる者をいう。

⑳　この法律において「デリバティブ取引」とは、市場デリバティブ取引、店頭デリバティブ取引又は外国市場デリバティブ取引をいう。

㉑　この法律において「市場デリバティブ取引」とは、金融商品市場において、金融商品市場を開設する者の定める基準及び方法に従い行う次に掲げる取引をいう。

一　売買の当事者が将来の一定の時期において金融商品及びその対価の授受を約する売買であつて、当該売買の目的となつている金融商品の転売又は買戻しをしたときは差金の授受によつて決済することができる取引

二　当事者があらかじめ金融指標として約定する数値（以下「約定数値」という。）と将来の一定の時期における現実の当該金融指標の数値（以下「現実数値」という。）の差に基づいて算出される金銭の授受を約する取引

三　当事者の一方の意思表示により当事者間において次に掲げる取引を成立させることができる権利を相手方が当事者の一方に付与し、当事者の一方がこれに対して対価を支払うことを約する取引

イ　金融商品の売買（第一号に掲げる取引を除く。）

ロ　前二号及び次号から第六号までに掲げる取引（前号又は第四号の二に掲げる取引に準ずる取引で金融商品取引所の定めるものを含む。）

四　当事者が元本として定めた金額について当事者の一方が相手方と取り決めた金融商品（第二十四項第三号及び第三号の三に掲げるものを除く。）の利率等（利率その他これに準ずるものとして内閣府令で定めるものをいう。以下同じ。）又は金融指標（金融商品（これらの号に掲げるものを除く。）の利率等及びこれに基づいて算出した数値を除く。以下この号及び次項第五号において同じ。）の約定した期間における変化率に基づいて金銭を支払い、相手方が当事者の一方と取り決めた金融商品（第二十四項第三号及び第三号の三に掲げるものを除く。）の利率等又は金融指標の約定した期間における変化率に基づいて金銭を支払うことを相互に約する取引（これらの金銭の支払とあわせて当該元本として定めた金額に相当する金銭又は金融商品を授受することを約するものを含む。）

四の二　当事者が数量を定めた金融商品（第二十四項第三号の三に掲げるものに限る。以下この号において同じ。）について当事者の一方が相手方と取り決めた当該金融商品に係る金融指標の約定した期間における変化率に基づいて金銭を支払い、相手方が当事者の一方と取り決めた当該金融指標の約定した期間における変化率に基づいて金銭を支払うことを相互に約する取引

五　当事者の一方が金銭を支払い、これに対して当事者があらかじめ定めた次に掲げるいずれかの事由が発生した場合において相手方が金銭を支払うことを約する取引（当該事由が発生した場合において、当事者の一方が金融商品、金融商品に係る権利又は金銭債権（金融商品であるもの及び金融商品に係る権利であるものを除く。）を移転することを約するものを含み、第二号から前号までに掲げるものを除く。）

イ　法人の信用状態に係る事由その他これに類似するものとして政令で定めるもの

ロ　当事者がその発生に影響を及ぼすことが不可能又は著しく困難な事由であつて、当該当事者その他の事業者の事業活動に重大な影響を与えるものとして政令で定めるもの（イに掲げるものを除く。）

六　前各号に掲げる取引に類似する取引であつて、政令で定めるもの

㉒　この法律において「店頭デリバティブ取引」とは、金融商品市場及び外国金融商品市場によらないで行う次に掲げる取引（その内容等を勘案し、公益又は投資者の保護のため支障を生ずることがないと認められるものとして政令で定めるものを除く。）をいう。

一　売買の当事者が将来の一定の時期において金融商品（第二十四項第三号の三及び第五号に掲げるものを除く。第三号及び第六号において同じ。）及びその対価の授受を約する売買であつて、当該売買の目的となつている金融商品の売戻し又は買戻しその他政令で定める行為をしたときは差金の授受によつて決済することができる取引

二　約定数値（第二十四項第三号の三又は第五号に掲げる金融商品に係る金融指標の数値を除く。）と現実数値（これらの号に掲げる金融商品に係る金融指標の数値を除く。）の差に基づいて算出される金銭の授受を約する取引又はこれに類似する取引

三　当事者の一方の意思表示により当事者間において次に掲げる取引を成立させることができる権利を相手方が当事者の一方に付与し、当事者の一方がこれに対して対価を支払うことを約する取引又はこれに類似する取引
イ　金融商品の売買（第一号に掲げる取引を除く。）
ロ　前二号及び第五号から第七号までに掲げる取引
四　当事者の一方の意思表示により当事者間において当該意思表示を行う場合の金融指標（第二十四項第三号の三又は第五号に掲げる金融商品に係るものを除く。）としてあらかじめ約定する数値と現に当該意思表示を行つた時期における現実の当該金融指標の数値の差に基づいて算出される金銭を授受することとなる取引を成立させることができる権利を相手方が当事者の一方に付与し、当事者の一方がこれに対して対価を支払うことを約する取引又はこれに類似する取引
五　当事者が元本として定めた金額について当事者の一方が相手方と取り決めた金融商品（第二十四項第三号、第三号の三及び第五号に掲げるものを除く。）の利率等若しくは金融指標の約定した期間における変化率に基づいて金銭を支払い、相手方が当事者の一方と取り決めた金融商品（これらの号に掲げるものを除く。）の利率等若しくは金融指標の約定した期間における変化率に基づいて金銭を支払うことを相互に約する取引（これらの金銭の支払とあわせて当該元本として定めた金額に相当する金銭又は金融商品（同項第三号の三及び第五号に掲げるものを除く。）を授受することを約するものを含む。）又はこれに類似する取引
六　当事者の一方が金銭を支払い、これに対して当事者があらかじめ定めた次に掲げるいずれかの事由が発生した場合において相手方が金銭を支払うことを約する取引（当該事由が発生した場合において、当事者の一方が金融商品、金融商品に係る権利又は金銭債権（金融商品であるもの及び金融商品に係る権利であるものを除く。）を移転することを約するものを含み、第二号から前号までに掲げるものを除く。）又はこれに類似する取引
イ　法人の信用状態に係る事由その他これに類似するものとして政令で定めるもの
ロ　当事者がその発生に影響を及ぼすことが不可能又は著しく困難な事由であつて、当該当事者その他の事業者の事業活動に重大な影響を与えるものとして政令で定めるもの（イに掲げるものを除く。）
七　前各号に掲げるもののほか、これらと同様の経済的性質を有する取引であつて、公益又は投資者の保護を確保することが必要と認められるものとして政令で定める取引

㉓　この法律において「外国市場デリバティブ取引」とは、外国金融商品市場において行う取引であつて、市場デリバティブ取引と類似の取引（金融商品（次項第三号の三に掲げるものに限る。）又は金融指標（当該金融商品の価格及びこれに基づいて算出した数値に限る。）に係るものを除く。）をいう。
㉔　この法律において「金融商品」とは、次に掲げるものをいう。
一　有価証券
二　預金契約に基づく債権その他の権利又は当該権利を表示する証券若しくは証書であつて政令で定めるもの（前号に掲げるものを除く。）
三　通貨
三の二　暗号等資産（資金決済に関する法律第二条第十四項に規定する暗号資産又は同条第五項第四号に掲げるもののうち投資者の保護を確保することが必要と認められるものとして内閣府令で定めるものをいう。以下同じ。）
三の三　商品（商品先物取引法（昭和二十五年法律第二百三十九号）第二条第一項に規定する商品のうち、法令の規定に基づく当該商品の価格の安定に関する措置の有無その他当該商品の価格形成及び需給の状況を勘案し、当該商品に係る市場デリバティブ取引により当該商品の適切な価格形成が阻害されるおそれがなく、かつ、取引所金融商品市場において当該商品に係る市場デリバティブ取引が行われることが国民経済上有益であるものとして政令で定めるものをいう。以下同じ。）
四　前各号に掲げるもののほか、同一の種類のものが多数存在し、価格の変動が著しい資産であつて、当該資産に係るデリバティブ取引（デリバティブ取引に類似する取引を含む。）について投資者の保護を確保することが必要と認められるものとして政令で定めるもの（商品先物取引法第二条第一項に規定する商品を除く。）
五　第一号、第二号若しくは第三号の二に掲げるもの又は前号に掲げるもののうち内閣府令で定めるものについて、金融商品取引所が、市場デリバティブ取引を円滑化するため、利率、償還期限その他の条件を標準化して設定した標準物
㉕　この法律において「金融指標」とは、次に掲げるものをいう。
一　金融商品の価格又は金融商品（前項第三号及び第三号の三に掲げるものを除く。）の利率等
二　気象庁その他の者が発表する気象の観測の成果に係る数値
三　その変動に影響を及ぼすことが不可能若しくは著しく困難であつて、事業者の事業活動に重大な影響を与える指標（前号に掲げるものを除く。）又は社会経済の状況に関する統計の数値であつて、これらの指標又は数値に係るデリバティブ取引（デリバティブ取引に類似する取引を含む。）について投資者の保護を確保することが必要と認められるものとして政令で定めるもの（商品先物取引法第二条第二項に規定する商品指数であつて、商品以外の同条第一項に規定する商品の価格に基づいて算出されたものを除く。）
四　前三号に掲げるものに基づいて算出した数値
㉖　この法律において「外国金融商品取引所」とは、第百五十五条第一項の規定により内閣総理大臣の認可を受けた者をいう。
㉗　この法律において「有価証券等清算取次ぎ」とは、金融商品取引業者又は登録金融機関が金融商品取引清算機関の業務方法書の定めるところにより顧客の委託を受けてその計算において行う対象取引（次項に規定する対象取引をいう。以下この項において同じ。）であつて、対象取引に基づく債務を当該金融商品取引清算機関（当該金融商品取引清算機関が第百五十六条の二十の十六第一項に規定する連携金融商品債務引受業務を行う場合には、同項に規定する連携清算機関等を含む。）又は外国金融商品取引清算機関に負担させることを条件とし、かつ、次に掲げる要件のいずれかに該当するものをいう。
一　当該顧客が当該金融商品取引業者又は登録金融機関を代理して成立させるものであること。
二　当該顧客がその委託に際しあらかじめ当該対象取引に係る相手方その他内閣府令で定める事項を特定するものであること。
㉘　この法律において「金融商品債務引受業」とは、金融商品取引業者、登録金融機関又は証券金融会社（以下この項において「金融商品債務引受業対象業者」という。）を相手方として、金融商品債務引受業対象業者が行う対象取引（有価証券の売買若しくはデリバティブ取引（取引の状況及び我が国の資本市場に与える影響その他の事情を勘案し、公益又は投資者保護のため支障を生ずることがないと認められるものとして政令で定める取引を除く。）又はこれらに付随し、若しくは関連する取引として政令で定める取引をいう。）に基づく債務を、引受け、更改その他の方法により負担することを業として行うことをいう。
㉙　この法律において「金融商品取引清算機関」とは、第百五十六条の二又は第百五十六条の十九第一項の規定により内閣総理大臣の免許又は承認を受けて金融商品債務引受業を行う者をいい、「外国金融商品取引清算機関」とは、第百五十六条の二十の二の規定により内閣総理大臣の免許を受けて金融商品債務引受業を行う者をいう。

㉚この法律において「証券金融会社」とは、第百五十六条の二十四の規定により内閣総理大臣の免許を受けた者をいう。
㉛この法律において「特定投資家」とは、次に掲げる者をいう。
一　適格機関投資家
二　国
三　日本銀行
四　前三号に掲げるもののほか、第七十九条の二十一に規定する投資者保護基金その他の内閣府令で定める法人
㉜この法律において「特定取引所金融商品市場」とは、第百十七条の二第一項の規定により同項に規定する一般投資家等買付けをすることが禁止されている取引所金融商品市場をいう。
㉝この法律において「特定上場有価証券」とは、特定取引所金融商品市場のみに上場されている有価証券をいう。
㉞この法律において「信用格付」とは、金融商品又は法人（これに類するものとして内閣府令で定めるものを含む。）の信用状態に関する評価（以下この項において「信用評価」という。）の結果について、記号又は数字（これらに類するものとして内閣府令で定めるものを含む。）を用いて表示した等級（主として信用評価以外の事項を勘案して定められる等級として内閣府令で定めるものを除く。）をいう。
㉟この法律において「信用格付業」とは、信用格付を付与し、かつ、提供し又は閲覧に供する行為（行為の相手方の範囲その他行為の態様に照らして投資者の保護に欠けるおそれが少ないと認められるものとして内閣府令で定めるものを除く。）を業として行うことをいう。
㊱この法律において「信用格付業者」とは、第六十六条の二十七の規定により内閣総理大臣の登録を受けた者をいう。

㊲この法律において「商品市場開設金融商品取引所」とは、第八十七条の二第一項ただし書の認可を受けて商品先物取引（商品先物取引法第二条第三項に規定する先物取引をいう。以下同じ。）をするために必要な市場を開設する株式会社金融商品取引所をいう。

㊳この法律において「商品取引所」とは、会員商品取引所（商品先物取引法第二条第五項に規定する会員商品取引所をいう。）及び株式会社商品取引所（同条第六項に規定する株式会社商品取引所をいい、株式会社金融商品取引所に関する規制と同等の水準にあると認められる規制を受ける者として政令で定める者に限る。）をいう。

㊴この法律において「商品取引所持株会社」とは、商品先物取引法第二条第十一項に規定する商品取引所持株会社（金融商品取引所持株会社に関する規制と同等の水準にあると認められる規制を受ける者として政令で定める者に限る。）をいう。

㊵この法律において「特定金融指標」とは、金融指標であつて、当該金融指標に係るデリバティブ取引又は有価証券の取引の態様に照らして、その信頼性が低下することにより、我が国の資本市場に重大な影響を及ぼすおそれがあるものとして内閣総理大臣が定めるものをいう。

㊶この法律において「高速取引行為」とは、次に掲げる行為であつて、当該行為を行うことについての判断が電子情報処理組織により自動的に行われ、かつ、当該判断に基づく当該有価証券の売買又は市場デリバティブ取引を行うために必要な情報の金融商品取引所その他の内閣府令で定める者に対する伝達が、情報通信の技術を利用する方法であつて、当該伝達に通常要する時間を短縮するための方法として内閣府令で定める方法を用いて行われるもの（その内容等を勘案し、投資者の保護のため支障を生ずることがないと認められるものとして政令で定めるものを除く。）をいう。
一　有価証券の売買又は市場デリバティブ取引
二　前号に掲げる行為の委託
三　前二号に掲げるもののほか、第一号に掲げる行為に係る行為であつて、前二号に掲げる行為に準ずるものとして政令で定めるもの
㊷この法律において「高速取引行為者」とは、第六十六条の五十の規定により内閣総理大臣の登録を受けた者をいう。

（金銭とみなされるもの）
第二条の二　暗号等資産は、前条第二項第五号の金銭、同条第八項第一号の売買に係る金銭その他政令で定める規定の金銭又は当該規定の取引に係る金銭とみなして、この法律（これに基づく命令を含む。）の規定を適用する。

第二章　企業内容等の開示（抄）

（組織再編成等）
第二条の三①この章において「組織再編成」とは、合併、会社分割、株式交換その他会社の組織に関する行為で政令で定めるものをいう。
②この章において「組織再編成発行手続」とは、組織再編成により新たに有価証券が発行される場合（これに類する場合として内閣府令で定める場合（次項において「組織再編成発行手続に類似する場合」という。）を含む。）における当該組織再編成に係る書面等の備置き（会社法（平成十七年法律第八十六号）第七百八十二条第一項の規定による書面若しくは電磁的記録の備置き又は同法第八百三条第一項の規定による書面若しくは電磁的記録の備置きをいう。次項において同じ。）その他政令で定める行為をいう。
③この章において「組織再編成交付手続」とは、組織再編成により既に発行された有価証券が交付される場合（組織再編成発行手続に類似する場合に該当する場合を除く。）における当該組織再編成に係る書面等の備置きその他政令で定める行為をいう。
④この章において「特定組織再編成発行手続」とは、組織再編成発行手続のうち、当該組織再編成発行手続が第一項有価証券に係るものである場合にあつては第一号及び第二号に掲げる場合、当該組織再編成発行手続が第二項有価証券に係るものである場合にあつては第三号に掲げる場合に該当するものをいう。
一　組織再編成により吸収合併消滅会社（会社法第七百四十九条第一項第一号に規定する吸収合併消滅会社をいう。）又は株式交換完全子会社（同法第七百六十八条第一項第一号に規定する株式交換完全子会社をいう。）となる会社その他政令で定める会社（第四条第一項第二号イにおいて「組織再編成対象会社」という。）が発行者である株券（新株予約権証券その他の政令で定める有価証券を含む。）の所有者（以下「組織再編成対象会社株主等」という。）が多数の者である場合として政令で定める場合（組織再編成対象会社株主等が適格機関投資家のみである場合を除く。）
二　前号に掲げる場合のほか、次に掲げる場合のいずれにも該当しない場合
イ　組織再編成対象会社株主等が適格機関投資家のみである場合であつて、当該組織再編成発行手続に係る有価証券がその取得者から適格機関投資家以外の者に譲渡されるおそれが少ないものとして政令で定める場合
ロ　前号に掲げる場合及びイに掲げる場合以外の場合（当該組織再編成発行手続に係る有価証券と種類を同じくする有価証券の発行及び交付の状況等を勘案して政令で定める要件に該当する場合を除く。）であつて、当該組織再編成発行手続に係る有価証券が多数の者に所有されるおそれが少ないものとして政令で定める場合
三　組織再編成対象会社株主等が相当程度多数の者である場合として政令で定める場合
⑤この章において「特定組織再編成交付手続」とは、組織再編成交付手続のうち、当該組織再編成交付手続が第一項有価証券に係るものである場合にあつては第一号及び第二号に掲げる場合、当該組織再編成交付手続が第二項有価証券に係るものである場合にあつては第三号に掲げる場合に該当するものをいう。
一　組織再編成対象会社株主等が多数の者である場合として政令で定める場合（組織再編成対象会社株主等が適格機関投資

家のみである場合を除く。）

二　前号に掲げる場合のほか、次に掲げる場合のいずれにも該当しない場合

イ　組織再編成対象会社株主等が適格機関投資家のみである場合であつて、当該組織再編成交付手続に係る有価証券がその取得者から適格機関投資家以外の者に譲渡されるおそれが少ないものとして政令で定める場合

ロ　前号に掲げる場合及びイに掲げる場合以外の場合（当該組織再編成交付手続に係る有価証券と種類を同じくする有価証券の発行及び交付の状況等を勘案して政令で定める要件に該当する場合を除く。）であつて、当該組織再編成交付手続に係る有価証券が多数の者に所有されるおそれが少ないものとして政令で定める場合

三　組織再編成対象会社株主等が相当程度多数の者である場合として政令で定める場合

（適用除外有価証券）

第三条　この章の規定は、次に掲げる有価証券については、適用しない。

一　第二条第一項第一号及び第二号に掲げる有価証券

二　第二条第一項第三号、第六号及び第十二号に掲げる有価証券（企業内容等の開示を行わせることが公益又は投資者保護のため必要かつ適当なものとして政令で定めるものを除く。）

三　第二条第二項の規定により有価証券とみなされる同項各号に掲げる権利（次に掲げるものを除く。）

イ　次に掲げる権利（ロに掲げるものに該当するものを除く。第二十四条第一項において「有価証券投資事業権利等」という。）

(1)　第二条第二項第五号に掲げる権利のうち、当該権利に係る出資対象事業（同号に規定する出資対象事業をいう。）が主として有価証券に対する投資を行う事業であるものとして政令で定めるもの

(2)　第二条第二項第一号から第四号まで、第六号又は第七号に掲げる権利のうち、(1)に掲げる権利に類する権利として政令で定めるもの

(3)　その他政令で定めるもの

ロ　電子記録移転権利

四　政府が元本の償還及び利息の支払について保証している社債券

五　前各号に掲げる有価証券以外の有価証券で政令で定めるもの

（募集又は売出しの届出）

第四条①　有価証券の募集（特定組織再編成発行手続を含む。第十三条及び第十五条第二項から第六項までを除き、以下この章及び次章において同じ。）又は有価証券の売出し（次項に規定する適格機関投資家取得有価証券一般勧誘及び第三項に規定する特定投資家等取得有価証券一般勧誘に該当するものを除き、特定組織再編成交付手続を含む。以下この項において同じ。）は、発行者が当該有価証券の募集又は売出しに関し内閣総理大臣に届出をしているものでなければ、することができない。ただし、次の各号のいずれかに該当するものについては、この限りでない。

一　有価証券の募集又は売出しの相手方が当該有価証券に係る次条第一項各号に掲げる事項に関する情報を既に取得し、又は容易に取得することができる場合として政令で定める場合における当該有価証券の募集又は売出し

二　有価証券の募集又は売出しに係る組織再編成発行手続又は組織再編成交付手続のうち、次に掲げる場合のいずれかに該当するものがある場合における当該有価証券の募集又は売出し（前号に掲げるものを除く。）

イ　組織再編成対象会社が発行者である株券（新株予約権証券その他の政令で定める有価証券を含む。）に関して開示が行われている場合に該当しない場合

ロ　組織再編成発行手続に係る新たに発行される有価証券又は組織再編成交付手続に係る既に発行された有価証券に関して開示が行われている場合

三　その有価証券に関して開示が行われている場合における当該有価証券の売出し（前二号に掲げるものを除く。）

四　外国で既に発行された有価証券又はこれに準ずるものとして政令で定める有価証券の売出し（金融商品取引業者等が行うものに限る。）のうち、国内における当該有価証券に係る売買価格に関する情報を容易に取得することができることその他の政令で定める要件を満たすもの（前三号に掲げるものを除く。）

五　発行価額又は売出価額の総額が一億円未満の有価証券の募集又は売出しで内閣府令で定めるもの（前各号に掲げるものを除く。）

②　その有価証券発行勧誘等（取得勧誘及び組織再編成発行手続をいう。以下同じ。）又は有価証券交付勧誘等（売付け勧誘等及び組織再編成交付手続をいう。以下同じ。）が次に掲げる場合に該当するものであつた有価証券（第二号に掲げる場合にあつては第二条第三項第一号の規定により多数の者から除かれた適格機関投資家が取得した有価証券に限り、第四号に掲げる場合にあつては同条第四項第一号の規定により多数の者から除かれた適格機関投資家が取得した有価証券に限る。）の有価証券交付勧誘等で、適格機関投資家が適格機関投資家以外の者に対して行うもの（以下「適格機関投資家取得有価証券一般勧誘」という。）は、発行者が当該適格機関投資家取得有価証券一般勧誘に関し内閣総理大臣に届出をしているものでなければ、することができない。ただし、当該有価証券に関して開示が行われている場合及び内閣府令で定めるやむを得ない理由により行われることその他の内閣府令で定める要件を満たす場合は、この限りでない。

一　第二条第三項第二号イに掲げる場合

二　第二条第三項第二号ハに掲げる場合（同項第一号の規定により多数の者から適格機関投資家を除くことにより同号に掲げる場合に該当しないこととなる場合に限る。）

三　第二条第四項第二号イに掲げる場合

四　第二条第四項第二号ハに掲げる場合（同項第一号の規定により多数の者から適格機関投資家を除くことにより同号に掲げる場合に該当しないこととなる場合に限る。）

五　第二条の三第四項第二号イに掲げる場合

六　第二条の三第五項第二号イに掲げる場合

③　次の各号のいずれかに該当する有価証券（第二十四条第一項各号のいずれかに該当するもの又は多数の特定投資家に所有される見込みが少ないと認められるものとして政令で定めるものを除く。以下「特定投資家向け有価証券」という。）の有価証券交付勧誘等で、金融商品取引業者等に委託して特定投資家等に対して行うもの以外のもの（国、日本銀行及び適格機関投資家に対して行うものその他政令で定めるものを除く。以下「特定投資家等取得有価証券一般勧誘」という。）は、発行者が当該特定投資家等取得有価証券一般勧誘に関し内閣総理大臣に届出をしているものでなければ、することができない。ただし、当該特定投資家向け有価証券に関して開示が行われている場合及び当該特定投資家等取得有価証券一般勧誘に関して届出が行われなくても公益又は投資者保護に欠けることがないものとして内閣府令で定める場合は、この限りでない。

一　その取得勧誘が第二条第三項第二号ロに掲げる場合に該当する取得勧誘（以下「特定投資家向け取得勧誘」という。）であつた有価証券

二　その売付け勧誘等が特定投資家向け売付け勧誘等であつた有価証券

三　前二号のいずれかに掲げる有価証券の発行者が発行する有価証券であつて、前二号のいずれかに掲げる有価証券と同一種類の有価証券として内閣府令で定めるもの

四　特定上場有価証券その他流通状況がこれに準ずるものとして政令で定める有価証券

④ 有価証券の募集又は売出し（適格機関投資家取得有価証券一般勧誘（有価証券の売出しに該当するものを除く。）、特定投資家等取得有価証券一般勧誘（有価証券の売出しに該当するものを除く。）及び特定組織再編成交付手続を含む。次項及び第六項、第十三条並びに第十五条第二項から第六項までを除き、以下この章及び次章において同じ。）が一定の日において株主名簿（優先出資法に規定する優先出資者名簿を含む。）に記載され、又は記録されている株主（優先出資法に規定する優先出資者を含む。）に対し行われる場合には、当該募集又は売出しに関する前三項の規定による届出は、その日の二十五日前までにしなければならない。ただし、有価証券の発行価格又は売出価格その他の事情を勘案して内閣府令で定める場合は、この限りでない。

⑤ 第一項第五号に掲げる有価証券の募集若しくは売出し若しくは第二項ただし書の規定により同項本文の規定の適用を受けない適格機関投資家取得有価証券一般勧誘若しくは第三項ただし書の規定により同項本文の規定の適用を受けない特定投資家等取得有価証券一般勧誘のうち、有価証券の売出しに該当するもの若しくは有価証券の売出しに該当せず、かつ、開示が行われている場合に該当しないもの（以下この項及び次項において「特定募集」という。）をし、又は当該特定募集に係る有価証券を取得させ若しくは売り付ける場合に使用する資料には、当該特定募集が第一項本文、第二項本文又は第三項本文の規定の適用を受けないものである旨を表示しなければならない。

⑥ 特定募集又は第一項第三号に掲げる有価証券の売出し（以下この項において「特定募集等」という。）が行われる場合においては、当該特定募集等に係る有価証券の発行者は、当該特定募集等が開始される前に、内閣府令で定めるところにより、当該特定募集等に関する通知書を内閣総理大臣に提出しなければならない。ただし、開示が行われている場合における第四項に規定する有価証券の売出しでその売出価額の総額が一億円未満のもの、第一項第三号に掲げる有価証券の売出しで当該有価証券の発行者その他の内閣府令で定める者以外の者が行うもの及び同項第五号に掲げる有価証券の募集又は売出しでその発行価額又は売出価額の総額が内閣府令で定める金額以下のものについては、この限りでない。

⑦ 第一項第二号イ及びロ並びに第三号、第二項、第三項並びに前二項に規定する開示が行われている場合とは、次に掲げる場合をいう。

一 当該有価証券について既に行われた募集若しくは売出し（適格機関投資家取得有価証券一般勧誘又は特定投資家等取得有価証券一般勧誘に該当するものを除く。）に関する第一項の規定による届出、当該有価証券について既に行われた適格機関投資家取得有価証券一般勧誘に関する第二項の規定による届出又は当該有価証券について既に行われた特定投資家等取得有価証券一般勧誘に関する第三項の規定による届出がその効力を生じている場合（当該有価証券の発行者が第二十四条第一項ただし書（同条第五項において準用し、及びこれらの規定を第二十七条において準用する場合を含む。）の規定の適用を受けている者である場合を除く。）

二 前号に掲げる場合に準ずるものとして内閣府令で定める場合

第五条（有価証券届出書の提出）① 前条第一項から第三項までの規定による有価証券の募集又は売出し（特定有価証券（その投資者の投資判断に重要な影響を及ぼす情報がその発行者が行う資産の運用その他これに類似する事業に関する情報である有価証券として政令で定めるものをいう。以下この項、第五項、第十項及び第十一項、第七条第四項、第二十四条並びに第二十四条の七第一項において同じ。）に係る有価証券の募集及び売出しを除く。以下この項及び次項において同じ。）に係る届出をしようとする発行者は、その者が会社（外国会社を含む。第五十条の二第九項、第六十六条の四十第五項及び第百五十六条の三第二項第三号を除き、以下同じ。）である場合（当該有価証券（特定有価証券を除く。以下この項から第四項までにおいて同じ。）の発行により会社を設立する場合を含む。）においては、内閣府令で定めるところにより、次に掲げる事項を記載した届出書を内閣総理大臣に提出しなければならない。ただし、当該有価証券の発行価格の決定前に募集をする必要がある場合その他の内閣府令で定める場合には、第一号のうち発行価格その他の内閣府令で定める事項を記載しないで提出することができる。

一 当該募集又は売出しに関する事項

二 当該会社の商号、当該会社の属する企業集団（当該会社及び当該会社が他の会社の議決権の過半数を所有していることその他の当該会社と密接な関係を有する者として内閣府令で定める要件に該当する者（内閣府令で定める会社その他の団体に限る。）の集団をいう。以下同じ。）及び当該会社の経理の状況その他事業の内容に関する重要な事項その他の公益又は投資者保護のため必要かつ適当なものとして内閣府令で定める事項

② 前条第一項本文、第二項本文又は第三項本文の規定の適用を受ける有価証券の募集又は売出しのうち発行価額又は売出価額の総額が五億円未満のもので内閣府令で定めるもの（第二十四条第二項において「少額募集等」という。）に関し、前項の届出書を提出しようとする者のうち次の各号のいずれにも該当しない者は、当該届出書に、同項第二号に掲げる事項のうち当該会社に係るものとして内閣府令で定めるものを記載することにより、同号に掲げる事項の記載に代えることができる。

一 第二十四条第一項第一号、第二号又は第四号に掲げる有価証券に該当する有価証券の発行者

二 前条第一項本文、第二項本文又は第三項本文の規定の適用を受けた有価証券の募集又は売出しにつき前項第二号に掲げる事項を記載した同項の届出書を提出した者又は提出しなければならない者（前号に掲げる者を除く。）

三 既に、有価証券報告書（第二十四条第一項に規定する報告書をいう。以下この条及び第七条において同じ。）のうち同項本文に規定する事項を記載したもの又は第二十四条の四の七第一項若しくは第二項の規定による四半期報告書（以下この条において「四半期報告書」という。）のうち第二十四条の四の七第一項に規定する事項を記載したもの若しくは半期報告書（第二十四条の五第一項に規定する報告書をいう。以下この条、第七条第四項及び第二十四条第二項において同じ。）のうち第二十四条の五第一項に規定する事項を記載したものを提出している者（前二号に掲げる者を除く。）

③ 既に内閣府令で定める期間継続して有価証券報告書のうち内閣府令で定めるものを提出している者は、前条第一項から第三項までの規定による届出をしようとする場合には、第一項の届出書に、内閣府令で定めるところにより、その者に係る直近の有価証券報告書及びその添付書類並びにその提出以後に提出される四半期報告書又は半期報告書並びにこれらの訂正報告書の写しをとじ込み、かつ、当該有価証券報告書提出後に生じた事実で内閣府令で定めるものを記載することにより、同項第二号に掲げる事項の記載に代えることができる。

④ 次に掲げる全ての要件を満たす者が前条第一項から第三項までの規定による届出をしようとする場合においては、第一項の届出書に、内閣府令で定めるところにより、その者に係る直近の有価証券報告書及びその添付書類並びにその提出以後に提出される四半期報告書又は半期報告書及び臨時報告書（第二十四条の五第四項に規定する報告書をいう。）並びにこれらの訂正報告書（以下「参照書類」という。）を参照すべき旨を記載したときは、第一項第二号に掲げる事項の記載をしたものとみなす。

一 既に内閣府令で定める期間継続して有価証券報告書のうち内閣府令で定めるものを提出していること。

二 当該者に係る第一項第二号に掲げる事項に関する情報が既に公衆に広範に提供されているものとして、その者が発行者である有価証券で既に発行されたものの取引所金融商品市場

における取引状況等に関し内閣府令で定める基準に該当すること。

⑤　第一項から前項までの規定は、当該有価証券が特定有価証券である場合について準用する。この場合において、第一項中「有価証券の募集及び売出しを除く」とあるのは「有価証券の募集又は売出しに限る」と、「当該有価証券（特定有価証券を除く。以下この項から第四項までにおいて同じ。）」とあるのは「当該特定有価証券」と、同項第二号中「当該会社の商号、当該会社の属する企業集団（当該会社及び当該会社が他の会社の議決権の過半数を所有していることその他の当該会社と密接な関係を有する者として内閣府令で定める要件に該当する者（内閣府令で定める会社その他の団体に限る。）の集団をいう。以下同じ。）及び当該会社の経理の状況その他事業」とあるのは「当該会社が行う資産の運用その他これに類似する事業に係る資産の経理の状況その他資産」と、第二項中「有価証券の募集又は売出しのうち」とあるのは「特定有価証券に係る有価証券の募集又は売出しのうち」と、同項第一号中「有価証券の」とあるのは「特定有価証券の」と、同項第二号中「有価証券の募集又は売出し」とあるのは「特定有価証券に係る有価証券の募集又は売出し」と、同項第三号中「同項本文」とあるのは「第二十四条第五項において準用する同条第一項本文」と、「第二十四条の四の七第一項若しくは第二項」とあるのは「第二十四条の四の七第三項において準用する同条第一項若しくは第二項」と、「第二十四条の四の七第一項に規定する事項」とあるのは「第二十四条の四の七第三項において準用する同条第一項に規定する事項」と、「第二十四条の五第一項に規定する事項」とあるのは「第二十四条の五第三項において準用する同条第一項に規定する事項」と読み替えるものとするほか、必要な技術的読替えは、政令で定める。

⑥—⑫（略）

⑬　第一項の届出書には、定款その他の書類で公益又は投資者保護のため必要かつ適当なものとして内閣府令で定めるものを添付しなければならない。

第六条（届出書類の写しの金融商品取引所等への提出）　次の各号に掲げる有価証券の発行者は、第四条第一項から第三項までの規定による届出をしたときは、遅滞なく、前条第一項及び第十三項の規定による届出書類の写しを当該各号に掲げる者に提出しなければならない。

一　金融商品取引所に上場されている有価証券　当該金融商品取引所

二　流通状況が前号に掲げる有価証券に準ずるものとして政令で定める有価証券　政令で定める認可金融商品取引業協会

第七条（訂正届出書の自発的提出）①　第四条第一項から第三項までの規定による届出の日以後当該届出がその効力を生ずることとなる日前において、第五条第一項及び第十三項の規定による届出書類に記載すべき重要な事項の変更その他公益又は投資者保護のため当該書類の内容を訂正する必要があるものとして内閣府令で定める事情があるときは、届出者（会社の成立後は、その会社。以下同じ。）は、訂正届出書を内閣総理大臣に提出しなければならない。これらの事由がない場合において、届出者が当該届出書類のうちに訂正を必要とするものがあると認めたときも、同様とする。

②—⑤（略）

第八条（届出の効力発生日）①　第四条第一項から第三項までの規定による届出は、内閣総理大臣が第五条第一項の規定による届出書（同項ただし書に規定する事項の記載がない場合には、当該事項に係る前条第一項の規定による訂正届出書。次項において同じ。）を受理した日から十五日を経過した日に、その効力を生ずる。

②　前項の期間内に前条第一項の規定による訂正届出書の提出があつた場合における前項の規定の適用については、内閣総理大臣がこれを受理した日に、第五条第一項の規定による届出書の受理があつたものとみなす。

③　内閣総理大臣は、第五条第一項及び第十三項若しくは前条第一項の規定による届出書類の内容が公衆に容易に理解されると認める場合又は当該届出書類の届出者に係る第五条第一項第二号に掲げる事項に関する情報が既に公衆に広範に提供されていると認める場合においては、当該届出者に対し、第一項に規定する期間に満たない期間を指定し、又は第四条第一項から第三項までの規定による届出が、直ちに若しくは第一項に規定する届出書を受理した日の翌日に、その効力を生ずる旨を通知することができる。この場合において、同条第一項から第三項までの規定による届出は、当該満たない期間を指定した場合にあつてはその期間を経過した日に、当該通知をした場合にあつては直ちに又は当該翌日に、その効力を生ずる。

④　第二項の規定は、前項の規定による期間の指定があつた場合について準用する。

第九条（形式不備等による訂正届出書の提出命令）①　内閣総理大臣は、第五条第一項及び第十三項若しくは第七条第一項の規定による届出書類に形式上の不備があり、又はその書類に記載すべき重要な事項の記載が不十分であると認めるときは、届出者に対し、訂正届出書の提出を命ずることができる。この場合においては、行政手続法第十三条第一項の規定による意見陳述のための手続の区分にかかわらず、聴聞を行わなければならない。

②　（略）

③　第一項の規定による処分があつた場合においては、第四条第一項から第三項までの規定による届出は、前条の規定にかかわらず、内閣総理大臣が指定する期間を経過した日に、その効力を生ずる。

④　前条第二項から第四項までの規定は、前項の場合について準用する。

⑤　第一項の規定による処分は、第四条第一項から第三項までの規定による届出がその効力を生ずることとなつた日以後は、することができない。ただし、その日以後に第七条第一項の規定により提出される訂正届出書については、この限りでない。

第一〇条（虚偽記載等による訂正届出書の提出命令及び効力の停止命令）①　内閣総理大臣は、有価証券届出書のうちに重要な事項について虚偽の記載があり、又は記載すべき重要な事項若しくは誤解を生じさせないために必要な重要な事実の記載が欠けていることを発見したときは、いつでも、届出者に対し、訂正届出書の提出を命じ、必要があると認めるときは、第四条第一項から第三項までの規定による届出の効力の停止を命ずることができる。この場合においては、行政手続法第十三条第一項の規定による意見陳述のための手続の区分にかかわらず、聴聞を行わなければならない。

②　（略）

③　前条第三項及び第四項の規定は、第四条第一項から第三項までの規定による届出がその効力を生ずることとなる日前に第一項の規定による訂正届出書の提出命令があつた場合について準用する。

④　第一項の規定による停止命令があつた場合において、同項の規定による訂正届出書が提出され、かつ、内閣総理大臣がこれを適当と認めたときは、内閣総理大臣は、同項の規定による停止命令を解除するものとする。

第一一条（虚偽記載のある有価証券届出書の届出後一年内の届出の効力の停止等）①　内閣総理大臣は、有価証券届出書のうちに重要な事項について虚偽の記載がある場合において、公益又は投資者保護のため必要かつ適当であると認めるときは、当該有価証券届出書の届出者がこれを提出した日から一年以内に提出する第五条第一項に規定する届出書若しくは第二十三条の三第一項に規定する発行登録書若しくは第二十三条の八第一項に規定する発行登録追補書類について、届出者に対し、公益又は投資者保護のため相当と認められる期間、その届出の効力若しくは当該発行登録書若しくは当該発行登録追補書類に係る発行登録の効力の停止を命じ、又は第八条第一項（第二十三条の五第一項において準用する場合を含む。）に規定する期間を延長することができる。この場合においては、行政手続法第十三条第一項の規定による意見陳述のための手続の区分にかかわらず、聴聞を行わなければならない。

② 前項の規定による処分があつた場合において、内閣総理大臣は、同項の記載につき第七条第一項又は前条第一項の規定により提出された訂正届出書の内容が適当であり、かつ、当該届出者が発行者である有価証券を募集又は売出しにより取得させ又は売り付けても公益又は投資者保護のため支障がないと認めるときは、前項の規定による処分を解除することができる。

（訂正届出書の写しの金融商品取引所等への提出）

第一二条 第六条の規定は、第七条第一項、第九条第一項又は第十条第一項の規定により訂正届出書が提出された場合について準用する。

（目論見書の作成及び虚偽記載のある目論見書等の使用禁止）

第一三条① その募集又は売出し（適格機関投資家取得有価証券一般勧誘（有価証券の売出しに該当するものを除く。）及び特定投資家等取得有価証券一般勧誘（有価証券の売出しに該当するものを除く。）を含む。以下この条並びに第十五条第二項から第四項まで及び第六項において同じ。）につき第四条第一項本文、第二項本文又は第三項本文の規定の適用を受ける有価証券の発行者は、当該募集又は売出しに際し、目論見書を作成しなければならない。開示が行われている場合（同条第七項に規定する開示が行われている場合をいう。以下この章において同じ。）における有価証券の売出し（その売出価額の総額が一億円未満であるものその他内閣府令で定めるものを除く。）に係る有価証券（以下この章において「既に開示された有価証券」という。）の発行者についても、同様とする。ただし、当該有価証券の募集が新株予約権証券の募集（会社法第二百七十七条に規定する新株予約権無償割当てにより行うものであつて、第四条第一項本文、第二項本文又は第三項本文の規定の適用を受けるものに限る。）であつて、次に掲げる要件の全てに該当する場合は、この限りでない。

一 当該新株予約権証券が金融商品取引所に上場されており、又はその発行後、遅滞なく上場されることが予定されていること。

二 当該新株予約権証券に関して第四条第一項本文、第二項本文又は第三項本文の規定による届出を行つた旨その他内閣府令で定める事項を当該届出を行つた後、遅滞なく、時事に関する事項を掲載する日刊新聞紙に掲載すること。

② 前項の目論見書は、次の各号に掲げる場合の区分に応じ、当該各号に定める事項に関する内容を記載しなければならない。ただし、第一号に掲げる場合の目論見書については、第五条第一項ただし書の規定により同項第一号のうち発行価格その他の内閣府令で定める事項（以下この項及び第十五条第五項において「発行価格等」という。）を記載しないで第五条第一項本文の規定による届出書を提出した場合には、当該発行価格等を記載することを要しない。

一 第十五条第二項本文の規定により交付しなければならない場合　次のイ又はロに掲げる有価証券の区分に応じ、当該イ又はロに定める事項

イ その募集又は売出しにつき第四条第一項本文、第二項本文又は第三項本文の規定の適用を受ける有価証券　次に掲げる事項

(1) 第五条第一項各号に掲げる事項（当該募集又は売出しにつき同条第六項及び第七項の規定により外国会社届出書及びその補足書類が提出された場合には、これらの規定により当該書類に記載すべきものとされる事項。以下この項において同じ。）のうち、投資者の投資判断に極めて重要な影響を及ぼすものとして内閣府令で定めるもの

(2) 第五条第一項各号に掲げる事項以外の事項であつて内閣府令で定めるもの

ロ 既に開示された有価証券　次に掲げる事項

(1) イ(1)に掲げる事項

(2) 第五条第一項各号に掲げる事項以外の事項であつて内閣府令で定めるもの

二 第十五条第三項の規定により交付しなければならない場合　次のイ又はロに掲げる有価証券の区分に応じ、当該イ又はロに定める事項

イ その募集又は売出しにつき第四条第一項本文、第二項本文又は第三項本文の規定の適用を受ける有価証券　次に掲げる事項

(1) 第五条第一項各号に掲げる事項のうち、投資者の投資判断に重要な影響を及ぼすものとして内閣府令で定めるもの

(2) 第五条第一項各号に掲げる事項以外の事項であつて内閣府令で定めるもの

ロ 既に開示された有価証券　次に掲げる事項

(1) イ(1)に掲げる事項

(2) 第五条第一項各号に掲げる事項以外の事項であつて内閣府令で定めるもの

三 第十五条第四項本文の規定により交付しなければならない場合　第七条第一項の規定による訂正届出書に記載した事項

③ 前項第一号及び第二号に掲げる場合の目論見書であつて、第五条第四項（同条第五項において準用する場合を含む。以下同じ。）の規定の適用を受けた届出書を提出した者が作成すべきもの又は同条第四項各号に掲げる全ての要件を満たす者が作成すべき既に開示された有価証券に係るものについては、参照書類を参照すべき旨を記載した場合には、同条第一項第二号に掲げる事項の記載をしたものとみなす。

④ 何人も、第四条第一項本文、第二項本文若しくは第三項本文の規定の適用を受ける有価証券又は既に開示された有価証券の募集又は売出しのために、虚偽の記載があり、又は記載すべき内容の記載が欠けている第一項の目論見書を使用してはならない。

⑤ 何人も、第四条第一項本文、第二項本文若しくは第三項本文の規定の適用を受ける有価証券又は既に開示された有価証券の募集又は売出しのために第一項の目論見書以外の文書、図画、音声その他の資料（電磁的記録（電子的方式、磁気的方式その他人の知覚によつては認識することができない方式で作られる記録であつて、電子計算機による情報処理の用に供されるものをいう。以下同じ。）をもつて作成された場合においては、その電磁的記録に記録された情報の内容を表示したものを含む。第十七条において同じ。）を使用する場合には、虚偽の表示又は誤解を生じさせる表示をしてはならない。

第一四条 削除

（届出の効力発生前の有価証券の取引禁止及び目論見書の交付）

第一五条① 発行者、有価証券の売出しをする者、引受人（適格機関投資家取得有価証券一般勧誘（開示が行われている場合における有価証券に係るものを除く。）又は特定投資家等取得有価証券一般勧誘（開示が行われている場合における有価証券に係るものを除く。）に際し、第二条第六項各号のいずれかを行う者を含む。以下この章において同じ。）、金融商品取引業者、登録金融機関若しくは金融商品仲介業者又は金融サービス仲介業者（金融サービスの提供に関する法律（平成十二年法律第百一号）第十一条第六項に規定する金融サービス仲介業者をいい、有価証券等仲介業務（同条第四項に規定する有価証券等仲介業務をいう。以下同じ。）を行う者に限る。以下同じ。）は、その募集又は売出しにつき第四条第一項本文、第二項本文又は第三項本文の規定の適用を受ける有価証券については、これらの規定による届出がその効力を生じているのでなければ、これを募集又は売出しにより取得させ、又は売り付けてはならない。

② 発行者、有価証券の売出しをする者、引受人、金融商品取引

業者、登録金融機関若しくは金融商品仲介業者又は金融サービス仲介業者は、前項の有価証券又は既に開示された有価証券を募集又は売出しにより取得させ、又は売り付ける場合には、第十三条第二項第一号に定める事項に関する内容を記載した目論見書をあらかじめ又は同時に交付しなければならない。ただし、次に掲げる場合は、この限りでない。

一　適格機関投資家に取得させ、又は売り付ける場合（当該有価証券を募集又は売出しにより取得させ、又は売り付ける時までに当該適格機関投資家から当該目論見書の交付の請求があつた場合を除く。）

二　当該目論見書の交付を受けないことについて同意した次に掲げる者に当該有価証券を取得させ、又は売り付ける場合（当該有価証券を募集又は売出しにより取得させ、又は売り付ける時までに当該同意した者から当該目論見書の交付の請求があつた場合を除く。）

イ　当該有価証券と同一の銘柄を所有する者

ロ　その同居者が既に当該目論見書の交付を受け、又は確実に交付を受けると見込まれる者

三　第十三条第一項ただし書に規定する場合

③　発行者、有価証券の売出しをする者、引受人、金融商品取引業者、登録金融機関若しくは金融商品仲介業者又は金融サービス仲介業者は、第一項の有価証券（政令で定めるものに限る。以下この項において同じ。）又は既に開示された有価証券を募集又は売出しにより取得させ、又は売り付ける場合において、その取得させ、又は売り付ける時までに、相手方から第十三条第二項第二号に定める事項に関する内容を記載した目論見書の交付の請求があつたときには、直ちに、当該目論見書を交付しなければならない。

④　発行者、有価証券の売出しをする者、引受人、金融商品取引業者、登録金融機関若しくは金融商品仲介業者又は金融サービス仲介業者は、第一項の有価証券を募集又は売出しにより取得させ、又は売り付ける場合において、当該有価証券に係る第五条第一項本文の届出書について第七条第一項の規定による訂正届出書が提出されたときには、第十三条第二項第三号に定める事項に関する内容を記載した目論見書をあらかじめ又は同時に交付しなければならない。ただし、第二項各号に掲げる場合は、この限りでない。

⑤　第十三条第二項ただし書の規定により発行価格等を記載しないで交付した第二項の目論見書に発行価格等を公表する旨及びその公表の方法（内閣府令で定めるものに限る。）が記載され、かつ、当該公表の方法により当該発行価格等が公表された場合には、前項本文の規定は、適用しない。

⑥　第二項から前項までの規定は、第一項に規定する有価証券の募集又は売出しに際してその全部を取得させることができなかつた場合におけるその残部（第二十四条第一項第一号及び第二号に掲げるものに該当するものを除く。）を、当該募集又は売出しに係る第四条第一項から第三項までの規定による届出がその効力を生じた日から三月（第十条第一項又は第十一条第一項の規定による停止命令があつた場合には、当該停止命令があつた日からその解除があつた日までの期間は、算入しない。）を経過する日までの間において、募集又は売出しによらないで取得させ、又は売り付ける場合について準用する。

（違反行為者の賠償責任）

第一六条　前条の規定に違反して有価証券を取得させた者は、これを取得した者に対し当該違反行為に因り生じた損害を賠償する責に任ずる。

（虚偽記載のある目論見書等を使用した者の賠償責任）

第一七条　第四条第一項本文、第二項本文若しくは第三項本文の規定の適用を受ける有価証券又は既に開示された有価証券の募集又は売出しについて、重要な事項について虚偽の記載があり、若しくは記載すべき重要な事項若しくは誤解を生じさせないために必要な事実の記載が欠けている第十三条第一項の目論見書又は重要な事項について虚偽の表示若しくは誤解を生ずるような表示があり、若しくは誤解を生じさせないために必要な事実の表示が欠けている資料を使用して有価証券を取得させた者は、記載が虚偽であり、若しくは欠けていること又は表示が虚偽であり、若しくは誤解を生ずるような表示であり、若しくは表示が欠けていることを知らないで当該有価証券を取得した者が受けた損害を賠償する責めに任ずる。ただし、賠償の責めに任ずべき者が、記載が虚偽であり、若しくは欠けていること又は表示が虚偽であり、若しくは誤解を生ずるような表示であることを知らず、かつ、相当な注意を用いたにもかかわらず知ることができなかつたことを証明したときは、この限りでない。

（虚偽記載のある届出書の届出者等の賠償責任）

第一八条①　有価証券届出書のうちに、重要な事項について虚偽の記載があり、又は記載すべき重要な事項若しくは誤解を生じさせないために必要な重要な事実の記載が欠けているときは、当該有価証券届出書の届出者は、当該有価証券を当該募集又は売出しに応じて取得した者に対し、損害賠償の責めに任ずる。ただし、当該有価証券を取得した者がその取得の申込みの際記載が虚偽であり、又は欠けていることを知つていたときは、この限りでない。

②　前項の規定は、第十三条第一項の目論見書のうちに重要な事項について虚偽の記載があり、又は記載すべき重要な事項若しくは誤解を生じさせないために必要な重要な事実の記載が欠けている場合について準用する。この場合において、前項中「有価証券届出書の届出者」とあるのは「目論見書を作成した発行者」と、「募集又は売出しに応じて」とあるのは「募集又は売出しに応じ当該目論見書の交付を受けて」と読み替えるものとする。

（虚偽記載のある届出書の届出者等の賠償責任額）

第一九条①　前条の規定により賠償の責めに任ずべき額は、請求権者が当該有価証券の取得について支払つた額から次の各号の一に掲げる額を控除した額とする。

一　前条の規定により損害賠償を請求する時における市場価額（市場価額がないときは、その時における処分推定価額）

二　前号の時前に当該有価証券を処分した場合においては、その処分価額

②　前条の規定により賠償の責めに任ずべき者は、当該請求権者が受けた損害の額の全部又は一部が、有価証券届出書又は目論見書のうちに重要な事項について虚偽の記載があり、又は記載すべき重要な事項若しくは誤解を生じさせないために必要な重要な事実の記載が欠けていたことによつて生ずべき当該有価証券の値下り以外の事情により生じたことを証明した場合においては、その全部又は一部については、賠償の責めに任じない。

（虚偽記載のある届出書の届出者等に対する賠償請求権の時効）

第二〇条　第十八条の規定による賠償の請求権は、次に掲げる場合には、時効によつて消滅する。

一　請求権者が有価証券届出書又は目論見書のうちに重要な事項について虚偽の記載があり、又は記載すべき重要な事項若しくは誤解を生じさせないために必要な重要な事実の記載が欠けていたことを知つた時又は相当な注意をもつて知ることができる時から三年間行使しないとき。

二　当該有価証券の募集又は売出しに係る第四条第一項から第三項までの規定による届出がその効力を生じた時又は当該目論見書の交付があつた時から七年間（第十条第一項又は第十一条第一項の規定による停止命令があつた場合には、当該停止命令があつた日からその解除があつた日までの期間は、算入しない。）行使しないとき。

（虚偽記載のある届出書の提出会社の役員等の賠償責任）

第二一条①　有価証券届出書のうちに重要な事項について虚偽の記載があり、又は記載すべき重要な事項若しくは誤解を生じさせないために必要な重要な事実の記載が欠けているときは、次に掲げる者は、当該有価証券を募集又は売出しに応じて取得し

た者に対し、記載が虚偽であり又は欠けていることにより生じた損害を賠償する責めに任ずる。ただし、当該有価証券を取得した者がその取得の申込みの際記載が虚偽であり、又は欠けていることを知つていたときは、この限りでない。

一　当該有価証券届出書を提出した会社のその提出の時における役員（取締役、会計参与、監査役若しくは執行役又はこれらに準ずる者をいう。第百六十三条から第百六十七条までを除き、以下同じ。）又は当該会社の発起人（その提出が会社の成立前にされたときに限る。）

二　当該売出しに係る有価証券の所有者（その者が当該有価証券を所有している者からその売出しをすることを内容とする契約によりこれを取得した場合には、当該契約の相手方）

三　当該有価証券届出書に係る第百九十三条の二第一項に規定する監査証明において、当該監査証明に係る書類について記載が虚偽であり又は欠けているものを虚偽でなく又は欠けていないものとして証明した公認会計士又は監査法人

四　当該募集に係る有価証券の発行者又は第二号に掲げる者のいずれかと元引受契約を締結した金融商品取引業者又は登録金融機関

② 前項の場合において、次の各号に掲げる者は、当該各号に掲げる事項を証明したときは、同項に規定する賠償の責めに任じない。

一　前項第一号又は第二号に掲げる者　記載が虚偽であり又は欠けていることを知らず、かつ、相当な注意を用いたにもかかわらず知ることができなかつたこと。

二　前項第三号に掲げる者　同号の証明をしたことについて故意又は過失がなかつたこと。

三　前項第四号に掲げる者　記載が虚偽であり又は欠けていることを知らず、かつ、第百九十三条の二第一項に規定する財務計算に関する書類に係る部分以外の部分については、相当な注意を用いたにもかかわらず知ることができなかつたこと。

③ 第一項第一号及び第二号並びに前項第一号の規定は、第十三条第一項の目論見書のうちに重要な事項について虚偽の記載があり、又は記載すべき重要な事項若しくは誤解を生じさせないために必要な重要な事実の記載が欠けている場合について準用する。この場合において、第一項中「募集又は売出しに応じ」とあるのは「募集又は売出しに応じ当該目論見書の交付を受けて」と、「当該有価証券届出書を提出した会社」とあるのは「当該目論見書を作成した会社」と、「その提出」とあるのは「その作成」と読み替えるものとする。

④ 第一項第四号において「元引受契約」とは、有価証券の募集又は売出しに際して締結する次の各号のいずれかの契約をいう。

一　当該有価証券を取得させることを目的として当該有価証券の全部又は一部を発行者又は所有者（金融商品取引業者及び登録金融機関を除く。次号及び第三号において同じ。）から取得することを内容とする契約

二　当該有価証券の全部又は一部につき他にこれを取得する者がない場合にその残部を発行者又は所有者から取得することを内容とする契約

三　当該有価証券が新株予約権証券（これに準ずるものとして内閣府令で定める有価証券を含む。以下この号において同じ。）である場合において、当該新株予約権証券を取得した者が当該新株予約権証券の全部又は一部につき新株予約権（これに準ずるものとして内閣府令で定める権利を含む。以下この号において同じ。）を行使しないときに当該行使しない新株予約権に係る新株予約権証券を発行者又は所有者から取得して自己又は第三者が当該新株予約権を行使することを内容とする契約

（虚偽記載等のある書類の提出者の賠償責任）

第二十一条の二① 第二十五条第一項各号（第五号及び第九号を除く。）に掲げる書類（以下この条において「書類」という。）のうちに、重要な事項について虚偽の記載があり、又は記載すべき重要な事項若しくは誤解を生じさせないために必要な重要な事実の記載が欠けているときは、当該書類の提出者は、当該書類が同項の規定により公衆の縦覧に供されている間に当該書類（同項第十二号に掲げる書類を除く。）の提出者又は当該書類（同号に掲げる書類に限る。）の提出者を親会社等（第二十四条の七第一項に規定する親会社等をいう。）とする者が発行者である有価証券を募集若しくは売出しによらないで取得した者又は処分した者に対し、第十九条第一項の規定の例により算出した額を超えない限度において、記載が虚偽であり、又は欠けていること（以下この条において「虚偽記載等」という。）により生じた損害を賠償する責めに任ずる。ただし、当該有価証券を取得した者又は処分した者がその取得又は処分の際虚偽記載等を知つていたときは、この限りでない。

② 前項の場合において、賠償の責めに任ずべき者は、当該書類の虚偽記載等について故意又は過失がなかつたことを証明したときは、同項に規定する賠償の責めに任じない。

③ 第一項本文の場合において、当該書類の虚偽記載等の事実の公表がされたときは、当該虚偽記載等の事実の公表がされた日（以下この項において「公表日」という。）前一年以内に当該有価証券を取得し、当該公表日において引き続き当該有価証券を所有する者は、当該公表日前一月間の当該有価証券の市場価額（市場価額がないときは、処分推定価額。以下この項において同じ。）の平均額から当該公表日後一月間の当該有価証券の市場価額の平均額を控除した額を、当該書類の虚偽記載等により生じた損害の額とすることができる。

④ 前項の「虚偽記載等の事実の公表」とは、当該書類の提出者又は当該提出者の業務若しくは財産に関し法令に基づく権限を有する者により、当該書類の虚偽記載等に係る記載すべき重要な事項又は誤解を生じさせないために必要な重要な事実について、第二十五条第一項の規定による公衆の縦覧その他の手段により、多数の者の知り得る状態に置く措置がとられたことをいう。

⑤ 第三項の場合において、その賠償の責めに任ずべき者は、その請求権者が受けた損害の額の全部又は一部が、当該書類の虚偽記載等によつて生ずべき当該有価証券の値下り以外の事情により生じたことを証明したときは、その全部又は一部については、賠償の責めに任じない。

⑥ 前項の場合を除くほか、第三項の場合において、その請求権者が受けた損害の全部又は一部が、当該書類の虚偽記載等によつて生ずべき当該有価証券の値下り以外の事情により生じたことが認められ、かつ、当該事情により生じた損害の性質上その額を証明することが極めて困難であるときは、裁判所は、口頭弁論の全趣旨及び証拠調べの結果に基づき、賠償の責めに任じない損害の額として相当な額の認定をすることができる。

（虚偽記載等のある書類の提出者に対する賠償請求権の時効）

第二十一条の三　第二十条の規定は、前条の規定による賠償の請求権について準用する。この場合において、第二十条中「第十八条」とあるのは「第二十一条の二」と、同条第一号中「有価証券届出書又は目論見書」とあるのは「第二十五条第一項各号（第五号及び第九号を除く。）に掲げる書類」と、「三年間」とあるのは「二年間」と、同条第二号中「当該有価証券の募集又は売出しに係る第四条第一項から第三項までの規定による届出がその効力を生じた時又は当該目論見書の交付があつた時から七年間（第十条第一項又は第十一条第一項の規定による停止命令があつた場合には、当該停止命令があつた日からその解除があつた日までの期間は、算入しない。）」とあるのは「当該書類が提出された時から五年間」と読み替えるものとする。

（虚偽記載等のある届出書の提出会社の役員等の賠償責任）

第二十二条① 有価証券届出書のうちに重要な事項について虚偽の記載があり、又は記載すべき重要な事項若しくは誤解を生じさせないために必要な重要な事実の記載が欠けているときは、第二十一条第一項第一号及び第三号に掲げる者は、当該記載が虚

偽であり、又は欠けていることを知らないで、当該有価証券届出書の届出者が発行者である有価証券を募集若しくは売出しによらないで取得した者又は処分した者に対し、記載が虚偽であり、又は欠けていることにより生じた損害を賠償する責めに任ずる。

② 第二十一条第二項第一号及び第二号の規定は、前項に規定する賠償の責めに任ずべき者について準用する。

（届出書の真実性の認定等の禁止）

第二三条① 何人も、有価証券の募集又は売出しに関し、第四条第一項から第三項までの規定による届出があり、かつ、その効力が生じたこと、又は第十条第一項若しくは第十一条第一項の規定による停止命令が解除されたことをもつて、内閣総理大臣が当該届出に係る有価証券届出書の記載が真実かつ正確であり若しくはそのうちに重要な事項の記載が欠けていないことを認定し、又は当該有価証券の価値を保証若しくは承認したものであるとみなすことができない。

② 何人も、前項の規定に違反する表示をすることができない。

（参照方式による場合の適用規定の読替え）

第二三条の二（略）

（発行登録書の提出）

第二三条の三① 有価証券の募集又は売出しを予定している当該有価証券の発行者で、第五条第四項に規定する者に該当するものは、当該募集又は売出しを予定している有価証券の発行価額又は売出価額の総額（以下「発行予定額」という。）が一億円以上の場合（募集又は売出しを予定している有価証券が新株予約権証券である場合にあつては、発行予定額に当該新株予約権証券に係る新株予約権の行使に際して払い込むべき金額の合計額を合算した金額が一億円以上となる場合を含む。）においては、内閣府令で定めるところにより、当該募集又は売出しを予定している期間（以下「発行予定期間」という。）、当該有価証券の種類及び発行予定額又は発行残高の上限、当該有価証券について引受けを予定する金融商品取引業者又は登録金融機関のうち主たるものの名称その他の事項で公益又は投資者保護のため必要かつ適当なものとして内閣府令で定めるものを記載した書類（以下「発行登録書」という。）を内閣総理大臣に提出して、当該有価証券の募集又は売出しを登録することができる。ただし、その有価証券発行勧誘等又は有価証券交付勧誘等が第二十三条の十三第一項に規定する適格機関投資家向け勧誘（同項本文の規定の適用を受けるものに限る。）に該当するものであった有価証券の売出し（当該有価証券に関して開示が行われている場合を除く。）、特定投資家向け有価証券の売出し（当該有価証券に関して開示が行われている場合を除く。）及びその有価証券発行勧誘等又は有価証券交付勧誘等が同条第四項に規定する少人数向け勧誘（同項本文の規定の適用を受けるものに限る。）に該当するものであつた有価証券の売出し（当該有価証券に関して開示が行われている場合を除く。）を予定している場合は、この限りでない。

② 前項の規定は、同項の発行登録書に、同項の内閣府令で定める事項のほか、内閣府令で定めるところにより第五条第一項第二号に掲げる事項につき当該発行者に係る直近の参照書類を参照すべき旨の記載があり、かつ、公益又は投資者保護のため必要かつ適当なものとして内閣府令で定める書類の添付がある場合に限り、適用する。

③ 第一項の規定による登録（以下「発行登録」という。）を行つた有価証券の募集又は売出しについては、第四条第一項から第三項までの規定は、適用しない。

④ 発行登録を行つた有価証券の発行者である会社は、第五条第四項に規定する要件を満たすため必要があるときは、第二十四条第一項（同条第五項において準用する場合を含む。以下この項において同じ。）の規定による有価証券報告書を提出する義務が消滅した後においても、引き続き同条第一項に規定する有価証券報告書及びその添付書類を提出することができる。

（訂正発行登録書の提出）

第二三条の四 発行登録を行つた日以後当該発行登録がその効力を失うこととなる日前において、発行登録書において前条第二項の規定により参照すべき旨記載されている参照書類と同種の書類が新たに提出されたとき（当該発行登録書に当該同種の書類の提出期限が記載されている場合であつて、当該同種の書類がその提出期限までに提出された場合を除く。）その他当該発行登録に係る発行登録書及びその添付書類（以下この条において「発行登録書類」という。）に記載された事項につき公益又は投資者保護のためその内容を訂正する必要があるものとして内閣府令で定める事情があるときは、当該発行登録をした者（以下「発行登録者」という。）は、内閣府令で定めるところにより訂正発行登録書を内閣総理大臣に提出しなければならない。当該事情がない場合において、発行登録者が当該発行登録書類のうちに訂正を必要とするものがあると認めたときも、同様とする。この場合においては、発行予定額又は発行残高の上限の増額、発行予定期間の変更その他の内閣府令で定める事項を変更するための訂正を行うことはできない。

（発行登録書の効力発生日）

第二三条の五① 第八条の規定は、発行登録の効力の発生について準用する。この場合において、同条第一項中「第五条第一項の規定による届出書（同項ただし書に規定する事項の記載がない場合には、当該事項に係る前条第一項の規定による訂正届出書。次項において同じ。）」とあるのは「第二十三条の三第一項に規定する発行登録書（以下この条から第二十三条までにおいて「発行登録書」という。）」と、同条第二項中「前条第一項の規定による訂正届出書」とあるのは「第二十三条の四の規定による訂正発行登録書」と、「第五条第一項の規定による届出書」とあるのは「発行登録書」と、同条第三項中「第五条第一項及び第十三項若しくは前条第一項の規定による届出書類」とあるのは「発行登録書及びその添付書類又は第二十三条の三第三項に規定する発行登録（以下この条から第二十三条までにおいて「発行登録」という。）が効力を生ずることとなる日前において提出される第二十三条の四の規定による訂正発行登録書」と、「当該届出書類の届出者」とあるのは「これらの書類の提出者」と読み替えるものとする。

② 発行登録が効力を生じた日以後に、前条の規定により訂正発行登録書が提出された場合には、内閣総理大臣は、公益又は投資者保護のため必要かつ適当であると認めるときは、当該訂正発行登録書が提出された日から十五日を超えない範囲内において内閣総理大臣が指定する期間、当該発行登録の効力の停止を命ずることができる。

（発行登録に係る有価証券の発行予定期間）

第二三条の六① 発行登録に係る有価証券の発行予定期間は、発行登録の効力が生じた日から起算して二年を超えない範囲内において内閣府令で定める期間とする。

② 発行登録は、前項の発行予定期間を経過した日に、その効力を失う。

（発行登録取下届出書の提出）

第二三条の七① 前条第一項に定める発行予定期間を経過する日前において発行予定額全額の有価証券の募集又は売出しが終了したときは、発行登録者は、内閣府令で定めるところによりその旨を記載した発行登録取下届出書を内閣総理大臣に提出して、発行登録を取り下げなければならない。

② 前項の場合においては、発行登録は、前条第二項の規定にかかわらず、内閣総理大臣が当該発行登録取下届出書を受理した日に、その効力を失う。

（発行登録追補書類の提出）

第二三条の八① 発行登録者、有価証券の売出しをする者、引受人、金融商品取引業者、登録金融機関若しくは金融商品仲介業者又は金融サービス仲介業者は、発行登録によりあらかじめその募集又は売出しが登録されている有価証券については、当該発行登録がその効力を生じており、かつ、当該有価証券の募集又は売出しごとにその発行価額又は売出価額の総額、発行条件又は売出条件その他の事項で公益又は投資者保護のため必要かつ適当なものとして内閣府令で定めるものを記載した書類（以下「発行登録追補書類」という。）が内閣府令で定めるところにより内閣総理大臣に提出されていなければ、これを募集又は売出しにより取得させ、又は売り付けてはならない。ただし、有価証券の募集又は売出しごとの発行価額又は売出価額の総額が一億円未満の有価証券の募集又は売出しで内閣府令で定めるものについては、この限りでない。

② 前項の規定にかかわらず、発行登録によりあらかじめその募集又は売出しが登録されている社債、株式等の振替に関する法律第二百七十八条第一項に規定する振替債のうち同法第六十六条第一号に規定する短期社債その他政令で定めるもの（その取扱いを行う振替機関（同法第二条第二項に規定する振替機関をいう。）により、その発行残高が公衆の縦覧に供されるものに限る。）については、当該発行登録がその効力を生じている場合には、これを募集又は売出しにより取得させ、又は売り付けることができる。

③ 有価証券の募集又は売出しが一定の日において株主名簿に記載され、又は記録されている株主に対し行われる場合には、当該募集又は売出しに関する発行登録追補書類の提出は、その日の十日前までにしなければならない。ただし、有価証券の発行価格又は売出価格その他の事情を勘案して内閣府令で定める場合は、この限りでない。

④ 第四条第五項及び第六項の規定は、第一項ただし書の規定の適用を受ける有価証券の募集又は売出しが行われる場合について準用する。この場合において、同条第五項中「当該特定募集に係る」とあるのは「当該募集若しくは売出しに係る」と、「当該特定募集が」とあるのは「当該募集又は売出しが」と、同条第六項中「当該特定募集等に係る」とあるのは「当該」と、「当該特定募集等が」とあるのは「当該募集又は売出しが」と、「当該特定募集等に関する」とあるのは「当該募集又は売出しに関する」と、「開示が行われている場合における第四項に規定する有価証券の売出しでその売出価額の総額が一億円未満のもの、第一項第三号に掲げる有価証券の売出しで当該有価証券の発行者その他の内閣府令で定める者以外の者が行うもの及び同項第五号に掲げる有価証券の募集又は売出しでその発行価額」とあるのは「発行価額」と、「以下のもの」とあるのは「以下の有価証券の募集又は売出し」と読み替えるものとする。

⑤ 第一項の発行登録追補書類には、同項の内閣府令で定める事項のほか、内閣府令で定めるところにより、第五条第一項第二号に掲げる事項につき当該発行者に係る直近の参照書類を参照すべき旨を記載するとともに、公益又は投資者保護のため必要かつ適当なものとして内閣府令で定める書類を添付しなければならない。

第二三条の九（形式不備等による訂正発行登録書の提出命令）① 内閣総理大臣は、発行登録書（当該発行登録書に係る参照書類を含む。）及びその添付書類若しくは第二十三条の四の規定による訂正発行登録書（当該訂正発行登録書に係る参照書類を含む。）に形式上の不備があり、又はこれらの書類に記載すべき重要な事項の記載が不十分であると認めるときは、これらの書類の提出者に対し、訂正発行登録書の提出を命ずることができる。この場合においては、行政手続法第十三条第一項の規定による意見陳述のための手続の区分にかかわらず、聴聞を行わなければならない。

② 発行登録が効力を生ずる日前に前項の規定による処分があつた場合においては、当該発行登録は、第二十三条の五第一項において準用する第八条の規定にかかわらず、内閣総理大臣が当該発行登録に係る発行登録書を受理した日から内閣総理大臣が指定する期間を経過した日に、その効力を生ずる。

③ 前項の場合において、内閣総理大臣が指定する期間内に第二十三条の四の規定による訂正発行登録書の提出があつた場合には、内閣総理大臣が当該訂正発行登録書を受理した日に、発行登録書の受理があつたものとみなす。

④ 前項の場合において、内閣総理大臣は、第二十三条の四の規定による訂正発行登録書の内容が公衆に容易に理解されると認める場合又は当該訂正発行登録書の提出者に係る第五条第一項第二号に掲げる事項に関する情報が既に公衆に広範に提供されていると認める場合においては、第二項において内閣総理大臣が指定した期間に満たない期間を指定することができる。この場合においては、発行登録は、その期間を経過した日に、その効力を生ずる。

⑤ 第三項の規定は、前項の規定による期間の指定があつた場合において、当該指定された期間内に第二十三条の四の規定による訂正発行登録書の提出があつたときに準用する。

第二三条の一〇（虚偽記載等による訂正発行登録書の提出命令）① 内閣総理大臣は、発行登録書（当該発行登録書に係る参照書類を含む。）及びその添付書類、第二十三条の四若しくは前条第一項の規定による訂正発行登録書（当該訂正発行登録書に係る参照書類を含む。）又は発行登録追補書類（当該発行登録追補書類に係る参照書類を含む。）及びその添付書類のうちに重要な事項について虚偽の記載があり、又は記載すべき重要な事項若しくは誤解を生じさせないために必要な重要な事実の記載が欠けていることを発見したときは、いつでも、当該書類の提出者に対し、訂正発行登録書の提出を命ずることができる。この場合においては、行政手続法第十三条第一項の規定による意見陳述のための手続の区分にかかわらず、聴聞を行わなければならない。

② 前条第二項から第五項までの規定は、発行登録が効力を生ずる日前に前項の規定による訂正発行登録書の提出命令があつた場合について準用する。

③ 内閣総理大臣は、発行登録が効力を生じた日以後に第一項の規定による処分を行つた場合において必要があると認めるときは、当該発行登録の効力の停止を命ずることができる。

④ 前項の規定による停止命令があつた場合において、第一項の規定による訂正発行登録書が提出され、かつ、内閣総理大臣がこれを適当と認めたときは、内閣総理大臣は、前項の規定による停止命令を解除するものとする。

⑤ 前各項の規定は、内閣総理大臣が、第一項の規定により提出される訂正発行登録書（当該訂正発行登録書に係る参照書類を含む。）のうちに重要な事項について虚偽の記載があり、又は記載すべき重要な事項若しくは誤解を生じさせないために必要な重要な事実の記載が欠けていることを発見した場合について準用する。

第二三条の一一（虚偽記載による発行登録の効力の停止等）① 内閣総理大臣は、発行登録書及びその添付書類、第二十三条の四、第二十三条の九第一項若しくは前条第一項（同条第五項において準用する場合を含む。）の規定による訂正発行登録書又は発行登録追補書類及びその添付書類並びにこれらの書類に係る参照書類のうちに重要な事項について虚偽の記載がある場合において、公益又は投資者保護のため必要かつ適当であると認めるときは、当該発行登録書及びその添付書類、当該訂正発行登録書若しくは当該発行登録追補書類及びその添付書類（以下この条において「発行登録書類等」という。）又は当該発行登録書類等の提出者がこれを提出した日から一年以内に提出する第五条第一項に規定する届出書若しくは発行登録書若しくは発行登録追補書類について、これらの書類の提出者に対し、公益又は投資者保護のため相当と認められる期間、当該発行登録書類等に係る発行登録の効力、当該届出書に係る届出の効力若しくは当該発行登録書若しくは当該発行登録追補書類に係る発行登録の効力の停止を命じ、又は第八条第一項（第二十三条の五第一項において準用する場合を含む。）に規定する期間を延長することができる。この場合においては、行政手続法第十三条第一項の規定による意見陳述のための手続の区分にかかわらず、聴聞を行わなければならない。

② 前項の規定による処分があつた場合において、内閣総理大臣

は、同項の記載につき第二十三条の四又は前条第一項（同条第五項において準用する場合を含む。）の規定により提出された訂正発行登録書（当該訂正発行登録書に係る参照書類を含む。）の内容が適当であり、かつ、当該提出者の発行する有価証券を募集又は売出しにより取得させ、又は売り付けても公益又は投資者保護のため支障がないと認めるときは、前項の規定による処分を解除することができる。

第二三条の一二（**発行登録書等に関する準用規定等**）①　第六条の規定は、発行登録書及びその添付書類、第二十三条の四、第二十三条の九第一項若しくは第二十三条の十第一項（同条第五項において準用する場合を含む。）の規定による訂正発行登録書又は発行登録追補書類及びその添付書類が提出された場合について準用する。

②　第十三条第一項の規定は発行登録を行つた有価証券の発行者について、同条第二項本文の規定は発行登録を行つた有価証券の発行者が作成する目論見書について、同条第四項及び第五項の規定は発行登録を行つた有価証券の募集又は売出しについて、それぞれ準用する。（後略）

③　第十五条第二項及び第六項の規定は、発行登録を行つた有価証券の募集又は売出しについて準用する。（後略）

④　第十六条の規定は、第二十三条の八第一項若しくは第二項の規定又は前項において準用する第十五条第二項若しくは第六項の規定に違反して有価証券を取得させた者について準用する。

⑤　第十七条から第二十一条まで、第二十二条及び第二十三条の規定は、発行登録を行つた有価証券の募集又は売出しについて準用する。（後略）

⑥　第二項、第三項並びに前項において準用する第十七条、第十八条第二項及び第二十一条第三項の規定は、第二十三条の八第二項の有価証券については、適用しない。

⑦　発行者、有価証券の売出しをする者、引受人、金融商品取引業者、登録金融機関若しくは金融商品仲介業者又は金融サービス仲介業者が、発行登録を行つた有価証券を募集又は売出しにより取得させ、又は売り付ける場合において、当該有価証券に係る発行登録書又は発行登録書及び当該発行登録書についての第二十三条の四の規定による訂正発行登録書が提出された後に、第二十三条の三第一項及び第二項、第二十三条の四並びに第二十三条の八第一項の規定により当該発行登録書、その訂正発行登録書及びその発行登録追補書類に記載しなければならない事項（発行条件のうち発行価格その他の内閣府令で定める事項（以下この項において「発行価格等」という。）を除く。）並びに発行価格等を公表する旨及び公表の方法（内閣府令で定めるものに限る。）を記載した書類をあらかじめ交付し、かつ、当該書類に記載された方法により当該発行価格等が公表されたときは、第三項において準用する第十五条第二項及び第六項の規定にかかわらず、当該書類を第二項において準用する第十三条第一項の目論見書とみなし、当該発行価格等の公表を第三項において準用する第十五条第二項の規定による交付とみなす。

第二三条の一三（**適格機関投資家向け勧誘の告知等**）①　有価証券発行勧誘等又は有価証券交付勧誘等のうち、次の各号に掲げる場合に該当するもの（第二号に掲げる場合にあつては第二条第三項第一号の規定により多数の者から除かれる適格機関投資家を相手方とするものに限り、第四号に掲げる場合にあつては同条第四項第一号の規定により多数の者から除かれる適格機関投資家を相手方とするものに限る。以下この条において「適格機関投資家向け勧誘」という。）を行う者は、当該適格機関投資家向け勧誘が当該各号に掲げる場合のいずれかに該当することにより当該適格機関投資家向け勧誘に関し第四条第一項の規定による届出が行われていないことその他の内閣府令で定める事項を、その相手方に対して告知しなければならない。ただし、当該適格機関投資家向け勧誘に係る有価証券に関して開示が行われている場合及び発行価額又は譲渡価額の総額が一億円未満の適格機関投資家向け勧誘で内閣府令で定める場合に該当するときは、この限りでない。

一　第二条第三項第二号イに掲げる場合

二　第二条第三項第二号ハに掲げる場合（同項第一号の規定により多数の者から適格機関投資家を除くことにより同号に掲げる場合に該当しないこととなる場合に限る。）

三　第二条第四項第二号イに掲げる場合

四　第二条第四項第二号ハに掲げる場合（同項第一号の規定により多数の者から適格機関投資家を除くことにより同号に掲げる場合に該当しないこととなる場合に限る。）

五　第二条の三第四項第二号イに掲げる場合

六　第二条の三第五項第二号イに掲げる場合

②　前項本文の規定の適用を受ける適格機関投資家向け勧誘を行う者は、当該適格機関投資家向け勧誘により有価証券を取得させ、又は売り付ける場合には、あらかじめ又は同時にその相手方に対し、同項の規定により告知すべき事項を記載した書面を交付しなければならない。

③　次の各号に掲げる行為を行う者は、その相手方に対して、内閣府令で定めるところにより、当該各号に定める事項を告知しなければならない。ただし、当該行為に係る有価証券に関して開示が行われている場合は、この限りでない。

一　当該特定投資家向け取得勧誘又は特定投資家向け売付け勧誘等　当該特定投資家向け取得勧誘又は当該特定投資家向け売付け勧誘等に関し第四条第一項の規定による届出が行われていないことその他の内閣府令で定める事項

二　特定投資家向け売付け有価証券の有価証券交付勧誘等であつて、特定投資家向け売付け勧誘等及び特定投資家等取得有価証券一般勧誘（第四条第三項本文の規定の適用を受けるものに限る。）のいずれにも該当しないもの　当該特定投資家向け有価証券に関して開示が行われている場合に該当しないことその他の内閣府令で定める事項

④　有価証券発行勧誘等又は有価証券交付勧誘等のうち次の各号に掲げる有価証券の区分に応じ、当該各号に定める場合に該当するもの（第二条第一項第九号に掲げる有価証券の有価証券発行勧誘等又は有価証券交付勧誘等その他政令で定めるものを除き、第一号イ又はロに掲げる場合にあつては適格機関投資家向け勧誘に該当するものを除く。以下この条において「少人数向け勧誘」という。）を行う者は、当該少人数向け勧誘が次の各号に掲げる有価証券の区分に応じ、当該各号に定める場合（第一号イ又はロに掲げる場合にあつては適格機関投資家向け勧誘に該当することにより当該少人数向け勧誘に関し第四条第一項の規定による届出が行われていないことその他の内閣府令で定める事項を、その相手方に対して告知しなければならない。ただし、当該少人数向け勧誘に係る有価証券に関して開示が行われている場合及び発行価額又は譲渡価額の総額が一億円未満の少人数向け勧誘で内閣府令で定める場合に該当するときは、この限りでない。

一　第一項有価証券　次のいずれかの場合

イ　第二条第三項第二号ハに該当する場合

ロ　第二条第四項第二号ハに該当する場合

ハ　第二条の三第四項第二号ロに該当する場合

ニ　第二条の三第五項第二号ロに該当する場合

二　第二項有価証券　次のいずれかの場合

イ　第二条第三項第三号に掲げる場合に該当しない場合

ロ　第二条の三第四項第三号に掲げる場合に該当しない場合

⑤　前項本文の規定の適用を受ける少人数向け勧誘を行う者は、当該少人数向け勧誘により有価証券を取得させ、又は売り付ける場合には、あらかじめ又は同時にその相手方に対し、同項の規定により告知すべき事項を記載した書面を交付しなければならない。

第二四条（**有価証券報告書の提出**）①　有価証券の発行者である会社は、その会社が発行者である有価証券（特定有価証券を除く。次の各号を除き、以下この条において同じ。）が次に掲げる有価証券のいずれかに該当する場合には、内閣府令で定めるところにより、事業年度ごと

に、当該会社の商号、当該会社の属する企業集団及び当該会社の経理の状況その他事業の内容に関する重要な事項その他の公益又は投資者保護のため必要かつ適当なものとして内閣府令で定める事項を記載した報告書（以下「有価証券報告書」という。）を、内国会社にあつては当該事業年度経過後三月以内（やむを得ない理由により当該期間内に提出できないと認められる場合には、内閣府令で定めるところにより、あらかじめ内閣総理大臣の承認を受けた期間内）、外国会社にあつては公益又は投資者保護のため必要かつ適当なものとして政令で定める期間内に、内閣総理大臣に提出しなければならない。ただし、当該有価証券が第三号に掲げる有価証券（株券その他の政令で定める有価証券に限る。）に該当する場合においてその発行者である会社（報告書提出開始年度（当該有価証券の募集又は売出しにつき第四条第一項本文、第二項本文若しくは第三項本文又は第二十三条の八第一項本文若しくは第二項の規定の適用を受けることとなつた日の属する事業年度をいい、当該報告書提出開始年度が複数あるときは、その直近のものをいう。）終了後五年を経過している場合に該当する会社に限る。）の当該事業年度の末日及び当該事業年度の開始の日前四年以内に開始した事業年度全ての末日における当該有価証券の所有者の数が政令で定めるところにより計算した数に満たない場合であつて有価証券報告書を提出しなくても公益又は投資者保護に欠けることがないものとして内閣府令で定めるところにより内閣総理大臣の承認を受けたとき、当該有価証券が第四号に掲げる有価証券に該当する場合において、その発行者である会社の資本金の額が当該事業年度の末日において五億円未満（当該有価証券が第二条第二項の規定により有価証券とみなされる有価証券投資事業権利等又は電子記録移転権利である場合にあつては、当該会社の資産の額として政令で定めるものの額が当該事業年度の末日において政令で定める額未満）であるとき、及び当該事業年度の末日における当該有価証券の所有者の数が政令で定める数に満たないとき、並びに当該有価証券が第三号又は第四号に掲げる有価証券に該当する場合において有価証券報告書を提出しなくても公益又は投資者保護に欠けることがないものとして政令で定めるところにより内閣総理大臣の承認を受けたときは、この限りでない。

一　金融商品取引所に上場されている有価証券（特定上場有価証券を除く。）

二　流通状況が前号に掲げる有価証券に準ずるものとして政令で定める有価証券（流通状況が特定上場有価証券に準ずるものとして政令で定める有価証券を除く。）

三　その募集又は売出しにつき第四条第一項本文、第二項本文若しくは第三項本文又は第二十三条の八第一項本文若しくは第二項の規定の適用を受けた有価証券（前二号に掲げるものを除く。）

四　当該会社が発行する有価証券（株券、第二条第二項の規定により有価証券とみなされる有価証券投資事業権利等及び電子記録移転権利その他の政令で定める有価証券に限る。）で、当該事業年度又は当該事業年度の開始の日前四年以内に開始した事業年度のいずれかの末日におけるその所有者の数が政令で定める数以上（当該有価証券が同項の規定により有価証券とみなされる有価証券投資事業権利等又は電子記録移転権利である場合にあつては、当該事業年度の末日におけるその所有者の数が政令で定める数以上）であるもの（前三号に掲げるものを除く。）

② 前項第三号に掲げる有価証券に該当する有価証券の発行者である会社で、少額募集等につき第五条第二項に規定する事項を記載した同条第一項に規定する届出書を提出した会社のうち次の各号のいずれにも該当しない会社は、前項本文の規定により提出しなければならない有価証券報告書に、同項本文に規定する事項のうち当該会社に係るものとして内閣府令で定めるものを記載することにより、同項本文に規定する事項の記載に代えることができる。

一　既に、前項本文に規定する事項を記載した有価証券報告書又は第二十四条の四の七第一項若しくは第二項の規定による四半期報告書のうち同条第一項に規定する事項を記載したもの若しくは第二十四条の五第一項に規定する事項を記載した半期報告書を提出している者

二　第四条第一項本文、第二項本文又は第三項本文の規定の適用を受けた有価証券の募集又は売出しにつき、第五条第一項第二号に掲げる事項を記載した同項に規定する届出書を提出した者又は提出しなければならない者（前号に掲げる者を除く。）

③ 第一項本文の規定の適用を受けない会社が発行者である有価証券が同項第一号から第三号までに掲げる有価証券に該当することとなつたとき（内閣府令で定める場合を除く。）は、当該会社は、内閣府令で定めるところにより、その該当することとなつた日の属する事業年度の直前事業年度に係る有価証券報告書を、遅滞なく、内閣総理大臣に提出しなければならない。

④ 第一項第四号に規定する所有者の数の算定に関し必要な事項は、内閣府令で定める。

⑤ 前各項の規定は、特定有価証券が第一項各号に掲げる有価証券のいずれかに該当する場合について準用する。（後略）

⑥ 有価証券報告書には、定款その他の書類で公益又は投資者保護のため必要かつ適当なものとして内閣府令で定めるものを添付しなければならない。

⑦ 第六条の規定は、第一項から第三項まで（これらの規定を第五項において準用する場合を含む。）及び前項の規定により有価証券報告書及びその添付書類が提出された場合について準用する。

⑧―⑮　（略）

（訂正届出書に関する規定の準用）

第二四条の二① 第七条第一項、第九条第一項及び第十条第一項の規定は、有価証券報告書及びその添付書類について準用する。（後略）

② 有価証券の発行者である会社は、前項において準用する第七条第一項又は第十条第一項の規定により有価証券報告書の記載事項のうち重要なものについて訂正報告書を提出したときは、政令で定めるところにより、その旨を公告しなければならない。

③ 第六条の規定は、第一項において準用する第七条第一項、第九条第一項又は第十条第一項の規定により有価証券報告書又はその添付書類について訂正報告書が提出された場合について準用する。

④ （略）

（虚偽記載のある有価証券報告書の提出後一年内の届出の効力の停止等）

第二四条の三 第十一条の規定は、重要な事項について虚偽の記載がある有価証券報告書（その訂正報告書を含む。次条において同じ。）を提出した者が当該記載について前条第一項において準用する第七条第一項の規定により訂正報告書を提出した日又は前条第一項において準用する第十条第一項の規定により訂正報告書の提出を命ぜられた日から一年以内に提出する第五条第一項に規定する届出書又は発行登録書若しくは発行登録追補書類について準用する。

（虚偽記載のある有価証券報告書の提出会社の役員等の賠償責任）

第二四条の四 第二十二条の規定は、有価証券報告書のうちに重要な事項について虚偽の記載があり、又は記載すべき重要な事項若しくは誤解を生じさせないために必要な重要な事実の記載が欠けている場合について準用する。この場合において、同条第一項中「有価証券を募集若しくは売出しによらないで取得した者」とあるのは、「有価証券を取得した者」と読み替えるものとする。

（有価証券報告書の記載内容に係る確認書の提出）

第二四条の四の二① 第二十四条第一項の規定による有価証券報

告書を提出しなければならない会社（第二十三条の三第四項の規定により当該有価証券報告書を提出した会社を含む。次項において同じ。）のうち、第二十四条第一項第一号に掲げる有価証券の発行者である会社その他の政令で定めるものは、内閣府令で定めるところにより、当該有価証券報告書の記載内容が金融商品取引法令に基づき適正であることを確認した旨を記載した確認書（以下この条及び次条において「確認書」という。）を当該有価証券報告書（第二十四条第八項の規定により同項に規定する有価証券報告書等に代えて外国会社報告書を提出する場合にあつては、当該外国会社報告書）と併せて内閣総理大臣に提出しなければならない。

② 第二十四条第一項の規定による有価証券報告書を提出しなければならない会社であつて、前項の規定により確認書を有価証券報告書と併せて提出しなければならない会社以外の会社（政令で定めるものを除く。）は、同項に規定する確認書を任意に提出することができる。

③ （略）

④ 前三項の規定は、第二十四条の二第一項において読み替えて準用する第七条第一項、第九条第一項又は第十条第一項の規定により訂正報告書を提出する場合について準用する。（後略）

⑤ 第六条の規定は、第一項又は第二項（これらの規定を第三項（前項において準用する場合を含む。）及び前項において準用する場合を含む。以下この条において同じ。）の規定により確認書が提出された場合について準用する。（後略）

⑥ （略）

（訂正確認書の提出）

第二十四条の四の三① 第七条第一項、第九条第一項及び第十条第一項の規定は、確認書について準用する。（後略）

② 第六条の規定は、前項において準用する第七条第一項、第九条第一項又は第十条第一項の規定により確認書の訂正確認書が提出された場合について準用する。（後略）

③ （略）

（財務計算に関する書類その他の情報の適正性を確保するための体制の評価）

第二十四条の四の四① 第二十四条第一項の規定による有価証券報告書を提出しなければならない会社（第二十三条の三第四項の規定により当該有価証券報告書を提出した会社を含む。次項において同じ。）のうち、第二十四条第一項第一号に掲げる有価証券の発行者である会社その他の政令で定めるものは、内閣府令で定めるところにより、事業年度ごとに、当該会社の属する企業集団及び当該会社に係る財務計算に関する書類その他の情報の適正性を確保するために必要なものとして内閣府令で定める体制について、内閣府令で定めるところにより評価した報告書（以下「内部統制報告書」という。）を有価証券報告書（同条第八項の規定により同項に規定する有価証券報告書等に代えて外国会社報告書を提出する場合にあつては、当該外国会社報告書）と併せて内閣総理大臣に提出しなければならない。

② 第二十四条第一項の規定による有価証券報告書を提出しなければならない会社であつて、前項の規定により内部統制報告書を有価証券報告書と併せて提出しなければならない会社以外の会社（政令で定めるものを除く。）は、同項に規定する内部統制報告書を任意に提出することができる。

③ （略）

④ 内部統制報告書には、第一項に規定する内閣府令で定める体制に関する事項を記載した書類その他の書類で公益又は投資者保護のため必要かつ適当なものとして内閣府令で定めるものを添付しなければならない。

⑤ 第六条の規定は、第一項又は第二項（これらの規定を第三項において準用する場合を含む。以下この条において同じ。）及び前項の規定により内部統制報告書及びその添付書類が提出された場合について準用する。（後略）

⑥ （略）

（訂正内部統制報告書の提出）

第二十四条の四の五① 第七条第一項、第九条第一項及び第十条第一項の規定は、内部統制報告書及びその添付書類について準用する。（後略）

② 第六条の規定は、前項において準用する第七条第一項、第九条第一項又は第十条第一項の規定により内部統制報告書又はその添付書類について訂正報告書が提出された場合について準用する。（後略）

③ （略）

（賠償責任に関する規定の準用）

第二十四条の四の六 第二十二条の規定は、内部統制報告書（その訂正報告書を含む。）のうちに重要な事項について虚偽の記載があり、又は記載すべき重要な事項若しくは誤解を生じさせないために必要な重要な事実の記載が欠けている場合について準用する。この場合において、同条第一項中「当該有価証券届出書の届出者が発行者である有価証券を募集若しくは売出しによらないで取得した者」とあるのは、「当該内部統制報告書（その訂正報告書を含む。）の提出者が発行者である有価証券を取得した者」と読み替えるものとするほか、必要な技術的読替えは、政令で定める。

（四半期報告書の提出）

第二十四条の四の七① 第二十四条第一項の規定による有価証券報告書を提出しなければならない会社（第二十三条の三第四項の規定により当該有価証券報告書を提出した会社を含む。次項において同じ。）のうち、第二十四条第一項第一号に掲げる有価証券の発行者である会社その他の政令で定めるもの（以下この項及び次項において「上場会社等」という。）は、その事業年度が三月を超える場合は、内閣府令で定めるところにより、当該事業年度の期間を三月ごとに区分した各期間（政令で定める期間を除く。以下同じ。）ごとに、当該会社の属する企業集団の経理の状況その他の公益又は投資者保護のため必要かつ適当なものとして内閣府令で定める事項（以下この項において「四半期報告書記載事項」という。）を記載した報告書（以下「四半期報告書」という。）を、当該各期間経過後四十五日以内の政令で定める期間内（やむを得ない理由により当該期間内に提出できないと認められる場合には、内閣府令で定めるところにより、あらかじめ内閣総理大臣の承認を受けた期間内）に、内閣総理大臣に提出しなければならない。この場合において、上場会社等のうち内閣府令で定める事業を行う会社は、四半期報告書記載事項のほか、当該会社の経理の状況その他の公益又は投資者保護のため必要かつ適当なものとして内閣府令で定める事項を記載した四半期報告書を、当該各期間経過後六十日以内の政令で定める期間内（やむを得ない理由により当該期間内に提出できないと認められる場合には、内閣府令で定めるところにより、あらかじめ内閣総理大臣の承認を受けた期間内）に、内閣総理大臣に提出しなければならない。

② 第二十四条第一項の規定による有価証券報告書を提出しなければならない会社であつて、上場会社等以外の会社（政令で定めるものを除く。）は、四半期報告書を任意に提出することができる。

③ （略）

④ 第七条第一項、第九条第一項及び第十条第一項の規定は四半期報告書について、第二十二条の規定は四半期報告書及びその訂正報告書のうちに重要な事項について虚偽の記載があり、又は記載すべき重要な事項若しくは誤解を生じさせないために必要な重要な事実の記載が欠けている場合について、それぞれ準用する。（後略）

⑤ 第六条の規定は、第一項又は第二項（これらの規定を第三項において準用する場合を含む。次項から第十一項までにおいて同じ。）の規定により四半期報告書が提出された場合及び前項において準用する第七条第一項、第九条第一項又は第十条第一項の規定により当該報告書の訂正報告書が提出された場合について準用する。この場合において、必要な技術的読替えは、政令で定める。

⑥―⑬（略）

（確認書に関する規定の四半期報告書への準用）

第二四条の四の八① 第二十四条の四の二の規定は、前条第一項又は第二項（これらの規定を同条第三項において準用する場合を含む。）の規定により四半期報告書を提出する場合及び同条第四項において読み替えて準用する第七条第一項、第九条第一項又は第十条第一項の規定により訂正報告書を提出する場合について準用する。（後略）

② 第二十四条の四の三の規定は、前項の規定により提出した確認書の訂正確認書を提出する場合について準用する。（後略）

（半期報告書及び臨時報告書の提出）

第二四条の五① 第二十四条第一項の規定による有価証券報告書を提出しなければならない会社（第二十三条の三第四項の規定により有価証券報告書を提出した会社を含む。第四項において同じ。）のうち、第二十四条の四の七第一項の規定により四半期報告書を提出しなければならない会社（同条第二項の規定により四半期報告書を提出した会社を含む。第三項において同じ。）以外の会社は、その事業年度が六月を超える場合には、内閣府令で定めるところにより、事業年度ごとに、当該事業年度が開始した日以後六月間の当該会社の属する企業集団及び当該会社の経理の状況その他事業の内容に関する重要な事項その他の公益又は投資者保護のため必要かつ適当なものとして内閣府令で定める事項を記載した報告書（以下「半期報告書」という。）を、当該期間経過後三月以内（やむを得ない理由により当該期間内に提出できないと認められる場合には、内閣府令で定めるところにより、あらかじめ内閣総理大臣の承認を受けた期間内）に、内閣総理大臣に提出しなければならない。

② 第二十四条第二項に規定する事項を記載した同条第一項の規定による有価証券報告書を提出した、又は提出しようとする会社のうち次の各号のいずれにも該当しない会社は、前項の規定により提出しなければならない半期報告書に、同項に規定する事項のうち当該会社に係るものとして内閣府令で定めるものを記載することにより、同項に規定する事項の記載に代えることができる。

一 既に、第二十四条第一項本文に規定する事項を記載した有価証券報告書又は前項に規定する事項を記載した半期報告書を提出している者

二 第四条第一項本文、第二項本文又は第三項本文の規定の適用を受けた有価証券の募集又は売出しにつき、第五条第一項第二号に掲げる事項を記載した同項に規定する届出書を提出した者又は提出しなければならない者（前号に掲げる者を除く。）

③（略）

④ 第二十四条第一項（同条第五項において準用する場合を含む。）の規定による有価証券報告書を提出しなければならない会社は、その会社が発行者である有価証券の募集又は売出しが外国において行われるとき、その他公益又は投資者保護のため必要かつ適当なものとして内閣府令で定める場合に該当することとなつたときは、内閣府令で定めるところにより、その内容を記載した報告書（以下「臨時報告書」という。）を、遅滞なく、内閣総理大臣に提出しなければならない。

⑤ 第七条第一項、第九条第一項及び第十条第一項の規定は半期報告書及び臨時報告書について、第二十二条の規定は半期報告書及び臨時報告書並びにこれらの訂正報告書のうちに重要な事項について虚偽の記載があり、又は記載すべき重要な事項若しくは誤解を生じさせないために必要な重要な事実の記載が欠けている場合について、それぞれ準用する。（後略）

⑥ 第六条の規定は、第一項（第三項において準用する場合を含む。次項から第十二項までにおいて同じ。）又は第四項の規定により半期報告書又は臨時報告書が提出された場合及び前項において準用する第七条第一項、第九条第一項又は第十条第一項の規定によりこれらの報告書の訂正報告書が提出された場合について準用する。

⑦―㉑（略）

（確認書に関する規定の半期報告書への準用）

第二四条の五の二① 第二十四条の四の二の規定は、前条第一項（同条第三項において準用する場合を含む。）の規定により半期報告書を提出する場合及び同条第五項において読み替えて準用する第七条第一項、第九条第一項又は第十条第一項の規定により訂正報告書を提出する場合について準用する。（後略）

② 第二十四条の四の三の規定は、前項の規定により提出した確認書の訂正確認書を提出する場合について準用する。（後略）

（自己株券買付状況報告書の提出）

第二四条の六① 金融商品取引所に上場されている株券、流通状況が金融商品取引所に上場されている株券に準ずるものとして政令で定める株券その他政令で定める有価証券（以下この条、第二十七条の二十二の二から第二十七条の二十二の四まで及び第百六十七条において「上場株券等」という。）の発行者は、会社法第百五十六条第一項（同法第百六十五条第三項の規定により読み替えて適用する場合を含む。）の規定による株主総会の決議若しくは取締役会の決議又はこれらに相当するものとして政令で定める機関の決定（以下この項において「決議等」という。）があつた場合には、内閣府令で定めるところにより、当該決議等があつた株主総会若しくは取締役会又はこれらに相当するものとして政令で定める会議（以下この項において「株主総会等」という。）の終結した日の属する月から同法第百五十六条第一項第三号に掲げる期間の満了する日又はこれに相当するものとして政令で定める日の属する月までの各月（以下この項において「報告月」という。）ごとに、当該株主総会等の決議等に基づいて各報告月中に行つた自己の株式又は持分に係る上場株券等の買付けの状況（買付けを行わなかつた場合を含む。）に関する事項その他の公益又は投資者保護のため必要かつ適当なものとして内閣府令で定める事項を記載した報告書を、各報告月の翌月十五日までに、内閣総理大臣に提出しなければならない。

② 第七条第一項、第九条第一項及び第十条第一項の規定は前項に規定する報告書（以下「自己株券買付状況報告書」という。）について、第二十二条の規定は自己株券買付状況報告書のうちに重要な事項について虚偽の記載があり、又は記載すべき重要な事項若しくは誤解を生じさせないために必要な重要な事実の記載が欠けている場合について、それぞれ準用する。（後略）

③ 第六条の規定は、第一項の規定により自己株券買付状況報告書が提出された場合及び前項において準用する第七条第一項、第九条第一項又は第十条第一項の規定により当該報告書の訂正報告書が提出された場合について準用する。

（親会社等状況報告書の提出）

第二四条の七① 第二十四条第一項の規定により有価証券報告書を提出しなければならない会社（同項第一号又は第二号に掲げる有価証券の発行者であるものに限る。第四項、次条第五項、第二十七条の三十の十及び第二十七条の三十の十一第一項において「提出子会社」という。）の議決権の過半数を所有している会社その他の当該有価証券報告書を提出しなければならない会社と密接な関係を有するものとして政令で定めるもの（第二十四条第一項（同条第五項において準用する場合を含む。第四項各号において同じ。）の規定により有価証券報告書を提出しなければならない会社（第二十三条の三第四項の規定により有価証券報告書を提出した会社その他内閣府令で定めるものを含む。）を除く。以下この条、次条第二項、第四項及び第五項並びに第二十七条の三十の十一第一項において「親会社等」という。）は、内閣府令で定めるところにより、当該親会社等の事業年度（当該親会社等が特定有価証券の発行者である場合には、内閣府令で定める期間。以下この項及び次項において同じ。）ごとに、当該親会社等の株式を所有する者に関する事項その他の公益又は投資者保護のため必要かつ適当なものとして内閣府令で定める事項を記載した報告書（以下「親会社等状況報告書」という。）を、当該事業年度経過後三月以内（当該親会社等が外国

会社である場合には、公益又は投資者保護のため必要かつ適当なものとして政令で定める期間内）に、内閣総理大臣に提出しなければならない。ただし、親会社等状況報告書を提出しなくても公益又は投資者保護に欠けることがないものとして政令で定めるところにより内閣総理大臣の承認を受けたときは、この限りでない。

② 前項本文の規定の適用を受けない会社が親会社等に該当することとなつたときは、当該親会社等に該当することとなつた会社は、内閣府令で定めるところにより、その該当することとなつた日の属する事業年度の直前事業年度に係る親会社等状況報告書を、遅滞なく、内閣総理大臣に提出しなければならない。ただし、親会社等状況報告書を提出しなくても公益又は投資者保護に欠けることがないものとして政令で定めるところにより内閣総理大臣の承認を受けたときは、この限りでない。

③ 第七条第一項、第九条第一項及び第十条第一項の規定は、親会社等状況報告書について準用する。（後略）

④ 第一項本文若しくは第二項本文の規定により親会社等状況報告書を提出し、又は前項において準用する第七条第一項、第九条第一項若しくは第十条第一項の規定により親会社等状況報告書の訂正報告書を提出した親会社等は、遅滞なく、これらの書類の写しを当該親会社等の提出子会社に送付するとともに、これらの書類の写しを次の各号に掲げる当該提出子会社が発行者である有価証券の区分に応じ、当該各号に定める者に提出しなければならない。

一 第二十四条第一項第一号に掲げる有価証券　同号の金融商品取引所

二 第二十四条第一項第二号に掲げる有価証券　政令で定める認可金融商品取引業協会

⑤ （略）

⑥ 前各項の規定は、親会社等が会社以外の者である場合について準用する。（後略）

第二五条（有価証券届出書等の公衆縦覧）① 内閣総理大臣は、内閣府令で定めるところにより、次の各号に掲げる書類（以下この条及び次条第一項において「縦覧書類」という。）を、当該縦覧書類を受理した日から当該各号に定める期間を経過する日（当該各号に掲げる訂正届出書、訂正発行登録書、訂正報告書又は訂正確認書にあつては、当該訂正の対象となつた当該各号に掲げる第五条第一項及び第十三項の規定による届出書及びその添付書類、同条第四項の規定の適用を受ける届出書及びその添付書類、発行登録書及びその添付書類、有価証券報告書及びその添付書類、確認書、内部統制報告書及びその添付書類、四半期報告書、半期報告書、臨時報告書、自己株券買付状況報告書又は親会社等状況報告書に係る当該経過する日、第五号及び第九号に掲げる確認書（当該確認書の対象が有価証券報告書及びその添付書類の訂正報告書、四半期報告書の訂正報告書又は半期報告書の訂正報告書である場合に限る。）にあつては、当該訂正の対象となつた有価証券報告書及びその添付書類、四半期報告書又は半期報告書に係る当該経過する日）までの間、公衆の縦覧に供しなければならない。

一 第五条第一項及び第十三項の規定による届出書及びその添付書類並びにこれらの訂正届出書（同条第四項の規定の適用を受ける届出書及びその添付書類並びにこれらの訂正届出書を除く。）　五年

二 第五条第四項の規定の適用を受ける届出書及びその添付書類並びにこれらの訂正届出書　一年

三 発行登録書及びその添付書類、発行登録追補書類及びその添付書類並びにこれらの訂正発行登録書　発行登録が効力を失うまでの期間

四 有価証券報告書及びその添付書類並びにこれらの訂正報告書　五年

五 第二十四条の四の二の規定による確認書及びその訂正確認書　五年

六 内部統制報告書及びその添付書類並びにこれらの訂正報告書　五年

七 四半期報告書及びその訂正報告書　三年

八 半期報告書及びその訂正報告書　三年

九 第二十四条の四の八及び第二十四条の五の二において準用する第二十四条の四の二の規定による確認書及びその訂正確認書　三年

十 臨時報告書及びその訂正報告書　一年

十一 自己株券買付状況報告書及びその訂正報告書　一年

十二 親会社等状況報告書及びその訂正報告書　五年

② 有価証券の発行者で前項第一号から第十一号までに掲げる書類を提出したもの及び有価証券の発行者の親会社等が同項第十二号に掲げる書類を提出した場合の当該発行者は、これらの書類の写しを、内閣府令で定めるところにより、当該発行者の本店及び主要な支店に備え置き、これらの書類を内閣総理大臣に提出した日から当該各号に掲げる期間を経過する日までの間、公衆の縦覧に供しなければならない。

③ 金融商品取引所及び政令で定める認可金融商品取引業協会は、第六条（第十二条、第二十三条の十二第一項、第二十四条第七項、第二十四条の二第三項、第二十四条の四の二第五項（第二十四条の四の八第一項及び第二十四条の五の二第一項において準用する場合を含む。）、第二十四条の四の三第二項（第二十四条の四の八第二項及び第二十四条の五の二第二項において準用する場合を含む。）、第二十四条の四の四第五項、第二十四条の四の五第二項、第二十四条の四の七第五項、第二十四条の五第六項及び第二十四条の六第三項において準用する場合を含む。第五項において同じ。）及び前条第四項の規定により提出された縦覧書類の写しを、内閣府令で定めるところにより、その事務所に備え置き、これらの書類の写しの提出があつた日から第一項各号に定める期間を経過する日までの間、公衆の縦覧に供しなければならない。

④ 有価証券の発行者で第一項第一号から第十号までに掲げる書類を提出したもの及び親会社等で同項第十二号に掲げる書類を提出したものがその事業上の秘密の保持の必要により前三項に規定する書類の一部について公衆の縦覧に供しないことを内閣総理大臣に申請し、内閣総理大臣が当該申請を承認した場合においては、前三項の規定にかかわらず、その一部は、公衆の縦覧に供しないものとする。

⑤ 前項の承認を受けた有価証券の発行者及び親会社等が第六条及び前条第四項の規定により縦覧書類の写しを提出子会社に送付し、又は金融商品取引所若しくは政令で定める認可金融商品取引業協会に提出する場合には、前項の規定により公衆の縦覧に供しないこととされた部分をこれらの書類の写しから削除して送付し、又は提出することができる。

⑥ 内閣総理大臣は、次のいずれかに掲げる処分をするときは、第一項の規定にかかわらず、当該処分に係る縦覧書類について、その全部又は一部を公衆の縦覧に供しないものとすることができる。

一 第九条第一項又は第十条第一項の規定による訂正届出書の提出命令

二 第二十三条の九第一項若しくは第二十三条の十第一項の規定又は同条第五項において準用する同条第一項の規定による訂正発行登録書の提出命令

三 第二十四条の二第一項、第二十四条の四の五第一項、第二十四条の五第五項、第二十四条の四の七第四項、第二十四条の六第二項又は前条第三項（同条第六項において準用する場合を含む。）において準用する第九条第一項又は第十条第一項の規定による訂正報告書の提出命令

四 第二十四条の四の三第一項において準用する第九条第一項又は第十条第一項の規定による訂正確認書の提出命令

⑦ 前項の場合において、内閣総理大臣は、第二項の規定により当該縦覧書類の写しを公衆の縦覧に供する者（当該縦覧書類が親会社等状況報告書又はその訂正報告書である場合にあつて

は、これらの縦覧書類を提出した者及びこれらの縦覧書類の写しを公衆の縦覧に供する者。次項において「提出者等」という。）及び第三項の規定により当該縦覧書類の写しを公衆の縦覧に供する金融商品取引所又は同項の政令で定める認可金融商品取引業協会に対し、当該縦覧書類の全部又は一部を公衆の縦覧に供しないこととした旨を通知するものとする。

⑧　前項の規定により提出者等又は金融商品取引所若しくは認可金融商品取引業協会が内閣総理大臣からの通知を受けたときは、その時以後、当該通知に係る縦覧書類の写しについては、第二項及び第三項の規定は、適用しない。

（届出者等に対する報告の徴取及び検査）

第二六条①　内閣総理大臣は、公益又は投資者保護のため必要かつ適当であると認めるときは、縦覧書類を提出した者若しくは提出すべきであると認められる者若しくは有価証券の引受人その他の関係者若しくは参考人に対し参考となるべき報告若しくは資料の提出を命じ、又は当該職員をしてその者の帳簿書類その他の物件を検査させることができる。

②　内閣総理大臣は、前項の規定による報告若しくは資料の提出の命令又は検査に関して必要があると認めるときは、公務所又は公私の団体に照会して必要な事項の報告を求めることができる。

第二七条（略）

第二章の二　公開買付けに関する開示

第一節　発行者以外の者による株券等の公開買付け

（発行者以外の者による株券等の公開買付け）

第二七条の二①　その株券、新株予約権付社債券その他の有価証券で政令で定めるもの（以下この章及び第二十七条の三十の十一（第五項を除く。）において「株券等」という。）について有価証券報告書を提出しなければならない発行者又は特定上場有価証券（流通状況がこれに準ずるものとして政令で定めるものを含み、株券等に限る。）の発行者の株券等につき、当該発行者以外の者が行う買付け等（株券等の買付けその他の有償の譲受けをいい、これに類するものとして政令で定めるものを含む。以下この節において同じ。）であつて次のいずれかに該当するものは、公開買付けによらなければならない。ただし、適用除外買付け等（新株予約権（会社法第二百七十七条の規定により割り当てられるものであつて、当該新株予約権が行使されることが確保されることにより公開買付けによらないで取得されても投資者の保護のため支障を生ずることがないと認められるものとして内閣府令で定めるものを除く。以下この項において同じ。）を有する者が当該新株予約権を行使することにより行う株券等の買付け等、株券等の買付け等を行う者がその者の特別関係者（第七項第一号に掲げる者のうち内閣府令で定めるものに限る。）から行う株券等の買付け等その他政令で定める株券等の買付け等をいう。第四号において同じ。）は、この限りでない。

一　取引所金融商品市場外における株券等の買付け等（取引所金融商品市場における有価証券の売買等に準ずるものとして政令で定める取引による株券等の買付け等及び著しく少数の者から買付け等を行うものとして政令で定める場合における株券等の買付け等を除く。）の後におけるその者の所有（これに準ずるものとして政令で定める場合を含む。以下この節において同じ。）に係る株券等の株券等所有割合（その者に特別関係者（第七項第一号に掲げる者については、内閣府令で定める者を除く。）がある場合にあつては、その株券等所有割合を加算したもの。以下この項において同じ。）が百分の五を超える場合における当該株券等の買付け等

二　取引所金融商品市場外における株券等の買付け等（取引所金融商品市場における有価証券の売買等に準ずるものとして政令で定める取引による株券等の買付け等を除く。第四号において同じ。）であつて著しく少数の者から株券等の買付け等を行うものとして政令で定める場合における株券等の買付け等の後におけるその者の所有に係る株券等の株券等所有割合が三分の一を超える場合における当該株券等の買付け等

三　取引所金融商品市場における有価証券の売買等であつて競売買の方法以外の方法による有価証券の売買等として内閣総理大臣が定めるもの（以下この項において「特定売買等」という。）による買付け等による株券等の買付け等の後におけるその者の所有に係る株券等の株券等所有割合が三分の一を超える場合における特定売買等による当該株券等の買付け等

四　六月を超えない範囲内において政令で定める期間内に政令で定める割合を超える株券等の取得を株券等の買付け等又は新規発行取得（株券等の発行者が新たに発行する株券等の取得をいう。以下この号において同じ。）により行う場合（株券等の買付け等により行う場合にあつては、政令で定める割合を超える株券等の買付け等を特定売買等による株券等の買付け等又は取引所金融商品市場外における株券等の買付け等（公開買付けによるもの及び適用除外買付け等を除く。）により行うときに限る。）であつて、当該買付け等又は新規発行取得の後におけるその者の所有に係る株券等の株券等所有割合が三分の一を超えるときにおける当該株券等の買付け等（前三号に掲げるものを除く。）

五　当該株券等につき公開買付けが行われている場合において、当該株券等の発行者以外の者（その者の所有に係る株券等の株券等所有割合が三分の一を超える場合に限る。）が六月を超えない範囲内において政令で定める期間内に政令で定める割合を超える株券等の買付け等を行うときにおける当該株券等の買付け等（前各号に掲げるものを除く。）

六　その他前各号に掲げる株券等の買付け等に準ずるものとして政令で定める株券等の買付け等

②　前項本文に規定する公開買付けによる株券等の買付け等は、政令で定める期間の範囲内で買付け等の期間を定めて、行わなければならない。

③　第一項本文に規定する公開買付けによる株券等の買付け等を行う場合には、買付け等の価格（買付け以外の場合にあつては、買付けの価格に準ずるものとして政令で定めるものとする。以下この節において同じ。）については、政令で定めるところにより、均一の条件によらなければならない。

④　第一項本文に規定する公開買付けによる株券等の買付け等を行う場合には、株券等の管理、買付け等の代金の支払その他の政令で定める事務については、金融商品取引業者（第二十八条第一項に規定する第一種金融商品取引業を行う者に限る。第二十七条の十二第三項において同じ。）又は銀行等（銀行、協同組織金融機関その他政令で定める金融機関をいう。第二十七条の十二第三項において同じ。）に行わせなければならない。

⑤　第一項本文に規定する公開買付けによる株券等の買付け等を行う場合には、前三項の規定その他この節に定めるところによるほか、政令で定める条件及び方法によらなければならない。

⑥　この条において「公開買付け」とは、不特定かつ多数の者に対し、公告により株券等の買付け等の申込み又は売付け等（売付けその他の有償の譲渡をいう。以下この章において同じ。）の申込みの勧誘を行い、取引所金融商品市場外で株券等の買付け等を行うことをいう。

⑦　第一項の「特別関係者」とは、次に掲げる者をいう。

一　株券等の買付け等を行う者と、株式の所有関係、親族関係その他の政令で定める特別の関係にある者

二　株券等の買付け等を行う者との間で、共同して当該株券等を取得し、若しくは譲渡し、若しくは当該株券等の発行者の株主としての議決権その他の権利を行使すること又は当該株券等の買付け等の後に相互に当該株券等を譲渡し、若しくは譲り受けることを合意している者

⑧　第一項の「株券等所有割合」とは、次に掲げる割合をいう。

一　株券等の買付け等を行う者にあつては、内閣府令で定めるところにより、その者の所有に係る当該株券等（その所有の態様その他の事情を勘案して内閣府令で定めるものを除く。以下この項において同じ。）に係る議決権の数（株券について

は内閣府令で定めるところにより計算した株式に係る議決権の数を、その他のものについては内閣府令で定める議決権の数をいう。以下この項において同じ。）の合計を、当該発行者の総議決権の数にその者及びその者の特別関係者の所有に係る当該発行者の発行する新株予約権付社債券その他の政令で定める有価証券に係る議決権の数を加算した数で除して得た割合

二　前項の特別関係者（同項第二号に掲げる者で当該株券等の発行者の株券等の買付け等を行うものを除く。）にあつては、内閣府令で定めるところにより、その者の所有に係る当該株券等に係る議決権の数の合計を、当該発行者の総議決権の数にその者及び前号に掲げる株券等の買付け等を行う者の所有に係る当該発行者の発行する新株予約権付社債券その他の政令で定める有価証券に係る議決権の数を加算した数で除して得た割合

（公開買付開始公告及び公開買付届出書の提出）

第二七条の三①　前条第一項本文の規定により同項に規定する公開買付け（以下この節において「公開買付け」という。）によつて株券等の買付け等を行わなければならない者は、政令で定めるところにより、当該公開買付けについて、その目的、買付け等の価格、買付予定の株券等の数（株券については株式の数を、その他のものについては内閣府令で定める数をいう。以下この節において同じ。）、買付け等の期間その他の内閣府令で定める事項を公告しなければならない。この場合において、当該買付け等の期間が政令で定める期間より短いときは、第二十七条の十第三項の規定により当該買付け等の期間が延長されることがある旨を当該公告において明示しなければならない。

②　前項の規定による公告（以下この節において「公開買付開始公告」という。）を行つた者（以下この節において「公開買付者」という。）は、内閣府令で定めるところにより、当該公開買付開始公告を行つた日に、次に掲げる事項を記載した書類及び内閣府令で定める添付書類（以下この節並びに第百九十七条及び第百九十七条の二において「公開買付届出書」という。）を内閣総理大臣に提出をしなければならない。ただし、当該提出をしなければならない日が日曜日その他内閣府令で定める日に該当するときは、これらの日の翌日に提出するものとする。

一　買付け等の価格、買付予定の株券等の数、買付け等の期間（前項後段の規定により公告において明示した内容を含む。）、買付け等に係る受渡しその他の決済及び公開買付者が買付け等に付した条件（以下この節において「買付条件等」という。）

二　当該公開買付開始公告をした日以後において当該公開買付けに係る株券等の買付け等を公開買付けによらないで行う契約がある場合には、当該契約の内容

三　公開買付けの目的、公開買付者に関する事項その他の内閣府令で定める事項

③　公開買付者、その特別関係者（第二十七条の二第七項に規定する特別関係者をいう。以下この節において同じ。）その他政令で定める関係者（以下この節において「公開買付者等」という。）は、その公開買付けにつき公開買付開始公告が行われた日の翌日以後は、当該公開買付者が公開買付届出書を内閣総理大臣に提出していなければ、売付け等の申込みの勧誘その他の当該公開買付けに係る内閣府令で定める行為をしてはならない。

④　公開買付者は、当該公開買付届出書を提出した後、直ちに当該公開買付届出書の写しを当該公開買付けに係る株券等の発行者（当該公開買付届出書を提出した日において、既に当該発行者の株券等に係る公開買付届出書の提出をしている者がある場合には、当該提出をしている者を含む。）に送付するとともに、当該公開買付けに係る株券等が次の各号に掲げる株券等に該当する場合には、当該各号に掲げる株券等の区分に応じ、当該各号に定める者に送付しなければならない。この場合において、当該写しの送付に関し必要な事項は、内閣府令で定める。

一　金融商品取引所に上場されている株券等　当該金融商品取引所

二　流通状況が前号に掲げる株券等に準ずるものとして政令で定める株券等　政令で定める認可金融商品取引業協会

（有価証券をもつて対価とする買付け等）

第二七条の四①　公開買付者等は、次項に規定する場合を除き、その公開買付けにつき有価証券をもつてその買付け等の対価とする場合において、当該有価証券がその募集又は売出しにつき第四条第一項本文、第二項本文又は第三項本文の規定の適用を受けるものであるときは、公開買付届出書又は訂正届出書の提出と同時に当該有価証券の発行者が内閣総理大臣にこれらの規定による届出を行つていなければ、売付け等の申込みの勧誘その他の当該公開買付けに係る内閣府令で定める行為をしてはならない。

②　前項の場合において、同項の有価証券が発行登録をされた有価証券であるときは、公開買付者等は、当該発行登録が効力を生じており、かつ、公開買付届出書又は訂正届出書の提出と同時に当該有価証券の発行登録者が発行登録追補書類を内閣総理大臣に提出していなければ、売付け等の申込みの勧誘その他の当該公開買付けに係る内閣府令で定める行為をしてはならない。

③　有価証券をもつて買付け等の対価とする公開買付けであつて、当該有価証券の募集又は売出しにつき第四条第一項から第三項までの規定による届出が行われたもの又は発行登録追補書類が提出されたものに係る公開買付届出書の提出については、前条第二項の規定にかかわらず、公開買付届出書に記載すべき事項及び添付書類のうち内閣府令で定めるものの記載及び添付を省略することができる。

（公開買付けによらない買付け等の禁止）

第二七条の五　公開買付者等は、公開買付期間（公開買付開始公告を行つた日から公開買付けによる買付け等の期間の末日までをいい、当該期間を延長した場合には、延長した期間を含む。以下この節において同じ。）中においては、公開買付けによらないで当該公開買付けに係る株券等の発行者の株券等の買付け等を行つてはならない。ただし、次に掲げる場合は、この限りでない。

一　当該株券等の発行者の株券等の買付け等を公開買付けによらないで行う旨の契約を公開買付開始公告を行う前に締結している場合で公開買付届出書において当該契約があること及びその内容を明らかにしているとき。

二　第二十七条の二第七項第一号に掲げる者（同項第二号に掲げる者に該当するものを除く。）が、内閣府令で定めるところにより、同項第二号に掲げる者に該当しない旨の申出を内閣総理大臣に行つた場合

三　その他政令で定める場合

（公開買付けに係る買付条件等の変更）

第二七条の六①　公開買付者は、次に掲げる買付条件等の変更を行うことができない。

一　買付け等の価格の引下げ（公開買付開始公告及び公開買付届出書において公開買付期間中に対象者（第二十七条の十第一項に規定する対象者をいう。）が株式の分割その他の政令で定める行為を行つたときは内閣府令で定める基準に従い買付け等の価格の引下げを行うことがある旨の条件を付した場合に行うものを除く。）

二　買付予定の株券等の数の減少

三　買付け等の期間の短縮

四　その他政令で定める買付条件等の変更

②　公開買付者は、前項各号に規定するもの以外の買付条件等の変更を行うことができる。この場合において、当該変更を行おうとする公開買付者は、公開買付期間中に、政令で定めるところにより、買付条件等の変更の内容（第二十七条の十第三項の規定により買付け等の期間が延長された場合における当該買付け等の期間の延長を除く。）その他内閣府令で定める事項を公告しなければならない。

③ 前項の規定による公告を公開買付期間の末日までに行うことが困難である場合には、公開買付者は、当該末日までに同項に規定する内容及び事項を内閣府令で定めるところにより公表し、その後直ちに同項の規定の例により公告を行わなければならない。

第二七条の七（**公開買付開始公告の訂正**）① 公開買付開始公告（前条第二項又は第三項の規定による公告及び同項の規定による公表を含む。次項において同じ。）を行つた公開買付者は、その内容に形式上の不備があり、又は記載された内容が事実と相違していると認めたときは、その内容を訂正して、内閣府令で定めるところにより、公告し、又は公表しなければならない。

② 内閣総理大臣は、公開買付開始公告の内容について訂正をする必要があると認めるときは、当該公開買付開始公告を行つた公開買付者に対し、期限を指定して、内閣府令で定めるところにより、その訂正の内容を公告し、又は公表することを命ずることができる。

③ 前項の規定による処分は、当該公開買付期間（次条第八項の規定により延長しなければならない期間を含む。）の末日後は、することができない。

第二七条の八（**公開買付届出書の訂正届出書の提出**）① 公開買付届出書（その訂正届出書を含む。以下この条において同じ。）を提出した公開買付者は、内閣府令で定めるところにより、当該公開買付届出書に形式上の不備があり、記載された内容が事実と相違し、又はそれに記載すべき事項若しくは誤解を生じさせないために必要な事実の記載が不十分であり、若しくは欠けていると認めたときは、訂正届出書を内閣総理大臣に提出しなければならない。

② 公開買付届出書を提出した日以後当該公開買付期間の末日までの間において、買付条件等の変更（第二十七条の十第三項の規定による買付け等の期間の延長を除く。）その他の公開買付届出書に記載すべき重要な事項の変更その他当該公開買付届出書の内容を訂正すべき内閣府令で定める事情があるときは、当該公開買付届出書を提出した公開買付者は、内閣府令で定めるところにより、直ちに、訂正届出書を内閣総理大臣に提出しなければならない。

③ 内閣総理大臣は、次に掲げる事実が明らかであると認めるときは、公開買付届出書を提出した公開買付者に対し、期限を指定して訂正届出書の提出を命ずることができる。

一 公開買付届出書に形式上の不備があること。

二 公開買付届出書に記載された買付条件等がこの節の規定に従つていないこと。

三 訂正届出書に記載された買付条件等の変更が第二十七条の六第一項の規定に違反していること。

四 公開買付届出書に記載すべき事項の記載が不十分であること。

④ 内閣総理大臣は、前項の規定による場合を除き、次に掲げる事実を発見した場合には、当該公開買付届出書を提出した公開買付者に対し、期限を指定して訂正届出書の提出を命ずることができる。この場合においては、行政手続法第十三条第一項の規定による意見陳述のための手続の区分にかかわらず、聴聞を行わなければならない。

一 公開買付届出書に記載された重要な事項について虚偽の記載があること。

二 公開買付届出書に記載すべき重要な事項又は誤解を生じさせないために必要な重要な事実の記載が欠けていること。

⑤ 第三項の規定による処分は、当該公開買付期間（第八項の規定により延長しなければならない期間を含む。第七項において同じ。）の末日（当該末日後に提出される訂正届出書に係る処分にあつては、当該末日の翌日から起算して五年を経過した日）後は、することができないものとし、前項の規定による処分は、当該末日の翌日から起算して五年を経過した日後は、することができない。

⑥ 第二十七条の三第四項の規定は、第一項から第四項までの規定により訂正届出書が提出された場合について準用する。

⑦ 公開買付者等は、公開買付期間中に第三項又は第四項の規定による処分があつた場合において、当該処分に係る訂正届出書が提出されるまでの間は、売付け等の申込みの勧誘その他の当該公開買付けに係る内閣府令で定める行為をしてはならない。

⑧ 公開買付者は、公開買付期間中に、第一項若しくは第二項の規定による訂正届出書を提出する場合又は第三項若しくは第四項の規定による訂正届出書の提出命令があつた場合には、内閣府令で定める場合を除き、当該公開買付けに係る買付け等の期間を、内閣府令で定める期間、延長し、内閣府令で定めるところによりその旨を直ちに公告し、又は公表しなければならない。

⑨ 前項の規定により公開買付けに係る買付け等の期間を延長しなければならない場合において、当該公開買付者は、当該延長しなければならない期間の末日までの間は、当該公開買付けに係る株券等の受渡しその他の決済を行つてはならない。

⑩ 第二十七条の五の規定は、第八項の規定により公開買付けに係る買付け等の期間を延長しなければならない場合における当該延長しなければならない期間の末日までの間について準用する。

⑪ 公開買付者は、第一項から第四項までの規定により訂正届出書を提出したときは、政令で定めるところにより、当該訂正届出書に記載した内容のうち公開買付開始公告に記載した内容に係るものを公告し、又は内閣府令で定めるところにより公表しなければならない。ただし、既に第二十七条の六第二項の規定による公告若しくは同条第三項の規定による公表及び公告を行つた場合又は第一項の規定による訂正届出書でその内容が軽微なものとして内閣府令で定めるものを提出した場合は、この限りでない。

⑫ 前条の規定は、第八項及び前項の規定による公告又は公表について準用する。

第二七条の九（**公開買付説明書等の作成及び交付**）① 公開買付者は、公開買付届出書に記載すべき事項で内閣府令で定めるもの及び公益又は投資者保護のため必要かつ適当なものとして内閣府令で定める事項を記載した書類（以下この節並びに第百九十七条の二及び第二百条において「公開買付説明書」という。）を、内閣府令で定めるところにより、作成しなければならない。

② 公開買付者は、公開買付けによる株券等の買付け等を行う場合には、当該株券等の売付け等を行おうとする者に対し、内閣府令で定めるところにより、公開買付説明書を交付しなければならない。

③ 公開買付者は、前条第一項から第四項までの規定により訂正届出書を提出した場合には、直ちに、内閣府令で定めるところにより、公開買付説明書を訂正し、かつ、既に公開買付説明書を交付している者に対して、訂正した公開買付説明書を交付しなければならない。

第二七条の一〇（**公開買付対象者による意見表明報告書等及び公開買付者による対質問回答報告書等の提出**）① 公開買付けに係る株券等の発行者（以下この節及び第二十七条の三十の十一第四項において「対象者」という。）は、内閣府令で定めるところにより、公開買付開始公告が行われた日から政令で定める期間内に、当該公開買付けに関する意見その他の内閣府令で定める事項を記載した書類（以下「意見表明報告書」という。）を内閣総理大臣に提出しなければならない。

② 意見表明報告書には、当該公開買付けに関する意見のほか、次に掲げる事項を記載することができる。

一 公開買付者に対する質問

二 公開買付開始公告に記載された買付け等の期間を政令で定める期間に延長することを請求する旨及びその理由（当該買付け等の期間が政令で定める期間より短い場合に限る。）

③ 前項の規定により意見表明報告書に同項第二号に掲げる請求をする旨の記載があり、かつ、第二十七条の十四第一項の規定により内閣総理大臣が当該意見表明報告書を公衆の縦覧に供したときは、公開買付者は、買付け等の期間を政令で定める期間に延長しなければならない。

④ 対象者は、第二項の規定により意見表明報告書に同項第二号に掲げる請求をする旨の記載をした場合には、第一項に規定する期間の末日の翌日までに、政令で定めるところにより、前項の規定による延長後の買付け等の期間その他の内閣府令で定める事項を公告しなければならない。

⑤ 前項の規定による公告（次項において「期間延長請求公告」という。）を行つた対象者は、その内容に形式上の不備があり、又は記載された内容が事実と相違していると認めたときは、その内容を訂正して、内閣府令で定めるところにより、公告し、又は公表しなければならない。

⑥ 内閣総理大臣は、期間延長請求公告の内容について訂正をする必要があると認められるときは、当該期間延長請求公告を行つた対象者に対し、期限を指定して、内閣府令で定めるところにより、その訂正の内容を公告し、又は公表することを命ずることができる。

⑦ 前項の規定による処分は、当該公開買付期間（第二十七条の八第八項の規定により延長しなければならない期間を含む。）の末日後は、することができない。

⑧ 第二十七条の八第一項から第五項まで（第三項第二号及び第三号を除く。）の規定は、意見表明報告書について準用する。この場合において、同条第一項中「訂正届出書」とあるのは「訂正報告書」と、「公開買付者」とあるのは「第二十七条の十第一項に規定する対象者」と、同条第二項中「買付条件等の変更」とあるのは「公開買付けに関する意見の変更」と、「公開買付者」とあるのは「第二十七条の十第一項に規定する対象者」と、「訂正届出書」とあるのは「訂正報告書」と、同条第三項及び第四項中「公開買付者」とあるのは「第二十七条の十第一項に規定する対象者」と、「訂正届出書」とあるのは「訂正報告書」と、同条第五項中「第三項の規定による処分」とあるのは「第二十七条の十第八項において準用する第三項の規定による処分」と、「訂正届出書」とあるのは「訂正報告書」と、「前項の規定による処分」とあるのは「同条第八項において準用する前項の規定による処分」と読み替えるものとする。

⑨ 公開買付けに係る対象者が意見表明報告書を提出したときは、直ちに当該意見表明報告書の写しを当該公開買付けに係る公開買付者（当該意見表明報告書を提出した日において、当該公開買付者以外の者で既に当該対象者である発行者の株券等に係る公開買付届出書を提出している者がある場合には、当該提出している者を含む。）に送付するとともに、当該公開買付けに係る株券等が第二十七条の三第四項各号に掲げる株券等に該当する場合には、当該各号に掲げる株券等の区分に応じ、当該各号に定める者に送付しなければならない。

⑩ 前項の規定は、第八項において準用する第二十七条の八第一項から第四項までの規定により訂正報告書が提出された場合について準用する。

⑪ 意見表明報告書に第二項第一号の質問が記載されている場合には、第九項の規定により当該意見表明報告書の写しの送付を受けた公開買付者は、当該送付を受けた日から政令で定める期間内に、内閣府令で定めるところにより、当該質問に対する回答（当該質問に対して回答する必要がないと認めた場合には、その理由）その他の内閣府令で定める事項を記載した書類（以下「対質問回答報告書」という。）を内閣総理大臣に提出しなければならない。

⑫ 第二十七条の八第一項から第五項まで（第三項第二号及び第三号を除く。）の規定は、対質問回答報告書について準用する。この場合において、同条第一項中「訂正届出書」とあるのは「訂正報告書」と、同条第二項中「買付条件等の変更」とあるのは「回答内容の変更」と、「訂正届出書」とあるのは「訂正報告書」と、同条第三項及び第四項中「訂正届出書」とあるのは「訂正報告書」と、同条第五項中「第三項の規定による処分」とあるのは「第二十七条の十第十二項において準用する第三項の規定による処分」と、「訂正届出書」とあるのは「訂正報告書」と、「前項の規定による処分」とあるのは「同条第十二項において準用する前項の規定による処分」と読み替えるものとする。

⑬ 公開買付者が対質問回答報告書を提出したときは、直ちに当該対質問回答報告書の写しを当該対象者（当該対質問回答報告書を提出した日において、既に当該発行者の株券等に係る公開買付届出書を提出している者がある場合には、当該提出している者を含む。）に送付するとともに、当該公開買付けに係る株券等が第二十七条の三第四項各号に掲げる株券等に該当する場合には、当該各号に掲げる株券等の区分に応じ、当該各号に定める者に送付しなければならない。

⑭ 前項の規定は、第十二項において準用する第二十七条の八第一項から第四項までの規定により訂正報告書が提出された場合について準用する。

（公開買付者による公開買付けの撤回及び契約の解除）

第二七条の一一 ① 公開買付者は、公開買付開始公告をした後においては、公開買付けに係る申込みの撤回及び契約の解除（以下この節において「公開買付けの撤回等」という。）を行うことができない。ただし、公開買付者が公開買付開始公告及び公開買付届出書において公開買付けに係る株券等の発行者若しくはその子会社（会社法第二条第三号に規定する子会社をいう。）の業務若しくは財産に関する重要な変更その他の公開買付けの目的の達成に重大な支障となる事情（政令で定めるものに限る。）が生じたときは公開買付けの撤回等をすることがある旨の条件を付した場合又は公開買付者に関し破産手続開始の決定その他の政令で定める重要な事情の変更が生じた場合には、この限りでない。

② 前項ただし書の規定による公開買付けの撤回等を行おうとする場合には、公開買付期間の末日までに、政令で定めるところにより、当該公開買付けの撤回等を行う旨及びその理由その他の内閣府令で定める事項を公告しなければならない。ただし、公告を当該末日までに行うことが困難である場合には、当該末日までに当該公告に記載すべき内容を、内閣府令で定めるところにより、公表し、その後直ちに公告を行うものとする。

③ 前項の規定による公告又は公表を行つた者は、内閣府令で定めるところにより、当該公告又は公表を行つた日に、前項に規定する公告の内容その他の内閣府令で定める事項を記載した書類（以下この節並びに第百九十七条及び第百九十七条の二において「公開買付撤回届出書」という。）を内閣総理大臣に提出しなければならない。

④ 第二十七条の三第四項の規定は、公開買付撤回届出書について準用する。この場合において、同項中「発行者（当該公開買付届出書を提出した日において、既に当該発行者の株券等に係る公開買付届出書の提出をしている者がある場合には、当該提出をしている者を含む。）」とあるのは、「発行者」と読み替えるものとする。

⑤ 公開買付けの撤回等は、第二項の規定により公告をした場合に限り、その効力を生ずる。この場合において、その効力を生ずる時期は、当該公告を行つた時（同項ただし書の規定により公表及び公告を行つたときにあつては、当該公表を行つた時）とする。

（応募株主等による契約の解除）

第二七条の一二 ① 応募株主等（公開買付けに係る株券等の買付け等の申込みに対する承諾又は売付け等の申込みをした者をいう。以下この節において同じ。）は、公開買付期間（第二十七条の八第八項の規定により延長しなければならない期間を含む。次条第一項及び第四項、第二十七条の十四第一項並びに第二十七条の二十一第一項第二号及び第二項第二号において同じ。）中においては、いつでも、当該公開買付けに係る契約の解除をすることができる。

② 応募株主等は、前項の規定により契約の解除をする場合において、公開買付開始公告及び公開買付届出書において当該公開買付けに係る契約の解除に関し政令で定める方法による旨の条件が付されているときは、当該方法によらなければならない。この場合において、当該契約の解除は、政令で定める時に、その効力を生ずる。

③ 第一項の規定により応募株主等による契約の解除があつた場合においては、公開買付者は、当該契約の解除に伴う損害賠償又は違約金の支払を請求することができないものとし、応募株券等（応募株主等が公開買付けに応じて売付け等をした株券等をいう。以下この節において同じ。）を金融商品取引業者又は銀行等に管理させているときは、その返還に要する費用は、公開買付者の負担とする。

（公開買付けに係る応募株券等の数等の公告及び公開買付報告書等の提出）

第二七条の一三① 公開買付者は、公開買付期間の末日の翌日に、政令で定めるところにより、当該公開買付けに係る応募株券等の数その他の内閣府令で定める事項を公告し、又は公表しなければならない。ただし、第二十七条の十一第二項の規定により公告した場合は、この限りでない。

② 前項本文の規定による公告又は公表を行つた公開買付者は、内閣府令で定めるところにより、当該公告又は公表を行つた日に、当該公告又は公表の内容その他の内閣府令で定める事項を記載した書類（以下この節並びに第百九十七条及び第百九十七条の二において「公開買付報告書」という。）を内閣総理大臣に提出しなければならない。

③ 第二十七条の三第四項並びに第二十七条の八第一項から第六項までの規定は、公開買付報告書について準用する。この場合において、第二十七条の三第四項中「発行者（当該公開買付届出書を提出した日において、既に当該発行者の株券等に係る公開買付届出書の提出をしている者がある場合には、当該提出をしている者を含む。）」とあるのは「発行者」と、第二十七条の八第一項中「訂正届出書」とあるのは「訂正報告書」と、同条第二項中「当該公開買付期間の末日までの間において、買付条件等の変更（第二十七条の十第三項の規定による買付け等の期間の延長を除く。）その他の公開買付届出書に記載すべき重要な事項の変更その他当該公開買付届出書の内容を訂正すべき内閣府令で定める事情がある」とあるのは「第二十七条の十三第五項に規定するあん分比例方式により買付け等をする株券等の数が確定した」と、「訂正届出書」とあるのは「訂正報告書」と、同条第三項中「訂正届出書」とあるのは「訂正報告書」と、「買付条件等がこの節の規定」とあるのは「買付け等に係る受渡しその他の決済が第二十七条の十三第四項及び第五項の規定」と、「買付条件等の変更が第二十七条の六第一項の規定」とあるのは「買付け等をする株券等の数の計算の結果が第二十七条の十三第五項に規定する内閣府令で定めるあん分比例方式」と、同条第四項中「訂正届出書」とあるのは「訂正報告書」と、同条第五項中「第三項の規定による処分」とあるのは「第二十七条の十三第三項において準用する第三項及び前項の規定による処分」と、「末日（当該末日後に提出される訂正届出書に係る処分にあつては、当該末日の翌日から起算して五年を経過した日）後は、することができないものとし、前項の規定による処分は、当該末日」とあるのは「末日」と、同条第六項中「第一項から第四項まで」とあるのは「第二十七条の十三第三項において準用する第一項から第四項まで」と、「訂正届出書」とあるのは「訂正報告書」と読み替えるものとする。

④ 公開買付者は、公開買付期間中における応募株券等の全部について第二十七条の十一第一項ただし書の規定により公開買付けの撤回等を行う場合並びに公開買付開始公告及び公開買付届出書において次に掲げる条件を付した場合（第二号の条件を付す場合にあつては、当該公開買付けの後における公開買付者の所有に係る株券等の株券等所有割合（第二十七条の二第八項に規定する株券等所有割合をいい、当該公開買付者に同条第一項第一号に規定する特別関係者がある場合にあつては、当該特別関係者の所有に係る株券等の同条第八項に規定する株券等所有割合を加算したものをいう。）が政令で定める割合を下回る場合に限る。）を除き、応募株券等の全部について、公開買付開始公告及び公開買付届出書に記載した買付条件等（第二十七条の六第二項の規定による公告又は同条第三項の規定による公表及び公告により買付条件等を変更したときは、当該変更後の買付条件等）により、買付け等に係る受渡しその他の決済を行わなければならない。

一 応募株券等の数の合計が買付予定の株券等の数の全部又はその一部としてあらかじめ公開買付開始公告及び公開買付届出書において記載された数に満たないときは、応募株券等の全部の買付け等をしないこと。

二 応募株券等の数の合計が買付予定の株券等の数を超えるときは、その超える部分の全部又は一部の買付け等をしないこと。

⑤ 公開買付者は、前項第二号に掲げる条件を付した場合において、応募株券等の数の合計が買付予定の株券等の数を超えるときは、応募株主等から内閣府令で定めるあん分比例の方式（以下この節において「あん分比例方式」という。）により株券等の買付け等に係る受渡しその他の決済を行わなければならない。

（公開買付届出書等の公衆縦覧）

第二七条の一四① 内閣総理大臣は、内閣府令で定めるところにより、公開買付届出書（その訂正届出書を含む。次条第一項において同じ。）及び公開買付撤回届出書並びに公開買付報告書、意見表明報告書及び対質問回答報告書（これらの訂正報告書を含む。次条第一項において同じ。）を、これらの書類を受理した日から当該公開買付けに係る公開買付期間の末日の翌日以後五年を経過する日までの間、公衆の縦覧に供しなければならない。

② 前項に規定する書類（以下この条において「縦覧書類」という。）を提出した者（以下この条において「提出者」という。）は、内閣総理大臣が同項の規定により当該縦覧書類を公衆の縦覧に供している間は、当該縦覧書類の写しを、内閣府令で定めるところにより、その者の本店又は主たる事務所に備え置き、公衆の縦覧に供しなければならない。

③ 金融商品取引所及び政令で定める認可金融商品取引業協会は、内閣総理大臣が第一項の規定により縦覧書類を公衆の縦覧に供している間は、第二十七条の三第四項（第二十七条の八第六項、第二十七条の十一第四項及び前条第三項において準用する場合を含む。）並びに第二十七条の十第九項（同条第十項において準用する場合を含む。）及び第十三項（同条第十四項において準用する場合を含む。）の規定により送付された当該縦覧書類の写しを、内閣府令で定めるところにより、その事務所に備え置き、公衆の縦覧に供しなければならない。

④ 前三項に定めるもののほか、第一項の縦覧に関し必要な事項は、内閣府令で定める。

⑤ 内閣総理大臣は、次のいずれかに掲げる処分をするときは、第一項の規定にかかわらず、当該処分に係る縦覧書類について、その全部又は一部を公衆の縦覧に供しないものとすることができる。

一 第二十七条の八第三項又は第四項の規定による訂正届出書の提出命令

二 第二十七条の十第八項若しくは第十二項又は前条第三項において準用する第二十七条の八第三項又は第四項の規定による訂正報告書の提出命令

⑥ 前項の場合において、内閣総理大臣は、第二項の規定により当該縦覧書類の写しを公衆の縦覧に供する提出者及び第三項の規定により当該縦覧書類の写しを公衆の縦覧に供する金融商品取引所又は同項の政令で定める認可金融商品取引業協会に対し、当該縦覧書類の全部又は一部を公衆の縦覧に供しないこととした旨を通知するものとする。

⑦ 前項の規定により提出者又は金融商品取引所若しくは認可金融商品取引業協会が内閣総理大臣からの通知を受けたときは、その時以後、当該通知に係る縦覧書類の写しについては、第二項及び第三項の規定は、適用しない。

（公開買付届出書等の真実性の認定等の禁止）

第二七条の一五① 何人も、公開買付届出書、公開買付撤回届出書、公開買付報告書、意見表明報告書又は対質問回答報告書の受理があつたことをもつて、内閣総理大臣が当該受理に係るこれらの書類の記載が真実かつ正確であり、又はこれらの書類のうちに重要な事項の記載が欠けていないことを認定したものとみなすことができない。

② 公開買付者等及び対象者は、前項の規定に違反する表示をすることができない。

（公開買付けに係る違反行為による賠償責任）

第二七条の一六 第十六条の規定は、第二十七条の三第三項若しくは第二十七条の八第七項の規定に違反して内閣府令で定める行為をした者又は第二十七条の九第二項若しくは第三項の規定に違反して当該株券等の買付け等をした者について準用する。この場合において、第十六条中「これを取得した者」とあるのは、「当該公開買付けに応じて当該株券等の売付け等をした者」と読み替えるものとする。

第二七条の一七① 第二十七条の五（第二十七条の八第十項において準用する場合を含む。以下この項において同じ。）の規定に違反して株券等の買付け等をした公開買付者等は、当該公開買付けに応じて株券等の売付け等をした者（第二十七条の五の規定に該当する株券等の売付け等を行つた者及び次条第二項第一号に規定する一部の者を除く。）に対し、損害賠償の責めに任ずる。

② 前項の規定により賠償の責めに任ずべき額は、同項の買付け等を行つた際に公開買付者等が支払つた価格（これに相当する利益の供与を含み、当該価格が均一でないときは、その最も有利な価格とする。）から公開買付価格（公開買付開始公告及び公開買付届出書に記載した買付け等の価格をいい、第二十七条の六第二項又は第三項の公告又は公表により買付け等の価格を変更したときは、当該変更後の買付け等の価格をいう。以下この節において同じ。）を控除した金額に前項の規定による請求権者の応募株券等（あん分比例方式により売付け等ができなかつたものを除く。次条第二項及び第二十七条の二十第二項において同じ。）の数を乗じた額とする。

第二七条の一八① 第二十七条の十三第四項の規定に違反して公開買付けによる株券等の買付け等に係る受渡しその他の決済を行つた者（以下この条において「公開買付けをした者」という。）は、当該公開買付けに応じて株券等の売付け等をした者（次項第一号に掲げる場合にあつては公開買付価格より有利な価格（これに相当する利益の供与を含む。以下この条において同じ。）で売付け等をした者を除くものとし、次項第二号に掲げる場合にあつては当該公開買付けをした者が同号の異なる方式で株券等の買付け等をしたことにより株券等の売付け等ができなかつた者を含む。）に対し、損害賠償の責めに任ずる。

② 前項の規定により賠償の責めに任ずべき額は、次に掲げる場合には、次の各号に掲げる区分に応じ当該各号に定める額とする。

一 当該公開買付けをした者が、当該公開買付けに応じて株券等の売付け等をした者の一部の者に対し、公開買付価格より有利な価格で買付け等を行つた場合 当該有利な価格（当該有利な価格が均一でないときは、その最も有利な価格とする。）から公開買付価格を控除した金額に前項の規定による請求権者の応募株券等の数を乗じた額

二 当該公開買付けをした者が公開買付届出書に記載されたあん分比例方式と異なる方式で株券等の買付け等をした場合 当該あん分比例方式で計算した場合に前項の規定による請求権者から買付け等がされるべき株券等の数から当該公開買付けをした者が当該請求権者から買付け等をした株券等の数を控除した数（当該請求権者から買付け等をしなかつた場合には、当該あん分比例方式で計算した場合に当該請求権者から買付け等がされるべき株券等の数とする。）に公開買付価格（前条第一項に該当する場合にあつては同条第二項に規定する公開買付者が支払つた価格、前号に掲げる場合に該当する場合にあつては同号に定める有利な価格とし、そのいずれにも該当する場合にあつてはそのいずれか有利な価格とする。）から前項の規定による損害賠償を請求する時における当該株券等の市場価格（市場価格がないときはその時における処分推定価格とし、当該請求時前に当該株券等を処分した場合においてはその処分価格とする。）を控除した金額を乗じた額

（虚偽記載等のある公開買付説明書の使用者の賠償責任）

第二七条の一九 第十七条の規定は、重要な事項について虚偽の記載があり、又は表示すべき重要な事項若しくは誤解を生じさせないために必要な重要な事実の表示が欠けている公開買付説明書その他の表示を使用して株券等の売付け等をさせた者について準用する。この場合において、同条中「当該有価証券を取得した者」とあるのは、「当該公開買付けに応じて株券等の売付け等をした者」と読み替えるものとする。

（虚偽記載等のある公開買付開始公告を行つた者等の賠償責任）

第二七条の二〇① 第十八条第一項の規定は、次に掲げる者について準用する。この場合において、同項中「当該有価証券を当該募集又は売出しに応じて取得した者」とあり、及び「当該有価証券を取得した者」とあるのは「当該公開買付けに応じて当該株券等の売付け等をした者」と、「その取得の申込みの際」とあるのは「その売付け等の際」と読み替えるものとする。

一 重要な事項について虚偽の表示があり、又は表示すべき重要な事項若しくは誤解を生じさせないために必要な重要な事実の表示が欠けている公開買付開始公告又は第二十七条の六第二項若しくは第三項、第二十七条の七第一項若しくは第二項（これらの規定を第二十七条の八第十二項において準用する場合を含む。）若しくは第二十七条の八第八項若しくは第十一項の規定による公告若しくは公表（以下この条及び次条において「公開買付開始公告等」という。）を行つた者

二 重要な事項について虚偽の記載があり、又は記載すべき重要な事項若しくは誤解を生じさせないために必要な重要な事実の記載が欠けている公開買付届出書（その訂正届出書を含む。以下この条及び次条において同じ。）を提出した者

三 重要な事項について虚偽の記載があり、又は記載すべき重要な事項若しくは誤解を生じさせないために必要な重要な事実の記載が欠けている公開買付説明書（第二十七条の九第三項の規定により訂正された公開買付説明書を含む。以下この条及び次条において同じ。）を作成した者

四 重要な事項について虚偽の記載があり、又は記載すべき重要な事項若しくは誤解を生じさせないために必要な重要な事実の記載が欠けている対質問回答報告書（その訂正報告書を含む。以下この条及び次条において同じ。）を提出した者

② 前項（第一号及び第四号を除く。）の規定の適用がある場合において、公開買付者が、当該公開買付期間の末日後に当該公開買付けに係る株券等の買付け等を当該公開買付けによらないで行う契約があるにもかかわらず、公開買付届出書又は公開買付説明書にその旨の記載をすることなく、当該公開買付期間の末日後に当該契約による買付け等をしたときは、当該公開買付者が当該公開買付けに応じて株券等の売付け等をした者（当該契約により株券等の売付け等をした者、第二十七条の五の規定に該当する株券等の売付け等をした者及び第二十七条の十八第二項第一号に規定する一部の者を除く。）に対し賠償の責めに任ずべき額は、当該公開買付者が当該買付け等をした価格（これに相当する利益の供与を含み、当該価格が均一でない場合には、その最も有利な価格とする。）から公開買付価格を控除した金額に前項において準用する第十八条第一項の規定による請求権者の応募株券等の数を乗じた額とする。

③ 次に掲げる者は、前項の適用がある場合を除き、第一項各号に掲げる者と連帯して同項の規定による賠償の責めに任ずる。ただし、次に掲げる者が、記載が虚偽であり又は欠けていることを知らず、かつ、相当な注意を用いたにもかかわらず知ることができなかつたことを証明したときは、この限りでない。

一 第一項各号に掲げる者の特別関係者（第二十七条の二第七項第二号に掲げる者に限る。）

二 第一項各号に掲げる者が法人その他の団体である場合には、当該法人その他の団体のその公開買付開始公告等、公開買付届出書若しくは対質問回答報告書の提出又は公開買付説明書の作成を行つた時における取締役、会計参与、監査役、執行役、理事若しくは監事又はこれらに準ずる者

第二七条の二一（公開買付けに係る違反行為による賠償請求権の時効）① 第二十七条の十七第一項の規定による請求権及び第二十七条の十八第二項の規定の適用がある場合における同条第一項の規定による請求権は、次に掲げる場合には、時効によつて消滅する。

一 請求権者が当該違反を知つた時又は相当な注意をもつて知ることができる時から一年間行使しないとき。

二 当該公開買付けに係る公開買付期間の末日の翌日から起算して五年間行使しないとき。

② 前条第二項の規定の適用がある場合における同条第一項の規定による請求権は、次に掲げる場合には、時効によつて消滅する。

一 請求権者が公開買付開始公告等、公開買付届出書、公開買付説明書又は対質問回答報告書のうちに重要な事項について虚偽の記載若しくは表示があり、又は記載若しくは表示すべき重要な事項若しくは誤解を生じさせないために必要な重要な事実の記載が欠けていることを知つた時又は相当な注意をもつて知ることができる時から一年間行使しないとき。

二 当該公開買付けに係る公開買付期間の末日の翌日から起算して五年間行使しないとき。

第二七条の二二（公開買付者等に対する報告の徴取及び検査）① 内閣総理大臣は、公益又は投資者保護のため必要かつ適当であると認めるときは、公開買付者若しくは第二十七条の二第一項本文の規定により公開買付けによつて株券等の買付け等を行うべきであると認められる者若しくはこれらの特別関係者その他の関係者若しくは参考人に対し参考となるべき報告若しくは資料の提出を命じ、又は当該職員をしてその者の帳簿書類その他の物件を検査させることができる。

② 内閣総理大臣は、公益又は投資者保護のため必要かつ適当であると認めるときは、意見表明報告書を提出した者若しくは提出すべきであると認められる者若しくはこれらの関係者若しくは参考人に対し参考となるべき報告若しくは資料の提出を命じ、又は当該職員をしてその者の帳簿書類その他の物件を検査させることができる。

③ 内閣総理大臣は、前二項の規定による報告若しくは資料の提出の命令又は検査に関して必要があると認めるときは、公務所又は公私の団体に照会して必要な事項の報告を求めることができる。

第二節　発行者による上場株券等の公開買付け

第二七条の二二の二（発行者による上場株券等の公開買付け）① 上場株券等の当該上場株券等の発行者による取引所金融商品市場外における買付け等（買付けその他の有償の譲受けをいう。以下この条及び次条において同じ。）のうち、次に掲げるものに該当するものについては、公開買付けによらなければならない。ただし、取引所金融商品市場における有価証券の売買等に準ずるものとして政令で定める取引による買付け等については、この限りでない。

一 会社法第百五十六条第一項（同法第百六十五条第三項の規定により読み替えて適用する場合を含む。以下この号において同じ。）の規定又は他の法令の規定で同法第百五十六条第一項の規定に相当するものとして政令で定めるものによる買付け等（同法第百六十条第一項に規定する同法第百五十八条第一項の規定による通知を行う場合を除く。）

二 上場株券等の発行者が外国会社である買付け等のうち、多数の者が当該買付け等に関する事項を知り得る状態に置かれる方法により行われる買付け等として政令で定めるもの

② 第二十七条の二第二項から第六項まで、第二十七条の三（第一項後段及び第二項第二号を除く。）、第二十七条の四、第二十七条の五（各号列記以外の部分に限る。第五項及び次条第五項において同じ。）、第二十七条の六から第二十七条の九まで（第二十七条の八第六項、第十項及び第十二項を除く。）、第二十七条の十一から第二十七条の十五まで（第二十七条の十一第四項並びに第二十七条の十三第三項及び第四項第一号を除く。）、第二十七条の十七、第二十七条の十八、第二十七条の二十一第一項及び前条（第二項を除く。）の規定は、前項の規定により公開買付けによる買付け等を行う場合について準用する。この場合において、これらの規定（第二十七条の三第四項及び第二十七条の十一第一項ただし書を除く。）中「株券等」とあるのは「上場株券等」と、第二十七条の二第六項中「売付け等（売付けその他の有償の譲渡をいう。以下この章において同じ。）」とあるのは「売付け等」と、第二十七条の三第二項中「次に」とあるのは「第一号及び第三号に」と、同項第一号中「買付け等の期間（前項後段の規定により公告において明示した内容を含む。）」とあるのは「買付け等の期間」と、同条第三項中「公開買付者、その特別関係者（第二十七条の二第七項に規定する特別関係者をいう。以下この節において同じ。）その他政令で定める関係者」とあるのは「公開買付者その他政令で定める関係者」と、同条第四項前段中「当該公開買付けに係る株券等の発行者（当該公開買付届出書を提出した日において、既に当該発行者の株券等に係る公開買付届出書の提出をしている者がある場合には、当該提出をしている者を含む。）に送付するとともに、当該公開買付けに係る株券等が次の各号に掲げる株券等に該当する場合には、当該各号に掲げる株券等の区分に応じ、当該各号に定める者」とあるのは「次の各号に掲げる当該公開買付けに係る上場株券等の区分に応じ、当該各号に定める者に送付するとともに、当該公開買付届出書を提出した日において、既に当該公開買付者が発行者である株券等に係る公開買付届出書の提出をしている者がある場合には、当該提出をしている者」と、同項各号中「株券等」とあるのは「上場株券等」と、第二十七条の五ただし書中「次に掲げる」とあるのは「政令で定める」と、第二十七条の六第一項第一号中「買付け等の価格の引下げ（公開買付開始公告及び公開買付届出書において公開買付期間中に対象者（第二十七条の十第一項に規定する対象者をいう。）が株式の分割その他の政令で定める行為を行つたときは内閣府令で定める基準に従い買付け等の価格の引下げを行うことがある旨の条件を付した場合に行うものを除く。）」とあるのは「買付け等の価格の引下げ」と、同条第二項中「買付条件等の変更の内容（第二十七条の十第三項の規定により買付け等の期間が延長された場合における当該買付け等の期間の延長を除く。）」とあるのは「買付条件等の変更の内容」と、第二十七条の八第二項中「買付条件等の変更（第二十七条の十第三項の規定による買付け等の期間の延長を除く。）」とあるのは「買付条件等の変更」と、第二十七条の十一第一項ただし書中「公開買付者が公開買付開始公告及び公開買付届出書において公開買付けに係る株券等の発行者若しくはその子会社（会社法第二条第三号に規定する子会社をいう。）の業務若しくは財産に関する重要な変更その他の公開買付けの目的の達成に重大な支障となる事情（政令で定めるものに限る。）が生じたときは公開買付けの撤回等をすることがある旨の条件を付した場合又は公開買付者に関し破産手続開始の決定その他の政令で定める重要な事情の変更が生じた」とあるのは「当該公開買付けにより当該上場株券等の買付け等を行うことが他の法令に違反することとなる場合又は他の法令に違反することとなるおそれがある事情とし

て政令で定める事情が生じた」と、第二十七条の十三第四項中「次に掲げる条件を付した場合（第二号の条件を付す場合にあつては、当該公開買付けの後における公開買付者の所有に係る株券等の株券等所有割合（第二十七条の二第八項に規定する株券等所有割合をいい、当該公開買付者に同条第一項第一号に規定する特別関係者がある場合にあつては、当該特別関係者の所有に係る株券等の同条第八項に規定する株券等所有割合を加算したものをいう。）が政令で定める割合を下回る場合に限る。）」とあるのは「第二号に掲げる条件を付した場合」と、第二十七条の十四第一項中「、意見表明報告書及び対質問回答報告書（これらの」とあるのは「（その」と、同条第三項中「並びに第二十七条の十第九項（同条第十項において準用する場合を含む。）及び第十三項（同条第十四項において準用する場合を含む。）の規定」とあるのは「の規定」と、同条第五項第一号中「第二十七条の八第三項」とあるのは「第二十七条の二十二の二第二項において準用する第二十七条の八第三項」と、同項第二号中「第二十七条の十第八項若しくは第十二項又は前条第三項」とあるのは「第二十七条の二十二の二第七項」と、第二十七条の十五第一項中「、公開買付報告書、意見表明報告書又は対質問回答報告書」とあるのは「又は公開買付報告書」と、同条第二項中「公開買付者等及び対象者」とあるのは「公開買付者等」と、前条第一項中「若しくは第二十七条の二第一項本文の規定により公開買付けによつて株券等の買付け等を行うべきであると認められる者若しくはこれらの特別関係者」とあるのは「若しくは第二十七条の二十二の二第一項本文の規定により公開買付けによつて上場株券等の買付け等を行うべきであると認められる者」と、同条第三項中「前二項」とあるのは「第二十七条の二十二の二第二項において準用する第一項」と読み替えるものとする。

③ 第二十七条の三第四項の規定は、前項において準用する第二十七条の八第一項から第四項までの規定により訂正届出書が提出された場合について準用する。この場合において、第二十七条の三第四項前段中「当該公開買付けに係る株券等の発行者（当該公開買付届出書を提出した日において、既に当該発行者の株券等に係る公開買付届出書の提出をしている者がある場合には、当該提出をしている者を含む。）に送付するとともに、当該公開買付けに係る株券等が次の各号に掲げる株券等に該当する場合には、当該各号に掲げる株券等の区分に応じ、当該各号に定める者」とあるのは「次の各号に掲げる当該公開買付けに係る上場株券等の区分に応じ、当該各号に定める者に送付するとともに、当該訂正届出書を提出した日において、既に当該公開買付者が発行者である株券等に係る公開買付届出書の提出をしている者がある場合には、当該提出をしている者」と、同項各号中「株券等」とあるのは「上場株券等」と読み替えるものとする。

④ 公開買付者（第二項において準用する第二十七条の三第二項に規定する公開買付者をいう。以下この節において同じ。）は、公開買付撤回届出書（第二項において準用する第二十七条の十一第三項に規定する公開買付撤回届出書をいう。以下この節において同じ。）又は公開買付報告書（第二項において準用する第二十七条の十三第二項に規定する公開買付報告書をいう。以下この節において同じ。）を提出した後、直ちに当該公開買付撤回届出書又は公開買付報告書の写しを、第二項において準用する第二十七条の三第四項各号に掲げる当該公開買付けに係る上場株券等の区分に応じ、当該各号に定める者に送付しなければならない。この場合において、当該写しの送付に関し必要な事項は、内閣府令で定める。

⑤ 第二十七条の五の規定は、第二項において準用する第二十七条の八第八項の規定により公開買付けに係る買付け等の期間を延長しなければならない場合における当該延長しなければならない期間の末日までの間について準用する。この場合において、第二十七条の五中「株券等」とあるのは「上場株券等」と、「次に掲げる」とあるのは「政令で定める」と読み替えるものとする。

⑥ 第二十七条の七の規定は、第二項において準用する第二十七条の八第八項及び第十一項の規定による公告又は公表について準用する。

⑦ 第二十七条の八第一項から第五項までの規定は、公開買付報告書について準用する。この場合において、第二十七条の八第一項中「訂正届出書」とあるのは「訂正報告書」と、同条第二項中「当該公開買付期間の末日までの間において、買付条件等の変更（第二十七条の十第三項の規定による買付け等の期間の延長を除く。）その他の公開買付届出書に記載すべき重要な事項の変更その他当該公開買付届出書の内容を訂正すべき内閣府令で定める事情がある」とあるのは「第二十七条の二十二の二第二項において準用する第二十七条の十三第五項に規定するあん分比例方式により買付け等をする上場株券等の数が確定した」と、「訂正届出書」とあるのは「訂正報告書」と、同条第三項中「訂正届出書」とあるのは「訂正報告書」と、「買付条件等がこの節の規定」とあるのは「買付け等に係る受渡しその他の決済が第二十七条の二十二の二第二項において準用する第二十七条の十三第四項（第一号を除く。）及び第二十七条の十三第五項の規定」と、「買付条件等の変更が第二十七条の六第一項の規定」とあるのは「買付け等をする上場株券等の数の計算の結果が第二十七条の二十二の二第二項において準用する第二十七条の十三第五項に規定する内閣府令で定めるあん分比例方式」と、同条第四項中「訂正届出書」とあるのは「訂正報告書」と、同条第五項中「第三項の規定による処分」とあるのは「第二十七条の二十二の二第七項において準用する第三項及び前項の規定による処分」と、「末日（当該末日後に提出される訂正届出書に係る処分にあつては、当該末日の翌日から起算して五年を経過した日）後は、することができないものとし、前項の規定による処分は、当該末日」とあるのは「末日」と読み替えるものとする。

⑧ 第四項の規定は、前項において準用する第二十七条の八第一項から第四項までの規定による訂正報告書について準用する。この場合において、第四項中「公開買付撤回届出書（第二項において準用する第二十七条の十一第三項に規定する公開買付撤回届出書をいう。以下この節において同じ。）又は公開買付報告書（第二項において準用する第二十七条の十三第二項に規定する公開買付報告書をいう。以下この節において同じ。）」とあるのは「訂正報告書（第七項において準用する第二十七条の八第一項から第四項までの規定による訂正報告書をいう。）」と、「公開買付撤回届出書又は公開買付報告書」とあるのは「訂正報告書」と読み替えるものとする。

⑨ 第十六条の規定は、第二項において準用する第二十七条の三第三項若しくは第二十七条の八第七項の規定に違反して内閣府令で定める行為をした者又は第二項において準用する第二十七条の九第二項若しくは第三項の規定に違反して当該上場株券等の買付け等をした者について準用する。この場合において、第十六条中「これを取得した者」とあるのは、「当該公開買付けに応じて当該上場株券等の売付け等をした者」と読み替えるものとする。

⑩ 第十七条の規定は、重要な事項について虚偽の記載があり、又は表示すべき重要な事項若しくは誤解を生じさせないために必要な重要な事実の表示が欠けている公開買付説明書（第二項において準用する第二十七条の九第一項に規定する公開買付説明書をいう。以下この節において同じ。）その他の表示を使用して上場株券等の売付け等をさせた者について準用する。この場合において、同条中「当該有価証券を取得した者」とあるのは、「当該公開買付けに応じて上場株券等の売付け等をした者」と読み替えるものとする。

⑪ 第十八条第一項の規定は、次に掲げる者について準用する。この場合において、同項中「当該有価証券を当該募集又は売出しに応じて取得した者」とあり、及び「当該有価証券を取得した者」とあるのは「当該公開買付けに応じて当該上場株券等の

売付け等をした者」と、「その取得の申込みの際」とあるのは「その売付け等の際」と読み替えるものとする。

一　重要な事項について虚偽の表示があり、又は表示すべき重要な事項若しくは誤解を生じさせないために必要な重要な事実の表示が欠けている第二項において準用する第二十七条の三第二項に規定する公開買付開始公告又は第二項において準用する第二十七条の六第二項若しくは第三項、第二十七条の七第一項若しくは第二項若しくは第二十七条の八第八項若しくは第十一項の規定若しくは第六項において準用する第二十七条の七第一項若しくは第二項の規定による公告若しくは公表（次項において「公開買付開始公告等」という。）を行つた者

二　重要な事項について虚偽の記載があり、又は記載すべき重要な事項若しくは誤解を生じさせないために必要な重要な事実の記載が欠けている第二項において準用する第二十七条の三第二項に規定する公開買付届出書（その訂正届出書を含む。次項において同じ。）を提出した者

三　重要な事項について虚偽の記載があり、又は記載すべき重要な事項若しくは誤解を生じさせないために必要な重要な事実の記載が欠けている公開買付説明書（第二項において準用する第二十七条の九第三項の規定により訂正された公開買付説明書を含む。次項において同じ。）を作成した者

⑫　前項において準用する第十八条第一項の規定の適用がある場合において、当該発行者のその公開買付開始公告等、公開買付届出書の提出又は公開買付説明書の作成を行つた時における当該発行者の役員は、当該発行者と連帯して前項の規定による賠償の責めに任ずる。ただし、当該役員が、記載が虚偽であり又は欠けていることを知らず、かつ、相当な注意を用いたにもかかわらず知ることができなかつたことを証明したときは、この限りでない。

⑬　第二項、第三項及び第五項から第十一項までの場合において、これらの規定に規定する読替えのほか、必要な技術的読替えは、政令で定める。

（業務等に関する重要事実の公表等）

第二七条の二二の三①　前条第一項に規定する公開買付けによる上場株券等の買付け等を行おうとする発行者は、当該発行者の重要事実（第百六十六条第一項に規定する業務等に関する重要事実（内閣府令で定めるものを除く。）をいう。以下この条及び次条において同じ。）であつて第百六十六条第一項に規定する公表がされていないものがあるときは、公開買付届出書（前条第二項において準用する第二十七条の三第二項に規定する公開買付届出書をいう。以下この条及び次条において同じ。）を提出する日前に、内閣府令で定めるところにより、当該重要事実を公表しなければならない。

②　前条第一項に規定する公開買付けによる上場株券等の買付け等を行う場合において、公開買付者である発行者は、公開買付届出書を提出した日以後当該公開買付けに係る前条第二項において準用する第二十七条の五に規定する公開買付期間（第四項において準用する第二十七条の八第八項の規定により延長しなければならない期間を含む。次条において同じ。）の末日までの間において、当該発行者に重要事実が生じたとき（公開買付届出書を提出する日前に生じた重要事実であつて第百六十六条第一項に規定する公表がされていないものがあることが判明したときを含む。）は、直ちに、内閣府令で定めるところにより、当該重要事実を公表し、かつ、当該公開買付けに係る上場株券等の買付け等の申込みに対する承諾又は売付け等の申込みをした者及び当該上場株券等の売付け等を行おうとする者に対して、当該公表の内容を通知しなければならない。

③　前二項の規定による公表がされた後政令で定める期間が経過したときは、第百六十六条第一項に規定する公表がされたものとみなす。

④　第二十七条の八第八項及び第九項の規定は、第二項の規定による公表について準用する。この場合において、同条第八項中「第一項若しくは第二項の規定による訂正届出書を提出する場合又は第三項若しくは第四項の規定による訂正届出書の提出命令があつた場合には、内閣府令で定める場合を除き」とあるのは「第二十七条の二十二の三第二項の規定により当該重要事実を公表しなければならない場合には」と、同条第九項中「前項の規定」とあるのは「第二十七条の二十二の三第四項において準用する前項の規定」と、「株券等」とあるのは「上場株券等」と読み替えるものとする。

⑤　第二十七条の五の規定は、前項において準用する第二十七条の八第八項の規定により公開買付けに係る公開買付けの期間を延長しなければならない場合における当該延長しなければならない期間の末日までの間について準用する。この場合において、第二十七条の五中「株券等」とあるのは「上場株券等」と、「次に掲げる」とあるのは「政令で定める」と読み替えるものとする。

⑥　第十八条第一項の規定は、重要な事項について虚偽の表示があり、又は表示すべき重要な事項若しくは誤解を生じさせないために必要な重要な事実の表示が欠けている第四項において準用する第二十七条の八第八項の規定による公告又は公表を行つた発行者について準用する。この場合において、第十八条第一項中「当該有価証券を当該募集又は売出しに応じて取得した者」とあり、及び「当該有価証券を取得した者」とあるのは「当該公開買付けに応じて当該上場株券等の売付け等をした者」と、「その取得の申込みの際」とあるのは「その売付け等の際」と読み替えるものとする。

⑦　前項において準用する第十八条第一項の規定の適用がある場合において、当該発行者が前項に規定する公告又は公表を行つた時における当該発行者の役員は、当該発行者と連帯して同項の規定による賠償の責めに任ずる。ただし、当該役員が、記載が虚偽であり又は欠けていることを知らず、かつ、相当な注意を用いたにもかかわらず知ることができなかつたことを証明したときは、この限りでない。

⑧　第二十七条の十七の規定は、第五項において準用する第二十七条の五の規定に違反して上場株券等の買付け等をした場合について準用する。この場合において、第二十七条の十七中「株券等」とあるのは「上場株券等」と読み替えるものとするほか、必要な技術的読替えは、政令で定める。

（公表等の不実施又は虚偽の公表等による損害の賠償責任）

第二七条の二二の四①　前条第一項又は第二項の規定による公表又は通知（以下この条において「公表等」という。）をしなければならない重要事実についての公表等をせず、又は虚偽の公表等をした発行者は、公開買付けに応じて上場株券等の売付け等をした者に対し、公表等がされず又は公表等が虚偽であることにより生じた損害を賠償する責めに任ずる。ただし、次に掲げる場合は、この限りでない。

一　当該公開買付けに応じて当該上場株券等の売付け等をした者が、当該発行者に重要事実が生じており又は公表等の内容が虚偽であることを知つていたとき。

二　当該発行者が、当該発行者に重要事実が生じており又は公表等の内容が虚偽であることを知らず、かつ、当該公開買付け当時（前条第一項の規定による公表にあつては当該公開買付届出書の提出の時、同条第二項の規定による公表又は通知にあつては当該公開買付届出書を提出した日以後当該公開買付期間の末日までの間をいう。次項において同じ。）において相当な注意を用いたにもかかわらず知ることができなかつたことを証明したとき。

②　前項本文の規定の適用がある場合において、当該公開買付け当時における当該発行者の役員は、当該発行者と連帯して同項の規定による賠償の責めに任ずる。ただし、当該役員が、当該発行者に重要事実が生じており又は公表等の内容が虚偽であることを知らず、かつ、当該公開買付け当時において相当な注意を用いたにもかかわらず知ることができなかつたことを証明したときは、この限りでない。

第二章の三　株券等の大量保有の状況に関する開示

（大量保有報告書の提出）

第二七条の二三① 株券、新株予約権付社債券その他の政令で定める有価証券（以下この項において「株券関連有価証券」という。）で金融商品取引所に上場されているもの（流通状況がこれに準ずるものとして政令で定める株券関連有価証券を含む。）の発行者である法人が発行者（内閣府令で定める有価証券については、内閣府令で定める者。第二十七条の三十第二項を除き、以下この章及び第二十七条の三十の十一第五項において同じ。）である対象有価証券（当該対象有価証券に係るオプション（当該オプションの行使により当該行使をした者が当該オプションに係る対象有価証券の売買において買主としての地位を取得するものに限る。）を表示する第二条第一項第十九号に掲げる有価証券その他の当該対象有価証券に係る権利を表示するものとして政令で定めるものを含む。以下この章及び第二十七条の三十の十一第五項において「株券等」という。）の保有者で当該株券等に係るその株券等保有割合が百分の五を超えるもの（以下この章において「大量保有者」という。）は、内閣府令で定めるところにより、株券等保有割合に関する事項、取得資金に関する事項、保有の目的その他の内閣府令で定める事項を記載した報告書（以下「大量保有報告書」という。）を大量保有者となつた日から五日（日曜日その他政令で定める休日の日数は、算入しない。第二十七条の二十五第一項及び第二十七条の二十六において同じ。）以内に、内閣総理大臣に提出しなければならない。ただし、第四項に規定する保有株券等の総数に増加がない場合その他の内閣府令で定める場合については、この限りでない。

② 前項の「対象有価証券」とは、株券、新株予約権付社債券その他の有価証券のうち政令で定めるものをいう。

③ 第一項の保有者には、自己又は他人（仮設人を含む。）の名義をもつて株券等を所有する者（売買その他の契約に基づき株券等の引渡請求権を有する者その他これに準ずる者として政令で定める者を含む。）のほか、次に掲げる者を含むものとする。ただし、第一号に掲げる者については、同号に規定する権限を有することを知つた日において、当該権限を有する株券等（株券等に係る権利を表示する第二条第一項第二十号に掲げる有価証券その他の内閣府令で定める有価証券を含む。以下この項及び次条において同じ。）に限り、保有者となつたものとみなす。

一 金銭の信託契約その他の契約又は法律の規定に基づき、株券等の発行者の株主としての議決権その他の権利を行使することができる権限又は当該議決権その他の権利の行使について指図を行うことができる権限を有する者（次号に該当する者を除く。）であつて、当該発行者の事業活動を支配する目的を有する者

二 投資一任契約その他の契約又は法律の規定に基づき、株券等に投資をするのに必要な権限を有する者

④ 第一項の「株券等保有割合」とは、株券等の保有者（同項に規定する保有者をいう。以下この章において同じ。）の保有（前項各号に規定する権限を有する場合を含む。以下この章において同じ。）に係る当該株券等（自己株式（会社法第百十三条第四項に規定する自己株式をいう。）その他当該株券等の保有の態様その他の事情を勘案して内閣府令で定めるものを除く。以下この項において同じ。）の数（株券については株式の数を、その他のものについては内閣府令で定める数をいう。以下この章において同じ。）の合計から当該株券等の発行者が発行する株券等のうち、第百六十一条の二第一項に規定する信用取引その他内閣府令で定める取引の方法により譲渡したことにより、引渡義務（共同保有者に対して負うものを除く。）を有するものの数を控除した数（以下この章において「保有株券等の数」という。）に当該発行者が発行する株券等に係る共同保有者の保有株券等（保有者及び共同保有者の間で引渡請求権その他の政令で定める権利が存在するものを除く。）の数を加算した数（以下この章において「保有株券等の総数」という。）を、当該発行者の発行済株式の総数又はこれに準ずるものとして内閣府令で定める数に当該保有者及び共同保有者の保有する当該株券等（株券その他の内閣府令で定める有価証券を除く。）の数を加算した数で除して得た割合をいう。

⑤ 前項の「共同保有者」とは、株券等の保有者が、当該株券等の発行者が発行する株券等の他の保有者と共同して当該株券等を取得し、若しくは譲渡し、又は当該発行者の株主としての議決権その他の権利を行使することを合意している場合における当該他の保有者をいう。

⑥ 株券等の保有者と当該株券等の発行者が発行する株券等の他の保有者が、株式の所有関係、親族関係その他の政令で定める特別の関係にある場合においては、当該他の保有者を当該保有者に係る第四項の共同保有者とみなす。ただし、当該保有者又は他の保有者のいずれかの保有株券等の数が内閣府令で定める数以下である場合においては、この限りでない。

（株券保有状況通知書の作成及び交付）

第二七条の二四 前条第三項第二号に掲げる者は、当該株券等の発行者の株主としての議決権その他の権利を行使することができる権限又は当該議決権その他の権利の行使について指図を行うことができる権限を有する顧客に対して、内閣府令で定めるところにより、毎月一回以上、当該株券等の保有状況について説明した通知書を作成し、交付しなければならない。

（大量保有報告書に係る変更報告書の提出）

第二七条の二五① 大量保有報告書を提出すべき者は、大量保有者となつた日の後に、株券等保有割合（第二十七条の二十三第四項に規定する株券等保有割合をいう。以下この章において同じ。）が百分の一以上増加し又は減少した場合（保有株券等の総数の増加又は減少を伴わない場合を除く。以下この章において同じ。）その他の大量保有報告書に記載すべき重要な事項の変更として政令で定めるものがあつた場合は、内閣府令で定めるところにより、その日から五日以内に、当該変更に係る事項に関する報告書（以下「変更報告書」という。）を内閣総理大臣に提出しなければならない。ただし、株券等保有割合が百分の五以下であることが記載された変更報告書を既に提出している場合その他の内閣府令で定める場合については、この限りでない。

② 株券等保有割合が減少したことにより変更報告書を提出する者は、短期間に大量の株券等を譲渡したものとして政令で定める基準に該当する場合においては、内閣府令で定めるところにより、譲渡の相手方及び対価に関する事項（譲渡を受けた株券等が僅少である者として政令で定める者については、対価に関する事項に限る。）についても当該変更報告書に記載しなければならない。

③ 大量保有報告書又は変更報告書を提出した者は、これらの書類に記載された内容が事実と相違し、又は記載すべき重要な事項若しくは誤解を生じさせないために必要な重要な事実の記載が不十分であり、若しくは欠けていると認めるときは、訂正報告書を内閣総理大臣に提出しなければならない。

（特例対象株券等の大量保有者による報告の特例）

第二七条の二六① 金融商品取引業者（第二十八条第一項に規定する第一種金融商品取引業を行う者又は同条第四項に規定する投資運用業を行う者に限る。以下この条において同じ。）、銀行その他の内閣府令で定める者（第三項に規定する基準日を内閣総理大臣に届け出た者に限る。）が保有する株券等で当該株券等の発行者の事業活動に重大な変更を加え、又は重大な影響を及ぼす行為として政令で定めるもの（第四項及び第五項において「重要提案行為等」という。）を行うことを保有の目的としないもの（株券等保有割合が内閣府令で定める数を超えた場合及び保有の態様その他の事情を勘案して内閣府令で定める場合を除く。）又は国、地方公共団体その他の内閣府令で定める者（第三項に規定する基準日を内閣総理大臣に届け出た者に限る。）が保有する株券等（以下この条において「特例対象株券等」とい

う。）に係る大量保有報告書は、第二十七条の二十三第一項本文の規定にかかわらず、株券等保有割合が初めて百分の五を超えることとなつた基準日における当該株券等の保有状況に関する事項で内閣府令で定めるものを記載したものを、内閣府令で定めるところにより、当該基準日から五日以内に、内閣総理大臣に提出しなければならない。

② 特例対象株券等に係る変更報告書（当該株券等が特例対象株券等以外の株券等になる場合の変更に係るものを除く。）は、前条第一項本文の規定にかかわらず、次の各号に掲げる場合の区分に応じ当該各号に定める日までに、内閣府令で定めるところにより、内閣総理大臣に提出しなければならない。

一 前項の大量保有報告書に係る基準日の後の基準日における株券等保有割合が当該大量保有報告書に記載された株券等保有割合より百分の一以上増加し又は減少した場合その他の当該大量保有報告書に記載すべき重要な事項の変更として政令で定めるものがあつた場合　当該後の基準日から五日以内

二 変更報告書に係る基準日の後の基準日における株券等保有割合が当該変更報告書に記載された株券等保有割合より百分の一以上増加し又は減少した場合その他の当該変更報告書に記載すべき重要な事項の変更として政令で定めるものがあつた場合　当該後の基準日から五日以内

三 株券等保有割合が内閣府令で定める数を下回り当該株券等が特例対象株券等になつた場合　当該特例対象株券等になつた日から五日以内

四 前三号に準ずる場合として内閣府令で定める場合　内閣府令で定める日

③ 前二項の基準日とは、政令で定めるところにより毎月二回以上設けられる日の組合せのうちから特例対象株券等の保有者が内閣府令で定めるところにより内閣総理大臣に届出をした日をいう。

④ 第一項の規定にかかわらず、同項に規定する金融商品取引業者、銀行その他の内閣府令で定める者は、その株券等保有割合が百分の五を超えることとなつた日から政令で定める期間内に重要提案行為等を行うときは、その五日前までに、内閣府令で定めるところにより、同項の大量保有報告書を内閣総理大臣に提出しなければならない。

⑤ 第二項の規定にかかわらず、第一項に規定する金融商品取引業者、銀行その他の内閣府令で定める者は、同項の大量保有報告書又は第二項の変更報告書を提出した後に株券等保有割合が百分の一以上増加した場合であつて、当該増加した日から政令で定める期間内に重要提案行為等を行うときは、その五日前までに、内閣府令で定めるところにより、同項の変更報告書を内閣総理大臣に提出しなければならない。

⑥ 前条第三項の規定は、第一項若しくは第四項の大量保有報告書又は第二項若しくは前項の変更報告書について準用する。

第二七条の二七（**大量保有報告書等の写しの金融商品取引所等への提出**）　株券等の保有者は、大量保有報告書若しくは変更報告書又はこれらの訂正報告書を提出したときは、遅滞なく、これらの書類の写しを当該株券等の発行者及び次の各号に掲げる株券等の区分に応じ当該各号に定める者に送付しなければならない。

一 金融商品取引所に上場されている株券等の発行者が発行する株券等　当該金融商品取引所

二 流通状況が前号に掲げる株券等に準ずるものとして政令で定める株券等の発行者が発行する株券等　政令で定める認可金融商品取引業協会

第二七条の二八（**大量保有報告書等の公衆縦覧**）① 内閣総理大臣は、内閣府令で定めるところにより、大量保有報告書及び変更報告書並びにこれらの訂正報告書を、これらの書類を受理した日（訂正報告書にあつては、当該訂正の対象となつた大量保有報告書又は変更報告書を受理した日）から五年間、公衆の縦覧に供しなければならない。

② 金融商品取引所及び政令で定める認可金融商品取引業協会は、前条の規定により送付された前項に規定する書類（以下この条において「縦覧書類」という。）の写しを、内閣府令で定めるところにより、その事務所に備え置き、当該縦覧書類の写しの送付を受けた日（訂正報告書の写しにあつては、当該訂正の対象となつた大量保有報告書又は変更報告書の写しの送付を受けた日）から五年間、公衆の縦覧に供しなければならない。

③ 縦覧書類に記載された取得資金に関する事項について、当該資金が銀行、協同組織金融機関その他政令で定める金融機関（以下この項において「銀行等」という。）からの借入れによる場合（内閣府令で定める場合を除く。）には、内閣総理大臣は、第一項の規定にかかわらず、当該銀行等の名称を公衆の縦覧に供しないものとし、当該縦覧書類を提出した者は、当該銀行等の名称を削除して当該縦覧書類の写しを送付するものとする。

④ 内閣総理大臣は、次条第一項において準用する第九条第一項又は第十条第一項の規定による訂正報告書の提出命令をする場合には、第一項の規定にかかわらず、当該提出命令に係る縦覧書類について、その全部又は一部を公衆の縦覧に供しないものとすることができる。

⑤ 前項の場合において、内閣総理大臣は、大量保有者及び第二項の規定により当該縦覧書類の写しを公衆の縦覧に供する金融商品取引所又は同項の政令で定める認可金融商品取引業協会に対し、当該縦覧書類の全部又は一部を公衆の縦覧に供しないこととした旨を通知するものとする。

⑥ 前項の規定により金融商品取引所又は認可金融商品取引業協会が内閣総理大臣からの通知を受けたときは、その時以後、当該通知に係る縦覧書類については、第二項の規定は、適用しない。

第二七条の二九（**大量保有報告書等の訂正報告書の提出命令**）① 第九条第一項及び第十条第一項の規定は、大量保有報告書及び変更報告書について準用する。この場合において、同項中「提出を命じ、必要があると認めるときは、第四条第一項から第三項までの規定による届出の効力の停止」とあるのは、「提出」と読み替えるものとする。

② 前二条の規定は、前項において準用する第九条第一項又は第十条第一項の規定により大量保有報告書又は変更報告書につき訂正報告書が提出された場合について準用する。

第二七条の三〇（**大量保有報告書の提出者等に対する報告の徴取及び検査**）① 内閣総理大臣は、公益又は投資者保護のため必要かつ適当であると認めるときは、大量保有報告書を提出した者若しくは提出すべきであると認められる者若しくはこれらの共同保有者（第二十七条の二十三第五項に規定する共同保有者をいう。）その他の関係者若しくは参考人に対し参考となるべき報告若しくは資料の提出を命じ、又は当該職員をしてその者の帳簿書類その他の物件を検査させることができる。

② 内閣総理大臣は、公益又は投資者保護のため必要かつ適当であると認めるときは、大量保有報告書に係る株券等の発行者又は参考人に対し、参考となるべき報告又は資料の提出を命ずることができる。

③ 内閣総理大臣は、第一項の規定による報告若しくは資料の提出の命令若しくは検査又は前項の規定による報告若しくは資料の提出の命令に関して必要があると認めるときは、公務所又は公私の団体に照会して必要な事項の報告を求めることができる。

第二章の四　開示用電子情報処理組織による手続の特例等

（第二七条の三〇の二から第二七条の三〇の一一まで）（略）

第二章の五　特定証券情報等の提供又は公表

（抄）

第二七条の三一（**特定証券情報の提供又は公表**）① 特定投資家向け取得勧誘その他第四条第一項

本文の規定の適用を受けない有価証券発行勧誘等のうち政令で定めるもの（以下この条及び第六章の二において「特定取得勧誘」という。）又は特定投資家向け売付け勧誘等（当該特定投資家向け売付け勧誘等に係る有価証券が特定投資家向け有価証券に該当する場合であつて、少数の者を相手方として行う場合として政令で定める場合に該当するものを除く。）その他第四条第一項本文、第二項本文若しくは第三項本文の規定の適用を受けない有価証券交付勧誘等のうち政令で定めるもの（以下この条及び第六章の二において「特定売付け勧誘等」という。）は、当該特定取得勧誘又は特定売付け勧誘等（以下「特定勧誘等」という。）に係る有価証券の発行者が、当該有価証券及び当該発行者に関して投資者に明らかにされるべき基本的な情報として内閣府令で定める情報（以下「特定証券情報」という。）を、次項に定めるところにより、当該特定勧誘等が行われる時までに、その相手方に提供し、又は公表しているものでなければ、することができない。

② 特定証券情報の提供又は公表をしようとする発行者は、当該特定証券情報を、内閣府令で定めるところにより、自ら若しくは他の者に委託して提供し、又はインターネットの利用その他の方法により公表しなければならない。

③ 次条第一項の規定により既に内閣府令で定める期間継続して発行者情報（同項に規定する発行者情報をいう。以下この項において同じ。）を公表している発行者は、前項の規定により特定証券情報を提供し、又は公表しようとする場合において、当該特定証券情報に、内閣府令で定めるところにより、その者に係る直近の発行者情報及び同条第三項に規定する訂正発行者情報（以下「参照情報」という。）を参照すべき旨を表示したときは、特定証券情報のうち発行者に関する情報として内閣府令で定める情報の提供又は公表をしたものとみなす。

④ 第二項の規定により特定証券情報の提供又は公表をした発行者は、当該提供又は公表をした日から一年を経過する日までの間（公益又は投資者保護に欠けることがないものと認められる場合として内閣府令で定める場合には、内閣府令で定める期間）において、当該特定証券情報に訂正すべき事項があるときは、内閣府令で定めるところにより、これを訂正する旨の情報（以下「訂正特定証券情報」という。）の提供又は公表をしなければならない。

⑤ 第二項の規定により特定証券情報の公表をした発行者は、当該特定証券情報の公表をした日から一年を経過する日までの間（公益又は投資者保護に欠けることがないものと認められる場合として内閣府令で定める場合には、内閣府令で定める期間）、当該特定証券情報（訂正特定証券情報を公表した場合には、当該訂正特定証券情報を含む。）を継続して公表しなければならない。

第二七条の三二（**発行者情報の提供又は公表**）① 次の各号に掲げる発行者は、内閣府令で定めるところにより、当該発行者に関する情報として内閣府令で定める情報（以下「発行者情報」という。）を、事業年度（発行者が会社以外の者である場合その他の内閣府令で定める場合にあつては、内閣府令で定める期間。第四項、第百七十二条の十一第一項及び第百八十五条の七第三十一項第五号において同じ。）ごとに一回以上、当該各号に定める有価証券を所有する者に提供し、又は公表しなければならない。ただし、流通性その他の事情を勘案し、公益又は投資者保護に欠けることがないものと認められる場合として内閣府令で定める場合は、この限りでない。

一 特定投資家向け有価証券の発行者　当該発行者の発行する特定投資家向け有価証券

二 前条第二項に定めるところにより特定証券情報の提供又は公表をした発行者（前号に掲げるものを除く。）　当該提供又は公表をした特定証券情報に係る有価証券

② 特定投資家向け有価証券に該当しなかつた有価証券が特定投資家向け有価証券に該当することとなつたとき（内閣府令で定める場合を除く。）は、当該有価証券の発行者は、遅滞なく、内閣府令で定めるところにより、発行者情報を、当該有価証券を所有する者に提供し、又は公表しなければならない。

③ 発行者情報に訂正すべき事項があるときは、第一項各号に掲げる発行者は、内閣府令で定めるところにより、これを訂正する旨の情報（以下「訂正発行者情報」という。）を提供し、又は公表しなければならない。

④ 第一項又は第二項の規定により発行者情報の公表をした発行者は、当該発行者情報の公表をした日から当該発行者情報に係る事業年度の次の事業年度に係る発行者情報の提供又は公表をする日までの間（当該発行者情報に係る特定投資家向け有価証券が特定投資家向け有価証券でなくなつた場合その他の内閣府令で定める場合にあつては、内閣府令で定める期間）、当該発行者情報（訂正発行者情報を公表した場合には、当該訂正発行者情報を含む。）を継続して公表しなければならない。

第二七条の三二の二（**外国証券情報の提供又は公表**）① 金融商品取引業者等は、第四条第一項第四号に該当する有価証券の売出し（以下「外国証券売出し」という。）により有価証券を売り付ける場合には、当該有価証券及び当該有価証券の発行者に関する情報として内閣府令で定める情報（以下「外国証券情報」という。）をあらかじめ又は同時に、その相手方に提供し、又は公表しなければならない。ただし、当該有価証券の発行者が既に当該有価証券に係る特定証券情報を公表している場合その他の内閣府令で定める場合は、この限りでない。

② 外国証券売出しにより有価証券を取得し、かつ、当該金融商品取引業者等に当該有価証券の保管を委託している者その他これに準ずる者として内閣府令で定める者から請求があつた場合又は投資者の投資判断に重要な影響を及ぼす事実が発生した場合として内閣府令で定める場合には、外国証券情報を提供し、又は公表しなければならない。ただし、当該有価証券に関する情報の取得の容易性、当該有価証券の保有の状況等に照らして公益又は投資者保護に欠けることがないものと認められる場合として内閣府令で定める場合は、この限りでない。

③ 前二項の規定により外国証券情報の提供又は公表をしようとする金融商品取引業者等は、当該外国証券情報を、内閣府令で定めるところにより、自ら若しくは他の者に委託して提供し、又はインターネットの利用その他の方法により公表しなければならない。

第二七条の三三から第二七条の三五まで　（略）

第二章の六　重要情報の公表

第二七条の三六（**重要情報の公表**）① 第二条第一項第五号、第七号、第九号若しくは第十一号に掲げる有価証券（政令で定めるものを除く。）で金融商品取引所に上場されているもの若しくは店頭売買有価証券に該当するものその他の政令で定める有価証券の発行者（以下この条において「上場会社等」という。）若しくは投資法人（投資信託及び投資法人に関する法律第二条第十二項に規定する投資法人をいう。第一号において同じ。）である上場会社等の資産運用会社（同法第二条第二十一項に規定する資産運用会社をいう。）（以下この項及び次項において「上場投資法人等の資産運用会社」という。）又はこれらの役員（会計参与が法人であるときは、その社員）、代理人若しくは使用人その他の従業者（第一号及び次項において「役員等」という。）が、その業務に関して、次に掲げる者（以下この条において「取引関係者」という。）に、当該上場会社等の運営、業務又は財産に関する公表されていない重要な情報であつて、投資者の投資判断に重要な影響を及ぼすもの（以下この章において「重要情報」という。）の伝達（重要情報の伝達を行う者が上場会社等又は上場投資法人等の資産運用会社の代理人又は使用人その他の従業者である場合にあつては、当該上場会社等又は当該上場投資法人等の資産

運用会社において取引関係者に情報を伝達する職務を行うこととされている者が行う伝達。以下この条において同じ。）を行う場合には、当該上場会社等は、当該伝達と同時に、当該重要情報を公表しなければならない。ただし、取引関係者が、法令又は契約により、当該重要情報が公表される前に、当該重要情報に関する秘密を他に漏らし、かつ、当該上場会社等の第二条第一項第五号、第七号、第九号又は第十一号に掲げる有価証券（政令で定めるものを除く。）、これらの有価証券に係るオプションを表示する同項第十九号に掲げる有価証券その他の政令で定める有価証券（以下この項及び第三項において「上場有価証券等」という。）に係る売買その他の有償の譲渡若しくは譲受け、合併若しくは分割による承継（合併又は分割により承継させ、又は承継することをいう。）又はデリバティブ取引（上場有価証券等に係るオプションを取得している者が当該オプションを行使することにより上場有価証券等を取得することその他の内閣府令で定めるものを除く。）（第二号及び第三項において「売買等」という。）をしてはならない義務を負うときは、この限りでない。

一　金融商品取引業者、登録金融機関、信用格付業者若しくは投資法人その他の内閣府令で定める者又はこれらの役員等（重要情報の適切な管理のために必要な措置として内閣府令で定める措置を講じている者において、金融商品取引業に係る業務に従事していない者として内閣府令で定める者を除く。）

二　当該上場会社等の投資者に対する広報に係る業務に関して重要情報の伝達を受け、当該重要情報に基づく投資判断に基づいて当該上場会社等の上場有価証券等に係る売買等を行う蓋然性の高い者として内閣府令で定める者

②　前項本文の規定は、上場会社等若しくは上場投資法人等の資産運用会社又はこれらの役員等が、その業務に関して、取引関係者に重要情報の伝達を行つた時において伝達した情報が重要情報に該当することを知らなかつた場合又は重要情報の伝達と同時にこれを公表することが困難な場合として内閣府令で定める場合には、適用しない。この場合においては、当該上場会社等は、取引関係者に当該伝達が行われたことを知つた後、速やかに、当該重要情報を公表しなければならない。

③　第一項ただし書の場合において、当該上場会社等は、当該重要情報の伝達を受けた取引関係者が、法令又は契約に違反して、当該重要情報が公表される前に、当該重要情報に関する秘密を他の取引関係者に漏らし、又は当該上場会社等の上場有価証券等に係る売買等を行つたことを知つたときは、速やかに、当該重要情報を公表しなければならない。ただし、やむを得ない理由により当該重要情報を公表することができない場合その他の内閣府令で定める場合は、この限りでない。

④　前三項の規定により重要情報を公表しようとする上場会社等は、当該重要情報を、内閣府令で定めるところにより、インターネットの利用その他の方法により公表しなければならない。

（公表者等に対する報告の徴取及び検査）

第二十七条の三十七①　内閣総理大臣は、公益又は投資者保護のため必要かつ適当であると認めるときは、重要情報を公表した者若しくは公表すべきであると認められる者若しくは参考人に対し参考となるべき報告若しくは資料の提出を命じ、又は当該職員をしてその者の帳簿書類その他の物件を検査させることができる。

②　内閣総理大臣は、前項の規定による報告若しくは資料の提出の命令又は検査に関して必要があると認めるときは、公務所又は公私の団体に照会して必要な事項の報告を求めることができる。

（公表の指示等）

第二十七条の三十八①　内閣総理大臣は、第二十七条の三十六第一項から第三項までの規定により公表されるべき重要情報が公表されていないと認めるときは、当該重要情報を公表すべきであると認められる者に対し、重要情報の公表その他の適切な措置をとるべき旨の指示をすることができる。

②　内閣総理大臣は、前項の規定による指示を受けた者が、正当な理由がないのにその指示に係る措置をとらなかつたときは、その者に対し、その指示に係る措置をとるべきことを命ずることができる。

第三章　金融商品取引業者等（抄）

第一節　総則

（第二八条から第三四条の五まで）（略）

第二節　業務（抄）

第一款　通則（抄）

第三十五条から第三十五条の三まで　（略）

（顧客に対する誠実義務）

第三十六条①　金融商品取引業者等並びにその役員及び使用人は、顧客に対して誠実かつ公正に、その業務を遂行しなければならない。

②　特定金融商品取引業者等は、当該特定金融商品取引業者等又はその親金融機関等若しくは子金融機関等が行う取引に伴い、当該特定金融商品取引業者等又はその子金融機関等が行う金融商品関連業務（金融商品取引行為に係る業務その他の内閣府令で定める業務をいう。）に係る顧客の利益が不当に害されることのないよう、内閣府令で定めるところにより、当該金融商品関連業務に関する情報を適正に管理し、かつ、当該金融商品関連業務の実施状況を適切に監視するための体制の整備その他必要な措置を講じなければならない。

③　この条において「特定金融商品取引業者等」とは、金融商品取引業者等のうち、有価証券関連業を行う金融商品取引業者（第一種金融商品取引業を行うことにつき第二十九条の登録を受けた者に限る。）その他の政令で定める者をいう。

④　第二項の「親金融機関等」とは、特定金融商品取引業者等の総株主等の議決権の過半数を保有している者その他の当該特定金融商品取引業者等と密接な関係を有する者として政令で定める者のうち、金融商品取引業者、銀行、協同組織金融機関その他政令で定める金融業を行う者をいう。

⑤　第二項の「子金融機関等」とは、特定金融商品取引業者等が総株主等の議決権の過半数を保有している者その他の当該特定金融商品取引業者等と密接な関係を有する者として政令で定める者のうち、金融商品取引業者、銀行、協同組織金融機関その他政令で定める金融業を行う者をいう。

第三十六条の二から第三十七条まで　（略）

（取引態様の事前明示義務）

第三十七条の二　金融商品取引業者等は、顧客から有価証券の売買又は店頭デリバティブ取引に関する注文を受けたときは、あらかじめ、その者に対し自己がその相手方となつて当該売買若しくは取引を成立させるか、又は媒介し、取次ぎし、若しくは代理して当該売買若しくは取引を成立させるかの別を明らかにしなければならない。

（契約締結前の書面の交付）

第三十七条の三①　金融商品取引業者等は、金融商品取引契約を締結しようとするときは、内閣府令で定めるところにより、あらかじめ、顧客に対し、次に掲げる事項を記載した書面を交付しなければならない。ただし、投資者の保護に支障を生ずることがない場合として内閣府令で定める場合は、この限りでない。

一　当該金融商品取引業者等の商号、名称又は氏名及び住所

二　金融商品取引業者等である旨及び当該金融商品取引業者等の登録番号

三　当該金融商品取引契約の概要

四　手数料、報酬その他の当該金融商品取引契約に関して顧客が支払うべき対価に関する事項であつて内閣府令で定めるもの

五　顧客が行う金融商品取引行為について金利、通貨の価格、

金融商品市場における相場その他の指標に係る変動により損失が生ずることとなるおそれがあるときは、その旨

六　前号の損失の額が顧客が預託すべき委託証拠金その他の保証金その他内閣府令で定めるものの額を上回るおそれがあるときは、その旨

七　前各号に掲げるもののほか、金融商品取引業の内容に関する事項であつて、顧客の判断に影響を及ぼすこととなる重要なものとして内閣府令で定める事項

② 第三十四条の二第四項の規定は、前項の規定による書面の交付について準用する。

③ 金融商品取引業者等は、第二条第二項の規定により有価証券とみなされる同項各号に掲げる権利に係る金融商品取引契約の締結の勧誘（募集若しくは売出し又は募集若しくは売出しの取扱いであつて、政令で定めるものに限る。）を行う場合には、あらかじめ、当該金融商品取引契約に係る第一項の書面の内容を内閣総理大臣に届け出なければならない。ただし、投資者の保護に支障を生ずることがない場合として内閣府令で定める場合は、この限りでない。

（**契約締結時等の書面の交付**）

第三七条の四① 金融商品取引業者等は、金融商品取引契約が成立したときその他内閣府令で定めるときは、遅滞なく、内閣府令で定めるところにより、書面を作成し、これを顧客に交付しなければならない。ただし、その金融商品取引契約の内容その他の事情を勘案し、当該書面を顧客に交付しなくても公益又は投資者保護のため支障を生ずることがないと認められるものとして内閣府令で定める場合は、この限りでない。

② 第三十四条の二第四項の規定は、前項の規定による書面の交付について準用する。

（**保証金の受領に係る書面の交付**）

第三七条の五① 金融商品取引業者等は、その行う金融商品取引業に関して顧客が預託すべき保証金（内閣府令で定めるものに限る。）を受領したときは、顧客に対し、直ちに、内閣府令で定めるところにより、その旨を記載した書面を交付しなければならない。

② 第三十四条の二第四項の規定は、前項の規定による書面の交付について準用する。

（**書面等による解除**）

第三七条の六① 金融商品取引業者等と金融商品取引契約（当該金融商品取引契約の内容その他の事情を勘案して政令で定めるものに限る。）を締結した顧客は、内閣府令で定める場合を除き、第三十七条の四第一項の書面を受領した日から起算して政令で定める日数を経過するまでの間、書面又は電磁的記録により当該金融商品取引契約の解除を行うことができる。

② 前項の規定による金融商品取引契約の解除は、次の各号に掲げるものにより行う前項の規定による金融商品取引契約の解除は、当該各号に定める時に、その効力を生ずる。

一　書面　当該書面を発した時

二　記録媒体に記録された電磁的記録　当該記録媒体を発送した時

③ 金融商品取引業者等は、第一項の規定による金融商品取引契約の解除があつた場合には、当該金融商品取引契約の解除までの期間に相当する手数料、報酬その他の当該金融商品取引契約に関して顧客が支払うべき対価（次項において「対価」という。）の額として内閣府令で定める金額を超えて当該金融商品取引契約の解除に伴う損害賠償又は違約金の支払を請求することができない。

④ 金融商品取引業者等は、第一項の規定による金融商品取引契約の解除があつた場合において、当該金融商品取引契約に係る対価の前払を受けているときは、これを顧客に返還しなければならない。ただし、前項の内閣府令で定める金額については、この限りでない。

⑤ 前各項の規定に反する特約で顧客に不利なものは、無効とする。

第三七条の七　（略）

（**禁止行為**）

第三八条　金融商品取引業者等又はその役員若しくは使用人は、次に掲げる行為をしてはならない。ただし、第四号から第六号までに掲げる行為にあつては、投資者の保護に欠け、取引の公正を害し、又は金融商品取引業の信用を失墜させるおそれのないものとして内閣府令で定めるものを除く。

一　金融商品取引契約の締結又はその勧誘に関して、顧客に対し虚偽のことを告げる行為

二　顧客に対し、不確実な事項について断定的判断を提供し、又は確実であると誤解させるおそれのあることを告げて金融商品取引契約の締結の勧誘をする行為

三　顧客に対し、信用格付業者以外の信用格付業を行う者の付与した信用格付（投資者の保護に欠けるおそれが少ないと認められるものとして内閣府令で定めるものを除く。）について、当該信用格付を付与した者が第六十六条の二十七の登録を受けていない者である旨及び当該登録の意義その他の事項として内閣府令で定める事項を告げることなく提供して、金融商品取引契約の締結の勧誘をする行為

四　金融商品取引契約（当該金融商品取引契約の内容その他の事情を勘案し、投資者の保護を図ることが特に必要なものとして政令で定めるものに限る。）の締結の勧誘の要請をしていない顧客に対し、訪問し又は電話をかけて、金融商品取引契約の締結の勧誘をする行為

五　金融商品取引契約（当該金融商品取引契約の内容その他の事情を勘案し、投資者の保護を図ることが必要なものとして政令で定めるものに限る。）の締結につき、その勧誘に先立つて、顧客に対し、その勧誘を受ける意思の有無を確認することをしないで勧誘をする行為

六　金融商品取引契約（当該金融商品取引契約の内容その他の事情を勘案し、投資者の保護を図ることが必要なものとして政令で定めるものに限る。）の締結の勧誘を受けた顧客が当該金融商品取引契約を締結しない旨の意思（当該勧誘を引き続き受けることを希望しない旨の意思を含む。）を表示したにもかかわらず、当該勧誘を継続する行為

七　自己又は第三者の利益を図る目的をもつて、特定金融指標算出者（第百五十六条の八十五第一項に規定する特定金融指標算出者をいう。以下この号において同じ。）に対し、特定金融指標の算出に関し、正当な根拠を有しない算出基礎情報（特定金融指標の算出の基礎として特定金融指標算出者に対して提供される価格、指標、数値その他の情報をいう。）を提供する行為

八　高速取引行為者（金融商品取引業者等及び取引所取引許可業者（金融商品取引業若しくは登録金融機関業務又は取引所取引業務として高速取引行為を行う者として政令で定める者に限る。）を含む。）以外の者が行う高速取引行為に係る有価証券の売買又は市場デリバティブ取引の委託を受ける行為その他これに準ずるものとして内閣府令で定める行為

九　前各号に掲げるもののほか、投資者の保護に欠け、若しくは取引の公正を害し、又は金融商品取引業の信用を失墜させるものとして内閣府令で定める行為

第三八条の二　（略）

（**損失補塡等の禁止**）

第三九条① 金融商品取引業者等は、次に掲げる行為をしてはならない。

一　有価証券の売買その他の取引（買戻価格があらかじめ定められている買戻条件付売買その他の政令で定める取引を除く。）又はデリバティブ取引（以下この条において「有価証券売買取引等」という。）につき、当該有価証券又はデリバティブ取引（以下この条において「有価証券等」という。）について顧客（信託会社等（信託会社又は金融機関の信託業務の兼営等に関する法律第一条第一項の認可を受けた金融機関をいう。以下同じ。）が、信託契約に基づいて信託をする者の計算

において、有価証券の売買又はデリバティブ取引を行う場合にあつては、当該信託をする者を含む。以下この条において同じ。）に損失が生ずることとなり、又はあらかじめ定めた額の利益が生じないこととなつた場合には自己又は第三者がその全部又は一部を補塡し、又は補足するため当該顧客又は第三者に財産上の利益を提供する旨を、当該顧客又はその指定した者に対し、申し込み、若しくは約束し、又は第三者に申し込ませ、若しくは約束させる行為

二　有価証券売買取引等につき、自己又は第三者が当該有価証券等について生じた顧客の損失の全部若しくは一部を補塡し、又はこれらについて生じた顧客の利益に追加するため当該顧客又は第三者に財産上の利益を提供する旨を、当該顧客又はその指定した者に対し、申し込み、若しくは約束し、又は第三者に申し込ませ、若しくは約束させる行為

三　有価証券売買取引等につき、当該有価証券等について生じた顧客の損失の全部若しくは一部を補塡し、又はこれらについて生じた顧客の利益に追加するため、当該顧客又は第三者に対し、財産上の利益を提供し、又は第三者に提供させる行為

②　金融商品取引業者等の顧客は、次に掲げる行為をしてはならない。

一　有価証券売買取引等につき、金融商品取引業者等又は第三者との間で、前項第一号の約束をし、又は第三者に当該約束をさせる行為（当該約束が自己がし、又は第三者にさせた要求による場合に限る。）

二　有価証券売買取引等につき、金融商品取引業者等又は第三者との間で、前項第二号の約束をし、又は第三者に当該約束をさせる行為（当該約束が自己がし、又は第三者にさせた要求による場合に限る。）

三　有価証券売買取引等につき、金融商品取引業者等又は第三者から、前項第三号の提供に係る財産上の利益を受け、又は第三者に当該財産上の利益を受けさせる行為（前二号の約束による場合であつて当該約束が自己がし、又は第三者にさせた要求によるとき及び当該財産上の利益の提供が自己がし、又は第三者にさせた要求による場合に限る。）

③　第一項の規定は、同項各号の申込み、約束又は提供が事故（金融商品取引業者等又はその役員若しくは使用人の違法又は不当な行為であつて当該金融商品取引業者等とその顧客との間において争いの原因となるものとして内閣府令で定めるものをいう。以下この節及び次節において同じ。）による損失の全部又は一部を補塡するために行うものである場合には、適用しない。ただし、同項第二号の申込み又は約束及び同項第三号の提供にあつては、その補塡に係る損失が事故に起因するものであることにつき、当該金融商品取引業者等があらかじめ内閣総理大臣の確認を受けている場合その他内閣府令で定める場合に限る。

④　第一項（第三号に係る部分に限る。）の規定は、同号の財産上の利益が、顧客と金融商品取引業者等との間で行われる有価証券の売買その他の取引に係る金銭の授受の用に供することを目的としてその受益権が取得され、又は保有されるものとして内閣府令で定める投資信託（投資信託及び投資法人に関する法律第二条第三項に規定する投資信託をいう。第六項及び第四十二条の二第六号において同じ。）の元本に生じた損失の全部又は一部を補塡するため金融商品取引業者等（第二条第八項第九号に掲げる行為を業として行う者に限る。第六項において同じ。）により提供されたものである場合には、適用しない。

⑤　第二項の規定は、同項第一号又は第二号の約束が事故による損失の全部又は一部を補塡する旨のものである場合及び同項第三号の財産上の利益が事故による損失の全部又は一部を補塡するため提供されたものである場合には、適用しない。

⑥　第二項（第三号に係る部分に限る。）の規定は、同号の財産上の利益が、第四項の投資信託の元本に生じた損失の全部又は一部を補塡するため金融商品取引業者等により提供されたものである場合には、適用しない。

⑦　第三項ただし書の確認を受けようとする者は、内閣府令で定めるところにより、その確認を受けようとする事実その他の内閣府令で定める事項を記載した申請書に当該事実を証するために必要な書類として内閣府令で定めるものを添えて内閣総理大臣に提出しなければならない。

（適合性の原則等）

第四〇条　金融商品取引業者等は、業務の運営の状況が次の各号のいずれかに該当することのないように、その業務を行わなければならない。

一　金融商品取引行為について、顧客の知識、経験、財産の状況及び金融商品取引契約を締結する目的に照らして不適当と認められる勧誘を行つて投資者の保護に欠けることとなつており、又は欠けることとなるおそれがあること。

二　前号に掲げるもののほか、業務に関して取得した顧客に関する情報の適正な取扱いを確保するための措置を講じていないと認められる状況、その他業務の運営の状況が公益に反し、又は投資者の保護に支障を生ずるおそれがあるものとして内閣府令で定める状況にあること。

（最良執行方針等）

第四〇条の二①　金融商品取引業者等は、有価証券の売買及びデリバティブ取引（政令で定めるものを除く。以下この条において「有価証券等取引」という。）に関する顧客の注文について、政令で定めるところにより、最良の取引の条件で執行するための方針及び方法（以下この条において「最良執行方針等」という。）を定めなければならない。

②　金融商品取引業者等は、内閣府令で定めるところにより、最良執行方針等を公表しなければならない。

③　金融商品取引業者等は、最良執行方針等に従い、有価証券等取引に関する注文を執行しなければならない。

④　金融商品取引業者等は、金融商品取引所に上場されている有価証券及び店頭売買有価証券の売買その他の取引で政令で定めるものに関する顧客の注文を受けようとするときは、あらかじめ、顧客に対し、内閣府令で定めるところにより、当該取引に係る最良執行方針等を記載した書面を交付しなければならない。ただし、既に当該書面（当該最良執行方針等を変更した場合にあつては、変更後のものを記載した書面）を交付しているときは、この限りでない。

⑤　金融商品取引業者等は、有価証券等取引に関する顧客の注文を執行した後、内閣府令で定める期間内に当該顧客から求められたときは、当該注文が最良執行方針等に従つて執行された旨を内閣府令で定めるところにより説明した書面を、内閣府令で定めるところにより、当該顧客に交付しなければならない。

⑥　第三十四条の二第四項の規定は、前二項の規定による書面の交付について準用する。

第四〇条の三から第四〇条の七まで　（略）

第二款　投資助言業務に関する特則　及び　第三款　投資運用業に関する特則

（第四一条から第四二条の八まで）（略）

第四款　有価証券等管理業務に関する特則（抄）

第四三条　（略）

（分別管理）

第四三条の二①　金融商品取引業者等は、次に掲げる有価証券（次項の規定により管理する有価証券を除く。）を、確実にかつ整然と管理する方法として内閣府令で定める方法により、自己の固有財産と分別して管理しなければならない。

一　第百十九条の規定により金融商品取引業者等が顧客から預託を受けた有価証券（有価証券関連デリバティブ取引に関して預託を受けたものに限る。）又は第百六十一条の二の規定により金融商品取引業者が顧客から預託を受けた有価証券

二　有価証券関連業又は有価証券関連業に付随する業務として

内閣府令で定めるものに係る取引（店頭デリバティブ取引に該当するもの（有価証券関連業を行う金融商品取引業者であつて第一種金融商品取引業を行うことにつき第二十九条の登録を受けた者を相手方として行う取引その他の取引の相手方の特性を勘案して内閣府令で定めるものに限る。）その他政令で定める取引を除く。次項第二号、第七十九条の二十及び第七十九条の四十九において「対象有価証券関連取引」という。）に関し、顧客の計算において金融商品取引業者等が占有する有価証券又は金融商品取引業者等が顧客から預託を受けた有価証券（前号に掲げる有価証券、契約により金融商品取引業者等が消費できる有価証券その他政令で定める有価証券を除く。）

② 金融商品取引業者等は、次に掲げる金銭又は有価証券について、当該金融商品取引業者等が金融商品取引業（登録金融機関業務を含む。以下この項において同じ。）を廃止した場合その他金融商品取引業を行わないこととなつた場合に顧客に返還すべき額として内閣府令で定めるところにより算定したものに相当する金銭を、自己の固有財産と分別して管理し、内閣府令で定めるところにより、当該金融商品取引業者等が金融商品取引業を廃止した場合その他金融商品取引業を行わないこととなつた場合に顧客に返還すべき額に相当する金銭を管理することを目的として、国内において、信託会社等に信託をしなければならない。

一 第百十九条の規定により金融商品取引業者等が顧客から預託を受けた金銭（有価証券関連デリバティブ取引に関して預託を受けたものに限る。）又は第百六十一条の二の規定により金融商品取引業者が顧客から預託を受けた金銭

二 対象有価証券関連取引に関し、顧客の計算に属する金銭又は金融商品取引業者等が顧客から預託を受けた金銭（前号に掲げる金銭を除く。）

三 前項各号に掲げる有価証券のうち、第四十三条の四第一項の規定により担保に供されたもの

③ 金融商品取引業者は、前二項の規定による管理の状況について、内閣府令で定めるところにより、定期に、公認会計士（公認会計士法（昭和二十三年法律第百三号）第十六条の二第五項に規定する外国公認会計士を含む。第百九十三条の二及び第百九十三条の三において同じ。）又は監査法人の監査を受けなければならない。

第四三条の二の二から第四三条の四まで （略）

第五款　電子募集取扱業務に関する特則

（第四三条の五）（略）

第六款　暗号等資産関連業務に関する特則

第四三条の六① 金融商品取引業者等は、暗号等資産関連業務（暗号等資産に関する内閣府令で定める金融商品取引行為（次項において「暗号等資産関連行為」という。）を業として行うことをいう。同項において同じ。）を行うときは、内閣府令で定めるところにより、暗号等資産の性質に関する説明をしなければならない。

② 金融商品取引業者等又はその役員若しくは使用人は、その行う暗号等資産関連業務に関して、顧客を相手方とし、又は顧客のために暗号等資産関連行為を行うことを内容とする契約の締結又はその勧誘をするに際し、暗号等資産の性質その他内閣府令で定める事項についてその顧客を誤認させるような表示をしてはならない。

第七款　弊害防止措置等　及び　第八款　雑則

（第四四条から第四五条まで）（略）

第三節　経理　から　第八節　雑則　まで

（第四六条から第六五条の六まで）（略）

第三章の二　金融商品仲介業者

（第六六条から第六六条の二六まで）（略）

第三章の三　信用格付業者

（第六六条の二七から第六六条の四九まで）（略）

第三章の四　高速取引行為者

（第六六条の五〇から第六六条の七〇まで）（略）

第四章　金融商品取引業協会

（第六七条から第七九条の一九まで）（略）

第四章の二　投資者保護基金

（第七九条の二〇から第七九条の八〇まで）（略）

第五章　金融商品取引所

（第八〇条から第一五四条の二まで）（略）

第五章の二　外国金融商品取引所

（第一五五条から第一五六条まで）（略）

第五章の三　金融商品取引清算機関等

（第一五六条の二から第一五六条の二二まで）（略）

第五章の四　証券金融会社

（第一五六条の二三から第一五六条の三七まで）（略）

第五章の五　指定紛争解決機関

（第一五六条の三八から第一五六条の六一まで）（略）

第五章の六　取引情報蓄積機関等

（第一五六条の六二から第一五六条の八四まで）（略）

第五章の七　特定金融指標算出者

（第一五六条の八五から第一五六条の九二まで）（略）

第六章　有価証券の取引等に関する規制（抄）

（不正行為の禁止）

第一五七条 何人も、次に掲げる行為をしてはならない。

一 有価証券の売買その他の取引又はデリバティブ取引等について、不正の手段、計画又は技巧をすること。

二 有価証券の売買その他の取引又はデリバティブ取引等について、重要な事項について虚偽の表示があり、又は誤解を生じさせないために必要な重要な事実の表示が欠けている文書その他の表示を使用して金銭その他の財産を取得すること。

三 有価証券の売買その他の取引又はデリバティブ取引等を誘引する目的をもつて、虚偽の相場を利用すること。

（風説の流布、偽計、暴行又は脅迫の禁止）

第一五八条 何人も、有価証券の募集、売出し若しくは売買その他の取引若しくはデリバティブ取引等のため、又は有価証券等（有価証券若しくはオプション又はデリバティブ取引に係る金融商品（有価証券を除く。）若しくは金融指標をいう。第百六十八条第一項、第百七十三条第一項及び第百九十七条第二項第一号において同じ。）の相場の変動を図る目的をもつて、風説を流布し、偽計を用い、又は暴行若しくは脅迫をしてはならない。

（相場操縦行為等の禁止）

第一五九条① 何人も、有価証券の売買（金融商品取引所が上場する有価証券、店頭売買有価証券又は取扱有価証券の売買に限る。以下この条において同じ。）、市場デリバティブ取引又は店頭デリバティブ取引（金融商品取引所が上場する金融商品、店頭売買有価証券、取扱有価証券（これらの価格又は利率等に基づき算出される金融指標を含む。）又は金融商品取引所が上場する金融指標に係るものに限る。以下この条において同じ。）のうちいずれかの取引が繁盛に行われていると他人に誤解させる目的その他のこれらの取引の状況に関し他人に誤解を生じさせる目的をもつて、次に掲げる行為をしてはならない。

一 権利の移転を目的としない仮装の有価証券の売買、市場デリバティブ取引（第二条第二十一項第一号に掲げる取引に限る。）又は店頭デリバティブ取引（同条第二十二項第一号に掲げる取引に限る。）をすること。

二　金銭の授受を目的としない仮装の市場デリバティブ取引（第二条第二十一項第二号及び第四号から第五号までに掲げる取引に限る。）又は店頭デリバティブ取引（同条第二十二項第二号、第五号及び第六号に掲げる取引に限る。）をすること。

三　オプションの付与又は取得を目的としない仮装の市場デリバティブ取引（第二条第二十一項第三号に掲げる取引に限る。）又は店頭デリバティブ取引（同条第二十二項第三号及び第四号に掲げる取引に限る。）をすること。

四　自己のする売付け（商品にあつては市場デリバティブ取引（第二条第二十一項第一号に掲げる取引に限る。）による売付けに限り、有価証券及び商品以外の金融商品にあつては同号又は同条第二十二項第一号に掲げる取引による売付けに限る。）と同時期に、それと同価格において、他人が当該金融商品を買い付けること（商品にあつては市場デリバティブ取引（同条第二十一項第一号に掲げる取引に限る。）により買い付けることに限り、有価証券及び商品以外の金融商品にあつては同号又は同条第二十二項第一号に掲げる取引により買い付けることに限る。）をあらかじめその者と通謀の上、当該売付けをすること。

五　自己のする買付け（商品にあつては市場デリバティブ取引（第二条第二十一項第一号に掲げる取引に限る。）による買付けに限り、有価証券及び商品以外の金融商品にあつては同号又は同条第二十二項第一号に掲げる取引による買付けに限る。）と同時期に、それと同価格において、他人が当該金融商品を売り付けること（商品にあつては市場デリバティブ取引（同条第二十一項第一号に掲げる取引に限る。）により売り付けることに限り、有価証券及び商品以外の金融商品にあつては同号又は同条第二十二項第一号に掲げる取引により売り付けることに限る。）をあらかじめその者と通謀の上、当該買付けをすること。

六　市場デリバティブ取引（第二条第二十一項第二号に掲げる取引に限る。）又は店頭デリバティブ取引（同条第二十二項第二号に掲げる取引に限る。）の申込みと同時期に、当該取引の約定数値と同一の約定数値において、他人が当該取引の相手方となることをあらかじめその者と通謀の上、当該取引の申込みをすること。

七　市場デリバティブ取引（第二条第二十一項第三号に掲げる取引に限る。）又は店頭デリバティブ取引（同条第二十二項第三号及び第四号に掲げる取引に限る。）の申込みと同時期に、当該取引の対価の額と同一の対価の額において、他人が当該取引の相手方となることをあらかじめその者と通謀の上、当該取引の申込みをすること。

八　市場デリバティブ取引（第二条第二十一項第四号から第五号までに掲げる取引に限る。）又は店頭デリバティブ取引（同条第二十二項第五号及び第六号に掲げる取引に限る。）の申込みと同時期に、当該取引の条件と同一の条件において、他人が当該取引の相手方となることをあらかじめその者と通謀の上、当該取引の申込みをすること。

九　前各号に掲げる行為の委託等又は受託等をすること。

②　何人も、有価証券の売買、市場デリバティブ取引又は店頭デリバティブ取引（以下この条において「有価証券売買等」という。）のうちいずれかの取引を誘引する目的をもつて、次に掲げる行為をしてはならない。

一　有価証券売買等が繁盛であると誤解させ、又は取引所金融商品市場における上場金融商品等（金融商品取引所が上場する金融商品、金融指標又はオプションをいう。以下この条において同じ。）若しくは店頭売買有価証券市場における店頭売買有価証券の相場を変動させるべき一連の有価証券売買等又はその申込み、委託等若しくは受託等をすること。

二　取引所金融商品市場における上場金融商品等又は店頭売買有価証券市場における店頭売買有価証券の相場が自己又は他人の操作によつて変動するべき旨を流布すること。

三　有価証券売買等を行うにつき、重要な事項について虚偽であり、又は誤解を生じさせるべき表示を故意にすること。

③　何人も、政令で定めるところに違反して、取引所金融商品市場における上場金融商品等又は店頭売買有価証券市場における店頭売買有価証券の相場をくぎ付けし、固定し、又は安定させる目的をもつて、一連の有価証券売買等又はその申込み、委託等若しくは受託等をしてはならない。

（相場操縦行為等による賠償責任）

第一六〇条①　前条の規定に違反した者は、当該違反行為により形成された金融商品、金融指標若しくはオプションに係る価格、約定数値若しくは対価の額により、当該金融商品、金融指標若しくはオプションについて、取引所金融商品市場における有価証券の売買、市場デリバティブ取引、店頭売買有価証券市場における有価証券の売買若しくは取扱有価証券の売買（以下この項において「取引所金融商品市場等における有価証券の売買等」という。）をし、又はその委託をした者が当該取引所金融商品市場等における有価証券の売買等又は委託につき受けた損害を賠償する責任を負う。

②　前項の規定による賠償の請求権は、請求権者が前条の規定に違反する行為があつたことを知つた時から一年間又は当該行為があつた時から三年間、これを行わないときは、時効によつて消滅する。

（金融商品取引業者の自己計算取引等の制限）

第一六一条①　内閣総理大臣は、金融商品取引業者等若しくは取引所取引許可業者が自己の計算において行う有価証券の売買を制限し、又は金融商品取引業者等若しくは取引所取引許可業者の行う過当な数量の売買であつて取引所金融商品市場若しくは店頭売買有価証券市場の秩序を害すると認められるものを制限するため、公益又は投資者保護のため必要かつ適当であると認める事項を内閣府令で定めることができる。

②　前項の規定は、市場デリバティブ取引及び店頭デリバティブ取引について準用する。

③　内閣総理大臣は、商品取引参加者が自己の計算において行う商品関連市場デリバティブ取引を制限し、又はその行う過当な数量の取引であつて取引所金融商品市場の秩序を害すると認められるものを制限するため、公益又は投資者保護のため必要かつ適当であると認める事項を内閣府令で定めることができる。

（信用取引等における金銭の預託）

第一六一条の二①　信用取引その他の内閣府令で定める取引については、金融商品取引業者は、内閣府令で定めるところにより、顧客から、当該取引に係る有価証券の時価に内閣総理大臣が有価証券の売買その他の取引の公正を確保することを考慮して定める率を乗じた額を下らない額の金銭の預託を受けなければならない。

②　前項の金銭は、内閣府令で定めるところにより、有価証券をもつて充てることができる。

（空売り及び逆指値注文の禁止）

第一六二条①　何人も、政令で定めるところに違反して、次に掲げる行為をしてはならない。

一　有価証券を有しないで若しくは有価証券を借り入れて（これらに準ずる場合として政令で定める場合を含む。）その売付けをすること又は当該売付けの委託等若しくは受託等をすること。

二　有価証券の相場が委託当時の相場より騰貴して自己の指値以上となつたときには直ちにその買付けをし、又は有価証券の相場が委託当時の相場より下落して自己の指値以下となつたときには直ちにその売付けをすべき旨の委託等をすること。

②　前項第二号の規定は、第二条第二十一項第二号及び第三号に規定する取引について準用する。この場合において、同項第二号の取引にあつては前項第二号中「有価証券」とあるのは「約定数値」と、「騰貴して」とあるのは「上昇して」と、「その買付けをし」とあるのは「現実数値が約定数値を上回つた場合に

金銭を受領する立場の当事者となる取引をし」と、「下落して」とあるのは「低下して」と、「その売付けをすべき」とあるのは「現実数値が約定数値を下回つた場合に金銭を受領する立場の当事者となる取引をすべき」と、同条第二十一項第三号の取引にあつては前項第二号中「有価証券」とあるのは「オプション」と、「その買付けをし」とあるのは「オプションを取得する立場の当事者となり」と、「その売付けをすべき」とあるのは「オプションを付与する立場の当事者となるべき」と読み替えるものとする。

（上場等株券等の発行者が行うその売買に関する規制）

第一六二条の二　内閣総理大臣は、金融商品取引所に上場されている株券、店頭売買有価証券に該当する株券その他政令で定める有価証券（以下この条において「上場等株券等」という。）の発行者が行う会社法第百五十六条第一項（同法第百六十三条及び第百六十五条第三項の規定により読み替えて適用する場合を含む。）若しくは第百九十九条第一項（処分する自己株式を引き受ける者を募集しようとする場合に限る。）の規定（これらに相当するものとして政令で定める法令の規定を含む。）又はこれらに相当する外国の法令の規定（当該発行者が外国の者である場合に限る。）による上場等株券等の売買若しくはその委託等、信託会社等が信託契約に基づいて上場等株券等の発行者の計算において行うこれらの取引の委託等又は金融商品取引業者等若しくは取引所取引許可業者が行うこれらの取引の受託等その他の内閣府令で定めるものについて、取引所金融商品市場又は店頭売買有価証券市場における上場等株券等の相場を操縦する行為を防止するため、上場等株券等の取引の公正の確保のため必要かつ適当であると認める事項を内閣府令で定めることができる。

（上場会社等の役員等による特定有価証券等の売買等の報告の提出）

第一六三条①　第二条第一項第五号、第七号、第九号又は第十一号に掲げる有価証券（政令で定めるものを除く。）で金融商品取引所に上場されているもの、店頭売買有価証券又は取扱有価証券に該当するものその他の政令で定める有価証券の発行者（以下この条から第百六十六条まで及び第百六十七条の二第一項において「上場会社等」という。）の役員（投資信託及び投資法人に関する法律第二条第十二項に規定する投資法人である上場会社等（第百六十六条において「上場投資法人等」という。）の資産運用会社（同法第二条第二十一項に規定する資産運用会社をいう。第百六十六条において同じ。）の役員を含む。以下この条から第百六十五条までにおいて同じ。）及び主要株主（自己又は他人（仮設人を含む。）の名義をもつて総株主等の議決権の百分の十以上の議決権（取得又は保有の態様その他の事情を勘案して内閣府令で定めるものを除く。）を保有している株主をいう。以下この条から第百六十六条までにおいて同じ。）は、自己の計算において当該上場会社等の第二条第一項第五号、第七号、第九号若しくは第十一号に掲げる有価証券（政令で定めるものを除く。）その他の政令で定める有価証券（以下この条から第百六十六条までにおいて「特定有価証券」という。）又は当該上場会社等の特定有価証券に係るオプションを表示する同項第十九号に掲げる有価証券その他の政令で定める有価証券（以下この項において「関連有価証券」という。）に係る買付け等（特定有価証券又は関連有価証券（以下この条から第百六十六条まで、第百六十七条の二第一項、第百七十五条の二及び第百九十七条の二第十四号において「特定有価証券等」という。）の買付けその他の取引で政令で定めるものをいう。以下この条、次条及び第百六十五条の二において同じ。）又は売付け等（特定有価証券等の売付けその他の取引で政令で定めるものをいう。以下この条から第百六十五条の二までにおいて同じ。）をした場合（当該役員又は主要株主が委託者又は受益者である信託の受託者が当該上場会社等の特定有価証券等に係る買付け等又は売付け等をする場合であつて内閣府令で定める場合を含む。以下この条及び次条において同じ。）には、内閣府令で定めるところにより、その売買その他の取引（以下この項、次条及び第百六十五条の二において「売買等」という。）に関する報告書を売買等があつた日の属する月の翌月十五日までに、内閣総理大臣に提出しなければならない。ただし、買付け等又は売付け等の態様その他の事情を勘案して内閣府令で定める場合は、この限りでない。

② 前項に規定する役員又は主要株主が、当該上場会社等の特定有価証券等に係る買付け等又は売付け等を金融商品取引業者等又は取引所取引許可業者に委託等をして行つた場合においては、同項に規定する報告書は、当該金融商品取引業者等又は取引所取引許可業者を経由して提出するものとする。当該買付け等又は売付け等の相手方が金融商品取引業者等又は取引所取引許可業者であるときも、同様とする。

（上場会社等の役員等の短期売買利益の返還）

第一六四条①　上場会社等の役員又は主要株主がその職務又は地位により取得した秘密を不当に利用することを防止するため、その者が当該上場会社等の特定有価証券等について、自己の計算においてそれに係る買付け等をした後六月以内に売付け等をし、又は売付け等をした後六月以内に買付け等をして利益を得た場合においては、当該上場会社等は、その利益を上場会社等に提供すべきことを請求することができる。

② 当該上場会社等の株主（保険契約者である社員、出資者又は投資主（投資信託及び投資法人に関する法律第二条第十六項に規定する投資主をいい、同条第二十五項に規定する外国投資法人の社員を含む。）を含む。以下この項において同じ。）が上場会社等に対し前項の規定による請求を行うべき旨を要求した日の後六十日以内に上場会社等が同項の規定による請求を行わない場合においては、当該株主は、上場会社等に代位して、その請求を行うことができる。

③ 前二項の規定により上場会社等の役員又は主要株主に対して請求する権利は、利益の取得があつた日から二年間行わないときは、消滅する。

④ 内閣総理大臣は、前条の報告書の記載に基づき、上場会社等の役員又は主要株主が第一項の利益を得ていると認める場合において、報告書のうち当該利益に係る部分（以下この条において「利益関係書類」という。）の写しを当該役員又は主要株主に送付し、当該役員又は主要株主から、当該利益関係書類に関し次項に定める期間内に同項の申立てがないときは、当該利益関係書類の写しを当該上場会社等に送付するものとする。ただし、内閣総理大臣が、当該利益関係書類の写しを当該役員若しくは主要株主又は当該上場会社等に送付する前において、第一項の利益が当該上場会社等に提供されたことを知つた場合は、この限りでない。

⑤ 前項本文の規定により上場会社等の役員又は主要株主に利益関係書類の写しが送付された場合において、当該役員又は主要株主は、当該利益関係書類の写しに記載された内容の売買等を行つていないと認めるときは、当該利益関係書類の写しを受領した日から起算して二十日以内に、内閣総理大臣に、その旨の申立てをすることができる。

⑥ 前項の規定により、当該役員又は主要株主から当該利益関係書類の写しに記載された内容の売買等を行つていない旨の申立てがあつた場合には、第四項本文の規定の適用については、当該申立てに係る部分は、内閣総理大臣に対する前条第一項の規定による報告書に記載がなかつたものとみなす。

⑦ 内閣総理大臣は、第四項の規定に基づき上場会社等に利益関係書類の写しを送付した場合には、当該利益関係書類の写しを当該送付の日より起算して三十日を経過した日から第三項に規定する請求権が消滅する日まで（請求権が消滅する日前において内閣総理大臣が第一項の利益が当該上場会社等に提供されたことを知つた場合には、当該知つた日まで）公衆の縦覧に供するものとする。ただし、内閣総理大臣が、当該利益関係書類の写しを公衆の縦覧に供する前において、第一項の利益が当該上場会社等に提供されたことを知つた場合は、この限りでない。

⑧ 前各項の規定は、主要株主が買付け等をし、又は売付け等を

したいずれかの時期において主要株主でない場合及び役員又は主要株主の行う買付け等又は売付け等の態様その他の事情を勘案して内閣府令で定める場合においては、適用しない。

⑨ 第四項において、内閣総理大臣が上場会社等の役員又は主要株主が第一項の利益を得ていると認める場合における当該利益の算定の方法については、内閣府令で定める。

第一六五条（上場会社等の役員等の禁止行為） 上場会社等の役員又は主要株主は、次に掲げる行為をしてはならない。

一 当該上場会社等の特定有価証券等の売付けその他の取引で政令で定めるもの（以下この条及び次条第十五項において「特定取引」という。）であつて、当該特定取引に係る特定有価証券の額（特定有価証券の売付けについてはその売付けに係る特定有価証券の額を、その他の取引については内閣府令で定める額をいう。）が、その者が有する当該上場会社等の同種の特定有価証券の額として内閣府令で定める額を超えるもの

二 当該上場会社等の特定有価証券等に係る売付け等（特定取引を除く。）であつて、その売付け等において授受される金銭の額を算出する基礎となる特定有価証券の数量として内閣府令で定める数量が、その者が有する当該上場会社等の同種の特定有価証券の数量として内閣府令で定める数量を超えるもの

第一六五条の二 （略）

第一六六条（会社関係者の禁止行為） ① 次の各号に掲げる者（以下この条において「会社関係者」という。）であつて、上場会社等に係る業務等に関する重要事実（当該上場会社等の子会社に係る会社関係者（当該上場会社等に係る会社関係者に該当する者を除く。）については、当該子会社の業務等に関する重要事実であつて、次項第五号から第八号までに規定するものに限る。以下同じ。）を当該各号に定めるところにより知つたものは、当該業務等に関する重要事実の公表がされた後でなければ、当該上場会社等の特定有価証券等に係る売買その他の有償の譲渡若しくは譲受け、合併若しくは分割による承継（合併又は分割により承継させ、又は承継することをいう。）又はデリバティブ取引（以下この条、第百六十七条の二第一項、第百七十五条の二第一項及び第百九十七条の二第十四号において「売買等」という。）をしてはならない。当該上場会社等に係る業務等に関する重要事実を次の各号に定めるところにより知つた会社関係者であつて、当該各号に掲げる会社関係者でなくなつた後一年以内のものについても、同様とする。

一 当該上場会社等（当該上場会社等の親会社及び子会社並びに当該上場会社等が上場投資法人等である場合における当該上場会社等の資産運用会社及びその特定関係法人を含む。以下この項において同じ。）の役員（会計参与が法人であるときは、その社員）、代理人、使用人その他の従業者（以下この条及び次条において「役員等」という。） その者の職務に関し知つたとき。

二 当該上場会社等の会社法第四百三十三条第一項に定める権利を有する株主若しくは優先出資法に規定する普通出資者のうちこれに類する権利を有するものとして内閣府令で定める者又は同条第三項に定める権利を有する社員（これらの株主、普通出資者又は社員が法人（法人でない団体で代表者又は管理人の定めのあるものを含む。以下この条及び次条において同じ。）であるときはその役員等を、これらの株主、普通出資者又は社員が法人以外の者であるときはその代理人又は使用人を含む。） 当該権利の行使に関し知つたとき。

二の二 当該上場会社等の投資主（投資信託及び投資法人に関する法律第二条第十六項に規定する投資主をいう。以下この号において同じ。）又は同法第百二十八条の三第二項において準用する会社法第四百三十三条第三項に定める権利を有する投資主（これらの投資主が法人であるときはその役員等を、これらの投資主が法人以外の者であるときはその代理人又は使用人を含む。） 投資信託及び投資法人に関する法律第百二十八条の三第一項に定める権利又は同条第二項において準用する会社法第四百三十三条第三項に定める権利の行使に関し知つたとき。

三 当該上場会社等に対する法令に基づく権限を有する者 当該権限の行使に関し知つたとき。

四 当該上場会社等と契約を締結している者又は締結の交渉をしている者（その者が法人であるときはその役員等を、その者が法人以外の者であるときはその代理人又は使用人を含む。）であつて、当該上場会社等の役員等以外のもの 当該契約の締結若しくはその交渉又は履行に関し知つたとき。

五 第二号、第二号の二又は前号に掲げる者であつて法人であるものの役員等（その者が役員等である当該法人の他の役員等が、それぞれ第二号、第二号の二又は前号に定めるところにより当該上場会社等に係る業務等に関する重要事実を知つた場合におけるその者に限る。） その者の職務に関し知つたとき。

② 前項に規定する業務等に関する重要事実とは、次に掲げる事実（第一号、第二号、第五号、第六号、第九号、第十号、第十二号及び第十三号に掲げる事実にあつては、投資者の投資判断に及ぼす影響が軽微なものとして内閣府令で定める基準に該当するものを除く。）をいう。

一 当該上場会社等（上場投資法人等を除く。以下この号から第八号までにおいて同じ。）の業務執行を決定する機関が次に掲げる事項を行うことについての決定をしたこと又は当該機関が当該決定（公表がされたものに限る。）に係る事項を行わないことを決定したこと。

イ 会社法第百九十九条第一項に規定する株式会社の発行する株式若しくはその処分する自己株式を引き受ける者（協同組織金融機関が発行する優先出資を引き受ける者を含む。）の募集（処分する自己株式を引き受ける者の募集をする場合にあつては、これに相当する外国の法令の規定（当該上場会社等が外国会社である場合に限る。以下この条において同じ。）によるものを含む。）又は同法第二百三十八条第一項に規定する募集新株予約権を引き受ける者の募集

ロ 資本金の額の減少

ハ 資本準備金又は利益準備金の額の減少

ニ 会社法第百五十六条第一項（同法第百六十三条及び第百六十五条第三項の規定により読み替えて適用する場合を含む。）の規定又はこれらに相当する外国の法令の規定（当該上場会社等が外国会社である場合に限る。以下この条において同じ。）による自己の株式の取得

ホ 株式無償割当て又は新株予約権無償割当て

ヘ 株式（優先出資法に規定する優先出資を含む。）の分割

ト 剰余金の配当

チ 株式交換

リ 株式移転

ヌ 株式交付

ル 合併

ヲ 会社の分割

ワ 事業の全部又は一部の譲渡又は譲受け

カ 解散（合併による解散を除く。）

ヨ 新製品又は新技術の企業化

タ 業務上の提携その他のイからヨまでに掲げる事項に準ずる事項として政令で定める事項

二 当該上場会社等に次に掲げる事実が発生したこと。

イ 災害に起因する損害又は業務遂行の過程で生じた損害

ロ 主要株主の異動

ハ 特定有価証券又は特定有価証券に係るオプションの上場の廃止又は登録の取消しの原因となる事実

ニ イからハまでに掲げる事実に準ずる事実として政令で定める事実

三　当該上場会社等の売上高、経常利益若しくは純利益（以下この条において「売上高等」という。）若しくは第一号トに規定する配当又は当該上場会社等の属する企業集団の売上高等について、公表がされた直近の予想値（当該予想値がない場合は、公表がされた前事業年度の実績値）に比較して当該上場会社等が新たに算出した予想値又は当事業年度の決算において差異（投資者の投資判断に及ぼす影響が重要なものとして内閣府令で定める基準に該当するものに限る。）が生じたこと。
四　前三号に掲げる事実を除き、当該上場会社等の運営、業務又は財産に関する重要な事実であつて投資者の投資判断に著しい影響を及ぼすもの
五　当該上場会社等の子会社の業務執行を決定する機関が当該子会社について次に掲げる事項を行うことについての決定をしたこと又は当該機関が当該決定（公表がされたものに限る。）に係る事項を行わないことを決定したこと。
イ　株式交換
ロ　株式移転
ハ　株式交付
ニ　合併
ホ　会社の分割
ヘ　事業の全部又は一部の譲渡又は譲受け
ト　解散（合併による解散を除く。）
チ　新製品又は新技術の企業化
リ　業務上の提携その他のイからチまでに掲げる事項に準ずる事項として政令で定める事項
六　当該上場会社等の子会社に次に掲げる事実が発生したこと。
イ　災害に起因する損害又は業務遂行の過程で生じた損害
ロ　イに掲げる事実に準ずる事実として政令で定める事実
七　当該上場会社等の子会社（第二条第一項第五号、第七号又は第九号に掲げる有価証券で金融商品取引所に上場されているものの発行者その他の内閣府令で定めるものに限る。）の売上高等について、公表がされた直近の予想値（当該予想値がない場合は、公表がされた前事業年度の実績値）に比較して当該子会社が新たに算出した予想値又は当事業年度の決算において差異（投資者の投資判断に及ぼす影響が重要なものとして内閣府令で定める基準に該当するものに限る。）が生じたこと。
八　前三号に掲げる事実を除き、当該上場会社等の子会社の運営、業務又は財産に関する重要な事実であつて投資者の投資判断に著しい影響を及ぼすもの
九　当該上場会社等（上場投資法人等に限る。次号から第十四号までにおいて同じ。）の業務執行を決定する機関が次に掲げる事項を行うことについての決定をしたこと又は当該機関が当該決定（公表がされたものに限る。）に係る事項を行わないことを決定したこと。
イ　資産の運用に係る委託契約の締結又はその解約
ロ　投資信託及び投資法人に関する法律第八十二条第一項に規定する投資法人の発行する投資口を引き受ける者の募集
ハ　投資信託及び投資法人に関する法律第八十条の二第一項（同法第八十条の五第二項の規定により読み替えて適用する場合を含む。）の規定による自己の投資口の取得
ニ　投資信託及び投資法人に関する法律第八十八条の十三に規定する新投資口予約権無償割当て
ホ　投資口の分割
ヘ　金銭の分配
ト　合併
チ　解散（合併による解散を除く。）
リ　イからチまでに掲げる事項に準ずる事項として政令で定める事項
十　当該上場会社等に次に掲げる事実が発生したこと。
イ　災害に起因する損害又は業務遂行の過程で生じた損害
ロ　特定有価証券又は特定有価証券に係るオプションの上場の廃止又は登録の取消しの原因となる事実
ハ　イ又はロに掲げる事実に準ずる事実として政令で定める事実
十一　当該上場会社等の営業収益、経常利益若しくは純利益（第四項第二号において「営業収益等」という。）又は第九号ヘに規定する分配について、公表がされた直近の予想値（当該予想値がない場合は、公表がされた前営業期間（投資信託及び投資法人に関する法律第百二十九条第二項に規定する営業期間をいう。以下この号において同じ。）の実績値）に比較して当該上場会社等が新たに算出した予想値又は当営業期間の決算において差異（投資者の投資判断に及ぼす影響が重要なものとして内閣府令で定める基準に該当するものに限る。）が生じたこと。
十二　当該上場会社等の資産運用会社の業務執行を決定する機関が当該資産運用会社について次に掲げる事項を行うことについての決定をしたこと又は当該機関が当該決定（公表がされたものに限る。）に係る事項を行わないことを決定したこと。
イ　当該上場会社等から委託を受けて行う資産の運用であつて、当該上場会社等による特定資産（投資信託及び投資法人に関する法律第二条第一項に規定する特定資産をいう。第五項第二号において同じ。）の取得若しくは譲渡又は貸借が行われることとなるものの解約
ロ　当該上場会社等と締結した資産の運用に係る委託契約の解約
ハ　株式交換
ニ　株式移転
ホ　株式交付
ヘ　合併
ト　解散（合併による解散を除く。）
チ　イからトまでに掲げる事項に準ずる事項として政令で定める事項
十三　当該上場会社等の資産運用会社に次に掲げる事実が発生したこと。
イ　第五十二条第一項の規定による第二十九条の登録の取消し、同項の規定による当該上場会社等の委託を受けて行う資産の運用に係る業務の停止の処分その他これらに準ずる行政庁による法令に基づく処分
ロ　特定関係法人の異動
ハ　主要株主の異動
ニ　イからハまでに掲げる事実に準ずる事実として政令で定める事実
十四　第九号から前号までに掲げる事実を除き、当該上場会社等の運営、業務又は財産に関する重要な事実であつて投資者の投資判断に著しい影響を及ぼすもの
③　会社関係者（第一項後段に規定する者を含む。以下この項において同じ。）から当該会社関係者が第一項各号に定めるところにより知つた同項に規定する業務等に関する重要事実の伝達を受けた者（同項各号に掲げる者であつて、当該各号に定めるところにより当該業務等に関する重要事実を知つたものを除く。）又は職務上当該伝達を受けた者が所属する法人の他の役員等であつて、その者の職務に関し当該業務等に関する重要事実を知つたものは、当該業務等に関する重要事実の公表がされた後でなければ、当該上場会社等の特定有価証券等に係る売買等をしてはならない。
④　第一項、第二項第一号、第三号、第五号、第七号、第九号、第十一号及び第十二号並びに前項の公表がされたとは、次の各号に掲げる事項について、それぞれ当該各号に定める者により多数の者の知り得る状態に置く措置として政令で定める措置がとられたこと又は当該各号に定める者が提出した第二十五条第一項（第二十七条において準用する場合を含む。）に規定する書類（同項第十一号に掲げる書類を除く。）にこれらの事項が記載

されている場合において、当該書類が同項の規定により公衆の縦覧に供されたことをいう。

一　上場会社等に係る第一項に規定する業務等に関する重要事実であつて第二項第一号から第八号までに規定するもの、上場会社等（上場投資法人等を除く。以下この号において同じ。）の業務執行を決定する機関の決定、上場会社等の売上高等若しくは同項第一号トに規定する配当、上場会社等の属する企業集団の売上高等、上場会社等の子会社の業務執行を決定する機関の決定又は上場会社等の子会社の売上高等　当該上場会社等又は当該上場会社等の子会社（子会社については、当該子会社の第一項に規定する業務等に関する重要事実、当該子会社の業務執行を決定する機関の決定又は当該子会社の売上高等に限る。）

二　上場投資法人等に係る第一項に規定する業務等に関する重要事実であつて第二項第九号若しくは第十一号に規定するもの、上場投資法人等の業務執行を決定する機関の決定又は上場投資法人等の営業収益等若しくは同項第九号ヘに規定する分配　当該上場投資法人等

三　上場投資法人等に係る第一項に規定する業務等に関する重要事実であつて第二項第十二号に規定するもの又は上場投資法人等の資産運用会社の業務執行を決定する機関の決定　当該上場投資法人等の資産運用会社

四　上場投資法人等に係る第一項に規定する業務等に関する重要事実であつて第二項第十号、第十三号又は第十四号に規定するもの　当該上場投資法人等又は当該上場投資法人等の資産運用会社

⑤　第一項及び次条において「親会社」とは、他の会社（協同組織金融機関を含む。以下この項において同じ。）を支配する会社として政令で定めるものをいい、この条において「子会社」とは、他の会社が提出した第五条第一項の規定による届出書、第二十四条第一項の規定による有価証券報告書、第二十四条の四の七第一項若しくは第二項の規定による四半期報告書若しくは第二十四条の五第一項の規定による半期報告書で第二十五条第一項の規定により公衆の縦覧に供されたもの、第二十七条の三十一第二項の規定により公表した特定証券情報又は第二十七条の三十二第一項若しくは第二項の規定により公表した発行者情報のうち、直近のものにおいて、当該他の会社の属する企業集団に属する会社として記載され、又は記録されたものをいい、第一項及び第二項において「特定関係法人」とは、次の各号のいずれかに該当する者をいう。

一　上場投資法人等の資産運用会社を支配する会社として政令で定めるもの

二　上場投資法人等の資産運用会社の利害関係人等（投資信託及び投資法人に関する法律第二百一条第一項に規定する利害関係人等をいう。）のうち、当該資産運用会社が当該上場投資法人等の委託を受けて行う運用の対象となる特定資産の価値に重大な影響を及ぼす取引を行い、又は行つた法人として政令で定めるもの

⑥　第一項及び第三項の規定は、次に掲げる場合には、適用しない。

一　会社法第二百二条第一項第一号に規定する権利（優先出資法に規定する優先出資の割当てを受ける権利を含む。）を有する者が当該権利を行使することにより株券（優先出資法に規定する優先出資証券を含む。）を取得する場合

二　新株予約権等（新株予約権又は投資信託及び投資法人に関する法律第二条第十七項に規定する新投資口予約権をいう。）を有する者が当該新株予約権等を行使することにより株券又は第二条第一項第十一号に規定する投資証券を取得する場合

二の二　特定有価証券等に係るオプションを取得している者が当該オプションを行使することにより特定有価証券等に係る売買等をする場合

三　会社法第百十六条第一項、第百八十二条の四第一項、第四百六十九条第一項、第七百八十五条第一項、第七百九十七条第一項、第八百六条第一項若しくは第八百十六条の六第一項の規定による株式の買取りの請求若しくは投資信託及び投資法人に関する法律第百四十一条第一項、第百四十九条の三第一項、第百四十九条の八第一項若しくは第百四十九条の十三第一項の規定による投資口の買取りの請求又は法令上の義務に基づき売買等をする場合

四　当該上場会社等の株券等（第二十七条の二第一項に規定する株券等をいう。）に係る同項に規定する公開買付け（同項本文の規定の適用を受ける場合に限る。）又はこれに準ずる行為として政令で定めるものに対抗するため当該上場会社等の取締役会（これに相当するものとして政令で定める機関を含む。次条第五項第五号において同じ。）が決定した要請（監査等委員会設置会社にあつては会社法第三百九十九条の十三第五項の規定による取締役会の決議による委任又は同条第六項の規定による定款の定めに基づく取締役会の決議による委任に基づいて取締役の決定した要請を含み、指名委員会等設置会社にあつては同法第四百十六条第四項の規定による取締役会の決議による委任に基づいて執行役の決定した要請を含む。）に基づいて、当該上場会社等の特定有価証券等又は特定有価証券等の売買に係るオプション（当該オプションの行使により当該行使をした者が当該オプションに係る特定有価証券等の売買において買主としての地位を取得するものに限る。）の買付け（オプションにあつては、取得をいう。次号において同じ。）その他の有償の譲受けをする場合

四の二　会社法第百五十六条第一項（同法第百六十三条及び第百六十五条第三項の規定により読み替えて適用する場合を含む。以下この号において同じ。）の規定若しくは投資信託及び投資法人に関する法律第八十条の二第一項（同法第八十条の五第二項の規定により読み替えて適用する場合を含む。以下この号において同じ。）の規定又はこれらに相当する外国の法令の規定による自己の株式等（株式又は投資口をいう。以下この号において同じ。）の取得についての当該上場会社等の会社法第百五十六条第一項の規定による株主総会若しくは取締役会の決議（監査等委員会設置会社にあつては同法第三百九十九条の十三第五項の規定による取締役会の決議による委任又は同条第六項の規定による定款の定めに基づく取締役会の決議による委任に基づく取締役の決定を含み、指名委員会等設置会社にあつては同法第四百十六条第四項の規定による取締役会の決議による委任に基づく執行役の決定を含む。）（同法第百五十六条第一項各号に掲げる事項に係るものに限る。）若しくは投資信託及び投資法人に関する法律第八十条の二第三項の規定による役員会の決議（同条第一項各号に掲げる事項に係るものに限る。）又はこれらに相当する外国の法令の規定に基づいて行う決議等（以下この号において「株主総会決議等」という。）について第一項に規定する公表（当該株主総会決議等の内容が当該上場会社等の業務執行を決定する機関の決定と同一の内容であり、かつ、当該株主総会決議等の前に当該決定について同項に規定する公表がされている場合の当該公表を含む。）がされた後、当該株主総会決議等に基づいて当該自己の株式等に係る株券若しくは株券に係る権利を表示する第二条第一項第二十号に掲げる有価証券その他の政令で定める有価証券（以下この号において「株券等」という。）又は株券等の売買に係るオプション（当該オプションの行使により当該行使をした者が当該オプションに係る株券等の売買において買主としての地位を取得するものに限る。以下この号において同じ。）の買付けをする場合（当該自己の株式等の取得についての当該上場会社等の業務執行を決定する機関の決定以外の第一項に規定する業務等に関する重要事実について、同項に規定する公表がされていない場合（当該自己の株式等の取得以外の会社法第百五十六条第一項の規定若しくは投資信託及び投資法人に関する法律第八十条の二第一項の規定又はこれらに相当する外国の法令の規定による自己の株式等の取得について、この号の規定に基づいて当該自己の株

式等に係る株券等又は株券等の売買に係るオプションの買付けをする場合を除く。）を除く。）

五　第百五十九条第三項の政令で定めるところにより売買等をする場合

六　社債券（新株予約権付社債券を除く。）、第二条第一項第十一号に規定する投資法人債券その他の政令で定める有価証券に係る売買等をする場合（内閣府令で定める場合を除く。）

七　第一項に規定する業務等に関する重要事実を知つた者が当該業務等に関する重要事実を知つている者との間において、売買等を取引所金融商品市場又は店頭売買有価証券市場によらないでする場合（当該売買等をする者の双方において、当該売買等に係る特定有価証券等について、更に同項又は第三項の規定に違反して売買等が行われることとなることを知つている場合を除く。）

八　合併、分割又は事業の全部若しくは一部の譲渡若しくは譲受け（以下この項及び次条第五項において「合併等」という。）により特定有価証券等を承継させ、又は承継する場合であつて、当該特定有価証券等の帳簿価額の当該合併等により承継される資産の帳簿価額の合計額に占める割合が特に低い割合として内閣府令で定める割合未満であるとき。

九　合併等の契約（新設分割にあつては、新設分割計画）の内容の決定についての取締役会の決議が上場会社等に係る第一項に規定する業務等に関する重要事実を知る前にされた場合において、当該決議に基づいて当該合併等により当該上場会社等の特定有価証券等を承継させ、又は承継するとき。

十　新設分割（他の会社と共同してするものを除く。）により新設分割設立会社（会社法第七百六十三条第一項に規定する新設分割設立会社をいう。次条第五項第十二号において同じ。）に特定有価証券等を承継させる場合

十一　合併等、株式交換又は株式交付に際して当該合併等、株式交換又は株式交付の当事者である上場会社等が有する当該上場会社等の特定有価証券等を交付し、又は当該特定有価証券等の交付を受ける場合

十二　上場会社等に係る第一項に規定する業務等に関する重要事実を知る前に締結された当該上場会社等の特定有価証券等に係る売買等に関する契約の履行又は上場会社等に係る同項に規定する業務等に関する重要事実を知る前に決定された当該上場会社等の特定有価証券等に係る売買等の計画の実行として売買等をする場合その他これに準ずる特別の事情に基づく売買等であることが明らかな売買等をする場合（内閣府令で定める場合に限る。）

（公開買付者等関係者の禁止行為）

第一六七条①　次の各号に掲げる者（以下この条において「公開買付者等関係者」という。）であつて、第二十七条の二第一項に規定する株券等で金融商品取引所に上場されているもの、店頭売買有価証券若しくは取扱有価証券に該当するもの（以下この条において「上場等株券等」という。）の同項に規定する公開買付け（同項本文の規定の適用を受ける場合に限る。）若しくはこれに準ずる行為として政令で定めるもの又は上場株券等の第二十七条の二十二の二第一項に規定する公開買付け（以下この条において「公開買付け等」という。）をする者（以下この条及び次条第二項において「公開買付者等」という。）の公開買付け等の実施に関する事実又は公開買付け等の中止に関する事実を当該各号に定めるところにより知つたものは、当該公開買付け等の実施に関する事実又は公開買付け等の中止に関する事実の公表がされた後でなければ、公開買付け等の実施に関する事実に係る場合にあつては当該公開買付け等に係る上場等株券等又は上場株券等の発行者である会社の発行する株券若しくは新株予約権付社債券その他の政令で定める有価証券（以下この条において「特定株券等」という。）又は当該特定株券等に係るオプションを表示する第二条第一項第十九号に掲げる有価証券その他の政令で定める有価証券（以下この項において「関連株券等」という。）に係る買付け等（特定株券等又は関連株券等（以下この条、次条第二項、第百七十五条の二及び第百九十七条の二第十五号において「株券等」という。）の買付けその他の取引で政令で定めるものをいう。以下この条、次条第二項、第百七十五条の二第二項及び第百九十七条の二第十五号において同じ。）をしてはならず、公開買付け等の中止に関する事実に係る場合にあつては当該公開買付け等に係る株券等に係る売付け等（株券等の売付けその他の取引で政令で定めるものをいう。以下この条、次条第二項、第百七十五条の二第二項及び第百九十七条の二第十五号において同じ。）をしてはならない。当該公開買付け等の実施に関する事実又は公開買付け等の中止に関する事実を次の各号に定めるところにより知つた公開買付者等関係者であつて、当該各号に掲げる公開買付者等関係者でなくなつた後六月以内のものについても、同様とする。

一　当該公開買付者等（その者が法人であるときは、その親会社を含む。以下この項において同じ。）の役員等（当該公開買付者等が法人以外の者であるときは、その代理人又は使用人）　その者の職務に関し知つたとき。

二　当該公開買付者等の会社法第四百三十三条第一項に定める権利を有する株主又は同条第三項に定める権利を有する社員（当該株主又は社員が法人であるときはその役員等を、当該株主又は社員が法人以外の者であるときはその代理人又は使用人を含む。）　当該権利の行使に関し知つたとき。

三　当該公開買付者等に対する法令に基づく権限を有する者　当該権限の行使に関し知つたとき。

四　当該公開買付者等と契約を締結している者又は締結の交渉をしている者（その者が法人であるときはその役員等を、その者が法人以外の者であるときはその代理人又は使用人を含む。）であつて、当該公開買付者等が法人であるときはその役員等以外のもの、その者が法人以外の者であるときはその代理人又は使用人以外のもの　当該契約の締結若しくはその交渉又は履行に関し知つたとき。

五　当該公開買付け等（上場株券等の第二十七条の二十二の二第一項に規定する公開買付けを除く。）に係る上場等株券等の発行者（その役員等を含む。）　当該公開買付者等からの伝達により知つたとき（当該役員等にあつては、その者の職務に関し当該公開買付者等からの伝達により知つたとき。）

六　第二号、第四号又は前号に掲げる者であつて法人であるものの役員等（その者が役員等である当該法人の他の役員等が、それぞれ第二号、第四号又は前号に定めるところにより当該公開買付者等の公開買付け等の実施に関する事実又は公開買付け等の中止に関する事実を知つた場合におけるその者に限る。）　その者の職務に関し知つたとき。

②　前項に規定する公開買付け等の実施に関する事実又は公開買付け等の中止に関する事実とは、公開買付者等（当該公開買付者等が法人であるときは、その業務執行を決定する機関をいう。以下この項において同じ。）が、それぞれ公開買付け等を行うことについての決定をしたこと又は公開買付者等が当該決定（公表がされたものに限る。）に係る公開買付け等を行わないことを決定したことをいう。ただし、投資者の投資判断に及ぼす影響が軽微なものとして内閣府令で定める基準に該当するものを除く。

③　公開買付者等関係者（第一項後段に規定する者を含む。以下この項及び第五項において同じ。）から当該公開買付者等関係者が第一項各号に定めるところにより知つた同項に規定する公開買付け等の実施に関する事実又は公開買付け等の中止に関する事実（以下この条、次条第二項、第百七十五条の二第二項及び第百九十七条の二第十五号において「公開買付け等事実」という。）の伝達を受けた者（第一項各号に掲げる者であつて、当該各号に定めるところにより当該公開買付け等事実を知つたものを除く。）又は職務上当該伝達を受けた者が所属する法人の他の役員等であつて、その者の職務に関し当該公開買付け等事実を知つたものは、当該公開買付け等事実の公表がされた後でなければ、同項に規定する公開買付け等の実施に関する事実に係る

場合にあつては当該公開買付け等に係る株券等に係る買付け等をしてはならず、同項に規定する公開買付け等の中止に関する事実に係る場合にあつては当該公開買付け等に係る株券等に係る売付け等をしてはならない。

④ 第一項から前項までにおける公表がされたとは、公開買付け等事実について、当該公開買付者等により多数の者の知り得る状態に置く措置として政令で定める措置がとられたこと、第二十七条の三第一項（第二十七条の二十二の二第二項において準用する場合を含む。次項第八号において同じ。）の規定による公告若しくは第二十七条の十一第二項（第二十七条の二十二の二第二項において準用する場合を含む。）の規定による公告若しくは公表がされたこと又は第二十七条の十四第一項（第二十七条の二十二の二第二項において準用する場合を含む。同号において同じ。）の規定により第二十七条の三第二項（第二十七条の二十二の二第二項において準用する場合を含む。同号において同じ。）の公開買付届出書若しくは第二十七条の十一第三項（第二十七条の二十二の二第二項において準用する場合を含む。）の公開買付撤回届出書が公衆の縦覧に供されたことをいう。

⑤ 第一項及び第三項の規定は、次に掲げる場合には、適用しない。

一　会社法第二百二条第一項第一号に規定する権利を有する者が当該権利を行使することにより株券を取得する場合

二　新株予約権（これに準ずるものとして政令で定める権利を含む。）を有する者が当該新株予約権を行使することにより株券（これに準ずるものとして政令で定める有価証券を含む。）を取得する場合

二の二　株券等に係るオプションを取得している者が当該オプションを行使することにより株券等に係る買付け等又は売付け等をする場合

三　会社法第百十六条第一項、第百八十二条の四第一項、第四百六十九条第一項、第七百八十五条第一項、第七百九十七条第一項、第八百六条第一項若しくは第八百十六条の六第一項の規定による株式の買取りの請求（これらに相当する他の法令の規定による請求として政令で定めるものを含む。）又は法令上の義務に基づき株券等に係る買付け等又は売付け等をする場合

四　公開買付者等の要請（当該公開買付者等が会社である場合には、その取締役会が決定したもの（監査等委員会設置会社にあつては会社法第三百九十九条の十三第五項の規定による取締役会の決議による委任又は同条第六項の規定による定款の定めに基づく取締役会の決議による委任に基づいて取締役の決定したものを含み、指名委員会等設置会社にあつては同法第四百十六条第四項の規定による取締役会の決議による委任に基づいて執行役の決定したものを含む。）に限る。）に基づいて当該公開買付け等に係る上場等株券等（上場等株券等の売買に係るオプションを含む。以下この号において同じ。）の買付け等をする場合（当該公開買付者等に当該上場等株券等の売付け等をする目的をもつて当該上場等株券等の買付け等をする場合に限る。）

五　公開買付け等に対抗するため当該公開買付け等に係る上場等株券等の発行者の取締役会が決定した要請（監査等委員会設置会社にあつては会社法第三百九十九条の十三第五項の規定による取締役会の決議による委任又は同条第六項の規定による定款の定めに基づく取締役会の決議による委任に基づいて取締役の決定した要請を含み、指名委員会等設置会社にあつては同法第四百十六条第四項の規定による取締役会の決議による委任に基づいて執行役の決定した要請を含む。）に基づいて当該上場等株券等（上場等株券等の売買に係るオプションを含む。）の買付け等をする場合

六　第五十九条第三項の政令で定めるところにより株券等に係る買付け等又は売付け等をする場合

七　第一項に規定する公開買付け等の実施に関する事実を知つた者が当該公開買付け等の実施に関する事実を知つている者から買付け等を取引所金融商品市場若しくは店頭売買有価証券市場によらないでする場合又は同項に規定する公開買付け等の中止に関する事実を知つた者が当該公開買付け等の中止に関する事実を知つている者に売付け等を取引所金融商品市場若しくは店頭売買有価証券市場によらないでする場合（当該売付け等に係る者の双方において、当該売付け等に係る株券等について、更に同項又は第三項の規定に違反して売付け等が行われることとなることを知つている場合を除く。）

八　特定公開買付者等関係者（公開買付者等関係者であつて第一項各号に定めるところにより同項に規定する公開買付け等の実施に関する事実を知つたものをいう。次号において同じ。）から当該公開買付け等の実施に関する事実の伝達を受けた者（その者が法人であるときはその役員等を、その者が法人以外の者であるときはその代理人又は使用人を含む。）が株券等に係る買付け等をする場合（当該伝達を受けた者が第二十七条の三第一項の規定により行う公告において次に掲げる事項が明示され、かつ、これらの事項が記載された当該伝達を受けた者の提出した同条第二項の公開買付届出書が第二十七条の十四第一項の規定により公衆の縦覧に供された場合に限る。）

イ　当該伝達を行つた者の氏名又は名称

ロ　当該伝達を受けた時期

ハ　当該伝達を受けた公開買付け等の実施に関する事実の内容として内閣府令で定める事項

九　特定公開買付者等関係者であつて第一項第一号に掲げる者以外のもの又は特定公開買付者等関係者から同項に規定する公開買付け等の実施に関する事実の伝達を受けた者（特定公開買付者等関係者を除き、その者が法人であるときはその役員等を、その者が法人以外の者であるときはその代理人又は使用人を含む。）が株券等に係る買付け等をする場合（特定公開買付者等関係者にあつては同項各号に定めるところにより同項に規定する公開買付け等の実施に関する事実を知つた日から、当該伝達を受けた者にあつては当該伝達を受けた日から六月が経過している場合に限る。）

十　合併等により株券等を承継し、又は承継させる場合であつて、当該株券等の帳簿価額の当該合併等により承継される資産の帳簿価額の合計額に占める割合が特に低い割合として内閣府令で定める割合未満であるとき。

十一　合併等の契約（新設分割にあつては、新設分割計画）の内容の決定についての取締役会の決議が公開買付者等の公開買付け等事実を知る前にされた場合において、当該決議に基づいて当該合併等により当該公開買付け等に係る株券等を承継し、又は承継させるとき。

十二　新設分割（他の会社と共同してするものを除く。）により新設分割設立会社に株券等を承継させる場合

十三　合併等、株式交換又は株式交付に際して当該合併等、株式交換又は株式交付の当事者であつて公開買付け等に係る上場等株券等又は上場株券等の発行者である会社が有する当該会社の株券等の交付を受け、又は当該株券等を交付する場合

十四　公開買付者等の公開買付け等事実を知る前に締結された当該公開買付け等に係る株券等に係る買付け等若しくは売付け等に関する契約の履行又は公開買付者等の公開買付け等事実を知る前に決定された当該公開買付け等に係る株券等に係る買付け等若しくは売付け等の計画の実行として買付け等又は売付け等をする場合その他これに準ずる特別の事情に基づく買付け等又は売付け等であることが明らかな買付け等又は売付け等をする場合（内閣府令で定める場合に限る。）

第一六七条の二（未公表の重要事実の伝達等の禁止）① 上場会社等に係る第百六十六条第一項に規定する会社関係者（同項後段に規定する者を含む。）であつて、当該上場会社等に係る同項に規定する業務等に関する重要事実を同項各号に定めるところにより知つたものは、他人に対し、当該業務等に関する重要事実について同項の公表がされたことと

なる前に当該上場会社等の特定有価証券等に係る売買等をさせることにより当該他人に利益を得させ、又は当該他人の損失の発生を回避させる目的をもつて、当該業務等に関する重要事実を伝達し、又は当該売買等をすることを勧めてはならない。

② 公開買付者等に係る前条第一項に規定する公開買付者等関係者（同項後段に規定する者を含む。）であつて、当該公開買付者等の公開買付け等事実を同項各号に定めるところにより知つたものは、他人に対し、当該公開買付け等事実について同項の公表がされたこととなる前に、同項に規定する公開買付け等の実施に関する事実に係る場合にあつては当該公開買付け等に係る株券等に係る買付け等をさせ、又は同項に規定する公開買付け等の中止に関する事実に係る場合にあつては当該公開買付け等に係る株券等に係る売付け等をさせることにより当該他人に利益を得させ、又は当該他人の損失の発生を回避させる目的をもつて、当該公開買付け等事実を伝達し、又は当該買付け等若しくは当該売付け等をすることを勧めてはならない。

（無免許市場における取引の禁止）

第一六七条の三 何人も、第八十条第一項の規定に違反して開設される金融商品市場により次に掲げる取引をしてはならない。

一 有価証券の売買

二 市場デリバティブ取引

（虚偽の相場の公示等の禁止）

第一六八条① 何人も、有価証券等の相場を偽つて公示し、又は公示し若しくは頒布する目的をもつて有価証券等の相場を偽つて記載した文書を作成し、若しくは頒布してはならない。

② 何人も、発行者、有価証券の売出しをする者、特定投資家向け売付け勧誘等をする者、引受人又は金融商品取引業者等の請託を受けて、公示し又は頒布する目的をもつてこれらの者の発行、分担又は取扱いに係る有価証券に関し重要な事項について虚偽の記載をした文書を作成し、又は頒布してはならない。

③ 発行者、有価証券の売出しをする者、特定投資家向け売付け勧誘等をする者、引受人又は金融商品取引業者等は、前項の請託をしてはならない。

（対価を受けて行う新聞等への意見表示の制限）

第一六九条 何人も、発行者、有価証券の売出しをする者、特定投資家向け売付け勧誘等をする者、引受人、金融商品取引業者等又は第二十七条の三第三項（第二十七条の二十二の二第二項において準用する場合を含む。）に規定する公開買付者等から対価を受け、又は受けるべき約束をして、有価証券、発行者又は第二十七条の三第二項（第二十七条の二十二の二第二項において準用する場合を含む。）に規定する公開買付者に関し投資についての判断を提供すべき意見を新聞紙若しくは雑誌に掲載し、又は文書、放送、映画その他の方法を用いて一般に表示する場合には、当該対価を受け、又は受けるべき約束をして行う旨の表示を併せてしなければならない。ただし、広告料を受け、又は受けるべき約束をしている者が、当該広告料を対価とし、広告として表示する場合については、この限りでない。

（有利買付け等の表示の禁止）

第一七〇条 何人も、新たに発行される有価証券の取得の申込みの勧誘又は既に発行された有価証券の売付けの申込み若しくはその買付けの申込みの勧誘のうち、不特定かつ多数の者に対するもの（次条において「有価証券の不特定多数者向け勧誘等」という。）を行うに際し、不特定かつ多数の者に対して、これらの者の取得する当該有価証券を、自己又は他人が、あらかじめ特定した価格（あらかじめ特定した額につき一定の基準により算出される価格を含む。以下この条において同じ。）若しくはこれを超える価格により買い付ける旨又はあらかじめ特定した価格若しくはこれを超える価格により売り付けることをあつせんする旨の表示をし、又はこれらの表示と誤認されるおそれがある表示をしてはならない。ただし、当該有価証券が、第二条第一項第一号から第六号までに掲げる有価証券その他内閣府令で定める有価証券である場合は、この限りでない。

（一定の配当等の表示の禁止）

第一七一条 有価証券の不特定多数者向け勧誘等（第二条第一項第一号から第六号までに掲げる有価証券その他内閣府令で定める有価証券に係るものを除く。以下この条において同じ。）をする者又はこれらの者の役員、相談役、顧問その他これらに準ずる地位にある者若しくは代理人、使用人その他の従業者は、当該有価証券の不特定多数者向け勧誘等に際し、不特定かつ多数の者に対して、当該有価証券に関し一定の期間につき、利益の配当、収益の分配その他いかなる名称をもつてするを問わず、一定の額（一定の基準によりあらかじめ算出することができる額を含む。以下この条において同じ。）又はこれを超える額の金銭（処分することにより一定の額又はこれを超える額の金銭を得ることができるものを含む。）の供与が行われる旨の表示（当該表示と誤認されるおそれがある表示を含む。）をしてはならない。ただし、当該表示の内容が予想に基づくものである旨が明示されている場合は、この限りでない。

（無登録業者による未公開有価証券の売付け等の効果）

第一七一条の二① 無登録業者（第二十九条の規定に違反して内閣総理大臣の登録を受けないで第二十八条第一項に規定する第一種金融商品取引業又は同条第二項に規定する第二種金融商品取引業を行う者をいう。以下この項において同じ。）が、未公開有価証券につき売付け等（売付け又はその媒介若しくは代理、募集又は売出しの取扱いその他これらに準ずる行為として政令で定める行為をいう。以下この項において同じ。）を行つた場合には、対象契約（当該売付け等に係る契約又は当該売付け等により締結された契約であつて、顧客による当該未公開有価証券の取得を内容とするものをいう。以下この項において同じ。）は、無効とする。ただし、当該無登録業者又は当該対象契約に係る当該未公開有価証券の売主若しくは発行者（当該対象契約の当事者に限る。）が、当該売付け等が当該顧客の知識、経験、財産の状況及び当該対象契約を締結する目的に照らして顧客の保護に欠けるものでないこと又は当該売付け等が不当な利得行為に該当しないことを証明したときは、この限りでない。

② 前項の「未公開有価証券」とは、社債券、株券、新株予約権証券その他の適正な取引を確保することが特に必要な有価証券として政令で定める有価証券であつて、次に掲げる有価証券のいずれにも該当しないものをいう。

一 金融商品取引所に上場されている有価証券

二 店頭売買有価証券又は取扱有価証券

三 前二号に掲げるもののほか、その売買価格又は発行者に関する情報を容易に取得することができる有価証券として政令で定める有価証券

第六章の二 課徴金

（第一七二条から第一八五条の二一まで）（略）

第六章の三 暗号等資産の取引等に関する規制

（不正行為の禁止）

第一八五条の二二① 何人も、次に掲げる行為をしてはならない。

一 暗号等資産の売買（デリバティブ取引に該当するものを除く。以下この章及び第百九十七条第二項第二号において同じ。）その他の取引又はデリバティブ取引等（暗号等資産又は金融指標（暗号等資産の価格及び利率等並びにこれらに基づいて算出した数値に限る。次条第一項及び第百八十五条の二十四第一項において「暗号等資産関連金融指標」という。）に係るものに限る。以下この条、次条及び同号において「暗号等資産関連デリバティブ取引等」という。）について、不正の手段、計画又は技巧をすること。

二 暗号等資産の売買その他の取引又は暗号等資産関連デリバティブ取引等について、重要な事項について虚偽の表示があり、又は誤解を生じさせないために必要な重要な事実の表示が欠けている文書その他の表示を使用して金銭その他の財産を取得すること。

三　暗号等資産の売買その他の取引又は暗号等資産関連デリバティブ取引等を誘引する目的をもつて、虚偽の相場を利用すること。

②　第百五十七条の規定は、暗号等資産関連デリバティブ取引等については、適用しない。

（**風説の流布、偽計、暴行又は脅迫の禁止**）

第一八五条の二三①　何人も、暗号等資産の売買その他の取引若しくは暗号等資産関連デリバティブ取引等のため、又は暗号等資産等（暗号等資産若しくはオプション（暗号等資産又は暗号等資産関連金融指標に係るものに限る。次条第一項第三号において「暗号等資産関連オプション」という。）又はデリバティブ取引に係る暗号等資産関連金融指標をいう。次項、同条第二項第一号及び第二号並びに第百九十七条第二項第二号において同じ。）の相場の変動を図る目的をもつて、風説を流布し、偽計を用い、又は暴行若しくは脅迫をしてはならない。

②　第百五十八条の規定は、暗号等資産関連デリバティブ取引等及び暗号等資産等については、適用しない。

（**相場操縦行為等の禁止**）

第一八五条の二四①　何人も、暗号等資産の売買、市場デリバティブ取引（暗号等資産又は暗号等資産関連金融指標に係るものに限る。以下この条において「暗号等資産関連市場デリバティブ取引」という。）又は店頭デリバティブ取引（暗号等資産又は暗号等資産関連金融指標に係るものに限る。以下この条において「暗号等資産関連店頭デリバティブ取引」という。）のうちいずれかの取引が繁盛に行われていると他人に誤解させる目的その他のこれらの取引の状況に関し他人に誤解を生じさせる目的をもつて、次に掲げる行為をしてはならない。

一　権利の移転を目的としない仮装の暗号等資産の売買、暗号等資産関連市場デリバティブ取引（第二条第二十一項第一号に掲げる取引に限る。）又は暗号等資産関連店頭デリバティブ取引（同条第二十二項第一号に掲げる取引に限る。）をすること。

二　金銭の授受を目的としない仮装の暗号等資産関連市場デリバティブ取引（第二条第二十一項第二号、第四号及び第五号に掲げる取引に限る。）又は暗号等資産関連店頭デリバティブ取引（同条第二十二項第二号、第五号及び第六号に掲げる取引に限る。）をすること。

三　暗号等資産関連オプションの付与又は取得を目的としない仮装の暗号等資産関連市場デリバティブ取引（第二条第二十一項第三号に掲げる取引に限る。）又は暗号等資産関連店頭デリバティブ取引（同条第二十二項第三号及び第四号に掲げる取引に限る。）をすること。

四　自己のする暗号等資産の売付けと同時期に、それと同価格において、他人が当該暗号等資産を買い付けることをあらかじめその者と通謀の上、当該売付けをすること。

五　自己のする暗号等資産の買付けと同時期に、それと同価格において、他人が当該暗号等資産を売り付けることをあらかじめその者と通謀の上、当該買付けをすること。

六　暗号等資産関連市場デリバティブ取引（第二条第二十一項第二号に掲げる取引に限る。）又は暗号等資産関連店頭デリバティブ取引（同条第二十二項第二号に掲げる取引に限る。）の申込みと同時期に、当該取引の約定数値と同一の約定数値において、他人が当該取引の相手方となることをあらかじめその者と通謀の上、当該取引の申込みをすること。

七　暗号等資産関連市場デリバティブ取引（第二条第二十一項第三号に掲げる取引に限る。）又は暗号等資産関連店頭デリバティブ取引（同条第二十二項第三号及び第四号に掲げる取引に限る。）の申込みと同時期に、当該取引の対価の額と同一の対価の額において、他人が当該取引の相手方となることをあらかじめその者と通謀の上、当該取引の申込みをすること。

八　暗号等資産関連市場デリバティブ取引（第二条第二十一項第四号及び第五号に掲げる取引に限る。）又は暗号等資産関連店頭デリバティブ取引（同条第二十二項第五号及び第六号に掲げる取引に限る。）の申込みと同時期に、当該取引の条件と同一の条件において、他人が当該取引の相手方となることをあらかじめその者と通謀の上、当該取引の申込みをすること。

九　前各号に掲げる行為の委託等又は受託等をすること。

②　何人も、暗号等資産の売買、暗号等資産関連市場デリバティブ取引又は暗号等資産関連店頭デリバティブ取引（第一号及び第三号において「暗号等資産売買等」という。）のうちいずれかの取引を誘引する目的をもつて、次に掲げる行為（第一号及び第二号に掲げる行為にあつては、投資者の保護に欠け、又は取引の公正を害するおそれがないものとして内閣府令で定めるものを除く。）をしてはならない。

一　暗号等資産売買等が繁盛であると誤解させ、又は暗号等資産等の相場を変動させるべき一連の暗号等資産売買等又はその申込み、委託等若しくは受託等をすること。

二　暗号等資産等の相場が自己又は他人の操作によつて変動するべき旨を流布すること。

三　暗号等資産売買等を行うにつき、重要な事項について虚偽であり、又は誤解を生じさせるべき表示を故意にすること。

③　第百五十九条の規定は、暗号等資産関連市場デリバティブ取引及び暗号等資産関連店頭デリバティブ取引並びにこれらの申込み、委託等及び受託等については、適用しない。

第七章　雑則（抄）

第一八六条から第一九一条まで　（略）

（**裁判所の禁止又は停止命令**）

第一九二条①　裁判所は、次の各号のいずれかに該当すると認めるときは、内閣総理大臣又は内閣総理大臣及び財務大臣の申立てにより、当該各号に定める行為を行い、又は行おうとする者に対し、その行為の禁止又は停止を命ずることができる。

一　緊急の必要があり、かつ、公益及び投資者保護のため必要かつ適当であるとき　この法律又はこの法律に基づく命令に違反する行為

二　第二条第二項第五号若しくは第六号に掲げる権利又は同項第七号に掲げる権利（同項第五号又は第六号に掲げる権利と同様の経済的性質を有するものとして政令で定める権利に限る。）に関し出資され、又は拠出された金銭（これに類するものとして政令で定めるものを含む。）を充てて行われる事業に係る業務執行が著しく適正を欠き、かつ、現に投資者の利益が著しく害されており、又は害されることが明白である場合において、投資者の損害の拡大を防止する緊急の必要があるとき　これらの権利に係る同条第八項第七号から第九号までに掲げる行為

②　裁判所は、前項の規定により発した命令を取り消し、又は変更することができる。

③　前二項の事件は、被申立人の住所地又は第一項に規定する行為が行われ、若しくは行われようとする地の地方裁判所の管轄とする。

④　第一項及び第二項の裁判については、非訟事件手続法（平成二十三年法律第五十一号）の定めるところによる。

（**法令違反行為を行つた者の氏名等の公表**）

第一九二条の二　内閣総理大臣は、公益又は投資者保護のため必要かつ適当であると認めるときは、内閣府令で定めるところにより、この法律又はこの法律に基づく命令に違反する行為（以下この条において「法令違反行為」という。）を行つた者の氏名その他法令違反行為による被害の発生若しくは拡大を防止し、又は取引の公正を確保するために必要な事項を一般に公表することができる。

（**財務諸表の用語、様式及び作成方法**）

第一九三条　この法律の規定により提出される貸借対照表、損益計算書その他の財務計算に関する書類は、内閣総理大臣が一般に公正妥当であると認められるところに従つて内閣府令で定める用語、様式及び作成方法により、これを作成しなければなら

ない。

第一九三条の二（**公認会計士又は監査法人による監査証明**）① 金融商品取引所に上場されている有価証券の発行会社その他の者で政令で定めるもの（以下この項及び次条において「特定発行者」という。）が、この法律の規定により提出する貸借対照表、損益計算書その他の財務計算に関する書類で内閣府令で定めるもの（第四項及び次条において「財務計算に関する書類」という。）には、その者と特別の利害関係のない公認会計士又は監査法人（特定発行者が公認会計士法第三十四条の三十四の二に規定する上場会社等である場合にあつては、同条の登録を受けた公認会計士又は監査法人に限る。）の監査証明を受けなければならない。ただし、次に掲げる場合は、この限りでない。

一 第二条第一項第十七号に掲げる有価証券で同項第九号に掲げる有価証券の性質を有するものその他の政令で定める有価証券の発行者が、外国監査法人等（公認会計士法第一条の三第七項に規定する外国監査法人等をいう。次項第一号及び第三項において同じ。）から内閣府令で定めるところにより監査証明に相当すると認められる証明を受けた場合

二 前号の発行者が、公認会計士法第三十四条の三十五第一項ただし書に規定する内閣府令で定める者から内閣府令で定めるところにより監査証明に相当すると認められる証明を受けた場合

三 監査証明を受けなくても公益又は投資者保護に欠けることがないものとして内閣府令で定めるところにより内閣総理大臣の承認を受けた場合

② 金融商品取引所に上場されている有価証券の発行会社その他の者で政令で定めるもの（以下この項において「上場会社等」という。）が、第二十四条の四の四の規定に基づき提出する内部統制報告書には、その者と特別の利害関係のない公認会計士又は監査法人（上場会社等が公認会計士法第三十四条の三十四の二に規定する上場会社等である場合にあつては、同条の登録を受けた公認会計士又は監査法人に限る。）の監査証明を受けなければならない。ただし、次に掲げる場合は、この限りでない。

一 前項第一号の発行者が、外国監査法人等から内閣府令で定めるところにより監査証明に相当すると認められる証明を受けた場合

二 前号の発行者が、公認会計士法第三十四条の三十五第一項ただし書に規定する内閣府令で定める者から内閣府令で定めるところにより監査証明に相当すると認められる証明を受けた場合

三 監査証明を受けなくても公益又は投資者保護に欠けることがないものとして内閣府令で定めるところにより内閣総理大臣の承認を受けた場合

四 上場会社等（資本の額その他の経営の規模が内閣府令で定める基準に達しない上場会社等に限る。）が、第二十四条第一項第一号に掲げる有価証券の発行者に初めて該当することとなつた日その他の政令で定める日以後三年を経過する日までの間に内部統制報告書を提出する場合

③ 第一項第一号及び前項第一号の規定は、これらの規定に規定する外国監査法人等について、公認会計士法第三十四条の三十八第二項の規定により同条第一項の指示に従わなかつた旨又は同法第三十四条の三十九第一項の規定による届出があつた旨の同条第二項の規定による公表がされた場合（同法第三十四条の三十八第二項の規定による公表がされた場合において、同条第三項の規定による公表がされたときを除く。）には、適用しない。

④ 第一項及び第二項の特別の利害関係とは、公認会計士又は監査法人が財務計算に関する書類を提出する者及び内部統制報告書を提出する者との間に有する公認会計士法第二十四条（同法第十六条の二第六項において準用する場合を含む。）、第二十四条の二（同法第十六条の二第六項において準用する場合を含む。）、第二十四条の三（同法第十六条の二第六項において準用する場合を含む。）、第三十四条の十一第一項又は第三十四条の十一の二第一項若しくは第二項に規定する関係及び公認会計士又は監査法人がその者に対し株主若しくは出資者として有する関係又はその者の事業若しくは財産経理に関して有する関係で、内閣総理大臣が公益又は投資者保護のため必要かつ適当であると認めて内閣府令で定めるものをいう。

⑤ 第一項及び第二項の監査証明は、内閣府令で定める基準及び手続によつて、これを行わなければならない。

⑥ 内閣総理大臣は、公益又は投資者保護のため必要かつ適当であると認めるときは、第一項及び第二項の監査証明を行つた公認会計士又は監査法人に対し、参考となるべき報告又は資料の提出を命ずることができる。

⑦ 公認会計士又は監査法人が第一項に規定する財務計算に関する書類及び第二項に規定する内部統制報告書について監査証明をした場合において、当該監査証明が公認会計士法第三十条又は第三十四条の二十一第二項第一号若しくは第二号に規定するものであるときその他不正なものであるときは、内閣総理大臣は、一年以内の期間を定めて、当該期間内に提出される有価証券届出書、有価証券報告書（その訂正報告書を含む。）又は内部統制報告書（その訂正報告書を含む。）で当該公認会計士又は監査法人の監査証明に係るものの全部又は一部を受理しない旨の決定をすることができる。この場合においては、行政手続法第十三条第一項の規定による意見陳述のための手続の区分にかかわらず、聴聞を行わなければならない。

⑧ 内閣総理大臣は、前項の決定をした場合においては、その旨を当該公認会計士又は監査法人に通知し、かつ、公表しなければならない。

第一九三条の三（**法令違反等事実発見への対応**）① 公認会計士又は監査法人が、前条第一項の監査証明を行うに当たつて、特定発行者における法令に違反する事実その他の財務計算に関する書類の適正性の確保に影響を及ぼすおそれがある事実（次項第一号において「法令違反等事実」という。）を発見したときは、当該事実の内容及び当該事実に係る法令違反の是正その他の適切な措置をとるべき旨を、遅滞なく、内閣府令で定めるところにより、当該特定発行者に書面又は電子情報処理組織を使用する方法その他の情報通信の技術を利用する方法であつて内閣府令で定めるものにより通知しなければならない。

② 前項の規定による通知を行つた公認会計士又は監査法人は、当該通知を行つた日から政令で定める期間が経過した日後なお次に掲げる事項の全てがあると認める場合において、第一号に規定する重大な影響を防止するために必要があると認めるときは、内閣府令で定めるところにより、当該事項に関する意見を内閣総理大臣に申し出なければならない。この場合において、当該公認会計士又は監査法人は、あらかじめ、内閣総理大臣に申出をする旨を当該特定発行者に書面又は電子情報処理組織を使用する方法その他の情報通信の技術を利用する方法であつて内閣府令で定めるものにより通知しなければならない。

一 法令違反等事実が、特定発行者の財務計算に関する書類の適正性の確保に重大な影響を及ぼすおそれがあること。

二 前項の規定による通知を受けた特定発行者が、同項に規定する適切な措置をとらないこと。

③ 前項の規定による申出を行つた公認会計士又は監査法人は、当該特定発行者に対して当該申出を行つた旨及びその内容を書面又は電子情報処理組織を使用する方法その他の情報通信の技術を利用する方法であつて内閣府令で定めるものにより通知しなければならない。

第一九四条（**議決権の代理行使の勧誘の禁止**） 何人も、政令で定めるところに違反して、金融商品取引所に上場されている株式の発行会社の株式につき、自己又は第三者に議決権の行使を代理させることを勧誘してはならない。

第一九四条の二から第一九六条の二まで（略）

第八章　罰則（抄）

第一九七条①　次の各号のいずれかに該当する者は、十年以下の懲役若しくは千万円以下の罰金に処し、又はこれを併科する。

一　第五条（第二十七条において準用する場合を含む。）の規定による届出書類（第五条第四項の規定の適用を受ける届出書の場合には、当該届出書に係る参照書類を含む。）、第七条第一項、第九条第一項若しくは第十条第一項（これらの規定を第二十七条において準用する場合を含む。）の規定による訂正届出書（当該訂正届出書に係る参照書類を含む。）、第二十三条の三第一項及び第二項（これらの規定を第二十七条において準用する場合を含む。）の規定による発行登録書（当該発行登録書に係る参照書類を含む。）及びその添付書類、第二十三条の四、第二十三条の九第一項若しくは第二十三条の十第一項の規定若しくは同条第五項において準用する同条第一項（これらの規定を第二十七条において準用する場合を含む。）の規定による訂正発行登録書（当該訂正発行登録書に係る参照書類を含む。）、第二十三条の八第一項及び第五項（これらの規定を第二十七条において準用する場合を含む。）の規定による発行登録追補書類（当該発行登録追補書類に係る参照書類を含む。）及びその添付書類又は第二十四条第一項若しくは第三項（これらの規定を同条第五項（第二十七条において準用する場合を含む。）及び第二十七条において準用する場合を含む。）若しくは第二十四条の二第一項（第二十七条において準用する場合を含む。）の規定による有価証券報告書若しくはその訂正報告書であつて、重要な事項につき虚偽の記載のあるものを提出した者

二　第二十七条の三第一項（第二十七条の二十二の二第二項において準用する場合を含む。）、第二十七条の六第二項若しくは第三項（これらの規定を第二十七条の二十二の二第二項において準用する場合を含む。）、第二十七条の七第一項若しくは第二項（これらの規定を第二十七条の八第十二項並びに第二十七条の二十二の二第二項及び第六項において準用する場合を含む。）、第二十七条の八第八項（第二十七条の二十二の二第二項及び第二十七条の二十二の三第四項において準用する場合を含む。）、第二十七条の八第十一項（第二十七条の二十二の二第二項において準用する場合を含む。）、第二十七条の十第四項から第六項まで、第二十七条の十一第二項（第二十七条の二十二の二第二項において準用する場合を含む。）又は第二十七条の十三第一項（第二十七条の二十二の二第二項において準用する場合を含む。）の規定による公告又は公表に当たり、重要な事項につき虚偽の表示をした者

三　第二十七条の三第二項（第二十七条の二十二の二第二項において準用する場合を含む。）の規定による公開買付届出書、第二十七条の八第一項から第四項まで（これらの規定を第二十七条の二十二の二第二項において準用する場合を含む。）の規定による訂正届出書、第二十七条の十一第三項（第二十七条の二十二の二第二項において準用する場合を含む。）の規定による公開買付撤回届出書、第二十七条の十三第二項（第二十七条の二十二の二第二項において準用する場合を含む。）の規定による公開買付報告書又は第二十七条の十三第三項及び第二十七条の二十二の二第七項において準用する第二十七条の八第一項から第四項までの規定による訂正報告書であつて、重要な事項につき虚偽の記載のあるものを提出した者

四　第二十七条の二十二の三第一項又は第二項の規定による公表を行わず、又は虚偽の公表を行つた者

四の二　第二十七条の三十一第二項の規定による特定証券情報（同条第三項の規定の適用を受ける特定証券情報の場合には、当該特定証券情報に係る参照情報を含む。）、同条第四項の規定による訂正特定証券情報（当該訂正特定証券情報に係る参照情報を含む。）、第二十七条の三十二第一項若しくは第二項の規定による発行者情報又は同条第三項の規定による訂正発行者情報であつて、重要な事項につき虚偽のあるものの提供又は公表をした者

五　第百五十七条、第百五十八条又は第百五十九条の規定に違反した者（当該違反が商品関連市場デリバティブ取引のみに係るものである場合を除く。）

六　第百八十五条の二十二第一項、第百八十五条の二十三第一項又は第百八十五条の二十四第一項若しくは第二項の規定に違反した者

②　次の各号のいずれかに該当する者は、十年以下の懲役及び三千万円以下の罰金に処する。

一　財産上の利益を得る目的で、前項第五号の罪を犯して有価証券等の相場を変動させ、又はくぎ付けし、固定し、若しくは安定させ、当該変動させ、又はくぎ付けし、固定し、若しくは安定させた相場により当該有価証券等に係る有価証券の売買その他の取引又はデリバティブ取引等を行つた者（当該罪が商品関連市場デリバティブ取引のみに係るものである場合を除く。）

二　財産上の利益を得る目的で、前項第六号の罪を犯して暗号等資産等の相場を変動させ、当該変動させた相場により当該暗号等資産等に係る暗号等資産の売買その他の取引又は暗号等資産関連デリバティブ取引等を行つた者

＊**令和四法六八**（令和七・六・一六までに施行）**による改正**
第一九七条中「懲役」を「拘禁刑」に改める。（本文未織込み）

第一九七条の二　次の各号のいずれかに該当する者は、五年以下の懲役若しくは五百万円以下の罰金に処し、又はこれを併科する。

一　第四条第一項の規定による届出を必要とする有価証券の募集若しくは売出し、同条第二項の規定による届出を必要とする適格機関投資家取得有価証券一般勧誘又は同条第三項の規定による届出を必要とする特定投資家等取得有価証券一般勧誘について、これらの届出が受理されていないのに当該募集、売出し、適格機関投資家取得有価証券一般勧誘若しくは特定投資家等取得有価証券一般勧誘又はこれらの取扱いをした者

二　第六条（第十二条、第二十三条の十二第一項、第二十四条第七項、第二十四条の二第三項、第二十四条の四の四第五項、第二十四条の四の五第二項、第二十四条の四の七第五項、第二十四条の五第六項及び第二十四条の六第三項において準用し、並びにこれらの規定（第二十四条の六第三項を除く。）を第二十七条において準用する場合を含む。）、第二十四条の七第四項（同条第六項（第二十七条において準用する場合を含む。）及び第二十七条において準用する場合を含む。）、第二十七条の三第四項（第二十七条の八第六項（第二十七条の十三第三項において準用する場合を含む。）、第二十七条の十一第四項、第二十七条の十三第三項並びに第二十七条の二十二の二第二項及び第三項において準用する場合を含む。）又は第二十七条の二十二の二第四項（同条第八項において準用する場合を含む。）の規定による書類の写しの提出又は送付に当たり、重要な事項につき虚偽があり、かつ、写しの基となつた書類と異なる内容の記載をした書類をその写しとして提出し、又は送付した者

三　第十五条第一項（第二十七条において準用する場合を含む。）、第二十三条の八第一項（第二十七条において準用する場合を含む。）、第二十三条の三第三項（第二十七条の二十二の二第二項において準用する場合を含む。）、第二十七条の八第七項（第二十七条の二十二の二第二項において準用する場合を含む。）、第二十七条の八第九項（第二十七条の二十二の二第二項及び第二十七条の二十二の三第四項において準用する場合を含む。）又は第二十七条の八第十一項（第二十七条の二十二の二第二項において準用する場合を含む。）の規定に違反した者

四　第二十七条の三第一項（第二十七条の二十二の二第二項において準用する場合を含む。）又は第二十七条の二十二の二第二項において準用する場合を含む。）又は第二十七条の二十七条の十第四項の規

定による公告を行わない者

五　第二十四条第一項若しくは第三項（これらの規定を同条第五項（第二十七条において準用する場合を含む。）及び第二十七条において準用する場合を含む。）若しくは第二十四条第六項（第二十七条において準用する場合を含む。）の規定による有価証券報告書若しくはその添付書類、第二十四条の二第一項（第二十七条において準用する場合を含む。）において準用する第十条第一項の規定による訂正報告書、第二十四条の四の四第一項（同条第三項（第二十七条において準用する場合を含む。）及び第二十七条において準用する場合を含む。）若しくは第四項（第二十七条において準用する場合を含む。）の規定による内部統制報告書若しくはその添付書類、第二十四条の四の五第一項（第二十七条において準用する場合を含む。）において準用する第十条第一項の規定による訂正報告書、第二十七条の三第二項（第二十七条の二十二の二第二項において準用する場合を含む。）の規定による公開買付届出書、第二十七条の十一第三項（第二十七条の二十二の二第二項において準用する場合を含む。）の規定による公開買付撤回届出書、第二十七条の十三第二項（第二十七条の二十二の二第二項において準用する場合を含む。）の規定による公開買付報告書、第二十七条の二十三第一項若しくは第二十七条の二十六第一項の規定による大量保有報告書又は第二十七条の二十五第一項若しくは第二十七条の二十六第二項の規定による変更報告書を提出しない者

六　第二十四条第六項若しくは第二十四条の二第一項（これらの規定を第二十七条において準用する場合を含む。）、第二十四条の四の四第一項（同条第三項（第二十七条において準用する場合を含む。）及び第二十七条において準用する場合を含む。）若しくは第四項（第二十七条において準用する場合を含む。）、第二十四条の四の五第一項（第二十七条において準用する場合を含む。）、第二十四条の四の七第一項若しくは第二項（同条第三項（第二十七条において準用する場合を含む。）及び第二十七条において準用する場合を含む。）、第二十四条の四の七第四項（第二十七条において準用する場合を含む。）、第二十四条の五第一項（同条第三項（第二十七条において準用する場合を含む。）及び第二十七条において準用する場合を含む。）若しくは第二十四条の五第四項若しくは第五項（これらの規定を第二十七条において準用する場合を含む。）の規定による添付書類、内部統制報告書若しくはその添付書類、四半期報告書、半期報告書、臨時報告書若しくはこれらの訂正報告書、第二十四条の六第一項若しくは第二項の規定による自己株券買付状況報告書若しくはその訂正報告書、第二十四条の七第一項若しくは第二項（これらの規定を同条第六項（第二十七条において準用する場合を含む。）及び第二十七条において準用する場合を含む。）若しくは第二十四条の七第三項（同条第六項（第二十七条において準用する場合を含む。）及び第二十七条において準用する場合を含む。）において準用する第七条第一項、第九条第一項若しくは第十条第一項の規定による親会社等状況報告書若しくはその訂正報告書、第二十七条の十第一項の規定による意見表明報告書、同条第八項において準用する第二十七条の八第一項から第四項までの規定による訂正報告書、第二十七条の十第十一項の規定による対質問回答報告書、同条第十二項において準用する第二十七条の八第一項から第四項までの規定による訂正報告書、第二十七条の二十三第一項若しくは第二十七条の二十六第一項の規定による大量保有報告書、第二十七条の二十五第一項若しくは第二十七条の二十六第二項の規定による変更報告書又は第二十七条の二十五第三項（第二十七条の二十六第六項において準用する場合を含む。）若しくは第二十七条の二十九第一項において準用する第九条第一項若しくは第十条第一項の規定による訂正報告書であつて、重要な事項につき虚偽の記載のあるものを提出した者

七　第二十七条の二十五第二項（第二十七条において準用する場合を含む。）の規定による書類（第二十五条第一項第五号及び第九号に掲げる書類を除く。）の写しの公衆縦覧に当たり、重要な事項につき虚偽があり、かつ、写しの基となつた書類と異なる内容の記載をした書類をその写しとして公衆の縦覧に供した者

八　第二十七条の九第一項（第二十七条の二十二の二第二項において準用する場合を含む。）の規定による公開買付説明書又は第二十七条の九第三項（第二十七条の二十二の二第二項において準用する場合を含む。）の規定により訂正した公開買付説明書であつて、重要な事項につき虚偽の記載のあるものを交付した者

九　第二十七条の六第一項の規定に違反して公開買付けの買付条件等の変更を行う旨の公告を行つた者又は第二十七条の十一第一項ただし書（第二十七条の二十二の二第二項において準用する場合を含む。）の規定に該当しないにもかかわらず、第二十七条の十一第一項本文（第二十七条の二十二の二第二項において準用する場合を含む。）に規定する公開買付けの撤回等を行う旨の公告を行つた者

十　第二十七条の二十二の三第二項の規定による通知を行わず、又は虚偽の通知を行つた者

十の二　特定勧誘等について、当該特定勧誘等に係る特定証券情報が提供され、又は公表されていないのに当該特定勧誘等又はその取扱いをした者

十の三　第二十七条の三十二第一項若しくは第二項の規定による発行者情報の提供若しくは公表をしない者又は同条第四項の規定（発行者情報に係る部分に限る。）に違反した者

十の四―十二　（略）

十三　第百五十七条、第百五十八条若しくは第百五十九条の規定に違反した者（当該違反が商品関連市場デリバティブ取引のみに係るものである場合に限る。）又は第百六十六条第一項若しくは第三項若しくは第百六十七条第一項若しくは第三項の規定に違反した者

十四　第百六十七条の二第一項の規定に違反した者（当該違反により同項の伝達を受けた者又は同項の売買等をすることを勧められた者が当該違反に係る第百六十六条第一項に規定する業務等に関する重要事実について同項の公表がされたこととなる前に当該違反に係る特定有価証券等に係る売買等をした場合（同条第六項各号に掲げる場合に該当するときを除く。）に限る。）

十五　第百六十七条の二第二項の規定に違反した者（当該違反により同項の伝達を受けた者又は同項の買付け等若しくは売付け等をすることを勧められた者が当該違反に係る公開買付け等事実について第百六十七条第一項の公表がされたこととなる前に当該違反に係る株券等に係る買付け等又は売付け等をした場合（同条第五項各号に掲げる場合に該当するときを除く。）に限る。）

＊令和四法六八（令和七・六・一六までに施行）**による改正**
第一九七条の二中「懲役」を「拘禁刑」に改める。（本文未織込み）

第一九七条の三　（略）

第一九八条　次の各号のいずれかに該当する者は、三年以下の懲役若しくは三百万円以下の罰金に処し、又はこれを併科する。

一　（略）

二　第三十六条の三、第六十六条の九又は第六十六条の三十四の規定に違反して他人に登録金融機関業務、金融商品仲介業又は信用格付業を行わせた者

二の二　第三十八条第一号の規定に違反した者（当該違反が投資運用業に関して行われたものである場合に限る。）

二の三　第三十八条第七号又は第六十六条の十四第一号ハの規定に違反した者

二の四―七　（略）

八　第百九十二条第一項又は第二項の規定による裁判所の命令に違反した者

＊**令和四法六八**（令和七・六・一六までに施行）**による改正**
第一九八条中「懲役」を「拘禁刑」に改める。（本文末織込み）

第一九八条の二①　次に掲げる財産は、没収する。ただし、その取得の状況、損害賠償の履行の状況その他の事情に照らし、当該財産の全部又は一部を没収することが相当でないときは、これを没収しないことができる。
一　第百九十七条第一項第五号若しくは第六号若しくは第二項又は第百九十七条の二第十三号の罪の犯罪行為により得た財産
二　前号に掲げる財産の対価として得た財産又は同号に掲げる財産がオプションその他の権利である場合における当該権利の行使により得た財産
②　前項の規定により財産を没収すべき場合において、これを没収することができないときは、その価額を犯人から追徴する。

第一九八条の三　第三十八条の二若しくは第三十九条第一項（これらの規定を第六十六条の十五において準用する場合を含む。）、第四十一条の二第二号若しくは第五号又は第四十二条の二第一号、第三号若しくは第六号の規定に違反した場合（第三十八条の二第一号の規定に違反した場合にあつては、当該違反が投資運用業に関して行われたものである場合を除く。）においては、その行為をした金融商品取引業者等若しくは金融商品仲介業者の代表者、代理人、使用人その他の従業者又は金融商品取引業者若しくは金融商品仲介業者は、三年以下の懲役若しくは三百万円以下の罰金に処し、又はこれを併科する。

＊**令和四法六八**（令和七・六・一六までに施行）**による改正**
第一九八条の三中「懲役」を「拘禁刑」に改める。（本文末織込み）

第一九八条の四　（略）

第一九八条の五　次の各号に掲げる違反があつた場合においては、その行為をした金融商品取引業者等、指定親会社、取引所取引許可業者、電子店頭デリバティブ取引等許可業者、特例業務届出者、海外投資家等特例業務届出者、金融商品仲介業者、信用格付業者、高速取引行為者、認可金融商品取引業協会若しくは第七十八条第二項に規定する認定金融商品取引業協会、金融商品取引所、第八十五条第一項に規定する自主規制法人、金融商品取引所持株会社、外国金融商品取引所、金融商品取引清算機関、外国金融商品取引清算機関、証券金融会社、取引情報蓄積機関若しくは特定金融指標算出者の代表者、代理人、使用人その他の従業者又は金融商品取引業者、特例業務届出者、海外投資家等特例業務届出者、金融商品仲介業者、高速取引行為者若しくは特定金融指標算出者は、二年以下の懲役若しくは三百万円以下の罰金に処し、又はこれを併科する。
一　第四十二条の四、第四十三条の二第一項若しくは第二項、第四十三条の二の二又は第四十三条の三の規定に違反したとき。
二―四　（略）

＊**令和四法六八**（令和七・六・一六までに施行）**による改正**
第一九八条の五中「懲役」を「拘禁刑」に改める。（本文末織込み）

第一九八条の六　次の各号のいずれかに該当する者は、一年以下の懲役若しくは三百万円以下の罰金に処し、又はこれを併科する。
一　（略）
二　第三十八条第一号の規定に違反した者（当該違反が投資運用業に関して行われたものである場合を除く。）又は第六十六条の十四第一号イの規定に違反した者
二の二　第四十三条の六第二項（第六十六条の十五において準用する場合を含む。）の規定に違反した者
三―十八　（略）

＊**令和四法六八**（令和七・六・一六までに施行）**による改正**
第一九八条の六中「懲役」を「拘禁刑」に改める。（本文末織込み）

第一九九条　（略）

第二〇〇条　次の各号のいずれかに該当する者は、一年以下の懲役若しくは百万円以下の罰金に処し、又はこれを併科する。
一　第六条（第十二条、第二十三条の十二第一項、第二十四条第七項、第二十四条の二第三項、第二十四条の四の四第五項、第二十四条の四の五第二項、第二十四条の四の七第五項、第二十四条の五第六項及び第二十四条の六第三項において準用し、並びにこれらの規定（第二十四条の六第三項を除く。）を第二十七条において準用する場合を含む。）、第二十四条の七第四項（同条第六項（第二十七条において準用する場合を含む。）及び第二十七条において準用する場合を含む。）、第二十七条の三第四項（第二十七条の八第六項（第二十七条の十三第三項において準用する場合を含む。）、第二十七条の十一第四項、第二十七条の十三第三項並びに第二十七条の二十二の二第二項及び第三項において準用する場合を含む。）又は第二十七条の二十二の二第四項（同条第八項において準用する場合を含む。）の規定による書類の写しの提出をせず、又は送付しない者
二　第七条第一項前段、第九条第一項又は第十条第一項（これらの規定を第二十七条において準用する場合を含む。）の規定による訂正届出書を提出しない者
三　第十五条第二項（第二十三条の十二第三項において準用し、及びこれらの規定を第二十七条において準用する場合を含む。）、第十五条第三項若しくは第四項（これらの規定を第二十七条において準用する場合を含む。）、第二十七条の五（第二十七条の八第十項、第二十七条の二十二の二第二項及び第五項並びに第二十七条の二十二の三第五項において準用する場合を含む。）又は第二十七条の十三第四項若しくは第五項（これらの規定を第二十七条の二十二の二第二項において準用する場合を含む。）の規定に違反した者
四　第二十三条の四前段、第二十三条の九第一項若しくは第二十三条の十第一項の規定又は同条第五項において準用する同条第一項（これらの規定を第二十七条において準用する場合を含む。）の規定による訂正発行登録書を提出しない者
五　第二十四条の二第一項（第二十七条において準用する場合を含む。）において準用する第九条第一項、第二十四条の四の七第一項（同条第三項において準用し、及びこれらの規定を第二十七条において準用する場合を含む。）、第二十四条の四の七第四項（第二十七条において準用する場合を含む。）において準用する第九条第一項、第二十四条の五第一項（同条第三項において準用し、及びこれらの規定を第二十七条において準用する場合を含む。）、第二十四条の五第四項（第二十七条において準用する場合を含む。）、第二十四条の五第五項（第二十七条において準用する場合を含む。）において準用する第九条第一項若しくは第十条第一項、第二十四条の六第一項、同条第二項において準用する第九条第一項若しくは第十条第一項、第二十四条の七第一項若しくは第二項（これらの規定を同条第六項（第二十七条において準用する場合を含む。）及び第二十七条において準用する場合を含む。）又は第二十四条の七第三項（同条第六項（第二十七条において準用する場合を含む。）及び第二十七条において準用する場合を含む。）において準用する第九条第一項若しくは第十条第一項の規定による訂正報告書、四半期報告書、半期報告書、

臨時報告書、親会社等状況報告書又は自己株券買付状況報告書を提出しない者
六　第二十五条第二項（第二十七条において準用する場合を含む。）又は第二十七条の十四第二項（第二十七条の二十二の二第二項において準用する場合を含む。）の規定に違反して書類（第二十五条第一項第五号及び第九号に掲げる書類を除く。）の写しを公衆の縦覧に供しない者
七　第二十七条の七第三項（第二十七条の八第十二項並びに第二十七条の二十二の二第二項及び第六項において準用する場合を含む。）、第二十七条の八第八項（第二十七条の二十二の二第二項及び第二十七条の二十二の三第四項において準用する場合を含む。）、第二十七条の八第十一項（第二十七条の二十二の二第二項において準用する場合を含む。）、第二十七条の十第六項又は第二十七条の十三第一項（第二十七条の二十二の二第二項において準用する場合を含む。）の規定による公告又は公表を行わない者
八　第二十七条の八第二項から第四項まで（これらの規定を第二十七条の二十二の二第二項において準用する場合を含む。）の規定による訂正届出書又は第二十七条の十三第三項及び第二十七条の二十二の二第七項において準用する第二十七条の八第二項から第四項までの規定による訂正報告書を提出しない者
九　第二十七条の九第二項又は第三項（これらの規定を第二十七条の二十二の二第二項において準用する場合を含む。）の規定に違反して公開買付説明書又は訂正した公開買付説明書を交付しなかつた者
十　第二十七条の十第一項の規定による意見表明報告書又は同条第十一項の規定による対質問回答報告書を提出しない者
十一　第二十七条の十第九項（同条第十項において準用する場合を含む。）若しくは同条第十三項（同条第十四項において準用する場合を含む。）又は第二十七条の二十七（第二十七条の二十九第二項において準用する場合を含む。）の規定による書類の写しの送付に当たり、重要な事項につき虚偽があり、かつ、写しの基となつた書類と異なる内容の記載をした書類をその写しとして送付した者
十二　第二十七条の二十九第一項において準用する第九条第一項又は第十条第一項の規定による訂正報告書を提出しない者
十二の二　重要な事項につき第二十七条の三十一第四項の規定による訂正特定証券情報の提供若しくは公表をしない者又は当該訂正特定証券情報につき同条第五項の規定（訂正特定証券情報に係る部分に限る。）に違反した者
十二の三・十三　（略）
十四　第三十九条第二項（第六十六条の十五において準用する場合を含む。）の規定に違反した者
十五　第三十九条第七項（第六十六条の十五において準用する場合を含む。）の規定による申請書又は書類に虚偽の記載をして提出した者
十五の二―十八の二　（略）
十九　第百六十七条の三の規定に違反した者
二十　第百六十八条の規定に違反した者
二十一　第百七十条又は第百七十一条の規定に違反して、表示をした者

＊令和四法六八（令和七・六・一六までに施行）**による改正**
第二〇〇条中「懲役」を「拘禁刑」に改める。（本文未織込み）

第二〇〇条の二　前条第十四号の場合において、犯人又は情を知つた第三者が受けた財産上の利益は、没収する。その全部又は一部を没収することができないときは、その価額を追徴する。

第二〇〇条の三及び第二〇一条　（略）

第二〇二条①　取引所金融商品市場によらないで、取引所金融商品市場における相場（取引所金融商品市場における金融商品の価格又は利率等に基づき算出される金融指標を含む。）により差金の授受を目的とする行為をした者は、一年以下の懲役若しくは百万円以下の罰金に処し、又はこれを併科する。ただし、刑法第百八十六条の規定の適用を妨げない。
②　（略）

＊令和四法六八（令和七・六・一六までに施行）**による改正**
第一項中「懲役」を「拘禁刑」に改める。（本文未織込み）

第二〇三条から第二〇四条まで　（略）

第二〇五条　次の各号のいずれかに該当する者は、六月以下の懲役若しくは五十万円以下の罰金に処し、又はこれを併科する。
一　第四条第四項、同条第六項（第二十三条の八第四項において準用する場合を含む。）、第十三条第四項若しくは第五項（これらの規定を第二十三条の十二第一項（第二十七条において準用する場合を含む。）、第十五条第六項（第二十三条の十二第三項において準用し、及びこれらの規定を第二十七条において準用する場合を含む。）において準用する第十五条第二項から第四項まで、第二十三条第二項（第二十三条の十二第五項において準用し、及びこれらの規定を第二十七条において準用する場合を含む。）、第二十三条の八第三項（第二十七条において準用する場合を含む。）又は第二十四条の二第二項（第二十七条において準用する場合を含む。）の規定に違反した者
二　第二十七条の十第八項において準用する第二十七条の八第二項から第四項までの規定又は第二十七条の十第十二項において準用する第二十七条の八第二項から第四項までの規定による訂正報告書を提出しない者
三　第二十七条の十第九項（同条第十項において準用する場合を含む。）若しくは同条第十三項（同条第十四項において準用する場合を含む。）又は第二十七条の二十七（第二十七条の二十九第二項において準用する場合を含む。）の規定による書類の写しを送付しない者
四　第二十七条の十五第二項（第二十七条の二十二の二第二項において準用する場合を含む。）の規定に違反した者
五　第二十六条第一項（第二十七条において準用する場合を含む。）、第二十七条の二十二第一項（第二十七条の二十二の二第二項において準用する場合を含む。）若しくは第二項、第二十七条の三十第一項若しくは第二項、第二十七条の三十五第一項、第二十七条の三十七第一項又は第百九十三条の二第六項の規定による報告若しくは資料を提出せず、又は虚偽の報告若しくは資料を提出した者
六　第二十六条第一項（第二十七条において準用する場合を含む。）、第二十七条の二十二第一項（第二十七条の二十二の二第二項において準用する場合を含む。）若しくは第二項、第二十七条の三十第一項、第二十七条の三十五第一項、第二十七条の三十七第一項又は第百七十七条第一項第三号の規定による検査を拒み、妨げ、又は忌避した者
六の二　第二十七条の三十二の二第一項又は第二項の規定による外国証券情報であつて、重要な事項につき虚偽のあるものの提供又は公表をした者
六の三　外国証券売出しについて、当該外国証券売出しに係る第二十七条の三十二の二第一項の規定による外国証券情報の提供又は公表をしていないのに当該外国証券売出しに係る有価証券を売り付けた者
六の四　第二十七条の三十二の二第二項の規定による外国証券情報の提供又は公表をしない者
六の五　第二十七条の三十八第二項の規定による命令に違反した者
七―十一　（略）
十二　第三十七条の三第一項、第三十七条の四第一項若しくは第三十七条の五第一項の規定に違反して、書面を交付せず、若しくはこれらの規定に規定する事項を記載しない書面若しくは虚偽の記載をした書面を交付した者又は第三十七条の三

第二項、第三十七条の四第二項若しくは第三十七条の五第二項において準用する第三十四条の二第四項に規定する方法により当該事項を欠いた提供若しくは虚偽の事項の提供をした者

十三　第三十七条の三第三項、第四十二条の七第三項、第百三条の二第三項、第百六条の三第三項（第百六条の十第四項及び第百六条の十七第四項において準用する場合を含む。）、第百六条の十四第三項又は第百五十六条の五の五第三項の規定による届出をせず、又は虚偽の届出をした者

十四―十七　（略）

十八　第百六十一条第一項（同条第二項において準用する場合を含む。）又は第三項の規定による内閣府令に違反した者

十九　第百六十三条若しくは第百六十五条の二第一項若しくは第二項の規定に違反して報告書を提出せず、若しくは虚偽の記載をした報告書を提出し、又は第百六十四条第五項若しくは第百六十五条の二第十項の規定による申立てにおいて虚偽の申立てをした者

二十　第百六十五条、第百六十五条の二第十五項又は第百六十九条の規定に違反した者

> ＊**令和四法六八**（令和七・六・一六までに施行）**による改正**
> 第二〇五条中「懲役」を「拘禁刑」に改める。（本文未織込み）

第二〇五条の二から第二〇六条まで　（略）

第二〇七条①　法人（法人でない団体で代表者又は管理人の定めのあるものを含む。以下この項及び次項において同じ。）の代表者又は法人若しくは人の代理人、使用人その他の従業者が、その法人又は人の業務又は財産に関し、次の各号に掲げる規定の違反行為をしたときは、その行為者を罰するほか、その法人に対して当該各号に定める罰金刑を、その人に対して各本条の罰金刑を科する。

一　第百九十七条　七億円以下の罰金刑

二　第百九十七条の二（第十一号及び第十二号を除く。）又は第百九十七条の三　五億円以下の罰金刑

三　第百九十八条（第四号の二及び第五号を除く。）又は第百九十八条の三から第百九十八条の五まで　三億円以下の罰金刑

四　第百九十八条の六（第八号、第九号、第十二号、第十三号及び第十五号を除く。）又は第百九十九条　二億円以下の罰金刑

五　第二百条（第十二号の三、第十五号の二、第十七号、第十八号の二及び第十九号を除く。）又は第二百一条第一号、第二号、第四号、第六号若しくは第九号から第十一号まで　一億円以下の罰金刑

六　第百九十八条第四号の二、第百九十八条の六第八号、第九号、第十二号、第十三号若しくは第十五号、第二百条第十二号の三、第十五号の二、第十七号、第十八号の二若しくは第十九号、第二百一条（第一号、第二号、第四号、第六号及び第九号から第十一号までを除く。）、第二百五条から第二百五条の二の二まで、第二百五条の二の三（第十三号及び第十四号を除く。）又は前条（第五号を除く。）　各本条の罰金刑

② 前項の規定により第百九十七条、第百九十七条の二（第十一号及び第十二号を除く。）又は第百九十七条の三の違反行為につき法人又は人に罰金刑を科する場合における時効の期間は、これらの規定の罪についての時効の期間による。

③ 第一項の規定により法人でない団体を処罰する場合には、その代表者又は管理人がその訴訟行為につきその団体を代表するほか、法人を被告人又は被疑者とする場合の刑事訴訟に関する法律の規定を準用する。

第二〇七条の二から第二〇七条の四まで　（略）

第二〇八条　有価証券の発行者、金融商品取引業者等、金融商品取引業者の特定主要株主、指定親会社、特例業務届出者、海外投資家等特例業務届出者、金融商品仲介業者若しくは高速取引行為者の代表者若しくは役員、金融商品取引業者、金融商品取引業者の特定主要株主、特例業務届出者、海外投資家等特例業務届出者、金融商品仲介業者若しくは高速取引行為者、外国法人である金融商品取引業者、第五十九条の規定により許可を受けた者、取引所取引許可業者、電子店頭デリバティブ取引等許可業者、外国法人である特例業務届出者、外国法人である海外投資家等特例業務届出者若しくは外国法人である高速取引行為者の国内における代表者、信用格付業者の役員（法人でない団体で代表者又は管理人の定めのあるものの代表者又は管理人を含む。）、外国法人（法人でない団体で代表者又は管理人の定めのあるものを含む。）である信用格付業者の国内における代表者、認可金融商品取引業協会若しくは第七十八条第二項に規定する認定金融商品取引業協会の役員（仮理事を含む。）若しくは代表者であつた者、投資者保護基金の役員（仮理事及び仮監事を含む。）若しくは清算人、金融商品取引所若しくは第八十五条第一項に規定する自主規制法人の役員（仮理事、仮取締役及び仮執行役を含む。）、代表者であつた者若しくは清算人、外国金融商品取引所の国内における代表者若しくは代表者であつた者、金融商品取引清算機関の代表者若しくは役員、外国金融商品取引清算機関の国内における代表者、証券金融会社の代表者若しくは役員、第百五十六条の三十八第一項に規定する指定紛争解決機関の役員（法人でない団体で代表者又は管理人の定めのあるものの代表者又は管理人を含む。）、取引情報蓄積機関の役員（法人でない団体で代表者又は管理人の定めのあるものの代表者又は管理人を含む。）、特定金融指標算出者の役員（法人でない団体で代表者又は管理人の定めのあるものの代表者又は管理人を含む。）又は特定金融指標算出者は、次の場合においては、三十万円以下の過料に処する。

一　第四条第五項（第二十三条の八第四項において準用する場合を含む。）、第四十四条の四（第五十九条の六において準用する場合を含む。）、第七十九条の二十六第二項、第七十九条の七十三、第百十九条第一項若しくは第四項又は第百六十一条の二第一項の規定に違反したとき。

二　第二十四条の四の二第一項（同条第三項（同条第四項において準用する場合を含む。）及び第四項において準用し、並びにこれらの規定を第二十七条において準用する場合を含む。）の規定による確認書又は第二十四条の四の三第一項（第二十七条において準用する場合を含む。）において読み替えて準用する第九条第一項若しくは第十条第一項の規定による訂正確認書を提出しなかつたとき。

三―五　（略）

六　第四十条の二第四項又は第五項の規定に違反して、書面の交付をしなかつたとき。

六の二―二十七　（略）

第二〇八条の二　次の各号のいずれかに該当する者は、三十万円以下の過料に処する。

一　（略）

二　第百六十二条第一項（同条第二項において準用する場合を含む。）の規定に違反した者

三　第百六十二条の二の規定による内閣府令に違反した者

四　第百九十三条の三第一項の規定に違反した者

五　第百九十三条の三第二項の規定に違反して、申出をせず、又は虚偽の申出をした者

六　第百九十三条の三第三項の規定に違反して、通知をせず、又は虚偽の通知をした者

第二〇八条の三　（略）

第二〇九条　次の各号のいずれかに該当する者は、十万円以下の過料に処する。

一　第二十三条の十三第一項、第三項又は第四項（これらの規定を第二十七条において準用する場合を含む。）の規定に違反した者

二　第二十三条の十三第二項又は第五項（これらの規定を第二十七条において準用する場合を含む。）の規定に違反して、書

面の交付をしなかつた者

三　第二十四条の四の二第五項（第二十四条の四の八第一項及び第二十四条の五の二第一項において準用し、並びにこれらの規定を第二十七条において準用する場合を含む。）において準用する第六条の規定による確認書の写し又は第二十四条の四の三第二項（第二十四条の四の八第二項及び第二十四条の五の二第二項において準用し、並びにこれらの規定を第二十七条において準用する場合を含む。）において準用する第六条の規定による訂正確認書の写しを提出しなかつた者

四　第二十四条の四の八第一項若しくは第二十四条の五の二第一項（これらの規定を第二十七条において準用する場合を含む。）において準用する第二十四条の四の二第一項（同条第三項（同条第四項において準用する場合を含む。）及び第四項において準用し、並びにこれらの規定を第二十七条において準用する場合を含む。）の規定による確認書又は第二十四条の四の八第二項若しくは第二十四条の五の二第二項（これらの規定を第二十七条において準用する場合を含む。）において準用する第二十四条の四の三第一項（第二十七条において準用する場合を含む。）において読み替えて準用する第九条第一項若しくは第十条第一項の規定による訂正確認書を提出しなかつた者

五　第二十五条第二項（第二十七条において準用する場合を含む。）の規定に違反して書類（第二十五条第一項第五号及び第九号に掲げる書類に限る。）の写しを公衆の縦覧に供しない者

六　第二十七条の三十四の規定に違反して、通知書を交付せず、又は同条に規定する事項を記載しない通知書若しくは虚偽の記載をした通知書を交付した者

六の二―十　（略）

第二〇九条の二及び第二〇九条の三　（略）

第八章の二　没収に関する手続等の特例

（第二〇九条の四から第二〇九条の七まで）（略）

第九章　犯則事件の調査等

（第二一〇条から第二二六条まで）（略）

附　則（抄）

第一条　この法律は、その成立の日（昭和二三・四・六）から三十日を経過した日（昭和二三・五・六）からこれを施行する。但し、第二章の規定は、その施行の日から六十日、第六十五条の規定は、その施行の日から六箇月を経過した日（第二章は昭和二三・七・五、第六五条は昭和二三・一一・六）から、これを施行する。

第二条　有価証券業取締法（昭和一三法三二）、有価証券引受業法（昭和一三法五四）及び有価証券割賦販売業法（大正七法二九）は、これを廃止する。

附　則（令和四・五・一八法四一）（抄）

（施行期日）

第一条　この法律は、公布の日から起算して一年を超えない範囲内において政令で定める日から施行する。ただし、附則第十一条の規定は、公布の日から施行する。

（政令への委任）

第一一条　（前略）この法律の施行に関し必要な経過措置（中略）は、政令で定める。

（検討）

第一二条　政府は、この法律の施行後五年を経過した場合において、この法律の施行状況、社会経済情勢の変化等を勘案し、公認会計士制度等について検討を加え、必要があると認めるときは、その結果に基づいて所要の措置を講ずるものとする。

附　則（令和四・六・一〇法六二）（抄）

（施行期日）

第一条　この法律は、公布の日から起算して一年を超えない範囲内において政令で定める日から施行する。ただし、次の各号に掲げる規定は、当該各号に定める日から施行する。

一　附則第二十九条の規定　公布の日

二　（略）

（政令への委任）

第二九条　（前略）この法律の施行に関し必要な経過措置は、政令で定める。

（検討）

第三〇条　政府は、この法律の施行後五年を目途として、この法律による改正後のそれぞれの法律（以下この条において「改正後の各法律」という。）の施行の状況等を勘案し、必要があると認めるときは、改正後の各法律の規定について検討を加え、その結果に基づいて所要の措置を講ずるものとする。

刑法等の一部を改正する法律の施行に伴う関係法律整理法中経過規定　（令和四・六・一七法六八）（抄）

第四四一条から第四四三条まで　（刑法の同経過規定参照）

第五〇九条　（刑法の同経過規定参照）

刑法等の一部を改正する法律の施行に伴う関係法律整理法

附　則（令和四・六・一七法六八）（抄）

（施行期日）

①　この法律は、刑法等一部改正法（刑法等の一部を改正する法律（令和四法六七））施行日から施行する。ただし、次の各号に掲げる規定は、当該各号に定める日から施行する。

一　第五百九条の規定　公布の日

二　（略）

○商業登記法（抄）（昭和三八・七・九 法一二五）

施行 昭和三九・四・一（附則）
最終改正 令和四法四八

目次

第一章 総則

（目的）
第一条 この法律は、商法（明治三十二年法律第四十八号）、会社法（平成十七年法律第八十六号）その他の法律の規定により登記すべき事項を公示するための登記に関する制度について定めることにより、商号、会社等に係る信用の維持を図り、かつ、取引の安全と円滑に資することを目的とする。

（定義）
第一条の二 この法律において、次の各号に掲げる用語の意義は、それぞれ当該各号に定めるところによる。
一 登記簿 商法、会社法その他の法律の規定により登記すべき事項が記録される帳簿であつて、磁気ディスク（これに準ずる方法により一定の事項を確実に記録することができる物を含む。）をもつて調製するものをいう。
二 変更の登記 登記した事項に変更を生じた場合に、商法、会社法その他の法律の規定によりすべき登記をいう。
三 消滅の登記 登記した事項が消滅した場合に、商法、会社法その他の法律の規定によりすべき登記をいう。
四 商号 商法第十一条第一項又は会社法第六条第一項に規定する商号をいう。

第一章の二 登記所及び登記官

（登記所）
第一条の三 登記の事務は、当事者の営業所の所在地を管轄する法務局若しくは地方法務局若しくはこれらの支局又はこれらの出張所（以下単に「登記所」という。）がつかさどる。

（事務の委任）
第二条 法務大臣は、一の登記所の管轄に属する事務を他の登記所に委任することができる。

（事務の停止）
第三条 法務大臣は、登記所においてその事務を停止しなければならない事由が生じたときは、期間を定めて、その停止を命ずることができる。

（登記官）
第四条 登記所における事務は、登記官（登記所に勤務する法務事務官のうちから、法務局又は地方法務局の長が指定する者をいう。以下同じ。）が取り扱う。

（登記官の除斥）
第五条 登記官又はその配偶者若しくは四親等内の親族（配偶者又は四親等内の親族であつた者を含む。以下この条において同じ。）が登記の申請人であるときは、当該登記官は、当該登記をすることができない。登記官又はその配偶者若しくは四親等内の親族が申請人を代表して申請するときも、同様とする。

第二章 登記簿等

（商業登記簿）
第六条 登記所に次の商業登記簿を備える。
一 商号登記簿
二 未成年者登記簿
三 後見人登記簿
四 支配人登記簿
五 株式会社登記簿
六 合名会社登記簿
七 合資会社登記簿
八 合同会社登記簿
九 外国会社登記簿

（会社法人等番号）
第七条 登記簿には、法務省令で定めるところにより、会社法人等番号（特定の会社、外国会社その他の商人を識別するための番号をいう。第十九条の三において同じ。）を記録する。

（登記簿等の持出禁止）
第七条の二 登記簿及びその附属書類（第十七条第三項に規定する電磁的記録（電子的方式、磁気的方式その他人の知覚によつては認識することができない方式で作られる記録であつて、電子計算機による情報処理の用に供されるものをいう。以下同じ。）及び第十九条の二に規定する登記の申請書に添付すべき電磁的記録（以下「第十九条の二に規定する電磁的記録」という。）を含む。以下この条、第九条、第十一条の二、第百四十条及び第百四十一条において同じ。）は、事変を避けるためにする場合を除き、登記所外に持ち出してはならない。ただし、登記簿の附属書類については、裁判所の命令又は嘱託があつたときは、この限りでない。

（登記簿の滅失と回復）
第八条 登記簿の全部又は一部が滅失したときは、法務大臣は、一定の期間を定めて、登記の回復に必要な処分を命ずることができる。

（登記簿等の滅失防止）
第九条 登記簿又はその附属書類が滅失するおそれがあるときは、法務大臣は、必要な処分を命ずることができる。

（登記事項証明書の交付等）
第一〇条① 何人も、手数料を納付して、登記簿に記録されている事項を証明した書面（以下「登記事項証明書」という。）の交付を請求することができる。
② 前項の交付の請求は、法務省令で定める場合を除き、他の登記所の登記官に対してもすることができる。
③ 登記事項証明書の記載事項は、法務省令で定める。

（登記事項の概要を記載した書面の交付）
第一一条 何人も、手数料を納付して、登記簿に記録されている事項の概要を記載した書面の交付を請求することができる。

（附属書類の閲覧）
第一一条の二 登記簿の附属書類の閲覧について利害関係を有する者は、手数料を納付して、その閲覧を請求することができる。この場合において、第十七条第三項に規定する電磁的記録又は第十九条の二に規定する電磁的記録に記録された情報の閲覧は、その情報の内容を法務省令で定める方法により表示したものを閲覧する方法により行う。

（印鑑証明）
第一二条① 次に掲げる者でその印鑑を登記所に提出した者は、手数料を納付して、その印鑑の証明書の交付を請求することができる。
一 第十七条第二項の規定により登記の申請書に押印すべき者

（委任による代理人によつて登記の申請をする場合には、委任をした者又はその代表者）

二　支配人

三　破産法（平成十六年法律第七十五号）の規定により会社につき選任された破産管財人又は保全管理人

四　民事再生法（平成十一年法律第二百二十五号）の規定により会社につき選任された管財人又は保全管理人

五　会社更生法（平成十四年法律第百五十四号）の規定により選任された管財人又は保全管理人

六　外国倒産処理手続の承認援助に関する法律（平成十二年法律第百二十九号）の規定により会社につき選任された承認管財人又は保全管理人

②　第十条第二項の規定は、前項の証明書に準用する。

第一二条の二（電磁的記録の作成者を示す措置の確認に必要な事項等の証明）①　前条第一項各号に掲げる者（以下この条において「被証明者」という。）は、この条に規定するところにより次の事項（第二号の期間については、デジタル庁令・法務省令で定めるものに限る。）の証明を請求することができる。ただし、代表権の制限その他の事項でこの項の規定による証明に適しないものとしてデジタル庁令・法務省令で定めるものがあるときは、この限りでない。

一　電磁的記録に記録することができる情報が被証明者の作成に係るものであることを示すために講ずる措置であつて、当該情報が他の情報に改変されているかどうかを確認することができる等被証明者の作成に係るものであることを確実に示すことができるものとしてデジタル庁令・法務省令で定めるものについて、当該被証明者が当該措置を講じたものであることを確認するために必要な事項

二　この項及び第三項の規定により証明した事項について、第八項の規定による証明の請求をすることができる期間

②　前項の規定による証明の請求は、同項各号の事項を明らかにしてしなければならない。

③　第一項の規定により証明を請求した被証明者は、併せて、自己に係る登記事項であつてデジタル庁令・法務省令で定めるものの証明を請求することができる。

④　第一項の規定により証明を請求する被証明者は、政令で定める場合を除くほか、手数料を納付しなければならない。

⑤　第一項及び第三項の規定による証明は、法務大臣の指定する登記所の登記官がする。ただし、これらの規定による証明の請求は、当事者の営業所（会社にあつては、本店）の所在地を管轄する登記所を経由してしなければならない。

⑥　前項の指定は、告示してしなければならない。

⑦　第一項の規定により証明を請求した被証明者は、同項第二号の期間中において同項第一号の事項が当該被証明者が同号の措置を講じたものであることを確認するために必要な事項でなくなつたときは、第五項本文の登記所に対し、同項ただし書の登記所を経由して、その旨を届け出ることができる。

⑧　何人でも、第五項本文の登記所に対し、次の事項の証明を請求することができる。

一　第一項及び第三項の規定により証明した事項の変更（デジタル庁令・法務省令で定める軽微な変更を除く。）の有無

二　第一項第二号の期間の経過の有無

三　前項の届出の有無及び届出があつたときはその年月日

四　前三号に準ずる事項としてデジタル庁令・法務省令で定めるもの

⑨　第一項及び第三項の規定による証明並びに前項の規定による証明及び証明の請求は、デジタル庁令・法務省令で定めるところにより、登記官が使用する電子計算機と請求をする者が使用する電子計算機とを接続する電気通信回線を通じて送信する方法その他の方法によつて行うものとする。

第一三条（手数料）①　第十条から前条までの手数料の額は、物価の状況、登記事項証明書の交付等に要する実費その他一切の事情を考慮して、政令で定める。

②　第十条から前条までの手数料の納付は、収入印紙をもつてしなければならない。

第三章　登記手続（抄）

第一節　通則

第一四条（当事者申請主義）　登記は、法令に別段の定めがある場合を除くほか、当事者の申請又は官庁の嘱託がなければ、することができない。

第一五条（嘱託による登記）　第五条、第十七条から第十九条の二まで、第二十一条、第二十二条、第二十三条の二、第二十四条、第五十一条第一項及び第二項、第五十二条、第七十八条第一項及び第三項、第八十二条第二項及び第三項、第八十三条、第八十七条第一項及び第二項、第八十八条、第九十一条第一項及び第二項、第九十二条、第百三十二条並びに第百三十四条の規定は、官庁の嘱託による登記の手続について準用する。

第一六条　削除

第一七条（登記申請の方式）①　登記の申請は、書面でしなければならない。

②　申請書には、次の事項を記載し、申請人又はその代表者（当該代表者が法人である場合にあつては、その職務を行うべき者）若しくは代理人が記名押印しなければならない。

一　申請人の氏名及び住所、申請人が会社であるときは、その商号及び本店並びに代表者の氏名又は名称及び住所（当該代表者が法人である場合にあつては、その職務を行うべき者の氏名及び住所を含む。）

二　代理人によつて申請するときは、その氏名及び住所

三　登記の事由

四　登記すべき事項

五　登記すべき事項につき官庁の許可を要するときは、許可書の到達した年月日

六　登録免許税の額及びこれにつき課税標準の金額があるときは、その金額

七　年月日

八　登記所の表示

③　前項第四号に掲げる事項を記録した電磁的記録が法務省令で定める方法により提供されたときは、同項の規定にかかわらず、申請書には、当該電磁的記録に記録された事項を記載することを要しない。

第一八条（申請書の添付書面）　代理人によつて登記を申請するには、申請書（前条第三項に規定する電磁的記録を含む。以下同じ。）にその権限を証する書面を添付しなければならない。

第一九条　官庁の許可を要する事項の登記を申請するには、申請書に官庁の許可書又はその認証がある謄本を添附しなければならない。

第一九条の二（申請書に添付すべき電磁的記録）　登記の申請書に添付すべき定款、議事録若しくは最終の貸借対照表が電磁的記録で作られているとき、又は登記の申請書に添付すべき書面につきその作成に代えて電磁的記録の作成がされているときは、当該電磁的記録に記録された情報の内容を記録した電磁的記録（法務省令で定めるものに限る。）を当該申請書に添付しなければならない。

第一九条の三（添付書面の特例）　この法律の規定により登記の申請書に添付しなければならないとされている登記事項証明書は、申請書に会社法人等番号を記載した場合その他の法務省令で定める場合には、添付することを要しない。

第二〇条　削除

第二一条（受付）①　登記官は、登記の申請書を受け取つたときは、受付

帳に登記の種類、申請人の氏名、会社が申請人であるときはその商号、受付の年月日及び受付番号を記載し、申請書に受付の年月日及び受付番号を記載しなければならない。

② 情報通信技術を活用した行政の推進等に関する法律（平成十四年法律第百五十一号）第六条第一項の規定により同項に規定する電子情報処理組織を使用してする登記の申請については、前項の規定中申請書への記載に関する部分は、適用しない。

③ 登記官は、二以上の登記の申請書を同時に受け取つた場合又は二以上の登記の申請書についてこれを受け取つた時の前後が明らかでない場合には、受付帳にその旨を記載しなければならない。

（受領証）

第二二条 登記官は、登記の申請書その他の書面（第十九条の二に規定する電磁的記録を含む。）を受け取つた場合において、申請人の請求があつたときは、受領証を交付しなければならない。

（登記の順序）

第二三条 登記官は、受附番号の順序に従つて登記をしなければならない。

（登記官による本人確認）

第二三条の二① 登記官は、登記の申請があつた場合において、申請人となるべき者以外の者が申請していると疑うに足りる相当な理由があると認めるときは、次条の規定により当該申請を却下すべき場合を除き、申請人又はその代表者若しくは代理人に対し、出頭を求め、質問をし、又は文書の提示その他必要な情報の提供を求める方法により、当該申請人の申請の権限の有無を調査しなければならない。

② 登記官は、前項に規定する申請人又はその代表者若しくは代理人が遠隔の地に居住しているとき、その他相当と認めるときは、他の登記所の登記官に同項の調査を嘱託することができる。

（申請の却下）

第二四条 登記官は、次の各号のいずれかに掲げる事由がある場合には、理由を付した決定で、登記の申請を却下しなければならない。ただし、当該申請の不備が補正することができるものである場合において、登記官が定めた相当の期間内に、申請人がこれを補正したときは、この限りでない。

一 申請に係る当事者の営業所の所在地が当該申請を受けた登記所の管轄に属しないとき。

二 申請が登記すべき事項以外の事項の登記を目的とするとき。

三 申請に係る登記がその登記所において既に登記されているとき。

四 申請の権限を有しない者の申請によるとき、又は申請の権限を有する者であることの証明がないとき。

五 第二十一条第三項に規定する場合において、当該申請に係る登記をすることにより同項の登記の申請書のうち他の申請書に係る登記をすることができなくなるとき。

六 申請書がこの法律に基づく命令又はその他の法令の規定により定められた方式に適合しないとき。

七 申請書に必要な書面（第十九条の二に規定する電磁的記録を含む。）を添付しないとき。

八 申請書又はその添付書面（第十九条の二に規定する電磁的記録を含む。以下同じ。）の記載又は記録が申請書の添付書面又は登記簿の記載又は記録と合致しないとき。

九 登記すべき事項につき無効又は取消しの原因があるとき。

十 申請につき経由すべき登記所を経由しないとき。

十一 同時にすべき他の登記の申請を同時にしないとき。

十二 申請が第二十七条の規定により登記することができない商号の登記を目的とするとき。

十三 申請が法令の規定により使用を禁止された商号の登記を目的とするとき。

十四 商号の登記を抹消されている会社が商号の登記をしないで他の登記を申請したとき。

十五 登録免許税を納付しないとき。

（提訴期間経過後の登記）

第二五条① 登記すべき事項につき訴えをもつてのみ主張することができる無効又は取消しの原因がある場合において、その訴えがその提起期間内に提起されなかつたときは、前条第九号の規定は、適用しない。

② 前項の場合の登記の申請書には、同項の訴えがその提起期間内に提起されなかつたことを証する書面及び登記すべき事項の存在を証する書面を添付しなければならない。この場合には、第十八条の書面を除き、他の書面の添附を要しない。

③ 会社は、その本店の所在地を管轄する地方裁判所に、第一項の訴えがその提起期間内に提起されなかつたことを証する書面の交付を請求することができる。

（行政区画等の変更）

第二六条 行政区画、郡、区、市町村内の町若しくは字又はそれらの名称の変更があつたときは、その変更による登記があつたものとみなす。

第二節　商号の登記

（同一の所在場所における同一の商号の登記の禁止）

第二七条 商号の登記は、その商号が他人の既に登記した商号と同一であり、かつ、その営業所（会社にあつては、本店。以下この条において同じ。）の所在場所が当該他人の商号の登記に係る営業所の所在場所と同一であるときは、することができない。

（登記事項等）

第二八条① 商号の登記は、営業所ごとにしなければならない。

② 商号の登記において登記すべき事項は、次のとおりとする。

一 商号

二 営業の種類

三 営業所

四 商号使用者の氏名及び住所

（変更等の登記）

第二九条① 商号の登記をした者は、その営業所を他の登記所の管轄区域内に移転したときは、旧所在地においては営業所移転の登記を、新所在地においては前条第二項各号に掲げる事項の登記を申請しなければならない。

② 商号の登記をした者は、前条第二項各号に掲げる事項に変更を生じたとき、又は商号を廃止したときは、その登記を申請しなければならない。

（商号の譲渡又は相続の登記）

第三〇条① 商号の譲渡による変更の登記は、譲受人の申請によつてする。

② 前項の登記の申請書には、譲渡人の承諾書及び商法第十五条第一項の規定に該当することを証する書面を添付しなければならない。

③ 商号の相続による変更の登記を申請するには、申請書に相続を証する書面を添付しなければならない。

（営業又は事業の譲渡の際の免責の登記）

第三一条① 商法第十七条第二項前段及び会社法第二十二条第二項前段の登記は、譲受人の申請によつてする。

② 前項の登記の申請書には、譲渡人の承諾書を添付しなければならない。

（相続人による登記）

第三二条 相続人が前三条の登記を申請するには、申請書にその資格を証する書面を添附しなければならない。

（商号の登記の抹消）

第三三条① 次の各号に掲げる場合において、当該商号の登記をした者が当該各号に定める登記をしないときは、当該商号の登記に係る営業所（会社にあつては、本店。以下この条において同じ。）の所在場所において同一の商号を使用しようとする者は、登記所に対し、当該商号の登記の抹消を申請することができる。
一　登記した商号を廃止したとき　当該商号の廃止の登記
二　商号の登記をした者が正当な事由なく二年間当該商号を使用しないとき　当該商号の廃止の登記
三　登記した商号を変更したとき　当該商号の変更の登記
四　商号の登記に係る営業所を移転したとき　当該営業所の移転の登記

②　前項の規定によつて商号の登記の抹消を申請する者は、申請書に当該商号の登記に係る営業所の所在場所において同一の商号を使用しようとする者であることを証する書面を添付しなければならない。

③　第百三十五条から第百三十七条までの規定は、第一項の申請があつた場合に準用する。

④　登記官は、前項において準用する第百三十六条の規定により異議が理由があるとする決定をしたときは、第一項の申請を却下しなければならない。

（会社の商号の登記）

第三四条①　会社の商号の登記は、会社の登記簿にする。

②　第二十八条、第二十九条並びに第三十条第一項及び第二項の規定は、会社については、適用しない。

第三節　未成年者及び後見人の登記

（未成年者登記の登記事項等）

第三五条①　商法第五条の規定による登記において登記すべき事項は、次のとおりとする。
一　未成年者の氏名、出生の年月日及び住所
二　営業の種類
三　営業所

②　第二十九条の規定は、未成年者の登記に準用する。

（申請人）

第三六条①　未成年者の登記は、未成年者の申請によつてする。

②　営業の許可の取消しによる消滅の登記又は営業の許可の制限による変更の登記は、法定代理人も申請することができる。

③　未成年者の死亡による消滅の登記は、法定代理人の申請によつてする。

④　未成年者が成年に達したことによる消滅の登記は、登記官が、職権ですることができる。

（添付書面）

第三七条①　商法第五条の規定による登記の申請書には、法定代理人の許可を得たことを証する書面を添付しなければならない。ただし、申請書に法定代理人の記名押印があるときは、この限りでない。

②　未成年後見人が未成年被後見人の営業を許可した場合において、未成年後見監督人がないときはその旨を証する書面を、未成年後見監督人があるときはその同意を得たことを証する書面を、前項の申請書に添付しなければならない。

③　前二項の規定は、営業の種類の増加による変更の登記の申請に準用する。

第三八条　未成年者がその営業所を他の登記所の管轄区域内に移転した場合の新所在地における登記の申請書には、旧所在地においてした登記を証する書面を添付しなければならない。

第三九条　未成年者の死亡による消滅の登記の申請書には、未成年者が死亡したことを証する書面を添付しなければならない。

（後見人登記の登記事項等）

第四〇条①　商法第六条第一項の規定による登記において登記すべき事項は、次のとおりとする。
一　後見人の氏名又は名称及び住所並びに当該後見人が未成年後見人又は成年後見人のいずれであるかの別
二　被後見人の氏名及び住所
三　営業の種類
四　営業所
五　数人の未成年後見人が共同してその権限を行使するとき、又は数人の成年後見人が共同してその権限を行使すべきことが定められたときは、その旨
六　数人の未成年後見人が単独でその権限を行使すべきことが定められたときは、その旨
七　数人の後見人が事務を分掌してその権限を行使すべきことが定められたときは、その旨及び各後見人が分掌する事務の内容

②　第二十九条の規定は、後見人の登記に準用する。

（申請人）

第四一条①　後見人の登記は、後見人の申請によつてする。

②　未成年被後見人が成年に達したことによる消滅の登記は、その者も申請することができる。成年被後見人について後見開始の審判が取り消されたことによる消滅の登記の申請についても、同様とする。

③　後見人の退任による消滅の登記は、新後見人も申請することができる。

（添付書面）

第四二条①　商法第六条第一項の規定による登記の申請書には、次の書面を添付しなければならない。
一　後見監督人がないときは、その旨を証する書面
二　後見監督人があるときは、その同意を得たことを証する書面
三　後見人が法人であるときは、当該法人の登記事項証明書。ただし、当該登記所の管轄区域内に当該法人の本店又は主たる事務所がある場合を除く。

②　後見人が法人であるときは、第四十条第一項第一号に掲げる事項の変更の登記の申請書には、前項第三号に掲げる書面を添付しなければならない。ただし、同号ただし書に規定する場合は、この限りでない。

③　第一項（第一号又は第二号に係る部分に限る。）の規定は、営業の種類の増加による変更の登記について準用する。

④　第三十八条の規定は、後見人がその営業所を他の登記所の管轄区域内に移転した場合の新所在地における登記について準用する。

⑤　前条第二項又は第三項の登記の申請書には、未成年被後見人が成年に達したこと、成年被後見人について後見開始の審判が取り消されたこと又は後見人が退任したことを証する書面を添付しなければならない。

第四節　支配人の登記

（会社以外の商人の支配人の登記）

第四三条①　商人（会社を除く。以下この項において同じ。）の支配人の登記において登記すべき事項は、次のとおりとする。
一　支配人の氏名及び住所
二　商人の氏名及び住所
三　商人が数個の商号を使用して数種の営業をするときは、支配人が代理すべき営業及びその使用すべき商号
四　支配人を置いた営業所

②　第二十九条の規定は、前項の登記について準用する。

（会社の支配人の登記）

第四四条①　会社の支配人の登記は、会社の登記簿にする。

②　前項の登記において登記すべき事項は、次のとおりとする。
一　支配人の氏名及び住所
二　支配人を置いた営業所

③　第二十九条第二項の規定は、第一項の登記について準用する。

第四五条①　会社の支配人の選任の登記の申請書には、支配人の選任を証する書面を添付しなければならない。

②　会社の支配人の代理権の消滅の登記の申請書には、これを証する書面を添付しなければならない。

第五節　株式会社の登記

（添付書面の通則）

第四六条①　登記すべき事項につき株主全員若しくは種類株主全

員の同意又はある取締役若しくは清算人の一致を要するときは、申請書にその同意又は一致があつたことを証する書面を添付しなければならない。

② 登記すべき事項につき株主総会若しくは種類株主総会、取締役会又は清算人会の決議を要するときは、申請書にその議事録を添付しなければならない。

③ 登記すべき事項につき会社法第三百十九条第一項（同法第三百二十五条において準用する場合を含む。）又は第三百七十条（同法第四百九十条第五項において準用する場合を含む。）の規定により株主総会若しくは種類株主総会、取締役会又は清算人会の決議があつたものとみなされる場合には、申請書に、前項の議事録に代えて、当該場合に該当することを証する書面を添付しなければならない。

④ 監査等委員会設置会社における登記すべき事項につき、会社法第三百九十九条の十三第五項又は第六項の取締役会の決議による委任に基づく取締役の決定があつたときは、申請書に、当該取締役会の議事録のほか、当該決定があつたことを証する書面を添付しなければならない。

⑤ 指名委員会等設置会社における登記すべき事項につき、会社法第四百十六条第四項の取締役会の決議による委任に基づく執行役の決定があつたときは、申請書に、当該取締役会の議事録のほか、当該決定があつたことを証する書面を添付しなければならない。

第四七条（設立の登記）① 設立の登記は、会社を代表すべき者の申請によつてする。

② 設立の登記の申請書には、法令に別段の定めがある場合を除き、次の書面を添付しなければならない。

一 定款

二 会社法第五十七条第一項の募集をしたときは、同法第五十八条第一項に規定する設立時募集株式の引受けの申込み又は同法第六十一条の契約を証する書面

三 定款に会社法第二十八条各号に掲げる事項についての記載又は記録があるときは、次に掲げる書面

イ 検査役又は設立時取締役（設立しようとする株式会社が監査役設置会社である場合にあつては、設立時取締役及び設立時監査役）の調査報告を記載した書面及びその附属書類

ロ 会社法第三十三条第十項第二号に掲げる場合には、有価証券（同号に規定する有価証券をいう。以下同じ。）の市場価格を証する書面

ハ 会社法第三十三条第十項第三号に掲げる場合には、同号に規定する証明を記載した書面及びその附属書類

四 検査役の報告に関する裁判があつたときは、その謄本

五 会社法第三十四条第一項の規定による払込みがあつたことを証する書面（同法第五十七条第一項の募集をした場合にあつては、同法第六十四条第一項の金銭の保管に関する証明書）

六 株主名簿管理人を置いたときは、その者との契約を証する書面

七 設立時取締役が設立時代表取締役を選定したときは、これに関する書面

八 設立しようとする株式会社が指名委員会等設置会社であるときは、設立時執行役の選任並びに設立時委員及び設立時代表執行役の選定に関する書面

九 創立総会及び種類創立総会の議事録

十 会社法の規定により選任され又は選定された設立時取締役、設立時監査役及び設立時代表取締役（設立しようとする株式会社が監査等委員会設置会社である場合にあつては設立時監査等委員である設立時取締役及びそれ以外の設立時取締役並びに設立時代表取締役、設立しようとする株式会社が指名委員会等設置会社である場合にあつては設立時取締役、設立時委員、設立時執行役及び設立時代表執行役）が就任を承諾したことを証する書面

十一 設立時会計参与又は設立時会計監査人を選任したときは、次に掲げる書面

イ 就任を承諾したことを証する書面

ロ これらの者が法人であるときは、当該法人の登記事項証明書。ただし、当該登記所の管轄区域内に当該法人の主たる事務所がある場合を除く。

ハ これらの者が法人でないときは、設立時会計参与にあつては会社法第三百三十三条第一項に規定する者であること、設立時会計監査人にあつては同法第三百三十七条第一項に規定する者であることを証する書面

十二 会社法第三百七十三条第一項の規定による特別取締役（同項に規定する特別取締役をいう。以下同じ。）による議決の定めがあるときは、特別取締役の選定及びその選定された者が就任を承諾したことを証する書面

③ 登記すべき事項につき発起人全員の同意又はある発起人の一致を要するときは、前項の登記の申請書にその同意又は一致があつたことを証する書面を添付しなければならない。

④ 会社法第八十二条第一項（同法第八十六条において準用する場合を含む。）の規定により創立総会又は種類創立総会の決議があつたものとみなされる場合には、第二項の登記の申請書に、同項第九号の議事録に代えて、当該場合に該当することを証する書面を添付しなければならない。

第四八条から第五〇条まで　削除

第五一条（本店移転の登記）① 本店を他の登記所の管轄区域内に移転した場合の新所在地における登記の申請は、旧所在地を管轄する登記所を経由してしなければならない。

② 前項の登記の申請と旧所在地における登記の申請とは、同時にしなければならない。

③ 第一項の登記の申請書には、第十八条の書面を除き、他の書面の添付を要しない。

第五二条① 旧所在地を管轄する登記所においては、前条第二項の登記の申請のいずれかにつき第二十四条各号のいずれかに掲げる事由があるときは、これらの申請を共に却下しなければならない。

② 旧所在地を管轄する登記所においては、前項の場合を除き、遅滞なく、前条第一項の登記の申請書及びその添付書面を新所在地を管轄する登記所に送付しなければならない。

③ 新所在地を管轄する登記所においては、前項の申請書の送付を受けた場合において、前条第一項の登記をしたとき、又はその登記の申請を却下したときは、遅滞なく、その旨を旧所在地を管轄する登記所に通知しなければならない。

④ 旧所在地を管轄する登記所においては、前項の規定により登記をした旨の通知を受けるまでは、登記をすることができない。

⑤ 新所在地を管轄する登記所において前条第一項の登記の申請を却下したときは、旧所在地における登記の申請は、却下されたものとみなす。

第五三条 新所在地における登記においては、会社成立の年月日並びに本店を移転した旨及びその年月日をも登記しなければならない。

第五四条（取締役等の変更の登記）① 取締役、監査役、代表取締役又は特別取締役（監査等委員会設置会社にあつては監査等委員である取締役若しくはそれ以外の取締役、代表取締役又は特別取締役、指名委員会等設置会社にあつては取締役、委員（指名委員会、監査委員会又は報酬委員会の委員をいう。）、執行役又は代表執行役）の就任による変更の登記の申請書には、就任を承諾したことを証する書面を添付しなければならない。

② 会計参与又は会計監査人の就任による変更の登記の申請書には、次の書面を添付しなければならない。

一 就任を承諾したことを証する書面

二　これらの者が法人であるときは、当該法人の登記事項証明書。ただし、当該登記所の管轄区域内に当該法人の主たる事務所がある場合を除く。
三　これらの者が法人でないときは、会計参与にあつては会社法第三百三十三条第一項に規定する者であること、会計監査人にあつては同法第三百三十七条第一項に規定する者であることを証する書面
③　会計参与又は会計監査人が法人であるときは、その名称の変更の登記の申請書には、前項第二号に掲げる書面を添付しなければならない。ただし、同号ただし書に規定する場合は、この限りでない。
④　第一項又は第二項に規定する者の退任による変更の登記の申請書には、これを証する書面を添付しなければならない。

（一時会計監査人の職務を行うべき者の変更の登記）
第五五条①　会社法第三百四十六条第四項の一時会計監査人の職務を行うべき者の就任による変更の登記の申請書には、次の書面を添付しなければならない。
一　その選任に関する書面
二　就任を承諾したことを証する書面
三　その者が法人であるときは、前条第二項第二号に掲げる書面。ただし、同号ただし書に規定する場合を除く。
四　その者が法人でないときは、その者が公認会計士であることを証する書面
②　前条第三項及び第四項の規定は、一時会計監査人の職務を行うべき者の登記について準用する。

（募集株式の発行による変更の登記）
第五六条　募集株式（会社法第百九十九条第一項に規定する募集株式をいう。第一号及び第五号において同じ。）の発行による変更の登記の申請書には、次の書面を添付しなければならない。
一　募集株式の引受けの申込み又は会社法第二百五条第一項の契約を証する書面
二　金銭を出資の目的とするときは、会社法第二百八条第一項の規定による払込みがあつたことを証する書面
三　金銭以外の財産を出資の目的とするときは、次に掲げる書面
イ　検査役が選任されたときは、検査役の調査報告を記載した書面及びその附属書類
ロ　会社法第二百七条第九項第三号に掲げる場合には、有価証券の市場価格を証する書面
ハ　会社法第二百七条第九項第四号に掲げる場合には、同号に規定する証明を記載した書面及びその附属書類
ニ　会社法第二百七条第九項第五号に掲げる場合には、同号の金銭債権について記載された会計帳簿
四　検査役の報告に関する裁判があつたときは、その謄本
五　会社法第二百六条の二第四項の規定による募集株式の引受けに反対する旨の通知があつた場合において、同項の規定により株主総会の決議による承認を受けなければならない場合に該当しないときは、当該場合に該当しないことを証する書面

（新株予約権の行使による変更の登記）
第五七条　新株予約権の行使による変更の登記の申請書には、次の書面を添付しなければならない。
一　新株予約権の行使があつたことを証する書面
二　金銭を新株予約権の行使に際してする出資の目的とするときは、会社法第二百八十一条第一項の規定による払込みがあつたことを証する書面
三　金銭以外の財産を新株予約権の行使に際してする出資の目的とするときは、次に掲げる書面
イ　検査役が選任されたときは、検査役の調査報告を記載した書面及びその附属書類
ロ　会社法第二百八十四条第九項第三号に掲げる場合には、有価証券の市場価格を証する書面
ハ　会社法第二百八十四条第九項第四号に掲げる場合には、同号に規定する証明を記載した書面及びその附属書類
ニ　会社法第二百八十四条第九項第五号に掲げる場合には、同号の金銭債権について記載された会計帳簿
ホ　会社法第二百八十一条第二項後段に規定する場合には、同項後段に規定する差額に相当する金銭の払込みがあつたことを証する書面
四　検査役の報告に関する裁判があつたときは、その謄本

（取得請求権付株式の取得と引換えにする株式の交付による変更の登記）
第五八条　取得請求権付株式（株式の内容として会社法第百八条第二項第五号ロに掲げる事項についての定めがあるものに限る。）の取得と引換えにする株式の交付による変更の登記の申請書には、当該取得請求権付株式の取得の請求があつたことを証する書面を添付しなければならない。

（取得条項付株式等の取得と引換えにする株式の交付による変更の登記）
第五九条①　取得条項付株式（株式の内容として会社法第百八条第二項第六号ロに掲げる事項についての定めがあるものに限る。）の取得と引換えにする株式の交付による変更の登記の申請書には、次の書面を添付しなければならない。
一　会社法第百七条第二項第三号イの事由の発生を証する書面
二　株券発行会社にあつては、会社法第二百十九条第一項本文の規定による公告をしたことを証する書面又は当該株式の全部について株券を発行していないことを証する書面
②　取得条項付新株予約権（新株予約権の内容として会社法第二百三十六条第一項第七号ニに掲げる事項についての定めがあるものに限る。）の取得と引換えにする株式の交付による変更の登記の申請書には、次の書面を添付しなければならない。
一　会社法第二百三十六条第一項第七号イの事由の発生を証する書面
二　会社法第二百九十三条第一項の規定による公告をしたことを証する書面又は同項に規定する新株予約権証券を発行していないことを証する書面

（全部取得条項付種類株式の取得と引換えにする株式の交付による変更の登記）
第六〇条　株券発行会社が全部取得条項付種類株式（会社法第百七十一条第一項に規定する全部取得条項付種類株式をいう。第六十八条において同じ。）の取得と引換えにする株式の交付による変更の登記の申請書には、前条第一項第二号に掲げる書面を添付しなければならない。

（株式の併合による変更の登記）
第六一条　株券発行会社がする株式の併合による変更の登記の申請書には、第五十九条第一項第二号に掲げる書面を添付しなければならない。

（株式譲渡制限の定款の定めの設定による変更の登記）
第六二条　譲渡による株式の取得について会社の承認を要する旨の定款の定めの設定による変更の登記（株券発行会社がするものに限る。）の申請書には、第五十九条第一項第二号に掲げる書面を添付しなければならない。

（株券を発行する旨の定款の定めの廃止による変更の登記）
第六三条　株券を発行する旨の定款の定めの廃止による変更の登記の申請書には、会社法第二百十八条第一項の規定による公告をしたことを証する書面又は株式の全部について株券を発行していないことを証する書面を添付しなければならない。

（株主名簿管理人の設置による変更の登記）
第六四条　株主名簿管理人を置いたことによる変更の登記の申請書には、定款及びその者との契約を証する書面を添付しなければならない。

（新株予約権の発行による変更の登記）
第六五条　新株予約権の発行による変更の登記の申請書には、法令に別段の定めがある場合を除き、次の書面を添付しなければならない。
一　募集新株予約権（会社法第二百三十八条第一項に規定する

募集新株予約権をいう。以下この条において同じ。）の引受けの申込み又は同法第二百四十四条第一項の契約を証する書面

二　募集新株予約権と引換えにする金銭の払込みの期日を定めたとき（当該期日が会社法第二百三十八条第一項第四号に規定する割当日より前の日であるときに限る。）は、同法第二百四十六条第一項の規定による払込み（同条第二項の規定による金銭以外の財産の給付又は会社に対する債権をもつてする相殺を含む。）があつたことを証する書面

三　会社法第二百四十四条の二第五項の規定による募集新株予約権の引受けに反対する旨の通知があつた場合において、同項の規定により株主総会の決議による承認を受けなければならない場合に該当しないときは、当該場合に該当しないことを証する書面

（取得請求権付株式の取得と引換えにする新株予約権の交付による変更の登記）

第六六条　取得請求権付株式（株式の内容として会社法第百七条第二項第二号ハ又はニに掲げる事項についての定めがあるものに限る。）の取得と引換えにする新株予約権の交付による変更の登記の申請書には、当該取得請求権付株式の取得の請求があつたことを証する書面を添付しなければならない。

（取得条項付株式等の取得と引換えにする新株予約権の交付による変更の登記）

第六七条①　取得条項付株式（株式の内容として会社法第百七条第二項第三号ホ又はヘに掲げる事項についての定めがあるものに限る。）の取得と引換えにする新株予約権の交付による変更の登記の申請書には、第五十九条第一項各号に掲げる書面を添付しなければならない。

②　取得条項付新株予約権（新株予約権の内容として会社法第二百三十六条第一項第七号ヘ又はトに掲げる事項についての定めがあるものに限る。）の取得と引換えにする新株予約権の交付による変更の登記の申請書には、第五十九条第二項各号に掲げる書面を添付しなければならない。

（全部取得条項付種類株式の取得と引換えにする新株予約権の交付による変更の登記）

第六八条　株券発行会社が全部取得条項付種類株式の取得と引換えにする新株予約権の交付による変更の登記の申請書には、第五十九条第一項第二号に掲げる書面を添付しなければならない。

（資本金の額の増加による変更の登記）

第六九条　資本準備金若しくは利益準備金又は剰余金の額の減少によつてする資本金の額の増加による変更の登記の申請書には、その減少に係る資本準備金若しくは利益準備金又は剰余金の額が計上されていたことを証する書面を添付しなければならない。

（資本金の額の減少による変更の登記）

第七〇条　資本金の額の減少による変更の登記の申請書には、会社法第四百四十九条第二項の規定による公告及び催告（同条第三項の規定により公告を官報のほか時事に関する事項を掲載する日刊新聞紙又は電子公告によつてした場合にあつては、これらの方法による公告）をしたこと並びに異議を述べた債権者があるときは、当該債権者に対し弁済し若しくは相当の担保を提供し若しくは当該債権者に弁済を受けさせることを目的として相当の財産を信託したこと又は当該資本金の額の減少をしても当該債権者を害するおそれがないことを証する書面を添付しなければならない。

（解散の登記）

第七一条①　解散の登記において登記すべき事項は、解散の旨並びにその事由及び年月日とする。

②　定款で定めた解散の事由の発生による解散の登記の申請書には、その事由の発生を証する書面を添付しなければならない。

③　代表清算人の申請に係る解散の登記の申請書には、その資格を証する書面を添付しなければならない。ただし、当該代表清算人が会社法第四百七十八条第一項第一号の規定により清算株式会社の清算人となつたもの（同法第四百八十三条第四項に規定する場合にあつては、同項の規定により清算株式会社の代表清算人となつたもの）であるときは、この限りでない。

（職権による解散の登記）

第七二条　会社法第四百七十二条第一項本文の規定による解散の登記は、登記官が、職権でしなければならない。

（清算人の登記）

第七三条①　清算人の登記の申請書には、定款を添付しなければならない。

②　会社法第四百七十八条第一項第二号又は第三号に掲げる者が清算人となつた場合の清算人の登記の申請書には、就任を承諾したことを証する書面を添付しなければならない。

③　裁判所が選任した者が清算人となつた場合の清算人の登記の申請書には、その選任及び会社法第九百二十八条第一項第二号に掲げる事項を証する書面を添付しなければならない。

（清算人に関する変更の登記）

第七四条①　裁判所が選任した清算人に関する会社法第九百二十八条第一項第二号に掲げる事項の変更の登記の申請書には、変更の事由を証する書面を添付しなければならない。

②　清算人の退任による変更の登記の申請書には、退任を証する書面を添付しなければならない。

（清算結了の登記）

第七五条　清算結了の登記の申請書には、会社法第五百七条第三項の規定による決算報告の承認があつたことを証する書面を添付しなければならない。

（組織変更の登記）

第七六条　株式会社が組織変更をした場合の組織変更後の持分会社についてする登記においては、会社成立の年月日、株式会社の商号並びに組織変更をした旨及びその年月日をも登記しなければならない。

第七七条　前条の登記の申請書には、次の書面を添付しなければならない。

一　組織変更計画書

二　定款

三　会社法第七百七十九条第二項の規定による公告及び催告（同条第三項の規定により公告を官報のほか時事に関する事項を掲載する日刊新聞紙又は電子公告によつてした場合にあつては、これらの方法による公告）をしたこと並びに異議を述べた債権者があるときは、当該債権者に対し弁済し若しくは相当の担保を提供し若しくは当該債権者に弁済を受けさせることを目的として相当の財産を信託したこと又は当該組織変更をしても当該債権者を害するおそれがないことを証する書面

四　組織変更をする株式会社が株券発行会社であるときは、第五十九条第一項第二号に掲げる書面

五　組織変更をする株式会社が新株予約権を発行しているときは、第五十九条第二項第二号に掲げる書面

六　法人が組織変更後の持分会社を代表する社員となるときは、次に掲げる書面

イ　当該法人の登記事項証明書。ただし、当該登記所の管轄区域内に当該法人の本店又は主たる事務所がある場合を除く。

ロ　当該社員の職務を行うべき者の選任に関する書面

ハ　当該社員の職務を行うべき者が就任を承諾したことを証する書面

七　法人が組織変更後の持分会社の社員（前号に規定する社員を除き、合同会社にあつては、業務を執行する社員に限る。）となるときは、同号イに掲げる書面。ただし、同号イただし書に規定する場合を除く。

八　株式会社が組織変更をして合資会社となるときは、有限責任社員が既に履行した出資の価額を証する書面

第七八条①　株式会社が組織変更をした場合の株式会社についての登記の申請と組織変更後の持分会社についての登記の申請と

は、同時にしなければならない。

② 申請書の添付書面に関する規定は、株式会社についての前項の登記の申請については、適用しない。

③ 登記官は、第一項の登記の申請のいずれかにつき第二十四条各号のいずれかに掲げる事由があるときは、これらの申請を共に却下しなければならない。

（合併の登記）

第七九条 吸収合併による変更の登記又は新設合併による設立の登記においては、合併をした旨並びに吸収合併により消滅する会社（以下「吸収合併消滅会社」という。）又は新設合併により消滅する会社（以下「新設合併消滅会社」という。）の商号及び本店をも登記しなければならない。

第八〇条 吸収合併による変更の登記の申請書には、次の書面を添付しなければならない。

一 吸収合併契約書

二 会社法第七百九十六条第一項本文又は第二項本文に規定する場合には、当該場合に該当することを証する書面（同条第三項の規定により吸収合併に反対する旨を通知した株主がある場合にあつては、同項の規定により株主総会の決議による承認を受けなければならない場合に該当しないことを証する書面を含む。）

三 会社法第七百九十九条第二項の規定による公告及び催告（同条第三項の規定により公告を官報のほか時事に関する事項を掲載する日刊新聞紙又は電子公告によつてした場合にあつては、これらの方法による公告）をしたこと並びに異議を述べた債権者があるときは、当該債権者に対し弁済し若しくは相当の担保を提供し若しくは当該債権者に弁済を受けさせることを目的として相当の財産を信託したこと又は当該吸収合併をしても当該債権者を害するおそれがないことを証する書面

四 資本金の額が会社法第四百四十五条第五項の規定に従つて計上されたことを証する書面

五 吸収合併消滅会社の登記事項証明書。ただし、当該登記所の管轄区域内に吸収合併消滅会社の本店がある場合を除く。

六 吸収合併消滅会社が株式会社であるときは、会社法第七百八十三条第一項から第四項までの規定による吸収合併契約の承認その他の手続があつたことを証する書面（同法第七百八十四条第一項本文に規定する場合にあつては、当該場合に該当することを証する書面及び取締役の過半数の一致があつたことを証する書面又は取締役会の議事録）

七 吸収合併消滅会社が持分会社であるときは、総社員の同意（定款に別段の定めがある場合にあつては、その定めによる手続）があつたことを証する書面

八 吸収合併消滅会社において会社法第七百八十九条第二項（第三号を除き、同法第七百九十三条第二項において準用する場合を含む。）の規定による公告及び催告（同法第七百八十九条第三項（同法第七百九十三条第二項において準用する場合を含む。）の規定により公告を官報のほか時事に関する事項を掲載する日刊新聞紙又は電子公告によつてした株式会社又は合同会社にあつては、これらの方法による公告）をしたこと並びに異議を述べた債権者があるときは、当該債権者に対し弁済し若しくは相当の担保を提供し若しくは当該債権者に弁済を受けさせることを目的として相当の財産を信託したこと又は当該吸収合併をしても当該債権者を害するおそれがないことを証する書面

九 吸収合併消滅会社が株券発行会社であるときは、第五十九条第一項第二号に掲げる書面

十 吸収合併消滅会社が新株予約権を発行しているときは、第五十九条第二項第二号に掲げる書面

第八一条 新設合併による設立の登記の申請書には、次の書面を添付しなければならない。

一 新設合併契約書

二 定款

三 第四十七条第二項第六号から第八号まで及び第十号から第十二号までに掲げる書面

四 前条第四号に掲げる書面

五 新設合併消滅会社の登記事項証明書。ただし、当該登記所の管轄区域内に新設合併消滅会社の本店がある場合を除く。

六 新設合併消滅会社が株式会社であるときは、会社法第八百四条第一項及び第三項の規定による新設合併契約の承認その他の手続があつたことを証する書面

七 新設合併消滅会社が持分会社であるときは、総社員の同意（定款に別段の定めがある場合にあつては、その定めによる手続）があつたことを証する書面

八 新設合併消滅会社において会社法第八百十条第二項（第三号を除き、同法第八百十三条第二項において準用する場合を含む。）の規定による公告及び催告（同法第八百十条第三項（同法第八百十三条第二項において準用する場合を含む。）の規定により公告を官報のほか時事に関する事項を掲載する日刊新聞紙又は電子公告によつてした株式会社又は合同会社にあつては、これらの方法による公告）をしたこと並びに異議を述べた債権者があるときは、当該債権者に対し弁済し若しくは相当の担保を提供し若しくは当該債権者に弁済を受けさせることを目的として相当の財産を信託したこと又は当該新設合併をしても当該債権者を害するおそれがないことを証する書面

九 新設合併消滅会社が株券発行会社であるときは、第五十九条第一項第二号に掲げる書面

十 新設合併消滅会社が新株予約権を発行しているときは、第五十九条第二項第二号に掲げる書面

第八二条① 合併による解散の登記の申請については、吸収合併後存続する会社（以下「吸収合併存続会社」という。）又は新設合併により設立する会社（以下「新設合併設立会社」という。）を代表すべき者が吸収合併消滅会社又は新設合併消滅会社を代表する。

② 前項の登記の申請は、当該登記所の管轄区域内に吸収合併存続会社又は新設合併設立会社の本店がないときは、その本店の所在地を管轄する登記所を経由してしなければならない。

③ 第一項の登記の申請と第八十条又は前条の登記の申請とは、同時にしなければならない。

④ 申請書の添付書面に関する規定は、第一項の登記の申請については、適用しない。

第八三条① 吸収合併存続会社又は新設合併設立会社の本店の所在地を管轄する登記所においては、前条第三項の登記の申請のいずれかにつき第二十四条各号のいずれかに掲げる事由があるときは、これらの申請を共に却下しなければならない。

② 吸収合併存続会社又は新設合併設立会社の本店の所在地を管轄する登記所においては、前条第二項の場合において、吸収合併による変更の登記又は新設合併による設立の登記をしたときは、遅滞なく、その登記の日を同項の登記の申請書に記載し、これを吸収合併消滅会社又は新設合併消滅会社の本店の所在地を管轄する登記所に送付しなければならない。

（会社分割の登記）

第八四条① 吸収分割をする会社がその事業に関して有する権利義務の全部又は一部を当該会社から承継する会社（以下「吸収分割承継会社」という。）がする吸収分割による変更の登記又は新設分割による設立の登記においては、分割をした旨並びに吸収分割をする会社（以下「吸収分割会社」という。）又は新設分割をする会社（以下「新設分割会社」という。）の商号及び本店をも登記しなければならない。

② 吸収分割会社又は新設分割会社がする吸収分割又は新設分割による変更の登記においては、分割をした旨並びに吸収分割承継会社又は新設分割により設立する会社（以下「新設分割設立会社」という。）の商号及び本店をも登記しなければならない。

第八五条 吸収分割承継会社がする吸収分割による変更の登記の申請書には、次の書面を添付しなければならない。

一　吸収分割契約書
二　会社法第七百九十六条第一項本文又は第二項本文に規定する場合には、当該場合に該当することを証する書面（同条第三項の規定により吸収分割に反対する旨を通知した株主がある場合にあつては、同項の規定により株主総会の決議による承認を受けなければならない場合に該当しないことを証する書面を含む。）
三　会社法第七百九十九条第二項の規定による公告及び催告（同条第三項の規定により公告を官報のほか時事に関する事項を掲載する日刊新聞紙又は電子公告によつてした場合にあつては、これらの方法による公告）をしたこと並びに異議を述べた債権者があるときは、当該債権者に対し弁済し若しくは相当の担保を提供し若しくは当該債権者に弁済を受けさせることを目的として相当の財産を信託したこと又は当該吸収分割をしても当該債権者を害するおそれがないことを証する書面
四　資本金の額が会社法第四百四十五条第五項の規定に従つて計上されたことを証する書面
五　吸収分割会社の登記事項証明書。ただし、当該登記所の管轄区域内に吸収分割会社の本店がある場合を除く。
六　吸収分割会社が株式会社であるときは、会社法第七百八十三条第一項の規定による吸収分割契約の承認があつたことを証する書面（同法第七百八十四条第一項本文又は第二項に規定する場合にあつては、当該場合に該当することを証する書面及び取締役の過半数の一致があつたことを証する書面又は取締役会の議事録）
七　吸収分割会社が合同会社であるときは、総社員の同意（定款に別段の定めがある場合にあつては、その定めによる手続）があつたことを証する書面（当該合同会社がその事業に関して有する権利義務の一部を他の会社に承継させる場合にあつては、社員の過半数の一致があつたことを証する書面）
八　吸収分割会社において会社法第七百八十九条第二項（第三号を除き、同法第七百九十三条第二項において準用する場合を含む。）の規定による公告及び催告（同法第七百八十九条第三項（同法第七百九十三条第二項において準用する場合を含む。以下この号において同じ。）の規定により公告を官報のほか時事に関する事項を掲載する日刊新聞紙又は電子公告によつてした場合にあつては、これらの方法による公告（同法第七百八十九条第三項の規定により各別の催告をすることを要しない場合以外の場合にあつては、当該公告及び催告））をしたこと並びに異議を述べた債権者があるときは、当該債権者に対し弁済し若しくは相当の担保を提供し若しくは当該債権者に弁済を受けさせることを目的として相当の財産を信託したこと又は当該吸収分割をしても当該債権者を害するおそれがないことを証する書面
九　吸収分割会社が新株予約権を発行している場合であつて、会社法第七百五十八条第五号に規定する場合には、第五十九条第二項第二号に掲げる書面

第八六条　新設分割による設立の登記の申請書には、次の書面を添付しなければならない。
一　新設分割計画書
二　定款
三　第四十七条第二項第六号から第八号まで及び第十号から第十二号までに掲げる書面
四　前条第四号に掲げる書面
五　新設分割会社の登記事項証明書。ただし、当該登記所の管轄区域内に新設分割会社の本店がある場合を除く。
六　新設分割会社が株式会社であるときは、会社法第八百四条第一項の規定による新設分割計画の承認があつたことを証する書面（同法第八百五条に規定する場合にあつては、当該場合に該当することを証する書面及び取締役の過半数の一致があつたことを証する書面又は取締役会の議事録）
七　新設分割会社が合同会社であるときは、総社員の同意（定款に別段の定めがある場合にあつては、その定めによる手続）があつたことを証する書面（当該合同会社がその事業に関して有する権利義務の一部を他の会社に承継させる場合にあつては、社員の過半数の一致があつたことを証する書面）
八　新設分割会社において会社法第八百十条第二項（第三号を除き、同法第八百十三条第二項において準用する場合を含む。）の規定による公告及び催告（同法第八百十条第三項（同法第八百十三条第二項において準用する場合を含む。以下この号において同じ。）の規定により公告を官報のほか時事に関する事項を掲載する日刊新聞紙又は電子公告によつてした場合にあつては、これらの方法による公告（同法第八百十条第三項の規定により各別の催告をすることを要しない場合以外の場合にあつては、当該公告及び催告））をしたこと並びに異議を述べた債権者があるときは、当該債権者に対し弁済し若しくは相当の担保を提供し若しくは当該債権者に弁済を受けさせることを目的として相当の財産を信託したこと又は当該新設分割をしても当該債権者を害するおそれがないことを証する書面
九　新設分割会社が新株予約権を発行している場合であつて、会社法第七百六十三条第一項第十号に規定する場合には、第五十九条第二項第二号に掲げる書面

第八七条①　吸収分割会社又は新設分割会社がする吸収分割又は新設分割による変更の登記の申請は、当該登記所の管轄区域内に吸収分割承継会社又は新設分割設立会社の本店がないときは、その本店の所在地を管轄する登記所を経由してしなければならない。
②　前項の登記の申請と第八十五条又は前条の登記の申請とは、同時にしなければならない。
③　第一項の登記の申請書には、第十八条の書面を除き、他の書面の添付を要しない。

第八八条①　吸収分割承継会社又は新設分割設立会社の本店の所在地を管轄する登記所においては、前条第二項の登記の申請のいずれかにつき第二十四条各号のいずれかに掲げる事由があるときは、これらの申請を共に却下しなければならない。
②　吸収分割承継会社又は新設分割設立会社の本店の所在地を管轄する登記所においては、前条第一項の場合において、吸収分割による変更の登記又は新設分割による設立の登記をしたときは、遅滞なく、その登記の日を同項の登記の申請書に記載し、これを吸収分割会社又は新設分割会社の本店の所在地を管轄する登記所に送付しなければならない。

（株式交換の登記）
第八九条　株式交換をする株式会社の発行済株式の全部を取得する会社（以下「株式交換完全親会社」という。）がする株式交換による変更の登記の申請書には、次の書面を添付しなければならない。
一　株式交換契約書
二　会社法第七百九十六条第一項本文又は第二項本文に規定する場合には、当該場合に該当することを証する書面（同条第三項の規定により株式交換に反対する旨を通知した株主がある場合にあつては、同項の規定により株主総会の決議による承認を受けなければならない場合に該当しないことを証する書面を含む。）
三　会社法第七百九十九条第二項の規定による公告及び催告（同条第三項の規定により公告を官報のほか時事に関する事項を掲載する日刊新聞紙又は電子公告によつてした場合にあつては、これらの方法による公告）をしたこと並びに異議を述べた債権者があるときは、当該債権者に対し弁済し若しくは相当の担保を提供し若しくは当該債権者に弁済を受けさせることを目的として相当の財産を信託したこと又は当該株式交換をしても当該債権者を害するおそれがないことを証する書面
四　資本金の額が会社法第四百四十五条第五項の規定に従つて計上されたことを証する書面

五　株式交換をする株式会社（以下「株式交換完全子会社」という。）の登記事項証明書。ただし、当該登記所の管轄区域内に株式交換完全子会社の本店がある場合を除く。

六　株式交換完全子会社において会社法第七百八十三条第一項から第四項までの規定による株式交換契約の承認その他の手続があつたことを証する書面（同法第七百八十四条第一項本文に規定する場合にあつては、当該場合に該当することを証する書面及び取締役の過半数の一致があつたことを証する書面又は取締役会の議事録）

七　株式交換完全子会社において会社法第七百八十九条第二項の規定による公告及び催告（同条第三項の規定により公告を官報のほか時事に関する事項を掲載する日刊新聞紙又は電子公告によつてした場合にあつては、これらの方法による公告）をしたこと並びに異議を述べた債権者があるときは、当該債権者に対し弁済し若しくは相当の担保を提供し若しくは当該債権者に弁済を受けさせることを目的として相当の財産を信託したこと又は当該株式交換をしても当該債権者を害するおそれがないことを証する書面

八　株式交換完全子会社が株券発行会社であるときは、第五十九条第一項第二号に掲げる書面

九　株式交換完全子会社が新株予約権を発行している場合であつて、会社法第七百六十八条第一項第四号に規定する場合には、第五十九条第二項第二号に掲げる書面

（株式移転の登記）

第九〇条　株式移転による設立の登記の申請書には、次の書面を添付しなければならない。

一　株式移転計画書

二　定款

三　第四十七条第二項第六号から第八号まで及び第十号から第十二号までに掲げる書面

四　前条第四号に掲げる書面

五　株式移転をする株式会社（以下「株式移転完全子会社」という。）の登記事項証明書。ただし、当該登記所の管轄区域内に株式移転完全子会社の本店がある場合を除く。

六　株式移転完全子会社において会社法第八百四条第一項及び第三項の規定による株式移転計画の承認その他の手続があつたことを証する書面

七　株式移転完全子会社において会社法第八百十条第二項の規定による公告及び催告（同条第三項の規定により公告を官報のほか時事に関する事項を掲載する日刊新聞紙又は電子公告によつてした場合にあつては、これらの方法による公告）をしたこと並びに異議を述べた債権者があるときは、当該債権者に対し弁済し若しくは相当の担保を提供し若しくは当該債権者に弁済を受けさせることを目的として相当の財産を信託したこと又は当該株式移転をしても当該債権者を害するおそれがないことを証する書面

八　株式移転完全子会社が株券発行会社であるときは、第五十九条第一項第二号に掲げる書面

九　株式移転完全子会社が新株予約権を発行している場合であつて、会社法第七百七十三条第一項第九号に規定する場合には、第五十九条第二項第二号に掲げる書面

（株式交付の登記）

第九〇条の二　株式交付による変更の登記の申請書には、次の書面を添付しなければならない。

一　株式交付計画書

二　株式の譲渡しの申込み又は会社法第七百七十四条の六の契約を証する書面

三　会社法第八百十六条の四第一項本文に規定する場合には、当該場合に該当することを証する書面（同条第二項の規定により株式交付に反対する旨を通知した株主がある場合にあつては、同項の規定により株主総会の決議による承認を受けなければならない場合に該当しないことを証する書面を含む。）

四　会社法第八百十六条の八第二項の規定による公告及び催告（同条第三項の規定により公告を官報のほか時事に関する事項を掲載する日刊新聞紙又は電子公告によつてした場合にあつては、これらの方法による公告）をしたこと並びに異議を述べた債権者があるときは、当該債権者に対し弁済し若しくは相当の担保を提供し若しくは当該債権者に弁済を受けさせることを目的として相当の財産を信託したこと又は当該株式交付をしても当該債権者を害するおそれがないことを証する書面

五　資本金の額が会社法第四百四十五条第五項の規定に従つて計上されたことを証する書面

（同時申請）

第九一条①　会社法第七百六十八条第一項第四号又は第七百七十三条第一項第九号に規定する場合において、株式交換完全子会社又は株式移転完全子会社がする株式交換又は株式移転による新株予約権の変更の登記の申請は、当該登記所の管轄区域内に株式交換完全親会社又は株式移転により設立する株式会社（以下「株式移転設立完全親会社」という。）の本店がないときは、その本店の所在地を管轄する登記所を経由してしなければならない。

②　会社法第七百六十八条第一項第四号又は第七百七十三条第一項第九号に規定する場合には、前項の登記の申請と第八十九条又は第九十条の登記の申請とは、同時にしなければならない。

③　第一項の登記の申請書には、第十八条の書面を除き、他の書面の添付を要しない。

第九二条①　株式交換完全親会社又は株式移転設立完全親会社の本店の所在地を管轄する登記所においては、前条第二項の登記の申請のいずれかにつき第二十四条各号のいずれかに掲げる事由があるときは、これらの申請を共に却下しなければならない。

②　株式交換完全親会社又は株式移転設立完全親会社の本店の所在地を管轄する登記所においては、前条第一項の場合において、株式交換による変更の登記又は株式移転による設立の登記をしたときは、遅滞なく、その登記の日を同項の登記の申請書に記載し、これを株式交換完全子会社又は株式移転完全子会社の本店の所在地を管轄する登記所に送付しなければならない。

第六節　合名会社の登記

（添付書面の通則）

第九三条　登記すべき事項につき総社員の同意又はある社員若しくは清算人の一致を要するときは、申請書にその同意又は一致があつたことを証する書面を添付しなければならない。

（設立の登記）

第九四条　設立の登記の申請書には、次の書面を添付しなければならない。

一　定款

二　合名会社を代表する社員が法人であるときは、次に掲げる書面

イ　当該法人の登記事項証明書。ただし、当該登記所の管轄区域内に当該法人の本店又は主たる事務所がある場合を除く。

ロ　当該社員の職務を行うべき者の選任に関する書面

ハ　当該社員の職務を行うべき者が就任を承諾したことを証する書面

三　合名会社の社員（前号に規定する社員を除く。）が法人であるときは、同号イに掲げる書面。ただし、同号イただし書に規定する場合を除く。

（準用規定）

第九五条　第四十七条第一項及び第五十一条から第五十三条までの規定は、合名会社の登記について準用する。

（社員の加入又は退社等による変更の登記）

第九六条①　合名会社の社員の加入又は退社による変更の登記の申請書には、その事実を証する書面（法人である社員の加入の場合にあつては、第九十四条第二号又は第三号に掲げる書面を

含む。）を添付しなければならない。

② 合名会社の社員が法人であるときは、その商号若しくは名称又は本店若しくは主たる事務所の変更の登記の申請書には、第九十四条第二号イに掲げる書面を添付しなければならない。ただし、同号イただし書に規定する場合は、この限りでない。

（**合名会社を代表する社員の職務を行うべき者の変更の登記**）

第九七条① 合名会社を代表する社員が法人である場合の当該社員の職務を行うべき者の就任による変更の登記の申請書には、第九十四条第二号に掲げる書面を添付しなければならない。ただし、同号イただし書に規定する場合は、同号イに掲げる書面については、この限りでない。

② 前項に規定する社員の職務を行うべき者の退任による変更の登記の申請書には、これを証する書面を添付しなければならない。

（**解散の登記**）

第九八条① 解散の登記において登記すべき事項は、解散の旨並びにその事由及び年月日とする。

② 定款で定めた解散の事由の発生による解散の登記の申請書には、その事由の発生を証する書面を添付しなければならない。

③ 清算持分会社を代表する清算人の申請に係る解散の登記の申請書には、その資格を証する書面を添付しなければならない。ただし、当該清算持分会社を代表する清算人が会社法第六百四十七条第一項第一号の規定により清算持分会社の清算人となつたもの（同法第六百五十五条第四項に規定する場合にあつては、同項の規定により清算持分会社を代表する清算人となつたもの）であるときは、この限りでない。

（**清算人の登記**）

第九九条① 次の各号に掲げる者が清算持分会社の清算人となつた場合の清算人の登記の申請書には、当該各号に定める書面を添付しなければならない。

一 会社法第六百四十七条第一項第一号に掲げる者　定款

二 会社法第六百四十七条第一項第二号に掲げる者　定款及び就任を承諾したことを証する書面

三 会社法第六百四十七条第一項第三号に掲げる者　就任を承諾したことを証する書面

四 裁判所が選任した者　その選任及び会社法第九百二十八条第二項第二号に掲げる事項を証する書面

② 第九十四条（第二号に係る部分に限る。）の規定は、清算持分会社を代表する清算人（前項第一号又は第四号に掲げる者に限る。）が法人である場合の同項の登記について準用する。

③ 第九十四条（第二号又は第三号に係る部分に限る。）の規定は、清算持分会社の清算人（第一項第二号又は第三号に掲げる者に限る。）が法人である場合の同項の登記について準用する。

（**清算人に関する変更の登記**）

第一〇〇条① 清算持分会社の清算人が法人であるときは、その商号若しくは名称又は本店若しくは主たる事務所の変更の登記の申請書には、第九十四条第二号イに掲げる書面を添付しなければならない。ただし、同号イただし書に規定する場合は、この限りでない。

② 裁判所が選任した清算人に関する会社法第九百二十八条第二項第二号に掲げる事項の変更の登記の申請書には、変更の事由を証する書面を添付しなければならない。

③ 清算人の退任による変更の登記の申請書には、退任を証する書面を添付しなければならない。

（**清算持分会社を代表する清算人の職務を行うべき者の変更の登記**）

第一〇一条 第九十七条の規定は、清算持分会社を代表する清算人が法人である場合の当該清算人の職務を行うべき者の就任又は退任による変更の登記について準用する。

（**清算結了の登記**）

第一〇二条 清算結了の登記の申請書には、会社法第六百六十七条の規定による清算に係る計算の承認があつたことを証する書面（同法第六百六十八条第一項の財産の処分の方法を定めた場合にあつては、その財産の処分が完了したことを証する総社員が作成した書面）を添付しなければならない。

（**継続の登記**）

第一〇三条 合名会社の設立の無効又は取消しの訴えに係る請求を認容する判決が確定した場合において、会社法第八百四十五条の規定により合名会社を継続したときは、継続の登記の申請書には、その判決の謄本を添付しなければならない。

＊令和四法四八（令和八・五・二四までに施行）による改正
第一〇三条中「謄本」の下に「又はその判決の内容を記載した書面であつて裁判所書記官が当該書面の内容が当該判決の内容と同一であることを証明したもの」を加える。（本文未織込み）

（**持分会社の種類の変更の登記**）

第一〇四条 合名会社が会社法第六百三十八条第一項の規定により合資会社又は合同会社となつた場合の合資会社又は合同会社についてする登記においては、会社成立の年月日、合名会社の商号並びに持分会社の種類を変更した旨及びその年月日をも登記しなければならない。

第一〇五条① 合名会社が会社法第六百三十八条第一項第一号又は第二号の規定により合資会社となつた場合の合資会社についてする登記の申請書には、次の書面を添付しなければならない。

一 定款

二 有限責任社員が既に履行した出資の価額を証する書面

三 有限責任社員を加入させたときは、その加入を証する書面（法人である社員の加入の場合にあつては、第九十四条第二号又は第三号に掲げる書面を含む。）

② 合名会社が会社法第六百三十八条第一項第三号の規定により合同会社となつた場合の合同会社についてする登記の申請書には、次の書面を添付しなければならない。

一 定款

二 会社法第六百四十条第一項の規定による出資に係る払込み及び給付が完了したことを証する書面

第一〇六条① 合名会社が会社法第六百三十八条第一項の規定により合資会社又は合同会社となつた場合の合名会社についての登記の申請と前条第一項又は第二項の登記の申請とは、同時にしなければならない。

② 申請書の添付書面に関する規定は、合名会社についての前項の登記の申請については、適用しない。

③ 登記官は、第一項の登記の申請のいずれかにつき第二十四条各号のいずれかに掲げる事由があるときは、これらの申請を共に却下しなければならない。

（**組織変更の登記**）

第一〇七条① 合名会社が組織変更をした場合の組織変更後の株式会社についてする登記の申請書には、次の書面を添付しなければならない。

一 組織変更計画書

二 定款

三 組織変更後の株式会社の取締役（組織変更後の株式会社が監査役設置会社（監査役の監査の範囲を会計に関するものに限定する旨の定款の定めがある株式会社を含む。）である場合にあつては取締役及び監査役、組織変更後の株式会社が監査等委員会設置会社である場合にあつては監査等委員である取締役及びそれ以外の取締役）が就任を承諾したことを証する書面

四 組織変更後の株式会社の会計参与又は会計監査人を定めたときは、第五十四条第二項各号に掲げる書面

五 第四十七条第二項第六号に掲げる書面

六 会社法第七百八十一条第二項において準用する同法第七百七十九条第二項（第二号を除く。）の規定による公告及び催告をしたこと並びに異議を述べた債権者があるときは、当該債権者に対し弁済し若しくは相当の担保を提供し若しくは当該

債権者に弁済を受けさせることを目的として相当の財産を信託したこと又は当該組織変更をしても当該債権者を害するおそれがないことを証する書面

② 第七十六条及び第七十八条の規定は、前項に規定する場合について準用する。

（合併の登記）

第一〇八条① 吸収合併による変更の登記の申請書には、次の書面を添付しなければならない。

一 吸収合併契約書

二 第八十条第五号から第十号までに掲げる書面

三 会社法第八百二条第二項において準用する同法第七百九十九条第二項（第三号を除く。）の規定による公告及び催告（同法第八百二条第二項において準用する同法第七百九十九条第三項の規定により公告を官報のほか時事に関する事項を掲載する日刊新聞紙又は電子公告によつてした場合にあつては、これらの方法による公告）をしたこと並びに異議を述べた債権者があるときは、当該債権者に対し弁済し若しくは相当の担保を提供し若しくは当該債権者に弁済を受けさせることを目的として相当の財産を信託したこと又は当該吸収合併をしても当該債権者を害するおそれがないことを証する書面

四 法人が吸収合併存続会社の社員となるときは、第九十四条第二号又は第三号に掲げる書面

② 新設合併による設立の登記の申請書には、次の書面を添付しなければならない。

一 新設合併契約書

二 定款

三 第八十一条第五号及び第七号から第十号までに掲げる書面

四 新設合併消滅会社が株式会社であるときは、総株主の同意があつたことを証する書面

五 法人が新設合併設立会社の社員となるときは、第九十四条第二号又は第三号に掲げる書面

③ 第七十九条、第八十二条及び第八十三条の規定は、合名会社の登記について準用する。

（会社分割の登記）

第一〇九条① 吸収分割承継会社がする吸収分割による変更の登記の申請書には、次の書面を添付しなければならない。

一 吸収分割契約書

二 第八十五条第五号から第八号までに掲げる書面

三 会社法第八百二条第二項において準用する同法第七百九十九条第二項（第三号を除く。）の規定による公告及び催告（同法第八百二条第二項において準用する同法第七百九十九条第三項の規定により公告を官報のほか時事に関する事項を掲載する日刊新聞紙又は電子公告によつてした場合にあつては、これらの方法による公告）をしたこと並びに異議を述べた債権者があるときは、当該債権者に対し弁済し若しくは相当の担保を提供し若しくは当該債権者に弁済を受けさせることを目的として相当の財産を信託したこと又は当該吸収分割をしても当該債権者を害するおそれがないことを証する書面

四 法人が吸収分割承継会社の社員となるときは、第九十四条第二号又は第三号に掲げる書面

② 新設分割による設立の登記の申請書には、次の書面を添付しなければならない。

一 新設分割計画書

二 定款

三 第八十六条第五号から第八号までに掲げる書面

四 法人が新設分割設立会社の社員となるときは、第九十四条第二号又は第三号に掲げる書面

③ 第八十四条、第八十七条及び第八十八条の規定は、合名会社の登記について準用する。

第七節　合資会社の登記

（設立の登記）

第一一〇条 設立の登記の申請書には、有限責任社員が既に履行した出資の価額を証する書面を添付しなければならない。

（準用規定）

第一一一条 第四十七条第一項、第五十一条から第五十三条まで、第九十三条、第九十四条及び第九十六条から第百三条までの規定は、合資会社の登記について準用する。

（出資履行の登記）

第一一二条 有限責任社員の出資の履行による変更の登記の申請書には、その履行があつたことを証する書面を添付しなければならない。

（持分会社の種類の変更の登記）

第一一三条① 合資会社が会社法第六百三十八条第二項第一号又は第六百三十九条第一項の規定により合名会社となつた場合の合名会社についてする登記の申請書には、定款を添付しなければならない。

② 合資会社が会社法第六百三十八条第二項第二号又は第六百三十九条第二項の規定により合同会社となつた場合の合同会社についてする登記の申請書には、次の書面を添付しなければならない。

一 定款

二 会社法第六百三十八条第二項第二号の規定により合同会社となつた場合には、同法第六百四十条第一項の規定による出資に係る払込み及び給付が完了したことを証する書面

③ 第百四条及び第百六条の規定は、前二項の場合について準用する。

（組織変更の登記）

第一一四条 第百七条の規定は、合資会社が組織変更をした場合について準用する。

（合併の登記）

第一一五条① 第百八条の規定は、合資会社の登記について準用する。

② 第百十条の規定は、吸収合併による変更の登記及び新設合併による設立の登記について準用する。

（会社分割の登記）

第一一六条① 第百九条の規定は、合資会社の登記について準用する。

② 第百十条の規定は、吸収分割承継会社がする吸収分割による変更の登記及び新設分割による設立の登記について準用する。

第八節　合同会社の登記

（設立の登記）

第一一七条 設立の登記の申請書には、法令に別段の定めがある場合を除き、会社法第五百七十八条に規定する出資に係る払込み及び給付があつたことを証する書面を添付しなければならない。

（準用規定）

第一一八条 第四十七条第一項、第五十一条から第五十三条まで、第九十三条、第九十四条、第九十六条から第百一条まで及び第百三条の規定は、合同会社の登記について準用する。

（社員の加入による変更の登記）

第一一九条 社員の加入による変更の登記の申請書には、会社法第六百四条第三項に規定する出資に係る払込み又は給付があつたことを証する書面を添付しなければならない。

（資本金の額の減少による変更の登記）

第一二〇条 資本金の額の減少による変更の登記の申請書には、会社法第六百二十七条第二項の規定による公告及び催告（同条第三項の規定により公告を官報のほか時事に関する事項を掲載する日刊新聞紙又は電子公告によつてした場合にあつては、これらの方法による公告）をしたこと並びに異議を述べた債権者があるときは、当該債権者に対し弁済し若しくは相当の担保を提供し若しくは当該債権者に弁済を受けさせることを目的として相当の財産を信託したこと又は当該資本金の額の減少をしても当該債権者を害するおそれがないことを証する書面を添付しなければならない。

（清算結了の登記）
第一二一条　清算結了の登記の申請書には、会社法第六百六十七条の規定による清算に係る計算の承認があつたことを証する書面を添付しなければならない。

（持分会社の種類の変更の登記）
第一二二条①　合同会社が会社法第六百三十八条第三項第一号の規定により合名会社となつた場合の合名会社についてする登記の申請書には、定款を添付しなければならない。
②　合同会社が会社法第六百三十八条第三項第二号又は第三号の規定により合資会社となつた場合の合資会社についてする登記の申請書には、次の書面を添付しなければならない。
一　定款
二　有限責任社員が既に履行した出資の価額を証する書面
三　無限責任社員を加入させたときは、その加入を証する書面（法人である社員の加入の場合にあつては、第九十四条第二号又は第三号に掲げる書面を含む。）
③　第百四条及び第百六条の規定は、前二項の場合について準用する。

（組織変更の登記）
第一二三条　第百七条の規定は、合同会社が組織変更をした場合について準用する。この場合において、同条第一項第六号中「公告及び催告」とあるのは、「公告及び催告（同法第七百八十一条第二項において準用する同法第七百七十九条第三項の規定により公告を官報のほか時事に関する事項を掲載する日刊新聞紙又は電子公告によつてした場合にあつては、これらの方法による公告）」と読み替えるものとする。

（合併の登記）
第一二四条　第百八条の規定は、合同会社の登記について準用する。この場合において、同条第一項第四号及び第二項第五号中「社員」とあるのは、「業務を執行する社員」と読み替えるものとする。

（会社分割の登記）
第一二五条　第百九条の規定は、合同会社の登記について準用する。この場合において、同条第一項第四号及び第二項第四号中「社員」とあるのは、「業務を執行する社員」と読み替えるものとする。

（株式交換の登記）
第一二六条①　株式交換完全親会社がする株式交換による変更の登記の申請書には、次の書面を添付しなければならない。
一　株式交換契約書
二　第八十九条第五号から第八号までに掲げる書面
三　会社法第八百二条第二項において準用する同法第七百九十九条第二項（第三号を除く。）の規定による公告及び催告（同法第八百二条第二項において準用する同法第七百九十九条第三項の規定により公告を官報のほか時事に関する事項を掲載する日刊新聞紙又は電子公告によつてした場合にあつては、これらの方法による公告）をしたこと並びに異議を述べた債権者があるときは、当該債権者に対し弁済し若しくは相当の担保を提供し若しくは当該債権者に弁済を受けさせることを目的として相当の財産を信託したこと又は当該株式交換をしても当該債権者を害するおそれがないことを証する書面
四　法人が株式交換完全親会社の業務を執行する社員となるときは、第九十四条第二号又は第三号に掲げる書面
②　第九十一条及び第九十二条の規定は、合同会社の登記について準用する。

第九節　外国会社の登記（抄）

（管轄の特例）
第一二七条　日本に営業所を設けていない外国会社の日本における代表者（日本に住所を有するものに限る。）の住所地は、第一条の三及び第二十四条第一号の規定の適用については、営業所の所在地とみなす。

（申請人）
第一二八条　外国会社の登記の申請については、日本における代表者が外国会社を代表する。

（外国会社の登記）
第一二九条①　会社法第九百三十三条第一項の規定による外国会社の登記の申請書には、次の書面を添付しなければならない。
一　本店の存在を認めるに足りる書面
二　日本における代表者の資格を証する書面
三　外国会社の定款その他外国会社の性質を識別するに足りる書面
四　会社法第九百三十九条第二項の規定による公告方法についての定めがあるときは、これを証する書面
②　前項の書類は、外国会社の本国の管轄官庁又は日本における領事その他権限がある官憲の認証を受けたものでなければならない。
③　第一項の登記の申請書に他の登記所の登記事項証明書で日本における代表者を定めた旨又は日本に営業所を設けた旨の記載があるものを添付したときは、同項の書面の添付を要しない。

第一三〇条及び第一三一条　（略）

第十節　登記の更正及び抹消

（更正）
第一三二条①　登記に錯誤又は遺漏があるときは、当事者は、その登記の更正を申請することができる。
②　更正の申請書には、錯誤又は遺漏があることを証する書面を添付しなければならない。ただし、氏、名又は住所の更正については、この限りでない。

第一三三条①　登記官は、登記に錯誤又は遺漏があることを発見したときは、遅滞なく、登記をした者にその旨を通知しなければならない。ただし、その錯誤又は遺漏が登記官の過誤によるものであるときは、この限りでない。
②　前項ただし書の場合においては、登記官は、遅滞なく、監督法務局又は地方法務局の長の許可を得て、登記の更正をしなければならない。

（抹消の申請）
第一三四条①　登記が次の各号のいずれかに該当するときは、当事者は、その登記の抹消を申請することができる。
一　第二十四条第一号から第三号まで又は第五号に掲げる事由があること。
二　登記された事項につき無効の原因があること。ただし、訴えをもつてのみその無効を主張することができる場合を除く。
②　第百三十二条第二項の規定は、前項第二号の場合に準用する。

（職権抹消）
第一三五条①　登記官は、登記が前条第一項各号のいずれかに該当することを発見したときは、登記をした者に、一月をこえない一定の期間内に書面で異議を述べないときは登記を抹消すべき旨を通知しなければならない。
②　登記官は、登記をした者の住所又は居所が知れないときは、前項の通知に代え官報で公告しなければならない。
③　登記官は、官報のほか相当と認める新聞紙に同一の公告を掲載することができる。

第一三六条　登記官は、異議を述べた者があるときは、その異議につき決定をしなければならない。

第一三七条　登記官は、異議を述べた者がないとき、又は異議を却下したときは、登記を抹消しなければならない。

第一三八条　削除

第四章　雑則（抄）

（行政手続法の適用除外）
第一三九条　登記官の処分については、行政手続法（平成五年法律第八十八号）第二章及び第三章の規定は、適用しない。

第一四〇条及び第一四一条　（略）

（審査請求）

第一四二条　登記官の処分に不服がある者又は登記官の不作為に係る処分を申請した者は、当該登記官を監督する法務局又は地方法務局の長に審査請求をすることができる。

第一四三条から第一四六条の二まで　（略）

（行政不服審査法の適用除外）

第一四七条　行政不服審査法第十三条、第十五条第六項、第十八条、第二十一条、第二十五条第二項から第七項まで、第二十九条第一項から第四項まで、第三十一条、第三十七条、第四十五条第三項、第四十六条、第四十七条、第四十九条第三項（審査請求に係る不作為が違法又は不当である旨の宣言に係る部分を除く。）から第五項まで及び第五十二条の規定は、第百四十二条の審査請求については、適用しない。

（省令への委任）

第一四八条　この法律に定めるもののほか、登記簿の調製、登記申請書の様式及び添付書面その他この法律の施行に関し必要な事項は、法務省令で定める。

附　則（令和四・五・二五法四八）（抄）

（施行期日）

第一条　この法律は、公布の日から起算して四年を超えない範囲内において政令で定める日から施行する。ただし、次の各号に掲げる規定は、当該各号に定める日から施行する。

一　（前略）附則第六十条中商業登記法（昭和三十八年法律第百二十五号）第五十二条第二項の改正規定及び附則第百二十五条の規定　公布の日

二―五　（略）

（政令への委任）

第一二五条　（前略）この法律の施行に関し必要な経過措置は、政令で定める。

○保険法

（平成二〇・六・六 法 五 六）

施行 平成二二・四・一（平成二一政一七六）
最終改正 平成二九法四五

目次

第一章 総則

（**趣旨**）

第一条 保険に係る契約の成立、効力、履行及び終了については、他の法令に定めるもののほか、この法律の定めるところによる。

（**定義**）

第二条 この法律において、次の各号に掲げる用語の意義は、当該各号に定めるところによる。

一 保険契約 保険契約、共済契約その他いかなる名称であるかを問わず、当事者の一方が一定の事由が生じたことを条件として財産上の給付（生命保険契約及び傷害疾病定額保険契約にあっては、金銭の支払に限る。以下「保険給付」という。）を行うことを約し、相手方がこれに対して当該一定の事由の発生の可能性に応じたものとして保険料（共済掛金を含む。以下同じ。）を支払うことを約する契約をいう。

二 保険者 保険契約の当事者のうち、保険給付を行う義務を負う者をいう。

三 保険契約者 保険契約の当事者のうち、保険料を支払う義務を負う者をいう。

四 被保険者 次のイからハまでに掲げる保険契約の区分に応じ、当該イからハまでに定める者をいう。

イ 損害保険契約 損害保険契約によりてん補することとされる損害を受ける者

ロ 生命保険契約 その者の生存又は死亡に関し保険者が保険給付を行うこととなる者

ハ 傷害疾病定額保険契約 その者の傷害又は疾病（以下「傷害疾病」という。）に基づき保険者が保険給付を行うこととなる者

五 保険金受取人 保険給付を受ける者として生命保険契約又は傷害疾病定額保険契約で定めるものをいう。

六 損害保険契約 保険契約のうち、保険者が一定の偶然の事故によって生ずることのある損害をてん補することを約するものをいう。

七 傷害疾病損害保険契約 損害保険契約のうち、保険者が人の傷害疾病によって生ずることのある損害（当該傷害疾病が生じた者が受けるものに限る。）をてん補することを約するものをいう。

八 生命保険契約 保険契約のうち、保険者が人の生存又は死亡に関し一定の保険給付を行うことを約するもの（傷害疾病定額保険契約に該当するものを除く。）をいう。

九 傷害疾病定額保険契約 保険契約のうち、保険者が人の傷害疾病に基づき一定の保険給付を行うことを約するものをいう。

第二章 損害保険

第一節 成立

（**損害保険契約の目的**）

第三条 損害保険契約は、金銭に見積もることができる利益に限り、その目的とすることができる。

（**告知義務**）

第四条 保険契約者又は被保険者になる者は、損害保険契約の締結に際し、損害保険契約によりてん補することとされる損害の発生の可能性（以下この章において「危険」という。）に関する重要な事項のうち保険者になる者が告知を求めたもの（第二十八条第一項及び第二十九条第一項において「告知事項」という。）について、事実の告知をしなければならない。

（**遡及保険**）

第五条① 損害保険契約を締結する前に発生した保険事故（損害保険契約によりてん補することとされる損害を生ずることのある偶然の事故として当該損害保険契約で定めるものをいう。以下この章において同じ。）による損害をてん補する旨の定めは、保険契約者が当該損害保険契約の申込み又はその承諾をした時において、当該保険契約者又は被保険者が既に保険事故が発生していることを知っていたときは、無効とする。

② 損害保険契約の申込みの時より前に発生した保険事故による損害をてん補する旨の定めは、保険者又は保険契約者が当該損害保険契約の申込みをした時において、当該保険者が保険事故が発生していないことを知っていたときは、無効とする。

（**損害保険契約の締結時の書面交付**）

第六条① 保険者は、損害保険契約を締結したときは、遅滞なく、保険契約者に対し、次に掲げる事項を記載した書面を交付しなければならない。

一 保険者の氏名又は名称

二 保険契約者の氏名又は名称

三 被保険者の氏名又は名称その他の被保険者を特定するために必要な事項

四 保険事故

五 その期間内に発生した保険事故による損害をてん補するものとして損害保険契約で定める期間

六 保険金額（保険給付の限度額として損害保険契約で定めるものをいう。以下この章において同じ。）又は保険金額の定めがないときはその旨

七 保険の目的物（保険事故によって損害が生ずることのある物として損害保険契約で定めるものをいう。以下この章において同じ。）があるときは、これを特定するために必要な事項

八 第九条ただし書に規定する約定保険価額があるときは、その約定保険価額

九 保険料及びその支払の方法

十 第二十九条第一項第一号の通知をすべき旨が定められているときは、その旨

十一 損害保険契約を締結した年月日

十二 書面を作成した年月日

② 前項の書面には、保険者（法人その他の団体にあっては、その代表者）が署名し、又は記名押印しなければならない。

（**強行規定**）

第七条 第四条の規定に反する特約で保険契約者又は被保険者に不利なもの及び第五条第二項の規定に反する特約で保険契約者

に不利なものは、無効とする。

第二節　効力

（**第三者のためにする損害保険契約**）
第八条　被保険者が損害保険契約の当事者以外の者であるときは、当該被保険者は、当然に当該損害保険契約の利益を享受する。

（**超過保険**）
第九条　損害保険契約の締結の時において保険金額が保険の目的物の価額（以下この章において「保険価額」という。）を超えていたことにつき保険契約者及び被保険者が善意でかつ重大な過失がなかったときは、保険契約者は、その超過部分について、当該損害保険契約を取り消すことができる。ただし、保険価額について約定した一定の価額（以下この章において「約定保険価額」という。）があるときは、この限りでない。

（**保険価額の減少**）
第一〇条　損害保険契約の締結後に保険価額が著しく減少したときは、保険契約者は、保険者に対し、将来に向かって、保険金額又は約定保険価額については減少後の保険価額に至るまでの減額を、保険料についてはその減額後の保険金額に対応する保険料に至るまでの減額をそれぞれ請求することができる。

（**危険の減少**）
第一一条　損害保険契約の締結後に危険が著しく減少したときは、保険契約者は、保険者に対し、将来に向かって、保険料について、減少後の当該危険に対応する保険料に至るまでの減額を請求することができる。

（**強行規定**）
第一二条　第八条の規定に反する特約で被保険者に不利なもの及び第九条本文又は前二条の規定に反する特約で保険契約者に不利なものは、無効とする。

第三節　保険給付

（**損害の発生及び拡大の防止**）
第一三条　保険契約者及び被保険者は、保険事故が発生したことを知ったときは、これによる損害の発生及び拡大の防止に努めなければならない。

（**損害発生の通知**）
第一四条　保険契約者又は被保険者は、保険事故による損害が生じたことを知ったときは、遅滞なく、保険者に対し、その旨の通知を発しなければならない。

（**損害発生後の保険の目的物の滅失**）
第一五条　保険者は、保険事故による損害が生じた場合には、当該損害に係る保険の目的物が当該損害の発生後に保険事故によらずに滅失したときであっても、当該損害をてん補しなければならない。

（**火災保険契約による損害てん補の特則**）
第一六条　火災を保険事故とする損害保険契約の保険者は、保険事故が発生していないときであっても、消火、避難その他の消防の活動のために必要な処置によって保険の目的物に生じた損害をてん補しなければならない。

（**保険者の免責**）
第一七条①　保険者は、保険契約者又は被保険者の故意又は重大な過失によって生じた損害をてん補する責任を負わない。戦争その他の変乱によって生じた損害についても、同様とする。

②　責任保険契約（損害保険契約のうち、被保険者が損害賠償の責任を負うことによって生ずることのある損害をてん補するものをいう。以下同じ。）に関する前項の規定の適用については、同項中「故意又は重大な過失」とあるのは、「故意」とする。

（**損害額の算定**）
第一八条①　損害保険契約によりてん補すべき損害の額（以下この章において「てん補損害額」という。）は、その損害が生じた地及び時における価額によって算定する。

②　約定保険価額があるときは、てん補損害額は、当該約定保険価額によって算定する。ただし、当該約定保険価額が保険価額を著しく超えるときは、てん補損害額は、当該保険価額によって算定する。

（**一部保険**）
第一九条　保険金額が保険価額（約定保険価額があるときは、当該約定保険価額）に満たないときは、保険者が行うべき保険給付の額は、当該保険金額の当該保険価額に対する割合をてん補損害額に乗じて得た額とする。

（**重複保険**）
第二〇条①　損害保険契約によりてん補すべき損害について他の損害保険契約がこれをてん補することとなっている場合においても、保険者は、てん補損害額の全額（前条に規定する場合にあっては、同条の規定により行うべき保険給付の額の全額）について、保険給付を行う義務を負う。

②　二以上の損害保険契約の各保険者が行うべき保険給付の額の合計額がてん補損害額（各損害保険契約に基づいて算定したてん補損害額が異なるときは、そのうち最も高い額。以下この項において同じ。）を超える場合において、保険者の一人が自己の負担部分（他の損害保険契約がないとする場合における各保険者が行うべき保険給付の額のその合計額に対する割合をてん補損害額に乗じて得た額をいう。以下この項において同じ。）を超えて保険給付を行い、これにより共同の免責を得たときは、当該保険者は、自己の負担部分を超える部分に限り、他の保険者に対し、各自の負担部分について求償権を有する。

（**保険給付の履行期**）
第二一条①　保険給付を行う期限を定めた場合であっても、当該期限が、保険事故、てん補損害額、保険者が免責される事由その他の保険給付を行うために確認をすることが損害保険契約上必要とされる事項の確認をするための相当の期間を経過する日後の日であるときは、当該期間を経過する日をもって保険給付を行う期限とする。

②　保険給付を行う期限を定めなかったときは、保険者は、保険給付の請求があった後、当該請求に係る保険事故及びてん補損害額の確認をするために必要な期間を経過するまでは、遅滞の責任を負わない。

③　保険者が前二項に規定する確認をするために必要な調査を行うに当たり、保険契約者又は被保険者が正当な理由なく当該調査を妨げ、又はこれに応じなかった場合には、保険者は、これにより保険給付を遅延した期間について、遅滞の責任を負わない。

（**責任保険契約についての先取特権**）
第二二条①　責任保険契約の被保険者に対して当該責任保険契約の保険事故に係る損害賠償請求権を有する者は、保険給付を請求する権利について先取特権を有する。

②　被保険者は、前項の損害賠償請求権に係る債務について弁済をした金額又は当該損害賠償請求権を有する者の承諾があった金額の限度においてのみ、保険者に対して保険給付を請求する権利を行使することができる。

③　責任保険契約に基づき保険給付を請求する権利は、譲り渡し、質権の目的とし、又は差し押さえることができない。ただし、次に掲げる場合は、この限りでない。

一　第一項の損害賠償請求権を有する者に譲り渡し、又は当該損害賠償請求権に関して差し押さえる場合

二　前項の規定により被保険者が保険給付を請求する権利を行使することができる場合

（**費用の負担**）
第二三条①　次に掲げる費用は、保険者の負担とする。

一　てん補損害額の算定に必要な費用

二　第十三条の場合において、損害の発生又は拡大の防止のために必要又は有益であった費用

②　第十九条の規定は、前項第二号に掲げる費用の額について準用する。この場合において、同条中「てん補損害額」とあるのは、「第二十三条第一項第二号に掲げる費用の額」と読み替え

るものとする。

（残存物代位）

第二四条　保険者は、保険の目的物の全部が滅失した場合において、保険給付を行ったときは、当該保険給付の額の保険価額（約定保険価額があるときは、当該約定保険価額）に対する割合に応じて、当該保険の目的物に関して被保険者が有する所有権その他の物権について当然に被保険者に代位する。

（請求権代位）

第二五条①　保険者は、保険給付を行ったときは、次に掲げる額のうちいずれか少ない額を限度として、保険事故による損害が生じたことにより被保険者が取得する債権（債務の不履行その他の理由により債権について生ずることのある損害をてん補する損害保険契約においては、当該債権を含む。以下この条において「被保険者債権」という。）について当然に被保険者に代位する。

一　当該保険者が行った保険給付の額

二　被保険者債権の額（前号に掲げる額がてん補損害額に不足するときは、被保険者債権の額から当該不足額を控除した残額）

②　前項の場合において、同項第一号に掲げる額がてん補損害額に不足するときは、被保険者は、被保険者債権のうち保険者が同項の規定により代位した部分を除いた部分について、当該代位に係る保険者の債権に先立って弁済を受ける権利を有する。

（強行規定）

第二六条　第十五条、第二十一条第一項若しくは第三項又は前二条の規定に反する特約で被保険者に不利なものは、無効とする。

第四節　終了

（保険契約者による解除）

第二七条　保険契約者は、いつでも損害保険契約を解除することができる。

（告知義務違反による解除）

第二八条①　保険者は、保険契約者又は被保険者が、告知事項について、故意又は重大な過失により事実の告知をせず、又は不実の告知をしたときは、損害保険契約を解除することができる。

②　保険者は、前項の規定にかかわらず、次に掲げる場合には、損害保険契約を解除することができない。

一　損害保険契約の締結の時において、保険者が前項の事実を知り、又は過失によって知らなかったとき。

二　保険者のために保険契約の締結の媒介を行うことができる者（保険者のために保険契約の締結の代理を行うことができる者を除く。以下「保険媒介者」という。）が、保険契約者又は被保険者が前項の事実の告知をすることを妨げたとき。

三　保険媒介者が、保険契約者又は被保険者に対し、前項の事実の告知をせず、又は不実の告知をすることを勧めたとき。

③　前項第二号及び第三号の規定は、当該各号に規定する保険媒介者の行為がなかったとしても保険契約者又は被保険者が第一項の事実の告知をせず、又は不実の告知をしたと認められる場合には、適用しない。

④　第一項の規定による解除権は、保険者が同項の規定による解除の原因があることを知った時から一箇月間行使しないときは、消滅する。損害保険契約の締結の時から五年を経過したときも、同様とする。

（危険増加による解除）

第二九条①　損害保険契約の締結後に危険増加（告知事項についての危険が高くなり、損害保険契約で定められている保険料が当該危険を計算の基礎として算出される保険料に不足する状態になることをいう。以下この条及び第三十一条第二項第二号において同じ。）が生じた場合において、保険料を当該危険増加に対応した額に変更するとしたならば当該損害保険契約を継続することができるときであっても、保険者は、次に掲げる要件のいずれにも該当する場合には、当該損害保険契約を解除することができる。

一　当該危険増加に係る告知事項について、その内容に変更が生じたときは保険契約者又は被保険者が保険者に遅滞なくその旨の通知をすべき旨が当該損害保険契約で定められていること。

二　保険契約者又は被保険者が故意又は重大な過失により遅滞なく前号の通知をしなかったこと。

②　前条第四項の規定は、前項の規定による解除権について準用する。この場合において、同条第四項中「損害保険契約の締結の時」とあるのは、「次条第一項に規定する危険増加が生じた時」と読み替えるものとする。

（重大事由による解除）

第三〇条　保険者は、次に掲げる事由がある場合には、損害保険契約を解除することができる。

一　保険契約者又は被保険者が、保険者に当該損害保険契約に基づく保険給付を行わせることを目的として損害を生じさせ、又は生じさせようとしたこと。

二　被保険者が、当該損害保険契約に基づく保険給付の請求について詐欺を行い、又は行おうとしたこと。

三　前二号に掲げるもののほか、保険者の保険契約者又は被保険者に対する信頼を損ない、当該損害保険契約の存続を困難とする重大な事由

（解除の効力）

第三一条①　損害保険契約の解除は、将来に向かってのみその効力を生ずる。

②　保険者は、次の各号に掲げる規定により損害保険契約の解除をした場合には、当該各号に定める損害をてん補する責任を負わない。

一　第二十八条第一項　解除がされた時までに発生した保険事故による損害。ただし、同項の事実に基づかずに発生した保険事故による損害については、この限りでない。

二　第二十九条第一項　解除に係る危険増加が生じた時から解除がされた時までに発生した保険事故による損害。ただし、当該危険増加をもたらした事由に基づかずに発生した保険事故による損害については、この限りでない。

三　前条　同条各号に掲げる事由が生じた時から解除がされた時までに発生した保険事故による損害

（保険料の返還の制限）

第三二条　保険者は、次に掲げる場合には、保険料を返還する義務を負わない。

一　保険契約者又は被保険者の詐欺又は強迫を理由として損害保険契約に係る意思表示を取り消した場合

二　損害保険契約が第五条第一項の規定により無効とされる場合。ただし、保険者が保険事故の発生を知って当該損害保険契約の申込み又はその承諾をしたときは、この限りでない。

（強行規定）

第三三条①　第二十八条第一項から第三項まで、第二十九条第一項又は第三十一条の規定に反する特約で保険契約者又は被保険者に不利なものは、無効とする。

②　前条の規定に反する特約で保険契約者に不利なものは、無効とする。

第五節　傷害疾病損害保険の特則

（被保険者による解除請求）

第三四条①　被保険者が傷害疾病損害保険契約の当事者以外の者であるときは、当該被保険者は、保険契約者に対し、当該保険契約者との間に別段の合意がある場合を除き、当該傷害疾病損害保険契約を解除することを請求することができる。

②　保険契約者は、前項の規定により傷害疾病損害保険契約の解除の請求を受けたときは、当該傷害疾病損害保険契約を解除することができる。

（傷害疾病損害保険契約に関する読替え）

第三五条 傷害疾病損害保険契約における第一節から前節までの規定の適用については、第五条第一項、第十四条、第二十一条第三項及び第二十六条中「被保険者」とあるのは「被保険者（被保険者の死亡によって生ずる損害をてん補する傷害疾病損害保険契約にあっては、その相続人）」と、第五条第一項中「保険事故が発生している」とあるのは「保険事故による損害が生じている」と、同条第二項中「保険事故が発生していない」とあるのは「保険事故による損害が生じていない」と、第十七条第一項、第三十条及び第三十二条第一号中「被保険者」とあるのは「被保険者（被保険者の死亡によって生ずる損害をてん補する傷害疾病損害保険契約にあっては、被保険者又はその相続人）」と、第二十五条第一項中「被保険者が」とあるのは「被保険者（被保険者の死亡によって生ずる損害をてん補する傷害疾病損害保険契約にあっては、その相続人。以下この条において同じ。）が」と、第三十二条第二号中「保険事故の発生」とあるのは「保険事故による損害が生じていること」と、第三十三条第一項中「、第三十条又は第三十一条」とあるのは「又は第三十一条」と、「不利なものは」とあるのは「不利なもの及び第三十条の規定に反する特約で保険契約者又は被保険者（被保険者の死亡によって生ずる損害をてん補する傷害疾病損害保険契約にあっては、被保険者又はその相続人）に不利なものは」とする。

第六節　適用除外

第三六条 第七条、第十二条、第二十六条及び第三十三条の規定は、次に掲げる損害保険契約については、適用しない。
一 商法（明治三十二年法律第四十八号）第八百十五条第一項に規定する海上保険契約
二 航空機若しくは航空機により運送される貨物を保険の目的物とする損害保険契約又は航空機の事故により生じた損害を賠償する責任に係る責任保険契約
三 原子力施設を保険の目的物とする損害保険契約又は原子力施設の事故により生じた損害を賠償する責任に係る責任保険契約
四 前三号に掲げるもののほか、法人その他の団体又は事業を行う個人の事業活動に伴って生ずることのある損害をてん補する損害保険契約（傷害疾病損害保険契約に該当するものを除く。）

第三章　生命保険

第一節　成立

（告知義務）
第三七条 保険契約者又は被保険者になる者は、生命保険契約の締結に際し、保険事故（被保険者の死亡又は一定の時点における生存をいう。以下この章において同じ。）の発生の可能性（以下この章において「危険」という。）に関する重要な事項のうち保険者になる者が告知を求めたもの（第五十五条第一項及び第五十六条第一項において「告知事項」という。）について、事実の告知をしなければならない。

（被保険者の同意）
第三八条 生命保険契約の当事者以外の者を被保険者とする死亡保険契約（保険者が被保険者の死亡に関し保険給付を行うことを約する生命保険契約をいう。以下この章において同じ。）は、当該被保険者の同意がなければ、その効力を生じない。

（遡及保険）
第三九条① 死亡保険契約を締結する前に発生した保険事故に関し保険給付を行う旨の定めは、保険契約者が当該死亡保険契約の申込み又はその承諾をした時において、当該保険契約者又は保険金受取人が既に保険事故が発生していることを知っていたときは、無効とする。
② 死亡保険契約の申込みの時より前に発生した保険事故に関し保険給付を行う旨の定めは、保険者又は保険契約者が当該死亡保険契約の申込みをした時において、当該保険者が保険事故が発生していないことを知っていたときは、無効とする。

（生命保険契約の締結時の書面交付）
第四〇条① 保険者は、生命保険契約を締結したときは、遅滞なく、保険契約者に対し、次に掲げる事項を記載した書面を交付しなければならない。
一 保険者の氏名又は名称
二 保険契約者の氏名又は名称
三 被保険者の氏名その他の被保険者を特定するために必要な事項
四 保険金受取人の氏名又は名称その他の保険金受取人を特定するために必要な事項
五 保険事故
六 その期間内に保険事故が発生した場合に保険給付を行うものとして生命保険契約で定める期間
七 保険給付の額及びその支払の方法
八 保険料及びその支払の方法
九 第五十六条第一項第一号の通知をすべき旨が定められているときは、その旨
十 生命保険契約を締結した年月日
十一 書面を作成した年月日
② 前項の書面には、保険者（法人その他の団体にあっては、その代表者）が署名し、又は記名押印しなければならない。

（強行規定）
第四一条 第三十七条の規定に反する特約で保険契約者又は被保険者に不利なもの及び第三十九条第二項の規定に反する特約で保険契約者に不利なものは、無効とする。

第二節　効力

（第三者のためにする生命保険契約）
第四二条 保険金受取人が生命保険契約の当事者以外の者であるときは、当該保険金受取人は、当然に当該生命保険契約の利益を享受する。

（保険金受取人の変更）
第四三条① 保険契約者は、保険事故が発生するまでは、保険金受取人の変更をすることができる。
② 保険金受取人の変更は、保険者に対する意思表示によってする。
③ 前項の意思表示は、その通知が保険者に到達したときは、当該通知を発した時にさかのぼってその効力を生ずる。ただし、その到達前に行われた保険給付の効力を妨げない。

（遺言による保険金受取人の変更）
第四四条① 保険金受取人の変更は、遺言によっても、することができる。
② 遺言による保険金受取人の変更は、その遺言が効力を生じた後、保険契約者の相続人がその旨を保険者に通知しなければ、これをもって保険者に対抗することができない。

（保険金受取人の変更についての被保険者の同意）
第四五条 死亡保険契約の保険金受取人の変更は、被保険者の同意がなければ、その効力を生じない。

（保険金受取人の死亡）
第四六条 保険金受取人が保険事故の発生前に死亡したときは、その相続人の全員が保険金受取人となる。

（保険給付請求権の譲渡等についての被保険者の同意）
第四七条 死亡保険契約に基づき保険給付を請求する権利の譲渡又は当該権利を目的とする質権の設定（保険事故が発生した後にされたものを除く。）は、被保険者の同意がなければ、その効力を生じない。

（危険の減少）
第四八条 生命保険契約の締結後に危険が著しく減少したときは、保険契約者は、保険者に対し、将来に向かって、保険料について、減少後の当該危険に対応する保険料に至るまでの減額を請求することができる。

（強行規定）

第四九条　第四十二条の規定に反する特約で保険金受取人に不利なもの及び前条の規定に反する特約で保険契約者に不利なものは、無効とする。

第三節　保険給付

（被保険者の死亡の通知）

第五〇条　死亡保険契約の保険契約者又は保険金受取人は、被保険者が死亡したことを知ったときは、遅滞なく、保険者に対し、その旨の通知を発しなければならない。

（保険者の免責）

第五一条　死亡保険契約の保険者は、次に掲げる場合には、保険給付を行う責任を負わない。ただし、第三号に掲げる場合には、被保険者を故意に死亡させた保険金受取人以外の保険金受取人に対する責任については、この限りでない。

一　被保険者が自殺をしたとき。

二　保険契約者が被保険者を故意に死亡させたとき（前号に掲げる場合を除く。）。

三　保険金受取人が被保険者を故意に死亡させたとき（前二号に掲げる場合を除く。）。

四　戦争その他の変乱によって被保険者が死亡したとき。

（保険給付の履行期）

第五二条①　保険給付を行う期限を定めた場合であっても、当該期限が、保険事故、保険者が免責される事由その他の保険給付を行うために確認をすることが生命保険契約上必要とされる事項の確認をするための相当の期間を経過する日後の日であるときは、当該期間を経過する日をもって保険給付を行う期限とする。

②　保険給付を行う期限を定めなかったときは、保険者は、保険給付の請求があった後、当該請求に係る保険事故の確認をするために必要な期間を経過するまでは、遅滞の責任を負わない。

③　保険者が前二項に規定する確認をするために必要な調査を行うに当たり、保険契約者、被保険者又は保険金受取人が正当な理由なく当該調査を妨げ、又はこれに応じなかった場合には、保険者は、これにより保険給付を遅延した期間について、遅滞の責任を負わない。

（強行規定）

第五三条　前条第一項又は第三項の規定に反する特約で保険金受取人に不利なものは、無効とする。

第四節　終了

（保険契約者による解除）

第五四条　保険契約者は、いつでも生命保険契約を解除することができる。

（告知義務違反による解除）

第五五条①　保険者は、保険契約者又は被保険者が、告知事項について、故意又は重大な過失により事実の告知をせず、又は不実の告知をしたときは、生命保険契約を解除することができる。

②　保険者は、前項の規定にかかわらず、次に掲げる場合には、生命保険契約を解除することができない。

一　生命保険契約の締結の時において、保険者が前項の事実を知り、又は過失によって知らなかったとき。

二　保険媒介者が、保険契約者又は被保険者が前項の事実の告知をすることを妨げたとき。

三　保険媒介者が、保険契約者又は被保険者に対し、前項の事実の告知をせず、又は不実の告知をすることを勧めたとき。

③　前項第二号及び第三号の規定は、当該各号に規定する保険媒介者の行為がなかったとしても保険契約者又は被保険者が第一項の事実の告知をせず、又は不実の告知をしたと認められる場合には、適用しない。

④　第一項の規定による解除権は、保険者が同項の規定による解除の原因があることを知った時から一箇月間行使しないときは、消滅する。生命保険契約の締結の時から五年を経過したときも、同様とする。

（危険増加による解除）

第五六条①　生命保険契約の締結後に危険増加（告知事項についての危険が高くなり、生命保険契約で定められている保険料が当該危険を計算の基礎として算出される保険料に不足する状態になることをいう。以下この条及び第五十九条第二項第二号において同じ。）が生じた場合において、保険料を当該危険増加に対応した額に変更するとしたならば当該生命保険契約を継続することができるときであっても、保険者は、次に掲げる要件のいずれにも該当する場合には、当該生命保険契約を解除することができる。

一　当該危険増加に係る告知事項について、その内容に変更が生じたときは保険契約者又は被保険者が保険者に遅滞なくその旨の通知をすべき旨が当該生命保険契約で定められていること。

二　保険契約者又は被保険者が故意又は重大な過失により遅滞なく前号の通知をしなかったこと。

②　前条第四項の規定は、前項の規定による解除権について準用する。この場合において、同条第四項中「生命保険契約の締結の時」とあるのは、「次条第一項に規定する危険増加が生じた時」と読み替えるものとする。

（重大事由による解除）

第五七条　保険者は、次に掲げる事由がある場合には、生命保険契約（第一号の場合にあっては、死亡保険契約に限る。）を解除することができる。

一　保険契約者又は保険金受取人が、保険者に保険給付を行わせることを目的として故意に被保険者を死亡させ、又は死亡させようとしたこと。

二　保険金受取人が、当該生命保険契約に基づく保険給付の請求について詐欺を行い、又は行おうとしたこと。

三　前二号に掲げるもののほか、保険者の保険契約者、被保険者又は保険金受取人に対する信頼を損ない、当該生命保険契約の存続を困難とする重大な事由

（被保険者による解除請求）

第五八条①　死亡保険契約の被保険者が当該死亡保険契約の当事者以外の者である場合において、次に掲げるときは、当該被保険者は、保険契約者に対し、当該死亡保険契約を解除することを請求することができる。

一　前条第一号又は第二号に掲げる事由がある場合

二　前号に掲げるもののほか、被保険者の保険契約者又は保険金受取人に対する信頼を損ない、当該死亡保険契約の存続を困難とする重大な事由がある場合

三　保険契約者と被保険者との間の親族関係の終了その他の事情により、被保険者が第三十八条の同意をするに当たって基礎とした事情が著しく変更した場合

②　保険契約者は、前項の規定により死亡保険契約を解除することの請求を受けたときは、当該死亡保険契約を解除することができる。

（解除の効力）

第五九条①　生命保険契約の解除は、将来に向かってのみその効力を生ずる。

②　保険者は、次の各号に掲げる規定により生命保険契約の解除をした場合には、当該各号に定める保険事故に関し保険給付を行う責任を負わない。

一　第五十五条第一項　解除がされた時までに発生した保険事故。ただし、同項の事実に基づかずに発生した保険事故については、この限りでない。

二　第五十六条第一項　解除に係る危険増加が生じた時から解除がされた時までに発生した保険事故。ただし、当該危険増加をもたらした事由に基づかずに発生した保険事故については、この限りでない。

三　第五十七条　同条各号に掲げる事由が生じた時から解除がされた時までに発生した保険事故

（契約当事者以外の者による解除の効力等）

第六〇条① 差押債権者、破産管財人その他の死亡保険契約（第六十三条に規定する保険料積立金があるものに限る。次項及び次条第一項において同じ。）の当事者以外の者で当該死亡保険契約の解除をすることができるもの（次項及び第六十二条において「解除権者」という。）がする当該解除は、保険者がその通知を受けた時から一箇月を経過した日に、その効力を生ずる。

② 保険金受取人（前項に規定する通知の時において、保険契約者である者を除き、保険契約者若しくは被保険者の親族又は被保険者である者に限る。次項及び次条において「介入権者」という。）が、保険契約者の同意を得て、前項の期間が経過するまでの間に、当該通知の日に当該死亡保険契約の解除の効力が生じたとすれば保険者が解除権者に対して支払うべき金額を解除権者に対して支払い、かつ、保険者に対してその旨の通知をしたときは、同項に規定する解除は、その効力を生じない。

③ 第一項に規定する解除の意思表示が差押えの手続又は保険契約者の破産手続、再生手続若しくは更生手続においてされたものである場合において、介入権者が前項の規定による支払及びその旨の通知をしたときは、当該差押えの手続、破産手続、再生手続又は更生手続との関係においては、保険者が当該解除により支払うべき金銭の支払をしたものとみなす。

第六一条① 死亡保険契約の解除により保険契約者が保険者に対して有することとなる金銭債権を差し押さえた債権者が前条第一項に規定する通知をした場合において、同条第二項の規定による支払の時に保険者が当該差押えに係る金銭債権の支払をするとすれば民事執行法（昭和五十四年法律第四号）その他の法令の規定による供託をすることができるときは、介入権者は、当該供託の方法により同項の規定による支払をすることができる。

② 前項の通知があった場合において、前条第二項の規定による支払の時に保険者が当該差押えに係る金銭債権の支払をするとすれば民事執行法その他の法令の規定による供託の義務を負うときは、介入権者は、当該供託の方法により同項の規定による支払をしなければならない。

③ 介入権者が前二項の規定により供託の方法による支払をしたときは、当該供託に係る差押えの手続との関係においては、保険者が当該差押えに係る金銭債権につき当該供託の方法による支払をしたものとみなす。

④ 介入権者は、第一項又は第二項の規定による供託をしたときは、民事執行法その他の法令の規定により第三債務者が執行裁判所その他の官庁又は公署に対してすべき届出をしなければならない。

第六二条① 第六十条第一項に規定する通知の時から同項に規定する解除の効力が生じ、又は同条第二項の規定により当該解除の効力が生じないこととなるまでの間に保険事故が発生したことにより保険者が保険給付を行うべきときは、当該保険者は、当該保険給付を行うべき額の限度で、解除権者に対し、同項に規定する金額を支払わなければならない。この場合において、保険金受取人に対しては、当該保険給付を行うべき額から当該解除権者に支払った金額を控除した残額について保険給付を行えば足りる。

② 前条の規定は、前項の規定による保険者の解除権者に対する支払について準用する。

（保険料積立金の払戻し）

第六三条 保険者は、次に掲げる事由により生命保険契約が終了した場合には、保険契約者に対し、当該終了の時における保険料積立金（受領した保険料の総額のうち、当該生命保険契約に係る保険給付に充てるべきものとして、保険料又は保険給付の額を定めるための予定死亡率、予定利率その他の計算の基礎を用いて算出される金額に相当する部分をいう。）を払い戻さなければならない。ただし、保険者が保険給付を行う責任を負うときは、この限りでない。

一 第五十一条各号（第二号を除く。）に規定する事由

二 保険者の責任が開始する前における第五十四条又は第五十八条第二項の規定による解除

三 第五十六条第一項の規定による解除

四 第九十六条第一項の規定による解除又は同条第二項の規定による当該生命保険契約の失効

（保険料の返還の制限）

第六四条 保険者は、次に掲げる場合には、保険料を返還する義務を負わない。

一 保険契約者、被保険者又は保険金受取人の詐欺又は強迫を理由として生命保険契約に係る意思表示を取り消した場合

二 死亡保険契約が第三十九条第一項の規定により無効とされる場合。ただし、保険者が保険事故の発生を知って当該死亡保険契約の申込み又はその承諾をしたときは、この限りでない。

（強行規定）

第六五条 次の各号に掲げる規定に反する特約で当該各号に定める者に不利なものは、無効とする。

一 第五十五条第一項から第三項まで又は第五十六条第一項　保険契約者又は被保険者

二 第五十七条又は第五十九条　保険契約者、被保険者又は保険金受取人

三 前二条　保険契約者

第四章　傷害疾病定額保険

第一節　成立

（告知義務）

第六六条 保険契約者又は被保険者になる者は、傷害疾病定額保険契約の締結に際し、給付事由（傷害疾病による治療、死亡その他の保険給付を行う要件として傷害疾病定額保険契約で定める事由をいう。以下この章において同じ。）の発生の可能性（以下この章において「危険」という。）に関する重要な事項のうち保険者になる者が告知を求めたもの（第八十四条第一項及び第八十五条第一項において「告知事項」という。）について、事実の告知をしなければならない。

（被保険者の同意）

第六七条① 傷害疾病定額保険契約の当事者以外の者を被保険者とする傷害疾病定額保険契約は、当該被保険者の同意がなければ、その効力を生じない。ただし、被保険者（被保険者の死亡に関する保険給付にあっては、被保険者又はその相続人）が保険金受取人である場合は、この限りでない。

② 前項ただし書の規定は、給付事由が傷害疾病による死亡のみである傷害疾病定額保険契約については、適用しない。

（遡及保険）

第六八条① 傷害疾病定額保険契約を締結する前に発生した給付事由に基づき保険給付を行う旨の定めは、保険契約者が当該傷害疾病定額保険契約の申込み又はその承諾をした時において、当該保険契約者、被保険者又は保険金受取人が既に給付事由が発生していることを知っていたときは、無効とする。

② 傷害疾病定額保険契約の申込みの時より前に発生した給付事由に基づき保険給付を行う旨の定めは、保険者又は保険契約者が当該傷害疾病定額保険契約の申込みをした時において、当該保険者が給付事由が発生していないことを知っていたときは、無効とする。

（傷害疾病定額保険契約の締結時の書面交付）

第六九条① 保険者は、傷害疾病定額保険契約を締結したときは、遅滞なく、保険契約者に対し、次に掲げる事項を記載した書面を交付しなければならない。

一 保険者の氏名又は名称

二 保険契約者の氏名又は名称

三 被保険者の氏名その他の被保険者を特定するために必要な事項

四 保険金受取人の氏名又は名称その他の保険金受取人を特定するために必要な事項

五　給付事由
六　その期間内に傷害疾病又は給付事由が発生した場合に保険給付を行うものとして傷害疾病定額保険契約で定める期間
七　保険給付の額及びその支払の方法
八　保険料及びその支払の方法
九　第八十五条第一項第一号の通知をすべき旨が定められているときは、その旨
十　傷害疾病定額保険契約を締結した年月日
十一　書面を作成した年月日
② 前項の書面には、保険者（法人その他の団体にあっては、その代表者）が署名し、又は記名押印しなければならない。

（強行規定）
第七〇条　第六十六条の規定に反する特約で保険契約者又は被保険者に不利なもの及び第六十八条第二項の規定に反する特約で保険契約者に不利なものは、無効とする。

第二節　効力

（第三者のためにする傷害疾病定額保険契約）
第七一条　保険金受取人が傷害疾病定額保険契約の当事者以外の者であるときは、当該保険金受取人は、当然に当該傷害疾病定額保険契約の利益を享受する。

（保険金受取人の変更）
第七二条①　保険契約者は、給付事由が発生するまでは、保険金受取人の変更をすることができる。
② 保険金受取人の変更は、保険者に対する意思表示によってする。
③ 前項の意思表示は、その通知が保険者に到達したときは、当該通知を発した時にさかのぼってその効力を生ずる。ただし、その到達前に行われた保険給付の効力を妨げない。

（遺言による保険金受取人の変更）
第七三条①　保険金受取人の変更は、遺言によっても、することができる。
② 遺言による保険金受取人の変更は、その遺言が効力を生じた後、保険契約者の相続人がその旨を保険者に通知しなければ、これをもって保険者に対抗することができない。

（保険金受取人の変更についての被保険者の同意）
第七四条①　保険金受取人の変更は、被保険者の同意がなければ、その効力を生じない。ただし、変更後の保険金受取人が被保険者（被保険者の死亡に関する保険給付にあっては、被保険者又はその相続人）である場合は、この限りでない。
② 前項ただし書の規定は、給付事由が傷害疾病による死亡のみである傷害疾病定額保険契約については、適用しない。

（保険金受取人の死亡）
第七五条　保険金受取人が給付事由の発生前に死亡したときは、その相続人の全員が保険金受取人となる。

（保険給付請求権の譲渡等についての被保険者の同意）
第七六条　保険給付を請求する権利の譲渡又は当該権利を目的とする質権の設定（給付事由が発生した後にされたものを除く。）は、被保険者の同意がなければ、その効力を生じない。

（危険の減少）
第七七条　傷害疾病定額保険契約の締結後に危険が著しく減少したときは、保険契約者は、保険者に対し、将来に向かって、保険料について、減少後の当該危険に対応する保険料に至るまでの減額を請求することができる。

（強行規定）
第七八条　第七十一条の規定に反する特約で保険金受取人に不利なもの及び前条の規定に反する特約で保険契約者に不利なものは、無効とする。

第三節　保険給付

（給付事由発生の通知）
第七九条　保険契約者、被保険者又は保険金受取人は、給付事由が発生したことを知ったときは、遅滞なく、保険者に対し、その旨の通知を発しなければならない。

（保険者の免責）
第八〇条　保険者は、次に掲げる場合には、保険給付を行う責任を負わない。ただし、第三号に掲げる場合には、給付事由を発生させた保険金受取人以外の保険金受取人に対する責任については、この限りでない。
一　被保険者が故意又は重大な過失により給付事由を発生させたとき。
二　保険契約者が故意又は重大な過失により給付事由を発生させたとき（前号に掲げる場合を除く。）。
三　保険金受取人が故意又は重大な過失により給付事由を発生させたとき（前二号に掲げる場合を除く。）。
四　戦争その他の変乱によって給付事由が発生したとき。

（保険給付の履行期）
第八一条①　保険給付を行う期限を定めた場合であっても、当該期限が、給付事由、保険者が免責される事由その他の保険給付を行うために確認をすることが傷害疾病定額保険契約上必要とされる事項の確認をするための相当の期間を経過する日後の日であるときは、当該期間を経過する日をもって保険給付を行う期限とする。
② 保険給付を行う期限を定めなかったときは、保険者は、保険給付の請求があった後、当該請求に係る給付事由の確認をするために必要な期間を経過するまでは、遅滞の責任を負わない。
③ 保険者が前二項に規定する確認をするために必要な調査を行うに当たり、保険契約者、被保険者又は保険金受取人が正当な理由なく当該調査を妨げ、又はこれに応じなかった場合には、保険者は、これにより保険給付を遅延した期間について、遅滞の責任を負わない。

（強行規定）
第八二条　前条第一項又は第三項の規定に反する特約で保険金受取人に不利なものは、無効とする。

第四節　終了

（保険契約者による解除）
第八三条　保険契約者は、いつでも傷害疾病定額保険契約を解除することができる。

（告知義務違反による解除）
第八四条①　保険者は、保険契約者又は被保険者が、告知事項について、故意又は重大な過失により事実の告知をせず、又は不実の告知をしたときは、傷害疾病定額保険契約を解除することができる。
② 保険者は、前項の規定にかかわらず、次に掲げる場合には、傷害疾病定額保険契約を解除することができない。
一　傷害疾病定額保険契約の締結の時において、保険者が前項の事実を知り、又は過失によって知らなかったとき。
二　保険媒介者が、保険契約者又は被保険者が前項の事実の告知をすることを妨げたとき。
三　保険媒介者が、保険契約者又は被保険者に対し、前項の事実の告知をせず、又は不実の告知をすることを勧めたとき。
③ 前項第二号及び第三号の規定は、当該各号に規定する保険媒介者の行為がなかったとしても保険契約者又は被保険者が第一項の事実の告知をせず、又は不実の告知をしたと認められる場合には、適用しない。
④ 第一項の規定による解除権は、保険者が同項の規定による解除の原因があることを知った時から一箇月間行使しないときは、消滅する。傷害疾病定額保険契約の締結の時から五年を経過したときも、同様とする。

（危険増加による解除）
第八五条①　傷害疾病定額保険契約の締結後に危険増加（告知事項についての危険が高くなり、傷害疾病定額保険契約で定められている保険料が当該危険を計算の基礎として算出される保険料に不足する状態になることをいう。以下この条及び第八十八条第二項第二号において同じ。）が生じた場合において、保険料

を当該危険増加に対応した額に変更するとしたならば当該傷害疾病定額保険契約を継続することができるときであっても、保険者は、次に掲げる要件のいずれにも該当する場合には、当該傷害疾病定額保険契約を解除することができる。

一　当該危険増加に係る告知事項について、その内容に変更が生じたときは保険契約者又は被保険者が保険者に遅滞なくその旨の通知をすべき旨が当該傷害疾病定額保険契約で定められていること。

二　保険契約者又は被保険者が故意又は重大な過失により遅滞なく前号の通知をしなかったこと。

②　前条第四項の規定は、前項の規定による解除権について準用する。この場合において、同条第四項中「傷害疾病定額保険契約の締結の時」とあるのは、「次条第一項に規定する危険増加が生じた時」と読み替えるものとする。

第八六条（重大事由による解除）　保険者は、次に掲げる事由がある場合には、傷害疾病定額保険契約を解除することができる。

一　保険契約者、被保険者又は保険金受取人が、保険者に当該傷害疾病定額保険契約に基づく保険給付を行わせることを目的として給付事由を発生させ、又は発生させようとしたこと。

二　保険金受取人が、当該傷害疾病定額保険契約に基づく保険給付の請求について詐欺を行い、又は行おうとしたこと。

三　前二号に掲げるもののほか、保険者の保険契約者、被保険者又は保険金受取人に対する信頼を損ない、当該傷害疾病定額保険契約の存続を困難とする重大な事由

第八七条（被保険者による解除請求）①　被保険者が傷害疾病定額保険契約の当事者以外の者である場合において、次に掲げるときは、当該被保険者は、保険契約者に対し、当該傷害疾病定額保険契約を解除することを請求することができる。

一　第六十七条第一項ただし書に規定する場合（同項の同意がある場合を除く。）

二　前条第一号又は第二号に掲げる事由がある場合

三　前号に掲げるもののほか、被保険者の保険契約者又は保険金受取人に対する信頼を損ない、当該傷害疾病定額保険契約の存続を困難とする重大な事由がある場合

四　保険契約者と被保険者との間の親族関係の終了その他の事情により、被保険者が第六十七条第一項の同意をするに当たって基礎とした事情が著しく変更した場合

②　保険契約者は、前項の規定により傷害疾病定額保険契約を解除することの請求を受けたときは、当該傷害疾病定額保険契約を解除することができる。

第八八条（解除の効力）①　傷害疾病定額保険契約の解除は、将来に向かってのみその効力を生ずる。

②　保険者は、次の各号に掲げる規定により傷害疾病定額保険契約の解除をした場合には、当該各号に定める事由に基づき保険給付を行う責任を負わない。

一　第八十四条第一項　解除がされた時までに発生した傷害疾病。ただし、同項の事実に基づかずに発生した傷害疾病については、この限りでない。

二　第八十五条第一項　解除に係る危険増加が生じた時から解除がされた時までに発生した傷害疾病。ただし、当該危険増加をもたらした事由に基づかずに発生した傷害疾病については、この限りでない。

三　第八十六条　同条各号に掲げる事由が生じた時から解除がされた時までに発生した給付事由

第八九条（契約当事者以外の者による解除の効力等）①　差押債権者、破産管財人その他の傷害疾病定額保険契約（第九十二条に規定する保険料積立金があるものに限る。以下この条から第九十一条までにおいて同じ。）の当事者以外の者で当該傷害疾病定額保険契約の解除をすることができるもの（次項及び同条において「解除権者」という。）がする当該解除は、保険者がその通知を受けた時から一箇月を経過した日に、その効力を生ずる。

②　保険金受取人（前項に規定する通知の時において、保険契約者である者を除き、保険契約者若しくは被保険者の親族又は被保険者である者に限る。次項及び次条において「介入権者」という。）が、保険契約者の同意を得て、前項の期間が経過するまでの間に、当該通知の日に当該傷害疾病定額保険契約の解除の効力が生じたとすれば保険者が解除権者に対して支払うべき金額を解除権者に対して支払い、かつ、保険者に対してその旨の通知をしたときは、同項に規定する解除は、その効力を生じない。

③　第一項に規定する解除の意思表示が差押えの手続又は保険契約者の破産手続、再生手続若しくは更生手続においてされたものである場合において、介入権者が前項の規定による支払及びその旨の通知をしたときは、当該差押えの手続、破産手続、再生手続又は更生手続との関係においては、保険者が当該解除により支払うべき金銭の支払をしたものとみなす。

第九〇条①　傷害疾病定額保険契約の解除により保険契約者が保険者に対して有することとなる金銭債権を差し押さえた債権者が前条第一項に規定する通知をした場合において、同条第二項の規定による支払の時に保険者が当該差押えに係る金銭債権の支払をするとすれば民事執行法その他の法令の規定による供託をすることができるときは、介入権者は、当該供託の方法により同項の規定による支払をすることができる。

②　前項の通知があった場合において、前条第二項の規定による支払の時に保険者が当該差押えに係る金銭債権の支払をするとすれば民事執行法その他の法令の規定による供託の義務を負うときは、介入権者は、当該供託の方法により同項の規定による支払をしなければならない。

③　介入権者が前二項の規定により供託の方法による支払をしたときは、当該供託に係る差押えの手続との関係においては、保険者が当該差押えに係る金銭債権につき当該供託の方法による支払をしたものとみなす。

④　介入権者は、第一項又は第二項の規定による供託をしたときは、民事執行法その他の法令の規定により第三債務者が執行裁判所その他の官庁又は公署に対してすべき届出をしなければならない。

第九一条①　第八十九条第一項に規定する通知の時から同項に規定する解除の効力が生じ、又は同条第二項の規定により当該解除の効力が生じないこととなるまでの間に給付事由が発生したことにより保険者が保険給付を行うべき場合において、当該保険給付を行うことにより傷害疾病定額保険契約が終了することとなるときは、当該保険者は、当該保険給付を行うべき額の限度で、解除権者に対し、同項に規定する金額を支払わなければならない。この場合において、保険金受取人に対しては、当該保険給付を行うべき額から当該解除権者に支払った金額を控除した残額について保険給付を行えば足りる。

②　前条の規定は、前項の規定による保険者の解除権者に対する支払について準用する。

第九二条（保険料積立金の払戻し）　保険者は、次に掲げる事由により傷害疾病定額保険契約が終了した場合には、保険契約者に対し、当該終了の時における保険料積立金（受領した保険料の総額のうち、当該傷害疾病定額保険契約に係る保険給付に充てるべきものとして、保険料又は保険給付の額を定めるための給付事由の発生率、予定利率その他の計算の基礎を用いて算出される金額に相当する部分をいう。）を払い戻さなければならない。ただし、保険者が保険給付を行う責任を負うときは、この限りでない。

一　第八十条各号（第二号を除く。）に規定する事由

二　保険者の責任が開始する前における第八十三条又は第八十七条第二項の規定による解除

三　第八十五条第一項の規定による解除

四　第九十六条第一項の規定による解除又は同条第二項の規定による当該傷害疾病定額保険契約の失効

（**保険料の返還の制限**）

第九三条　保険者は、次に掲げる場合には、保険料を返還する義務を負わない。

一　保険契約者、被保険者又は保険金受取人の詐欺又は強迫を理由として傷害疾病定額保険契約に係る意思表示を取り消した場合

二　傷害疾病定額保険契約が第六十八条第一項の規定により無効とされる場合。ただし、保険者が給付事由の発生を知って当該傷害疾病定額保険契約の申込み又はその承諾をしたときは、この限りでない。

（**強行規定**）

第九四条　次の各号に掲げる規定に反する特約で当該各号に定める者に不利なものは、無効とする。

一　第八十四条第一項から第三項まで又は第八十五条第一項　保険契約者又は被保険者

二　第八十六条又は第八十八条　保険契約者、被保険者又は保険金受取人

三　前二条　保険契約者

第五章　雑則

（**消滅時効**）

第九五条①　保険給付を請求する権利、保険料の返還を請求する権利及び第六十三条又は第九十二条に規定する保険料積立金の払戻しを請求する権利は、これらを行使することができる時から三年間行使しないときは、時効によって消滅する。

②　保険料を請求する権利は、これを行使することができる時から一年間行使しないときは、時効によって消滅する。

（**保険者の破産**）

第九六条①　保険者が破産手続開始の決定を受けたときは、保険契約者は、保険契約を解除することができる。

②　保険契約者が前項の規定による保険契約の解除をしなかったときは、当該保険契約は、破産手続開始の決定の日から三箇月を経過した日にその効力を失う。

附　則（抄）

（**施行期日**）

第一条　この法律は、公布の日から起算して二年を超えない範囲内において政令で定める日（平成二二・四・一―平成二一政一七六）から施行する。

○国際海上物品運送法（昭和三二・六・一三 法 一七二）

施行 昭和三三・一・一（附則参照）
最終改正 平成三〇法二九

（適用範囲）

第一条 この法律（第十六条を除く。）の規定は船舶による物品運送で船積港又は陸揚港が本邦外にあるものに、同条の規定は運送人及びその被用者の不法行為による損害賠償の責任に適用する。

（定義）

第二条① この法律において「船舶」とは、商法（明治三十二年法律第四十八号）第六百八十四条に規定する船舶をいう。

② この法律において「運送人」とは、前条の運送を引き受ける者をいう。

③ この法律において「荷送人」とは、前条の運送を委託する者をいう。

④ この法律において「一計算単位」とは、国際通貨基金協定第三条第一項に規定する特別引出権による一特別引出権に相当する金額をいう。

（運送品に関する注意義務）

第三条① 運送人は、自己又はその使用する者が運送品の受取、船積、積付、運送、保管、荷揚及び引渡につき注意を怠つたことにより生じた運送品の滅失、損傷又は延着について、損害賠償の責を負う。

② 前項の規定は、船長、海員、水先人その他運送人の使用する者の航行若しくは船舶の取扱に関する行為又は船舶における火災（運送人の故意又は過失に基くものを除く。）により生じた損害には、適用しない。

第四条① 運送人は、前条の注意が尽されたことを証明しなければ、同条の責を免かれることができない。

② 運送人は、次の事実があつたこと及び運送品に関する損害がその事実により通常生ずべきものであることを証明したときは、前項の規定にかかわらず、前条の責を免かれる。ただし、同条の注意が尽されたならばその損害を避けることができたにかかわらずその注意が尽されなかつたことの証明があつたときは、この限りでない。

一 海上その他可航水域に特有の危険
二 天災
三 戦争、暴動又は内乱
四 海賊行為その他これに準ずる行為
五 裁判上の差押、検疫上の制限その他公権力による処分
六 荷送人若しくは運送品の所有者又はその使用する者の行為
七 同盟罷業、怠業、作業所閉鎖その他の争議行為
八 海上における人命若しくは財産の救助行為又はそのためにする離路若しくはその他の正当な理由に基く離路
九 運送品の特殊な性質又は隠れた欠陥
十 運送品の荷造又は記号の表示の不完全
十一 起重機その他これに準ずる施設の隠れた欠陥

③ 前項の規定は、商法第七百六十条の規定の適用を妨げない。

（航海に堪える能力に関する注意義務）

第五条 運送人は、発航の当時次に掲げる事項を欠いたことにより生じた運送品の滅失、損傷又は延着について、損害賠償の責任を負う。ただし、運送人が自己及びその使用する者がその当時当該事項について注意を怠らなかつたことを証明したときは、この限りでない。

一 船舶を航海に堪える状態に置くこと。
二 船員の乗組み、船舶の艤装及び需品の補給を適切に行うこと。
三 船倉、冷蔵室その他運送品を積み込む場所を運送品の受入れ、運送及び保存に適する状態に置くこと。

（危険物の処分）

第六条① 引火性、爆発性その他の危険性を有する運送品で、船積みの際運送人、船長及び運送人の代理人がその性質を知らなかつたものは、いつでも、陸揚げし、破壊し、又は無害にすることができる。

② 前項の規定は、運送人の荷送人に対する損害賠償の請求を妨げない。

③ 引火性、爆発性その他の危険性を有する運送品で、船積みの際運送人、船長又は運送人の代理人がその性質を知つていたものは、船舶又は積荷に危害を及ぼすおそれが生じたときは、陸揚げし、破壊し、又は無害にすることができる。

④ 運送人は、第一項又は前項の処分により当該運送品につき生じた損害については、賠償の責任を負わない。

（荷受人等の通知義務）

第七条① 荷受人又は船荷証券所持人は、運送品の一部滅失又は損傷があつたときは、受取の際運送人に対しその滅失又は損傷の概況につき書面による通知を発しなければならない。ただし、その滅失又は損傷が直ちに発見することができないものであるときは、受取の日から三日以内にその通知を発すれば足りる。

② 前項の通知がなかつたときは、運送品は、滅失及び損傷がなく引き渡されたものと推定する。

③ 前二項の規定は、運送品の状態が引渡しの際当事者の立会いによつて確認された場合には、適用しない。

④ 運送品につき滅失又は損傷が生じている疑いがあるときは、運送人と荷受人又は船荷証券所持人とは、相互に、運送品の点検のため必要な便宜を与えなければならない。

（損害賠償の額）

第八条① 運送品に関する損害賠償の額は、荷揚げされるべき地及び時における運送品の市場価格（取引所の相場がある物品については、その相場）によつて定める。ただし、市場価格がないときは、その地及び時における同種類で同一の品質の物品の正常な価格によつて定める。

② 商法第五百七十六条第二項の規定は、前項の場合に準用する。

（責任の限度）

第九条① 運送品に関する運送人の責任は、次に掲げる金額のうちいずれか多い金額を限度とする。

一 滅失、損傷又は延着に係る運送品の包又は単位の数に一計算単位の六百六十六・六七倍を乗じて得た金額
二 前号の運送品の総重量について一キログラムにつき一計算単位の二倍を乗じて得た金額

② 前項各号の一計算単位は、運送人が運送品に関する損害を賠償する日において公表されている最終のものとする。

③ 運送品がコンテナー、パレットその他これらに類する輸送用器具（以下この項において「コンテナー等」という。）を用いて運送される場合における第一項の規定の適用については、その運送品の包若しくは個品の数又は容積若しくは重量が船荷証券又は海上運送状に記載されているときを除き、コンテナー等の数を包又は単位の数とみなす。

④ 運送品に関する運送人の被用者の責任が、第十六条第三項の規定により、同条第一項において準用する前三項の規定により運送人の責任が軽減される限度で軽減される場合において、運送人の被用者が損害を賠償したときは、前三項の規定による運送品に関する運送人の責任は、運送人の被用者が賠償した金額の限度において、更に軽減される。

⑤ 前各項の規定は、運送品の種類及び価額が、運送の委託の際荷送人により通告され、かつ、船荷証券が交付されるときは、船荷証券に記載されている場合には、適用しない。

⑥ 前項の場合において、荷送人が実価を著しく超える価額を故意に通告したときは、運送人は、運送品に関する損害については、賠償の責任を負わない。

⑦ 第五項の場合において、荷送人が実価より著しく低い価額を

故意に通告したときは、その価額は、運送品に関する損害については、運送品の価額とみなす。

⑧ 前二項の規定は、運送人に悪意があつた場合には、適用しない。

（損害賠償の額及び責任の限度の特例）

第一〇条 運送人は、運送品に関する損害が、自己の故意により、又は損害の発生のおそれがあることを認識しながらした自己の無謀な行為により生じたものであるときは、第八条及び前条第一項から第四項までの規定にかかわらず、一切の損害を賠償する責任を負う。

（特約禁止）

第一一条① 第三条から第五条まで若しくは第七条から前条まで又は商法第五百八十五条、第七百五十九条若しくは第七百六十条の規定に反する特約で、荷送人、荷受人又は船荷証券所持人に不利益なものは、無効とする。運送品の保険契約によつて生ずる権利を運送人に譲渡する契約その他これに類似する契約も、同様とする。

② 前項の規定は、運送人に不利益な特約をすることを妨げない。この場合には、荷送人は、船荷証券にその特約を記載すべきことを請求することができる。

③ 第一項の規定は、運送品の船積み前又は荷揚げ後の事実により生じた損害には、適用しない。

④ 前項の損害につき第一項の特約がされた場合において、その特約が船荷証券に記載されていないときは、運送人は、その特約をもつて船荷証券所持人に対抗することができない。

（特約禁止の特例）

第一二条 前条第一項の規定は、船舶の全部又は一部を運送契約の目的とする場合には、適用しない。ただし、運送人と船荷証券所持人との関係については、この限りでない。

第一三条 前条の規定は、運送品の特殊な性質若しくは状態又は運送が行われる特殊な事情により、運送品に関する運送人の責任を免除し、又は軽減することが相当と認められる運送に準用する。

第一四条① 第十一条第一項の規定は、生動物の運送及び甲板積みの運送には、適用しない。

② 前項の運送につき第十一条第一項の特約がされた場合において、その特約が船荷証券に記載されていないときは、運送人は、その特約をもつて船荷証券所持人に対抗することができない。甲板積みの運送につきその旨が船荷証券に記載されていないときも、同様とする。

（商法の適用）

第一五条 第一条の運送には、商法第五百七十五条、第五百七十六条、第五百八十四条、第五百八十七条、第五百八十八条、第七百三十九条第一項（同法第七百五十六条第一項において準用する場合を含む。）及び第二項、第七百五十六条第二項並びに第七百六十九条の規定を除き、同法第二編第八章第二節及び第三編第三章の規定を適用する。

（運送人等の不法行為責任）

第一六条① 第三条第二項、第六条第四項及び第八条から第十条まで並びに商法第五百七十七条及び第五百八十五条の規定は、運送品に関する運送人の荷送人、荷受人又は船荷証券所持人に対する不法行為による損害賠償の責任に準用する。この場合において、第三条第二項中「前項」とあるのは、「民法（明治二十九年法律第八十九号）第七百十五条第一項本文及び商法第六百九十条（同法第七百三条第一項の規定により船舶賃借人が船舶所有者と同一の権利義務を有することとされる場合を含む。）」と読み替えるものとする。

② 前項の規定は、荷受人があらかじめ荷送人の委託による運送を拒んでいたにもかかわらず荷送人から運送を引き受けた運送人の荷受人に対する責任には、適用しない。

③ 第一項の規定により運送品に関する運送人の責任が免除され、又は軽減される場合には、その責任が免除され、又は軽減される限度において、当該運送品に関する運送人の被用者の荷送人、荷受人又は船荷証券所持人に対する不法行為による損害賠償の責任も、免除され、又は軽減される。

④ 第九条第四項の規定は、運送品に関する運送人の責任が同条第一項から第三項までの規定（第一項において準用する場合を含む。）により軽減される場合において、運送人が損害を賠償したときの、運送品に関する運送人の被用者の責任に準用する。

⑤ 前二項の規定は、運送品に関する損害が、運送人の被用者の故意により、又は損害の発生のおそれがあることを認識しながらしたその者の無謀な行為により生じたものであるときには、適用しない。

（郵便物の運送）

第一七条 この法律は、郵便物の運送には、適用しない。

附　則（抄）

① この法律は、千九百二十四年八月二十五日にブラッセルで署名された船荷証券に関するある規則の統一のための国際条約が日本国について効力を生ずる日（昭和三二・一・一—昭和三二外告一五八）から施行する。

●手形法 （昭和七・七・一五 法　二〇）

施行　昭和九・一・一（昭和八勅三一五）
改正　昭和二二法一九五、昭和二七法二六八、昭和五六法六一、平成一一法一五一、平成一四法一〇〇、平成一六法七六・法一四七、平成一八法七八、平成二九法四五

> 注　小切手に関する判例であっても、手形と共通するものは、手形法の該当条文の判例として掲げた。

目次

第一編　為替手形

◇【手形法総論】

一　私製手形に係る手形訴訟

[1]　金銭貸付債権者が主債務者及び連帯保証人に共同振出させている私製手形は、手形としての金銭支払の手段性、信用利用の用具性が全く認められず、形式的には手形法に合致するように手形要件が記載されているものの、手形としての本来の性質を全く見いだせず、手形法の趣旨を逸脱して作成されているものである。金銭貸付債権者が主債務者及び連帯保証人にこのような私製手形を振出させるのは手形訴訟により、同人らの抗弁を封じ、かつ、簡易・迅速に債務名義を取得して、同人らに対して強制執行手続をし、又は同手続をすることを示して圧力をかけて金銭の取立てをすることを目的としている。したがって、金銭貸付債権者が私製手形に係る手形金を請求するため提起する手形訴訟は、手形制度及び手形訴訟制度を濫用したものとして不適法である。（東京地判平15・11・17判時一八三九・八三〈商工ファンド私製手形訴訟〉）

二　法人の手形権利能力

1　手形行為自体を標準としてその有無を判断

[2]　法人の行為がその法人の目的の範囲に属するかどうかは、その行為が法人としての活動上必要な行為であり得るかどうかを客観的、抽象的に観察して判断すべきものであるから、法人のした手形行為については、その原因関係を含めて判断すべきでなく、手形行為自体を標準として判断すべきであり、農業協同組合は、その活動のために現に金銭取引を営んでいる以上、その手段である手形行為をすることも、当然にその目的の範囲内に属する。（最判昭44・4・3民集二三・四・七三七、手形小切手百選[七版]一五）

2　原因関係が法人の目的の範囲外の場合

[3]　手形行為とその原因関係とは区別して考えなければならず、手形行為自体は抽象的手段的行為であるから、たとえその原因関係が法人の目的の範囲外にわたる場合であっても、そのために手形行為そのものの効力に影響を及ぼすわけではなく、この場合はただ直接の取引当事者間において原因関係より生ずる人的抗弁が存在するにすぎない。（大阪高判昭29・10・15高民七・一〇・七九五）

三　準禁治産者の手形行為能力

[4]　約束手形を振り出す行為は、それにより振出人が一定の金額を支払うべき債務を負担するから、金銭の消費貸借と異なるところなく、民法一二条［現一三条］一項二号にいう「借財」に包含される。〔平成一一法一四九による民法改正前の事案〕（大判明39・5・17民録一二・八三七、手形小切手百選[三版]六）

四　手形行為の文言性

1　手形上の表示から法人と個人のいずれの署名か判断できない場合

[5]　手形上の表示から、その手形の振出しが法人のためにされたか、代表者個人のためにされたか判定し難い場合でも、手形の文言証券たる性質上、そのいずれであるかを手形外の証拠によって決することは許されず、その場合には、手形取引の安全を保護するために、手形所持人は、法人及び代表者個人のいずれに対しても手形金の請求をすることができ、請求を受けた者は、その振出しがいずれの趣旨でなされたかを知っている相手方に対しては、人的抗弁を主張し得る。（最判昭47・2・10民集二六・一・一七、手形小切手百選[七版]四）

2　平年における二月二九日を満期とする手形

[6]　昭和四〇年二月二九日を満期日とする記載は、同年が平年であることに鑑みると、同年二月末日を記載したものと解すべきである。（最判昭44・3・4民集二三・三・五八六、手形小切手百選[四版]二三）

五　手形行為の成否

1　意思表示の瑕疵［かし］**、欠缺**［けんけつ］

イ　要素の錯誤

[7]　手形の振出行為に要素の錯誤があるというのは、手形の振出行為の主要な内容自体に錯誤の存する場合を指し、その振出行為の縁由に錯誤のある場合をいうものではなく、手形の振出しと引換えに旧手形が返却されるものと誤信したとしても、それは手形振出しの縁由に関する錯誤であって、その要素の錯誤とはいえない。（最判昭29・11・18民集八・一一・二〇五二、手形小切手百選[二版]一二）

ロ　錯誤と手形債務の成立

[8]　手形の裏書は、裏書人が手形であることを認識してその裏書人欄に署名又は記名捺印［なついん］した以上、裏書として有効に成立し、裏書人は、錯誤その他の事情によって手形債務負担の具体的意思がなかった場合でも、手形の記載内容に応じた償還義務の負担を免れないが、債務負担の意思がないことを知って取得した悪意の取得者に対しては、人的抗弁として償還義務を免れる。（最判昭54・9・6民集三三・五・六三〇、手形小切手百選[七版]六）

八　手形金額の錯誤と悪意の取得者

[9]　Aが金額一五〇〇万円の手形を金額一五〇万円の手形と誤信して裏書をした場合には、Aの錯誤は一五〇万円を超える部分についてのみ存し、その余の部分については錯誤はなかったと解する余地があり、そうだとすると、特段の事情がない限り、Aが悪意の取得者に対する関係で錯誤を理由に償還義務の履行を拒むことができるのは、一五〇万円を超える部分についてだけである。（最判昭54・9・6前出[8]）

二　「見せ手形」として詐取された場合

[10] Aが手形に振出人として署名し、これを任意にBに交付した以上、手形の振出行為は成立したのであって、AがBの「見せ手形」として使いたいからしばらく手形を貸してもらいたいという言を信じて、手形を詐取されたものだとしても、そのような事由は悪意の手形取得者に対する人的抗弁事由となるにとどまり、善意の手形取得者に対しては手形上の義務を免れない。（最判昭25・2・10民集四・二・二三、手形小切手百選[七版]七）

ホ　強迫による手形行為

[11] 強迫による手形行為取消しの抗弁は、手形法上、人的抗弁として、善意の手形所持人には対抗できない。（最判昭26・10・19民集五・一一・六一二、手形小切手百選[三版]一一）

ヘ　手形の引受けをする認識が全くなく署名・押印されたと認められた場合

[12] 税金対策に必要な書類だといわれ、これを信じて手形に署名・押印した等の理由から、手形の引受欄への署名・押印が、手形であることを認識せず、かつ、手形の引受けをするという認識が全くなくしてなされた疑いが極めて高く、引受行為がなかったと評価するのが相当とされた事例（名古屋地判平9・7・25判タ九五〇・二二〇、重判平9商一……控訴審〔名古屋高判平9・10・31金判一〇三一・三三〕で原審の認定判断を正当として控訴棄却）

ト　老人性痴呆の状態にある者による裏書の効力

[13] Yにより本件裏書がされたのは平成九年二月ないし三月頃であり、その頃一時Yの所在が分からなくなったことがあること、平成七年には病院で重度認知機能障害の診断がなされ、平成九年九月には心神喪失の常況にあるとして禁治産宣告［後見開始の審判］がなされたこと、YX間の契約がYにとってどのような利益があるのか疑問で、通常の判断力がある人物が安易に締結するとは思われないことからすれば、Yは平成九年二月頃は高度の老人性痴呆症により通常の判断能力を失っており、自己の行為を弁識する能力がなかったと推認するのが相当であり、右のような状態でされたYの本件裏書は、意思無能力により無効であっていわゆる物的抗弁としてその無効を何人に対しても主張することができる。（東京地判平10・3・19金法一五三一・六九）

2　交付行為の有無と手形行為の成立

[14] 流通におく意思で約束手形に振出人として署名又は記名押印をした者は、たまたま右手形が盗難・紛失等のため、その者の意思によらずに流通におかれた場合でも、連続した裏書のある右手形の所持人に対しては、悪意・重過失によってこれを取得したことを主張・立証しない限り、振出人としての手形債務を負う。（最判昭46・11・16民集二五・八・一一七三、手形小切手百選[七版]八）

六　手形振出行為の取消しの相手方

[15] 手形の振出しが取り消し得る場合における取消しの意思表示は、民法一二三条の規定に従い、その確定した相手方、すなわち、振出人から手形の交付を受けた最初の取得者に対してなすべきであり、最後に手形を譲り受けて所持人となった者に対してなすべきものでない。（大判大11・9・29民集一・五六四、手形小切手百選[七版]九）

七　法人の手形署名の方式

[16] 裏書人が法人である場合には、法人の代表機関が法人のためにすることを明らかにして自己の署名をすることを要するものと解すべきであるから、会社名が記載され、右会社印及び代表者印が押捺〔おうなつ〕されているだけで、代表者の自署又は記名捺印がない場合には、その裏書はその会社の裏書としての効力を生じない。（最判昭41・9・13民集二〇・七・一三五九、手形小切手百選[七版]二）

八　記名捺印

1　拇印〔ぼいん〕―捺印としての効力の有無

[17] 拇印はその指紋によって異同真偽を鑑別することができるが、そのためには機械の力を借りなくてはならないだけでなく、特別の技能を有する者でなくてはならないから、転々流通する手形の性質上、このような同一認識の表示方法を許容するものとは解されず、したがって、それは捺印には含まれない。（大判昭7・11・19民集一一・二一二〇、手形小切手百選[三版]二）

2　印章―届け出のものに限られない

[18] 記名押印による手形行為の場合の印章は、印鑑届出のあるものに限られず、日常所用のものであることも要せず、三文判でもよく、手刻してもよく、雅号あるいは古来の成句を彫出した印でもよい。（大判昭8・9・15民集一二・二一六八、手形小切手百選[初版]一〇）

九　他人名義の手形行為

[19] Aは、Aを代表取締役とする株式会社が手形取引停止処分を受けたので、その実兄B名義の当座取引口座を設け、多数回にわたりB名義で手形を振り出し、また、Bは失対人夫であり、経済的な信用や実績のある者でないという事実関係の下では、Aは自己を表示する名称としてB名義を使用したものと認めることができ、Aは手形振出人として手形金支払義務を負う。（最判昭43・12・12民集二二・一三・二九六三、手形小切手百選[七版]一）

一〇　権利能力なき財団が振り出した手形と認定された事例

[20] 約束手形に、振出人としてA財団事務総局事務総長Bの記名とBの押印があり、A財団が、まだ財団法人の設立許可を受けていなかったとはいえ、個人財産から分離独立した基本財産を有し、かつ、その運営のための組織を有していたときは、それは権利能力なき財団としての実体を有していたといえるから、右手形をBがA財団の代表者として振り出したものと解され、Bが個人として振出人の責任を負いわれはない。（最判昭44・11・4民集二三・一一・一九五一、民百選Ⅰ[四版]一二）

一一　民法上の組合の手形行為

[21] A組合の代表者Bがその権限に基づきA組合長理事Bの名義で約束手形を振り出した場合、同組合の組合員は、手形上、各組合員の氏名が表示された場合と同様、右手形について共同振出人として合同してその責任を負う。（最判昭36・7・31民集一五・七・一九八二、手形小切手百選[七版]三）

一二　市長の約束手形振出し

1　抽象的振出権限

[22] 約束手形の振出しは、現金支払の原因たるべき行為として地方公共団体の長の権限に属するから、市長は、法定の制限の下に、市を代表して約束手形を振り出す抽象的権限を有する。（最判昭41・6・21民集二〇・五・一〇五二、民百選Ⅰ[初版]一三）

2　市長が自己の金融を得るための市長名義の手形振出しと民法四四条

[23] 民法四四条一項は、地方公共団体にも類推適用されるものであり、市長が自己の金融を得るために市長名義で約束手形を振り出した場合、市が市議会の議決により市長名義の約束手形により金融機関から一時借入れをしていた等の事実の下では、右手形振出しは、民法四四条一項のその職務を行うについてなされたものと認められる。（平成一八法五〇による民法改正前の事案）（最判昭41・6・21前出[22]）

一三　共同振出し

1　共同振出しと商法五一一条

[24] 約束手形の共同振出行為は振出人総員のための商行為であり、約束手形の共同振出人はその手形につき連帯債務を負担する。（大判大5・12・6民録二二・二三七四）

2　時を異にする共同振出しと再度の手形交付の要否

[25] Aの振出しにより既に受取人の所持に属している手形に、Bが振出署名をしたときは、改めてBからこれを受取人に交付する行為をしなくてもBは手形の共同振出人として、手形所持人に対して手形債務を負担する。（最判昭39・4・21民集

一八・四・五五二、手形小切手百選〔三版〕五六）

一四　手形行為と商法一四条

1　手形行為の許諾は商法一四条に含まれない

26　商法二三条［現一四条］にいう営業とは、事業を営むことをいい、単に手形行為をすることは含まれない。（最判昭42・6・6判時四八七・五六、手形小切手百選〔七版〕一二）

2　許諾された名称を手形振出しに使用した場合に商法一四条の類推適用が認められた事例

27　AがBに自己の名称で営業することを許諾した場合において、Bがその名称で営業を営むことはなかったが、その名称で銀行と当座勘定取引契約を結んで、その口座を利用し、Bの営業のためにA名義で手形を振り出したときは、Aは、その名義で振り出された手形が決済されてきた状況を確かめた上で裏書譲渡を受けた者に対して、商法二三条［現一四条］の類推適用により手形金の支払義務を負う。（最判昭55・7・15判時九八二・一四四、商法百選一一）

一五　手形金の請求と権利の濫用

28　自己の債権の支払確保のため、約束手形の裏書譲渡を受けた者が、その後右債権の完済を受け、裏書の原因関係が消滅したときは、特別の事情のない限りその後は右手形を保持すべき正当の権原を有しないことになり、手形上の権利を行使すべき実質的理由を失ったのであり、それにもかかわらず、たまたま手形を返還せず手形が自己の手裡［しゅり］に存するのを奇貨として、自己の形式的権利を利用して振出人から手形金の支払を求めようとすることは、権利の濫用に該当し、手形法一七条ただし書の趣旨に徴し、振出人は所持人に対し手形金の支払を拒むことができる。（最大判昭43・12・25民集二二・一三・三五四八、手形小切手百選〔七版〕三六）

一六　手形関係と原因関係との関係

1　既存債務の弁済確保のための振出しとの推認

29　既存の債務につき約束手形を発行した場合、既存債務が更改によって消滅するかどうかは、当事者の意思によって決定されるべきであり、当事者の意思が不明なときは、既存債務の弁済を確保するために振り出されたものと認めるべきであって、債務の更改があったとすべきでない。（大判大7・10・29民録二四・二〇七九、手形小切手百選〔三版〕九八）

2　「担保のため」と推定される場合

30　手形がその原因債務の支払確保のために振り出された場合に、当事者間に別段の意思表示がなく、債務者自身が唯一の義務者であって他に手形上の義務者がない場合には、手形は担保供与の趣旨で授受されたものと推定するのが相当であり、債権者は両債権のうち、いずれを先に行使してもよい。（最判昭23・10・14民集二・一一・三七六、手形小切手百選〔七版〕八六）

3　受取人の手形裏書と振出人に対する原因債権消滅の時期

31　AのBに対する既存債務の支払確保のために振り出された手形は、裏書禁止の特約がない限り、債権者Bが第三者に対して裏書譲渡することができ、しかも、右裏書がなされても、Bが右手形の裏書人としての償還義務を免れるまでは、Aに対する既存の債権は消滅しない。（最判昭35・7・8民集一四・九・一七二〇）

4　原因債権行使の方法

32　AのBに対する既存債務の支払のために手形が振り出された場合、債権者Bの既存債権の行使に対しては、債務者Aは特段の事由がない限り、既存債務の支払は手形の返還と引換えにする旨の同時履行の抗弁をなし得ると解すべきである。（最判昭35・7・8前出31）

5　手形債権の時効の完成猶予又は更新［平成二九法四四による民法改正前の時効中断］と原因債権

イ　手形債権の判決による確定と原因債権の時効

33　原因債権の消滅時効が完成しない間に手形債権者が手形債権につき支払命令を申し立ててその確定を得て手形債権の時効を中断し［時効の更新］、民法一七四条の二によりその消滅時効期間が一〇年に延長されたときは、原因債権の消滅時効期間もその時から一〇年に変ずるものと解すべきである。（最判昭53・1・23民集三二・一・一、手形小切手百選〔三版〕一〇一）

ロ　手形金請求の訴え提起と原因債権の時効の完成猶予［平成二九法四四による民法改正前の時効中断］

34　債務支払のために手形が授受された当事者間において、債権者のする手形金請求の訴えの提起は、原因債権の消滅時効を中断［時効の完成猶予］する効力を有する。（最判昭62・10・16民集四一・七・一四九七、手形小切手百選〔七版〕七八）

一七　手形書換

1　旧手形が回収されなかった場合

イ　旧手形の効力

35　手形書換の目的が旧手形の支払延期のためであり、旧手形が新手形の見返り担保とする意味で回収されなかったときは、手形書換によって旧手形がその効力を失うことはない。（最判昭31・4・27民集一〇・四・四五九、手形小切手百選〔三版〕五二）

ロ　一方の手形で支払を受けた場合

36　旧手形が回収されることなく新手形に書き換えられ、新旧両手形の所持人となった者は、新旧いずれの手形によっても手形上の権利を行使できるが、いずれか一方の手形で手形金の支払を受けたときは、他方の手形で支払を受けることはできない。（最判昭54・10・12判時九四六・一〇五、手形小切手百選〔七版〕七一）

2　書換手形の特質―旧手形債務の支払延期

37　書換手形の特質は、旧手形を現実に回収して発行する等特別の事情のない限り、単に旧手形債務の支払を延期する点にある。（最判昭29・11・18前出7）

3　書換手形取得時に人的抗弁につき悪意であった者と悪意の抗弁の成否

38　手形書換は、通常、旧手形の債務の支払を延長するためになされたものと解すべきであるから、手形所持人は、旧手形取得の際、前者に対する人的抗弁事由の存在につき善意であれば、書換後の手形取得の際に人的抗弁の存在を知っていても、悪意の取得者とはいえない。（最判昭35・2・11民集一四・二・一八四、手形小切手百選〔三版〕八四）

一八　手形の除権決定とその確定前の善意取得者の地位

1　受取人が盗取され除権決定を得た場合

39　手形に関する除権判決［決定］の効果は、当該手形を無効とし、除権判決申立人に当該手形を所持するのと同一の地位を回復させるにとどまるものであって、右申立人が実質上手形権利者であることを確定するものではなく、手形が善意取得されたときは、当該手形の従前の所持人は、その時点で手形上の権利を喪失するから、その後に除権判決の言渡しを受けても、当該手形を所持するのと同一の地位を回復するにとどまり、手形上の権利までをも回復するのではなく、手形上の権利は善意取得者に帰属すると解するのが相当である。（最判平13・1・25民集五五・一・一、手形小切手百選〔七版〕八〇）

……受取人Aが手形を盗取され、Xがこれを善意取得した後、Aの申立てにより除権判決がなされた事案においてXの振出人Yに対する手形金請求が認容された事例

2　振出人が盗取され除権決定を得た場合

40　手形振出人として署名したが、それを流通におく前に盗取され又は紛失した者に除権判決［決定］の申立権が認められるのは、喪失手形を無効にして、除権判決の確定後の悪意・重過失のない取得者に対して手形金の支払を拒絶できるようにするためであって、その確定前に善意取得し、振出署名者に対して振出人の責任を追及し得た者の実質的権利までも消滅させようとするためではない。けだし、この場合には、手形所持人が公示催告を申し立てた場合のように、善意取得者と除権判決を得た手形喪失者との間に権利行使の資格の競合

状態が生ずるおそれがないからである。（最判昭47・4・6民集二六・三・四五五、手形小切手百選[七版]七九）

[41] 一九　手形交換所の取引停止処分と独禁法
手形交換所の取引停止処分は、独禁法八条一項五号［現八条五号］に反しない。（東京高判昭58・11・17金判六九〇・四、手形小切手百選[六版]七六）

第一章　為替手形の振出及方式

第一条【手形要件】為替手形には左の事項を記載すべし。
一　証券の文言中に其の証券の作成に用ふる語を以て記載する為替手形なることを示す文字
二　一定の金額を支払ふべき旨の単純なる委託
三　支払を為すべき者（支払人）の名称
四　満期の表示
五　支払を為すべき地の表示
六　支払を受け又は之を受くる者を指図する者の名称
七　手形を振出す日及地の表示
八　手形を振出す者（振出人）の署名

一　支払人の名称（三号）―支払人と受取人との兼併
[1] 商法［旧］四四七条［手形法三条に相当］は、振出人が自己を受取人又は支払人として振り出すことができる旨を定めるが、支払人と受取人とが同一人であってはならない旨を定めた規定がなく、また振出人と受取人又は支払人とが同一人であってよいのに、支払人と受取人とは同一人であっていけない理由がないから、両者が同一人であってよい。（大判大13・12・25民集三・五七〇、手形小切手百選[三版]一〇六）

二　満期の記載（四号）
1　平年における二月二九日を満期とする手形↓◘【手形法総論】［二編名の後］[6]
2　適法な満期の記載を欠く手形↓三三条[7]
3　満期が振出日より前の手形の効力
[2] 確定日払の約束手形における振出日についても、これを手形要件と解すべきものである以上、満期の日として振出日より前の日が記載されている確定日払の約束手形は、手形要件の記載が相互に矛盾するものとして無効であると解すべきである。（最判平9・2・27民集五一・二・六八六、手形小切手百選[七版]二〇）

三　支払地（五号）
1　記載方法
[3] 支払地の表示方法については、特に規定がないから、手形面上の記載により最小行政区画たる地域を推知するに足りるものでよい。（大連判大15・5・22民集五・四二六、手形小切手百選[四版]三四……小切手の事例で、支払人として株式会社深川銀行本所支店という記載があることから、支払地として東京市の表示があると認定したもの）

2　支払場所の記載による支払地の記載の補充
[4] 約束手形の支払地として、「東京都」とのみ記載しただけでは手形要件の記載として不十分であるが、手形要件の記載は必ずしも常にその記載欄になされなければならないものではないから、支払場所の記載で補充することは是認され、その手形に振出人の住所として「自宅払」と記載され、支払場所として「東京都世田谷区……」と記載されている場合には、支払地を「東京都世田谷区」の意と解することができる。（最判昭37・2・20民集一六・二・三四一）

四　振出日（七号）
1　振出日等が事実と異なる場合と手形の効力
[5] 実際の振出日と手形に記載された振出日が一致しない場合でも、手形はその記載によって要件の有無を判定すべきである。（大判昭3・2・6民集七・四五）

2　振出日として暦にない日を記載した手形の効力
[6] 約束手形に振出日として暦にない日が記載されているときは、その手形は要件を欠き、無効である。（大判昭6・5・22民集一〇・二六二、手形小切手百選[三版]六五……振出日として、大正一四年二月三一日と記載された事案）

3　満期日との関係↓[2]

五　振出地（七号）
[7] 振出地とは、市町村のような行政区画中、独立した最小区域をいう。（大判明34・10・24民録七・九・一二四）

六　振出人の署名（八号）
1　拇印［ぼいん］―捺印［なついん］としての効力の有無↓◘【手形法総論】［二編名の後］[17]
2　印章―届け出のものに限られない↓◘【手形法総論】［二編名の後］[18]

七　法定事項以外の記載の効力
1　法定利息以外の損害金を支払う旨の記載
[8] 手形は、法定要件にだけ注意してこれを授受することによって手形取引の安全迅速を期することができるものであるから、支払遅延の場合には法定利息のほか、手形金額の一〇分の三の金額の損害金を支払う旨の手形上の記載は、手形授受の当事者間で民法上の契約として成立し得ることは別として、その特約の記載は無効であって、そのような記載のある手形に手形行為をしても、そのような損害金支払の契約は成立しない。（大連判大14・5・20民集四・二六四、手形小切手百選[三版]四九）

2　合意管轄文句の記載
[9] 振出人が手形表面にその手形の事件に関する合意裁判管轄地を記載した場合に、手形所持人が書面で承諾の意思表示をした場合には、当事者間に裁判管轄に関する書面上の合意が成立する。（大判大10・3・15民録二七・四三四、手形小切手百選[三版]六九）

八　受取人の所持している手形に対する共同振出人の署名と手形債務の成立↓◘【手形法総論】［二編名の後］[25]
九　他人名義の手形行為↓◘【手形法総論】［二編名の後］[19]

第二条【手形要件の記載の欠缺】①前条に掲ぐる事項の何れかを欠く証券は為替手形たる効力を有せず。但し次の数項に規定する場合は此の限に在らず。
②満期の記載なき為替手形は之を一覧払のものと看做す。
③支払人の名称に附記したる地は特別の表示なき限り之を支払地にして且支払人の住所地たるものと看做す。
④振出地の記載なき為替手形は振出人の名称に附記したる地に於て之を振出したるものと看做す。

一　満期日を記載すべき場所を空白とした手形⑴―白地手形
[1] 手形面上満期日を記載すべき場所に何ら塗抹を施した跡がなく、単に空白にしたままの手形は、白地手形としてみるべきで、満期日の記載のない一覧払手形として取り扱うべきでない。（大判大14・12・23民集四・七六一、手形小切手百選[二版]七三）

二　満期日を記載すべき場所を空白とした手形⑵―当事者の意思で決定
[2] 白地手形の振出しの有効なことは商慣習法上自明であるから、満期日を記載すべき場所を空白とした手形は必ずしも一覧払手形でなければならないわけではなく、白地手形であることもあるから、そのいずれかは各場合における当事者の意思で定められるものである。（大判大15・10・18評論一六・商一五八）

第三条【自己指図、自己宛て、委託手形】①為替手形は振出人の自己指図にて之を振出すことを得。
②為替手形は振出人の自己宛にて之を振出すことを得。
③為替手形は第三者の計算に於て之を振出すことを得。

[1] **支払人と受取人との兼併**　商法[旧]四四七条[本条に相当]は、振出人が自己を受取人又は支払人として振り出すことができる旨を定めるが、支払人と受取人とが同一人であってはならない旨を定めた規定がなく、また振出人と受取人又は支払人とが同一人であってよいのに、支払人と受取人とは同一人であっていけない理由がないから、両者が同一人であってよい。（大判大13・12・25民集三・五七〇、手形小切手百選[三版]一〇六）

第四条【第三者方払の記載】　為替手形は支払人の住所地に在ると又は其の他の地に在るとを問はず第三者の住所に於て支払ふべきものと為すことを得。

一　支払場所として銀行店舗が記載されている趣旨

[1]　支払場所として、株式会社A銀行B支店という記載がある場合には、支払場所をA銀行B支店と定めると同時に、同銀行をして手形金の支払をも担当させることを定めたものと解すべきである。（大判昭13・12・19民集一七・二六七〇、手形小切手百選[二版]九九）

二　支払場所の記載方法

[2]　支払場所の記載は、正確に町名番地を表示しなくても、その記載自体から一定の場所を推知せしめるに足りるときは、有効な支払場所の記載となる。（大判昭7・4・30新聞三四〇八・八）

第五条【利息の約定】　①一覧払又は一覧後定期払の為替手形に於ては振出人は手形金額に付利息を生ずべき旨の約定を記載することを得。其の他の為替手形に於ては此の約定の記載は之を為さざるものと看做す。
②利率は之を手形に表示することを要す。其の表示なきときは利息の約定の記載は之を為さざるものと看做す。
③利息は別段の日附の表示なきときは手形振出の日より発生す。

第六条【手形金額に関する記載の差異】　①為替手形の金額を文字及数字を以て記載したる場合に於て其の金額に差異あるときは文字を以て記載したる金額を手形金額とす。
②為替手形の金額を文字を以て又は数字を以て重複して記載したる場合に於て其の金額に差異あるときは最小金額を手形金額とす。

[1] **手形金額が「壱百円」と「¥1,000,000」と重複して記載された場合と本条一項**　本条一項は、手形金額の重複記載がなされ、それらに差異がある場合について、手形が無効となるのを防ぐとともに、その取扱いを法定することによって手形取引の安全性・迅速性を確保するために設けられた強行法規であり、文字による記載を明白な誤記と目することは、いたずらに一般取引界を混乱させるおそれがある。（最判昭61・7・10民集四〇・五・九二五、手形小切手百選[七版]三八……金額欄に「壱百円」と記載されていたところ、更にその右上段に「¥1,000,000―」と記載された手形の金額が一〇〇円と判示された事例）

第七条【手形行為独立の原則】　為替手形に手形債務の負担に付き行為能力なき者の署名、偽造の署名、仮設人の署名又は其の他の事由に因り為替手形の署名者若は其の本人に義務を負はしむること能はざる署名ある場合と雖も他の署名者の債務は之が為其の効力を妨げらるることなし。

一　手形の振出行為が形式的要件を欠く場合

[1]　手形の振出行為が形式的要件を欠くため無効であるときは、手形行為独立の原則の適用はなくその手形上になされた全ての手形行為は無効になる。（大阪高判昭28・3・23高民六・二・七八）

二　取得者の悪意と署名者の責任

[2]　適法な代表者でない者によって振り出されたA会社名義の約束手形を、受取人BがCに裏書譲渡した場合、Cは右手形振出人の代表者名義が真実と反することを知っていたとしても、Bの裏書人としての手形上の責任は何ら消長を来さない。（最判昭33・3・20民集一二・四・五八三、手形小切手百選[七版]四六）

第八条【手形行為の代理】　代理権を有せざる者が代理人として為替手形に署名したるときは自ら其の手形に因り義務を負ふ。其の者が支払を為したるときは本人と同一の権利を有す。権限を超えたる代理人に付亦同じ。

一　実在しない法人の代表者名義の手形振出しと本条の責任

[1]　実在しない法人の代表取締役名義で手形を振り出した者は、本条の類推適用により、個人として手形上の責任を負う。（最判昭38・11・19民集一七・一一・一四〇一、手形小切手百選[三版]一七）

二　表見代理

1　表見代理の成立と本条の適用の有無

[2]　表見代理は、善意の相手方を保護する制度であるから、表見代理が成立すると認められる場合でも、手形所持人としては、表見代理を主張しないで、無権代理人に対して本条の責任を問うこともできる。（最判昭33・6・17民集一二・一〇・一五三二、手形小切手百選[七版]一一）

2　手形行為と民法一一〇条の「第三者」

イ　受取人に「正当の理由」がある場合

[3]　約束手形が代理人によりその権限を踰越[ゆえつ]して振り出された場合、民法一一〇条によりこれを有効とするには、受取人が右代理人に振出しの権限があると信ずべき正当の理由を有しているときに限られ、受取人がそのような理由を有しないときは、たとえ、その後の手形所持人が、右代理人にそのような権限があるものと信ずべき正当の理由を有していても、同条を適用して振出人に手形上の責任を負わせることはできない。（最判昭36・12・12民集一五・一一・二七五六、手形小切手百選[七版]一〇）

ロ　代理人の直接の相手方が民法一一〇条で保護される場合とその後の取得者の善意悪意

[4]　民法一一〇条にいう第三者とは、代理人と法律行為をした直接の相手方をいい、権限のない者が振り出した約束手形につき、本人が民法一一〇条に基づき振出人としての責任を負うべきときは、受取人からその手形の裏書譲渡を受けた者に対しても、その者の善意・悪意を問わず、振出人としての責任を免れない。（最判昭52・12・9判時八七九・一三五）

3　無権限の署名代理と民法一一〇条

[5]　代理人がその権限を踰越して署名代理の方法で本人名義の手形を振り出した場合において、相手方が、本人が真正にこれを振り出したものと信ずるにつき正当の事由を有するときは、民法一一〇条の類推適用により、本人がその責めに任ずる。（最判昭39・9・15民集一八・七・一四三五、手形小切手百選[七版]一四）

三　会社法三五六条と手形行為

1　手形行為と会社法三五六条の適用の有無

イ　適用があるとされた場合

[6]　約束手形の振出しは、それにより振出人が原因関係とは別個の新たな債務を負担し、その債務は挙証責任の加重、抗弁の切断、不渡処分の危険等を伴うことにより、原因関係上の債務よりも一層厳格な支払義務であるから、株式会社がその取締役を受取人として約束手形を振り出す行為は、原則として商法二六五条[会社三五六条]の取引に当たる。（最大判昭46・10・13民集二五・七・九〇〇、手形小切手百選[七版]三七）→会社三五六条⑨

ロ　適用がないとされた場合→会社三五六条[11]

[7] **2　会社法三五六条違反の手形行為の効力**

手形が本来不特定多数人の間を転々流通する性質を有するものであることに鑑みれば、取引の安全の見地より、善意の第三者を保護する必要があるから、会社がその取締役に宛てて約束手形を振り出した場合においては、会社は、当該取締役に対しては、取締役会の承認を受けなかったことを理由として、その手形の振出しの無効を主張することができるが、一旦その手形が第三者に裏書譲渡されたときは、その第三者に対しては、その手形の振出しにつき取締役会の承認を受けなかったことのほか、その振出しにつき取締役会の承認がなかったことについて右の第三者が悪意であったことを主張し、立証するのでなければ、その振出しの無効を主張して手形上の責任を免れず、したがって、この場合には、手形法一六条二項の適用はない。（最大判昭46・10・13前出[6]）

四　為替手形の引受けと利益相反取引

[8] Y合資会社の無限責任社員Aが、自分が代表取締役をしているB会社のX会社に対する債務を担保するため、Y会社無限責任社員A名義で、為替手形を引き受け、X会社に交付する行為は、商法一四七条・七五条二項［会社五九五条］の利益相反取引に該当する。（福岡高那覇支判平9・7・15判時一六二〇・一四八）

五　手形行為と双方代理

[9] 手形振出行為が双方代理となる場合には、当該行為の相手方に対しては、右手形の振出しの無効を主張できるが、右手形が相手方から第三者に裏書譲渡されたときは、その第三者に対しては、その手形が双方代理によって振り出されたものであることにつき、第三者が悪意であったことを主張し、立証するのでなければ、本人はその振出しの無効を主張することはできない。（最判昭47・4・4民集二六・三・三七三、手形小切手百選[三版]一九）

六　手形行為と会社法三五四条

1　表見代表取締役が他の代表取締役の名称で手形行為をした場合

[10] Aが会社代表取締役B名義で手形を振り出した場合において、Bが代表権のある取締役であり、Aは代表権を有しないが、常務取締役の名称の使用を許されているときは、Aが表見代表取締役として直接自己の氏名を表示した場合と同様に、会社はその責任を負う。（最判昭40・4・9民集一九・三・六三二、手形小切手百選[三版]一五）

2　共同代表取締役の一人による手形振出しと会社法三五四条

[11] 代表取締役について共同代表の定めの登記があるA会社において、その一人Bのみが代表取締役の名称で手形を振り出した場合においてBがA会社の社長と称し、A会社の主宰者であり、A会社において、BがA会社の社長として行動することを許容し、又は黙認していたときは、A会社は商法二六二条［会社三五四条］に基づき、振出人としての責任を負う。（最判昭43・12・24民集二二・一三・三三四九、会社百選[六版]四五）

3　複数の更生管財人の場合

[12] 更生管財人が数人ある場合において、その一人が単独で行った手形行為については商法二六二条［会社三五四条］を類推適用することができる。（最判昭46・2・23民集二五・一・一五一、倒産百選[三版]一九）

七　代理権・代表権の濫用

1　民法九三条一項ただし書［平成二九法四四による改正前の同条ただし書］の類推適用

[13] 農業協同組合の参事が自己又は第三者の利益を図るため、代表権限を濫用して約束手形を振り出し、受取人が権限濫用の事実を知り又は知り得べかりし場合には、民法九三条ただし書［改正後同条一項ただし書］の類推適用により、組合は受取人に対する手形上の責任を免れる。（最判昭44・4・3民集二三・四・七三七、手形小切手百選[七版]一五）

2　代表権の濫用と第三取得者

[14] 〈前出[13]の場合において〉受取人が第三者に手形を裏書譲渡したときは、手形法一七条ただし書の規定にのっとり、手形所持人の悪意を立証した場合にのみ、組合はその責任を免れる。（最判昭44・4・3前出[13]）

3　代理権濫用と国税滞納処分

[15] Aの代理人Bが代理権限を濫用して約束手形の振出人のために手形保証をした場合において、受取人が権限濫用の事実を知り得べきであったときは、Aはその者に対しては、民法九三条ただし書［改正後同条一項ただし書］により保証人としての責任を免れることができるが、国が受取人に対する所得税の滞納処分として右手形を差し押さえたときは、国は手形法一七条によって保護されるべき者ではないから、Aは受取人に対する人的抗弁をもって国に対抗でき、ただ国が差押え当時代理権濫用を知らなかったときは、民法九四条二項の類推適用により、Aは保証の無効を対抗できない。（最判昭44・11・14民集二三・一一・二〇二三、手形小切手百選[三版]八）

八　手形偽造

1　被偽造者の責任の有無

[16] 手形の被偽造者は、偽造手形により、何ら手形上の義務を負うものではなく、このことは被偽造者に重大な過失があったかどうか、また受取人が善意であったかどうかに関わりない。（最判昭27・10・21民集六・九・八四一、手形小切手百選[三版]二〇）

2　偽造者と本条の類推適用

イ　偽造者の責任の肯定

[17] 本条による無権代理人の責任は、名義人本人が手形上の責任を負うかのように表示したことに対する担保責任であって、手形偽造の場合も、名義人本人の氏名を使用する権限のない者が、名義人本人が手形上の責任を負うかのように表示する点では、無権代理人の場合と変わりがないから、偽造手形を振り出した者は、本条の類推適用により手形上の責任を負う。（最判昭49・6・28民集二八・五・六五五、手形小切手百選[七版]一七）

ロ　悪意の取得者に対する偽造者の責任の有無

[18] 偽造手形を振り出した者が本条の類推適用による手形上の責任を負う趣旨は、善意の手形所持人を保護し、取引の安全に資するためであるから、手形が偽造されたことを知って取得した所持人に対しては、偽造者は責任を負わない。（最判昭55・9・5民集三四・五・六六七、重判昭55商七）

3　偽造と本人の追認

[19] 偽造の約束手形の振出しを名義人が追認したときは、その振出行為の効力は、遡及的に名義人に及ぶ。（最判昭41・7・1判時四五九・七四、手形小切手百選[七版]一六）

4　手形偽造と民法一一〇条の類推適用

[20] 本人から手形振出しの権限を付与されていない他人が、手形上に自己を表示することなく、直接本人名義の署名又は記名捺印［なついん］を手形上にあらわす方式（機関方式）による手形を振り出した場合に、第三者において右他人が本人名義で手形を振り出す権限があると信ずるについて正当な理由があるときは、本人は他人のなした手形振出しについてその責めに任ずる。（最判昭43・12・24民集二二・一三・三三八二、手形小切手百選[七版]一三）

5　銀行が第三者との与信取引によって取得した取引先振出名義の偽造手形と銀行取引約定書

[21] 銀行取引約定書の規定（銀行が手形に押捺［おうなつ］された印影と取引先の届出印鑑とを相当の注意をもって照合し符合すると認めて取引したときは、手形の偽造等によって生じた損害については取引先が責任を負う旨の規定）は、銀行が第三者との与信取引によって取得した取引先の振出名義の手形には適用されない。（最判昭62・7・17民集四一・五・一三五九、手形小切手百選[六版]九八）

九　手形行為と民法七一五条

[22] **1　会社の経理課長**　A会社の経理課長として、A会社の手形振出しに関し、その社印及び記名印その他のゴム印を使用して、代表取締役の名下に印章を押捺［おうなつ］しさえすれば完成するばかりに手形を作成し、手形を受取人に交付する職務権限を有した者が、代表取締役の印を盗み出して手形を偽造した場合、その行為はA会社の被用者としてその事業の執行に付きなしたものと認められ、A会社は使用者としての責任を負う。（最判昭32・7・16民集一一・七・一二五四）

[23] **2　協同組合の書記**　協同組合の書記として、取引関係、金融関係の事務及び手形事務を担当し、理事長の記名印、印鑑等を保管していた者が、取引関係のない第三者に理事長名義の融通手形を独断で作成交付する権限を付与されていなかったのに、そのような手形を作成交付した場合には、その行為は、外形上民法七一五条の職務の執行とみられるから、組合は使用者として責任を負わなければならない。（最判昭36・6・9民集一五・六・一五四六、手形小切手百選[七版]一八）

[16] **一〇　法人の手形署名の方式**→□【手形法総論】［一編名の後］

一一　手形上の表示から法人と個人のいずれの署名か判断できない場合→□【手形法総論】［一編名の後］[5]

一二　商法二四条ただし書の相手方の意味

[24] 商法四二条二項［現二四条ただし書］にいう相手方とは、当該取引の直接の相手方に限られるものであり、手形行為の場合には、この直接の相手方は、手形上の記載によって形式的に判断されるべきものではなく、実質的な取引の相手方をいう。（最判昭59・3・29判時一一三五・一二五、商法百選二四）

一三　組合の手形行為→□【手形法総論】［一編名の後］[21]

一四　市長の手形振出権限→□【手形法総論】［一編名の後］[22]

第九条【振出しの効力】　①振出人は引受及支払を担保す。
②振出人は引受を担保せざる旨を記載することを得。支払を担保せざる旨の一切の文言は之を記載せざるものと看做す。

第一〇条【白地手形】　未完成にて振出したる為替手形に予め為したる合意と異る補充を為したる場合に於ては其の違反は之を以て所持人に対抗することを得ず。但し所持人が悪意又は重大なる過失に因り為替手形を取得したるときは此の限に在らず。

一　商慣習法―白地手形の有効性

[1] 白地手形の振出しの有効なことは商慣習法上自明であるから、満期日を記載すべき場所を空白とした手形は必ずしも一覧払手形でなければならないわけではなく、白地手形であることもあるから、そのいずれかは各場合における当事者の意思で定められるものである。（大判大15・10・18評論一六・商一五八）

二　白地手形の意義

[2] **1　他人に補充させる意思**　白地手形とは、後日他人をして手形要件の全部又は一部を補充させる意思で、これを記載しない紙片に署名して発行されたものをいう。（大判大10・10・1民録二七・一六八六、手形小切手百選[三版]五〇）

[3] **2　振出人の経理部長が自ら補充する趣旨で振り出した場合と本条の法意**　A会社が、金額、受取人等を白地にしたまま、金融をする者が決まった場合にA会社の経理部長Bが空欄を補充する旨約して、Bがこれを第三者Cに交付した場合には、他人に補充権を与えていないが、右の約旨に反して、手形が転々する途上で、右の約旨と異なる補充がなされたとしても、A会社は本条の法意に照らし、その違約の点を悪意重過失のない所持人に対抗できない。（最判昭31・7・20民集一〇・八・一〇二二、手形小切手百選[七版]四〇）

三　振出日白地の確定日払手形

[4] **1　そのままの呈示では遡求権保全の要件を満たさない**　手形法七五条、七六条は、約束手形において振出日の記載を必要とし、手形要件の記載を欠くものを約束手形としての効力を有しないものと定めるにあたり、確定日払であるかどうかによって異なる取扱いをしておらず、満期日に振出日白地のまま支払場所に呈示しても、裏書人に対する手形上の権利を行使できない。（最判昭41・10・13民集二〇・八・一六三二、手形小切手百選[七版]三九……手形所持人が、振出日の記載は手形上の権利の内容の確定のために必要ないから、その記載のない手形も無効でないと主張した事案）

[5] **2　取立委任を受けた銀行の補充義務の有無**　振出日白地の確定日払手形の取立委任を受けた銀行には、白地を補充する義務がない。（最判昭55・10・14判時九八五・一一九）

四　受取人白地の手形

[6] **1　そのままでは手形上の権利行使は不可能**　白地手形は、後日手形要件の記載が補充されて初めて完全な手形になるものであって、その補充があるまでは未完成手形にすぎないから、それによって手形上の権利を行使することはできない。（最判昭41・6・16民集二〇・五・一〇四六、手形小切手百選[三版]四七）

[7] **2　受取人白地の手形の交付による譲渡と手形法一七条**　受取人の記載のない白地手形が引渡しによって譲渡された場合には、白地裏書がなされた場合と同様、一七条の適用がある。（最判昭34・8・18民集一三・一〇・一二七五、手形小切手百選[三版]七四）

五　白地手形のままの取得者と本条の適用

[8] 本条の規定は、既に合意と異なる補充がされている手形の悪意重過失のない取得者に対する場合だけでなく、悪意重過失なく白地手形を取得した上、あらかじめなされている合意と異なる補充を自らした所持人に対する場合にも、適用がある。（最判昭41・11・10民集二〇・九・一七五六）

六　白地補充権

[9] **1　手形に追随して移転**　白地補充権は、手形に追随して転々し、手形を取得した者が同時にこれを取得する。（大判大10・10・1前出[2]）

2　補充権の時効

[10] **イ　五年説**　補充権授与行為は本来の手形行為ではないが、商法五〇一条四号の「手形に関する行為」に準ずるものと解してよく、その補充権の消滅時効については同法五二二条［平成二九法四五による改正前］の「商行為に因りて生じたる債権」の規定が準用される。（最判昭36・11・24民集一五・一〇・二五三六、手形小切手百選[七版]四四）

[11] **ロ　満期が補充された場合**　手形が満期及びその他の手形要件を白地として振り出された場合であっても、その後満期が補充されたときは、右手形は満期の記載された手形となるから、右手形のその他の手形要件の白地補充権は、手形上の権利と別個独立に時効によって消滅することなく、手形上の権利が消滅しない限りこれを行使することができるものと解すべきである。（最判平5・7・20民集四七・七・四六五二、手形小切手百選[七版]四二）

[12] **3　不当補充についての悪意重過失等の立証責任**　手形金額を白地として振り出した者は、手形を取得した者が合意に反して補充されたものであることを知り、若しくは重過失によって知らないで取得した事実、又は合意の内容を知り、若しくは重過失でこれを知らないで手形を取得した者が合意に反する補充をした事実を主張・証明しないときは、不当補充の不利益を帰せしめられる。（最判昭42・3・14民集二一・二・三四九、手形小切手百選[七版]二二）

4　手形金請求棄却判決確定後の白地補充と手形上の権

利の主張の可否

[13] 手形所持人が白地手形に基づいて手形金請求の訴え（前訴）を提起し、手形要件欠缺［けんけつ］を理由に請求棄却の判決を受け、その確定後に、その者が白地を補充して同じ被告に手形金請求の訴え（後訴）を提起した場合には、前訴の事実審の最終の口頭弁論期日までに白地補充権を行使しなかった以上、特段の事情がない限り、後訴で手形上の権利の存在を主張することは、前訴判決の既判力によって遮断され、許されない。（最判昭57・3・30民集三六・三・五〇一、手形小切手百選[七版]四五）→民訴一一四条[7]

七　白地手形による時効の完成猶予［平成二九法四四による民法改正前の時効中断］

[14] 満期の記載のある受取人白地の約束手形の所持人の振出人に対する権利は、受取人の補充がなくても、満期日から三年で時効にかかるから、これとの比較均衡からいって、白地手形の所持人は、未完成のままの状態で時効中断［時効の完成猶予］の措置を執り得ると解すべきである。（最大判昭41・11・2民集二〇・九・一六七四、手形小切手百選[七版]四三……満期から三年の経過前に白地手形のままで訴えを提起し、その経過後に白地部分を補充した事例）

八　白地手形の除権決定

1　白地補充の意思表示の効力

[15] 喪失した白地手形について除権判決［決定］を得た所持人が手形外で白地を補充する旨の意思表示をしても、これにより白地補充の効力を生じたものとすることはできない。（最判昭51・4・8民集三〇・三・一八三、手形小切手百選[七版]八一）

2　手形の再発行請求権の否定

[16] 白地手形につき除権判決［決定］を得た者が、喪失手形の再発行を請求し得るとすれば、その者は、喪失手形を流通に置き得るのと同一の法的地位を回復することになるが、除権判決に右のような実体的効果を付与することは、除権判決制度が予想していないところであるから、右の者は喪失手形と同一内容の手形の再発行請求権を有しない。（最判昭51・4・8前出[15]）

第二章　裏書

第一一条【法律上当然の指図証券性】①為替手形は指図式にて振出さざるときと雖も裏書に依りて之を譲渡することを得。

②振出人が為替手形に「指図禁止」の文字又は之と同一の意義を有する文言を記載したるときは其の証券は民法（明治二十九年法律第八十九号）第三編第一章第四節の規定に依る債権の譲渡に関する方式に従ひ且其の効力を以てのみ之を譲渡することを得。

③裏書は引受を為したる又は為さざる支払人、振出人其の他の債務者に対しても之を為すことを得。此等の者は更に手形を裏書することを得。

一　指図禁止文句

1　受取人の氏名に続けて、「限り」と記載された場合

[1] 統一手形用紙を使用した約束手形の受取人欄に受取人の氏名に続けて、「限り」と明白に読み取れる記載がある場合には、指図禁止と同一の意義を有する文言の記載に当たる。（最判昭56・10・1判時一〇二七・一一八）

2　指図文句を抹消しないで指図禁止文句が記載された場合

[2] 手形の振出人が、手形用紙に印刷された指図文句を抹消することなく、指図禁止文句を記載したため、指図文句と指図禁止文句が併記されている場合には、特段の事情がない限り、指図禁止文句の効力が優先し、右手形は裏書禁止手形に当たると解すべきである。（最判昭53・4・24判時八九三・八六、手形小切手百選[七版]四七）

二　指名債権譲渡の方法による譲渡

[3] 第一裏書人Aがその被裏書人Bから手形の返還を受け、その裏書の記載を抹消することなく、Cにその手形を交付し、CはそれをDに交付した場合には、A↓C、C↓Dの譲渡は裏書によらない指名債権譲渡の方法によるものであるから、振出人はAに対する抗弁をC・Dに対抗することができる。（最判昭49・2・28民集二八・一・一二一、手形小切手百選[七版]四八）

三　裏書の抹消の方法による譲受け

[4] 手形裏書人が再び手形上の権利を譲り受けるには、爾後［じご］の裏書の抹消の方法によることもできる。（大判昭8・11・20民集一二・二七一八、手形小切手百選[二版]九〇）

第一二条【裏書の要件】①裏書は単純なることを要す。裏書に附したる条件は之を記載せざるものと看做す。

②一部の裏書は之を無効とす。

③持参人払の裏書は白地式裏書と同一の効力を有す。

第一三条【裏書の方式】①裏書は為替手形又は之と結合したる紙片（補箋）に之を記載し裏書人署名することを要す。

②裏書は被裏書人を指定せずして之を為し又は単に裏書人の署名のみを以て之を為すことを得（白地式裏書）。此の後の場合に於ては裏書は為替手形の裏面又は補箋に之を為すに非ざれば其の効力を有せず。

一　共同受取人と裏書の方法

[1] 手形の受取人は複数でもよいが、共同受取人は共同してのみ裏書をすることができる。（大判大15・12・17民集五・八五〇、手形小切手百選[二版]八〇）

二　法人の裏書の方式としての署名→◘【手形法総論】［一編名の後］[16]

第一四条【裏書の権利移転的効力】①裏書は為替手形より生ずる一切の権利を移転す。

②裏書が白地式なるときは所持人は

一　自己の名称又は他人の名称を以て白地を補充することを得。

二　白地式に依り又は他人を表示して更に手形を裏書することを得。

三　白地を補充せず且裏書を為さずして手形を第三者に譲渡することを得。

手形債権の譲渡と民事上の保証の随伴性

[1] 約束手形の振出人のために、その受取人との間で手形外の民事上の保証がなされた場合、保証債務は主たる債権に随伴する性質があり、主たる債権の移転とともに移転し、主たる債権の譲渡につき対抗要件を満たしたときは、保証債権の譲渡につき別段の対抗要件を要せず、このことは主たる債権が手形債権の場合も同様である。（最判昭45・4・21民集二四・四・二八三、手形小切手百選[七版]四九）

第一五条【裏書の担保的効力】①裏書人は反対の文言なき限り引受及支払を担保す。

②裏書人は新なる裏書を禁ずることを得。此の場合に於ては其の裏書人は手形の爾後の被裏書人に対し担保の責を負ふことなし。

一　手形に署名したが、交付しない裏書人の手形上の責任

[1] 手形を他に裏書譲渡する意思で白地式裏書をした者Aが、これを手形差換えのために振出人に交付する際に裏書部分を抹消することを失念した場合において、その手形が第三者に取得されたときは、Aは、その手形の適法な所持人である第三取得者に対しては、手形債務を負担する。（最判昭42・2・3民集二一・一・一〇三、手形小切手百選[四版]四五）

二　保証の趣旨の裏書と民事上の保証→三一条[2][3]

第一六条【裏書の資格授与的効力】　①為替手形の占有者が裏書の連続に依り其の権利を証明するときは之を適法の所持人と看做す。最後の裏書が白地式なる場合と雖も亦同じ。抹消したる裏書は此の関係に於ては之を記載せざるものと看做す。白地式裏書に次で他の裏書あるときは其の裏書を為したる者は白地式裏書に因りて手形を取得したるものと看做す。

②事由の何たるを問はず為替手形の占有を失ひたる者ある場合に於て所持人が前項の規定に依り其の権利を証明するときは手形を返還する義務を負ふことなし。但し所持人が悪意又は重大なる過失に因り之を取得したるときは此の限に在らず。

一　本条一項一段の「看做す」の意味

1　権利の推定

[1]　本条一項に「看做す」というのは、「推定する」の意味であり、手形債務者において裏書の連続のある手形所持人が真実の権利者でないことを証明すれば、権利行使を拒むことができる。（最判昭36・11・24民集一五・一〇・二五一九、手形小切手百選[三版]六四）

2　本条一項による推定を覆すために主張立証すべき事項

[2]　本条一項による推定を覆すためには、手形が有効な裏書により所持人の所持に帰したものでないことを主張立証するだけでは足りず、本条二項本文による手形上の権利の取得もないこと、すなわち同項ただし書により、手形取得者に右の点に関する悪意又は重過失があったことを主張立証しなければならない。（最判昭41・6・21民集二〇・五・一〇八四、手形小切手百選[二版]八六）

二　本条一項の適用を主張したと認められる場合

[3]　原告が連続した裏書の記載のある手形を所持し、その手形に基づき手形金の請求をしている場合には、当然に本条一項の適用の主張があると解するのが相当であり、それにより、被告がその防御方法として、本条一項の推定を覆すに足りる事由を主張立証しなければならない立場に置かれるとしても、原告の所持する手形に連続した裏書の記載があることは容易に知り得るから、被告に不意打ちを与えるおそれはない。（最大判昭45・6・24民集二四・六・七一二、手形小切手百選[七版]五二）→民訴◆【弁論主義】［一四八条の前］[7]

三　裏書の連続

1　その判断基準

イ　同一人であることの表示

[4]　手形の裏書の連続があるとするには、手形上の表示が一字一句同じでなければならないのではなく、その同一人であることが表示されていればよい。（最判昭36・3・28民集一五・三・六〇九……受取人「山形陸運（株）」、第一裏書人「山形陸運株式会社取締役社長甲野太郎」と表示されている場合に、裏書の連続を認めた事例）

ロ　外観上の連続

[5]　手形の所持人たる資格を有するには、裏書ある手形にあっては、その裏書が外観上連続することを要し、その真正であることを要しない。（大判大4・6・22新聞一〇四三・二九）

2　裏書の抹消

イ　抹消権限の有無

[6]　手形の裏書が抹消された場合には、これを抹消する権利を有した者がしたかどうかを問わず、本条により、裏書は記載されなかったものとみなされる。（最判昭36・11・10民集一五・一〇・二四六六、手形小切手百選[三版]六七）

ロ　訴訟提起後の抹消

[7]　裏書人が被裏書人に対する裏書を抹消することなく、所持人として手形金請求訴訟を提起した後、被告たる振出人から前記裏書の連続を欠く旨の抗弁が提出され、その後に、所持人が前記裏書を抹消した場合にも、裏書の連続の関係では、右の抹消された裏書は記載されなかったものとみなされる。（最判昭32・12・5民集一一・一三・二〇六〇）

3　被裏書人のみの氏名の抹消

[8]　裏書欄の記載事項中、被裏書人欄の記載のみが抹消された場合、当該裏書は、本条一項との関係では、その抹消が権限ある者によってされたことを証明するまでもなく、白地式裏書になると解するのが取引通念に照らしても相当であり、手形の流通保護に資することになる。（最判昭61・7・18民集四〇・五・九七七、手形小切手百選[七版]五四）

4　受取人欄の変造と本条一項

[9]　裏書の連続は形式的に判定すれば足りるから、受取人をAと記載して振り出された手形が、Aの保管中に窃取され、その後何者かによって受取人欄の記載がBと変造された場合において、手形面上、変造後の受取人から現在の所持人へ順次連続した裏書の記載があるときは、右所持人は、振出人に対する関係でも、本条一項により、適法な所持人と推定され、六九条の規定のゆえをもって、右のように解する妨げとならない。（最判昭49・12・24民集二八・一〇・二一四〇、手形小切手百選[七版]五一）

5　相続人の裏書と裏書の連続

[10]　相続人は、相続により手形を裏書譲渡する権利を承継するから、受取人Aの手形上の権利が相続によりBに移転した場合に、手形裏面のBの氏名の肩書にAの相続人であることを表示してあれば、その手形は裏書が連続している。（大判大4・5・27民録二一・八二一、手形小切手百選[三版]六二）

6　設立登記を経ない会社の介在と裏書の連続

[11]　裏書ある手形の所持人は、その裏書が形式的に連続しているときは、実質的には連続を欠いたものであるとしても、その手形上の権利を行使することができ、設立登記を経ていない会社の裏書が介在していても、権利行使に消長を来さない。（最判昭30・9・23民集九・一〇・一四〇三、手形小切手百選[四版]四七）

7　裏書の連続の認められた事例

イ　法人から法人への裏書と認められた事例

[12]　第一裏書における被裏書人の表示は「八代食品工業株式会社加藤真一郎」とあり、第二裏書人の裏書人の表示は「八代食品工業株式会社取締役社長加藤真一郎」とある場合、第一裏書の被裏書人の表示の加藤真一郎の記載は八代食品工業株式会社の代表者を表示したとみるのが相当で、右手形の裏書は連続する。（最判昭27・11・25民集六・一〇・一〇五一）

ロ　個人から個人への裏書と認められた事例

[13]　受取人として「愛媛無尽会社奥野支店長」という記載は、個人たる奥野義雄に会社の支店長たる職名を付記して個人たる奥野義雄を指称するものとも解されるから、第一裏書人として「北宇和郡泉村奥野義雄」とある場合、この記載と対照して、受取人の記載は個人たる奥野義雄を指称するものと解するのが妥当で、この手形は裏書の連続に欠けるところはない。（最判昭30・9・30民集九・一〇・一五一三、手形小切手百選[七版]五〇）

四　裏書の不連続

1　裏書の連続がないと認められた事例

[14]　第一裏書の被裏書人が「松本和雄」と表示されているのに、第二裏書の裏書人が「松本宗二郎」と表示されている場合には、手形面記載の外観から、これを同一人と認められないから、裏書の連続を欠く。（大判昭15・9・26民集一九・一七二九）

2　実質的権利の立証による権利行使

[15]　手形所持人は、手形が裏書の連続を欠くため形式的資格を有しなくても、実質的権利を証明するときは、手形上の権利を行使することができる。（最判昭33・10・24民集一二・一四・三二三七）

3　裏書の連続を欠く手形の呈示

[16]　裏書の連続を欠く手形所持人による呈示であっても、その

所持人が実質的権利者である限り、適法な呈示である。（大阪高判昭55・2・29判時九七三・一二二、重判昭55商九）

4 裏書の連続を欠く手形による訴え提起と時効の完成猶予［平成二九法四四による民法改正前の時効中断］

17 AのBに対する手形金請求の訴え提起の当時、手形の裏書の連続を欠いていたが、Aが実質上の手形の権利者であれば、それにより時効中断［時効の完成猶予］の効力を生ずる。（最判昭57・4・1判時一〇四六・一二四、重判昭57商八）

五 善意取得

1 裏書人の無権限と被裏書人の権利

18 CがB会社を代理又は代表する権限があると自称して、Aから、B会社名古屋出張所宛ての約束手形の振出しを受け、それにB会社名古屋出張所長Cと署名してDに裏書交付した場合、右手形の裏書は連続しており、Dは裏書譲渡によりこれを善意で取得し（重過失があったことの主張立証もない）、現に所持しているのであるから、CがBを代理又は代表する権限を有しなかったとしても、DのAに対する手形上の権利行使には消長を来さない。（最判昭35・1・12民集一四・一・一、手形小切手百選[七版]二三）

2 重過失が認定された事例

19 手形所持人Aが裏書人Bから手形を取得するに際し、その直前にBから盗難の小切手の交付を受けた等の事実がある場合には、手形振出名義人又は支払担当銀行に照会するなど、何らかの方法で、手形振出しの真否を調査すべき注意義務があり、何らの調査をしなかったAには重過失がある。（最判昭52・6・20判時八七三・九七、手形小切手百選[七版]二四）

3 手形除権決定とその確定前の善意取得者の地位↓◘

【手形法総論】［二編名の後］39 40

第一七条【人的抗弁の制限】 為替手形に依り請求を受けたる者は振出人其の他所持人の前者に対する人的関係に基く抗弁を以て所持人に対抗することを得ず。但し所持人が其の債務者を害することを知りて手形を取得したるときは此の限に在らず。

一 手形金の請求と権利の濫用

1 自己の債権の支払確保のため、約束手形の裏書譲渡を受けた者が、その後右債権の完済を受け、裏書の原因関係が消滅したときは、特別の事情のない限りその後は右手形を保持すべき正当の権原を有しないことになり、手形上の権利を行使すべき実質的理由を失ったのであり、それにもかかわらず、たまたま手形を返還せず手形が自己の手裡［しゅり］に存するのを奇貨として、自己の形式的権利を利用して振出人から手形金の支払を求めようとすることは、権利の濫用に該当し、本条ただし書の趣旨に徴し、振出人は所持人に対し手形金の支払を拒むことができる。（最大判昭43・12・25民集二二・一三・三五四八、手形小切手百選[七版]三六）

二 受取人白地の手形の交付による譲渡と本条の適用↓一〇条7

三 手形所持人の前者が善意の場合と前者の地位の承継

2 手形所持人の前者が善意のため、手形債務者がこれに対し人的抗弁を対抗し得ない場合には、その前者の地位を承継した手形所持人に対して、その悪意を理由として人的抗弁を対抗することは許されない。（最判昭37・5・1民集一六・五・一〇一三、手形小切手百選[七版]二八）

四 善意者に対する譲渡後の戻裏書による取得と人的抗弁

3 人的抗弁の対抗を受ける者が、その手形を善意の第三者に裏書譲渡した後、戻裏書により再び所持人となった場合に、その手形取得者は善意者を経て戻裏書を受けたからといって、自己の裏書譲渡前の法的地位より有利な地位を取得すると解するいわれはなく、人的抗弁の対抗を受ける。（最判昭40・4・9民集一九・三・六四七、手形小切手百選[七版]二七）

五 二重無権の抗弁

4 裏書人Aと被裏書人Bとの間で、その原因関係が消滅してBが手形をAに返還しなければならなくなっている場合には、Bは手形の支払を求める何らの経済的利益も有せず、振出人のAに対する人的抗弁の切断の利益を享受し得べき地位にはないから、振出人はAに対する抗弁をBにも対抗できる。（最判昭45・7・16民集二四・七・一〇七七、手形小切手百選[七版]三五）

六 悪意の抗弁

1 悪意の抗弁の成立する場合

イ 騙取［へんしゅ］手形であることを知って取得した場合

5 手形を取得した当時、単にその手形が売買契約の保証金として振り出されたものであったことを知っていただけでは、本条ただし書の債務者を害することを知って手形を取得した場合に該当しないが、右契約の保証金として騙取された手形であることを知って取得したときは、たとえ当時まだ右契約が詐欺のため取り消されていなかったとしても、債務者を害することを知って手形を取得した場合に該当する。（大判昭19・6・23民集二三・三七八、手形小切手百選[七版]二九）

ロ 振出人と前者との売買契約が解消されることを熟知している場合

6 AがBに木材売買代金債務の支払確保のために手形を振り出したが、Cは、右の売買がBの不履行により結局解消されるに至るべきことを熟知しながら、あえてBから右手形の裏書を受けた場合には、Cの手形取得は本条ただし書に該当する。（最判昭30・5・31民集九・六・八一一、手形小切手百選[七版]三〇）

2 悪意の抗弁が成立しない場合

イ 代金内払の方法として振り出されたものであることを知っているにすぎない場合

7 約束手形を裏書によって取得した者が、取得の際、右手形は請負代金の前渡金として振り出されたものであることを知っていたとしても、後に請負契約が解除されるべきことを予想したとは認められないときは、本条ただし書に該当しない。（最判昭30・11・18民集九・一二・一七六三）

ロ 貸金債権の未発生の利息の支払のために振り出された約束手形であることを知って手形を取得した場合

8 手形所持人が、手形を取得する際に、当該手形が貸金債権の未発生の利息の支払のために振り出されたものであることを知っていても、貸金債権の約定利息は時の経過により発生するのが通常であるから、貸金債権の元本が弁済期前に弁済され利息が発生しないであろうことを知っていたなど特段の事情がない限り、本条ただし書には当たらない。（最判平7・7・14判時一五五〇・一二〇、手形小切手百選[七版]三一）

3 書換手形取得時に人的抗弁につき悪意であった者と悪意の抗弁の成否

9 手形書換は、通常、旧手形の債務の支払を延長するためになされたものと解すべきであるから、手形所持人は、旧手形取得の際、前者に対する人的抗弁事由の存在につき善意であれば、書換え後の手形取得の際に人的抗弁の存在を知っていても、悪意の取得者とはいえない。（最判昭35・2・11民集一四・二・一八四、手形小切手百選[三版]八四）

4 重過失の有無と悪意の抗弁の成否

10 本条は、債務者を害することを知らないで手形所持人となった者については、重過失の有無を問わず、その前者に対する人的抗弁をもって対抗し得ないとした趣旨である。（最判昭35・10・25民集一四・一二・二七二〇、手形小切手百選[七版]三二）

七 融通手形

1 融通手形であることを知っていた場合と悪意の抗弁の成否

11 融通手形の振出人は、被融通者から直接手形金の請求があった場合に当事者間の合意の趣旨に従い支払を拒絶することができるのは格別、その手形が利用されて被融通者以外の所持人が支払を求めてきたときは、その所持人が融通手形であることを知っていたかどうかを問わず、振出人として手形上の責任を負わなければならないのは当然であり、融通手形であるからといって支払を拒絶することはできない。（最判昭34・7・14民集一三・七・九七八、手形小切手百選[七版]二六）

2　交換手形

イ　振出人の一方が支払った場合と他の振出人の支払義務

[12] A及びBが、相互に相手に金融を得させる目的で同一金額、同一満期日の融通手形を交換し、一方がその振り出した手形の支払を了したときは他方においてもその振出人として の債務を履行すべき旨の合意がなされたときは、Aが手形金の支払を了した場合には、特別の事情がない限り、BはAに融通手形の抗弁を対抗することができない。（最判昭29・4・2民集八・四・七八二、手形小切手百選[三版]三六）

ロ　一方の手形が不渡り、又は不渡りになるべきことを知って他方の手形を取得した者に対する悪意の抗弁

[13] ABが、相互に相手に金融を得させるため交換的に同金額の約束手形を融通手形として振り出し（交換手形）、一方が支払わなければ他方も支払わない旨約定した場合、Bがその振り出した約束手形の支払をしなかったときは、Aは、交換手形に関する右約定及びB振出しの手形の不渡り、又は不渡りになるべきことを知りながらA振出しの手形を取得した者に対し、悪意の抗弁を主張できる。（最判昭42・4・27民集二一・三・七二八、手形小切手百選[七版]三二）

八　隠れた取立委任裏書と裏書人に対する人的抗弁

1　被裏書人の抗弁切断の主張の可否↓一八条[6]

2　裏書人に対する裏書の詐害行為による取消しと被裏書人↓一八条[7]

九　交付欠缼〔けんけつ〕**の抗弁の可否**

1　手形行為の成立と交付行為の要否↓◘【手形法総論】〔二編名の後〕[14]

2　時を異にする共同振出しと再度の交付の要否↓◘【手形法総論】〔二編名の後〕[25]

一〇　「見せ手形」の抗弁↓◘【手形法総論】〔二編名の後〕[10]

一一　強迫による手形行為と人的抗弁↓◘【手形法総論】〔二編名の後〕[11]

一二　複数の者が保証の趣旨で裏書をした場合と遡求義務の内容

[14] 約束手形の第一及び第二裏書がいずれも振出人の手形債務を保証する趣旨でなされた場合において、第二裏書人が遡求義務を履行して手形を受け戻し、第一裏書人に遡求したときは、第一裏書人は、民法四六五条一項の規定の限度でのみ遡求に応じれば足り、裏書人間の負担部分につき特約がないときは、負担部分は平等である。（最判昭57・9・7民集三六・八・一六〇七、手形小切手百選[七版]六六）

一三　代理権限の濫用と人的抗弁—民法九三条一項ただし書［平成二九法四四による改正前の同条ただし書］の類推適用↓八条[13][14]

一四　代理権濫用と国税滞納処分↓八条[15]

第一八条【取立委任裏書】　①裏書に「回収の為」、「取立の為」、「代理の為」其の他単なる委任を示す文言あるときは所持人は為替手形より生ずる一切の権利を行使することを得。但し所持人は代理の為の裏書のみを為すことを得。

②前項の場合に於ては債務者が所持人に対抗することを得る抗弁は裏書人に対抗することを得べかりしものに限る。

③代理の為の裏書に依る委任は委任者の死亡又は其の者が行為能力の制限を受けたることに因り終了せず。

一　取立委任裏書の被裏書人の地位

[1] 手形の取立委任を受けた被裏書人は、単に自己の名をもって手形上の権利を行使する権能を有するにすぎないから、取立受任者たる被裏書人が更に裏書をし、特に取立委任の付記をしない場合にも、反証がない限り、被裏書人は同一の目的で更に裏書をしたものと解すべきである。（大判昭元・12・28評論一六・民訴一六六）

二　被裏書人のした裏書を抹消しないでした手形金請求

[2] 第一の取立委任裏書の被裏書人Aが第二の取立委任裏書をした後、第二の被裏書人Bから手形の返還を受けたときは、Aは第二の取立委任裏書を抹消したか、その戻裏書があったかどうかに関わりなく、手形上の権利を行使し得る。（大判昭2・7・7民集六・三八〇、手形小切手百選[二版]九二）

三　取立委任文言が抹消された場合と譲渡裏書の効力の生ずる時期

[3] 取立委任裏書を受けてこれを所持している者がその裏書人との間で当該手形の譲渡を受ける旨の合意をしたとしても、譲渡裏書としての効力が生ずるのは、取立委任文言の抹消の時からであって、前記譲渡（合意）の時に遡ってその効力を生ずるのではない。（最判昭60・3・26判時一一五六・一四三、手形小切手百選[七版]五六）

四　隠れた取立委任裏書

1　手形上の権利の移転の有無

イ　被裏書人への移転

[4] 手形行為の効力は、原則として、当事者の具体的意思いかんにかかわらず行為の外形に従って解釈すべきであるから、隠れた取立委任裏書の場合にも、手形上の権利は、通常の裏書におけると同様に裏書人から被裏書人に移転し、取立委任の合意は当事者間の人的抗弁事由になるにとどまる。（最判昭31・2・7民集一〇・二・二七、手形小切手百選[七版]五三）

ロ　信託法一〇条との関係

[5] 被裏書人に対して訴訟行為をさせることを主たる目的として裏書がなされたときは、その裏書は隠れた取立委任裏書であって、手形上の権利を信託的に被裏書人に移転するものであり、その場合には、〔旧〕信託法一一条［信託一〇条］により、単に手形外の取立委任の合意だけでなく、手形上の権利移転行為がある裏書自体もまたその効力を生ぜず、手形債務者は被裏書人が手形上の権利を有しないことを理由として、手形金請求を拒絶できる。（最判昭44・3・27民集二三・三・六〇一、手形小切手百選[七版]五九）

2　裏書人に対する人的抗弁

イ　被裏書人の抗弁切断の主張の可否

[6] 隠れた取立委任裏書がなされた場合においては、その裏書の当事者間では、手形上の権利は実質的には被裏書人に移転することなく依然裏書人に帰属すると解されるから、手形債務者から裏書人に対して有する人的抗弁をもって被裏書人に対抗した場合には、被裏書人は裏書による抗弁切断を主張できない。（最判昭39・10・16民集一八・八・一七二七、手形小切手百選[二版]九三）

ロ　裏書人に対する裏書の詐害行為による取消しと被裏書人

[7] 約束手形の振出人Aが原告となり、その受取人BのCに対する裏書が詐害行為であることを理由として詐害行為取消請求の訴えを提起した場合において、右請求が認容されて、BのCに対する裏書が取り消されたときは、そのことは、AのCに対する人的抗弁になるから、AはCからの隠れた取立委任裏書の被裏書人Dに対しても、その善意・悪意を問わず、Cに対するこの抗弁事由を対抗することができる。（最判昭54・4・6民集三三・三・三二九、手形小切手百選[七版]五五）

五　取立委任裏書と譲渡担保

[8] 債権者への取立委任裏書がなされた上で債権者に交付されていた商業手形であっても、資金繰りに窮した債務者が弁済期日の延長に伴い根担保として債権者に譲渡した場合には、後日なされた取立委任文言の抹消を待つまでもなく、当該譲

渡の時点で手形債権は譲渡担保として債権者に移転する。（福岡高判平19・2・22判時一九七二・一五八、手形小切手百選七版五七）

第一九条【質入裏書】①裏書に「担保の為」、「質入の為」其の他質権の設定を示す文言あるときは所持人は為替手形より生ずる一切の権利を行使することを得。但し所持人の為したる裏書は代理の為の裏書としての効力のみを有す。

②債務者は裏書人に対する人的関係に基く抗弁を以て所持人に対抗することを得ず。但し所持人が其の債務者を害することを知りて手形を取得したるときは此の限に在らず。

第二〇条【期限後裏書】①満期後の裏書は満期前の裏書と同一の効力を有す。但し支払拒絶証書作成後の裏書又は支払拒絶証書作成期間経過後の裏書は民法第三編第一章第四節の規定に依る債権の譲渡の効力のみを有す。

②日附の記載なき裏書は支払拒絶証書作成期間経過前に之を為したるものと推定す。

[1] **一　指名債権譲渡の効力のみを有する場合**

期限後裏書として指名債権譲渡の効力のみを有するのは、拒絶証書作成後の裏書又は拒絶証書作成期間経過後の裏書に限られ、それ以前の裏書には及ばない。（最判昭29・3・11民集八・三・六八八）

[2] **二　債務者の主張し得る抗弁の範囲**

1　裏書人の地位の承継

本条一項ただし書の趣旨は、期限後裏書は裏書人の地位を被裏書人に承継せしめる効力のみを生ずることを意味するから、手形債務者は、期限後裏書の被裏書人に対しては、その裏書の裏書人に対する人的抗弁をもって対抗できるが、特段の事情がない限り、右裏書人の前者に対する抗弁をもって対抗することはできない。（最判昭57・9・30判時一〇五七・一三八）

[3] **2　支払済みの抗弁**

A、B、C、D四名の共同振出しに係る受取人白地の手形を、Aが満期後一箇月を経た後、手形金を支払って受け戻し、更にこれをEに交付した場合において、B、C、Dは、Eに対し、支払済みの抗弁を主張し得る。（最判昭33・9・11民集一二・一三・一九九八、手形小切手百選七版六九）

[4] **三　不渡りの符箋等と本条一項**

支払拒絶証書が作成される前の裏書であって、その作成期間の経過前にされた裏書は、たとえ不渡りの符箋等による満期後の支払拒絶の事実が手形面上明らかにされた後にされたものでも、満期前の裏書と同一の効力を有する。（最判昭55・12・18民集三四・七・九四二、手形小切手百選七版六〇）

第三章　引受

第二一条【引受呈示の自由】為替手形の所持人又は単なる占有者は満期に至る迄引受の為支払人に其の住所に於て之を呈示することを得。

第二二条【引受呈示の命令又は禁止】①振出人は為替手形に期間を定め又は定めずして引受の為之を呈示すべき旨を記載することを得。

②振出人は手形に引受の為の呈示を禁ずる旨を記載することを得。但し手形が第三者方にて若は支払人の住所地に非ざる地に於て支払ふべきものなるとき又は一覧後定期払なるときは此の限に在らず。

③振出人は一定の期日前には引受の為の呈示を為すべからざる旨を記載することを得。

④各裏書人は期間を定め又は定めずして引受の為手形を呈示すべき旨を記載することを得。但し振出人が引受の為の呈示を禁じたるときは此の限に在らず。

第二三条【一覧後定期払手形の呈示義務】①一覧後定期払の為替手形は其の日附より一年内に引受の為之を呈示することを要す。

②振出人は前項の期間を短縮し又は伸長することを得。

③裏書人は前二項の期間を短縮することを得。

第二四条【猶予期間】①支払人は第一の呈示の翌日に第二の呈示を為すべきことを請求することを得。利害関係人は此の請求が拒絶証書に記載せられたるときに限り之に応ずる呈示なかりしことを主張することを得。

②所持人は引受の為に呈示したる手形を支払人に交付することを要せず。

第二五条【引受けの方式】①引受は為替手形に之を記載すべし。引受は「引受」其の他之と同一の意義を有する文字を以て表示し支払人署名すべし。手形の表面に為したる支払人の単なる署名は之を引受と看做す。

②一覧後定期払の手形又は特別の記載に従ひ一定の期間内に引受の為の呈示を為すべき手形に於ては所持人が呈示の日の日附を記載すべきことを請求したる場合を除くの外引受には之を為したる日の日附を記載することを要す。日附の記載なきときは所持人は裏書人及振出人に対する遡求権を保全する為には適法の時期に作らしめたる拒絶証書に依り其の記載なかりしことを証することを要す。

第二六条【不単純引受け】①引受は単純なるべし。但し支払人は之を手形金額の一部に制限することを得。

②引受に依り為替手形の記載事項に加へたる他の変更は引受の拒絶たる効力を有す。但し引受人は其の引受の文言に従ひて責任を負ふ。

第二七条【引受人の第三者方払の記載】①振出人が支払人の住所地と異る支払地を為替手形に記載したる場合に於て第三者方にて支払を為すべき旨を定めざりしときは支払人は引受を為すに当り其の第三者を定むることを得。之を定めざりしときは引受人は支払地に於て自ら支払を為す義務を負ひたるものと看做す。

②手形が支払人の住所に於て支払ふべきものなるときは支払人は引受に於て支払地に於ける支払の場所を定むることを得。

第二八条【引受けの効力】①支払人は引受に因り満期に於て為替手形の支払を為す義務を負ふ。

②支払なき場合に於ては所持人は第四十八条及第四十九条の規定に依りて請求することを得べき一切の金額に付引受人に対し為替手形より生ずる直接の請求権を有す。所持人が振出人なるとき雖も亦同じ。

[1] **一　呈示期間内に呈示がない場合と利息の支払義務の有無**

約束手形の支払呈示期間内に適法な呈示がなかったときは、その後に呈示されても、振出人は、手形法七八条一項、本条二項、四八条一項二号及び四九条二号所定の利息の支払義務を負わない。（最判昭55・3・27判時九七〇・一六九、手形小切手百選四版六六）

[2] **二　呈示期間内の呈示と利息の起算日**

約束手形所持人が満期日後二日内に振出人に対して手形を支払のために呈示した場合には、満期日以後の法定利息を請求できる。（大判大15・3・12民集五・一八一）

三　為替手形の引受けと利益相反取引→八条[8]

第二九条【引受けの抹消】①為替手形に引受を記載したる支払人が其の手形の返還前に之を抹消したるときは引受を拒みたるものと看做す。抹消は証券の返還前に之を為したるものと推定す。

②前項の規定に拘らず支払人が書面を以て所持人又は手形に署名したる者に引受の通知を為したるときは此等の者に対し引受の文言に従ひて責任を負ふ。

第四章　保証

第三〇条【要件】①為替手形の支払は其の金額の全部又は一部に付保証に依り之を担保することを得。
②第三者は前項の保証を為すことを得。手形に署名したる者と雖も亦同じ。

第三一条【方式】①保証は為替手形又は補箋に之を為すべし。
②保証は「保証」其の他之と同一の意義を有する文字を以て表示し保証人署名すべし。
③為替手形の表面に為したる単なる署名は之を保証と看做す。但し支払人又は振出人の署名は此の限に在らず。
④保証には何人の為に之を為すかを表示することを要す。其の表示なきときは振出人の為に之を為したるものと看做す。

一　補箋の表面にした単なる署名の意義
[ア]　約束手形の補箋の表面になした単なる署名は、保証その他これと同一の意義を有する文字の表示がなくても、本条三項により、振出人のための手形上の保証とみなされる。（最判昭35・4・12民集一四・五・八二五、手形小切手百選[七版]六二）

二　手形に保証の趣旨で裏書した者の原因債務の保証の有無

1　否定された事例
[イ]　他人の振り出した手形に保証の趣旨で裏書をした者は、その裏書により隠れた手形保証として手形上の債務を負担する意思以上に、右手形振出しの原因となった消費貸借上の債務まで保証する意思を有したと推認することはできない。（最判昭52・11・15民集三一・六・九〇〇、手形小切手百選[七版]六四）

2　肯定された事例
[ウ]　甲の紹介で始まったAのBからの金銭の借受けにつき、甲が右貸借の都度A会社代表者に同行してBと直接会い、その場でBの求めに応じ、A振出の約束手形に保証の趣旨で裏書をしてBに交付した等の事実関係の下では、AB間の三回目の貸借につき、甲がA振出の手形にした裏書は、その原因である貸金債務も保証する趣旨であることを推知させる余地が十分にある。（最判平2・9・27民集四四・六・一〇〇七、手形小切手百選[七版]六五）

三　手形債権の譲渡と民事上の保証の随伴性→一四条[ア]

第三二条【効力】①保証人は保証せられたる者と同一の責任を負ふ。
②保証は其の担保したる債務が方式の瑕疵を除き他の如何なる事由に因りて無効なるときと雖も之を有効とす。
③保証人が為替手形の支払を為したるときは保証せられたる者及其の者の為替手形上の債務者に対し為替手形より生ずる権利を取得す。

一　被保証人から人的抗弁の対抗を受ける手形所持人と保証人に対する手形金請求の可否

1　請求できるとしたもの
[ア]　手形保証人は、手形保証により独立に手形上の債務を負担するから、被保証人が手形所持人に対してする人的抗弁を援用することはできない。（最判昭30・9・22民集九・一〇・一三一三、手形小切手百選[二版]九七）

2　権利の濫用になり請求できないとしたもの
[イ]　将来発生することあるべき債務の担保のために振り出され、振出人のために手形保証のなされた約束手形の受取人は、原因関係上の債務の不発生が確定したときは、特別の事情のない限り、爾後［じご］、振出人に対してのみならず手形保証人に対しても手形上の権利を行使すべき実質的理由を失ったものであり、それにもかかわらず、手形を返還せず、手形が自己の手裡［しゅり］にあるのを奇貨として手形保証人から手形金の支払を求めることは、権利濫用に該当し、保証人はその支払を拒むことができる。（最判昭45・3・31民集二四・三・一八二、手形小切手百選[七版]六三）

二　被保証人の手形債務の時効と保証債務の消滅
[ウ]　主たる債務につき消滅時効が完成したときは、手形保証債務も消滅する。（最判昭45・6・18民集二四・六・五四四）

第五章　満期

第三三条【満期の種類】①為替手形は左の何れかとして之を振出すことを得。
一　一覧払
二　一覧後定期払
三　日附後定期払
四　確定日払
②前項と異る満期又は分割払の為替手形は之を無効とす。

適法な満期の記載を欠く手形
[ア]　「一箇月据置三日前通知払」という記載は、一覧払手形ということができず、満期の適法な記載を欠く無効な手形である。（大判昭6・3・13民集一〇・二〇三、手形小切手百選[二版]六一）

第三四条【一覧払手形の満期】①一覧払の為替手形は呈示ありたるとき之を支払ふべきものとす。此の手形は其の日附より一年内に支払の為之を呈示することを要す。振出人は此の期間を短縮し又は伸長することを得。裏書人は此等の期間を短縮することを得。
②振出人は一定の期日前には一覧払の為替手形を支払の為呈示することを得ざる旨を定むることを得。此の場合に於て呈示の期間は其の期日より始まる。

第三五条【一覧後定期払手形の満期】①一覧後定期払の為替手形の満期は引受の日附又は拒絶証書の日附に依りて之を定む。
②拒絶証書あらざる場合に於ては日附なき引受は引受人に関する限り引受の為の呈示期間の末日に之を為したるものと看做す。

第三六条【満期の決定及び期間の計算方法】①日附後又は一覧後一月又は数月払の為替手形は支払を為すべき月に於ける応当日を以て満期とす。応当日なきときは其の月の末日を以て満期とす。
②日附後又は一覧後一月半又は数月半払の為替手形に付ては先づ全月を計算す。
③月の始、月の央（一月の央、二月の央等）又は月の終を以て満期を定めたるときは其の月の一日、十五日又は末日を謂ふ。
④「八日」又は「十五日」とは一週又は二週に非ずして満八日又は満十五日を謂ふ。
⑤「半月」とは十五日の期間を謂ふ。

第三七条【暦を異にする地における満期の決定方法】①振出地と暦を異にする地に於て確定日に支払ふべき為替手形に付ては満期の日は支払地の暦に依りて之を定めたるものと看做す。
②暦を異にする二地の間に振出したる為替手形が日附後定期払なるときは振出の日を支払地の暦の応当日に換へ之に依りて満期を定む。
③為替手形の呈示期間は前項の規定に従ひて之を計算す。
④前三項の規定は為替手形の文言又は証券の単なる記載に依り別段の意思を知り得べきときは之を適用せず。

第六章　支払

第三八条【支払のための呈示】①確定日払、日附後定期払又は一覧後定期払の為替手形の所持人は支払を為すべき日又は之に次ぐ二取引日内に支払の為手形を呈示することを要す。
②手形交換所に於ける為替手形の呈示は支払の為の呈示たる効力を有す。

一　支払呈示の場所

1　支払場所の記載と支払呈示期間経過後の呈示
[ア]　支払場所の記載はその支払呈示期間内における支払につい

てのみ効力を有し、支払呈示期間経過後は、支払地内における手形の主たる債務者に対してその営業所又は住所に呈示することを要し、支払場所に呈示しても適法な呈示とならない。（最大判昭42・11・8民集二一・九・二三〇〇、手形小切手百選[七版]六七）

[2] **2　満期前遡求の要件を満たすための呈示の場所**

約束手形の振出人が銀行取引停止処分を受けて支払を停止した場合に、手形所持人が手形法四三条後段二号の準用により裏書人に対し満期前の遡求をするために必要な振出人に対する支払呈示は、振出人の営業所又は住所ですべきである。（最判昭57・11・25判時一〇六五・一八二、手形小切手百選[四版]六三）

3　引受人と所持人との支払場所の変更に関する合意の効力

[3] 為替手形の引受人と所持人との間で手形の支払場所を変更する合意がなされた以上は、手形面の記載の変更をしないでも、右合意により支払場所は有効に変更されたものであり、裏書人に対してもその効力を生ずる。（大判昭15・1・29民集一九・六九、手形小切手百選[二版]一〇〇）

二　約束手形の振出人に対する満期前の手形金請求訴訟の提起と遡求権保全の可否

[4] 約束手形の所持人が振出人に対し満期前に将来の給付の訴えとして約束手形金請求訴訟を提起したが、口頭弁論終結前に満期が到来した場合には、裏書人に対する遡求権行使の要件として、支払呈示期間内に支払場所において振出人に対する支払呈示をしなければならないというべきであり、振出人に対する右訴訟の提起ないし訴状の送達は、裏書人に対する遡求権行使の要件である支払呈示としての効力を有しない。（最判平5・10・22民集四七・八・五一三六、手形小切手百選[七版]六八）

三　支払呈示の免除の特約

1　その効力の及ぶ範囲

[5] 支払呈示を免除する特約は、単に直接当事者間で効力を生ずるにとどまり、当事者以外の第三者に対しその効力を生ずることはない。（大判大14・11・3民集四・六六五、手形小切手百選[四版]六四）

2　口頭による免除の効力

[6] 支払呈示義務の免除は、たとえそれが手形自体に記載されることなく、口頭でなされたものであっても、免除者とその相手方との間では、その効力を有する。（最判昭34・5・29民集一三・五・六二一）

四　支払人不在の場合と支払呈示

[7] 所持人が支払を求めるため手形を携帯して支払場所に臨んだが、支払人不在等のため、手形を呈示して支払を求めることができない場合には、手形を呈示して支払を求めたのと法律上同じである。（大判明39・11・22民録一二・一五五一）

五　手形交換所における呈示と依頼返却

[8] 手形が手形交換所において呈示され、その支払が受けられなかった場合において、その呈示後、持出銀行の依頼により、「依頼返還」の符箋がつけられて受入銀行から持出銀行に返還されたときは、その措置は専ら振出人に対する取引停止処分免脱のための便宜で出たものであり、一旦生じた支払のための呈示及び支払拒絶の効力を滅却させるものではない。（最判昭32・7・19民集一一・七・一二九七、手形小切手百選[七版]七四）

六　付遅滞と手形の呈示の要否

[9] 手形の呈示を伴わない手形金支払の催告は、無効である。（大判明38・6・6民録一一・八九三）

[10] 訴状の送達は、手形債務者を遅滞に付するについて、手形の呈示と同一の効力がある。（大判大6・2・9民録二三・一三三）

[11] 裁判上手形金の支払を請求する場合には、手形の呈示を伴わないでも支払命令の送達により債務者を遅滞に付する効力がある。（最判昭30・2・1民集九・二・一三九、総則・商行為百選[初版]六二）

七　手形の呈示を伴わない催告と時効の完成猶予［平成二九法四四による民法改正前の時効中断］

[12] 手形債権につき債務者を遅滞に付するための請求には、手形の呈示を伴うことが必要であるが、単に時効中断［時効の完成猶予］のための催告については、必ずしも手形の呈示を伴う請求であることを要しない。（最大判昭38・1・30民集一七・一・九九、手形小切手百選[七版]七六）

八　手形が債務者の占有にある場合と手形金請求→[3]三九条

第三九条【受戻証券性、一部支払】①為替手形の支払人は支払を為すに当り所持人に対し手形に受取を証する記載を為して之を交付すべきことを請求することを得。

②所持人は一部支払を拒むことを得ず。

③一部支払の場合に於ては支払人は其の支払ありたる旨の手形上の記載及受取証書の交付を請求することを得。

一　手形債権による相殺

1　手形債権を自働債権とする相殺と手形の交付

[1] 手形債権者が手形債務者に負担する債務と手形債権とを相殺しようとする場合には、商法［旧］四八三条［本条に相当］の準用により、手形の交付を要する。（大判大7・10・2民録二四・一九四七、手形小切手百選[二版]一一二）

2　転付債権と相殺した場合の手形の返還先

[2] 金融機関に対する預金債権が預金者から第三者に転付された後に金融機関が右預金者に対して有していた手形貸付債権及び手形買戻請求権をもって右預金と相殺し、その結果預金債権が転付以前に遡って消滅した場合には、金融機関が預金者に対して有していた債権が消滅したのは預金者の出捐［しゅつえん］によるのであり、したがって金融機関は、手形を転付債権者にではなく預金者に返還すべきである。（最判昭50・9・25民集二九・八・一二八七、手形小切手百選[七版]九二）

二　手形が債務者の手中にある場合と手形金請求

[3] 手形上の権利行使に手形の所持が必要とされる趣旨は、手形債務者に対して債権者を確知せしめ、かつ、手形を受け戻すことによって債務者をして二重払いの危険を避止せしめるのに役立つ点にその趣旨があるから、手形が何らかの理由で既に債務者の占有に帰している場合には、債権者における手形の所持は右債務者に対する権利行使の要件とならず、債務者は引換給付の抗弁をなし得ない。（最判昭41・4・22民集二〇・四・七三四、手形小切手百選[七版]七二）

第四〇条【満期前の支払、支払人の調査義務】①為替手形の所持人は満期前には其の支払を受くることを要せず。

②満期前に支払を為す支払人は自己の危険に於て之を為すものとす。

③満期に於て支払を為す者は悪意又は重大なる過失なき限り其の責を免る。此の者は裏書の連続の整否を調査する義務あるも裏書人の署名を調査する義務なし。

一　本条三項の適用範囲

[1] 本条三項は、支払呈示期間内の支払だけでなく、右期間経過後の支払についても適用がある。（大阪高判昭57・12・17判時一〇七七・一三四）

二　「悪意・重過失」の意義

[2] 本条三項にいう「悪意」とは、単に所持人が無権利者であることを知っているだけではなく、所持人が無権利者であることを容易かつ確実に立証し得る証拠方法があることを知っていながら手形金の支払を拒まないことをいい、「重大な過失」とは、右の事実を知らなかったこと、ないしは所持人が無権利者であることを知ってはいてもこれを容易かつ確実に

証明し得る証拠方法の存在することを知らなかったことについて重過失があることをいう。（大阪高判昭57・12・17前出[1]）

三　主張・立証責任

[3]「悪意・重過失」の主張・立証責任は、裏書の連続する手形につきなされた手形金の支払が、「悪意・重過失」による支払に該当するとして、本条三項の適用による手形金支払の免責を否定する者にある。（大阪高判昭57・12・17前出[1]）

四　支払につき重過失があると認められた事例

[4] Aが受取人をBと記載した手形をBの代理人Cに交付したが、Cの求めに応じて、Bの記載を抹消したところ、Cが勝手に自己の名を受取人と補充して満期に呈示した場合において、AがBからCに支払わないような申入れを受けており、必要な調査をすれば、Cが無権利者であることを証明すべき証拠方法を確実に得ることができたと認められる場合に、AがCに支払をしたときは、その支払には本条三項の重過失がある。（最判昭44・9・12判時五七二・六九、手形小切手百選[七版]七〇）

五　支払担当者の注意義務

1　印鑑照合の程度・方法

[5] 銀行が自店を支払場所とする手形について届出印鑑の印影と当該手形上の印影とを照合するに当たっては、特段の事情のない限り折り重ねによる照合や拡大鏡等による照合をするまでの必要はなく、肉眼によるいわゆる平面照合の方法ですれば足りるが、銀行の照合事務担当者に対して社会通念上一般に期待されている事務上相当の注意をもって慎重に行うことを要し、このような事務に習熟している銀行員が右のような相当の注意をもって熟視するならば肉眼でも発見し得るような印影の相違が看過されたときは、銀行に過失がある。（最判昭46・6・10民集二五・四・四九二、手形小切手百選[六版]一八）

2　当座取引の届出印と実印

[6] 銀行店舗を支払場所とする約束手形に押捺〔おうなつ〕されていたのが実印ではあったが、当座勘定取引契約上の届出印ではなかった場合には、それにもかかわらず振出人に照会しないでその手形の支払をした銀行には、当座勘定取引契約に基づく債務不履行について過失がある。（最判昭58・4・7民集三七・三・二一九、重判昭58商七）

第四一条【外国通貨表示の手形の支払】①支払地の通貨に非ざる通貨を以て支払ふべき旨を記載したる為替手形に付ては満期の日に於ける価格に依り其の国の通貨を以て支払を為すことを得。債務者が支払を遅滞したるときは所持人は其の選択に依り満期の日又は支払の日の相場に従ひ其の国の通貨を以て為替手形の金額を支払ふべきことを請求することを得。

②外国通貨の価格は支払地の慣習に依り之を定む。但し振出人は手形に定めたる換算率に依り支払金額を計算すべき旨を記載することを得。

③前二項の規定は振出人が特種の通貨を以て支払ふべき旨（外国通貨現実支払文句）を記載したる場合には之を適用せず。

④振出国と支払国とに於て同名異価を有する通貨に依り為替手形の金額を定めたるときは支払地の通貨に依りて之を定めたるものと推定す。

第四二条【手形金額の供託】第三十八条に規定する期間内に為替手形の支払の為の呈示なきときは各債務者は所持人の費用及危険に於て手形金額を所轄官署に供託することを得。

第七章　引受拒絶又は支払拒絶に因る遡求

第四三条【遡求の実質的条件】満期に於て支払なきときは所持人は裏書人、振出人其の他の債務者に対し其の遡求権を行ふことを得。左の場合に於ては満期前と雖も亦同じ。

一　引受の全部又は一部の拒絶ありたるとき

二　引受を為したる若は為さざる支払人が破産手続開始の決定を受けたる場合、其の支払停止の場合又は其の財産に対する強制執行が効を奏せざる場合

三　引受の為の呈示を禁じたる手形の振出人が破産手続開始の決定を受けたる場合

一　振出日白地の確定日払手形による呈示と遡求権保全の可否→一〇条[4]

二　約束手形の振出人に対する満期前の手形金請求訴訟の提起と遡求権保全の可否→三八条[4]

三　満期前遡求の要件を満たすための呈示の場所→三八条[2]

四　買戻請求権と遡求権との関係

[1] 外国向け為替手形が不渡りとなり、その買取銀行が銀行取引約定及び外国為替取引約定に基づき右手形の買戻請求をする場合において、貿易保険法五条の一〇第二項〔現四三条に相当〕等による遡求権行使制限規定〔振出人の責めに帰すべき事由がないときは支払を受けた保険金に相当する金額について遡求権を行使できないという規定〕と同様の合意があると認められた事例（東京高判平6・2・28判時一五〇二・一四四、手形小切手百選[六版]一〇四……振出人の過失が認定され、買戻請求が認められた事例）

第四四条【遡求の形式的条件】（引受拒絶証書又は支払拒絶証書）①引受又は支払の拒絶は公正証書（引受拒絶証書又は支払拒絶証書）に依り之を証明することを要す。

②引受拒絶証書は引受の為の呈示期間内に之を作らしむることを要す。第二十四条第一項に規定する場合に於て期間の末日に第一の呈示ありたるときは拒絶証書は其の翌日之を作らしむることを得。

③確定日払、日附後定期払又は一覧後定期払の為替手形の支払拒絶証書は為替手形の支払を為すべき日又は之に次ぐ二取引日内に之を作らしむることを要す。一覧払の手形の支払拒絶証書は引受拒絶証書の作成に関して前項に規定する条件に従ひ之を作らしむることを要す。

④引受拒絶証書あるときは支払の為の呈示及支払拒絶証書を要せず。

⑤引受を為したる若は為さざる支払人が支払を停止したる場合又は其の財産に対する強制執行が効を奏せざる場合に於ては所持人は支払人に対し手形の支払の為の呈示を為し且拒絶証書を作らしめたる後に非ざれば其の遡求権を行ふことを得ず。

⑥引受を為したる若は為さざる支払人が破産手続開始の決定を受けたる場合又は引受の為の呈示を禁じたる手形の振出人が破産手続開始の決定を受けたる場合に於て所持人が其の遡求権を行ふには破産手続開始の決定の裁判書を提出するを以て足る。

第四五条【遡求の通知】①所持人は拒絶証書作成の日に次ぐ四取引日内に、無費用償還文句ある場合に於ては呈示の日に次ぐ四取引日内に自己の裏書人及振出人に対し引受拒絶又は支払拒絶ありたることを通知することを要す。各裏書人は通知を受けたる日に次ぐ二取引日内に前の通知者全員の名称及宛所を示して自己の受けたる通知を自己の裏書人に通知し順次振出人に及ぶものとす。此の期間は各其の通知を受けたる時より進行す。

②前項の規定に従ひ為替手形の署名者に通知を為すときは同一期間内に其の保証人に同一の通知を為すことを要す。

③裏書人が其の宛所を記載せず又は其の記載が読み難き場合に於ては其の裏書人の直接の前者に通知するを以て足る。

④通知を為すべき者は如何なる方法に依りても之を為すことを得。単に為替手形を返付するに依りても亦之を為すことを得。

⑤通知を為すべき者は適法の期間内に通知を為したることを証明することを要す。此の期間内に通知を為す書面を郵便に付し又は民間事業者による信書の送達に関する法律（平成十四年法律第九十九号）第二条第六項に規定する一般信書便事業者若は同条第九項に規定する特定信書便事業者の提供する同条第二項に規定する信書便の役務を利用して発送したる場合に於ては其の期間を遵守したるものと看做す。

⑥前項の期間内に通知を為さざる者は其の権利を失ふことなし。但し過失に因りて生じたる損害あるときは為替手形の金額を超えざる範囲内に於て其の賠償の責に任ず。

第四六条【拒絶証書作成の免除】①振出人、裏書人又は保証人は証券に記載し且署名したる「無費用償還」、「拒絶証書不要」の文句其の他之と同一の意義を有する文言に依り所持人に対し其の遡求権を行ふ為の引受拒絶証書又は支払拒絶証書の作成を免除することを得。

②前項の文言は所持人に対し法定期間内に於ける為替手形の呈示及通知の義務を免除することなし。期間の不遵守は所持人に対し之を援用する者に於て其の証明を為すことを要す。

③振出人が第一項の文言を記載したるときは一切の署名者に対し其の効力を生ず。裏書人又は保証人が之を記載したるときは其の裏書人又は保証人に対してのみ其の効力を生ず。振出人が此の文言を記載したるに拘らず所持人が拒絶証書を作らしめたるときは其の費用は所持人之を負担す。裏書人又は保証人が此の文言を記載したる場合に於て拒絶証書の作成ありたるときは一切の署名者をして其の費用を償還せしむることを得。

一　約束手形の振出人の作成免除の可否

[1] 約束手形の振出人は絶対的義務者であって償還義務者ではなく、また支払拒絶証書の作成を免除する者は償還義務者たる裏書人であるから、約束手形の振出人のした作成免除は効力を生じない。（大判大13・3・7民集三・九一、手形小切手百選五版六八）

二　裏書人の署名と拒絶証書不要文句の署名との兼用

[2] 手形の裏書欄に指図文句の記載に引き続き、「拒絶証書作成の義務を免除す」との文句の印刷があり、裏書人がその末尾に署名をした場合には、一個の署名で裏書の署名及び拒絶証書不要文句の署名を兼ねしめたものであり、それは違法といえない。（大判昭13・1・29民集一七・一四、手形小切手百選四版七二）

三　支払拒絶証書の作成免除と支払呈示の必要性

[3] 支払拒絶証書作成が免除されたからといって、支払のために呈示義務も免除されたことにならないことは、本条二項前段の明文により明らかである。（最判昭33・3・7民集一二・三・五一一）

第四七条【所持人に対する合同責任】①為替手形の振出、引受、裏書又は保証を為したる者は所持人に対し合同して其の責に任ず。

②所持人は前項の債務者に対し其の債務を負ひたる順序に拘らず各別又は共同に請求を為すことを得。

③為替手形の署名者にして之を受戻したるものも同一の権利を有す。

④債務者の一人に対する請求は他の債務者に対する請求を妨げず。既に請求を受けたる者の後者に対しても亦同じ。

一　約束手形の振出人に対する権利の時効消滅と償還請求の可否

[1] 約束手形の振出人の義務が時効により消滅したときは、所持人はその前者に対して償還を請求することができない。（大判昭8・4・6民集一二・五五一）

二　引受人の債務消滅と他の手形債務者に対する効力

[2] 為替手形の引受人は、主たる債務者として手形金の支払をなすべき絶対的債務を負担するから、引受人が手形の所持人に対して現実に手形金の支払をし、又は所持人から債務の免除を受けたときは、主たる債務が消滅したのに従たる債務だけが残存する理由はないから、手形に署名した振出人、裏書人等の債務は全て消滅する。（大判大11・11・25民集一・六七四）

三　共同振出しと商法五一一条一項→◘【手形法総論】□「編名の後」[24]

第四八条【遡求金額】①所持人は遡求を受くる者に対し左の金額を請求することを得。

一　引受又は支払あらざりし為替手形の金額及利息の記載あるときは其の利息

二　法定利率（国内に於て振出し且支払ふべき為替手形以外の為替手形に在りては年六分の率。次条第二号に於て同じ。）に依る満期以後の利息

三　拒絶証書の費用、通知の費用及其の他の費用

②満期前に遡求権を行ふときは割引に依り手形金額を減ず。其の割引は所持人の住所地に於ける遡求の日の公定割引率（銀行率）に依り之を計算す。

満期当日の利息

[1] 本条一項二号の「満期以後の利息」には、満期当日の利息を包含する。（最判昭35・10・25民集一四・一二・二七七五）

第四九条【再遡求金額】為替手形を受戻したる者は其の前者に対し左の金額を請求することを得。

一　其の支払ひたる総金額

二　前号の金額に対し法定利率に依り計算したる支払の日以後の利息

三　其の支出したる費用

第五〇条【遡求義務者の権利】①遡求を受けたる又は受くべき債務者は支払と引換に拒絶証書、受取を証する記載を為したる計算書及為替手形の交付を請求することを得。

②為替手形を受戻したる裏書人は自己及後者の裏書を抹消することを得。

第五一条【一部引受けの場合の遡求】一部引受の後に遡求権を行ふ場合に於て引受あらざりし手形金額の支払を為す者は其の支払の旨を手形に記載すること及受取証書を交付することを請求することを得。又所持人は爾後の遡求を為すことを得しむる為手形の証明謄本及拒絶証書を交付することを要す。

第五二条【戻手形による遡求】①遡求権を有する者は反対の記載なき限り其の前者の一人に宛て一覧払として振出し且其の者の住所に於て支払ふべき新手形（戻手形）に依り遡求を為すことを得。

②戻手形は第四十八条及第四十九条に規定する金額の外其の戻手形の仲立料及印紙税を含む。

③所持人が戻手形を振出す場合に於ては其の金額は本手形の支払地より前者の住所地に宛て振出す一覧払の為替手形の相場に依り之を定む。裏書人が戻手形を振出す場合に於ては其の金額は戻手形の振出人が其の住所地より前者の住所地に宛て振出す一覧払手形の相場に依り之を定む。

第五三条【遡求権の喪失】①左の期間が経過したるときは所持人は裏書人、振出人其の他の債務者に対し其の権利を失ふ。但し引受人に対しては此の限に在らず。

一　一覧払又は一覧後定期払の為替手形の呈示期間

二　引受拒絶証書又は支払拒絶証書の作成期間

三　無費用償還文句ある場合に於ける支払の為の呈示期間

②振出人の記載したる期間内に引受の為の呈示を為さざるときは所持人は支払拒絶及引受拒絶に因る遡求権を失ふ。但し其の記載の文言に依り振出人が引受の担保義務のみを免れんとする意思を有したることを知り得べきときは此の限に在らず。

③裏書に呈示期間の記載あるときは其の裏書人に限り之を援用することを得。

第五四条【不可抗力による期間の伸長】①法定の期間内に於ける為替手形の呈示又は拒絶証書の作成が避くべからざる障碍（国の法令に依る禁制其の他の不可抗力）に因りて妨げられたるときは其の期間を伸長す。

②所持人は自己の裏書人に対し遅滞なく其の不可抗力を通知し且為替手形又は補箋に其の通知を記載し日附を附して之に署名することを要す。其の他に付ては第四十五条の規定を準用す。

③不可抗力が止みたるときは所持人は遅滞なく引受又は支払の為手形を呈示し且必要あるときは拒絶証書を作らしむることを要す。
④不可抗力が満期より三十日を超えて継続するときは呈示又は拒絶証書の作成を要せずして遡求権を行ふことを得。
⑤一覧払又は一覧後定期払の為替手形に付ては三十日の期間は呈示期間の経過前と雖も所持人が其の裏書人に不可抗力の通知を為したる日より進行す。一覧後定期払の為替手形に付ては三十日の期間に為替手形に記載したる一覧後の期間を加ふ。
⑥所持人又は所持人が手形の呈示若は拒絶証書の作成を委任したる者に付ての単純なる人的事由は不可抗力を構成するものと認めず。

第八章　参加

第一節　通則

第五五条【当事者、通知】①振出人、裏書人又は保証人は予備支払人を記載することを得。
②為替手形は遡求を受くべき何れの債務者の為に参加を為す者に於ても本章に規定する条件に従ひ其の引受又は支払を為すことを得。
③参加人は第三者、支払人又は既に為替手形上の債務を負ふ者たることを得。但し引受人は此の限に在らず。
④参加人は其の被参加人に対し二取引日内に其の参加の通知を為すことを要す。此の期間の不遵守の場合に於て過失に因りて生じたる損害あるときは参加人は為替手形の金額を超えざる範囲内に於て其の賠償の責に任ず。

第二節　参加引受

第五六条【要件】①参加引受は引受の為の呈示を禁ぜざる為替手形の所持人が満期前に遡求権を有する一切の場合に於て之を為すことを得。
②為替手形に支払地に於ける予備支払人を記載したるときは手形の所持人は其の者に為替手形を呈示し且拒絶証書に依り其の者が引受を拒みたることを証するに非ざれば其の記載を為したる者及其の後者に対し満期前に遡求権を行ふことを得ず。
③参加の他の場合に於ては所持人は参加引受を拒むことを得。若所持人が之を受諾するときは被参加人及其の後者に対し満期前に有する遡求権を失ふ。

第五七条【方式】参加引受は為替手形に之を記載し参加人署名すべし。参加引受には被参加人を表示すべし。其の表示なきときは振出人の為に之を為したるものと看做す。

第五八条【効力】①参加引受人は所持人及被参加人より後の裏書人に対し被参加人と同一の義務を負ふ。
②被参加人及其の前者は参加引受に拘らず所持人に対し第四十八条に規定する金額の支払と引換に為替手形の交付を請求することを得。拒絶証書及受取を証する記載を為したる計算書あるときは其の交付をも請求することを得。

第三節　参加支払

第五九条【要件】①参加支払は所持人が満期又は満期前に遡求権を有する一切の場合に於て之を為すことを得。
②支払は被参加人が支払を為すべき全額に付之を為すことを要す。
③支払は支払拒絶証書を作らしむることを得べき最後の日の翌日迄に之を為すことを要す。

第六〇条【同前】①為替手形が支払地に住所を有する参加人に依りて引受けられたるとき又は支払地に住所を有する者が予備支払人として記載せられたるときは所持人は此等の者の全員に手形を呈示し且必要あるときは拒絶証書を作らしむることを得べき最後の日の翌日迄に支払拒絶証書を作らしむることを要す。
②前項の期間内に拒絶証書の作成なきときは予備支払人を記載したる者又は被参加人及其の後の裏書人は義務を免る。

第六一条【参加支払拒絶の効果】参加支払を拒みたる所持人は其の支払に因りて義務を免るべかりし者に対する遡求権を失ふ。

第六二条【方式】①参加支払は被参加人を表示して為替手形に為したる受取の記載に依り之を証することを要す。其の表示なきときは支払は振出人の為に之を為したるものと看做す。
②為替手形は参加支払人に之を交付することを要す。拒絶証書を作らしめたるときは之をも交付することを要す。

第六三条【効力】①参加支払人は被参加人及其の者の為替手形上の債務者に対し為替手形より生ずる権利を取得す。但し更に為替手形を裏書することを得ず。
②被参加人より後の裏書人は義務を免る。
③参加支払の競合の場合に於ては最も多数の義務を免れしむるものの優先す。事情を知り此の規定に反して参加したる者は義務を免るべかりし者に対する遡求権を失ふ。

第九章　複本及謄本

第一節　複本

第六四条【発行、方式】①為替手形は同一内容の数通を以て之を振出すことを得。
②此の複本には其の証券の文言中に番号を附することを要す。之を欠くときは各通は之を各別の為替手形と看做す。
③一通限にて振出す旨の記載なき手形の所持人は自己の費用を以て複本の交付を請求することを得。此の場合に於ては所持人は自己の直接の裏書人に対して其の請求を為し其の裏書人は自己の裏書人に対して手続を為すことに依りて之に協力し順次振出人に及ぶべきものとす。各裏書人は新なる複本に裏書を再記することを要す。

第六五条【効力】①複本の一通の支払は其の支払が他の複本を無効ならしむる旨の記載なきときと雖も義務を免れしむ。但し支払人は引受を為したる各通にして返還を受けざるものに付責任を負ふ。
②数人に各別に複本を譲渡したる裏書人及其の後の裏書人は其の署名ある各通にして返還を受けざるものに付責任を負ふ。

第六六条【引受けのためにする複本の送付】①引受の為複本の一通を送付したる者は他の各通に此の一通を保持する者の名称を記載すべし。其の者は他の一通の正当なる所持人に対し之を引渡すことを要す。
②保持者が引渡を拒みたるときは所持人は拒絶証書に依り左の事実を証するに非ざれば遡求権を行ふことを得ず。
一　引受の為送付したる一通が請求を為すも引渡されざりしこと。
二　他の一通を以て引受又は支払を受くること能はざりしこと。

第二節　謄本

第六七条【作成者、方式、効力】①為替手形の所持人は其の謄本を作る権利を有す。
②謄本には裏書其の他原本に掲げたる一切の事項を正確に再記し且其の末尾を示すことを要す。
③謄本には原本と同一の方法に従ひ且同一の効力を以て裏書又は保証を為すことを得。

第六八条【謄本所持人の権利】①謄本には原本の保持者を表示すべし。保持者は謄本の正当なる所持人に対し其の原本を引渡すことを要す。
②保持者が引渡を拒みたるときは所持人は拒絶証書に依り原本が請求を為すも引渡されざりしことを証するに非ざれば謄本に裏書又は保証を為したる者に対し遡求権を行ふことを得ず。
③謄本作成前に為したる最後の裏書の後に「爾後裏書は謄本に為したるもののみ効力を有す」の文句其の他之と同一の意義を有する文言が原本に存するときは原本に為したる其の後の裏書は之を無効とす。

第十章　変造

第六九条【変造の効果】為替手形の文言の変造の場合に於ては其

の変造後の署名者は変造したる文言に従ひて責任を負ひ変造前の署名者は原文言に従ひて責任を負ふ。

[1] 一　**満期の変造と遡求権保全**　手形の満期が昭和四八年四月七日と記載されていたが、その後裏書人の同意を得ないでそれが昭和四九年二月一二日と訂正された場合には、裏書人は訂正前の満期である昭和四八年四月七日に従って遡求権保全手続がとられることを条件として遡求義務を負う。（最判昭50・8・29判時七九三・九七、手形小切手百選[七版]一九）

[2] 二　**満期の変造と振出人に対する権利の消滅時効の起算点**　満期が変造された場合には、手形所持人の振出人に対する手形上の請求権の消滅時効は、変造前の満期から三年の経過で満了する。（最判昭55・11・27判時九八六・一〇七）

三　**受取人欄の変造と手形法一六条一項**↓一六条[9]

[3] 四　**変造前の文言の立証責任**　支払期日が変造された場合には、その振出人は原文言に従って責任を負うにとどまるから、手形所持人は原文言を主張・立証した上、これに従って手形上の請求をするほかなく、これを証明することができないときは、その不利益は手形所持人に帰せしめられる。（最判昭42・3・14民集二一・二・三四九、手形小切手百選[七版]二二）

五　**記載の変更に関する合意**

1　**引受人と所持人との支払場所の変更に関する合意の効力**↓三八条[3]

[4] 2　**全員の合意による満期日の変更**　約束手形の所持人とその振出人及び裏書人との間で、その手形につき一年間支払を猶予する旨の合意が成立し、その旨手形の記載を訂正したときは、満期日は有効に変更されたものである。（大判昭12・11・24民集一六・一六五二、手形小切手百選[二版]三〇）

第十一章　時効

第七〇条【時効期間】　①引受人に対する為替手形上の請求権は満期の日より三年を以て時効に罹る。

②所持人の裏書人及振出人に対する請求権は適法の時期に作らしめたる拒絶証書の日附より、無費用償還文句ある場合に於ては満期の日より一年を以て時効に罹る。

③裏書人の他の裏書人及振出人に対する請求権は其の裏書人が手形の受戻を為したる日又は其の者が訴を受けたる日より六月を以て時効に罹る。

[1] 一　**支払猶予の特約と時効の起算点**　約束手形の所持人と裏書人との間で裏書人の手形上の債務につき支払猶予の特約がなされた場合には、所持人の裏書人に対する手形上の請求権の消滅時効は、右猶予期間が満了した時から進行する。（最判昭55・5・30民集三四・三・五二一、手形小切手百選[七版]七五）

二　**約束手形の振出人に対する権利の時効消滅と償還請求の可否**

1　**償還請求権の否定**↓四七条[7]

2　**償還請求を免れることが信義則に反し許されないとされた事例**

[2] 約束手形の裏書人自らが所持人に対して、自己の償還義務についてその時効期間経過後に消滅時効の利益の放棄ないし債務の承認をした上、手形所持人に対し、振出人の債務と関係なく自己固有の債務として右手形金の支払義務があることを認めるような態度を示しながら、後に右態度を翻し、信頼を裏切って償還義務を履行しない等の事情の下で、振出人に対する債務が時効消滅したのに乗じて、自己の償還義務も消滅したと主張することは、信義則に反し許されない。（最判昭57・7・15民集三六・六・一一一三、手形小切手百選[七版]七三）

3　**割引手形上の主債務者の時効消滅と割引依頼人の手形買戻義務**

[3] 約束手形の振出人に対する手形金請求権が時効消滅した場合でも、手形割引依頼人の割引手形買戻義務は消滅しない。（大阪高判昭54・9・5判時九五三・一一八、手形小切手百選[七版]九一）

三　**手形債権の時効の完成猶予又は更新**［平成二九法四四による民法改正前の時効中断］**と原因債権**

1　**手形債権の判決による確定と原因債権の時効**

[4] 原因債権の消滅時効が完成しない間に手形債権者が手形債権につき支払命令を申し立ててその確定を得て手形債権の時効を中断し［時効の更新］、民法一七四条の二によりその消滅時効期間が一〇年に延長されたときは、原因債権の消滅時効期間もその時から一〇年に変ずるものと解すべきである。（最判昭53・1・23民集三二・一・一、手形小切手百選[三版]一〇二）

2　**手形金請求の訴え提起と原因債権の時効**↓◆【手形法総論】［一編名の後］[34]

四　**利得償還請求権の時効期間**↓附八五条[9]

五　**白地補充権の時効期間**↓一〇条[10]

第七一条【時効の完成猶予及び更新】　時効の完成猶予又は更新は其の事由が生じたる者に対してのみ其の効力を生ず。

一　**手形の呈示を伴わない催告と時効の完成猶予**［平成二九法四四による民法改正前の時効中断］↓三八条[12]

二　**手形を所持しないでする裁判上の請求と時効の完成猶予**［平成二九法四四による民法改正前の時効中断］

[1] 手形権利者が手形を所持しないで手形債務者に対してその債務の履行につき裁判上の請求をした場合にも、右手形債権の時効中断［時効の完成猶予］の効力がある。（最判昭39・11・24民集一八・九・一九五二、手形小切手百選[七版]七七）

三　**白地手形による時効の完成猶予**［平成二九法四四による民法改正前の時効中断］↓一〇条[14]

四　**裏書の連続を欠く手形による訴え提起と時効の完成猶予**［平成二九法四四による民法改正前の時効中断］↓一六条[17]

五　**債務承認による時効の更新**［平成二九法四四による民法改正前の時効中断］

[2] 手形債務の承認は、手形の呈示の有無にかかわらず、時効中断［時効の更新］の効力がある。（大判大4・9・14民録二一・一四五七）

六　**手形債権に基づく破産手続開始の申立てと時効の完成猶予**［平成二九法四四による民法改正前の時効中断］

[3] 手形債権に基づく破産宣告の申立て［破産手続開始の申立て］は、債権の消滅時効の中断［時効の完成猶予］事由たるべき裁判上の請求に当たる。（最判昭35・12・27民集一四・一四・三二五三）↓破一八条[7]

第十二章　通則

第七二条【休日】　①満期が法定の休日に当る為替手形は之に次ぐ第一の取引日に至る迄其の支払を請求することを得ず。又為替手形に関する他の行為殊に引受の為の呈示及拒絶証書の作成は取引日に於てのみ之を為すことを得。

②末日を法定の休日とする一定の期間内に前項の行為を為すべき場合に於ては期間は其の満了に次ぐ第一の取引日迄之を伸長す。期間中の休日は之を期間に算入す。

第七三条【期間の初日】　法定又は約定の期間には其の初日を算入せず。

第七四条【恩恵日】　恩恵日は法律上のものたると裁判上のものたるとを問はず之を認めず。

第二編　約束手形

第七五条【手形要件】 約束手形には左の事項を記載すべし。
一　証券の文言中に其の証券の作成に用ふる語を以て記載する約束手形なることを示す文字
二　一定の金額を支払ふべき旨の単純なる約束
三　満期の表示
四　支払を為すべき地の表示
五　支払を受け又は之を受くる者を指図する者の名称
六　手形を振出す日及地の表示
七　手形を振出す者（振出人）の署名

第七六条【手形要件の記載の欠缺】 ①前条に掲ぐる事項の何れかを欠く証券は約束手形たる効力を有せず。但し次の数項に規定する場合は此の限に在らず。
②満期の記載なき約束手形は之を一覧払のものと看做す。
③振出地は特別の表示なき限り之を支払地にして且振出人の住所地たるものと看做す。
④振出地の記載なき約束手形は振出人の名称に附記したる地に於て之を振出したるものと看做す。

第七七条【為替手形に関する規定の準用】 ①左の事項に関する為替手形に付ての規定は約束手形の性質に反せざる限り之を約束手形に準用す。
一　裏書（第十一条乃至第二十条）
二　満期（第三十三条乃至第三十七条）
三　支払（第三十八条乃至第四十二条）
四　支払拒絶に因る遡求（第四十三条乃至第五十条、第五十二条乃至第五十四条）
五　参加支払（第五十五条、第五十九条乃至第六十三条）
六　謄本（第六十七条及第六十八条）
七　変造（第六十九条）
八　時効（第七十条及第七十一条）
九　休日、期間の計算及恩恵日の禁止（第七十二条乃至第七十四条）
②第三者方にて又は支払人の住所地に非ざる地に於て支払を為すべき為替手形（第四条及第二十七条）、利息の約定（第五条）、支払金額に関する記載の差異（第六条）、第七条に規定する条件の下に為されたる署名の効果、権限なくして又は之を超えて為したる者の署名の効果（第八条）及白地為替手形（第十条）に関する規定も亦之を約束手形に準用す。
③保証に関する規定（第三十条乃至第三十二条）も亦之を約束手形に準用す。第三十一条末項の場合に於て何人の為に保証を為したるかを表示せざるときは約束手形の振出人の為に之を為したるものと看做す。

第七八条【振出しの効力、一覧後定期払手形の特則】 ①約束手形の振出人は為替手形の引受人と同一の義務を負ふ。
②一覧後定期払の約束手形は第二十三条に規定する期間内に振出人の一覧の為之を呈示することを要す。一覧後の期間は振出人が手形に一覧の旨を記載して署名したる日より進行す。振出人が日附ある一覧の旨の記載を拒みたるときは拒絶証書に依りて之を証することを要す（第二十五条）。其の日附は一覧後の期間の初日とす。

> **一　呈示期間内に呈示がない場合と利息の支払義務の有無**
> ↓二八条[7]
> **二　呈示期間内の呈示の利息の起算日**
> [7] 約束手形所持人が満期日後二日内に振出人に対して手形を支払のために呈示した場合であっても、満期日以後の法定利息を請求できる。（大判大15・3・12民集五・一八一）

附　則

第七九条【施行期日】 本法施行の期日は勅令を以て之を定む（昭和九・一・一施行―昭和八勅三一五）。

第八〇条【旧規定の削除】 商法第四編第一章乃至第三章及商法施行法第百二十四条乃至第百二十六条は之を削除す。但し商法其の他の法令の規定の適用上之に依るべき場合に於ては仍其の効力を有す。

第八一条【経過規定】 本法施行前に振出したる為替手形及約束手形に付ては仍従前の規定に依る。

第八二条【署名】 本法に於て署名とあるは記名捺印を含む。

> **一　拇印〔ぼいん〕の捺印〔なついん〕としての効力の有無**↓◘【手形法総論】〔二編名の後〕[17]
> **二　記名捺印の印章**↓◘【手形法総論】〔二編名の後〕[18]

第八三条【手形交換所】 第三十八条第二項（第七十七条第一項に於て準用する場合を含む。）の手形交換所は法務大臣之を指定す。

第八四条【拒絶証書の作成】 拒絶証書の作成に関する事項は勅令を以て之を定む。

第八五条【利得償還請求権】 為替手形又は約束手形より生じたる権利が手続の欠缺又は時効に因りて消滅したるときと雖も所持人は振出人、引受人又は裏書人に対し其の受けたる利益の限度に於て償還の請求を為すことを得。

> **一　「受けたる利益」の意義**
>
> **1　既存債務を免れたことを含む**
> [1] 商法〔旧〕四四四条〔本条に相当〕の「受けたる利益」とは、積極的に金員の交付を受けた場合だけでなく、消極的に既存債務の支払を免れた場合も包含する。（大判大5・10・4民録二二・一八四八）
>
> **2　既存債務の支払のための手形振出しと被裏書人の利得償還請求**
> [2] AがBに対して負担する既存債務の支払のために振り出した約束手形を、BがCにその額面に相当する金員を取得して裏書したが、CがBに対する原因関係上の権利を有しない場合には、Cの手形上の権利が全て時効により消滅したときは、Aは本条にいう利得を受けたことになる。（最判昭43・3・21民集二二・三・六六五、手形小切手百選[七版]八二）
>
> **二　原因関係上の債務の時効消滅と利得償還請求の成否**
> [3] Aが消費貸借上の債務の支払のためにBに手形を振り出し、手形上の権利が時効により消滅した後、消費貸借上の債権も時効により消滅した場合には、その消滅はBがその行使を怠った結果にほかならず、Aが手形上の権利の消滅により利得したものとはいえないから、Bには利得償還請求権は発生しない。（最判昭38・5・21民集一七・四・五六〇、手形小切手百選[七版]八三）
>
> **三　他の救済方法の存在**
>
> **1　他の手形債務者に対する手形上の権利と利得償還請求権の存否**
> [4] 利得償還請求権が生ずるには、他の全ての手形債務者に対する手形上の権利が消滅したことを要し、所持人が振出人に対する手形上の権利を失っても、引受人に対して手形上の権利を行使することができる場合は、引受人が無資力の場合にのみ振出人に対する利得償還請求権を有する。（大判昭3・1・9民集七・一）
>
> **2　民法上の救済方法の存在と利得償還請求権の存否**
> [5] 手形上の権利が時効で消滅しても、手形所持人が既存の民法上の債権を行使することができるとき、すなわち他に民法上の救済方法を有するときは、利得償還請求権を有しない。（大判昭3・1・9前出[4]）
>
> **四　時効の援用の有無**
> [6] 利得償還請求権の発生とは、手形債務者が時効を援用したことを必要としない。（大判大8・6・19民録二五・一〇五八）
>
> **五　利得償還請求権の取得と手形・小切手の所持**
> [7] 小切手の権利者が小切手を盗取され、失権当時小切手の現実の所持を有せず、除権判決〔決定〕を得ていなかったとしても、その間第三者が小切手上の権利を取得せず、被盗取者

において実質的権利者であることを失っていなければ、利得償還請求権を取得する。（最判昭34・6・9民集一三・六・六六四、手形小切手百選[七版]八四）

六　利得償還請求権の譲渡

[8] 利得償還請求権は手形上の請求権ではないから、その譲渡は通常の債権譲渡の手続によるほかなく、裏書によってすることは不可能である。（大判大4・10・13民録二一・一六七九、手形小切手百選[二版]五八）

七　利得償還請求権の消滅時効

1　消滅時効期間

[9] 利得償還請求権は、手形上の権利自体ではないが、既存の法律関係が形式的に変更されるだけで、手形上の権利の変形物と見るべきであるから、商法五〇一条四号にいう「手形に関する行為」によって生じた債権に準じて考えられ、その消滅時効につき同法五二二条［平成二九法四五による改正前］が類推適用され、五年と解すべきである。（最判昭42・3・31民集二一・二・四八三、手形小切手百選[七版]八五）

2　時効期間の起算日

[10] 利得償還請求権の消滅時効は、手形上の権利が消滅したときから進行を始める。（最判昭42・3・31前出[9]）

第八六条【消滅時効の完成猶予及び更新】①裏書人の他の裏書人及振出人に対する為替手形上及約束手形上の請求権の消滅時効は其の者が訴を受けたる場合に於て前者に対し訴訟告知を為したるときは訴訟が終了する（確定判決又は確定判決と同一の効力を有するものに依りて其の訴に係る権利が確定せずして訴訟が終了したる場合に在りては其の終了の時より六月が経過する）迄の間は完成せず。

②前項の場合に於て確定判決又は確定判決と同一の効力を有するものに依りて其の訴に係る権利が確定したるときは時効は訴訟の終了の時より更に其の進行を始む。

第八七条【休日の定義】本法に於て休日とは祭日、祝日、日曜日其の他の一般の休日及政令を以て定むる日を謂ふ。

第八八条【行為能力】①為替手形及約束手形に依り義務を負ふ者の行為能力は其の本国法に依り之を定む。其の国の法が他国の法に依ることを定むるときは其の他国の法を適用す。

②前項に掲ぐる法に依り行為能力を有せざる者と雖も他の国の領域に於て署名を為し其の国の法に依れば行為能力を有すべきときは責任を負ふ。

第八九条【行為の方式】①為替手形上及約束手形上の行為の方式は署名を為したる地の属する国の法に依り之を定む。

②為替手形上及約束手形上の行為が前項の規定に依り有効ならざる場合と雖も後の行為を為したる地の属する国の法に依れば適式なるときは後の行為は前の行為が不適式なることに因り其の効力を妨げらるることなし。

③日本人が外国に於て為したる為替手形上及約束手形上の行為は其の行為が日本法に規定する方式に適合する限り他の日本人に対し其の効力を有す。

第九〇条【行為の効力】①為替手形の引受人及約束手形の振出人の義務の効力は其の証券の支払地の属する国の法に依り之を定む。

②前項に掲ぐる者を除き為替手形又は約束手形に依り債務を負ふ者の署名より生ずる効力は其の署名を為したる地の属する国の法に依り之を定む。但し遡求権を行使する期間は一切の署名者に付証券の振出地の属する国の法に依り之を定む。

振出地国と裏書地国とが異なる約束手形の裏書人に対する遡求権の保全の要件

[1] 振出地法上有効な基本手形であっても、裏書人に対する遡求権行使のための呈示の効力の判断は裏書地法によるものであり、その前提である手形要件の内容も裏書地法により定まる。（東京地判平8・9・12判時一五九〇・一四〇……台湾において受取人及び満期白地の手形（台湾法上有効な手形）が振り出され、日本国内で裏書された手形が台湾で受取人と満期白地のまま呈示された場合に、裏書人に対する遡求権行使が棄却された事例）

第九一条【原因債権の取得】為替手形の所持人が証券の振出の原因たる債権を取得するや否やは証券の振出地の属する国の法に依り之を定む。

第九二条【一部引受け・一部支払】①為替手形の引受を手形金額の一部に制限し得るや否や及所持人に一部支払を受諾する義務ありや否やは支払地の属する国の法に依り之を定む。

②前項の規定は約束手形の支払に之を準用す。

第九三条【権利の行使・保全のための行為の方式】拒絶証書の方式及作成期間其の他為替手形上及約束手形上の権利の行使又は保存に必要なる行為の方式は拒絶証書を作るべき地又は其の行為を為すべき地の属する国の法に依り之を定む。

第九四条【手形の喪失・盗難の場合の手続】為替手形又は約束手形の喪失又は盗難の場合に為すべき手続は支払地の属する国の法に依り之を定む。

●小切手法

（昭和八・七・二九 法 五 七）

施行 昭和九・一・一（昭和八勅三一五）
改正 昭和二二法一九五、昭和二七法二六八、昭和五六法六一、平成一一法一五一、平成一四法一〇〇、平成一六法一四七、平成一八法七八、平成二九法四五

注 手形法と共通する規定に関する判例は、手形法の該当条文の判例として掲げ、以下には小切手法に特有の規定に関する判例のみを掲げた。

目次

◆【小切手法総論】

一 他行小切手の預入れと預金の成立

[1] 他行小切手による当座預金への入金は、当該小切手の取立委任とその取立完了を停止条件とする当座預金契約であるから、受入金融機関は、特別の約定がない限り他行小切手の取立完了前においては、当該小切手の金額に見合う当座預金支払の義務を負わない。（最判昭46・7・1判時六四四・八五、手形小切手百選[六版]九二）

二 旅行者小切手に購入者が購入契約所定の署名をしなかった場合と同小切手の盗取

[2] 旅行者小切手（トラベラーズ・チェック）の購入者がその購入時署名欄に消え難いインクによる署名をしなかったときは、その紛失の場合に、購入契約上の払戻請求だけでなく、その支払が不適法かどうかを問わず、小切手法上の権利行使も認められない。（東京地判平2・2・26金判八五五・三四、手形小切手百選[七版]九七）

小切手の振出及方式

第一章 小切手の振出及方式

第一条【小切手要件】 小切手には左の事項を記載すべし。
一 証券の文言中に其の証券の作成に用ふる語を以て記載する小切手なることを示す文字
二 一定の金額を支払ふべき旨の単純なる委託
三 支払を為すべき者（支払人）の名称
四 支払を為すべき地の表示
五 小切手を振出す日及地の表示
六 小切手を振出す者（振出人）の署名

支払地の表示方法

[1] 支払地の表示方法については、特に規定がないから、手形面上の記載により最小行政区画たる地域を推知するに足りるものでよい。（大連判大15・5・22民集五・四二六、手形小切手百選[四版]二四……小切手の事例で、支払人として株式会社深川銀行本所支店という記載があることから、支払地として東京市の表示があると認定したもの）

第二条【要件の記載の欠缺】 ①前条に掲ぐる事項の何れかを欠く証券は小切手たる効力を有せず。但し次の数項に規定する場合は此の限に在らず。
②支払人の名称に附記したる地は特別の表示なき限り之を支払地と看做す。支払人の名称に数箇の地の附記あるときは小切手は初頭に記載しある地に於て之を支払ふべきものとす。
③前項の記載其の他何等の表示なき小切手は振出地に於て之を支払ふべきものとす。
④振出地の記載なき小切手は振出人の名称に附記したる地に於て之を振出したるものと看做す。

第三条【振出しの制限】 小切手は其の呈示の時に於て振出人の処分し得る資金ある銀行に宛て且振出人をして資金を小切手に依り処分することを得しむる明示又は黙示の契約に従ひ之を振出すべきものとす。但し此の規定に従はざるときと雖も証券の小切手たる効力を妨げず。

当座預金契約の性質

[1] 当座預金勘定契約は、預金者と銀行との間に成立する契約であって、預金者の預金の存する限度又は貸越契約をしたときはその貸越しの限度で預金者が銀行を支払人とする小切手を振り出した場合に銀行が小切手の支払をすることを約するものであって、当事者間においてのみ効力が生ずるのを通例とし、特段の約定の存しない限り、第三者たる小切手所持人のためにする趣旨を包含しない。（大判昭6・7・20民集一〇・五六一、手形小切手百選[二版]四九）

第四条【引受けの禁止】 小切手は引受を為すことを得ず。小切手に為したる引受の記載は之を為さざるものと看做す。

第五条【受取人の記載】 ①小切手は左の何れかとして之を振出すことを得。
一 記名式又は指図式
二 記名式にして「指図禁止」の文字又は之と同一の意義を有する文言を記載するもの
三 持参人払式
②記名の小切手にして「又は持参人に」の文字又は之と同一の意義を有する文言を記載したるものは之を持参人払式小切手と看做す。
③受取人の記載なき小切手は之を持参人払式小切手と看做す。

第六条【自己指図、委託、自己宛て小切手】 ①小切手は振出人の自己指図にて之を振出すことを得。
②小切手は第三者の計算に於て之を振出すことを得。
③小切手は振出人の自己宛にて之を振出すことを得。

自己宛て小切手による弁済提供の効力

[1] 銀行振出の自己宛て小切手は、取引界において通常その支払が確実なものとして現金と同様に取り扱われており、特段の事情のない限り、右小切手による提供をもって債務の本旨に従ってなされた履行の提供と認められる。（最判昭37・9・21民集一六・九・二〇四一、手形小切手百選[六版]九〇）

第七条【利息の約定】 小切手に記載したる利息の約定は之を為さざるものと看做す。

第八条【第三者方払の記載】 小切手は支払人の住所地に在ると又は其の他の地に在るとを問はず第三者の住所に於て支払ふべきものと為すことを得。但し其の第三者は銀行たることを要す。

第九条【小切手金額に関する記載の差異】 ①小切手の金額を文字及数字を以て記載したる場合に於て其の金額に差異あるときは文字を以て記載したる金額を小切手金額とす。
②小切手の金額を文字を以て又は数字を以て重複して記載したる場合に於て其の金額に差異あるときは最小金額を小切手金額とす。

第一〇条【小切手行為独立の原則】 小切手に小切手債務の負担に付き行為能力なき者の署名、偽造の署名、仮設人の署名又は其の他の事由に因り小切手の署名者若は其の本人に義務を負はしむること能はざる署名ある場合と雖も他の署名者の債務は之が為其の効力を妨げらるることなし。

第一一条【小切手行為の代理】 代理権を有せざる者が代理人として小切手に署名したるときは自ら其の小切手に因り義務を負ふ。其の者が支払を為したるときは本人と同一の権利を有す。権限を超えたる代理人に付亦同じ。

第一二条【振出しの効力】 振出人は支払を担保す。振出人が之を担保せざる旨の一切の文言は之を記載せざるものと看做す。

第一三条【白地小切手】 未完成にて振出したる小切手に予め為したる合意と異る補充を為したる場合に於ては其の違反は之を以て所持人に対抗することを得ず。但し所持人が悪意又は重大なる過失に因り小切手を取得したるときは此の限に在らず。

第二章　譲渡

第一四条【法律上当然の指図証券性】 ①記名式又は指図式の小切手は裏書に依りて之を譲渡すことを得。

②記名式小切手にして「指図禁止」の文字又は之と同一の意義を有する文言を記載したるものは民法（明治二十九年法律第八十九号）第三編第一章第四節の規定に依る債権の譲渡に関する方式に従ひ且其の効力を以てのみ之を譲渡すことを得。

③裏書は振出人其の他の債務者に対しても之を為すことを得。此等の者は更に小切手を裏書することを得。

第一五条【裏書の要件】 ①裏書は単純なることを要す。裏書に附したる条件は之を記載せざるものと看做す。

②一部の裏書は之を無効とす。

③支払人の裏書も亦之を無効とす。

④持参人払の裏書は白地式裏書と同一の効力を有す。

⑤支払人に対して為したる裏書は受取証書たる効力のみを有す。但し支払人が数箇の営業所を有する場合に於て小切手の振宛てられたる営業所以外の営業所に対して為したる裏書は此の限に在らず。

第一六条【裏書の方式】 ①裏書は小切手又は之と結合したる紙片（補箋）に之を記載し裏書人署名することを要す。

②裏書は被裏書人を指定せずして之を為し又は単に裏書人の署名のみを以て之を為すことを得（白地式裏書）。此の後の場合に於ては裏書は小切手の裏面又は補箋に之を為すに非ざれば其の効力を有せず。

第一七条【裏書の権利移転的効力】 ①裏書は小切手より生ずる一切の権利を移転す。

②裏書が白地式なるときは所持人は

一　自己の名称又は他人の名称を以て白地を補充することを得。

二　白地式に依り又は他人を表示して更に小切手を裏書することを得。

三　白地を補充せず且裏書を為さずして小切手を第三者に譲渡すことを得。

第一八条【裏書の担保的効力】 ①裏書人は反対の文言なき限り支払を担保す。

②裏書人は新なる裏書を禁ずることを得。此の場合に於ては其の裏書人は小切手の爾後の被裏書人に対し担保の責を負ふことなし。

第一九条【裏書の資格授与的効力】 裏書し得べき小切手の占有者が裏書の連続に依り其の権利を証明するときは之を適法の所持人と看做す。最後の裏書が白地式なる場合と雖も亦同じ。抹消したる裏書は此の関係に於ては之を記載せざるものと看做す。白地式裏書に次で他の裏書あるときは其の裏書を為したる者は白地式裏書に因りて小切手を取得したるものと看做す。

第二〇条【無記名小切手の裏書】 持参人払式小切手に裏書を為したるときは裏書人は遡求に関する規定に従ひ責任を負ふ。但し之が為証券は指図式小切手に変ずることなし。

第二一条【小切手の善意取得】 事由の何たるを問はず小切手の占有を失ひたる者ある場合に於て其の小切手を取得したる所持人は小切手が持参人払式のものなるとき又は裏書し得べきものにして其の所持人が第十九条の規定に依り権利を証明するときは之を返還する義務を負ふことなし。但し悪意又は重大なる過失に因り之を取得したるときは此の限に在らず。

> 7　小切手の呈示期間経過後の引渡しによる譲渡にも善意取得に関する本条の適用がなく、銀行振出しの自己宛て小切手についても、これと別異に解すべき理由はなく、またそれにつき法定の呈示期間を問題にしないという商慣習法は存在しない。（最判昭38・8・23民集一七・六・八五一、手形小切手百選〔七版〕六一）

第二二条【人的抗弁の制限】 小切手に依り請求を受けたる者は振出人其の他所持人の前者に対する人的関係に基く抗弁を以て所持人に対抗することを得ず。但し所持人が其の債務者を害することを知りて小切手を取得したるときは此の限に在らず。

第二三条【取立委任裏書】 ①裏書に「回収の為」、「取立の為」、「代理の為」其の他単なる委任を示す文言あるときは所持人は小切手より生ずる一切の権利を行使することを得。但し所持人は代理の為の裏書のみを為すことを得。

②前項の場合に於ては債務者が所持人に対抗することを得る抗弁は裏書人に対抗することを得べかりしものに限る。

③代理の為の裏書に依る委任は委任者の死亡又は其の者が行為能力の制限を受けたることに因り終了せず。

第二四条【期限後裏書】 ①拒絶証書若は之と同一の効力を有する宣言の作成後の裏書又は呈示期間経過後の裏書は民法第三編第一章第四節の規定に依る債権の譲渡の効力のみを有す。

②日附の記載なき裏書は拒絶証書若は之と同一の効力を有する宣言の作成前又は呈示期間経過前に之を為したるものと推定す。

> **呈示期間経過後の引渡しによる譲渡と小切手法二一条の適用**→二一条7

第三章　保証

第二五条【要件】 ①小切手の支払は其の金額の全部又は一部に付保証に依り之を担保することを得。

②支払人を除くの外第三者は前項の保証を為すことを得。小切手に署名したる者と雖も亦同じ。

第二六条【方式】 ①保証は小切手又は補箋に之を為すべし。

②保証は「保証」其の他之と同一の意義を有する文字を以て表示し保証人署名すべし。

③小切手の表面に為したる単なる署名は之を保証と看做す。但し振出人の署名は此の限に在らず。

④保証には何人の為に之を為すかを表示することを要す。其の表示なきときは振出人の為に之を為したるものと看做す。

第二七条【効力】 ①保証人は保証せられたる者と同一の責任を負ふ。

②保証は其の担保したる債務が方式の瑕疵を除き他の如何なる事由に因りて無効なるときと雖も之を有効とす。

③保証人が小切手の支払を為したるときは保証せられたる者及其の者の小切手上の債務者に対し小切手より生ずる権利を取得す。

第四章　呈示及支払

第二八条【一覧払性、先日付小切手の呈示】 ①小切手は一覧払のものとす。之に反する一切の記載は之を為さざるものと看做す。

②振出の日附として記載したる日より前に支払の為呈示したる小切手は呈示の日に於て之を支払ふべきものとす。

第二九条【支払呈示期間】①国内に於て振出し且支払ふべき小切手は十日内に支払の為之を呈示することを要す。
②支払を為すべき国と異る国に於て振出したる小切手は振出地及支払地が同一洲に存するときは二十日内又異る洲に存するときは七十日内に之を呈示することを要す。
③前項に関しては欧羅巴洲の一国に於て振出し地中海沿岸の一国に於て支払ふべき小切手又は地中海沿岸の一国に於て振出し欧羅巴洲の一国に於て支払ふべき小切手は同一洲内に於て振出し且支払ふべきものと看做す。
④本条に掲ぐる期間の起算日は小切手に振出の日附として記載したる日とす。

呈示期間経過後の引渡しによる譲渡と小切手法二一条の適用→二一条[7]

第三〇条【暦を異にする地における振出日の決定】小切手が暦を異にする二地の間に振出したるものなるときは振出の日を支払地の暦の応当日に換ふ。

第三一条【手形交換所における呈示】手形交換所に於ける小切手の呈示は支払の為の呈示たる効力を有す。

第三二条【支払委託の取消し】①小切手の支払委託の取消は呈示期間経過後に於てのみ其の効力を生ず。
②支払委託の取消なきときは支払人は期間経過後と雖も支払を為すことを得。

第三三条【振出人の死亡又は能力の制限】振出の後振出人が死亡し意思能力を喪失し又は行為能力の制限を受くるも小切手の効力に影響を及ぼすことなし。

第三四条【受戻証券性、一部支払】①小切手の支払人は支払を為すに当り所持人に対し小切手に受取を証する記載を為して之を交付すべきことを請求することを得。
②所持人は一部支払を拒むことを得ず。
③一部支払の場合に於ては支払人は其の支払ありたる旨の小切手上の記載及受取証書の交付を請求することを得。

第三五条【支払人の調査義務】裏書し得べき小切手の支払を為す支払人は裏書の連続の整否を調査する義務あるも裏書人の署名を調査する義務なし。

一 呈示期間経過後の自己宛て小切手の支払と免責の有無

[7] 銀行振出しの自己宛て小切手の盗取者が呈示期間内に呈示をせず、失効小切手となったものを呈示期間経過後にAに、更にAがBにそれぞれ譲渡した場合、Bは期限後の譲受人にすぎないから、いかなる意味でもその小切手の権利者ということができず、振出人たる銀行がBに支払をするに当たり、Bが本件窃取小切手の期限後の譲受人であることを十二分に了知していた以上、その支払には少なくとも過失がある。……民法四七八条の適用が否定された事例（最判昭39・12・4判時三九一・七、手形小切手百選[七版]九八）

二 使用人に対する支払と民法一一〇条

[2] 線引小切手の振出人Aが、その振り出した小切手をその雇人［使用人］Bに交付して第三者に対する送付を命じ、Bはその小切手を窃取して受取人の記載を抹消し、Aの代理人を装って支払銀行に支払を求めた場合において、振出人が自家用のために端数の金額の小切手を振り出すことはまれなこと、受取人の記載が抹消されたにもかかわらず訂正印がないこと、小切手裏面に受取文句がないこと、Bが若年の雇人であること等の事情があるにもかかわらず、この小切手の支払をした支払銀行には過失があり、民法一一〇条の適用がない。（大判昭15・7・20民集一九・一三七九、手形小切手百選[四版]九九）

第三六条【外国通貨表示の小切手の支払】①支払地の通貨に非ざる通貨を以て支払ふべき旨を記載したる小切手に付ては其の呈示期間内は支払の日に於ける価格に依り其の国の通貨を以て支払を為すことを得。呈示を為すも支払なかりしときは所持人は其の選択に依り呈示の日又は支払の日の相場に従ひ其の国の通貨を以て小切手の金額を支払ふべきことを請求することを得。
②外国通貨の価格は支払地の慣習に依り之を定む。但し振出人は小切手に定めたる換算率に依り支払金額を計算すべき旨を記載することを得。
③前二項の規定は振出人が特種の通貨を以て支払ふべき旨（外国通貨現実支払文句）を記載したる場合には之を適用せず。
④振出国と支払国とに於て同名異価を有する通貨に依り小切手の金額を定めたるときは支払地の通貨に依りて之を定めたるものと推定す。

第五章　線引小切手

第三七条【線引きの種類及び方式】①小切手の振出人又は所持人は小切手に線引を為すことを得。線引は次条に定むる効力を有す。
②線引は小切手の表面に二条の平行線を引きて之を為すべし。線引は一般又は特定たることを得。
③二条の線内に何等の指定を為さざるか又は「銀行」若は之と同一の意義を有する文字を記載したるときは線引は之を一般とす。二条の線内に銀行の名称を記載したるときは線引は之を特定とす。
④一般線引は之を特定線引に変更することを得るも特定線引は之を一般線引に変更することを得ず。
⑤線引又は被指定銀行の名称の抹消は之を為さざるものと看做す。

第三八条【線引きの効力】①一般線引小切手は支払人に於て銀行に対し又は支払人の取引先に対してのみ之を支払ふことを得。
②特定線引小切手は支払人に於て被指定銀行に対してのみ又被指定銀行が支払人なるときは自己の取引先に対してのみ之を支払ふことを得。但し被指定銀行は他の銀行をして小切手の取立を為さしむることを得。
③銀行は自己の取引先又は他の銀行よりのみ線引小切手を取得することを得。銀行は此等の者以外の者の為に線引小切手の取立を為すことを得ず。
④数箇の特定線引ある小切手は支払人に於て之を支払ふことを得ず。但し二箇の線引ある場合に於て其の一が手形交換所に於ける取立の為に為されたるものなるときは此の限に在らず。
⑤前四項の規定を遵守せざる支払人又は銀行は之が為に生じたる損害に付小切手の金額に達する迄賠償の責に任ず。

線引きの効力を排除する合意

[7] 当事者間において一般線引きの効力を排除する旨の合意は、当事者間においては効力を生ずる。（最判昭29・10・29金判五二九・一三、手形小切手百選[七版]九六）

第六章　支払拒絶に因る遡求

第三九条【遡求の要件】適法の時期に呈示したる小切手の支払なき場合に於て左の何れかに依り支払拒絶を証明するときは所持人は裏書人、振出人其の他の債務者に対し其の遡求権を行ふことを得。
一　公正証書（拒絶証書）
二　小切手に呈示の日を表示して記載し且日附を附したる支払人の宣言
三　適法の時期に小切手を呈示したるも其の支払なかりし旨を証明し且日附を附したる手形交換所の宣言

[7] 本条二号による支払人の支払拒絶の宣言は、小切手自体に記載することを要し、補箋によって有効にこれをなし得る旨の規定が存しないから、補箋にした支払拒絶宣言は遡求権保全の要件を満たさない。（大判昭12・2・13民集一六・一一二、手形小切手百選[五版]九八）

第四〇条【拒絶証書等の作成期間】①拒絶証書又は之と同一の効力を有する宣言は呈示期間経過前に之を作らしむることを要す。
②期間の末日に呈示ありたるときは拒絶証書又は之と同一の効力を有する宣言は之に次ぐ第一の取引日に之を作らしむることを得。

第四一条【遡求の通知】①所持人は拒絶証書又は之と同一の効力を有する宣言の作成の日に次ぐ又は無費用償還文句ある場合に於ては呈示の日に次ぐ四取引日内に自己の裏書人及振出人に対し支払拒絶ありたることを通知することを要す。各裏書人は通知を受けたる日に次ぐ二取引日内に前の通知者全員の名称及宛所を示して自己の受けたる通知を自己の裏書人に通知し順次振出人に及ぶものとす。此の期間は各其の通知を受けたる時より進行す。
②前項の規定に従ひ小切手の署名者に通知を為すときは同一期間内に其の保証人に同一の通知を為すことを要す。
③裏書人が其の宛所を記載せず又は其の記載が読み難き場合に於ては其の裏書人の直接の前者に通知するを以て足る。
④通知を為すべき者は如何なる方法に依りても之を為すことを得。単に小切手を返付するに依りても亦之を為すことを得。
⑤通知を為すべき者は適法の期間内に通知を為したることを証明することを要す。此の期間内に通知を為す書面を郵便に付し又は民間事業者による信書の送達に関する法律（平成十四年法律第九十九号）第二条第六項に規定する一般信書便事業者若は同条第九項に規定する特定信書便事業者の提供する同条第二項に規定する信書便の役務を利用して発送したる場合に於ては其の期間を遵守したるものと看做す。
⑥前項の期間内に通知を為さざる者は其の権利を失ふことなし。但し過失に因りて生じたる損害あるときは小切手の金額を超えざる範囲内に於て其の賠償の責に任ず。

第四二条【拒絶証書等の作成免除】①振出人、裏書人又は保証人は証券に記載し且署名したる「無費用償還」、「拒絶証書不要」の文句其の他之と同一の意義を有する文言に依り所持人に対し其の遡求権を行ふ為の拒絶証書又は之と同一の効力を有する宣言の作成を免除することを得。
②前項の文言は所持人に対し法定期間内に於ける小切手の呈示及通知の義務を免除することなし。期間の不遵守は所持人に対し之を援用する者に於て其の証明を為すことを要す。
③振出人が第一項の文言を記載したるときは一切の署名者に対し其の効力を生ず。裏書人又は保証人が之を記載したるときは其の裏書人又は保証人に対してのみ其の効力を生ず。振出人が此の文言を記載したるに拘らず所持人が拒絶証書又は之と同一の効力を有する宣言を作らしめたるときは其の費用は所持人之を負担す。裏書人又は保証人が此の文言を記載したる場合に於て拒絶証書又は之と同一の効力を有する宣言の作成ありたるときは一切の署名者をして其の費用を償還せしむることを得。

第四三条【遡求義務者の合同責任】①小切手上の各債務者は所持人に対し合同して其の責に任ず。
②所持人は前項の債務者に対し其の債務を負ひたる順序に拘らず各別又は共同に請求を為すことを得。
③小切手の署名者にして之を受戻したるものも同一の権利を有す。
④債務者の一人に対する請求は他の債務者に対する請求を妨げず。既に請求を受けたる者の後者に対しても亦同じ。

第四四条【遡求金額】所持人は遡求を受くる者に対し左の金額を請求することを得。

一　支払あらざりし小切手の金額
二　法定利率（国内に於て振出し且支払ふべき小切手以外の小切手に在りては年六分の率次条第二号に於て同じ）に依る呈示の日以後の利息
三　拒絶証書又は之と同一の効力を有する宣言の費用、通知の費用及其の他の費用

第四五条【再遡求金額】小切手を受戻したる者は其の前者に対し左の金額を請求することを得。

一　其の支払ひたる総金額
二　前号の金額に対し法定利率に依り計算したる支払の日以後の利息
三　其の支出したる費用

第四六条【遡求義務者の権利】①遡求を受けたる又は受くべき債務者は支払と引換に拒絶証書又は之と同一の効力を有する宣言、受取を証する記載を為したる計算書及小切手の交付を請求することを得。
②小切手を受戻したる裏書人は自己及後者の裏書を抹消することを得。

第四七条【不可抗力による期間の伸長】①法定の期間内に於ける小切手の呈示又は拒絶証書若は之と同一の効力を有する宣言の作成が避くべからざる障碍（国の法令に依る禁制其の他の不可抗力）に因りて妨げられたるときは其の期間を伸長す。
②所持人は自己の裏書人に対し遅滞なく其の不可抗力を通知し且小切手又は補箋に其の通知を記載し日附を附して之に署名することを要す。其の他に付ては第四十一条の規定を準用す。
③不可抗力が止みたるときは所持人は遅滞なく支払の為小切手を呈示し且必要あるときは拒絶証書又は之と同一の効力を有する宣言を作らしむることを要す。
④不可抗力が所持人に於て其の裏書人に不可抗力の通知を為したる日より十五日を超えて継続するときは呈示期間経過前に其の通知を為したる場合と雖も呈示又は拒絶証書若は之と同一の効力を有する宣言を要せずして遡求権を行ふことを得。
⑤所持人又は所持人が小切手の呈示又は拒絶証書若は之と同一の効力を有する宣言の作成を委任したる者に付ての単純なる人的事由は不可抗力を構成するものと認めず。

第七章　複本

第四八条【条件・方式】一国に於て振出し他の国に於て若は振出国の海外領土に於て支払ふべき小切手、一国の海外領土に於て振出し其の国に於て支払ふべき小切手、一国の同一海外領土に於て振出し且支払ふべき小切手又は一国の一海外領土に於て振出し其の国の他の海外領土に於て支払ふべき小切手は持参人払のものを除くの外同一内容の数通を以て之を振出すことを得。数通を以て小切手を振出したるときは其の証券の文言中に番号を附することを要す。之を欠くときは各通は之を各別の小切手と看做す。

第四九条【効力】①複本の一通の支払は其の支払が他の複本を無効ならしむる旨の記載なきときと雖も義務を免れしむ。
②数人に各別に複本を譲渡したる裏書人及其の後の裏書人は其の署名ある各通にして返還を受けざるものに付責任を負ふ。

第八章　変造

第五〇条【変造の効果】小切手の文言の変造の場合に於ては其の変造後の署名者は変造したる文言に従ひて責任を負ひ変造前の署名者は原文言に従ひて責任を負ふ。

第九章　時効

第五一条【時効期間】①所持人の裏書人、振出人其の他の債務者に対する遡求権は呈示期間経過後六月を以て時効に罹る。
②小切手の支払を為すべき債務者の他の債務者に対する遡求権は其の債務者が小切手の受戻を為したる日又は其の者が訴を受けたる日より六月を以て時効に罹る。

第五二条【時効の完成猶予及び更新】時効の完成猶予又は更新は其の事由が生じたる者に対してのみ其の効力を生ず。

第十章　支払保証

第五三条【方式】①支払人は小切手に支払保証を為すことを得。
②支払保証は小切手の表面に「支払保証」其の他支払を為す旨の文字を以て表示し日附を附して支払人署名すべし。

第五四条【要件】①支払保証は単純なることを要す。

②支払保証に依り小切手の記載事項に加へたる変更は之を記載せざるものと看做す。

第五五条【効力】 ①支払保証を為したる支払人は呈示期間の経過前に小切手の呈示ありたる場合に於てのみ其の支払を為す義務を負ふ。

②支払なき場合に於て前項の呈示ありたることは第三十九条の規定に依り之を証明することを要す。

③第四十四条及第四十五条の規定は前項の場合に之を準用す。

第五六条【同前】 支払保証に因り振出人其の他の小切手上の債務者は其の責を免るることなし。

第五七条【不可抗力による期間の伸長】 第四十七条の規定は支払保証を為したる支払人に対する権利の行使に付之を準用す。

第五八条【時効】 支払保証を為したる支払人に対する小切手上の請求権は呈示期間経過後一年を以て時効に罹る。

第十一章　通則

第五九条【銀行】 本法に於て「銀行」なる文字は法令に依りて銀行と同視せらるる人又は施設を含む。

第六〇条【休日】 ①小切手の呈示及拒絶証書の作成は取引日に於てのみ之を為すことを得。

②小切手に関する行為を為す為殊に呈示又は拒絶証書若は之と同一の効力を有する宣言の作成の為法令に規定したる期間の末日が法定の休日に当る場合に於ては期間は其の満了に次ぐ第一の取引日迄之を伸長す。期間中の休日は之を期間に算入す。

第六一条【期間の初日】 本法に規定する期間には其の初日を算入せず。

第六二条【恩恵日】 恩恵日は法律上のものたると裁判上のものたるとを問はず之を認めず。

附　則

第六三条【施行期日】 本法施行の期日は勅令を以て之を定む（昭和九・一一・一施行―昭和八勅三一五）。

第六四条【旧規定の削除】 商法第四編第四章は之を削除す。

第六五条【旧規定の適用】 本法施行前に振出したる小切手に付ては仍従前の規定に依る。

第六六条【経過規定】 本法施行後六月内に日本に於て振出す小切手は振出地の記載を欠くときと雖も小切手たる効力を有す。

第六七条【署名】 本法に於て署名とあるは記名捺印を含む。

第六八条【小切手の呈示期間の伸長】 朝鮮、台湾、樺太、関東州、南洋群島又は勅令を以て指定する亜細亜洲の地域に於て振出し日本内地に於て支払ふべき小切手の呈示期間は勅令を以て之を伸長することを得。

第六九条【手形交換所】 第三十一条の手形交換所は法務大臣之を指定す。

第七〇条【拒絶証書の作成】 拒絶証書の作成に関する事項は勅令を以て之を定む。

第七一条【罰則】 小切手の振出人が第三条の規定に違反したるときは五千円以下の過料に処す。

第七二条【利得償還請求権】 小切手より生じたる権利が手続の欠缺又は時効に因りて消滅したるときと雖も所持人は振出人、裏書人又は支払保証を為したる支払人に対し其の受けたる利益の限度に於て償還の請求を為すことを得。

第七三条【消滅時効の完成猶予及び更新】 ①裏書人の他の裏書人及振出人に対する小切手上の請求権の消滅時効は其の者が訴を受けたる場合に於て前者に対し訴訟告知を為したるときは訴訟が終了する（確定判決又は確定判決と同一の効力を有するものに依りて其の訴に係る権利が確定せずして訴訟が終了したる場合に在りては其の終了の時より六月が経過する）迄の間は完成せず。

②前項の場合に於て確定判決又は確定判決と同一の効力を有するものに依りて其の訴に係る権利が確定したるときは時効は訴訟の終了の時より更に其の進行を始む。

第七四条【計算小切手】 振出人又は所持人が証券の表面に「計算の為」の文字又は之と同一の意義を有する文言を記載して現金の支払を禁じたる小切手にして外国に於て振出し日本に於て支払ふべきものは一般線引小切手たる効力を有す。

第七五条【休日の定義】 本法に於て休日とは祭日、祝日、日曜日其の他の一般の休日及政令を以て定むる日を謂ふ。

第七六条【行為能力】 ①小切手に依り義務を負ふ者の行為能力は其の本国法に依り之を定む。其の国の法が他国の法に依ることを定むるときは其の他国の法を適用す。

②前項に掲ぐる法に依り行為能力を有せざる者と雖も他の国の領域に於て署名を為し其の国の法に依れば行為能力を有すべきときは責任を負ふ。

第七七条【支払人の資格】 ①小切手の支払人たることを得る者は支払地の属する国の法に依り之を定む。

②支払地の属する国の法に依り支払人たることを得ざる者を支払人としたる為小切手が無効なるときと雖も之と同一の規定なき他の国に於て其の小切手に為したる署名より生ずる債務は之が為其の効力を妨げらるることなし。

第七八条【行為の方式】 ①小切手上の行為の方式は署名を為したる地の属する国の法に依り之を定む。但し支払地の属する国の法の規定する方式に依るを以て足る。

②小切手上の行為が前項の規定に依り有効ならざる場合と雖も後の行為を為したる地の属する国の法に依れば適式なるときは後の行為は前の行為が不適式なることに因り其の効力を妨げらるることなし。

③日本人が外国に於て為したる小切手上の行為は其の行為が日本法に規定する方式に適合する限り他の日本人に対し其の効力を有す。

第七九条【行為の効力】 小切手より生ずる義務の効力は署名を為したる地の属する国の法に依り之を定む。但し遡求権を行使する期間は一切の署名者に付証券の振出地の属する国の法に依り之を定む。

第八〇条【支払地法による特則】 左の事項は小切手の支払地の属する国の法に依り之を定む。

一　小切手は一覧払たることを要するや否や、一覧後定期払として振出し得るや否や及先日附小切手の効力

二　呈示期間

三　小切手に引受、支払保証、確認又は査証を為し得るや否や及此等の記載の効力

四　所持人は一部支払を請求し得るや否や及一部支払を受諾する義務ありや否や

五　小切手に線引を為し得るや否や、小切手に「計算の為」の文字又は之と同一の意義を有する文言を記載し得るや否や及線引又は「計算の為」の文字若は之と同一の意義を有する文言の記載の効力

六　所持人は資金に対し特別の権利を有するや否や及此の権利の性質

七　振出人は小切手の支払の委託を取消し又は支払差止の手続を為し得るや否や

八　小切手の喪失又は盗難の場合に為すべき手続

九　裏書人、振出人其の他の債務者に対する遡求権保全の為拒絶証書又は之と同一の効力を有する宣言を必要とするや否や

第八一条【権利の行使・保全のための行為の方式】 拒絶証書の方式及作成期間其の他小切手上の権利の行使又は保存に必要なる行為の方式は拒絶証書を作るべき地又は其の行為を為すべき地の属する国の法に依り之を定む。

●民事訴訟法（平成八・六・二六法一〇九）

施行 平成一〇・一・一（附則参照）
改正 平成一一法一五一、平成一三法九六・法一三九・法一五三、平成一四法六五・法一〇〇、平成一五法一〇八・法一二八、平成一六法七六・法八八（平成一七法八七）・法一二〇・法一四七・法一五二、平成一七法五〇・法七五・法一〇二、平成一八法七八・法一〇九、平成一九法九五、平成二三法三六、平成二四法三〇、平成二九法四五、令和二法二二、令和三法二四、令和四法四八

注 ここでは、本法施行前の旧民事訴訟法（平成八・六・二六法一〇九による改正前の民事訴訟法〔明治二三・四・二一法二九〕）の下での判例であっても、本法の下でも妥当するもの及び本法の解釈の参考になるものは、本法に移し替えて掲載している。判例要旨中の［旧〇〇条］は、本法当該条に対応する旧法の条数を示す。

注 令和四法四八第二条による本法の改正規定のうち一部の規定は、令和八・五・二四までに施行される。改正後の規定を、改正のない条文を除き、本法末尾に掲げた。

目次

第一編 総則

◇【民事裁判権の限界】

一 法律上の争訟

1 定義

[1] 「法律上の争訟」とは、当事者間の具体的な権利義務ないし法律関係の存否に関する紛争であって、かつそれが法律の適用によって終局的に解決し得べきものであることを要する。（最判昭28・11・17行裁四・一一・二七六〇）→[4]

[2] 「法律上の争訟」とは法令を適用することによって解決し得べき権利義務に関する当事者間の紛争をいう。（最判昭29・2・11民集八・二・四一九……村議会の予算議決の無効確認を求める訴えを不適法却下）

2 法令等の違憲性の抽象的な主張

[3] 裁判所は、特定人の具体的法律関係につき紛争の存する場合にのみ司法権を発動し得るのであるから、警察予備隊が憲法九条に違反するものであることの抽象的な判断を求める訴えは不適法である。（最大判昭27・10・8民集六・九・七八三、憲百選Ⅱ〔七版〕一八七）→憲八一条[3]

[4] 国会を被告として教育勅語が憲法に違反しないことの確認等を求める訴えは、具体的な権利義務ないし法律関係の存否に関する紛争とはいえず、不適法である。（最判昭28・11・17前出[1]）

[5] 地家裁支部・出張所の統廃合に関する最高裁規則のうち福岡地裁及び家裁の甘木支部を廃止する部分につき、同支部管

内の住民が憲法違反等を理由として提起したその取消しを求める訴えは、具体的な紛争を離れて裁判所に抽象的な法令の違憲性の判断を求めるものに帰し、法律上の争訟とはいえない。（最判平3・4・19民集四五・四・五一八、行政百選Ⅱ[五版]一四七）→二四条[5]、憲八一条[4]

３　部分社会→憲七六条[3]～[10]

４　行政上の義務の履行を求める訴訟

[6] 国又は地方自治体が、専ら行政権の主体として国民に対し行政上の義務の履行を求める訴訟は、法律上の争訟に当たらず、不適法である。（最判平14・7・9民集五六・六・一一三四、行政百選Ⅰ[七版]一〇九……宝塚市が、パチンコ店等建築規制条例に基づき発令した建築中止命令の不遵守を理由として、パチンコ業者に対し建築工事を続行してはならない旨の裁判を求める訴えは不適法）→憲七六条[20]、行総◇【Ⅲ】[18]、行訴一条[9]

５　宗教上の紛争

[7] 原告が被告包括宗教法人に所属する末寺の住職たることの確認を求める本件訴えは、具体的な権利ないし法律関係の存否についての確認を求めるものとはいえないから、不適法である。しかし、他に具体的な権利又は法律関係をめぐる紛争があり、その当否を判断する前提問題として特定人につき住職たる地位の存否を判断する必要がある場合には、その判断の内容が宗教上の教義の解釈にわたるものであるような場合は格別、そうでない限り、その地位の存否、すなわち選任ないし罷免の適否について裁判所が審判権を有するものと解すべきである。（最判昭55・1・11民集三四・一・一〈種徳寺事件〉民訴百選[五版]一……被告により末寺住職を罷免された原告による住職たる地位確認請求を却下。この事件と併合された、末寺を原告とする本堂等明渡し請求を認容）

[8] 被告包括宗教法人により、宗務所を不法占拠し教団の秩序を乱したとの理由で懲戒処分を受けた原告がその無効確認を求める訴えは、仮に当該処分により原告が被包括宗教法人（教覚寺）の代表役員たる地位及び被告の宗務役員たる地位等を失う等の事情がある場合でも、それ自体としては具体的な権利又は法律関係の存否をめぐる紛争とはいえず不適法である。（最判平4・1・23民集四六・一・一、重判平4民訴四）

[9] 原告が被告宗教法人の代表役員であることの確認を求める訴えは適法であり、その前提として住職の地位の存否が問題となる場合、憲法上の宗教の自由という要請から、宗教団体により自治的に決定されるべき教義や宗教活動に関する事項につき審理、判断をすることは許されないが、住職選任の手続準則が何であるか、右準則が遵守されたかについて審判判断することは妨げられない。（最判昭55・4・10判時九七三・八五〈本門寺事件〉重判昭55民訴三②）

[10] 〈錯誤による贈与の無効を理由とする宗教法人に対する寄附金返還請求において〉訴訟が具体的な権利義務ないし法律関係に関する紛争の形式をとっており、信仰の対象の価値ないし宗教上の教義に関する判断は請求の当否を決する前提問題にとどまるものとされていても、それが訴訟の帰趨［きすう］を左右する必要不可欠な紛争の核心であり、法令を適用することによっては解決することのできない問題である場合には、結局、訴訟は法律上の争訟に当たらない。（最判昭56・4・7民集三五・三・四四三〈板まんだら事件〉憲百選Ⅱ[七版]一八四）→憲七六条[13]＊[14]

[11] 〈N宗の被包括寺院であるX（蓮華寺）は、その住職Yが異説を唱えたとしてN宗管長Aにより懲戒処分を受けたので、これによりYはX寺の住職・代表役員たる地位を失ったとして、その占有する寺院付き住宅の明渡しを請求した。これに対してYが、Aは管長ではない、自分の説は異説ではないとして、占有権限（住職・代表役員）の前提となる懲戒処分の無効を主張した事件〉当事者間の具体的な権利義務ないし法律関係に関する訴訟であっても、宗教団体内部においてされた懲戒処分の効力が請求の当否を決する前提問題として紛争の本質的争点をなすとともに、それが単なる手続上の準則に従ってなされたかどうかにとどまらず、宗教上の教義、信仰の内容に深く関わっているため、これに立ち入ることなくしてその効力の有無を判断することができず、しかも、その判断が訴訟の帰趨を左右する必要不可欠なものである場合には、右訴訟は、裁判所法三条にいう「法律上の争訟」に当たらない。（最判平元・9・8民集四三・八・八八九〈蓮華寺事件〉民訴百選Ⅰ[補正]一……訴え却下を維持）→憲七六条[16]

[12] [11]と同じ事案で、Yが原告となりXを被告として、YがXの代表役員たる地位の確認を求めた事例につき、[11]と同旨（最判平元・9・8判時一三二九・一一……訴え却下を維持）

[13] 〈Y_1宗においては、代表役員は法主をもって充てることとなっており、かつ、同宗の法主となるには、「血脈相承」なる宗教的儀式を経ることが必要であるのに、現Y_2はこれを経ていないとして、Y_2はY_1の代表役員たる地位を有しないことの確認を、Y_1宗の僧侶らが求めた事件〉宗教法人の代表役員たる地位不存在確認の訴えにおいて、右地位の存否を判断する前提として、その者の当該宗教団体における宗教活動上の地位の有無が問題となるときには、裁判所は、原則としてこれを審判し得る。しかし、その審判にあたり当該宗教団体の教義ないし信仰内容に立ち入ることが不可欠なときは、裁判所は同地位の存否につき審判することができないから、代表役員たる地位不存在確認の訴えは、「法律上の争訟」に該当しない。（最判平5・9・7民集四七・七・四六六七、憲百選Ⅱ[七版]一八五）

[14] 〈[13]と類似の事実関係を背景として、包括宗教法人N宗によりX寺の住職を罷免されたYに対し、宗教法人X寺が寺院建物の明渡しを請求。Yは、N宗の秘儀である「血脈相承」を経ていないN宗の現管長は正統な管長ではなく、Yを処分する権限がないから、罷免は無効と主張。第一審は訴えを却下したが、原審は、本件は法律上の争訟に当たるとして取消し・差戻し。一般論として[10][11]を引用して〉本件は法律上の争訟に当たらず、原判決は破棄を免れない。（最判平14・2・22判時一七七九・二二①、民訴百選[三版]二）

[15] 宗教法人X寺の住職であるYがカルチャーセンターの主宰する在家僧侶養成講座の受講者に対し法階を授与した行為が、「宗旨又は教義に異議を唱え宗門の秩序を紊［みだ］した」ことを擯斥［ひんせき］事由と定めるX寺の包括宗教法人Aの懲誡規程に反するとして、Aから擯斥処分を受けたYに対し、X寺が、寺院建物の占有権限を失ったとして建物退去・土地明渡しを求めた場合、AにおいてYの行為がAの懲誡規程のうち「宗制に違反して甚だしく本派の秩序を紊した」ことを剝職事由とする条項の違反を主張するならば、法階の授与をAの管長の権限とする同派の規程に照らし、Aの教義、信仰の内容に立ち入って処分の効力を判断する必要はないが、Aが処分の理由とするのが右の通りである以上、擯斥処分の効力を判断するにはAの教義、信仰の内容に立ち入ることが不可避であり、Xの本件訴えは法律上の争訟に当たらない。（最判平21・9・15判時二〇五八・六二、重判平21民訴一）

[16] 宗教法人Yの檀徒たる地位が具体的権利義務又は法律関係か否かは、Yの規則における檀徒の位置づけいかんに係るところ、Yの規則によれば、Yにおいては、檀信徒名簿が備え付けられていて、檀徒であることがYの代表役員を補佐する機関である総代に選任されるための要件とされており、予算編成、不動産の処分等のYの維持経営に係る諸般の事項の決定につき、総代による意見の表明を通じて檀徒の意見が反映される体制となっており、檀徒によるYの維持経営の妨害行為が除名処分事由とされているのであるから、Yにおける檀徒たる地位は具体的な権利義務又は法律関係といえる。（最判平7・7・18民集四九・七・二七一七、民訴百選Ⅰ[補正]A12）

二　天皇を被告とする訴訟

[17] 〈知事による昭和天皇の病気快癒を願う記帳所の設置及びその公金支出を違法として現天皇に対し不当利得返還を求めた住民訴訟〉天皇は日本国の象徴であり日本国民統合の象徴で

あることに鑑み、天皇には民事裁判権は及ばない。（最判平元・11・20民集四三・一〇・一一六〇、憲百選Ⅱ[七版]一六二……訴状却下すべきであるが、訴えを却下した原判決を破棄するまでもない）

三　行政権に対する限界

[18] 国営空港における航空機の規制については、空港管理権に基づく管理と航空行政権に基づく規制が、両権限の主管者たる運輸大臣により不可分一体的に行われているから、航空機の離発着の差止めを求める訴えは、当然航空行政権の行使の取消し・変更を求める請求を包含することになるので、行政訴訟により何らかの請求をなし得るかはともかく、民事訴訟としては不適法である。（最大判昭56・12・16民集三五・一〇・一三六九〈大阪国際空港公害訴訟〉行政百選Ⅱ[七版]一四九）↓一三五条[4]、憲七六条[18]、行訴一条[12]、民七〇九条[78]

[19] 防衛庁長官による自衛隊機の運航を統括する権限の行使は、飛行場周辺住民への騒音の影響をも配慮してなされるものであって、周辺住民に対し自衛隊機の運航に必然的に伴う騒音の受忍を義務付ける公権力の行使というべきである。したがって、原告住民らが国に対し自衛隊機の本件飛行場の離発着の差止め及び航空機騒音の規制を求める訴えは、公権力の行使の取消変更ないしその発動を求めるものとして、行政訴訟としてはともかく、民事訴訟としては不適法である。（最判平5・2・25民集四七・二・六四三〈厚木基地公害訴訟〉行政百選Ⅱ[六版]一五八）↓憲七六条[19]、行訴一条[13]

四　政党による党員処分

[20] 政党が党員に対してした除名その他の処分の当否については、処分が一般市民法秩序と直接の関係を有しない内部的な問題にとどまる限り、裁判所の審判権は及ばない。また、処分が一般市民としての権利利益を侵害する場合であっても、その当否は、当該政党の自律的に定めた規範が公序良俗に反するなどの特段の事情のない限り右規範に照らし、右規範を有しないときは条理に基づき、適正な手続にのっとってされたか否かによって決すべきであり、その審理も右の点に限られるものといわなければならない。（最判昭63・12・20判タ六九四・九二、憲百選Ⅱ[七版]一八三……除名処分された党員に対する党所有家屋の明渡請求を認容）↓憲七六条[10]

五　訴訟事件と非訟事件

[21] ［旧］金銭債務臨時調停法七条の調停に代わる裁判は、既存の債務関係につき利息・期限等を形成的に変更する、性質上非訟事件に関するものに限られ、当事者の主張する権利義務の存否を終局的に確定する裁判を含まないから、家屋明渡し、占有回収に関する純然たる訴訟事件につき、［旧］借地借家調停法の準用する同条により調停に代わる裁判をすることは、同条に違反するばかりでなく、同時に憲法八二条、三二条に違反する。（最大決昭35・7・6民集一四・九・一六五七、憲百選Ⅱ[七版]一二四）↓憲八二条[7]

[22] 家事審判法九条一項乙類一号の審判は、夫婦の同居義務等の実体的権利義務自体を確定するものではなく、その存在を前提として、同居の時期、場所、態様等につき家庭裁判所が合目的の見地から裁量権によりその具体的内容を定める、本質的に非訟事件の裁判であり、審判確定後はその形成的効力を争い得ないものの、その前提たる同居義務自体については公開の法廷における対審及び判決を求める道が保障されているから、右審判は、憲法八二条、三二条に違反しない。（最大決昭40・6・30民集一九・四・一〇八九、民訴百選[五版]二）↓憲八二条[2]、民七五二条[2]

[23] 家事審判法九条一項乙類三号の婚姻費用の分担を定める審判につき、[22]と同旨（最大決昭40・6・30民集一九・四・一一一四、続民訴百選八五）↓民七六〇条[1]

[24] 家事審判法九条一項乙類一〇号の遺産の分割に関する処分の審判につき、[22]と同旨。

右審判を行うにつき、その前提たる相続権、相続財産等実体的権利義務関係の存否が争われる場合、審判手続でこれを判断してもその判断に既判力は生ぜず、別途民事訴訟を提起し得るから、審判手続で右前提問題を審理・判断の上、分割の処分を行うことは憲法三二条、八二条に違反しない。（最大決昭41・3・2民集二〇・三・三六〇、家族百選[五版]九二）↓憲八二条[3]、民九〇七条[3]

[25] 借地法八条の二第一項による借地条件変更の裁判の前提として借地権の存否が争われる場合につき、[24]と同旨（最決昭45・5・19民集二四・五・三七七）↓借地借家一七条[1]

[26] 民法八九二条の趣旨は、同条の要件がある場合に被相続人に廃除権ないし廃除請求権を付与したものではなく、形式上右要件に該当する場合であっても、なお家庭裁判所をして諸般の事情を総合的に考察の上、廃除の相当性を判断せしめようとしたものであるから、推定相続人廃除請求手続は純然たる訴訟事件ではなく、これを非訟事件として扱うことは憲法三二条、八二条に違反しない。（最決昭59・3・22家月三六・一〇・七九、家族百選[五版]六八）

六　決定手続における審問請求権

[27] 憲法三二条の裁判を受ける権利は性質上固有の司法作用の対象である訴訟事件についてのみ認められるものであり、本質的に非訟事件である家事審判法九条一項乙類三号に基づく婚姻費用の分担事件において、費用分担を命ずる審判に対し申立人が抗告した場合において、相手方に抗告状及び抗告理由書の副本が送達されなかったため、抗告審において相手方に反論の機会が与えられないまま家裁の審判が不利益変更されたとしても、原審の措置が憲法三二条に違反するとの特別抗告は理由がない。（最決平20・5・8家月六〇・八・五一、民訴百選[四版]A1……訴訟と非訟の区別に関する判例理論は、憲法八二条が要求する公開の対象となる事件の範囲を画する基準に関するもので、それと憲法三二条が保障する審問請求権の適用範囲を画する基準とは異なり、同条の理念は争訟性の高い乙類審判事件においても妥当するとの反対意見がある）↓憲三二条[10]

[28] 〈超勤手当の支払を求める訴訟において、労働時間証明のため必要であるとして、Yの所持するタイムカード（本件文書）の提出命令の申立てがあり、Yが、これを所持する事実を争ったが、原々決定がその提出を命じたため、Yが、即時抗告申立書において、同事実につき具体的理由を示して反論し、原々決定後に提出された書証の写しを引用している場合において、原裁判所が、Xに対し即時抗告申立書の写しを送付しないまま、同書証を引用して抗告を認め、原々決定を取り消した〉本件文書の本案訴訟における重要性に鑑み、その提出命令の申立ての許否は当事者の主張立証の方針や裁判所の判断に重大な影響を与えるところ、Yが本件文書を所持するか否かは、申立ての許否に関する判断において決定的に重要であり、その判断は当事者の主張や提出する証拠に依存することに照らせば、即時抗告の許否の判断に当たり、Xに攻撃防御の機会を与える必要性があるにもかかわらず、原審が、即時抗告申立書の写しを送付するなどしてXに反論の機会を与えないまま、原々決定を取り消したことは、民事訴訟における手続的正義の要請に反し、審理における裁量の範囲を逸脱した違法がある。（最決平23・4・13民集六五・三・一二九〇、民訴百選[五版]A40）

七　民事裁判権の対外的限界

1　主権免除（外国等に対する我が国の民事裁判権に関する法律施行前の事案）

[29] 外国国家の主権的行為は別として、その私法的ないし業務管理的行為については、各国の制定法等による国家実行の蓄積と「国家及び国家財産の裁判権免除に関する国際連合条約」の採択とにより、法廷地国の民事裁判権から免除される旨の国際慣習法はもはや存在しない。外国国家の私法的ないし業務管理的行為について我が国の民事裁判権の免除を認めることは、取引相手方に対して合理的理由なく司法的救済を否定することとなるから、我が国の民事裁判権の行使により当該外国の主権が侵害されるおそれがあるなど特段の事情がない限り、外国国家は我が国の民事裁判権から免除されな

い。

私法的ないし業務管理的行為か否かにかかわらず、外国国家は、特定の事件につき進んでそれに服する意思を表明したときは我が国の民事裁判権を免除されないところ、そのためには、原則として、当該外国国家と私人との間の契約書面の中の明文の規定において、当該契約から生ずる紛争につき我が国の民事裁判権に服する旨の意思が明確に表明されていれば足りる。（最判平18・7・21民集六〇・六・二五四二、国私百選[三版]七五……日本法人のパキスタン国に対する、売買代金を目的とする準消費貸借に基づく金銭請求。同国国防省の関連会社で同国代理人であるA社と日本法人との間で、本件に関して紛争が生じた場合には我が国の裁判所で裁判手続を行うことに同意する旨の書面による契約があった）

[30] 外国国家の主権的行為については民事裁判権が免除されるとの国際慣習法の存在は今日なお肯定できる。本件差止請求及び損害賠償請求の対象である在日米軍の航空機の横田基地における夜間離発着は在日米軍の公的活動そのものであり、その活動の目的ないし行為の性質上主権的行為であることは明らかであるから、本件請求について米国は民事裁判権を免除される。（最判平14・4・12民集五六・四・七二九、環境百選[三版]二三）

[31] （米国Y州により同州港湾局の日本における事務所の現地職員として雇用され解雇されたXが、Y州を被告として、雇用契約上の地位確認及び解雇後の賃金の支払を求めて、訴えを提起。一般論として、[29]を引用した後）国及びその財産の裁判権からの免除に関する国際連合条約一一条2(d)［外国等に対する我が国の民事裁判権に関する法律九条二項四号に相当］は、個人の解雇又は雇用契約の終了に関する事件については、被告である外国の安全保障上の利益を害し得る場合にのみ裁判権を免除しており、雇用契約上の地位確認及び解雇後の賃金の支払の請求は同条項に該当するところ、本件においては、我が国が裁判権を行使することにより、Yが安全保障上の利益を害され、Yの主権が侵害されるおそれがある特段の事情は認められない。（最判平21・10・16民集六三・八・一七九九、国私百選[二版]八七）

[参考] **外国等に対する我が国の民事裁判権に関する法律**（平成二一・四・二四法二四）（抜粋）

第四条　外国等は、この法律に別段の定めがある場合を除き、裁判権（我が国の民事裁判権をいう。以下同じ。）から免除されるものとする。

（商業的取引）

第八条①　外国等は、商業的取引（民事又は商事に係る物品の売買、役務の調達、金銭の貸借その他の事項についての契約又は取引（労働契約を除く。）をいう。次項及び第十六条において同じ。）のうち、当該外国等と当該外国等（国以外のものにあっては、それらが所属する国。以下この項において同じ。）以外の国の国民又は当該外国等以外の国若しくはこれに所属する国等の法令に基づいて設立された法人その他の団体との間のものに関する裁判手続について、裁判権から免除されない。

②　前項の規定は、次に掲げる場合には、適用しない。

一　当該外国等と当該外国等以外の国等との間の商業的取引である場合

二　当該商業的取引の当事者が明示的に別段の合意をした場合

（労働契約）

第九条①　外国等は、当該外国等と個人との間の労働契約であって、日本国内において労務の全部又は一部が提供され、又は提供されるべきものに関する裁判手続について、裁判権から免除されない。

②　前項の規定は、次に掲げる場合には、適用しない。

一　当該個人が次に掲げる者である場合

イ　外交関係に関するウィーン条約第一条(e)に規定する外交官

ロ　領事関係に関するウィーン条約第一条1(d)に規定する領事官

ハ　国際機関に派遣されている常駐の使節団若しくは特別使節団の外交職員又は国際会議において当該外国等（国以外のものにあっては、それらが所属する国。以下この項において同じ。）を代表するために雇用されている者

ニ　イからハまでに掲げる者のほか、外交上の免除を享有する者

二　前号に掲げる場合のほか、当該個人が、当該外国等の安全、外交上の秘密その他の当該外国等の重大な利益に関する事項に係る任務を遂行するために雇用されている場合

三　当該個人の採用又は再雇用の契約の成否に関する訴え又は申立て（いずれも損害の賠償を求めるものを除く。）である場合

四　解雇その他の労働契約の終了の効力に関する訴え又は申立て（いずれも損害の賠償を求めるものを除く。）であって、当該外国等の元首、政府の長又は外務大臣によって当該訴え又は申立てに係る裁判手続が当該外国等の安全保障上の利益を害するおそれがあるとされた場合

五　訴えの提起その他の裁判手続の開始の申立てがあった時において、当該個人が当該外国等の国民である場合。ただし、当該個人が日本国に通常居住するときは、この限りでない。

六　当該労働契約の当事者間に書面による別段の合意がある場合。ただし、労働者の保護の見地から、当該労働契約に関する訴え又は申立てについて日本国の裁判所が管轄権を有しないとするならば、公の秩序に反することとなるときは、この限りでない。

（人の死傷又は有体物の滅失等）

第一〇条　外国等は、人の死亡若しくは傷害又は有体物の滅失若しくは毀損が、当該外国等が責任を負うべきものと主張される行為によって生じた場合において、当該行為の全部又は一部が日本国内で行われ、かつ、当該行為をした者が当該行為の時に日本国内に所在していたときは、これによって生じた損害又は損失の金銭による塡補に関する裁判手続について、裁判権から免除されない。

[32] 不動産は領土主権の対象であり、互いにこれを尊重することが国際間の礼譲とされ、不動産を直接目的とする訴訟はその所在国の裁判権に専属することは多くの国により承認され、かつ、外国が当事者である場合でも承認されてきたから、ビルマ連邦を債務者とする土地処分禁止仮処分につき我が国は裁判権を行使し得る。（東京地判昭29・6・9下民五・六・八三六、渉外百選[三版]八八）

[33] （外国国家であるYが発行した円建債券の管理会社であるXらが同債券の保有者のための訴訟担当者として債券の償還等を求めた事案において）①債券発行による資金調達は、その性質上私人でも可能な商業取引であって、私法的ないし業務管理的行為であること、②Yによる支払延期措置に際して政府等による高度の政治的判断がされたとしても、裁判権免除は訴訟物たる権利関係が主権的行為を原因とするかによって判断されるべきものである上、同措置の本質は弁済期繰延べのための私法的ないし業務管理的行為であり、その効力についての判断は準拠法たるY国法又は日本法の適用により決着するものであって政府等による主権的判断の適否に立ち入ることを要しないこと、③Yは本件債券に係る債務について裁判権免除を取消不能な形で放棄する旨を書面で約していることからすると、Yは我が国の民事裁判権から免除されない。（東京高判令元・10・29金判一五九六・八……弁済の抗弁を認めて請求棄却）

2　国際裁判管轄→◆【国際裁判管轄】［三条の二の前］判

第一章　通則

（趣旨）

第一条　民事訴訟に関する手続については、他の法令に定めるもののほか、この法律の定めるところによる。

㊎【他の法令の例↓人訴、会社八二八—八六七、民執三三—三五・三八・九〇・一五七、特許一七八—一八四、行訴、自治二四二の二・二四二の三、公選二〇三—二〇九の二・二一九、ETC

（裁判所及び当事者の責務）

第二条　裁判所は、民事訴訟が公正かつ迅速に行われるように努め、当事者は、信義に従い誠実に民事訴訟を追行しなければならない。

㊎【裁判の公正↓憲三二・七六③・七八・八二、二三—二七・一七九—二三三・二八一—三四九【手続の迅速↓九八—一一〇・一四七の二・一四七の三・一五六—一五七の二・一六一—一七八、民訴規九五—九八、一八二・二五一、民訴規二二【信義誠実↓民一②、一六七・一七四・二九八②・一五八・一五九・二四四・二六三・二〇八・二〇九・二二四・二二九④・二三〇・二〇三の二—二〇四【類似の規定↓非訟四、家事二

一　訴訟行為と信義則

1　信義則違反とした例

[1]　執行債務者の住所における動産仮差押えの執行に際し、第三者が執行債務者の財産は別に自分が預かっているからそれを差し押えてほしいと執行吏に頼み、その所在場所に案内した上、自己の占有中の動産を提供してその仮差押手続を積極的に容認したときは、後に第三者異議の訴えを起こして自己の所有権を主張することは信義則上許されない。（最判昭41・2・1民集二〇・二・一七九）

[2]　被告の所有する土地が建築基準法四二条二項所定の道路（二項道路。いわゆるみなし道路）に当たるとして人格的権利に基づき同土地上の工作物の撤去を求める訴訟において、長年にわたり被告が本件土地が二項道路であることを前提に建物を所有してきたこと、同土地が公衆用道路として非課税とされていることに照らせば、被告が同土地が二項道路であることを否定することは信義則上許されない。（最判平18・3・23判時一九三二・八五）

[3]　〈①Yから建物を買い受け、代金を支払ったとするAからの建物明渡請求、②AY間譲渡担保設定予約に基づき譲渡担保権を実行したAから建物を買い受けたとするXからの建物明渡請求の二つの前訴において、Yが、AからYへの金銭交付は金銭消費貸借に基づくと主張してAY間売買、AY間譲渡担保設定予約の成立を否認し、請求棄却判決を得たが、③AからYに対する貸金返還請求権を譲り受けたとするXからの貸金返還請求訴訟において、一転してAY間金銭消費貸借の成立を否認した事案〉かかるYの否認は、もしこれが許されてXの本件請求が棄却されれば、Yが本件金員を受領しているにもかかわらず、Xは建物明渡請求のみならず貸金返還請求も認められないという不利益を被る点で、信義則に反することが強くうかがわれる。また、Yが各前訴では自らAの面前で金銭消費貸借契約書に署名押印したことや本件金員を返す予定であることを積極的具体的に主張していたとのXの原審における主張にかかる事実も、Yが従前の主張と矛盾する訴訟行為をしないであろうとのXの信頼を高め、信義則違反を基礎付け得る。かかる事情及び主張があるにもかかわらず、これを十分考慮し、審理判断することなく信義則違反の主張を採用しなかった原審の判断には、違法がある。（最判令元・7・5判時二四三七・二一、重判令元民訴一……一部破棄差戻し）

2　信義則違反を否定した例

[4]　先に第三者異議訴訟を起こしそこで営業譲受けの事実を主張していた者が、営業譲受人の責任を追及する本件訴えでその事実を否認したとしても、その否認が真実に合致した主張であり、かつ、前訴が民訴法二六三条［旧二三八条］によって終了しているときは、信義則に反しない。（最判昭48・7・20民集二七・七・八九〇、民訴百選Ⅰ[補正]一二）

二　信義則による後訴の排斥↓一一四条[19][28]～[30]

三　信義則に反する方法で入手された証拠の証拠能力↓二四七条[23]～[25]

四　訴権の濫用↓◆【訴え】［一三四条の前］[1][2]

（最高裁判所規則）

第三条　この法律に定めるもののほか、民事訴訟に関する手続に関し必要な事項は、最高裁判所規則で定める。

㊎【最高裁の規則制定権↓憲七七【規則による一般的な定め↓民訴規【一般的な申立ての方式↓民訴規一【個別的な規則委任の例↓四③・七一②・七六・一七〇③・一七六③・二〇四・二七九④⑤・三一五・三二四・三六八①・三七二③・三九七—四〇二

第二章　裁判所

第一節　日本の裁判所の管轄権

◆【国際裁判管轄】

一　財産関係事件↓三条の二～三条の一二

二　身分関係事件

1　婚姻関係訴訟（人訴法三条の二関係）

[1]　離婚の国際裁判管轄の決定に当たっては、被告の住所が我が国にあることを原則とすべきであるが、原告が遺棄された場合、被告が行方不明である場合その他これに準ずる場合においては、原告の住所が我が国にある以上、たとえ被告が我が国に最後の住所をも有しない者であっても、我が国が管轄権を持つ。（最大判昭39・3・25民集一八・三・四八六、国私百選[三版]八六）

[2]　原告（在日米国人たる夫）主張の離婚原因事実（在米米国人たる妻による虐待）は、原告が遺棄された場合、被告が行方不明である場合その他これに準じる場合に該当しないから、日本に管轄権はない。（最判昭39・4・9家月一六・八・七八、渉外百選[二版]九二）

[3]　渉外離婚事件の国際裁判管轄の判断においては、当事者間の公平や裁判の適正・迅速の理念により条理に従い決定するのが相当であり、被告の住所地の存する国に国際裁判管轄を肯定するのが当然ではあるが、原告が被告の住所地のある外国で離婚の訴えを提起することについての法律上、事実上の障害の有無とその程度を考慮し、原告の権利保護に欠けることのないよう留意すべきである。ドイツに居住するドイツ人Yが日本に居住する日本人Xに対し既にドイツで離婚の訴えを提起し、Y勝訴が確定したものの、右判決は民訴一一八条［旧二〇〇条］二号に抵触し日本で承認される余地がないため、日本ではなお婚姻は継続している場合には、Xにドイツでの提訴を要求しても同確定判決の存在を理由に訴え却下となる可能性が高く、日本で離婚の訴えを提起する以外にはXの救済の途がなく、日本の国際裁判管轄を認めることは条理に適う。（最判平8・6・24民集五〇・七・一四五一、国私百選[三版]八七）

[4]　前婚の妻（韓国在住の韓国人）が後婚の取消訴訟の訴えを我が国で提起し、後婚の妻（日本在住の日本人）が前婚の無効確認の反訴を提起した場合には、反訴請求が本訴と密接な関係を有する限り、反訴被告が応訴を余儀なくされることによる不利益があるとは認められないし、本訴と反訴とを併合審理することにより審理の重複や判断の矛盾を避け身分関係に関する紛争の画一的・一回的解決を図ることができるのであるから、特段の事情のない限り、我が国の国際裁判管轄を肯定するのが当事者間の公平や裁判の適正・迅速の理念に適する。（東京高判平18・4・13判時一九三四・四二）↓三〇七条[4]

⑤〈Xが検察官を被告として、亡Aとの離婚の無効確認を求めた事案〉X及び亡Aは米国籍であり、夫婦の最後の共通の常居所は同国B州であったが、Xは、亡Aに銃口を向けられ、恐怖から真意に反して日本法における協議離婚届に署名し、その後、日本に一時滞在中に亡Aから日本の滞在先に荷物を送りつけられ、亡Aから遺棄されて日本に常居所を移転せざるを得なかったものであること、X及び亡Aは、いずれも日本で出生し、日本での婚姻後、米国に移住し、米国籍を取得した結果として日本国籍を喪失したものであることなどの事情の下では、本件離婚無効確認訴訟については、日本に国際裁判管轄がある。（東京高判平30・7・11判時二三九二・三、国私百選[三版]八八……訴えを却下した第一審判決取消し、差戻し）

2　子の監護事件（家事事件手続法三条の八関係）

⑥〈申立人と相手方との間で相手方が監護する未成年の子と申立人との面接交渉に関する調停が日本の家庭裁判所で成立した後、相手方が子を連れて米国ペンシルバニア州に転居したため、申立人が家庭裁判所に調停条項の変更を申し立てた。ペンシルバニア州法によれば、監護に関する処分を最初に下した州が原則として排他的かつ継続的な管轄権を有するが、その州がもはや排他的かつ継続的な管轄権を有しないと判断したときは、この限りでないとされているので、日本の裁判所の判断を求めた事案〉条理によれば、相手方の住所地国に国際裁判管轄があることが原則であり、子の福祉の観点から相手方及び未成年者の住所地国に国際裁判管轄を認めることが適切であり、当事者の出頭等の便宜にも資することから、ほかに日本に国際裁判管轄を認めるべき特段の事情がない限り、本件申立てにつき日本は国際裁判管轄を有しない。（東京家審平20・5・7家月六〇・一二・七一）

三　外国裁判所への裁判権の専属

⑦米国の国籍を有することの確認を求める訴えは、米国の裁判権に専属し、我が国の裁判権に属しない。（最判昭24・12・20民集三・一二・五〇七……Xらが日本国を被告としてXらの日本国籍の取得原因が出生によるものであることの確認を求めた事案における仮定的判示）

（被告の住所等による管轄権）

第三条の二①　裁判所は、人に対する訴えについて、その住所が日本国内にあるとき、住所がない場合又は住所が知れない場合にはその居所が日本国内にあるとき、居所がない場合又は居所が知れない場合には訴えの提起前に日本国内に住所を有していたとき（日本国内に最後に住所を有していた後に外国に住所を有していたときを除く。）は、管轄権を有する。

②　裁判所は、大使、公使その他外国に在ってその国の裁判権からの免除を享有する日本人に対する訴えについて、前項の規定にかかわらず、管轄権を有する。

③　裁判所は、法人その他の社団又は財団に対する訴えについて、その主たる事務所又は営業所が日本国内にあるとき、事務所若しくは営業所がない場合又はその所在地が知れない場合には代表者その他の主たる業務担当者の住所が日本国内にあるときは、管轄権を有する。

参照【住所→民二二【居所→民二三【外国→外国裁判権八【事務所・営業所管轄→三の三四【併合管轄→三の六【合意管轄→三の七【応訴管轄→三の八【特別事情による却下→三の九【専属管轄の除外→三の一〇【職権証拠調べ→三の一一【管轄標準時→三の一二【反訴の国際裁判管轄→一四六③【民事保全の国際裁判管轄→民保一一【労働審判からの訴訟→労審二二①【執行事件の管轄→民執二四【倒産事件の管轄→破四・五、民再四・五、会更四・五【非訟事件の管轄→非訟五・六【家事事件の管轄→家事四・六六ETC【民事調停の管轄→民調三【国内裁判籍の場合→四

（契約上の債務に関する訴え等の管轄権）

第三条の三　次の各号に掲げる訴えは、それぞれ当該各号に定めるときは、日本の裁判所に提起することができる。

一　契約上の債務の履行の請求を目的とする訴え又は契約上の債務に関して行われた事務管理若しくは生じた不当利得に係る請求、契約上の債務の不履行による損害賠償の請求その他契約上の債務に関する請求を目的とする訴え	契約において定められた当該債務の履行地が日本国内にあるとき、又は契約において選択された地の法によれば当該債務の履行地が日本国内にあるとき。
二　手形又は小切手による金銭の支払の請求を目的とする訴え	手形又は小切手の支払地が日本国内にあるとき。
三　財産権上の訴え	請求の目的が日本国内にあるとき、又は当該訴えが金銭の支払を請求するものである場合には差し押さえることができる被告の財産が日本国内にあるとき（その財産の価額が著しく低いときを除く。）。
四　事務所又は営業所を有する者に対する訴えでその事務所又は営業所における業務に関するもの	当該事務所又は営業所が日本国内にあるとき。

五　日本において事業を行う者（日本において取引を継続してする外国会社（会社法（平成十七年法律第八十六号）第二条第二号に規定する外国会社をいう。）を含む。）に対する訴え	当該訴えがその者の日本における業務に関するものであるとき。
六　船舶債権その他船舶を担保とする債権に基づく訴え	船舶が日本国内にあるとき。
七　会社その他の社団又は財団に関する訴えで次に掲げるもの	社団又は財団が法人である場合にはそれが日本の法令により設立されたものであるとき、法人でない場合にはその主たる事務所又は営業所が日本国内にあるとき。
イ　会社その他の社団からの社員若しくは社員であった者に対する訴え、社員からの社員若しくは社員であった者に対する訴え又は社員であった者からの社員に対する訴えで、社員としての資格に基づくもの	
ロ　社団又は財団からの役員又は役員であった者に対する訴えで役員としての資格に基づくもの	
ハ　会社からの発起人若しくは発起人であった者又は検査役若しくは検査役であった者に対する訴えで発起人又は検査役としての資格に基づくもの	
ニ　会社その他の社団の債権者からの社員又は社員であった者に対する訴えで社員としての資格に基づくもの	
八　不法行為に関する訴え	不法行為があった地が日本国内にあるとき（外国で行われた加害行為の結果が日本国内で発生した場合において、日本国内におけるその結果の発生が通常予見することのできないものであったときを除く。）。
九　船舶の衝突その他海上の事故に基づく損害賠償の訴え	損害を受けた船舶が最初に到達した地が日本国内にあるとき。
十　海難救助に関する訴え	海難救助があった地又は

救助された船舶が最初に到達した地が日本国内にあるとき。

十一　不動産に関する訴え　　不動産が日本国内にあるとき。

十二　相続権若しくは遺留分に関する訴え又は遺贈その他死亡によって効力を生ずべき行為に関する訴え　　相続開始の時における被相続人の住所が日本国内にあるとき、住所がない場合又は住所が知れない場合には相続開始の時における被相続人の居所が日本国内にあるとき、居所がない場合又は居所が知れない場合には被相続人が相続開始の前に日本国内に住所を有していたとき（日本国内に最後に住所を有していた後に外国に住所を有していたときを除く。）。

十三　相続債権その他相続財産の負担に関する訴えで前号に掲げる訴えに該当しないもの　　同号に定めるとき。

⊛【消費者契約・労働関係管轄↓三の四【会社法上の訴え専属管轄↓三の五②【知的財産権専属管轄↓三の五①【登記・登録専属管轄↓三の五③【併合管轄↓三の六【合意管轄↓三の七【応訴管轄↓三の八【特別事情による却下↓三の九【専属管轄の除外↓三の一〇【職権証拠調べ↓三の一一【管轄標準時↓三の一二【反訴の国際裁判管轄↓一四六③【民事保全の国際裁判管轄↓民保一一【労働審判からの訴訟↓労審二二①【執行事件の管轄↓民執二四【倒産事件の管轄↓破四、五、民再四、五、会更四、五【非訟事件の管轄↓非訟五、六【家事事件の管轄↓家事四、六六ETC【国内裁判籍の場合↓五[三][四][五][七]―[十二][十四][十五]　【二】【義務履行地↓民四八四、商五一六【契約において選択された法↓法適用七、九【三】【支払地↓手一[五]、二③、七五[四]、七六③、小一[四]、二②③　【三】【差押禁止財産↓民執一三一、一五二、信託二三、労基八三②【四】【事務所↓一般法人三〇一②[三]、三〇二②[三]【営業所↓商八、会社九〇七、九一一―九一四【五】【外国会社↓会社八一七―八二三　【六】【船舶担保債権↓商八四二―八五〇【七】【会社法上の訴え専属管轄↓三の五①【八】【不法行為↓民七〇九―七二四の二、一般法人七八、製造物三【外国↓外国裁判権一〇【不法行為の準拠法決定における結果発生地の通常予見可能性↓法適用一七【生産物責任の準拠法決定における被害者が生産物の引渡しを受けた地の通常予見可能性↓法適用一八【九】【外国↓外国裁判権一五【十】【海難救助↓商七九二―八〇七【外国↓外国裁判権一五【十一】【外国↓外国裁判権一一【十二】【十三】【相続開始の時・所↓民八八二、八八三【相続の準拠法↓法適用三六【家事事件の管轄↓家事四、六六ETC

[1]　**一　三号関係―消極的確認訴訟における財産所在地**

〈原告が、被告の原告に対する米国特許権の侵害による損害賠償請求権の不存在確認を求めた事案において〉日本に生活の本拠を有しない者に対する権利の実行を容易にするという本条三号の趣旨は債務不存在確認訴訟には当てはまらないから、同号の「被告」を「原告」に読み替えることはできず、執行可能な原告の財産が日本国内にあることをもって日本の国際裁判管轄を認めることはできない。（東京地判平29・7・27【平28ワ二五九六九】）

[2]　**二　五号関係―「日本において事業を行う者」**

〈インターネット上の電子掲示板を運営していると主張するXが、サーバーの運営・管理を業務とするY（米国ネバダ州を住所地とする米国法人）に対して、業務委託契約の債務不履行解除を理由とする原状回復等を求めた事案〉Yは、本件訴え提起の時点で日本国内で閲覧可能な日本語のサイトの管理や当該サイトのためのビューアの販売等の業務を行っており、本件訴えは、そのようなYの業務に関すること、また、Yは、当該サイトの広告収入を得ることもできたことから、本件訴えには、本条五号により国際裁判管轄が認められる。（東京高判平31・4・25判タ一四七三・五二）

[3]　**三　八号関係―不法行為地の管轄権を認めるための要件**

〈日本法人Xが著作権者である本件著作物につき、タイ人Yが、日本以外の国における独占的利用権を取得したと主張して、Xから日本国外における同著作物の商品化事業を許諾された日本法人に対し、右事業がYの独占的利用権を侵害するとの警告文を送付したため、Xが、①右警告文送付によるXの業務妨害を理由とする損害賠償の支払、②日本における本件著作物についてのYの著作権の不存在確認等を求め提訴〉民訴法五条九号［本条八号に相当］の不法行為地の裁判籍に依拠して我が国の国際裁判管轄を肯定するためには、原則として、被告が我が国においてした行為により原告の法益に損害が生じたとの客観的事実関係が証明されれば足りる。請求①につき、Yが警告書を我が国内で送付したことによりXの業務が妨害されたことは明らかであり、我が国は国際裁判管轄を有する。（最判平13・6・8民集五五・四・七二七、国私百選[三版]七九）↓三条の六[1]

第三条の四（消費者契約及び労働関係に関する訴えの管轄権）

① 消費者（個人（事業として又は事業のために契約の当事者となる場合におけるものを除く。）をいう。以下同じ。）と事業者（法人その他の社団又は財団及び事業として又は事業のために契約の当事者となる場合における個人をいう。以下同じ。）との間で締結される契約（労働契約を除く。以下「消費者契約」という。）に関する消費者からの事業者に対する訴えは、訴えの提起の時又は消費者契約の締結の時における消費者の住所が日本国内にあるときは、日本の裁判所に提起することができる。

② 労働契約の存否その他の労働関係に関する事項について個々の労働者と事業主との間に生じた民事に関する紛争（以下「個別労働関係民事紛争」という。）に関する労働者からの事業主に対する訴えは、個別労働関係民事紛争に係る労働契約における労務の提供の地（その地が定まっていない場合にあっては、労働者を雇い入れた事業所の所在地）が日本国内にあるときは、日本の裁判所に提起することができる。

③ 消費者契約に関する事業者からの消費者に対する訴え及び個別労働関係民事紛争に関する事業主からの労働者に対する訴えについては、前条の規定は、適用しない。

⊛【併合管轄↓三の六【消費者契約の合意管轄↓三の七⑤【個別労働紛争の合意管轄↓三の七⑥【応訴管轄↓三の八【特別事情による却下↓三の九【専属管轄の除外↓三の一〇【職権証拠調べ↓三の一一【管轄標準時↓三の一二【反訴の国際裁判管轄↓一四六③【民事保全の国際裁判管轄↓民保一一【労働審判からの訴訟↓労審二二①【仲裁における特例↓仲裁三、四【消費者・事業者↓消費契約二【消費者契約↓消費契約四―一一【消費者契約の準拠法↓法適用一一【労働契約↓労契、労基二②、一三―二三、外国裁判権九【労働契約の準拠法↓法適用一二【労働審判↓労審

第三条の五（管轄権の専属）

① 会社法第七編第二章に規定する訴え（同章第四節及び第六節に規定するものを除く。）、一般社団法人及び一般財団法人に関する法律（平成十八年法律第四十八号）第六章第二節に規定する訴えその他これらの法令以外の日本の法令により設立された社団又は財団に関する訴えでこれらに準ずるものの管轄権は、日本の裁判所に専属する。

② 登記又は登録に関する訴えの管轄権は、登記又は登録をすべき地が日本国内にあるときは、日本の裁判所に専属する。

③ 知的財産権（知的財産基本法（平成十四年法律第百二十二

号）第二条第二項に規定する知的財産権をいう。）のうち設定の登録により発生するものの存否又は効力に関する訴えの管轄権は、その登録が日本においてされたものであるときは、日本の裁判所に専属する。

⚖【専属管轄の除外→三の一〇【知的財産権の国内管轄→六、六の二【外国の知的財産権→外国裁判権一三【反訴の国際裁判管轄→一四六③【絶対的上告理由→三一二②【国内管轄の場合→一三

第三条の六（**併合請求における管轄権**）　一の訴えで数個の請求をする場合において、日本の裁判所が一の請求について管轄権を有し、他の請求について管轄権を有しないときは、当該一の請求と他の請求との間に密接な関連があるときに限り、日本の裁判所にその訴えを提起することができる。ただし、数人からの又は数人に対する訴えについては、第三十八条前段に定める場合に限る。

⚖【国際裁判管轄→三の二―三の五、三の七―三の一二【併合請求の訴額→九【専属管轄の除外→三の一〇【反訴の国際裁判管轄→一四六③【民事保全の国際裁判管轄→民保一一【労働審判からの訴訟→労審二二①【国内管轄の場合→七

密接な関連

1 〈三条の三3の事案において〉ある管轄原因により我が国の国際裁判管轄が認められる請求の当事者間における他の請求につき、併合請求の裁判籍（民訴法七条〔本条に相当〕）に依拠した国際裁判管轄を肯定するには、国際社会における裁判機能の合理的な分配及び裁判の長期化回避という観点から、両請求間の密接な関連性が必要である。（最判平13・6・8民集五五・四・七二七、国私百選三版七九）

第三条の七（**管轄権に関する合意**）①　当事者は、合意により、いずれの国の裁判所に訴えを提起することができるかについて定めることができる。

②　前項の合意は、一定の法律関係に基づく訴えに関し、かつ、書面でしなければ、その効力を生じない。

③　第一項の合意がその内容を記録した電磁的記録（電子的方式、磁気的方式その他人の知覚によっては認識することができない方式で作られる記録であって、電子計算機による情報処理の用に供されるものをいう。以下同じ。）によってされたときは、その合意は、書面によってされたものとみなして、前項の規定を適用する。

④　外国の裁判所にのみ訴えを提起することができる旨の合意は、その裁判所が法律上又は事実上裁判権を行うことができないときは、これを援用することができない。

⑤　将来において生ずる消費者契約に関する紛争を対象とする第一項の合意は、次に掲げる場合に限り、その効力を有する。

一　消費者契約の締結の時において消費者が住所を有していた国の裁判所に訴えを提起することができる旨の合意（その国の裁判所にのみ訴えを提起することができる旨の合意については、次号に掲げる場合を除き、その国以外の国の裁判所にも訴えを提起することを妨げない旨の合意とみなす。）であるとき。

二　消費者が当該合意に基づき合意された国の裁判所に訴えを提起したとき、又は事業者が日本若しくは外国の裁判所に訴えを提起した場合において、消費者が当該合意を援用したとき。

⑥　将来において生ずる個別労働関係民事紛争を対象とする第一項の合意は、次に掲げる場合に限り、その効力を有する。

一　労働契約の終了の時にされた合意であって、その時における労務の提供の地がある国の裁判所に訴えを提起することができる旨を定めたもの（その国の裁判所にのみ訴えを提起することができる旨の合意については、次号に掲げる場合を除き、その国以外の国の裁判所にも訴えを提起することを妨げない旨の合意とみなす。）であるとき。

二　労働者が当該合意に基づき合意された国の裁判所に訴えを提起したとき、又は事業主が日本若しくは外国の裁判所に訴えを提起した場合において、労働者が当該合意を援用したとき。

⚖【国内管轄の場合→一一【反訴の国際裁判管轄→一四六③【民事保全の国際裁判管轄→民保一一【労働審判からの訴訟→労審二二①【専属管轄の除外→三の一〇【家事事件の管轄→家事六六　❸【電磁的記録→仲裁一三④　❹【特別事情による却下の例外→三の九　❺【消費者契約管轄→三の四①③【準拠法決定における消費者保護→法適用一一【仲裁合意における消費者保護→仲裁附三　❻【個別労働紛争の管轄→三の四②③【準拠法決定における労働者保護→法適用一二【仲裁合意における労働者保護→仲裁附四

7

一　二項関係

1　一定の法律関係

本条施行前に締結された国際裁判管轄合意は、①当該事件が日本の裁判権に専属的に服するものではなく、かつ、②指定された外国の裁判所が、その外国法上、当該事件について管轄権を有する限り、原則として有効であるが、その対象は一定の法律関係に基づく訴えとして特定されることを要し、かかる特定を欠く管轄合意は無効である。（東京高判令2・7・22判時二四九一・一〇……結論としては一定性の要件を満たすとして専属的国際裁判管轄合意の有効性を認め、訴え却下）

2　書面性

2　国際裁判管轄の合意の方式としては、少なくとも当事者の一方の作成した書面に特定国の裁判所が明示的に指定され、合意の存在と内容が明白であれば足り、申込みと承諾の双方が書面による必要はない。（最判昭50・11・28民集二九・一〇・一五五四、国私百選三版八一）

3　〈原告らの請求につきアメリカ合衆国及びネヴァダ州裁判所を専属的合意管轄裁判所とする旨の管轄合意が存在するものの、アメリカ合衆国において原告らをクラスの構成員に含むクラスアクションが提起され、その手続において被告が、日本の裁判所の管轄に同意し、日本での訴訟に全面的に関与している旨の書面を提出していた事案において〉別件クラスアクションにおける被告の主張は、本件訴訟について日本の裁判所を管轄裁判所とする付加的管轄合意の申入れと評価でき、原告らによる本件訴訟の提起はその承諾と評価できるから、原告らと被告との間には付加的管轄合意が成立したと認められ、本条一項により日本の裁判所の管轄権が認められる。（東京地判平29・1・19【平28ワ二九三四九】）

4　〈3と同様の事案において〉国際裁判管轄の合意は書面でしなければならないが、同合意を排除する合意は書面でする必要はない。別件クラスアクションにおける被告の主張と原告らによる本件訴訟の提起により、ネヴァダ州裁判所を専属的合意管轄裁判所とする合意を排除する合意の成立が認められる。（東京地判平29・1・17【平28ワ三二五八五】国私百選三版三〇……三条の四第一項により日本の裁判所の管轄権を肯定）

二　四項関係―専属的国際裁判管轄の合意

5　外国を指定した専属的国際裁判管轄の合意は、当該事件が我が国の裁判権に専属的に服さず、指定された外国の裁判所がその外国法上当該事件につき管轄権を有するときは、右合意がはなはだしく不合理で公序法に違反するとき等を除き、原則として有効であり、当該外国法上右合意が有効であること、当該外国判決の承認につき相互の保証があることを要しない。（最判昭50・11・28前出2）

6　〈米国診療報酬請求債権を投資対象とする金融商品に出資したXらが、Yによる勧誘が詐欺及び重要事項の不実告知に当たるとして出資契約を取り消し、出資金の返還を求めた事案〉本件契約には、本件各出資契約から生じる一切の紛争については、米国ネヴァダ州裁判所を専属的合意管轄裁判所とする旨の条項があるが、①Yは、本件金融商品の運用が行き詰まり、投資家との紛争が潜在的に生じていた状況において、あえて本

件管轄合意の定めを置いたこと、②Yは、日本で本件金融商品の勧誘及び販売をしていたものであり、必要な証拠が米国に偏在しているとはいえないこと、③日本の裁判所で審理することがYに不合理で過大な負担を強いるものではないのに対し、米国の裁判所で審理することはXらにとって大きな負担となることの各事情を勘案すると、本件管轄合意ははなはだしく不合理であり、公序法に反し無効である。（東京地判平30・7・11【平30ワ一〇四六五】）

（応訴による管轄権）

第三条の八　被告が日本の裁判所が管轄権を有しない旨の抗弁を提出しないで本案について弁論をし、又は弁論準備手続において申述をしたときは、裁判所は、管轄権を有する。

⊛【弁論準備手続↓一六八―一七四【専属管轄の除外↓三の一〇【民事保全の国際裁判管轄↓民保一一【労働審判からの訴訟↓労審二二①【国内管轄の場合↓一二【家事事件の管轄↓家事四、六六ETC

（特別の事情による訴えの却下）

第三条の九　裁判所は、訴えについて日本の裁判所が管轄権を有することとなる場合（日本の裁判所にのみ訴えを提起することができる旨の合意に基づき訴えが提起された場合を除く。）においても、事案の性質、応訴による被告の負担の程度、証拠の所在地その他の事情を考慮して、日本の裁判所が審理及び裁判をすることが当事者間の衡平を害し、又は適正かつ迅速な審理の実現を妨げることとなる特別の事情があると認めるときは、その訴えの全部又は一部を却下することができる。

⊛【国際裁判管轄↓三の二―三の六、三の八【合意管轄↓三の七【専属管轄の除外↓三の一〇【国内管轄における移送↓一七

特別の事情

7　〈X_1（パチンコ遊技機の開発、製造、販売を業とする日本法人。X_1の子会社AがYの株式の二〇%を保有）及びX_2（X_1の取締役会長、Yの取締役）が、Y（カジノ運営を業とするネバダ州法人）がそのインターネット上のウェブサイトに掲載した記事により名誉を毀損されたとして、民訴法三条の三第八号に基づき、不法行為の結果発生地である日本で提起した損害賠償請求訴訟（本件訴訟）。ネバダ州法には、賭博営業の免許取得者の関係者が犯罪等の不適格行為をした場合には免許を剝奪する旨の規定があり、Yの定款には、不適格行為者が保有する自社株式を強制的に償還することを認める規定がある。韓国等におけるX_2による政府関係者への賄賂提供の事実が判明したため、Yは、Aの保有株式を強制償還するとともに、ウェブサイトにこの経緯を掲載した。Yは、ネバダ州裁判所に対し、Yが合法的かつ定款等に従って行動したことの確認請求及びX_2の信認義務違反に関する損害賠償請求に係る訴訟を提起したところ、Xらは、反訴として、株式の強制償還の履行差止めと損害賠償等を請求（米国訴訟）。米国訴訟での証拠開示手続では、約一〇〇名の証人及び約九五〇〇点の文書が開示され、証人の大半は米国に居住する日本語を解しない外国人、文書の大部分は英語で作成〉本件訴訟に係る紛争は米国訴訟に係る紛争から派生したものであり、両訴訟の争点は共通し、証拠の大半は米国に所在すること、Xらは米国訴訟に応訴するのみならず反訴も提起しており、米国で本件訴えに係る請求のために訴訟を提起するのに支障はない半面、本件訴訟への応訴はYにとり過大な負担となることに照らし、本件訴訟については「特別の事情」がある。（最判平28・3・10民集七〇・三・八四六、国私百選[三版]八四）

2　〈YのXに対する米国特許権侵害の不法行為に基づく米国での損害賠償請求訴訟においてX敗訴の第一審判決の言渡し後、控訴審係属中に、Xが日本で同請求権の不存在確認を求めて提訴した事案。米国判決は本件第一審係属中に確定している〉本件訴えと別件米国訴訟とは訴訟物及び争点が共通すること、Xは米国判決がされるまで日本での訴訟提起の考えはなく、同判決を受けたことを契機に、その結論を覆すべく提訴したものであること、Xが本件訴訟において米国訴訟では行わなかった主張立証を行うことにより、Yにとってさらなる応訴の負担を生じる蓋然性が高いことを考慮すると、本件訴えには、「特別の事情」がある。（知財高判令3・9・30【令3ネ一〇〇二六】）

3　〈Xが金銭預託契約に基づき主たる営業所を日本国内に有する法人Yに対して預託金の返還等を求め、Yが同契約の成立を争うとともにXによる不法行為を主張し、相殺の抗弁を主張した事案〉①本件契約の契約地は香港とされ、契約書等は中国語で作成されており、香港ドルでの決済が予定されていたこと及び、Xは香港に居住し、Yも香港に支社を置いている上、Xは、本件訴え提起に先立ち、香港の裁判所に同内容の別件訴訟を提起していたことから、本件請求にかかる紛争は、香港で発生し、香港での解決が想定されていたといえること、②尋問が必要と見込まれる六名のうち四名は香港に居住しているなど、証拠の相当数が香港に存在すること、③本件訴訟への応訴のためには香港支社の従業員等の聴き取りが必要であるなど、Yの日本での応訴の負担は小さくないこと、④香港の裁判所に係属中の別件訴訟との関係で、Y主張の不法行為については香港の裁判所で審理することが紛争の早期解決に資することなどに照らすと、「特別の事情」が認められる。仮に香港にYの責任財産がないとしても、日本で香港の裁判所の確定判決による強制執行ができないわけではなく、前記判断を左右しない。（東京地判平30・1・24判タ一四六五・二五〇）

（管轄権が専属する場合の適用除外）

第三条の一〇　第三条の二から第三条の四まで及び第三条の六から前条までの規定は、訴えについて法令に日本の裁判所の管轄権の専属に関する定めがある場合には、適用しない。

⊛【中間確認の訴え↓一四五③【絶対的上告理由↓三一二②【国内管轄の場合↓一三

（職権証拠調べ）

第三条の一一　裁判所は、日本の裁判所の管轄権に関する事項について、職権で証拠調べをすることができる。

⊛【国内管轄の場合↓一四

（管轄権の標準時）

第三条の一二　日本の裁判所の管轄権は、訴えの提起の時を標準として定める。

⊛【国内管轄の場合↓一五

第二節　管轄

（普通裁判籍による管轄）

第四条①　訴えは、被告の普通裁判籍の所在地を管轄する裁判所の管轄に属する。

②　人の普通裁判籍は、住所により、日本国内に住所がないとき又は住所が知れないときは居所により、日本国内に居所がないとき又は居所が知れないときは最後の住所により定まる。

③　大使、公使その他外国に在ってその国の裁判権からの免除を享有する日本人が前項の規定により普通裁判籍を有しないときは、その者の普通裁判籍は、最高裁判所規則で定める地にあるものとする。

④　法人その他の社団又は財団の普通裁判籍は、その主たる事務所又は営業所により、事務所又は営業所がないときは代表者その他の主たる業務担当者の住所により定まる。

⑤　外国の社団又は財団の普通裁判籍は、前項の規定にかかわらず、日本における主たる事務所又は営業所により、日本国内に事務所又は営業所がないときは日本における代表者その他の主たる業務担当者の住所により定まる。

⑥　国の普通裁判籍は、訴訟について国を代表する官庁の所在地

により定まる。

⊛+【普通裁判籍による管轄の決定の他の例↓五[四][十四][十五]、人訴四、破五【特許権等に関する訴えでの移送↓二〇の二①【国際裁判管轄の場合↓三の二【家事事件の管轄↓家事四・六六ETC ❶【所在地を管轄する裁判所↓裁二②【本項の不適用↓一三①・二〇①【本項適用の特則↓一三②・二〇② ❷【住所・居所↓民二二・二三 ❸【最高裁の定める地↓民訴規六 ❹【主たる事務所・営業所↓一般法人四、会社四【法人でない社団・財団の当事者能力↓二九 ❺【外国の社団・財団↓民三五、会社八一七

第五条（**財産権上の訴え等についての管轄**）　次の各号に掲げる訴えは、それぞれ当該各号に定める地を管轄する裁判所に提起することができる。

一　財産権上の訴え　　義務履行地

二　手形又は小切手による金銭の支払の請求を目的とする訴え　　手形又は小切手の支払地

三　船員に対する財産権上の訴え　　船舶の船籍の所在地

四　日本国内に住所（法人にあっては、事務所又は営業所。以下この号において同じ。）がない者又は住所が知れない者に対する財産権上の訴え　　請求若しくはその担保の目的又は差し押さえることができる被告の財産の所在地

五　事務所又は営業所を有する者に対する訴えでその事務所又は営業所における業務に関するもの　　当該事務所又は営業所の所在地

六　船舶所有者その他船舶を利用する者に対する船舶又は航海に関する訴え　　船舶の船籍の所在地

七　船舶債権その他船舶を担保とする債権に基づく訴え　　船舶の所在地

八　会社その他の社団又は財団に関する訴えで次に掲げるもの　　社団又は財団の普通裁判籍の所在地

イ　会社その他の社団からの社員若しくは社員であった者に対する訴え、社員からの社員若しくは社員であった者に対する訴え又は社員であった者からの社員に対する訴えで、社員としての資格に基づくもの

ロ　社団又は財団からの役員又は役員であった者に対する訴えで役員としての資格に基づくもの

ハ　会社からの発起人若しくは発起人であった者又は検査役若しくは検査役であった者に対する訴えで発起人又は検査役としての資格に基づくもの

ニ　会社その他の社団の債権者からの社員又は社員であった者に対する訴えで社員としての資格に基づくもの

九　不法行為に関する訴え　　不法行為があった地

十　船舶の衝突その他海上の事故に基づく損害賠償の訴え　　損害を受けた船舶が最初に到達した地

十一　海難救助に関する訴え　　海難救助があった地又は救助された船舶が最初に到達した地

十二　不動産に関する訴え　　不動産の所在地

十三　登記又は登録に関する訴え　　登記又は登録をすべき地

十四　相続権若しくは遺留分に関する訴え又は遺贈その他死亡によって効力を生ずべき行為に関する訴え　　相続開始の時における被相続人の普通裁判籍の所在地

十五　相続債権その他相続財産の負担に関する訴えで前号に掲げる訴えに該当しないもの　　同号に定める地

⊛+【特別裁判籍↓五―七【特許権等に関する訴えでの移送↓二〇の二①【国際裁判管轄の場合↓三の三・三の四【家事事件の管轄↓家事四・六六ETC【適用除外↓消費契約四三① 〔二〕【法定の義務履行地↓民四八四、商五一六 〔二〕【手形による金銭の支払の請求↓手九・一五・三二・四三―五四・五八・六三・七七①[四][五]・七八①【小切手による金銭の支払の請求↓小一二・一八・二七・三九―四七・五五【手形の支払地↓手一[五]・二③・七五[四]・七六③【小切手の支払地↓小一[四]・二②③【手形・小切手訴訟↓三五〇―三六七、民訴規二一三―二二一【手形・小切手についての支払督促の管轄↓三八三②[二] 〔三〕【船員↓商七〇八―七一五 〔四〕【住所のない者・知れない者の普通裁判籍↓四②【差押えできない財産の例↓民執一三一・一五二【債権の所在地↓民執一四四②、破五②【工業所有権の所在地↓特許一五 〔五〕【事務所↓一般法人三〇一②[三]・三〇二②[三]【営業所↓商八、会社九〇七・九一一―九一四 〔六〕【船舶↓商六八四⊛【船舶所有者↓商六九〇―七〇三【船舶利用者↓商六九二・六九八・七〇三、国際海運五 〔七〕【船舶担保債権↓商八四二―八五〇【船舶に対する強制執行・担保権実行の場所↓民執一一三・一一九・一八九 〔八〕【社団↓一般法人、会社三【財団↓一般法人【社団の社員↓一般法人一一①[五]・二七―三〇、会社一〇四・五七六【社団・財団の役員↓一般法人六〇・七六―八九・九九―一〇六・一九七、二〇八―二二四【会社の役員↓会社三二九・三四九・三六四・四八二・五九九・六〇一・六〇二・六五〇【発起人↓会社二五以下【検査役↓会社三三・二〇七・三五八【イの訴えの例↓会社四二三・八四七、一般法人二七八・二七九【ロの訴えの例↓一般法人二二二・一一一【ハの訴えの例↓会社五三【ニの訴えの例↓会社四六三②・五八〇・五八六・五八九・六〇九・六一二 〔九〕【不法行為↓民七〇九―七二四の二、一般法人七八【製造物責任↓製造物三【国家の賠償責任↓憲一七、国賠一 〔十〕【船舶↓商六八四⊛【船舶の衝突↓商七八八【共同海損↓商八〇八―八一二 〔十一〕【海難救助↓商七九二―八〇七【船舶↓商六八四⊛ 〔十二〕【不動産↓民八六① 〔十三〕【登記・登録をすべき地の例↓不登六、商登一の三、特許二七、著作七八 〔十四〕【相続権者↓民八八六―八九五【相続回復請求↓民八八四【遺留分↓民一〇四二―一〇四九【遺贈↓民九八五―一〇〇三【その他の死因行為↓一般法人一五八、民五五四【相続開始の時及び所↓民八八二・八八三【自然人の普通裁判籍↓四② 〔十五〕【相続財産の負担の例↓民八八五・一〇二一　+【本条の不適用↓一三①・二〇①【本条適用の特則↓一三②・二〇②

一　**義務履行地**（**一号関係**）

[1]　義務履行地とは、訴訟に係る義務の存在する場合におけるその履行地をいうのであるから、原告がある地を履行地と主張するの一事で直ちにその地を履行地とすることはできない。（大判大11・4・6民集一・一六九）

二　**不法行為地**（**九号関係**）

[2]　本条九号［旧一五条一項］の立法趣旨は証拠調べの便宜にあるから、加害者とされる者の提起する不法行為による損害賠償債務不存在確認の訴えにも適用される。（京都地決昭45・2・2判時六〇五・八四）

[3]　当事者の立証上の便宜を根拠とする不法行為地の裁判籍の趣旨に照らし、「不法行為に関する訴え」とは、民法所定の不法行為のほか、違法に権利を侵害され又は侵害されるおそれのある者が提起する侵害の停止又は予防を求める差止めの訴えを含む。不競法三条一項による侵害の停止等の差止めを求める訴え及び差止請求権不存在確認の訴えは、本条九号に該当する。（最決平16・4・8民集五八・四・八二五、商標百選[初版]一〇九）

[4]　不法行為地は、行為のなされた地のみならず損害の発生した地をも含む。（東京地判昭40・5・27下民一六・五・九二三、渉外百選[増補]八二）

第六条（**特許権等に関する訴え等の管轄**）①　特許権、実用新案権、回路配置利用権又はプログラム

の著作物についての著作者の権利に関する訴え（以下「特許権等に関する訴え」という。）について、前二条の規定によれば次の各号に掲げる裁判所が管轄権を有すべき場合には、その訴えは、それぞれ当該各号に定める裁判所の管轄に専属する。

一　東京高等裁判所、名古屋高等裁判所、仙台高等裁判所又は札幌高等裁判所の管轄区域内に所在する地方裁判所　東京地方裁判所

二　大阪高等裁判所、広島高等裁判所、福岡高等裁判所又は高松高等裁判所の管轄区域内に所在する地方裁判所　大阪地方裁判所

②　特許権等に関する訴えについて、前二条の規定により前項各号に掲げる裁判所の管轄区域内に所在する簡易裁判所が管轄権を有する場合には、それぞれ当該各号に定める裁判所にも、その訴えを提起することができる。

③　第一項第二号に定める裁判所が第一審としてした特許権等に関する訴えについての終局判決に対する控訴は、東京高等裁判所の管轄に専属する。ただし、第二十条の二第一項の規定により移送された訴訟に係る訴えについての終局判決に対する控訴については、この限りでない。

§❶【特許権に関する訴訟↓特許一〇〇―一〇六【裁判所の管轄区域↓裁二②【併合管轄・合意管轄・応訴管轄の特則↓一三②【移送の特則↓二〇②・二〇の二【中間確認の訴えにおける特則↓一四五②【反訴における特則↓一四六②【合議体の特則↓二六九の二【控訴審における主張制限の特則↓二九九②【絶対的上告理由における特則↓三一二②㊂　❷【簡易裁判所↓裁三二―三八　+【専属的国際裁判管轄↓三の五③

[1]　本条にいう「特許権に関する訴え」には、特許権に関する訴訟が広く含まれ、特許権侵害を理由とする差止請求訴訟や損害賠償請求訴訟、職務発明の対価の支払を求める訴訟などに限られず、特許権の専用実施権や通常実施権の設定契約に関する訴訟も含まれる。（知財高判平21・1・29判タ一二九一・二八六）

第六条の二（**意匠権等に関する訴えの管轄**）　意匠権、商標権、著作者の権利（プログラムの著作物についての著作者の権利を除く。）、出版権、著作隣接権若しくは育成者権に関する訴え又は不正競争（不正競争防止法（平成五年法律第四十七号）第二条第一項に規定する不正競争又は家畜遺伝資源に係る不正競争の防止に関する法律（令和二年法律第二十二号）第二条第三項に規定する不正競争をいう。）による営業上の利益の侵害に係る訴えについて、第四条又は第五条の規定により次の各号に掲げる裁判所が管轄権を有する場合には、それぞれ当該各号に定める裁判所にも、その訴えを提起することができる。

一　前条第一項第一号に掲げる裁判所（東京地方裁判所を除く。）　東京地方裁判所

二　前条第一項第二号に掲げる裁判所（大阪地方裁判所を除く。）　大阪地方裁判所

§+【著作者の権利↓著作一〇―七八の二【プログラムの著作物についての著作者の権利↓著作二①[十の二]・一〇①[九]③【出版権↓著作七九―八八【著作隣接権↓著作八九―一〇四【著作権等に関する訴訟↓著作一一二―一一八【専属的国際裁判管轄↓三の五③

第七条（**併合請求における管轄**）　一の訴えで数個の請求をする場合には、第四条から前条まで（第六条第三項を除く。）の規定により一の請求について管轄権を有する裁判所にその訴えを提起することができる。ただし、数人からの又は数人に対する訴えについては、第三十八条前段に定める場合に限る。

§+【訴えの客観的併合↓一三六【訴えの主観的併合↓三八【請求併合の際の訴額↓九【本条の不適用↓一三①・二〇①【本条適用の特則↓一三②・二〇②【人事訴訟の場合↓人訴五【国際裁判管轄の場合↓三の六

一　**管轄選択権の濫用**

[1]　外形上本条［旧二一条］の要件を満たす場合でも、本来管轄なき請求について自己に便利な裁判所へ管轄を生じさせるだけの目的で、その裁判所の管轄に属する、訴訟追行の意思のない請求を併せてするのは、管轄選択権の濫用で許されない。（札幌高決昭41・9・19高民一九・五・四二八、民訴百選[五版]A2）

二　**行政訴訟の併合**

[2]　関連請求たる民事訴訟の管轄裁判所に、同裁判所が管轄を有しない行政事件訴訟たる取消訴訟が併合提起された場合に本条［旧二一条］を準用するのは、取消訴訟を中心として関連請求の併合を規定する行訴法一三条、一六条、一七条の法意に反する。（大阪高決昭48・7・17行裁二四・六＝七・六一七）↓行訴一三条[1]

三　**別訴の併合と本条の類推適用**

3　〈Aらが福岡地裁で提起した国賠請求訴訟の係属中に、Xらが同様の理由に基づく本訴を同地裁で提起し、両事件の併合を上申したところ、同地裁は本訴については土地管轄権を有しないことを理由として、Y（国）が管轄違いの移送を申し立てた事案。原審は、両事件を併合決定し、Yの移送申立てを却下〉先行訴訟及び本訴の訴訟の目的たる権利又は義務の間に民訴法三八条前段の関係があり、本訴を提起したXらの上申に基づき受訴裁判所が両事件の口頭弁論を併合した場合であっても、両事件が固有必要的共同訴訟の関係にない以上、本条の適用又は類推適用によって先行事件が係属する裁判所に本訴についての管轄権が生ずることにはならない。（福岡高決令2・11・27判時二五〇八・五〇……原決定を取り消し、事件を熊本地裁へ移送）

四　**渉外事件**↓三条の六[7]

第八条（**訴訟の目的の価額の算定**）①　裁判所法（昭和二十二年法律第五十九号）の規定により管轄が訴訟の目的の価額により定まるときは、その価額は、訴えで主張する利益によって算定する。

②　前項の価額を算定することができないとき、又は極めて困難であるときは、その価額は百四十万円を超えるものとみなす。

§❶【訴額による事物管轄↓裁二四㊀・三三①㊀【算定の基準時↓一五【手数料額の基礎算出でも同一の算定↓民訴費四①❷【非財産権上の訴訟の手数料↓民訴費四②【非財産権上の請求とみなす場合↓一般法人二七八⑤、会社八四七⑥、消費契約四二【財産権上の請求で訴訟算定が極めて困難な訴えの手数料↓民訴費四②

算定の具体例

1　**謝罪広告**

[1]　謝罪広告を新聞紙上に掲載することを求める訴訟の訴額は、新聞広告掲載に要する普通の広告費により算定する。（最判昭33・8・8民集一二・一二・一九二一、民訴百選[初版]三）

2　**仮登記抹消請求**

[2]　所有権に関する仮登記の抹消請求の訴額は、所有権に基づく物の引渡（明渡）請求に準じ、目的不動産の価額の二分の一を基準として定める。（最判昭44・6・24民集二三・七・一一〇九、続民訴百選二）

第九条（**併合請求の場合の価額の算定**）①　一の訴えで数個の請求をする場合には、その価額を合算したものを訴訟の目的の価額とする。ただし、その訴えで主張する利益が各請求について共通である場合におけるその各請求については、この限りでない。

②　果実、損害賠償、違約金又は費用の請求が訴訟の附帯の目的

であるときは、その価額は、訴訟の目的の価額に算入しない。

🈔❶【一の訴えで数個の請求をする場合→一三六、三八【財産権上の訴えと非財産権上の訴えの併合の際の手数料の算定→民訴費四③【利益共通の例→四〇、四一 ❷【果実→民八八【損害賠償→民四一五【違約金→民四二〇③【費用の例→民四一二、五四一、手四八①㈢、四九㈢【手形・小切手による請求と附帯請求→三五〇、三六七、三八三②㈢

参考 **民事訴訟費用等に関する法律**（昭和四六・四・六法四〇）
（抜粋）

（申立ての手数料）
第三条① 別表第一の上欄に掲げる申立てをするには、申立ての区分に応じ、それぞれ同表の下欄に掲げる額の手数料を納めなければならない。
②―④（略）

（訴訟の目的の価額等）
第四条① 別表第一において手数料の額の算出の基礎とされている訴訟の目的の価額は、民事訴訟法第八条第一項及び第九条の規定により算定する。
② 財産権上の請求でない請求に係る訴えについては、訴訟の目的の価額は、百六十万円とみなす。財産権上の請求に係る訴えで訴訟の目的の価額を算定することが極めて困難なものについても、同様とする。
③ 一の訴えにより財産権上の請求でない請求とその原因である事実から生ずる財産権上の請求とをあわせてするときは、多額である訴訟の目的の価額による。
④―⑦（略）

別表第一（第三条、第四条関係）

項	上欄	下欄
一	訴え（反訴を除く。）の提起	訴訟の目的の価額に応じて、次に定めるところにより算出して得た額 ㈠ 訴訟の目的の価額が百万円までの部分 その価額十万円までごとに 千円 ㈡ 訴訟の目的の価額が百万円を超え五百万円までの部分 その価額二十万円までごとに 千円 ㈢ 訴訟の目的の価額が五百万円を超え千万円までの部分 その価額五十万円までごとに 二千円 ㈣ 訴訟の目的の価額が千万円を超え十億円までの部分 その価額百万円までごとに 三千円 ㈤ 訴訟の目的の価額が十億円を超え五十億円までの部分 その価額五百万円までごとに 一万円 ㈥ 訴訟の目的の価額が五十億円を超える部分 その価額千万円までごとに 一万円
二	控訴の提起（四の項に掲げるものを除く。）	一の項により算出して得た額の一・五倍の額
三	上告の提起又は上告受理の申立て（四の項に掲げるものを除く。）	一の項により算出して得た額の二倍の額
四	請求について判断をしなかつた判決に対する控訴の提起又は上告の提起若しくは上告受理の申立て	二の項又は三の項により算出して得た額の二分の一の額
五	請求の変更	変更後の請求につき一の項（請求について判断した判決に係る控訴審における請求の変更にあつては、二の項）により算出して得た額から変更前の請求に係る手数料の額を控除した額
六	反訴の提起	一の項（請求について判断した判決に係る控訴審における反訴の提起にあつては、二の項）により算出して得た額。ただし、本訴とその目的を同じくする反訴については、この額から本訴に係る訴訟の目的の価額について一の項（請求について判断した判決に係る控訴審における反訴の提起にあつては、二の項）により算出して得た額を控除した額
七	民事訴訟法第四十七条第一項若しくは第五十二条第一項又は民事再生法（平成十一年法律第二百二十五号）第百三十八条第一項若しくは第二項の規定による参加の申出	一の項（請求について判断した判決に係る控訴審又は上告審における参加にあつては二の項又は三の項、第一審において請求について判断し、第二審において請求について判断しなかつた判決に係る上告審における参加にあつては二の項）により算出して得た額
八	再審の訴えの提起 (1) 簡易裁判所に提起するもの	二千円
	(2) 簡易裁判所以外の裁判所に提起するもの	四千円
八の二	仲裁法（平成十五年法律第百三十八号）第四十四条第一項又は第四十六条第一項の規定による申立て	四千円
九	和解の申立て	二千円
一〇	支払督促の申立て	請求の目的の価額に応じ、一の項により算出して得た額の二分の一の額
以下略		

一 **利益共通性**

1 財産的請求の場合

[1] ホテルの営業責任者たることの確認、総支配人であることの確認、営業の妨害禁止、営業受託者たる地位が消滅した旨の宣伝禁止の請求は、経済的利益が共通であり、印紙額算定の基礎となる訴額は数個の請求のうち最も多額な請求の価額により定め、請求の価格を合算すべきでない。（最判昭49・2・5民集二八・一・二七、民訴百選[五版]A1）

[2] 住民訴訟としての損害賠償請求を複数の住民が提訴する場合、訴えをもって主張する利益は同一である。（最判昭53・

3・30民集三一・二・四八五、行政百選Ⅱ〔七版〕二一四）

2　非財産的請求の場合

イ　共通として合算しなかった例

[3]　原告らの国に対する自衛隊のカンボジアへのPKO派遣差止め、派遣違憲確認等請求は、いずれも非財産権上の請求であるが、非財産権上の請求が主観的に併合される場合にも、訴えによって主張する利益は観念できなくはないから、その訴額は本条〔旧二三条〕一項に準じ、擬制訴額である九五万円を合算して算定するのが原則であるが、数個の請求をもって主張する非財産的利益が全請求につき共通であり、それぞれに独立したものとは認められないときは、例外的に合算しないのが相当である。原告らは、平和的生存権ないし納税者基本権の侵害を主張するものの、原告らに帰属するそれら権利の侵害による、各人固有の不利益の発生の予防・回復を訴求しているわけではないから、本件訴えにより主張する利益が原告各人ごとに別個に存在するものとは認められない。（大阪高決平5・8・9判タ八三四・二一八）

ロ　合算した例

[4]　林地開発許可処分に対する取消訴訟において、複数の原告らが主張する利益は、処分取消しにより回復される原告らの水利権、人格権、不動産所有権の一部をなすものであり、算定困難な利益ではある。したがって、その訴額は九五万円であるが、その性質上原告が各々有するものであって、全員に共通ではないから、合算すべきである。（最決平12・10・13判時一七三一・三、行政百選Ⅱ〔七版〕二一三）↓行訴七条[13]

[5]　①特別区議会議員選挙の当選人Xの当選無効決定の取消請求及び②同決定に対する審査申立棄却裁決の取消請求は、いずれもその認容によりXの当選無効決定の効力を失わせることを目的とするが、③当選人Aの当選無効請求は、その認容によりXとは別の当選人Aの当選を無効とするものであり、請求①、②と③とでは、それぞれ認容により実現される状態が異なり、訴えで主張する利益が共通とはいえないから、これらを求める本件訴訟の目的の価額は、少なくとも、請求①、②に係る一六〇万円と請求③に係る一六〇万円とを合算した三二〇万円となる。（最決令3・4・27判タ一四八八・七〇、重判令3民訴二）

二　民訴法三八条後段の共同訴訟への本条の適用

[6]　〈複数の貸金業者に対する過払金返還請求訴訟〉民訴法三八条後段の共同訴訟であって、いずれの共同被告に係る部分も受訴裁判所の土地管轄を有しているものについて、七条ただし書により本条の適用が排除されることはない。規定の位置からみて七条は事物管轄の規定ではなく、簡裁管轄区域内に居住する被告が、同管轄区域を管轄区域の一部とする地裁に訴えを提起されても、応訴上の不利益はない。（最決平23・5・18民集六五・四・一七五五、重判平23民訴一）

[7]　〈貸金業者の借り手に対する貸金返還・遅延損害金請求訴訟〉民訴法三八条後段の共同訴訟であって、被告全員につき受訴裁判所が土地管轄を有する場合において、各被告についての訴額は一四〇万円を超えないが、本条により合算すればこれを超えるときは、地方裁判所の事物管轄に属し、七条ただし書により本条の適用が排除されることはない。（最決平23・5・30判時二一二〇・三②）

三　本条二項の適用例

[8]　本条二項の趣旨は、果実等の請求はその当否の判断がその請求権の発生の基礎となる主たる請求の当否の審理判断を前提に同一の手続においてこれに付随してなされることに鑑み、その価額を別個に訴訟物の価額に算入することなく、主たる請求の価額のみを基準として事物管轄及び提訴手数料を算定すれば足りるとしたものである。労基法一一四条が、裁判所は、労働者の請求により、同条所掲の各規定が支払を義務付けている休業手当等の支払を怠る使用者に対して、未払の手当等の金額の支払に加え、これと同額の付加金の労働者への支払を命ずることができる、と定めているのは、使用者に対して一種の制裁を課すことにより同法の諸規定の実効性を高めんとすることに加え、諸手当の支払義務の不履行により労働者に生ずる損害の塡補という趣旨でもあるから、同条所定の未払金の存否の審理判断を前提にこれと同一の手続において付加金の支払が請求されるときは、付加金は本条二項にいう訴訟の附帯の目的である損害賠償又は違約金に含まれると解するのが相当である。（最決平27・5・19民集六九・四・六三五、重判平27民訴一）

第一〇条（管轄裁判所の指定）①　管轄裁判所が法律上又は事実上裁判権を行うことができないときは、その裁判所の直近上級の裁判所は、申立てにより、決定で、管轄裁判所を定める。

②　裁判所の管轄区域が明確でないため管轄裁判所が定まらないときは、関係のある裁判所に共通する直近上級の裁判所は、申立てにより、決定で、管轄裁判所を定める。

③　前二項の決定に対しては、不服を申し立てることができない。

【債権者による指定↓三九八③【国際裁判管轄の場合↓一〇の二【非訟事件の管轄↓非訟五・六【家事事件の管轄↓家事四・六六ETC　❶【法律上の行使不能の例↓二三・二四、民訴規一二【事実上の職務執行不能による訴訟の中止↓一三〇　❸【申立却下に対する不服↓三二八①

専属管轄の複数

[1]　養子縁組無効確認の訴えにおいて被告養父母の普通裁判籍が異なり、二つの専属管轄裁判所があるときは、そのいずれにも訴えを提起し得るから、本条〔旧二四条〕による指定の申立てはできない。（最決昭31・10・31民集一〇・一〇・一三九八）

第一〇条の二（管轄裁判所の特例）　前節の規定により日本の裁判所が管轄権を有する訴えについて、この法律の他の規定又は他の法令の規定により管轄裁判所が定まらないときは、その訴えは、最高裁判所規則で定める地を管轄する裁判所の管轄に属する。

【管轄裁判所の指定↓一〇【国内管轄↓四―七・一〇―一六【非訟事件の管轄↓非訟五・六【家事事件の管轄↓家事四・六六ETC【最高裁の定める地↓民訴規六の二

第一一条（管轄の合意）①　当事者は、第一審に限り、合意により管轄裁判所を定めることができる。

②　前項の合意は、一定の法律関係に基づく訴えに関し、かつ、書面でしなければ、その効力を生じない。

③　第一項の合意がその内容を記録した電磁的記録によってされたときは、その合意は、書面によってされたものとみなして、前項の規定を適用する。

【特許権等に関する訴えでの移送↓二〇の二①【本条の不適用↓一三①・二〇①【本条適用の特則↓一三②・二〇②【国際裁判管轄の場合↓三の七【家事事件の場合↓家事六六　❶【第一審の土地管轄の例↓四―七【第一審の事物管轄↓裁二四〔一〕・三三①〔一〕【法定専属管轄との差異↓一六②・二〇・一四五①・一四六①・二九九【特許権等に関する訴えの特則↓一三②・二〇の二・一四五②・一四六②・二九九②・三一二②〔三〕　❷❸【飛越上告の合意への準用↓二八一②　❸【電磁的記録↓一三二の一〇・三九七―四〇二

一　合意の方式

[1]　〈表面に管轄を定める申込みがあり、裏書欄に承認ある為替手形について〉管轄の合意は一箇の書面に表示されることは必要でなく、申込みと承諾が各別の書面でなされることを妨げない。また、申込みは不特定人に対してもなすことができ、管轄裁判所は一定し得るものであれば申込み当時具体的に一定していなくともよい。（大判大10・3・15民録二七・四三四、

民訴百選[初版]四）↓手一条[9]

[2] 空港の搭乗受付カウンターに、運送契約上の紛争についての管轄条項を含む約款を掲示しただけでは、申込みが到達したこと、相手方が明示・黙示に承諾したこと、合意の締結が書面に記載されたこと、の三つの要件を満たさない。（大阪高決昭40・6・29下民一六・六・一一五四）

二 付加的合意と専属的合意

1 傷害保険普通約款

[3] 管轄約款の趣旨が専属的管轄を定めたものか否かは解釈により決するほかなく、それが専属的なものであれば保険会社には便利だが、一般の保険契約者には著しく不利であるから、疑わしくは消費者の利益に解釈すべきであり、本件約款は付加的管轄を定めたものと解すべきである。（札幌高決昭45・4・20下民二一・三＝四・六〇三、民訴百選[二版]九）

2 建築請負約款

[4] 被告元請会社が管轄条項を含む注文書を原告下請会社に送付し、原告が何ら変更を加えず承諾したときは、合意管轄の趣旨は被告の意思、したがって被告の利益により決せられるから、被告本店所在地の専属的管轄を定めたものと解すべきである。（大阪高決昭45・8・26判時六一三・六二、続民訴百選三）

三 専属的合意の効力

1 応訴管轄の成立

[5] 専属管轄の合意があっても、応訴管轄の成立を妨げない。（大判大10・5・18民録二七・九三九）

2 法定管轄裁判所への提訴

[6] 専属的合意管轄ある場合でも、その管轄とされた裁判所以外の裁判所に密接な関連を持つ別訴が係属中で、訴訟遅滞や裁判の矛盾を回避する公益上の必要あるときは、合意の効力は排除され、訴えを法定管轄を有する別訴の裁判所に提起しても管轄違いにならない。（大阪高決昭56・12・2判時一〇四七・八八）

3 遅滞を避けるための移送↓二〇条[7]

四 渉外事件↓三条の七[5]

（応訴管轄）

第一二条 被告が第一審裁判所において管轄違いの抗弁を提出しないで本案について弁論をし、又は弁論準備手続において申述をしたときは、その裁判所は、管轄権を有する。

⊛【管轄違いによる移送の申立て↓一六【本案の弁論↓八七、一四八―一六〇【弁論準備手続の申述↓一六八―一七四【本案の弁論、弁論準備手続の申述をしたことの他の効果↓二四、四四②、七五③、二六一②【本条の不適用↓一三①、二〇①【本条適用の特則↓一三②、二〇②【国際裁判管轄の場合↓三の八

一 事物管轄と応訴管轄

[1] 裁判所法三三条一項は訴訟物の価額のいかんによる専属管轄を定めたものではなく、簡易裁判所において管轄違いの抗弁を提出しなければ応訴管轄が生じる。（名古屋高判昭28・12・4高民六・一二・八一四）

二 本案の弁論

[2] 本案の弁論とは、被告が原告主張の訴訟物たる権利又は法律関係につき事実上又は法律上の陳述を行うことをいい、事実や理由を付すことなく単に請求棄却の判決を申し立てるだけでは、本案の弁論とはいえない。（大判大9・10・14民録二六・一四九五）

（専属管轄の場合の適用除外等）

第一三条① 第四条第一項、第五条、第六条第二項、第六条の二、第七条及び前二条の規定は、訴えについて法令に専属管轄の定めがある場合には、適用しない。

② 特許権等に関する訴えについて、第七条又は前二条の規定によれば第六条第一項各号に定める裁判所が管轄権を有すべき場合には、前項の規定にかかわらず、第七条又は前二条の規定により、その裁判所は、管轄権を有する。

⊛❶【法定専属管轄の訴訟法上の効果↓一六、二〇、一四五①、一四六①、二九九、三〇九、三一二②[三]【専属管轄の定めがある場合の例―(イ)上級裁判所の職分管轄↓裁一六、七【同前―(ロ)土地及び職分管轄↓一一七、三四〇、民執一九、民保一二、人訴四、会社八三五、八四八、八五六、八五七、八五八③、八六二、八六七、破五、六、一二六②、民再五、一〇六②、一三五②、一四五②、会更四―六、九七②、一五二②【法定専属管轄と専属的合意管轄との差異↓一一 ⊛❷【特許権等に関する訴え↓六①【特許権等に関する訴えの他の特則↓二〇②、二〇の二、一四五②、一四六②、二九九②、三一二②[三] ⁺【国際裁判管轄の場合↓三の一〇

（職権証拠調べ）

第一四条 裁判所は、管轄に関する事項について、職権で証拠調べをすることができる。

⊛⁺【申立てによる証拠調べの原則↓一八〇【証拠調べの手続↓一九〇―二三三【国際裁判管轄の場合↓三の一一

（管轄の標準時）

第一五条 裁判所の管轄は、訴えの提起の時を標準として定める。

⊛⁺【裁判所の管轄↓裁二四[一]、三三①[一]、四―六【訴えの提起の方式↓一三四、二七一【国際裁判管轄の場合↓三の一二

（管轄違いの場合の取扱い）

第一六条① 裁判所は、訴訟の全部又は一部がその管轄に属しないと認めるときは、申立てにより又は職権で、これを管轄裁判所に移送する。

② 地方裁判所は、訴訟がその管轄区域内の簡易裁判所の管轄に属する場合においても、相当と認めるときは、前項の規定にかかわらず、申立てにより又は職権で、訴訟の全部又は一部について自ら審理及び裁判をすることができる。ただし、訴訟がその簡易裁判所の専属管轄（当事者が第十一条の規定により合意で定めたものを除く。）に属する場合は、この限りでない。

⊛⁺【裁判所の管轄↓裁二四[一]、三三①[一]、四―七、一一【国際裁判管轄の特別事情却下↓三の九 ❶【反訴提起に基づく地裁への移送↓二七四【管轄違いの主張の制限↓二九九【申立ての方式↓民訴規七【移送の裁判↓二一、二二 ❷【地裁の自庁処理↓一八【家裁の自庁処理↓人訴六【簡裁の専属管轄↓三四〇①、民執三三②[二]―[四]、三四③、二五③【簡裁の裁量移送↓一八

一 審級管轄違い

1 控訴審管轄

[1] 被告が、松山地裁大洲支部における敗訴判決に対する控訴状を広島高裁に提出した場合には、広島高裁はこれを高松高裁へ移送すべきであり、この手続を怠り、控訴状を大洲支部へ回送したことにより生じた控訴期間徒過を理由とする高松高裁による却下判決は違法である。（最判昭25・11・17民集四・一一・六〇三、民訴百選I[補正]三二）

2 原裁判所を経由しない抗告状の提出↓民執一〇条[2]

二 地家裁相互間の移送

[2] 本条［旧三〇条］一項は、移送された事件が移送された裁判所においても訴訟手続により処理されることを前提としているから、非訟事件たる準禁治産宣告取消請求が訴訟事件として地裁に提起された場合、特別の規定のない限り、本条により家裁に移送すべきでなく却下すれば足りる。（最判昭38・11・15民集一七・一一・一三六四、民訴百選[初版]五）

[3] 婚姻費用分担及び扶養義務者間の扶養料分担については家事審判法により家裁が審判すべきである。家事審判事件が訴訟事件として地裁に提起された場合、特別の規定のない限り、本条［旧三〇条］により家裁に移送すべきでない。（最判昭44・2・20民集二三・二・三九九、民訴百選[二版]一〇）↓民七

六〇条[3]・八七七条[6]

[4] 人事訴訟手続法一五条一項［現・人事訴訟法三二条一項］による財産分与の申立ては、家庭裁判所の権限に属する審判事項につき、訴訟経済と当事者の便宜から例外的に離婚の訴えと同一の訴訟手続での審判を認めたものだから、離婚の訴えの係属が消滅すれば、訴訟手続では審判できず、右申立ては不適法却下される。（最判昭58・2・3民集三七・一・四五、民訴百選Ⅰ[補正]三三）

[5] 〈給付を命じる家事審判の執行力ある正本に基づく強制執行の不許を求め、債務者が家庭裁判所に対し請求異議の訴えを提起した後、右強制執行が完了したため、訴えを不当執行に基づく損害賠償請求に変更した事案において〉請求異議の訴えが家庭裁判所の管轄に属する以上、その係属中の訴えの交換的変更については家庭裁判所が受訴裁判所としてその許否を決める権限を有し、訴えの変更の要件に欠けるところがなければ、これを許した上、新訴が家庭裁判所の管轄に属さない場合には管轄地方裁判所に移送すべきである。（最判平5・2・18民集四七・二・六三二、重判平5民訴三……第一審は請求異議の訴え自体を家裁の管轄でないとして却下、控訴審は家裁の管轄を肯定したが、交換後の新訴は家裁の管轄に属さないから訴え変更は不適法とし、訴えの利益欠缺［けんけつ］を理由に請求異議の訴えを却下。原判決破棄、第一審判決取消し、管轄裁判所に移送）

三　裁判所支部の地位

[6] 事件を地方裁判所本庁又は支部のいずれで審理するかは、地裁内部の事務分配に関する事項であり、訴訟法上の管轄の問題ではない。執行証書に対する請求異議訴訟における債務者が支部区域に住所を有する場合でも、本庁に右訴えを提起することは管轄違いではない。（最判昭41・3・31判時四四三・三二）

四　地裁の自庁処理

[7] 簡裁の事物管轄に属する事件が地裁に提起された場合、本条二項により自庁処理すべきか否かの判断は、訴訟の著しい遅滞を回避し又は当事者の衡平を図るという観点からだけでなく、同項の趣旨に照らし、広く当該事件の事案の内容に照らし地裁における審判が相当であるかという観点からされるべきであり、簡裁への移送申立てを却下する判断もこれと同じく、裁量の逸脱、濫用が認められない限り、違法となることはなく、この理は簡裁の専属的管轄を定める合意があるときでも異ならない。（最決平20・7・18民集六二・七・二〇一三、民訴百選[五版]三）

（遅滞を避ける等のための移送）

第一七条　第一審裁判所は、訴訟がその管轄に属する場合においても、当事者及び尋問を受けるべき証人の住所、使用すべき検証物の所在地その他の事情を考慮して、訴訟の著しい遅滞を避け、又は当事者間の衡平を図るため必要があると認めるときは、申立てにより又は職権で、訴訟の全部又は一部を他の管轄裁判所に移送することができる。

⊛⁺【裁判所の管轄↓裁二四㈢、三三①㈢、四―七、一二【受命裁判官等による証人尋問↓一九五【検証↓二三二【移送の裁判↓二一、二二【裁量移送における取扱い↓民訴規八【類似の規定↓人訴七【本条の不適用↓一三①、二〇①【本条適用の特則↓一三②、二〇②【国際裁判管轄の特別事情却下↓三の九

一　裁量移送の要件

[1] 本条［旧三一条］の「著しい損害又は遅滞」のうち、「著しい損害」の有無の判断は、当事者の訴訟遂行上の具体的な利益を中心として判断されるべきであり、直接的には被告側の受ける不利益が考慮されるべきであるが、それと同時に移送により原告側が受けることとなる不利益についても十分な配慮が必要である。これに対し「著しい遅滞」を避ける必要があるか否かの判断は、主として公益的な見地からなされるものであり、結局右損害及び遅滞の両要件を総合的に比較考量して判断すべきものである。（大阪高決昭54・2・28判時九二三・八九、民訴百選Ⅰ[補正]三四……旧三一条の下での判例。医療過誤訴訟で病院所在地への移送申立てを却下）

[2] 本条が旧三一条の「著しい損害……を避けるため」の要件を「当事者間の衡平を図るため」と緩和したことに照らし、福岡市に居住する被告が合意管轄地である大阪で応訴することに伴う旅費等、資力の乏しい被告にとっての経済的負担は消費者金融業者である原告が福岡で訴訟を追行する負担よりも大きいから、本条による移送が許される。（大阪地決平11・1・14判時一六九九・九九、民訴百選[三版]七）

[3] 本条にいう「その他の事情」には、知的財産権につき高度の専門知識を有する裁判所が処理するのが適切な種類の事件であって、移送先の裁判所に知的財産専門部があるということも含まれる。（東京高決平10・10・19判時一六七四・七八）

二　専属的合意管轄がある場合の移送↓二〇条[1][2]

三　関連請求に係る訴訟の移送（人訴法八条一項）

[4] 離婚訴訟の被告Yが、原告Xは第三者Aと不貞行為をした有責配偶者であると主張して、その離婚請求の棄却を求めている場合において、YがAを相手方として提起した右不貞行為を理由とする損害賠償請求訴訟は、人事訴訟法八条一項にいう「人事訴訟に係る請求の原因である事実によって生じた損害の賠償に関する請求に係る訴訟」に当たる。（最決平31・2・12民集七三・二・一〇七、重判令元民訴一〇）

（簡易裁判所の裁量移送）

第一八条　簡易裁判所は、訴訟がその管轄に属する場合においても、相当と認めるときは、申立てにより又は職権で、訴訟の全部又は一部をその所在地を管轄する地方裁判所に移送することができる。

⊛⁺【地裁の自庁処理↓一六②【簡裁の管轄↓裁三三①㈠【移送の裁判↓二一、二二【裁量移送における取扱い↓民訴規八【本条の不適用↓二〇

（必要的移送）

第一九条①　第一審裁判所は、訴訟がその管轄に属する場合においても、当事者の申立て及び相手方の同意があるときは、訴訟の全部又は一部を申立てに係る地方裁判所又は簡易裁判所に移送しなければならない。ただし、移送により著しく訴訟手続を遅滞させることとなるとき、又はその申立てが、簡易裁判所からその所在地を管轄する地方裁判所への移送の申立て以外のものであって、被告が本案について弁論をし、若しくは弁論準備手続において申述をした後にされたものであるときは、この限りでない。

② 簡易裁判所は、その管轄に属する不動産に関する訴訟につき被告の申立てがあるときは、訴訟の全部又は一部をその所在地を管轄する地方裁判所に移送しなければならない。ただし、その申立ての前に被告が本案について弁論をした場合は、この限りでない。

⊛⁺【裁判所の管轄↓裁二四㈢、三三①㈢、四―七【移送の裁判↓二一、二二　❶【事前の書面による合意↓一一【手続遅滞による自庁処理↓一七【簡裁から地裁への移送↓一八【本案の弁論、弁論準備手続の申述をしたことによる管轄の発生↓一二【特許権等に関する訴えでの移送↓二〇の二①　❷【不動産訴訟の事物管轄↓裁二四㈠、三三①㈠【本案の弁論をしたことによる移送申立ての制限↓一二　⁺【本条の不適用↓二〇

（専属管轄の場合の移送の制限）

第二〇条①　前三条の規定は、訴訟がその係属する裁判所の専属管轄（当事者が第十一条の規定により合意で定めたものを除く。）に属する場合には、適用しない。

② 特許権等に関する訴えに係る訴訟について、第十七条又は前条第一項の規定によれば第六条第一項各号に定める裁判所に移送すべき場合には、前項の規定にかかわらず、第十七条又は前

条第一項の規定を適用する。

⊛❶【法定専属管轄】→一三⊛【専属的合意管轄】→一一　❷【特許権等に関する訴え】→六①【特許権等に関する訴えの他の特則】→一三②・二〇の二・一四五②・一四六②・二九九②・三一二②三

専属的合意管轄と移送

1　法定管轄裁判所への移送

[1]　信販会社と消費者との間で定型的に作成された契約書に東京を管轄地とする条項がある場合において、証人が原告の居住する広島に集中しており、東京で審理することに伴う費用等の負担及び審理の遅延、被告が破産宣告［破産手続開始決定］を受け免責申立て中であること、各地に支店を有する原告が広島で審理されても大きな経済的負担がないことに照らし、民訴法一七条による移送を認めるべきである。（東京地決平11・3・17判タ一〇一九・二九四、民訴百選[三版]六）

[2]　〈東京に本店を置く都市銀行Yの勧誘により金融商品取引を行った結果損害を被ったと主張する兵庫県のX市が、提訴前の経緯から応訴管轄の成立を見込んで大阪地裁に提訴したところ、Yは東京地裁に専属的合意管轄があるとして移送を求めた。これに対しXは、法定管轄地である神戸地裁に移送すべきであると主張〉本件取引を勧誘したのがYの兵庫県内の支店の従業員であり、本件は兵庫県内で起きた紛争であること、証人尋問の対象者の多くが兵庫県内に居住しているとみられること、両訴訟代理人はいずれも大阪に事務所を置く弁護士であり、神戸地裁の方が期日への出頭が容易であること、地方自治体が銀行を相手に投資勧誘の違法を主張して提訴した本件は、マスコミの注目が高く、X市民の傍聴希望者も多いので、主張整理を公開法廷における準備的口頭弁論により行うのが望ましいことから、東京に移送しても電話会議システムを利用した弁論準備手続により主張整理の遅滞は回避できるとした原審の判断は適切でなく、民訴法一六条一項・一七条により、本件訴訟を神戸地裁に移送するのが相当である。（大阪高決平25・1・7判時二一八一・八六）

2　専属的合意管轄裁判所への移送―法定管轄裁判所で審理する特段の必要の要否

[3]　〈デリバティブ取引の顧客であるX社が、Y証券会社に対して、説明義務違反等による損害賠償を求め、法定管轄裁判所である長野地裁上田支部に提訴したところ、Yが専属的合意管轄裁判所である東京地裁への移送を申し立てた事案〉民訴法一七条の趣旨に照らせば、当事者が、専属的管轄合意に反して法定管轄裁判所に訴えを提起した場合であっても、訴訟の著しい遅滞を避け又は当事者間の衡平を図るために、専属的合意管轄裁判所に移送することなく法定管轄裁判所で審理する特段の必要があると認められるときは、当該法定管轄裁判所が管轄を有する。本件においては、証人尋問の対象となるべきYの担当従業員らが東京都などに居住していること、Yの訴訟代理人の事務所が東京都にあること、Xの訴訟代理人の事務所も大阪府及び京都府に所在すること、Xは小規模な会社ではあるものの、代表者その他の関係者が東京地裁に赴くことの負担が格別重大なものではないことなどを考慮すれば、事件を長野地裁上田支部で審理する特段の必要はない。（東京高決平22・7・27金法一九二四・一〇三……移送申立てを却下した原決定を取り消し、東京地裁へ移送）

[4]　〈X社が、業務提携契約に基づく未払成果報酬支払を求めて、法定管轄裁判所である安城簡裁に提訴したところ、Y社が専属的合意管轄裁判所である広島簡裁への移送を申し立てた事案〉民訴法一七条の趣旨に照らせば、法定管轄裁判所に訴えが提起され、専属的合意管轄裁判所への移送申立てがされた場合の判断基準も、専属的合意管轄裁判所に訴えが提起され、法定管轄裁判所への移送申立てがされた場合と同様に考えるのが合理的であり、前者の場合にのみ「特段の必要性」との要件を付加すべき根拠はない。本件では、法定管轄裁判所である安城簡裁において基本事件を審理することが訴訟の著しい遅滞を避けるため必要と認められ、XY間で専属的管轄合意が成立していることを踏まえても、このことが当事者間の衡平を害するとまでは認められないから、移送申立ては認められない。（名古屋高決平28・8・2判タ一四三一・一〇五）

（特許権等に関する訴え等に係る訴訟の移送）

第二〇条の二①　第六条第一項各号に定める裁判所は、特許権等に関する訴えに係る訴訟が同項の規定によりその管轄に専属する場合においても、当該訴訟において審理すべき専門技術的事項を欠くことその他の事情により著しい損害又は遅滞を避けるため必要があると認めるときは、申立てにより又は職権で、訴訟の全部又は一部を第四条、第五条若しくは第十一条の規定によれば管轄権を有すべき地方裁判所又は第十九条第一項の規定によれば移送を受けるべき地方裁判所に移送することができる。

②　東京高等裁判所は、第六条第三項の控訴が提起された場合において、その控訴審において審理すべき専門技術的事項を欠くことその他の事情により著しい損害又は遅滞を避けるため必要があると認めるときは、申立てにより又は職権で、訴訟の全部又は一部を大阪高等裁判所に移送することができる。

⊛❶【特許権等に関する訴え】→六①【専門技術的事項】→裁五七②【遅滞を避ける等のための移送】→一七【移送された事件の控訴】→六③【特許権等に関する訴えの他の特則】→一三②・二〇②・一四五②・一四六②・二九九②・三一二②三　+【裁量移送における取扱い】→民訴規八

（即時抗告）

第二一条　移送の決定及び移送の申立てを却下した決定に対しては、即時抗告をすることができる。

⊛+【移送】→一六―一九【即時抗告】→三三二【不服申立て禁止】→二七四②【上訴審における移送】→三〇九・三二五【人事訴訟における移送】→人訴七・八

（移送の裁判の拘束力等）

第二二条①　確定した移送の裁判は、移送を受けた裁判所を拘束する。

②　移送を受けた裁判所は、更に事件を他の裁判所に移送することができない。

③　移送の裁判が確定したときは、訴訟は、初めから移送を受けた裁判所に係属していたものとみなす。

⊛+【移送】→一六―一九【上告審における移送】→三〇九・三二五【移送による記録の送付】→民訴規九　❸【移送の裁判の確定】→二一・三三二・三三七【起訴に基づく時効の完成猶予】→一四七

一　移送の裁判の拘束力

[1]　専属管轄に反する移送決定に対して即時抗告がなされないまま、右決定が確定した場合には、右決定は移送を受けた裁判所を拘束する。（東京高決昭31・10・24下民七・一〇・二九七六）

二　再移送の許否

[2]　本条二項［旧三二条二項］は移送を受けた裁判所が他の事由に基づいて事件を他の裁判所に移送することを禁止する趣旨ではないから、管轄違いを理由とする移送を受けた裁判所が一八条［旧三一条の二］の規定による移送を行うことは違法でない。（東京高決昭32・10・24東高民八・一〇・二五〇）

[3]　本件訴訟は、東京簡易裁判所から民訴法一八条［旧三一条の二］に基づく移送決定により、当裁判所（東京地裁）に移送されたものであるが、本条二項［旧三二条二項］の下でも、別個の事由によって再移送することは妨げられないと解されるから、当裁判所としては、一七条［旧三一条］により本件を更に岡山地裁新見支部に移送することが許される。（東京地決昭61・1・14判時一一八二・一〇三、民訴百選[三版]A3）

第三節　裁判所職員の除斥及び忌避

†【裁判官・裁判所書記官の回避】→民訴規一二・一三

（裁判官の除斥）

第二三条① 裁判官は、次に掲げる場合には、その職務の執行から除斥される。ただし、第六号に掲げる場合にあっては、他の裁判所の嘱託により受託裁判官としてその職務を行うことを妨げない。

一　裁判官又はその配偶者若しくは配偶者であった者が、事件の当事者であるとき、又は事件について当事者と共同権利者、共同義務者若しくは償還義務者の関係にあるとき。

二　裁判官が当事者の四親等内の血族、三親等内の姻族若しくは同居の親族であるとき、又はあったとき。

三　裁判官が当事者の後見人、後見監督人、保佐人、保佐監督人、補助人又は補助監督人であるとき。

四　裁判官が事件について証人又は鑑定人となったとき。

五　裁判官が事件について当事者の代理人又は補佐人であるとき、又はあったとき。

六　裁判官が事件について仲裁判断に関与し、又は不服を申し立てられた前審の裁判に関与したとき。

② 前項に規定する除斥の原因があるときは、裁判所は、申立てにより又は職権で、除斥の裁判をする。

❶【裁判官→裁五【受託裁判官→八九】〔一〕【共同権利者の例→民二四九、四二七、四二八、八九八、八九九【共同義務者の例→民四二七、四三〇、四三六、四四六、七一九【償還義務者の例→民三五一、四四二、四五九、手四七、小四三〔二〕【親族の範囲→民七二五【親等の計算→民七二六〔三〕【後見人→民八三九―八四七【後見監督人→民八四八―八五二【保佐人→民一二、八七六の二【保佐監督人→民八七六の三【補助人→民八七六の七【補助監督人→民八七六の八〔四〕【証人→一九〇―二〇六【鑑定人→二一二―二一八〔五〕【訴訟上の法定代理人→二八、三五、三七【訴訟代理人→五四―五九【補佐人→六〇〔六〕【仲裁判断→仲裁三九❷【申立ての方式→民訴規一〇【除斥の裁判→二五、二六†【本条違反の効果→三一二②□二、三三八①□二【専門委員の除斥→九二の六【調査官の除斥→九二の九①【参与員の除斥→人訴一〇

一　一項六号の除斥原因

1　「前審」の意義

[1] 本条一項六号〔旧三五条六号〕にいう「不服を申し立てられた前審の裁判」とは、当該事件について直接又は間接に下級審のした裁判を指すところ、本件離縁請求は所論の養子縁組婚姻の離婚請求とは全く別の事件であるから、後者に関与したことは前審関与に該当しない。（最判昭36・4・7民集一五・四・七〇六）

[2] 再審の訴えにおいて不服を申し立てられた確定判決の裁判に関与した裁判官が右再審の訴えに関与するのは、本条一項六号〔旧三五条六号〕にいう前審関与に当たらない。（大判昭18・6・22民集二二・五五一）

[3] 労働審判に対し適法な異議の申立てがあったため、労審法二二条により訴えが提起されたものとみなされて訴訟に移行した場合において、当該労働審判は「前審の裁判」に当たらない。（最判平22・5・25判時二〇八五・一六〇、重判平22労働三）

[4] 認知請求につき調停手続が係属し、不調となった後認知の訴えが提起された場合、右調停を前審の裁判ということはできない。（最判昭30・3・29民集九・三・三九五）

[5] 仮差押決定に関与した裁判官が本案訴訟手続に関与したとしても、右仮差押決定は前審の裁判とはいえない。（大判昭12・7・2新聞四一五七・一六）

[6] 上告審により破棄された控訴審判決に関与した裁判官が、破棄後の控訴審判決に対する再度の上告事件に関与することは、本条一項六号〔旧三五条六号〕により妨げられない。（大判昭11・2・18新聞三九五九・一一）

[7] 前判決を下した裁判官のうち一名が、日弁連懲戒委員として、不服申立てに係る懲戒処分の審理に関与したとしても、懲戒委員会は懲戒処分に対する異議訴訟の前審とはいえないから、右事実は民訴法三三八条〔旧四二〇条〕一項二号の再審事由に当たらない。（最判昭34・8・7民集一三・一〇・一二七三）

[8] 競落許可決定を行った裁判官が、これに対する即時抗告の裁判に関与することは、本条一項六号〔旧三五条六号〕に違反する。（大決昭5・4・23民集九・四一一、民訴百選[初版]六）

2　裁判への「関与」

[9] 本条一項六号〔旧三五条六号〕にいう前審の「裁判に関与した」とは、裁判という国家意思の形成に関与したこと、具体的にはその評決及び裁判書の作成に関与したことをいうのであって、準備手続又は準備的口頭弁論を行ったというがごときは、これに含まれない。（最判昭39・10・13民集一八・八・一六一九、民訴百選[三版]八）

[10] 前審において口頭弁論を指揮し証拠調べをしても、その裁判の評決に加わらない限り、前審関与に当たらない。（最判昭28・6・26民集七・六・七八三、民訴百選[二版]一二）

二　除斥原因ある裁判官の職務執行

[11] 裁判の言渡しは既に成立した裁判を外部に発表する手続にすぎないから、第一審裁判に関与した裁判官が第二審裁判の言渡しに関与することは何ら妨げられない。（大判昭5・12・18民集九・一一四〇）

（裁判官の忌避）

第二四条① 裁判官について裁判の公正を妨げるべき事情があるときは、当事者は、その裁判官を忌避することができる。

② 当事者は、裁判官の面前において弁論をし、又は弁論準備手続において申述をしたときは、その裁判官を忌避することができない。ただし、忌避の原因があることを知らなかったとき、又は忌避の原因がその後に生じたときは、この限りでない。

❶【公正な裁判をすべき責務→二【申立ての方式→民訴規一〇❷【弁論→八七、一四八―一六〇【弁論準備手続→一六八―一七四【忌避の裁判→二五、二六†【専門委員の忌避→九二の六【鑑定人の忌避→二一四【調査官の忌避→九二の九①【参与員の忌避→人訴一〇【仲裁人の忌避→仲裁一八

一　「裁判の公正を妨げるべき事情」

1　訴訟代理人との縁戚関係

[1] 裁判官が被告の訴訟代理人の女婿であるからといって、直ちに本条〔旧三七条〕のいう裁判官につき裁判の公正を妨げるべき事情があるとはいえない。（最判昭30・1・28民集九・一・八三、民訴百選[五版]四）

2　別訴での裁判官との対立関係

[2] 裁判官が当事者の一方と別訴で対立当事者の関係にある場合でも、それが一般の民事紛争事件であれば格別、裁判官の職務執行（訴訟指揮及び実体判断）の当否を問う国家賠償事件であるときは、紛争の特質上、特段の事情のない限り直ちに忌避事由になるとはいえない。（神戸地決昭58・10・28判時一一〇九・一二六）

3　釈明権の行使

[3] 裁判所が既に提出された証拠資料等からみて別個の法律上の主張が可能であると思料し、当事者に対し右法律構成を示唆したとしても、それは釈明権の範囲内にあるから、これをもって裁判の公正を妨げる事情ありとはいえない。（東京高決昭46・4・3判タ二六三・二二六）

4　事件と無関係な裁判官の思想・行状

[4] 具体的事件と無関係な裁判官としての適格、行状、思想、単なる法律上の見解に関しては、裁判官弾劾、裁判官分限の制度が設けられているから、そうした事由は忌避原因とならない。（東京高決昭45・5・8判時五九〇・一八）→刑訴二一条

5〜7

5　最高裁判所規則制定をめぐる訴訟で同規則制定の裁判官会議への参加

5　〈福岡地・家裁甘木支部の廃止に反対する住民が、これを最高裁判所規則（平成元年五号）により定めた最高裁判所を被告として同規則制定の取消しを求めた行政事件において〉最高裁判所が、最高裁判所規則を制定するとともに、これをめぐる訴訟の上告事件を担当することは、現行司法制度上予定されているというべきであり、そうであれば、同訴訟において、同規則の制定に関する裁判所会議に参加したということを理由に、同会議に参加した最高裁判所の裁判官について本条〔旧三七条〕一項に基づき忌避の申立てをすることはできない。（最決平3・2・25民集四五・二・一一七、重判平3民訴一②）↓◆【民事裁判権の限界】〔二編名の後〕5、憲七七条3

6　密接に関連する別件訴訟における指定代理人としての活動

6　〈原告が国等を被告として生活保護基準引下げ処分の取消し等を求める本件訴訟の担当であるA裁判官が、その直前まで同種別件訴訟の国側指定代理人として活動していた事案〉裁判官が、かつて関連する別件訴訟における国側指定代理人として国に有利な主張をしたからといって、当然に忌避事由があるとはいえない。しかし、本件と別件は、いずれもその帰趨〔きすう〕が専ら厚生労働大臣による告示の発出につき裁量の逸脱・濫用があったかどうかの判断に依存し、各原告の個別事情による影響の乏しいものであること、A裁判官は、担当する唯一の訟務部付検事として別件に中心的に関与していたものであり、本件の国側主張書面の作成にも影響を及ぼした可能性があること、A裁判官が別件において提出・陳述した主張書面と本件における国側主張書面とはその内容がほぼ完全に共通であり、形式や細部の表現に至るまで酷似していることなどに照らせば、A裁判官がそうした活動の直後に本件の裁判官として関与することは、公正で客観性のある裁判を期待することができないとの懸念を客観的事情に基づいて通常人に抱かせるに足るものであり、忌避申立てには理由がある。（金沢地決平28・3・31判時二二九九・一四三）

二　忌避申立権の濫用と簡易却下↓二五条1 2

第二五条（除斥又は忌避の裁判）① 合議体の構成員である裁判官及び地方裁判所の一人の裁判官の除斥又は忌避についてはその裁判官の所属する裁判所が、簡易裁判所の裁判官の除斥又は忌避についてはその裁判所の所在地を管轄する地方裁判所が、決定で、裁判をする。

② 地方裁判所における前項の裁判は、合議体でする。

③ 裁判官は、その除斥又は忌避についての裁判に関与することができない。

④ 除斥又は忌避を理由があるとする決定に対しては、不服を申し立てることができない。

⑤ 除斥又は忌避を理由がないとする決定に対しては、即時抗告をすることができる。

⑧+【除斥・忌避についての裁判官の意見陳述↓民訴規一一】❶【合議制の裁判所↓裁九、一八、二六②③、三一の四②③】【一人制の裁判所↓裁二六①、三一の四①、三五】❷【地裁の一人制の例外↓裁二六②四】❸【その裁判官が却下できる場合↓刑訴二四②】❺【即時抗告↓三三二】

忌避申立権の濫用と簡易却下

1　本条〔旧三九条〜四一条〕は通常の場合についての規定であり、忌避申立てが濫用された場合には、刑訴法二四条二項のように明文の規定はないが、忌避された裁判官が自ら却下の裁判をすることができると解するのが相当である。（東京高決昭39・1・16下民一五・一・四）

2　合議体を構成する裁判官に対する忌避申立ての濫用の場合、合議体自らが却下し得ることにつき、1と同旨（高松高決昭39・12・10高民一七・八・六〇三）

第二六条（訴訟手続の停止）　除斥又は忌避の申立てがあったときは、その申立てについての決定が確定するまで訴訟手続を停止しなければならない。ただし、急速を要する行為については、この限りでない。

⑧+【除斥・忌避の申立ての方式↓民訴規一〇】【決定の確定時期↓二五④⑤、三三二、三三七】【急速を要する行為の例↓二三四、四〇三、民保二〇、二三】【専門委員の場合↓九二の六②】【調査官の場合↓九二の九②】【参与員の場合↓人訴一〇②】【仲裁人の場合↓仲裁一九⑤】

忌避申立てある場合と判決

1　忌避申立てがあるにもかかわらず終局判決が言い渡された場合には、当事者は上訴の理由として右違法を問責することができ、上訴審は忌避事由の存否を判断すべきであるが、忌避申立てそのものは判決のあった以上理由を失い棄却されるべきである。（大決昭5・8・2民集九・七五九、民訴百選Ⅰ補正三七）

2　忌避申立てに対する裁判確定以前に、忌避申立てを受けた裁判官が下した判決は違法であるが、判決後忌避の申立てが理由なしとする決定が下されそれが確定したときは、判決は有効となると解するのが相当である。（最判昭29・10・26民集八・一〇・一九七九）

第二七条（裁判所書記官への準用）　この節の規定は、裁判所書記官について準用する。この場合においては、裁判は、裁判所書記官の所属する裁判所がする。

⑧+【裁判所書記官↓裁六〇】【本法における裁判所書記官の権限↓七一—七四、九一、九八②、一〇〇、一〇七、一一一、一六〇、二五四②、三八二—四〇二】【裁判所書記官の処分に対する異議↓一二一】

1　民訴法二三条一項六号〔旧三五条六号〕の前審関与とは裁判の評決に加わることであり、書記官がこの意味で裁判に関与することはないから、同号は書記官には準用されない。（最判昭34・7・17民集一三・八・一〇九五）

第三章　当事者

◆【当事者の確定】

一　氏名冒用訴訟

1　原告側の氏名冒用

1　第三者が原告の氏名を冒用して訴訟代理人を選任の上、訴えを提起し敗訴した場合、原告は当事者の地位を取得せず、右判決の効力は原告に及ばないため、原告には再審の必要なく、再審事由にも当たらないから、原告の同一の請求につき裁判所は直ちに審理判断すべきである。（大判昭2・2・3民集六・一三、民訴百選初版八）

2　被告側の氏名冒用

2　〈氏名冒用による判決に基づく強制執行を受けた被冒用者が再審の訴えを提起した事案において〉氏名冒用による偽造委任状により訴訟代理人に被冒用者名義の訴訟行為をなさしめた場合、被冒用者は当事者となり、冒用を看過して下された判決の効力は被冒用者に及ぶから、判決確定後は再審の訴えを提起し得る。（大判昭10・10・28民集一四・一七八五、民訴百選五版五）↓三三八条6

3　被冒用者による冒用者の行為の追認

3　〈XがYの代理人である長男Aを通じてY所有農地を買い受けたとして移転登記を請求。AがYの氏名を冒用して答弁書を作成提出したが出頭はせず、答弁書の陳述擬制により第一審が進行。上告審において初めて第一審の氏名冒用の瑕疵〔かし〕が主張された例〉第一審にAによるYの氏名冒用という訴訟行為の瑕疵があるとしても、Yが第一審判決に対し自ら控訴しその選任した訴訟代理人が本案につき弁論をして訴訟を遂行し原判決を受けている場合には、追認により補正がなされたものというべきである。（最判平2・12・4判時一三九八・六六）

二　死者を当事者とする訴訟

④〈第一審判決言渡し後に、初めから死者の相続人の親権者によって訴状が受領されていたことが判明。死者を相手とする訴訟は不適法として原告の訴えを却下した控訴審判決に対し上告を申し立てた事案において〉死者を被告とする訴えにおいて、実質上の被告は相続人であり、被告の表示に誤りがあるにすぎず、そのことにより訴訟関係が不成立となるとはいえない。（大判昭11・3・11民集一五・九七七、民訴百選五版六）

⑤　死者を被告とする訴状がその相続人に受領される等、相続人が訴訟係属を覚知し得る事情のない限り（本件は公示送達である）、死者を被告として言い渡された判決の効力は相続人に及ばないから、相続人の再審の訴えは不適法であるが、訴えの本旨は判決の無効確認等にあり、請求原因につき適切な釈明を行わずに却下するのは違法である。（大判昭16・3・15民集二〇・一九一）

三　死者を当事者とする訴訟の承継

1　原告死亡後の訴え提起

⑥　死者の委任した訴訟代理人により死者を原告とする訴えが提起され、相続人等による承継が認められて判決され、控訴審において、遺産分割により権利を承継しなかった者の訴え取下げにつき被告が同意しているという事情があるときは、民訴法五八条［旧八五条］、一二四条［旧二〇八条］の類推により、訴え提起は適法で、相続人が本件訴えを承継したと解すべきである。（最判昭51・3・15判時八一四・一一四）

2　送達前の被告死亡・信義則

⑦　訴状提出後送達前に被告とされた者が死亡した場合において、相続人が異議を述べずに訴訟を承継して訴訟行為を行ったときは、一、二審で敗訴した後に、上告審において死者が被告であることによる自らの訴訟行為の無効を主張することは、信義則上許されない。（最判昭41・7・14民集二〇・六・一一七三、民訴百選Ｉ補正一三）

四　表示の訂正か当事者変更か

1　表示の訂正とされた例

⑧　控訴状における被控訴人・被告の「東京都中央区銀座東七丁目七番地A社代表取締役B」の表示を、「東京都千代田区丸ノ内一丁目一番地A社代表取締役C」に変更するのは、誤記の訂正にすぎない。（最判昭34・11・19民集一三・一二・一五〇〇）

⑨　A社代表取締役B振出しの手形金請求で、A社の商号変更と本店移転により原告がA社を不存在と錯覚して表示した被告「A社ことB」の記載を、変更された商号に従い「C社代表取締役B」に変更するのは表示の訂正である。（大阪地判昭29・6・26下民五・六・九四九、民訴百選五版A3）

2　当事者の変更とされた例

⑩「A商事株式会社」を被告とする訴状が送達され、同被告より答弁書が提出された後、被告を「株式会社A商事」に訂正した場合、新旧両被告は互いに何の関係もなく、しかも共に実在する別個の法人であるときは、当初の訴状が新被告を相手方とする趣旨が明らかでない以上、右訂正は当事者の変更を来す。（大阪高判昭29・10・26下民五・一〇・一七八七）

五　当事者の異別性と法人格否認

⑪　原告の旧会社に対する賃貸借解除による居室明渡請求を誤らせる目的で、旧会社の商号を変更（日本築土開発株式会社↓石川地所株式会社）するとともに、旧会社と代表者・本店所在地・営業所・電話・什器［じゅうき］・備品・従業員等を全く同一とする別の新会社が、旧会社商号（日本築土開発株式会社）をもって設立され、原告がこれを知らずに同会社に対して訴えを提起した場合において、被告会社代表者が新会社設立の事実を何ら主張せず、旧会社に対する賃貸借解除の事実を自白したときは、後になって新旧会社の別人格を主張し右自白の撤回を主張するのは、会社制度の濫用であり、許されない。新会社は旧会社の債務につき旧会社と並んで責任を負わなければならない。（最判昭48・10・26民集二七・九・一二四〇、民訴百選五版七）↓会社三条⑤

六　訴状における当事者の特定↓一三四条⑧

第一節　当事者能力及び訴訟能力

（原則）

第二八条　当事者能力、訴訟能力及び訴訟無能力者の法定代理は、この法律に特別の定めがある場合を除き、民法（明治二十九年法律第八十九号）その他の法令に従う。訴訟行為をするのに必要な授権についても、同様とする。

⊜＋【当事者能力↓民三・三四・三五・七二一・八八六・九六五【清算法人の権利能力↓一般法人二〇七、会社六四五、破三五【国の当事者能力↓四⑥【行政庁の当事者能力↓行訴一一②・三八【訴訟能力↓民五①③・六①、会社五八四、民九・一三①四・一七①、人訴一三・一四【手続行為能力↓非訟一六、家事一七【法定代理↓民八一八・八二四・八三八・八五九【特別の定め↓二九・三一・三三

一　当事者能力

1　当事者能力存否の「基準時」

①　事実審がその弁論終結時において代表者の定めなきことを理由に民訴法二九条［旧四六条］の当事者能力の不存在を確定した以上、その後の事情の変動により当事者能力が取得されたか否かはもはや審理判断の必要がない。（最判昭42・6・30判時四九三・三六、重判昭41・42民訴二）

2　解散した法人の当事者能力

②　被告が清算結了の登記をしたとしても、現に本訴（所有権移転登記請求）が係属している以上、清算手続は終了していないから、右登記がなされたからといって被告の当事者能力がなくなるわけではない。（最判昭44・1・30判時五四八・六九）

3　法人の下部組織

③　原告病院は、社会福祉法人S会の一部を構成する東京都S会の一施設にすぎず、民法上権利能力を有するものでないから訴訟当事者能力を有しないのであり、原告病院が自己を名宛人とする救済命令を維持した中労委の再審査命令（これは表示上の名宛人を原告病院としているにすぎず、実質的には法人たるS会を名宛人とした命令である）の取消しを求める訴えは不適法却下さるべきである。（最判昭60・7・19民集三九・五・一二六六）↓労組二七条の一二⑫

4　外国法人の当事者能力

④　外国法により設立された財団法人の当事者能力は、条理上法廷地法により決せられ、本条は法人格ある者に当事者能力を認めているところ、原告はその属人法たる韓国法上法人格を有しているから、原告は本条により当事者能力を有する。当事者能力の有無の判断に当たっては、外国法人の我が国における権利享有の承認についての国家的監督に関する規定である民法三六条［現三五条］一項の認許の有無は問題となる余地がない。（東京高判昭49・12・20高民二七・七・九八九、重判昭50国際四）↓二九条⑮

二　訴訟能力

1　意思無能力者の訴訟行為

⑤　成年後も一二、三歳程度の精神能力しか有しない者が、自己に対する家屋所有権移転登記、明渡し等を命じる判決に対し控訴を提起し、かつ、それを取り下げた場合、重大な結果を招来することを理解せずになされた控訴の取下げは無効であるが、自己に有利な趣旨を理解し得た控訴の提起は有効である。（最判昭29・6・11民集八・六・一〇五五、民訴百選五版

一六〉

6 **2 法定代理** 家庭裁判所の選任した不在者財産管理人による、不在者に対する建物収去土地明渡請求を認容する判決に対する上訴の提起及びそのための訴訟委任は、民法一〇三条一号の不在者の財産の現状を維持する保存行為に当たるから、同法二八条所定の家庭裁判所の許可を必要としない。（最判昭47・9・1民集二六・七・一二八九）→三四条4、民二八条7

三 訴訟行為をなすに必要な授権→三七条8 9

（法人でない社団等の当事者能力）

第二九条 法人でない社団又は財団で代表者又は管理人の定めがあるものは、その名において訴え、又は訴えられることができる。

参【法人である社団・財団→一般法人【当事者能力判断資料の提出→民訴規一四【代表者・管理人の訴訟法上の地位→三七

一 法人でない社団

1 意義

1 本条の社団といい得るためには、団体としての組織を備え、多数決の原理が行われ、構成員の変更にもかかわらず団体そのものが存続し、代表の方法、総会の運営、財産の管理その他団体としての主要な点が確定していなければならない。（最判昭39・10・15民集一八・八・一六七一、民百選Ⅰ八版八……社団法人引揚者更生生活協同連盟の杉並支部を権利能力のない社団と認めた例）→民◆【Ⅱ 権利能力のない社団・財団】［二編四章名の前］7

2 ある団体に法人でない社団として当事者能力を認めるためには、代表の方法、総会の運営、財産の管理その他団体としての主要な部分が確定している必要があるが、その財産的側面については、当該団体が固定資産ないし基本的財産を有していることは不可欠ではなく、団体として、内部的に運営され、対外的に活動するに必要な収入を得る仕組みが確保され、かつ、その収支を管理する体制が備わっているなど、他の諸事情を併せ、総合的に考察すれば足りる。（最判平14・6・7民集五六・五・八九九、民訴百選三版一三……預託金会員制ゴルフ場の会員が構成するゴルフクラブと同ゴルフ場の経営会社との間の訴訟で、両者の間にゴルフクラブの運営経費は経営会社が負担する旨の規約がある場合に、ゴルフクラブの当事者能力を認めた例）

2 組合──一般

イ 原告側の場合

3 訴外会社の債権者である三つの銀行が、各々訴外会社に対して有する債権を出資し右会社の経営管理・営業の再建整備及び各々の有する右債権の保全回収を目的として結成した、代表者の定めある民法上の組合は、本条［旧四六条］により当事者能力を有する。（最判昭37・12・18民集一六・一二・二四二二〈三銀行団債権管理委員会事件〉民訴百選五版九……譲渡を受けた会社債権の支払請求）

ロ 被告側の場合

4 〈相被告会社の従業員により、相被告工場の運営を維持し社運の挽回［ばんかい］を期すことを目的として結成された、代表者ある組合に対する、工場の不法占拠を理由とする明渡請求において〉民法上の組合といえども代表者の定めのあるときは本条［旧四六条］により当事者能力を認め得る。（大判昭10・5・28民集一四・一一九一、民訴百選初版九）

ハ 民法上の組合と任意的訴訟担当→三〇条15

3 頼母子［たのもし］講

5 頼母子講は民法上の組合であるが、世話人は、講規約上講金の取立て等講会に関する全ての行為を特別の委任なくして裁判上及び裁判外においてなす権限を有するから、講会の代表者であり、頼母子講は本条［旧四六条］にいう権利能力のない社団で代表者の定めあるものに該当する。（大判昭15・7・20民集一九・一二一〇）

6 頼母子講における管理人の訴訟追行権（最判昭35・6・28民集一四・八・一五五八）→三〇条14

4 その他

イ 住民団体・地縁による団体

7 「三田市一一番区」は、その地域の住民により、福祉事業を営むため結成された任意団体であるが、代表者の選出、総会の運営（その議決は多数決）、財産の管理、事業の運営に関する規約の下に存続・活動しているから、本条［旧四六条］による当事者能力を有する。（最判昭42・10・19民集二一・八・二〇七八、民訴百選五版八）→民◆【Ⅱ 権利能力のない社団・財団】［二編四章名の前］2

8 Xは、A地域の住民全員で構成する地方自治法二六〇条の二第一項所定の地縁による団体であり、Y市の業務委託の相手方、補助金交付の対象及びY市とA地域住民との窓口となっていること、最高機関として総会を設け、構成員から区費等を集め、構成員の総意によって意思決定を行っていること、構成員の変更にもかかわらず団体そのものが存続すること、区長及び区長代理が置かれ、収支及び財産を会計帳簿及び貯金口座によって管理する慣行があり、同慣行が不文の規約となって確立存在していることからすれば、権利能力のない社団といえ、当事者能力が認められる。（広島高岡山支判平29・2・2判時二三三六・六九）

ロ 沖縄の門中

9 血縁団体たる門中において、家譜等により構成員が確定され得、また有力家の当主が代表となり、かつ、毎年恒例の集会に参集した構成員の総意により業務執行者が選任される不文の規約があり、祖先が寄付した土地とその地上の祠堂［しどう］の管理等から生じる収益により祭祀［さいし］及びこれに付随する事業を行っている場合、右門中は本条［旧四六条］による当事者能力を有する。（最判昭55・2・8民集三四・二・一三八、重判昭55民一）

ハ 公害訴訟の原告団

10 〈横田基地夜間飛行差止訴訟原告団の一員で同訴訟の原告でもある者が、原告団に対しその管理する帳簿の閲覧を求めたが拒否されたので、原告団を被告として慰謝料の支払を求め提訴〉被告には、団体の目的、会員資格を定めた規約があり、意思決定機関としての総会及び執行機関としての幹事会があり、その活動資金として会員から入会費及び年会費を徴収するなどしているから、団体としての主要な点が確定しており、団体構成員の変更にかかわらず同一性を保有しつつ存続する独立の存在であるから、本条による当事者能力が認められる。（東京高判平17・5・25判時一九〇八・一三六）

二 法人でない財団

1 設立中の財団

11 遺言執行者が、遺言による寄附行為に基づく財団の設立のため自ら設立準備委員長となり、寄附行為による出捐［しゅつえん］財産たる株式を自己名義に書き換えて他の相続財産と分別管理し、自らの名義で議決権を行使している場合、遺言執行者は設立中の財団の代表機関であり、右設立中の財団は本条［旧四六条］による当事者能力を有する。（最判昭44・6・26民集二三・七・一一七五）→民◆【Ⅱ 権利能力のない社団・財団】［二編四章名の前］15・一〇二条7

2 大学の私的年金

12 〈被告大学の年金規則の改定による支給額の段階的削減で不利益を被る退職者らが、改定前の年金規則に基づき年金を受給する地位にあることの確認を求め提訴。被告は、本件「年金基金」は本条により当事者能力を持つので、大学には本件訴訟についての被告適格がないと主張〉権利能力なき財団として認められるには、目的財産が分離独立して管理運用されていることを要するところ、本件年金制度の経理は大学の一般会計から分離し特別会計とされているが、特別会計は、特別の事業を行う際、事業の損益や資金の運営実績を明瞭にするために、一般会計と区別して経理を行う会計区分にすぎず、これにより、本件年金基金が被告の他の財産から独立して管理運用されているとはいえない。（東京地判平19・1・26判タ一二六四・三二七）

3　認許のない外国財団法人↓[15]

三　本条の当事者能力者による登記請求

1　移転登記請求権

[13]　権利能力のない社団の資産は社団構成員全員に総有的に帰属し社団自身が私法上の権利義務の主体となるものではないから、社団の資産たる不動産につき社団はその権利主体ではなく、故に社団名義の登記請求権を有しない。

権利能力のない社団の代表者は、総有に属する不動産の受託者たる地位に基づき自己名義の登記をすることができ、自己名義の登記をした代表者が交替したときには、新たに受託者たる地位を取得した新代表者は、旧代表者に対し自己への移転登記を訴求することができる。（最判昭47・6・2民集二六・五・九五七、民訴百選[四版]九）↓民◘【Ⅱ　権利能力のない社団・財団】［一編四章名の前］[8]

[14]　権利能力なき社団（M市消防団第五分団）は、構成員全員に総有的に帰属する不動産について、その所有権の登記名義人に対し、当該社団の代表者の個人名義に所有権移転登記手続をすることを求める訴訟の原告適格を有するのであり、当該社団の代表者が自己の個人名義に所有権移転登記手続をすることを求める訴訟を提起できることは、当該社団に原告適格を認めることを妨げるものではない。この場合、当該社団が受けた判決の効力は構成員全員に及ぶから、当該判決の確定後、上記代表者が自己の個人名義への所有権移転登記を申請することができ、この申請に当たり、上記代表者が執行文の付与を受ける必要はない。（最判平26・2・27民集六八・二・一九二、民訴百選[五版]一〇）↓民◘【Ⅱ　権利能力のない社団・財団】［一編四章名の前］[10]

2　抹消登記請求

[15]　認許のない外国財団法人は、登記請求権に関しては我が民法上権利能力のない財団として移転登記を請求することはできないが、この財団の資産たる不動産につき被告名義の登記がなされている場合には、財団は所有権の確認・抹消登記請求につき当事者適格を有する。（東京高判昭49・12・20高民二七・七・九八九、重判昭50国際四）↓二八条[4]

四　渉外事件―英米法上のパートナーシップ

[16]　ニューヨーク州法に準拠して設立された、構成員の加入脱退、内部組織、財産管理方法及び代表者の定めある、弁護士事務所たるパートナーシップは、本条［旧四六条］により当事者能力を有する。（東京地判昭47・5・16下民二三・五～八・二三〇）

第三〇条（選定当事者）①　共同の利益を有する多数の者で前条の規定に該当しないものは、その中から、全員のために原告又は被告となるべき一人又は数人を選定することができる。

②　訴訟の係属の後、前項の規定により原告又は被告となるべき者を選定したときは、他の当事者は、当然に訴訟から脱退する。

③　係属中の訴訟の原告又は被告と共同の利益を有する者で当事者でないものは、その原告又は被告を自己のためにも原告又は被告となるべき者として選定することができる。

④　第一項又は前項の規定により原告又は被告となるべき者を選定した者（以下「選定者」という。）は、その選定を取り消し、又は選定された当事者（以下「選定当事者」という。）を変更することができる。

⑤　選定当事者のうち死亡その他の事由によりその資格を喪失した者があるときは、他の選定当事者において全員のために訴訟行為をすることができる。

❶❸❹【共同の利益の例↓三八【選定、その取消し・変更↓民訴規一五　❷【訴訟係属↓一三四、一三八　❸【第三者による追加選定↓一四四　❺【選定当事者の資格喪失原因の例↓民七【選定の取消し・変更による資格喪失と通知↓三六②、民訴規一七【資格喪失の効果↓五八③【全員の資格の喪失と中断・受継↓一二四①[六]②　＋【選定者に対する既判力・執行力の拡張↓一一五①[二]、民執二三①[二]

一　当事者適格一般

1　給付の訴え

[1]　〈権利能力なき社団であるマンション管理組合が、区分所有権者の一人がその承諾なくしてマンション入り口を含む共用部分に改造工事等を行ったとして、工作物の撤去及び違約金等の支払を求めて訴えを提起。原審は、右各請求は区分所有権者がすべきであるとして、訴えを却下〉給付の訴えにおいては、自らがその給付を請求する権利を有すると主張する者に原告適格があり、本件各請求は、原告が被告に対し、原告自らが本件各請求に係る工作物の撤去又は金員の支払を求める権利を有すると主張して、その給付を求めるものであるから、原告は右各請求につき原告適格を有する。（最判平23・2・15判時二一一〇・四〇、重判平23民訴二）

[2]　一部の区分所有者が共用部分を第三者に賃貸して収受した賃料に関しその持分に応じて発生する各区分所有者の不当利得返還請求権について、区分所有者の団体のみが同請求権を行使できる旨を集会で決議し、又は同団体の規約で定めたときは、各区分所有者は同請求権を行使することができない。管理者が共用部分を管理し、共用部分を特定の区分所有者に無償で使用させることができる旨の本件マンションの管理規約の規定は、各区分所有者の不当利得返還請求権は区分所有者の団体のみが行使できるとの趣旨を含む。（最判平27・9・18民集六九・六・一七一一、重判平27民四……区分所有者による請求を棄却した原審の判断を正当とした例）↓民七〇三条[25]

[3]　債権に対する仮差押えがあることは、仮差押えに反する支払、譲渡等の行為が仮差押債権者に対抗し得ないことを意味するにすぎず、仮差押債務者が右債権につき第三債務者に対する訴訟追行権を失うわけではなく、無条件の給付判決を得ることができる。（最判昭48・3・13民集二七・二・三四四、執保百選[三版]五三）↓民保五〇条[7]

2　確認の訴え↓一三四条の二[23]～[32]

3　形成の訴え

イ　原告適格

[4]　民執法九〇条の配当異議の訴えは、不動産の配当手続において、執行裁判所が作成した配当表中の、債権又は配当の額に対する実体上の不服につき、争いある当事者間で個別的、相対的に解決するための手続であるから、その原告適格は配当表に記載された債権者に限られる。競売物件上に存する抵当権及びその被担保債権の一部を法定代位により取得したものの、抵当権移転の附記登記を経由しなかったため配当表に記載のない者は、自己が配当を受けるべき債権者であることを主張してこの訴えを提起することはできない。（最判平6・7・14民集四八・五・一一〇九、執保百選[三版]四一……配当を受けるべき債権者であるのに配当表に記載されなかった者は、執行異議の申立てにより是正を求めるべきである、と判示）

ロ　被告適格

[5]　詐害行為取消しの効果は相対的であって、訴訟に関与しない者の法律的地位に何ら影響することはなく、受益者ないし転得者と債権者との間で法律行為の効力を否認し債務者の財産の確保の実を挙げれば足りるのであるから、債務者は詐害行為取消しの訴えの被告適格を有しない。（大連判明44・3・24民録一七・一一七、民百選Ⅱ[八版]一四）↓民四二四条[7]・四二四条の六[9]・四二五条[7]

[6]　〈取消しの対象たる決議により選任された取締役で現在その地位を失った者による会社側への共同訴訟参加申出の事案において〉共同訴訟参加人たるためには当該訴訟の当事者適格が必

要であるから、当事者適格のない者による参加申出は不適法である。（最判昭36・11・24民集一五・一〇・二五八三、民訴百選[五版]A33）→五二条[7]、会社八三四条[7]

4 再審の訴え→三三八条[1][2]

二 法定訴訟担当

1 債権者代位→一一五条[9]

2 遺言執行者

[7] 遺言執行者は遺言の執行に必要な一切の行為をする権利義務を有し、相続人はそれを妨げる行為をなし得ないのであるから、特定不動産の遺贈を受けた者によるその遺言の執行としての所有権移転登記請求訴訟においては、相続人ではなく遺言執行者のみが被告適格を有する。（最判昭43・5・31民集二二・五・一一三七、家族百選[増補]一二二……相続を原因とする移転登記をした相続人に対する受遺者の移転登記請求）→民一〇一二条[3]

[8] 遺贈の目的不動産につき遺言の執行として既に遺贈による移転仮登記がなされ、相続人がその抹消登記手続を求める場合、遺言に従った登記を保持することは遺言の執行とはいえず、受遺者に登記が経由した以上遺言執行者が右登記につき権利義務を有するともいえないから、遺言執行者ではなく受遺者が被告適格を有する。（最判昭51・7・19民集三〇・七・七〇六、民訴百選[五版]一二）→民一〇一二条[4]

[9] 特定の不動産を特定の相続人に相続させる旨の遺言をした者の意思は、右相続人に相続開始と同時に遺産分割手続を経ないで当該不動産の所有権を帰属させることにあり、その占有、管理も右相続人が所有権に基づき自ら行うことを期待しているのが通常であるから、遺言執行者がある場合であっても、遺言書に当該不動産の管理及び相続人への引渡しを遺言執行者の職務とする旨の記載があるなど特段の事情がない限り、右不動産についての賃借権確認請求訴訟の被告適格者は、遺言執行者ではなく、右相続人であると解すべきである。（最判平10・2・27民集五二・一・二九九、重判平10民訴二）

[10] 特定の不動産を特定の相続人甲に相続させる旨の遺言は、特段の事情がない限り、遺産分割方法の指定の性質を有し、相続開始により即時にかつ何らの行為を要せずして当該不動産が甲に承継されるが、だからといって遺言の内容を実現するための執行行為が当然に不要になるのではなく、不動産取引における登記の重要性に照らせば、甲に所有権移転登記を取得させることは、民法一〇一二条一項にいう「遺言の執行に必要な行為」に当たる。相続させる遺言においては、不動産登記法二七条［平成一六法一二三による全部改正後の六三条二項］により甲が単独で登記申請できるから、当該不動産が被相続人名義である限り遺言執行者の職務は顕在化しないが、甲への移転登記の前に他の相続人が自己名義の移転登記を経由したため、遺言の実現が妨害された場合には、遺言執行者は右登記の抹消登記及び甲への真正な移転登記の回復を原因とする所有権移転登記を求めることができ、甲が自ら当該不動産の所有権に基づき同様の請求ができることは、遺言執行者の右職務権限に影響しない。（最判平11・12・16民集五三・九・一九八九、民百選Ⅲ[二版]八九）→民一〇一二条[9]

3 相続財産管理人

[11] 共同相続財産につき民法九三六条一項により相続財産管理人［相続財産清算人］が選任された場合、この者は相続人の法定代理人として相続財産の管理・清算に関する訴訟に関与するのであり、相続財産管理人たる資格で訴訟追行権を有するのではない。（最判昭47・11・9民集二六・九・一五六六、民訴百選[五版]A5）→民九三六条[7]

4 労働組合

[12] 労働組合は、独自の権利として自己の名において組合員たる労働者が使用者に対して有する労働契約上の権利について訴訟を追行する権能を有しない。（最判昭35・10・21民集一四・一二・二六五一、民訴百選[初版]一二）

5 いわゆる紛争管理権

[13] 訴訟提起前の紛争の過程で相手方と交渉を行い、紛争原因の除去につき持続的に重要な役割を果たしている第三者は、訴訟物につき法的利益ないし管理処分権がなくとも、紛争管理権による訴訟追行権を取得するとの見解は、法律上の規定又は当事者からの授権なくして第三者が訴訟追行権を取得する根拠に乏しく採用できない。（最判昭60・12・20判時一一八一・七七〈豊前火力発電所差止請求事件〉環境百選[三版]六）

三 任意的訴訟担当

1 頼母子［たのもし］講管理人

[14] 頼母子講管理人が、講金の取立て、支払等につき一切の権限を有し、落札給付を受けた被告との間でその返還債務につき準消費貸借契約を締結した事実に照らせば、右契約に基づく支払請求につき、管理人は自己の名において原告たることができ、このことは講自体に当事者能力があることにより妨げられない。（最判昭35・6・28民集一四・八・一五五八）

2 業務執行組合員

[15] 民法上の組合の規約により業務執行組合員に組合財産に関する訴訟追行権が与えられている場合、それは実体上の管理権・対外的執行権と共に授与されているのであり、かかる任意的訴訟信託は、当事者選定手続を経たものではないが、弁護士代理の原則の回避又は信託法一一条［現一〇条］の潜脱ではなく、特段の事情のない限り合理的必要があり、適法である。（最大判昭45・11・11民集二四・一二・一八五四、民訴百選[五版]一三）

3 入会団体構成員による総有地の登記請求

[16] 権利能力なき社団である入会団体の規約上の手続により、代表者でない特定の構成員が構成員全員の総有に属する入会地の登記名義人となることとされた場合、右構成員は、任期満了に伴う代表者の交代の度毎に登記名義を変更する煩瑣を避けるため、構成員の全員から登記名義人となることを委任されかつ当該入会地に係る登記請求訴訟を自己の名において追行する権限を与えられたのであり、その原告適格を肯定しても弁護士代理原則及び訴訟信託禁止の趣旨に反しない。（最判平6・5・31民集四八・四・一〇六五、民訴百選[五版]一一）

4 外国国債所持人のための債券管理会社の訴訟担当

[17] 〈日本市場における日本法を準拠法とした円建て外国国債の発行に当たり、被告（アルゼンチン共和国）と原告である日本の銀行団との間で締結された債券管理委託契約には「本件債券の管理会社には、本件債券の債権者のために本件債券に基づく弁済を受け、又は本件債券に基づく債権の実現を保全するため、一切の裁判上・裁判外の行為をする権利義務がある」との授権条項があり、同条項と同じ文言が債券の裏面に印刷されている。被告が、公的対外債務の元利金の一時支払停止を宣言したため、原告らは、本件授権条項に基づき、本件債券等保有者の任意的訴訟担当者として、債券の償還などを求めて本訴を提起。本件管理委託契約には、債券管理のため原告らが立て替えた費用は被告に対し償還請求できる等の条項があり、本訴において原告らが訴訟委任した弁護士に支払う報酬も、原告らはこの条項に基づき被告に償還請求している。前出[15]を引用した上、以下のように判示〉本件授権条項を含む本件管理委託契約は第三者である本件債券等保有者のためにする契約であるところ、同条項は、被告、原告ら及び本件債券等保有者間の契約関係を規律する「債券の要項」の内容を構成し、目論見書等にも記載されていたこと、本件債券が社債に類似した性質を有することに鑑みれば、同条項は本件債券等保有者の合理的意思にかなうものであり、本件債券等保有者は、その購入に伴い受益の意思表示をしたものと認められる。本件債券には、発行体が元利金の支払を怠った場合に保有者各自による適切な権利行使ができない点において、社債に類似する性質があり、旧商法［平成一七法八七による改正前のもの］上設置が強制されていた社債管理会社が、社債権者のた

め弁済を受け又は債権保全に必要な一切の裁判上又は裁判外の行為をする権限を有していたことに倣い、本件授権条項により、原告らに対して実体上の管理権のみならず訴訟追行権を付与する仕組みが構築されたこと、原告らは、銀行法に基づく規制等に服し、本件管理委託契約により本件債券等保有者に対し公平誠実義務及び善管注意義務を負うとされていることからすると、原告らと本件債券等保有者との間に抽象的には利益相反関係が生ずる可能性があるとしてもなお、原告らに本件訴訟についての訴訟追行権を認めることは、弁護士代理原則の回避又は訴訟信託禁止の潜脱のおそれがなく、かつ、これを認める合理的必要性がある。（最判平28・6・2民集七〇・五・一一五七、会社法百選[四版]A36）

四　選定当事者

1　「共同の利益を有する者」

[18] 本条［旧四七条］にいう共同の利益を有する多数者とは、相互の間に於て共同訴訟人となり得べき関係を有し、かつ、主要な攻撃・防御の方法を共通にする者を意味する。被告の原告に対する賃借権の存否が他の被告の原告に対する不法占有の成否の要件となっている場合には、被告等は共同の利益を有するといえる。（大判昭15・4・9民集一九・六九五、民訴百選[初版]一二）

[19] 同一人に対する売掛代金債権を有する一七名のうちの一名が、他を代理して債務者以外の第三者との間で一括して連帯保証契約を締結し、これに基づき右一七名がその第三者に対し保証債務の履行を求める場合には、訴訟物たる権利は全員につき同一の事実上及び法律上の原因に基づき、かつ、主要な防御方法が共通であるから、右一七名は共同の利益を有するといえる。（最判昭33・4・17民集一二・六・八七三、民訴百選[三版]一六）

2　審級限りの選定

[20] 選定は総員の合意により将来に向けて取り消し得るものであるから、当初から審級を限っての選定も有効である。この場合判決の送達と共に被選定人は資格を失い訴訟手続の中断・受継の手続を要するが、受継すべき者自ら上告を提起すれば受継したものとみなされる。（大判昭15・4・9前出[18]）

[21] 審級を限定した選定も許されなくはないが、訴訟手続の簡素化・単純化による訴訟の効率的進行を図る選定制度の趣旨に照らすと、本件選定書の「第一審手続について」との記載は事件名と共に選定に係る事件を特定するためのもので、選定の効力を第一審に限定する趣旨ではない。（最判昭52・9・22判時八七三・三二、重判昭53民訴一……控訴上告も被選定者が追行した事案）

3　選定当事者の権限

[22] 選定当事者は代理人ではないから民訴法五五条［旧八一条］二項の適用を受けず、訴訟上の和解を特別の委任なくして行う権限を有し、和解を禁ずる限定ある選定をしても限定部分は無効である。（最判昭43・8・27判時五三四・四八、民訴百選[五版]A4）

五　渉外事案における訴訟担当↓法適用◆【VII　手続問題】［三章名の後］[3][4]

（未成年者及び成年被後見人の訴訟能力）

第三一条　未成年者及び成年被後見人は、法定代理人によらなければ、訴訟行為をすることができない。ただし、未成年者が独立して法律行為をすることができる場合は、この限りでない。

🔗+【未成年者の行為能力↓民五・六【未成年者の法定代理人↓民八二四・八三八・八五九【未成年者が独立して法律行為をすることができる場合↓民五・六、会社五八四、労基五八・五九【成年被後見人の無能力↓民九【成年被後見人の法定代理人↓民八三八・八五九【人事訴訟における訴訟能力↓人訴一三【成年被後見人に関する訴え↓人訴一四【法定代理人↓二八🔗【法定代理人の訴訟法上の地位↓一〇二①・一二四①[三]・一三四②[二]・一五一①[二]、民訴規三二①、二二一【代理権欠缺の効果↓三一二②[四]・三三八①[三]

民法八二五条の適用

[1] 〈父が単独でした父母連名による訴訟委任に基づいて締結された訴訟上の和解の効力が争われた事案において〉訴訟は各行為の有機的結合により形成される手続であり、他の訴訟行為の前提となる訴訟行為の効力は一義的に明白であることが必要であるから、その効力を善意にかからしめる民法八二五条は訴訟行為に適用されない。同条を適用することは、未成年者の適法な代理の存在を職権調査事項、絶対的上告理由、再審事由とする民訴法と相容れない。（最判昭57・11・26民集三六・一一・二二九六、重判昭57民一〇……訴訟委任を有効とした原判決を破棄）

（被保佐人、被補助人及び法定代理人の訴訟行為の特則）

第三二条①　被保佐人、被補助人（訴訟行為をすることにつきその補助人の同意を得ることを要するものに限る。次項及び第四十条第四項において同じ。）又は後見人その他の法定代理人が相手方の提起した訴え又は上訴について訴訟行為をするには、保佐人若しくは保佐監督人、補助人若しくは補助監督人又は後見監督人の同意その他の授権を要しない。

② 被保佐人、被補助人又は後見人その他の法定代理人が次に掲げる訴訟行為をするには、特別の授権がなければならない。

一　訴えの取下げ、和解、請求の放棄若しくは認諾又は第四十八条（第五十条第三項及び第五十一条において準用する場合を含む。）の規定による脱退

二　控訴、上告又は第三百十八条第一項の申立ての取下げ

三　第三百六十条（第三百六十七条第二項及び第三百七十八条第二項において準用する場合を含む。）の規定による異議の取下げ又はその取下げについての同意

🔗❶【被保佐人の訴訟行為↓民一三①[四]【被補助人の訴訟行為↓民一七①【後見人↓民八三九・八四〇・八四三【本項の準用↓四〇④【保佐人↓民八七六の二【保佐監督人↓民八七六の三【補助人↓民八七六の七【補助監督人↓民八七六の八【後見監督人↓民八四八—八五二・八六四　❷【授権の証明↓民訴規一五【授権欠缺の場合の補正命令↓三四①【授権の追認↓三四②・三一二②[四]・三三八①[三]【[一]【訴えの取下げ↓二六一【和解↓八九・二六四・二六五・二六七、民執二二[七]・三三②[六]・三九①[三][四]【請求の放棄・認諾↓二六六・二六七、民執二二[七]【[二]【控訴・上告の取下げ↓二九二・三一三【上告受理の申立て↓三一八　[三]【手形判決に対する異議↓三五七—三六四+【人事訴訟における特則↓人訴一三

被保佐人の上訴

[1] 準禁治産者［平成一一年改正による被保佐人に該当］の訴えの提起に当たり特段の留保を付けずに保佐人の同意が与えられた場合には、準禁治産者は更にその同意を受けなくとも右訴訟につき上訴をすることができる。（最判昭43・11・19判時五三九・四三）

（外国人の訴訟能力の特則）

第三三条　外国人は、その本国法によれば訴訟能力を有しない場合であっても、日本法によれば訴訟能力を有すべきときは、訴訟能力者とみなす。

🔗+【原則↓二八【外国人の権利能力↓民三②【外国人の能力の準拠法↓法適用四

一　外国人の当事者能力↓二八条[4]・二九条[16]

二　外国人の訴訟能力

[1] 被告たる子らの訴訟能力は、法例三条［法適用四条］によれば人の能力はその者の本国法によって定められるところ、被告らは中国の国籍を失っていないから、別段の事由なき限り中国の法令を適用して判断すべきである。中華民国政府の

法令によるも中華人民共和国政府の法令によるも、被告子らは行為能力を有せず、被告母がその法定代理人になるから、訴訟においても被告子らを訴訟無能力者とし被告母をその法定代理人とすべきである。（最判昭34・12・22家月一二・二・一〇五、国私百選[補正]一八）

（訴訟能力等を欠く場合の措置等）

第三四条① 訴訟能力、法定代理権又は訴訟行為をするのに必要な授権を欠くときは、裁判所は、期間を定めて、その補正を命じなければならない。この場合において、遅滞のため損害を生ずるおそれがあるときは、裁判所は、一時訴訟行為をさせることができる。

② 訴訟能力、法定代理権又は訴訟行為をするのに必要な授権を欠く者がした訴訟行為は、これらを有するに至った当事者又は法定代理人の追認により、行為の時にさかのぼってその効力を生ずる。

③ 前二項の規定は、選定当事者が訴訟行為をする場合について準用する。

§+【訴訟能力↓二八、三三【法定代理権↓三二 §【必要な授権↓三二②【法定代理権等の証明↓民訴規一五 ❶【裁定期間↓九六①【急速を要する行為の例↓二六§ ❷【追認と上告理由↓三一二②【追認のなかったときの訴訟費用の負担↓六九② ❶❷【準用規定↓五九 ❸【選定当事者の資格の喪失↓三〇④⑤

[1]
一　訴訟能力の欠缺〔けんけつ〕**と補正**
代表権なき者に対し訴えが提起された場合には、訴状の補正が必要であり、また被告会社に代表者がないときには特別代理人の選任により正当な代表者に訴状を送達することを要するが、右手続は性質上第一審裁判所がなすべきであるから、代理権欠缺を看過した第一審判決を取り消すに当たり、控訴審裁判所は直ちに訴えを不適法却下することは許されず、補正のため事件を差し戻すべきである。（最判昭45・12・15民集二四・一三・二〇七二、民訴百選[五版]一八）↓三七条[5]、会社三五四条[6]

[2]
二　追認の擬制
〈被告会社の前代表者に対して送達が行われ第一審本案判決が下された事案において〉控訴審では被告会社が真正な代表者により代表され、同人の委任した訴訟代理人が本案につき弁論し控訴追行の上判決を受けた以上、被告の右行為は第一審での訴訟行為を追認したことになる。（最判昭34・8・27民集一三・一〇・一二九三）

[3]
三　追認の時期
産業組合（原告）の理事（被告）に対する訴えにおいて、監事が組合を代表すべきにもかかわらず、理事が行った第一審訴訟行為につき、監事は控訴審で追認し得る。（大判昭12・2・1民集一六・七七）

[4]
不在者の財産上の訴訟につきその妻がなした訴訟委任による弁護士が一、二審の訴訟を追行し、その後不在者の財産管理人に選任された妻が改めて同弁護士に訴訟委任した場合、上告審において権限ある代理人は一、二審での無権代理行為を追認し得る。（最判昭47・9・1民集二六・七・一二八九）↓二八条[6]

[5]
無権代理人が訴えを提起したうえ第一審、控訴審、上告審及び差戻後控訴審を追行し、かつ、差戻後控訴審判決に対し上告した場合において、本人により適法に委任された訴訟代理人が、右上告を追認した上、前記各訴訟手続における無権代理を理由に原判決の破棄を求めているときは、不適法な訴えにつき本案判決を下した違法があるから、原判決を破棄し、第一審判決を取り消して訴えを却下すべきである。（最判平7・2・24裁判集民一七四・四二九）

[6]
四　訴訟行為の一部の追認
訴訟行為は相互に関連しつつ審級ごとに終局的判断を形成するものであるから、ある審級の終了後に無権代理行為を追認する場合、その審級での訴訟行為を一体不可分のものとして追認すべきであり、控訴提起行為のみを選択して追認することは許されない。（最判昭55・9・26判時九八五・七六……確定した控訴判決に対する再審事件）

（特別代理人）

第三五条① 法定代理人がない場合又は法定代理人が代理権を行うことができない場合において、未成年者又は成年被後見人に対し訴訟行為をしようとする者は、遅滞のため損害を受けるおそれがあることを疎明して、受訴裁判所の裁判長に特別代理人の選任を申し立てることができる。

② 裁判所は、いつでも特別代理人を改任することができる。

③ 特別代理人が訴訟行為をするには、後見人と同一の授権がなければならない。

§❶【法定代理人↓二八、三二、三七【法定代理権を行えない場合の例↓民八二六、八六〇【未成年者↓民五【成年被後見人↓民八【疎明の方法↓一八八【裁判長↓一四八§ ❶❷【特別代理人の選任・改任裁判の告知↓民訴規一六 ❸【後見人に対する授権が必要な場合↓三二②、民八六四 +【民事執行法上の特別代理人↓民執四一②③

[1]
一　特別代理人の選任
相続人不分明による相続財産法人に代表者がなければ、利害関係人は民法一〇五二条〔現九五二条〕により裁判所に管理人〔清算人〕選任を請求し得るが、このことは、その選任を待てない事由ある者が相続財産法人に対し訴えを提起するに際し本条〔旧五六条〕による特別代理人選任を申請することを妨げない。（大決昭5・6・28民集九・六四〇）

[2]
二　原告側に代理人なき場合
株式会社が代表取締役を欠く場合、利害関係人は商法二六一条三項、二五八条二項〔会社三五一条二項〕により仮代表取締役の選任を裁判所に請求し得るが、この方法によると遅滞のため損害を受けるおそれがあるときは、本条〔旧五六条〕の類推により利害関係人は特別代理人の選任を裁判所に申請し、この者が会社を代表し原告として訴訟を追行し得る。（最判昭41・7・28民集二〇・六・一二六五）

[3]
三　離婚訴訟への本条の不適用
離婚は代理に親しまない行為であり、心神喪失の常況にある者に対する離婚の訴えにおける訴訟遂行は、同人の身上監護、財産管理等の利害関係を踏まえて慎重になされるべきであり、その訴訟限りにおいて主に原告の利益のために選任される本条の特別代理人に当たらせることは適当でないから、同人がいまだ禁治産宣告〔平成一一年改正による後見開始の審判に該当〕を受けていない場合には、離婚訴訟の原告となろうとする者は、禁治産宣告及び後見人選任を申し立てるべきである。〔平成一一法一四九による民法改正前の事案〕（最判昭33・7・25民集一二・一二・一八二三、民訴百選[五版]一七）↓民七七〇条[4]

（法定代理権の消滅の通知）

第三六条① 法定代理権の消滅は、本人又は代理人から相手方に通知しなければ、その効力を生じない。

② 前項の規定は、選定当事者の選定の取消し及び変更について準用する。

§+【法定代理権の消滅等の届出↓民訴規一七 ❶【法定代理権の消滅事由↓民八三四・八三四の二・八三五・八三七・八四四・八四六【代理権消滅と中断事由↓一二四①[三]【本項の準用↓五九 ❷【選定当事者の選定の取消し・変更↓三〇④

[1]
一　通知の有無と相手方の知・不知
〈第一審係属中に被告の法定代理人が親権を喪失。敗訴した被告が不変期間経過後に第一審判決正本の送達と同時に訴訟手続は中断したと主張して、受継の申立てとともに控訴状を提出。原告は法定代理人の姉〉仮に民訴法二八条〔旧四五条〕により法定代理権の消滅につき民法一一二条を適用すれば訴訟関係が錯雑となり、これを避けるため本条〔旧五七条〕が設けられたのであるから、代理権消滅の通知なき限り、相手方の知・不知にかかわらず代理権消滅の効果を生じない。（大判昭16・4・5民集二〇・四二七）

[2]

二　本条の趣旨

〈出征兵士たる原告が父に対し財産管理の包括的授権をし、これに基づき父が代理人として本件試掘権を買い受け、かつ、原告が生死不明の間に父が不在者財産管理人に選任され試掘権移転登録の本訴を提起した後に、右契約締結以前に原告が戦死していた事実が判明した事案において〉本人死亡後通知なき限り代理権消滅を認めない本条〔旧五七条〕及び五八条一項〔旧八五条〕は、法定代理人及び訴訟代理人の訴訟行為の効果を実質上死者の相続人に帰属せしめる趣旨であるから、本件のごとく原告死亡後の右売買の効力が実質上原告の相続人に帰属すべきものと解さざるを得ない場合においても、なお原告の当事者適格を否定すべきでない。（最判昭28・4・23民集七・三九六）

第三七条（**法人の代表者等への準用**）　この法律中法定代理及び法定代理人に関する規定は、法人の代表者及び法人でない社団又は財団でその名において訴え、又は訴えられることができるものの代表者又は管理人について準用する。

〔参〕民訴規一八【非法人の社団・財団の当事者能力↓二九【法定代理及び法定代理人に関する規定↓二八・三一・三二・三四—三六、四〇④、五八①[四]・六九、一〇二①・一〇三①・一〇四①・一〇六②・一二四①[三]・一三四②[一]・一五一①[一]・二一一・二五三①[五]・二五四②・二八六②[一]・三一二②[四]・三三八①[三][七]・三四三[一]・三八七[三]

[1]

一　法人その他の代表者

取締役選任決議無効確認訴訟を本案とする代表取締役職務執行停止・職務代行者選任の仮処分が行われている場合において、本案たる決議無効確認訴訟において被告会社を代表すべき者は、職務執行を停止された代表取締役ではなく、職務代行者である。〔平成一二法六四による商法改正前の事案〕（最判昭59・9・28民集三八・九・一一二一、民訴百選Ⅰ[補正]五三）↓会社三五二条[3]

[2]

二　法人を訴訟上代表すべきもの

農業協同組合と理事との間の訴訟については監事が組合を代表すると定めた農業協同組合法三三条（平成四法五六による改正前のもの。改正後は、同法三九条〔現三五条の五第五項〕により商法二七五条の四前段〔会社三八六条一項一号〕が準用される）の趣旨は、なれ合い訴訟により組合の利益が害されることを避けるためであり、右規定は、単に訴訟における代表権のみならず、組合の利益のため理事に対し訴訟を提起するか否かの決定権をも監事に与える趣旨である。組合の訴訟提起には理事会の決議を要する旨の組合規約の規定は、理事に対する訴訟提起の事例をも適用対象とするものであれば、その限りで無効であり、右事例には適用されないと解すべきである。（最判平9・12・16判時一六二七・一四四）

[3]

商法二七五条の四前段〔会社三八六条一項一号〕が会社と取締役との間の訴訟の代表権を監査役に与えている趣旨がなれ合い訴訟による会社の利益の侵害防止にあるとする前出[2]の趣旨に照らせば、退任した取締役に対し在任中の義務違反を理由に損害賠償を請求するときにはなれ合いのおそれはなく、会社につき代表権を有するのは代表取締役であり、右損害賠償請求権についての株主による提訴請求に基づき会社を代表して訴えを提起する場合の会社の代表者を監査役とする同条後段〔会社三八六条二項一号・二号〕は、この解釈の妨げとはならない。同条を準用する農業協同組合法三九条二項〔現三五条の五第五項〕の解釈としても同様である。（最判平15・12・16民集五七・一一・二二六五、重判平15民訴一）

[4]

三　訴訟上の代表と表見法理

私立学校法二八条一項二項の規定は、学校法人と実体法上の取引を行う第三者保護のための規定であって、公権力により実体上の法律関係を確定する民事訴訟には適用がなく、代表者交替につき登記がなくとも代表権を有するのは新代表者であり、旧代表者に対してなされた訴訟行為は追認なき限り取消しを免れない。（最判昭41・9・30民集二〇・七・一五二三）

[5]

〈代表取締役でない者が登記簿に代表取締役として記載され、この者を被告会社代表者とした訴えにおいて、民法一〇九条〔改正後同条一項〕、商法二六二条〔会社三五四条〕の適用が主張された事案において〉民法一〇九条及び商法二六二条は、取引の安全のための規定であるから、取引行為と異なる訴訟手続において会社の代表者を定めるに当たっては適用されない。会社を相手に訴訟をする場合には、真正な代表者を表示すべく、代表権のない者を表示した訴状は補正の対象となる。（最判昭45・12・15民集二四・一三・二〇七二、民訴百選[五版]一八）↓三四条[7]、会社三五四条[6]

[6]

〈前清算人の辞任に伴う臨時株主総会がＡＢ二つに分裂し、Ａ総会で新清算人とされ登記された甲が乙を清算人に選任したＢ総会の決議取消訴訟を登記未了の丙を代表者として会社に対し提起し勝訴した。その上訴審において会社側が登記未了による商法一二条〔現九条一項、会社九〇八条一項〕の適用を主張した事案において〉商法一二条は、会社と実体法上の取引関係に立つ第三者を保護するための規定であり、それ自体実体法上の取引行為でない民事訴訟には適用されない。（最判昭43・11・1民集二二・一二・二四〇二、商法百選五）↓商九条[3]

四　代表者の交替

[7]

訴訟代理人のある法人につき代表者の交替があった場合は、民訴法五八条一項〔旧八五条〕により訴訟代理人は実質上新代表者の委任に基づき訴訟追行をなし得るのであるから、三六条〔旧五七条〕による通知がなくとも、判決に新代表者を表示することも許される。（最判昭43・4・16民集二二・四・九二九、民訴百選[五版]Ａ6）↓五八条[2]

五　地方公共団体の訴訟

[8]

普通地方公共団体の申立てに基づいて発せられた支払督促に対し債務者から適法な異議の申立てがあり、民訴法三九五条〔旧四四二条一項〕により訴え提起が擬制される場合にも、地方自治法九六条一項一一号〔昭和六一法七五による改正後の一二号〕により訴え提起に必要とされる議会の議決を経なければならない。（最判昭59・5・31民集三八・七・一〇二一、重判昭59行政九）

[9]

普通地方公共団体が被告となって住民訴訟に応訴する場合には、議会の議決を必要としない。（最大判昭34・7・20民集一三・八・一一〇三、自治百選[二版]四〇）

第二節　共同訴訟

第三八条（**共同訴訟の要件**）　訴訟の目的である権利又は義務が数人について共通であるとき、又は同一の事実上及び法律上の原因に基づくときは、その数人は、共同訴訟人として訴え、又は訴えられることができる。訴訟の目的である権利又は義務が同種であって事実上及び法律上同種の原因に基づくときも、同様とする。

〔参〕【権利義務が共通な場合の例↓民二四九・四二八・四三〇・四三六、信託七九【同一の原因に基づく場合の例↓民七一九【人事訴訟と必要的共同訴訟↓人訴一二②・四三②[一]【行政事件訴訟における共同訴訟↓行訴一七

一　通常共同訴訟とされる場合↓四〇条[9]～[22]

二　必要的共同訴訟とされる場合↓四〇条[7]～[8][23]～[28]

三　本条の要件を欠くときの効果

[1]　本条〔旧五九条〕の要件を欠く訴え又は併合を禁止される訴えが併合提起された場合には、弁論を分離すれば足り、他に訴訟要件を欠く場合は格別として、併合提起が直ちに訴えの不適法却下事由となるのではない。（大判昭10・4・30民集一四・一一七五……養子が実父の借金の保証をしたことを知った養親が累が養家に及ぶことを恐れ、養子及びその妻に離縁及び離婚の各届書に署名押印させて届出を了したところ、養子から養親に対する離縁無効確認、妻に対する離婚無効確認の訴えを併合提起した事例）

四　主観的予備的併合↓四一条[1][2]

五　主観的追加的併合

[2]　原告が、係属中の訴訟（土地の売主に対する瑕疵〔かし〕担保による損害賠償請求）に第三者を被告とする請求（土地の不当鑑定を理由とする損害賠償請求）を追加して一個の判決を得ようとする場合、本条〔旧五九条〕の要件が存在するときであっても、当然に併合の効果を生ぜしめることは、明文の規定がなく、これを認めたとしても必ずしも訴訟経済にかなうものではなく、かえって訴訟の複雑化、濫訴、訴訟遅延等の弊害もあるので、原告は別訴を提起し弁論の併合を裁判所に促すべきである。（最判昭62・7・17民集四一・五・一四〇二、民訴百選[五版]九六……新訴提起に伴う印紙の再度貼用を命じる補正命令不遵守を理由として訴えを却下した原審の措置を適法とした例）

（共同訴訟人の地位）

第三九条　共同訴訟人の一人の訴訟行為、共同訴訟人の一人に対する相手方の訴訟行為及び共同訴訟人の一人について生じた事項は、他の共同訴訟人に影響を及ぼさない。

⊛+【共同訴訟の要件↓三八【必要的共同訴訟の特則↓四〇

一　通常共同訴訟とされる場合↓四〇条[9]～[22]

二　通常共同訴訟の手続規律

1　証拠共通の原則

[1]　共同訴訟人の一人が提出した証拠は、その相手方に対するだけでなく、他の共同訴訟人とその相手方に対する関係においても証拠資料とすることができる。（最判昭45・1・23判時五八九・五〇……建物の二重売買の第一買受人による、売渡人及び第二買受人に対する請求において提出された証拠を、それと併合されている第二買受人の売渡人に対する請求において利用した例）

2　主張共通の原則

[2]　通常共同訴訟においては、共同訴訟人間に共通の利害関係ある場合でも、補助参加の申出なき限り共同訴訟人の一人の訴訟行為は他の者のために効果を生じない。共同訴訟人と相手方との関係から、その共同訴訟人の訴訟行為につき他の者のために当然の補助参加の効果を認めることは、その効果を生ずべき場合の明確につき基準を欠く。（最判昭43・9・12民集二二・九・一八九六、民訴百選[五版]九五）

3　共同訴訟人の一人による期日指定申立て

[3]　当事者双方が期日を欠席した後、共同訴訟人の一人が期日指定の申立てをした場合、裁判所は他の共同訴訟人のためにも新期日を指定すべく、右申立てにより、他の者のついても民訴法二六三条〔旧二三八条〕の取下擬制の効果は生じない。（大判昭15・12・24民集一九・二四〇二）

（必要的共同訴訟）

第四〇条①　訴訟の目的が共同訴訟人の全員について合一にのみ確定すべき場合には、その一人の訴訟行為は、全員の利益においてのみその効力を生ずる。

②　前項に規定する場合には、共同訴訟人の一人に対する相手方の訴訟行為は、全員に対してその効力を生ずる。

③　第一項に規定する場合において、共同訴訟人の一人について訴訟手続の中断又は中止の原因があるときは、その中断又は中止は、全員についてその効力を生ずる。

④　第三十二条第一項の規定は、第一項に規定する場合において、共同訴訟人の一人が提起した上訴について他の共同訴訟人である被保佐人若しくは被補助人又は他の共同訴訟人の後見人その他の法定代理人のすべき訴訟行為について準用する。

⊛❶【合一にのみ確定すべき場合の例↓民執一五七③、民六六八、八九八、信託七九、人訴一二②、四三②㈢、会社八二八—八三三、八三八、八四七、八五三、八五四、破一二六④、一二七、一二九、一三一ETC【共同訴訟参加↓五二【行政事件訴訟における参加人の地位↓行訴二二④　❸【訴訟手続の中断・中止の生ずる場合↓一二四、一二五、一三一　❹【上訴↓二八一、三一一、三二七①、三二八①、三三六、三三七　❶—❸【準用規定↓四七④　+【人事訴訟における参加↓人訴一五

一　共同訴訟の必要性

1　固有必要的共同訴訟とされたもの

イ　共有権確認等—原告側

[1]　土地の共有者全員が共同原告となって、共有権に基づき、共有権を争う登記名義人に対して、その確認、登記の移転を求める訴訟は、共有者の一個の所有権が紛争の対象であって、共有者全員にとって矛盾なき解決の必要があるから、固有必要的共同訴訟とされるべきであり、原告の一名による訴えの取下げは無効である。（最判昭46・10・7民集二五・七・八八五、民訴百選[五版]Ａ31）

[2]　共有に係る実用新案権を受ける権利を目的とする実用新案登録申請につき拒絶査定を受けた共有者が、共同で申し立てた審判請求を理由なしとする審決に対して提起する取消訴訟は、共有者全員が提起すべき固有必要的共同訴訟である。右訴訟における審決の違法性の有無の判断は共有者全員の有する一個の権利の成否を決めるものとして、全員につき合一確定の必要があり、実用新案法四一条が共有に係る実用新案権を受ける権利についての審判請求は共有者全員でするものと定めていることも同旨に出たものだからである。（最判平7・3・7民集四九・三・九四四、特許百選[五版]八四）↓特許一七八条[7]

ロ　共有登記名義人に対する登記抹消請求—被告側

[3]　建物につき、競売申立て前に付けられた所有権移転請求権保全の仮登記に基づき所有権本登記を経由した共有名義人に対しその抹消を求める訴えは、必要的共同訴訟であり、被告の一人につき控訴期間が徒過しても、他の者の控訴により全員が控訴人となる。（最判昭38・3・12民集一七・二・三一〇）

ハ　共有地の境界確定の訴え

[4]　隣接する土地の一方又は双方が共有に属する場合の境界確定の訴えは、共有者全員が訴え又は訴えられることを要する固有必要的共同訴訟である。原告側共有者のうち行方不明の一人を除く一三人により提起された訴えは、当事者適格を欠き不適法である。（最判昭46・12・9民集二五・九・一四五七、民訴百選Ⅱ[補正]一六二）↓民二四九条[11]

ニ　入会〔いりあい〕権確認

[5]　入会権は権利者である一定の部落民に総有的に帰属するものであるから、その確認を求める訴えは固有必要的共同訴訟である。（最判昭41・11・25民集二〇・九・一九二一……総員三三〇人のうち三二六人が訴えを提起した事案で、原告敗訴の本案判決について、職権により破棄自判、訴え却下）↓民◘【入会権】〔二九四条の後〕[4]

ホ　入会部落構成員の使用収益権に基づく地上権仮登記抹消請求

[6]　入会山林につき地上権設定仮登記があるだけでは、入会部落構成員が山林原野における使用収益につき格段の妨害を受けるとはいえず、右登記が入会権自体に対し侵害的効果を有するとしても、その抹消請求は、入会権自体の管理処分事項であり、各構成員は部落の一員として入会権の管理処分に参

与し得るにすぎないから、単独で行うことはできない。（最判昭57・7・1民集三六・六・八九一、民訴百選Ⅱ[補正]一六一）↓民九四条[35]・◆【入会権】〔二九四条の後〕[6]

へ　遺産確認

[7] 遺産確認の訴えは、当該財産が現に共同相続人による遺産分割前の共有関係にあることの確認を求める訴えであり、その原告勝訴の確定判決は、当該財産が遺産分割の対象である財産であることを既判力をもって確定し、これに続く遺産分割審判の手続及び右審判の確定後において、当該財産の遺産帰属性を争わせないことによって共同相続人間の紛争の解決に資するのであるから、右訴えは、共同相続人全員が当事者として関与し、その間で合一にのみ確定することを要する固有必要的共同訴訟である。（最判平元・3・28民集四三・三・一六七、民訴百選[五版]一〇〇）↓一三四条の二[14]

ト　共同相続人間における相続人の地位不存在確認

[8] 特定の共同相続人が相続欠格を理由に被相続人の遺産につき相続人たる地位を失ったか否かは、遺産分割手続の前提問題であり、その地位の不存在確認の訴えは、共同相続人全員が当事者として関与し、その間で合一に確定することを要する固有必要的共同訴訟である。（最判平16・7・6民集五八・五・一三一九、重判平16民訴四）

2　通常共同訴訟とされたもの

イ　共有持分権確認請求―原告側

[9] 共有持分権の範囲は共有地の全部にわたるのであるから、各共有者は持分権に基づき単独で、土地の所有権を主張する第三者に対し、係争地が自己の共有持分権に属することの確認を求めることができる。（最判昭40・5・20民集一九・四・八五九）↓民二四九条[3]

ロ　共同相続人による抹消登記請求―原告側

[10] 不動産の共有権者の一人がその持分権に基づき所有名義人に対し登記の抹消を請求することは、妨害排除請求にほかならず保存行為であるから、各共同相続人は単独で登記の全部の抹消を請求することができる。（最判昭31・5・10民集一〇・五・四八七、民訴百選[四版]九九）↓民二四九条[7]

[11] 〈Bの死亡により、本件建物につき、その妻X_1が二分の一の、その子X_2及びAが各四分の一の共有持分権をそれぞれ相続により取得したところ、Yは何ら持分を有していないにもかかわらず、本件建物につき、Yの持分を二分の一、X_1の持分を四分の一、X_2及びAの持分を各八分の一とする所有権保存登記がされていると主張して、共有持分権に基づき、抹消登記手続を請求〉X_1らの抹消登記手続請求の意図は、共有不動産につき、Yが持分を有しないのに有するものと表示されている本件保存登記を、実体的権利に合致させるための更正登記手続請求にほかならず、他の共有者の共有持分についての更正登記手続までを求めることはできない。（最判平22・4・20判時二〇七八・二二……本件保存登記全部の抹消登記手続を命じた原判決を破棄し、本件保存登記をX_1の持分二分の一、X_2の持分四分の一、Y及びAの持分各八分の一とする所有権保存登記への更正手続請求の限度で認容）

ハ　入会部落構成員の使用収益権確認請求―原告側

[12] 入会山林につき入会権を有し入会団体の構成員であると主張する者が、他の入会権者に対し自己の入会権の確認を求める訴えは、入会団体構成員に総有的に帰属する入会権そのものの存否を確定するものではなく、原告の構成員たる地位又はそれに基づく入会山林の使用収益権の確認を求めるものにすぎないから、固有必要的共同訴訟ではなく、各自単独で提起し得る。（最判昭58・2・8判時一〇九二・六二）↓[5]、民◆【入会権】〔二九四条の後〕[5]

ニ　共有に属する要役地のための地役権設定登記請求―原告側

[13] 要役地が共有に属する場合、各共有者は単独で、共有者全員のため保存行為として、要役地のため承役地上に地役権設定登記手続を求める訴えを提起でき、右訴えは固有必要的共同訴訟ではない。（最判平7・7・18民集四九・七・二六八四）

ホ　他の共有者に対する持分権確認請求―被告側

[14] 係争山林が原告一三名、被告一名及び訴外一名の共有に属することの確認を求める訴えは、原告の持分権の確認を求めるものであるから、原告以外の全員を被告とする必要はない。（大判大13・5・19民集三・二一一）

へ　共同相続人に対する請求―被告側

[15] 原告所有の家屋につき、家屋台帳に原告の兄からの相続を原因としてその名義が記載されている数名を共同被告として所有権の確認を求める請求は、それぞれ独立したもので、固有必要的共同訴訟ではない。（最判昭34・7・3民集一三・七・八九八）

[16] 土地の所有者が、地上建物の共同相続人を被告としてその収去及び土地明渡しを求める場合、共同相続人の義務は各自係争物件の全部につき侵害行為を除去すべき不可分債務であるから、所有者は全員に対し同時に訴えを提起する必要はなく、そう解しても、相続人全員に対する判決又はその同意がなければ強制執行はできないのであるから相続人の保護に欠けることはない。（最判昭43・3・15民集二二・三・六〇七、民訴百選[五版]九九）

[17] 不動産について被相続人との間に締結された契約上の義務の履行を主張して、所有権移転登記手続を求める訴訟は、その相続人が数人いるときでも、必要的共同訴訟ではないと解するのが当裁判所の判例（民八九八条[11]）であり、本件のように、贈与を理由として、贈与者の相続人に対し所有権移転登記手続を求める訴訟は、必要的共同訴訟ではない。（最判昭44・4・17民集二三・四・七八五、不動産百選[三版]六三……共同相続人一四名中一名を漏らし、一三名を被告としていた点が上告審に至って問題とされた事案）

[18] 賃借人による賃貸人の共同相続人に対する賃借権確認の訴えは、相続人が各自賃借人に対して不動産を使用させるべき不可分債務を負担するから必要的共同訴訟ではない。（最判昭45・5・22民集二四・五・四一五、続民訴百選一八）↓民四三〇条[6][7]・八九八条[14]

ト　複数の登記義務者に対する抹消登記請求等

[19] 順次移転登記のある建物の中間取得者のみを被告とする抹消登記請求は、その判決が確定しても転得者の承諾がなければ抹消手続の実行ができないものの、そのことによって、転得者をも共同被告としなければならなくなるものではない。（最判昭36・6・6民集一五・六・一五二三）

チ　主債務者と連帯保証人に対する請求

[20] 主債務者と連帯保証人を共同被告として訴えが提起されても、必要的共同訴訟ではないから、不出頭の連帯保証人につき弁論を分離して敗訴判決を言い渡しても適法である。（最判昭27・12・25民集六・一二・一二五五）

リ　詐害行為取消しの相手方↓三〇条[5]

ヌ　身分関係

a　嫡出父子関係と嫡出母子関係

[21] 〈亡父の先妻の子である原告が、亡父と後妻間の嫡出子として戸籍上記載されている他人間の子と後妻を被告として、嫡出親子関係不存在確認を求めた事案において〉嫡出親子関係不存在確認の訴えにおいては父子関係と母子関係の各不存在を合一にのみ確定する必要はない。（最判昭56・6・16民集三五・四・七九一、重判昭56民訴二……嫡出親子関係といえども父子関係と母子関係は可分であり、後者の不存在確認により被告子と原告との間の姻族関係の不存在を確定する法律上の利益はなく、仮に母子関係につき合一確定を必要とすると、みだりに他人間の親子関係への容喙〔ようかい〕を許すことになり適切でない、とした原審の措置を適法としたもの）

b　前婚の離婚無効確認と後婚の取消し

[22] 前婚の離婚無効確認請求と後婚の取消請求とは固有必要的共同訴訟にも類似必要的共同訴訟にも該当しない。（最判昭61・9・4家月三九・一・一三〇、民訴百選Ⅱ[補正]一六五……前

婚の妻が、夫死亡後離婚の無効確認と重婚を理由とする後婚の取消しを検察官と後婚の妻とを被告として提起し第一審勝訴。これに対し後婚の妻のみが控訴した例〉

二　合一確定の必要性―類似必要的共同訴訟とされたもの

1　住民訴訟

[23] 公益の代表者たる住民に提訴権が与えられる住民訴訟の性質上、その判決の効力は、当事者となった住民のみならず、当該地方公共団体の全住民に及ぶものであり、複数の住民の提起した住民訴訟は、本条一項［旧六二条一項］にいう「訴訟の目的が共同訴訟人の全員について合一にのみ確定すべき場合」に該当する類似必要的共同訴訟である。（最大判平9・4・2民集五一・四・一六七三〈愛媛玉串料訴訟上告審〉憲百選Ⅰ[七版]四四）↓[36]

[24] 〈市有地の賃借人は賃借権を譲渡するには契約上市に対して承諾料支払義務を負うところ、右義務が不履行であると主張して、住民らが地方自治法二四二条の二第一項四号に基づき承諾料の支払を市に代位して求める代位請求住民訴訟を提起。第一審、原審ともに請求を棄却したため、住民らのうち一名のみが上告〉契約上の義務の履行を求める請求は適法な住民訴訟に当たらないから、承諾料請求を棄却した原判決は違法であり、これを破棄し、上告人及び上告人とならなかった住民らの被上告人に対する訴えを却下するが、訴訟費用については、本件は、住民らのうち上告人のみが上告したものであるから、上告人と被上告人との間で生じた費用についてのみ負担の裁判をする。（最判平14・10・15判時一八〇七・七九）

2　株主代表訴訟

[25] 商法二六七条［会社八四七条］に規定する株主代表訴訟は、株主が会社に代位して取締役の会社に対する責任を追及する訴えを提起するものであり、その判決の効力は民訴法一一五条一項二号により会社に及び、その結果他の株主もその効力を争うことができなくなるから、複数の株主が追行する株主代表訴訟は類似必要的共同訴訟である。（最判平12・7・7民集五四・六・一七六七、民訴百選[五版]一〇二）↓[37]、会社四二三条[1][16]

3　知的財産権の共有者が提起する知的財産権の無効・取消審決の取消訴訟

[26] 商標登録出願により生じた権利が共有に属する場合、同権利についての審判請求は共有者の全員が共同してすることを要するが、一旦登録された商標権につき商標登録の無効審決がなされた場合には、出訴期間を徒過すると商標登録が遡及的に不存在となるから、共有者の一人は、保存行為として単独で右審決の取消訴訟を提起できる。固有必要的共同訴訟とすることは、一部の共有者が提訴に不協力な場合に不当であり、個別提訴を許容しても、審決取消しの確定判決の効果は共有者全員に及び、請求棄却が確定すれば、他の共有者の出訴期間徒過により全員につき商標権は遡って不存在となり、複数の共有者が提訴すれば類似必要的共同訴訟となるから、合一確定の要請には反しない。（最判平14・2・22民集五六・二・三四八、特許百選[五版]八三）↓民二四九条[5]、特許一七八条[2]

[27] 特許権の共有者の一人が提起した、特許異議の申立てに基づく当該特許の取消決定の取消訴訟につき、前出[26]と同旨（最判平14・3・25民集五六・三・五七四、重判平14知財二）↓民二四九条[6]

[28] 商標権の共有者の一人が提起した、商標登録取消審決の取消訴訟につき、前出[26]と同旨（知財高判平30・1・15判タ一四五一・一四七）↓行訴三三条[2]

三　必要的共同訴訟における提訴の適法性

1　固有必要的共同訴訟の手続規律

イ　瑕疵［かし］の事後的な治癒

[29] 被告側につき必要的共同訴訟が成立する場合において一部の者のみに対し訴え（親族会決議取消しの訴え）が提起されたときでも、残りの者が被告に共同訴訟参加すれば適法となる。（大判昭9・7・31民集一三・一四三八）

[30] 原告が共有者の一部のみを被告として共有物分割の訴えを提起した場合でも、原告が残りの者に訴えを提起し両訴の弁論が併合されれば適法な訴えとなる。（大判大12・12・17民集二・六八四）

ロ　非同調者を被告とする提訴

[31] 土地共有者が隣地との境界の確定を求める訴えはその全員が原告となるべき固有必要的共同訴訟であるが、訴え提起に同調しない者がいたとしても、隣接する土地との境界に争いがあるときにはその確定が必要なことに変わりなく、同訴えにおいては、裁判所は当事者の主張に拘束されず、当事者の主張しない境界線を確定しても民訴法二四六条に違反しないという特質に照らせば、共有者全員が共同歩調をとることは必要でなく、全員が原告又は被告のいずれかの立場で訴訟に関与しておれば足り、提訴に賛成する共有者は、隣地所有者と共に非同調共有者を被告として訴えを提起することができる。この場合、隣地所有者は相隣接する土地の境界をめぐり右共有者全員と対立関係にあるから、隣地所有者が原告側共有者のみを相手方として上訴したときは、同法四七条四項を類推して、本条二項により、被告側共有者にも上訴の効力が及び、この者は被上訴人の地位に立つ。（最判平11・11・9民集五三・八・一四二一、民訴百選[三版]一〇二……非同調共有者を被告とする取扱いは、境界確定の訴えが本質的に非訟事件であることにより便法として許容されるもので、固有必要的共同訴訟一般に類推すべきではないとする千種裁判官の補足意見がある）

[32] 特定の土地が入会地であるのか第三者の所有地であるのかについて争いがあり、入会集団の一部の構成員が、当該第三者を被告として、訴訟によって当該土地が入会地であることの確認を求めたいと考える場合において、訴え提起に同調しない構成員がいるために構成員全員で訴えを提起することができないときは、上記一部の構成員は、同調しない構成員も被告に加え、構成員全員が訴訟当事者となる形式で当該土地が入会地であること、すなわち、入会集団の構成員全員が当該土地について入会権を有することの確認を求める訴えを提起することが許され、構成員全員による訴えの提起でないことを理由に当事者適格を否定されることはない。（最判平20・7・17民集六二・七・一九九四、民訴百選[五版]九七……相被告とされた構成員は、係争地につき持分登記を有し、これを第三者に移転登記しており、相被告と原告の間で入会地か否かにつき争いがある事案）

ハ　遺産確認の訴えの当事者適格

[33] 前訴たる共同相続人間の所有権確認請求訴訟で請求棄却判決を受けた原告も、後訴たる遺産確認の訴えにおいて原告適格及び訴えの利益が認められる。（最判平9・3・14判時一六〇〇・八九②、民訴百選[三版]A34）↓一三四条の二[16]

[34] 共同相続人のうち自己の相続分の全部を他の共同相続人に譲渡した者は、積極財産と消極財産を包括した遺産全体に対する割合的な持分を全て失い、遺産分割審判の手続等において遺産に属する財産につきその分割を求めることはできないから、その者との間で遺産分割の前提問題である特定財産の遺産帰属性を確定する必要はなく、その者は遺産確認の訴えの当事者適格を有しない。（最判平26・2・14民集六八・二・一一三、重判平26民訴一）↓民九〇五条[3]・九〇七条[2]

2　共同訴訟人の一人にかかる訴訟行為

イ　一人による訴え取下げ↓[1]

ロ　一人に対する訴え取下げ

[35] 共同相続人間における遺産確認の訴えは、共同相続人全員について判決による紛争解決が矛盾なくなされることが要請される固有必要的共同訴訟と解すべきところ、一旦その全員が関与して遺産確認の訴えが適法に係属した後、第一審において原告側が被告側共同訴訟人のうち一部の者に対する訴えを取り下げた場合には、この効力を認めることは右訴訟の本質と相容れないから、右訴え取下げは効力を生じない。（最

判平6・1・25民集四八・一・四一、重判平6民訴四）

八　一人による上訴→③

3　類似必要的共同訴訟と上訴

36　住民訴訟の請求は、公益の代表者たる住民が同一の違法行為の是正予防を求める公益上のものであって、複数の住民が提訴した場合でも、共同訴訟人各自が自己の個別的利益を有するわけではなく、提訴後の原告数の減少は審判の範囲、判決の効力に影響しないから、自ら上訴をせず公益の代表者たる意思を失った共同訴訟人をその意に反して上訴人の地位に就かせる効力までが行政事件訴訟法七条、本条一項によって生ずると解するのは相当でなく、自ら上訴をせず、又は上訴を取り下げた共同訴訟人は、上訴人にはならないものと解すべきである。（最大判平9・4・2前出23）→自治二四二条の二

58

37　複数の株主が追行する株主代表訴訟は類似必要的共同訴訟であり、合一確定の必要上、一人の者の上訴により原判決の確定が遮断され、訴訟が全体として移審し、上訴審の判決の効力は上訴しなかった共同訴訟人にも及ぶが、自ら上訴をする意思のない者をその意思に反して上訴人とするのは相当でない上、同訴訟では株主個人の利益は直接問題とならず、提訴後の原告数の減少は審判の範囲や判決の効力に影響しないから、上訴しなかった株主は上訴人にならない。（最判平12・7・7前出25）→会社四二三条7 16

38　数人の提起する養子縁組無効の訴えは類似必要的共同訴訟と解すべきであるところ、上告人兼申立人が上告を提起しかつ上告受理申立てをした時点において、既に他の共同訴訟人が上告を提起しかつ上告受理申立てをしていた場合には、上告人兼申立人の上告は二重上告、上告受理の申立ては二重上告受理の申立てであり、不適法である。（最決平23・2・17家月六三・九・五七、重判平23民訴四）

第四一条（**同時審判の申出がある共同訴訟**）① 共同被告の一方に対する訴訟の目的である権利と共同被告の他方に対する訴訟の目的である権利とが法律上併存し得ない関係にある場合において、原告の申出があったときは、弁論及び裁判は、分離しないでしなければならない。

② 前項の申出は、控訴審の口頭弁論の終結の時までにしなければならない。

③ 第一項の場合において、各共同被告に係る控訴事件が同一の控訴裁判所に各別に係属するときは、弁論及び裁判は、併合してしなければならない。

❸❶【各共同被告に対する請求が法律上併存し得ない場合の例↓民一一七、七一七【分離可能の原則と対比→一五二①、二四三②【同時審判申出の撤回等→民訴規一九 ❷【口頭弁論の終結の時→二五三①四 ❸【弁論の併合→一五二 ❶❸【準用規定→五〇③

主観的予備的併合

1　否定例

1　訴えの主観的予備的併合は不適法である。（最判昭43・3・8民集二二・三・五五一、民訴百選五版A30……原告Xより被告Y_1への所有権移転登記は仮装売買であると主張して提起された移転登記請求訴訟の係属中に、Y_2が本件土地を買い受け登記したため、Y_2に対し、訴訟引受けを申し立て移転登記を請求し、それがいれられないことを条件としY_1に対する損害賠償請求を併合したもの。Y_1の地位不安定、不利益を理由として不適法とした原判決を相当とした例）

2　肯定例

2　土地収用委員会に対する収用裁決の取消請求と起業者（広島市）に対する損失補償金増額請求（増額請求は性質上収用裁決が適法であることを前提とする）は、別個の訴訟によるものとされるが、主観的予備的併合が許されないとすれば、収用裁決と損失補償金のいずれにも不服のある原告は、取消訴訟の敗訴を考え、結果的に無用ともなり得べき損失補償増額の別訴の提起を強いられる一方、予備的被告は、別訴によるとしても取消判決が確定すれば別訴が無意味となる不利益を受ける点では同じであるから、この場合の主観的予備的併合は許される。（広島地判昭49・12・17行裁二五・一二・一六一四）→行訴一七条7

3　原告側の主観的予備的併合

3　〈亡Aの成年後見人X_1がA生存中に「A成年後見人X_1」名義で開設した銀行口座の預金残額につき、Aの死亡後、X_1が主位的原告としてその払戻しを請求し、右払戻請求が後見終了後の成年後見人の財産管理権の範囲外であるならば、X_2（Aの相続人の一人で当該預金を遺産分割で取得した者）が予備的にその払戻しを請求した事例〉原告側の主観的予備的併合は、被告にとっても複数の請求を一回の訴訟で解決できる利点があり、また、予備的原告による訴えにつき、解除条件付訴訟係属という構成を採用することは必然ではなく、主位的請求認容の場合には予備的請求を棄却することにより、被告の不利益は解消されるから、原告側の主観的予備的併合は適法である。（東京地判平22・12・28金法一九四八・一一九）

第三節　訴訟参加

第四二条（**補助参加**） 訴訟の結果について利害関係を有する第三者は、当事者の一方を補助するため、その訴訟に参加することができる。

❸＋【訴訟の結果について利害関係を有する第三者の例↓民九九、四四六【補助参加の許否→四四【補助参加人がすることができる訴訟行為→四五【補助参加人に対する判決の効力↓四六【他の訴訟参加↓四七、四九—五二【訴訟告知→五三【行政事件訴訟における参加↓行訴二二、二三【人事訴訟における参加↓人訴一五、一六②【非訟事件における参加↓非訟二〇、二一【家事事件における参加↓家事四一、四二

一　利害関係を有する第三者

1　意義

1　本条〔旧六四条〕にいう利害関係とは、法律上の利害関係を指す。入会権者の本訴請求（入会権侵害排除請求）は、後日同様の別訴を起こすことにより本件山林に隣接する山林の所有者に対して単独採取権を認めさせることを目的とするものであっても、隣接山林所有者は本訴につき事実上の利害関係を有するにすぎず、被告への参加は許されない。（大決昭7・2・12民集一一・一一九）

2　本条〔旧六四条〕にいう利害関係とは本訴訟の判決の効力又は内容につき法律上影響を受ける地位にあれば足り、判決が直接実体権に影響を与えることを要しない。協議による村全体の寄附金負担を理由として、ある村民が出納員から支払を求められた場合、後日同様の請求を受ける可能性のある他の村民は補助参加し得る。（大決昭8・9・9民集一二・二二九四、民訴百選初版一六）

3　本条〔旧六四条〕の利害関係には、判決理由中の事実・法律関係についての利害関係も含まれるが、被参加人敗訴により参加申出人が一定の請求を受け若しくは責任を分担させられる蓋然性を要する。参加申出人が本訴と同じ事実上・法律上の原因で別訴で訴えられているとの一事では足りない。（東京高決昭49・4・17下民二五・一～四・三〇九、民訴百選Ⅱ補正一六九……参加申出人はキノホルム剤の投与をした医師、被参加人は国及び製薬会社）

4　〈夫の死亡がその業務に起因（過労死）するとして労災保険法による遺族補償給付を申請し不支給処分を受けた妻が労働基準監督署長を相手に提起した同処分の取消訴訟につき、亡夫の使用者が被告側に補助参加を申出〉① 本件訴訟における業務起因性に関する判断は判決理由中のもので、不支給処分取消訴訟と（使用者に対する将来あり得べき）安全配慮義務違反に基

づく損害賠償請求訴訟とでは審判の対象・内容が異なるから、本件訴訟で業務起因性が認められるとしても、そのことは参加申出人にとって法律上の利害関係には当たらない。

② 本件不支給処分が取り消され、遺族補償が支給されることになれば、法令により、次々年度以降の労災保険の保険料を増額される可能性がある参加申出人は、本件訴訟において被告の敗訴を防ぐことに法律上の利益を有する。（最決平13・2・22判時一七四五・一四四、社会保障百選[五版]七〇）

[5] 廃棄物の処理及び清掃に関する法律一五条二項［平成九法八五による改正前のもの］が管理型最終処分場の設置許可の要件として定める技術上の水準は、同施設から有害物質が排出された場合に重大な被害を被ることが想定される範囲の住民の生命、身体の安全を個別的法益として保護する趣旨であるから、同条に基づき県知事がした廃棄物処分場設置不許可処分に対し申請者が提起した取消訴訟について、設置予定地を水源とする水道水又は井戸水を飲用する住民は「訴訟の結果について利害関係を有する第三者」に当たる。（最決平15・1・24裁判集民二〇九・五九、環境百選[三版]四五）

2　一般債権者

[6] 債権者は債務者の一般財産が訴訟の結果減少するというだけでは参加の利益はないが、自己の債権を保全する必要がある限り、民法四二三条で債権者代位をなし得るから、債務者が第三債務者に対して債務の履行を求める訴訟につき補助参加の利害関係を有する。（大決大11・7・17民集一・三九八）

3　株主代表訴訟の被告側への会社の補助参加

[7] 取締役の個人的な権限逸脱行為でなく、取締役会の意思決定が違法であるとして提起された株主代表訴訟の請求が認容されると、当該意思決定により形成された会社の公法上又は私法上の法的な地位又は利益に影響が生ずるから、会社は取締役の敗訴を防ぐことに法律上の利害関係を有する。株主代表訴訟につき中立を維持するか被告側に補助参加するかは、経営判断の一種であり、会社の補助参加を認めても、訴訟運営の公正を損なったり、訴訟の著しい遅延又は複雑化を招くものでなく、かえって会社からの訴訟資料、証拠資料の提出により、審理の充実が図られる利点も認められる。（最決平13・1・30民集五五・一・三〇、会社法百選[四版]A25）→会社八四九条[2]

4　共同被告の原告側補助参加

[8] 共同不法行為（交通事故）による損害賠償請求の共同被告のうち、第一審で一方が敗訴、他方が勝訴した場合、前者は、後者も敗訴して損害賠償責任を負うことになれば求償できるという利益を有するから、原告が自己の敗訴判決に控訴しないときは原告側に補助参加し得る。（最判昭51・3・30判時八一四・一一二、民訴百選[五版]A32）

5　職務執行命令訴訟への県民の補助参加

[9] 職務執行命令訴訟は、機関委任事務に関する行政機構内部の意思決定過程において国と都道府県知事との間に法令解釈の対立が生じた場合に、調整手段として地方自治法が特に認めた客観訴訟であり、国の請求を認容する確定判決も、行政機構内部において通常の方法で意思決定があったのと同様の効果をもたらすにすぎず、行政機構内部における意思決定過程に介入することが認められていない外部者が、右訴訟に関与することは同法は予定していないから、同訴訟に民訴法一〇一条［旧一六四条］を準用する余地はなく、こう解することが参加申立人の裁判を受ける権利を害するものでもない。（最決平8・2・26民集五〇・二・二七四……沖縄米軍基地用土地代理署名職務執行命令訴訟に収用対象土地の地主らが補助参加を申し立てた例）

二　共同訴訟人間の補助参加関係→三九条[2]

三　共同訴訟的補助参加→四五条[3][4]

第四三条（補助参加の申出）① 補助参加の申出は、参加の趣旨及び理由を明らかにして、補助参加により訴訟行為をすべき裁判所にしなければならない。

② 補助参加の申出は、補助参加人としてすることができる訴訟行為とともにすることができる。

参❶【補助参加申出書の送達等→民訴規二〇【参加の取下げのあったときの費用の負担→六六　❷【参加人としてすることができる行為→四五　*【本条の準用→四五④・五二②

第四四条（補助参加についての異議等）① 当事者が補助参加について異議を述べたときは、裁判所は、補助参加の許否について、決定で、裁判をする。この場合においては、補助参加人は、参加の理由を疎明しなければならない。

② 前項の異議は、当事者がこれを述べないで弁論をし、又は弁論準備手続において申述をした後は、述べることができない。

③ 第一項の裁判に対しては、即時抗告をすることができる。

参❶【疎明の方法→一八八【異議により生じた訴訟費用の負担→六六【異議の取下げのあったときのその費用の負担→七三①　❷【弁論→八七・一四八―一六〇【弁論準備手続→一六八―一七四　❸【即時抗告→三三二

第四五条（補助参加人の訴訟行為）① 補助参加人は、訴訟について、攻撃又は防御の方法の提出、異議の申立て、上訴の提起、再審の訴えの提起その他一切の訴訟行為をすることができる。ただし、補助参加の時における訴訟の程度に従いすることができないものは、この限りでない。

② 補助参加人の訴訟行為は、被参加人の訴訟行為と抵触するときは、その効力を有しない。

③ 補助参加人は、補助参加について異議があった場合においても、補助参加を許さない裁判が確定するまでの間は、訴訟行為をすることができる。

④ 補助参加人の訴訟行為は、補助参加を許さない裁判が確定した場合においても、当事者が援用したときは、その効力を有する。

参❶❷【攻撃防御方法の提出→一五六【異議→三二九・三五七・三八六【上訴→二八一・三一一・三一八・三二七・三二八・三三〇・三三六・三三七【再審の訴え→三三八・三四九【訴訟の程度に従いすることができないもの→一五七・一五七の二・二四五・二九九・三二一・三二二【準用規定→行訴二三③・四五②　❸❹【補助参加についての異議と許否の裁判→四四【補助参加を許さない裁判の確定→四四③・三三二・三三〇・三三七【準用規定→行訴二二⑤

一　補助参加人の地位

[1] 補助参加人は独立して上訴の提起その他一切の訴訟行為をなし得るが、補助参加の性質上被参加人のなし得ない行為はもはやできないのであるから、被参加人の控訴申立期間経過後は控訴の申立てをなし得ない。（最判昭37・1・19民集一六・一・一〇六、民訴百選[五版]A34①）

[2] 補助参加人が適法に上告を提起した後にした被参加人の上告の提起は、二重上告であり、不適法として却下すべきである。（最判平元・3・7判時一三一五・六三）

二　共同訴訟的補助参加

[3] 行政処分（農地買収計画に関する訴願の棄却裁決）取消訴訟における取消判決は第三者に対しても効力が及ぶ。この訴訟の被告行政庁に補助参加した利害関係人は、本条二項［旧六九条二項］の適用を受けず、四〇条［旧六二条］二項の準用により共同訴訟人のごとく訴訟行為をなし得る共同訴訟的補助参加人となる。被参加人だけで控訴を取り下げても、これによって当然控訴が効力を失うものではない。（最判昭40・6・24民集一九・四・一〇〇一、行政百選Ⅱ[四版]二二六）

[4] 地方自治法二四二条の二第一項四号に基づく住民訴訟が係属している場合において、適法な監査請求手続を経た他の住

民が、その固有の出訴期間内に補助参加の申出をしたときは、共同訴訟参加が可能であるところ補助参加の道を選択したものというべく、右補助参加をいわゆる共同訴訟的補助参加と解し、民訴法四〇条〔旧六二条〕一項の類推適用を認めるのは相当でない。〔平成一四法四による改正前の事案〕（最判昭63・2・25民集四二・二・一二〇、民訴百選[三版]A41……原告による控訴取下げにより、補助参加人の控訴は効力を失い、訴訟は終了）

[5] 〈検察官を被告とする死後認知訴訟に「訴訟の結果により相続権を害される者」として補助参加した第三者が、自己に対する原判決正本送達日から二週間以内に上告兼上告受理申立てをしたが、検察官の上告期間兼上告受理申立期間は徒過されていた事案において〉上告人が上告理由として主張するのは単なる法令違反にすぎないから上告は棄却されるべきであり、上告受理申立ては受理すべきものとは認められない。（最決平28・2・26判タ一四二二・六六、重判平28民訴四）

（補助参加人に対する裁判の効力）

第四六条 補助参加に係る訴訟の裁判は、次に掲げる場合を除き、補助参加人に対してもその効力を有する。

一 前条第一項ただし書の規定により補助参加人が訴訟行為をすることができなかったとき。

二 前条第二項の規定により補助参加人の訴訟行為が効力を有しなかったとき。

三 被参加人が補助参加人の訴訟行為を妨げたとき。

四 被参加人が補助参加人のすることができない訴訟行為を故意又は過失によってしなかったとき。

⊗+【訴訟告知と本条の効果↓五三④

参加的効力

[1] 本条〔旧七〇条〕の効力は、補助参加人が自己の利益を守るべく被参加人に協力して訴訟追行することが認められた以上は被参加人敗訴の際その責任を参加人にも分担させるという特殊な効力であって、既判力とは異なる。この効力は判決主文のみならず判決理由中の判断についても及ぶ。（最判昭45・10・22民集二四・一一・一五八三、民訴百選[五版]一〇三）

[2] 〈建物の建築業者Aの注文により家具を納入したと主張してXが提起した前訴代金支払請求において、Aは注文したのは建物の施主Yであると主張し、Yに訴訟告知したが、Yが参加しないまま、前訴判決は注文者はYであるとの認定を基に請求を棄却し、同判決は確定。XがYに対し代金支払を求めた本訴において、参加的効力を主張した〉前訴におけるXのAに対する代金支払請求訴訟の結果によりXのYに対する代金支払請求権の有無が決せられる関係になく、Yは前訴の結果につき法律上の利益を有していないから、訴訟告知を受けたからといって、Yに判決の効力は及ばない。しかも、前訴の判決理由中、Aは買主でないとの記載は主要事実に係る認定であるが、Yが買受人であるとの記載は主文を導き出すに必要な判断ではない傍論であるから、同記載をもって本訴において自分が買主ではないとするYの主張が許されなくなるものではない。（最判平14・1・22判時一七七六・六七、民訴百選[五版]一〇四）

（独立当事者参加）

第四七条① 訴訟の結果によって権利が害されることを主張する第三者又は訴訟の目的の全部若しくは一部が自己の権利であることを主張する第三者は、その訴訟の当事者の双方又は一方を相手方として、当事者としてその訴訟に参加することができる。

② 前項の規定による参加の申出は、書面でしなければならない。

③ 前項の書面は、当事者双方に送達しなければならない。

④ 第四十条第一項から第三項までの規定は第一項の訴訟の当事者及び同項の規定によりその訴訟に参加した者について、第四十三条の規定は同項の規定による参加の申出について準用する。

⊗❶【訴訟の結果によって権利が害されることを主張する例↓会社八五三【訴訟の目的が自己の権利であることを主張する例↓民五六一【参加による脱退↓四八【他の訴訟参加↓四二、五二【人事訴訟における検察官の関与↓人訴二三 ❷【手数料の額↓民訴費別表第一〈七の項〉 ❸【送達↓九八⊗ ❷ ❸【準用規定↓五二②

一 **詐害防止参加**

1 **詐害防止参加をなし得る者**

[1] 不動産につき強制競売開始決定を得た差押債権者は、債務者を被告とする当該不動産の所有権移転登記抹消請求訴訟につき本条一項〔旧七一条〕前段による参加をなし得る。（最判昭42・2・23民集二一・一・一六九、続民訴百選二五）↓民八二六条[10]

[2] 〈諫早湾干拓事業に関し、Xらが国に対して提起した開門差止訴訟に、開門を求めるZらが本条による参加申出をし、控訴を提起した事案において〉本条の参加は、当事者の訴訟追行の自由に強い制約を課すものであるから、その認められる範囲は制限的に解すべきである。本条一項前段の参加が許される者は、判決効が及ぶ第三者には限られないが、補助参加の利益を有する者よりは狭く、その訴訟において、既存当事者の訴訟追行の自由を制限することを正当化し得る法律上の利益を有することを要する。本件訴訟の訴訟物（Xらの干拓地の所有権等に基づく妨害予防請求権としての開門差止請求権）と、Zらの請求の訴訟物（漁業行使権に基づく妨害排除請求権としての開門請求権）とは、論理的に両立し得る別個の請求権であり、一方が他方に実体法上影響を与える関係にもないこと、原判決確定の事実がZらの請求権の審理判断に事実上影響を及ぼす可能性も低いことからすると、Zらの参加は認められない。（福岡高判平30・3・19【平29ネ四九三】〈諫早湾堤防開門禁止事件〉重判平30民訴二……参加申出却下）↓[6]

2 **請求を立てないでする参加の可否**

[3] 〈XらがY社を被告として提起した解散の訴えに係る請求認容判決確定後に、前訴の当事者ではなかった株主Zが、当該前訴の係属を知らされずその審理に関与する機会を奪われたから、同判決には民訴法三三八条一項三号の再審事由があると主張し、Xら及びY社を相手方として独立当事者参加をするとともに再審の訴えを提起した事案において、会社の解散の訴えに係る請求認容確定判決の効力を受ける第三者は、その確定判決に係る訴訟について独立当事者参加の申出をすることによって、その確定判決に対する再審の訴えの原告適格を有することになる、と述べた上で〉独立当事者参加の申出は、参加を申し出た訴訟において裁判を受けるべき請求を提出しなければならず、単に当事者の一方の請求に対して訴え却下又は請求棄却の判決を求めるのみの申出は許されない。したがって、XらのY社に対する解散請求に対して請求棄却の判決を求めるにとどまり、Xら又はY社に対して何らの請求も提出していない本件参加申出は不適法であり、Zは本件再審の訴えの原告適格を有しない。（最決平26・7・10判時二二三七・四二、重判平26民訴五……再審の訴えを適法とした原決定を破棄し、再審の訴えを却下）

二 **権利主張参加**

[4] 債権者代位の通知が債務者になされた場合又は債務者が了知した場合には、債務者は代位権行使を妨げる処分行為と考えられる訴訟提起をなし得なくなる。しかし、債権者が代位の目的たる権利につき訴訟追行権を有しないことが審理の結果明らかになった場合には債務者の本条一項〔旧七一条〕後段の参加は適法である。（最判昭48・4・24民集二七・三・五九六、民訴百選[五版]一〇八……平成二九法四四による民法四二三条の五新設前の事案）↓一四二条[5]、民四二三条の六[2]

[5] XがYに対し売買契約に基づき本件土地の所有権移転登記

民訴

を求めた本訴に対し、Zが、Yに対しては、本件土地の代物弁済予約又は売買一方の予約による予約完結の意思表示をしたことを理由として、所有権移転請求権保全の仮登記に基づく本登記を求め、右仮登記後になされた処分禁止仮登記の名義人であるXに対しては、右本登記手続の承諾を求めてした参加の申出は、本件土地の所有権の所在を確定する申立てを包含していないので、XYZの三者間で右所有権を合一に確定する関係になく、また他に合一に確定さるべき権利関係が訴訟の目的となっているわけでもないので、本条［旧七一条］の参加に当たらない。（最判平6・9・27判時一五一三・一一一、民訴百選［五版］一〇五……控訴審でなされた参加は実質新訴の提起であるから、控訴審は管轄一審裁判所に移送すべきであったとした例）

［6］〈［2］と同一の事案において〉本条一項後段の参加は、参加人の請求及び既存当事者の請求の目的たる権利関係が互いに法律上両立しない場合に限って認められる。Xらの開門差止請求権とZらの開門請求権とは法律上両立し、その間の調整は執行段階で問題となるにすぎないから、Zらは本条一項後段の参加ができる第三者には当たらない。（福岡高判平30・3・19前出［2］……参加申出却下）

三　訴訟係属の存在

［7］確定判決の効力を受ける第三者が再審の訴えを提起するとともに参加の申出をした場合には、再審開始の決定がされれば確定判決に係る訴訟の審理がされることになるから、独立当事者参加の申出をするために必要とされる訴訟係属がある。（最決平25・11・21民集六七・八・一六八六、民訴百選［五版］一一八）→三三八条［15］

［8］再審の訴えの提起とともにされた独立当事者参加の申出後に再審の訴えを却下する決定や再審請求を棄却する決定等が確定した場合には、もはや当該訴訟について潜在的な訴訟係属があるとはいえず、同申出は不適法となる。再審訴状の却下命令が確定した場合についても、同様である。（知財高判平29・9・5【平29ネ一〇〇六七】重判平29民訴二）

四　独立当事者参加の構造

［9］参加人が確認の請求を立てて原告・被告を相手として参加の申出をなした場合、相手方の一方が争わなくても他方が争えば民訴法四〇条［旧六二条］の準用により双方争っていることになり、確認の利益がある。（最判昭40・10・15民集一九・七・一七八八）

［10］〈キューピー人形のイラストの著作権を持つ外国の財団が同人形の複製等を頒布した銀行に対して提起した著作権侵害差止請求訴訟に、同財団から著作権を譲り受けたと主張する者が銀行のみを被告として当事者参加。原告の脱退申出に対し被告が承諾せず、第一審は、原告の訴訟と参加人の訴訟の弁論を分離し、原告の請求を棄却した後、参加人の請求をも棄却した。参加人が控訴〉片面的参加についても民訴法四一条が準用されるから、三当事者を名宛人とする一個の判決のみが許され、当事者の一部について判決をすることは許されない。合一確定の要請に照らし、参加人の請求を棄却する判決に対する同人の控訴は原告に対しても効力を生じ、原告は被控訴人の地位に立つとともに、参加人に対する判決の送達がないため未確定である原告の請求棄却判決もまた当審に移審しており、原告の請求と参加人の請求を各別に棄却した原判決は共に違法であり取消しを免れない。（東京高判平13・5・30判時一七九七・一三一）

五　参加をなし得る時期

［11］上告審においては本条［旧七一条］による参加の申出をすることは許されない。（最判昭44・7・15民集二三・八・一五三二、民訴百選Ⅱ［補正］一七六）

六　原告の訴えの取下げ

［12］本条［旧七一条］による参加後、原告は被告及び参加人双方の同意を得て訴えを取り下げることができ、訴訟は参加人と原告の間及び参加人と被告の間の二当事者対立関係に転化する。この場合参加人との関係でも二六一条五項［旧二三六条六項］の適用がある。（最判昭60・3・15判時一一六八・六六、重判昭60民訴三）

七　参加後の判決

［13］参加後の訴訟については原告・被告及び参加人の三当事者を判決の名宛人とする一個の終局判決のみが許される。仮に一部判決をした場合でも残余の者につき追加判決をすることは許されない。（最判昭43・4・12民集二二・四・八七七）

八　上訴との関係

［14］参加後は原告・被告及び参加人の三者が鼎立し、一人の上訴で全当事者につき移審する。一当事者が一当事者のみを相手として上訴すれば民訴法四〇条［旧六二条］二項の準用で残る一当事者にも効力を生じ、この者は被上訴人としての地位に立つ。（最判昭50・3・13民集二九・三・二三三、民訴百選［二版］三六）

［15］参加後の訴訟は三当事者間で合一確定が要請されるので、原告の被告・参加人に対する控訴のみによって第一審判決中参加人の被告に対する請求を認容した部分も確定を遮断され、かつ、被告の控訴・附帯控訴の有無を問わず、裁判所は合一確定に必要な限度で右部分を参加人に不利益に変更し得る。（最判昭48・7・20民集二七・七・八六三、民訴百選［五版］一〇六）

［16］参加人が、原告被告双方に対し請求を定立して権利主張参加をした後、原告に対する訴えを取り下げたため片面的参加となった場合において、原告の請求棄却、参加人の請求認容の第一審判決につき原告のみが上訴した場合、参加人の請求認容部分も移審し参加人は被控訴人となる。（福岡高判平19・4・17判タ一二六三・三三九）

九　二当事者による和解

［17］〈Xが、YからXへの売買を原因とする所有権移転登記が自分の知らないうちに抹消されていると主張して提起した抹消回復登記手続請求訴訟において、本件不動産は自己の所有に属すると主張するZが、X及びYに対してZの所有権確認を求めて参加したが、XY間に「Xは本件不動産がYの所有にあることを確認し、Yは解決金として七〇〇〇万円をXに支払う」旨の裁判上の和解が成立し、Xが解決金を受領したため、原審が、XY間の訴訟はこの和解により終了したとし、Zの参加請求についてのみ判決した事例〉本件は三当事者間の法律関係を合一的に確定させることを要する三面訴訟であるから、Zを除いてXYのみの間で成立した本件和解は無効であり、XY間の訴訟はいまだ終了しておらず、Xの請求とZの請求とは一個の終局判決により合一に確定されるべきである。（東京高判平3・12・17判時一四一三・六二）

（**訴訟脱退**）

第四八条　前条第一項の規定により自己の権利を主張するため訴訟に参加した者がある場合には、参加前の原告又は被告は、相手方の承諾を得て訴訟から脱退することができる。この場合において、判決は、脱退した当事者に対してもその効力を有する。

㊂[+]【特別授権の必要↓三二②・五五②三【既判力の主観的範囲↓一一五【本条の準用↓五〇③・五一

（**権利承継人の訴訟参加の場合における時効の完成猶予等**）

第四九条①　訴訟の係属中その訴訟の目的である権利の全部又は一部を譲り受けたことを主張する者が第四十七条第一項の規定により訴訟参加をしたときは、時効の完成猶予に関しては、当該訴訟の係属の初めに、裁判上の請求があったものとみなす。

②　前項に規定する場合には、その参加は、訴訟の係属の初めに遡って法律上の期間の遵守の効力を生ずる。

㊂[+]【時効の完成猶予・期間遵守の効力発生時の原則↓一四七、民一四七①一【法律上の期間の例↓一四七㊂【義務承継人の訴訟参加↓五一【当事者の申立てによる承継人の訴訟引受け

↓五〇・五一【一般承継の場合の中断・受継↓一二四【本条の準用↓五〇③・五一

第五〇条（義務承継人の訴訟引受け）① 訴訟の係属中第三者がその訴訟の目的である義務の全部又は一部を承継したときは、裁判所は、当事者の申立てにより、決定で、その第三者に訴訟を引き受けさせることができる。

② 裁判所は、前項の決定をする場合には、当事者及び第三者を審尋しなければならない。

③ 第四十一条第一項及び第三項並びに前二条の規定は、第一項の規定により訴訟を引き受けさせる決定があった場合について準用する。

SS⁺【一般承継の場合の中断・受継↓一二四　❶【申立ての方式↓民訴規二一　❷【決定手続と当事者の審尋↓八七②③

[1] **一　承継人の範囲**

土地賃貸借終了を理由とする建物収去土地明渡訴訟の係属中第三者が被告から当該建物を賃借して建物・敷地の占有を承継した場合には、建物収去義務の一部といえる退去義務に関する紛争が第三者との間に移行し、かつ、従前の訴訟資料を利用して実効的解決を図り得るから、当該第三者は本条［旧七四条］の承継人といえる。被告への請求が債権的請求、第三者への請求が物権的請求であっても同様である。（最判昭41・3・22民集二〇・三・四八四、民訴百選[五版]一〇九）

[2] 占有移転禁止仮処分のある不動産の占有承継人（最判昭46・1・21民集二五・一・二五、執保百選[三版]一〇〇）↓一一五条[5]、民保六二条[1]

二　申立時期

[3] 本条［旧七四条］による訴訟引受けの申立ては事実審の口頭弁論終結前に限られ、上告審においては許されない。（最決昭37・10・12民集一六・一〇・二一二八）

三　申立権者

[4] 係争物の譲受人は自ら進んで訴訟参加し得るのであり、譲渡人には譲受人に訴訟を承継させるべく引受申立てをする利益はない。（東京高決昭54・9・28下民三〇・九～一二・四四三、民訴百選[五版]A36）

四　引受決定への不服申立て

[5] 本条［旧七四条］により訴訟の引受けを命じた決定に対しては不服申立ては許されない。（大決昭16・4・15民集二〇・四八二）↓三二八条[2]

第五一条（義務承継人の訴訟参加及び権利承継人の訴訟引受け）　第四十七条から第四十九条までの規定は訴訟の係属中その訴訟の目的である義務の全部又は一部を承継したことを主張する第三者の訴訟参加について、前条の規定は訴訟の係属中第三者がその訴訟の目的である権利の全部又は一部を譲り受けた場合について準用する。

SS⁺【義務承継人の訴訟引受け↓五〇【権利承継人の訴訟参加↓四九

第五二条（共同訴訟参加）① 訴訟の目的が当事者の一方及び第三者について合一にのみ確定すべき場合には、その第三者は、共同訴訟人としてその訴訟に参加することができる。

② 第四十三条並びに第四十七条第二項及び第三項の規定は、前項の規定による参加の申出について準用する。

SS❶【一方と第三者につき合一にのみ確定すべき場合の例↓会社八三〇・八三一・八四〇・八四九、民執一五七①【共同訴訟人間で合一にのみ確定すべき場合の例↓四〇SS【合一にのみ確定すべき場合の規制↓四〇【手数料の額↓民訴費別表第一〈七の項〉【他の訴訟参加↓四二・四七【人事訴訟における検察官の関与↓人訴二三

[1] **参加人の範囲**

本条［旧七五条］により第三者が参加し得るには、訴訟が当該第三者についても合一に確定すべき場合であることとその者が当事者適格を有することが必要である。株式会社の元取締役は自己を選任した総会決議の取消訴訟につき被告適格を有しないので、本条の参加をなし得ない。（最判昭36・11・24民集一五・一〇・二五八三、民訴百選[五版]A33）↓三〇条[6]、会社八三四条[1]

第五三条（訴訟告知）① 当事者は、訴訟の係属中、参加することができる第三者にその訴訟の告知をすることができる。

② 訴訟告知を受けた者は、更に訴訟告知をすることができる。

③ 訴訟告知は、その理由及び訴訟の程度を記載した書面を裁判所に提出してしなければならない。

④ 訴訟告知を受けた者が参加しなかった場合においても、第四十六条の規定の適用については、参加することができた時に参加したものとみなす。

SS❶【参加のできる第三者↓四二・四七・四九―五二【訴訟告知の義務↓民四二三の六・四二四の七②、会社八四九④　❸【書面の送達・送付↓民訴規二二　❹【告知による時効の完成猶予↓手七〇③・八六【被告知者の不参加↓四六　⁺【訴訟係属の通知・公示↓人訴二八

訴訟告知の効力

[1] 〈前訴で売買契約が代理権のない者によってなされたとして所有権確認・登記移転を請求した原告が代理人であった者に訴訟告知したところ、この者が被告に補助参加し、裁判所は少なくとも表見代理の成立が認められるとして原告の請求を棄却した。後訴で前訴原告が代理人に無権代理を理由に損害賠償を請求した事案において〉訴訟告知は、告知によって被告知者に参加の機会を与えたことを理由に告知者が参加的効力を取得するためのものであって、本条［旧七六条］の第三者に当たるか否かは被告知者の利益でなく告知者の主観的利益を基準とすべきである。被告知者の利害が告知者のそれと反すれば、相手方に補助参加、あるいは当事者参加すればよいのであって、参加を怠った被告知者は利害の一致しない場合であっても参加的効力を及ぼされてよい。（仙台高判昭55・1・28高民三三・一・一、民訴百選[二版]一一一）

[2] 〈同一建物の東側の老朽化した電灯線の漏電に起因する出火によって建物が全焼した場合において、西側賃借人Xが、東側賃借人Yに対し、右電灯配線は建物と一体をなす土地工作物であるとして、占有者責任に基づく損害賠償請求をした事案。ところで、別訴たるXの家主Aに対する、所有者責任に基づく損害賠償請求において、XはYに訴訟告知をしたが、「電灯配線は土地工作物に該当しない」との理由でXは敗訴している。そこで、Yが、電灯配線が土地工作物でないことについて参加的効力を主張した。裁判所は土地工作物と認定した上、占有者としての注意義務を尽くしていたとして、Xの請求を棄却〉訴訟告知により被告知者が参加的効力を受けるのは、実際に訴訟に参加し訴訟追行がなされた場合と異なり、実体関係に基づく協力が法的に期待される場合で、その不利益にのみ作用すると解されるから、被告知者が補助参加をなし得る場合に限る。別訴におけるYに対する訴訟告知は、土地工作物占有者たるYの注意義務違反があったから所有者たるAには責任がないとされる場合に備え、その判断につきYに参加的効力を及ぼすためであり、その点につき別訴においてXとYは訴訟追行を協同にする立場にあるが、「電灯配線が土地工作物か否か」については、訴訟追行を協同にする補助参加の関係になく、この点につき訴訟告知の効力は生じない。（東京地判平元・7・17判時一三三二・一〇三）

[3] 訴訟告知による参加的効力は判決の論理的前提たる事実関係・法律関係に及ぶ。前訴の交通事故損害賠償請求訴訟にお

いて、原告被害者を診療した病院が被告加害者から告知されたものの原告側に補助参加して判決中で診療上の過失が認定されたとしても、被告と病院は異時的共同不法行為者として各自全損害について賠償義務を負うのであって、結局診療上の過失の判断は傍論にすぎないから、告知による参加的効力は及ばない。（東京高判昭60・6・25判時一一六〇・九三、民訴百選Ⅱ補正一七二）

第四節　訴訟代理人及び補佐人

（訴訟代理人の資格）

第五四条① 法令により裁判上の行為をすることができる代理人のほか、弁護士でなければ訴訟代理人となることができない。ただし、簡易裁判所においては、その許可を得て、弁護士でない者を訴訟代理人とすることができる。

② 前項の許可は、いつでも取り消すことができる。

㊟❶【訴訟代理権の証明等】→民訴規二三【法令により裁判上の行為ができる代理人の例】→会社一一①、商二一①・六九八①・七〇八①【弁護士】→弁護【法律事務の取扱いに関する取締り】→弁護七二—七四【簡裁事件】→裁三三①㈠【弁護士の付添命令】→一五五②、民訴規六五【弁護士の選任】→人訴一三②③【当事者本人の出頭命令】→一五一①㈠、民訴規三二、人訴二一

一　法令による代理

[1] 信販会社が、商法三八条〔現二一条、会社一一条〕を利用して、実質上支配人といえない従業員を支配人として登記し、この者に裁判上の行為をなさしめようとするのは、本条の制限を潜脱する違法行為として無効であり、追認も認められない。（仙台高判昭59・1・20下民三五・一～四・七、民訴百選五版A7）

[2] 商工ローンの支店で専ら債権管理・回収及びそのための訴訟活動に従事し、融資や人事を含む支店における営業全般に及ぶ包括的代理権を付与されていない者が支配人としてした訴え提起行為は無効であるが、その訴訟行為の内容自体に明白な違法行為が存在するなど特段の事情がない限り、支配人性が争われた後に就任した訴訟代理人弁護士による追認は許される。（千葉地判平14・3・13判タ一〇八八・二八六）

二　弁護士による代理

1　弁護士法関係

イ　弁護士法二五条（双方代理）

[3] 弁護士法二五条一号違反の訴訟行為については相手方は異議を述べてその排除を裁判所に求め得る。しかし同条違背を知り又は知り得たにもかかわらず異議を述べないまま控訴審の口頭弁論終結に至ったときは、訴訟手続の安定・訴訟経済・委任者保護の見地からして、相手方はもはや無効を主張できない。（最大判昭38・10・30民集一七・九・一二六六、民訴百選五版二〇）

[4] 弁護士法二五条一号は、弁護士の品位保持のほか当事者の利益の保護をも目的とするものであるから、同号違反の訴訟代理人又は訴訟復代理人の訴訟行為の排除を求める当事者は、その旨の裁判を求める申立権を有する。この裁判（決定）に対し、自らの訴訟代理人等の訴訟行為が排除された当事者は、民訴法二五条五項の類推適用により、即時抗告をすることができるが、当該訴訟代理人等は、固有の利害関係を有しないから、自らを抗告人として即時抗告をすることはできない。（最決平29・10・5民集七一・八・一四四一、重判平29民訴一〇）

ロ　弁護士法七三条（譲受債権の訴求）

[5] 他人から譲り受けた権利を訴訟提起により行使する場合でも、紛議・濫訴の誘発、弁護士法七二条の禁止する非弁活動の助長等、国民の法律生活上の利益を侵害するおそれがなく、社会経済的に正当な業務行為の範囲内であるならば、同法七三条に違反しない。ゴルフ会員権の売買業者が、業として、会員権市場において相当な価格で会員権を購入し、社会通念上相当な方法で、ゴルフ場経営会社に対し預託金返還請求をすることは、営利の目的があり、同種の訴訟を複数提起しているとしても、直ちに同条違反とはいえない。（最判平14・1・22民集五六・一・一二三）

[6] 貸金業者が提起する訴訟のほとんどが譲受債権に関するものであって、この債権譲渡が自己の貸金債権に対する弁済に代えての譲受けでなく、譲受債権を訴訟により回収したときは自己の貸金債権の弁済に充当し回収不能のときは貸金債権は存続するとの合意の下で行われている場合には、右債権譲渡は訴訟により権利を実行する目的で業として行われたものであり、弁護士法七三条に違反し無効である。（東京高判平3・6・27判時一三九六・六〇）

ハ　弁護士法五七条（業務停止）

[7] 弁護士の懲戒処分たる業務停止が公にされていない事情の下では、訴訟関係者の利益・訴訟経済・裁判の安定の見地から、業務停止中の者の訴訟行為も有効と解すべきである。（最大判昭42・9・27民集二一・七・一九五五、民訴百選五版A8）

ニ　弁護士法一七条（登録取消し）

[8] 訴訟代理人たる弁護士の登録取消し後、同人に対してなされた訴訟行為は、本人又は権限ある者が追認するか、その他特段の事情の存しない限り、無効である。（最判昭43・6・21民集二二・六・一二九七、重判昭43民訴七……判決の送達につき本人の手に現実に入ったことを特段の事情と認めて有効とした事例）

2　弁護士職務基本規程関係

[9] 弁護士は、民訴法上、委任を受けた事件について訴訟代理人として訴訟行為をすることが認められている一方、日本弁護士連合会の会規である弁護士職務基本規程五七条に違反する行為を具体的に禁止する法律の規定はないから、弁護士が訴訟代理人として行う訴訟行為が同条に違反したとしても、当該訴訟行為の効力には影響しない。したがって、相手方当事者は、当該訴訟行為に対して異議を述べ、裁判所にその排除を求めることはできない。（最決令3・4・14民集七五・四・一〇〇一、重判令3民訴一）

3　監査役による訴訟代理

[10] 商法二七六条〔会社三三五条二項〕は、弁護士資格を有する監査役が特定の訴訟事件につき会社から委任を受けて訴訟代理人となることまでを禁止するものではない。（最判昭61・2・18民集四〇・一・三二、会社法百選四版七〇）→会社三三五条③

三　認定司法書士による代理→行総◘【I】[19]

[11] 認定司法書士の裁判外の和解についての代理権の範囲は、簡裁民訴手続における訴訟代理権の範囲と同一であり、認定司法書士が業務を行う時点において、委任者、受任者のみならず、和解交渉の相手方など第三者との関係でも、客観的かつ明確な基準によるべきである。債務整理の場合においても、和解が成立して初めて判明するような、債務者が弁済計画の変更によって受ける経済的利益の額や、債権者が容易には認識できない、債務整理の対象となる債権総額等の基準によってではなく、債務整理の対象となる個別の債権の価額によって決められるべきである。（最判平28・6・27民集七〇・五・一三〇六、重判平28民訴一〇）

（訴訟代理権の範囲）

第五五条① 訴訟代理人は、委任を受けた事件について、反訴、参加、強制執行、仮差押え及び仮処分に関する訴訟行為をし、かつ、弁済を受領することができる。

② 訴訟代理人は、次に掲げる事項については、特別の委任を受けなければならない。

一　反訴の提起

二 訴えの取下げ、和解、請求の放棄若しくは認諾又は第四十八条（第五十条第三項及び第五十一条において準用する場合を含む。）の規定による脱退
三 控訴、上告若しくは第三百十八条第一項の申立て又はこれらの取下げ
四 第三百六十条（第三百六十七条第二項及び第三百七十八条第二項において準用する場合を含む。）の規定による異議の取下げ又はその取下げについての同意
五 代理人の選任
③ 訴訟代理権は、制限することができない。ただし、弁護士でない訴訟代理人については、この限りでない。
④ 前三項の規定は、法令により裁判上の行為をすることができる代理人の権限を妨げない。

⚖❶【訴訟代理人になり得る者↓五四⚖【反訴↓一四六、三〇〇【参加↓四二―五二【強制執行↓民執二二―一七七【仮差押え↓民保二〇―二二、四七―五一【仮処分↓民保二三―二五の二、五二―六五 ❷[一]【反訴の提起↓一四六、三〇〇 [二]【訴えの取下げ↓二六一、二六二【和解↓八九、二六四、二六五、二六七、二七五、民執二二㈦、三三②㈥、三九①㈢四【放棄・認諾↓二六六、二六七、民執二二㈦、三九①㈢[三]【控訴及びその取下げ↓二八一、二九二【上告・上告受理の申立て及びその取下げ↓三一一、三一八、三二七、三一三[四]【手形訴訟の終局判決に対する異議とその取下げ↓三五七、三六〇 [五]【代理人の資格↓五四、民訴規二三 ❸【弁護士でない訴訟代理人↓五四①但 ❹【法令により裁判上の行為ができる代理人↓五四①⚖

[1] 一 通常委任
訴訟代理人は特別の授権を受けることなく攻撃防御の方法として相殺の主張をなし得るし、その前提として受働債権の存在を承認し得る。（最判昭35・12・23民集一四・一四・三一六六、民訴百選[初版]七〇）
[2] 訴訟代理人は攻撃防御方法として相手方に対し契約を解除する権限を有する。（最判昭36・4・7民集一五・四・七一六、民訴百選[初版]二二）
二 特別委任
1 二号
[3] 本条［旧八一条］の特別の委任を受けていない代理人のなした請求の一部取下げは無効であって、その部分は依然その裁判所に係属している。（最判昭30・7・5民集九・九・一〇一二、民訴百選Ⅱ[補正]一四二）
[4] 貸金債権請求訴訟の被告訴訟代理人に特別に与えられた和解権限には、互譲の一方法として被告所有不動産に抵当権を設定することも含まれる。（最判昭38・2・21民集一七・一・一八二、民訴百選[五版]一九）
[5] 〈A社とYの間には、Yは所有する保養所をA社に賃貸し、A社にB厚生年金基金の団体向け保養施設として利用させる、Yは保養所の現実の管理運営に当たり、什器［じゅうき］備品等設備一切を負担するが、光熱費等の諸雑費は利用客の実費負担とし、Yからの月々の請求に基づきA社が支払う旨の契約があった。経費の負担をめぐり紛争が生じ、Yは契約を解除してBと直接契約した。YはA社に対し未払経費の支払を請求し、A社はYに対し光熱費等の水増請求により被った損害の賠償を請求。弁論が併合され、A社の訴訟代理人CとYとの間で、両債権の相殺による消滅の確認、その他の権利義務の放棄及び不存在確認を内容とする和解が成立したが、和解期日にA社代表取締役Xは出頭しなかった。その後Xは、YB間の直接契約の締結によりA社が被った損害の賠償請求権を譲り受け、Cには和解権限がなかったと主張して、賠償金の支払を求め本訴を提起〉本件請求権と前訴の各請求権は本件保養所の利用に関し同一当事者間で生じた一連の紛争に起因するもので、前訴事件につき和解を授権されていたCには、本件請求権についての具体的委任がなくとも、これを含む和解の締結権限が与えられていたと解すべきである。（最判平12・3・24民集五四・三・一一二六、重判平12民訴五）
2 三号
[6] 本条［旧八一条］二項の特別委任を受けた代理人は、上告提起だけでなく、相手方の上告に対する応訴その他上告審における一切の訴訟行為をなす権限を有するのであるから、原審判決の送達後上告提起期間内に当事者が死亡しても訴訟手続は中断しない。（最判昭23・12・24民集二・一四・五〇〇）↓一二四条[15]
3 五号↓五八条[3]
三 訴訟代理権の証明
[7] 「訴訟代理人の権限は書面を以て之を証することを要す」との規定（旧八〇条一項）は将来に向かって代理行為をする場合の証明の方法を定めたものであり、既になされた代理行為についての権限を証明するには委任状その他の書面の有無にとらわれる必要はない。（最判昭36・1・26民集一五・一・一七五……民事調停調書作成代理権の欠缺［けんけつ］を理由とする請求異議事件）

（個別代理）
第五六条① 訴訟代理人が数人あるときは、各自当事者を代理する。
② 当事者が前項の規定と異なる定めをしても、その効力を生じない。

⚖⁺【共同代理の場合の送達↓一〇二②【共同代理の場合の期日変更の制限↓民訴規三七㈡【連絡担当訴訟代理人↓民訴規二三の二

（当事者による更正）
第五七条 訴訟代理人の事実に関する陳述は、当事者が直ちに取り消し、又は更正したときは、その効力を生じない。

⚖⁺【補佐人の陳述に対する更正権との対比↓六〇③

（訴訟代理権の不消滅）
第五八条① 訴訟代理権は、次に掲げる事由によっては、消滅しない。
一 当事者の死亡又は訴訟能力の喪失
二 当事者である法人の合併による消滅
三 当事者である受託者の信託に関する任務の終了
四 法定代理人の死亡、訴訟能力の喪失又は代理権の消滅若しくは変更
② 一定の資格を有する者で自己の名で他人のために訴訟の当事者となるものの訴訟代理人の代理権は、当事者の死亡その他の事由による資格の喪失によっては、消滅しない。
③ 前項の規定は、選定当事者が死亡その他の事由により資格を喪失した場合について準用する。

⚖❶【訴訟代理権の範囲↓五五【民法の委任代理の消滅原因↓民一一一、六五三【中断事由と訴訟代理人がある間の不中断↓一二四①② [一]【訴訟能力↓二八 [二]【法人の合併による消滅↓会社六四一・七五一―七五六 [三]【信託に関する任務の終了↓信託五六―五八 [四]【法定代理権とその消滅↓二八、三六 ❷【自己の名で他人のため訴訟の当事者となる者の例↓破八〇、会更七四、商八〇三②③、信託一二五【既判力の主観的範囲↓一一五①㈡ ❸【選定当事者の資格喪失↓三〇⑤、三六②、一二四①㈥

[1] 一 相続による訴訟承継
被相続人の訴訟代理人は、相続による訴訟承継の結果新当事者たる相続人の訴訟代理人となり、受継手続をとることなく訴訟行為をなし得るし、裁判所は相続人、代理人を判決に表示できる。（最判昭33・9・19民集一二・一三・二〇六二）
二 法人の代表者の交替
[2] 訴訟代理人の代理権は法人の代表者の権限消滅後も存続するから、代表者交替後民訴法三七条［旧五八条］、三六条［旧五七条］の代表権消滅の通知がなされる前であっても、訴訟

代理人は新代表者の委任に基づき訴訟行為をなし得るし、裁判所は新代表者を判決に表示できる。（最判昭43・4・16民集二二・四・九二九、民訴百選[五版]A6）↓三七条[7]

[3] **三 復代理人がいる場合の原代理人の死亡** 訴訟代理人の選任した訴訟復代理人は、独立して当事者本人の訴訟代理人となるのであって、訴訟代理人の死亡によって当然に代理権を失うものではない。（最判昭36・11・9民集一五・一〇・二四五一）

[4] **四 法令による訴訟代理人** 本条［旧八五条］は法令による訴訟代理人にも適用がある。（大阪高中間判昭37・10・1高民一五・七・五二五）

（法定代理の規定の準用）

第五九条 第三十四条第一項及び第二項並びに第三十六条第一項の規定は、訴訟代理について準用する。

（補佐人）

第六〇条① 当事者又は訴訟代理人は、裁判所の許可を得て、補佐人とともに出頭することができる。

② 前項の許可は、いつでも取り消すことができる。

③ 補佐人の陳述は、当事者又は訴訟代理人が直ちに取り消し、又は更正しないときは、当事者又は訴訟代理人が自らしたものとみなす。

☞❶【補佐人との関係における裁判官の除斥原因↓二三①[五]【補佐人の陳述禁止↓一五五①【調書の記載事項↓民訴規六六①[四] ❷【訴訟代理人の陳述に対する当事者の更正権との対比↓五七

第四章 訴訟費用

第一節 訴訟費用の負担

（訴訟費用の負担の原則）

第六一条 訴訟費用は、敗訴の当事者の負担とする。

☞【訴訟費用に算入されるもの↓二四一・二七五②・三九五【訴訟費用の担保↓七五―八一【訴訟上の救助↓八二―八六【検察官を当事者とする人事訴訟↓人訴一六

[1] **一 訴え取下げが敗訴と同視できない場合** ハンセン病補償法に基づく補償金支給請求に対する不支給決定の取消訴訟の係属中に同法が改正され、それに基づき補償金支給決定がされたために原告が訴えを取り下げた場合には、実質的に原告が全部勝訴したものと同視することができるから、訴訟費用は被告の負担とする。（東京高決平18・11・24判時一九五七・六四）

二 **弁護士費用**

[2] **1 不法行為による損害賠償請求訴訟** 訴訟活動は専門化、技術化しているため、一般人は弁護士に委任しなければ十分に訴訟追行をなし得ないのであるから、不法行為による損害賠償請求における原告の弁護士費用は、事案の難易、請求額、認容額その他諸搬の事情から相当と認められる範囲で、相当因果関係に立つ損害といえる。（最判昭44・2・27民集二三・二・四四一、民訴百選[二版]二七）↓民七〇九条[120]

[3] **2 安全配慮義務違反に基づく損害賠償請求訴訟** 労働者が、使用者の労働契約上の安全配慮義務の不履行により被った損害の賠償を求めるため、訴えの提起を余儀なくされ、訴訟追行を弁護士に委任した場合には、その弁護士費用は、事案の難易、請求額、認容された額その他諸般の事情を斟酌して相当と認められる範囲内のものに限り、右安全配慮義務違反と相当因果関係に立つ損害というべきである。（最判平24・2・24判時二一四四・八九、重判平24民五）↓民四一六条[18]

[4] **三 準備書面の直送費用** 当事者が準備書面の直送をするために支出した郵便料金は、民事訴訟費用等に関する法律二条二号の類推適用により費用に当たると解することはできず、訴訟費用には含まれない。（最決平26・11・27民集六八・九・一四八六、重判平27民訴三）

（不必要な行為があった場合等の負担）

第六二条 裁判所は、事情により、勝訴の当事者に、その権利の伸張若しくは防御に必要でない行為によって生じた訴訟費用又は行為の時における訴訟の程度において相手方の権利の伸張若しくは防御に必要であった行為によって生じた訴訟費用の全部又は一部を負担させることができる。

☞【敗訴者負担の原則↓六一【費用負担の裁判↓六七

[1] **訴えの利益が喪失した場合の訴訟費用** 村会議員除名決議取消しを認容した原判決に対し上告がなされたところ、上告審係属中に議員の任期が満了して原告の訴えの利益が喪失したため、原判決を破棄し請求を棄却する場合でも、上告人（被告）主張の上告理由が認められないときは、訴訟費用は上告人が負担する。（最判昭27・2・15民集六・二・八八）

（訴訟を遅滞させた場合の負担）

第六三条 当事者が適切な時期に攻撃若しくは防御の方法を提出しないことにより、又は期日若しくは期間の不遵守その他当事者の責めに帰すべき事由により訴訟を遅滞させたときは、裁判所は、その当事者に、その勝訴の場合においても、遅滞によって生じた訴訟費用の全部又は一部を負担させることができる。

☞【敗訴者負担の原則↓六一【攻撃防御方法の提出時期↓一五六―一五七の二・一七四・三〇一【期日及び期間↓九三―九七【期日の不遵守↓一五八・一五九③・一六〇【費用負担の裁判↓六七

（一部敗訴の場合の負担）

第六四条 一部敗訴の場合における各当事者の訴訟費用の負担は、裁判所が、その裁量で定める。ただし、事情により、当事者の一方に訴訟費用の全部を負担させることができる。

☞【敗訴者負担の原則↓六一

（共同訴訟の場合の負担）

第六五条① 共同訴訟人は、等しい割合で訴訟費用を負担する。ただし、裁判所は、事情により、共同訴訟人に連帯して訴訟費用を負担させ、又は他の方法により負担させることができる。

② 裁判所は、前項の規定にかかわらず、権利の伸張又は防御に必要でない行為をした当事者に、その行為によって生じた訴訟費用を負担させることができる。

☞【共同訴訟人↓三八―四一・五二【連帯↓民四三六―四四一【費用負担の裁判↓六七

（補助参加の場合の負担）

第六六条 第六十一条から前条までの規定は、補助参加についての異議によって生じた訴訟費用の補助参加人とその異議を述べた当事者との間における負担の関係及び補助参加によって生じた訴訟費用の補助参加人と相手方との間における負担の関係について準用する。

☞【補助参加に対する異議↓四四【費用負担の裁判↓六七

（訴訟費用の負担の裁判）

第六七条① 裁判所は、事件を完結する裁判において、職権で、その審級における訴訟費用の全部について、その負担の裁判をしなければならない。ただし、事情により、事件の一部又は中間の争いに関する裁判において、その費用についての負担の裁判をすることができる。

② 上級の裁判所が本案の裁判を変更する場合には、訴訟の総費用について、その負担の裁判をしなければならない。事件の差戻し又は移送を受けた裁判所がその事件を完結する裁判をする

場合も、同様とする。

§❶【終局判決↓二四三【訴訟費用負担の裁判の脱漏↓二五八②―④【一部判決↓二四三②③【中間判決↓二四五【本条の特則↓三六三【行政事件訴訟における訴訟費用の裁判↓行訴三五、四五　❷【上級審における本案の裁判の変更↓三〇五―三〇八・三二五・三二六【差戻し↓三〇七・三〇八・三二五【移送↓一六―二二・二七四・三〇九・三二四 †【費用負担の裁判に対する独立上訴の禁止↓二八二【費用額の確定↓七一―七四

（和解の場合の負担）

第六八条　当事者が裁判所において和解をした場合において、和解の費用又は訴訟費用の負担について特別の定めをしなかったときは、その費用は、各自が負担する。

§†【和解↓八九・二六四・二六五・二六七・二七五【和解で負担を決めた場合の費用額の確定↓七二

（法定代理人等の費用償還）

第六九条①　法定代理人、訴訟代理人、裁判所書記官又は執行官が故意又は重大な過失によって無益な訴訟費用を生じさせたときは、受訴裁判所は、申立てにより又は職権で、これらの者に対し、その費用額の償還を命ずることができる。

② 前項の規定は、法定代理人又は訴訟代理人として訴訟行為をした者が、その代理権又は訴訟行為をするのに必要な授権があることを証明することができず、かつ、追認を得ることができなかった場合において、その訴訟行為によって生じた訴訟費用について準用する。

③ 第一項（前項において準用する場合を含む。）の規定による決定に対しては、即時抗告をすることができる。

§❶【法定代理人↓二八【訴訟代理人↓五四【裁判所書記官↓裁六〇【執行官↓裁六二　❷【代理権・必要な授権の証明↓民訴規一五・二三【追認↓三四②・五九　❸【即時抗告↓三三二【証人に対する費用負担命令↓一九二・二〇〇・二〇一⑤

（無権代理人の費用負担）

第七〇条　前条第二項に規定する場合において、裁判所が訴えを却下したときは、訴訟費用は、代理人として訴訟行為をした者の負担とする。

§†【敗訴者負担の原則↓六一【不適法な訴えの却下↓一四〇

（訴訟費用額の確定手続）

第七一条①　訴訟費用の負担の額は、その負担の裁判が執行力を生じた後に、申立てにより、第一審裁判所の裁判所書記官が定める。

② 前項の場合において、当事者双方が訴訟費用を負担するときは、最高裁判所規則で定める場合を除き、各当事者の負担すべき費用は、その対当額について相殺があったものとみなす。

③ 第一項の申立てに関する処分は、相当と認める方法で告知することによって、その効力を生ずる。

④ 前項の処分に対する異議の申立ては、その告知を受けた日から一週間の不変期間内にしなければならない。

⑤ 前項の異議の申立ては、執行停止の効力を有する。

⑥ 裁判所は、第一項の規定による額を定める処分に対する異議の申立てを理由があると認める場合において、訴訟費用の負担の額を定めるべきときは、自らその額を定めなければならない。

⑦ 第四項の異議の申立てについての決定に対しては、即時抗告をすることができる。

§❶【訴訟費用の負担の裁判↓六一―六七【裁判の執行力の発生時期↓一一六・二五九・一一九・三三二【申立ての方式↓民訴規二四【裁判所書記官↓裁六〇【弁護士又は執行官が申し立てる場合↓八五【費用額確定処分の仕方・方式↓民訴規二五・二六【費用額確定処分は債務名義↓民執二二[四の二]　❷【双方が訴訟費用を負担する場合の例↓六一―六四【規則で定める場合↓民訴規二七【相殺↓民五〇五①　❸【裁判所書記官の処分の告知↓一一九　❹❺【裁判所書記官の処分に対する異議の申立て↓一二一　❼【即時抗告↓三三二　❸―❺❼【準用規定↓七四②

（和解の場合の費用額の確定手続）

第七二条　当事者が裁判所において和解をした場合において、和解の費用又は訴訟費用の負担を定め、その額を定めなかったときは、その額は、申立てにより、第一審裁判所（第二百七十五条の和解にあっては、和解が成立した裁判所）の裁判所書記官が定める。この場合においては、前条第二項から第七項までの規定を準用する。

§†【和解の場合の各自負担の原則↓六八【申立ての方式↓民訴規二四【和解の費用額確定処分は債務名義↓民執二二[四の二]【裁判所書記官↓裁六〇【弁護士・執行官が当事者に代わり申し立てる場合↓八五

（訴訟が裁判及び和解によらないで完結した場合等の取扱い）

第七三条①　訴訟が裁判及び和解によらないで完結したときは、申立てにより、第一審裁判所は決定で訴訟費用の負担を命じ、その裁判所の裁判所書記官はその決定が執行力を生じた後にその負担の額を定めなければならない。補助参加の申出の取下げ又は補助参加についての異議の取下げがあった場合も、同様とする。

② 第六十一条から第六十六条まで及び第七十一条第七項の規定は前項の申立てについての決定について、同条第二項及び第三項の規定は前項の申立てに関する裁判所書記官の処分について、同条第四項から第七項までの規定はその処分に対する異議の申立てについて準用する。

§❶【裁判・和解によらない訴訟完結↓二六一・二六二・二六六・二六七・二八四・二九二・三一三・三一八⑤【補助参加の異議↓四四【申立ての方式↓民訴規二四【弁護士又は執行官が当事者に代わり申し立てる場合↓八五

（費用額の確定処分の更正）

第七四条①　第七十一条第一項、第七十二条又は前条第一項の規定による額を定める処分に計算違い、誤記その他これらに類する明白な誤りがあるときは、裁判所書記官は、申立てにより又は職権で、いつでもその処分を更正することができる。

② 第七十一条第三項から第五項まで及び第七項の規定は、前項の規定による更正の処分及びこれに対する異議の申立てについて準用する。

③ 第一項に規定する額を定める処分に対し適法な異議の申立てがあったときは、前項の異議の申立ては、することができない。

§❶【判決における計算違い等の場合↓二五七【申立ての方式↓民訴規二八　❸【費用額確定処分に対する異議↓七一④―⑥　❶❷【準用規定↓三八九①

第二節　訴訟費用の担保

（担保提供命令）

第七五条①　原告が日本国内に住所、事務所及び営業所を有しないときは、裁判所は、被告の申立てにより、決定で、訴訟費用の担保を立てるべきことを原告に命じなければならない。その担保に不足を生じたときも、同様とする。

② 前項の規定は、金銭の支払の請求の一部について争いがない場合において、その額が担保として十分であるときは、適用しない。

③ 被告は、担保を立てるべき事由があることを知った後に本案について弁論をし、又は弁論準備手続において申述をしたときは、第一項の申立てをすることができない。

④ 第一項の申立てをした被告は、原告が担保を立てるまで応訴を拒むことができる。

⑤ 裁判所は、第一項の決定において、担保の額及び担保を立てるべき期間を定めなければならない。

⑥　担保の額は、被告が全審級において支出すべき訴訟費用の総額を標準として定める。
⑦　第一項の申立てについての決定に対しては、即時抗告をすることができる。

∞❶【住所・事務所・営業所→民二二—二四、一般法人四、会社四・八一七【訴訟費用→六一∞【担保提供の方法→七六【担保の提供・不提供の効果→七七・七八【担保の取消し→七九❷【請求の認諾→二六六・二六七　❸【弁論→八七・一四八—一六〇【弁論準備手続→一六八—一七四　❹【応訴→一六二❺【期間の算定→九五【裁定期間→九六①【期間内に担保を提供しないときの効果→七八　❻【訴訟費用の範囲→六一∞❼【即時抗告→三三二　+【原告が担保を立てるべき他の場合→八一∞

第七六条（担保提供の方法）　担保を立てるには、担保を立てるべきことを命じた裁判所の所在地を管轄する地方裁判所の管轄区域内の供託所に金銭又は裁判所が相当と認める有価証券（社債、株式等の振替に関する法律（平成十三年法律第七十五号）第二百七十八条第一項に規定する振替債を含む。次条において同じ。）を供託する方法その他最高裁判所規則で定める方法によらなければならない。ただし、当事者が特別の契約をしたときは、その契約による。

∞+【供託所→供一【供託の手続→供二【規則で定める方法→民訴規二九【担保変換の契約→八〇

第七七条（担保物に対する被告の権利）　被告は、訴訟費用に関し、前条の規定により供託した金銭又は有価証券について、他の債権者に先立ち弁済を受ける権利を有する。

∞+【優先弁済請求権→民三〇三・三四二・三六九

> 🅃 **供託者につき倒産処理手続が開始された場合**
> 担保として供託された金銭につき被供託者に他の債権者に先立って弁済を受ける権利を認める本条により、供託者につき開始された会社更生手続において被供託者が更生担保権者として処遇されるわけではなく、被担保債権は更生債権にすぎないが、供託金を債務者の財産から隔離し被供託者への確実な弁済を確保しようとする同条の趣旨に照らし、更生手続開始決定により供託金に対する被供託者の権利行使が制約されることはなく、更生計画の認可により更生債権に変更が生じても、会更法二〇三条二項にいう「更生会社と共に債務を負担する者に対して有する権利」として、被供託者の供託金還付請求権は影響されない。（最決平25・4・26民集六七・四・一一五〇、重判平25民訴一一）

第七八条（担保不提供の効果）　原告が担保を立てるべき期間内にこれを立てないときは、裁判所は、口頭弁論を経ないで、判決で、訴えを却下することができる。ただし、判決前に担保を立てたときは、この限りでない。

∞+【担保を供すべき期間→七五⑤【必要的口頭弁論の原則→八七【口頭弁論を経ない訴え却下の例→一四〇・一四一

第七九条（担保の取消し）①　担保を立てた者が担保の事由が消滅したことを証明したときは、裁判所は、申立てにより、担保の取消しの決定をしなければならない。
②　担保を立てた者が担保の取消しについて担保権利者の同意を得たことを証明したときも、前項と同様とする。
③　訴訟の完結後、裁判所が、担保を立てた者の申立てにより、担保権利者に対し、一定の期間内にその権利を行使すべき旨を催告し、担保権利者がその行使をしないときは、担保の取消しについて担保権利者の同意があったものとみなす。
④　第一項及び第二項の規定による決定に対しては、即時抗告をすることができる。

∞❶【担保を立てるべき事由→七五①【期間の計算→九五【裁定期間→九六①　❸【訴訟の完結→二四三・二六一—二六七❹【即時抗告→三三二

第八〇条（担保の変換）　裁判所は、担保を立てた者の申立てにより、決定で、その担保の変換を命ずることができる。ただし、その担保を契約によって他の担保に変換することを妨げない。

∞+【担保提供に関する契約→七六

第八一条（他の法令による担保への準用）　第七十五条第四項、第五項及び第七項並びに第七十六条から前条までの規定は、他の法令により訴えの提起について立てるべき担保について準用する。

∞+【他の法令により起訴につき担保を立てるべき場合→会社八二四・八二七・八三六・八四七の四②・四九一、一般法人二六一④

第三節　訴訟上の救助

第八二条（救助の付与）①　訴訟の準備及び追行に必要な費用を支払う資力がない者又はその支払により生活に著しい支障を生ずる者に対しては、裁判所は、申立てにより、訴訟上の救助の決定をすることができる。ただし、勝訴の見込みがないとはいえないときに限る。
②　訴訟上の救助の決定は、審級ごとにする。

∞❶【救助の申立ての方式及び事由の疎明→民訴規三〇【決定に対する即時抗告→八六・三三二　❷【審級→裁七・一六・二四・三三

> 🅃 **「訴訟費用」の範囲**
> 本条〔旧一一八条〕にいう資力の認定に当たっては申立人の資産収入と予想される訴訟費用の対比から考えるべきであるが、ここにいう訴訟費用とは民訴法八三条〔旧一二〇条〕の救助の対象となる裁判費用だけでなく、民事訴訟費用等に関する法律所定の訴訟費用その他具体的訴訟追行に必要不可欠な費用も含むものである。（名古屋高金沢支決昭46・2・8下民二二・一=二・九二、民訴百選Ⅰ補正一七）

第八三条（救助の効力等）①　訴訟上の救助の決定は、その定めるところに従い、訴訟及び強制執行について、次に掲げる効力を有する。
一　裁判費用並びに執行官の手数料及びその職務の執行に要する費用の支払の猶予
二　裁判所において付添いを命じた弁護士の報酬及び費用の支払の猶予
三　訴訟費用の担保の免除
②　訴訟上の救助の決定は、これを受けた者のためにのみその効力を有する。
③　裁判所は、訴訟の承継人に対し、決定で、猶予した費用の支払を命ずる。

∞❶［二］【裁判所が付添いを命じた弁護士→一五五②、人訴一三②③　［三］【訴訟費用の担保→七五　❸【訴訟の承継人→一二四①㈠㈢【不服申立て→八六・三三二

> 🅃 **一部救助決定の効力**
> 〈死刑確定者として拘置所に収容中の原告が、家族との外部交通の申出を拘置所長により不許可とされたことによる精神的苦痛を理由に、三〇〇万円の国家賠償請求訴訟を提起し、訴訟救助を申し立てたところ、第一審は、請求額中五〇万円を超える部分は明らかな過大請求であり「勝訴の見込みがないとはいえない」に該当しないとして、五〇万円の請求に対応する提訴手数料等につ

き訴訟救助の付与を決定し、これに基づき、裁判長は三〇〇万円の請求に対応する提訴手数料から訴訟救助が付与された額を控除した金額を納付するよう補正を命じた。その後、原告が請求を五〇万円に減縮したが、補正期間内に提訴手数料の納付がなかったとして、第一審は本件訴えを却下した〉本件のような一部救助決定は、請求が勝訴の見込みがないとはいえない額まで減縮されたときは、その余の請求につき提訴手数料の納付がなくとも減縮後の訴えを適法とする趣旨を含むから、本件訴えを却下することは許されない。（最判平27・9・18民集六九・六・一七二九、重判平27民訴二）

（救助の決定の取消し）

第八四条　訴訟上の救助の決定を受けた者が第八十二条第一項本文に規定する要件を欠くことが判明し、又はこれを欠くに至ったときは、訴訟記録の存する裁判所は、利害関係人の申立てにより又は職権で、決定により、いつでも訴訟上の救助の決定を取り消し、猶予した費用の支払を命ずることができる。

⊛+【訴訟救助の要件↓八二①【訴訟記録の存する裁判所↓一六〇、四〇四①、民訴規一七四、一八五、一九七【不服申立て↓八六、三三二

7 **訴訟救助の当然失効**
訴訟上の救助決定を受けた者の全部敗訴が確定し、かつ、その者に訴訟費用の全部を負担させる旨の裁判が確定した場合には、救助決定は当然に失効し、裁判所は、救助決定を本条の規定により取り消すことなく、救助決定を受けた者に対し猶予した費用の支払を命ずることができる。（最決平19・12・4民集六一・九・三二七四）

（猶予された費用等の取立方法）

第八五条　訴訟上の救助の決定を受けた者に支払を猶予した費用は、これを負担することとされた相手方から直接に取り立てることができる。この場合において、弁護士又は執行官は、報酬又は手数料及び費用について、訴訟上の救助の決定を受けた者に代わり、第七十一条第一項、第七十二条又は第七十三条第一項の申立て及び強制執行をすることができる。

⊛+【支払を猶予した費用↓八三①㈠㈡【負担することとされた相手方↓六一―六八【強制執行↓民執二二

7 **直接取立額の決定方法**
訴訟費用の一定割合を相手方の、その余を受救助者の負担とする裁判の確定後、訴訟費用額確定処分を求める申立てがされる前に裁判所が本条前段による取立額を決定する場合には、当該事案の事情を踏まえた合理的な裁量に基づいて額を定めるほかなく、各当事者の負担すべき費用につき訴訟費用額確定処分を求めるか否かなどが当事者の意思に委ねられていることからすると、猶予費用以外に当事者双方が支出した費用を考慮せず、猶予費用に右裁判で定める相手方の負担割合を乗じた額とすることも、直ちに裁判所の合理的な裁量の範囲を逸脱するとはいえない。しかし、相手方が訴え提起手数料として少額とはいえない支出をし、受救助者の負担すべき費用との差引計算を求めており、裁判所が差引計算を求める範囲を明らかにするよう求めた際に相手方がこれを明らかにしないと認められる事情がうかがわれない本件においては、相手方に対して受救助者の負担すべき費用との差引計算を求めることとなく、猶予費用額に相手方の負担割合を乗じた額を取立額と定めた原決定には、本件事案に係る事情を踏まえた裁判所の合理的な裁量の範囲を逸脱した違法がある。（最決平29・9・5判時二三六〇・五、重判平29民訴三）

（即時抗告）

第八六条　この節に規定する決定に対しては、即時抗告をすることができる。

⊛+【本節に規定する決定↓八二①、八三③、八四【即時抗告期間↓三三二

7 **相手方の抗告権**
本条は文言上即時抗告の対象から訴訟救助の決定を除外していないこと、民訴法八四条は救助の決定の取消申立権を利害関係人に与えていること、救助の決定は訴えの適法要件である手数料の支払を猶予し、それにより訴訟の追行を可能にするものであることから、訴訟の相手方当事者は、救助の決定が適法か否かにつき利害関係を有するといえ、救助決定に対し即時抗告をすることができる。（最決平16・7・13民集五八・五・一五九九、重判平16民訴五）

第五章　訴訟手続

第一節　訴訟の審理等

（口頭弁論の必要性）

第八七条①　当事者は、訴訟について、裁判所において口頭弁論をしなければならない。ただし、決定で完結すべき事件については、裁判所が、口頭弁論をすべきか否かを定める。

②　前項ただし書の規定により口頭弁論をしない場合には、裁判所は、当事者を審尋することができる。

③　前二項の規定は、特別の定めがある場合には、適用しない。

⊛❶【開廷の場所↓裁六九【口頭弁論の公開↓憲八二、裁七〇【非公開審理↓人訴二二、特許一〇五の七、不正競争一三【口頭弁論期日の指定↓九三、一三九、民訴規六〇【決定↓一一九⊛❷【決定で完結すべき事件における参考人等の審尋↓一八七❷【口頭弁論に代わる審尋↓三三五【審尋調書↓民訴規七八❸【特別の定めの例―(イ)訴訟につき口頭弁論を経ずに判決できる場合↓七八、一四〇、二五六②、二九〇、三一三、三一九、三五五、三五九【同前―(ロ)訴訟につき決定できる場合↓一四一、二八七、二九一、三一六、三一七、三四五【同前―(ハ)決定につき審尋が必要的な場合↓五〇②、一九九①、二二三②、三四六②、民執八三③、一〇二、一一六④、一六一②、一七一③、一七三③、一七四③、破七五②、会更二二、九六③、行訴二一③、二二②、二三②、二五⑤【同前―(ニ)決定につき審尋無用の場合↓民執一四五②、一七〇②【同前―(ホ)決定につき審問・審尋の期日を開く場合↓一八七②、借地借家五一、民保二三④、二九、四〇①、四一④【同前―(ヘ)裁判所書記官処分につき審尋無用の場合↓三八六①

7 **任意的口頭弁論**
決定をもって完結すべき事件について、一旦口頭弁論を開いた後再び書面審理に移しても違法ではない。（大決昭11・6・12民集一五・一〇三九）

（映像と音声の送受信による通話の方法による口頭弁論等）

第八七条の二①　裁判所は、相当と認めるときは、当事者の意見を聴いて、最高裁判所規則で定めるところにより、裁判所及び当事者双方が映像と音声の送受信により相手の状態を相互に認識しながら通話をすることができる方法によって、口頭弁論の期日における手続を行うことができる。

②　裁判所は、相当と認めるときは、当事者の意見を聴いて、最高裁判所規則で定めるところにより、裁判所及び当事者双方が音声の送受信により同時に通話をすることができる方法によって、審尋の期日における手続を行うことができる。

③　前二項の期日に出頭しないでその手続に関与した当事者は、その期日に出頭したものとみなす。

＊令和四法四八（令和六・五・二四までに施行）**により第八七条の二追加**

⊛❶【映像等の送受信による通話の方法による尋問↓二〇四❷【審尋↓八七②⊛【音声の送受信↓九二の三、一七〇③、一

七六③、三七二③

（受命裁判官による審尋）

第八八条　裁判所は、審尋をする場合には、受命裁判官にこれを行わせることができる。

⦿+【審尋→八七②⦿【受命裁判官の指定→民訴規三一①【受命裁判官の他の権限→八九、一七一、一七六②、一八五①、一九五、二〇六、二一三、二一四②、二三三、二三九、二六四、二六五①、二六六②、二六八、人訴三三②

（和解の試み等）

第八九条①　裁判所は、訴訟がいかなる程度にあるかを問わず、和解を試み、又は受命裁判官若しくは受託裁判官に和解を試みさせることができる。

②　裁判所は、相当と認めるときは、当事者の意見を聴いて、最高裁判所規則で定めるところにより、裁判所及び当事者双方が音声の送受信により同時に通話をすることができる方法によって、和解の期日における手続を行うことができる。

③　前項の期日に出頭しないで同項の手続に関与した当事者は、その期日に出頭したものとみなす。

⦿+【和解の代理権→三二②㊀、五五②㊁【起訴前の和解→二七五【裁判所による和解条項の決定→二六五【書面による和解条項案の受諾→二六四【和解に代わる決定→二七五の二【和解調書の効力→二六七【和解の場合の訴訟費用→六八、七二【仲裁における和解→仲裁三八【受命裁判官→八八⦿【受託裁判官→裁七九、民訴規三一②【受託裁判官による和解→二六四、二六五①【受託裁判官の他の権限→一八五、一九五、二〇六、二一三、二一四②、二三三、人訴三三②【請求の放棄・認諾の陳述とみなす権限→二六六②【訴訟係属中の調停→民調二〇①、二〇の三、家事二七四、二七五【人事訴訟における和解→人訴一九②、三七【専門委員の関与→九二の二

③

> [1]　〈第一審裁判所が心証を開示して行った和解勧試が不調に終わった後、その判決に対して控訴が提起された事案において〉裁判所は、和解勧告時に開示した心証の見込みには拘束されることなく、その後も十分に主張と証拠を精査検討した上で適正な判断をすることが求められているものであるから、原判決が和解勧告時とは異なる理由により判断をしたとしても違法ということはできない。（知財高判平24・1・27判時二一四四・五一、特許百選[四版]六四）

（訴訟手続に関する異議権の喪失）

第九〇条　当事者が訴訟手続に関する規定の違反を知り、又は知ることができた場合において、遅滞なく異議を述べないときは、これを述べる権利を失う。ただし、放棄することができないものについては、この限りでない。

⦿+【弁論・申述により申立権を喪失する例→一二、一九、二四②、四四②、七五③、二六一②、三〇〇、三七三①【異議権を放棄し得ない手続規定違反の例→一三、二〇、三一二②㊂、二八―三七、三一二②㊃、憲八二、裁七〇、三一二②㊄、三二二

> **責問権の放棄・喪失の認められる事項**
>
> **1　訴状の送達**
>
> [1]　婚姻無効請求事件において、被告に送達されるべき訴状が同居人たる原告に対し送達されても、被告（禁治産者）の後見人代行者が委任した弁護士が第一回口頭弁論期日に出頭し異議なく弁論した場合には、責問権を失い右瑕疵〔かし〕は治癒される。（最判昭28・12・24裁判集民一一・五九五）
>
> **2　訴えの変更の方式**
>
> [2]　第一審裁判所での弁論再開後の釈明により、原告が、請求の趣旨を、原告への移転登記から第三者への移転登記に訂正したのに対し、被告が、異議はない、と述べた場合には、民訴法一四三条〔旧二三二条〕二項三項の欠缺〔けんけつ〕の瑕疵は、責問権の放棄・喪失により治癒される。（最判昭31・6・19民集一〇・六・六六五）
>
> **3　証拠調べ手続**
>
> [3]　同一審級において同一証人を再び尋問する場合でも、尋問事項を異にする限り再び宣誓させるべきであるが、責問権の放棄・喪失により宣誓の欠缺は治癒され得る。（最判昭29・2・11民集八・二・四二九）
>
> [4]　受命裁判官が尋問した証人及び本人につき民訴法一九五条〔旧二七九条〕各号該当の事由がなく違法であったとしても、当事者から異議の述べられた事跡がなければ、責問権の放棄・喪失により治癒される。（最判昭50・1・17判時七六九・四五、民訴百選[五版]A13）

（訴訟記録の閲覧等）

第九一条①　何人も、裁判所書記官に対し、訴訟記録の閲覧を請求することができる。

②　公開を禁止した口頭弁論に係る訴訟記録については、当事者及び利害関係を疎明した第三者に限り、前項の規定による請求をすることができる。

③　当事者及び利害関係を疎明した第三者は、裁判所書記官に対し、訴訟記録の謄写、その正本、謄本若しくは抄本の交付又は訴訟に関する事項の証明書の交付を請求することができる。

④　前項の規定は、訴訟記録中の録音テープ又はビデオテープ（これらに準ずる方法により一定の事項を記録した物を含む。）に関しては、適用しない。この場合において、これらの物について当事者又は利害関係を疎明した第三者の請求があるときは、裁判所書記官は、その複製を許さなければならない。

⑤　訴訟記録の閲覧、謄写及び複製の請求は、訴訟記録の保存又は裁判所の執務に支障があるときは、することができない。

⦿+【訴訟記録の閲覧等の請求の方式→民訴規三三【訴訟記録の正本等の様式→民訴規三三の二　❶【裁判所書記官の記録保管→裁六〇【裁判所書記官による執行文付与→民執二六①　❷❸【電子情報処理組織による申立て→一三二の一〇⑥　❷【公開を禁止した口頭弁論→憲八二②、裁七〇、人訴二二　❷―❹【疎明の方法→一八八　+【裁判所書記官の処分に対する異議→一二一

（秘密保護のための閲覧等の制限）

第九二条①　次に掲げる事由につき疎明があった場合には、裁判所は、当該当事者の申立てにより、決定で、当該訴訟記録中当該秘密が記載され、又は記録された部分の閲覧若しくは謄写、その正本、謄本若しくは抄本の交付又はその複製（以下「秘密記載部分の閲覧等」という。）の請求をすることができる者を当事者に限ることができる。

一　訴訟記録中に当事者の私生活についての重大な秘密が記載され、又は記録されており、かつ、第三者が秘密記載部分の閲覧等を行うことにより、その当事者が社会生活を営むのに著しい支障を生ずるおそれがあること。

二　訴訟記録中に当事者が保有する営業秘密（不正競争防止法第二条第六項に規定する営業秘密をいう。第百三十二条の二第一項第三号及び第二項において同じ。）が記載され、又は記録されていること。

②　前項の申立てがあったときは、その申立てについての裁判が確定するまで、第三者は、秘密記載部分の閲覧等の請求をすることができない。

③　秘密記載部分の閲覧等の請求をしようとする第三者は、訴訟記録の存する裁判所に対し、第一項に規定する要件を欠くこと又はこれを欠くに至ったことを理由として、同項の決定の取消しの申立てをすることができる。

④　第一項の申立てを却下した裁判及び前項の申立てについての裁判に対しては、即時抗告をすることができる。

⑤　第一項の決定を取り消す裁判は、確定しなければその効力を生じない。

民訴

⑥ 第一項の申立て（同項第一号に掲げる事由があることを理由とするものに限る。次項及び第八項において同じ。）があった場合において、当該申立て後に第三者がその訴訟への参加をしたときは、裁判所書記官は、当該申立てをした当事者に対し、その参加後直ちに、その参加があった旨を通知しなければならない。ただし、当該申立てを却下する裁判が確定したときは、この限りでない。

⑦ 前項本文の場合において、裁判所書記官は、同項の規定による通知があった日から二週間を経過する日までの間、その参加をした者に第一項の申立てに係る秘密記載部分の閲覧等をさせてはならない。ただし、第百三十三条の二第二項の申立てがされたときは、この限りでない。

⑧ 前二項の規定は、第六項の参加をした者に第一項の申立てに係る秘密記載部分の閲覧等をさせることについて同項の申立てをした当事者の全ての同意があるときは、適用しない。

❶【秘密保持命令との関係↓特許一〇五の六、不正競争一〇、著作一一四の八【記録の閲覧↓九一①、憲八二【当事者・利害関係者の記録謄写・交付請求、複製↓九一③④【人事訴訟における制限↓人訴三五【秘密記載部分の閲覧限定の申立ての方式↓民訴規三四　〔二〕【私生活の重大な秘密↓憲一一・一三、三五、刑二三〇、一三三の二①【社会生活を営むのに著しい支障を生ずるおそれ↓一三三①、一三三の三　〔三〕【営業秘密↓不正競争二⑥、一三二の二①、一九七①〔三〕　❹【即時抗告↓三三二　†【本条の例による↓犯罪被害保護二〇②

[1] **一　私生活についての重大な秘密―一項一号**

〈加害者の暴行により、X自らは傷害を負い、またXの母が死亡したことを理由とする損害賠償請求訴訟において、Xが、母の遺体の解剖結果報告書及び実況見分調書並びにX自身に係る写真撮影報告書の閲覧等制限の申立てをした事案〉私生活についての重大な秘密とは、当事者の人格に関わるような重要性を有する秘密であり、秘密の公開によってその社会生活が破壊されるような重大な秘密をいう。一般に母親に対する愛慕崇敬は家族の基本をなす親子関係について誰もが当然に有する感情で、人格の中核に関わるものといえ、受傷した母の遺体の写真等を含む解剖結果報告書等が公開されると、Xの母に対する愛慕崇敬の感情が著しく害され、心情の静謐〔せいひつ〕が大きく乱されるものと認められる。また、X自身に係る写真撮影報告書についても、多数の傷を受けたXの身体の、通常は衣服に覆われている部分に及ぶ写真を含むものであって、公開されると、肖像権の侵害にとどまらず、Xに対する社会的評価の低下を招き、名誉感情、羞恥心を含め、Xが自己の人格に対して有する感情が著しく害されるものと認められる。したがって、これら各文書はXの私生活についての秘密に該当するにとどまらず、Xの人格に関わる秘密を記載又は記録したものといえ、その公開により、Xは、その人格について、容易に回復し難い打撃を受け、その内容を知り又は知っている可能性のある者と共に社会生活を営むこと等が心理的、社会的に著しく困難になり、社会生活が破壊されるものと認められる。（東京高決平27・4・6判時二三二〇・三六）

[2] **二　営業秘密―一項二号**

〈従業員Xが勤務先Y社に対して現職場への配転命令の違法を理由として損害賠償請求等を求めた訴訟において、Xが書証として提出した社内文書及び証拠説明書の記載が営業秘密に当たるとしてYが閲覧等制限の申立てをした事案〉社内文書については、Yにおける希望退職者の募集要領及びその説明、部署の新設とその職務内容、従業員の氏名を含む組織図・各部署の職務分掌、品質保証・品質教育業務等を内容とし、品質の維持管理等を行う品質環境分野における人員体制や戦略に関わるものであって、「秘」、「社外秘」あるいは「転送・コピー厳禁」等の表示を付して社外への公表を禁止しているものであるから、不競法二条六項の事業活動に有用な営業上の情報であって、Yにおいて、秘密として管理され、公然と知られていないものであることが認められ、「営業秘密」が記載されたものと認められる。これに対して、証拠説明書のうち立証趣旨部分は、新設された部署の名称やその職務分掌等を簡潔に記載したものにすぎず、かかる情報自体はYの事業活動に有用なものとまではいえないから、「営業秘密」が記載されたものとは認められない。（東京高決平27・9・14判時二三二〇・四三）

第二節　専門委員等

第一款　専門委員

（専門委員の関与）

第九二条の二① 裁判所は、争点若しくは証拠の整理又は訴訟手続の進行に関し必要な事項の協議をするに当たり、訴訟関係を明瞭にし、又は訴訟手続の円滑な進行を図るため必要があると認めるときは、当事者の意見を聴いて、決定で、専門的な知見に基づく説明を聴くために専門委員を手続に関与させることができる。この場合において、専門委員の説明は、裁判長が書面により又は口頭弁論若しくは弁論準備手続の期日において口頭でさせなければならない。

② 裁判所は、証拠調べをするに当たり、訴訟関係又は証拠調べの結果の趣旨を明瞭にするため必要があると認めるときは、当事者の意見を聴いて、決定で、証拠調べの期日において専門的な知見に基づく説明を聴くために専門委員を手続に関与させることができる。この場合において、証人若しくは当事者本人の尋問又は鑑定人質問の期日において専門委員に説明をさせるときは、裁判長は、当事者の同意を得て、訴訟関係又は証拠調べの結果の趣旨を明瞭にするために必要な事項について専門委員が証人、当事者本人又は鑑定人に対し直接に問いを発することを許すことができる。

③ 裁判所は、和解を試みるに当たり、必要があると認めるときは、当事者の同意を得て、決定で、当事者双方が立ち会うことができる和解を試みる期日において専門的な知見に基づく説明を聴くために専門委員を手続に関与させることができる。

†【専門委員の関与↓民訴規三四の二―三四の七【非訟事件の専門委員↓非訟三三　❶【争点・証拠整理↓一六四―一七八【訴訟関係の明瞭化↓一四九、一五〇、一五五【訴訟の公正迅速進行↓二【集中証拠調べ↓一八二【適時提出主義↓一五六【当事者の意見聴取の例↓九二の五、一六八、一七五、二〇二、三〇一【司法委員↓二七九【人事訴訟の参与員↓人訴九①【口頭弁論↓八七・一四八―一六〇【弁論準備手続↓一六八―一七四【専門委員関与の取消し↓九二の四　❷【証拠調べ↓一七九―二三三【証人尋問↓一九〇―二〇六【当事者尋問↓二〇七―二一一【鑑定人質問↓二一五、二一五の二【発問の許可↓一四八②、民訴規一三三【発問の告知↓一四九②【当事者の同意↓民訴規七三　❸【和解↓八九【当事者双方立会期日↓民保二九

[1] **専門委員の評価的説明の利用**

具体的な事案を前提とした専門委員による類型的な評価的説明につき、両当事者が証拠資料とすることに同意した場合に、同説明及び同意の事実を弁論の全趣旨として考慮し、消費者契約法九条一号［現一項一号］にいう「平均的な損害」の額を認定した事例（東京高判令2・9・16判タ一四七九・四三）

（音声の送受信による通話の方法による専門委員の関与）

第九二条の三 裁判所は、前条各項の規定により専門委員を手続に関与させる場合において、専門委員が遠隔の地に居住しているときその他相当と認めるときは、当事者の意見を聴いて、同条各項の期日において、最高裁判所規則で定めるところにより、裁判所及び当事者双方が専門委員との間で音声の送受信により同時に通話をすることができる方法によって、専門委員に同条各項の説明又は発問をさせることができる。

§【手続↓民訴規三四の七【音声の送受信↓八七の二②・一七〇③・一七六③・三七二③

（専門委員の関与の決定の取消し）

第九二条の四 裁判所は、相当と認めるときは、申立てにより又は職権で、専門委員を手続に関与させる決定を取り消すことができる。ただし、当事者双方の申立てがあるときは、これを取り消さなければならない。

§【方式↓民訴規三四の八【訴訟指揮に関する裁判の取消し↓一二〇【処分の取消し↓一三二の四④【当事者双方の申立てによる取消し↓一七二但

（専門委員の指定及び任免等）

第九二条の五① 専門委員の員数は、各事件について一人以上とする。

② 第九十二条の二の規定により手続に関与させる専門委員は、当事者の意見を聴いて、裁判所が各事件について指定する。

③ 専門委員は、非常勤とし、その任免に関し必要な事項は、最高裁判所規則で定める。

④ 専門委員には、別に法律で定めるところにより手当を支給し、並びに最高裁判所規則で定める額の旅費、日当及び宿泊料を支給する。

§【司法委員↓二七九【人事訴訟の参与員↓人訴九【家事事件の参与員↓家事四〇【本条の準用↓非訟三三⑤

（専門委員の除斥及び忌避）

第九二条の六① 第二十三条から第二十五条まで（同条第二項を除く。）の規定は、専門委員について準用する。

② 専門委員について除斥又は忌避の申立てがあったときは、その専門委員は、その申立てについての決定が確定するまでその申立てがあった事件の手続に関与することができない。

§【方式等↓民訴規三四の九 ❶【人事訴訟の参与員↓人訴一〇① ❷【裁判官の除斥、忌避↓二六

（受命裁判官等の権限）

第九二条の七 受命裁判官又は受託裁判官が第九十二条の二各項の手続を行う場合には、同条から第九十二条の四まで及び第九十二条の五第二項の規定による裁判所及び裁判長の職務は、その裁判官が行う。ただし、第九十二条の二第二項の手続を行う場合には、専門委員を手続に関与させる決定、その決定の取消し及び専門委員の指定は、受訴裁判所がする。

§【受命裁判官等の権限↓民訴規三四の一〇【類似の規定↓一七一②・二〇六・二一〇・二一五の四

第二款 知的財産に関する事件における裁判所調査官の事務等

（知的財産に関する事件における裁判所調査官の事務）

第九二条の八 裁判所は、必要があると認めるときは、高等裁判所又は地方裁判所において知的財産に関する事件の審理及び裁判に関して調査を行う裁判所調査官に、当該事件において次に掲げる事務を行わせることができる。この場合において、当該裁判所調査官は、裁判長の命を受けて、当該事務を行うものとする。

一 次に掲げる期日又は手続において、訴訟関係を明瞭にするため、事実上及び法律上の事項に関し、当事者に対して問いを発し、又は立証を促すこと。

イ 口頭弁論又は審尋の期日

ロ 争点又は証拠の整理を行うための手続

ハ 文書の提出義務又は検証の目的の提示義務の有無を判断するための手続

ニ 争点又は証拠の整理に係る事項その他訴訟手続の進行に関し必要な事項についての協議を行うための手続

二 証拠調べの期日において、証人、当事者本人又は鑑定人に対し直接に問いを発すること。

三 和解を試みる期日において、専門的な知見に基づく説明をすること。

四 裁判官に対し、事件につき意見を述べること。

§【高等裁判所↓裁一五—二二【地方裁判所↓裁二三—三一【裁判所調査官↓裁五七【知的財産に関する訴訟↓六・六の二・二六九の二【裁判長↓一四八§【釈明↓一四九・一五一【争点・証拠整理↓一六四—一七八【文書提出義務↓二二〇【検証目的提示義務↓二三二【進行協議期日↓民訴規九五—九八【証人尋問↓一九〇—二〇六【当事者尋問↓二〇七—二一一【鑑定人質問↓二一五・二一五の二【和解期日↓八九【意見陳述↓二七九、人訴九

（知的財産に関する事件における裁判所調査官の除斥及び忌避）

第九二条の九① 第二十三条から第二十五条までの規定は、前条の事務を行う裁判所調査官について準用する。

② 前条の事務を行う裁判所調査官について除斥又は忌避の申立てがあったときは、その裁判所調査官は、その申立てについての決定が確定するまでその申立てがあった事件に関与することができない。

§❷【手続の停止↓二六

第三節 期日及び期間

（期日の指定及び変更）

第九三条① 期日は、申立てにより又は職権で、裁判長が指定する。

② 期日は、やむを得ない場合に限り、日曜日その他の一般の休日に指定することができる。

③ 口頭弁論及び弁論準備手続の期日の変更は、顕著な事由がある場合に限り許す。ただし、最初の期日の変更は、当事者の合意がある場合にも許す。

④ 前項の規定にかかわらず、弁論準備手続を経た口頭弁論の期日の変更は、やむを得ない事由がある場合でなければ、許すことができない。

§❶【裁判長↓一四八§【最初の口頭弁論期日の指定↓一三九【期日指定申立ての例↓二六三【受命裁判官等の期日指定↓民訴規三五 ❷【一般の休日↓祝日三【一般の休日の訴訟法上の効果↓民執八 ❸【口頭弁論の期日↓一三九・一四九・一五一①㊀㊁・一五八・一五九③・三七〇ETC【弁論準備手続の期日↓一六九・一七〇②—⑤【最初の期日↓一三九・一五八・三七〇 ❸❹【期日変更の申立ての方式↓民訴規三六【期日変更の制限・制約↓民訴規三七・六四・二一五 ❹【弁論準備手続↓一六八—一七四

[1] 一 **顕著な事由（三項）**
準備手続を経ない口頭弁論期日の変更は、第一回期日を除き、当事者の合意ある場合でも、顕著な事由の存在が明らかでない限り、許す必要がない。申請書に名古屋に出張するとのみ記載され、出張すべき事由の記載もなく、それを疎明する資料も添付されていない場合には、顕著な事由があるとはいえない。（最判昭50・7・21判時七九一・七六）

[2] 控訴審第四回口頭弁論期日の二日前に提出された、「本日当職が訴訟委任を受けたが、弁論ないし立証準備のため右期日を変更されたい。」という申請書の記載のみでは、審理の経過を併せ考えれば、いまだ「顕著な事由」が存するとはいえない。（最判昭57・9・7判時一〇六二・八五、民訴百選[三版]A15）

二 **最初の期日（三項）**
[3] 本条〔旧一五二条〕にいう最初の期日とは、原審において最初に指定された口頭弁論期日を指し、右期日において延期された期日のことではない。（最判昭25・10・31民集四・一〇・五一六）→一五八条[1]

三 **やむを得ない事由（四項）**
[4] 期日変更申立書に当該期日の十数日前に脳溢血〔いっけつ〕

症を発し三箇月間絶対安静を必要とする旨の診断書が添付されているにとどまり、訴訟代理人を選任できない等のその他の事情を示す何らの資料の提出もない場合には、「やむを得ない事由」があるとは認められない。（最判昭28・5・29民集七・五・六二三）

（期日の呼出し）

第九四条① 期日の呼出しは、呼出状の送達、当該事件について出頭した者に対する期日の告知その他相当と認める方法によってする。

② 呼出状の送達及び当該事件について出頭した者に対する期日の告知以外の方法による期日の呼出しをしたときは、期日に出頭しない当事者、証人又は鑑定人に対し、法律上の制裁その他期日の不遵守による不利益を帰することができない。ただし、これらの者が期日の呼出しを受けた旨を記載した書面を提出したときは、この限りでない。

⛓❶【期日の指定↓九三【送達↓九八―一一二【呼出状の公示送達↓一一一【期日の呼出しの特例↓二五六③、民保規三二【呼出状の記載事項↓民訴規一〇八【手形訴訟の呼出状の記載事項↓民訴規二一三②③ ❷【不出頭の制裁・不利益↓一五八・一五九・一七〇⑤・一九二―一九四・二〇八・二一六・二六三

一 期日告知後の訴訟代理人の辞任

[1] 期日の告知を受けた訴訟代理人が、その後辞任した場合でも、本人に対して期日指定の効力を生ずる。（最判昭28・7・30民集七・七・八五一）↓[2]

二 判決言渡期日への呼出し

[2] 適法な呼出しを受けた当事者の一方が欠席した口頭弁論期日で裁判長が判決言渡期日を指定して告知した場合でも、その告知は民訴法一二二条［旧二〇七条］、二五一条［旧一九〇条］二項により欠席当事者に対しても効力を有するから、更に判決言渡期日の呼出状を送達する必要はない。（最判昭23・5・18民集二・五・一一五）

[3] 当事者双方欠席の期日で弁論を終結する場合に[2]と同旨（最判昭56・3・20民集三五・二・二一九）

[4] 上告が不適法であって口頭弁論を経ないで判決で上告を却下する場合（三一七条［旧三九九条の三］）には、判決の言渡期日の呼出状を当事者に送達する必要はない。（最判昭44・2・27民集二三・二・四九七）

（期間の計算）

第九五条① 期間の計算については、民法の期間に関する規定に従う。

② 期間を定める裁判において始期を定めなかったときは、期間は、その裁判が効力を生じた時から進行を始める。

③ 期間の末日が日曜日、土曜日、国民の祝日に関する法律（昭和二十三年法律第百七十八号）に規定する休日、一月二日、一月三日又は十二月二十九日から十二月三十一日までの日に当たるときは、期間は、その翌日に満了する。

⛓❶【期間に関する民法の規定↓民一三九―一四三 ❷【裁定期間の例↓三四①・五九・七五⑤・七九③・一三七①・一五六の二・二八八、民保三七①【裁判の効力発生時期↓一一九・二五〇【裁定期間の伸縮↓九六① ❸【休日↓祝日三

（期間の伸縮及び付加期間）

第九六条① 裁判所は、法定の期間又はその定めた期間を伸長し、又は短縮することができる。ただし、不変期間については、この限りでない。

② 不変期間については、裁判所は、遠隔の地に住所又は居所を有する者のために付加期間を定めることができる。

⛓❶【法定期間の例↓九七①・二六三・二八七・三九二【伸縮・付加期間の定められない法定期間↓九七②【短縮できない法定期間↓一一二③【裁定期間↓九五⛓【裁定期間の伸縮↓民訴規三八【不変期間の例↓一三二の四②・二八五・三一三・三三二・三四二①・三五七・三九三、非訟一〇六⑦、仲裁四四②、民執一〇②、会更九七①【不変期間不遵守と訴訟行為の追完↓九七① ❷【住所↓民二二、一般法人四、会社四

⁺【本条の不適用↓九七②

（訴訟行為の追完）

第九七条① 当事者がその責めに帰することができない事由により不変期間を遵守することができなかった場合には、その事由が消滅した後一週間以内に限り、不変期間内にすべき訴訟行為の追完をすることができる。ただし、外国に在る当事者については、この期間は、二月とする。

② 前項の期間については、前条第一項本文の規定は、適用しない。

⛓⁺【不変期間↓九六⛓【期間の計算↓九五

一 当事者の帰責事由

1 郵便の遅延

[1] 一二月一五日に判決正本が送達され、控訴状を控訴裁判所宛てに書留速達にして二六日に郵便局に差し出したところ、通常は一日で着くのに対し、一月一日に到達した場合には、右遅延が、年末年始における郵便業務の渋滞しがちな特殊事情等から生じたとしても、なお予知不能として追完の認められる余地があり、その点につき職権調査を尽くさなかった原審は違法である。（最判昭55・10・28判時九八四・六八、民訴百選[三版]四七……郵便局が争議行為中であった事例）

2 公示送達の不知

イ 追完を認めた例

[2] 民訴法一〇八条［旧一七五条］による送達が不能であったため、最後の住所地の管轄裁判所で公示送達により訴状、判決の送達を受けた被告が、強制執行手続に至り初めて右事実を知り直ちに控訴を申し立てた場合に、特段の事情のない限り、控訴の追完を許容した原審は正当である。（最判昭36・5・26民集一五・五・一四二五）

[3] 被告は法定代理人と共に本訴提起以前から住民登録をした場所に居住しており、原告もこのことを知りながら、右とは別の登記簿上の住所地を被告の住所地と称して所有権移転登記請求訴訟を起こし、訴状、判決等は全て公示送達の方法により送達された場合に、登記簿を見て右事実を知った被告法定代理人が直ちに提起した控訴の追完を認めた原審は正当である。（最判昭42・2・24民集二一・一・二〇九、民訴百選[五版]A12）

[4] 〈同棲していたXとYが不和となり、Xはかつて購入しY名義で登記した土地の名義変更を求め、YはXの粗暴を恐れて家を出たが、住民登録を変更せずその現住所をXその他近親者にも教えなかった事案において〉Xの代理人とYとの間で、名義変更につきX側の譲歩を内容とする和解の成立が見込まれるに至った段階において、Xは、Yがしばらく外国に滞在し帰国後は叔母宅に住民登録を移す予定であるとの情報を得ていたにもかかわらず、Yの外国滞在中に、急ぐ必要もないのに登記移転を求めて本訴を提起し、右情報を裁判所に秘匿したまま、住民登録のある場所にYが居住していないことを知りながら、転居先不明として訴状及び第一回期日呼出状の公示送達の許可を受け、Y不出頭のままX勝訴の判決が下された場合には、Xには公示送達制度の濫用が認められ、Yがその連絡先をXに教えなかった事情があったとしても、Yの責めに帰すべからざる事由により控訴期間を遵守できなかったものとして、追完が認められる。（最判平4・4・28判時一四五五・九二、重判平4民訴一）

ロ 追完を否定した例

[5] 原告が既に別件で本訴請求を行う旨を臭わせていたことを被告代理人が知っていたこと、本訴提起及び書類の送達不能につき原告代理人が訴訟外で被告代理人を通じて被告に伝え

ていたこと等の事情が認められる場合には、他日被告に不利な判決がなされるであろうことは十分予想し得るので、公示送達により訴状、判決の送達を受けた被告が何らの調査もせずに控訴期間を徒過したことは重大な怠慢というべきであって、追完を認めなかった原審は正当である。（最判昭54・7・31判時九四四・五三）

3　訴訟代理人・その補助者の過失

[6]　たとえ本人に過失がなくても訴訟代理人に故意・過失がある場合には追完は許されない。第一審訴訟代理人が本人（上告人）に判決送達の事実を通知しなかったために控訴期間を徒過したとしても追完は認められない。（最判昭24・4・12民集三・四・九七）

[7]　訴訟代理人の主宰する法律事務所の常勤弁護士が判決正本受領の事実を右代理人に告げなかったため上告期間を徒過した場合には、たとえ書記官が執行吏に判決正本を託した、との誤った言明をしていたとしても追完は許されない。（最判昭27・8・22民集六・八・七〇七）↓一〇〇条[7]

[8]　訴訟代理人たる弁護士が自らの所属弁護士会を送達受取人と定めていた場合は右弁護士会送達部に交付された日に送達の効果が生じるが、弁護士会の長年の慣行により受送達処理手続の終わった日を受送達日とする押印を信頼したために控訴期間を徒過した場合には本条［旧一五九条］の要件に当たり、その点の釈明を怠った原審は違法である。（最判昭46・4・20判時六三〇・六四）

[9]　被告の長男が、被告に無断で被告の実印、権利証等を持ち出し、長男の原告に対する借入金の担保として、被告所有の土地に根抵当権を設定しかつ右債務につき被告が連帯保証人となる旨の契約を締結したところ、長男が右借入金を期日に返済しないため、原告が被告に対し保証債務の履行を求めて提起した訴訟の訴状が、同居者である長男に補充送達された場合において、長男が右訴状を隠匿して被告に渡さず、被告が、一審判決に対する控訴期間の経過後別件債務の整理を依頼した弁護士から初めてその言渡しの事実を知らされ、控訴を提起した場合には、その責めに帰することのできない事情により不変期間を徒過したのであるから、追完が認められる。（東京高判平6・5・30判時一五〇四・九三）

二　不変期間

[10]　本条［旧一五九条］による追完は法律により特に不変期間と定められたものに限り許され、二六三条［旧二三八条］所定の三箇月の期間はそれには当たらない。（最判昭33・10・17民集一二・一四・三一六一……旧二三八条の下での判例）

第四節　送達

[1]　**裁判権に服しない者に対する送達**
送達及び期日の呼出しは裁判権の行使であるから、裁判権に服しない外国に対して強制できない。（大決昭3・12・28民集七・一一二八、民訴百選Ⅰ[補正]一八）

（職権送達の原則等）
第九八条①　送達は、特別の定めがある場合を除き、職権でする。
②　送達に関する事務は、裁判所書記官が取り扱う。
❶【送達を要する場合↓四七③・一三八①・一四三③・二五五①・二六一④・二八九①・三八八①・三九一②、民執二九・四五②・九三③・一四五③・一五四②・一五九②、ETC【特別の定め↓一一〇①　❷【裁判所書記官↓裁六〇　+【送達事務の嘱託↓民訴規三九

（送達実施機関）
第九九条①　送達は、特別の定めがある場合を除き、郵便又は執行官によってする。
②　郵便による送達にあっては、郵便の業務に従事する者を送達をする者とする。
❶【執行官による送達↓裁六二③【特別の定め↓裁六三③、一〇〇、一〇七【送達をした者の調書の作成↓一〇九

（裁判所書記官による送達）

第一〇〇条　裁判所書記官は、その所属する裁判所の事件について出頭した者に対しては、自ら送達をすることができる。

+【郵便又は執行官による送達の原則↓九九【裁判所書記官↓裁六〇【送達報告書の作成↓一〇九

本条［旧一六三条］による送達の例

[1]　訴訟代理人が自ら主宰する法律事務所の常勤弁護士に判決謄本の受領を命じ印鑑の使用を許していたので正本を受領しても意に反するとは思われない場合には、右弁護士が明示の許諾なく送達報告書用紙に記名押印し正本の交付を受けたとしても適法な送達である。（最判昭27・8・22民集六・八・七〇七）↓九七条[7]

[2]　送達すべき書類を裁判所（高松地裁）と弁護士会との申合せに基づき、裁判所構内弁護士控室に常勤する弁護士会の事務員を通じて弁護士に交付する多年の慣行がある場合には、右事務員に交付された時に有効な送達があるといえる。（最判昭30・10・28民集九・一一・一七三九）

（交付送達の原則）

第一〇一条　送達は、特別の定めがある場合を除き、送達を受けるべき者に送達すべき書類を交付してする。

+【送達を受けるべき者↓二八・四五・四七・四九―五二・五五・一〇二①・一〇四①【本人に交付しない場合↓一〇二③・一〇四③・一〇六・一〇七・一一一【送達すべき書類↓民訴規四〇

一　訴訟代理人があるとき

[1]　訴訟代理人のあるときはその代理人に送達するのを通例とするが、当事者本人に対して送達しても無効でない。（最判昭25・6・23民集四・六・二四〇、民訴百選Ⅰ[補正]五七……原審仙台高裁での訴訟代理人は鳥取県米子市に居住していたが民訴法一〇四条［旧一七〇条］の届出がなく、他方本人は宮城近県に住んでいた）

二　名宛人以外の者への交付

[2]　判決正本が、郵便局集配員の過誤により名宛人以外の者に交付されたとしても、その後名宛人に到達した場合には、名宛人に到達した時に有効な送達があったといえる。（最判昭38・4・12民集一七・三・四六八）

（訴訟無能力者等に対する送達）
第一〇二条①　訴訟無能力者に対する送達は、その法定代理人にする。
②　数人が共同して代理権を行うべき場合には、送達は、その一人にすれば足りる。
③　刑事施設に収容されている者に対する送達は、刑事施設の長にする。
❶【訴訟無能力者↓二八・三一、人訴一三・一四【法定代理人↓二八・三五・三七【法定代理人に対する送達の場所↓一〇三　❶❷【送達受取人の届出↓一〇四①　❷【共同代理人の例↓民八一八③、商二一〇、会社一一【訴訟代理における個別代理の原則↓五六　❸【刑事施設↓刑事収容

在監者に対する送達↓刑訴二七一条[5]

（送達場所）
第一〇三条①　送達は、送達を受けるべき者の住所、居所、営業所又は事務所（以下この節において「住所等」という。）においてする。ただし、法定代理人に対する送達は、本人の営業所又は事務所においてもすることができる。
②　前項に定める場所が知れないとき、又はその場所において送達をするのに支障があるときは、送達は、送達を受けるべき者

が雇用、委任その他の法律上の行為に基づき就業する他人の住所等（以下「就業場所」という。）においてすることができる。送達を受けるべき者（次条第一項に規定する者を除く。）が就業場所において送達を受ける旨の申述をしたときも、同様とする。

§❶【送達を受けるべき者↓一〇一§【住所↓民二二【居所↓民二三【営業所↓会社九〇七【事務所↓一般法人四、会社四【法定代理人に対する送達↓一〇二①【郵便等に付する送達のあて先↓一〇七①　❷【雇用↓民六二三—六三一・三編二章八節§【委任↓民六四三—六五六【補充送達の特例↓一〇六②【就業場所における差置送達は不可↓一〇六③　+【送達場所の届出と本条の不適用↓一〇四①②【出会送達の特例↓一〇五【送達すべき場所不明の場合↓一一〇

一　送達の効力発生時

⑦　債権差押え及び転付命令が特別送達郵便物として第三債務者たる銀行の当該支店に郵送され、その受付係の依頼により代表取締役の勤務する本店に郵便集配人により転送された場合でも、右支店受付係に交付された時に送達の効力を生じ、その後の弁済は差押債権者に対抗できない。（最判昭54・1・30判時九一九・五七）

二　就業する場所

②　本条［旧一六九条］にいう就業場所とは受送達者が現実に業務についている場所をいう。報酬等も受領せず出勤したこともない名目上の取締役に送達すべき書類を、その会社の常勤取締役に交付したとしても、右会社の事務所は就業する場所とはいえず、一〇六条［旧一七一条］二項の適用はない。（最判昭60・9・17判時一一七三・五九）

第一〇四条（送達場所等の届出）①　当事者、法定代理人又は訴訟代理人は、送達を受けるべき場所（日本国内に限る。）を受訴裁判所に届け出なければならない。この場合においては、送達受取人をも届け出ることができる。

②　前項前段の規定による届出があった場合には、送達は、前条の規定にかかわらず、その届出に係る場所においてする。

③　第一項前段の規定による届出をしない者で次の各号に掲げる送達を受けたものに対するその後の送達は、前条の規定にかかわらず、それぞれ当該各号に定める場所においてする。

一　前条の規定による送達　その送達をした場所

二　次条後段の規定による送達のうち郵便の業務に従事する者が日本郵便株式会社の営業所（郵便の業務を行うものに限る。第百六条第一項後段において同じ。）においてするもの及び同項後段の規定による送達　その送達において送達をすべき場所とされていた場所

三　第百七条第一項第一号の規定による送達　その送達においてあて先とした場所

§❶【法定代理人↓二八、三五、三七【訴訟代理人↓五四—五九、人訴一三【届出の方式↓民訴規四一【変更の届出↓民訴規四二【送達受取人は就業場所送達の申述不可↓一〇三②　+【出会送達の特例↓一〇五

第一〇五条（出会送達）　前二条の規定にかかわらず、送達を受けるべき者で日本国内に住所等を有することが明らかでないもの（前条第一項前段の規定による届出をした者を除く。）に対する送達は、その者に出会った場所においてすることができる。日本国内に住所等を有することが明らかな者又は同項前段の規定による届出をした者が送達を受けることを拒まないときも、同様とする。

§+【送達を受けるべき者↓一〇一§【住所等↓一〇三①【送達すべき場所不明の場合↓一一〇

第一〇六条（補充送達及び差置送達）①　就業場所以外の送達をすべき場所において送達を受けるべき者に出会わないときは、使用人その他の従業者又は同居者であって、書類の受領について相当のわきまえのあるものに書類を交付することができる。郵便の業務に従事する者が日本郵便株式会社の営業所において書類を交付すべきときも、同様とする。

②　就業場所（第百四条第一項前段の規定による届出に係る場所が就業場所である場合を含む。）において送達を受けるべき者に出会わない場合において、第百三条第二項の他人又はその法定代理人若しくは使用人その他の従業者であって、書類の受領について相当のわきまえのあるものが書類の交付を受けることを拒まないときは、これらの者に書類を交付することができる。

③　送達を受けるべき者又は第一項前段の規定により書類の交付を受けるべき者が正当な理由なくこれを受けることを拒んだときは、送達をすべき場所に書類を差し置くことができる。

§+【就業場所↓一〇三②【送達場所↓一〇三①・一〇四【送達を受けるべき者↓一〇一§　❷【補充送達の通知↓民訴規四三

一　補充送達の受領能力

⑦　本条［旧一七一条］一項にいう「書類の受領について相当のわきまえのあるもの」とは、送達の趣旨を理解して交付を受けた書類を受送達者に交付することを期待することができる程度の能力を有する者をいい、七歳九箇月の幼女は右能力を備えるものとはいえない。（最判平4・9・10民集四六・六・五五三、民訴百選［五版］一一六）↓三三八条⑩⑲

二　同居者の送達受領権限

②　〈被告の同居中の義父に対し、被告に対する連帯保証債務履行請求訴訟の訴状等が補充送達され、義父が訴状等を隠匿したため、第一回期日被告欠席によりその敗訴判決の言渡しがあった。被告は、義父が原告から借金した際、被告に無断でその印章を消費貸借契約書の連帯保証人欄に押印したものであり、義父と被告とは利益相反関係にあるから、本件補充送達は無効であり、この瑕疵は民訴法三三八条一項三号の再審事由に当たると主張〉受送達者宛ての訴状等の交付を受けた同居者が、その訴訟において受送達者の相手方当事者又はこれと同視し得る者に当たる場合は格別、その訴訟に関して受送達者との間に事実上の利害対立関係があるにすぎない場合は、当該同居者に対する訴状の交付により受送達者に対する送達の効力が生ずる。（最決平19・3・20民集六一・二・五八六、民訴百選［五版］四〇）↓三三八条⑪

第一〇七条（書留郵便等に付する送達）①　前条の規定により送達をすることができない場合には、裁判所書記官は、次の各号に掲げる区分に応じ、それぞれ当該各号に定める場所にあてて、書類を書留郵便又は民間事業者による信書の送達に関する法律（平成十四年法律第九十九号）第二条第六項に規定する一般信書便事業者若しくは同条第九項に規定する特定信書便事業者の提供する同条第二項に規定する信書便の役務のうち書留郵便に準ずるものとして最高裁判所規則で定めるもの（次項及び第三項において「書留郵便等」という。）に付して発送することができる。

一　第百三条の規定による送達をすべき場合　同条第一項に定める場所

二　第百四条第二項の規定による送達をすべき場合　同項の場所

三　第百四条第三項の規定による送達をすべき場合　同項の場所（その場所が就業場所である場合にあっては、訴訟記録に表れたその者の住所等）

②　前項第二号又は第三号の規定により書類を書留郵便等に付して発送した場合には、その後に送達すべき書類は、同項第二号

又は第三号に定める場所にあてて、書留郵便等に付して発送することができる。

③ 前二項の規定により書類を書留郵便等に付して発送した場合には、その発送の時に、送達があったものとみなす。

⚭❶【送達事務管掌者↓九八②　❶❷【送達の通知↓民訴規四四　❸【到達主義の原則↓民九七　+【本条による送達不能の場合↓一一〇①三

[1] **一　要件判断に誤りがある付郵便送達の効力**　送達事務は受訴裁判所の裁判所書記官の固有事務であり、受送達者の就業場所の認定に必要な資料の収集については担当裁判所書記官の裁量に委ねられているから、担当裁判所書記官が受送達者の就業場所が不明であるとして付郵便送達を実施した場合には、就業場所が事後に判明した場合であっても、その認定資料の収集につき裁量権を逸脱し又はこれに基づく判断が合理性を欠くなどの事情がない限り、右付郵便送達は適法である。（最判平10・9・10判時一六六一・八一①、民訴百選[五版]三九①……国家賠償請求事件）

二　送付先となる住居所の認定

[2] 付郵便送達をすべき受送達者の住居所は、受送達者が発送時において現に居住又は現在しているなどの実体を伴うことを要する。Yがかつて居住し、現在も住民登録がある場所であっても、旧住居が既に実体を伴っていない場合には、旧住所に宛ててされた付郵便送達は無効である。（仙台高秋田支判平29・2・1判時二三三六・八〇……第一審判決取消差戻し）

（外国における送達）

第一〇八条　外国においてすべき送達は、裁判長がその国の管轄官庁又はその国に駐在する日本の大使、公使若しくは領事に嘱託してする。

⚭+【受命裁判官による嘱託↓民訴規四五【本条によれない場合↓一一〇①三四、一一二【外国における証拠調べ↓一八四

（送達報告書）

第一〇九条　送達をした者は、書面を作成し、送達に関する事項を記載して、これを裁判所に提出しなければならない。

⚭+【送達実施機関↓九九、一〇〇

[1] **送達に関する事項の証明**　送達報告書がなくても送達は無効とはいえず、送達の日時・場所等の証明はいかなる資料によってもよい。（大判昭8・6・16民集一二・一五一九……弁論の全趣旨から送達日を認定している）

（公示送達の要件）

第一一〇条①　次に掲げる場合には、裁判所書記官は、申立てにより、公示送達をすることができる。

一　当事者の住所、居所その他送達をすべき場所が知れない場合

二　第百七条第一項の規定により送達をすることができない場合

三　外国においてすべき送達について、第百八条の規定によることができず、又はこれによっても送達をすることができないと認めるべき場合

四　第百八条の規定により外国の管轄官庁に嘱託を発した後六月を経過してもその送達を証する書面の送付がない場合

② 前項の場合において、裁判所は、訴訟の遅滞を避けるため必要があると認めるときは、申立てがないときであっても、裁判所書記官に公示送達をすべきことを命ずることができる。

③ 同一の当事者に対する二回目以降の公示送達は、職権でする。ただし、第一項第四号に掲げる場合は、この限りでない。

⚭❶【職権送達主義の原則↓九八①【送達場所↓一〇三、一〇四　❶❷【公示送達の発効時↓一一二①本文②　❸【本項の公示送達の発効時↓一一二①但　+【公示送達により得ない場合↓三八二【公示送達による呼出しの効果↓一一八三、一五九③但

[1] **一　送達をすべき場所が知れない場合**　送達をすべき場所が「知れない」とは、通常の調査方法を講じて十分探索したが判明しないという客観的なものであることを要する。本件では、受送達者Aと同一人物である可能性が極めて高いFacebookのアカウントが存在し、Facebookのメッセージ機能を用いて同アカウントに対してメッセージを送信し、その者に接触を試みることが可能であったから、かかる調査を行っていない場合、通常の調査方法を講じたとはいえず、公示送達の要件を満たさない。Aが同アカウントを使用していない可能性があり、メッセージの送信により基本事件の提起等を無関係な他人に知られるおそれやメッセージを送信しても返信がされない可能性、調査のために調査者自身も一定の情報を開示する必要があることは、電話やファクシミリにより接触を試みる場合でも同様であり、前記判断を左右しない。（京都地決平31・2・5判タ一四六四・一七五）

[2] 〈Xがかつて内縁関係にあったYに対し、XのA社からの役員報酬を無断で受領したことを理由として不当利得返還請求訴訟を提起し、訴状等を公示送達によりYに送達し、請求一部認容判決を得たのに対し、Yが再審訴訟を提起した事案〉Xは、郵便や電話で連絡を試み、Yの母や娘、子の配偶者などを通じ、Xの訴訟代理人からの書類を受領するよう促すなどしており、Yは、Xが弁護士に依頼して役員報酬の返還を求めていることを知っていたにもかかわらず、Xらへの連絡や書類の受領を殊更に拒否してきたものであって、Xの公示送達申立てにはある程度やむを得ない事情がある。しかし、XとYはメールにより直接連絡を取り合うことが可能であり、現に直接連絡を取り合っていたことに照らすと、Xは、メールにより提訴の意思を告げた上で訴状等の送達場所を確認すれば、Yがその実家などを指定することにより訴状等の送達を受けることが十分に期待できたといえ、本件公示送達は無効である。（札幌地決令元・5・14判タ一四六一・二三七）↓三三八条[8]

[3] **二　要件判断に誤りがある公示送達の効力**　送達事務は受訴裁判所の裁判所書記官の固有事務であり、本条の規定による送達が許される場合に該当するかの認定に必要な資料の収集は担当裁判所書記官の裁量に委ねられているから、担当裁判所書記官が本条の要件に該当するとして公示送達を実施した場合には、その認定資料の収集につき裁量権を逸脱し又はこれに基づく判断が合理性を欠くなどの事情がない限り、右公示送達は適法かつ有効である。（名古屋高判平20・11・27判タ一三〇一・二九一……国家賠償請求事件）

[4] 被告法人の本店所在地宛ての訴状等の特別送達が宛て所に尋ね当たらないことを理由に返送されたため、当時の被告代表者の住民票上の住所地（前住所地）宛ての特別送達を実施したところ、宛て所に尋ね当たらないことではなく、受送達者不在で保管期間経過を理由に返送されたこと、原告訴訟代理人の調査結果によれば、代表者は地方在住で、上京の際立ち寄る程度で常時前住所地に居住してはいないが、帰宅の際郵便物を確認している様子がうかがわれる、代表者は自宅の売却を予定しており、いつでも退去できるよう荷物を前住所地にまとめてあることから、代表者が前住所地に居住していた可能性が否定できないにもかかわらず、マンション管理業者や代表者から自宅の売却を依頼された不動産仲介業者への調査嘱託等代表者の居住の有無を再度確認する措置を講ずることなく、住所地等が知れないとして実施された公示送達は要件を欠き無効である。（札幌高判平25・11・28判タ一四二〇・一〇七……控訴審担当書記官が代表者の新住所地宛てに試みた控訴状副本等の特別送達が奏功した例）

三　不実の公示送達からの救済

1　再審↓三三八条[7][8]

2　追完↓九七条[2]～[5]

（公示送達の方法）

第一一一条　公示送達は、裁判所書記官が送達すべき書類を保管し、いつでも送達を受けるべき者に交付すべき旨を裁判所の掲示場に掲示してする。

⚭+【呼出状の公示送達↓民訴規四六【送達管掌者としての裁判所書記官↓九八②【公示送達の効力発生時↓一一二

（公示送達の効力発生の時期）

第一一二条①　公示送達は、前条の規定による掲示を始めた日から二週間を経過することによって、その効力を生ずる。ただし、第百十条第三項の公示送達は、掲示を始めた日の翌日にその効力を生ずる。

②　外国においてすべき送達についてした公示送達にあっては、前項の期間は、六週間とする。

③　前二項の期間は、短縮することができない。

⚭❶❷【期間の算定↓九五　❷【外国においてすべき送達↓一〇八　❸【法定期間の短縮↓九六①

（公示送達による意思表示の到達）

第一一三条　訴訟の当事者が相手方の所在を知ることができない場合において、相手方に対する公示送達がされた書類に、その相手方に対しその訴訟の目的である請求又は防御の方法に関する意思表示をする旨の記載があるときは、その意思表示は、第百十一条の規定による掲示を始めた日から二週間を経過した時に、相手方に到達したものとみなす。この場合においては、民法第九十八条第三項ただし書の規定を準用する。

⚭+【公示による意思表示の原則↓民九八【公示送達の方法↓一一一【請求又は防御に関する意思表示の例↓民一二三・五〇六・五四〇ETC

公示送達と時効の完成猶予〔時効の中断〕↓民一五四条[4]

第五節　裁判

（既判力の範囲）

第一一四条①　確定判決は、主文に包含するものに限り、既判力を有する。

②　相殺のために主張した請求の成立又は不成立の判断は、相殺をもって対抗した額について既判力を有する。

⚭❶【判決の確定時期↓一一六【確定判決を経た権利の消滅時効↓民一六九【主文↓二五三①㈠　❷【相殺↓民五〇五―五一二の二【既判力の主観的範囲↓一一五【確定判決の抵触と再審理由↓三三八①㈧【確定判決と同一の効力を持つもの↓二六七⚭+【再訴の禁止↓二六二②【関連請求の禁止↓人訴二五

一　判決の無効

[1]　当事者が詐害的意図の下に、相手方の訴訟手続への関与を妨げたり、裁判所を欺罔〔ぎもう〕したりして、本来あり得べからざる内容の確定判決を取得して執行したときには、損害を被った相手方は、再審の訴えを提起し得る場合でも、別訴で不法行為による損害賠償を請求できる。（最判昭44・7・8民集二三・八・一四〇七、民訴百選[五版]八六……裁判外の和解での訴え取下げの約旨に反し不正に取得した確定判決により強制執行がなされていた事例）↓民七〇九条[94]

[2]　〈Y発行のX名義のカードの使用代金の支払を巡る交渉の過程で、Xは自分宛の文書は勤務先（甲）に送付するようYの担当者に要望。Yが支払を求め前訴を提起した際、Xは東京の乙方に長期出張中。甲は、X宛の郵便物は乙方に転送し、連絡先の問い合わせには乙の住所を教えていた。裁判所からXの就業場所の照会があった際、Yの担当者は、就業場所とは現実に仕事に従事する場所を指すと解釈し、先の交渉の時点でXの出張先であった丙方に問い合わせたところ、本州方面に出張中との回答を得たが、それ以上甲にXの連絡先を照会する等の調査をしないで、就業場所不明と裁判所に回答したため、郵便に付する送達が実施され、欠席によるX敗訴が確定。強制執行の開始後Xは任意弁済したが、Yの行為は確定判決の騙取であるとして、弁済金相当額の賠償と、前訴で事実上訴訟手続に関与する機会を奪われた精神的苦痛につき慰謝料の支払とを請求〉弁済金相当額の損害賠償請求は、確定判決の既判力と実質的に矛盾するものであり、Yが前訴受訴裁判所からの照会に対し必要な調査を尽くすことなく回答したのは重大な過失であるものの、Xに対する害意は認められないから、かかる請求を是認するに足りる特段の事情（前出[1]）があるとはいえない。これに対して、慰謝料の支払請求は、確定判決の既判力と実質的に矛盾しない。（最判平10・9・10判時一六六一・八一②、民訴百選[五版]三九②）

[3]　〈前訴において、Yは、本件土地建物の売買契約を仲介したXに対し、本件土地に市街化調整区域の建築制限があることの説明をXが怠ったため、制限のない土地と誤解して購入し、その結果、代金と本件土地の当時の適正価格との差額相当額の損害を被ったとして、その賠償を請求し、認容判決が確定した。強制執行による弁済金相当額につき、Xが、Yによる確定判決の詐取を主張して損害賠償を請求。原審は、Yは、権利制限があることを知りながら居住目的で本件土地建物を購入し、一七年間居住した後、バブル期に購入した本件土地建物を資金繰りの必要があって売却した際、発生した譲渡損を回復することを目的として、前訴を提起し、Xの説明義務違反により買う意思のない本件土地を買わされた旨の虚偽の主張立証を巧妙に行い、前訴裁判所を欺罔し、確定判決を取得したと認定して、請求を一部認容〉原判決の挙示する証拠やその説示によれば、原審は、前訴判決と基本的に同一の証拠関係の下における信用性判断その他証拠評価が異なった結果、前訴判決と異なる事実を認定したにすぎず、前訴におけるYの主張や供述が原審の認定事実に反するというだけでは、前訴においてYが虚偽の事実を主張して裁判所を欺罔したというには足りず、Xによる本件損害賠償請求は、前訴判決の既判力による法的安定を著しく害するもので、許されない。（最判平22・4・13裁判集民二三四・三一、重判平22民訴㈢）↓民七〇九条[98]

[4]　〈Xは、自己の保有するY_1社株式のY_2への譲渡は仮装譲渡であると主張し、Y_1らに対して株主であることの確認を求める前訴を提起し、「貴殿より譲渡されたY_1の全株はあくまでも仮装の株式譲渡であり、将来貴殿より返還請求があった際は株式の全部を、貴殿にすみやかにお返しすることを、お約束致します。」とのY_2の念書の写しを証拠として提出したが、原本を発見・提出することができず、請求棄却判決が確定した。その後、念書の原本を発見したXが、Y_1らの前訴における虚偽の主張立証により誤った判決がされたことが不法行為に当たるとして、損害賠償請求した事案〉本件念書は、株式譲渡が仮装譲渡であることを証明する処分証書的な直接証拠であり、前訴の勝敗を決する決定的な証拠であった。Y_2は、前訴において、自ら同念書を作成したことを認識していながら、Xの権利を害する意図で、その原本は存在せず、自署押印したこともない、同念書の写しはX又は第三者がY_2の署名押印のある文書を窃取・悪用して作成したものであるなどの虚偽の事実を主張・立証して前訴裁判所を欺罔し、本来あり得べからざる内容の確定判決を取得したものであって、著しく正義に反し、前訴の確定判決の既判力による法的安定の要請を考慮してもなお容認し得ない特別な事情がある。（東京高判平31・4・24金判一五七七・一八……請求一部認容）

二　既判力の時的限界

1　形成権の行使

イ　取消権

[5]　売買契約による所有権移転を請求原因とする所有権確認訴訟で、当事者（被告―売主）が詐欺を理由とする契約の取消しを行使できたのにこれを行使しないまま口頭弁論が終結し、請求認容判決が確定した場合、当事者は後訴（登記抹消

請求）で取消権を行使して所有権の存否を争い得ない。（最判昭55・10・23民集三四・五・七四七、民訴百選[五版]七七）

ロ　解除権

[6]　賃貸借契約の期間満了と無断転貸に基づく解除とは、訴訟物を分断するものではなく、同一訴訟物である建物収去土地明渡請求権を理由づける攻撃防御方法の差異にすぎないから、前訴判決の既判力の基準時以前に存在した一切の賃貸借契約の終了事由は、前訴判決の既判力によって遮断される。解除原因である無断転貸の事実が基準時前に存在した以上、解除権の行使が基準時後であっても、それに基づく本訴は前訴判決の既判力に抵触し、許されない。ただし、前訴判決の既判力の基準時後も同じ無断転貸が継続している場合には、基準時後の無断転貸の事実を理由として解除を主張することは、前訴判決の既判力に触れない。（東京地判平元・9・29判タ七三〇・二四〇）

ハ　白地手形の補充権

[7]　所持人が白地手形により請求し、口頭弁論終結時までに補充権を行使せず、手形要件欠缺〔けんけつ〕を理由に棄却された場合、右所持人が後訴で白地部分を補充した手形により再度請求することは、前訴の既判力に触れ特段の事情のない限り許されない。（最判昭57・3・30民集三六・三・五〇一、民訴百選[五版]A26）→手一〇条[13]

2　口頭弁論終結後の判例変更

[8]　〈Y国が設立した金融公社の発行する債券の償還についてY国がした保証に基づき、Xが日本においてY国に対し保証債務の履行を求めて訴えを提起したが、裁判所は、絶対免除主義を採用する判例に従いこれを却下し、同判決は確定した。その後、最判平18・7・21民集六〇・六・二五四二（◇【民事裁判権の限界】［一編名の後］[29]）は、制限免除主義に移行したため、Xが再びY国に対し訴えを提起〉制限免除主義を採用する国家が増え、平成一六年一二月二日に国連総会が制限免除主義に基づく主権免除条約を採択するに至ったなどの事実関係の変動を踏まえ、最判平18・7・21は主権免除に関する解釈を変更したのであり、右最判の言渡しは、訴えを却下した前訴判決との関係で口頭弁論終結後に生じた事由である。（東京地判平23・10・28判時二一五七・六〇、重判平24民訴四）

3　相殺

[9]　相殺は相手方への意思表示によって効力を生ずるから、被告が口頭弁論終結前に反対債権を有し相殺適状にあった場合で、相殺の意思表示をしないまま請求が認容されたときでも、被告は口頭弁論終結後の相殺の意思表示による債務消滅を理由に請求異議の訴えを提起し得る。（最判昭40・4・2民集一九・三・五三九、続民訴百選七七）

4　建物買取請求権

[10]　借地人が賃貸人から提起された建物収去土地明渡請求訴訟の事実審口頭弁論終結時までに建物買取請求権を行使しないまま、右請求が認容され判決が確定しても、建物買取請求権は、建物収去土地明渡請求権の発生原因に内在する瑕疵〔かし〕に基づくものではなく、これとは独立の制度目的から生ずる権利であり、その行使により建物所有権の賃貸人への移転と借地人の建物収去義務の消滅という効果が形成的に生ずるから、前訴既判力基準時までに同請求権が行使されなかったとしても、それは同請求権の実体法上の消滅事由に該当せず、訴訟法上も前訴判決の既判力によりその主張は遮断されないから、前訴既判力基準時後であっても、借地人は右権利を行使して請求異議の訴えを提起でき、その行使の結果前訴判決により確定された建物収去義務は消滅し、前訴確定判決はその限度で失効する。（最判平7・12・15民集四九・一〇・三〇五一、執保百選[三版]一六）

5　賃料増減額確認

[11]　〈従前月額三〇〇万円であった賃料につき、賃借人Yが減額の意思を表示し、賃貸人Xを被告として「本件賃料が平成一六年四月一日から月額二四〇万円であること」の確認を請求する訴えを提起した後、Xが増額の意思を表示し「本件賃料が平成一七年八月一日から月額三二〇万二二〇〇円であること」の確認反訴を提起した（前訴）。前訴第一審係属中の平成一九年六月三〇日に、Xが再び増額の意思を表示したが、この増額について追加の反訴も別訴の提起もないまま、前訴控訴審は、「本件賃料が平成一六年四月一日から月額二五四万五四〇〇円であること」の限度でYの請求を認容しつつXの反訴請求を棄却した第一審判決に対するXの控訴を棄却し、同判決は確定した。その後、XはYを被告として「本件賃料が平成一九年七月一日から月額三六〇万円であること」の確認を請求する本訴を提起した〉形成権である賃料増減請求権は、その要件を具備する権利行使により当然に効果を生ずるが、その効果は、将来に向かって、増減請求の範囲内で客観的に相当な額につき生ずること、賃料増減額確認請求訴訟の係属中に増減を相当とする事由が生じても、新たに増減請求がされない限り賃料は変動しないこと、同訴訟においては、合意又は増減請求により決められた直近の賃料を基にして、その合意等がされた日から同訴訟に係る増減請求の日までの間の経済事情の変動等を総合的に考慮して、増減請求の当否及び相当賃料額について審理判断すべきこと等を勘案すると、同訴訟における請求の趣旨に「特定の時点からの賃料額の確認を求める」とあるのは、その前提となる増減請求の効果が生じた時点を特定する趣旨であって、特に終期が示されていないのに、これを特定の期間の賃料額の確認を求める趣旨と解すべき必然性はないから、同訴訟の確定判決の既判力は、原告が特定の期間の賃料額の確認を求めていると認められる特段の事情がない限り、前提である賃料増減請求の効果が生じた時点の賃料額に関する判断について生ずると解するのが相当である。Xが本訴において再度の増額請求により賃料が増額された旨を主張することは、前訴確定判決の既判力に抵触しない。（最判平26・9・25民集六八・七・六六一、重判平26民訴六）→借地借家三二条[3]

三　既判力の物的限界（客観的範囲）

1　訴訟物

[12]　〈Aの相続人X（妻）は、BからY（子）へ移転登記がされている本件土地はXがBから買い受けた、そうでないとしても取得時効が成立したと主張し、Yに対し所有権確認と移転登記を請求する前訴を提起。Yは右主張を否認し、本件土地はAがBから買い受けYに生前贈与したと主張。前訴判決は、本件土地の買受人はAであり、AからYへの生前贈与の事実はない、としてXの請求を全部棄却し、確定。その後、本件土地の遺産分割調停においてYが本件土地の所有権を主張したため、Xと残りの相続人が、Yに対し、相続により取得した共有持分権に基づく所有権一部移転登記を請求する本訴を提起〉Xは、前訴で売買及び取得時効の事実のみを主張し、事実審口頭弁論終結時前に生じていたA死亡による相続の事実を主張しないまま、Xの所有権確認請求を棄却する旨の判決が確定したのであるから、Xが本訴で、所有権の一部である共有持分権の相続による取得を主張することは、Xの所有権を否定した前訴判決の既判力に抵触する。前訴でXYが共に本件土地の所有権を主張し、前訴判決がその双方を排斥しAの所有であると認定判断していたこと、前訴判決確定後になおYがその所有権を主張したこと等の事情があるとしてもなお、Xの右主張は許されない。（最判平9・3・14判時一六〇〇・八九①、民訴百選[五版]A27）↓一三四条の二[16]

2　一部請求

イ　明示的一部請求・黙示的一部請求

[13]　一個の債権の数量的な一部について判決を求める旨明示された給付訴訟においては、訴訟物は右債権の一部であるから、既判力は残部に及ばない。（最判昭37・8・10民集一六・八・一七二〇、民訴百選[四版]八一①……受寄者が受領権限のない者に寄託物を返還したことを理由とする損害賠償の一部請求）

[14]　〈違法仮差押えに対する起訴命令申立て及び本案応訴に要した弁護士費用相当額の賠償請求（前訴）において勝訴したXが、本

訴で違法仮差押えにより県からの買収金の受領が遅れたことによる遅延損害金を求めて提訴〉前訴と本訴は共に一個の損害賠償債権の一部を訴訟物とするが、前訴において、Xは、本件仮差押えがXの買収金の受領妨害を目的とする不法行為であり、それにより弁護士費用相当額の外に賠償金の受領妨害による損害も発生していることを主張していたこと、前訴係属中は、仮差押執行が維持され、その違法性の有無が争われていたから、遅延損害金相当額がいくらかはいまだ確定せず、前訴でこれを併せて請求せよとは要求し難いこと、前訴提起後も損害が拡大する可能性をYが認識していたことは、前訴の経緯に照らし明らかであり、前訴は、違法仮差押えを理由とする一個の損害賠償請求権の一部である弁護士費用損害のみについての賠償を求める旨の明示的一部請求だったと解すべきである。（最判平20・7・10判時二〇二〇・七一、重判平20民訴七）

15　前訴において一個の損害賠償請求権の一部請求である旨の明示があったか否かは、①訴状の記載等における明示の有無のほか、②前訴で原告が個別の損害項目を特定して請求しつつ、他の損害の発生を主張していたか、③後訴で請求された損害が前訴の損害と実質的に発生原因を異にするといえるか、④後訴請求に係る損害につき前訴で賠償請求することが期待できたか、⑤相手方が前訴で特定された損害以外の損害の発生可能性を認識していたか、を総合考慮して判断すべきである。（福岡高判平21・7・7判時二〇六九・五九……被告から暴行されたことに対する慰謝料及び弁護士費用相当額の賠償を求めた前訴において、後遺障害の賠償請求を除く一部請求であることの明示があったと認めた例）

16　〈前訴で二人の連帯債務者に四五万円の債権を訴求した原告が連帯債務の主張を怠ったため、分割債務として各自につき二二万五〇〇〇円の範囲で認容されていた場合において〉原告は前訴で被告に各自二二万五〇〇〇円の支払を求めたのであって、連帯債務たる四五万円につき一部請求したものではなく、前訴で訴訟物につき全部勝訴の確定判決を得ながら今さら前訴請求は訴訟物の一部であったと主張することは許されない。（最判昭32・6・7民集一一・六・九四八、民訴百選[五版]八二）

ロ　いわゆる「外側説」

17　損害賠償請求権の一部が訴求されている場合の過失相殺は、当事者の意思からして、損害の全額から過失割合による減額をし、残額が請求額を超えないときは右残額を認容し、残額が請求額を超えるときは請求の全額を認容すべきである。（最判昭48・4・5民集二七・三・四一九、民訴百選[五版]七四）

18　特定の金銭債権の一部請求において、被告の相殺の抗弁が理由がある場合には、まず当該債権の総額を確定し、その額から自働債権の額を控除して残存額を算定した上、原告の一部請求額が残存額の範囲内であるときはそのまま認容し、残存額を超えるときはその残存額の限度でこれを認容すべきである。（最判平6・11・22民集四八・七・一三五五、民訴百選[五版]一一三）→23

ハ　残額請求と信義則

19　一個の金銭債権の明示的数量的一部請求を全部又は一部棄却する判決は、債権全部にわたる審理の結果、当該債権が全く存在せず又は請求額に満たない額しか現存しないから、後に残部として請求し得る部分はないとの判断を示すものであり、右判決確定後の残額請求は、実質的には前訴の蒸返しであり、同判決により当該債権の全部につき紛争が解決されたとの被告の合理的期待を裏切るものとして、信義則に反し許されない。（最判平10・6・12民集五二・四・一一四七、民訴百選[五版]八〇）

ニ　残額債権による相殺の抗弁

20　別訴で明示的一部請求が提起されている場合、同訴の訴訟物は当該一部に限られ、その確定判決の既判力は残部に及ばないから（前出13）、本訴において当該債権の残部を自働債権とする相殺の抗弁を主張することは、債権の発生事由、一部請求がされるに至った経緯、その後の審理経過等に照らし、債権の分割行使をすることが訴訟上の権利の濫用に当たるなど特段の事情が存しない限り、正当な防御権の行使として許される。（最判平10・6・30民集五二・四・一二二五、民訴百選[五版]三八②）

ホ　一部請求と時効の完成猶予［時効の中断］↓一四七条[1][3]

3　後遺症

21　不法行為による損害賠償を請求した原告が、口頭弁論終結後、受傷当時には医学的に通常予想し得なかった治療が必要となり、再手術を受けたことを理由に再び損害賠償を請求しても、前訴と後訴の訴訟物は別であり、既判力は及ばない。（最判昭42・7・18民集二一・六・一五五九、民訴百選[五版]八二）↓民七二四条[14]

四　判決理由中の判断

1　相殺の抗弁

22　相殺の抗弁において反対債権の成立を認めた判決の既判力は、原告の債権の対当額の部分に限定される。（大判昭10・8・24民集一四・一五八二）

23　明示的一部請求における確定判決の既判力は残部の存否には及ばないというのが判例であり（前出13）、相殺の抗弁により自働債権の存否について既判力が生ずるのは、請求の範囲に対して「相殺をもって対抗した額」に限られるから、当該債権の総額から自働債権の額を控除した残存額が一部請求の額を超えるときは、一部請求の額を超える範囲の自働債権の存否については既判力を生じない。（最判平6・11・22前出18……九六〇万円の損害のうち三八〇万円の支払を求める一部請求につき、被告が一九〇万円の自働債権による相殺の抗弁を主張、一審は損害総額四〇〇万円、自働債権額を一〇〇万円と認定し、三〇〇万円の支払を命じた。この判決に対し、被告のみが控訴したところ、控訴審は、原告の損害額の認定を九〇万円増額するとともに、被告による六〇万円の追加相殺を認めたものの、四九〇万円から一六〇万円を控除し、一部請求の限度で三三〇万円の支払を命ずることは不利益変更禁止に触れるとして、単に控訴を棄却した。右判旨は、右の措置が本条［旧一九九条］二項に違反するとの上告理由に答えた部分）

2　訴訟上の相殺の再抗弁

24　被告による訴訟上の相殺の抗弁に対して原告が訴訟上の相殺を再抗弁として主張することは不適法として許されない。けだし、これを認めることは、仮定の上に仮定を重ねて審理の錯雑を招く一方、原告には訴えの追加変更、別訴、訴訟外相殺等他の手段が認められるからである。（最判平10・4・30民集五二・三・九三〇、民訴百選[五版]四四）

3　前提たる法律関係

25　判決の既判力は、判決主文に包含される訴訟物たる法律関係のみについて及ぶのであって、所有権に基づく登記請求を認容した判決が、理由中で所有権の存在を確認していても、所有権の存否につき既判力は及ばない。（最判昭30・12・1民集九・一三・一九〇三、民訴百選Ⅱ[補正]A40）

4　争点効

26　別訴で売買契約を理由とする買主の家屋明渡請求を認容する判決が確定しており、その理由中で詐欺による取消しの抗弁を排除して契約は有効であり所有権は買主にあると確認していても、その部分には既判力及びこれに類似する効力（争点効）は生じないから、本訴で詐欺による取消しを理由とする移転登記抹消請求を認容しても、既判力は別訴判決と抵触しない。（最判昭44・6・24判時五六九・四八、民訴百選[五版]八四）

5　既判力に準ずる効力―留保付判決

27　相続人が限定承認し、相続財産の限度で支払を命じた留保付判決が確定した場合には、訴訟物は給付請求権の存在と範囲であるが、限定承認の存在・効力もこれに準じて審理され、判決主文に明示されるから、この点にも既判力に準じた効力が及ぶ。債権者は、前訴で主張できた口頭弁論終結前の限定承認と相容れない事実（法定単純承認など）を後訴で主張して限定承認の存在・効力を争うことは、許されない。（最判昭49・4・26民集二八・三・五〇三、民訴百選[五版]八五）

6　信義則による排斥

イ　肯定例

[28]　農地買収処分を受けた原告が、売渡しを受けた被告からの買戻しに基づき移転登記を請求（前訴）して敗訴した後、改めて買収処分無効を理由に抹消登記に代わる移転登記を請求（後訴）した場合、(1)原告は前訴で買収無効を主張しながらも、土地回復のため被告との間の和解契約（買戻契約）を主張していること、(2)原告は後訴の主張を前訴で主張するのに支障のなかったこと、からすれば、訴訟物を異にするとはいえ後訴は前訴の蒸し返しであり、更に後訴が買収処分後約二〇年経過してから提起された等の事情があれば、後訴の提起は信義則に反し許されない。（最判昭51・9・30民集三〇・八・七九九、民訴百選[五版]七九）

ロ　否定例

[29]　贈与不存在を理由に抹消登記を請求して敗訴した者が、前訴判決後の贈与負担不履行による解除を理由に移転登記を請求した場合、(1)解除を前訴で容易に主張し得たとはいい難いこと、(2)被告が前訴判決で紛争が全て落着したと信頼するとはいえないこと、(3)本件訴え提起までに契約から四年余、前訴判決確定から約一〇箇月しかたっておらず被告が不当に長期間不安定な地位に置かれるともいえないこと、からすれば、本件訴えは信義則に反するものではない。（最判昭59・1・19判時一一〇五・四八、重判昭59民訴二）

[30]　〈被相続人Aの遺産全部をXに相続させる旨の遺言の有効性を主張するXに対し、相続人Yが、右遺産に係る自己の相続分を主張してAからXへの売買等を原因とする所有権移転登記の抹消等を求める本訴、Xが遺言無効を前提として不当利得返還を求める反訴をそれぞれ提起した前訴における本訴認容・反訴棄却判決確定後に、XがYに対し遺言の有効確認を求める訴えを提起した事案〉①前訴において、(1)Xは、係争不動産の売買による取得等を主張し、否定されたが、遺言の有効性については判断されていないこと、(2)Xは、抗弁等としては取り上げられなかったものの遺言の有効性を主張し、反訴については遺言無効を前提とする前件本訴に対応して提起したにすぎないと述べていたこと、(3)遺産をめぐる法律関係全体に関わる本件訴えとその一部のみが問題とされた前件本訴とでは訴訟により実現される利益を異にすることに照らせば、Yが、Aの遺産に係る自己の相続分の存在が前訴で決着し、又は、Xは今後遺言の有効性を主張しないものと信頼したとしても、かかる信頼は合理的とはいえないこと、また、②前件反訴は棄却され、Xはそれにより利益を得ておらず、本件訴えにより遺言の有効性が確認されたとしても、Xが前件反訴の結果と矛盾する利益を得るわけではないことからすれば、本件訴えの提起は信義則に反しない。（最判令3・4・16判タ一四八八・一二一、重判令3民訴三……訴えを却下した原判決を破棄）

八　一部請求後の残部請求と信義則↓[19]

五　訴え却下判決・訴訟終了宣言判決の既判力

[31]　仲裁合意の存在を認め訴えの利益を否定した前訴却下判決は、この点の判断につき既判力を有するから、前訴判決の基準時後に仲裁合意が失効したとする主張に理由がない場合には、再度提起された同趣旨の訴えは訴えの利益がなく不適法である。（東京地判平3・8・28判タ七七九・二七六）

[32]　住民訴訟における共同訴訟参加の申出は、当事者、請求の趣旨及び原因が同一である別訴において適法な住民監査請求を前置していないことを理由とする却下判決が確定している場合には、当該判決の既判力により、不適法として却下される。（最判平22・7・16民集六四・五・一四五〇、重判平22民訴四）→自治二四二条の二[50]

[33]　訴訟上の和解の成立により訴訟が終了したことを宣言する終局判決は、訴訟が終了したことだけを既判力をもって確定する訴訟判決である。（最判平27・11・30民集六九・七・二一五四、重判平28民訴五）→二四六条[7]・三〇四条[5]

第一一五条（確定判決等の効力が及ぶ者の範囲）①　確定判決は、次に掲げる者に対してその効力を有する。

一　当事者

二　当事者が他人のために原告又は被告となった場合のその他人

三　前二号に掲げる者の口頭弁論終結後の承継人

四　前三号に掲げる者のために請求の目的物を所持する者

②　前項の規定は、仮執行の宣言について準用する。

⊗+【確定判決の執行力の主観的範囲↓民執二三①③　❶【判決確定の時期↓一一六【補助参加人に対する裁判の効力↓四六、五三④【他の法令による既判力の主観的範囲の拡張↓人訴二四、破一三一、会社四九一・八三八、行訴三二・三三【一】【当事者↓二八・三八・四七・四九―五二【訴訟脱退者に対する判決の効力↓四八・五〇③【二】【他人のため原告・被告となる者の例↓三〇、破八〇、会更七四、商八〇三②③、建物区分五七③【三】【口頭弁論終結↓二五三①四、民執三五②　❷【仮執行の宣言↓二五九

一　口頭弁論終結後の承継人

1　民法九四条二項の第三者

[1]　通謀虚偽表示の無効を理由に移転登記請求認容判決が確定した場合において、善意の第三者が右訴訟の口頭弁論終結後に被告（登記名義人）から移転登記を経たときは、虚偽表示の無効はこの者に対抗できないからこの者は被告の原告に対する移転登記義務を承継せず、原告は承継執行文の付与を受けて執行できない。（最判昭48・6・21民集二七・六・七一二、民訴百選[五版]八七）→民九四条[12]、民執二七条[2]

2　二重譲渡の譲受人

[2]　不動産買受人が売主に移転登記を請求し認容判決が確定した場合、二重譲渡を受けた第三者が口頭弁論終結後に移転登記を経ても、所有権取得の対抗は登記の先後によるから、第三者は本条［旧二〇一条］の承継人に当たらない。（最判昭41・6・2判時四六四・二五、続民訴百選八一）

3　建物収去土地明渡しと建物賃借人

[3]　建物賃借人の敷地の占有は、土地賃借人の占有に基づき取得するのであるから、裁判上の和解で建物収去土地明渡義務を負った土地賃借人から建物を借りて敷地を占有するものは、土地賃借人が敷地を間接占有する場合にも、占有を承継したものとして本条［旧二〇一条］にいう承継人に当たる。（最判昭26・4・13民集五・五・二四二）→五〇条[7]

4　口頭弁論終結後の登記の移転

[4]　対抗要件を要する権利の承継は、対抗要件具備が口頭弁論終結の前後いずれであるかで判断すべきであり、終結後に対抗要件を具備した者は、終結前に権利を承継した場合でも、本条［旧二〇一条］の承継人となる。しかし建物収去土地明渡請求訴訟では、建物の所有権の譲受けを介した占有承継が問題であるから、所有権移転時期をもって基準とすべきである。（東京地判昭46・10・14判時六五六・七六）

5　仮処分の当事者恒定効

[5]　不動産占有移転禁止仮処分決定により執行を受けた債務者が、決定に反し第三者に占有を移転しても、債権者は占有喪失を顧慮せずに、債務者を被告としたまま本案訴訟を追行できる。（最判昭46・1・21民集二五・一・二五、執保百選[三版]一〇〇）→民保六二条[1]

6　その他

[6]　〈破産者Aの破産管財人Xは、破産法五九条［現五三条］により、Bが経営するゴルフ場に設けられた預託金会員制ゴルフクラ

ブに入会する旨のAB間の契約を解除したと主張し、Bに預託金約四八〇〇万円の返還を求める別件訴訟を提起し、勝訴した（破産法五三条[5]以前の事件）。ところが、別件訴訟の提起前に、BY間にゴルフ場の営業譲渡があった。XはYに対し預託金の返還を求め本訴を提起。原審は、営業譲渡にはゴルフ会員契約上の権利義務の包括的・重畳的債務引受けの効果があり、Xは別件判決に基づきYに対し預託金の返還を請求し得るとした〉BY間の営業譲渡は別件訴訟の提起前に行われたから、Yは本条一項三号の口頭弁論終結後の承継人に当たらず、Xが別件判決に基づきYに預託金の返還を求め得るとした原判決には、判決の効力に関する法令解釈の誤りがある。（最判平16・10・18金法一七四三・四〇）

[7]　債権者が、債務者による債権譲渡が詐害行為に該当するとしてこれを取り消した上、債権者代位権に基づき、第三債務者に対し当該債権の支払を求めた訴訟に先立ち、債権譲受人が第三債務者に対して当該債権の支払を求めた訴訟において、第三債務者による相殺の抗弁を認めて請求を棄却する判決が確定していたときは、代位債権者は口頭弁論終結後の承継人に当たるから、相殺による当該債権の消滅を争うことはできない。（東京地判平27・3・3判時二二六九・五八）

二　請求の目的物の所持人

[8]　売買による移転登記請求訴訟（前訴）係属中被告から移転登記を受けた者も、単に登記名義人になっているにすぎないときは、請求の目的物の所持人に準じて既判力を受け、後訴たる移転登記請求において、実質的当事者の受けた前訴判決に反する主張をなし得なくなる。（大阪高判昭46・4・8判時六三三・七三、民訴百選[五版]A28）

三　訴訟担当

[9]　債権者が民法四二三条によって債務者に代位して第三債務者に請求する場合、債権者は債務者のために訴訟当事者となるという関係にあるから、判決の効力は本条二号［旧二〇一条二項］により、訴訟に参加したと否とを問わず、債務者に及ぶ。（大判昭15・3・15民集一九・五八六、民訴百選[初版]七四）→民四二三条の六[7][3]

四　法人格否認

[10]　被告会社設立が債務支払を免れるための法人格濫用である場合、法人格否認の法理により、原告は訴外会社との間の確定判決の内容たる損害賠償請求を被告会社に対しなし得る。しかし、権利関係の公権的確定及びその迅速・確実な実現を図るために手続の明確・安定を重んずる訴訟手続、強制執行手続においては、既判力、執行力の範囲を拡張することはできない。（最判昭53・9・14判時九〇六・八八〈上田養豚事件〉）

民訴百選[五版]八八……執行文付与の訴えを否定）→会社三条[10]、民執三三条[3]

五　対世効

1　認知の訴え

[11]　正当な当事者間で確定している認知判決は、第三者に対しても効力を有するから、再審の手続で争うのは別として第三者はもはや認知無効の訴えを提起できない。（最判昭28・6・26民集七・六・七八七、家族百選[二版]五一……子から検察官を相手とする認知請求事件後、亡父の妻からする認知無効の訴え）→民七八六条[6]

2　取消訴訟の判決効→行訴三二条[7]・三三条[判]

六　反射効

1　転借人

[12]　賃貸人と賃借人との間の確定判決により土地明渡義務が認められている場合でも、適法な転借人が右判決に法律上拘束される法理上の根拠はない。（最判昭31・7・20民集一〇・八・九六五、民訴百選[初版]七六）

2　不真正連帯債務

[13]　不真正連帯債務者の一人と債権者との間で実体法上有効な相殺があれば、その限度で他の債務者の債務も消滅するが、他の債務者と債権者との間の訴訟においてこの債務消滅を認めて判決の基礎とするには、右相殺が実体法上有効であることを認定・判断することを要し、相殺の当事者たる債務者と債権者との間で相殺の効力を肯定した確定判決があってもその判決の効力は他の債務者に及ばない。（最判昭53・3・23判時八八六・三五、民訴百選[五版]八九）

3　主債務者勝訴の確定判決—既判力と反射効の衝突

[14]　〈債権者が債務者と保証人を共同被告として訴求したものの、保証人は争わなかったため弁論が分離され、保証人敗訴の判決が確定し、その後債務者勝訴の判決が確定した場合において〉保証人が主債務者勝訴の確定判決を援用できるとしてもこれは既判力の拡張ではない。保証人は、自らの敗訴判決により、口頭弁論終結時までに提出できたにもかかわらず提出しなかった事実に基づき債権者の権利を争い得なくなるから、主債務者勝訴判決を援用して請求異議事由とすることは、主債務者勝訴の原因が保証人敗訴判決の基準時たる口頭弁論終結後の事由でない限り、実質的に判決の遮断効を潜脱するに等しく、許されない。（最判昭51・10・21民集三〇・九・九〇三、民訴百選[四版]九〇）

第一一六条（判決の確定時期）①　判決は、控訴若しくは上告（第三百二十七条第一項（第三百八十条第二項において準用する場合を含む。）の上告を除く。）の提起、第三百十八条第一項の申立て又は第三百五十七条（第三百六十七条第二項において準用する場合を含む。）若しくは第三百七十八条第一項の規定による異議の申立てについて定めた期間の満了前には、確定しないものとする。

②　判決の確定は、前項の期間内にした控訴の提起、同項の上告の提起又は同項の申立てにより、遮断される。

§+【上訴期間→二八五、三一三、三一八⑤【期間の計算→九五【不変期間の徒過と追完→九七【上訴権の放棄→二八四、三一三、三一八⑤、三五八【確定判決証明書→民訴規四八

第一一七条（定期金による賠償を命じた確定判決の変更を求める訴え）①　口頭弁論終結前に生じた損害につき定期金による賠償を命じた確定判決について、口頭弁論終結後に、後遺障害の程度、賃金水準その他の損害額の算定の基礎となった事情に著しい変更が生じた場合には、その判決の変更を求める訴えを提起することができる。ただし、その訴えの提起の日以後に支払期限が到来する定期金に係る部分に限る。

②　前項の訴えは、第一審裁判所の管轄に専属する。

§❶【定期金の例→民六八九—六九四【損害賠償の例→民七〇九—七一一【口頭弁論終結→一一五①㈢、二五三①㈣、民執三五②【損害額の算定→二四八【訴状の添付書類→民訴規四九【他の訴えとの対比→一三五、三三八　❷【第一審裁判所→裁二四㈠、三三①㈠、四—六【専属管轄→一三§

一　本条の趣旨

[1]　本条の趣旨は、口頭弁論終結前に生じているがその具体化が将来の時間的経過に依存するような性質の損害については、実態に即した賠償を実現するために定期金賠償が認められる場合があることを前提として、定期金賠償を命じた確定判決の基礎となった事情について、口頭弁論終結後に著しい変更が生じた場合には、事後的にかい離を是正し、現実化した損害の額に対応した損害賠償額とすることが公平に適うという点にある。（最判令2・7・9民集七四・四・一二〇四、重判令2民訴四）

二　定期金賠償の可否

1　交通事故被害者の後遺障害逸失利益→民四一七条[1]・七二二条[1]

2　一時金賠償請求に対して定期金賠償を命ずることの可否

[2]　損害賠償請求訴訟の原告が一時金による賠償の支払を命ずる判決を求めている場合に定期金による賠償の支払を命ずる判決をすることはできない。〔本条新設前の事案〕（最判昭62・

2・6判時一三三一・一〇〇）

[3] 交通事故により植物状態に陥った被害者の将来の介護費用の損害賠償を、その推定的余命年数を前提として一時金に還元することは、おおむねの推定年数としての確率も低いため、賠償額が過多又は過少となり、当事者間の衡平を著しく損なう危険がある。余命期間にわたり継続的に必要な介護費用の性格に照らせば、現実の生存期間に即して支弁する定期金賠償が合理的であり、貨幣価値の変動等には本条により対処でき、加害者が損害保険会社と任意保険契約を締結しているときは、被害者が加害者の資力悪化の危険を負担することもないから、被害者が一時金賠償を求めていても、裁判所は定期金賠償を命ずる判決をすることができる。（東京高判平15・7・29判時一八三八・六九、民訴百選[五版]A25）

[4] 加害者（被告）が賠償責任保険を付保しているとしても、損害保険会社の経営破綻の可能性を考えると、定期金賠償方式には履行確保の不確実性がある上、被害者（原告）は、加害者及びその付保した保険会社の主張により重い精神的負担を抱えており、定期金賠償方式により被害者と加害者の関係性が長期間にわたり固定化されることは耐え難いとして、一時金の支払による紛争の一回的解決を求めており、被害者が在宅療養をしていることを前提に現在から平均寿命到達時までの間の損害を算定することが公平の理念に反するともいえないから、定期金による賠償の支払を命ずることは本条の創設を勘案しても相当でない。（福岡高判平23・12・22判時二一五一・三一）

[5] **三　一時金賠償を命じた判決後の事情変更**
不法占拠者に対する損害金請求（将来給付の訴え）で認容の確定判決を得た土地所有者も、口頭弁論終結後に公租公課増大・地価高騰で認容額が比隣の地代に比し不相当となった場合には、差額損害金を新たに訴求し得る。差額は前訴で主張・立証することが不可能であり、前訴請求は差額を除外する趣旨が明らかな一部請求であったといえるから、差額に既判力は及ばない。〔本条新設前の事案〕（最判昭61・7・17民集四〇・五・九四一、民訴百選[五版]八三）↓一一四条[13][16]

（外国裁判所の確定判決の効力）

第一一八条　外国裁判所の確定判決は、次に掲げる要件のすべてを具備する場合に限り、その効力を有する。

一　法令又は条約により外国裁判所の裁判権が認められること。

二　敗訴の被告が訴訟の開始に必要な呼出し若しくは命令の送達（公示送達その他これに類する送達を除く。）を受けたこと又はこれを受けなかったが応訴したこと。

三　判決の内容及び訴訟手続が日本における公の秩序又は善良の風俗に反しないこと。

四　相互の保証があること。

§[三]【呼出し↓九四【公示送達↓一一〇―一一二　[三]【公序良俗↓民九〇　[四]【相互の保証を要する例↓国賠六　+【外国判決の執行↓民執二二因・二四【外国裁判所の家事事件についての確定した裁判の効力↓家事七九の二【仲裁判断の承認↓仲裁四五、四六

一　外国裁判所の判決

1　訴訟費用の負担命令

[1] 「外国裁判所の判決」とは、外国の裁判所が、名称、手続、形式のいかんを問わず、私法上の法律関係につき当事者双方の手続的保障の下に終局的にした裁判をいい、決定、命令等と称するものも、右性質を有すればこれに該当する。（最判平10・4・28民集五二・三・八五三、国私百選[三版]九四……香港高等法院の訴訟費用負担命令は「外国裁判所の判決」に該当する、と判示）

2　監護権者への子の引渡しを命ずる裁判

[2] 婚姻関係が既に破綻し別居しているイタリア人妻から日本人夫への離婚を前提とする身上別居の訴えについて、イタリアのトリノ民事刑事裁判所が発した被拘束者たる子を請求者（妻）の監護に付する旨の緊急的・暫定的な命令は、本条〔旧二〇〇条〕の確定判決に当たらない。（最判昭60・2・26家月三七・六・二五、国私百選[補正]六九）

[3] 〈テキサス州裁判所におけるX男（米国人）とY女（日本人）夫婦の離婚判決において、Yが子供の単独支配者（親権者）、Xが一時占有保護者（休日等において子供を一時保護下に置くことのできる者）と定められ、Yが裁判所の許可を得て子供を連れ日本に居住のため帰国した後、同州裁判所において、Xの申立てに基づき、陪審審理を経て、単独支配者をXに変更する判決が下され確定したため、Xが同判決につき我が国で執行判決を請求〉本条〔旧二〇〇条〕にいう「判決」とは、実体私法上の争訟についての裁判、すなわち、一方当事者の他方に対する権利主張につき双方審尋を保障する手続の下で裁判所が下す終局的な裁判を意味するところ、本件裁判は右にいう争訟に該当しない非訟事件についての裁判であり、本条の直接の適用はないが、給付義務を形成する非訟事件の裁判については、民執法二四条が類推適用され執行判決を求めることができ、また、本条一号及び三号の要件を具備するときには、当該外国非訟裁判は我が国で承認される。（東京高判平5・11・15高民四六・三・九八、国私百選[三版]九五……ただし、英語を話せない子を米国で生活させることは子の福祉にもとり公序に反するとした）

3　サマリー・ジャッジメント↓[20]

4　懈怠判決

[4] 〈XがYに対し詐欺等を理由とする補償的及び懲罰的損害賠償を求める訴えを米国ハワイ地区連邦地裁に提起。Yは、適式に通知された証拠開示期日に欠席し、Xの申立てに基づく、連邦民訴規則三七条に基づく懈怠判決（default judgment）の発令の当否の審理にも欠席したため、同裁判所は、Xの宣誓供述書により裏付けられている損害の賠償を命ずる懈怠判決を発令。Xが執行判決訴訟を提起〉連邦民訴規則の懈怠判決の制度は、不熱心な訴訟追行から原告を救済するもので、我が民訴法二四四条と共通性を有するから、民事判決の性質を認めることができ、また、Xに実際に発生したと認定される損害の賠償を命ずるものであるから、これを承認することは公序に反しない。（水戸地龍ケ崎支判平11・10・29判タ一〇三四・二七〇）

二　確定判決

[5] シンガポール共和国の裁判所が言い渡した判決について、被告が不服申立ての手続を行っておらず、その意思もないと認められ、仮に被告が不服申立ての手続をとっても同判決の撤回は極めて難しいと認められるから、同判決は本条にいう「確定判決」に該当する。（東京地判平18・1・19判タ一二二九・三三四）↓民執二四条[3]

三　各号の要件

1　外国裁判所の裁判権

イ　原則

a　渉外財産関係訴訟

[6] 人事に関する訴え以外の訴えにおける間接管轄の有無については、基本的に我が国の民訴法の定める国際裁判管轄に関する規定に準拠しつつ、個々の事案における具体的事情に即して、外国裁判所の判決を我が国が承認するのが適当か否かという観点から、条理に照らして判断すべきものと解するのが相当である。（最判平26・4・24民集六八・四・三二九、国私百選[三版]九二）↓[9]

b　渉外身分関係訴訟

[7] 渉外離婚訴訟の間接的国際裁判管轄は、原則として当該離婚訴訟の被告の住所地国に存在するが、例外として、当該訴訟の原告が遺棄された場合、被告が行方不明である場合その他これに準ずる場合、原告の住所地国にも認めるのが相当である。その他これに準ずる場合とは、被告住所地主義を貫くことが原告に酷であり、国際私法生活における正義公平の理

念に沿わない場合をいう。本件韓国ソウル家庭法院の離婚審判の申立人に対する、遺棄に比すべき相手方による暴行虐待が原因となり、申立人が韓国に逃げ込まざるを得ない状況に追い込まれた結果、回復し難い程度にまで婚姻が破綻した本件は、右の例外に該当する。（横浜地判平11・3・30判時一六九六・一二〇、重判平12国私五）

ロ 具体例

a 不法行為地

⑧ 不法行為地を管轄原因とし、被告らに営業秘密の侵害による損害賠償の支払を命じた米国裁判所の判決を我が国において承認するためには、原告が米国訴訟で主張した、被告らによる原告の営業秘密の不正使用等による原告の営業妨害の事実、被告らの右不法行為により原告技術の価値が毀損され、原告の売上げの減少又は被告らによる売上げの不当利得等の経済的損失が発生した事実並びにこれらのいずれかが米国裁判所の土地管轄区域内で発生した事実という客観的事実関係の証明が、原則として要求される。（東京地判平22・4・15判時二一〇一・六七、重判平23国私四……客観的事実関係の証明がないとして承認・執行が拒絶された例）→三条の三③

⑨ 間接管轄規定としての民訴法三条の三第八号にいう「不法行為に関する訴え」は、違法行為により権利利益を侵害され又は侵害されるおそれがある者が提起する差止請求に関する訴えを含む。違法行為により権利利益を侵害されるおそれがあるにすぎない者も差止請求訴訟を提起することができる以上、同号にいう「不法行為があった地」は、違法行為が行われるおそれがある地や権利利益を侵害されるおそれがある地を含む。また、違法行為により権利利益を侵害され又は侵害されるおそれがある者が提起する差止請求訴訟の場合、現実の損害が生じたことは請求権発生の要件とはされていないから、「不法行為があった地」が判決国内にあるというためには、仮に被告が原告の権利利益を侵害する行為を判決国内では行っておらず、また、原告の権利利益が判決国内では現実に侵害されていないとしても、被告が原告の権利利益を侵害する行為を判決国内で行うおそれがあるか、原告の権利利益が判決国内で侵害されるおそれがあるとの客観的事実関係が証明されれば足りる。（最判平26・4・24前出⑥）

b 併合請求の裁判籍

⑩ 〈訴外A銀行がX（本件執行判決請求訴訟の原告、香港居住）を相手に香港の裁判所に保証債務の履行を求めた（第一訴訟）ところ、Xは、同裁判所に、A銀行、Y_2有限会社（住所日本）の代表者Y_1（日本居住）とその妻Bを相手に、右債務の履行を条件として、A銀行がY_1らに対して有する根抵当権につき、A銀行に代位する権利があることの確認を求め（第二訴訟）、同時に、$Y_1$$Y_2$を相手に、第一訴訟の請求認容を条件として、求償権を有することの確認を求めた（第三訴訟）。この第三訴訟の国際裁判管轄について〉本件第三訴訟は、英米法系に固有な第三当事者訴訟（サード・パーティー・プロシーディング）であるが、被告のうち、Y_1Bは同時に第二訴訟の被告である上、第二訴訟と第三訴訟は共に、Y_1らと訴外A銀行との間で締結された起訴契約に基づき、第一訴訟が認容された場合に、根抵当権の行使ないし求償請求が可能なことの確認を求めるもので、同一の実体法上の原因に基づくものであり、相互に密接に関連し統一審判の必要性が強いから、新たに被告とされたY_2会社に対する訴えを含め、第三訴訟についても、民訴法七条［旧二一条］の趣旨に照らし、第二訴訟との間の併合請求の裁判籍が香港に存在するとしてその国際裁判管轄を承認した原審の判断は、相当である。（最判平10・4・28前出⑦）

2 外国裁判所による呼出し等の送達

⑪ 訴訟手続の明確・安定を図る必要上、判決国と我が国との間に裁判上の文書の送達に関する司法共助条約が存在し、訴訟手続の開始に必要な文書の送達がその条約によるべきものとされている場合には、条約所定の方法を遵守しない送達は本条［旧二〇〇条］二号の要件を満たす送達に当たらないと解すべきところ、我が国と当時香港につき主権を有していた英国がいずれもその締約国である「民事又は商事に関する裁判上及び裁判外の文書の外国における送達及び告知に関する条約」及び両国間に存在する領事条約のいずれにおいても、原告から私的に依頼を受けた者によるノーティス・オブ・モーションの直接交付の方法による送達は許容されていないから、右送達は同号の要件を満たさない。（最判平10・4・28前出⑦……ただし、被告の応訴により二号の要件を満たしたとした）

⑫ 〈就学ビザにより約二年間米国に滞在していたY（日本国籍）が滞在中に起こした事故により傷害を負ったとして、Xが米国裁判所に損害賠償請求訴訟を提起し、Y不出頭のまま一五万米ドル余りの支払を命じる米国判決が確定したが、米国滞在中にYに直接交付された同訴訟の訴状等の送達書類には、日本語翻訳文が添付されていなかったという事案において〉Yは、米国において語学学校に通い、就労や音楽活動をするなど、英語を用いてコミュニケーションを図る能力を有しており、英語によるある程度の表現能力を有していた上、本件送達を受けるより前に裁判所に出頭した経験も有しており、本件送達により、本件米国訴訟の訴状がXとの間の本件事故に関する書類であることを認識したというのであるから、本件送達に際して日本語翻訳文の添付がなかったなどの事実を考慮しても、Yは、現実に訴訟手続の開始を知ることができ、かつ、その防御権の行使に支障がなかったものと評価でき、本件送達は本条二号の要件を満たす。（東京高判平27・9・24判時二三〇六・六八、重判平29国私六）

3 公序良俗

イ 手続的公序

⑬ 本条［旧二〇〇条］三号は、外国裁判所の判決内容のみならずその成立も我が国の公序に反しないことを要するとしたものである。（最判昭58・6・7民集三七・五・六一一、国私百選［三版］九八）→㉒

⑭ 〈Yに損害賠償を命じる米国裁判所の判決が米国裁判所に登録され、確定しているが、Yに対しては、X代理人から判決書の写しを添付した判決登録通知が普通郵便で発送されたものの、宛先の住所が誤っており、Yに届いたとはいえない事案において〉判決書の送達がされていないことの一事をもって直ちに本条三号にいう公序に反するものと解することはできないが、外国判決に係る訴訟手続において、当該外国判決の内容を了知させることが可能であったにもかかわらず、実際には訴訟当事者にこれが了知されず又は了知する機会も実質的に与えられなかったことにより、不服申立ての機会が与えられないまま当該外国判決が確定した場合には、その訴訟手続は、我が国の法秩序の基本原則ないし基本理念と相いれないものとして、本条三号にいう公序に反する。（最判平31・1・18民集七三・一・一、国私百選［三版］九七……Yが判決の内容を了知し又は了知する機会が実質的に与えられることにより不服申立ての機会が与えられていたかを検討せずに執行判決請求を棄却した原判決を破棄差戻し）

ロ 内外判決の抵触

⑮ 同一司法制度内において相互に矛盾・抵触する判決の併存を認めることは法体制全体の秩序を乱すものであるから訴えの提起、判決の言渡し、確定の前後に関係なく、既に日本裁判所の確定判決がある場合に、それと同一当事者間で、同一事実について矛盾・抵触する外国判決を承認することは、日本裁判法の秩序に反し、本条［旧二〇〇条］三号の公序に反する。（大阪地判昭52・12・22判タ三六一・一二七〈関西鉄工所執行判決事件〉国私百選［三版］一〇三……国際的訴訟競合で既に日本の債務不存在確認判決確定後、米国給付判決の日本における強制執行のため執行判決を求めてきた事案）

ハ 懲罰的損害賠償判決

⑯ 外国裁判所の判決が我が国の採用していない制度に基づく内容を含むからという一事をもって直ちに本条［旧二〇〇

条〕三号の要件を満たすということはできないが、それが我が国の法秩序の基本原則ないし基本理念と相いれないものと認められる場合には、その外国判決は、同号にいう公の秩序に反する。悪性の強い行為をした加害者に対し、実損害の賠償に加えて、制裁的な賠償金の支払を命ずることにより、将来における同様の行為の抑止を図ることを目的とするカリフォルニア州民法典の懲罰的損害賠償の制度は、損害の金銭賠償により被害者を不法行為がなかったときの状態に回復させることを目的とする我が国の不法行為の損害賠償の基本原則と相いれず、被害者が加害者から制裁及び一般予防を目的とする賠償金の支払を受け得るとすることは、我が国の公の秩序に反する。（最判平9・7・11民集五一・六・二五七三、国私百選[三版]九六）

[17] 懲罰的損害賠償部分への弁済の充当（最判令3・5・25民集七五・六・二九三五、重判令3民訴六）→民執二四条[2]

ニ 有責配偶者による離婚請求認容判決

[18] 〈日本人妻のオーストラリア人夫に対する離婚無効確認の訴え。オーストラリアの裁判所において、二か月の別居の継続を離婚原因とする同国家族法の規定により、被告（夫）による離婚請求を認容する判決が確定しているが、右別居は被告の不貞行為が原因であった〉被告が有責配偶者であり、我が国の法律によれば被告による離婚請求が認容されない場合であるからといって、オーストラリア裁判所の離婚判決が直ちに公序良俗違反となるわけではないが、我が国において結婚し、婚姻生活も我が国で送られてきた本件における離婚は、我が国における離婚事案とみるべきであり、この事案において婚姻関係の破綻を理由とする有責配偶者による離婚請求を認めた外国判決は、我が国における公序良俗に反する。（東京家判平19・9・11家月六〇・一・一〇八、重判平20国私六）

ホ 代理出産契約の依頼者を実父母と確認する裁判

[19] 〈代理出産契約に基づき出生した子について、依頼者夫婦と代理母夫婦とを当事者としてなされた、依頼者夫婦が子の血縁上及び法律上の実父母であることを確認する旨の米国ネバダ州裁判所の裁判の承認が求められた例〉実親子関係の成立は、公益及び子の福祉に関連し、一国の身分法秩序の根幹をなす基本原則ないし基本理念に関わるから、その成否を画する基準は一義的かつ明確であることを要し、その成立は右基準により一律に決せられるべきであり、民法が実親子関係の成立を認めていない者の間でその成立を認める外国裁判所の裁判は、本条三号にいう公の秩序に反する。（最決平19・3・23民集六一・二・六一九、国私百選[三版]五七）→民◆【II 生殖補助医療と親子関係】[七七二条の前][7]

ヘ サマリー・ジャッジメント

[20] 〈オーストラリア・クイーンズランド州裁判所が、原告提出に係る宣誓供述書等から、原告の請求に相当の理由があるとの一応の心証を形成した上、被告提出の答弁書等に係る防御方法がトライアルを開始するにふさわしい争点を包含せず、サマリー・ジャッジメントの発令が不可避であるとする判断を被告に告知し、その後新たに被告が提出した抗弁についても、その内容及び提出の時期その他訴訟に顕出した一切の事情に照らし、直ちにトライアルを開始することは適切ではないとの判断の下に、トライアル開始の条件として五〇〇万豪州ドルの立担保命令を発したところ、被告がこれに応じないため、被告敗訴のサマリー・ジャッジメントを言い渡し、被告が上訴を怠ったという事情の下で〉本件サマリー・ジャッジメントは、対審的構造に依拠し、被告に対し十分な防御の機会を付与した上で下されたものとして、「外国裁判所の確定判決」に該当する。また、右立担保命令及び担保額は、本件訴訟の経緯に照らし合理的なもので、懲罰的な色彩があるとはいえず、本件判決が公序良俗に反するとはいえない。（東京地判平10・2・25判時一六六四・七八）

ト カリフォルニア州の更新判決

[21] 〈米国カリフォルニア州法においては、金銭の支払を命ずる確定判決の執行力は一〇年に限定されるため、判決債権者の申請により執行力の更新を認める制度があり、これに基づき、夫婦共有財産の不正目的使用金及び夫婦間の費用負担にかかる未払金等の支払を命じた同州裁判所の確定判決で更新されたものにつき、原告が民執法二四条に基づき執行判決を請求した例〉同州の更新制度自体は我が国の公序に反するものではなく、本件で更新された判決は年利一〇パーセントの利息の支払を命じているが、同利率は暴利とはいえず、同判決が過去の未払利息を元本に組み入れている点については、被告が利息の支払を怠った結果にすぎない上、同判決が（扶養費として）支払を命じた金額が特に被告に対し懲罰的であると窺わせる事情がないから、同判決の内容が我が国の公序良俗に反するということはできない。（東京地判平23・3・28判タ一三五一・二四一）

4 相互の保証

[22] 国際社会において同一当事者間の矛盾判決を防止し訴訟経済・権利の救済を図る必要性が増大しているのであるから、本条［旧二〇〇条］四号の「相互の保証」とは、判決国において、我が国裁判所の判決と同種類の判決が、本条各号所定の条件と重要な点で異ならない条件の下に効力を認められることで足りる。（最判昭58・6・7前出[13]……アメリカ合衆国コロンビア特別区の判決につき相互の保証ありとされた事例）

[23] 〈[22]を一般論として引用して〉中国返還前の香港には外国判決（相互執行）法及び同規則が存在し、香港総督の命令により相互の保証があると認められる国が特定列挙されており、その中に我が国は挙げられていなかったものの、香港では外国判決の承認につき制定法のほかに英国のコモン・ローの原則が適用されており、英国のコモン・ローにおける外国判決承認の要件は本条各号所定の要件と重要な点において異ならないから、香港と我が国との間には相互の保証が存在したものと認められる。（最判平10・4・28前出[7]）

[24] 〈[22]及び[23]を引用した上で〉中華人民共和国民事訴訟法の規定上、外国裁判所のした判決等の承認については、国際条約がある場合を除き、互恵の原則への適合が要件とされているところ、これまで同国において互恵関係の存在に基づく外国判決の承認・執行の例は一件もないこと、同国においては、現在のところ、日本との間には互恵関係が存在しないとの理由のみをもって日本の裁判所のした判決を承認しない扱いが確定していることに照らせば、同要件は、諸事情を総合的に考慮して裁量的に承認の可否を判断する余地を留保する趣旨のものとみられるが、我が国の民訴法は、これに相当する要件を定めていない。したがって、中華人民共和国において、我が国の裁判所がした同種類の判決等が、本条各号所定の条件と「重要な点で異ならない」条件の下に効力を有するものとされているとは評価できず、中華人民共和国と我が国との間に本条四号所定の相互の保証があるものとは認められない。（東京高判平27・11・25［平27ネ二四六一］国私百選[三版]九九）

（決定及び命令の告知）

第一一九条 決定及び命令は、相当と認める方法で告知することによって、その効力を生ずる。

参【決定・命令の方式→民訴規五〇・五〇の二【本法における決定の例→一〇・一六―一九・二一・二二・二五・三四・三五・四四・五〇・七五・七九・八〇・八二・八四・九二・九六・一二八・一二九・一三二・一四一・一四三④・一四四③・一五二・一六八・一七二・一九二・一九九・二〇〇・二〇一⑤・二〇九・二一四③④・二二三・二二五・二三七・二五七・二五九⑤・二九一・二九四・三一六―三一八・三二三・三二四・三四五①②・三四六・三七三③・三八一・三九四・四〇三・四〇四【本法以外の法令における決定の例→非訟五六、民執四五・六九・九三・一一四・一四五・一五九、民保一六・三二、破二五二⑦、民再三三、会更四一・一九九【言渡しを要する決定→民執六九、ETC【送達を要する決定→破一七四④・一七九③【本法における命令の例→九三・一三七②・一三九・一四八・一六二・一八九・二〇二②・二八八・二八九②・三〇一・三一四②【決定・命令事件の審理↓八七①但②・一二二・一二三・一八七【訴訟指揮に関する決定・命令の取消し↓一二〇【本条の例外↓民保三四

（**訴訟指揮に関する裁判の取消し**）
第一二〇条　訴訟の指揮に関する決定及び命令は、いつでも取り消すことができる。

【訴訟指揮に関する決定・命令の例↓三五・五四①但②・六〇①②・一五二①・九三①・九六①

（**裁判所書記官の処分に対する異議**）
第一二一条　裁判所書記官の処分に対する異議の申立てについては、その裁判所書記官の所属する裁判所が、決定で、裁判をする。

【裁判所書記官の処分の例↓七一―七四・九八②・一〇〇・一〇七・一一〇・三八二―三八七・三九一・九一、犯罪被害保護二〇②、民訴規四八、民執二六①【同旨の規定↓民執三二

（**判決に関する規定の準用**）
第一二二条　決定及び命令には、その性質に反しない限り、判決に関する規定を準用する。

【決定・命令↓一一九

（**判事補の権限**）
第一二三条　判決以外の裁判は、判事補が単独ですることができる。

【判決以外の裁判↓一一九・一二〇・一二二【判事補の職権の制限↓裁二七【例外↓民保三六【大規模訴訟における判事補↓二六九②

第六節　訴訟手続の中断及び中止

（**訴訟手続の中断及び受継**）
第一二四条①　次の各号に掲げる事由があるときは、訴訟手続は、中断する。この場合においては、それぞれ当該各号に定める者は、訴訟手続を受け継がなければならない。

一　当事者の死亡　相続人、相続財産の管理人、相続財産の清算人その他法令により訴訟を続行すべき者

二　当事者である法人の合併による消滅　合併によって設立された法人又は合併後存続する法人

三　当事者の訴訟能力の喪失又は法定代理人の死亡若しくは代理権の消滅　法定代理人又は訴訟能力を有するに至った当事者

四　次のイからハまでに掲げる者の信託に関する任務の終了　当該イからハまでに定める者

イ　当事者である受託者　新たな受託者又は信託財産管理者若しくは信託財産法人管理人

ロ　当事者である信託財産管理者又は信託財産法人管理人　新たな受託者又は新たな信託財産管理者若しくは新たな信託財産法人管理人

ハ　当事者である信託管理人　受益者又は新たな信託管理人

五　一定の資格を有する者で自己の名で他人のために訴訟の当事者となるものの死亡その他の事由による資格の喪失　同一の資格を有する者

六　選定当事者の全員の死亡その他の事由による資格の喪失　選定者の全員又は新たな選定当事者

②　前項の規定は、訴訟代理人がある間は、適用しない。

③　第一項第一号に掲げる事由がある場合においても、相続人は、相続の放棄をすることができる間は、訴訟手続を受け継ぐことができない。

④　第一項第二号の規定は、合併をもって相手方に対抗することができない場合には、適用しない。

⑤　第一項第三号の法定代理人が保佐人又は補助人である場合にあっては、同号の規定は、次に掲げるときには、適用しない。

一　被保佐人又は被補助人が訴訟行為をすることについて保佐人又は補助人の同意を得ることを要しないとき。

二　被保佐人又は被補助人が前号に規定する同意を得ることを要する場合において、その同意を得ているとき。

❶【破産財団に関する訴えの中断↓破四四【必要的共同訴訟人一人の中断事由と訴訟手続全体の中断↓四〇①―③【訴訟代理人による中断事由の届出↓民訴規五二　〔一〕【相続人↓民八八六―八九〇【受遺者↓民九八六―九九二【相続財産清算人↓民九五二―九五九【人事訴訟の特則↓人訴二六・二七・四一―四三　〔二〕【合併による消滅↓会社六四一・七五一―七五六　〔三〕【訴訟能力↓二八【法定代理人↓二八・三五・三七【法定代理権消滅の通知↓三六①　〔四〕【信託に関する任務の終了↓信託五六―五八　〔五〕【一定の資格に基づく当事者の例↓破八〇、会更七四、商八〇三②③　〔六〕【選定当事者の資格喪失の通知↓三六②【選定当事者の一部の資格喪失↓三〇⑤　❷【訴訟代理権の不消滅↓五八【上訴の特別授権↓五五②三　❸【相続放棄ができる期間↓民九一五―九一七　❹【合併の登記↓会社七五〇②・七五二②・九〇八・九二六　❺【保佐人・被保佐人↓民一一・一三【補助人・被補助人↓民一六・一七　＋【中断の効果↓一三二【受継の申立ての方式↓民訴規五一

一　訴訟の受継

1　受継すべき場合

イ　会社法上の訴え

[1]　有限会社解散請求訴訟等の原告が死亡したときは、相続人がその原告たる地位を承継する。（最大判昭45・7・15民集二四・七・八〇四、民訴百選[五版]A35）↓会社二編二章一節[3]・八三一条㉕

ロ　特許無効審決取消訴訟

[2]　特許無効の審判請求人が被告となっている審決取消訴訟（特許法一七九条、原告は無効の審決を受けた特許権者）の係属中に被告が死亡した場合には、本条一項一号〔旧二〇八条一項〕により、右訴訟は相続人その他訴訟を続行すべき者が受継する。（最判昭55・12・18判時九九一・七九）

ハ　被爆者健康手帳交付等請求訴訟

[3]　被爆者援護法は、公的医療給付立法の性格とともに国家補償的配慮に基づく面を有し、同法に基づく健康管理手当の受給権は、所定の要件を満たすことによって得られる具体的給付を求める権利として規定されているから、同受給権は、申請者の一身専属権ではなく、相続の対象となる。したがって、同法に基づく被爆者健康手帳交付申請及び健康管理手当認定申請却下処分の取消し並びに被爆者健康手帳交付義務付けを求める訴訟の係属中に申請者である原告が死亡した場合には、右訴訟は当然に終了するのではなく、相続人が承継する。（最判平29・12・18民集七一・一〇・二三六四、重判平30行政一〇）↓行総◘【Ⅰ】㉟

2　受継すべき者

イ　特定遺贈

[4]　訴訟の目的たる特定債権（扶養料請求権）が遺贈されると、遺言執行者の権限には属さず直接受遺者に移転するから、受継すべき者は受遺者である。（大判昭13・2・23民集一七・二五九、民訴百選[初版]八八）

ロ　入会〔いりあい〕**権確認訴訟**

[5]　入会権確認訴訟の原告が死亡した場合に、相続人のうち入会慣行に従って死亡者に代わり世帯主となって入会権を取得

した者のみを訴訟承継人とした原審は相当である。（最判昭48・3・13民集二七・二・二七一、民百選Ⅰ[五補]七八）

八 政府承認の取消し

[6] 中華民国が原告として提起した建物明渡請求訴訟の係属中に、我が国が中華人民共和国を中国政府として承認し、中国国家の国名が中華民国から中華人民共和国に変更された場合、本件建物の所有権が現在中国国家以外の権利主体に帰属しているか否かは別として、本件訴訟の原告として確定されるべき者は、提訴当時中華民国としていたが、訴訟係属中に中華人民共和国に国名が変更された中国国家であり、それ以前に中華民国を我が国において代表していた中華民国駐日本国特命全権大使の代表権は、政府承認の取消しの時点で消滅し、これは公知の事実であるから民訴法三六条一項所定の相手方への通知がなくとも直ちにその効力が生ずるので、その時点で本件訴訟手続は中断する。（最判平19・3・27民集六一・二・七一一〈光華寮事件〉重判平19民訴二）

二 訴訟の終了

1 生活保護処分裁決取消訴訟

[7] 生活保護法に基づき生活保護を受けることは保護受給権とも称すべき法的権利であるが、一身専属の権利であり、原告主張の不当利得返還請求権も保護受給権を前提とするものであって、共に相続の対象とはならないから、保護変更決定（実兄から送金を受けることになったことによる生活扶助の打切り、医療費の一部自己負担決定）に対する不服申立却下裁決の取消しを求める訴訟は、原告の死亡により終了する。（最大判昭42・5・24民集二一・五・一〇四三〈朝日訴訟〉行政百選Ⅰ[七版]一六……不当利得返還請求権は保護受給権そのものとは違うから承継し得るとする田中ほか三裁判官の反対意見がある）→憲二五条＊[3]、行総◘【Ⅰ】[31]、民八九六条[14]

2 老齢年金支払請求訴訟

[8] 国民年金法［昭和六〇法三四による改正前のもの］に基づく障害福祉年金及び老齢年金の受給有資格者が、同法二〇条の併給調整規定により老齢年金の支給停止措置を受けたため、右規定とそれに基づく右措置を違憲無効として、国に対し老齢年金の支給を求め本訴を提起した後死亡した場合、同法一九条は、死亡者に支給すべき年金で未支給のものにつき、死亡当時生計を共にしていた遺族はその名でその支払を請求できるとしているが、同条は相続とは別に遺族への未支給年金の支給を認めたものであり、同条を離れて、死者が有していた年金支払請求権が遺族に相続されるわけではなく、同条により遺族が未支給年金の支払請求をするには、請求者が同条所定の「生計を共にする者」に該当するかを統一的見地から公権的に確定する必要上、まず同法一六条に基づき社会保険庁長官に対し受給請求をしその決定を待つべきであり、右決定は行政処分であるから、これを経ないでは遺族は未支給年金の支払を請求できず、また、拒否決定を受けたときには本訴とは別に行政上の不服申立て及び行政訴訟で争うべきであるから、遺族による本訴の当然承継及び権利承継人としての訴訟参加はいずれも認められない。（最判平7・11・7民集四九・九・二八二九、行政百選Ⅰ[七版]六六）

3 情報公開条例による非開示処分取消訴訟

[9] 鹿児島県情報公開条例に基づく公文書の開示請求をした者が原告として非開示処分の取消しを求める訴訟の係属中に死亡した場合、開示請求権は請求者の一身専属権であり相続の対象とならないから、訴訟は当然に終了する。（最判平16・2・24判時一八五四・四一）→行政情報公開三条[1]

4 人事訴訟

[10] 年長養子の禁止に違反する養子縁組の取消請求権は一身専属であり相続されないから、養親が養子を相手に提起した取消請求訴訟は、養親の死亡により終了する。（最判昭51・7・27民集三〇・七・七二四、民訴百選Ⅱ[補正]一八〇……養親の死亡後になされたその兄弟による民訴法五二条［旧七五条］参加の申出を却下）→民八〇五条[2]

[11] 養親が養子に対して離縁請求訴訟を起こし、途中で養親が死亡した場合につき[10]と同旨（最判昭57・11・26家月三五・一一・六八）→民八一四条[4]

[12] 婚姻の当事者が他方当事者に対してその無効確認を求める訴訟の係属中に原告が死亡した場合において、婚姻無効確認請求権は一身専属的で相続性がなく、訴訟承継を定めた特別の規定もないから、訴訟は原告の死亡と同時に終了し、検察官を相手方として受継させる余地はない。（最判平元・10・13家月四二・二・一五九、重判平元民訴三……原告勝訴の控訴審判決に対する被告の上告後に原告が死亡した事例）

5 住民訴訟

[13] 地方自治法二四二条の二に規定する住民訴訟は、原告が死亡した場合には当然終了する。（平成一四法四による改正前の事案）（最判昭55・2・22判時九六二・五〇、重判昭55行政九）

三 受継の瑕疵［かし］**と信義則**

[14] 必要的共同訴訟人の一人の死亡により訴訟が中断しているにもかかわらず、他の共同訴訟人の中に受継すべき者がいながら、何ら受継についての手続をとらずに控訴審における一切の訴訟行為を行った場合には、共同訴訟人らは控訴審における自らの訴訟行為の無効を上告審において主張し得ない。（最判昭34・3・26民集一三・四・四九三……相続人は夫と母親で、そのうち母親が共同訴訟人であった）→◘【当事者の確定】［二編三章名の後］[7]

四 審級代理と中断

[15] 訴訟代理人が上級審における訴訟代理権を有しないときは、本条二項［旧二一三条］にかかわらず、中断事由が勝訴当事者に生じた場合でも、訴訟手続は判決送達とともに上訴の関係において中断する。（大決昭6・8・8民集一〇・七九二、民訴百選[初版]二〇）→五五条[6]

第一二五条① 所有者不明土地管理命令（民法第二百六十四条の二第一項に規定する所有者不明土地管理命令をいう。以下この項及び次項において同じ。）が発せられたときは、当該所有者不明土地管理命令の対象とされた土地又は共有持分及び当該所有者不明土地管理命令の効力が及ぶ動産並びにその管理、処分その他の事由により所有者不明土地管理人（同条第四項に規定する所有者不明土地管理人をいう。以下この項及び次項において同じ。）が得た財産（以下この項及び次項において「所有者不明土地等」という。）に関する訴訟手続で当該所有者不明土地等の所有者（その共有持分を有する者を含む。同項において同じ。）を当事者とするものは、中断する。この場合においては、所有者不明土地管理人は、訴訟手続を受け継ぐことができる。

② 所有者不明土地管理命令が取り消されたときは、所有者不明土地管理人を当事者とする所有者不明土地等に関する訴訟手続は、中断する。この場合においては、所有者不明土地等の所有者は、訴訟手続を受け継がなければならない。

③ 第一項の規定は所有者不明建物管理命令（民法第二百六十四条の八第一項に規定する所有者不明建物管理命令をいう。以下この項において同じ。）が発せられた場合について、前項の規定は所有者不明建物管理命令が取り消された場合について準用する。

❶【所有者不明土地管理命令→民二六四の二①【所有者不明土地管理人→民二六四の三①】・二六四の二④・二六四の四【所有者不明土地等→民二六四の二③】 ❷【所有者不明土地管理命令の取消し→民二六四の八①【所有者不明建物管理命令→民二六四の八①】【所有者不明建物管理命令の取消し→民二六四の八③】
＋【中断の効果→一三二【受継の申立ての方式→民訴規五一

（相手方による受継の申立て）

第一二六条 訴訟手続の受継の申立ては、相手方もすることができる。

＋【受継すべき場合→一二四・一二五、破四四・四五【受継の手続→一二七、一二八

（受継の通知）

第一二七条　訴訟手続の受継の申立てがあった場合には、裁判所は、相手方に通知しなければならない。

【受継の申立ての方式↓民訴規五一【受継の申立てについての裁判↓一二八

（受継についての裁判）

第一二八条①　訴訟手続の受継の申立てがあった場合には、裁判所は、職権で調査し、理由がないと認めるときは、決定で、その申立てを却下しなければならない。

②　判決書又は第二百五十四条第二項（第三百七十四条第二項において準用する場合を含む。）の調書の送達後に中断した訴訟手続の受継の申立てがあった場合には、その判決をした裁判所は、その申立てについて裁判をしなければならない。

❶【受継の申立て↓一二六【不服申立方法↓三二八①　❷【中断中の判決言渡し↓一三二①【判決書又は判決に代わる調書の送達↓二五五【受継を認める裁判の通知↓一三二②

> 1　一　受継の申立て
> 裁判の送達後中断した訴訟手続の受継の申立ては、上訴提起の場合には、上訴裁判所に対しても行うことができる。（大判昭7・12・24民集一一・二三七六、民訴百選初版八七）
>
> 2　二　終局判決後の受継決定
> 控訴審の終局判決言渡し後送達前に当事者死亡により訴訟手続が中断し、相手方の受継の申立てにより受継決定があった場合には、不服ある新当事者は、終局判決に対する上告により、右受継決定のみの破棄を求めることができる。（最判昭48・3・23民集二七・二・三六五、民訴百選Ⅱ補正一九一）

（職権による続行命令）

第一二九条　当事者が訴訟手続の受継の申立てをしない場合においても、裁判所は、職権で、訴訟手続の続行を命ずることができる。

【当事者の受継申立て↓一二六—一二八【続行命令の効果↓一三二②

（裁判所の職務執行不能による中止）

第一三〇条　天災その他の事由によって裁判所が職務を行うことができないときは、訴訟手続は、その事由が消滅するまで中止する。

【中止の効果↓一三二②

（当事者の故障による中止）

第一三一条①　当事者が不定期間の故障により訴訟手続を続行することができないときは、裁判所は、決定で、その中止を命ずることができる。

②　裁判所は、前項の決定を取り消すことができる。

❶【裁判による中止の例↓非訟一〇六③、民調二〇の三、民再二六、会更二四、特許一六八【審査請求があるときの行政事件訴訟の中止↓行訴八③　【中止の効果↓一三二②

（中断及び中止の効果）

第一三二条①　判決の言渡しは、訴訟手続の中断中であっても、することができる。

②　訴訟手続の中断又は中止があったときは、期間は、進行を停止する。この場合においては、訴訟手続の受継の通知又はその続行の時から、新たに全期間の進行を始める。

❶【判決の言渡し↓二五二【中断原因↓一二四、一二五、破四四、四五　❷【中止↓一三〇、一三一【通知↓一二七【続行命令↓一二九【期間の計算↓九五

> 1　中断中の審理・判決
> 控訴人会社が破産し手続が中断中であったにもかかわらず同会社を当事者として審理・判決がされた場合には、同会社は法律上訴訟行為を行い得ない状態で審理・判決を受けたものであり、原判決は民訴法三一二条二項［旧三九五条一項］四号の趣旨により破棄を免れない。（最判昭58・5・27判時一〇八二・五二）→三一二条3

第六章　訴えの提起前における証拠収集の処分等

（訴えの提起前における照会）

第一三二条の二①　訴えを提起しようとする者が訴えの被告となるべき者に対し訴えの提起を予告する通知を書面でした場合（以下この章において当該通知を「予告通知」という。）には、その予告通知をした者（以下この章において「予告通知者」という。）は、その予告通知を受けた者に対し、その予告通知をした日から四月以内に限り、訴えの提起前に、訴えを提起した場合の主張又は立証を準備するために必要であることが明らかな事項について、相当の期間を定めて、書面で回答するよう、書面で照会をすることができる。ただし、その照会が次の各号のいずれかに該当するときは、この限りでない。

一　第百六十三条各号のいずれかに該当する照会

二　相手方又は第三者の私生活についての秘密に関する事項についての照会であって、これに回答することにより、その相手方又は第三者が社会生活を営むのに支障を生ずるおそれがあるもの

三　相手方又は第三者の営業秘密に関する事項についての照会

②　前項第二号に規定する第三者の私生活についての秘密又は同項第三号に規定する第三者の営業秘密に関する事項についての照会については、相手方がこれに回答することをその第三者が承諾した場合には、これらの規定は、適用しない。

③　予告通知の書面には、提起しようとする訴えに係る請求の要旨及び紛争の要点を記載しなければならない。

④　第一項の照会は、既にした予告通知と重複する予告通知に基づいては、することができない。

❶【照会書等の記載事項↓民訴規五二の四【被告↓一三四②【提訴後の当事者照会↓一六三【弁護士会照会↓弁護二三の二【私生活の秘密等↓九二①㈠、人訴二二①、三五②㈠㈡【営業秘密↓九二①㈡【訴え提起予定の有無等の告知↓民訴規五二の八　❷【第三者の承諾↓一九七②、二二三⑤　❸【紛争の要点↓二七二【記載事項↓民訴規五二の二　❹【重複通知↓一三二の三②、一三二の四③、一六三㈢、一四二

第一三二条の三①　予告通知を受けた者（以下この章において「被予告通知者」という。）は、予告通知者に対し、その予告通知の書面に記載された前条第三項の請求の要旨及び紛争の要点に対する答弁の要旨を記載した書面でその予告通知に対する返答をしたときは、予告通知者に対し、その予告通知がされた日から四月以内に限り、訴えの提起前に、訴えを提起された場合の主張又は立証を準備するために必要であることが明らかな事項について、相当の期間を定めて、書面で回答するよう、書面で照会をすることができる。この場合においては、同条第一項ただし書及び同条第二項の規定を準用する。

②　前項の照会は、既にされた予告通知と重複する予告通知に対する返答に基づいては、することができない。

❶【返答書の記載事項↓民訴規五二の三【答弁書↓民訴規八〇【反訴↓一四六　❷【重複↓一三二の二④、一三二の四③、一六三㈢、一四二

（訴えの提起前における証拠収集の処分）

第一三二条の四①　裁判所は、予告通知者又は前条第一項の返答をした被予告通知者の申立てにより、当該予告通知に係る訴えが提起された場合の立証に必要であることが明らかな証拠となるべきものについて、申立人がこれを自ら収集することが困難であると認められるときは、その予告通知又は返答の相手方（以下この章において単に「相手方」という。）の意見を聴いて、訴えの提起前に、その収集に係る次に掲げる処分をするこ

とができる。ただし、その収集に要すべき時間又は嘱託を受けるべき者の負担が不相当なものとなることその他の事情により、相当でないと認めるときは、この限りでない。

一　文書（第二百三十一条に規定する物件を含む。以下この章において同じ。）の所持者にその文書の送付を嘱託すること。

二　必要な調査を官庁若しくは公署、外国の官庁若しくは公署又は学校、商工会議所、取引所その他の団体（次条第一項第二号において「官公署等」という。）に嘱託すること。

三　専門的な知識経験を有する者にその専門的な知識経験に基づく意見の陳述を嘱託すること。

四　執行官に対し、物の形状、占有関係その他の現況について調査を命ずること。

② 前項の処分の申立ては、予告通知がされた日から四月の不変期間内にしなければならない。ただし、その期間の経過後にその申立てをすることについて相手方の同意があるときは、この限りでない。

③ 第一項の処分の申立ては、既にした予告通知と重複する予告通知又はこれに対する返答に基づいては、することができない。

④ 裁判所は、第一項の処分をした後において、同項ただし書に規定する事情により相当でないと認められるに至ったときは、その処分を取り消すことができる。

⊛❶【立証の必要↓一八一】【申立人の困難↓二二一②・二二六但】【負担の過重↓一六三⑤】【申立書↓民訴規五二の五】【添付書類↓民訴規五二の六】【一】【文書の嘱託送付↓二二六】【二】【調査の嘱託↓一八六】【三】【専門家の意見↓二一二―二一八】【四】【物の形状等の現況調査↓一三二、民執五七】❷【不変期間↓九六②・九七】❸【重複↓一三二の二④・一三二の三②・一六三⑤・一四二】❹【処分の取消し↓九二の四】

第一三二条の五（証拠収集の処分の管轄裁判所等）① 次の各号に掲げる処分の申立ては、それぞれ当該各号に定める地を管轄する地方裁判所にしなければならない。

一　前条第一項第一号の処分の申立て　申立人若しくは相手方の普通裁判籍の所在地又は文書を所持する者の居所

二　前条第一項第二号の処分の申立て　申立人若しくは相手方の普通裁判籍の所在地又は調査の嘱託を受けるべき官公署等の所在地

三　前条第一項第三号の処分の申立て　申立人若しくは相手方の普通裁判籍の所在地又は特定の物につき意見の陳述の嘱託がされるべき場合における当該特定の物の所在地

四　前条第一項第四号の処分の申立て　調査に係る物の所在地

② 第十六条第一項、第二十一条及び第二十二条の規定は、前条第一項の処分の申立てに係る事件について準用する。

⊛【管轄↓一三三五、民保一二】【普通裁判籍↓四】

第一三二条の六（証拠収集の処分の手続等）① 裁判所は、第百三十二条の四第一項第一号から第三号までの処分をする場合には、嘱託を受けた者が文書の送付、調査結果の報告又は意見の陳述をすべき期間を定めなければならない。

② 第百三十二条の四第一項第二号の嘱託若しくは同項第四号の命令に係る調査結果の報告又は同項第三号の嘱託に係る意見の陳述は、書面でしなければならない。

③ 裁判所は、第百三十二条の四第一項の処分に基づいて文書の送付、調査結果の報告又は意見の陳述がされたときは、申立人及び相手方にその旨を通知しなければならない。

④ 裁判所は、次条の定める手続による申立人及び相手方の利用に供するため、前項に規定する通知を発した日から一月間、送付に係る文書又は調査結果の報告若しくは意見の陳述に係る書面を保管しなければならない。

⑤ 第百八十条第一項の規定は第百三十二条の四第一項の処分について、第百八十四条第一項の規定は第百三十二条の四第一項第一号から第三号までの処分について、第二百十三条の規定は同号の処分について準用する。

⊛❶【手続等↓民訴規五二の七】【期間設定↓九六、一五六、一六二、三〇一】❷【書面性↓二一五】❹【保管↓二二七】

第一三二条の七（事件の記録の閲覧等）① 申立人及び相手方は、裁判所書記官に対し、第百三十二条の四第一項の処分の申立てに係る事件の記録の閲覧若しくは謄写、その正本、謄本若しくは抄本の交付又は当該事件に関する事項の証明書の交付を請求することができる。

② 第九十一条第四項及び第五項の規定は、前項の記録について準用する。この場合において、同条第四項中「前項」とあるのは「第百三十二条の七第一項」と、「当事者又は利害関係を疎明した第三者」とあるのは「申立人又は相手方」と読み替えるものとする。

⊛【書記官の職務↓裁六〇②】

第一三二条の八（不服申立ての不許） 第百三十二条の四第一項の処分の申立てについての裁判に対しては、不服を申し立てることができない。

⊛【不服申立て不許↓三二八】

第一三二条の九（証拠収集の処分に係る裁判に関する費用の負担） 第百三十二条の四第一項の処分の申立てについての裁判に関する費用は、申立人の負担とする。

⊛【訴訟費用の原則↓六一】【証拠保全の費用↓二四一】

第七章　電子情報処理組織による申立て等

第一三二条の一〇① 民事訴訟に関する手続における申立てその他の申述（以下「申立て等」という。）のうち、当該申立て等に関するこの法律その他の法令の規定により書面等（書面、書類、文書、謄本、抄本、正本、副本、複本その他文字、図形等人の知覚によって認識することができる情報が記載された紙その他の有体物をいう。以下同じ。）をもってするものとされているものであって、最高裁判所の定める裁判所に対してするもの（当該裁判所の裁判長、受命裁判官、受託裁判官又は裁判所書記官に対してするものを含む。）については、当該法令の規定にかかわらず、最高裁判所規則で定めるところにより、電子情報処理組織（裁判所の使用に係る電子計算機（入出力装置を含む。以下同じ。）と申立て等をする者又は第三百九十九条第一項の規定による処分の告知を受ける者の使用に係る電子計算機とを電気通信回線で接続した電子情報処理組織をいう。第三百九十七条から第四百一条までにおいて同じ。）を用いてすることができる。ただし、督促手続に関する申立て等であって、支払督促の申立てが書面をもってされたものについては、この限りでない。

② 前項本文の規定によりされた申立て等については、当該申立て等を書面等をもってするものとして規定した申立て等に関する法令の規定に規定する書面等をもってされたものとみなして、当該申立て等に関する法令の規定を適用する。

③ 第一項本文の規定によりされた申立て等は、同項の裁判所の使用に係る電子計算機に備えられたファイルへの記録がされた時に、当該裁判所に到達したものとみなす。

④ 第一項本文の場合において、当該申立て等に関する他の法令の規定により署名等（署名、記名、押印その他氏名又は名称を書面等に記載することをいう。以下この項において同じ。）をすることとされているものについては、当該法令の規定にかかわらず、当該署名等に代えて、最高裁判所規則で定めるところにより、氏名又は名称を明らかにする措置を講じなければならない。

⑤　第一項本文の規定によりされた申立て等（督促手続における申立て等を除く。次項において同じ。）が第三項に規定するファイルに記録されたときは、第一項の裁判所は、当該ファイルに記録された情報の内容を書面に出力しなければならない。

⑥　第一項本文の規定によりされた申立て等に係る第九十一条第一項又は第三項の規定による訴訟記録の閲覧若しくは謄写又はその正本、謄本若しくは抄本の交付（第四百一条において「訴訟記録の閲覧等」という。）は、前項の書面をもってするものとする。当該申立て等に係る書類の送達又は送付も、同様とする。

参【電子情報処理→一一③、三九七―四〇二【申立て等→民執規一【督促手続→三八二―四〇二

第八章　当事者に対する住所、氏名等の秘匿

第一三三条（申立人の住所、氏名等の秘匿）①　申立て等をする者又はその法定代理人の住所、居所その他その通常所在する場所（以下この項及び次項において「住所等」という。）の全部又は一部が当事者に知られることによって当該申立て等をする者又は当該法定代理人が社会生活を営むのに著しい支障を生ずるおそれがあることにつき疎明があった場合には、裁判所は、申立てにより、決定で、住所等の全部又は一部を秘匿する旨の裁判をすることができる。申立て等をする者又はその法定代理人の氏名その他当該者を特定するに足りる事項（次項において「氏名等」という。）についても、同様とする。

②　前項の申立てをするときは、同項の申立て等をする者又はその法定代理人（以下この章において「秘匿対象者」という。）の住所等又は氏名等（次条第二項において「秘匿事項」という。）その他最高裁判所規則で定める事項を書面により届け出なければならない。

③　第一項の申立てがあったときは、その申立てについての裁判が確定するまで、当該申立てに係る秘匿対象者以外の者は、前項の規定による届出に係る書面（次条において「秘匿事項届出書面」という。）の閲覧若しくは謄写又はその謄本若しくは抄本の交付の請求をすることができない。

④　第一項の申立てを却下した裁判に対しては、即時抗告をすることができる。

⑤　裁判所は、秘匿対象者の住所又は氏名について第一項の決定（以下この章において「秘匿決定」という。）をする場合には、当該秘匿決定において、当該秘匿対象者の住所又は氏名に代わる事項を定めなければならない。この場合において、その事項を当該事件並びにその事件についての反訴、参加、強制執行、仮差押え及び仮処分に関する手続において記載したときは、この法律その他の法令の規定の適用については、当該秘匿対象者の住所又は氏名を記載したものとみなす。

参❶【申立て等→一三二の一〇①【社会生活を営むのに著しい支障→九二①㈡、一三三の三【疎明の方法→一八八　❹【即時抗告→三三二

第一三三条の二（秘匿決定があった場合における閲覧等の制限の特則）①　秘匿決定があった場合には、秘匿事項届出書面の閲覧若しくは謄写又はその謄本若しくは抄本の交付の請求をすることができる者を当該秘匿決定に係る秘匿対象者に限る。

②　前項の場合において、裁判所は、申立てにより、決定で、訴訟記録等（訴訟記録又は第百三十二条の四第一項の処分の申立てに係る事件の記録をいう。第百三十三条の四第一項及び第二項において同じ。）中秘匿事項届出書面以外のものであって秘匿事項又は秘匿事項を推知することができる事項が記載され、又は記録された部分（次項において「秘匿事項記載部分」という。）の閲覧若しくは謄写、その正本、謄本若しくは抄本の交付又はその複製の請求をすることができる者を当該秘匿決定に係る秘匿対象者に限ることができる。

③　前項の申立てがあったときは、その申立てについての裁判が確定するまで、当該秘匿決定に係る秘匿対象者以外の者は、当該秘匿事項記載部分の閲覧若しくは謄写、その正本、謄本若しくは抄本の交付又はその複製の請求をすることができない。

④　第二項の申立てを却下した裁判に対しては、即時抗告をすることができる。

参【秘匿決定→一三三①【秘匿事項届出部分→一三三③【訴訟記録等→一三三③【訴訟記録等の閲覧等→一三三③【秘匿対象者→一三三①【秘匿事項→一三三①　❹【即時抗告→三三二

第一三三条の三（送達をすべき場所等の調査嘱託があった場合における閲覧等の制限の特則）　裁判所は、当事者又はその法定代理人に対して送達をするため、その者の住所、居所その他送達をすべき場所についての調査を嘱託した場合において、当該嘱託に係る調査結果の報告が記載された書面が閲覧されることにより、当事者又はその法定代理人が社会生活を営むのに著しい支障を生ずるおそれがあることが明らかであると認めるときは、決定で、当該書面及びこれに基づいてされた送達に関する第百九条の書面その他これに類する書面の閲覧若しくは謄写又はその謄本若しくは抄本の交付の請求をすることができる者を当該当事者又は当該法定代理人に限ることができる。当事者又はその法定代理人を特定するに足りる事項についての調査を嘱託した場合についても、同様とする。

参【送達場所→一〇三、一〇四【調査嘱託→一八六【電磁的記録→三の七③【訴訟記録の閲覧等→一三三③【社会生活を営むのに著しい支障→九二①㈡、一三三①

第一三三条の四（秘匿決定の取消し等）①　秘匿決定、第百三十三条の二第二項の決定又は前条の決定（次項及び第七項において「秘匿決定等」という。）に係る者以外の者は、訴訟記録等の存する裁判所に対し、その要件を欠くこと又はこれを欠くに至ったことを理由として、その決定の取消しの申立てをすることができる。

②　秘匿決定等に係る者以外の当事者は、秘匿決定等がある場合であっても、自己の攻撃又は防御に実質的な不利益を生ずるおそれがあるときは、訴訟記録等の存する裁判所の許可を得て、第百三十三条の二第一項若しくは第二項又は前条の規定により閲覧若しくは謄写、その正本、謄本若しくは抄本の交付又はその複製の請求が制限される部分につきその請求をすることができる。

③　裁判所は、前項の規定による許可の申立てがあった場合において、その原因となる事実につき疎明があったときは、これを許可しなければならない。

④　裁判所は、第一項の取消し又は第二項の許可の裁判をするときは、次の各号に掲げる区分に従い、それぞれ当該各号に定める者の意見を聴かなければならない。

一　秘匿決定又は第百三十三条の二第二項の決定に係る裁判をするとき　当該決定に係る秘匿対象者

二　前条の決定に係る裁判をするとき　当該決定に係る当事者又は法定代理人

⑤　第一項の取消しの申立てについての裁判及び第二項の許可の申立てについての裁判に対しては、即時抗告をすることができる。

⑥　第一項の取消し及び第二項の許可の裁判は、確定しなければその効力を生じない。

⑦　第二項の許可の裁判があったときは、その許可の申立てに係る当事者又はその法定代理人、訴訟代理人若しくは補佐人は、正当な理由なく、その許可により得られた情報を、当該手続の追行の目的以外の目的のために利用し、又は秘匿決定等に係る者以外の者に開示してはならない。

参【秘匿決定→一三三①【訴訟記録等→一三三③　❷【訴訟記録

等の閲覧等↓一三三　❸【疎明の方法↓一八八　❹【二】【秘匿対象者↓一三三①　❺【即時抗告↓三三一

第二編　第一審の訴訟手続

第一章　訴え

◆【訴え】

一　法律上の争訟↓◇【民事裁判権の限界】〔一編名の後〕[7]～⑯

二　訴権の濫用

1　会社訴訟

[1]　相当の代償を受け有限会社の持分を譲渡した旧経営者は、右譲渡に対する社員総会の承認を求めるよう努めるべきであり、かつ、それは容易であったはずであるから、譲渡の約三年後に特段の事情なく右決議の不存在確認の訴えを提起することは、譲受人たる現経営者に対して信義を欠き、さらに右訴えの認容判決が対世効を持つため譲受人にも効力が及ぶことをも鑑みると本件訴え提起は訴権の濫用に当たる。（最判昭53・7・10民集三二・五・八八八、民訴百選[五版]三二）↓民一条㉗、会社八三〇条[12]

2　人事訴訟

[2]　実親子関係不存在確認訴訟は、実親子関係という基本的親族関係の存否に関する関係人間の紛争を、対世効を持つ判決により画一的に確定し、これにより実親子関係を公証する戸籍の正確性を確保する機能を有するものであるが、実親子関係にない乙が戸籍上甲の実子として記載されている場合、甲乙間に実親子同然の生活実体があった期間の長さ、判決をもって実親子関係不存在を確定することにより乙及びその関係者が受ける精神的苦痛、経済的不利益、甲が実親子関係不存在確認請求をするに至った経緯及び請求の動機、目的、実親子関係不存在が確定されないことにより不利益を被る者の有無等、諸般の事情を考慮し、実親子関係不存在の確定が著しく不当な結果をもたらすといえるときは、甲による確認の訴えは権利の濫用に当たる。（最判平18・7・7家月五九・一・九八……実親とされている者からの請求。これに対し、第三者（姉）が両親との間で戸籍上親子と記載されている者（弟）の実親子関係不存在確認を求めた例について同旨（最判平18・7・7民集六〇・六・二三〇七、重判平18民一二））↓民◆【Ⅰ　親子関係存否確認の訴え】〔七七二条の前〕[4][5]

三　訴え提起と不法行為

[3]　訴えを提起した者が敗訴した場合において右訴えの提起が相手方に対する不法行為となるのは、当該訴訟において提訴者の主張した権利等が根拠を欠くものであることにつき提訴者が悪意・重過失である場合など、訴え提起が裁判制度の趣旨・目的に照らして著しく相当性を欠くと認められるときに限られる。訴えを提起する際に、提訴者において、自己の主張しようとする権利等の根拠につき、高度の調査・検討が要請されるとすると、裁判制度の自由な利用が著しく阻害される結果となるからである。（最判昭63・1・26民集四二・一・一、民訴百選[五版]三六）↓民七〇九条(95)

[4]　訴えを提起した者の主張を裏付ける証拠が皆無ではない場合で、客観的証拠から事実関係を特定することが必ずしも容易でない事案では、捜査機関が反対の認定をしていたことを知っていたとしても、訴え提起は違法な行為とはいえない。（最判平11・4・22判時一六八一・一〇二……交通事故により死亡した者の両親が提起した損害賠償請求訴訟の違法性が問題となった事例）

[5]　〈Xの経理事務を担当していたYが、Xの業務に係る支払に充てる名目で手形・小切手を偽造の上、現金化して小切手金等を横領し、またXの預貯金を無断で解約し払戻金を横領したと主張して、Xが損害賠償を請求し、第一審で請求が棄却され、Xが控訴したところ、Yが、本件訴え提起を不法行為であるとして損害賠償を請求する反訴を提起。一般論として[3][4]を引用の上〉Xが主張する小切手等の振出しや預貯金の引出しはほとんどXの指示に基づくもので、小切手金や払戻金をXが受領していること、本訴提起に先立ち、Xは五億円の小切手の無断振出しを理由にYを刑事告訴したが、Yは三四万円の小切手金の業務上横領の嫌疑で逮捕勾留され期間満了前に釈放されていること、その後に提起された本訴の請求金額が合計三九〇〇万円に及ぶこと等の原審認定事実によれば、本件請求のほとんどは事実的根拠を欠くもので、X自らの行為と相反する事実に基づいてYの横領を主張したことになり、Xの記憶違いや通常人にもあり得る思い違いをしていた等の事情がない限り、Xは、本訴における権利主張が事実的根拠を欠くことを知っていたか、又は、通常人であれば容易に知り得る状況にあった蓋然性が高く、本訴の提起が裁判制度の趣旨目的に照らして著しく相当性を欠くと認められる可能性がある。（最判平22・7・9判時二〇九一・四七）

四　消極的訴訟要件

1　仲裁の抗弁

[6]　仲裁契約の存在は訴権を失わせる消極的訴訟要件であるが、職権調査事項ではなく抗弁事項であり、その抗弁権は放棄し得るし、右契約の存在を知りながら本案について弁論を行ったなどの事情があれば放棄したものと認めるべきである。しかし第一審手続の欠席をもって放棄したとは認められない。（大阪高判昭49・2・20判時七四六・四二、民訴百選Ⅰ[補正]A18……建設工事紛争審査会の仲裁契約の例）

2　民間調停ADR手続前置条項

[7]　当事者間の契約に当該契約に係る紛争につき日本商事仲裁協会における調停手続を前置する旨の条項があっても、終局的紛争解決の保障がある仲裁と異なり、民間調停には、当事者間に合意が成立しない限り、紛争を終局的解決に導く保障がなく、紛争当事者には、訴えを提起する以外に時効中断［時効の完成猶予］の利益を確実に享受する方法はないから、ADR法二六条一項が、認証ADR機関によって紛争解決を図る合意に反して訴えが提起された場合、受訴裁判所に対し当事者双方の申立てを条件として訴訟手続を中止するか否かの裁量権を与えるに留めていることに照らし、前記条項に、それに反して提起された訴えを却下することを受訴裁判所に義務付ける効力を認めることはできない。（東京高判平23・6・22判時二一一六・六四）

五　給付の訴え

1　訴えの利益

イ　一般の場合

a　債務名義ある請求権の再訴

[8]　裁判上の請求以外に時効中断［時効の完成猶予］の方法がない場合には、給付判決確定後そのために提起した再訴は、権利保護の利益を有する。（大判昭6・11・24民集一〇・一〇九六）

b　弁済禁止保全処分

[9]　主債務者に対し会社更生法による弁済禁止保全処分決定がなされたとしても、右決定は任意弁済を禁ずるのみで、取立てを禁ずるものでも履行を猶予するものでもないから、現在給付の訴えをもって債務の支払を求め得る。保証人に対しても同様である。（最判昭33・6・19民集一二・一〇・一五六二、保全百選九七）↓三〇条[3]

c　登記手続請求

[10]　不動産登記の抹消登記手続を求める訴えは、被告の意思表示を求める訴えであって、勝訴判決の確定により意思表示が擬制され判決の執行が完了するから、抹消登記の実行の可・不可により訴えの利益は左右されない。所有権保存登記及び順次経由された移転登記の抹消を訴求している場合、最終登記名義人に対し敗訴しても、その余の被告に対して訴えの利益を失うものではない。（最判昭41・3・18民集二〇・三・四六四、民訴百選[五版]二二）

[11] 所有権保存登記の抹消請求を認容された者が、口頭弁論終結後に移転登記を経由した者に対する承継執行文を得て保存・移転登記を抹消したとしても、自己の登記名義を実現できるわけではないから、現在の登記名義人を被告とする、真正な登記名義の回復を原因とする所有権移転登記を求める訴えは、適法である。（最判昭54・1・30判時九一八・六七）

[12] 宗教法人の代表役員は法律上一名とされているから、原告が被告宗教法人の代表役員であることの確認を求める判決が確定すれば、商業登記簿上の原告の解任及び後任者の就任又は辞任の各登記は無効となり、原告は右判決の謄本を証明文書として添付して右登記の抹消を申請し得るから、この確認の訴えに加えて、右各登記の抹消を請求することは訴えの利益がない。（最判昭61・9・4民集四〇・六・一〇一三、宗教百選[二版]四七）

d　建物引渡請求と建物収去請求

[13] 前訴で、借地期間満了を停止条件とする地主と借地人との間の建物売買契約に基づく建物引渡し・土地明渡しが認められた後、右売買契約が解除されたため建物所有権が借地人に戻ったと主張して、地主が建物収去土地明渡しを求める本件訴えは、前訴と訴えの提起を必要とする事情を異にしており前訴判決のみでは建物収去の目的を達し得ないから、特段の事情のない限り訴えの利益は肯定される。（最判昭54・4・17判時九三一・六二）

ロ　予防的差止め訴訟の権利保護要件

[14] 四年後のジェット化を予定して空港の拡張工事が近く開始されるとしても、その間用地買収、空港施設の建設、周辺道路の整備を行い、また運輸大臣の関与する航空法上の行政手続を経由する必要があり、予定通りジェット化が実現するか否かは明らかでなく、また、ジェット化後の航空機の運行状況も未確定である現状においては、空港のジェット化により生じる騒音等の公害を防止するため、人格権に基づき空港拡張工事の差止めを求める訴えは、ジェット化が実現した際に、それにより原告にいかなる人格権侵害状態が生じ、それが受忍限度を超えるか等を確実に予見することは困難であり、本件訴えは、現時点においては、その成立要件の的確な判断が困難な権利、その内容が不明確未成熟な状態にある権利に基づくものであり、権利保護の要件を欠き不適法である。（東京高判平2・6・27高民四三・二・一〇〇）

2　当事者の適格↓三〇条[3]

六　確認の訴え↓一三四条の二[判]

七　形成の訴え

1　形成の利益

イ　決議訴訟

[15] 株主以外の者に新株引受権を与えるための株主総会特別決議につき決議取消しの訴えが係属する間に、右決議に基づき新株の発行が行われてしまった場合、右訴えは利益を欠く。（最判昭37・1・19民集一六・一・七六、会社百選[二版]七五）

[16] 株主総会における計算書類等の承認決議の手続上の瑕疵［かし］を理由とする取消しの訴えの勝訴判決が確定すれば右決議は遡及的に無効となる結果、計算書類等につき総会における承認を欠くことになり、また右決議に基づく利益処分もその効力を有しなくなるから、法律上再決議が必要となり、その後右議案につき再決議がされた等特別の事情のない限り、たとえ右決議の後の定時株主総会において決算承認決議がなされている場合であっても、計算書類等承認決議取消しの訴えは訴えの利益を失わない。（最判昭58・6・7民集三七・五・五一七、会社法百選[四版]三七）↓会社四三八条[7]・八三一条[19]

[17] 被告会社の定時株主総会における役員退職慰労金贈呈決議につき、株主が金額等に関する説明義務違反があるとしてその取消しを求め提訴した後、株主総会において贈呈すべき慰労金の総額を明示した上で、取消判決が確定した場合には遡及して発効すべきことを条件として、同一議案につき第二の決議がなされた場合には、仮に決議を取り消す判決が確定すれば第二の決議が代わって効力を生じるだけであるから、本訴は訴えの利益がない。（最判平4・10・29民集四六・七・二五八〇、民訴百選Ⅰ[補正]A16）↓会社八三一条[22]

[18] 役員選任の株主総会決議取消しの訴えの係属中、その決議により選任された全役員が任期満了により退任し、その後の決議で新たに役員が選任された結果、取消しを求める決議により選任された役員が現存しなくなったときは、特別の事情のない限り、右訴えは利益を失う。（最判昭45・4・2民集二四・四・二二三、民訴百選[五版]三〇）↓会社八三一条[21]

[19] 事業協同組合の理事を選出する選挙の取消しを求める訴えに、同選挙が取り消されるべきものであることを理由として後任理事又は監事を選出する後行の選挙の効力を争う訴えが併合されている場合には、先行の選挙が取り消されるべきものであるか否かが後行の選挙の効力の先決問題となり、その判断をすることが不可欠であるから、特段の事情がない限り、先行の選挙の取消しを求める訴えの利益は消滅しない。（最判令2・9・3民集七四・六・一五五七、重判令2商五）↓一三四条の二[18]、会社八三一条[18]

ロ　身分訴訟

[20] 婚姻取消しの効果は離婚の効果に準じるのであるから、重婚の場合において後婚が離婚により解消したときは、特段の事情のない限り、重婚を理由とする後婚の取消しの訴えは法律上の利益がない。（最判昭57・9・28民集三六・八・一六四二、民百選Ⅲ[二版]四）↓民七三二条[2]

ハ　執行訴訟

[21] 第三者異議の訴えの係属中に、執行目的物が原告の所有に属することが判明したので、被告債権者による執行取下げによって差押えが解除されたときには、特別の事情のない限り右訴えは訴えの利益がない。（最判昭39・5・7民集一八・四・五七四）

ニ　行政訴訟↓行訴九条[7]〜[31]

[22] 形成訴訟においても形成権発生後の事情の変動により具体的に保護の利益を欠くに至ることもあり得、五月一日における皇居前外苑使用不許可処分取消請求は同日の経過により判決を求める法律上の利益を欠く。（最大判昭28・12・23民集七・一三・一五六一、行政百選Ⅰ[七版]六五）↓憲二一条＊[74]・三二条[3]

[23] 運転免許取消処分の取消しの訴えの係属中に免許の有効期間が経過したとしても、免許取消しが違法なものである限り、更新手続により免許を存在させることができなかったのは違法な処分に基づくものであるから、有効期間の経過により免許取消処分の取消しの訴えの利益がなくなるとはいえない。（最判昭40・8・2民集一九・六・一三九三、行政百選Ⅱ[初版]一七二）↓行訴九条[39]

[24] 原告につき、農業用水の確保、洪水予防、飲料水の確保等の法益に直接影響を受けることを理由として、保安林指定解除処分取消しの訴えの原告適格が認められる場合において、代替施設の設置により右法益侵害の危険が解消し保安林存続の必要がなくなったときには、右原告の取消しの訴えの利益は失われる。（最判昭57・9・9民集三六・九・一六七九、行政百選Ⅱ[七版]一七七）↓行訴九条[2]

2　当事者適格↓三〇条[4]〜[6]

3　形成の効果を前提とする訴え

[25] 詐害行為取消しの効果は取消しを命ずる判決の確定により生ずるから、贈与契約の取消しを命ずる判決がなされてもそれが確定しない限り受贈者は所有権を喪失しないが、受贈者からの第三者異議訴訟の係属中に右契約の取消しを求める反訴が提起され、双方が同一の裁判所で審理判断された結果反訴が認容されるべき場合には、右所有権は第三者異議事由に当たらない。（最判昭40・3・26民集一九・二・五〇八、民訴百選Ⅱ[補正]一五八）↓民四二四条[16]、民執三八条[12]

八　形式的形成訴訟

1　境界確定の訴え

イ　本訴の性質

㉖　境界確定の訴えは、裁判によって新たに境界を確定することを求める訴えであって土地所有権の範囲の確認を目的とするものではないから、取得時効の成否とは無関係であり、原告主張の境界と被告主張の境界の中間部を被告が時効取得しているから境界は被告主張の線である、との主張を審理しなかった原審の措置は正当である。（最判昭43・2・22民集二二・二・二七〇、民訴百選[五版]三五）↓二四六条⑰・三〇四条⑥

ロ　本訴の当事者適格

㉗　隣接する二筆の土地所有者間での境界確定訴訟において、一方の土地のうちの境界の一部に接続する部分を他方の土地所有者が時効取得した場合でも、紛争の抜本的解決のために必要であるから、両地所有者は右境界部分の確定についても当事者適格がある。（最判昭58・10・18民集三七・八・一一二一、民訴百選[三版]四二）↓民◆【境界確定】［二三八条の後］②

㉘　甲地の所有者Xが乙地所有者Yに対し境界確定の訴えを提起した場合において、Xが乙地のうち第一審が認定した境界線の全部に接続する部分を時効取得した場合においても、XとYは境界に争いのある隣接土地の所有者同士という関係にあることに変わりはなく、時効取得した部分につき分筆登記をする前提としても両地の境界を確定する必要があるから、Xは本訴の原告適格を失わない。（最判平7・3・7民集四九・三・九一九、重判平7民訴三）

㉙　甲地のうち、乙地との境界の全部に接続する部分がYに譲渡されていた場合につき、前出㉘と同旨（最判平11・2・26判時一六七四・七五）

㉚　公簿上相隣接する二筆の土地の中間に第三者所有の土地が介在する場合には、両地所有者には、両地間の境界確定の訴えにおける当事者適格がない。（最判昭59・2・16判時一一〇九・九〇）

㉛　共有者による境界確定の訴え（最判昭46・12・9民集二五・九・一四五七、民訴百選Ⅱ[補正]一六二）↓四〇条④、民二四九条⑪

八　本訴の提起と取得時効の完成猶予【中断】

㉜　原告主張の境界線を越えて被告が侵入していると主張して境界確定の訴えが提起された場合には、右訴えは越境部分を占有する被告の所有権の取得時効の進行を中断する［完成猶予させる］。（大判昭15・7・10民集一九・一二六五）

㉝　一般には隣接地の一方の所有者Xが境界確定の訴えを提起することにより、他方の所有者Yが越境して占有する部分の所有権の取得時効は中断［完成猶予］されるが（前出㉜）、Xが境界確定の訴えとともに土地所有権に基づいてYに対して右占有部分の明渡しを求める訴えを提起し、これが併合審理され、判決において、右占有部分についてのXの所有権が否定され、明渡請求が棄却されたときは、たとえ、これと同時にXの主張する通りに土地の境界が確定されたとしても、境界確定訴訟提起による取得時効の中断の効力は右占有部分については生じないものと解するのが相当である。（最判平元・3・28判時一三九三・九一……Yからの、取得時効完成を理由とする移転登記請求の後訴を認容）

ニ　当事者の申立ての拘束力↓二四六条⑰

ホ　境界に関する合意の効力

㉞　〈相隣する甲乙地の所有者が両地間に存在する排水溝の中央線を境界とする合意をした場合〉相隣地間において境界を定めた事実があっても、これによって土地の境界自体は変動しないと解すべきであるから、右合意の事実を境界確定の一資料とすることはできるが、これのみにより境界を確定することは許されない。（最判昭42・12・26民集二一・一〇・二六二七）↓民◆【境界確定】［二三八条の後］⑦

2　共有物分割の訴え↓二四六条⑱

ヘ　不利益変更禁止原則との関係↓三〇四条⑥

㉟　①　共有物について、遺産分割前の遺産共有の状態にある共有持分（これを「遺産共有持分」といい、これを有する者を「遺産共有持分権者」という）と他の共有持分とが併存する場合、遺産共有持分権者を含む共有者が遺産共有持分と他の共有持分との間の共有関係の解消のために採るべき裁判手続は、民法二五八条に基づく共有物分割訴訟であり、共有物分割の判決によって遺産共有持分権者に分与された財産は遺産分割の対象となり、この財産の共有関係の解消については同法九〇七条に基づく遺産分割によるべきである。

②　遺産共有持分と他の共有持分とが併存する共有物について、遺産共有持分を他の共有持分を有する者に取得させ、その者に遺産共有持分の価格を賠償させる方法による分割の判決がされた場合には、遺産共有持分権者に支払われる賠償金は、遺産分割によりその帰属が確定されるべきものであるから、賠償金の支払を受けた遺産共有持分権者は、これをその時点で確定的に取得するものではなく、遺産分割がされるまでの間これを保管する義務を負うというべきである。

③　この場合には裁判所は、その判決において、各遺産共有持分権者において遺産分割がされるまで保管すべき賠償金の範囲を定めた上で、遺産共有持分を取得する者に対し、各遺産共有持分権者にその保管すべき範囲に応じた額の賠償金を支払うことを命ずることができる。（最判平25・11・29民集六七・八・一七三六、重判平25民訴一二）↓民二五八条の二③・九〇七条⑨

（**訴え提起の方式**）

第一三四条①　訴えの提起は、訴状を裁判所に提出してしなければならない。

②　訴状には、次に掲げる事項を記載しなければならない。

一　当事者及び法定代理人

二　請求の趣旨及び原因

SS❶【電子情報処理組織による申立て】↓一三二の一〇【簡易裁判所の起訴の特則】↓二七一・二七三【訴訟中の訴え等の提起】↓一四三②・一四四・一四五④・一四六④、犯罪被害保護二三【訴えの提起とみなされる場合】↓二七五②・三九五、犯罪被害保護三三【訴状の送達】↓一三八【起訴に基づく時効の完成猶予】↓四九・一四七・三五五②、民一四七・一五三　❷【訴状の記載事項・添付書類】↓民訴規五三―五五【手形・小切手訴訟による審理判決を求める申述の記載】↓三五〇・三六七【手形訴訟における手形の写しの添付】↓民訴規五五①[三]【再審の訴状の記載事項】↓三四三　【二】【法定代理人】↓二八・三五・三七【法定代理人による訴訟行為】↓三一・三二【請求の趣旨・原因の変更】↓一四三【請求の原因の別な用例】↓二四五　＋【手数料の額】↓民訴費別表第一〈一の項〉【訴状審査権】↓一三七【行政事件訴訟における被告の変更】↓行訴一五

一　訴訟物↓一一四条⑫・二四六条⑦〜⑦

二　請求の特定

1　抽象的作為・不作為を求める給付の訴え

イ　肯定例

⑦　「Y（国）は、Xらのために、米国軍隊をして、毎夜九時から翌朝七時まで本件飛行場を一切の航空機の離発着に使用させてはならず、かつ、Xらの居住地において五五ホン以上の騒音となるエンジンテスト音、航空機誘導音を発する行為をさせてはならない」との請求の趣旨は、請求の特定に欠けるものではない。（最判平5・2・25判時一四五六・五三〈横田基地訴訟〉民訴百選[三版]三九……原審が給付の具体的内容の明確性を欠き不適法として控訴を棄却したことは、理由において誤りがあり、Yの支配の及ばない第三者の行為の差止めを請求する本訴は、本来主張自体失当として棄却さるべきだが、それでは不利益変更禁止原則に抵触することとなるので、原判決は結局において相当とした例）

②　いわゆる抽象的不作為判決（騒音及び振動の差止め）は間接強制の方法により執行し得るから、かかる判決を求める申立ても適法であり、代替執行が可能であるように請求を構成

しなければ訴訟上の請求として特定しないとはいえない。〈名古屋高判昭60・4・12下民三四・一～四・四六一〈名古屋新幹線訴訟〉民訴百選[五版]三二〉↓憲一三条[40]、行訴一条[15]、民執一七二条[1]

[3]「被告（国鉄）の管理に係る鉄道について、各列車の客車のうち半数以上を禁煙車とせよ」という原告の請求は、履行方法ないし履行手段が明らかでないために被告においてその履行をすることが困難であるとはいえず、執行裁判所が民執法一七二条による金銭の支払を命ずるに当たって当該作為義務の履行状況を判断するにつき何らの支障がない程度に特定されているから、原告の右請求は請求の特定に欠けるところはない。（東京地判昭62・3・27判時一二二六・三三、重判昭62憲一）

[4]〈Xらが福島第一原発の事故によりXら所有の田畑が放射性物質により汚染されたとして客土工を求める事案において〉土地の表面から三〇cm以上の土壌を取り除き、その部分に厚さ一〇cmの耕盤層を造成・整地し、その上に厚さ二〇cm以上の客土・整地（ただし、客土は、一定の物理的・化学的性質を備え、一定の放射性物質含有率未満のもの）を行うように求める請求は特定されている。客土工は土壌改良や汚染土壌の復元などに際して現実に広く行われている農業土木工事であり、Yにおいて作為の内容が明らかではないとはいえないからである。（仙台高判平30・3・22判時二三九七・四四①）

ロ 否定例

[5] 原告らの本件差止請求は、被告国、同公団は、本件各道路を走行の用に供することにより、被告各企業は各事業所において操業することにより、原告らの居住地において一定の数値を超えることとなる汚染物質を排出してはならないというものである。しかし、原告らが求める結果を実現させるための手段としては多数の方法が考えられるところ、右原告らの請求では、被告らにおいていかなる行為をなすべきか明確でなく、被告らが履行すべき義務の内容が特定されているとはいえない（不適法却下）。（大阪地判平3・3・29判時一三八三・二二、環境百選[三版]一〇）

[6]〈福島県等に居住するXらが福島第一原発の事故によりXらの事故当時の居住地が放射性物質により汚染されたとして原状回復等を求めた事案において〉Xらの旧居住地における空間放射線量率を本件事故前の値である毎時〇・〇四マイクロシーベルト以下にすることを求める請求は、Yらにおいてなすべき除染等の作為の内容が特定されていないから、請求の特定性を欠き、不適法である。（福島地判平29・10・10判時二三五六・三）

2 損害賠償請求訴訟における金額の表示

[7] 訴状には請求の趣旨を記載しなければならず、訴訟物が金銭債権であれば、その金額を一定して明確にすべきである。このことは給付の訴えであると確認の訴えであると同様である。（最判昭27・12・25民集六・一二・一二八二、民訴百選[二版]四三……弁護士登録を拒否された者による弁護士会を相手とする損害賠償請求権確認請求）

三 当事者の特定

[8]〈海外商品先物取引を業とする会社との取引で損害を被ったと主張する原告が、会社、その代表取締役及び原告に取引を勧誘した同社の（元）従業員に対して損害賠償を請求した例〉被告の氏名は通称、芸名などで足り、その（旧）就業場所は自然人の職業生活上の本拠として当該自然人との結び付きの強い場所であるから、訴状の被告欄に、会社の住所地である（旧）就業場所と、取引当時に名乗った氏名（丙川二郎、丁谷三郎）が記載され、請求の原因欄に、丙川二郎は同社の（元）従業員として、丁谷三郎は同社の「営業部課長」の肩書で、原告との本件取引に具体的に関与した者であるとして、取引における彼らの言動が具体的に記載されている本件においては、氏名と（旧）就業場所により被告としての特定はなされている。（東京高判平21・12・25判タ一三二九・二六三）

第一三四条の二（証書真否確認の訴え）

確認の訴えは、法律関係を証する書面の成立の真否を確定するためにも提起することができる。

⊗+【文書の真否の証明責任↓二二八】

一 確認の訴え（確認の利益）

1 確認の対象

イ 過去の法律関係

a 国籍訴訟

[1] 日本人を父として米国に生まれ両国の国籍を有していた原告につき、父が無断で日本国籍離脱の届出をしたとしても、それは無効であって、原告は生まれながらの日本国籍を保有するものであるが、原告の戸籍簿には現に右国籍の離脱並びに回復の記載があり、それを訂正するには戸籍法一一六条により確定判決を必要とするから、出生による日本の国籍を現に有することの確認を求めることは適法である。（最大判昭32・7・20民集一一・七・一三一四、民訴百選I[補正]六〇……「出生による」の部分は過去の事実関係の確定であるとする真野裁判官の反対意見がある）

b 売買契約無効確認

[2] 売買契約の無効確認は過去の法律関係の確認であるから即時確定の利益があるとはいえず、売買契約の無効の結果生ずべき現在の権利又は法律関係について直接に確認を求めるべきである。（最判昭41・4・12民集二〇・四・五六〇、民訴百選II[補正]一一七……売買契約を有効として請求棄却とした原判決を破棄し、請求の趣旨につき釈明すべしとして差戻し）

c 身分行為の無効確認

[3] 戸籍簿上協議離婚した旨記載されているがその離婚が無効である場合に、右記載を抹消するための協議離婚無効確認の訴えは確認の利益があり、それは、改めて裁判上の離婚を求めるという原告の意思の有無を問わない。（最判昭31・6・26民集一〇・六・七四八）

[4] 戸籍上離縁の記載がされている養子縁組の当事者の一方は、右戸籍の記載が真実と異なる場合には、離縁無効を確認する確定判決を得て戸籍法一一六条により右戸籍の記載を訂正する利益があるというべきであり、当該離縁無効確認の訴えにおいて、相手方からそもそも縁組が無効であるとの主張がされ、仮にこの主張が認められる場合であっても、離縁無効確認の訴えの利益は失われない。（最判昭62・7・17民集四一・五・一三八一、民訴百選[三版]A12）

d 遺言無効確認

[5] 遺言無効確認の訴えは、形式上過去の法律行為の確認を求めるものであるが、そこから生ずべき現在の特定の法律関係の不存在の確認を求めるものと解される場合で原告がかかる確認を求めるにつき法律上の利益を有するときは、適法である。けだしあえて現在の個別的法律関係に還元して表現するまでもなく審理判断の対象は明確であり、かつ、遺言の有効無効を判示することにより確認訴訟の持つ紛争解決機能が果たされるからである。（最判昭47・2・15民集二六・一・三〇、民訴百選[五版]二三）

e 医療法人社員総会決議不存在確認

[6]〈被告医療法人の社員総会の議事録に記載されている決議（社員の入社承認、理事選任、分院開設）の不存在確認につき、原審は、具体的な紛争の発生の主張立証がないとして、確認の利益を否定〉社員総会議事録に決議成立の記載がある以上、登記事項か否かにかかわらずその存在の外形は存在し、入社承認決議により原告は議決権割合が低下する不利益を被り、理事の選任、分院の開設は被告の運営の根幹に関わる重要事項であり、社員はその適正確保につき法律上の利益を有するから、これら決議の不存在確認は原告のこうした利益が害される危険の除去のため必要、適切である。（最判平16・12・24判時一八九〇・四六）

f　学校法人理事会決議無効確認

[7] 確認の訴えにおいては、通常は紛争の直接の対象である現在の法律関係を確定することが紛争の直接かつ抜本的な解決のために最も適切かつ必要な場合には、現在のものであれ過去のものであれ、基本的な法律関係の確認を求める訴えも許される。私立学校法は商法二五二条［会社八三〇条］を準用していないが、学校法人の理事会又は評議員会の決議の効力についても同様である。（最判昭47・11・9民集二六・九・一五一三、民訴百選[五版]A10……その後新たな決議が有効になされたことにより、確認の利益なし等の理由で結局訴え却下）

g　特別受益財産

[8] ある財産が特別受益財産であることの確認を求める訴えは、確認の利益を欠く。それに該当するからといって、遺贈又は贈与を受けた共同相続人に当該財産の持ち戻し義務が発生したり、当該財産が相続財産に包含されることとなるわけでもないし、また、遺産分割家事審判、遺留分減殺請求訴訟等の手続を離れてその点のみを別個独立に判決をもって確認する必要もないからである。（最判平7・3・7民集四九・三・八九三、重判平7民訴一）

h　具体的相続分の存否確認

[9] 民法九〇三条一項の定める具体的相続分は、遺産分割手続における分配の前提となる計算上の価額又はその価額の遺産総額に対する割合を意味するにとどまり、遺産分割審判における遺産の分割、遺留分減殺請求訴訟における遺留分の確定のための前提問題にすぎないから、かかる事件を離れて、具体的相続分の価額又はその価額の割合の確認を求める訴えは、確認の利益を欠く。（最判平12・2・24民集五四・二・五二三、民訴百選[五版]二五）

i　法定相続分割合の確認

[10] 法定相続分は、具体的相続分とは異なり、実体法上の権利といえるから、その点に争いがあれば確認の利益を認めることができる。（東京地判平28・8・16判時二三二七・五〇……韓国籍の被相続人にかかる原告らの韓国民法による法定相続分の割合を確認）

ロ　積極的確認・消極的確認

a　債務不存在確認訴訟

[11] 保険会社が、生命保険契約の被保険者の死因が自殺であるため免責条項により保険金支払義務は発生しないと主張して、保険金受取人に対し提起した債務不存在確認の訴えの係属中に、被告が保険金支払を求める反訴を提起した場合には、本訴は確認の利益を欠き不適法として却下を免れない。（最判平16・3・25民集五八・三・七五三、民訴百選[五版]二九……反訴請求が棄却されたため、本訴の訴訟費用も民訴法六二条により被告（保険金請求者）の負担とした）

b　抵当権不存在確認の訴え

[12] 当事者間に所有権の帰属につき争いがある場合、被告の所有権の不存在の確認は当然には原告の所有権の確認を意味しないから、原告は自己の所有権の確認を求めるべきであって、そのことは第二順位の抵当権者として登記されている者が第一順位と登記されている者の抵当権が消滅したとして争う場合も同様である。（大判昭8・11・7民集一二・二六九一……相手方が抵当権の実行をしている事例）

c　商標権不存在確認

[13] 原告名義と被告名義で共に「三羽鶴」という文字のタオルを指定商品とする商標が登録されている場合には、両者は別個独立の権利と解すべきであるから、自己の商標権の存在確認のみならず本件のように相手方の商標権が権利として存在しないことの確認を求めることにも正当の利益がある。（最判昭39・11・26民集一八・九・一九九二、民訴百選Ⅰ[補正]六二……両者は排他的関係にあるから確認の利益を欠くとする松田裁判官の少数意見がある）

八　その他

a　遺産確認

[14] ある財産が遺産に属することの確認の訴えは、当該財産が現に共同相続人の共有関係にあり、遺産分割の対象であることを既判力をもって確定し、それに続く遺産分割審判手続及びその審判確定後にその遺産帰属性を争わせないとするものであって、この点に関する争いに決着をつけようとする原告の意思にかなった紛争の解決を図ることができるから、かかる訴えは適法である。（最判昭61・3・13民集四〇・二・三八九、民訴百選[五版]二四）↓四〇条[7]

[15] 郵便貯金法は定額郵便貯金につき一定の据置期間を定め分割払戻しをしない旨の条件を定めているから、同貯金債権はその預金者の死亡により当然に共同相続人間で分割されることはなく、その最終的な帰属は遺産分割手続において決せられるから、同債権が遺産に帰属するか否かにつき争いがある限り、遺産確認の利益が認められる。（最判平22・10・8民集六四・七・一七一九）↓民八九九条[5]

[16] 〈一一四条[17]の事案で、前訴判決確定後、本件土地の遺産分割調停においてYが本件土地の所有権を主張したため、Xと残りの相続人が、Yに対し、本件土地が亡Aの遺産に属することの確認を請求。Yは、遺産確認は、本件土地が共同相続人間の遺産分割前の共有関係にあることの確認を求めるものであるが、本件土地の所有権を前訴確定判決により否定されて共有持分権を主張することが許されないXは、遺産分割前の共有関係から離脱した者として、遺産確認を求める利益ないし原告適格を欠くと主張〉前訴確定判決は、XY間においてXの本件土地についての所有権不存在を既判力をもって確定するにとどまり、Xの相続人たる地位や本件土地の遺産帰属性まで否定するものではないから、遺産確認の訴えが特定の財産の遺産帰属性を共同相続人間において合一に確定するための訴えであることに照らし、Xは前訴確定判決にかかわらず、本件土地の遺産帰属性につき合一確定を求める利益及び原告適格を有する。（最判平9・3・14判時一六〇〇・八九②、民訴百選[三版]A34）↓一一四条[12]

b　配転無効確認訴訟中の解雇

[17] 労働者が配転無効確認を求めて訴訟遂行中に、使用者が労働者を解雇した場合には、労働者は訴えの追加的変更によりその雇用契約上の地位の確認を求める訴えを提起してその地位を法律上確定しておくことが紛争解決の点から望ましいが、これをしなかったからといって配転無効確認の訴えの利益が無くなるわけではない。ただ、この場合にも、裁判所は労働者が雇用契約上の地位を有するか否かにつきまず審理判断せざるを得ず、その結果、もし雇用契約上の地位を有するのであれば、進んで配転無効確認の訴えについて判断すべきであり、もしその地位を失ったのであれば、そのことの故をもって配転無効確認の訴えを却下すべきである。（最判平3・2・5判時一三九〇・一三五）

c　株主総会決議不存在確認

[18] 取締役・監査役選任決議不存在確認の訴えの係属中に後の株主総会が適法に行われ新たに取締役等が選任されたときは、特段の事情がない限り、先の決議不存在確認の訴えの利益は消滅する。しかし先行決議が真に不存在であるならば、この瑕疵［かし］は後行決議にも引き継がれ、後行決議の存否を決するには先行決議の存否が不可欠の先決問題となる関係にあるから、先行決議の不存在確認と後行決議不存在確認とが併合されているときは、民訴法一四五条一項の法意に照らし、前者についても既判力ある判断を行うことが紛争の根絶に適切であり、先行決議不存在確認の利益が認められる。（最判平11・3・25民集五三・三・五八〇、重判平11商二）↓◆【訴え】［一三四条の前］[19]、会社八三〇条[5]

[19] 取締役の解任及び新取締役の選任決議の不存在確認の訴えが解任された取締役により提起され、当該訴訟の係属中に会社につき破産手続開始決定があった場合、役員の選任・解任のような破産財団と無関係な会社組織に係る行為は、破産管

財人の権限に属さず、破産者たる会社が自ら行うことができるから、破産手続開始当時の取締役はその地位を失わず、本訴の訴えの利益は消滅しない。（最判平21・4・17判時二〇四四・七四、倒産百選［六版］一四……解任決議の不存在が確定すれば、解任された取締役は元の地位に復帰することを前提）→破四四条②、会社三三〇条③・八三〇条⑥

d 非嫡出子による父子関係存在確認の訴え

[20] 〈死後認知の訴えの出訴期間経過後の訴え。非嫡出父子間には認知がない限り法律関係は生じないから、本件訴えは自然血縁的父子関係の存在という単なる事実の確認を求めるもので、しかも死後認知の出訴期間を限定した民法七八七条の趣旨を没却するものとなるから、不適法であるとした原判決に対する上告〉嫡出でない子と父との間の法律上の親子関係は認知によって初めて生じるものであるから、嫡出でない子が認知によらないで父子関係存在確認の訴えを提起することはできない。（最判平2・7・19家月四三・四・三三、家族百選［六版］二四）

e 宗教法人代表社員たる地位の不存在確認

[21] Y_1寺住職となる権利を有し、したがって住職をもって代表社員に充てる規定により宗教法人Y_1寺代表社員となる権利を有すると主張するXが、住職資格を喪失したY_2がY_1代表社員たる地位を僭称［せんしょう］し右権利を侵害しているとして提起したY_2のY_1代表社員たる地位不存在確認の訴えは、それが確定されてもXのY_1寺住職となる権利及び宗教法人Y_1代表社員となる権利が確定される訳ではないから、それによって当事者間に存在する紛争を有効適切に解決することができない法律関係の確認を対象とするもので不適法である。（最判平2・10・29判時一三六六・四六）

f 価額弁償額の確定

[22] 遺留分減殺請求を受けた受遺者が、民法一〇四一条［平成三〇法七二により削除］所定の価額弁償をする旨意思表示をしたが、遺留分権利者からいまだ価額弁償請求をされていない段階において、当事者間に弁償すべき額に争いがあり、受遺者が、判決により額が確定されれば直ちに支払う意思がある旨を表明して、弁償すべき額の確定を求めて訴えを提起したときは、受遺者にその価額を弁償する能力がないなどの特段の事情がない限り、確認の利益がある。〔平成三〇法七二による民法改正前の事案〕（最判平21・12・18民集六三・一〇・二九〇〇、重判平22民訴一）→民一〇四六条⑮

2 確認訴訟の正当な当事者

イ 法人の内部紛争

a 原告適格

[23] 株式を相続した共同相続人は、商法二〇三条二項［会社一〇六条］により、株主権の行使者を指定し会社に通知する手続を履践しないときは、特段の事情のない限り、株主総会決議不存在確認の訴えの原告適格を欠くのが原則であるが、右株式が会社の発行済株式の全部に相当し、共同相続人のうちの一人を取締役に選任する株主総会決議があったとしてその登記がなされている事情の下において、当該決議の不存在確認を求める場合においては、特段の事情により、右手続の履践がなくとも他の相続人に原告適格を認めるべきである。商法二〇三条二項は会社の事務処理上の便宜を図るものであるところ、被告会社は、本案において、右手続の履践に基づき権利行使者に対し適法な招集手続があったことを前提として決議の有効な存在を主張すべき立場にありながら、本案前の抗弁において、右手続の履践の欠缺［けんけつ］を主張して原告適格を争うことは、決議の瑕疵を自認するに等しく、また、右規定の趣旨を同一訴訟手続内で恣意的に使い分けるものとして訴訟上の防御権の濫用、信義則違反に当たる。（最判平2・12・4民集四四・九・一一六五、会社法百選［四版］九）→会社一〇六条⑦⑧

[24] 被告補助参加人Zが被告宗教法人Y神社の代表役員でないことの確認を求める訴えの原告適格は、組織上Yの代表役員の任免に関与するなど代表役員の地位に影響を及ぼす立場にあるか、自らが代表役員によって任免される立場にあるなど、代表役員の地位につき法律上の利害関係を有する者に認められるべきである。宗教法人法及びYの規則によれば、責任役員ないし氏子総代の地位にあるX_1は、代表役員の地位に影響を及ぼす立場にあり、原告適格が認められるが、単なるYの信者にすぎない氏子X_2は、責任役員又は氏子総代に選任される可能性があるというにすぎず、Yの機関でもなくまた代表役員によって任免される立場にもないから、原告適格は認められない。（最判平7・2・21民集四九・二・二三一、民訴百選［五版］一四）

b 被告適格

[25] A合資会社の社員Xが、A会社を被告とせず他の社員Yのみを被告として、YがA会社の無限責任社員でないこと並びにA会社から利益分配を受ける権利、退社のとき持分払戻しを受ける権利及び解散のとき残余財産の分配を受ける権利を有しないことの確認を求める訴えは、これが確定してもA会社には判決の効力が及ばないから、不適法である。（最判昭42・2・10民集二一・一・一一二、続民訴百選一四）

[26] 本件訴えは、宗教法人A寺の元住職X（一旦辞意を表明）が、Aの包括宗教法人Y_1宗派及び後任の住職Y_2を被告として、XがA法人の代表役員及び責任役員の地位にあることの確認を求める訴えであるが、このように、法人を当事者とすることなく、当該法人の理事者たる地位の確認を求める訴えを提起することは、たとえ請求を認容する判決が得られても、その効力が当該法人に及ばず、同法人との間では何人も右判決に反する法律関係を主張することを妨げられないから、右理事者の地位をめぐる関係当事者間の紛争を根本的に解決する手段として有効適切な方法とは認められず、訴えは不適法である。（最判昭44・7・10民集二三・八・一四二三、民訴百選［五版］一五）

ロ 身分関係訴訟

a 原告適格

[27] 戸籍上Aの子として記載された亡Cの子Xが原告となり、Y_1及びAの成年後見人であるY_2を被告として、Y_1をAの養子とする養子縁組の無効確認を求めた訴えにおいて、Y_1らが、CはAが捨て子をもらい受けその実子として届け出たものであり、真実Aの子ではないから確認の利益がないと主張した場合、裁判所は、この主張を権利濫用として排斥することは許されず、職権調査事項として、AC間の親子関係の存在を審理することを要し、これが否定されるときは、原則として確認の利益は否定されるが、Y_1らがXに対し親子関係不存在確認の訴えを提起したとすれば権利の濫用として請求が棄却される事情が存在する場合は、その判決の対世効を受けるはずのXが本訴においてAのした養子縁組の無効を主張できないという不合理を避けるため、例外的に、確認の利益を認めるべきである。（東京高判平20・11・26判タ一二九〇・一九四）

b 被告適格

[28] 親子関係は、父母の両者又は子のいずれか一方が死亡した後でも、生存する者にとって身分関係の基本となる法律関係であるから、戸籍の訂正等現在の法律上の紛争の解決のために確認を求める必要がある場合がある。その場合には人事訴訟手続法二条三項［現・人事訴訟法一二条三項］を類推し、死亡した相手の代わりに検察官を被告とすべきである。（最大判昭45・7・15民集二四・七・八六一、民訴百選［五版］A9……大隅裁判官の補足意見及び松田ほか四裁判官の反対意見がある）→民◆【I 親子関係存否確認の訴え】［七七二条の前］①

[29] 第三者が親子関係存否確認の訴えを提起する場合、親子のうちの一方のみが死亡し他方が生存しているときは、第三者は生存している者のみを被告とすれば足り、死亡した者につき検察官を被告に加える必要はない。（最判昭56・10・1民集三五・七・一一一三、家族百選［六版］二三）→民◆【I 親子関係存否確認の訴え】［七七二条の前］②

[30] 認知者の死亡後においても、被認知者は、真実に反する認

知から生じた法律効果につき現存する法律上の紛争解決のために親子関係が存在しないことを確定する利益を有するから、人事訴訟手続法二条三項［現・人事訴訟法一二条三項］の類推適用により検察官を被告として認知無効の訴えを提起することができる。（最判元・4・6民集四三・四・一九三、民百選Ⅲ[二版]三七）

八　入会団体の原告適格

[31] 村落住民が入会団体を形成し、それが権利能力なき社団に当たる場合には、構成員全員の総有に属する入会地につきそれを争う者がいるときは、この者を被告とする総有権確認請求訴訟につき、当該入会団体に原告適格を認めることは、入会紛争を複雑化、長期化させることなく解決するために適切であるが、右入会団体の代表者が団体を代表して総有権確認請求訴訟を追行するには、右訴訟における団体敗訴判決の効力が構成員に及び事実上構成員全員から総有権を喪失させる結果をもたらすことに鑑み、当該団体の規約上当該不動産の処分につき要求される総会決議等の手続による授権が必要であると解すべきである。（最判平6・5・31民集四八・四・一〇六五、民訴百選[五版]一一）

二　その他

[32] 〈原告宗教法人が、登記記録はあるが表題部所有者登記も所有権登記もない係争地につき、かつてこれを所有したことのある国を被告として、昭和三〇年五月二六日から二〇年間これを占有したことによりその所有権を時効取得したと主張し、所有権確認を求めた事案〉被告は係争地が自己の所有に属しないことを認めており、係争地が原告の占有開始よりはるか以前に民有地に編入された経緯がある以上、従前の所有者が不明であれ、係争地が民有地であることに変わりはなく、本訴は確認の利益がない。（最判平23・6・3判時二一二三・四一……本訴により確認判決を得ないと所有名義を取得する方法がないとの主張につき、時効取得の情報を登記所に提供して自己を表題部所有者とする登記申請をした後、係争地の所有権保存登記をする方法があると判示）

3　即時確定の現実的必要

イ　被告による原告の権利の否認

[33] 自己の権利の確認を求める法律上の利益ありといえるためには、被告が当該権利は被告自身に帰属すると主張するか否かを問わず、原告の権利者としての地位に危険、不安定等何らかの不利益を及ぼすおそれが現に存すれば足りる。被告が有限会社の持分権を原告から取得し相被告に譲渡したと主張しており、社員名簿にも右のよう記載されている場合には、右の者を被告として持分を確定する利益がある。（最判昭35・3・11民集一四・三・四一八）↓会社二編二章一節[5]

ロ　当事者の有する利益の具体性

a　補償義務履行による損害の発生

[34] 〈特許権の通常実施権者Xの製造販売した機械装置を使用してAが製品を製造しており、その機械装置の使用に関して第三者からの特許権の行使によりAが損害を被った場合にはXがその損害を補償する旨のXA間の合意があり、特許権者YがAに対して特許権侵害を理由とする損害賠償請求訴訟を米国で提起して第一審においてYが勝訴していた事案において〉Xが、Yに対して、YのAに対する特許権侵害を理由とする不法行為に基づく損害賠償請求権の不存在確認を求める訴えは、確認の利益を欠く。本訴の請求認容判決の効力はYA間に及ばないし、Yの損害賠償請求権行使によりAが被った損害をXがAに補償した額についてXがYに対し許諾に係る契約の債務不履行に基づく損害賠償請求をすることがあるとしても、実際にAへの補償によってXに損害が発生するかは不確実であり、現実に損害がXに発生したときにXはYに損害賠償請求訴訟を提起できるので、確認判決を得ることがXの権利又は法的地位への危険又は不安を除去するために必要かつ適切であるとはいえないからである。（最判令2・9・7民集七四・六・一五五九、重判令2民訴一）

b　確認対象である身分関係当事者の親族・血縁者

[35] 〈養親亡A亡Bと養子Y_1Y_2との間の養子縁組が無効であるとして、Y_1Y_2を被告とする養子縁組無効確認請求。原告Xは亡Bの伯従母（五親等血族）、Y_1の従兄弟（四親等血族）〉養子縁組無効の訴えは縁組当事者以外の者もこれを提起することができるが、当該養子縁組が無効であることにより自己の身分関係に関する地位に直接影響を受けることのない者は右訴えにつき法律上の利益を有しない。（最判昭63・3・1民集四二・三・一五七、重判昭63民訴二）↓[37]、民八〇二条[11]

[36] 〈Aは夫Y_1と別居後に親しくなったXの子Y_2を出産したが、戸籍上Y_2はY_1Aの嫡出子として届け出られた。Y_1Aの協議離婚成立後、XはY_2を認知する前提としてY_1Y_2間の父子関係不存在確認の訴えを提起したが、第一審係属中にY_2をBC夫婦の特別養子とする家事審判が確定した。第一審でXが勝訴したが、控訴審は、特別養子縁組の審判確定後は民法八一七条の九の趣旨に照らし生理上の父の認知権は失われるとして、Xの確認の利益を否定〉生理上の父が戸籍上の父と子との間の親子関係不存在確認を求める利益は、子を第三者の特別養子とする審判の確定後は原則として消滅するが、右審判に準再審事由があるときは、将来子の認知が可能になるから確認の利益は消滅しない。本訴が提起されているにもかかわらず、その帰趨の定まる前に家事審判官が特別養子縁組を許可したことは、Xの認知権限を不当に奪うものであり、著しく手続的正義に反するから、本件審判には準再審事由がある。（最判平7・7・14民集四九・七・二六七四、民百選Ⅲ[二版]四二）

c　特別縁故者たり得る可能性

[37] 養子縁組が無効であることにより自己の身分関係に関する地位に直接影響を受けることのない者には右縁組無効の確認を求める利益はない。自己の財産上の権利義務に影響を受けるにすぎない者は、その限りで縁組の無効を主張すれば足り、届出に係る身分関係の不存在を対世的に確認することに利害関係を有するものではないからである。（最判昭63・3・1前出[35]……原告は、縁組が無効であれば特別縁故者として養父の相続財産の分与を受ける可能性のある遠縁の親戚である）↓民八〇二条[11]

[38] X_1X_2（被相続人の従兄弟とその妻）が被相続人の特別縁故者となる可能性があるとしても、特別縁故者として相続財産の分与を受ける権利は、家事審判により形成されるものであり、審判前にX_1らが相続財産に対し私法上の権利を有するものではないから、X_1らには、遺産の全部をY_1Y_2（被相続人の従兄弟であるX_1の兄とその妻）に遺贈する旨の被相続人の遺言の無効確認を求める利益はない。（最判平6・10・13家月四七・九・五二）

d　推定相続人の地位

[39] 推定相続人は、単に、被相続人の権利義務を包括的に承継すべき期待権を有するだけであって、被相続人の個々の財産に対し権利を有するものではないから、たとえ被相続人所有の不動産につき仮装売買がなされたとしても、推定相続人の権利に危険が生じているとはいえず、推定相続人の提起した右売買の無効確認の訴えは不適法である。（最判昭30・12・26民集九・一四・二〇八二、民訴百選Ⅰ[補正]六〔三〕）↓民八八二条[2]

e　相続財産全部の包括遺贈の受遺者

[40] 〈亡Aから相続財産全部の包括遺贈を受けたものの、亡Aとは親族関係がなく、Yの義兄（二親等姻族）であるXが、養親亡Aと養子Yとの間の養子縁組の無効確認を求めた事案において〉養親の相続財産全部の包括遺贈を受けた者は、養子から遺留分減殺請求を受けたとしても、当該養子縁組が無効であることにより自己の財産上の権利義務に影響を受けるにすぎず、養子縁組の無効の訴えにつき法律上の利益を有するとはいえない。（最判平31・3・5判時二四二一・二一、重判令元民訴二）↓[35]、民九九〇条[1]

f　生前の遺言無効確認

[41] 遺言者は、いつでも既になした遺言を任意に取り消し得る

から、遺言者生存中受遺者には期待権を含む何らの権利も存在せず、遺言者がその生前に提起した遺言無効確認の訴えは不適法である。（最判昭31・10・4民集一〇・一〇・一二二九、家族百選[二版]一一九）↓民九八五条[7]

[42] 遺言者が心神喪失の常況にあって、回復する見込みがなく、遺言者による当該遺言の取消し又は変更の可能性が事実上ない状態にあるとしても、遺贈を内容とする遺言無効確認につき、前出[41]と同旨（最判平11・6・11家月五二・一・八一、民訴百選[五版]二六）

g　財産分与対象財産の確認

[43] 夫婦の一方は、夫婦の他方が所有する財産について、協議あるいは審判等によって財産分与請求権の具体的内容が形成される前の段階において、財産分与対象財産であることの確認を求めることはできず、このような確認を求める訴えは確認の利益（権利保護の利益）を欠き、不適法である。（大阪地判令2・3・24判タ一四八五・二〇七）

h　賃貸借継続中の敷金返還請求権の存否確認

[44] 敷金返還請求権は、賃貸借終了後、建物明渡しの時までに生じた被担保債権を控除して残額があることを条件として、その残額につき発生するものであり、契約終了前においても条件付権利として存在するから、確認の対象としての適格を欠くものではなく、賃貸人において敷金交付の事実を争い返還義務を負わないと主張している以上、契約当事者間で右条件付権利の存否を確認すれば、賃借人の法律上の地位につき現存する不安危険は除去されるから、即時確定の利益が認められる。（最判平11・1・21民集五三・一・一、民訴百選[五版]二七）

i　弁護士会照会に対する報告義務

[45] 弁護士法二三条の二第二項に基づく照会の制度は、弁護士会に照会の相手方に対して報告を求める私法上の権利を付与したものとはいえず、報告の拒絶は弁護士会の法律上保護される利益を侵害するものとして弁護士会に対する不法行為を構成することはないこと、報告の拒絶について制裁の定めがなく、照会の相手方に報告義務があることを確認する判決が確定しても専ら相手方による任意の履行に期待するほかはないことから、同判決の効力は報告義務に関する法律上の紛争の解決に資するものとはいえず、弁護士会が、その相手方に対し、当該照会に対する報告をする義務があることの確認を求める訴えは、確認の利益を欠く。（最判平30・12・21民集七二・六・一三六八、重判令元民訴三）↓民七〇九条[35]

j　その他

[46] 株主であると主張して新株発行不存在確認の訴えを提起した原告が、その会社の株主でないことが別訴において既判力をもって確定されている場合には、原告が本件新株発行につき他に格別の利害関係を有するものとはうかがわれないから、本件新株発行不存在の確認を求める訴えは、その利益がない。（最判平4・10・29判時一四五四・一四六、重判平4商八）↓会社八二九条[3]

二　証書真否確認の訴え

1　法律関係を証する書面

[47] 本条の訴えは、現在の法律関係の存否の確認の訴えの煩を避けるために主要な書証の真否を確定するというものであるから、「法律関係を証する書面」とは、書面自体の内容から直接に一定の現在の法律関係の成立存否が証明され得る書面を指す。（最判昭28・10・15民集七・一〇・一〇八三、民訴百選[初版]七九……郵便に付した信書で過去の事実の報告にすぎない書面の偽造確認を認める訴えは不適法）↓二六七条[14]

2　訴訟代理権を証する書面の確認

[48] 訴訟代理権の有無は、当該訴訟において審判すれば足り、別訴において確認を求める利益はないから、訴訟代理権を証する書面の真否確認を求める訴えは、確認の利益を欠く。（最判昭30・5・20民集九・六・七一八、民訴百選[三版]三五）

（将来の給付の訴え）

第一三五条　将来の給付を求める訴えは、あらかじめその請求をする必要がある場合に限り、提起することができる。

⑱+【将来の給付判決の執行↓民執二七①、三〇①【口頭弁論終結前の損害に対する定期金賠償の確定判決変更の訴えと対比↓一一七

一　将来の損害賠償請求

1　賃料相当損害金等の請求

[1] 将来の損害賠償請求権は、厳密には現存しない請求権であるが、占有（被告による建物占拠）には継続する性質があり、右請求権の発生すべき原因が既に存在しているといえるから、建物明渡しに至るまでの賃料相当損害金を求める訴えは適法である。（立川簡判昭28・2・4判時五・一五）

[2] 土地の共有者が、単独の登記名義を有する他の共有者に対し、土地の賃料のうち共有持分を超える部分を将来にわたって不当利得として返還を請求する場合において、請求権の基礎となるべき事実上・法律上の関係の継続は一応予測されるが、賃料の支払は賃借人の事情に左右されること、事情の変動を主張するために債務者に請求異議の訴えを提起する負担を負わせるのは酷であること等を考慮すると、将来給付の訴えの対象適格を有しない。（最判昭63・3・31判時一二七七・一二二、重判昭63民訴四）

[3] 共有者の一人が五〇台程度の収容力のある駐車場を賃貸して収受する将来の収入のうち、その持分を超える部分につき他の共有者が不当利得返還請求をした事案につき、前出[2]と同旨（最判平24・12・21判時二一七五・二〇、重判平25民訴二……前出[2]も駐車場の賃貸の事案であり、駐車場が常時全部埋まる可能性は低い上、短期間での契約終了又は中途解約もまれではなく、近隣に安い駐車場ができれば客が流れるなど、現在の収入が長期的に継続する蓋然性が低いことが判断の決め手であって、前出[2]の射程は、居住用家屋の賃料や建物敷地の地代など将来にわたり発生する蓋然性の高いものには及ばない、とする補足意見がある）

2　将来発生する公害による損害賠償請求

[4] 将来の給付の訴えが許されるのは、(1)請求権発生の基礎をなす事実上・法律上の関係が存在し、その継続が予測され、(2)右請求権の成否・内容につき債務者に有利な将来における事情の変動があらかじめ明確に予測し得る事由に限られ、(3)しかもこれについて請求異議の訴えによりその発生を証明してのみ強制執行を阻止し得るという負担を債務者に課しても格別不当といえない場合に限られる。同一態様の行為（空港騒音等）の将来にわたる継続が予想されても、損害賠償請求権の成否及び額をあらかじめ一義的に明確に認定できず、事情の変動の立証を債務者の負担に課すことが不当である本件の場合には、不動産の継続的不法占有の場合とは同一に論ずることはできないから、かかる将来の損害賠償請求権は本条の訴えにおける請求権としての適格を有しない。（最大判昭56・12・16民集三五・一〇・一三六九〈大阪国際空港公害訴訟〉民訴百選[五版]二二……反対意見がある）↓◘【民事裁判権の限界】［一編名の後］[18]、憲七六条[18]、行訴一条[12]、民七〇九条[78]

[5] 〈口頭弁論終結日の翌日から判決言渡日までに生ずる損害賠償をも認容した原判決について〉米軍横田基地航空機騒音による周辺住民の精神的及び身体的被害を理由とする損害賠償請求のうち事実審口頭弁論終結日の翌日以降の分は、将来それが成立した時点における事実関係に基づきその成否及び内容を判断すべく、かつ、その成立要件の具備は請求者が立証責任を負うものであって、事情の変動を専ら債務者の立証すべき新たな権利成立阻却事由と捉えてその負担を債務者に課するのは不当であるから、将来給付の訴えを提起することができる請求権としての適格を欠く。原判決中、原審口頭弁論終結日の翌日から原判決言渡日までの損害の賠償を命じた部分は

破棄を免れない。（最判平19・5・29判時一九七八・七、重判平19民訴三）

二 将来の短期賃貸借の終了による明渡請求

⑥ 短期賃貸借の負担付きの土地が競売された場合において、右賃貸借が執行妨害を目的としたものであるときは、期間満了の際にも種々の妨害工作がなされるおそれがあり、他方で買受人の下で右契約が法定更新される余地もないから、買受人は将来の期間満了を原因としてあらかじめ建物収去土地明渡しを求める将来給付の訴えを提起することができる。〔平成一五法一三四による民法三九五条改正前の事案〕（最判平3・9・13判時一四〇五・五一）

三 代償請求

⑦ 株式又は物の給付を求める訴えにおいて、執行不能の場合の履行に代わる損害賠償の請求がなされたときは、裁判所は、本来の給付を命じると同時に、執行不能を条件として事実審口頭弁論終結時の価額の賠償を命じる判決をすることができる。（大判昭15・3・13民集一九・五三〇、民訴百選[初版]二六）

⑧ 〈定款に譲渡制限の定めがある、第三者占有中の株式の贈与を受けた者が、贈与者に対し、⑴会社に対する譲渡承認申請手続、⑵承認を条件とする指図による占有移転、⑶右請求の強制執行が不能となった場合には、株式に代わる金員の支払を請求した事案〉代償請求は本来の給付請求の執行不能を条件とするところ、本件における本来の給付請求は意思表示をすべきことを求める請求であり、そのうち株式譲渡承認申請は判決の確定をもって、会社の取締役会の承認を条件とする指図による占有移転は承認の事実を証する文書の提出に基づく執行文の付与をもって、いずれも完了し、しかも右の承認を得られない場合は代償請求の条件たる執行不能に該当しないのであるから、本件における本来の給付請求の強制執行自体が不能になることはあり得ない。したがって条件成就の可能性がない本件代償請求は、あらかじめ請求する必要がない。（最判昭63・10・21判時一三一一・六八、重判昭63民訴五）

四 保険金請求

⑨ 自動車保険普通保険約款に基づく被保険者の保険金請求権は、加害者と被害者との間の損害賠償額が判決等により確定したことを停止条件として、保険事故発生と同時に発生すると解すべきであるから、本件のように、被害者が、同一訴訟手続で、加害者に対する損害賠償請求と保険会社に対する保険金請求とを併せて訴求し併合審判される場合には、裁判所は、右保険金請求を、本条により認容することができる。（最判昭57・9・28民集三六・八・一六五二、交通事故百選[五版]一〇五）→民四二三条⑰

第一三六条（請求の併合）　数個の請求は、同種の訴訟手続による場合に限り、一の訴えですることができる。

⊛＋【併合請求の訴えの管轄→七、一三二【併合請求における訴額の合算→九【特別の併合禁止と特別の併合許容→人訴一七、行訴一六・一九・二〇・三八【弁論の制限・分離・併合→一五二①【一部判決→二四三【国際裁判管轄→三の六

一 同種の訴訟手続→一四三条⑥

二 単純併合―代償請求→一三五条⑦⑧

三 客観的予備的併合

① 原告が、第一位の請求と共に第二位の請求を予備的に併合した場合には、まず第一位の請求の当否を確定すべきであって、それが理由なしとされた場合でなければ第二位の請求につき裁判することができない。（大判昭16・5・23民集二〇・六六八）

四 選択的併合

② 原告が甲請求と乙請求とを選択的併合として申し立てている場合、原告の意思は、一つの申立てが認容されれば他の申立てはこれを撤回するが、一つの申立てが棄却されるときには他の申立てについても審判を求めるというものであることは明らかであって、この意思は、原告が併合形態を変更しない限り、全審級を通じて維持されているから、甲請求につきその一部を認容し、原告のその余の請求を棄却した第一審判決に対し、被告が控訴の申立てをし、原告が控訴及び附帯控訴の申立てをしなかった場合でも、控訴審としては、第一審判決の甲請求の認容部分を取り消すべきであるとするときには、乙請求の当否につき審理・判断し、これが理由があると認めるときには第一審判決の甲請求の認容額の限度で乙請求を認容すべきであり、乙請求を全部理由がないと判断すべきときに至って初めて原告の請求を全部棄却し得る。（最判昭58・4・14判時一一三一・八一）→二九六条③・三〇四条⑦②・三二六条⑦

第一三七条（裁判長の訴状審査権）①　訴状が第百三十四条第二項の規定に違反する場合には、裁判長は、相当の期間を定め、その期間内に不備を補正すべきことを命じなければならない。民事訴訟費用等に関する法律（昭和四十六年法律第四十号）の規定に従い訴えの提起の手数料を納付しない場合も、同様とする。

②　前項の場合において、原告が不備を補正しないときは、裁判長は、命令で、訴状を却下しなければならない。

③　前項の命令に対しては、即時抗告をすることができる。

⊛❶【裁判長→裁二六①【裁定期間→九六【補正命令→民訴規五六　❷【命令による却下の他の場合→二八八・二八九②・三一四②　❸【即時抗告→三三二、民訴規五七　＋【本条の準用→一三八②

一 上級審における印紙の追貼

① 下級審に差し出された訴訟書類の正本に貼用された印紙に不足があった場合に、上級審において追貼すればその瑕疵〔かし〕は補正される。（最判昭31・4・10民集一〇・四・三六七）

二 補正期間満了後の納付

② 抗告提起の手数料の納付を命じる補正命令を受けた者は、同命令に定める期間内に納付をしなかった場合でも、不納付を理由とする抗告状却下命令の確定前にこれを納付すれば、不納付の瑕疵は補正され、抗告状は当初に遡って有効になる。（最決平27・12・17判時二二九一・五二、重判平28民訴二）

第一三八条（訴状の送達）①　訴状は、被告に送達しなければならない。

②　前条の規定は、訴状の送達をすることができない場合（訴状の送達に必要な費用を予納しない場合を含む。）について準用する。

⊛❶民訴規五八【送達→九八―一一三【住所・居所の知れない者等に対する公示送達→一一〇

① 不適法な訴えであって、当事者のその後の訴訟活動により訴えを適法とすることが全く期待できないため、民訴法一四〇条〔旧二〇二条〕により口頭弁論を経ずに却下の判決をするときは、被告に訴状を送達するまでもなく、右判決正本もまた原告にのみ送達すれば足り、これに対する控訴を控訴審が同じく口頭弁論を経ないで棄却する場合においても、控訴状および控訴棄却判決の正本を被告に送達する必要はない。（最判平8・5・28判時一五六九・四八、民訴百選Ⅰ[補正]A23）

第一三九条（口頭弁論期日の指定）　訴えの提起があったときは、裁判長は、口頭弁論の期日を指定し、当事者を呼び出さなければならない。

⊛＋【訴えの提起→一三四①・二七一・二七五・三九五【口頭弁論→八七①【期日の指定権者→九三【最初の口頭弁論期日の指定→民訴規六〇・二一三【本条の例外→民訴規六〇①但・

六一【呼出しの方式↓九四【手形訴訟の呼出状の記載事項↓民訴規二一三②③【期日の開始↓民訴規六二【最初の口頭弁論期日の変更↓九三④

（口頭弁論を経ない訴えの却下）

第一四〇条　訴えが不適法でその不備を補正することができないときは、裁判所は、口頭弁論を経ないで、判決で、訴えを却下することができる。

【必要的口頭弁論の原則↓八七【口頭弁論を経ない判決による却下の例↓七八・二九〇・三五五・三五九・三七八②【裁判長による訴状・控訴状・上告状の却下命令↓一三七・二八八・二八九②・三一四②

一　判決言渡期日の呼出状の要否↓九四条④
二　訴状及び却下判決の被告への送達の要否↓一三八条①

（呼出費用の予納がない場合の訴えの却下）

第一四一条①　裁判所は、民事訴訟費用等に関する法律の規定に従い当事者に対する期日の呼出しに必要な費用の予納を相当の期間を定めて原告に命じた場合において、その予納がないときは、被告に異議がない場合に限り、決定で、訴えを却下することができる。

②　前項の決定に対しては、即時抗告をすることができる。

❶【決定で本案の申立てを却下できる例↓二九一・三一六・三一七・三一八⑤・三四五①　❷【即時抗告↓三三二

（重複する訴えの提起の禁止）

第一四二条　裁判所に係属する事件については、当事者は、更に訴えを提起することができない。

【訴訟係属↓一三四・一三八【調停と訴訟の調整↓民調二〇の三、家事二七五【不適法な訴えの却下↓一四〇

一　給付訴訟と消極的確認訴訟

1　債務不存在確認控訴中の給付訴訟の別訴提起

①　控訴審に係属中の債務不存在確認訴訟の被告が、同一請求権につき別訴として給付の訴えを提起することは、同一請求権につき第一審で実質審理を経由しており、債務不存在確認訴訟の原告の審級の利益は保障されていること、及び、債務不存在確認訴訟の原告自らが重複起訴を理由に別訴の却下を求めていることに照らし、反訴被告の同意を要しないで反訴の提起ができる場合であるから、別訴は重複起訴の禁止に触れる。（東京地判平13・8・31判時一七七二・六〇）

2　調停不調による訴訟提起

②　同一請求権につき既に給付訴訟が別の裁判所に係属している場合に債務不存在確認訴訟（本訴）を提起することは本条［旧二三一条］に反する。このことは本訴原告が前訴提起以前に調停の申立てを行い、調停不調の日から二週間以内に本訴を提起した場合でも同様である。本条にいう事件の係属とは、裁判所が事件につき現に判決をするために必要な行為をすべき状況にあることをいい、民事調停法一九条の定めは出訴期間の遵守等の利益を守るための規定にすぎないからである。（東京地判昭60・8・29判時一一九六・一二九）

3　手形訴訟と通常訴訟

③　手形債権者が簡易迅速な審判を求めるならば、その手続の利用によって受ける利益を保護する必要があるから、手形金債務不存在確認訴訟の係属中に手形訴訟を提起することは、本条［旧二三一条］に抵触しない。（大阪高判昭62・7・16判時一二五八・一三〇、民訴百選［五版］三七）

④　手形債務不存在確認訴訟の係属中に提起された手形訴訟が手形判決に対する異議申立てにより通常訴訟に移行した場合には、この通常訴訟は重複起訴とはならない。（東京地判平3・9・2判時一四一七・一二四）

二　債権者代位訴訟と重複起訴

⑤　債権者が民法四二三条一項により第三債務者に訴えを提起している場合に、債務者が民訴法四七条［旧七一条］によりそれに参加し第三債務者に対し訴訟物を同じくする訴えを提起したとしても本条に反しない。けだし債務者の利益擁護のための特別の必要があり、さらに両者は併合審理を強制され合一に確定されるから、本条の理由である審判の重複による不経済、既判力抵触の可能性及び被告の応訴の煩という弊害がないからである。（最判昭48・4・24民集二七・三・五九六、民訴百選［五版］一〇八……平成二九法四四による民法四二三条の五新設前の事案）↓四七条④、民四二三条の六②

三　債権者代位訴訟と取立訴訟

⑥　債務者の有する同一の債権の支払を求めて債権者代位権に基づく給付訴訟と滞納処分としての取立訴訟が競合した場合、国税の優先権は現実の弁済に当たって確保されれば足りるから、債権者代位訴訟を不許とする必要はなく、裁判所は両請求を併合審理して共に認容することができる。（最判昭45・6・2民集二四・六・四四七、執保百選［二版］五七）↓民執一五七条④

四　相殺の抗弁と重複起訴

1　相殺の抗弁後の別訴提起

⑦　本条［旧二三一条］にいう訴訟係属とは、訴え又は反訴により審判を申し立てた特定の請求に限られ、請求以外の主張又は抗弁としての権利関係は含まれないから、原告が別訴において相殺を主張し、その後同一債権の支払を求めるため本訴を提起しても、本条に反しない。（東京地判昭32・7・25下民八・七・一三三七）

⑧　係属中の別訴において自働債権として相殺の抗弁が提出されている債権を訴訟物として、他の訴訟でその履行を請求することは、本条［旧二三一条］に照らし許されない。相殺の抗弁における自働債権の存否についての判断にも既判力が生ずる以上、これについて別訴を許容することは、裁判の矛盾抵触を招くおそれがあり、訴訟経済にも反するからであり、この理は、二つの訴訟の弁論が併合されている場合についても、将来の弁論分離の可能性は否定できないから、当てはまる。（東京高判平8・4・8判タ九三七・二六二）

2　別訴提起後の相殺の抗弁

⑨　〈XがYに対し継続的取引契約に基づく売掛代金請求訴訟（本訴）を、YがXに対し売買契約に基づく代金請求訴訟（別訴）をそれぞれ提起し、後にYが本訴で売買代金債権を自働債権として売掛代金債務と相殺すると主張した場合において〉係属中の別訴において訴訟物となっている債権を自働債権として他の訴訟において相殺の抗弁を主張することは許されない。けだし、本条［旧二三一条］が重複起訴を禁止する理由は、審理の重複による無駄及び複数の判決による既判力の抵触を防止するためであるが、相殺の抗弁は既判力を生ずるから、本条の趣旨は、同一債権について重複して訴えが係属した場合のみならず、既に別訴において訴求中の債権を他の訴訟において自働債権として相殺の抗弁を提出する場合にも同様に妥当するからであり、この理は本訴と別訴が併合審理される場合も同様である。（最判平3・12・17民集四五・九・一四三五、民訴百選［五版］三八①）

⑩　訴求債権に対し、係属中の別訴で請求中の債権をもって相殺する旨の抗弁を提出することは重複起訴の禁止に触れるが、別訴が反対債権の明示的一部請求であるときは、その訴訟物は当該一部に限られ、既判力も残額には及ばないから、残額債権を以てする相殺の抗弁の提出は許容される。（最判平10・6・30民集五二・四・一二二五、民訴百選［五版］三八②）↓一一四条⑳

3　反訴請求債権を自働債権とする相殺の抗弁

⑪　本訴（建築瑕疵〔かし〕修補に代わる損害の賠償請求）及び反訴（請負残代金の支払請求）の係属中に、反訴原告が反訴請求債権を自働債権とする相殺の抗弁を提出することは、反訴原告の特段の意思表示がない限り、反訴は、反訴請求債権につき本訴において相殺の自働債権として既判力ある判断が示される場合にはその部分につき反訴請求をしない趣旨の予

備的反訴に変更され、重複起訴の問題は生じないので、許される。（最判平18・4・14民集六〇・四・一四九七、民訴百選［五版］A11）

4　本訴請求債権を自働債権とする相殺の抗弁

[12]　本訴・反訴の係属中に反訴の審理において本訴請求に係る債権を自働債権とする相殺の予備的抗弁を提出することは、重複起訴の禁止に触れて許されない。重複起訴が生じないようにするためには、反訴において相殺の抗弁がしんしゃくされる場合には、既判力の対象となる自働債権の部分につき、本案判決を求めないとの条件付きで訴えの取下げがなされると解するほかないが、このような条件付きの訴え取下げは性質上許されないからである。（大阪地判平18・7・7判タ一二四八・三二四）

[13]　請負契約に基づく請負代金債権と同契約の目的物の瑕疵修補に代わる損害賠償債権の一方を本訴請求債権とし、他方を反訴請求債権とする本訴及び反訴が係属中に、本訴原告が、反訴において、本訴請求債権を自働債権とし、反訴請求債権を受働債権とする相殺の抗弁を主張することは許される。相殺によって請負代金債権と瑕疵修補に代わる損害賠償債権との間の清算的調整を図るべき要請が強いことから、本訴・反訴の弁論の分離が許されず、本訴請求債権の存否等の判断に矛盾抵触が生ずるおそれや審理の重複による訴訟不経済の発生がなく、重複起訴を禁じた本条の趣旨に反しないためである。（最判令2・9・11民集七四・六・一六九三、重判令2民訴二）→民五三三条[15]

5　時効消滅と判断された本訴請求債権を自働債権とする相殺の抗弁

[14]　〈平成八年六月から同一二年七月までの間の金銭消費貸借取引（第一取引）と同一四年四月から同二一年一一月までの間の同取引（第二取引）を一連のものとみて、各弁済でなされた過払利息につき不当利得返還を請求する本訴に対し、被告が、両取引は一連のものではないとして、第一取引に関して生じた過払金返還請求権の時効消滅を主張するとともに、第二取引に基づく貸金の返還等を請求する反訴を提起。これに対し、原告は、左のような相殺の抗弁を主張〉本訴請求債権の全部又は一部が時効消滅したと判断されることを条件として、時効消滅した部分を自働債権とする相殺の抗弁が、同時に審判される反訴において提出された場合、この抗弁につき判断しても、当該債権の存否に係る本訴における判断との矛盾抵触や審理の重複は生じないから、この相殺の抗弁は重複起訴を禁じた本条の趣旨に反しない。（最判平27・12・14民集六九・八・二二九五、重判平28民訴三）

五　国際的訴訟競合

[15]　〈米国における損害賠償求償訴訟の被告とされた者が日本で同義務の不存在確認を請求した事案につき〉本条［旧二三一条］にいう「裁判所」は我が国の裁判所を意味するものであって外国の裁判所を含まない。（大阪地中間判昭48・10・9判時七二八・七六〈関西鉄工事件〉渉外百選［二版］一〇七）

[16]　〈米国において給付訴訟の被告とされた者が日本で同給付義務の不存在確認を請求した事案につき〉国際的二重起訴の適否は、民訴法一一八条［旧二〇〇条］の外国判決承認制度の趣旨に鑑み、将来外国において判決が確定しそれが日本で承認されるか否かの予測に係るところ、米国訴訟において被告（本訴原告）が管轄権の不存在を理由に欠席し、本案審理が行われていないから、本案判決の確定を確実に予測できず、かつ、同条三号の要件の具備は今後の米国訴訟の帰趨及び判決の具体的内容に依存し現段階で確実に予測し得ないから、本訴を不適法として却下することはできない。（東京地中間判平元・5・30判時一三四八・九一、民訴百選Ⅰ［補正］二四）

第一四三条（訴えの変更）　①　原告は、請求の基礎に変更がない限り、口頭弁論の終結に至るまで、請求又は請求の原因を変更することができる。ただし、これにより著しく訴訟手続を遅滞させることとなるときは、この限りでない。

②　請求の変更は、書面でしなければならない。

③　前項の書面は、相手方に送達しなければならない。

④　裁判所は、請求又は請求の原因の変更を不当であると認めるときは、申立てにより又は職権で、その変更を許さない旨の決定をしなければならない。

㊜❶【請求の趣旨・原因】→一三四【口頭弁論の終結】→二五三①［四］【人事訴訟における特則】→人訴一八【訴え変更による時効の完成猶予】→一四七【手数料の額】→民訴費別表第一〈五の項〉❸【送達】→九八－一一二・【本条の準用】→一四四③・一四五④【行政事件訴訟における請求の追加的併合】→行訴一八－二〇【取消訴訟の国等への請求への変更】→行訴二一

一　訴えの変更の許否

1　請求の基礎の同一性

イ　肯定例

[1]　手形金請求と、被告の被用者が本件手形を偽造したことを理由とする民法七一五条による損害賠償請求とは、共に本件手形の取得という事実関係に基づいて、同一の経済的利益を追求するものであるから、請求の基礎を同じくする。（最判昭32・7・16民集一一・七・一二五四）→手八条[22]

ロ　否定例

[2]　原告が購入した馬の所有権を被告が侵害したことを理由とする損害賠償請求訴訟において、その馬の買主は被告であるとの被告の主張に対し、原告が第三者に支払った金員は被告のための立替金となるとして、書面によらずに予備的に請求原因を変更し、立替金の償還を請求することは、本条二項、三項［旧二三二条二項、三項］に反し、かつ、請求の基礎に変更があり許されない。（大判昭17・12・15民集二一・一一八五）

2　相手方の陳述による変更

[3]　相手方の陳述した事実を新請求の原因とする場合には、仮にその新請求が請求の基礎を変更するものであっても、相手方の同意の有無にかかわらず、その訴えの変更は許される。右の場合にいう相手方の陳述した事実には、いわゆる積極否認の内容となる重要なる間接事実も含まれる。（最判昭39・7・10民集一八・六・一〇九三、民訴百選Ⅰ［補正］七五……家屋明渡請求に対し、被告が旧家屋を取り壊した上新築したと陳述したので、土地所有権に基づき家屋収去土地明渡しに訴えを変更）

3　上訴審における訴えの変更

イ　控訴審

[4]　控訴審における請求の拡張が仮に請求の基礎に変更があったとしても、相手方が異議を述べた形跡がないので拡張を許容した原審は適法である。（最判昭29・6・8民集八・六・一〇三七……第一審で原告は建物の明渡しを求め、控訴審でその建物の物置のある隣接地の明渡しを併せて求めた）→二九七条[7]

[5]　〈戸籍に協議離縁の記載がある養子Xが養親Yに対して養親子関係存在確認の訴えを提起し、第一審でXの離縁意思及び届出意思の有無が争点となり、その点について裁判所が審理を尽くした後、最終口頭弁論期日においてXが本訴を離縁無効確認の訴えに変更する意思がない旨陳述したので、第一審裁判所が、真実の身分関係の確定を図るには離縁無効確認の訴えによるべきであり、確認対象の選択に誤りがあるとして訴えを却下した事案において〉控訴審においてXが離縁無効確認の訴えへ訴えの変更を申し立て、Yがこれに対し異議を述べていない等の経緯が認められる場合には、Yの審級の利益の侵害又は訴訟手続の遅延のおそれはないから、訴えの変更を許すべきであり、第一審における訴えを変更しない旨のXの陳述を根拠として、訴え変更申立てを信義則違反により無効とし、単に控訴棄却の判決をした控訴審の措置には、訴訟手続に関する法令違反・審理不尽の違法がある。（最判平5・12・2家月四七・一・一一二、重判平5民訴二）

[6] Ｙ（県）によるダム建設に起因する自然景観の破壊により観光客が減少し、収益減少の損害を受けたとして旅館業者Ｘから国家賠償法一条等に基づく損害賠償を求める訴えが提起され、その控訴審において、Ｘが、Ｙのダム建設による同額の営業上の損失についての憲法二九条三項に基づく補償請求を予備的・追加的に併合することは、両請求は同じ当事者間で同額の金銭の給付を求めるもので、主張される経済的利益の内容及びその侵害の発生原因の同一性に照らせば、請求の基礎に変更はなく、本条［旧二三二条］による訴えの追加的変更に準じて許されるが、損失補償請求が公法上の請求として行政訴訟手続により審理されるべきことを考慮すると、控訴審におけるその追加的変更には相手方の審級の利益保護のためＹの同意を要する。（最判平5・7・20民集四七・七・四六二七、行政百選Ⅱ〔七版〕二一〇）

ロ　上告審↓破一二七条[7]

4　反訴

[7] 第一審から係属中の反訴を控訴審で追加的に変更するには、本条［旧二三二条］の要件を満たしていれば足りるのであって、三〇〇条［旧三八二条］の相手方の同意は必要ない。（最判昭50・6・27判時七八五・六一）

二　変更後の扱い

1　旧訴における訴訟行為の効力

[8] 訴えの変更のあった場合に、旧訴における裁判上の自白その他の当事者の態度が、新訴においても同じ効力を有することは、旧訴における証拠、特に証人尋問が、新訴において書証としてではなく証人尋問として効力を有するのと同様である。（大判昭11・10・28民集一五・一八九四）

2　旧訴の扱い

[9] 訴えの変更の許否ということは旧訴の係属中新訴を追加的に提起することが許されるか否かの問題であるから、旧訴の訴訟係属を消滅させるためには訴えの取下げ又は請求の放棄が必要である。（最判昭32・2・28民集一一・二・三七四、民訴百選〔五版〕三三）↓三〇二条[3]

[10] いわゆる訴えの交換的変更とは、新訴の提起と旧訴の取下げであるが、相手方が、新訴の追加には異議を述べたが、訴えの交換的変更には異議なく応訴している場合には、旧訴の取下げについて暗黙の同意があったものと解すべきである。（最判昭41・1・21民集二〇・一・九四）

三　訴えの変更に当たらない例

[11] 〈債務者に対し甲債権、乙債権を有する原告が、甲債権の保全を目的とする詐害行為取消訴訟を提起した後、甲債権が消滅したため、被保全権利を甲債権から乙債権に変更したところ、被告は、主張の変更以前に乙債権に基づく詐害行為取消権は時効消滅しており、甲債権を被保全権利とする詐害行為取消訴訟の提起により乙債権を被保全権利とする詐害行為取消権の消滅時効は中断しないと主張〉詐害行為取消権は、債務者の詐害行為によりその責任財産から逸出した財産又はそれに代わる価額賠償金を債務者の責任財産に回復させ、総債権者のための平等弁済に充てることを目的とするもので、取消債権者の個々の債権の満足を直接予定するものではないから、詐害行為取消訴訟の訴訟物である詐害行為取消権は、取消債権者が有する個々の被保全債権の数に応じて複数発生するものではない。（最判平22・10・19金判一三五五・一六、重判平22民二）↓民四二六条[2]

（選定者に係る請求の追加）

第一四四条① 第三十条第三項の規定による原告となるべき者の選定があった場合には、その者は、口頭弁論の終結に至るまで、その選定者のために請求の追加をすることができる。

② 第三十条第三項の規定による被告となるべき者の選定があった場合には、原告は、口頭弁論の終結に至るまで、その選定者に係る請求の追加をすることができる。

③ 前条第一項ただし書及び第二項から第四項までの規定は、前二項の請求の追加について準用する。

❸+【起訴前の選定にかかる選定当事者↓三〇①【口頭弁論の終結↓二五三①四【対比規定↓一四三①・一四五①【時効の完成猶予↓一四七【選定者に対する既判力・執行力の拡張↓一一五①二、民執二三①二

（中間確認の訴え）

第一四五条① 裁判が訴訟の進行中に争いとなっている法律関係の成立又は不成立に係るときは、当事者は、請求を拡張して、その法律関係の確認の判決を求めることができる。ただし、その確認の請求が他の裁判所の専属管轄（当事者が第十一条の規定により合意で定めたものを除く。）に属するときは、この限りでない。

② 前項の訴訟が係属する裁判所が第六条第一項各号に定める裁判所である場合において、前項の確認の請求が同条第一項の規定により他の裁判所の専属管轄に属するときは、前項ただし書の規定は、適用しない。

③ 日本の裁判所が管轄権の専属に関する規定により第一項の確認の請求について管轄権を有しないときは、当事者は、同項の確認の判決を求めることができない。

④ 第百四十三条第二項及び第三項の規定は、第一項の規定による請求の拡張について準用する。

❸+【専属管轄↓一三❸【時効の完成猶予↓一四七　❷【特許権等に関する訴えの他の特則↓一三②・二〇②・二〇の二・一四六②・二九九②・三一二②三　❸【国際裁判管轄↓三の二―三の九【専属管轄の除外↓三の一〇【人事訴訟の除外↓人訴二九①

中間確認の訴えの許否

1　他人間の法律関係

[1] 確認の訴えは現在の自己の権利についてのみ許されるが、ある訴訟進行中その前提問題に争いが生じたときは、何ら特別の煩累［はんるい］を他人に及ぼさないから、本条［旧二三四条］の訴えは、過去の権利や他人の権利をも対象とし得る。訴訟進行中その権利につき争いを生じればそれのみで本条の訴えの利益は備わり、他に権利保護の利益（即時確定の利益）を要しない。（大判昭8・6・20民集一二・一五九七……物上保証人による抵当権抹消登記請求訴訟において、主債務の不存在の確認を求めた事例）

2　境界確定

[2] 境界の確定は、係争土地部分の所有権の確認と異なり、土地所有権に基づく土地明渡訴訟（本件）の先決関係に立つ法律関係ではないから、原告所有地とそれに隣接する被告所有地の境界の確定を求めて提起した本条［旧二三四条］の訴えは却下すべきである。（最判昭57・12・2判時一〇六五・一三九）

（反訴）

第一四六条① 被告は、本訴の目的である請求又は防御の方法と関連する請求を目的とする場合に限り、口頭弁論の終結に至るまで、本訴の係属する裁判所に反訴を提起することができる。ただし、次に掲げる場合は、この限りでない。

一　反訴の目的である請求が他の裁判所の専属管轄（当事者が第十一条の規定により合意で定めたものを除く。）に属するとき。

二　反訴の提起により著しく訴訟手続を遅滞させることとなるとき。

② 本訴の係属する裁判所が第六条第一項各号に定める裁判所である場合において、反訴の目的である請求が同項の規定により他の裁判所の専属管轄に属するときは、前項第一号の規定は、適用しない。

③ 日本の裁判所が反訴の目的である請求について管轄権を有しない場合には、被告は、本訴の目的である請求又は防御の方法

と密接に関連する請求を目的とする場合に限り、第一項の規定による反訴を提起することができる。ただし、日本の裁判所が管轄権の専属に関する規定により反訴の目的である請求について管轄権を有しないときは、この限りでない。

④　反訴については、訴えに関する規定による。

❶【口頭弁論の終結↓二五三①四【専属管轄↓一三】 ❷【特許権等に関する訴えの他の特則↓一三②・二〇②・二〇の二・一四五②・二九九②・三一二②三】 ❸【国際裁判管轄↓三の二―三の九【専属管轄の除外↓三の一〇【人事訴訟の除外↓人訴二九①】 ❹【提起の方式↓一三四【手数料の額↓民訴費別表第一〈六の項〉【反訴に関する訴訟代理権↓五五①②【上訴審における反訴↓三〇〇・三一三【簡裁における反訴と移送↓二七四【反訴禁止の例↓三五一・三六七・三六九【人事訴訟における反訴の特則↓人訴一八【本訴又は反訴についての一部判決↓二四三③

[1]　**一　反訴の許否―占有の訴えに対する本権に基づく反訴**

民法二〇二条二項は、占有の訴えにおいて本権に関する理由に基づいて裁判することを禁ずるものであり、本権に基づく反訴をも禁ずるものではない。（最判昭40・3・4民集一九・二・一九七、民訴百選[五版]三四……土地の占有妨害禁止請求と被告の所有権に基づく明渡しの反訴が共に認容された）↓民二〇二条[1]

[2]　**二　併合要件を欠く反訴**

反訴は訴訟係属中の新訴の提起であり、その併合要件は同時に反訴提起の訴訟要件であるから、この要件を欠く反訴を却下しても違法でない。（最判昭41・11・10民集二〇・九・一七三三、続民訴百選四五……独立の訴えとして扱い弁論を分離すべきであったと主張する国家賠償請求を棄却）

（裁判上の請求による時効の完成猶予等）

第一四七条　訴えが提起されたとき、又は第百四十三条第二項（第百四十四条第三項及び第百四十五条第四項において準用する場合を含む。）の書面が裁判所に提出されたときは、その時に時効の完成猶予又は法律上の期間の遵守のために必要な裁判上の請求があったものとする。

【時効の完成猶予↓民一四七①一【法律上の期間の例↓民二〇一・二三四・七四七②・七七七・七八七・八〇四・八〇六―八〇八、会社八二八①・八三一・八三二、行訴一四、破一二六・一七五・一八〇【手形訴訟の要件を欠いているため却下された後の通常訴訟の場合の特則↓三五五②【当事者の交替と時期の遡及↓四九・五〇③・五一、行訴一五③【移送の効力↓二二③【仲裁と時効の完成猶予及び更新↓仲裁二九

②

注　平成二九法四四・法四五による改正前の時効中断に関する事案

（平成二九法四五による改正前の条文）

（時効中断等の効力発生の時期）

第一四七条　時効の中断又は法律上の期間の遵守のために必要な裁判上の請求は、訴えを提起した時又は第百四十三条第二項（第百四十四条第三項及び第百四十五条第四項において準用する場合を含む。）の書面を裁判所に提出した時に、その効力を生ずる。

[1]　**一　一部請求**

1　明示的一部請求の場合

「裁判上の請求」とは訴訟物となることを要する。一個の債権の数量的な一部についてのみ判決を求める旨明示して訴えが提起された場合、訴訟物となるのは一部のみであるから、当初、債権の一部のみを請求し後に残部につき請求を拡張した本件では、訴え提起による消滅時効中断の効力は一部についてのみ生じ、拡張の書面を裁判所に提出した時に残部につき時効が中断する。（最判昭34・2・20民集一三・二・二〇九、民百選Ⅰ[四版]四四）↓民一四七条[8]

[2]　明示的一部請求では、請求された一部のみが訴訟物となるから、債務の一部消滅の抗弁が提出され、判決においてこれが認められ債権の総額の認定がなされても、残部に訴え提起による時効中断効は生じないが、一部請求訴訟の係属中は、残部についても、特段の事情がない限り、権利行使の意思が継続的に表示されており、裁判上の催告としての時効中断効が生ずるから、債権者は、一部請求訴訟の終了後六か月以内に、残部についての訴えの提起等民法一五三条所定の措置を講ずることにより、確定的に消滅時効を中断することができる。（最判平25・6・6民集六七・五・一二〇八、重判平25民訴一……民法一五三条所定の措置を講じなかった以上、六か月以内に再度催告をしても時効中断効はないとされた例）↓民一四七条[14]

[3]　**2　明示的一部請求でない場合**

一部請求である旨明示されていない場合には、請求額を訴訟物たる債権の全部として訴求したものと解すべきであるから、訴え提起により右債権の同一性の範囲内において全部につき時効中断の効力を生じる。（最判昭45・7・24民集二四・七・一一七七、民訴百選[三版]四四②）↓民一四七条[9]

3　残額請求の可否↓一一四条[13][16]

二　訴えの変更

[4]　係争地が原告所有との主張は終始変わらず、請求の趣旨を境界確定から所有権確認に交替的に変更した場合には、裁判所の判断を求めることを断念して旧訴を取り下げたとみるべきでないから、民法一四九条の訴えの取下げには当たらず旧訴提起によって生じた時効中断の効力は失効しない。（最判昭38・1・18民集一七・一・一、続民訴百選四〇）↓民一四七条[7]

[5]　**三　答弁による主張**

原告が共有権に基づき持分割合による所有権移転登記等を請求したのに対し、被告が自己の所有権を主張しこれと相容れない原告の共有権を否認する旨の答弁書を提出し、原審で被告の主張が認められた場合には、原判決は被告に所有権があることをも肯定していると解されるから、被告の右主張は、時効中断の関係では裁判上の請求に準じ同じ効力を伴うので、それによって原告の取得時効は中断する。（最大判昭43・11・13民集二二・一二・二五一〇、民訴百選[三版]四四①）

第二章　計画審理

（訴訟手続の計画的進行）

第一四七条の二　裁判所及び当事者は、適正かつ迅速な審理の実現のため、訴訟手続の計画的な進行を図らなければならない。

【訴訟の公正迅速進行↓二【争点・証拠整理手続↓一六四―一七八【集中証拠調べ↓一八二

（審理の計画）

第一四七条の三①　裁判所は、審理すべき事項が多数であり又は錯そうしているなど事件が複雑であることその他の事情によりその適正かつ迅速な審理を行うため必要があると認められるときは、当事者双方と協議をし、その結果を踏まえて審理の計画を定めなければならない。

②　前項の審理の計画においては、次に掲げる事項を定めなければならない。

一　争点及び証拠の整理を行う期間

二　証人及び当事者本人の尋問を行う期間

三　口頭弁論の終結及び判決の言渡しの予定時期

③　第一項の審理の計画においては、前項各号に掲げる事項のほか、特定の事項についての攻撃又は防御の方法を提出すべき期間その他の訴訟手続の計画的な進行上必要な事項を定めることができる。

④　裁判所は、審理の現状及び当事者の訴訟追行の状況その他の事情を考慮して必要があると認めるときは、当事者双方と協議

をし、その結果を踏まえて第一項の審理の計画を変更することができる。

🔗❶【大規模訴訟の特則】↓二六八、二六九　❶❹【調書に記載】↓民訴規六七①三　❷【争点・証拠整理】↓一六四―一七八【証人尋問】↓一九〇―二〇六【当事者尋問】↓二〇七―二一一【口頭弁論の終結】↓二四三①【判決言渡期日】↓二五一　❸【攻撃防御方法の提出時期】↓一五六【準備書面の提出期間】↓一六二【控訴審の期間制限】↓三〇一　❹【訴訟指揮に関する裁判】↓一二〇

第三章　口頭弁論及びその準備

🔗+【進行協議期日】↓民訴規九五―九八

第一節　口頭弁論

◆

【弁論主義】

[1] **一　裏書の連続**　手形上の権利を行使する者が裏書の連続により権利者となっていることを主張するのは当然で、殊更立証の難しい実質的権利移転の事実を主張するものとは考えられないから、裏書の連続した手形の所持人の請求には、当然手形法一六条一項の適用の主張があるものと解する。（最大判昭45・6・24民集二四・六・七一二、手形小切手百選[七版]五二）↓手一六条[3]

[2] **二　代理人による契約締結**　契約は本人がしても代理人がしても法律効果に変わりないから、被告本人が締結したとして原告が履行を求める場合、裁判所が被告代理人が締結したものであると認定しても違法でない。（最判昭33・7・8民集一二・一一・一七四〇、民訴百選[四版]四七）

[3] **三　租税の負担**　家屋税は家屋所有者が負担すべきであるから、被告が家屋税を支払ってきた事実は所有権の所在を推定させるものであり、裁判所は、所有権と関係なく被告が家屋税を負担する旨の特約を当事者の主張なく認定できない。（大判大5・12・23民録二二・二四八〇、民訴百選[五版]四九）

[4] **四　所有権移転の経過**　所有権移転登記請求で、被告が、原告は当該不動産を代物弁済によりある者に移転したと主張していたのに対し、裁判所が、右移転を認めた上で、さらに原告は被告から買い戻した後に他の者のために譲渡担保を設定し、結局この者に所有権が移転したと認定して請求を棄却したのは、当事者の主張しない事実を判決の基礎とした違法がある。（最判昭41・4・12民集二〇・四・五四八、民訴百選[五版]A16）

[5] 原告が、第三者から被相続人が買い受けた不動産を共同相続したと主張したのに対し、被告が不動産は被告の夫が買い受け、夫の死亡により相続したと主張したにとどまる場合、裁判所は、不動産を買い受けたのは被告の夫でなく被相続人であると認定する以上、原告の請求を認容すべきであって、被告の主張しない死因贈与を認定して請求を棄却するのは弁論主義に反する。（最判昭55・2・7民集三四・二・一二三、民訴百選[五版]四六）↓[6]

[6] 当事者が死因贈与を主張したのに対し、裁判所が生前贈与を認定することは、当事者の主張しないことを認定したものではない。（最判昭57・4・27判時一〇四六・四一、重判昭57民訴一……[5]の破棄差戻し後再度の上告に対する判旨）↓[5]

[7] 〈故Aの妻Xが、Aの両親B・Cからの相続以外の事由（国有林の払下げを受けたBがさらにAに贈与したことなど）により土地所有権をAが単独取得したと主張して、その地上建物の収去等をB・Cの子Yらに求めた場合に〉Xは、AがBの死亡によってその持分を相続取得したとの主張（請求の一部についての予備的な請求原因となるべき主張）をしていないが、原審は、Bの死亡、Bが本件土地の払下げを受けたこと及びAがBの法定相続人の一人であることを当事者の主張に基づいて確定した以上、適切に釈明権を行使するなどしてこれらの事実をしんしゃくし、Xの請求の一部を認容すべきかどうかを審理判断すべきである。（最判平12・4・7判時一七一三・五〇、重判平12民訴二……破棄差戻し）↓民二四九条・七〇三条・七〇九条

[8] 借入金の返済がされない場合には債務者の所有地を債権者名義に変更し第三者に売却する旨の契約について、当事者は当該契約が仮登記担保契約に該当するか否かを争っていたにもかかわらず、所有権移転登記手続後も被告債権者がなおも債務の弁済を求めて利息を受領してきた以上、本件契約は譲渡担保契約であると判断しても弁論主義に反しない。（最判平14・9・12判時一八〇一・七二……当事者の主張しない所有権取得原因事実を認定することであり、原告に対する不意打ちとなり、弁論主義違反の疑いがある、との反対意見が付されている）

五　相手方の援用しない自己に不利益な事実の陳述

[9] **1　使用貸借**　XのYに対する本件土地の所有権移転登記請求と、YのXに対する同地上の建物収去・土地明渡請求とが併合審理され、前者においてXの土地の時効取得の主張に対してYが「Xに使用貸借を許していた」にすぎないと陳述した場合には、この陳述は、後者においては本来Xが主張立証すべき事実であるが、裁判所がYの主張に基づいて右事実を確定した以上、Xがこれを自己の利益に援用しなくても、裁判所は後者の請求の当否を判断するにつき、この事実をしんしゃくすべきである。（最判昭41・9・8民集二〇・七・一三一四、民訴百選Ⅰ[補正]一〇八）

[10] **2　遺産の帰属性**　相続人間の争いにおいて、主位的請求として、自分が本件建物を建築したことを理由として建物の所有権等の全部の確認を求めている原告が、予備的に、相続に基づき建物の所有権等の九分の一の持分の確認を請求する場合には、被告が陳述した「被相続人が本件建物を建築した」との事実は予備的請求の請求原因の一部であり、本件原告が主張立証すべきであるが、裁判所としては右事実を確定した以上は、原告がこれを自己の利益に援用しなかったとしても、適切に釈明権を行使するなどしてこの事実をしんしゃくすべきである。（最判平9・7・17判時一六一四・七二、民訴百選[五版]五〇）

[11] **六　過失相殺**　民法四一八条による過失相殺は債務者の主張がなくても裁判所が職権ですることができるが、債権者に過失があった事実は債務者が立証責任を負う。（最判昭43・12・24民集二二・一三・三四五四、民訴百選[五版]A17）↓民四一八条[2]

七　権利濫用の主張

[12] 〈養父の死後その内縁の妻Yが居住している養父所有の建物の明渡しを養子Xが請求。Yは、内縁の妻には居住権があり、しかもXは亡養父から手切れ金を受け取り実家に戻っているから単なる戸籍上の相続人にすぎず、右居住権に基づき明渡請求を拒否し得る、との抗弁を提出。裁判所はこの抗弁は権利濫用の主張を包含するものと解釈した上、明渡請求は権利濫用であり理由がないと判示。Xは、Yの主張しない事実を認定した弁論主義違反があるとして上告〉記録上明らかなYの主張の経緯に照らせば、Yが権利濫用の主張をしているものと解した原審の判断は首肯し得ないではない。（最判昭39・10・13民集一八・八・一五七八）↓民◆【Ⅰ　婚約ないし内縁】［七七一条の後］[12]

[13] 権利濫用については当事者の主張がなくとも裁判所が自由に判断することができる。（神戸地判平3・1・16判タ七六一・二五二……訴外A社に社宅用の敷地を貸していたXによる、右敷地上に建物を有するYに対する建物収去土地明渡請求。裁判所は、Yの借地権譲受けの抗弁を斥けたが、多年にわたるYによる地代支払や増改築黙認の事実を踏まえ、Yの主張しない権利濫用の観点からXの請求を棄却した）

八　権利抗弁

[14] ①　留置権のような権利抗弁は、抗弁権取得の事実関係が

訴訟上主張されたとしても、権利者が権利を行使する意思を表明しない限り裁判所はしんしゃくできない。

②右の場合、裁判所は権利行使の意思を確かめ、あるいは権利行使を促す義務はない。（最判昭27・11・27民集六・一〇・一〇六二、民訴百選［五版］五一）

九　間接事実と弁論主義

15　当事者主張の請求原因事実・抗弁事実を相手方が否認する場合、裁判所が右事実と両立せず相手方が主張・立証責任を負わない事実を認定して、当事者主張の事実なしと認定しても弁論主義に反しない。被告の弁済の抗弁につき、裁判所は、原告が現に主張・立証していない別口債務への弁済を認定して抗弁を排斥し得る。（最判昭46・6・29判時六三六・五〇、民訴百選［五版］A15）

（裁判長の訴訟指揮権）

第一四八条①　口頭弁論は、裁判長が指揮する。

②　裁判長は、発言を許し、又はその命令に従わない者の発言を禁ずることができる。

参❶【裁判長↓裁九③、一八②、二六③、二七②【合議体による監督↓一五〇【裁判長による訴状・控訴状・上告状の却下↓一三七②、二八八、二八九②、三一四②　❷【命令↓一一九、一二〇、一二二【裁判長の秩序維持権↓裁七一【裁判長の期日指定権↓九三①

（釈明権等）

第一四九条①　裁判長は、口頭弁論の期日又は期日外において、訴訟関係を明瞭にするため、事実上及び法律上の事項に関し、当事者に対して問いを発し、又は立証を促すことができる。

②　陪席裁判官は、裁判長に告げて、前項に規定する処置をすることができる。

③　当事者は、口頭弁論の期日又は期日外において、裁判長に対して必要な発問を求めることができる。

④　裁判長又は陪席裁判官が、口頭弁論の期日外において、攻撃又は防御の方法に重要な変更を生じ得る事項について第一項又は第二項の規定による処置をしたときは、その内容を相手方に通知しなければならない。

参❶【裁判長↓一四八参【口頭弁論期日↓九三、一六〇【公正迅速な審理↓二、一四七の二、一四七の三【訴訟指揮に関する命令の取消し↓一二〇【合議体による監督↓一五〇【釈明しない場合の処置↓一五七②　❷【陪席裁判官↓裁九、一八、二六、三一の四　❶❷【期日外の釈明のための措置↓民訴規六三　❹【重要な釈明権行使の相手方への通知↓民訴規四【裁判所の釈明処分↓一五一【専門委員の関与↓九二の二―九二の七【調査官の関与↓九二の八

一　釈明権

1　訴訟の経過や訴訟資料、証拠資料からみて別個の法律構成（連帯保証契約ではなく、一種の請負契約）を基礎付ける事実関係が主張されるならば原告の請求を認容でき、紛争の根本的な解決が期待できるにもかかわらず、明らかに誤解又は不注意により原告が主張しないときは、その別個の請求原因を釈明することも許される。（最判昭45・6・11民集二四・六・五一六、民訴百選［五版］五二）

2　〈簡裁における別件過払金返還請求訴訟において、担当裁判官が口頭弁論の終結後、原告代理人の退廷後に、被告代理人に対して消滅時効についての釈明を行った結果、その直後に再開された口頭弁論において被告が消滅時効を援用し、これが認められて請求棄却判決が確定した後、原告が国賠請求をした事案〉本条一項の文言上「期日外」から口頭弁論終結後の期間が除外されていないこと、本条四項が相手方に事後通知をするという条件で期日外の非対席の場での釈明権行使を許容していること、別件訴訟の口頭弁論は本件釈明の直後に再開され、原告代理人は出廷の上で被告代理人から本件釈明の内容を伝えられていること、本件釈明当時の別件訴訟の訴訟関係は、釈明を検討すべきと通常考える程度に不明瞭だったといえ、当時の具体的状況の下では、時効起算点に関する裁判官の解釈につき暫定的な心証を開示することも、裁量の範囲を逸脱するものとまではいえないことなどに照らせば、本件釈明は、その時期、対席の有無及び内容の点において本条に違反するものではない。また、担当裁判官が別件訴訟の当事者との間に特別の関係にあったとは認められず、特別な個人的感情を抱いていたとも考え難いことなどからすれば、本件釈明は、原告の公平かつ公開の法廷における適正手続を受ける権利を侵害した違法があるとも評価できず、訴訟法上適法である。（大阪高判平28・8・26訟月六三・三・一〇〇九……本件釈明は民訴法上保護された原告の平等取扱いに係る利益を侵害したとして請求を一部認容した原判決を取り消し、請求全部棄却）

二　釈明義務

1　肯定例

3　ある地域全域を所有することを前提にそこに生立する立木の不法伐採を理由とする損害賠償の請求の当否を判断するに当たり、当該地域の一部のみが請求者の所有に属するとの心証を得た以上、全く証拠方法のないことが明らかであるときを除き、その一部の地域上の立木の伐採数量等について立証を促すべきであり、損害額について漫然証拠がないとして請求を排斥したのは違法である。（最判昭39・6・26民集一八・五・九五四、民訴百選［五版］五三）

4　当事者の主張（自作農創設特別措置法により被告に売り渡される予定の農地を原告の保有地となるよう取り計らう旨の約束）が、法律構成において欠けるところがある場合においても、その主張事実を合理的に解釈するならば正当な主張（売渡しを受けることを条件とした農地売買契約）として構成することができ、当事者の提出した訴訟資料のうちにもこれを裏付け得る資料が存するときは、当事者の主張を不明確のまま直ちに排斥することは違法である。（最判昭44・6・24民集二三・七・一一五六、重判昭44民訴二）

5　［旧］破産法七四条［現一六四条］の要件事実がほとんど余す所なく弁論に表れている以上、第一審の認めた同法七二条［現一六〇条・一六二条］による否認を原審が認めないのであれば、進んで同法七四条による否認について釈明権を行使して当事者の注意を喚起すべきである。（最判昭45・8・20民集二四・九・一三三九、倒産百選［六版］三八）↓破一六四条7

6　〈被告が相殺のため主張した反対債権たる手形債権の時効による消滅以前に、原告は、金融機関に譲渡担保に入れていた手形を買い戻して相殺適状が生じていたか否か、が争われた事案において〉原告が請求する手形債権と被告の反対債権とは、原告がその手形を戻裏書によって取得する以前に相殺適状になることはない、とする原判決は一般的には正当であるが、所在不明のため戻裏書が遅れたという本件のような場合には、たとえ戻裏書以前であったとしても実質的に手形債権を取得した時に相殺し得る。反対債権が時効により消滅する以前に既に相殺適状にあったことをうかがわせる記載（戻裏書の日付以前の、買戻しの日付）が手形裏書欄に存在する以上、その点につき更に主張・立証を尽くさせるべきである。（最判昭51・6・17民集三〇・六・五九二、民訴百選［二版］七四……原審において上告人は十分主張・立証できたはずである、とする藤林裁判官の反対意見がある）

7　所有権に基づく土地明渡請求において、事情としてではあるが、被告が本件土地を原告から賃借していたものである旨陳述し、原告も右賃貸の事実を認める旨陳述している場合には、被告のその陳述が占有権限として賃借権を主張する趣旨であるか否か釈明すべきであり、売買を無効としただけで所有権に基づく明渡請求を認容した原審は違法である。（最判昭55・7・15判時九七九・五二）

8　トラックによる代物弁済を否認したことに基づく価額償還請求訴訟において、償還すべき価額である否認権行使時のトラックの時価が記録上零であるとは考えられず、かつ、審理

の対象が主として否認権発生原因事実の存否に向けられ、右価額につき被告は積極的には争わず何らの反証も提出しなかった訴訟の経緯に照らすと、価額償還請求権の発生を肯認する判断に達しながら、原告に対し価額の立証を促すことなくその立証がないことを理由に請求を棄却した原審には、釈明権不行使による審理不尽の違法がある。（最判昭61・4・3判時一一九八・一一〇、倒産百選[六版]四三）→破一六七条[3]

[9]〈XがYに対し本件X耕作地がX所有の某市某町某字○○番地に属する旨確認を求め、Yは、本件X耕作地の一部（本件係争地）はY所有の同字△△番地に属するとして争い、第一審では、Xの請求が全部認容された。Xは、控訴審の第一回期日において予備的に本件X耕作地につき取得時効を主張したが、第三回期日において右主張を錯誤によるとして撤回した。原審は、本件X耕作地をXが長年その所有地であるとの認識の下で平穏に耕作してきた事実を認めながら、Y所有の△△番地の全部又は一部が本件X耕作地内に存在する疑いを拭えないとしてXの請求を棄却した、という事案〉本件の経緯に照らせば、公図の記載等によれば、本件係争地が全て○○番地に属するとのXの主張が認められないとしても、Xの取得時効の主張が維持されておれば請求認容の余地があり、Xによる右主張の撤回は誤解又は不注意に基づくとみられるから、主張撤回の真意の確認を怠った原審の措置には釈明権不行使の違法がある。（最判平7・10・24裁判集民一七七・一）

[10] XがYに対し、XとYの抵当権の順位変更登記の抹消を求めた訴訟の第一審で、裁判所が、Xの署名のある順位変更合意書の筆跡鑑定を求めるYの申立てを排斥しつつ、右書証の成立の真正を認め、順位変更の合意ありとするYの抗弁をいれて請求を棄却したため、Xが控訴したところ、原審は、筆跡につき特段の証拠調べをしないまま右書証の成立を不真正とし、Yの抗弁を排斥して請求を認容したため、Yが上告した経緯に照らせば、第一審で勝訴したYは、原審で改めて筆跡鑑定を申請しなかったが、右書証の成立の真正を疑うなら適切な釈明権行使を求めると陳述している以上、右書証上のXの署名と本人尋問の宣誓書上のXの署名の筆跡が異なる事情の下で、筆跡鑑定を改めて申請するかにつき釈明を怠った原審の措置は違法である。（最判平8・2・22判時一五五九・四六、民訴百選[三版]六一）

[11]〈建設重機借上代金及び遅延損害金の請求で、被告は、本件代金等は原告が滞納する国税債権の徴収のために税務署長が発した債権差押通知書に従って全額弁済したと主張した。右通知書には、差押債権として本件「代金債権に対する本件訴状送達の翌日から支払までの年六分の割合による金員」とのみあり、原審は、税務署員が被告主張の金額を領収した事実を認めつつ、滞納処分による差押えの対象は遅延損害金債権に限られ、被告の支払は代金債権に対する弁済としては無効として、代金の支払を命じた〉原審における被告の主張、立証に照らせば、本件債権差押通知書に本件代金債権を差し押さえた旨の記載があると被告が誤解していたことが明らかであり、税務署員が被告の主張通りの金額を領収した事実を認める以上、裁判所は、本件代金債権が差し押さえられた事実につき主張を補正し立証をするかを被告に釈明すべきであり、このような措置に出ることなく同債権の弁済の主張を排斥したのは、釈明権の行使を怠った違法がある。（最判平17・7・14判時一九一一・一〇二）

[12]〈権利能力のない社団であるXが、Yに対して、建物について、Xが共有持分権を有することの確認を求める訴えを提起した事件において、第一審及び原審では建物建築時におけるXとYらとの間の建物を共有とする旨の合意の有無が争われ、両当事者はこの点に関して主張立証し、Xが建物の共有持分権の主体となり得るかについては問題とされてこなかったものの、原審は権利能力のない社団であるXは所有権等の主体となることはできないとして請求を棄却した事案〉当事者双方とも、権利能力のない社団がその名において取得した資産はその構成員全員に総有的に帰属するとの判例と異なる見解に立っていたものとはうかがわれず、本件請求については、建物の共有持分権がXの構成員全員に総有的に帰属することの確認を求める趣旨に出るものと解する余地が十分にあり、原審は、共有持分権がX自体に帰属することの確認を求めるものであるとしてこれを直ちに棄却するのではなく、本件請求がこの趣旨に出るものであるか否かについて釈明権を行使する必要があり、それをすることなく、本件請求を棄却したことには、釈明権の行使を怠った違法がある。（最判令4・4・12【令3受九一九】）

2　否定例

[13] 権利抗弁と釈明義務（最判昭27・11・27民集六・一〇・一〇六二、民訴百選[五版]五一）→◆【弁論主義】〔一四八条の前〕[14]

[14] 第一審が原告の予備的請求を認容し被告のみ控訴した場合、原審が、被控訴人（原告）に対して附帯控訴するか否かの釈明をすることなく主位的請求について審理判断しなくとも、釈明権不行使の違法はない。（最判昭58・3・22判時一〇七四・五五、民訴百選[五版]一一二）→二九六条[2]

三　法的観点指摘義務

[15]〈六五歳定年規程を持つ被告私立大学において、平成一八年九月に翌年三月末日をもって六五歳定年を迎える旨を告知され、同一九年三月末日に解職の辞令を交付された原告が、原告と被告との間には定年を八〇歳とする合意があったとして、雇用契約上の地位確認及び賃金の支払を求めた訴訟において、理事の一人が、定年規程は有名無実化しており、八〇歳まで勤務は可能と発言していたなどの認定事実に基づき、原審は、原告主張に係る合意の存在を否定したが、被告は原告に対し八〇歳まで勤務可能との期待を抱かせた事実に照らし、被告には、少なくとも定年一年前には、原告に対し、定年規程を厳格に適用する旨を告知すべき信義則上の義務があったとして、平成一九年九月までの賃金の支払の限度で、原告の請求を認容〉原審が、いずれの当事者も主張しない信義則という法律構成を採用するには、原告に対し信義則違反の点を主張するか否かを釈明するとともに、被告に対し、このような法律構成の適否を含め十分な反論及び反証の機会を与える義務があり、原審には釈明権の不行使の違法がある。（最判平22・10・14判時二〇九八・五五、重判平22民訴二）

（訴訟指揮等に対する異議）

第一五〇条　当事者が、口頭弁論の指揮に関する裁判長の命令又は前条第一項若しくは第二項の規定による裁判長若しくは陪席裁判官の処置に対し、異議を述べたときは、裁判所は、決定で、その異議について裁判をする。

規＋【訴訟指揮に関する命令↓一四八

（釈明処分）

第一五一条①　裁判所は、訴訟関係を明瞭にするため、次に掲げる処分をすることができる。

一　当事者本人又はその法定代理人に対し、口頭弁論の期日に出頭することを命ずること。

二　口頭弁論の期日において、当事者のため事務を処理し、又は補助する者で裁判所が相当と認めるものに陳述をさせること。

三　訴訟書類又は訴訟において引用した文書その他の物件で当事者の所持するものを提出させること。

四　当事者又は第三者の提出した文書その他の物件を裁判所に留め置くこと。

五　検証をし、又は鑑定を命ずること。

六　調査を嘱託すること。

②　前項に規定する検証、鑑定及び調査の嘱託については、証拠調べに関する規定を準用する。

規❶[一]【法定代理人↓二八・三一・三七　[二]【同旨の規定↓民保九　[三]【引用所持文書の提出↓二二〇[一]　[五]【証拠調べとしての検証↓二三二・二三三【証拠調べとしての鑑定↓

二一二—二一八　[六]【証拠調べとしての嘱託→一八六
†【釈明しないときの処置→一五七②【裁判長の釈明処分→一四九

（口頭弁論の併合等）

第一五二条①　裁判所は、口頭弁論の制限、分離若しくは併合を命じ、又はその命令を取り消すことができる。

②　裁判所は、当事者を異にする事件について口頭弁論の併合を命じた場合において、その前に尋問をした証人について、尋問の機会がなかった当事者が尋問の申出をしたときは、その尋問をしなければならない。

⊛❶【弁論の分離禁止の例→四〇・四一①・四七・五二【弁論の併合を必要とする場合→四一③、会社八三七、破一二六②、民再一〇六⑥、会更一五二⑥【弁論の併合と一部判決→二四三③【訴訟指揮の裁判の取消し→一二〇【人事訴訟における併合→人訴一七　❷【証人尋問→一九〇—二〇六【同旨の規定→二四二、二四九③

[1]　**一　併合前の証拠調べの結果**
数個の事件が併合されて、同一訴訟手続内において審理されるべき場合には、併合前にそれぞれの事件においてされた証拠調べの結果は、併合された事件の関係の全てについて、当初の証拠調べと同一の性質のまま、証拠資料となる。〔二項新設前の事案〕（最判昭41・4・12民集二〇・四・五六〇、民訴百選Ⅱ[補正]一一七）

二　弁論の分離の可否—主債務者と保証人↓四〇条[20]

（口頭弁論の再開）

第一五三条　裁判所は、終結した口頭弁論の再開を命ずることができる。

⊛†【口頭弁論の終結→二四三①・二五三①四【口頭弁論終結前の状態への復帰→三六一

[1]　**裁判所の裁量権**
一旦終結した弁論を再開すると否とは当該裁判所の自由裁量により決し得るところであって、当事者は権利として裁判所に対して弁論の再開を請求し得るものではない。（最判昭23・11・25民集二・一二・四二二）

[2]　裁判所の弁論再開の裁量権も絶対無制限のものではなく、弁論を再開して当事者に更に攻撃防御の方法を提出する機会を与えることが明らかに民事訴訟における手続的正義の要求するところであると認められる特段の事由があれば、裁判所は弁論を再開すべきである。無権代理を理由とする本人から

の抹消登記請求訴訟において、原審の口頭弁論終結前に無権代理人が本人を相続したことにつき被告は善意・無過失であり、右主張は判決の結果に影響を及ぼす可能性のある重要な攻撃防御方法ということができ、さらに後訴では既判力によって排斥される関係にあるという事実関係において、弁論を再開しなかった原審は違法である。（最判昭56・9・24民集三五・六・一〇八八、民訴百選[五版]四一）

（通訳人の立会い等）

第一五四条①　口頭弁論に関与する者が日本語に通じないとき、又は耳が聞こえない者若しくは口がきけない者であるときは、通訳人を立ち会わせる。ただし、耳が聞こえない者又は口がきけない者には、文字で問い、又は陳述をさせることができる。

②　鑑定人に関する規定は、通訳人について準用する。

⊛❶【裁判所の用語→裁七四【調書に記載→民訴規六六①四【虚偽通訳の罪→刑一七一【虚偽通訳と再審事由→三三八①七
❷【鑑定人に関する規定→二一二—二一八

（弁論能力を欠く者に対する措置）

第一五五条①　裁判所は、訴訟関係を明瞭にするために必要な陳述をすることができない当事者、代理人又は補佐人の陳述を禁じ、口頭弁論の続行のため新たな期日を定めることができる。

②　前項の規定により陳述を禁じた場合において、必要があると認めるときは、裁判所は、弁護士の付添いを命ずることができる。

⊛†【陳述禁止・弁護士付添命令の通知→民訴規六五　❶【法定代理人→二八・三五【訴訟代理人→五四—五九【補佐人→六〇　❷【付添いを命じた弁護士の報酬→八三①三【人事訴訟における制限能力者のための弁護士の選任→人訴一三

（攻撃防御方法の提出時期）

第一五六条　攻撃又は防御の方法は、訴訟の進行状況に応じ適切な時期に提出しなければならない。

⊛†【審理の計画→一四七の三【攻撃防御方法の準備書面への記載→一六一②【攻撃防御方法の提出期間の裁定→一六二【時機に後れた攻撃防御方法の却下→一五七・一五七の二【時機に後れた提出の説明義務→一六七・一七四【補助参加人の攻撃防御方法提出→四五①【中間判決で決定される事項→二四五【攻撃防御方法の提出妨害と再審事由→三三八①五

（審理の計画が定められている場合の攻撃防御方法の提出期間）

第一五六条の二　第百四十七条の三第一項の審理の計画に従った訴訟手続の進行上必要があると認めるときは、裁判長は、当事者の意見を聴いて、特定の事項についての攻撃又は防御の方法を提出すべき期間を定めることができる。

⊛†【期間設定→九六・一五六・一六二・三〇一【違反の効果→一五七の二【本条の不適用→人訴一九

（時機に後れた攻撃防御方法の却下等）

第一五七条①　当事者が故意又は重大な過失により時機に後れて提出した攻撃又は防御の方法については、これにより訴訟の完結を遅延させることとなると認めたときは、裁判所は、申立てにより又は職権で、却下の決定をすることができる。

②　攻撃又は防御の方法でその趣旨が明瞭でないものについて当事者が必要な釈明をせず、又は釈明をすべき期日に出頭しないときも、前項と同様とする。

⊛❶【提出時期の原則→一五六【提出期間の裁定→一六二【時機に後れた提出の説明義務→一六七・一七四【訴訟費用の負担→六三　❷【裁判長・陪席裁判官の釈明処分→一四九【裁判所の釈明処分→一五一　†【本条の不適用→人訴一九

[1]　**一　故意又は重過失**
第一審の口頭弁論期日に出頭しなかったために主張しなかった抗弁を控訴審で初めて提出したのに対し、その不出頭に対する帰責事由の有無を判断せずに右抗弁を却下した原判決は違法である。（大判昭6・11・4民集一〇・八六五、民訴百選[初版]四八）↓一五九条[3]

[2]　〈代位弁済した連帯保証人Xの他の連帯保証人Yに対する求償請求。原審はXの出捐〔しゅつえん〕は保証債務の履行に当たらないとして請求棄却。控訴審は求償債権の存在を認めたが、控訴審の第三回口頭弁論期日において、Yは、同じ主債務者に対する別の保証債務につき代位弁済したとして、Xに対する求償権に基づき相殺の抗弁を提出〉右相殺の抗弁の審理には、自働債権の存否及び額、他の連帯保証人の有無及び負担部分等につき更に主張立証を要するから、訴訟の完結の遅延は明らかであり、他方でYは、本訴提起と相前後して、本訴の訴訟代理人を代理人として、同抗弁の主張事実と共通する事実を基に、他の連帯保証人に対し求償請求訴訟を提起していた事実に照らせば、同抗弁をより早い時機に提出することは可能であったから、同抗弁の提出の懈怠はYの故意又は重過失によるものと認められる。（大阪高判平7・11・30判タ九一〇・二二七）

二　訴訟の遅延

[3]　**1　書証の提出**
仮に書証の提出が上告人の故意又は重過失によって時機に

後れたものであったとしても、被上告人が直ちにその成立を認める場合などは、いまだ訴訟の完結を遅延させるものとはいえない。（大判昭12・6・2民集一六・六八三）

2　建物買取請求権の行使

[4] 借地人が控訴審第二回期日で借地法一〇条〔借地借家一四条〕の買取請求権を初めて行使したのに対し、第二回期日において結審することなく第六回の口頭弁論期日において弁論を終結した本件で借地人の右請求権の行使を排斥した原判決は違法である。（最判昭30・4・5民集九・四・四三九）↓二九七条②、借地借家一四条②

[5] 同時履行の抗弁権の行使の前提として控訴審第一一回期日に初めて建物買取請求権が行使された本件では、家屋の時価に関する証拠調べになお相当の期間を必要とし、一方、控訴審は、右主張を却下した第一二回期日に弁論を終結したのであるから、上告人の右主張は、訴訟の完結を遅延せしめるものである。（最判昭46・4・23判時六三一・五五、民訴百選[五版]四五）

3　自白の撤回

[6] 九回の口頭弁論期日を経て弁論終結後二箇月以上も経過してから、初めて、答弁書中の請求原因の認否につき「否認」と書くべきところを「認める」と誤記したとして弁論の再開を求めた事案において、自白後弁論終結までの間にこれを撤回する機会が十分ありながら格別の措置をとることなく弁論の終結を迎え、その後弁論再開申請と共にした本件自白撤回の申出は、訴訟の完結を著しく遅延させ、時機に後れたものである。（東京高判平元・3・27判時一三〇九・八五）↓一七九条[6]〜[9]

4　職権調査事項

[7] 訴えの利益は、いわゆる職権調査事項に属し、当事者の主張の有無にかかわらず、裁判所が職権をもって審理、判断しなければならないものであるから、被告がその欠缺〔けんけつ〕を指摘することは本条〔旧一三九条〕の制限には服さない。（最判昭42・9・14民集二一・七・一八〇七）

5　証拠調べの一部施行

[8] ある主張を立証するための証拠調べを一部施行したとしても、更に証拠調べを必要とするため訴訟の完結を遅延させる場合には、右主張を却下し得る。（最判昭38・3・15民集一七・二・三六〇）

三　控訴審における時機に後れた攻撃防御方法

[9] 控訴審としては第一審における訴訟手続の経過をも通観して時機に後れたるや否やを決すべきであり、したがって第一審の口頭弁論に出頭しながら、そこで提出することのできた攻撃防御方法（民法五〇四条〔現同条一項〕による免責の主張）を控訴審に至り初めて提出したときは、仮に控訴審においては口頭弁論の初頭になされたとしても時機に後れたものたり得る。（大判昭8・2・7民集一二・一五九、民訴百選[初版]三八）

[10] 契約当時には土壌汚染の事実が明らかでなかった土地の買主が、売主に対し瑕疵担保責任を追及する訴訟の第一審において、土壌汚染の存在自体（①）ではなく、土壌汚染に関する都条例の施行により、原告が土壌汚染の調査及び対策工事に係る支出を余儀なくされたこと（②）が本件土地の隠れたる瑕疵であると主張し、調査費及び対策工事費相当に相当する金額（四億六〇九五万円余）の損害賠償を求めていたところ、控訴審において、土壌汚染の存在自体を隠れた瑕疵として主張し、それにより受けた総額一二億三三七五万円余の損害のうち四億六〇九五万円余の支払を求めるとして、請求の趣旨及び主張を変更したとしても、客観的事実として①が②の不可欠の前提である以上、買主は、原審においても①の事実を主張していたと見るべきであり、控訴審における買主の前記主張は法的構成の誤りの是正にすぎないから、これを時機に後れた攻撃防御方法として却下すべきではない。（東京高判平20・9・25金判一三〇五・三六）

[11] 〈有期労働契約を締結していたが契約期間中に解雇されたXが労働契約上の地位確認等を求めた訴訟において、当該契約の契約期間をXが主張し、第一審口頭弁論終結時には契約期間満了日が経過していたにもかかわらず、契約期間満了による当該契約の終了の効果が発生するか否かを判断せずに原審が請求を認容した事案において〉第一審がしんしゃくすべきであった事実をYが原審において指摘することが時機に後れた攻撃防御方法に当たるということはできず、また、これを時機に後れた攻撃防御方法として却下したからといってその事実をしんしゃくせずにXの請求の当否を判断することができることとはならない。（最判令元・11・7判時二四三五・一〇四、重判令2民訴五）↓労契一七条③

四　唯一の証拠方法

[12] 申請された検証が、たとえ一定の要証事実に対する唯一の証拠方法であったとしても、本条に該当するときはこれを却下し得る。（最大判昭30・4・27民集九・五・五八二）

（審理の計画が定められている場合の攻撃防御方法の却下）

第一五七条の二　第百四十七条の三第三項又は第百五十六条の二（第百七十条第五項において準用する場合を含む。）の規定により特定の事項についての攻撃又は防御の方法を提出すべき期間が定められている場合において、当事者がその期間の経過後に提出した攻撃又は防御の方法については、これにより審理の計画に従った訴訟手続の進行に著しい支障を生ずるおそれがあると認めたときは、裁判所は、申立てにより又は職権で、却下の決定をすることができる。ただし、その当事者がその期間内に当該攻撃又は防御の方法を提出することができなかったことについて相当の理由があることを疎明したときは、この限りでない。

参+【時機に後れた攻撃防御方法の却下↓一五七【遅延理由説明義務↓一六七、三〇一②【本条の不適用↓人訴一九

（訴状等の陳述の擬制）

第一五八条　原告又は被告が最初にすべき口頭弁論の期日に出頭せず、又は出頭したが本案の弁論をしないときは、裁判所は、その者が提出した訴状又は答弁書その他の準備書面に記載した事項を陳述したものとみなし、出頭した相手方に弁論をさせることができる。

参+【最初の期日の指定・変更↓九三参【訴状↓一三四②【答弁書の提出期間の裁定↓一六二【準備書面↓一六一②③【期日の懈怠と擬制自白↓一五九③【簡裁手続における続行期日への準用↓二七七【配当異議訴訟における却下事由↓民執九〇③【当事者不在廷と判決言渡し↓二五一②

一　控訴審への適用

[1] 本条〔旧一三八条〕は控訴審にも適用される。（最判昭25・10・31民集四・一〇・五一六）↓九三条③

二　最初の口頭弁論期日の意味

[2] 最初になすべき口頭弁論とは現に行われた最初の口頭弁論を意味し、一旦破棄差戻しされた本件においては、差戻し後の最初の口頭弁論期日をいう。（大判昭12・3・20民集一六・三二〇）

（自白の擬制）

第一五九条①　当事者が口頭弁論において相手方の主張した事実を争うことを明らかにしない場合には、その事実を自白したものとみなす。ただし、弁論の全趣旨により、その事実を争ったものと認めるべきときは、この限りでない。

②　相手方の主張した事実を知らない旨の陳述をした者は、その事実を争ったものと推定する。

③　第一項の規定は、当事者が口頭弁論の期日に出頭しない場合について準用する。ただし、その当事者が公示送達による呼出しを受けたものであるときは、この限りでない。

参❶【口頭弁論で主張できない場合↓一六一③、二七六③【自白

の効果↓一七九【弁論の全趣旨↓二四七【本項の不適用↓人訴一九　❷【単純否認の禁止↓民訴規七九③【具体的態様の明示↓特許一〇四の二、著作一一四の二　❸【当事者の不出頭↓一五八、二七七【公示送達↓一一〇―一一二

[1]　一　成立要件―控訴審における成立

手形金請求事件の第一審で敗訴した被告が控訴し控訴審で相殺の抗弁を提出したのに対して、原告は控訴審を終始欠席し準備書面も提出しなかった本件においては、原告が本訴請求を維持しているという事実のみをもって被告の反対債権の存在を争っているとはいえず、この点につき証拠調べを行った原審は本条［旧一四〇条］に反する。（最判昭32・12・17民集一一・一三・二一九五）

[2]　売掛代金請求事件の第一審で敗訴した被告が、控訴審において、買受けの意思表示に要素の錯誤があるか、又は詐欺による意思表示であって取り消された旨主張したのに対し、原告は期日に出頭せず準備書面も提出しなかったとしても、本訴を維持している等の事情（売買目的物たる立木の総石数を保証した点を争う）があるときは弁論の全趣旨から被告の右主張を争っているものと認められる。本条［旧一四〇条］三項の適用を否定した原審の判断は相当である。（最判昭43・3・28民集二二・三・七〇七、民訴百選[五版]A19）

二　本条の効果

[3]　本条［旧一四〇条］の自白はいつでも無条件で翻すことができ、上級審においても何らの効力を保有しない。（大判昭6・11・4民集一〇・八六五、民訴百選[初版]四八）↓一五七条[1]

第一六〇条（口頭弁論調書）①　裁判所書記官は、口頭弁論について、期日ごとに調書を作成しなければならない。

②　調書の記載について当事者その他の関係人が異議を述べたときは、調書にその旨を記載しなければならない。

③　口頭弁論の方式に関する規定の遵守は、調書によってのみ証明することができる。ただし、調書が滅失したときは、この限りでない。

規❶【裁判所書記官↓裁六〇【期日↓九三、九四【調書の記載事項↓民訴規六六、六七【調書への記載に代わる録音↓民訴規六八　❸【口頭弁論の方式↓民訴規六六①

[1]　一　作成時期

口頭弁論調書は、原則として当該期日ごとにその期日中に作成されるべきであるが、事務の都合上期日後に作成された場合でも、必ずしも効力を有しないわけではない。しかし、本条三項［旧一四七条］の法意に鑑みれば、原審における口頭弁論の方式に関する手続欠缺の違法（判決言渡期日の指定・告知の不存在）が既に上告理由として指摘された後においては、右欠缺がない旨の調書を作成することはできない。（最判昭42・5・23民集二一・四・九一六）↓[6]

二　口頭弁論の方式

1　判決言渡しの方式

[2]　判決言渡しの方式は本条にいわゆる口頭弁論の方式に該当するので、判決言渡調書に「裁判長は判決原本に基づき主文を朗読して判決を言い渡した」と明記されている以上、判決言渡し時にはいまだ判決原本が作成されておらず原判決は民訴法二五二条［旧一八九条］に反するとの主張は理由がない。（最判昭26・2・22民集五・三・一〇二）

[3]　原審の判決言渡期日調書に、裁判長が判決原本に基づいて判決を言い渡した旨の記載があるが、期日欄が空欄であって、言渡しの年月日時の記載がない場合には、本条三項［旧一四七条］により、原判決は判決の手続が法律に違背したもの（三一二条・三〇六条［旧三九六条・三八七条］）として破棄を免れない。（最判平3・10・15裁判集民一六三・三五五、重判平3民訴四①）↓三〇六条[1]

2　出頭者の同一性

[4]　〈当事者でない者が当事者と称して期日に出頭して成立させた和解に基づく強制執行に対する請求異議の訴えにおいて、「本人が出頭した」旨の調書の記載の証明力が争われた事例〉本条三項［旧一四七条］にいう口頭弁論の方式とは、弁論の時及び場所、弁論の公開並びに当事者及び代理人の出欠等の外形的なものをいい、「当事者本人が出頭した」旨の記載の場合、ここでいう外形的事実とは、当事者本人と称する者が出頭したという事実であり、証明力もその点についてのみ生じるのであって、その者が真に当事者本人自身であったかどうかという事項を含まないから、その点については反対の証明が許される。（大阪地判平2・3・22判時一三六九・一三九、民訴百選[三版]A16）

三　準備書面の陳述

[5]　準備書面が陳述された旨の記載が口頭弁論調書になく、その点につき当事者から異議の述べられた形跡のない場合には、特段の事情がない限り、右準備書面は陳述されなかったものといわなければならず、右準備書面に記載されていた当事者の主張につき審理、判断しなくても違法でない。（最判昭45・2・6民集二四・二・八一、続民訴百選五八）

四　書き加えられた調書の効力

[6]　口頭弁論調書中の「従前の口頭弁論の結果を陳述し続いて」との記載が右調書の完成後立会書記官以外の者によってなされたものであると認められる場合には、適法に弁論の更新が行われたとはいえず、原判決は、判決裁判所を構成しない者によってされたということになり、破棄を免れない。（最判昭33・11・4民集一二・一五・三二四七、民訴百選[三版]五〇）↓三一二条[2]

第二節　準備書面等

第一六一条（準備書面）①　口頭弁論は、書面で準備しなければならない。

②　準備書面には、次に掲げる事項を記載する。

一　攻撃又は防御の方法

二　相手方の請求及び攻撃又は防御の方法に対する陳述

③　相手方が在廷していない口頭弁論においては、準備書面（相手方に送達されたもの又は相手方からその準備書面を受領した旨を記載した書面が提出されたものに限る。）に記載した事実でなければ、主張することができない。

規❶【口頭弁論↓八七【電子情報処理組織↓一三二の一〇【簡裁における準備書面の不要↓二七六①【準備書面の提出時期↓民訴規七九①【弁論準備手続における準備書面↓一七〇【手形訴訟における弁論準備の対策↓民訴規二一三②　❷【記載の仕方↓民訴規五、七九―八一【攻撃防御方法の適時提出主義↓一五六【準備書面の直送↓民訴規四七、八三　❸【準備書面提出の他の効果↓一五八、二六一②【準備書面不提出の効果↓六三、一五九①

第一六二条（準備書面等の提出期間）　裁判長は、答弁書若しくは特定の事項に関する主張を記載した準備書面の提出又は特定の事項に関する証拠の申出をすべき期間を定めることができる。

規＊【攻撃防御方法の適時提出主義↓一五六【証拠の申出の方法・時期↓一八〇【裁定期間徒過の効果↓六三、一五七、一五七の二、一六六、一七〇⑤

第一六三条（当事者照会）　当事者は、訴訟の係属中、相手方に対し、主張又は立証を準備するために必要な事項について、相当の期間を定めて、書面で回答するよう、書面で照会をすることができる。ただし、その照会が次の各号のいずれかに該当するときは、この限りでない。

一　具体的又は個別的でない照会

民訴

二　相手方を侮辱し、又は困惑させる照会
三　既にした照会と重複する照会
四　意見を求める照会
五　相手方が回答するために不相当な費用又は時間を要する照会
六　第百九十六条又は第百九十七条の規定により証言を拒絶することができる事項と同様の事項についての照会

【信義誠実追行義務↓二【照会書・回答書↓民訴規八四【当事者の調査義務↓民訴規八五【提訴前の照会↓一三二の二【弁護士会照会との対比↓弁護二三の二

第三節　争点及び証拠の整理手続

第一款　準備的口頭弁論

（準備的口頭弁論の開始）

第一六四条　裁判所は、争点及び証拠の整理を行うため必要があると認めるときは、この款に定めるところにより、準備的口頭弁論を行うことができる。

【計画審理↓一四七の二・一四七の三【準備的口頭弁論以外の争点整理手続↓一六八―一七八【口頭弁論の規定の適用↓一四八―一五一・一五四・一五五【専門委員の関与↓九二の二①【鑑定のための協議↓民訴規一二九の二【準備的口頭弁論の打切り↓一六六【準備的口頭弁論終了の効果↓一六七・一八二、民訴規一〇二【準備的口頭弁論の調書↓民訴規八六

（証明すべき事実の確認等）

第一六五条①　裁判所は、準備的口頭弁論を終了するに当たり、その後の証拠調べにより証明すべき事実を当事者との間で確認するものとする。

②　裁判長は、相当と認めるときは、準備的口頭弁論を終了するに当たり、当事者に準備的口頭弁論における争点及び証拠の整理の結果を要約した書面を提出させることができる。

❶【証明すべき事実の調書記載↓民訴規八六①　❷【要約書面の提出期間↓民訴規八六②

（当事者の不出頭等による終了）

第一六六条　当事者が期日に出頭せず、又は第百六十二条の規定により定められた期間内に準備書面の提出若しくは証拠の申出をしないときは、裁判所は、準備的口頭弁論を終了することができる。

【準備的口頭弁論打切りの効果↓九三・六三

（準備的口頭弁論終了後の攻撃防御方法の提出）

第一六七条　準備的口頭弁論の終了後に攻撃又は防御の方法を提出した当事者は、相手方の求めがあるときは、相手方に対し、準備的口頭弁論の終了前にこれを提出することができなかった理由を説明しなければならない。

【攻撃防御方法の適時提出主義の原則↓一五六【信義誠実義務↓二【説明の方式↓民訴規八七【審理計画違反による却下↓一五七の二【本条の準用↓一七四・二九八②

第二款　弁論準備手続

（弁論準備手続の開始）

第一六八条　裁判所は、争点及び証拠の整理を行うため必要があると認めるときは、当事者の意見を聴いて、事件を弁論準備手続に付することができる。

【弁論準備手続以外の争点整理手続↓一六四―一六七・一七五―一七八【弁論準備手続の期日↓一六九【弁論準備手続に付す裁判の取消し↓一七二【弁論準備手続でできる訴訟行為↓一七〇【弁論準備手続の打切り↓一七〇⑤・一六六【弁論準備手続終了の効果↓一七四・一八二、民訴規一〇一【弁論準備手続の調書↓民訴規八八

（弁論準備手続の期日）

第一六九条①　弁論準備手続は、当事者双方が立ち会うことができる期日において行う。

②　裁判所は、相当と認める者の傍聴を許すことができる。ただし、当事者が申し出た者については、手続を行うのに支障を生ずるおそれがあると認める場合を除き、その傍聴を許さなければならない。

❶【双方が立ち会うことができる期日↓九二の二③・一八七②、民保二九、借地借家五一②　❷【非公開手続における傍聴の許可↓非訟三〇

（弁論準備手続における訴訟行為等）

第一七〇条①　裁判所は、当事者に準備書面を提出させることができる。

②　裁判所は、弁論準備手続の期日において、証拠の申出に関する裁判その他の口頭弁論の期日外においてすることができる裁判及び文書（第二百三十一条に規定する物件を含む。）の証拠調べをすることができる。

③　裁判所は、相当と認めるときは、当事者の意見を聴いて、最高裁判所規則で定めるところにより、裁判所及び当事者双方が音声の送受信により同時に通話をすることができる方法によって、弁論準備手続の期日における手続を行うことができる。

④　前項の期日に出頭しないで同項の手続に関与した当事者は、その期日に出頭したものとみなす。

⑤　第百四十八条から第百五十一条まで、第百五十二条第一項、第百五十三条から第百五十九条まで、第百六十二条、第百六十五条及び第百六十六条の規定は、弁論準備手続について準用する。

❶【準備書面↓一六一・一六二　❷【証拠の申出に関する裁判↓一八一①・一九〇・二〇七・二一三・二一九・二二三・二二六・二三三【期日外でできる裁判の例↓四四・一二八・一二九・一三一・一八六・二一八【文書の証拠調べ↓二一九―二三一【鑑定のための協議↓民訴規一二九の二【受命裁判官の権限の制限↓一七一②③　❸【相当な場合↓一七五・二〇四・二一〇・二六四【音声の送受信による弁論準備手続↓民訴規八八②③【音声の送受信による手続の他の例↓八七の二②・九二の三・一七六③・三七二③　❹【期日不出頭の効果↓一五八・一五九　❺【訴えの取下げ↓二六一・二六二【和解↓八九【請求の放棄・認諾↓二六六

（受命裁判官による弁論準備手続）

第一七一条①　裁判所は、受命裁判官に弁論準備手続を行わせることができる。

②　弁論準備手続を受命裁判官が行う場合には、前二条の規定による裁判所及び裁判長の職務（前条第二項に規定する裁判を除く。）は、その裁判官が行う。ただし、同条第五項において準用する第百五十条の規定による異議についての裁判及び同項において準用する第百五十七条の二の規定による却下についての裁判は、受訴裁判所がする。

③　弁論準備手続を行う受命裁判官は、第百八十六条の規定による調査の嘱託、鑑定の嘱託、文書（第二百三十一条に規定する物件を含む。）を提出してする書証の申出及び文書（第二百二十九条第二項及び第二百三十一条に規定する物件を含む。）の送付の嘱託についての裁判をすることができる。

❶【受命裁判官↓八八　❸【調査の嘱託↓一八六【鑑定の嘱託↓二一八【文書送付の嘱託↓二二六

（弁論準備手続に付する裁判の取消し）

第一七二条　裁判所は、相当と認めるときは、申立てにより又は職権で、弁論準備手続に付する裁判を取り消すことができる。ただし、当事者双方の申立てがあるときは、これを取り消さなければならない。

【弁論準備手続に付する裁判↓一六八【訴訟指揮の裁判の取消し↓一二〇【双方申立てによる取消し↓九二の四

（弁論準備手続の結果の陳述）

第一七三条　当事者は、口頭弁論において、弁論準備手続の結果

を陳述しなければならない。

⊛+【結果陳述の方法↓民訴規八九

（弁論準備手続終結後の攻撃防御方法の提出）

第一七四条　第百六十七条の規定は、弁論準備手続の終結後に攻撃又は防御の方法を提出した当事者について準用する。

⊛+【時機に後れた理由の説明義務↓一六七、二【説明の方式↓民訴規九〇、八七

第三款　書面による準備手続

（書面による準備手続の開始）

第一七五条　裁判所は、当事者が遠隔の地に居住しているときその他相当と認めるときは、当事者の意見を聴いて、事件を書面による準備手続（当事者の出頭なしに準備書面の提出等により争点及び証拠の整理をする手続をいう。以下同じ。）に付することができる。

⊛+【書面準備手続以外の争点整理手続↓一六四―一七四【当事者の遠隔地居住その他相当な場合と他の方法↓一七〇③・二〇四、二一〇、二六四【準備書面↓一六一・一六二【書面準備手続の方法↓一七六【書面準備手続の効果↓一七八、一八二、民訴規一〇一

（書面による準備手続の方法等）

第一七六条①　書面による準備手続は、裁判長が行う。ただし、高等裁判所においては、受命裁判官にこれを行わせることができる。

②　裁判長又は高等裁判所における受命裁判官（次項において「裁判長等」という。）は、第百六十二条に規定する期間を定めなければならない。

③　裁判長等は、必要があると認めるときは、最高裁判所規則で定めるところにより、裁判所及び当事者双方が音声の送受信により同時に通話をすることができる方法によって、争点及び証拠の整理に関する事項その他口頭弁論の準備のため必要な事項について、当事者双方と協議をすることができる。この場合においては、協議の結果を裁判所書記官に記録させることができる。

④　第百四十九条（第二項を除く。）、第百五十条及び第百六十五条第二項の規定は、書面による準備手続について準用する。

⊛❶―❸【裁判長↓一四八⊛【受命裁判官↓八八⊛　❸【音声の送受信↓八七の二②、九二の三、一七〇③、三七二③【音声の送受信による協議↓民訴規九一【音声の送受信による手続の例↓一七〇⊛

（証明すべき事実の確認）

第一七七条　裁判所は、書面による準備手続の終結後の口頭弁論の期日において、その後の証拠調べによって証明すべき事実を当事者との間で確認するものとする。

⊛+【証明すべき事実の調書記載↓民訴規九三【同旨の規定↓一六五①、一七〇⑤

（書面による準備手続終結後の攻撃防御方法の提出）

第一七八条　書面による準備手続を終結した事件について、口頭弁論の期日において、第百七十六条第四項において準用する第百六十五条第二項の書面に記載した事項の陳述がされ、又は前条の規定による確認がされた後に攻撃又は防御の方法を提出した当事者は、相手方の求めがあるときは、相手方に対し、その陳述又は確認前にこれを提出することができなかった理由を説明しなければならない。

⊛+【要約書面の提出↓一六五②【証明すべき事実の確認↓一七七【信義誠実義務↓二、一六七【説明の方式↓民訴規九四・八七

第四章　証拠

第一節　総則

◆【証明責任】

一　証明責任の所在

1　証明責任の準拠法

[1]　①証明責任の問題は、法律効果の発生要件と密接に結び付くから、実体法の問題と性質決定でき、契約責任の有無の証明責任は、実体関係の準拠法による。②「表見証明」ないし「一応の推定」は、真偽不明のときに適用される証明責任や証明責任の転換とは異なって、自由心証の枠内での経験則の適用の結果であり、訴訟法的性格を有するから、法廷地法たる日本法が準拠法となる。（東京地判平10・5・27判時一六六八・八九）

2　証明責任の所在

イ　虚偽表示と第三者の善意

[2]　民法九四条二項の保護を求める第三者は、自ら善意であったことを主張・立証しなければならない。（最判昭35・2・2民集一四・一・三六、民訴百選[五版]六三）↓民九四条[18]

ロ　占有者の権原

[3]　不動産明渡請求訴訟の被告たる不動産の占有者が、原告所有者に対し、占有する正権原を（右土地の使用貸借人が建築した建物を、その者から賃借したと）主張する場合、占有者自ら正権原を立証すべきであり、占有者の権利推定を定めた民法一八八条を援用して所有者に対抗することはできない。（最判昭35・3・1民集一四・三・三二七）↓民一八八条[7]

ハ　善意取得

[4]　占有者の権利推定が認められる以上（民法一八八条）、譲受人たる占有取得者が譲渡人に外観に対応する権利があると信ずるについては無過失と推定され、動産流通の保護の見地からしても、占有取得者自身が民法一九二条の保護を受けるために同条にいう「過失なきこと」を立証する必要はない。（最判昭41・6・9民集二〇・五・一〇一一、重判昭41・42民三……瑕疵［かし］ある競売手続により船舶の所有権を取得できなかった競落人からの譲受人に対し、船舶所有者がその引渡しを求めた事例）

ニ　履行不能の帰責事由

[5]　家屋賃借権の譲渡人は、原則として譲渡につき遅滞なく賃貸人の承諾を得る義務を負うが、これを果たさないでいるうちに第三者（賃貸人の妻）が家屋全部を取り壊した場合には、譲渡人の債務は履行不能となり、譲渡人は右履行不能が自己の責めに帰すべからざる事由により生じたことを証明するのでなければ、債務不履行責任を免れ得ない。（最判昭34・9・17民集一三・一一・一四一二、民訴百選Ⅱ[補正]A33）

ホ　安全配慮義務

[6]　国が国家公務員に対して負担する安全配慮義務に違反し、右公務員の生命、健康等を侵害し、同人に損害を与えたことを理由とする損害賠償請求訴訟では、右義務の内容を特定し、かつ、義務違反に該当する事実を主張・立証する責任は、国の義務違反を主張する原告にある。（最判昭56・2・16民集三五・一・五六、民訴百選Ⅱ[補正]一二二）↓民四一五条[27]

ヘ　準消費貸借の旧債務

[7]　準消費貸借契約は、その目的とされた旧債務が存在しない場合は効力を有しないが、旧債務の存否については、準消費貸借契約の効力を主張する者が旧債務が存在することの証明責任を負うのではなく、旧債務の不存在を事由に準消費貸借契約の効力を争う者が、その不存在の事実につき証明責任を負う。（最判昭43・2・16民集二二・二・二一七、民訴百選Ⅱ[補正]一二〇……貸金請求事件）↓民五八八条[3]

ト　背信行為

[8]　土地の賃借人が賃貸人の承諾を得ることなく賃借地を転貸した場合でも、賃貸人に対する背信行為と認めるに足りない特段の事情があれば賃貸人は民法六一二条二項による解除権を行使し得ないが、かかる特段の事情は、賃借人が主張・立

証すべきである。賃借人が右の主張・立証を行わない以上、原審が釈明権を行使しなくても違法ではない。（最判昭41・1・27民集二〇・一・一三六、民訴百選[五版]六四）↓民六一二条[16]

チ　不当利得

[9] 金銭の交付によって生じた不当利得につき、その利益が現存しないことの証明責任は、不当利得返還請求権の消滅を主張する者が負担する。（最判平3・11・19民集四五・八・一二〇九、重判平3民七）↓民七〇三条[20]

リ　名誉・信用毀損を理由とする不法行為訴訟

[10] 百貨店が商品として陳列している古美術品につき、贋作の疑いがある旨の言明が、マスメディアにより公表された場合において、百貨店が言明の公表者に対し名誉棄損を理由とする損害賠償又は民法七二三条の処分を求めたときは、美術品が特定の作者の真作であることにつき百貨店側が立証責任を負う。（東京高判平6・9・22高民四七・三・一八七）

ヌ　会社の行為の商行為性

[11] 会社の行為は商行為と推定され、これを争う者において当該行為が当該会社の事業と無関係であることの主張立証責任を負う。（最判平20・2・22民集六二・二・五七六、商法百選二九）↓会社五条[1]

ル　自賠法三条の「他人」

[12] 交通事故の被害者が運行供用者又は運転者に該当することと、すなわち自賠法三条にいう「他人」に該当しないことの主張立証責任は、同条による運行供用者責任を争う者が負担する。（高松高判平13・10・22判時一七八九・九二……被害者が運転していたか否か不明であった場合の遺族からの請求を認容）

ヲ　保険休止状態の発生・解消

[13] 保険契約者が分割保険料の支払を一箇月以上遅滞したため保険会社が保険金支払義務を負わなくなった状態（「保険休止状態」）の発生により保険金支払義務の消滅を主張する者は、その発生時期及びそれ以後に保険事故が発生したことを主張、立証すべき責任を負い、これに対して保険休止状態の解消により保険金支払義務の再発生を主張する者は、その解消時期及びそれ以後に保険事故が発生したことを主張、立証すべき責任を負う。（最判平9・10・17民集五一・九・三九〇五、保険法百選一四）

ワ　保険事故

[14] 不慮の事故を災害死亡保険金の支払事由とする災害割増特約が付加された生命保険約款に基づき、当該割増特約上の災害死亡保険金を請求する者は、事故の偶発性について主張立証責任を負う。被保険者の故意により災害死亡保険金の支払事由に該当したとき（自殺の場合）は保険金を支払わない旨の約款中の定めは、保険金が支払われない場合を確認的注意的に規定したにすぎず、主張立証責任を保険者に負わせたものではない。（最判平13・4・20民集五五・三・六八二、保険法百選九七）

[15] 急激かつ偶然な外来の事故によってその身体に被った傷害を支払事由とする普通傷害保険契約約款について、前出[14]と同旨（最判平13・4・20判時一七五一・一七二）

[16] 火災の場合の速やかな損害塡補の必要性、及び被保険者が火災原因を証明することの困難性から、商法六六五条［保険一六条］及び六四一条［保険一七条一項前段］は、火災発生の偶然性いかんを問わず、火災による損害の発生を火災保険金請求権の成立要件とし、被保険者の故意又は重過失による損害の発生を免責事由としたと解されるので、同旨を規定した火災保険契約約款に基づき保険金を請求する者は、火災発生の偶然性について主張立証責任を負わない。前出[14]及び[15]は本件と事案を異にする。（最判平16・12・13民集五八・九・二四一九、保険法百選二八）

[17] 「衝突、接触……その他偶然な事故」を保険事故とする自動車保険契約の車両保険金を請求する者は、その事故が商法六二九条［保険二条六号］の「偶然なる一定の事故」すなわち保険契約成立時に発生するかどうかが不確定な事故に該当することを主張立証すれば足りる。同法六四一条［保険一七条一項前段］が被保険者の悪意又は重過失による損害の発生を免責事由としている趣旨からすれば、保険金請求者において保険事故の偶発性（事故の発生が被保険者の意思に基づくものではないこと）についてまで主張立証責任を負うものではない。（最判平18・6・1民集六〇・五・一八八七、保険法百選四三……車両が海中に水没した事案。車両の表面に傷が付けられた事案（最判平18・6・6判時一九四三・一一②）も同旨）

[18] 「被保険自動車の盗難」を他の保険事故と並べて記載する自動車保険契約約款は、保険事故の範囲を明らかにするためのものであり、他の保険事故と異なる主張立証責任を定めるものではないから、盗難を理由として車両保険金を請求する者は、「被保険者以外の者が被保険者の占有に係る被保険自動車をその所在場所から持ち去ったこと」という外形的な事実を主張立証すれば足り、それが被保険者の意思に基づかないものであることについてまで主張立証責任を負わない。（最判平19・4・17民集六一・三・一〇二六、保険法百選四四）

[19] 「被保険者以外の者が被保険者の占有に係る被保険自動車をその所在場所から持ち去ったこと」という盗難の外形的な事実は、「被保険者の占有に係る被保険自動車が保険金請求者の主張する所在場所に置かれていたこと」及び「被保険者以外の者がその場所から被保険自動車を持ち去ったこと」という事実から構成されるから、保険金請求者が「外形的・客観的にみて第三者による持ち去りとみて矛盾のない状況」を立証するだけでは、盗難の外形的な事実を合理的な疑いを超える程度にまで立証したことにはならず、前記「矛盾のない状況」が立証されているので盗難の事実が事実上推定されるとした原審の判断は、主張立証責任の分配に実質的に反する。（最判平19・4・23判時一九七〇・一〇六）

[20] 〈餅をのどに詰まらせて窒息し後遺障害が残った被共済者がパーキンソン病と診断されていた事案〉災害補償共済規約が、急激かつ偶然の外来の事故によって身体に被った傷害を補償費の支払事由とし、別に被共済者の疾病によって生じた傷害については免責する規定を置く場合、「外来の事故」とは被共済者の身体の外部からの作用による事故をいうものと解されるから、補償費の請求者は、外部からの作用による事故と傷害との相当因果関係を立証すれば足り、傷害が疾病を原因として生じたものでないことまで立証する必要はない。（最判平19・7・6民集六一・五・一九五五、保険法百選九八）

[21] 事故が重過失によらない限り保険金を支払うものとし、疾病免責条項を置いていない自動車総合保険契約の人身傷害補償特約について、前出[20]と同旨（最判平19・10・19判時一九九〇・一四四、保険法百選四一）

カ　手形上の責任

[22] 手形の流通証券としての特質からして、流通におく意思で約束手形に振出人としての署名又は記名押印をした者は、たまたま右手形が盗難・紛失等のため、その者の意思によらずに流通におかれた場合でも、連続した裏書のある手形所持人に対しては、悪意又は重過失によって同人がこれを取得したことを主張・立証しない限り、振出人としての手形債務を負う。（最判昭46・11・16民集二五・八・一一七三、手形小切手百選[七版]八）↓手◘【手形法総論】［二編名の後］[14]

[23] 手形法一六条一項にいう「適法の所持人と看做す」とは「推定する」の意味であり、手形債務者は手形所持人が真実の権利者ではないと証明すればその権利行使を拒み得る。手形所持人が無権利者から手形を取得した場合には、手形債務者が所持人の悪意又は重過失を立証しない限り、手形法一六条二項により手形の善意取得が認められ、所持人は実質上の権利者となる。（最判昭36・11・24民集一五・一〇・二五一九、手形小切手百選[三版]六四）↓手一六条[1]

ヨ　カルテルと損害の因果関係・損害額

[24]〈石油元売会社のカルテルによる損害賠償を民法七〇九条に基づき請求した事例。一般論として二四八条[2]を引用して〉価格協定実施直前の小売価格と現実の小売価格との差額をもって価格協定による消費者の損害とする事実上の推定は、協定実施から消費者による商品購入までの間に小売価格の形成に影響する顕著な経済的要因等の変動があるときには、その前提を欠くのであるから、そうした顕著な経済的要因の変動がないことも消費者が証明責任を負い、またこの事実上の推定が働かない場合において損害の推計に必要となる、当該商品の価格形成上の特性及び経済的変動の内容・程度等の諸要因の証明責任もまた、消費者が負担する。（最判平元・12・8民集四三・一一・一二五九〈鶴岡灯油カルテル事件〉消費百選[二版]一一二①……元売段階で顕著な価格上昇要因があったことを認定しながら事実上の推定を認めた原判決は法令適用の誤りがあり、その他の価格形成に関する諸事情の主張・立証がないとして、原告の請求を棄却した第一審判決が正当）↓二四八条[2]、民七〇九条[88]

タ　原発・河口堰建設差止訴訟における証明責任

[25]　人格権等に基づく原子力発電所の建設・運転差止訴訟では、発電所が安全性に欠け、原告に被害が及ぶ危険性があることの証明責任は、原告が負担する。原告が、①原子力発電所の運転による放射性物質の発生、②運転時及び事故時における放射性物質の外部への排出可能性、③その拡散可能性、④その原告の身体への到達可能性、⑤放射線による被害発生の可能性について必要な立証を行った場合には、発電所の安全性に関する資料を全て保持している被告において、発電所が安全性で欠ける点がないことについて相当の根拠を示し、非公開の資料を含む必要な資料を提出した上で立証する必要があり、立証を尽くさない場合には、原子力発電所に安全性に欠ける点があることが事実上推定される。（仙台地判平6・1・31判タ八五〇・一六九、重判平6行政五……控訴審（仙台高判平11・3・31判時一六八〇・四六、重判平11行政八）でも維持）

[26]　本件堰ゲート扉の閉鎖による人格権侵害の具体的危険の存在に関する証明責任は、民事訴訟の一般原則に従い原告らに属する。ただ、災害時の危険に関しては、原告らにおいて堰の安全性に合理的疑いがあること、それにより人格権侵害の結果が生じることを立証する必要があり、右合理的疑いの立証に対しては、堰を建設、運用する被告において、科学的、専門技術的な調査に基づき、具体的根拠を示して安全性に欠ける点がないことを立証する必要がある。（名古屋高判平10・12・17判時一六六七・三、環境百選[三版]一〇二）

レ　国籍確認訴訟における証明責任

[27]　〈日本で出生した原告が、その父母がともに知れないから、国籍法二条三号に基づき日本国籍を取得したと主張して、日本国籍を有することの確認を求めた事例において〉国籍法二条三号の「父母がともに知れないとき」という要件に該当する事実が存在することの証明責任は、国籍の取得を主張する原告が負担する。原告が、社会通念上両親を特定できない状況にあることを立証すれば、この要件に当たる。（最判平7・1・27民集四九・一・五六、国私百選[三版]一一〇）

ソ　消費者契約法九条の「平均的な損害」

[28]　大学入学辞退者に関する在学契約中の入学金以外の学生納付金不返還特約は、在学契約の解除に伴う損害賠償額の予定又は違約金を定めたものであり、消費者契約法九条一号［現一項一号］の「平均的な損害」及びこれを超える部分については、事実上の推定が働く余地があるとしても、基本的には不返還特約の全部又は一部がこの平均的損害を超えて無効であると主張する学生が主張立証責任を負う。（最判平18・11・27民集六〇・九・三四三七、消費百選[二版]四四）

ツ　有期労働契約者と無期労働契約者との間の労働条件の相違の不合理性

[29]　労契法二〇条［平成三〇法七一による改正前のもの］にいう「不合理と認められるもの」とは、有期契約労働者と無期契約労働者との労働条件の相違が不合理であると評価できるものであることをいうところ、両者の労働条件の相違が不合理であるか否かの判断は規範的評価を伴うものであるから、当該相違が不合理であるとの評価を基礎付ける事実については当該相違が同条に違反することを主張する者が、当該相違が同条に違反することを争う者が、それぞれ主張立証責任を負う。（最判平30・6・1民集七二・二・八八〈ハマキョウレックス事件〉労働百選[一〇版]八二）↓短時有期八条[7]

ネ　行政機関による文書の保有

[30]　情報公開法に基づく開示請求の対象とされた行政文書を行政機関が保有していないことを理由とする不開示決定の取消訴訟においては、その取消しを求める者が、当該不開示決定時に当該行政機関が当該行政文書を保有していたことについて主張立証責任を負う。ある時点における当該行政機関職員による当該行政文書の作成又は取得が立証された場合においても、不開示決定時に当該行政機関が当該行政文書を保有していたことを推認できるか否かについては、当該行政文書の内容や性質、作成の経緯や時期、保管の体制や状況等に応じて、個別具体的に検討すべきであり、特に、他国との外交交渉の過程で作成される行政文書に関しては、その保管の体制や状況等が通常と異なり得ることを踏まえて、その可否を検討すべきである。（最判平26・7・14判時二二四二・五一、重判平26行政六……日米間の外交交渉の内容に関する文書の不開示決定時における保有を推認できないとして請求を棄却した原判決を維持）↓行政情報公開五条[61]

二　証明妨害

[31]　自動車保険金請求事件において、保険料の支払が保険事故発生前になされたことの主張・立証責任は被保険者にある。もし、保険料を受領した保険者が、故意又は重過失によって日時の記載を欠く受領書を交付した場合には、支払日時について被保険者に対し証明妨害を行ったことになり、その効果として、裁判所は、事案に応じて、⑴挙証者の主張事実を事実上推定するか、⑵証明妨害の程度等に応じ裁量的に挙証者の主張事実を真実として擬制するか、⑶挙証者の主張事実について証明度の軽減を認めるか、⑷証明責任の転換をし、挙証者の主張の反対事実の証明責任を相手方に負わせるかを決すべきである。（東京高判平3・1・30判時一三八一・四九、民訴百選[五版]六二）

三　自由心証主義との関係

1　訴訟上の証明↓二四七条[4]

2　因果関係の割合的認定↓二四八条[6][13]

3　事実上の推定↓二四七条[6][7]・二四八条[2]

4　証拠能力↓二四七条[19]～[25]

5　証拠共通の原則↓二四七条[18]

6　証拠契約↓二四七条[26]

7　証拠理由の説示↓二四七条[27]

（証明することを要しない事実）

第一七九条　裁判所において当事者が自白した事実及び顕著な事実は、証明することを要しない。

参【自白の不適用↓人訴一九【擬制自白↓一五九【調書に記載↓民訴規六七①□一【可罰行為による自白と再審事由↓三三八①□五【特許訴訟における推定↓特許一〇二―一〇四

一　間接事実の自白

[1]　間接事実についての自白は、裁判所及び自白した当事者のいずれをも拘束しない。貸金債権を相続により取得したとする原告に対し、右債権は被相続人が買い受けた建物の代金決済のため被相続人が第三者に譲渡したとの抗弁が提出された場合に、建物売買は債権譲渡認定のための間接事実にすぎないから、これについて原告のした自白は取り消すことができ

る。(最判昭41・9・22民集二〇・七・一三九二、民訴百選[五版]五四)

二　補助事実の自白―書証の成立

[2]　書証の成立の真正についての自白は裁判所を拘束しないから、その撤回は許される。(最判昭52・4・15民集三一・三・三七一、民訴百選Ⅰ[補正]一〇五……被告が、一旦委任状の成立を認め、後に、当初白紙委任状であったものが転々し、無断で代理権授与の記載が補充されたと主張した事例)

三　権利自白

[3]　建築中の建物の取引に関し民法一七七条の適用の有無が争われ、買受け時には法律上の建物として不動産化されていた旨の訴訟代理人の陳述は、陳述者の職業・法律知識からして、右建物が一個の建造物と認め得る状態にあったとの事実の自白を含む。(最判昭37・2・13判時二九二・一八)

[4]　消費貸借の借主が、貸主主張の公正証書記載の金額につき消費貸借の成立したことを認める一方、貸借に際し利息の天引きが行われたと主張する請求異議事件においては、どれだけの額につき消費貸借の成立を認めるかは、具体的な法律要件たる事実に基づいてなされる法律効果の判断の問題であるから、右の各陳述は法律上の意見の陳述であり、直ちに自白であるとはいえない。(最判昭30・7・5民集九・九・九八五、民訴百選[五版]五五)

[5]　自衛隊機と民間航空機との衝突事故の被害者遺族からの損害賠償請求訴訟において、「自衛隊機の安全確認措置の懈怠が注意義務に違反することを認める」旨の被告国側の陳述は、事実関係の細部に及ぶものではないが、被告が、事前調査により事故の状況を認識し、その事実の法的評価能力を有し、陳述の内容と意味を正当に理解しており、自衛隊機の有過失の結論のみを裁判の基礎となすべき意味で陳述をしたと認められるときは、事実の自白に該当する。(東京地判昭49・3・1下民二五・一~四・一二九、民訴百選[五版]A18)

四　自白の無効・取消し(撤回)

[6]　刑法二四六条二項に当たる詐欺行為により自白がなされた以上、自白は無効であるか又は取り消されるべきである、旨の自白者の主張は、民訴法三三八条〔旧四二〇条〕一項五号の「刑事上罰すべき他人の行為により、自白をするに至った」再審事由を主張するものであり、主張事実が肯認されるならば、自白の効力は認められない。(最判昭33・3・7民集一二・三・四六九)

[7]　裁判上の自白は原則として取り消すことはできないが、自白した事実が真正の事実に適合せず、かつ、自白が錯誤によることを、自白者が証明した場合に限り、その取消しが許される。(大判大11・2・20民集一・五二)

[8]　当事者の自白した事実が真実に合致しないことの証明がある以上、その自白は特別の事実がない限り錯誤によるものと認めることができる。(最判昭25・7・11民集四・七・三一六)

[9]　自白が真実に反するが錯誤によらない場合(自白者が、請求原因事実が真実でないことを承知の上で自白をした場合)であっても、自白に対する相手方の信頼をあくまでも保護するのを正当とする事由に乏しいときは、自白の撤回が許される。(東京高判平元・10・31判タ七六五・二三四……馴合〔なれあい〕訴訟の被告が請求原因事実を自白した後に原告が死亡した場合において、その承継人に対する自白の撤回が許されるかどうか、が争われた事例)

五　顕著な事実

[10]　本条〔旧二五七条〕にいう「顕著な事実」は、公知の事実のほか、当該裁判所にとって職務上顕著な事実も含み、後者は必ずしも一般に了知されていることを要しない。(最判昭28・9・11裁判集民九・九〇一……被上告人(相続人)が遺産の処分を第三者に授権したかどうかが争点となっている所有権確認、妨害排除請求事件において、右第三者が代理権を有しないと認定するに当たり、被上告人と右第三者との間に遺産管理処分権をめぐる深刻な争いが生じ、現にこれに関する訴訟が十数件原審に係属中であることを、原審が顕著な事実であるとして資料に用いた事例)

[11]　構成員の過半数が共通の二つの裁判所(部)に、同一取引に関する民事・刑事の両事件が同時に係属する場合において、先になされた刑事判決の理由中で一定の事実(契約の内容)を認定したことは、他の裁判所にとって顕著であるから、当事者がこれと異なる事実についての自白を取り消し、刑事判決の認定に沿う事実が真実に合致すると主張するときは、その真実性を判断するに当たり、前記の顕著な事実をも資料としなければならない。(最判昭31・7・20民集一〇・八・九四七……破棄差戻し)

六　相手方の援用しない自己に不利益な陳述↓◆【弁論主義】〔二四八条の前〕[9]

(**証拠の申出**)

第一八〇条①　証拠の申出は、証明すべき事実を特定してしなければならない。

②　証拠の申出は、期日前においてもすることができる。

⊛❶【申出の方式↓一三二の一〇、民訴規一・九九、一〇〇【証人尋問の申出↓民訴規一〇六【当事者尋問の申立て↓二〇七【鑑定の申出↓民訴規一二九【書証の申出↓二一九、民訴規一三七、一四〇【検証の申出↓民訴規一五〇【職権証拠調べ↓一四、行訴二四、人訴二〇、非訟四九、家事五六【人事訴訟における検察官申出↓人訴二三】❷【弁論準備手続における証拠の申出に関する裁判↓一七〇②、一七一②【証拠調べの準備義務↓民訴規一〇一

証拠申出の放棄

[1]　〈証人尋問を申請した被告がその後翻意しその費用を予納しなかったため、原告がこれを予納し、被告不在のまま証人を尋問し、証拠として採用した事案において〉証人尋問終了後は、その申請を撤回することはできない。(最判昭32・6・25民集一一・六・一一四三、民訴百選[五版]A21)

[2]　一旦裁判所の心証形成の資料に供された証拠(鑑定結果)については、その証拠の申出を撤回することは許されず、裁判所は申出人に有利か否かにかかわらず当事者双方に共通する証拠としてその価値を判断しなければならない。(最判昭58・5・26判時一〇八八・七四)↓二四七条[18]

(**証拠調べを要しない場合**)

第一八一条①　裁判所は、当事者が申し出た証拠で必要でないと認めるものは、取り調べることを要しない。

②　証拠調べについて不定期間の障害があるときは、裁判所は、証拠調べをしないことができる。

⊛+【証拠の申出↓一八〇⊛【自由心証主義↓二四七

一　唯一の証拠方法の申出と採否

[1]　唯一の証拠方法(本人尋問)の申出がなされた場合、特段の事情がない限りこれを取り調べなければならず、原審口頭弁論終結時に当事者双方が「他に主張・立証がない」と述べたことは右特段の事情に当たらない。(最判昭53・3・23判時八八五・一一八、民訴百選Ⅱ[補正]一二五)

[2]　たとえ被告訴訟代理人申請に係る証人及び被告本人の尋問が抗弁事実立証のための唯一の証拠であるとしても、証拠調べ期日に証人・被告本人が二度にわたって欠席し、二度目の期日には右両名に加え被告訴訟代理人も欠席し、その理由を釈明する書面も提出されなかった場合には、これを取り調べなくとも、本条一項〔旧二五九条〕の証拠採否の裁量の範囲を逸脱するものではない。(最判昭39・4・3民集一八・四・五一三)

二　目撃証人に準ずる立場にある唯一の人物に対する証人尋問の不実施と審理不尽

[3]　痴漢の虚偽申告を理由とするXのYに対する損害賠償請求訴訟において、目撃者が見付からない場合に、事件当時、Y

と携帯電話で通話中であったという点で、これに準ずる立場にある唯一の人物であるAの証人尋問を実施せず、AがYとの通話中に聞いたX及びYの発言内容を担当検事の証言及び陳述書のみによって認定した上、具体的な根拠の乏しいままに、担当検事に対するAの供述内容と整合しないYの供述の信用性を肯定し、Aの供述と合致するXの供述の信用性を否定して、Xが痴漢行為をしたものと認めた原審の判断には、審理不尽の違法がある。（最判平20・11・7判時二〇三一・一四）

（集中証拠調べ）

第一八二条　証人及び当事者本人の尋問は、できる限り、争点及び証拠の整理が終了した後に集中して行わなければならない。

⊛+【一括申出↓民訴規一〇〇【争点整理手続↓一六四―一七八【証人尋問↓一九〇―二〇六【当事者尋問↓二〇七―二一一【専門委員↓九二の二②【計画審理↓一四七の二、一四七の三

（当事者の不出頭の場合の取扱い）

第一八三条　証拠調べは、当事者が期日に出頭しない場合においても、することができる。

⊛+【口頭弁論における当事者の欠席↓一五八、二六三、二七七

（外国における証拠調べ）

第一八四条①　外国においてすべき証拠調べは、その国の管轄官庁又はその国に駐在する日本の大使、公使若しくは領事に嘱託してしなければならない。

②　外国においてした証拠調べは、その国の法律に違反する場合であっても、この法律に違反しないときは、その効力を有する。

⊛❶【嘱託の主体↓民訴規一〇三　+【外国における送達↓一〇八

（裁判所外における証拠調べ）

第一八五条①　裁判所は、相当と認めるときは、裁判所外において証拠調べをすることができる。この場合においては、合議体の構成員に命じ、又は地方裁判所若しくは簡易裁判所に嘱託して証拠調べをさせることができる。

②　前項に規定する嘱託により職務を行う受託裁判官は、他の地方裁判所又は簡易裁判所において証拠調べをすることを相当と認めるときは、更に証拠調べの嘱託をすることができる。

⊛❶【開廷の場所↓裁六九【裁判所の共助↓裁七九【地裁が合議体で裁判する場合↓裁二六②【受命裁判官の指定↓民訴規三一①【受命・受託裁判官の証拠調べ↓一九五、二三三、民訴規一四二、人訴三三②【手形・小切手訴訟における証拠調べの嘱託の禁止↓三五二④、三六七②【嘱託に基づく証拠調べの報告↓民訴規一〇五　❷【受託裁判官↓八九⊛【再嘱託の通知↓民訴規一〇四

[1]　**受託裁判官による証拠調べの結果の援用**　〈受託判事による嘱託証人尋問後の、原審裁判所における口頭弁論期日に、被告が二回にわたり欠席し、二回目期日に右調書を原審裁判長が法廷に提示したところ、原告は右尋問の結果を援用することなく他に主張・立証はない旨陳述したので、口頭弁論を終結するに至った事案において〉裁判所が受託判事による証人尋問の結果につき当事者に演述・援用の機会を与えたのに、当事者がこれを行わない場合には、援用のないまま口頭弁論を終結しても違法ではない。（最判昭35・2・9民集一四・一・八四）

（調査の嘱託）

第一八六条　裁判所は、必要な調査を官庁若しくは公署、外国の官庁若しくは公署又は学校、商工会議所、取引所その他の団体に嘱託することができる。

⊛+【嘱託の手続↓民訴規三一②【取引所↓金商二⑯【手形・小切手訴訟における調査の嘱託の禁止↓三五二④、三六七②【釈明処分としての調査の嘱託↓一五一①因②【提訴前の処分↓一三二の四

[1]　**一　当事者による援用の要否**　本条〔旧二六二条〕に基づく調査の嘱託によって得られた結果（東京繊維商品取引所への取引価格の照会に対する回答）を証拠とするには、裁判所がそれを口頭弁論で提示して当事者に意見陳述の機会を与えれば足り、当事者の援用を要しない。（最判昭45・3・26民集二四・三・一六五、続民訴百選六七）

[2]　**二　調査嘱託に対する報告義務**　銀行が裁判所から本条に基づく調査嘱託として口座開設者の氏名住所等の個人情報の回答を求められた場合には、本人の同意の有無にかかわらず当然に回答する義務を負うが、これは裁判所に対する公的義務であって、個々の依頼者が回答を求める権利を有しているのではないから、銀行が右情報につき回答を拒否しても不法行為の要件には該当しない。（大阪高判平19・1・30判時一九六二・七八……弁護士法二三条の二に基づく弁護士会からの照会についても同旨判示）

（参考人等の審尋）

第一八七条①　裁判所は、決定で完結すべき事件について、参考人又は当事者本人を審尋することができる。ただし、参考人については、当事者が申し出た者に限る。

②　前項の規定による審尋は、相手方がある事件については、当事者双方が立ち会うことができる審尋の期日においてしなければならない。

⊛❶【決定↓一一九⊛【参考人の審尋↓民執五【決定で完結すべき事件における当事者の審尋↓八七②【釈明権行使としての当事者に対する発問↓一四九①、一五一①□　❷【双方が立ち会うことができる期日↓一六九⊛　+【正式な証拠調べ↓一九〇―二一一

（疎明）

第一八八条　疎明は、即時に取り調べることができる証拠によってしなければならない。

⊛+【疎明を要する場合↓三五①、四四①、九一②―④、九二①、一九八、四〇三①、民訴規一〇③、三〇②、一三〇②、一五三③、民執一一五③、民保一三②、二七①、三八②、三九②、破一八②、二二四②、会更二〇ETC【即時に取り調べることができる証拠↓三七一

（過料の裁判の執行）

第一八九条①　この章の規定による過料の裁判は、検察官の命令で執行する。この命令は、執行力のある債務名義と同一の効力を有する。

②　過料の裁判の執行は、民事執行法（昭和五十四年法律第四号）その他強制執行の手続に関する法令の規定に従ってする。ただし、執行をする前に裁判の送達をすることを要しない。

③　刑事訴訟法（昭和二十三年法律第百三十一号）第五百七条の規定は、過料の裁判の執行について準用する。

④　過料の裁判の執行があった後に当該裁判（以下この項において「原裁判」という。）に対して即時抗告があった場合において、抗告裁判所が当該即時抗告を理由があると認めて原裁判を取り消して更に過料の裁判をしたときは、その金額の限度において当該過料の裁判の執行があったものとみなす。この場合において、原裁判の執行によって得た金額が当該過料の金額を超えるときは、その超過額は、これを還付しなければならない。

⊛❶【本章の規定による過料の裁判↓一九二①、二〇九①、二二五①、二二九⑤、二三〇①、二三二②【執行力のある債務名義↓民執二二、二五、五一①⊛　❷【強制執行の手続に関する法令↓民執一、民執規【債務名義の同時又は事前の送達の必要↓民執二九　+【同旨の規定↓刑訴四九〇

第二節　証人尋問

[1]
一　**証人能力**
〈八歳と九歳の児童が、約一年九箇月前の遊戯中に生じた失明事故の加害者を特定する証言を求められた事案において〉民訴法は証人たり得る能力について年齢制限を設けていないから、児童といえども、ある程度事理を弁別し表現する能力を備えている限り、証人となることができる。（最判昭43・2・9判時五一〇・三八、民訴百選[二版]九一）
二　**伝聞証言の証拠能力**↓二四七条[19][20]

（証人義務）

第一九〇条　裁判所は、特別の定めがある場合を除き、何人でも証人として尋問することができる。

+【証人尋問↓民訴規一〇六―一〇八【特別の定め↓一九一―二〇四【鑑定証人↓二一七【証人の保護↓二〇三の二・二〇三の三【証人尋問不許↓三五二・三六七【証人尋問を受けたことによる除斥↓二三①[四]【虚偽証言と再審事由↓三三八①[七]【人事訴訟における非公開↓人訴二二【特許訴訟等における非公開↓特許一〇五の七、不正競争一三

（公務員の尋問）
第一九一条①　公務員又は公務員であった者を証人として職務上の秘密について尋問する場合には、裁判所は、当該監督官庁（衆議院若しくは参議院の議員又はその職にあった者についてはその院、内閣総理大臣その他の国務大臣又はその職にあった者については内閣）の承認を得なければならない。
②　前項の承認は、公共の利益を害し、又は公務の遂行に著しい支障を生ずるおそれがある場合を除き、拒むことができない。
❶【公務員・公務員であった者の証言拒絶権↓一九七①[一]【証言拒絶についての裁判不要↓一九九①【公務員の職務上の守秘義務↓国公一〇〇、地公三四、裁七五②、独禁三九、ETC　❷【承認の基準↓国公九六　+【類似の規定↓刑訴一四四・一四五、議院証言五

（不出頭に対する過料等）
第一九二条①　証人が正当な理由なく出頭しないときは、裁判所は、決定で、これによって生じた訴訟費用の負担を命じ、かつ、十万円以下の過料に処する。
②　前項の決定に対しては、即時抗告をすることができる。
❶【証人の出頭の確保↓民訴規一〇九【不出頭の届出↓民訴規一一〇【第三者からの訴訟費用の償還↓六九【過料の裁判の執行↓一八九　❷【即時抗告↓三三二　+【不出頭に対する他の制裁・強制↓一九三・一九四

（不出頭に対する罰金等）
第一九三条①　証人が正当な理由なく出頭しないときは、十万円以下の罰金又は拘留に処する。
②　前項の罪を犯した者には、情状により、罰金及び拘留を併科することができる。
❶【罰金・拘留↓刑一五・一六・一八【罰金刑の執行↓刑訴四九〇　❷【併科↓刑五三

（勾引）
第一九四条①　裁判所は、正当な理由なく出頭しない証人の勾引（こう）を命ずることができる。
②　刑事訴訟法中勾引に関する規定は、前項の勾引について準用する。
+【勾引に関する規定↓刑訴一五二―一五三の二、刑訴規一一〇―一一二

（受命裁判官等による証人尋問）
第一九五条　裁判所は、次に掲げる場合に限り、受命裁判官又は受託裁判官に裁判所外で証人の尋問をさせることができる。
一　証人が受訴裁判所に出頭する義務がないとき、又は正当な理由により出頭することができないとき。
二　証人が受訴裁判所に出頭するについて不相当な費用又は時間を要するとき。
三　現場において証人を尋問することが事実を発見するために必要であるとき。
四　当事者に異議がないとき。
+【裁判所外における証拠調べ↓一八五【受命裁判官↓八八【受託裁判官↓八九【本条の準用↓二一〇

責問権の放棄↓九〇条[4]

（証言拒絶権）
第一九六条　証言が証人又は証人と次に掲げる関係を有する者が刑事訴追を受け、又は有罪判決を受けるおそれがある事項に関するときは、証人は、証言を拒むことができる。証言がこれらの者の名誉を害すべき事項に関するときも、同様とする。
一　配偶者、四親等内の血族若しくは三親等内の姻族の関係にあり、又はあったこと。
二　後見人と被後見人の関係にあること。
+【拒絶理由の疎明↓一九八【拒絶についての裁判↓一九九【宣誓拒絶権↓二〇一③【宣誓の免除↓二〇一④【本条に掲げる者の鑑定人不適格↓二一二【同旨の規定↓議院証言四①、刑訴一四七　[一]【親族の範囲↓民七二五【親等の計算法↓民七二六　[二]【後見人↓民八三九―八四七【被後見人↓民五・八三九・八・八四三

[1]
〈長時間労働により鬱病に罹患〔りかん〕して自殺したことを理由とする損害賠償請求訴訟のため、同僚のタイムカードについて証拠保全としての検証物提示命令申立てがされたが、提出により時間外手当の不払が明らかになると労基法所定の刑罰に処せられる可能性がある、として相手方が争った事案〉検証目的物所持者は、証言拒絶権と同様の事由がある場合には、特段の事情のない限り、正当な理由があるものとして検証協力義務を免れるが、タイムカードは、労働者の基本的人権の保護を主な目的として、法令により使用者に対して罰則の制裁の下に調製、保存及び行政機関への提出が義務付けられたものであり、労働者の権利保護のために不可欠の重要な書類であること、その記載内容も単なる客観的な出退勤時刻にすぎないことからすると、過重労働を理由とする安全配慮義務違反による労災損害賠償請求事件においては、自己負罪拒否特権は、正当な理由には当たらない。（大阪高決平25・7・18判時二二二四・五二）

第一九七条①　次に掲げる場合には、証人は、証言を拒むことができる。
一　第百九十一条第一項の場合
二　医師、歯科医師、薬剤師、医薬品販売業者、助産師、弁護士（外国法事務弁護士を含む。）、弁理士、弁護人、公証人、宗教、祈禱若しくは祭祀の職にある者又はこれらの職にあった者が職務上知り得た事実で黙秘すべきものについて尋問を受ける場合
三　技術又は職業の秘密に関する事項について尋問を受ける場合
②　前項の規定は、証人が黙秘の義務を免除された場合には、適用しない。
+【拒絶理由の疎明↓一九八【拒絶についての裁判↓一九九【秘密漏示罪↓刑一三四【同旨の規定↓議院証言四②、刑訴一四九【営業秘密↓一三二の二①【秘密保持命令↓特許一〇五の四、不正競争一〇、著作一一四の六

[1]
一　**専門職が職務上知り得た秘密**
1　**一項二号に列挙されていない者の証言拒絶権**
電気通信事業に従事する者及びその職を退いた者は、電気通信事業法により守秘義務が課されており、本条一項二号の

類推適用により、職務上知り得た事実で黙秘すべきものについて証言を拒むことができる。（最決令3・3・18民集七五・三・八二二、重判令3民訴四）

2　黙秘すべきもの

[2]「黙秘すべきもの」の意義（最決平16・11・26民集五八・八・二三九三、重判平16民訴三）→二二〇条[19]

[3]公証人法上の守秘義務は、嘱託人の公証制度に対する信頼保護を目的とするが、公正証書遺言作成当時における遺言者の意思能力の有無が争点となっていて、証書を作成した公証人の証言に代替し得る適切な証拠方法がない場合には、当該争点の判断に必要な限度で、遺言者の秘密が開示されることもやむを得ない。（東京高決平4・6・19判タ八五六・二五七、民訴百選[三版]A26……公証人の証言拒絶は理由なしとして、公証人からの抗告を棄却）

[4]電子メールの送信者情報（最決令3・3・18前出[7]）→二三二条[2]

二　技術又は職業の秘密

1　技術の秘密→二二〇条[20]

2　報道記者の取材源

[5]本条一項三号の職業の秘密とは、その事項の公開が当該職業に深刻な影響を与え、以後その遂行が困難になるものをいい、証言拒絶が認められる保護に値する秘密かどうかは、秘密の公表により生ずる不利益と証言拒絶によって犠牲となる真実発見及び裁判の公正との比較衡量によって決せられる。報道関係者の取材源も同号の職業の秘密に該当するが、それが保護に値するかどうかは、報道の内容、性質、社会的な意義、取材の態様、将来の同種の取材が妨げられることによる不利益と、当該民事事件の内容、性質、社会的な意義、当該証言の必要性、代替証拠の有無等の諸事情を比較衡量して決すべきである。事実報道の自由は憲法二一条により保障され、報道のための取材の自由を確保する取材源の秘密は重要な社会的価値を有するから、右の比較衡量に当たっては、取材源に係る証言は保護に値する秘密として原則として拒絶できる。（最決平18・10・3民集六〇・八・二六四七、民訴百選[五版]六七）→憲二一条[42]

（証言拒絶の理由の疎明）

第一九八条　証言拒絶の理由は、疎明しなければならない。

⑬+【証言拒絶権がある場合→一九六、一九七【疎明の方法→一八八【拒絶についての裁判→一九九【不当拒絶に対する制裁→二〇〇

（証言拒絶についての裁判）

第一九九条①　第百九十七条第一項第一号の場合を除き、証言拒絶の当否については、受訴裁判所が、当事者を審尋して、決定で、裁判をする。

②　前項の裁判に対しては、当事者及び証人は、即時抗告をすることができる。

⑬❶【証言拒絶権がある場合→一九六、一九七【証言拒絶の当否の裁判をしない場合→一九七①[三]【審尋→八七③　❷【即時抗告→三三二

（証言拒絶に対する制裁）

第二〇〇条　第百九十二条及び第百九十三条の規定は、証言拒絶を理由がないとする裁判が確定した後に証人が正当な理由なく証言を拒む場合について準用する。

⑬+【証言拒絶についての裁判→一九九【証人不出頭に対する制裁→一九二、一九三

（宣誓）

第二〇一条①　証人には、特別の定めがある場合を除き、宣誓をさせなければならない。

②　十六歳未満の者又は宣誓の趣旨を理解することができない者を証人として尋問する場合には、宣誓をさせることができない。

③　第百九十六条の規定に該当する証人で証言拒絶の権利を行使しないものを尋問する場合には、宣誓をさせないことができる。

④　証人は、自己又は自己と第百九十六条各号に掲げる関係を有する者に著しい利害関係のある事項について尋問を受けるときは、宣誓を拒むことができる。

⑤　第百九十八条及び第百九十九条の規定は証人が宣誓を拒む場合について、第百九十二条及び第百九十三条の規定は宣誓拒絶を理由がないとする裁判が確定した後に証人が正当な理由なく宣誓を拒む場合について準用する。

⑬❶【宣誓の方式→民訴規一一二【調書に記載→民訴規六七①[四]【偽証の罪→刑一六九、一七〇【特別の定めの例→三七二①　❷【宣誓の趣旨の教示→民訴規一一二⑤【同旨の規定→刑訴一五五【本項の準用→二一〇　❺【宣誓拒絶の疎明・裁判→一九八、一九九【宣誓拒絶に対する制裁→一九二、一九三

一　宣誓を欠く証言の効力→九〇条[3]

二　誤って宣誓させて聴取した証言の効力

[7]本条二項［旧二八九条］による宣誓能力のない者（一三歳の児童）に誤って宣誓させた上なした証人尋問は、違法な手続によるものであるが、宣誓させて尋問すべき証人を誤って宣誓させずして尋問した場合と異なり訴訟法上有効であるから、裁判所はその証言を証拠として採用できる。（最判昭40・10・21民集一九・七・一九一〇）

（尋問の順序）

第二〇二条①　証人の尋問は、その尋問の申出をした当事者、他の当事者、裁判長の順序でする。

②　裁判長は、適当と認めるときは、当事者の意見を聴いて、前項の順序を変更することができる。

③　当事者が前項の規定による変更について異議を述べたときは、裁判所は、決定で、その異議について裁判をする。

⑬❶❷【尋問の順序→民訴規一一三【尋問における質問の制限→民訴規一一四、一一五【証人相互の対質→民訴規一一八　❸【当事者の異議→民訴規一一七　+【本条の準用→二一〇【鑑定人質問の順序→二一五の二

一　反対尋問の保障→二四七条[20]

二　交互尋問制と伝聞証拠の証拠能力→二四七条[19]

（書類に基づく陳述の禁止）

第二〇三条　証人は、書類に基づいて陳述することができない。ただし、裁判長の許可を受けたときは、この限りでない。

⑬+【証人の陳述→民訴規六七①[三]【当事者に異議がない場合の書面尋問→二〇五【本条の準用→二一〇

（付添い）

第二〇三条の二①　裁判長は、証人の年齢又は心身の状態その他の事情を考慮し、証人が尋問を受ける場合に著しく不安又は緊張を覚えるおそれがあると認めるときは、その不安又は緊張を緩和するのに適当であり、かつ、裁判長若しくは当事者の尋問若しくは証人の陳述を妨げ、又はその陳述の内容に不当な影響を与えるおそれがないと認める者を、その証人の陳述中、証人に付き添わせることができる。

②　前項の規定により証人に付き添うこととされた者は、その証人の陳述中、裁判長若しくは当事者の尋問若しくは証人の陳述を妨げ、又はその陳述の内容に不当な影響を与えるような言動をしてはならない。

③　当事者が、第一項の規定による裁判長の処置に対し、異議を述べたときは、裁判所は、決定で、その異議について裁判をする。

⑬+【類似の規定→刑訴一五七の四、三一六の三九【裁判長の訴

訟指揮権↓一四八　❶【付添い↓民訴規一二二の二　❸【訴訟指揮への異議↓一五〇、民訴規一一七

（遮へいの措置）

第二〇三条の三①　裁判長は、事案の性質、証人の年齢又は心身の状態、証人と当事者本人又はその法定代理人との関係（証人がこれらの者が行った犯罪により害を被った者であることを含む。次条第二号において同じ。）その他の事情により、証人が当事者本人又はその法定代理人の面前（同条に規定する方法による場合を含む。）において陳述するときは圧迫を受け精神の平穏を著しく害されるおそれがあると認める場合であって、相当と認めるときは、その当事者本人又は法定代理人とその証人との間で、一方から又は相互に相手の状態を認識することができないようにするための措置をとることができる。

② 裁判長は、事案の性質、証人が犯罪により害を被った者であること、証人の年齢、心身の状態又は名誉に対する影響その他の事情を考慮し、相当と認めるときは、傍聴人とその証人との間で、相互に相手の状態を認識することができないようにするための措置をとることができる。

③ 前条第三項の規定は、前二項の規定による裁判長の処置について準用する。

【類似の規定↓二〇四、刑訴一五七の五・三一六の三九【裁判長の訴訟指揮権↓一四八　❶❷【遮蔽の措置↓民訴規一二二の三　❷【傍聴人の退廷↓民訴規一二一

（映像等の送受信による通話の方法による尋問）

第二〇四条　裁判所は、次に掲げる場合には、最高裁判所規則で定めるところにより、映像と音声の送受信により相手の状態を相互に認識しながら通話をすることができる方法によって、証人の尋問をすることができる。

一 証人が遠隔の地に居住するとき。

二 事案の性質、証人の年齢又は心身の状態、証人と当事者本人又はその法定代理人との関係その他の事情により、証人が裁判長及び当事者が証人を尋問するために在席する場所において陳述するときは圧迫を受け精神の平穏を著しく害されるおそれがあると認める場合であって、相当と認めるとき。

【テレビ通話方式による証人尋問↓民訴規一二三【映像等の送受信による通話の方法による口頭弁論↓八七の二①【鑑定人の意見陳述↓二一五の二【電話方式による弁論準備手続・書面準備手続との対比↓一七〇③・一七六③、民訴規八八②・九一【遮蔽の措置↓二〇三の三【本条の準用↓二一〇

（尋問に代わる書面の提出）

第二〇五条　裁判所は、相当と認める場合において、当事者に異議がないときは、証人の尋問に代え、書面の提出をさせることができる。

【書面尋問↓民訴規一二四【簡裁手続における一般的許容↓二七八

（受命裁判官等の権限）

第二〇六条　受命裁判官又は受託裁判官が証人尋問をする場合には、裁判所及び裁判長の職務は、その裁判官が行う。ただし、第二百二条第三項の規定による異議についての裁判は、受訴裁判所がする。

【受命裁判官↓八八【受託裁判官↓八九【受命・受託裁判官による証拠調べ↓一八五①【裁判所の職務↓一九〇—一九四・一九九・二〇〇【裁判長の職務↓二〇二・二〇三、民訴規一一二・一一六・一一八—一二二の三【同旨の規定↓民訴規一二五【本条の準用↓二一〇

第三節　当事者尋問

（当事者本人の尋問）

第二〇七条①　裁判所は、申立てにより又は職権で、当事者本人を尋問することができる。この場合においては、その当事者に宣誓をさせることができる。

② 証人及び当事者本人の尋問を行うときは、まず証人の尋問をする。ただし、適当と認めるときは、当事者の意見を聴いて、まず当事者本人の尋問をすることができる。

❶【手形訴訟において当事者尋問の許される限度↓三五二③【当事者の宣誓↓二一〇・二〇一①【人事訴訟における職権尋問↓人訴二〇【人事訴訟における非公開↓人訴二二【特許訴訟等における非公開↓特許一〇五の七、不正競争一三【釈明処分としての本人の出頭命令↓一五一①㊀　❷【少額訴訟の場合↓三七二②【当事者と証人・他の当事者との対質↓民訴規一二六【本項の不適用↓人訴一九

（不出頭等の効果）

第二〇八条　当事者本人を尋問する場合において、その当事者が、正当な理由なく、出頭せず、又は宣誓若しくは陳述を拒んだときは、裁判所は、尋問事項に関する相手方の主張を真実と認めることができる。

【証人の不出頭の場合↓一九二—一九四【証人の宣誓拒絶の場合↓二〇一⑤・一九二・一九三【証人の証言拒絶の場合↓二〇〇・一九二・一九三【人事訴訟手続による本人尋問における不出頭↓人訴一九・二一②【当事者の虚偽陳述↓二〇九【尋問事項に関する主張の真実擬制↓二二四③

当事者本人不出頭の効果

[1]〈週刊誌の記事による名誉毀損を理由とする損害賠償請求事件において〉被告の申請により原告本人の尋問を実施するために二回にわたって呼出しがなされたのに出頭しなかった場合において、尋問の必要性を判断するのは裁判所であり、不当な質問は裁判長の訴訟指揮によって制限できるのだから、原告の不出頭に正当な理由はなく、本条により尋問事項に関する被告の主張を真実と認めることができる。尋問事項が民事訴訟規則一〇七条二項に反して個別的・具体的でないときは、その不利益を相手方に負わせるのは相当でなく、明らかにその尋問事項に含まれる事項（記事の一部）に限って本条が適用される。（東京地判平14・10・15判タ一一六〇・二七三）

（虚偽の陳述に対する過料）

第二〇九条①　宣誓した当事者が虚偽の陳述をしたときは、裁判所は、決定で、十万円以下の過料に処する。

② 前項の決定に対しては、即時抗告をすることができる。

③ 第一項の場合において、虚偽の陳述をした当事者が訴訟の係属中その陳述が虚偽であることを認めたときは、裁判所は、事情により、同項の決定を取り消すことができる。

❶【当事者の宣誓↓二〇七①【過料の裁判の執行↓一八九【再審事由↓三三八①㊆②【証人・鑑定人の虚偽陳述に対する制裁↓刑一六九・一七一　❷【即時抗告↓三三二

一　過料の裁判を求める申立権の有無

[1] 本条一項の定める過料の裁判は、裁判所が職権によって行うものであり、訴訟当事者はその裁判を求める申立権を有しない。（最決平17・11・18判時一九二〇・三八）

二　非訟事件手続法の適用の有無

[2] 本条一項に基づく過料の制裁は、受訴裁判所が現認した事実を原因とする秩序罰としての性質を有するものであること、民訴法一八九条が非訟事件手続法一二一条が存するにもかかわらず、本条一項に基づく過料の裁判の執行に関する規定を設けていることに鑑みれば、過料についての裁判の手続に係る非訟事件ではなく、民事訴訟手続の一部であると解することが相当である。よって、過料の決定に際し、非訟事件手続法一二〇条が定める検察官の意見聴取や、同法一二一条二項の異議申立てに関する規定も適用がない。（名古屋地決令3・10・20判タ一四九四・一二五……被告を過料一〇万円に処した）

（証人尋問の規定の準用）

第二一〇条　第百九十五条、第二百一条第二項、第二百二条から第二百四条まで及び第二百六条の規定は、当事者本人の尋問について準用する。
⊛⁺【証人尋問に関する規則の準用↓民訴規一二七

（法定代理人の尋問）

第二一一条　この法律中当事者本人の尋問に関する規定は、訴訟において当事者を代表する法定代理人について準用する。ただし、当事者本人を尋問することを妨げない。

⊛⁺【当事者を代表する法定代理人↓二八、三五、三七【宣誓の趣旨を理解できない者の尋問の取扱い↓二〇一②【手形・小切手訴訟における法定代理人尋問↓三五二③、三六七②

第四節　鑑定

⊛⁺【本節の準用↓一五一②

（鑑定義務）
第二一二条①　鑑定に必要な学識経験を有する者は、鑑定をする義務を負う。
②　第百九十六条又は第二百一条第四項の規定により証言又は宣誓を拒むことができる者と同一の地位にある者及び同条第二項に規定する者は、鑑定人となることができない。
⊛⁺【鑑定の申出↓民訴規一二九【手形・小切手訴訟における鑑定不許↓三五二、三六七②【鑑定人となったことによる除斥↓二三①㈣【虚偽の鑑定と再審事由↓三三八①㈦【専門委員↓九二の二【提訴前の処分↓一三二の四

（鑑定人の指定）

第二一三条　鑑定人は、受訴裁判所、受命裁判官又は受託裁判官が指定する。

⊛⁺【受命裁判官↓八八⊛【受託裁判官↓八九⊛【仲裁手続における鑑定人↓仲裁三四、三五

（忌避）
第二一四条①　鑑定人について誠実に鑑定をすることを妨げるべき事情があるときは、当事者は、その鑑定人が鑑定事項について陳述をする前に、これを忌避することができる。鑑定人が陳述をした場合であっても、その後に、忌避の原因が生じ、又は当事者がその原因があることを知ったときは、同様とする。
②　忌避の申立ては、受訴裁判所、受命裁判官又は受託裁判官にしなければならない。
③　忌避を理由があるとする決定に対しては、不服を申し立てることができない。
④　忌避を理由がないとする決定に対しては、即時抗告をすることができる。
⊛❶【裁判官・書記官の忌避↓二四—二七【鑑定人の宣誓↓二一六、二〇一、民訴規一三一【鑑定人の陳述↓二一五、民訴規一三二　❷【申立ての方式↓民訴規一三〇【受命・受託裁判官↓八八⊛、八九⊛　❹【即時抗告↓三三二

（鑑定人の陳述の方式等）
第二一五条①　裁判長は、鑑定人に、書面又は口頭で、意見を述べさせることができる。
②　裁判所は、鑑定人に意見を述べさせた場合において、当該意見の内容を明瞭にし、又はその根拠を確認するため必要があると認めるときは、申立てにより又は職権で、鑑定人に更に意見を述べさせることができる。
⊛⁺民訴規一三二　❶【鑑定のための協議↓民訴規一二九の二【証人尋問の場合↓二〇三、二〇五【調書に記載↓民訴規六七①㈢㈣　❷【更に意見を述べる事項↓民訴規一三二の二【証人尋問の場合↓民訴規一一三②—④

（鑑定人質問）
第二一五条の二①　裁判所は、鑑定人に口頭で意見を述べさせる場合には、鑑定人が意見の陳述をした後に、鑑定人に対し質問をすることができる。
②　前項の質問は、裁判長、その鑑定の申出をした当事者、他の当事者の順序でする。
③　裁判長は、適当と認めるときは、当事者の意見を聴いて、前項の順序を変更することができる。
④　当事者が前項の規定による変更について異議を述べたときは、裁判所は、決定で、その異議について裁判をする。
⊛❶【口頭での意見陳述↓二一五①【質問の制限↓民訴規一三二の四　❷【質問の順序↓民訴規一三二の三【証人尋問の場合↓二〇二①、民訴規一一三①　❸【順序の変更↓二〇二②　❹【異議↓民訴規一三二の二【異議の裁判↓二〇二③

（映像等の送受信による通話の方法による陳述）

第二一五条の三　裁判所は、鑑定人に口頭で意見を述べさせる場合において、鑑定人が遠隔の地に居住しているときその他相当と認めるときは、最高裁判所規則で定めるところにより、隔地者が映像と音声の送受信により相手の状態を相互に認識しながら通話をすることができる方法によって、意見を述べさせることができる。

⊛⁺【映像の送受信による陳述↓民訴規一三二の五【証人尋問の場合↓二〇四、民訴規一二三

（受命裁判官等の権限）

第二一五条の四　受命裁判官又は受託裁判官が鑑定人に意見を述べさせる場合には、裁判所及び裁判長の職務は、その裁判官が行う。ただし、第二百十五条の二第四項の規定による異議についての裁判は、受訴裁判所がする。

⊛⁺【類似の規定↓九二の七、一七一②、二〇六、二一〇

（証人尋問の規定の準用）

第二一六条　第百九十一条の規定は公務員又は公務員であった者に鑑定人として職務上の秘密について意見を述べさせる場合について、第百九十七条から第百九十九条までの規定は鑑定人が鑑定を拒む場合について、第二百一条第一項の規定は鑑定人に宣誓をさせる場合について、第百九十二条及び第百九十三条の規定は鑑定人が正当な理由なく出頭しない場合、鑑定人が宣誓を拒む場合及び鑑定拒絶を理由がないとする裁判が確定した後に鑑定人が正当な理由なく鑑定を拒む場合について準用する。

⊛⁺【証人との違い↓一九四、二〇五、二一五【鑑定証人の取扱い↓二一七

（鑑定証人）

第二一七条　特別の学識経験により知り得た事実に関する尋問については、証人尋問に関する規定による。

⊛⁺【証人尋問の規定↓一九〇—二〇六

（鑑定の嘱託）
第二一八条①　裁判所は、必要があると認めるときは、官庁若しくは公署、外国の官庁若しくは公署又は相当の設備を有する法人に鑑定を嘱託することができる。この場合においては、宣誓に関する規定を除き、この節の規定を準用する。
②　前項の場合において、裁判所は、必要があると認めるときは、官庁、公署又は法人の指定した者に鑑定書の説明をさせることができる。
⊛❶【嘱託の手続↓民訴規三一②　⁺【釈明処分としての鑑定↓一五一①㈤②

第五節　書証

（書証の申出）

第二一九条　書証の申出は、文書を提出し、又は文書の所持者にその提出を命ずることを申し立ててしなければならない。

⊛⁺【文書提出による書証の申出↓民訴規一三七【文書提出の方法↓民訴規一四三【文書提出命令申立てによる書証の申出↓二二一【文書送付嘱託申立てによる書証の申出↓二

二六

一　**書証の原本の写しの提出**

[1] 原本、正本又は認証謄本ではなく、写しによる書証の申出は、不適法な証拠申出である。（最判昭35・12・9民集一四・一三・三〇二〇）

[2] 民訴規則一四三条一項〔旧三二二条一項〕の規定は、文書が真正であることを確認しなければ証拠資料とすることができないために設けられたものである。そのため、当事者間で、文書の謄本をもって原本に代えることに異議がなく、かつ、その原本の存在及び成立について争いがなければ、挙証者は必ずしもその原本、正本又は認証ある謄本を提出する必要はない。（大判昭5・6・18民集九・六〇九）

[3] 写しが手書きで作成されていた時代と異なり、複写機が普及している現在では原本の存在が推認されると評価できること、原本の筆跡等もある程度明瞭であること、原本の提出を義務付ける規定が民訴法ではなく民訴規則一四三条に規定されたことを踏まえると、「原本に代えて写し」を提出する場合を常に相手方の異議がない場合に限定する必要はなく、むしろ、証拠としての提出を認めた上で、相手方において、原本に代えて写しを提出することの不都合を明示的に主張立証すべきである。（東京高判令元・9・18判タ一四六六・九二）

二　**訴え提起後に作成された文書の証拠能力**↓二四七条[22]

（**文書提出義務**）

第二二〇条　次に掲げる場合には、文書の所持者は、その提出を拒むことができない。

一　当事者が訴訟において引用した文書を自ら所持するとき。

二　挙証者が文書の所持者に対しその引渡し又は閲覧を求めることができるとき。

三　文書が挙証者の利益のために作成され、又は挙証者と文書の所持者との間の法律関係について作成されたとき。

四　前三号に掲げる場合のほか、文書が次に掲げるもののいずれにも該当しないとき。

イ　文書の所持者又は文書の所持者と第百九十六条各号に掲げる関係を有する者についての同条に規定する事項が記載されている文書

ロ　公務員の職務上の秘密に関する文書でその提出により公共の利益を害し、又は公務の遂行に著しい支障を生ずるおそれがあるもの

ハ　第百九十七条第一項第二号に規定する事実又は同項第三号に規定する事項で、黙秘の義務が免除されていないものが記載されている文書

ニ　専ら文書の所持者の利用に供するための文書（国又は地方公共団体が所持する文書にあっては、公務員が組織的に用いるものを除く。）

ホ　刑事事件に係る訴訟に関する書類若しくは少年の保護事件の記録又はこれらの事件において押収されている文書

§†【商業帳簿の提出義務↓会社四三四・四九三・六五九、一般法人一二二・一三〇・二二六・二三一【当事者の不提出・使用妨害の効果↓二二四【第三者の不提出の制裁↓二二五【一】【訴訟における文書の引用↓民訴規八二【三】【閲覧を求めることができる場合の例↓民二六二④、商五三九、会社三一・一二五・二三一・二五二・四三三・六八四【四】【訴追を受け名誉を害すべき事項↓一九六【公務員の職務上の秘密↓一九一§【公共の利益・公務遂行の支障の具体的基準↓二二三④【職務上知り得た事実、技術職業の秘密↓一九七【刑事訴訟記録↓刑訴五三・五三の二

一　**引用文書―一号関係**

[1] 原告患者側が提出した統一診断書に関する被告製薬会社（文書提出命令申立人）からの鑑定申請に対する反論という限定された形式をとる場合であっても、患者側（相手方）が、右統一診断書の証明力を増強するために、投薬証明書が診断書の基礎資料とされていると主張した場合には、投薬証明書は引用文書に当たる。（福岡高決昭52・7・12下民二八・五～八・七九六〈福岡スモン訴訟〉重判昭52民訴八）

[2] 本案たる所得税更正処分取消訴訟において、被告税務署長が、原告の所得を推計するための証拠として、原告の近隣同業者の青色申告決算書中の金額を移記した被告作成に係る報告書を提出している場合には、右青色申告決算書は、それ自体証拠として引用されていなくても、引用文書に当たる。（大阪地決昭61・5・28判時一二〇九・一六①、民訴百選[五版]七一……守秘義務を理由に、固有名詞を削除した決算書の写しのみの提出を肯定）

[3] 〈[2]と同様の事案において〉引用文書とは、当事者の一方が、当該訴訟の口頭弁論や準備書面等において、立証のため又はその主張を明確にするために、その存在について具体的・自発的に言及し、又はその存在・内容を積極的に引用した文書を指す。被告は、被告作成にかかる報告書の作成方法を説明するために青色申告決算書について言及しているが、守秘義務の観点から、あえて、青色申告決算書ではなく、より証明力の劣る同報告書により推計課税の合理性の立証を試みているのであるから、青色申告決算書の存在及び内容について積極的に言及したものとはいえず、右青色申告決算書は引用文書に当たらない。（大阪地決平19・9・21判タ一二六八・一八三）

[4] 当事者が文書の存在及び内容に言及したとしても、当該文書を提出しないことが訴訟手続における信義則に反し公平性を害するといえない場合には、引用文書には当たらない。報道関係者Yの虚偽の発言により感情を害されたことを理由とする損害賠償請求訴訟において、Yがその発言の真実性を証明するために取材テープの一部反訳書面を引用することにより同テープの存在及び内容について言及したことになるとしても、同テープが録音された経緯、本件反訳書面提出の意図、本案事件における主張立証内容との関係、報道機関の報道に関する取材源の秘匿の重要性等の諸事情に鑑みれば、同テープの提出を拒んだからといって、それが直ちに訴訟手続において信義則に反し公平性を害するとまではいえないから、同テープは引用文書には当たらない。（大阪高決平23・1・20判時二一一三・一〇七）

[5] 刑訴法四七条の「訴訟に関する書類」に該当する文書が引用されたとしても、当該文書自体が公開されないことによって保護される利益の全てが当然に放棄されたものとはいえない。この場合においても、その保管者が提出を拒否したことが、民事訴訟における当該文書を取り調べる必要性の有無、程度、当該文書が開示されることによる弊害発生のおそれの有無等の諸般の事情に照らし、その裁量権の範囲を逸脱し、又はこれを濫用するものであると認められるときは、提出を命ずることができる。（最決平31・1・22民集七三・一・三九、重判令元民訴四）↓[13]

二　**法律関係文書―三号後段関係**

1　意義

[6] 本条三号後段の文書には、文書の所有者が専ら自己使用のために作成した内部文書は含まれない。（最決平12・3・10判時一七一一・五五、民訴百選[三版]七八）↓[8]

[7] 公務員の職務上の秘密に関する文書であって、その提出により公務の遂行に著しい支障を生ずるおそれがあるものについては、民訴法一九一条、一九七条一項一号の各規定の趣旨に照らし、本条三号に基づいて提出を申し立てることはできない。（最決平16・2・20判時一八六二・一五四）↓[16]

2　教科用図書検定調査審議会の判定書

[8] 教科書検定において、検定意見を通知して必要な修正を行わせた上で再度審査を行うのが適当であるとの検定審議会の判定内容を記載した書面、及び、検定審議会が同旨を記載して文部大臣に提出した報告書は、文部大臣の諮問機関である検定審議会が所掌事務の遂行過程において、申請図書の判定

内容を記録しあるいは議決内容を文部大臣に報告する手段として、専ら省内において使用する目的で作成した内部文書であるから、法律関係文書には該当しない。（最決平12・3・10前出[6]……検定意見を付された執筆者が提起した国家賠償請求訴訟において、前記各文書の提出を命じた原決定に対し国が行った特別抗告を容れ、原決定破棄）

3　刑事関係文書

[9]　刑訴法四七条の「訴訟に関する書類」として非公開とされる文書であっても、当該文書が法律関係文書に該当し、かつ、その保管者が提出を拒否したことが、民事訴訟における当該文書を取り調べる必要性の有無、程度、当該文書が開示されることによる弊害発生のおそれの有無等の諸般の事情に照らし、その裁量権の範囲を逸脱し、又は濫用するものであると認められるときは、提出を命ずることができる。（最決平16・5・25民集五八・五・一一三五、民訴百選[五版]A23……有罪判決が確定した刑事事件の公判に提出されなかった捜査段階の供述調書の提出が求められたが、本件では、裁量権の逸脱又は濫用とはいえないとして提出義務を否定）

[10]　〈警察官による捜索差押えが違法であることなどを理由とする国家賠償請求訴訟を本案として、捜索差押許可状及び捜索差押令状請求書の提出が求められた事案において〉捜索差押許可状は、警察官に捜索差押えの権限を付与し、対象者が有する憲法三五条一項の権利を制約してこれを受忍させるという法律関係を生じさせる文書であり、捜索差押令状請求書は、右許可状の発付を求めるために法律上作成を要する文書であるから、いずれも法律関係文書に該当する。許可状については、捜索差押えの執行時に既に提示されているなどの理由から、その提出の拒否は裁量権の逸脱又は濫用に当たる。令状請求書については、許可状と異なって提示が予定されていないこと、とりわけ本件被疑事件については事件の特質から捜査の秘密やプライバシーに属する事項が記載されている蓋然性が高く、開示による今後の捜査・公判への悪影響などの具体的なおそれがあることからすると、その提出の拒否は裁量権の逸脱又は濫用には当たらない。（最決平17・7・22民集五九・六・一八三七、重判平17民訴一）

[11]　〈検察官の勾留請求を違法とする国家賠償請求訴訟の原告たる被疑者が、国に対し勾留請求の資料の提出を求めた事案〉被疑者の勾留請求の資料とされた告訴状及び被害者の供述調書は、国と被疑者との間の法律関係文書に該当する。①勾留の裁判が取り消されており、勾留請求の最も基本的な資料となった前掲各文書は取調べの必要性があること、②被害者が被疑者に対し損害賠償請求訴訟を提起しており、本件本案訴訟では被害者の供述内容が記載された陳述書を国が提出しているから、前掲各文書の開示によって被害者のプライバシーが侵害されるおそれはないこと、③前掲①②の事実関係の下では、本件本案訴訟で各文書が開示されても、同種の事件の捜査や公判に不当な影響を及ぼさないことからすれば、本件文書の提出を刑訴法四七条ただし書により拒否した国の判断は裁量権の範囲の逸脱ないし濫用に当たる。（最決平19・12・12民集六一・九・三四〇〇、重判平20民訴五）

[12]　〈看護師の過失によってAが死亡したとしてAの子が病院開設者に対して損害賠償を求める事件を本案として、司法解剖としてのAの死体の解剖の写真の提出が求められた事案〉子はその父の死体が礼を失する態様によるなどして不当に傷付けられないことについて法的な利益を有するところ、死体の解剖の写真は、司法解剖の経過や結果を正確に記録するために撮影されたものであり、犯罪捜査のための資料になるとともに、司法解剖による死体に対する侵襲の範囲やその態様を明らかにすることによってこれが適切に行われたことを示す資料にもなり得るもので、司法解剖による上記利益の侵害の有無等に係る法律関係を明らかにする面もあるから、Aの死体について地方公共団体に所属する司法警察職員から鑑定の嘱託を受けた者が当該鑑定のために必要な処分として裁判官の許可を受けてした当該死体の解剖の写真に係る情報が記録された電磁的記録媒体であって当該地方公共団体が所持するものは、当該所持者とAの子との間の法律関係文書に該当する。（最決令2・3・24民集七四・三・四五五、重判令2民訴三①）

[13]　刑事事件の捜査に関して作成された書類の写しで、それ自体もその原本も公判に提出されなかったものを、その捜査を担当した都道府県警察を置く都道府県が所持している場合には、当該原本を検察官が保管しているときであっても、当該写しが引用文書又は法律関係文書に該当し、かつ、当該都道府県が当該写しの提出を拒否したことが、民事訴訟における当該文書を取り調べる必要性の有無、程度、当該文書が開示されることによる弊害発生のおそれの有無等の諸般の事情に照らし、その裁量権の範囲を逸脱し、又はこれを濫用するものであると認められるときは、当該写しの提出を命ずることができる。（最決平31・1・22前出[5]）

三　公務秘密文書―四号ロ関係

1　意義

[14]　本条四号ロの「公務員の職務上の秘密」とは、公務員が職務上知り得た非公知の事項であって、実質的にも秘密として保護するに値すると認められるものをいう。これには、公務員が職務上知り得た私人の秘密であって、それが本案事件において公にされることにより、私人との信頼関係が損なわれ、公務の公正かつ円滑な運営に支障を来すこととなるものも含まれる。また、本条四号ロの「その提出により公共の利益を害し、又は公務の遂行に著しい支障を生ずるおそれがある」とは、文書の記載内容からみてこれらのおそれの存在が具体的に認められることをいう。（最決平17・10・14民集五九・八・二二六五、民訴百選[五版]A22）→[17]

[15]　本条四号ロの「公務員」には、国立大学法人の役員及び職員も含まれる。（最決平25・12・19民集六七・九・一九三八、行政百選I[七版]三）→[24]

2　具体例

イ　県作成の漁業補償額算定調書

[16]　A漁業協同組合員Xが、Y県に対し空港拡張・周辺整備事業に伴う海面埋立てにより被る漁業損失の補償金の支払を求める本案訴訟において、A組合員全員の漁業損失総額を対象とするAY間の漁業補償交渉の際に――交渉の結果、総額の漁業補償協定が締結された――Yが作成した手持ち資料たる補償額算定調書中のXへの補償見積額記載部分の提出が求められた場合には、この部分は損失総額の積算過程での種々のデータに基づく手持ち資料であって、かつこれが開示されるとA漁協の各組合員に対する補償額の自主的配分に著しい支障が生じ、今後の同様の補償交渉を妨げるおそれが生ずるから、本条四号ロに該当し、当該文書の提出義務は認められない。（最決平16・2・20前出[7]）

ロ　災害調査復命書

[17]　〈安全配慮義務違反等を理由とする労災事故の損害賠償請求訴訟において〉都道府県労働局所属の調査担当者が労災事故の調査結果を取りまとめ、労働基準監督署長に提出した本件災害調査復命書には、①調査担当者が職務上知り得た被告会社の私的な情報と②調査担当者の意見等の行政内部の意思形成過程に関する情報とが記載されており、①②いずれの部分も「公務員の職務上の秘密に関する文書」に該当するが、①の部分については、聴取内容がそのまま記載されているわけではないこと、及び調査協力義務が罰金をもって担保されていることからして、その提出により今後の労災調査の実施に著しい支障が生ずるおそれが具体的に存在するとはいえない。（最決平17・10・14前出[14]）

ハ　全国消費実態調査の調査データ

[18]　〈生活保護の変更決定取消訴訟において〉本件調査のように個人及び家族の消費生活や経済状態等の詳細について報告を求める基幹統計調査については、立入検査や罰金刑の制裁によって客観的な資料を強制的に徴収することは困難であるか

ら、被調査者の任意の協力を通じてその真実性及び正確性を担保するため、情報保護に対する信頼の確保が強く要請されること、本件情報は、個人の特定に係る事項が一定の範囲で除外されているとはいえ、詳細かつ具体的な情報であって、被調査者としては通常他人に知られたくないと考えることが想定される類型の情報である上、仮に訴訟において本件準文書が提出されると、例えば被調査者との関係等を通じてその一部を知る第三者などにおいて、被調査者を特定してこれらの情報全体の委細を知るに至る可能性があることなどを考慮すると、本件準文書の提出は、被調査者の任意の協力を通じて統計の真実性及び正確性を担保することを著しく困難とするものであり、本件調査に係る統計業務の遂行に著しい支障をもたらす具体的なおそれがある。（最決平25・4・19判時二一九四・一三、重判平25民訴三……公務遂行に支障を来すおそれはなお抽象的なものにとどまる、として提出を命じた原決定を破棄し、文書提出命令申立てを却下）

3　国の安全が害されるおそれ等が主張される場合→二二三条[4]

四　専門職の職務上の秘密―四号ハ前段関係

[19]〈破綻した保険会社の保険管理人の下に提出された調査委員会の調査報告書について〉本条四号ハ所定の民訴法一九七条一項二号の「黙秘すべきもの」とは、依頼者本人が当該事実を秘匿することについて客観的にみて保護に値する利益を有するものをいう。本件においては、①調査報告書は、法令上の根拠を有する命令に基づく調査の結果を記載したものであること、②保険管理人・調査委員会ともに公益のために職務と調査を行ったこと、③調査委員会の弁護士及び公認会計士は委員として公益のための調査に加わったにすぎないことからして、このような利益は認められない。（最決平16・11・26民集五八・八・二三九三、重判平16民訴三）

五　技術又は職業の秘密―四号ハ後段関係

[20]〈電話機器の瑕疵を理由とする損害賠償請求訴訟において〉民訴法一九七条一項三号所定の「技術又は職業の秘密」とは、その事項が公開されると、当該技術の有する社会的価値が下落し、これによる活動が困難になるもの又は当該職業に深刻な影響を与え、以後その遂行が困難になるものをいう。文書提出命令の申立てがなされた機器の回路図及び信号図に機器メーカーの技術上の情報が記載されていても、情報の種類・性質、開示することによる不利益の具体的内容が主張されていない場合には、直ちに「技術又は職業の秘密」を記載した文書とはいえない。（最決平12・3・10民集五四・三・一〇七三、民訴百選[五版]A24……原決定破棄差戻し）→[33]

[21]〈遺留分減殺請求訴訟の原告Xが、被告Yの取引金融機関Aに対し、Yとの取引履歴が記載された取引明細書の提出命令を求めた事案〉金融機関と顧客との取引履歴が記載された本件取引明細書は、金融機関に当該取引履歴を秘匿する独自の利益が認められず、かつ、顧客であるYがもしこれを所持していたとすれば、本条四号のいずれの事由にも該当しない本件では、本条四号ハ所定の文書に該当しない。（最決平19・12・11民集六一・九・三三六四、消費百選[二版]一〇四）

[22]①自己査定資料中の非公開財務情報（Y銀行が守秘義務を負うことを前提にA社が提供した同社の財務情報）は、A社の民事再生手続開始決定前の信用状態に関するもので、その開示によるA社の不利益は通常は軽微であり、XはA社の再生債権者として再生手続中に当該情報に接することも可能であるから、「職業の秘密」に該当しない。②自己査定資料中の分析評価情報（A社の財務情報に基づいてY銀行が行ったA社の財務事業状況の分析や融資方針等）は、一般に金融機関の顧客に対するかかる情報が開示されると信頼が損なわれるなどの深刻な影響が生ずるから、Y銀行の職業の秘密に当たるが、情報の内容、その開示による不利益、民事事件の内容、当該文書の証拠としての必要性等を比較衡量して判断すれば、開示によりA社が受ける不利益は通常は軽微であり、文書は高い証拠価値を有するから、提出を拒絶できるほどの保護に値する秘密ではない。（最決平20・11・25民集六二・一〇・二五〇七、民訴百選[五版]六八……[31]の第二次許可抗告審）→二二三条[6]

六　自己利用文書―四号ニ関係

1　判断基準

[23]文書の作成目的、記載内容、所持に至る経緯その他の事情からして、専ら内部の者の利用に供する目的で作成され、外部に開示することが予定されていない文書で、開示によって所持者に看過し難い不利益（団体の自由な意思形成の阻害など）が生ずるおそれがあるものは、特段の事情がない限り、本条四号ハ［平成一三法九六による改正後の二］の文書に当たる。（最決平11・11・12民集五三・八・一七八七、民訴百選[五版]六九）→[25]

[24]国立大学法人は、本条四号ニの「国又は地方公共団体」に準ずるものであるから、国立大学法人が所持し、その役員又は職員が組織的に用いる文書についての文書提出命令の申立てには、同号ニ括弧書部分が類推適用される。（最決平25・12・19前出[15]）

2　肯定例

イ　貸出稟議［りんぎ］**書**

[25]銀行の貸出稟議書は、支店長等の決裁限度を超える規模、内容の融資案件について、本部の決裁を求めるために作成される文書であって、通常、融資の相手方、金額などの融資内容に加え、銀行にとっての収益の見込み、融資の相手方の信用状況及び評価、融資担当者や審査を行った決裁権者の融資についての意見が記載されるものである。このように、銀行の貸出稟議書は、銀行内部において、融資案件についての意思形成を円滑、適切に行うために作成される文書であって、法令上作成義務があるものではなく、その性質上、忌たんのない評価や意見の記載が予定されるものであるから、専ら銀行内部の利用に供する目的で作成され、外部に開示することが予定されていない文書であって、開示されると銀行内部における自由な意見の表明に支障を来し、銀行の自由な意思形成が阻害されるおそれがあるものとして、特段の事情がない限り、本条四号ハ［平成一三法九六による改正後の二］の文書に当たる。（最決平11・11・12前出[23]）

[26]信用金庫の貸出稟議書は、文書提出命令の申立人が、その対象たる貸出稟議書の利用関係において、所持者である信用金庫と同一視できる特段の事情がない限り、本条四号ハ［平成一三法九六による改正後の二］所定の文書に当たる。会員代表訴訟において会員から貸出稟議書につき文書提出命令の申立てがなされても、当該会員を信用金庫と同一視できる特段の事情はない。（最決平12・12・14民集五四・九・二七〇九、重判平12民訴四……本条四号の提出義務を否定）→二二三条[7]

ロ　政務調査費に基づく調査研究報告書

[27]〈S市長に対し、市議会の会派に対し政務調査費相当額の不当利得返還請求をするように求める住民訴訟（地方自治法二四二条の二第一項四号）において、調査研究報告書の提出が求められた場合に〉S市政務調査費の交付に関する条例及びその委任に基づく同調査費の交付に関する要綱の規定並びにその趣旨からすれば、調査研究報告書は、専ら各会派の内部での利用のために作成された文書であり、開示された場合には、調査研究が執行機関等からの干渉によって阻害されるおそれがあるのみならず、調査研究に協力した第三者の意見等が開示されて今後の調査研究に支障が生じるほか、その第三者のプライバシーが侵害され、文書の所持者たる会派に看過し難い不利益が生ずるおそれがあるため、本条四号ニ所定の文書に該当する。（最決平17・11・10民集五九・九・二五〇三、重判平17民訴四）

八　弁護士会綱紀委員会の議事録等

[28]〈弁護士会の懲戒処分に対する審査請求を棄却する日弁連の裁決の取消し等を求める本案訴訟につき、弁護士会の綱紀委員会の

議事録及び同委員会の委員に配布された議案書の提出が求められた事案において）弁護士法の規定及びその委任を受けて定められた弁護士会の内部規則に鑑みると、本件議事録及び議案書は、専ら所持者である弁護士会内部の利用に供する目的で作成され、外部に開示することが予定されていない文書であり、その記載内容は、委員会内部における意思形成過程に関する情報であって、開示されると委員会における自由な意見の表明に支障を来し、その自由な意思形成が阻害されるおそれがあることが明らかであるから、本条四号ニ所定の文書に当たる。（最決平23・10・11判時二一三六・九、重判平23民訴三）

3　否定例

イ　内部利用目的が欠けるもの

a　保険管理人に提出された調査報告書

[29] 保険管理人によって設置された弁護士等を委員とする調査委員会が作成した調査報告書は、法令上の根拠を有する命令に基づく調査の結果を記載した文書で、かつ、保険管理人や本件調査委員会は、ともに保険契約者等の保護という公益のために職務及び調査を行うものであるから、本条四号ニ所定の文書には該当しない。（最決平16・11・26前出⑲）

b　介護サービス事業者作成の一覧表

[30] 介護サービス事業者が、介護給付費等の請求のために審査支払機関に伝送する情報を一覧表にまとめたチェックリストは、コンピューターへの入力により自動的に作成され、個人情報を除いた請求者側の控えというべき性質のものであるから、リストの内容は第三者への開示が予定されているので、本条四号ニの文書に当たらない。（最決平19・8・23判時一九八五・六三、重判平19民訴四）

c　自己査定資料

[31] 〈Xが、その取引先のメインバンクであるY銀行に対し提起した損害賠償請求訴訟において、Y銀行の欺罔行為及び注意義務違反行為を立証するために、Y銀行が保管する自己査定資料の提出を求めた事案〉法令により銀行が保有資産の自己査定を義務付けられている場合に、監督官庁の通達において立入検査の手引書とされている検査マニュアルに沿って、資産の自己査定の前提となる債務者区分を行うために銀行が作成し、監督官庁による査定結果の事後的検証に備える目的もあって保存された自己査定資料は、資産査定の正確性を裏付ける資料として銀行以外の者による利用が予定されているのであるから、本条四号ニの文書に当たらない。（最決平19・11・30民集六一・八・三二八六、重判平19民訴五……第二次許可抗告審は㉒）

d　政務調査費の一万円以下の支出に係る領収書

[32] 〈O県知事に対し、O県議会議員に対する使途基準に反する政務調査費の返還請求をするように求める住民訴訟において、O県条例上議長への提出の対象外とされていた一万円以下の支出に係る領収書等（本件各文書）の提出が求められた事案〉政務調査費の交付を受けた議員は収支報告書に一万円を超える支出に係る領収書の写し等を添付して議長に提出しなければならず、何人も議長に対してそれらの閲覧を請求できるものとした本件条例改正は、調査研究活動の自由をある程度犠牲にしても政務調査費の使途の透明性の確保を優先させるとの政策判断に基づくものであり、一万円以下の支出に係る領収書の写し等の提出が義務付けられていないのも、これらにつきおよそ公にすることを要しないものとして調査研究活動の自由の保護を優先したり、これらの書類に限って議長等が直接確認することを排除する趣旨に出たものではなく、それらの作成や管理等に係る議員や議長等の事務の負担に配慮したものである。そして、本件条例の委任を受けた本件規程上、金額の多寡にかかわらず領収書等の整理保管及び保存が義務付けられていることからすると、これらの書類は、議長において本件条例に基づく調査を行う際に必要に応じて直接確認することが予定されているものと解されるから、本件各文書は、外部の者に開示することが予定されていない文書であるとは認められない。（最決平26・10・29判時二二四七・三、重判平26民訴四）

ロ　不利益性が欠けるもの

a　電話機器の回路図及び信号流れ図

[33] これらの文書が外部の者に見せることを全く予定せずに作成されたものであることから直ちに本条四号ニの文書に当たるとした原決定の判断には、文書の具体的内容に照らして開示によって所持者の側に看過し難い不利益が生じるおそれがあるかどうかについて、具体的に判断していない点で、法令の解釈適用を誤った違法がある。（最決平12・3・10前出⑳……右の点についてさらに審理を尽くさせるため、原決定を破棄差戻し）

b　社内通達文書

[34] 銀行本部の担当部署から発出された社内通達文書は、その作成目的（業務遂行上の指針等の各営業店長への周知伝達）や記載内容（一般的な業務遂行上の指針ないし客観的な業務結果報告）からすれば、基本的には内部の者の利用に供するための文書であるが、法人の意思決定の内容を周知伝達するために組織的に用いられるもので、法人内部の意思形成過程において作成される文書ではなく、個人のプライバシーや営業秘密は記載されていないから、開示によって看過し難い不利益が生ずるおそれは存在せず、本条四号ニの文書に該当しない。（最決平18・2・17民集六〇・二・四九六、重判平18民訴三）

c　金利スワップ取引に関する稟議書等

[35] 金利スワップ取引に関する稟議書及びその付属文書のうち、①顧客に対する評価、担当者や本部の決裁権者の意見などが記載されている部分は、本条四号ニの文書に当たるが、②顧客の知識、経験、財産状況、契約締結目的など、顧客の属性に関する事実関係が記載されている部分は、文書所持者内部における意思形成過程を記載するものではなく、また、当該顧客自身がその開示を求めており、顧客のプライバシーが侵害されるおそれを考慮する必要がないことから、所持者の側に看過し難い不利益が生ずるおそれがあると認めることはできず、本条四号ニの文書に当たらない。（大阪高決平21・5・15金法一九〇一・一三二……文書提出命令申立てを却下した原決定を一部取消し、インカメラ手続によって②部分を特定させるため差戻し）

ハ　特段の事情があるもの

[36] ①A信用金庫の貸出稟議書の所持者Xは整理回収機構である、②Aの経営破綻及びXへの営業の全部譲渡に際して、Aの貸出稟議書をXが所持するに至った、③文書作成者Aは清算中で、将来貸付業務を行うことはない、④Xは預金保険法によりAの貸付債権の回収に当たっているので、Aの貸出稟議書の提出を命ぜられてもXの自由な意思形成が阻害されるおそれはない、という事実関係の下では、本件貸出稟議書が本条四号ハ［平成一三法九六による改正後の二］の自己使用文書に当たるとはいえない特段の事情がある。（最決平13・12・7民集五五・七・一四一一、重判平13民訴一……Aの貸付先であるYに対する貸金請求訴訟でYによる稟議書提出命令申立てを是認）

[37] 〈Yのゲーム開発に関与したXによるYに対する著作権に基づく収益金配分請求訴訟において〉Xによって文書提出命令が求められた、Yが保有する本件ゲーム開発の企画に関する内容をY内部で情報共有するためのチャットグループにおけるやりとりを記載したチャットログは、Xが本件ゲームの開発者の一人であって、本件チャットグループに参加して、主要メンバーの一人として意見を述べ、指示連絡をし、他のメンバーの発言内容について自由に閲覧していたという事実関係の下では、文書提出命令の申立人がその対象であるチャットグループの記録の利用関係において所持者と同一視でき、本条四号ニの文書に当たるとはいえない特段の事情がある。

（知財高決平28・8・8【平28ウ一〇〇三八】）

[38] **七　刑事事件関係書類―四号ホ関係**→[5][9]〜[13]

〈看護師の過失によってAが死亡したとしてAの子が病院開設者に対して損害賠償を求める事件を本案として、司法警察職員からAの死体の鑑定の嘱託を受けた者が司法解剖として当該死体の解剖に関して作成した鑑定書等及びその者が解剖に関して受領した鑑定嘱託書その他資料並びにこれらの写しであってその者の所属する法人が所持するものの提出が求められた事案〉文書提出命令申立てに係る文書等の刑事事件関係書類該当性の判断に当たっては、当該文書等が民事訴訟に提出された場合の弊害の有無や程度を個別に検討すべきではなく、被告事件若しくは被疑事件に関して作成され又はこれらの事件において押収されている文書等であれば当然に刑事事件関係書類に該当する。本条四号ホの趣旨等に照らせば、上記の文書等の写しについても刑事事件関係書類に該当する。検察官、検察事務官又は司法警察職員から鑑定の嘱託を受けた者が当該鑑定に関して作成し若しくは受領した文書等又はその写しは、刑事事件関係書類に該当する。（最決令2・3・24判時二四七四・四六①、重判令2民訴三②）

第二二一条（文書提出命令の申立て）① 文書提出命令の申立ては、次に掲げる事項を明らかにしてしなければならない。

一　文書の表示

二　文書の趣旨

三　文書の所持者

四　証明すべき事実

五　文書の提出義務の原因

② 前条第四号に掲げる場合であることを文書の提出義務の原因とする文書提出命令の申立ては、書証の申出を文書提出命令の申立てによってする必要がある場合でなければ、することができない。

❶【文書提出命令の申立て↓民訴規一四〇【手形・小切手訴訟における文書提出命令の禁止↓三五二②・三六七②【文書の表示・趣旨を明らかにすることが困難な場合↓二二二【証明すべき事実↓一八〇、民訴規九九【提出義務の原因↓二二〇

❷【文書提出命令以外の書証の申出↓二一九・二二六

[1] **一　文書の特定**

〈A社に対する四年分の監査調書の提出を求めた場合に〉財務諸表等の監査証明に関する省令（平成一二総六五による改正前のもの）によれば、証券取引法［現・金融商品取引法］上の監査証明を行った監査法人は、監査の終了後遅滞なく当該監査等に係る記録又は資料を監査調書として整理し、事務所に備え置くべきものとされているのであるから、特定の会計監査に関する監査調書と記載されていれば、個々の文書の表示及び趣旨が明示されていなくても、申立ての対象文書の特定として不足するところはない。（最決平13・2・22判時一七四二・八九、民訴百選[三版]A27）↓二二三条[3]

[2] 文書の表示及び趣旨の記載は、所持者において、不相当な時間や労力を要しないで、申立てに係る文書を他の文書から区別することができるものであることを要する。「〇年〇月から〇年〇月頃までの間に本件工場において製造していた又は製造していた可能性のある全ての製品名が記載された文書」など、作成機会や作成目的等を限定しない包括的な表示は、所持者に対して文書の選別に不相当な時間や労力を強いるものであり、文書の表示及び趣旨の特定を欠く。（大阪高決平25・6・19労判一〇七七・五）↓二二二条[1]

二　証明すべき事実

[3] 本条一項四号［旧三一三条四号］が「証明すべき事実」の明示を要求するのは、一項二号の「文書の趣旨」とあいまって当該文書の証拠としての必要性の判断を可能にさせるとともに、文書の所持者が提出命令に従わない場合に、民訴法二二四条一項［旧三一六条］を適用して文書に関する申立人の主張を認定、判断する資料として役立たせるためである。（大阪地決昭61・5・28判時一二〇九・一六①、民訴百選[五版]七一）↓二二〇条[2]

[4] 原子炉の撤去を求める妨害予防請求訴訟において、安全性に関する資料たる「臨海実験装置設置許可申請書」の提出を申し立てる場合、本条一項四号［旧三一三条四号］の「証明すべき事実」とは、原子炉の構造・運転・安全装置等に関する具体的な事実をいう。（東京高決昭47・5・22高民二五・三・二〇九、民訴百選[三版]八一）

[5] 原告たる住民が、過去長期間にわたり排出された汚染物質による大気汚染の測定結果たる数値を訴え提起前に収集することは事実上不可能であるから、企業に対し大気汚染の測定記録の提出を求める申立てを行う場合には、大気汚染の具体的数値を立証事実に掲げずに「被告から排出された汚染物質によって町及びその周辺の大気環境が汚染された」旨の抽象的事項を掲げるのみの証拠申出も直ちに違法とはいえない。（大阪高決昭53・3・6高民三一・一・三八、民訴百選Ⅱ[補正]一三二）↓二三一条[1]

三　真実擬制の対象↓二二四条[1]

第二二二条（文書の特定のための手続）① 文書提出命令の申立てをする場合において、前条第一項第一号又は第二号に掲げる事項を明らかにすることが著しく困難であるときは、その申立ての時においては、これらの事項に代えて、文書の所持者がその申立てに係る文書を識別することができる事項を明らかにすれば足りる。この場合においては、裁判所に対し、文書の所持者に当該文書についての同項第一号又は第二号に掲げる事項を明らかにすることを求めるよう申し出なければならない。

② 前項の規定による申出があったときは、裁判所は、文書提出命令の申立てに理由がないことが明らかな場合を除き、文書の所持者に対し、同項後段の事項を明らかにすることを求めることができる。

【文書提出命令の申立て↓二二一【文書の表示・趣旨↓二二一①㈠㈡

[1] **文書を識別することができる事項**

本条一項の「文書を識別することができる事項」とは、文書の所持者において、その事項が明らかにされていれば、不相当な時間や労力を要しないで当該申立てに係る文書を他の文書から区別することができるような事項をいう。（大阪高決平25・6・19労判一〇七七・五……二二一条[2]の事案における表示では本条との関係でも不十分として本条一項の申出を不適法とした）

第二二三条（文書提出命令等）① 裁判所は、文書提出命令の申立てを理由があると認めるときは、決定で、文書の所持者に対し、その提出を命ずる。この場合において、文書に取り調べる必要がないと認める部分又は提出の義務があると認めることができない部分があるときは、その部分を除いて、提出を命ずることができる。

② 裁判所は、第三者に対して文書の提出を命じようとする場合には、その第三者を審尋しなければならない。

③ 裁判所は、公務員の職務上の秘密に関する文書について第二百二十条第四号に掲げる場合であることを文書の提出義務の原因とする文書提出命令の申立てがあった場合には、その申立てに理由がないことが明らかなときを除き、当該文書が同号ロに掲げる文書に該当するかどうかについて、当該監督官庁（衆議院又は参議院の議員の職務上の秘密に関する文書についてはその院、内閣総理大臣その他の国務大臣の職務上の秘密に関する文書については内閣。以下この条において同じ。）の意見を聴かなければならない。この場合において、当該監督官庁は、当該

文書が同号ロに掲げる文書に該当する旨の意見を述べるときは、その理由を示さなければならない。

④ 前項の場合において、当該監督官庁が当該文書の提出により次に掲げるおそれがあることを理由として当該文書が第二百二十条第四号ロに掲げる文書に該当する旨の意見を述べたときは、裁判所は、その意見について相当の理由があると認めるに足りない場合に限り、文書の所持者に対し、その提出を命ずることができる。

一 国の安全が害されるおそれ、他国若しくは国際機関との信頼関係が損なわれるおそれ又は他国若しくは国際機関との交渉上不利益を被るおそれ

二 犯罪の予防、鎮圧又は捜査、公訴の維持、刑の執行その他の公共の安全と秩序の維持に支障を及ぼすおそれ

⑤ 第三項前段の場合において、当該監督官庁は、当該文書の所持者以外の第三者の技術又は職業の秘密に関する事項に係る記載がされている文書について意見を述べようとするときは、第二百二十条第四号ロに掲げる文書に該当する旨の意見を述べようとするときを除き、あらかじめ、当該第三者の意見を聴くものとする。

⑥ 裁判所は、文書提出命令の申立てに係る文書が第二百二十条第四号イからニまでに掲げる文書のいずれかに該当するかどうかの判断をするため必要があると認めるときは、文書の所持者にその提示をさせることができる。この場合においては、何人も、その提示された文書の開示を求めることができない。

⑦ 文書提出命令の申立てについての決定に対しては、即時抗告をすることができる。

参❶【文書提出命令の申立て↓二二一【文書提出の方法↓民訴規一四三【取調べの必要↓一八一【文書提出義務↓二二〇、特許一〇五、不正競争七、著作一一四の三 ❷【審尋↓八七参 ❸【公務員の職務上の秘密↓一九一参 ❹【公共の利益を害し、公務の遂行に著しい支障を生ずる文書の除外↓二二〇四ロ ❻【インカメラ手続↓民訴規一四一 ❼【即時抗告↓三三二 †【不提出の効果↓二二四、二二五

[1]

一 文書の所持者

地方公共団体は、その機関が保管する文書について、文書提出命令の名宛人となる文書の所持者に当たる。（最決平29・10・4民集七一・八・一二二一……地方公共団体の議会の議長が保管する政務活動費の領収書の写しについて地方公共団体を文書の所持者とする文書提出命令を是認）

[2]

二 文書の所持の立証

申立人は、相手方が文書を所持するに至った事情を立証すれば足り、現在の所持を争う相手方は、その後の紛失について反証を挙げなければならないが、文書の所持につき立証責任を負うのは申立人であるから、文書の不所持を主張する者が真摯で高度な調査を尽くしても文書の発見に至らず、紛失の経過について合理的な説明がなされた場合には、文書の所持の立証が認められないとして、文書提出命令の申立ては排斥される。（福岡高決平8・8・15判タ九二九・二五九）

[3]

三 文書の一部提出命令

一通の文書の記載中に提出義務のない部分があるときは、特段の事情のない限り、当該部分を除いて提出を命ずることができる。原審が、A社の監査調書として整理された記録又は資料のうち、A社の貸付先の一部の氏名・住所・職業・電話番号・ファックス番号部分を除いて提出を命じたのは正当である。（最決平13・2・22判時一七四二・八九、民訴百選[三版]A27）↓二二一条[1]

[4]

四 公務秘密文書―監督官庁の意見の相当性

〈パキスタン人XがY_1（法務大臣）に対して提起した退去強制処分等取消訴訟において、Xは、自分はパキスタン警察から政治犯として手配された難民であると主張し、同国警察の逮捕状の写しを証拠として提出したところ、Y_1は、これを偽造とする同国政府の回答を得た旨の外務省の調査文書を証拠として提出した。Xが、Y_1、Y_2（外務大臣）が所持する、同国政府への照会に際し法務省が外務省に交付した依頼文書の控え（①文書）、外務省が同国政府に交付した照会文書の控え（②文書）及び同国政府が外務省に交付した回答文書（③文書）につき、提出命令を申し立て、これを認めた原審決定に対する$Y_1$$Y_2$からの許可抗告の申立て〉$Y_1$らの主張によれば、①文書にはパキスタン政府に知らせていない事項が含まれており、②③文書は、外交上非公開を慣例とする口上書の形式により、また、秘密扱いとする表記もあるから、その内容によっては、これらの提出により他国との信頼関係が損なわれ、今後の難民に関する調査活動や我が国の情報収集活動の遂行に著しい支障を生ずるおそれがある。したがって、各文書についてY_1ら主張の記載の存否と内容、及び、これらの提出が他国との信頼関係に与える影響につき検討した上で、本条四項によるY_1らの意見に相当の理由があるかを判断すべきである。（最決平17・7・22民集五九・六・一八八八、重判平17民訴二……差戻審（東京高決平18・3・30判タ一二五四・三一二）において、主要な情報は既にほぼ公にされているとして、①文書のみ提出を認めた）

[5]

五 インカメラ手続

1 本案の証拠調べとしてのインカメラ審理

〈外務省が保有する米軍ヘリ墜落事件に関する行政文書の開示請求につき、外務大臣が行った不開示決定（行政情報公開法五条）を不服とする取消訴訟において、Xが、検証への立会権の放棄を前提として不開示文書の検証の申出をするとともに、当該文書を目的物とする検証物提示命令の申立てをした場合に〉情報公開法に基づく行政文書開示請求に対する不開示決定の取消訴訟において、不開示事由該当性を判断するために立会権の放棄を前提として非開示文書の検証の申出及び当該文書を目的物とする検証物提示命令の申出をすることは、事実上のインカメラ審理による証拠調べを求めるものにほかならず、当事者から証拠の吟味・弾劾の機会を奪うものとして、民事訴訟の基本原則に反するので、許されない。（最決平21・1・15民集六三・一・四六、行政百選Ⅰ[七版]三九……Xの申立てを容れた原決定に対する許可抗告事件。原決定破棄、検証物提示命令申立却下）↓行政情報公開五条[58]、憲三二条＊[11]

[6]

2 インカメラ手続の結果についての法律審の審査

本条六項のインカメラ手続は事実認定のための審理の一環として行われるものであって法律審で行うべきものではないから、原審の認定が一件記録に照らして明らかに不合理であるような特段の事情がない限り、法律審である許可抗告審においてインカメラ手続による認定を争うことはできない。（最決平20・11・25民集六二・一〇・二五〇七、民訴百選[五版]六八……原審が銀行の自己査定資料をインカメラ手続で閲読し、民訴法二二〇条四号ハの特別な保護を与えるべきノウハウとはいえないと認定した）↓二二〇条[22]

六 即時抗告

[7]

1 抗告権者

文書提出命令の申立てについての決定に対しては、文書の提出を命じられた所持者及び申立てを却下された申立人以外の者は抗告の利益を有しない。（最決平12・12・14民集五四・九・二七四三、民訴百選[三版]A28……A信用金庫の会員Xが同金庫の元理事Yに対して提起した会員代表訴訟で、貸出稟議書の提出が所持人のA信用金庫に対し求められた場合に、本案事件の被告Yにはその決定に対する抗告権はない）↓二二〇条[26]

[8]

2 証拠調べの必要性

証拠調べの必要性を欠くことを理由として文書提出命令の申立てを却下する決定に対しては、その必要性があることを理由に独立の不服申立てをすることはできない。（最決平12・3・10民集五四・三・一〇七三、民訴百選[五版]A24）↓二二〇条[20][33]

[9]

3 抗告期間中の口頭弁論終結

受訴裁判所が、文書提出命令の申立てを却下する決定をした上で即時抗告前に口頭弁論を終結した場合には、申立てに

係る文書につき当該審級で証拠調べをする余地がないから、この却下決定に対し口頭弁論終結後になされた即時抗告は不適法である。（最決平13・4・26判時一七五〇・一〇一）

（当事者が文書提出命令に従わない場合等の効果）

第二二四条① 当事者が文書提出命令に従わないときは、裁判所は、当該文書の記載に関する相手方の主張を真実と認めることができる。

② 当事者が相手方の使用を妨げる目的で提出の義務がある文書を滅失させ、その他これを使用することができないようにしたときも、前項と同様とする。

③ 前二項に規定する場合において、相手方が、当該文書の記載に関して具体的な主張をすること及び当該文書により証明すべき事実を他の証拠により証明することが著しく困難であるときは、裁判所は、その事実に関する相手方の主張を真実と認めることができる。

参❶【文書提出命令→二二三】【類似の規定→二二九④】❷【文書提出義務→二二〇】【可罰的行為による提出妨害と再審→三三八①五】❸【類似の規定→二〇八】+【本条の適用除外→人訴一九】【第三者が提出命令に従わない場合→二二五】

1 **文書不提出の効果―真実の擬制**　自衛隊航空機の墜落により死亡したパイロットの遺族による損害賠償請求訴訟で、航空事故調査報告書の提出を求められた被告国がこれを提出しない場合には、本条〔旧三一六条〕により、原告が右調査報告書で立証しようとする事実、すなわち墜落事故が事故機の整備不完全のため惹起〔じゃっき〕されたという事実が、真実であると認められる。〔三項新設前の事案〕（東京高判昭54・10・18判時九四二・一七、民訴百選Ⅱ補正一三二）

（第三者が文書提出命令に従わない場合の過料）

第二二五条① 第三者が文書提出命令に従わないときは、裁判所は、決定で、二十万円以下の過料に処する。

② 前項の決定に対しては、即時抗告をすることができる。

参❶【文書提出義務→二二〇】【文書提出命令→二二三①】【提出命令前の第三者の審尋→二二三②】【過料の裁判の執行→一八九】❷【即時抗告→三三二】+【当事者が提出命令に従わない場合→二二四】

（文書送付の嘱託）

第二二六条　書証の申出は、第二百十九条の規定にかかわらず、文書の所持者にその文書の送付を嘱託することを申し立ててすることができる。ただし、当事者が法令により文書の正本又は謄本の交付を求めることができる場合は、この限りでない。

参+【文書送付の方法→民訴規一四三】【法令により正本・謄本等を求めることができる場合→九一③、不登一一九、戸一〇①、商登一〇・一一、特許一八六】【手形・小切手訴訟における禁止→三五二②・三六七②】【提訴前の処分→一三二の四】

（文書の留置）

第二二七条　裁判所は、必要があると認めるときは、提出又は送付に係る文書を留め置くことができる。

参+【提出→二一九】【送付→二二六】【釈明処分としての留置→一五一①四】

（文書の成立）

第二二八条① 文書は、その成立が真正であることを証明しなければならない。

② 文書は、その方式及び趣旨により公務員が職務上作成したものと認めるべきときは、真正に成立した公文書と推定する。

③ 公文書の成立の真否について疑いがあるときは、裁判所は、職権で、当該官庁又は公署に照会をすることができる。

④ 私文書は、本人又はその代理人の署名又は押印があるときは、真正に成立したものと推定する。

⑤ 第二項及び第三項の規定は、外国の官庁又は公署の作成に係るものと認めるべき文書について準用する。

参+【証書真否確認の訴え→一三四の二】【文書の成立を否認する場合→民訴規一四五】

一　弁論の全趣旨による真正の認定→二四七条2
二　書証の成立の真正についての自白→一七九条2
三　印影による真正の推定

1 私文書中の印影が本人又は代理人の印章により顕出された場合には、反証なき限り当該印影は本人又は代理人の意思に基づき成立したと推定され、その結果、本条四項〔旧三二六条〕の「本人又はその代理人の……押印があるとき」の要件が満たされるので、文書全体が真正に成立したと推定される。（最判昭39・5・12民集一八・四・五九七、民訴百選五版七〇）

2 私文書中の印影が作成名義人の印章によっていることから当該名義人の意思により印影が顕出されたと事実上推定するためには、名義人の印章が印鑑登録された実印である必要はないが、当該名義人の印章であることを要し、名義人が他の者と共有・共用している印章（家族共用の三文判）では足りない。（最判昭50・6・12判時七八三・一〇六）

四　判決書への記載

3 事実認定の根拠として判決に引用する文書が真正に成立したこと及びその理由は、判決書の必要的記載事項（民訴法二五三条〔旧一九一条〕）ではなく、これを記載しない判決に理由不備の違法（民訴法三一二条二項六号〔旧三九五条一項六号〕）があるということはできない。（最判平9・5・30判時一六〇五・四二、重判平9民訴二……文書の成立自体が重要な争点になっている場合には、記載することが相当、とも判示）

（筆跡等の対照による証明）

第二二九条① 文書の成立の真否は、筆跡又は印影の対照によっても、証明することができる。

② 第二百十九条、第二百二十三条、第二百二十四条第一項及び第二項、第二百二十六条並びに第二百二十七条の規定は、対照の用に供すべき筆跡又は印影を備える文書その他の物件の提出又は送付について準用する。

③ 対照をするのに適当な相手方の筆跡がないときは、裁判所は、対照の用に供すべき文字の筆記を相手方に命ずることができる。

④ 相手方が正当な理由なく前項の規定による決定に従わないときは、裁判所は、文書の成立の真否に関する挙証者の主張を真実と認めることができる。書体を変えて筆記したときも、同様とする。

⑤ 第三者が正当な理由なく第二項において準用する第二百二十三条第一項の規定による提出の命令に従わないときは、裁判所は、決定で、十万円以下の過料に処する。

⑥ 前項の決定に対しては、即時抗告をすることができる。

参+【証書真否確認の訴え→一三四の二】❷【対照の用に供した書類の調書添付→民訴規一四六①】【印鑑証明→商登一二・一二の二】❸【証人の手記義務→民訴規一一九】❹【類似の規定→二二四①②】❺【過料の裁判の執行→一八九】❻【即時抗告→三三二】【本項の適用除外→人訴一九】

（文書の成立の真正を争った者に対する過料）

第二三〇条① 当事者又はその代理人が故意又は重大な過失により真実に反して文書の成立の真正を争ったときは、裁判所は、決定で、十万円以下の過料に処する。

② 前項の決定に対しては、即時抗告をすることができる。

③ 第一項の場合において、文書の成立の真正を争った当事者又は代理人が訴訟の係属中その文書の成立が真正であることを認めたときは、裁判所は、事情により、同項の決定を取り消すことができる。

規+【信義誠実追行義務→二　❶【文書の成立の真正→二二八・二二九【過料の裁判の執行→一八九　❷【即時抗告→三三二　+【不当に文書の真正を争ったことによる訴訟費用の負担→六二

（文書に準ずる物件への準用）

第二三一条　この節の規定は、図面、写真、録音テープ、ビデオテープその他の情報を表すために作成された物件で文書でないものについて準用する。

規+【証拠説明書の提出義務→民訴規一四八・一四九

[1]　**コンピュータの磁気テープ**

磁気テープの内容がプリントアウトされれば、紙面の上に可視的状態に移し替えられるのであるから、磁気テープは準文書である。情報ないし記録を磁気テープにインプットするのは、必要な場合に紙面等に見読可能な形で顕出することを予定しているから、その提出を命じられた者は、磁気テープのみではなく、少なくともその内容を紙面等にアウトプットするのに必要なプログラムをも提出すべき義務を負う。（大阪高決昭53・3・6高民三一・一・三八、民訴百選II[補正]一三二……発電所が排出した物質等の測定記録をインプットした磁気テープが民訴法三一〇条［旧三一二条］三号の法律関係文書に当たるとして、電力会社に提出を命じた）→二二〇条[5]

第六節　検証

規+【本節の準用→一五一②

（検証の目的の提示等）

第二三二条①　第二百十九条、第二百二十三条、第二百二十四条、第二百二十六条及び第二百二十七条の規定は、検証の目的の提示又は送付について準用する。

②　第三者が正当な理由なく前項において準用する第二百二十三条第一項の規定による提示の命令に従わないときは、裁判所は、決定で、二十万円以下の過料に処する。

③　前項の決定に対しては、即時抗告をすることができる。

規❶【検証の申出の方式→民訴規一五〇　❷【本項と同旨の規定→一九〇・一一二五【過料の裁判の執行→一八九　❸【即時抗告→三三二【提訴前の処分→一三二の四

[1]　一　**ビデオテープについての検証物提出命令**

〈X社に対する税務調査の際に、Y（NHK）所属の記者がビデオカメラでXの社屋を撮影し、X社及びその代表取締役のプライバシーを侵害したとする損害賠償請求訴訟において、未放送の当該ビデオテープにつき、検証及び提出命令の申立てがなされた場合に〉本件ビデオテープは、表現内容を代替的に記録した内容が問題とされるのではなく、撮影対象との関係、撮影記録の状況など撮影態様の客観的存在状態や記録状態が問題とされるのであるから、文書ではなく検証物として証拠調べをするのが相当である。（東京高決平11・12・3判タ一〇二六・二九〇）

[2]　二　**検証物提示義務と証言拒絶権・文書提出義務の関係**

民訴法一九七条一項二号所定の「黙秘すべきもの」の意義を踏まえると、電子メールの送信者の特定に資する氏名、住所等の送信者情報は、通信の内容そのものではないが、通信の秘密に含まれ、その開示によって電気通信の利用者の信頼を害するおそれが強いから、送信者は、当該通信の内容にかかわらず、送信者情報の秘匿について、単に主観的な利益だけでなく、客観的にみて保護に値するような利益を有する。このことは証人尋問の場合と検証物提示命令の場合とで異ならないから、電気通信事業者は、その管理する電気通信設備を用いて送信された通信の送信者情報で黙秘の義務が免除されていないものが記載・記録された文書又は準文書について、当該通信の内容にかかわらず、検証の目的として提示する義務を負わない。（最決令3・3・18民集七五・三・八二二、重判令3民訴四）→一九七条[7]

[3]　〈証拠保全としての検証物提示命令申立てを却下した原決定に対して即時抗告がされた事案において〉検証目的物所持者は一般的には検証物提示義務を負うが、正当な理由があるときはその義務を免れる。検証物が文書であり、その所持者が二二〇条に定める文書提出義務を負わないような場合には、正当な理由が認められる。（東京高決平23・3・31判タ一三七五・二三一……本件文書は刑事訴訟に関する書類であるが、法律関係文書に該当し、その提示を拒否した所持者の判断は裁量権の範囲を逸脱又は濫用するものであるとして、提示義務を肯定）

[4]　〈証拠保全としての検証物提示命令に対して即時抗告がされた事案において〉文書の所持者が負う検証物提示義務の範囲は、文書提出義務の範囲を類推して確定すべきであり、文書の所持者は、文書提出義務を負わない文書については、検証物提示義務を負わない。（仙台高決平28・4・20訟月六三・一・一……文書の記載の一部について、民訴法二二〇条四号ロに該当するとして、提示義務を否定。最決平28・8・30訟月六三・一・二〇で本決定に対する抗告棄却）

三　**事実上のインカメラ審理を目的とした検証物提示命令申立ての可否**→二二三条[5]

[5]　四　**検証物提示命令に対する不服申立て**

検証の採否と異なり、その前提となる検証物提示命令は、本条［旧三三五条］及び二二三条四項［平成一三法九六による改正後の七項。旧三一五条］により独立の抗告の対象となる。（大阪高決昭61・6・23高民三九・三・四五……警察署留置場保護室（検証物）に臨場して検証を行う旨の決定がなされ、大阪府が即時抗告）

五　**検証物提示命令申立却下決定に対する不服申立て**→二三八条[1]

（検証の際の鑑定）

第二三三条　裁判所又は受命裁判官若しくは受託裁判官は、検証をするに当たり、必要があると認めるときは、鑑定を命ずることができる。

規+【受命裁判官→八八規【受託裁判官→八九規【鑑定→二一二―二一八

第七節　証拠保全

（証拠保全）

第二三四条　裁判所は、あらかじめ証拠調べをしておかなければその証拠を使用することが困難となる事情があると認めるときは、申立てにより、この章の規定に従い、証拠調べをすることができる。

規+【申立ての方式→民訴規一五三【証拠調べの手続→一八〇―二三三【職権でする場合→二三七

[1]　**診療録の証拠保全**

証拠保全の事由は、当該事案に即して具体的に主張され、かつ、疎明されることを要する。診療録の改竄［かいざん］のおそれを右事由とする場合にも、具体的な改竄のおそれを一応推認させるに足る事実を疎明する必要がある。（広島地決昭61・11・21判時一二二四・七六、民訴百選[五版]七二……疎明ありとして、証拠保全申立てを却下した原決定を取消し）

（管轄裁判所等）

第二三五条①　訴えの提起後における証拠保全の申立ては、その証拠を使用すべき審級の裁判所にしなければならない。ただし、最初の口頭弁論の期日が指定され、又は事件が弁論準備手続若しくは書面による準備手続に付された後口頭弁論の終結に至るまでの間は、受訴裁判所にしなければならない。

②　訴えの提起前における証拠保全の申立ては、尋問を受けるべ

き者若しくは文書を所持する者の居所又は検証物の所在地を管轄する地方裁判所又は簡易裁判所にしなければならない。

③ 急迫の事情がある場合には、訴えの提起後であっても、前項の地方裁判所又は簡易裁判所に証拠保全の申立てをすることができる。

⊗❶【訴えの提起↓一三四【最初の口頭弁論期日↓一三九、民訴規六〇【弁論準備手続↓一六八―一七四【書面準備手続↓一七五―一七八【口頭弁論終結↓二四三・二五三①㊃　❷【居所↓民二三【検証物↓二三二【地裁の特別権限↓裁二五【簡裁の特別権限↓裁三四【提訴前の証拠収集処分↓一三二の五

（相手方の指定ができない場合の取扱い）

第二三六条　証拠保全の申立ては、相手方を指定することができない場合においても、することができる。この場合においては、裁判所は、相手方となるべき者のために特別代理人を選任することができる。

⊗+【相手方の表示の必要↓民訴規一五三②㊀【相手方の呼出し↓二四〇【特別代理人↓三五

（職権による証拠保全）

第二三七条　裁判所は、必要があると認めるときは、訴訟の係属中、職権で、証拠保全の決定をすることができる。

⊗+【不服申立て禁止↓二三八

（不服申立ての不許）

第二三八条　証拠保全の決定に対しては、不服を申し立てることができない。

⊗+【提訴前の証拠収集処分↓一三二の八

証拠保全としての検証物提示命令申立てを却下する決定に対する不服申立て

[1]　〈原裁判所が、検証物提示命令申立てについて明示の判断を示すことなく、検証不能として検証期日を終了した後に即時抗告が申し立てられた事案において〉原裁判所は、検証物提示命令の申立てに対する黙示の却下決定をして検証期日を終了させたものであるが、検証期日が終了した以上、もはや証拠保全手続は終了しており、改めてこの手続内で証拠調べを行う余地はないから、本件抗告は不適法である。（仙台高決平22・6・23金判一三五六・一二三）

（受命裁判官による証拠調べ）

第二三九条　第二百三十五条第一項ただし書の場合には、裁判所は、受命裁判官に証拠調べをさせることができる。

⊗+【訴え提起後の証拠保全↓二三五①但【受命裁判官↓八八⊗

（期日の呼出し）

第二四〇条　証拠調べの期日には、申立人及び相手方を呼び出さなければならない。ただし、急速を要する場合は、この限りでない。

⊗+【相手方↓民訴規一五三②㊀、二三六【呼出しの方式↓九四【当事者不出頭の場合の証拠調べ↓一八三

（証拠保全の費用）

第二四一条　証拠保全に関する費用は、訴訟費用の一部とする。

⊗+【訴訟費用↓六一―七四

（口頭弁論における再尋問）

第二四二条　証拠保全の手続において尋問をした証人について、当事者が口頭弁論における尋問の申出をしたときは、裁判所は、その尋問をしなければならない。

⊗+【証拠保全の記録の送付↓民訴規一五四【証人尋問の申出↓民訴規一〇六【同旨の規定↓一五二②、二四九③

第五章　判決

（終局判決）

第二四三条① 裁判所は、訴訟が裁判をするのに熟したときは、終局判決をする。

② 裁判所は、訴訟の一部が裁判をするのに熟したときは、その一部について終局判決をすることができる。

③ 前項の規定は、口頭弁論の併合を命じた数個の訴訟中その一が裁判をするのに熟した場合及び本訴又は反訴が裁判をするのに熟した場合について準用する。

⊗+【裁判に熟したとき↓一一五①㊂・一一七・一五三・二五三①㊃【終局判決↓二八一・三一一・三三七①・三三八・三五七・三七八【審理計画↓一四七の三【終局判決における仮執行宣言↓二五九　❷【一部についての訴訟費用の負担の裁判↓六七①但　❸【請求の併合↓一三六【弁論の併合↓一五二【本訴・反訴↓一四六⊗　+【本条の特則↓二四四

一　当事者双方不出頭の期日における判決言渡期日の指定↓九四条[3]

二　請求の予備的併合

[1]　貸金返還請求を主位的請求とし、消費貸借契約不成立の場合の不当利得返還請求を予備的請求とする併合訴訟で、裁判所は、主たる請求を排斥する裁判をするときは予備的請求をも判断しなければならず、各別に判決することは許されない。（最判昭38・3・8民集一七・二・三〇四……主たる請求を排斥した一部判決を破棄差戻し）

第二四四条　裁判所は、当事者の双方又は一方が口頭弁論の期日に出頭せず、又は弁論をしないで退廷をした場合において、審理の現状及び当事者の訴訟追行の状況を考慮して相当と認めるときは、終局判決をすることができる。ただし、当事者の一方が口頭弁論の期日に出頭せず、又は弁論をしないで退廷をした場合には、出頭した相手方の申出があるときに限る。

⊗+【終局判決をすべき原則的場合↓二四三【当事者双方の不出頭↓二六三【当事者一方の不出頭↓一五八・一五九③・二七七【本条の適用除外↓人訴一九【仲裁の場合↓仲裁三三③

（中間判決）

第二四五条　裁判所は、独立した攻撃又は防御の方法その他中間の争いについて、裁判をするのに熟したときは、中間判決をすることができる。請求の原因及び数額について争いがある場合におけるその原因についても、同様とする。

⊗+【攻撃防御の方法↓一五六【中間の争いの例↓二八―三七・一四二・二六一―二六六【中間の争いを決定で裁判する場合↓五〇①②・一二八・一四三④・二二三【請求の原因の別の用例↓一三四②【中間の争いに関する訴訟費用の裁判↓六七①但

終局判決の破棄と中間判決

[1]　上告審が終局判決を破棄差戻ししても、中間判決の効力は失われず、差戻しを受けた裁判所は中間判決に羈束〔きそく〕される。（大判大2・3・26民録一九・一四一、民訴百選[初版]五八）

（判決事項）

第二四六条　裁判所は、当事者が申し立てていない事項について、判決をすることができない。

⊗+【本条の例外↓六七・二五九・三〇三・三七五【同旨の規定↓二九六①・三二〇・三四八①【仲裁の場合↓仲裁四四①㊄

申立事項

1　訴訟物の異同

イ　財産上の損害と精神上の損害

[1]　同一事故による同一身体傷害を理由とする財産上の損害と精神上の損害とは原因事実・被侵害利益を共通にするから、訴訟物は同一である。（最判昭48・4・5民集二七・三・四一九、民訴百選[五版]七四）↓民七一〇条[8]

ロ　離婚の訴え

[2] 民法七七〇条一項四号所定の離婚原因が婚姻を継続し難い重大な事由の一例だからといって、反対の事情がない限り、四号により訴えを提起した原告が同条項五号所定の離婚原因も主張していると解することはできない。（最判昭36・4・25民集一五・四・八九一、家族百選[五版]一六）↓民七七〇条[7]

ハ　手形金請求

[3] 約束手形の共同振出しを原因に手形金請求をしている原告に対し、手形保証を理由に請求を認容するのは、当事者の申し立てない事項について判決をした違法がある。（最判昭35・4・12民集一四・五・八二五、手形小切手百選[七版]六二）

ニ　賃借権確認の訴え

[4] 賃借権存在確認及び土地引渡請求は賃料の確定を求めるものではないから、原告の主張より低廉な賃料の賃貸借の存在を確認しても、本条［旧一八六条］に反しない。（最判昭32・1・31民集一一・一・一三三）

[5] 土地賃借権を有すると主張する者は、土地所有者に対し、地代額の確認を求めずに、土地賃借権の確認のみを求めることができる。請求の趣旨の記載や、地代額が争点となることがなかったという本件の審理の経過等を考慮すると、本件では、土地賃借権そのものの確認のみが求められ、その発生原因である賃貸借契約の内容として地代額が主張されたのにすぎないのであるから、主文において地代額を確認した第一審判決には、当事者が申し立てていない事項について判決をした違法がある。（最判平24・1・31裁判集民二三九・六五九、重判平24民訴二……控訴審において控訴人がした第一審判決よりも低額な地代額の確認を求める旨の訴えの変更について、第一審判決が地代額確認請求を全部認容したとの理解を前提として、控訴の利益なしとして却下した原判決を破棄・差戻し）

ホ　著作者人格権と著作財産権

[6] 著作者人格権と著作財産権は保護法益・法的保護態様を異にし、同一行為による両者の侵害の場合、両者の精神的損害は両立し得るものであって、その賠償請求は訴訟物を異にする二個の請求の併合である。（最判昭61・5・30民集四〇・四・七二五、著作百選[五版]五〇）↓著作一七条[7]

ヘ　和解無効を理由とする続行期日指定申立てと和解無効確認判決

[7] 〈訴訟上の和解の無効を理由とする被告の続行期日指定申立てに対して訴訟終了宣言判決がされ、被告のみが控訴したところ控訴審が和解無効を主文で確認した事案において〉訴訟上の和解の無効を主張する者は当該和解の無効確認の訴えを提起することができるが、いずれの当事者も和解の無効確認を求めていないにもかかわらず、主文において和解が無効であることを確認した原判決には、当事者が申し立てていない事項について判決をした違法がある。（最判平27・11・30民集六九・七・二二五四、重判平28民訴五）↓一一四条[33]・三〇四条[5]

2　一部認容

イ　許容性

[8] 請求の一部のみが認容されるときはその部分につき一部勝訴判決を求めるのが原告の通常の意思であり、裁判所も通常右のように判決する。しかし原告が一部認容判決なら望まないことが明らかであれば、請求を全部棄却するしかない。（最判昭24・8・2民集三・九・二九一……家屋の一部明渡しでも求める意思があったとした事例）

ロ　一定額を超える債務不存在確認

[9] 貸金債務が一定額を超えて存在しない旨の確認請求は、当該貸金債権額から右一定金額を控除した残債務額の不存在確認を求めるもので、右一定金額を超えて債務が存在するならば、請求を全部棄却するのではなく、具体的にいくらの限度で残債務が不存在か判決しなければならない。（最判昭40・9・17民集一九・六・一五三三、民訴百選[五版]七六）

[10] 交通事故による損害賠償債務が一定額を超えて存在しない旨の確認請求では、損害額の認定に当たり裁判所にかなりの裁量が認められ、医師による所見が異なることもあり、被害者（被告）にも損害額の正確な把握は困難であるという特質があるから、裁判所は、被告の対応に応じて原告の主張する額を超える損害が生じているか否かのみを判断し、損害が原告の主張する額を下回っているときはその請求を認容し、超えているときは請求を棄却するだけで足り、残債務額がいくらかを確定する必要はない。（東京地判平4・1・31判時一四一八・一〇九）

ハ　一時金賠償請求に対して定期金賠償を命ずることの可否↓一一七条[2]〜[4]

ニ　引換給付判決

[11] 裁判所は留置権の抗弁が認められるときは債務の弁済と引換えに物の引渡しを命ずべきである。（最判昭33・3・13民集一二・三・五二四）

ホ　立退料の増額

[12] 原告が、借家法一条の二に基づく解約の正当事由の補強条件として約三〇〇万円の立退料の支払を言明し、引換えに家屋の明渡しを求めている場合、裁判所は五〇〇万円の立退料の支払と引換えに右請求を認容できる。（最判昭46・11・25民集二五・八・一三四三、民訴百選[五版]七五）↓借地借家二八条[7]

ヘ　建物買取請求権

[13] 賃貸人の建物収去土地明渡請求に対し被告が建物買取請求権を行使したときは、以後原告は被告に建物の引渡しを求めているというべきであり、建物賃借人がいる場合には指図による占有移転を求めていると解される。（最判昭36・2・28民集一五・二・三二四）

ト　遺留分減殺請求［平成三〇法七二による改正前］

[14] 減殺請求をした遺留分権利者が遺贈の目的物の返還を求める訴訟（不動産の持分移転登記請求）において、受遺者が、事実審口頭弁論終結前に、裁判所が定めた価額により民法一〇四一条［平成三〇法七二により削除］の規定による価額の弁償をする旨の意思表示をした場合には、裁判所は、事実審口頭弁論終結時を算定の基準時として弁償すべき額を定めた上で、受遺者が右の額を支払わなかったことを条件として、遺留分権利者の目的物返還請求を認容すべきである。（最判平9・2・25民集五一・二・四四八）

3　訴訟物に準じた審判対象

イ　限定承認

[15] 被告たる相続人が限定承認をした場合、債務名義上相続人の限定責任を明らかにすべく、判決主文で相続財産の限度で債務の支払を命ずべきである。（最判昭49・4・26民集二八・三・五〇三、民訴百選[五版]八五）↓一一四条[27]

ロ　不執行の合意

[16] 給付訴訟において不執行の合意が主張されたときは、この点も訴訟物に準じて審判の対象となり、裁判所がその効力を認めるときには、執行段階における当事者間の紛争を未然に防止するため、判決主文において、訴訟物たる請求権につき給付を命じるとともに、右請求権につき強制執行をすることができないことを明らかにすべきである。（最判平5・11・11民集四七・九・五二五五、民訴百選[三版]A30）

4　形式的形成訴訟

イ　境界確定訴訟

[17] 境界確定訴訟は隣地間の境界不明からくる紛争を断ち、権利状態を安定させるものだから、原告主張の境界線が正当でないとしても裁判所は訴えを棄却するのでなく、この境界線に羈束［きそく］されずに自ら真実と認める境界線を定めるべきである。（大連判大12・6・2民集二・三四五、民訴百選Ⅰ[補正]A20）

ロ　共有物分割の訴え

[18] 共有物分割の訴えにおいて、当事者は分割方法を具体的に指定することは必要なく、現物での分割が不可能あるいは著しく価格を損するおそれのある場合には、裁判所は当事者の申し立てた分割方法にかかわらず共有物を競売してその売得

民訴

金で分割できる。（最判昭57・3・9判時一〇四〇・五三）↓民二五八条[判]

第二四七条（自由心証主義） 裁判所は、判決をするに当たり、口頭弁論の全趣旨及び証拠調べの結果をしん酌して、自由な心証により、事実についての主張を真実と認めるべきか否かを判断する。

⊗⁺【証明を要しない事項↓一七九【口頭弁論↓一四八－一六〇【証拠調べ↓一八〇－二三三【当事者の態度から相手方の主張を真実と認定できる場合↓二〇八・二二四

一　弁論の全趣旨

1　意義

[1] 弁論の全趣旨とは、当事者の主張の内容・態度、訴訟の情勢から当然なすべき主張・証拠の申出を怠ったこと、始めに争わなかった事実を後になって争ったこと、裁判所・相手方の問いに釈明を避けたこと等、口頭弁論における一切の積極・消極の事柄を指す。（大判昭3・10・20民集七・八一五）

2　第三者作成文書の真正の認定

[2] 上告人が不知と答えた第三者作成文書については、特段の立証がなくても、弁論の全趣旨からその成立の真正を肯定し得る。（最判昭27・10・21民集六・九・八四一）

3　弁論の全趣旨の判示

[3] 判決が証拠調べの結果と弁論の全趣旨を総合して事実を認定している場合、弁論の全趣旨が具体的に判示されていなくても記録の照合によりおのずから明らかであれば、理由不備の違法はない。（最判昭36・4・7民集一五・四・六九四、民訴百選[三版]A24）↓三一二条[5]

二　経験則による認定

1　因果関係の認定

イ　ルンバールと病変

[4] 訴訟上の因果関係の立証は、一点の疑義も許されない自然科学的証明ではなく、経験則に照らして全証拠を検討し、特定の原因が特定の結果を招来したという高度の蓋然性を証明することであり、通常人が疑いを差し挟まない程度に真実性の確信を持ち得るもので足る。ルンバール（髄液採取とペニシリンの髄腔[ずいこう]内注入）実施後、発作が突然に生じ、当時化膿[かのう]性髄膜炎の再燃するような事情も認められなかったなどの事実関係の下では、特段の事情のない限り、ルンバールと病変との因果関係を否定するのは経験則に反する。（最判昭50・10・24民集二九・九・一四一七〈ルンバール・ショック事件〉民訴百選[五版]五七）↓民七〇九条[106]

ロ　機動隊員の殴打とデモ隊員の受傷

[5] 原判決は、原告の左上口唇部の約四〇針の治療を要した負傷は、デモ隊先頭部の者の胸を押し返す方法による機動隊の規制が解除されたため、先頭部が勢いづいた状態で急に前進を開始し、規制に抗議していた原告がこれに背後から突き飛ばされたため生じたとする被告（東京都）の主張を、前のめりに転倒したとすれば被害者は反射的に腕で顔を防御するはずであるとの理由により、事故直前における機動隊員によるデモ規制及び解除の事実の有無を審理しないまま排斥し、原告を機動隊員が一回殴打したため生じたものである旨認定している。しかし、機動隊員が厚手の手袋をはめていた場合に一回の殴打がこれほどの重症の原因となるのは経験則上不合理であり、また、不意に背後から強い力で押されれば反射的に防御する暇もなく顔面を直接路上等に激突する可能性があり、前記事実の有無を審理しないまま右可能性を否定することも、経験則に反し不合理である。（最判平3・1・18判時一三七八・六七）

ハ　公害事件

[6] 公害事件において、因果関係につき因果の環一つ一つに科学的解明を求めることは被害者救済の道を閉ざすことになるから、(1)被害疾患の特性とその原因物質、(2)原因物質が被害者に到達する経路、(3)加害企業における原因物質の排出のうち、(1)(2)につき状況証拠の積み重ねにより関係諸科学との関連から矛盾なく説明でき、汚染源の追求がいわば企業の門前に達した場合は、(3)について企業側で自己が汚染源でないことを証明しない限り、その存在が事実上推認され、因果関係が立証される。（新潟地判昭46・9・29下民二二・九＝一〇・別冊一、環境百選[三版]八〇）↓民七〇九条[7][16][107]

2　手術操作上の誤りの推認

[7] 〈国立大学医学部付属病院で脳神経減圧手術を受けて間もなく脳内血腫等の発生により死亡した患者の遺族が手術担当医及び国に対し提起した損害賠償請求訴訟において〉手術の施行とその後の脳内血腫の発生との関連性を疑うべき事情（手術と血腫発生の時間的・場所的近接性、本件手術中の操作によって小脳内血腫が生ずる危険が指摘されていること等）が認められる本件では、他の原因（高血圧性脳内出血や動脈硬化による血管破綻）による血腫発生の極めて低い可能性があるということから、手術の操作上に誤りがあったことを推認できないとした原審の認定判断には、経験則ないし採証法則違背がある。（最判平11・3・23判時一六七七・五四……再鑑定等の必要な審理を尽くさせるため破棄差戻し）

3　薬剤の副作用の起因剤・発症日の認定

[8] 本件鑑定は、患者の病状の全てを合理的に説明し得ているものではなく、経験科学に属する医学の分野における一つの仮説を述べたにとどまり、医学研究の見地からはともかく、訴訟上の証明の見地からみれば起因剤及び発症日を認定する際の決定的な証拠資料ということはできず、同鑑定のみに依拠した原審認定は、経験則に違反する。（最判平9・2・25民集五一・二・五〇二、医事法百選[初版]七七）

4　追加輸血の要否の判断

[9] 〈手術後の出血性ショックで死亡した入院患者の相続人Xが、主治医Yに対し提起した損害賠償請求において〉下血等により循環血液量に顕著な不足を来す状態が継続し、輸血を追加する必要性がうかがわれた患者の状況や、出血性ショックと輸血による対処に関する医学的知見から判断して、原審は、Yにおいて輸血を追加すべき注意義務の違反があることをうかがわせる事情について評価を誤っている上に、追加輸血を必要とするX提出の鑑定意見書に相当の合理性があり、輸血量を妥当とするY提出の鑑定意見書にむしろ疑問があるにもかかわらず、意見の異なる両鑑定意見書の内容を十分に比較検討することなく、第一回口頭弁論期日に弁論を終結し、反論の意見書を提出する機会も与えないまま、Y提出の意見書を主たる根拠として直ちに、ショック状態による患者の重篤化を防止するYの義務を否定したものと考えられ、このような原審の判断は採証法則に違反する。（最判平18・11・14判時一九五六・七七……破棄差戻し）

5　父子関係の認定

[10] 認知の訴えにおいて、(1)原告の母が、受胎可能の日に被告と情交を通じたこと、(2)各種血液検査から原告・被告間に父子関係があっても矛盾のないこと、(3)被告は原告の出生当時原告を抱擁する等父親としての愛情を示したこと、(4)被告が分娩[ぶんべん]費・生活費を負担したこと、責任をとる旨言明したこと、等が認められる以上、特段の事情のない限り、父子関係は証明されたものである。（最判昭31・9・13民集一〇・九・一一三五）

[11] 認知の訴えにおいて、(1)原告の母は受胎可能期間中に被告と継続的に情交を結んだこと、(2)右期間中原告の母が被告以外の男と情交関係のあった事情は認められないこと、(3)被告は原告出生の頃原告の母を妻に迎えたい旨申し入れたこと、(4)血液型から被告は原告の父親たり得ることからすれば、特段の事情のない限り、被告は原告の父であると推認すべきである。（最判昭32・12・3民集一一・一三・二〇〇九、民訴百選II[補正]一一四）

6　手形保証による原因債務保証の推認↓手三一条[2][3]

民訴

7　その他

[12] 時価一五一万円余の建物及び敷地の借地権が代金一〇万円で売買されたとの認定は、一般取引通念上特段の事情のない限り経験則に反し、審理不尽・理由不備の違法がある。（最判昭36・8・8民集一五・七・二〇〇五、民訴百選[五版]一一四）

[13] 〈Aの両親であるXらが、Bら（当時少年）が共謀してAを強姦殺害したと主張し、Bらの親権者に対し、監督義務者としての注意義務違反を理由に、損害賠償を求めた事案において〉Bらの自白には、いわゆる秘密の暴露――あらかじめ捜査官の知り得なかった事項で、捜査の結果、客観的事実と確認されたもの――があるわけではなく、自白を裏付ける客観的証拠もほとんど見られず、かえって、自白が真実を述べたものであれば存在してしかるべき証拠が発見されていない上、一部ではあるが捜査官の誤導による可能性の高い明らかな虚偽の部分が含まれており、しかも犯行事実の中核的部分について変遷が見られるという幾多の問題点があるのに漫然とその信用性を肯定した原審の判断過程には、経験則に反する違法があり、原判決の結論に影響を及ぼすことが明らかである。（最判平12・2・7民集五四・二・二五五、刑訴百選[一〇版]七六……破棄差戻し。差戻審は自白に信用性なしとして請求棄却（東京高判平14・10・29判時一八一七・五九））

[14] A新聞社東京本社提供の記事に基づく記事を関連会社たるA新聞西部本社が掲載した場合に、両社の記事が体裁上かなり異なり、内容にも付加部分があって、東京本社の記事を必ず西部本社が掲載するとは限らないという事情の下では、当時原告のことが全国的話題となっていたとしても、東京本社の記事の掲載を知った時点で九州地方のA新聞にも本件記事が掲載されたと原告が認識していたから、損害賠償請求権は既に時効により消滅しているとする原審の判断は、経験則に反する。（最判平14・1・29判時一七七八・六六……名誉毀損に基づく損害賠償請求）

[15] Xが所得税の申告をA税理士に委任する際に、Aから架空経費を記載したメモを示され、多額の税額を減少させて得をすることができる旨の説明を受けていた場合には、Aが架空経費の計上などの違法手段により税額を減少させようと企図していることをXは了知しており、譲渡所得につき事実を隠蔽・仮装することを容認していたと推認できるから、Xに脱税の意図が認められないとする原審の認定は経験則に反する違法がある。（最判平17・1・17民集五九・一・二八、租税百選[六版]一一二……Y税務署長を被告とする過少申告加算税及び重加算税賦課決定取消訴訟において、AX間に事実を隠蔽・仮装する意思の連絡があり、重加算税賦課要件を充足していたかどうか審理を尽くすように破棄差戻し）

[16] 〈定期建物賃貸借のために必要な借地借家法三八条二項［現三項］所定の説明書面の交付の有無が争われた事案において〉他に何ら具体的な主張立証がないにもかかわらず、本件公正証書に説明書面の交付があったことを確認する条項及び賃借人において本件公正証書の内容を承認した旨の記載があることのみから、右説明書面の交付があったものとした原審の認定は、経験則又は採証法則に反する。（最判平22・7・16判時二〇九四・五八）

17 〈長期間にわたり多数の建設現場の作業に従事して累積的に建材メーカーである被告らの製造販売した石綿（アスベスト）含有建材から生ずる石綿粉じんにばく露して石綿関連疾患にり患したと主張する建設作業従事者である原告らが、被告らは民法七一九条一項後段の適用又は類推適用により連帯して損害賠償責任を負うとして損害賠償を求めた事件〉特定の被告の製造販売した石綿含有建材が特定の原告の作業する建設現場に相当回数にわたり到達していたとの事実について、①国交省・経産省のデータベースをもとに石綿含有建材を種別に分類し、原告らの職種ごとに多量の石綿粉じんにばく露するといえる建材の種別を選定し、②原告らの建設作業従事地域における販売量が僅かであるもの、個々の原告ごとの建設作業従事期間と建材製造期間の重なりが一年未満である可能性があるもの等を除外し、③個々の原告ごとに①及び②から特定した石綿含有建材のうち、同種の建材の中での市場占有率がおおむね一〇パーセント以上であるものは、市場占有率を用いた確率計算を考慮して、特定の原告の作業する建設現場に到達した蓋然性が高いものとし、④個々の原告が取り扱った石綿含有建材の名称、製造者等について具体的な記憶に基づいて供述等をする場合には、その供述等により特定の原告の建設現場に到達した石綿含有建材を特定することを検討し、⑤被告らから、自社の石綿含有建材の販売量が少なかったことや販売経路が限定されていたこと等が具体的な根拠に基づいて指摘された場合には、その建材を①から④により特定したものから除外することを検討する、という手順による立証手法によって証明され得ることを一律に否定した原審の判断には、経験則又は採証法則に反する違法がある。（最判令3・5・17民集七五・六・二三〇三、重判令3民訴五……原判決破棄差戻し）

三　証拠共通の原則

[18] 裁判所の心証形成の資料に供された証拠申出は撤回できず、裁判所は、右証拠が申出人にとって有利か否かを問わず当事者双方に共通する証拠として価値を判断しなければならない。（最判昭58・5・26判時一〇八八・七四）↓一八〇条[2]

四　証拠能力

1　伝聞証拠

[19] 反対尋問を経ない伝聞証拠の証拠能力に関しては、民訴法二〇二条一項［旧二九四条］の交互尋問制とは別個の立法政策の問題であり、現行法上は、裁判官の自由な心証に委ねられていると解される。（最判昭27・12・5民集六・一一・一一一七）

[20] 当事者本人の臨床尋問が病状からやむを得ず途中で打ち切られ、反対尋問がなされなかった場合でも、これを事実認定の資料とできないとすべきでなく、合理的な自由心証によりその証拠力を決し得るものである。（最判昭32・2・8民集一一・二・二五八、民訴百選[五版]六五）

[21] 〈セクハラ行為を報道した週刊誌の記事が名誉毀損に該当するとして提起された損害賠償請求訴訟において、記事の真実性が争われた事案〉被害者の直接の供述なく、伝聞によってセクハラの被害事実を認定するには、その伝聞事実を述べる者について相当程度の信用性があること、及び供述者に対する反対尋問をしなくても真実性を担保できる事情が必要である。（大阪高判平21・5・15判タ一三一三・二七一……伝聞事実の提供者が加害者と敵対関係にあったものとして、その供述を採用しなかった例）

2　起訴後に作成された文書

[22] 訴え提起後に係争事実に関し第三者が作成した文書であっても、証拠能力を有しないものとはいえない。（大判昭14・11・21民集一八・一五四五、民訴百選[初版]五四）

3　違法収集証拠

イ　無断録音テープ

[23] 証拠が、著しい反社会的手段により、人の精神的・肉体的自由を拘束する等の人格権侵害を伴う方法で採集されたときは、それ自体違法として証拠能力を否定される。無断録音テープは通常話者の人格権を侵害するから、録音の手段・方法が著しく反社会的か否かで証拠能力の適否を決すべきである。（東京高判昭52・7・15判時八六七・六〇、民訴百選[三版]七一……酒席における発言の録音はいまだ著しく反社会的な手段方法によるものとはいえないとした事例）

ロ　手帳の無断コピー

[24] 書証が窃取等正当な保持者の意思に反して提出者によって取得されたものであり、これを証拠として取り調べることによって個人的秘密が法廷で明らかにされ、人格権が侵害されると認められる場合（私的な日記帳、手紙などが適例）には、その書証を証拠方法とすることは許されず、証拠申出は却下を免れない。（名古屋高決昭56・2・18判時一〇〇七・六六

……会社人事部長が組合員と面接した際机上に残置した手帳が何者かによってコピーされ、そのコピーが証拠申請された。証拠の申出に対する異議に対し、裁判所は、職務上の行事予定を記載してあるにすぎず、人格権の侵害はないとして、申出を採用）

八　陳述書の原稿・手元控え

[25]〈夫Xが妻Aの不倫相手Yを被告として提起した損害賠償請求訴訟において〉X本人に対する反対尋問で使用するためにY訴訟代理人が書証として申し出た大学ノートが、Xが提出した陳述書の原稿ないし手元控えであり、Xと別居中のAがX方で密にこれを入手してYに預託したものと推認される場合には、その文書の密行性及び入手方法からして、書証として提出することに強い反社会性があり、民訴法二条の信義則に反する。（東京地判平10・5・29判タ一〇〇四・二六〇……証拠申出却下）→二条

五　証拠契約の適法性

[26] 係争事実の確定方法につき特定の証拠方法の提出のみを認める証拠契約は、弁論主義が適用され当事者の自由処分が許される事項に限り、裁判所の自由心証主義に抵触しない範囲で適法である。（東京地判昭42・3・28判タ二〇八・一二七、民訴百選Ⅱ[補正]一一九……建物増改築に必要な賃貸人の承諾は書面であることを要する旨の合意を有効とした事例）

六　証拠理由の説示

[27] 事実認定に用いた証人の供述中に当該認定事実に反する趣旨の部分が存在する場合、その部分を証拠として採用しなかったことを判文上明示する必要はなく、供述内容と判文からどの部分を採用しどの部分を排斥したか了知できれば足る。（最判昭37・3・23民集一六・三・五九四、民訴百選Ⅱ[補正]A32）→三二一条[6]

七　刑事判決との関係→一七九条[11]

（損害額の認定）

第二四八条　損害が生じたことが認められる場合において、損害の性質上その額を立証することが極めて困難であるときは、裁判所は、口頭弁論の全趣旨及び証拠調べの結果に基づき、相当な損害額を認定することができる。

㊜⁺【同旨の規定→特許一〇五の三、不正競争九、著作一一四の五】【損害額→民四一七・七二二、特許一〇二、不正競争五、著作一一四】【口頭弁論の全趣旨及び証拠調べの結果→二四七】【相当な額の認定→二四七】【口頭弁論終結後の損害額の変動→一一七】

一　本条の意義

[1] 不法行為に基づく損害賠償を求める事案で、原告に損害が発生したことを前提とするのであれば、損害額の立証が極めて困難であったとしても、本条により相当な損害額が認定されなければならない。（最判平20・6・10判時二〇四二・五、重判平20民訴六）

二　具体例

1　カルテルによる損害額

[2] 石油元売会社の価格協定により損害を被ったとして消費者が独禁法二五条に基づきその賠償を請求する場合、(1)価格協定による石油元売仕切り価格の値上げと末端小売価格の上昇との間の因果関係の存在、及び(2)価格協定がなければ現実の小売価格より低い小売価格が形成されていたといえること、を主張・立証する責任は、原告が負う。この場合、協定実施後消費者による商品購入までの間に小売価格の形成に影響を及ぼす顕著な経済的要因があった場合には、実施直前の小売価格のみから想定小売価格を推認することはできず、当該商品の価格形成上の特性及び経済的変動の内容、程度その他の価格形成要因を検討してこれを推計しなければならない。〈川崎灯油カルテル事件〉消費百選[二版]一一二②）→◆【証明責任】［一七九条の前］[24]、独禁二五条[14]

〔本条新設前の事案〕（最判昭62・7・2民集四一・五・七八五

2　入札における談合による損害額

[3]〈入札における談合行為によってA市に生じた損害の賠償を求める住民訴訟において〉損害額は、「談合されていなければ形成されていたであろう落札価格に基づく契約金額」と「現に締結された請負契約に係る契約金額」との差額であるが、これを具体的に立証することは、その損害の性質上極めて困難であるから、本条により、相当な損害額を認定すべきである。（東京高判平21・5・28判時二〇六〇・六五、民訴百選[五版]五八……公取委による談合事件の審査開始以前の平均落札価格と審査開始後のそれとの差額を損害額と認定した例）

[4]〈[3]と同旨を述べた上で〉この場合、認定すべき損害額は、証拠資料からここまでは確実に存在したであろうと考えられる範囲に抑えた額ではなく、合理的に考えられる中で実際に生じた損害額に最も近いと推測できる額であり、本件では、談合に関与した旧町長の下での平均落札価格と町長交代後のそれとの差を基礎として、各工事の契約金額の七パーセントに相当する額を損害額と算定するのが相当である。（東京高判平23・3・23判時二一一六・三二）

3　見切り販売の妨害による損害額

[5]〈フランチャイザーが妨害したとして損害賠償を求めた事案において〉見切り販売の妨害行為による損害は、ある時間以降に見切り販売をした場合の利益から見切り販売をしなかった場合の利益を控除することによって求められるが、その算定には仮定に基づく推論が不可欠である上、恒常的な見切り販売の実施による顧客の購買行動の変化など相互に影響しあう多数の要素に依存し、証拠に基づく具体的な認定は極めて困難であるから、本条によって、ある程度謙抑的かつ控え目に損害額を認定すべきである。（東京高判平25・8・30判時二二〇九・一〇①、重判平25経済八……見切り販売開始前と開始後の年間平均売上高、商品等仕入高、商品廃棄等額及び利益の増減額などに依拠して損害額を認定）

4　公害事件における損害額

[6] 損害の公平な分担という損害賠償制度の理念からして、原告らの健康障害が水俣病に起因する可能性が、単に一つの可能性として論理的には完全に否定できないという程度を超え、蓋然性の程度を大きく下回らない「相当程度の可能性」があると認められるときには、被告の損害賠償責任を肯定した上、その可能性の程度を賠償額の算定に反映させることが妥当である。〔本条新設前の事案〕（東京地判平4・2・7判時臨時増刊平四・四・二五、環境百選[三版]八二）

5　動産の滅失・毀損による損害額

[7]〈業務用冷凍庫からの発火を原因として動産（店舗内備品及び家財道具等）が滅失したことを理由とする製造物責任訴訟において〉動産の焼失による損害額は、購入時の代金額から経年を考慮して減額した価値ないし代替物の購入費用等をもって算定することが本来であるが、事柄の性質上、本件でこのような立証を要求することは相当でないから、本条を適用して、損害保険会社（共済組合）が火災後に行った査定の基準であるモデル家庭の標準的評価表中の家財道具の価額を基本としつつも、この査定は保険金額の上限を考慮して行われたことに鑑み、その評価額の一割増を相当な損害額と認定する。（東京地判平11・8・31判時一六八七・三九〈三洋電機冷凍庫発火事故製造物責任訴訟〉民訴百選[三版]六九）

6　特許権を目的とする質権の侵害による損害額

[8] 特許庁の担当職員の過失によって特許権を目的とする質権を取得できなかった場合には、それによる損害額は、特段の事情のない限り、被担保債権が履行遅滞に陥った頃に質権を実行して回収できたはずの債権額である。本件特許権は、被担保債権が履行遅滞に陥った当時には、事業収益を生み出す見込みのある発明として相応の経済的評価ができるものであったのであるから、仮に損害額の立証が極めて困難であったとしても、本条により口頭弁論の全趣旨及び証拠調べの結

果に基づいて相当な損害額が認定されなければならない。（最判平18・1・24判時一九二六・六五、重判平18知財二……損害の発生を否定した原判決を、損害額の認定につき審理を尽くさせるために破棄差戻し）

7　有価証券報告書の虚偽記載によって上場廃止となった株式会社の株主に生じた損害額

[9] 有価証券報告書等の虚偽記載により、その虚偽記載がなければ上場株式を取得しなかったとみられる投資家に生じた損害の額は、その投資家が、虚偽記載の公表後、当該株式を取引所市場において処分したときは取得価額と処分価額との差額から、また、保有し続けているときは取得価額と事実審の口頭弁論終結時の当該株式の市場価額との差額から、経済情勢、市場動向、当該会社の業績等当該虚偽記載に起因しない市場価額の下落分を控除して算定すべきものであり、その額の立証が極めて困難である場合には、本条により相当な損害額を認定すべきである。（最判平23・9・13民集六五・六・二五一一、金商百選四①）↓民七〇九条[131]

8　金商法一九条二項の賠償の責めに任じない損害額

[10] 金商法一八条一項に基づく損害賠償請求訴訟において、請求権者の受けた損害につき、有価証券届出書の虚偽記載等によって生ずべき当該有価証券の値下がり以外の事情により生じたことが認められる場合に、当該事情により生じた損害の性質上その額を立証することが極めて困難であるときは、裁判所は、本条の類推適用により、口頭弁論の全趣旨及び証拠調べの結果に基づき、金商法一九条二項の賠償の責めに任じない損害の額として相当な額を認定することができる。（最判平30・10・11民集七二・五・四七七、重判平30商一三）

9　現況調査報告書の誤りによる損害額

[11] 現況調査報告書及び評価書に記載されていた支払賃料額が実際よりも高額であった収益物件を入札により買い受けた場合の損害額は、実際の支払賃料額に近似した額が記載されていたと仮定した場合の入札価額で物件を買い受けた状態との差を金銭で評価したものであり、買受人の実際の入札価額から評価書が物件を過大に評価した割合を減じる方法を基本とし、諸般の事情をも考慮して、相当な損害額を認定すべきである。（大阪高判平29・1・27判時二三四八・二四）↓民執五七条[3]

10　医療事故と相当因果関係のある損害の範囲

[12] 〈急性喉頭蓋炎で入院治療中の患者の容態が急変して死亡したことに基づく損害賠償請求訴訟において〉被告らには、外科的気道確保をするか、それが可能な他の医療機関に転送すべき注意義務の違反があるが、右注意義務違反がなかったとしても相当重篤な脳機能障害が残存したと考えられることから、右注意義務違反と相当因果関係のある損害は、本条の趣旨を踏まえ、労働能力喪失分のうち一五パーセントと認めるのが相当である。（東京地判平24・1・26判タ一三七六・一七七）

三　割合的認定

[13] 不法行為と損害との相当因果関係の存在が七〇パーセント肯定されるときは、訴訟物たる損害賠償請求権が可分である以上、損害額の七〇パーセントを相当因果関係に立つとして認容してよい。これにより証拠上肯定される相当因果関係の判断に即応でき、不法行為法の理念たる損害の公平の分担にもかなう。〔本条新設前の事案〕（東京地判昭45・6・29判時六一五・三八、民訴百選Ⅱ[補正]一二三）

（直接主義）

第二四九条①　判決は、その基本となる口頭弁論に関与した裁判官がする。

② 裁判官が代わった場合には、当事者は、従前の口頭弁論の結果を陳述しなければならない。

③ 単独の裁判官が代わった場合又は合議体の裁判官の過半数が代わった場合において、その前に尋問をした証人について、当事者が更に尋問の申出をしたときは、裁判所は、その尋問をしなければならない。

⑱❶【裁判官の職務犯罪と再審事由↓三三八①四【口頭弁論を経ないでする判決↓八七③⑱　❷【結果陳述の例↓一七三・二九六②　❸【単独の裁判官↓裁二六①・二七①・三一の四①・三五【合議体の裁判官↓裁九・一八・二六②・二七②・三一の四②【証人尋問の申出↓民訴規一〇六【弁論の併合の場合↓一五二②　⁺【裁判官の更迭と速記原本の反訳の必要↓民訴規七四①三

本条違反の効果

[1] 判決の基本たる口頭弁論（最終）に臨席しない判事が関与（判決原本に署名押印）した判決は本条〔旧一八七条〕一項に違背し、判決の一部に対する上告の場合でも全部破棄される。（最判昭25・9・15民集四・九・三九五）

[2] 〈第一回口頭弁論に裁判官A、B、Cが関与し、その期日に弁論が終結され、第二回口頭弁論調書には裁判官A、D、Cが出席の上裁判長が判決原本に基づいて判決を言い渡した旨の記載があり、判決原本には裁判官A、B、Cの署名押印があるにもかかわらず、被告訴訟代理人が送達を受けた判決正本には裁判官A、D、Cが氏名欄に記載されているのみで、裁判官Bの記載がなかったという場合に〉原裁判所に保存されている判決原本には、原審の口頭弁論終結時に関与した裁判官の署名押印があるから、この判決原本に基づいて判決が言い渡され、裁判所書記官が判決正本を作成する際に過誤を生じたものと見る余地もないわけではない。しかし、上告代理人に送達された判決正本には裁判官Bの記載があるばかりでなく、内容上も、裁判所の判断部分に判決原本にない（家庭裁判所の調停の既判力に関する）記載があることに鑑みると、これに相応する判決原本が存在していたのではないかとの疑いが残る。そうすると、原判決がその基本となる口頭弁論に関与した裁判官によりなされたことが明白ではないから、法律に従って判決裁判所を構成したとはいえない。（最判平11・2・25判時一六七〇・二一）

（判決の発効）

第二五〇条　判決は、言渡しによってその効力を生ずる。

⑱⁺【言渡しの方式↓民訴規一五五【言渡期日↓二五一【決定命令の発効↓一一九

（言渡期日）

第二五一条①　判決の言渡しは、口頭弁論の終結の日から二月以内にしなければならない。ただし、事件が複雑であるときその他特別の事情があるときは、この限りでない。

② 判決の言渡しは、当事者が在廷しない場合においても、することができる。

⑱❶【口頭弁論の終結の日↓二四三①・二五三①四【口頭弁論の再開↓一五三【期間の計算↓九五【法定期間の伸縮↓九六①【言渡期日の指定↓九三【審理計画↓一四七の三　❷【言渡期日の通知↓民訴規一五六【少額訴訟における本項の特則↓三七四①【変更判決の言渡期日↓二五六③　⁺【訴訟手続中断と判決の言渡し↓一三二①

一　判決言渡期日の指定

[1] 判決の言渡期日は、口頭弁論期日と別に裁判長が定めて当事者に告知しなければならず、言渡期日を延期して次の期日を指定せぬまま言い渡された判決は違法であり、破棄を免れない。（大判昭13・4・20民集一七・七三九）

[2] 期日の指定・告知の不存在についての上告後の調書の補正（最判昭42・5・23民集二一・四・九一六）↓一六〇条[1]

[3] 当事者に適法に告知されない弁論期日における言渡し（最判昭27・11・18民集六・一〇・九九一、民訴百選Ⅱ[補正]A53）↓三〇六条[1]

二　判決言渡期日への呼出し↓九四条[2]～[4]

（言渡しの方式）

第二五二条　判決の言渡しは、判決書の原本に基づいてする。

+【判決書の原本↓二五三【言渡しの方式↓民訴規一五五①②【裁判所書記官への交付↓民訴規一五八【言渡しの調書記載↓民訴規六七①[四]【本条の特則↓二五四、三七四②

（判決書）

第二五三条①　判決書には、次に掲げる事項を記載しなければならない。

一　主文
二　事実
三　理由
四　口頭弁論の終結の日
五　当事者及び法定代理人
六　裁判所

②　事実の記載においては、請求を明らかにし、かつ、主文が正当であることを示すのに必要な主張を摘示しなければならない。

❶【判決書への署名押印↓民訴規一五七【損害賠償命令の記載事項↓犯罪被害保護三二【当事者の電磁的記録の利用↓民訴規三の二　[一]【主文↓一一四①【主文に掲げる裁判↓二五九④、三〇三②、六七　[三]【理由の朗読・告知↓民訴規一五五②【理由不備↓三一二②[六]　[四]【口頭弁論終結↓二四三、二五一①、一一五①[三]、民執三五②　[五]【法定代理人↓二八、三二、三五、三七【仲裁判断書↓仲裁三九【人事訴訟における附帯処分↓人訴三二　❷【事実の記載↓一三四②[二]、一六一②　+【簡裁判決書の特則↓二八〇【判決の種類の表示↓民訴規二一六、二二九、二三一【上訴審判決書における判決の引用↓民訴規一八四、二一九、二三一②

一　主文

1　代位弁済者の求償の限度の表示

[1]　代位弁済者が代位取得した原債権と求償権とは、元本・利息・消滅時効等の異なり得る別の債権であるが、原債権は求償権を確保するための付随的性質を有し、その行使は求償権の存する限度によって制約される。原債権による代位弁済者の請求を認容する場合、求償権による実体法的制約から、求償権の債権額が常に原債権額を上回ると認められる特段の事情のない限りは、判決主文において求償額の限度で給付を命じなければならない。（最判昭61・2・20民集四〇・一・四三、重判昭61民訴二）

2　引換給付判決↓二四六条[17]

3　建物買取請求権↓二四六条[13]

4　遺留分減殺請求↓二四六条[14]

二　理由その他

1　文書の成立↓二二八条[3]

2　法人の代表者の交替↓五八条[2]

（言渡しの方式の特則）

第二五四条①　次に掲げる場合において、原告の請求を認容するときは、判決の言渡しは、第二百五十二条の規定にかかわらず、判決書の原本に基づかないですることができる。

一　被告が口頭弁論において原告の主張した事実を争わず、その他何らの防御の方法をも提出しない場合
二　被告が公示送達による呼出しを受けたにもかかわらず口頭弁論の期日に出頭しない場合（被告の提出した準備書面が口頭弁論において陳述されたものとみなされた場合を除く。）

②　前項の規定により判決の言渡しをしたときは、裁判所は、判決書の作成に代えて、裁判所書記官に、当事者及び法定代理人、主文、請求並びに理由の要旨を、判決の言渡しをした口頭弁論期日の調書に記載させなければならない。

❶【言渡しの方式↓民訴規一五五③【不熱心訴訟における弁論の終結↓二四四　[一]【請求の認諾↓二六六、二六七【自白の擬制↓一五九　[二]【公示送達による呼出し↓九四、一一〇―一一二【準備書面の陳述擬制↓一五九、二七七　❷【判決書の記載事項と対比↓二五三、民訴規六七①[七]

（判決書等の送達）

第二五五条①　判決書又は前条第二項の調書は、当事者に送達しなければならない。

②　前項に規定する送達は、判決書の正本又は前条第二項の調書の謄本によってする。

❶【判決書の裁判所書記官への交付↓民訴規一五八【送達管掌者としての裁判所書記官↓九八②【送達↓九八―一一二【送達の時期↓民訴規一五九①　❷【正本による送達↓民訴規一五九②【更正決定の送達↓民訴規一六〇【判決の送達と上訴期間の起算↓二八五、三一三【判決の送達と異議申立期間の起算↓三五七、三七八①【強制執行の要件としての判決の送達↓民執二九

原本と一致しない正本の送達

[1]　当事者に送達された判決正本と判決原本との間に多少の不一致があっても、それが敗訴当事者の上訴に関する判断の障害となったり、勝訴当事者の判決確定に関する期待を覆すこともやむを得ないとする程の重大なものでなければ、その送達をもって判決正本の送達としてよい（裁判官の記名を欠いても、重大な瑕疵とはいえない）。（最判平3・4・2判時一三八六・九五、重判平3民訴四②……控訴期間徒過を理由とする控訴却下は適法）

（変更の判決）

第二五六条①　裁判所は、判決に法令の違反があることを発見したときは、その言渡し後一週間以内に限り、変更の判決をすることができる。ただし、判決が確定したとき、又は判決を変更するため事件につき更に弁論をする必要があるときは、この限りでない。

②　変更の判決は、口頭弁論を経ないでする。

③　前項の判決の言渡期日の呼出しにおいては、公示送達による場合を除き、送達をすべき場所にあてて呼出状を発した時に、送達があったものとみなす。

❶【判決言渡しの日↓二五一、民訴規一五六【判決の確定↓一一六　❷【必要的口頭弁論の原則↓八七　❸【呼出しの原則的方式↓九四、民訴規一五六【公示送達による呼出し↓一一〇―一一二【送達すべき場所↓一〇三【郵便等に付する送達における同様の効果↓一〇七③

（更正決定）

第二五七条①　判決に計算違い、誤記その他これらに類する明白な誤りがあるときは、裁判所は、申立てにより又は職権で、いつでも更正決定をすることができる。

②　更正決定に対しては、即時抗告をすることができる。ただし、判決に対し適法な控訴があったときは、この限りでない。

❶【費用額確定処分の更正の場合↓七四①【更正決定の方式↓民訴規一六〇　❷【即時抗告↓三三二【控訴↓二八一　+【変更判決↓二五六

一　明白な誤り

[1]　〈交通事故に基づく損害賠償請求訴訟において、一三万円余の限度で請求を認める判決をした原裁判所が、同判決には既払金を控除しないで計算した明白な誤りがあったとして、認容額を五万円余と訂正する更正決定をした事案において〉同判決は、もともと認容額の計算過程に全く言及していないことから、その計算過程に明白な誤りがあったかどうかを断定できない上、既払金を控除するかどうかは実質的判断に属するものであって、本条の要件である明白な誤りには当たらない。（東京地決平23・12・28判時二一四二・四六……原更正決定を取消し）

[2]

二　適切な表現への更正

裁判所の意思と表現の間に食い違いがあるとはいえない場合であっても、更正決定制度の目的、訴訟経済の観点から、

特に判決に基づく執行、戸籍訂正、登記等を容易にするために必要があるときは、本条［旧一九四条］の類推適用が認められ、表現の「誤謬」とまではいえない程度の不明瞭な表現を明確にし、あるいはより適切な表現に改めることも許される。（東京地決平9・3・31判時一六一三・一一四……債権者の強制執行の便を考慮し、被告の現実の住所地の記載に、住民票上の住所を加える更正を行った）

[3]

三　控訴審判決による更正

第一審判決主文に本条にいう明白な誤りがある場合、控訴裁判所が控訴棄却の判決をするに当たり判決の理由中に更正を要する理由を示して主文で誤りを更正しても違法ではない。（最判昭32・7・2民集一一・七・一一八六）

[4]

四　即時抗告

更正申立てに対して実体判断をした上でなされた却下決定についても、本条二項［旧一九四条三項］を類推し、即時抗告を認めるのが相当である。（東京地決平9・3・31前出[2]）

（裁判の脱漏）

第二五八条①　裁判所が請求の一部について裁判を脱漏したときは、訴訟は、その請求の部分については、なおその裁判所に係属する。

②　訴訟費用の負担の裁判を脱漏したときは、裁判所は、申立てにより又は職権で、その訴訟費用の負担について、決定で、裁判をする。この場合においては、第六十一条から第六十六条までの規定を準用する。

③　前項の決定に対しては、即時抗告をすることができる。

④　第二項の規定による訴訟費用の負担の裁判は、本案判決に対し適法な控訴があったときは、その効力を失う。この場合においては、控訴裁判所は、訴訟の総費用について、その負担の裁判をする。

㊜❶【一部判決↓二四三②③　❷【申立ての方式↓民訴規一六一　❸【即時抗告↓三三二　❹【訴訟費用の負担の裁判↓六七①【上級裁判所における総費用の裁判↓六七②【手形判決に対する異議の場合の総費用の裁判↓三六三②

一　独立当事者参加と追加判決↓四七条[13]

二　特別委任を欠く請求の減縮↓五五条[3]

三　裁判の脱漏の有無が問題となった場合の措置

[1]

裁判の脱漏の有無は訴訟の係属の存否に関する重要事項であるから、当事者が追加判決のための弁論期日の指定を求める旨職権の発動を促しているときは、裁判の脱漏がなく既に訴訟が終了している場合でも、裁判所は、判決をもって、当該訴訟が適法に終了した旨を宣言するのが相当である。この判決は、訴訟が客観的に終了していることを公示するにすぎないから、口頭弁論を開くべき訴訟法上の要請はない。（東京高判平16・8・31判時一九〇三・二一）

（仮執行の宣言）

第二五九条①　財産権上の請求に関する判決については、裁判所は、必要があると認めるときは、申立てにより又は職権で、担保を立てて、又は立てないで仮執行をすることができることを宣言することができる。

②　手形又は小切手による金銭の支払の請求及びこれに附帯する法定利率による損害賠償の請求に関する判決については、裁判所は、職権で、担保を立てないで仮執行をすることができることを宣言しなければならない。ただし、裁判所が相当と認めるときは、仮執行を担保を立てることに係らしめることができる。

③　裁判所は、申立てにより又は職権で、担保を立てて仮執行を免れることができることを宣言することができる。

④　仮執行の宣言は、判決の主文に掲げなければならない。前項の規定による宣言についても、同様とする。

⑤　仮執行の宣言の申立てについて裁判をしなかったとき、又は職権で仮執行の宣言をすべき場合においてこれをしなかったときは、裁判所は、申立てにより又は職権で、補充の決定をする。第三項の申立てについて裁判をしなかったときも、同様とする。

⑥　第七十六条、第七十七条、第七十九条及び第八十条の規定は、第一項から第三項までの担保について準用する。

㊜❶【財産権上の請求↓民訴費四②③【担保↓七六、七七【本項の特則↓三一〇、三七六①、三九一、民執三七【上訴審判決前の決定による仮執行宣言↓二九四、三二三【認可判決への仮執行宣言↓破一七五⑤、一八〇⑥【仮執行宣言の主観的範囲↓一一五②【仮執行宣言付判決・支払督促↓民執二二㊁㊃、四〇三①㊁―㊄　❷【手形・小切手による金銭の支払請求↓五㊂、三五〇―三六七【法定利率↓三五〇㊜【附帯請求↓九②　❸【仮執行免脱宣言と強制執行の停止↓民執三九①㊄、四〇①　❹【主文↓二五三①㊁、民訴規一五五①　❺【仮執行宣言の補充決定↓二五八【補充決定の方式↓民訴規一六〇

一　仮執行の効果

1　仮執行の執行手続で得た給付と本案の裁判

[1]

仮執行宣言付判決による強制執行は確定的なものでないから、右判決の上訴審は本案判決をなすに当たり執行によって弁済を得た事実をしんしゃくせずに請求の当否につき判断すべきである。原告が仮執行によって引渡しを受けた財産を滅失させた事実についてもしんしゃくすべきではない。（大判昭13・12・20民集一七・二五〇二、民訴百選［初版］六八）

[2]

仮執行宣言付きの第一審判決に対して控訴があったときは、控訴審は、当該仮執行宣言に基づく強制執行によって給付がされた事実を考慮することなく、請求の当否を判断すべきである。このことは、第一審判決の仮執行宣言に基づく強制執行によって建物が明け渡されているときに、当該建物の明渡請求の当否を判断する場合はもちろん、これと併合されている賃料相当損害金等の支払請求の当否や同請求に対する抗弁において主張されている敷金返還請求権の存否を判断する場合でも、同様である。建物の明渡しによる実体法上の効果は、仮執行宣言が失効しないことを条件とするものであり、確定判決に基づく強制執行の手続において考慮されるべきである。（最判平24・4・6民集六六・六・二五三五、重判平24民訴三）

2　仮執行の執行手続によらずに得た給付と本案の裁判

[3]

仮執行宣言付判決によって履行を命じられた債務が判決言渡後から控訴提起までの間に被告によって支払われ、債務が支払前に存在したことを控訴審では被告が争わなくなったと認められる状況の下においては、その債務の支払は、完全な任意弁済と認め得る特別の事情があり、仮執行宣言による支払又はそれと同視されるものではなく、債務の弁済としての効力を有する。（大阪高判平29・7・25判時二三六一・二〇、重判平30民訴三……弁済を理由として原判決を取り消し、原告の請求を棄却）

3　仮執行後の債務者の倒産↓破二条[4]

二　仮執行免脱担保

[4]

仮執行又は仮執行免脱宣言の制度は判決未確定の間の当事者の利害の調節権衡を図るためのものであるから、仮執行免脱の担保は、判決確定まで勝訴原告が仮執行をすることができなかったことによって被る損害のみを担保するものであって、本案の請求まで担保するものではない。（最判昭43・6・21民集二二・六・一三二九、続民訴百選七六）

[5]

仮執行免脱担保が供託されれば仮執行宣言付判決の執行力は当然に消滅するが、債務者が担保提供後これに基づく執行停止・取消しを申し立てる間もなく、債権者の代理人が仮執行宣言に基づく強制執行を完了した場合には、右は執行行為としては有効であり、実体法上解除条件付弁済の効力を有するから、代理人が担保提供があったことを知って執行申立てをしたことが不法行為となり得るとしても、右弁済額をもっ

て債務者の損害とすることはできない。（東京地判平4・6・17判時一四三五・二七、民執百選五）

三　債務者の倒産と仮執行停止の担保の事由の消滅→四〇五条[1][2]

（仮執行の宣言の失効及び原状回復等）

第二六〇条①　仮執行の宣言は、その宣言又は本案判決を変更する判決の言渡しにより、変更の限度においてその効力を失う。

②　本案判決を変更する場合には、裁判所は、被告の申立てにより、その判決において、仮執行の宣言に基づき被告が給付したものの返還及び仮執行により又はこれを免れるために被告が受けた損害の賠償を原告に命じなければならない。

③　仮執行の宣言のみを変更したときは、後に本案判決を変更する判決について、前項の規定を適用する。

❶【本案判決を変更する判決→三〇五―三〇九・三二五・三二六【変更判決言渡しによる失効→一一四―一一六【仮執行宣言の取消しと強制執行の停止・取消し→民執三九①㊀・四〇①　❷【過失責任の原則→民七〇九【給付の返還・損害賠償→一三四・一四六【民事保全における原状回復→民保三三　❸【仮執行宣言のみの変更→二四三②

[1]
一　無過失責任
本条［旧一九八条］二項は、仮執行後本案判決が変更された場合、被告が仮執行につき不法行為による損害賠償を請求しても認められにくいことから、原状回復を容易にするため特に原告に無過失責任を負わせたものである。（大判昭12・2・23民集一六・一三三、民訴百選[初版]六九）

[2]
二　本案判決を変更する場合
〈仮執行宣言付きの差戻前控訴審判決に対する上告事件の係属中に、同判決に基づく強制執行がなされ、本条二項の申立てがなされたところ、上告審が同判決を破棄し、事件を控訴審へと差し戻したにもかかわらず、同申立てについて判断がなされなかった事案において〉差戻後控訴審判決が差戻前控訴審判決を実質的に変更するものである場合には、本条二項を類推適用して、上告審においてなされた同項の申立てについて差戻後控訴審で判断すべきである。（京都地判令3・9・16金法二一八〇・八一……本条二項に基づく申立てを一部認容した）

[3]
三　被告の給付の意義
被告が、仮執行宣言付判決に対して上訴し、判決により履行を命じられた債務の存否を争いながら弁済した場合、完全な任意弁済と認められる特段の事情のない限り、その弁済は本条［旧一九八条］二項にいう「仮執行の宣告に基づき被告が給付したもの」に当たる。（最判昭47・6・15民集二六・五・一〇〇〇……船舶の強制競売に着手した原告が、原審で執行停止決定が出たにもかかわらず、船舶監守保存決定を得て監守人となり、事実上競売を断行したため、被告がやむを得ず弁済した事例）

[4]
四　損害の範囲
本条［旧一九八条］二項の損害賠償義務は、原告が判決未確定の間に仮執行できる特別の利益を与えられたことに対応し、被告は、判決変更の場合には仮執行で被った損害を回復できるのが公平である、という考慮に出たものであるから、本項にいう損害とは仮執行と相当因果関係に立つ財産上・精神上の全ての損害をいう。（最判昭52・3・15民集三一・二・二八九、重判昭52民訴一）

[5]
五　別訴提起の可否
本条［旧一九八条］二項の損害賠償は別訴で請求することを妨げない。（最判昭29・3・9民集八・三・六三七）

第六章　裁判によらない訴訟の完結

（訴えの取下げ）

第二六一条①　訴えは、判決が確定するまで、その全部又は一部を取り下げることができる。

②　訴えの取下げは、相手方が本案について準備書面を提出し、弁論準備手続において申述をし、又は口頭弁論をした後にあっては、相手方の同意を得なければ、その効力を生じない。ただし、本訴の取下げがあった場合における反訴の取下げについては、この限りでない。

③　訴えの取下げは、書面でしなければならない。ただし、口頭弁論、弁論準備手続又は和解の期日（以下この章において「口頭弁論等の期日」という。）においては、口頭ですることを妨げない。

④　第二項本文の場合において、訴えの取下げが書面でされたときはその書面を、訴えの取下げが口頭弁論等の期日において口頭でされたとき（相手方がその期日に出頭したときを除く。）はその期日の調書の謄本を相手方に送達しなければならない。

⑤　訴えの取下げの書面の送達を受けた日から二週間以内に相手方が異議を述べないときは、訴えの取下げに同意したものとみなす。訴えの取下げが口頭弁論等の期日において口頭でされた場合において、相手方がその期日に出頭したときは訴えの取下げがあった日から、相手方がその期日に出頭しなかったときは前項の謄本の送達があった日から二週間以内に相手方が異議を述べないときも、同様とする。

❶【判決の確定時期→一一六【訴えの取下げの代理権→三二②㊁・五五②㊁【訴えの取下げの調書記載→民訴規六七①㊀　❷【準備書面→一六一・一六二【弁論準備手続→一六八―一七四【口頭弁論→八七・一三九・一四八―一六〇【反訴→一四六　❸【口頭で取り下げた場合の調書記載→民訴規一②　❹【取下げ書面の送達→民訴規一六二【送達の方法→九八―一一二　❺【期間の計算→九五　＋【訴えの取下げの擬制→二六三、行訴一五④【訴えの取下げの効果→二六二

[1]
一　刑事上罰すべき行為による訴えの取下げ
訴えの取下げは訴訟行為であるから行為者の意思の瑕疵［かし］が直ちにその効力を左右しないが、被告の刑事上罰すべき強要行為により原告が訴えを取り下げた場合には、民訴法三三八条［旧四二〇条］一項五号の法意に照らしその取下げは無効であり、かつ、同条二項は適用されず、有罪判決の確定等がなくても無効を主張し得る。（最判昭46・6・25民集二五・四・六四〇、民訴百選[五版]九一）

[2]
二　被告の同意
本案について答弁書の提出後、原告による訴えの取下げに対し被告が同意を拒絶した場合には、訴えの取下げは無効と確定し、以後被告が改めて同意をしても先の取下げは効力を生じない。（最判昭37・4・6民集一六・四・六八六）

[3]
主位的に訴訟要件の欠缺［けんけつ］を争い訴え却下の判決を求め、予備的に本案について主張している場合には、訴えの取下げにより、被告の本案である権利あるいは法律関係の存否の確認に関する利益が侵害されるものではないから、本条［旧二三六条］二項にいう相手方の同意を要しない。（東京高判平8・9・26判時一五八九・五六……原告代表者の代表権の存否を争った事例）

[4]
三　裁判外の訴え取下げの合意の効力
訴えの取下げに関する裁判外の合意が成立した場合には、原告は権利保護の利益を喪失したものとみ得るから、訴えを却下すべきである。（最判昭44・10・17民集二三・一〇・一八二五、民訴百選[五版]九二……合意成立後、原告が欠席した事例）

（訴えの取下げの効果）

第二六二条①　訴訟は、訴えの取下げがあった部分については、初めから係属していなかったものとみなす。

②　本案について終局判決があった後に訴えを取り下げた者は、同一の訴えを提起することができない。

❶【訴えの取下げ→二六一【時効完成猶予効の不発生→一四七　❷【終局判決→二四三【仮執行宣言付判決が訴えの取下げによ

り失効したときの処置↓民執三九①㊂、四〇【終局決定後の取下げ↓非訟六三、家事八二

一　**訴えの取下げと時効の完成猶予［時効中断］の効力↓**民一四七条[4]

二　**差戻し後の第一審における訴えの取下げ**

[1]　第一審の本案の終局判決が第二審で取り消された後は、差戻し後の第一審で本案の終局判決がなされるまでは、本条［旧二三七条］にいう「本案の終局判決」は存しないから、その間の訴えの取下げについては、本条二項の再訴禁止の効果を生じない。（最判昭38・10・1民集一七・九・一一二八、続民訴百選四四）

三　**「同一の訴え」の意義**

[2]　本条［旧二三七条］二項は、終局判決を得た後に訴えを取り下げることにより裁判を徒労に帰せしめたことに対する制裁的趣旨の規定であるから、本条にいう同一の訴えとは、単に当事者及び訴訟物が同じであるだけでは足りず訴えの利益又は必要性についても事情を一にする訴えを意味する。（最判昭52・7・19民集三一・四・六九三、民訴百選[五版]A29）

四　**訴えを取り下げた者**

[3]　訴えを取り下げた者とは、当事者及び承継人のうち本条［旧二三七条］の趣旨とする制裁的効果を当事者と同程度に受けるべき実質的理由ある者に限られる。一般承継人はこれに当たるが、特定承継人は、当事者と共謀して前訴を取り下げた者、当事者の前訴の取下げを認容していた者などを除き、これには当たらない。（東京高判昭45・11・12高民二三・四・五一八）

（訴えの取下げの擬制）

第二六三条　当事者双方が、口頭弁論若しくは弁論準備手続の期日に出頭せず、又は弁論若しくは弁論準備手続における申述をしないで退廷若しくは退席をした場合において、一月以内に期日指定の申立てをしないときは、訴えの取下げがあったものとみなす。当事者双方が、連続して二回、口頭弁論若しくは弁論準備手続の期日に出頭せず、又は弁論若しくは弁論準備手続における申述をしないで退廷若しくは退席をしたときも、同様とする。

【口頭弁論期日↓一三九【弁論準備手続の期日↓一六九【当事者の出欠の調書記載↓民訴規六六①㊃【期日指定の申立て↓九三【期間の計算↓九五【訴えの取下げの効果↓二六二【不熱心訴訟追行に対する対策↓二四四【類似の規定↓非訟六四、家事八三

一　**訴えの取下げ無効の主張に対する裁判**

[1]　訴えの取下げを無効として期日指定の申立てがあった場合には、判決により裁判すべきである。訴えの取下げが無効の場合にはその旨を中間判決又は本案の終局判決理由中で判示すべきであり、取下げが有効の場合には訴訟終了の旨の終局判決を行う。（大決昭8・7・11民集一二・二〇四〇）

二　**訴訟追行に熱意がない場合**

[2]　〈Xの先代は、昭和七年に、Yの先代に対し、本件土地の所有権確認、登記抹消請求の訴えを起こしたが、昭和一二年に死亡。相続人Xが訴訟を追行することになったが、昭和一九年応召、訴訟はそのままになっていた。訴外Aは、昭和五四年に本件土地の一部を買い受け、本件訴え提起に伴う予告登記を発見し、Xにその抹消を請求したが拒絶され、受訴裁判所に対して予告登記の抹消を求める上申書を提出した。裁判所は、訴訟は終了していないとし、昭和五五年に口頭弁論期日を指定し、訴訟再開〉本件は原告が積極的に訴訟遅延を目的とする訴訟行為をした場合ではないが、提訴後長年月の間理由なく被告を不安定な立場に置くこと自体、また被告が現状が肯定されたと信じて次の法律行為をした後、その信頼を覆すこと自体、被告に対する信義に反し、裁判所に対する関係でも、住所変更の通知もせず、期日指定の申立てもしないで長年月を徒過することは、裁判所の訴訟主宰権能の行使を妨げるものであって、同様に信義に反する、として訴えを却下。（東京高判昭60・4・24判時一一五五・二六四……最判昭63・4・14判タ六八三・六二、民訴百選I[補正]A25は上告棄却）↓二条[1]〜[4]

（和解条項案の書面による受諾）

第二六四条　当事者が遠隔の地に居住していることその他の事由により出頭することが困難であると認められる場合において、その当事者があらかじめ裁判所又は受命裁判官若しくは受託裁判官から提示された和解条項案を受諾する旨の書面を提出し、他の当事者が口頭弁論等の期日に出頭してその和解条項案を受諾したときは、当事者間に和解が調ったものとみなす。

【遠隔地居住の他の効果↓一七〇③、二〇四【受命・受託裁判官↓八八・八九【和解条項案↓民訴規一六三①【受諾書面の真意確認↓民訴規一六三②【口頭弁論等の期日↓二六一③【和解成立擬制の調書記載↓民訴規一六三③【和解調書↓二六七、民執二二㊆【本条の不適用↓二七五④【和解に代わる決定↓二七五の二【本条の準用↓非訟六五

（裁判所等が定める和解条項）

第二六五条①　裁判所又は受命裁判官若しくは受託裁判官は、当事者の共同の申立てがあるときは、事件の解決のために適当な和解条項を定めることができる。

②　前項の申立ては、書面でしなければならない。この場合においては、その書面に同項の和解条項に服する旨を記載しなければならない。

③　第一項の規定による和解条項の定めは、口頭弁論等の期日における告知その他相当と認める方法による告知によってする。

④　当事者は、前項の告知前に限り、第一項の申立てを取り下げることができる。この場合においては、相手方の同意を得ることを要しない。

⑤　第三項の告知が当事者双方にされたときは、当事者間に和解が調ったものとみなす。

❶【受命・受託裁判官↓八八・八九❷【和解に代わる決定↓二七五の二❷【仲裁契約と対比↓仲裁一三❸【和解条項の定め↓民訴規一六四①【口頭弁論等の期日↓二六一③❹【申立ての取下げ↓二六一②❺【和解成立擬制の調書記載↓民訴規一六四②【和解調書↓二六七、民執二二㊆【本条の不適用↓二七五④

（請求の放棄又は認諾）

第二六六条①　請求の放棄又は認諾は、口頭弁論等の期日においてする。

②　請求の放棄又は認諾をする旨の書面を提出した当事者が口頭弁論等の期日に出頭しないときは、裁判所又は受命裁判官若しくは受託裁判官は、その旨の陳述をしたものとみなすことができる。

❶【請求の放棄・認諾↓三二②㊀、五五②㊁【口頭弁論等の期日↓二六一③【請求の放棄・認諾の調書記載↓民訴規六七①㊀【放棄調書・認諾調書の効力↓二六七❷【受命・受託裁判官↓八八・八九【欠席者提出の書面の陳述擬制の例↓一五八、二七七【人事訴訟における放棄・認諾↓人訴一九②、三七

（和解調書等の効力）

第二六七条　和解又は請求の放棄若しくは認諾を調書に記載したときは、その記載は、確定判決と同一の効力を有する。

【和解↓八九、二六四、二六五、二七五【訴訟上の和解と同一の効力を有するもの↓二七五の二⑤、民調一六、二四の三②、犯罪被害保護一九④【和解と訴訟費用↓六八、七二【請求の放棄・認諾↓二六六【放棄・認諾と訴訟費用の裁判↓七三【和解・放棄認諾の調書記載↓民訴規六七①㊀、一六三③、一六四②【確定判決の効力↓一一四、一一五、民執二二㊀、民一六九【調書による強制執行↓民執二二㊆、三九①㊁【同旨の規定↓仲裁四五①、家事七五、二六八、二八一

二八七、会社八九九⑤、破一二四③、会更九七④【人事訴訟における特則↓人訴一九②・三七

[1] **一 裁判上の和解と既判力**
罹災都市借地借家臨時処理法［平成二五法六一により廃止］一五条による申立てを却下する決定は、同法二五条により裁判上の和解と同一の効力を有し本条［旧二〇三条］により既判力を有するから、原審が、右申立事件（賃借権設定の申立て）で主張したと同一事実を請求原因とする本訴請求（借地権確認請求）は理由がないとしたのは正当である。（最大判昭33・3・5民集一二・三・三八一、憲百選［初版］六四……既判力はないとする垂水ほか二裁判官の少数意見がある）↓[2]〜[9]

二 瑕疵［かし］ある和解

[2] **1 和解無効の認められた事例**
仮差押物件が、市場で一般に通用し品質の一定している特選金菊印いちごジャムであることを前提に、右物件による代物弁済を行う裁判上の和解が成立したが、現実にはそれがリンゴやアンズを主たる材料としたもので価格も見込みの六割程度の価値しかない粗悪品であった場合には、右和解は要素に錯誤があり無効である。（最判昭33・6・14民集一二・九・一四九二、民訴百選［五版］九三）↓[3]、民六九六条[3]

2 和解無効の主張方法

イ 期日指定の申立て

[3] 裁判上の和解であっても、要素の錯誤に基づくときには無効となり、訴訟はなお存続する。当事者が右和解の無効を主張し期日指定の申立てを行ったときは、口頭弁論を開いて申立ての理由の有無を調査し、判決をもって裁判すべきである。（大決昭6・4・22民集一〇・三八〇、民訴百選［初版］七八）

[4] 裁判上の和解の無効を理由とする新期日指定の申立ては、再審の申立てと相似たものがあるから、民訴法四〇三条［旧五〇〇条］を類推適用して、右和解調書に基づく執行の停止を許すのが相当である。（仙台高決昭31・2・23高民九・二・六二）

[5] 訴訟上の和解の成立を理由とする訴訟終了宣言判決は、訴訟が終了したことを確定する訴訟判決であって、訴訟上の和解が有効であるとの点については既判力を有しない。（最判昭47・1・21裁判集民一〇五・一三）

[6] 甲が訴訟上の和解の無効を理由として旧訴訟の口頭弁論期日の指定を申し立て、口頭弁論における審理の結果右和解は有効であるとの判断を前提として、「本件訴訟（旧訴訟）は和解成立により終了した」旨を宣言する判決が確定した後に、甲が右和解の無効確認を求めることは、旧訴確定判決の既判力に抵触するかはさておき、一事不再理の理念及び訴訟上の信義則に反し許されない。（東京地判昭63・1・27判時一二六・一二三）

[7] **ロ 和解無効確認の訴え**
裁判上の和解の無効を主張する者が新期日の指定を申請したとしても、和解によって生じた法律関係の有効・無効をそれによって直ちに確定することはできないから、別訴を提起し右法律関係の無効の確認を求める即時確定の利益を有する。（大判大14・4・24民集四・一九五）

ハ 請求異議の訴え

[8] 裁判上の和解は、確定判決と同一の効力を有するが、私法上の契約としての性質も有しており、私法上の無効原因が存するときは初めより当然無効で既判力を生じないから、これを理由として請求異議の訴えを提起し得るし、異議の原因が口頭弁論終結後に生じたものであることを必要とするような制限もない。（大判昭14・8・12民集一八・九〇三）

ニ 再審の訴え

[9] 裁判上の和解に対しては、民訴法三三八条［旧四二〇条］一項一号、二号のような、私法上の無効原因を伴わない事由がある場合には再審の訴えを許すべきであるが、私法上の無効原因（代理権の欠缺［けんけつ］）がある場合には当然無効であり、再審の訴えは許されない。（大判昭7・11・25民集一一・二二二五……再審の訴えを却下した原審を維持）

3 和解の訴訟上の効果と私法上の効果

[10] 裁判上の和解は、私法上の和解を含む一つの訴訟行為であり私法上の和解に荷われた存在であるから、後者が無効なら前者も当然無効であるが、逆に前者が表見代表取締役の規定（商法二六二条［会社三五四条］）の不適用により訴訟法上無効となっても後者が常に無効となるわけではない。（広島高判昭40・1・20高民一八・一・一、民訴百選Ⅰ［補正］九三……和解無効確認判決確定後の和解契約に基づく請求を認容）

[11] 訴訟が訴訟上の和解によって終了した後、和解の内容たる私法上の契約（土地の売買契約）が債務不履行（代金未払）のため解除されても、一旦終了した訴訟は復活しないから、再度同じ訴え（家屋収去土地明渡請求訴訟）を提起しても二重起訴には該当しない。（最判昭43・2・15民集二二・二・一八四、民訴百選［五版］九四）

三 裁判外の和解の効力

[12] 〈遺産分割事件についての特別抗告審係属中に、金銭支払を内容とする裁判外の和解が成立したが、抗告の取下げがなかった事案において〉抗告人と相手方との間において、抗告事件を終了させることを合意内容に含む裁判外の和解が成立した場合には、抗告の利益が消滅する。和解に際し、和解成立後も抗告を維持するなどの発言がなく、相手方も、和解によって抗告事件は終了するものと考えており、抗告の維持につき合理的な理由があるともうかがわれない本件においては、抗告事件を終了させることが和解の合意内容に含まれていたというべきである。（最決平23・3・9民集六五・二・七二三……抗告不適法却下）

四 請求の認諾

1 既判力

[13] 私法上の無効原因がなく、又は取消原因があってもその取消しがなされない限り、認諾調書は既判力を有する。（大阪高判平6・12・16判タ九〇九・二六五……別訴事件の請求の表現が別訴原告の真意と相違して不適切であり、別訴被告がその点に気付いていたにもかかわらずあえて右請求を認諾した本件では、別訴被告による認諾調書の既判力の援用は、信義則に反し許されないとした）

2 訴訟要件を欠く場合の効果

[14] 民訴法一三四条の二［旧二二五条］にいわゆる「法律関係を証する書面」に当たらない書面の不真正の確認を求める訴えは不適法であり、相手方が認諾してもその認諾は訴訟上効果を生じず、原判決が本訴請求を排斥したのは正当である。（最判昭28・10・15民集七・一〇・一〇八三、民訴百選［初版］七九）↓一三四条の二[46]

第七章 大規模訴訟等に関する特則

【審理計画等↓一四七の二・一四七の三、民訴規一六六

（**大規模訴訟に係る事件における受命裁判官による証人等の尋問**）

第二六八条 裁判所は、大規模訴訟（当事者が著しく多数で、かつ、尋問すべき証人又は当事者本人が著しく多数である訴訟をいう。）に係る事件について、当事者に異議がないときは、受命裁判官に裁判所内で証人又は当事者本人の尋問をさせることができる。

【受命裁判官↓八八【受命裁判官による証拠調べ↓一八五①・一九五【証人尋問↓一九〇―二〇六【当事者尋問↓二〇七―二一一

（**大規模訴訟に係る事件における合議体の構成**）

第二六九条① 地方裁判所においては、前条に規定する事件について、五人の裁判官の合議体で審理及び裁判をする旨の決定を

その合議体ですることができる。

② 前項の場合には、判事補は、同時に三人以上合議体に加わり、又は裁判長となることができない。

⊛+【地裁における合議制と裁判官の人数↓裁二六②[四]③【判事補の職権の制限↓一二三、裁二七【裁判長↓一四八⊛

（特許権等に関する訴えに係る事件における合議体の構成）

第二六九条の二① 第六条第一項各号に定める裁判所においては、特許権等に関する訴えに係る事件について、五人の裁判官の合議体で審理及び裁判をする旨の決定をその合議体ですることができる。ただし、第二十条の二第一項の規定により移送された訴訟に係る事件については、この限りでない。

② 前条第二項の規定は、前項の場合について準用する。

⊛+【合議体の構成員↓二六九、裁二六③【控訴審で同旨↓三一〇の二

第八章　簡易裁判所の訴訟手続に関する特則

（手続の特色）

第二七〇条 簡易裁判所においては、簡易な手続により迅速に紛争を解決するものとする。

⊛+【簡裁の管轄↓裁三三、三四

（口頭による訴えの提起）

第二七一条 訴えは、口頭で提起することができる。

⊛+【訴状提出の原則↓一三四①

（訴えの提起において明らかにすべき事項）

第二七二条 訴えの提起においては、請求の原因に代えて、紛争の要点を明らかにすれば足りる。

⊛+【訴状の記載事項の原則↓一三四②

（任意の出頭による訴えの提起等）

第二七三条 当事者双方は、任意に裁判所に出頭し、訴訟について口頭弁論をすることができる。この場合においては、訴えの提起は、口頭の陳述によってする。

⊛+【通常の場合の訴状の提出送達と口頭弁論期日の指定↓一三四、一三八、一三九

（反訴の提起に基づく移送）

第二七四条① 被告が反訴で地方裁判所の管轄に属する請求をした場合において、相手方の申立てがあるときは、簡易裁判所は、決定で、本訴及び反訴を地方裁判所に移送しなければならない。この場合においては、第二十二条の規定を準用する。

② 前項の決定に対しては、不服を申し立てることができない。

⊛❶【反訴↓一四六【地裁の管轄↓裁二四、二五【簡裁から地裁への裁量移送↓一八【移送に伴う記録送付↓民訴規一六八　❷【通常の移送における不服申立ての許容↓二一

（訴え提起前の和解）

第二七五条① 民事上の争いについては、当事者は、請求の趣旨及び原因並びに争いの実情を表示して、相手方の普通裁判籍の所在地を管轄する簡易裁判所に和解の申立てをすることができる。

② 前項の和解が調わない場合において、和解の期日に出頭した当事者双方の申立てがあるときは、裁判所は、直ちに訴訟の弁論を命ずる。この場合においては、和解の申立てをした者は、その申立てをした時に、訴えを提起したものとみなし、和解の費用は、訴訟費用の一部とする。

③ 申立人又は相手方が第一項の和解の期日に出頭しないときは、裁判所は、和解が調わないものとみなすことができる。

④ 第一項の和解については、第二百六十四条及び第二百六十五条の規定は、適用しない。

⊛❶【請求の趣旨・原因↓一三四②【訴訟上の和解↓八九、二六四、二六五、二六七、民執二二[七]、三三②[六]、三九①[二][四]【手数料の額↓民訴費別表第一〈九の項〉【普通裁判籍↓四【和解成立の場合の調書記載↓民訴規一六九【和解調書の効力↓二六七、民執二二[七]、三三②[六]、三九①[二][四]　❷【起訴の原則的方式↓一三四①【手形・小切手訴訟により審理裁判を求める旨の申述↓三六五、三六七②【訴訟費用↓六一―七四　+【簡裁での和解についての執行法上の訴訟の管轄↓民執三三②[六]

「民事上の争い」の意義

[1] 本条〔旧三五六条〕の定める起訴前の和解は、将来の訴訟防止を主目的とするから、和解申立て当時に将来紛争の発生する可能性が予測できる場合であれば、要件たる「民事上の争い」が存在する。和解の申立人と相手方の間で、原起訴前の和解の履行期限・支払条件等を変更する旨の新たな合意が形成されていたとしても、それは起訴前の和解のような効力を有しないから、その合意をめぐる紛争が将来生ずる可能性が十分に予測できる。（大阪地決平3・5・14判時一四五五・一一九……当事者間で起訴前の和解が成立し、後日その残債務の履行延期・分割弁済を債務者が求めたため、債権者が再度の和解申立てをしたところ、本条にいう民事上の争いが存在しないとして原裁判所により却下されたので抗告。原決定取消し・差戻し）

[2] 本条〔旧三五六条〕にいう「民事上の争い」とは、権利義務関係の内容又は範囲について紛争がある場合、又は将来の債務の履行について不安がある場合をいい、将来の債務の履行についての不安とは、単なる漠然とした主観的不安ではなく、履行に対する信頼が客観的徴憑〔ちょうひょう〕によって損なわれた場合であって、将来給付の訴えが許される場合に該当するような信頼の欠如が生じた場合と解すべきである。（田川簡決平8・8・6判タ九二七・二五二……一度明渡判決が下された県営住宅につき同一人との間の再度の賃貸借契約に当たり申し立てられた起訴前の和解の申立てを却下）

（和解に代わる決定）

第二七五条の二① 金銭の支払の請求を目的とする訴えについては、裁判所は、被告が口頭弁論において原告の主張した事実を争わず、その他何らの防御の方法をも提出しない場合において、被告の資力その他の事情を考慮して相当であると認めるときは、原告の意見を聴いて、第三項の期間の経過時から五年を超えない範囲内において、当該請求に係る金銭の支払について、その時期の定め若しくは分割払の定めをし、又はこれと併せて、その時期の定めに従い支払をしたとき、若しくはその分割払の定めによる期限の利益を次項の規定による定めにより失うことなく支払をしたときは訴え提起後の遅延損害金の支払義務を免除する旨の定めをして、当該請求に係る金銭の支払を命ずる決定をすることができる。

② 前項の分割払の定めをするときは、被告が支払を怠った場合における期限の利益の喪失についての定めをしなければならない。

③ 第一項の決定に対しては、当事者は、その決定の告知を受けた日から二週間の不変期間内に、その決定をした裁判所に異議を申し立てることができる。

④ 前項の期間内に異議の申立てがあったときは、第一項の決定は、その効力を失う。

⑤ 第三項の期間内に異議の申立てがないときは、第一項の決定は、裁判上の和解と同一の効力を有する。

⊛❶【調停に代わる決定↓民調一七【少額訴訟↓三六八①、三七五①【擬制自白↓一五九【欠席↓二四四【和解の勧試↓八九【和解条項の書面受諾↓二六四【裁判所が定める和解↓二六五　❷❸【少額訴訟↓三七五②③　❸―❺【異議申立て↓民調一八　❺【和解の効力↓二六七

（準備書面の省略等）

第二七六条① 口頭弁論は、書面で準備することを要しない。

② 相手方が準備をしなければ陳述をすることができないと認め

るべき事項は、前項の規定にかかわらず、書面で準備し、又は口頭弁論前直接に相手方に通知しなければならない。

③　前項に規定する事項は、相手方が在廷していない口頭弁論においては、準備書面（相手方に送達されたもの又は相手方からその準備書面を受領した旨を記載した書面が提出されたものに限る。）に記載し、又は同項の規定による通知をしたものでなければ、主張することができない。

❶【地裁事件における準備書面の必要↓一六一①　❸【準備書面不記載の事実の陳述禁止↓一六一③

（続行期日における陳述の擬制）

第二七七条　第百五十八条の規定は、原告又は被告が口頭弁論の続行の期日に出頭せず、又は出頭したが本案の弁論をしない場合について準用する。

【最初の期日における欠席者の陳述擬制の原則↓一五八

（尋問等に代わる書面の提出）

第二七八条　裁判所は、相当と認めるときは、証人若しくは当事者本人の尋問又は鑑定人の意見の陳述に代え、書面の提出をさせることができる。

【証人の口頭尋問の原則↓二〇三【鑑定人↓二一五・二一五の二【地裁における書面尋問↓二〇五

（司法委員）

第二七九条①　裁判所は、必要があると認めるときは、和解を試みるについて司法委員に補助をさせ、又は司法委員を審理に立ち会わせて事件につきその意見を聴くことができる。

②　司法委員の員数は、各事件について一人以上とする。

③　司法委員は、毎年あらかじめ地方裁判所の選任した者の中から、事件ごとに裁判所が指定する。

④　前項の規定により選任される者の資格、員数その他同項の選任に関し必要な事項は、最高裁判所規則で定める。

⑤　司法委員には、最高裁判所規則で定める額の旅費、日当及び宿泊料を支給する。

❶【和解の試み↓八九　【専門委員↓九二の二—九二の七【人事訴訟の参与員↓人訴九

（判決書の記載事項）

第二八〇条　判決書に事実及び理由を記載するには、請求の趣旨及び原因の要旨、その原因の有無並びに請求を排斥する理由である抗弁の要旨を表示すれば足りる。

【判決書の記載事項の原則↓二五三

第三編　上訴

◇【上訴一般】

[1]　**一　上訴の利益**

1　訴訟判決に対する被告の控訴の利益

訴えの利益なしとして第一審判決が原告の請求を却下した場合、形式的には全部勝訴の判決を取得したかのような被告も、敗訴原告が請求権を有しないことの確定を求める控訴の利益を有する。（最判昭40・3・19民集一九・二・四八四、続民訴百選八九）

[2]　**2　判決理由中の判断に対する不服**

所有権に基づく登記請求の訴えについてなされた請求棄却判決の既判力は、その事件の訴訟物たる登記請求権の有無を確定するにとどまり、判決の理由となった所有権の帰属について、勝訴被告（控訴人・上告人）はなお自ら訴えを提起できるのであるから、原判決の理由中の判断を攻撃するにとどまる上告はその前提たる利益を欠く。（最判昭31・4・3民集一〇・四・二九七、民訴百選[五版]一一〇）

[3]　**3　取消差戻判決の取消理由中の判断に対する不服**

控訴審において、株主総会決議取消しの訴えが出訴期間を徒過していないという理由から第一審判決を取り消し差し戻す場合、裁判所法四条により第一審は判決の取消理由たる法律上・事実上の判断に拘束されるから、この取消理由に不服のある場合にのみ、控訴人に上告の利益があり、取消理由ではない判決理由中の判断に対する不服は上告の利益を欠く。（最判昭45・1・22民集二四・一・一、続民訴百選九〇）

[4]　**4　全部勝訴した原告による請求拡張のための控訴**

〈被告の法定相続分に応じた貸金返還請求訴訟の第一審係続中に他の相続人が相続放棄をした事案において〉全部勝訴の判決を受けた当事者は、訴えの変更又は反訴をするためであっても、原則として控訴の利益がないが、特別の政策的理由から別訴が禁止されている場合（民執法三四条二項等）には、例外として控訴の利益を認めるべきであり、この理によれば、いわゆる一部請求の場合において、黙示の一部請求につき全部勝訴の判決を受けた原告についても、例外として請求拡張のための控訴の利益が認められる。（名古屋高金沢支判平元・1・30判時一三〇八・一二五、民訴百選[五版]A37）↓一一四条[16]

[5]　**5　財産分与の審判における当事者の抗告の利益**

〈XのYに対する財産分与の申立てを却下する審判がなされ、Yが即時抗告した事案において〉家事事件手続法一五六条五号は、財産分与の審判及びその申立てを却下する審判に対しては、当該審判の内容等の具体的な事情のいかんにかかわらず、夫又は妻であった者はいずれも当然に抗告の利益を有するものとして、これらの者に即時抗告権を付与したものであると解される。したがって、財産分与の審判の申立てを却下する審判に対し、夫又は妻であった者である当該申立ての相手方は、即時抗告をすることができる。（最決令3・10・28民集七五・八・三五八三）

二　審級の利益と必要的差戻し↓三〇七条[判]

[6]　**三　上訴権の濫用**

特許出願の拒絶査定を是認する審決に対して取消訴訟を提起した原告（上告人）が、その請求棄却判決言渡し後に特許出願を取り下げ、取消訴訟における訴えの利益が失われたことのみを理由として、原判決破棄と訴えの却下とを求めて上告することは、上訴制度の本来予定しない上告であり、上訴権の濫用に当たる。（最判平6・4・19判時一五〇四・一一九、重判平6民訴六……上告却下）

第一章　控訴

（控訴をすることができる判決等）

第二八一条①　控訴は、地方裁判所が第一審としてした終局判決又は簡易裁判所の終局判決に対してすることができる。ただし、終局判決後、当事者双方が共に上告をする権利を留保して控訴をしない旨の合意をしたときは、この限りでない。

②　第十一条第二項及び第三項の規定は、前項の合意について準用する。

❶【終局判決↓二四三【地裁が第一審として行う事件↓裁二四㈠・三三①㈠【その控訴の管轄↓裁一六㈠【簡裁の事件↓裁三三①㈠【その控訴の管轄↓裁二四㈢【手形判決に対する控訴禁止↓三五六【少額訴訟判決に対する控訴禁止↓三七七【飛越上告の管轄↓三一一②　❷【飛越上告の合意の方式↓一一②

[1]　**一　不控訴の合意**

本条〔旧三六〇条〕一項ただし書が不控訴の合意を許容したのは、当事者双方が訴訟の迅速な解決を欲する等の理由から事件を第一審で確定させようとする場合又は重要な争点たる法律問題につき双方が上告のみを行おうとする場合に備える趣旨であって、当事者の一方のみが控訴をしない旨の合意は、民訴法上の当事者対等の原則に反するのみならず、契約締結に当たり、かかる不利益な約款の利用を招くから、無効である。（大判昭9・2・26民集一三・二七一、民訴百選[二版]一一六）

二　**控訴の利益**→◘【上訴一般】〔三編名の後〕[1]
三　**附帯控訴による請求の拡張**→二九三条[1][2]

（訴訟費用の負担の裁判に対する控訴の制限）

第二八二条　訴訟費用の負担の裁判に対しては、独立して控訴をすることができない。

⊛+【訴訟費用負担の裁判→六七【訴訟費用負担の裁判の脱漏→二五八②―④

[1]　**訴訟費用の裁判に対する不服申立て**
訴訟費用の裁判は本案の裁判に付随してなされるものであるから、本案の裁判に対する上訴が不適法であるか若しくは理由のないときは、費用の裁判に対する不服申立ても許されない。（最判昭29・1・28民集八・一・三〇八）

（控訴裁判所の判断を受ける裁判）

第二八三条　終局判決前の裁判は、控訴裁判所の判断を受ける。ただし、不服を申し立てることができない裁判及び抗告により不服を申し立てることができる裁判は、この限りでない。

⊛+【終局判決→二四三【終局判決前の裁判の例→二四五、一一九【不服を申し立てることのできない裁判→三二八①⊛【抗告をもって不服を申し立てることのできる裁判→三二八①⊛

一　**控訴審の判断を受ける裁判**

[1]　**1　中間判決**
第一審における中間判決は本条〔旧三六二条〕にいう終局判決前の裁判に該当するから、終局判決に対する控訴により、中間判決も同時に控訴裁判所の判断の対象となるが、当事者が控訴審において終局判決の当否のみを争い、中間判決の目的となった事項（裁判上の和解の効力）を争点としなかった場合には、それが職権調査事項でない限り、控訴裁判所は釈明権を行使して中間判決の当否を判断する必要はない。（大判昭15・3・5民集一九・三二四）

[2]　**2　訴えの変更を許さない裁判**
民訴法一四三条四項〔旧二三三条〕による訴えの変更を許さない旨の決定は、口頭弁論に基づいてなされる決定であるから、本案訴訟の終局判決に対する上訴の機会に上訴裁判所の判断を受けるにとどまり、独立に抗告の対象とはならない。（大決昭8・6・30民集一二・一六八二、民訴百選Ⅱ補正A48）

[3]　二　**控訴審の判断を受けない裁判―訴えの変更を許す裁判**
訴えの変更を許す裁判に対する不服申立ては、既に原審で新請求についてなされた本案判決を取り消して新請求につき別訴を提起することを要求するものであり、訴訟経済に反するから、許されない。（東京高判昭31・2・7東高民七・二・一五）

（控訴権の放棄）

第二八四条　控訴をする権利は、放棄することができる。

⊛+【控訴権放棄の方式→民訴規一七三①【控訴提起後の控訴権放棄→民訴規一七三②【控訴権の放棄と附帯控訴→二九三①

（控訴期間）

第二八五条　控訴は、判決書又は第二百五十四条第二項の調書の送達を受けた日から二週間の不変期間内に提起しなければならない。ただし、その期間前に提起した控訴の効力を妨げない。

⊛+【判決書→二五三【判決書に代わる調書→二五四②【判決書又はこれに代わる調書の送達→二五五、民訴規一五九【送達の方法→九九―一一二【期間の計算→九五【不変期間→九六、九七①

控訴期間

[1]　**1　判決言渡し前の控訴**
第一審判決言渡し前すなわち控訴権発生前になされた控訴の申立ては不適法として却下される。（最判昭24・8・18民集三・九・三七六）

2　補助参加人の控訴期間の起算点→四五条[1]
3　控訴の追完→九七条判

（控訴提起の方式）

第二八六条①　控訴の提起は、控訴状を第一審裁判所に提出してしなければならない。

②　控訴状には、次に掲げる事項を記載しなければならない。
一　当事者及び法定代理人
二　第一審判決の表示及びその判決に対して控訴をする旨

⊛❶【控訴提起の能力・代理権→三一、四〇④、五五②㊂【電子情報処理組織による申立て→一三二の一〇【補助参加人と控訴→四五①、四三②　❷【控訴状の記載事項→一三四②【手数料の額→民訴費別表第一〈二の項〉〈四の項〉【記載事項欠缺・手数料不納付の処置→二八八【費用の予納→二八九②【事件の送付→民訴規一七四

一　**控訴状の記載事項**

[1]　**1　第一審判決の表示**
附帯控訴状の第一審判決の表示が不正確でも、控訴状の記載からこの判決を窺知〔きち〕できるときは、第一審判決の表示を欠くとはいえない。（最判昭32・3・28民集一一・三・六一〇）

[2]　**2　当事者の表示**
控訴期間内に控訴人使者の作成に係る控訴状がその提出を使者に委任する旨の控訴人代表者名義の委任状と共に控訴裁判所に提出され、控訴期間経過後に改めて控訴人代表者の署名押印のある第二の控訴状が提出されたときは、第一の控訴状と委任状が一体として控訴提起の趣旨を表わしているとみることができ、委任状の署名押印により第一の控訴状の瑕疵〔かし〕が補完されていると解し得るのみならず、第二の控訴状の提出により第一の控訴状の署名押印の瑕疵が補完されたとも解し得るから、特段の事情がない限り、控訴期間内に適法な控訴の提起があったとすべきである。（最判昭57・5・28判時一〇四九・三八……旧三六七条の下での判例）

[3]　二　**控訴提起の効果―上訴不可分の原則**
原告が第一審判決中の敗訴の部分に対して控訴したときは、被告の控訴又は附帯控訴の有無にかかわらず、その判決は原告勝訴の部分も含めて全て確定しない。（大判昭15・1・18新聞四五二八・九）

[4]　同一当事者間において併合して提起された数個の請求につき判決の言渡しがあり、その一部の請求に関して控訴が提起されたときは、全部の請求について判決の確定が遮断される。（大判昭12・2・23民集一六・一三三）

（第一審裁判所による控訴の却下）

第二八七条①　控訴が不適法でその不備を補正することができないことが明らかであるときは、第一審裁判所は、決定で、控訴を却下しなければならない。

②　前項の決定に対しては、即時抗告をすることができる。

⊛❶【不備を補正できない不適法等に対する対処の例→一三七、二八八、三一四②、一四一、三一六、三一七、一四〇、二九〇、三一九　❷【即時抗告→三三二

（裁判長の控訴状審査権）

第二八八条　第百三十七条の規定は、控訴状が第二百八十六条第二項の規定に違反する場合及び民事訴訟費用等に関する法律の規定に従い控訴の提起の手数料を納付しない場合について準用する。

⊛+【第一審裁判長の訴状審査権→一三七【控訴状審査権の対象→二八六②、二八九②、一三七、一三八②、民訴費別表第一〈二の項〉〈四の項〉

（控訴状の送達）

第二八九条① 控訴状は、被控訴人に送達しなければならない。

② 第百三十七条の規定は、控訴状の送達をすることができない場合（控訴状の送達に必要な費用を予納しない場合を含む。）について準用する。

参❶【送達】→九八－一一二　❷【同様の規定】→一三八②

（口頭弁論を経ない控訴の却下）

第二九〇条 控訴が不適法でその不備を補正することができないときは、控訴裁判所は、口頭弁論を経ないで、判決で、控訴を却下することができる。

参+【必要的口頭弁論の原則】→八七【口頭弁論を経ない判決による却下の例】→一四〇【決定による上告却下の例】→三一六・三一七

判決言渡期日の告知

[7] 本条［旧三八三条］により口頭弁論を経ないで控訴却下の判決ができる場合には、控訴審は判決言渡期日を当事者に告知する必要はない。（最判昭33・5・16民集一二・七・一〇三四）

（呼出費用の予納がない場合の控訴の却下）

第二九一条① 控訴裁判所は、民事訴訟費用等に関する法律の規定に従い当事者に対する期日の呼出しに必要な費用の予納を相当の期間を定めて控訴人に命じた場合において、その予納がないときは、決定で、控訴を却下することができる。

② 前項の決定に対しては、即時抗告をすることができる。

参❶【決定による本案の申立ての却下の例】→一四一・三一六・三一七・三一八⑤・三四五①　❷【即時抗告】→三三二　+【同旨の規定】→一四一

（控訴の取下げ）

第二九二条① 控訴は、控訴審の終局判決があるまで、取り下げることができる。

② 第二百六十一条第三項、第二百六十二条第一項及び第二百六十三条の規定は、控訴の取下げについて準用する。

参❶【取下げの能力・代理権】→三二②・五五②三【終局判決】→二四三【取下げの申述をする裁判所】→民訴規一七七①【控訴権の放棄と取下げ】→民訴規一七三②【控訴の取下げと附帯控訴】→二九三　❷【控訴の取下げの方式】→二六一③【控訴取下げの効果】→二六二②【訴えの取下げとの差異】→二六一①②【控訴取下げの擬制】→二六三

控訴の取下げの要件

1　意思能力

[7] 意思無能力者による控訴の取下げ（最判昭29・6・11民集八・六・一〇五五、民訴百選［五版］一六）→二八条[5]

2　意思表示の瑕疵［かし］

[2] 控訴の取下げは裁判所に対する意思表示を内容とする純然たる訴訟行為であるから、その効力は、手続の安定性の要請から専ら訴訟法により画一的に決すべきであって、詐欺等の意思表示の瑕疵に関する民法の規定をそのまま適用する余地はなく、取下げが刑事上罰すべき他人の行為に基づくときに限り、民訴法三三八条［旧四二〇条］一項五号前段を類推してその効果を争うことができる。（大阪高判昭39・7・15判時三八七・二五）

3　相手方の同意の要否

[3] 本条［旧三六三条］二項は訴えの取下げについての民訴法二六一条［旧二三六条］二項を準用していないから、控訴の取下げにつき相手方の同意は不要である。（最判昭34・9・17民集一三・一一・一三七二）

（附帯控訴）

第二九三条① 被控訴人は、控訴権が消滅した後であっても、口頭弁論の終結に至るまで、附帯控訴をすることができる。

② 附帯控訴は、控訴の取下げがあったとき、又は不適法として控訴の却下があったときは、その効力を失う。ただし、控訴の要件を備えるものは、独立した控訴とみなす。

③ 附帯控訴については、控訴に関する規定による。ただし、附帯控訴の提起は、附帯控訴状を控訴裁判所に提出してすることができる。

参❶【控訴権消滅】→二八四・二八五【口頭弁論終結】→二四三①・二五三①四　❷【控訴の取下げ】→二九二①【控訴の不適法却下】→二八六②・二八八・二九〇・二九一【控訴の要件】→二八一－二八三・二八五　❸【控訴の方式に関する規定】→二八六－二八九

一　附帯控訴による請求の拡張

[7] 第一審において全部勝訴の判決を得た当事者（原告）も、相手方が当該判決に対し控訴した場合、附帯控訴の方式により請求の拡張をなし得る。（最判昭32・12・13民集一一・一三・二一四三、民訴百選［五版］A38）

[2] 離婚請求について全部勝訴の判決を受けた当事者も、控訴審において、附帯控訴の方式により新たに財産分与の申立てをすることができる。（最判昭58・3・10家月三六・五・六三）

二　附帯控訴の取下げと再度の附帯控訴

[3] 一旦附帯控訴を取り下げた場合でも、口頭弁論の終結に至るまでは、再びこれを申し立てて請求の拡張を行うことができる。（最判昭38・12・27民集一七・一二・一八三八、民訴百選Ⅱ［補正］A51）

三　附帯控訴状の記載事項→二八六条[7][2]

（第一審判決についての仮執行の宣言）

第二九四条 控訴裁判所は、第一審判決について不服の申立てがない部分に限り、申立てにより、決定で、仮執行の宣言をすることができる。

参+【第一審裁判所による仮執行宣言】→二五九【不服申立て】→二九五【同旨の規定】→三二三【控訴審判決においてする仮執行宣言の特則】→三一〇

（仮執行に関する裁判に対する不服申立て）

第二九五条 仮執行に関する控訴審の裁判に対しては、不服を申し立てることができない。ただし、前条の申立てを却下する決定に対しては、即時抗告をすることができる。

参+【仮執行に関する控訴審の裁判】→二九四、二六〇①③【即時抗告】→三三二

（口頭弁論の範囲等）

第二九六条① 口頭弁論は、当事者が第一審判決の変更を求める限度においてのみ、これをする。

② 当事者は、第一審における口頭弁論の結果を陳述しなければならない。

参❶【控訴審における変更の限度】→三〇四【口頭弁論の手続→二九七　❷【口頭弁論の結果の陳述の他の例】→二四九②

一　判決の変更を求める限度（不服の限度）

1　請求の予備的併合

[7] 請求の予備的併合の場合において、第一審裁判所が主たる請求（代理を理由とする貸金返還請求）を認容したのみで、予備的請求（使用者責任に基づく損害賠償請求）につき判断しなかったときでも、控訴審裁判所は、主たる請求を排斥したうえ予備的請求につき判断をなし得る。（最判昭33・10・14民集一二・一四・三〇九一、民訴百選Ⅱ［補正］A49）

2　控訴・附帯控訴がない場合の主位的請求

[2] 主位的請求（貸金返還請求）を棄却し予備的請求（不当利得返還請求）を認容した第一審判決に対して、第一審被告のみが控訴し、第一審原告が主位的請求につき控訴も附帯控訴も行わない場合、主位的請求に対する第一審の判断の当否は控訴審の審判の対象にならない。（最判昭58・3・22判時一〇

民訴

七四・五五、民訴百選[五版]一一一）→一四九条[14]

[3] **３ 請求の選択的併合**
請求の選択的併合の場合、一方の申立てが棄却されるときは他方の申立てについても審判を求めるという原告の意思に対応した効力が認められるべきであるから、甲請求（不法行為）の一部を認容し乙請求（債務不履行）を棄却した第一審判決に対し被告のみが控訴し、甲請求の認容部分が控訴審により取り消されるべきときでも、控訴審は、乙請求の当否も審理判断しなければならず、乙請求に理由があれば第一審の甲請求の認容額の限度で乙請求を認容すべきであり、乙請求に理由がない場合に初めて原告の請求を全部棄却できる。（最判昭58・4・14判時一一三一・八一、重判昭59民訴四）

[4] **４ 控訴審における併合態様の変更**
第一審では甲乙両請求（貸金返還請求と手形金支払請求）が選択的に併合され、甲請求のみが認容されたところ、控訴審で併合の態様が変更されて乙請求が第一次的請求に、甲請求が予備的請求になったという場合において、控訴審が乙請求のみを認容するときには、第一次的請求の認容を解除条件として予備的請求を行う請求の予備的併合の性質からして、甲請求を認容した第一審判決は当然に失効し、取り消すことを要しない。（最判昭39・4・7民集一八・四・五二〇）

５ 独立当事者参加と上訴→四七条[14]～[16]

二 第一審の口頭弁論の結果の陳述

[5] 民訴法一五八条［旧一三八条］（当事者の一方の不出頭）は控訴審にも適用され、控訴審において当事者の一方が口頭弁論期日に欠席したときは、出頭した方の当事者に、双方に係る第一審口頭弁論の結果を陳述させることができる。（最判昭33・7・22民集一二・一二・一八一七）

[6] 控訴審で当事者が第一審における口頭弁論の結果を陳述したときは、第一審で提出された一切の証拠資料は全て控訴審に顕出されたものとされるから、すでに還付済みの第一審における証拠書類を控訴審で改めて取り寄せる必要はない。（最判昭34・4・9民集一三・四・五〇四）

[7] 第一審で主張されなかった（第一審の準備書面・口頭弁論調書中には存在しない）事実であっても、第一審判決事実摘示に当該事実（「連帯保証契約の締結に際し、原告は被告に求償しない旨の約束があった」こと）の主張がなされた旨記載され、控訴審での口頭弁論期日において「第一審判決事実摘示のとおり陳述する」旨弁論したときは、前記事実は控訴審の口頭弁論で陳述されたことになる。（最判昭61・12・11判時一二二五・六〇、民訴百選Ⅱ[補正]一八九……求償金請求事件。原判決には判断遺脱の違法があるとして、破棄差戻し）

（第一審の訴訟手続の規定の準用）
第二九七条　前編第一章から第七章までの規定は、特別の定めがある場合を除き、控訴審の訴訟手続について準用する。ただし、第二百六十九条の規定は、この限りでない。

一 控訴審における訴えの変更

[1] 控訴審において請求原因の変更（立替金から売買代金）による訴えの交換的変更があり、新訴につき被告が敗訴しても、既に旧訴において請求の基礎については審理がなされているから、新訴についても事実上第一審があったのと同様であり、被告の審級の利益を失わせたことにはならない。（最判昭29・2・26民集八・二・六三〇）

二 時機に後れた攻撃防御方法の却下

[2] 控訴審において民訴法一五七条［旧一三九条］を適用するには、第一審の経過をも通観して控訴審で初めて提出された攻撃防御方法が時機に後れたか否か判断すべきであり、時機に後れた攻撃防御方法であっても、当事者に故意又は重過失が存し、かつ、訴訟の完結を遅延せしめる場合でなければ、同条により却下できない。（最判昭30・4・5民集九・四・四三九）→一五七条[4]

三 準備書面の必要性

[3] 民訴法一六一条一項［旧二四三条］の準用については、控訴審での陳述のために必ずしも新たに準備書面を提出する必要はない。（最判昭30・4・5民集九・四・四五六）

（第一審の訴訟行為の効力等）
第二九八条① 第一審においてした訴訟行為は、控訴審においてもその効力を有する。
② 第百六十七条の規定は、第一審において準備的口頭弁論を終了し、又は弁論準備手続を終結した事件につき控訴審で攻撃又は防御の方法を提出した当事者について、第百七十八条の規定は、第一審において書面による準備手続を終結した事件につき同条の陳述又は確認がされた場合において控訴審で攻撃又は防御の方法を提出した当事者について準用する。

参❶【第一審でした訴訟行為→一六〇、民訴規六七【第一審の口頭弁論の結果の陳述→二九六②　❷【説明義務→一六七、一七八

[1] **擬制自白の効力**
擬制自白は、当事者の行為たる真正の自白とは異なり、法規により自白とみなすという裁判所の判断であるから、各審級において独自に生ずる問題であり、その効力が当然に上級審に及ぶことはない。（大判昭8・4・18民集一二・七〇三）

（第一審の管轄違いの主張の制限）
第二九九条① 控訴審においては、当事者は、第一審裁判所が管轄権を有しないことを主張することができない。ただし、専属管轄（当事者が第十一条の規定により合意で定めたものを除く。）については、この限りでない。
② 前項の第一審裁判所が第六条第一項各号に定める裁判所である場合において、当該訴訟が同項の規定により他の裁判所の専属管轄に属するときは、前項ただし書の規定は、適用しない。

参❶【第一審裁判所の管轄権→裁二四㊀・三三①㊀、八、九・四—七【管轄の標準時期→一五【法定専属管轄→一三【専属的合意管轄→一一【専属管轄違反による第一審判決の取消しと移送→三〇九【上告理由としての専属管轄違反→三一二②㊂　❷【特許権等に関する訴えの特則→一三②・二〇②・二〇の二・一四五②・一四六②・三一二②㊂　＊【国際裁判管轄は例外→三の二—三の一二

（反訴の提起等）
第三〇〇条① 控訴審においては、反訴の提起は、相手方の同意がある場合に限り、することができる。
② 相手方が異議を述べないで反訴の本案について弁論をしたときは、反訴の提起に同意したものとみなす。
③ 前二項の規定は、選定者に係る請求の追加について準用する。

参❶【反訴提起の要件→一四六　❷【本案につき弁論したことの効果の例→九〇参　❸【選定者に係る請求の追加→一四四

一 相手方の同意を要しない反訴

[1] 土地明渡請求に対し被告（被控訴人）が賃借権を主張し、原告（控訴人）がこれを争ったところ、第一審裁判所は被告の主張を認めて原告の請求を棄却したので原告が控訴し、被告が控訴審で賃借権確認の反訴を提起したという場合、この反訴提起は第一審を失う不利益を原告に与えるものではないから、その同意を要しない。（最判昭38・2・21民集一七・一・一九八、民訴百選Ⅱ[補正]A52）

[2] 控訴審において当事者参加がなされた場合に、参加被告（本訴原告）が参加人に対し反訴を提起するにつき、相手方たる参加人の同意は不要である。（最判昭52・10・14判時八七〇・六七）

[3] 離婚の訴えの原因たる事実によって生じた損害賠償請求の反訴の提起及び離婚の訴えに附帯してする財産分与の申立てについては、人事訴訟法一八条の趣旨により、控訴審におい

ても相手方の同意を要しない。控訴審において離婚請求に附帯してなされた財産分与の申立てが相手方の同意を欠くとして違法に却下された場合には、離婚の訴えと審判事項たる財産分与の申立てとを同一訴訟手続内で同時に解決することを図った人事訴訟法三二条一項の趣旨からして、離婚請求を認容した控訴審の判断に違法がなくとも離婚請求に係る部分とともに破棄し控訴審に差し戻すのが相当である。（最判平16・6・3家月五七・一・一二三、重判平16民訴六）

二　反訴の控訴審における変更↓一四三条[7]

（攻撃防御方法の提出等の期間）

第三〇一条①　裁判長は、当事者の意見を聴いて、攻撃若しくは防御の方法の提出、請求若しくは請求の原因の変更、反訴の提起又は選定者に係る請求の追加をすべき期間を定めることができる。

②　前項の規定により定められた期間の経過後に同項に規定する訴訟行為をする当事者は、裁判所に対し、その期間内にこれをすることができなかった理由を説明しなければならない。

❶【攻撃防御方法の提出時期↓一五六、一六二【口頭弁論の終結に至るまでできる原則↓一四三、一四四、一四六】❷【時機に後れた理由の説明義務↓二【同旨の規定↓一六七、一七四、一七八

（控訴棄却）

第三〇二条①　控訴裁判所は、第一審判決を相当とするときは、控訴を棄却しなければならない。

②　第一審判決がその理由によれば不当である場合においても、他の理由により正当であるときは、控訴を棄却しなければならない。

❶+【控訴棄却の際の金銭納付命令↓三〇三

[1]

一　訴え却下判決に対する控訴審の判断

訴え却下判決に対する控訴においては、第一審が訴えを却下したことの当否が本案になるから、控訴審が第一審の判断を是認する場合には、控訴棄却の判決をなすべきである。（最判昭34・6・16民集一三・六・七一八）

二　控訴審における訴えの変更と判決主文

[2]

控訴審において訴えの変更がなされた場合、たとえ新訴に対する控訴審の結論（請求棄却）が第一審判決の主文と一致する場合であっても、控訴裁判所は新訴につき実質上第一審としての裁判をすべきである。控訴棄却の判決をすることは、新訴と訴訟物を異にする旧訴に対する第一審判決を確定させるので許されない。（最判昭31・12・20民集一〇・一二・一五七三）

[3]

第一審で請求が認容され、控訴審で訴えの交換的変更が適法になされた場合、新請求を認容する裁判は、実質上初審としてのものであり、控訴理由に答えるものではないから、主文の文言が同一に帰するとしても、控訴棄却ではなく新請求認容の判決をすべきである。（最判昭32・2・28民集一一・二・三七四、民訴百選[五版]三三）

三　控訴棄却判決の言渡期日の告知

[4]

民訴法一四〇条［旧二〇二条］及び本条［旧三八四条］により、口頭弁論を経ないで控訴棄却の判決をする場合、当事者に対し判決言渡期日の告知及び呼出手続をすることを要しない。（最判昭57・10・19判時一〇六二・八七）

（控訴権の濫用に対する制裁）

第三〇三条①　控訴裁判所は、前条第一項の規定により控訴を棄却する場合において、控訴人が訴訟の完結を遅延させることのみを目的として控訴を提起したものと認めるときは、控訴人に対し、控訴の提起の手数料として納付すべき金額の十倍以下の金銭の納付を命ずることができる。

②　前項の規定による裁判は、判決の主文に掲げなければならない。

③　第一項の規定による裁判は、本案判決を変更する判決の言渡しにより、その効力を失う。

④　上告裁判所は、上告を棄却する場合においても、第一項の規定による裁判を変更することができる。

⑤　第百八十九条の規定は、第一項の規定による裁判について準用する。

❶【信義誠実追行義務↓二【控訴の手数料↓民訴費別表第一〈二の項〉　❷【判決主文↓二五三①□　❸【変更判決言渡しによる失効↓二一四―二一六【同旨の規定↓二六〇①　❹【上告裁判所↓三一一　❺【金銭納付命令の執行↓一八九

（第一審判決の取消し及び変更の範囲）

第三〇四条　第一審判決の取消し及び変更は、不服申立ての限度においてのみ、これをすることができる。

❶+【判決の限度↓二四六【控訴審の口頭弁論の限度↓二九六①【附帯控訴↓二九三【判決変更の際の総訴訟費用の負担の裁判↓六七②

[1]

一　不利益変更禁止の原則

被告の相殺の抗弁を採用して原告の請求を棄却した第一審判決に対し原告のみが控訴した場合において、訴求債権の成立が否定されるときでも、第一審判決を取り消して請求棄却の判決をすることは、民訴法一一四条［旧一九九条］二項からして控訴原告に不利となり、不利益変更禁止の原則に反するから、控訴審は、第一審判決を維持して控訴を棄却するにとどめなければならない。（最判昭61・9・4判時一二一五・四七、民訴百選[五版]一一二）

[2]

主位的請求（不法行為に基づく損害賠償請求）を一部認容、予備的請求（請負代金支払請求）を棄却した第一審判決に対し被告のみが控訴した場合において、控訴審が過失相殺により主位的請求の一部を棄却し、予備的請求の一部を棄却するときは、認容すべき予備的請求部分について被告は不利益変更禁止の法理による保護を受けるから、遅延損害金は予備的請求を基準とする（商事法定利率により年六分とする）のではなく、第一審での認容額を基準に年五分とされるべきである。（仙台高判昭62・12・23判時一二七三・六五）↓二九六条[1][2]

[3]

一部請求を認容した第一審判決に対して被告のみが控訴し、控訴審において新たに主張された相殺の抗弁に理由がある場合に、控訴審において、まず訴求債権の総額を確定し、その額から自働債権の額を控除した残存額が第一審で認容された一部請求の額を超えるとして控訴を棄却しても、不利益変更禁止の原則に反しない。（最判平6・11・22民集四八・七・一三五五、民訴百選[五版]一一三）↓一一四条[18][23]

[4]

〈上告裁判所による原判決の不利益変更が問題となった事案において〉原告の当事者適格を否定し、訴えを不適法とした原審の判断が誤っている場合であっても、原審が仮定的に本案について請求を棄却すべき旨の判断を示しており、この判断を是認することができる場合には、原告の請求は棄却を免れないものである以上、本条により、上告を棄却するにとどめるべきである。（最判平25・7・12判時二二〇三・二二、重判平25行政三）↓行訴九条[30]

[5]

〈訴訟上の和解の無効を理由とする被告の続行期日指定申立てに対して第一審が訴訟終了宣言判決をし、被告のみが控訴したところ、控訴審が和解を無効とした上で、当初の請求を一部認容する旨の自判をした事案において〉訴訟上の和解の成立を理由とする訴訟終了宣言判決は、訴訟が終了したことだけを既判力をもって確定する訴訟判決であり、これと比較すると、原告の請求の一部を認容する本案判決は、当該和解の内容にかかわらず、形式的には被告にとってより不利益であるから、かかる訴訟終了宣言判決に対して被告のみが控訴し、原告が控訴も附帯控訴もしなかった場合、控訴審が請求一部認容の本案判決をすることは、不利益変更禁止の原則に違反する。

（最判平27・11・30民集六九・七・二一五四、重判平28民訴五……原判決破棄・控訴棄却）↓一一四条[33]・二四六条[7]

二　不利益変更禁止原則の例外

1　境界確定訴訟

[6]　境界確定訴訟においては、裁判所は当事者の主張に羈束〔きそく〕されないから、控訴裁判所も当事者の主張以上に実際上有利であるかどうかにかかわらず第一審判決を変更して自己の正当とする境界線を定めるべきであり、不利益変更禁止の原則の適用はない。（最判昭38・10・15民集一七・九・一二二〇、民訴百選Ⅰ[補正]A19）

2　財産分与の裁判

[7]　人事訴訟手続法一五条一項〔現・人事訴訟法三二条一項〕により離婚の訴えにおいて行う財産分与の申立ての場合には、裁判所は申立人の主張に拘束されずに分与の有無・額・方法を定めるのであり、申立人の主張を超えて有利に分与額等を認定しても民訴法二四六条〔旧一八六条〕に反しないのであるから、財産分与を命ずる判決に対し申立人の相手方のみが控訴を提起したときでも、控訴裁判所は不利益変更禁止原則の適用を受けずに第一審判決を変更して正当な額を定めることができる。（最判平2・7・20民集四四・五・九七五、重判平2民訴二）↓民七六八条[10]

3　訴えの利益

[8]　公文書公開条例に基づく公開請求に対してなされた非公開処分の取消訴訟において、被告からの控訴提起後に、不服申立ての対象とされなかった部分につき処分の取消し及び開示がなされたことにより訴えの利益が失われた場合には、訴えの利益は職権調査事項であるから、本条にかかわらず、控訴により移審していた当該部分につき職権で第一審判決を取り消して訴えを却下すべきである。（最判平15・11・11民集五七・一〇・一三八七、行政百選Ⅰ[七版]三五）↓行政情報公開五条[7]〜[9]

4　固有必要的共同訴訟

[9]　〈Xが共同相続人Y_1及びY_2を被告として、Y_2が相続欠格者に該当し、被相続人Aの相続財産につき相続人の地位を有しないことの確認等を求めた事案において〉固有必要的共同訴訟であるXのY_1及びY_2に対する訴えについて、Y_1に対する請求を棄却し、Y_2に対する請求を認容する判決がされ、Y_2のみが上訴をした場合には、Xが上訴又は附帯上訴をしていない場合であっても、上訴裁判所は、合一確定に必要な限度で、原判決のうちY_1に関する部分について、Y_1に不利益に変更することができる。（最判平22・3・16民集六四・二・四九八、重判平22民訴五……請求棄却の第一審判決に対してXが控訴し、控訴審は、第一審判決をY_2との関係でのみ取り消してXの請求を認容し、Y_1に対する控訴については控訴の利益がないとして却下したところ、Y_2のみが上告した。上告審は、原判決を破棄の上、Y_1との関係においても審理は尽くされているとして、第一審判決中X敗訴部分を取り消し、Xの請求を認容する旨自判）↓三一九条[5]

5　独立当事者参加訴訟↓四七条[15]

第三〇五条（第一審判決が不当な場合の取消し）　控訴裁判所は、第一審判決を不当とするときは、これを取り消さなければならない。

㊇⁺【取消し後の取扱い↓三〇七―三〇九【総訴訟費用の負担の裁判↓六七②

一　固有必要的共同訴訟の欠缺〔けんけつ〕補正と原判決の取消し

[1]　固有必要的共同訴訟（遺産分割協議無効確認請求）において、共同訴訟人となるべき者の一部を遺脱した場合には、控訴審で遺脱者が共同訴訟参加をして欠缺を補正できるが、共同訴訟人たるべき者全員について一個の判決がなされなければならないから、補正前の原判決と控訴審の判断とが同一になるときでも、一部の者に対してなされたにすぎない原判決は取り消されるべきである。（大阪高判平5・3・26高民四六・一・一三）

二　予備的請求を認容する第一審判決の取消しの要否

[2]　主位的請求を棄却し、予備的請求を認容する第一審判決に対して、被告が控訴し、原告が附帯控訴した場合において、控訴審が主位的請求を認容する場合には、第一審判決のうち予備的請求を認容した部分は当然に失効し、その取消しを求める控訴は不服申立ての対象を失うから、右控訴について主文において判断を示す必要はない。（東京高判平20・9・24判タ一二九四・一五四）

第三〇六条（第一審の判決の手続が違法な場合の取消し）　第一審の判決の手続が法律に違反したときは、控訴裁判所は、第一審判決を取り消さなければならない。

㊇⁺【判決の手続↓二四六―二五四【事件の差戻し↓三〇七・三〇八【総訴訟費用の負担の裁判↓六七②

一　判決言渡期日の指定・告知の欠如

[1]　判決の言渡し（仮処分申立事件）が、言渡期日の指定を欠くのみならず、当事者に適法に告知されない口頭弁論期日においてなされた場合は、本条〔旧三八七条〕に該当する。（最判昭27・11・18民集六・一〇・九九一、民訴百選Ⅱ[補正]A53）

二　言渡期日調書の記載の欠缺〔けんけつ〕↓一六〇条[3]

三　法廷以外の部屋でなされた弁論終結

[2]　〈原審の調書によれば、第一回弁論準備手続終了後の同日に法廷で口頭弁論を終結したとされている場合に〉本件記録、調査嘱託の結果及び弁論の全趣旨によれば、「弁論準備室和解室」とのみ表示されている部屋で弁論準備手続を行い、同日、他の場所に移動することなく手続をその部屋で終了したのであるから、公開法廷における口頭弁論期日において弁論を終結する手続をしないまま判決を言い渡した違法な手続に当たる。（東京高判平19・5・30判時一九九三・二二）

第三〇七条（事件の差戻し）　控訴裁判所は、訴えを不適法として却下した第一審判決を取り消す場合には、事件を第一審裁判所に差し戻さなければならない。ただし、事件につき更に弁論をする必要がないときは、この限りでない。

㊇⁺【訴えの不適法却下↓一四〇【手形訴訟における異議却下判決を取り消すときの必要的差戻し↓三六四【総訴訟費用の負担の裁判↓六七②【下級審の拘束↓裁四

一　訴え却下判決に対する控訴審の判断と審級の利益

[1]　控訴裁判所が、当事者適格の不存在を理由に訴えを却下した第一審判決は失当であるとした場合には、これを差し戻さなければならない。本案につき証拠調べを行い、本来原告の請求は棄却されるべきであるとしつつ、不利益変更禁止の原則から訴え却下判決を維持して控訴を棄却するにとどめた場合には、第一審判決は本案そのものの当否については何らの審理判断も加えていないのであるから、その控訴審判決は本条〔旧三八八条〕に反する。（最判昭46・2・18判時六二六・五一、民訴百選[二版]一一三）

[2]　第一審判決が訴えを確認の利益を欠く不適法なものとして却下したのに対して、控訴裁判所が確認の利益はあると判断した場合であっても、第一審判決が仮定的に本案の認定をして原告の請求を棄却する判断を示しており、控訴裁判所も請求に理由がないと判断した場合には、本条〔旧三八八条〕による差戻しを要しない。（最判昭37・2・15裁判集民五八・六九五）

[3]　〈Xの手形金請求とYの手形金債務不存在確認請求とが併合審理され、前者を一部認容し、後者を確認の利益なしとして却下した第一審判決に対してYが控訴したところ、控訴審は、Yの提訴が先行するためXの給付訴訟提起によっても確認の利益は失われ

ない、との判断の下に第一審判決を取り消し、Yの請求を一部認容した事案において〉本件訴訟の経過・内容に鑑みれば、手形金債務の存否については第一審で実質的に審理されており、差し戻さなくても実質上当事者に審級の利益を失わせないとして第一審判決を取り消し自判した控訴審の判断は、本条［旧三八八条］に違反しない。（最判昭58・3・31判時一〇七五・一一九、民訴百選Ⅱ補正一九〇）

二　離婚の訴えと財産分与申立てに対する控訴審の判断と差戻しの範囲↓三〇〇条③

三　反訴を却下した原判決の取消差戻しと本訴判決

④〈◆【国際裁判管轄】［三条の二の前］④の事案において〉本件反訴請求の当否は、本件本訴において原告適格（民法七四四条一項・二項）及び重婚該当性を判断するのに不可欠な前提問題であり、本訴と反訴の弁論を分離すると審理の重複と判断の矛盾抵触を生ずるおそれがあるから、反訴請求につき我が国裁判所の国際裁判管轄を否定した原判決のその部分を取り消して差し戻す場合には、本訴に関する部分も併せて取り消して原審に差し戻すべきである。（東京高判平18・4・13判時一九三四・四二）

第三〇八条①　前条本文に規定する場合のほか、控訴裁判所が第一審判決を取り消す場合において、事件につき更に弁論をする必要があるときは、これを第一審裁判所に差し戻すことができる。

②　第一審裁判所における訴訟手続が法律に違反したことを理由として事件を差し戻したときは、その訴訟手続は、これによって取り消されたものとみなす。

❶【第一審判決の取消し↓三〇五、三〇六【総訴訟費用の負担の裁判↓六七②【下級審の拘束↓裁四　❷【第一審裁判所の訴訟手続↓一三四―一八〇

（第一審の管轄違いを理由とする移送）

第三〇九条　控訴裁判所は、事件が管轄違いであることを理由として第一審判決を取り消すときは、判決で、事件を管轄裁判所に移送しなければならない。

+【第一審の管轄違いと控訴↓二九九【原判決の取消し↓三〇五【移送の効果↓二二【下級審の拘束↓裁四【総訴訟費用の負担の裁判↓六七②

（控訴審の判決における仮執行の宣言）

第三一〇条　控訴裁判所は、金銭の支払の請求（第二百五十九条第二項の請求を除く。）に関する判決については、申立てがあるときは、不必要と認める場合を除き、担保を立てないで仮執行をすることができることを宣言しなければならない。ただし、控訴裁判所が相当と認めるときは、仮執行を担保を立てることに係らしめることができる。

+【金銭請求判決↓二五九①【本条の無担保・必要的仮執行宣言との対比↓二五九①②、三七六①【上訴審終局判決前の仮執行宣言↓二九四、三二三

（特許権等に関する訴えに係る控訴事件における合議体の構成）

第三一〇条の二　第六条第一項各号に定める裁判所が第一審としてした特許権等に関する訴えについての終局判決に対する控訴が提起された東京高等裁判所においては、当該控訴に係る事件について、五人の裁判官の合議体で審理及び裁判をする旨の決定をその合議体ですることができる。ただし、第二十条の二第一項の規定により移送された訴訟に係る訴えについての終局判決に対する控訴に係る事件については、この限りでない。

+【合議体の構成員↓二六九、裁一八②【第一審で同旨↓二六九の二

第二章　上告

上告の利益↓◇【上訴一般】［三編名の後］②③

（上告裁判所）

第三一一条①　上告は、高等裁判所が第二審又は第一審としてした終局判決に対しては最高裁判所に、地方裁判所が第二審としてした終局判決に対しては高等裁判所にすることができる。

②　第二百八十一条第一項ただし書の場合には、地方裁判所の判決に対しては最高裁判所に、簡易裁判所の判決に対しては高等裁判所に、直ちに上告をすることができる。

❶【終局判決↓二四三【高裁の第二審管轄権↓裁一六【高裁の第一審管轄権↓公選二〇三、二〇四、二〇七、二〇八、自治八五、ETC【最高裁の上告管轄権↓裁七㈠【地裁の第二審管轄権↓裁二四㈢【高裁の上告管轄権↓裁一六㈢　❷【飛越上告の特則↓三二一②　+【特別上告の管轄↓三二七①【上告と区別すべきもの↓三一八

一　合憲性

①　憲法八一条の要請を除き、その他の事件の審級制度は、法律の定めるところに委されているから、簡易裁判所を第一審とする民事事件の上告審を高等裁判所とする本条［旧三九三条］は、憲法に違反しない。（最大判昭29・10・13民集八・一〇・一八四六）

二　上告のできる裁判

1　差戻判決

②　第一審判決を取り消し差し戻した控訴審判決は、事件を審級から離脱せしめるのであるから終局判決と解され、これに対する上告は許される。（最判昭26・10・16民集五・一一・五八三、民訴百選初版九一）

2　附帯処分

③　離婚請求を認容した原判決に対しその附帯処分である親権者指定に関する部分に限定してなされた上告も適法である。（最判昭61・1・21家月三八・八・四八、重判昭61民訴七）

3　終局判決後の受継決定↓一二八条②

（上告の理由）

第三一二条①　上告は、判決に憲法の解釈の誤りがあることその他憲法の違反があることを理由とするときに、することができる。

②　上告は、次に掲げる事由があることを理由とするときも、することができる。ただし、第四号に掲げる事由については、第三十四条第二項（第五十九条において準用する場合を含む。）の規定による追認があったときは、この限りでない。

一　法律に従って判決裁判所を構成しなかったこと。

二　法律により判決に関与することができない裁判官が判決に関与したこと。

二の二　日本の裁判所の管轄権の専属に関する規定に違反したこと。

三　専属管轄に関する規定に違反したこと（第六条第一項各号に定める裁判所が第一審の終局判決をした場合において当該訴訟が同項の規定により他の裁判所の専属管轄に属するときを除く。）。

四　法定代理権、訴訟代理権又は代理人が訴訟行為をするのに必要な授権を欠いたこと。

五　口頭弁論の公開の規定に違反したこと。

六　判決に理由を付せず、又は理由に食違いがあること。

③　高等裁判所にする上告は、判決に影響を及ぼすことが明らかな法令の違反があることを理由とするときも、することができる。

❶【憲法違反↓憲八一【本項の上告理由の記載方式↓民訴規一九〇①、一九二、一九三【憲法違反を理由とする他の不服申立て↓三二七①、三三〇、三三六①　❷【本項の上告理由の記載方式↓民訴規一九〇②、一九二、一九三【㈠【判決裁判所の構成↓裁九、一〇、一八、二六、二七、三一の四、三五、二四九①【本号と再審事由↓三三八①㈠　【㈡【判決に関

与できない裁判官↓二三－二五、三二五④【本号と再審事由↓三三八①㈡　【三の二】【専属的国際裁判管轄↓三の五、三の一〇【国際裁判管轄↓三の二－三の四、三の六－三の一二　【三】【専属管轄↓一三参【専属管轄違反と控訴↓二九九、三〇九【特許権等に関する訴えの特則↓一三②、二〇②、二〇の二、一四五②、一四六②、二九九②　【四】【法定代理権↓二八、三二、三五、三七【訴訟代理権↓五四－五九【訴訟行為をするのに必要な授権↓三二、五五【本号と再審事由↓三三八①㈢　【五】【裁判の公開↓憲八二、裁七〇、人訴二二、特許一〇五の七、不正競争一三　【六】【判決書における理由の記載↓二五三①㈢　❸【高裁に対する上告↓三一一参【法令違反の記載方式↓民訴規一九一－一九三　†【上告状に上告理由を記載しない場合↓三一五【上告理由の記載方式違反↓三一六①㈡

上告理由

1　法律に従った判決裁判所の構成

[1]　基本たる口頭弁論に関与しない裁判官によってなされた判決は民訴法二四九条〔旧一八七条〕一項に違反し、本条二項一号〔旧三九五条一項一号〕に該当する。（最判昭32・10・4民集一一・一〇・一七〇三）

[2]　裁判官の更迭があったのにもかかわらず、口頭弁論調書中の被控訴代理人は従前の口頭弁論の結果を陳述した旨の記載が、調書完成後に立会書記官以外の者によって記された場合、口頭弁論の方式の遵守は調書によってのみ証明されるから（民訴法一六〇条三項〔旧一四七条〕）、適法に弁論の更新が行われたとは認められず、更迭後の裁判官による判決は本条二項一号〔旧三九五条一項一号〕に該当する。（最判昭33・11・4民集一二・一五・三二四七、民訴百選[三版]五〇）↓一六〇条[6]

2　代理権の欠缺〔けんけつ〕

[3]　控訴人が破産宣告〔破産手続開始決定〕を受け訴訟手続が中断中であったにもかかわらず、破産者を当事者として審理・判決がなされた場合、控訴人は法律上訴訟行為をなし得ない状態にあり、当事者が代理人によって適法に代理されなかった場合と同視できるから、本条二項四号〔旧三九五条一項四号〕の趣旨からして原判決は破棄を免れない。（最判昭58・5・27判時一〇八二・五一）↓一三二条[7]

3　理由不備

[4]　記載文面及び体裁からして、特に反対事情のない限り記載内容を措信すべき書証につき、何ら首肯するに足りる理由を示さずにこれを採用できないとした原判決には理由不備の違法がある。（最判昭32・10・31民集一一・一〇・一七七九）

[5]　原審が、証拠調べの結果及び弁論の全趣旨を総合して事実を認定している場合、弁論の全趣旨が何を指すかが記録を照合すればおのずから明らかであるなら、原判決には理由不備の違法はない。（最判昭36・4・7民集一五・四・六九四、民訴百選[三版]A24）↓二四七条[3]

[6]　諸般の証拠を総合してある事実を認定するに当たり、そのために用いられた証人の供述中に認定事実に反する趣旨の部分が存在する場合、その部分を証拠として採用しなかったことを判文上明示する必要はなく、供述内容と判文の認定事実とを対照して、どの部分を採用し、どの部分を排斥したのか了知できる以上、原判決には理由不備の違法はない。（最判昭37・3・23民集一六・三・五九四、民訴百選Ⅱ[補正]A32）↓二四七条[27]

[7]　〈買主Aが手付金支払のために約束手形を売主Xに振り出し、その支払を保証する目的でYが裏書をしたという事案の下で〉上告理由としての理由不備とは、主文を導き出すための理由の全部又は一部が欠けていることをいい、理由において論理的に完結している場合にはこれに当たらない。原判決が、手形金支払請求に対するYの抗弁――①本件売買には、代金支払のための融資をYが得られたときに効力が生ずるとの停止条件が付されているが、成就していない、②仮に融資が得られないときには売買が効力を失う旨の解除条件であったとしても、結局Yは融資を拒絶されたから、条件は成就した――を摘示しながら、Xからの再抗弁としては、①停止条件の成就をYが故意に妨害して融資を得られなくしたことのみを摘示するにとどまり、②Yが故意に解除条件を成就させたこと（その場合には、民法一三〇条〔平成二九法四四による改正前のもの。改正により同条二項として明文化〕の類推適用により、Xは条件が成就していないものとみなし得る（最判平6・5・31民集四八・四・一〇二九））を摘示せずこれについては何の判断も加えないまま、解除条件成就の抗弁（前記②）を入れてXの請求を棄却した場合には、以上の判断遺脱は上告理由としての理由不備（本条二項六号）に当たらない。（最判平11・6・29判時一六八四・五九、重判平11民訴四……ただし、前記の判断遺脱によって、原判決には判決に影響を及ぼすことが明らかな法令の違反が生じた（民訴法三二五条二項）として、職権破棄差戻し）

4　再審事由と上告理由・上告受理事由

[8]　民訴法三三八条〔旧四二〇条〕一項六号、二項の趣旨からして、控訴判決の証拠となった文書が偽造されたことの有罪判決が確定した場合は、上告理由となる。〔本法施行前の事案〕（最判昭38・4・12民集一七・三・四六八、民訴百選[三版]A47）

[9]　特許取消決定に対する取消訴訟において、請求を棄却した原判決に、特許権者から上告及び上告受理の申立てがなされたところ、上告審係属中に、当該特許請求の範囲を減縮する訂正審決が確定した場合には、原判決の基礎となった行政処分が後の行政処分により変更され、民訴法三三八条一項八号の再審事由が生じたのであるから、原判決には判決に影響を及ぼすことが明らかな法令の違反があったものというべきである。（最判平15・10・31判時一八四一・一四三、民訴百選[五版]A39……同号の再審事由は本条二項の上告理由には該当しないとして上告が棄却されたが、三一八条一項の上告受理事由には当たるとした上、原判決を破棄差戻し）

[10]　XのYに対する特許権侵害を理由とする損害賠償請求につき、Yの特許法一〇四条の三第一項に基づく無効主張を採用して請求を棄却すべきものとする控訴審判決がされた後に、右特許権に係る特許請求の範囲減縮を目的とする訂正審決が確定した場合、右控訴審判決には、民訴法三三八条一項八号の再審事由が存すると解する余地があるが、特許権侵害に係る紛争の迅速な解決を図るという特許法一〇四条の三の規定の趣旨は、無効主張のみならず無効主張に対する対抗主張についても及ぶと解されるから、右主張がXY間の本件特許権の侵害に係る紛争の解決を不当に遅延させるものである場合には、右事由をもって控訴審の判断を争うことは許されない。（最判平20・4・24民集六二・五・一二六二、特許百選[五版]一九）↓特許一〇四条の三[6]

[11]　特許権者が、事実審の口頭弁論終結時までに訂正の再抗弁を主張しなかったにもかかわらず、その後に訂正審決等が確定したことを理由に事実審の判断を争うことは、訂正の再抗弁を主張しなかったことについてやむを得ないといえるだけの特段の事情がない限り、特許権の侵害に係る紛争の解決を不当に遅延させるものとして、特許法一〇四条の三及び一〇四条の四の趣旨に照らして許されない。（最判平29・7・10民集七一・六・八六一、重判平29知財二）↓[10]、特許一〇四条の三[5]

第三一三条（**控訴の規定の準用**）　前章の規定は、特別の定めがある場合を除き、上告及び上告審の訴訟手続について準用する。

附帯上告

[1]　上告審は法律審であるから、控訴審において全部勝訴の判決（予備的請求を認容した第一審判決に対し原告が控訴も附

帯控訴もしない場合に、被告のみが提起した控訴を棄却した判決）を得た当事者（原告）は、第一審で棄却された（主位的）請求の認容を求めるときでも、附帯上告を提起することは許されない。（最判昭54・11・16判時九五三・六一）

[2] 上告理由書の提出期間が上告受理通知書の送達を受けた日から五〇日とされていること（〔旧〕民事訴訟規則五〇条）との権衡上、本条［旧三九六条］により民訴法二九三条一項［旧三七二条］が準用されていても、附帯上告が上告理由と独立した別個の理由によるときは、上告理由書の提出期限内に原裁判所に附帯上告状・附帯上告理由書を提出しなければならない。（最判昭38・7・30民集一七・六・八一九）

[3] 上告理由の一部撤回申立書が原裁判所に到達した後に、撤回前の上告理由と同旨の理由を記載した附帯上告状が原裁判所に提出された場合には、既に撤回の効力は生じているのであるから、右附帯上告状は、上告理由とは別個の理由に基づくものと解さざるを得ず、その提出が上告理由書提出期限後であれば、不適法となる。（最判平3・6・18金判八七八・三六）

[4] 上告受理の申立てに対して附帯上告を提起すること、又は上告に対して附帯上告受理の申立てをすることはできない。（最決平11・4・23判時一六七五・九一……上告不受理、附帯上告却下）

（上告提起の方式等）

第三一四条① 上告の提起は、上告状を原裁判所に提出してしなければならない。

② 前条において準用する第二百八十八条及び第二百八十九条第二項の規定による裁判長の職権は、原裁判所の裁判長が行う。

§❶【上告状↓三一三、二八六、二八五、民訴規一九〇―一九三【上告提起の能力・代理権↓三一二・四〇④・五五②㊂【電子情報処理組織による申立て↓一三二の一〇【補助参加人と上告↓四五①・四三②【手数料の額↓民訴費別表第一〈三の項〉〈四の項〉【上告提起の場合における費用の予納↓民訴規一八七【上告提起通知書の送達↓民訴規一八九【上告裁判所への事件送付↓民訴規一九七　⁺【上告状と上告受理申立書を一通の書面でする場合↓民訴規一八八

（上告の理由の記載）

第三一五条① 上告状に上告の理由の記載がないときは、上告人は、最高裁判所規則で定める期間内に、上告理由書を原裁判所に提出しなければならない。

② 上告の理由は、最高裁判所規則で定める方式により記載しなければならない。

§❶【上告状↓三一四§【上告理由↓三一二【上告理由書提出期間↓民訴規一九四【添付すべき副本の数↓民訴規一九五【不提出の効果↓三一六①㊁【上告理由書副本の送達↓民訴規一九八　❷【上告理由記載の方式↓民訴規一九〇―一九三【記載方式違反の効果↓三一六①㊁、民訴規一九六　⁺【答弁書の提出↓民訴規二〇一

一　上告理由書

[1] 原審で提出した準備書面を上告理由として援用することは許されない。（最判昭52・1・25判時八四二・七三）

二　上告理由の不記載

[2] 上告状及び上告理由書提出期間内に上告人から提出された「上告理由書」と題する書面のいずれにも、民訴法三一二条一項・二項の上告理由の記載がないときは、その不備を補正する余地はないから、原裁判所は補正命令を発せずに、直ちに決定で上告を却下すべきである。（最決平12・7・14判時一七二三・四九）

（原裁判所による上告の却下）

第三一六条① 原裁判所は、決定で、上告を却下しなければならない。次の各号に該当することが明らかであるときは、

一　上告が不適法でその不備を補正することができないとき。

二　前条第一項の規定に違反して上告理由書を提出せず、又は上告の理由の記載が同条第二項の規定に違反しているとき。

② 前項の決定に対しては、即時抗告をすることができる。

§❶【該当することが明らかとはいえない場合↓三一七①【決定↓八七①②・一二二【㊀【補正できない不適法に基づく却下の例↓二八七【上告提起通知書の送付不要↓民訴規一八九①【㊁【本号の却下決定↓民訴規一九六②　❷【即時抗告↓三三二

[1] 原判決の理由不備をいう上告理由が、実質は事実誤認を主張しているにすぎず、明らかに民訴法三一二条一項及び二項の規定する事由に該当しない場合であっても、上告裁判所である最高裁判所が決定で棄却できるにとどまり（三一七条二項）、原裁判所又は上告裁判所が本条一項又は三一七条一項によって却下することはできない。（最決平11・3・9判時一六七三・八七……上告が不適法でその不備を補正することができない場合に該当するとして本件上告を却下した原決定は、法令の解釈を誤ったものであるが、憲法の違反があるとはいえないとして、特別抗告を棄却）

[2] 原裁判所による特別抗告却下の可否（最決平21・6・30判時二〇五二・四八、重判平21民訴三）↓三三六条[3]

（上告裁判所による上告の却下等）

第三一七条① 前条第一項各号に掲げる場合には、上告裁判所は、決定で、上告を却下することができる。

② 上告裁判所である最高裁判所は、上告の理由が明らかに第三百十二条第一項及び第二項に規定する事由に該当しない場合には、決定で、上告を棄却することができる。

§⁺【必要的口頭弁論の例外↓八七③【決定↓八七§・一一九§　❶【明らかに不適法事由に該当する場合↓三一六①　❷【上告の理由がない場合↓三一九　⁺【本条の場合の上告理由書副本送達不要↓民訴規一九八

[1] 上告却下判決言渡期日の呼出状の要否（最判昭44・2・27民集二三・二・四九七）↓九四条[4]

（上告受理の申立て）

第三一八条① 上告をすべき裁判所が最高裁判所である場合には、最高裁判所は、原判決に最高裁判所の判例（これがない場合にあっては、大審院又は上告裁判所若しくは控訴裁判所である高等裁判所の判例）と相反する判断がある事件その他の法令の解釈に関する重要な事項を含むものと認められる事件について、申立てにより、決定で、上告審として事件を受理することができる。

② 前項の申立て（以下「上告受理の申立て」という。）においては、第三百十二条第一項及び第二項に規定する事由を理由とすることができない。

③ 第一項の場合において、最高裁判所は、上告受理の申立ての理由中に重要でないと認めるものがあるときは、これを排除することができる。

④ 第一項の決定があった場合には、上告があったものとみなす。この場合においては、第三百二十条の規定の適用については、上告受理の申立ての理由中前項の規定により排除されたもの以外のものを上告の理由とみなす。

⑤ 第三百十三条から第三百十五条まで及び第三百十六条第一項の規定は、上告受理の申立てについて準用する。

§❶【最高裁の上告管轄権↓裁七㊀【最高裁に対する上告理由↓三一二①②【上告受理申立ての方式↓民訴規一九九①【手数料の額↓民訴費別表第一〈三の項〉【費用の予納↓民訴規一九九②・一八七【上告受理申立て通知書の送達↓民訴規一九九②・一八九　❷【上告受理申立ての理由の記載↓民訴規一九九・一九一②③・一九二・一九三【上告受理申立書に申立ての理由を記載しなかった場合↓三一五、民訴規一九九②・一九四　❸【重要でない理由の排除↓民訴規二〇〇、三二〇　❹【上告があったものとみなされる効果↓三一九―三二六

❺【上告受理申立ての手続→三一四、三一五、三一六①】

一 **上告受理の申立て**

1 いかなる事由により上告を許容するかは審級制度の問題であって、憲法八一条を除いては全て立法の適宜に定めるところに委ねているのであるから、「判決に影響を及ぼすことが明らかな法令の違反があること」を理由とする上告を許容しない民訴法三一二条及び本条は、憲法三二条に反しない。（最判平13・2・13判タ一〇五八・九六、憲百選Ⅱ〔七版〕一二七）→憲三二条8

2 〈原判決に対する上告受理の申立てを、本条一項に該当しないという理由から原審が却下したため、却下決定に対し、申立人が抗告をした場合において〉上告受理の申立てに係る事件が本条一項の事件に該当するか否かは、上告裁判所である最高裁判所のみが判断し得る事項であるから、当該事件が本条一項に該当しないという理由で原裁判所が本条五項及び三一六条一項により上告受理の申立てを却下することはできない。（最決平11・3・9判時一六七二・六七……原決定破棄）

3 〈上告期間内に上告状を、上告期間経過後理由書提出期間内に上告受理申立理由書を提出し、その後上告状を上告受理申立書に訂正する旨の上申書を上告人が提出した場合に〉本件上告状に上告受理申立ての趣旨が含まれているとは認められず、上告と上告受理の申立てとは異なる申立てであるから、このような変更又は訂正は許されない。（最決平12・7・14判時一七二〇・一四七、民訴百選〔三版〕A48）

二 **法令の解釈に関する重要事項**

1 **経験則違反**→二四七条4～16

2 **慰謝料額の認定**

4 慰謝料額の認定は、事実審の裁量に属する事実認定の問題であるが、認定額が著しく不相当で経験則又は条理に反するときは上告の対象になる。〔本条新設前の事案〕（最判平6・2・22民集四八・二・四四一、民百選Ⅰ〔八版〕四四）

3 **審理不尽**

5 単に名義上所有権取得登記を受けたにすぎない者から登記名義の移転を受けた者に対する抹消登記請求事件において、民法九四条二項の類推適用があり得るのにその要件を審理せず、原告の請求を認容した原判決は、審理不尽の違法がある。〔本条新設前の事案〕（最判昭29・8・20民集八・八・一五〇五）

6 釈明権の不行使と審理不尽〔本条新設前の事案〕（最判昭55・7・15判時九七九・五二）→一四九条7

4 **再審事由**→三一二条9

三 **上告受理申立てと附帯上告受理申立て**

7 上告受理の申立てにつき不受理決定がなされたときは、当該申立てに対してなされていた附帯上告受理の申立ては、それが上告受理の申立ての要件を備えるものでない限り、本条五項、三一三条、二九三条二項により、効力を失う。（最決平11・4・8判時一六七五・九三）

（口頭弁論を経ない上告の棄却）

第三一九条 上告裁判所は、上告状、上告理由書、答弁書その他の書類により、上告を理由がないと認めるときは、口頭弁論を経ないで、判決で、上告を棄却することができる。

⊛+【必要的口頭弁論の例外→八七③】【上告理由がないことが明らかな場合→三一七②】【上告状→三一四⊛【上告受理申立書→三一八⑤、三一四】【上告理由書→三一五】【答弁書→民訴規二〇一】【上告受理申立て理由書→三一八⑤、三一五】【上告理由→三一二、三一八①④】

一 **上告人の破産と口頭弁論の要否**

1 上告裁判所は、上告状、上告理由書、答弁書その外の書類により上告を理由なしと認める場合には、上告理由書提出期間の経過後に上告人が破産宣告〔破産手続開始決定〕を受けたときであっても、破産法所定の受継手続を経ることなく、口頭弁論を経ずに上告棄却の判決をすることができる。（最判平9・9・9判時一六二四・九六）

二 **破棄判決と口頭弁論の要否**

2 不適法で不備を補正できない訴えにつき棄却判決をした原判決を破棄して、訴えを却下する判決を上告審が行う場合には、民訴法一四〇条及び同条を上告審に準用する三一三条等の趣旨からして、訴えを却下する前提として原判決を破棄する判決も、口頭弁論を経ないですることができる。（最判平14・12・17判時一八一二・七六）

3 本条及び民訴法一四〇条の趣旨に照らせば、上告裁判所が、判決の基本となる口頭弁論に関与していない裁判官が判決をした裁判官として署名押印していることを理由に原判決を破棄し、事件を原審に差し戻す旨の判決をする場合には、必ずしも口頭弁論を経る必要はない。（最判平19・1・16判時一九五九・二九）

4 上告審において判決で訴訟の終了を宣言するに当たり、その前提として原判決を破棄する場合には、既に訴訟が終了していることを裁判の形式で手続上明確にするにすぎないから、本条及び民訴法一四〇条の趣旨に照らし、必ずしも口頭弁論を経る必要はない。（最判平18・9・4判時一九四八・八一）

……町内会の会員Xらが同会総代Yに対し会の規約に基づき臨時総会の招集を求めた訴訟の係属中、Xが死亡したにもかかわらずXを当事者に加えたまま言い渡された判決につき、Xに関する部分を破棄）

5 固有必要的共同訴訟であるXのY_1及びY_2に対する訴えについて、控訴審がY_1に対する請求を棄却しY_2に対する請求を認容する判決をし、Y_2のみが上告をした場合には、Xが上告又は附帯上告をしていない場合であっても、上告裁判所は、合一確定に必要な限度で、原判決のうちY_1に関する部分を破棄し、Y_1に不利益に変更することができ、この場合には、本条並びに民訴法三一三条及び二九七条により上告審に準用される同法一四〇条の規定の趣旨に照らし、必ずしも口頭弁論を経ることを要しない。（最判平22・3・16民集六四・二・四九八、重判平22民訴五）→三〇四条9

（調査の範囲）

第三二〇条 上告裁判所は、上告の理由に基づき、不服の申立てがあった限度においてのみ調査をする。

⊛+【上告裁判所→三一一】【上告理由→三一二、三一八①④】【本条の適用除外→三二二】

（原判決の確定した事実の拘束）

第三二一条① 原判決において適法に確定した事実は、上告裁判所を拘束する。

② 第三百十一条第二項の規定による上告があった場合には、上告裁判所は、原判決における事実の確定が法律に違反したことを理由として、その判決を破棄することができない。

⊛❶【原判決の確定した事実の拘束→三二一、三一八①】【本項の変更適用→三二七②】 ❷【飛越上告の管轄→三一一②】 +【本条の適用除外→三二二】

（職権調査事項についての適用除外）

第三二二条 前二条の規定は、裁判所が職権で調査すべき事項には、適用しない。

⊛+【職権調査事項の例→一三、一四、二八、三一、三二、三七、五四、五五、民訴規二三、九六、九七、一二三①、一二五、一四二、一三六、一一四、一一五、二六二②、憲八二、裁七〇

（仮執行の宣言）

第三二三条 上告裁判所は、原判決について不服の申立てがない部分に限り、申立てにより、決定で、仮執行の宣言をすることができる。

参+【本案判決とともにする仮執行宣言↓二五九①―④【判決裁判所による仮執行宣言の補充↓二五九⑤【控訴裁判所による判決前の仮執行宣言↓二九四【控訴審における不服申立て不可↓二九五

（最高裁判所への移送）

第三二四条　上告裁判所である高等裁判所は、最高裁判所規則で定める事由があるときは、決定で、事件を最高裁判所に移送しなければならない。

参+【高裁が上告審である場合↓三一一、裁一六㈢【移送事由↓民訴規二〇三【移送↓二二

[1]　〈上告裁判所である高等裁判所が、その意見が最高裁判所の判例と相反するとして本条による移送決定をした事案において〉最高裁判所は、民訴規則二〇三条所定の事由がないと認めるときは、右移送決定を取り消すことができる。（最決平30・12・18民集七二・六・一一五一、重判令元民訴五……移送決定取消し）

（破棄差戻し等）

第三二五条①　第三百十二条第一項又は第二項に規定する事由があるときは、上告裁判所は、原判決を破棄し、次条の場合を除き、事件を原裁判所に差し戻し、又はこれと同等の他の裁判所に移送しなければならない。高等裁判所が上告裁判所である場合において、判決に影響を及ぼすことが明らかな法令の違反があるときも、同様とする。

②　上告裁判所である最高裁判所は、第三百十二条第一項又は第二項に規定する事由がない場合であっても、判決に影響を及ぼすことが明らかな法令の違反があるときは、原判決を破棄し、次条の場合を除き、事件を原裁判所に差し戻し、又はこれと同等の他の裁判所に移送することができる。

③　前二項の規定により差戻し又は移送を受けた裁判所は、新たな口頭弁論に基づき裁判をしなければならない。この場合において、上告裁判所が破棄の理由とした事実上及び法律上の判断は、差戻し又は移送を受けた裁判所を拘束する。

④　原判決に関与した裁判官は、前項の裁判に関与することができない。

参❶【上告理由↓三一二【移送すべき場合↓三一二②㈢　❶❷【訴訟記録の送付↓民訴規二〇二　❷【最高裁が上告審であるとき↓三一一　参【判決に影響を及ぼすことが明らかな法令違反↓三二五③　❸【口頭弁論↓一四八―一六〇【下級審に対する拘束力↓裁四　❹【関与禁止↓三一二②㈡、三三八①㈡
+【総訴訟費用の負担の裁判↓六七②

一　差戻審での口頭弁論

[1]　差戻し以前の原審の口頭弁論は差戻しによって当然に失効するのではなく、新口頭弁論はこの従前の口頭弁論の続行となり、ただ、原判決に関与した裁判官が新口頭弁論に関与できないから審理更新の手続が必要となるにすぎない。当事者が従前の口頭弁論の結果を陳述すれば、裁判所はそこで提出されていた証拠を新口頭弁論において判断の資料となし得る。（大判昭15・7・26民集一九・一三九五）

二　破棄判決の拘束力

1　「事実上の判断」の範囲

[2]　民訴法三二一条一項［旧四〇三条］により上告審は原審が適法に確定した事実に拘束されるのであるから、本条三項［旧四〇七条二項］の「事実上の判断」とは、職権調査事項につき上告審のなした事実上の判断のみを意味し、訴えの本案たる事実に関する判断を含まない。（最判昭36・11・28民集一五・一〇・二五九三、民訴百選Ⅱ〔補正〕一九五）

2　「法律上の判断」の範囲

[3]　上告審が、原審の事実認定（上告人・原告の代理人が自己名義で不動産を買い受け、第三者たる被上告人・被告に売却し、登記を経由した）の下では民法九四条二項の類推適用を否定できないとして原判決を破棄した場合には、破棄判決はその限度でのみ拘束力を有する。差戻し前の原判決と同一の認定事実を前提としても別個の法律的見解（代理人が無顕名でした買受けにより代理人自身が権利を取得し、これを原告に移転せず被告に移転登記したのだから、二重売買と同一であり、原告は登記なくして被告に対抗できない、とする見解）が成り立つならば、差戻審がこの見解に立って、前記法条の適用を主張する被上告人の抗弁につき判断を示さずに、上告人の請求を棄却することも許される。（最判昭43・3・19民集二二・三・六四八、民訴百選〔五版〕一一五）

3　再度の上告審における拘束力

[4]　最高裁判所も、上告審として一定の事項につき終局的確定の目的をもって判示した自らの裁判の内容には拘束されるのであり、当該事件を、破棄差戻し後の判決に対する上告として再び審判する場合には、特別の規定（民訴法二五六条［旧一九三条の二］）がない限り、裁判の内容を変更することは許されない。（最判昭28・5・7民集七・五・四八九）

[5]　上告審で破棄されなかった中間判決の拘束力（大判大2・3・26民録一九・一四一、民訴百選〔初版〕五八）↓二四五条[1]

（破棄自判）

第三二六条　次に掲げる場合には、上告裁判所は、事件について裁判をしなければならない。

一　確定した事実について憲法その他の法令の適用を誤ったことを理由として判決を破棄する場合において、事件がその事実に基づき裁判をするのに熟するとき。

二　事件が裁判所の権限に属しないことを理由として判決を破棄するとき。

参+【上告裁判所↓三一一　参【一】【裁判をするのに熟するとき↓二四三　【二】【裁判所の権限↓裁三

一　選択的併合請求の一つを認容した原判決の破棄自判

[1]　〈亡Aの共同相続人であるXらが、相続人の一人であるYに対して、係争土地が亡Aの遺産に属することの確認又はXらがそれにつき法定相続分に相当する持分権を有することの確認を求め、前者を認容した原判決に対してYが上告した事例。共同相続人の一人Zはこの訴訟に加わっていない〉原審の確定した事実によれば、本件土地は被相続人Aが所有したものでありXらはその共同相続人であるから、共有持分権の確認請求には理由がある。遺産確認の訴えは固有必要的共同訴訟であり、共同相続人の一人を除外して提起された本件確認の訴えは不適法であるが、これと選択的に併合された共有持分権確認請求の当審による認容により遺産確認請求を認容した原判決は当然に失効する。（最判平元・9・19判時一三二八・三八、民訴百選Ⅰ〔補正〕七四）↓一三六条[2]・四〇条[7]

二　訴えを却下した控訴審判決の破棄

[2]　境界確定の訴えにおいて、本案について（境界は原告の主張線であると）判断した第一審判決を取り消して訴えを不適法却下した控訴審判決を破棄する場合には、境界が明らかに上告人（原告）主張線であるならば、それと同旨の第一審判決は正当であるから、原判決を破棄する際にも事件を原審に差し戻さずに、ただちに被上告人（被告）らの控訴を棄却するという本案の判断をすることができる。（最判平5・3・30訟月三九・一一・二三二六）

三　主位的請求を認容した控訴審判決の破棄（訴え却下と予備的請求

[3]　主位的請求（都市計画法三二条所定の同意を公共施設管理者が拒否する行為の取消請求）を認容した控訴審判決を破棄し、その請求に係る訴えを却下する場合に、不適法でかつ欠缺を補正できない予備的請求（権利義務の主体となり得ない行政機関に対する、民事上の義務としての同意の履行請求）に係る訴えについても、上告審が却下するのが相当である。（最判平7・3・23民集四九・三・一〇〇六、行政百選Ⅱ〔七版〕一

五六）

（特別上告）

第三二七条① 高等裁判所が上告審としてした終局判決に対しては、その判決に憲法の解釈の誤りがあることその他憲法の違反があることを理由とするときに限り、最高裁判所に更に上告をすることができる。

② 前項の上告及びその上告審の訴訟手続には、その性質に反しない限り、第二審又は第一審の終局判決に対する上告及びその上告審の訴訟手続に関する規定を準用する。この場合において、第三百二十一条第一項中「原判決」とあるのは、「地方裁判所が第二審としてした終局判決（第三百十一条第二項の規定による上告があった場合にあっては、簡易裁判所の終局判決）」と読み替えるものとする。

⊛❶【高裁が上告審であるとき↓三一一⊛【上告審判決↓一一六【憲法違反↓憲八一　❷【特別上告の手続↓三一三―三一七・三一九―三二二・三二五、三二六、民訴規二〇四【特別上告の提起と執行停止↓四〇三①㈠・四〇四①

第三章　抗告

（抗告をすることができる裁判）

第三二八条① 口頭弁論を経ないで訴訟手続に関する申立てを却下した決定又は命令に対しては、抗告をすることができる。

② 決定又は命令により裁判をすることができない事項について決定又は命令がされたときは、これに対して抗告をすることができる。

⊛❶【訴訟手続に関する申立ての例↓一〇・一七―一九・三五①・五〇・七五・八二・九三①・一一〇①・一二八①・一七二・二三四・二五七・二五九・二七五【不服申立て禁止の例↓一〇③・二五④・二一四③・二三八・二七四②・二五九・三七五③・三八五④・四〇三②【執行法上の裁判の不服申立て禁止の例↓民執一〇⑨・一一②・三二④⑤・三六⑤・三七②・三八④【抗告以外の不服申立ての認められる場合の例↓三五七・三七八①・三八六②、民執一一、民保二六【特に抗告の認められる場合の例↓三二九①②【即時抗告の認められる場合の例↓三三二⊛【他の手続で抗告の認められる場合の例↓非訟六六―八二【抗告の管轄裁判所↓裁七㈡・一六㈢・二四㈣【抗告の手続↓三三一、民訴規二〇五【執行抗告↓民執一〇【抗告状・抗告理由書↓民訴規二〇七【抗告状の写しの送付↓民訴規二〇七の二　❷【判決で裁判すべき場合の例↓七八・一四〇・二九〇

一　抗告不許

[1] 裁判所が判決に誤りなしとして更正の申立てを却下した以上、他から更正を強制される理由はないから、右却下決定に対する抗告は許されない。（大決昭13・11・19民集一七・二二三八）

[2] 訴訟引受けを是認する決定に対しては、不服申立てを許す規定がなく、これを許すべき根拠も存しないから、抗告は許されない。（大決昭16・4・15民集二〇・四八二）↓五〇条[5]

二　違式の裁判

[3] 仮処分取消しの申立てを判決によらず決定で却下した違法な裁判に対する不服申立ては、当事者に裁判所以上の法律知識を求めるのは無理であるから、ただ裁判の形式に従って行えば足りる。右決定に対する抗告は適法である。この場合、抗告裁判所は、判決によって当該申立てを裁判させるために第一審決定を取り消し、差し戻す決定をすべきであるにもかかわらず、同裁判所が仮処分取消しの判決をしたときは、これに対する上告は適法である。（大判昭10・5・7民集一四・八〇八、民訴百選[初版]九八……破棄差戻し）

（受命裁判官等の裁判に対する不服申立て）

第三二九条① 受命裁判官又は受託裁判官の裁判に対して不服がある当事者は、受訴裁判所に異議の申立てをすることができる。ただし、その裁判が受訴裁判所の裁判であるとした場合に抗告をすることができるものであるときに限る。

② 抗告は、前項の申立てについての裁判に対してすることができる。

③ 最高裁判所又は高等裁判所が受訴裁判所である場合における第一項の規定の適用については、同項ただし書中「受訴裁判所」とあるのは、「地方裁判所」とする。

⊛+【受命裁判官↓八八⊛【受託裁判官↓八九⊛【受命・受託裁判官の権限↓一七一・一七六②・一八五・一九五・二一三・二三二・二三九・二六八 ETC【抗告のできる場合↓三二八①⊛

（再抗告）

第三三〇条 抗告裁判所の決定に対しては、その決定に憲法の解釈の誤りがあることその他憲法の違反があること、又は決定に影響を及ぼすことが明らかな法令の違反があることを理由とするときに限り、更に抗告をすることができる。

⊛+【再抗告裁判所↓裁七㈡・一六㈢【上告理由との対比↓三一二①③【再抗告の手続↓三三一、民訴規二一〇

（控訴又は上告の規定の準用）

第三三一条 抗告及び抗告裁判所の訴訟手続には、その性質に反しない限り、第一章の規定を準用する。ただし、前条の抗告及びこれに関する訴訟手続には、前章の規定中第二審又は第一審の終局判決に対する上告及びその上告審の訴訟手続に関する規定を準用する。

（即時抗告期間）

第三三二条 即時抗告は、裁判の告知を受けた日から一週間の不変期間内にしなければならない。

⊛+【即時抗告のできる場合↓二一・二五⑤・四四③・六九③・七一⑦・七二・七三②・七五⑦・七九④・八六・九二④・一三七③・一三八②・一四一②・一九二②・一九九②・二〇〇・二〇一⑤・二〇九②・二一四④・二二三⑦・二二〇②・二二九⑥・二三〇②・二二三③・二五七②・二五九⑥・二八七②・二九一②・二九五・三一六②・三三八一②・三九一④・三九四②、非訟六六―七四、家事八五―九三【即時抗告と執行停止↓三三四①、会更二〇二④【決定・命令の告知↓一一九【期間の計算↓九五【不変期間↓九六・九七【即時抗告に服する決定・命令の確定時期↓三二八・三三〇、裁一六㈢・二四㈣、三三七、裁七㈡【判決の確定時期と対比↓一一六

（原裁判所等による更正）

第三三三条 原裁判をした裁判所又は裁判長は、抗告を理由があると認めるときは、その裁判を更正しなければならない。

⊛+【抗告を待たないで自ら取り消せる決定↓一二〇・五四②・六〇②・一五二①【判決の変更↓二五六【判決の更正↓二五七【裁判所書記官処分の更正↓七四①・三八九【抗告を理由がないと認めるときの抗告裁判所への事件送付↓民訴規二〇六

再度の考案による更正の範囲

[1] 再度の考案とは、当該裁判所を羈束〔きそく〕しない決定・命令を自発的に是正することにより、上訴審を煩わさずに当事者の不服を処理する制度であるが、前裁判が取り消される度に訴訟手続に関する裁判の創設的効力の生ずる時期が変動し、当事者の去就を惑わしめるから、原則として、裁判の主文の全部又は一部を変更する場合に限りその利用が許される。（大決昭10・12・27民集一四・二一七三、民訴百選[初版]九七……前決定の理由のみを更正し抗告を棄却した決定を取消し）

（原裁判の執行停止）

第三三四条① 抗告は、即時抗告に限り、執行停止の効力を有する。

② 抗告裁判所又は原裁判をした裁判所若しくは裁判官は、抗告

民訴

について決定があるまで、原裁判の執行の停止その他必要な処分を命ずることができる。

∞❶【即時抗告のできる場合→三三二∞【即時抗告で執行停止の効力がないと規定する場合の例→民執一一五⑥、行訴二五⑧、破二八④、民再三〇④、会更二八④・三〇⑤・三五⑥ ❷【強制執行の停止・取消し→民執三九①[六][七]・四〇①

[1] **執行停止の職権性**

本条〔旧四一八条〕二項の執行停止は職権によるもので、当事者に申立権はなく、当事者の申立ては裁判所の職権発動を促す趣旨に止まる。（仙台高決平3・12・2判時一四〇八・八五）

（**口頭弁論に代わる審尋**）

第三三五条 抗告裁判所は、抗告について口頭弁論をしない場合には、抗告人その他の利害関係人を審尋することができる。

∞⁺【決定・命令手続と任意的口頭弁論→八七①但【口頭弁論を命じない場合の審尋→八七②【抗告裁判所による抗告人の相手方の指定→民執七四④

（**特別抗告**）

第三三六条① 地方裁判所及び簡易裁判所の決定及び命令で不服を申し立てることができないもの並びに高等裁判所の決定及び命令に対しては、その裁判に憲法の解釈の誤りがあることその他憲法の違反があることを理由とするときに、最高裁判所に特に抗告をすることができる。

② 前項の抗告は、裁判の告知を受けた日から五日の不変期間内にしなければならない。

③ 第一項の抗告及びこれに関する訴訟手続には、その性質に反しない限り、第三百二十七条第一項の上告及びその上告審の訴訟手続に関する規定並びに第三百三十四条第二項の規定を準用する。

∞❶【憲法違反→憲八一【不服を申し立てることのできない決定・命令→一〇③・二五④・二一四③・二三八・二七四②・二九五・三七五③・三八五④・四〇三②、裁一六[三]【不服申立てを禁止される執行法上の裁判→三二八①∞【最高裁の特別抗告管轄権→裁七[二]【本条の抗告の手続→民訴規二〇八 ❷【通常の即時抗告期間→三三二【期間の算定→九五【不変期間→九六、九七

[1] **一 「不服を申し立てることができない決定」の意義**

原審のした弁論終結の決定は、訴訟指揮の裁判に関するもので、不服のある当事者は終局判決に対する上訴においてその当否を争うことができるのだから、本条一項〔旧四一九条の二第一項〕にいう「不服を申し立てることができない決定」に当たらない。（最決平3・11・7判時一四一八・七九）

[2] **二 補助参加の許否に関する違式の裁判と上告審の審理**

第一審が、補助参加の申立てを終局判決で却下し、申立人からの即時抗告に対し原審が控訴棄却の判決をした場合には、上告審の審理の対象は、原審の判断について本来上告審として審理判断し得る事項である本条所定の抗告理由の有無にとどまる。（最判平7・2・23判時一五二四・一三四、民訴百選[五版]A42）

[3] **三 原裁判所による特別抗告却下の可否**

特別抗告の理由として形式的には憲法違反の主張があるが、それが実質的には法令違反の主張にすぎない場合であっても、最高裁判所が当該特別抗告を棄却することができるにとどまり（本条三項、民訴法三二七条二項、三一七条二項）、原裁判所が本条三項、民訴法三二七条二項、三一六条一項によりこれを却下することはできない。（最決平21・6・30判時二〇五二・四八、重判平21民訴三……原決定破棄）

（**許可抗告**）

第三三七条① 高等裁判所の決定及び命令（第三百三十条の抗告及び次項の申立てについての決定及び命令を除く。）に対しては、前条第一項の規定による場合のほか、その高等裁判所が次項の規定により許可したときに限り、最高裁判所に特に抗告をすることができる。ただし、その裁判が地方裁判所の裁判であるとした場合に抗告をすることができるものであるときに限る。

② 前項の高等裁判所は、同項の裁判について、最高裁判所の判例（これがない場合にあっては、大審院又は上告裁判所若しくは抗告裁判所である高等裁判所の判例）と相反する判断がある場合その他の法令の解釈に関する重要な事項を含むと認められる場合には、申立てにより、決定で、抗告を許可しなければならない。

③ 前項の申立てにおいては、前条第一項に規定する事由を理由とすることはできない。

④ 第二項の規定による許可があった場合には、第一項の抗告があったものとみなす。

⑤ 最高裁判所は、裁判に影響を及ぼすことが明らかな法令の違反があるときは、原裁判を破棄することができる。

⑥ 第三百十三条、第三百十五条及び前条第二項の規定は第二項の申立てについて、第三百十八条第三項の規定は第二項の規定による許可をする場合について、同条第四項後段及び前条第三項の規定は第二項の規定による許可があった場合について準用する。

∞❶【最高裁の許可抗告管轄権→裁七[二] ❷【許可抗告事由→憲八一、三一八①【許可抗告の申立て→民訴規二〇九

[1] **一 許可抗告制度の合憲性**

下級裁判所の裁判に対して最高裁判所に抗告を許すか否かは、審級制度の問題であって、憲法は、八一条の規定するところを除いては、全て立法の適宜に定めるところに委ねているのであるから、本条は憲法三二条、三二条に反するものではない。（最決平10・7・13判タ九八三・一七〇、重判平10憲二）

二 許可抗告の対象

[2] **1 高裁のした保全抗告についての決定**

許可抗告制度は、法令解釈の統一を目的として、高等裁判所の決定及び命令のうち一定のものに対し、法令の解釈に関する重要事項が含まれる場合に、高等裁判所の許可決定により、最高裁判所に特に抗告できるとしたものであり、高等裁判所のした保全抗告についての決定に法令解釈に関する重要事項が含まれ、法令解釈の統一を図る必要性が高いことは、執行抗告等についての決定と同様であるから、許可抗告制度の立法趣旨に照らせば、本条一項ただし書は、（民保法四一条三項にかかわらず）高等裁判所のした保全抗告についての決定を許可抗告の対象から除外する趣旨ではないと解するのが相当である。（最決平11・3・12民集五三・三・五〇五、執保百選[三版]九三）

[3] **2 人身保護法による釈放請求を却下又は棄却した高裁決定**

人身保護法による釈放の請求を却下又は棄却した地方裁判所の決定については、これに対する不服申立てについて人身保護法及び人身保護規則に特段の規定が置かれていないことから、同様の決定を高等裁判所がした場合であっても、本条一項ただし書により、許可抗告の対象とならない。（最決平22・8・4家月六三・一・九九）

第四編 再審

（**再審の事由**）

第三三八条① 次に掲げる事由がある場合には、確定した終局判決に対し、再審の訴えをもって、不服を申し立てることができる。ただし、当事者が控訴若しくは上告によりその事由を主張したとき、又はこれを知りながら主張しなかったときは、この

限りでない。

一　法律に従って判決裁判所を構成しなかったこと。
二　法律により判決に関与することができない裁判官が判決に関与したこと。
三　法定代理権、訴訟代理権又は代理人が訴訟行為をするのに必要な授権を欠いたこと。
四　判決に関与した裁判官が事件について職務に関する罪を犯したこと。
五　刑事上罰すべき他人の行為により、自白をするに至ったこと又は判決に影響を及ぼすべき攻撃若しくは防御の方法を提出することを妨げられたこと。
六　判決の証拠となった文書その他の物件が偽造又は変造されたものであったこと。
七　証人、鑑定人、通訳人又は宣誓した当事者若しくは法定代理人の虚偽の陳述が判決の証拠となったこと。
八　判決の基礎となった民事若しくは刑事の判決その他の裁判又は行政処分が後の裁判又は行政処分により変更されたこと。
九　判決に影響を及ぼすべき重要な事項について判断の遺脱があったこと。
十　不服の申立てに係る判決が前に確定した判決と抵触すること。

② 前項第四号から第七号までに掲げる事由がある場合においては、罰すべき行為について、有罪の判決若しくは過料の裁判が確定したとき、又は証拠がないという理由以外の理由により有罪の確定判決若しくは過料の確定裁判を得ることができないときに限り、再審の訴えを提起することができる。

③ 控訴審において事件につき本案判決をしたときは、第一審の判決に対し再審の訴えを提起することができない。

⊛❶【終局判決】↓二四三【上訴】↓二八一・三一一【判決の確定時期】↓一一六【準再審】↓三四九【再審申立てと強制執行停止命令】↓四〇三　【一】三一二②□⊛　【二】三一二②□⊛　【三】三一二②四⊛【本号の代理権を欠く場合の出訴期間の特例】↓三四二③【四】【職務に関する犯罪】↓刑一九四・一九五・一九七―一九七の三　【五】【自白】↓一七九【攻撃防御方法】↓一五六―一五七の二　【六】【文書の偽造・変造】↓刑一五四―一六一の二　【七】【証人】↓一九〇・一九一・二一七、刑一六九【鑑定人】↓二一二・二一三・二一八、刑一七一【通訳人】↓一五四、刑一七一【当事者尋問】↓二〇七【法定代理人尋問】↓二一一【宣誓した当事者・法定代理人の虚偽の陳述に対する過料の制裁】↓二〇九・二一一　【十】【確定判決の既判力】↓一一四・一一五【本号の場合の出訴期間の特例】↓三四二③　⁺【代表訴訟の再審事由】↓会社八五三【行政事件訴訟における第三者の再審】↓行訴三四【仲裁判断の取消し】↓仲裁四四

一　原告適格

[1] 再審の訴えは、判決の確定後にその効力を是認できない欠缺〔けんけつ〕がある場合に、具体的正義のために法的安定を犠牲にする非常手段であるから、右判決の既判力を受ける以上、一般承継人・特定承継人を問わず、民訴法一一五条〔旧二〇一条〕にいう承継人は再審原告たり得る。（最判昭46・6・3判時六三四・三七、民訴百選[五版]一一七……不動産の特定承継人からの所有権確認等再審請求事件。再審事由を欠くとして訴え却下）

[2] 再審の訴えは確定判決の取消し及び右確定判決に係る請求の再審理を目的とし、その原告は確定判決の本案につき訴訟行為をなし得る者であることを前提とするから、検察官を被告とする死後認知につき、認知を求められた亡父の子は、認知の訴えの当事者適格を有せず、したがって死後認知判決の再審の訴えの原告適格を有しない。第三者再審を定めた行訴法三四条は、特別の規定がない限り類推適用することはできない。（最判平元・11・10民集四三・一〇・一〇八五、民百選Ⅲ[二版]三二）↓民七八六条[7]

[3] 新株発行の無効の訴えに係る請求を認容する確定判決の効力を受ける第三者は、再審原告として再審の訴えを提起したとしても、上記確定判決に係る訴訟の当事者ではない以上、本案についての訴訟行為をして上記確定判決の判断を左右できる地位にはなく、当然には再審の訴えの原告適格を有しない。しかし、上記第三者が上記再審の訴えを提起するとともに独立当事者参加の申出をした場合には、上記第三者は、再審開始決定の確定後、当該独立当事者参加に係る訴訟行為をすることによって上記確定判決の判断を左右することができるようになるから、再審の訴えの原告適格を有する。（最決平25・11・21民集六七・八・一六八六、民訴百選[五版]一一八）↓[15]

二　再審の対象

1　確定した終局判決

[4] 被告に対する訴状副本、期日呼出状、判決正本の送達が全て補充送達の要件を欠くために無効であって、被告が審理に関与しないままに判決がなされた場合でも、送達報告書記載の送達日から二週間の経過をもって確定した外形を備えており、それを前提とした取扱いがなされるおそれがあるときは、当該判決は本条〔旧四二〇条〕一項にいう「確定した終局判決」に当たる。（高松高判平12・11・27判時一七五九・七六、重判平13民訴四）

2　裁判上の和解↓二六七条[9]

三　再審事由

1　本条一項各号の規定の性質

[5] 再審は本条〔旧四二〇条〕一項に列挙された事由に限り例外的に許される。（最判昭29・4・30裁判集民一三・七二三）

2　代理権の欠缺―一項三号

[6] 訴訟当事者の氏名冒用者が偽造委任状により訴訟代理人を選任し、被冒用者名義で訴訟行為を行わしめたところ、裁判所がこれを看過して被冒用者に対し判決を言い渡した場合、判決の既判力は冒用者に対してではなく訴訟当事者となった被冒用者に及ぶから、この者は本条〔旧四二〇条〕一項三号により再審の訴えを提起できる。（大判昭10・10・28民集一四・一七八五、民訴百選[五版]五）↓◘【当事者の確定】〔一編三章名の後〕[2]

[7] 原告が被告の送達場所を知りながら不実の公示送達の申立てをし、被告欠席のまま離婚の確定判決を得たことは、本条〔旧四二〇条〕一項三号の再審事由に当たらない。（最判昭57・5・27判時一〇五二・六六）

[8] 公示送達の実施を裁判所書記官の権限とする現民事訴訟法の下では、公示送達の要件を満たしていないのに訴状等が公示送達によって送達された結果、被告とされた者が訴訟に関与する機会が与えられないまま判決がされた場合には、本条一項三号の再審事由が認められる。（札幌地決令元・5・14判タ一四六一・二三七……再審開始決定）↓一一〇条[2]

[9] 株式会社の代表取締役が自己又は第三者の利益のために会社代表者として訴訟行為をした場合に、相手方が代表取締役の意思を知り又は知り得べきときであっても、以上の事情に基づいて成立した確定判決には本条〔旧四二〇条〕一項三号の再審事由は認められない。株式会社の代表者は、原則として会社の営業に関する一切の行為をする権限を有し（商法二六一条三項・七八条一項〔会社三四九条四項〕）、その代表権限は代表取締役の意思に対する相手方の知不知に関わらないからである。（最判平5・9・9民集四七・七・四九三九、重判平5民訴四……会社の前代表取締役が相手方に訴えを提起させておいて、自白したと主張された事案）

[10] 有効に訴状の送達がなされなかったために、被告が訴訟に関与する機会が与えられないままに判決がなされたときは、当事者の代理人に代理権の欠缺があった場合と別異に扱う理由がないから、本条〔旧四二〇条〕一項三号の再審事由が認められる。（最判平4・9・10民集四六・六・五五三、民訴百選[五版]一一六……被告の妻が被告名義で買い受けた商品の代金の立替金支払請求事件で、訴状・呼出状の交付を受けた被告の娘（七歳）が、各書類について被告に交付しなかった事例）↓[19]・一〇

六条[7]

[11] 訴状等の補充送達を受けた同居者と受送達者との間に、その訴訟に関して事実上の利害関係の対立がある場合でも、受送達者に対する補充送達は有効であるが、同居者から受送達者に実際に訴状等が交付されず、受送達者が訴訟の提起を知らないままに判決がなされたときは、訴訟手続に関与する機会が保障されなかったのであるから、本条一項三号の再審事由が存在する。（最決平19・3・20民集六一・二・五八六、民訴百選[五版]四〇）→一〇六条[2]

[12] 統合失調症の上告人（前訴原告）の実姉が、まず上告人名で弁護士に委任して調停の申立て及び訴訟（前訴）の提起を行い、次いで原告敗訴判決の確定後に上告人の後見人に就任して、再審の訴えを提起した場合には、前訴の提起及び弁護士への訴訟委任は実姉の無権代理行為であり、上告人本人は何ら関与していないのだから、実姉が後見人に就任しても前訴における実姉の訴訟行為は有効にはならず、本条［旧四二〇条］一項三号の再審事由がある。（最判平7・11・9判時一五五七・七四）

[13] 香港に本社を有するX社に対する貸金返還請求訴訟（本案事件）において、訴状を実際に受領したAが、受領時には日本における代表者を解任され、かつ従業員としても解雇されていた場合には、当該送達は本人送達としても補充送達としても無効であり、X欠席のまま認容判決がなされ、強制執行完了後にXが本案事件の内容及び審理経過を知って再審を申し立てたという経緯を併せ考えれば、Xが本案事件の審理に関与する機会は実質的になかったというべきであり、本条一項三号の再審事由が認められる。（東京地判平10・9・2判時一六七六・八〇）

3 可罰行為—一項四号～七号

[14] 被告（再審原告）の妻が、訴状・期日呼出状を毀棄し、判決正本を隠匿したため、被告が訴訟の係属及び進行を知ることなく欠席のまま判決を受けた場合には、右被告による再審の訴えには本条［旧四二〇条］一項五号及び二項後段の再審事由がある。同居の妻も本条一項五号の「他人」に当たる。（最判昭47・4・28判時六六七・二九）

4 判決の基礎となった裁判等の変更—一項八号↓三一二条[10][11]

四 詐害判決と第三者再審

[15] 〈新株発行無効確認判決の確定後に、前訴の当事者ではなかった新株予約権者Zが、独立当事者参加をした上で会社及び前訴原告株主を共同被告として再審の訴えを提起した事案において〉新株発行を無効とする確定判決の効力を受ける第三者が、上記訴訟の係属を知らず、その審理に関与する機会を与えられなかったとしても、直ちに上記確定判決に本条一項三号の再審事由があるとはいえないが、会社の訴訟活動が著しく信義に反し、第三者に上記確定判決の効力を及ぼすことが手続保障の観点から看過できない場合には、同号の再審事由が認められる。本件において、Zは、仮に訴訟係属を知れば自ら前訴に参加するなどして前訴原告の請求を争うことが明らかな状況にあり、会社は、そのことを十分に認識していたにもかかわらず前訴において請求を全く争わず、かえって、請求原因事実の追加立証を求める受訴裁判所の訴訟指揮に対し、自ら請求原因事実を裏付ける書証を提出したこと、また、会社としては、Zに前訴の係属を知らせることが容易であったにもかかわらず、これを知らせず、請求を争う機会を失わせたことに鑑みると、本条一項三号の再審事由が認められる余地がある。（最決平25・11・21前出[3]……再審請求棄却決定に対する抗告を棄却した原決定を破棄差戻し）↓四七条[7]

五 再審の補充性—一項ただし書の意義

[16] 本条［旧四二〇条］一項ただし書後段の「知りながら主張しなかったとき」とは、前訴訟において、上訴審による判断を受け得る時期に再審事由を知ったにもかかわらず主張しなかった場合をいう。上告期間経過後に上告の申立てがなされ、民訴法九七条［旧一五九条］の追完の申立ても却下された場合には、上告人ないしその訴訟代理人が上告期間内に再審事由を知り、それを上告理由として主張できたかどうかを審理すべきである。（最判昭39・6・26民集一八・五・九〇一、民訴百選II[補正]一九八……破棄差戻し）

[17] 本条［旧四二〇条］一項ただし書後段の「知りながら主張しなかったとき」とは、上訴を提起した者が、再審事由のあることを知りながら上訴審においてこれを主張しない場合だけでなく、その者が上訴を提起せずに判決を確定させた場合をも含む。判断遺脱のような再審事由については、特別の事情のない限り、終局判決の正本送達によって、当事者が再審事由を知ったものと解される。（最判昭41・12・22民集二〇・一〇・二一七九）

[18] 〈再審原告の求めた支払命令が確定後、再審被告からの債務不存在確認訴訟において右支払命令と抵触する再審原告敗訴の判決がなされたが、再審原告の代表者が支払命令の存在を失念して上訴しなかった事案において〉再審の対象となった判決の訴訟手続において主張できなかった事実のみを再審事由とするという本条［旧四二〇条］一項ただし書の目的からして、重大な過失により再審事由の存在を当事者が知らなかった場合もただし書後段に該当する。（松江地益田支判昭44・5・23下民二〇・五＝六・三八三）

[19] 本条［旧四二〇条］一項ただし書の趣旨は、再審の訴えが非常の不服申立方法であることに鑑み、上訴が可能であったにもかかわらずそれをしなかった者について再審の訴えによる不服申立てを否定するものであるから、再審事由を現実に了知することができなかった場合は同項ただし書に当たらない。有効に訴状の送達がされなかったために、被告が訴訟に関与する機会が与えられないまま判決がされたことが再審事由となる場合、判決正本が同居の妻Aに有効に送達されたとしても、Aがこの事実を被告に知らせなかったときは、再審事由を現実に了知することができたとはいえないから、右判決に対して控訴しなかったことをもって、同項ただし書に当たるとすることはできない。（最判平4・9・10前出[10]）↓一〇六条[7]

六 本条二項の意義

[20] 本条［旧四二〇条］一項六号に該当する再審事由と、二項の適法要件とを主張する再審の訴えにおいては、公訴権の時効消滅や被疑者の死亡等の「有罪の確定判決を得ることができない」事情が、再審の訴えの対象となった判決の確定前にすでに生じていた場合であっても、その判決の確定後に、文書の偽造等につき有罪の確定判決を得ることを可能とする証拠が収集されたときは、新証拠収集の時点で二項の要件を満たす状況が生じ、一項六号による再審請求が可能となったのであるから、本条一項ただし書には該当せず、再審の訴えが排斥されることはない。（最判平6・10・25判時一五一六・七四……前訴の上訴審でも証拠たる文書（株券）の偽造を主張したが認められないまま原判決は確定し、しかもその確定前に公訴時効（七年）が完成していたが、新たに文書偽造の証拠が発見された事例）

[21] 検察官の起訴猶予処分は本条［旧四二〇条］二項後段の有罪の確定判決を得られない場合に含まれる。本条二項の目的は、一項四号ないし七号の再審の訴えを再審事由の存在する蓋然性が顕著な場合に限定して濫訴を防止することにあるにとどまるから、再審の訴えが本条二項の適法要件を一旦具備した以上、再審裁判所は、有罪判決又は起訴猶予処分等の判断に拘束されずに、主張された再審事由の存否につき独自に審理判断をなし得る。（最判昭45・10・9民集二四・一一・一四九二、民訴百選II[補正]A57……起訴猶予処分の対象となった証言が虚偽ではないとして再審請求を却下した原審の判断を支持）

七 再審の訴えによる取消判決の効力

[22] 強制競売当時存在していた確定判決が再審判決により取り消された場合、その取消効は、信義則・民法九六条三項、一

一二条などを類推することによって、悪意又は重過失ある第三者に限り対抗できる。（宮崎地判昭57・7・16判タ四八六・一三三）

八　**確定判決の騙取**［へんしゅ］↓一一四条⑦

第三三九条　判決の基本となる裁判について前条第一項に規定する事由がある場合（同項第四号から第七号までに掲げる事由がある場合にあっては、同条第二項に規定する場合に限る。）には、その裁判に対し独立した不服申立ての方法を定めているときにおいても、その事由を判決に対する再審の理由とすることができる。

⊛+【判決の基本となる裁判の例↓二四五・二八三本文

（管轄裁判所）

第三四〇条①　再審の訴えは、不服の申立てに係る判決をした裁判所の管轄に専属する。

②　審級を異にする裁判所が同一の事件についてした判決に対する再審の訴えは、上級の裁判所が併せて管轄する。

⊛❶【専属管轄↓一三⊛【再審の訴状↓民訴規二一一①【手数料の額↓民訴費別表第一〈八の項〉　❷【再審事由が二つの審級に付着し得る場合↓三三八③①㊄―㊇

（再審の訴訟手続）

第三四一条　再審の訴訟手続には、その性質に反しない限り、各審級における訴訟手続に関する規定を準用する。

⊛+【再審の手続↓民訴規二一一

（再審期間）

第三四二条①　再審の訴えは、当事者が判決の確定した後再審の事由を知った日から三十日の不変期間内に提起しなければならない。

②　判決が確定した日（再審の事由が判決の確定した後に生じた場合にあっては、その事由が発生した日）から五年を経過したときは、再審の訴えを提起することができない。

③　前二項の規定は、第三百三十八条第一項第三号に掲げる事由のうち代理権を欠いたこと及び同項第十号に掲げる事由を理由とする再審の訴えには、適用しない。

⊛❶【判決の確定時期↓一一六【再審事由↓三三八①②【不変期間↓九六【期間の計算↓九五　❷【再審事由が判決確定後に生じ得る例↓三三八①㊃―㊆②

一　**再審期間の始期**

⑦　再審の訴え提起後に民訴法三四四条［旧四二七条二項］により不服の理由を変更した場合、新たな再審事由による出訴期間は変更の時から起算する。（最判昭36・9・22民集一五・八・二二〇三、民訴百選初版九九）

②　民訴法三三八条［旧四二〇条］一項九号の判断遺脱のような再審事由の存在は、通例、判決正本の送達を受けて閲読することで知り得べきものであるから、送達を受けた当時に右事由の存在を知ったと推定でき、この場合、当事者が判決確定前に再審事由の存在を知っていたことになるが、再審制度の性質及び本条［旧四二四条］の文理に照らし、再審期間は判決確定の日から起算すべきである。（最判昭45・12・22民集二四・一三・二一七三……再審期間経過後に提起されたとして再審の訴えを却下した原判決を維持。ただし、民訴法三三八条一項ただし書によっても不適法との判示もある）

二　**除斥期間の始期**

③　民訴法三三八条［旧四二〇条］一項六号により再審を申し立てる当事者は、同条二項後段の要件を具備するために、被疑者の死亡等の事実に加え、有罪の確定判決を得る可能性があることも立証しなければならない。この可能性は、被疑者の死亡等の時に既に存在すべきものだから、右再審の訴えの除斥期間は、本条［旧四二四条］二項により、被疑者の死亡等が再審の対象たる判決の確定前ならば判決確定時から、判決の確定後ならば死亡等の事実の生じた時から起算する。（最判昭52・5・27民集三一・三・四〇四、民訴百選五版A41……再審の対象たる判決の確定後に、書証とされた文書が偽造であるとの鑑定書が作成され、再審原告は鑑定書作成時から起算せよと主張したが、判決確定時から除斥期間を起算した原審を支持）

（再審の訴状の記載事項）

第三四三条　再審の訴状には、次に掲げる事項を記載しなければならない。

一　当事者及び法定代理人

二　不服の申立てに係る判決の表示及びその判決に対して再審を求める旨

三　不服の理由

⊛+【通常の訴状の記載事項↓一三四②【不服の申立てに係る判決の添付↓民訴規二一一①【不服の理由↓三三八【再審の訴えの期間↓三四二【手数料の額↓民訴費別表第一〈八の項〉

（不服の理由の変更）

第三四四条　再審の訴えを提起した当事者は、不服の理由を変更することができる。

⊛+【不服の理由↓三四三㊂・三三八①②【一般の請求原因の変更↓一四三

（再審の訴えの却下等）

第三四五条①　裁判所は、再審の訴えが不適法である場合には、決定で、これを却下しなければならない。

②　裁判所は、再審の事由がない場合には、決定で、再審の請求を棄却しなければならない。

③　前項の決定が確定したときは、同一の事由を不服の理由として、更に再審の訴えを提起することができない。

⊛+【必要的口頭弁論の原則↓八七①【決定↓一一九⊛【再審事由↓三三八【却下・棄却決定に対する即時抗告↓三四七【決定の確定時期↓三三二⊛【本条二項三項と同旨の規定↓刑訴四四七

（再審開始の決定）

第三四六条①　裁判所は、再審の事由がある場合には、再審開始の決定をしなければならない。

②　裁判所は、前項の決定をする場合には、相手方を審尋しなければならない。

⊛+【再審事由↓三三八【同旨の規定↓刑訴四四八①【即時抗告↓三四七【審尋↓八七⊛

（即時抗告）

第三四七条　第三百四十五条第一項及び第二項並びに前条第一項の決定に対しては、即時抗告をすることができる。

⊛+【即時抗告↓三三二

再抗告の申立期間

⑦　再審請求を却下した簡裁の決定（原々決定）を取り消し、これを棄却する旨の抗告審の決定（原々決定）は、これが仮に再審裁判所でなされたとすれば民訴法三四五条二項及び本条により即時抗告による不服申立てをすべき性質のものであるから、当該決定に対する再抗告は同法三三二条の即時抗告期間内に行わなければならない。（最決平16・9・17判時一八八〇・七〇……再抗告を認めて、再審事由ありとして原々決定を取り消した高裁の決定（原決定）に対する特別抗告事件。特別抗告を容［い］れ、原決定を破棄、即時抗告期間を徒過した再抗告を却下）

（本案の審理及び裁判）

第三四八条①　裁判所は、再審開始の決定が確定した場合には、不服申立ての限度で、本案の審理及び裁判をする。

② 裁判所は、前項の場合において、判決を正当とするときは、再審の請求を棄却しなければならない。
③ 裁判所は、前項の場合を除き、判決を取り消した上、更に裁判をしなければならない。

§❶【再審開始決定→三四六【決定の確定時期→三三二§ ❷【決定で再審請求を棄却する場合→三四五② ❸【原判決取消し後の手続→一四八―二六〇

（決定又は命令に対する再審）

第三四九条① 即時抗告をもって不服を申し立てることができる決定又は命令で確定したものに対しては、再審の申立てをすることができる。
② 第三百三十八条から前条までの規定は、前項の申立てについて準用する。

§+【即時抗告に服する決定・命令→三三二§【その確定時期→三三二§【再審の申立て→民訴規二一二

第五編　手形訴訟及び小切手訴訟に関する特則

（手形訴訟の要件）

第三五〇条① 手形による金銭の支払の請求及びこれに附帯する法定利率による損害賠償の請求を目的とする訴えについては、手形訴訟による審理及び裁判を求めることができる。
② 手形訴訟による審理及び裁判を求める旨の申述は、訴状に記載してしなければならない。

§❶【手形による金銭の支払の請求→三の三㊂・五㊂、手二八・九・一五・四三―五四・三二・五八・六三・七七①・七七①㊃【法定利率→商五〇一㊃、手四八①㊁・四九㊁・七七①㊃【附帯請求→九②【手形訴訟から通常訴訟への移行→三五三、三六一【手形・小切手事件についての仮執行宣言の特則→二五九② ❷【訴状の記載事項→一三四②【起訴前の和解から移行する場合→三六五【督促手続から移行する場合→三六六【手形の写しの訴状への添付→民訴規五五①㊁【手形訴訟の促進→民訴規二一三―二一五

> ⑦ **手形訴訟の濫用**
> A4判用紙に「約束手形」の表題の下に手形要件を記載したいわゆる私製手形は、単なる金銭支払約束書であって、手形信用取引の用具としての手段性が全く認められず、その目的は、手形訴訟によって被告の抗弁を封じ簡易迅速に債務名義を取得して、強制執行をすることないし取立てのための威圧を加えることにあるから、かかる私製手形により提起した手形訴訟は、手形の信用を高めて流通を促進するために証拠制限を行い、簡易迅速な金銭化を図っている手形訴訟制度を濫用するもので、不適法である。（東京地判平15・10・17判時一八四〇・一四二、重判平15商六）

（反訴の禁止）

第三五一条 手形訴訟においては、反訴を提起することができない。

§+【反訴→一四六【同旨の規定→三六九

（証拠調べの制限）

第三五二条① 手形訴訟においては、証拠調べは、書証に限りすることができる。
② 文書の提出の命令又は送付の嘱託は、することができない。対照の用に供すべき筆跡又は印影を備える物件の提出の命令又は送付の嘱託についても、同様とする。
③ 文書の成立の真否又は手形の提示に関する事実については、申立てにより、当事者本人を尋問することができる。
④ 証拠調べの嘱託は、することができない。第百八十六条の規定による調査の嘱託についても、同様とする。
⑤ 前各項の規定は、裁判所が職権で調査すべき事項には、適用しない。

§+【手形訴訟における証拠調べ完了の目標→民訴規二一四 ❶【書証→二一九―二三一 ❷【文書提出命令→二二一―二二五【文書送付の嘱託→二二六【対照の用に供する筆跡印影を備える物件の提出命令・送付嘱託→二二九② ❸【私文書の検真→二二八①【偽造手形→手七・八・七七②、小一〇・一一【手形の提示→手三四・三八・七七①、小二八―三一、手二一―二四・四六②、小四二②【当事者尋問→二〇七―二一〇【法定代理人尋問→二一一・三七 ❹【証拠調べの嘱託→一八五 ❺【職権調査事項→三二二§ +【少額訴訟における証拠調べの制限→三七一

（通常の手続への移行）

第三五三条① 原告は、口頭弁論の終結に至るまで、被告の承諾を要しないで、訴訟を通常の手続に移行させる旨の申述をすることができる。
② 訴訟は、前項の申述があった時に、通常の手続に移行する。
③ 前項の場合には、裁判所は、直ちに、訴訟が通常の手続に移行した旨を記載した書面を被告に送付しなければならない。ただし、第一項の申述が被告の出頭した期日において口頭でされたものであるときは、その送付をすることを要しない。
④ 第二項の場合には、手形訴訟のため既に指定した期日は、通常の手続のために指定したものとみなす。

§❶【口頭弁論の終結→二四三①、二五三①㊃ ❸【送付→民訴規四七【移行通知書送付前の終結→三五四 ❹【期日の指定→九三、民訴規二一三【移行の効果―判決に対する不服申立方法→三五七、二八一 +【通常手続への移行の例→三六一・三七三、三七九

（口頭弁論の終結）

第三五四条 裁判所は、被告が口頭弁論において原告が主張した事実を争わず、その他何らの防御の方法をも提出しない場合には、前条第三項の規定による書面の送付前であっても、口頭弁論を終結することができる。

§+【相手方の主張した事実を争わず、攻撃方法を提出しない効果→一五九【移行通知書の送付→三五三③、民訴規四七【口頭弁論の終結→二四三①、二五三①㊃【口頭弁論終結の効果→二五一・二八一【本条の趣旨の教示→民訴規二一三③

（口頭弁論を経ない訴えの却下）

第三五五条① 請求の全部又は一部が手形訴訟による審理及び裁判をすることができないものであるときは、裁判所は、口頭弁論を経ないで、判決で、訴えの全部又は一部を却下することができる。
② 前項の場合において、原告が判決書の送達を受けた日から二週間以内に同項の請求について通常の手続により訴えを提起したときは、第百四十七条の規定の適用については、その訴えの提起は、前の訴えの提起の時にしたものとみなす。

§❶【手形訴訟の要件→三五〇①【必要的口頭弁論の原則→八七【手形訴訟の口頭弁論→民訴規二一三―二一五【控訴禁止→三五六但 ❷【判決の送達→二五五【期間の計算→九五

（控訴の禁止）

第三五六条 手形訴訟の終局判決に対しては、控訴をすることができない。ただし、前条第一項の判決を除き、訴えを却下した判決に対しては、この限りでない。

§+【終局判決→二四三①【控訴→二八一―三一〇の二【訴えを却下する判決→一四〇【手形判決と表示→民訴規二一六

（異議の申立て）

第三五七条 手形訴訟の終局判決に対しては、訴えを却下した判決を除き、判決書又は第二百五十四条第二項の調書の送達を受けた日から二週間の不変期間内に、その判決をした裁判所に異議を申し立てることができる。ただし、その期間前に申し立てた異議の効力を妨げない。

§+【手形訴訟の終局判決に対する控訴禁止→三五六【手形判決と表示→民訴規二一六【訴えを却下する判決→一四〇・三五五【判決書又はこれに代わる調書の送達→二五三―二五五

【期間の計算↓九五【不変期間↓九六、九七【異議の確定遮断の効力↓一一六【異議による通常訴訟への移行↓三六一【異議に基づく裁判↓三六二―三六四【異議申立ての方式↓民訴規二一七

（異議申立権の放棄）

第三五八条　異議を申し立てる権利は、その申立て前に限り、放棄することができる。

∞+【異議申立期間↓三五七【異議権放棄の方式↓民訴規二一八【本条等の準用↓三七八②

（口頭弁論を経ない異議の却下）

第三五九条　異議が不適法でその不備を補正することができないときは、裁判所は、口頭弁論を経ないで、判決で、異議を却下することができる。

∞+【異議申立期間↓三五七【必要的口頭弁論の原則↓八七【同旨の規定↓一四〇、二九〇、三五五

（異議の取下げ）
第三六〇条①　異議は、通常の手続による第一審の終局判決があるまで、取り下げることができる。
②　異議の取下げは、相手方の同意を得なければ、その効力を生じない。
③　第二百六十一条第三項から第五項まで、第二百六十二条第一項及び第二百六十三条の規定は、異議の取下げについて準用する。
∞❶【異議取下げの方式↓二六一③―⑤、民訴規二一八③、一六二【通常手続による第一審の終局判決↓三六二【異議取下げの能力・代理権↓三二②、五五②[四]　❷【異議取下げの同意と能力・代理権↓三二②、五五②[四]

（異議後の手続）

第三六一条　適法な異議があったときは、訴訟は、口頭弁論の終結前の程度に復する。この場合においては、通常の手続によりその審理及び裁判をする。

∞+【口頭弁論の終結↓二四三①、一五三【通常手続↓三五一・三五二、民訴規二一三―二一五【異議と執行停止↓四〇三①[五]【手形訴訟中の通常手続への移行↓三五三【復帰した手続における判決↓三六二―三六四【異議後の訴訟費用の負担の裁判↓三六三

（異議後の判決）
第三六二条①　前条の規定によってすべき判決が手形訴訟の判決と符合するときは、裁判所は、手形訴訟の判決を認可しなければならない。ただし、手形訴訟の判決の手続が法律に違反したものであるときは、この限りでない。
②　前項の規定により手形訴訟の判決を認可する場合を除き、前条の規定によってすべき判決においては、手形訴訟の判決を取り消さなければならない。
∞❶【手形訴訟の判決↓三五六、三五七【判決の手続↓二四六―二五四【訴訟費用の裁判の認可↓三六三①　❷【判決の取消しと執行との関係↓民執三九①[一]、四〇①　+【本条の認可・取消判決に対する不服申立て↓二八一、三六四【本条等の準用↓三七九②

（異議後の判決における訴訟費用）
第三六三条①　異議を却下し、又は手形訴訟においてした訴訟費用の負担の裁判を認可する場合には、裁判所は、異議の申立てがあった後の訴訟費用の負担について裁判をしなければならない。
②　第二百五十八条第四項の規定は、手形訴訟の判決に対し適法な異議の申立てがあった場合について準用する。
∞+【異議を却下する判決↓三五九【訴訟費用負担の裁判↓六七①

（事件の差戻し）

第三六四条　控訴裁判所は、異議を不適法として却下した第一審判決を取り消す場合には、事件を第一審裁判所に差し戻さなければならない。ただし、事件につき更に弁論をする必要がないときは、この限りでない。

∞+【異議を不適法として却下する場合↓三五九【同旨の規定↓三〇七

（訴え提起前の和解の手続から手形訴訟への移行）

第三六五条　第二百七十五条第二項後段の規定により提起があったものとみなされる訴えについては、手形訴訟による審理及び裁判を求める旨の申述は、同項前段の申立ての際にしなければならない。

∞+【通常の場合の手形訴訟による旨の申述↓三五〇②

（督促手続から手形訴訟への移行）
第三六六条①　第三百九十五条又は第三百九十八条第一項（第四百二条第二項において準用する場合を含む。）の規定により提起があったものとみなされる訴えについては、手形訴訟による審理及び裁判を求める旨の申述は、支払督促の申立ての際にしなければならない。
②　第三百九十一条第一項の規定による仮執行の宣言があったときは、前項の申述は、なかったものとみなす。
∞❶【支払督促の申立て↓三八三【手形の写しの添付・送付↓民訴規二二〇　❷【仮執行宣言前の支払督促に対する督促異議↓三九〇【仮執行宣言後の支払督促に対する督促異議↓三九三

（小切手訴訟）
第三六七条①　小切手による金銭の支払の請求及びこれに附帯する法定利率による損害賠償の請求を目的とする訴えについては、小切手訴訟による審理及び裁判を求めることができる。
②　第三百五十条第二項及び第三百五十一条から前条までの規定は、小切手訴訟に関して準用する。
∞+【小切手による金銭の支払の請求↓三の三[三]、五[三]、小一二・一八、三九―四七、二七、五五【附帯請求↓九【法定利率↓商五〇一[四]、小四四[三]、四五[三]【小切手訴訟に関する規則の定め↓民訴規二二一

第六編　少額訴訟に関する特則

（少額訴訟の要件等）
第三六八条①　簡易裁判所においては、訴訟の目的の価額が六十万円以下の金銭の支払の請求を目的とする訴えについて、少額訴訟による審理及び裁判を求めることができる。ただし、同一の簡易裁判所において同一の年に最高裁判所規則で定める回数を超えてこれを求めることができない。
②　少額訴訟による審理及び裁判を求める旨の申述は、訴えの提起の際にしなければならない。
③　前項の申述をするには、当該訴えを提起する簡易裁判所においてその年に少額訴訟による審理及び裁判を求めた回数を届け出なければならない。
∞❶【簡裁における訴え提起↓二七一【督促手続と対比↓三八二【訴訟の目的の価額の算定↓八、九【規則で定める回数↓民訴規二二三　❸【回数の届出↓三七三③[三]、三八一　+【手続の教示↓民訴規二二二

（反訴の禁止）

第三六九条　少額訴訟においては、反訴を提起することができない。

∞+【反訴↓一四六【反訴提起が禁止される例↓三五一、三六七

（一期日審理の原則）
第三七〇条①　少額訴訟においては、特別の事情がある場合を除き、最初にすべき口頭弁論の期日において、審理を完了しなければならない。

② 当事者は、前項の期日前又はその期日において、すべての攻撃又は防御の方法を提出しなければならない。ただし、口頭弁論が続行されたときは、この限りでない。

❶【一期日審理の原則】↓民訴規二二二②㈢、二二四 ❷【攻撃防御方法の提出時期】↓一五六【手形訴訟における同様の処置】↓民訴規二一三②③

（証拠調べの制限）
第三七一条 証拠調べは、即時に取り調べることができる証拠に限りすることができる。

+【疎明の場合と同旨】↓一八八【証拠制限の例】↓三五二

（証人等の尋問）
第三七二条① 証人の尋問は、宣誓をさせないですることができる。
② 証人又は当事者本人の尋問は、裁判官が相当と認める順序でする。
③ 裁判所は、相当と認めるときは、最高裁判所規則で定めるところにより、裁判所及び当事者双方と証人とが音声の送受信により同時に通話をすることができる方法によって、証人を尋問することができる。

❶【証人の宣誓】↓二〇一①【証人尋問の申出の際の尋問事項書の不要】↓民訴規二二五、一〇七【調書の記載不要・録音テープの利用】↓民訴規二二七 ❷【証人尋問と当事者尋問の順序】↓二〇七②【当事者本人の出頭命令】↓民訴規二二四 ❸【音声の送受信による証人尋問】↓民訴規二二六、八七の二②、九二の三、一七〇、民訴規八八、一七六、民訴規九一【テレビ通話方式による証人・当事者尋問】↓二〇四、二一〇、民訴規一二三

（通常の手続への移行）
第三七三条① 被告は、訴訟を通常の手続に移行させる旨の申述をすることができる。ただし、被告が最初にすべき口頭弁論の期日において弁論をし、又はその期日が終了した後は、この限りでない。
② 訴訟は、前項の申述があった時に、通常の手続に移行する。
③ 次に掲げる場合には、裁判所は、訴訟を通常の手続により審理及び裁判をする旨の決定をしなければならない。
一 第三百六十八条第一項の規定に違反して少額訴訟による審理及び裁判を求めたとき。
二 第三百六十八条第三項の規定によってすべき届出を相当の期間を定めて命じた場合において、その届出がないとき。
三 公示送達によらなければ被告に対する最初にすべき口頭弁論の期日の呼出しをすることができないとき。
四 少額訴訟により審理及び裁判をするのを相当でないと認めるとき。
④ 前項の決定に対しては、不服を申し立てることができない。
⑤ 訴訟が通常の手続に移行したときは、少額訴訟のため既に指定した期日は、通常の手続のために指定したものとみなす。

❶【通常手続への移行申述】↓民訴規二二八①②、二二二②㈢ ❸【裁判所の移行決定】↓民訴規二二八③【㈠】【少額訴訟により得る適格】↓三六八①【㈡】【利用回数の届出】↓三六八③【㈢】【公示送達】↓一一〇―一一二 ❺【同旨の規定】↓三五三④

（判決の言渡し）
第三七四条① 判決の言渡しは、相当でないと認める場合を除き、口頭弁論の終結後直ちにする。
② 前項の場合には、判決の言渡しは、判決書の原本に基づかないですることができる。この場合においては、第二百五十四条第二項及び第二百五十五条の規定を準用する。

❶【判決言渡しの時期の原則】↓二五一① ❷【言渡しの方式】↓二五四①、民訴規二二九②、一五五③【判決書に代わる調書の作成・送達】↓二五四②、二五五 +【少額訴訟判決と表示】↓民訴規二二九

（判決による支払の猶予）
第三七五条① 裁判所は、請求を認容する判決をする場合において、被告の資力その他の事情を考慮して特に必要があると認めるときは、判決の言渡しの日から三年を超えない範囲内において、認容する請求に係る金銭の支払について、その時期の定め若しくは分割払の定めをし、又はこれと併せて、その時期の定めに従い支払をしたとき、若しくはその分割払の定めによる期限の利益を次項の規定による定めにより失うことなく支払をしたときは訴え提起後の遅延損害金の支払義務を免除する旨の定めをすることができる。
② 前項の分割払の定めをするときは、被告が支払を怠った場合における期限の利益の喪失についての定めをしなければならない。
③ 前二項の規定による定めに関する裁判に対しては、不服を申し立てることができない。

❶【免除】↓民五一九 ❷【期限の利益の喪失】↓民一三七 +【類似の規定】↓二七五の二

（仮執行の宣言）
第三七六条① 請求を認容する判決については、裁判所は、職権で、担保を立てて、又は立てないで仮執行をすることができることを宣言しなければならない。
② 第七十六条、第七十七条、第七十九条及び第八十条の規定は、前項の担保について準用する。

+【仮執行宣言の原則】↓二五九①【手形金請求判決の仮執行宣言】↓二五九②【控訴審における金銭請求判決】↓三一〇

（控訴の禁止）
第三七七条 少額訴訟の終局判決に対しては、控訴をすることができない。

+【終局判決】↓二四三①【控訴】↓二八一―三一〇の二【控訴に代え異議】↓三七八【同旨の規定】↓三五六

（異議）
第三七八条① 少額訴訟の終局判決に対しては、判決書又は第二百五十四条第二項（第三百七十四条第二項において準用する場合を含む。）の調書の送達を受けた日から二週間の不変期間内に、その判決をした裁判所に異議を申し立てることができる。ただし、その期間前に申し立てた異議の効力を妨げない。
② 第三百五十八条から第三百六十条までの規定は、前項の異議について準用する。

❶【少額訴訟の終局判決】↓二四三①、民訴規二二九①【判決書】↓二五三【判決書に代わる調書】↓三七四②、二五四②【判決書又はこれに代わる調書の送達】↓二五五、九八―一一二【不変期間】↓九六、九七【期間の計算】↓九五【異議申立ての方式】↓民訴規二三〇【終局判決に対する異議申立ての例】↓三五七①

（異議後の審理及び裁判）
第三七九条① 適法な異議があったときは、訴訟は、口頭弁論の終結前の程度に復する。この場合においては、通常の手続によりその審理及び裁判をする。
② 第三百六十二条、第三百六十三条、第三百六十九条、第三百七十二条第二項及び第三百七十五条の規定は、前項の審理及び裁判について準用する。

❶【口頭弁論の終結】↓二四三①、一五三【通常手続】↓三六九―三七二、民訴規二二四―二二七【異議と執行停止】↓四〇三①㈤【本項と同旨の規定】↓三六一 ❷【異議後の判決】↓民訴規二三一①

（異議後の判決に対する不服申立て）
第三八〇条① 第三百七十八条第二項において準用する第三百五十九条又は前条第一項の規定によってした終局判決に対しては、控訴をすることができない。
② 第三百二十七条の規定は、前項の終局判決について準用す

民訴

る。

⊗❷【特別上告のみ可能→三二七

> [7] **合憲性**　憲法三二条は何人も裁判所において裁判を受ける権利があることを規定するにすぎず、審級制度をどのように定めるかは憲法八一条の要請を除き専ら立法政策の問題であるから、本条一項は、憲法に違反しない。（最判平12・3・17判タ一〇三二・一四五、民訴百選[三版]A52）→三一一条[7]

（**過料**）

第三八一条①　少額訴訟による審理及び裁判を求めた者が第三百六十八条第三項の回数について虚偽の届出をしたときは、裁判所は、決定で、十万円以下の過料に処する。

②　前項の決定に対しては、即時抗告をすることができる。

③　第百八十九条の規定は、第一項の規定による過料の裁判について準用する。

⊗❷【即時抗告→三三二　❸【過料の裁判→一八九⊗

第七編　督促手続

第一章　総則

（**支払督促の要件**）

第三八二条　金銭その他の代替物又は有価証券の一定の数量の給付を目的とする請求については、裁判所書記官は、債権者の申立てにより、支払督促を発することができる。ただし、日本において公示送達によらないでこれを送達することができる場合に限る。

⊗+【支払督促の対象となる請求→民執二二[五]【裁判所書記官→裁六〇【公示送達→一一〇―一一二【本条違反の申立ての却下→三八五

（**支払督促の申立て**）

第三八三条①　支払督促の申立ては、債務者の普通裁判籍の所在地を管轄する簡易裁判所の裁判所書記官に対してする。

②　次の各号に掲げる請求についての支払督促の申立ては、それぞれ当該各号に定める地を管轄する簡易裁判所の裁判所書記官に対してもすることができる。

一　事務所又は営業所を有する者に対する請求でその事務所又は営業所における業務に関するもの　当該事務所又は営業所の所在地

二　手形又は小切手による金銭の支払の請求及びこれに附帯する請求　手形又は小切手の支払地

⊗❶【普通裁判籍→三の二・四【裁判所書記官→裁六〇【申立ての方式→民訴規二三二・一【手数料の額→民訴費別表第一〈一〇の項〉【督促異議による訴訟移行と手形訴訟の利用→三六六①、民訴規二二〇　❷【事務所→一般法人三〇一②[三]・三〇二②[三]【営業所→会社九〇七【手形・小切手による金銭の支払請求→五[三]⊗【附帯請求→九②【手形・小切手の支払地→手一[五]・二③・七五[四]・七六③、小一[四]・二②③

+【本条違反の申立ての却下→三八五【電子情報処理組織による督促手続の特則→三九七―四〇二

> [7] **申立てが不法行為とされた例**　支払督促の申立てが不法行為に当たるか否かは、民事訴訟における訴えの提起の場合に準じて検討すべきである。破産手続に伴う免責許可決定が確定すると、破産者の債務は、訴えの方法によって強制的実現を図ることができなくなり、これに準ずる手続である督促手続においてもその満足を受け得ないことになるから、当該債権について支払督促の申立てをすることは、法的手続によって正当な権利の実現を図るという裁判制度の趣旨目的に照らして著しく相当性を欠き、違法性が認められる。（東京地判平20・2・29判タ一三二九・二〇六……慰謝料として五万円の支払を命じた）

（**訴えに関する規定の準用**）

第三八四条　支払督促の申立てには、その性質に反しない限り、訴えに関する規定を準用する。

⊗+【規則も準用→民訴規二三二【準用される主な規定→一三四①・二七一・一三六、二六一・一四七、三八四、民一四七①[二]

（**申立ての却下**）

第三八五条①　支払督促の申立てが第三百八十二条若しくは第三百八十三条の規定に違反するとき、又は申立ての趣旨から請求に理由がないことが明らかなときは、その申立てを却下しなければならない。請求の一部につき支払督促を発することができない場合におけるその一部についても、同様とする。

②　前項の規定による処分は、相当と認める方法で告知することによって、その効力を生ずる。

③　前項の処分に対する異議の申立ては、その告知を受けた日から一週間の不変期間内にしなければならない。

④　前項の異議の申立てについての裁判に対しては、不服を申し立てることができない。

⊗❷【申立て却下処分の発効→一一九　❸【書記官所属裁判所への申立て→一二一【不変期間→九六、九七【期間の計算→九五

（**支払督促の発付等**）

第三八六条①　支払督促は、債務者を審尋しないで発する。

②　債務者は、支払督促に対し、これを発した裁判所書記官の所属する簡易裁判所に督促異議の申立てをすることができる。

⊗❶【支払督促の記載事項→三八七【支払督促の送達→三八八【支払督促に対する仮執行宣言→三九一【支払督促の効力→三九六【審尋→八七⊗　❷【同旨の規定→一二一【適法な督促異議の効力→三九〇・三九五【不適法な督促異議の却下→三九四

> [7] **督促異議の申立権者**　支払督促に対して異議の申立てをし得るのは当該支払督促の債務者とされている者であり、訴訟に移行した場合に独立当事者参加し得る者が右異議の申立てをすることを認める規定は存しないから、その者には、異議を申し立てる適格がない。（仙台高決平8・6・17判時一五八三・六九）

（**支払督促の記載事項**）

第三八七条　支払督促には、次に掲げる事項を記載し、かつ、債務者が支払督促の送達を受けた日から二週間以内に督促異議の申立てをしないときは債権者の申立てにより仮執行の宣言をする旨を付記しなければならない。

一　第三百八十二条の給付を命ずる旨

二　請求の趣旨及び原因

三　当事者及び法定代理人

⊗+【訴状の記載事項と対比→一三四②【支払督促の原本→民訴規二三三【支払督促の送達→三八八【期間の計算→九五【督促異議→三八六②【仮執行宣言の教示→三九一[二][三]・一三四②⊗

（**支払督促の送達**）

第三八八条①　支払督促は、債務者に送達しなければならない。

②　支払督促の効力は、債務者に送達された時に生ずる。

③　債権者が申し出た場所に債務者の住所、居所、営業所若しくは事務所又は就業場所がないため、支払督促を送達することができないときは、裁判所書記官は、その旨を債権者に通知しなければならない。この場合において、債権者が通知を受けた日から二月の不変期間内にその申出に係る場所以外の送達をすべき場所の申出をしないときは、支払督促の申立てを取り下げたものとみなす。

⊗❶【送達→民訴規二三四①、九八―一一二【債権者への通知→

民訴規二三四②・四 ❸【送達場所→一〇三

第三八九条（**支払督促の更正**）① 第七十四条第一項及び第二項の規定は、支払督促について準用する。

② 仮執行の宣言後に適法な督促異議の申立てがあったときは、前項において準用する第七十四条第一項の規定による更正の処分に対する異議の申立ては、することができない。

参❷【仮執行宣言後の督促異議→三九三、三九五【同旨の規定→七四③

第三九〇条（**仮執行の宣言前の督促異議**） 仮執行の宣言前に適法な督促異議の申立てがあったときは、支払督促は、その督促異議の限度で効力を失う。

参+【仮執行宣言→三九一【督促異議の管轄→三八六②【訴訟移行→三九五【不適法な督促異議の却下→三九四

> 1 **第三者による補助参加人としての異議** 簡易な債務名義取得のための制度である支払督促においては、訴訟係属を発生させるか否かは債務者自身の判断に委ねられるものであって、利害関係を有する第三者（連帯保証人）が補助参加人として異議を申し立てることは許されない。（浦和地判平11・6・25判時一六八二・一一五）

第三九一条（**仮執行の宣言**）① 債務者が支払督促の送達を受けた日から二週間以内に督促異議の申立てをしないときは、裁判所書記官は、債権者の申立てにより、支払督促に手続の費用額を付記して仮執行の宣言をしなければならない。ただし、その宣言前に督促異議の申立てがあったときは、この限りでない。

② 仮執行の宣言は、支払督促に記載し、これを当事者に送達しなければならない。ただし、債権者の同意があるときは、当該債権者に対しては、当該記載をした支払督促を送付することをもって、送達に代えることができる。

③ 第三百八十五条第二項及び第三項の規定は、第一項の申立てを却下する処分及びこれに対する異議の申立てについて準用する。

④ 前項の異議の申立てについての裁判に対しては、即時抗告をすることができる。

⑤ 第二百六十条及び第三百八十八条第二項の規定は、第一項の仮執行の宣言について準用する。

参❶【支払督促の送達→三八八①②【期間の計算→九五【督促異議→三八六②【仮執行宣言の申立て→民訴規二三五【支払督促における教示→三八七 ❷【判決についての仮執行宣言→民訴規二三六、二五九【仮執行宣言後の通常訴訟への移行→三六六② ❹【即時抗告→三三二

第三九二条（**期間の徒過による支払督促の失効**） 債権者が仮執行の宣言の申立てをすることができる時から三十日以内にその申立てをしないときは、支払督促は、その効力を失う。

参+【仮執行宣言の申立て→三九一①【期間の計算→九五

第三九三条（**仮執行の宣言後の督促異議**） 仮執行の宣言を付した支払督促の送達を受けた日から二週間の不変期間を経過したときは、債務者は、その支払督促に対し、督促異議の申立てをすることができない。

参+【仮執行宣言付支払督促の送達→三九一②⑤、三八八②【期間の計算→九五【不変期間→九六、九七【二週間内の督促異議の効果→三九五、四〇三①㈢㈣【期間の徒過→三九六【期間経過後の督促異議→三九四、三九六

> 1 **一 本条の異議と通常訴訟** 仮執行宣言付支払督促に対する異議は、それ以前の支払督促に対する異議と同様、単に支払督促を排し通常訴訟による審判を求めるのであるから、移行後の通常訴訟では支払督促におけると同一の請求の当否を審判すべきであるが、両手続は一体をなしており、仮執行宣言付支払督促は民訴法三九〇条〔旧四三七条〕のような規定を欠くことから、二六〇条〔旧一九八条〕の適用等の関係上、通常訴訟の判決で仮執行宣言付支払督促の取消し・変更又は認可を宣言すべきである。（最判昭36・6・16民集一五・六・一五八四、民訴百選〔初版〕一〇〇）
>
> 2 **二 期間徒過後の異議申立て** 仮執行宣言付支払督促に対する異議申立てが、本条〔旧四四〇条〕の期間を徒過してなされたにもかかわらず、簡易裁判所がこれを適法として事件記録を地方裁判所に送付した場合に、地方裁判所が、この異議申立てを不適法として形式上の訴訟係属を排除するために、三九四条〔旧四四一条〕の趣旨に則り判決で異議申立てを却下した事例（大阪地判平4・9・11判タ八二八・二六七）

第三九四条（**督促異議の却下**）① 簡易裁判所は、督促異議を不適法であると認めるときは、督促異議に係る請求が地方裁判所の管轄に属する場合においても、決定で、その督促異議を却下しなければならない。

② 前項の決定に対しては、即時抗告をすることができる。

参❶【簡裁と督促手続→三八三【督促異議→三八六②、三九〇・三九三【請求が地裁の管轄に属する場合→裁二四㈠・三三①㈠ ❷【即時抗告→三三二

第三九五条（**督促異議の申立てによる訴訟への移行**） 適法な督促異議の申立てがあったときは、督促異議に係る請求については、その目的の価額に従い、支払督促の申立ての時に、支払督促を発した裁判所書記官の所属する簡易裁判所又はその所在地を管轄する地方裁判所に訴えの提起があったものとみなす。この場合においては、督促手続の費用は、訴訟費用の一部とする。

参+【督促異議→三八六②、三九〇、三九三【不適法な督促異議の却下→三九四【訴額による事物管轄→裁三三①㈠、二四㈠【手形訴訟による旨の申述をすべき時期→三六六【督促手続費用→三九一【訴訟費用の負担の裁判→六七【地裁に訴えが提起されたとみなされる場合の記録の送付→民訴規二三七

第三九六条（**支払督促の効力**） 仮執行の宣言を付した支払督促に対し督促異議の申立てがないとき、又は督促異議の申立てを却下する決定が確定したときは、支払督促は、確定判決と同一の効力を有する。

参+【仮執行宣言付支払督促に対する督促異議→三九三【督促異議の却下→三九四【確定判決の効果→民一六九【仮執行宣言付支払督促による強制執行→民執二二①㈣、二五、三三②㈢、三四③、三五③

第二章　電子情報処理組織による督促手続の特則

第三九七条（**電子情報処理組織による支払督促の申立て**） 電子情報処理組織を用いて督促手続を取り扱う裁判所として最高裁判所規則で定める簡易裁判所（以下この章において「指定簡易裁判所」という。）の裁判所書記官に対しては、第三百八十三条の規定による場合のほか、同条に規定する簡易裁判所が別に最高裁判所規則で定める簡易裁判所である場合にも、最高裁判所規則で定めるところにより、電子情報処理組織を用いて支払督促の申立てをすることができる。

参+【督促手続→三八二―四〇二【支払督促→三八二―四〇二【電子情報処理→一一③、一三二の一〇【簡易裁判所→裁三二―三八

第三九八条① 第百三十二条の十第一項本文の規定により電子情報処理組織を用いてされた支払督促の申立てに係る督促手続に

おける支払督促に対し適法な督促異議の申立てがあったときは、督促異議に係る請求については、その目的の価額に従い、当該支払督促の申立ての時に、第三百八十三条に規定する簡易裁判所で支払督促を発した裁判所書記官の所属するもの若しくは前条の別に最高裁判所規則で定める簡易裁判所又はその所在地を管轄する地方裁判所に訴えの提起があったものとみなす。

② 前項の場合において、同項に規定する簡易裁判所又は地方裁判所が二以上あるときは、督促異議に係る請求については、これらの裁判所中に第三百八十三条第一項に規定する簡易裁判所又はその所在地を管轄する地方裁判所がある場合にはその裁判所に、その裁判所がない場合には同条第二項第一号に定める地を管轄する簡易裁判所又はその所在地を管轄する地方裁判所に訴えの提起があったものとみなす。

③ 前項の規定にかかわらず、債権者が、最高裁判所規則で定めるところにより、第一項に規定する簡易裁判所又は地方裁判所のうち、一の簡易裁判所又は地方裁判所を指定したときは、その裁判所に訴えの提起があったものとみなす。

【督促異議↓三九〇・三九三【地方裁判所↓裁二三―三一【訴えへの移行↓三九五【裁判所の指定↓一〇

（電子情報処理組織による処分の告知）

第三九九条① 第百三十二条の十第一項本文の規定により電子情報処理組織を用いてされた支払督促の申立てに係る督促手続に関する指定簡易裁判所の裁判所書記官の処分の告知のうち、当該処分の告知に関するこの法律その他の法令の規定により書面等をもってするものとされているものについては、当該法令の規定にかかわらず、最高裁判所規則で定めるところにより、電子情報処理組織を用いてすることができる。

② 第百三十二条の十第二項から第四項までの規定は、前項の規定により指定簡易裁判所の裁判所書記官がする処分の告知について準用する。

③ 前項において準用する第百三十二条の十第三項の規定にかかわらず、第一項の規定による処分の告知を受けるべき債権者の同意があるときは、当該処分の告知は、裁判所の使用に係る電子計算機に備えられたファイルに当該処分に係る情報が最高裁判所規則で定めるところにより記録され、かつ、その記録に関する通知が当該債権者に対して発せられた時に、当該債権者に到達したものとみなす。

【指定簡易裁判所↓三九七

（電磁的記録による作成等）

第四〇〇条① 指定簡易裁判所の裁判所書記官は、第百三十二条の十第一項本文の規定により電子情報処理組織を用いてされた支払督促の申立てに係る督促手続に関し、この法律その他の法令の規定により裁判所書記官が書面等の作成等（作成又は保管をいう。以下この条及び次条第一項において同じ。）をすることとされているものについては、当該法令の規定にかかわらず、書面等の作成等に代えて、最高裁判所規則で定めるところにより、当該書面等に係る電磁的記録の作成等をすることができる。

② 第百三十二条の十第二項及び第四項の規定は、前項の規定により指定簡易裁判所の裁判所書記官がする電磁的記録の作成等について準用する。

【指定簡易裁判所↓三九七【裁判所書記官↓裁六〇

（電磁的記録に係る訴訟記録の取扱い）

第四〇一条① 督促手続に係る訴訟記録のうち、第百三十二条の十第一項本文の規定により電子情報処理組織を用いてされた申立て等に係る部分又は前条第一項の規定により電磁的記録の作成等がされた部分（以下この条において「電磁的記録部分」と総称する。）について、第九十一条第一項又は第三項の規定による訴訟記録の閲覧等の請求があったときは、指定簡易裁判所の裁判所書記官は、当該指定簡易裁判所の使用に係る電子計算機に備えられたファイルに記録された電磁的記録部分の内容を書面に出力した上、当該訴訟記録の閲覧等を当該書面をもってするものとする。電磁的記録の作成等に係る書類の送達又は送付も、同様とする。

② 第百三十二条の十第一項本文の規定により電子情報処理組織を用いてされた支払督促の申立てに係る督促手続における支払督促に対し適法な督促異議の申立てがあったときは、第三百九十八条の規定により訴えの提起があったものとみなされる裁判所は、電磁的記録部分の内容を書面に出力した上、当該訴訟記録の閲覧等を当該書面をもってするものとする。

【訴訟記録↓九一・九二【送達↓九八―一一二【指定簡易裁判所↓三九七【督促異議↓三九〇・三九三

（電子情報処理組織による督促手続における所定の方式の書面による支払督促の申立て）

第四〇二条① 電子情報処理組織（裁判所の使用に係る複数の電子計算機を相互に電気通信回線で接続した電子情報処理組織をいう。）を用いて督促手続を取り扱う裁判所として最高裁判所規則で定める簡易裁判所の裁判所書記官に対しては、第三百八十三条の規定による場合のほか、同条に規定する簡易裁判所が別に最高裁判所規則で定める簡易裁判所である場合にも、最高裁判所規則で定める方式に適合する方式により記載された書面をもって支払督促の申立てをすることができる。

② 第三百九十八条の規定は、前項に規定する方式により記載された書面をもってされた支払督促の申立てに係る督促手続における支払督促に対し適法な督促異議の申立てがあったときについて準用する。

【指定簡易裁判所↓三九七

第八編　執行停止

（執行停止の裁判）

第四〇三条① 次に掲げる場合には、裁判所は、申立てにより、決定で、担保を立てさせて、若しくは立てさせないで強制執行の一時の停止を命じ、又はこれとともに、担保を立てて強制執行の開始若しくは続行をすべき旨を命じ、若しくは担保を立てさせて既にした執行処分の取消しを命ずることができる。ただし、強制執行の開始又は続行をすべき旨の命令は、第三号から第六号までに掲げる場合に限り、することができる。

一　第三百二十七条第一項（第三百八十条第二項において準用する場合を含む。次条において同じ。）の上告又は再審の訴えの提起があった場合において、不服の理由として主張した事情が法律上理由があるとみえ、事実上の点につき疎明があり、かつ、執行により償うことができない損害が生ずるおそれがあることにつき疎明があったとき。

二　仮執行の宣言を付した判決に対する上告の提起又は上告受理の申立てがあった場合において、原判決の破棄の原因となるべき事情及び執行により償うことができない損害を生ずるおそれがあることにつき疎明があったとき。

三　仮執行の宣言を付した判決に対する控訴の提起又は仮執行の宣言を付した支払督促に対する督促異議の申立て（次号の控訴の提起及び督促異議の申立てを除く。）があった場合において、原判決若しくは支払督促の取消し若しくは変更の原因となるべき事情がないとはいえないこと又は執行により著しい損害を生ずるおそれがあることにつき疎明があったとき。

四　手形又は小切手による金銭の支払の請求及びこれに附帯する法定利率による損害賠償の請求について、仮執行の宣言を付した判決に対する控訴の提起又は仮執行の宣言を付した支払督促に対する督促異議の申立てがあった場合において、原判決又は支払督促の取消し又は変更の原因となるべき事情につき疎明があったとき。

五　仮執行の宣言を付した手形訴訟若しくは小切手訴訟の判決に対する異議の申立て又は仮執行の宣言を付した少額訴訟の

判決に対する異議の申立てがあった場合において、原判決の取消し又は変更の原因となるべき事情につき疎明があったとき。

六　第百十七条第一項の訴えの提起があった場合において、変更のため主張した事情が法律上理由があるとみえ、かつ、事実上の点につき疎明があったとき。

②　前項に規定する申立てについての裁判に対しては、不服を申し立てることができない。

❶【申立ての方式↓民訴規二三九【担保↓四〇五・七六・七七【強制執行の一時停止↓民執三九①㈦【担保を立てることを条件とする強制執行の開始・続行↓民執三〇②【担保を立てることを条件とする執行処分の取消し↓民執三九①㈥【疎明↓一八八　[一]【特別上告↓三二七①【少額異議判決に対する特別上告↓三八〇②・三二七①【再審の訴え↓三三八－三四〇【不服の理由↓三二七②・三三八①　[二]【仮執行宣言付控訴審判決↓二五九・三一〇・三一三【上告↓三一一【上告受理の申立て↓三一八【原判決の破棄の原因↓三一二・三一八　①　[三]【仮執行宣言付第一審判決↓二五九・二九四【仮執行宣言付支払督促↓三九一【控訴↓二八一【督促異議↓三九三　[四]【仮執行宣言付手形金・小切手金請求第一審判決↓二五九　②【仮執行宣言付手形金・小切手金支払督促↓三八三②㈢・三九一　[五]【仮執行宣言付手形判決・小切手判決↓二五九②・三五七・三六七【仮執行宣言付少額訴訟判決↓三七四－三七六【手形判決・小切手判決に対する異議↓三五七・三六七【少額訴訟判決に対する異議↓三七八　[六]【確定判決の変更を求める訴え↓一一七【変更のために主張した事情↓一一七　❷【不服申立て禁止↓三二八

[1] **一　公開の口頭弁論を経ない申立却下**

憲法八二条にいう裁判とは、当事者の実体的権利義務の存否の終局的確定を目的とする純然たる訴訟事件についての裁判のみを指すが、本条一項二号［旧五一一条一項］に基づく強制執行停止命令の申立てを却下する裁判はこれに該当しないから、公開法廷における口頭弁論を経ないでも憲法に反しない。（最決昭59・2・10判時一一〇九・九一）

[2] **二　仮処分命令に対する上訴と執行停止―本条の準用**

緊急措置を内容とする仮処分につき上訴による執行停止を認めることはその目的に反するから、仮処分命令に対し上訴がなされても本条一項三号［旧五一二条］は原則として準用されないが、仮処分の具体的内容が、権利保全の内容にとどまらず、その終局的満足を得さしめ、又は債務者に回復不能な損害を生ぜしめるおそれがある場合には、実質上終局的執行がなされるに等しいので、例外的に本条一項三号が準用される。（最大決昭25・9・25民集四・九・四三五、保全百選七八……「国鉄は労組各組合員に対し一定の金員を支払え」との仮処分命令につき、本条を準用）

[3] **三　仮執行宣言付判決の執行停止と不法行為**

〈控訴人による仮執行宣言付判決の執行停止の申立ては故意又は過失に基づく違法なものであるとして、不法行為による損害賠償請求がなされた場合に〉仮執行宣言付判決に対する控訴の提起に伴う執行停止においては、控訴人が控訴審で敗訴して当該判決が確定しても、その当事者に過失があったということはできない。仮処分命令を取り消され、又は本案訴訟で敗訴が確定した仮処分債権者につき過失が推定されるのと異なり、控訴の提起に伴う執行停止においては、第一審で当事者双方に争う機会が与えられており、執行停止を申し立てた当事者が控訴審で敗訴した場合に過失があったものと推定するならば、控訴の提起によって紛争解決を求めることを実際上拒否する結果になりかねないからである。（福岡高判平17・5・18判時一九一四・九八）

（原裁判所による裁判）

第四〇四条①　第三百二十七条第一項の上告の提起、仮執行の宣言を付した判決に対する上告の提起若しくは上告受理の申立て又は仮執行の宣言を付した判決に対する控訴の提起があった場合において、訴訟記録が原裁判所に存するときは、その裁判所が、前条第一項に規定する申立てについての裁判をする。

②　前項の規定は、仮執行の宣言を付した支払督促に対する督促異議の申立てがあった場合について準用する。

❶【特別上告↓三二七①・四〇三①㈠【仮執行宣言付判決に対する上告及び上告受理申立て↓二五九・三一一・三一八・四〇三①㈡【仮執行宣言付判決に対する控訴↓二五九・二八一・四〇三①㈢㈣【上訴提起に伴う事件の送付↓民訴規一七四・一八六・一九七・一九九②　❷【仮執行宣言付支払督促に対する督促異議↓三九三・四〇三①㈢㈣

（担保の提供）

第四〇五条①　この編の規定により担保を立てる場合において、供託をするには、担保を立てるべきことを命じた裁判所又は執行裁判所の所在地を管轄する地方裁判所の管轄区域内の供託所にしなければならない。

②　第七十六条、第七十七条、第七十九条及び第八十条の規定は、前項の担保について準用する。

❶【本編の規定により担保を立てる場合↓四〇三・四〇四【供託↓供【執行裁判所↓民執三【供託所↓供一

仮執行停止の担保の取消し

[1] 仮執行宣言付判決に対する上訴に伴い担保を立てさせて強制執行停止がされた後に債務者が破産宣告［破産手続開始決定］を受けた場合には、仮執行が失効して（［旧］破産法七〇条一項本文［現四二条二項］）、債権者は破産手続においてのみ債権を行使することになるが、強制執行停止がなされなくとも仮執行は破産宣告時までに終了していなかったという事情がない限り、担保提供者が破産宣告を受けた一事で直ちに「担保の事由が消滅したこと」（本条二項による民訴法七九条一項の準用）に該当するとはいえない。（最決平13・12・13民集五五・七・一五四六、重判平13民訴五……破産管財人が担保取消しを求めた事案）

[2] [1]と同様の場合に、「執行停止がなされなくとも仮執行は破産宣告［破産手続開始決定］時までに終了していなかったという事情」を立証していない、とされた事例（最決平14・4・26判時一七九〇・一一一）

[3] 〈一審で仮執行宣言付きの敗訴判決を受けた被告が、控訴を提起し、担保を立てて執行停止の決定を得ていた事案において〉控訴棄却判決により仮執行宣言付判決の執行停止の効力が失われた後に、債務者が有効な弁済供託をしたときは、債権者は、なお供託を受諾していないとしても、供託を受諾しさえすれば仮執行をした場合と同じ利益を受けられるのであるから、右執行停止のための担保は、担保の事由が消滅したものとして取り消されるべきである。（大阪地決平22・4・28判時二一〇九・七五）

附　則（抄）

（施行期日）

第一条　この法律（以下「新法」という。）は、公布の日から起算して二年を超えない範囲内において政令で定める日（平成一〇・一・一―平成九政三三二）から施行する。（後略）

（経過措置の原則）

第三条　新法の規定（罰則を除く。）は、この附則に特別の定めがある場合を除き、新法の施行前に生じた事項にも適用する。ただし、前条の規定による改正前の民事訴訟法（中略）の規定により生じた効力を妨げない。

（最高裁判所規則への委任）

第二六条　附則第三条（中略）に規定するもののほか、新法の施行の際現に裁判所に係属している事件の処理に関し必要な事項は、最高裁判所規則で定める。

附　則（令和三・四・二八法二四）（抄）

（施行期日）

第一条　この法律は、公布の日から起算して二年を超えない範囲内において政令で定める日（令和五・四・一―令和三政三二二）から施行する。ただし、次の各号に掲げる規定は、当該各号に定める日から施行する。

一（前略）附則第三十四条の規定　公布の日

二・三（略）

第三四条①（その他の経過措置の政令等への委任）（前略）この法律の施行に関し必要な経過措置は、政令で定める。

②（略）

附　則（令和四・五・二五法四八）（抄）

（施行期日）

第一条　この法律は、公布の日から起算して四年を超えない範囲内において政令で定める日から施行する。ただし、次の各号に掲げる規定は、当該各号に定める日から施行する。

一（前略）附則第百二十五条の規定　公布の日

二　第一条（民事訴訟法の一部改正）の規定（中略）　公布の日から起算して九月を超えない範囲内において政令で定める日

三　第二条中民事訴訟法第八十九条の見出しの改正規定、同条に四項を加える改正規定（同条第二項及び第三項に係る部分に限る。）及び同法第百七十条第三項の改正規定（中略）　公布の日から起算して一年を超えない範囲内において政令で定める日

四　第二条中民事訴訟法第八十七条の次に一条を加える改正規定（中略）並びに附則第四条（中略）の規定（中略）　公布の日から起算して二年を超えない範囲内において政令で定める日

五（略）

（訴訟費用額の確定手続に関する経過措置）

第二条　第二条の規定（前条第三号及び第四号に掲げる改正規定を除く。次条において同じ。）による改正後の民事訴訟法（以下「第二条改正後民事訴訟法」という。）第七十一条第二項（第二条改正後民事訴訟法第七十二条及び第七十三条第二項において準用する場合を含む。）の規定は、訴えに係る事件（人事訴訟（人事訴訟法第二条に規定する人事訴訟をいう。附則第四条において同じ。）及び家庭裁判所における執行関係訴訟（民事執行法第二十四条又は第三十三条から第三十五条まで（第二十四条及び第三十五条を除き、これらの規定を民事保全法第四十六条において準用する場合を含む。）に規定する訴えに係る訴訟であって家庭裁判所の管轄に属するものをいう。附則第四条において同じ。）に係る事件を除く。附則第五条、第十七条、第十八条、第二十条、第二十三条、第二十五条、第二十六条及び第百十一条において同じ。）であってこの法律の施行の日（以下「施行日」という。）以後に提起されるもの（施行日前にされた訴え以外の申立てについて、施行日以後に当該申立てに係る法令の規定により当該申立て時に訴えの提起があったものとみなされるものを除く。以下同じ。）及び施行日以後に開始される民事訴訟に関する事件（訴えに係る事件を除く。）（以下「第二条改正後事件」と総称する。）における訴訟費用の負担の額を定める申立てについて、適用する。

（担保権利者に対する権利を行使すべき旨の催告に関する経過措置）

第三条　施行日前に第二条の規定による改正前の民事訴訟法（以下「第二条改正前民事訴訟法」という。）第七十九条第三項（民事訴訟法第二百五十九条第六項、第三百七十六条第二項若しくは第四百五条第二項又は他の法律において準用する場合を含む。）の規定によりされた裁判所による催告は、施行日以後は、第二条改正後民事訴訟法第七十九条第三項（民事訴訟法第二百五十九条第六項、第三百七十六条第二項若しくは第四百五条第二項又は他の法律において準用する場合を含む。）の規定によりされた裁判所書記官による催告とみなす。

（人事訴訟等に関する手続における映像と音声の送受信による通話の方法による口頭弁論等に関する経過措置）

第四条　第二条の規定（附則第一条第四号に掲げる改正規定に限る。）による改正後の民事訴訟法第八十七条の二の規定は、同号に掲げる規定の施行の日から起算して一年六月を超えない範囲内において政令で定める日までの間は、人事訴訟及び家庭裁判所における執行関係訴訟に関する手続には、適用しない。

（訴訟に関する事項の証明に関する経過措置）

第五条　第二条改正後民事訴訟法第九十一条の三（第二条改正後民事訴訟法第百三十二条の七において準用する場合を含む。）の規定は、第二条改正後事件に関する事項の証明について適用し、訴えに係る事件であって施行日前に提起されたもの（施行日前にされた訴え以外の申立てについて、施行日以後に当該申立てに係る法令の規定により当該申立て時に訴えの提起があったものとみなされるものを含む。以下同じ。）及び施行日前に開始された民事訴訟に関する事件（訴えに係る事件を除く。）（以下「第二条改正前事件」と総称する。）に関する事項の証明については、なお従前の例による。

（期日の呼出しに関する経過措置）

第六条　第二条改正後民事訴訟法第九十四条の規定は、第二条改正後事件における期日の呼出しについて適用し、第二条改正前事件における期日の呼出しについては、なお従前の例による。

（送達報告書に関する経過措置）

第七条　第二条改正後民事訴訟法第百条第二項の規定は、第二条改正後事件における送達報告書の提出について、適用する。

（公示送達の方法に関する経過措置）

第八条　第二条改正後民事訴訟法第一編第五章第四節第四款の規定は、第二条改正後事件における公示送達について適用し、第二条改正前事件における公示送達については、なお従前の例による。

（受継についての裁判に関する経過措置）

第九条　第二条改正後民事訴訟法第百二十八条第二項の規定は、第二条改正後事件における訴訟手続の受継についての裁判について適用し、第二条改正前事件における訴訟手続の受継についての裁判については、なお従前の例による。

（訴えの提起前における証拠収集の処分の手続に関する経過措置）

第一〇条　第二条改正後民事訴訟法第百三十二条の六第三項の規定は、施行日以後に申し立てられる訴えの提起前における証拠収集の処分の手続について、適用する。

（電子情報処理組織による申立て等に関する経過措置）

第一一条　第二条改正後民事訴訟法第一編第七章の規定は、第二条改正後事件における第二条改正後民事訴訟法第百三十二条の十第一項に規定する申立て等について適用し、第二条改正前事件における第二条改正前民事訴訟法第百三十二条の十第一項に規定する申立て等については、同条の規定は、施行日以後も、なおその効力を有する。

（訴えの提起の手数料の納付等がない場合に関する経過措置）

第一二条　第二条改正後民事訴訟法第百三十七条の二（第二条改正後民事訴訟法第二百八十八条（第二条改正後民事訴訟法第三百十三条（第二条改正後民事訴訟法第三百三十一条において準用する場合を含む。）及び第三百三十一条において準用する場合を含む。）及び他の法律において準用する場合を含む。）の規定は、訴えに係る事件であって施行日以後に提起されるもの及び施行日以後に開始される裁判手続に関する事件（訴えに係る事件を除く。）における民事訴訟費用等に関する法律に規定する手数料に係る納付命令並びに当該納付命令に違反したことを理由とする訴状、控訴状、上告状、抗告状その他申立書の却下について適用し、訴えに係る事件であって施行日前に提起されたもの及び施行日前に開始された裁判手続に関する事件（訴えに係る事件を除く。）における民事訴訟費用等に関する法律に規定する手数料に係る納付命令並びに当該納付命令に違反したことを理由とする訴状、控訴状、上告状、抗告状その他申立書の却下については、なお従前の例による。

（釈明処分による電磁的記録の提出に関する経過措置）

第一三条　第二条改正前事件における釈明処分による電磁的記録

の提出については、第二条改正後民事訴訟法第百五十一条第二項中「方法又は最高裁判所規則で定める電子情報処理組織を使用する方法」とあるのは「方法」として、同項の規定を適用する。

（口頭弁論調書に関する経過措置）

第一四条① 第二条改正後民事訴訟法第百六十条の規定は、第二条改正後事件における口頭弁論調書の作成、記録及び口頭弁論の方式に関する規定の遵守に係る証明について適用し、第二条改正前事件における口頭弁論調書の作成、記載及び口頭弁論の方式に関する規定の遵守に係る証明については、なお従前の例による。

② 第二条改正前事件における口頭弁論調書の更正については、第二条改正後民事訴訟法第百六十条の二第一項中「前条第二項の規定によりファイルに記録された電子調書の内容」とあるのは「調書の記載」と、同条第二項中「その旨をファイルに記録して」とあるのは「調書を作成して」として、同条の規定を適用する。

（尋問に代わる書面の提出等に関する経過措置）

第一五条 第二条改正後民事訴訟法第二百五条第二項（第二条改正後民事訴訟法第二百七十八条第二項において準用する場合を含む。）及び第二百十五条第二項（第二条改正後民事訴訟法第二百十八条第一項及び第二百七十八条第二項において準用する場合を含む。）の規定は、第二条改正後事件における証人若しくは当事者本人の尋問に代わる書面及び鑑定人の意見の陳述に代わる書面の提出又は鑑定人の書面による意見の陳述に代わる意見の陳述の方式若しくは鑑定の嘱託を受けた者による鑑定書の提出について、適用する。

（電磁的記録に記録された情報の内容に係る証拠調べに関する経過措置）

第一六条 第二条改正前事件における電磁的記録に記録された情報の内容に係る証拠調べについては、第二条改正後民事訴訟法第二百三十一条の二第二項中「方法又は最高裁判所規則で定める電子情報処理組織を使用する方法」とあるのは「方法」と、第二条改正後民事訴訟法第二百三十一条の三第二項中「若しくは送付し、又は最高裁判所規則で定める電子情報処理組織を使用する」とあるのは「又は送付する」として、第二条改正後民事訴訟法第二百三十一条の二及び第二百三十一条の三の規定を適用する。

（判決の言渡しの方式等に関する経過措置）

第一七条① 第二条改正後民事訴訟法第二百五十二条から第二百五十五条まで、第二百五十六条第三項及び第二百八十条の規定は、訴えに係る事件であって施行日以後に提起されるものにおける判決の言渡しの方式、電子判決書への記録事項、電子判決書に基づかない判決の言渡し、電子判決書及び電子判決書の作成に代わる電子調書の送達、変更の判決に係る言渡期日の呼出し並びに簡易裁判所の事件に係る電子判決書への記録事項について適用し、訴えに係る事件であって施行日前に提起されたものにおける判決の言渡しの方式、判決書の記載事項、判決書の原本に基づかない判決の言渡し、判決書及び判決書の作成に代えて記載される調書の送達、変更の判決に係る言渡期日の呼出し並びに簡易裁判所の事件に係る判決書の記載事項については、なお従前の例による。

② 第二条改正後民事訴訟法第百二十二条において準用する第二条改正後民事訴訟法第二百五十二条及び第二百五十三条の規定は、第二条改正後事件における電子決定書（第二条改正後民事訴訟法第百二十二条において準用する第二百五十二条第一項の規定により作成される電磁的記録をいう。）の作成について適用し、第二条改正前事件における決定書の作成については、なお従前の例による。

（訴え又は控訴の取下げが口頭でされたときに関する経過措置）

第一八条 第二条改正後民事訴訟法第二百六十一条第四項（第二条改正後民事訴訟法第二百九十二条第二項において準用する場合を含む。）及び第五項の規定は、訴えに係る事件であって施行日以後に提起されるものにおける訴えの取下げ又は控訴の取下げが口頭でされた場合における期日の電子調書の記録及びその送達について適用し、訴えに係る事件であって施行日前に提起されたものにおける訴えの取下げ又は控訴の取下げが口頭でされた場合における期日の調書の記載及びその送達については、なお従前の例による。

（和解調書等の効力に関する経過措置）

第一九条① 第二条改正後民事訴訟法第二百六十七条第一項の規定は、第二条改正後事件における和解又は請求の放棄若しくは認諾に係る電子調書の効力について適用し、第二条改正前事件における和解又は請求の放棄若しくは認諾に係る調書の効力については、なお従前の例による。

② 第二条改正後民事訴訟法第二百六十七条第二項の規定は、第二条改正後事件における和解又は請求の放棄若しくは認諾を記録した電子調書の送達について、適用する。

③ 第二条改正前事件における和解又は請求の放棄若しくは認諾に係る調書の更正については、第二条改正後民事訴訟法第二百六十七条の二第一項中「前条第一項の規定によりファイルに記録された電子調書」とあるのは、「和解又は請求の放棄若しくは認諾を記載した調書」として、同項の規定を適用する。

（控訴期間等に関する経過措置）

第二〇条 第二条改正後民事訴訟法第二百八十五条（第二条改正後民事訴訟法第三百十三条において準用する場合を含む。）の規定は、訴えに係る事件であって施行日以後に提起されるものにおける判決に対する控訴期間又は上告期間について適用し、訴えに係る事件であって施行日前に提起されたものにおける判決に対する控訴期間又は上告期間については、なお従前の例による。

（手形訴訟及び小切手訴訟における口頭弁論を経ない却下又は異議の申立てに関する経過措置）

第二一条 第二条改正後民事訴訟法第三百五十五条第二項及び第三百五十七条（これらの規定を第二条改正後民事訴訟法第三百六十七条第二項において準用する場合を含む。）の規定は、施行日以後に提起される手形訴訟及び小切手訴訟における口頭弁論を経ない訴えの却下及び終局判決に対する異議申立てについて適用し、施行日前に提起された手形訴訟及び小切手訴訟における口頭弁論を経ない訴えの却下及び終局判決に対する異議申立てについては、なお従前の例による。

（少額訴訟の判決の言渡し等に関する経過措置）

第二二条 第二条改正後民事訴訟法第三百七十四条第二項及び第三百七十八条第一項の規定は、施行日以後に提起される少額訴訟の判決の言渡し及び終局判決に対する異議申立てについて適用し、施行日前に提起された少額訴訟の判決の言渡し及び終局判決に対する異議申立てについては、なお従前の例による。

（法定審理期間訴訟手続に関する経過措置）

第二三条 第二条改正後民事訴訟法第七編の規定は、訴えに係る事件であって施行日以後に提起されるものについて、適用する。

（督促手続に関する経過措置）

第二四条① 第二条改正後民事訴訟法第三百八十七条、第三百八十八条、第三百九十一条及び第三百九十三条の規定は、施行日以後に申し立てられる支払督促に係る記録事項、送達、仮執行の宣言及び仮執行の宣言後の督促異議について適用し、施行日前に申し立てられた支払督促に係る記載事項、送達、仮執行の宣言及び仮執行の宣言後の督促異議については、なお従前の例による。

② 施行日前に第二条改正前民事訴訟法第百三十二条の十第一項本文の規定により電子情報処理組織を用いてされた支払督促の申立てに係る督促手続については、第二条改正前民事訴訟法第三百九十七条から第四百一条までの規定は、施行日以後も、なおその効力を有する。

（政令への委任）

第一二五条　この附則に定めるもののほか、この法律の施行に関し必要な経過措置は、政令で定める。

（**検討**）

第一二六条　政府は、この法律の施行後五年を経過した場合において、この法律による改正後の民事訴訟法その他の法律の規定の施行の状況について検討を加え、必要があると認めるときは、その結果に基づいて所要の措置を講ずるものとする。

民事訴訟法（令和四法四八による改正後の条文）

注　民事訴訟法等の一部を改正する法律（令和四法四八）第二条による本法の改正規定のうち一部の規定は、令和八・五・二四までに施行される。改正後の規定を次に掲げる。ただし、改正のない条文は除いた。

第一編　総則

第三章　当事者

第一節　当事者能力及び訴訟能力

第三二条（被保佐人、被補助人及び法定代理人の訴訟行為の特則）①（略）

②（柱書略）

一・二（略）

三　第三百六十条（第三百六十七条第二項、第三百七十八条第二項及び第三百八十一条の七第二項において準用する場合を含む。）の規定による異議の取下げ又はその取下げについての同意

第三節　訴訟参加

第四五条（補助参加人の訴訟行為等）①―④（略）

⑤　次に掲げる請求に関する規定の適用については、補助参加人（当事者が前条第一項の異議を述べた場合において補助参加を許す裁判が確定したもの及び当事者が同条第二項の規定により異議を述べることができなくなったものに限る。）を当事者とみなす。

一　非電磁的訴訟記録（第九十一条第一項に規定する非電磁的訴訟記録をいう。）の閲覧若しくは謄写、その正本、謄本若しくは抄本の交付又はその複製（第九十二条第一項において「非電磁的訴訟記録の閲覧等」という。）の請求

二　電磁的訴訟記録（第九十一条の二第一項に規定する電磁的訴訟記録をいう。）の閲覧若しくは複写又はその内容の全部若しくは一部を証明した書面の交付若しくはその内容の全部若しくは一部を証明した電磁的記録の提供（第九十二条第一項において「電磁的訴訟記録の閲覧等」という。）の請求

三　第九十一条の三に規定する訴訟に関する事項を証明した書面の交付又は当該事項を証明した電磁的記録の提供の請求

（改正により追加）

第四節　訴訟代理人及び補佐人

第五五条（訴訟代理権の範囲）①（略）

②（柱書略）

一―三（略）

四　第三百六十条（第三百六十七条第二項、第三百七十八条第二項及び第三百八十一条の七第二項において準用する場合を含む。）の規定による異議の取下げ又はその取下げについての同意

五（略）

③④（略）

第四章　訴訟費用

第一節　訴訟費用の負担

第七一条（訴訟費用額の確定手続）①（略）

②　前項の申立ては、訴訟費用の負担の裁判が確定した日から十年以内にしなければならない。（改正により追加）

③　第一項の場合において、当事者双方が訴訟費用を負担するときは、最高裁判所規則で定める場合を除き、各当事者の負担すべき費用は、その対当額について相殺があったものとみなす。

（改正前の②）

④―⑦（略　改正前の③―⑥）

⑧　第五項の異議の申立てについての決定に対しては、即時抗告をすることができる。（改正前の⑦）

第七二条（和解の場合の費用額の確定手続）　当事者が裁判所において和解をした場合において、和解の費用又は訴訟費用の負担を定め、その額を定めなかったときは、その額は、申立てにより、第一審裁判所（第二百七十五条の和解にあっては、和解が成立した裁判所）の裁判所書記官が定める。この場合においては、前条第二項から第八項までの規定を準用する。

第七三条（訴訟が裁判及び和解によらないで完結した場合等の取扱い）①（略）

②　第六十一条から第六十六条まで及び第七十一条第八項の規定は前項の申立てについての決定について、同条第二項の規定は前項の申立てに関する裁判所書記官の処分について、同条第三項及び第四項の規定は前項の申立てについて、同条第五項から第八項までの規定はその処分に対する異議の申立てについて、それぞれ準用する。この場合において、同条第二項中「訴訟費用の負担の裁判が確定した」とあるのは、「訴訟が完結した」と読み替えるものとする。

第七四条（費用額の確定処分の更正）①（略）

②　第七十一条第四項から第六項まで及び第八項の規定は、前項の規定による更正の処分及びこれに対する異議の申立てについて準用する。

③（略）

第二節　訴訟費用の担保

第七九条（担保の取消し）①②（略）

③　訴訟の完結後、裁判所書記官が、担保を立てた者の申立てにより、担保権利者に対し、一定の期間内にその権利を行使すべき旨を催告し、担保権利者がその行使をしないときは、担保の取消しについて担保権利者の同意があったものとみなす。

④（略）

第五章　訴訟手続

第一節　訴訟の審理等

第八九条（和解の試み等）①―③（略）

④　第百四十八条、第百五十条、第百五十四条及び第百五十五条の規定は、和解の手続について準用する。（改正により追加）

⑤　受命裁判官又は受託裁判官が和解の試みを行う場合には、第二項の規定並びに前項において準用する第百四十八条、第百五十四条及び第百五十五条の規定による裁判所及び裁判長の職務は、その裁判官が行う。（改正により追加）

第九一条（非電磁的訴訟記録の閲覧等）①　何人も、裁判所書記官に対し、非電磁的訴訟記録（訴訟記録中次条第一項に規定する電磁的訴訟記録を除いた部分をいう。以下この条において同じ。）の閲覧を請求することができる。

②　公開を禁止した口頭弁論に係る非電磁的訴訟記録については、当事者及び利害関係を疎明した第三者に限り、前項の規定による請求をすることができる。非電磁的訴訟記録中第二百六十四条の和解条項案に係る部分、第二百六十五条第一項の規定による和解条項の定めに係る部分及び第二百六十七条第一項に規定する和解（口頭弁論の期日において成立したものを除く。）に係る部分についても、同様とする。

③　当事者及び利害関係を疎明した第三者は、裁判所書記官に対し、非電磁的訴訟記録の謄写又はその正本、謄本若しくは抄本の交付を請求することができる。

④前項の規定は、非電磁的訴訟記録中の録音テープ又はビデオテープ（これらに準ずる方法により一定の事項を記録した物を含む。）に関しては、適用しない。この場合において、これらの物について当事者又は利害関係を疎明した第三者の請求があるときは、裁判所書記官は、その複製を許さなければならない。

⑤非電磁的訴訟記録の閲覧、謄写及び複製の請求は、非電磁的訴訟記録の保存又は裁判所の執務に支障があるときは、することができない。

（電磁的訴訟記録の閲覧等）

第九一条の二① 何人も、裁判所書記官に対し、最高裁判所規則で定めるところにより、電磁的訴訟記録（訴訟記録中この法律その他の法令の規定により裁判所の使用に係る電子計算機（入出力装置を含む。以下同じ。）に備えられたファイル（次項及び第三項、次条並びに第百九条の三第一項第二号を除き、以下単に「ファイル」という。）に記録された事項（第百三十二条の七及び第百三十三条の二第五項において「ファイル記録事項」という。）に係る部分をいう。以下同じ。）の内容を最高裁判所規則で定める方法により表示したものの閲覧を請求することができる。

②当事者及び利害関係を疎明した第三者は、裁判所書記官に対し、電磁的訴訟記録に記録されている事項について、最高裁判所規則で定めるところにより、最高裁判所規則で定める電子情報処理組織（裁判所の使用に係る電子計算機と手続の相手方の使用に係る電子計算機とを電気通信回線で接続した電子情報処理組織をいう。以下同じ。）を使用してその者の使用に係る電子計算機に備えられたファイルに記録する方法その他の最高裁判所規則で定める方法による複写を請求することができる。

③当事者及び利害関係を疎明した第三者は、裁判所書記官に対し、最高裁判所規則で定めるところにより、電磁的訴訟記録に記録されている事項の全部若しくは一部を記載した書面であって裁判所書記官が最高裁判所規則で定める方法により当該書面の内容が電磁的訴訟記録に記録されている事項と同一であることを証明したものを交付し、又は当該事項の全部若しくは一部を記録した電磁的記録であって裁判所書記官が最高裁判所規則で定める方法により当該電磁的記録の内容が電磁的訴訟記録に記録されている事項と同一であることを証明したものを最高裁判所規則で定める電子情報処理組織を使用してその者の使用に係る電子計算機に備えられたファイルに記録する方法その他の最高裁判所規則で定める方法により提供することを請求することができる。

④前条第二項及び第五項の規定は、第一項及び第二項の規定による電磁的訴訟記録に係る閲覧及び複写の請求について準用する。

（改正により追加）

（訴訟に関する事項の証明）

第九一条の三 当事者及び利害関係を疎明した第三者は、裁判所書記官に対し、最高裁判所規則で定めるところにより、訴訟に関する事項を記載した書面であって裁判所書記官が最高裁判所規則で定める方法により当該事項を証明したものを交付し、又は当該事項を記録した電磁的記録であって裁判所書記官が最高裁判所規則で定める方法により当該事項を証明したものを最高裁判所規則で定める電子情報処理組織を使用してその者の使用に係る電子計算機に備えられたファイルに記録する方法その他の最高裁判所規則で定める方法により提供することを請求することができる。（改正により追加）

（秘密保護のための閲覧等の制限）

第九二条① 次に掲げる事由につき疎明があった場合には、裁判所は、当該当事者の申立てにより、決定で、当該訴訟記録中当該秘密が記載され、又は記録された部分に係る訴訟記録の閲覧等（非電磁的訴訟記録の閲覧等又は電磁的訴訟記録の閲覧等をいう。第百三十三条第三項において同じ。）（以下この条において「秘密記載部分の閲覧等」という。）の請求をすることができる者を当事者に限ることができる。

一（略）

二 訴訟記録中に当事者が保有する営業秘密（不正競争防止法第二条第六項に規定する営業秘密をいう。以下同じ。）が記載され、又は記録されていること。

②―⑧（略）

⑨裁判所は、第一項の申立て（同項第二号に掲げる事由があることを理由とするものに限る。次項において同じ。）があった場合において、当該申立てに係る営業秘密がその訴訟の追行の目的以外の目的で使用され、又は当該営業秘密が開示されることにより、当該営業秘密に基づく当事者の事業活動に支障を生ずるおそれがあり、これを防止するため特に必要があると認めるときは、電磁的訴訟記録中当該営業秘密が記録された部分につき、その内容を書面に出力し、又はこれを他の記録媒体に記録するとともに、当該部分を電磁的訴訟記録から消去する措置その他の当該営業秘密の安全管理のために必要かつ適切なものとして最高裁判所規則で定める措置を講ずることができる。（改正により追加）

⑩前項の規定による電磁的訴訟記録から消去する措置が講じられた場合において、その後に第一項の申立てを却下する裁判が確定したとき、又は当該申立てに係る決定を取り消す裁判が確定したときは、裁判所書記官は、当該営業秘密が記載され、又は記録された部分をファイルに記録しなければならない。（改正により追加）

第二節 専門委員等

第一款 専門委員

（専門委員の関与）

第九二条の二①（略）

②専門委員は、前項の規定による書面による説明に代えて、最高裁判所規則で定めるところにより、当該書面に記載すべき事項を最高裁判所規則で定める電子情報処理組織を使用してファイルに記録する方法又は当該書面に記載すべき事項に係る電磁的記録を記録した記録媒体を提出する方法により説明を行うことができる。（改正により追加）

③④（略、改正前の②③）

（音声の送受信による通話の方法による専門委員の関与）

第九二条の三 裁判所は、前条第一項、第三項及び第四項の規定により専門委員を手続に関与させる場合において、相当と認めるときは、当事者の意見を聴いて、同条第一項、第三項及び第四項の期日において、最高裁判所規則で定めるところにより、裁判所及び当事者双方が専門委員との間で音声の送受信により同時に通話をすることができる方法によって、専門委員に同条第一項、第三項及び第四項の説明又は発問をさせることができる。

（受命裁判官等の権限）

第九二条の七 受命裁判官又は受託裁判官が第九十二条の二第一項、第三項及び第四項の手続を行う場合には、同条から第九十二条の四まで及び第九十二条の五第二項の規定による裁判所及び裁判長の職務は、その裁判官が行う。ただし、第九十二条の二第三項の手続を行う場合には、専門委員を手続に関与させる決定、その決定の取消し及び専門委員の指定は、受訴裁判所がする。

第二款 知的財産に関する事件における裁判所調査官の事務等

（知的財産に関する事件における裁判所調査官の事務）

第九二条の八（柱書略）

一（柱書略）

イ・ロ（略）

ハ 文書若しくは電磁的記録の提出義務又は検証の目的の提示義務の有無を判断するための手続

ニ（略）

二―四（略）

第三節　期日及び期間

（期日の指定及び変更）

第九三条① 期日の指定及び変更は、申立てにより又は職権で、裁判長が行う。

②―④ （略）

（期日の呼出し）

第九四条① 期日の呼出しは、次の各号のいずれかに掲げる方法その他相当と認める方法によってする。

一　ファイルに記録された電子呼出状（裁判所書記官が、最高裁判所規則で定めるところにより、裁判長が指定した期日に出頭すべき旨を告知するために出頭すべき者において出頭すべき日時及び場所を記録して作成した電磁的記録をいう。次項及び第二百五十六条第三項において同じ。）を出頭すべき者に対して送達する方法（改正により追加）

二　当該事件について出頭した者に対して期日の告知をする方法（改正により追加）

② 裁判所書記官は、電子呼出状を作成したときは、最高裁判所規則で定めるところにより、これをファイルに記録しなければならない。（改正により追加）

③ 第一項各号に規定する方法以外の方法による期日の呼出しをしたときは、期日に出頭しない当事者、証人又は鑑定人に対し、法律上の制裁その他期日の不遵守による不利益を帰することができない。ただし、これらの者が期日の呼出しを受けた旨を記載した書面を提出したときは、この限りでない。（改正前の②）

（訴訟行為の追完）

第九七条① 当事者が裁判所の使用に係る電子計算機の故障その他その責めに帰することができない事由により不変期間を遵守することができなかった場合には、その事由が消滅した後一週間以内に限り、不変期間内にすべき訴訟行為の追完をすることができる。ただし、外国に在る当事者については、この期間は、二月とする。

② （略）

第四節　送達

第一款　総則（改正により款名追加）

（訴訟無能力者等に対する送達）

第九九条① 訴訟無能力者に対する送達は、その法定代理人にする。

② 数人が共同して代理権を行うべき場合には、送達は、その一人にすれば足りる。

③ 刑事施設に収容されている者に対する送達は、刑事施設の長にする。

（送達報告書）

第一〇〇条① 送達をした者は、書面を作成し、送達に関する事項を記載して、これを裁判所に提出しなければならない。

② 前項の場合において、送達をした者は、同項の規定による書面の提出に代えて、最高裁判所規則で定めるところにより、当該書面に記載すべき事項を最高裁判所規則で定める電子情報処理組織を使用してファイルに記録し、又は当該書面に記載すべき事項に係る電磁的記録を記録した記録媒体を提出することができる。この場合において、当該送達をした者は、同項の書面を提出したものとみなす。

第二款　書類の送達（改正により款名追加）

（送達実施機関）

第一〇一条① 書類の送達は、特別の定めがある場合を除き、郵便又は執行官によってする。

② 郵便による送達にあっては、郵便の業務に従事する者を送達をする者とする。

（裁判所書記官による送達）

第一〇二条 裁判所書記官は、その所属する裁判所の事件について出頭した者に対しては、自ら書類の送達をすることができる。

（交付送達の原則）

第一〇二条の二 書類の送達は、特別の定めがある場合を除き、送達を受けるべき者に送達すべき書類を交付してする。（改正により追加）

（送達場所）

第一〇三条① 書類の送達は、送達を受けるべき者の住所、居所、営業所又は事務所（以下この款において「住所等」という。）においてする。ただし、法定代理人に対する書類の送達は、本人の営業所又は事務所においてもすることができる。

② 前項に定める場所が知れないとき、又はその場所において送達をするのに支障があるときは、書類の送達は、送達を受けるべき者が雇用、委任その他の法律上の行為に基づき就業する他人の住所等（以下「就業場所」という。）においてすることができる。送達を受けるべき者（次条第一項に規定する者を除く。）が就業場所において書類の送達を受ける旨の申述をしたときも、同様とする。

（送達場所等の届出）

第一〇四条① 当事者、法定代理人又は訴訟代理人は、書類の送達を受けるべき場所（日本国内に限る。）を受訴裁判所に届け出なければならない。この場合においては、送達受取人をも届け出ることができる。

② 前項前段の規定による届出があった場合には、書類の送達は、前条の規定にかかわらず、その届出に係る場所においてする。

③ 第一項前段の規定による届出をしない者で次の各号に掲げる送達を受けたものに対するその後の書類の送達は、前条の規定にかかわらず、それぞれ当該各号に定める場所においてする。

一・二 （略）

三　第百七条第一項第一号の規定による送達　その送達において宛先とした場所

（出会送達）

第一〇五条 前二条の規定にかかわらず、送達を受けるべき者で日本国内に住所等を有することが明らかでないもの（前条第一項前段の規定による届出をした者を除く。）に対する書類の送達は、その者に出会った場所においてすることができる。日本国内に住所等を有することが明らかな者又は同項前段の規定による届出をした者が書類の送達を受けることを拒まないときも、同様とする。

（補充送達及び差置送達）

第一〇六条① 就業場所以外の書類の送達をすべき場所において送達を受けるべき者に出会わないときは、使用人その他の従業者又は同居者であって、書類の受領について相当のわきまえのあるものに書類を交付することができる。郵便の業務に従事する者が日本郵便株式会社の営業所において書類を交付すべきときも、同様とする。

② （略）

③ 送達を受けるべき者又は第一項前段の規定により書類の交付を受けるべき者が正当な理由なくこれを受けることを拒んだときは、書類の送達をすべき場所に書類を差し置くことができる。

（書留郵便等に付する送達）

第一〇七条① 前条の規定により送達をすることができない場合（第百九条の二の規定により送達をすることができる場合を除く。）には、裁判所書記官は、次の各号に掲げる区分に応じ、それぞれ当該各号に定める場所に宛てて、書類を書留郵便又は民間事業者による信書の送達に関する法律（平成十四年法律第九十九号）第二条第六項に規定する一般信書便事業者若しくは同条第九項に規定する特定信書便事業者の提供する同条第二項に規定する信書便の役務のうち書留郵便に準ずるものとして最高裁判所規則で定めるもの（次項及び第三項において「書留郵便等」という。）に付して発送することができる。

一―三　（略）

②　前項第二号又は第三号の規定により書類を書留郵便等に付して発送した場合には、その後に送達すべき書類は、同項第二号又は第三号に定める場所に宛てて、書留郵便等に付して発送することができる。

③　（略）

（外国における送達）

第一〇八条　外国においてすべき書類の送達は、裁判長がその国の管轄官庁又はその国に駐在する日本の大使、公使若しくは領事に嘱託してする。

第三款　電磁的記録の送達（改正により款名追加）

（電磁的記録に記録された事項を出力した書面による送達）

第一〇九条　電磁的記録の送達は、特別の定めがある場合を除き、前款の定めるところにより、この法律その他の法令の規定によりファイルに記録された送達すべき電磁的記録（以下この節において単に「送達すべき電磁的記録」という。）に記録されている事項を出力することにより作成した書面によってする。

（電子情報処理組織による送達）

第一〇九条の二①　電磁的記録の送達は、前条の規定にかかわらず、最高裁判所規則で定めるところにより、送達すべき電磁的記録に記録されている事項につき次条第一項第一号の閲覧又は同項第二号の記録をすることができる措置をとるとともに、送達を受けるべき者に対し、最高裁判所規則で定める電子情報処理組織を使用して当該措置がとられた旨の通知を発する方法によりすることができる。ただし、当該送達を受けるべき者が当該方法により送達を受ける旨の最高裁判所規則で定める方式による届出をしている場合に限る。

②　前項ただし書の届出をする場合には、最高裁判所規則で定めるところにより、同項本文の通知を受ける連絡先を受訴裁判所に届け出なければならない。この場合においては、送達受取人をも届け出ることができる。

③　第一項本文の通知は、前項の規定により届け出られた連絡先に宛てて発するものとする。

（改正により追加）

（電子情報処理組織による送達の効力発生の時期）

第一〇九条の三①　前条第一項の規定による送達は、次に掲げる時のいずれか早い時に、その効力を生ずる。

一　送達を受けるべき者が送達すべき電磁的記録に記録されている事項を最高裁判所規則で定める方法により表示をしたものの閲覧をした時

二　送達を受けるべき者が送達すべき電磁的記録に記録されている事項についてその使用に係る電子計算機に備えられたファイルへの記録をした時

三　前条第一項本文の通知が発せられた日から一週間を経過した時

②　送達を受けるべき者がその責めに帰することができない事由によって前項第一号の閲覧又は同項第二号の記録をすることができない期間は、同項第三号の期間に算入しない。

（改正により追加）

（電子情報処理組織による送達を受ける旨の届出をしなければならない者に関する特例）

第一〇九条の四①　第百九条の二第一項ただし書の規定にかかわらず、第百三十二条の十一第一項各号に掲げる者に対する第百九条の二第一項の規定による送達は、その者が同項ただし書の届出をしていない場合であってもすることができる。この場合においては、同項本文の通知を発することを要しない。

②　前項の規定により送達をする場合における前条の規定の適用については、同条第一項第三号中「通知が発せられた」とあるのは、「措置がとられた」とする。

（改正により追加）

第四款　公示送達（改正により款名追加）

（公示送達の要件）

第一一〇条①（柱書略）

一　当事者の住所、居所その他送達をすべき場所が知れない場合（第百九条の二の規定により送達をすることができる場合を除く。）

二　（略）

三　外国においてすべき書類の送達について、第百八条の規定によることができず、又はこれによっても送達をすることができないと認めるべき場合

四　（略）

②③　（略）

（公示送達の方法）

第一一一条　公示送達は、次の各号に掲げる区分に応じ、それぞれ当該各号に定める事項を最高裁判所規則で定める方法により不特定多数の者が閲覧することができる状態に置く措置をとるとともに、当該事項が記載された書面を裁判所の掲示場に掲示し、又は当該事項を裁判所に設置した電子計算機の映像面に表示したものの閲覧をすることができる状態に置く措置をとることによってする。

一　書類の公示送達　裁判所書記官が送達すべき書類を保管し、いつでも送達を受けるべき者に交付すべきこと。

二　電磁的記録の公示送達　裁判所書記官が、送達すべき電磁的記録に記録された事項につき、いつでも送達を受けるべき者に第百九条の書面を交付し、又は第百九条の二第一項本文の規定による措置をとるとともに、同項本文の通知を発すべきこと。

（公示送達の効力発生の時期）

第一一二条①　公示送達は、前条の規定による措置を開始した日から二週間を経過することによって、その効力を生ずる。ただし、第百十条第三項の公示送達は、前条の規定による措置を開始した日の翌日にその効力を生ずる。

②③　（略）

（公示送達による意思表示の到達）

第一一三条　訴訟の当事者が相手方の所在を知ることができない場合において、相手方に対する公示送達がされた書類又は電磁的記録に、その相手方に対しその訴訟の目的である請求又は防御の方法に関する意思表示をする旨の記載又は記録があるときは、その意思表示は、第百十一条の規定による措置を開始した日から二週間を経過した時に、相手方に到達したものとみなす。この場合においては、民法第九十八条第三項ただし書の規定を準用する。

第五節　裁判

（判決の確定時期）

第一一六条①　判決は、控訴若しくは上告（第三百二十七条第一項（第三百八十条第二項において準用する場合を含む。）の上告を除く。）の提起、第三百十八条第一項の申立て又は第三百五十七条（第三百六十七条第二項において準用する場合を含む。）、第三百七十八条第一項若しくは第三百八十一条の七第一項の規定による異議の申立てについて定めた期間の満了前には、確定しないものとする。

②　（略）

第六節　訴訟手続の中断及び中止

（受継についての裁判）

第一二八条①　（略）

②　第二百五十五条（第三百七十四条第二項において準用する場合を含む。以下この項において同じ。）の規定による第二百五十五条第一項に規定する電子判決書又は電子調書の送達後に中断した訴訟手続の受継の申立てがあった場合には、その判決をした裁判所は、その申立てについて裁判をしなければならない。

第六章　訴えの提起前における証拠収集の処分等

（訴えの提起前における照会）

第一三二条の二① 訴えを提起しようとする者が訴えの被告となるべき者に対し訴えの提起を予告する通知（以下この章において「予告通知」という。）を書面でした場合には、その予告通知をした者（以下この章において「予告通知者」という。）は、その予告通知を受けた者（以下この章において「被予告通知者」という。）に対し、その予告通知をした日から四月以内に限り、訴えの提起前に、訴えを提起した場合の主張又は立証を準備するために必要であることが明らかな事項について、相当の期間を定めて、書面により、又は被予告通知者の選択により書面若しくは電磁的方法（電子情報処理組織を使用する方法その他の情報通信の技術を利用する方法であって最高裁判所規則で定めるものをいう。以下同じ。）のいずれかにより回答するよう、書面により照会をすることができる。ただし、その照会が次の各号のいずれかに該当するときは、この限りでない。

一 第百六十三条第一項各号のいずれかに該当する照会

二・三 （略）

②③ （略）

④ 予告通知をする者は、第一項の規定による書面による予告通知に代えて、当該予告通知を受ける者の承諾を得て、電磁的方法により予告通知をすることができる。この場合において、当該予告通知をする者は、同項の規定による書面による予告通知をしたものとみなす。（改正により追加）

⑤ 予告通知者は、第一項の規定による書面による照会に代えて、被予告通知者の承諾を得て、電磁的方法により照会をすることができる。（改正により追加）

⑥ 被予告通知者（第一項の規定により書面又は電磁的方法のいずれかにより回答するよう照会を受けたものを除く。）は、同項の規定による書面による回答に代えて、予告通知者の承諾を得て、電磁的方法により回答をすることができる。この場合において、被予告通知者は、同項の規定による書面による回答をしたものとみなす。（改正により追加）

⑦ （略、改正前の④）

第一三二条の三① 被予告通知者は、予告通知者に対し、当該予告通知の書面に記載された前条第三項の請求の要旨及び紛争の要点に対する答弁の要旨を記載した書面でその予告通知に対する返答をしたときは、予告通知者に対し、その予告通知がされた日から四月以内に限り、訴えの提起前に、訴えを提起された場合の主張又は立証を準備するために必要であることが明らかな事項について、相当の期間を定めて、書面により、又は予告通知者の選択により書面若しくは電磁的方法のいずれかにより回答するよう、書面により照会をすることができる。

② 前条第一項ただし書、第二項及び第四項から第六項までの規定は、前項の場合について準用する。この場合において、同条第四項中「書面による予告通知」とあるのは「書面による返答」と、「電磁的方法により予告通知」とあるのは「電磁的方法により返答」と読み替えるものとする。（改正により追加）

③ 第一項の照会は、既にされた予告通知と重複する予告通知に対する返答に基づいては、することができない。（改正前の②）

（訴えの提起前における証拠収集の処分）

第一三二条の四①（柱書略）

一 文書（第二百三十一条に規定する物件を含む。以下この章において同じ。）の所持者にその文書の送付を嘱託し、又は電磁的記録を利用する権限を有する者にその電磁的記録の送付を嘱託すること。

二―四 （略）

②―④ （略）

（証拠収集の処分の管轄裁判所等）

第一三二条の五①（柱書略）

一 前条第一項第一号の処分の申立て 申立人若しくは相手方の普通裁判籍の所在地又は文書を所持する者若しくは電磁的記録を利用する権限を有する者の居所

二―四 （略）

② （略）

（証拠収集の処分の手続等）

第一三二条の六① 裁判所は、第百三十二条の四第一項第一号から第三号までの処分をする場合には、嘱託を受けた者が文書若しくは電磁的記録の送付、調査結果の報告又は意見の陳述をすべき期間を定めなければならない。

② （略）

③ 第百三十二条の四第一項第二号若しくは第三号の嘱託を受けた者又は同項第四号の命令を受けた者（以下この項において「嘱託等を受けた者」という。）は、前項の規定による書面による調査結果の報告又は意見の陳述に代えて、最高裁判所規則で定めるところにより、当該書面に記載すべき事項を最高裁判所規則で定める電子情報処理組織を使用してファイルに記録する方法又は当該事項に係る電磁的記録を記録した記録媒体を提出する方法による調査結果の報告又は意見の陳述を行うことができる。この場合において、当該嘱託等を受けた者は、同項の規定による書面による調査結果の報告又は意見の陳述をしたものとみなす。（改正により追加）

④ 裁判所は、第百三十二条の四第一項の処分に基づいて文書若しくは電磁的記録の送付、調査結果の報告又は意見の陳述がされたときは、申立人及び相手方にその旨を通知しなければならない。この場合において、送付に係る文書若しくは電磁的記録を記録した記録媒体又は調査結果の報告若しくは意見の陳述に係る書面若しくは電磁的記録を記録した記録媒体については、第百三十二条の十三の規定は、適用しない。（改正前の③）

⑤ 裁判所は、次条の定める手続による申立人及び相手方の利用に供するため、前項に規定する通知を発した日から一月間、送付に係る文書若しくは電磁的記録又は調査結果の報告若しくは意見の陳述に係る書面若しくは電磁的記録を保管しなければならない。（改正前の④）

⑥ 第百八十条第一項の規定は第百三十二条の四第一項の処分について、第百八十四条第一項の規定は第百三十二条の四第一項第一号から第三号までの処分について、第二百十三条の規定は同号の処分について、第二百三十一条の三第二項の規定は第百三十二条の四第一項第一号の処分について、それぞれ準用する。（改正前の⑤）

（事件の記録の閲覧等）

第一三二条の七 第九十一条（第二項を除く。）の規定は非電磁的証拠収集処分記録の閲覧等（第百三十二条の四第一項の処分の申立てに係る事件の記録（ファイル記録事項に係る部分を除く。）の閲覧若しくは謄写、その正本、謄本若しくは抄本の交付又はその複製をいう。第百三十三条第三項において同じ。）の請求について、第九十一条の二の規定は電磁的証拠収集処分記録の閲覧等（第百三十二条の四第一項の処分の申立てに係る事件の記録中ファイル記録事項に係る部分の閲覧若しくは複写又はファイル記録事項の全部若しくは一部を証明した書面の交付若しくはファイル記録事項の全部若しくは一部を証明した電磁的記録の提供をいう。第百三十三条第三項において同じ。）の請求について、第九十一条の三の規定は第百三十二条の四第一項の処分の申立てに係る事件に関する事項を証明した書面の交付又は当該事項を証明した電磁的記録の提供の請求について、それぞれ準用する。この場合において、第九十一条第一項及び第九十一条の二第一項中「何人も」とあるのは「申立人及び相手方は」と、第九十一条第三項、第九十一条の二第二項及び第三項並びに第九十一条の三中「当事者及び利害関係を疎明した第三者」とあるのは「申立人及び相手方」と、第九十一条第四項中「当事者又は利害関係を疎明した第三者」とあるのは「申立人又は相手方」と読み替えるものとする。

第七章 電子情報処理組織による申立て等

（電子情報処理組織による申立て等）

第一三二条の一〇① 民事訴訟に関する手続における申立てその

他の申述（以下「申立て等」という。）のうち、当該申立て等に関するこの法律その他の法令の規定により書面等（書面、書類、文書、謄本、抄本、正本、副本、複本その他文字、図形等人の知覚によって認識することができる情報が記載された紙その他の有体物をいう。以下この章において同じ。）をもってするものとされているものであって、裁判所に対してするもの（当該裁判所の裁判長、受命裁判官、受託裁判官又は裁判所書記官に対してするものを含む。）については、当該法令の規定にかかわらず、最高裁判所規則で定めるところにより、最高裁判所規則で定める電子情報処理組織を使用して当該書面等に記載すべき事項をファイルに記録する方法により行うことができる。

② 前項の方法によりされた申立て等（以下この条において「電子情報処理組織を使用する申立て等」という。）については、当該申立て等を書面等をもってするものとして規定した申立て等に関する法令の規定に規定する書面等をもってされたものとみなして、当該法令その他の当該申立て等に関する法令の規定を適用する。

③ 電子情報処理組織を使用する申立て等は、当該電子情報処理組織を使用する申立て等に係る事項がファイルに記録された時に、当該裁判所に到達したものとみなす。

④ 第一項の場合において、当該申立て等に関する他の法令の規定により署名等（署名、記名、押印その他氏名又は名称を書面等に記載することをいう。以下この項において同じ。）をすることとされているものについては、当該法令の規定にかかわらず、当該署名等に代えて、最高裁判所規則で定めるところにより、氏名又は名称を明らかにする措置を講じなければならない。

⑤ 電子情報処理組織を使用する申立て等がされたときは、当該電子情報処理組織を使用する申立て等に係る送達は、当該電子情報処理組織を使用する申立て等に係る法令の規定にかかわらず、当該電子情報処理組織を使用する申立て等によりファイルに記録された事項に係る電磁的記録の送達によってする。

⑥ 前項の方法により行われた電子情報処理組織を使用する申立て等に係る送達については、当該電子情報処理組織を使用する申立て等に関する法令の規定に規定する送達の方法により行われたものとみなして、当該送達に関する法令その他の当該電子情報処理組織を使用する申立て等に関する法令の規定を適用する。

（**電子情報処理組織による申立て等の特例**）

第一三二条の一一 ① 次の各号に掲げる者は、それぞれ当該各号に定める事件の申立て等をするときは、前条第一項の方法により、これを行わなければならない。ただし、口頭ですることができる申立て等について、口頭でするときは、この限りでない。

一　訴訟代理人のうち委任を受けたもの（第五十四条第一項ただし書の許可を得て訴訟代理人となったものを除く。）　当該委任を受けた事件

二　国の利害に関係のある訴訟についての法務大臣の権限等に関する法律（昭和二十二年法律第百九十四号）第二条、第五条第一項、第六条第二項、第六条の二第四項若しくは第五項、第六条の三第四項若しくは第五項又は第七条第三項の規定による指定を受けた者　当該指定の対象となった事件

三　地方自治法（昭和二十二年法律第六十七号）第百五十三条第一項の規定による委任を受けた職員　当該委任を受けた事件

② 前項各号に掲げる者は、第百九条の二第一項ただし書の届出をしなければならない。

③ 第一項の規定は、同項各号に掲げる者が裁判所の使用に係る電子計算機の故障その他その責めに帰することができない事由により、電子情報処理組織を使用する方法により申立て等を行うことができない場合には、適用しない。

（改正により追加）

（**書面等による申立て等**）

第一三二条の一二 ① 申立て等が書面等により行われたとき（前条第一項の規定に違反して行われたときを除く。）は、裁判所書記官は、当該書面等に記載された事項（次の各号に掲げる場合における当該各号に定める事項を除く。）をファイルに記録しなければならない。ただし、当該事項をファイルに記録することにつき困難な事情があるときは、この限りでない。

一　当該申立て等に係る書面等について、当該申立て等とともに第九十二条第一項の申立て（同項第二号に掲げる事由があることを理由とするものに限る。）がされた場合において、当該書面等に記載された営業秘密がその訴訟の追行の目的以外の目的で使用され、又は当該営業秘密が開示されることにより、当該営業秘密に基づく当事者の事業活動に支障を生ずるおそれがあり、これを防止するため裁判所が特に必要があると認めるとき（当該同項の申立てが却下されたとき又は当該同項の申立てに係る決定を取り消す裁判が確定したときを除く。）　当該書面等に記載された営業秘密

二　書面等により第百三十三条第二項の規定による届出があった場合　当該書面等に記載された事項

三　当該申立て等に係る書面等について、当該申立て等とともに第百三十三条の二第二項の申立てがされた場合において、裁判所が必要があると認めるとき（当該同項の申立てが却下されたとき又は当該同項の申立てに係る決定を取り消す裁判が確定したときを除く。）　当該書面等に記載された同項に規定する秘匿事項記載部分

② 前項の規定によりその記載された事項がファイルに記録された書面等による申立て等に係る送達は、当該申立て等に係る法令の規定にかかわらず、同項の規定によりファイルに記録された事項に係る電磁的記録の送達をもって代えることができる。

③ 前項の方法により行われた申立て等に係る送達については、当該申立て等に関する法令の規定に規定する送達の方法により行われたものとみなして、当該送達に関する法令その他の当該申立て等に関する法令の規定を適用する。

（改正により追加）

（**書面等に記録された事項のファイルへの記録等**）

第一三二条の一三 裁判所書記官は、前条第一項に規定する申立て等に係る書面等のほか、民事訴訟に関する手続においてこの法律その他の法令の規定に基づき裁判所に提出された書面等又は電磁的記録を記録した記録媒体に記載され、又は記録されている事項（次の各号に掲げる場合における当該各号に定める事項を除く。）をファイルに記録しなければならない。ただし、当該事項をファイルに記録することにつき困難な事情があるときは、この限りでない。

一　当該書面等又は当該記録媒体について、これらの提出とともに第九十二条第一項の申立て（同項第二号に掲げる事由があることを理由とするものに限る。）がされた場合において、当該書面等若しくは当該記録媒体に記載され、若しくは記録された営業秘密がその訴訟の追行の目的以外の目的で使用され、又は当該営業秘密が開示されることにより、当該営業秘密に基づく当事者の事業活動に支障を生ずるおそれがあり、これを防止するため裁判所が特に必要があると認めるとき（当該申立てが却下されたとき又は当該申立てに係る決定を取り消す裁判が確定したときを除く。）　当該書面等又は当該記録媒体に記載され、又は記録された営業秘密

二　当該記録媒体を提出する方法により次条第二項の規定による届出があった場合　当該記録媒体に記録された事項

三　当該書面等又は当該記録媒体について、これらの提出とともに第百三十三条の二第二項の申立てがされた場合において、裁判所が必要があると認めるとき（当該申立てが却下されたとき又は当該申立てに係る決定を取り消す裁判が確定したときを除く。）　当該書面等又は当該記録媒体に記載され、又は記録された同項に規定する秘匿事項記載部分

四　第百三十三条の三第一項の規定による決定があった場合において、裁判所が必要があると認めるとき（当該決定を取り

消す裁判が確定したときを除く。）当該決定に係る書面等及び電磁的記録を記録した記録媒体に記載され、又は記録された事項

（改正により追加）

第八章　当事者に対する住所、氏名等の秘匿

（申立人の住所、氏名等の秘匿）

第一三三条①（略）

②前項の申立てをするときは、同項の申立て等をする者又はその法定代理人（以下この章において「秘匿対象者」という。）の住所等又は氏名等（次条第二項において「秘匿事項」という。）その他最高裁判所規則で定める事項を書面その他最高裁判所規則で定める方法により届け出なければならない。

③第一項の申立てがあったときは、その申立てについての裁判が確定するまで、当該申立てに係る秘匿対象者以外の者は、訴訟記録等（訴訟記録又は第百三十二条の四第一項の処分の申立てに係る事件の記録をいう。以下この章において同じ。）中前項の規定による届出に係る部分（次条において「秘匿事項届出部分」という。）について訴訟記録等の閲覧等（訴訟記録の閲覧等、非電磁的証拠収集処分記録の閲覧等又は電磁的証拠収集処分記録の閲覧等をいう。以下この章において同じ。）の請求をすることができない。

④（略）

⑤裁判所は、秘匿対象者の住所又は氏名について第一項の決定（以下この章において「秘匿決定」という。）をする場合には、当該秘匿決定において、当該秘匿対象者の住所又は氏名に代わる事項を定めなければならない。この場合において、その事項を当該事件並びにその事件についての反訴、参加、強制執行、仮差押え及び仮処分に関する手続において記載し、又は記録したときは、この法律その他の法令の規定の適用については、当該秘匿対象者の住所又は氏名を記載し、又は記録したものとみなす。

（秘匿決定があった場合における閲覧等の制限の特則）

第一三三条の二①秘匿決定があった場合には、秘匿事項届出部分に係る訴訟記録等の閲覧等の請求をすることができる者を当該秘匿決定に係る秘匿対象者に限る。

②前項の場合において、裁判所は、申立てにより、決定で、訴訟記録等中秘匿事項届出部分以外のものであって秘匿事項又は秘匿事項を推知することができる事項が記載され、又は記録された部分（以下この条において「秘匿事項記載部分」という。）に係る訴訟記録等の閲覧等の請求をすることができる者を当該秘匿決定に係る秘匿対象者に限ることができる。

③前項の申立てがあったときは、その申立てについての裁判が確定するまで、当該秘匿決定に係る秘匿対象者以外の者は、当該秘匿事項記載部分に係る訴訟記録等の閲覧等の請求をすることができない。

④（略）

⑤裁判所は、第二項の申立てがあった場合において、必要があると認めるときは、電磁的訴訟記録等（電磁的訴訟記録又は第百三十二条の四第一項の処分の申立てに係る事件の記録中ファイル記録事項に係る部分をいう。以下この項及び次項において同じ。）中当該秘匿事項記載部分につき、その内容を書面に出力し、又はこれを他の記録媒体に記録するとともに、当該部分を電磁的訴訟記録等から消去する措置その他の当該秘匿事項記載部分の安全管理のために必要かつ適切なものとして最高裁判所規則で定める措置を講ずることができる。（改正により追加）

⑥前項の規定による電磁的訴訟記録等から消去する措置が講じられた場合において、その後に第二項の申立てを却下する裁判が確定したとき、又は当該申立てに係る決定を取り消す裁判が確定したときは、裁判所書記官は、当該秘匿事項記載部分をファイルに記録しなければならない。（改正により追加）

（送達をすべき場所等の調査嘱託があった場合における閲覧等の制限の特則）

第一三三条の三①裁判所は、当事者又はその法定代理人に対して送達をするため、その者の住所、居所その他送達をすべき場所についての調査を嘱託した場合において、当該嘱託に係る調査結果の報告が記載され、又は記録された書面又は電磁的記録が閲覧されることにより、当事者又はその法定代理人が社会生活を営むのに著しい支障を生ずるおそれがあることが明らかであると認めるときは、決定で、当該書面又は電磁的記録及びこれに基づいてされた送達に関する第百条の書面又は電磁的記録その他これに類する書面又は電磁的記録に係る訴訟記録等の閲覧等の請求をすることができる者を当該当事者又は当該法定代理人に限ることができる。当事者又はその法定代理人を特定するため、その者の氏名その他当該者を特定するに足りる事項についての調査を嘱託した場合についても、同様とする。（改正前の本条）

②前条第五項及び第六項の規定は、前項の規定による決定があった場合について準用する。（改正により追加）

（秘匿決定の取消し等）

第一三三条の四①秘匿決定、第百三十三条の二第二項の決定又は前条第一項の決定（次項及び第七項において「秘匿決定等」という。）に係る者以外の者は、訴訟記録等の存する裁判所に対し、その要件を欠くこと又はこれを欠くに至ったことを理由として、その決定の取消しの申立てをすることができる。

②秘匿決定等に係る者以外の当事者は、秘匿決定等がある場合であっても、自己の攻撃又は防御に実質的な不利益を生ずるおそれがあるときは、訴訟記録等の存する裁判所の許可を得て、第百三十三条の二第一項若しくは第二項又は前条第一項の規定により訴訟記録等の閲覧等の請求が制限される部分につきその請求をすることができる。

③―⑦（略）

第二編　第一審の訴訟手続

第一章　訴え

（裁判長の訴状審査権）

第一三七条①訴状が第百三十四条第二項の規定に違反する場合には、裁判長は、相当の期間を定め、その期間内に不備を補正すべきことを命じなければならない。

②③（略）

（訴えの提起の手数料の納付がない場合の訴状却下）

第一三七条の二①民事訴訟費用等に関する法律（昭和四十六年法律第四十号）の規定に従い訴えの提起の手数料を納付しない場合には、裁判所書記官は、相当の期間を定め、その期間内に当該手数料を納付すべきことを命ずる処分をしなければならない。

②前項の処分は、相当と認める方法で告知することによって、その効力を生ずる。

③第一項の処分に対する異議の申立ては、その告知を受けた日から一週間の不変期間内にしなければならない。

④前項の異議の申立ては、執行停止の効力を有する。

⑤裁判所は、第三項の異議の申立てがあった場合において、第一項の処分において納付を命じた額を超える額の訴えの提起の手数料を納付すべきと認めるときは、相当の期間を定め、その期間内に当該額を納付すべきことを命じなければならない。

⑥第一項又は前項の場合において、原告が納付を命じられた手数料を納付しないときは、裁判長は、命令で、訴状を却下しなければならない。

⑦前項の命令に対しては、即時抗告をすることができる。ただし、即時抗告をした者が、その者において相当と認める訴訟の目的の価額に応じて算出される民事訴訟費用等に関する法律の規定による訴えの提起の手数料を納付しないときは、この限りでない。

⑧前項ただし書の場合には、原裁判所は、その即時抗告を却下しなければならない。

⑨前項の規定による決定に対しては、不服を申し立てることが

できない。
（改正により追加）

（訴状の送達）

第一三八条① （略）

② 第百三十七条の規定は、訴状の送達をすることができない場合（訴状の送達に必要な費用を予納しない場合を含む。）について準用する。

第三章　口頭弁論及びその準備

第一節　口頭弁論

（釈明処分）

第一五一条① （柱書略）

一・二 （略）

三 訴訟書類若しくは訴訟において引用した文書その他の物件で当事者の所持するもの又は訴訟においてその記録された情報の内容を引用した電磁的記録で当事者が利用する権限を有するものを提出させること。

四―六 （略）

② 前項の規定による電磁的記録の提出は、最高裁判所規則で定めるところにより、電磁的記録を記録した記録媒体を提出する方法又は最高裁判所規則で定める電子情報処理組織を使用する方法により行う。（改正により追加）

③ 第一項の規定により提出された文書及び前項の規定により提出された電磁的記録については、第百三十二条の十三の規定は、適用しない。（改正により追加）

④ 第一項に規定する検証、鑑定及び調査の嘱託については、証拠調べに関する規定を準用する。（改正前の②）

（通訳人の立会い等）

第一五四条① （略）

② 裁判所は、相当と認めるときは、当事者の意見を聴いて、最高裁判所規則で定めるところにより、裁判所及び当事者双方が通訳人との間で映像と音声の送受信により相手の状態を相互に認識しながら通話をすることができる方法によって、通訳人に通訳をさせることができる。この場合において、当該方法によることにつき困難な事情があるときは、裁判所及び当事者双方が通訳人との間で音声の送受信により同時に通話をすることができる方法によってすることができる。（改正により追加）

③ （略、改正前の②）

（口頭弁論に係る電子調書の作成等）

第一六〇条① 裁判所書記官は、口頭弁論について、期日ごとに、最高裁判所規則で定めるところにより、電子調書（期日又は期日外における手続の方式、内容及び経過等の記録及び公証をするためにこの法律その他の法令の規定により裁判所書記官が作成する電磁的記録をいう。以下同じ。）を作成しなければならない。

② 裁判所書記官は、前項の規定により電子調書を作成したときは、最高裁判所規則で定めるところにより、これをファイルに記録しなければならない。（改正により追加）

③ 前項の規定によりファイルに記録された電子調書の内容に当事者その他の関係人が異議を述べたときは、最高裁判所規則で定めるところにより、その異議があった旨を明らかにする措置を講じなければならない。（改正前の②）

④ 口頭弁論の方式に関する規定の遵守は、第二項の規定によりファイルに記録された電子調書によってのみ証明することができる。ただし、当該電子調書が滅失したときは、この限りでない。（改正前の③）

（口頭弁論に係る電子調書の更正）

第一六〇条の二① 前条第二項の規定によりファイルに記録された電子調書の内容に計算違い、誤記その他これらに類する明白な誤りがあるときは、裁判所書記官は、申立てにより又は職権で、いつでも更正することができる。

② 前項の規定による更正の処分は、最高裁判所規則で定めるところにより、その旨をファイルに記録してしなければならない。

③ 第七十一条第四項、第五項及び第八項の規定は、第一項の規定による更正の処分又は同項の申立てを却下する処分及びこれらに対する異議の申立てについて準用する。
（改正により追加）

第二節　準備書面等

（準備書面）

第一六一条①② （略）

③ 相手方が在廷していない口頭弁論においては、次の各号のいずれかに該当する準備書面に記載した事実でなければ、主張することができない。

一 相手方に送達された準備書面（改正により追加）

二 相手方からその準備書面を受領した旨を記載した書面が提出された場合における当該準備書面（改正により追加）

三 相手方が第九十一条の二第一項の規定により準備書面の閲覧をし、又は同条第二項の規定により準備書面の複写をした場合における当該準備書面（改正により追加）

（準備書面等の提出期間）

第一六二条① （略、改正前の本条）

② 前項の規定により定めた期間の経過後に準備書面の提出又は証拠の申出をする当事者は、裁判所に対し、その期間を遵守することができなかった理由を説明しなければならない。（改正により追加）

（当事者照会）

第一六三条① 当事者は、訴訟の係属中、相手方に対し、主張又は立証を準備するために必要な事項について、相当の期間を定めて、書面により、又は相手方の選択により書面若しくは電磁的方法のいずれかにより回答するよう、書面により照会をすることができる。ただし、その照会が次の各号のいずれかに該当するときは、この限りでない。

一―六 （略）

（改正前の本条）

② 当事者は、前項の規定による書面による照会に代えて、相手方の承諾を得て、電磁的方法により照会をすることができる。（改正により追加）

③ 相手方（第一項の規定により書面又は電磁的方法のいずれかにより回答するよう照会を受けたものを除く。）は、同項の規定による書面による回答に代えて、当事者の承諾を得て、電磁的方法により回答をすることができる。（改正により追加）

第三節　争点及び証拠の整理手続

第一款　準備的口頭弁論

（当事者の不出頭等による終了）

第一六六条 当事者が期日に出頭せず、又は第百六十二条第一項の規定により定められた期間内に準備書面の提出若しくは証拠の申出をしないときは、裁判所は、準備的口頭弁論を終了することができる。

第二款　弁論準備手続

（弁論準備手続における訴訟行為等）

第一七〇条① （略）

② 裁判所は、弁論準備手続の期日において、証拠の申出に関する裁判その他の口頭弁論の期日外においてすることができる裁判、文書（第二百三十一条に規定する物件を含む。）の証拠調べ、第二百三十一条の二第一項に規定する電磁的記録に記録された情報の内容に係る証拠調べ並びに第百八十六条第二項、第二百五条第三項（第二百七十八条第二項において準用する場合を含む。）、第二百十五条第四項（第二百七十八条第二項において準用する場合を含む。）及び第二百十八条第三項の提示をすることができる。

③―⑤ （略）

（受命裁判官による弁論準備手続）

第一七一条①②（略）

③ 弁論準備手続を行う受命裁判官は、第百八十六条第一項の規定による調査の嘱託、鑑定の嘱託、文書（第二百三十一条に規定する物件を含む。）を提出してする書証の申出及び電磁的記録を提出してする証拠調べの申出並びに文書（第二百二十九条第二項及び第二百三十一条に規定する物件を含む。）及び電磁的記録の送付の嘱託についての裁判をすることができる。

第三款　書面による準備手続

（書面による準備手続の開始）

第一七五条　裁判所は、相当と認めるときは、当事者の意見を聴いて、事件を書面による準備手続（当事者の出頭なしに準備書面の提出等により争点及び証拠の整理をする手続をいう。以下同じ。）に付することができる。

（書面による準備手続の方法等）

第一七六条現①（改正により削る）

① 裁判長は、書面による準備手続を行う場合には、第百六十二条第一項に規定する期間を定めなければならない。（改正前の②）

② 裁判所は、書面による準備手続を行う場合において、必要があると認めるときは、最高裁判所規則で定めるところにより、裁判所及び当事者双方が音声の送受信により同時に通話をすることができる方法によって、争点及び証拠の整理に関する事項その他口頭弁論の準備のため必要な事項について、当事者双方と協議をすることができる。この場合においては、協議の結果を裁判所書記官に記録させることができる。（改正前の③）

③ 第百四十九条、第百五十条及び第百六十五条第二項の規定は、書面による準備手続について準用する。（改正前の④）

（受命裁判官による書面による準備手続）

第一七六条の二①　裁判所は、受命裁判官に書面による準備手続を行わせることができる。

② 書面による準備手続を受命裁判官が行う場合には、前条の規定による裁判所及び裁判長の職務は、その裁判官が行う。ただし、同条第三項において準用する第百五十条の規定による異議についての裁判は、受訴裁判所がする。

（改正により追加）

（書面による準備手続終結後の攻撃防御方法の提出）

第一七八条　書面による準備手続を終結した事件について、口頭弁論の期日において、第百七十六条第三項において準用する第百六十五条第二項の書面に記載した事項の陳述がされ、又は前条の規定による確認がされた後に攻撃又は防御の方法を提出した当事者は、相手方の求めがあるときは、相手方に対し、その陳述又は確認前にこれを提出することができなかった理由を説明しなければならない。

第四章　証拠

第一節　総則

（裁判所外における証拠調べ）

第一八五条①②（略）

③ 裁判所（第一項の規定により職務を行う受命裁判官及び前二項に規定する嘱託により職務を行う受託裁判官を含む。）は、相当と認めるときは、当事者の意見を聴いて、最高裁判所規則で定めるところにより、映像と音声の送受信により相手の状態を相互に認識しながら通話をすることができる方法によって、第一項の規定による証拠調べの手続を行うことができる。（改正により追加）

（調査の嘱託）

第一八六条①（略、改正前の本条）

② 裁判所は、当事者に対し、前項の嘱託に係る調査の結果の提示をしなければならない。（改正により追加）

（参考人等の審尋）

第一八七条①②（略）

③ 裁判所は、相当と認めるときは、最高裁判所規則で定めるところにより、映像と音声の送受信により相手の状態を相互に認識しながら通話をすることができる方法によって、参考人を審尋することができる。この場合において、当事者双方に異議がないときは、裁判所及び当事者双方と参考人とが音声の送受信により同時に通話をすることができる方法によって、参考人を審尋することができる。（改正により追加）

④ 前項の規定は、当事者本人を審尋する場合について準用する。（改正により追加）

第二節　証人尋問

（書類等に基づく陳述の禁止）

第二〇三条　証人は、書類その他の物に基づいて陳述することができない。ただし、裁判長の許可を受けたときは、この限りでない。

（映像等の送受信による通話の方法による尋問）

第二〇四条　裁判所は、次に掲げる場合であって、相当と認めるときは、最高裁判所規則で定めるところにより、映像と音声の送受信により相手の状態を相互に認識しながら通話をすることができる方法によって、証人の尋問をすることができる。

一　証人の住所、年齢又は心身の状態その他の事情により、証人が受訴裁判所に出頭することが困難であると認める場合

二　事案の性質、証人の年齢又は心身の状態、証人と当事者本人又はその法定代理人との関係その他の事情により、証人が裁判長及び当事者が証人を尋問するために在席する場所において陳述するときは圧迫を受け精神の平穏を著しく害されるおそれがあると認める場合

三　当事者に異議がない場合（改正により追加）

（尋問に代わる書面の提出）

第二〇五条①　裁判所は、当事者に異議がない場合であって、相当と認めるときは、証人の尋問に代え、書面の提出をさせることができる。（改正前の本条）

② 証人は、前項の規定による書面の提出に代えて、最高裁判所規則で定めるところにより、当該書面に記載すべき事項を最高裁判所規則で定める電子情報処理組織を使用してファイルに記録し、又は当該書面に記載すべき事項に係る電磁的記録を記録した記録媒体を提出することができる。この場合において、当該証人は、同項の書面を提出したものとみなす。（改正により追加）

③ 裁判所は、当事者に対し、第一項の書面に記載された事項又は前項の規定によりファイルに記録された事項若しくは同項の記録媒体に記録された事項の提示をしなければならない。（改正により追加）

第四節　鑑定

（鑑定人の陳述の方式等）

第二一五条①（略）

② 前項の鑑定人は、同項の規定により書面で意見を述べることに代えて、最高裁判所規則で定めるところにより、当該書面に記載すべき事項を最高裁判所規則で定める電子情報処理組織を使用してファイルに記録する方法又は当該書面に記載すべき事項に係る電磁的記録を記録した記録媒体を提出する方法により意見を述べることができる。この場合において、鑑定人は、同項の規定により書面で意見を述べたものとみなす。（改正により追加）

③（略、改正前の②）

④ 裁判所は、当事者に対し、第一項の書面に記載された事項又は第二項の規定によりファイルに記録された事項若しくは同項の記録媒体に記録された事項の提示をしなければならない。（改正により追加）

（映像等の送受信による通話の方法による陳述）

第二一五条の三　裁判所は、鑑定人に口頭で意見を述べさせる場合において、相当と認めるときは、最高裁判所規則で定めるところにより、映像と音声の送受信により相手の状態を相互に認識しながら

識しながら通話をすることができる方法によって、意見を述べさせることができる。

（鑑定の嘱託）

第二一八条①（略）

②前項の場合において、裁判所は、必要があると認めるときは、官庁、公署又は法人の指定した者に鑑定の結果を記載し、又は記録した書面又は電磁的記録の説明をさせることができる。

③第一項の場合において、裁判所は、当事者に対し、同項の嘱託に係る鑑定の結果の提示をしなければならない。（改正により追加）

第五節　書証

（文書の留置等）

第二二七条①（略、改正前の本条）

②提出又は送付に係る文書については、第百三十二条の十三の規定は、適用しない。（改正により追加）

（筆跡等の対照による証明）

第二二九条①（略）

②第二百十九条、第二百二十三条、第二百二十四条第一項及び第二項、第二百二十六条並びに第二百二十七条第一項の規定は、対照の用に供すべき筆跡又は印影を備える文書その他の物件の提出又は送付について準用する。

③―⑥（略）

第五節の二　電磁的記録に記録された情報の内容に係る証拠調べ（改正により第五節の二（第二三一条の二・第二三一条の三）追加）

（電磁的記録に記録された情報の内容に係る証拠調べの申出）

第二三一条の二①電磁的記録に記録された情報の内容に係る証拠調べの申出は、当該電磁的記録を提出し、又は当該電磁的記録を利用する権限を有する者にその提出を命ずることを申し立ててしなければならない。

②前項の規定による電磁的記録の提出は、最高裁判所規則で定めるところにより、電磁的記録を記録した記録媒体を提出する方法又は最高裁判所規則で定める電子情報処理組織を使用する方法により行う。

（書証の規定の準用等）

第二三一条の三①第二百二十条から第二百二十八条まで（同条第四項を除く。）及び第二百三十条の規定は、前条第一項の証拠調べについて準用する。この場合において、第二百二十条、第二百二十一条第一項第三号、第二百二十二条、第二百二十三条第一項及び第四項から第六項まで並びに第二百二十六条中「文書の所持者」とあるのは「電磁的記録を利用する権限を有する者」と、第二百二十条第一号中「文書を自ら所持する」とあるのは「電磁的記録を利用する権限を自ら有する」と、同条第二号中「引渡し」とあるのは「提供」と、同条第四号ニ中「所持する文書」とあるのは「利用する権限を有する電磁的記録」と、同号ホ中「書類」とあるのは「電磁的記録」と、「文書」とあるのは「記録媒体に記録された電磁的記録」と、第二百二十一条（見出しを含む。）、第二百二十二条、第二百二十三条の見出し、同条第一項、第三項、第六項及び第七項、第二百二十四条の見出し及び同条第一項並びに第二百二十五条の見出し及び同条第一項中「文書提出命令」とあるのは「電磁的記録提出命令」と、第二百二十四条第一項及び第三項中「文書の記載」とあるのは「電磁的記録に記録された情報の内容」と、第二百二十六条中「第二百十九条」とあるのは「第二百三十一条の二第一項」と、同条ただし書中「文書の正本又は謄本の交付」とあるのは「電磁的記録に記録された情報の内容の全部を証明した書面の交付又は当該情報の内容の全部を証明した電磁的記録の提供」と、第二百二十七条中「文書」とあるのは「電磁的記録を記録した記録媒体」と、第二百二十八条第二項中「公文書」とあるのは「もの」と、同条第三項中「公文書」とあるのは「公務所又は公務員が作成すべき電磁的記録」と読み替えるものとする。

②前項において準用する第二百二十三条第一項の命令に係る電磁的記録の提出及び前項において準用する第二百二十六条の嘱託に係る電磁的記録の送付は、最高裁判所規則で定めるところにより、当該電磁的記録を記録した記録媒体を提出し、若しくは送付し、又は最高裁判所規則で定める電子情報処理組織を使用する方法により行う。

第六節　検証

（検証の目的の提示等）

第二三二条①第二百十九条、第二百二十三条、第二百二十四条、第二百二十六条及び第二百二十七条第一項の規定は、検証の目的の提示又は送付について準用する。

②③（略）

（映像等の送受信による方法による検証）

第二三二条の二　裁判所は、当事者に異議がない場合であって、相当と認めるときは、最高裁判所規則で定めるところにより、映像と音声の送受信により検証の目的の状態を認識することができる方法によって、検証をすることができる。（改正により追加）

第七節　証拠保全

（管轄裁判所等）

第二三五条①（略）

②訴えの提起前における証拠保全の申立ては、尋問を受けるべき者、文書を所持する者若しくは電磁的記録を利用する権限を有する者の居所又は検証物の所在地を管轄する地方裁判所又は簡易裁判所にしなければならない。

③（略）

第五章　判決

（電子判決書）

第二五二条①裁判所は、判決の言渡しをするときは、最高裁判所規則で定めるところにより、次に掲げる事項を記録した電磁的記録（以下「電子判決書」という。）を作成しなければならない。

一　主文
二　事実
三　理由
四　口頭弁論の終結の日
五　当事者及び法定代理人
六　裁判所

②前項の規定による事実の記録においては、請求を明らかにし、かつ、主文が正当であることを示すのに必要な主張を摘示しなければならない。

（言渡しの方式）

第二五三条①判決の言渡しは、前条第一項の規定により作成された電子判決書に基づいてする。

②裁判所は、前項の規定により判決の言渡しをした場合には、最高裁判所規則で定めるところにより、言渡しに係る電子判決書をファイルに記録しなければならない。

（言渡しの方式の特則）

第二五四条①次に掲げる場合において、原告の請求を認容するときは、判決の言渡しは、前条の規定にかかわらず、電子判決書に基づかないですることができる。

一・二（略）

②裁判所は、前項の規定により判決の言渡しをしたときは、電子判決書の作成に代えて、裁判所書記官に、当事者及び法定代理人、主文、請求並びに理由の要旨を、判決の言渡しをした口頭弁論期日の電子調書に記録させなければならない。

（電子判決書等の送達）

第二五五条① 電子判決書（第二百五十三条第二項の規定によりファイルに記録されたものに限る。次項、第二百八十五条、第三百五十七条、第三百七十八条第一項及び第三百八十一条の七第一項において同じ。）又は前条第二項の規定により当事者及び法定代理人、主文、請求並びに理由の要旨が記録された電子調書（第百六十条第二項の規定によりファイルに記録されたものに限る。次項、第二百六十一条第五項、第二百八十五条、第三百五十七条及び第三百七十八条第一項において同じ。）は、当事者に送達しなければならない。

② 前項に規定する送達は、次に掲げる方法のいずれかによってする。

一 電子判決書又は電子調書に記録されている事項を記載した書面であって裁判所書記官が最高裁判所規則で定める方法により当該書面の内容が当該電子判決書又は当該電子調書に記録されている事項と同一であることを証明したものの送達

二 第百九条の二の規定による送達

（変更の判決）

第二五六条①② （略）

③ 電子呼出状（第九十四条第二項の規定によりファイルに記録されたものに限る。）により前項の判決の言渡期日の呼出しを行う場合においては、次の各号に掲げる送達の区分に応じ、それぞれ当該各号に定める時に、その送達があったものとみなす。

一 第百九条の規定による送達 同条の規定により作成した書面を送達すべき場所に宛てて発した時

二 第百九条の二の規定による送達 同条第一項本文の通知が発せられた時

（判決の更正決定）

第二五七条① （略）

② 前項の更正決定に対しては、即時抗告をすることができる。ただし、判決に対し適法な控訴があったときは、この限りでない。

③ 第一項の申立てを不適法として却下した決定に対しては、即時抗告をすることができる。ただし、判決に対し適法な控訴があったときは、この限りでない。（改正により追加）

第六章 裁判によらない訴訟の完結

（訴えの取下げ）

第二六一条①② （略）

③ 訴えの取下げは、書面でしなければならない。

④ 前項の規定にかかわらず、口頭弁論、弁論準備手続又は和解の期日（以下この章において「口頭弁論等の期日」という。）において訴えの取下げをするときは、口頭ですることを妨げない。この場合において、裁判所書記官は、その期日の電子調書に訴えの取下げがされた旨を記録しなければならない。（改正により追加）

⑤ 第二項本文の場合において、訴えの取下げが書面でされたときはその書面を、訴えの取下げが口頭弁論等の期日において口頭でされたとき（相手方がその期日に出頭したときを除く。）は前項の規定により訴えの取下げがされた旨が記録された電子調書を相手方に送達しなければならない。（改正前の④）

⑥ 訴えの取下げの書面の送達を受けた日から二週間以内に相手方が異議を述べないときは、訴えの取下げに同意したものとみなす。訴えの取下げが口頭弁論等の期日において口頭でされた場合において、相手方がその期日に出頭したときは訴えの取下げがあった日から、相手方がその期日に出頭しなかったときは前項の規定による送達があった日から二週間以内に相手方が異議を述べないときも、同様とする。（改正前の⑤）

（和解条項案の書面による受諾）

第二六四条① 当事者の一方が出頭することが困難であると認められる場合において、その当事者があらかじめ裁判所又は受命裁判官若しくは受託裁判官から提示された和解条項案を受諾する旨の書面を提出し、他の当事者が口頭弁論等の期日に出頭してその和解条項案を受諾したときは、当事者間に和解が調ったものとみなす。（改正前の本条）

② 当事者双方が出頭することが困難であると認められる場合において、当事者双方があらかじめ裁判所又は受命裁判官若しくは受託裁判官から和解が成立すべき日時を定めて提示された和解条項案を受諾する旨の書面を提出し、その日時が経過したときは、その日時に、当事者間に和解が調ったものとみなす。（改正により追加）

（和解等に係る電子調書の効力）

第二六七条① 裁判所書記官が、和解又は請求の放棄若しくは認諾について電子調書を作成し、これをファイルに記録したときは、その記録は、確定判決と同一の効力を有する。（改正前の本条）

② 前項の規定によりファイルに記録された電子調書は、当事者に送達しなければならない。この場合においては、第二百五十五条第二項の規定を準用する。（改正により追加）

（和解等に係る電子調書の更正決定）

第二六七条の二① 前条第一項の規定によりファイルに記録された電子調書につきその内容に計算違い、誤記その他これらに類する明白な誤りがあるときは、裁判所は、申立てにより又は職権で、いつでも更正決定をすることができる。

② 前項の更正決定に対しては、即時抗告をすることができる。

③ 第一項の申立てを不適法として却下した決定に対しては、即時抗告をすることができる。（改正により追加）

第八章 簡易裁判所の訴訟手続に関する特則

（準備書面の省略等）

第二七六条①② （略）

③ 前項に規定する事項は、相手方が在廷していない口頭弁論においては、次の各号のいずれかに該当する準備書面に記載し、又は同項の規定による通知をしたものでなければ、主張することができない。

一 相手方に送達された準備書面（改正により追加）

二 相手方からその準備書面を受領した旨を記載した書面が提出された場合における当該準備書面（改正により追加）

三 相手方が第九十一条の二第一項の規定により準備書面の閲覧をし、又は同条第二項の規定により準備書面の複写をした場合における当該準備書面（改正により追加）

（映像等の送受信による通話の方法による尋問）

第二七七条の二 裁判所は、相当と認めるときは、最高裁判所規則で定めるところにより、映像と音声の送受信により相手の状態を相互に認識しながら通話をすることができる方法によって、証人又は当事者本人の尋問をすることができる。（改正により追加）

（尋問等に代わる書面の提出）

第二七八条① （略、改正前の本条）

② 第二百五条第二項及び第三項の規定は前項の規定による証人又は当事者本人の尋問に代わる書面の提出について、第二百十五条第二項及び第四項の規定は前項の規定による鑑定人の意見の陳述に代わる書面の提出について、それぞれ準用する。（改正により追加）

（電子判決書の記録事項）

第二八〇条 第二百五十二条第一項の規定により同項第二号の事実及び同項第三号の理由を記録する場合には、請求の趣旨及び原因の要旨、その原因の有無並びに請求を排斥する理由である抗弁の要旨を記録すれば足りる。

第三編 上訴

第一章 控訴

（控訴期間）

第二八五条 控訴は、電子判決書又は第二百五十四条第二項の規定により当事者及び法定代理人、主文、請求並びに理由の要旨が記録された電子調書の送達を受けた日から二週間の不変期間内に提起しなければならない。ただし、その期間前に提起した控訴の効力を妨げない。

（裁判長の控訴状審査権等）
第二八八条　第百三十七条の規定は控訴状が第二百八十六条第二項の規定に違反する場合について、第百三十七条の二の規定は民事訴訟費用等に関する法律の規定に従い控訴の提起の手数料を納付しない場合について、それぞれ準用する。

（控訴の取下げ）
第二九二条①（略）

②　第二百六十一条第三項及び第四項、第二百六十二条第一項並びに第二百六十三条の規定は、控訴の取下げについて準用する。

第四編　再審

（再審の事由）
第三三八条①（柱書略）

一―五（略）

六　判決の証拠となった文書その他の物件が偽造され若しくは変造されたものであったこと又は判決の証拠となった電磁的記録が不正に作られたものであったこと。

七―十（略）

②③（略）

第五編　手形訴訟及び小切手訴訟に関する特則

（証拠調べの制限）
第三五二条①　手形訴訟においては、証拠調べは、書証及び電磁的記録に記録された情報の内容に係る証拠調べに限りすることができる。

②　文書の提出の命令若しくは送付の嘱託又は第二百三十一条の三第一項において準用する第二百二十三条に規定する命令若しくは同項において準用する第二百二十六条に規定する嘱託は、することができない。対照の用に供すべき筆跡又は印影を備える物件の提出の命令又は送付の嘱託についても、同様とする。

③　文書若しくは電磁的記録の成立の真否又は手形の提示に関する事実については、申立てにより、当事者本人を尋問することができる。

④　証拠調べの嘱託は、することができない。第百八十六条第一項の規定による調査の嘱託についても、同様とする。

⑤（略）

（通常の手続への移行）
第三五三条①②（略）

③　前項の場合には、裁判所は、直ちに、被告に対し、訴訟が通常の手続に移行した旨の通知をしなければならない。ただし、第一項の申述が被告の出頭した期日において口頭でされたものであるときは、その通知をすることを要しない。

④（略）

（口頭弁論の終結）
第三五四条　裁判所は、被告が口頭弁論において原告が主張した事実を争わず、その他何らの防御の方法をも提出しない場合には、前条第三項の規定による通知をする前であっても、口頭弁論を終結することができる。

（口頭弁論を経ない訴えの却下）
第三五五条①（略）

②　前項の場合において、原告が電子判決書の送達を受けた日から二週間以内に同項の請求について通常の手続により訴えを提起したときは、第百四十七条の規定の適用については、その訴えの提起は、前の訴えの提起の時にしたものとみなす。

（異議の申立て）
第三五七条　手形訴訟の終局判決に対しては、訴えを却下した判決を除き、電子判決書又は第二百五十四条第二項の規定により当事者及び法定代理人、主文、請求並びに理由の要旨が記録された電子調書の送達を受けた日から二週間の不変期間内に、その判決をした裁判所に異議を申し立てることができる。ただし、その期間前に申し立てた異議の効力を妨げない。

（異議の取下げ）
第三六〇条①②（略）

③　第二百六十一条第三項から第六項まで、第二百六十二条第一項及び第二百六十三条の規定は、異議の取下げについて準用する。

（督促手続から手形訴訟への移行）
第三六六条①　第三百九十五条又は第三百九十八条第一項の規定により提起があったものとみなされる訴えについては、手形訴訟による審理及び裁判を求める旨の申述は、支払督促の申立ての際にしなければならない。

②（略）

第六編　少額訴訟に関する特則

（判決の言渡し）
第三七四条①（略）

②　前項の場合には、判決の言渡しは、電子判決書に基づかないですることができる。この場合においては、第二百五十四条第二項及び第二百五十五条の規定を準用する。

（異議）
第三七八条①　少額訴訟の終局判決に対しては、電子判決書又は第二百五十四条第二項（第三百七十四条第二項において準用する場合を含む。）の規定により当事者及び法定代理人、主文、請求並びに理由の要旨が記録された電子調書の送達を受けた日から二週間の不変期間内に、その判決をした裁判所に異議を申し立てることができる。ただし、その期間前に申し立てた異議の効力を妨げない。

②（略）

第七編　法定審理期間訴訟手続に関する特則

（改正により**第七編（第三八一条の二―第三八一条の八）**追加）

（法定審理期間訴訟手続の要件）
第三八一条の二①　当事者は、裁判所に対し、法定審理期間訴訟手続による審理及び裁判を求める旨の申出をすることができる。ただし、次に掲げる訴えに関しては、この限りでない。

一　消費者契約に関する訴え

二　個別労働関係民事紛争に関する訴え

②　当事者の双方が前項の申出をした場合には、裁判所は、事案の性質、訴訟追行による当事者の負担の程度その他の事情に鑑み、法定審理期間訴訟手続により審理及び裁判をすることが当事者間の衡平を害し、又は適正な審理の実現を妨げると認めるときを除き、訴訟を法定審理期間訴訟手続により審理及び裁判をする旨の決定をしなければならない。当事者の一方が同項の申出をした場合において、相手方がその法定審理期間訴訟手続による審理及び裁判をすることに同意したときも、同様とする。

③　第一項の申出及び前項後段の同意は、書面でしなければならない。ただし、口頭弁論又は弁論準備手続の期日においては、口頭ですることを妨げない。

④　訴訟が法定審理期間訴訟手続に移行したときは、通常の手続のために既に指定した期日は、法定審理期間訴訟手続のために指定したものとみなす。

（法定審理期間訴訟手続の審理）
第三八一条の三①　前条第二項の決定があったときは、裁判長は、当該決定の日から二週間以内の間において口頭弁論又は弁論準備手続の期日を指定しなければならない。

②　裁判長は、前項の期日において、当該期日から六月以内の間において当該事件に係る口頭弁論を終結する期日を指定するとともに、口頭弁論を終結する日から一月以内の間において判決言渡しをする期日を指定しなければならない。

③　前条第二項の決定があったときは、当事者は、第一項の期日

から五月（裁判所が当事者双方の意見を聴いて、これより短い期間を定めた場合には、その期間）以内に、攻撃又は防御の方法を提出しなければならない。
④ 裁判所は、前項の期間が満了するまでに、当事者双方との間で、争点及び証拠の整理の結果に基づいて、法定審理期間訴訟手続の判決において判断すべき事項を確認するものとする。
⑤ 法定審理期間訴訟手続における証拠調べは、第一項の期日から六月（裁判所が当事者双方の意見を聴いて、これより短い期間を定めた場合には、その期間）以内にしなければならない。
⑥ 法定審理期間訴訟手続における期日の変更は、第九十三条第三項の規定にかかわらず、やむを得ない事由がある場合でなければ、許すことができない。

（通常の手続への移行）
第三八一条の四① 次に掲げる場合には、裁判所は、訴訟を通常の手続により審理及び裁判をする旨の決定をしなければならない。
一 当事者の双方又は一方が訴訟を通常の手続に移行させる旨の申出をしたとき。
二 提出された攻撃又は防御の方法及び審理の現状に照らして法定審理期間訴訟手続により審理及び裁判をするのが困難であると認めるとき。
② 前項の決定に対しては、不服を申し立てることができない。
③ 訴訟が通常の手続に移行したときは、法定審理期間訴訟手続のため既に指定した期日は、通常の手続のために指定したものとみなす。

（法定審理期間訴訟手続の電子判決書）
第三八一条の五 法定審理期間訴訟手続の電子判決書には、事実として、請求の趣旨及び原因並びにその他の攻撃又は防御の方法の要旨を記録するものとし、理由として、第三百八十一条の三第四項の規定により当事者双方との間で確認した事項に係る判断の内容を記録するものとする。

（控訴の禁止）
第三八一条の六 法定審理期間訴訟手続の終局判決に対しては、控訴をすることができない。ただし、訴えを却下した判決に対しては、この限りでない。

（異議）
第三八一条の七① 法定審理期間訴訟手続の終局判決に対しては、訴えを却下した判決を除き、電子判決書の送達を受けた日から二週間の不変期間内に、その判決をした裁判所に異議を申し立てることができる。ただし、その期間前に申し立てた異議の効力を妨げない。
② 第三百五十八条から第三百六十条まで及び第三百六十四条の規定は、前項の異議について準用する。

（異議後の審理及び裁判）
第三八一条の八① 適法な異議があったときは、訴訟は、口頭弁論の終結前の程度に復する。この場合においては、通常の手続によりその審理及び裁判をする。
② 前項の異議の申立ては、執行停止の効力を有する。
③ 裁判所は、異議後の判決があるまで、法定審理期間訴訟手続の終局判決の執行の停止その他必要な処分を命ずることができる。
④ 第三百六十二条及び第三百六十三条の規定は、第一項の審理及び裁判について準用する。

第八編 督促手続（改正前の第七編）

第一章 総則

（電子支払督促の記録事項）
第三八七条① 裁判所書記官は、支払督促を発するときは、最高裁判所規則で定めるところにより、電子支払督促（次に掲げる事項を記録し、かつ、債務者がその送達を受けた日から二週間以内に督促異議の申立てをしないときは債権者の申立てにより仮執行の宣言をする旨を併せて記録した電磁的記録をいう。以下この章において同じ。）を作成しなければならない。
一―三 （略）
（改正前の本条）
② 裁判所書記官は、前項の規定により電子支払督促を作成したときは、最高裁判所規則で定めるところにより、これをファイルに記録しなければならない。（改正により追加）

（電子支払督促の送達）
第三八八条① 電子支払督促（前条第二項の規定によりファイルに記録されたものに限る。以下この章において同じ。）は、債務者に送達しなければならない。
② （略）
③ 債権者が申し出た場所に債務者の住所、居所、営業所若しくは事務所又は就業場所がないため、電子支払督促を送達することができないときは、裁判所書記官は、その旨を債権者に通知しなければならない。この場合において、債権者が通知を受けた日から二月の不変期間内にその申出に係る場所以外の送達をすべき場所の申出をしないときは、支払督促の申立てを取り下げたものとみなす。

（仮執行の宣言）
第三九一条① 債務者が電子支払督促の送達を受けた日から二週間以内に督促異議の申立てをしないときは、裁判所書記官は、債権者の申立てにより、電子支払督促に手続の費用額を併せて記録して仮執行の宣言をしなければならない。ただし、その宣言前に督促異議の申立てがあったときは、この限りでない。
② 仮執行の宣言は、最高裁判所規則で定めるところにより、電子支払督促に記録し、これを当事者に送達しなければならない。ただし、債権者の同意があるときは、当該債権者に対しては、当該記録をした電子支払督促に記録された事項を出力することにより作成した書面を送付することをもって、送達に代えることができる。
③―⑤ （略）

（仮執行の宣言後の督促異議）
第三九三条 仮執行の宣言を付した電子支払督促の送達を受けた日から二週間の不変期間を経過したときは、債務者は、その支払督促に対し、督促異議の申立てをすることができない。

第二章 電子情報処理組織による督促手続の特則

（電子情報処理組織による支払督促の申立て）
第三九七条 この章の規定による督促手続を取り扱う裁判所として最高裁判所規則で定める簡易裁判所（次条第一項及び第三百九十九条において「指定簡易裁判所」という。）の裁判所書記官に対しては、第三百八十三条の規定による場合のほか、同条に規定する簡易裁判所が別に最高裁判所規則で定める簡易裁判所である場合にも、最高裁判所規則で定めるところにより、最高裁判所規則で定める電子情報処理組織を使用する方法により支払督促の申立てをすることができる。

第三九八条① 指定簡易裁判所の裁判所書記官に対してされた支払督促の申立てに係る督促手続における支払督促に対し適法な督促異議の申立てがあったときは、督促異議に係る請求については、その目的の価額に従い、当該支払督促の申立ての時に、第三百八十三条に規定する簡易裁判所で支払督促を発した裁判所書記官の所属するもの若しくは前条の別に最高裁判所規則で定める簡易裁判所又はその所在地を管轄する地方裁判所に訴えの提起があったものとみなす。
②③ （略）

第九編 執行停止（略、改正前の第八編）

○民事訴訟規則

（平成八・一二・一七 最高裁規五）

施行 平成一〇・一・一（附則参照）
最終改正 平成二七最高裁規六

目次

第一編 総則

第一章 通則

（申立て等の方式）

第一条① 申立てその他の申述は、特別の定めがある場合を除き、書面又は口頭ですることができる。

② 口頭で申述をするには、裁判所書記官の面前で陳述をしなければならない。この場合においては、裁判所書記官は、調書を作成し、記名押印しなければならない。

（当事者が裁判所に提出すべき書面の記載事項）

第二条① 訴状、準備書面その他の当事者又は代理人が裁判所に提出すべき書面には、次に掲げる事項を記載し、当事者又は代理人が記名押印するものとする。

一 当事者の氏名又は名称及び住所並びに代理人の氏名及び住所
二 事件の表示
三 附属書類の表示
四 年月日
五 裁判所の表示

② 前項の規定にかかわらず、当事者又は代理人からその住所を記載した同項の書面が提出されているときは、以後裁判所に提出する同項の書面については、これを記載することを要しない。

（裁判所に提出すべき書面のファクシミリによる提出）

第三条① 裁判所に提出すべき書面は、次に掲げるものを除き、ファクシミリを利用して送信することにより提出することができる。

一 民事訴訟費用等に関する法律（昭和四十六年法律第四十号）の規定により手数料を納付しなければならない申立てに係る書面
二 その提出により訴訟手続の開始、続行、停止又は完結をさせる書面（前号に該当する書面を除く。）
三 法定代理権、訴訟行為をするのに必要な授権又は訴訟代理人の権限を証明する書面その他の訴訟手続上重要な事項を証明する書面
四 上告理由書、上告受理申立て理由書その他これらに準ずる理由書

② ファクシミリを利用して書面が提出されたときは、裁判所が受信した時に、当該書面が裁判所に提出されたものとみなす。

③ 裁判所は、前項に規定する場合において、必要があると認めるときは、提出者に対し、送信に使用した書面を提出させることができる。

（裁判所に提出する書面に記載した情報の電磁的方法による提供等）

第三条の二① 裁判所は、判決書の作成に用いる場合その他必要があると認める場合において、書面を裁判所に提出した者又は提出しようとする者が当該書面に記載した情報の内容を記録した電磁的記録（電子的方式、磁気的方式その他人の知覚によっては認識することができない方式で作られる記録であって、電子計算機による情報処理の用に供されるものをいう。以下この項において同じ。）を有しているときは、その者に対し、当該電磁的記録に記録された情報を電磁的方法（電子情報処理組織を使用する方法その他の情報通信の技術を利用する方法をいう。）であって裁判所の定めるものにより裁判所に提供することを求めることができる。

② 裁判所は、書面を送付しようとするときその他必要があると

認めるときは、当該書面を裁判所に提出した者又は提出しようとする者に対し、その写しを提出することを求めることができる。

（催告及び通知）

第四条① 民事訴訟に関する手続における催告及び通知は、相当と認める方法によることができる。

② 裁判所書記官は、催告又は通知をしたときは、その旨及び催告又は通知の方法を訴訟記録上明らかにしなければならない。

③ 催告は、これを受けるべき者の所在が明らかでないとき、又はその者が外国に在るときは、催告すべき事項を公告してすれば足りる。この場合には、その公告は、催告すべき事項を記載した書面を裁判所の掲示場その他裁判所内の公衆の見やすい場所に掲示して行う。

④ 前項の規定による催告は、公告をした日から一週間を経過した時にその効力を生ずる。

⑤ この規則の規定による通知（第四十六条（公示送達の方法）第二項の規定による通知を除く。）は、これを受けるべき者の所在が明らかでないとき、又はその者が外国に在るときは、することを要しない。この場合においては、裁判所書記官は、その事由を訴訟記録上明らかにしなければならない。

⑥ 当事者その他の関係人に対する通知は、裁判所書記官にさせることができる。

（訴訟書類の記載の仕方）

第五条 訴訟書類は、簡潔な文章で整然かつ明瞭に記載しなければならない。

第二章 裁判所

第一節 管轄

（普通裁判籍所在地の指定・法第四条）

第六条 民事訴訟法（平成八年法律第百九号。以下「法」という。）第四条（普通裁判籍による管轄）第三項の最高裁判所規則で定める地は、東京都千代田区とする。

（管轄裁判所が定まらない場合の裁判籍所在地の指定・法第十条の二）

第六条の二 法第十条の二（管轄裁判所の特例）の最高裁判所規則で定める地は、東京都千代田区とする。

（移送の申立ての方式・法第十六条等）

第七条① 移送の申立ては、期日においてする場合を除き、書面でしなければならない。

② 前項の申立てをするときは、申立ての理由を明らかにしなければならない。

（裁量移送における取扱い・法第十七条等）

第八条① 法第十七条（遅滞を避ける等のための移送）、第十八条（簡易裁判所の裁量移送）又は第二十条の二（特許権等に関する訴え等に係る訴訟の移送）の申立てがあったときは、裁判所は、相手方の意見を聴いて決定をするものとする。

② 裁判所は、職権により法第十七条、第十八条又は第二十条の二の規定による移送の決定をするときは、当事者の意見を聴くことができる。

（移送による記録の送付・法第二十二条）

第九条 移送の裁判が確定したときは、移送の裁判をした裁判所の裁判所書記官は、移送を受けた裁判所の裁判所書記官に対し、訴訟記録を送付しなければならない。

第二節 裁判所職員の除斥、忌避及び回避

（除斥又は忌避の申立ての方式等・法第二十三条等）

第一〇条① 裁判官に対する除斥又は忌避の申立ては、その原因を明示して、裁判官の所属する裁判所にしなければならない。

② 前項の申立ては、期日においてする場合を除き、書面でしなければならない。

③ 除斥又は忌避の原因は、申立てをした日から三日以内に疎明しなければならない。法第二十四条（裁判官の忌避）第二項ただし書に規定する事実についても、同様とする。

（除斥又は忌避についての裁判官の意見陳述・法第二十五条）

第一一条 裁判官は、その除斥又は忌避の申立てについて意見を述べることができる。

（裁判官の回避）

第一二条 裁判官は、法第二十三条（裁判官の除斥）第一項又は第二十四条（裁判官の忌避）第一項に規定する場合には、監督権を有する裁判所の許可を得て、回避することができる。

（裁判所書記官への準用等・法第二十七条）

第一三条 この節の規定は、裁判所書記官について準用する。この場合において、簡易裁判所の裁判所書記官の回避の許可は、その裁判所書記官の所属する裁判所の裁判所法（昭和二十二年法律第五十九号）第三十七条（司法行政事務）に規定する裁判官がする。

第三章 当事者

第一節 当事者能力及び訴訟能力

（法人でない社団等の当事者能力の判断資料の提出・法第二十九条）

第一四条 裁判所は、法人でない社団又は財団で代表者又は管理人の定めがあるものとして訴え、又は訴えられた当事者に対し、定款その他の当該当事者の当事者能力を判断するために必要な資料を提出させることができる。

（法定代理権等の証明・法第三十四条）

第一五条 法定代理権又は訴訟行為をするのに必要な授権は、書面で証明しなければならない。選定当事者の選定及び変更についても、同様とする。

（特別代理人の選任及び改任の裁判の告知・法第三十五条）

第一六条 特別代理人の選任及び改任の裁判は、特別代理人にも告知しなければならない。

（法定代理権の消滅等の届出・法第三十六条）

第一七条 法定代理権の消滅の通知をした者は、その旨を裁判所に書面で届け出なければならない。選定当事者の選定の取消し及び変更の通知をした者についても、同様とする。

（法人の代表者等への準用・法第三十七条）

第一八条 この規則中法定代理及び法定代理人に関する規定は、法人の代表者及び法人でない社団又は財団でその名において訴え、又は訴えられることができるものの代表者又は管理人について準用する。

第二節 共同訴訟

（同時審判の申出の撤回等・法第四十一条）

第一九条① 法第四十一条（同時審判の申出がある共同訴訟）第一項の申出は、控訴審の口頭弁論の終結の時までは、いつでも撤回することができる。

② 前項の申出及びその撤回は、期日においてする場合を除き、書面でしなければならない。

第三節 訴訟参加

（補助参加の申出書の送達等・法第四十三条等）

第二〇条① 補助参加の申出書は、当事者双方に送達しなければならない。

② 前項に規定する送達は、補助参加の申出をした者から提出された副本によってする。

③ 前項の規定は、法第四十七条（独立当事者参加）第一項及び第五十二条（共同訴訟参加）第一項の規定による参加の申出書の送達について準用する。

（訴訟引受けの申立ての方式・法第五十条等）

第二一条 訴訟引受けの申立ては、期日においてする場合を除き、書面でしなければならない。

（訴訟告知書の送達等・法第五十三条）

第二二条① 訴訟告知書は、訴訟告知を受けるべき者に送達しなければならない。

② 前項に規定する送達は、訴訟告知をした当事者から提出され

た副本によってする。

③　裁判所は、第一項の書面を相手方に送付しなければならない。

第四節　訴訟代理人

（**訴訟代理権の証明等・法第五十四条等**）

第二三条①　訴訟代理人の権限は、書面で証明しなければならない。

②　前項の書面が私文書であるときは、裁判所は、公証人その他の認証の権限を有する公務員の認証を受けるべきことを訴訟代理人に命ずることができる。

③　訴訟代理人の権限の消滅の通知をした者は、その旨を裁判所に書面で届け出なければならない。

（**連絡担当訴訟代理人の選任等**）

第二三条の二①　当事者の一方につき訴訟代理人が数人あるとき（共同訴訟人間で訴訟代理人を異にするときを含む。）は、訴訟代理人は、その中から、連絡を担当する訴訟代理人（以下この条において「連絡担当訴訟代理人」という。）を選任することができる。

②　連絡担当訴訟代理人は、これを選任した訴訟代理人のために、裁判所及び相手方との間の連絡、争点及び証拠の整理の準備、和解条項案の作成その他審理が円滑に行われるために必要な行為をすることができる。ただし、訴訟行為については、この限りでない。

③　連絡担当訴訟代理人を選任した訴訟代理人は、その旨を裁判所に書面で届け出るとともに、相手方に通知しなければならない。

第四章　訴訟費用

第一節　訴訟費用の負担

（**訴訟費用額の確定等を求める申立ての方式等・法第七十一条等**）

第二四条①　法第七十一条（訴訟費用額の確定手続）第一項、第七十二条（和解の場合の費用額の確定手続）又は第七十三条（訴訟が裁判及び和解によらないで完結した場合等の取扱い）第一項の申立ては、書面でしなければならない。

②　前項の申立てにより訴訟費用又は和解の費用（以下この節において「訴訟費用等」という。）の負担の額を定める処分を求めるときは、当事者は、費用計算書及び費用額の疎明に必要な書面を裁判所書記官に提出するとともに、同項の書面及び費用計算書について第四十七条（書類の送付）第一項の直送をしなければならない。

（**相手方への催告等・法第七十一条等**）

第二五条①　裁判所書記官は、訴訟費用等の負担の額を定める処分をする前に、相手方に対し、費用計算書及び費用額の疎明に必要な書面並びに申立人の費用計算書の記載内容についての陳述を記載した書面を、一定の期間内に提出すべき旨を催告しなければならない。ただし、相手方のみが訴訟費用等を負担する場合において、記録上申立人の訴訟費用等についての負担の額が明らかなときは、この限りでない。

②　相手方が前項の期間内に費用計算書又は費用額の疎明に必要な書面を提出しないときは、裁判所書記官は、申立人の費用のみについて、訴訟費用等の負担の額を定める処分をすることができる。ただし、相手方が訴訟費用等の負担の額を定める処分を求める申立てをすることを妨げない。

（**費用額の確定処分の方式・法第七十一条等**）

第二六条　訴訟費用等の負担の額を定める処分は、これを記載した書面を作成し、その書面に処分をした裁判所書記官が記名押印してしなければならない。

（**法第七十一条第二項の最高裁判所規則で定める場合**）

第二七条　法第七十一条（訴訟費用額の確定手続）第二項の最高裁判所規則で定める場合は、相手方が第二十五条（相手方への催告等）第一項の期間内に同項の費用計算書又は費用額の疎明に必要な書面を提出しない場合とする。

（**費用額の確定処分の更正の申立ての方式・法第七十四条**）

第二八条　訴訟費用等の負担の額を定める処分の更正の申立ては、書面でしなければならない。

第二節　訴訟費用の担保

（**法第七十六条の最高裁判所規則で定める担保提供の方法**）

第二九条①　法第七十六条（担保提供の方法）の規定による担保は、裁判所の許可を得て、担保を立てるべきことを命じられた者が銀行、保険会社、株式会社商工組合中央金庫、農林中央金庫、全国を地区とする信用金庫連合会、信用金庫又は労働金庫（以下この条において「銀行等」という。）との間において次に掲げる要件を満たす支払保証委託契約を締結する方法によって立てることができる。

一　銀行等は、担保を立てるべきことを命じられた者のために、裁判所が定めた金額を限度として、担保に係る訴訟費用償還請求権についての債務名義又はその訴訟費用償還請求権の存在を確認するもので、確定判決と同一の効力を有するものに表示された額の金銭を担保権利者に支払うものであること。

二　担保取消しの決定が確定した時に契約の効力が消滅するものであること。

三　契約の変更又は解除をすることができないものであること。

四　担保権利者の申出があったときは、銀行等は、契約が締結されたことを証する文書を担保権利者に交付するものであること。

②　前項の規定は、法第八十一条（他の法令による担保への準用）、第二百五十九条（仮執行の宣言）第六項（法において準用する場合を含む。）、第三百七十六条（仮執行の宣言）第二項及び第四百五条（担保の提供）第二項（他の法令において準用する場合を含む。）並びに他の法令において準用する法第七十六条（担保提供の方法）の最高裁判所規則で定める担保提供の方法について準用する。この場合において、前項第一号中「訴訟費用償還請求権」とあるのは「請求権」と、「確認するもので、確定判決」とあるのは「確認する確定判決若しくはこれ」と読み替えるものとする。

第三節　訴訟上の救助

（**救助の申立ての方式等・法第八十二条**）

第三〇条①　訴訟上の救助の申立ては、書面でしなければならない。

②　訴訟上の救助の事由は、疎明しなければならない。

第五章　訴訟手続

第一節　訴訟の審理等

（**受命裁判官の指定及び裁判所の嘱託の手続**）

第三一条①　受命裁判官にその職務を行わせる場合には、裁判長がその裁判官を指定する。

②　裁判所がする嘱託の手続は、特別の定めがある場合を除き、裁判所書記官がする。

（**和解のための処置・法第八十九条**）

第三二条①　裁判所又は受命裁判官若しくは受託裁判官は、和解のため、当事者本人又はその法定代理人の出頭を命ずることができる。

②　裁判所又は受命裁判官若しくは受託裁判官は、相当と認めるときは、裁判所外において和解をすることができる。

（**訴訟記録の正本等の様式・法第九十一条等**）

第三三条　訴訟記録の正本、謄本又は抄本には、正本、謄本又は抄本であることを記載し、裁判所書記官が記名押印しなければならない。

（**訴訟記録の閲覧等の請求の方式等・法第九十一条**）

第三三条の二①　訴訟記録の閲覧若しくは謄写、その正本、謄本若しくは抄本の交付、その複製又は訴訟に関する事項の証明書の交付の請求は、書面でしなければならない。

②前項の請求（訴訟に関する事項の証明書の交付の請求を除く。）は、訴訟記録中の当該請求に係る部分を特定するに足りる事項を明らかにしてしなければならない。

③訴訟記録の閲覧又は謄写は、その対象となる書面を提出した者からその写しが提出された場合には、提出された写しによってさせることができる。

（閲覧等の制限の申立ての方式等・法第九十二条）

第三四条① 秘密記載部分の閲覧等の請求をすることができる者を当事者に限る決定を求める旨の申立ては、書面で、かつ、訴訟記録中の秘密記載部分を特定してしなければならない。

②前項の決定においては、訴訟記録中の秘密記載部分を特定しなければならない。

第二節　専門委員等

第一款　専門委員

（進行協議期日における専門委員の関与・法第九十二条の二）

第三四条の二① 法第九十二条の二（専門委員の関与）第一項の決定があった場合には専門委員の説明は、裁判長が進行協議期日において口頭でさせることができる。

②法第九十二条の三（音声の送受信による通話の方法による専門委員の関与）の規定は、前項の規定による進行協議期日における専門委員の説明について準用する。

（専門委員の説明に関する期日外における取扱い・法第九十二条の二）

第三四条の三① 裁判長が期日外において専門委員に説明を求めた場合において、その説明を求めた事項が訴訟関係を明瞭にする上で重要な事項であるときは、裁判所書記官は、当事者双方に対し、当該事項を通知しなければならない。

②専門委員が期日外において説明を記載した書面を提出したときは、裁判所書記官は、当事者双方に対し、その写しを送付しなければならない。

（証拠調べ期日における裁判長の措置等・法第九十二条の二）

第三四条の四① 裁判長は、法第九十二条の二（専門委員の関与）第二項の規定により専門委員が手続に関与する場合において、証人尋問の期日において専門委員に説明をさせるに当たり、必要があると認めるときは、当事者の意見を聴いて、専門委員の説明が証人の証言に影響を及ぼさないための証人の退廷その他適当な措置を採ることができる。

②当事者は、裁判長に対し、前項の措置を採ることを求めることができる。

（当事者の意見陳述の機会の付与・法第九十二条の二）

第三四条の五 裁判所は、当事者に対し、専門委員がした説明について意見を述べる機会を与えなければならない。

（専門委員に対する準備の指示等・法第九十二条の二）

第三四条の六① 裁判長は、法第九十二条の二（専門委員の関与）又は第三十四条の二（進行協議期日における専門委員の関与）の規定により専門委員に説明をさせるに当たり、必要があると認めるときは、専門委員に対し、係争物の現況の確認その他の準備を指示することができる。

②裁判長が前項に規定する指示をしたときは、裁判所書記官は、当事者双方に対し、その旨及びその内容を通知するものとする。

（音声の送受信による通話の方法による専門委員の関与・法第九十二条の三）

第三四条の七① 法第九十二条の二（専門委員の関与）第一項又は第二項の期日において、法第九十二条の三（音声の送受信による通話の方法による専門委員の関与）に規定する方法によって専門委員に説明又は発問をさせるときは、裁判所は、通話者及び通話先の場所の確認をしなければならない。

②専門委員に前項の説明又は発問をさせたときは、その旨及び通話先の電話番号を調書に記載しなければならない。この場合においては、通話先の電話番号に加えてその場所を記載することができる。

③第一項の規定は、法第九十二条の二第三項の期日又は進行協議期日において第一項の方法によって専門委員に説明をさせる場合について準用する。

（専門委員の関与の決定の取消しの申立ての方式等・法第九十二条の四）

第三四条の八① 専門委員を手続に関与させる決定の取消しの申立ては、期日においてする場合を除き、書面でしなければならない。

②前項の申立てをするときは、申立ての理由を明らかにしなければならない。ただし、当事者双方が同時に申立てをするときは、この限りでない。

（専門委員の除斥、忌避及び回避・法第九十二条の六）

第三四条の九 第十条から第十二条まで（除斥又は忌避の申立ての方式等、除斥又は忌避についての裁判官の意見陳述及び裁判官の回避）の規定は、専門委員について準用する。

（受命裁判官等の権限・法第九十二条の七）

第三四条の一〇 受命裁判官又は受託裁判官が法第九十二条の二（専門委員の関与）各項の手続を行う場合には、第三十四条の二（進行協議期日における専門委員の関与）、第三十四条の四（証拠調べ期日における裁判長の措置等）、第三十四条の五（当事者の意見陳述の機会の付与）、第三十四条の六（専門委員に対する準備の指示等）第一項並びに第三十四条の七（音声の送受信による通話の方法による専門委員の関与）第一項及び第三項の規定による裁判所及び裁判長の職務は、その裁判官が行う。

第二款　知的財産に関する事件における裁判所調査官の除斥、忌避及び回避

（除斥、忌避及び回避に関する規定の準用・法第九十二条の九）

第三四条の一一 第十条から第十二条まで（除斥又は忌避の申立ての方式等、除斥又は忌避についての裁判官の意見陳述及び裁判官の回避）の規定は、法第九十二条の八（知的財産に関する事件における裁判所調査官の事務）の事務を行う裁判所調査官について準用する。

第三節　期日及び期間

（受命裁判官等の期日指定・法第九十三条）

第三五条 受命裁判官又は受託裁判官が行う手続の期日は、その裁判官が指定する。

（期日変更の申立て・法第九十三条）

第三六条 期日の変更の申立ては、期日の変更を必要とする事由を明らかにしてしなければならない。

（期日変更の制限・法第九十三条）

第三七条 期日の変更は、次に掲げる事由に基づいては許してはならない。ただし、やむを得ない事由があるときは、この限りでない。

一　当事者の一方につき訴訟代理人が数人ある場合において、その一部の代理人について変更の事由が生じたこと。

二　期日指定後にその期日と同じ日時が他の事件の期日に指定されたこと。

（裁判長等が定めた期間の伸縮・法第九十六条）

第三八条 裁判長、受命裁判官又は受託裁判官は、その定めた期間を伸長し、又は短縮することができる。

第四節　送達等

（送達に関する事務の取扱いの嘱託・法第九十八条）

第三九条 送達に関する事務の取扱いは、送達地を管轄する地方裁判所の裁判所書記官に嘱託することができる。

（送達すべき書類等・法第百一条）

第四〇条① 送達すべき書類は、特別の定めがある場合を除き、

当該書類の謄本又は副本とする。

② 送達すべき書類の提出に代えて調書を作成したときは、その調書の謄本又は抄本を交付して送達をする。

（送達場所等の届出の方式・法第百四条）

第四一条① 送達を受けるべき場所の届出及び送達受取人の届出は、書面でしなければならない。

② 前項の届出は、できる限り、訴状、答弁書又は支払督促に対する督促異議の申立書に記載してしなければならない。

③ 送達を受けるべき場所を届け出る書面には、届出場所が就業場所であることその他の当事者、法定代理人又は訴訟代理人と届出場所との関係を明らかにする事項を記載しなければならない。

（送達場所等の変更の届出・法第百四条）

第四二条① 当事者、法定代理人又は訴訟代理人は、送達を受けるべき場所として届け出た場所又は送達受取人として届け出た者を変更する届出をすることができる。

② 前条（送達場所等の届出の方式）第一項及び第三項の規定は、前項に規定する変更の届出について準用する。

（就業場所における補充送達の通知・法第百六条）

第四三条 法第百六条（補充送達及び差置送達）第二項の規定による補充送達がされたときは、裁判所書記官は、その旨を送達を受けた者に通知しなければならない。

（書留郵便に付する送達の通知・法第百七条）

第四四条 法第百七条（書留郵便に付する送達）第一項又は第二項の規定による書留郵便に付する送達をしたときは、裁判所書記官は、その旨及び当該書類について書留郵便に付して発送した時に送達があったものとみなされることを送達を受けた者に通知しなければならない。

（受命裁判官等の外国における送達の権限・法第百八条）

第四五条 受命裁判官又は受託裁判官が行う手続において外国における送達をすべきときは、その裁判官も法第百八条（外国における送達）に規定する嘱託をすることができる。

（公示送達の方法・法第百十一条）

第四六条① 呼出状の公示送達は、呼出状を掲示場に掲示してする。

② 裁判所書記官は、公示送達があったことを官報又は新聞紙に掲載することができる。外国においてすべき送達については、裁判所書記官は、官報又は新聞紙への掲載に代えて、公示送達があったことを通知することができる。

（書類の送付）

第四七条① 直送（当事者の相手方に対する直接の送付をいう。以下同じ。）その他の送付は、送付すべき書類の写しの交付又はその書類のファクシミリを利用しての送信によってする。

② 裁判所が当事者その他の関係人に対し送付すべき書類の送付に関する事務は、裁判所書記官が取り扱う。

③ 裁判所が当事者の提出に係る書類の相手方への送付をしなければならない場合（送達をしなければならない場合を除く。）において、当事者がその書類について直送をしたときは、その送付は、することを要しない。

④ 当事者が直送をしなければならない書類について、直送を困難とする事由その他相当とする事由があるときは、当該当事者は、裁判所に対し、当該書類の相手方への送付（準備書面については、送達又は送付）を裁判所書記官に行わせるよう申し出ることができる。

⑤ 当事者から前項の書類又は裁判所が当事者に対し送付すべき書類の直送を受けた相手方は、当該書類を受領した旨を記載した書面について直送をするとともに、当該書面を裁判所に提出しなければならない。ただし、同項の書類又は裁判所が当事者に対し送付すべき書類の直送をした当事者が、受領した旨を相手方が記載した当該書類を裁判所に提出したときは、この限りでない。

第五節　裁判

（判決確定証明書・法第百十六条）

第四八条① 第一審裁判所の裁判所書記官は、当事者又は利害関係を疎明した第三者の請求により、訴訟記録に基づいて判決の確定についての証明書を交付する。

② 訴訟がなお上訴審に係属中であるときは、前項の規定にかかわらず、上訴裁判所の裁判所書記官が、判決の確定した部分のみについて同項の証明書を交付する。

（法第百十七条第一項の訴えの訴状の添付書類）

第四九条 法第百十七条（定期金による賠償を命じた確定判決の変更を求める訴え）第一項の訴えの訴状には、変更を求める確定判決の写しを添付しなければならない。

（決定及び命令の方式等・法第百十九条等）

第五〇条① 決定書及び命令書には、決定又は命令をした裁判官が記名押印しなければならない。

② 決定又は命令の告知がされたときは、裁判所書記官は、その旨及び告知の方法を訴訟記録上明らかにしなければならない。

③ 決定及び命令には、前二項に規定するほか、その性質に反しない限り、判決に関する規定を準用する。

（調書決定）

第五〇条の二 最高裁判所が決定をする場合において、相当と認めるときは、決定書の作成に代えて、決定の内容を調書に記載させることができる。

第六節　訴訟手続の中断

（訴訟手続の受継の申立ての方式・法第百二十四条等）

第五一条① 訴訟手続の受継の申立ては、書面でしなければならない。

② 前項の書面には、訴訟手続を受け継ぐ者が法第百二十四条（訴訟手続の中断及び受継）第一項各号に定める者であることを明らかにする資料を添付しなければならない。

（訴訟代理人による中断事由の届出・法第百二十四条）

第五二条 法第百二十四条（訴訟手続の中断及び受継）第一項各号に掲げる事由が生じたときは、訴訟代理人は、その旨を裁判所に書面で届け出なければならない。

第六章　訴えの提起前における証拠収集の処分等

（予告通知の書面の記載事項等・法第百三十二条の二）

第五二条の二① 予告通知の書面には、法第百三十二条の二（訴えの提起前における照会）第三項に規定する請求の要旨及び紛争の要点を記載するほか、次に掲げる事項を記載し、予告通知をする者又はその代理人が記名押印するものとする。

一 予告通知をする者及び予告通知の相手方の氏名又は名称及び住所並びにそれらの代理人の氏名及び住所

二 予告通知の年月日

三 法第百三十二条の二第一項の規定による予告通知である旨

② 前項の請求の要旨及び紛争の要点は、具体的に記載しなければならない。

③ 予告通知においては、できる限り、訴えの提起の予定時期を明らかにしなければならない。

（予告通知に対する返答の書面の記載事項等・法第百三十二条の三）

第五二条の三① 予告通知に対する返答の書面には、法第百三十二条の三（訴えの提起前における照会）第一項に規定する答弁の要旨を記載するほか、前条（予告通知の書面の記載事項等）第一項第一号に規定する事項、返答の年月日及び法第百三十二条の三第一項の規定による返答である旨を記載し、その返答をする者又はその代理人が記名押印するものとする。

② 前項の答弁の要旨は、具体的に記載しなければならない。

（訴えの提起前における照会及び回答の書面の記載事項等・法第百三十二条の二等）

第五二条の四① 法第百三十二条の二（訴えの提起前における照会）第一項の規定による照会及びこれに対する回答は、照会の書面及び回答の書面を相手方に送付してする。この場合において、相手方に代理人があるときは、照会の書面は、当該代理人に対し送付するものとする。

② 前項の照会の書面には、次に掲げる事項を記載し、照会をする者又はその代理人が記名押印するものとする。

一 照会をする者及び照会を受ける者並びにそれらの代理人の氏名

二 照会の根拠となる予告通知の表示

三 照会の年月日

四 照会をする事項（以下この条において「照会事項」という。）及びその必要性

五 法第百三十二条の二第一項の規定により照会をする旨

六 回答すべき期間

七 照会をする者の住所、郵便番号及びファクシミリの番号

③ 第一項の回答の書面には、前項第一号及び第二号に掲げる事項、回答の年月日並びに照会事項に対する回答を記載し、照会を受けた者又はその代理人が記名押印するものとする。この場合において、照会事項中に法第百三十二条の二第一項第一号に掲げる照会に該当することを理由としてその回答を拒絶するものがあるときは、法第百六十三条（当事者照会）各号のいずれに該当するかをも、法第百三十二条の二第一項第二号又は第三号に掲げる照会に該当することを理由としてその回答を拒絶するものがあるときは、そのいずれに該当するかをも記載するものとする。

④ 照会事項は、項目を分けて記載するものとし、照会事項に対する回答は、できる限り、照会事項の項目に対応させて、かつ、具体的に記載するものとする。

⑤ 前各項の規定は、法第百三十二条の三（訴えの提起前における照会）第一項の規定による照会及びこれに対する回答について準用する。

（証拠収集の処分の申立ての方式・法第百三十二条の四）

第五二条の五① 法第百三十二条の四（訴えの提起前における証拠収集の処分）第一項各号の処分の申立ては、書面でしなければならない。

② 前項の書面には、次に掲げる事項を記載しなければならない。

一 申立ての根拠となる申立人がした予告通知又は返答の相手方（以下この章において単に「相手方」という。）の氏名又は名称及び住所

二 申立てに係る処分の内容

三 申立ての根拠となる申立人又は相手方がした予告通知（以下この項並びに次条（証拠収集の処分の申立書の添付書類）第一項各号及び第二項において単に「予告通知」という。）に係る請求の要旨及び紛争の要点

四 予告通知に係る訴えが提起された場合に立証されるべき事実及びこれと申立てに係る処分により得られる証拠となるべきものとの関係

五 申立人が前号の証拠となるべきものを自ら収集することが困難である事由

六 予告通知がされた日から四月の不変期間内にされた申立てであること又はその期間の経過後に申立てをすることについて相手方の同意があること。

③ 第一項の書面には、前項各号に掲げる事項のほか、次の各号に掲げる場合の区分に応じ、それぞれ当該各号に定める事項を記載しなければならない。

一 法第百三十二条の四第一項第一号の処分の申立てをする場合　当該文書の所持者の居所

二 法第百三十二条の四第一項第二号の処分の申立てをする場合　当該嘱託を受けるべき同号に規定する官公署等の所在地

三 法第百三十二条の四第一項第三号の処分の申立てをする場合であって、その申立てが特定の物についての意見の陳述の嘱託に係る場合　当該特定の物の所在地

四 法第百三十二条の四第一項第四号の処分の申立てをする場合　当該調査に係る物の所在地

④ 法第百三十二条の四第一項第一号の処分の申立てにおける第二項第二号に掲げる事項の記載は、送付を求める文書（法第二百三十一条（文書に準ずる物件への準用）に規定する物件を含む。）を特定するに足りる事項を明らかにしてしなければならない。法第百三十二条の四第一項第三号又は第四号の処分の申立てにおける前項第三号又は第四号に定める物についても、同様とする。

⑤ 法第百三十二条の四第一項第二号又は第四号の処分の申立てにおける第二項第二号に掲げる事項の記載は、調査を求める事項を明らかにしてしなければならない。同条第一項第三号の処分の申立てにおける意見の陳述を求める事項についても、同様とする。

⑥ 第二項第五号の事由は、疎明しなければならない。

（証拠収集の処分の申立書の添付書類・法第百三十二条の四）

第五二条の六① 前条（証拠収集の処分の申立ての方式）第一項の書面（以下この条において「申立書」という。）には、次に掲げる書類を添付しなければならない。

一 予告通知の書面の写し

二 予告通知がされた日から四月の不変期間が経過しているときは、前条第二項第六号の相手方の同意を証する書面

② 予告通知に対する返答をした被予告通知者が法第百三十二条の四（訴えの提起前における証拠収集の処分）第一項の処分の申立てをするときは、当該申立書には、前項各号に掲げる書類のほか、当該返答の書面の写しを添付しなければならない。

③ 法第百三十二条の四第一項第三号の処分の申立てをする場合において、当該処分が特定の物についての意見の陳述を嘱託するものであり、かつ、当該特定の物に関する権利が登記又は登録をすることができるものであるときは、当該申立書には、当該特定の物の登記事項証明書又は登録原簿に記載されている事項を証明した書面を添付しなければならない。同項第四号の処分の申立てをする場合において、調査に係る物に関する権利が登記又は登録をすることができるものであるときも、同様とする。

（証拠収集の処分の手続等・法第百三十二条の六）

第五二条の七① 裁判所は、必要があると認めるときは、嘱託を受けるべき者その他参考人の意見を聴くことができる。

② 法第百三十二条の四（訴えの提起前における証拠収集の処分）第一項第一号に規定する文書の送付は、原本、正本又は認証のある謄本のほか、裁判所が嘱託を受けるべき者の負担その他の事情を考慮して相当と認めるときは、写しですることができる。

③ 第百三条（外国における証拠調べの嘱託の手続）の規定は、法第百三十二条の六（証拠収集の処分の手続等）第五項において準用する法第百八十四条（外国における証拠調べ）第一項の規定により外国においてすべき法第百三十二条の四第一項第一号から第三号までの処分に係る嘱託の手続について準用する。

④ 執行官は、法第百三十二条の四第一項第四号の調査をするに当たっては、当該調査を実施する日時及び場所を定め、申立人及び相手方に対し、その日時及び場所を通知しなければならない。

⑤ 第四条（催告及び通知）第一項、第二項及び第五項の規定は、前項に規定する通知について準用する。この場合において、同条第二項及び第五項中「裁判所書記官」とあるのは「執行官」と、「訴訟記録上」とあるのは「報告書において」と読み替えるものとする。

⑥ 法第百三十二条の四第一項第四号の調査の結果に関する報告書には、調査をした執行官の氏名、調査に係る物の表示、調査に着手した日時及びこれを終了した日時、調査をした場所、調査に立ち会った者があるときはその氏名、調査を命じられた事項並びに調査の結果を記載しなければならない。

（訴えの提起の予定の有無等の告知）

第五二条の八 予告通知者は、予告通知をした日から四月が経過したとき、又はその経過前であっても被予告通知者の求めがあるときは、被予告通知者に対し、その予告通知に係る訴えの提起の予定の有無及びその予定時期を明らかにしなければならない。

第二編 第一審の訴訟手続

第一章 訴え

（訴状の記載事項・法第百三十三条）

第五三条① 訴状には、請求の趣旨及び請求の原因（請求を特定するのに必要な事実をいう。）を記載するほか、請求を理由づける事実を具体的に記載し、かつ、立証を要する事由ごとに、当該事実に関連する事実で重要なもの及び証拠を記載しなければならない。

② 訴状に事実についての主張を記載するには、できる限り、請求を理由づける事実についての主張と当該事実に関連する事実についての主張とを区別して記載しなければならない。

③ 攻撃又は防御の方法を記載した訴状は、準備書面を兼ねるものとする。

④ 訴状には、第一項に規定する事項のほか、原告又はその代理人の郵便番号及び電話番号（ファクシミリの番号を含む。）を記載しなければならない。

（訴えの提起前に証拠保全が行われた場合の訴状の記載事項）

第五四条 訴えの提起前に証拠保全のための証拠調べが行われたときは、訴状には、前条（訴状の記載事項）第一項及び第四項に規定する事項のほか、その証拠調べを行った裁判所及び証拠保全事件の表示を記載しなければならない。

（訴状の添付書類）

第五五条① 次の各号に掲げる事件の訴状には、それぞれ当該各号に定める書類を添付しなければならない。

一 不動産に関する事件　登記事項証明書

二 手形又は小切手に関する事件　手形又は小切手の写し

② 前項に規定するほか、訴状には、立証を要する事由につき、証拠となるべき文書の写し（以下「書証の写し」という。）で重要なものを添付しなければならない。

（訴状の補正の促し・法第百三十七条）

第五六条 裁判長は、訴状の記載について必要な補正を促す場合には、裁判所書記官に命じて行わせることができる。

（訴状却下命令に対する即時抗告・法第百三十七条等）

第五七条 訴状却下の命令に対し即時抗告をするときは、抗告状には、却下された訴状を添付しなければならない。

（訴状の送達等・法第百三十八条等）

第五八条① 訴状の送達は、原告から提出された副本によってする。

② 前項の規定は、法第百四十三条（訴えの変更）第二項（法第百四十四条（選定者に係る請求の追加）第三項及び第百四十五条（中間確認の訴え）第四項において準用する場合を含む。）の書面の送達について準用する。

（反訴・法第百四十六条）

第五九条 反訴については、訴えに関する規定を適用する。

第二章 口頭弁論及びその準備

第一節 口頭弁論

（最初の口頭弁論期日の指定・法第百三十九条）

第六〇条① 訴えが提起されたときは、裁判長は、速やかに、口頭弁論の期日を指定しなければならない。ただし、事件を弁論準備手続に付する場合（付することについて当事者に異議がないときに限る。）又は書面による準備手続に付する場合は、この限りでない。

② 前項の期日は、特別の事由がある場合を除き、訴えが提起された日から三十日以内の日に指定しなければならない。

（最初の口頭弁論期日前における参考事項の聴取）

第六一条① 裁判長は、最初にすべき口頭弁論の期日前に、当事者から、訴訟の進行に関する意見その他訴訟の進行について参考とすべき事項の聴取をすることができる。

② 裁判長は、前項の聴取をする場合には、裁判所書記官に命じて行わせることができる。

（口頭弁論期日の開始）

第六二条 口頭弁論の期日は、事件の呼上げによって開始する。

（期日外釈明の方法・法第百四十九条）

第六三条① 裁判長又は陪席裁判官は、口頭弁論の期日外において、法第百四十九条（釈明権等）第一項又は第二項の規定による釈明のための処置をする場合には、裁判所書記官に命じて行わせることができる。

② 裁判長又は陪席裁判官が、口頭弁論の期日外において、攻撃又は防御の方法に重要な変更を生じ得る事項について前項の処置をしたときは、裁判所書記官は、その内容を訴訟記録上明らかにしなければならない。

（口頭弁論期日の変更の制限）

第六四条 争点及び証拠の整理手続を経た事件についての口頭弁論の期日の変更は、事実及び証拠についての調査が十分に行われていないことを理由としては許してはならない。

（訴訟代理人の陳述禁止等の通知・法第百五十五条）

第六五条 裁判所が訴訟代理人の陳述を禁じ、又は弁護士の付添いを命じたときは、裁判所書記官は、その旨を本人に通知しなければならない。

（口頭弁論調書の形式的記載事項・法第百六十条）

第六六条① 口頭弁論の調書には、次に掲げる事項を記載しなければならない。

一 事件の表示

二 裁判官及び裁判所書記官の氏名

三 立ち会った検察官の氏名

四 出頭した当事者、代理人、補佐人及び通訳人の氏名

五 弁論の日時及び場所

六 弁論を公開したこと又は公開しなかったときはその旨及びその理由

② 前項の調書には、裁判所書記官が記名押印し、裁判長が認印しなければならない。

③ 前項の場合において、裁判長に支障があるときは、陪席裁判官がその事由を付記して認印しなければならない。裁判官に支障があるときは、裁判所書記官がその旨を記載すれば足りる。

（口頭弁論調書の実質的記載事項・法第百六十条）

第六七条① 口頭弁論の調書には、弁論の要領を記載し、特に、次に掲げる事項を明確にしなければならない。

一 訴えの取下げ、和解、請求の放棄及び認諾並びに自白

二 法第百四十七条の三（審理の計画）第一項の審理の計画が同項の規定により定められ、又は同条第四項の規定により変更されたときは、その定められ、又は変更された内容

三 証人、当事者本人及び鑑定人の陳述

四 証人、当事者本人及び鑑定人の宣誓の有無並びに証人及び鑑定人に宣誓をさせなかった理由

五 検証の結果

六 裁判長が記載を命じた事項及び当事者の請求により記載を許した事項

七 書面を作成しないでした裁判

八 裁判の言渡し

② 前項の規定にかかわらず、訴訟が裁判によらないで完結した場合には、裁判長の許可を得て、証人、当事者本人及び鑑定人の陳述並びに検証の結果の記載を省略することができる。ただし、当事者が訴訟の完結を知った日から一週間以内にその記載をすべき旨の申出をしたときは、この限りでない。

③ 口頭弁論の調書には、弁論の要領のほか、当事者による攻撃又は防御の方法の提出の予定その他訴訟手続の進行に関する事項を記載することができる。

（調書の記載に代わる録音テープ等への記録）

第六八条① 裁判所書記官は、前条（口頭弁論調書の実質的記載

事項）第一項の規定にかかわらず、裁判長の許可があったときは、証人、当事者本人又は鑑定人（以下「証人等」という。）の陳述を録音テープ又はビデオテープ（これらに準ずる方法により一定の事項を記録することができる物を含む。以下「録音テープ等」という。）に記録し、これをもって調書の記載に代えることができる。この場合において、当事者は、裁判長が許可をする際に、意見を述べることができる。

② 前項の場合において、訴訟が完結するまでに当事者の申出があったときは、証人等の陳述を記載した書面を作成しなければならない。訴訟が上訴審に係属中である場合において、上訴裁判所が必要があると認めたときも、同様とする。

（書面等の引用添付）

第六九条 口頭弁論の調書には、書面、写真、録音テープ、ビデオテープその他裁判所において適当と認めるものを引用し、訴訟記録に添付して調書の一部とすることができる。

（陳述の速記）

第七〇条 裁判所は、必要があると認めるときは、申立てにより又は職権で、裁判所速記官その他の速記者に口頭弁論における陳述の全部又は一部を速記させることができる。

（速記録の作成）

第七一条 裁判所速記官は、前条（陳述の速記）の規定により速記した場合には、速やかに、速記原本を反訳して速記録を作成しなければならない。ただし、第七十三条（速記原本の引用添付）の規定により速記原本が調書の一部とされるときその他裁判所が速記録を作成する必要がないと認めるときは、この限りでない。

（速記録の引用添付）

第七二条 裁判所速記官が作成した速記録は、調書に引用し、訴訟記録に添付して調書の一部とするものとする。ただし、裁判所が速記録の引用を適当でないと認めるときは、この限りでない。

（速記原本の引用添付）

第七三条 証人及び当事者本人の尋問並びに鑑定人の口頭による意見の陳述については、裁判所が相当と認め、かつ、当事者が同意したときは、裁判所速記官が作成した速記原本を引用し、訴訟記録に添付して調書の一部とすることができる。

（速記原本の反訳等）

第七四条① 裁判所は、次に掲げる場合には、裁判所速記官に前条（速記原本の引用添付）の規定により調書の一部とされた速記原本を反訳して速記録を作成させなければならない。

一 訴訟記録の閲覧、謄写又はその正本、謄本若しくは抄本の交付を請求する者が反訳を請求したとき。

二 裁判官が代わったとき。

三 上訴の提起又は上告受理の申立てがあったとき。

四 その他必要があると認めるとき。

② 裁判所書記官は、前項の規定により作成された速記録を訴訟記録に添付し、その旨を当事者その他の関係人に通知しなければならない。

③ 前項の規定により訴訟記録に添付された速記録は、前条の規定により調書の一部とされた速記原本に代わるものとする。

（速記原本の訳読）

第七五条 裁判所速記官は、訴訟記録の閲覧を請求する者が調書の一部とされた速記原本の訳読を請求した場合において裁判所書記官の求めがあったときは、その訳読をしなければならない。

（口頭弁論における陳述の録音）

第七六条 裁判所は、必要があると認めるときは、申立てにより又は職権で、録音装置を使用して口頭弁論における陳述の全部又は一部を録取させることができる。この場合において、裁判所が相当と認めるときは、録音テープを反訳した調書を作成しなければならない。

（法廷における写真の撮影等の制限）

第七七条 法廷における写真の撮影、速記、録音、録画又は放送は、裁判長の許可を得なければすることができない。

（裁判所の審尋等への準用）

第七八条 法第百六十条（口頭弁論調書）及び第六十六条から前条まで（口頭弁論調書の形式的記載事項、口頭弁論調書の実質的記載事項、調書の記載に代わる録音テープ等への記録、書面等の引用添付、陳述の速記、速記録の作成、速記録の引用添付、速記原本の引用添付、速記原本の反訳等、速記原本の訳読、口頭弁論における陳述の録音及び法廷における写真の撮影等の制限）の規定は、裁判所の審尋及び口頭弁論の期日外に行う証拠調べ並びに受命裁判官又は受託裁判官が行う手続について準用する。

第二節　準備書面等

（準備書面・法第百六十一条）

第七九条① 答弁書その他の準備書面は、これに記載した事項について相手方が準備をするのに必要な期間をおいて、裁判所に提出しなければならない。

② 準備書面に事実についての主張を記載する場合には、できる限り、請求を理由づける事実、抗弁事実又は再抗弁事実についての主張とこれらに関連する事実についての主張とを区別して記載しなければならない。

③ 準備書面において相手方の主張する事実を否認する場合には、その理由を記載しなければならない。

④ 第二項に規定する場合には、立証を要する事由ごとに、証拠を記載しなければならない。

（答弁書）

第八〇条① 答弁書には、請求の趣旨に対する答弁を記載するほか、訴状に記載された事実に対する認否及び抗弁事実を具体的に記載し、かつ、立証を要する事由ごとに、当該事実に関連する事実で重要なもの及び証拠を記載しなければならない。やむを得ない事由によりこれらを記載することができない場合には、答弁書の提出後速やかに、これらを記載した準備書面を提出しなければならない。

② 答弁書には、立証を要する事由につき、重要な書証の写しを添付しなければならない。やむを得ない事由により添付することができない場合には、答弁書の提出後速やかに、これを提出しなければならない。

③ 第五十三条（訴状の記載事項）第四項の規定は、答弁書について準用する。

（答弁に対する反論）

第八一条 被告の答弁により反論を要することとなった場合には、原告は、速やかに、答弁書に記載された事実に対する認否及び再抗弁事実を具体的に記載し、かつ、立証を要することとなった事由ごとに、当該事実に関連する事実で重要なもの及び証拠を記載した準備書面を提出しなければならない。当該準備書面には、立証を要することとなった事由につき、重要な書証の写しを添付しなければならない。

（準備書面に引用した文書の取扱い）

第八二条① 文書を準備書面に引用した当事者は、裁判所又は相手方の求めがあるときは、その写しを提出しなければならない。

② 前項の当事者は、同項の写しについて直送をしなければならない。

（準備書面の直送）

第八三条 当事者は、準備書面について、第七十九条（準備書面）第一項の期間をおいて、直送をしなければならない。

（当事者照会・法第百六十三条）

第八四条① 法第百六十三条（当事者照会）の規定による照会及びこれに対する回答は、照会書及び回答書を相手方に送付してする。この場合において、相手方に代理人があるときは、照会書は、当該代理人に対し送付するものとする。

② 前項の照会書には、次に掲げる事項を記載し、当事者又は代理人が記名押印するものとする。

一　当事者及び代理人の氏名
二　事件の表示
三　訴訟の係属する裁判所の表示
四　年月日
五　照会をする事項（以下この条において「照会事項」という。）及びその必要性
六　法第百六十三条の規定により照会をする旨
七　回答すべき期間
八　照会をする者の住所、郵便番号及びファクシミリの番号

③　第一項の回答書には、前項第一号から第四号までに掲げる事項及び照会事項に対する回答を記載し、当事者又は代理人が記名押印するものとする。この場合において、照会事項中に法第百六十三条各号に掲げる照会に該当することを理由としてその回答を拒絶するものがあるときは、その条項をも記載するものとする。

④　照会事項は、項目を分けて記載するものとし、照会事項に対する回答は、できる限り、照会事項の項目に対応させて、かつ、具体的に記載するものとする。

（**調査の義務**）

第八五条　当事者は、主張及び立証を尽くすため、あらかじめ、証人その他の証拠について事実関係を詳細に調査しなければならない。

第三節　争点及び証拠の整理手続

第一款　準備的口頭弁論

（**証明すべき事実の調書記載等・法第百六十五条**）

第八六条①　裁判所は、準備的口頭弁論を終了するに当たり、その後の証拠調べによって証明すべき事実が確認された場合において、相当と認めるときは、裁判所書記官に当該事実を準備的口頭弁論の調書に記載させなければならない。

②　裁判長は、準備的口頭弁論を終了するに当たり、当事者に準備的口頭弁論における争点及び証拠の整理の結果を要約した書面を提出させる場合には、その書面の提出をすべき期間を定めることができる。

（**法第百六十七条の規定による当事者の説明の方式**）

第八七条①　法第百六十七条（準備的口頭弁論終了後の攻撃防御方法の提出）の規定による当事者の説明は、期日において口頭でする場合を除き、書面でしなければならない。

②　前項の説明が期日において口頭でされた場合には、相手方は、説明をした当事者に対し、当該説明の内容を記載した書面を交付するよう求めることができる。

第二款　弁論準備手続

（**弁論準備手続調書等・法第百七十条等**）

第八八条①　弁論準備手続の調書には、当事者の陳述に基づき、法第百六十一条（準備書面）第二項に掲げる事項を記載し、特に、証拠については、その申出を明確にしなければならない。

②　裁判所及び当事者双方が音声の送受信により同時に通話をすることができる方法によって弁論準備手続の期日における手続を行うときは、裁判所又は受命裁判官は、通話者及び通話先の場所の確認をしなければならない。

③　前項の手続を行ったときは、その旨及び通話先の電話番号を弁論準備手続の調書に記載しなければならない。この場合においては、通話先の電話番号に加えてその場所を記載することができる。

④　第一項及び前項に規定するほか、弁論準備手続の調書については、法第百六十条（口頭弁論調書）及びこの規則中口頭弁論の調書に関する規定を準用する。

（**弁論準備手続の結果の陳述・法第百七十三条**）

第八九条　弁論準備手続の終結後に、口頭弁論において弁論準備手続の結果を陳述するときは、その後の証拠調べによって証明すべき事実を明らかにしてしなければならない。

（**準備的口頭弁論の規定等の準用・法第百七十条等**）

第九〇条　第六十三条（期日外釈明の方法）及び第六十五条（訴訟代理人の陳述禁止等の通知）並びに前款（準備的口頭弁論）の規定は、弁論準備手続について準用する。

第三款　書面による準備手続

（**音声の送受信による通話の方法による協議・法第百七十六条**）

第九一条①　裁判長又は高等裁判所における受命裁判官（以下この条において「裁判長等」という。）は、裁判所及び当事者双方が音声の送受信により同時に通話をすることができる方法によって書面による準備手続における協議をする場合には、その協議の日時を指定することができる。

②　前項の方法による協議をしたときは、裁判長等は、裁判所書記官に当該手続についての調書を作成させ、これに協議の結果を記載させることができる。

③　第一項の方法による協議をし、かつ、裁判長等がその結果について裁判所書記官に記録をさせたときは、その記録に同項の方法による協議をした旨及び通話先の電話番号を記載させなければならない。この場合においては、通話先の電話番号に加えてその場所を記載させることができる。

④　第八十八条（弁論準備手続調書等）第二項の規定は、第一項の方法による協議をする場合について準用する。

（**口頭弁論の規定等の準用・法第百七十六条**）

第九二条　第六十三条（期日外釈明の方法）及び第八十六条（証明すべき事実の調書記載等）第二項の規定は、書面による準備手続について準用する。

（**証明すべき事実の調書記載・法第百七十七条**）

第九三条　書面による準備手続を終結した事件について、口頭弁論の期日において、その後の証拠調べによって証明すべき事実の確認がされたときは、当該事実を口頭弁論の調書に記載しなければならない。

（**法第百七十八条の規定による当事者の説明の方式**）

第九四条①　法第百七十八条（書面による準備手続終結後の攻撃防御方法の提出）の規定による当事者の説明は、期日において口頭でする場合を除き、書面でしなければならない。

②　第八十七条（法第百六十七条の規定による当事者の説明の方式）第二項の規定は、前項の説明が期日において口頭でされた場合について準用する。

第四節　進行協議期日

（**進行協議期日**）

第九五条①　裁判所は、口頭弁論の期日外において、その審理を充実させることを目的として、当事者双方が立ち会うことができる進行協議期日を指定することができる。この期日においては、裁判所及び当事者は、口頭弁論における証拠調べと争点との関係の確認その他訴訟の進行に関し必要な事項についての協議を行うものとする。

②　訴えの取下げ並びに請求の放棄及び認諾は、進行協議期日においてもすることができる。

③　法第二百六十一条（訴えの取下げ）第四項及び第五項の規定は、前項の訴えの取下げについて準用する。

（**音声の送受信による通話の方法による進行協議期日**）

第九六条①　裁判所は、当事者が遠隔の地に居住しているときその他相当と認めるときは、当事者の意見を聴いて、裁判所及び当事者双方が音声の送受信により同時に通話をすることができる方法によって、進行協議期日における手続を行うことができる。ただし、当事者の一方がその期日に出頭した場合に限る。

②　進行協議期日に出頭しないで前項の手続に関与した当事者は、その期日に出頭したものとみなす。

③　進行協議期日においては、前項の当事者は、前条（進行協議期日）第二項の規定にかかわらず、訴えの取下げ並びに請求の放棄及び認諾をすることができない。

④ 第八十八条（弁論準備手続調書等）第二項の規定は、第一項の手続を行う場合について準用する。

（裁判所外における進行協議期日）

第九七条 裁判所は、相当と認めるときは、裁判所外において進行協議期日における手続を行うことができる。

（受命裁判官による進行協議期日）

第九八条 裁判所は、受命裁判官に進行協議期日における手続を行わせることができる。

第三章 証拠

第一節 総則

（証拠の申出・法第百八十条）

第九九条① 証拠の申出は、証明すべき事実及びこれと証拠との関係を具体的に明示してしなければならない。

② 第八十三条（準備書面の直送）の規定は、証拠の申出を記載した書面についても適用する。

（証人及び当事者本人の一括申出・法第百八十二条）

第一〇〇条 証人及び当事者本人の尋問の申出は、できる限り、一括してしなければならない。

（証拠調べの準備）

第一〇一条 争点及び証拠の整理手続を経た事件については、裁判所は、争点及び証拠の整理手続の終了又は終結後における最初の口頭弁論の期日において、直ちに証拠調べをすることができるようにしなければならない。

（文書等の提出時期）

第一〇二条 証人若しくは当事者本人の尋問又は鑑定人の口頭による意見の陳述において使用する予定の文書は、証人等の陳述の信用性を争うための証拠として使用するものを除き、当該尋問又は意見の陳述を開始する時の相当期間前までに、提出しなければならない。ただし、当該文書を提出することができないときは、その写しを提出すれば足りる。

（外国における証拠調べの嘱託の手続・法第百八十四条）

第一〇三条 外国においてすべき証拠調べの嘱託の手続は、裁判長がする。

（証拠調べの再嘱託の通知・法第百八十五条）

第一〇四条 受託裁判官が他の地方裁判所又は簡易裁判所に更に証拠調べの嘱託をしたときは、受託裁判官の所属する裁判所の裁判所書記官は、その旨を受訴裁判所及び当事者に通知しなければならない。

（嘱託に基づく証拠調べの記録の送付・法第百八十五条）

第一〇五条 受託裁判官の所属する裁判所の裁判所書記官は、受訴裁判所の裁判所書記官に対し、証拠調べに関する記録を送付しなければならない。

第二節 証人尋問

（証人尋問の申出）

第一〇六条 証人尋問の申出は、証人を指定し、かつ、尋問に要する見込みの時間を明らかにしてしなければならない。

（尋問事項書）

第一〇七条① 証人尋問の申出をするときは、同時に、尋問事項書（尋問事項を記載した書面をいう。以下同じ。）二通を提出しなければならない。ただし、やむを得ない事由があるときは、裁判長の定める期間内に提出すれば足りる。

② 尋問事項書は、できる限り、個別的かつ具体的に記載しなければならない。

③ 第一項の申出をする当事者は、尋問事項書について直送をしなければならない。

（呼出状の記載事項等）

第一〇八条 証人の呼出状には、次に掲げる事項を記載し、尋問事項書を添付しなければならない。

一 当事者の表示
二 出頭すべき日時及び場所
三 出頭しない場合における法律上の制裁

（証人の出頭の確保）

第一〇九条 証人を尋問する旨の決定があったときは、尋問の申出をした当事者は、証人を期日に出頭させるように努めなければならない。

（不出頭の届出）

第一一〇条 証人は、期日に出頭することができない事由が生じたときは、直ちに、その事由を明らかにして届け出なければならない。

（勾引・法第百九十四条）

第一一一条 刑事訴訟規則（昭和二十三年最高裁判所規則第三十二号）中勾引に関する規定は、正当な理由なく出頭しない証人の勾引について準用する。

（宣誓・法第二百一条）

第一一二条① 証人の宣誓は、尋問の前にさせなければならない。ただし、特別の事由があるときは、尋問の後にさせることができる。

② 宣誓は、起立して厳粛に行わなければならない。

③ 裁判長は、証人に宣誓書を朗読させ、かつ、これに署名押印させなければならない。証人が宣誓書を朗読することができないときは、裁判長は、裁判所書記官にこれを朗読させなければならない。

④ 前項の宣誓書には、良心に従って真実を述べ、何事も隠さず、また、何事も付け加えないことを誓う旨を記載しなければならない。

⑤ 裁判長は、宣誓の前に、宣誓の趣旨を説明し、かつ、偽証の罰を告げなければならない。

（尋問の順序・法第二百二条）

第一一三条① 当事者による証人の尋問は、次の順序による。

一 尋問の申出をした当事者の尋問（主尋問）
二 相手方の尋問（反対尋問）
三 尋問の申出をした当事者の再度の尋問（再主尋問）

② 当事者は、裁判長の許可を得て、更に尋問をすることができる。

③ 裁判長は、法第二百二条（尋問の順序）第一項及び第二項の規定によるほか、必要があると認めるときは、いつでも、自ら証人を尋問し、又は当事者の尋問を許すことができる。

④ 陪席裁判官は、裁判長に告げて、証人を尋問することができる。

（質問の制限）

第一一四条① 次の各号に掲げる尋問は、それぞれ当該各号に定める事項について行うものとする。

一 主尋問 立証すべき事項及びこれに関連する事項
二 反対尋問 主尋問に現れた事項及びこれに関連する事項並びに証言の信用性に関する事項
三 再主尋問 反対尋問に現れた事項及びこれに関連する事項

② 裁判長は、前項各号に掲げる尋問における質問が同項各号に定める事項以外の事項に関するものであって相当でないと認めるときは、申立てにより又は職権で、これを制限することができる。

第一一五条① 質問は、できる限り、個別的かつ具体的にしなければならない。

② 当事者は、次に掲げる質問をしてはならない。ただし、第二号から第六号までに掲げる質問については、正当な理由がある場合は、この限りでない。

一 証人を侮辱し、又は困惑させる質問
二 誘導質問
三 既にした質問と重複する質問
四 争点に関係のない質問
五 意見の陳述を求める質問
六 証人が直接経験しなかった事実についての陳述を求める質問

③ 裁判長は、質問が前項の規定に違反するものであると認めるときは、申立てにより又は職権で、これを制限することができ

る。

（**文書等の質問への利用**）

第一一六条① 当事者は、裁判長の許可を得て、文書、図面、写真、模型、装置その他の適当な物件（以下この条において「文書等」という。）を利用して証人に質問することができる。

② 前項の場合において、文書等が証拠調べをしていないものであるときは、当該質問の前に、相手方にこれを閲覧する機会を与えなければならない。ただし、相手方に異議がないときは、この限りでない。

③ 裁判長は、調書への添付その他必要があると認めるときは、当事者に対し、文書等の写しの提出を求めることができる。

（**異議・法第二百二条**）

第一一七条① 当事者は、第百十三条（尋問の順序）第二項及び第三項、第百十四条（質問の制限）第二項、第百十五条（質問の制限）第三項並びに前条（文書等の質問への利用）第一項の規定による裁判長の裁判に対し、異議を述べることができる。

② 前項の異議に対しては、裁判所は、決定で、直ちに裁判をしなければならない。

（**対質**）

第一一八条① 裁判長は、必要があると認めるときは、証人と他の証人との対質を命ずることができる。

② 前項の規定により対質を命じたときは、その旨を調書に記載させなければならない。

③ 対質を行うときは、裁判長がまず証人を尋問することができる。

（**文字の筆記等**）

第一一九条 裁判長は、必要があると認めるときは、証人に文字の筆記その他の必要な行為をさせることができる。

（**後に尋問すべき証人の取扱い**）

第一二〇条 裁判長は、必要があると認めるときは、後に尋問すべき証人に在廷を許すことができる。

（**傍聴人の退廷**）

第一二一条 裁判長は、証人が特定の傍聴人の面前（法第二百三条の三（遮へいの措置）第二項に規定する措置をとる場合及び法第二百四条（映像等の送受信による通話の方法による尋問）に規定する方法による場合を含む。）においては威圧され十分な陳述をすることができないと認めるときは、当事者の意見を聴いて、その証人が陳述する間、その傍聴人を退廷させることができる。

（**書面による質問又は回答の朗読・法第百五十四条**）

第一二二条 耳が聞こえない証人に書面で質問したとき、又は口がきけない証人に書面で答えさせたときは、裁判長は、裁判所書記官に質問又は回答を記載した書面を朗読させることができる。

（**付添い・法第二百三条の二**）

第一二二条の二① 裁判長は、法第二百三条の二（付添い）第一項に規定する措置をとるに当たっては、当事者及び証人の意見を聴かなければならない。

② 前項の措置をとったときは、その旨並びに証人に付き添った者の氏名及びその者と証人との関係を調書に記載しなければならない。

（**遮へいの措置・法第二百三条の三**）

第一二二条の三① 裁判長は、法第二百三条の三（遮へいの措置）第一項又は第二項に規定する措置をとるに当たっては、当事者及び証人の意見を聴かなければならない。

② 前項の措置をとったときは、その旨を調書に記載しなければならない。

（**映像等の送受信による通話の方法による尋問・法第二百四条**）

第一二三条① 法第二百四条（映像等の送受信による通話の方法による尋問）第一号に掲げる場合における同条に規定する方法による尋問は、当事者の意見を聴いて、当事者を受訴裁判所に出頭させ、証人を当該尋問に必要な装置の設置された他の裁判所に出頭させてする。

② 法第二百四条第二号に掲げる場合における同条に規定する方法による尋問は、当事者及び証人の意見を聴いて、当事者を受訴裁判所に出頭させ、証人を受訴裁判所又は当該尋問に必要な装置の設置された他の裁判所に出頭させてする。この場合において、証人を受訴裁判所に出頭させるときは、裁判長及び当事者が証人を尋問するために在席する場所以外の場所にその証人を在席させるものとする。

③ 前二項の尋問をする場合には、文書の写しを送信してこれを提示することその他の尋問の実施に必要な処置を行うため、ファクシミリを利用することができる。

④ 第一項又は第二項の尋問をしたときは、その旨及び証人が出頭した裁判所（当該裁判所が受訴裁判所である場合を除く。）を調書に記載しなければならない。

（**書面尋問・法第二百五条**）

第一二四条① 法第二百五条（尋問に代わる書面の提出）の規定により証人の尋問に代えて書面の提出をさせる場合には、裁判所は、尋問の申出をした当事者の相手方に対し、当該書面において回答を希望する事項を記載した書面を提出させることができる。

② 裁判長は、証人が尋問に代わる書面の提出をすべき期間を定めることができる。

③ 証人は、前項の書面に署名押印しなければならない。

第三節　当事者尋問

（**受命裁判官等の権限・法第二百六条**）

第一二五条 受命裁判官又は受託裁判官が証人尋問をする場合には、裁判所及び裁判長の職務は、その裁判官が行う。

（**対質**）

第一二六条 裁判長は、必要があると認めるときは、当事者本人と、他の当事者本人又は証人との対質を命ずることができる。

（**証人尋問の規定の準用・法第二百十条**）

第一二七条 前節（証人尋問）の規定は、特別の定めがある場合を除き、当事者本人の尋問について準用する。ただし、第百十一条（勾引）、第百二十条（後に尋問すべき証人の取扱い）及び第百二十四条（書面尋問）の規定は、この限りでない。

（**法定代理人の尋問・法第二百十一条**）

第一二八条 この規則中当事者本人の尋問に関する規定は、訴訟において当事者を代表する法定代理人について準用する。

第四節　鑑定

（**鑑定事項**）

第一二九条① 鑑定の申出をするときは、同時に、鑑定を求める事項を記載した書面を提出しなければならない。ただし、やむを得ない事由があるときは、裁判長の定める期間内に提出すれば足りる。

② 前項の申出をする当事者は、同項の書面について直送をしなければならない。

③ 相手方は、第一項の書面について意見があるときは、意見を記載した書面を裁判所に提出しなければならない。

④ 裁判所は、第一項の書面に基づき、前項の意見も考慮して、鑑定事項を定める。この場合においては、鑑定事項を記載した書面を鑑定人に送付しなければならない。

（**鑑定のために必要な事項についての協議**）

第一二九条の二 裁判所は、口頭弁論若しくは弁論準備手続の期日又は進行協議期日において、鑑定事項の内容、鑑定に必要な資料その他鑑定のために必要な事項について、当事者及び鑑定人と協議をすることができる。書面による準備手続においても、同様とする。

（**忌避の申立ての方式・法第二百十四条**）

第一三〇条① 鑑定人に対する忌避の申立ては、期日においてする場合を除き、書面でしなければならない。

② 忌避の原因は、疎明しなければならない。

（宣誓の方式）
第一三一条① 宣誓書には、良心に従って誠実に鑑定をすることを誓う旨を記載しなければならない。
② 鑑定人の宣誓は、宣誓書を裁判所に提出する方式によってもさせることができる。この場合における裁判長による宣誓の趣旨の説明及び虚偽鑑定の罰の告知は、これらの事項を記載した書面を鑑定人に送付する方法によって行う。

（鑑定人の陳述の方式・法第二百十五条）
第一三二条① 裁判長は、鑑定人に、共同して又は各別に、意見を述べさせることができる。
② 裁判長は、鑑定人に書面で意見を述べさせる場合には、鑑定人の意見を聴いて、当該書面を提出すべき期間を定めることができる。

（鑑定人に更に意見を求める事項・法第二百十五条）
第一三二条の二① 法第二百十五条（鑑定人の陳述の方式等）第二項の申立てをするときは、同時に、鑑定人に更に意見を求める事項を記載した書面を提出しなければならない。ただし、やむを得ない事由があるときは、裁判長の定める期間内に提出すれば足りる。
② 裁判所は、職権で鑑定人に更に意見を述べさせるときは、当事者に対し、あらかじめ、鑑定人に更に意見を求める事項を記載した書面を提出させることができる。
③ 前二項の書面を提出する当事者は、これらの書面について直送をしなければならない。
④ 相手方は、第一項又は第二項の書面について意見があるときは、意見を記載した書面を裁判所に提出しなければならない。
⑤ 裁判所は、第一項又は第二項の書面の内容及び前項の意見を考慮して、鑑定人に更に意見を求める事項を定める。この場合においては、当該事項を記載した書面を鑑定人に送付しなければならない。

（質問の順序・法第二百十五条の二）
第一三二条の三① 裁判長は、法第二百十五条の二（鑑定人質問）第二項及び第三項の規定によるほか、必要があると認めるときは、いつでも、自ら鑑定人に対し質問をし、又は当事者の質問を許すことができる。
② 陪席裁判官は、裁判長に告げて、鑑定人に対し質問をすることができる。
③ 当事者の鑑定人に対する質問は、次の順序による。ただし、当事者双方が鑑定の申出をした場合における当事者の質問の順序は、裁判長が定める。
一 鑑定の申出をした当事者の質問
二 相手方の質問
三 鑑定の申出をした当事者の再度の質問
④ 当事者は、裁判長の許可を得て、更に質問をすることができる。

（質問の制限・法第二百十五条の二）
第一三二条の四① 鑑定人に対する質問は、鑑定人の意見の内容を明瞭にし、又はその根拠を確認するために必要な事項について行うものとする。
② 質問は、できる限り、具体的にしなければならない。
③ 当事者は、次に掲げる質問をしてはならない。ただし、第二号及び第三号に掲げる質問については、正当な理由がある場合は、この限りでない。
一 鑑定人を侮辱し、又は困惑させる質問
二 誘導質問
三 既にした質問と重複する質問
四 第一項に規定する事項に関係のない質問
④ 裁判長は、質問が前項の規定に違反するものであると認めるときは、申立てにより又は職権で、これを制限することができる。

（映像等の送受信による通話の方法による陳述・法第二百十五条の三）
第一三二条の五① 法第二百十五条の三（映像等の送受信による通話の方法による陳述）に規定する方法によって鑑定人に意見を述べさせるときは、当事者の意見を聴いて、当事者を受訴裁判所に出頭させ、鑑定人を当該手続に必要な装置の設置された場所であって裁判所が相当と認める場所に出頭させてこれをする。
② 前項の場合には、文書の写しを送信してこれを提示することその他の手続の実施に必要な処置を行うためファクシミリを利用することができる。
③ 第一項の方法によって鑑定人に意見を述べさせたときは、その旨及び鑑定人が出頭した場所を調書に記載しなければならない。

（鑑定人の発問等）
第一三三条 鑑定人は、鑑定のため必要があるときは、審理に立ち会い、裁判長に証人若しくは当事者本人に対する尋問を求め、又は裁判長の許可を得て、これらの者に対し直接に問いを発することができる。

（異議・法第二百十五条の二）
第一三三条の二① 当事者は、第百三十二条の三（質問の順序）第一項、第三項ただし書及び第四項、第百三十二条の四（質問の制限）第四項、前条（鑑定人の発問等）並びに第百三十四条（証人尋問の規定の準用）において準用する第百十六条（文書等の質問への利用）第一項の規定による裁判長の裁判に対し、異議を述べることができる。
② 前項の異議に対しては、裁判所は、決定で、直ちに裁判をしなければならない。

（証人尋問の規定の準用・法第二百十六条）
第一三四条 第百八条（呼出状の記載事項等）の規定は鑑定人の呼出状について、第百十条（不出頭の届出）の規定は鑑定人に期日に出頭することができない事由が生じた場合について、第百十二条（宣誓）第二項、第三項及び第五項の規定は鑑定人に宣誓をさせる場合について、第百十六条（文書等の質問への利用）、第百十八条（対質）、第百十九条（文字の筆記等）、第百二十一条（傍聴人の退廷）及び第百二十二条（書面による質問又は回答の朗読）の規定は鑑定人に口頭で意見を述べさせる場合について、第百二十五条（受命裁判官等の権限）の規定は受命裁判官又は受託裁判官が鑑定人に意見を述べさせる場合について準用する。

（鑑定証人・法第二百十七条）
第一三五条 鑑定証人の尋問については、証人尋問に関する規定を適用する。

（鑑定の嘱託への準用・法第二百十八条）
第一三六条 この節の規定は、宣誓に関する規定を除き、鑑定の嘱託について準用する。

第五節 書証

（書証の申出等・法第二百十九条）
第一三七条① 文書を提出して書証の申出をするときは、当該申出をする時までに、その写し二通（当該文書を送付すべき相手方の数が二以上であるときは、その数に一を加えた通数）を提出するとともに、文書の記載から明らかな場合を除き、文書の標目、作成者及び立証趣旨を明らかにした証拠説明書二通（当該書面を送付すべき相手方の数が二以上であるときは、その数に一を加えた通数）を提出しなければならない。ただし、やむを得ない事由があるときは、裁判長の定める期間内に提出すれば足りる。
② 前項の申出をする当事者は、相手方に送付すべき文書の写し及びその文書に係る証拠説明書について直送をすることができる。

（訳文の添付等）
第一三八条① 外国語で作成された文書を提出して書証の申出をするときは、取調べを求める部分についてその文書の訳文を添付しなければならない。この場合において、前条（書証の申出等）第二項の規定による直送をするときは、同時に、その訳文についても直送をしなければならない。

② 相手方は、前項の訳文の正確性について意見があるときは、意見を記載した書面を裁判所に提出しなければならない。

（書証の写しの提出期間・法第百六十二条）

第一三九条 法第百六十二条（準備書面等の提出期間）の規定により、裁判長が特定の事項に関する書証の申出（文書を提出してするものに限る。）をすべき期間を定めたときは、当事者は、その期間が満了する前に、書証の写しを提出しなければならない。

（文書提出命令の申立ての方式等・法第二百二十一条等）

第一四〇条① 文書提出命令の申立ては、書面でしなければならない。

② 相手方は、前項の申立てについて意見があるときは、意見を記載した書面を裁判所に提出しなければならない。

③ 第九十九条（証拠の申出）第二項及び前二項の規定は、法第二百二十二条（文書の特定のための手続）第一項の規定による申出について準用する。

（提示文書の保管・法第二百二十三条）

第一四一条 裁判所は、必要があると認めるときは、法第二百二十三条（文書提出命令等）第六項前段の規定により提示された文書を一時保管することができる。

（受命裁判官等の証拠調べの調書）

第一四二条① 受命裁判官又は受託裁判官に文書の証拠調べをさせる場合には、裁判所は、当該証拠調べについての調書に記載すべき事項を定めることができる。

② 受命裁判官又は受託裁判官の所属する裁判所の裁判所書記官は、前項の調書に同項の文書の写しを添付することができる。

（文書の提出等の方法）

第一四三条① 文書の提出又は送付は、原本、正本又は認証のある謄本でしなければならない。

② 裁判所は、前項の規定にかかわらず、原本の提出を命じ、又は送付をさせることができる。

（録音テープ等の反訳文書の書証の申出があった場合の取扱い）

第一四四条 録音テープ等を反訳した文書を提出して書証の申出をした当事者は、相手方がその録音テープ等の複製物の交付を求めたときは、相手方にこれを交付しなければならない。

（文書の成立を否認する場合における理由の明示）

第一四五条 文書の成立を否認するときは、その理由を明らかにしなければならない。

（筆跡等の対照の用に供すべき文書等に係る調書等・法第二百二十九条）

第一四六条① 法第二百二十九条（筆跡等の対照による証明）第一項に規定する筆跡又は印影の対照の用に供した書類の原本、謄本又は抄本は、調書に添付しなければならない。

② 第百四十一条（提示文書の保管）の規定は、法第二百二十九条第二項において準用する法第二百二十三条（文書提出命令等）第一項の規定による文書その他の物件の提出について、第百四十二条（受命裁判官等の証拠調べの調書）の規定は、法第二百二十九条第二項において準用する法第二百十九条（書証の申出）、第二百二十三条第一項及び第二百二十六条（文書送付の嘱託）の規定により提出され、又は送付された文書その他の物件の取調べを受命裁判官又は受託裁判官にさせる場合における調書について準用する。

（文書に準ずる物件への準用・法第二百三十一条）

第一四七条 第百三十七条から前条まで（書証の申出等、訳文の添付等、書証の写しの提出期間、文書提出命令の申立ての方式等、提示文書の保管、受命裁判官等の証拠調べの調書、文書の提出等の方法、録音テープ等の反訳文書の書証の申出があった場合の取扱い、文書の成立を否認する場合における理由の明示及び筆跡等の対照の用に供すべき文書等に係る調書等）の規定は、特別の定めがある場合を除き、法第二百三十一条（文書に準ずる物件への準用）に規定する物件について準用する。

（写真等の証拠説明書の記載事項）

第一四八条 写真又は録音テープ等の証拠調べの申出をするときは、その証拠説明書において、撮影、録音、録画等の対象並びにその日時及び場所をも明らかにしなければならない。

（録音テープ等の内容を説明した書面の提出等）

第一四九条① 録音テープ等の証拠調べの申出をした当事者は、裁判所又は相手方の求めがあるときは、当該録音テープ等の内容を説明した書面（当該録音テープ等を反訳した書面を含む。）を提出しなければならない。

② 前項の当事者は、同項の書面について直送をしなければならない。

③ 相手方は、第一項の書面における説明の内容について意見があるときは、意見を記載した書面を裁判所に提出しなければならない。

第六節　検証

（検証の申出の方式）

第一五〇条 検証の申出は、検証の目的を表示してしなければならない。

（検証の目的の提示等・法第二百三十二条）

第一五一条 第百四十一条（提示文書の保管）の規定は、検証の目的の提示について、第百四十二条（受命裁判官等の証拠調べの調書）の規定は、提示又は送付に係る検証の目的の検証を受命裁判官又は受託裁判官にさせる場合における調書について準用する。

第七節　証拠保全

（証拠保全の手続における証拠調べ・法第二百三十四条）

第一五二条 証拠保全の手続における証拠調べについては、この章の規定を適用する。

（証拠保全の申立ての方式・法第二百三十五条）

第一五三条① 証拠保全の申立ては、書面でしなければならない。

② 前項の書面には、次に掲げる事項を記載しなければならない。

一 相手方の表示

二 証明すべき事実

三 証拠

四 証拠保全の事由

③ 証拠保全の事由は、疎明しなければならない。

（証拠保全の記録の送付）

第一五四条 証拠保全のための証拠調べが行われた場合には、その証拠調べを行った裁判所の裁判所書記官は、本案の訴訟記録の存する裁判所の裁判所書記官に対し、証拠調べに関する記録を送付しなければならない。

第四章　判決

（言渡しの方式・法第二百五十二条等）

第一五五条① 判決の言渡しは、裁判長が主文を朗読してする。

② 裁判長は、相当と認めるときは、判決の理由を朗読し、又は口頭でその要領を告げることができる。

③ 前二項の規定にかかわらず、法第二百五十四条（言渡しの方式の特則）第一項の規定による判決の言渡しは、裁判長が主文及び理由の要旨を告げてする。

（言渡期日の通知・法第二百五十一条）

第一五六条 判決の言渡期日の日時は、あらかじめ、裁判所書記官が当事者に通知するものとする。ただし、その日時を期日において告知した場合又はその不備を補正することができない不適法な訴えを口頭弁論を経ないで却下する場合は、この限りでない。

（判決書・法第二百五十三条）

第一五七条① 判決書には、判決をした裁判官が署名押印しなければならない。

②　合議体の裁判官が判決書に署名押印することに支障があるときは、他の裁判官が判決書にその事由を付記して署名押印しなければならない。

（裁判所書記官への交付等）

第一五八条　判決書は、言渡し後遅滞なく、裁判所書記官に交付し、裁判所書記官は、これに言渡し及び交付の日を付記して押印しなければならない。

（判決書等の送達・法第二百五十五条）

第一五九条①　判決書又は法第二百五十四条（言渡しの方式の特則）第二項（法第三百七十四条（判決の言渡し）第二項において準用する場合を含む。）の調書（以下「判決書に代わる調書」という。）の送達は、裁判所書記官が判決書の交付を受けた日又は判決言渡しの日から二週間以内にしなければならない。

②　判決書に代わる調書の送達は、その正本によってすることができる。

（更正決定等の方式・法第二百五十七条等）

第一六〇条①　更正決定は、判決書の原本及び正本に付記しなければならない。ただし、裁判所は、相当と認めるときは、判決書の原本及び正本への付記に代えて、決定書を作成し、その正本を当事者に送達することができる。

②　前項の規定は、法第二百五十九条（仮執行の宣言）第五項の規定による補充の決定について準用する。

（法第二百五十八条第二項の申立ての方式）

第一六一条　訴訟費用の負担の裁判を脱漏した場合における訴訟費用の負担の裁判を求める申立ては、書面でしなければならない。

第五章　裁判によらない訴訟の完結

（訴えの取下げがあった場合の取扱い・法第二百六十一条）

第一六二条①　訴えの取下げの書面の送達は、取下げをした者から提出された副本によってする。

②　訴えの取下げがあった場合において、相手方の同意を要しないときは、裁判所書記官は、訴えの取下げがあった旨を相手方に通知しなければならない。

（和解条項案の書面による受諾・法第二百六十四条）

第一六三条①　法第二百六十四条（和解条項案の書面による受諾）の規定に基づき裁判所又は受命裁判官若しくは受託裁判官（以下この章において「裁判所等」という。）が和解条項案を提示するときは、書面に記載してしなければならない。この書面には、同条に規定する効果を付記するものとする。

②　前項の場合において、和解条項案を受諾する旨の書面の提出があったときは、裁判所等は、その書面を提出した当事者の真意を確認しなければならない。

③　法第二百六十四条の規定により当事者間に和解が調ったものとみなされたときは、裁判所書記官は、当該和解を調書に記載しなければならない。この場合において、裁判所書記官は、和解条項案を受諾する旨の書面を提出した当事者に対し、遅滞なく、和解が調ったものとみなされた旨を通知しなければならない。

（裁判所等が定める和解条項・法第二百六十五条）

第一六四条①　裁判所等は、法第二百六十五条（裁判所等が定める和解条項）第一項の規定により和解条項を定めようとするときは、当事者の意見を聴かなければならない。

②　法第二百六十五条第五項の規定により当事者間に和解が調ったものとみなされたときは、裁判所書記官は、当該和解を調書に記載しなければならない。

③　前項に規定する場合において、和解条項の定めを期日における告知以外の方法による告知によってしたときは、裁判所等は、裁判所書記官に調書を作成させるものとする。この場合においては、告知がされた旨及び告知の方法をも調書に記載しなければならない。

第六章　削除

第一六五条から第一六七条まで　削除

第七章　簡易裁判所の訴訟手続に関する特則

（反訴の提起に基づく移送による記録の送付・法第二百七十四条）

第一六八条　第九条（移送による記録の送付）の規定は、法第二百七十四条（反訴の提起に基づく移送）第一項の規定による移送の裁判が確定した場合について準用する。

（訴え提起前の和解の調書・法第二百七十五条）

第一六九条　訴え提起前の和解が調ったときは、裁判所書記官は、これを調書に記載しなければならない。

（証人等の陳述の調書記載の省略等）

第一七〇条①　簡易裁判所における口頭弁論の調書については、裁判官の許可を得て、証人等の陳述又は検証の結果の記載を省略することができる。この場合において、当事者は、裁判官が許可をする際に、意見を述べることができる。

②　前項の規定により調書の記載を省略する場合において、裁判官の命令又は当事者の申出があるときは、裁判所書記官は、当事者の裁判上の利用に供するため、録音テープ等に証人等の陳述又は検証の結果を記録しなければならない。この場合において、当事者の申出があるときは、裁判所書記官は、当該録音テープ等の複製を許さなければならない。

（書面尋問・法第二百七十八条）

第一七一条　第百二十四条（書面尋問）の規定は、法第二百七十八条（尋問等に代わる書面の提出）の規定により証人若しくは当事者本人の尋問又は鑑定人の意見の陳述に代えて書面の提出をさせる場合について準用する。

（司法委員の発問）

第一七二条　裁判官は、必要があると認めるときは、司法委員が証人等に対し直接に問いを発することを許すことができる。

第三編　上訴

第一章　控訴

（控訴権の放棄・法第二百八十四条）

第一七三条①　控訴をする権利の放棄は、控訴の提起前にあっては第一審裁判所、控訴の提起後にあっては訴訟記録の存する裁判所に対する申述によってしなければならない。

②　控訴の提起後における前項の申述は、控訴の取下げとともにしなければならない。

③　第一項の申述があったときは、裁判所書記官は、その旨を相手方に通知しなければならない。

（控訴提起による事件送付）

第一七四条①　控訴の提起があった場合には、第一審裁判所は、控訴却下の決定をしたときを除き、遅滞なく、事件を控訴裁判所に送付しなければならない。

②　前項の規定による事件の送付は、第一審裁判所の裁判所書記官が、控訴裁判所の裁判所書記官に対し、訴訟記録を送付してしなければならない。

（攻撃防御方法を記載した控訴状）

第一七五条　攻撃又は防御の方法を記載した控訴状は、準備書面を兼ねるものとする。

（控訴状却下命令に対する即時抗告・法第二百八十八条等）

第一七六条　第五十七条（訴状却下命令に対する即時抗告）の規定は、控訴状却下の命令に対し即時抗告をする場合について準用する。

（控訴の取下げ・法第二百九十二条）

第一七七条①　控訴の取下げは、訴訟記録の存する裁判所にしなければならない。

②　控訴の取下げがあったときは、裁判所書記官は、その旨を相手方に通知しなければならない。

（附帯控訴・法第二百九十三条）

第一七八条　附帯控訴については、控訴に関する規定を準用する。

（第一審の訴訟手続の規定の準用・法第二百九十七条）

第一七九条　前編（第一審の訴訟手続）第一章から第五章まで（訴え、口頭弁論及びその準備、証拠、判決並びに裁判によらない訴訟の完結）の規定は、特別の定めがある場合を除き、控訴審の訴訟手続について準用する。

（法第百六十七条の規定による説明等の規定の準用・法第二百九十八条）

第一八〇条　第八十七条（法第百六十七条の規定による当事者の説明の方式）の規定は、法第二百九十八条（第一審の訴訟行為の効力等）第二項において準用する法第百六十七条（準備的口頭弁論終了後の攻撃防御方法の提出）の規定による当事者の説明について、第九十四条（法第百七十八条の規定による当事者の説明の方式）の規定は、法第二百九十八条第二項において準用する法第百七十八条（書面による準備手続終結後の攻撃防御方法の提出）の規定による当事者の説明について準用する。

（攻撃防御方法の提出等の期間・法第三百一条）

第一八一条　第百三十九条（書証の写しの提出期間）の規定は、法第三百一条（攻撃防御方法の提出等の期間）第一項の規定により裁判長が書証の申出（文書を提出してするものに限る。）をすべき期間を定めたときについて、第八十七条（法第百六十七条の規定による当事者の説明の方式）第一項の規定は、法第三百一条第二項の規定による当事者の説明について準用する。

（第一審判決の取消し事由等を記載した書面）

第一八二条　控訴状に第一審判決の取消し又は変更を求める事由の具体的な記載がないときは、控訴人は、控訴の提起後五十日以内に、これらを記載した書面を控訴裁判所に提出しなければならない。

（反論書）

第一八三条　裁判長は、被控訴人に対し、相当の期間を定めて、控訴人が主張する第一審判決の取消し又は変更を求める事由に対する被控訴人の主張を記載した書面の提出を命ずることができる。

（第一審の判決書等の引用）

第一八四条　控訴審の判決書又は判決書に代わる調書における事実及び理由の記載は、第一審の判決書又は判決書に代わる調書を引用してすることができる。

（第一審裁判所への記録の送付）

第一八五条　控訴審において訴訟が完結したときは、控訴裁判所の裁判所書記官は、第一審裁判所の裁判所書記官に対し、訴訟記録を送付しなければならない。

第二章　上告

（控訴の規定の準用・法第三百十三条）

第一八六条　前章（控訴）の規定は、特別の定めがある場合を除き、上告及び上告審の訴訟手続について準用する。

（上告提起の場合における費用の予納）

第一八七条　上告を提起するときは、上告状の送達に必要な費用のほか、上告提起通知書、上告理由書及び裁判書の送達並びに上告裁判所が訴訟記録の送付を受けた旨の通知に必要な費用の概算額を予納しなければならない。

（上告提起と上告受理申立てを一通の書面でする場合の取扱い）

第一八八条　上告の提起と上告受理の申立てを一通の書面でするときは、その書面が上告状と上告受理申立書を兼ねるものであることを明らかにしなければならない。この場合において、上告の理由及び上告受理の申立ての理由をその書面に記載するときは、これらを区別して記載しなければならない。

（上告提起通知書の送達等）

第一八九条①　上告の提起があった場合においては、上告状却下の命令又は法第三百十六条（原裁判所による上告の却下）第一項第一号の規定による上告却下の決定があったときを除き、当事者に上告提起通知書を送達しなければならない。

②　前項の規定により被上告人に上告提起通知書を送達するときは、同時に、上告状を送達しなければならない。

③　原裁判所の判決書又は判決書に代わる調書の送達前に上告の提起があったときは、第一項の規定による上告提起通知書の送達は、判決書又は判決書に代わる調書とともにしなければならない。

（法第三百十二条第一項及び第二項の上告理由の記載の方式・法第三百十五条）

第一九〇条①　判決に憲法の解釈の誤りがあることその他憲法の違反があることを理由とする上告の場合における上告の理由の記載は、憲法の条項を掲記し、憲法に違反する事由を示してしなければならない。この場合において、その事由が訴訟手続に関するものであるときは、憲法に違反する事実を掲記しなければならない。

②　法第三百十二条（上告の理由）第二項各号に掲げる事由があることを理由とする上告の場合における上告の理由の記載は、その条項及びこれに該当する事実を示してしなければならない。

（法第三百十二条第三項の上告理由の記載の方式・法第三百十五条）

第一九一条①　判決に影響を及ぼすことが明らかな法令の違反があることを理由とする上告の場合における上告の理由の記載は、法令及びこれに違反する事由を示してしなければならない。

②　前項の規定により法令を示すには、その法令の条項又は内容（成文法以外の法令については、その趣旨）を掲記しなければならない。

③　第一項の規定により法令に違反する事由を示す場合において、その法令が訴訟手続に関するものであるときは、これに違反する事実を掲記しなければならない。

（判例の摘示）

第一九二条　前二条（法第三百十二条第一項及び第二項の上告理由の記載の方式並びに法第三百十二条第三項の上告理由の記載の方式）に規定する上告において、判決が最高裁判所の判例（これがない場合にあっては、大審院又は上告裁判所若しくは控訴裁判所である高等裁判所の判例）と相反する判断をしたことを主張するときは、その判例を具体的に示さなければならない。

（上告理由の記載の仕方）

第一九三条　上告の理由は、具体的に記載しなければならない。

（上告理由書の提出期間・法第三百十五条）

第一九四条　上告理由書の提出の期間は、上告人が第百八十九条（上告提起通知書の送達等）第一項の規定による上告提起通知書の送達を受けた日から五十日とする。

（上告理由を記載した書面の通数）

第一九五条　上告の理由を記載した書面には、上告裁判所が最高裁判所であるときは被上告人の数に六を加えた数の副本、上告裁判所が高等裁判所であるときは被上告人の数に四を加えた数の副本を添付しなければならない。

（補正命令・法第三百十六条）

第一九六条①　上告状又は第百九十四条（上告理由書の提出期間）の期間内に提出した上告理由書における上告のすべての理由の記載が第百九十条（法第三百十二条第一項及び第二項の上告理由の記載の方式）又は第百九十一条（法第三百十二条第三項の上告理由の記載の方式）の規定に違反することが明らかなときは、原裁判所は、決定で、相当の期間を定め、その期間内に不備を補正すべきことを命じなければならない。

②　法第三百十六条（原裁判所による上告の却下）第一項第二号の規定による上告却下の決定（上告の理由の記載が法第三百十五条（上告の理由の記載）第二項の規定に違反していることが明らかであることを理由とするものに限る。）は、前項の規定により定めた期間内に上告人が不備の補正をしないときにするものとする。

（上告裁判所への事件送付）

第一九七条① 原裁判所は、上告状却下の命令又は上告却下の決定があった場合を除き、事件を上告裁判所に送付しなければならない。この場合において、原裁判所は、上告人が上告の理由中に示した訴訟手続に関する事実の有無について意見を付することができる。

② 前項の規定による事件の送付は、原裁判所の裁判所書記官が、上告裁判所の裁判所書記官に対し、訴訟記録を送付してしなければならない。

③ 上告裁判所の裁判所書記官は、前項の規定による訴訟記録の送付を受けたときは、速やかに、その旨を当事者に通知しなければならない。

（上告理由書の送達）

第一九八条 上告裁判所が原裁判所から事件の送付を受けた場合において、法第三百十七条（上告裁判所による上告の却下等）第一項の規定による上告却下の決定又は同条第二項の規定による上告棄却の決定をしないときは、被上告人に上告理由書の副本を送達しなければならない。ただし、上告裁判所が口頭弁論を経ないで審理及び裁判をする場合において、その必要がないと認めるときは、この限りでない。

（上告受理の申立て・法第三百十八条）

第一九九条① 上告受理の申立ての理由の記載は、原判決に最高裁判所の判例（これがない場合にあっては、大審院又は上告裁判所若しくは控訴裁判所である高等裁判所の判例）と相反する判断があることその他の法令の解釈に関する重要な事項を含むことを示してしなければならない。この場合においては、第百九十一条（法第三百十二条第三項の上告理由の記載の方式）第二項及び第三項の規定を準用する。

② 第百八十六条（控訴の規定の準用）、第百八十七条（上告提起の場合における費用の予納）、第百八十九条（上告提起通知書の送達等）及び第百九十二条から前条まで（判例の摘示、上告理由の記載の仕方、上告理由書の提出期間、上告理由を記載した書面の通数、補正命令、上告裁判所への事件送付及び上告理由書の送達）の規定は、上告受理の申立てについて準用する。この場合において、第百八十七条、第百八十九条及び第百九十四条中「上告提起通知書」とあるのは「上告受理申立て通知書」と、第百八十九条第二項、第百九十五条及び前条中「被上告人」とあるのは「相手方」と、第百九十六条第一項中「第百九十条（法第三百十二条第一項及び第二項の上告理由の記載の方式）又は第百九十一条（法第三百十二条第三項の上告理由の記載の方式）」とあるのは「第百九十九条（上告受理の申立て）第一項」と読み替えるものとする。

（上告受理の決定・法第三百十八条）

第二〇〇条 最高裁判所は、上告審として事件を受理する決定をするときは、当該決定において、上告受理の申立ての理由中法第三百十八条（上告受理の申立て）第三項の規定により排除するものを明らかにしなければならない。

（答弁書提出命令）

第二〇一条 上告裁判所又は上告受理の申立てがあった場合における最高裁判所の裁判長は、相当の期間を定めて、答弁書を提出すべきことを被上告人又は相手方に命ずることができる。

（差戻し等の判決があった場合の記録の送付・法第三百二十五条）

第二〇二条 差戻し又は移送の判決があったときは、上告裁判所の裁判所書記官は、差戻し又は移送を受けた裁判所の裁判所書記官に対し、訴訟記録を送付しなければならない。

（最高裁判所への移送・法第三百二十四条）

第二〇三条 法第三百二十四条（最高裁判所への移送）の規定により、上告裁判所である高等裁判所が事件を最高裁判所に移送する場合は、憲法その他の法令の解釈について、その高等裁判所の意見が最高裁判所の判例（これがない場合にあっては、大審院又は上告裁判所若しくは控訴裁判所である高等裁判所の判例）と相反するときとする。

（特別上告・法第三百二十七条等）

第二〇四条 法第三百二十七条（特別上告）第一項（法第三百八十条（異議後の判決に対する不服申立て）第二項において準用する場合を含む。）の上告及びその上告審の訴訟手続には、その性質に反しない限り、第二審又は第一審の終局判決に対する上告及びその上告審の訴訟手続に関する規定を準用する。

第三章　抗告

（控訴又は上告の規定の準用・法第三百三十一条）

第二〇五条 抗告及び抗告裁判所の訴訟手続には、その性質に反しない限り、第一章（控訴）の規定を準用する。ただし、法第三百三十条（再抗告）の抗告及びこれに関する訴訟手続には、前章（上告）の規定中第二審又は第一審の終局判決に対する上告及びその上告審の訴訟手続に関する規定を準用する。

（抗告裁判所への事件送付）

第二〇六条 抗告を理由がないと認めるときは、原裁判所は、意見を付して事件を抗告裁判所に送付しなければならない。

（原裁判の取消し事由等を記載した書面）

第二〇七条 法第三百三十条（再抗告）の抗告以外の抗告をする場合において、抗告状に原裁判の取消し又は変更を求める事由の具体的な記載がないときは、抗告人は、抗告の提起後十四日以内に、これらを記載した書面を原裁判所に提出しなければならない。

（抗告状の写しの送付等）

第二〇七条の二① 法第三百三十条（再抗告）の抗告以外の抗告があったときは、抗告裁判所は、相手方に対し、抗告状の写しを送付するものとする。ただし、その抗告が不適法であるとき、抗告に理由がないと認めるとき、又は抗告状の写しを送付することが相当でないと認めるときは、この限りでない。

② 前項の規定により相手方に抗告状の写しを送付するときは、同時に、前条の書面（抗告の提起後十四日以内に提出されたものに限る。）の写しを送付するものとする。

（特別抗告・法第三百三十六条）

第二〇八条 法第三百三十六条（特別抗告）第一項の抗告及びこれに関する訴訟手続には、その性質に反しない限り、法第三百二十七条（特別上告）第一項の上告及びその上告審の訴訟手続に関する規定を準用する。

（許可抗告・法第三百三十七条）

第二〇九条 第百八十六条（控訴の規定の準用）、第百八十七条（上告提起の場合における費用の予納）、第百八十九条（上告提起通知書の送達等）、第百九十二条（判例の摘示）、第百九十三条（上告理由の記載の仕方）、第百九十五条（上告理由を記載した書面の通数）、第百九十六条（補正命令）及び第百九十九条（上告受理の申立て）第一項の規定は、法第三百三十七条（許可抗告）第二項の申立てについて、第二百条（上告受理の決定）の規定は、法第三百三十七条第二項の規定による許可をする場合について、前条（特別抗告）の規定は、法第三百三十七条第二項の規定による許可があった場合について準用する。この場合において、第百八十七条及び第百八十九条中「上告提起通知書」とあるのは、「抗告許可申立て通知書」と読み替えるものとする。

（再抗告等の抗告理由書の提出期間）

第二一〇条① 法第三百三十条（再抗告）の抗告及び法第三百三十六条（特別抗告）第一項の抗告においては、抗告理由書の提出の期間は、抗告人が第二百五条（控訴又は上告の規定の準用）ただし書及び第二百八条（特別抗告）において準用する第百八十九条（上告提起通知書の送達等）第一項の規定による抗告提起通知書の送達を受けた日から十四日とする。

② 前項の規定は、法第三百三十七条（許可抗告）第二項の申立てに係る理由書の提出の期間について準用する。この場合において、前項中「抗告提起通知書」とあるのは、「抗告許可申立て通知書」と読み替えるものとする。

第四編　再審

（再審の訴訟手続・法第三百四十一条）
第二一一条① 再審の訴状には、不服の申立てに係る判決の写しを添付しなければならない。
② 前項に規定するほか、再審の訴訟手続には、その性質に反しない限り、各審級における訴訟手続に関する規定を準用する。

（決定又は命令に対する再審・法第三百四十九条）
第二一二条 前条（再審の訴訟手続）の規定は、法第三百四十九条（決定又は命令に対する再審）第一項の再審の申立てについて準用する。

第五編　手形訴訟及び小切手訴訟に関する特則

（最初の口頭弁論期日の指定等）
第二一三条① 手形訴訟による訴えが提起されたときは、裁判長は、直ちに、口頭弁論の期日を指定し、当事者を呼び出さなければならない。
② 当事者に対する前項の期日の呼出状には、期日前にあらかじめ主張、証拠の申出及び証拠調べに必要な準備をすべき旨を記載しなければならない。
③ 被告に対する呼出状には、前項に規定する事項のほか、裁判長の定める期間内に答弁書を提出すべき旨及び法第三百五十四条（口頭弁論の終結）の規定の趣旨を記載しなければならない。

（一期日審理の原則）
第二一四条 手形訴訟においては、やむを得ない事由がある場合を除き、最初にすべき口頭弁論の期日において、審理を完了しなければならない。

（期日の変更又は弁論の続行）
第二一五条 口頭弁論の期日を変更し、又は弁論を続行するときは、次の期日は、やむを得ない事由がある場合を除き、前の期日から十五日以内の日に指定しなければならない。

（手形判決の表示）
第二一六条 手形訴訟の判決書又は判決書に代わる調書には、手形判決と表示しなければならない。

（異議申立ての方式等・法第三百五十七条）
第二一七条① 異議の申立ては、書面でしなければならない。
② 裁判所は、前項の書面を相手方に送付しなければならない。
③ 法第百六十一条（準備書面）第二項に掲げる事項を記載した第一項の書面は、準備書面を兼ねるものとする。

（異議申立権の放棄及び異議の取下げ・法第三百五十八条等）
第二一八条① 異議を申し立てる権利の放棄は、裁判所に対する申述によってしなければならない。
② 前項の申述があったときは、裁判所書記官は、その旨を相手方に通知しなければならない。
③ 第百六十二条（訴えの取下げがあった場合の取扱い）第一項の規定は、異議の取下げの書面の送達について準用する。

（手形訴訟の判決書等の引用）
第二一九条 異議後の訴訟の判決書又は判決書に代わる調書における事実及び理由の記載は、手形訴訟の判決書又は判決書に代わる調書を引用してすることができる。

（督促手続から手形訴訟への移行・法第三百六十六条）
第二二〇条① 手形訴訟による審理及び裁判を求める旨の申述をして支払督促の申立てをするときは、同時に、手形の写し二通（債務者の数が二以上であるときは、その数に一を加えた通数）を提出しなければならない。
② 前項の規定により提出された手形の写しは、債務者に送達すべき支払督促に添付しなければならない。
③ 第一項に規定する場合には、支払督促に同項の申述があった旨を付記しなければならない。

（小切手訴訟・法第三百六十七条）
第二二一条 この編の規定は、小切手訴訟に関して準用する。

第六編　少額訴訟に関する特則

（手続の教示）
第二二二条① 裁判所書記官は、当事者に対し、少額訴訟における最初にすべき口頭弁論の期日の呼出しの際に、少額訴訟による審理及び裁判の手続の内容を説明した書面を交付しなければならない。
② 裁判官は、前項の期日の冒頭において、当事者に対し、次に掲げる事項を説明しなければならない。
一　証拠調べは、即時に取り調べることができる証拠に限りすることができること。
二　被告は、訴訟を通常の手続に移行させる旨の申述をすることができるが、被告が最初にすべき口頭弁論の期日において弁論をし、又はその期日が終了した後は、この限りでないこと。
三　少額訴訟の終局判決に対しては、判決書又は判決書に代わる調書の送達を受けた日から二週間の不変期間内に、その判決をした裁判所に異議を申し立てることができること。

（少額訴訟を求め得る回数・法第三百六十八条）
第二二三条 法第三百六十八条（少額訴訟の要件等）第一項ただし書の最高裁判所規則で定める回数は、十回とする。

（当事者本人の出頭命令）
第二二四条 裁判所は、訴訟代理人が選任されている場合であっても、当事者本人又はその法定代理人の出頭を命ずることができる。

（証人尋問の申出）
第二二五条 証人尋問の申出をするときは、尋問事項書を提出することを要しない。

（音声の送受信による通話の方法による証人尋問・法第三百七十二条）
第二二六条① 裁判所及び当事者双方と証人とが音声の送受信により同時に通話をすることができる方法による証人尋問は、当事者の申出があるときにすることができる。
② 前項の申出は、通話先の電話番号及びその場所を明らかにしてしなければならない。
③ 裁判所は、前項の場所が相当でないと認めるときは、第一項の申出をした当事者に対し、その変更を命ずることができる。
④ 第一項の尋問をする場合には、文書の写しを送信してこれを提示することその他の尋問の実施に必要な処置を行うため、ファクシミリを利用することができる。
⑤ 第一項の尋問をしたときは、その旨、通話先の電話番号及びその場所を調書に記載しなければならない。
⑥ 第八十八条（弁論準備手続調書等）第二項の規定は、第一項の尋問をする場合について準用する。

（証人等の陳述の調書記載等）
第二二七条① 調書には、証人等の陳述を記載することを要しない。
② 証人の尋問前又は鑑定人の口頭による意見の陳述前に裁判官の命令又は当事者の申出があるときは、裁判所書記官は、当事者の裁判上の利用に供するため、録音テープ等に証人又は鑑定人の陳述を記録しなければならない。この場合において、当事者の申出があるときは、裁判所書記官は、当該録音テープ等の複製を許さなければならない。

（通常の手続への移行・法第三百七十三条）
第二二八条① 被告の通常の手続に移行させる旨の申述は、期日においてする場合を除き、書面でしなければならない。
② 前項の申述があったときは、裁判所書記官は、速やかに、その申述により訴訟が通常の手続に移行した旨を原告に通知しなければならない。ただし、その申述が原告の出頭した期日においてされたときは、この限りでない。
③ 裁判所が訴訟を通常の手続により審理及び裁判をする旨の決定をしたときは、裁判所書記官は、速やかに、その旨を当事者に通知しなければならない。

（判決・法第三百七十四条）
第二二九条① 少額訴訟の判決書又は判決書に代わる調書には、少額訴訟判決と表示しなければならない。

② 第百五十五条（言渡しの方式）第三項の規定は、少額訴訟における原本に基づかないでする判決の言渡しをする場合について準用する。

（異議申立ての方式等・法第三百七十八条）

第二三〇条　第二百十七条（異議申立ての方式等）及び第二百十八条（異議申立権の放棄及び異議の取下げ）の規定は、少額訴訟の終局判決に対する異議について準用する。

（異議後の訴訟の判決書等）

第二三一条① 異議後の訴訟の判決書又は判決書に代わる調書には、少額異議判決と表示しなければならない。

② 第二百十九条（手形訴訟の判決書等の引用）の規定は、異議後の訴訟の判決書又は判決書に代わる調書における事実及び理由の記載について準用する。

第七編　督促手続

（訴えに関する規定の準用・法第三百八十四条）

第二三二条　支払督促の申立てには、その性質に反しない限り、訴えに関する規定を準用する。

（支払督促の原本・法第三百八十七条）

第二三三条　支払督促の原本には、これを発した裁判所書記官が記名押印しなければならない。

（支払督促の送達等・法第三百八十八条）

第二三四条① 支払督促の債務者に対する送達は、その正本によってする。

② 裁判所書記官は、支払督促を発したときは、その旨を債権者に通知しなければならない。

（仮執行の宣言の申立て等・法第三百九十一条）

第二三五条① 仮執行の宣言の申立ては、手続の費用額を明らかにしてしなければならない。

② 法第三百九十一条（仮執行の宣言）第二項ただし書に規定する債権者の同意は、仮執行の宣言の申立ての時にするものとする。

（仮執行の宣言の方式等・法第三百九十一条）

第二三六条① 仮執行の宣言は、支払督促の原本に記載しなければならない。

② 第二百三十四条（支払督促の送達等）第一項の規定は、仮執行の宣言が記載された支払督促の当事者に対する送達及び債権者に対する送達に代わる送付について準用する。

（訴訟への移行による記録の送付・法第三百九十五条）

第二三七条　法第三百九十五条（督促異議の申立てによる訴訟への移行）の規定により地方裁判所に訴えの提起があったものとみなされたときは、裁判所書記官は、遅滞なく、地方裁判所の裁判所書記官に対し、訴訟記録を送付しなければならない。

第八編　執行停止

（執行停止の申立ての方式・法第四百三条）

第二三八条　法第四百三条（執行停止の裁判）第一項に規定する申立ては、書面でしなければならない。

第九編　雑則

（特許法第百五十条第六項の規定による嘱託に基づく証拠調べ又は証拠保全）

第二三九条　特許法（昭和三十四年法律第百二十一号）第百五十条（証拠調べ及び証拠保全）第六項（同法及び他の法律において準用する場合を含む。）の規定による嘱託に基づいて地方裁判所又は簡易裁判所の裁判官が行う証拠調べ又は証拠保全については、この規則中証拠調べ又は証拠保全に関する規定を準用する。ただし、証拠の申出又は証拠保全の申立てに関する規定及び証人の勾引に関する規定については、この限りでない。

附　則（抄）

（施行期日）

第一条　この規則（中略）は、法の施行の日（平成一〇・一・一）から施行する。

（旧規則の廃止）

第二条　民事訴訟規則（昭和三十一年最高裁判所規則第二号（中略））は、廃止する。

○人事訴訟法（平成一五・七・一六法一〇九）

施行　平成一六・四・一（平成一五政五一二）
最終改正　令和四法六八

目次

第一章　総則

第一節　通則

（趣旨）

第一条　この法律は、人事訴訟に関する手続について、民事訴訟法（平成八年法律第百九号）の特例等を定めるものとする。

（定義）

第二条　この法律において「人事訴訟」とは、次に掲げる訴えその他の身分関係の形成又は存否の確認を目的とする訴え（以下「人事に関する訴え」という。）に係る訴訟をいう。

一　婚姻の無効及び取消しの訴え、離婚の訴え、協議上の離婚の無効及び取消しの訴え並びに婚姻関係の存否の確認の訴え

二　嫡出否認の訴え、認知の訴え、認知の無効及び取消しの訴え、民法（明治二十九年法律第八十九号）第七百七十三条の規定により父を定めることを目的とする訴え並びに実親子関係の存否の確認の訴え

三　養子縁組の無効及び取消しの訴え、離縁の訴え、協議上の離縁の無効及び取消しの訴え並びに養親子関係の存否の確認の訴え

（最高裁判所規則）

第三条　この法律に定めるもののほか、人事訴訟に関する手続に関し必要な事項は、最高裁判所規則で定める。

第二節　裁判所

第一款　日本の裁判所の管轄権

（人事に関する訴えの管轄権）

第三条の二　人事に関する訴えは、次の各号のいずれかに該当するときは、日本の裁判所に提起することができる。

一　身分関係の当事者の一方に対する訴えであって、当該当事者の住所（住所がない場合又は住所が知れない場合には、居所）が日本国内にあるとき。

二　身分関係の当事者の双方に対する訴えであって、その一方又は双方の住所（住所がない場合又は住所が知れない場合には、居所）が日本国内にあるとき。

三　身分関係の当事者の一方からの訴えであって、他の一方がその死亡の時に日本国内に住所を有していたとき。

四　身分関係の当事者の双方が死亡し、その一方又は双方がその死亡の時に日本国内に住所を有していたとき。

五　身分関係の当事者の双方が日本の国籍を有するとき（その一方又は双方がその死亡の時に日本の国籍を有していたときを含む。）。

六　日本国内に住所がある身分関係の当事者の一方からの訴えであって、当該身分関係の当事者が最後の共通の住所を日本国内に有していたとき。

七　日本国内に住所がある身分関係の当事者の一方からの訴えであって、他の一方が行方不明であるとき、他の一方の住所がある国においてされた当該訴えに係る身分関係と同一の身分関係についての訴えに係る確定した判決が日本国で効力を有しないときその他の日本の裁判所が審理及び裁判をすることが当事者間の衡平を図り、又は適正かつ迅速な審理の実現を確保することとなる特別の事情があると認められるとき。

（関連請求の併合による管轄権）

第三条の三　一の訴えで人事訴訟に係る請求と当該請求の原因である事実によって生じた損害の賠償に関する請求（当該人事訴訟における当事者の一方から他の一方に対するものに限る。）とをする場合においては、日本の裁判所が当該人事訴訟に係る請求について管轄権を有するときに限り、日本の裁判所にその訴えを提起することができる。

（子の監護に関する処分についての裁判に係る事件等の管轄権）

第三条の四①　裁判所は、日本の裁判所が婚姻の取消し又は離婚の訴えについて管轄権を有するときは、第三十二条第一項の子の監護者の指定その他の子の監護に関する処分についての裁判及び同条第三項の親権者の指定についての裁判に係る事件について、管轄権を有する。

②　裁判所は、日本の裁判所が婚姻の取消し又は離婚の訴えについて管轄権を有する場合において、家事事件手続法（平成二十三年法律第五十二号）第三条の十二各号のいずれかに該当するときは、第三十二条第一項の財産の分与に関する処分についての裁判に係る事件について、管轄権を有する。

（特別の事情による訴えの却下）

第三条の五　裁判所は、訴えについて日本の裁判所が管轄権を有することとなる場合においても、事案の性質、応訴による被告の負担の程度、証拠の所在地、当該訴えに係る身分関係の当事者間の成年に達しない子の利益その他の事情を考慮して、日本の裁判所が審理及び裁判をすることが当事者間の衡平を害し、又は適正かつ迅速な審理の実現を妨げることとなる特別の事情があると認めるときは、その訴えの全部又は一部を却下することができる。

第二款　管轄

（人事に関する訴えの管轄）

第四条①　人事に関する訴えは、当該訴えに係る身分関係の当事者が普通裁判籍を有する地又はその死亡の時にこれを有した地を管轄する家庭裁判所の管轄に専属する。

②　前項の規定による管轄裁判所が定まらないときは、人事に関する訴えは、最高裁判所規則で定める地を管轄する家庭裁判所の管轄に専属する。

（併合請求における管轄）

第五条　数人からの又は数人に対する一の人事に関する訴えで数個の身分関係の形成又は存否の確認を目的とする数個の請求をする場合には、前条の規定にかかわらず、同条の規定により一の請求について管轄権を有する家庭裁判所にその訴えを提起することができる。ただし、民事訴訟法第三十八条前段に定める場合に限る。

（調停事件が係属していた家庭裁判所の自庁処理）

第六条　家庭裁判所は、人事訴訟の全部又は一部がその管轄に属しないと認める場合においても、当該人事訴訟に係る事件について家事事件手続法第二百五十七条第一項の規定により申し立てられた調停に係る事件がその家庭裁判所に係属していたとき

であって、調停の経過、当事者の意見その他の事情を考慮して特に必要があると認めるときは、民事訴訟法第十六条第一項の規定にかかわらず、申立てにより又は職権で、当該人事訴訟の全部又は一部について自ら審理及び裁判をすることができる。

（遅滞を避ける等のための移送）

第七条　家庭裁判所は、人事訴訟がその管轄に属する場合においても、当事者及び尋問を受けるべき証人の住所その他の事情を考慮して、訴訟の著しい遅滞を避け、又は当事者間の衡平を図るため必要があると認めるときは、申立てにより又は職権で、当該人事訴訟の全部又は一部を他の管轄裁判所に移送することができる。

（関連請求に係る訴訟の移送）

第八条①　家庭裁判所に係属する人事訴訟に係る請求の原因である事実によって生じた損害の賠償に関する請求に係る訴訟の係属する第一審裁判所は、相当と認めるときは、申立てにより、当該訴訟をその家庭裁判所に移送することができる。この場合においては、その移送を受けた家庭裁判所は、当該損害の賠償に関する請求に係る訴訟について自ら審理及び裁判をすることができる。

②　前項の規定により移送を受けた家庭裁判所は、同項の人事訴訟に係る事件及びその移送に係る損害の賠償に関する請求に係る事件について口頭弁論の併合を命じなければならない。

第三款　参与員

（参与員）

第九条①　家庭裁判所は、必要があると認めるときは、参与員を審理又は和解の試みに立ち会わせて事件につきその意見を聴くことができる。

②　参与員の員数は、各事件について一人以上とする。

③　参与員は、毎年あらかじめ家庭裁判所の選任した者の中から、事件ごとに家庭裁判所が指定する。

④　前項の規定により選任される者の資格、員数その他同項の選任に関し必要な事項は、最高裁判所規則で定める。

⑤　参与員には、最高裁判所規則で定める額の旅費、日当及び宿泊料を支給する。

（参与員の除斥及び忌避）

第一〇条①　民事訴訟法第二十三条から第二十五条までの規定は、参与員について準用する。

②　参与員について除斥又は忌避の申立てがあったときは、参与員は、その申立てについての決定が確定するまでその申立てがあった事件に関与することができない。

（秘密漏示に対する制裁）

第一一条　参与員又は参与員であった者が正当な理由なくその職務上取り扱ったことについて知り得た人の秘密を漏らしたときは、一年以下の懲役又は五十万円以下の罰金に処する。

＊令和四法六八（令和七・六・一六までに施行）**による改正**
第一一条中「懲役」を「拘禁刑」に改める。（本文未織込み）

第三節　当事者

（被告適格）

第一二条①　人事に関する訴えであって当該訴えに係る身分関係の当事者の一方が提起するものにおいては、特別の定めがある場合を除き、他の一方を被告とする。

②　人事に関する訴えであって当該訴えに係る身分関係の当事者以外の者が提起するものにおいては、特別の定めがある場合を除き、当該身分関係の当事者の双方を被告とし、その一方が死亡した後は、他の一方を被告とする。

③　前二項の規定により当該訴えの被告とすべき者が死亡し、被告とすべき者がないときは、検察官を被告とする。

（人事訴訟における訴訟能力等）

第一三条①　人事訴訟の訴訟手続における訴訟行為については、民法第五条第一項及び第二項、第九条、第十三条並びに第十七条並びに民事訴訟法第三十一条並びに第三十二条第一項（同法第四十条第四項において準用する場合を含む。）及び第二項の規定は、適用しない。

②　訴訟行為につき行為能力の制限を受けた者が前項の訴訟行為をしようとする場合において、必要があると認めるときは、裁判長は、申立てにより、弁護士を訴訟代理人に選任することができる。

③　訴訟行為につき行為能力の制限を受けた者が前項の申立てをしない場合においても、裁判長は、弁護士を訴訟代理人に選任すべき旨を命じ、又は職権で弁護士を訴訟代理人に選任することができる。

④　前二項の規定により裁判長が訴訟代理人に選任した弁護士に対し当該訴訟行為につき行為能力の制限を受けた者が支払うべき報酬の額は、裁判所が相当と認める額とする。

第一四条①　人事に関する訴えの原告又は被告となるべき者が成年被後見人であるときは、その成年後見人は、成年被後見人のために訴え、又は訴えられることができる。ただし、その成年後見人が当該訴えに係る訴訟の相手方となるときは、この限りでない。

②　前項ただし書の場合には、成年後見監督人が、成年被後見人のために訴え、又は訴えられることができる。

（利害関係人の訴訟参加）

第一五条①　検察官を被告とする人事訴訟において、訴訟の結果により相続権を害される第三者（以下「利害関係人」という。）を当該人事訴訟に参加させることが必要であると認めるときは、裁判所は、被告を補助させるため、決定で、その利害関係人を当該人事訴訟に参加させることができる。

②　裁判所は、前項の決定をするに当たっては、あらかじめ、当事者及び利害関係人の意見を聴かなければならない。

③　民事訴訟法第四十三条第一項の申出又は第一項の決定により検察官を被告とする人事訴訟に参加した利害関係人については、同法第四十五条第二項の規定は、適用しない。

④　前項の利害関係人については、民事訴訟法第四十条第一項から第三項まで（同項については、訴訟手続の中止に関する部分に限る。）の規定を準用する。

⑤　裁判所は、第一項の決定を取り消すことができる。

第四節　訴訟費用

第一六条①　検察官を当事者とする人事訴訟において、民事訴訟法第六十一条から第六十六条までの規定によれば検察官が負担すべき訴訟費用は、国庫の負担とする。

②　利害関係人が民事訴訟法第四十三条第一項の申出又は前条第一項の決定により検察官を被告とする人事訴訟に参加した場合における訴訟費用の負担については、同法第六十一条から第六十六条までの規定を準用する。

第五節　訴訟手続

＊令和四法四八（令和八・五・二四までに施行）**による改正後**

（期日の呼出し）

第一六条の二①　人事訴訟に関する手続における期日の呼出しは、呼出状の送達、当該事件について出頭した者に対する期日の告知その他相当と認める方法によってする。

②　呼出状の送達及び当該事件について出頭した者に対する期日の告知以外の方法による期日の呼出しをしたときは、期日に出頭しない者に対し、法律上の制裁その他期日の不遵守による不利益を帰することができない。ただし、その者が期日の呼出しを受けた旨を記載した書面を提出したときは、この限りでない。

（改正により追加）

（公示送達の方法）

第一六条の三　人事訴訟に関する手続における公示送達は、裁判所書記官が送達すべき書類を保管し、いつでも送達を受けるべき者に交付すべき旨を裁判所の掲示場に掲示してする。（改正により追加）

（電子情報処理組織による申立て等）

第一六条の四① 人事訴訟に関する手続における申立てその他の申述（以下この条において「申立て等」という。）のうち、当該申立て等に関するこの法律その他の法令の規定により書面等（書面、書類、文書、謄本、抄本、正本、副本、複本その他文字、図形等人の知覚によって認識することができる情報が記載された紙その他の有体物をいう。次項及び第四項において同じ。）をもってするものとされているものであって、最高裁判所の定める裁判所に対してするもの（当該裁判所の裁判長、受命裁判官、受託裁判官又は裁判所書記官に対してするものを含む。）については、当該法令の規定にかかわらず、最高裁判所規則で定めるところにより、電子情報処理組織（裁判所の使用に係る電子計算機（入出力装置を含む。以下この項及び第三項において同じ。）と申立て等をする者の使用に係る電子計算機とを電気通信回線で接続した電子情報処理組織をいう。）を用いてすることができる。

② 前項の規定によりされた申立て等については、当該申立て等を書面等をもってするものとして規定した申立て等に関する法令の規定に規定する書面等をもってされたものとみなして、当該申立て等に関する法令の規定を適用する。

③ 第一項の規定によりされた申立て等は、同項の裁判所の使用に係る電子計算機に備えられたファイルへの記録がされた時に、当該裁判所に到達したものとみなす。

④ 第一項の場合において、当該申立て等に関する他の法令の規定により署名等（署名、記名、押印その他氏名又は名称を書面等に記載することをいう。以下この項において同じ。）をすることとされているものについては、当該申立て等をする者は、当該法令の規定にかかわらず、当該署名等に代えて、最高裁判所規則で定めるところにより、氏名又は名称を明らかにする措置を講じなければならない。

⑤ 第一項の規定によりされた申立て等が第三項に規定するファイルに記録されたときは、第一項の裁判所は、当該ファイルに記録された情報の内容を書面に出力しなければならない。

⑥ 第一項の規定によりされた申立て等に係る民事訴訟法第九十一条第一項又は第三項の規定による事件の記録の閲覧若しくは謄写又はその正本、謄本若しくは抄本の交付は、前項の書面をもってするものとする。当該申立て等に係る書類の送達又は送付も、同様とする。

（改正により追加）

（関連請求の併合等）

第一七条① 人事訴訟に係る請求と当該請求の原因である事実によって生じた損害の賠償に関する請求とは、民事訴訟法第百三十六条の規定にかかわらず、一の訴えですることができる。この場合においては、当該人事訴訟に係る請求について管轄権を有する家庭裁判所は、当該損害の賠償に関する請求に係る訴訟について自ら審理及び裁判をすることができる。

② 人事訴訟に係る請求の原因である事実によって生じた損害の賠償に関する請求を目的とする訴えは、前項に規定する場合のほか、既に当該人事訴訟の係属する家庭裁判所にも提起することができる。この場合においては、同項後段の規定を準用する。

③ 第八条第二項の規定は、前項の場合における同項の人事訴訟に係る事件及び同項の損害の賠償に関する請求に係る事件について準用する。

（訴えの変更及び反訴）

第一八条① 人事訴訟に関する手続においては、民事訴訟法第百四十三条第一項及び第四項、第百四十六条第一項並びに第三百条の規定にかかわらず、第一審又は控訴審の口頭弁論の終結に至るまで、原告は、請求又は請求の原因を変更することができ、被告は、反訴を提起することができる。

② 日本の裁判所が請求の変更による変更後の人事訴訟に係る請求について管轄権を有しない場合には、原告は、変更後の人事訴訟に係る請求が変更前の人事訴訟に係る請求と同一の身分関係についての形成又は存否の確認を目的とするときに限り、前項の規定により、請求を変更することができる。

③ 日本の裁判所が反訴の目的である次の各号に掲げる請求について管轄権を有しない場合には、被告は、それぞれ当該各号に定める場合に限り、第一項の規定による反訴を提起することができる。

一 人事訴訟に係る請求　本訴の目的である人事訴訟に係る請求と同一の身分関係についての形成又は存否の確認を目的とする請求を目的とする場合

二 人事訴訟に係る請求の原因である事実によって生じた損害の賠償に関する請求　既に日本の裁判所に当該人事訴訟が係属する場合

（民事訴訟法の規定の適用除外）

第一九条① 人事訴訟の訴訟手続においては、民事訴訟法第百五十七条、第百五十七条の二、第百五十九条第一項、第二百七条第二項、第二百八条、第二百二十四条、第二百二十九条第四項及び第二百四十四条の規定並びに同法第百七十九条の規定中裁判所において当事者が自白した事実に関する部分は、適用しない。

② 人事訴訟における訴訟の目的については、民事訴訟法第二百六十六条及び第二百六十七条の規定は、適用しない。

＊令和四法四八（令和八・五・二四までに施行）による改正
第二項中「及び第二百六十七条」を「から第二百六十七条の二まで」に改める。（本文未織込み）

（職権探知）

第二〇条 人事訴訟においては、裁判所は、当事者が主張しない事実をしん酌し、かつ、職権で証拠調べをすることができる。この場合においては、裁判所は、その事実及び証拠調べの結果について当事者の意見を聴かなければならない。

（当事者本人の出頭命令等）

第二一条① 人事訴訟においては、裁判所は、当事者本人を尋問する場合には、その当事者に対し、期日に出頭することを命ずることができる。

② 民事訴訟法第百九十二条から第百九十四条までの規定は、前項の規定により出頭を命じられた当事者が正当な理由なく出頭しない場合について準用する。

（当事者尋問等の公開停止）

第二二条① 人事訴訟における当事者本人若しくは法定代理人（以下この項及び次項において「当事者等」という。）又は証人が当該人事訴訟の目的である身分関係の形成又は存否の確認の基礎となる事項であって自己の私生活上の重大な秘密に係るものについて尋問を受ける場合においては、裁判所は、裁判官の全員一致により、その当事者等又は証人が公開の法廷で当該事項について陳述をすることにより社会生活を営むのに著しい支障を生ずることが明らかであることから当該事項について十分な陳述をすることができず、かつ、当該陳述を欠くことにより他の証拠のみによっては当該身分関係の形成又は存否の確認のための適正な裁判をすることができないと認めるときは、決定で、当該事項の尋問を公開しないで行うことができる。

② 裁判所は、前項の決定をするに当たっては、あらかじめ、当事者等及び証人の意見を聴かなければならない。

③ 裁判所は、第一項の規定により当該事項の尋問を公開しないで行うときは、公衆を退廷させる前に、その旨を理由とともに言い渡さなければならない。当該事項の尋問が終了したときは、再び公衆を入廷させなければならない。

（検察官の関与）

第二三条① 人事訴訟においては、裁判所又は受命裁判官若しくは受託裁判官は、必要があると認めるときは、検察官を期日に立ち会わせて事件につき意見を述べさせることができる。

② 検察官は、前項の規定により期日に立ち会う場合には、事実

を主張し、又は証拠の申出をすることができる。

（確定判決の効力が及ぶ者の範囲）

第二四条① 人事訴訟の確定判決は、民事訴訟法第百十五条第一項の規定にかかわらず、第三者に対してもその効力を有する。

② 民法第七百三十二条の規定に違反したことを理由として婚姻の取消しの請求がされた場合におけるその請求を棄却した確定判決は、前婚の配偶者に対しては、前項の規定にかかわらず、その前婚の配偶者がその請求に係る訴訟に参加したときに限り、その効力を有する。

（判決確定後の人事に関する訴えの提起の禁止）

第二五条① 人事訴訟の判決（訴えを不適法として却下した判決を除く。次項において同じ。）が確定した後は、原告は、当該人事訴訟において請求又は請求の原因を変更することにより主張することができた事実に基づいて同一の身分関係についての人事に関する訴えを提起することができない。

② 人事訴訟の判決が確定した後は、被告は、当該人事訴訟において反訴を提起することにより主張することができた事実に基づいて同一の身分関係についての人事に関する訴えを提起することができない。

（訴訟手続の中断及び受継）

第二六条① 第十二条第二項の規定により人事に関する訴えに係る身分関係の当事者の双方を被告とする場合において、その一方が死亡したときは、他の一方を被告として訴訟を追行する。この場合においては、民事訴訟法第百二十四条第一項第一号の規定は、適用しない。

② 第十二条第一項又は第二項の場合において、被告がいずれも死亡したときは、検察官を被告として訴訟を追行する。

（当事者の死亡による人事訴訟の終了）

第二七条① 人事訴訟の係属中に原告が死亡した場合には、特別の定めがある場合を除き、当該人事訴訟は、当然に終了する。

② 離婚、嫡出否認又は離縁を目的とする人事訴訟の係属中に被告が死亡した場合には、当該人事訴訟は、前条第二項の規定にかかわらず、当然に終了する。

第六節　補則

（利害関係人に対する訴訟係属の通知）

第二八条 裁判所は、人事に関する訴えが提起された場合における利害関係人であって、父が死亡した後に認知の訴えが提起された場合におけるその子その他の相当と認められるものとして最高裁判所規則で定めるものに対し、訴訟が係属したことを通知するものとする。ただし、訴訟記録上その利害関係人の氏名及び住所又は居所が判明している場合に限る。

（民事訴訟法の適用関係）

第二九条① 人事に関する訴えについては、民事訴訟法第三条の二から第三条の十まで、第百四十五条第三項及び第百四十六条第三項の規定は、適用しない。

② 人事訴訟に関する手続についての民事訴訟法の規定の適用については、同法第二十五条第一項中「地方裁判所の一人の裁判官の除斥又は忌避についてはその裁判官の所属する裁判所が、簡易裁判所の裁判官の除斥又は忌避についてはその裁判所の所在地を管轄する地方裁判所」とあるのは「家庭裁判所の一人の裁判官の除斥又は忌避については、その裁判官の所属する裁判所」と、同条第二項並びに同法第百三十二条の五第一項、第百八十五条、第二百三十五条第二項及び第三項、第二百六十九条第一項、第三百二十九条第三項並びに第三百三十七条第一項中「地方裁判所」とあるのは「家庭裁判所」と、同法第二百八十一条第一項中「地方裁判所が第一審としてした終局判決又は簡易裁判所」とあるのは「家庭裁判所」と、同法第三百十一条第二項中「地方裁判所の判決に対しては最高裁判所に、簡易裁判所の判決に対しては高等裁判所」とあるのは「家庭裁判所の判決に対しては最高裁判所」と、同法第三百三十六条第一項中「地方裁判所及び簡易裁判所」とあるのは「家庭裁判所」とする。

> **＊令和四法四八（令和八・五・二四までに施行）による改正後**
>
> （民事訴訟法の適用関係）
>
> **第二九条**①　（略）
>
> ② 人事訴訟に関する手続においては、民事訴訟法第七十一条第二項、第九十一条の二、第九十二条第九項及び第十項、第九十二条の二第二項、第九十四条、第百条第二項、第一編第五章第四節第三款、第百十一条、第百三十二条の六第三項、第一編第七章、第百三十三条の二第五項及び第六項、第百三十三条の三第二項、第百五十一条第三項、第百六十条第二項、第百六十一条第三項第三号、第百八十五条第三項、第百八十七条第三項及び第四項、第二百五条第二項、第二百十五条第二項、第二百二十七条第二項、第二百三十二条の二、第二百五十三条第二項並びに第七編の規定は、適用しない。
>
> ③ 人事訴訟に関する手続についての民事訴訟法の規定の適用については、別表の上欄に掲げる同法の規定中同表の中欄に掲げる字句は、それぞれ同表の下欄に掲げる字句とする。（改正により追加）

（保全命令事件の管轄の特例）

第三〇条① 人事訴訟を本案とする保全命令事件は、民事保全法（平成元年法律第九十一号）第十二条第一項の規定にかかわらず、本案の管轄裁判所又は仮に差し押さえるべき物若しくは係争物の所在地を管轄する家庭裁判所が管轄する。

② 人事訴訟に係る請求と当該請求の原因である事実によって生じた損害の賠償に関する請求とを一の訴えですることができる場合には、当該損害の賠償に関する請求に係る保全命令の申立ては、仮に差し押さえるべき物又は係争物の所在地を管轄する家庭裁判所にもすることができる。

第二章　婚姻関係訴訟の特例

第一節　管轄

第三一条 家庭裁判所は、婚姻の取消し又は離婚の訴えに係る婚姻の当事者間に成年に達しない子がある場合には、当該訴えに係る訴訟についての第六条及び第七条の規定の適用に当たっては、その子の住所又は居所を考慮しなければならない。

第二節　附帯処分等

（附帯処分についての裁判等）

第三二条① 裁判所は、申立てにより、夫婦の一方が他の一方に対して提起した婚姻の取消し又は離婚の訴えに係る請求を認容する判決において、子の監護者の指定その他の子の監護に関する処分、財産の分与に関する処分又は厚生年金保険法（昭和二十九年法律第百十五号）第七十八条の二第二項の規定による処分（以下「附帯処分」と総称する。）についての裁判をしなければならない。

② 前項の場合においては、裁判所は、同項の判決において、当事者に対し、子の引渡し又は金銭の支払その他の財産上の給付その他の給付を命ずることができる。

③ 前項の規定は、裁判所が婚姻の取消し又は離婚の訴えに係る請求を認容する判決において親権者の指定についての裁判をする場合について準用する。

④ 裁判所は、第一項の子の監護者の指定その他の子の監護に関する処分についての裁判又は前項の親権者の指定についての裁判をするに当たっては、子が十五歳以上であるときは、その子の陳述を聴かなければならない。

（事実の調査）

第三三条① 裁判所は、前条第一項の附帯処分についての裁判又は同条第三項の親権者の指定についての裁判をするに当たっては、事実の調査をすることができる。

② 裁判所は、相当と認めるときは、合議体の構成員に命じ、又は家庭裁判所若しくは簡易裁判所に嘱託して前項の事実の調査（以下単に「事実の調査」という。）をさせることができる。

③ 前項の規定により受命裁判官又は受託裁判官が事実の調査を

する場合には、裁判所及び裁判長の職務は、その裁判官が行う。

④　裁判所が審問期日を開いて当事者の陳述を聴くことにより事実の調査をするときは、他の当事者は、当該期日に立ち会うことができる。ただし、当該他の当事者が当該期日に立ち会うことにより事実の調査に支障を生ずるおそれがあると認められるときは、この限りでない。

⑤　事実の調査の手続は、公開しない。ただし、裁判所は、相当と認める者の傍聴を許すことができる。

（家庭裁判所調査官による事実の調査）

第三四条①　裁判所は、家庭裁判所調査官に事実の調査をさせることができる。

②　急迫の事情があるときは、裁判長が、家庭裁判所調査官に事実の調査をさせることができる。

③　家庭裁判所調査官は、事実の調査の結果を書面又は口頭で裁判所に報告するものとする。

④　家庭裁判所調査官は、前項の規定による報告に意見を付することができる。

（家庭裁判所調査官の除斥）

第三四条の二①　民事訴訟法第二十三条及び第二十五条（忌避に関する部分を除く。）の規定は、家庭裁判所調査官について準用する。

②　家庭裁判所調査官について除斥の申立てがあったときは、その家庭裁判所調査官は、その申立てについての裁判が確定するまでその申立てがあった事件に関与することができない。

（事実調査部分の閲覧等）

第三五条①　訴訟記録中事実の調査に係る部分（以下この条において「事実調査部分」という。）についての民事訴訟法第九十一条第一項、第三項又は第四項の規定による閲覧若しくは謄写、その正本、謄本若しくは抄本の交付又はその複製（以下この条において「閲覧等」という。）の請求は、裁判所が次項又は第三項の規定により許可したときに限り、することができる。

②　裁判所は、当事者から事実調査部分の閲覧等の許可の申立てがあった場合においては、その閲覧等を許可しなければならない。ただし、当該事実調査部分中閲覧等を行うことにより次に掲げるおそれがあると認められる部分については、相当と認めるときに限り、その閲覧等を許可することができる。

一　当事者間に成年に達しない子がある場合におけるその子の利益を害するおそれ

二　当事者又は第三者の私生活又は業務の平穏を害するおそれ

三　当事者又は第三者の私生活についての重大な秘密が明らかにされることにより、その者が社会生活を営むのに著しい支障を生じ、又はその者の名誉を著しく害するおそれ

③　裁判所は、利害関係を疎明した第三者から事実調査部分の閲覧等の許可の申立てがあった場合においては、相当と認めるときは、その閲覧等を許可することができる。

④　第二項の申立てを却下した裁判に対しては、即時抗告をすることができる。

⑤　前項の規定による即時抗告が人事訴訟に関する手続を不当に遅延させることを目的としてされたものであると認められるときは、原裁判所は、その即時抗告を却下しなければならない。

⑥　前項の規定による決定に対しては、即時抗告をすることができる。

⑦　第三項の申立てを却下した裁判に対しては、不服を申し立てることができない。

⑧　事実調査部分については、民事訴訟法第百三十三条の二及び第百三十三条の三の規定は、適用しない。

（判決によらない婚姻の終了の場合の附帯処分についての裁判）

第三六条　婚姻の取消し又は離婚の訴えに係る訴訟において判決によらないで当該訴えに係る婚姻が終了した場合において、既に附帯処分の申立てがされているときであって、その附帯処分に係る事項がその婚姻の終了に際し定められていないときは、受訴裁判所は、その附帯処分についての審理及び裁判をしなければならない。

第三節　和解並びに請求の放棄及び認諾

第三七条①　離婚の訴えに係る訴訟における和解（これにより離婚がされるものに限る。以下この条において同じ。）並びに請求の放棄及び認諾については、第十九条第二項の規定にかかわらず、民事訴訟法第二百六十六条（第二項中請求の認諾に関する部分を除く。）及び第二百六十七条の規定を適用する。ただし、請求の認諾については、第三十二条第一項の附帯処分についての裁判又は同条第三項の親権者の指定についての裁判をすることを要しない場合に限る。

②　離婚の訴えに係る訴訟においては、民事訴訟法第二百六十四条及び第二百六十五条の規定による和解をすることができない。

③　離婚の訴えに係る訴訟における民事訴訟法第八十九条第二項及び第百七十条第三項の期日においては、同法第八十九条第三項及び第百七十条第四項の当事者は、和解及び請求の認諾をすることができない。

> **＊令和四法四八**（令和七・五・二四までに施行）**による改正後**
>
> ③　離婚の訴えに係る訴訟における民事訴訟法第八十九条第二項及び第百七十条第三項の期日においては、同法第八十九条第三項及び第百七十条第四項の当事者は、和解及び請求の認諾をすることができない。ただし、当該期日における手続が裁判所及び当事者双方が映像と音声の送受信により相手の状態を相互に認識しながら通話をすることができる方法によって行われた場合には、この限りでない。

> **＊令和四法四八**（令和八・五・二四までに施行）**による改正後**
>
> **第三七条**①　離婚の訴えに係る訴訟における和解（これにより離婚がされるものに限る。以下この条において同じ。）並びに請求の放棄及び認諾については、第十九条第二項の規定にかかわらず、民事訴訟法第二百六十六条（第二項中請求の認諾に関する部分を除く。）、第二百六十七条第一項及び第二百六十七条の二の規定を適用する。ただし、請求の認諾については、第三十二条第一項の附帯処分についての裁判又は同条第三項の親権者の指定についての裁判をすることを要しない場合に限る。
>
> ②　前項の場合における民事訴訟法第二百六十七条第一項及び第二百六十七条の二第一項の規定の適用については、同法第二百六十七条第一項中「について電子調書を作成し、これをファイルに記録した」とあるのは「を調書に記載した」と、「その記録」とあるのは「その記載」と、同法第二百六十七条の二第一項中「規定によりファイルに記録された電子調書」とあるのは「調書」とする。（改正により追加）
>
> ③④（略、改正前の②③）

第四節　履行の確保

（履行の勧告）

第三八条①　第三十二条第一項又は第二項（同条第三項において準用する場合を含む。以下同じ。）の規定による裁判で定められた義務については、当該裁判をした家庭裁判所（上訴裁判所が当該裁判をした場合にあっては、第一審裁判所である家庭裁判所）は、権利者の申出があるときは、その義務の履行状況を調査し、義務者に対し、その義務の履行を勧告することができる。

②　前項の家庭裁判所は、他の家庭裁判所に同項の規定による調査及び勧告を嘱託することができる。

③　第一項の家庭裁判所及び前項の嘱託を受けた家庭裁判所は、家庭裁判所調査官に第一項の規定による調査及び勧告をさせることができる。

④　前三項の規定は、第三十二条第一項又は第二項の規定による裁判で定めることができる義務であって、婚姻の取消し又は離

婚の訴えに係る訴訟における和解で定められたものの履行について準用する。

（履行命令）

第三九条① 第三十二条第二項の規定による裁判で定められた金銭の支払その他の財産上の給付を目的とする義務の履行を怠った者がある場合において、相当と認めるときは、当該裁判をした家庭裁判所（上訴裁判所が当該裁判をした場合にあっては、第一審裁判所である家庭裁判所）は、権利者の申立てにより、義務者に対し、相当の期限を定めてその義務の履行をすべきことを命ずることができる。この場合において、その命令は、その命令をする時までに義務者が履行を怠った義務の全部又は一部についてするものとする。

② 前項の家庭裁判所は、同項の規定により義務の履行を命ずるには、義務者の陳述を聴かなければならない。

③ 前二項の規定は、第三十二条第二項の規定による裁判で定めることができる金銭の支払その他の財産上の給付を目的とする義務であって、婚姻の取消し又は離婚の訴えに係る訴訟における和解で定められたものの履行について準用する。

④ 第一項（前項において準用する場合を含む。）の規定により義務の履行を命じられた者が正当な理由なくその命令に従わないときは、その義務の履行を命じた家庭裁判所は、決定で、十万円以下の過料に処する。

⑤ 前項の決定に対しては、即時抗告をすることができる。

⑥ 民事訴訟法第百八十九条の規定は、第四項の決定について準用する。

第四〇条 削除

第三章 実親子関係訴訟の特例

（嫡出否認の訴えの当事者等）

第四一条① 夫が子の出生前に死亡したとき又は民法第七百七十七条に定める期間内に嫡出否認の訴えを提起しないで死亡したときは、その子のために相続権を害される者その他夫の三親等内の血族は、嫡出否認の訴えを提起することができる。この場合においては、夫の死亡の日から一年以内にその訴えを提起しなければならない。

② 夫が嫡出否認の訴えを提起した後に死亡した場合には、前項の規定により嫡出否認の訴えを提起することができる者は、夫の死亡の日から六月以内に訴訟手続を受け継ぐことができる。この場合においては、民事訴訟法第百二十四条第一項後段の規定は、適用しない。

（認知の訴えの当事者等）

第四二条① 認知の訴えにおいては、父又は母を被告とし、その者が死亡した後は、検察官を被告とする。

② 第二十六条第二項の規定は、前項の規定により父又は母を当該訴えの被告とする場合においてその者が死亡したときについて準用する。

③ 子が認知の訴えを提起した後に死亡した場合には、その直系卑属又はその法定代理人は、民法第七百八十七条ただし書に定める期間が経過した後、子の死亡の日から六月以内に訴訟手続を受け継ぐことができる。この場合においては、民事訴訟法第百二十四条第一項後段の規定は、適用しない。

（父を定めることを目的とする訴えの当事者等）

第四三条① 子、母、母の配偶者又はその前配偶者は、民法第七百七十三条の規定により父を定めることを目的とする訴えを提起することができる。

② 次の各号に掲げる者が提起する前項の訴えにおいては、それぞれ当該各号に定める者を被告とし、これらの者が死亡した後は、検察官を被告とする。

一 子又は母　母の配偶者及びその前配偶者（その一方が死亡した後は、他の一方）

二 母の配偶者　母の前配偶者

三 母の前配偶者　母の配偶者

③ 第二十六条の規定は、前項の規定により同項各号に定める者を当該訴えの被告とする場合においてこれらの者が死亡したときについて準用する。

第四章 養子縁組関係訴訟の特例

第四四条 第三十七条（第一項ただし書を除く。）の規定は、離縁の訴えに係る訴訟における和解（これにより離縁がされるものに限る。）並びに請求の放棄及び認諾について準用する。

附 則（抄）

（施行期日）

第一条 この法律は、公布の日から起算して一年を超えない範囲内において政令で定める日（平成一六・四・一―平成一五政五一二）から施行する。

（人事訴訟手続法の廃止）

第二条 人事訴訟手続法（明治三十一年法律第十三号）は、廃止する。

> ＊令和四法四八（令和八・五・二四までに施行）による改正
> 附則の次に次の別表を加える。
> **別表**（略）（未織込み）

附 則（令和四・五・二五法四八）（抄）

（施行期日）

第一条 この法律は、公布の日から起算して四年を超えない範囲内において政令で定める日から施行する。ただし、次の各号に掲げる規定は、当該各号に定める日から施行する。

一 （前略）附則第百二十五条の規定　公布の日

二 （前略）第五条中人事訴訟法第三十五条の改正規定（中略）公布の日から起算して九月を超えない範囲内において政令で定める日

三 （前略）第五条中人事訴訟法第三十七条第三項の改正規定（「民事訴訟法」の下に「第八十九条第二項及び」を加え、「同条第四項」を「同法第八十九条第三項及び第百七十条第四項」に改める部分に限る。）公布の日から起算して一年を超えない範囲内において政令で定める日

四 （略）

五 第五条中人事訴訟法第三十七条第三項の改正規定（同項にただし書を加える部分に限る。）（中略）公布の日から起算して三年を超えない範囲内において政令で定める日

（政令への委任）

第一二五条 （前略）この法律の施行に関し必要な経過措置は、政令で定める。

（検討）

第一二六条 政府は、この法律の施行後五年を経過した場合において、この法律による改正後の民事訴訟法その他の法律の規定の施行の状況について検討を加え、必要があると認めるときは、その結果に基づいて所要の措置を講ずるものとする。

刑法等の一部を改正する法律の施行に伴う関係法律整理法中経過規定（令和四・六・一七法六八）（抄）

第四四一条から**第四四三条**まで（刑法の同経過規定参照）

第五〇九条（刑法の同経過規定参照）

刑法等の一部を改正する法律の施行に伴う関係法律整理法

附 則（令和四・六・一七法六八）（抄）

（施行期日）

① この法律は、刑法等一部改正法（刑法等の一部を改正する法律（令和四法六七））施行日から施行する。ただし、次の各号に掲げる規定は、当該各号に定める日から施行する。

一 第五百九条の規定　公布の日

二 （略）

○非訟事件手続法（抄）（平成二三・五・二五法　五一）

施行　平成二五・一・一（平成二四政一九六）
最終改正　令和四法四八

目次

第一編　総則(抄)

（趣旨）
第一条　この法律は、非訟事件の手続についての通則を定めるとともに、民事非訟事件、公示催告事件及び過料事件の手続を定めるものとする。
第二条　（略）

第二編　非訟事件の手続の通則(抄)

第一章　総則(抄)

第三条　（略）
（裁判所及び当事者の責務）
第四条　裁判所は、非訟事件の手続が公正かつ迅速に行われるように努め、当事者は、信義に従い誠実に非訟事件の手続を追行しなければならない。

第二章　非訟事件に共通する手続(抄)

第一節　管轄(抄)

（管轄が住所地により定まる場合の管轄裁判所）
第五条①　非訟事件は、管轄が人の住所地により定まる場合において、日本国内に住所がないとき又は住所が知れないときはその居所地を管轄する裁判所の管轄に属し、日本国内に居所がないとき又は居所が知れないときはその最後の住所地を管轄する裁判所の管轄に属する。
②　非訟事件は、管轄が法人その他の社団又は財団（外国の社団又は財団を除く。）の住所地により定まる場合において、日本国内に住所がないとき、又は住所が知れないときは、代表者その他の主たる業務担当者の住所地を管轄する裁判所の管轄に属する。
③　非訟事件は、管轄が外国の社団又は財団の住所地により定まる場合においては、日本における主たる事務所又は営業所の所在地を管轄する裁判所の管轄に属し、日本国内に事務所又は営業所がないときは日本における代表者その他の主たる業務担当者の住所地を管轄する裁判所の管轄に属する。
（優先管轄等）
第六条　この法律の他の規定又は他の法令の規定により二以上の裁判所が管轄権を有するときは、非訟事件は、先に申立てを受け、又は職権で手続を開始した裁判所が管轄する。ただし、その裁判所は、非訟事件の手続が遅滞することを避けるため必要があると認めるときその他相当と認めるときは、申立てにより又は職権で、非訟事件の全部又は一部を他の管轄裁判所に移送することができる。
第七条から第一〇条まで　（略）

第二節　裁判所職員の除斥及び忌避(抄)

第一一条及び第一二条　（略）
（除斥又は忌避の裁判及び手続の停止）
第一三条①②　（略）
③　裁判官は、その除斥又は忌避についての裁判に関与することができない。
④　（略）
⑤　次に掲げる事由があるとして忌避の申立てを却下する裁判をするときは、第三項の規定は、適用しない。
一　非訟事件の手続を遅滞させる目的のみでされたことが明らかなとき。
二　前条第二項（編注・当事者が裁判官の面前において事件について陳述をした場合の忌避不許）の規定に違反するとき。
三　最高裁判所規則で定める手続に違反するとき。
⑥　前項の裁判は、第一項及び第二項の規定にかかわらず、忌避された受命裁判官等（受命裁判官、受託裁判官又は非訟事件を取り扱う地方裁判所の一人の裁判官若しくは簡易裁判所の裁判官をいう。次条第三項ただし書において同じ。）がすることができる。
⑦―⑨　（略）
第一四条及び第一五条　（略）

第三節　当事者能力及び手続行為能力(抄)

（当事者能力及び手続行為能力の原則等）
第一六条①　当事者能力、非訟事件の手続における手続上の行為（以下「手続行為」という。）をすることができる能力（以下この項及び第七十四条第一項において「手続行為能力」という。）、手続行為能力を欠く者の法定代理及び手続行為をするのに必要な授権については、民事訴訟法第二十八条、第二十九条、第三十一条、第三十三条並びに第三十四条第一項及び第二項の規定を準用する。

② 被保佐人、被補助人（手続行為をすることにつきその補助人の同意を得ることを要するものに限る。次項において同じ。）又は後見人その他の法定代理人が他の者がした非訟事件の申立て又は抗告について手続行為をするには、保佐人若しくは保佐監督人、補助人若しくは補助監督人又は後見監督人の同意その他の授権を要しない。職権により手続が開始された場合についても、同様とする。

③ 被保佐人、被補助人又は後見人その他の法定代理人が次に掲げる手続行為をするには、特別の授権がなければならない。

一 非訟事件の申立ての取下げ又は和解

二 終局決定に対する抗告若しくは異議又は第七十七条第二項の申立ての取下げ

第一七条から第一九条まで （略）

第四節 参加

（当事者参加）

第二〇条① 当事者となる資格を有する者は、当事者として非訟事件の手続に参加することができる。

② 前項の規定による参加（次項において「当事者参加」という。）の申出は、参加の趣旨及び理由を記載した書面でしなければならない。

③ 当事者参加の申出を却下する裁判に対しては、即時抗告をすることができる。

（利害関係参加）

第二一条① 裁判を受ける者となるべき者（編注・終局決定（申立てを却下する終局決定を除く。）がされた場合において、その裁判を受ける者となる者をいう。以下同じ。）は、非訟事件の手続に参加することができる。

② 裁判を受ける者となるべき者以外の者であって、裁判の結果により直接の影響を受けるもの又は当事者となる資格を有するものは、裁判所の許可を得て、非訟事件の手続に参加することができる。

③ 前条第二項の規定は、第一項の規定による参加の申出及び前項の規定による参加の許可の申立てについて準用する。

④ 第一項の規定による参加の申出を却下する裁判に対しては、即時抗告をすることができる。

⑤ 第一項又は第二項の規定により非訟事件の手続に参加した者（以下「利害関係参加人」という。）は、当事者がすることができる手続行為（非訟事件の申立ての取下げ及び変更並びに裁判に対する不服申立て及び裁判所書記官の処分に対する異議の取下げを除く。）をすることができる。ただし、裁判に対する不服申立て及び裁判所書記官の処分に対する異議の申立てについては、利害関係参加人が不服申立て又は異議の申立てに関するこの法律の他の規定又は他の法令の規定によりすることができる場合に限る。

第五節 手続代理人及び補佐人（抄）

（手続代理人の資格）

第二二条① 法令により裁判上の行為をすることができる代理人のほか、弁護士でなければ手続代理人となることができない。ただし、第一審裁判所においては、その許可を得て、弁護士でない者を手続代理人とすることができる。

② 前項ただし書の許可は、いつでも取り消すことができる。

（手続代理人の代理権の範囲）

第二三条① 手続代理人は、委任を受けた事件について、参加、強制執行及び保全処分に関する行為をし、かつ、弁済を受領することができる。

② 手続代理人は、次に掲げる事項については、特別の委任を受けなければならない。

一 非訟事件の申立ての取下げ又は和解

二 終局決定に対する抗告若しくは異議又は第七十七条第二項の申立て

三 前号の抗告、異議又は申立ての取下げ

四 代理人の選任

③ 手続代理人の代理権は、制限することができない。ただし、弁護士でない手続代理人については、この限りでない。

④ 前三項の規定は、法令により裁判上の行為をすることができる代理人の権限を妨げない。

第二四条及び第二五条 （略）

第六節 手続費用（抄）

第一款 手続費用の負担（抄）

（手続費用の負担）

第二六条① 非訟事件の手続の費用（以下「手続費用」という。）は、特別の定めがある場合を除き、各自の負担とする。

② 裁判所は、事情により、この法律の他の規定（次項を除く。）又は他の法令の規定によれば当事者、利害関係参加人その他の関係人がそれぞれ負担すべき手続費用の全部又は一部を、その負担すべき者以外の者であって次に掲げるものに負担させることができる。

一 当事者又は利害関係参加人

二 前号に掲げる者以外の裁判を受ける者となるべき者

三 前号に掲げる者に準ずる者であって、その裁判により直接に利益を受けるもの

③ 前二項又は他の法令の規定によれば法務大臣又は検察官が負担すべき手続費用は、国庫の負担とする。

（手続費用の立替え）

第二七条 事実の調査、証拠調べ、呼出し、告知その他の非訟事件の手続に必要な行為に要する費用は、国庫において立て替えることができる。

第二八条 （略）

第二款 手続上の救助

（第二九条）（略）

第七節 非訟事件の審理等（抄）

（手続の非公開）

第三〇条 非訟事件の手続は、公開しない。ただし、裁判所は、相当と認める者の傍聴を許すことができる。

（調書の作成等）

第三一条 裁判所書記官は、非訟事件の手続の期日について、調書を作成しなければならない。ただし、証拠調べの期日以外の期日については、裁判長においてその必要がないと認めるときは、その経過の要領を記録上明らかにすることをもって、これに代えることができる。

（記録の閲覧等）

第三二条① 当事者又は利害関係を疎明した第三者は、裁判所の許可を得て、裁判所書記官に対し、非訟事件の記録の閲覧若しくは謄写、その正本、謄本若しくは抄本の交付又は非訟事件に関する事項の証明書の交付（第百十二条において「記録の閲覧等」という。）を請求することができる。

② 前項の規定は、非訟事件の記録中の録音テープ又はビデオテープ（これらに準ずる方法により一定の事項を記録した物を含む。）に関しては、適用しない。この場合において、当事者又は利害関係を疎明した第三者は、裁判所の許可を得て、裁判所書記官に対し、これらの物の複製を請求することができる。

③ 裁判所は、当事者から前二項の規定による許可の申立てがあった場合においては、当事者又は第三者に著しい損害を及ぼすおそれがあると認めるときを除き、これを許可しなければならない。

④ 裁判所は、利害関係を疎明した第三者から第一項又は第二項の規定による許可の申立てがあった場合において、相当と認めるときは、これを許可することができる。

⑤ （略）

⑥ 非訟事件の記録の閲覧、謄写及び複製の請求は、非訟事件の

記録の保存又は裁判所の執務に支障があるときは、することができない。

⑦―⑨（略）

（専門委員）

第三三条① 裁判所は、的確かつ円滑な審理の実現のため、又は和解を試みるに当たり、必要があると認めるときは、当事者の意見を聴いて、専門的な知見に基づく意見を聴くために専門委員を非訟事件の手続に関与させることができる。この場合において、専門委員の意見は、裁判長が書面により又は当事者が立ち会うことができる非訟事件の手続の期日において口頭で述べさせなければならない。

② 裁判所は、当事者の意見を聴いて、前項の規定による専門委員を関与させる裁判を取り消すことができる。

③ 裁判所は、必要があると認めるときは、専門委員を非訟事件の手続の期日に立ち会わせることができる。この場合において、裁判長は、専門委員が当事者、証人、鑑定人その他非訟事件の手続の期日に出頭した者に対し直接に問いを発することを許すことができる。

④ 裁判所は、専門委員が遠隔の地に居住しているときその他相当と認めるときは、当事者の意見を聴いて、最高裁判所規則で定めるところにより、裁判所及び当事者双方が専門委員との間で音声の送受信により同時に通話をすることができる方法によって、専門委員に第一項の意見を述べさせることができる。この場合において、裁判長は、専門委員が当事者、証人、鑑定人その他非訟事件の手続の期日に出頭した者に対し直接に問いを発することを許すことができる。

⑤ 民事訴訟法第九十二条の五の規定は、第一項の規定により非訟事件の手続に関与させる専門委員の指定及び任免等について準用する。この場合において、同条第二項中「第九十二条の二」とあるのは、「非訟事件手続法第三十三条第一項」と読み替えるものとする。

⑥ 受命裁判官又は受託裁判官が第一項の手続を行う場合には、同項から第四項までの規定及び前項において準用する民事訴訟法第九十二条の五第二項の規定による裁判所及び裁判長の職務は、その裁判官が行う。ただし、証拠調べの期日における手続を行う場合には、専門委員を手続に関与させる裁判、その裁判の取消し及び専門委員の指定は、非訟事件が係属している裁判所がする。

第三四条から第三六条まで（略）

（他の申立権者による受継）

第三七条① 非訟事件の申立人が死亡、資格の喪失その他の事由によってその手続を続行することができない場合において、法令により手続を続行する資格のある者がないときは、当該非訟事件の申立てをすることができる者は、その手続を受け継ぐことができる。

② 前項の規定による受継の申立ては、同項の事由が生じた日から一月以内にしなければならない。

第三八条及び第三九条（略）

（検察官の関与）

第四〇条① 検察官は、非訟事件について意見を述べ、その手続の期日に立ち会うことができる。

② 裁判所は、検察官に対し、非訟事件が係属したこと及びその手続の期日を通知するものとする。

第八節　検察官に対する通知

第四一条 裁判所その他の官庁、検察官又は吏員は、その職務上検察官の申立てにより非訟事件の裁判をすべき場合が生じたことを知ったときは、管轄裁判所に対応する検察庁の検察官にその旨を通知しなければならない。

第九節　電子情報処理組織による申立て等　及び　第十節　当事者に対する住所、氏名等の秘匿

（第四二条及び第四二条の二）（略）

第三章　第一審裁判所における非訟事件の手続（抄）

第一節　非訟事件の申立て

（申立ての方式等）

第四三条① 非訟事件の申立ては、申立書（以下この条及び第五十七条第一項において「非訟事件の申立書」という。）を裁判所に提出してしなければならない。

② 非訟事件の申立書には、次に掲げる事項を記載しなければならない。

一　当事者及び法定代理人

二　申立ての趣旨及び原因

③ 申立人は、二以上の事項について裁判を求める場合において、これらの事項についての非訟事件の手続が同種であり、これらの事項が同一の事実上及び法律上の原因に基づくときは、一の申立てにより求めることができる。

④―⑥（略）

（申立ての変更）

第四四条① 申立人は、申立ての基礎に変更がない限り、申立ての趣旨又は原因を変更することができる。

②③（略）

④ 申立ての趣旨又は原因の変更により非訟事件の手続が著しく遅滞することとなるときは、裁判所は、その変更を許さない旨の裁判をすることができる。

第二節　非訟事件の手続の期日（抄）

（裁判長の手続指揮権）

第四五条① 非訟事件の手続の期日においては、裁判長が手続を指揮する。

② 裁判長は、発言を許し、又はその命令に従わない者の発言を禁止することができる。

③ 当事者が非訟事件の手続の期日における裁判長の指揮に関する命令に対し異議を述べたときは、裁判所は、その異議について裁判をする。

第四六条（略）

（音声の送受信による通話の方法による手続）

第四七条① 裁判所は、当事者が遠隔の地に居住しているときその他相当と認めるときは、当事者の意見を聴いて、最高裁判所規則で定めるところにより、裁判所及び当事者双方が音声の送受信により同時に通話をすることができる方法によって、非訟事件の手続の期日における手続（証拠調べを除く。）を行うことができる。

② 非訟事件の手続の期日に出頭しないで前項の手続に関与した者は、その期日に出頭したものとみなす。

第四八条（略）

第三節　事実の調査及び証拠調べ（抄）

（事実の調査及び証拠調べ等）

第四九条① 裁判所は、職権で事実の調査をし、かつ、申立てにより又は職権で、必要と認める証拠調べをしなければならない。

② 当事者は、適切かつ迅速な審理及び裁判の実現のため、事実の調査及び証拠調べに協力するものとする。

第五〇条（略）

（事実の調査の嘱託等）

第五一条① 裁判所は、他の地方裁判所又は簡易裁判所に事実の調査を嘱託することができる。

② 前項の規定による嘱託により職務を行う受託裁判官は、他の地方裁判所又は簡易裁判所において事実の調査をすることを相当と認めるときは、更に事実の調査の嘱託をすることができる。

③ 裁判所は、相当と認めるときは、受命裁判官に事実の調査をさせることができる。

④ 前三項の規定により受託裁判官又は受命裁判官が事実の調査をする場合には、裁判所及び裁判長の職務は、その裁判官が行う。

（事実の調査の通知）

第五二条 裁判所は、事実の調査をした場合において、その結果が当事者による非訟事件の手続の追行に重要な変更を生じ得るものと認めるときは、これを当事者及び利害関係参加人に通知しなければならない。

（**証拠調べ**）

第五三条① 非訟事件の手続における証拠調べについては、民事訴訟法第二編第四章第一節から第六節までの規定（同法第百七十九条、第百八十二条、第百八十七条から第百八十九条まで、第二百七条第二項、第二百八条、第二百二十四条（同法第二百二十九条第二項及び第二百三十二条第一項において準用する場合を含む。）及び第二百二十九条第四項の規定を除く。）を準用する。

＊令和四法四八（令和八・五・二四までに施行）**による改正後**

① 非訟事件の手続における証拠調べについては、民事訴訟法第二編第四章第一節から第六節までの規定（同法第百七十九条、第百八十二条、第百八十五条第三項、第百八十七条から第百八十九条まで、第二百五条第二項、第二百七条第二項、第二百十五条第二項、第二百二十四条（同法第二百二十九条第二項及び第二百三十一条の三第一項において準用する場合を含む。）、第二百二十七条第二項（同法第二百三十一条の三第一項において準用する場合を含む。）及び第二百三十二条の二の規定を除く。）を準用する。この場合において、同法第二百五条第三項中「事項又は前項の規定によりファイルに記録された事項若しくは同項の記録媒体に記録された事項」とあり、及び同法第二百十五条第四項中「事項又は第二項の規定によりファイルに記録された事項若しくは同項の記録媒体に記録された事項」とあるのは「事項」と、同法第二百三十一条の二第二項中「方法又は最高裁判所規則で定める電子情報処理組織を使用する方法」とあるのは「方法」と、同法第二百三十一条の三第二項中「若しくは送付し、又は最高裁判所規則で定める電子情報処理組織を使用する」とあるのは「又は送付する」と読み替えるものとする。

②―⑦ （略）

第四節 裁判（抄）

（**裁判の方式**）

第五四条 裁判所は、非訟事件の手続においては、決定で、裁判をする。

（**終局決定**）

第五五条① 裁判所は、非訟事件が裁判をするのに熟したときは、終局決定をする。

② 裁判所は、非訟事件の一部が裁判をするのに熟したときは、その一部について終局決定をすることができる。手続の併合を命じた数個の非訟事件中その一が裁判をするのに熟したときも、同様とする。

（**終局決定の告知及び効力の発生等**）

第五六条① 終局決定は、当事者及び利害関係参加人並びにこれらの者以外の裁判を受ける者に対し、相当と認める方法で告知しなければならない。

② 終局決定（申立てを却下する決定を除く。）は、裁判を受ける者（裁判を受ける者が数人あるときは、そのうちの一人）に告知することによってその効力を生ずる。

③ 申立てを却下する終局決定は、申立人に告知することによってその効力を生ずる。

④ 終局決定は、即時抗告の期間の満了前には確定しないものとする。

⑤ 終局決定の確定は、前項の期間内にした即時抗告の提起により、遮断される。

（**終局決定の方式及び裁判書**）

第五七条① 終局決定は、裁判書を作成してしなければならない。ただし、即時抗告をすることができない決定については、非訟事件の申立書又は調書に主文を記載することをもって、裁判書の作成に代えることができる。

② 終局決定の裁判書には、次に掲げる事項を記載しなければならない。

一 主文
二 理由の要旨
三 当事者及び法定代理人
四 裁判所

第五八条 （略）

（**終局決定の取消し又は変更**）

第五九条① 裁判所は、終局決定をした後、その決定を不当と認めるときは、次に掲げる決定を除き、職権で、これを取り消し、又は変更することができる。

一 申立てによってのみ裁判をすべき場合において申立てを却下した決定
二 即時抗告をすることができる決定

② 終局決定が確定した日から五年を経過したときは、裁判所は、前項の規定による取消し又は変更をすることができない。ただし、事情の変更によりその決定を不当と認めるに至ったときは、この限りでない。

③ 裁判所は、第一項の規定により終局決定の取消し又は変更をする場合には、その決定における当事者及びその他の裁判を受ける者の陳述を聴かなければならない。

④ 第一項の規定による取消し又は変更の終局決定に対しては、取消し後又は変更後の決定が原決定であるとした場合に即時抗告をすることができる者に限り、即時抗告をすることができる。

第六〇条から**第六二条**まで （略）

第五節 裁判によらない非訟事件の終了

（**非訟事件の申立ての取下げ**）

第六三条① 非訟事件の申立人は、終局決定が確定するまで、申立ての全部又は一部を取り下げることができる。この場合において、終局決定がされた後は、裁判所の許可を得なければならない。

② （略）

（**非訟事件の申立ての取下げの擬制**）

第六四条 非訟事件の申立人が、連続して二回、呼出しを受けた非訟事件の手続の期日に出頭せず、又は呼出しを受けた非訟事件の手続の期日において陳述をしないで退席をしたときは、裁判所は、申立ての取下げがあったものとみなすことができる。

（**和解**）

第六五条① 非訟事件における和解については、民事訴訟法第八十九条、第二百六十四条及び第二百六十五条の規定を準用する。この場合において、同法第二百六十四条及び第二百六十五条第三項中「口頭弁論等」とあるのは、「非訟事件の手続」と読み替えるものとする。

＊令和四法四八（令和八・五・二四までに施行）**による改正**

第一項中「第八十九条」を「第八十九条第一項」に、「同法第二百六十四条」を「同法第二百六十四条第一項」に改める。

（本文未織込み）

② 和解を調書に記載したときは、その記載は、確定した終局決定と同一の効力を有する。

第四章 不服申立て（抄）

第一節 終局決定に対する不服申立て（抄）

第一款 即時抗告（抄）

（**即時抗告をすることができる裁判**）

第六六条① 終局決定により権利又は法律上保護される利益を害された者は、その決定に対し、即時抗告をすることができる。
② 申立てを却下した終局決定に対しては、申立人に限り、即時抗告をすることができる。
③ 手続費用の負担の裁判に対しては、独立して即時抗告をすることができない。

（即時抗告期間）
第六七条① 終局決定に対する即時抗告は、二週間の不変期間内にしなければならない。ただし、その期間前に提起した即時抗告の効力を妨げない。
② 即時抗告の期間は、即時抗告をする者が裁判の告知を受ける者である場合にあっては、裁判の告知を受けた日から進行する。
③ 前項の期間は、即時抗告をする者が裁判の告知を受ける者でない場合にあっては、申立人（職権で開始した事件においては、裁判を受ける者）が裁判の告知を受けた日（二以上あるときは、当該日のうち最も遅い日）から進行する。

（即時抗告の提起の方式等）
第六八条① 即時抗告は、抗告状を原裁判所に提出してしなければならない。
② 抗告状には、次に掲げる事項を記載しなければならない。
一 当事者及び法定代理人
二 原決定の表示及びその決定に対して即時抗告をする旨
③—⑥ （略）

（抗告状の写しの送付等）
第六九条① 終局決定に対する即時抗告があったときは、抗告裁判所は、原審における当事者及び利害関係参加人（抗告人を除く。）に対し、抗告状の写しを送付しなければならない。ただし、その即時抗告が不適法であるとき、又は即時抗告に理由がないことが明らかなときは、この限りでない。
②③ （略）

（陳述の聴取）
第七〇条 抗告裁判所は、原審における当事者及びその他の裁判を受ける者（抗告人を除く。）の陳述を聴かなければ、原裁判所の終局決定を取り消すことができない。

（原裁判所による更正）
第七一条 原裁判所は、終局決定に対する即時抗告を理由があると認めるときは、その決定を更正しなければならない。

（原裁判の執行停止）
第七二条① 終局決定に対する即時抗告は、特別の定めがある場合を除き、執行停止の効力を有しない。ただし、抗告裁判所又は原裁判所は、申立てにより、担保を立てさせて、又は立てさせないで、即時抗告について裁判があるまで、原裁判の執行の停止その他必要な処分を命ずることができる。
②③ （略）

第七三条 （略）

（再抗告）
第七四条① 抗告裁判所の終局決定（その決定が第一審裁判所の決定であるとした場合に即時抗告をすることができるものに限る。）に対しては、次に掲げる事由を理由とするときに限り、更に即時抗告をすることができる。ただし、第五号に掲げる事由については、手続行為能力、法定代理権又は手続行為をするのに必要な権限を有するに至った本人、法定代理人又は手続代理人による追認があったときは、この限りでない。
一 終局決定に憲法の解釈の誤りがあることその他憲法の違反があること。
二 法律に従って裁判所を構成しなかったこと。
三 法律により終局決定に関与することができない裁判官が終局決定に関与したこと。
四 専属管轄に関する規定に違反したこと。
五 法定代理権、手続代理人の代理権又は代理人が手続行為をするのに必要な授権を欠いたこと。
六 終局決定にこの法律又は他の法令で記載すべきものと定められた理由若しくはその要旨を付せず、又は理由若しくはその要旨に食い違いがあること。
七 終局決定に影響を及ぼすことが明らかな法令の違反があること。
② 前項の即時抗告（以下この条及び第七十七条第一項において「再抗告」という。）が係属する抗告裁判所は、抗告状又は抗告理由書に記載された再抗告の理由についてのみ調査をする。
③ （略）

第二款 特別抗告（抄）

（特別抗告をすることができる裁判等）
第七五条① 地方裁判所及び簡易裁判所の終局決定で不服を申し立てることができないもの並びに高等裁判所の終局決定に対しては、その決定に憲法の解釈の誤りがあることその他憲法の違反があることを理由とするときに、最高裁判所に特に抗告をすることができる。
② 前項の抗告（以下この項及び次条において「特別抗告」という。）が係属する抗告裁判所は、抗告状又は抗告理由書に記載された特別抗告の理由についてのみ調査をする。

第七六条 （略）

第三款 許可抗告（抄）

（許可抗告をすることができる裁判等）
第七七条① 高等裁判所の終局決定（再抗告及び次項の申立てについての決定を除く。）に対しては、第七十五条第一項の規定による場合のほか、その高等裁判所が次項の規定により許可したときに限り、最高裁判所に特に抗告をすることができる。ただし、その決定が地方裁判所の決定であるとした場合に即時抗告をすることができるものであるときに限る。
② 前項の高等裁判所は、同項の終局決定について、最高裁判所の判例（これがない場合にあっては、大審院又は上告裁判所若しくは抗告裁判所である高等裁判所の判例）と相反する判断がある場合その他の法令の解釈に関する重要な事項を含むと認められる場合には、申立てにより、抗告を許可しなければならない。
③—⑥ （略）

第七八条 （略）

第二節 終局決定以外の裁判に対する不服申立て（抄）

（不服申立ての対象）
第七九条 終局決定以外の裁判に対しては、特別の定めがある場合に限り、即時抗告をすることができる。

（受命裁判官又は受託裁判官の裁判に対する異議）
第八〇条① 受命裁判官又は受託裁判官の裁判に対して不服がある当事者は、非訟事件が係属している裁判所に異議の申立てをすることができる。ただし、その裁判が非訟事件が係属している裁判所の裁判であるとした場合に即時抗告をすることができるものであるときに限る。
② 前項の異議の申立てについての裁判に対しては、即時抗告をすることができる。
③ （略）

（即時抗告期間）
第八一条 終局決定以外の裁判に対する即時抗告は、一週間の不変期間内にしなければならない。ただし、その期間前に提起した即時抗告の効力を妨げない。

第八二条 （略）

第五章 再審（抄）

（再審）
第八三条① 確定した終局決定その他の裁判（事件を完結するものに限る。第五項において同じ。）に対しては、再審の申立てをすることができる。

② 再審の手続には、その性質に反しない限り、各審級における非訟事件の手続に関する規定を準用する。

③―⑤ （略）

第八四条 （略）

第三編　民事非訟事件（抄）

第一章　共有に関する事件（抄）

（共有物の管理に係る決定）

第八五条① 次に掲げる裁判に係る事件は、当該裁判に係る共有物又は民法（明治二十九年法律第八十九号）第二百六十四条に規定する数人で所有権以外の財産権を有する場合における当該財産権（以下この条において単に「共有物」という。）の所在地を管轄する地方裁判所の管轄に属する。

一 民法第二百五十一条第二項、第二百五十二条第二項第一号及び第二百五十二条の二第二項（これらの規定を同法第二百六十四条において準用する場合を含む。）の規定による裁判

二 民法第二百五十二条第二項第二号（同法第二百六十四条において準用する場合を含む。第三項において同じ。）の規定による裁判

② 前項第一号の裁判については、裁判所が次に掲げる事項を公告し、かつ、第二号の期間が経過した後でなければ、することができない。この場合において、同号の期間は、一箇月を下ってはならない。

一 当該共有物について前項第一号の裁判の申立てがあったこと。

二 裁判所が前項第一号の裁判をすることについて異議があるときは、当該他の共有者等（民法第二百五十一条第二項（同法第二百六十四条において準用する場合を含む。）に規定する当該他の共有者、同法第二百五十二条第二項第一号（同法第二百六十四条において準用する場合を含む。）に規定する他の共有者又は同法第二百五十二条の二第二項（同法第二百六十四条において準用する場合を含む。）に規定する当該共有者をいう。第六項において同じ。）は一定の期間内にその旨の届出をすべきこと。

三 前号の届出がないときは、前項第一号の裁判がされること。

③ 第一項第二号の裁判については、裁判所が次に掲げる事項を当該他の共有者（民法第二百五十二条第二項第二号に規定する当該他の共有者をいう。以下この項及び次項において同じ。）に通知し、かつ、第二号の期間が経過した後でなければ、することができない。この場合において、同号の期間は、一箇月を下ってはならない。

一 当該共有物について第一項第二号の裁判の申立てがあったこと。

二 当該他の共有者は裁判所に対し一定の期間内に共有物の管理に関する事項を決することについて賛否を明らかにすべきこと。

三 前号の期間内に当該他の共有者が裁判所に対し共有物の管理に関する事項を決することについて賛否を明らかにしないときは、第一項第二号の裁判がされること。

④ 前項第二号の期間内に裁判所に対し共有物の管理に関する事項を決することについて賛否を明らかにした当該他の共有者があるときは、裁判所は、その者に係る第一項第二号の裁判をすることができない。

⑤⑥ （略）

（共有物分割の証書の保存者の指定）

第八六条① 民法第二百六十二条第三項の規定による証書の保存者の指定の事件は、共有物の分割がされた地を管轄する地方裁判所の管轄に属する。

② 裁判所は、前項の指定の裁判をするには、分割者（申立人を除く。）の陳述を聴かなければならない。

③ 裁判所が前項の裁判をする場合における手続費用は、分割者の全員が等しい割合で負担する。

④ （略）

（所在等不明共有者の持分の取得）

第八七条① 所在等不明共有者の持分の取得の裁判（民法第二百六十二条の二第一項（同条第五項において準用する場合を含む。次項第一号において同じ。）の規定による所在等不明共有者の持分の取得の裁判をいう。以下この条において同じ。）に係る事件は、当該裁判に係る不動産の所在地を管轄する地方裁判所の管轄に属する。

② 裁判所は、次に掲げる事項を公告し、かつ、第二号、第三号及び第五号の期間が経過した後でなければ、所在等不明共有者の持分の取得の裁判をすることができない。この場合において、第二号、第三号及び第五号の期間は、いずれも三箇月を下ってはならない。

一 所在等不明共有者（民法第二百六十二条の二第一項に規定する所在等不明共有者をいう。以下この条において同じ。）の持分について所在等不明共有者の持分の取得の裁判の申立てがあったこと。

二 裁判所が所在等不明共有者の持分の取得の裁判をすることについて異議があるときは、所在等不明共有者は一定の期間内にその旨の届出をすべきこと。

三 民法第二百六十二条の二第二項（同条第五項において準用する場合を含む。）の異議の届出は、一定の期間内にすべきこと。

四 前二号の届出がないときは、所在等不明共有者の持分の取得の裁判がされること。

五 所在等不明共有者の持分の取得の裁判の申立てがあった所在等不明共有者の持分について申立人以外の共有者が所在等不明共有者の持分の取得の裁判の申立てをするときは一定の期間内にその申立てをすべきこと。

③ 裁判所は、前項の規定による公告をしたときは、遅滞なく、登記簿上その氏名又は名称が判明している共有者に対し、同項各号（第二号を除く。）の規定により公告した事項を通知しなければならない。この通知は、通知を受ける者の登記簿上の住所又は事務所に宛てて発すれば足りる。

④ 裁判所は、第二項第三号の異議の届出が同号の期間を経過した後にされたときは、当該届出を却下しなければならない。

⑤ 裁判所は、所在等不明共有者の持分の取得の裁判をするには、申立人に対して、一定の期間内に、所在等不明共有者のために、裁判所が定める額の金銭を裁判所の指定する供託所に供託し、かつ、その旨を届け出るべきことを命じなければならない。

⑥―⑪ （略）

（所在等不明共有者の持分を譲渡する権限の付与）

第八八条① 所在等不明共有者の持分を譲渡する権限の付与の裁判（民法第二百六十二条の三第一項（同条第四項において準用する場合を含む。第三項において同じ。）の規定による所在等不明共有者の持分を譲渡する権限の付与の裁判をいう。第三項において同じ。）に係る事件は、当該裁判に係る不動産の所在地を管轄する地方裁判所の管轄に属する。

② 前条第二項第一号、第二号及び第四号並びに第五項から第十項までの規定は、前項の事件について準用する。

③ 所在等不明共有者の持分を譲渡する権限の付与の裁判の効力が生じた後二箇月以内にその裁判により付与された権限に基づく所在等不明共有者（民法第二百六十二条の三第一項に規定する所在等不明共有者をいう。）の持分の譲渡の効力が生じないときは、その裁判は、その効力を失う。ただし、この期間は、裁判所において伸長することができる。

第八九条 （略）

第二章　土地等の管理に関する事件（抄）

（所有者不明土地管理命令及び所有者不明建物管理命令）

第九〇条① 民法第二編第三章第四節の規定による非訟事件は、

裁判を求める事項に係る不動産の所在地を管轄する地方裁判所の管轄に属する。

② 裁判所は、次に掲げる事項を公告し、かつ、第二号の期間が経過した後でなければ、所有者不明土地管理命令（民法第二百六十四条の二第一項に規定する所有者不明土地管理命令をいう。以下この条において同じ。）をすることができない。この場合において、同号の期間は、一箇月を下ってはならない。

一 所有者不明土地管理命令の申立てがその対象となるべき土地又は共有持分についてあったこと。

二 所有者不明土地管理命令をすることについて異議があるときは、所有者不明土地管理命令の対象となるべき土地又は共有持分を有する者は一定の期間内にその旨の届出をすべきこと。

三 前号の届出がないときは、所有者不明土地管理命令がされること。

③ 民法第二百六十四条の三第二項又は第二百六十四条の六第二項の許可の申立てをする場合には、その許可を求める理由を疎明しなければならない。

④ 裁判所は、民法第二百六十四条の六第一項の規定による解任の裁判又は同法第二百六十四条の七第一項の規定による費用若しくは報酬の額を定める裁判をする場合には、所有者不明土地管理人（同法第二百六十四条の二第四項に規定する所有者不明土地管理人をいう。以下この条において同じ。）の陳述を聴かなければならない。

⑤ 次に掲げる裁判には、理由を付さなければならない。

一 所有者不明土地管理命令の申立てを却下する裁判

二 民法第二百六十四条の三第二項又は第二百六十四条の六第二項の許可の申立てを却下する裁判

三 民法第二百六十四条の六第一項の規定による解任の申立てについての裁判

⑥ 所有者不明土地管理命令があった場合には、裁判所書記官は、職権で、遅滞なく、所有者不明土地管理命令の対象とされた土地又は共有持分について、所有者不明土地管理命令の登記を嘱託しなければならない。

⑦ 所有者不明土地管理命令を取り消す裁判があったときは、裁判所書記官は、職権で、遅滞なく、所有者不明土地管理命令の登記の抹消を嘱託しなければならない。

⑧ 所有者不明土地管理人は、所有者不明土地管理命令の対象とされた土地又は共有持分及び所有者不明土地管理命令の効力が及ぶ動産の管理、処分その他の事由により金銭が生じたときは、その土地の所有者又はその共有持分を有する者のために、当該金銭を所有者不明土地管理命令の対象とされた土地（共有持分を対象として所有者不明土地管理命令が発せられた場合にあっては、共有物である土地）の所在地の供託所に供託することができる。この場合において、供託をしたときは、法務省令で定めるところにより、その旨その他法務省令で定める事項を公告しなければならない。

⑨―⑮ （略）

⑯ 第二項から前項までの規定は、民法第二百六十四条の八第一項に規定する所有者不明建物管理命令及び同条第四項に規定する所有者不明建物管理人について準用する。

第九一条（**管理不全土地管理命令及び管理不全建物管理命令**）① 民法第二編第三章第五節の規定による非訟事件は、裁判を求める事項に係る不動産の所在地を管轄する地方裁判所の管轄に属する。

② 民法第二百六十四条の十第二項又は第二百六十四条の十二第二項の許可の申立てをする場合には、その許可を求める理由を疎明しなければならない。

③ 裁判所は、次の各号に掲げる裁判をする場合には、当該各号に定める者の陳述を聴かなければならない。ただし、第一号に掲げる裁判をする場合において、その陳述を聴く手続を経ることにより当該裁判の申立ての目的を達することができない事情があるときは、この限りでない。

一 管理不全土地管理命令（民法第二百六十四条の九第一項に規定する管理不全土地管理命令をいう。以下この条において同じ。） 管理不全土地管理命令の対象となるべき土地の所有者

二 民法第二百六十四条の十第二項の許可の裁判 管理不全土地管理命令の対象とされた土地の所有者

三 民法第二百六十四条の十二第一項の規定による解任の裁判 管理不全土地管理人（同法第二百六十四条の九第三項に規定する管理不全土地管理人をいう。以下この条において同じ。）

四 民法第二百六十四条の十三第一項の規定による費用の額を定める裁判 管理不全土地管理人

五 民法第二百六十四条の十三第一項の規定による報酬の額を定める裁判 管理不全土地管理人及び管理不全土地管理命令の対象とされた土地の所有者

④ 次に掲げる裁判には、理由を付さなければならない。

一 管理不全土地管理命令の申立てについての裁判

二 民法第二百六十四条の十第二項の許可の申立てについての裁判

三 民法第二百六十四条の十二第一項の規定による解任の申立てについての裁判

四 民法第二百六十四条の十二第二項の許可の申立てを却下する裁判

⑤ 管理不全土地管理人は、管理不全土地管理命令の対象とされた土地及び管理不全土地管理命令の効力が及ぶ動産の管理、処分その他の事由により金銭が生じたときは、その土地の所有者（その共有持分を有する者を含む。）のために、当該金銭を管理不全土地管理命令の対象とされた土地の所在地の供託所に供託することができる。この場合において、供託をしたときは、法務省令で定めるところにより、その旨その他法務省令で定める事項を公告しなければならない。

⑥―⑨ （略）

⑩ 第二項から前項までの規定は、民法第二百六十四条の十四第一項に規定する管理不全建物管理命令及び同条第三項に規定する管理不全建物管理人について準用する。

第九二条 （略）

第三章 供託等に関する事件（抄）

第九三条（**動産質権の実行の許可**）① 民法第三百五十四条の規定により質物をもって直ちに弁済に充てることの許可の申立てに係る事件は、債務の履行地を管轄する地方裁判所の管轄に属する。

② 裁判所は、前項の許可の裁判をするには、債務者の陳述を聴かなければならない。

③ 裁判所が前項の裁判をする場合における手続費用は、債務者の負担とする。

第九四条から**第九八条**まで （略）

第四編 公示催告事件（抄）

第一章 通則（抄）

第九九条（**公示催告の申立て**） 裁判上の公示催告で権利の届出を催告するためのもの（以下この編において「公示催告」という。）の申立ては、法令にその届出をしないときは当該権利につき失権の効力を生ずる旨の定めがある場合に限り、することができる。

第一〇〇条（**管轄裁判所**） 公示催告手続（公示催告によって当該公示催告に係る権利につき失権の効力を生じさせるための一連の手続をいう。以下この章において同じ。）に係る事件（第百十二条において「公示催告事件」という。）は、公示催告に係る権利を有する者の普通裁判籍の所在地又は当該公示催告に係る権利の目的物の所在地を管轄する簡易裁判所の管轄に属する。ただし、当該権利が登記又は登録に係るものであるときは、登記又は登録を

すべき地を管轄する簡易裁判所もこれを管轄する。

（公示催告手続開始の決定等）

第一〇一条　裁判所は、公示催告の申立てが適法であり、かつ、理由があると認めるときは、公示催告手続開始の決定をするとともに、次に掲げる事項を内容とする公示催告をする旨の決定（第百十三条第二項において「公示催告決定」という。）をしなければならない。

一　申立人の表示

二　権利の届出の終期の指定

三　前号に規定する権利の届出の終期までに当該権利を届け出るべき旨の催告

四　前号に掲げる催告に応じて権利の届出をしないことにより生ずべき失権の効力の表示

（公示催告についての公告）

第一〇二条①　公示催告についての公告は、前条に規定する公示催告の内容を、裁判所の掲示場に掲示し、かつ、官報に掲載する方法によってする。

②　裁判所は、相当と認めるときは、申立人に対し、前項に規定する方法に加えて、前条に規定する公示催告の内容を、時事に関する事項を掲載する日刊新聞紙に掲載して公告すべき旨を命ずることができる。

（公示催告の期間）

第一〇三条　前条第一項の規定により公示催告を官報に掲載した日から権利の届出の終期までの期間は、他の法律に別段の定めがある場合を除き、二月を下ってはならない。

（公示催告手続終了の決定）

第一〇四条①　公示催告手続開始の決定後第百六条第一項から第四項までの規定による除権決定がされるまでの間において、公示催告の申立てが不適法であること又は理由のないことが明らかになったときは、裁判所は、公示催告手続終了の決定をしなければならない。

②　前項の決定に対しては、申立人に限り、即時抗告をすることができる。

（審理終結日）

第一〇五条①　裁判所は、権利の届出の終期の経過後においても、必要があると認めるときは、公示催告の申立てについての審理をすることができる。この場合において、裁判所は、審理を終結する日（以下この章において「審理終結日」という。）を定めなければならない。

②　権利の届出の終期までに申立人が申立ての理由として主張した権利を争う旨の申述（以下この編において「権利を争う旨の申述」という。）があったときは、裁判所は、申立人及びその権利を争う旨の申述をした者の双方が立ち会うことができる審問期日を指定するとともに、審理終結日を定めなければならない。

③　前二項の規定により審理終結日が定められたときは、権利の届出の終期の経過後においても、権利の届出又は権利を争う旨の申述は、その審理終結日まですることができる。

④　権利を争う旨の申述をするには、自らが権利者であることその他の申立人が申立ての理由として主張した権利を争う理由を明らかにしなければならない。

（除権決定等）

第一〇六条①　権利の届出の終期（前条第一項又は第二項の規定により審理終結日が定められた場合にあっては、審理終結日。以下この条において同じ。）までに適法な権利の届出又は権利を争う旨の申述がないときは、裁判所は、第百四条第一項の場合を除き、当該公示催告の申立てに係る権利につき失権の効力を生ずる旨の裁判（以下この編において「除権決定」という。）をしなければならない。

②　裁判所は、権利の届出の終期までに適法な権利の届出があった場合であって、適法な権利を争う旨の申述がないときは、第百四条第一項の場合を除き、当該公示催告の申立てに係る権利のうち適法な権利の届出があったものについては失権の効力を生じない旨の定め（以下この章において「制限決定」という。）をして、除権決定をしなければならない。

③　裁判所は、権利の届出の終期までに適法な権利を争う旨の申述があった場合であって、適法な権利の届出がないときは、第百四条第一項の場合を除き、申立人とその適法な権利を争う旨の申述をした者との間の当該権利についての訴訟の判決が確定するまで公示催告手続を中止し、又は除権決定は、その適法な権利を争う旨の申述をした者に対してはその効力を有せず、かつ、申立人が当該訴訟において敗訴したときはその効力を失う旨の定め（以下この章において「留保決定」という。）をして、除権決定をしなければならない。ただし、その権利を争う旨の申述に理由がないことが明らかであると認めるときは、留保決定をしないで、除権決定をしなければならない。

④　裁判所は、権利の届出の終期までに適法な権利の届出及び権利を争う旨の申述があったときは、第百四条第一項の場合を除き、制限決定及び留保決定をして、除権決定をしなければならない。

⑤　除権決定に対しては、第百八条の規定による場合のほか、不服を申し立てることができない。

⑥　制限決定又は留保決定に対しては、即時抗告をすることができる。

⑦　前項の即時抗告は、裁判の告知を受けた日から一週間の不変期間内にしなければならない。ただし、その期間前に提起した即時抗告の効力を妨げない。

（除権決定等の公告）

第一〇七条　除権決定、制限決定及び留保決定は、官報に掲載して公告しなければならない。

（除権決定の取消しの申立て）

第一〇八条　次に掲げる事由がある場合には、除権決定の取消しの申立てをすることができる。

一　法令において公示催告の申立てをすることができる場合に該当しないこと。

二　第百二条第一項の規定による公示催告についての公告をせず、又は法律に定める方法によって公告をしなかったこと。

三　第百三条に規定する公示催告の期間を遵守しなかったこと。

四　除斥又は忌避の裁判により除権決定に関与することができない裁判官が除権決定に関与したこと。

五　適法な権利の届出又は権利を争う旨の申述があったにもかかわらず、第百六条第二項から第四項までの規定に違反して除権決定がされたこと。

六　第八十三条第三項において準用する民事訴訟法第三百三十八条第一項第四号から第八号までの規定により再審の申立てをすることができる場合であること。

第一〇九条から第一一三条まで　（略）

第二章　有価証券無効宣言公示催告事件（抄）

（申立権者）

第一一四条　盗取され、紛失し、又は滅失した有価証券のうち、法令の規定により無効とすることができるものであって、次の各号に掲げるものを無効とする旨の宣言をするためにする公示催告の申立ては、それぞれ当該各号に定める者がすることができる。

一　無記名式の有価証券又は裏書によって譲り渡すことができる有価証券であって白地式裏書（被裏書人を指定しないで、又は裏書人の署名若しくは記名押印のみをもってした裏書をいう。）がされたもの　その最終の所持人

二　前号に規定する有価証券以外の有価証券　その有価証券により権利を主張することができる者

第一一五条及び第一一六条　（略）

（公示催告の内容等）

第一一七条①　有価証券無効宣言公示催告においては、第百一条の規定にかかわらず、次に掲げる事項を公示催告の内容とす

る。
一　申立人の表示
二　権利を争う旨の申述の終期の指定
三　前号に規定する権利を争う旨の申述の終期までに権利を争う旨の申述をし、かつ、有価証券を提出すべき旨の有価証券の所持人に対する催告
四　前号に掲げる催告に応じて権利を争う旨の申述をしないことにより有価証券を無効とする旨を宣言する旨の表示
②　（略）

（除権決定による有価証券の無効の宣言等）

第一一八条①　裁判所は、有価証券無効宣言公示催告の申立てについての除権決定において、その申立てに係る有価証券を無効とする旨を宣言しなければならない。
②　前項の除権決定がされたときは、有価証券無効宣言公示催告の申立人は、その申立てに係る有価証券により義務を負担する者に対し、当該有価証券による権利を主張することができる。

第五編　過料事件

（管轄裁判所）

第一一九条　過料事件（過料についての裁判の手続に係る非訟事件をいう。）は、他の法令に特別の定めがある場合を除き、当事者（過料の裁判がされた場合において、その裁判を受ける者となる者をいう。以下この編において同じ。）の普通裁判籍の所在地を管轄する地方裁判所の管轄に属する。

（過料についての裁判等）

第一二〇条①　過料についての裁判には、理由を付さなければならない。
②　裁判所は、過料についての裁判をするに当たっては、あらかじめ、検察官の意見を聴くとともに、当事者の陳述を聴かなければならない。
③　過料についての裁判に対しては、当事者及び検察官に限り、即時抗告をすることができる。この場合において、当該即時抗告が過料の裁判に対するものであるときは、執行停止の効力を有する。
④　過料についての裁判の手続（その抗告審における手続を含む。次項において同じ。）に要する手続費用は、過料の裁判をした場合にあっては当該裁判を受けた者の負担とし、その他の場合にあっては国庫の負担とする。
⑤　過料の裁判に対して当事者から第三項の即時抗告があった場合において、抗告裁判所が当該即時抗告を理由があると認めて原裁判を取り消して更に過料についての裁判をしたときは、前項の規定にかかわらず、過料についての裁判の手続に要する手続費用は、国庫の負担とする。

（過料の裁判の執行）

第一二一条①　過料の裁判は、検察官の命令で執行する。この命令は、執行力のある債務名義と同一の効力を有する。
②　過料の裁判の執行は、民事執行法（昭和五十四年法律第四号）その他強制執行の手続に関する法令の規定に従ってする。ただし、執行をする前に裁判の送達をすることを要しない。
③　刑事訴訟法（昭和二十三年法律第百三十一号）第五百七条の規定は、過料の裁判の執行について準用する。
④　過料の裁判の執行があった後に当該裁判（以下この項において「原裁判」という。）に対して前条第三項の即時抗告があった場合において、抗告裁判所が当該即時抗告を理由があると認めて原裁判を取り消して更に過料の裁判をしたときは、その金額の限度において当該過料の裁判の執行があったものとみなす。この場合において、原裁判の執行によって得た金額が当該過料の金額を超えるときは、その超過額は、これを還付しなければならない。

（略式手続）

第一二二条①　裁判所は、第百二十条第二項の規定にかかわらず、相当と認めるときは、当事者の陳述を聴かないで過料についての裁判をすることができる。
②　前項の裁判に対しては、当事者及び検察官は、当該裁判の告知を受けた日から一週間の不変期間内に、当該裁判をした裁判所に異議の申立てをすることができる。この場合において、当該異議の申立てが過料の裁判に対するものであるときは、執行停止の効力を有する。
③　前項の異議の申立ては、次項の裁判があるまで、取り下げることができる。この場合において、当該異議の申立ては、遡ってその効力を失う。
④　適法な異議の申立てがあったときは、裁判所は、当事者の陳述を聴いて、更に過料についての裁判をしなければならない。
⑤　前項の規定によってすべき裁判が第一項の裁判と符合するときは、裁判所は、同項の裁判を認可しなければならない。ただし、同項の裁判の手続が法律に違反したものであるときは、この限りでない。
⑥　前項の規定により第一項の裁判を認可する場合を除き、第四項の規定によってすべき裁判においては、第一項の裁判を取り消さなければならない。
⑦　第百二十条第五項の規定は、第一項の規定による過料の裁判に対して当事者から第二項の異議の申立てがあった場合において、前項の規定により当該裁判を取り消して第四項の規定により更に過料についての裁判をしたときについて準用する。
⑧　前条第四項の規定は、第一項の規定による過料の裁判の執行があった後に当該裁判に対して第二項の異議の申立てがあった場合において、第六項の規定により当該裁判を取り消して第四項の規定により更に過料の裁判をしたときについて準用する。

附　則

（施行期日）

①　この法律は、公布の日から起算して二年を超えない範囲内において政令で定める日（平成二五・一・一―平成二四政一九六）から施行する。

（経過措置）

②　この法律の規定は、この法律の施行後に申し立てられた非訟事件及び職権で手続が開始された非訟事件の手続について適用する。

附　則（令和三・四・二八法二四）（抄）

（施行期日）

第一条　この法律は、公布の日から起算して二年を超えない範囲内において政令で定める日（令和五・四・一―令和三政三三二）から施行する。ただし、次の各号に掲げる規定は、当該各号に定める日から施行する。
一　（前略）附則第三十四条の規定　公布の日
二・三　（略）

（その他の経過措置の政令等への委任）

第三四条①　（前略）この法律の施行に関し必要な経過措置は、政令で定める。
②　（略）

附　則（令和四・五・二五法四八）（抄）

（施行期日）

第一条　この法律は、公布の日から起算して四年を超えない範囲内において政令で定める日から施行する。ただし、次の各号に掲げる規定は、当該各号に定める日から施行する。
一　（前略）附則第百二十五条の規定　公布の日
二―五　（略）

（政令への委任）

第一二五条　（前略）この法律の施行に関し必要な経過措置は、政令で定める。

○家事事件手続法（抄）（平成二三・五・二五 法五二）

施行 平成二五・一・一（附則参照）
最終改正 令和四法六八

目次

第一編　総則（抄）

第一章　通則（抄）

第一条（略）

（裁判所及び当事者の責務）
第二条　裁判所は、家事事件（編注・家事審判及び家事調停に関する事件をいう。以下同じ。）の手続が公正かつ迅速に行われるように努め、当事者は、信義に従い誠実に家事事件の手続を追行しなければならない。

第三条（略）

第一章の二　日本の裁判所の管轄権

（不在者の財産の管理に関する処分の審判事件の管轄権）
第三条の二　裁判所は、不在者の財産の管理に関する処分の審判事件（別表第一の五十五の項の事項についての審判事件をいう。第百四十五条において同じ。）について、不在者の財産が日本国内にあるときは、管轄権を有する。

（失踪の宣告の取消しの審判事件の管轄権）
第三条の三　裁判所は、失踪の宣告の取消しの審判事件（別表第一の五十七の項の事項についての審判事件をいう。第百四十九条第一項及び第二項において同じ。）について、次の各号のいずれかに該当するときは、管轄権を有する。
一　日本において失踪の宣告の審判があったとき。
二　失踪者の住所が日本国内にあるとき又は失踪者が日本の国籍を有するとき。
三　失踪者が生存していたと認められる最後の時点において、失踪者が日本国内に住所を有していたとき又は日本の国籍を有していたとき。

（嫡出否認の訴えの特別代理人の選任の審判事件の管轄権）
第三条の四　裁判所は、嫡出否認の訴えについて日本の裁判所が管轄権を有するときは、嫡出否認の訴えの特別代理人の選任の審判事件（別表第一の五十九の項の事項についての審判事件をいう。第百五十九条第一項及び第二項において同じ。）について、管轄権を有する。

（養子縁組をするについての許可の審判事件等の管轄権）
第三条の五　裁判所は、養子縁組をするについての許可の審判事件（別表第一の六十一の項の事項についての審判事件をいう。第百六十一条第一項及び第二項において同じ。）及び特別養子縁組の成立の審判事件（同表の六十三の項の事項についての審判事件をいう。第百六十四条において同じ。）（特別養子適格の確認の審判事件（同条第二項に規定する特別養子適格の確認についての審判事件をいう。第百六十四条の二第二項及び第四項において同じ。）を含む。）について、養親となるべき者又は養子となるべき者の住所（住所がない場合又は住所が知れない場合には、居所）が日本国内にあるときは、管轄権を有する。

（死後離縁をするについての許可の審判事件の管轄権）
第三条の六　裁判所は、死後離縁をするについての許可の審判事件（別表第一の六十二の項の事項についての審判事件をいう。第百六十二条第一項及び第二項において同じ。）について、次の各号のいずれかに該当するときは、管轄権を有する。
一　養親又は養子の住所（住所がない場合又は住所が知れない場合には、居所）が日本国内にあるとき。
二　養親又は養子がその死亡の時に日本国内に住所を有していたとき。
三　養親又は養子の一方が日本の国籍を有する場合であって、他の一方がその死亡の時に日本の国籍を有していたとき。

（特別養子縁組の離縁の審判事件の管轄権）
第三条の七　裁判所は、特別養子縁組の離縁の審判事件（別表第一の六十四の項の事項についての審判事件をいう。以下同じ。）について、次の各号のいずれかに該当するときは、管轄権を有する。
一　養親の住所（住所がない場合又は住所が知れない場合には、居所）が日本国内にあるとき。
二　養子の実父母又は検察官からの申立てであって、養子の住所（住所がない場合又は住所が知れない場合には、居所）が日本国内にあるとき。
三　養親及び養子が日本の国籍を有するとき。
四　日本国内に住所がある養子からの申立てであって、養親及び養子が最後の共通の住所を日本国内に有していたとき。
五　日本国内に住所がある養子からの申立てであって、養親が行方不明であるとき、養親の住所がある国においてされた離縁に係る確定した裁判が日本国で効力を有しないときその他の日本の裁判所が審理及び裁判をすることが養親と養子との間の衡平を図り、又は適正かつ迅速な審理の実現を確保することとなる特別の事情があると認められるとき。

（親権に関する審判事件等の管轄権）
第三条の八　裁判所は、親権に関する審判事件（別表第一の六十五の項から六十九の項まで並びに別表第二の七の項及び八の項の事項についての審判事件をいう。第百六十七条において同じ。）、子の監護に関する処分の審判事件（同表の三の項の事項についての審判事件をいう。第百五十条第四号及び第百五十一条第二号において同じ。）（子の監護に要する費用の分担に関する処分の審判事件を除く。）及び親権を行う者につき破産手続が開始された場合における管理権喪失の審判事件（別表第一の百三十二の項の事項についての審判事件をいう。第二百四十二条第一項第二号及び第三項において同じ。）について、子の住所（住所がない場合又は住所が知れない場合には、居所）が日本国内にあるときは、管轄権を有する。

（養子の離縁後に未成年後見人となるべき者の選任の審判事件等の管轄権）
第三条の九　裁判所は、養子の離縁後に未成年後見人となるべき者の選任の審判事件（別表第一の七十の項の事項についての審判事件をいう。第百七十六条及び第百七十七条第一号において同じ。）又は未成年後見人の選任の審判事件（同表の七十一の項の事項についての審判事件をいう。同条第二号において同じ。）について、未成年被後見人となるべき者若しくは未成年被後見人（以下この条において「未成年被後見人となるべき者等」という。）の住所若しくは居所が日本国内にあるとき又は未成年被後見人となるべき者等が日本の国籍を有するときは、管轄権を有する。

（夫婦、親子その他の親族関係から生ずる扶養の義務に関する審判事件の管轄権）
第三条の一〇　裁判所は、夫婦、親子その他の親族関係から生ずる扶養の義務に関する審判事件（別表第一の八十四の項及び八十五の項並びに別表第二の一の項から三の項まで、九の項及び十の項の事項についての審判事件（同表の三の項の事項についての審判事件にあっては、子の監護に要する費用の分担に関する処分の審判事件に限る。）をいう。）について、扶養義務者（別表第一の八十四の項の事項についての審判事件にあっては、扶養義務者となるべき者）であって申立人でないもの又は扶養権利者（子の監護に要する費用の分担に関する処分の審判事件にあっては、子の監護者又は子）の住所（住所がない場合又は住所が知れない場合には、居所）が日本国内にあるときは、管轄権を有する。

（相続に関する審判事件の管轄権）
第三条の一一①　裁判所は、相続に関する審判事件（別表第一の八十六の項から百十の項まで及び百三十三の項並びに別表第二の十一の項から十五の項までの事項についての審判事件をいう。）について、相続開始の時における被相続人の住所が日本国内にあるとき、住所がない場合又は住所が知れない場合には相続開始の時における被相続人の居所が日本国内にあるとき、居所がない場合又は居所が知れない場合には被相続人が相続開始の前に日本国内に住所を有していたとき（日本国内に最後に住所を有していた後に外国に住所を有していたときを除く。）は、管轄権を有する。

② 相続開始の前に推定相続人の廃除の審判事件（別表第一の八十六の項の事項についての審判事件をいう。以下同じ。）、推定相続人の廃除の審判の取消しの審判事件（同表の八十七の項の事項についての審判事件をいう。第百八十八条第一項及び第百八十九条第一項において同じ。）、遺言の確認の審判事件（同表の百二の項の事項についての審判事件をいう。第二百九条第二項において同じ。）又は遺留分の放棄についての許可の審判事件（同表の百十の項の事項についての審判事件をいう。第二百十六条第一項第二号において同じ。）の申立てがあった場合における前項の規定の適用については、同項中「相続開始の時における被相続人」とあるのは「被相続人」と、「相続開始の前」とあるのは「申立て前」とする。

③ 裁判所は、第一項に規定する場合のほか、推定相続人の廃除の審判又はその取消しの審判の確定前の遺産の管理に関する処分の審判事件（別表第一の八十八の項の事項についての審判事件をいう。第百八十九条第一項及び第二項において同じ。）、相続財産の保存に関する処分の審判事件（同表の八十九の項の事項についての審判事件をいう。第百九十条の二において同じ。）、限定承認を受理した場合における相続財産の清算人の選任の審判事件（同表の九十四の項の事項についての審判事件をいう。）、財産分離の請求後の相続財産の管理に関する処分の審判事件（同表の九十七の項の事項についての審判事件をいう。第二百二条第一項第二号及び第三項において同じ。）及び相続人の不存在の場合における相続財産の清算に関する処分の審判事件（同表の九十九の項の事項についての審判事件をいう。以下同じ。）について、相続財産に属する財産が日本国内にあるときは、管轄権を有する。

④ 当事者は、合意により、いずれの国の裁判所に遺産の分割に関する審判事件（別表第二の十二の項から十四の項までの事項についての審判事件をいう。第三条の十四及び第百九十一条第一項において同じ。）及び特別の寄与に関する処分の審判事件（同表の十五の項の事項についての審判事件をいう。第三条の十四及び第二百十六条の二において同じ。）の申立てをすることができるかについて定めることができる。

⑤ 民事訴訟法（平成八年法律第百九号）第三条の七第二項から第四項までの規定は、前項の合意について準用する。

（財産の分与に関する処分の審判事件の管轄権）

第三条の一二 裁判所は、財産の分与に関する処分の審判事件（別表第二の四の項の事項についての審判事件をいう。第百五十条第五号において同じ。）について、次の各号のいずれかに該当するときは、管轄権を有する。

一 夫又は妻であった者の一方からの申立てであって、他の一方の住所（住所がない場合又は住所が知れない場合には、居所）が日本国内にあるとき。

二 夫であった者及び妻であった者の双方が日本の国籍を有するとき。

三 日本国内に住所がある夫又は妻であった者の一方からの申立てであって、夫であった者及び妻であった者が最後の共通の住所を日本国内に有していたとき。

四 日本国内に住所がある夫又は妻であった者の一方からの申立てであって、他の一方が行方不明であるとき、他の一方の住所がある国においてされた財産の分与に関する処分に係る確定した裁判が日本国で効力を有しないときその他の日本の裁判所が審理及び裁判をすることが当事者間の衡平を図り、又は適正かつ迅速な審理の実現を確保することとなる特別の事情があると認められるとき。

（家事調停事件の管轄権）

第三条の一三① 裁判所は、家事調停事件について、次の各号のいずれかに該当するときは、管轄権を有する。

一 当該調停を求める事項についての訴訟事件又は家事審判事件について日本の裁判所が管轄権を有するとき。

二 相手方の住所（住所がない場合又は住所が知れない場合には、居所）が日本国内にあるとき。

三 当事者が日本の裁判所に家事調停の申立てをすることができる旨の合意をしたとき。

② 民事訴訟法第三条の七第二項及び第三項の規定は、前項第三号の合意について準用する。

③ 人事訴訟法（平成十五年法律第百九号）第二条に規定する人事に関する訴え（離婚及び離縁の訴えを除く。）を提起することができる事項についての調停事件については、第一項（第二号及び第三号に係る部分に限る。）の規定は、適用しない。

（特別の事情による申立ての却下）

第三条の一四 裁判所は、第三条の二から前条までに規定する事件について日本の裁判所が管轄権を有することとなる場合（遺産の分割に関する審判事件又は特別の寄与に関する処分の審判事件について、日本の裁判所にのみ申立てをすることができる旨の合意に基づき申立てがされた場合を除く。）においても、事案の性質、申立人以外の事件の関係人の負担の程度、証拠の所在地、未成年者である子の利益その他の事情を考慮して、日本の裁判所が審理及び裁判をすることが適正かつ迅速な審理の実現を妨げ、又は相手方がある事件について申立人と相手方との間の衡平を害することとなる特別の事情があると認めるときは、その申立ての全部又は一部を却下することができる。

（管轄権の標準時）

第三条の一五 日本の裁判所の管轄権は、家事審判若しくは家事調停の申立てがあった時又は裁判所が職権で家事事件の手続を開始した時を標準として定める。

第二章　管轄（抄）

（管轄が住所地により定まる場合の管轄権を有する家庭裁判所）

第四条 家事事件は、管轄が人の住所地により定まる場合において、日本国内に住所がないとき又は住所が知れないときはその居所地を管轄する家庭裁判所の管轄に属し、日本国内に居所がないとき又は居所が知れないときはその最後の住所地を管轄する家庭裁判所の管轄に属する。

（優先管轄）

第五条 この法律の他の規定により二以上の家庭裁判所が管轄権を有するときは、家事事件は、先に申立てを受け、又は職権で手続を開始した家庭裁判所が管轄する。

第六条から**第八条**まで　（略）

（移送等）

第九条① 裁判所は、家事事件の全部又は一部がその管轄に属しないと認めるときは、申立てにより又は職権で、これを管轄裁判所に移送する。ただし、家庭裁判所は、事件を処理するために特に必要があると認めるときは、職権で、家事事件の全部又は一部を管轄権を有する家庭裁判所以外の家庭裁判所に移送し、又は自ら処理することができる。

② 家庭裁判所は、家事事件がその管轄に属する場合においても、次の各号に掲げる事由があるときは、職権で、家事事件の全部又は一部を当該各号に定める家庭裁判所に移送することができる。

一 家事事件の手続が遅滞することを避けるため必要があると認めるときその他相当と認めるとき　第五条の規定により管轄権を有しないこととされた家庭裁判所

二 事件を処理するために特に必要があると認めるとき　前号の家庭裁判所以外の家庭裁判所

③ 前二項の規定による移送の裁判及び第一項の申立てを却下する裁判に対しては、即時抗告をすることができる。
④ 前項の規定による移送の裁判に対する即時抗告は、執行停止の効力を有する。
⑤ 民事訴訟法第二十二条の規定は、家事事件の移送の裁判について準用する。

第三章　裁判所職員の除斥及び忌避

（第一〇条から第一六条まで）（略）

第四章　当事者能力及び手続行為能力（抄）

（当事者能力及び手続行為能力の原則等）

第一七条① 当事者能力、家事事件の手続における手続上の行為（以下「手続行為」という。）をすることができる能力（以下この項において「手続行為能力」という。）、手続行為能力を欠く者の法定代理及び手続行為をするのに必要な授権については、民事訴訟法第二十八条、第二十九条、第三十一条、第三十三条並びに第三十四条第一項及び第二項の規定を準用する。
② 被保佐人、被補助人（手続行為をすることにつきその補助人の同意を得ることを要するものに限る。次項において同じ。）又は後見人その他の法定代理人が他の者がした家事審判又は家事調停の申立て又は抗告について手続行為をするには、保佐人若しくは保佐監督人、補助人若しくは補助監督人又は後見監督人の同意その他の授権を要しない。職権により手続が開始された場合についても、同様とする。
③ 被保佐人、被補助人又は後見人その他の法定代理人が次に掲げる手続行為をするには、特別の授権がなければならない。ただし、家事調停の申立てその他家事調停の手続の追行について同意その他の授権を得ている場合において、第二号に掲げる手続行為をするときは、この限りでない。
一 家事審判又は家事調停の申立ての取下げ
二 第二百六十八条第一項若しくは第二百七十七条第一項第一号の合意、第二百七十条第一項に規定する調停条項案の受諾又は第二百八十六条第八項の共同の申出
三 審判に対する即時抗告、第九十四条第一項（編注・特別抗告）（第二百八十八条において準用する場合を含む。）の抗告若しくは第九十七条第二項（編注・許可抗告）（第二百八十八条において準用する場合を含む。）の申立ての取下げ又は第二百七十九条第一項若しくは第二百八十六条第一項の異議の取下げ

（未成年者及び成年被後見人の法定代理人）

第一八条 親権を行う者又は後見人は、第百十八条（編注・成年後見に関する審判事件における手続行為能力）（この法律の他の規定において準用する場合を含む。）又は第二百五十二条第一項の規定により未成年者又は成年被後見人が法定代理人によらずに自ら手続行為をすることができる場合であっても、未成年者又は成年被後見人を代理して手続行為をすることができる。ただし、家事審判及び家事調停の申立ては、民法（明治二十九年法律第八十九号）その他の法令の規定により親権を行う者又は後見人が申立てをすることができる場合（人事訴訟法第二条に規定する人事に関する訴え（離婚及び離縁の訴えを除く。）を提起することができる事項についての家事調停の申立てにあっては、同法その他の法令の規定によりその訴えを提起することができる場合を含む。）に限る。

第一九条から第二一条まで　（略）

第五章　手続代理人及び補佐人（抄）

（手続代理人の資格）

第二二条① 法令により裁判上の行為をすることができる代理人のほか、弁護士でなければ手続代理人となることができない。ただし、家庭裁判所においては、その許可を得て、弁護士でない者を手続代理人とすることができる。
② 前項ただし書の許可は、いつでも取り消すことができる。

（裁判長による手続代理人の選任等）

第二三条① 手続行為につき行為能力の制限を受けた者が第百十八条（この法律の他の規定において準用する場合を含む。）又は第二百五十二条第一項の規定により手続行為をしようとする場合において、必要があると認めるときは、裁判長は、申立てにより、弁護士を手続代理人に選任することができる。
② 手続行為につき行為能力の制限を受けた者が前項の申立てをしない場合においても、裁判長は、弁護士を手続代理人に選任すべき旨を命じ、又は職権で弁護士を手続代理人に選任することができる。
③ 前二項の規定により裁判長が手続代理人に選任した弁護士に対し手続行為につき行為能力の制限を受けた者が支払うべき報酬の額は、裁判所が相当と認める額とする。

（手続代理人の代理権の範囲）

第二四条① 手続代理人は、委任を受けた事件について、参加、強制執行及び保全処分に関する行為をし、かつ、弁済を受領することができる。
② 手続代理人は、次に掲げる事項については、特別の委任を受けなければならない。ただし、家事調停の申立てその他家事調停の手続の追行について委任を受けている場合において、第二号に掲げる手続行為をするときは、この限りでない。
一 家事審判又は家事調停の申立ての取下げ
二 第二百六十八条第一項若しくは第二百七十七条第一項第一号の合意、第二百七十条第一項に規定する調停条項案の受諾又は第二百八十六条第八項の共同の申出
三 審判に対する即時抗告、第九十四条第一項（第二百八十八条において準用する場合を含む。）の抗告、第九十七条第二項（第二百八十八条において準用する場合を含む。）の申立て又は第二百七十九条第一項若しくは第二百八十六条第一項の異議
四 前号の抗告（即時抗告を含む。）、申立て又は異議の取下げ
五 代理人の選任
③ 手続代理人の代理権は、制限することができない。ただし、弁護士でない手続代理人については、この限りでない。
④ 前三項の規定は、法令により裁判上の行為をすることができる代理人の権限を妨げない。

第二五条から第二七条まで　（略）

第六章　手続費用（抄）

第一節　手続費用の負担（抄）

（手続費用の負担）

第二八条① 手続費用（家事審判に関する手続の費用（以下「審判費用」という。）及び家事調停に関する手続の費用（以下「調停費用」という。）をいう。以下同じ。）は、各自の負担とする。
② 裁判所は、事情により、前項の規定によれば当事者及び利害関係参加人（第四十二条第七項に規定する利害関係参加人をいう。第一号において同じ。）がそれぞれ負担すべき手続費用の全部又は一部を、その負担すべき者以外の者であって次に掲げるものに負担させることができる。
一 当事者又は利害関係参加人
二 前号に掲げる者以外の審判を受ける者となるべき者（編注・審判（申立てを却下する審判を除く。）がされた場合において、その審判を受ける者となる者をいう。以下同じ。）
三 前号に掲げる者に準ずる者であって、その裁判により直接に利益を受けるもの
③ 前二項の規定によれば検察官が負担すべき手続費用は、国庫の負担とする。

第二九条から第三一条まで　（略）

第二節　手続上の救助

（第三二条）（略）

第七章　家事事件の審理等（抄）

（**手続の非公開**）
第三三条　家事事件の手続は、公開しない。ただし、裁判所は、相当と認める者の傍聴を許すことができる。

第三四条から第三七条まで　（略）

第八章　電子情報処理組織による申立て等

（第三八条）（略）

第九章　当事者に対する住所、氏名等の秘匿

（第三八条の二）（略）

第二編　家事審判に関する手続（抄）

第一章　総則（抄）

第一節　家事審判の手続（抄）

第一款　通則（抄）

（**審判事項**）
第三九条　家庭裁判所は、この編に定めるところにより、別表第一及び別表第二に掲げる事項並びに同編に定める事項について、審判をする。

（**参与員**）
第四〇条①　家庭裁判所は、参与員の意見を聴いて、審判をする。ただし、家庭裁判所が相当と認めるときは、その意見を聴かないで、審判をすることができる。
②　家庭裁判所は、参与員を家事審判の手続の期日に立ち会わせることができる。
③　参与員は、家庭裁判所の許可を得て、第一項の意見を述べるために、申立人が提出した資料の内容について、申立人から説明を聴くことができる。ただし、別表第二に掲げる事項についての審判事件においては、この限りでない。
④　参与員の員数は、各事件について一人以上とする。
⑤―⑦　（略）

（**当事者参加**）
第四一条①　当事者となる資格を有する者は、当事者として家事審判の手続に参加することができる。
②　家庭裁判所は、相当と認めるときは、当事者の申立てにより又は職権で、他の当事者となる資格を有する者（審判を受ける者となるべき者に限る。）を、当事者として家事審判の手続に参加させることができる。
③　第一項の規定による参加の申出及び前項の申立ては、参加の趣旨及び理由を記載した書面でしなければならない。
④　第一項の規定による参加の申出を却下する裁判に対しては、即時抗告をすることができる。

（**利害関係参加**）
第四二条①　審判を受ける者となるべき者は、家事審判の手続に参加することができる。
②　審判を受ける者となるべき者以外の者であって、審判の結果により直接の影響を受けるもの又は当事者となる資格を有するものは、家庭裁判所の許可を得て、家事審判の手続に参加することができる。
③　家庭裁判所は、相当と認めるときは、職権で、審判を受ける者となるべき者及び前項に規定する者を、家事審判の手続に参加させることができる。
④　前条第三項の規定は、第一項の規定による参加の申出及び第二項の規定による参加の許可の申立てについて準用する。
⑤　家庭裁判所は、第一項又は第二項の規定により家事審判の手続に参加しようとする者が未成年者である場合において、その者の年齢及び発達の程度その他一切の事情を考慮してその者が当該家事審判の手続に参加することがその者の利益を害すると認めるときは、第一項の規定による参加の申出又は第二項の規定による参加の許可の申立てを却下しなければならない。
⑥　第一項の規定による参加の申出を却下する裁判（前項の規定により第一項の規定による参加の申出を却下する裁判を含む。）に対しては、即時抗告をすることができる。
⑦　第一項から第三項までの規定により家事審判の手続に参加した者（以下「利害関係参加人」という。）は、当事者がすることができる手続行為（家事審判の申立ての取下げ及び変更並びに裁判に対する不服申立て及び裁判所書記官の処分に対する異議の取下げを除く。）をすることができる。ただし、裁判に対する不服申立て及び裁判所書記官の処分に対する異議の申立てについては、利害関係参加人が不服申立て又は異議の申立てに関するこの法律の他の規定によりすることができる場合に限る。

第四三条及び第四四条　（略）

（**他の申立権者による受継**）
第四五条①　家事審判の申立人が死亡、資格の喪失その他の事由によってその手続を続行することができない場合において、法令により手続を続行する資格のある者がないときは、当該家事審判の申立てをすることができる者は、その手続を受け継ぐことができる。
②　家庭裁判所は、前項の場合において、必要があると認めるときは、職権で、当該家事審判の申立てをすることができる者に、その手続を受け継がせることができる。
③　第一項の規定による受継の申立て及び前項の規定による受継の裁判は、第一項の事由が生じた日から一月以内にしなければならない。

第四六条から第四八条まで　（略）

第二款　家事審判の申立て（抄）

（**申立ての方式等**）
第四九条①　家事審判の申立ては、申立書（以下「家事審判の申立書」という。）を家庭裁判所に提出してしなければならない。
②　家事審判の申立書には、次に掲げる事項を記載しなければならない。
一　当事者及び法定代理人
二　申立ての趣旨及び理由
③―⑥　（略）

第五〇条　（略）

第三款　家事審判の手続の期日（抄）

（**事件の関係人の呼出し**）
第五一条①　家庭裁判所は、家事審判の手続の期日に事件の関係人を呼び出すことができる。
②　呼出しを受けた事件の関係人は、家事審判の手続の期日に出頭しなければならない。ただし、やむを得ない事由があるときは、代理人を出頭させることができる。
③　前項の事件の関係人が正当な理由なく出頭しないときは、家庭裁判所は、五万円以下の過料に処する。

（**裁判長の手続指揮権**）
第五二条①　家事審判の手続の期日においては、裁判長が手続を指揮する。
②　裁判長は、発言を許し、又はその命令に従わない者の発言を禁止することができる。
③　当事者が家事審判の手続の期日における裁判長の指揮に関する命令に対し異議を述べたときは、家庭裁判所は、その異議について裁判をする。

第五三条　（略）

（**音声の送受信による通話の方法による手続**）
第五四条①　家庭裁判所は、当事者が遠隔の地に居住しているときその他相当と認めるときは、当事者の意見を聴いて、最高裁判所規則で定めるところにより、家庭裁判所及び当事者双方が音声の送受信により同時に通話をすることができる方法によって、家事審判の手続の期日における手続（証拠調べを除く。）を行うことができる。
②　家事審判の手続の期日に出頭しないで前項の手続に関与した者は、その期日に出頭したものとみなす。

第五五条　（略）

第四款　事実の調査及び証拠調べ（抄）

（事実の調査及び証拠調べ等）

第五六条① 家庭裁判所は、職権で事実の調査をし、かつ、申立てにより又は職権で、必要と認める証拠調べをしなければならない。

② 当事者は、適切かつ迅速な審理及び審判の実現のため、事実の調査及び証拠調べに協力するものとする。

第五七条（略）

（家庭裁判所調査官による事実の調査）

第五八条① 家庭裁判所は、家庭裁判所調査官に事実の調査をさせることができる。

② 急迫の事情があるときは、裁判長が、家庭裁判所調査官に事実の調査をさせることができる。

③ 家庭裁判所調査官は、事実の調査の結果を書面又は口頭で家庭裁判所に報告するものとする。

④ 家庭裁判所調査官は、前項の規定による報告に意見を付することができる。

（家庭裁判所調査官の期日への立会い等）

第五九条① 家庭裁判所は、必要があると認めるときは、家事審判の手続の期日に家庭裁判所調査官を立ち会わせることができる。

② 家庭裁判所は、必要があると認めるときは、前項の規定により立ち会わせた家庭裁判所調査官に意見を述べさせることができる。

③ 家庭裁判所は、家事審判事件の処理に関し、事件の関係人の家庭環境その他の環境の調整を行うために必要があると認めるときは、家庭裁判所調査官に社会福祉機関との連絡その他の措置をとらせることができる。

④ 急迫の事情があるときは、裁判長が、前項の措置をとらせることができる。

（裁判所技官による診断等）

第六〇条① 家庭裁判所は、必要があると認めるときは、医師である裁判所技官に事件の関係人の心身の状況について診断をさせることができる。

② 第五十八条第二項から第四項までの規定は前項の診断について、前条第一項及び第二項の規定は裁判所技官の期日への立会い及び意見の陳述について準用する。

（事実の調査の嘱託等）

第六一条① 家庭裁判所は、他の家庭裁判所又は簡易裁判所に事実の調査を嘱託することができる。

② 前項の規定による嘱託により職務を行う受託裁判官は、他の家庭裁判所又は簡易裁判所において事実の調査をすることを相当と認めるときは、更に事実の調査の嘱託をすることができる。

③ 家庭裁判所は、相当と認めるときは、受命裁判官に事実の調査をさせることができる。

④ 前三項の規定により受託裁判官又は受命裁判官が事実の調査をする場合には、家庭裁判所及び裁判長の職務は、その裁判官が行う。

（調査の嘱託等）

第六二条 家庭裁判所は、必要な調査を官庁、公署その他適当と認める者に嘱託し、又は銀行、信託会社、関係人の使用者その他の者に対し関係人の預金、信託財産、収入その他の事項に関して必要な報告を求めることができる。

（事実の調査の通知）

第六三条 家庭裁判所は、事実の調査をした場合において、その結果が当事者による家事審判の手続の追行に重要な変更を生じ得るものと認めるときは、これを当事者及び利害関係参加人に通知しなければならない。

（証拠調べ）

第六四条① 家事審判の手続における証拠調べについては、民事訴訟法第二編第四章第一節から第六節までの規定（同法第百七十九条、第百八十二条、第百八十七条から第百八十九条まで、第二百七条第二項、第二百八条、第二百二十四条（同法第二百二十九条第二項及び第二百三十二条第一項において準用する場合を含む。）及び第二百二十九条第四項の規定を除く。）を準用する。

＊令和四法四八（令和八・五・二四までに施行）による改正後

① 家事審判の手続における証拠調べについては、民事訴訟法第二編第四章第一節から第六節までの規定（同法第百七十九条、第百八十二条、第百八十五条第三項、第百八十七条から第百八十九条まで、第二百五条第二項、第二百七条第二項、第二百八条、第二百二十四条（同法第二百二十九条第二項及び第二百三十二条第一項において準用する場合を含む。）、第二百二十七条第二項、第二百二十九条第四項及び第二百三十二条の二の規定を除く。）を準用する。この場合において、同法第二百五条第三項中「事項又は前項の規定によりファイルに記録された事項若しくは同項の記録媒体に記録された事項」とあり、及び同法第二百十五条第四項中「事項又は第二項の規定によりファイルに記録された事項若しくは同項の記録媒体に記録された事項」とあるのは「事項」と、同法第二百三十一条の二第二項中「方法又は最高裁判所規則で定める電子情報処理組織を使用する方法」とあるのは「方法」と、同法第二百三十一条の三第二項中「若しくは送付し、又は最高裁判所規則で定める電子情報処理組織を使用する」とあるのは「又は送付する」と読み替えるものとする。

②―⑥（略）

第五款　家事審判の手続における子の意思の把握等

第六五条 家庭裁判所は、親子、親権又は未成年後見に関する家事審判その他未成年者である子（未成年被後見人を含む。以下この条において同じ。）がその結果により影響を受ける家事審判の手続においては、子の陳述の聴取、家庭裁判所調査官による調査その他の適切な方法により、子の意思を把握するように努め、審判をするに当たり、子の年齢及び発達の程度に応じて、その意思を考慮しなければならない。

第六款　家事調停をすることができる事項についての家事審判の手続の特則（抄）

（合意管轄）

第六六条① 別表第二に掲げる事項についての審判事件は、この法律の他の規定により定める家庭裁判所のほか、当事者が合意で定める家庭裁判所の管轄に属する。

② 民事訴訟法第十一条第二項及び第三項の規定は、前項の合意について準用する。

（家事審判の申立書の写しの送付等）

第六七条① 別表第二に掲げる事項についての家事審判の申立てがあった場合には、家庭裁判所は、申立てが不適法であるとき又は申立てに理由がないことが明らかなときを除き、家事審判の申立書の写しを相手方に送付しなければならない。ただし、家事審判の手続の円滑な進行を妨げるおそれがあると認められるときは、家事審判の申立てがあったことを通知することをもって、家事審判の申立書の写しの送付に代えることができる。

② 第四十九条第四項から第六項までの規定は、前項の規定による家事審判の申立書の写しの送付又はこれに代わる通知をすることができない場合について準用する。

③④（略）

第六八条（略）

（審問の期日）

第六九条 別表第二に掲げる事項についての家事審判の手続においては、家庭裁判所が審問の期日を開いて当事者の陳述を聴くことにより事実の調査をするときは、他の当事者は、当該期日に立ち会うことができる。ただし、当該他の当事者が当該期日に立ち会うことにより事実の調査に支障を生ずるおそれがあると認められるときは、この限りでない。

（事実の調査の通知）

第七〇条　家庭裁判所は、別表第二に掲げる事項についての家事審判の手続において、事実の調査をしたときは、特に必要がないと認める場合を除き、その旨を当事者及び利害関係参加人に通知しなければならない。

（審理の終結）

第七一条　家庭裁判所は、別表第二に掲げる事項についての家事審判の手続においては、申立てが不適法であるとき又は申立てに理由がないことが明らかなときを除き、相当の猶予期間を置いて、審理を終結する日を定めなければならない。ただし、当事者双方が立ち会うことができる家事審判の手続の期日においては、直ちに審理を終結する旨を宣言することができる。

第七二条　（略）

第七款　審判等（抄）

（審判）

第七三条①　家庭裁判所は、家事審判事件が裁判をするのに熟したときは、審判をする。

②　家庭裁判所は、家事審判事件の一部が裁判をするのに熟したときは、その一部について審判をすることができる。手続の併合を命じた数個の家事審判事件中その一が裁判をするのに熟したときも、同様とする。

（審判の告知及び効力の発生等）

第七四条①　審判は、特別の定めがある場合を除き、当事者及び利害関係参加人並びにこれらの者以外の審判を受ける者に対し、相当と認める方法で告知しなければならない。

②　審判（申立てを却下する審判を除く。）は、特別の定めがある場合を除き、審判を受ける者（審判を受ける者が数人あるときは、そのうちの一人）に告知することによってその効力を生ずる。ただし、即時抗告をすることができる審判は、確定しなければその効力を生じない。

③　申立てを却下する審判は、申立人に告知することによってその効力を生ずる。

④　審判は、即時抗告の期間の満了前には確定しないものとする。

⑤　審判の確定は、前項の期間内にした即時抗告の提起により、遮断される。

（審判の執行力）

第七五条　金銭の支払、物の引渡し、登記義務の履行その他の給付を命ずる審判は、執行力のある債務名義と同一の効力を有する。

第七六条及び第七七条　（略）

（審判の取消し又は変更）

第七八条①　家庭裁判所は、審判をした後、その審判を不当と認めるときは、次に掲げる審判を除き、職権で、これを取り消し、又は変更することができる。

一　申立てによってのみ審判をすべき場合において申立てを却下した審判

二　即時抗告をすることができる審判

②　審判が確定した日から五年を経過したときは、家庭裁判所は、前項の規定による取消し又は変更をすることができない。ただし、事情の変更によりその審判を不当と認めるに至ったときは、この限りでない。

③　家庭裁判所は、第一項の規定により審判の取消し又は変更をする場合には、その審判における当事者及びその他の審判を受ける者の陳述を聴かなければならない。

④　第一項の規定による取消し又は変更の審判に対しては、取消し後又は変更後の審判が原審判であるとした場合に即時抗告をすることができる者に限り、即時抗告をすることができる。

第七九条　（略）

（外国裁判所の家事事件についての確定した裁判の効力）

第七九条の二　外国裁判所の家事事件についての確定した裁判（これに準ずる公的機関の判断を含む。）については、その性質に反しない限り、民事訴訟法第百十八条の規定を準用する。

第八〇条及び第八一条　（略）

第八款　取下げによる事件の終了（抄）

（家事審判の申立ての取下げ）

第八二条①　家事審判の申立ては、特別の定めがある場合を除き、審判があるまで、その全部又は一部を取り下げることができる。

②　別表第二に掲げる事項についての家事審判の申立ては、審判が確定するまで、その全部又は一部を取り下げることができる。ただし、申立ての取下げは、審判がされた後にあっては、相手方の同意を得なければ、その効力を生じない。

③―⑤　（略）

第八三条　（略）

第九款　高等裁判所が第一審として行う手続

（第八四条）（略）

第二節　不服申立て（抄）

第一款　審判に対する不服申立て（抄）

第一目　即時抗告（抄）

（即時抗告をすることができる審判）

第八五条①　審判に対しては、特別の定めがある場合に限り、即時抗告をすることができる。

②　手続費用の負担の裁判に対しては、独立して即時抗告をすることができない。

（即時抗告期間）

第八六条①　審判に対する即時抗告は、特別の定めがある場合を除き、二週間の不変期間内にしなければならない。ただし、その期間前に提起した即時抗告の効力を妨げない。

②　即時抗告の期間は、特別の定めがある場合を除き、即時抗告をする者が、審判の告知を受ける者である場合にあってはその者が審判の告知を受けた日から、審判の告知を受ける者でない場合にあっては申立人が審判の告知を受けた日（二以上あるときは、当該日のうち最も遅い日）から、それぞれ進行する。

（即時抗告の提起の方式等）

第八七条①　即時抗告は、抗告状を原裁判所に提出してしなければならない。

②　抗告状には、次に掲げる事項を記載しなければならない。

一　当事者及び法定代理人

二　原審判の表示及びその審判に対して即時抗告をする旨

③―⑥　（略）

（抗告状の写しの送付等）

第八八条①　審判に対する即時抗告があった場合には、抗告裁判所は、即時抗告が不適法であるとき又は即時抗告に理由がないことが明らかなときを除き、原審における当事者及び利害関係参加人（抗告人を除く。）に対し、抗告状の写しを送付しなければならない。ただし、抗告審における手続の円滑な進行を妨げるおそれがあると認められる場合には、即時抗告があったことを通知することをもって、抗告状の写しの送付に代えることができる。

②　（略）

（陳述の聴取）

第八九条①　抗告裁判所は、原審における当事者及びその他の審判を受ける者（抗告人を除く。）の陳述を聴かなければ、原審判を取り消すことができない。

②　別表第二に掲げる事項についての審判事件においては、抗告裁判所は、即時抗告が不適法であるとき又は即時抗告に理由がないことが明らかなときを除き、原審における当事者（抗告人

を除く。）の陳述を聴かなければならない。

第九〇条（原裁判所による更正） 原裁判所は、審判に対する即時抗告を理由があると認めるときは、その審判を更正しなければならない。ただし、別表第二に掲げる事項についての審判については、更正することができない。

第九一条（略）

（原審の管轄違いの場合の取扱い）

第九二条① 抗告裁判所は、家事審判事件（別表第二に掲げる事項についての審判事件を除く。）の全部又は一部が原裁判所の管轄に属しないと認める場合には、原審判を取り消さなければならない。ただし、原審における審理の経過、事件の性質、抗告の理由等に照らして原審判を取り消さないことを相当とする特別の事情があると認めるときは、この限りでない。

② 抗告裁判所は、家事審判事件が管轄違いであることを理由として原審判を取り消すときは、その事件を管轄権を有する家庭裁判所に移送しなければならない。

第九三条（略）

第二目　特別抗告　及び　第三目　許可抗告

（第九四条から第九八条まで）（略）

第二款　審判以外の裁判に対する不服申立て

（第九九条から第一〇二条まで）（略）

第三節　再審

（第一〇三条及び第一〇四条）（略）

第四節　審判前の保全処分（抄）

（審判前の保全処分）

第一〇五条① 本案の家事審判事件（家事審判事件に係る事項について家事調停の申立てがあった場合にあっては、その家事調停事件）が係属する家庭裁判所は、この法律の定めるところにより、仮差押え、仮処分、財産の管理者の選任その他の必要な保全処分を命ずる審判をすることができる。

② 本案の家事審判事件が高等裁判所に係属する場合には、その高等裁判所が、前項の審判に代わる裁判をする。

第一〇六条から第一一五条まで（略）

第五節　戸籍の記載等の嘱託

（第一一六条）（略）

第二章　家事審判事件

（第一一七条から第二四三条まで）（略）

第三編　家事調停に関する手続（抄）

第一章　総則（抄）

第一節　通則（抄）

（調停事項等）

第二四四条 家庭裁判所は、人事に関する訴訟事件その他家庭に関する事件（別表第一に掲げる事項についての事件を除く。）について調停を行うほか、この編の定めるところにより審判をする。

第二四五条及び第二四六条（略）

（調停機関）

第二四七条① 家庭裁判所は、調停委員会で調停を行う。ただし、家庭裁判所が相当と認めるときは、裁判官のみで行うことができる。

② 家庭裁判所は、当事者の申立てがあるときは、前項ただし書の規定にかかわらず、調停委員会で調停を行わなければならない。

（調停委員会）

第二四八条① 調停委員会は、裁判官一人及び家事調停委員二人以上で組織する。

② 調停委員会を組織する家事調停委員は、家庭裁判所が各事件について指定する。

③ 調停委員会の決議は、過半数の意見による。可否同数の場合には、裁判官の決するところによる。

④ 調停委員会の評議は、秘密とする。

第二四九条から第二五一条まで（略）

（手続行為能力）

第二五二条① 次の各号に掲げる調停事件（第一号及び第二号にあっては、財産上の給付を求めるものを除く。）において、当該各号に定める者は、第十七条第一項において準用する民事訴訟法第三十一条の規定にかかわらず、法定代理人によらずに、自ら手続行為をすることができる。その者が被保佐人又は被補助人（手続行為をすることにつきその補助人の同意を得ることを要するものに限る。）であって、保佐人若しくは保佐監督人又は補助人若しくは補助監督人の同意がない場合も、同様とする。

一　夫婦間の協力扶助に関する処分の調停事件（別表第二の一の項の事項についての調停事件をいう。）　夫及び妻

二　子の監護に関する処分の調停事件（別表第二の三の項の事項についての調停事件をいう。）　子

三　養子の離縁後に親権者となるべき者の指定の調停事件（別表第二の七の項の事項についての調停事件をいう。）　養子、その父母及び養親

四　親権者の指定又は変更の調停事件（別表第二の八の項の事項についての調停事件をいう。）　子及びその父母

五　人事訴訟法第二条に規定する人事に関する訴え（第二百七十七条第一項において単に「人事に関する訴え」という。）を提起することができる事項についての調停事件　同法第十三条第一項の規定が適用されることにより訴訟行為をすることができることとなる者

② 親権を行う者又は後見人は、第十八条の規定にかかわらず、前項第一号、第三号及び第四号に掲げる調停事件（同項第一号の調停事件にあっては、財産上の給付を求めるものを除く。）においては、当該各号に定める者に代理して第二百六十八条第一項の合意、第二百七十条第一項に規定する調停条項案の受諾及び第二百八十六条第八項の共同の申出をすることができない。離婚についての調停事件における夫及び妻の後見人並びに離縁についての調停事件における養親の後見人、養子（十五歳以上のものに限る。以下この項において同じ。）に対し親権を行う者及び養子の後見人についても、同様とする。

第二五三条及び第二五四条（略）

第二節　家事調停の申立て等

（家事調停の申立て）

第二五五条① 家事調停の申立ては、申立書（次項及び次条において「家事調停の申立書」という。）を家庭裁判所に提出してしなければならない。

② 家事調停の申立書には、次に掲げる事項を記載しなければならない。

一　当事者及び法定代理人

二　申立ての趣旨及び理由

③ 家事調停の申立てを不適法として却下する審判に対しては、即時抗告をすることができる。

④（略）

（家事調停の申立書の写しの送付等）

第二五六条① 家事調停の申立てがあった場合には、家庭裁判所は、申立てが不適法であるとき又は家事調停の手続の期日を経ないで第二百七十一条の規定により家事調停事件を終了させるときを除き、家事調停の申立書の写しを相手方に送付しなければならない。ただし、家事調停の手続の円滑な進行を妨げるおそれがあると認められるときは、家事調停の申立てがあったことを通知することをもって、家事調停の申立書の写しの送付に代えることができる。

②（略）

（調停前置主義）

第二五七条① 第二百四十四条の規定により調停を行うことができる事件について訴えを提起しようとする者は、まず家庭裁判所に家事調停の申立てをしなければならない。

② 前項の事件について家事調停の申立てをすることなく訴えを提起した場合には、裁判所は、職権で、事件を家事調停に付さなければならない。ただし、裁判所が事件を調停に付することが相当でないと認めるときは、この限りでない。

③ 裁判所は、前項の規定により事件を調停に付する場合においては、事件を管轄権を有する家庭裁判所に処理させなければならない。ただし、家事調停事件を処理するために特に必要があると認めるときは、事件を管轄権を有する家庭裁判所以外の家庭裁判所に処理させることができる。

第三節　家事調停の手続（抄）

第二五八条から第二六〇条まで　（略）

（調停委員会を組織する裁判官による事実の調査及び証拠調べ等）

第二六一条① 調停委員会を組織する裁判官は、当該調停委員会の決議により、事実の調査及び証拠調べをすることができる。

② 前項の場合には、裁判官は、家庭裁判所調査官に事実の調査をさせ、又は医師である裁判所技官に事件の関係人の心身の状況について診断をさせることができる。

③ 第五十八条第三項及び第四項の規定は、前項の規定による事実の調査及び心身の状況についての診断について準用する。

④ 第一項の場合には、裁判官は、相当と認めるときは、裁判所書記官に事実の調査をさせることができる。ただし、家庭裁判所調査官に事実の調査をさせることを相当と認めるときは、この限りでない。

⑤ 調停委員会を組織する裁判官は、当該調停委員会の決議により、家庭裁判所調査官に第五十九条第三項の規定による措置をとらせることができる。

（家事調停委員による事実の調査）

第二六二条 調停委員会は、相当と認めるときは、当該調停委員会を組織する家事調停委員に事実の調査をさせることができる。ただし、家庭裁判所調査官に事実の調査をさせることを相当と認めるときは、この限りでない。

（意見の聴取の嘱託）

第二六三条① 調停委員会は、他の家庭裁判所又は簡易裁判所に事件の関係人から紛争の解決に関する意見を聴取することを嘱託することができる。

② 前項の規定により意見の聴取の嘱託を受けた家庭裁判所は、相当と認めるときは、家事調停委員に当該嘱託に係る意見を聴取させることができる。

（家事調停委員の専門的意見の聴取）

第二六四条① 調停委員会は、必要があると認めるときは、当該調停委員会を組織していない家事調停委員の専門的な知識経験に基づく意見を聴取することができる。

② 前項の規定により意見を聴取する家事調停委員は、家庭裁判所が指定する。

③ 前項の規定による指定を受けた家事調停委員は、調停委員会に出席して意見を述べるものとする。

（調停の場所）

第二六五条 調停委員会は、事件の実情を考慮して、裁判所外の適当な場所で調停を行うことができる。

（調停前の処分）

第二六六条① 調停委員会は、家事調停事件が係属している間、調停のために必要であると認める処分を命ずることができる。

② 急迫の事情があるときは、調停委員会を組織する裁判官が前項の処分（以下「調停前の処分」という。）を命ずることができる。

③ 調停前の処分は、執行力を有しない。

④ 調停前の処分として必要な事項を命じられた当事者又は利害関係参加人が正当な理由なくこれに従わないときは、家庭裁判所は、十万円以下の過料に処する。

（裁判官のみで行う家事調停の手続）

第二六七条① 裁判官のみで家事調停の手続を行う場合においては、家庭裁判所は、相当と認めるときは、裁判所書記官に事実の調査をさせることができる。ただし、家庭裁判所調査官に事実の調査をさせることを相当と認めるときは、この限りでない。

② 第二百六十三条から前条までの規定は、裁判官のみで家事調停の手続を行う場合について準用する。

第四節　調停の成立（抄）

（調停の成立及び効力）

第二六八条① 調停において当事者間に合意が成立し、これを調書に記載したときは、調停が成立したものとし、その記載は、確定判決（別表第二に掲げる事項にあっては、確定した第三十九条の規定による審判）と同一の効力を有する。

② 家事調停事件の一部について当事者間に合意が成立したときは、その一部について調停を成立させることができる。手続の併合を命じた数個の家事調停事件中その一について合意が成立したときも、同様とする。

③ 離婚又は離縁についての調停事件においては、第二百五十八条第一項において準用する第五十四条第一項に規定する方法によっては、調停を成立させることができない。

> **＊令和四法四八**（令和七・五・二四までに施行）**による改正後**
>
> ③ 離婚又は離縁についての調停事件においては、第二百五十八条第一項において準用する第五十四条第一項に規定する方法によっては、調停を成立させることができない。ただし、家庭裁判所及び当事者双方が映像と音声の送受信により相手の状態を相互に認識しながら通話をすることができる方法による場合は、この限りでない。

④ 第一項及び第二項の規定は、第二百七十七条第一項に規定する事項についての調停事件については、適用しない。

第二六九条　（略）

（調停条項案の書面による受諾）

第二七〇条① 当事者が遠隔の地に居住していることその他の事由により出頭することが困難であると認められる場合において、その当事者があらかじめ調停委員会（裁判官のみで家事調停の手続を行う場合にあっては、その裁判官。次条及び第二百七十二条第一項において同じ。）から提示された調停条項案を受諾する旨の書面を提出し、他の当事者が家事調停の手続の期日に出頭して当該調停条項案を受諾したときは、当事者間に合意が成立したものとみなす。

② 前項の規定は、離婚又は離縁についての調停事件については、適用しない。

第五節　調停の成立によらない事件の終了（抄）

（調停をしない場合の事件の終了）

第二七一条 調停委員会は、事件が性質上調停を行うのに適当でないと認めるとき、又は当事者が不当な目的でみだりに調停の申立てをしたと認めるときは、調停をしないものとして、家事調停事件を終了させることができる。

（調停の不成立の場合の事件の終了）

第二七二条① 調停委員会は、当事者間に合意（第二百七十七条第一項第一号の合意を含む。）が成立する見込みがない場合又は成立した合意が相当でないと認める場合には、調停が成立しないものとして、家事調停事件を終了させることができる。ただし、家庭裁判所が第二百八十四条第一項の規定による調停に代わる審判をしたときは、この限りでない。

② 前項の規定により家事調停事件が終了したときは、家庭裁判所は、当事者に対し、その旨を通知しなければならない。

③ 当事者が前項の規定による通知を受けた日から二週間以内に家事調停の申立てがあった事件について訴えを提起したとき

は、家事調停の申立ての時に、その訴えの提起があったものとみなす。

④第一項の規定により別表第二に掲げる事項についての調停事件が終了した場合には、家事調停の申立ての時に、当該事項についての家事審判の申立てがあったものとみなす。

第二七三条（略）

第六節　付調停等

（付調停）

第二七四条①　第二百四十四条の規定により調停を行うことができる事件についての訴訟又は家事審判事件が係属している場合には、裁判所は、当事者（本案について被告又は相手方の陳述がされる前にあっては、原告又は申立人に限る。）の意見を聴いて、いつでも、職権で、事件を家事調停に付することができる。

②裁判所は、前項の規定により事件を調停に付する場合においては、事件を管轄権を有する家庭裁判所に処理させなければならない。ただし、家事調停事件を処理するために特に必要があると認めるときは、事件を管轄権を有する家庭裁判所以外の家庭裁判所に処理させることができる。

③家庭裁判所及び高等裁判所は、第一項の規定により事件を調停に付する場合には、前項の規定にかかわらず、その家事調停事件を自ら処理することができる。

④⑤（略）

（訴訟手続及び家事審判の手続の中止）

第二七五条①　家事調停の申立てがあった事件について訴訟が係属しているとき、又は訴訟が係属している裁判所が第二百五十七条第二項若しくは前条第一項の規定により事件を調停に付したときは、訴訟が係属している裁判所は、家事調停事件が終了するまで訴訟手続を中止することができる。

②家事調停の申立てがあった事件について家事審判事件が係属しているとき、又は家事審判事件が係属している裁判所が前条第一項の規定により事件を調停に付したときは、家事審判事件が係属している裁判所は、家事調停事件が終了するまで、家事審判の手続を中止することができる。

（訴えの取下げの擬制等）

第二七六条①　訴訟が係属している裁判所が第二百五十七条第二項又は第二百七十四条第一項の規定により事件を調停に付した場合において、調停が成立し、又は次条第一項若しくは第二百八十四条第一項の規定による審判が確定したときは、当該訴訟について訴えの取下げがあったものとみなす。

②家事審判事件が係属している裁判所が第二百七十四条第一項の規定により事件を調停に付した場合において、調停が成立し、又は第二百八十四条第一項の審判が確定したときは、当該家事審判事件は、終了する。

第二章　合意に相当する審判

（合意に相当する審判の対象及び要件）

第二七七条①　人事に関する訴え（離婚及び離縁の訴えを除く。）を提起することができる事項についての家事調停の手続において、次の各号に掲げる要件のいずれにも該当する場合には、家庭裁判所は、必要な事実を調査した上、第一号の合意を正当と認めるときは、当該合意に相当する審判（以下「合意に相当する審判」という。）をすることができる。ただし、当該事項に係る身分関係の当事者の一方が死亡した後は、この限りでない。

一　当事者間に申立ての趣旨のとおりの審判を受けることについて合意が成立していること。

二　当事者の双方が申立てに係る無効若しくは取消しの原因又は身分関係の形成若しくは存否の原因について争わないこと。

②前項第一号の合意は、第二百五十八条第一項において準用する第五十四条第一項及び第二百七十条第一項に規定する方法によっては、成立させることができない。

＊令和四法四八（令和七・五・二四までに施行）**による改正後**

②前項第一号の合意は、第二百五十八条第一項において準用する第五十四条第一項及び第二百七十条第一項に規定する方法によっては、成立させることができない。ただし、家庭裁判所及び当事者双方が映像と音声の送受信により相手の状態を相互に認識しながら通話をすることができる方法による場合は、この限りでない。

③第一項の家事調停の手続が調停委員会で行われている場合において、合意に相当する審判をするときは、家庭裁判所は、その調停委員会を組織する家事調停委員の意見を聴かなければならない。

④第二百七十二条第一項から第三項までの規定は、家庭裁判所が第一項第一号の規定による合意を正当と認めない場合について準用する。

（申立ての取下げの制限）

第二七八条　家事調停の申立ての取下げは、合意に相当する審判がされた後は、相手方の同意を得なければ、その効力を生じない。

（異議の申立て）

第二七九条①　当事者及び利害関係人は、合意に相当する審判に対し、家庭裁判所に異議を申し立てることができる。ただし、当事者にあっては、第二百七十七条第一項各号に掲げる要件に該当しないことを理由とする場合に限る。

②前項の規定による異議の申立ては、二週間の不変期間内にしなければならない。

③前項の期間は、異議の申立てをすることができる者が、審判の告知を受ける者である場合にあってはその者が審判の告知を受けた日から、審判の告知を受ける者でない場合にあっては当事者が審判の告知を受けた日（二以上あるときは、当該日のうち最も遅い日）から、それぞれ進行する。

④第一項の規定による異議の申立てをする権利は、放棄することができる。

（異議の申立てに対する審判等）

第二八〇条①　家庭裁判所は、当事者がした前条第一項の規定による異議の申立てが不適法であるとき、又は異議の申立てに理由がないと認めるときは、これを却下しなければならない。利害関係人がした同項の規定による異議の申立てが不適法であるときも、同様とする。

②異議の申立人は、前項の規定により異議の申立てを却下する審判に対し、即時抗告をすることができる。

③家庭裁判所は、当事者から適法な異議の申立てがあった場合において、異議の申立てを理由があると認めるときは、合意に相当する審判を取り消さなければならない。

④利害関係人から適法な異議の申立てがあったときは、合意に相当する審判は、その効力を失う。この場合においては、家庭裁判所は、当事者に対し、その旨を通知しなければならない。

⑤当事者が前項の規定による通知を受けた日から二週間以内に家事調停の申立てがあった事件について訴えを提起したときは、家事調停の申立ての時に、その訴えの提起があったものとみなす。

（合意に相当する審判の効力）

第二八一条　第二百七十九条第一項の規定による異議の申立てがないとき、又は異議の申立てを却下する審判が確定したときは、合意に相当する審判は、確定判決と同一の効力を有する。

（婚姻の取消しについての合意に相当する審判の特則）

第二八二条①　婚姻の取消しについての家事調停の手続において、婚姻の取消しについての合意に相当する審判をするときは、この合意に相当する審判において、当事者間の合意に基づき、子の親権者を指定しなければならない。

②前項の合意に相当する審判は、子の親権者の指定につき当事者間で合意が成立しないとき、又は成立した合意が相当でないと認めるときは、することができない。

（申立人の死亡により事件が終了した場合の特則）

第二八三条　夫が嫡出否認についての調停の申立てをした後に死亡した場合において、当該申立てに係る子のために相続権を害される者その他夫の三親等内の血族が夫の死亡の日から一年以内に嫡出否認の訴えを提起したときは、夫がした調停の申立ての時に、その訴えの提起があったものとみなす。

第三章　調停に代わる審判

（調停に代わる審判の対象及び要件）

第二八四条①　家庭裁判所は、調停が成立しない場合において相当と認めるときは、当事者双方のために衡平に考慮し、一切の事情を考慮して、職権で、事件の解決のため必要な審判（以下「調停に代わる審判」という。）をすることができる。ただし、第二百七十七条第一項に規定する事項についての家事調停の手続においては、この限りでない。

②　家事調停の手続が調停委員会で行われている場合において、調停に代わる審判をするときは、家庭裁判所は、その調停委員会を組織する家事調停委員の意見を聴かなければならない。

③　家庭裁判所は、調停に代わる審判において、当事者に対し、子の引渡し又は金銭の支払その他の財産上の給付その他の給付を命ずることができる。

（調停に代わる審判の特則）

第二八五条①　家事調停の申立ての取下げは、第二百七十三条第一項（編注・家事調停の申立ての取下げの自由）の規定にかかわらず、調停に代わる審判がされた後は、することができない。

②　調停に代わる審判の告知は、公示送達の方法によっては、することができない。

③　調停に代わる審判を告知することができないときは、家庭裁判所は、これを取り消さなければならない。

（異議の申立て等）

第二八六条①　当事者は、調停に代わる審判に対し、家庭裁判所に異議を申し立てることができる。

②　第二百七十九条第二項から第四項までの規定は、前項の規定による異議の申立てについて準用する。

③　家庭裁判所は、第一項の規定による異議の申立てが不適法であるときは、これを却下しなければならない。

④　異議の申立人は、前項の規定により異議の申立てを却下する審判に対し、即時抗告をすることができる。

⑤　適法な異議の申立てがあったときは、調停に代わる審判は、その効力を失う。この場合においては、家庭裁判所は、当事者に対し、その旨を通知しなければならない。

⑥　当事者が前項の規定による通知を受けた日から二週間以内に家事調停の申立てがあった事件について訴えを提起したときは、家事調停の申立ての時に、その訴えの提起があったものとみなす。

⑦　第五項の規定により別表第二に掲げる事項についての調停に代わる審判が効力を失った場合には、家事調停の申立ての時に、当該事項についての家事審判の申立てがあったものとみなす。

⑧　当事者が、申立てに係る家事調停（離婚又は離縁についての家事調停を除く。）の手続において、調停に代わる審判に服する旨の共同の申出をしたときは、第一項の規定は、適用しない。

⑨　前項の共同の申出は、書面でしなければならない。

⑩　当事者は、調停に代わる審判の告知前に限り、第八項の共同の申出を撤回することができる。この場合においては、相手方の同意を得ることを要しない。

（調停に代わる審判の効力）

第二八七条　前条第一項の規定による異議の申立てがないとき、又は異議の申立てを却下する審判が確定したときは、別表第二に掲げる事項についての調停に代わる審判は確定した第三十九条の規定による審判と同一の効力を、その余の調停に代わる審判は確定判決と同一の効力を有する。

第四章　不服申立て等

（第二八八条）（略）

第四編　履行の確保

（義務の履行状況の調査及び履行の勧告）

第二八九条①　義務を定める第三十九条の規定による審判をした家庭裁判所（第九十一条第二項（編注・即時抗告について抗告裁判所による裁判）（第九十六条第一項及び第九十八条第一項において準用する場合を含む。）の規定により抗告裁判所が義務を定める裁判をした場合にあっては第一審裁判所である家庭裁判所、第百五条第二項の規定により高等裁判所が義務を定める裁判をした場合にあっては本案の家事審判事件の第一審裁判所である家庭裁判所。以下同じ。）は、権利者の申出があるときは、その審判（抗告裁判所又は高等裁判所が義務を定める裁判をした場合にあっては、その裁判。次条第一項において同じ。）で定められた義務の履行状況を調査し、義務者に対し、その義務の履行を勧告することができる。

②　義務を定める第三十九条の規定による審判をした家庭裁判所は、前項の規定による調査及び勧告を他の家庭裁判所に嘱託することができる。

③　義務を定める第三十九条の規定による審判をした家庭裁判所並びに前項の規定により調査及び勧告の嘱託を受けた家庭裁判所（次項から第六項までにおいてこれらの家庭裁判所を「調査及び勧告をする家庭裁判所」という。）は、家庭裁判所調査官に第一項の規定による調査及び勧告をさせることができる。

④　調査及び勧告をする家庭裁判所は、第一項の規定による調査及び勧告に関し、事件の関係人の家庭環境その他の環境の調整を行うために必要があると認めるときは、家庭裁判所調査官に社会福祉機関との連絡その他の措置をとらせることができる。

⑤　調査及び勧告をする家庭裁判所は、第一項の規定による調査及び勧告に必要な調査を官庁、公署その他適当と認める者に嘱託し、又は銀行、信託会社、関係人の使用者その他の者に対し関係人の預金、信託財産、収入その他の事項に関して必要な報告を求めることができる。

⑥　調査及び勧告をする家庭裁判所は、第一項の規定による調査及び勧告の事件の関係人から当該事件の記録の閲覧等（編注・家事審判事件の記録の閲覧若しくは謄写、その正本、謄本若しくは抄本の交付又は家事審判事件に関する事項の証明書の交付）又はその複製の請求があった場合において、相当と認めるときは、これを許可することができる。

⑦　前各項の規定は、調停又は調停に代わる審判において定められた義務（高等裁判所において定められたものを含む。次条第三項において同じ。）の履行及び調停前の処分として命じられた事項の履行について準用する。

（義務履行の命令）

第二九〇条①　義務を定める第三十九条の規定による審判をした家庭裁判所は、その審判で定められた金銭の支払その他の財産上の給付を目的とする義務の履行を怠った者がある場合において、相当と認めるときは、権利者の申立てにより、義務者に対し、相当の期限を定めてその義務の履行をすべきことを命ずる審判をすることができる。この場合において、その命令は、その命令をする時までに義務者が履行を怠った義務の全部又は一部についてするものとする。

②　義務を定める第三十九条の規定による審判をした家庭裁判所は、前項の規定により義務の履行を命ずるには、義務者の陳述を聴かなければならない。

③　前二項の規定は、調停又は調停に代わる審判において定められた義務の履行について準用する。

④　前三項に規定するもののほか、第一項（前項において準用する場合を含む。）の規定による義務の履行を命ずる審判の手続については、第二編第一章に定めるところによる。

⑤　第一項（第三項において準用する場合を含む。）の規定により義務の履行を命じられた者が正当な理由なくその命令に従わな

いときは、家庭裁判所は、十万円以下の過料に処する。

第五編　罰則

（第二九一条から第二九三条まで）（略）

附　則（抄）

（施行期日）

第一条　この法律（以下「新法」という。）は、非訟事件手続法（平成二三法五一）の施行の日（平成二五・一・一）から施行する。

別表第一（第三条の二―第三条の十一、第三十九条、第百十六条―第百十八条、第百二十八条、第百二十九条、第百三十六条、第百三十七条、第百四十八条、第百五十条、第百六十条、第百六十八条、第百七十六条、第百七十七条、第百八十二条、第二百一条―第二百三条、第二百九条、第二百十六条、第二百十七条、第二百二十五条―第二百二十七条、第二百三十二条、第二百三十四条、第二百四十条―第二百四十四条関係）

項	事項	根拠となる法律の規定
成年後見		
一	後見開始	民法第七条
二	後見開始の審判の取消し	民法第十条及び同法第十九条第二項において準用する同条第一項
三	成年後見人の選任	民法第八百四十三条第一項から第三項まで
四	成年後見人の辞任についての許可	民法第八百四十四条
五	成年後見人の解任	民法第八百四十六条
六	成年後見監督人の選任	民法第八百四十九条
七	成年後見監督人の辞任についての許可	民法第八百五十二条において準用する同法第八百四十四条
八	成年後見監督人の解任	民法第八百五十二条において準用する同法第八百四十六条
九	成年後見に関する財産の目録の作成の期間の伸長	民法第八百五十三条第一項ただし書（同法第八百五十六条において準用する場合を含む。）
十	成年後見人又は成年後見監督人の権限の行使についての定め及びその取消し	民法第八百五十九条の二第一項及び第二項（これらの規定を同法第八百五十二条において準用する場合を含む。）
十一	成年被後見人の居住用不動産の処分についての許可	民法第八百五十九条の三（同法第八百五十二条において準用する場合を含む。）
十二	成年被後見人に関する特別代理人の選任	民法第八百六十条において準用する同法第八百二十六条
十二の二	成年被後見人に宛てた郵便物等の配達の嘱託及びその嘱託の取消し又は変更	民法第八百六十条の二第一項、第三項及び第四項
十三	成年後見人又は成年後見監督人に対する報酬の付与	民法第八百六十二条（同法第八百五十二条において準用する場合を含む。）
十四	成年後見の事務の監督	民法第八百六十三条
十五	第三者が成年被後見人に与えた財産の管理に関する処分	民法第八百六十九条において準用する同法第八百三十条第二項から第四項まで
十六	成年後見に関する管理の計算の期間の伸長	民法第八百七十条ただし書
十六の二	成年被後見人の死亡後の死体の火葬又は埋葬に関する契約の締結その他相続財産の保存に必要な行為についての許可	民法第八百七十三条の二ただし書
保佐		
十七	保佐開始	民法第十一条
十八	保佐人の同意を得なければならない行為の定め	民法第十三条第二項
十九	保佐人の同意に代わる許可	民法第十三条第三項
二十	保佐開始の審判の取消し	民法第十四条第一項及び第十九条第一項（同条第二項において準用する場合を含む。）
二十一	保佐人の同意を得なければならない行為の定めの審判の取消し	民法第十四条第二項
二十二	保佐人の選任	民法第八百七十六条の二第一項並びに同条第二項において準用する同法第八百四十三条第二項及び第三項
二十三	保佐人の辞任についての許可	民法第八百七十六条の二第二項において準用する同法第八百四十四条
二十四	保佐人の解任	民法第八百七十六条の二第二項において準用する同法第八百四十六条
二十五	臨時保佐人の選任	民法第八百七十六条の二第三項
二十六	保佐監督人の選任	民法第八百七十六条の三第一項
二十七	保佐監督人の辞任についての許可	民法第八百七十六条の三第二項において準用する同法第八百四十四条
二十八	保佐監督人の解任	民法第八百七十六条の三第二項において準用する同法第八百四十六条
二十九	保佐人又は保佐監督人の権限の行使についての定め及びその取消し	民法第八百七十六条の三第二項及び第八百七十六条の五第二項において準用する同法第八百五十九条の二第一項及び第二項
三十	被保佐人の居住用	民法第八百七十六条の三第

	不動産の処分についての許可	二項及び第八百七十六条の五第二項において準用する同法第八百五十九条の三
三十一	保佐人又は保佐監督人に対する報酬の付与	民法第八百七十六条の三第二項及び第八百七十六条の五第二項において準用する同法第八百六十二条
三十二	保佐人に対する代理権の付与	民法第八百七十六条の四第一項
三十三	保佐人に対する代理権の付与の審判の取消し	民法第八百七十六条の四第三項
三十四	保佐の事務の監督	民法第八百七十六条の五第二項において準用する同法第八百六十三条
三十五	保佐に関する管理の計算の期間の伸長	民法第八百七十六条の五第三項において準用する同法第八百七十条ただし書
補助		
三十六	補助開始	民法第十五条第一項
三十七	補助人の同意を得なければならない行為の定め	民法第十七条第一項
三十八	補助人の同意に代わる許可	民法第十七条第三項
三十九	補助開始の審判の取消し	民法第十八条第一項及び第三項並びに第十九条第一項（同条第二項において準用する場合を含む。）
四十	補助人の同意を得なければならない行為の定めの審判の取消し	民法第十八条第二項
四十一	補助人の選任	民法第八百七十六条の七第一項並びに同条第二項において準用する同法第八百四十三条第二項及び第三項
四十二	補助人の辞任についての許可	民法第八百七十六条の七第二項において準用する同法第八百四十四条
四十三	補助人の解任	民法第八百七十六条の七第二項において準用する同法第八百四十六条
四十四	臨時補助人の選任	民法第八百七十六条の七第三項
四十五	補助監督人の選任	民法第八百七十六条の八第一項
四十六	補助監督人の辞任についての許可	民法第八百七十六条の八第二項において準用する同法第八百四十四条
四十七	補助監督人の解任	民法第八百七十六条の八第二項において準用する同法第八百四十六条
四十八	補助人又は補助監督人の権限の行使についての定め及びその取消し	民法第八百七十六条の八第二項及び第八百七十六条の十第一項において準用する同法第八百五十九条の二第一項及び第二項
四十九	被補助人の居住用不動産の処分についての許可	民法第八百七十六条の八第二項及び第八百七十六条の十第一項において準用する同法第八百五十九条の三
五十	補助人又は補助監督人に対する報酬の付与	民法第八百七十六条の八第二項及び第八百七十六条の十第一項において準用する同法第八百六十二条
五十一	補助人に対する代理権の付与	民法第八百七十六条の九第一項
五十二	補助人に対する代理権の付与の審判の取消し	民法第八百七十六条の九第二項において準用する同法第八百七十六条の四第三項
五十三	補助の事務の監督	民法第八百七十六条の十第一項において準用する同法第八百六十三条
五十四	補助に関する管理の計算の期間の伸長	民法第八百七十六条の十第二項において準用する同法第八百七十条ただし書
不在者の財産の管理		
五十五	不在者の財産の管理に関する処分	民法第二十五条から第二十九条まで
失踪の宣告		
五十六	失踪の宣告	民法第三十条
五十七	失踪の宣告の取消し	民法第三十二条第一項
婚姻等		
五十八	夫婦財産契約による財産の管理者の変更等	民法第七百五十八条第二項及び第三項
親子		
五十九	嫡出否認の訴えの特別代理人の選任	民法第七百七十五条
六十	子の氏の変更についての許可	民法第七百九十一条第一項及び第三項
六十一	養子縁組をするについての許可	民法第七百九十四条及び第七百九十八条
六十二	死後離縁をするについての許可	民法第八百十一条第六項
六十三	特別養子縁組の成立	民法第八百十七条の二
六十四	特別養子縁組の離縁	民法第八百十七条の十第一項
親権		
六十五	子に関する特別代理人の選任	民法第八百二十六条
六十六	第三者が子に与えた財産の管理に関する処分	民法第八百三十条第二項から第四項まで
六十七	親権喪失、親権停止又は管理権喪失	民法第八百三十四条から第八百三十五条まで
六十八	親権喪失、親権停止又は管理権喪失の審判の取消し	民法第八百三十六条
六十九	親権又は管理権を辞し、又は回復するについての許可	民法第八百三十七条
未成年後見		

項	事項	根拠となる法律の規定
七十	養子の離縁後に未成年後見人となるべき者の選任	民法第八百十一条第五項
七十一	未成年後見人の選任	民法第八百四十条第一項及び第二項
七十二	未成年後見人の辞任についての許可	民法第八百四十四条
七十三	未成年後見人の解任	民法第八百四十六条
七十四	未成年後見監督人の選任	民法第八百四十九条
七十五	未成年後見監督人の辞任についての許可	民法第八百五十二条において準用する同法第八百四十四条
七十六	未成年後見監督人の解任	民法第八百五十二条において準用する同法第八百四十六条
七十七	未成年後見に関する財産目録の作成の期間の伸長	民法第八百五十三条第一項ただし書（同法第八百五十六条及び第八百六十七条第二項において準用する場合を含む。）
七十八	未成年後見人又は未成年後見監督人の権限の行使についての定め及びその取消し	民法第八百五十七条の二第二項から第四項まで（これらの規定を同法第八百五十二条において準用する場合を含む。）
七十九	未成年被後見人に関する特別代理人の選任	民法第八百六十条において準用する同法第八百二十六条
八十	未成年後見人又は未成年後見監督人に対する報酬の付与	民法第八百六十二条（同法第八百五十二条及び第八百六十七条第二項において準用する場合を含む。）
八十一	未成年後見の事務の監督	民法第八百六十三条（同法第八百六十七条第二項において準用する場合を含む。）
八十二	第三者が未成年被後見人に与えた財産の管理に関する処分	民法第八百六十九条において準用する同法第八百三十条第二項から第四項まで
八十三	未成年後見に関する管理の計算の期間の伸長	民法第八百七十条ただし書
扶養		
八十四	扶養義務の設定	民法第八百七十七条第二項
八十五	扶養義務の設定の取消し	民法第八百七十七条第三項
推定相続人の廃除		
八十六	推定相続人の廃除	民法第八百九十二条及び第八百九十三条
八十七	推定相続人の廃除の審判の取消し	民法第八百九十四条
八十八	推定相続人の廃除の審判又はその取消しの審判の確定前の遺産の管理に関する処分	民法第八百九十五条
相続財産の保存		
八十九	相続財産の保存に関する処分	民法第八百九十七条の二第一項及び第二項
相続の承認及び放棄		
九十	相続の承認又は放棄をすべき期間の伸長	民法第九百十五条第一項ただし書
九十一	限定承認又は相続の放棄の取消しの申述の受理	民法第九百十九条第四項
九十二	限定承認の申述の受理	民法第九百二十四条
九十三	限定承認の場合における鑑定人の選任	民法第九百三十条第二項及び第九百三十二条ただし書
九十四	限定承認を受理した場合における相続財産の清算人の選任	民法第九百三十六条第一項
九十五	相続の放棄の申述の受理	民法第九百三十八条
財産分離		
九十六	財産分離	民法第九百四十一条第一項及び第九百五十条第一項
九十七	財産分離の請求後の相続財産の管理に関する処分	民法第九百四十三条（同法第九百五十条第二項において準用する場合を含む。）
九十八	財産分離の場合における鑑定人の選任	民法第九百四十七条第三項及び第九百五十条第二項において準用する同法第九百三十条第二項及び第九百三十二条ただし書
相続人の不存在		
九十九	相続人の不存在の場合における相続財産の清算に関する処分	民法第九百五十二条及び第九百五十三条
百	相続人の不存在の場合における鑑定人の選任	民法第九百五十七条第二項において準用する同法第九百三十条第二項
百一	特別縁故者に対する相続財産の分与	民法第九百五十八条の二第一項
遺言		
百二	遺言の確認	民法第九百七十六条第四項及び第九百七十九条第三項
百三	遺言書の検認	民法第千四条第一項
百四	遺言執行者の選任	民法第千十条
百五	遺言執行者に対する報酬の付与	民法第千十八条第一項
百六	遺言執行者の解任	民法第千十九条第一項
百七	遺言執行者の辞任についての許可	民法第千十九条第二項
百八	負担付遺贈に係る遺言の取消し	民法第千二十七条
遺留分		
百九	遺留分を算定するための財産の価額	民法第千四十三条第二項

項	事項	根拠となる法律の規定
	を定める場合における鑑定人の選任	
百十	遺留分の放棄についての許可	民法第千四十九条第一項
任意後見契約法		
百十一	任意後見契約の効力を発生させるための任意後見監督人の選任	任意後見契約法第四条第一項
百十二	任意後見監督人が欠けた場合における任意後見監督人の選任	任意後見契約法第四条第四項
百十三	任意後見監督人を更に選任する場合における任意後見監督人の選任	任意後見契約法第四条第五項
百十四	後見開始の審判等の取消し	任意後見契約法第四条第二項
百十五	任意後見監督人の職務に関する処分	任意後見契約法第七条第三項
百十六	任意後見監督人の辞任についての許可	任意後見契約法第七条第四項において準用する民法第八百四十四条
百十七	任意後見監督人の解任	任意後見契約法第七条第四項において準用する民法第八百四十六条
百十八	任意後見監督人の権限の行使についての定め及びその取消し	任意後見契約法第七条第四項において準用する民法第八百五十九条の二第一項及び第二項
百十九	任意後見監督人に対する報酬の付与	任意後見契約法第七条第四項において準用する民法第八百六十二条
百二十	任意後見人の解任	任意後見契約法第八条
百二十一	任意後見契約の解除についての許可	任意後見契約法第九条第二項
戸籍法		
百二十二	氏又は名の変更についての許可	戸籍法第百七条第一項（同条第四項において準用する場合を含む。）及び第百七条の二
百二十三	就籍許可	戸籍法第百十条第一項
百二十四	戸籍の訂正についての許可	戸籍法第百十三条及び第百十四条
百二十五	戸籍事件についての市町村長の処分に対する不服	戸籍法第百二十二条（同法第四条において準用する場合を含む。）
性同一性障害者の性別の取扱いの特例に関する法律		
百二十六	性別の取扱いの変更	性同一性障害者の性別の取扱いの特例に関する法律（平成十五年法律第百十一号）第三条第一項
児童福祉法		
百二十七	都道府県の措置についての承認	児童福祉法（昭和二十二年法律第百六十四号）第二十八条第一項第一号及び第二号ただし書
百二十八	都道府県の措置の期間の更新についての承認	児童福祉法第二十八条第二項ただし書
百二十八の二	児童相談所長又は都道府県知事の引き続いての一時保護についての承認	児童福祉法第三十三条第五項

＊令和四法六六（令和七・六・一四までに施行）**による改正**
百二十八の二の項中「第三十三条第五項」を「第三十三条第十四項」に改める。（未織込み）

項	事項	根拠となる法律の規定
百二十八の三	児童相談所長の申立てによる特別養子適格の確認	児童福祉法第三十三条の六の四第一項

＊令和四法六六（令和六・四・一施行）**による改正**
百二十八の三の項中「第三十三条の六の二第一項」は「第三十三条の六の四第一項」に改められた。（織込み済み）

項	事項	根拠となる法律の規定
生活保護法等		
百二十九	施設への入所等についての許可	生活保護法（昭和二十五年法律第百四十四号）第三十条第三項
心神喪失等の状態で重大な他害行為を行った者の医療及び観察等に関する法律		
百三十	保護者の順位の変更及び保護者の選任	心神喪失等の状態で重大な他害行為を行った者の医療及び観察等に関する法律第二十三条の二第二項ただし書及び同項第四号
破産法		
百三十一	破産手続が開始された場合における夫婦財産契約による財産の管理者の変更等	破産法（平成十六年法律第七十五号）第六十一条第一項において準用する民法第七百五十八条第二項及び第三項
百三十二	親権を行う者につき破産手続が開始された場合における管理権喪失	破産法第六十一条第一項において準用する民法第八百三十五条
百三十三	破産手続における相続の放棄の承認についての申述の受理	破産法第二百三十八条第二項（同法第二百四十三条において準用する場合を含む。）
中小企業における経営の承継の円滑化に関する法律		
百三十四	遺留分の算定に係る合意についての許可	中小企業における経営の承継の円滑化に関する法律第八条第一項

別表第二（第三条の八、第三条の十―第三条の十二、第二十条、第二十五条、第三十九条、第四十条、第六十六条―第七十一条、第八十二条、第八十九条、第九十条、第九十二条、第百五十条、第百六十三条、第百六十八条、第百八十二条、第百九十条、第百九十七条、第二百三十三条、第二百四十条、第二百四十五条、第二百五十二条、第二百六十八条、第二百七十二条、第二百八十六条、第二百八十七条、附則第五条関係）

項	事項	根拠となる法律の規定
婚姻等		
一	夫婦間の協力扶助	民法第七百五十二条

項	事項	根拠となる法律の規定
	に関する処分	
二	婚姻費用の分担に関する処分	民法第七百六十条
三	子の監護に関する処分	民法第七百六十六条第二項及び第三項（これらの規定を同法第七百四十九条、第七百七十一条及び第七百八十八条において準用する場合を含む。）
四	財産の分与に関する処分	民法第七百六十八条第二項（同法第七百四十九条及び第七百七十一条において準用する場合を含む。）
五	離婚等の場合における祭具等の所有権の承継者の指定	民法第七百六十九条第二項（同法第七百四十九条、第七百五十一条第二項及び第七百七十一条において準用する場合を含む。）
親子		
六	離縁等の場合における祭具等の所有権の承継者の指定	民法第八百八条第二項及び第八百十七条において準用する同法第七百六十九条第二項
親権		
七	養子の離縁後に親権者となるべき者の指定	民法第八百十一条第四項
八	親権者の指定又は変更	民法第八百十九条第五項及び第六項（これらの規定を同法第七百四十九条において準用する場合を含む。）
扶養		
九	扶養の順位の決定及びその決定の変更又は取消し	民法第八百七十八条及び第八百八十条
十	扶養の程度又は方法についての決定及びその決定の変更又は取消し	民法第八百七十九条及び第八百八十条
相続		
十一	相続の場合における祭具等の所有権の承継者の指定	民法第八百九十七条第二項
遺産の分割		
十二	遺産の分割	民法第九百七条第二項
十三	遺産の分割の禁止	民法第九百八条第四項及び第五項
十四	寄与分を定める処分	民法第九百四条の二第二項
特別の寄与		
十五	特別の寄与に関する処分	民法第千五十条第二項
厚生年金保険法		
十六	請求すべき按分割合に関する処分	厚生年金保険法（昭和二十九年法律第百十五号）第七十八条の二第二項
生活保護法等		
十七	扶養義務者の負担すべき費用額の確定	生活保護法第七十七条第二項（ハンセン病問題の解決の促進に関する法律（平成二十年法律第八十二号）第二十一条第二項において準用する場合を含む。）

非訟事件手続法及び家事事件手続法の施行に伴う関係法律整備法中経過規定

（平成二三・五・二五法五三）（抄）

（家事審判法の廃止）

第三条　家事審判法（昭和二十二年法律第百五十二号）は、廃止する。

附　則（平成二三・五・二五法五三）

この法律は、新非訟事件手続法（平成二三法五一）の施行の日（平成二五・一・一）から施行する。

非訟事件手続法及び家事事件手続法の施行に伴う関係法律整備法

附　則（令和三・四・二八法二四）（抄）

（施行期日）

第一条　この法律は、公布の日から起算して二年を超えない範囲内において政令で定める日（令和五・四・一―令和三政三三二）から施行する。ただし、次の各号に掲げる規定は、当該各号に定める日から施行する。

一　（前略）附則第三十四条の規定　公布の日

二・三　（略）

（その他の経過措置の政令等への委任）

第三四条①　この附則に定めるもののほか、この法律の施行に関し必要な経過措置は、政令で定める。

②　（略）

附　則（令和四・五・二五法四八）（抄）

（施行期日）

第一条　この法律は、公布の日から起算して四年を超えない範囲内において政令で定める日から施行する。ただし、次の各号に掲げる規定は、当該各号に定める日から施行する。

一　（前略）附則第百二十五条の規定　公布の日

二―四　（略）

五　（前略）第七条中家事事件手続法第二百六十八条第三項にただし書を加える改正規定（中略）及び同法第二百七十七条第二項にただし書を加える改正規定　公布の日から起算して三年を超えない範囲内において政令で定める日

（政令への委任）

第一二五条　（前略）この法律の施行に関し必要な経過措置は、政令で定める。

（検討）

第一二六条　政府は、この法律の施行後五年を経過した場合において、この法律による改正後の民事訴訟法その他の法律の規定の施行の状況について検討を加え、必要があると認めるときは、その結果に基づいて所要の措置を講ずるものとする。

附　則（令和四・六・一五法六八）（抄）

（施行期日）

第一条　この法律は、令和六年四月一日から施行する。ただし、次の各号に掲げる規定は、当該各号に定める日から施行する。

一―四　（略）

五　（前略）附則第二十二条中家事事件手続法（平成二十三年法律第五十二号）別表第一の改正規定（百二十八の二の項に係る部分に限る。）　公布の日から起算して三年を超えない範囲内において政令で定める日

○民事調停法（抄）

（昭和二六・六・九 法 二 二 二）

施行 昭和二六・一〇・一（附則）
最終改正 令和四法六八

目次

第一章 総則

第一節 通則（抄）

（この法律の目的）
第一条 この法律は、民事に関する紛争につき、当事者の互譲により、条理にかない実情に即した解決を図ることを目的とする。

（調停事件）
第二条 民事に関して紛争を生じたときは、当事者は、裁判所に調停の申立てをすることができる。

（管轄）
第三条① 調停事件は、特別の定めがある場合を除いて、相手方の住所、居所、営業所若しくは事務所の所在地を管轄する簡易裁判所又は当事者が合意で定める地方裁判所若しくは簡易裁判所の管轄とする。

② 調停事件は、日本国内に相手方（法人その他の社団又は財団を除く。）の住所及び居所がないとき、又は住所及び居所が知れないときは、その最後の住所地を管轄する簡易裁判所の管轄に属する。

③ 調停事件は、相手方が法人その他の社団又は財団（外国の社団又は財団を除く。）である場合において、日本国内にその事務所若しくは営業所がないとき、又はその事務所若しくは営業所の所在地が知れないときは、代表者その他の主たる業務担当者の住所地を管轄する簡易裁判所の管轄に属する。

④ 調停事件は、相手方が外国の社団又は財団である場合において、日本国内にその事務所又は営業所がないときは、日本における代表者その他の主たる業務担当者の住所地を管轄する簡易裁判所の管轄に属する。

（移送等）
第四条① 裁判所は、調停事件の全部又は一部がその管轄に属しないと認めるとき（次項本文に規定するときを除く。）は、申立てにより又は職権で、これを管轄権のある地方裁判所又は簡易裁判所に移送しなければならない。ただし、事件を処理するために特に必要があると認めるときは、職権で、土地管轄の規定にかかわらず、事件の全部又は一部を他の管轄裁判所に移送し、又は自ら処理することができる。

② 裁判所は、調停事件の全部又は一部がその管轄に属しないと認める場合であって、その事件が家事事件手続法（平成二十三年法律第五十二号）第二百四十四条の規定により家庭裁判所が調停を行うことができる事件であるときは、職権で、これを管轄権のある家庭裁判所に移送しなければならない。ただし、事件を処理するために特に必要があると認めるときは、土地管轄の規定にかかわらず、事件の全部又は一部を他の家庭裁判所に移送することができる。

③ 裁判所は、調停事件がその管轄に属する場合においても、事件を処理するために適当であると認めるときは、職権で、土地管轄の規定にかかわらず、事件の全部又は一部を他の管轄裁判所に移送することができる。

（調停の申立て）
第四条の二① 調停の申立ては、申立書を裁判所に提出してしなければならない。

② 前項の申立書には、次に掲げる事項を記載しなければならない。
一 当事者及び法定代理人
二 申立ての趣旨及び紛争の要点

（調停機関）
第五条① 裁判所は、調停委員会で調停を行う。ただし、裁判所が相当であると認めるときは、裁判官だけでこれを行うことができる。

② 裁判所は、当事者の申立てがあるときは、前項ただし書の規定にかかわらず、調停委員会で調停を行わなければならない。

（調停委員会の組織）
第六条 調停委員会は、調停主任一人及び民事調停委員二人以上で組織する。

（調停主任等の指定）
第七条① 調停主任は、裁判官の中から、地方裁判所が指定する。

② 調停委員会を組織する民事調停委員は、裁判所が各事件について指定する。

（民事調停委員）
第八条① 民事調停委員は、調停委員会で行う調停に関与するほか、裁判所の命を受けて、他の調停事件について、専門的な知識経験に基づく意見を述べ、嘱託に係る紛争の解決に関する事件の関係人の意見の聴取を行い、その他調停事件を処理するために必要な最高裁判所の定める事務を行う。

② 民事調停委員は、非常勤とし、その任免に関して必要な事項は、最高裁判所が定める。

（民事調停委員の除斥）
第九条① 民事調停委員の除斥については、非訟事件手続法（平成二十三年法律第五十一号）第十一条（編注・裁判官の除斥）、第十三条第二項、第八項及び第九項並びに第十四条第二項の規定（忌避に関する部分を除く。）を準用する。

② 民事調停委員の除斥についての裁判は、民事調停委員の所属する裁判所がする。

第一〇条 （略）

（利害関係人の参加）
第一一条① 調停の結果について利害関係を有する者は、調停委員会の許可を受けて、調停手続に参加することができる。

② 調停委員会は、相当であると認めるときは、調停の結果について利害関係を有する者を調停手続に参加させることができる。

（調停前の措置）
第一二条① 調停委員会は、調停のために特に必要であると認めるときは、当事者の申立てにより、調停前の措置として、相手方その他の事件の関係人に対して、現状の変更又は物の処分の禁止その他調停の内容たる事項の実現を不能にし又は著しく困難ならしめる行為の排除を命ずることができる。

② 前項の措置は、執行力を有しない。

（調停手続の指揮）
第一二条の二 調停委員会における調停手続は、調停主任が指揮する。

（期日の呼出し）
第一二条の三 調停委員会は、調停手続の期日を定めて、事件の関係人を呼び出さなければならない。

（調停の場所）
第一二条の四 調停委員会は、事件の実情を考慮して、裁判所外の適当な場所で調停を行うことができる。

第一二条の五及び第一二条の六　（略）

（事実の調査及び証拠調べ等）

第一二条の七①　調停委員会は、職権で事実の調査をし、かつ、申立てにより又は職権で、必要と認める証拠調べをすることができる。

②　調停委員会は、調停主任に事実の調査又は証拠調べをさせることができる。

（調停をしない場合）

第一三条　調停委員会は、事件が性質上調停をするのに適当でないと認めるとき、又は当事者が不当な目的でみだりに調停の申立てをしたと認めるときは、調停をしないものとして、事件を終了させることができる。

（調停の不成立）

第一四条　調停委員会は、当事者間に合意が成立する見込みがない場合又は成立した合意が相当でないと認める場合において、裁判所が第十七条の決定をしないときは、調停が成立しないものとして、事件を終了させることができる。

第一五条　（略）

（調停の成立・効力）

第一六条　調停において当事者間に合意が成立し、これを調書に記載したときは、調停が成立したものとし、その記載は、裁判上の和解と同一の効力を有する。

（調停に代わる決定）

第一七条　裁判所は、調停委員会の調停が成立する見込みがない場合において相当であると認めるときは、当該調停委員会を組織する民事調停委員の意見を聴き、当事者双方のために衡平に考慮し、一切の事情を見て、職権で、当事者双方の申立ての趣旨に反しない限度で、事件の解決のために必要な決定をすることができる。この決定においては、金銭の支払、物の引渡しその他の財産上の給付を命ずることができる。

（異議の申立て）

第一八条①　前条の決定に対しては、当事者又は利害関係人は、異議の申立てをすることができる。その期間は、当事者が決定の告知を受けた日から二週間とする。

②　裁判所は、前項の規定による異議の申立てが不適法であると認めるときは、これを却下しなければならない。

③　前項の規定により異議の申立てを却下する裁判に対する即時抗告は、執行停止の効力を有する。

④　適法な異議の申立てがあつたときは、前条の決定は、その効力を失う。

⑤　第一項の期間内に異議の申立てがないときは、前条の決定は、裁判上の和解と同一の効力を有する。

（調停不成立等の場合の訴の提起）

第一九条　第十四条（第十五条において準用する場合を含む。）の規定により事件が終了し、又は前条第四項の規定により決定が効力を失つた場合において、申立人がその旨の通知を受けた日から二週間以内に調停の目的となつた請求について訴えを提起したときは、調停の申立ての時に、その訴えの提起があつたものとみなす。

（調停の申立ての取下げ）

第一九条の二　調停の申立ては、調停事件が終了するまで、その全部又は一部を取り下げることができる。ただし、第十七条の決定がされた後にあつては、相手方の同意を得なければ、その効力を生じない。

（付調停）

第二〇条①　受訴裁判所は、適当であると認めるときは、職権で事件を調停に付した上、管轄裁判所に処理させ又は自ら処理することができる。ただし、事件について争点及び証拠の整理が完了した後において、当事者の合意がない場合には、この限りでない。

②　前項の規定により事件を調停に付した場合において、調停が成立し又は第十七条の決定が確定したときは、訴えの取下げがあつたものとみなす。

③　第一項の規定により受訴裁判所が自ら調停により事件を処理する場合には、調停主任は、第七条第一項の規定にかかわらず、受訴裁判所がその裁判官の中から指定する。

④　前三項の規定は、非訟事件を調停に付する場合について準用する。

（調停が成立した場合の費用の負担）

第二〇条の二①　調停が成立した場合において、調停手続の費用の負担について特別の定めをしなかつたときは、その費用は、各自が負担する。

②　前条第一項（同条第四項において準用する場合を含む。）及び第二十四条の二第二項の規定により調停に付された訴訟事件又は非訟事件について調停が成立した場合において、訴訟費用及び非訟事件の手続の費用の負担について特別の定めをしなかつたときは、その費用は、各自が負担する。

（訴訟手続等の中止）

第二〇条の三①　調停の申立てがあつた事件について訴訟が係属しているとき、又は第二十条第一項若しくは第二十四条の二第二項の規定により事件が調停に付されたときは、受訴裁判所は、調停事件が終了するまで訴訟手続を中止することができる。ただし、事件について争点及び証拠の整理が完了した後において、当事者の合意がない場合には、この限りでない。

②　前項の規定は、調停の申立てがあつた事件について非訟事件が係属しているとき、又は第二十条第四項において準用する同条第一項の規定により非訟事件が調停に付されたときについて準用する。

（終局決定以外の決定に対する即時抗告）

第二一条　調停手続における終局決定以外の決定に対しては、この法律に定めるもののほか、最高裁判所規則で定めるところにより、即時抗告をすることができる。

（当事者に対する住所、氏名等の秘匿）

第二一条の二　調停手続における申立てその他の申述については、民事訴訟法第一編第八章の規定を準用する。この場合において、同法第百三十三条第一項中「当事者」とあるのは「当事者又は参加人（民事調停法第十一条（同法第十五条において準用する場合を含む。）の規定により調停手続に参加した者をいう。第百三十三条の四第一項、第二項及び第七項において同じ。）」と、同法第百三十三条の二第二項中「訴訟記録等（訴訟記録又は第百三十二条の四第一項の処分の申立てに係る事件の記録をいう。第百三十三条の四第一項及び第二項において同じ。）」とあるのは「調停事件の記録」と、同法第百三十三条の四第一項中「者は、訴訟記録等」とあるのは「当事者若しくは参加人又は利害関係を疎明した第三者は、調停事件の記録」と、同条第二項中「当事者」とあるのは「当事者又は参加人」と、「訴訟記録等」とあるのは「調停事件の記録」と、同条第七項中「当事者」とあるのは「当事者若しくは参加人」と読み替えるものとする。

＊令和四法四八（令和八・五・二四までに施行）による改正後

第二一条の二（当事者に対する住所、氏名等の秘匿）　調停手続における申立てその他の申述については、民事訴訟法第一編第八章（第百三十三条の二第五項及び第六項並びに第百三十三条の三第二項を除く。）の規定を準用する。この場合において、同法第百三十三条第一項中「当事者」とあるのは「当事者又は参加人（民事調停法第十一条（同法第十五条において準用する場合を含む。）の規定により調停手続に参加した者をいう。以下この章において同じ。）」と、同条第三項中「訴訟記録等（訴訟記録又は第百三十二条の四第一項の処分の申立てに係る事件の記録をいう。以下この章において同じ。）」とあるのは「調停事件の記録」と、「について訴訟記録等の閲覧等（訴訟記録の閲覧等、非電磁的証拠収集処分記録の閲覧等又は電磁的証拠収集処分記録の閲覧等をいう。以下この章において同じ。）」とあるのは「の閲覧若しくは謄写又はその謄本若しくは抄本の交付」と、同法第百三十三条の二第一項中「に係る訴訟記録等の閲覧等」とあるのは「の閲覧若しくは謄写又はその謄本若しくは抄本の交付」と、同条第二項中「訴訟記録等中」とあるのは「調停事件の記録中」と、同項及び同条第三項中「に係る訴訟記録等の閲覧等」とあるのは「の閲覧若しくは謄写、その正本、謄本若しくは抄本の交付又はその複製」と、同法第百三十三条の三第一項中「記載され、又は記録された書面又は電磁的記録」とあるのは「記載された書面」と、「当該書面又は電磁的記録」とあるのは「当該書面」と、「又は電磁的記録その他これに類する書面又は電磁的記録に係る訴訟記録等の閲覧等」とあるのは「その他これに類する書面の閲覧若しくは謄写又はその謄本若しくは抄本の交付」と、同法第百三十三条の四第一項中「者は、訴訟記録等」とあるのは「当事者若しくは参加人又は利害関係を疎明した第三者は、調停事件の記録」と、同条第二項中「当事者」とあるのは「当事者又は参加人」と、「訴訟記録等の存する」とあるのは「調停事件の記録の存する」と、「訴訟記録等の閲覧等」とあるのは「閲覧若しくは謄写、その正本、謄本若しくは抄本の交付又はその複製」と、同条第七項中「当事者」とあるのは「当事者若しくは参加人」と読み替えるものとする。

第二二条及び第二三条　（略）

第二節　民事調停官（抄）

（民事調停官の任命等）

第二三条の二① 民事調停官は、弁護士で五年以上その職にあったもののうちから、最高裁判所が任命する。

② 民事調停官は、この法律の定めるところにより、調停事件の処理に必要な職務を行う。

③ 民事調停官は、任期を二年とし、再任されることができる。

④ 民事調停官は、非常勤とする。

⑤⑥ （略）

（民事調停官の権限等）

第二三条の三① 民事調停官は、裁判所の指定を受けて、調停事件を取り扱う。

② 民事調停官は、その取り扱う調停事件の処理について、次条第三項ただし書（編注・忌避の申立てを却下する裁判）に規定する権限並びにこの法律の規定（第二十二条において準用する非訟事件手続法の規定を含む。）及び特定債務等の調整の促進のための特定調停に関する法律（平成十一年法律第百五十八号）の規定において裁判官が行うものとして規定されている民事調停及び特定調停に関する権限（調停主任に係るものを含む。）のほか、次に掲げる権限を行うことができる。

一 第四条、第五条第一項ただし書、第七条第二項、第八条第一項、第十七条、第三十条（第三十三条において準用する場合を含む。）において準用する第二十八条、第三十四条及び第三十五条の規定において裁判所が行うものとして規定されている民事調停に関する権限

二 第二十二条において準用する非訟事件手続法の規定（同法第十三条及び第十四条第三項本文（同法第十五条において準用する場合を含む。）の規定を除く。）において裁判所が行うものとして規定されている権限であって民事調停に関するもの

三 特定債務等の調整の促進のための特定調停に関する法律の規定において裁判所が行うものとして規定されている特定調停に関する権限

③ 民事調停官は、独立してその職権を行う。

④ 民事調停官は、その権限を行うについて、裁判所書記官に対し、その職務に関し必要な命令をすることができる。この場合において、裁判所法（昭和二十二年法律第五十九号）第六十条第五項の規定は、民事調停官の命令を受けた裁判所書記官について準用する。

第二三条の四及び第二三条の五　（略）

第二章　特則（抄）

第一節　宅地建物調停（抄）

第二四条　（略）

（地代借賃増減請求事件の調停の前置）

第二四条の二① 借地借家法（平成三年法律第九十号）第十一条の地代若しくは土地の借賃の額の増減の請求又は同法第三十二条の建物の借賃の額の増減の請求に関する事件について訴えを提起しようとする者は、まず調停の申立てをしなければならない。

② 前項の事件について調停の申立てをすることなく訴えを提起した場合には、受訴裁判所は、その事件を調停に付さなければならない。ただし、受訴裁判所が事件を調停に付することを適当でないと認めるときは、この限りでない。

（地代借賃増減調停事件について調停委員会が定める調停条項）

第二四条の三① 前条第一項の請求に係る調停事件については、調停委員会は、当事者間に合意が成立する見込みがない場合又は成立した合意が相当でないと認める場合において、当事者間に調停委員会の定める調停条項に服する旨の書面による合意（当該調停事件に係る調停の申立ての後にされたものに限る。）があるときは、申立てにより、事件の解決のために適当な調停条項を定めることができる。

② 前項の調停条項を調書に記載したときは、調停が成立したものとみなし、その記載は、裁判上の和解と同一の効力を有する。

第二節　農事調停

（第二五条から第三〇条まで）（略）

第三節　商事調停

（商事調停事件について調停委員会が定める調停条項）

第三一条 第二十四条の三の規定は、商事の紛争に関する調停事件に準用する。

第四節　鉱害調停　から　第六節　公害等調停　まで

（第三二条から第三三条の三まで）（略）

第三章　罰則（抄）

（不出頭に対する制裁）

第三四条 裁判所又は調停委員会の呼出しを受けた事件の関係人が正当な事由がなく出頭しないときは、裁判所は、五万円以下の過料に処する。

（措置違反に対する制裁）

第三五条 当事者又は参加人が正当な事由がなく第十二条（第十五条において準用する場合を含む。）の規定による措置に従わないときは、裁判所は、十万円以下の過料に処する。

第三六条から第三八条まで　（略）

附　則（抄）

（借地借家調停法等の廃止）

第二条 借地借家調停法（大正十一年法律第四十一号）、小作調停法（大正十三年法律第十八号）、商事調停法（大正十五年法律第四十二号）及び金銭債務臨時調停法（昭和七年法律第二十六号）は、廃止する。

附　則（令和四・五・二五法四八）（抄）

（施行期日）

第一条 この法律は、公布の日から起算して四年を超えない範囲内において政令で定める日から施行する。ただし、次の各号に掲げる規定は、当該各号に定める日から施行する。

一 （前略）附則第百二十五条の規定　公布の日

二 （前略）附則第四十五条（民事調停法の一部改正）（中略）の規定（中略）　公布の日から起算して九月を超えない範囲内において政令で定める日

三―五 （略）

（政令への委任）

第一二五条 （前略）この法律の施行に関し必要な経過措置は、

政令で定める。

●民事執行法（昭和五四・三・三〇法四）

施行　昭和五五・一〇・一（附則）
改正　平成一法九一、平成七法九一、平成八法一〇八・法一一〇、平成一〇法一二八、平成一二法一三〇、平成一四法六五・法一〇〇、平成一五法一三四・法一三八、平成一六法四五・法八八（平成一七法八七）・法一二四・法一四七・法一五二・法一五四、平成一九法九五、平成二三法五三・法七四、平成二五法九六、平成二九法四五、平成三〇法二〇・法二九、令和一法二、令和四法四八・法六八

目次

第一章　総則

（趣旨）

第一条　強制執行、担保権の実行としての競売及び民法（明治二十九年法律第八十九号）、商法（明治三十二年法律第四十八号）その他の法律の規定による換価のための競売並びに債務者の財産状況の調査（以下「民事執行」と総称する。）については、他の法令に定めるもののほか、この法律の定めるところによる。

（執行機関）

第二条　民事執行は、申立てにより、裁判所又は執行官が行う。

> **確定判決に基づく強制執行と不法行為↓民七〇九条[94]、民訴一一四条[7]**

（執行裁判所）

第三条　裁判所が行う民事執行に関してはこの法律の規定により執行処分を行うべき裁判所をもつて、執行官が行う執行処分に関してはその執行官の所属する地方裁判所をもつて執行裁判所とする。

（任意的口頭弁論）

第四条　執行裁判所のする裁判は、口頭弁論を経ないですることができる。

（審尋）

第五条　執行裁判所は、執行処分をするに際し、必要があると認めるときは、利害関係を有する者その他参考人を審尋することができる。

（執行官等の職務の執行の確保）

第六条①　執行官は、職務の執行に際し抵抗を受けるときは、その抵抗を排除するために、威力を用い、又は警察上の援助を求めることができる。ただし、第六十四条の二第五項（第百八十八条において準用する場合を含む。）の規定に基づく職務の執行については、この限りでない。

②　執行官以外の者で執行裁判所の命令により民事執行に関する職務を行うものは、職務の執行に際し抵抗を受けるときは、執行官に対し、援助を求めることができる。

（立会人）

第七条　執行官又は執行裁判所の命令により民事執行に関する職務を行う者（以下「執行官等」という。）は、人の住居に立ち入つて職務を執行するに際し、住居主、その代理人又は同居の親族若しくは使用人その他の従業者で相当のわきまえのあるものに出会わないときは、市町村の職員、警察官その他証人として相当と認められる者を立ち会わせなければならない。執行官が前条第一項の規定により威力を用い、又は警察上の援助を受けるときも、同様とする。

（休日又は夜間の執行）

第八条①　執行官等は、日曜日その他の一般の休日又は午後七時から翌日の午前七時までの間に人の住居に立ち入つて職務を執行するには、執行裁判所の許可を受けなければならない。

②　執行官等は、職務の執行に当たり、前項の規定により許可を受けたことを証する文書を提示しなければならない。

（身分証明書等の携帯）

第九条　執行官等は、職務を執行する場合には、その身分又は資格を証する文書を携帯し、利害関係を有する者の請求があつたときは、これを提示しなければならない。

（執行抗告）

第一〇条①　民事執行の手続に関する裁判に対しては、特別の定めがある場合に限り、執行抗告をすることができる。

②　執行抗告は、裁判の告知を受けた日から一週間の不変期間内に、抗告状を原裁判所に提出してしなければならない。

③　抗告状に執行抗告の理由の記載がないときは、抗告人は、抗告状を提出した日から一週間以内に、執行抗告の理由書を原裁判所に提出しなければならない。

④　執行抗告の理由は、最高裁判所規則で定めるところにより記載しなければならない。

⑤　次の各号に該当するときは、原裁判所は、執行抗告を却下しなければならない。

一　抗告人が第三項の規定による執行抗告の理由書の提出をしなかつたとき。

二　執行抗告の理由の記載が明らかに前項の規定に違反しているとき。

三　執行抗告が不適法であつてその不備を補正することができないことが明らかであるとき。

四　執行抗告が民事執行の手続を不当に遅延させることを目的としてされたものであるとき。

⑥　抗告裁判所は、執行抗告についての裁判が効力を生ずるまでの間、担保を立てさせ、若しくは立てさせないで原裁判の執行の停止若しくは民事執行の手続の全部若しくは一部の停止を命じ、又は担保を立てさせてこれらの続行を命ずることができる。事件の記録が原裁判所に存する間は、原裁判所も、これらの処分を命ずることができる。

⑦　抗告裁判所は、抗告状又は執行抗告の理由書に記載された理由に限り、調査する。ただし、原裁判に影響を及ぼすべき法令の違反又は事実の誤認の有無については、職権で調査すること

ができる。

⑧ 第五項の規定による決定に対しては、執行抗告をすることができる。

⑨ 第六項の規定による決定に対しては、不服を申し立てることができない。

⑩ 民事訴訟法（平成八年法律第百九号）第三百四十九条の規定は、執行抗告をすることができる裁判が確定した場合について準用する。

[1] 一 **不服申立ての制限** 審級制度をどのように定めるかは、憲法八一条の規定を除き専ら立法政策の問題であるから、民執法一一条の執行異議申立棄却の決定に対する即時抗告による不服申立ての方法を認めていない本条一項、一二条一項は、憲法三二条に違反しない。（最決昭58・7・7判時一〇九三・七六、執保百選[初版]一）

[2] 二 **執行抗告と移送** 抗告状を原裁判所以外の裁判所に提出してされた執行抗告は、民訴法一六条［旧三〇条］類推による移送をすべきではなく、直ちに却下すべきである。（最決昭57・7・19民集三六・六・一二二九、執保百選[初版]二）

（執行異議）

第一一条① 執行裁判所の執行処分で執行抗告をすることができないものに対しては、執行裁判所に執行異議を申し立てることができる。執行官の執行処分及びその遅怠に対しても、同様とする。

② 前条第六項前段及び第九項の規定は、前項の規定による申立てがあつた場合について準用する。

一 **不執行の合意**→三五条④、民訴二四六条[16]
二 **債務者の誤認**→三八条[9]

（取消決定等に対する執行抗告）

第一二条① 民事執行の手続を取り消す旨の決定に対しては、執行抗告をすることができる。民事執行の手続を取り消す執行官の処分に対する執行異議の申立てを却下する裁判又は執行官に民事執行の手続の取消しを命ずる決定に対しても、同様とする。

② 前項の規定により執行抗告をすることができる裁判は、確定しなければその効力を生じない。

不服申立ての制限→一〇条[1]

（代理人）

第一三条① 民事訴訟法第五十四条第一項の規定により訴訟代理人となることができる者以外の者は、執行裁判所でする手続については、訴え又は執行抗告に係る手続を除き、執行裁判所の許可を受けて代理人となることができる。

② 執行裁判所は、いつでも前項の許可を取り消すことができる。

（費用の予納等）

第一四条① 執行裁判所に対し民事執行の申立てをするときは、申立人は、民事執行の手続に必要な費用として裁判所書記官の定める金額を予納しなければならない。予納した費用が不足する場合において、裁判所書記官が相当の期間を定めてその不足する費用の予納を命じたときも、同様とする。

② 前項の規定による裁判所書記官の処分に対しては、その告知を受けた日から一週間の不変期間内に、執行裁判所に異議を申し立てることができる。

③ 第一項の規定による裁判所書記官の処分は、確定しなければその効力を生じない。

④ 申立人が費用を予納しないときは、執行裁判所は、民事執行の申立てを却下し、又は民事執行の手続を取り消すことができる。

⑤ 前項の規定により申立てを却下する決定に対しては、執行抗告をすることができる。

（担保の提供）

第一五条① この法律の規定により担保を立てるには、担保を立てるべきことを命じた裁判所（以下この項において「発令裁判所」という。）又は執行裁判所の所在地を管轄する地方裁判所の管轄区域内の供託所に金銭又は発令裁判所が相当と認める有価証券（社債、株式等の振替に関する法律（平成十三年法律第七十五号）第二百七十八条第一項に規定する振替債を含む。）を供託する方法その他最高裁判所規則で定める方法によらなければならない。ただし、当事者が特別の契約をしたときは、その契約による。

② 民事訴訟法第七十七条、第七十九条及び第八十条の規定は、前項の担保について準用する。

＊令和四法四八（令和八・五・二四までに施行）**による改正後**

第一五条の二（期日の呼出しの特例）① 民事執行の手続における期日の呼出しは、呼出状の送達、当該事件について出頭した者に対する期日の告知その他相当と認める方法によつてする。

② 呼出状の送達及び当該事件について出頭した者に対する期日の告知以外の方法による期日の呼出しをしたときは、期日に出頭しない者に対し、法律上の制裁その他期日の不遵守による不利益を帰することができない。ただし、その者が期日の呼出しを受けた旨を記載した書面を提出したときは、この限りでない。

（改正により追加）

（送達の特例）

第一六条① 民事執行の手続について、執行裁判所に対し申立て、申出若しくは届出をし、又は執行裁判所から文書の送達を受けた者は、送達を受けるべき場所（日本国内に限る。）を執行裁判所に届け出なければならない。この場合においては、送達受取人をも届け出ることができる。

② 民事訴訟法第百四条第二項及び第三項並びに第百七条の規定は、前項前段の場合について準用する。

③ 第一項前段の規定による届出をしない者（前項において準用する民事訴訟法第百四条第三項に規定する者を除く。）に対する送達は、事件の記録に表れたその者の住所、居所、営業所又は事務所においてする。

④ 前項の規定による送達をすべき場合において、第二十条において準用する民事訴訟法第百六条の規定により送達をすることができないときは、裁判所書記官は、同項の住所、居所、営業所又は事務所にあてて、書類を書留郵便又は民間事業者による信書の送達に関する法律（平成十四年法律第九十九号）第二条第六項に規定する一般信書便事業者若しくは同条第九項に規定する特定信書便事業者の提供する同条第二項に規定する信書便の役務のうち書留郵便に準ずるものとして最高裁判所規則で定めるものに付して発送することができる。この場合においては、民事訴訟法第百七条第二項及び第三項の規定を準用する。

＊令和四法四八（令和八・五・二四までに施行）**による改正**

第四項中「あてて」を「宛てて」に改める。（本文未織込み）

＊令和四法四八（令和八・五・二四までに施行）**による改正後**

⑤ 民事執行の手続における公示送達は、裁判所書記官が送達すべき書類を保管し、いつでも送達を受けるべき者に交付すべき旨を裁判所の掲示場に掲示してする。（改正により追加）

（民事執行の事件の記録の閲覧等）

第一七条 執行裁判所の行う民事執行について、利害関係を有する者は、裁判所書記官に対し、事件の記録の閲覧若しくは謄写、その正本、謄本若しくは抄本の交付又は事件に関する事項の証明書の交付を請求することができる。

一 事件記録が未完成の場合

1 利害関係人から閲覧謄写の申請がなされた場合、作成途中で未完成の書類が綴ってあるからといって、既に完成している部分の事件記録についてまで閲覧謄写を拒む根拠はない。（東京高決平3・10・11判時一四〇五・五四）

二 代理人による閲覧謄写の場合

2 利害関係人の代理人に閲覧謄写をさせるにあたっては、競売ブローカーが利害関係人の代理人を装って関与する余地を封ずるため、委任状の提出のみならず、更に代理人と本人との関係を証する文書（商業登記簿謄本等）の提出を求めることができる。（東京高決平元・9・14金法一二五一・三〇）

（官庁等に対する援助請求等）

第一八条① 民事執行のため必要がある場合には、執行裁判所又は執行官は、官庁又は公署に対し、援助を求めることができる。

② 前項に規定する場合には、執行裁判所又は執行官は、民事執行の目的である財産（財産が土地である場合にはその上にある建物を、財産が建物である場合にはその敷地を含む。）に対して課される租税その他の公課について、所管の官庁又は公署に対し、必要な証明書の交付を請求することができる。

③ 前項の規定は、民事執行の申立てをしようとする者がその申立てのため同項の証明書を必要とする場合について準用する。

（専属管轄）

第一九条 この法律に規定する裁判所の管轄は、専属とする。

＊令和四法四八（令和八・五・二四までに施行）**による改正後**

（電子情報処理組織による申立て等）

第一九条の二① 民事執行の手続における申立てその他の申述（以下この条において「申立て等」という。）のうち、当該申立て等に関するこの法律その他の法令の規定により書面等（書面、書類、文書、謄本、抄本、正本、副本、複本その他文字、図形等人の知覚によつて認識することができる情報が記載された紙その他の有体物をいう。次項及び第四項において同じ。）をもつてするものとされているものであつて、最高裁判所の定める裁判所に対してするもの（当該裁判所の裁判長、受命裁判官、受託裁判官又は裁判所書記官に対してするものを含む。）については、当該法令の規定にかかわらず、最高裁判所規則で定めるところにより、電子情報処理組織（裁判所の使用に係る電子計算機（入出力装置を含む。以下同じ。）と申立て等をする者の使用に係る電子計算機とを電気通信回線で接続した電子情報処理組織をいう。）を用いてすることができる。

② 前項の規定によりされた申立て等については、当該申立て等を書面等をもつてするものとして規定した申立て等に関する法令の規定に規定する書面等をもつてされたものとみなして、当該申立て等に関する法令の規定を適用する。

③ 第一項の規定によりされた申立て等は、同項の裁判所の使用に係る電子計算機に備えられたファイルへの記録がされた時に、当該裁判所に到達したものとみなす。

④ 第一項の場合において、当該申立て等に関する他の法令の規定により署名等（署名、記名、押印その他氏名又は名称を書面等に記載することをいう。以下この項において同じ。）をすることとされているものについては、当該申立て等をする者は、当該法令の規定にかかわらず、当該署名等に代えて、最高裁判所規則で定めるところにより、氏名又は名称を明らかにする措置を講じなければならない。

⑤ 第一項の規定によりされた申立て等が第三項に規定するファイルに記録されたときは、第一項の裁判所は、当該ファイルに記録された情報の内容を書面に出力しなければならない。

⑥ 第一項の規定によりされた申立て等に係るこの法律その他の法令の規定による事件の記録の閲覧若しくは謄写又はその正本、謄本若しくは抄本の交付は、前項の書面をもつてするものとする。当該申立て等に係る書類の送達又は送付も、同様とする。

（改正により追加）

（裁判書）

第一九条の三① 民事執行の手続に関する裁判の裁判書を作成する場合には、当該裁判書には、当該裁判に係る主文、当事者及び法定代理人並びに裁判所を記載しなければならない。

② 前項の裁判書を送達する場合には、当該送達は、当該裁判書の正本によつてする。

（改正により追加）

（民事訴訟法の準用）

第二〇条 特別の定めがある場合を除き、民事執行の手続に関しては、その性質に反しない限り、民事訴訟法第一編から第四編までの規定（同法第八十七条の二の規定を除く。）を準用する。

＊令和四法四八（令和六・五・二四までに施行）**による改正前**

（民事訴訟法の準用）

第二〇条 特別の定めがある場合を除き、民事執行の手続に関しては、民事訴訟法の規定を準用する。

＊令和四法四八（令和八・五・二四までに施行）**による改正後**

（民事訴訟法の準用）

第二〇条 特別の定めがある場合を除き、民事執行の手続に関しては、その性質に反しない限り、民事訴訟法第一編から第四編までの規定（同法第七十一条第二項、第八十七条の二、第九十一条の二、第九十二条第九項及び第十項、第九十二条の二第二項、第九十四条、第百条第二項、第一編第五章第四節第三款、第百十一条、第一編第七章、第百三十三条の二第五項及び第六項、第百三十三条の三第二項、第百五十一条第三項、第百六十条第二項、第百八十五条第三項、第百八十七条第三項及び第四項、第二百五条第二項、第二百十五条第二項、第二百二十七条第二項並びに第二百三十二条の二の規定を除く。）を準用する。この場合において、別表第一の上欄に掲げる同法の規定中同表の中欄に掲げる字句は、それぞれ同表の下欄に掲げる字句に読み替えるものとする。

（最高裁判所規則）

第二一条 この法律に定めるもののほか、民事執行の手続に関し必要な事項は、最高裁判所規則で定める。

＊令和四法四八（令和八・五・二四までに施行）**による改正後**

（家庭裁判所における執行関係訴訟手続に関する特例）

第二一条の二① 第二十四条又は第三十三条から第三十五条までの訴えに係る事件であつて、家庭裁判所の管轄に属するものに関する手続（以下この条において「家庭裁判所における執行関係訴訟手続」という。）については、民事訴訟法第七十一条第二項、第九十一条の二、第九十二条第九項及び第十項、第九十二条の二第二項、第九十四条、第百条第二項、第一編第五章第四節第三款、第百十一条、第百三十二条の六第三項、第一編第七章、第百三十三条の二第五項及び第六項、第百三十三条の三第二項、第百五十一条第三項、第百六十条第二項、第百六十一条第三項第三号、第百八十五条第三項、第百八十七条第三項及び第四項、第二百五条第二項、第二百十五条第二項、第二百二十七条第二項、第二百三十二条の二、第二百五十三条第二項、第二百六十七条第二項並びに第七編の規定は、適用しない。

② 家庭裁判所における執行関係訴訟手続における民事訴訟法の規定の適用については、別表第二の上欄に掲げる同法の規定中同表の中欄に掲げる字句は、それぞれ同表の下欄に掲げる字句とする。

③ 第十五条の二、第十六条第五項及び第十九条の二の規定は、家庭裁判所における執行関係訴訟手続について準用する。

（改正により追加）

第二章 強制執行

第一節 総則

強制執行の可能性

1 夫婦の同居義務

[1] 夫婦の同居義務の履行は、その性質上強制履行を許さない。〔旧法事件〕（大決昭5・9・30民集九・九二六）↓一七二条[5]、民四一四条[2]

2 人身保護請求

[2] 人身保護事件は、実定法に裏付けられた請求権の存在を前提としない上、その認容判決の主文も給付判決の形式ではなく、また右判決による強制執行を可能とする法令上の根拠も見いだすこともできないから、民執法による執行手続により判決内容を実現することはできない。（大阪高決平2・10・31判タ七四六・二二三……人身保護法上の刑事罰による履行確保に言及した上で、執行文付与拒絶に対する異議申立てを却下）

（債務名義）

第二二条 強制執行は、次に掲げるもの（以下「債務名義」という。）により行う。

一 確定判決

二 仮執行の宣言を付した判決

三 抗告によらなければ不服を申し立てることができない裁判（確定しなければその効力を生じない裁判にあつては、確定したものに限る。）

三の二 仮執行の宣言を付した損害賠償命令

三の三 仮執行の宣言を付した届出債権支払命令

四 仮執行の宣言を付した支払督促

四の二 訴訟費用、和解の費用若しくは非訟事件（他の法令の規定により非訟事件手続法（平成二十三年法律第五十一号）の規定を準用することとされる事件を含む。）、家事事件若しくは国際的な子の奪取の民事上の側面に関する条約の実施に関する法律（平成二十五年法律第四十八号）第二十九条に規定する子の返還に関する事件の手続の費用の負担の額を定める裁判所書記官の処分又は第四十二条第四項に規定する執行費用及び返還すべき金銭の額を定める裁判所書記官の処分（後者の処分にあつては、確定したものに限る。）

五 金銭の一定の額の支払又はその他の代替物若しくは有価証券の一定の数量の給付を目的とする請求について公証人が作成した公正証書で、債務者が直ちに強制執行に服する旨の陳述が記載されているもの（以下「執行証書」という。）

六 確定した執行判決のある外国裁判所の判決（家事事件における裁判を含む。第二十四条において同じ。）

六の二 確定した執行決定のある仲裁判断

七 確定判決と同一の効力を有するもの（第三号に掲げる裁判を除く。）

一 **債務名義の騙取**〔へんしゅ〕

[1] 甲が乙と通謀の上、第三者丙の住所を乙方丙と偽って丙に対する債務名義（支払命令〔支払督促〕）を騙取した場合、右債務名義の効力は丙に対しては及ばない。〔旧法事件〕（最判昭43・2・27民集二二・二・三一六、執保百選[三版]八）↓七九条[7]

二 **仮執行免脱担保の供託**↓民訴二五九条[5]

三 **同一請求権に関する複数の債務名義**

[2] 同一請求権について複数の債務名義が競合している場合であっても、先に成立した旧債務名義（執行証書）がその後に成立した新債務名義（手形判決）により当然に失効するものではなく、いずれの債務名義に基づく執行も執行法上適法である。（東京高決平6・9・12判タ八七九・二七三）

四 **執行証書**

1 **民法九五条の適用**

[3] 民法九五条〔平成二九法四四による改正前のもの〕は、公正証書における執行受諾の意思表示に対して適用がある。〔旧法事件〕（最判昭44・9・18民集二三・九・一六七五、重判昭44民訴四）↓民九五条[24]

2 **署名代理**

[4] 債務者の代理人が本人として作成を嘱託の上、本人の署名をした公正証書は、債務名義としての効力を有しない。〔旧法事件〕（最判昭51・10・12民集三〇・九・八八九、執保百選[三版]二①）

[5] 債権者の代理人につき前出[4]と同旨〔旧法事件〕（最判昭56・3・24民集三五・二・二五四、執保百選[三版]二②）

3 **表見法理の不適用**

[6] 民法一一〇条は、公正証書における執行受諾の意思表示に対して適用がない。〔旧法事件〕（最判昭33・5・23民集一二・八・一一〇五）

[7] 民法一〇九条〔現同条一項〕につき前出[6]と同旨〔旧法事件〕（最判昭42・7・13判時四九五・五〇）

4 **無権代理**

[8] 債務者の無権代理人が公正証書作成を嘱託し、かつ、執行受諾の意思表示をした場合、右公正証書は債務者に対する関係で債務名義としての効力がない。〔旧法事件〕（最判昭50・7・25民集二九・六・一一七〇）

5 **無権代理人の本人相続**

[9] 公正証書作成の嘱託をした無権代理人が本人を相続した場合、訴訟上の行為たる執行認諾の意思表示は当然に有効にはならないが、本件事案の下では、無権代理人が公正証書が無権代理による作成である旨の主張をすることは、信義則上許されない。（名古屋高判昭58・7・27判時一一〇四・八二）

6 **金額の一定性**

イ **一部弁済**

[10] 自動車の割賦販売契約で一定金額を表示する公正証書の作成後に一部弁済があった場合、その残額につき、右公正証書が債務名義たる効力を有する。〔旧法事件〕（最判昭46・7・23判時六四三・三七）

ロ **保証人の事後求償債権**

[11] 保証人が債務を弁済したときはその弁済金額に応じて求償し得る、との記載にとどまる公正証書は、証書上一定額の記載がなく、その執行力もない。（大阪高決昭58・6・8下民三四・五～八・五五六）

[12] 保証人の代位弁済によって発生し、その額が具体化する請求権（委託を受けた保証人の事後求償権）について作成された公正証書であっても、証書上その基本たる法律関係が確定し、請求権の最高額が明示されている以上、執行債権の具体的な金額は民執法二七条の類推適用により、執行文に記入することによって執行証書としての要件を満たすものと解する余地がある。（福岡高判平2・4・26判時一三九四・九〇、執保百選[三版]三②）

八 **保証人の事前求償債権**

[13] 本件公正証書によれば、保証人が主たる債務者及びその連帯保証人に対して行使し得べき事前求償権の額は、第一条記載の借受元利金の額であり、この額は記載上明確であるから、本件公正証書は、少なくとも事前求償権に関する限り、「一定の額」の記載の要件に欠けるところはない。（福岡高決昭60・4・22金法一一二三・四〇）

7 **給付約諾文言**

[14] 債務名義は、適切迅速な執行を実現するため、私法上の給付請求権の給付内容が具体的に特定され、かつ、給付命令又は給付約束文言（債務者が債権者に対して金銭を支払う旨の文言）が表示されることにより、執行力を有する請求権が一義的に明確であることを要する。本件公正証書には、定期建物賃貸借契約に係る条件（賃料月額、契約期間、賃料・共益費の支払方法）の記載があるが、賃料等について「支払う」との明確な文言がなく、金銭の一定額の支払を目的としているとはいえない。（東京高決令3・3・31金法二一七九・七〇）

8 **事実と一致しない公正証書**

[15] 公正証書に記載された債権の発生原因事実が多少真実の事

実と一致しないところがあっても、その記載により債権の同一性が認識できる場合には、その公正証書は、真実の債権と一致する部分に限り、債務名義としての効力を有すると解されるが、公正証書に記載された債権の発生原因事実が、実際に行われた貸付けと契約日、金額などの点で全く一致せず、当事者間の合意とも一致しない場合には、そのような公正証書は、債務名義としての効力を有しない。（最判平6・4・5判時一五五八・二九）

五 仲裁判断に対する執行判決

[16] 相手方及びその代理人に対して審問の機会が保障されていたのであるから、外国仲裁判断の承認及び執行に関する条約（ニューヨーク条約）五条の拒否要件は存在しない。〔平成一五法一三八による仲裁法制定前の事件〕（大阪地判昭58・4・22下民三四・一～四・一六九、執保百選[二版]五）

六 調停調書

1 家屋明渡し

[17] 「（本件）家屋を昭和二三年九月一〇日まで賃貸する」との記載のある調停調書は、これを債務名義として直ちに明渡しの執行を求めることはできないが、その調停期日に明渡しの合意の成立したことを主張して、家屋明渡しの訴えを提起することはできる。〔旧法事件〕（最判昭27・12・25民集六・一二・一二七一）

2 子との面会交流↓一七二条[6]～[8]

第二三条（**強制執行をすることができる者の範囲**）① 執行証書以外の債務名義による強制執行は、次に掲げる者に対し、又はその者のためにすることができる。

一 債務名義に表示された当事者

二 債務名義に表示された当事者が他人のために当事者となつた場合のその他人

三 前二号に掲げる者の債務名義成立後の承継人（前条第一号、第二号又は第六号に掲げる債務名義にあつては口頭弁論終結後の承継人、同条第三号の二に掲げる債務名義又は同条第七号に掲げる債務名義のうち損害賠償命令に係るものにあつては審理終結後の承継人）

② 執行証書による強制執行は、執行証書に表示された当事者又は執行証書作成後のその承継人に対し、若しくはこれらの者のためにすることができる。

③ 第一項に規定する債務名義による強制執行は、同項各号に掲げる者のために請求の目的物を所持する者に対しても、することができる。

一 債務名義成立後の承継人↓民訴一一五条[1]～[5]

二 通謀虚偽表示につき善意の第三者↓二七条[2]

三 法人格否認と執行力の拡張↓三三条[3]

四 権利能力なき社団の財産の登記名義人

[1] 権利能力のない社団を債務者とする金銭債権を表示した債務名義を有する債権者が、構成員の総有不動産に対して強制執行をしようとする場合において、その不動産につき、社団のために第三者がその登記名義人とされているときは、債権者は、強制執行の申立書に、社団を債務者とする執行文の付された債務名義の正本のほか、その不動産が社団の構成員全員の総有に属することを確認する旨の債権者と社団及び登記名義人との間の確定判決その他これに準ずる文書を添付して、社団を債務者とする強制執行の申立てをすべきである。本条三項の規定を拡張解釈して、債務名義につき登記名義人を債務者として不動産を執行対象財産とする民執法二七条二項の執行文の付与を求めることはできない。（最判平22・6・29民集六四・四・一二三五、執保百選[三版]七）↓民◆【II 権利能力のない社団・財団】［二編四章名の前］[11]

第二四条（**外国裁判所の判決の執行判決**）① 外国裁判所の判決についての執行判決を求める訴えは、債務者の普通裁判籍の所在地を管轄する地方裁判所（家事事件における裁判に係るものにあつては、家庭裁判所。以下この項において同じ。）が管轄し、この普通裁判籍がないときは、請求の目的又は差し押さえることができる債務者の財産の所在地を管轄する地方裁判所が管轄する。

② 前項に規定する地方裁判所は、同項の訴えの全部又は一部が家庭裁判所の管轄に属する場合においても、相当と認めるときは、同項の規定にかかわらず、申立てにより又は職権で、当該訴えに係る訴訟の全部又は一部について自ら審理及び裁判をすることができる。

③ 第一項に規定する家庭裁判所は、同項の訴えの全部又は一部が地方裁判所の管轄に属する場合においても、相当と認めるときは、同項の規定にかかわらず、申立てにより又は職権で、当該訴えに係る訴訟の全部又は一部について自ら審理及び裁判をすることができる。

④ 執行判決は、裁判の当否を調査しないでしなければならない。

⑤ 第一項の訴えは、外国裁判所の判決が、確定したことが証明されないとき、又は民事訴訟法第百十八条各号（家事事件手続法（平成二十三年法律第五十二号）第七十九条の二において準用する場合を含む。）に掲げる要件を具備しないときは、却下しなければならない。

⑥ 執行判決においては、外国裁判所の判決による強制執行を許す旨を宣言しなければならない。

一 外国裁判所の判決

1 養育費の支払について給与の天引きを命じる判決

[1] 被告が支払義務を負う養育費について、被告の使用者等に給与から天引きし公的な集金機関に送金すべきことを命じるミネソタ州裁判所の判決は、被告に養育費の支払義務があることを前提とするものであり、右判決は被告に養育費の支払を命ずるものとして我が国においても執行判決を付与することができ、このように解しても外国判決を変更したことにはならない。（東京高判平10・2・26判時一六四七・一〇七、重判平10国私五）

2 訴訟費用の負担命令↓民訴一一八条[7]

3 監護権者への子の引渡しを命ずる裁判↓民訴一一八条[2][3]

二 民事訴訟法一一八条〔**旧二〇〇条**〕**各号の要件**↓民訴一一八条[6]～[16][18]～[24]

三 懲罰的損害賠償部分への弁済の充当

[2] 民訴法一一八条三号の要件を具備しない懲罰的損害賠償としての金員の支払を命じた部分（懲罰的損害賠償部分）が含まれる外国裁判所の判決に係る債権について弁済がされた場合、懲罰的損害賠償部分は我が国において効力を有しない以上、右弁済の効力を判断するに当たり懲罰的損害賠償部分に係る債権が存在するとみることはできず、右弁済が懲罰的損害賠償部分に係る債権に充当されることはない。右弁済が右外国裁判所の強制執行手続においてされたものであっても、これと別異に解すべき理由はないから、右弁済が懲罰的損害賠償部分に係る債権に充当されたものとして右判決についての執行判決をすることはできない。（最判令3・5・25民集七五・六・二九三五、重判令3民訴六）

四 仮執行宣言の可否

[3] 本条による訴えの性質は、形成訴訟と解すべきであるが、所定の要件を具備する外国判決に対してはできるだけ早期に執行力を付与するのが相当であるから、執行判決に対しても、仮執行宣言を付すことができる。（東京地判平18・1・19判タ一二二九・三三四）↓民訴一一八条[5]

五 外国判決に記載のない利息の付加

[4] 金員の支払を命ずる外国判決に利息の記載がない場合でも、当該外国（カリフォルニア州）の法制上、判決記載の金員について一定の利息が発生しその利息についても執行する

ことができるとされているときは、執行判決をするに当たりその利息についても強制執行を許すことができる。（最判平9・7・11民集五一・六・二五三〇）

第二五条（**強制執行の実施**）強制執行は、執行文の付された債務名義の正本に基づいて実施する。ただし、少額訴訟における確定判決又は仮執行の宣言を付した少額訴訟の判決若しくは支払督促により、これに表示された当事者に対し、又はその者のためにする強制執行は、その正本に基づいて実施する。

＊令和四法四八（令和八・五・二四までに施行）**による改正後**

第二五条（**強制執行の実施**）強制執行は、執行文の付された債務名義の正本（債務名義に係る電磁的記録（電子的方式、磁気的方式その他人の知覚によつては認識することができない方式で作られる記録であつて、電子計算機による情報処理の用に供されるものをいう。以下同じ。）が裁判所の使用に係る電子計算機に備えられたファイル（以下この条において単に「ファイル」という。）に記録されたものである場合にあつては、記録事項証明書（ファイルに記録されている事項を記載した書面であつて裁判所書記官が当該書面の内容が当該ファイルに記録されている事項と同一であることを証明したものをいう。以下同じ。）。以下同じ。）に基づいて実施する。ただし、少額訴訟における確定判決又は仮執行の宣言を付した少額訴訟の判決若しくは支払督促により、これに表示された当事者に対し、又はその者のためにする強制執行は、その債務名義の正本に基づいて実施する。

第二六条①（**執行文の付与**）執行文は、申立てにより、執行証書以外の債務名義については事件の記録の存する裁判所の裁判所書記官が、執行証書についてはその原本を保存する公証人が付与する。

② 執行文の付与は、債権者が債務者に対しその債務名義により強制執行をすることができる場合に、その旨を債務名義の正本の末尾に付記する方法により行う。

非免責債権

[7] 破産事件の記録の存する裁判所の裁判所書記官は、破産債権者表に免責許可決定が確定した旨が記載されている場合でも、破産債権が破産債権者表の記載内容等から非免責債権に該当すると認められるときは、本条により執行文を付与することができる。（最判平26・4・24民集六八・四・三八〇、執保百選[三版]一三……傍論）→三三条[2]

第二七条① 請求が債権者の証明すべき事実の到来に係る場合においては、執行文は、債権者がその事実の到来したことを証する文書を提出したときに限り、付与することができる。

② 債務名義に表示された当事者以外の者を債権者又は債務者とする執行文は、その者に対し、又はその者のために強制執行をすることができることが裁判所書記官若しくは公証人に明白であるとき、又は債権者がそのことを証する文書を提出したときに限り、付与することができる。

③ 執行文は、債務名義について次に掲げる事由のいずれかがあり、かつ、当該債務名義に基づく不動産の引渡し又は明渡しの強制執行をする前に当該不動産を占有する者を特定することを困難とする特別の事情がある場合において、債権者がこれらを証する文書を提出したときに限り、債務者を特定しないで、付与することができる。

一 債務名義が不動産の引渡し又は明渡しの請求権を表示したものであり、これを本案とする占有移転禁止の仮処分命令（民事保全法（平成元年法律第九十一号）第二十五条の二第一項に規定する占有移転禁止の仮処分命令をいう。）が執行され、かつ、同法第六十二条第一項の規定により当該不動産を占有する者に対して当該債務名義に基づく引渡し又は明渡しの強制執行をすることができるものであること。

二 債務名義が強制競売の手続（担保権の実行としての競売の手続を含む。以下この号において同じ。）における第八十三条第一項本文（第百八十八条において準用する場合を含む。）の規定による命令（以下「引渡命令」という。）であり、当該強制競売の手続において当該引渡命令の引渡義務者に対し次のイからハまでのいずれかの保全処分及び公示保全処分（第五十五条第一項に規定する公示保全処分をいう。以下この項において同じ。）が執行され、かつ、第八十三条の二第一項（第百八十七条第五項又は第百八十八条において準用する場合を含む。）の規定により当該不動産を占有する者に対して当該引渡命令に基づく引渡しの強制執行をすることができるものであること。

イ 第五十五条第一項第三号（第百八十八条において準用する場合を含む。）に掲げる保全処分及び公示保全処分

ロ 第七十七条第一項第三号（第百八十八条において準用する場合を含む。）に掲げる保全処分及び公示保全処分

ハ 第百八十七条第一項に規定する保全処分又は公示保全処分（第五十五条第一項第三号に掲げるものに限る。）

④ 前項の執行文の付された債務名義の正本に基づく強制執行は、当該執行文の付与の日から四週間を経過する前であつて、当該強制執行において不動産の占有を解く際にその占有者を特定することができる場合に限り、することができる。

⑤ 第三項の規定により付与された執行文については、前項の規定により当該執行文の付された債務名義の正本に基づく強制執行がされたときは、当該強制執行によつて当該不動産の占有を解かれた者が、債務者となる。

一 失権約款付債務名義

[7] ［旧］民訴法［旧］五一八条二項（条件成就執行文の付与）にいう「条件」は、債権者において立証すべき事項を指し、和解調書で「賃料延滞のときは賃貸借契約を解除し、直ちに強制執行できる」旨定められた場合における不払による解除の事実はこれに当たらないから、不払による解除の事実を争って執行力の排除を求めるには、請求異議の訴え（［旧］民訴法［旧］五四五条）によるべきであって、執行文付与に対する異議の訴え（同五四六条）によるべきではない。〔旧法事件〕（最判昭41・12・15民集二〇・一〇・二〇八九、執保百選[三版]一〇）

二 通謀虚偽表示につき善意の第三者

[2] 通謀虚偽表示による登記名義人に対して、土地の所有者が移転登記請求訴訟で勝訴しても、その口頭弁論終結後に善意で登記名義人から右土地を競落した第三者に対しては、承継執行文の付与を受けて執行することは許されない。〔旧法事件〕（最判昭48・6・21民集二七・六・七一二、執保百選[三版]六）→民九四条[12]、民訴一一五条[7]

第二八条①（**執行文の再度付与等**）執行文は、債権の完全な弁済を得るため執行文の付された債務名義の正本が数通必要であるとき、又はこれが滅失したときに限り、更に付与することができる。

② 前項の規定は、少額訴訟における確定判決又は仮執行の宣言を付した少額訴訟の判決若しくは支払督促の正本を更に交付する場合について準用する。

＊令和四法四八（令和八・五・二四までに施行）**による改正**

第二項中「正本」の下に「又は記録事項証明書」を加える。

（本文未織込み）

第二九条（**債務名義等の送達**）強制執行は、債務名義又は確定により債務名義となるべき裁判の正本又は謄本が、あらかじめ、又は同時に、債務者に送達されたときに限り、開始することができる。第二十七条

の規定により執行文が付与された場合においては、執行文及び同条の規定により債権者が提出した文書の謄本も、あらかじめ、又は同時に、送達されなければならない。

＊令和四法四八（令和八・五・二四までに施行）**による改正**
第二九条中「債務名義又は」を「債務名義若しくは」に、「又は謄本」を「若しくは謄本又はその債務名義若しくは裁判に係る電磁的記録」に改める。（本文未織込み）

（期限の到来又は担保の提供に係る場合の強制執行）
第三〇条① 請求が確定期限の到来に係る場合においては、強制執行は、その期限の到来後に限り、開始することができる。
② 担保を立てることを強制執行の実施の条件とする債務名義による強制執行は、債権者が担保を立てたことを証する文書を提出したときに限り、開始することができる。

（反対給付又は他の給付の不履行に係る場合の強制執行）
第三一条① 債務者の給付が反対給付と引換えにすべきものである場合においては、強制執行は、債権者が反対給付又はその提供のあつたことを証明したときに限り、開始することができる。
② 債務者の給付が、他の給付について強制執行の目的を達することができない場合に、他の給付に代えてすべきものであるときは、強制執行は、債権者が他の給付について強制執行の目的を達することができなかつたことを証明したときに限り、開始することができる。

反対給付としての相殺
1 相殺は、その要件等についての実体的判断を要するから、執行債務者のこれを認める書面の提出等特段の事情のない限り、執行開始要件としての引換給付義務の履行ないし履行の提供を証明し得る事由となり得ない。（旧法事件）（東京高決昭54・12・25判時九五八・七三、執保百選〈三版〉一二）

（執行文の付与等に関する異議の申立て）
第三二条① 執行文の付与の申立てに関する処分に対しては、裁判所書記官の処分にあつてはその裁判所書記官の所属する裁判所に、公証人の処分にあつてはその公証人の役場の所在地を管轄する地方裁判所に異議を申し立てることができる。
② 執行文の付与に対し、異議の申立てがあつたときは、裁判所は、異議についての裁判をするまでの間、担保を立てさせ、若しくは立てさせないで強制執行の停止を命じ、又は担保を立てさせてその続行を命ずることができる。急迫の事情があるときは、裁判長も、これらの処分を命ずることができる。

③ 第一項の規定による申立てについての裁判及び前項の規定による裁判は、口頭弁論を経ないですることができる。
④ 前項に規定する裁判に対しては、不服を申し立てることができない。
⑤ 前各項の規定は、第二十八条第二項の規定による少額訴訟における確定判決又は仮執行の宣言を付した少額訴訟の判決若しくは支払督促の正本の交付について準用する。

＊令和四法四八（令和八・五・二四までに施行）**による改正**
第五項中「正本」の下に「又は記録事項証明書」を加える。（本文未織込み）

偽造の委任状による公正証書→三五条5

（執行文付与の訴え）
第三三条① 第二十七条第一項又は第二項に規定する文書の提出をすることができないときは、債権者は、執行文（同条第三項の規定により付与されるものを除く。）の付与を求めるために、執行文付与の訴えを提起することができる。
② 前項の訴えは、次の各号に掲げる債務名義の区分に応じ、それぞれ当該各号に定める裁判所が管轄する。
一 第二十二条第一号から第三号まで、第六号又は第六号の二に掲げる債務名義並びに同条第七号に掲げる債務名義のうち次号、第一号の三及び第六号に掲げるもの以外のもの　第一審裁判所
一の二 第二十二条第三号の二に掲げる債務名義並びに同条第七号に掲げる債務名義のうち損害賠償命令並びに損害賠償命令事件に関する手続における和解及び請求の認諾に係るもの　損害賠償命令事件が係属していた地方裁判所
一の三 第二十二条第三号の三に掲げる債務名義並びに同条第七号に掲げる債務名義のうち届出債権支払命令並びに簡易確定手続における届出債権の認否及び和解に係るもの　簡易確定手続が係属していた地方裁判所
二 第二十二条第四号に掲げる債務名義のうち次号に掲げるもの以外のもの　仮執行の宣言を付した支払督促を発した裁判所書記官の所属する簡易裁判所（仮執行の宣言を付した支払督促に係る請求が簡易裁判所の管轄に属しないものであるときは、その簡易裁判所の所在地を管轄する地方裁判所）
三 第二十二条第四号に掲げる債務名義のうち民事訴訟法第百三十二条の十第一項本文の規定による支払督促の申立て又は同法第四百二条第一項に規定する方式により記載された書面をもつてされた支払督促の申立てによるもの　当該支払督促の申立てについて同法第三百九十八条（同法第四百二条第二項において準用する場合を含む。）の規定により訴えの提起があつたものとみなされる裁判所

＊令和四法四八（令和八・五・二四までに施行）**による改正後**
三 第二十二条第四号に掲げる債務名義のうち民事訴訟法第三百九十七条に規定する指定簡易裁判所の裁判所書記官に対してされた支払督促の申立てによるもの　当該支払督促の申立てについて同法第三百九十八条の規定により訴えの提起があつたものとみなされる裁判所

四 第二十二条第四号の二に掲げる債務名義　同号の処分をした裁判所書記官の所属する裁判所
五 第二十二条第五号に掲げる債務名義　債務者の普通裁判籍の所在地を管轄する裁判所（この普通裁判籍がないときは、請求の目的又は差し押さえることができる債務者の財産の所在地を管轄する裁判所）
六 第二十二条第七号に掲げる債務名義のうち和解若しくは調停（上級裁判所において成立した和解及び調停を除く。）又は労働審判に係るもの（第一号の二及び第一号の三に掲げるものを除く。）　和解若しくは調停が成立した簡易裁判所、地方裁判所若しくは家庭裁判所（簡易裁判所において成立した和解又は調停に係る請求が簡易裁判所の管轄に属しないものであるときは、その簡易裁判所の所在地を管轄する地方裁判所）又は労働審判が行われた際に労働審判事件が係属していた地方裁判所

一　執行文付与の訴えの審理の対象

[1]　1　請求異議事由

執行文付与の訴え（〔旧〕民訴法〔旧〕五二一条）における審理の対象は、条件成就又は承継の事実の存否のみであり、執行文付与の訴えにおいて債務者が請求異議事由を反訴ではなく抗弁として主張することは、許されない。〔旧法事件〕（最判昭52・11・24民集三一・六・九四三、執保百選[三版]一四）

[2]　2　非免責債権性

本条の訴えの審理の対象は、条件成就又は承継の事実の存否のみであり、破産債権者表に記載された確定した破産債権が非免責債権に該当するか否かを審理することは予定されていないから、破産債権者は、その有する破産債権が非免責債権に該当することを理由として、その破産債権が記載された破産債権者表について執行文付与の訴えを提起することはできない。（最判平26・4・24民集六八・四・三八〇、執保百選[三版]一三……免責許可決定が確定していた事案）→二六条[7]

[3]　二　法人格否認と執行力の拡張

法人格濫用として実体法上法人格否認が認められる場合でも、手続の明確、安定を重んずる訴訟手続ないし強制執行手続においては、判決の既判力及び執行力の範囲を拡張することは許されず、執行文付与の訴えは認められない。〔旧法事件〕（最判昭53・9・14判時九〇六・八八〈上田養豚事件〉執保百選[三版]九）→三八条[11]、会社三条[10]、民訴一一五条[10]

第三四条（**執行文付与に対する異議の訴え**）① 第二十七条の規定により執行文が付与された場合において、債権者の証明すべき事実の到来したこと又は債務名義に表示された当事者以外の者に対し、若しくはその者のために強制執行をすることができることについて異議のある債務者は、その執行文の付された債務名義の正本に基づく強制執行の不許を求めるために、執行文付与に対する異議の訴えを提起することができる。

② 異議の事由が数個あるときは、債務者は、同時に、これを主張しなければならない。

③ 前条第二項の規定は、第一項の訴えについて準用する。

一　請求異議の訴えとの関係

[1]　債務者が第一次的に執行文付与に対する異議（〔旧〕民訴法〔旧〕五四六条）を訴求し予備的に請求異議（同五四五条）を訴求したところ、一審が後者を認容したため、債権者が控訴した場合、両訴は目的を異にする別個の訴えであるから、債務者は棄却された第一次請求につき附帯控訴の利益を有する。〔旧法事件〕（最判昭43・2・20民集二二・二・二三六）

[2]　執行文付与に対する異議の訴え（〔旧〕民訴法〔旧〕五四六条）における審理の対象は、条件成就の有無又は承継の存否のみに限られ、その請求原因として請求異議事由を主張することは許されない。〔旧法事件〕（最判昭55・5・1判時九七〇・一五六、執保百選[三版]一五）

[3]　後訴である請求異議の訴え（〔旧〕民訴法〔旧〕五四五条）において、前訴である執行文付与に対する異議の訴え（同五四六条）における事実審の口頭弁論終結時までに生じていた請求異議事由を主張することは、許される。〔旧法事件〕（最判昭55・12・9判時九九二・四九、重判昭55民訴五）

二　失権約款付債務名義→二七条[7]

第三五条（**請求異議の訴え**）① 債務名義（第二十二条第二号又は第三号の二から第四号までに掲げる債務名義で確定前のものを除く。以下この項において同じ。）に係る請求権の存在又は内容について異議のある債務者は、その債務名義による強制執行の不許を求めるために、請求異議の訴えを提起することができる。裁判以外の債務名義の成立について異議のある債務者も、同様とする。

② 確定判決についての異議の事由は、口頭弁論の終結後に生じたものに限る。

③ 第三十三条第二項及び前条第二項の規定は、第一項の訴えについて準用する。

一　本条の訴えの対象となり得る債務名義

[1]　1　未確定の仮執行宣言付判決

未確定の仮執行宣言付判決について、控訴審の口頭弁論終結後に当該請求権の存在又は内容について異議事由が生じた場合には、右異議事由は適法な上告理由とならないから、請求異議の訴えによって執行力の排除を求めることができる。（東京地判平9・11・12判タ九七九・二三九……本案の上告審判決が破棄差戻しである場合には、請求異議の訴えを重複起訴ないし権利保護の要件に欠けるものとして却下すればよい、とされた）

[2]　2　刑訴法上の徴収命令

検察官のした〔かし〕（刑訴法四九〇条による）徴収命令の瑕疵を理由にその効力を争うためには、刑訴法五〇二条、五〇四条の手続によるべきであって、請求異議の訴えによることは許されない。（最判平4・7・17民集四六・五・五三八）

二　請求異議事由の成否

1　請求権の消滅

[3]　共同漁業権から派生する漁業行使権に基づく潮受堤防排水門の開門請求を認容する前訴確定判決に対する請求異議の訴えにおいて、同確定判決が、その主文から、前訴の口頭弁論終結時に存在した共同漁業権の存続期間の経過後に同確定判決に基づく開門が継続されることをも命じていたことが明らかであることなどから、同確定判決に係る請求権は、同共同漁業権から派生する漁業行使権に基づく開門請求権のみならず、同存続期間を経過する頃に免許がされるであろう同一内容の共同漁業権から派生する漁業行使権に基づく開門請求権をも包含するものと解され、前者の開門請求権が消滅したことのみでは同確定判決についての異議の事由とはならないとされた事例（最判令元・9・13判時二四三四・一六〈諫早湾堤防開門請求異議事件〉重判令元民訴八……前訴の口頭弁論終結後の事情の変動により、同確定判決に基づく強制執行が権利の濫用となるかなど、他の異議の事由の有無について更に審理を尽くさせるため、破棄差戻し）

[4]　2　不執行の合意

強制執行を行う権利の放棄又は不執行の合意があったことを執行債務者が主張する場合には、執行抗告又は執行異議の方法によることはできず、請求異議の訴えによるべきである。（最決平18・9・11民集六〇・七・二六二二、執保百選[三版]一）

[5]　3　偽造の委任状による公正証書

公正証書が偽造の委任状により作成されたときは、債務者は公正証書が実体上無効であることを主張して請求異議の訴え（〔旧〕民訴法〔旧〕五四五条）を提起することができるが、執行文付与に対する異議の申立て（同五六二条二項）をすることはできない。〔旧法事件〕（最判昭32・6・6民集一一・七・一一七七、執保百選[初版]一九）

[6]　4　確定した執行決定のある仲裁判断

仲裁判断の取消し（仲裁法四四条）や仲裁判断の執行決定（同法四六条）において仲裁判断の成立に関して審理がされること等に照らせば、確定した執行決定のある仲裁判断は「裁判以外の債務名義」に該当しない。（東京地判平28・7・13判時二三二〇・六四）→[16]

5　権利の濫用

イ　要件

[7]　債務名義に基づく強制執行が権利の濫用と認められるためには、当該債務名義の性質、右債務名義により執行し得るものとして確定された権利の性質・内容、右債務名義成立の経緯及び債務名義成立後強制執行に至るまでの事情、強制執行が当事者に及ぼす影響等諸般の事情を総合して、債権者の強

制執行が、著しく信義誠実の原則に反し、正当な権利行使の名に値しないほど不当なものと認められる場合であることを要する。（最判昭62・7・16判時一二六〇・一〇）

ロ　肯定例

⑧ 自動車事故の傷害により将来の営業活動が不能になったとして損害賠償請求の確定判決を得た後堂々と営業を営んでいる債権者が、賠償債務を苦にして自殺した加害者の両親に対し判決確定後五年後に至って強制執行することは、権利の濫用として請求異議の訴えを提起できる。（旧法事件）（最判昭37・5・24民集一六・五・一一五七）→民一条㉙

⑨ 建物収去土地明渡しと未払賃料支払を命ずる確定判決を得た債権者（土地所有者）が、収去されるべき建物に対しまず強制競売の申立てをしたところ、廃材としての価額は四万円を超えないものであるのに最低競売価額が一四八万円に定められ、同額で競落した者が代金を完済し登記と引渡しとを受けるに至った場合において、債権者が自らごく低廉な価額で競落することを予定していたのに右最低競売価額を廃材の価額に訂正させる措置をとらず、競落人に賃貸借契約成立についての希望を抱かせる言動をしていたなどの本件認定事実の下では、右債権者が承継執行文を得て競落人に対し本件建物収去土地明渡しの強制執行をすることは、権利の濫用として許されない。（旧法事件）（最判昭43・9・6民集二二・九・一八六二）→民一条㉘

ハ　否定例

⑩ 建物の敷地の賃貸人が、敷地賃借人で地上建物所有者・抵当権設定者である者と通謀の上、右建物の競落を事実上妨害しようとして、敷地賃借人の自白により同人に対する建物収去土地明渡しの確定判決を取得し、その後に確定判決の存在を知らずに右建物を競落した者に対して承継執行文を得て執行した場合、それだけでは権利濫用に該当するとはいえず、請求異議の理由に該当しない。（旧法事件）（最判昭40・12・21民集一九・九・二二七〇、執保百選〔初版〕一七）

６　失権約款付債務名義→二七条⑦

７　買受人による譲渡と引渡命令に対する請求異議→八三条⑭

三　請求異議事由の時的制限

１　相殺→民訴一一四条⑨

２　建物買取請求権

⑪ 確定判決により建物収去土地明渡しを命じられた借地人は、その後建物買取請求権を行使して請求異議の訴えを提起することができ、これによって前訴確定判決は建物収去を命じた限度で失効する。（最判平7・12・15民集四九・一〇・三〇五一、執保百選〔三版〕一六）→民訴一一四条⑩

⑫ 建物収去土地明渡しを命じる判決の確定後に建物買取請求権が行使された場合には、前訴の債務名義は建物収去を命じる限度で執行力を失うが、建物退去土地明渡し（ないし土地建物引渡し）の範囲では、なお執行力を保持する。（福岡高判平7・12・5判時一五六九・六八）

３　限定承認

⑬ 債権者が債務者たる相続人から限定承認の事実を通知され、これを了知しながら無留保の請求をなし、債務者も右事実を主張しなかったため、無留保判決がなされた場合、当該判決を執行することは不法であり請求異議の原因となる。（旧法事件）（大判昭15・2・3民集一九・一一〇）

４　婚姻費用分担の審判

⑭ 婚姻費用分担の審判に対する請求異議訴訟において、分担義務の存否に関する異議事由は、審判の確定の前後を問わず主張でき、分担義務の存在を前提としその範囲、数額のみについての異議事由は、審判確定時以後のものに限って主張できる。（東京高判昭58・9・28家月三六・一一・一〇九、民執百選一七）

５　売却のための保全処分

⑮ 売却のための保全処分決定は、民執法二二条三号に該当する債務名義であるが、これに対する請求異議訴訟において異議事由として主張し得るのは、右決定の成立（確定）後に生じた事由に限られ、民執法五五条一項所定の「不動産の価格を著しく減少する行為」に当たらないとの主張は、執行抗告理由にはなり得ても、本条の異議事由にはなり得ない。（東京高判平10・10・8金判一〇五六・四六）

６　確定した執行決定のある仲裁判断

⑯ 仲裁判断には既判力が認められていること（仲裁法四五条一項本文）からすれば、確定した執行決定のある仲裁判断は本条二項の「確定判決」に含まれ、同項の「口頭弁論の終結後」との文言は仲裁判断の既判力の基準時である「仲裁判断がされた後」と読み替えられる。（東京地判平28・7・13前出⑥）

四　執行実施との関係

１　執行着手前の提起

⑰ 請求異議の訴えは強制執行の着手前であっても提起することができる。（旧法事件）（最判昭26・4・3民集五・五・二〇七、保全百選九一）→三六条⑦

２　執行取下げのなされた場合

⑱ 請求異議の訴えは、債務名義の執行力の排除を目的とするものであるから、個別の強制執行が行われていないとの理由で訴えの利益を欠くものではないが、債務者が分割弁済の支払を三回分以上遅滞したときは期限の利益を失う旨の和解調書に対してその遅滞がないことを主張して提起された請求異議の訴えは、それが認容された場合でもその判決は右債務名義の性質上口頭弁論終結後に開始される強制執行を阻止する効力を有しないから、強制執行の取下げがなされ口頭弁論終結時現在において強制執行が行われていない場合には、訴えの利益を欠くものと解すべきである。（東京地判昭63・2・23判タ六八一・二二二）

３　具体的執行行為の排除の可否

⑲ 請求異議の訴えは、債務名義の執行力の排除を目的とするものであるから、現実の執行の着手とは無関係であり、本条の訴えにより具体的執行行為（動産執行）の排除を求めることは、一般には認められないが、特別の事情がある場合には、これを認めて差し支えない。（東京地判平6・1・26判タ八五三・二七三……債務名義の執行力の排除を求める場合は執行停止の担保の額が高額になり、本件原告には酷であるから、特別の事情が認められる）

五　執行文付与に対する異議の訴えとの関係→三四条⑦～③

第三六条①（執行文付与に対する異議の訴え等に係る執行停止の裁判） 執行文付与に対する異議の訴え又は請求異議の訴えの提起があった場合において、異議のため主張した事情が法律上理由があるとみえ、かつ、事実上の点について疎明があったときは、受訴裁判所は、申立てにより、終局判決において次条第一項の裁判をするまでの間、担保を立てさせ、若しくは立てさせないで強制執行の停止を命じ、又はこれとともに、担保を立てさせて強制執行の続行を命じ、若しくは担保を立てさせて既にした執行処分の取消しを命ずることができる。急迫の事情があるときは、裁判長も、これらの処分を命ずることができる。

② 前項の申立てについての裁判は、口頭弁論を経ないですることができる。

③ 第一項に規定する事由がある場合において、急迫の事情があるときは、執行裁判所は、申立てにより、同項の規定による裁判の正本を提出すべき期間を定めて、同項に規定する処分を命ずることができる。この裁判は、執行文付与に対する異議の訴え又は請求異議の訴えの提起前においても、することができる。

＊令和四法四八（令和八・五・二四までに施行）**による改正**

④ 前項の規定により定められた期間を経過したとき、又はその期間内に第一項の規定による裁判が執行裁判所若しくは執行官に提出されたときは、前項の裁判は、その効力を失う。

⑤ 第一項又は第三項の申立てについての裁判に対しては、不服を申し立てることができない。

第三項中「正本」の下に「又は記録事項証明書」を加える。
（本文未織込み）

[1] **一般の仮処分との関係**　確定判決に基づく強制執行を停止することのできる場合については強制執行編〔昭和五四法四による削除前の民訴法第六編〕にそれぞれの規定があって、右は制限的に列挙したものと認めるべきであるから、右の場合を除き、一般の仮処分の方法により強制執行を停止することは許されない。〔旧法事件〕（最判昭26・4・3民集五・五・二〇七、保全百選九一……仮処分決定を認可した原判決を破棄）→三五条[17]

（終局判決における執行停止の裁判等）

第三七条①　受訴裁判所は、執行文付与に対する異議の訴え又は請求異議の訴えについての終局判決において、前条第一項に規定する処分を命じ、又は既にした同項の規定による裁判を取り消し、変更し、若しくは認可することができる。この裁判については、仮執行の宣言をしなければならない。

② 前項の規定による裁判に対しては、不服を申し立てることができない。

（第三者異議の訴え）

第三八条①　強制執行の目的物について所有権その他目的物の譲渡又は引渡しを妨げる権利を有する第三者は、債権者に対し、その強制執行の不許を求めるために、第三者異議の訴えを提起することができる。

② 前項に規定する第三者は、同項の訴えに併合して、債務者に対する強制執行の目的物についての訴えを提起することができる。

③ 第一項の訴えは、執行裁判所が管轄する。

④ 前二条の規定は、第一項の訴えに係る執行停止の裁判について準用する。

一　第三者異議事由

[1] **1　仮登記のみの所有権取得**　担保仮登記でない純然たる所有権移転に関する仮登記についても、少なくともその仮登記権利者が実体上所有権を取得している場合には、目的不動産に対する競売手続において第三者異議の訴え（〔旧〕民訴法〔旧〕五四九条）が許される。〔旧法事件〕（東京高判昭57・11・30高民三五・三・二二〇、重判昭58民訴五）

2　占有権

[2] **イ　独立の占有**　社会通念上妻が夫と独立の占有を有する場合は、夫に対する家屋明渡しの債務名義によって妻に対する明渡しの執行をすることはできず、占有権を有する者（妻）は、特別の対抗要件を要しないで自らの占有権を主張して当該執行を排除し得る。（東京高判昭32・9・11判時一三二・一四、執保百選[初版]八三……夫名義で借りた借家で夫とは別居していた）

[3] **ロ　無権原との確定判決のある場合**　建物に占有権を有する者であっても、何らの権原を有しないとして既に債務者との間で建物収去土地明渡しの確定判決を受けている者は、その債権者のした建物の占有移転禁止、執行吏保管等の仮処分に対して、第三者異議を主張する権利を有しない。〔旧法事件〕（最判昭38・11・28民集一七・一一・一五五四）

3　非典型担保

[4] **イ　譲渡担保権**　譲渡担保権者は、特段の事情がない限り、第三者異議の訴えを提起することができる。（最判昭58・2・24判時一〇七八・七六、執保百選[二版]一六）→民◘【I　譲渡担保】〔三九八条の二二の後〕[12][13]

[5] 流動集合動産譲渡担保権につき同旨〔旧法事件〕（最判昭62・11・10民集四一・八・一五五九、執保百選[三版]一七）→民◘【I　譲渡担保】〔三九八条の二二の後〕[36]

[6] **ロ　譲渡担保権設定者**　不動産を目的とする譲渡担保において、設定者が被担保債権の弁済期を徒過し、その後に譲渡担保権者の債権者が目的不動産を差し押さえ、その登記をしたときは、設定者は、差押登記後に債務の全額を弁済しても、第三者異議の訴えにより強制執行の不許を求めることはできない。（最判平18・10・20民集六〇・八・三〇九八、重判平18民六）

八　所有権留保

[7] 動産の割賦販売契約において所有権留保がなされているときは、留保売主又は右売主から目的物を買い受けた第三者は、所有権に基づいて第三者異議の訴えを提起することができる。〔旧法事件〕（最判昭49・7・18民集二八・五・七四三、民執百選[二]）→民◘【II　所有権留保売買】〔三九八条の二二の後〕[1]

[8] **4　債権差押え前の誤振込み**　普通預金債権の差押えがなされたところ、その前に第三者がその預金口座に対し振込先を誤った振込みをなしていた（「東辰」に振り込むつもりで「透信」に振り込んだ）という場合、振込みの原因となる法律関係が存在しなくとも、受取人（右差押えの際の執行債務者）は銀行に対し振込金額相当の普通預金債権を取得するから、右振込人は、受取人に対して不当利得返還請求権を取得するにとどまり、第三者異議の訴えにより強制執行の不許を求めることはできない。（最判平8・4・26民集五〇・五・一二六七、民百選II[八版]七二……原判決は、受取人の預金債権は成立しないとして第三者異議の訴えを認めていたが、これを破棄）

5　債務者の誤認

[9] 第三者（「甲山花子」。かつて乙野某の内縁の妻であったが乙野姓を有したことがない。）が債務名義上の債務者（「乙野花子」）と誤認されて執行処分を受けた場合、執行方法に関する異議（〔旧〕民訴法〔旧〕五四四条）を申し立てることができるが、第三者異議の訴え（同五四九条）の原因とすることはできない。〔旧法事件〕（大判昭9・3・30民集一三・四〇九）

6　執行債権者の権利濫用

[10] 建物収去土地明渡しの請求権の行使が第三者に対する関係で実体上権利の濫用に当たる場合は、本条の訴えにより、執行行為の不許を求めることができる。（大阪高判平23・3・30判時二一三〇・一三……連棟式一棟建物の一部を収去し土地を明け渡す強制執行に対し、隣接部分の区分所有者が提起した訴え。収去対象建物のはり等につき原告の共有持分権を認めた上での判示）

二　法人格否認の抗弁

[11] 第三者異議の訴えは、債務名義の執行力が原告に及ばないことを異議事由とするものではなく、適法に開始された強制執行の目的物について原告が強制執行による侵害を受忍すべき地位にないことを異議事由とするものであるから、原告の法人格が執行債務者に対する強制執行回避のために濫用されているときは、法人格否認の法理の適用を排除すべき理由はない。（最判平17・7・15民集五九・六・一七四二、執保百選[三版]一八）→二三条[3]、会社三条[17]

三　詐害行為取消しの反訴

[12] 贈与による所有権取得を理由とする第三者異議訴訟の係属中に、右贈与が詐害行為であるとしてその取消しを求める反訴が提起され、両訴が同時に審理された結果、口頭弁論終結時に詐害行為取消権が肯認され所有権取得が否定されるべきことが裁判所に明らかな場合は、原告主張の所有権は第三者異議の訴えの異議事由に該当しない。〔旧法事件〕（最判昭40・

3・26民集一九・二・五〇八、執保百選[初版]二三）→民訴◆【訴え】〔一三四条の前〕25

四 執行法上の救済と国家賠償請求→国賠一条109

（強制執行の停止）

第三九条① 強制執行は、次に掲げる文書の提出があつたときは、停止しなければならない。

一 債務名義（執行証書を除く。）若しくは仮執行の宣言を取り消す旨又は強制執行を許さない旨を記載した執行力のある裁判の正本

二 債務名義に係る和解、認諾、調停又は労働審判の効力がないことを宣言する確定判決の正本

三 第二十二条第二号から第四号の二までに掲げる債務名義が訴えの取下げその他の事由により効力を失つたことを証する調書の正本その他の裁判所書記官の作成した文書

四 強制執行をしない旨又はその申立てを取り下げる旨を記載した裁判上の和解若しくは調停の調書の正本又は労働審判法（平成十六年法律第四十五号）第二十一条第四項の規定により裁判上の和解と同一の効力を有する労働審判の審判書若しくは同法第二十条第七項の調書の正本

五 強制執行を免れるための担保を立てたことを証する文書

六 強制執行の停止及び執行処分の取消しを命ずる旨を記載した裁判の正本

七 強制執行の一時の停止を命ずる旨を記載した裁判の正本

八 債権者が、債務名義の成立後に、弁済を受け、又は弁済の猶予を承諾した旨を記載した文書

＊令和四法四八（令和八・五・二四までに施行）による改正後

①（柱書略）

一 債務名義（執行証書を除く。）若しくは仮執行の宣言を取り消す旨又は強制執行を許さない旨を記載した執行力のある裁判の正本又は記録事項証明書

二 債務名義に係る和解、認諾、調停又は労働審判の効力がないことを宣言する確定判決の正本又は記録事項証明書

三 （略）

四 強制執行をしない旨又はその申立てを取り下げる旨を記載した裁判上の和解の調書の正本又は電子調書（民事訴訟法第百六十条第一項に規定する電子調書をいう。第百六十七条の二第一項第四号において同じ。）の記録事項証明書

四の二 強制執行をしない旨又はその申立てを取り下げる旨を記載した調停の調書又は労働審判法（平成十六年法律第四十五号）第二十一条第四項の規定により裁判上の和解と同一の効力を有する労働審判の審判書若しくは同法第二十条第七項の調書の正本（改正により追加）

五 （略）

六 強制執行の停止及び執行処分の取消しを命ずる旨を記載した裁判の正本又は記録事項証明書

七 強制執行の一時の停止を命ずる旨を記載した裁判の正本又は記録事項証明書

八 （略）

② 前項第八号に掲げる文書のうち弁済を受けた旨を記載した文書の提出による強制執行の停止は、四週間に限るものとする。

③ 第一項第八号に掲げる文書のうち弁済の猶予を承諾した旨を記載した文書の提出による強制執行の停止は、二回に限り、かつ、通じて六月を超えることができない。

1

一 停止文書、取消文書―免責決定正本

免責決定の主文からは請求債権が免責債権か否かは明らかではなく、執行停止・取消しがなされなくても執行終了後の不当利得返還請求訴訟での解決が可能であり、また、請求異議訴訟の提起により執行停止を求めることができるから、免責決定の正本は本条一項のいずれの文書にも該当せず、その提出をもって既になされた債権差押命令を取り消した原決定は違法である。（大阪高決平6・7・18高民四七・二・一三三、倒産百選[五版]A17）

2

二 執行停止決定の効力―その後の執行着手

（仮執行宣言付判決に対する控訴提起に伴う執行停止決定（債権者にも送達）後、債権者の申立てに基づき右判決を債務名義として出された差押命令に対する執行抗告事件において）債権差押えの申立てが執行停止決定後になされたからといって、当該申立てそのものが違法となるものではなく、更に、判決につき執行停止決定がなされていることを差押債権者において知っていたにもかかわらず債権差押えの申立てをしたからといって、当該申立てが直ちに権利の濫用に当たり違法となるものでもない。（大阪高決昭60・2・18判タ五五四・二〇〇、執保百選[三版]一九……執行抗告を棄却）

3

三 執行開始前の執行停止文書の提出

債権差押命令の発令前に執行停止文書が提出された場合、法的に差押命令の発令を行うことができない状態になるものではないから、差押命令の申立ては却下されるべきではなく、発令までは本条一項に基づき停止すべき「強制執行」が存在しないから、差押命令の発令を停止させる効力は生じない。また、債権差押命令の発令と送達は、執行手続としては一連一体のものであるから、その送達の手続のみが停止されるものではなく、債務者の経済上の不利益や、債務者の運営する事業及びその関係者に対する影響、執行停止のための担保の存在をもって送達を停止すべき法令上の根拠はない。（東京高決令2・3・19金法二一五三・五八）

（執行処分の取消し）

第四〇条① 前条第一項第一号から第六号までに掲げる文書が提出されたときは、執行裁判所又は執行官は、既にした執行処分をも取り消さなければならない。

② 第十二条の規定は、前項の規定により執行処分を取り消す場合については適用しない。

（債務者が死亡した場合の強制執行の続行）

第四一条① 強制執行は、その開始後に債務者が死亡した場合においても、続行することができる。

② 前項の場合において、債務者の相続人の存在又はその所在が明らかでないときは、執行裁判所は、申立てにより、相続財産又は相続人のために、特別代理人を選任することができる。

③ 民事訴訟法第三十五条第二項及び第三項の規定は、前項の特別代理人について準用する。

（執行費用の負担）

第四二条① 強制執行の費用で必要なもの（以下「執行費用」という。）は、債務者の負担とする。

② 金銭の支払を目的とする債権についての強制執行にあつては、執行費用は、その執行手続において、債務名義を要しないで、同時に、取り立てることができる。

③ 強制執行の基本となる債務名義（執行証書を除く。）を取り消す旨の裁判又は債務名義に係る和解、認諾、調停若しくは労働審判の効力がないことを宣言する判決が確定したときは、債権者は、支払を受けた執行費用に相当する金銭を債務者に返還しなければならない。

④ 第一項の規定により債務者が負担すべき執行費用で第二項の規定により取り立てられたもの以外のもの及び前項の規定により債権者が返還すべき金銭の額は、申立てにより、執行裁判所の裁判所書記官が定める。

⑤ 前項の申立てについての裁判所書記官の処分に対しては、その告知を受けた日から一週間の不変期間内に、執行裁判所に異議を申し立てることができる。

⑥ 執行裁判所は、第四項の規定による裁判所書記官の処分に対する異議の申立てを理由があると認める場合において、同項に規定する執行費用及び返還すべき金銭の額を定めるべきときは、自らその額を定めなければならない。

⑦ 第五項の規定による異議の申立てについての決定に対して

は、執行抗告をすることができる。

⑧　第四項の規定による裁判所書記官の処分は、確定しなければその効力を生じない。

⑨　民事訴訟法第七十四条第一項の規定は、第四項の規定による裁判所書記官の処分について準用する。この場合においては、第五項、第七項及び前項並びに同条第三項の規定を準用する。

[1]　**一　強制執行が目的を達せずに終了した場合**
既にした執行処分の取消し等により強制執行が目的を達せずに終了した場合における執行費用の負担は、執行裁判所が、民執法二〇条において準用する民訴法七三条の規定に基づいて定めるべきである。強制競売開始決定後に債務者が弁済供託をしたことにより請求債権が消滅したという理由で、請求異議の訴えに係る請求が認容され、強制競売の手続が取り消されたという事情を考慮して、同条二項において準用する民訴法六二条の規定に基づき、強制競売の執行費用を債務者の負担とする旨の裁判をすることができる。（最決平29・7・20民集七一・六・九五二、重判平29民訴六）

[2]　**二　不法行為に基づく損害賠償請求の可否**
申立債権者が強制執行に要した費用のうち民事訴訟費用等に関する法律二条各号に掲げられた費目のものについては、本条二項により債務者から執行手続において取り立てるほかは専ら費用額確定処分を経て取り立てることが予定されているというべきであり、当該強制執行における債務者に対する不法行為に基づく損害賠償請求において損害として主張することは許されない。（最判令2・4・7民集七四・三・六四六、重判令2民訴六）

第二節　金銭の支払を目的とする債権についての強制執行

第一款　不動産に対する強制執行

第一目　通則

（不動産執行の方法）

第四三条①　不動産（登記することができない土地の定着物を除く。以下この節において同じ。）に対する強制執行（以下「不動産執行」という。）は、強制競売又は強制管理の方法により行う。これらの方法は、併用することができる。

②　金銭の支払を目的とする債権についての強制執行については、不動産の共有持分、登記された地上権及び永小作権並びにこれらの権利の共有持分は、不動産とみなす。

（執行裁判所）

第四四条①　不動産執行については、その所在地（前条第二項の規定により不動産とみなされるものにあつては、その登記をすべき地）を管轄する地方裁判所が、執行裁判所として管轄する。

②　建物が数個の地方裁判所の管轄区域にまたがつて存在する場合には、その建物に対する強制執行については建物の存する土地の所在地を管轄する各地方裁判所が、その土地に対する強制執行については土地の所在地を管轄する地方裁判所又は建物に対する強制執行の申立てを受けた地方裁判所が、執行裁判所として管轄する。

③　前項の場合において、執行裁判所は、必要があると認めるときは、事件を他の管轄裁判所に移送することができる。

④　前項の規定による決定に対しては、不服を申し立てることができない。

第二目　強制競売

（開始決定等）

第四五条①　執行裁判所は、強制競売の手続を開始するには、強制競売の開始決定をし、その開始決定において、債権者のために不動産を差し押さえる旨を宣言しなければならない。

②　前項の開始決定は、債務者に送達しなければならない。

③　強制競売の申立てを却下する裁判に対しては、執行抗告をすることができる。

不動産競売における時効の完成猶予［時効中断］の効力の発生時期
1　物上保証人に対する不動産競売の場合→一八一条[4]
2　競売開始決定の付郵便送達の場合→民一五四条[3]

（差押えの効力）

第四六条①　差押えの効力は、強制競売の開始決定が債務者に送達された時に生ずる。ただし、差押えの登記がその開始決定の送達前にされたときは、登記がされた時に生ずる。

②　差押えは、債務者が通常の用法に従つて不動産を使用し、又は収益することを妨げない。

[1]　**一　差押えの相対効**
競売申立ての登記ある不動産の処分は、競売申立人及び競落人に対抗することができないにとどまるから、所有者はその不動産について処分をなすことができ、その処分に関する登記申請は受理しなければならない。〔旧法事件〕（大決大4・12・14民録二一・二〇六）

[2]　**二　差押えの効力の及ぶ目的物の範囲→民六一二条[2][3]**

三　禁止される処分行為
差押えに対抗することのできる不動産賃借についてなされた譲渡の承認は、賃貸借契約の内容が改定される等特段の事情のない限り、差押えの効力によって禁止される処分行為に当たらない。〔旧法事件〕（最判昭53・6・29民集三二・四・七六二、執保百選三版二七）

[3]　不動産が差し押えられた場合でも、被差押人たる賃貸人が当該不動産の賃料を賃借人との合意により適正賃料額まで減額することは、本条二項の行為に当たり、合理的理由が認められるから、競落人に対抗できる。（東京地判平13・2・9判タ一〇九四・二九〇……競落人から賃借人に対する差額賃料請求を棄却）

（二重開始決定）

第四七条①　強制競売又は担保権の実行としての競売（以下この節において「競売」という。）の開始決定がされた不動産について強制競売の申立てがあつたときは、執行裁判所は、更に強制競売の開始決定をするものとする。

②　先の開始決定に係る強制競売若しくは競売の申立てが取り下げられたとき、又は先の開始決定に係る強制競売若しくは競売の手続が取り消されたときは、執行裁判所は、後の強制競売の開始決定に基づいて手続を続行しなければならない。

③　前項の場合において、後の強制競売の開始決定が配当要求の終期後の申立てに係るものであるときは、裁判所書記官は、新たに配当要求の終期を定めなければならない。この場合において、既に第五十条第一項（第百八十八条において準用する場合を含む。）の届出をした者に対しては、第四十九条第二項の規定による催告は、要しない。

④　前項の規定による裁判所書記官の処分に対しては、執行裁判所に異議を申し立てることができる。

⑤　第十条第六項前段及び第九項の規定は、前項の規定による異議の申立てがあつた場合について準用する。

⑥　先の開始決定に係る強制競売又は競売の手続が停止されたときは、執行裁判所は、申立てにより、後の強制競売の開始決定（配当要求の終期までにされた申立てに係るものに限る。）に基づいて手続を続行する旨の裁判をすることができる。ただし、先の開始決定に係る強制競売又は競売の手続が取り消されたとすれば、第六十二条第一項第二号に掲げる事項について変更が生ずるときは、この限りでない。

⑦ 前項の申立てを却下する決定に対しては、執行抗告をすることができる。

（差押えの登記の嘱託等）

第四八条① 強制競売の開始決定がされたときは、裁判所書記官は、直ちに、その開始決定に係る差押えの登記を嘱託しなければならない。

② 登記官は、前項の規定による嘱託に基づいて差押えの登記をしたときは、その登記事項証明書を執行裁判所に送付しなければならない。

（開始決定及び配当要求の終期の公告等）

第四九条① 強制競売の開始決定に係る差押えの効力が生じた場合（その開始決定前に強制競売又は競売の開始決定がある場合を除く。）においては、裁判所書記官は、物件明細書の作成までの手続に要する期間を考慮して、配当要求の終期を定めなければならない。

② 裁判所書記官は、配当要求の終期を定めたときは、開始決定がされた旨及び配当要求の終期を公告し、かつ、次に掲げるものに対し、債権（利息その他の附帯の債権を含む。）の存否並びにその原因及び額を配当要求の終期までに執行裁判所に届け出るべき旨を催告しなければならない。

一 第八十七条第一項第三号に掲げる債権者

二 第八十七条第一項第四号に掲げる債権者（抵当証券の所持人にあつては、知れている所持人に限る。）

三 租税その他の公課を所管する官庁又は公署

③ 裁判所書記官は、特に必要があると認めるときは、配当要求の終期を延期することができる。

④ 裁判所書記官は、前項の規定により配当要求の終期を延期したときは、延期後の終期を公告しなければならない。

⑤ 第一項又は第三項の規定による裁判所書記官の処分に対しては、執行裁判所に異議を申し立てることができる。

⑥ 第十条第六項前段及び第九項の規定は、前項の規定による異議の申立てがあつた場合について準用する。

交付要求との関係→八七条④

（催告を受けた者の債権の届出義務）

第五〇条① 前条第二項の規定による催告を受けた同項第一号又は第二号に掲げる者は、配当要求の終期までに、その催告に係る事項について届出をしなければならない。

② 前項の届出をした者は、その届出に係る債権の元本の額に変更があつたときは、その旨の届出をしなければならない。

③ 前二項の規定により届出をすべき者は、故意又は過失により、その届出をしなかつたとき、又は不実の届出をしたときは、これによつて生じた損害を賠償する責めに任ずる。

抵当権者の債権届出と時効の完成猶予［時効の中断］

① 不動産強制競売において催告を受けた抵当権者がする債権の届出は、執行裁判所に対して不動産の権利関係又は売却の可否に関する資料を提供することを目的とするものであつて、届出に係る債権の確定を求めるものではなく、登記を経た抵当権者は債権の届出をしなくとも配当等を受けるべき債権者として処遇されるのであり、また債権の届出があつた旨の通知を債務者に対してすることも予定されていないことに照らせば、かかる届出は、その届出に係る債権に関する「裁判上の請求」又は「破産手続参加」に該当せず、また、これらに準ずる時効中断［時効の完成猶予］の事由にも該当しない。（最判平元・10・13民集四三・九・九八五、執保百選初版二八）→民一四七条

（配当要求）

第五一条① 第二十五条の規定により強制執行を実施することができる債務名義の正本（以下「執行力のある債務名義の正本」という。）を有する債権者、強制競売の開始決定に係る差押えの登記後に登記された仮差押債権者及び第百八十一条第一項各号に掲げる文書により一般の先取特権を有することを証明した債権者は、配当要求をすることができる。

② 配当要求を却下する裁判に対しては、執行抗告をすることができる。

配当要求における時効の完成猶予［時効中断］の効力→民一四八条③

① 不動産競売手続において有名義債権者がする配当要求は、差押え（民法一四七条二号［平成二九法四四による改正前のもの。改正後は一四八条一項一号の強制執行による時効の完成猶予］）に準ずるものとして、配当要求に係る債権につき消滅時効を中断する効力を生ずる。右の配当要求がされた後に競売手続の申立債権者が追加の手続費用を納付しなかったことを理由に競売手続が取り消された場合において、右の取消決定がされるまで適法な配当要求が維持されていたときは、右の配当要求による時効中断の効力は、取消決定が確定する時まで継続する。（最判平11・4・27民集五三・四・八四〇、重判平11民三）→民一四七条・一四八条

（配当要求の終期の変更）

第五二条 配当要求の終期から、三月以内に売却許可決定がされないとき、又は三月以内にされた売却許可決定が取り消され、若しくは効力を失つたときは、配当要求の終期は、その終期から三月を経過した日に変更されたものとみなす。ただし、配当要求の終期から三月以内にされた売却許可決定が効力を失つた場合において、第六十七条の規定による次順位買受けの申出について売却許可決定がされたとき（その決定が取り消され、又は効力を失つたときを除く。）は、この限りでない。

（不動産の滅失等による強制競売の手続の取消し）

第五三条 不動産の滅失その他売却による不動産の移転を妨げる事情が明らかとなつたときは、執行裁判所は、強制競売の手続を取り消さなければならない。

売却許可決定の職権による取消し

① 売却条件とは異なつて引受けとなる権利が判明した場合のように、売却許可決定の確定後に、その効力をそのまま認めれば買受人に不測の不利益を与えかねない事情が判明した場合には、その確定後の手続が未了である限り、執行裁判所としては、本条を準用して、職権により売却許可決定を取り消し得る。（高知地決昭57・10・28判時一〇七二・一三八）

（差押えの登記の抹消の嘱託）

第五四条① 強制競売の申立てが取り下げられたとき、又は強制競売の手続を取り消す決定が効力を生じたときは、裁判所書記官は、その開始決定に係る差押えの登記の抹消を嘱託しなければならない。

② 前項の規定による嘱託に要する登録免許税その他の費用は、その取下げ又は取消決定に係る差押債権者の負担とする。

（売却のための保全処分等）

第五五条① 執行裁判所は、債務者又は不動産の占有者が価格減少行為（不動産の価格を減少させ、又は減少させるおそれがある行為をいう。以下この項において同じ。）をするときは、差押債権者（配当要求の終期後に強制競売又は競売の申立てをした差押債権者を除く。）の申立てにより、買受人が代金を納付するまでの間、次に掲げる保全処分又は公示保全処分（執行官に、当該保全処分の内容を、不動産の所在する場所に公示書その他の標識を掲示する方法により公示させることを内容とする保全処分をいう。以下同じ。）を命ずることができる。ただし、当該価格減少行為による不動産の価格の減少又はそのおそれの程度が軽微であるときは、この限りでない。

一 当該価格減少行為をする者に対し、当該価格減少行為を禁止し、又は一定の行為をすることを命ずる保全処分（執行裁

判所が必要があると認めるときは、公示保全処分を含む。）

二　次に掲げる事項を内容とする保全処分（執行裁判所が必要があると認めるときは、公示保全処分を含む。）

イ　当該価格減少行為をする者に対し、不動産に対する占有を解いて執行官に引き渡すことを命ずること。

ロ　執行官に不動産の保管をさせること。

三　次に掲げる事項を内容とする保全処分及び公示保全処分

イ　前号イ及びロに掲げる事項

ロ　前号イに規定する者に対し、不動産の占有の移転を禁止することを命じ、及び当該不動産の使用を許すこと。

② 前項第二号又は第三号に掲げる保全処分は、次に掲げる場合のいずれかに該当するときでなければ、命ずることができない。

一　前項の債務者が不動産を占有する場合

二　前項の不動産の占有者の占有の権原が差押債権者、仮差押債権者又は第五十九条第一項の規定により消滅する権利を有する者に対抗することができない場合

③ 執行裁判所は、債務者以外の占有者に対し第一項の規定による決定をする場合において、必要があると認めるときは、その者を審尋しなければならない。

④ 執行裁判所が第一項の規定による決定をするときは、申立人に担保を立てさせることができる。ただし、同項第二号に掲げる保全処分については、申立人に担保を立てさせなければ、同項の規定による決定をしてはならない。

⑤ 事情の変更があつたときは、執行裁判所は、申立てにより、第一項の規定による決定を取り消し、又は変更することができる。

⑥ 第一項又は前項の申立てについての裁判に対しては、執行抗告をすることができる。

⑦ 第五項の規定による決定は、確定しなければその効力を生じない。

⑧ 第一項第二号又は第三号に掲げる保全処分又は公示保全処分を命ずる決定は、申立人に告知された日から二週間を経過したときは、執行してはならない。

⑨ 前項に規定する決定は、相手方に送達される前であつても、執行することができる。

⑩ 第一項の申立て又は同項（第一号を除く。）の規定による決定の執行に要した費用（不動産の保管のために要した費用を含む。）は、その不動産に対する強制競売の手続においては、共益費用とする。

一　価格減少行為

[1] **1　第三者への賃貸**
新築分譲用マンションが売却以前に賃貸等により使用された場合には、使用されていない場合に比して、売却価格が相当程度低下すると推認するのが相当である。（東京高決平20・7・30判タ一二八八・二九五）

[2] **2　暴力団関係者への移転**
競売建物の占有が暴力団関係者に移転されると、買受人の出現が極めて困難になるから、建物所有者が暴力団関係者の可能性の高い第三者に建物の占有を移転しようとしている行為は、価格減少行為に当たる。（東京地決平4・7・3判時一四二四・八六、執保百選[初版]二九）

[3] **3　占有を伴わない賃借権仮登記**
占有の実体を伴わない賃借権設定請求権仮登記は、競売価格の形成を著しく阻害させるものではない。（名古屋高決平13・8・21金判一一三七・四八……保全処分として仮登記の抹消を求めることは不可）

二　保全処分の範囲―競売土地上の建物からの建物所有者の退去

[4]（競売にかけられている土地上に建物が建てられている事案において）建物の所有者に建物からの退去を命ずることは、保全の効果がほとんどない一方、建物所有者の生活に重大な影響を及ぼすので、保全の手段としての相当性を欠き、許されない。（東京高決平7・2・15判時一五二七・一〇二）

第五五条の二（相手方を特定しないで発する売却のための保全処分等）① 前条第一項第二号又は第三号に掲げる保全処分又は公示保全処分を命ずる決定については、当該決定の執行前に相手方を特定することを困難とする特別の事情があるときは、執行裁判所は、相手方を特定しないで、これを発することができる。

② 前項の規定による決定の執行は、不動産の占有を解く際にその占有者を特定することができない場合は、することができない。

③ 第一項の規定による決定の執行がされたときは、当該執行によつて不動産の占有を解かれた者が、当該決定の相手方となる。

④ 第一項の規定による決定は、前条第八項の期間内にその執行がされなかつたときは、相手方に対して送達することを要しない。この場合において、第十五条第二項において準用する民事訴訟法第七十九条第一項の規定による担保の取消しの決定で前条第四項の規定により立てさせた担保に係るものは、執行裁判所が相当と認める方法で申立人に告知することによつて、その効力を生ずる。

第五六条（地代等の代払の許可）① 建物に対し強制競売の開始決定がされた場合において、その建物の所有を目的とする地上権又は賃借権について債務者が地代又は借賃を支払わないときは、執行裁判所は、申立てにより、差押債権者（配当要求の終期後に強制競売又は競売の申立てをした差押債権者を除く。）がその不払の地代又は借賃を債務者に代わつて弁済することを許可することができる。

② 第五十五条第十項の規定は、前項の申立てに要した費用及び同項の許可を得て支払つた地代又は借賃について準用する。

第五七条（現況調査）① 執行裁判所は、執行官に対し、不動産の形状、占有関係その他の現況について調査を命じなければならない。

② 執行官は、前項の調査をするに際し、不動産に立ち入り、又は債務者若しくはその不動産を占有する第三者に対し、質問をし、若しくは文書の提示を求めることができる。

③ 執行官は、前項の規定により不動産に立ち入る場合において、必要があるときは、閉鎖した戸を開くため必要な処分をすることができる。

④ 執行官は、第一項の調査のため必要がある場合には、市町村（特別区の存する区域にあつては、都）に対し、不動産（不動産が土地である場合にはその上にある建物を、不動産が建物である場合にはその敷地を含む。）に対して課される固定資産税に関して保有する図面その他の資料の写しの交付を請求することができる。

⑤ 執行官は、前項に規定する場合には、電気、ガス又は水道水の供給その他これらに類する継続的給付を行う公益事業を営む法人に対し、必要な事項の報告を求めることができる。

一　調査の程度

1　注意義務の内容

[1] 執行官は、不動産の現況をできる限り正確に調査すべき注意義務を負う。執行官が通常行うべき調査方法を採らず、あるいは調査結果の十分な評価、検討を怠るなど、その調査及び判断の過程が合理性を欠き、その結果、現況調査報告書の記載内容と目的不動産の実際の状況との間に看過し難い相違が生じた場合には、執行官は右注意義務に違反したものと認められ、国は国家賠償責任を負う。（最判平9・7・15民集五一・六・二六四五、執保百選[三版]二八）

2　具体例

[2] **イ　敷地利用権の確認**
競売の目的物件が建物である場合には、敷地利用権の有無

が極めて重要な意義を有するから、建物所有者と敷地所有者の双方から事情を聴くべきであり、合理的根拠がない限り、敷地所有者からの事情聴取を省略することは、執行官の合理的裁量の範囲を逸脱し、国家賠償法上も違法と評価すべきである。（仙台高判平4・1・28判時一四二四・五八）

ロ　実際に支払われている賃料額

③ 収益物件の一部の住戸について、賃貸借契約書記載の額より少ない賃料額の回答があり、契約書記載の額から「補助金」として一定額を差し引いた額を賃料として支払う旨の覚書や、特優賃の制度が適用されないことを示す資料を得ていたような場合には、執行官は、その調査結果の十分な評価、検討をし、実際の支払賃料額について更に調査すべき義務がある。（大阪高判平29・1・27判時二三四八・二四……国賠請求を認容）→民訴二四八条⑪

八　自殺物件

④ 通常の調査の過程で、所有者が自殺したことをうかがわせる具体的な情報や風評に接したのではない場合には、執行官において、それ以上に、自殺物件であるか否かについて管理人あるいは近隣住民から事情を聴取すべき義務はない。（福岡地判平17・9・13判時一九五三・一五〇……国賠請求を棄却）

二　建物内部への立入調査→七一条⑤

二　現況調査報告書に対する執行抗告の可否→七四条⑦

（評価）

第五八条① 執行裁判所は、評価人を選任し、不動産の評価を命じなければならない。

② 評価人は、近傍同種の不動産の取引価格、不動産から生ずべき収益、不動産の原価その他の不動産の価格形成上の事情を適切に勘案して、遅滞なく、評価をしなければならない。この場合において、評価人は、強制競売の手続において不動産の売却を実施するための評価であることを考慮しなければならない。

③ 評価人は、第六条第二項の規定により執行官に対し援助を求めるには、執行裁判所の許可を受けなければならない。

④ 第十八条第二項並びに前条第二項、第四項及び第五項の規定は、評価人が評価をする場合について準用する。

一　評価人の測量義務

① 評価人は土地測量の専門家ではないから、特別の事情なき限り対象物件について厳密な測量をするまでの義務はなく、評価の前提として一応の概測をすることで足りる。（福岡高宮崎支判平元・3・27金法一二二七・三三……登記簿上の地積よりも実際の面積が少なかったとしてなされた国家賠償請求を棄却。国土調査実施に過誤のあった町の責任は肯定）

二　評価人の建物内部への立入調査義務→七一条⑤

三　先取特権の評価

② 不動産工事の先取特権に基づく配当を受けるには、民法三三八条二項の評価を要し、それは、本条による手続においてなされるが、たとえ工事による増加額が本条による評価又は最低売却価額〔売却基準価額〕の決定に反映されなくとも、優先弁済を受けるべき実体的権利に影響を与えない。（最判平14・1・22判時一七七六・五四）

四　評価人の行為に対する国家賠償請求→七四条⑧

1　否定例

③ 評価人は、裁判所から独立して、専門家として自己の意見を述べるにすぎないから、執行裁判所等の補助機関ではなく、国家賠償法上の職員でもない。（高知地判昭61・6・23判時一二四八・一〇八）

2　肯定例

④ （評価書に建築制限を記載しなかった事案において）評価自体とは異なり、評価の前提となる建築制限等の規制の存否については、評価人は、執行裁判所の補助機関として調査すべき義務を負っており、国は、国家賠償法一条又は四条による責任を負う。（京都地判平14・7・26判タ一一二四・一六一……一部認容）

（売却に伴う権利の消滅等）

第五九条① 不動産の上に存する先取特権、使用及び収益をしない旨の定めのある質権並びに抵当権は、売却により消滅する。

② 前項の規定により消滅する権利を有する者、差押債権者又は仮差押債権者に対抗することができない不動産に係る権利の取得は、売却によりその効力を失う。

③ 不動産に係る差押え、仮差押えの執行及び第一項の規定により消滅する権利を有する者、差押債権者又は仮差押債権者に対抗することができない仮処分の執行は、売却によりその効力を失う。

④ 不動産の上に存する留置権並びに使用及び収益をしない旨の定めのない質権で第二項の規定の適用がないものについては、買受人は、これらによつて担保される債権を弁済する責めに任ずる。

⑤ 利害関係を有する者が次条第一項に規定する売却基準価額が定められる時までに第一項、第二項又は前項の規定と異なる合意をした旨の届出をしたときは、売却による不動産の上の権利の変動は、その合意に従う。

一　本条の適用又は類推適用の有無

1　民法三八九条による一括競売

① 土地に対する抵当権に基づき民法三八九条により一括競売された建物に関する物上負担の取扱いは、本条に従い、建物に設定された抵当権の有無等を基準として決すべきである。建物には抵当権がなく、建物占有者が執行妨害目的で占有しているとまで断定できない場合には、建物の賃借権は買受人の負担になる。（大阪地堺支決平18・3・31金法一七八六・一〇八）

2　形式的競売→一九五条⑥

3　公売

② 抵当権の目的不動産につき賃借権を有する者は、当該抵当権の設定登記に先立って対抗要件を具備しなければ、当該抵当権を消滅させる競売や公売により目的不動産を買い受けた者に対し、賃借権を対抗することができないのが原則である。（最判平23・1・21判時二一〇五・九、民百選Ⅰ〔八版〕四八）→民一六三条⑧

二　権利の具体例

1　通行地役権

③ 通行地役権の承役地が担保不動産競売により売却された場合において、最先順位の抵当権の設定時に、既に設定されている通行地役権に係る承役地を要役地の所有者が継続的に通路として使用していることがその位置、形状、構造等の物理的状況から客観的に明らかであり、かつ、当該抵当権の抵当権者がそれを認識し又は認識できたときは、特段の事情がない限り、登記がなくとも、通行地役権は承役地の売却によっては消滅しない。（最判平25・2・26民集六七・二・二九七、重判平25民訴六……担保不動産競売による売却時の物理的状況を問題とした原判決を破棄）

2　留置権

④ 競売不動産についての留置権者は、直接競落人に対して留置権を行使することができる。〔旧法事件〕（大判昭13・4・19民集一七・七五八）

3　消滅した仮登記権者による不当利得返還請求

⑤ 不動産が競売手続において競落され、所有権に関する仮登記が、先に登記された抵当権に対抗することができないために抹消された場合において、右仮登記の権利者は、所有権を取得していたときであっても、右仮登記の後に登記を経由した抵当権者に対して、不当利得を理由として、その者が競売手続において交付を受けた代価の返還を請求することはできない。〔旧法事件〕（最判昭63・12・1民集四二・一〇・七一九、執保百選〔初版〕三二）

4 仮登記担保権者の本登記請求

イ 差押えに後れる担保仮登記

⑥ 土地等について担保仮登記がされた時において既に強制競売等の開始の登記がされている場合には、仮登記担保権者が本登記を経由したとしても、土地等の競落人は仮登記担保権者の所有権の取得を（本条により）否定することができるから、仮登記担保法一五条一項の適用はない。（最判平3・4・19民集四五・四・四五六、執保百選［初版］一〇三……滞納処分の事例）

ロ 担保仮登記に後れる二重差押え

⑦ 〈前出⑥の場合でも〉担保仮登記に後れる二重差押えがある場合には、将来先行する差押えが解除された場合に右二重差押えに基づく手続を続行することができなくなるから、先行する差押えが解除されていない場合であっても仮登記担保法一五条一項が適用される。（最判平3・4・19前出⑥……この場合でも、同法二条の手続をとれば、仮登記担保権者は、債務者との関係では、土地等の所有権を取得し、引渡しを請求できる、と判示）

5 電話加入権に対する質権↓一六七条⑥

（売却基準価額の決定等）

第六〇条① 執行裁判所は、評価人の評価に基づいて、不動産の売却の額の基準となるべき価額（以下「売却基準価額」という。）を定めなければならない。

② 執行裁判所は、必要があると認めるときは、売却基準価額を変更することができる。

③ 買受けの申出の額は、売却基準価額からその十分の二に相当する額を控除した価額（以下「買受可能価額」という。）以上でなければならない。

一 市場価額からの減価

⑦ 不動産競売手続では、通常の取引に比べて買受人を募ることが困難な事情が多々あるから、最低売却価額［売却基準価額］の決定に当たり依拠した評価額が市場価額に比して相当程度低額であったとしても、競売市場における評価額として不合理であるとはいえない。（東京高決平9・7・11判時一六二七・一〇六……市場価額からの減価率を四〇パーセントとして決定された最低売却価額について、決定に重大な誤りはないとした）

二 売却基準価額の減額修正

② 〈数度の補充評価の結果、当初の評価額の五五パーセント減の評価額を基準に最低売却価額［売却基準価額］が決められた事件で〉不動産市場価格の著しい下落傾向、減額前の最低売却価額による期間入札において適法な入札がなかったこと等によると、かかる措置は相当である。（平成一六法一五二による改正前の事件）（東京高決平5・3・3判時一四五二・四四）

三 一括売却後の変更

③ 一括売却（及び代金納付）後に売却代金割付けの基準の変更を目的として、最低売却価額［売却基準価額］の変更決定をすることは、利害関係人の信頼を裏切るものであり、民執法八六条二項前段を空文化することになるから許されない。（平成一六法一五二による改正前の事件）（名古屋高判平7・5・30判時一五四四・六六……配当表作成に当たり、右変更決定の効力はない、と判示）

四 評価人の義務↓五八条⑦・七一条⑤

（一括売却）

第六一条 執行裁判所は、相互の利用上不動産を他の不動産（差押債権者又は債務者を異にするものを含む。）と一括して同一の買受人に買い受けさせることが相当であると認めるときは、これらの不動産を一括して売却することを定めることができる。ただし、一個の申立てにより強制競売の開始決定がされた数個の不動産のうち、あるものの買受可能価額で各債権者の債権及び執行費用の全部を弁済することができる見込みがある場合には、債務者の同意があるときに限る。

一 一括売却の制度目的

⑦ 一括売却の制度が設けられているのは、土地と地上建物等のように利用上相互に関連する不動産については、その方が高額、迅速な売却が見込まれる場合があり、債権者、債務者双方の利益に合致するし、敷地利用権のない建物等を出現させないという効用もあるからである。（東京地判平5・2・9判時一四六二・一三二）

二 債務者の同意

② 本条ただし書が債務者の同意を要求するのは、かかる場合には債務者の財産に対する過重な侵害となり、債務者の利益を害するおそれが生ずるためであるから、売却から除外される不動産（建物）が、（法定地上権が認められないため）競売後に経済的価値を有しなくなるような場合には、右同意は不要である。（東京地判平5・2・9前出⑦……一括売却を行わなかった執行裁判所の過失を認め国家賠償を認容。しかし、控訴審（東京高判平5・9・30判時一四七七・五八）は、法定地上権の成否はいずれとも解し得たため執行裁判所の過失なし、として原判決を取消し・請求棄却）

（物件明細書）

第六二条① 裁判所書記官は、次に掲げる事項を記載した物件明細書を作成しなければならない。

一 不動産の表示

二 不動産に係る権利の取得及び仮処分の執行で売却によりその効力を失わないもの

三 売却により設定されたものとみなされる地上権の概要

② 裁判所書記官は、前項の物件明細書の写しを執行裁判所に備え置いて一般の閲覧に供し、又は不特定多数の者が当該物件明細書の内容の提供を受けることができるものとして最高裁判所規則で定める措置を講じなければならない。

③ 前二項の規定による裁判所書記官の処分に対しては、執行裁判所に異議を申し立てることができる。

④ 第十条第六項前段及び第九項の規定は、前項の規定による異議の申立てがあった場合について準用する。

一 記載すべき事項

1 敷地の借地権の帰趨［きすう］

⑦ 〈借地上の建物の競売事件において〉評価書、現況調査報告書において借地権の内容及び賃料支払状況を記載するにとどめたことは相当であり、本件土地の賃貸借契約の帰趨の判断を示すことは適当ではなく、右判断は買受申出人に委ねられている。（東京高決昭59・10・16判タ五四五・一二九、執保百選［初版］三五……賃料不払いを理由に土地賃貸人が契約を解除の上、建物収去土地明渡請求訴訟を提起中。建物売却許可決定に対する買受人の執行抗告を棄却）↓七五条②

2 暴力団関係者の存在

② 物件明細書に任意的記載事項欄が設けられている場合、重要な事実の記載をしないと、買受人が特記事項なしと判断する可能性があるから、執行裁判所が把握している重要な事項は記載する必要がある。競売対象建物の関係者の中に暴力団関係者がいるとの情報は、追記すべきである。（東京高決平17・8・23判時一九一〇・一〇三……民執法七一条六号、七号［現七号、八号］により売却許可決定取消し）

二 記載の効力

③ 借家法により第三者に対抗し得る賃借権は、競売公告（［旧］民訴法［旧］六五八条）に記載がなくても、それにより右対抗の権利が消滅するものではない。（旧法事件）（最判昭28・3・17民集七・三・二四八）

三 物件明細書の作成の誤り↓七一条③④

（剰余を生ずる見込みのない場合等の措置）

第六三条① 執行裁判所は、次の各号のいずれかに該当すると認めるときは、その旨を差押債権者（最初の強制競売の開始決定に係る差押債権者をいう。ただし、第四十七条第六項の規定により手続を続行する旨の裁判があつたときは、その裁判を受けた差押債権者をいう。以下この条において同じ。）に通知しなければならない。

一 差押債権者の債権に優先する債権（以下この条において「優先債権」という。）がない場合において、不動産の買受可能価額が執行費用のうち共益費用であるもの（以下「手続費用」という。）の見込額を超えないとき。

二 優先債権がある場合において、不動産の買受可能価額が手続費用及び優先債権の見込額の合計額に満たないとき。

② 差押債権者が、前項の規定による通知を受けた日から一週間以内に、優先債権がない場合にあつては手続費用の見込額を超える額、優先債権がある場合にあつては手続費用及び優先債権の見込額の合計額以上の額（以下この項において「申出額」という。）を定めて、次の各号に掲げる区分に応じ、それぞれ当該各号に定める申出及び保証の提供をしないときは、執行裁判所は、差押債権者の申立てに係る強制競売の手続を取り消さなければならない。ただし、差押債権者が、その期間内に、前項各号のいずれにも該当しないことを証明したとき、又は同項第二号に該当する場合であつて不動産の買受可能価額が手続費用の見込額を超える場合において、不動産の売却について優先債権を有する者（買受可能価額で自己の優先債権の全部の弁済を受けることができる見込みがある者を除く。）の同意を得たことを証明したときは、この限りでない。

一 差押債権者が不動産の買受人になることができる場合　申出額に達する買受けの申出がないときは、自ら申出額で不動産を買い受ける旨の申出及び申出額に相当する保証の提供

二 差押債権者が不動産の買受人になることができない場合　買受けの申出の額が申出額に達しないときは、申出額と買受けの申出の額との差額を負担する旨の申出及び申出額と買受可能価額との差額に相当する保証の提供

③ 前項第二号の申出及び保証の提供があつた場合において、買受可能価額以上の額の買受けの申出がないときは、執行裁判所は、差押債権者の申立てに係る強制競売の手続を取り消さなければならない。

④ 第二項の保証の提供は、執行裁判所に対し、最高裁判所規則で定める方法により行わなければならない。

一 優先債権

1 種類―仮登記の抵当権

[1] 仮登記のある抵当権者は、民執法九一条一項五号により優先配当の留保がなされるから、その被担保債権も本条一項の優先債権である。（大阪高決昭57・5・10判タ四七五・七二）

2 範囲

イ 執行債権と同一の仮登記担保の被担保債権

[2] 本条は申立人にとって無益な強制競売を許さない趣旨の規定であるから、執行債権と同一の債権は、仮にそれに優先弁済権が付着していたとしても、本条にいう「差押債権者の債権に優先する債権」には含まれない。〔平成一六法一五二による改正前の事件〕（東京高決平9・8・20高民五〇・二・三〇九

……執行債権と同一の債権を被担保債権とする仮登記担保権を有する者にも、担保権を実行することなく強制競売を求める実益は存する）

ロ 別途競売手続が進行中の優先債権

[3] 不動産強制競売手続上優先債権を弁済して剰余を生ずる見込みのない場合において、当該優先債権について別途に他の物件に対して公売手続が進行中であっても、同手続による弁済充当金額が不明である以上、当該債権全額を優先債権として取り扱わざるを得ない。（東京高決昭58・1・25判タ四九一・六八）

ハ 共同抵当権

[4] （二つの物件の根抵当権者の行った競売申立事件。両物件に先順位の共同抵当権者がおり、いずれか一方のみでは無剰余だが、双方あわせると剰余を生ずる見込みがある事案で）その優先債権が別の手続で配当等により減額されるかどうかが不確定である以上、優先債権額認定時に現存する債権額により剰余の有無を判断すべきである。（東京高決昭61・6・4判時一二一五・五三、執保百選[初版]三六）

二 競売手続の取消しの可否

1 肯定例

イ 転抵当権が設定されている場合

[5] （原抵当権者甲が、転抵当権者乙の承諾の下に競売を申し立て、甲への配当の見込みがなくとも乙への配当の見込みがあれば甲の乙への債務は減少し甲への配当と同一であるとして、原審による無剰余取消しを違法と主張した事案において）差押債権者（甲）への配当の見込みはなく優先債権者（乙）から二重開始の申立てもされていない以上、甲への配当がされる場合と同一とはいえず無剰余となる。乙の承諾も、無剰余取消しの回避の趣旨まで含むとは解されず、また、二重開始の申立てと同一の効果を生じさせるものでもない。〔平成一六法一五二による改正前の事件〕（東京高決平8・11・21判タ九六二・二五二）

ロ 民法九三二条に基づく競売→一九五条[5]

2 否定例

イ 二重競売で先行事件では無剰余だが後行事件では無剰余とならない場合

[6] 本条は、差押債権者に対する配当のない無益な執行を排除するとともに、優先債権者が意に反する時期に担保不動産を売却されるという不当な結果を回避する趣旨である。優先債権者の申立てによる競売開始決定もされているときは、先行事件を取り消しても、当該不動産は、結局は売却されるのであり、優先債権者も先行事件の配当手続で早期の配当を受け取ることができ、全体としてみれば、無益な手続を進めることにならないから、本条により取り消すことはできない。（名古屋高決平16・12・7判時一八九二・三七、執保百選[三版]三二）

ロ 一括売却が相当な場合

[7] 土地とその地上建物という利用上の牽連性のある複数の不動産が共同の担保の目的とされ、共同担保権実行の申立てがされた場合において、土地又は地上建物を個別売却すると無剰余になるとしても、土地及び地上建物を一括売却すれば剰余を生ずるときは、一括売却を実施するのが相当であり、建物のみを個別売却すれば無剰余になるとして、建物に対する競売手続を取り消すべきではない。（東京高決平9・3・14判時一六〇四・七二）

ハ 区分所有法五九条に基づく競売→一九五条[6]

三 無剰余取消しの効果

[8] 不動産競売手続が、無剰余を理由として取り消されたときは、民法一五四条〔平成二九法四四による改正前のもの〕の適用はない（差押えによる時効中断〔時効の完成猶予〕の効力は消滅しない）。（水戸地判平7・7・10金法一四四七・五五

……改正後の民法一四八条一項柱書括弧書及び二項ただし書を参照）

四 本条違反の競売手続の取扱い

[9] 本条違反によって権利を害されるのは優先債権者であるから、優先債権者からの不服申立てがないのに本条違反を理由に売却許可決定を取り消すことはできない。（広島高決昭57・10・22高民三五・三・二二一）

[10] 強制競売手続上本条違反があっても、優先債権者たる抵当権者の申立てにより後行の競売開始決定が既になされており、後行手続によっても売却条件に変わりがないと認められる場合には、既に最高価買受申出人が決定した以上、債務者

の申立てによって手続を取り消すべきではない。（東京高決昭60・6・13判時一一六一・一三二）

第六四条（**売却の方法及び公告**）① 不動産の売却は、裁判所書記官の定める売却の方法により行う。

② 不動産の売却の方法は、入札又は競り売りのほか、最高裁判所規則で定める。

③ 裁判所書記官は、入札又は競り売りの方法により売却をするときは、売却の日時及び場所を定め、執行官に売却を実施させなければならない。

④ 前項の場合においては、第二十条において準用する民事訴訟法第九十三条第一項の規定にかかわらず、売却決定期日は、裁判所書記官が、売却を実施させる旨の処分と同時に指定する。

⑤ 第三項の場合においては、裁判所書記官は、売却すべき不動産の表示、売却基準価額並びに売却の日時及び場所を公告しなければならない。

⑥ 第一項、第三項又は第四項の規定による裁判所書記官の処分に対しては、執行裁判所に異議を申し立てることができる。

⑦ 第十条第六項前段及び第九項の規定は、前項の規定による異議の申立てがあつた場合について準用する。

一 入札書の記載の不備

[1] 入札書の入札価額欄の記載内容からみて入札価額が一義的に明確でない場合には、その入札は無効である。（最決平15・11・11民集五七・一〇・一五二四、重判平15民訴五……入札価額欄の千万から十までの各位には数字の記載があるが一の位が空白であった）

[2] 〈期間入札で用いられる封筒に、民執規則四七条の要求する開札期日は正確に記載されていたところ〉本件封筒に記載された事件番号が誤っていたとしても、入札が無効とはいえない。（最決平22・8・25民集六四・五・一四八二、重判平22民訴七）

二 売却手続の誤り↓七一条[7]～[10]・↓六九条[1]・七四条[4]

三 公告の誤りに対する国家賠償請求

[3] 〈裁判所書記官が新聞広告に、土地の面積を誤って記載させた事案において〉本件新聞広告の誤りは、執行裁判所自ら是正すべきものであるから、これによって損害を被った者は、民執法上の救済を求めなかった場合であっても、国家賠償請求が認められる特別の事情がある。（金沢地判平15・7・31金判一一八二・五二）↓国賠一条[109]

四 競売入札妨害罪の成否↓刑九六条の四[3][4]

第六四条の二（**内覧**）① 執行裁判所は、差押債権者（配当要求の終期後に強制競売又は競売の申立てをした差押債権者を除く。）の申立てがあるときは、執行官に対し、内覧（不動産の買受けを希望する者をこれに立ち入らせて見学させることをいう。以下この条において同じ。）の実施を命じなければならない。ただし、当該不動産の占有者の占有の権原が差押債権者、仮差押債権者及び第五十九条第一項の規定により消滅する権利を有する者に対抗することができる場合で当該占有者が同意しないときは、この限りでない。

② 前項の申立ては、最高裁判所規則で定めるところにより、売却を実施させる旨の裁判所書記官の処分の時までにしなければならない。

③ 第一項の命令を受けた執行官は、売却の実施の時までに、最高裁判所規則で定めるところにより内覧への参加の申出をした者（不動産を買い受ける資格又は能力を有しない者その他最高裁判所規則で定める事由がある者を除く。第五項及び第六項において「内覧参加者」という。）のために、内覧を実施しなければならない。

④ 執行裁判所は、内覧の円滑な実施が困難であることが明らかであるときは、第一項の命令を取り消すことができる。

⑤ 執行官は、内覧の実施に際し、自ら不動産に立ち入り、かつ、内覧参加者を不動産に立ち入らせることができる。

⑥ 執行官は、内覧参加者であつて内覧の円滑な実施を妨げる行為をするものに対し、不動産に立ち入ることを制限し、又は不動産から退去させることができる。

第六五条（**売却の場所の秩序維持**） 執行官は、次に掲げる者に対し、売却の場所に入ることを制限し、若しくはその場所から退場させ、又は買受けの申出をさせないことができる。

一 他の者の買受けの申出を妨げ、若しくは不当に価額を引き下げる目的をもつて連合する等売却の適正な実施を妨げる行為をし、又はその行為をさせた者

二 他の民事執行の手続の売却不許可決定において前号に該当する者と認定され、その売却不許可決定の確定の日から二年を経過しない者

三 民事執行の手続における売却に関し刑法（明治四十年法律第四十五号）第九十五条から第九十六条の五まで、第百九十七条から第百九十七条の四まで若しくは第百九十八条、組織的な犯罪の処罰及び犯罪収益の規制等に関する法律（平成十一年法律第百三十六号）第三条第一項第一号から第四号まで若しくは第二項（同条第一項第一号から第四号までに係る部分に限る。）又は公職にある者等のあつせん行為による利得等の処罰に関する法律（平成十二年法律第百三十号）第一条第一項、第二条第一項若しくは第四条の規定により刑に処せられ、その裁判の確定の日から二年を経過しない者

第六五条の二（**暴力団員等に該当しないこと等の陳述**） 不動産の買受けの申出は、次の各号のいずれにも該当しない旨を買受けの申出をしようとする者（その者に法定代理人がある場合にあつては当該法定代理人、その者が法人である場合にあつてはその代表者）が最高裁判所規則で定めるところにより陳述しなければ、することができない。

一 買受けの申出をしようとする者（その者が法人である場合にあつては、その役員）が暴力団員による不当な行為の防止等に関する法律（平成三年法律第七十七号）第二条第六号に規定する暴力団員（以下この号において「暴力団員」という。）又は暴力団員でなくなつた日から五年を経過しない者（以下この目において「暴力団員等」という。）であること。

二 自己の計算において当該買受けの申出をさせようとする者（その者が法人である場合にあつては、その役員）が暴力団員等であること。

第六六条（**買受けの申出の保証**） 不動産の買受けの申出をしようとする者は、最高裁判所規則で定めるところにより、執行裁判所が定める額及び方法による保証を提供しなければならない。

誤記の保証金提出袋に基づく入札

[1] 執行官が保証金は（最低売却価額［売却基準価額］の二割ではなく）入札価額の二割以上に限る旨誤って記載された保証金提出袋を買受希望者に対して配付し、それに基づいて保証の額の五倍を超える金額で入札することができないと誤信した買受けの申出があるときは、入札手続に重大な誤りがあり売却不許可となる。（札幌高決昭57・6・18判タ四七三・一四七）

第六七条（**次順位買受けの申出**） 最高価買受申出人に次いで高額の買受けの申出をした者は、その買受けの申出の額が、買受可能価額以上で、かつ、最高価買受申出人の申出の額から買受けの申出の保証の額を控除した額以上である場合に限り、売却の実施の終了までに、執行官に対し、最高価買受申出人に係る売却許可決定が第八十条第一項の規定により効力を失うときは、自己の買受けの申出について売却を許可すべき旨の申出（以下「次順位買受けの申出」という。）をすることができる。

第六八条（債務者の買受けの申出の禁止）

第六八条 債務者は、買受けの申出をすることができない。

[1] 一 **免責許可決定を受けた債務者の相続人の買受け申出**

担保不動産競売の債務者が免責許可の決定を受け、同競売の基礎となった担保権の被担保債権が右決定の効力を受ける場合、当該債務者の相続人に対して目的不動産の買受けよりも被担保債権の弁済を優先すべきであるとはいえないし、右相続人に買受けを認めたとしても同一の債権の債権者の申立てにより更に強制競売が行われることはなく、右相続人に買受けの申出を認める必要性に乏しいとはいえないこと、また、右相続人については、代金不納付により競売手続の進行を阻害するおそれが類型的に高いとも考えられないことから、右相続人は、民執法一八八条において準用する本条にいう「債務者」に当たらない。（最決令3・6・21民集七五・七・三一一、重判令3民訴七）

[2] 二 **連帯保証人の買受けの申出**

本条は、弁済をしない債務者に買受けの申出を認める必要性はないとの政策的配慮に基づくものであって、類推解釈は相当でない上、また代位弁済のできる者は債務者と同視し得る立場にないから、連帯保証人は、買受けの申出をすることができる。（東京高決昭59・6・13下民三五・五～八・三四六）

第六八条の二（買受けの申出をした差押債権者のための保全処分等）

第六八条の二① 執行裁判所は、裁判所書記官が入札又は競り売りの方法により売却を実施させても買受けの申出がなかつた場合において、債務者又は不動産の占有者が不動産の売却を困難にする行為をし、又はその行為をするおそれがあるときは、差押債権者（配当要求の終期後に強制競売又は競売の申立てをした差押債権者を除く。次項において同じ。）の申立てにより、買受人が代金を納付するまでの間、担保を立てさせて、次に掲げる事項を内容とする保全処分（執行裁判所が必要があると認めるときは、公示保全処分を含む。）を命ずることができる。

一 債務者又は不動産の占有者に対し、不動産に対する占有を解いて執行官又は申立人に引き渡すことを命ずること。

二 執行官又は申立人に不動産の保管をさせること。

② 差押債権者は、前項の申立てをするには、買受可能価額以上の額（以下この項において「申出額」という。）を定めて、次の入札又は競り売りの方法による売却の実施において申出額に達する買受けの申出がないときは自ら申出額で不動産を買い受ける旨の申出をし、かつ、申出額に相当する保証の提供をしなければならない。

③ 事情の変更があつたときは、執行裁判所は、申立てにより又は職権で、第一項の規定による決定を取り消し、又は変更することができる。

④ 第五十五条第二項の規定は第一項に規定する保全処分について、同条第三項の規定は第一項の規定による決定について、同条第六項の規定は第一項の申立てについての裁判、前項の規定による裁判又は同項の申立てを却下する裁判について、同条第七項の規定は前項の規定による決定について、同条第八項及び第九項並びに第五十五条の二の規定は第一項に規定する保全処分を命ずる決定について、第五十五条第十項の規定は第一項の申立て又は同項の規定による決定の執行に要した費用について、第六十三条第四項の規定は第二項の保証の提供について準用する。

第六八条の三（売却の見込みのない場合の措置）

第六八条の三① 執行裁判所は、裁判所書記官が入札又は競り売りの方法による売却を三回実施させても買受けの申出がなかつた場合において、不動産の形状、用途、法令による利用の規制その他の事情を考慮して、更に売却を実施させても売却の見込みがないと認めるときは、強制競売の手続を停止することができる。この場合においては、差押債権者に対し、その旨を通知しなければならない。

② 差押債権者が、前項の規定による通知を受けた日から三月以内に、執行裁判所に対し、買受けの申出をしようとする者があることを理由として、売却を実施させるべき旨を申し出たときは、裁判所書記官は、第六十四条の定めるところにより売却を実施させなければならない。

③ 差押債権者が前項の期間内に同項の規定による売却実施の申出をしないときは、執行裁判所は、強制競売の手続を取り消すことができる。同項の規定により裁判所書記官が売却を実施させた場合において買受けの申出がなかつたときも、同様とする。

第六八条の四（調査の嘱託）

第六八条の四① 執行裁判所は、最高価買受申出人（その者が法人である場合にあつては、その役員。以下この項において同じ。）が暴力団員等に該当するか否かについて、必要な調査を執行裁判所の所在地を管轄する都道府県警察に嘱託しなければならない。ただし、最高価買受申出人が暴力団員等に該当しないと認めるべき事情があるものとして最高裁判所規則で定める場合は、この限りでない。

② 執行裁判所は、自己の計算において最高価買受申出人に買受けの申出をさせた者があると認める場合には、当該買受けの申出をさせた者（その者が法人である場合にあつては、その役員。以下この項において同じ。）が暴力団員等に該当するか否かについて、必要な調査を執行裁判所の所在地を管轄する都道府県警察に嘱託しなければならない。ただし、買受けの申出をさせた者が暴力団員等に該当しないと認めるべき事情があるものとして最高裁判所規則で定める場合は、この限りでない。

第六九条（売却決定期日）

第六九条 執行裁判所は、売却決定期日を開き、売却の許可又は不許可を言い渡さなければならない。

[1] **売却不許可決定後の措置**

執行官が、最高価買受申出をした入札人の入札を誤って無効と判断した場合には、執行裁判所は、誤って最高価買受申出人と定められた者に対する売却を不許可とした上で、当初の入札までの手続を前提に改めて開札期日及び売却決定期日を定め、これを受けて執行官が再び開札期日を開き、最高価買受申出人を定め直すべきである。（最決平22・8・25民集六四・五・一四八二、重判平22民訴七）→六四条[2]・七四条[4]

[2] 執行官が無効な入札をした者を最高価買受申出人と定めたとして売却不許可決定が確定した場合に、最高価買受申出人と定められるべきであった入札人が、なお不動産の買受けを希望し、買受けの申出の保証を再度提供する旨を明らかにしていたなどの事情の下では、当初の入札までの手続を前提に再度の開札期日を開くこととした執行裁判所の判断に違法はない。（最決平26・11・4判時二二五三・二三、重判平26民訴九）

第七〇条（売却の許可又は不許可に関する意見の陳述）

第七〇条 不動産の売却の許可又は不許可に関し利害関係を有する者は、次条各号に掲げる事由で自己の権利に影響のあるものについて、売却決定期日において意見を陳述することができる。

第七一条（売却不許可事由）

第七一条 執行裁判所は、次に掲げる事由があると認めるときは、売却不許可決定をしなければならない。

一 強制競売の手続の開始又は続行をすべきでないこと。

二 最高価買受申出人が不動産を買い受ける資格若しくは能力を有しないこと又はその代理人がその権限を有しないこと。

三 最高価買受申出人が不動産を買い受ける資格を有しない者の計算において買受けの申出をした者であること。

四 最高価買受申出人、その代理人又は自己の計算において最高価買受申出人に買受けの申出をさせた者が次のいずれかに該当すること。

イ　その強制競売の手続において第六十五条第一号に規定する行為をした者
ロ　その強制競売の手続において、代金の納付をしなかつた者又は自己の計算においてその者に買受けの申出をさせたことがある者
ハ　第六十五条第二号又は第三号に掲げる者
五　最高価買受申出人又は自己の計算において最高価買受申出人に買受けの申出をさせた者が次のいずれかに該当すること。
イ　暴力団員等（買受けの申出がされた時に暴力団員等であつた者を含む。）
ロ　法人でその役員のうちに暴力団員等に該当する者があるもの（買受けの申出がされた時にその役員のうちに暴力団員等に該当する者があつたものを含む。）
六　第七十五条第一項の規定による売却の不許可の申出があること。
七　売却基準価額若しくは一括売却の決定、物件明細書の作成又はこれらの手続に重大な誤りがあること。
八　売却の手続に重大な誤りがあること。

一　一号

1　担保権の不存在・消滅

[1] 抵当権の不存在又は消滅は、開始決定に対する執行異議の理由とすることができることに照らし、売却不許可事由としての「不動産競売の手続の開始又は続行をすべきでないこと」（民執法一八八条・本条一号）には当たらない。（最決平13・4・13民集五五・三・六七一、執保百選〔三版〕二四）

2　実体異議を無視した場合

[2] 根抵当権の不存在を理由とする執行異議及び競売手続停止の申立てがあったにもかかわらず、これに対する応答がされていない場合、右執行異議の申立権が有名無実に帰するのは不当であるから、そのまま売却許可決定をすることは許されず、右状態にあることは本条一号に該当する。（東京高決平元・10・5金法一二五五・三〇）

二　七号

[3] 競売物件の最低売却価額〔売却基準価額〕の決定に当たって、買受人に対抗することのできない賃借権を対抗できるものとしてその賃借権価格を控除した場合、右最低売却価額の決定には本条六号〔現七号〕の売却不許可事由がある。（名古屋高決昭57・11・11判時一〇六九・八七）

[4] 実測地積（三一八平方メートル）が登記簿上の地積（二三五平方メートル）と著しく相違するのに、登記簿上の地積をもとに算出した評価額を基礎として最低売却価額〔売却基準価額〕を定め、物件明細書を作成した場合には、たとえ入札申出額が実測地積を基礎として計算した物件の評価額を相当上回る金額であったとしても、重大な手続上の誤りであり本条六号〔現七号〕に該当する。（仙台高決昭63・7・26判時一二八八・九七）

[5] （競売物件マンションにつき五〇〇万円の出捐〔しゅつえん〕をして改装工事をした事実があるのに、評価人がマンションの内部に立ち入ることなく評価した評価額（八二〇万円）どおりに売却された事案において）評価人が適正な評価額を算出するためには、充実した調査・的確な資料の収集が肝要であって、不動産の個別性に鑑みれば、特別の事情がない限り、不動産の所在場所に臨み、その内部に立ち入って現況をつぶさに見分するとともに、必要があれば所有者、占有者らに対し質問をし、文書の提示を求めるなどの現地調査を行うことが、調査に当たっての不可欠な要請、職務上の義務である。この基本手続を著しく懈怠してなされた本件評価に基づく最低売却価額〔売却基準価額〕の決定は重大な誤りがあったというべきである。（福岡高決平元・2・14高民四二・一・二五、執保百選〔三版〕二九）

[6] 最低売却価額〔売却基準価額〕の決定後、売却許可決定までに生じた事由により、同価額が諸事情を考察した上で著しく不当になった場合には、最低売却価額の定めに重大な誤りがある。（仙台高決平10・8・25高民五一・二・九二……競売物件の土地の一部について道路公団が買収契約を締結する予定である等の事情により、競売物件の買受人に支払われる総額が最低売却価額の三倍近くとなった事案で、関係人の利益・不利益等を考察した上、売却許可決定を取り消した）

三　八号

[7] 保証金額四九四万六四〇〇円を読み違え四〇〇円不足する金額を保証の提供として振り込んだ場合には、売却代金債務の支払確保という保証提供を命じた主旨をおおむね満足させているから、適法な保証提供があったのに準じて取り扱われるべきであり、当該提供をした者の入札書を開札に加えないでした売却手続には重大な誤りがある。（仙台高決平2・1・10判時一三六八・六一）

[8] 保証金額一三八万四〇〇〇円に四〇〇〇円不足する額の保証の提供をした者を最高価買受申出人と定めて開札期日を終了させたのは、売却手続の重大な誤りである。この点につき、提供された保証の不足額が僅少であるときは、執行官の裁量によってこれを適法な入札に加えることも許されるとの見解もあるが、右の点について執行官の裁量に委ねることは他に入札者がないような場合を除き相当ではない。（大阪高決平2・7・12判時一三六一・六一……次順位の買受申出人の執行抗告を認めた）

[9] 入札書の記載が、関係書類から明らかに誤記であると認められ、かつ、入札者の真の意思を客観的、一義的に判断することができる場合には、無効な入札とすべきではない。（東京高決平9・11・21判タ九八七・二八七……入札書の事件番号欄に「平成六年（ケ）第一〇一三号」と書くべきところを「平成九年（ケ）第一〇一三号」と誤記したもの）

[10] 誤記の保証金提出袋に基づく入札（札幌高決昭57・6・18判タ四七三・一四七）→六六条[7]

（売却の実施の終了後に執行停止の裁判等の提出があつた場合の措置）

第七二条①　売却の実施の終了から売却決定期日の終了までの間に第三十九条第一項第七号に掲げる文書の提出があつた場合には、執行裁判所は、他の事由により売却不許可決定をするときを除き、売却決定期日を開くことができない。この場合においては、最高価買受申出人又は次順位買受申出人は、執行裁判所に対し、買受けの申出を取り消すことができる。

②　売却決定期日の終了後に前項に規定する文書の提出があつた場合には、その期日にされた売却許可決定が取り消され、若しくは効力を失つたとき、又はその期日にされた売却不許可決定が確定したときに限り、第三十九条の規定を適用する。

③　売却の実施の終了後に第三十九条第一項第八号に掲げる文書の提出があつた場合には、その売却に係る売却許可決定が取り消され、若しくは効力を失つたとき、又はその売却に係る売却不許可決定が確定したときに限り、同条の規定を適用する。

（超過売却となる場合の措置）

第七三条①　数個の不動産を売却した場合において、あるものの買受けの申出の額で各債権者の債権及び執行費用の全部を弁済することができる見込みがあるときは、執行裁判所は、他の不動産についての売却許可決定を留保しなければならない。

②　前項の場合において、その買受けの申出の額で各債権者の債権及び執行費用の全部を弁済することができる見込みがある不動産が数個あるときは、執行裁判所は、売却の許可をすべき不動産について、あらかじめ、債務者の意見を聴かなければならない。

③　第一項の規定により売却許可決定が留保された不動産の最高価買受申出人又は次順位買受申出人は、執行裁判所に対し、買受けの申出を取り消すことができる。

④ 売却許可決定のあつた不動産について代金が納付されたときは、執行裁判所は、前項の不動産に係る強制競売の手続を取り消さなければならない。

一 「各債権者」の意義

[1] 担保権実行としての競売手続の場合、本条にいう「各債権者」とは、申立債権者及びその先順位債権者のみを指し、後順位債権者を含まない。（東京高決昭58・4・19金法一〇五七・四四）

二 不動産競売手続中の債権執行と過剰執行→一四六条[1]

（売却の許可又は不許可の決定に対する執行抗告）

第七四条① 売却の許可又は不許可の決定に対しては、その決定により自己の権利が害されることを主張するときに限り、執行抗告をすることができる。

② 売却許可決定に対する執行抗告は、第七十一条各号に掲げる事由があること又は売却許可決定の手続に重大な誤りがあることを理由としなければならない。

③ 民事訴訟法第三百三十八条第一項各号に掲げる事由は、前二項の規定にかかわらず、売却の許可又は不許可の決定に対する執行抗告の理由とすることができる。

④ 抗告裁判所は、必要があると認めるときは、抗告人の相手方を定めることができる。

⑤ 売却の許可又は不許可の決定は、確定しなければその効力を生じない。

一 抗告の利益

1 賃借人

イ 否定例

[1] 物件明細書において賃借権が売却により効力を失わない権利として記載されていない場合、右賃借権が買受人において引き受けられるべきものであれば、たとえ物件明細書にその旨の記載がなく、執行手続上は売却により消滅すべきものと取り扱われたとしても、実体上は売却によって消滅することはないから、賃借人は売却許可決定に対して執行抗告をする利益を有しない。（東京高決昭62・8・31判時一二四八・六四……平成一五法一三四による民法三九五条改正前の短期賃借権の事案）

ロ 肯定例

[2] 物件明細書に記載のない賃借権者が、買受人に対抗できる旨主張して売却許可決定に対する執行抗告を提起した場合において、右賃借権が売却許可決定によって消滅すべき権利であると判断されるときは、まさに抗告人は同決定によって自己の権利が害されることを主張しているのであるから、抗告の利益は認められる。（仙台高決平元・10・12判時一三三三・一〇七……賃借権を認めず抗告棄却）

2 最高価買受申出人とされなかった買受申出人

イ 否定例

[3] 担保不動産競売の手続において、執行裁判所は、最高価買受申出人がその手続において民執法六五条一号に規定する行為をした者に該当すると認める場合、売却不許可決定をした上で、原則として、改めて売却実施処分から右手続をやり直すべきであるから、同法七一条四号イに掲げる売却不許可事由があるにもかかわらず最高価買受申出人に対する売却許可決定がされ、これが確定したとしても、他の買受申出人は、再度の売却手続において買受けの申出をする機会を得られないこととなるにすぎず、右売却許可決定により自己の権利が害されるものとはいえない。したがって、最高価買受申出人が受けた売却許可決定に対し、他の買受申出人は、特段の事情のない限り、右の売却不許可事由を主張して執行抗告をすることはできない。（最決令2・9・2判タ一四八〇・一三〇、重判令2民訴七）

ロ 肯定例

[4] （六九条[1]の事案において）入札において、最高の価額で買受申出をしたにもかかわらず、執行官の誤りにより無効と判断された者は、他の者を最高価買受申出人とする売却許可決定に対し執行抗告をすることができる。（最決平22・8・25民集六四・五・一四八二、重判平22民訴七）→六四条[2]・六九条[1]

3 所有者

[5] 競売の目的たる建物の所有者は、最低売却価額［売却基準価額］が低く定められたことに対してその違法を主張する利益を有するが、定められた最低売却価額が本来定められるべき額よりも高額であると認められる場合には、その違法を主張する利益を有しない。（東京高決平9・12・26判時一六三一・七七）

二 執行抗告理由

1 要素の錯誤がある買受申出

[6] 誤って入札書に別事件の事件番号等を表示し別の物件に入札した場合、買受申出には要素の錯誤があったものというべきであり、重過失がない以上、民法九五条［平成二九法四四による改正前のもの］の準用により無効であるから、売却許可決定は本条二項により取り消される。（東京高決昭57・11・30判時一〇六五・一四二）

2 現況調査報告書に対する執行抗告の可否

[7] 本条二項三項の規定上、現況調査報告書の内容の瑕疵［かし］自体は執行抗告理由とはならず、現況調査の誤りが最低売却価額［売却基準価額］若しくは一括売却の決定、物件明細書の作成に重大な誤りを生じさせた場合に、それを理由として執行抗告をすることができる。（東京高決昭57・3・26下民三三・一～四・二四一、執保百選[初版]三四）

3 担保権の不存在等→七一条[1]

三 執行法上の救済と国家賠償請求

[8] 執行裁判所が、執行官及び評価人の誤った現況報告、誤った評価に基づいて、最低売却価額［売却基準価額］を決定して手続を進めた場合には、この処分を是正すべき立場にあるのは執行裁判所であり、買受人が本条により執行裁判所の処分の是正を求めることを怠ったからといって、国家賠償請求の道を封ずることはできない。（札幌地判平6・3・3判時一五二五・一三九）→国賠一条[109]

（不動産が損傷した場合の売却の不許可の申出等）

第七五条① 最高価買受申出人又は買受人は、買受けの申出をした後天災その他自己の責めに帰することができない事由により不動産が損傷した場合には、執行裁判所に対し、売却許可決定前にあつては売却の不許可の申出をし、売却許可決定後にあつては代金を納付する時までにその決定の取消しの申立てをすることができる。ただし、不動産の損傷が軽微であるときは、この限りでない。

② 前項の規定による売却許可決定の取消しの申立てについての決定に対しては、執行抗告をすることができる。

③ 前項に規定する申立てにより売却許可決定を取り消す決定は、確定しなければその効力を生じない。

一 「損傷」

[1] 本条にいう「損傷」には、当該不動産の現況地積が著しく小さいことが判明した結果、その価額が著しく低落した場合をも含む。（東京高決平17・7・6判タ一一九八・二九四）

[2] 本条の「損傷」には、競売目的たる建物につき建物収去土地明渡しの判決が確定した場合も含まれるものと類推解釈すべきである。（大阪高決昭62・2・2判時一二三九・五七、執保百選[初版]三九）

二 買受申出前の「損傷」

[3] 損傷の事情が物件明細書の記載、最低売却価額［売却基準価額］の決定に反映されず、買受人が右事情を知らなかった場合には、本条の趣旨に照らし、売却実施前に存した損傷についても本条の申出をなし得る。（大阪高決昭62・2・2前出

②

三　売却許可決定の職権による取消し↓五三条[7]

四　代金納付後の救済↓民五六八条[7]

（買受けの申出後の強制競売の申立ての取下げ等）

第七六条①　買受けの申出があつた後に強制競売の申立てを取り下げるには、最高価買受申出人又は買受人及び次順位買受申出人の同意を得なければならない。ただし、他に差押債権者（配当要求の終期後に強制競売又は競売の申立てをした差押債権者を除く。）がある場合において、取下げにより第六十二条第一項第二号に掲げる事項について変更が生じないときは、この限りでない。

②　前項の規定は、買受けの申出があつた後に第三十九条第一項第四号又は第五号に掲げる文書を提出する場合について準用する。

＊**令和四法四八**（令和八・五・二四までに施行）**による改正**
第二項中「又は第五号」を「から第五号まで」に改める。
（本文未織込み）

（最高価買受申出人又は買受人のための保全処分等）

第七七条①　執行裁判所は、債務者又は不動産の占有者が、価格減少行為等（不動産の価格を減少させ、又は不動産の引渡しを困難にする行為をいう。以下この項において同じ。）をし、又は価格減少行為等をするおそれがあるときは、最高価買受申出人又は買受人の申立てにより、引渡命令の執行までの間、その買受けの申出の額（金銭により第六十六条の保証を提供した場合にあつては、当該保証の額を控除した額）に相当する金銭を納付させ、又は代金を納付させて、次に掲げる保全処分又は公示保全処分を命ずることができる。

一　債務者又は不動産の占有者に対し、価格減少行為等を禁止し、又は一定の行為をすることを命ずる保全処分（執行裁判所が必要があると認めるときは、公示保全処分を含む。）

二　次に掲げる事項を内容とする保全処分（執行裁判所が必要があると認めるときは、公示保全処分を含む。）

イ　当該価格減少行為等をし、又はそのおそれがある者に対し、不動産に対する占有を解いて執行官に引き渡すことを命ずること。

ロ　執行官に不動産の保管をさせること。

三　次に掲げる事項を内容とする保全処分及び公示保全処分

イ　前号イ及びロに掲げる事項

ロ　前号イに規定する者に対し、不動産の占有の移転を禁止することを命じ、及び不動産の使用を許すこと。

②　第五十五条第二項（第一号に係る部分に限る。）の規定は前項第二号又は第三号に掲げる保全処分について、同条第二項（第二号に係る部分に限る。）の規定は前項に掲げる保全処分について、同条第三項、第四項本文及び第五項の規定は前項の規定による決定について、同条第六項の規定は前項の申立て又はこの項において準用する同条第五項の申立てについての裁判について、同条第七項の規定はこの項において準用する同条第五項の規定による決定について、同条第八項及び第九項並びに第五十五条の二の規定は前項第二号又は第三号に掲げる保全処分を命ずる決定について準用する。

執行官の保管

[1]　「入り込んで居座る。」といっている第三者を本件建物に入居させる行為は、本条にいう「引渡しを困難にする行為」に当たる。（東京地決平4・3・19判時一四二一・一〇二、執保百選[初版]四〇）

（代金の納付）

第七八条①　売却許可決定が確定したときは、買受人は、裁判所書記官の定める期限までに代金を執行裁判所に納付しなければならない。

②　買受人が買受けの申出の保証として提供した金銭及び前条第一項の規定により納付した金銭は、代金に充てる。

③　買受人が第六十三条第二項第一号又は第六十八条の二第二項の保証を金銭の納付以外の方法で提供しているときは、執行裁判所は、最高裁判所規則で定めるところによりこれを換価し、その換価代金から換価に要した費用を控除したものを代金に充てる。この場合において、換価に要した費用は、買受人の負担とする。

④　買受人は、売却代金から配当又は弁済を受けるべき債権者であるときは、売却許可決定が確定するまでに執行裁判所に申し出て、配当又は弁済を受けるべき額を差し引いて代金を配当期日又は弁済金の交付の日に納付することができる。ただし、配当期日において、買受人の受けるべき配当の額について異議の申出があつたときは、買受人は、当該配当期日から一週間以内に、異議に係る部分に相当する金銭を納付しなければならない。

⑤　裁判所書記官は、特に必要があると認めるときは、第一項の期限を変更することができる。

⑥　第一項又は前項の規定による裁判所書記官の処分に対しては、執行裁判所に異議を申し立てることができる。

⑦　第十条第六項前段及び第九項の規定は、前項の規定による異議の申立てがあつた場合について準用する。

（不動産の取得の時期）

第七九条　買受人は、代金を納付した時に不動産を取得する。

一　債務名義の無効

[1]　〈債務者の住所を偽って支払命令を騙取［へんしゅ］した事案で〉無効の債務名義に基づく強制執行手続は、債務者（所有者）に対して効力を生ぜず、競落人は所有権取得を主張し得ない。〔旧法事件〕（最判昭43・2・27民集二二・二・三一六、執保百選[三版]八）↓二二条[7]

二　実体上の無効事由

[2]　公正証書による強制競売手続において、公正証書表示の権利義務関係に実体上の無効事由があっても、請求異議の訴え等によって手続が許されないものとされることなく、競落許可決定が確定し競落代金の支払がされて競落手続が完結したときは、もはや競落人の所有権取得の効果を覆せない。〔旧法事件〕（最判昭54・2・22民集三三・一・七九、執保百選[三版]二〇）

三　執行債権の消滅

[3]　不動産強制競売において、競落許可決定が確定して競落代金が全額支払われた場合には、その前に既に執行債権が消滅しても、競落不動産の所有権は競落人に移転しているから、その後、競売手続開始決定が取り消され、競売の申立てが却下されても、競落人の所有権取得に影響を及ぼさない。〔旧法事件〕（最判昭51・2・17判時八〇九・四三）

四　再審による確定判決の取消し

[4]　競落当時有効な債務名義であった確定判決が、競落人が競落物件の所有権を取得した後、再審判決によって取り消された場合には、競落人に悪意・重過失がない限り、債務者は競落人に対し所有権を主張できない。〔旧法事件〕（宮崎地判昭57・7・16判タ四八六・一三三）↓民訴三三八条[22]

五　執行停止仮処分の違反

[5]　競売手続停止の仮処分に違反して手続が続行され、競落代金納付を経て競落による所有権移転登記が完了した場合には、仮処分債権者は、競落人の所有権取得を否定することができない。〔旧法事件〕（最判昭57・9・10民集三六・八・一六二〇、重判昭57民訴六）

（代金不納付の効果）

第八〇条①　買受人が代金を納付しないときは、売却許可決定は、その効力を失う。この場合においては、買受人は、第六十六条の規定により提供した保証の返還を請求することができない。

② 前項前段の場合において、次順位買受けの申出があるときは、執行裁判所は、その申出について売却の許可又は不許可の決定をしなければならない。

（法定地上権）

第八一条 土地及びその上にある建物が債務者の所有に属する場合において、その土地又は建物の差押えがあり、その売却により所有者を異にするに至つたときは、その建物について、地上権が設定されたものとみなす。この場合においては、地代は、当事者の請求により、裁判所が定める。

一 仮差押えがある場合の法定地上権の成否

[1] 地上建物に対する仮差押えが本執行に移行して強制競売手続がされた場合において、土地及び地上建物が当該仮差押えの時点で同一の所有者に属していたときは、その後に土地が第三者に譲渡され、当該強制競売手続における差押えの時点では同一の所有者に属していなかったとしても、法定地上権が成立する。（最判平28・12・1民集七〇・八・一七九三、執保百選[三版]三八）

二 共有持分の競売と法定地上権

[2] 土地建物がいずれも同一の二人の共有であって、土地の一方の共有持分が第三者に競落されても、本条による地上権は成立しない。地上権が成立すれば、他方当事者はその意思に基づかず共有持分に基づく土地の使用収益権を害されることになるし、地上権が成立しなくとも、直ちに建物を収去すべき関係にはないので、社会経済上の損失防止という本条の趣旨に反することもないからである。（最判平6・4・7民集四八・三・八八九、執保百選[三版]三五）→一九五条[4]

（代金納付による登記の嘱託）

第八二条① 買受人が代金を納付したときは、裁判所書記官は、次に掲げる登記及び登記の抹消を嘱託しなければならない。

一 買受人の取得した権利の移転の登記

二 売却により消滅した権利又は売却により効力を失つた権利の取得若しくは仮処分に係る登記の抹消

三 差押え又は仮差押えの登記の抹消

② 買受人及び買受人から不動産の上に抵当権の設定を受けようとする者が、最高裁判所規則で定めるところにより、代金の納付の時までに申出をしたときは、前項の規定による嘱託は、登記の申請の代理を業とすることができる者で申出人の指定するものに嘱託情報を提供して登記所に提供させる方法によつてしなければならない。この場合において、申出人の指定する者は、遅滞なく、その嘱託情報を登記所に提供しなければならない。

③ 第一項の規定による嘱託をするには、その嘱託情報と併せて売却許可決定があつたことを証する情報を提供しなければならない。

④ 第一項の規定による嘱託に要する登録免許税その他の費用は、買受人の負担とする。

（引渡命令）

第八三条① 執行裁判所は、代金を納付した買受人の申立てにより、債務者又は不動産の占有者に対し、不動産を買受人に引き渡すべき旨を命ずることができる。ただし、事件の記録上買受人に対抗することができる権原により占有していると認められる者に対しては、この限りでない。

② 買受人は、代金を納付した日から六月（買受けの時に民法第三百九十五条第一項に規定する抵当建物使用者が占有していた建物の買受人にあつては、九月）を経過したときは、前項の申立てをすることができない。

③ 執行裁判所は、債務者以外の占有者に対し第一項の規定による決定をする場合には、その者を審尋しなければならない。ただし、事件の記録上その者が買受人に対抗することができる権原により占有しているものでないことが明らかであるとき、又は既にその者を審尋しているときは、この限りでない。

④ 第一項の申立てについての裁判に対しては、執行抗告をすることができる。

⑤ 第一項の規定による決定は、確定しなければその効力を生じない。

一 引渡命令の相手方

1 債務者

[1] 債務者は、競売された不動産は他に賃貸中で自己において直接占有していない旨を主張して自己に対する引渡命令の発付を拒むことはできない。（東京高決昭57・9・13判時一〇五六・一八七）

2 所有者

[2] 不動産「所有者」は、民執法一八八条により準用される本条一項本文にいう「債務者」に当たる。（東京高決昭60・7・17判タ五七五・七二）

3 所有者と同視し得る者

イ 抵当権を設定した元所有者

[3] 実行された抵当権の設定者は、抵当権設定後その所有不動産を他に譲渡して現に所有していなくともこれを占有する限り、所有者と同視して引渡命令の相手方となる。（東京高決昭60・7・17判タ五七六・九五）

ロ 登記簿上他人名義を借用した本人とその個人会社

[4] 甲が、自己名義では融資を受けられないため、自己が所有し占有する建物を乙の承諾を得て登記簿上乙名義とした上、乙名義で抵当権を設定して実質的に融資を受けた後、当該抵当権が実行された場合、本条一項の適用に当たっては、本件抵当権は、実質的には甲が本件建物の所有者として設定したものであり、競売の際における所有者は甲であるとみなしてよいから、甲は引渡命令の相手方となる。本件建物を甲とともに占有する丙会社も、実質的に甲の個人会社であるから、甲と同視し得る存在とみなしてよい。（東京高決平元・12・27判時一三三六・一〇四、重判平2民訴四）

4 被担保債務者

[5] 〈占有者自身の債務を物上保証する後順位抵当権が設定されている事案において〉最先順位の抵当権に対抗できる賃借権により占有する者に対しては、占有者の債務を担保する抵当権の実行としての競売開始決定（二重開始決定を含む。）がされていた場合を除き、引渡命令を発することができない。（最決平13・1・25民集五五・一・一七、執保百選[三版]三七）

5 滞納処分後の占有者

[6] 滞納処分による差押えがされた後強制競売等の開始決定による差押えがされるまでの間に賃借権が設定された不動産が強制競売手続等により売却された場合に、執行裁判所は、右賃借権に基づく不動産の占有者に対し、本条による引渡命令を発することができる。（最決平12・3・16民集五四・三・一一一六、執保百選[二版]三五）→民三九五条[7]

6 留置権に基づく占有者

[7] 不動産（家屋）占有者が留置権（家屋売買契約解除による代金返還請求権を被担保債権とする）を有する場合には、その被担保債権の支払を受けるのと引換えに買受人に引き渡せ、との引渡命令を発することができる。（東京高決昭57・11・18判時一〇六七・四九）

二 共有持分に基づく引渡請求

1 肯定例

[8] 不動産の共有持分（二分の一）を買い受けた買受人は、目的物を他の共有者以外の第三者が権原なしに占有する場合には、民法四二八条［現四二八条・四三二条］（不可分債務）の類推適用又は同法二五二条ただし書［現同条五項］（保存行為）により、単独で引渡しを請求し得る。（大阪高決平6・3・4高民四七・一・七九）

2 否定例

⑨ 〈債務者とその母、兄の三人で共有する土地、建物のうち債務者共有持分（三分の一）を競売により買い受けた買受人から、右建物の二階部分を債務者が占有するとして債務者に対して申し立てた競売建物（一部）の引渡命令の申立てについて〉共有持分の買受人は、債権的請求権としても引渡しの強制執行により実現される権利を取得することはできず、民執法における引渡命令は、共有持分自体の満足を図るための手段とはなり得ない。（東京地決昭63・10・7判時一二九五・八六）

⑩ **三 建物等がある場合の土地の引渡命令**

競売の対象とされた土地の上に競売の対象外の建物等が存在することによりその敷地部分の引渡執行が事実上不能となることが予想される場合であっても、土地を買受人に引き渡すべき旨を命ずることはできる。（最決平11・10・26判時一六九五・七五）

⑪ 土地に対する不動産引渡命令を債務名義として、その土地上に存する建物（執行債務者所有の物置）の収去を求めることはできない。（名古屋高決平13・2・28判タ一一一三・二七八、執保百選[二版]六九）→一七一条⑦

四 引渡命令の審理・裁判

⑫ **1 引渡命令の裁判手続の合憲性**

引渡命令は、当事者の主張する実体的権利義務の存否を終局的に確定することを目的とする純然たる訴訟事件についての裁判ではないから、公開の法廷における口頭弁論を経ないで引渡命令及びこれに対する執行抗告を棄却する決定をしても、これをもって憲法三二条又は八二条に違反するということができない。（最決昭63・10・6判時一二九八・一一八、執保百選[初版]四四……不動産引渡命令に対する執行抗告棄却決定に対する特別抗告事件）→民訴◆【民事裁判権の限界】[二編名の後]㉑〜㉗、破八条[判]

⑬ **2 引渡命令に対する執行抗告事由**

不動産引渡命令は、記録上の事実に基づいて発するものであるから、これに対する執行抗告においては、記録上にない事由（引渡しを受けることを猶予する旨の買受人の意思表示）を主張することはできない。（東京高決昭59・9・21判タ五四四・一三二）

⑭ **3 引渡命令に対する請求異議の訴え**

不動産の引渡命令の発付を受けた買受人が当該不動産を第三者に譲渡したとしても、引渡命令の相手方は、右買受人に対して提起する引渡命令に対する請求異議の訴えにおいて、右譲渡の事実をもって異議の事由とすることはできない。（最判昭63・2・25判時一二八四・六六、執保百選[初版]四七）

（占有移転禁止の保全処分等の効力）

第八三条の二① 強制競売の手続において、第五十五条第一項第三号又は第七十七条第一項第三号に掲げる保全処分及び公示保全処分を命ずる決定の執行がされ、かつ、買受人の申立てにより当該決定の被申立人に対して引渡命令が発せられたときは、買受人は、当該引渡命令に基づき、次に掲げる者に対し、不動産の引渡しの強制執行をすることができる。

一 当該決定の執行がされたことを知つて当該不動産を占有した者

二 当該決定の執行後に当該執行がされたことを知らないで当該決定の被申立人の占有を承継した者

② 前項の決定の執行後に同項の不動産を占有した者は、その執行がされたことを知つて占有したものと推定する。

③ 第一項の引渡命令について同項の決定の被申立人以外の者に対する執行文が付与されたときは、その者は、執行文の付与に対する異議の申立てにおいて、買受人に対抗することができる権原により不動産を占有していること、又は自己が同項各号のいずれにも該当しないことを理由とすることができる。

（売却代金の配当等の実施）

第八四条① 執行裁判所は、代金の納付があつた場合には、次項に規定する場合を除き、配当表に基づいて配当を実施しなければならない。

② 債権者が一人である場合又は債権者が二人以上であつて売却代金で各債権者の債権及び執行費用の全部を弁済することができる場合には、執行裁判所は、売却代金の交付計算書を作成して、債権者に弁済金を交付し、剰余金を債務者に交付する。

③ 代金の納付後に第三十九条第一項第一号から第六号までに掲げる文書の提出があつた場合において、他に売却代金の配当又は弁済金の交付（以下「配当等」という。）を受けるべき債権者があるときは、執行裁判所は、その債権者のために配当等を実施しなければならない。

④ 代金の納付後に第三十九条第一項第七号又は第八号に掲げる文書の提出があつた場合においても、執行裁判所は、配当等を実施しなければならない。

一 充当方法↓八五条⑤・九二条③、民四八八条②

二 債務者による限定承認・相続放棄

⑦ 不動産競売手続中に債務者が死亡しその相続人が限定承認をした場合、執行裁判所は、請求異議訴訟等の提起とこれに基づく執行停止等の手続がとられない限りは、民法九二七条以下に定める清算手続を顧慮せずに民執法八七条に定める債権者に売却代金を配当すべきである。（大阪高判昭60・1・31高民三八・一・一三、執保百選[初版]一八……相続財産管理人に交付する旨の配当表に対する配当異議請求認容）

② 執行債務者による相続放棄の申述が家庭裁判所に受理されたとしても、第三者異議の訴え等の救済手続においてその有効性が確定されない限り、本条二項の「債務者」は当該執行債務者である。（東京地判平29・9・27判時二三九六・一六……共有不動産の売却代金の剰余金相当額のうち当該執行債務者の登記名義上の持分割合に従った供託金につき、他の共同相続人による国に対する支払請求を棄却）

三 不当利得返還請求

1 一般債権者による請求

③ 一般債権者は債務者の一般財産から満足を受け得るにすぎず、特定の執行の目的物について他の債権者が配当を受けたために自己が配当を受けられなかったというだけでは民法七〇三条の損失が生じたとはいえないから、一般債権者が配当期日において配当異議の申出をしなかった場合には、配当を受けた他の債権者に対して、不当利得返還請求をすることはできない。（最判平10・3・26民集五二・二・五一三、執保百選[三版]四〇）

2 抵当権者による請求

④ 抵当権者は、抵当権の効力として抵当不動産の代金から優先弁済を受ける権利を有するから、不動産競売事件の配当期日において配当異議の申出をしなかった場合であっても、債権又は優先権を有しないにもかかわらず配当を受けた債権者に対して、その者が配当を受けたことによって自己が配当を受けることができなかった金銭相当額の金員の返還を請求することができる。（最判平3・3・22民集四五・三・三二二、民執百選五二）

⑤ 抵当権の被担保債権の一部のみのためにする担保権の実行においては、錯誤、誤記等に基づき競売申立書に被担保債権の一部の記載をしなかった場合とは異なり、優先弁済請求権を黙示的に放棄したものであり、被担保債権の残部に係る優先権を根拠として配当を受けた後順位の担保権者に対して不当利得返還請求をすることは許されない。（大阪高判平16・9・2金法一七三一・五四）

3 債務者による請求

⑥ 競売目的不動産の債務者兼所有者であった者は、配当異議の申立てをしなくても、配当を受けた抵当権者の被担保債権の範囲が実体的に確定するものではなく、非債弁済になるとも解されないから、その被担保債権の範囲を争い、不当利得返還請求をすることができる。（東京高判平7・11・16判時一六〇五・五二……配当異議を申し立てていれば他の債権者が受け

たであろう追加配当相当額は不当利得返還請求の範囲から除外されることも併せて判示）

四 受領した配当金の返還↓民五六八条[7]

五 届出債権の一部の配当と残部の消滅時効↓民一四八条[4]

（配当表の作成）

第八五条① 執行裁判所は、配当期日において、第八十七条第一項各号に掲げる各債権者について、その債権の元本及び利息その他の附帯の債権の額、執行費用の額並びに配当の順位及び額を定める。ただし、配当の順位及び額については、配当期日においてすべての債権者間に合意が成立した場合は、この限りでない。

② 執行裁判所は、前項本文の規定により配当の順位及び額を定める場合には、民法、商法その他の法律の定めるところによらなければならない。

③ 配当期日には、第一項に規定する債権者及び債務者を呼び出さなければならない。

④ 執行裁判所は、配当期日において、第一項本文に規定する事項を定めるため必要があると認めるときは、出頭した債権者及び債務者を審尋し、かつ、即時に取り調べることができる書証の取調べをすることができる。

＊令和四法四八（令和八・五・二四までに施行）**による改正**
第四項中「書証」の下に「又は電磁的記録に記録された情報の内容」を加える。（本文未織込み）

⑤ 第一項の規定により同項本文に規定する事項（同項ただし書に規定する場合には、配当の順位及び額を除く。）が定められたときは、裁判所書記官は、配当期日において、配当表を作成しなければならない。

⑥ 配当表には、売却代金の額及び第一項本文に規定する事項についての執行裁判所の定めの内容（同項ただし書に規定する場合にあつては、配当の順位及び額については、その合意の内容）を記載しなければならない。

⑦ 第十六条第三項及び第四項の規定は、第一項に規定する債権者（同条第一項前段に規定する者を除く。）に対する呼出状の送達について準用する。

一 請求債権拡張の可否↓九〇条[7]

1 否定例

[7] 一個の債権の一部を請求債権として競売を申し立てた債権者（根抵当権者）が、申立て後に請求債権の拡張をすることは許されない。（名古屋地判昭61・11・27判時一二二六・九六……配当異議事件）

[2] 〈同順位の根抵当権者のいる根抵当権実行としての競売において〉配当段階での按分〔あんぶん〕計算の基礎となる請求債権の拡張につき、[7]と同旨（大阪高判平14・10・31判タ一一〇九・二六三）

[3] 被担保債権の一部に基づき、担保不動産競売の申立てをした差押債権者が、配当要求の終期後に、残部に基づき、二重開始の申立てをした事案につき、[7]と同旨（名古屋高判平20・12・19金法一八六七・四六）

2 肯定例

[4] 債権分割がなされた複数の抵当証券を有する者が、一部の抵当証券のみに基づいて競売を申し立て、その後、残余の抵当証券について債権計算書等によって請求債権の拡張をすることは許される。（大阪高判平13・6・13判タ一〇八三・二八二……配当異議事件）

二 債務者複数の根抵当権についての充当方法

[5] 不動産競売手続における債務者複数の根抵当権についての配当金が被担保債権の全てを消滅させるに足りない場合においては、配当金を各債務者に対する債権を担保するための部分に被担保債権額に応じて案分した上、右案分額を民法四八九条ないし四九一条〔現四八八条四項・四八九条・四九一条〕の規定に従って各債務者に対する被担保債権に充当すべきである。

右における案分の基礎となる各債務者についての被担保債権額を算出する場合には、ある債務者に対する債権の弁済によって他の債務者に対する債権も消滅するという関係にある複数の被担保債権があるときにおいても、いずれの債権もその全額を各債務者についての被担保債権額に算入するべきであって、右算入額の合計額が根抵当権者が弁済を受けることができる額を超えてはならないものではない。（最判平9・1・20民集五一・一・一、重判平9民四……ある債務者に対する連帯保証債権の額をその者に対する被担保債権額に算入しなかった原判決を破棄）

（売却代金）

第八六条① 売却代金は、次に掲げるものとする。

一 不動産の代金

二 第六十三条第二項第二号の規定により提供した保証のうち申出額から代金の額を控除した残額に相当するもの

三 第八十条第一項後段の規定により買受人が返還を請求することができない保証

② 第六十一条の規定により不動産が一括して売却された場合において、各不動産ごとに売却代金の額を定める必要があるときは、その額は、売却代金の総額を各不動産の売却基準価額に応じて案分して得た額とする。各不動産ごとの執行費用の負担についても、同様とする。

③ 第七十八条第三項の規定は、第一項第二号又は第三号に規定する保証が金銭の納付以外の方法で提供されている場合の換価について準用する。

一 担保不動産競売における一括売却の場合

[7] 不動産競売における一括売却の場合において、その各所有者を異にし、しかも各不動産を目的とする担保権の担保権者が異なるとき又は担保権者が同一でもその被担保債権の債務者が異なるときは、本条二項の「各不動産ごとに売却代金の額を定める必要があるとき」に該当する。（最判昭62・12・18民集四一・八・一五九二、執保百選[三版]三九）

二 一括売却後の売却基準価額の変更↓六〇条[3]・九〇条[5]

（配当等を受けるべき債権者の範囲）

第八七条① 売却代金の配当等を受けるべき債権者は、次に掲げる者とする。

一 差押債権者（配当要求の終期までに強制競売又は一般の先取特権の実行としての競売の申立てをした差押債権者に限る。）

二 配当要求の終期までに配当要求をした債権者

三 差押え（最初の強制競売の開始決定に係る差押えをいう。次号において同じ。）の登記前に登記された仮差押えの債権者

四 差押えの登記前に登記（民事保全法第五十三条第二項に規定する仮処分による仮登記を含む。）がされた先取特権（第一号又は第二号に掲げる債権者が有する一般の先取特権を除く。）、質権又は抵当権で売却により消滅するものを有する債権者（その抵当権に係る抵当証券の所持人を含む。）

② 前項第四号に掲げる債権者の権利が仮差押えの登記後に登記されたものである場合には、その債権者は、仮差押債権者が本案の訴訟において敗訴し、又は仮差押えがその効力を失つたときに限り、配当等を受けることができる。

③ 差押えに係る強制競売の手続が停止され、第四十七条第六項の規定による手続を続行する旨の裁判がある場合において、執行を停止された差押債権者がその停止に係る訴訟等において敗訴したときは、差押えの登記後続行の裁判に係る差押えの登記前に登記された第一項第四号に規定する権利を有する債権者

は、配当等を受けることができる。

[1] **一　他人名義登記の担保権者**　他人名義の登記は、特段の事情のない限り無効であるから、他人名義で根抵当権設定登記を得た者は、当該不動産の譲受人に対して根抵当権を対抗できず、譲受人の下で開始された競売手続において配当を受けることはできない。〔旧法事件〕（最判昭59・12・20判時一一四四・八五）

二　仮差押債権者

[2] **1　請求の基礎を同一にする請求認容判決**　仮差押債権者が、仮差押えの被保全債権を主位的請求とする本案訴訟において敗訴が確定しても、これと請求の基礎を同一にする予備的請求において勝訴したときは、右仮差押命令は予備的請求に係る債権を保全する効力を有するから、右仮差押債権者は本条一項三号により配当を受ける地位を有する。（最判平24・2・23民集六六・三・一一六三、執保百選[三版]九七……根抵当権者が、債務者が根抵当権の目的である建物を無断で取り壊したと主張して、主位的請求として不法行為による損害の賠償、予備的請求として貸金の返還を求めた例）

[3] **2　仮差押債務者破産による仮差押失効**　仮差押債務者が破産し〔旧〕破産法七〇条一項〔現四二条二項〕により仮差押えが失効しても、この失効は破産財団に対する関係においてのみ相対的に無効となるにすぎないから、本条二項にいう「仮差押えがその効力を失ったとき」に当たらない。（名古屋高決昭56・11・30下民三二・九～一二・一〇五五、新倒産百選五八②）↓一八一条[7]

三　租税

[4] **1　配当要求の終期後にされた交付要求**　国税徴収法二二条五項所定の交付要求は、同法八二条に定める交付要求と同じく、他の強制換価手続に参入して債権の満足を得ようとするものであるから、特段の法令の定めがない限り、当該強制換価手続の手続上の制限に従うべきである。右交付要求が、民執法に基づいて定められた配当要求の終期後にされた場合には、国は、当該不動産の売却代金から配当を受けることはできない。（最判平2・6・28民集四四・四・七八五、執保百選[初版]二七）

[5] **2　同一の競売事件で不動産が順次売却された場合**　同一の不動産競売事件について、不動産が順次売却されてその都度配当がされるなど、配当手続が数次に及び、先行する配当手続で国税及び地方税等と私債権とが競合したことから国税徴収法二六条の規定による調整が行われた場合において、私債権に優先するものとして国税及び地方税等に充てるべき金額の総額を決定するために用いられながら（同条二号）、国税、地方税等相互間では劣後するため（同条三号）、現実には配当を受けることができなかった国税、地方税等は、後行の配当手続においても、同条二号（地方税法一四条の二〇第二号）の規定ないし国税徴収法一六条等（地方税法一四条の一〇等）の規定の適用上再び私債権に優先するものとして取り扱われることを妨げられない。（最判平11・4・22判時一六七七・六六）

[6] **3　国税の一部納付等があった場合の延滞税**　国税の本税の金額が一部納付等により減少した場合、交付要求する際に、本税として交付要求時に存在する本税の額を記載し、延滞税としては具体的金額を記載せず法律による金額と記載したときは、交付要求の効力は、本税とこれに対する法定納期限の翌日から計算される延滞税の金額についてのみ及び、一部納付等により交付要求時以前に消滅した本税の金額に対応して計算される延滞税の金額には及ばない。（最判平9・11・13民集五一・一〇・四一〇七……国による配当異議の訴えを棄却）

4　破産者所有の不動産に対する競売手続で交付要求がされた場合↓破四三条[2]

第八八条（**期限付債権の配当等**）**①**　確定期限の到来していない債権は、弁済期が到来したものとみなす。

② 前項の債権が無利息であるときは、配当等の日から期限までの配当等の日における法定利率による利息との合算額がその債権の額となるべき元本額をその債権の額とみなして、配当等の額を計算しなければならない。

第八九条（**配当異議の申出**）**①**　配当表に記載された各債権者の債権又は配当の額について不服のある債権者及び債務者は、配当期日において、異議の申出（以下「配当異議の申出」という。）をすることができる。

② 執行裁判所は、配当異議の申出のない部分に限り、配当を実施しなければならない。

一　配当異議の申出適格

[1] **1　連帯保証人**　抵当権実行における債務者の連帯保証人は、その出捐〔しゅつえん〕分について債務者に対する求償権行使が可能であり、また配当手続の遅延を防止すべきであることなどを考えると、〔旧〕民訴法〔旧〕六九八条（配当表に対する異議）の「債務者」には連帯保証人は含まれない。〔旧法事件〕（東京地判昭57・3・29判時一〇六一・六九）

[2] **2　配当表に記載のない債権者**　配当異議の申出及び配当異議の訴えは、配当表中の債権又は配当の額に対する実体上の不服につき、争いのある当事者間で個別的、相対的に解決するための手続と解されるから、配当異議の申出をし、配当異議の訴えを提起することができるのは、配当表に記載された債権者に限られる。（最判平6・7・14民集四八・五・一一〇九、執保百選[三版]四一……不当に配当表に記載されなかった者は、執行異議の申立てによりその是正を求めるべきである、と判示）

[3] **3　物上保証における被担保債権の債務者**　抵当権が物上保証として設定された場合、民執法一八八条で準用される本条一項、九〇条一項の「債務者」には、目的不動産の所有者のほか、被担保債権の債務者も含まれ、右債務者も、被担保債権その他自己の債権者の債権への配当額に変動を生じ得る範囲において、配当異議の申出等をすることができる。（最判平9・2・25民集五一・二・四三二、重判平9民訴四）

二　実質的に弁済金交付日である場合

[4] 不動産競売手続において、配当要求期日指定後に剰余金の発生が判明したにもかかわらずそのまま配当期日が実施された場合、その実質が弁済金交付（民執法八四条二項）である以上、債務者等は配当異議の申出、配当異議の訴えの提起をすることができない。（東京高判平3・2・13判時一三八六・一〇三）

三　異議の理由↓九〇条[6]

四　不当利得返還請求との関係↓八四条[3]～[6]

第九〇条（**配当異議の訴え等**）**①**　配当異議の申出をした債権者及び執行力のある債務名義の正本を有しない債権者に対し配当異議の申出をした債務者は、配当異議の訴えを提起しなければならない。

② 前項の訴えは、執行裁判所が管轄する。

③ 第一項の訴えは、原告が最初の口頭弁論期日に出頭しない場合には、その責めに帰することができない事由により出頭しないときを除き、却下しなければならない。

④ 第一項の訴えの判決においては、配当表を変更し、又は新たな配当表の調製のために、配当表を取り消さなければならない。

⑤ 執行力のある債務名義の正本を有する債権者に対し配当異議の申出をした債務者は、請求異議の訴え又は民事訴訟法第百十

七条第一項の訴えを提起しなければならない。

⑥ 配当異議の申出をした債権者又は債務者が、配当期日（知れていない抵当証券の所持人に対する配当異議の申出にあつては、その所持人を知つた日）から一週間以内（買受人が第七十八条第四項ただし書の規定により金銭を納付すべき場合にあつては、二週間以内）に、執行裁判所に対し、第一項の訴えを提起したことの証明をしないとき、又は前項の訴えを提起したことの証明及びその訴えに係る執行停止の裁判の正本の提出をしないときは、配当異議の申出は、取り下げたものとみなす。

＊令和四法四八（令和八・五・二四までに施行）**による改正**
第六項中「正本」の下に「若しくは記録事項証明書」を加える。（本文未織込み）

一　担保権実行の場合の本条の原告適格↓八九条①～③

二　異議事由

1　原告側の事由

① 〈競売申立人である抵当権者の〉配当異議の訴えにおいて、競売申立書における被担保債権の記載が錯誤、誤記等により過少であることが立証されたときは、真実の被担保債権額に即した配当表への変更を求めることができる。（最判平15・7・3判時一八三五・七二、執保百選[三版]二三……請求債権の拡張を認めて、破棄差戻し）↓八五条①～④

2　被告側の事由

イ　仮装の債権

② 倒産間際になると、債務者と街の金融業者らとが相図って消費貸借契約を仮装し配当要求に及ぶことが少なくないが、その場合には、債権額は〇円となり、配当額も〇円となる。（東京高判平13・12・6判タ一〇九五・二七八）

ロ　競売申立債権者の担保権の消滅

③ 不動産競売手続における配当期日において、競売手続を申し立てた抵当権者の債権又は配当の額につき異議の申出をした債権者及び所有者は、配当期日までに抵当権又はその被担保債権が消滅したことを配当異議の訴えの原因とすることができる。（最判平元・6・1判時一三二一・一二六、民執百選五三）

八　配当受領権限―取立権の基礎となる差押えの債務名義の有効性

④ 抵当権の被担保債権を差し押さえ、取立権を有する差押債権者の配当受領権限を肯定して作成された配当表に対し、抵当権者が、右差押えの基本となった債務名義の有効性、ひいては、配当受領権限の帰属を争う場合には、請求異議の訴えによるべきである。（名古屋高判平13・6・14金判一一四五・三一……配当異議の訴えを却下）

3　その他

イ　一括売却における適正な割付け

⑤ 配当異議の訴えにおいては、民執法八六条二項前段の規定は適用されず、執行裁判所が右規定に従って作成した配当表における売却代金の割付けを正しい権利関係に従って変更することができる。（名古屋高判平7・5・30判時一五四四・六六）

ロ　異議申立て後の事由

⑥ 〈原告（第二順位抵当権者）が、配当異議申立て後に、被告（第一順位抵当権者）に対して有する債務者の反対債権を代位して、被告の債権と相殺した事案において〉配当期日における異議の申立てには理由を付す必要はなく、異議訴訟の異議事由は、異議申立て前に発生したものに限られない。〔旧法事件〕（大判昭8・5・30民集一二・一三八二）↓民四二三条⑤・五〇五条①

三　原告不出頭による却下

1　帰責事由

⑦ 本条三項にいう「その責めに帰することができない事由により出頭しないとき」とは、不出頭が原告又は訴訟代理人の故意又は過失によるものでないことを意味し、原告に実際に異議権を放棄する意思があったか否かを問わない。訴訟代理人が急病となっても、依頼者への電話連絡等の措置を講ずべきであり、帰責事由がある。（東京高判昭60・6・3判時一一五八・二〇八）

2　双方の不出頭

⑧ 配当手続の遅延の防止という本条三項の趣旨に照らし、当事者双方不出頭の場合にも、同項が適用になる。（横浜地判昭59・5・28判タ五三七・一六五）

四　配当異議訴訟の判決の効力↓九二条①

第九一条（配当等の額の供託）① 配当等を受けるべき債権者の債権について次に掲げる事由があるときは、裁判所書記官は、その配当等の額に相当する金銭を供託しなければならない。

一　停止条件付又は不確定期限付であるとき。
二　仮差押債権者の債権であるとき。
三　第三十九条第一項第七号又は第百八十三条第一項第六号に掲げる文書が提出されているとき。
四　その債権に係る先取特権、質権又は抵当権（以下この項において「先取特権等」という。）の実行を一時禁止する裁判の正本が提出されているとき。
五　その債権に係る先取特権等につき仮登記又は民事保全法第五十三条第二項に規定する仮処分による仮登記がされたものであるとき。
六　仮差押え又は執行停止に係る差押えの登記後に登記された先取特権等があるため配当額が定まらないとき。
七　配当異議の訴えが提起されたとき。

② 裁判所書記官は、配当等の受領のために執行裁判所に出頭しなかつた債権者（知れていない抵当証券の所持人を含む。）に対する配当等の額に相当する金銭を供託しなければならない。

第九二条（権利確定等に伴う配当等の実施）① 前条第一項の規定による供託がされた場合において、その供託の事由が消滅したときは、執行裁判所は、供託金について配当等を実施しなければならない。

② 前項の規定により配当を実施すべき場合において、前条第一項第一号から第五号までに掲げる事由による供託に係る債権者若しくは同項第六号に掲げる事由による供託に係る仮差押債権者若しくは執行を停止された差押債権者に対して配当を実施することができなくなつたとき、又は同項第七号に掲げる事由による供託に係る債権者が債務者の提起した配当異議の訴えにおいて敗訴したときは、執行裁判所は、配当異議の申出をしなかつた債権者のためにも配当表を変更しなければならない。

一　配当異議訴訟の判決の効力

① 債権者が他の債権者を相手に提起した配当異議訴訟の判決の効力は、その訴訟の当事者である債権者の間にだけ及ぶものであり、請求認容の場合には、①原告の債権額の限度で係争部分を原告に配当し、②残余があれば債務者に返還すべきである（②は傍論）。〔旧法事件〕（最判昭40・4・30民集一九・三・七八二、執保百選[三版]四二）

二　仮登記権利者

② 仮登記抵当権者は、民執法九一条一項五号により供託された金銭の配当を受けるため、本登記義務者に対して直接当該配当金の交付請求権を有することの確認判決を求めることができ、相手方が右請求権を争うか否かにかかわらず確認の利益がある。（東京高判昭61・3・27判時一一九六・一一七、民執百選五五）

三　被担保債権の基準時

③ 配当表記載の根抵当権者の配当額について配当異議の訴えが提起されたためにその配当額に相当する金銭が供託され、その後、当該根抵当権者が配当異議訴訟において勝訴したことにより、当該根抵当権者に対し配当表記載のとおりに配当

がされる場合には、その配当の実施は供託金の支払委託によつて行われるから、当該供託金は、その支払委託がされた時点における被担保債権に法定充当される。（最判平27・10・27民集六九・七・一七六三、重判平27民訴四）

[4] **四 強制執行手続の終了時期**

株券が発行されていない株式に対する強制執行の手続において、当該株式につき売却命令による売却がされた後、配当表記載の債権者の配当額について配当異議の訴えが提起されたために右配当額に相当する金銭の供託がされた場合、その供託の事由が消滅して供託金の支払委託がされるまでは、右供託金は配当等を受けるべき債権者に帰属していないから、この場合における右強制執行の手続は、右支払委託がされるまでは終了しておらず、それまでの間に債務者が破産手続開始の決定を受けたときは、破産法四二条二項本文の適用がある。（最決平30・4・18民集七二・二・六八、倒産百選[六版]八三）

第三目　強制管理

第九三条（**開始決定等**）① 執行裁判所は、強制管理の手続を開始するには、強制管理の開始決定をし、その開始決定において、債権者のために不動産を差し押さえる旨を宣言し、かつ、債務者に対し収益の処分を禁止し、及び債務者が賃貸料の請求権その他の当該不動産の収益に係る給付を求める権利（以下「給付請求権」という。）を有するときは、債務者に対して当該給付をする義務を負う者（以下「給付義務者」という。）に対しその給付の目的物を管理人に交付すべき旨を命じなければならない。

② 前項の収益は、後に収穫すべき天然果実及び既に弁済期が到来し、又は後に弁済期が到来すべき法定果実とする。

③ 第一項の開始決定は、債務者及び給付義務者に送達しなければならない。

④ 給付義務者に対する第一項の開始決定の効力は、開始決定が当該給付義務者に送達された時に生ずる。

⑤ 強制管理の申立てについての裁判に対しては、執行抗告をすることができる。

[1] **収益を生ずる見込みと執行抗告**

強制管理はいわゆる収益執行であるから、債務者が収益権を有しない不動産又は収益を生ずる見込みのない不動産に対する強制管理開始決定は違法であり、債務者は執行抗告を申し立てることができる。（札幌高決昭57・12・7判タ四八六・九二、執保百選[初版]五二）

第九三条の二（**二重開始決定**）既に強制管理の開始決定がされ、又は第百八十条第二号に規定する担保不動産収益執行の開始決定がされた不動産について強制管理の申立てがあつたときは、執行裁判所は、更に強制管理の開始決定をするものとする。

第九三条の三（**給付義務者に対する競合する債権差押命令等の陳述の催告**）裁判所書記官は、給付義務者に強制管理の開始決定を送達するに際し、当該給付義務者に対し、開始決定の送達の日から二週間以内に給付請求権に対する差押命令又は差押処分の存否その他の最高裁判所規則で定める事項について陳述すべき旨を催告しなければならない。この場合においては、第百四十七条第二項の規定を準用する。

第九三条の四（**給付請求権に対する競合する債権差押命令等の効力の停止等**）① 第九十三条第四項の規定により強制管理の開始決定の効力が給付義務者に対して生じたときは、給付請求権に対する差押命令又は差押処分であつて既に効力が生じていたものは、その効力を停止する。ただし、強制管理の開始決定の給付義務者に対する効力の発生が第百六十五条各号（第百六十七条の十四第一項において第百六十五条各号（第三号及び第四号を除く。）の規定を準用する場合及び第百九十三条第二項において準用する場合を含む。）に掲げる時後であるときは、この限りでない。

② 第九十三条第四項の規定により強制管理の開始決定の効力が給付義務者に対して生じたときは、給付請求権に対する仮差押命令であつて既に効力が生じていたものは、その効力を停止する。

③ 第一項の差押命令又は差押処分の債権者、同項の差押命令又は差押処分が効力を停止する時までに当該債権執行（第百四十三条に規定する債権執行をいう。）又は少額訴訟債権執行（第百六十七条の二第二項に規定する少額訴訟債権執行をいう。）の手続において配当要求をした債権者及び前項の仮差押命令の債権者は、第百七条第四項の規定にかかわらず、前二項の強制管理の手続において配当等を受けることができる。

第九四条（**管理人の選任**）① 執行裁判所は、強制管理の開始決定と同時に、管理人を選任しなければならない。

② 信託会社（信託業法（平成十六年法律第百五十四号）第三条又は第五十三条第一項の免許を受けた者をいう。）、銀行その他の法人は、管理人となることができる。

第九五条（**管理人の権限**）① 管理人は、強制管理の開始決定がされた不動産について、管理並びに収益の収取及び換価をすることができる。

② 管理人は、民法第六百二条に定める期間を超えて不動産を賃貸するには、債務者の同意を得なければならない。

③ 管理人が数人あるときは、共同してその職務を行う。ただし、執行裁判所の許可を受けて、職務を分掌することができる。

④ 管理人が数人あるときは、第三者の意思表示は、その一人に対してすれば足りる。

[1] **管理人が取得する権限**

（不動産の所有者が第三者に賃貸していた場合）管理人が取得するのは、賃料債権等自体ではなく、その権利を行使する権限にとどまり、賃料債権等は、強制管理開始決定が効力を生じた後も、所有者に帰属する。（最判平21・7・3民集六三・六・一〇四七、執保百選[三版]四三……担保不動産収益執行の事案。賃借人が、抵当権設定登記前に取得した賃貸人に対する債権（保証金、敷金返還債権）を自働債権とし、賃料債務を受働債権とする相殺を認めた）→民三七一条[7]

第九六条（**強制管理のための不動産の占有等**）① 管理人は、不動産について、債務者の占有を解いて自らこれを占有することができる。

② 管理人は、前項の場合において、閉鎖した戸を開く必要があると認めるときは、執行官に対し援助を求めることができる。

③ 第五十七条第三項の規定は、前項の規定により援助を求められた執行官について準用する。

第九七条（**建物使用の許可**）① 債務者の居住する建物について強制管理の開始決定がされた場合において、債務者が他に居住すべき場所を得ることができないときは、執行裁判所は、申立てにより、債務者及びその者と生計を一にする同居の親族（婚姻又は縁組の届出をしていないが債務者と事実上夫婦又は養親子と同様の関係にある者を含む。以下「債務者等」という。）の居住に必要な限度において、期間を定めて、その建物の使用を許可することができる。

② 債務者が管理人の管理を妨げたとき、又は事情の変更があつたときは、執行裁判所は、申立てにより、前項の規定による決定を取り消し、又は変更することができる。

③ 前二項の申立てについての決定に対しては、執行抗告をすることができる。

第九八条（収益等の分与）① 強制管理により債務者の生活が著しく困窮することとなるときは、執行裁判所は、申立てにより、管理人に対し、収益又はその換価代金からその困窮の程度に応じ必要な金銭又は収益を債務者に分与すべき旨を命ずることができる。

② 前条第二項の規定は前項の規定による決定について、同条第三項の規定は前項の申立て又はこの項において準用する前条第二項の申立てについての決定について準用する。

（管理人の監督）

第九九条 管理人は、執行裁判所が監督する。

第一〇〇条（管理人の注意義務）① 管理人は、善良な管理者の注意をもつてその職務を行わなければならない。

② 管理人が前項の注意を怠つたときは、その管理人は、利害関係を有する者に対し、連帯して損害を賠償する責めに任ずる。

第一〇一条（管理人の報酬等）① 管理人は、強制管理のため必要な費用の前払及び執行裁判所の定める報酬を受けることができる。

② 前項の規定による決定に対しては、執行抗告をすることができる。

（管理人の解任）

第一〇二条 重要な事由があるときは、執行裁判所は、利害関係を有する者の申立てにより、又は職権で、管理人を解任することができる。この場合においては、その管理人を審尋しなければならない。

（計算の報告義務）

第一〇三条 管理人の任務が終了した場合においては、管理人又はその承継人は、遅滞なく、執行裁判所に計算の報告をしなければならない。

（強制管理の停止）

第一〇四条① 第三十九条第一項第七号又は第八号に掲げる文書の提出があつた場合においては、強制管理は、配当等の手続を除き、その時の態様で継続することができる。この場合においては、管理人は、配当等に充てるべき金銭を供託し、その事情を執行裁判所に届け出なければならない。

② 前項の規定により供託された金銭の額で各債権者の債権及び執行費用の全部を弁済することができるときは、執行裁判所は、配当等の手続を除き、強制管理の手続を取り消さなければならない。

（配当要求）

第一〇五条① 執行力のある債務名義の正本を有する債権者及び第百八十一条第一項各号に掲げる文書により一般の先取特権を有することを証明した債権者は、執行裁判所に対し、配当要求をすることができる。

② 配当要求を却下する裁判に対しては、執行抗告をすることができる。

（配当等に充てるべき金銭等）

第一〇六条① 配当等に充てるべき金銭は、第九十八条第一項の規定による分与をした後の収益又はその換価代金から、不動産に対して課される租税その他の公課及び管理人の報酬その他の必要な費用を控除したものとする。

② 配当等に充てるべき金銭を生ずる見込みがないときは、執行裁判所は、強制管理の手続を取り消さなければならない。

（管理人による配当等の実施）

第一〇七条① 管理人は、前条第一項に規定する費用を支払い、執行裁判所の定める期間ごとに、配当等に充てるべき金銭の額を計算して、配当等を実施しなければならない。

② 債権者が一人である場合又は債権者が二人以上であつて配当等に充てるべき金銭で各債権者の債権及び執行費用の全部を弁済することができる場合には、管理人は、債権者に弁済金を交付し、剰余金を債務者に交付する。

③ 前項に規定する場合を除き、配当等に充てるべき金銭の配当について債権者間に協議が調つたときは、管理人は、その協議に従い配当を実施する。

④ 配当等を受けるべき債権者は、次に掲げる者とする。

一 差押債権者のうち次のイからハまでのいずれかに該当するもの

イ 第一項の期間の満了までに強制管理の申立てをしたもの

ロ 第一項の期間の満了までに一般の先取特権の実行として第百八十条第二号に規定する担保不動産収益執行の申立てをしたもの

ハ 第一項の期間の満了までに第百八十条第二号に規定する担保不動産収益執行の申立てをしたもの（ロに掲げるものを除く。）であつて、当該申立てが最初の強制管理の開始決定に係る差押えの登記前に登記（民事保全法第五十三条第二項に規定する保全仮登記を含む。）がされた担保権に基づくもの

二 仮差押債権者（第一項の期間の満了までに、強制管理の方法による仮差押えの執行の申立てをしたものに限る。）

三 第一項の期間の満了までに配当要求をした債権者

⑤ 第三項の協議が調わないときは、管理人は、その事情を執行裁判所に届け出なければならない。

（管理人による配当等の額の供託）

第一〇八条 配当等を受けるべき債権者の債権について第九十一条第一項各号（第七号を除く。）に掲げる事由があるときは、管理人は、その配当等の額に相当する金銭を供託し、その事情を執行裁判所に届け出なければならない。債権者が配当等の受領のために出頭しなかつたときも、同様とする。

（執行裁判所による配当等の実施）

第一〇九条 執行裁判所は、第百七条第五項の規定による届出があつた場合には直ちに、第百四条第一項又は前条の規定による届出があつた場合には供託の事由が消滅したときに、配当等の手続を実施しなければならない。

（弁済による強制管理の手続の取消し）

第一一〇条 各債権者が配当等によりその債権及び執行費用の全部の弁済を受けたときは、執行裁判所は、強制管理の手続を取り消さなければならない。

（強制競売の規定の準用）

第一一一条 第四十六条第一項、第四十七条第二項、第六項本文及び第七項、第四十八条、第五十三条、第五十四条、第八十四条第三項及び第四項、第八十七条第二項及び第三項並びに第八十八条の規定は強制管理について、第八十四条第一項及び第二項、第八十五条並びに第八十九条から第九十二条までの規定は第百九条の規定により執行裁判所が実施する配当等の手続について準用する。この場合において、第八十四条第三項及び第四項中「代金の納付後」とあるのは、「第百七条第一項の期間の経過後」と読み替えるものとする。

第二款　船舶に対する強制執行

（船舶執行の方法）

第一一二条 総トン数二十トン以上の船舶（端舟その他ろかい又は主としてろかいをもつて運転する舟を除く。以下この節及び次節において「船舶」という。）に対する強制執行（以下「船舶執行」という。）は、強制競売の方法により行う。

（執行裁判所）

第一一三条 船舶執行については、強制競売の開始決定の時の船舶の所在地を管轄する地方裁判所が、執行裁判所として管轄する。

（開始決定等）

第一一四条① 執行裁判所は、強制競売の手続を開始するには、強制競売の開始決定をし、かつ、執行官に対し、船舶の国籍を証する文書その他の船舶の航行のために必要な文書（以下「船舶国籍証書等」という。）を取り上げて執行裁判所に提出すべきことを命じなければならない。ただし、その開始決定前にされ

た開始決定により船舶国籍証書等が取り上げられているときは、執行官に対する命令を要しない。

② 強制競売の開始決定においては、債権者のために船舶を差し押さえる旨を宣言し、かつ、債務者に対し船舶の出航を禁止しなければならない。

③ 強制競売の開始決定の送達又は差押えの登記前に執行官が船舶国籍証書等を取り上げたときは、差押えの効力は、その取上げの時に生ずる。

（船舶執行の申立て前の船舶国籍証書等の引渡命令）

第一一五条① 船舶執行の申立て前に船舶国籍証書等を取り上げなければ船舶執行が著しく困難となるおそれがあるときは、その船舶の船籍の所在地（船籍のない船舶にあつては、最高裁判所の指定する地）を管轄する地方裁判所は、申立てにより、債務者に対し、船舶国籍証書等を執行官に引き渡すべき旨を命ずることができる。急迫の事情があるときは、船舶の所在地を管轄する地方裁判所も、この命令を発することができる。

② 前項の規定による裁判は、口頭弁論を経ないですることができる。

③ 第一項の申立てをするには、執行力のある債務名義の正本を提示し、かつ、同項に規定する事由を疎明しなければならない。

④ 執行官は、船舶国籍証書等の引渡しを受けた日から五日以内に債権者が船舶執行の申立てをしたことを証する文書を提出しないときは、その船舶国籍証書等を債務者に返還しなければならない。

⑤ 第一項の規定による決定に対しては、即時抗告をすることができる。

⑥ 前項の即時抗告は、執行停止の効力を有しない。

⑦ 第五十五条第八項から第十項までの規定は、第一項の規定による決定について準用する。

（保管人の選任等）

第一一六条① 執行裁判所は、差押債権者の申立てにより、必要があると認めるときは、強制競売の開始決定がされた船舶について保管人を選任することができる。

② 前項の保管人が船舶の保管のために要した費用（第四項において準用する第百一条第一項の報酬を含む。）は、手続費用とする。

③ 第一項の申立てについての決定に対しては、執行抗告をすることができる。

④ 第九十四条第二項、第九十六条及び第九十九条から第百三条までの規定は、第一項の保管人について準用する。

（保証の提供による強制競売の手続の取消し）

第一一七条① 差押債権者の債権について、第三十九条第一項第七号又は第八号に掲げる文書が提出されている場合において、債務者が差押債権者及び保証の提供の時（配当要求の終期後にあつては、その終期）までに配当要求をした債権者の債権及び執行費用の総額に相当する保証を買受けの申出前に提供したときは、執行裁判所は、申立てにより、配当等の手続を除き、強制競売の手続を取り消さなければならない。

② 前項に規定する文書の提出による執行停止がその効力を失つたときは、執行裁判所は、同項の規定により提供された保証について、同項の債権者のために配当等を実施しなければならない。この場合において、執行裁判所は、保証の提供として供託された有価証券を取り戻すことができる。

③ 第一項の申立てを却下する裁判に対しては、執行抗告をすることができる。

④ 第十二条の規定は、第一項の規定による決定については適用しない。

⑤ 第十五条の規定は第一項の保証の提供について、第七十八条第三項の規定は第一項の保証が金銭の供託以外の方法で提供されている場合の換価について準用する。

（航行許可）

第一一八条① 執行裁判所は、営業上の必要その他相当の事由があると認める場合において、各債権者並びに最高価買受申出人又は買受人及び次順位買受申出人の同意があるときは、債務者の申立てにより、船舶の航行を許可することができる。

② 前項の申立てについての裁判に対しては、執行抗告をすることができる。

③ 第一項の規定による決定は、確定しなければその効力を生じない。

（事件の移送）

第一一九条① 執行裁判所は、強制競売の開始決定がされた船舶が管轄区域外の地に所在することとなつた場合には、船舶の所在地を管轄する地方裁判所に事件を移送することができる。

② 前項の規定による決定に対しては、不服を申し立てることができない。

（船舶国籍証書等の取上げができない場合の強制競売の手続の取消し）

第一二〇条 執行官が強制競売の開始決定の発せられた日から二週間以内に船舶国籍証書等を取り上げることができないときは、執行裁判所は、強制競売の手続を取り消さなければならない。

（不動産に対する強制競売の規定の準用）

第一二一条 前款第二目（第四十五条第一項、第四十六条第二項、第四十八条、第五十四条、第五十五条第一項第二号、第五十六条、第六十四条の二、第六十五条の二、第六十八条の四、第七十一条第五号、第八十一条及び第八十二条を除く。）の規定は船舶執行について、第四十八条、第五十四条及び第八十二条の規定は船舶法（明治三十二年法律第四十六号）第一条に規定する日本船舶に対する強制執行について、それぞれ準用する。この場合において、第五十一条第一項中「第百八十一条第一項各号に掲げる文書」とあるのは「文書」と、同項中「一般の先取特権」とあるのは「先取特権」と読み替えるものとする。

第三款　動産に対する強制執行

（動産執行の開始等）

第一二二条① 動産（登記することができない土地の定着物、土地から分離する前の天然果実で一月以内に収穫することが確実であるもの及び裏書の禁止されている有価証券以外の有価証券を含む。以下この節、次章及び第四章において同じ。）に対する強制執行（以下「動産執行」という。）は、執行官の目的物に対する差押えにより開始する。

② 動産執行においては、執行官は、差押債権者のためにその債権及び執行費用の弁済を受領することができる。

> ⑦
>
> **一　時効の完成猶予［時効中断］の効力**
>
> 時効中断［時効の完成猶予］の効力が生ずる時期は、権利者が法定の手続に基づく権利の行使に当たる行為に出たと認められる時期と解すべきであるから、動産執行については債権者が執行官に対し執行の申立てをした時である。（最判昭59・4・24民集三八・六・六八七、執保百選［初版］五六）
>
> **二　未登記立木に対する強制執行**↓一六七条⑦
>
> **三　公示催告中の手形債権に対する強制執行**↓一四三条⑦
>
> **四　競売による株式取得と取締役会の承認**↓会社一三七条①・一三九条④

（債務者の占有する動産の差押え）

第一二三条① 債務者の占有する動産の差押えは、執行官がその動産を占有して行う。

② 執行官は、前項の差押えをするに際し、債務者の住居その他債務者の占有する場所に立ち入り、その場所において、又は債務者の占有する金庫その他の容器について目的物を捜索することができる。この場合において、必要があるときは、閉鎖した戸及び金庫その他の容器を開くため必要な処分をすることができる。

③ 執行官は、相当であると認めるときは、債務者に差し押さえ

た動産（以下「差押物」という。）を保管させることができる。この場合においては、差押えは、差押物について封印その他の方法で差押えの表示をしたときに限り、その効力を有する。

④ 執行官は、前項の規定により債務者に差押物を保管させる場合において、相当であると認めるときは、その使用を許可することができる。

⑤ 執行官は、必要があると認めるときは、第三項の規定により債務者に保管させた差押物を自ら保管し、又は前項の規定による許可を取り消すことができる。

⑦ **一 動産差押えと目的物の占有関係**

① 強制執行手続において執達吏の差押えによる動産の占有は、元来公法上の占有であり、その動産に対する私法上の占有は依然債務者にある。（旧法事件）（大判昭9・11・20民集一三・二三〇二……競落人の即時取得の有無が問題となった事例）

② 執行債務者は、有体動産の差押えによって差押物件の占有権を喪失しないから、執行債務者が差押え後になした右物件の譲渡及び占有改定による引渡しは、その後に差押えを一旦解除し再度差押えをなした執行債権者に対抗することができる。（旧法事件）（最判昭34・8・28民集一三・一〇・一三三六、執保百選[三版]四五）→民一八三条④

二 倉荷証券の発行された動産の差押え→一二四条⑦

（債務者以外の者の占有する動産の差押え）

第一二四条 前条第一項及び第三項から第五項までの規定は、債権者又は提出を拒まない第三者の占有する動産の差押えについて準用する。

⑦ **倉荷証券の発行された動産の差押え**

債務者が動産を倉庫営業者に寄託し倉庫営業者がこれにつき倉荷証券を交付した場合でも、倉庫営業者が提出を拒まない限り、執達吏はその動産を占有して差押えをなすことができ、倉荷証券を取得した第三者が第三者異議の訴え（[旧]民訴法[旧]五四九条）をなし得るにすぎない。（旧法事件）（大決昭10・3・26民集一四・四〇八）

（二重差押えの禁止及び事件の併合）

第一二五条① 執行官は、差押物又は仮差押えの執行をした動産を更に差し押さえることができない。

② 差押えを受けた債務者に対しその差押えの場所について更に動産執行の申立てがあった場合においては、執行官は、まだ差し押さえていない動産があるときはこれを差し押さえ、差し押さえるべき動産がないときはその旨を明らかにして、その動産執行事件と先の動産執行事件とを併合しなければならない。仮差押えの執行を受けた債務者に対しその執行の場所について更に動産執行の申立てがあったときも、同様とする。

③ 前項前段の規定により二個の動産執行事件が併合されたときは、後の事件において差し押さえられた動産は、併合の時に、先の事件において差し押さえられたものとみなし、後の事件の申立ては、配当要求の効力を生ずる。先の差押債権者が動産執行の申立てを取り下げたとき、又はその申立てに係る手続が停止され、若しくは取り消されたときは、先の事件において差し押さえられた動産は、併合の時に、後の事件のために差し押さえられたものとみなす。

④ 第二項後段の規定により仮差押執行事件と動産執行事件とが併合されたときは、仮差押えの執行がされた動産は、併合の時に、動産執行事件において差し押さえられたものとみなし、仮差押執行事件の申立ては、配当要求の効力を生ずる。差押債権者が動産執行の申立てを取り下げたとき、又はその申立てに係る手続が取り消されたときは、動産執行事件において差し押さえられた動産は、併合の時に、仮差押執行事件において仮差押えの執行がされたものとみなす。

（差押えの効力が及ぶ範囲）

第一二六条 差押えの効力は、差押物から生ずる天然の産出物に及ぶ。

（差押物の引渡命令）

第一二七条① 差押物を第三者が占有することとなったときは、執行裁判所は、差押債権者の申立てにより、その第三者に対し、差押物を執行官に引き渡すべき旨を命ずることができる。

② 前項の申立ては、差押物を第三者が占有していることを知った日から一週間以内にしなければならない。

③ 第一項の申立てについての裁判に対しては、執行抗告をすることができる。

④ 第五十五条第八項から第十項までの規定は、第一項の規定による決定について準用する。

⑦ **第三者の占有権限**

本条の引渡命令は、第三者の占有権限の内容を問わず差し当たって差押え当時の占有状態に回復することを目的とするから、第三者の占有権限は右命令を発する妨げとならず、それを理由とする執行抗告も許されない。（東京高決昭58・4・26下民三四・一～四・一七八、執保百選[三版]四六）

（超過差押えの禁止等）

第一二八条① 動産の差押えは、差押債権者の債権及び執行費用の弁済に必要な限度を超えてはならない。

② 差押えの後にその差押えが前項の限度を超えることが明らかとなったときは、執行官は、その超える限度において差押えを取り消さなければならない。

（剰余を生ずる見込みのない場合の差押えの禁止等）

第一二九条① 差し押さえるべき動産の売得金の額が手続費用の額を超える見込みがないときは、執行官は、差押えをしてはならない。

② 差押物の売得金の額が手続費用及び差押債権者の債権に優先する債権の額の合計額以上となる見込みがないときは、執行官は、差押えを取り消さなければならない。

（売却の見込みのない差押物の差押えの取消し）

第一三〇条 差押物について相当な方法による売却の実施をしてもなお売却の見込みがないときは、執行官は、その差押物の差押えを取り消すことができる。

⑦ **売却の見込みがない差押物**

賭博用ゲーム機はそのままでは換価性がなく、特別売却・委託売却が可能な銃砲刀剣類、麻薬等の場合とは異なって売却の見込みがないから、本条所定の差押えの取消事由がある。（大阪高決昭60・2・5判タ五五四・二〇二）

（差押禁止動産）

第一三一条 次に掲げる動産は、差し押さえてはならない。

一 債務者等の生活に欠くことができない衣服、寝具、家具、台所用具、畳及び建具

二 債務者等の一月間の生活に必要な食料及び燃料

三 標準的な世帯の二月間の必要生計費を勘案して政令で定める額の金銭

四 主として自己の労力により農業を営む者の農業に欠くことができない器具、肥料、労役の用に供する家畜及びその飼料並びに次の収穫まで農業を続行するために欠くことができない種子その他これに類する農産物

五 主として自己の労力により漁業を営む者の水産物の採捕又は養殖に欠くことができない漁網その他の漁具、えさ及び稚魚その他これに類する水産物

六 技術者、職人、労務者その他の主として自己の知的又は肉体的な労働により職業又は営業に従事する者（前二号に規定する者を除く。）のその業務に欠くことができない器具その他の物（商品を除く。）

七 実印その他の印で職業又は生活に欠くことができないもの

八　仏像、位牌その他礼拝又は祭祀に直接供するため欠くことができない物

九　債務者に必要な系譜、日記、商業帳簿及びこれらに類する書類

十　債務者又はその親族が受けた勲章その他の名誉を表章する物

十一　債務者等の学校その他の教育施設における学習に必要な書類及び器具

十二　発明又は著作に係る物で、まだ公表していないもの

十三　債務者等に必要な義手、義足その他の身体の補足に供する物

十四　建物その他の工作物について、災害の防止又は保安のため法令の規定により設備しなければならない消防用の機械又は器具、避難器具その他の備品

一　肯定例

[1] 執行債務者が内科、小児科を専門とする開業医であり、レントゲン撮影機一台が差し押さえられた場合、債務者の有するレントゲン撮影機は当該一台のみである等の本件認定事実によれば、同撮影機は本条六号の差押禁止動産に該当する。（東京地八王子支決昭55・12・5判時九九九・八六、執保百選[三版]四七①）

二　否定例

[2] 執行債務者は眼科の開業医であり、最新治療技術に必要なレーザー光線照射機を失っても通常の眼科医としての職業生活を送ることは可能であるから、右機械は本条六号の差押禁止動産に当たらない。（東京地決平10・4・13判時一六四〇・一四七、執保百選[三版]四七②）

（差押禁止動産の範囲の変更）

第一三二条① 執行裁判所は、申立てにより、債務者及び債権者の生活の状況その他の事情を考慮して、差押えの全部若しくは一部の取消しを命じ、又は前条各号に掲げる動産の差押えを許すことができる。

② 事情の変更があつたときは、執行裁判所は、申立てにより、前項の規定により差押えが取り消された動産の差押えを許し、又は同項の規定による差押えの全部若しくは一部の取消しを命ずることができる。

③ 前二項の規定により差押えの取消しの命令を求める申立てがあつたときは、執行裁判所は、その裁判が効力を生ずるまでの間、担保を立てさせ、又は立てさせないで強制執行の停止を命ずることができる。

④ 第一項又は第二項の申立てを却下する決定及びこれらの規定により差押えを許す決定に対しては、執行抗告をすることができる。

⑤ 第三項の規定による決定に対しては、不服を申し立てることができない。

（先取特権者等の配当要求）

第一三三条 先取特権又は質権を有する者は、その権利を証する文書を提出して、配当要求をすることができる。

先取特権者による強制執行と優先弁済→一六五条[1]

（売却の方法）

第一三四条 執行官は、差押物を売却するには、入札又は競り売りのほか、最高裁判所規則で定める方法によらなければならない。

動産の評価

[1]（建物明渡しの仮処分執行後、債務者が建物内の動産の引取りを拒んだため執行官が換価売却を行ったところ、債務者が不当に安く売却されたとして提起した国家賠償請求において）① 債務者の提出した見積書の二二分の一の価額で売却されたとしても、その見積りが目的物の古さ、汚れ、再販可能性等について考慮しておらず、執行官がより高額に競売すべく努力した等の本件事情の下では、不当に低廉ではない。② 評価人による評価を要するとした民執規則一一一条にいう「高価な動産」とは、宝石、貴金属類、精密機械のように、それ自体が一般的に高価であるとされているものを指すから、いわゆる厨房〔ちゅうぼう〕器具、電気器具類はこれに当たらない。「高価な動産」に当たらない場合、執行官の裁量権行使の範囲内であれば、評価人による評価をしなくても違法ではない。（東京地判昭59・8・27下民三五・五～八・五二七、執保百選[初版]五九）

（売却の場所の秩序維持等に関する規定の準用）

第一三五条 第六十五条及び第六十八条の規定は、差押物を売却する場合について準用する。

（手形等の提示義務）

第一三六条 執行官は、手形、小切手その他の金銭の支払を目的とする有価証券でその権利の行使のため定められた期間内に引受け若しくは支払のための提示又は支払の請求（以下「提示等」という。）を要するもの（以下「手形等」という。）を差し押さえた場合において、その期間の始期が到来したときは、債務者に代わつて手形等の提示等をしなければならない。

（執行停止中の売却）

第一三七条① 第三十九条第一項第七号又は第八号に掲げる文書の提出があつた場合において、差押物について著しい価額の減少を生ずるおそれがあるとき、又はその保管のために不相応な費用を要するときは、執行官は、その差押物を売却することができる。

② 執行官は、前項の規定により差押物を売却したときは、その売得金を供託しなければならない。

（有価証券の裏書等）

第一三八条 執行官は、有価証券を売却したときは、買受人のために、債務者に代わつて裏書又は名義書換えに必要な行為をすることができる。

（執行官による配当等の実施）

第一三九条① 債権者が一人である場合又は債権者が二人以上であつて売得金、差押金銭若しくは手形等の支払金（以下「売得金等」という。）で各債権者の債権及び執行費用の全部を弁済することができる場合には、執行官は、債権者に弁済金を交付し、剰余金を債務者に交付する。

② 前項に規定する場合を除き、売得金等の配当について債権者間に協議が調つたときは、執行官は、その協議に従い配当を実施する。

③ 前項の協議が調わないときは、執行官は、その事情を執行裁判所に届け出なければならない。

④ 第八十四条第三項及び第四項並びに第八十八条の規定は、第一項又は第二項の規定により配当等を実施する場合について準用する。

（配当等を受けるべき債権者の範囲）

第一四〇条 配当等を受けるべき債権者は、差押債権者のほか、売得金については執行官がその交付を受けるまで（第百三十七条又は民事保全法第四十九条第三項の規定により供託された売得金については、動産執行が続行されることとなるまで）に、差押金銭についてはその差押えをするまでに、手形等の支払金についてはその支払を受けるまでに配当要求をした債権者とする。

（執行官の供託）

第一四一条① 第百三十九条第一項又は第二項の規定により配当等を実施する場合において、配当等を受けるべき債権者の債権について次に掲げる事由があるときは、執行官は、その配当等の額に相当する金銭を供託し、その事情を執行裁判所に届け出なければならない。

一　停止条件付又は不確定期限付であるとき。

二　仮差押債権者の債権であるとき。

三　第三十九条第一項第七号又は第百九十二条において準用する第百八十三条第一項第六号に掲げる文書が提出されているとき。

四　その債権に係る先取特権又は質権の実行を一時禁止する裁判の正本が提出されているとき。

②　執行官は、配当等の受領のために出頭しなかつた債権者に対する配当等の額に相当する金銭を供託しなければならない。

（執行裁判所による配当等の実施）

第一四二条①　執行裁判所は、第百三十九条第三項の規定による届出があつた場合には直ちに、前条第一項の規定による届出があつた場合には供託の事由が消滅したときに、配当等の手続を実施しなければならない。

②　第八十四条、第八十五条及び第八十八条から第九十二条までの規定は、前項の規定により執行裁判所が実施する配当等の手続について準用する。

第四款　債権及びその他の財産権に対する強制執行

第一目　債権執行等

（債権執行の開始）

第一四三条　金銭の支払又は船舶若しくは動産の引渡しを目的とする債権（動産執行の目的となる有価証券が発行されている債権を除く。以下この節において「債権」という。）に対する強制執行（第百六十七条の二第二項に規定する少額訴訟債権執行を除く。以下この節において「債権執行」という。）は、執行裁判所の差押命令により開始する。

一　執行対象債権

1　譲渡禁止特約付債権→民四六六条の四[1]

2　公示催告中の手形債権

[1]　手形債権者は、除権判決［決定］により手形を所持しないで権利を行使することができるから、公示催告中の手形債権に対する仮差押えの執行は、除権判決がされる前においても、執行官による手形の占有を必要とせず、仮差押命令を債務者及び第三債務者に送達すれば足りる。〔旧法事件〕（最判昭51・4・8民集三〇・三・一九七、民執百選六八）

3　貸金庫内容物の引渡請求権

[2]　貸金庫の内容物については、本条に基づいて利用者の銀行に対する貸金庫契約上の内容物引渡請求権を差し押さえる方法により、強制執行をすることができる。（最判平11・11・29民集五三・八・一九二六、執保百選[三版]六四）→[10]・一六三条[7]

二　執行対象債権の特定

1　預金債権

[3]　民執規則一三三条二項の求める差押債権の特定とは、第三債務者において、差押命令送達後速やかに、かつ、確実に、被差押債権を識別できるものでなければならない。第三債務者の全ての店舗を対象として順位付けをしてなされた申立ては、差押債権の特定を欠き不適法である。（最決平23・9・20民集六五・六・二七一〇、執保百選[三版]四八……「支店番号の若い順序による」という順位付けを行った）

[4]　第三債務者（銀行）において差押え対応を同一部署において一括して実施していることなどが認められるとして、いわゆる全店一括順位付け方式による申立てにつき差押債権の特定に欠けるところはないとされた事例（名古屋高金沢支決平30・6・20判時二三九九・三三……申立て却下の原決定取消し、差戻し）

[5]　預金債権額合計の最も大きな店舗の預金債権を対象とすると表示した事例において、[3]と同旨（最決平25・1・17判時二一七六・二九、重判平25民訴七）

[6]　第三債務者が随意に定める順序によるとした事例において、[3]と同旨（東京高決平24・4・25判タ一三七九・二四七）

[7]　差押命令送達後一年が経過するまでの入金によって生じる普通預金債権と表示した事例において、[3]と同旨（最決平24・7・24判時二一七〇・三〇、重判平24民訴六）

2　生命保険契約に基づく請求権

イ　肯定例

[8]　生命保険契約に基づく請求権を、契約年月日の先後で特定した場合は、保険証券番号及び保険の種類が特定されていなくても、生命保険会社たる第三債務者において過度の負担となる多大な時間を要するとはいえない。（東京高決平22・9・8判時二〇九九・二五……第三債務者が、弁護士法二三条の二に基づく照会に回答しなかったために保険証券番号による特定ができなかった事案において、特定を欠くとして申立てを却下した原決定を取り消し、差押えを認めた）

ロ　否定例

[9]　（[8]と類似の事案において）保険証券番号による特定がなく、かつ保険の種類、保険期間等による順位付けもない場合には、第三債務者である保険会社に過度の負担を負わせるものである。（東京高決平22・12・7判タ一三三九・二〇九）

3　貸金庫内容物の引渡請求権

[10]　貸金庫利用者の銀行に対する内容物引渡請求権を差し押さえる場合、貸金庫を特定することによって引渡請求権を特定することができる。（最判平11・11・29前出[2]）→一六三条[7]

（執行裁判所）

第一四四条①　債権執行については、債務者の普通裁判籍の所在地を管轄する地方裁判所が、この普通裁判籍がないときは差し押さえるべき債権の所在地を管轄する地方裁判所が、執行裁判所として管轄する。

②　差し押さえるべき債権は、その債権の債務者（以下「第三債務者」という。）の普通裁判籍の所在地にあるものとする。ただし、船舶又は動産の引渡しを目的とする債権及び物上の担保権により担保される債権は、その物の所在地にあるものとする。

③　差押えに係る債権（差押命令により差し押さえられた債権に限る。以下この目において同じ。）について更に差押命令が発せられた場合において、差押命令を発した執行裁判所が異なるときは、執行裁判所は、事件を他の執行裁判所に移送することができる。

④　前項の規定による決定に対しては、不服を申し立てることができない。

（差押命令）

第一四五条①　執行裁判所は、差押命令において、債務者に対し債権の取立てその他の処分を禁止し、かつ、第三債務者に対し債務者への弁済を禁止しなければならない。

②　差押命令は、債務者及び第三債務者を審尋しないで発する。

③　差押命令は、債務者及び第三債務者に送達しなければならない。

④　裁判所書記官は、差押命令を送達するに際し、債務者に対し、最高裁判所規則で定めるところにより、第百五十三条第一項又は第二項の規定による当該差押命令の取消しの申立てをすることができる旨その他最高裁判所規則で定める事項を教示しなければならない。

⑤　差押えの効力は、差押命令が第三債務者に送達された時に生ずる。

⑥　差押命令の申立てについての裁判に対しては、執行抗告をすることができる。

⑦　執行裁判所は、債務者に対する差押命令の送達をすることができない場合には、差押債権者に対し、相当の期間を定め、その期間内に債務者の住所、居所その他差押命令の送達をすべき場所の申出（第二十条において準用する民事訴訟法第百十条第一項各号に掲げる場合にあつては、公示送達の申立て。次項において同じ。）をすべきことを命ずることができる。

⑧　執行裁判所は、前項の申出を命じた場合において、差押債権者が同項の申出をしないときは、差押命令を取り消すことができる。

[1] 一 **債権の被差押適格の審査**　債権執行の対象が外形上債務者の責任財産とは認められなくても、債権者が迅速性が損なわれることを甘受した上で、他人名義の預金債権が債務者の責任財産に帰属することを証明した場合は、執行手続を開始し得る。（東京高決平14・5・10判時一八〇三・三三）

二 **債権差押えの効力**

1 **利息付債権の差押えの効力**

[2] 利息付債権の差押えの効力は、元本債権のほかその後に生ずべき利息に及ぶが、差押えの効力発生以前に生じた利息債権は元本債権の一部を構成しないから元本債権の差押えは既に生じた利息債権に対し効力を及ぼさない。〔旧法事件〕（大判大5・3・8民録二二・五三七）

2 **第三債務者による相殺との優劣**↓民五一一条[1]

3 **債権譲受人と差押債権者との優劣**↓民四六七条[21][22]

4 **差押えと同時到達の通知ある債権譲受人の訴え**

[3] 指名債権譲渡に係る確定日付のある譲渡通知と右債権に対する債権差押通知とが同時に第三債務者に到達した場合、右債権の譲受人は第三債務者に対してその給付を求める訴えを提起して無条件の勝訴判決を得ることができ、ただ右判決に基づいて強制執行がされたときは、第三債務者は、債権差押えがされていることを執行上の障害として、執行手段が満足段階に進むことを阻止し得る（〔旧〕民訴法〔旧〕五四四条〔民執法一一条に相当〕参照）にすぎない。〔旧法事件〕（最判昭55・1・11民集三四・一・四二、民百選Ⅱ[四版]三三）↓民四六七条[20]

5 **賃料債権の差押え**

イ **賃貸建物の第三者への譲渡**

[4] 建物所有者の債権者が賃料債権を差し押さえ、その効力が発生した後に、右所有者が建物を他に譲渡し賃貸人の地位が譲受人に移転した場合には、右譲受人は、建物の賃料債権を取得したことを差押債権者に対抗することができない。（最判平10・3・24民集五二・二・三九九、執保百選[三版]五一）

ロ **賃貸建物の賃借人への譲渡**

[5] 賃貸人が賃借人に賃貸借契約の目的である建物を譲渡したことにより賃貸借契約が終了した以上は、その終了が賃料債権の差押えの効力発生後であっても、賃貸人と賃借人との人的関係、当該建物を譲渡するに至った経緯及び態様その他の諸般の事情に照らして、賃借人において賃料債権が発生しないことを主張することが信義則上許されないなどの特段の事情がない限り、差押債権者は、第三債務者である賃借人から、当該譲渡後に支払期の到来する賃料債権を取り立てることができない。（最判平24・9・4判時二一七一・四二、重判平24民八……特段の事情の審理のため差戻し）

6 **被差押債権についての示談**↓民保五〇条[3]

7 **抵当権に基づく物上代位との関係**↓一六五条[3]

8 **仮差押債務者の訴え**↓民保五〇条[1]

9 **消滅時効の完成猶予**〔平成二九法四四による改正前の時効の中断〕↓民一四八条[2]

三 **債権等の差押命令に対する不服申立て**

1 **方法**

[6] 民執法一九三条二項は、本条五項〔現六項〕のほか一八二条を準用しているが、一八二条〔平成一五法一三四による改正前のもの〕は不動産競売の開始決定について実体上の事由を執行異議理由とすることができるとするにすぎないから、担保権に基づく物上代位権行使としての債権差押命令に対しては、執行異議ではなく、執行抗告において担保権の不存在又は消滅という実体上の事由を主張することができる。（東京高決昭60・3・19判時一一五二・一四四、執保百選[三版]七四①）

2 **不服の理由**

[7] 抵当権に基づく物上代位権の行使としてされた債権（抵当建物の賃借人に対する賃料債権）差押命令に対して、第三債務者（賃借人）は、被差押債権の不存在又は消滅を理由として執行抗告をすることはできない。（最決平14・6・13民集五六・五・一〇一四、重判平14民訴六……取立訴訟等で主張すべし）

（差押えの範囲）

第一四六条① 執行裁判所は、差し押さえるべき債権の全部について差押命令を発することができる。

② 差し押さえた債権の価額が差押債権者の債権及び執行費用の額を超えるときは、執行裁判所は、他の債権を差し押さえてはならない。

[1] **不動産競売手続中の債権執行と過剰執行**　抵当権者が被担保債権を基本債権とする公正証書をも有する場合において、不動産競売手続で右被担保債権額以上の最低売却価額〔買受可能価額〕が決定された後、右競売手続停止のための供託金についての取戻請求権に対して公正証書に基づき差押え・転付の債権執行をしても、この債権執行は、先行不動産競売手続を調整し得るから、過剰執行ではない。（東京高決昭56・2・24下民三二・一～四・五二）

（第三債務者の陳述の催告）

第一四七条① 差押債権者の申立てがあるときは、裁判所書記官は、差押命令を送達するに際し、第三債務者に対し、差押命令の送達の日から二週間以内に差押えに係る債権の存否その他の最高裁判所規則で定める事項について陳述すべき旨を催告しなければならない。

② 第三債務者は、前項の規定による催告に対して、故意又は過失により、陳述をしなかったとき、又は不実の陳述をしたときは、これによって生じた損害を賠償する責めに任ずる。

[1] **第三債務者の陳述の効果**　執行裁判所に対する陳述は事実の報告たる性質を有するにすぎず、右陳述において、第三債務者が被差押債権の存在を認めて支払の意思を表明し、将来相殺する意思がある旨を表明しなかったとしても、これによって債務の承認や抗弁権の喪失という実体上の効果を生じず、その後、時効による消滅を主張し、又はこれを受働債権として相殺することを妨げるものではない。〔旧法事件〕（最判昭55・5・12判時九六八・一〇五、執保百選[三版]五四……異議申立預託金返還請求権の差押えに対し、銀行が貸付金で相殺）

[2] 第三債務者は、陳述催告を受けた際、債権者に対して相殺するか否かについての具体的な陳述をなすべき法的義務を負わないから、陳述において相殺の主張をしなかったことは、本条二項に該当しない。（東京地判平10・4・24判タ一〇一三・二三六……[1]と同旨を前提）

（債権証書の引渡し）

第一四八条① 差押えに係る債権について証書があるときは、債務者は、差押債権者に対し、その証書を引き渡さなければならない。

② 差押債権者は、差押命令に基づいて、第百六十九条に規定する動産の引渡しの強制執行の方法により前項の証書の引渡しを受けることができる。

（差押えが一部競合した場合の効力）

第一四九条　債権の一部が差し押さえられ、又は仮差押えの執行を受けた場合において、その残余の部分を超えて差押命令が発せられたときは、各差押え又は仮差押えの執行の効力は、その債権の全部に及ぶ。債権の全部が差し押さえられ、又は仮差押えの執行を受けた場合において、その債権の一部について差押命令が発せられたときのその差押えの効力も、同様とする。

（先取特権等によって担保される債権の差押えの登記等の嘱託）

第一五〇条　登記又は登録（以下「登記等」という。）のされた先取特権、質権又は抵当権によつて担保される債権に対する差押命令が効力を生じたときは、裁判所書記官は、申立てにより、その債権について差押えがされた旨の登記等を嘱託しなければならない。

第一五一条（**継続的給付の差押え**）　給料その他継続的給付に係る債権に対する差押えの効力は、差押債権者の債権及び執行費用の額を限度として、差押えの後に受けるべき給付に及ぶ。

一　診療報酬債権↓一五一条の二[1]、民四六六条の六[1]

[1]　社会保険診療報酬債権は、将来生じるものであってもそれほど遠い将来のものでなければ、特段の事情のない限り、現在既に債権発生の原因が確定しその発生を確実に予測し得るから、始期と終期とを特定することによってこれを差し押さえることができる。（旧法事件）（東京高決昭54・9・19下民三〇・九～一二・四一五）

[2]　債務者（歯科医師）の今後五年間の診療によって生じる社会保険診療報酬債権等の差押えが求められた本件に、差押命令を今後一年分に限るべき事情は認められない。（札幌高決平15・2・24判時一八三三・一三五……一年後には歯科医を廃業する可能性があるとして差押命令を一年分に限った原決定を取消し）

二　債務者の退職後の再就職

[3]　給料債権が差し押さえられた後に債務者が第三債務者たる勤務先を退職し、その後に同勤務先に再雇用された場合でも、再雇用まで六箇月余を経過しているなど本件事情の下では、右債権差押えの効力は、再雇用後の給料債権については及ばない。（旧法事件）（最判昭55・1・18判時九五六・五九、執保百選[三版]五〇）

三　履行期未到来の遅延損害金をも執行債権とすることの可否

1　肯定例

[4]　元本債権に附帯する履行期未到来の遅延損害金の請求についても強制執行の開始を求め得ないと解すべき根拠は、法令上見出せず、被差押債権が継続的給付に係る債権である場合でも変わらない。（広島高岡山支決昭63・1・14判時一二六四・六六……そうでないと、差押債権者に損害金に先んじて元本に充当することを強制し、損害金について再執行申立てという負担を課すことになるとする）

2　否定例

[5]　第三債務者の危険及び負担の程度、債権者の利害、執行手続の円滑な実施等を勘案すると、給料その他継続的給付に係る債権に対する強制執行においては、執行債権を差押命令発令日を基準とし、同日までに期限の到来した遅延損害金に限定すべきである。（福岡高宮崎支決平8・4・19判時一六〇九・一一七①……そうでないと、第三債務者は執行が長期化しても支払の都度遅延損害金を計算する負担を負い、仮に債権者が計算するとしても第三債務者による検算の必要は残るとする）

第一五一条の二（**扶養義務等に係る定期金債権を請求する場合の特例**）①　債権者が次に掲げる義務に係る確定期限の定めのある定期金債権を有する場合において、その一部に不履行があるときは、第三十条第一項の規定にかかわらず、当該定期金債権のうち確定期限が到来していないものについても、債権執行を開始することができる。

一　民法第七百五十二条の規定による夫婦間の協力及び扶助の義務

二　民法第七百六十条の規定による婚姻から生ずる費用の分担の義務

三　民法第七百六十六条（同法第七百四十九条、第七百七十一条及び第七百八十八条において準用する場合を含む。）の規定による子の監護に関する義務

四　民法第八百七十七条から第八百八十条までの規定による扶養の義務

②　前項の規定により開始する債権執行においては、各定期金債権について、その確定期限の到来後に弁済期が到来する給料その他継続的給付に係る債権のみを差し押さえることができる。

診療報酬債権

[1]　保険医療機関（歯科医師）が社会保険診療報酬支払基金に対して取得する診療報酬債権は、本条二項に規定する「継続的給付に係る債権」に当たる。（最決平17・12・6民集五九・一〇・二六二九、執保百選[三版]四九）

第一五二条（**差押禁止債権**）①　次に掲げる債権については、その支払期に受けるべき給付の四分の三に相当する部分（その額が標準的な世帯の必要生計費を勘案して政令で定める額を超えるときは、政令で定める額に相当する部分）は、差し押さえてはならない。

一　債務者が国及び地方公共団体以外の者から生計を維持するために支給を受ける継続的給付に係る債権

二　給料、賃金、俸給、退職年金及び賞与並びにこれらの性質を有する給与に係る債権

②　退職手当及びその性質を有する給与に係る債権については、その給付の四分の三に相当する部分は、差し押さえてはならない。

③　債権者が前条第一項各号に掲げる義務に係る金銭債権（金銭の支払を目的とする債権をいう。以下同じ。）を請求する場合における前二項の規定の適用については、前二項中「四分の三」とあるのは、「二分の一」とする。

一　生命保険契約上の保険金請求権↓一五五条[2]

1　死亡保険

[1]　保険事故が発生してすでに具体化している生命保険契約に基づく保険金請求権は、通常の金銭債権として差押えの対象となり得る。（最判昭45・2・27判時五八八・九一、保険法百選九四……国税徴収法七六条・七七条の事例）

2　年金保険

[2]　私的年金契約による継続的収入は、本条一項一号に含まれるが、生計維持に必要な限度で、現に年金として支給が開始されているものに限られる。（大阪高決平13・6・22判時一七六三・二〇三……貯蓄目的の契約と認定した上で、年金開始日前の解約返戻金請求権の被差押適格を肯定）

二　預金口座へ振り込まれた場合↓一五三条[4][5]

[3]　厚生年金保険法等で差押えの禁止が定められている給付であっても、一旦受給者の銀行預金口座に振り込まれた場合には、その全額を差し押さえることができる。ただ、債務者の救済として民執法一五三条一項所定の申立てが可能である。（東京高決平4・2・5判タ七八八・二七〇、執保百選[初版]六六）

[4]　債務者が受給した年金を金融機関に預け入れている場合で、原資が年金であることの識別・特定が可能であるときは、隠匿された別の財産の存在が証明されない限り、預金債権に対する差押えは禁止される。（東京地判平15・5・28金判一一九〇・五四……執行債権者が既に取り立てた額を不当利得とする、その返還請求を認容）

第一五三条（**差押禁止債権の範囲の変更**）①　執行裁判所は、申立てにより、債務者及び債権者の生活の状況その他の事情を考慮して、差押命令の全部若しくは一部を取り消し、又は前条の規定により差し押さえてはならない債権の部分について差押命令を発することができる。

②　事情の変更があつたときは、執行裁判所は、申立てにより、前項の規定により差押命令が取り消された債権を差し押さえ、又は同項の規定による差押命令の全部若しくは一部を取り消すことができる。

③ 前二項の申立てがあつたときは、執行裁判所は、その裁判が効力を生ずるまでの間、担保を立てさせ、又は立てさせないで、第三債務者に対し、支払その他の給付の禁止を命ずることができる。
④ 第一項又は第二項の規定による差押命令の取消しの申立てを却下する決定に対しては、執行抗告をすることができる。
⑤ 第三項の規定による決定に対しては、不服を申し立てることができない。

差押禁止債権の範囲の変更

[1] **1 算出基準一般**

〈給与債権の差押命令を、一万円を超える部分につき取り消した原決定に対して、債務者の浪費を理由に執行抗告が行われた事例〉最低生活費を、労働科学研究所の「総合消費単位」や厚生大臣の定めた「生活保護基準」によって算出すると、相手方の生計費はかなり低額であって、相手方は生計費を浪費しているとはいえず、原決定は相当である。（札幌高決昭60・1・21判タ五五四・二〇九、執保百選[初版]六七）

[2] **2 破産免責**

破産宣告〔破産手続開始決定〕及び今後免責が見込まれる事実は、本条所定の「債務者の生活の状況その他の事情」の一つの事情とすることができる。（奈良地葛城支決平7・2・16判時一五五七・一二六……本条により差押禁止の範囲を拡張し、給与債権に対する差押命令を取り消した）

[3] **3 借入金返還額の給与からの控除**

給与の一部差押えを受けた地方公務員である債務者について、共済組合からの借入金に係る償還金の控除（地公法一一五条二項に基づく）が給与額から差押額を引いた残額からされていることにより、実際の手取額が少額となって生活の困窮を来すとしても、右償還金控除を本条一項の「債務者の生活の状況その他の事情」として考慮して給与差押えを取り消すことはできない。差押えの取消しを認めると、共済組合に他の債権者に優先して償還金の弁済を受ける権利を認めることになるが、このことは破産法一六二条[5]の趣旨に反するからである。（東京高決平22・3・3判タ一三二八・二三七）

[4] **4 差押禁止債権を原資とする預金口座の差押え**

差押禁止債権の範囲変更の申立てがあったときは、執行裁判所は、債務者及び債権者の生活状況等と併せて原資の属性についても考慮して、申立ての当否を検討することができる。差し押さえられた貯金口座の残高一二万余円の原資は、令和二年度特別定額給付金一〇万円（給付金を受ける権利は差押禁止債権）とシルバー人材センターの配分金（仕事の対価）であること、申立人は、単身で生活する高齢の女性であり、年金と右配分金が収入認定された上で生活保護の支給を受けており、収入状況に比して過大な支出は認められず、他に財産があるともうかがえないことから、差押えに係る金員がなければ生活の維持に著しい支障が生じるものと認められる。（東京地決令2・9・3金法二一六三・六七③……差押命令全部取消し）

[5] 預金債権の原資が差押禁止債権であることが認められれば、他に生計を維持する財産や手段があること等その取消しを不当とする特段の事情のない限り、当該預金債権に対する差押命令を取り消すのが相当である。（大阪地決令2・9・17判時二四八一・一三……預金口座の残高のうち生活福祉資金貸付制度に基づく貸付金が入金された部分、及び入金された給与のうち四分の三に相当する額から生活費に充てられた額を控除した部分につき、差押命令を取り消した）

[6] **5 強制執行が不当なものであるという事情の考慮**

会社の株式を対象とする差押命令に対して民執法一六七条一項が準用する本条一項に基づきその取消しの申立てがされた場合に、強制執行が当該会社における係属中の取締役解任訴訟及び会社解散訴訟の原告である申立人の株主たる地位を失わせることを主な目的とした不当なものであるという事情は、申立人が経済的に困窮しているとしても、「債務者及び債権者の生活の状況その他の事情」に当たらない。（東京高決令2・8・26金法二一六三・六七①）

（配当要求）

第一五四条① 執行力のある債務名義の正本を有する債権者及び文書により先取特権を有することを証明した債権者は、配当要求をすることができる。
② 前項の配当要求があつたときは、その旨を記載した文書は、第三債務者に送達しなければならない。
③ 配当要求を却下する裁判に対しては、執行抗告をすることができる。

一 動産売買先取特権と配当要求↓一六五条[7]
二 抵当権に基づく物上代位と配当要求↓一六五条[5]

（差押債権者の金銭債権の取立て）

第一五五条① 金銭債権を差し押さえた債権者は、債務者に対して差押命令が送達された日から一週間を経過したときは、その債権を取り立てることができる。ただし、差押債権者の債権及び執行費用の額を超えて支払を受けることができない。
② 差し押さえられた金銭債権が第百五十二条第一項各号に掲げる債権又は同条第二項に規定する債権である場合（差押債権者の債権に第百五十一条の二第一項各号に掲げる義務に係る金銭債権が含まれているときを除く。）における前項の規定の適用については、同項中「一週間」とあるのは、「四週間」とする。
③ 差押債権者が第三債務者から支払を受けたときは、その債権及び執行費用は、支払を受けた額の限度で、弁済されたものとみなす。
④ 差押債権者は、前項の支払を受けたときは、直ちに、その旨を執行裁判所に届け出なければならない。
⑤ 差押債権者は、第一項の規定により金銭債権を取り立てることができることとなつた日（前項又はこの項の規定による届出をした場合にあつては、最後に当該届出をした日。次項において同じ。）から第三項の支払を受けることなく二年を経過したときは、同項の支払を受けていない旨を執行裁判所に届け出なければならない。
⑥ 第一項の規定により金銭債権を取り立てることができることとなつた日から二年を経過した後四週間以内に差押債権者が前二項の規定による届出をしないときは、執行裁判所は、差押命令を取り消すことができる。
⑦ 差押債権者が前項の規定により差押命令を取り消す旨の決定の告知を受けてから一週間の不変期間内に第四項の規定による届出（差し押さえられた金銭債権の全部の支払を受けた旨の届出を除く。）又は第五項の規定による届出をしたときは、当該決定は、その効力を失う。
⑧ 差押債権者が第五項に規定する期間を経過する前に執行裁判所に第三項の支払を受けていない旨の届出をしたときは、第五項及び第六項の規定の適用については、第五項の規定による届出があつたものとみなす。

一 取立権の有無

1 執行債権が仮差押えされた場合↓民保五〇条[2]

[1] **2 物上代位権行使としての差押えと競合した場合**

甲が乙の丙に対する債権を差し押さえた場合において、甲が丙から支払を受ける前に、丁が根抵当権に基づく物上代位権の行使として同債権を差し押さえたときは、丙は、同債権の全額を供託するか、優先権を有する丁に弁済すべきであり、甲が差押えに基づく取立権を根拠に丙から直接弁済を受けることはできない。（最判平9・2・25判時一六〇六・四四）

二 取立てのための解約権行使

[2] **1 生命保険契約**

生命保険契約の解約返戻金請求権を差し押さえた債権者

は、これを取り立てるため、債務者の有する解約権を行使することができる。（最判平11・9・9民集五三・七・一一七三、執保百選[三版]五七）

２ 損害保険契約

自動車保険契約の解約返戻金請求権を差し押さえた債権者がこれを取り立てるために債務者の有する解約権を行使することは、取立ての目的の範囲を超えるものとして許されない。（東京地判平28・9・12金法二〇六四・八八）

３ 投資信託

投資信託につき、前出[2]と同旨（最判平18・12・14民集六〇・一〇・三九一四、金商百選八一……ＭＭＦの事例。販売会社（銀行）に対する解約実行請求の意思表示を認める）

三 取立てに対抗する相殺の相手方

[5] 債権についての差押債権者が取立命令を得た場合、第三債務者が差押え前の反対債権で相殺するには、差押債権者に対し相殺の意思表示をすることによってなすことができる。〔旧法事件〕（最判昭39・10・27民集一八・八・一八〇一、銀取百選[二版]八一）

[6] 債権の差押債権者が取立権を有し、第三債務者が債務者に対する反対債権で被差押債権と相殺する場合、受働債権そのものは差押債務者に帰属しているから、当該債務者も相殺の意思表示を受領する資格を失わない。〔旧法事件〕（最判昭40・7・20訟月一一・一一・一五五七）

四 執行債権が仮差押えされた場合→民保五〇条[2]

五 取立金の充当対象

[7] 債権差押命令の申立書に、請求債権中の遅延損害金につき、申立日までの確定金額を記載させる取扱いに従って債権差押命令の申立てをした債権者は、第三債務者が遅延損害金の額を計算する負担を負うことのないように配慮をする限度で、請求債権中の遅延損害金を申立日までの確定金額とすることを受け入れたものと解され、右の債権者が当該債権差押命令に基づく差押債権の取立てとして第三債務者から金員の支払を受けた場合、申立日の翌日以降の遅延損害金も右金員の充当の対象となる。（最決平29・10・10民集七一・八・一四八二、重判平30民訴四）→一六六条[7]、民四八九条[7]

（第三債務者の供託）

第一五六条① 第三債務者は、差押えに係る金銭債権（差押命令により差し押さえられた金銭債権に限る。以下この条及び第百六十一条の二において同じ。）の全額に相当する金銭を債務の履行地の供託所に供託することができる。

② 第三債務者は、次条第一項に規定する訴えの訴状の送達を受ける時までに、差押えに係る金銭債権のうち差し押さえられていない部分を超えて発せられた差押命令、差押処分又は仮差押命令の送達を受けたときはその債権の全額に相当する金銭を、配当要求があつた旨を記載した文書の送達を受けたときは差し押さえられた部分に相当する金銭を債務の履行地の供託所に供託しなければならない。

③ 第三債務者は、第百六十一条の二第一項に規定する供託命令の送達を受けたときは、差押えに係る金銭債権の全額に相当する金銭を債務の履行地の供託所に供託しなければならない。

④ 第三債務者は、前三項の規定による供託をしたときは、その事情を執行裁判所に届け出なければならない。

一 一方の差押えが物上代位権行使としてのものである場合→一五五条[1]

二 第三債務者に的確な判断を期待できない場合

[1] 差押命令の送達と転付命令の送達とを競合して受けた第三債務者が本条二項に基づいてした供託は、転付命令が例外的に有効であるため法律上差押えの競合が存しない（転付命令を得た者が優先権を持っていた）場合でも、第三債務者に転付命令の有効性につき的確な判断を期待し得ない事情があるときは、同項の類推適用により有効である。（最判昭60・7・19民集三九・五・一三二六、執保百選[三版]五六）→一五九条[11]・一六六条[2]、民三〇四条[2]

（取立訴訟）

第一五七条① 差押債権者が第三債務者に対し差し押さえた債権に係る給付を求める訴え（以下「取立訴訟」という。）を提起したときは、受訴裁判所は、第三債務者の申立てにより、他の債権者で訴状の送達の時までにその債権を差し押さえたものに対し、共同訴訟人として原告に参加すべきことを命ずることができる。

② 前項の裁判は、口頭弁論を経ないですることができる。

③ 取立訴訟の判決の効力は、第一項の規定により参加すべきことを命じられた差押債権者で参加しなかつたものにも及ぶ。

④ 前条第二項又は第三項の規定により供託の義務を負う第三債務者に対する取立訴訟において、原告の請求を認容するときは、受訴裁判所は、請求に係る金銭の支払は供託の方法によりすべき旨を判決の主文に掲げなければならない。

⑤ 強制執行又は競売において、前項に規定する判決の原告が配当等を受けるべきときは、その配当等の額に相当する金銭は、供託しなければならない。

一 管轄

[1] 被差押債権が持参債務である場合、その取立訴訟について義務履行地として管轄権を有するのは差押債務者の住所地の裁判所であり、差押債権者の住所地の裁判所ではない。（大阪高決昭58・10・7判タ五一三・一七六）

二 執行債権の不存在

[2] 執行手続についての争訟手続と執行債権の存否についての争訟手続とは峻別〔しゅんべつ〕されているから、執行手続である取立訴訟においては執行債権の存否を争うことはできない。〔旧法事件〕（最判昭45・6・11民集二四・六・五〇九、執保百選[三版]五九）

三 強制執行停止決定がある場合

[3] 債権差押・取立命令が発せられた後、取立ての届出がされるまでの間に、執行債務者が強制執行停止決定を得てその書面を執行裁判所に提出した場合、執行債権者が被差押債権につき弁済を受けることを一時禁止されることを意味するにとどまり、執行債権者が取立訴訟を提起・続行すること自体は妨げられない。〔旧法事件〕（大阪高判昭58・3・24金判六八一・三）

四 滞納処分による取立権行使としての訴えと債権者代位訴訟

[4] 国税徴収の優先権は、現実の弁済に当たって確保されれば足りるから、滞納者に属する債権に対する滞納処分によって国が取立権行使として訴えを提起した場合でも、それ以前に他の債権者から債権者代位権に基づいて提起されていた同一債権についての給付の訴えは、許されないものとはならない。この場合、裁判所が両請求を併合審理して共に認容することは許される。〔旧法事件〕（最判昭45・6・2民集二四・六・四四七、執保百選[三版]五八）→民訴一四二条[6]

五 貸金庫内容物の引渡請求権の場合→一六三条[7]

（債権者の損害賠償）

第一五八条 差押債権者は、債務者に対し、差し押さえた債権の行使を怠つたことによつて生じた損害を賠償する責めに任ずる。

（転付命令）

第一五九条① 執行裁判所は、差押債権者の申立てにより、支払に代えて券面額で差し押さえられた金銭債権を差押債権者に転付する命令（以下「転付命令」という。）を発することができる。

② 転付命令は、債務者及び第三債務者に送達しなければならな

い。

③ 転付命令が第三債務者に送達される時までに、転付命令に係る金銭債権について、他の債権者が差押え、仮差押えの執行又は配当要求をしたときは、転付命令は、その効力を生じない。

④ 第一項の申立てについての決定に対しては、執行抗告をすることができる。

⑤ 転付命令は、確定しなければその効力を生じない。

⑥ 差し押さえられた金銭債権が第百五十二条第一項各号に掲げる債権又は同条第二項に規定する債権である場合（差押債権者の債権に第百五十一条の二第一項各号に掲げる義務に係る金銭債権が含まれているときを除く。）における前項の規定の適用については、同項中「確定しなければ」とあるのは、「確定し、かつ、債務者に対して差押命令が送達された日から四週間を経過するまでは、」とする。

⑦ 転付命令が発せられた後に第三十九条第一項第七号又は第八号に掲げる文書を提出したことを理由として執行抗告がされたときは、抗告裁判所は、他の理由により転付命令を取り消す場合を除き、執行抗告についての裁判を留保しなければならない。

一 被転付適格

1 肯定例

イ 質権の目的たる債権

[1] 質権が設定されている金銭債権も、債権として現に存在しており、また、弁済に充てられる金額を確定することもできるから、本条にいう券面額を有する。（最決平12・4・7民集五四・四・一三五五、執保百選[三版]六一……質権が実行され、執行債権者が被転付債権の支払を受けられない場合には、同債権によって質権の被担保債権が弁済されたことになるから、執行債権者は、執行債務者に対する不当利得返還請求などをすることができる）

ロ 金額未確定の地代債権

[2] 抵当権の実行により法定地上権が既に発生している場合、右地上権についての地代確定請求の一審判決が言い渡されているのであれば、右判決が未確定でも地代債権には券面額があり、これに対する転付命令は無効とはいえない。〔旧法事件〕（最判昭40・3・19民集一九・二・四七三）

ハ 請負人の報酬債権

[3] 請負契約に基づく報酬債権は、契約成立と同時に債権額が確定し、支払期が仕事の完成後とされているにすぎないから、券面額は確定している。（仙台高決昭56・1・14判タ四三一・一〇三）

ニ 自賠責保険金請求権

[4] 自動車損害賠償保障法三条の損害賠償請求権を執行債権として、右損害賠償義務の履行を停止条件として発生すべき自賠責保険金請求権につき転付命令が申請された場合には、転付命令による弁済の効果自身によって右停止条件が成就するのであるから、右保険金請求権は被転付適格が肯定される。〔旧法事件〕（最判昭56・3・24民集三五・二・二七一、交通事故百選[五版]九三）

ホ 譲渡禁止特約付債権→民四六六条の四[7]

2 否定例

イ 将来の家賃債権

[5] 賃貸人が使用・収益させないときは賃借人は家賃の支払を要しないから、家賃債権は賃貸借契約によって当然には成立せず、したがって将来の家賃債権の転付は効力を生じない。〔旧法事件〕（大判大14・7・10民集四・六二九）

ロ 労務終了前の給料債権

[6] まだ労務を終わっていない部分については給料債権は発生していないから、転付の効力発生の余地はない。〔旧法事件〕（大判昭9・4・26民集一三・六二二）

ハ 明渡し前の敷金返還請求権

[7] 敷金返還請求権は、明渡し時に賃貸人の債権を控除した残額があることを条件としてその残額につき発生するものであるから、賃貸借終了後でも明渡し前においては被転付適格がない。〔旧法事件〕（最判昭48・2・2民集二七・一・八〇、民百選Ⅱ[七版]六二）→民六二二条の二[4]

ニ 委任者の前払費用返還請求権

[8] 委任者の受任者に対する前払費用返還請求権は、当該委任事務終了前においては、券面額を有しない。（最決平18・4・14民集六〇・四・一五三五、執保百選[三版]六〇）

二 差押え等の競合による転付命令の無効

1 有効例・無効例

[9] 被転付債権が抵当権の物上代位の目的債権である場合でも、転付命令が第三債務者に送達されるまでに抵当権者が差押えをしなかったときは、転付命令はその効力を妨げられない。（最判平14・3・12民集五六・三・五五五、執保百選[三版]七八）→民三七二条[13]

[10] 他の債権者による債権仮差押えがあるために無効な転付命令は、その後に仮差押えの執行が解除されたとしても有効となることはない。〔旧法事件〕（大判昭7・6・14民集一一・一四〇八）

[11] 転付命令が第三債務者に送達される時までに、目的たる金銭債権について他の債権者が差押え等をした場合でも、転付命令を得た者が物上代位権を行使した先取特権者（本件では動産売買に基づく。）であるなど優先権を有する債権者であるときは、右転付命令はその効力を生ずる。（最判昭60・7・19民集三九・五・一三二六、執保百選[三版]七五）→一五六条[7]・一六六条[2]、民三〇四条[2]

2 発令時の審理の要否

[12] 被差押債権の存在や差押えの競合の有無は、転付命令の発令の要件ではなく、執行裁判所は、これらの点につき審査することなく転付命令を発令することができる。（東京高決平23・2・16判タ一三五八・二四四）

三 抗告の利益

[13] 同一の金銭債権について差押えが競合する場合、転付命令が無効であることは法律上明定されている上、執行債務者としては当該債権について差押えを受けているという地位に変わりはないから、特段の事情がない限り、執行債務者が右転付命令の無効を主張して抗告を提起する利益はない。（東京高決昭60・7・16判時一一六六・六六）

[14] 転付命令確定前に債務者が破産宣告〔破産手続開始決定〕を受けた場合、差押・転付命令は〔旧〕破産法七〇条〔現四二条〕により破産財団に対して当然効力を失うから、破産管財人には差押・転付命令の取消しを求める抗告の利益がない。（東京高決昭56・5・6判時一〇〇九・七〇）

四 抗告理由書提出期間

[15] 転付命令に対して執行抗告が提起された場合、転付命令未確定の間は、民執法一〇条三項の抗告理由書提出期間経過後であっても、三九条一項七号の執行停止決定の取得をもって適法の抗告理由とすることができる。（東京高決昭56・12・11判時一〇三二・六七、執保百選[三版]六二①）

[16] 転付命令に対して強制執行停止決定の取得を抗告理由とするためには、停止決定を民執法一〇条三項の抗告理由書提出期間内に提出することを要する。（東京高決昭57・3・15下民三三・一～四・一一〇、執保百選[三版]六二②）

第一六〇条（転付命令の効力）　転付命令が効力を生じた場合においては、差押債権者の債権及び執行費用は、転付命令に係る金銭債権が存する限り、その券面額で、転付命令が第三債務者に送達された時に弁済されたものとみなす。

一 民法五〇九条潜脱の転付命令

[1] 民法五〇九条〔平成二九法四四による改正前のもの〕の趣旨に照らせば、不法行為の加害者が、被害者に対して有する自

己の債権を執行債権として被害者の損害賠償債権を差し押さえ、これにつき転付命令を受け、混同によって右債権を消滅させることは、右規定を潜脱する行為として許されず、このような転付命令は効力を生じ得ない。〔旧法事件〕（最判昭54・3・8民集三三・二・一八七、執保百選[初版]七六）→民五〇九条[3]

二 自賠法一八条（直接請求権の差押禁止）と転付命令

[2] 交通事故の被害者の保有者に対する損害賠償請求権が第三者に転付された後は、被害者は、転付された債権額の限度で、自賠法一六条一項に基づく保険会社に対する直接請求権を失う。（最判平12・3・9民集五四・三・九六〇、交通事故百選[五版]九五……直接請求権の差押えを禁じた自賠法一八条の趣旨を没却する、との反対意見あり）

三 被転付適格→一五九条[7]～[8]

四 相殺と転付命令

[3] 金融機関に対する預金債権が預金者から第三者に転付された後、金融機関が右預金者に対し有していた手形貸付債権及び手形買戻請求権をもって右預金債権と相殺した場合においても、相殺の結果預金債権が転付以前に遡って消滅したときは、転付の効力は生ぜず、転付債権者の預金者に対する債権は消滅しないこととなるから、金融機関は、手形を右預金者に返還すべきであり、転付債権者に返還すべきではない。〔旧法事件〕（最判昭50・9・25民集二九・八・一二八七、手形小切手百選[七版]九二）→手三九条[2]

[4] 第三債務者が相殺の意思表示をするまでは、転付債権者が、転付命令によって委付された債権を自働債権とし第三債務者に対して負担する債務を受働債権として、相殺する権能は妨げられない。（最判昭54・7・10民集三三・五・五三三、執保百選[初版]七八）→民五一一条[2]

五 債権譲渡と差押・転付命令→民四六七条[21][22]

（譲渡命令等）

第一六一条① 差し押さえられた債権が、条件付若しくは期限付であるとき、又は反対給付に係ることその他の事由によりその取立てが困難であるときは、執行裁判所は、差押債権者の申立てにより、その債権を執行裁判所が定めた価額で支払に代えて差押債権者に譲渡する命令（以下「譲渡命令」という。）、取立てに代えて、執行裁判所の定める方法によりその債権の売却を執行官に命ずる命令（以下「売却命令」という。）又は管理人を選任してその債権の管理を命ずる命令（以下「管理命令」という。）その他相当な方法による換価を命ずる命令（第百六十七条の十第一項において「譲渡命令等」と総称する。）を発することができる。

② 執行裁判所は、前項の規定による決定をする場合には、債務者を審尋しなければならない。ただし、債務者が外国にあるとき、又はその住所が知れないときは、この限りでない。

③ 第一項の申立てについての決定に対しては、執行抗告をすることができる。

④ 第一項の規定による決定は、確定しなければその効力を生じない。

⑤ 差し押さえられた債権が第百五十二条第一項各号に掲げる債権又は同条第二項に規定する債権である場合（差押債権者の債権に第百五十一条の二第一項各号に掲げる義務に係る金銭債権が含まれているときを除く。）における前項の規定の適用については、同項中「確定しなければ」とあるのは、「確定し、かつ、債務者に対して差押命令が送達された日から四週間を経過するまでは、」とする。

⑥ 執行官は、差し押さえられた債権を売却したときは、債務者に代わり、第三債務者に対し、確定日付のある証書によりその譲渡の通知をしなければならない。

⑦ 第百五十九条第二項及び第三項並びに前条の規定は譲渡命令について、第百五十九条第七項及び第六十五条及び第六十八条の規定は譲渡命令に対する執行抗告について、第六十五条及び第六十八条の規定は売却命令に基づく執行官の売却について、第百五十九条第二項の規定は管理命令について、第八十四条第三項及び第四項、第八十八条、第九十四条第二項、第九十五条第一項、第三項及び第四項、第九十八条から第百四条まで並びに第百六条から第百十条までの規定は管理命令に基づく管理について、それぞれ準用する。この場合において、第八十四条第三項及び第四項中「代金の納付後」とあるのは、「第百六十一条第七項において準用する第百七条第一項の期間の経過後」と読み替えるものとする。

一 振替株式等の共有持分の譲渡命令→一六七条[3]

二 価額〇円とする譲渡命令

[1] その他の財産権に対する譲渡命令においては、執行債権等の全部又は一部の消滅の効果が発生することが必要だから、差押えにかかる財産権の価額を〇円と定めて譲渡命令を発することはできない。（最決平13・2・23判時一七四四・七四、執保百選[三版]六三……株券未発行の株式が執行対象とされた事例）

三 電話加入権と債務者審尋の要否

[2] 電話加入権については売却命令又は譲渡命令が通常の換価方法であり、あらかじめ債務者を審尋しなくても債務者に不利益を与えないから、本条二項は準用されない。（東京高決昭58・6・17下民三四・五～八・五六〇）

（供託命令）

第一六一条の二① 次の各号のいずれかに掲げる場合には、執行裁判所は、差押債権者の申立てにより、差押えに係る金銭債権の全額に相当する金銭を債務の履行地の供託所に供託すべきことを第三債務者に命ずる命令（以下この条及び第百六十七条の十において「供託命令」という。）を発することができる。

一 差押債権者又はその法定代理人の住所又は氏名について第二十条において準用する民事訴訟法第百三十三条第一項の決定がされたとき。

二 債務名義に民事訴訟法第百三十三条第五項（他の法律において準用する場合を含む。）の規定により定められた差押債権者又はその法定代理人の住所又は氏名に代わる事項が表示されているとき。

② 供託命令は、第三債務者に送達しなければならない。

③ 第一項の申立てを却下する決定に対しては、執行抗告をすることができる。

④ 供託命令に対しては、不服を申し立てることができない。

（船舶の引渡請求権の差押命令の執行）

第一六二条① 船舶の引渡請求権を差し押さえた債権者は、債務者に対して差押命令が送達された日から一週間を経過したときは、第三債務者に対し、船舶の所在地を管轄する地方裁判所の選任する保管人にその船舶を引き渡すべきことを請求することができる。

② 前項の規定により保管人が引渡しを受けた船舶の強制執行は、船舶執行の方法により行う。

③ 第一項に規定する保管人が船舶の引渡しを受けた場合において、その船舶について強制競売の開始決定がされたときは、その保管人は、第百十六条第一項の規定により選任された保管人とみなす。

（動産の引渡請求権の差押命令の執行）

第一六三条① 動産の引渡請求権を差し押さえた債権者は、債務者に対して差押命令が送達された日から一週間を経過したときは、第三債務者に対し、差押債権者の申立てを受けた執行官にその動産を引き渡すべきことを請求することができる。

② 執行官は、動産の引渡しを受けたときは、動産執行の売却の手続によりこれを売却し、その売得金を執行裁判所に提出しなければならない。

一 貸金庫内容物の引渡請求権の場合

[1] 貸金庫利用者の銀行に対する内容物引渡請求権が差し押さえられた場合、その取立訴訟においては、差押債権者は、貸金庫を特定し、それについて貸金庫契約が締結されているこ

とを立証すれば足り、貸金庫内の個々の動産を特定してその存在を立証する必要はない。（最判平11・11・29民集五三・八・一九二六、執保百選[三版]六四）→一四三条[2][10]

[2] **二 差押えの競合の場合**

〈先行差押えのある動産引渡請求権を差し押さえた債権者が、先行事件の配当期日の呼出しを受けられず、配当を受ける機会を失ったと主張して、配当金相当額の国家賠償を請求し、その理由として、後行事件の執行裁判所は、第三債務者の陳述から先行事件の存在が判明するにもかかわらず、先行事件の執行裁判所に後行事件の存在を通知しなかったためだと主張した〉後行事件の執行裁判所の不作為は民執法上違法と認められるところ、後行差押債権者に自らの存在を先行事件の執行裁判所に知らせる義務はないから、その懈怠を理由に過失相殺することはできない。（最判平18・1・19民集六〇・一・一〇九、重判平18民訴七）

第一六四条（移転登記等の嘱託）① 第百五十条に規定する債権について、転付命令若しくは譲渡命令が効力を生じたとき、又は売却命令による売却が終了したときは、裁判所書記官は、申立てにより、その債権を取得した差押債権者又は買受人のために先取特権、質権又は抵当権の移転の登記等を嘱託し、及び同条の規定による登記等の抹消を嘱託しなければならない。

② 前項の規定による嘱託をする場合（次項に規定する場合を除く。）においては、嘱託書に、転付命令若しくは譲渡命令の正本又は売却命令に基づく売却について執行官が作成した文書の謄本を添付しなければならない。

③ 第一項の規定による嘱託をする場合において、不動産登記法（平成十六年法律第百二十三号）第十六条第二項（他の法令において準用する場合を含む。）において準用する同法第十八条の規定による嘱託をするときは、その嘱託情報と併せて転付命令若しくは譲渡命令があつたことを証する情報又は売却命令に基づく売却について執行官が作成した文書の内容を証する情報を提供しなければならない。

④ 第一項の規定による嘱託に要する登録免許税その他の費用は、同項に規定する差押債権者又は買受人の負担とする。

⑤ 第百五十条の規定により登記等がされた場合において、差し押さえられた債権について支払又は供託があつたことを証する文書が提出されたときは、裁判所書記官は、申立てにより、その登記等の抹消を嘱託しなければならない。債権執行の申立てが取り下げられたとき、又は差押命令の取消決定が確定したときも、同様とする。

⑥ 前項の規定による嘱託に要する登録免許税その他の費用は、同項前段の場合にあつては債務者の負担とし、同項後段の場合にあつては差押債権者の負担とする。

第一六五条（配当等を受けるべき債権者の範囲） 配当等を受けるべき債権者は、次に掲げる時までに差押え、仮差押えの執行又は配当要求をした債権者とする。

一 第三債務者が第百五十六条第一項から第三項までの規定による供託をした時
二 取立訴訟の訴状が第三債務者に送達された時
三 売却命令により執行官が売得金の交付を受けた時
四 動産引渡請求権の差押えの場合にあつては、執行官がその動産の引渡しを受けた時

[1] **一 動産売買先取特権者がまず強制執行をした場合**

1 先取特権に基づく物上代位

動産売買先取特権者は、物上代位の目的たる債権を自ら強制執行により差し押さえた場合でも、他に競合する差押債権者等があるときは、配当要求の終期までに、担保権の存在を証する文書を提出して先取特権に基づく配当要求又はこれに準ずる先取特権行使の申出をしなければ、優先弁済を受けることができない。（最判昭62・4・2判時一二四八・六一、商法百選四六）

[2] **2 物上代位権行使による差押命令が義務供託後に送達された場合**

動産売買先取特権者が物上代位の目的たる債権につき仮差押えをした後、右債権について他の債権者の差押えがあったため第三債務者が供託した場合において、先取特権者が右供託前に更に物上代位権の行使として右債権の差押命令の申立てをしたときであっても、その差押命令が右供託前に第三債務者に送達されない限り、先取特権者は、他の債権者による債権差押事件の配当手続において、優先弁済を受けることができない。（最判平5・3・30民集四七・四・三三〇〇、執保百選[三版]七六）

3 一般債権者による差押えとの優先関係一般→一九三条[4][5]

二 抵当権に基づく物上代位

1 差し押さえられた場合

[3] 抵当権者は、抵当不動産の賃料債権（供託金還付請求権）に対しても物上代位権を行使して差押えをすることができる。（最判平元・10・27民集四三・九・一〇七〇、民百選I[八版]八七）

[4] 債権に対して一般債権者の差押えと抵当権者の物上代位権に基づく差押えとが競合した場合には、両者の優劣は一般債権者による差押命令の第三債務者への送達と抵当権設定登記との先後によって決せられ、右の差押命令の第三債務者への送達が抵当権者の抵当権設定登記より先であれば、抵当権者は配当を受けることができない。（最判平10・3・26民集五二・二・四八三、執保百選[三版]七七）

2 配当要求の場合

[5] 抵当権に基づく物上代位権を行使する債権者は、他の債権者による債権差押事件に配当要求をすることによって優先弁済を受けることはできない。けだし民法三七二条において準用する同法三〇四条一項ただし書の「差押」に配当要求を含むものと解することはできず、民執法一五四条・一九三条一項も、抵当権に基づき物上代位権を行使する債権者が配当要求することを予定していないからである。（最判平13・10・25民集五五・六・九七五、執保百選[三版]七九）→民三七二条[10]

第一六六条（配当等の実施）① 執行裁判所は、第百六十一条第七項において準用する第百九条に規定する場合のほか、次に掲げる場合には、配当等を実施しなければならない。

一 第百五十六条第一項から第三項まで又は第百五十七条第五項の規定による供託がされた場合
二 売却命令による売却がされた場合
三 第百六十三条第二項の規定により売得金が提出された場合

② 第八十四条、第八十五条及び第八十八条から第九十二条までの規定は、前項の規定により執行裁判所が実施する配当等の手続について準用する。

③ 差し押さえられた債権が第百五十二条第一項各号に掲げる債権又は同条第二項に規定する債権である場合（差押債権者（数人あるときは、そのうち少なくとも一人以上）の債権に第百五十一条の二第一項各号に掲げる義務に係る金銭債権が含まれているときを除く。）には、債務者に対して差押命令が送達された日から四週間を経過するまでは、配当等を実施してはならない。

[1] **一 遅延損害金の請求**

債権執行においては、手続上、供託等の義務を負う第三債務者の負担にも配慮を要するから、債権差押命令の申立書に、請求債権の遅延損害金につき、申立日までの確定金額を記載させる執行裁判所の取扱いは合理性を有するが、配当手続が実施されるに至ったときは、もはや第三債務者の負担に配慮する必要はないから、債権者は、計算書提出の有無を問

わず、債務名義の金額に基づく配当を受けることができる。（最判平21・7・14民集六三・六・一二二七、執保百選[三版]六五）→一五五条[7]

[2] **二 転付債権者による配当異議の訴え**

差押命令の送達と転付命令の送達とを競合して受けた第三債務者が民執法一五六条二項に基づいて供託をなし、右供託金について転付命令が無効であるとの解釈の下に全差押債権者の各債権額に応じて配分する配当表が作成された場合には、有効な転付命令を得たと主張する債権者は、配当異議の訴えにより配当表の変更を求めることができる。（最判昭60・7・19民集三九・五・一三二六、執保百選[三版]七五）→一五六条[1]・一五九条[11]、民三〇四条[2]

（その他の財産権に対する強制執行）

第一六七条① 不動産、船舶、動産及び債権以外の財産権（以下この条において「その他の財産権」という。）に対する強制執行については、特別の定めがあるもののほか、債権執行の例による。

② その他の財産権で権利の移転について登記等を要するものは、強制執行の管轄については、その登記等の地にあるものとする。

③ その他の財産権で第三債務者又はこれに準ずる者がないものに対する差押えの効力は、差押命令が債務者に送達された時に生ずる。

④ その他の財産権で権利の移転について登記等を要するものについて差押えの登記等が差押命令の送達前にされた場合には、差押えの効力は、差押えの登記等がされた時に生ずる。ただし、その他の財産権で権利の処分の制限について登記等をしなければその効力が生じないものに対する差押えの効力は、差押えの登記等が差押命令の送達後にされた場合においても、差押えの登記等がされた時に生ずる。

⑤ 第四十八条、第五十四条及び第八十二条の規定は、権利の移転について登記等を要するその他の財産権の強制執行に関する登記等について準用する。

[1] **一 未登記立木に対する強制執行**

未登記立木に対する強制執行は、有体動産執行の手続によるべきではなく、執行裁判所が[旧]民訴法[旧]六二五条[本条に相当]に基づき、立木を伐採する権利を差し押さえこれを換価する方法によるべきである。[旧法事件]（最判昭46・6・24民集二五・四・五七四、執保百選[初版]五五）

二 株券未発行の株式に対する強制執行

[2] 株券の発行されていない株式について、株式自体を差し押えることは、本条により許される。株式が差し押さえられ取立権が生じた場合には、債権者は、その取立権に基づき株主の有する株券発行請求権を行使し、第三債務者に対して、株券を発行して執行官に引き渡すべきことを請求することができる。（東京地決平4・6・26判タ七九四・二五五、民執百選六三）→会社二一八条[2]

[3] **三 振替株式等の共有持分**

被相続人名義の口座に記録等がされている振替株式等は相続人の口座に記録等がされているものとみることができるので、債務者が共同相続により承継した共有持分に対する差押命令は、債務者名義の口座に記録等がされていないとの一事をもって違法であるとはいえない。また、当該共有持分についての譲渡命令は、共同相続人の一人の名義の口座にその共有持分の記録等をすることができないからといって、譲渡の効力が生じ得ないものではなく、これを発することができないとはいえない。（最決平31・1・23民集七三・一・六五、会社法百選[四版]A2）→民八九六条[18]

[4] **四 ゴルフ会員権**

本件会員権は預託金会員組織ゴルフ会員権で、かかる地位は財産的価値を有し執行債権の引当てとなる適格をもつから、本条にいう「その他の財産権」に当たる。（東京高決昭60・8・15判タ五七八・九五、執保百選[三版]六六）

[5] **五 登記請求権の差押えの可否**

法は船舶、動産の引渡請求権の差押えについてのみ規定を置いており、また不動産に対する金銭執行の準備行為として債権者代位権を行使し得るのであるから、登記請求権の差押えをなすことはできない。（大阪高決昭56・7・27判時一〇二八・五五）

六 電話加入権

[6] **1 質権者の地位**

電話加入権を目的とする質権は、その本質は抵当権に類するから、電話加入権の換価手続の完了により、[旧]民訴法[旧]六四九条二項［民執法五九条一項に相当］の類推適用により当然消滅し、質権者はその売得金から、法律の定めるところにより、当然優先弁済を受けることができる。[旧法事件]（最大判昭40・7・14民集一九・五・一二六三、民執百選八九）

2 債務者審尋の要否→一六一条[判]

第二目 少額訴訟債権執行

（少額訴訟債権執行の開始等）

第一六七条の二① 次に掲げる少額訴訟に係る債務名義による金銭債権に対する強制執行は、前目の定めるところにより裁判所が行うほか、第二条の規定にかかわらず、申立てにより、この目の定めるところにより裁判所書記官が行う。

一 少額訴訟における確定判決

二 仮執行の宣言を付した少額訴訟の判決

三 少額訴訟における訴訟費用又は和解の費用の負担の額を定める裁判所書記官の処分

四 少額訴訟における和解又は認諾の調書

＊令和四法四八（令和八・五・二四までに施行）による改正

第四号中「調書」の下に「又は電子調書」を加える。（本文未織込み）

五 少額訴訟における民事訴訟法第二百七十五条の二第一項の規定による和解に代わる決定

② 前項の規定により裁判所書記官が行う同項の強制執行（以下この目において「少額訴訟債権執行」という。）は、裁判所書記官の差押処分により開始する。

③ 少額訴訟債権執行の申立ては、次の各号に掲げる債務名義の区分に応じ、それぞれ当該各号に定める簡易裁判所の裁判所書記官に対してする。

一 第一項第一号に掲げる債務名義　同号の判決をした簡易裁判所

二 第一項第二号に掲げる債務名義　同号の判決をした簡易裁判所

三 第一項第三号に掲げる債務名義　同号の処分をした裁判所書記官の所属する簡易裁判所

四 第一項第四号に掲げる債務名義　同号の和解が成立し、又は同号の認諾がされた簡易裁判所

五 第一項第五号に掲げる債務名義　同号の和解に代わる決定をした簡易裁判所

④ 第百四十四条第三項及び第四項の規定は、差押えに係る金銭債権（差押処分により差し押さえられた金銭債権に限る。以下この目において同じ。）について更に差押処分がされた場合について準用する。この場合において、同条第三項中「差押命令を発した執行裁判所」とあるのは「差押処分をした裁判所書記官の所属する簡易裁判所」と、「執行裁判所は」とあるのは「裁判所書記官は」と、「他の執行裁判所」とあるのは「他の簡易

裁判所の裁判所書記官」と、同条第四項中「決定」とあるのは「裁判所書記官の処分」と読み替えるものとする。

（執行裁判所）

第一六七条の三　少額訴訟債権執行の手続において裁判所書記官が行う執行処分に関しては、その裁判所書記官の所属する簡易裁判所をもつて執行裁判所とする。

（裁判所書記官の執行処分の効力等）

第一六七条の四①　少額訴訟債権執行の手続において裁判所書記官が行う執行処分は、特別の定めがある場合を除き、相当と認める方法で告知することによつて、その効力を生ずる。

②　前項に規定する裁判所書記官が行う執行処分に対しては、執行裁判所に執行異議を申し立てることができる。

③　第十条第六項前段及び第九項の規定は、前項の規定による執行異議の申立てがあつた場合について準用する。

（差押処分）

第一六七条の五①　裁判所書記官は、差押処分において、債務者に対し金銭債権の取立てその他の処分を禁止し、かつ、第三債務者に対し債務者への弁済を禁止しなければならない。

②　第百四十五条第二項、第三項、第五項、第七項及び第八項の規定は差押処分について、同条第四項の規定は差押処分を送達する場合について、それぞれ準用する。この場合において、同項中「第百五十三条第一項又は第二項」とあるのは「第百六十七条の八第一項又は第二項」と、同条第七項及び第八項中「執行裁判所」とあるのは「裁判所書記官」と読み替えるものとする。

③　差押処分の申立てについての裁判所書記官の処分に対する執行異議の申立ては、その告知を受けた日から一週間の不変期間内にしなければならない。

④　前項の執行異議の申立てについての裁判に対しては、執行抗告をすることができる。

⑤　民事訴訟法第七十四条第一項の規定は、差押処分の申立てについての裁判所書記官の処分について準用する。この場合においては、前二項及び同条第三項の規定を準用する。

⑥　第二項において読み替えて準用する第百四十五条第八項の規定による裁判所書記官の処分に対する執行異議の申立ては、その告知を受けた日から一週間の不変期間内にしなければならない。

⑦　前項の執行異議の申立てを却下する裁判に対しては、執行抗告をすることができる。

⑧　第二項において読み替えて準用する第百四十五条第八項の規定による裁判所書記官の処分は、確定しなければその効力を生じない。

（費用の予納等）

第一六七条の六①　少額訴訟債権執行についての第十四条第一項及び第四項の規定の適用については、これらの規定中「執行裁判所」とあるのは、「裁判所書記官」とする。

②　第十四条第二項及び第三項の規定は、前項の規定により読み替えて適用する同条第一項の規定による裁判所書記官の処分については、適用しない。

③　第一項の規定により読み替えて適用する第十四条第四項の規定による裁判所書記官の処分に対する執行異議の申立ては、その告知を受けた日から一週間の不変期間内にしなければならない。

④　前項の執行異議の申立てを却下する裁判に対しては、執行抗告をすることができる。

⑤　第一項の規定により読み替えて適用する第十四条第四項の規定により少額訴訟債権執行の手続を取り消す旨の裁判所書記官の処分は、確定しなければその効力を生じない。

（第三者異議の訴えの管轄裁判所）

第一六七条の七　少額訴訟債権執行の不許を求める第三者異議の訴えは、第三十八条第三項の規定にかかわらず、執行裁判所の所在地を管轄する地方裁判所が管轄する。

（差押禁止債権の範囲の変更）

第一六七条の八①　執行裁判所は、申立てにより、債務者及び債権者の生活の状況その他の事情を考慮して、差押処分の全部若しくは一部を取り消し、又は第百六十七条の十四第一項において準用する第百五十二条の規定により差し押さえてはならない金銭債権の部分について差押処分をすべき旨を命ずることができる。

②　事情の変更があつたときは、執行裁判所は、申立てにより、前項の規定により差押処分が取り消された金銭債権について差押処分をすべき旨を命じ、又は同項の規定によりされた差押処分の全部若しくは一部を取り消すことができる。

③　第百五十三条第三項から第五項までの規定は、前二項の申立てがあつた場合について準用する。この場合において、同条第四項中「差押命令」とあるのは、「差押処分」と読み替えるものとする。

（配当要求）

第一六七条の九①　執行力のある債務名義の正本を有する債権者及び文書により先取特権を有することを証明した債権者は、裁判所書記官に対し、配当要求をすることができる。

②　第百五十四条第二項の規定は、前項の配当要求があつた場合について準用する。

③　第一項の配当要求を却下する旨の裁判所書記官の処分に対する執行異議の申立ては、その告知を受けた日から一週間の不変期間内にしなければならない。

④　前項の執行異議の申立てを却下する裁判に対しては、執行抗告をすることができる。

（転付命令等のための移行）

第一六七条の一〇①　差押えに係る金銭債権について転付命令、譲渡命令等又は供託命令（以下この条において「転付命令等」という。）のいずれかの命令を求めようとするときは、差押債権者は、執行裁判所に対し、転付命令等のうちいずれの命令を求めるかを明らかにして、債権執行の手続に事件を移行させることを求める旨の申立てをしなければならない。

②　前項に規定する命令の種別を明らかにしてされた同項の申立てがあつたときは、執行裁判所は、その所在地を管轄する地方裁判所における債権執行の手続に事件を移行させなければならない。

③　前項の規定による決定が効力を生ずる前に、既にされた執行処分について執行異議の申立て又は執行抗告があつたときは、当該決定は、当該執行異議の申立て又は執行抗告についての裁判が確定するまでは、その効力を生じない。

④　第二項の規定による決定に対しては、不服を申し立てることができない。

⑤　第一項の申立てを却下する決定に対しては、執行抗告をすることができる。

⑥　第二項の規定による決定が効力を生じたときは、差押処分の申立て又は第一項の申立てがあつた時に第二項に規定する地方裁判所にそれぞれ差押命令の申立て又は転付命令等の申立てがあつたものとみなし、既にされた執行処分その他の行為は債権執行の手続においてされた執行処分その他の行為とみなす。

（配当等のための移行等）

第一六七条の一一①　第百六十七条の十四第一項において準用する第百五十六条第一項若しくは第二項又は第百五十七条第五項の規定により供託がされた場合において、債権者が二人以上であつて供託金で各債権者の債権及び執行費用の全部を弁済することができないため配当を実施すべきときは、執行裁判所は、その所在地を管轄する地方裁判所における債権執行の手続に事件を移行させなければならない。

②　前項に規定する場合において、差押えに係る金銭債権について更に差押命令又は差押処分が発せられたときは、執行裁判所は、同項に規定する地方裁判所における債権執行の手続のほか、当該差押命令を発した執行裁判所又は当該差押処分をした裁判所書記官の所属する簡易裁判所の所在地を管轄する地方裁判所における債権執行の手続にも事件を移行させることができ

る。

③　第一項に規定する供託がされた場合において、債権者が一人であるとき、又は債権者が二人以上であつて供託金で各債権者の債権及び執行費用の全部を弁済することができるときは、裁判所書記官は、供託金の交付計算書を作成して、債権者に弁済金を交付し、剰余金を債務者に交付する。

④　前項に規定する場合において、差押えに係る金銭債権について更に差押命令が発せられたときは、執行裁判所は、同項の規定にかかわらず、その所在地を管轄する地方裁判所又は当該差押命令を発した執行裁判所における債権執行の手続に事件を移行させることができる。

⑤　差押えに係る金銭債権について更に差押命令が発せられた場合において、当該差押命令を発した執行裁判所が第百六十一条第七項において準用する第百九条の規定又は第百六十六条第一項第二号の規定により配当等を実施するときは、執行裁判所は、当該差押命令を発した執行裁判所における債権執行の手続に事件を移行させなければならない。

⑥　第一項、第二項、第四項又は前項の規定による決定に対しては、不服を申し立てることができない。

⑦　第八十四条第三項及び第四項、第八十八条、第九十一条（第一項第六号及び第七号を除く。）、第九十二条第一項並びに第百六十六条第三項の規定は第三項の規定により裁判所書記官が実施する弁済金の交付の手続について、前条第三項の規定は第一項、第二項、第四項又は第五項の規定による決定について、同条第六項の規定は第一項、第二項、第四項又は第五項の規定による決定が効力を生じた場合について、それぞれ準用する。この場合において、第百六十六条第三項中「差押命令」とあるのは、「差押処分」と読み替えるものとする。

（裁量移行）

第一六七条の一二①　執行裁判所は、差し押さえるべき金銭債権の内容その他の事情を考慮して相当と認めるときは、その所在地を管轄する地方裁判所における債権執行の手続に事件を移行させることができる。

②　前項の規定による決定に対しては、不服を申し立てることができない。

③　第百六十七条の十第三項の規定は第一項の規定による決定について、同条第六項の規定は第一項の規定による決定が効力を生じた場合について準用する。この場合において、同条第六項中「差押処分の申立て」とあるのは「差押処分の申立て又は第一項の申立て」と、「それぞれ差押命令の申立て又は転付命令等の申立て」とあるのは「差押命令の申立て」と読み替えるものとする。

（総則規定の適用関係）

第一六七条の一三　少額訴訟債権執行についての第一章及び第二章第一節の規定の適用については、第十三条第一項中「執行裁判所でする手続」とあるのは「第百六十七条の二第二項に規定する少額訴訟債権執行の手続」と、第十六条第一項中「執行裁判所」とあるのは「裁判所書記官」と、第十七条中「執行裁判所の行う民事執行」とあるのは「第百六十七条の二第二項に規定する少額訴訟債権執行」と、第四十条第一項中「執行裁判所又は執行官」とあるのは「裁判所書記官」と、第四十二条第四項中「執行裁判所の裁判所書記官」とあるのは「裁判所書記官」とする。

（債権執行の規定の準用）

第一六七条の一四①　第百四十六条から第百五十二条まで、第百五十五条、第百五十六条（第三項を除く。）、第百五十七条、第百五十八条、第百六十四条第五項及び第六項並びに第百六十五条（第三号及び第四号を除く。）の規定は、少額訴訟債権執行について準用する。この場合において、第百四十六条、第百五十五条第四項から第六項まで及び第八項並びに第百五十六条第四項中「執行裁判所」とあるのは「裁判所書記官」と、第百四十六条第一項中「差押命令を発する」とあるのは「差押処分をする」と、第百四十七条第一項、第百四十八条第二項、第百五十条、第百五十五条第一項、第六項及び第七項並びに第百五十六条第一項中「差押命令」とあるのは「差押処分」と、第百四十七条第一項及び第百四十八条第一項中「差押えに係る債権」とあるのは「差押えに係る金銭債権」と、第百四十九条中「差押命令が発せられたとき」とあるのは「差押処分がされたとき」と、第百五十五条第七項中「決定」とあるのは「裁判所書記官の処分」と、第百六十四条第五項中「差押命令の取消決定」とあるのは「差押処分の取消決定若しくは差押処分を取り消す旨の裁判所書記官の処分」と、第百六十五条（見出しを含む。）中「配当等」とあるのは「弁済金の交付」と読み替えるものとする。

②　第百六十七条の五第六項から第八項までの規定は、前項において読み替えて準用する第百五十五条第六項の規定による裁判所書記官の処分がされた場合について準用する。

第五款　扶養義務等に係る金銭債権についての強制執行の特例

（扶養義務等に係る金銭債権についての間接強制）

第一六七条の一五①　第百五十一条の二第一項各号に掲げる義務に係る金銭債権についての強制執行は、前各款の規定により行うほか、債権者の申立てがあるときは、執行裁判所が第百七十二条第一項に規定する方法により行う。ただし、債務者が、支払能力を欠くためにその金銭債権に係る債務を弁済することができないとき、又はその債務を弁済することによつてその生活が著しく窮迫するときは、この限りでない。

②　前項の規定により同項に規定する金銭債権について第百七十二条第一項に規定する方法により強制執行を行う場合において、債務者が債権者に支払うべき金銭の額を定めるに当たつては、執行裁判所は、債務不履行により債権者が受けるべき不利益並びに債務者の資力及び従前の債務の履行の態様を特に考慮しなければならない。

③　事情の変更があつたときは、執行裁判所は、債務者の申立てにより、その申立てがあつた時（その申立てがあつた後に事情の変更があつたときは、その事情の変更があつた時）までさかのぼつて、第一項の規定による決定を取り消すことができる。

④　前項の申立てがあつたときは、執行裁判所は、その裁判が効力を生ずるまでの間、担保を立てさせ、又は立てさせないで、第一項の規定による決定の執行の停止を命ずることができる。

⑤　前項の規定による決定に対しては、不服を申し立てることができない。

⑥　第百七十二条第二項から第五項までの規定は第一項の場合について、同条第三項及び第五項の規定は第三項の場合について、第百七十三条第二項の規定は第一項の執行裁判所について準用する。

（扶養義務等に係る定期金債権を請求する場合の特例）

第一六七条の一六　債権者が第百五十一条の二第一項各号に掲げる義務に係る確定期限の定めのある定期金債権を有する場合において、その一部に不履行があるときは、第三十条第一項の規定にかかわらず、当該定期金債権のうち六月以内に確定期限が到来するものについても、前条第一項に規定する方法による強制執行を開始することができる。

第三節　金銭の支払を目的としない請求権についての強制執行

（不動産の引渡し等の強制執行）

第一六八条①　不動産等（不動産又は人の居住する船舶等をいう。以下この条及び次条において同じ。）の引渡し又は明渡しの強制執行は、執行官が債務者の不動産等に対する占有を解いて債権者にその占有を取得させる方法により行う。

②　執行官は、前項の強制執行をするため同項の不動産等の占有者を特定する必要があるときは、当該不動産等に在る者に対し、当該不動産等又はこれに近接する場所において、質問をし、又は文書の提示を求めることができる。

③ 第一項の強制執行は、債権者又はその代理人が執行の場所に出頭したときに限り、することができる。

④ 執行官は、第一項の強制執行をするに際し、債務者の占有する不動産等に立ち入り、必要があるときは、閉鎖した戸を開くため必要な処分をすることができる。

⑤ 執行官は、第一項の強制執行においては、その目的物でない動産を取り除いて、債務者、その代理人又は同居の親族若しくは使用人その他の従業者で相当のわきまえのあるものに引き渡さなければならない。この場合において、その動産をこれらの者に引き渡すことができないときは、執行官は、最高裁判所規則で定めるところにより、これを売却することができる。

⑥ 執行官は、前項の動産のうちに同項の規定による引渡し又は売却をしなかつたものがあるときは、これを保管しなければならない。この場合においては、前項後段の規定を準用する。

⑦ 前項の規定による保管の費用は、執行費用とする。

⑧ 第五項（第六項後段において準用する場合を含む。）の規定により動産を売却したときは、執行官は、その売得金から売却及び保管に要した費用を控除し、その残余を供託しなければならない。

⑨ 第五十七条第五項の規定は、第一項の強制執行について準用する。

[7] **一 独立の占有を有する者に対する明渡執行**→三八条②

二 建物内残置動産の無断廃棄 物件明細書に「残置物あり。本件所有者は引渡命令の対象となる。」との記載のあった建物の競落人が引渡命令及び本条［五項］の明渡執行の手続を執ることなく、債務者である建物及び建物内残置動産の所有者に無断でこれら動産を廃棄すれば不法行為となる。（東京地判平14・4・22判時一八〇一・九七……三三〇万円の支払が認められた事例）

（明渡しの催告）

第一六八条の二① 執行官は、不動産等の引渡し又は明渡しの強制執行の申立てがあつた場合において、当該強制執行を開始することができるときは、次項に規定する引渡し期限を定めて、明渡しの催告（不動産等の引渡し又は明渡しの催告をいう。以下この条において同じ。）をすることができる。ただし、債務者が当該不動産等を占有していないときは、この限りでない。

② 引渡し期限（明渡しの催告に基づき第六項の規定による強制執行をすることができる期限をいう。以下この条において同じ。）は、明渡しの催告があつた日から一月を経過する日とする。ただし、執行官は、執行裁判所の許可を得て、当該日以後の日を引渡し期限とすることができる。

③ 執行官は、明渡しの催告をしたときは、その旨、引渡し期限及び第五項の規定により債務者が不動産等の占有を移転することを禁止されている旨を、当該不動産等の所在する場所に公示書その他の標識を掲示する方法により、公示しなければならない。

④ 執行官は、引渡し期限が経過するまでの間においては、執行裁判所の許可を得て、引渡し期限を延長することができる。この場合においては、執行官は、引渡し期限の変更があつた旨及び変更後の引渡し期限を、当該不動産等の所在する場所に公示書その他の標識を掲示する方法により、公示しなければならない。

⑤ 明渡しの催告があつたときは、債務者は、不動産等の占有を移転してはならない。ただし、債権者に対して不動産等の引渡し又は明渡しをする場合は、この限りでない。

⑥ 明渡しの催告後に不動産等の占有の移転があつたときは、引渡し期限が経過するまでの間においては、占有者（第一項の不動産等を占有する者であつて債務者以外のものをいう。以下この条において同じ。）に対して、第一項の申立てに基づく強制執行をすることができる。この場合において、第四十二条及び前条の規定の適用については、当該占有者を債務者とみなす。

⑦ 明渡しの催告後に不動産等の占有の移転があつたときは、占有者は、明渡しの催告があつたことを知らず、かつ、債務者の占有の承継人でないことを理由として、債権者に対し、強制執行の不許を求める訴えを提起することができる。この場合においては、第三十六条、第三十七条及び第三十八条第三項の規定を準用する。

⑧ 明渡しの催告後に不動産等を占有した占有者は、明渡しの催告があつたことを知つて占有したものと推定する。

⑨ 第六項の規定により占有者に対して強制執行がされたときは、当該占有者は、執行異議の申立てにおいて、債権者に対抗することができる権原により目的物を占有していること、又は明渡しの催告があつたことを知らず、かつ、債務者の占有の承継人でないことを理由とすることができる。

⑩ 明渡しの催告に要した費用は、執行費用とする。

（動産の引渡しの強制執行）

第一六九条① 第百六十八条第一項に規定する動産以外の動産（有価証券を含む。）の引渡しの強制執行は、執行官が債務者からこれを取り上げて債権者に引き渡す方法により行う。

② 第百二十二条第二項、第百二十三条第二項及び第百六十八条第五項から第八項までの規定は、前項の強制執行について準用する。

（目的物を第三者が占有する場合の引渡しの強制執行）

第一七〇条① 第三者が強制執行の目的物を占有している場合においてその物を債務者に引き渡すべき義務を負つているときは、物の引渡しの強制執行は、執行裁判所が、債務者の第三者に対する引渡請求権を差し押さえ、請求権の行使を債権者に許す旨の命令を発する方法により行う。

② 第百四十四条、第百四十五条（第四項を除く。）、第百四十七条、第百四十八条、第百五十五条第一項及び第三項並びに第百五十八条の規定は、前項の強制執行について準用する。

[7] **貸金庫内の動産の引渡し** 貸金庫内に保管されている動産の引渡請求権を表示する債務名義を有する債権者は、受領を求める動産の範囲を当該動産に限定した上で、債務者が銀行を第三債務者として有する貸金庫契約に基づく包括的引渡請求権を差し押さえることができる。（東京高決平21・4・30判時二〇五三・四三）

（代替執行）

第一七一条① 次の各号に掲げる強制執行は、執行裁判所がそれぞれ当該各号に定める旨を命ずる方法により行う。

一 作為を目的とする債務についての強制執行 債務者の費用で第三者に当該作為をさせること。

二 不作為を目的とする債務についての強制執行 債務者の費用で、債務者がした行為の結果を除去し、又は将来のため適当な処分をすべきこと。

② 前項の執行裁判所は、第三十三条第二項第一号又は第六号に掲げる債務名義の区分に応じ、それぞれ当該各号に定める裁判所とする。

③ 執行裁判所は、第一項の規定による決定をする場合には、債務者を審尋しなければならない。

④ 執行裁判所は、第一項の規定による決定をする場合には、申立てにより、債務者に対し、その決定に掲げる行為をするために必要な費用をあらかじめ債権者に支払うべき旨を命ずることができる。

⑤ 第一項の強制執行の申立て又は前項の申立てについての裁判に対しては、執行抗告をすることができる。

⑥ 第六条第二項の規定は、第一項の規定による決定を執行する場合について準用する。

[7] **一 本条による執行の性質** 本条による強制執行は、作為又は不作為を内容とする、いわゆる「なす債務」として、その性質上直接強制を許さない

務」の給付についてのものは含まれない。（名古屋高決平13・2・28判タ一一三・二七八、執保百選[三版]六九……土地に対する引渡命令に基づき土地上の建物の収去につき、代替執行を認めた原決定を取消し）↓八三条[11]

二 謝罪広告を命ずる判決

[2] 謝罪広告を命ずる判決でも、その広告の内容が単に事態の真相を告白し陳謝の意を表明するにとどまる程度のものは、良心の自由を侵害せず、代替執行をすることができる。〔旧法事件〕（最大判昭31・7・4民集一〇・七・七八五、執保百選[三版]六八）↓憲一九条[2]＊[3]、民四一四条[7]・七二三条[2]

三 代替執行における執行官の地位

[3] 代替執行は、代替行為をなすのが、債権者自身であれ債権者の委任した第三者であれ執行吏であれ、国の公権力の行使であり、債権者が執行吏に委任したときは、その執行行為は執行吏の職務内容に属する。〔旧法事件〕（最判昭41・9・22民集二〇・七・一三六七、執保百選[初版]八八……国賠一条の公権力の行使には当たるが違法行為はないとして、違法執行を理由とする国賠請求を棄却）

（間接強制）

第一七二条① 作為又は不作為を目的とする債務で前条第一項の強制執行ができないものについての強制執行は、執行裁判所が、債務者に対し、遅延の期間に応じ、又は相当と認める一定の期間内に履行しないときは直ちに、債務の履行を確保するために相当と認める一定の額の金銭を債権者に支払うべき旨を命ずる方法により行う。

② 事情の変更があつたときは、執行裁判所は、申立てにより、前項の規定による決定を変更することができる。

③ 執行裁判所は、前二項の規定による決定をする場合には、申立ての相手方を審尋しなければならない。

④ 第一項の規定により命じられた金銭の支払があつた場合において、債務不履行により生じた損害の額が支払額を超えるときは、債権者は、その超える額について損害賠償の請求をすることを妨げられない。

⑤ 第一項の強制執行の申立て又は第二項の申立てについての裁判に対しては、執行抗告をすることができる。

⑥ 前条第二項の規定は、第一項の執行裁判所について準用する。

一 間接強制の可否

1 不作為義務の内容の特定

[1] 騒音及び振動の一定限度を超える侵入の差止めを求める請求を認容するいわゆる抽象的不作為判決は間接強制によることができる。（名古屋高判昭60・4・12下民三四・一～四・四六一〈名古屋新幹線訴訟〉執保百選[三版]六七）↓民訴一三四条[2]

[2] 不作為を目的とする債務の強制執行として間接強制決定をするには、不作為義務を定めた債務名義において、義務の内容が十分に特定されていることを要する。特定の者を「誹謗〔ひぼう〕・中傷する事項」を禁止される表現内容として発令された本件仮処分命令は、いかなる内容の表現がそれに該当するかが一義的に明確とはいい難いこと、村の再開発計画の批判というそれ自体は禁止されるべきものではない活動の過程でされた表現行為が問題となったものであり、右の表現内容の特定だけからは、禁止されるべき行為とそうではない行為とを明確に区別することはできないことから、その主文において、債務者が不作為義務を負うべき表現の内容が十分に特定されているとはいえない。（東京高決平31・4・9判タ一四七一・二九）

2 両立し得ない債務名義の存在

[3] 執行債務者の負う債務の内容が、それ自体、性質上債務者の意思のみで履行することができるものであるときは、その債務者が、別の債務名義により両立し得ない債務を負うという事情があっても、執行裁判所は間接強制決定をすることができる。（最決平27・1・22判時二二五二・三三②〈諫早湾堤防開門禁止間接強制事件〉執保百選[三版]七一②……当事者を異にする債務名義の判断が区々に分かれることは制度上あり得るのであり、執行裁判所はこれらの実体的判断の当否を審理すべき立場にない）

3 間接占有者に対する建物退去土地明渡しの間接強制

[4] 〈土地所有者Xが、土地上の建物の所有者からの賃借人Y及び転借人Z_1に対して建物退去土地明渡しを命ずる判決を得て、民執法一七三条一項に基づきYに対して建物退去土地明渡しの間接強制の申立てをしたが、右建物はこの訴訟の係属中にZ_1からZ_2へ、さらにZ_3へと再転貸され、Z_1のZ_2及びZ_3に対する建物明渡請求訴訟が係属中であるという事案において〉債務名義が間接占有者に対する建物退去土地明渡しの請求権を表示したものであることや建物の当初及び現時点の占有状況等の事実によれば、間接強制決定をすることはできない。（最決平27・6・3金判一四七一・二〇、重判平27民訴六）

4 人事・家事事件

イ 夫婦の同居義務の履行

[5] 夫婦の同居義務の履行は、その性質上強制履行を許さない以上、間接強制も許されない。〔旧法事件〕（大決昭5・9・30民集九・九二六）↓民四一四条[2]・七五二条[1]

ロ 子との面会交流

[6] 面会交流を命ずる審判において、面会交流の日時又は頻度、各回の面会交流時間の長さ、子の引渡しの方法等が具体的に定められていれば、給付の特定に欠けるところはないから、間接強制決定をすることができる。（最決平25・3・28民集六七・三・八六四、執保百選[三版]七〇）↓民七六六条[3]

[7] 面会交流の頻度や各回の面会交流時間の長さを必ずしも特定せず、「面接交渉の具体的な日時、場所、方法等は、子の福祉に慎重に配慮して協議して定める」とする調停調書は、給付を十分には特定していないから、その調書に基づく間接強制決定をすることはできない。（最決平25・3・28判時二一九一・四六②、重判平25民訴一三③）

[8] 子の面会交流を命ずる審判の後に年数が経過し、右審判が判断の前提とし、想定した子の年齢・成長の段階（審判当時、小学六年生）と現在の子の年齢・成長の段階（満一五歳に達し、高校へ進学する直前の時期）が大きく異なるに至り、子が独立した人格として自らの意向を表明できる能力を有する段階に達し、現に非監護親との面会交流を拒む意向を表明しているなどの事情から、子の面会交流をさせる監護親の債務は、その意思のみでは履行できない債務となっており、間接強制の申立ては認められないとした事例（名古屋高決令2・3・18判タ一四八二・九二）

二 間接強制による執行の要件としての債務者の義務違反

↓民四一四条[3]

三 間接強制金支払請求権の濫用

[9] 〈名誉毀損の謝罪広告の強制執行として、履行済みまで一日につき一万円の間接強制金の支払を命じる決定がなされ、その決定を債務名義とする、約三五〇〇万円の支払を目的とする金銭執行において〉本件間接強制は、日々の侵害行為の避止ではなく、過去の行為により毀損された名誉回復を目的とするものであり、間接強制金が累積するに任せることは本来予定されておらず、加えて名誉毀損自体の慰謝料が二〇〇万円であったこと等の事情も考慮すれば、一八〇日を超える部分の権利行使は権利の濫用になる。（東京高判平17・11・30判時一九三五・六一……一八〇万円を超える部分の請求異議の訴えを認容）

四 債務名義取消しによる間接強制金の返還

[10] 仮処分命令における保全すべき権利が、本案訴訟の判決において、当該仮処分命令の発令時から存在しなかったものと判断され、このことが事情の変更に当たるとして当該仮処分命令を取り消す旨の決定が確定した場合には、当該仮処分命令を受けた債務者は、その保全執行としてされた間接強制決

定に基づき取り立てられた金銭につき、債権者に対して不当利得返還請求をすることができる。（最判平21・4・24民集六三・四・七六五、執保百選[三版]八九）→民七〇三条[5]

第一七三条① 第百六十八条第一項、第百六十九条第一項、第百七十条第一項及び第百七十一条第一項に規定する強制執行は、それぞれ第百六十八条から第百七十一条までの規定により行うほか、債権者の申立てがあるときは、執行裁判所が前条第一項に規定する方法により行う。この場合においては、同条第二項から第五項までの規定を準用する。

② 前項の執行裁判所は、第三十三条第二項各号（第一号の二、第一号の三及び第四号を除く。）に掲げる債務名義の区分に応じ、それぞれ当該債務名義についての執行文付与の訴えの管轄裁判所とする。

（子の引渡しの強制執行）

第一七四条① 子の引渡しの強制執行は、次の各号に掲げる方法のいずれかにより行う。

一 執行裁判所が決定により執行官に子の引渡しを実施させる方法

二 第百七十二条第一項に規定する方法

② 前項第一号に掲げる方法による強制執行の申立ては、次の各号のいずれかに該当するときでなければすることができない。

一 第百七十二条第一項の規定による決定が確定した日から二週間を経過したとき（当該決定において定められた債務を履行すべき一定の期間の経過がこれより後である場合にあつては、その期間を経過したとき）。

二 前項第二号に掲げる方法による強制執行を実施しても、債務者が子の監護を解く見込みがあるとは認められないとき。

三 子の急迫の危険を防止するため直ちに強制執行をする必要があるとき。

③ 執行裁判所は、第一項第一号の規定による決定をする場合には、債務者を審尋しなければならない。ただし、子に急迫した危険があるときその他の審尋をすることにより強制執行の目的を達することができない事情があるときは、この限りでない。

④ 執行裁判所は、第一項第一号の規定による決定において、執行官に対し、債務者による子の監護を解くために必要な行為をすべきことを命じなければならない。

⑤ 第百七十一条第二項の規定は第一項第一号の執行裁判所について、同条第四項の規定は同号の規定による決定をする場合について、それぞれ準用する。

⑥ 第二項の強制執行の申立て又は前項において準用する第百七十一条第四項の申立てについての裁判に対しては、執行抗告をすることができる。

[1] **一 本条新設前における一六九条の類推適用**
子の引渡しの可否は、家裁調査官等専門スタッフや心理テスト等の実施可能な施設を有する家庭裁判所が判断するものであるから、その審判が確定した以上は、最大限尊重され、可及的速やかに実現されることが、子の不安定な立場を解消し、その心情の安定や健全な成長に資するもので、子の最善の福祉に合致するといえる。子の引渡請求は、引渡請求権としての性質をも有すると解すべきであり、民執法一六九条を類推適用して、直接強制を行うことが許される。（東京地立川支決平21・4・28家月六一・一一・八〇、執保百選[二版]六七②……申立人（妻）の住所地付近の路上で、七歳九か月児童を、同行していた監護権者（夫）に引き渡した執行官の処分に対する執行異議事件。却下）

[2] **二 本条新設前における間接強制による強制執行**
親の監護権の行使に対する妨害排除請求権に基づき「未成年者を引き渡す」旨を命ずる債務名義上の義務は間接強制になじまないということはできない。子の拒否的態度及び年齢（一〇歳）を考慮すると、間接強制金額として原審の定めた一日一〇万円は著しく過大であり、一日三万円と定めるのが相当である。（東京高決平20・7・4家月六一・七・五三）

[3] 子（七歳）の引渡しの直接強制は子が説得に応じる気配なく断念され、債務者が直接強制を妨害したとは認められないこと、子の引渡しの実現につき債務者の協力が期待できないとは認められないことから、債務者が子の引渡しを妨害しないという不作為義務に違反するおそれについての立証がないとして、間接強制の申立てを却下した事例（東京高決平23・3・23家月六三・一二・九二）

[4] 子の引渡しを命ずる審判がされた場合、当該子が債権者に引き渡されることを拒絶する意思を表明していることは、直ちに間接強制決定をすることを妨げる理由となるものではない。しかし、本件においては、子の心身に重大な悪影響を及ぼすおそれがあるとして引渡執行が不能とされ、子がその自由意思に基づいて債務者らのもとにとどまっているとして人身保護請求が棄却されたという経過からすれば、現時点において、子の心身に有害な影響を及ぼすことのないように配慮しつつ子の引渡しを実現するため合理的に必要と考えられる債務者の行為を具体的に想定することが困難であり、このような事情の下において間接強制決定により債務者に対して子の引渡しを強制することは過酷な執行として許されず、このような決定を求める申立ては権利の濫用に当たる。（最決平31・4・26判時二四二五・一〇、重判令元民訴九）

（執行官の権限等）

第一七五条① 執行官は、債務者による子の監護を解くために必要な行為として、債務者に対し説得を行うほか、債務者の住居その他債務者の占有する場所において、次に掲げる行為をすることができる。

一 その場所に立ち入り、子を捜索すること。この場合において、必要があるときは、閉鎖した戸を開くため必要な処分をすること。

二 債権者若しくはその代理人と子を面会させ、又は債権者若しくはその代理人と債務者を面会させること。

三 その場所に債権者又はその代理人を立ち入らせること。

② 執行官は、子の心身に及ぼす影響、当該場所及びその周囲の状況その他の事情を考慮して相当と認めるときは、前項に規定する場所以外の場所においても、債務者による子の監護を解くために必要な行為として、当該場所の占有者の同意を得て又は次項の規定による許可を受けて、前項各号に掲げる行為をすることができる。

③ 執行裁判所は、子の住居が第一項に規定する場所以外の場所である場合において、債務者と当該場所の占有者との関係、当該占有者の私生活又は業務に与える影響その他の事情を考慮して相当と認めるときは、債権者の申立てにより、当該占有者の同意に代わる許可をすることができる。

④ 執行官は、前項の規定による許可を受けて第一項各号に掲げる行為をするときは、職務の執行に当たり、当該許可を受けたことを証する文書を提示しなければならない。

⑤ 第一項又は第二項の規定による債務者による子の監護を解くために必要な行為は、債権者が第一項又は第二項に規定する場所に出頭した場合に限り、することができる。

⑥ 執行裁判所は、債権者が第一項又は第二項に規定する場所に出頭することができない場合であつても、その代理人が債権者に代わつて当該場所に出頭することが、当該代理人と子との関係、当該代理人の知識及び経験その他の事情に照らして子の利益の保護のために相当と認めるときは、前項の規定にかかわらず、債権者の申立てにより、当該代理人が当該場所に出頭した場合においても、第一項又は第二項の規定による債務者による子の監護を解くために必要な行為をすることができる旨の決定をすることができる。

⑦ 執行裁判所は、いつでも前項の決定を取り消すことができ

る。

⑧　執行官は、第六条第一項の規定にかかわらず、子に対して威力を用いることはできない。子以外の者に対して威力を用いることが子の心身に有害な影響を及ぼすおそれがある場合においては、当該子以外の者についても、同様とする。

⑨　執行官は、第一項又は第二項の規定による債務者による子の監護を解くために必要な行為をするに際し、債権者又はその代理人に対し、必要な指示をすることができる。

（執行裁判所及び執行官の責務）

第一七六条　執行裁判所及び執行官は、第百七十四条第一項第一号に掲げる方法による子の引渡しの強制執行の手続において子の引渡しを実現するに当たつては、子の年齢及び発達の程度その他の事情を踏まえ、できる限り、当該強制執行が子の心身に有害な影響を及ぼさないように配慮しなければならない。

（意思表示の擬制）

第一七七条①　意思表示をすべきことを債務者に命ずる判決その他の裁判が確定し、又は和解、認諾、調停若しくは労働審判に係る債務名義が成立したときは、債務者は、その確定又は成立の時に意思表示をしたものとみなす。ただし、債務者の意思表示が、債権者の証明すべき事実の到来に係るときは第二十七条第一項の規定により執行文が付与された時に、反対給付との引換え又は債務の履行その他の債務者の証明すべき事実のないことに係るときは次項又は第三項の規定により執行文が付与された時に意思表示をしたものとみなす。

②　債務者の意思表示が反対給付との引換えに係る場合においては、執行文は、債権者が反対給付又はその提供のあつたことを証する文書を提出したときに限り、付与することができる。

③　債務者の意思表示が債務者の証明すべき事実のないことに係る場合において、執行文の付与の申立てがあつたときは、裁判所書記官は、債務者に対し一定の期間を定めてその事実を証明する文書を提出すべき旨を催告し、債務者がその期間内にその文書を提出しないときに限り、執行文を付与することができる。

一　不動産登記請求

[1]　不動産登記の抹消登記手続を求める請求は意思表示を求める請求であって、その勝訴判決が確定すれば被告が右意思表示をしたものとみなされ、執行が完了する。（最判昭41・3・18民集二〇・三・四六四、執保百選[三版]七二）→民訴◆【訴え】[二三四条の前][10]

二　放送法六四条一項が定める放送受信契約の締結義務

[2]　放送法六四条一項は、受信設備設置者に対し受信契約の締結を強制する旨を定めた規定であり、X（日本放送協会）からの受信契約の申込みに対して受信設備設置者が承諾をしない場合には、Xがその者に対して承諾の意思表示を命ずる判決を求め、その判決の確定によって受信契約が成立する。受信契約を締結した者は受信設備の設置の月から定められた受信料を支払わなければならない旨の条項を含む受信契約が、右の判決の確定により成立した場合、同契約に基づき、受信設備の設置の月以降の分の受信料債権が発生する。（最大判平29・12・6民集七一・一〇・一八一七、消費百選[二版]一二）→憲一三条[51]・二一条[45]・二九条[19]、民一六六条[21]・四二四条[5]・五二二条[1]

第一七八条及び第一七九条　削除

第三章　担保権の実行としての競売等

（不動産担保権の実行の方法）

第一八〇条　不動産（登記することができない土地の定着物を除き、第四十三条第二項の規定により不動産とみなされるものを含む。以下この章において同じ。）を目的とする担保権（以下この章において「不動産担保権」という。）の実行は、次に掲げる方法であつて債権者が選択したものにより行う。

一　担保不動産競売（競売による不動産担保権の実行をいう。以下この章において同じ。）の方法

二　担保不動産収益執行（不動産から生ずる収益を被担保債権の弁済に充てる方法による不動産担保権の実行をいう。以下この章において同じ。）の方法

（不動産担保権の実行の開始）

第一八一条①　不動産担保権の実行は、次に掲げる文書が提出されたときに限り、開始する。

一　担保権の存在を証する確定判決若しくは家事事件手続法第七十五条の審判又はこれらと同一の効力を有するものの謄本

＊令和四法四八（令和八・五・二四までに施行）による改正
第一号中「謄本」の下に「又は記録事項証明書」を加える。
（本文未織込み）

二　担保権の存在を証する公証人が作成した公正証書の謄本

三　担保権の登記（仮登記を除く。）に関する登記事項証明書

四　一般の先取特権にあつては、その存在を証する文書

②　抵当証券の所持人が不動産担保権の実行の申立てをするには、抵当証券を提出しなければならない。

③　担保権について承継があつた後不動産担保権の実行の申立てをする場合には、相続その他の一般承継にあつてはその承継を証する裁判の謄本その他の公文書を、その他の承継にあつてはその承継を証する文書を提出しなければならない。

④　不動産担保権の実行の開始決定がされたときは、裁判所書記官は、開始決定の送達に際し、不動産担保権の実行の申立てにおいて提出された前三項に規定する文書の目録及び第一項第四号に掲げる文書の写しを相手方に送付しなければならない。

一　仮差押えに劣後する抵当権による競売

[1]　仮差押えの被保全債権が破産手続において確定した場合には、仮差押債権者が本案で敗訴することはあり得ないから、仮差押えに劣後する抵当権に基づく競売申立ては却下される。（名古屋高決昭56・11・30下民三二・九〜一二・一〇五五、新倒産百選五八②）

二　法定文書以外による弁済期到来の主張・立証

1　肯定例

[2]　本条は、抵当権の存在については法定文書のみによって証明することを要求するが、（弁済期の到来等）その他の実体法上の要件の存否は法定文書によって証明する必要はなく、（法定文書の記載から明らかに弁済期未到来と判断される場合を除き）債務者からの執行異議等の申立てを待って審理判断すれば足りる。（東京高決平4・3・30高民四五・一・九六、執保百選[初版]九〇……抵当証券の記載と、期限の利益喪失を定めた金銭消費貸借契約書とあわせて弁済期未到来が明らかであるとはいえないと認定）

2　否定例

[3]　抵当証券は設権証券性を有し、証券所持人が抵当証券設定契約の原始当事者である債権者であっても証券の記載を超える権利を主張することは許されないから、たとえ抵当証券以外の文書に期限の利益喪失の記載があったとしても、抵当証券上の権利はなんらの影響も受けない。（東京地決平3・11・18判時一四〇一・一二〇、重判平3商九……[2]の原審と同様の結論）

三　時効の完成猶予［時効中断］の効力

1　物上保証人に対する不動産競売の場合

[4]　物上保証人に対する不動産競売において、被担保債権の時効中断［時効の完成猶予］の効力は、競売開始決定正本が債務者に送達された時に生ずる。（最判平8・7・12民集五〇・七・一九〇一、重判平8民一……競売申立時に生ずるとした原審を否定）

[5]　債務者への送達が公示送達による場合につき、[4]と同旨（最決平14・10・25民集五六・八・一九四二……民訴一一三条を

類推）→民一五四条[4]
２　連帯保証債務の物上保証人に対する不動産競売の場合→民一五四条[5]
３　競売開始決定の付郵便送達の場合→民一五四条[3]

（開始決定に対する執行抗告等）
第一八二条　不動産担保権の実行の開始決定に対する執行抗告又は執行異議の申立てにおいては、債務者又は不動産の所有者（不動産とみなされるものにあつては、その権利者。以下同じ。）は、担保権の不存在又は消滅を理由とすることができる。

売却許可決定に対する執行抗告の可否→七一条[7]

（不動産担保権の実行の手続の停止）
第一八三条①　不動産担保権の実行の手続は、次に掲げる文書の提出があつたときは、停止しなければならない。
一　担保権のないことを証する確定判決（確定判決と同一の効力を有するものを含む。次号において同じ。）の謄本
二　第百八十一条第一項第一号に掲げる裁判若しくはこれと同一の効力を有するものを取り消し、若しくはその効力がないことを宣言し、又は同項第三号に掲げる登記を抹消すべき旨を命ずる確定判決の謄本
三　担保権の実行をしない旨、その実行の申立てを取り下げる旨又は債権者が担保権によつて担保される債権の弁済を受け、若しくはその債権の弁済の猶予をした旨を記載した裁判上の和解の調書その他の公文書の謄本
四　担保権の登記の抹消に関する登記事項証明書
五　不動産担保権の実行の手続の停止及び執行処分の取消しを命ずる旨を記載した裁判の謄本
六　不動産担保権の実行の手続の一時の停止を命ずる旨を記載した裁判の謄本
七　担保権の実行を一時禁止する裁判の謄本

＊令和四法四八（令和八・五・二四までに施行）**による改正後**
①（柱書略）
一　担保権のないことを証する確定判決（確定判決と同一の効力を有するものを含む。次号において同じ。）の謄本又は記録事項証明書
二　第百八十一条第一項第一号に掲げる裁判若しくはこれと同一の効力を有するものを取り消し、若しくはその効力がないことを宣言し、又は同項第三号に掲げる登記を抹消すべき旨を命ずる確定判決の謄本又は記録事項証明書
三・四　（略）
五　不動産担保権の実行の手続の停止及び執行処分の取消しを命ずる旨を記載した裁判の謄本又は記録事項証明書
六　不動産担保権の実行の手続の一時の停止を命ずる旨を記載した裁判の謄本又は記録事項証明書
七　（略）

②　前項第一号から第五号までに掲げる文書が提出されたときは、執行裁判所は、既にした執行処分をも取り消さなければならない。
③　第十二条の規定は、前項の規定による決定については適用しない。

[1] **停止文書提出の権利の濫用**　不動産競売において、競売目的物の所有者兼債務者が、最高価買受申出人となることのできなかった者と相謀り、売却許可決定後に抵当債権を弁済し担保権の登記の抹消を得てその登記簿謄本を提出することにより最高価買受申出人として売却許可を受けた者の地位を覆すことは、著しく社会的妥当性を欠き、競売不動産の所有者の権利行使として許される限界を逸脱するもので違法であり、これによって競売手続の進行を阻止することはできない。（東京高決昭62・10・27判時一二五四・七二、執保百選[三版]三二）

（代金の納付による不動産取得の効果）
第一八四条　担保不動産競売における代金の納付による買受人の不動産の取得は、担保権の不存在又は消滅により妨げられない。

一　本条の根拠及び適用範囲
[1] 本条は、所有者が当該不動産競売手続に関与し、自己の権利主張の機会が保障されていたにもかかわらず、権利行使をしなかった場合に、担保権の不存在等によって買受人の不動産の取得が妨げられないと規定するものであるから、本条による所有権の喪失のためには、その者が当該不動産競売手続上当事者として扱われ、同法一八一条ないし一八三条の手続にのっとって自己の権利を確保する機会を与えられていたことが不可欠の前提をなす。（最判平5・12・17民集四七・一〇・五五〇八、執保百選[三版]二六）

二　担保権不存在の場合の不当利得返還請求
[2] 債権者が第三者所有の不動産の上に設定を受けた根抵当権が不存在であるにもかかわらず、その実行による競売の結果、買受人の代金納付により第三者が不動産の所有権を喪失したときは、右債権者は、売却代金からの弁済金の交付を受け得る実体上の権利がないにもかかわらず、その交付を受けたことになるから、右第三者は、売却代金から弁済金の交付を受けた債権者に対し民法七〇三条の規定に基づく不当利得返還請求権を有する。（最判昭63・7・1民集四二・六・四七七、執保百選[三版]二五）

第一八五条及び第一八六条　削除

（担保不動産競売の開始決定前の保全処分等）
第一八七条①　執行裁判所は、担保不動産競売の開始決定前であつても、債務者又は不動産の所有者若しくは占有者が価格減少行為（第五十五条第一項に規定する価格減少行為をいう。以下この項において同じ。）をする場合において、特に必要があるときは、当該不動産につき担保不動産競売の申立てをしようとする者の申立てにより、買受人が代金を納付するまでの間、同条第一項各号に掲げる保全処分又は公示保全処分を命ずることができる。ただし、当該価格減少行為による価格の減少又はそのおそれの程度が軽微であるときは、この限りでない。
②　前項の場合において、第五十五条第一項第二号又は第三号に掲げる保全処分は、次に掲げる場合のいずれかに該当するときでなければ、命ずることができない。
一　前項の債務者又は同項の不動産の所有者が当該不動産を占有する場合
二　前項の不動産の占有者の占有の権原が同項の規定による申立てをした者に対抗することができない場合
③　第一項の規定による申立てをするには、担保不動産競売の申立てをする場合において第百八十一条第一項から第三項までの規定により提出すべき文書を提示しなければならない。
④　執行裁判所は、申立人が第一項の保全処分を命ずる決定の告知を受けた日から三月以内に同項の担保不動産競売の申立てをしたことを証する文書を提出しないときは、被申立人又は同項の不動産の所有者の申立てにより、その決定を取り消さなければならない。
⑤　第五十五条第三項から第五項までの規定は第一項の規定による決定について、同条第六項の規定は第一項又はこの項において準用する同条第五項の申立てについての裁判について、同条第七項の規定はこの項において準用する同条第五項の規定による決定について、同条第八項及び第九項並びに第五十五条の二の規定は第一項の規定による決定（第五十五条第一項第一号に掲げる保全処分又は公示保全処分を命ずるものを除く。）について、第五十五条第十項の規定は第一項の申立て又は同項の規定による決定（同条第一項第一号に掲げる保全処分又は公示保全

処分を命ずるものを除く。）の執行に要した費用について、第八十三条の二の規定は第一項の規定による決定（第五十五条第一項第三号に掲げる保全処分及び公示保全処分を命ずるものに限る。）の執行がされた場合について準用する。この場合において、第五十五条第三項中「債務者以外の占有者」とあるのは、「債務者及び不動産の所有者以外の占有者」と読み替えるものとする。

一 価格減少行為↓五五条[1]～[3]
二 保全処分の範囲↓五五条[4]

（不動産執行の規定の準用）

第一八八条 第四十四条の規定は不動産担保権の実行について、前章第二節第一款第二目（第八十一条を除く。）の規定は担保不動産競売について、同款第三目の規定は担保不動産収益執行について準用する。

（船舶の競売）

第一八九条 前章第二節第二款及び第百八十一条から第百八十四条までの規定は、船舶を目的とする担保権の実行としての競売について準用する。この場合において、第百十五条第三項中「執行力のある債務名義の正本」とあるのは「第百八十九条において準用する第百八十一条第一項から第三項までに規定する文書」と、第百八十一条第一項第四号中「一般の先取特権」とあるのは「先取特権」と読み替えるものとする。

（動産競売の要件）

第一九〇条① 動産を目的とする担保権の実行としての競売（以下「動産競売」という。）は、次に掲げる場合に限り、開始する。

一 債権者が執行官に対し当該動産を提出した場合

二 債権者が執行官に対し当該動産の占有者が差押えを承諾することを証する文書を提出した場合

三 債権者が執行官に対し次項の許可の決定書の謄本を提出し、かつ、第百九十二条において準用する第百二十三条第二項の規定による捜索に先立つて又はこれと同時に当該許可の決定が債務者に送達された場合

② 執行裁判所は、担保権の存在を証する文書を提出した債権者の申立てがあつたときは、当該担保権についての動産競売の開始を許可することができる。ただし、当該動産が第百二十三条第二項に規定する場所又は容器にない場合は、この限りでない。

③ 前項の許可の決定は、債務者に送達しなければならない。

④ 第二項の申立てについての裁判に対しては、執行抗告をすることができる。

（動産の差押えに対する執行異議）

第一九一条 動産競売に係る差押えに対する執行異議の申立てにおいては、債務者又は動産の所有者は、担保権の不存在若しくは消滅又は担保権によつて担保される債権の一部の消滅を理由とすることができる。

（動産執行の規定の準用）

第一九二条 前章第二節第三款（第百二十三条第二項、第百二十八条、第百三十一条及び第百三十二条を除く。）及び第百八十三条の規定は動産競売について、第百二十八条、第百三十一条及び第百三十二条の規定は一般の先取特権の実行としての動産競売について、第百二十三条第二項の規定は第百九十条第一項第三号に掲げる場合における動産競売について準用する。

（債権及びその他の財産権についての担保権の実行の要件等）

第一九三条① 第百四十三条に規定する債権及び第百六十七条第一項に規定する財産権（以下この項において「その他の財産権」という。）を目的とする担保権の実行は、担保権の存在を証する文書（権利の移転について登記等を要するその他の財産権を目的とする担保権で一般の先取特権以外のものについては、第百八十一条第一項第一号から第三号まで、第二項又は第三項に規定する文書）が提出されたときに限り、開始する。担保権を有する者が目的物の売却、賃貸、滅失若しくは損傷又は目的物に対する物権の設定若しくは土地収用法（昭和二十六年法律第二百十九号）による収用その他の行政処分により債務者が受けるべき金銭その他の物に対して民法その他の法律の規定によつてするその権利の行使についても、同様とする。

② 前章第二節第四款第一目（第百四十六条第二項、第百五十二条及び第百五十三条を除く。）及び第百八十二条から第百八十四条までの規定は前項に規定する担保権の実行及び行使について、第百四十六条第二項、第百五十二条及び第百五十三条の規定は前項に規定する一般の先取特権の実行及び行使について準用する。

一 担保権の存在を証する文書

1 動産売買先取特権に基づく物上代位の場合

[1] 動産売買先取特権に基づく物上代位権を行使するには、債権者と債務者との間の動産の売買と債務者の第三債務者へのその転売を文書によって証明することを要する。右証明文書は、民執法一八一条一項一号ないし三号のような公文書であることを要する旨の規定はないから、複数の文書を総合して自由心証によって担保権の存在が認定できる文書をもって足りる。

現代の取引社会では、売買契約書、注文書などの書面を省略する取引が多く、また債務者は差押命令等に対して執行抗告をすることができること等を考慮すれば、債務者が作成に関与した文書の提出を常に要求することはできない。（名古屋高決昭62・6・23判時一二四四・八九、執保百選[三版]七三）

2 供託された保証金取戻請求権に対する質権の実行の場合

[2] 仮執行宣言付手形判決に基づく強制執行に対し、債務者に保証を立てさせた上で停止決定がなされた後、右手形判決に対する異議の取下げにより右手形判決が確定した場合において、右手形判決を有する債権者が債務者の供託した保証金の取戻請求権に対して質権を実行するには、右質権の存在を証する文書として右強制執行停止決定の正本の提出で足りる。（大阪高決昭58・6・8高民三六・二・六七、重判昭58民訴七）

[3] 仮処分異議訴訟で勝訴した債務者が、当該仮処分決定の執行によって受けた損害の賠償債権に基づいて、債権者が当該仮処分決定を得るために供託した保証金の取戻請求権に対して質権を実行するには、担保権の存在を証する文書として、右賠償債権の存否及び数額を具体的に証明する確認あるいは給付の確定判決の謄本等を提出しなければならない。（東京高決昭59・7・3判時一一二六・四〇）

二 動産売買先取特権に基づく転売代金債権に対する物上代位

1 一般債権者による差押え・破産手続開始決定との関係

[4] 動産売買先取特権者は、買主の一般債権者が買主の転買人に対して有する転売代金債権に対して差押え又は仮差押えの執行をしたにすぎないときは、その後に右債権に対し物上代位権を行使することができる。（最判昭60・7・19民集三九・五・一三二六、執保百選[三版]七五）↓民三〇四条[2]

[5] 動産売買先取特権者は、買主の一般債権者によって転売代金債権の差押えがなされたにすぎない場合と同じく、買主が破産宣告［破産手続開始決定］を受けた後においても、右債権に対して物上代位権を行使すること（差押・転付命令の申請）ができる。（旧法事件）（最判昭59・2・2民集三八・三・四三一、倒産百選[六版]五六）↓民三〇四条[1]、破六五条[2]

2 目的債権の譲受人↓民三〇四条[3]

3 第三債務者による供託との関係↓一六五条[2]

4 物上代位権の保全方法

[6] 債務名義に基づく強制執行を保全することを予定する仮差押手続において、担保権（物上代位権を含む）の保全を目的とする仮差押命令を発することが認められないことは、明ら

かである。（東京高決昭59・10・2判時一一三七・五七、新倒産百選六二④）

⑦ 動産の先取特権ないしこれに基づく物上代位権は、買主が目的動産を他に転売してその転売代金債権を取り立て又はこれを他に処分し、若しくは転買人（第三債務者）が転売代金を買主（債務者）に支払うのを禁止する効力を持たないから、売主は先取特権ないし物上代位権を被保全権利として、転売代金の取立て・譲渡等を禁止する仮処分は許されない。（広島高決昭61・6・10判時一二〇〇・八二、倒産百選［三版］六六②……事実上倒産の事案）

三　抵当権に基づく賃料債権に対する物上代位

1　一般債権者による差押え・配当要求との関係↓一六五条③⑤

2　将来の賃料債権の包括的譲渡との関係↓民三七二条⑰

3　第三債務者による相殺との関係↓民三七二条⑭

4　抵当権の設定が一般債権者による差押え後であった場合↓一六五条④

四　動産譲渡担保権に基づく物上代位

⑧ 動産（輸入商品）の譲渡担保権者は、物上代位権の行使として、転売された右動産の売買代金債権を差し押さえることができ、このことは債務者が破産宣告［破産手続開始決定］を受けた後に右差押えがされる場合であっても異なるところはない。（最決平11・5・17民集五三・五・八六三、民百選Ⅰ［五補］九六）↓⑤

五　債権等の差押命令に対する不服申立方法↓一四五条⑥

（担保権の実行についての強制執行の総則規定の準用）

第一九四条　第三十八条、第四十一条及び第四十二条の規定は、担保権の実行としての競売、担保不動産収益執行並びに前条第一項に規定する担保権の実行及び行使について準用する。

（留置権による競売及び民法、商法その他の法律の規定による換価のための競売）

第一九五条　留置権による競売及び民法、商法その他の法律の規定による換価のための競売については、担保権の実行としての競売の例による。

一　留置権による競売

① 登録自動車を目的とする民法上の留置権による競売においては、競売開始決定後、執行官に自動車を引き渡す時に債権者にその占有があることが必要でありそれで足りるのであるから、民執規則一七六条二項により準用される民執法一八一条一項一号所定の「担保権の存在を証する確定判決」として、債権者による自動車の占有の事実が認定される必要はなく、被担保債権が当該自動車に関して生じたことが主要事実として認定されていればよい。（最決平18・10・27民集六〇・八・三二三四、執保百選［三版］二二）

二　共有物分割のための競売

1　和解調書に基づく競売

② 共有物分割訴訟においてした「競売によって分割する」旨の裁判上の和解は、受訴裁判所が、競売手続による換価が許される場合か否か、共有物分割の方法として適当か否かにつき、当事者の申立てや主張に拘束されずに実質的に判断したものであれば、有効であり、当事者は、この和解調書に基づいて競売申立てをすることができる。（大阪高決平2・8・17判時一三六四・四二……原審は、共有物分割訴訟は形式的形成訴訟であって和解は許されないとの理由で、和解調書に基づく競売申立てを却下した）

2　五九条・六三条の準用

③ 民法二五八条二項［現三項］に基づく不動産競売においては、民執法五九条が準用されることを前提として、六三条も準用される。（最決平24・2・7判時二一六三・三、執保百選［三版］八〇……「無剰余であるにもかかわらず、先順位抵当権者の目的不動産の値上がり期待を無視して、共有物の分割手続を終了させるためだけの目的で不動産競売を進行させることは相当でない」と理由付けた原判決を維持）↓民三七九条③

3　法定地上権

④ 民法二五八条二項［現三項］による競売については、民執法一九五条、一八八条の規定により八一条の適用はなく、抵当権の目的となっていないので、民法三八八条の適用を論じる余地もない、とした原審の判断は、原審の事実関係の下において正当である。（最判平6・4・7民集四八・三・八八九、執保百選［三版］三五）↓八一条②

三　相続財産の競売

⑤ 限定承認の場合の相続財産換価のための競売（民法九三二条）にも、無剰余取消しの規定（六三条）が適用される。（東京高決平5・12・24判タ八六八・二八五）

四　区分所有法五九条に基づく競売

1　五九条・六三条の準用

⑥ 区分所有法五九条に基づく競売には、競売手続の円滑な実施等のため、消除主義を定める民執法五九条一項が適用される。この競売は、当該区分所有者から区分所有権を剝奪することを目的とし、競売の申立人に対する配当を予定していないから、剰余主義を定める同法六三条は適用されない（手続費用との関係でのみ同条が適用される）。（東京高決平16・5・20判タ一二一〇・一七〇）

2　口頭弁論終結後の譲受人

⑦ 区分所有法五九条一項の競売の請求は、特定の区分所有者が区分所有者の共同の利益に反する行為をすること等を原因として認められるものであるから、同項の競売請求訴訟の口頭弁論終結後に、被告であった区分所有者がその区分所有権等を譲渡した場合に、その譲受人に対して同訴訟の判決に基づいて競売を申し立てることはできない。（最決平23・10・11判時二一三六・三六、重判平24民訴七）

第四章　債務者の財産状況の調査

第一節　財産開示手続

（管轄）

第一九六条　この節の規定による債務者の財産の開示に関する手続（以下「財産開示手続」という。）については、債務者の普通裁判籍の所在地を管轄する地方裁判所が、執行裁判所として管轄する。

（実施決定）

第一九七条①　執行裁判所は、次の各号のいずれかに該当するときは、執行力のある債務名義の正本を有する金銭債権の債権者の申立てにより、債務者について、財産開示手続を実施する旨の決定をしなければならない。ただし、当該執行力のある債務名義の正本に基づく強制執行を開始することができないときは、この限りでない。

一　強制執行又は担保権の実行における配当等の手続（申立ての日より六月以上前に終了したものを除く。）において、申立人が当該金銭債権の完全な弁済を得ることができなかつたとき。

二　知れている財産に対する強制執行を実施しても、申立人が当該金銭債権の完全な弁済を得られないことの疎明があつたとき。

② 執行裁判所は、次の各号のいずれかに該当するときは、債務者の財産について一般の先取特権を有することを証する文書を提出した債権者の申立てにより、当該債務者について、財産開示手続を実施する旨の決定をしなければならない。

一　強制執行又は担保権の実行における配当等の手続（申立ての日より六月以上前に終了したものを除く。）において、申立人が当該先取特権の被担保債権の完全な弁済を得ることができなかつたとき。

二　知れている財産に対する担保権の実行を実施しても、申立人が前号の被担保債権の完全な弁済を得られないことの疎明があつたとき。

③　前二項の規定にかかわらず、債務者（債務者に法定代理人がある場合にあつては当該法定代理人、債務者が法人である場合にあつてはその代表者。第一号において同じ。）が前二項の申立ての日前三年以内に財産開示期日（財産を開示すべき期日をいう。以下同じ。）においてその財産について陳述をしたものであるときは、財産開示手続を実施する旨の決定をすることができない。ただし、次の各号に掲げる事由のいずれかがある場合は、この限りでない。

一　債務者が当該財産開示期日において一部の財産を開示しなかつたとき。

二　債務者が当該財産開示期日の後に新たに財産を取得したとき。

三　当該財産開示期日の後に債務者と使用者との雇用関係が終了したとき。

④　第一項又は第二項の決定がされたときは、当該決定（同項の決定にあつては、当該決定及び同項の文書の写し）を債務者に送達しなければならない。

⑤　第一項又は第二項の申立てについての裁判に対しては、執行抗告をすることができる。

⑥　第一項又は第二項の決定は、確定しなければその効力を生じない。

実施の要件

1　「配当等」の該当性

[1]　本条一項一号にいう「配当等」とは、民執法八四条三項の明示する「配当又は弁済金の交付」をいい、不動産執行が無剰余取消しになった場合等の執行不奏功の場合は含まれない。（東京高決平21・3・31判タ一二九六・二九八……執行不奏功は、本条一項二号の有力な疎明資料になる、と判断）

2　特別の先取特権

[2]　財産開示手続の制度においては、民執法一九〇条二項の許可を得た債権者であっても、財産開示手続によって、動産先取特権の対象となる動産に関する情報を獲得することはできない。（東京高決平20・10・31判タ一二九三・二九六）

第一九八条（**期日指定及び期日の呼出し**）①　執行裁判所は、前条第一項又は第二項の決定が確定したときは、財産開示期日を指定しなければならない。

②　財産開示期日には、次に掲げる者を呼び出さなければならない。

一　申立人

二　債務者（債務者に法定代理人がある場合にあつては当該法定代理人、債務者が法人である場合にあつてはその代表者）

第一九九条（**財産開示期日**）①　開示義務者（前条第二項第二号に掲げる者をいう。以下同じ。）は、財産開示期日に出頭し、債務者の財産（第百三十一条第一号又は第二号に掲げる動産を除く。）について陳述しなければならない。

②　前項の陳述においては、陳述の対象となる財産について、第二章第二節の規定による強制執行又は前章の規定による担保権の実行の申立てをするのに必要となる事項その他申立人に開示する必要があるものとして最高裁判所規則で定める事項を明示しなければならない。

③　執行裁判所は、財産開示期日において、開示義務者に対し質問を発することができる。

④　申立人は、財産開示期日に出頭し、債務者の財産の状況を明らかにするため、執行裁判所の許可を得て開示義務者に対し質問を発することができる。

⑤　執行裁判所は、申立人が出頭しないときであつても、財産開示期日における手続を実施することができる。

⑥　財産開示期日における手続は、公開しない。

⑦　民事訴訟法第百九十五条及び第二百六条の規定は前各項の規定による手続について、同法第二百一条第一項及び第二項の規定は開示義務者について準用する。

第二〇〇条（**陳述義務の一部の免除**）①　財産開示期日において債務者の財産の一部を開示した開示義務者は、申立人の同意がある場合又は当該開示によつて第百九十七条第一項の金銭債権若しくは同条第二項各号の被担保債権の完全な弁済に支障がなくなつたことが明らかである場合において、執行裁判所の許可を受けたときは、前条第一項の規定にかかわらず、その余の財産について陳述することを要しない。

②　前項の許可の申立てについての裁判に対しては、執行抗告をすることができる。

第二〇一条（**財産開示事件の記録の閲覧等の制限**）　財産開示事件の記録中財産開示期日に関する部分についての第十七条の規定による請求は、次に掲げる者に限り、することができる。

一　申立人

二　債務者に対する金銭債権について執行力のある債務名義の正本を有する債権者

三　債務者の財産について一般の先取特権を有することを証する文書を提出した債権者

四　債務者又は開示義務者

第二〇二条（**財産開示事件に関する情報の目的外利用の制限**）①　申立人は、財産開示手続において得られた債務者の財産又は債務に関する情報を、当該債務者に対する債権をその本旨に従つて行使する目的以外の目的のために利用し、又は提供してはならない。

②　前条第二号又は第三号に掲げる者であつて、財産開示事件の記録中の財産開示期日に関する部分の情報を得たものは、当該情報を当該財産開示事件の債務者に対する債権をその本旨に従つて行使する目的以外の目的のために利用し、又は提供してはならない。

第二〇三条（**強制執行及び担保権の実行の規定の準用**）　第三十九条及び第四十条の規定は執行力のある債務名義の正本に基づく財産開示手続について、第四十二条（第二項を除く。）の規定は財産開示手続について、第百八十二条及び第百八十三条の規定は一般の先取特権に基づく財産開示手続について準用する。

第二節　第三者からの情報取得手続

第二〇四条（**管轄**）　この節の規定による債務者の財産に係る情報の取得に関する手続（以下「第三者からの情報取得手続」という。）については、債務者の普通裁判籍の所在地を管轄する地方裁判所が、この普通裁判籍がないときはこの節の規定により情報の提供を命じられるべき者の所在地を管轄する地方裁判所が、執行裁判所として管轄する。

第二〇五条（**債務者の不動産に係る情報の取得**）①　執行裁判所は、次の各号のいずれかに該当するときは、それぞれ当該各号に定める者の申立てにより、法務省令で定める登記所に対し、債務者が所有権の登記名義人である土地又は建物その他これらに準ずるものとして法務省令で定めるものに対する強制執行又は担保権の実行の申立てをするのに必要となる事項として最高裁判所規則で定めるものについて情報の提供をすべき旨を命じなければならない。ただし、第一号に掲げる場合において、同号に規定する執行力のある債務名義の正本に基づく強制執行を開始することができないときは、この限りでない。

一　第百九十七条第一項各号のいずれかに該当する場合　執行力のある債務名義の正本を有する金銭債権の債権者

二　第百九十七条第二項各号のいずれかに該当する場合　債務者の財産について一般の先取特権を有することを証する文書を提出した債権者

② 前項の申立ては、財産開示期日における手続が実施された場合（当該財産開示期日に係る財産開示手続において第二百条第一項の許可がされたときを除く。）において、当該財産開示期日から三年以内に限り、することができる。

③ 第一項の申立てを認容する決定がされたときは、当該決定（同項第二号に掲げる場合にあつては、当該決定及び同号に規定する文書の写し）を債務者に送達しなければならない。

④ 第一項の申立てについての裁判に対しては、執行抗告をすることができる。

⑤ 第一項の申立てを認容する決定は、確定しなければその効力を生じない。

参考　**民事執行法第二百五条第一項に規定する法務省令で定める登記所を定める省令**（令和三・三・三〇法務一五）

民事執行法（昭和五十四年法律第四号）第二百五条第一項に規定する法務省令で定める登記所は、東京法務局とする。

（債務者の給与債権に係る情報の取得）

第二〇六条① 執行裁判所は、第百九十七条第一項各号のいずれかに該当するときは、第百五十一条の二第一項各号に掲げる義務に係る請求権又は人の生命若しくは身体の侵害による損害賠償請求権について執行力のある債務名義の正本を有する債権者の申立てにより、次の各号に掲げる者であつて最高裁判所規則で定めるところにより当該債権者が選択したものに対し、それぞれ当該各号に定める事項について情報の提供をすべき旨を命じなければならない。ただし、当該執行力のある債務名義の正本に基づく強制執行を開始することができないときは、この限りでない。

一　市町村（特別区を含む。以下この号において同じ。）　債務者が支払を受ける地方税法（昭和二十五年法律第二百二十六号）第三百十七条の二第一項ただし書に規定する給与に係る債権に対する強制執行又は担保権の実行の申立てをするのに必要となる事項として最高裁判所規則で定めるもの（当該市町村が債務者の市町村民税（特別区民税を含む。）に係る事務に関して知り得たものに限る。）

二　日本年金機構、国家公務員共済組合、国家公務員共済組合連合会、地方公務員共済組合、全国市町村職員共済組合連合会又は日本私立学校振興・共済事業団　債務者（厚生年金保険の被保険者であるものに限る。以下この号において同じ。）が支払を受ける厚生年金保険法（昭和二十九年法律第百十五号）第三条第一項第三号に規定する報酬又は同項第四号に規定する賞与に係る債権に対する強制執行又は担保権の実行の申立てをするのに必要となる事項として最高裁判所規則で定めるもの（情報の提供を命じられた者が債務者の厚生年金保険に係る事務に関して知り得たものに限る。）

② 前条第二項から第五項までの規定は、前項の申立て及び当該申立てについての裁判について準用する。

（債務者の預貯金債権等に係る情報の取得）

第二〇七条① 執行裁判所は、第百九十七条第一項各号のいずれかに該当するときは、執行力のある債務名義の正本を有する金銭債権の債権者の申立てにより、次の各号に掲げる者であつて最高裁判所規則で定めるところにより当該債権者が選択したものに対し、それぞれ当該各号に定める事項について情報の提供をすべき旨を命じなければならない。ただし、当該執行力のある債務名義の正本に基づく強制執行を開始することができないときは、この限りでない。

一　銀行等（銀行、信用金庫、信用金庫連合会、労働金庫、労働金庫連合会、信用協同組合、信用協同組合連合会、農業協同組合、農業協同組合連合会、漁業協同組合、漁業協同組合連合会、水産加工業協同組合、水産加工業協同組合連合会、農林中央金庫、株式会社商工組合中央金庫又は独立行政法人郵便貯金簡易生命保険管理・郵便局ネットワーク支援機構をいう。以下この号において同じ。）　債務者の当該銀行等に対する預貯金債権（民法第四百六十六条の五第一項に規定する預貯金債権をいう。）に対する強制執行又は担保権の実行の申立てをするのに必要となる事項として最高裁判所規則で定めるもの

二　振替機関等（社債、株式等の振替に関する法律第二条第五項に規定する振替機関等をいう。以下この号において同じ。）　債務者の有する振替社債等（同法第二百七十九条に規定する振替社債等であつて、当該振替機関等の備える振替口座簿における債務者の口座に記載され、又は記録されたものに限る。）に関する強制執行又は担保権の実行の申立てをするのに必要となる事項として最高裁判所規則で定めるもの

② 執行裁判所は、第百九十七条第二項各号のいずれかに該当するときは、債務者の財産について一般の先取特権を有することを証する文書を提出した債権者の申立てにより、前項各号に掲げる者であつて最高裁判所規則で定めるところにより当該債権者が選択したものに対し、それぞれ当該各号に定める事項について情報の提供をすべき旨を命じなければならない。

③ 前二項の申立てを却下する裁判に対しては、執行抗告をすることができる。

（情報の提供の方法等）

第二〇八条① 第二百五条第一項、第二百六条第一項又は前条第一項若しくは第二項の申立てを認容する決定により命じられた情報の提供は、執行裁判所に対し、書面でしなければならない。

② 前項の情報の提供がされたときは、執行裁判所は、最高裁判所規則で定めるところにより、申立人に同項の書面の写しを送付し、かつ、債務者に対し、同項に規定する決定に基づいてその財産に関する情報の提供がされた旨を通知しなければならない。

（第三者からの情報取得手続に係る事件の記録の閲覧等の制限）

第二〇九条① 第二百五条又は第二百七条の規定による第三者からの情報取得手続に係る事件の記録中前条第一項の情報の提供に関する部分についての第十七条の規定による請求は、次に掲げる者に限り、することができる。

一　申立人

二　債務者に対する金銭債権について執行力のある債務名義の正本を有する債権者

三　債務者の財産について一般の先取特権を有することを証する文書を提出した債権者

四　債務者

五　当該情報の提供をした者

② 第二百六条の規定による第三者からの情報取得手続に係る事件の記録中前条第一項の情報の提供に関する部分についての第十七条の規定による請求は、次に掲げる者に限り、することができる。

一　申立人
二　債務者に対する第百五十一条の二第一項各号に掲げる義務に係る請求権又は人の生命若しくは身体の侵害による損害賠償請求権について執行力のある債務名義の正本を有する債権者
三　債務者
四　当該情報の提供をした者

（第三者からの情報取得手続に係る事件に関する情報の目的外利用の制限）

第二一〇条①　申立人は、第三者からの情報取得手続において得られた債務者の財産に関する情報を、当該債務者に対する債権をその本旨に従つて行使する目的以外の目的のために利用し、又は提供してはならない。

②　前条第一項第二号若しくは第三号又は第二項第二号に掲げる者であつて、第三者からの情報取得手続に係る事件の記録中の第二百八条第一項の情報の提供に関する部分の情報を得たものは、当該情報を当該事件の債務者に対する債権をその本旨に従つて行使する目的以外の目的のために利用し、又は提供してはならない。

（強制執行及び担保権の実行の規定の準用）

第二一一条　第三十九条及び第四十条の規定は執行力のある債務名義の正本に基づく第三者からの情報取得手続について、第四十二条（第二項を除く。）の規定は第三者からの情報取得手続について、第百八十二条及び第百八十三条の規定は一般の先取特権に基づく第三者からの情報取得手続について、それぞれ準用する。

第五章　罰則

（公示書等損壊罪）

第二一二条　次の各号のいずれかに該当する者は、一年以下の懲役又は百万円以下の罰金に処する。

一　第五十五条第一項（第一号に係る部分に限る。）、第六十八条の二第一項若しくは第七十七条第一項（第一号に係る部分に限る。）（これらの規定を第百二十一条（第百八十九条（第百九十五条の規定によりその例によることとされる場合を含む。）において準用する場合を含む。）及び第百八十八条（第百九十五条の規定によりその例によることとされる場合を含む。）において準用する場合を含む。）又は第百八十七条第一項（第百九十五条の規定によりその例によることとされる場合を含む。）の規定による命令に基づき執行官が公示するために施した公示書その他の標識（刑法第九十六条に規定する封印及び差押えの表示を除く。）を損壊した者
二　第百六十八条の二第三項又は第四項の規定により執行官が公示するために施した公示書その他の標識を損壊した者

＊令和四法六八（令和七・六・一六までに施行）**による改正**
第二一二条中「懲役」を「拘禁刑」に改める。（本文未織込み）

（陳述等拒絶の罪）

第二一三条①　次の各号のいずれかに該当する者は、六月以下の懲役又は五十万円以下の罰金に処する。

一　売却基準価額の決定に関し、執行裁判所の呼出しを受けた審尋の期日において、正当な理由なく、出頭せず、若しくは陳述を拒み、又は虚偽の陳述をした者
二　第五十七条第二項（第百二十一条（第百八十九条（第百九十五条の規定によりその例によることとされる場合を含む。）において準用する場合を含む。）及び第百八十八条（第百九十五条の規定によりその例によることとされる場合を含む。）において準用する場合を含む。）の規定による執行官の質問又は文書の提出の要求に対し、正当な理由なく、陳述をせず、若しくは文書の提示を拒み、又は虚偽の陳述をし、若しくは虚偽の記載をした文書を提示した者
三　第六十五条の二（第百八十八条（第百九十五条の規定によりその例によることとされる場合を含む。）において準用する場合を含む。）の規定により陳述すべき事項について虚偽の陳述をした者
四　第百六十八条第二項の規定による執行官の質問又は文書の提出の要求に対し、正当な理由なく、陳述をせず、若しくは文書の提示を拒み、又は虚偽の陳述をし、若しくは虚偽の記載をした文書を提示した債務者又は同項に規定する不動産等を占有する第三者
五　執行裁判所の呼出しを受けた財産開示期日において、正当な理由なく、出頭せず、又は宣誓を拒んだ開示義務者
六　第百九十九条第七項において準用する民事訴訟法第二百一条第一項の規定により財産開示期日において宣誓した開示義務者であつて、正当な理由なく第百九十九条第一項から第四項までの規定により陳述すべき事項について陳述をせず、又は虚偽の陳述をしたもの

＊令和四法六八（令和七・六・一六までに施行）**による改正**
第一項中「懲役」を「拘禁刑」に改める。（本文未織込み）

②　不動産（登記することができない土地の定着物を除く。以下この項において同じ。）の占有者であつて、その占有の権原を差押債権者、仮差押債権者又は第五十九条第一項（第百八十八条（第百九十五条の規定によりその例によることとされる場合を含む。）において準用する場合を含む。）の規定により消滅する権利を有する者に対抗することができないものが、正当な理由なく、第六十四条の二第五項（第百八十八条（第百九十五条の規定によりその例によることとされる場合を含む。）において準用する場合を含む。）の規定による不動産の立入りを拒み、又は妨げたときは、三十万円以下の罰金に処する。

（過料に処すべき場合）

第二一四条①　第二百二条の規定に違反して、同条の情報を同条に規定する目的以外の目的のために利用し、又は提供した者は、三十万円以下の過料に処する。

②　第二百十条の規定に違反して、同条の情報を同条に規定する目的以外の目的のために利用し、又は提供した者も、前項と同様とする。

（管轄）

第二一五条　前条に規定する過料の事件は、執行裁判所の管轄とする。

附　則（抄）

（競売法の廃止）

第二条　競売法（明治三十一年法律第十五号）は、廃止する。

＊令和四法四八（令和八・五・二四までに施行）**による改正**
附則の次に次の別表を加える。
別表（略）（未織込み）

附　則（令和四・五・二五法四八）（抄）

（施行期日）

第一条　この法律は、公布の日から起算して四年を超えない範囲内において政令で定める日から施行する。ただし、次の各号に掲げる規定は、当該各号に定める日から施行する。

一　（前略）附則第二十五条の規定　公布の日
二　（前略）第九条中民事執行法第百五十六条の改正規定、同法第百五十七条第四項の改正規定、同法第百六十一条第一項の改正規定、同法第百六十一条の次に一条を加える改正規定、同法第百六十五条第一号の改正規定、同法第百六十六条第一項第一号の改正規定、同法第百六十七条の十第一項の改正規定及び同法第百六十七条の十四第一項の改正規定（中略）　公布の日から起算して九月を超えない範囲内において政令で定める日
三　（略）
四　（前略）第八条の規定（民事執行法の一部改正）（中略）　公

布の日から起算して二年を超えない範囲内において政令で定める日

五　（略）

（政令への委任）

第一二五条　（前略）この法律の施行に関し必要な経過措置は、政令で定める。

（検討）

第一二六条　政府は、この法律の施行後五年を経過した場合において、この法律による改正後の民事訴訟法その他の法律の規定の施行の状況について検討を加え、必要があると認めるときは、その結果に基づいて所要の措置を講ずるものとする。

刑法等の一部を改正する法律の施行に伴う関係法律整理法中経過規定

（令和四・六・一七法六八）（抄）

第四四一条から第四四三条まで　（刑法の同経過規定参照）

第五〇九条　（刑法の同経過規定参照）

刑法等の一部を改正する法律の施行に伴う関係法律整理法

附　則（令和四・六・一七法六八）（抄）

（施行期日）

①　この法律は、刑法等一部改正法（刑法等の一部を改正する法律（令和四法六七））施行日から施行する。ただし、次の各号に掲げる規定は、当該各号に定める日から施行する。

一　第五百九条の規定　公布の日

二　（略）

●民事保全法（平成一・一二・二二法　九一）

施行　平成三・一・一（平成二政二八三）
改正　平成八法一一〇、平成一四法六五、平成一五法一〇八・法一三四・法一三八、平成一六法四五・法八八（平成一七法八七）・法一二四・法一五二、平成一八法五〇、平成二三法三六・法五三、令和一法二、令和四法四八・法六八

目次

第一章　総則

（趣旨）

第一条　民事訴訟の本案の権利の実現を保全するための仮差押え及び係争物に関する仮処分並びに民事訴訟の本案の権利関係につき仮の地位を定めるための仮処分（以下「民事保全」と総称する。）については、他の法令に定めるもののほか、この法律の定めるところによる。

（民事保全の機関及び保全執行裁判所）

第二条①　民事保全の命令（以下「保全命令」という。）は、申立てにより、裁判所が行う。

②　民事保全の執行（以下「保全執行」という。）は、申立てにより、裁判所又は執行官が行う。

③　裁判所が行う保全執行に関してはこの法律の規定により執行処分を行うべき裁判所をもって、執行官が行う保全執行の執行処分に関してはその執行官の所属する地方裁判所をもって保全執行裁判所とする。

（任意的口頭弁論）

第三条　民事保全の手続に関する裁判は、口頭弁論を経ないですることができる。

（担保の提供）

第四条①　この法律の規定により担保を立てるには、担保を立てるべきことを命じた裁判所又は保全執行裁判所の所在地を管轄する地方裁判所の管轄区域内の供託所に金銭又は担保を立てるべきことを命じた裁判所が相当と認める有価証券（社債、株式等の振替に関する法律（平成十三年法律第七十五号）第二百七十八条第一項に規定する振替債を含む。）を供託する方法その他最高裁判所規則で定める方法によらなければならない。ただし、当事者が特別の契約をしたときは、その契約による。

②　民事訴訟法（平成八年法律第百九号）第七十七条、第七十九条及び第八十条の規定は、前項の担保について準用する。

（事件の記録の閲覧等）

第五条　保全命令に関する手続又は保全執行に関し裁判所が行う手続について、利害関係を有する者は、裁判所書記官に対し、事件の記録の閲覧若しくは謄写、その正本、謄本若しくは抄本の交付又は事件に関する事項の証明書の交付を請求することができる。ただし、債権者以外の者にあっては、保全命令の申立てに関し口頭弁論若しくは債務者を呼び出す審尋の期日の指定があり、又は債務者に対する保全命令の送達があるまでの間は、この限りでない。

（専属管轄）

第六条　この法律に規定する裁判所の管轄は、専属とする。

管轄裁判所の専属性→一二条⑦

＊令和四法四八（令和八・五・二四までに施行）による改正後

（公示送達の方法）

第六条の二　民事保全の手続における公示送達は、裁判所書記官が送達すべき書類を保管し、いつでも送達を受けるべき者に交付すべき旨を裁判所の掲示場に掲示してする。（改正により追加）

（電子情報処理組織による申立て等）

第六条の三①　民事保全の手続における申立てその他の申述（以下この条において「申立て等」という。）のうち、当該申立て等に関するこの法律その他の法令の規定により書面等（書面、書類、文書、謄本、抄本、正本、副本、複本その他文字、図形等人の知覚によって認識することができる情報が記載された紙その他の有体物をいう。次項及び第四項において同じ。）をもってするものとされているものであって、最高裁判所の定める裁判所に対してするもの（当該裁判所の裁判長、受命裁判官、受託裁判官又は裁判所書記官に対してするものを含む。）については、当該法令の規定にかかわらず、最高裁判所規則で定めるところにより、電子情報処理組織（裁判所の使用に係る電子計算機（入出力装置を含む。以下この項及び第三項において同じ。）と申立て等をする者の使用に係る電子計算機とを電気通信回線で接続した電子情報処理組織をいう。）を用いてすることができる。

②　前項の規定によりされた申立て等については、当該申立て等を書面等をもってするものとして規定した申立て等に関する法令の規定に規定する書面等をもってされたものとみなして、当該申立て等に関する法令の規定を適用する。

③　第一項の規定によりされた申立て等は、同項の裁判所の使用に係る電子計算機に備えられたファイルへの記録がされた時に、当該裁判所に到達したものとみなす。

④　第一項の場合において、当該申立て等に関する他の法令の規定により署名等（署名、記名、押印その他氏名又は名称を書面等に記載することをいう。以下この項において同じ。）をすることとされているものについては、当該法令の規定にかかわらず、当該署名等をする者は、当該署名等に代えて、最高裁判所規則で定めるところにより、氏名又は名称を明らかにする措置を講じなければならない。

⑤　第一項の規定によりされた申立て等が第三項に規定するファイルに記録されたときは、第一項の裁判所は、当該ファイルに記録された情報の内容を書面に出力しなければならない。

⑥　第一項の規定によりされた申立て等に係るこの法律その他の法令の規定による事件の記録の閲覧若しくは謄写又はその正本、謄本若しくは抄本の交付は、前項の書面をもってするものとする。当該申立て等に係る書類の送達又は送付も、同様とする。

（改正により追加）

（民事訴訟法の準用）

第七条　特別の定めがある場合を除き、民事保全の手続に関しては、その性質に反しない限り、民事訴訟法第一編から第四編までの規定（同法第八十七条の二の規定を除く。）を準用する。

＊令和四法四八附則第七〇条（令和六・五・二四までに施行）による改正前

（民事訴訟法の準用）

第七条　特別の定めがある場合を除き、民事保全の手続に関して

は、民事訴訟法の規定を準用する。

＊令和四法四八附則第七一条（令和八・五・二四までに施行）による改正後

（民事訴訟法の準用）

第七条　特別の定めがある場合を除き、民事保全の手続に関しては、その性質に反しない限り、民事訴訟法第一編から第四編までの規定（同法第七十一条第二項、第八十七条の二、第九十一条の二、第九十二条第九項及び第十項、第九十二条の二第二項、第九十四条、第百条第二項、第一編第五章第四節第三款、第百十一条、第一編第七章、第百三十三条の二第五項及び第六項、第百三十三条の三第二項、第百五十一条第三項、第百六十条第二項、第百八十五条第三項、第百八十七条第三項及び第四項、第二百五条第二項、第二百十五条第二項、第二百二十七条第二項、第二百三十二条の二並びに第二百六十七条第二項の規定を除く。）を準用する。この場合において、別表の上欄に掲げる同法の規定中同表の中欄に掲げる字句は、それぞれ同表の下欄に掲げる字句に読み替えるものとする。

必要的共同訴訟となる場合→一三条[7]

（最高裁判所規則）

第八条　この法律に定めるもののほか、民事保全の手続に関し必要な事項は、最高裁判所規則で定める。

第二章　保全命令に関する手続

第一節　総則

（釈明処分の特例）

第九条　裁判所は、争いに係る事実関係に関し、当事者の主張を明瞭にさせる必要があるときは、口頭弁論又は審尋の期日において、当事者のため事務を処理し、又は補助する者で、裁判所が相当と認めるものに陳述をさせることができる。

第一〇条　削除

第二節　保全命令

第一款　通則

（保全命令事件の管轄）

第一一条　保全命令の申立ては、日本の裁判所に本案の訴えを提起することができるとき、又は仮に差し押さえるべき物若しくは係争物が日本国内にあるときに限り、することができる。

[1]　仮差押命令事件の国際裁判管轄も民保法一一条一項の準用により決すべきであり、日本の裁判所に本案事件の裁判権が認められなくとも、仮差押目的物が日本に存在し、外国判決により将来これに対する執行がなされる可能性のある場合には、日本の裁判所に仮差押命令事件についての裁判権が認められる。

右の前提として、外国判決の執行可能性を判断するに当たっては、保全命令の段階では、民事訴訟法一一八条〔旧二〇〇条〕一号及び四号の要件を一応満たす可能性があればこれを肯定できる。（旭川地決平8・2・9判時一六一〇・一〇六、国私百選[三版]八五……韓国法人がロシア法人所有で日本に入港した船舶に対する仮差押えを求めた事案。管轄合意のある韓国の裁判所が本案事件を受理したと認定されている。平成二三法三六による本条新設前の事件）

[2]　（エージェント契約に基づく仮の地位保全の仮処分命令申立事件において）民保法一一条一項の「本案」には、仲裁手続も含まれるから、外国を仲裁地とする仲裁合意が存在する場合には、「本案の管轄裁判所」とは、当該仲裁の仲裁地を管轄する裁判所をいい、仲裁合意がなければ本案訴訟について管轄権を有したであろう裁判所を含まない。（東京地決平19・8・28判時一九九一・八九、国私百選[二版]一〇二……平成二三法三六による本条新設前の事件）→法適用◆【II　絶対的強行法規】〔一一条の後〕[3]・四二条[21]

第一二条①　保全命令事件は、本案の管轄裁判所又は仮に差し押さえるべき物若しくは係争物の所在地を管轄する地方裁判所が管轄する。

②　本案の訴えが民事訴訟法第六条第一項に規定する特許権等に関する訴えである場合には、保全命令事件は、前項の規定にかかわらず、本案の管轄裁判所が管轄する。ただし、仮に差し押さえるべき物又は係争物の所在地を管轄する地方裁判所が同条第一項各号に定める裁判所であるときは、その裁判所もこれを管轄する。

③　本案の管轄裁判所は、第一審裁判所とする。ただし、本案が控訴審に係属するときは、控訴裁判所とする。

④　仮に差し押さえるべき物又は係争物が債権（民事執行法（昭和五十四年法律第四号）第百四十三条に規定する債権をいう。以下この条において同じ。）であるときは、その債権は、その債権の債務者（以下「第三債務者」という。）の普通裁判籍の所在地にあるものとする。ただし、船舶（同法第百十二条に規定する船舶をいう。以下同じ。）又は動産（同法第百二十二条に規定する動産をいう。以下同じ。）の引渡しを目的とする債権及び物上の担保権により担保される債権は、その物の所在地にあるものとする。

⑤　前項本文の規定は、仮に差し押さえるべき物又は係争物が民事執行法第百六十七条第一項に規定する財産権（以下「その他の財産権」という。）で第三債務者又はこれに準ずる者があるものである場合（次項に規定する場合を除く。）について準用する。

⑥　仮に差し押さえるべき物又は係争物がその他の財産権で権利の移転について登記又は登録を要するものであるときは、その財産権は、その登記又は登録の地にあるものとする。

[1]　**本案の裁判所**

本案の管轄裁判所とは、本案訴訟が仮処分申請当時現に係属する第一審裁判所又は控訴審裁判所、もし訴訟が上告審に係属するときは当該訴訟の係属した第一審裁判所をいい、本案訴訟がいまだ係属していないときは、土地及び事物管轄規定に従い本案の係属すべき第一審裁判所をいう。そして、この管轄は、土地管轄については専属であるが、訴訟物の価額に従い決する事物管轄は専属ではない。〔旧法事件〕（大判昭15・8・28民集一九・一五〇九、執保百選[二版]八二）

（申立て及び疎明）

第一三条①　保全命令の申立ては、その趣旨並びに保全すべき権利又は権利関係及び保全の必要性を明らかにして、これをしなければならない。

②　保全すべき権利又は権利関係及び保全の必要性は、疎明しなければならない。

一　当事者

[1]　会社取締役の職務執行停止と職務代行者選任の仮処分申立事件における債務者は、職務執行が停止される取締役と当該会社であり、両者の関係は必要的共同訴訟の関係に立つと解すべきである。したがって、右仮処分の取消申立事件においても仮処分申立事件における債務者全てを当事者とする必要がある。（東京高決平8・2・1判タ九二三・二六九）

二　同一被保全債権に基づく再度の申立て

[2]　既に仮差押命令を得た債権者が、更に保全の必要性を有する場合には、同一の被保全債権に基づき、異なる目的物に対し、更に仮差押命令の申立てをすることができる。（最決平15・1・31民集五七・一・七四、執保百選[三版]八二……両仮差押命令の仮差押解放金の額の合計が被保全債権の額を超えるときは、後行仮差押解放金の供託は、先行仮差押解放金の供託によってもすることができる旨を付記すべきである、とする北川裁判官の補足意見がある）

三 被保全権利と本案訴訟の訴訟物

1 本案訴訟の適格↓三七条[3]

2 処分禁止の仮処分の効力↓五八条[5]

3 仮差押えの効力↓民執八七条[2]

四 不法行為責任

1 過失責任↓民七〇九条[26]

2 成否

[3] 仮処分命令の被保全権利が当初から存在しない場合に、仮処分申請人が右命令を得てこれを執行したことに故意又は過失があったときは、右申請人は、民法七〇九条により、被申請人がその執行によって受けた損害を賠償する義務を負担すべきものである。しかし、仮処分命令の本案訴訟において原告敗訴の判決が確定したとしても、その一事をもって、直ちに右過失が存すると断ずることはできない。〔旧法事件〕（最判平2・1・22判時一三四〇・一〇〇、執保百選[三版]一〇一……仮処分申請人が申請の根拠として本件遺言の趣旨を遺産分割方法の指定と解したことは首肯し得る等として、過失認定の原審判決を破棄差戻し）

3 「通常生ずべき損害」

[4] 不動産の仮差押命令及びその執行が、被保全権利不存在のため違法で、債務者に対する不法行為となる場合において、債務者が、仮差押解放金を供託してその執行の取消しを求めるため、金融機関から資金を借り入れ、あるいは自己資金をもってこれに充てることを余儀なくされたときは、仮差押解放金の供託期間中に債務者が支払った右借入金に対する通常予測し得る範囲内の利息及び債務者の右自己資金に対する法定利率の割合に相当する金員は、民法四一六条一項の「通常生ずべき損害」に当たる。（最判平8・5・28民集五〇・六・一三〇一、執保百選[三版]一〇二）

第一四条（**保全命令の担保**）① 保全命令は、担保を立てさせて、若しくは相当と認める一定の期間内に担保を立てることを保全執行の実施の条件として、又は担保を立てさせないで発することができる。

② 前項の担保を立てる場合において、遅滞なく第四条第一項の供託所に供託することが困難な事由があるときは、裁判所の許可を得て、債権者の住所地又は事務所の所在地その他裁判所が相当と認める地を管轄する地方裁判所の管轄区域内の供託所に供託することができる。

[1] **担保の額に対する不服申立て**
保全命令申立てにおける立保証額の決定は、債権者の権利行使を許すか許さないかを決する重大の結果をもたらすものであるから、債権者からの即時抗告が許される。（仙台高決平4・5・27判タ八〇五・二一〇②、執保百選[三版]八四②）

第一五条（**裁判長の権限**） 保全命令は、急迫の事情があるときに限り、裁判長が発することができる。

第一六条（**決定の理由**） 保全命令の申立てについての決定には、理由を付さなければならない。ただし、口頭弁論を経ないで決定をする場合には、理由の要旨を示せば足りる。

第一七条（**送達**） 保全命令は、当事者に送達しなければならない。

第一八条（**保全命令の申立ての取下げ**） 保全命令の申立てを取り下げるには、保全異議又は保全取消しの申立てがあった後においても、債務者の同意を得ることを要しない。

第一九条（**却下の裁判に対する即時抗告**）① 保全命令の申立てを却下する裁判に対しては、債権者は、告知を受けた日から二週間の不変期間内に、即時抗告をすることができる。

② 前項の即時抗告を却下する裁判に対しては、更に抗告をすることができない。

③ 第十六条本文の規定は、第一項の即時抗告についての決定について準用する。

反訴的仮処分が併合された場合

[1] 争点（建物賃貸借契約の解除の有効性）を共通する相反する仮処分の申立てが双方の当事者から行われ、併合審理の結果、認容、却下の二つの決定がなされ、その認容決定に対して保全異議の申立てがされた場合には、却下決定に対し即時抗告がされたとしても、合一確定の必要性という観点からみて、認容決定に対する保全異議の帰すうとは独立して仮処分の発令を行う必要性は失われており、即時抗告は棄却される。（東京高決平22・11・12判時二一〇〇・四七……認容決定が取り消されるような事情の変更が生じれば、再度仮処分の申立てが可能である）

第二款 仮差押命令

第二〇条（**仮差押命令の必要性**）① 仮差押命令は、金銭の支払を目的とする債権について、強制執行をすることができなくなるおそれがあるとき、又は強制執行をするのに著しい困難を生ずるおそれがあるときに発することができる。

② 仮差押命令は、前項の債権が条件付又は期限付である場合においても、これを発することができる。

債務名義の存在

[1] 仮差押えの被保全債権について債務名義が存在する場合には、特別の事情がない限り保全の必要性は認められない。債権者の申立てによる強制競売が、無剰余を理由に取り消され、強制競売の再度の申立てが事実上できない状況にある場合において、当該不動産の値上がりを待つためにその間仮差押えをしておきたい場合には、特別の事情がある。（名古屋高決平20・10・14判時二〇三八・五四）

[2] 執行証書に記載の養育料債権のうち期限未到来の分を被保全権利とする不動産仮差押え命令の申立てに対して、原決定が、金銭債権につき債務名義が存在する場合には、速やかに強制執行をすることのできない特別の事情のない限り、民事保全制度を利用する必要性（権利保護の利益）が認められないとした上で、本件申立人は期限が到来した未払債権を請求債権として対象不動産につき強制競売の申立てをすることができること、強制競売の申立てをしても無剰余取消しの可能性が相当程度認められるが、速やかに強制執行をすることのできない十分な事情があるとは認められないことを理由に、民事保全制度を利用し権利保護を図る特別の必要性が認められないとして、仮差押えの申立てを却下すべきであると判断したのを是認した事例（最決平29・1・31判時二三三九・四〇、執保百選[三版]八一……債務名義を有するが期限未到来の債権を有する債権者は、期限の到来した債権について強制執行の申立てをしていないが故に権利保護の利益を否定されないとする反対意見がある）

第二一条（**仮差押命令の対象**） 仮差押命令は、特定の物について発しなければならない。ただし、動産の仮差押命令は、目的物を特定しないで発することができる。

[1] **権利能力なき社団に対する申立て**
権利能力のない社団を債務者とする金銭債権を有する債権者が第三者名義で登記されている不動産の仮差押えを申し立てる際、当該不動産が当該社団の構成員全員の総有に属する

事実を証する書面を添付してすることができ、強制執行の場合と異なり、右書面は確定判決等であることを要しない。（最決平23・2・9民集六五・二・六六五、重判平23民訴七）↓民執二三条[1]

第二二条（**仮差押解放金**）① 仮差押命令においては、仮差押えの執行の停止を得るため、又は既にした仮差押えの執行の取消しを得るために債務者が供託すべき金銭の額を定めなければならない。

② 前項の金銭の供託は、仮差押命令を発した裁判所又は保全執行裁判所の所在地を管轄する地方裁判所の管轄区域内の供託所にしなければならない。

[1] **一　第三者による仮差押解放金供託の可否**

仮に第三者による仮差押解放金の供託を許容すると、仮差押債権者が債務者に対して債務名義を得ても第三者の有する供託金返還請求権に対して強制執行できない上に、債務者が仮差押執行の取消しにより仮差押目的物件を自由に処分し債務者からも権利の満足を得られない危険を招来することになるから、第三者による仮差押解放金の供託は許されない。〔旧法事件〕（高松高決昭57・6・23判時一〇五七・七六、執保百選[三版]八五）

[2] **二　仮差押解放金に対する抵当権者の権利**

仮差押債権者が後に仮差押目的不動産（建物）に対し抵当権を取得しその登記を行った場合には、その抵当権の効力は、民法三〇四条の趣旨に従い仮差押解放金たる供託金の返還請求権にも及ぶから、抵当権者は目的物につきその抵当権を実行するか、供託金返還請求権に対する執行に際し右優先権を主張するか、いずれか一方を選択して行使し得る。〔旧法事件〕（最判昭45・7・16民集二四・七・九六五）

三　仮差押えが不法行為となる場合の仮差押解放金↓一三条[3]

四　重ねて仮差押命令が発せられた場合の仮差押解放金↓一三条[2]

第三款　仮処分命令

第二三条（**仮処分命令の必要性等**）① 係争物に関する仮処分命令は、その現状の変更により、債権者が権利を実行することができなくなるおそれがあるとき、又は権利を実行するのに著しい困難を生ずるおそれがあるときに発することができる。

② 仮の地位を定める仮処分命令は、争いがある権利関係について債権者に生ずる著しい損害又は急迫の危険を避けるためこれを必要とするときに発することができる。

③ 第二十条第二項の規定は、仮処分命令について準用する。

④ 第二項の仮処分命令は、口頭弁論又は債務者が立ち会うことができる審尋の期日を経なければ、これを発することができない。ただし、その期日を経ることにより仮処分命令の申立ての目的を達することができない事情があるときは、この限りでない。

[1] **一　債権者に生ずる著しい損害**

債権者が被る損害の性質、内容が事後の損害賠償によって償い得、かつ、仮処分命令が発せられた場合に債務者の被る損害が相当大きいと解せられる本件申立ては、本条二項の要件を欠く。（最決平16・8・30民集五八・六・一七六三〈ＵＦＪ信託銀行経営統合交渉差止仮処分申立事件〉執保百選[三版]八三）↓会社◆【I　企業再編・企業買収】〔五編名の後〕[3][5]

[2] **二　仮処分における審問請求権の保障**

出版等の事前差止めを命じる仮処分を発する際は、口頭弁論又は債務者の審尋を行い、表現内容の真実性等の主張立証の機会を原則として与えるべきであるが、債権者提出の資料により、表現内容が真実でないこと又は公益目的でないことが明白であり、かつ、債権者が重大にして著しく回復困難な損害を被るおそれが認められる場合には、無審尋の差止めも許される。かかる限定があれば債務者に実害はなく、執行停止による迅速な救済の途もあるからである。〔旧法事件〕（最大判昭61・6・11民集四〇・四・八七二〈北方ジャーナル事件〉執保百選[三版]八六）↓憲二一条⑱・二一条[95]

三　秘密保持命令↓特許一〇五条の四[1]

第二四条（**仮処分の方法**）裁判所は、仮処分命令の申立ての目的を達するため、債務者に対し一定の行為を命じ、若しくは禁止し、若しくは給付を命じ、又は保管人に目的物を保管させる処分その他の必要な処分をすることができる。

[1] **一　金銭支払の仮処分**

仮の地位を定める仮処分は、金銭の支払に関する法律関係及びこれにより生じる請求権についても行い得る。〔旧法事件〕（大判昭7・12・19民集一一・二三五九、執保百選[初版]一〇九……賃貸人の申立てに係る、転借人の賃借人への賃料支払を禁じた仮処分を取り消した原審を破棄）

[2] **二　満足的仮処分の本案訴訟への影響**

仮処分執行の当否は本案訴訟の当否にかかっているのであるから、その仮の履行状態及びその状態の継続中に起きた新たな事態を本案訴訟の当否のための判断資料に供することは論理的矛盾であり、仮処分の執行により特定の土地の引渡しを受けた後当該土地が滅失したとしても、裁判所はかかる事実を斟酌〔しんしゃく〕することなくして請求の当否を判断すべきである。〔旧法事件〕（最判昭35・2・4民集一四・一・五六、保全百選七三……原告が水防対策総合開発のために土地を買い受け、仮処分の執行により引渡しを受けた後、当該土地が堰堤〔えんてい〕湛水〔たんすい〕敷地として水底に没した事案）

[3] 満足的仮処分の執行による履行状態の実現は、仮のものにすぎないから、本来本案訴訟において斟酌されるべきではないが、仮処分執行後に生じた被保全権利の目的物の滅失等被保全権利に関して生じた事実状態の変動については、その変動が実質において当該仮処分執行の内容の一部をなすとみられるなど特別の事情がある場合を除き、本案訴訟においてこれを斟酌しなければならない。〔旧法事件〕（最判昭54・4・17民集三三・三・三六六、執保百選[三版]八七……建物明渡請求訴訟中に、その原告が明渡しの断行仮処分の執行を行った上で当該建物を取り壊した事案）

三　不作為仮処分の間接強制決定と不作為義務違反の立証↓民四一四条[3]

[4] **四　仮処分命令における間接強制の先取り**

債務者が仮処分命令を遵守することを間接的に強制することが必須である場合には、仮処分命令において不作為を命じると同時に、違反した場合の金銭の支払を命じることができる。（東京地決平21・8・13判時二〇五五・九九）

第二五条（**仮処分解放金**）① 裁判所は、保全すべき権利が金銭の支払を受けることをもってその行使の目的を達することができるものであるときに限り、債権者の意見を聴いて、仮処分の執行の停止を得るため、又は既にした仮処分の執行の取消しを得るために債務者が供託すべき金銭の額を仮処分命令において定めることができる。

② 第二十二条第二項の規定は、前項の金銭の供託について準用する。

第二五条の二（**債務者を特定しないで発する占有移転禁止の仮処分命令**）① 占有移転禁止の仮処分命令（係争物の引渡し又は明渡しの請求権を保全するための仮処分命令のうち、次に掲げる事項を内容とするものをいう。以下この条、第五十四条の二及び第六十二条において同じ。）であって、係争物が不動産であるものについては、その執行前に債務者を特定することを困難とする特別の事情があるときは、裁判所は、債務者を特定しないで、これを発することができる。

一　債務者に対し、係争物の占有の移転を禁止し、及び係争物の占有を解いて執行官に引き渡すべきことを命ずること。

二　執行官に、係争物の保管をさせ、かつ、債務者が係争物の占有の移転を禁止されている旨及び執行官が係争物を保管している旨を公示させること。

②　前項の規定による占有移転禁止の仮処分命令の執行がされたときは、当該執行によって係争物である不動産の占有を解かれた者が、債務者となる。

③　第一項の規定による占有移転禁止の仮処分命令は、第四十三条第二項の期間内にその執行がされなかったときは、債務者に対して送達することを要しない。この場合において、第四条第二項において準用する民事訴訟法第七十九条第一項の規定による担保の取消しの決定で第十四条第一項の規定により立てさせた担保に係るものは、裁判所が相当と認める方法で申立人に告知することによって、その効力を生ずる。

第三節　保全異議

（保全異議の申立て）

第二六条　保全命令に対しては、債務者は、その命令を発した裁判所に保全異議を申し立てることができる。

（保全執行の停止の裁判等）

第二七条①　保全異議の申立てがあった場合において、保全命令の取消しの原因となることが明らかな事情及び保全執行により償うことができない損害を生ずるおそれがあることにつき疎明があったときに限り、裁判所は、申立てにより、保全異議の申立てについての決定において第三項の規定による裁判をするまでの間、担保を立てさせて、又は担保を立てることを条件として保全執行の停止又は既にした執行処分の取消しを命ずることができる。

②　抗告裁判所が保全命令を発した場合において、事件の記録が原裁判所に存するときは、その裁判所も、前項の規定による裁判をすることができる。

③　裁判所は、保全異議の申立てについての決定において、既にした第一項の規定による裁判を取り消し、変更し、又は認可しなければならない。

④　第一項及び前項の規定による裁判に対しては、不服を申し立てることができない。

⑤　第十五条の規定は、第一項の規定による裁判について準用する。

（事件の移送）

第二八条　裁判所は、当事者、尋問を受けるべき証人及び審尋を受けるべき参考人の住所その他の事情を考慮して、保全異議事件につき著しい遅滞を避け、又は当事者間の衡平を図るために必要があるときは、申立てにより又は職権で、当該保全命令事件につき管轄権を有する他の裁判所に事件を移送することができる。

（保全異議の審理）

第二九条　裁判所は、口頭弁論又は当事者双方が立ち会うことができる審尋の期日を経なければ、保全異議の申立てについての決定をすることができない。

第三〇条　削除

（審理の終結）

第三一条　裁判所は、審理を終結するには、相当の猶予期間を置いて、審理を終結する日を決定しなければならない。ただし、口頭弁論又は当事者双方が立ち会うことができる審尋の期日においては、直ちに審理を終結する旨を宣言することができる。

（保全異議の申立てについての決定）

第三二条①　裁判所は、保全異議の申立てについての決定においては、保全命令を認可し、変更し、又は取り消さなければならない。

②　裁判所は、前項の決定において、相当と認める一定の期間内に債権者が担保を立てること又は第十四条第一項の規定による担保の額を増加した上、相当と認める一定の期間内に債権者がその増加額につき担保を立てることを保全執行の実施又は続行の条件とする旨を定めることができる。

③　裁判所は、第一項の規定による保全命令を取り消す決定について、債務者が担保を立てることを条件とすることができる。

④　第十六条本文及び第十七条の規定は、第一項の決定について準用する。

（原状回復の裁判）

第三三条　仮処分命令に基づき、債権者が物の引渡し若しくは明渡し若しくは金銭の支払を受け、又は物の使用若しくは保管をしているときは、裁判所は、債務者の申立てにより、前条第一項の規定により仮処分命令を取り消す決定において、債権者に対し、債務者が引き渡し、若しくは明け渡した物の返還、債務者が支払った金銭の返還又は債権者が使用若しくは保管をしている物の返還を命ずることができる。

仮処分取消しによる賃金仮払金の返還

[7]　賃金仮払仮処分に基づく強制執行により仮払金を受領した後に右仮処分が取り消された場合には、本案訴訟が未確定であり又は従業員としての地位保全の仮処分が同時に発せられていたときであっても、仮処分債権者は、仮払金と対価的関係に立つ現実の就労をしたなどの特段の事情がない限り、仮処分債務者に対し受領した仮払金につき返還義務を負い、その範囲は不当利得の規定に準じて定まるものとする。〔旧法事件〕（最判昭63・3・15民集四二・三・一七〇、執保百選〔三版〕八八）

（保全命令を取り消す決定の効力）

第三四条　裁判所は、第三十二条第一項の規定により保全命令を取り消す決定において、その送達を受けた日から二週間を超えない範囲内で相当と認める一定の期間を経過しなければその決定の効力が生じない旨を宣言することができる。ただし、その決定に対して保全抗告をすることができないときは、この限りでない。

（保全異議の申立ての取下げ）

第三五条　保全異議の申立てを取り下げるには、債権者の同意を得ることを要しない。

（判事補の権限の特例）

第三六条　保全異議の申立てについての裁判は、判事補が単独ですることができない。

第四節　保全取消し

（本案の訴えの不提起等による保全取消し）

第三七条①　保全命令を発した裁判所は、債務者の申立てにより、債権者に対し、相当と認める一定の期間内に、本案の訴えを提起するとともにその提起を証する書面を提出し、既に本案の訴えを提起しているときはその係属を証する書面を提出すべきことを命じなければならない。

②　前項の期間は、二週間以上でなければならない。

③　債権者が第一項の規定により定められた期間内に同項の書面を提出しなかったときは、裁判所は、債務者の申立てにより、保全命令を取り消さなければならない。

④　第一項の書面が提出された後に、同項の本案の訴えが取り下げられ、又は却下された場合には、その書面を提出しなかったものとみなす。

⑤　第一項及び第三項の規定の適用については、本案が家事事件手続法（平成二十三年法律第五十二号）第二百五十七条第一項に規定する事件であるときは家庭裁判所に対する調停の申立てを

を、本案が労働審判法（平成十六年法律第四十五号）第一条に規定する事件であるときは地方裁判所に対する労働審判手続の申立てを、本案に関し仲裁合意があるときは仲裁手続の開始の手続を、本案が公害紛争処理法（昭和四十五年法律第百八号）第二条に規定する公害に係る被害についての損害賠償の請求に関する事件であるときは同法第四十二条の十二第一項に規定する損害賠償の責任に関する裁定（次項において「責任裁定」という。）の申請を本案の訴えの提起とみなす。

⑥　前項の調停の事件、同項の労働審判手続、同項の仲裁手続又は同項の責任裁定の手続が調停の成立、労働審判（労働審判法第二十九条第二項において準用する民事調停法（昭和二十六年法律第二百二十二号）第十六条の規定による調停の成立及び労働審判法第二十四条第一項の規定による労働審判事件の終了を含む。）、仲裁判断又は責任裁定（公害紛争処理法第四十二条の二十四第二項の当事者間の合意の成立を含む。）によらないで終了したときは、債権者は、その終了の日から第一項の規定により定められた期間と同一の期間内に本案の訴えを提起しなければならない。

⑦　第三項の規定は債権者が前項の規定による本案の訴えの提起をしなかった場合について、第四項の規定は前項の本案の訴えが提起され、又は労働審判法第二十二条第一項（同法第二十三条第二項及び第二十四条第二項において準用する場合を含む。）の規定により訴えの提起があったものとみなされた後にその訴えが取り下げられ、又は却下された場合について準用する。

⑧　第十六条本文及び第十七条の規定は、第三項（前項において準用する場合を含む。）の規定による決定について準用する。

本案訴訟の適格

[1]　**1　債権存在確認訴訟**　起訴命令を申し立てる債務者の権利は、仮差押えの結果生じた浮動状態を除去するために請求権を裁判上確定するためであって、請求権は給付の訴えによっても確認の訴えによっても確定されるから、債権者は、請求権が弁済期未到来又は条件付のため給付の訴えを起こせないときは、確認の訴えを起こせばよい。この場合には仮差押えに随伴して、常に即時確定の利益がある。〔旧法事件〕（大判大14・5・30民集四・二八八、保全百選六二）

[2]　**2　離婚訴訟における被告側の予備的財産分与の申立て**　〈離婚請求訴訟の被告が、原告を債務者として、財産分与請求権等を被保全権利として仮差押えを申し立て、仮差押決定をした事案において〉右離婚請求訴訟において、（被告から）財産分与の申立てをすれば、離婚請求が認容されれば財産分与請求権の有無についても判断されるし、離婚請求が棄却されれば財産分与請求権が存在しない旨判断されたことになるから、右申立ては仮差押えの本案としての適格を有する。（東京高決平5・10・27判時一四八〇・七九、執保百選[三版]九〇……被告からの訴え提起は本訴反訴ともにされていない）

[3]　**3　仮処分の申請と請求の基礎が同一の訴え**　仮処分申請における請求の表示たる偽装譲渡による所有権移転登記の抹消登記手続請求と、右請求権を保全するため処分禁止の仮処分を得た者が起訴命令に基づき提起した本件詐害行為取消しの訴えとの間には請求の基礎の同一性があり、本案訴訟たり得る。〔旧法事件〕（最判昭26・10・18民集五・一一・六〇〇、保全百選六三……仮処分の取消しを認めなかった原審を維持）

第三八条（事情の変更による保全取消し）①　保全すべき権利若しくは権利関係又は保全の必要性の消滅その他の事情の変更があるときは、保全命令を発した裁判所又は本案の裁判所は、債務者の申立てにより、保全命令を取り消すことができる。

②　前項の事情の変更は、疎明しなければならない。

③　第十六条本文、第十七条並びに第三十二条第二項及び第三項の規定は、第一項の申立てについての決定について準用する。

一　債務者↓一三条[1]

二　本案訴訟第一審における債権者の敗訴

[1]　仮処分決定の後仮処分申請者がその本案訴訟で第一審敗訴の判決を受けたときは、常に当該仮処分決定を取り消すべきものではないが、第一審判決が上級審において取り消されるおそれがないと判断するときには、本条により仮処分決定を取り消すことができる。〔旧法事件〕（最判昭27・11・20民集六・一〇・一〇〇八、執保百選[三版]九一）

三　本執行の無剰余取消し

[2]　不動産に対する仮差押え後、本執行が無剰余取消しになった場合でも、将来的に被保全権利が満足される可能性が残されているときは、直ちに保全の必要性が消滅したものとすることはできない。（大阪高決平11・7・15金法一五六四・七一）

第三九条（特別の事情による保全取消し）①　仮処分命令により償うことができない損害を生ずるおそれがあるときその他の特別の事情があるときは、仮処分命令を発した裁判所又は本案の裁判所は、債務者の申立てにより、担保を立てることを条件として仮処分命令を取り消すことができる。

②　前項の特別の事情は、疎明しなければならない。

③　第十六条本文及び第十七条の規定は、第一項の申立てについての決定について準用する。

特別事情による仮処分取消し

[1]　特別事情による仮処分取消申立事件において、仮処分の取消しにより債権者の被ることのあるべき損害が金銭によって償われ得るものである事情は、それだけで特別事情となり得るものであるから、裁判所が、右事情のほか、仮処分により債務者が異常な損害を被るべき事情をも併せて認定し、特別事情があるものとして仮処分を取り消した場合において、たとえ右後者の事情の判断に誤りがあっても、仮処分の取消しは結局正当に帰する。〔旧法事件〕（最判昭26・2・6民集五・三・二一、執保百選[三版]九二）

第四〇条（保全異議の規定の準用等）①　第二十七条から第二十九条まで、第三十一条及び第三十三条から第三十六条までの規定は、保全取消しに関する裁判について準用する。ただし、第二十七条から第二十九条まで、第三十一条、第三十三条、第三十四条及び第三十六条の規定は、第三十七条第一項の規定による裁判については、この限りでない。

②　前項において準用する第二十七条第一項の規定による裁判は、保全取消しの申立てが保全命令を発した裁判所以外の本案の裁判所にされた場合において、事件の記録が保全命令を発した裁判所に存するときは、その裁判所も、これをすることができる。

第五節　保全抗告

第四一条（保全抗告）①　保全異議又は保全取消しの申立てについての裁判（第三十三条（前条第一項において準用する場合を含む。）の規定による裁判を含む。）に対しては、その送達を受けた日から二週間の不変期間内に、保全抗告をすることができる。ただし、抗告裁判所が発した保全命令に対する保全異議の申立てについての裁判に対しては、この限りでない。

②　原裁判所は、保全抗告を受けた場合には、保全抗告の理由の有無につき判断しないで、事件を抗告裁判所に送付しなければならない。

③　保全抗告についての裁判に対しては、更に抗告をすることができない。

④ 第十六条本文、第十七条並びに第三十二条第二項及び第三項の規定は保全抗告についての決定について、第二十七条第一項、第四項及び第五項、第二十九条、第三十一条並びに第三十三条の規定は保全抗告に関する裁判について、民事訴訟法第三百四十九条の規定は保全抗告をすることができる裁判が確定した場合について準用する。

⑤ 前項において準用する第二十七条第一項の規定による裁判は、事件の記録が原裁判所に存するときは、その裁判所も、これをすることができる。

保全抗告に関する決定に対する許可抗告→民訴三三七条[2]

（保全命令を取り消す決定の効力の停止の裁判）

第四二条① 保全命令を取り消す決定に対して保全抗告があった場合において、原決定の取消しの原因となることが明らかな事情及びその命令の取消しにより償うことができない損害を生ずるおそれがあることにつき疎明があったときに限り、抗告裁判所は、申立てにより、保全抗告についての裁判をするまでの間、担保を立てさせて、又は担保を立てることを条件として保全命令を取り消す決定の効力の停止を命ずることができる。

② 第十五条、第二十七条第四項及び前条第五項の規定は、前項の規定による裁判について準用する。

第三章 保全執行に関する手続

第一節 総則

（保全執行の要件）

第四三条① 保全執行は、保全命令の正本に基づいて実施する。ただし、保全命令に表示された当事者以外の者に対し、又はその者のためにする保全執行は、執行文の付された保全命令の正本に基づいて実施する。

② 保全執行は、債権者に対して保全命令が送達された日から二週間を経過したときは、これをしてはならない。

③ 保全執行は、保全命令が債務者に送達される前であっても、これをすることができる。

執行期間

1 起算点

[7] 本条二項は、定期金の給付を命ずる仮処分の執行についても適用され、仮処分命令送達日以降に支払期限が到来するものについては、支払期限から同項の期間を起算する。（最決平17・1・20判時一八八八・九一、執保百選[三版]九四……賃金仮払仮処分の事例）

2 執行の着手

[2] 保全執行は、本条二項所定の二週間の期間内に執行を完了する必要はないが、この期間内に執行の着手と認められるべき行為があることを要し、執行機関が当該執行の目的のための強制的行動を開始した時点で執行の着手があったものと解すべきである。（東京高決平4・6・10判時一四二五・六九②、執保百選[初版]一一七……執行官が執行対象である建物の占有状況を調査したのみでは、占有移転禁止・執行官保管の仮処分のための強制的行動を開始したとはいえない、とされた事案）

[3] 債務者に代替的行為を命じる仮処分について更に授権決定の申請をする場合には、執行期間内に右申請をすれば足り、右期間内に授権決定がなされる必要はない。（旧法事件）（東京高決昭56・5・19判時一〇〇九・六九）

（追加担保を提供しないことによる保全執行の取消し）

第四四条① 第三十二条第二項（第三十八条第三項及び第四十一条第四項において準用する場合を含む。以下この項において同じ。）の規定により担保を立てることを保全執行の続行の条件とする旨の裁判があったときは、債権者は、第三十二条第二項の規定により定められた期間内に担保を立てたことを証する書面をその期間の末日から一週間以内に保全執行裁判所又は執行官に提出しなければならない。

② 債権者が前項の規定による書面の提出をしない場合において、債務者が同項の裁判の正本を提出したときは、保全執行裁判所又は執行官は、既にした執行処分を取り消さなければならない。

③ 民事執行法第四十条第二項の規定は、前項の規定により執行処分を取り消す場合について準用する。

（第三者異議の訴えの管轄裁判所の特例）

第四五条 高等裁判所が保全執行裁判所としてした保全執行に対する第三者異議の訴えは、仮に差し押さえるべき物又は係争物の所在地を管轄する地方裁判所が管轄する。

（民事執行法の準用）

第四六条 この章に特別の定めがある場合を除き、民事執行法第五条から第十四条まで、第十六条、第十八条、第二十三条第一項、第二十六条、第二十七条第二項、第二十八条、第三十条第二項、第三十二条から第三十四条まで、第三十六条から第三十八条まで、第三十九条第一項第一号から第四号まで、第六号及び第七号、第四十条並びに第四十一条の規定は、保全執行について準用する。

＊令和四法四八（令和八・五・二四までに施行）**による改正**

第四六条中「第十六条」の下に「（第五項を除く。）」を、「第十八条」の下に「、第十九条の三、第二十一条の二」を加え、「第四号」を「第四号の二」に改める。（本文未織込み）

第二節 仮差押えの執行

（不動産に対する仮差押えの執行）

第四七条① 民事執行法第四十三条第一項に規定する不動産（同条第二項の規定により不動産とみなされるものを含む。）に対する仮差押えの執行は、仮差押えの登記をする方法又は強制管理の方法により行う。これらの方法は、併用することができる。

② 仮差押えの登記をする方法による仮差押えの執行については、仮差押命令を発した裁判所が、保全執行裁判所として管轄する。

③ 仮差押えの登記は、裁判所書記官が嘱託する。

④ 強制管理の方法による仮差押えの執行においては、管理人は、次項において準用する民事執行法第百七条第一項の規定により計算した配当等に充てるべき金銭を供託し、その事情を保全執行裁判所に届け出なければならない。

⑤ 民事執行法第四十六条第二項、第四十七条第一項、第四十八条第二項、第五十三条及び第五十四条の規定は仮差押えの登記をする方法による仮差押えの執行について、同法第四十四条、第四十六条第一項、第四十七条第二項、第六項本文及び第七項、第四十八条、第五十三条、第五十四条、第九十三条から第九十三条の三まで、第九十四条から第百四条まで、第百六条並びに第百七条第一項の規定は強制管理の方法による仮差押えの執行について準用する。

仮差押えによる時効の完成猶予［時効中断］の効力

[7] 仮差押えによる時効中断［時効の完成猶予］の効力は、仮差押えの執行保全の効力が存続する間は継続する。けだし、この間は仮差押債権者による権利行使が継続するものと解すべきであり、このように解しても、債務者は、本案の起訴命令や事情変更による仮差押命令の取消しを求めることができるから、酷な結果となるとはいえない。また、仮差押えと裁判上の請求とは別個の中断事由であるから、仮差押えの被保全権利につき本案の勝訴判決が確定しても、仮差押えによる時効中断の効力がこれに吸収されて消滅するものではない。（最判平10・11・24民集五二・八・一七三七、執保百選[三版]九五）

（船舶に対する仮差押えの執行）

第四八条① 船舶に対する仮差押えの執行は、仮差押えの登記をする方法又は執行官に対し船舶の国籍を証する文書その他の船舶の航行のために必要な文書（以下この条において「船舶国籍証書等」という。）を取り上げて保全執行裁判所に提出すべきことを命ずる方法により行う。これらの方法は、併用することができる。

② 仮差押えの登記をする方法による仮差押えの執行は仮差押命令を発した裁判所が、船舶国籍証書等の取上げを命ずる方法による仮差押えの執行は船舶の所在地を管轄する地方裁判所が、保全執行裁判所として管轄する。

③ 前条第三項並びに民事執行法第四十六条第二項、第四十七条第一項、第四十八条第二項、第五十三条及び第五十四条の規定は仮差押えの登記をする方法による仮差押えの執行について、同法第四十五条第三項、第四十七条第一項、第五十三条、第百十六条及び第百十八条の規定は船舶国籍証書等の取上げを命ずる方法による仮差押えの執行について準用する。

第四九条（動産に対する仮差押えの執行）① 動産に対する仮差押えの執行は、執行官が目的物を占有する方法により行う。

② 執行官は、仮差押えの執行に係る金銭を供託しなければならない。仮差押えの執行に係る手形、小切手その他の金銭の支払を目的とする有価証券でその権利の行使のため定められた期間内に引受け若しくは支払のための提示又は支払の請求を要するものについて執行官が支払を受けた金銭についても、同様とする。

③ 仮差押えの執行に係る動産について著しい価額の減少を生ずるおそれがあるとき、又はその保管のために不相応な費用を要するときは、執行官は、民事執行法の規定による動産執行の売却の手続によりこれを売却し、その売得金を供託しなければならない。

④ 民事執行法第百二十三条から第百二十九条まで、第百三十一条、第百三十二条及び第百三十六条の規定は、動産に対する仮差押えの執行について準用する。

第五〇条（債権及びその他の財産権に対する仮差押えの執行）① 民事執行法第百四十三条に規定する債権に対する仮差押えの執行は、保全執行裁判所が第三債務者に対し債務者への弁済を禁止する命令を発する方法により行う。

② 前項の仮差押えの執行については、仮差押命令を発した裁判所が、保全執行裁判所として管轄する。

③ 第三債務者が仮差押えの執行がされた金銭の支払を目的とする債権の額に相当する金銭を供託した場合には、債務者が第二十二条第一項の規定により定められた金銭の額に相当する金銭を供託したものとみなす。ただし、その金銭の額を超える部分については、この限りでない。

④ 第一項及び第二項の規定は、その他の財産権に対する仮差押えの執行について準用する。

⑤ 民事執行法第百四十五条第二項から第六項まで、第百四十六条から第百五十三条まで、第百五十六条（第三項を除く。）、第百六十四条第五項及び第六項並びに第百六十七条の規定は、第一項の債権及びその他の財産権に対する仮差押えの執行について準用する。

一 債権仮差押えの執行と債務者による給付訴訟

1 給付訴訟の提起

[1] 仮差押えの目的は、債務者の財産の現状を保存して金銭債権の執行を保全するにあるから、債権仮差押えの執行によっても、仮差押債務者は、第三債務者に対し給付訴訟を提起・追行する権限を失わず、無条件の勝訴判決を得ることができる。（旧法事件）（最判昭48・3・13民集二七・二・三四四、執保百選[三版]五三）→民訴三〇条[3]

2 執行申立て

[2] 債務名義に表示された債権に対する仮差押えがあっても、それによって執行債権が執行力を喪失するものと解することはできない。（東京高決平6・11・17判時一五二二・七七……執行債権が仮差押えされると、執行債権者の取立権は認められないから、右仮差押命令の正本の提出があれば、民執法三九条一項七号の文書の提出に準じて、執行裁判所は、民執規一三六条二項の措置を講ずべきである、と判示）

二 仮差押えの弁済禁止効→民四八一条[7]

三 仮差押えの処分禁止効

[3] 仮差押債務者は、仮差押えを受けた債権の処分を禁止されるから、その後に第三債務者との間で当該債権の金額を確認する旨の示談をしても、仮差押債務者及び第三債務者は、仮差押債権者を害する限度において、当該示談をもって仮差押債権者に対抗することができない。仮差押えを受けた債権が不法行為に基づく損害賠償請求権であることや、示談金額が損害賠償金として社会通念上相当な額であることなどの事情は、右結論を左右するものではない。（最判令3・1・12判タ一四八五・二八、重判令3民訴八）

四 本執行移行後の仮差押執行の消長

[4] 債権の仮差押え後本執行による差押えの効力が生ずるまでの間に第三債務者が被差押債権を弁済した場合において、債権者が仮差押えを取り下げたときは、それが本執行移行後であっても、仮差押えによって生じていた弁済禁止の効力は遡って消滅し、第三債務者は被差押債権の弁済をもって債権者に対抗することができるようになる。（最判平14・6・7判時一七九五・一〇八、執保百選[三版]九六）

第五一条（仮差押解放金の供託による仮差押えの執行の取消し）① 債務者が第二十二条第一項の規定により定められた金銭の額に相当する金銭を供託したことを証明したときは、保全執行裁判所は、仮差押えの執行を取り消さなければならない。

② 前項の規定による決定は、第四十六条において準用する民事執行法第十二条第二項の規定にかかわらず、即時にその効力を生ずる。

仮差押解放金供託の効果

[1] 仮差押えによる時効中断［時効の完成猶予］の効力は、仮差押解放金の供託により仮差押えの執行が取り消されても、なお継続する。仮差押えの執行保全の効力は供託金取戻請求権の上に存続するからである。（最判平6・6・21民集四八・四・一一〇一、重判平6民三）

第三節 仮処分の執行

第五二条（仮処分の執行）① 仮処分の執行については、この節に定めるもののほか、仮差押えの執行又は強制執行の例による。

② 物の給付その他の作為又は不作為を命ずる仮処分の執行については、仮処分命令を債務名義とみなす。

間接強制決定の先取り→二四条[4]

第五三条（不動産の登記請求権を保全するための処分禁止の仮処分の執行）① 不動産に関する権利についての登記（仮登記を除く。）を請求する権利（以下「登記請求権」という。）を保全するための処分禁止の仮処分の執行は、処分禁止の登記をする方法により行う。

② 不動産に関する所有権以外の権利の保存、設定又は変更についての登記請求権を保全するための処分禁止の仮処分の執行は、前項の処分禁止の登記とともに、仮処分による仮登記（以下「保全仮登記」という。）をする方法により行う。

③ 第四十七条第二項及び第三項並びに民事執行法第四十八条第二項、第五十三条及び第五十四条の規定は、前二項の処分禁止

の仮処分の執行について準用する。

[7] **被保全権利** 区分所有法五九条一項の競売請求権を被保全権利として、本条又は民保法五五条の処分禁止の仮処分を申し立てることはできない。（最決平28・3・18民集七〇・三・九三七、重判平28民訴七）

第五四条（**不動産に関する権利以外の権利についての登記又は登録請求権を保全するための処分禁止の仮処分の執行**） 前条の規定は、不動産に関する権利以外の権利で、その処分の制限につき登記又は登録を対抗要件又は効力発生要件とするものについての登記（仮登記を除く。）又は登録（仮登録を除く。）を請求する権利を保全するための処分禁止の仮処分の執行について準用する。

第五四条の二（**債務者を特定しないで発された占有移転禁止の仮処分命令の執行**） 第二十五条の二第一項の規定による占有移転禁止の仮処分命令の執行は、係争物である不動産の占有を解く際にその占有者を特定することができない場合は、することができない。

第五五条（**建物収去土地明渡請求権を保全するための建物の処分禁止の仮処分の執行**）① 建物の収去及びその敷地の明渡しの請求権を保全するため、その建物の処分禁止の仮処分命令が発せられたときは、その仮処分の執行は、処分禁止の登記をする方法により行う。

② 第四十七条第二項及び第三項並びに民事執行法第四十八条第二項、第五十三条及び第五十四条の規定は、前項の処分禁止の仮処分の執行について準用する。

第五六条（**法人の代表者の職務執行停止の仮処分等の登記の嘱託**） 法人を代表する者その他法人の役員として登記された者について、その職務の執行を停止し、若しくはその職務を代行する者を選任する仮処分命令又はその仮処分命令を変更し、若しくは取り消す決定がされた場合には、裁判所書記官は、法人の本店又は主たる事務所の所在地（外国法人にあっては、各事務所の所在地）を管轄する登記所にその登記を嘱託しなければならない。ただし、これらの事項が登記すべきものでないときは、この限りでない。

職務執行停止の仮処分の当事者→一三条[7]

第五七条（**仮処分解放金の供託による仮処分の執行の取消し**）① 債務者が第二十五条第一項の規定により定められた金銭の額に相当する金銭を供託したことを証明したときは、保全執行裁判所は、仮処分の執行を取り消さなければならない。

② 第五十一条第二項の規定は、前項の規定による決定について準用する。

第四章 仮処分の効力

第五八条（**不動産の登記請求権を保全するための処分禁止の仮処分の効力**）① 第五十三条第一項の処分禁止の登記の後にされた登記に係る権利の取得又は処分の制限は、同項の仮処分の債権者が保全すべき登記請求権に係る登記をする場合には、その登記に係る権利の取得又は消滅と抵触する限度において、その債権者に対抗することができない。

② 前項の場合においては、第五十三条第一項の仮処分の債権者（同条第二項の仮処分の債権者を除く。）は、同条第一項の処分禁止の登記に後れる登記を抹消することができる。

③ 第五十三条第二項の仮処分の債権者が保全すべき登記請求権に係る登記をするには、保全仮登記に基づく本登記をする方法による。

④ 第五十三条第二項の仮処分の債権者は、前項の規定により登記をする場合において、その仮処分により保全すべき登記請求権に係る権利が不動産の使用又は収益をするものであるときは、不動産の使用若しくは収益をする権利（所有権を除く。）又はその権利を目的とする権利の取得に関する登記で、同条第一項の処分禁止の登記に後れるものを抹消することができる。

登記請求権保全のための処分禁止仮処分の効力

1 仮処分登記後の権利取得登記

[1] 処分禁止の仮処分前に仮処分債務者の処分行為により目的不動産につき権利を取得した場合でも、その登記が処分禁止の仮処分登記後であるときは、もはや仮処分債権者に対抗することはできない。〔旧法事件〕（最判昭30・10・25民集九・一一・一六七八、保全百選三八）

2 根抵当権移転についての承諾

[2] 処分禁止仮処分に優先する根抵当権の移転についてする、民法三九八条の一二第一項所定の根抵当権設定者の承諾は、処分禁止仮処分で禁止される処分には該当しない。けだし、処分禁止仮処分債権者が本案判決で仮処分債務者（所有名義人）に対して勝訴判決を得た場合には、当該処分禁止仮処分に優先する根抵当権が譲渡されたことによる根抵当権設定登記の移転登記がされていても、仮処分債権者が勝訴判決に基づく所有権移転登記を申請する障害とはならないからである。（大阪高決平7・10・9判タ九〇一・二六〇、執保百選[三版]九八）

3 仮処分債権者による所有権移転登記抹消請求

[3] 不動産に対する処分禁止の仮処分の登記がなされた後にその所有者たる仮処分債務者から右不動産を買い受け移転登記を完了した第三者は、右仮処分登記が抹消されたときはその効力を対抗することができるから、仮処分債権者は、本案訴訟で勝訴しない限り、単なる仮処分債権者である地位に基づいては第三者への右所有権移転登記の抹消を請求することはできない。〔旧法事件〕（最判昭37・6・8民集一六・七・一二八三、保全百選三七）

4 順位保全効

[4] 不動産の買主の売主に対する第一の処分禁止の仮処分がある場合に、右不動産の他の買主が同一の不動産について第二の処分禁止の仮処分をすることは、第一の仮処分の内容に抵触しないから許されるが、第一仮処分の債権者が、被保全権利の実現として売買に基づく所有権移転登記を経由したときには、第二仮処分の債権者が自己の仮処分の効力を主張して右所有権の取得を否定することはできない。〔旧法事件〕（最判昭44・12・19判時五八九・四九）

5 被保全権利とされる範囲

[5] 売買に基づく所有権移転登記請求権を保全するために処分禁止の仮処分登記がなされた場合において、その後の本案訴訟で右売買が無権代理により無効であるが仮処分後に仮処分債権者による時効取得が完成したと認められたときは、右仮処分は、買主の取得時効の完成時以降は時効取得に基づく所有権移転登記請求権を被保全権利とする処分禁止の効力を有するものと解すべきであるから、仮処分債権者は、右時効完成後に仮処分債務者から売渡しを受け登記を経由した第三者に対して、右仮処分の効力を主張することができる。〔旧法事件〕（最判昭59・9・20民集三八・九・一〇七三、執保百選[三版]九九）

第五九条（**登記の抹消の通知**）① 仮処分の債権者が前条第二項又は第四項の規定により登記を抹消するには、あらかじめ、その登記の権利者に対し、その旨を通知しなければならない。

② 前項の規定による通知は、これを発する時の同項の権利者の登記簿上の住所又は事務所にあてて発することができる。この場合には、その通知は、遅くとも、これを発した日から一週間

を経過した時に到達したものとみなす。

（仮処分命令の更正等）

第六〇条① 保全仮登記に係る権利の表示がその保全仮登記に基づく本登記をすべき旨の本案の債務名義における権利の表示と符合しないときは、第五十三条第二項の処分禁止の仮処分の命令を発した裁判所は、債権者の申立てにより、その命令を更正しなければならない。

② 前項の規定による更正決定に対しては、即時抗告をすることができる。

③ 第一項の規定による更正決定が確定したときは、裁判所書記官は、保全仮登記の更正を嘱託しなければならない。

（不動産に関する権利以外の権利についての登記又は登録請求権を保全するための処分禁止の仮処分の効力）

第六一条 前三条の規定は、第五十四条に規定する処分禁止の仮処分の効力について準用する。

（占有移転禁止の仮処分命令の効力）

第六二条① 占有移転禁止の仮処分命令の執行がされたときは、債権者は、本案の債務名義に基づき、次に掲げる者に対し、係争物の引渡し又は明渡しの強制執行をすることができる。

一 当該占有移転禁止の仮処分命令の執行がされたことを知って当該係争物を占有した者

二 当該占有移転禁止の仮処分命令の執行後にその執行がされたことを知らないで当該係争物について債務者の占有を承継した者

② 占有移転禁止の仮処分命令の執行後に当該係争物を占有した者は、その執行がされたことを知って占有したものと推定する。

7 **占有移転禁止の仮処分の当事者恒定効** 不動産に対する占有移転禁止の仮処分は、当該不動産の引渡し又は明渡しの執行を保全するものであるから、仮処分債権者は、仮処分債務者の占有喪失につき何ら顧慮することなく、右仮処分債務者を被告としたままで、不動産の明渡しを求める本案訴訟を追行することができる。〔旧法事件〕（最判昭46・1・21民集二五・一・二五、執保百選〔三版〕一〇〇）→民訴一一五条5

（執行文の付与に対する異議の申立ての理由）

第六三条 前条第一項の本案の債務名義につき同項の債務者以外の者に対する執行文が付与されたときは、その者は、執行文の付与に対する異議の申立てにおいて、債権者に対抗することができる権原により当該物を占有していること、又はその仮処分の執行がされたことを知らず、かつ、債務者の占有の承継人でないことを理由とすることができる。

（建物収去土地明渡請求権を保全するための建物の処分禁止の仮処分の効力）

第六四条 第五十五条第一項の処分禁止の登記がされたときは、債権者は、本案の債務名義に基づき、その登記がされた後に建物を譲り受けた者に対し、建物の収去及びその敷地の明渡しの強制執行をすることができる。

7 **建物の処分禁止仮処分の効力** 処分禁止の仮処分に違反する処分行為も、仮処分債権者の被保全権利に対抗し得ないにとどまり、全面的に否定されるものではない。建物の占有者が同時に土地所有権に基づき建物所有者に対し建物収去土地明渡請求権執行保全のため建物の処分禁止の仮処分を得ていたとしても、右仮処分に違反して建物の譲渡を受けた者が右占有者に対し建物明渡しを請求するため建物所有権を主張することは、右被保全権利と矛盾しないので許される。〔旧法事件〕（最判昭45・9・8民集二四・一〇・一三五九、重判昭45民訴六）

（詐害行為取消権を保全するための仮処分における解放金に対する権利の行使）

第六五条 民法（明治二十九年法律第八十九号）第四百二十四条第一項の規定による詐害行為取消権を保全するための仮処分命令において定められた第二十五条第一項の金銭の額に相当する金銭が供託されたときは、同法第四百二十四条第一項の債務者は、供託金の還付を請求する権利（以下「還付請求権」という。）を取得する。この場合において、その還付請求権は、その仮処分の執行が第五十七条第一項の規定により取り消され、かつ、保全すべき権利についての本案の判決が確定した後に、その仮処分の債権者が同法第四百二十四条第一項の債務者に対する債務名義によりその還付請求権に対し強制執行をするときに限り、これを行使することができる。

第五章 罰則

（公示書等損壊罪）

第六六条 第五十二条第一項の規定によりその例によることとされる民事執行法第百六十八条の二第三項又は第四項の規定により執行官が公示するために施した公示書その他の標識を損壊した者は、一年以下の懲役又は百万円以下の罰金に処する。

＊令和四法六八（令和七・六・一六までに施行）による改正
第六六条中「懲役」を「拘禁刑」に改める。（本文未織込み）

（陳述等拒絶の罪）

第六七条 第五十二条第一項の規定によりその例によることとされる民事執行法第百六十八条第二項の規定による執行官の質問又は文書の提出の要求に対し、正当な理由なく、陳述をせず、若しくは文書の提示を拒み、又は虚偽の陳述をし、若しくは虚偽の記載をした文書を提示した債務者又は同項に規定する不動産等を占有する第三者は、六月以下の懲役又は五十万円以下の罰金に処する。

＊令和四法六八（令和七・六・一六までに施行）による改正
第六七条中「懲役」を「拘禁刑」に改める。（本文未織込み）

附 則（抄）

（施行期日）

第一条 この法律は、公布の日から起算して二年を超えない範囲内において政令で定める日（平成三・一・一—平成二政二八三）から施行する。

＊令和四法四八（令和八・五・二四までに施行）による改正
附則の次に次の別表を加える。
別表（略）（未織込み）

附 則（令和四・五・二五法四八）（抄）

（施行期日）

第一条 この法律は、公布の日から起算して四年を超えない範囲内において政令で定める日から施行する。ただし、次の各号に掲げる規定は、当該各号に定める日から施行する。

一 （前略）附則第百二十五条の規定 公布の日

二 （前略）附則第七十一条中民事保全法（平成元年法律第九十一号）第五十条第五項の改正規定（中略） 公布の日から起算して九月を超えない範囲内において政令で定める日

三 （略）

四 （前略）附則（中略）第七十条（民事保全法の一部改正）（中略）の規定（中略） 公布の日から起算して二年を超えない範囲内において政令で定める日

五 （略）

（政令への委任）

第一二五条 （前略）この法律の施行に関し必要な経過措置は、政令で定める。

刑法等の一部を改正する法律の施行に伴う関係法律整理法

中経過規定

（令和四・六・一七法六八）（抄）

第四四一条から第四四三条まで　（刑法の同経過規定参照）

第五〇九条　（刑法の同経過規定参照）

刑法等の一部を改正する法律の施行に伴う関係法律整理法

附　則（令和四・六・一七法六八）（抄）

（施行期日）

①　この法律は、刑法等一部改正法（刑法等の一部を改正する法律（令和四法六七））施行日から施行する。ただし、次の各号に掲げる規定は、当該各号に定める日から施行する。

一　第五百九条の規定　公布の日

二　（略）

●破産法（平成一六・六・二 法 七 五）

施行 平成一七・一・一（平成一六政三一七）
改正 平成一六法三七・法一二四・法一四七、平成一七法八七、平成一八法五〇・法六六・法八四・法一〇九、平成二三法五三・法五七・法六一、平成二四法一六、平成二五法四五、平成二九法四五、令和一法二・法一八・法三一・法七一、令和三法二四、令和四法四八・法六八

注 ここでは、本法施行前の旧破産法（平成一六・六・二法七五による廃止前の破産法［大正一一・四・二五法七一］）の下での判例であっても、本法の下でも妥当するもの及び本法の解釈の参考になるものは、本法に移し替えて掲載している。判例要旨中の［旧〇〇条］は、本法当該条に対応する旧法の条数を示す。

目次

第一章 総則

（目的）
第一条 この法律は、支払不能又は債務超過にある債務者の財産等の清算に関する手続を定めること等により、債権者その他の利害関係人の利害及び債務者と債権者との間の権利関係を適切に調整し、もって債務者の財産等の適正かつ公平な清算を図るとともに、債務者について経済生活の再生の機会の確保を図ることを目的とする。

（定義）
第二条① この法律において「破産手続」とは、次章以下（第十二章を除く。）に定めるところにより、債務者の財産又は相続財産若しくは信託財産を清算する手続をいう。
② この法律において「破産事件」とは、破産手続に係る事件をいう。
③ この法律において「破産裁判所」とは、破産事件が係属している地方裁判所をいう。
④ この法律において「破産者」とは、債務者であって、第三十条第一項の規定により破産手続開始の決定がされているものをいう。
⑤ この法律において「破産債権」とは、破産者に対し破産手続開始前の原因に基づいて生じた財産上の請求権（第九十七条各号に掲げる債権を含む。）であって、財団債権に該当しないものをいう。
⑥ この法律において「破産債権者」とは、破産債権を有する債権者をいう。
⑦ この法律において「財団債権」とは、破産手続によらないで破産財団から随時弁済を受けることができる債権をいう。
⑧ この法律において「財団債権者」とは、財団債権を有する債権者をいう。
⑨ この法律において「別除権」とは、破産手続開始の時において破産財団に属する財産につき特別の先取特権、質権又は抵当権を有する者がこれらの権利の目的である財産について第六十五条第一項の規定により行使することができる権利をいう。
⑩ この法律において「別除権者」とは、別除権を有する者をいう。
⑪ この法律において「支払不能」とは、債務者が、支払能力を欠くために、その債務のうち弁済期にあるものにつき、一般的かつ継続的に弁済することができない状態（信託財産の破産にあっては、受託者が、信託財産による支払能力を欠くために、信託財産責任負担債務（信託法（平成十八年法律第百八号）第二条第九項に規定する信託財産責任負担債務をいう。以下同

じ。）のうち弁済期にあるものにつき、一般的かつ継続的に弁済することができない状態）をいう。

⑫　この法律において「破産管財人」とは、破産手続において破産財団に属する財産の管理及び処分をする権利を有する者をいう。

⑬　この法律において「保全管理人」とは、第九十一条第一項の規定により債務者の財産に関し管理を命じられた者をいう。

⑭　この法律において「破産財団」とは、破産者の財産又は相続財産若しくは信託財産であって、破産手続において破産管財人にその管理及び処分をする権利が専属するものをいう。

一　破産債権の限界（五項）

1　破産手続開始決定前の原因

[1]　破産債権の要件としての「破産手続開始前の原因」とは、債権の発生原因の全部が破産手続開始決定前に備わっている必要はなく、主たる原因が備わっていれば足りる。本件保証債務履行請求権に係る主たる債務は、その主たる発生原因が破産手続開始決定前に締結された身元保証契約であるから、具体的に発生したのが破産手続開始決定以降であったとしても、破産債権に当たり、免責の対象となる。（大阪地判平8・6・13判タ九二〇・二四八……債権者の保証債務履行請求に対する保証人の免責の抗弁を是認）

2　損害金債権

[2]　破産者所有の建物が他人の土地を不法に占拠することによって生じた損害金債権のうち、破産手続開始決定までの分は本条［旧一五条］の破産債権であり、その行使は破産手続によることを要するから、破産者を相手とする支払請求訴訟は不適法である。破産手続開始決定後の損害金債権は、破産法一四八条一項［旧四七条］四号の財団債権であり、その支払請求は管財人を相手とすべきであり、破産者を被告とする訴えは不適法である。（最判昭43・6・13民集二二・六・一一四九、倒産百選[三版]二二A）↓八〇条[1]

3　民訴法二六〇条二項の請求権

[3]　仮執行による給付がされた後に原告について破産手続開始の決定があった場合の民訴法二六〇条二項の請求権は、開始前の原因に基づくので破産債権である。（最判平25・7・18判時二二〇一・四八、重判平25民訴八）

4　仮執行済みの債権

[4]　仮執行宣言付手形判決に基づき強制執行済みの債権は、手形判決に対する異議申立てにより通常訴訟が係属している限り、確定的に消滅したとはいえず、債務者に会社更生手続開始決定（破産手続開始決定）があったときは、更生債権（破産債権）としてこれを届け出なければならない。（東京地判昭56・9・14判時一〇一五・二〇、倒産百選[三版]四六……会社更生事件）

5　訴訟費用の請求権

[5]　更生債権に関する訴訟が更生手続開始前に係属した場合に、更生手続開始前に当事者に訴訟費用が生じていれば、訴訟費用の請求権の具体的な内容が更生手続開始後に当該訴訟が完結してから確定されることになるとしても、当該請求権の発生の基礎となる事実関係は更生手続開始前に発生しているから、当該請求権は「更生手続開始前の原因に基づいて生じた財産上の請求権」［会更二条八項。本条五項に対応］に当たる。（最決平25・11・13民集六七・八・一四八三……会社更生事件）

6　離婚に伴う財産分与金債権↓六二条[2]

二　財団債権（七項）

[6]　弁済による代位により財団債権を取得した者は、同人が破産者に対して取得した求償権が破産債権にすぎない場合であっても、破産手続によらずにその財団債権を行使することができる。（最判平23・11・22民集六五・八・三一六五、倒産百選[六版]四八①）

三　支払不能（一一項）

[7]　およそ支払不能とは、債務者が一般に金銭債務の支払をすることができない客観的状態をいい、人の支払能力は財産、信用及び労務の三者から成立するから、これらを総合して支払不能の状態にあるか否かを判断しなければならない。（東京高決昭33・7・5金法一八二・三、倒産百選[六版]三）

[8]　ゴルフ会員権販売業者である債務者が実質的価値の乏しい会員権の大量販売に基づく多数会員からの損害賠償請求に直ちに応じることができないことは債務者代表者自ら認めるところであって、債務者が支払不能の状態に陥っていることは明らかである。（東京地決平3・10・29判時一四〇二・三二、倒産百選[五版]五……損害賠償請求権者からの破産申立てを認めた）

[9]　ホテル業等を営む株式会社である債務者がその帳簿上は資産超過であるとしても、固定資産については営業継続を前提とする以上売却などによって債務の弁済に充てることができず、流動資産についても貸金債務及び租税債務等を一時に支払う余裕がないことなどを総合勘案すると、一回も手形等の不渡りを出したことがなかったとしても、支払不能の状態にあると認められる。（名古屋高決平7・9・6判タ九〇五・二四二……破産手続開始決定に対する即時抗告事件）

[10]　支払不能は、弁済期の到来した債務の支払可能性を問題とする概念であることから、支払不能であるか否かは、弁済期の到来した債務について判断すべきであり、弁済期が到来していない債務を将来弁済できないことが確実に予想されても、弁済期の到来している債務を現在支払っている限り、支払不能ということはできない。（東京地判平22・7・8判時二〇九四・六九……偏頗［へんぱ］行為否認の事案）

（外国人の地位）

第三条　外国人又は外国法人は、破産手続、第十二章第一節の規定による免責手続（以下「免責手続」という。）及び同章第二節の規定による復権の手続（以下この章において「破産手続等」と総称する。）に関し、日本人又は日本法人と同一の地位を有する。

（破産事件の管轄）

第四条①　この法律の規定による破産手続開始の申立ては、債務者が個人である場合には日本国内に営業所、住所、居所又は財産を有するときに限り、法人その他の社団又は財団である場合には日本国内に営業所、事務所又は財産を有するときに限り、することができる。

②　民事訴訟法（平成八年法律第百九号）の規定により裁判上の請求をすることができる債権は、日本国内にあるものとみなす。

第五条①　破産事件は、債務者が、営業者であるときはその主たる営業所の所在地、営業者で外国に主たる営業所を有するものであるときは日本におけるその主たる営業所の所在地、営業者でないとき又は営業者であっても営業所を有しないときはその普通裁判籍の所在地を管轄する地方裁判所が管轄する。

②　前項の規定による管轄裁判所がないときは、破産事件は、債務者の財産の所在地（債権については、裁判上の請求をすることができる地）を管轄する地方裁判所が管轄する。

③　前二項の規定にかかわらず、法人が株式会社の総株主の議決権（株主総会において決議をすることができる事項の全部につき議決権を行使することができない株式についての議決権を除き、会社法（平成十七年法律第八十六号）第八百七十九条第三項の規定により議決権を有するものとみなされる株式についての議決権を含む。次項、第八十三条第二項第二号及び第三項並びに第百六十一条第二項第二号イ及びロにおいて同じ。）の過半数を有する場合には、当該法人（以下この条及び第百六十一条第二項第二号ロにおいて「親法人」という。）について破産事件、再生事件又は更生事件（以下この条において「破産事件等」という。）が係属しているときにおける当該株式会社（以下この条及び第百六十一条第二項第二号ロにおいて「子株式会

社」という。）についての破産手続開始の申立ては、親法人の破産事件等が係属している地方裁判所にもすることができ、子株式会社について破産事件等が係属しているときにおける親法人についての破産手続開始の申立ては、子株式会社の破産事件等が係属している地方裁判所にもすることができる。

④ 子株式会社又は親法人及び子株式会社が他の株式会社の総株主の議決権の過半数を有する場合には、当該他の株式会社を当該親法人の子株式会社とみなして、前項の規定を適用する。

⑤ 第一項及び第二項の規定にかかわらず、株式会社が最終事業年度について会社法第四百四十四条の規定により当該株式会社及び他の法人に係る連結計算書類（同条第一項に規定する連結計算書類をいう。）を作成し、かつ、当該株式会社の定時株主総会においてその内容が報告された場合には、当該株式会社について破産事件等が係属しているときにおける当該他の法人についての破産手続開始の申立ては、当該株式会社の破産事件等が係属している地方裁判所にもすることができ、当該他の法人について破産事件等が係属しているときにおける当該株式会社についての破産手続開始の申立ては、当該他の法人の破産事件等が係属している地方裁判所にもすることができる。

⑥ 第一項及び第二項の規定にかかわらず、法人について破産事件等が係属している場合における当該法人の代表者についての破産手続開始の申立ては、当該法人の破産事件等が係属している地方裁判所にもすることができ、法人の代表者について破産事件又は再生事件が係属している場合における当該法人についての破産手続開始の申立ては、当該法人の代表者の破産事件又は再生事件が係属している地方裁判所にもすることができる。

⑦ 第一項及び第二項の規定にかかわらず、次の各号に掲げる者のうちいずれか一人について破産事件が係属しているときは、それぞれ当該各号に掲げる他の者についての破産手続開始の申立ては、当該破産事件が係属している地方裁判所にもすることができる。

一 相互に連帯債務者の関係にある個人

二 相互に主たる債務者と保証人の関係にある個人

三 夫婦

⑧ 第一項及び第二項の規定にかかわらず、破産手続開始の決定がされたとすれば破産債権となるべき債権を有する債権者の数が五百人以上であるときは、これらの規定による管轄裁判所の所在地を管轄する高等裁判所の所在地を管轄する地方裁判所にも、破産手続開始の申立てをすることができる。

⑨ 第一項及び第二項の規定にかかわらず、前項に規定する債権者の数が千人以上であるときは、東京地方裁判所又は大阪地方裁判所にも、破産手続開始の申立てをすることができる。

⑩ 前各項の規定により二以上の地方裁判所が管轄権を有するときは、破産事件は、先に破産手続開始の申立てがあった地方裁判所が管轄する。

第六条（専属管轄） この法律に規定する裁判所の管轄は、専属とする。

第七条（破産事件の移送） 裁判所は、著しい損害又は遅滞を避けるため必要があると認めるときは、職権で、破産事件（破産事件の債務者又は破産者による免責許可の申立てがある場合にあっては、破産事件及び当該免責許可の申立てに係る事件）を次に掲げる地方裁判所のいずれかに移送することができる。

一 債務者の主たる営業所又は事務所以外の営業所又は事務所の所在地を管轄する地方裁判所

二 債務者の住所又は居所の所在地を管轄する地方裁判所

三 第五条第二項に規定する地方裁判所

四 次のイからハまでのいずれかに掲げる地方裁判所

イ 第五条第三項から第七項までに規定する地方裁判所

ロ 破産手続開始の決定がされたとすれば破産債権となるべき債権を有する債権者（破産手続開始の決定後にあっては、破産債権者。ハにおいて同じ。）の数が五百人以上であるときは、第五条第八項に規定する地方裁判所

ハ ロに規定する債権者の数が千人以上であるときは、第五条第九項に規定する地方裁判所

五 第五条第三項から第九項までの規定によりこれらの規定に規定する地方裁判所に破産事件が係属しているときは、同条第一項又は第二項に規定する地方裁判所

第八条（任意的口頭弁論等） ① 破産手続等に関する裁判は、口頭弁論を経ないですることができる。

② 裁判所は、職権で、破産手続等に係る事件に関して必要な調査をすることができる。

決定手続によることの合憲性

[1] 破産手続開始決定及びこれに対する抗告棄却決定は、固有の司法権の作用に属する裁判、すなわち、裁判所が当事者の意思いかんにかかわらず終局的に事実を確定し当事者の主張する実体的権利義務の存否を確定することを目的とする純然たる訴訟事件についての裁判に該当しないから、口頭弁論を経ないでなされても、憲法八二条に違反しない。（最大決昭45・6・24民集二四・六・六一〇、倒産百選[六版]一①）↓民訴◆

[2] 【民事裁判権の限界】［一編名の後］[21]～[27]

免責の裁判は、当事者の主張する実体的権利義務の存否を確定することを目的とする純然たる訴訟事件についての裁判ではなく、その性質は本質的に非訟事件の裁判であるから、公開の法廷における対審を経ないでなされるからといって、憲法三二条に違反するものではない。（最決平3・2・21金判八六六・二六、倒産百選[六版]一②）

＊令和四法四八（令和八・五・二四までに施行）による改正後

第八条の二（期日の呼出し） ① 破産手続等における期日の呼出しは、呼出状の送達、当該事件について出頭した者に対する期日の告知その他相当と認める方法によってする。

② 呼出状の送達及び当該事件について出頭した者に対する期日の告知以外の方法による期日の呼出しをしたときは、期日に出頭しない者に対し、法律上の制裁その他期日の不遵守による不利益を帰することができない。ただし、その者が期日の呼出しを受けた旨を記載した書面を提出したときは、この限りでない。

（改正により追加）

第八条の三（公示送達の方法） 破産手続等における公示送達は、裁判所書記官が送達すべき書類を保管し、いつでも送達を受けるべき者に交付すべき旨を裁判所の掲示場に掲示してする。（改正により追加）

第八条の四（電子情報処理組織による申立て等） ① 破産手続等における申立てその他の申述（以下この条において「申立て等」という。）のうち、当該申立て等に関するこの法律その他の法令の規定により書面等（書面、書類、文書、謄本、抄本、正本、副本、複本その他文字、図形等人の知覚によって認識することができる情報が記載された紙その他の有体物をいう。次項及び第四項において同じ。）をもってするものとされているものであって、最高裁判所の定める裁判所に対してするもの（当該裁判所の裁判長、受命裁判官、受託裁判官又は裁判所書記官に対してするものを含む。）については、当該法令の規定にかかわらず、最高裁判所規則で定めるところにより、電子情報処理組織（裁判所の使用に係る電子計算機（入出力装置を含む。以下この項及び第三項において同じ。）と申立て等をする者の使用に係る電子計算機とを電気通信回線で接続した電子情報処理組織をいう。）を用いてすることができる。

② 前項の規定によりされた申立て等については、当該申立て等を書面等をもってするものとして規定した申立て等に関する法令の規定に規定する書面等をもってされたものとみなして、当該申立て等に関する法令の規定を適用する。

③ 第一項の規定によりされた申立て等は、同項の裁判所の使用に係る電子計算機に備えられたファイルへの記録がされた時

に、当該裁判所に到達したものとみなす。

④　第一項の場合において、当該申立て等に関する他の法令の規定により署名等（署名、記名、押印その他氏名又は名称を書面等に記載することをいう。以下この項において同じ。）をすることとされているものについては、当該申立て等をする者は、当該法令の規定にかかわらず、当該署名等に代えて、最高裁判所規則で定めるところにより、氏名又は名称を明らかにする措置を講じなければならない。

⑤　第一項の規定によりされた申立て等が第三項に規定するファイルに記録されたときは、第一項の裁判所は、当該ファイルに記録された情報の内容を書面に出力しなければならない。

⑥　第一項の規定によりされた申立て等に係るこの法律その他の法令の規定による事件に関する文書等の閲覧若しくは謄写又はその正本、謄本若しくは抄本の交付は、前項の書面をもってするものとする。当該申立て等に係る書類の送達又は送付も、同様とする。

（改正により追加）

（裁判書）

第八条の五①　破産手続等に関する裁判の裁判書を作成する場合には、当該裁判書には、当該裁判に係る主文、当事者及び法定代理人並びに裁判所を記載しなければならない。

②　前項の裁判書を送達する場合には、当該送達は、当該裁判書の正本によってする。

（改正により追加）

（不服申立て）

第九条　破産手続等に関する裁判につき利害関係を有する者は、この法律に特別の定めがある場合に限り、当該裁判に対し即時抗告をすることができる。その期間は、裁判の公告があった場合には、その公告が効力を生じた日から起算して二週間とする。

一　抗告期間

[1]　多数の利害関係人について集団的処理の要請される破産法上の手続においては、不服申立期間も画一的に定まる方が望ましいことから、免責決定が公告された場合における即時抗告期間は、公告があった日より起算して二週間であり、免責決定の送達を受けた破産債権者についても同様である。（最決平12・7・26民集五四・六・一九八一、倒産百選[六版]八七）

[2]　破産手続開始決定の送達を受けた破産者の破産手続開始決定に対する即時抗告期間について前出[1]と同旨（最決平13・3・23判時一七四八・一一七、倒産百選[六版]一三）

二　即時抗告の効力→三〇条[2]

（公告等）

第一〇条①　この法律の規定による公告は、官報に掲載してする。

②　公告は、掲載があった日の翌日に、その効力を生ずる。

③　この法律の規定により送達をしなければならない場合には、公告をもって、これに代えることができる。ただし、この法律の規定により公告及び送達をしなければならない場合は、この限りでない。

④　この法律の規定により裁判の公告がされたときは、一切の関係人に対して当該裁判の告知があったものとみなす。

⑤　前二項の規定は、この法律に特別の定めがある場合には、適用しない。

（事件に関する文書の閲覧等）

第一一条①　利害関係人は、裁判所書記官に対し、この法律（この法律において準用する他の法律を含む。）の規定に基づき、裁判所に提出され、又は裁判所が作成した文書その他の物件（以下この条及び次条第一項において「文書等」という。）の閲覧を請求することができる。

②　利害関係人は、裁判所書記官に対し、文書等の謄写、その正本、謄本若しくは抄本の交付又は事件に関する事項の証明書の交付を請求することができる。

③　前項の規定は、文書等のうち録音テープ又はビデオテープ（これらに準ずる方法により一定の事項を記録した物を含む。）に関しては、適用しない。この場合において、これらの物について利害関係人の請求があるときは、裁判所書記官は、その複製を許さなければならない。

④　前三項の規定にかかわらず、次の各号に掲げる者は、当該各号に定める命令、保全処分又は裁判のいずれかがあるまでの間は、前三項の規定による請求をすることができない。ただし、当該者が破産手続開始の申立人である場合は、この限りでない。

一　債務者以外の利害関係人　第二十四条第一項の規定による中止の命令、第二十五条第二項に規定する包括的禁止命令、第二十八条第一項の規定による保全処分、第九十一条第二項に規定する保全管理命令、第百七十一条第一項の規定による保全処分又は破産手続開始の申立てについての裁判

二　債務者　破産手続開始の申立てに関する口頭弁論若しくは債務者を呼び出す審尋の期日の指定の裁判又は前号に定める命令、保全処分若しくは裁判

（支障部分の閲覧等の制限）

第一二条①　次に掲げる文書等について、利害関係人がその閲覧若しくは謄写、その正本、謄本若しくは抄本の交付又はその複製（以下この条において「閲覧等」という。）を行うことにより、破産財団（破産手続開始前にあっては、債務者の財産）の管理又は換価に著しい支障を生ずるおそれがある部分（以下この条において「支障部分」という。）があることにつき疎明があった場合には、裁判所は、当該文書等を提出した破産管財人又は保全管理人の申立てにより、支障部分の閲覧等の請求をすることができる者を、当該申立てをした者（その者が保全管理人である場合にあっては、保全管理人又は破産管財人。次項において同じ。）に限ることができる。

一　第三十六条、第四十条第一項ただし書若しくは同条第二項において準用する同条第一項ただし書（これらの規定を第九十六条第一項において準用する場合を含む。）、第七十八条第二項（第九十三条第三項において準用する場合を含む。）、第八十四条（第九十六条第一項において準用する場合を含む。）又は第九十三条第一項ただし書の許可を得るために裁判所に提出された文書等

二　第百五十七条第二項の規定による報告に係る文書等

②　前項の申立てがあったときは、その申立てについての裁判が確定するまで、利害関係人（同項の申立てをした者を除く。次項において同じ。）は、支障部分の閲覧等の請求をすることができない。

③　支障部分の閲覧等の請求をしようとする利害関係人は、破産裁判所に対し、第一項に規定する要件を欠くこと又はこれを欠くに至ったことを理由として、同項の規定による決定の取消しの申立てをすることができる。

④　第一項の申立てを却下する決定及び前項の申立てについての裁判に対しては、即時抗告をすることができる。

⑤　第一項の規定による決定を取り消す決定は、確定しなければその効力を生じない。

（民事訴訟法の準用）

第一三条　特別の定めがある場合を除き、破産手続等に関しては、その性質に反しない限り、民事訴訟法第一編から第四編までの規定（同法第八十七条の二の規定を除く。）を準用する。

＊令和四法四八附則第一〇三条（令和六・五・二四までに施行）**による改正前**

（民事訴訟法の準用）

第一三条　破産手続等に関しては、特別の定めがある場合を除き、民事訴訟法の規定を準用する。

＊令和四法四八附則第一〇四条（令和八・五・二四までに施行）**による改正後**

（民事訴訟法の準用）

第一三条　特別の定めがある場合を除き、破産手続等に関しては、その性質に反しない限り、民事訴訟法第一編から第四編までの規定（同法第七十一条第二項、第八十七条の二、第九十一条の二、第九十二条第九項及び第十項、第九十二条の二第二項、第九十四条、第百条第二項、第一編第五章第四節第三款、第百十一条、第一編第七章、第百三十三条の二第五項及び第六項、第百三十三条の三第二項、第百五十一条第三項、第百六十条第二項、第百八十五条第三項、第百八十七条第三項及び第四項、第二百五条第二項、第二百十五条第二項、第二百二十七条第二項並びに第二百三十二条の二の規定を除く。）を準用する。この場合において、別表の上欄に掲げる同法の規定中同表の中欄に掲げる字句は、それぞれ同表の下欄に掲げる字句に読み替えるものとする。

（最高裁判所規則）
第一四条　この法律に定めるもののほか、破産手続等に関し必要な事項は、最高裁判所規則で定める。

第二章　破産手続の開始

第一節　破産手続開始の申立て

◆【破産能力】

1 **財産区の破産能力**　財産又は営造物を有するいわゆる財産区は、法人格を有し私法上の権利能力を享有して私法関係の当事者となることはできるが、市町村の一部たるその性質上これを解散して一般的清算手続を行うことはできず、したがって破産能力はない。（大決昭12・10・23民集一六・一五四四、倒産百選[五版]三）

（破産手続開始の原因）
第一五条①　債務者が支払不能にあるときは、裁判所は、第三十条第一項の規定に基づき、申立てにより、決定で、破産手続を開始する。
②　債務者が支払を停止したときは、支払不能にあるものと推定する。

一　支払不能の基準時

1　債務者が支払不能の状態にあるか否かは破産事件を審査する裁判のなされる時を標準とすべきであり、第一審が支払不能の事実を認めて破産手続開始決定をしたとしても、抗告審が支払不能の事実の存否を判断するには、当該抗告審が裁判をする時をもって標準とすべきである。（大決大15・5・1民集五・三五八、倒産百選[初版]一一）

二　支払停止の意義

1　支払不能の推定

2　破産原因たる支払不能を推定させる支払停止とは、弁済資金の融通がつかないために、一般的、継続的に債務を弁済することができない旨を明示又は黙示的に表明する債務者の主観的な態度をいうが、債務者振出の巨額の手形が不渡処分に付せられた場合においては、債務者は、その個人的な希望や決意はともかくとして、原則として、その後における債務の支払を一般的に停止する意思表示をしたものと解するのが相当である。そして、一旦支払停止の状況が生じた後においては、若干の債権者に対し、一時的、散発的に多少の支払がなされたとしても、債権者の数と金額及び弁済の規模と態様を全体的に観察して、継続的、一般的に弁済能力を回復したと認められない限り、いまだ支払停止の状態を解消したものとはいい難い。（福岡高決昭52・10・12下民二八・九～一二・一〇七二、倒産百選[六版]四……破産手続開始決定に対する即時抗告事件）

2　否認・相殺制限の基準時

3　（破産法一六〇条一項［旧七二条二号］の）支払停止とは債務者が資力欠乏のため債務の支払をなすことあたわざることを思惟［しい］してその旨を明示的又は黙示的に表示する行為をいい、その資力欠乏とは債務者が債務の弁済をなすべき資産なくしかも弁済の猶予を受け若しくは弁済をなすに足るべき融通を他より受け得る信用もないことを意味する。銀行が少額の預金払戻しには応じても、大口の預金者に対して一時に全額を払い戻すことが困難なため分割払の便法を講じてきたときは、右大口債権者が分割払を承認して信用を与えたような特別の事情がない限り、資金欠乏のため大口債務の支払をなし得ないことを表示したものである。（大判昭15・9・28民集一九・一八九七、倒産百選[初版]七）

4　（破産法一六四条［旧七四条］一項の）支払の停止とは、債務者が資力欠乏のため債務の支払をすることができないと考えてその旨を明示的又は黙示的に外部に表示する行為をいい、債務者が弁護士との間で破産申立ての方針を決めただけでは、他に特段の事情のない限り、内部的に支払停止の方針を決めたにとどまり、これを外部に表示する行為があったとはいえない。（最判昭60・2・14判時一一四九・一五九、倒産百選[六版]二八①……抵当権・賃借権設定の仮登記の否認が問題となった事例）

5　控訴人は、一回目の手形不渡り事故は（破産法七一条一項三号［旧一〇四条二号］の）支払停止に当たらない旨主張するが、支払停止は支払不能であることを外部に表明する債務者の行為と解すべきものであるから、支払不能という客観的状態が存在する以上、一回目の手形不渡りであっても、また二回目の不渡りを免れているとしても、支払停止に当たる。（東京高判平元・10・19金法一二四六・三二……最判平6・2・10裁判集民一七一・四四五、重判平6民訴八はこの判断を支持）

6　給与所得者である債務者の代理人弁護士が、債務者が債務整理を弁護士に委任した旨の記載や債権者に対して取立行為の中止を求めるなど債務につき統一的かつ公平な弁済を図ろうとしている旨をうかがわせる記載のある債務整理開始通知を債権者一般に対して送付する行為は、支払停止に該当する。（最判平24・10・19判時二一六九・九、倒産百選[六版]二八②……一定規模以上の企業の私的整理における、金融機関に対する「一時停止」の通知等は、再建計画の合理性・実現可能性次第では支払停止に該当しない可能性がある、とする補足意見がある）

3　支払停止とその後の弁済

7　（破産法七一条一項三号［旧一〇四条四号］の）支払停止とは、毫末［ごうまつ］も支払をなし得ない状態を指すものではなく、一般的に支払をすることができない旨を表示する債務者の行為がある以上、多少の支払をすることがあっても妨げない。和議申立銀行が、その債務者から差し入れられた担保を他の銀行に再担保に供していたところ、右債務者が弁済したので担保を取り戻すべく他の銀行に支払をしても、右の債務者の表示がある限り、支払停止といえる。（大判昭7・3・25民集一一・四九九……旧一〇四条を準用する廃止前の和議法五条の事案。和議債務者たる銀行の貸金請求に対し、同銀行に対する預金を譲り受けて相殺を主張した）

三　債権者競合の要否

8　債権者が一人である場合も、破産開始の要件が存在する限り、破産手続を開始できる。けだし、債権者一人であっても破産法の適用上何らの支障がなく、破産の開始を認めれば債権者は否認権行使による利益を受け得る実益があるし、逆に債権者一人であれば債務者は破産による身上の効果を免れ得るとすれば債権者多数の場合に比し権衡を失するからである。（大決昭3・10・2民集七・七六九）

（法人の破産手続開始の原因）
第一六条①　債務者が法人である場合に関する前条第一項の規定の適用については、同項中「支払不能」とあるのは、「支払不能又は債務超過（債務者が、その債務につき、その財産をもって完済することができない状態をいう。）」とする。
②　前項の規定は、存立中の合名会社及び合資会社には、適用しない。

[1] **債務超過の判断要素** 〈個人保証・担保提供をしている代表者の資力・担保価値を考慮すれば、債務超過ではないとの理由でなされた、会社の破産手続開始決定に対する抗告について〉法人の破産原因としての債務超過の事実を確定するに際しては、その法人の財産をもって債務を完済することができるか否かを判断すれば足り、代表者個人による保証ないし担保提供の事実まで斟酌［しんしゃく］しなければならないものではないから、債務超過の状態にないとする抗告人らの主張は理由がない。（東京高決昭56・9・7判時一〇二一・一一〇、倒産百選[六版]五）

（破産手続開始の原因の推定）

第一七条 債務者についての外国で開始された手続で破産手続に相当するものがある場合には、当該債務者に破産手続開始の原因となる事実があるものと推定する。

（破産手続開始の申立て）

第一八条① 債権者又は債務者は、破産手続開始の申立てをすることができる。

② 債権者が破産手続開始の申立てをするときは、その有する債権の存在及び破産手続開始の原因となる事実を疎明しなければならない。

一 破産申立ての適法性

[1] 免責は破産そのものとは制度の趣旨と効果を異にするから、破産の申立ての適法性の判断に際し、将来免責の申立てがあった場合に認め得べき免責不許可事由を斟酌［しんしゃく］することは相当ではない。また、債務者が免責不許可事由の存在することを知って破産の申立てに及んだとしても、破産申立権の濫用ではない。（大阪高決平元・3・31判タ七〇五・二五九……証券会社在職中に違法な株式・債券の取引によって顧客に損害を与える等九三〇〇万円の債務を負担する者による自己破産の申立てを却下した原審を取消し、差戻し）

二 破産申立権

[2] 別除権者は、破産手続開始決定がなされた場合には、破産手続において、別除権を放棄し、または別除権の行使によって弁済を受け得ない不足額についてのみ、その権利を行使し得るにすぎないが（破産法一〇八条一項［旧九六条］）、破産の申立て自体は一般債権者の資格をもってするのであるから、別除権を放棄せず、また別除権の行使によって弁済を受け得ない不足額の有ることを疎明しなくても、債権を有する以上、破産の申立てができる。（名古屋高決昭50・8・11金判四八五・四三）

[3] 債務者（会社）と一部の債権者（労働組合）との間において、破産申立てをするには事前に協議しその同意を得てする旨の約定が成立している場合にも、債務者が右の協議及び同意を得ないでした破産申立ては違法ではない。（東京高決昭57・11・30下民三三・九～一二・一四三三、倒産百選[六版]六）

[4] 債権が質権の目的とされた場合において、質権設定者は、質権者の同意があるなど特段の事情のない限り、当該債権に基づき当該債権の債務者に対して破産の申立てをすることはできない（破産により、質権者は破産手続による以外の取立てができなくなり、破産者が会社である場合には解散事由となって破産配当で満足を受けられなかった残額については履行を求めることができなくなるなど、質権者の取立権に重大な影響を及ぼすからである）。（最決平11・4・16民集五三・四・七四〇、倒産百選[六版]一〇）

三 申立人の債権

[5] 債権者が破産申立人である場合には、申立人はその債権の存在を疎明すれば足り、これを証明することを要しない。申立人の債権につき確定判決があるときは、たとえこれに対する再審の訴えが提起されていても、その疎明ありとすべきである。（大決昭14・9・5新聞四四八一・七）

[6] 破産申立人の債権が破産手続開始決定確定まで存在することは、破産申立ての形式的要件であり、職権調査事項に該当するから、申立人が破産手続開始決定当時破産者に対して債権を持っていても、その後弁済により抗告審の裁判当時においてこれが消滅しているときは、抗告裁判所は破産申立てを不適法として却下すべきである。（大決昭9・9・25民集一三・一七二五）

四 破産申立てによる時効の完成猶予［時効の中断］

[7] 債権者のする破産手続開始の申立ては、債権の消滅時効の中断［完成猶予］事由たるべき裁判上の請求に当たる。（最判昭35・12・27民集一四・一四・三二五三）→手七一条[3]

[8] 破産の申立ては、申立ての適法要件として申述された債権以外の破産原因の存在を明らかにするため提出された申立人の債権についても、時効中断［時効の完成猶予］の効力を有する。破産の申立てが取り下げられた場合においても、債務者に対する催告としての効力は消滅せず、右債権者は、取下げの時から六箇月内に訴えを提起することにより、当該債権の消滅時効を確定的に中断する［完成猶予させる］ことができる。（最判昭45・9・10民集二四・一〇・一三八九、倒産百選[六版]A1）↓民一四七条[17]

（法人の破産手続開始の申立て）

第一九条① 次の各号に掲げる法人については、それぞれ当該各号に定める者は、破産手続開始の申立てをすることができる。

一 一般社団法人又は一般財団法人 理事

二 株式会社又は相互会社（保険業法（平成七年法律第百五号）第二条第五項に規定する相互会社をいう。第百五十条第六項第三号において同じ。） 取締役

三 合名会社、合資会社又は合同会社 業務を執行する社員

② 前項各号に掲げる法人については、清算人も、破産手続開始の申立てをすることができる。

③ 前二項の規定により第一項各号に掲げる法人について破産手続開始の申立てをする場合には、理事、取締役、業務を執行する社員又は清算人の全員が破産手続開始の申立てをするときを除き、破産手続開始の原因となる事実を疎明しなければならない。

④ 前三項の規定は、第一項各号に掲げる法人以外の法人について準用する。

⑤ 法人については、その解散後であっても、残余財産の引渡し又は分配が終了するまでの間は、破産手続開始の申立てをすることができる。

（破産手続開始の申立ての方式）

第二〇条① 破産手続開始の申立ては、最高裁判所規則で定める事項を記載した書面でしなければならない。

② 債権者以外の者が破産手続開始の申立てをするときは、最高裁判所規則で定める事項を記載した債権者一覧表を裁判所に提出しなければならない。ただし、当該申立てと同時に債権者一覧表を提出することができないときは、当該申立ての後遅滞なくこれを提出すれば足りる。

（破産手続開始の申立書の審査）

第二一条① 前条第一項の書面（以下この条において「破産手続開始の申立書」という。）に同項に規定する事項が記載されていない場合には、裁判所書記官は、相当の期間を定め、その期間内に不備を補正すべきことを命ずる処分をしなければならない。民事訴訟費用等に関する法律（昭和四十六年法律第四十号）の規定に従い破産手続開始の申立ての手数料を納付しない場合も、同様とする。

② 前項の処分は、相当と認める方法で告知することによって、その効力を生ずる。

③ 第一項の処分に対しては、その告知を受けた日から一週間の不変期間内に、異議の申立てをすることができる。

④ 前項の異議の申立ては、執行停止の効力を有する。

⑤ 裁判所は、第三項の異議の申立てがあった場合において、破産手続開始の申立書に第一項の処分において補正を命じた不備

以外の不備があると認めるときは、相当の期間を定め、その期間内に当該不備を補正すべきことを命じなければならない。

⑥ 第一項又は前項の場合において、破産手続開始の申立人が不備を補正しないときは、裁判長は、命令で、破産手続開始の申立書を却下しなければならない。

⑦ 前項の命令に対しては、即時抗告をすることができる。

（費用の予納）

第二二条① 破産手続開始の申立てをするときは、申立人は、破産手続の費用として裁判所の定める金額を予納しなければならない。

② 費用の予納に関する決定に対しては、即時抗告をすることができる。

（費用の仮支弁）

第二三条① 裁判所は、申立人の資力、破産財団となるべき財産の状況その他の事情を考慮して、申立人及び利害関係人の利益の保護のため特に必要と認めるときは、破産手続の費用を仮に国庫から支弁することができる。職権で破産手続開始の決定をした場合も、同様とする。

② 前条第一項の規定は、前項前段の規定により破産手続の費用を仮に国庫から支弁する場合には、適用しない。

> [7] **仮支弁を認める基準**
> 自己破産の申立ての場合にも、仮支弁した費用を回収する見込みがなければ、原則として仮支弁を行うことはできず、ただ、個人消費者の自己破産申立ての場合であって費用を負担させることが酷であるとか、公益上の要請が特に強いなどの例外的な場合に限り、仮支弁をすることができるにとどまる。（広島高決平14・9・11金判一一六二・二三、倒産百選[六版]A2……ゴルフ場開発運営を目的とする会社による自己破産申立ての際に、手続費用として三〇〇〇万円程度が見込まれながら一〇〇〇万円しか予納できず、債権者への配当も期待できず、管財人による調査報告の必要もないとされた事案）

（他の手続の中止命令等）

第二四条① 裁判所は、破産手続開始の申立てがあった場合において、必要があると認めるときは、利害関係人の申立てにより又は職権で、破産手続開始の申立てにつき決定があるまでの間、次に掲げる手続又は処分の中止を命ずることができる。ただし、第一号に掲げる手続又は第六号に掲げる処分についてはその手続の申立人である債権者又はその処分を行う者に不当な損害を及ぼすおそれがない場合に限り、第五号に掲げる責任制限手続については責任制限手続開始の決定がされていない場合に限る。

一 債務者の財産に対して既にされている強制執行、仮差押え、仮処分又は一般の先取特権の実行若しくは留置権（商法（明治三十二年法律第四十八号）又は会社法の規定によるものを除く。）による競売（以下この節において「強制執行等」という。）の手続で、債務者につき破産手続開始の決定がされたとすれば破産債権若しくは財団債権となるべきもの（以下この項及び次条第八項において「破産債権等」という。）に基づくもの又は破産債権等を被担保債権とするもの

二 債務者の財産に対して既にされている企業担保権の実行手続で、破産債権等に基づくもの

三 債務者の財産関係の訴訟手続

四 債務者の財産関係の事件で行政庁に係属しているものの手続

五 債務者の責任制限手続（船舶の所有者等の責任の制限に関する法律（昭和五十年法律第九十四号）第三章又は船舶油濁等損害賠償保障法（昭和五十年法律第九十五号）第五章（同法第四十三条第五項において準用する同法第三十一条及び第三十二条並びに同法第四十三条第六項において準用する船舶の所有者等の責任の制限に関する法律第三章（第九条、第十六条及び第五十四条を除く。）若しくは船舶油濁等損害賠償保障法第五十一条第五項において準用する同法第三十一条及び第三十二条並びに同法第五十一条第六項において準用する船舶の所有者等の責任の制限に関する法律第三章（第九条、第十条、第十六条、第四節及び第五十四条を除く。）の規定による責任制限手続をいう。第二百六十三条及び第二百六十四条第一項において同じ。）

六 債務者の財産に対して既にされている共助対象外国租税（租税条約等の実施に伴う所得税法、法人税法及び地方税法の特例等に関する法律（昭和四十四年法律第四十六号。第百三条第五項及び第二百五十三条第四項において「租税条約等実施特例法」という。）第十一条第一項に規定する共助対象外国租税をいう。以下同じ。）の請求権に基づき国税滞納処分の例によってする処分（以下「外国租税滞納処分」という。）で、破産債権等に基づくもの

② 裁判所は、前項の規定による中止の命令を変更し、又は取り消すことができる。

③ 裁判所は、第九十一条第二項に規定する保全管理命令が発せられた場合において、債務者の財産の管理及び処分をするために特に必要があると認めるときは、保全管理人の申立てにより、担保を立てさせて、第一項の規定により中止した強制執行等の手続又は外国租税滞納処分の取消しを命ずることができる。

④ 第一項の規定による中止の命令、第二項の規定による決定及び前項の規定による取消しの命令に対しては、即時抗告をすることができる。

⑤ 前項の即時抗告は、執行停止の効力を有しない。

⑥ 第四項に規定する裁判及び同項の即時抗告についての裁判があった場合には、その裁判書を当事者に送達しなければならない。

（包括的禁止命令）

第二五条① 裁判所は、破産手続開始の申立てがあった場合において、前条第一項第一号又は第六号の規定による中止の命令によっては破産手続の目的を十分に達成することができないおそれがあると認めるべき特別の事情があるときは、利害関係人の申立てにより又は職権で、破産手続開始の申立てにつき決定があるまでの間、全ての債権者に対し、債務者の財産に対する強制執行等及び国税滞納処分（国税滞納処分の例による処分を含み、交付要求を除く。以下同じ。）の禁止を命ずることができる。ただし、事前に又は同時に、債務者の主要な財産に関し第二十八条第一項の規定による保全処分をした場合又は第九十一条第二項に規定する保全管理命令をした場合に限る。

② 前項の規定による禁止の命令（以下「包括的禁止命令」という。）を発する場合において、裁判所は、相当と認めるときは、一定の範囲に属する強制執行等又は国税滞納処分を包括的禁止命令の対象から除外することができる。

③ 包括的禁止命令が発せられた場合には、債務者の財産に対して既にされている強制執行等の手続及び外国租税滞納処分（当該包括的禁止命令により禁止されることとなるものに限る。）は、破産手続開始の申立てにつき決定があるまでの間、中止する。

④ 裁判所は、包括的禁止命令を変更し、又は取り消すことができる。

⑤ 裁判所は、第九十一条第二項に規定する保全管理命令が発せられた場合において、債務者の財産の管理及び処分をするために特に必要があると認めるときは、保全管理人の申立てにより、担保を立てさせて、第三項の規定により中止した強制執行等の手続又は外国租税滞納処分の取消しを命ずることができる。

⑥ 包括的禁止命令、第四項の規定による決定及び前項の規定による取消しの命令に対しては、即時抗告をすることができる。

⑦ 前項の即時抗告は、執行停止の効力を有しない。

⑧ 包括的禁止命令が発せられたときは、破産債権等（当該包括的禁止命令により強制執行等又は国税滞納処分が禁止されてい

るものに限る。」については、当該包括的禁止命令が効力を失った日の翌日から二月を経過する日までの間は、時効は、完成しない。

（**包括的禁止命令に関する公告及び送達等**）

第二六条① 包括的禁止命令及びこれを変更し、又は取り消す旨の決定があった場合には、その旨を公告し、その裁判書を債務者（保全管理人が選任されている場合にあっては、保全管理人。次項において同じ。）及び申立人に送達し、かつ、その決定の主文を知れている債権者及び債務者（保全管理人が選任されている場合に限る。）に通知しなければならない。

② 包括的禁止命令及びこれを変更し、又は取り消す旨の決定は、債務者に対する裁判書の送達がされた時から、効力を生ずる。

③ 前条第六項の即時抗告についての裁判（包括的禁止命令を変更し、又は取り消す旨の決定を除く。）があった場合には、その裁判書を当事者に送達しなければならない。

（**包括的禁止命令の解除**）

第二七条① 裁判所は、包括的禁止命令を発した場合において、強制執行等の申立人である債権者に不当な損害を及ぼすおそれがあると認めるときは、当該債権者の申立てにより、当該債権者に限り当該包括的禁止命令を解除する旨の決定をすることができる。この場合において、当該債権者は、債務者の財産に対する強制執行等をすることができ、当該包括的禁止命令が発せられる前に当該債権者がした強制執行等の手続で第二十五条第三項の規定により中止されていたものは、続行する。

② 前項の規定は、裁判所が国税滞納処分を行う者に不当な損害を及ぼすおそれがあると認める場合について準用する。

③ 第一項（前項において準用する場合を含む。次項及び第六項において同じ。）の規定による解除の決定を受けた者に対する第二十五条第八項の規定の適用については、同項中「当該包括的禁止命令が効力を失った日」とあるのは、「第二十七条第一項（同条第二項において準用する場合を含む。）の規定による解除の決定があった日」とする。

④ 第一項の申立てについての裁判に対しては、即時抗告をすることができる。

⑤ 前項の即時抗告は、執行停止の効力を有しない。

⑥ 第一項の申立てについての裁判及び第四項の即時抗告についての裁判があった場合には、その裁判書を当事者に送達しなければならない。この場合においては、第十条第三項本文の規定は、適用しない。

（**債務者の財産に関する保全処分**）

第二八条① 裁判所は、破産手続開始の申立てがあった場合には、利害関係人の申立てにより又は職権で、破産手続開始の申立てにつき決定があるまでの間、債務者の財産に関し、その財産の処分禁止の仮処分その他の必要な保全処分を命ずることができる。

② 裁判所は、前項の規定による保全処分を変更し、又は取り消すことができる。

③ 第一項の規定による保全処分及び前項の規定による決定に対しては、即時抗告をすることができる。

④ 前項の即時抗告は、執行停止の効力を有しない。

⑤ 第三項に規定する裁判及び同項の即時抗告についての裁判があった場合には、その裁判書を当事者に送達しなければならない。この場合においては、第十条第三項本文の規定は、適用しない。

⑥ 裁判所が第一項の規定により債務者が債権者に対して弁済その他の債務を消滅させる行為をすることを禁止する旨の保全処分を命じた場合には、債権者は、破産手続の関係においては、当該保全処分に反してされた弁済その他の債務を消滅させる行為の効力を主張することができない。ただし、債権者が、その行為の当時、当該保全処分がされたことを知っていたときに限る。

一 保全処分の要件

[1] 本条［旧一五五条］に基づく保全処分をするについては、破産申立てが形式上適法になされ、かつ、主張する事情が法律上並びに事実上一応理由ありとみられれば足り、必ずしも破産原因の要件の存在についての証明を要しない。（東京高決昭53・5・17下民二九・五～八・三〇三、新倒産百選一七①）

二 弁済禁止保全処分の効力

[2] 債務者につき債務の弁済禁止の保全処分が出されていても、債権者が債務者に対し給付の訴えを提起し、債務名義を取得することは禁止されない。（最判昭37・3・23民集一六・三・六〇七、倒産百選[六版]A4……会社整理事件）

[3] 更生手続開始の申立てのあった株式会社に対し債務弁済禁止の保全処分が命じられたときは、これにより会社はその債務を弁済してはならないとの拘束を受けるのであるから、その後に契約上の債務の弁済期が到来しても、債権者は、会社の履行遅滞を理由として契約（所有権留保付割賦販売契約）を解除することはできない。（最判昭57・3・30民集三六・三・四八四、倒産百選[六版]七六……会社更生事件）→六五条[7]

（**破産手続開始の申立ての取下げの制限**）

第二九条 破産手続開始の申立てをした者は、破産手続開始の決定前に限り、当該申立てを取り下げることができる。この場合において、第二十四条第一項の規定による中止の命令、包括的禁止命令、前条第一項の規定による保全処分、第九十一条第二項に規定する保全管理命令又は第百七十一条第一項の規定による保全処分がされた後は、裁判所の許可を得なければならない。

第二節 破産手続開始の決定

（**破産手続開始の決定**）

第三〇条① 裁判所は、破産手続開始の申立てがあった場合において、破産手続開始の原因となる事実があると認めるときは、次の各号のいずれかに該当する場合を除き、破産手続開始の決定をする。

一 破産手続の費用の予納がないとき（第二十三条第一項前段の規定によりその費用を仮に国庫から支弁する場合を除く。）。

二 不当な目的で破産手続開始の申立てがされたとき、その他申立てが誠実にされたものでないとき。

② 前項の決定は、その決定の時から、効力を生ずる。

一 破産申立ての濫用

[1] 内部者たる債権者からの同族会社に対する破産申立てが、遺産をめぐる紛争で優位に立つことを目的とすると認められる諸事情がある場合には、破産申立ては濫用として不適法である。（大阪地決平4・6・8判時一四三五・一三七）

二 即時抗告と執行停止

[2] 本条［旧一条］、三二条［旧一四二条］、七九条［旧一八五条］の規定からすれば、破産手続開始決定に対する即時抗告には執行停止の効力はなく（民訴法三三四条［平成八法一〇九による改正前の四一八条］不準用）、破産管財人は、破産手続開始決定の確定を待たずに破産財団の占有・管理をする権限を有する。（大判昭8・7・24民集一二・二二六四、新倒産百選六）

（**破産手続開始の決定と同時に定めるべき事項等**）

第三一条① 裁判所は、破産手続開始の決定と同時に、一人又は数人の破産管財人を選任し、かつ、次に掲げる事項を定めなければならない。

一 破産債権の届出をすべき期間

二 破産者の財産状況を報告するために招集する債権者集会（第四項、第百三十六条第二項及び第三項並びに第百五十八条において「財産状況報告集会」という。）の期日

三　破産債権の調査をするための期間（第百十六条第二項の場合にあっては、破産債権の調査をするための期日）

② 前項第一号及び第三号の規定にかかわらず、裁判所は、破産財団をもって破産手続の費用を支弁するのに不足するおそれがあると認めるときは、同項第一号の期間並びに同項第三号の期間及び期日を定めないことができる。

③ 前項の場合において、裁判所は、破産財団をもって破産手続の費用を支弁するのに不足するおそれがなくなったと認めるときは、速やかに、第一項第一号の期間及び同項第三号の期間又は期日を定めなければならない。

④ 第一項第二号の規定にかかわらず、裁判所は、知れている破産債権者の数その他の事情を考慮して財産状況報告集会を招集することを相当でないと認めるときは、同号の期日を定めないことができる。

⑤ 第一項の場合において、知れている破産債権者の数が千人以上であり、かつ、相当と認めるときは、裁判所は、次条第四項本文及び第五項本文において準用する同条第三項第一号、第三十三条第三項本文並びに第百三十九条第三項本文の規定による破産債権者（同項本文の場合にあっては、同項本文に規定する議決権者。次条第二項において同じ。）に対する通知をせず、かつ、第百十一条、第百十二条又は第百十四条の規定により破産債権の届出をした破産債権者（以下「届出をした破産債権者」という。）を債権者集会の期日に呼び出さない旨の決定をすることができる。

（破産手続開始の公告等）

第三二条① 裁判所は、破産手続開始の決定をしたときは、直ちに、次に掲げる事項を公告しなければならない。

一　破産手続開始の決定の主文
二　破産管財人の氏名又は名称
三　前条第一項の規定により定めた期間又は期日
四　破産財団に属する財産の所持者及び破産者に対して債務を負担する者（第三項第二号において「財産所持者等」という。）は、破産者にその財産を交付し、又は弁済をしてはならない旨
五　第二百四条第一項第二号の規定による簡易配当をすることが相当と認められる場合にあっては、簡易配当をすることにつき異議のある破産債権者は裁判所に対し前条第一項第三号の期間の満了時又は同号の期日の終了時までに異議を述べるべき旨

② 前条第五項の決定があったときは、裁判所は、前項各号に掲げる事項のほか、第四項本文及び第五項本文において準用する次項第一号、次条第三項本文並びに第百三十九条第三項本文の規定による破産債権者に対する通知をせず、かつ、届出をした破産債権者を債権者集会の期日に呼び出さない旨をも公告しなければならない。

③ 次に掲げる者には、前二項の規定により公告すべき事項を通知しなければならない。

一　破産管財人、破産者及び知れている破産債権者
二　知れている財産所持者等
三　第九十一条第二項に規定する保全管理命令があった場合における保全管理人
四　労働組合等（破産者の使用人その他の従業者の過半数で組織する労働組合があるときはその労働組合、破産者の使用人その他の従業者の過半数で組織する労働組合がないときは破産者の使用人その他の従業者の過半数を代表する者をいう。第七十八条第四項及び第百三十六条第三項において同じ。）

④ 第一項第三号及び前項第一号の規定は、前条第三項の規定により同条第一項第一号の期間及び同項第三号の期間又は期日を定めた場合について準用する。ただし、同条第五項の決定があったときは、知れている破産債権者に対しては、当該通知をすることを要しない。

⑤ 第一項第二号並びに第三項第一号及び第二号の規定は第一項第二号に掲げる事項に変更を生じた場合について、第一項第三号及び第三項第一号の規定は第一項第三号に掲げる事項に変更を生じた場合（前条第一項第一号の期間又は同項第二号の期日に変更を生じた場合に限る。）について準用する。ただし、同条第五項の決定があったときは、知れている破産債権者に対しては、当該通知をすることを要しない。

（抗告）

第三三条① 破産手続開始の申立てについての裁判に対しては、即時抗告をすることができる。

② 第二十四条から第二十八条までの規定は、破産手続開始の申立てを棄却する決定に対して前項の即時抗告があった場合について準用する。

③ 破産手続開始の決定をした裁判所は、第一項の即時抗告があった場合において、当該決定を取り消す決定が確定したときは、直ちにその主文を公告し、かつ、前条第三項各号（第三号を除く。）に掲げる者にその主文を通知しなければならない。ただし、第三十一条第五項の決定があったときは、知れている破産債権者に対しては、当該通知をすることを要しない。

⑦ **株主の即時抗告申立権**　破産手続開始決定がなされた株式会社の株主は、破産手続開始決定による会社の法人格の消滅に伴いその地位を喪失するが、直ちに株主権が消滅したり、株主権の内容をなす自益権や共益権に変更が生ずるものではないから、株主は破産手続開始決定により直ちに権利を害されるべき利害関係人には当たらない。（大阪高決平6・12・26判時一五三五・九〇、倒産百選〈六版〉一二）

第三節　破産手続開始の効果

第一款　通則

（破産財団の範囲）

第三四条① 破産者が破産手続開始の時において有する一切の財産（日本国内にあるかどうかを問わない。）は、破産財団とする。

② 破産者が破産手続開始前に生じた原因に基づいて行うことがある将来の請求権は、破産財団に属する。

③ 第一項の規定にかかわらず、次に掲げる財産は、破産財団に属しない。

一　民事執行法（昭和五十四年法律第四号）第百三十一条第三号に規定する額に二分の三を乗じた額の金銭
二　差し押さえることができない財産（民事執行法第百三十一条第三号に規定する金銭を除く。）。ただし、同法第百三十二条第一項（同法第百九十二条において準用する場合を含む。）の規定により差押えが許されたもの及び破産手続開始後に差し押さえることができるようになったものは、この限りでない。

④ 裁判所は、破産手続開始の決定があった時から当該決定が確定した日以後一月を経過する日までの間、破産者の申立てにより又は職権で、決定で、破産者の生活の状況、破産手続開始の時において破産者が有していた前項各号に掲げる財産の種類及び額、破産者が収入を得る見込みその他の事情を考慮して、破産財団に属しない財産の範囲を拡張することができる。

⑤ 裁判所は、前項の決定をするに当たっては、破産管財人の意見を聴かなければならない。

⑥ 第四項の申立てを却下する決定に対しては、破産者は、即時抗告をすることができる。

⑦ 第四項の決定又は前項の即時抗告についての裁判があった場合には、その裁判書を破産者及び破産管財人に送達しなければならない。この場合においては、第十条第三項本文の規定は、適用しない。

一　破産財団の基準時

[1] **1 過去の財産（破産手続開始前の逸出）** 指名債権の譲受人は、譲渡人に対して破産手続開始決定がなされたときは、破産手続開始決定前に民法四六七条二項所定の対抗要件を具備していない限り、債権の譲受けをもって破産管財人に対抗し得ず、同債権は破産財団に属する。（最判昭58・3・22判時一一三四・七五、倒産百選[六版]一六）

2 将来の請求権

[2] **イ 退職金請求権** 破産者たる労働者が将来受けるべき退職金請求権のうち、破産手続開始決定時までの勤務年限に対応する部分であって差押え可能の金額は、破産財団を構成するから、同請求権を有することを知っている破産者が、その旨を陳述しなかったときは、免責不許可事由（破産法二五二条一項七号［旧三六六条ノ九第三号］）に当たる。（福岡高決昭37・10・25下民一三・一〇・二一五三、倒産百選[初版]二九）→二五二条[6]

[3] **ロ 保険金請求権** 第三者のためにする生命保険契約の死亡保険金受取人は、当該契約の成立により、当該契約で定める期間内に被保険者が死亡することを停止条件とする死亡保険金請求権を取得し、この請求権は、被保険者の死亡前であっても処分や差押えが可能であるから、一定の財産的価値を有する。したがって、破産手続開始前に成立した第三者のためにする生命保険契約に基づき破産者である死亡保険金受取人が有する死亡保険金請求権は、本条二項にいう「破産者が破産手続開始前に生じた原因に基づいて行うことがある将来の請求権」に該当するものとして、死亡保険金受取人の破産財団に属する。（最判平28・4・28民集七〇・四・一〇九九、倒産百選[六版]二四）

二 財産の破産者への帰属性

1 破産者が受け取った融通手形→七四条[4]

[4] **2 破産者のした不法原因給付** 〈豊田商事元従業員に対する破産管財人からの不当利得返還請求〉本件従業員との間の歩合報酬契約は公序良俗に反して無効であり、破産会社自身は給付した歩合報酬の返還請求権を行使することはできないが（民七〇八条）、右返還請求権は客観的に破産財団に属しており、破産管財人は、破産者の承継人又は代理人ではなく固有の権限をもって管財業務を執行する独立の法主体であるその性質上、これを行使することを妨げられない。（大阪地判昭62・4・30労民三八・二・一六六、倒産百選[四版]九三）

[5] 無限連鎖講事業実施者の破産管財人から配当受領者に対する不当利得返還請求（最判平26・10・28民集六八・八・一三二五、倒産百選[六版]二〇）→民一条[8]

三 差押可能性

[6] **1 慰謝料請求権** 名誉侵害を理由とする慰謝料請求権は、これを訴求するだけで行使上の一身専属性を失うものではなく、当事者間において支払うべき具体的な金額が客観的に確定した時、又はそれ以前でも被害者が死亡した時に、一身専属性を失い差押え可能となるにすぎない。したがって、被害者に対してそれ以前に破産手続開始決定がなされた場合には、右請求権は破産財団に帰属せず、破産者自身がこれに関する訴訟の当事者適格を有する。（最判昭58・10・6民集三七・八・一〇四一、倒産百選[六版]二三）→八〇条[5]・二一五条[7]、民七一〇条[3]

[7] **2 生命保険還付金請求権** 簡易生命保険金受取人たる法人に対して破産手続開始決定がなされた場合には、契約失効に伴う還付金請求権は、破産財団に属する。けだし、同請求権の差押えが禁止されている（簡易生命保険法五〇条［平成二法五〇による改正前のもの。改正後の八一条は保険金請求権のみを差押禁止とする］）趣旨は、これを保険金受取人の債権者の一般担保としないことによって保険金受取人の最低生活を保障することにあるが、法人の場合にはその必要がないからである。（最判昭60・11・15民集三九・七・一四八七、新倒産百選三〇）

[8] **四 自由財産の範囲の拡張** 自由財産の拡張は、破産債権者の立場から見れば、法定自由財産とは別に、さらに配当原資たる破産財団の減少の甘受を一方的に迫られることを意味し、破産者の生活の維持等は、原則的には法定自由財産をもって図られるべきであることからすれば、自由財産の範囲の拡張には相応の慎重な態度で臨まなければならない。（福岡高決平18・5・18判タ一二二三・二九八……破産手続開始申立て時点では本条三項一号所定の現金を法定額の満額所持していたこと、雇用保険の受給も開始したこと、家族構成からして標準的な世帯に比して過大な生活費の負担を迫られるものではないこと、就労の可能性もないとはいえないことを理由に、支給されて現金となった退職金で裁判所に予納されているものを自由財産とすることを否定した事例）

（法人の存続の擬制）

第三五条 他の法律の規定により破産手続開始の決定によって解散した法人又は解散した法人で破産手続開始の決定を受けたものは、破産手続による清算の目的の範囲内において、破産手続が終了するまで存続するものとみなす。

（破産者の事業の継続）

第三六条 破産手続開始の決定がされた後であっても、破産管財人は、裁判所の許可を得て、破産者の事業を継続することができる。

◆【破産者の地位】

[1] **一 取締役の破産と取締役資格** 会社と取締役との関係は民法の委任に関する規定が適用されるため（商法二五四条三項［会社三三〇条］）、取締役が破産したときは破産手続開始決定確定の時に当然に取締役たる地位を喪失し、また、この場合には任務継続義務に関する商法二五八条［会社三四六条］一項の類推適用はないと解される。（名古屋高金沢支判昭61・8・20判時一二一七・七二、倒産百選[三版]一五……中小企業団体の組織に関する法律に基づき設立された協業組合の代表理事に関する役員登記変更登記請求事件）

二 破産手続開始決定時の取締役と火災保険約款の免責条項の「取締役」

[2] 有限会社の破産手続開始決定当時に取締役の地位にあった者は、破産手続開始決定によっては取締役の地位を当然には失わず、社員総会の招集等の会社組織に係る行為等については、取締役としての権限を行使し得ると解されるから、有限会社の締結していた火災保険の約款の免責条項における「取締役」に該当する。（最判平16・6・10民集五八・五・一一七八、倒産百選[五版]一五……破産有限会社の代表取締役が保険目的である建物に放火し、同建物が焼失した事例）

[3] **三 株式会社の同時破産廃止と清算人適格** 株式会社が破産手続開始決定と共に同時破産廃止の決定を受けた場合において、なお残余財産があるときはその清算のため清算人が必要であるが、従前の取締役は破産により当然取締役の地位を失っているから（商法二五四条三項［会社三三〇条］、民法六五三条）、商法四一七条一項本文［会社四七八条一項一号］により当然に清算人になるとは解し難く、同項ただし書［会社四七八条一項二号・三号］の場合を除き、同条二項［会社四七八条二項］により、利害関係人の請求によって、裁判所が清算人を選任すべきである。（最判昭43・3・15民集二二・三・六二五、倒産百選[四版]八七）→会社三三〇条[2]・四七八条[1]

[4] **四 労働委員会の救済命令の名宛人** 陳謝命令（いわゆるポスト・ノーティス）を義務付ける労働委員会の救済命令は、財産の管理処分権の行使を求めるものではなく、破産者の人格に関わる措置を求めるものであるから、破産者を名宛人とすることは適法である。（大阪地判平

9・10・29労民四八・五＝六・五四四、倒産百選〔四版〕九四）

（破産者の居住に係る制限）

第三七条① 破産者は、その申立てにより裁判所の許可を得なければ、その居住地を離れることができない。

② 前項の申立てを却下する決定に対しては、破産者は、即時抗告をすることができる。

（破産者の引致）

第三八条① 裁判所は、必要と認めるときは、破産者の引致を命ずることができる。

② 破産手続開始の申立てがあったときは、裁判所は、破産手続開始の決定をする前でも、債務者の引致を命ずることができる。

③ 前二項の規定による引致は、引致状を発してしなければならない。

④ 第一項又は第二項の規定による引致を命ずる決定に対しては、破産者又は債務者は、即時抗告をすることができる。

⑤ 刑事訴訟法（昭和二十三年法律第百三十一号）中勾引に関する規定は、第一項及び第二項の規定による引致について準用する。

（破産者に準ずる者への準用）

第三九条 前二条の規定は、破産者の法定代理人及び支配人並びに破産者の理事、取締役、執行役及びこれらに準ずる者について準用する。

（破産者等の説明義務）

第四〇条① 次に掲げる者は、破産管財人若しくは第百四十四条第二項に規定する債権者委員会の請求又は債権者集会の決議に基づく請求があったときは、破産に関し必要な説明をしなければならない。ただし、第五号に掲げる者については、裁判所の許可がある場合に限る。

一 破産者

二 破産者の代理人

三 破産者が法人である場合のその理事、取締役、執行役、監事、監査役及び清算人

四 前号に掲げる者に準ずる者

五 破産者の従業者（第二号に掲げる者を除く。）

② 前項の規定は、同項各号（第一号を除く。）に掲げる者であった者について準用する。

（破産者の重要財産開示義務）

第四一条 破産者は、破産手続開始の決定後遅滞なく、その所有する不動産、現金、有価証券、預貯金その他裁判所が指定する財産の内容を記載した書面を裁判所に提出しなければならない。

（他の手続の失効等）

第四二条① 破産手続開始の決定があった場合には、破産財団に属する財産に対する強制執行、仮差押え、仮処分、一般の先取特権の実行、企業担保権の実行又は外国租税滞納処分で、破産債権若しくは財団債権に基づくもの又は破産債権若しくは財団債権を被担保債権とするものは、することができない。

② 前項に規定する場合には、同項に規定する強制執行、仮差押え、仮処分、一般の先取特権の実行及び企業担保権の実行の手続並びに外国租税滞納処分で、破産財団に属する財産に対して既にされているものは、破産財団に対してはその効力を失う。ただし、同項に規定する強制執行又は一般の先取特権の実行（以下この条において「強制執行又は先取特権の実行」という。）の手続については、破産管財人において破産財団のためにその手続を続行することを妨げない。

③ 前項ただし書の規定により続行された強制執行又は先取特権の実行の手続については、民事執行法第六十三条及び第百二十九条（これらの規定を同法その他強制執行の手続に関する法令において準用する場合を含む。）の規定は、適用しない。

④ 第二項ただし書の規定により続行された強制執行又は先取特権の実行の手続に関する破産者に対する費用請求権は、財団債権とする。

⑤ 第二項ただし書の規定により続行された強制執行又は先取特権の実行に対する第三者異議の訴えについては、破産管財人を被告とする。

⑥ 破産手続開始の決定があったときは、破産債権又は財団債権に基づく財産開示手続（民事執行法第百九十六条に規定する財産開示手続をいう。以下この項並びに第二百四十九条第一項及び第二項において同じ。）又は第三者からの情報取得手続（同法第二百四条に規定する第三者からの情報取得手続をいう。以下この項並びに第二百四十九条第一項及び第二項において同じ。）の申立てはすることができず、破産債権又は財団債権に基づく財産開示手続及び第三者からの情報取得手続はその効力を失う。

[1] **一 仮差押えの失効と第三者異議の訴え** 仮差押えの債務者が破産したときは、仮差押えの執行は破産財団に対しては効力を失うから、その後、目的物に対する所有権を理由として仮差押えの執行の排除を求めて提起された第三者異議の訴えは、その利益がなく、第三者がその返還を求めるには、破産管財人を相手方として取戻権を行使すべきである。（最判昭45・1・29民集二四・一・七四、倒産百選〔六版〕A12）

[2] **二 債権差押命令の失効と取消しの可否** 債権差押命令は、本条二項により破産財団に対しては効力を失うが、絶対的に無効となるのではなく、破産手続が廃止されるなどの場合には当然に効力を回復するから、破産手続開始決定により債権差押命令を当然に取り消すべきであるとはいえない。もっとも、第三債務者において権利関係が必ずしも簡明ではなく、破産管財人による差押債権の行使に事実上の障害があり得ることから、破産管財人が、破産手続の廃止等の可能性がないと判断して執行手続の取消しを上申した場合には、執行裁判所は債権差押命令を取り消すこともできる。（東京高決平21・1・8判タ一三〇二・二九〇）

三 強制執行手続の終了時期↓民執九二条[4]

（国税滞納処分等の取扱い）

第四三条① 破産手続開始の決定があった場合には、破産財団に属する財産に対する国税滞納処分（外国租税滞納処分を除く。次項において同じ。）は、することができない。

② 破産財団に属する財産に対して国税滞納処分が既にされている場合には、破産手続開始の決定は、その国税滞納処分の続行を妨げない。

③ 破産手続開始の決定があったときは、破産手続が終了するまでの間は、罰金、科料及び追徴の時効は、進行しない。免責許可の申立てがあった後当該申立てについての裁判が確定するまでの間（破産手続開始の決定前に免責許可の申立てがあった場合にあっては、破産手続開始の決定後当該申立てについての裁判が確定するまでの間）も、同様とする。

[1] **一 破産手続開始前の滞納処分** 本条二項〔旧七一条一項〕の趣旨は、破産手続開始決定前に着手された滞納処分の優先性を保障したものであるところ、先行の滞納処分と後行の担保権実行としての競売とが競合し、滞納処分と強制執行等との手続の調整に関する法律により競売の続行手続がなされたときも、実質的に滞納処分の優先性には変更がなく、本条の趣旨が尊重されるべきであるから、競売における配当金は交付要求をした国（国税局長）に直接交付されるべきである。（大阪高判平6・10・11判時一五二三・八四）

[2] **二 破産者の財産に対する第三者の強制換価手続における交付要求―配当金を交付すべき相手方** 破産者所有の不動産を目的とする担保権の実行としての競

売手続において交付要求（国税徴収法八二条）がされたときは、交付要求に係る請求権に基づき破産手続開始決定前に滞納処分による差押え又は参加差押えがされている場合を除き、交付要求に係る配当金は破産管財人に交付すべきであって、税務署長に交付すべきではない。交付要求は、徴収職員が自ら手続を進めることを前提とする本条二項［旧七一条一項］の滞納処分には当たらない。（最判平9・11・28民集五一・一〇・四一七二、倒産百選[四版]九八①……破産手続開始決定前に滞納処分による差押えがなされず、破産手続開始決定後に交付要求がなされた事案）

[3] 破産者の財産に対する滞納処分手続における交付要求につき、前出[2]と同旨（最判平9・12・18判時一六二八・二一、倒産百選[四版]九八②……Y税務署長が滞納処分により滞納者Aの債権を差し押さえた後にAに対して破産手続開始決定がなされ、その後B市中央区長が滞納市民税等につき交付要求をしたので、Yが右債権を取り立てた上同区長に配当金を交付したところ、Aの管財人Xが右配当の取消しを求めた事案。Xの請求を認容した原判決を支持し、上告棄却）

（破産財団に関する訴えの取扱い）

第四四条① 破産手続開始の決定があったときは、破産者を当事者とする破産財団に関する訴訟手続は、中断する。

② 破産管財人は、前項の規定により中断した訴訟手続のうち破産債権に関しないものを受け継ぐことができる。この場合においては、受継の申立ては、相手方もすることができる。

③ 前項の場合においては、相手方の破産者に対する訴訟費用請求権は、財団債権とする。

④ 破産手続が終了したときは、破産管財人を当事者とする破産財団に関する訴訟手続は、中断する。

⑤ 破産者は、前項の規定により中断した訴訟手続を受け継がなければならない。この場合においては、受継の申立ては、相手方もすることができる。

⑥ 第一項の規定により中断した訴訟手続について第二項の規定による受継があるまでに破産手続が終了したときは、破産者は、当然訴訟手続を受継する。

一 「破産財団に関する訴訟」と「破産債権に関する訴訟」

[1] 建物収去土地明渡しと賃料相当損害金請求の訴訟係属中に被告に対して破産手続開始決定がなされた場合において、破産管財人のした右各訴訟の受継申立てのうち、破産手続開始決定の前日までの賃料相当損害金請求の訴訟は、本条［旧六九条］の破産財団に属する財産に関する訴訟に当たらず、破産法一二七条［旧二四六条］所定の破産債権の確定を求める訴訟であるから、その受継は一二七条、一二六条四項［旧二四四条二項］、一二八条［旧二四七条］によってすべきである。（最判昭59・5・17判時一一一九・七二、倒産百選[六版]八二）

二 株主総会決議関係訴訟

[2] 〈Xが、XをY株式会社の取締役から解任し訴外Aを取締役に選任したYの株主総会決議不存在確認の訴えを提起して訴訟中、Yにつき破産手続開始決定があり、破産管財人が選任された。原審は、取締役とY会社との委任関係は破産手続開始により当然終了したと扱われるので、本件訴訟で勝訴してもXが取締役に復活する余地はなく、訴えの利益がないと判示〉民法六五三条の趣旨は、破産手続開始により破産した委任者自身ができなくなった財産管理処分行為は受任者もまたこれをすることができなくなり、委任目的の達成が不能となる点にあり、役員の選任・解任のような破産財団と無関係な会社組織に係る行為は、破産管財人の権限に属さず、破産者たる会社が自ら行うことができるから、同条の趣旨に照らし、破産手続開始当時の取締役は破産手続開始によりその地位は当然には失わず、会社組織に係る行為については取締役としての権限を行使し得る。（最判平21・4・17判時二〇四四・七四、倒産百選[六版]一四）→民訴一二四条の二[19]、会社三三〇条[3]・八三〇条[6]

三 家事審判手続（本条及び家事事件手続法四四条）

[3] 扶養料等に係る審判の係属中に債務者について破産手続が開始された場合に、破産手続開始前の未払いの扶養料等については審判手続を承継した破産管財人に支払を命じ（破産債権）、破産手続開始後の扶養料については破産者本人に支払を命じた例（大阪高決平30・3・15判タ一四五七・九二）

（債権者代位訴訟及び詐害行為取消訴訟の取扱い）

第四五条① 民法（明治二十九年法律第八十九号）第四百二十三条第一項、第四百二十三条の七又は第四百二十四条第一項の規定により破産債権者又は財団債権者の提起した訴訟が破産手続開始当時係属するときは、その訴訟手続は、中断する。

② 破産管財人は、前項の規定により中断した訴訟手続を受け継ぐことができる。この場合においては、受継の申立ては、相手方もすることができる。

③ 前項の場合においては、相手方の破産債権者又は財団債権者に対する訴訟費用請求権は、財団債権とする。

④ 第一項の規定により中断した訴訟手続について第二項の規定による受継があった後に破産手続が終了したときは、当該訴訟手続は、中断する。

⑤ 前項の場合には、破産債権者又は財団債権者において当該訴訟手続を受け継がなければならない。この場合においては、受継の申立ては、相手方もすることができる。

⑥ 第一項の規定により中断した訴訟手続について第二項の規定による受継があるまでに破産手続が終了したときは、破産債権者又は財団債権者は、当然訴訟手続を受継する。

一 詐害行為取消訴訟の受継の要否

[1] 詐害行為取消権に基づく債務者・受益者間、受益者・転得者間の所有権移転登記の各抹消請求訴訟が債務者の破産手続開始決定によって中断したときは、破産管財人又は相手方は、本条［旧八六条］二項により訴訟手続を受継すべきである。（大判昭3・5・11民集七・三三七……管財人の受継に対し、否認の結果破産財団が原状に復す以前は、目的不動産は破産財団に属する財産ではないとの理由で申し立てられた受継異議を排斥）

[2] 詐害行為取消訴訟係属中に債務者が破産したときは、破産管財人はこの訴訟を受継するか受継を拒絶して別訴を提起するかの自由を持つが、取消訴訟を本案とする仮処分後本案未提出の間に債務者につき破産手続開始決定がなされ、裁判所の起訴命令に応じて管財人が否認訴訟を提起したときは、管財人において特に仮処分債権者の地位を承継しない旨の意思を表明しない限り、これを承継したものと推認される。（福岡高判昭31・3・19高民九・四・二二〇……仮処分債権者を被告とする仮処分取消訴訟を、被告適格を誤っているとして却下した事例）

二 取消訴訟を本案とする仮処分

1 仮処分の管財人による受継

[3] 民法四二四条による訴訟提起に先立ち、債権者が本案の執行保全のため、受益者に対して係争不動産の処分禁止の仮処分決定を得た後、債務者に対する破産手続開始決定があり、破産管財人が受益者に対して否認訴訟を提起したときは、管財人は否認権行使の必要上右仮処分手続を受継し、仮処分債権者の地位を承継し得る。（大判昭11・7・11民集一五・一三六七、倒産百選[初版]七一）→[4]

2 承継の効果

[4] 債務者からの不動産譲受人に対する債権者の詐害行為取消訴訟を本案とする処分禁止の仮処分登記後、該不動産について所有権移転の仮登記を得た転得者は、右債権者の地位を承継した破産管財人に対して所有権取得を対抗し得ないから、受益者に対する否認権行使が許容されるときは、当然に仮登

記抹消の義務があるものであって、転得者に対する否認の要件の有無を問わない。（大判昭11・7・11前出③）

⑤ **三 株主代表訴訟の帰趨**［きすう］ 株式会社の破産により代表訴訟は中断し、破産管財人はこれを受継することができる。新訴の提起よりも受継の方が訴訟経済に資するかどうか他訴訟の状況等を考慮した上での破産管財人の判断に委ねるのが相当であるからである。（東京地決平12・1・27金判一一二〇・五八①、倒産百選［六版］二二）→会社八四七条⑪

⑥ **四 相手方からの受継申立て** 破産管財人が、詐害行為取消訴訟を提起した破産債権者の訴訟追行の結果に拘束されるのは不合理であり、否認権の保護ないし破産財団の確保のためには、相手方は破産管財人に対して受継申立てをすることはできない。このことは債権者代位訴訟についても異ならない。（東京地決昭49・9・19判時七七一・六六）

第四六条（**行政庁に係属する事件の取扱い**） 第四十四条の規定は、破産財団に関する事件で行政庁に係属するものについて準用する。

第二款 破産手続開始の効果

第四七条①（**開始後の法律行為の効力**） 破産者が破産手続開始後に破産財団に属する財産に関してした法律行為は、破産手続の関係においては、その効力を主張することができない。

② 破産者が破産手続開始の日にした法律行為は、破産手続開始後にしたものと推定する。

破産者宛てになされた破産債権譲渡通知の効力→七八条②

第四八条①（**開始後の権利取得の効力**） 破産手続開始後に破産財団に属する財産に関して破産者の法律行為によらないで権利を取得しても、その権利の取得は、破産手続の関係においては、その効力を主張することができない。

② 前条第二項の規定は、破産手続開始の日における前項の権利の取得について準用する。

⑦ **破産者の行為によらない権利取得の具体例**

1 動産執行の配当金受領 破産手続開始決定前、破産者に対する動産執行事件に配当要求し、破産手続開始決定後に配当金を受領するのは本条［旧五四条］一項の権利取得であり、破産管財人は当然にその返還を請求し得る。（大判大14・10・15民集四・五〇四）

② **2 転借権の取得** 破産者の不動産の賃貸借につき転貸できる旨の登記がある場合に、これに基づいて破産手続開始決定後に転貸されたとしても、特段の事情がない限り、転借人の転借権取得は本条［旧五四条］一項にいう権利取得に該当しない。本条は第三者の行為による破産財団の減損防止を目的とするところ、転貸は目的不動産に新たな負担・制限を課するものではないからである。（最判昭54・1・25民集三三・一・一、倒産百選［六版］七四）

第四九条①（**開始後の登記及び登録の効力**） 不動産又は船舶に関し破産手続開始前に生じた登記原因に基づき破産手続開始後にされた登記又は不動産登記法（平成十六年法律第百二十三号）第百五条第一号の規定による仮登記は、破産手続の関係においては、その効力を主張することができない。ただし、登記権利者が破産手続開始の事実を知らないでした登記又は仮登記については、この限りでない。

② 前項の規定は、権利の設定、移転若しくは変更に関する登録若しくは仮登録又は企業担保権の設定、移転若しくは変更に関する登記について準用する。

⑦ **破産手続開始決定前の仮登記に基づく本登記請求** 破産手続開始決定前の原因に基づき破産手続開始決定前にした所有権取得の仮登記（二号仮登記）は、本条［旧五五条］一項の反対解釈により、破産債権者に対抗でき、右仮登記権利者は破産管財人に対して本登記手続を請求することができる。（大判大15・6・29民集五・六〇二）

第五〇条①（**開始後の破産者に対する弁済の効力**） 破産手続開始後に、その事実を知らないで破産者にした弁済は、破産手続の関係においても、その効力を主張することができる。

② 破産手続開始後に、その事実を知って破産者にした弁済は、破産財団が受けた利益の限度においてのみ、破産手続の関係において、その効力を主張することができる。

第五一条（**善意又は悪意の推定**） 前二条の規定の適用については、第三十二条第一項の規定による公告の前においてはその事実を知らなかったものと推定し、当該公告の後においてはその事実を知っていたものと推定する。

第五二条①（**共有関係**） 数人が共同して財産権を有する場合において、共有者の中に破産手続開始の決定を受けた者があるときは、その共有に係る財産の分割の請求は、共有者の間で分割をしない旨の定めがあるときでも、することができる。

② 前項の場合には、他の共有者は、相当の償金を支払って破産者の持分を取得することができる。

第五三条①（**双務契約**） 双務契約について破産者及びその相手方が破産手続開始の時において共にまだその履行を完了していないときは、破産管財人は、契約の解除をし、又は破産者の債務を履行して相手方の債務の履行を請求することができる。

② 前項の場合には、相手方は、破産管財人に対し、相当の期間を定め、その期間内に契約の解除をするか、又は債務の履行を請求するかを確答すべき旨を催告することができる。この場合において、破産管財人がその期間内に確答をしないときは、契約の解除をしたものとみなす。

③ 前項の規定は、相手方又は破産管財人が民法第六百三十一条前段の規定により解約の申入れをすることができる場合又は同法第六百四十二条第一項前段の規定により契約の解除をすることができる場合について準用する。

⑦ **一 売買** 売主を連帯保証人として金融機関から融資を得て自動車を購入したローン提携所有権留保売買における買主につき倒産手続が開始された場合において、売主の買主への所有権移転登録義務と、売主が金融機関に代位弁済したことによる買主の売主への求償債務との間には、双方未履行の双務契約の関係はない。（最判昭56・12・22判時一〇三二・五九、倒産百選［五版］A12……会社更生事件）

② 目的物引渡し済みの所有権留保売買においては、売主は契約に基づく債務を全て履行していること、目的物の所有権移転は買主の代金完済により当然に生じ改めて売主は所有権移転行為を必要としないことから、所有権留保売買は［旧］会社更生法一〇三条［現六一条。本条に相当］の双務契約に当たらない。（大阪高判昭59・9・27判タ五四二・二一四、倒産百選［三版］八〇）→六五条⑥

③ **二 請負** 本条［旧五九条］は、請負人に対して破産手続開始決定がなされた場合であっても、当該請負契約の目的である仕事が破産者以外の者において完成することができず、破産管財人

において履行の選択の余地がないときでない限り、右契約に適用がある。その結果請負契約が解除された場合には、注文者は支払済みの請負報酬内金から工事出来高分を控除した残額について、破産法五四条［旧六〇条］二項により財団債権として返還を求めることができる。（最判昭62・11・26民集四一・八・一五八五、倒産百選［六版］八〇）

三　ファイナンス・リース

④　フルペイアウト方式によるファイナンス・リース契約において、リース物件の引渡しを受けたユーザーにつき会社更生手続の開始決定があったときには、未払のリース料債権は全額更生債権となり、［旧］会社更生法二〇八条七号［現六一条四項］の共益債権［破産法一四八条一項七号の財団債権に相当］とはならない。右方式によるリース契約においては、リース期間満了時にリース物件に残存価値はないものと見て、リース業者が投下資本全額を回収できるようにリース料が設定されており、ユーザーに対して契約成立と同時に全額発生したリース料債務の期限の利益を与えているものにすぎず、毎月のリース物件の使用とリース料の支払とは対価関係に立たず、［旧］会社更生法一〇三条一項［現六一条一項。本条一項に相当］は適用されないからである。（最判平7・4・14民集四九・四・一〇六三、倒産百選［六版］七五……会社更生事件）

四　ゴルフクラブ入会契約

⑤　破産手続開始決定時に双方未履行の双務契約が存在していても、契約を解除することによって相手方に著しく不公平な状況が生じるような場合には、破産管財人は本条［旧五九条］一項に基づく解除権を行使することができない。預託金会員制ゴルフクラブの会員が破産した場合、破産者の管財人が会員契約を解除できるとすると、ゴルフ場経営会社は、他の会員との関係でゴルフ場を常に利用し得る状態にしておかなければならない義務を負う状況には変化がないにもかかわらず、本来一定期間を経過した後に返還することで足りたはずであり、当初からゴルフ場施設の整備に充てられることが予定されていた預託金全額の即時返還を強いられることになること、会員が負う年会費の支払義務は会員契約の付随的なものにすぎないことから、解除によりゴルフ場経営会社に著しく不公平な状況が生じるので、会員の管財人は解除することができない。（最判平12・2・29民集五四・二・五五三、倒産百選［六版］八一①）

⑥　年会費の定めのない、利用した場合の利用料金支払義務を定める預託金会員制ゴルフクラブの会員契約においては、預託金の支払とゴルフ場を利用させる義務とは対価関係に立つが、利用料支払義務は会員（破産者）が実際に利用しない限り発生しないものであり、破産手続開始時に会員に未履行債務があるとはいえないから、本条［旧五九条］一項の双方未履行の要件を欠く。（最判平12・3・9判時一七〇八・一二三、倒産百選［六版］八一②）

五　違約金条項の効力

1　肯定例

⑦　一〇年間の定期建物賃貸借契約の賃借人が破産して、破産管財人が本条一項に基づいてその契約を解除した場合に、賃借人側の事情で期間中に契約が終了した場合には保証金全額（賃料の約九か月半分）を返還しない旨の違約金約定は、正義公平の理念に反し無効とはいえないから、破産管財人もこれに拘束され、本条一項の破産管財人の解除権を不当に制約する違法無効なものとはいえない。また本条一項に基づく解除は破産という賃借人側の事情によるものであるから、違約金条項は本条一項に基づく解除による契約の終了にも適用される。（東京地判平20・8・18判時二〇二四・三七）

2　否定例

⑧　賃借人が賃料・共益費六か月分を支払うことにより賃貸借契約を解除できるとする違約金条項は、本条に基づく解除の場合には適用されない。（東京地判平21・1・16金法一八九二・五五）

第五四条①　前条第一項又は第二項の規定により契約の解除があった場合には、相手方は、損害の賠償について破産債権者としてその権利を行使することができる。

②　前項に規定する場合において、相手方は、破産者の受けた反対給付が破産財団中に現存するときは、その返還を請求することができ、現存しないときは、その価額について財団債権者としてその権利を行使することができる。

第五五条①（**継続的給付を目的とする双務契約**）　破産者に対して継続的給付の義務を負う双務契約の相手方は、破産手続開始の申立て前の給付に係る破産債権について弁済がないことを理由としては、破産手続開始後は、その義務の履行を拒むことができない。

②　前項の双務契約の相手方が破産手続開始の申立て後破産手続開始前にした給付に係る請求権（一定期間ごとに債権額を算定すべき継続的給付については、申立ての日の属する期間内の給付に係る請求権を含む。）は、財団債権とする。

③　前二項の規定は、労働契約には、適用しない。

第五六条（**賃貸借契約等**）①　第五十三条第一項及び第二項の規定は、賃借権その他の使用及び収益を目的とする権利を設定する契約について破産者の相手方が当該権利につき登記、登録その他の第三者に対抗することができる要件を備えている場合には、適用しない。

②　前項に規定する場合には、相手方の有する請求権は、財団債権とする。

第五七条（**委任契約**）　委任者について破産手続が開始された場合において、受任者は、民法第六百五十五条の規定による破産手続開始の通知を受けず、かつ、破産手続開始の事実を知らないで委任事務を処理したときは、これによって生じた債権について、破産債権者としてその権利を行使することができる。

第五八条（**市場の相場がある商品の取引に係る契約**）①　取引所の相場その他の市場の相場がある商品の取引に係る契約であって、その取引の性質上特定の日時又は一定の期間内に履行をしなければ契約をした目的を達することができないものについて、その時期が破産手続開始後に到来すべきときは、当該契約は、解除されたものとみなす。

②　前項の場合において、損害賠償の額は、履行地又はその地の相場の標準となるべき地における同種の取引であって同一の時期に履行すべきものの相場と当該契約における商品の価格との差額によって定める。

③　第五十四条第一項の規定は、前項の規定による損害の賠償について準用する。

④　第一項又は第二項に定める事項について当該取引所又は市場における別段の定めがあるときは、その定めに従う。

⑤　第一項の取引を継続して行うためにその当事者間で締結された基本契約において、その基本契約に基づいて行われるすべての同項の取引に係る契約につき生ずる第二項に規定する損害賠償の債権又は債務を差引計算して決済する旨の定めをしたときは、請求することができる損害賠償の額の算定については、その定めに従う。

第五九条（**交互計算**）①　交互計算は、当事者の一方について破産手続が開始されたときは、終了する。この場合においては、各当事者は、計算を閉鎖して、残額の支払を請求することができる。

②　前項の規定による請求権は、破産者が有するときは破産財団に属し、相手方が有するときは破産債権とする。

第六〇条（**為替手形の引受け又は支払等**）①　為替手形の振出人又は裏書人について破産手続が開始された場合において、支払人又は予備支払人がその事実を知らないで引受け又は支払をしたときは、その支払人又は予備支払人は、これによって生じた債権につき、破産債権者としてその権利を行使することができる。

② 前項の規定は、小切手及び金銭その他の物又は有価証券の給付を目的とする有価証券について準用する。

③ 第五十一条の規定は、前二項の規定の適用について準用する。

（夫婦財産関係における管理者の変更等）

第六一条 民法第七百五十八条第二項及び第三項並びに第七百五十九条の規定は配偶者の財産を管理する者につき破産手続が開始された場合について、同法第八百三十五条の規定は親権を行う者につき破産手続が開始された場合について準用する。

[1] **親権者破産による子の財産の管理権喪失**
破産法が親権者の破産手続開始決定につきわざわざその管理権喪失に関する民法八三五条を準用していること及び破産手続開始決定が民法上後見人（八四七条）、保佐人（八七六条の三第二項）、後見監督人（八五二条）等の当然の欠格事由とされていることに鑑みると、親権者に対して破産手続開始決定がなされたことは民法八三五条［平成二三法六一による改正前のもの］所定の「管理が失当であつたことによつてその子の財産を危うくした」かどうかを判断するまでもなく当然に管理権喪失の原因になる。（東京高決平2・9・17家月四三・二・一四〇、倒産百選[三版]八八）

第三款　取戻権

（取戻権）

第六二条 破産手続の開始は、破産者に属しない財産を破産財団から取り戻す権利（第六十四条及び第七十八条第二項第十三号において「取戻権」という。）に影響を及ぼさない。

[1] **一 仮登記を有する買主の取戻権**
知事の許可はないが所有権移転請求権保全の仮登記（不動産登記法二条二号［平成一六法一二四による全部改正後の一〇五条二号］）を有する農地の買主は、売主の破産管財人に対し、右農地の売買につき知事への許可申請手続を求めるとともに、その許可を条件として右仮登記に基づく本登記手続の履行を求めることができる。（最判昭42・8・25判時五〇三・三三、倒産百選[六版]A11）

二 虚偽表示による売主の取戻権↓七四条[3]

三 離婚に伴う財産分与金債権

[2] 離婚における財産分与として金銭の支払を命ずる裁判が確定し、その後に分与者（夫）が破産した場合において、右財産分与金の支払を目的とする債権は破産債権であって、分与の相手方（妻）は、右債権の履行を取戻権の行使として破産管財人に請求することはできない。（最判平2・9・27家月四三・三・六四、倒産百選[六版]五一）

四 分別管理された財産

1 保険料に基づく預金債権

[3] 保険代理店（破産者）が、収受した保険料のみを入金する目的で、保険会社代理店名義の預金口座を開設した場合に、代理店は保険会社の代理人として口座を開設したのではなく、通帳・届出印の保管や入金・払戻し事務は代理店のみが行っていたという事情、及び金銭については占有と所有とが一致することから、預金債権の区分管理、預金の目的・使途の制限、専用口座という事情があるとしても、その口座の預金債権は保険代理店に帰属する。（最判平15・2・21民集五七・二・九五、民百選II[八版]七三……保険会社の取戻権を否定）↓民六六六条[4]

2 保証業法に基づく前払報酬

[4] 公共工事の前払金保証事業に関する法律に基づく保証を前提として地方公共団体と請負人（破産者）との間の請負報酬前払の合意がなされた場合には、前払金が別口座で管理され、工事費用以外には使用できず、払出しが管理され、不適正な使途のときには払出しが中止されることから、前払合意は信託契約に該当し、前払金は信託財産であって破産財団を構成しないから取戻権の対象となる。（最判平14・1・17民集五六・一・二〇、倒産百選[六版]五二）

（運送中の物品の売主等の取戻権）

第六三条① 売主が売買の目的である物品を買主に発送した場合において、買主がまだ代金の全額を弁済せず、かつ、到達地でその物品を受け取らない間に買主について破産手続開始の決定があったときは、売主は、その物品を取り戻すことができる。ただし、破産管財人が代金の全額を支払ってその物品の引渡しを請求することを妨げない。

② 前項の規定は、第五十三条第一項及び第二項の規定の適用を妨げない。

③ 第一項の規定は、物品の買入れの委託を受けた問屋がその物品を委託者に発送した場合について準用する。この場合において、同項中「代金」とあるのは、「報酬及び費用」と読み替えるものとする。

[1] **問屋の破産と委託者の取戻権**
問屋（証券会社）が買入委託の実行として売買を行いその相手方（売主）から権利（株式）を取得した後、これを委託者に移転しない間に破産した場合には、委託者は右権利につき取戻権を行使し得る。（最判昭43・7・11民集二二・七・一四六二、倒産百選[六版]五〇）↓商五五二条[2]

（代償的取戻権）

第六四条① 破産者（保全管理人が選任されている場合にあっては、保全管理人）が破産手続開始前に取戻権の目的である財産を譲り渡した場合には、当該財産について取戻権を有する者は、反対給付の請求権の移転を請求することができる。破産管財人が取戻権の目的である財産を譲り渡した場合も、同様とする。

② 前項の場合において、破産管財人が反対給付を受けたときは、同項の取戻権を有する者は、破産管財人が反対給付として受けた財産の給付を請求することができる。

第四款　別除権

（別除権）

第六五条① 別除権は、破産手続によらないで、行使することができる。

② 担保権（特別の先取特権、質権又は抵当権をいう。以下この項において同じ。）の目的である財産が破産管財人による任意売却その他の事由により破産財団に属しないこととなった場合において当該担保権がなお存続するときにおける当該担保権を有する者も、その目的である財産について別除権を有する。

一 抵当権者

[1] 破産財団に属する財産につき抵当権を有する者は、別除権者として、破産管財人を相手方として通常の競売手続によりその権利を行使することができるが、もし破産者を相手方として競落許可決定が出されても、これに対し抗告し得るのは破産管財人である。（大決昭8・3・31民集一二・三九〇）

二 動産売買の先取特権

1 転売代金に対する、先取特権に基づく物上代位―差押・転付命令

[2] 債務者に対して破産手続開始決定がなされた場合においても、その効果は所有財産に対する破産者の管理処分権が剝奪されること、破産債権者による個別的な権利行使が禁止されることにとどまり、これにより破産者の財産の所有権が破産財団又は破産管財人に譲渡されたことになるものではないから、動産売買の先取特権者は、債務者（買主）に対して破産手続開始決定がなされた後においても、その動産転売代金債

権につき物上代位権を行使して差押・転付命令を求めることができる。（最判昭59・2・2民集三八・三・四三一、倒産百選[六版]五六）↓民三〇四条[1]、民執一九三条[5]

[3]　**2　目的物の管財人による任意売却**　破産管財人が動産売買先取特権者の同意を得ずに目的物を任意売却して代金を受領しても、不当利得・不法行為は成立しない。目的物にも管財人の管理処分権は及び、また管財人は換価の際に破産法一八四条［旧二〇三条］所定の手続による必要はなく、さらに動産売買先取特権には追及効がなく買主に差押承諾義務あるいは目的物引渡義務があるとはいえないことによる。（名古屋地判昭61・11・17判時一二三三・一一〇）

三　譲渡担保

[4]　**1　機械器具**　譲渡担保設定者につき会社更生手続が開始されたときは、譲渡担保権者は、更生担保権者（破産の別除権者に対応）に準じてその権利の届出をし、更生手続によってのみ権利行使をすべきであって、物件（工場備付けの機械）の所有権に基づく取戻権を有するものではない。（最判昭41・4・28民集二〇・四・九〇〇、倒産百選[六版]五七……会社更生事件）↓民◆【Ⅰ　譲渡担保】〔三九八条の二二の後〕[32]

[5]　**2　商業手形**　金融機関が取引先の有する商業手形を一括して担保として提供させて行う手形貸付け、いわゆる商担手貸しにおいて、右手形担保は譲渡担保であり、取引先が破産した場合には、金融機関は、譲渡担保の目的たる手形につき別除権を有するから、破産手続外で手形を取り立て貸付金の弁済に充当することができる。その際、破産手続開始決定後の遅延損害金であっても別除権の保護を受けられ、右は破産法九九条一項一号・九七条一号［旧四六条一号］にいう劣後債権に該当しない。（名古屋高判昭53・5・29金判五六二・二九、倒産百選[五版]五六①）

四　所有権留保

[6]　所有権留保売買の買主が破産した場合には、所有権留保の実質的な目的が債権担保であり、所有権移転は確定的ではないことから、所有権留保売主は別除権者として権利行使すべきであり、取戻権は有しない。（札幌高決昭61・3・26判タ六〇一・七四、倒産百選[三版]五九）↓五三条[2]

[7]　所有権留保売買において、買主に会社更生手続開始の申立原因が生じたことを売買契約解除事由とする特約は、会社更生手続の趣旨・目的を害するものであって無効であり、売主は右解除を理由として目的物（機械）に対する取戻権を行使し得ない。（最判昭57・3・30民集三六・三・四八四、倒産百選[六版]七六……会社更生事件）↓二八条[3]・五三条[1]

[8]　販売会社、信販会社及び購入者の三者間において、販売会社に売買代金残額の立替払をした信販会社が、販売会社に留保された自動車の所有権について、売買代金残額相当の立替金債権に加えて手数料債権を担保するため、販売会社から代位によらずに移転を受け、これを留保する旨の合意がされた場合には、信販会社は、再生手続開始時に自動車につき信販会社を所有者とする登録がなければ、移転を受けた留保所有権を別除権として行使することができない。（最判平22・6・4民集六四・四・一一〇七、倒産百選[五版]五八……民事再生事件）↓民◆【Ⅱ　所有権留保売買】〔三九八条の二二の後〕[5]

[9]　自動車の購入者と販売会社との間で当該自動車の所有権が売買代金債権を担保するため販売会社に留保される旨の合意がされ、売買代金債務の保証人が販売会社に対し保証債務の履行として売買代金残額を支払った後、購入者の破産手続が開始した場合において、その開始の時点で当該自動車につき販売会社を所有者とする登録がされているときは、保証人は、自動車につき保証人を所有者とする登録なくして、当該合意に基づき留保された所有権を別除権として行使することができる。保証人は、代位弁済によって、販売会社の購入者に対する売買代金債権及び留保所有権を法律上当然に取得するからである。（最判平29・12・7民集七一・一〇・一九二五、倒産百選[六版]五八）↓民◆【Ⅱ　所有権留保売買】〔三九八条の二二の後〕[6]

第六六条（留置権の取扱い）①　破産手続開始の時において破産財団に属する財産につき存する商法又は会社法の規定による留置権は、破産財団に対しては特別の先取特権とみなす。

②　前項の特別の先取特権は、民法その他の法律の規定による他の特別の先取特権に後れる。

③　第一項に規定するものを除き、破産手続開始の時において破産財団に属する財産につき存する留置権は、破産財団に対してはその効力を失う。

一　商事留置権の留置的効力

[1]　破産財団に属する手形の上に存在する商事留置権を有する者は、破産手続開始決定後においても、手形を留置する権能を有し、破産管財人からの手形の返還請求を拒むことができる。（最判平10・7・14民集五二・五・一二六一、倒産百選[六版]五三……銀行が割引の申入れを留保したまま預かった手形につき、申入人破産後に、管財人からの返還請求を拒否して手形を取り立て、被担保債権の弁済に充当した事案において、管財人からの手形金相当額の損害賠償請求を棄却）↓一八五条[1]、商五二一条[5]

[2]　不動産を目的物とする商事留置権の被担保債権の債務者に対して破産手続開始決定がなされた場合には、目的物に対する留置的効力は失われ、破産管財人の占有に帰する。商事留置権が本条［旧九三条］一項により特別の先取特権に転化し、担保権としての効力を維持するためには、商事留置権者が破産手続開始決定のときまで目的物の占有を継続していることが必要である。（福岡地判平9・6・11判時一六三二・一二七……破産者に対して宅地造成等の請負代金を有する原告が、破産者の土地に対し商事留置権を主張して、当該土地に対する競売事件の配当において原告に優先して配当を受けた根抵当権者（被告）に対して配当異議訴訟を提起した事案）

二　商事留置権の転化した特別の先取特権と根抵当権の優劣

[3]　商事留置権から転化した特別の先取特権と抵当権との優劣関係は、物権相互の優劣関係を律する対抗関係として処理すべきであり、特別の先取特権に転化する前の商事留置権が成立した時と抵当権設定登記が経由された時との先後によって決すべきである。（東京高決平10・11・27判時一六六六・一四一②、倒産百選[六版]五五）

三　銀行取引約定書による弁済充当権

[4]　債務者から取立委任を受けた小切手について商事留置権を有する銀行は、銀行が本条一項に基づいて優先弁済権を有することから、債務者について破産手続が開始された後に、小切手の取立金を被担保債権の弁済に充当できるとの合意に基づいて、取立金を債務者に対する債権の弁済に充当することができる。（東京高判平21・2・24金判一三二三・四二）

[5]　（本条一項に対応する規定のない民再法の下においても）再生債務者から取立委任を受けた約束手形につき商事留置権を有する銀行は、再生手続開始後の取立てに係る取立金を、法定の手続によらずに再生債務者の債務の弁済に充当し得る旨を定める銀行取引約定に基づき、再生債務者の債務の弁済に充当することができる。（最判平23・12・15民集六五・九・三五一一、倒産百選[六版]五四）↓商五二一条[8]

第五款　相殺権

（相殺権）

第六七条① 破産債権者は、破産手続開始の時において破産者に対して債務を負担するときは、破産手続によらないで、相殺をすることができる。

② 破産債権者の有する債権が破産手続開始の時において期限付若しくは解除条件付であるとき、又は第百三条第二項第一号に掲げるものであるときでも、破産債権者が前項の規定により相殺をすることを妨げない。破産債権者の負担する債務が期限付若しくは条件付であるとき、又は将来の請求権に関するものであるときも、同様とする。

一 相殺権の濫用

[1] 相殺権の行使が破産法七一条・七二条［旧一〇四条］に直接抵触しない場合でも、本条一項［旧九八条］による相殺を認めることが著しく信義則に反し、債権者相互間の不公平な結果を招来する等の特段の事情があるときは、右相殺権の行使は権利の濫用に該当し、許されない。（大阪地判平元・9・14判時一三四八・一〇〇……豊田商事元従業員に対する破産管財人の第二次不当利得返還請求訴訟）

二 破産手続開始後の停止条件成就と相殺の可否

[2] 破産債権者は、その債務が破産手続開始決定の時において期限付きである場合には、期限の利益を放棄したときだけでなく、破産手続開始決定後にその期限が到来したときにも、本条二項［旧九九条］後段の規定により、その債務に対応する債権を受働債権とし、破産債権を自働債権として相殺をすることができる。また、その債務が破産手続開始決定の時において停止条件付きである場合には、停止条件不成就の利益を放棄したときだけでなく、破産手続開始決定後に停止条件が成就したときにも、同様に相殺をすることができる。（最判平17・1・17民集五九・一・一、倒産百選［六版］六四）

三 三者間相殺

[3] 民再法九二条一項［本条一項に対応］は「再生債務者に対して債務を負担する」ことを要件とし、民法五〇五条一項本文に規定する二人が互いに債務を負担するとの要件を再生債権者がする相殺においても採用しており、再生債務者に対して債務を負担する者が他人の有する再生債権をもって相殺できるものとすることは、互いに債務を負担する関係にない者の間の相殺を許すものであり、民再法九二条一項の文言に反し、再生債権者間の公平、平等な扱いという基本原則を没却するから、そのような相殺は許されない。このことは、完全親会社を同じくする複数の株式会社がそれぞれ再生債務者に対して債権を有し、又は債務を負担するときには、これらの当事者間において当該債権及び債務をもって相殺できる旨の合意が予めされていた場合でも異ならない。（最判平28・7・8民集七〇・六・一六一一、倒産百選［六版］七一……民事再生事件）

（相殺に供することができる破産債権の額）

第六八条① 破産債権者が前条の規定により相殺をする場合の破産債権の額は、第百三条第二項各号に掲げる債権の区分に応じ、それぞれ当該各号に定める額とする。

② 前項の規定にかかわらず、破産債権者の有する債権が無利息債権又は定期金債権であるときは、その破産債権者は、その債権の債権額から第九十九条第一項第二号から第四号までに掲げる部分の額を控除した額の限度においてのみ、相殺をすることができる。

（解除条件付債権を有する者による相殺）

第六九条 解除条件付債権を有する者が相殺をするときは、その相殺によって消滅する債務の額について、破産財団のために、担保を供し、又は寄託をしなければならない。

（停止条件付債権等を有する者による寄託の請求）

第七〇条 停止条件付債権又は将来の請求権を有する者は、破産者に対する債務を弁済する場合には、後に相殺をするため、その債権額の限度において弁済額の寄託を請求することができる。敷金の返還請求権を有する者が破産者に対する賃料債務を弁済する場合も、同様とする。

（相殺の禁止）

第七一条① 破産債権者は、次に掲げる場合には、相殺をすることができない。

一 破産手続開始後に破産財団に対して債務を負担したとき。

二 支払不能になった後に契約によって負担する債務を専ら破産債権をもってする相殺に供する目的で破産者の財産の処分を内容とする契約を破産者との間で締結し、又は破産者に対して債務を負担する者の債務を引き受けることを内容とする契約を締結することにより破産者に対して債務を負担した場合であって、当該契約の締結の当時、支払不能であったことを知っていたとき。

三 支払の停止があった後に破産者に対して債務を負担した場合であって、その負担の当時、支払の停止があったことを知っていたとき。ただし、当該支払の停止があった時において支払不能でなかったときは、この限りでない。

四 破産手続開始の申立てがあった後に破産者に対して債務を負担した場合であって、その負担の当時、破産手続開始の申立てがあったことを知っていたとき。

② 前項第二号から第四号までの規定は、これらの規定に規定する債務の負担が次の各号に掲げる原因のいずれかに基づく場合には、適用しない。

一 法定の原因

二 支払不能であったこと又は支払の停止若しくは破産手続開始の申立てがあったことを破産債権者が知った時より前に生じた原因

三 破産手続開始の申立てがあった時より一年以上前に生じた原因

一 手続開始後の債務負担（一項一号）―停止条件付債務の条件成就

[1] 相殺禁止は債権者間における平等的比例弁済の原則に反する結果を防止することを目的とするから、停止条件付債務の契約が整理開始［破産手続開始決定に対応］前に締結されていた場合であっても、整理開始後に条件が成就したときは、開始後に債務を負担したものとして相殺は禁止される。（最判昭47・7・13民集二六・六・一一五一、倒産百選［三版］六九……会社整理事件。譲渡担保の清算剰余金返還債務と別口債権との相殺の事例）

[2] 破産手続開始決定後の停止条件成就と相殺の可否（最判平17・1・17民集五九・一・一、倒産百選［六版］六四）→六七条[2]

二 支払停止後の口座振込み（一項三号）

[3] 銀行が、顧客に対する貸付金と、顧客の支払停止後にその取引先から顧客の口座に振り込まれてきた預金債務とを相殺することは、本条一項三号［旧一〇四条二号本文］による相殺禁止の場合に当たる。相殺禁止の定めは債権者間の実質的平等を図ることを目的とする強行規定であるから、その効力を排除するような当事者の合意は、破産管財人と債権者との間でされたとしても、特段の事情のない限り無効である。（最判昭52・12・6民集三一・七・九六一、倒産百選［六版］六九）

三 法定の原因（二項一号）

[4] （破産者が共同相続人の一人であり、他の共同相続人が相続放棄したことにより、破産者の法定相続分を超えて、破産債権者に対する預金債権を取得した場合において）相続放棄は、相続人の意思に基づく行為であり、破産者や破産債権者がその意思表示を強制することはできないから、相続と同じく、類型的に相殺権の濫用のおそれのない法定の原因に該当する。（大阪高判平15・3・28金判一一七三・三五）

四 「前に生じた原因」（二項二号）

[5] その所属する共済組合と銀行との間の退職者向融資基本契約に基づき銀行融資を受けるに際し、その返済に充てるため

退職金を銀行口座に振り込むことを約定（いわゆる振込指定）した労働者が退職直前破産申立てをし、退職後破産手続開始決定を受けた場合には、退職金の振込みによって銀行が負担した預金債務は、本条二項二号〔旧一〇四条二号ただし書〕の「前に生じた原因」に基づく債務であって、相殺が許される。（名古屋高判昭58・3・31判時一〇七七・七九）

[6] 破産債権者（銀行）が、支払の停止及び破産の申立てのあることを知る前に、破産者との間で、破産者が債務の履行をしなかったときは破産債権者が占有する破産者の手形等を取り立て又は処分してその取得金を債務の弁済に充当することができる旨の条項を含む取引約定を締結した上、破産者から手形の取立てを委任されて裏書交付を受け、支払の停止又は破産の申立てのあることを知った後破産手続開始決定前に右手形を取り立てた場合には、その負担した取立金引渡債務は、本条二項二号〔旧一〇四条二号ただし書〕にいう「前に生じた原因」に基づき負担したものに当たる。（最判昭63・10・18民集四二・八・五七五、倒産百選[六版]六五）

[7] 複数の車両の所有権留保付割賦販売契約の買主の支払停止後に、契約を解除した売主が車両の返還を受けて査定した結果、一部の車両につき剰余金が生じその返還債務を負担した場合には、その債務負担は所有権留保付売買契約の約定により「支払停止を知った時より前に生じた原因」に基づくものであるから、右債務を受働債権とし、他の車両につき生じた損害金債権を自働債権として相殺することが許される。（大阪高判昭63・10・28判タ六八七・二五四）

[8] 証券投資信託の受益権の購入者について支払停止等があった後に投資信託の解約実行請求がされ、その後再生手続が開始した場合に、解約実行請求がされるまでは購入者の有する受益権は購入者の全債権者の責任財産であって、解約金の支払請求権は受益権と実質的には同等の価値を有するものであること、購入者は受益権について自由に他の振替先口座に振り替えることができたのであり、振替がされれば銀行は解約金の支払債務を負担しないことになるから、その債務負担は確実であったとはいえないこと、さらに銀行は解約実行請求を行うために債権者代位権を行使するしかなかったこと（銀行が解約して債務の弁済に充当できる旨の合意がなかった事案）から、解約金支払債務の負担は、民再法九三条二項二号〔本条二項二号に相当〕にいう「支払の停止があったことを再生債権者が知った時より前に生じた原因」に基づく場合には当たらず、投資信託の販売会社である銀行は、解約に基づいて受託者から委託者経由で入金された解約金の支払債務に係る請求権を受働債権として、受益権購入者に対する債権を自働債権として相殺することができない。（最判平26・6・5民集六八・五・四六二、倒産百選[六版]六七……民事再生事件）

第七二条① 破産者に対して債務を負担する者は、次に掲げる場合には、相殺をすることができない。

一 破産手続開始後に他人の破産債権を取得したとき。

二 支払不能になった後に破産債権を取得した場合であって、その取得の当時、支払不能であったことを知っていたとき。

三 支払の停止があった後に破産債権を取得した場合であって、その取得の当時、支払の停止があったことを知っていたとき。ただし、当該支払の停止があった時において支払不能でなかったときは、この限りでない。

四 破産手続開始の申立てがあった後に破産債権を取得した場合であって、その取得の当時、破産手続開始の申立てがあったことを知っていたとき。

② 前項第二号から第四号までの規定は、これらの規定に規定する破産債権の取得が次の各号に掲げる原因のいずれかに基づく場合には、適用しない。

一 法定の原因

二 支払不能であったこと又は支払の停止若しくは破産手続開始の申立てがあったことを破産者に対して債務を負担する者が知った時より前に生じた原因

三 破産手続開始の申立てがあった時より一年以上前に生じた原因

四 破産者に対して債務を負担する者と破産者との間の契約

一 破産手続開始決定後の債権取得（一項一号）

[1] 破産手続開始決定後、破産債権者に対し事務管理として弁済したことにより取得した求償債権を自働債権とする相殺は、あたかも破産手続開始決定後に他人の破産債権を取得しこれを自働債権として相殺をする場合と異ならず、かかる相殺は本条一項一号〔旧一〇四条三号〕により禁止される。（名古屋高判昭57・12・22判時一〇七三・九一）

[2] 手形割引をした銀行が手形振出人（破産者）の支払停止に当たり、割引依頼人に対して買戻請求権を行使せず、振出人の自行への預金債権と相殺したとしても、それは銀行の自由な選択の結果であるから、割引依頼人たる破産債権者が買戻しを免れたことによる利得は、破産者の預金債権消滅との間に法律上の因果関係はなく、不当利得といえない。（最判昭53・5・2判時八九二・五八、倒産百選[四版]六一……破産者が右割引依頼人たる破産債権者に対して不当利得返還請求権を有することを前提として、破産管財人が破産債権との相殺を主張した事案）

[3] 委託を受けない保証人が主たる債務者の破産手続開始前に締結した保証契約に基づき破産手続開始後に弁済をした場合において、保証人が取得する求償権を自働債権とし、主たる債務者が保証人に対して有する債権を受働債権とする相殺は、これを認めると破産者の意思や法定の原因とは無関係に優先的に取り扱われる債権が作出されることを認めるに等しく、委託を受けた保証の場合とは相殺に対する期待が異なるから、本条一項一号の類推適用により許されない。（最判平24・5・28民集六六・七・三一二三、倒産百選[六版]七〇）

[4] 本条一項一号の趣旨からすれば、破産債権者が自ら新たな破産債権を取得した場合であっても、破産手続開始後に第三者から既存の破産債権を取得した場合と同様に、破産債権者間の平等を保ち、破産財団に対する債務の完全な履行を確保するために、同号を類推適用して相殺を禁止する必要がある。請負人が工事完成前に破産手続開始の決定を受け、その破産管財人が請負契約を解除して出来高相当残額を請求したのに対して、注文者が破産法五四条一項により有する損害賠償請求権を自働債権、請負報酬請求権を受働債権とする相殺をすることはできない。（東京地判平24・3・23判タ一三八六・三七二）

二 「前に生じた原因」（二項二号）

[5] 買戻しの特約を含む手形割引契約に基づき手形を割り引いた銀行が割引依頼人の支払停止を理由として取得した手形買戻代金債権は、支払停止後に取得した債権ではあるが、支払停止前の手形割引契約を原因として生じたものであるから、本条二項二号〔旧一〇四条四号ただし書〕に当たり、相殺が許される。（最判昭40・11・2民集一九・八・一九二七、倒産百選[六版]六八）

[6] 連帯債務関係が発生した後に連帯債務者の一人が和議開始の申立てをした場合において、他の連帯債務者が和議開始の申立てを知った後に債権者に債務を弁済したときは、右弁済による求償権の取得は、申立ての前に既に求償権の発生の基礎となる連帯債務関係が発生しているから、「申立てを知る前の原因に基づく」ものと解するのが相当である。（最判平10・4・14民集五二・三・八一三、商法百選三三……旧一〇四条を準用する廃止前の和議法五条の事案）→一〇四条[2]

[7] 下請業者についての再生手続申立後、元請業者が請負契約約款に基づく立替払をして下請業者に対する求償債権を取得した場合において、元請業者はその求償権と下請業者に対する債務とを対当額で相殺する旨も約款で定められているときは、右約款は社会的に見ても相当の必要性がある合理的な契

約内容であるから、右求償債権の取得は民再法旧九三条四号ただし書中段［現九三条の二第二項二号。本条二項二号に対応］の「前に生じた原因」に基づくものに該当し、元請業者は右求償債権と請負代金債務とを相殺することができる。（東京高判平17・10・5判タ一二二六・三四二……民事再生事件）

8 注文者と請負人との間に複数の請負契約がある事案において、請負人が支払停止に陥った際には、注文者解除条項に基づく違約金債権を自働債権とし、破産した請負人が有する報酬債権等を受働債権として一括して清算することを注文者と請負人が予定していた場合には、注文者は、各請負契約締結時点において、自働債権と受働債権とが同一の請負契約に基づいて発生したものであるか否かにかかわらず、各違約金債権をもってする相殺の担保的機能に対して合理的な期待を有していた。したがって、各違約金債権の取得は、本条二項二号の「前に生じた原因」に基づく場合に当たる。（最判令2・9・8民集七四・六・一六四三、重判令2民訴八）

三 本条違反の相殺の効果

9 本条一項三号［旧一〇四条四号］は破産手続開始決定前の相殺にも適用される規定であり、破産手続開始決定前同号の規定に反してした相殺の意思表示は当然無効ではないが、後日破産手続開始決定があるときは、当初に遡って無効となる。（大判昭4・5・14民集八・五二三、倒産百選[初版]五三……旧一〇四条を準用する廃止前の和議法五条の事案）

（破産管財人の催告権）

第七三条① 破産管財人は、第三十一条第一項第三号の期間が経過した後又は同号の期日が終了した後は、第六十七条の規定により相殺をすることができる破産債権者に対し、一月以上の期間を定め、その期間内に当該破産債権をもって相殺をするかどうかを確答すべき旨を催告することができる。ただし、破産債権者の負担する債務が弁済期にあるときに限る。

② 前項の規定による催告があった場合において、破産債権者が同項の規定により定めた期間内に確答をしないときは、当該破産債権者は、破産手続の関係においては、当該破産債権についての相殺の効力を主張することができない。

第三章 破産手続の機関

第一節 破産管財人

第一款 破産管財人の選任及び監督

（破産管財人の選任）

第七四条① 破産管財人は、裁判所が選任する。

② 法人は、破産管財人となることができる。

破産管財人の第三者性

1 対抗要件との関係

1 破産管財人は、破産者の代理人又は一般承継人ではなく、破産債権者の利益のために独立の地位を与えられた破産財団の管理機関であるから、破産手続開始決定前破産者の設定した土地の賃借権に関しては、建物保護に関する法律一条にいわゆる第三者に当たる。本件土地の賃借権については登記がなく、その地上建物につき所有権保存登記がなされたのは破産の登記後であるから、賃借人は、破産管財人に対して、右賃借権をもって対抗できない。（最判昭48・2・16金法六七八・二一、倒産百選[六版]一五）

2 破産者からの指名債権の譲渡について（最判昭58・3・22判時一一三四・七五、倒産百選[六版]一六）→三四条1

2 虚偽表示との関係

3 破産管財人は民法九四条二項の善意の第三者に当たるから、破産者が第三者との間でした通謀虚偽表示（動産をもってする破産者の代物弁済）の無効は、これをもって破産管財人に対抗し得ない。（最判昭37・12・13判タ一四〇・一二四、倒産百選[初版]二六……右動産の売主からの、動産が破産財団に残っていることを前提とする請求に対する判示）

3 融通手形の抗弁

4 融通手形の振出人は、受取人破産後、その手形を所持する破産管財人の請求に対して、融通手形の抗弁をもって対抗し得る。（最判昭46・2・23判時六二二・一〇二、倒産百選[四版]一八）

（破産管財人に対する監督等）

第七五条① 破産管財人は、裁判所が監督する。

② 裁判所は、破産管財人が破産財団に属する財産の管理及び処分を適切に行っていないとき、その他重要な事由があるときは、利害関係人の申立てにより又は職権で、破産管財人を解任することができる。この場合においては、その破産管財人を審尋しなければならない。

（数人の破産管財人の職務執行）

第七六条① 破産管財人が数人あるときは、共同してその職務を行う。ただし、裁判所の許可を得て、それぞれ単独にその職務を行い、又は職務を分掌することができる。

② 破産管財人が数人あるときは、第三者の意思表示は、その一人に対してすれば足りる。

（破産管財人代理）

第七七条① 破産管財人は、必要があるときは、その職務を行わせるため、自己の責任で一人又は数人の破産管財人代理を選任することができる。

② 前項の破産管財人代理の選任については、裁判所の許可を得なければならない。

第二款 破産管財人の権限等

（破産管財人の権限）

第七八条① 破産手続開始の決定があった場合には、破産財団に属する財産の管理及び処分をする権利は、裁判所が選任した破産管財人に専属する。

② 破産管財人が次に掲げる行為をするには、裁判所の許可を得なければならない。

一 不動産に関する物権、登記すべき日本船舶又は外国船舶の任意売却
二 鉱業権、漁業権、公共施設等運営権、樹木採取権、特許権、実用新案権、意匠権、商標権、回路配置利用権、育成者権、著作権又は著作隣接権の任意売却
三 営業又は事業の譲渡
四 商品の一括売却
五 借財
六 第二百三十八条第二項の規定による相続の放棄の承認、第二百四十三条において準用する同項の規定による包括遺贈の放棄の承認又は第二百四十四条第一項の規定による特定遺贈の放棄
七 動産の任意売却
八 債権又は有価証券の譲渡
九 第五十三条第一項の規定による履行の請求
十 訴えの提起
十一 和解又は仲裁合意（仲裁法（平成十五年法律第百三十八号）第二条第一項に規定する仲裁合意をいう。）
十二 権利の放棄
十三 財団債権、取戻権又は別除権の承認
十四 別除権の目的である財産の受戻し
十五 その他裁判所の指定する行為

③ 前項の規定にかかわらず、同項第七号から第十四号までに掲げる行為については、次に掲げる場合には、同項の許可を要しない。

一 最高裁判所規則で定める額以下の価額を有するものに関するとき。
二 前号に掲げるもののほか、裁判所が前項の許可を要しない

ものとしたものに関するとき。

④ 裁判所は、第二項第三号の規定により営業又は事業の譲渡につき同項の許可をする場合には、労働組合等の意見を聴かなければならない。

⑤ 第二項の許可を得ないでした行為は、無効とする。ただし、これをもって善意の第三者に対抗することができない。

⑥ 破産管財人は、第二項各号に掲げる行為をしようとするときは、遅滞を生ずるおそれのある場合又は第三項各号に掲げる場合を除き、破産者の意見を聴かなければならない。

一 実体法上の行為

1 株主名簿の書換え

[1] 株式会社に対して破産手続開始決定がなされた場合において、その会社の株式譲受人が株主名簿の名義書換を請求したときは、破産財団の管理・処分に随伴する事項として破産管財人がその手続をなすべきである。（大判昭5・10・9評論二一・諸法八二）

2 破産債権譲渡通知の相手方

[2] 破産債権である指名債権の譲渡は、譲渡人がこれを破産管財人に通知し、又は破産管財人がこれを承諾することを要し、破産者宛ての通知が破産管財人に配達され、破産管財人がこれを開披したとしても、これをもって破産管財人に対する通知があったとはいえない。（最判昭49・11・21民集二八・八・一六五四、倒産百選[初版]二四）

二 訴訟当事者適格→二条[2]・八〇条[1]〜[3][5][6]

三 源泉徴収義務

[3] ① 破産管財人の報酬は、破産財団の管理等の費用であり、破産財団を責任財産として、破産管財人が、自ら行った管財業務の対価として自らその支払をしてこれを受けるのであるから、弁護士である破産管財人は、その報酬につき、所得税法上の「支払をする者」に当たり、報酬の支払の際に所得税の源泉徴収義務を負う。

② 破産管財人は、破産手続を適正かつ公平に遂行するために、破産者から独立した地位を与えられて法令上定められた職務の遂行に当たる者であり、破産者が雇用していた労働者との間において、破産手続開始前の雇用関係に関し直接の債権債務関係に立つものではなく、破産債権である雇用関係に基づく退職手当等の債権に対して配当をする場合も、破産手続上の職務の遂行として行うのであるから、このような破産管財人と労働者との間に、使用者と労働者との関係に準ずるような特に密接な関係があるということはできない。したがって、破産管財人は、破産債権である退職手当等の債権に対する配当の際に所得税の源泉徴収義務を負わない。（最判平23・1・14民集六五・一・一、倒産百選[六版]一八）↓一四八条[3]

四 消費税の申告納付義務

[4] 破産財団は、破産法人の基準期間（消費税法二条一項一四号）における課税売上高を引き継がない別の法的主体とはいえず、破産法人が「事業者」として消費税の納付義務を負う。破産財団に属する財産の管理処分権は破産管財人に専属するから、破産管財人は、課税期間内に国内で行った破産財団に属する課税資産の譲渡等に係る消費税の申告・納付の義務を負う。（名古屋高金沢支判平20・6・16判タ一三〇三・一四一）

（破産財団の管理）

第七九条 破産管財人は、就職の後直ちに破産財団に属する財産の管理に着手しなければならない。

（当事者適格）

第八〇条 破産財団に関する訴えについては、破産管財人を原告又は被告とする。

一 破産財団に関する訴え

1 財団債権に関する訴訟

[1] 破産手続開始決定後破産者所有の建物が他人の土地を不法占拠することによって生じた損害金債権の支払を請求する訴訟は、管財人を相手方として提起すべきである。（最判昭43・6・13民集二二・六・一一四九、倒産百選[三版]二一A）→二条[2]・一四八条[6]

2 破産債権に関する訴訟

[2] 破産者に対する破産手続開始決定前の賃料相当損害金請求訴訟の管財人による受継（最判昭59・5・17判時一一一九・七二、倒産百選[六版]八二）→四四条[1]

3 破産手続終了後

[3] 破産手続が終了した後における破産者の財産に関する訴訟（抵当権設定登記等の抹消請求）については、当該財産が破産財団を構成し得るものであったとしても、破産管財人において、破産手続の過程で破産終結後に当該財産をもって破産法二一五条[旧二八三条]一項後段の規定する追加配当の対象とすることを予定し、又は予定すべき特段の事情がない限り、破産管財人には当事者適格はない。（最判平5・6・25民集四七・六・四五五七、倒産百選[六版]二一……破産終結から約一五年後に管財人を相手として、破産者を権利者とする抵当権設定登記等の抹消を請求した事件）

二 破産財団に関する訴えといえないもの

[4] 破産者たる会社の組織変更を否定し株式会社の不成立の確認を求める訴えは、会社の人格に関する訴えであって破産財団に関する訴えではないから、破産管財人を相手方として提起すべきでなく、取締役により代表された会社を相手方とすべきである。（大判昭14・4・20民集一八・四九五、倒産百選[四版]一九）

[5] 名誉侵害を理由とする破産者の慰謝料請求権で一身専属性を失わないものについての訴訟（最判昭58・10・6民集三七・八・一〇四一、倒産百選[六版]二三）→三四条[6]・二一五条[1]、民七一〇条[3]

三 代表訴訟

[6] 商法二六七条[会社八四七条]の株主の代表訴訟は、会社が取締役に対して責任を追及する訴えを提起する権能を有することを前提とするところ、取締役の責任の追及を含めて更生手続中の会社の財産の管理処分権は管財人に専属し、会社は訴え提起の権能を有しないから、会社更生手続中は株主は代表訴訟を提起できない。（大阪高判平元・10・26判タ七一一・二五三、倒産百選[三版]二二）

[7] 代表訴訟係属中の会社の破産（東京地決平12・1・27金判一一二〇・五八①、倒産百選[六版]二二）→四五条[5]

（郵便物等の管理）

第八一条① 裁判所は、破産管財人の職務の遂行のため必要があると認めるときは、信書の送達の事業を行う者に対し、破産者にあてた郵便物又は民間事業者による信書の送達に関する法律（平成十四年法律第九十九号）第二条第三項に規定する信書便物（次条及び第百十八条第五項において「郵便物等」という。）を破産管財人に配達すべき旨を嘱託することができる。

② 裁判所は、破産者の申立てにより又は職権で、破産管財人の意見を聴いて、前項に規定する嘱託を取り消し、又は変更することができる。

③ 破産手続が終了したときは、裁判所は、第一項に規定する嘱託を取り消さなければならない。

④ 第一項又は第二項の規定による決定及び同項の申立てを却下する裁判に対しては、破産者又は破産管財人は、即時抗告をすることができる。

⑤ 第一項の規定による決定に対する前項の即時抗告は、執行停止の効力を有しない。

第八二条① 破産管財人は、破産者にあてた郵便物等を受け取ったときは、これを開いて見ることができる。

② 破産者は、破産管財人に対し、破産管財人が受け取った前項の郵便物等で破産財団に関しないもの

の交付を求めることができる。

（破産管財人による調査等）

第八三条① 破産管財人は、第四十条第一項各号に掲げる者及び同条第二項に規定する者に対して同条の規定による説明を求め、又は破産財団に関する帳簿、書類その他の物件を検査することができる。

② 破産管財人は、その職務を行うため必要があるときは、破産者の子会社等（次の各号に掲げる区分に応じ、それぞれ当該各号に定める法人をいう。次項において同じ。）に対して、その業務及び財産の状況につき説明を求め、又はその帳簿、書類その他の物件を検査することができる。

一 破産者が株式会社である場合　破産者の子会社（会社法第二条第三号に規定する子会社をいう。）

二 破産者が株式会社以外のものである場合　破産者が株式会社の総株主の議決権の過半数を有する場合における当該株式会社

③ 破産者（株式会社以外のものに限る。以下この項において同じ。）の子会社等又は破産者及びその子会社等が他の株式会社の総株主の議決権の過半数を有する場合には、前項の規定の適用については、当該他の株式会社を当該破産者の子会社等とみなす。

（破産管財人の職務の執行の確保）

第八四条 破産管財人は、職務の執行に際し抵抗を受けるときは、その抵抗を排除するために、裁判所の許可を得て、警察上の援助を求めることができる。

（破産管財人の注意義務）

第八五条① 破産管財人は、善良な管理者の注意をもって、その職務を行わなければならない。

② 破産管財人が前項の注意を怠ったときは、その破産管財人は、利害関係人に対し、連帯して損害を賠償する義務を負う。

[7] 敷金返還請求権に質権を設定した賃借人の破産管財人が、破産手続開始決定後の賃料を支払うのに十分な銀行預金を有していたにもかかわらず、賃貸人との間で敷金をもって賃料に充当する旨の合意をして敷金返還請求権の発生を阻害した場合には、質権の目的たる債権の担保価値を維持する義務の違反となる。他方でこの義務と破産債権者のために破産財団の減少を防ぐという破産管財人の職務上の義務との関係について学説・判例も乏しかったことや充当の合意について裁判所の許可を得ていることから、破産管財人が質権者への義務違反とならないと考えて充当の合意をした場合には、善管注意義務違反の責任を負うことにはならない。（最判平18・12・21民集六〇・一〇・三九六四、倒産百選〔六版〕一七）↓一四八条[8]、民三六二条[2]

（破産管財人の情報提供努力義務）

第八六条 破産管財人は、破産債権である給料の請求権又は退職手当の請求権を有する者に対し、破産手続に参加するのに必要な情報を提供するよう努めなければならない。

（破産管財人の報酬等）

第八七条① 破産管財人は、費用の前払及び裁判所が定める報酬を受けることができる。

② 前項の規定による決定に対しては、即時抗告をすることができる。

③ 前二項の規定は、破産管財人代理について準用する。

（破産管財人の任務終了の場合の報告義務等）

第八八条① 破産管財人の任務が終了した場合には、破産管財人は、遅滞なく、計算の報告書を裁判所に提出しなければならない。

② 前項の場合において、破産管財人が欠けたときは、同項の計算の報告書は、同項の規定にかかわらず、後任の破産管財人が提出しなければならない。

③ 第一項又は前項の場合には、第一項の破産管財人又は前項の後任の破産管財人は、破産管財人の任務終了による債権者集会への計算の報告を目的として第百三十五条第一項本文の申立てをしなければならない。

④ 破産者、破産債権者又は後任の破産管財人（第二項の後任の破産管財人を除く。）は、前項の申立てにより招集される債権者集会の期日において、第一項又は第二項の計算について異議を述べることができる。

⑤ 前項の債権者集会の期日と第一項又は第二項の規定による計算の報告書の提出日との間には、三日以上の期間を置かなければならない。

⑥ 第四項の債権者集会の期日において同項の異議がなかった場合には、第一項又は第二項の計算は、承認されたものとみなす。

第八九条① 前条第一項又は第二項の場合には、同条第一項の破産管財人又は同条第二項の後任の破産管財人は、同条第三項の申立てに代えて、書面による計算の報告をする旨の申立てを裁判所にすることができる。

② 裁判所は、前項の規定による申立てがあり、かつ、前条第一項又は第二項の規定による計算の報告書の提出があったときは、その提出があった旨及びその計算に異議があれば一定の期間内にこれを述べるべき旨を公告しなければならない。この場合においては、その期間は、一月を下ることができない。

③ 破産者、破産債権者又は後任の破産管財人（第一項の後任の破産管財人を除く。）は、前項の期間内に前条第一項又は第二項の計算について異議を述べることができる。

④ 第二項の期間内に前項の異議がなかった場合には、前条第一項又は第二項の計算は、承認されたものとみなす。

（任務終了の場合の財産の管理）

第九〇条① 破産管財人の任務が終了した場合において、急迫の事情があるときは、破産管財人又はその承継人は、後任の破産管財人又は破産者が財産を管理することができるに至るまで必要な処分をしなければならない。

② 破産手続開始の決定の取消し又は破産手続廃止の決定が確定した場合には、破産管財人は、財団債権を弁済しなければならない。ただし、その存否又は額について争いのある財団債権については、その債権を有する者のために供託しなければならない。

第二節　保全管理人

（保全管理命令）

第九一条① 裁判所は、破産手続開始の申立てがあった場合において、債務者（法人である場合に限る。以下この節、第百四十八条第四項及び第百五十二条第二項において同じ。）の財産の管理及び処分が失当であるとき、その他債務者の財産の確保のために特に必要があると認めるときは、利害関係人の申立てにより又は職権で、破産手続開始の申立てにつき決定があるまでの間、債務者の財産に関し、保全管理人による管理を命ずる処分をすることができる。

② 裁判所は、前項の規定による処分（以下「保全管理命令」という。）をする場合には、当該保全管理命令において、一人又は数人の保全管理人を選任しなければならない。

③ 前二項の規定は、破産手続開始の申立てを棄却する決定に対して第三十三条第一項の即時抗告があった場合について準用する。

④ 裁判所は、保全管理命令を変更し、又は取り消すことができる。

⑤ 保全管理命令及び前項の規定による決定に対しては、即時抗告をすることができる。

⑥ 前項の即時抗告は、執行停止の効力を有しない。

（保全管理命令に関する公告及び送達）

第九二条① 裁判所は、保全管理命令を発したときは、その旨を公告しなければならない。保全管理命令を変更し、又は取り消す旨の決定があった場合も、同様とする。

② 保全管理命令、前条第四項の規定による決定及び同条第五項の即時抗告についての裁判があった場合には、その裁判書を当事者に送達しなければならない。

③ 第十条第四項の規定は、第一項の場合については、適用しない。

（保全管理人の権限）

第九三条① 保全管理命令が発せられたときは、債務者の財産（日本国内にあるかどうかを問わない。）の管理及び処分をする権利は、保全管理人に専属する。ただし、保全管理人が債務者の常務に属しない行為をするには、裁判所の許可を得なければならない。

② 前項ただし書の許可を得ないでした行為は、無効とする。ただし、これをもって善意の第三者に対抗することができない。

③ 第七十八条第二項から第六項までの規定は、保全管理人について準用する。

（保全管理人の任務終了の場合の報告義務）

第九四条① 保全管理人の任務が終了した場合には、保全管理人は、遅滞なく、裁判所に書面による計算の報告をしなければならない。

② 前項の場合において、保全管理人が欠けたときは、同項の計算の報告は、同項の規定にかかわらず、後任の保全管理人又は破産管財人がしなければならない。

（保全管理人代理）

第九五条① 保全管理人は、必要があるときは、その職務を行わせるため、自己の責任で一人又は数人の保全管理人代理を選任することができる。

② 前項の規定による保全管理人代理の選任については、裁判所の許可を得なければならない。

（準用）

第九六条① 第四十条の規定は保全管理人の請求について、第四十七条、第五十条及び第五十一条の規定は保全管理命令が発せられた場合について、第七十四条第二項、第七十五条、第七十六条、第七十九条、第八十条、第八十二条から第八十五条まで、第八十七条第一項及び第二項並びに第九十条第一項の規定は保全管理人について、第八十七条第一項及び第二項の規定は保全管理人代理について準用する。この場合において、第五十一条中「第三十二条第一項の規定による公告」とあるのは「第九十二条第一項の規定による公告」と、第九十条第一項中「後任の破産管財人」とあるのは「後任の保全管理人、破産管財人」と読み替えるものとする。

② 債務者の財産に関する訴訟手続及び債務者の財産関係の事件で行政庁に係属するものについては、次の各号に掲げる場合には、当該各号に定める規定を準用する。

一 保全管理命令が発せられた場合　第四十四条第一項から第三項まで

二 保全管理命令が効力を失った場合（破産手続開始の決定があった場合を除く。）　第四十四条第四項から第六項まで

第四章　破産債権

第一節　破産債権者の権利

（破産債権に含まれる請求権）

第九七条 次に掲げる債権（財団債権であるものを除く。）は、破産債権に含まれるものとする。

一 破産手続開始後の利息の請求権

二 破産手続開始後の不履行による損害賠償又は違約金の請求権

三 破産手続開始後の延滞税、利子税若しくは延滞金の請求権又はこれらに類する共助対象外国租税の請求権

四 国税徴収法（昭和三十四年法律第百四十七号）又は国税徴収の例によって徴収することのできる請求権（以下「租税等の請求権」という。）であって、破産財団に関して破産手続開始後の原因に基づいて生ずるもの

五 加算税（国税通則法（昭和三十七年法律第六十六号）第二条第四号に規定する過少申告加算税、無申告加算税、不納付加算税及び重加算税をいう。）若しくは加算金（地方税法（昭和二十五年法律第二百二十六号）第一条第一項第十四号に規定する過少申告加算金、不申告加算金及び重加算金をいう。）の請求権又はこれらに類する共助対象外国租税の請求権

六 罰金、科料、刑事訴訟費用、追徴金又は過料の請求権（以下「罰金等の請求権」という。）

七 破産手続参加の費用の請求権

八 第五十四条第一項（第五十八条第三項において準用する場合を含む。）に規定する相手方の損害賠償の請求権

九 第五十七条に規定する債権

十 第五十九条第一項の規定による請求権であって、相手方の有するもの

十一 第六十条第一項（同条第二項において準用する場合を含む。）に規定する債権

十二 第百六十八条第二項第二号又は第三号に定める権利

（優先的破産債権）

第九八条① 破産財団に属する財産につき一般の先取特権その他一般の優先権がある破産債権（次条第一項に規定する劣後的破産債権及び同条第二項に規定する約定劣後破産債権を除く。以下「優先的破産債権」という。）は、他の破産債権に優先する。

② 前項の場合において、優先的破産債権間の優先順位は、民法、商法その他の法律の定めるところによる。

③ 優先権が一定の期間内の債権額につき存在する場合には、その期間は、破産手続開始の時からさかのぼって計算する。

一 優先的破産債権→民三一〇条[2]

二 社内預金

[1] 社宅購入に関する社内預金が、任意の預入れであり雇用関係との法的な結び付きが希薄である場合には、商法二九五条［平成一五法一三四により削除、民法三〇八条に対応］は適用されない。（東京高判昭62・10・27判時一二五六・一〇〇、新倒産百選一〇九）

[2] 雇用関係の維持、継続を図るために社内預金がなされた場合には、商法二九五条［平成一五法一三四により削除、民法三〇八条に対応］が適用される。（浦和地判平5・8・16判時一四八二・一五九）

（劣後的破産債権等）

第九九条① 次に掲げる債権（以下「劣後的破産債権」という。）は、他の破産債権（次項に規定する約定劣後破産債権を除く。）に後れる。

一 第九十七条第一号から第七号までに掲げる請求権

二 破産手続開始後に期限が到来すべき確定期限付債権で無利息のもののうち、破産手続開始の時から期限に至るまでの期間の年数（その期間に一年に満たない端数があるときは、これを切り捨てるものとする。）に応じた債権に対する破産手続開始の時における法定利率による利息の額に相当する部分

三 破産手続開始後に期限が到来すべき不確定期限付債権で無利息のもののうち、その債権額と破産手続開始の時における評価額との差額に相当する部分

四 金額及び存続期間が確定している定期金債権のうち、各定期金につき第二号の規定に準じて算定される額の合計額（その額を各定期金の合計額から控除した額が破産手続開始の時における法定利率によりその定期金に相当する利息を生ずべき元本額を超えるときは、その超過額を加算した額）に相当する部分

② 破産債権者と破産者との間において、破産手続開始前に、当該債務者について破産手続が開始されたとすれば当該破産手続におけるその配当の順位が劣後的破産債権に後れる旨の合意がされた債権（以下「約定劣後破産債権」という。）は、劣後的破産債権に後れる。

（破産債権の行使）

第一〇〇条① 破産債権は、この法律に特別の定めがある場合を除き、破産手続によらなければ、行使することができない。

② 前項の規定は、次に掲げる行為によって破産債権である租税等の請求権（共助対象外国租税の請求権を除く。）を行使する場合については、適用しない。

一 破産手続開始の時に破産財団に属する財産に対して既にされている国税滞納処分

二 徴収の権限を有する者による還付金又は過誤納金の充当

一 破産債権に基づく債権者代位権の行使

① 破産者の財産については、破産管財人のみが管理処分権を有するから、破産債権者は、破産手続中は、民法上の債権者代位権を行使して第三者に対し破産者から移転した所有権登記の抹消を訴求することは許されない。（東京地判昭49・9・30判タ三一八・二六七）

二 自由財産から破産債権への弁済

② 破産手続中、破産債権者は破産債権に基づいて債務者の自由財産に対して強制執行をすることはできないが、破産者がその自由な判断により自由財産から破産債権に対する任意弁済をすることは妨げられない。任意弁済であるというためには、破産手続開始決定後に、自由財産から破産債権に対する弁済を強制されるものではないことを認識しながら、その自由な判断により弁済したものということができることが必要である。（最判平18・1・23民集六〇・一・二二八、倒産百選六版四五）

（給料の請求権等の弁済の許可）

第一〇一条① 優先的破産債権である給料の請求権又は退職手当の請求権について届出をした破産債権者が、これらの破産債権の弁済を受けなければその生活の維持を図るのに困難を生ずるおそれがあるときは、裁判所は、最初に第百九十五条第一項に規定する最後配当、第二百四条第一項に規定する簡易配当、第二百八条第一項に規定する同意配当又は第二百九条第一項に規定する中間配当の許可があるまでの間、破産管財人の申立てにより又は職権で、その全部又は一部の弁済をすることを許可することができる。ただし、その弁済により財団債権又は他の先順位若しくは同順位の優先的破産債権を有する者の利益を害するおそれがないときに限る。

② 破産管財人は、前項の破産債権者から同項の申立てをすべきことを求められたときは、直ちにその旨を裁判所に報告しなければならない。この場合において、その申立てをしないこととしたときは、遅滞なく、その事情を裁判所に報告しなければならない。

（破産管財人による相殺）

第一〇二条 破産管財人は、破産財団に属する債権をもって破産債権と相殺することが破産債権者の一般の利益に適合するときは、裁判所の許可を得て、その相殺をすることができる。

（破産債権者の手続参加）

第一〇三条① 破産債権者は、その有する破産債権をもって破産手続に参加することができる。

② 前項の場合において、破産債権の額は、次に掲げる債権の区分に従い、それぞれ当該各号に定める額とする。

一 次に掲げる債権　破産手続開始の時における評価額

イ 金銭の支払を目的としない債権

ロ 金銭債権で、その額が不確定であるもの又はその額を外国の通貨をもって定めたもの

ハ 金額又は存続期間が不確定である定期金債権

二 前号に掲げる債権以外の債権　債権額

③ 破産債権が期限付債権でその期限が破産手続開始後に到来すべきものであるときは、その破産債権は、破産手続開始の時において弁済期が到来したものとみなす。

④ 破産債権が破産手続開始の時において条件付債権又は将来の請求権であるときでも、当該破産債権者は、その破産債権をもって破産手続に参加することができる。

⑤ 第一項の規定にかかわらず、共助対象外国租税の請求権をもって破産手続に参加するには、共助実施決定（租税条約等実施特例法第十一条第一項に規定する共助実施決定をいう。第百三十四条第二項において同じ。）を得なければならない。

（全部の履行をする義務を負う者が数人ある場合等の手続参加）

第一〇四条① 数人が各自全部の履行をする義務を負う場合において、その全員又はそのうちの数人若しくは一人について破産手続開始の決定があったときは、債権者は、破産手続開始の時において有する債権の全額についてそれぞれの破産手続に参加することができる。

② 前項の場合において、他の全部の履行をする義務を負う者が破産手続開始後に債権者に対して弁済その他の債務を消滅させる行為（以下この条において「弁済等」という。）をしたときであっても、その債権の全額が消滅した場合を除き、その債権者は、破産手続開始の時において有する債権の全額についてその権利を行使することができる。

③ 第一項に規定する場合において、破産者に対して将来行うことがある求償権を有する者は、その全額について破産手続に参加することができる。ただし、債権者が破産手続開始の時において有する債権について破産手続に参加したときは、この限りでない。

④ 第一項の規定により債権者が破産手続に参加した場合において、破産者に対して将来行うことがある求償権を有する者が破産手続開始後に債権者に対して弁済等をしたときは、その債権の全額が消滅した場合に限り、その求償権を有する者は、その求償権の範囲内において、債権者が有した権利を破産債権者として行使することができる。

⑤ 第二項の規定は破産者の債務を担保するため自己の財産を担保に供した第三者（以下この項において「物上保証人」という。）が破産手続開始後に債権者に対して弁済等をした場合について、前二項の規定は物上保証人が破産者に対して将来行うことがある求償権を有する場合における当該物上保証人について準用する。

一 全額弁済した保証人の求償権

① 和議開始決定後の弁済により、和議債務者に対して求償権を取得した連帯保証人は、債権者が債権全額の満足を得たときに限り、弁済による代位によって取得する債権者の和議債権（和議条件により変更されたもの）の限度で、右求償権を行使し得るにすぎない。（最判平7・1・20民集四九・一・一、倒産百選四版四三①……本条〔旧二六条〕を準用する廃止前の和議法四五条の事案）

② 前出①にいう「求償権行使」には、求償権を自働債権とする相殺も含まれ、この相殺は破産法七二条一項一号〔旧一〇四条三号〕には反しない。（最判平10・4・14民集五二・三・八一三、商法百選三三）→七二条⑥

③ 債権者が主債務者の破産手続に債権全額の届出をした後、保証人が全額弁済した上、破産裁判所に債権届出名義の変更の申出をしたときは、弁済により保証人が取得した求償権の消滅時効は、求償権全額について届出名義変更の時から破産手続終了に至るまで中断する〔完成猶予させる〕。（最判平7・3・23民集四九・三・九八四、倒産百選三版五〇）→民一四七条⑱・一六九条②

④ 主債務者の破産手続の債権調査期日において債権者の届出債権が異議なく確定した後、保証人がその全額を弁済して届出名義変更の申出をしたときであっても、弁済により保証人が取得した求償権の消滅時効期間は、民法一七四条の二〔現一六九条〕一項により一〇年に変更されるものではない。（最判平7・3・23前出③……一〇年間の消滅時効期間が満了していないとして請求を認容した原判決を破棄）

二　債権が複数口ある場合の開始時現存額主義の適用の有無

[5] 債務者の破産手続開始の決定後に、物上保証人が複数の被担保債権のうちの一部の債権につきその全額を弁済した場合には、複数の被担保債権の全部が消滅していなくても、弁済に係る債権については、本条五項により準用される本条二項にいう「その債権の全額が消滅した場合」に該当し、債権者は、破産手続においてその権利を行使することができない。（最判平22・3・16民集六四・二・五二三、倒産百選[六版]四六）

三　超過部分の扱い

[6] 破産債権者が破産手続開始後に物上保証人から債権の一部の弁済を受けた場合において、破産手続開始の時における債権の額として確定したものを基礎として計算された配当額が実体法上の残債権額を超過するときは、超過部分は当該債権について配当すべきである。本条一項・二項は、複数の全部義務者を設けることが責任財産を集積して当該債権の目的である給付の実現をより確実にするという機能を有することに鑑みて、配当額の計算の基礎となる債権額と実体法上の債権額とのかい離を認めるものであり、その結果として、債権者が実体法上の債権額を超過する額の配当を受けることを許容しているからである（そのような配当を受けた債権者は、債権の一部を弁済した求償権者に対し、不当利得として超過部分相当額を返還すべき義務を負う）。（最決平29・9・12民集七一・七・一〇七三、倒産百選[六版]四七）

[7] 物上保証人による破産手続開始後の代位弁済により破産債権の一部が実体法上債権者から物上保証人に移転していた以上、当該破産債権についての配当額と配当の時点で債権者が有していた当該破産債権の額との差額である超過部分を受領する地位は、実体法上、債権者ではなく物上保証人にあった。また、当該超過部分は、一般破産債権に対する配当から生じたものである以上、劣後的破産債権に充当することは許されない。したがって、債権者は物上保証人に対して、不当利得として当該超過部分相当額の返還義務を負う。（大阪高判令元・8・29金法二一二九・六六）

（保証人の破産の場合の手続参加）

第一〇五条　保証人について破産手続開始の決定があったときは、債権者は、破産手続開始の時において有する債権の全額について破産手続に参加することができる。

（法人の債務につき無限の責任を負う者の破産の場合の手続参加）

第一〇六条　法人の債務につき無限の責任を負う者について破産手続開始の決定があったときは、当該法人の債権者は、破産手続開始の時において有する債権の全額について破産手続に参加することができる。

（法人の債務につき有限の責任を負う者の破産の場合の手続参加等）

第一〇七条①　法人の債務につき有限の責任を負う者について破産手続開始の決定があったときは、当該法人の債権者は、破産手続に参加することができない。この場合においては、当該法人が出資の請求について破産手続に参加することを妨げない。

②　法人の債務につき有限の責任を負う者がある場合において、当該法人について破産手続開始の決定があったときは、当該法人の債権者は、当該法人の債務につき有限の責任を負う者に対してその権利を行使することができない。

（別除権者等の手続参加）

第一〇八条①　別除権者は、当該別除権に係る第六十五条第二項に規定する担保権によって担保される債権については、その別除権の行使によって弁済を受けることができない債権の額についてのみ、破産債権者としてその権利を行使することができる。ただし、当該担保権によって担保される債権の全部又は一部が破産手続開始後に担保されないこととなった場合には、その債権の当該全部又は一部の額について、破産債権者としてその権利を行使することを妨げない。

②　破産財団に属しない破産者の財産につき特別の先取特権、質権若しくは抵当権を有する者又は破産者につき更に破産手続開始の決定があった場合における前の破産手続において破産債権を有する者も、前項と同様とする。

一　担保目的物の譲渡

[1] 破産債権者が、破産財団に属する特定の不動産について抵当権を有する場合において、破産管財人が当該不動産を抵当権付きのまま第三者に譲渡しても、破産債権の行使については不足額責任主義の制約を受ける。（大阪地決平13・3・21判時一七八二・九二）

二　破産財団から放棄された財産を目的物とする別除権の放棄の意思表示の相手方

[2] 破産財団から別除権の目的である財産が放棄された場合には、破産者が当該財産の管理処分権を有するから、別除権者が別除権の放棄の意思表示をすべき相手方は破産者であり、破産者が株式会社であっても同様である。（最決平12・4・28判時一七一〇・一〇〇、倒産百選[三版]六七）

[3] 株式会社が破産手続開始決定を受けた場合、その時点での代表取締役は会社財産についての管理処分権を失うから、別除権放棄の意思表示を受領する等の管理処分行為は、その代表取締役ではなく、商法四一七条一項ただし書又は二項「会社四七八条一項二号・三号又は二項」による清算人が行うべきである。別除権者が旧取締役に対してした別除権放棄の意思表示は、これを有効とみるべき特段の事情の存しない限り、無効である。（最決平16・10・1判時一八七七・七〇、倒産百選[六版]五九）

（外国で弁済を受けた破産債権者の手続参加）

第一〇九条　破産債権者は、破産手続開始の決定があった後に、破産財団に属する財産で外国にあるものに対して権利を行使したことにより、破産債権について弁済を受けた場合であっても、その弁済を受ける前の債権の額について破産手続に参加することができる。

（代理委員）

第一一〇条①　破産債権者は、裁判所の許可を得て、共同して又は各別に、一人又は数人の代理委員を選任することができる。

②　代理委員は、これを選任した破産債権者のために、破産手続に属する一切の行為をすることができる。

③　代理委員が数人あるときは、共同してその権限を行使する。ただし、第三者の意思表示は、その一人に対してすれば足りる。

④　裁判所は、代理委員の権限の行使が著しく不公正であると認めるときは、第一項の許可を取り消すことができる。

第二節　破産債権の届出

（破産債権の届出）

第一一一条①　破産手続に参加しようとする破産債権者は、第三十一条第一項第一号又は第三項の規定により定められた破産債権の届出をすべき期間（以下「債権届出期間」という。）内に、次に掲げる事項を裁判所に届け出なければならない。

一　各破産債権の額及び原因
二　優先的破産債権であるときは、その旨
三　劣後的破産債権又は約定劣後破産債権であるときは、その旨
四　自己に対する配当額の合計額が最高裁判所規則で定める額に満たない場合においても配当金を受領する意思があるときは、その旨
五　前各号に掲げるもののほか、最高裁判所規則で定める事項

②　別除権者は、前項各号に掲げる事項のほか、次に掲げる事項を届け出なければならない。

一 別除権の目的である財産
二 別除権の行使によって弁済を受けることができないと見込まれる債権の額
③ 前項の規定は、第百八条第二項に規定する特別の先取特権、質権若しくは抵当権又は破産債権を有する者（以下「準別除権者」という。）について準用する。

届出の効果―時効の完成猶予［時効の中断］
[1] 破産債権の届出は、届出の日から配当終了の日まで時効中断［時効の完成猶予］の効力を有する。（大判昭14・9・9新聞四四六八・一一……連帯保証人の破産配当終了後、主たる債務者に請求した事案）
[2] 更生手続参加は権利行使たる実質を有し、これにつき認められる時効中断［時効の完成猶予］の効力は、権利行使が続いている限り維持されるが、主債務につき債務免除を定めた更生計画の認可決定があった場合には、保証債務の消滅時効は、右認可決定が確定した時から更に進行を開始する。（最判昭53・11・20民集三二・八・一五五一、倒産百選[四版]六四……会社更生事件）
[3] 届出による時効中断［時効の完成猶予］の効力と債権調査期日における異議との関係について（最判昭57・1・29民集三六・一・一〇五、倒産百選[六版]七二）→一二四条②、民一四七条⑯

（一般調査期間経過後又は一般調査期日終了後の届出等）
第一一二条① 破産債権者がその責めに帰することができない事由によって第三十一条第一項第三号の期間（以下「一般調査期間」という。）の経過又は同号の期日（以下「一般調査期日」という。）の終了までに破産債権の届出をすることができなかった場合には、その事由が消滅した後一月以内に限り、その届出をすることができる。
② 前項に規定する一月の期間は、伸長し、又は短縮することができない。
③ 一般調査期間の経過後又は一般調査期日の終了後に生じた破産債権については、その権利の発生した後一月の不変期間内に、その届出をしなければならない。
④ 第一項及び第二項の規定は、破産債権者が、その責めに帰することができない事由によって、一般調査期間の経過後又は一般調査期日の終了後に、届け出た事項について他の破産債権者の利益を害すべき変更を加える場合について準用する。

（届出名義の変更）
第一一三条① 届出をした破産債権を取得した者は、一般調査期間の経過後又は一般調査期日の終了後でも、届出名義の変更を受けることができる。
② 前項の規定により届出名義の変更を受ける者は、自己に対する配当額の合計額が第百十一条第一項第四号に規定する最高裁判所規則で定める額に満たない場合においても配当金を受領する意思があるときは、その旨を裁判所に届け出なければならない。

（租税等の請求権等の届出）
第一一四条 次に掲げる請求権を有する者は、遅滞なく、当該請求権の額及び原因並びに当該請求権が共助対象外国租税の請求権である場合にはその旨その他最高裁判所規則で定める事項を裁判所に届け出なければならない。この場合において、当該請求権を有する者が別除権者又は準別除権者であるときは、第百十一条第二項の規定を準用する。
一 租税等の請求権であって、財団債権に該当しないもの
二 罰金等の請求権であって、財団債権に該当しないもの

第三節 破産債権の調査及び確定

第一款 通則

（破産債権者表の作成等）
第一一五条① 裁判所書記官は、届出があった破産債権について、破産債権者表を作成しなければならない。
② 前項の破産債権者表には、各破産債権について、第百十一条第一項第一号から第四号まで及び第二項第二号（同条第三項において準用する場合を含む。）に掲げる事項その他最高裁判所規則で定める事項を記載しなければならない。
③ 破産債権者表の記載に誤りがあるときは、裁判所書記官は、申立てにより又は職権で、いつでもその記載を更正する処分をすることができる。

（破産債権の調査の方法）
第一一六条① 裁判所による破産債権の調査は、次款の規定により、破産管財人が作成した認否書並びに破産債権者及び破産者の書面による異議に基づいてする。
② 前項の規定にかかわらず、裁判所は、必要があると認めるときは、第三款の規定により、破産債権の調査を、そのための期日における破産管財人の認否並びに破産債権者及び破産者の異議に基づいてすることができる。
③ 裁判所は、第百二十一条の規定による一般調査期日における破産債権の調査の後であっても、第百十九条の規定による特別調査期間における書面による破産債権の調査をすることができ、必要があると認めるときは、第百十八条の規定による一般調査期間における書面による破産債権の調査の後であっても、第百二十二条の規定による特別調査期日における破産債権の調査をすることができる。

第二款 書面による破産債権の調査

（認否書の作成及び提出）
第一一七条① 破産管財人は、一般調査期間が定められたときは、債権届出期間内に届出があった破産債権について、次に掲げる事項についての認否を記載した認否書を作成しなければならない。
一 破産債権の額
二 優先的破産債権であること。
三 劣後的破産債権又は約定劣後破産債権であること。
四 別除権（第百八条第二項に規定する特別の先取特権、質権若しくは抵当権又は破産債権を含む。）の行使によって弁済を受けることができないと見込まれる債権の額
② 破産管財人は、債権届出期間の経過後に届出があり、又は届出事項の変更（他の破産債権者の利益を害すべき事項の変更に限る。以下この節において同じ。）があった破産債権についても、前項各号に掲げる事項（当該届出事項の変更があった場合にあっては、変更後の同項各号に掲げる事項。以下この節において同じ。）についての認否を同項の認否書に記載することができる。
③ 破産管財人は、一般調査期間前の裁判所の定める期限までに、前二項の規定により作成した認否書を裁判所に提出しなければならない。
④ 第一項の規定により同項の認否書に認否を記載すべき事項であって前項の規定により提出された認否書に認否の記載がないものがあるときは、破産管財人において当該事項を認めたものとみなす。
⑤ 第二項の規定により第一項各号に掲げる事項についての認否を認否書に記載することができる破産債権について、第三項の規定により提出された認否書に当該事項の一部についての認否の記載があるときは、破産管財人において当該事項のうち当該認否書に認否の記載のないものを認めたものとみなす。

（一般調査期間における調査）
第一一八条① 届出をした破産債権者は、一般調査期間内に、裁判所に対し、前条第一項又は第二項に規定する破産債権についての同条第一項各号に掲げる事項について、書面で、異議を述べることができる。
② 破産者は、一般調査期間内に、裁判所に対し、前項の破産債権の額について、書面で、異議を述べることができる。
③ 裁判所は、一般調査期間を変更する決定をしたときは、その

裁判書を破産管財人、破産者及び届出をした破産債権者（債権届出期間の経過前にあっては、知れている破産債権者）に送達しなければならない。

④　前項の規定による送達は、書類を通常の取扱いによる郵便に付し、又は民間事業者による信書の送達に関する法律第二条第六項に規定する一般信書便事業者若しくは同条第九項に規定する特定信書便事業者の提供する同条第二項に規定する信書便の役務を利用して送付する方法によりすることができる。

⑤　前項の規定による送達をした場合においては、その郵便物等が通常到達すべきであった時に、送達があったものとみなす。

（特別調査期間における調査）

第一一九条①　裁判所は、債権届出期間の経過後、一般調査期間の満了前又は一般調査期日の終了前にその届出があり、又は届出事項の変更があった破産債権について、その調査をするための期間（以下「特別調査期間」という。）を定めなければならない。ただし、当該破産債権について、破産管財人が第百十七条第三項の規定により提出された認否書に同条第一項各号に掲げる事項の全部若しくは一部についての認否を記載している場合又は一般調査期日において調査をすることについて破産管財人及び破産債権者の異議がない場合は、この限りでない。

②　一般調査期間の経過後又は一般調査期日の終了後に第百十二条第一項若しくは第三項の規定による届出があり、又は同条第四項において準用する同条第一項の規定による届出事項の変更があった破産債権についても、前項本文と同様とする。

③　第一項本文又は前項の場合には、特別調査期間に関する費用は、当該破産債権を有する者の負担とする。

④　破産管財人は、特別調査期間に係る破産債権については、第百十七条第一項各号に掲げる事項についての認否を記載した認否書を作成し、特別調査期間前の裁判所の定める期限までに、これを裁判所に提出しなければならない。この場合においては、同条第四項の規定を準用する。

⑤　届出をした破産債権者は前項の破産債権についての第百十七条第一項各号に掲げる事項について、破産者は当該破産債権の額について、特別調査期間内に、裁判所に対し、書面で、異議を述べることができる。

⑥　前条第三項から第五項までの規定は、特別調査期間を定める決定又はこれを変更する決定があった場合における裁判書の送達について準用する。

（特別調査期間に関する費用の予納）

第一二〇条①　前条第一項本文又は第二項の場合には、裁判所書記官は、相当の期間を定め、同条第三項の破産債権を有する者に対し、同項の費用の予納を命じなければならない。

②　前項の規定による処分は、相当と認める方法で告知することによって、その効力を生ずる。

③　第一項の規定による処分に対しては、その告知を受けた日から一週間の不変期間内に、異議の申立てをすることができる。

④　前項の異議の申立ては、執行停止の効力を有する。

⑤　第一項の場合において、同項の破産債権を有する者が同項の費用の予納をしないときは、裁判所は、決定で、その者がした破産債権の届出又は届出事項の変更に係る届出を却下しなければならない。

⑥　前項の規定による却下の決定に対しては、即時抗告をすることができる。

第三款　期日における破産債権の調査

（一般調査期日における調査）

第一二一条①　破産管財人は、一般調査期日が定められたときは、当該一般調査期日に出頭し、債権届出期間内に届出があった破産債権について、第百十七条第一項各号に掲げる事項についての認否をしなければならない。

②　届出をした破産債権者又はその代理人は、一般調査期日に出頭し、前項の破産債権についての同項に規定する事項について、異議を述べることができる。

③　破産者は、一般調査期日に出頭しなければならない。ただし、正当な事由があるときは、代理人を出頭させることができる。

④　前項本文の規定により出頭した破産者は、第一項の破産債権の額について、異議を述べることができる。

⑤　第三項本文の規定により出頭した破産者は、必要な事項に関し意見を述べなければならない。

⑥　前二項の規定は、第三項ただし書の代理人について準用する。

⑦　前各項の規定は、債権届出期間の経過後に届出があり、又は届出事項の変更があった破産債権について一般調査期日において調査をすることにつき破産管財人及び破産債権者の異議がない場合について準用する。

⑧　一般調査期日における破産債権の調査は、破産管財人が出頭しなければ、することができない。

⑨　裁判所は、一般調査期日を変更する決定をしたときは、その裁判書を破産管財人、破産者及び届出をした破産債権者（債権届出期間の経過前にあっては、知れている破産債権者）に送達しなければならない。

⑩　裁判所は、一般調査期日における破産債権の調査の延期又は続行の決定をしたときは、当該一般調査期日において言渡しをした場合を除き、その裁判書を破産管財人、破産者及び届出をした破産債権者に送達しなければならない。

⑪　第百十八条第四項及び第五項の規定は、前二項の規定による送達について準用する。

（特別調査期日における調査）

第一二二条①　裁判所は、債権届出期間の経過後、一般調査期間の満了前又は一般調査期日の終了前に届出があり、又は届出事項の変更があった破産債権について、必要があると認めるときは、その調査をするための期日（以下「特別調査期日」という。）を定めることができる。ただし、当該破産債権について、破産管財人が第百十七条第三項の規定により提出された認否書に同条第一項各号に掲げる事項の全部若しくは一部についての認否を記載している場合又は一般調査期日において調査をすることについて破産管財人及び破産債権者の異議がない場合は、この限りでない。

②　第百十九条第二項及び第三項、同条第六項において準用する第百十八条第三項から第五項まで、第百二十条並びに前条（第七項及び第九項を除く。）の規定は、前項本文の場合における特別調査期日について準用する。

（期日終了後の破産者の異議）

第一二三条①　破産者がその責めに帰することができない事由によって一般調査期日又は特別調査期日に出頭することができなかったときは、破産者は、その事由が消滅した後一週間以内に限り、裁判所に対し、当該一般調査期日又は特別調査期日における調査に係る破産債権の額について、書面で、異議を述べることができる。

②　前項に規定する一週間の期間は、伸長し、又は短縮することができない。

第四款　破産債権の確定

（異議等のない破産債権の確定）

第一二四条①　第百十七条第一項各号（第四号を除く。）に掲げる事項は、破産債権の調査において、破産管財人が認め、かつ、届出をした破産債権者が一般調査期間内若しくは特別調査期間内又は一般調査期日若しくは特別調査期日において異議を述べなかったときは、確定する。

②　裁判所書記官は、破産債権の調査の結果を破産債権者表に記載しなければならない。

③　第一項の規定により確定した事項についての破産債権者表の記載は、破産債権者の全員に対して確定判決と同一の効力を有する。

一　**異議の提出方法**

[1] 本条〔旧二四〇条〕による債権の確定を遮断するためには、破産債権者は、当該債権が調査の対象とされている債権調査期日において異議を述べるか、異議を留保することを要し、何らの意見も述べずに当該債権調査期日を終了した場合には、他の届出債権に関する債権調査期日において異議を述べることはできない。（福岡高決平8・6・25判タ九三五・二四九、倒産百選[五版]A9）

二　**債権調査期日における異議の効果**

[2] 債権調査期日における無名義破産債権に対する管財人又は他の債権者の異議は、単に破産債権の確定を阻止する効力を有するにとどまり、これによって破産債権届出に認められる時効中断〔時効の完成猶予〕の効力に何ら消長を及ぼすものではない。（最判昭57・1・29民集三六・一・一〇五、倒産百選[六版]七二）→民一四七条[16]

三　**確定判決と同一の効力**→民一六九条[7]

[3] 破産債権として届け出られた債権が確定判決に基づくものであり、かつ、債権調査の期日において異議なく債権表に記載されたときでも、その後に破産管財人が該確定判決につき再審の事由があることを発見したときは、自ら再審の訴えを提起することができ、これによって該確定判決を変更する判決を得たときは、民訴法三三八条〔平成八法一〇九による改正前の四二〇条〕一項八号の再審事由を生じたものとして、更に債権表の記載に対し再審の訴えを提起することができる。（大判昭16・12・27民集二〇・一五一〇、倒産百選[初版]五八）

（破産債権査定決定）

第一二五条① 破産債権の調査において、破産債権の額又は優先的破産債権、劣後的破産債権若しくは約定劣後破産債権であるかどうかの別（以下この条及び第百二十七条第一項において「額等」という。）について破産管財人が認めず、又は届出をした破産債権者が異議を述べた場合には、当該破産債権（以下「異議等のある破産債権」という。）を有する破産債権者は、その額等の確定のために、当該破産管財人及び当該異議を述べた届出をした破産債権者（以下この款において「異議者等」という。）の全員を相手方として、裁判所に、その額等についての査定の申立て（以下「破産債権査定申立て」という。）をすることができる。ただし、第百二十七条第一項並びに第百二十九条第一項及び第二項の場合は、この限りでない。

② 破産債権査定申立ては、異議等のある破産債権に係る一般調査期間若しくは特別調査期間の末日又は一般調査期日若しくは特別調査期日から一月の不変期間内にしなければならない。

③ 破産債権査定申立てがあった場合には、裁判所は、これを不適法として却下する場合を除き、決定で、異議等のある破産債権の存否及び額等を査定する裁判（次項において「破産債権査定決定」という。）をしなければならない。

④ 裁判所は、破産債権査定決定をする場合には、異議者等を審尋しなければならない。

⑤ 破産債権査定申立てについての決定があった場合には、その裁判書を当事者に送達しなければならない。この場合においては、第十条第三項本文の規定は、適用しない。

（破産債権査定申立てについての決定に対する異議の訴え）

第一二六条① 破産債権査定申立てについての決定に不服がある者は、その送達を受けた日から一月の不変期間内に、異議の訴え（以下「破産債権査定異議の訴え」という。）を提起することができる。

② 破産債権査定異議の訴えは、破産裁判所が管轄する。

③ 破産債権査定異議の訴えが提起された第一審裁判所は、破産裁判所が破産事件を管轄することの根拠となる法令上の規定が第五条第八項又は第九項の規定のみである場合（破産裁判所が第七条第四号の規定により破産事件の移送を受けた場合において、移送を受けたことの根拠となる規定が同号ロ又はハの規定のみであるときを含む。）において、著しい損害又は遅滞を避けるため必要があると認めるときは、前項の規定にかかわらず、職権で、当該破産債権査定異議の訴えに係る訴訟を第五条第一項に規定する地方裁判所（同項に規定する地方裁判所がない場合にあっては、同条第二項に規定する地方裁判所）に移送することができる。

④ 破産債権査定異議の訴えは、これを提起する者が、異議等のある破産債権を有する破産債権者であるときは異議者等の全員を、当該異議者等であるときは当該破産債権者を、それぞれ被告としなければならない。

⑤ 破産債権査定異議の訴えの口頭弁論は、第一項の期間を経過した後でなければ開始することができない。

⑥ 同一の破産債権に関し破産債権査定異議の訴えが数個同時に係属するときは、弁論及び裁判は、併合してしなければならない。この場合においては、民事訴訟法第四十条第一項から第三項までの規定を準用する。

⑦ 破産債権査定異議の訴えについての判決においては、訴えを不適法として却下する場合を除き、破産債権査定申立てについての決定を認可し、又は変更する。

（異議等のある破産債権に関する訴訟の受継）

第一二七条① 異議等のある破産債権に関し破産手続開始当時訴訟が係属する場合において、破産債権者がその額等の確定を求めようとするときは、異議者等の全員を当該訴訟の相手方として、訴訟手続の受継の申立てをしなければならない。

② 第百二十五条第二項の規定は、前項の申立てについて準用する。

一　**破産債権に関する訴訟の受継**→四四条[7]

二　**給付訴訟における被告の破産と訴えの変更**

[1] 金銭給付訴訟が上告審に係属中に、被告に対して破産手続開始決定がなされ、破産管財人が、届け出られた当該債権につき異議を申し立て、訴訟手続の受継をした場合には、原告は、右債権に基づく給付の訴えを破産債権確定の訴えに変更することができる。（最判昭61・4・11民集四〇・三・五五八、倒産百選[六版]七三）

三　**上告理由書提出期間経過後の上告人の破産**→民訴三一九条[7]

（主張の制限）

第一二八条 破産債権査定申立てに係る査定の手続又は破産債権査定異議の訴えの提起若しくは前条第一項の規定による受継に係る訴訟手続においては、破産債権者は、異議等のある破産債権についての第百十一条第一項第一号から第三号までに掲げる事項について、破産債権者表に記載されている事項のみを主張することができる。

届出債権と確定訴訟における請求の異同

[1] 届け出た権利につき異議を述べられた債権者は、債権者表に記載された債権（貸金債権）に代えて、実体法的には別の権利とみられるものであっても、給付の内容が等しく、社会的・経済的に同一の利益を目的とすると認められる権利（不当利得返還債権）であれば、訴えによりその確定を求め得る。（大阪高判昭56・12・25判時一〇四八・一五〇……会社更生事件）

（執行力ある債務名義のある債権等に対する異議の主張）

第一二九条① 異議等のある破産債権のうち執行力ある債務名義又は終局判決のあるものについては、異議者等は、破産者がすることのできる訴訟手続によってのみ、異議を主張することができる。

② 前項に規定する異議等のある破産債権に関し破産手続開始当時訴訟が係属する場合において、同項の異議者等が同項の規定

による異議を主張しようとするときは、当該異議者等は、当該破産債権を有する破産債権者を相手方とする訴訟手続を受け継がなければならない。

③　第百二十五条第二項の規定は第一項の規定による異議の主張又は前項の規定による受継について、第百二十六条第五項及び第六項並びに前条の規定は前二項の場合について準用する。この場合においては、第百二十六条第五項中「第一項の期間」とあるのは、「異議等のある破産債権に係る一般調査期間若しくは特別調査期間の末日又は一般調査期日若しくは特別調査期日から一月の不変期間」と読み替えるものとする。

④　前項において準用する第百二十五条第二項に規定する期間内に第一項の規定による異議の主張又は第二項の規定による受継がされなかった場合には、異議者等が破産債権者であるときは第百十八条第一項、第百十九条第五項又は第百二十一条第二項（同条第七項又は第百二十二条第二項において準用する場合を含む。）の異議はなかったものとみなし、異議者等が破産管財人であるときは破産管財人においてその破産債権を認めたものとみなす。

（破産債権の確定に関する訴訟の結果の記載）

第一三〇条　裁判所書記官は、破産管財人又は破産債権者の申立てにより、破産債権の確定に関する訴訟の結果（破産債権査定申立てについての決定に対する破産債権査定異議の訴えが、第百二十六条第一項に規定する期間内に提起されなかったとき、又は却下されたときは、当該決定の内容）を破産債権者表に記載しなければならない。

（破産債権の確定に関する訴訟の判決等の効力）

第一三一条①　破産債権の確定に関する訴訟についてした判決は、破産債権者の全員に対して、その効力を有する。

②　破産債権査定申立てについての決定に対する破産債権査定異議の訴えが、第百二十六条第一項に規定する期間内に提起されなかったとき、又は却下されたときは、当該決定は、破産債権者の全員に対して、確定判決と同一の効力を有する。

（訴訟費用の償還）

第一三二条　破産財団が破産債権の確定に関する訴訟（破産債権査定申立てについての決定を含む。）によって利益を受けたときは、異議を主張した破産債権者は、その利益の限度において財団債権者として訴訟費用の償還を請求することができる。

（破産手続終了の場合における破産債権の確定手続の取扱い）

第一三三条①　破産手続が終了した際現に係属する破産債権査定申立ての手続は、破産手続開始の決定の取消し又は破産手続廃止の決定の確定により破産手続が終了したときは終了するものとし、破産手続終結の決定により破産手続が終了したときは引き続き係属するものとする。

②　破産手続終結の決定により破産手続が終了した場合において、破産手続終了後に破産債権査定申立てについての決定があったときは、第百二十六条第一項の規定により破産債権査定異議の訴えを提起することができる。

③　破産手続が終了した際現に係属する破産債権査定異議の訴えに係る訴訟手続又は第百二十七条第一項若しくは第百二十九条第二項の規定による受継があった訴訟手続であって、破産管財人が当事者であるものは、破産手続終結の決定により破産手続が終了したときは、第四十四条第四項の規定にかかわらず、中断しないものとする。

④　破産手続が終了した際現に係属する破産債権査定異議の訴えに係る訴訟手続であって、破産管財人が当事者でないものは、破産手続開始の決定の取消し又は破産手続廃止の決定の確定により破産手続が終了したときは終了するものとし、破産手続終結の決定により破産手続が終了したときは引き続き係属するものとする。

⑤　破産手続が終了した際現に係属する第百二十七条第一項又は第百二十九条第二項の規定による受継があった訴訟手続であって、破産管財人が当事者でないものは、破産手続開始の決定の取消し又は破産手続廃止の決定の確定により破産手続が終了したときは中断するものとし、破産手続終結の決定により破産手続が終了したときは引き続き係属するものとする。

⑥　前項の規定により訴訟手続が中断する場合においては、第四十四条第五項の規定を準用する。

第五款　租税等の請求権等についての特例

第一三四条①　租税等の請求権及び罰金等の請求権については、第一款（第百十五条を除く。）から前款までの規定は、適用しない。

②　第百十四条の規定による届出があった請求権（罰金、科料及び刑事訴訟費用の請求権を除く。）の原因（共助対象外国租税の請求権にあっては、共助実施決定）が審査請求、訴訟（刑事訴訟を除く。次項において同じ。）その他の不服の申立てをすることができる処分である場合には、破産管財人は、当該届出があった請求権について、当該不服の申立てをする方法で、異議を主張することができる。

③　前項の場合において、当該届出があった請求権に関し破産手続開始当時訴訟が係属するときは、同項に規定する異議を主張しようとする破産管財人は、当該届出があった請求権を有する破産債権者を相手方とする訴訟手続を受け継がなければならない。当該届出があった請求権に関し破産手続開始当時破産財団に関する事件が行政庁に係属するときも、同様とする。

④　第二項の規定による異議の主張又は前項の規定による受継は、破産管財人が第二項に規定する届出があったことを知った日から一月の不変期間内にしなければならない。

⑤　第百二十四条第二項の規定は第百十四条の規定による届出があった請求権について、第百二十八条、第百三十条、第百三十一条第一項及び前条第三項の規定は第二項の規定による異議又は第三項の規定による受継があった場合について準用する。

第四節　債権者集会及び債権者委員会

第一款　債権者集会

（債権者集会の招集）

第一三五条①　裁判所は、次の各号に掲げる者のいずれかの申立てがあった場合には、債権者集会を招集しなければならない。ただし、知れている破産債権者の数その他の事情を考慮して債権者集会を招集することを相当でないと認めるときは、この限りでない。

一　破産管財人

二　第百四十四条第二項に規定する債権者委員会

三　知れている破産債権者の総債権について裁判所が評価した額の十分の一以上に当たる破産債権を有する破産債権者

②　裁判所は、前項本文の申立てがない場合であっても、相当と認めるときは、債権者集会を招集することができる。

（債権者集会の期日の呼出し等）

第一三六条①　債権者集会の期日には、破産管財人、破産者及び届出をした破産債権者を呼び出さなければならない。ただし、第三十一条第五項の決定があったときは、届出をした破産債権者を呼び出すことを要しない。

②　前項本文の規定にかかわらず、届出をした破産債権者であって議決権を行使することができないものは、呼び出さないことができる。財産状況報告集会においては、第三十二条第三項の規定により通知を受けた者も、同様とする。

③　裁判所は、第三十二条第一項第三号及び第三項の規定により財産状況報告集会の期日の公告及び通知をするほか、各債権者集会（財産状況報告集会を除く。以下この項において同じ。）の期日及び会議の目的である事項を公告し、かつ、各債権者集会の期日を労働組合等に通知しなければならない。

④　債権者集会の期日においてその延期又は続行について言渡しがあったときは、第一項本文及び前項の規定は、適用しない。

（債権者集会の指揮）

第一三七条　債権者集会は、裁判所が指揮する。

（債権者集会の決議）

第一三八条　債権者集会の決議を要する事項を可決するには、議決権を行使することができる破産債権者（以下この款において「議決権者」という。）で債権者集会の期日に出席し又は次条第二項第二号に規定する書面等投票をしたものの議決権の総額の二分の一を超える議決権を有する者の同意がなければならない。

（決議に付する旨の決定）

第一三九条①　裁判所は、第百三十五条第一項各号に掲げる者が債権者集会の決議を要する事項を決議に付することを目的として同項本文の申立てをしたときは、当該事項を債権者集会の決議に付する旨の決定をする。

②　裁判所は、前項の決議に付する旨の決定において、議決権者の議決権行使の方法として、次に掲げる方法のいずれかを定めなければならない。

一　債権者集会の期日において議決権を行使する方法

二　書面等投票（書面その他の最高裁判所規則で定める方法のうち裁判所の定めるものによる投票をいう。）により裁判所の定める期間内に議決権を行使する方法

三　前二号に掲げる方法のうち議決権者が選択するものにより議決権を行使する方法。この場合において、前号の期間の末日は、第一号の債権者集会の期日より前の日でなければならない。

③　裁判所は、議決権行使の方法として前項第二号又は第三号に掲げる方法を定めたときは、その旨を公告し、かつ、議決権者に対して、同項第二号に規定する書面等投票は裁判所の定める期間内に限りすることができる旨を通知しなければならない。ただし、第三十一条第五項の決定があったときは、当該通知をすることを要しない。

（債権者集会の期日を開く場合における議決権の額の定め方等）

第一四〇条①　裁判所が議決権行使の方法として前条第二項第一号又は第三号に掲げる方法を定めた場合においては、議決権者は、次の各号に掲げる区分に応じ、当該各号に定める額に応じて、議決権を行使することができる。

一　前節第四款の規定によりその額が確定した破産債権を有する届出をした破産債権者（別除権者、準別除権者又は停止条件付債権若しくは将来の請求権である破産債権を有する者（次項及び次条第一項第一号において「別除権者等」という。）を除く。）　確定した破産債権の額

二　次項本文の異議のない議決権を有する届出をした破産債権者　届出の額（別除権者又は準別除権者にあっては、第百十一条第二項第二号（同条第三項又は第百十四条において準用する場合を含む。）に掲げる額）

三　次項本文の異議のある議決権を有する届出をした破産債権者　裁判所が定める額。ただし、裁判所が議決権を行使させない旨を定めたときは、議決権を行使することができない。

②　届出をした破産債権者の前項の規定による議決権については、破産管財人又は届出をした破産債権者は、債権者集会の期日において、異議を述べることができる。ただし、前節第四款の規定により破産債権の額が確定した届出をした破産債権者（別除権者等を除く。）の議決権については、この限りでない。

③　裁判所は、利害関係人の申立てにより又は職権で、いつでも第一項第三号の規定による定めを変更することができる。

（債権者集会の期日を開かない場合における議決権の額の定め方等）

第一四一条①　裁判所が議決権行使の方法として第百三十九条第二項第二号に掲げる方法を定めた場合においては、議決権者は、次の各号に掲げる区分に応じ、当該各号に定める額に応じて、議決権を行使することができる。

一　前節第四款の規定により破産債権の額が確定した破産債権を有する届出をした破産債権者（別除権者等を除く。）　確定した破産債権の額

二　届出をした破産債権者（前号に掲げるものを除く。）　裁判所が定める額。ただし、裁判所が議決権を行使させない旨を定めたときは、議決権を行使することができない。

②　裁判所は、利害関係人の申立てにより又は職権で、いつでも前項第二号の規定による定めを変更することができる。

（破産債権者の議決権）

第一四二条①　破産債権者は、劣後的破産債権及び約定劣後破産債権については、議決権を有しない。

②　第百一条第一項の規定により弁済を受けた破産債権者及び第百九条に規定する弁済を受けた破産債権者は、その弁済を受けた債権の額については、議決権を行使することができない。

（代理人による議決権行使）

第一四三条　議決権者は、代理人をもってその議決権を行使することができる。

第二款　債権者委員会

（債権者委員会）

第一四四条①　裁判所は、破産債権者をもって構成する委員会がある場合には、利害関係人の申立てにより、当該委員会が、この法律の定めるところにより、破産手続に関与することを承認することができる。ただし、次の各号のいずれにも該当する場合に限る。

一　委員の数が、三人以上最高裁判所規則で定める人数以内であること。

二　破産債権者の過半数が当該委員会が破産手続に関与することについて同意していると認められること。

三　当該委員会が破産債権者全体の利益を適切に代表すると認められること。

②　裁判所は、必要があると認めるときは、破産手続において、前項の規定により承認された委員会（以下「債権者委員会」という。）に対して、意見の陳述を求めることができる。

③　債権者委員会は、破産手続において、裁判所又は破産管財人に対して、意見を述べることができる。

④　債権者委員会に破産手続の円滑な進行に貢献する活動があったと認められるときは、裁判所は、当該活動のために必要な費用を支出した破産債権者の申立てにより、破産財団から当該破産債権者に対して相当と認める額の費用を償還することを許可することができる。この場合においては、当該費用の請求権は、財団債権とする。

⑤　裁判所は、利害関係人の申立てにより又は職権で、いつでも第一項の規定による承認を取り消すことができる。

（債権者委員会の意見聴取）

第一四五条①　裁判所書記官は、前条第一項の規定による承認があったときは、遅滞なく、破産管財人に対して、その旨を通知しなければならない。

②　破産管財人は、前項の規定による通知を受けたときは、遅滞なく、破産財団に属する財産の管理及び処分に関する事項について、債権者委員会の意見を聴かなければならない。

（破産管財人の債権者委員会に対する報告義務）

第一四六条①　破産管財人は、第百五十三条第二項又は第百五十七条の規定により報告書等（報告書、財産目録又は貸借対照表をいう。以下この条において同じ。）を裁判所に提出したときは、遅滞なく、当該報告書等を債権者委員会にも提出しなければならない。

②　破産管財人は、前項の場合において、当該報告書等に第十二条第一項に規定する支障部分に該当する部分があると主張して同項の申立てをしたときは、当該部分を除いた報告書等を債権者委員会に提出すれば足りる。

（破産管財人に対する報告命令）

第一四七条①　債権者委員会は、破産債権者全体の利益のために必要があるときは、裁判所に対し、破産管財人に破産財団に属する財産の管理及び処分に関し必要な事項について第五十七条第二項の規定による報告をすることを命ずるよう申し出ることができる。

② 前項の規定による申出を受けた裁判所は、当該申出が相当であると認めるときは、破産管財人に対し、第百五十七条第二項の規定による報告をすることを命じなければならない。

第五章　財団債権

第一四八条（財団債権となる請求権）① 次に掲げる請求権は、財団債権とする。

一 破産債権者の共同の利益のためにする裁判上の費用の請求権

二 破産財団の管理、換価及び配当に関する費用の請求権

三 破産手続開始前の原因に基づいて生じた租税等の請求権（共助対象外国租税の請求権及び第九十七条第五号に掲げる請求権を除く。）であって、破産手続開始当時、まだ納期限の到来していないもの又は納期限から一年（その期間中に包括的禁止命令が発せられたことにより国税滞納処分をすることができない期間がある場合には、当該期間を除く。）を経過していないもの

四 破産財団に関し破産管財人がした行為によって生じた請求権

五 事務管理又は不当利得により破産手続開始後に破産財団に対して生じた請求権

六 委任の終了又は代理権の消滅の後、急迫の事情があるためにした行為によって破産手続開始後に破産財団に対して生じた請求権

七 第五十三条第一項の規定により破産管財人が債務の履行をする場合において相手方が有する請求権

八 破産手続の開始によって双務契約の解約の申入れ（第五十三条第一項又は第二項の規定による賃貸借契約の解除を含む。）があった場合において破産手続開始後その契約の終了に至るまでの間に生じた請求権

② 破産管財人が負担付遺贈の履行を受けたときは、その負担した義務の相手方が有する当該負担の利益を受けるべき請求権は、遺贈の目的の価額を超えない限度において、財団債権とする。

③ 第百三条第二項及び第三項の規定は、第一項第七号及び前項に規定する財団債権について準用する。この場合において、当該財団債権が無利息債権又は定期金債権であるときは、当該債権の額は、当該債権が破産債権であるとした場合に第九十九条第一項第二号から第四号までに掲げる劣後的破産債権となるべき部分に相当する金額を控除した額とする。

④ 保全管理人が債務者の財産に関し権限に基づいてした行為によって生じた請求権は、財団債権とする。

一　二号

[1] 破産財団所属財産の譲渡による所得は、破産者個人の他の各種所得と総合一本化されて破産者に対する所得税の対象となるにすぎず、これにのみ対応する所得税額を区分確定して財団債権とすることはできない。〔平成一六法七五による破産法（大正一一法七一）廃止前の事件〕（最判昭43・10・8民集二二・一〇・二〇九三、倒産百選[初版]九七……旧四七条二号ただし書の「破産財団に関して生じたるもの」という限定は、破産財団の管理の上で当然の共益的支出として、破産債権者において共同負担するのが相当であるものに限って財団債権とする趣旨であり、破産財団を構成する各個の財産の所有の事実やその収益に対する租税その他破産財団の管理上当然その経費と認められる公租公課を指す、と判示）

[2] 破産法人に対する住民税で、(1)均等割（地方税法二三条一項一号・二九二条一項一号）の債権は、破産法人がなお存続することに伴い当然負担すべき経費であり、財団債権に当たる。(2)法人税割（地方税法二三条一項三号・二九二条一項三号）の債権は、法人税の額を課税標準とするものであるから、法人税のうち財団債権部分に対応する部分のみが財団債権になる。〔平成一六法七五による破産法（大正一一法七一）廃止前の事件〕（最判昭62・4・21民集四一・三・三二九、倒産百選[四版]九五）

[3] 破産管財人の報酬は、破産手続の遂行のために必要な費用であり、破産財団の管理の上で当然支出を要する経費に属するものであるから、その支払の際に破産管財人が控除した源泉所得税の納付義務は、破産債権者において共益的な支出として共同負担するのが相当である。したがって、弁護士である破産管財人の報酬に係る源泉所得税の債権は、本条一項二号〔旧四七条二号ただし書〕の財団債権に当たる。（最判平23・1・14民集六五・一・一、倒産百選[六版]一八）→七八条[3]

二　三号

[4] 本条一項三号〔旧四七条二号本文〕の財団債権というためには、破産手続開始決定前の原因に基づく債権でなければならないが、そのためには債権発生の基本となる法律関係が破産手続開始決定前に生じていればよく、債権成立に必要な事実の大部分が破産手続開始決定前に具備されていれば足りる。破産手続開始決定前に、「補助金等に係る予算の執行の適正化に関する法律」に従うという条件に違反し、補助目的が達成される可能性がほとんど消滅し、交付を取り消すのもやむを得ない状態となっていた場合には、取消しが破産手続開始決定後であっても右の要件を満たし、補助金返還請求権は財団債権となる。（名古屋高判平5・2・23判タ八五九・二六〇……国が、社会福祉法人に対する補助金を破産手続開始決定後に取り消して、その返還請求権につき破産債権確定訴訟を提起。取消処分が破産手続開始決定後であるから右請求権は破産債権とはならないとした原審判決に対する控訴審で、国が追加した財団債権確認請求が認容された。補助金適正化法二一条は、返還を命じた補助金は国税滞納処分の例により徴収できる旨規定）

[5] 租税債権が財団債権とされているのは、公平、確実な徴収という公益的な要請によるものであり、国又は地方公共団体の租税債権ゆえに優先的な効力が付与されているのであるから、私人が弁済による代位で取得した租税債権は優先的な効力を有さず、一般の破産債権となる。（東京高判平17・6・30金法一七五二・五四）

三　四号

[6] 破産財団に属する建物による不法占拠に基づく損害金債権のうち、破産手続開始決定後の占拠に係るものは、本条一項〔旧四七条〕四号の財団債権である。（最判昭43・6・13民集二二・六・一一四九、倒産百選[三版]二一A）→二条[2]・八〇条[1]

四　五号

[7] 取戻権の対象となる破産者（証券会社）保管中の株式につき、破産手続開始決定後、管財人がその配当金及び株主割当ての新株を取得したときは、親株の取戻権者は、本条一項〔旧四七条〕五号に従い不当利得に基づく財団債権として、右配当金及び子株の給付を請求することができる。（最判昭43・12・12民集二二・一三・二九四三）

[8] 敷金返還請求権に質権を設定した賃借人の破産財団は、その破産管財人と賃貸人との間の敷金をもって破産手続開始決定後の賃料に充当する旨の合意により賃料の支払を免れ、その結果敷金返還請求権が消滅し、質権者が優先弁済を受けられなくなった場合には、破産財団は質権者の損失において破産手続開始決定後の賃料に相当する金額を利得したというべきである。（最判平18・12・21民集六〇・一〇・三九六四、倒産百選[六版]一七）→[9]・八五条[1]

[9] （[8]により不当利得返還請求権が認められる場合に）敷金返還請求権に質権を設定した賃借人の破産管財人の質権の目的たる債権の担保価値を維持する義務と破産財団の減少を防ぐという破産管財人の職務上の義務との関係について学説・判例も乏しかったことや充当の合意について裁判所の許可を得ていることから、破産管財人が法律上の原因のないことを知りながら充当の合意をしたとはいえず、破産管財人は悪意の受益者とはいえない。（最判平18・12・21判時一九六一・五三②、重判平19民訴八②）→[8]

五　七号

⑩ 土地の賃借人が破産しても賃貸借が解約されない場合には、破産手続開始決定の日以後の賃料は、賃借土地が破産財団のために利用されているのであるから、本条一項［旧四七条］七号の適用又は類推適用により、財団債権となる。（最判昭48・10・30民集二七・九・一二八九、倒産百選［三版］八一）

（使用人の給料等）

第一四九条① 破産手続開始前三月間の破産者の使用人の給料の請求権は、財団債権とする。

② 破産手続の終了前に退職した破産者の使用人の退職手当の請求権（当該請求権の全額が破産債権であるとした場合に劣後的破産債権となるべき部分を除く。）は、退職前三月間の給料の総額（その総額が破産手続開始前三月間の給料の総額より少ない場合にあっては、破産手続開始前三月間の給料の総額）に相当する額を財団債権とする。

（社債管理者等の費用及び報酬）

第一五〇条① 社債管理者又は社債管理補助者が破産債権である社債の管理に関する事務を行おうとする場合には、裁判所は、破産手続の円滑な進行を図るために必要があると認めるときは、当該社債管理者又は社債管理補助者の当該事務の処理に要する費用の請求権を財団債権とする旨の許可をすることができる。

② 社債管理者又は社債管理補助者が前項の許可を得ないで破産債権である社債の管理に関する事務を行った場合であっても、裁判所は、当該社債管理者又は社債管理補助者が破産手続の円滑な進行に貢献したと認められるときは、当該事務の処理に要した費用の償還請求権のうちその貢献の程度を考慮して相当と認める額を財団債権とする旨の許可をすることができる。

③ 裁判所は、破産手続開始後の原因に基づいて生じた社債管理者又は社債管理補助者の報酬の請求権のうち相当と認める額を財団債権とする旨の許可をすることができる。

④ 前三項の規定による許可を得た請求権は、財団債権とする。

⑤ 第一項から第三項までの規定による許可の決定に対しては、即時抗告をすることができる。

⑥ 前各項の規定は、次の各号に掲げる者の区分に応じ、それぞれ当該各号に定める債権で破産債権であるものの管理に関する事務につき生ずる費用又は報酬に係る請求権について準用する。

一 担保付社債信託法（明治三十八年法律第五十二号）第二条第一項に規定する信託契約の受託会社 同項に規定する社債

二 医療法（昭和二十三年法律第二百五号）第五十四条の五に規定する社会医療法人債管理者又は同法第五十四条の五の二に規定する社会医療法人債管理補助者 同法第五十四条の二第一項に規定する社会医療法人債

三 投資信託及び投資法人に関する法律（昭和二十六年法律第百九十八号）第百三十九条の八に規定する投資法人債管理者又は同法第百三十九条の九の二第一項に規定する投資法人債管理補助者 同法第二条第十九項に規定する投資法人債

四 保険業法第六十一条の六に規定する社債管理者又は同法第六十一条の七の二に規定する社債管理補助者 相互会社が発行する社債

五 資産の流動化に関する法律（平成十年法律第百五号）第百二十六条に規定する特定社債管理者又は同法第百二十七条の二第一項に規定する特定社債管理補助者 同法第二条第七項に規定する特定社債

（財団債権の取扱い）

第一五一条 財団債権は、破産債権に先立って、弁済する。

⑦ **財団債権を自働債権とする相殺**
財団債権（所有地上に破産会社の建物が存することによる破産手続開始後の損害金債権）を有する者は、これを自働債権として、否認権行使を受けた結果負担した破産財団に対する価額返還債務（右債権者の破産手続開始前の損害金につき破産申立て後に得た転付命令が否認されたことによる返還債務）と相殺することができる。（大阪地判昭45・3・13下民二一・三＝四・三九七、倒産百選［初版］六二）

（破産財団不足の場合の弁済方法等）

第一五二条① 破産財団が財団債権の総額を弁済するのに足りないことが明らかになった場合における財団債権は、法令に定める優先権にかかわらず、債権額の割合により弁済する。ただし、財団債権を被担保債権とする留置権、特別の先取特権、質権又は抵当権の効力を妨げない。

② 前項の規定にかかわらず、同項本文に規定する場合における第百四十八条第一項第一号及び第二号に掲げる財団債権（債務者の財産の管理及び換価に関する費用の請求権であって、同条第四項に規定するものを含む。）は、他の財団債権に先立って、弁済する。

第六章 破産財団の管理

第一節 破産者の財産状況の調査

（財産の価額の評定等）

第一五三条① 破産管財人は、破産手続開始後遅滞なく、破産財団に属する一切の財産につき、破産手続開始の時における価額を評定しなければならない。この場合においては、破産者をその評定に立ち会わせることができる。

② 破産管財人は、前項の規定による評定を完了したときは、直ちに破産手続開始の時における財産目録及び貸借対照表を作成し、これらを裁判所に提出しなければならない。

③ 破産財団に属する財産の総額が最高裁判所規則で定める額に満たない場合には、前項の規定にかかわらず、破産管財人は、裁判所の許可を得て、同項の貸借対照表の作成及び提出をしないことができる。

（別除権の目的の提示等）

第一五四条① 破産管財人は、別除権者に対し、当該別除権の目的である財産の提示を求めることができる。

② 破産管財人が前項の財産の評価をしようとするときは、別除権者は、これを拒むことができない。

（封印及び帳簿の閉鎖）

第一五五条① 破産管財人は、必要があると認めるときは、裁判所書記官、執行官又は公証人に、破産財団に属する財産に封印をさせ、又はその封印を除去させることができる。

② 裁判所書記官は、必要があると認めるときは、破産管財人の申出により、破産財団に関する帳簿を閉鎖することができる。

（破産財団に属する財産の引渡し）

第一五六条① 裁判所は、破産管財人の申立てにより、決定で、破産者に対し、破産財団に属する財産を破産管財人に引き渡すべき旨を命ずることができる。

② 裁判所は、前項の決定をする場合には、破産者を審尋しなければならない。

③ 第一項の申立てについての決定に対しては、即時抗告をすることができる。

④ 第一項の申立てについての決定及び前項の即時抗告についての裁判があった場合には、その裁判書を当事者に送達しなければならない。この場合においては、第十条第三項本文の規定は、適用しない。

⑤ 第一項の決定は、確定しなければその効力を生じない。

（裁判所への報告）

第一五七条① 破産管財人は、破産手続開始後遅滞なく、次に掲げる事項を記載した報告書を、裁判所に提出しなければならない。

一 破産手続開始に至った事情

二 破産者及び破産財団に関する経過及び現状

三 第百七十七条第一項の規定による保全処分又は第百七十八条第一項に規定する役員責任査定決定を必要とする事情の有

無

四　その他破産手続に関し必要な事項

②　破産管財人は、前項の規定によるもののほか、裁判所の定めるところにより、破産財団に属する財産の管理及び処分の状況その他裁判所の命ずる事項を裁判所に報告しなければならない。

（財産状況報告集会への報告）

第一五八条　財産状況報告集会においては、破産管財人は、前条第一項各号に掲げる事項の要旨を報告しなければならない。

（債権者集会への報告）

第一五九条　破産管財人は、債権者集会がその決議で定めるところにより、破産財団の状況を債権者集会に報告しなければならない。

第二節　否認権

（破産債権者を害する行為の否認）

第一六〇条①　次に掲げる行為（担保の供与又は債務の消滅に関する行為を除く。）は、破産手続開始後、破産財団のために否認することができる。

一　破産者が破産債権者を害することを知ってした行為。ただし、これによって利益を受けた者が、その行為の当時、破産債権者を害することを知らなかったときは、この限りでない。

二　破産者が支払の停止又は破産手続開始の申立て（以下この節において「支払の停止等」という。）があった後にした破産債権者を害する行為。ただし、これによって利益を受けた者が、その行為の当時、支払の停止等があったこと及び破産債権者を害することを知らなかったときは、この限りでない。

②　破産者がした債務の消滅に関する行為であって、債権者の受けた給付の価額が当該行為によって消滅した債務の額より過大であるものは、前項各号に掲げる要件のいずれかに該当するときは、破産手続開始後、その消滅した債務の額に相当する部分以外の部分に限り、破産財団のために否認することができる。

③　破産者が支払の停止等があった後又はその前六月以内にした無償行為及びこれと同視すべき有償行為は、破産手続開始後、破産財団のために否認することができる。

一　「破産債権者を害する」の具体例

[1]　弁護士による任意整理や自己破産の申立てについての着手金ないし報酬金が、弁護士会の報酬会規、当該事件の難易、弁護士が当該事件に費やした労力及び時間、その成果等の諸般の事情に照らし、役務の提供と合理的均衡を失する場合には、その合理的均衡を失する部分の支払行為は否認の対象となり得る。（東京地判平9・3・25判時一六二一・一一三……相当額と実際に受領した額との差額が約六パーセントにとどまり、合理的均衡を失しないとして、本条一項［旧七二条］一号による否認を否定）

[2]　否認権の対象は積極的行為に限られず、破産者がその債務者に対して有する債権につき時効中断［時効の完成猶予］の行為をしなかった不作為も本条一項［旧七二条］一号又は二号によりこれを否認することができる。この場合の否認権は時効の援用に対する再抗弁として行使される。（大判昭10・8・8民集一四・一六九五）

[3]　他人（A会社代表取締役B）の死亡により保険金額の支払をすることを約した生命保険契約の契約者兼保険金受取人（A会社）が死亡保険金の受取人を第三者（Bの妻）に変更する行為は、その後A会社が破産した場合にも否認の対象とならない。死亡保険金は被保険者の死亡という事実と離れて保険料の支払のみで発生するものではなく、保険契約者の払い込んだ保険料と等価の関係に立つものではないこと、及び具体的な死亡保険金請求権は被保険者の死亡時に初めて発生するものであり、被保険者の死亡前において保険金受取人たる地位それ自体を一定の金銭的額面を有する財産権と評価することはできないからである。（東京高判平17・5・25金法一八〇三・九〇）

[4]　破産会社が、新設分割時に債務超過であったにもかかわらず、新設分割によるその資産の全てを新設分割設立会社に承継させており、他方で破産会社は、会社分割により新設分割設立会社が承継した債務について重畳的債務引受けをしているため、新設分割後も債務総額は変動していない場合には、会社分割は、債権者の共同担保が減少して債権者が満足を得られなくなる詐害行為であって、本条一項一号により否認して、新設分割設立会社が取得した資産相当額の価額償還請求をすることができる。（福岡地判平21・11・27金法一九一一・八四）

[5]　破産者の責任財産となる不動産への賃借権の設定は、賃借権の解除や賃借人からの占有の移転が円滑に行われないことを買受希望者が危惧して、買受けを断念したり買受希望価格を減額したりする可能性があることから、当該不動産の経済的価値を低下させるものであり、賃貸借契約は破産債権者を害する行為に該当する。（金沢地判平25・1・29金判一四二〇・五二）

二　一項一号の主観的要件

[6]　本条一項［旧七二条］一号による否認権行使においては、否認を免れようとする受益者がその行為の当時破産債権者を害することを知らなかったことの立証責任を負う。（最判昭37・12・6民集一六・一二・二三一三、倒産百選[初版]四〇）→一六五条[1]

[7]　本条一項［旧七二条］一号ただし書により否認を免れ得るためには、受益者が同号による否認権行使の場合において、その行為の当時破産債権者を害することにつき善意であったことが認められれば足り、過失の有無を問わない。（最判昭47・6・15民集二六・五・一〇三六、倒産百選[初版]三五）

三　否認の効果が及ぶ範囲

[8]　本条一項［旧七二条一号］の否認権は、管財人が更生会社の一般財産を原状に回復させ、更生債権者等に対する弁済原資を確保するとともに、更生会社の事業の維持更生を図るために行使するもので、一般の債権者が詐害行為取消権を行使する場合の取消債権者の債権額のような限界はないこと、管財人が否認権を行使する時点では更生債権、更生担保権、更生会社に属する財産の価額等が全て確定しているわけではないことから、否認対象行為の目的物が複数で可分であるとしても、目的物全てに否認の効果が及ぶ。（最判平17・11・8民集五九・九・二三三三、倒産百選[六版]四四……更生手続の事案）

四　無償否認（三項）

1　保証・物上保証

[9]　破産者が義務なくして他人のためにした保証・物上保証は、それが債権者の主たる債務者に対する出捐［しゅっえん］の直接的な原因をなす場合であっても、破産者がその対価として経済的利益を受けない限り、本条三項［旧七二条五号］にいう無償行為であり、この理は、主たる債務者がいわゆる同族会社であり、破産者がその実質的な経営者であるときにも妥当する。（最判昭62・7・3民集四一・五・一〇六八、倒産百選[六版]三六）

[10]　同族会社が融資を受ける際に、保証人に対する会社の求償債務につき取締役が連帯保証をした場合には、融資金は取締役個人に直接経済的利益を与え、これは連帯保証契約の対価と評価できるから、右連帯保証契約は無償否認の対象である「無償行為」とはいえない。（東京高判平4・6・29判時一四二九・五九……取締役（破産者）は従前から会社に対する融資についての包括的な連帯保証人ともなっており、別の保証人の会社に対する求償権について連帯保証契約をしても負担が増えたわけではなく「有害性」を欠く、と判示した上で「念のため」として右のように判示。最判平8・3・22金法一四八〇・五五で上告棄却）

2　債務超過の要否

[11] 債務者が無償行為等の時に債務超過であること又はその無償行為等により債務超過になることは、無償行為否認の要件ではない。（最判平29・11・16民集七一・九・一七四五、倒産百選[六版]三七……民事再生事件）

（相当の対価を得てした財産の処分行為の否認）

第一六一条① 破産者が、その有する財産を処分する行為をした場合において、その行為の相手方から相当の対価を取得しているときは、その行為は、次に掲げる要件のいずれにも該当する場合に限り、破産手続開始後、破産財団のために否認することができる。

一 当該行為が、不動産の金銭への換価その他の当該処分による財産の種類の変更により、破産者において隠匿、無償の供与その他の破産債権者を害することとなる処分（以下「隠匿等の処分」という。）をするおそれを現に生じさせるものであること。

二 破産者が、当該行為の当時、対価として取得した金銭その他の財産について、隠匿等の処分をする意思を有していたこと。

三 相手方が、当該行為の当時、破産者が前号の隠匿等の処分をする意思を有していたことを知っていたこと。

② 前項の規定の適用については、当該行為の相手方が次に掲げる者のいずれかであるときは、その相手方は、当該行為の当時、破産者が同項第二号の隠匿等の処分をする意思を有していたことを知っていたものと推定する。

一 破産者が法人である場合のその理事、取締役、執行役、監事、監査役、清算人又はこれらに準ずる者

二 破産者が法人である場合にその破産者について次のイからハまでに掲げる者のいずれかに該当する者

イ 破産者である株式会社の総株主の議決権の過半数を有する者

ロ 破産者である株式会社の総株主の議決権の過半数を子株式会社又は親法人及び子株式会社が有する場合における当該親法人

ハ 株式会社以外の法人が破産者である場合におけるイ又はロに掲げる者に準ずる者

三 破産者の親族又は同居者

[1] 破産者が相当代価で抵当不動産を売却し、その代金の大部分を被担保債務の弁済に充てた場合には、右売却はその部分については詐害性を有しない。（東京高判平5・5・27判時一四七六・一二一、倒産百選[五版]三〇）

（特定の債権者に対する担保の供与等の否認）

第一六二条① 次に掲げる行為（既存の債務についてされた担保の供与又は債務の消滅に関する行為に限る。）は、破産手続開始後、破産財団のために否認することができる。

一 破産者が支払不能になった後又は破産手続開始の申立てがあった後にした行為。ただし、債権者が、その行為の当時、次のイ又はロに掲げる区分に応じ、それぞれ当該イ又はロに定める事実を知っていた場合に限る。

イ 当該行為が支払不能になった後にされたものである場合 支払不能であったこと又は支払の停止があったこと。

ロ 当該行為が破産手続開始の申立てがあった後にされたものである場合 破産手続開始の申立てがあったこと。

二 破産者の義務に属せず、又はその時期が破産者の義務に属しない行為であって、支払不能になる前三十日以内にされたもの。ただし、債権者がその行為の当時他の破産債権者を害することを知らなかったときは、この限りでない。

② 前項第一号の規定の適用については、次に掲げる場合には、債権者は、同号に掲げる行為の当時、同号イ又はロに掲げる場合の区分に応じ、それぞれ当該イ又はロに定める事実（同号イに掲げる場合にあっては、支払不能であったこと及び支払の停止があったこと）を知っていたものと推定する。

一 債権者が前条第二項各号に掲げる者のいずれかである場合

二 前項第一号に掲げる行為が破産者の義務に属せず、又はその方法若しくは時期が破産者の義務に属しないものである場合

③ 第一項各号の規定の適用については、支払の停止（破産手続開始の申立て前一年以内のものに限る。）があった後は、支払不能であったものと推定する。

一 弁済

1 本旨弁済

[1] 第三者が破産会社の詐欺により詐取された金員の返還を請求し、破産会社がこの事実を認め利得の返還として同額の支払をした場合においても、右支払が破産債権者を害する意図の下になされたときは、一般取引上の債権者に対する弁済と径庭〔けいてい〕はなく、本条一項〔旧七二条〕一号により否認し得る。（最判昭47・12・19民集二六・一〇・一九三七、倒産百選[初版]三三）

[2] 否認権は各破産債権者の権利に属し、破産管財人は債権者全員のためにこれを行使するものであるから、破産者の給付が不法原因給付（違法な名義借用料の支払）であって破産者としては返還を請求できない場合でも、破産管財人は右給付を否認し得る。（大判昭6・5・15民集一〇・三二七）

2 借入金による弁済

[3] 破産者が借入れの際、貸主との間で借入金を特定の債務の弁済に充てることを約定し、この約定をしなければ借入れができなかったものである上、貸主と右債務の債権者の立会いの下に借入れ後その場で直ちに借入金による弁済をしていたという事案の下では、このような借入金は、借入れ当時から特定の債務の弁済に充てることが確実に予定され、それ以外の使途に用いるのであれば借り入れることができなかったものであって、破産債権者の共同担保となるのであれば破産者に帰属し得なかったはずの財産である。したがって破産者が右借入金により弁済の予定された特定の債務を弁済しても、破産債権者の共同担保を減損するものではなく、破産債権者を害するものではないと解すべきであり、右弁済は本条一項〔旧七二条〕一号による否認の対象とならない。（最判平5・1・25民集四七・一・三四四、倒産百選[六版]三二）

3 債権者の行為による債務消滅

[4] 本条〔旧七二条〕にいわゆる債務消滅に関する行為とは、その効果が破産者の意思に基づく行為のみに限らず、強制執行その他債権者の権利の行使のみによって生じた場合（本件では、預金の元利金及び株式の売却代金による弁済充当）も含む。（大判昭10・3・8民集一四・二七〇）

4 給与支給機関による共済組合への弁済

[5] 破産者たる地方公務員（退職者）の地方公務員共済組合からの借入金につき、自己破産の申立て後に、給与支払機関が地方公務員等共済組合法一一五条二項に基づき、その組合員の給与から未返済額を控除してこれを右組合に払い込む行為は、この払込みが組合に対する組合員の債務の弁済を代行するものにほかならず、組合において、破産手続上他の一般破産債権に優先して組合員に対する貸付金債権の弁済を受け得ることを同項が規定したものと解することはできないから、本条一項一号〔旧七二条二号〕による否認の対象となる。（最判平2・7・19民集四四・五・八三七、倒産百選[六版]三〇①）

[6] ① 国家公務員共済組合からの借入金につき、給与支払機関が、国家公務員等共済組合法一〇一条二項に基づき、その公務員の給与から未返済額を控除してこれを右組合に払い込む行為は、本条一項一号〔旧七二条二号〕による否認の対象となる。

② 退職者に対し既に支払われた退職手当については差押禁止を規定する民執法一五二条二項の適用はないから、破産者が右退職手当をもって特定の債権者に対し債務を弁済した後破産手続開始決定を受けた場合、その金額が退職手当の四

分の三の範囲内であっても、本条一項一号による否認の対象となる。（最判平2・7・19民集四四・五・八五三、倒産百選六版三〇②）

⑦ **5 第三債務者の差押債権者に対する弁済**
債権差押命令の送達を受けた第三債務者が、差押債権につき差押債務者に対して弁済をし、これを差押債権者に対して対抗することができないために差押債権者に対して更に弁済をした後、差押債務者が破産手続開始の決定を受けた場合、前者の弁済により差押債権は既に消滅しているから、後者の弁済は、差押債務者の財産をもって債務を消滅させる効果を生ぜしめるものとはいえず、本条一項の「債務の消滅に関する行為」に当たらない。（最判平29・12・19判時二三七〇・二八、倒産百選六版A6）→民四八一条③

二 担保権の設定

⑧ 危殆〔きたい〕状態にある会社が先取特権のある従業員の給料債権の支払資金の借入れのため唯一の不動産を譲渡担保に供した行為であっても、本条一項〔旧七二条〕一号に基づく否認権の行使を否定するためには、特別の事情がない限り、譲渡担保の目的物件の価額とその被担保債権額との間に合理的均衡の存することを要する。（最判昭43・2・2民集二二・二・八五、倒産百選初版九四）

⑨ 資産状態の悪化した債務者が、既存債務のために特定の債権者に担保を供与する行為は、他の一般債権者の利益を害することになるので、後に債務者に対して破産手続開始決定がなされた場合に故意否認の対象とされるのは当然であるが、債務者があくまで事業の継続を図り、これを前提として緊急の支払資金を得べく他から借入れをなし、これに担保を供与する行為は借入額と担保物件の価格との間に合理的均衡が保たれている限り、一般債権者の利益を害するものではなく、否認権行使の対象とはならない。（仙台高判昭53・8・8下民二九・五〜八・五一六、倒産百選五版三三）

⑩ 動産売買先取特権の目的物を第三取得者に転売して引き渡した買主が、右転売契約を合意解除して目的物を取り戻す行為は、売主に対する関係では、法的に不可能であった担保権の行使を可能にする意味において、実質的に新たな担保権の設定と同視し得る。破産者が売買の目的物を売主に返還する意図の下に転売先から取り戻し、かつこれを代物弁済に供する行為を一体として行った場合には、支払停止後に義務なくして設定された担保権の目的物を被担保債権の代物弁済に供する行為に等しく、本条一項二号〔旧七二条四号〕による否認の対象となる。（最判平9・12・18民集五一・一〇・四二一〇、倒産百選六版三五）→⑯

三 その他

⑪ **1 予約完結権行使**
債務の弁済期が未到来のため、債権者が代物弁済一方の予約に基づく予約完結権を行使できない間に、債務者に対する破産の申立てがなされ、これを知った債務者と債権者が相通じ、債務者は期限の利益を放棄し、債権者は予約完結の意思表示をして代物弁済の効力を生ぜしめたときは、破産管財人は、債権者の右予約完結行為を本条一項一号〔旧七二条二号〕により否認し得る。（最判昭43・11・15民集二二・一二・二六二九、銀取百選三版九五）

⑫ **2 相殺と否認**
債権者による相殺権の行使は否認権行使の対象とならないから、労働者の破産管財人は、使用者が労働者の同意を得て労働基準法上有効になした住宅貸付金債権と退職金債権との相殺を否認することはできない。（最判平2・11・26民集四四・八・一〇八五、倒産百選四版三七）→労基二四条⑤

⑬ **3 債権譲渡**
債務者の支払停止等を停止条件とする債権譲渡契約は、危機時期に至るまで債務者の責任財産に属していた債権を債務者の危機時期が到来するや直ちに当該債権者に帰属させることによって、これを責任財産から逸出させることを目的としていることから、当該契約は、本条一項〔旧七二条二号〕の規定の趣旨に反し、その実効性を失わせるものである。契約内容を実質的にみれば、当該契約に係る債権譲渡は、債務者に支払停止等の危機時期が到来した後に行われた債権譲渡と同視すべきものであり、同項に基づく否認権行使の対象となる。（最判平16・7・16民集五八・五・一七四四、倒産百選六版三九）

四 否認権の阻却事由

⑭ 約束手形の裏書人たる破産者が被裏書人から手形を買い戻した行為が否認の要件を満たす場合であっても、買い戻した手形の手形金額が振出人から破産者に現実に支払われたため、破産財団に属する財産について価値の減少を来さないときは、否認権の行使は許されない。（最判昭44・1・16民集二三・一・一、倒産百選五版A5）→一六三条②

⑮ 否認権の行使を受けた相手方は、否認権行使の効果を否定するために、否認された行為のあった後に破産者に対する債権が全て消滅し、総破産債権が現存しないことを主張することは許されない。（最判昭58・11・25民集三七・九・一四三〇、倒産百選六版二九）→一七六条⑦

⑯ 動産売買の先取特権の目的物を売買代金額と同額に評価して当該債権者に代物弁済に供する行為は、代物弁済当時に該物件の価格が増加していたことが認められない限り、他の破産債権者を害する行為に当たらない。（最判昭41・4・14民集二〇・四・六一一、倒産百選六版三四）→⑩

⑰ 破産会社が支払不能に陥った後に、破産会社に対して債権を有する銀行が破産会社からその債権について弁済を受けても、銀行が預金返還債務と当該債権とを相殺できた場合には、当該弁済によって破産財団の価値が減少したとはいえず、当該弁済は否認できない。（和歌山地判令元・5・15判時二四三八・八二）

（手形債務支払の場合等の例外）

第一六三条① 前条第一項第一号の規定は、破産者から手形の支払を受けた者がその支払を受けなければ手形上の債務者の一人又は数人に対する手形上の権利を失う場合には、適用しない。

② 前項の場合において、最終の償還義務者又は手形の振出しを委託した者が振出しの当時支払の停止等があったことを知り、又は過失によって知らなかったときは、破産管財人は、これらの者に破産者が支払った金額を償還させることができる。

③ 前条第一項の規定は、破産者が租税等の請求権（共助対象外国租税の請求権を除く。）又は罰金等の請求権につき、その徴収の権限を有する者に対してした担保の供与又は債務の消滅に関する行為には、適用しない。

一 「手形の支払」の意義

① 本条〔旧七三条〕一項は、破産者から手形の支払を受けた者がその支払がなかったならば前者に対する遡求権行使のための法定手続を履践したであろうことを考慮する制度であり、同条項にいう「債務者の一人又は数人に対する手形上の権利」とは、前者に対する遡求権を指し、「手形の支払」とは、約束手形にあっては振出人の支払を指すにほかならない。（最判昭37・11・20民集一六・一一・二二九三、倒産百選五版三五）

② **二 手形買戻し（受取人破産）への類推**
第三者振出しの約束手形の裏書人たる破産者が被裏書人からその手形を買い戻して代金を支払う行為は、これにつき本条〔旧七三条〕一項を類推適用する余地はなく、破産法一六〇条〔旧七二条〕の原則に従い、否認権行使の対象となる。（最判昭44・1・16民集二三・一・一、倒産百選五版A5）→一六二条⑭

（権利変動の対抗要件の否認）

第一六四条① 支払の停止等があった後権利の設定、移転又は変更をもって第三者に対抗するために必要な行為（仮登記又は仮登録を含む。）をした場合において、その行為が権利の設定、移転又は変更があった日から十五日を経過した後支払の停止等のあったことを知ってしたものであるときは、破産手続開始後、破産財団のためにこれを否認することができる。ただし、当該仮登記又は仮登録以外の仮登記又は仮登録があった後にこれらに基づいて本登記又は本登録をした場合は、この限りでない。

② 前項の規定は、権利取得の効力を生ずる登録について準用する。

[1] **一 本条の趣旨**
対抗要件の充足行為も、本来は、破産法一六〇条・一六二条［旧七二条］によって否認の対象となり得べきであるが、原因行為に否認の理由がない限り、できるだけ対抗要件を具備させることとし、一定の要件を満たす場合にのみ、特にこれを否認し得ることとしたのが本条［旧七四条］の趣旨である。（最判昭45・8・20民集二四・九・一三三九、倒産百選[六版]三八……一六〇条に基づく原因行為の否認が容認されない場合に、本条の否認について主張・立証を尽くさせなかった違法があるとされた事例）↓民訴一四九条[5]

二 支払停止の意義↓一五五条[4]

三 対抗要件充足行為の意義

1 債権譲渡における債務者の承諾

[2] 本条［旧七四条］により否認し得る対抗要件充足行為も破産者の行為又はこれと同視すべきものに限られ、破産者がその債権を譲渡した場合における当該債務者の承諾は否認の対象とはならない。（最判昭40・3・9民集一九・二・三五二、倒産百選[初版]三七）

2 仮登記仮処分による仮登記

[3] 仮登記仮処分命令を得てする仮登記は、その効力において共同申請による仮登記と何ら異ならず、否認との関係で両者を区別する合理的な理由はないし、実際上も通常仮登記仮処分命令は仮登記義務者の処分意思が明確に認められる文書等が存するときに発令されることに鑑みると、仮登記仮処分命令に基づく仮登記も、破産者の行為があった場合と同視し、これに準じて本条［旧七四条］一項により否認することができる。（最判平8・10・17民集五〇・九・二四五四、倒産百選[六版]A8）

四 「一五日」の起算日

[4] 一五日の期間は、権利移転の原因たる行為がなされた日からではなく、当事者間における権利移転の効果を生じた日から起算すべきである。（最判昭48・4・6民集二七・三・四八三、倒産百選[初版]三八）

（執行行為の否認）

第一六五条 否認権は、否認しようとする行為について執行力のある債務名義があるとき、又はその行為が執行行為に基づくものであるときでも、行使することを妨げない。

破産者の害意ある加功の要否

1 詐害行為否認

[1] 強制執行を受けるについて破産者が害意ある加功をしたと認められる場合には、その執行行為に基づく弁済は、破産法一六〇条［旧七二条一号］により否認し得る。（最判昭37・12・6民集一六・一二・二三一三、倒産百選[初版]四〇……ほとんど資産のない現職市長が政治資金調達のため数十人から巨額の借入れをし、もし自ら弁済をしたとすれば他の債権者を害したと認められる状況でなされた、市長としての俸給諸手当に対する債権差押え、取立ての否認を認めた事例）

2 偏頗［へんぱ］行為否認

[2] 破産法一六二条一項［旧七二条二号］にいう債務の消滅に関する行為には本条［旧七五条］の執行行為に基づくものも含むが、破産者が強制執行を受けるにつき害意ある加功をしたことは必要ではない。（最判昭57・3・30判時一〇三八・一二八六、倒産百選[六版]四〇）

（支払の停止を要件とする否認の制限）

第一六六条 破産手続開始の申立ての日から一年以上前にした行為（第百六十条第三項に規定する行為を除く。）は、支払の停止があった後にされたものであること又は支払の停止の事実を知っていたことを理由として否認することができない。

（否認権行使の効果）

第一六七条① 否認権の行使は、破産財団を原状に復させる。

② 第百六十条第三項に規定する行為が否認された場合において、相手方は、当該行為の当時、支払の停止等があったこと及び破産債権者を害することを知らなかったときは、その現に受けている利益を償還すれば足りる。

一 否認の効果

1 破産財団への物権的復帰↓二六〇条[1]

2 破産者の債権の復活

[1] 破産者の有する債権を目的とする差押・転付命令が否認されたときは、第三債務者は、破産管財人に対して債務の履行を拒絶することができない。（大判昭13・12・27新聞四三七〇・一二）

二 価額算定の基準時

[2] 否認権行使の結果、原物（建物）を破産財団に返還することを求めることができず、その価額の償還を求め得るにすぎない場合には、否認権行使時の時価をもって算定すべきであり、口頭弁論終結時の時価によるべきではない。（最判昭42・6・22判時四九五・五一）

[3] 価額償還請求権の発生を肯認する判断に達しながら、当事者に対し否認権行使時の目的物の時価の立証を促さないまま、その価額の立証がないとの理由で右請求を排斥したことは、釈明権の行使を怠り、審理不尽の違法を犯したものである。（最判昭61・4・3判時一一九八・一一〇、倒産百選[六版]四三）↓民訴一四九条[8]

（破産者の受けた反対給付に関する相手方の権利等）

第一六八条① 第百六十条第一項若しくは第三項又は第百六十一条第一項に規定する行為が否認されたときは、相手方は、次の各号に掲げる区分に応じ、それぞれ当該各号に定める権利を行使することができる。

一 破産者の受けた反対給付が破産財団中に現存する場合　当該反対給付の返還を請求する権利

二 破産者の受けた反対給付が破産財団中に現存しない場合　財団債権者として反対給付の価額の償還を請求する権利

② 前項第二号の規定にかかわらず、同号に掲げる場合において、当該行為の当時、破産者が対価として取得した財産について隠匿等の処分をする意思を有し、かつ、相手方が破産者がその意思を有していたことを知っていたときは、相手方は、次の各号に掲げる区分に応じ、それぞれ当該各号に定める権利を行使することができる。

一 破産者の受けた反対給付によって生じた利益の全部が破産財団中に現存する場合　財団債権者としてその現存利益の返還を請求する権利

二 破産者の受けた反対給付によって生じた利益が破産財団中に現存しない場合　破産債権者として反対給付の価額の償還を請求する権利

三 破産者の受けた反対給付によって生じた利益の一部が破産財団中に現存する場合　財団債権者としてその現存利益の返還を請求する権利及び破産債権者として反対給付と現存利益との差額の償還を請求する権利

③ 前項の規定の適用については、当該行為の相手方が第百六十一条第二項各号に掲げる者のいずれかであるときは、その相手方は、当該行為の当時、破産者が前項の隠匿等の処分をする意

思を有していたことを知っていたものと推定する。

④　破産管財人は、第百六十条第一項若しくは第三項又は第百六十一条第一項に規定する行為を否認しようとするときは、前条第一項の規定により破産財団に復すべき財産の返還に代えて、相手方に対し、当該財産の価額から前三項の規定により財団債権となる額（第一項第一号に掲げる場合にあっては、破産者の受けた反対給付の価額）を控除した額の償還を請求することができる。

（相手方の債権の回復）

第一六九条　第百六十二条第一項に規定する行為が否認された場合において、相手方がその受けた給付を返還し、又はその価額を償還したときは、相手方の債権は、これによって原状に復する。

[1]　**一　連帯保証債務の復活**
破産者が債権者に対してした債務の弁済が破産管財人により否認され、その給付したものが破産財団に復帰したときには、それと共に先に一旦消滅した債権者に対する連帯保証債務は当然復活する。（最判昭48・11・22民集二七・一〇・一四三五、倒産百選[六版]四二）

[2]　**二　和解により否認権行使を認めた場合の連帯債務の復活**
債権者の受けた弁済につき否認権の存することを認める、破産管財人と債権者との間の裁判外の和解に基づき債権者が受領金を返還した場合において、債権者が連帯債務者に対し債権の復活を主張してその履行を請求し、物上保証人に対し担保権の復活を主張してその実行をなし得るのは、当該否認権が真正に存在した場合に限る。（大判昭11・7・31民集一五・一五四七）→一七三条[7]

（転得者に対する否認権）

第一七〇条①　次の各号に掲げる場合において、否認しようとする行為の相手方に対して否認の原因があるときは、否認権は、当該各号に規定する転得者に対しても、行使することができる。ただし、当該転得者が他の転得者から転得した者である場合においては、当該転得者の前に転得した全ての転得者に対しても否認の原因があるときに限る。

一　転得者が転得の当時、破産者がした行為が破産債権者を害することを知っていたとき。

二　転得者が第百六十一条第二項各号に掲げる者のいずれかであるとき。ただし、転得の当時、破産者がした行為が破産債権者を害することを知らなかったときは、この限りでない。

三　転得者が無償行為又はこれと同視すべき有償行為によって転得した者であるとき。

②　第百六十七条第二項の規定は、前項第三号の規定により否認権の行使があった場合について準用する。

[1]　**否認権行使の相手方**
否認権の行使は破産財団を原状に復させることを目的とするものであるから、否認権行使の要件を具備する限り、受益者に対しこれを行使すると転得者に対して行使すると、また その両者に対してこれを行使するとは破産管財人の任意に属する。（大判昭15・3・9民集一九・三七三……原審が、被告受益者に対する価額償還請求を認めるに当たり、訴外転得者に対し否認権を行使し得る事情が認められないと認定するのは、無用の判示であるとした）

[2]　受益者及び転得者の両者を被告とする否認訴訟における判決は、その要件の異なるのに応じ、それぞれ別異の内容を有することを妨げないから、右訴訟は合一にのみ確定すべき共同訴訟に属さない。（大判昭4・5・15新聞三〇二三・九）

（破産者の受けた反対給付に関する転得者の権利等）

第一七〇条の二①　破産者がした第百六十条第一項若しくは第三項又は第百六十一条第一項に規定する行為が転得者に対する否認権の行使によって否認されたときは、転得者は、第百六十八条第一項各号に掲げる区分に応じ、それぞれ当該各号に定める権利を行使することができる。ただし、同項第一号に掲げる場合において、破産者の受けた反対給付の価額が、第四項に規定する転得者がした反対給付又は消滅した転得者の債権の価額を超えるときは、転得者は、財団債権者として破産者の受けた反対給付の価額の償還を請求する権利を行使することができる。

②　前項の規定にかかわらず、第百六十八条第一項第二号に掲げる場合において、当該行為の当時、破産者が対価として取得した財産について隠匿等の処分をする意思を有し、かつ、当該行為の相手方が破産者がその意思を有していたことを知っていたときは、転得者は、同条第二項各号に掲げる区分に応じ、それぞれ当該各号に定める権利を行使することができる。

③　前項の規定の適用については、当該行為の相手方が第百六十一条第二項各号に掲げる者のいずれかであるときは、その相手方は、当該行為の当時、破産者が前項の隠匿等の処分をする意思を有していたことを知っていたものと推定する。

④　第一項及び第二項の規定による権利の行使は、転得者がその前者から財産を取得するためにした反対給付又はその前者から財産を取得することによって消滅した債権の価額を限度とする。

⑤　破産管財人は、第一項に規定する行為を転得者に対する否認権の行使によって否認しようとするときは、第百六十七条第一項の規定により破産財団に復すべき財産の返還に代えて、転得者に対し、当該財産の価額から前各項の規定により財団債権となる額（第百六十八条第一項第一号に掲げる場合（第一項ただし書に該当するときを除く。）にあっては、破産者の受けた反対給付の価額）を控除した額の償還を請求することができる。

（相手方の債権に関する転得者の権利）

第一七〇条の三　破産者がした第百六十二条第一項に規定する行為が転得者に対する否認権の行使によって否認された場合において、転得者がその受けた給付を返還し、又はその価額を償還したときは、転得者は、当該行為がその相手方に対する否認権の行使によって否認されたとすれば第百六十九条の規定により原状に復すべき相手方の債権を行使することができる。この場合には、前条第四項の規定を準用する。

（否認権のための保全処分）

第一七一条①　裁判所は、破産手続開始の申立てがあった時から当該申立てについての決定があるまでの間において、否認権を保全するため必要があると認めるときは、利害関係人（保全管理人が選任されている場合にあっては、保全管理人）の申立てにより又は職権で、仮差押え、仮処分その他の必要な保全処分を命ずることができる。

②　前項の規定による保全処分は、担保を立てさせて、又は立てさせないで命ずることができる。

③　裁判所は、申立てにより又は職権で、第一項の規定による保全処分を変更し、又は取り消すことができる。

④　第一項の規定による保全処分及び前項の申立てについての裁判に対しては、即時抗告をすることができる。

⑤　前項の即時抗告は、執行停止の効力を有しない。

⑥　第四項に規定する裁判及び同項の即時抗告についての裁判があった場合には、その裁判書を当事者に送達しなければならない。この場合においては、第十条第三項本文の規定は、適用しない。

⑦　前各項の規定は、破産手続開始の申立てを棄却する決定に対して第三十三条第一項の即時抗告があった場合について準用する。

（保全処分に係る手続の続行と担保の取扱い）

第一七二条①　前条第一項（同条第七項において準用する場合を含む。）の規定による保全処分が命じられた場合において、破産手続開始の決定があったときは、破産管財人は、当該保全処分に係る手続を続行することができる。

②　破産管財人が破産手続開始の決定後一月以内に前項の規定に

より同項の保全処分に係る手続を続行しないときは、当該保全処分は、その効力を失う。

③ 破産管財人は、第一項の規定により同項の保全処分に係る手続を続行しようとする場合において、前条第二項（同条第七項において準用する場合を含む。）に規定する担保の全部又は一部が破産財団に属する財産でないときは、その担保の全部又は一部を破産財団に属する財産による担保に変換しなければならない。

④ 民事保全法（平成元年法律第九十一号）第十八条並びに第二章第四節（第三十七条第五項から第七項までを除く。）及び第五節の規定は、第一項の規定により破産管財人が続行する手続に係る保全処分について準用する。

（否認権の行使）

第一七三条① 否認権は、訴え、否認の請求又は抗弁によって、破産管財人が行使する。

② 前項の訴え及び否認の請求事件は、破産裁判所が管轄する。

一 否認権行使の方法

1 再抗弁としての行使↓一六〇条[2]

2 裁判外の和解における行使

[1] 否認権の行使は訴え又は抗弁によることは法規の明定するところであるが、破産者から弁済を受けた債権者が否認の要件のあることを認め管財人と裁判上又は裁判外の合意をなし、先に弁済として受けたものを返還し、否認権が行使されたと同様に破産財団を原状に復させることは禁止されていない。（大判昭11・7・31民集一五・一五四七）↓一六九条[2]

二 否認権行使の相手方↓一七〇条[1][2]

三 否認訴訟―破産債権者の補助参加

[2] 破産債権者は、破産手続開始決定後は否認訴訟を提起することはできないけれども、管財人の提起した否認訴訟に補助参加をすることはできる。破産債権者は自己の権利が管財人により代位行使されているに等しく、訴訟の結果に法律上の利害関係を有しているからである。（大阪高決昭58・11・2下民三三・九～一二・一六〇五、倒産百選[五版]Ａ6）

（否認の請求）

第一七四条① 否認の請求をするときは、その原因となる事実を疎明しなければならない。

② 否認の請求を認容し、又はこれを棄却する裁判は、理由を付した決定でしなければならない。

③ 裁判所は、前項の決定をする場合には、相手方又は転得者を審尋しなければならない。

④ 否認の請求を認容する決定があった場合には、その裁判書を当事者に送達しなければならない。この場合においては、第十条第三項本文の規定は、適用しない。

⑤ 否認の請求の手続は、破産手続が終了したときは、終了する。

（否認の請求を認容する決定に対する異議の訴え）

第一七五条① 否認の請求を認容する決定に不服がある者は、その送達を受けた日から一月の不変期間内に、異議の訴えを提起することができる。

② 前項の訴えは、破産裁判所が管轄する。

③ 第一項の訴えについての判決においては、訴えを不適法として却下する場合を除き、同項の決定を認可し、変更し、又は取り消す。

④ 第一項の決定を認可する判決が確定したときは、その決定は、確定判決と同一の効力を有する。同項の訴えが、同項に規定する期間内に提起されなかったとき、又は却下されたときも、同様とする。

⑤ 第一項の決定を認可し、又は変更する判決については、受訴裁判所は、民事訴訟法第二百五十九条第一項の定めるところにより、仮執行の宣言をすることができる。

⑥ 第一項の訴えに係る訴訟手続は、第四十四条第四項の規定にかかわらず、破産手続が終了したときは、終了する。

（否認権行使の期間）

第一七六条 否認権は、破産手続開始の日から二年を経過したときは、行使することができない。否認しようとする行為の日から十年を経過したときも、同様とする。

[1] 破産法一六〇条［旧七二条一号］の否認は、民法四二四条と同趣旨のものであるが、否認権は破産者の全財産を総債権者の公平な満足に充てる観点から破産管財人が行使するものであるから、本条［旧八五条］の規定は一六〇条の否認についても適用があり、総破産債権者につき詐害行為取消権の消滅時効が完成したとしても、本条の期間が経過しない限り、否認権は消滅しない。（最判昭58・11・25民集三七・九・一四三〇、倒産百選[六版]二九）↓一六二条[15]

第三節　法人の役員の責任の追及等

（役員の財産に対する保全処分）

第一七七条① 裁判所は、法人である債務者について破産手続開始の決定があった場合において、必要があると認めるときは、破産管財人の申立てにより又は職権で、当該法人の理事、取締役、執行役、監事、監査役、清算人又はこれらに準ずる者（以下この節において「役員」という。）の責任に基づく損害賠償請求権につき、当該役員の財産に対する保全処分をすることができる。

② 裁判所は、破産手続開始の申立てがあった時から当該申立てについての決定があるまでの間においても、緊急の必要があると認めるときは、債務者（保全管理人が選任されている場合にあっては、保全管理人）の申立てにより又は職権で、前項の規定による保全処分をすることができる。

③ 裁判所は、前二項の規定による保全処分を変更し、又は取り消すことができる。

④ 第一項若しくは第二項の規定による保全処分又は前項の規定による決定に対しては、即時抗告をすることができる。

⑤ 前項の即時抗告は、執行停止の効力を有しない。

⑥ 第四項に規定する裁判及び同項の即時抗告についての裁判があった場合には、その裁判書を当事者に送達しなければならない。この場合においては、第十条第三項本文の規定は、適用しない。

⑦ 第二項から前項までの規定は、破産手続開始の申立てを棄却する決定に対して第三十三条第一項の即時抗告があった場合について準用する。

（役員の責任の査定の申立て等）

第一七八条① 裁判所は、法人である債務者について破産手続開始の決定があった場合において、必要があると認めるときは、破産管財人の申立てにより又は職権で、決定で、役員の責任に基づく損害賠償請求権の査定の裁判（以下この節において「役員責任査定決定」という。）をすることができる。

② 前項の申立てをするときは、その原因となる事実を疎明しなければならない。

③ 裁判所は、職権で役員責任査定決定の手続を開始する場合には、その旨の決定をしなければならない。

④ 第一項の申立て又は前項の決定があったときは、時効の完成猶予及び更新に関しては、裁判上の請求があったものとみなす。

⑤ 役員責任査定決定の手続（役員責任査定決定があった後のものを除く。）は、破産手続が終了したときは、終了する。

（役員責任査定決定等）

第一七九条① 役員責任査定決定及び前条第一項の申立てを棄却する決定には、理由を付さなければならない。

② 裁判所は、前項に規定する裁判をする場合には、役員を審尋しなければならない。

③ 役員責任査定決定があった場合には、その裁判書を当事者に送達しなければならない。この場合においては、第十条第三項本文の規定は、適用しない。

（**役員責任査定決定に対する異議の訴え**）
第一八〇条① 役員責任査定決定に不服がある者は、その送達を受けた日から一月の不変期間内に、異議の訴えを提起することができる。
② 前項の訴えは、破産裁判所が管轄する。
③ 第一項の訴えは、これを提起する者が、役員であるときは破産管財人を、破産管財人であるときは役員を、それぞれ被告としなければならない。
④ 第一項の訴えについての判決においては、訴えを不適法として却下する場合を除き、役員責任査定決定を認可し、変更し、又は取り消す。
⑤ 役員責任査定決定を認可し、又は変更した判決は、強制執行に関しては、給付を命ずる判決と同一の効力を有する。
⑥ 役員責任査定決定を認可し、又は変更した判決については、受訴裁判所は、民事訴訟法第二百五十九条第一項の定めるところにより、仮執行の宣言をすることができる。

（**役員責任査定決定の効力**）
第一八一条 前条第一項の訴えが、同項の期間内に提起されなかったとき、又は却下されたときは、役員責任査定決定は、給付を命ずる確定判決と同一の効力を有する。

（**社員の出資責任**）
第一八二条 会社法第六百六十三条の規定は、法人である債務者につき破産手続開始の決定があった場合について準用する。この場合において、同条中「当該清算持分会社」とあるのは、「破産管財人」と読み替えるものとする。

（**匿名組合員の出資責任**）
第一八三条 匿名組合契約が営業者が破産手続開始の決定を受けたことによって終了したときは、破産管財人は、匿名組合員に、その負担すべき損失の額を限度として、出資をさせることができる。

第七章　破産財団の換価

第一節　通則

（**換価の方法**）
第一八四条① 第七十八条第二項第一号及び第二号に掲げる財産の換価は、これらの規定により任意売却をする場合を除き、民事執行法その他強制執行の手続に関する法令の規定によってする。
② 破産管財人は、民事執行法その他強制執行の手続に関する法令の規定により、別除権の目的である財産の換価をすることができる。この場合においては、別除権者は、その換価を拒むことができない。
③ 前二項の場合には、民事執行法第六十三条及び第百二十九条（これらの規定を同法その他強制執行の手続に関する法令において準用する場合を含む。）の規定は、適用しない。
④ 第二項の場合において、別除権者が受けるべき金額がまだ確定していないときは、破産管財人は、代金を別に寄託しなければならない。この場合においては、別除権は、寄託された代金につき存する。

一　破産管財人の任意売却
[1] 本条［旧二〇二条］は、破産法七八条二項［旧一九七条］一号及び二号所定の権利若しくは物の換価のため、破産管財人による任意売却によらない場合には、財産権の種類に則し、強制執行に関する規定に従って換価しなければならないとしているにすぎないから、管財人が任意売却の方法を選択した場合には、鑑定や入札の手続を経ることを要せず、適切な時期、方法、相手方を選んで、自由にこれを換価することができる。（東京高決昭55・7・31判タ四二四・八八）
二　動産売買先取特権の目的物の任意売却→六五条[3]

（**別除権者が処分をすべき期間の指定**）
第一八五条① 別除権者が法律に定められた方法によらないで別除権の目的である財産の処分をする権利を有するときは、裁判所は、破産管財人の申立てにより、別除権者がその処分をすべき期間を定めることができる。
② 別除権者は、前項の期間内に処分をしないときは、同項の権利を失う。
③ 第一項の申立てについての裁判に対しては、即時抗告をすることができる。
④ 第一項の申立てについての裁判及び前項の即時抗告についての裁判があった場合には、その裁判書を当事者に送達しなければならない。この場合においては、第十条第三項本文の規定は、適用しない。

[1] **銀行取引約定書四条に基づく任意処分権**
銀行が、手形（本件では割引申入れに対する回答を留保したまま預かっていた手形。商事留置権が成立していた）について適法な占有権限を有し、特別先取特権に基づく優先弁済権を有する場合には、銀行取引約定書四条四項により、当該手形を手形交換制度によって取り立てて破産者に対する債権の弁済に充当することができる。（最判平10・7・14民集五二・五・一二六一、倒産百選[六版]五三）→六六条[1]

第二節　担保権の消滅

（**担保権消滅の許可の申立て**）
第一八六条① 破産手続開始の時において破産財団に属する財産につき担保権（特別の先取特権、質権、抵当権又は商法若しくは会社法の規定による留置権をいう。以下この節において同じ。）が存する場合において、当該財産を任意に売却して当該担保権を消滅させることが破産債権者の一般の利益に適合するときは、破産管財人は、裁判所に対し、当該財産を任意に売却し、次の各号に掲げる区分に応じてそれぞれ当該各号に定める額に相当する金銭が裁判所に納付されることにより当該財産につき存するすべての担保権を消滅させることについての許可の申立てをすることができる。ただし、当該担保権を有する者の利益を不当に害することとなると認められるときは、この限りでない。
一 破産管財人が、売却によってその相手方から取得することができる金銭（売買契約の締結及び履行のために要する費用のうち破産財団から現に支出し又は将来支出すべき実費の額並びに当該財産の譲渡に課されるべき消費税額等（当該消費税額及びこれを課税標準として課されるべき地方消費税額をいう。以下この節において同じ。）に相当する額であって、当該売買契約において相手方の負担とされるものに相当する金銭を除く。以下この節において「売得金」という。）の一部を破産財団に組み入れようとする場合　売得金の額から破産財団に組み入れようとする金銭（以下この節において「組入金」という。）の額を控除した額
二 前号に掲げる場合以外の場合　売得金の額
② 前項第一号に掲げる場合には、同項の申立てをしようとする破産管財人は、組入金の額について、あらかじめ、当該担保権を有する者と協議しなければならない。
③ 第一項の申立ては、次に掲げる事項を記載した書面（以下この節において「申立書」という。）でしなければならない。
一 担保権の目的である財産の表示
二 売得金の額（前号の財産が複数あるときは、売得金の額及びその各財産ごとの内訳の額）
三 第一号の財産の売却の相手方の氏名又は名称
四 消滅すべき担保権の表示
五 前号の担保権によって担保される債権の額

六　第一項第一号に掲げる場合には、組入金の額（第一号の財産が複数あるときは、組入金の額及びその各財産ごとの内訳の額）

七　前項の規定による協議の内容及びその経過

④　申立書には、前項第一号の財産の売却に係る売買契約の内容（売買契約の締結及び履行のために要する費用のうち破産財団から現に支出し又は将来支出すべき実費の額並びに当該財産の譲渡に課されるべき消費税額等に相当する額であって、当該売買契約において相手方の負担とされるものを含む。）を記載した書面を添付しなければならない。

⑤　第一項の申立てがあった場合には、申立書及び前項の書面を、当該申立書に記載された第三項第四号の担保権を有する者（以下この節において「被申立担保権者」という。）に送達しなければならない。この場合においては、第十条第三項本文の規定は、適用しない。

第一八七条（担保権の実行の申立て）①　被申立担保権者は、前条第一項の申立てにつき異議があるときは、同条第五項の規定によりすべての被申立担保権者に申立書及び同条第四項の書面の送達がされた日から一月以内に、担保権の実行の申立てをしたことを証する書面を裁判所に提出することができる。

②　裁判所は、被申立担保権者につきやむを得ない事由がある場合に限り、当該被申立担保権者の申立てにより、前項の期間を伸長することができる。

③　破産管財人と被申立担保権者との間に売得金及び組入金の額（前条第一項第二号に掲げる場合にあっては、売得金の額）について合意がある場合には、当該被申立担保権者は、担保権の実行の申立てをすることができない。

④　被申立担保権者は、第一項の期間（第二項の規定により伸長されたときは、その伸長された期間。以下この節において同じ。）が経過した後は、第百九十条第六項の規定により第百八十九条第一項の許可の決定が取り消され、又は同項の不許可の決定が確定した場合を除き、担保権の実行の申立てをすることができない。

⑤　第一項の担保権の実行の申立てをしたことを証する書面が提出された後に、当該担保権の実行の申立てが取り下げられ、又は却下された場合には、当該書面は提出されなかったものとみなす。民事執行法第百八十八条において準用する同法第六十三条又は同法第百九十二条において準用する同法第百二十九条（これらの規定を同法その他強制執行の手続に関する法令において準用する場合を含む。）の規定により同項の担保権の実行の手続が取り消された場合も、同様とする。

⑥　第百八十九条第一項の不許可の決定が確定した後に、第一項の担保権の実行の申立てが取り下げられ、又は却下された場合において、破産管財人が前条第一項の申立てをしたときは、当該担保権の実行の申立てをした被申立担保権者は、第一項の規定にかかわらず、同項の担保権の実行の申立てをしたことを証する書面を提出することができない。

第一八八条（買受けの申出）①　被申立担保権者は、第百八十六条第一項の申立てにつき異議があるときは、前条第一項の期間内に、破産管財人に対し、当該被申立担保権者又は他の者が第百八十六条第三項第一号の財産を買い受ける旨の申出（以下この節において「買受けの申出」という。）をすることができる。

②　買受けの申出は、次に掲げる事項を記載した書面でしなければならない。

一　第百八十六条第三項第一号の財産を買い受けようとする者（以下この節において「買受希望者」という。）の氏名又は名称

二　破産管財人が第百八十六条第三項第一号の財産の売却によって買受希望者から取得することができる金銭の額（売買契約の締結及び履行のために要する費用のうち破産財団から現に支出し又は将来支出すべき実費の額並びに当該財産の譲渡に課されるべき消費税額等に相当する額であって、当該売買契約において買受希望者の負担とされるものに相当する金銭を除く。以下この節において「買受けの申出の額」という。）

三　第百八十六条第三項第一号の財産が複数あるときは、買受けの申出の額の各財産ごとの内訳の額

③　買受けの申出の額は、申立書に記載された第百八十六条第三項第二号の売得金の額にその二十分の一に相当する額を加えた額以上でなければならない。

④　第百八十六条第三項第一号の財産が複数あるときは、第二項第三号の買受けの申出の額の各財産ごとの内訳の額は、当該各財産につき、同条第三項第二号の売得金の額の各財産ごとの内訳の額を下回ってはならない。

⑤　買受希望者は、買受けの申出に際し、最高裁判所規則で定める額及び方法による保証を破産管財人に提供しなければならない。

⑥　前条第三項の規定は、買受けの申出について準用する。

⑦　買受けの申出をした者（その者以外の者が買受希望者である場合にあっては、当該買受希望者）は、前条第一項の期間内は、当該買受けの申出を撤回することができる。

⑧　破産管財人は、買受けの申出があったときは、前条第一項の期間が経過した後、裁判所に対し、第百八十六条第三項第一号の財産を買受希望者に売却する旨の届出をしなければならない。この場合において、買受けの申出が複数あったときは、最高の買受けの申出の額に係る買受希望者（最高の買受けの申出の額に係る買受けの申出が複数あった場合にあっては、そのうち最も先にされたものに係る買受希望者）に売却する旨の届出をしなければならない。

⑨　前項の場合においては、破産管財人は、前条第一項の期間内にされた買受けの申出に係る第二項の書面を裁判所に提出しなければならない。

⑩　買受けの申出があったときは、破産管財人は、第百八十六条第一項の申立てを取り下げるには、買受希望者（次条第一項の許可の決定が確定した後にあっては、同条第二項に規定する買受人）の同意を得なければならない。

第一八九条（担保権消滅の許可の決定等）①　裁判所は、被申立担保権者が第百八十七条第一項の期間内に同項の担保権の実行の申立てをしたことを証する書面を提出したことにより不許可の決定をする場合を除き、次の各号に掲げる区分に応じてそれぞれ当該各号に定める者を当該許可に係る売却の相手方とする第百八十六条第一項の許可の決定をしなければならない。

一　前条第八項に規定する届出がされなかった場合　第百八十六条第三項第三号の売却の相手方

二　前条第八項に規定する届出がされた場合　同項に規定する買受希望者

②　前項第二号に掲げる場合において、同項の許可の決定が確定したときは、破産管財人と当該許可に係る同号に定める買受希望者（以下この節において「買受人」という。）との間で、第百八十六条第四項の書面に記載された内容と同一の内容（売却の相手方を除く。）の売買契約が締結されたものとみなす。この場合においては、買受けの申出の額を売買契約の売得金の額とみなす。

③　第百八十六条第一項の申立てについての裁判があった場合には、その裁判が確定するまでの間、買受希望者（第一項第二号に定める買受希望者を除く。）は、当該買受希望者に係る買受けの申出を撤回することができる。

④　第百八十六条第一項の申立てについての裁判に対しては、即時抗告をすることができる。

⑤　第百八十六条第一項の申立てについての裁判又は前項の即時抗告についての裁判があった場合には、その裁判書を当事者に送達しなければならない。この場合においては、第十条第三項本文の規定は、適用しない。

（金銭の納付等）

第一九〇条① 前条第一項の許可の決定が確定したときは、当該許可に係る売却の相手方は、次の各号に掲げる区分に応じ、それぞれ当該各号に定める額に相当する金銭を裁判所の定める期限までに裁判所に納付しなければならない。

一 前条第一項第一号に掲げる場合 第百八十六条第一項各号に掲げる区分に応じてそれぞれ当該各号に定める額

二 前条第一項第二号に掲げる場合 同条第二項後段に規定する売得金の額から第百八十八条第五項の規定により買受人が提供した保証の額を控除した額

② 前項第二号に掲げる金銭の納付があったときは、第百八十八条第五項の規定により買受人が提供した保証の額に相当する金銭は、売得金に充てる。

③ 前項の場合には、破産管財人は、同項の保証の額に相当する金銭を直ちに裁判所に納付しなければならない。

④ 被申立担保権者の有する担保権は、第一項第一号の場合にあっては同号の規定による金銭の納付があった時に、同項第二号の場合にあっては同号の規定による金銭の納付及び前項の規定による金銭の納付があった時に、それぞれ消滅する。

⑤ 前項に規定する金銭の納付があったときは、裁判所書記官は、消滅した担保権に係る登記又は登録の抹消を嘱託しなければならない。

⑥ 第一項の規定による金銭の納付がなかったときは、裁判所は、前条第一項の許可の決定を取り消さなければならない。

⑦ 前項の場合には、買受人は、第二項の保証の返還を請求することができない。

（配当等の実施）

第一九一条① 裁判所は、前条第四項に規定する金銭の納付があった場合には、次項に規定する場合を除き、当該金銭の被申立担保権者に対する配当に係る配当表に基づいて、その配当を実施しなければならない。

② 被申立担保権者が一人である場合又は被申立担保権者が二人以上であって前条第四項に規定する金銭で各被申立担保権者の有する担保権によって担保される債権を弁済することができる場合には、裁判所は、当該金銭の交付計算書を作成して、被申立担保権者に弁済金を交付し、剰余金を破産管財人に交付する。

③ 民事執行法第八十五条及び第八十八条から第九十二条までの規定は第一項の配当の手続について、同法第八十八条、第九十一条及び第九十二条の規定は前項の規定による弁済金の交付の手続について準用する。

第三節 商事留置権の消滅

第一九二条① 破産手続開始の時において破産財団に属する財産につき商法又は会社法の規定による留置権がある場合において、当該財産が第三十六条の規定により継続されている事業に必要なものであるとき、その他当該財産の回復が破産財団の価値の維持又は増加に資するときは、破産管財人は、留置権者に対して、当該留置権の消滅を請求することができる。

② 前項の規定による請求をするには、同項の財産の価額に相当する金銭を、同項の留置権者に弁済しなければならない。

③ 第一項の規定による請求及び前項に規定する弁済をするには、裁判所の許可を得なければならない。

④ 前項の許可があった場合における第二項に規定する弁済の額が第一項の財産の価額を満たすときは、当該弁済の時又は同項の規定による請求の時のいずれか遅い時に、同項の留置権は消滅する。

⑤ 前項の規定により第一項の留置権が消滅したことを原因とする同項の財産の返還を求める訴訟においては、第二項に規定する弁済の額が当該財産の価額を満たさない場合においても、原告の申立てがあり、当該訴訟の受訴裁判所が相当と認めるときは、当該受訴裁判所は、相当の期間内に不足額を弁済することを条件として、第一項の留置権者に対して、当該財産を返還することを命ずることができる。

第八章 配当

第一節 通則

（配当の方法等）

第一九三条① 破産債権者は、この章の定めるところに従い、破産財団から、配当を受けることができる。

② 破産債権者は、破産管財人がその職務を行う場所において配当を受けなければならない。ただし、破産管財人と破産債権者との合意により別段の定めをすることを妨げない。

③ 破産管財人は、配当をしたときは、その配当をした金額を破産債権者表に記載しなければならない。

（配当の順位等）

第一九四条① 配当の順位は、破産債権間においては次に掲げる順位に、第一号の優先的破産債権間においては第九十八条第二項に規定する優先順位による。

一 優先的破産債権

二 前号、次号及び第四号に掲げるもの以外の破産債権

三 劣後的破産債権

四 約定劣後破産債権

② 同一順位において配当をすべき破産債権については、それぞれその債権の額の割合に応じて、配当をする。

親会社の債権

[1] 会社更生手続に入った子会社に対する親会社の債権は、いわば内部的債権であり一般の更生債権［破産債権に相当］より劣位に置くのが公正・衡平の原則に合致する。（福岡高決昭56・12・21判時一〇四六・一二七、倒産百選[六版]九八……著しい支配従属関係があり、経営破綻の原因が親会社にあった事案）

[2] 支配会社の従属会社に対する破産債権を劣後的に取り扱うことは、明文の根拠を欠き許されない。（東京地判平3・12・16金判九〇三・三九、倒産百選[五版]四七……破産債権確定訴訟において、従属会社の過少資本と支配会社の不当経営とが主張された事案）

第二節 最後配当

（最後配当）

第一九五条① 破産管財人は、一般調査期間の経過後又は一般調査期日の終了後であって破産財団に属する財産の換価の終了後においては、第二百十七条第一項に規定する場合を除き、遅滞なく、届出をした破産債権者に対し、この節の規定による配当（以下この章及び次章において「最後配当」という。）をしなければならない。

② 破産管財人は、最後配当をするには、裁判所書記官の許可を得なければならない。

③ 裁判所は、破産管財人の意見を聴いて、あらかじめ、最後配当をすべき時期を定めることができる。

（配当表）

第一九六条① 破産管財人は、前条第二項の規定による許可があったときは、遅滞なく、次に掲げる事項を記載した配当表を作成し、これを裁判所に提出しなければならない。

一 最後配当の手続に参加することができる破産債権者の氏名又は名称及び住所

二 最後配当の手続に参加することができる債権の額

三 最後配当をすることができる金額

② 前項第二号に掲げる事項は、優先的破産債権、劣後的破産債権及び約定劣後破産債権をそれぞれ他の破産債権と区分し、優先的破産債権については第九十八条第二項に規定する優先順位に従い、これを記載しなければならない。

③ 破産管財人は、別除権に係る根抵当権によって担保される破

産債権については、当該破産債権を有する破産債権者が、破産管財人に対し、当該根抵当権の行使によって弁済を受けることができない債権の額を証明しない場合においても、これを配当表に記載しなければならない。この場合においては、前条第二項の規定による許可があった日における当該破産債権のうち極度額を超える部分の額を最後配当の手続に参加することができる債権の額とする。

④ 前項の規定は、第百八条第二項に規定する抵当権（根抵当権であるものに限る。）を有する者について準用する。

（配当の公告等）

第一九七条① 破産管財人は、前条第一項の規定により配当表を裁判所に提出した後、遅滞なく、最後配当の手続に参加することができる債権の総額及び最後配当をすることができる金額を公告し、又は届出をした破産債権者に通知しなければならない。

② 前項の規定による通知は、その通知が通常到達すべきであった時に、到達したものとみなす。

③ 第一項の規定による通知が届出をした各破産債権者に通常到達すべきであった時を経過したときは、破産管財人は、遅滞なく、その旨を裁判所に届け出なければならない。

（破産債権の除斥等）

第一九八条① 異議等のある破産債権（第百二十九条第一項に規定するものを除く。）について最後配当の手続に参加するには、当該異議等のある破産債権を有する破産債権者が、前条第一項の規定による公告が効力を生じた日又は同条第三項の規定による届出があった日から起算して二週間以内に、破産管財人に対し、当該異議等のある破産債権の確定に関する破産債権査定申立てに係る査定の手続、破産債権査定異議の訴えに係る訴訟手続又は第百二十七条第一項の規定による受継があった訴訟手続が係属していることを証明しなければならない。

② 停止条件付債権又は将来の請求権である破産債権について最後配当の手続に参加するには、前項に規定する期間（以下この節及び第五節において「最後配当に関する除斥期間」という。）内にこれを行使することができるに至っていなければならない。

③ 別除権者は、最後配当の手続に参加するには、次項の場合を除き、最後配当に関する除斥期間内に、破産管財人に対し、当該別除権に係る第六十五条第二項に規定する担保権によって担保される債権の全部若しくは一部が破産手続開始後に担保されないこととなったことを証明し、又は当該担保権の行使によって弁済を受けることができない債権の額を証明しなければならない。

④ 第百九十六条第三項前段（同条第四項において準用する場合を含む。）の規定により配当表に記載された根抵当権によって担保される破産債権については、最後配当に関する除斥期間内に当該担保権の行使によって弁済を受けることができない債権の額の証明がされた場合を除き、同条第三項後段（同条第四項において準用する場合を含む。）の規定により配当表に記載された最後配当の手続に参加することができる債権の額を当該弁済を受けることができない債権の額とみなす。

⑤ 第三項の規定は、準別除権者について準用する。

（配当表の更正）

第一九九条① 次に掲げる場合には、破産管財人は、直ちに、配当表を更正しなければならない。

一 破産債権者表を更正すべき事由が最後配当に関する除斥期間内に生じたとき。

二 前条第一項に規定する事項につき最後配当に関する除斥期間内に証明があったとき。

三 前条第三項に規定する事項につき最後配当に関する除斥期間内に証明があったとき。

② 前項第三号の規定は、準別除権者について準用する。

（配当表に対する異議）

第二〇〇条① 届出をした破産債権者で配当表の記載に不服があるものは、最後配当に関する除斥期間が経過した後一週間以内に限り、裁判所に対し、異議を申し立てることができる。

② 裁判所は、前項の規定による異議の申立てを理由があると認めるときは、破産管財人に対し、配当表の更正を命じなければならない。

③ 第一項の規定による異議の申立てについての裁判に対しては、即時抗告をすることができる。この場合においては、配当表の更正を命ずる決定に対する即時抗告の期間は、第十一条第一項の規定により利害関係人がその裁判書の閲覧を請求することができることとなった日から起算する。

④ 第一項の規定による異議の申立てを却下する裁判及び前項前段の即時抗告についての裁判（配当表の更正を命ずる決定を除く。）があった場合には、その裁判書を当事者に送達しなければならない。

（配当額の定め及び通知）

第二〇一条① 破産管財人は、前条第一項に規定する期間が経過した後（同項の規定による異議の申立てがあったときは、当該異議の申立てに係る手続が終了した後）、遅滞なく、最後配当の手続に参加することができる破産債権者に対する配当額を定めなければならない。

② 破産管財人は、第七十条の規定により寄託した金額で第百九十八条第二項の規定に適合しなかったことにより最後配当の手続に参加することができなかった破産債権者のために寄託したものの配当を、最後配当の一部として他の破産債権者に対してしなければならない。

③ 解除条件付債権である破産債権について、その条件が最後配当に関する除斥期間内に成就しないときは、第六十九条の規定により供した担保はその効力を失い、同条の規定により寄託した金額は当該破産債権を有する破産債権者に支払わなければならない。

④ 第百一条第一項の規定により弁済を受けた破産債権者又は第百九条に規定する弁済を受けた破産債権者は、他の同順位の破産債権者が自己の受けた弁済と同一の割合の配当を受けるまでは、最後配当を受けることができない。

⑤ 第一項の規定により破産債権者に対する配当額を定めた場合において、第百十一条第一項第四号及び第百十三条第二項の規定による届出をしなかった破産債権者について、その定めた配当額が同号に規定する最高裁判所規則で定める額に満たないときは、破産管財人は、当該破産債権者以外の他の破産債権者に対して当該配当額の最後配当をしなければならない。この場合においては、当該配当額について、当該他の破産債権者に対する配当額を定めなければならない。

⑥ 次項の規定による配当額の通知を発する前に、新たに最後配当に充てることができる財産があるに至ったときは、破産管財人は、遅滞なく、配当表を更正しなければならない。

⑦ 破産管財人は、第一項から前項までの規定により定めた配当額を、最後配当の手続に参加することができる破産債権者（第五項の規定により最後配当を受けることができない破産債権者を除く。）に通知しなければならない。

（配当額の供託）

第二〇二条 破産管財人は、次に掲げる配当額を、これを受けるべき破産債権者のために供託しなければならない。

一 異議等のある破産債権であって前条第七項の規定による配当額の通知を発した時にその確定に関する破産債権査定申立てに係る査定の手続、破産債権査定異議の訴えに係る訴訟手続、第百二十七条第一項若しくは第百二十九条第二項の規定による受継があった訴訟手続又は同条第一項の規定による異議の主張に係る訴訟手続が係属しているものに対する配当額

二 租税等の請求権又は罰金等の請求権であって前条第七項の規定による配当額の通知を発した時に審査請求、訴訟（刑事訴訟を除く。）その他の不服の申立ての手続が終了していないものに対する配当額

三 破産債権者が受け取らない配当額

⑦ 本条［旧二八〇条］三号に基づく供託は、弁済のための供託ではあるが法律上の義務として行われるものであり、供託者の自発的意思に基づいて行われる一般の弁済供託とは趣旨を異にするので、民法四九六条一項の適用はない。（東京地判平8・8・28判時一六〇九・一二三……破産手続終結後清算中の破産会社による取戻請求を否定）

（破産管財人に知れていない財団債権者の取扱い）
第二〇三条 第二百一条第七項の規定による配当額の通知を発した時に破産管財人に知れていない財団債権者は、最後配当をすることができる金額をもって弁済を受けることができない。

第三節 簡易配当

（簡易配当）
第二〇四条① 裁判所書記官は、第百九十五条第一項の規定により最後配当をすることができる場合において、次に掲げるときは、破産管財人の申立てにより、最後配当に代えてこの節の規定による配当（以下この章及び次章において「簡易配当」という。）をすることを許可することができる。
一 配当をすることができる金額が千万円に満たないと認められるとき。
二 裁判所が、第三十二条第一項の規定により同項第五号に掲げる事項を公告し、かつ、その旨を知れている破産債権者に対し同条第三項第一号の規定により通知した場合において、届出をした破産債権者が同条第一項第五号に規定する時までに異議を述べなかったとき。
三 前二号に掲げるもののほか、相当と認められるとき。
② 破産管財人は、前項の規定による許可があった場合には、次条において読み替えて準用する第百九十六条第一項の規定により配当表を裁判所に提出した後、遅滞なく、届出をした破産債権者に対する配当見込額を定めて、簡易配当の手続に参加することができる債権の総額、簡易配当をすることができる金額及び当該配当見込額を届出をした破産債権者に通知しなければならない。
③ 前項の規定による通知は、その通知が通常到達すべきであった時に、到達したものとみなす。
④ 第二項の規定による通知が届出をした各破産債権者に通常到達すべきであった時を経過したときは、破産管財人は、遅滞なく、その旨を裁判所に届け出なければならない。

（準用）
第二〇五条 簡易配当については、前節（第百九十五条、第百九十七条、第二百条第三項及び第四項並びに第二百一条第七項を除く。）の規定を準用する。この場合において、第百九十六条第一項及び第三項中「前条第二項の規定による許可」とあるのは「第二百四条第一項の規定による許可」と、第百九十八条第一項中「前条第一項の規定による公告が効力を生じた日又は同条第三項」とあるのは「第二百四条第四項」と、「二週間以内に」とあるのは「一週間以内に」と、第二百一条第一項中「当該異議の申立てに係る手続が終了した後」とあるのは「当該異議の申立てについての決定があった後」と、同条第六項中「次項の規定による配当額の通知を発する前に」とあるのは「前条第一項に規定する期間内に」と、第二百二条第一号及び第二号中「前条第七項の規定による配当額の通知を発した時に」とあり、並びに第二百三条中「第二百一条第七項の規定による配当額の通知を発した時に」とあるのは「第二百条第一項に規定する期間を経過した時に」と読み替えるものとする。

（簡易配当の許可の取消し）
第二〇六条 破産管財人は、第二百四条第一項第三号の規定による許可があった場合において、同条第二項の規定による通知をするときは、同時に、簡易配当をすることにつき異議のある破産債権者は裁判所に対し同条第四項の規定による届出の日から起算して一週間以内に異議を述べるべき旨をも通知しなければならない。この場合において、届出をした破産債権者が同項の規定による届出の日から起算して一週間以内に異議を述べたときは、裁判所書記官は、当該許可を取り消さなければならない。

（適用除外）
第二〇七条 第二百四条第一項の規定による簡易配当の許可は、第二百九条第一項に規定する中間配当をした場合は、することができない。

第四節 同意配当

第二〇八条① 裁判所書記官は、第百九十五条第一項の規定により最後配当をすることができる場合において、破産管財人の申立てがあったときは、最後配当に代えてこの条の規定による配当（以下この章及び次章において「同意配当」という。）をすることを許可することができる。この場合において、破産管財人の申立ては、届出をした破産債権者の全員が、破産管財人が定めた配当表、配当額並びに配当の時期及び方法について同意している場合に限り、することができる。
② 前項の規定による許可があった場合には、破産管財人は、同項後段の配当表、配当額並びに配当の時期及び方法に従い、同項後段の届出をした破産債権者に対して同意配当をすることができる。
③ 同意配当については、第百九十六条第一項及び第二項並びに第二百三条の規定を準用する。この場合において、第百九十六条第一項中「前条第二項の規定による許可があったときは、遅滞なく」とあるのは「あらかじめ」と、第二百三条中「第二百一条第七項の規定による配当額の通知を発した時に」とあるのは「第二百八条第一項の規定による許可があった時に」と読み替えるものとする。

第五節 中間配当

（中間配当）
第二〇九条① 破産管財人は、一般調査期間の経過後又は一般調査期日の終了後であって破産財団に属する財産の換価の終了前において、配当をするのに適当な破産財団に属する金銭があると認めるときは、最後配当に先立って、届出をした破産債権者に対し、この節の規定による配当（以下この節において「中間配当」という。）をすることができる。
② 破産管財人は、中間配当をするには、裁判所の許可を得なければならない。
③ 中間配当については、第百九十六条第一項及び第二項、第百九十七条、第百九十八条第一項、第百九十九条第一項第一号及び第二号、第二百条、第二百一条第四項並びに第二百三条の規定を準用する。この場合において、第百九十六条第一項中「前条第二項の規定による許可」とあるのは「第二百九条第二項の規定による許可」と、第百九十九条第一項各号及び第二百条第一項中「最後配当に関する除斥期間」とあるのは「第二百十条第一項に規定する中間配当に関する除斥期間」と、第二百三条中「第二百一条第七項の規定による配当額」とあるのは「第二百十一条の規定による配当率」と読み替えるものとする。

（別除権者の除斥等）
第二一〇条① 別除権者は、中間配当の手続に参加するには、前条第三項において準用する第百九十八条第一項に規定する期間（以下この節において「中間配当に関する除斥期間」という。）内に、破産管財人に対し、当該別除権の目的である財産の処分に着手したことを証明し、かつ、当該処分によって弁済を受けることができない債権の額を疎明しなければならない。
② 前項の規定は、準別除権者について準用する。
③ 破産管財人は、第一項（前項において準用する場合を含む。）に規定する事項につき中間配当に関する除斥期間内に証明及び疎明があったときは、直ちに、配当表を更正しなければならない。

（配当率の定め及び通知）

第二一一条　破産管財人は、第二百九条第三項において準用する第二百条第一項に規定する期間が経過した後（同項の規定による異議の申立てがあったときは、当該異議の申立てについての決定があった後）、遅滞なく、配当率を定めて、その配当率を中間配当の手続に参加することができる破産債権者に通知しなければならない。

（解除条件付債権の取扱い）

第二一二条①　解除条件付債権である破産債権については、相当の担保を供しなければ、中間配当を受けることができない。

②　前項の破産債権について、その条件が最後配当に関する除斥期間内に成就しないときは、同項の規定により供した担保は、その効力を失う。

（除斥された破産債権等の後の配当における取扱い）

第二一三条　第二百九条第三項において準用する第百九十八条第一項に規定する事項につき証明をしなかったことにより中間配当の手続に参加することができなかった破産債権について、当該破産債権を有する破産債権者が最後配当に関する除斥期間又はその中間配当の後に行われることがある中間配当に関する除斥期間内に当該事項につき証明をしたときは、その中間配当において受けることができた額について、当該最後配当又はその中間配当の後に行われることがある中間配当において、他の同順位の破産債権者に先立って配当を受けることができる。第二百十条第一項（同条第二項において準用する場合を含む。）に規定する事項につき証明又は疎明をしなかったことにより中間配当の手続に参加することができなかった別除権者（準別除権者を含む。）がその中間配当の後に行われることがある中間配当に関する除斥期間内に当該事項につき証明及び疎明をしたときも、同様とする。

（配当額の寄託）

第二一四条①　中間配当を行おうとする破産管財人は、次に掲げる破産債権に対する配当額を寄託しなければならない。

一　異議等のある破産債権であって、第二百二条第一号に規定する手続が係属しているもの

二　租税等の請求権又は罰金等の請求権であって、第二百十一条の規定による配当率の通知を発した時に第二百二条第二号に規定する手続が終了していないもの

三　中間配当に関する除斥期間内に第二百十条第一項（同条第二項において準用する場合を含む。）の規定による証明及び疎明があった債権のうち、当該疎明があった額に係る部分

四　停止条件付債権又は将来の請求権である破産債権

五　解除条件付債権である破産債権であって、第二百十二条第一項の規定による担保が供されていないもの

六　第百十一条第一項第四号及び第百十三条第二項の規定による届出をしなかった破産債権者が有する破産債権

②　前項第一号又は第二号の規定により当該各号に掲げる破産債権に対する配当額を寄託した場合において、第二百二条第一号又は第二号の規定により当該破産債権に対する配当額を供託するときは、破産管財人は、その寄託した配当額をこれを受けるべき破産債権者のために供託しなければならない。

③　第一項第三号又は第四号の規定により当該各号に掲げる破産債権に対する配当額を寄託した場合において、当該破産債権を有する破産債権者又は別除権者（準別除権者を含む。）が第百九十八条第二項の規定に適合しなかったこと又は同条第三項（同条第五項において準用する場合を含む。）に規定する事項につき証明をしなかったことにより最後配当の手続に参加することができなかったときは、破産管財人は、その寄託した配当額の最後配当を他の破産債権者に対してしなければならない。

④　第一項第五号の規定により同号に掲げる破産債権に対する配当額を寄託した場合において、当該破産債権の条件が最後配当に関する除斥期間内に成就しないときは、破産管財人は、その寄託した配当額を当該破産債権を有する破産債権者に支払わなければならない。

⑤　第一項第六号の規定により同号に掲げる破産債権に対する配当額を寄託した場合における第二百一条第五項の規定の適用については、同項中「その定めた配当額が同号に」とあるのは「その定めた配当額及び破産管財人が第二百十四条第一項第六号の規定により寄託した同号に掲げる破産債権に対する配当額の合計額が第百十一条第一項第四号に」と、「当該配当額」とあるのは「当該合計額」とする。

第六節　追加配当

第二一五条①　第二百一条第七項の規定による配当額の通知を発した後（簡易配当にあっては第二百五条において準用する第二百条第一項に規定する期間を経過した後、同意配当にあっては第二百八条第一項の規定による許可があった後）、新たに配当に充てることができる相当の財産があることが確認されたときは、破産管財人は、裁判所の許可を得て、最後配当、簡易配当又は同意配当とは別に、届出をした破産債権者に対し、この条の規定による配当（以下この条において「追加配当」という。）をしなければならない。破産手続終結の決定があった後であっても、同様とする。

②　追加配当については、第二百一条第四項及び第五項、第二百二条並びに第二百三条の規定を準用する。この場合において、第二百一条第五項中「第一項の規定」とあるのは「第二百十五条第四項の規定」と、第二百二条第一号及び第二号中「前条第七項」とあり、並びに第二百三条中「第二百一条第七項」とあるのは「第二百十五条第五項」と読み替えるものとする。

③　追加配当は、最後配当、簡易配当又は同意配当について作成した配当表によってする。

④　破産管財人は、第一項の規定による許可があったときは、遅滞なく、追加配当の手続に参加することができる破産債権者に対する配当額を定めなければならない。

⑤　破産管財人は、前項の規定により定めた配当額を、追加配当の手続に参加することができる破産債権者（第二項において読み替えて準用する第二百一条第五項の規定により追加配当を受けることができない破産債権者を除く。）に通知しなければならない。

⑥　追加配当をした場合には、破産管財人は、遅滞なく、裁判所に書面による計算の報告をしなければならない。

⑦　前項の場合において、破産管財人が欠けたときは、当該計算の報告は、同項の規定にかかわらず、後任の破産管財人がしなければならない。

> 1　**追加配当財源**　破産者の名誉侵害を理由とする慰謝料請求権が、破産終結決定のなされた後に、破産者死亡により行使上の一身専属性を失ったときは、これにつき本条［旧二八三条］一項後段の適用はなく、同請求権が破産財団に帰属する余地はないから、これに関する破産者の訴訟はその相続人において承継すべきである。（最判昭58・10・6民集三七・八・一〇四一、倒産百選［六版］二三）→三四条⑥・八〇条⑤、民七一〇条③

第九章　破産手続の終了

（破産手続開始の決定と同時にする破産手続廃止の決定）

第二一六条①　裁判所は、破産財団をもって破産手続の費用を支弁するのに不足すると認めるときは、破産手続開始の決定と同時に、破産手続廃止の決定をしなければならない。

②　前項の規定は、破産手続の費用を支弁するのに足りる金額の予納があった場合には、適用しない。

③　裁判所は、第一項の規定により破産手続開始の決定と同時に破産手続廃止の決定をしたときは、直ちに、次に掲げる事項を公告し、かつ、これを破産者に通知しなければならない。

一　破産手続開始の決定の主文

二　破産手続廃止の決定の主文及び理由の要旨

④ 第一項の規定による破産手続廃止の決定に対しては、即時抗告をすることができる。

⑤ 前項の即時抗告は、執行停止の効力を有しない。

⑥ 第三十一条及び第三十二条の規定は、第一項の規定による破産手続廃止の決定を取り消す決定が確定した場合について準用する。

（**破産手続開始の決定後の破産手続廃止の決定**）

第二一七条① 裁判所は、破産手続開始の決定があった後、破産財団をもって破産手続の費用を支弁するのに不足すると認めるときは、破産管財人の申立てにより又は職権で、破産手続廃止の決定をしなければならない。この場合においては、裁判所は、債権者集会の期日において破産債権者の意見を聴かなければならない。

② 前項後段の規定にかかわらず、裁判所は、相当と認めるときは、同項後段に規定する債権者集会の期日における破産債権者の意見の聴取に代えて、書面によって破産債権者の意見を聴くことができる。この場合においては、当該意見の聴取を目的とする第百三十五条第一項第二号又は第三号に掲げる者による同項の規定による債権者集会の招集の申立ては、することができない。

③ 前二項の規定は、破産手続の費用を支弁するのに足りる金額の予納があった場合には、適用しない。

④ 裁判所は、第一項の規定による破産手続廃止の決定をしたときは、直ちに、その主文及び理由の要旨を公告し、かつ、その裁判書を破産者及び破産管財人に送達しなければならない。

⑤ 裁判所は、第一項の申立てを棄却する決定をしたときは、その裁判書を破産管財人に送達しなければならない。この場合においては、第十条第三項本文の規定は、適用しない。

⑥ 第一項の規定による破産手続廃止の決定及び同項の申立てを棄却する決定に対しては、即時抗告をすることができる。

⑦ 第一項の規定による破産手続廃止の決定を取り消す決定が確定したときは、当該破産手続廃止の決定をした裁判所は、直ちに、その旨を公告しなければならない。

⑧ 第一項の規定による破産手続廃止の決定は、確定しなければその効力を生じない。

（**破産債権者の同意による破産手続廃止の決定**）

第二一八条① 裁判所は、次の各号に掲げる要件のいずれかに該当する破産者の申立てがあったときは、破産手続廃止の決定をしなければならない。

一 破産手続を廃止することについて、債権届出期間内に届出をした破産債権者の全員の同意を得ているとき。

二 前号の同意をしない破産債権者がある場合において、当該破産債権者に対して裁判所が相当と認める担保を供しているとき。ただし、破産財団から当該担保を供した場合には、破産財団から当該担保を供したことについて、他の届出をした破産債権者の同意を得ているときに限る。

② 前項の規定にかかわらず、裁判所は、まだ確定していない破産債権を有する破産債権者について同項第一号及び第二号ただし書の同意を得ることを要しない旨の決定をすることができる。この場合における同項第一号及び第二号ただし書の規定の適用については、これらの規定中「届出をした破産債権者」とあるのは、「届出をした破産債権者（まだ確定していない破産債権を有する破産債権者であって、裁判所の決定によりその同意を得ることを要しないとされたものを除く。）」とする。

③ 裁判所は、第一項の申立てがあったときは、その旨を公告しなければならない。

④ 届出をした破産債権者は、前項に規定する公告が効力を生じた日から起算して二週間以内に、裁判所に対し、第一項の申立てについて意見を述べることができる。

⑤ 前条第四項から第八項までの規定は、第一項の規定による破産手続廃止の決定について準用する。この場合において、同条第五項中「破産管財人」とあるのは、「破産者」と読み替えるものとする。

（**破産者が法人である場合の破産債権者の同意による破産手続廃止の決定**）

第二一九条 法人である破産者が前条第一項の申立てをするには、定款その他の基本約款の変更に関する規定に従い、あらかじめ、当該法人を継続する手続をしなければならない。

（**破産手続終結の決定**）

第二二〇条① 裁判所は、最後配当、簡易配当又は同意配当が終了した後、第八十八条第四項の債権者集会が終結したとき、又は第八十九条第二項に規定する期間が経過したときは、破産手続終結の決定をしなければならない。

② 裁判所は、前項の規定により破産手続終結の決定をしたときは、直ちに、その主文及び理由の要旨を公告し、かつ、これを破産者に通知しなければならない。

（**破産手続廃止後又は破産手続終結後の破産債権者表の記載の効力**）

第二二一条① 第二百十七条第一項若しくは第二百十八条第一項の規定による破産手続廃止の決定が確定したとき、又は前条第一項の規定による破産手続終結の決定があったときは、確定した破産債権については、破産債権者表の記載は、破産者に対し、確定判決と同一の効力を有する。この場合において、破産債権者は、確定した破産債権について、当該破産者に対し、破産債権者表の記載により強制執行をすることができる。

② 前項の規定は、破産者（第百二十一条第三項ただし書の代理人を含む。）が第百十八条第二項、第百十九条第五項、第百二十一条第四項（同条第六項（同条第七項又は第百二十二条第二項において準用する場合を含む。）若しくは第七項又は第百二十二条第二項において準用する場合を含む。）又は第百二十三条第一項の規定による異議を述べた場合には、適用しない。

第十章　相続財産の破産等に関する特則

第一節　相続財産の破産

（**相続財産に関する破産事件の管轄**）

第二二二条① 相続財産についてのこの法律の規定による破産手続開始の申立ては、被相続人の相続開始の時の住所又は相続財産に属する財産が日本国内にあるときに限り、することができる。

② 相続財産に関する破産事件は、被相続人の相続開始の時の住所地を管轄する地方裁判所が管轄する。

③ 前項の規定による管轄裁判所がないときは、相続財産に関する破産事件は、相続財産に属する財産の所在地（債権については、裁判上の請求をすることができる地）を管轄する地方裁判所が管轄する。

④ 相続財産に関する破産事件に対する第五条第八項及び第九項並びに第七条第五号の規定の適用については、第五条第八項及び第九項中「第一項及び第二項」とあるのは「第二百二十二条第二項及び第三項」と、第七条第五号中「同条第一項又は第二項」とあるのは「第二百二十二条第二項又は第三項」とする。

⑤ 前三項の規定により二以上の地方裁判所が管轄権を有するときは、相続財産に関する破産事件は、先に破産手続開始の申立てがあった地方裁判所が管轄する。

（**相続財産の破産手続開始の原因**）

第二二三条 相続財産に対する第三十条第一項の規定の適用については、同項中「破産手続開始の原因となる事実があると認めるとき」とあるのは、「相続財産をもって相続債権者及び受遺者に対する債務を完済することができないと認めるとき」とする。

[1] **相続財産破産の効果**

[1] 相続財産破産は限定承認の効果を有しない。（大阪高判昭63・7・29高民四一・二・八六、倒産百選[六版]A9）→二二九条

（**破産手続開始の申立て**）

第二二四条① 相続財産については、相続債権者又は受遺者のほか、相続人、相続財産の管理人、相続財産の清算人又は遺言執行者（相続財産の管理に必要な行為をする権利を有する遺言執行者に限る。以下この節において同じ。）も、破産手続開始の申立てをすることができる。

② 次の各号に掲げる者が相続財産について破産手続開始の申立てをするときは、それぞれ当該各号に定める事実を疎明しなければならない。

一 相続債権者又は受遺者　その有する債権の存在及び当該相続財産の破産手続開始の原因となる事実

二 相続人、相続財産の管理人、相続財産の清算人又は遺言執行者　当該相続財産の破産手続開始の原因となる事実

（破産手続開始の申立期間）

第二二五条 相続財産については、民法第九百四十一条第一項の規定により財産分離の請求をすることができる間に限り、破産手続開始の申立てをすることができる。ただし、限定承認又は財産分離があったときは、相続債権者及び受遺者に対する弁済が完了するまでの間も、破産手続開始の申立てをすることができる。

（破産手続開始の決定前の相続の開始）

第二二六条① 裁判所は、破産手続開始の申立て後破産手続開始の決定前に債務者について相続が開始したときは、相続債権者、受遺者、相続人、相続財産の管理人、相続財産の清算人又は遺言執行者の申立てにより、当該相続財産についてその破産手続を続行する旨の決定をすることができる。

② 前項に規定する続行の申立ては、相続が開始した後一月以内にしなければならない。

③ 第一項に規定する破産手続は、前項の期間内に第一項に規定する続行の申立てがなかった場合はその期間が経過した時に、前項の期間内に第一項に規定する続行の申立てがあった場合で当該申立てを却下する裁判が確定したときはその時に、それぞれ終了する。

④ 第一項に規定する続行の申立てを却下する裁判に対しては、即時抗告をすることができる。

（破産手続開始の決定後の相続の開始）

第二二七条 裁判所は、破産手続開始の決定後に破産者について相続が開始したときは、当該相続財産についてその破産手続を続行する。

相続財産に対する続行破産と免責↓二四八条③

（限定承認又は財産分離の手続との関係）

第二二八条 相続財産についての破産手続開始の決定は、限定承認又は財産分離を妨げない。ただし、破産手続開始の決定の取消し若しくは破産手続廃止の決定が確定し、又は破産手続終結の決定があるまでの間は、限定承認又は財産分離の手続は、中止する。

相続財産破産の効果

1 相続財産破産は限定承認の効果を有しない。（大阪高判昭63・7・29高民四一・二・八六、倒産百選〔六版〕A9）↓二二九条1

（破産財団の範囲）

第二二九条① 相続財産について破産手続開始の決定があった場合には、相続財産に属する一切の財産（日本国内にあるかどうかを問わない。）は、破産財団とする。この場合においては、被相続人が相続人に対して有していた権利は、消滅しなかったものとみなす。

② 相続人が相続財産の全部又は一部を処分した後に相続財産について破産手続開始の決定があったときは、相続人が反対給付について有する権利は、破産財団に属する。

③ 前項に規定する場合において、相続人が既に同項の反対給付を受けているときは、相続人は、当該反対給付を破産財団に返還しなければならない。ただし、相続人が当該反対給付を受けた当時、破産手続開始の原因となる事実又は破産手続開始の申立てがあったことを知らなかったときは、その現に受けている利益を返還すれば足りる。

相続財産破産と相続人の単純承認

1 相続財産破産の場合にも、相続人が単純承認をすれば被相続人の一切の権利義務を当然に承継するから、相続債権者は相続人の固有財産に対して責任を追及することができる。相続財産の破産に限定承認と同様の効果を与えている立法例（ドイツ民法一九七五条）もあるが、このような明文のない日本法上は、相続財産に対して破産手続開始決定がなされても、相続人において放棄又は限定承認をしておかなければ、相続人は、右破産手続の中で弁済されなかった債務を自己の固有財産によって弁済する責めを負うことになる。（大阪高判昭63・7・29高民四一・二・八六、倒産百選〔六版〕A9）

（相続人等の説明義務等）

第二三〇条① 相続財産について破産手続開始の決定があった場合には、次に掲げる者は、破産管財人若しくは債権者委員会の請求又は債権者集会の決議に基づく請求があったときは、破産に関し必要な説明をしなければならない。

一 被相続人の代理人であった者

二 相続人及びその代理人

三 相続財産の管理人、相続財産の清算人及び遺言執行者

② 前項の規定は、同項第二号又は第三号に掲げる者であった者について準用する。

③ 第三十七条及び第三十八条の規定は、相続財産について破産手続開始の決定があった場合における相続人並びにその法定代理人及び支配人について準用する。

（相続債権者及び受遺者の地位）

第二三一条① 相続財産について破産手続開始の決定があった場合には、相続債権者及び受遺者は、相続人について破産手続開始の決定があったときでも、その債権の全額について破産手続に参加することができる。

② 相続財産について破産手続開始の決定があったときは、相続債権者の債権は、受遺者の債権に優先する。

（相続人の地位）

第二三二条① 相続財産について破産手続開始の決定があった場合には、相続人が被相続人に対して有していた権利は、消滅しなかったものとみなす。この場合においては、相続人は、被相続人に対して有していた債権について、相続債権者と同一の権利を有する。

② 前項に規定する場合において、相続人が相続債権者に対して自己の固有財産をもって弁済その他の債務を消滅させる行為をしたときは、相続人は、その出えんの額の範囲内において、当該相続債権者が被相続人に対して有していた権利を行使することができる。

（相続人の債権者の地位）

第二三三条 相続財産について破産手続開始の決定があったときは、相続人の債権者は、破産債権者としてその権利を行使することができない。

（否認権に関する規定の適用関係）

第二三四条 相続財産について破産手続開始の決定があった場合における第六章第二節の規定の適用については、被相続人、相続人、相続財産の管理人、相続財産の清算人又は遺言執行者が相続財産に関してした行為は、破産者がした行為とみなす。

（受遺者に対する担保の供与等の否認）

第二三五条① 相続財産について破産手続開始の決定があった場合において、受遺者に対する担保の供与又は債務の消滅に関する行為がその債権に優先する破産債権者を害するときは、当該行為を否認することができる。

② 第百六十七条第二項の規定は、前項の行為が同項の規定により否認された場合について準用する。この場合において、同条第二項中「破産債権者を害すること」とあるのは、「第二百三十五条第一項の破産債権者を害すること」と読み替えるものとする。

（**否認後の残余財産の分配等**）
第二三六条 相続財産について破産手続開始の決定があった場合において、被相続人、相続人、相続財産の管理人、相続財産の清算人又は遺言執行者が相続財産に関してした行為が否認されたときは、破産管財人は、相続債権者に弁済をした後、否認された行為の相手方にその権利の価額に応じて残余財産を分配しなければならない。

（**破産債権者の同意による破産手続廃止の申立て**）
第二三七条① 相続財産の破産についての第二百十八条第一項の申立ては、相続人がする。
② 相続人が数人あるときは、前項の申立ては、各相続人がすることができる。

第二節　相続人の破産

（**破産者の単純承認又は相続放棄の効力等**）
第二三八条① 破産手続開始の決定前に破産者のために相続の開始があった場合において、破産者が破産手続開始の決定後にした単純承認は、破産財団に対しては、限定承認の効力を有する。破産者が破産手続開始の決定後にした相続の放棄も、同様とする。
② 破産管財人は、前項後段の規定にかかわらず、相続の放棄の効力を認めることができる。この場合においては、相続の放棄があったことを知った時から三月以内に、その旨を家庭裁判所に申述しなければならない。

（**限定承認又は財産分離の手続との関係**）
第二三九条 相続人についての破産手続開始の決定は、限定承認又は財産分離を妨げない。ただし、当該相続人のみが相続財産につき債務の弁済に必要な行為をする権限を有するときは、破産手続開始の決定の取消し若しくは破産手続廃止の決定が確定し、又は破産手続終結の決定があるまでの間は、限定承認又は財産分離の手続は、中止する。

（**相続債権者、受遺者及び相続人の債権者の地位**）
第二四〇条① 相続人について破産手続開始の決定があった場合には、相続債権者及び受遺者は、財産分離があったとき、又は相続財産について破産手続開始の決定があったときでも、その債権の全額について破産手続に参加することができる。
② 相続人について破産手続開始の決定があり、かつ、相続財産について破産手続開始の決定があったときは、相続人の債権者の債権は、相続人の破産財団については、相続債権者及び受遺者の債権に優先する。
③ 第二百二十五条に規定する期間内にされた破産手続開始の申立てにより相続人について破産手続開始の決定があったときは、相続人の固有財産については相続人の債権者の債権が相続債権者及び受遺者の債権に優先し、相続財産については相続債権者及び受遺者の債権が相続人の債権者の債権に優先する。
④ 相続人について破産手続開始の決定があり、かつ、当該相続人が限定承認をしたときは、相続債権者及び受遺者は、相続人の固有財産について、破産債権者としてその権利を行使することができない。第二百三十八条第一項の規定により限定承認の効力を有するときも、同様とする。

（**限定承認又は財産分離の手続において相続債権者等が受けた弁済**）
第二四一条① 相続債権者又は受遺者は、相続人について破産手続開始の決定があった後に、限定承認又は財産分離の手続において権利を行使したことにより、破産債権について弁済を受けた場合であっても、その弁済を受ける前の債権の額について破産手続に参加することができる。相続人の債権者が、相続人について破産手続開始の決定があった後に、財産分離の手続において権利を行使したことにより、破産債権について弁済を受けた場合も、同様とする。
② 前項の相続債権者若しくは受遺者又は相続人の債権者は、他の同順位の破産債権者が自己の受けた弁済（相続人が数人ある場合には、当該破産手続開始の決定を受けた相続人の相続分に応じた部分に限る。次項において同じ。）と同一の割合の配当を受けるまでは、破産手続により、配当を受けることができない。
③ 第一項の相続債権者若しくは受遺者又は相続人の債権者は、前項の弁済を受けた債権の額については、議決権を行使することができない。

（**限定承認又は財産分離等の後の相続財産の管理及び処分等**）
第二四二条① 相続人について破産手続開始の決定があった後、当該相続人が限定承認をしたとき、又は当該相続人について財産分離があったときは、破産管財人は、当該相続人の固有財産と分別して相続財産の管理及び処分をしなければならない。限定承認又は財産分離があった後に相続人について破産手続開始の決定があったときも、同様とする。
② 破産管財人が前項の規定による相続財産の管理及び処分を終えた場合において、残余財産があるときは、その残余財産のうち当該相続人に帰属すべき部分は、当該相続人の固有財産とみなす。この場合において、破産管財人は、その残余財産について、破産財団の財産目録及び貸借対照表を補充しなければならない。
③ 第一項前段及び前項の規定は、第二百三十八条第一項の規定により限定承認の効力を有する場合及び第二百四十条第三項の場合について準用する。

第三節　受遺者の破産

（**包括受遺者の破産**）
第二四三条 前節の規定は、包括受遺者について破産手続開始の決定があった場合について準用する。

（**特定遺贈の承認又は放棄**）
第二四四条① 破産手続開始の決定前に破産者のために特定遺贈があった場合において、破産者が当該決定の時においてその承認又は放棄をしていなかったときは、破産管財人は、破産者に代わって、その承認又は放棄をすることができる。
② 民法第九百八十七条の規定は、前項の場合について準用する。

第十章の二　信託財産の破産に関する特則

（**信託財産に関する破産事件の管轄**）
第二四四条の二① 信託財産についてのこの法律の規定による破産手続開始の申立ては、信託財産に属する財産又は受託者の住所が日本国内にあるときに限り、することができる。
② 信託財産に関する破産事件は、受託者の住所地（受託者が数人ある場合にあっては、そのいずれかの住所地）を管轄する地方裁判所が管轄する。
③ 前項の規定による管轄裁判所がないときは、信託財産に関する破産事件は、信託財産に属する財産の所在地（債権については、裁判上の請求をすることができる地）を管轄する地方裁判所が管轄する。
④ 信託財産に関する破産事件に対する第五条第八項及び第九項並びに第七条第五号の規定の適用については、第五条第八項及び第九項中「第一項及び第二項」とあるのは「第二百四十四条の二第二項及び第三項」と、第七条第五号中「同条第一項又は第二項」とあるのは「第二百四十四条の二第二項又は第三項」とする。
⑤ 前三項の規定により二以上の地方裁判所が管轄権を有するときは、信託財産に関する破産事件は、先に破産手続開始の申立てがあった地方裁判所が管轄する。

（**信託財産の破産手続開始の原因**）
第二四四条の三 信託財産に対する第十五条第一項の規定の適用

については、同項中「支払不能」とあるのは、「支払不能又は債務超過（受託者が、信託財産責任負担債務につき、信託財産に属する財産をもって完済することができない状態をいう。）」とする。

第二四四条の四（破産手続開始の申立て）①信託財産については、信託債権（信託法第二十一条第二項第二号に規定する信託債権をいう。次項第一号及び第二百四十四条の七において同じ。）を有する者又は受益者のほか、受託者又は信託財産管理者、信託財産法人管理人若しくは同法第百七十条第一項の管理人（以下「受託者等」と総称する。）も、破産手続開始の申立てをすることができる。

②次の各号に掲げる者が信託財産について破産手続開始の申立てをするときは、それぞれ当該各号に定める事実を疎明しなければならない。

一 信託債権を有する者又は受益者 その有する信託債権又は受益債権の存在及び当該信託財産の破産手続開始の原因となる事実

二 受託者等 当該信託財産の破産手続開始の原因となる事実

③前項第二号の規定は、受託者等が一人であるとき、又は受託者等が数人ある場合において受託者等の全員が破産手続開始の申立てをしたときは、適用しない。

④信託財産については、信託が終了した後であっても、残余財産の給付が終了するまでの間は、破産手続開始の申立てをすることができる。

第二四四条の五（破産財団の範囲） 信託財産について破産手続開始の決定があった場合には、破産手続開始の時において信託財産に属する一切の財産（日本国内にあるかどうかを問わない。）は、破産財団とする。

第二四四条の六（受託者等の説明義務等）①信託財産について破産手続開始の決定があった場合には、次に掲げる者は、破産管財人若しくは債権者委員会の請求又は債権者集会の決議に基づく請求があったときは、破産に関し必要な説明をしなければならない。

一 受託者等

二 会計監査人（信託法第二百四十八条第一項又は第二項の会計監査人をいう。以下この章において同じ。）

②前項の規定は、同項各号に掲げる者であった者について準用する。

③第三十七条及び第三十八条の規定は、信託財産について破産手続開始の決定があった場合における受託者等（個人である受託者等に限る。）について準用する。

④第四十一条の規定は、信託財産について破産手続開始の決定があった場合における受託者等について準用する。

第二四四条の七（信託債権者及び受益者の地位）①信託財産について破産手続開始の決定があった場合には、信託債権を有する者及び受益者は、受託者について破産手続開始の決定があったときでも、破産手続開始の時において有する債権の全額について破産手続に参加することができる。

②信託財産について破産手続開始の決定があったときは、信託債権は、受益債権に優先する。

③受益債権と約定劣後破産債権は、同順位とする。ただし、信託行為の定めにより、約定劣後破産債権が受益債権に優先するものとすることができる。

第二四四条の八（受託者の地位） 信託法第四十九条第一項（同法第五十三条第二項及び第五十四条第四項において準用する場合を含む。）の規定により受託者が有する権利は、信託財産についての破産手続との関係においては、金銭債権とみなす。

第二四四条の九（固有財産等責任負担債務に係る債権者の地位） 信託財産について破産手続開始の決定があったときは、固有財産等責任負担債務（信託法第二十二条第一項に規定する固有財産等責任負担債務をいう。）に係る債権を有する者は、破産債権者としてその権利を行使することができない。

第二四四条の一〇（否認権に関する規定の適用関係等）①信託財産について破産手続開始の決定があった場合における第六章第二節の規定の適用については、受託者等が信託財産に関してした行為は、破産者がした行為とみなす。

②前項に規定する場合における第百六十一条第一項の規定の適用については、当該行為の相手方が受託者等又は会計監査人であるときは、その相手方は、当該行為の当時、受託者等が同項第二号の隠匿等の処分をする意思を有していたことを知っていたものと推定する。

③第一項に規定する場合における第百六十二条第一項第一号の規定の適用については、債権者が受託者等又は会計監査人であるときは、その債権者は、同号に掲げる行為の当時、同号イ又はロに掲げる場合の区分に応じ、それぞれ当該イ又はロに定める事実（同号イに掲げる場合にあっては、支払不能であったこと及び支払の停止があったこと）を知っていたものと推定する。

④第一項に規定する場合における第百六十八条第二項及び第百七十条の二第二項の規定の適用については、当該行為の相手方が受託者等又は会計監査人であるときは、その相手方は、当該行為の当時、受託者等がこれらの規定に規定する隠匿等の処分をする意思を有していたことを知っていたものと推定する。

第二四四条の一一（破産管財人の権限）①信託財産について破産手続開始の決定があった場合には、次に掲げるものは、破産管財人がする。

一 信託法第二十七条第一項又は第二項の規定による取消権の行使

二 信託法第三十一条第五項の規定による追認

三 信託法第三十一条第六項又は第七項の規定による取消権の行使

四 信託法第三十二条第四項の規定による権利の行使

五 信託法第四十条又は第四十一条の規定による責任の追及

六 信託法第四十二条（同法第二百五十四条第三項において準用する場合を含む。）の規定による責任の免除

七 信託法第二百二十六条第一項、第二百二十八条第一項又は第二百五十四条第一項の規定による責任の追及

②前項の規定は、保全管理人について準用する。

③第百七十七条の規定は信託財産について破産手続開始の決定があった場合における受託者等又は会計監査人の財産に対する保全処分について、第百七十八条から第百八十一条までの規定は信託財産についての破産手続における受託者等又は会計監査人の責任に基づく損失のてん補又は原状の回復の請求権の査定について、それぞれ準用する。

第二四四条の一二（保全管理命令） 信託財産について破産手続開始の申立てがあった場合における第三章第二節の規定の適用については、第九十一条第一項中「債務者（法人である場合に限る。以下この節、第百四十八条第四項及び第百五十二条第二項において同じ。）の財産」とあり、並びに同項、第九十三条第一項及び第九十六条第二項中「債務者の財産」とあるのは、「信託財産に属する財産」とする。

第二四四条の一三（破産債権者の同意による破産手続廃止の申立て）①信託財産の破産についての第二百十八条第一項の申立ては、受託者等がすることができる。

②受託者等が数人あるときは、前項の申立ては、各受託者等がすることができる。

③信託財産の破産について第一項の申立てをするには、信託の変更に関する規定に従い、あらかじめ、当該信託を継続する手続をしなければならない。

第十一章 外国倒産処理手続がある場合の特則

（外国管財人との協力）

第二四五条① 破産管財人は、破産者についての外国倒産処理手続（外国で開始された手続で、破産手続又は再生手続に相当するものをいう。以下この章において同じ。）がある場合には、外国管財人（当該外国倒産処理手続において破産者の財産の管理及び処分をする権利を有する者をいう。以下この章において同じ。）に対し、破産手続の適正な実施のために必要な協力及び情報の提供を求めることができる。

② 前項に規定する場合には、破産管財人は、外国管財人に対し、外国倒産処理手続の適正な実施のために必要な協力及び情報の提供をするよう努めるものとする。

（外国管財人の権限等）

第二四六条① 外国管財人は、債務者について破産手続開始の申立てをすることができる。

② 外国管財人は、前項の申立てをするときは、破産手続開始の原因となる事実を疎明しなければならない。

③ 外国管財人は、破産者の破産手続において、債権者集会の期日に出席し、意見を述べることができる。

④ 第一項の規定により外国管財人が破産手続開始の申立てをした場合において、包括的禁止命令又はこれを変更し、若しくは取り消す旨の決定があったときはその主文を、破産手続開始の決定があったときは第三十二条第一項の規定により公告すべき事項を、同項第二号又は第三号に掲げる事項に変更を生じたときはその旨を、破産手続開始の決定を取り消す決定が確定したときはその主文を、それぞれ外国管財人に通知しなければならない。

（相互の手続参加）

第二四七条① 外国管財人は、届出をしていない破産債権者であって、破産者についての外国倒産処理手続に参加しているものを代理して、破産者の破産手続に参加することができる。ただし、当該外国の法令によりその権限を有する場合に限る。

② 破産管財人は、届出をした破産債権者であって、破産者についての外国倒産処理手続に参加していないものを代理して、当該外国倒産処理手続に参加することができる。

③ 破産管財人は、前項の規定による参加をした場合には、同項の規定により代理した破産債権者のために、外国倒産処理手続に属する一切の行為をすることができる。ただし、届出の取下げ、和解その他の破産債権者の権利を害するおそれがある行為をするには、当該破産債権者の授権がなければならない。

第十二章　免責手続及び復権

第一節　免責手続

免責規定の合憲性

[1] 破産法における破産者の免責は、誠実なる破産者に対する特典として、破産手続において、破産財団から弁済できなかった債務につき特定のものを除いて、破産者の責任を免除するものであって、その制度の目的とするところは、破産終結後において誠実な破産者を更生させるために、その障害となる債権者の追求を遮断することに存する。ところで、一般破産債権につき破産者の責任を免除することは、債権者に対して不利益な処遇であることは明らかであるが、他面上述のように破産者を更生させ、人間に値する生活を営む権利を保障することも必要であり、さらに、もし免責を認めないとすれば、債務者は概して資産状態の悪化を隠し、最悪の事態にまで持ち込む結果となって、かえって債権者を害する場合が少なくないから、免責は債権者にとっても最悪の事態を避けるゆえんである。これらの点から見て、免責の規定は、公共の福祉のため憲法上許された必要かつ合理的な財産権の制限であると解するを相当とする。されば右免責規定は憲法二九条各項に違反するものではない。（最大決昭36・12・13民集一五・一二・二八〇三、倒産百選[六版]八四）

[2] 免責の裁判を決定手続によって行っても憲法三二条に反しない。（最決平3・2・21金判八六六・二六、倒産百選[六版]一）

②→八条[2]

（免責許可の申立て）

第二四八条① 個人である債務者（破産手続開始の決定後にあっては、破産者。第四項を除き、以下この節において同じ。）は、破産手続開始の申立てがあった日から破産手続開始の決定が確定した日以後一月を経過する日までの間に、破産裁判所に対し、免責許可の申立てをすることができる。

② 前項の債務者（以下この節において「債務者」という。）は、その責めに帰することができない事由により同項に規定する期間内に免責許可の申立てをすることができなかった場合には、その事由が消滅した後一月以内に限り、当該申立てをすることができる。

③ 免責許可の申立てをするには、最高裁判所規則で定める事項を記載した債権者名簿を提出しなければならない。ただし、当該申立てと同時に債権者名簿を提出することができないときは、当該申立ての後遅滞なくこれを提出すれば足りる。

④ 債務者が破産手続開始の申立てをした場合には、当該申立てと同時に免責許可の申立てをしたものとみなす。ただし、当該債務者が破産手続開始の申立ての際に反対の意思を表示しているときは、この限りでない。

⑤ 前項本文の規定により免責許可の申立てをしたものとみなされたときは、第二十条第二項の債権者一覧表を第三項本文の債権者名簿とみなす。

⑥ 債務者は、免責許可の申立てをしたときは、第二百十八条第一項の申立て又は再生手続開始の申立てをすることができない。

⑦ 債務者は、次の各号に掲げる申立てをしたときは、第一項及び第二項の規定にかかわらず、当該各号に定める決定が確定した後でなければ、免責許可の申立てをすることができない。

一　第二百十八条第一項の申立て　当該申立ての棄却の決定

二　再生手続開始の申立て　当該申立ての棄却、再生手続廃止又は再生計画不認可の決定

一　免責申立期間の徒過

1　免責申立ての追完

[1] 抗告人は、届出債権の総額を知り、免責の申立てをすることの当否を容易に判断することができる状態にあったにもかかわらず、その後、裁判所の許可を得ることなく、また、破産管財人に対して適切な連絡方法を講ずることなく居住地を離れて所在を転々とし、このため、計算報告のための債権者集会が招集されること即ち破産手続が終局段階にあることを知り得ず、この結果、抗告人において破産手続の終了に至るまでの間に本件免責の申立てをすることができなかったものと認められ、右認定事実に照らすと、本件免責の申立期間徒過につき抗告人の責めに帰すべからざる事由があったとはいえず、追完は認められない。（大阪高決昭59・12・7判タ五四九・一九四）

2　再度の破産申立て

[2] 本件は、前の破産手続開始決定及び同時廃止決定確定後、免責申立てを懈怠したため、その後支払った債務を除く債務につき、専ら免責を受けることを目的として、前件から継続した全く同一の支払不能を主張して、再度の破産申立てをし、破産手続開始決定及び同時廃止決定を受けた上、免責申立てをしたものであり、そうであるとすると、本件破産及び同時廃止の申立ては、明らかに本条［旧三六六条ノ二］の制限を免脱するためにのみなされた違法なものであり、したがって、本件免責申立ても不適法であり許されない。（仙台高決平元・6・20判タ七二二・二七四）

二　破産者の相続人による免責申立て

[3] 破産手続開始決定後に破産者が死亡した場合には、その相続財産（破産手続開始決定後の新得財産を除く）につき破産

手続が続行されるところ、破産者の相続人は破産債権者たり得ること（破産法二三二条［旧三三条］）からこの者を右破産手続の承継人とみることはできず、相続財産自体を右破産手続の当事者（破産者）とみ、法人格なき財団に破産能力を認めるのが相当である。したがって、破産者の相続人が右破産手続の当事者であったことを前提に、免責の申立てをする余地はない。（高松高決平8・5・15判時一五八六・七九、倒産百選三版五二A）

第二四九条（強制執行の禁止等）① 免責許可の申立てがあり、かつ、第二百十六条第一項の規定による破産手続廃止の決定、第二百十七条第一項の規定による破産手続廃止の決定の確定又は第二百二十条第一項の規定による破産手続終結の決定があったときは、当該申立てについての裁判が確定するまでの間は、破産者の財産に対する破産債権に基づく強制執行、仮差押え、仮処分若しくは外国租税滞納処分若しくは破産債権を被担保債権とする一般の先取特権の実行若しくは留置権（商法又は会社法の規定によるものを除く。）による競売（以下この条において「破産債権に基づく強制執行等」という。）、破産債権に基づく財産開示手続若しくは第三者からの情報取得手続の申立て又は破産者の財産に対する破産債権に基づく国税滞納処分（外国租税滞納処分を除く。）はすることができず、破産債権に基づく強制執行等の手続又は処分で破産者の財産に対して既にされているもの並びに破産者について既にされている破産債権に基づく財産開示手続及び第三者からの情報取得手続は中止する。

② 免責許可の決定が確定したときは、前項の規定により中止した破産債権に基づく強制執行等の手続又は処分並びに破産債権に基づく財産開示手続及び第三者からの情報取得手続は、その効力を失う。

③ 第一項の場合において、次の各号に掲げる破産債権については、それぞれ当該各号に定める決定が確定した日の翌日から二月を経過する日までの間は、時効は、完成しない。

一　第二百五十三条第一項各号に掲げる請求権　免責許可の申立てについての決定

二　前号に掲げる請求権以外の破産債権　免責許可の申立てを却下した決定又は免責不許可の決定

第二五〇条（免責についての調査及び報告）① 裁判所は、破産管財人に、第二百五十二条第一項各号に掲げる事由の有無又は同条第二項の規定による免責許可の決定をするかどうかの判断に当たって考慮すべき事情についての調査をさせ、その結果を書面で報告させることができる。

② 破産者は、前項に規定する事項について裁判所が行う調査又は同項の規定により破産管財人が行う調査に協力しなければならない。

第二五一条（免責についての意見申述）① 裁判所は、免責許可の申立てがあったときは、破産手続開始の決定があった時以後、破産者につき免責許可の決定をすることの当否について、破産管財人及び破産債権者（第二百五十三条第一項各号に掲げる請求権を有する者を除く。次項、次条第三項及び第二百五十四条において同じ。）が裁判所に対し意見を述べることができる期間を定めなければならない。

② 裁判所は、前項の期間を定める決定をしたときは、その期間を公告し、かつ、破産管財人及び知れている破産債権者にその期間を通知しなければならない。

③ 第一項の期間は、前項の規定による公告が効力を生じた日から起算して一月以上でなければならない。

第二五二条（免責許可の決定の要件等）① 裁判所は、破産者について、次の各号に掲げる事由のいずれにも該当しない場合には、免責許可の決定をする。

一　債権者を害する目的で、破産財団に属し、又は属すべき財産の隠匿、損壊、債権者に不利益な処分その他の破産財団の価値を不当に減少させる行為をしたこと。

二　破産手続の開始を遅延させる目的で、著しく不利益な条件で債務を負担し、又は信用取引により商品を買い入れてこれを著しく不利益な条件で処分したこと。

三　特定の債権者に対する債務について、当該債権者に特別の利益を与える目的又は他の債権者を害する目的で、担保の供与又は債務の消滅に関する行為であって、債務者の義務に属せず、又はその方法若しくは時期が債務者の義務に属しないものをしたこと。

四　浪費又は賭博その他の射幸行為をしたことによって著しく財産を減少させ、又は過大な債務を負担したこと。

五　破産手続開始の申立てがあった日の一年前の日から破産手続開始の決定があった日までの間に、破産手続開始の原因となる事実があることを知りながら、当該事実がないと信じさせるため、詐術を用いて信用取引により財産を取得したこと。

六　業務及び財産の状況に関する帳簿、書類その他の物件を隠滅し、偽造し、又は変造したこと。

七　虚偽の債権者名簿（第二百四十八条第五項の規定により債権者名簿とみなされる債権者一覧表を含む。次条第一項第六号において同じ。）を提出したこと。

八　破産手続において裁判所が行う調査において、説明を拒み、又は虚偽の説明をしたこと。

九　不正の手段により、破産管財人、保全管理人、破産管財人代理又は保全管理人代理の職務を妨害したこと。

十　次のイからハまでに掲げる事由のいずれかがある場合において、それぞれイからハまでに定める日から七年以内に免責許可の申立てがあったこと。

イ　免責許可の決定が確定したこと　当該免責許可の決定の確定の日

ロ　民事再生法（平成十一年法律第二百二十五号）第二百三十九条第一項に規定する給与所得者等再生における再生計画が遂行されたこと　当該再生計画認可の決定の確定の日

ハ　民事再生法第二百三十五条第一項（同法第二百四十四条において準用する場合を含む。）に規定する免責の決定が確定したこと　当該免責の決定に係る再生計画認可の決定の確定の日

十一　第四十条第一項第一号、第四十一条又は第二百五十条第二項に規定する義務その他この法律に定める義務に違反したこと。

② 前項の規定にかかわらず、同項各号に掲げる事由のいずれかに該当する場合であっても、裁判所は、破産手続開始の決定に至った経緯その他一切の事情を考慮して免責を許可することが相当であると認めるときは、免責許可の決定をすることができる。

③ 裁判所は、免責許可の決定をしたときは、直ちに、その裁判書を破産者及び破産管財人に、その決定の主文を記載した書面を破産債権者に、それぞれ送達しなければならない。この場合において、裁判書の送達については、第十条第三項本文の規定は、適用しない。

④ 裁判所は、免責不許可の決定をしたときは、直ちに、その裁判書を破産者に送達しなければならない。この場合においては、第十条第三項本文の規定は、適用しない。

⑤ 免責許可の申立てについての裁判に対しては、即時抗告をすることができる。

⑥ 前項の即時抗告についての裁判があった場合には、その裁判書を当事者に送達しなければならない。この場合においては、第十条第三項本文の規定は、適用しない。

⑦ 免責許可の決定は、確定しなければその効力を生じない。

7 一　免責不許可事由（一項）の具体例

1　射倖［しゃこう］行為による過大債務の負担（四号）

抗告人が自己破産を申し立て破産手続開始決定がなされる

に至った根本原因は、抗告人が競馬・競艇賭博に熱中し、これに要する資金をサラ金業者から自己の返済能力を顧みずに借り受けたことにあり、抗告人の右行為は本条一項四号［旧三六六条ノ九第一号・三七五条一号］に当たる。（東京高決昭61・5・28東高民三七・四＝五・三五、新倒産百選八六②）

②　抗告人が過大な債務を負担することとなったのは、安易な方法でサラ金業者から融資を受け続けたこと自体によるものというべきであって、競艇等の射倖行為はそのひとつの遠因にすぎないから、これをもって射倖行為によって過大な債務を負担したものということはできず、本条一項四号［旧三六六条ノ九第一号・三七五条一号］所定の免責不許可事由には該当しない。（東京高決昭60・11・28判タ五九五・九一、新倒産百選八六①）

2　詐術による財産取得（五号）

③　本条一項五号［旧三六六条ノ九第二号］の「詐術を用い」たとは、破産者が信用取引の相手方に対し自己が支払不能等の破産原因事実のないことを信じさせ、あるいは相手方がそのように誤信しているのを強めるために、資産若しくは収入があることを仮装するなどの積極的な欺罔［ぎもう］手段を取った場合若しくはこれと同視すべき場合を指すのであって、破産者が単に支払不能等の破産原因事実があることを黙秘して相手方に進んで告知しなかったことのみでは「詐術を用い」た場合に当たらないものと解するのが相当であり（民法二〇条［現二一条］所定の「詐術」に関する最高裁判決［民二一条②］参照）、本件抗告人の借入れは本条一項五号には該当しない。（大阪高決平2・6・11判時一三七〇・七〇、倒産百選[六版]八五①）

④　サラ金業者から累計一〇〇万円以上の借金をし月収約一五万円であった破産者が、他社からの借金は総計六四万円であり自己の月収は三〇万円である旨の陳述をして抗告人（サラ金業者）から借入れをした場合であっても、破産者としては借入金返済のめどがないわけではなく、ただサラ金業者の厳しい取立てにあって勤務（ホステス）の継続が困難となり自己破産申立てのやむなきに至ったこと、抗告人も破産者の借入金に関する陳述を必ずしも額面どおり信用したものでもないことに徴すると、これをもって直ちに本条一項五号［旧三六六条ノ九第二号］に該当する事実があったとはいい難い。（大阪高決昭59・9・20判タ五四一・一五六）

3　裁判所に対する虚偽の陳述等（七号・八号）

⑤　特定債権者が免責申立事件において、免責不許可事由となるべき資料を調査、収集して裁判所に提出し、その結果免責不許可となることを恐れて、破産者が、当該債権者の債権を債権者目録に記載しなかった場合には、本条一項七号［旧三六六条ノ九第三号］に当たる。（名古屋高決平5・1・28判時一四九七・一三一）

⑥　将来の退職金請求権を有することにつき陳述しなかったときは、本条一項八号［旧三六六条ノ九第三号］に当たる。（福岡高決昭37・10・25下民一三・一〇・二一五三、倒産百選[初版]二九）→三四条②

4　破産法上の義務違反（一一号）

⑦　破産者が破産手続開始決定後所在不明となり管財事務遂行に大きな障害があったときは、破産者の右行為は破産法三七条［旧一四七条］（破産者の居住制限）に違反し、本条一項一一号［旧三六六条ノ九第五号］に該当する。（大阪高決昭59・1・23判タ五二三・一六四）

⑧　破産者が自己破産の申立て直前に否認の対象となり得る可能性のある行為をしながら、管財人の求める説明を怠ったまま破産が廃止になった場合には、破産者は破産法四〇条［旧一五三条］所定の説明義務に違反したことは明らかで、本条一項一一号［旧三六六条ノ九第五号］により免責不許可の決定をするのが相当である。（大阪高決昭60・6・20判タ五六五・一一二、新倒産百選八八①）

二　不許可事由の存在と裁量免責（二項）

⑨　〈株式投資で損失を被りながらその塡補のために更に資金を借り入れて株式投資をしたところ、株価の暴落により過大な債務を負担することになった者による免責申立てについて〉債務を支払うために株式投資を始めたことは債務の堅実な返済手段ではなく「浪費行為」（本条一項四号［旧三六六条ノ九第一号・三七五条一号］）に該当するが、当時のいわゆるバブル経済の渦中にあっては無理からぬ面があること、株式投資が行き詰まったのは株式暴落が直接の原因であること、退職金や自宅売却代金を債務の返済に充てるなどそれなりに誠実に債務の支払に努めてきたこと、重度の身体障害者である母を扶養せざるを得ないことなどの諸事情を考慮すると、裁量により免責を許可するのが相当である。（東京高決平8・2・7判時一五六三・一一四、倒産百選[六版]八六①……免責不許可決定に対する即時抗告事件、免責許可）

⑩　他社からの借入額や毎月の返済額について虚偽の事実を申告した詐術の態様が作為的な欺罔行為であり、かつ借入れとはいえず破産申立てがきわめて近接している場合には、軽微な事由とはいえず裁量により免責するのは相当でない。（福岡高決平5・7・5判時一四七八・一四〇）

⑪　購入物品を破産申立て後に債権者に返送していること、借入れの際の詐術は積極的なものではなかったこと、異議を述べている債権者は一人にとどまっていること、更生の見通しが十分期待できることのほか、原審における免責不許可決定の後父親が債権者に二〇パーセント強の額を平等に分配していることを総合考慮すると、裁量により免責を許可するのが相当である。（仙台高決平5・2・9判時一四七六・一二六①、倒産百選[六版]八五②）

⑫　抗告人が約一年八箇月の間に四台の自動車を買い替えたことは、必要かつ通常の消費を超えたもので、抗告人の収入等の財産状態に対し不相応な支出であって「浪費」（本条一項四号［旧三六六条ノ九第一号・三七五条一号］）に該当するが、抗告人が支払不能に陥ったのは父親の債務の返済を強いられたことやプロ野球選手として退団を余儀なくされたことにも起因し、また本件免責に異議申立てをした債権者がいないこと、抗告人はいまだ若年で更生の見込みがあること等を考慮すると、裁量により免責を認めるのが相当である。（福岡高決平9・8・22判時一六一九・八三、倒産百選[六版]八六②……免責不許可決定に対する即時抗告事件、免責許可）

（免責許可の決定の効力等）

第二五三条①　免責許可の決定が確定したときは、破産者は、破産手続による配当を除き、破産債権について、その責任を免れる。ただし、次に掲げる請求権については、この限りでない。

一　租税等の請求権（共助対象外国租税の請求権を除く。）

二　破産者が悪意で加えた不法行為に基づく損害賠償請求権

三　破産者が故意又は重大な過失により加えた人の生命又は身体を害する不法行為に基づく損害賠償請求権（前号に掲げる請求権を除く。）

四　次に掲げる義務に係る請求権

イ　民法第七百五十二条の規定による夫婦間の協力及び扶助の義務

ロ　民法第七百六十条の規定による婚姻から生ずる費用の分担の義務

ハ　民法第七百六十六条（同法第七百四十九条、第七百七十一条及び第七百八十八条において準用する場合を含む。）の規定による子の監護に関する義務

ニ　民法第八百七十七条から第八百八十条までの規定による扶養の義務

ホ　イからニまでに掲げる義務に類する義務であって、契約に基づくもの

五　雇用関係に基づいて生じた使用人の請求権及び使用人の預り金の返還請求権

六　破産者が知りながら債権者名簿に記載しなかった請求権

（当該破産者について破産手続開始の決定があったことを知っていた者の有する請求権を除く。）

七 罰金等の請求権

② 免責許可の決定は、破産債権者が破産者の保証人その他破産者と共に債務を負担する者に対して有する権利及び破産者以外の者が破産債権者のために供した担保に影響を及ぼさない。

③ 免責許可の決定が確定した場合において、破産債権者表があるときは、裁判所書記官は、これに免責許可の決定が確定した旨を記載しなければならない。

④ 第一項の規定にかかわらず、共助対象外国租税の請求権についての同項の規定による免責の効力は、租税条約等実施特例法第十一条第一項の規定による共助との関係においてのみ主張することができる。

一 免責許可決定に基づく強制執行の阻止

[1] 免責決定正本や一件記録からは請求債権が非免責債権かどうか不明であること、強制執行終了前でも請求異議訴訟の提起に伴う執行停止決定を得ればよいことから、確定した免責決定正本の提出の一事により、強制執行を停止し、または取り消すべきではない。（大阪高決平6・7・18高民四七・二・一三三、倒産百選[五版]A17）

二 破産債権を支払う約定と免責の効力

[2] 〈免責後の返済約束に基づく給付訴訟について〉本条一項［旧三六六条ノ一二］により免責された債権は自然債務になるが、自然債務だからといって全て同一の効果を生じるものではない。免責規定は免責により破産者の経済的更生を容易にするためのものであるから、破産者が新たな利益獲得のために従前の債務を併せて処理するというような事情があれば格別、破産者にとって何らの利益もない免責後の単なる支払約束は、本条の免責の趣旨に反し、無効である。（横浜地判昭63・2・29判時一二八〇・一五一、倒産百選[六版]九〇）

三 免責決定後の債権者取消権・代位権の行使

[3] 詐害行為取消権は債務者の責任財産を確保し将来の強制執行を保全するために債権者に認められた権利であるところ、本件破産債権は、免責決定の確定によって、訴えをもって履行を請求しその強制的実現を図ることができなくなったものであるから、破産者が自己破産の申立て前にした財産処分行為につき、破産債権に基づき詐害行為取消権を行使することは許されない。（最判平9・2・25判時一六〇七・五一、倒産百選[六版]九一）

[4] 債権者の債務者に対する債権が、債務者の得た免責許可決定の確定により、訴えをもって履行を請求することができず、強制執行により実現することもできない場合には、そのような債権を被保全権利として債権者代位権を行使することは許されない。（東京高判平20・4・30金判一三〇四・三八）

四 免責された破産債権を自働債権とする相殺

[5] 破産債権者は、自己の有する自働債権が免責の対象となっても、破産手続開始決定以前から受働債権との相殺につき合理的期待を有しており、かつ当該受働債権が破産財団に属すべきものであった場合には、原則として、破産法所定の制約の下に相殺することができる。（名古屋地判平17・5・27判時一九〇〇・一三五）

五 非免責債権

1 具体例

[6] クレジットカード利用時において、債務者の経済状況が破綻しており、代金支払が不可能であったこと及びその結果カード会社に損害を与えることを十分認識していた場合には、本条一項［旧三六六条ノ一二］二号の悪意による不法行為に該当する。（東京地判平9・10・13判タ九六七・二七一……同時廃止、免責決定を受けた破産者に対する損害賠償請求を認容）

[7] 〈Xはいわゆるサラ金調停成立から三年半後の自己破産・同時廃止で免責を得たが、債権者Yの債権については、調停調書を紛失したこと、Yから債務不履行後免責申立てまで四年間一度も請求がなかったことから、これを債権者名簿に記載することを失念した。Yによる調停調書に基づく強制執行に対する請求異議事件〉本条一項六号［旧三六六条ノ一二第五号］の趣旨は、破産手続の開始も知らず、債権の届出をしなかった債権者は、債権者名簿に記載されないことにより、免責に対する異議申立ての機会を奪われることから、かかる債権を非免責債権として保護しようとしたものであるから、単に債権の存在を知りつつ債権者名簿に記載しなかった場合のみならず、債権の存在を失念したため債権者名簿に記載しなかったことにつき過失の認められる場合も含むと解すべきである。本件では債権者名簿に記載しなかったことにつき、免責の効果を認め得ない程の過失があったとは認められない。（神戸地判平元・9・7判時一三三六・一一六）

2 非免責債権による強制執行→民執二六条[7]・三三条[2]

六 免責の効力を受ける債権と消滅時効

[8] 免責の効力を受ける債権については、債権者は訴えをもって履行を請求しその強制的実現を図ることができなくなり、もはや民法一六六条一項［平成二九法四四による改正前のもの］の「権利を行使することを得る時」を起算点とする消滅時効の進行を観念することができないから、破産者が免責決定を受けた場合には、その免責決定の効力の及ぶ債務の保証人は、その債権についての消滅時効を援用することはできない。（最判平11・11・9民集五三・八・一四〇三、倒産百選[六版]A20）

七 主たる債務の減免の保証人に対する効果―更生計画

[9] ［旧］会社更生法二四〇条二項［現二〇三条二項。本条にほぼ相当］は、免責制度［会社更生法二〇四条参照］の目的及び性質、保証制度は会社が窮境に陥った場合にこそ担保としての効用を果たすべきものであることから、民法所定の保証債務・担保権の付従性の例外として、更生計画の効力につき会社と保証人等との間に差異を設け、更生計画が保証人等に対し影響を及ぼさないことを定めたものである。（最大判昭45・6・10民集二四・六・四九九、倒産百選[四版]八六……会社更生事件）

（免責取消しの決定）

第二五四条① 第二百六十五条の罪について破産者に対する有罪の判決が確定したときは、裁判所は、破産債権者の申立てにより又は職権で、免責取消しの決定をすることができる。破産者の不正の方法によって免責許可の決定がされた場合において、破産債権者が当該免責許可の決定があった後一年以内に免責取消しの申立てをしたときも、同様とする。

② 裁判所は、免責取消しの決定をしたときは、直ちに、その裁判書を破産者及び申立人に、その決定の主文を記載した書面を破産債権者に、それぞれ送達しなければならない。この場合において、裁判書の送達については、第十条第三項本文の規定は、適用しない。

③ 第一項の申立てについての裁判及び職権による免責取消しの決定に対しては、即時抗告をすることができる。

④ 前項の即時抗告についての裁判があった場合には、その裁判書を当事者に送達しなければならない。この場合においては、第十条第三項本文の規定は、適用しない。

⑤ 免責取消しの決定が確定したときは、免責許可の決定は、その効力を失う。

⑥ 免責取消しの決定が確定した場合において、免責許可の決定の確定後免責取消しの決定が確定するまでの間に生じた原因に基づいて破産者に対する債権を有するに至った者があるときは、その者は、新たな破産手続において、他の債権者に先立って自己の債権の弁済を受ける権利を有する。

⑦ 前条第三項の規定は、免責取消しの決定が確定した場合について準用する。

⑦ 免責を得た破産者が、破産財団に帰属する財産の所在・内容等を破産管財人に対して説明せず、二五二条一項一一号［旧三六六条ノ九第五号］の免責不許可事由が存在し、義務違反が重大であるため免責不許可になっていた可能性が高い場合には、破産者は不正の方法により免責を得たものであり、本条一項［旧三六六条ノ一五］後段により免責を取り消し得る。（大阪高決平15・2・14判タ一一三八・三〇二）

第二節　復権

（復権）

第二五五条① 破産者は、次に掲げる事由のいずれかに該当する場合には、復権する。次条第一項の復権の決定が確定したときも、同様とする。

一　免責許可の決定が確定したとき。

二　第二百十八条第一項の規定による破産手続廃止の決定が確定したとき。

三　再生計画認可の決定が確定したとき。

四　破産者が、破産手続開始の決定後、第二百六十五条の罪について有罪の確定判決を受けることなく十年を経過したとき。

② 前項の規定による復権の効果は、人の資格に関する法令の定めるところによる。

③ 免責取消しの決定又は再生計画取消しの決定が確定したときは、第一項第一号又は第三号の規定による復権は、将来に向かってその効力を失う。

（復権の決定）

第二五六条① 破産者が弁済その他の方法により破産債権者に対する債務の全部についてその責任を免れたときは、破産裁判所は、破産者の申立てにより、復権の決定をしなければならない。

② 裁判所は、前項の申立てがあったときは、その旨を公告しなければならない。

③ 破産債権者は、前項の規定による公告が効力を生じた日から起算して三月以内に、裁判所に対し、第一項の申立てについて意見を述べることができる。

④ 裁判所は、第一項の申立てについての裁判をしたときは、その裁判書を破産者に、その主文を記載した書面を破産債権者に、それぞれ送達しなければならない。この場合において、裁判書の送達については、第十条第三項本文の規定は、適用しない。

⑤ 第一項の申立てについての裁判に対しては、即時抗告をすることができる。

⑥ 前項の即時抗告についての裁判があった場合には、その裁判書を当事者に送達しなければならない。この場合においては、第十条第三項本文の規定は、適用しない。

第十三章　雑則

（法人の破産手続に関する登記の嘱託等）

第二五七条① 法人である債務者について破産手続開始の決定があったときは、裁判所書記官は、職権で、遅滞なく、破産手続開始の登記を当該破産者の本店又は主たる事務所の所在地を管轄する登記所に嘱託しなければならない。ただし、破産者が外国法人であるときは、外国会社にあっては日本における各代表者（日本に住所を有するものに限る。）の住所地（日本に営業所を設けた外国会社にあっては、当該各営業所の所在地）、その他の外国法人にあっては各事務所の所在地を管轄する登記所に嘱託しなければならない。

② 前項の登記には、破産管財人の氏名又は名称及び住所、破産管財人がそれぞれ単独にその職務を行うことについて第七十六条第一項ただし書の許可があったときはその旨並びに破産管財人が職務を分掌することについて同項ただし書の許可があったときはその旨及び各破産管財人が分掌する職務の内容をも登記しなければならない。

③ 第一項の規定は、前項に規定する事項に変更が生じた場合について準用する。

④ 第一項の債務者について保全管理命令が発せられたときは、裁判所書記官は、職権で、遅滞なく、保全管理命令の登記を同項に規定する登記所に嘱託しなければならない。

⑤ 前項の登記には、保全管理人の氏名又は名称及び住所、保全管理人がそれぞれ単独にその職務を行うことについて第九十六条第一項において準用する第七十六条第一項ただし書の許可があったときはその旨並びに保全管理人が職務を分掌することについて第九十六条第一項において準用する第七十六条第一項ただし書の許可があったときはその旨及び各保全管理人が分掌する職務の内容をも登記しなければならない。

⑥ 第四項の規定は、同項に規定する裁判の変更若しくは取消しがあった場合又は前項に規定する事項に変更が生じた場合について準用する。

⑦ 第一項の規定は、同項の破産者につき、破産手続開始の決定の取消し若しくは破産手続廃止の決定が確定した場合又は破産手続終結の決定があった場合について準用する。

⑧ 前各項の規定は、限定責任信託に係る信託財産について破産手続開始の決定があった場合について準用する。この場合において、第一項中「当該破産者の本店又は主たる事務所の所在地」とあるのは、「当該限定責任信託の事務処理地（信託法第二百十六条第二項第四号に規定する事務処理地をいう。）」と読み替えるものとする。

（個人の破産手続に関する登記の嘱託等）

第二五八条① 個人である債務者について破産手続開始の決定があった場合において、次に掲げるときは、裁判所書記官は、職権で、遅滞なく、破産手続開始の登記を登記所に嘱託しなければならない。

一　当該破産者に関する登記があることを知ったとき。

二　破産財団に属する権利で登記がされたものがあることを知ったとき。

② 前項の規定は、当該破産者につき、破産手続開始の決定の取消し若しくは破産手続廃止の決定が確定した場合又は破産手続終結の決定があった場合について準用する。

③ 裁判所書記官は、第一項第二号の規定により破産手続開始の登記がされた権利について、第三十四条第四項の決定により破産財団に属しないこととされたときは、職権で、遅滞なく、その登記の抹消を嘱託しなければならない。破産管財人がその登記がされた権利を放棄し、その登記の抹消の嘱託の申立てをしたときも、同様とする。

④ 第一項第二号（第二項において準用する場合を含む。）及び前項後段の規定は、相続財産又は信託財産について破産手続開始の決定があった場合について準用する。

⑤ 第一項第二号の規定は、信託財産について保全管理命令があった場合又は当該保全管理命令の変更若しくは取消しがあった場合について準用する。

（保全処分に関する登記の嘱託）

第二五九条① 次に掲げる場合には、裁判所書記官は、職権で、遅滞なく、当該保全処分の登記を嘱託しなければならない。

一　債務者の財産に属する権利で登記されたものに関し第二十八条第一項（第三十三条第二項において準用する場合を含む。）の規定による保全処分があったとき。

二　登記のある権利に関し第百七十一条第一項（同条第七項において準用する場合を含む。）又は第百七十七条第一項（同条第七項において準用する場合を含む。）の規定による保全処分があったとき。

② 前項の規定は、同項に規定する保全処分の変更若しくは取消しがあった場合又は当該保全処分が効力を失った場合について準用する。

（否認の登記）

第二六〇条① 登記の原因である行為が否認されたときは、破産管財人は、否認の登記を申請しなければならない。登記が否認されたときも、同様とする。

② 登記官は、前項の否認の登記に係る権利に関する登記をするときは、職権で、次に掲げる登記を抹消しなければならない。

一 当該否認の登記

二 否認された行為を登記原因とする登記又は否認された登記

三 前号の登記に後れる登記があるときは、当該登記

③ 前項に規定する場合において、否認された行為の後否認の登記がされるまでの間に、同項第二号に掲げる登記に係る権利を目的とする第三者の権利に関する登記（破産手続の関係において、その効力を主張することができるものに限る。）がされているときは、同項の規定にかかわらず、登記官は、職権で、当該否認の登記の抹消及び同号に掲げる登記に係る権利の破産者への移転の登記をしなければならない。

④ 裁判所書記官は、第一項の否認の登記がされている場合において、破産者について、破産手続開始の決定の取消し若しくは破産手続廃止の決定が確定したとき、又は破産手続終結の決定があったときは、職権で、遅滞なく、当該否認の登記の抹消を嘱託しなければならない。破産管財人が、第二項第二号に掲げる登記に係る権利を放棄し、否認の登記の抹消の嘱託の申立てをしたときも、同様とする。

> ⑦ **否認の登記の性質**
> 破産者の行為が否認されると、その行為は直ちに効力を失い、右行為により逸出した破産者の財産は物権的に破産財団に復帰し、破産管財人は行為の相手方に対して右財産の破産財団への原状回復を請求することができることとなるが、否認の右のような効力は、破産財団との関係において、かつ、破産状態の存続する限りにおいて生ずるにとどまる。そこで、破産者がその財産の所有権を他に移転しその登記を経た後に破産者の右行為が否認された場合において、登記の原状を回復するためには、破産管財人は、右行為の相手方に対して右登記の否認の登記手続を請求すべきである。抹消登記の請求には否認の登記の請求が含まれていると解し得るから、前者の請求に対して後者の登記を命ずることは適法である。（最判昭49・6・27民集二八・五・六四一、倒産百選[三版]四二）

（非課税）

第二六一条 第二百五十七条から前条までの規定による登記については、登録免許税を課さない。

（登録のある権利への準用）

第二六二条 第二百五十八条第一項第二号及び同条第二項において準用する同号（これらの規定を同条第四項において準用する場合を含む。）、同条第三項（同条第四項において同条第三項後段の規定を準用する場合を含む。）並びに前三条の規定は、登録のある権利について準用する。

（責任制限手続の廃止による破産手続の中止）

第二六三条 破産者のために開始した責任制限手続について責任制限手続廃止の決定があったときは、破産手続は、その決定が確定するまで中止する。

（責任制限手続の廃止の場合の措置）

第二六四条① 破産者のために開始した責任制限手続について責任制限手続廃止の決定が確定した場合には、裁判所は、制限債権者のために、債権の届出をすべき期間及び債権の調査をするための期間又は期日を定めなければならない。

② 裁判所は、前項の規定により定めた期間又は期日を公告しなければならない。

③ 知れている制限債権者には、第三十二条第一項第一号及び第二号並びに前項の規定により公告すべき事項を通知しなければならない。

④ 破産管財人、破産者及び届出をした破産債権者には、第二項の規定により公告すべき事項を通知しなければならない。ただし、第一項の規定により定めた債権の調査をするための期間又は期日（当該期間又は期日に変更があった場合にあっては、変更後の期間又は期日）が第三十一条第一項第三号の規定により定めた期間又は期日と同一であるときは、届出をした破産債権者に対しては、当該通知をすることを要しない。

⑤ 前三項の規定は第一項の規定により定めた債権の届出をすべき期間に変更を生じた場合について、第百十八条第三項から第五項までの規定は第一項の規定により定めた債権の調査をするための期間を変更する決定があった場合について、第百二十一条第九項から第十一項までの規定は第一項の規定により定めた債権の調査をするための期日を変更する決定があった場合又は当該期日における債権の調査の延期若しくは続行の決定があった場合について準用する。この場合において、第百十八条第三項及び第百二十一条第九項中「破産管財人」とあるのは「届出をした制限債権者（第二百六十四条第一項の規定により定められた債権の届出をすべき期間の経過前にあっては、知れている制限債権者）、破産管財人」と、同条第十項中「破産管財人」とあるのは「届出をした制限債権者、破産管財人」と読み替えるものとする。

⑥ 第三十一条第二項及び第三項の規定は、第一項に規定する期間及び期日について準用する。

第十四章　罰則

（詐欺破産罪）

第二六五条① 破産手続開始の前後を問わず、債権者を害する目的で、次の各号のいずれかに該当する行為をした者は、債務者（相続財産の破産にあっては相続財産、信託財産の破産にあっては信託財産。次項において同じ。）について破産手続開始の決定が確定したときは、十年以下の懲役若しくは千万円以下の罰金に処し、又はこれを併科する。情を知って、第四号に掲げる行為の相手方となった者も、破産手続開始の決定が確定したときは、同様とする。

一 債務者の財産（相続財産の破産にあっては相続財産に属する財産、信託財産の破産にあっては信託財産に属する財産。以下この条において同じ。）を隠匿し、又は損壊する行為

二 債務者の財産の譲渡又は債務の負担を仮装する行為

三 債務者の財産の現状を改変して、その価格を減損する行為

四 債務者の財産を債権者の不利益に処分し、又は債権者に不利益な債務を債務者が負担する行為

> **＊令和四法六八（令和七・六・一六までに施行）による改正**
> 第一項中「懲役」を「拘禁刑」に改める。（本文未織込み）

② 前項に規定するもののほか、債務者について破産手続開始の決定がされ、又は保全管理命令が発せられたことを認識しながら、債権者を害する目的で、破産管財人の承諾その他の正当な理由がなく、その債務者の財産を取得し、又は第三者に取得させた者も、同項と同様とする。

（特定の債権者に対する担保の供与等の罪）

第二六六条 債務者（相続財産の破産にあっては相続人、相続財産の管理人、相続財産の清算人又は遺言執行者を、信託財産の破産にあっては受託者等を含む。以下この条において同じ。）が、破産手続開始の前後を問わず、特定の債権者に対する債務について、他の債権者を害する目的で、担保の供与又は債務の消滅に関する行為であって債務者の義務に属せず又はその方法若しくは時期が債務者の義務に属しないものをし、破産手続開始の決定が確定したときは、五年以下の懲役若しくは五百万円以下の罰金に処し、又はこれを併科する。

> **＊令和四法六八（令和七・六・一六までに施行）による改正**
> 第二六六条中「懲役」を「拘禁刑」に改める。（本文未織込み）

（破産管財人等の特別背任罪）

第二六七条① 破産管財人、保全管理人、破産管財人代理又は保全管理人代理が、自己若しくは第三者の利益を図り又は債権者に損害を加える目的で、その任務に背く行為をし、債権者に財産上の損害を加えたときは、十年以下の懲役若しくは千万円以下の罰金に処し、又はこれを併科する。

② 破産管財人又は保全管理人が法人であるときは、前項の規定は、破産管財人又は保全管理人の職務を行う役員又は職員に適用する。

＊令和四法六八（令和七・六・一六までに施行）**による改正**
第一項中「懲役」を「拘禁刑」に改める。（本文未織込み）

（説明及び検査の拒絶等の罪）

第二六八条① 第四十条第一項（同条第二項において準用する場合を含む。）、第二百三十条第一項（同条第二項において準用する場合を含む。）又は第二百四十四条の六第一項（同条第二項において準用する場合を含む。）の規定に違反して、説明を拒み、又は虚偽の説明をした者は、三年以下の懲役若しくは三百万円以下の罰金に処し、又はこれを併科する。第九十六条第一項において準用する第四十条第一項（同条第二項において準用する場合を含む。）の規定に違反して、説明を拒み、又は虚偽の説明をした者も、同様とする。

＊令和四法六八（令和七・六・一六までに施行）**による改正**
第一項中「懲役」を「拘禁刑」に改める。（本文未織込み）

② 第四十条第一項第二号から第五号までに掲げる者若しくは当該各号に掲げる者であった者、第二百三十条第一項各号に掲げる者（相続人を除く。）若しくは同項第二号若しくは第三号に掲げる者（相続人を除く。）であった者又は第二百四十四条の六第一項各号に掲げる者若しくは同項各号に掲げる者であった者（以下この項において「説明義務者」という。）の代表者、代理人、使用人その他の従業者（以下この項及び第四項において「代表者等」という。）が、その説明義務者の業務に関し、第四十条第一項（同条第二項において準用する場合を含む。）、第二百三十条第一項（同条第二項において準用する場合を含む。）又は第二百四十四条の六第一項（同条第二項において準用する場合を含む。）の規定に違反して、説明を拒み、又は虚偽の説明をしたときも、前項前段と同様とする。説明義務者の代表者等が、その説明義務者の業務に関し、第九十六条第一項において準用する第四十条第一項（同条第二項において準用する場合を含む。）の規定に違反して、説明を拒み、又は虚偽の説明をしたときも、同様とする。

③ 破産者が第八十三条第一項（第九十六条第一項において準用する場合を含む。）の規定による検査を拒んだとき、相続財産について破産手続開始の決定があった場合において第二百三十条第一項第二号若しくは第三号に掲げる者が第八十三条第一項の規定による検査を拒んだとき又は信託財産について破産手続開始の決定があった場合において受託者等が同項（第九十六条第一項において準用する場合を含む。）の規定による検査を拒んだときも、第一項前段と同様とする。

④ 第八十三条第二項に規定する破産者の子会社等（同条第三項において破産者の子会社等とみなされるものを含む。以下この項において同じ。）の代表者等が、その破産者の子会社等の業務に関し、同条第二項（第九十六条第一項において準用する場合を含む。以下この項において同じ。）の規定による説明を拒み、若しくは虚偽の説明をし、又は第八十三条第二項の規定による検査を拒んだときも、第一項前段と同様とする。

（重要財産開示拒絶等の罪）

第二六九条 破産者（信託財産の破産にあっては、受託者等）が第四十一条（第二百四十四条の六第四項において準用する場合を含む。）の規定による書面の提出を拒み、又は虚偽の書面を裁判所に提出したときは、三年以下の懲役若しくは三百万円以下の罰金に処し、又はこれを併科する。

＊令和四法六八（令和七・六・一六までに施行）**による改正**
第二六九条中「懲役」を「拘禁刑」に改める。（本文未織込み）

（業務及び財産の状況に関する物件の隠滅等の罪）

第二七〇条 破産手続開始の前後を問わず、債権者を害する目的で、債務者の業務及び財産（相続財産の破産にあっては相続財産に属する財産、信託財産の破産にあっては信託財産に属する財産）の状況に関する帳簿、書類その他の物件を隠滅し、偽造し、又は変造した者は、債務者（相続財産の破産にあっては相続財産、信託財産の破産にあっては信託財産）について破産手続開始の決定が確定したときは、三年以下の懲役若しくは三百万円以下の罰金に処し、又はこれを併科する。第百五十五条第二項の規定により閉鎖された破産財団に関する帳簿を隠滅し、偽造し、又は変造した者も、同様とする。

＊令和四法六八（令和七・六・一六までに施行）**による改正**
第二七〇条中「懲役」を「拘禁刑」に改める。（本文未織込み）

「帳簿」

1 本条にいう「帳簿」〔旧三七四条三号では「商業帳簿」〕とは商法三二条一項〔現一九条二項、会社四三二条一項・四三五条〕にいう会計帳簿及び貸借対照表をいい、補助簿である売掛帳、買掛帳や、振替伝票も含まれる。（大阪高判平3・3・28高刑四四・一・三二、倒産百選[四版]A11）

2 本条〔旧三七四条三号〕は、「帳簿」に不正の記載をするなどの行為が行われることによって債務者の財産状態を把握することが著しく困難になり債権者の利益が侵害される危険が大きくなることから設けられたものであり、本条にいう「帳簿」には、可視性、可読性が確保されている電磁的記録が含まれる。（最判平14・1・22刑集五六・一・一、重判平14商一）

（審尋における説明拒絶等の罪）

第二七一条 債務者が、破産手続開始の申立て（債務者以外の者がしたものを除く。）又は免責許可の申立てについての審尋において、裁判所が説明を求めた事項について説明を拒み、又は虚偽の説明をしたときは、三年以下の懲役若しくは三百万円以下の罰金に処し、又はこれを併科する。

＊令和四法六八（令和七・六・一六までに施行）**による改正**
第二七一条中「懲役」を「拘禁刑」に改める。（本文未織込み）

（破産管財人等に対する職務妨害の罪）

第二七二条 偽計又は威力を用いて、破産管財人、保全管理人、破産管財人代理又は保全管理人代理の職務を妨害した者は、三年以下の懲役若しくは三百万円以下の罰金に処し、又はこれを併科する。

＊令和四法六八（令和七・六・一六までに施行）**による改正**
第二七二条中「懲役」を「拘禁刑」に改める。（本文未織込み）

（収賄罪）

第二七三条① 破産管財人、保全管理人、破産管財人代理又は保全管理人代理（次項において「破産管財人等」という。）が、その職務に関し、賄賂を収受し、又はその要求若しくは約束をしたときは、三年以下の懲役若しくは三百万円以下の罰金に処し、又はこれを併科する。

② 前項の場合において、その破産管財人等が不正の請託を受けたときは、五年以下の懲役若しくは五百万円以下の罰金に処し、又はこれを併科する。

③ 破産管財人又は保全管理人が法人である場合において、破産

管財人又は保全管理人の職務を行うその役員又は職員が、その破産管財人又は保全管理人の職務に関し、賄賂を収受し、又はその要求若しくは約束をしたときは、三年以下の懲役若しくは三百万円以下の罰金に処し、又はこれを併科する。破産管財人又は保全管理人が法人である場合において、その役員又は職員が、その破産管財人又は保全管理人の職務に関し、破産管財人又は保全管理人に賄賂を収受させ、又はその供与の要求若しくは約束をしたときも、同様とする。

④ 前項の場合において、その役員又は職員が不正の請託を受けたときは、五年以下の懲役若しくは五百万円以下の罰金に処し、又はこれを併科する。

⑤ 破産債権者若しくは代理委員又はこれらの者の代理人、役員若しくは職員が、債権者集会の期日における議決権の行使又は第百三十九条第二項第二号に規定する書面等投票による議決権の行使に関し、不正の請託を受けて、賄賂を収受し、又はその要求若しくは約束をしたときは、五年以下の懲役若しくは五百万円以下の罰金に処し、又はこれを併科する。

⑥ 前各項の場合において、犯人又は法人である破産管財人若しくは保全管理人が収受した賄賂は、没収する。その全部又は一部を没収することができないときは、その価額を追徴する。

＊令和四法六八（令和七・六・一六までに施行）**による改正**
第一項中「賄賂」を「賄賂」に、「懲役」を「拘禁刑」に改め、第二項、第三項、第四項及び第五項中「懲役」を「拘禁刑」に改める。（本文未織込み）

（贈賄罪）

第二七四条① 前条第一項又は第三項に規定する賄賂を供与し、又はその申込み若しくは約束をした者は、三年以下の懲役若しくは三百万円以下の罰金に処し、又はこれを併科する。

② 前条第二項、第四項又は第五項に規定する賄賂を供与し、又はその申込み若しくは約束をした者は、五年以下の懲役若しくは五百万円以下の罰金に処し、又はこれを併科する。

＊令和四法六八（令和七・六・一六までに施行）**による改正**
第二七四条中「懲役」を「拘禁刑」に改める。（本文未織込み）

（破産者等に対する面会強請等の罪）

第二七五条 破産者（個人である破産者に限り、相続財産の破産にあっては、相続人。以下この条において同じ。）又はその親族その他の者に破産債権（免責手続の終了後にあっては、免責されたものに限る。以下この条において同じ。）を弁済させ、又は破産債権につき破産者の親族その他の者に保証をさせる目的で、破産者又はその親族その他の者に対し、面会を強請し、又は強談威迫の行為をした者は、三年以下の懲役若しくは三百万円以下の罰金に処し、又はこれを併科する。

＊令和四法六八（令和七・六・一六までに施行）**による改正**
第二七五条中「懲役」を「拘禁刑」に改める。（本文未織込み）

（国外犯）

第二七六条① 第二百六十五条、第二百六十六条、第二百七十条、第二百七十二条及び第二百七十四条の罪は、刑法（明治四十年法律第四十五号）第二条の例に従う。

② 第二百六十七条及び第二百七十三条（第五項を除く。）の罪は、刑法第四条の例に従う。

③ 第二百七十三条第五項の罪は、日本国外において同項の罪を犯した者にも適用する。

（両罰規定）

第二七七条 法人の代表者又は法人若しくは人の代理人、使用人その他の従業者が、その法人又は人の業務又は財産に関し、第二百六十五条、第二百六十六条、第二百六十八条（第一項を除く。）、第二百六十九条から第二百七十二条まで、第二百七十四条又は第二百七十五条の違反行為をしたときは、行為者を罰するほか、その法人又は人に対しても、各本条の罰金刑を科する。

附　則（抄）

（施行期日）

第一条 この法律は、公布の日から起算して一年を超えない範囲内において政令で定める日（平成一七・一・一―平成一六政三一七）から施行する。

（旧法の廃止）

第二条 破産法（大正十一年法律第七十一号）は、廃止する。

＊令和四法四八（令和八・五・二四までに施行）**による改正**
附則の次に次の別表を加える。
別表　（略）（未織込み）

附　則（令和三・四・二八法二四）（抄）

（施行期日）

第一条 この法律は、公布の日から起算して二年を超えない範囲内において政令で定める日（令和五・四・一―令和三政三三二）から施行する。ただし、次の各号に掲げる規定は、当該各号に定める日から施行する。

一 （前略）附則第三十四条の規定　公布の日

二・三 （略）

（その他の経過措置の政令等への委任）

第三四条① （前略）この法律の施行に関し必要な経過措置は、政令で定める。

② （略）

附　則（令和四・五・二五法四八）（抄）

（施行期日）

第一条 この法律は、公布の日から起算して四年を超えない範囲内において政令で定める日から施行する。ただし、次の各号に掲げる規定は、当該各号に定める日から施行する。

一 （前略）附則第百二十五条の規定　公布の日

二・三 （略）

四 （前略）附則（中略）第百三条（破産法の一部改正）の規定（中略）　公布の日から起算して二年を超えない範囲内において政令で定める日

五 （略）

（政令への委任）

第一二五条 （前略）この法律の施行に関し必要な経過措置は、政令で定める。

刑法等の一部を改正する法律の施行に伴う関係法律整理法中経過規定
（令和四・六・一七法六八）（抄）

第四四一条から第四四三条まで　（刑法の同経過規定参照）

第五〇九条　（刑法の同経過規定参照）

刑法等の一部を改正する法律の施行に伴う関係法律整理法

附　則（令和四・六・一七法六八）（抄）

（施行期日）

① この法律は、刑法等一部改正法（刑法等の一部を改正する法律（令和四法六七））施行日から施行する。ただし、次の各号に掲げる規定は、当該各号に定める日から施行する。

一 第五百九条の規定　公布の日

二 （略）

○民事再生法（抄）

（平成一一・一二・二二
法　二　二　五）

施行　平成一二・四・一（平成一二政八五）
最終改正　令和四法六八

目次

第一章　総則（抄）

（目的）
第一条　この法律は、経済的に窮境にある債務者について、その債権者の多数の同意を得、かつ、裁判所の認可を受けた再生計画を定めること等により、当該債務者とその債権者との間の民事上の権利関係を適切に調整し、もって当該債務者の事業又は経済生活の再生を図ることを目的とする。

（定義）
第二条　この法律において、次の各号に掲げる用語の意義は、それぞれ当該各号に定めるところによる。
一　再生債務者　経済的に窮境にある債務者であって、その者について、再生手続開始の申立てがされ、再生手続開始の決定がされ、又は再生計画が遂行されているものをいう。
二　再生債務者等　管財人が選任されていない場合にあっては再生債務者、管財人が選任されている場合にあっては管財人をいう。
三　再生計画　再生債権者の権利の全部又は一部を変更する条項その他の第百五十四条に規定する条項を定めた計画をいう。
四　再生手続　次章以下に定めるところにより、再生計画を定める手続をいう。

（外国人の地位）
第三条　外国人又は外国法人は、再生手続に関し、日本人又は日本法人と同一の地位を有する。

（再生事件の管轄）
第四条①　この法律の規定による再生手続開始の申立ては、債務者が個人である場合には日本国内に営業所、住所、居所又は財産を有するときに限り、法人その他の社団又は財団である場合には日本国内に営業所、事務所又は財産を有するときに限り、することができる。
②　民事訴訟法（平成八年法律第百九号）の規定により裁判上の請求をすることができる債権は、日本国内にあるものとみなす。

第五条①　再生事件は、再生債務者が、営業者であるときはその主たる営業所の所在地、営業者で外国に主たる営業所を有するものであるときは日本におけるその主たる営業所の所在地、営業者でないとき又は営業者であっても営業所を有しないときはその普通裁判籍の所在地を管轄する地方裁判所が管轄する。
②　前項の規定による管轄裁判所がないときは、再生事件は、再生債務者の財産の所在地（債権については、裁判上の請求をすることができる地）を管轄する地方裁判所が管轄する。
③　前二項の規定にかかわらず、法人が株式会社の総株主の議決権（株主総会において決議をすることができる事項の全部につき議決権を行使することができない株式についての議決権を除き、会社法（平成十七年法律第八十六号）第八百七十九条第三項の規定により議決権を有するものとみなされる株式についての議決権を含む。次項、第五十九条第三項第二号及び第四項並びに第百二十七条の二第二項第二号イ及びロにおいて同じ。）の過半数を有する場合には、当該法人（以下この条及び第百二十七条の二第二項第二号ロにおいて「親法人」という。）について再生事件又は更生事件（以下この条において「再生事件等」という。）が係属しているときにおける当該株式会社（以下この条及び第百二十七条の二第二項第二号ロにおいて「子株式会社」という。）についての再生手続開始の申立ては、親法人の再生事件等が係属している地方裁判所にもすることができ、子株式会社について再生事件等が係属しているときにおける親法人についての再生手続開始の申立ては、子株式会社の再生事件等が係属している地方裁判所にもすることができる。
④　子株式会社又は親法人及び子株式会社が他の株式会社の総株主の議決権の過半数を有する場合には、当該他の株式会社を当該親法人の子株式会社とみなして、前項の規定を適用する。
⑤　第一項及び第二項の規定にかかわらず、株式会社が最終事業年度について会社法第四百四十四条の規定により当該株式会社及び他の法人に係る連結計算書類（同条第一項に規定する連結計算書類をいう。）を作成し、かつ、当該株式会社の定時株主総会においてその内容が報告された場合には、当該株式会社について再生事件等が係属しているときにおける当該他の法人についての再生手続開始の申立ては、当該株式会社の再生事件等が

係属している地方裁判所にもすることができ、当該他の法人について再生事件等が係属しているときにおける当該株式会社についての再生手続開始の申立ては、当該他の法人の再生事件等が係属している地方裁判所にもすることができる。

⑥ 第一項及び第二項の規定にかかわらず、法人について再生事件等が係属している場合における当該法人の代表者についての再生手続開始の申立ては、当該法人の再生事件等が係属している地方裁判所にもすることができ、法人の代表者について再生事件が係属している場合における当該法人についての再生手続開始の申立ては、当該法人の代表者の再生事件が係属している地方裁判所にもすることができる。

⑦ 第一項及び第二項の規定にかかわらず、次の各号に掲げる者のうちいずれか一人について再生事件が係属しているときは、それぞれ当該各号に掲げる他の者についての再生手続開始の申立ては、当該再生事件が係属している地方裁判所にもすることができる。

一 相互に連帯債務者の関係にある個人
二 相互に主たる債務者と保証人の関係にある個人
三 夫婦

⑧ 第一項及び第二項の規定にかかわらず、再生債権者の数が五百人以上であるときは、これらの規定による管轄裁判所の所在地を管轄する高等裁判所の所在地を管轄する地方裁判所にも、再生手続開始の申立てをすることができる。

⑨ 第一項及び第二項の規定にかかわらず、再生債権者の数が千人以上であるときは、東京地方裁判所又は大阪地方裁判所にも、再生手続開始の申立てをすることができる。

⑩ 前各項の規定により二以上の地方裁判所が管轄権を有するときは、再生事件は、先に再生手続開始の申立てがあった地方裁判所が管轄する。

（専属管轄）

第六条 この法律に規定する裁判所の管轄は、専属とする。

（再生事件の移送）

第七条 裁判所は、著しい損害又は遅滞を避けるため必要があると認めるときは、職権で、再生事件を次に掲げる裁判所のいずれかに移送することができる。

一 再生債務者の主たる営業所又は事務所以外の営業所又は事務所の所在地を管轄する地方裁判所
二 再生債務者の住所又は居所の所在地を管轄する地方裁判所
三 第五条第二項に規定する地方裁判所
四 次のイからハまでのいずれかに掲げる地方裁判所
イ 第五条第三項から第七項までに規定する地方裁判所
ロ 再生債権者の数が五百人以上であるときは、第五条第八項に規定する地方裁判所
ハ 再生債権者の数が千人以上であるときは、第五条第九項に規定する地方裁判所
五 第五条第三項から第九項までの規定によりこれらの規定に規定する地方裁判所に再生事件が係属しているときは、同条第一項又は第二項に規定する地方裁判所

（任意的口頭弁論等）

第八条① 再生手続に関する裁判は、口頭弁論を経ないですることができる。

② 裁判所は、職権で、再生事件に関して必要な調査をすることができる。

＊令和四法四八（令和八・五・二四までに施行）による改正後

（期日の呼出し）

第八条の二 （略）（改正により追加）

（公示送達の方法）

第八条の三 （略）（改正により追加）

（電子情報処理組織による申立て等）

第八条の四 （略）（改正により追加）

（裁判書）

第八条の五 （略）（改正により追加）

（不服申立て）

第九条 再生手続に関する裁判につき利害関係を有する者は、この法律に特別の定めがある場合に限り、当該裁判に対し即時抗告をすることができる。その期間は、裁判の公告があった場合には、その公告が効力を生じた日から起算して二週間とする。

（公告等）

第一〇条① この法律の規定による公告は、官報に掲載してする。

② 公告は、掲載があった日の翌日に、その効力を生ずる。

③ この法律の規定により送達をしなければならない場合には、公告をもって、これに代えることができる。ただし、この法律の規定により公告及び送達をしなければならない場合は、この限りでない。

④ この法律の規定により裁判の公告がされたときは、一切の関係人に対して当該裁判の告知があったものとみなす。

⑤ 前二項の規定は、この法律に特別の定めがある場合には、適用しない。

（法人の再生手続に関する登記の嘱託等）

第一一条 （略）

（登記のある権利についての登記等の嘱託）

第一二条 （略）

（否認の登記）

第一三条 （略）

（非課税）

第一四条 （略）

（登録への準用）

第一五条 （略）

（事件に関する文書の閲覧等）

第一六条 （略）

（支障部分の閲覧等の制限）

第一七条 （略）

（民事訴訟法の準用）

第一八条 特別の定めがある場合を除き、再生手続に関しては、その性質に反しない限り、民事訴訟法第一編から第四編までの規定（同法第八十七条の二の規定を除く。）を準用する。

＊令和四法四八附則第八三条（令和六・五・二四までに施行）による改正前

（民事訴訟法の準用）

第一八条 再生手続に関しては、特別の定めがある場合を除き、民事訴訟法の規定を準用する。

＊令和四法四八附則第八四条（令和八・五・二四までに施行）による改正後

（民事訴訟法の準用）

第一八条 特別の定めがある場合を除き、再生手続に関しては、その性質に反しない限り、民事訴訟法第一編から第四編までの規定（同法第七十一条第二項、第八十七条の二、第九十一条の二、第九十二条第九項及び第十項、第九十二条の二第二項、第九十四条、第百条第二項、第一編第五章第四節第三款、第百十一条、第一編第七章、第百三十三条の二第五項及び第六項、第百三十三条の三第二項、第百五十一条第三項、第百六十条第二項、第百八十五条第三項、第百八十七条第三項及び第四項、第二百五条第二項、第二百十五条第二項、第二百二十七条第二項並びに第二百三十二条の二の規定を除く。）を準用する。この場合において、別表の上欄に掲げる同法の規定中同表の中欄に掲げる字句は、それぞれ同表の下欄に掲げる字句に読み替えるものとする。

（最高裁判所規則）

第一九条 この法律に定めるもののほか、再生手続に関し必要な事項は、最高裁判所規則で定める。

第二〇条 削除

第二章 再生手続の開始

第一節 再生手続開始の申立て

（再生手続開始の申立て）

第二一条① 債務者に破産手続開始の原因となる事実の生ずるおそれがあるときは、債務者は、裁判所に対し、再生手続開始の申立てをすることができる。債務者が事業の継続に著しい支障を来すことなく弁済期にある債務を弁済することができないときも、同様とする。

② 前項前段に規定する場合には、債権者も、再生手続開始の申立てをすることができる。

（破産手続開始等の申立義務と再生手続開始の申立て）

第二二条 他の法律の規定により法人の理事又はこれに準ずる者がその法人に対して破産手続開始又は特別清算開始の申立てをしなければならない場合においても、再生手続開始の申立てをすることを妨げない。

（疎明）

第二三条① 再生手続開始の申立てをするときは、再生手続開始の原因となる事実を疎明しなければならない。

② 債権者が、前項の申立てをするときは、その有する債権の存在をも疎明しなければならない。

（費用の予納）

第二四条① 再生手続開始の申立てをするときは、申立人は、再生手続の費用として裁判所の定める金額を予納しなければならない。

② 費用の予納に関する決定に対しては、即時抗告をすることができる。

（意見の聴取）

第二四条の二 裁判所は、再生手続開始の申立てがあった場合には、当該申立てを棄却すべきこと又は再生手続開始の決定をすべきことが明らかである場合を除き、当該申立てについての決定をする前に、労働組合等（再生債務者の使用人その他の従業者の過半数で組織する労働組合があるときはその労働組合、再生債務者の使用人その他の従業者の過半数で組織する労働組合がないときは再生債務者の使用人その他の従業者の過半数を代表する者をいう。第二百四十六条第三項を除き、以下同じ。）の意見を聴かなければならない。

（再生手続開始の条件）

第二五条 次の各号のいずれかに該当する場合には、裁判所は、再生手続開始の申立てを棄却しなければならない。

一 再生手続の費用の予納がないとき。

二 裁判所に破産手続又は特別清算手続が係属し、その手続によることが債権者の一般の利益に適合するとき。

三 再生計画案の作成若しくは可決の見込み又は再生計画の認可の見込みがないことが明らかであるとき。

四 不当な目的で再生手続開始の申立てがされたとき、その他申立てが誠実にされたものでないとき。

（他の手続の中止命令等）

第二六条① 裁判所は、再生手続開始の申立てがあった場合において、必要があると認めるときは、利害関係人の申立てにより又は職権で、再生手続開始の申立てにつき決定があるまでの間、次に掲げる手続又は処分の中止を命ずることができる。ただし、第二号に掲げる手続又は第五号に掲げる処分については、その手続の申立人である再生債権者又はその処分を行う者に不当な損害を及ぼすおそれがない場合に限る。

一 再生債務者についての破産手続又は特別清算手続

二 再生債権に基づく強制執行、仮差押え若しくは仮処分又は再生債権を被担保債権とする留置権（商法（明治三十二年法律第四十八号）又は会社法の規定によるものを除く。）による競売（次条、第二十九条及び第三十九条において「再生債権に基づく強制執行等」という。）の手続で、再生債務者の財産に対して既にされているもの

三 再生債務者の財産関係の訴訟手続

四 再生債務者の財産関係の事件で行政庁に係属しているものの手続

五 再生債権である共助対象外国租税（租税条約等の実施に伴う所得税法、法人税法及び地方税法の特例等に関する法律（昭和四十四年法律第四十六号。以下「租税条約等実施特例法」という。）第十一条第一項に規定する共助対象外国租税をいう。以下同じ。）の請求権に基づき国税滞納処分の例によってする処分（以下「再生債権に基づく外国租税滞納処分」という。）で、再生債務者の財産に対して既にされているもの

② 裁判所は、前項の規定による中止の命令を変更し、又は取り消すことができる。

③ 裁判所は、再生債務者の事業の継続のために特に必要があると認めるときは、再生債務者（保全管理人が選任されている場合にあっては、保全管理人）の申立てにより、担保を立てさせて、第一項第二号の規定により中止した手続又は同項第五号の規定により中止した処分の取消しを命ずることができる。

④ 第一項の規定による中止の命令、第二項の規定による決定及び前項の規定による取消しの命令に対しては、即時抗告をすることができる。

⑤ 前項の即時抗告は、執行停止の効力を有しない。

⑥ 第四項に規定する裁判及び同項の即時抗告についての裁判があった場合には、その裁判書を当事者に送達しなければならない。

（再生債権に基づく強制執行等の包括的禁止命令）

第二七条① 裁判所は、再生手続開始の申立てがあった場合において、前条第一項の規定による中止の命令によっては再生手続の目的を十分に達成することができないおそれがあると認めるべき特別の事情があるときは、利害関係人の申立てにより又は職権で、再生手続開始の申立てにつき決定があるまでの間、全ての再生債権者に対し、再生債務者の財産に対する再生債権に基づく強制執行等及び再生債権に基づく外国租税滞納処分の禁止を命ずることができる。ただし、事前に又は同時に、再生債務者の主要な財産に関し第三十条第一項の規定による保全処分をした場合又は第五十四条第一項の規定若しくは第七十九条第一項の規定による処分をした場合に限る。

② 前項の規定による禁止の命令（以下「包括的禁止命令」という。）が発せられた場合には、再生債務者の財産に対して既にされている再生債権に基づく強制執行等の手続及び再生債権に基づく外国租税滞納処分は、再生手続開始の申立てにつき決定があるまでの間、中止する。

③ 裁判所は、包括的禁止命令を変更し、又は取り消すことができる。

④ 裁判所は、再生債務者の事業の継続のために特に必要があると認めるときは、再生債務者（保全管理人が選任されている場合にあっては、保全管理人）の申立てにより、担保を立てさせて、第二項の規定により中止した再生債権に基づく強制執行等の手続又は再生債権に基づく外国租税滞納処分の取消しを命ずることができる。

⑤ 包括的禁止命令、第三項の規定による決定及び前項の規定による取消しの命令に対しては、即時抗告をすることができる。

⑥ 前項の即時抗告は、執行停止の効力を有しない。

⑦ 包括的禁止命令が発せられたときは、再生債権については、当該命令が効力を失った日の翌日から二月を経過する日までの間は、時効は、完成しない。

（包括的禁止命令に関する公告及び送達等）

第二八条① 包括的禁止命令及びこれを変更し、又は取り消す旨の決定があった場合には、その旨を公告し、その裁判書を再生債務者（保全管理人が選任されている場合にあっては、保全管理人。次項において同じ。）及び申立人に送達し、かつ、その決定の主文を知れている再生債権者及び再生債務者（保全管理人が選任されている場合に限る。）に通知しなければならない。

② 包括的禁止命令及びこれを変更し、又は取り消す旨の決定は、再生債務者に対する裁判書の送達がされた時から、効力を生ずる。

③ 前条第四項の規定による取消しの命令及び同条第五項の即時抗告についての裁判（包括的禁止命令を変更し、又は取り消す

旨の決定を除く。）があった場合には、その裁判書を当事者に送達しなければならない。

（包括的禁止命令の解除）

第二九条① 裁判所は、包括的禁止命令を発した場合において、再生債権に基づく強制執行等の申立人である再生債権者又は再生債権に基づく外国租税滞納処分を行う者（以下この項において「再生債権者等」という。）に不当な損害を及ぼすおそれがあると認めるときは、当該再生債権者等の申立てにより、当該再生債権者等に対しては包括的禁止命令を解除する旨の決定をすることができる。この場合において、当該再生債権者等は、再生債務者の財産に対する再生債権に基づく強制執行等又は再生債権に基づく外国租税滞納処分をすることができ、包括的禁止命令が発せられる前に当該再生債権者等がした再生債権に基づく強制執行等の手続又は再生債権に基づく外国租税滞納処分は、続行する。

② 前項の規定による解除の決定を受けた者に対する第二十七条第七項の規定の適用については、同項中「当該命令が効力を失った日」とあるのは、「第二十九条第一項の規定による解除の決定があった日」とする。

③ 第一項の申立てについての裁判に対しては、即時抗告をすることができる。

④ 前項の即時抗告は、執行停止の効力を有しない。

⑤ 第一項の申立てについての裁判及び第三項の即時抗告についての裁判があった場合には、その裁判書を当事者に送達しなければならない。この場合においては、第十条第三項本文の規定は、適用しない。

（仮差押え、仮処分その他の保全処分）

第三〇条① 裁判所は、再生手続開始の申立てがあった場合には、利害関係人の申立てにより又は職権で、再生手続開始の申立てにつき決定があるまでの間、再生債務者の業務及び財産に関し、仮差押え、仮処分その他の必要な保全処分を命ずることができる。

② 裁判所は、前項の規定による保全処分を変更し、又は取り消すことができる。

③ 第一項の規定による保全処分及び前項の規定による決定に対しては、即時抗告をすることができる。

④ 前項の即時抗告は、執行停止の効力を有しない。

⑤ 第三項に規定する裁判及び同項の即時抗告についての裁判があった場合には、その裁判書を当事者に送達しなければならない。この場合においては、第十条第三項本文の規定は、適用しない。

⑥ 裁判所が第一項の規定により再生債務者が再生債権者に対して弁済その他の債務を消滅させる行為をすることを禁止する旨の保全処分を命じた場合には、再生債権者は、再生手続の関係においては、当該保全処分に反してされた弁済その他の債務を消滅させる行為の効力を主張することができない。ただし、再生債権者が、その行為の当時、当該保全処分がされたことを知っていたときに限る。

（担保権の実行手続の中止命令）

第三一条① 裁判所は、再生手続開始の申立てがあった場合において、再生債権者の一般の利益に適合し、かつ、競売申立人に不当な損害を及ぼすおそれがないものと認めるときは、利害関係人の申立てにより又は職権で、相当の期間を定めて、第五十三条第一項に規定する再生債務者の財産につき存する担保権の実行手続の中止を命ずることができる。ただし、その担保権によって担保される債権が共益債権又は一般優先債権であるときは、この限りでない。

② 裁判所は、前項の規定による中止の命令を発する場合には、競売申立人の意見を聴かなければならない。

③ 裁判所は、第一項の規定による中止の命令を変更し、又は取り消すことができる。

④ 第一項の規定による中止の命令及び前項の規定による変更の決定に対しては、競売申立人に限り、即時抗告をすることができる。

⑤ 前項の即時抗告は、執行停止の効力を有しない。

⑥ 第四項に規定する裁判及び同項の即時抗告についての裁判があった場合には、その裁判書を当事者に送達しなければならない。この場合においては、第十条第三項本文の規定は、適用しない。

（再生手続開始の申立ての取下げの制限）

第三二条 再生手続開始の申立てをした者は、再生手続開始の決定前に限り、当該申立てを取り下げることができる。この場合において、第二十六条第一項の規定による中止の命令、包括的禁止命令、第三十条第一項の規定による保全処分、前条第一項の規定による中止の命令、第五十四条第一項若しくは第七十九条第一項の規定による処分、第百三十四条の二第一項の規定による保全処分又は第百九十七条第一項の規定による中止の命令がされた後は、裁判所の許可を得なければならない。

第二節 再生手続開始の決定

（再生手続開始の決定）

第三三条① 裁判所は、第二十一条に規定する要件を満たす再生手続開始の申立てがあったときは、第二十五条の規定によりこれを棄却する場合を除き、再生手続開始の決定をする。

② 前項の決定は、その決定の時から、効力を生ずる。

（再生手続開始と同時に定めるべき事項）

第三四条① 裁判所は、再生手続開始の決定と同時に、再生債権の届出をすべき期間及び再生債権の調査をするための期間を定めなければならない。

② 前項の場合において、知れている再生債権者の数が千人以上であり、かつ、相当と認めるときは、裁判所は、次条第五項本文において準用する同条第三項第一号及び第三十七条本文の規定による知れている再生債権者に対する通知をせず、かつ、第百二条第一項に規定する届出再生債権者を債権者集会（再生計画案の決議をするためのものを除く。）の期日に呼び出さない旨の決定をすることができる。

（再生手続開始の公告等）

第三五条① 裁判所は、再生手続開始の決定をしたときは、直ちに、次に掲げる事項を公告しなければならない。ただし、第三号に掲げる事項については、第百六十九条の二第一項に規定する社債管理者等がないときは、公告することを要しない。

一 再生手続開始の決定の主文
二 前条第一項の規定により定めた期間
三 再生債務者が発行した第百六十九条の二第一項に規定する社債等について同項に規定する社債管理者等がある場合における当該社債等についての再生債権者の議決権は、同項各号のいずれかに該当する場合（同条第三項の場合を除く。）でなければ行使することができない旨

② 前条第二項の決定があったときは、裁判所は、前項各号に掲げる事項のほか、第五項本文において準用する次項第一号及び第三十七条本文の規定による知れている再生債権者に対する通知をせず、かつ、第百二条第一項に規定する届出再生債権者を債権者集会（再生計画案の決議をするためのものを除く。）の期日に呼び出さない旨をも公告しなければならない。

③ 次に掲げる者には、前二項の規定により公告すべき事項を通知しなければならない。

一 再生債務者及び知れている再生債権者
二 第五十四条第一項、第六十四条第一項又は第七十九条第一項前段の規定による処分がされた場合における監督委員、管財人又は保全管理人

④ 前項の規定にかかわらず、再生債務者がその財産をもって約定劣後再生債権（再生債権者と再生債務者との間において、再生手続開始前に、当該再生債務者について破産手続が開始されたとすれば当該破産手続におけるその配当の順位が破産法（平成十六年法律第七十五号）第九十九条第一項に規定する劣後的破産債権に後れる旨の合意がされた債権をいう。以下同じ。）に

優先する債権に係る債務を完済することができない状態にあることが明らかであるときは、当該約定劣後再生債権を有する者であって知れているものに対しては、前項の規定による通知をすることを要しない。

⑤ 第一項第二号、第三項第一号及び前項の規定は、前条第一項の規定により定めた再生債権の届出をすべき期間に変更を生じた場合について準用する。ただし、同条第二項の決定があったときは、知れている再生債権者に対しては、当該通知をすることを要しない。

（抗告）

第三六条① 再生手続開始の申立てについての裁判に対しては、即時抗告をすることができる。

② 第二十六条から第三十条までの規定は、再生手続開始の申立てを棄却する決定に対して前項の即時抗告があった場合について準用する。

（再生手続開始決定の取消し）

第三七条 再生手続開始の決定をした裁判所は、前条第一項の即時抗告があった場合において、当該決定を取り消す決定が確定したときは、直ちにその主文を公告し、かつ、第三十五条第三項各号に掲げる者（保全管理人及び同条第四項の規定により通知を受けなかった者を除く。）にその主文を通知しなければならない。ただし、第三十四条第二項の決定があったときは、知れている再生債権者に対しては、当該通知をすることを要しない。

（再生債務者の地位）

第三八条① 再生債務者は、再生手続が開始された後も、その業務を遂行し、又はその財産（日本国内にあるかどうかを問わない。第六十六条及び第八十一条第一項において同じ。）を管理し、若しくは処分する権利を有する。

② 再生手続が開始された場合には、再生債務者は、債権者に対し、公平かつ誠実に、前項の権利を行使し、再生手続を追行する義務を負う。

③ 前二項の規定は、第六十四条第一項の規定による処分がされた場合には、適用しない。

（他の手続の中止等）

第三九条① 再生手続開始の決定があったときは、破産手続開始、再生手続開始若しくは特別清算開始の申立て、再生債務者の財産に対する再生債権に基づく強制執行等若しくは再生債権に基づく外国租税滞納処分又は再生債権に基づく財産開示手続若しくは第三者からの情報取得手続の申立てはすることができず、破産手続、再生債務者の財産に対して既にされている再生債権に基づく強制執行等の手続及び再生債権に基づく外国租税滞納処分並びに再生債権に基づく財産開示手続及び第三者からの情報取得手続は中止し、特別清算手続はその効力を失う。

② 裁判所は、再生に支障を来さないと認めるときは、再生債務者等の申立てにより又は職権で、前項の規定により中止した再生債権に基づく強制執行等の手続又は再生債権に基づく外国租税滞納処分の続行を命ずることができ、再生のため必要があると認めるときは、再生債務者等の申立てにより又は職権で、担保を立てさせて、又は立てさせないで、中止した再生債権に基づく強制執行等の手続又は再生債権に基づく外国租税滞納処分の取消しを命ずることができる。

③ 再生手続開始の決定があったときは、次に掲げる請求権は、共益債権とする。

一 第一項の規定により中止した破産手続における財団債権（破産法第百四十八条第一項第三号に掲げる請求権を除き、破産手続が開始されなかった場合における同法第五十五条第二項及び第百四十八条第四項に規定する請求権を含む。）

二 第一項の規定により効力を失った手続のために再生債務者に対して生じた債権及びその手続に関する再生債務者に対する費用請求権

三 前項の規定により続行された手続に関する再生債務者に対する費用請求権

④ 再生手続開始の決定があったときは、再生手続が終了するまでの間（再生計画認可の決定が確定したときは、第百八十一条第二項に規定する再生計画で定められた弁済期間が満了する時（その期間の満了前に再生計画に基づく弁済が完了した場合又は再生計画が取り消された場合にあっては弁済が完了した時又は再生計画が取り消された時）までの間）は、罰金、科料及び追徴の時効は、進行しない。ただし、当該罰金、科料又は追徴に係る請求権が共益債権である場合は、この限りでない。

（訴訟手続の中断等）

第四〇条① 再生手続開始の決定があったときは、再生債務者の財産関係の訴訟手続のうち再生債権に関するものは、中断する。

② 前項に規定する訴訟手続について、第百七条第一項、第百九条第二項（第百十三条第二項後段において準用する場合を含む。）又は第二百十三条第五項（第二百十九条第二項において準用する場合を含む。）の規定による受継があるまでに再生手続が終了したときは、再生債務者は、当然訴訟手続を受継する。

③ 前二項の規定は、再生債務者等の財産関係の事件のうち再生債権に関するものであって、再生手続開始当時行政庁に係属するものについて準用する。

（債権者代位訴訟等の取扱い）

第四〇条の二① 民法（明治二十九年法律第八十九号）第四百二十三条第一項、第四百二十三条の七若しくは第四百二十四条第一項の規定により再生債権者の提起した訴訟又は破産法の規定による否認の訴訟若しくは否認の請求を認容する決定に対する異議の訴訟が再生手続開始当時係属するときは、その訴訟手続は、中断する。

② 再生債務者等は、前項の規定により中断した訴訟手続のうち、民法第四百二十三条第一項又は第四百二十三条の七の規定により再生債権者の提起した訴訟に係るものを受け継ぐことができる。この場合においては、受継の申立ては、相手方もすることができる。

③ 前項の場合においては、相手方の再生債権者に対する訴訟費用請求権は、共益債権とする。

④ 第二項に規定する訴訟手続について同項の規定による受継があった後に再生手続が終了したときは、第六十八条第四項において準用する同条第二項の規定により中断している場合を除き、当該訴訟手続は中断する。

⑤ 前項の場合には、再生債権者において当該訴訟手続を受け継がなければならない。この場合においては、受継の申立ては、相手方もすることができる。

⑥ 第二項に規定する訴訟手続が第六十八条第四項において準用する同条第二項の規定により中断した後に再生手続が終了した場合には、同条第四項において準用する同条第三項の規定にかかわらず、再生債権者において当該訴訟手続を受け継がなければならない。この場合においては、受継の申立ては、相手方もすることができる。

⑦ 第一項の規定により中断した訴訟手続について第二項又は第百四十条第一項の規定による受継があるまでに再生手続が終了したときは、再生債権者又は破産管財人は、当該訴訟手続を当然受継する。

（再生債務者等の行為の制限）

第四一条① 裁判所は、再生手続開始後において、必要があると認めるときは、再生債務者等が次に掲げる行為をするには裁判所の許可を得なければならないものとすることができる。

一 財産の処分

二 財産の譲受け

三 借財

四 第四十九条第一項の規定による契約の解除

五 訴えの提起

六 和解又は仲裁合意（仲裁法（平成十五年法律第百三十八号）第二条第一項に規定する仲裁合意をいう。）

七 権利の放棄

八　共益債権、一般優先債権又は第五十二条に規定する取戻権の承認
九　別除権の目的である財産の受戻し
十　その他裁判所の指定する行為
② 前項の許可を得ないでした行為は、無効とする。ただし、これをもって善意の第三者に対抗することができない。

（営業等の譲渡）
第四二条① 再生手続開始後において、再生債務者等が次に掲げる行為をするには、裁判所の許可を得なければならない。この場合において、裁判所は、当該再生債務者の事業の再生のために必要であると認める場合に限り、許可をすることができる。
一　再生債務者の営業又は事業の全部又は重要な一部の譲渡
二　再生債務者の子会社等（会社法第二条第三号の二に規定する子会社等をいう。ロにおいて同じ。）の株式又は持分の全部又は一部の譲渡（次のいずれにも該当する場合における譲渡に限る。）
イ　当該譲渡により譲り渡す株式又は持分の帳簿価額が再生債務者の総資産額として法務省令で定める方法により算定される額の五分の一（これを下回る割合を定款で定めた場合にあっては、その割合）を超えるとき。
ロ　再生債務者が、当該譲渡がその効力を生ずる日において当該子会社等の議決権の総数の過半数の議決権を有しないとき。
② 裁判所は、前項の許可をする場合には、知れている再生債権者（再生債務者が再生手続開始の時においてその財産をもって約定劣後再生債権に優先する債権に係る債務を完済することができない状態にある場合における当該約定劣後再生債権を有する者を除く。）の意見を聴かなければならない。ただし、第百十七条第二項に規定する債権者委員会があるときは、その意見を聴けば足りる。
③ 裁判所は、第一項の許可をする場合には、労働組合等の意見を聴かなければならない。
④ 前条第二項の規定は、第一項の許可を得ないでした行為について準用する。

（事業等の譲渡に関する株主総会の決議による承認に代わる許可）
第四三条① 再生手続開始後において、株式会社である再生債務者がその財産をもって債務を完済することができないときは、裁判所は、再生債務者等の申立てにより、当該再生債務者の会社法第四百六十七条第一項第一号から第二号の二までに掲げる行為（以下この項及び第八項において「事業等の譲渡」という。）について同条第一項に規定する株主総会の決議による承認に代わる許可を与えることができる。ただし、当該事業等の譲渡が事業の継続のために必要である場合に限る。
② 前項の許可（以下この条において「代替許可」という。）の決定があった場合には、その裁判書を再生債務者等に、その決定の要旨を記載した書面を株主に、それぞれ送達しなければならない。
③ 代替許可の決定は、前項の規定による再生債務者等に対する送達がされた時から、効力を生ずる。
④ 第二項の規定による株主に対する送達は、株主名簿に記載され、若しくは記録された住所又は株主が再生債務者に通知した場所にあてて、書類を通常の取扱いによる郵便に付し、又は民間事業者による信書の送達に関する法律（平成十四年法律第九十九号）第二条第六項に規定する一般信書便事業者若しくは同条第九項に規定する特定信書便事業者の提供する同条第二項に規定する信書便の役務を利用して送付する方法によりすることができる。
⑤ 前項の規定による送達をした場合には、その郵便物又は民間事業者による信書の送達に関する法律第二条第三項に規定する信書便物（以下「郵便物等」という。）が通常到達すべきであった時に、送達があったものとみなす。
⑥ 代替許可の決定に対しては、株主は、即時抗告をすることができる。
⑦ 前項の即時抗告は、執行停止の効力を有しない。
⑧ 代替許可を得て再生債務者の事業等の譲渡をする場合には、会社法第四百六十九条及び第四百七十条の規定は、適用しない。

（開始後の権利取得）
第四四条① 再生手続開始後、再生債権につき再生債務者財産に関して再生債務者（管財人が選任されている場合にあっては、管財人又は再生債務者）の行為によらないで権利を取得しても、再生債権者は、再生手続の関係においては、その効力を主張することができない。
② 再生手続開始の日に取得した権利は、再生手続開始後に取得したものと推定する。

（開始後の登記及び登録）
第四五条① 不動産又は船舶に関し再生手続開始前に生じた登記原因に基づき再生手続開始後にされた登記又は不動産登記法（平成十六年法律第百二十三号）第百五条第一号の規定による仮登記は、再生手続の関係においては、その効力を主張することができない。ただし、登記権利者が再生手続開始の事実を知らないでした登記又は仮登記については、この限りでない。
② 前項の規定は、権利の設定、移転若しくは変更に関する登録若しくは仮登録又は企業担保権の設定、移転若しくは変更に関する登記について準用する。

（開始後の手形の引受け等）
第四六条① 為替手形の振出人又は裏書人である再生債務者について再生手続が開始された場合において、支払人又は予備支払人がその事実を知らないで引受け又は支払をしたときは、その支払人又は予備支払人は、これによって生じた債権につき、再生債権者としてその権利を行うことができる。
② 前項の規定は、小切手及び金銭その他の物又は有価証券の給付を目的とする有価証券について準用する。

（善意又は悪意の推定）
第四七条 前二条の規定の適用については、第三十五条第一項の規定による公告（以下「再生手続開始の公告」という。）前においてはその事実を知らなかったものと推定し、再生手続開始の公告後においてはその事実を知っていたものと推定する。

（共有関係）
第四八条① 再生債務者が他人と共同して財産権を有する場合において、再生手続が開始されたときは、再生債務者等は、共有者の間で分割をしない定めがあるときでも、分割の請求をすることができる。
② 前項の場合には、他の共有者は、相当の償金を支払って再生債務者の持分を取得することができる。

（双務契約）
第四九条① 双務契約について再生債務者及びその相手方が再生手続開始の時において共にまだその履行を完了していないときは、再生債務者等は、契約の解除をし、又は再生債務者の債務を履行して相手方の債務の履行を請求することができる。
② 前項の場合には、相手方は、再生債務者等に対し、相当の期間を定め、その期間内に契約の解除をするか又は債務の履行を請求するかを確答すべき旨を催告することができる。この場合において、再生債務者等がその期間内に確答をしないときは、同項の規定による解除権を放棄したものとみなす。
③ 前二項の規定は、労働協約には、適用しない。
④ 第一項の規定により再生債務者の債務の履行をする場合において、相手方が有する請求権は、共益債権とする。
⑤ 破産法第五十四条の規定は、第一項の規定による契約の解除があった場合について準用する。この場合において、同条第一項中「破産債権者」とあるのは「再生債権者」と、同条第二項中「破産者」とあるのは「再生債務者」と、「破産財団」とあるのは「再生債務者財産」と、「財団債権者」とあるのは「共益債権者」と読み替えるものとする。

（継続的給付を目的とする双務契約）

第五〇条① 再生債務者に対して継続的給付の義務を負う双務契約の相手方は、再生手続開始の申立て前の給付に係る再生債権について弁済がないことを理由としては、再生手続開始後は、その義務の履行を拒むことができない。
② 前項の双務契約の相手方が再生手続開始の申立て後再生手続開始前にした給付に係る請求権（一定期間ごとに債権額を算定すべき継続的給付については、申立ての日の属する期間内の給付に係る請求権を含む。）は、共益債権とする。
③ 前二項の規定は、労働契約には、適用しない。

（双務契約についての破産法の準用）
第五一条 破産法第五十六条、第五十八条及び第五十九条の規定は、再生手続が開始された場合について準用する。この場合において、同法第五十六条第一項中「第五十三条第一項及び第二項」とあるのは「民事再生法第四十九条第一項及び第二項」と、「破産者」とあるのは「再生債務者」と、同条第二項中「財団債権」とあるのは「共益債権」と、同法第五十八条第一項中「破産手続開始」とあるのは「再生手続開始」と、同条第三項において準用する同法第五十四条第一項中「破産債権者」とあるのは「再生債権者」と、同法第五十九条第一項中「破産手続」とあるのは「再生手続」と、同条第二項中「請求権は、破産者が有するときは破産財団に属し」とあるのは「請求権は」と、「破産債権」とあるのは「再生債権」と読み替えるものとする。

（取戻権）
第五二条① 再生手続の開始は、再生債務者に属しない財産を再生債務者から取り戻す権利に影響を及ぼさない。
② 破産法第六十三条及び第六十四条の規定は、再生手続が開始された場合について準用する。この場合において、同法第六十三条第一項中「破産手続開始の決定」とあるのは「再生手続開始の決定」と、同項ただし書及び同法第六十四条中「破産管財人」とあるのは「再生債務者（管財人が選任されている場合にあっては、管財人）」と、同法第六十三条第二項中「第五十三条第一項及び第二項」とあるのは「民事再生法第四十九条第一項及び第二項」と、同条第三項中「第一項」とあるのは「前二項」と、「同項」とあるのは「第一項」と、同法第六十四条第一項中「破産者」とあるのは「再生債務者」と、「破産手続開始」とあるのは「再生手続開始」と読み替えるものとする。

（別除権）
第五三条① 再生手続開始の時において再生債務者の財産につき存する担保権（特別の先取特権、質権、抵当権又は商法若しくは会社法の規定による留置権をいう。第三項において同じ。）を有する者は、その目的である財産について、別除権を有する。
② 別除権は、再生手続によらないで、行使することができる。
③ 担保権の目的である財産が再生債務者等による任意売却その他の事由により再生債務者財産に属しないこととなった場合において当該担保権がなお存続するときにおける当該担保権を有する者も、その目的である財産について別除権を有する。

第三章 再生手続の機関（抄）

第一節 監督委員（抄）

（監督命令）
第五四条① 裁判所は、再生手続開始の申立てがあった場合において、必要があると認めるときは、利害関係人の申立てにより又は職権で、監督委員による監督を命ずる処分をすることができる。
② 裁判所は、前項の処分（以下「監督命令」という。）をする場合には、当該監督命令において、一人又は数人の監督委員を選任し、かつ、その同意を得なければ再生債務者がすることができない行為を指定しなければならない。
③ 法人は、監督委員となることができる。
④ 第二項に規定する監督委員の同意を得ないでした行為は、無効とする。ただし、これをもって善意の第三者に対抗することができない。
⑤ 裁判所は、監督命令を変更し、又は取り消すことができる。
⑥ 監督命令及び前項の規定による決定に対しては、即時抗告をすることができる。
⑦ 前項の即時抗告は、執行停止の効力を有しない。

（監督命令に関する公告及び送達）
第五五条 （略）

（否認に関する権限の付与）
第五六条① 再生手続開始の決定があった場合には、裁判所は、利害関係人の申立てにより又は職権で、監督委員に対して、特定の行為について否認権を行使する権限を付与することができる。
② 監督委員は、前項の規定により権限を付与された場合には、当該権限の行使に関し必要な範囲内で、再生債務者のために、金銭の収支その他の財産の管理及び処分をすることができる。
③ 第七十七条第一項から第三項までの規定は、前項の監督委員について準用する。この場合において、同条第二項中「後任の管財人」とあるのは「後任の監督委員であって第五十六条第一項の規定により否認権を行使する権限を付与されたもの又は管財人」と、同条第三項中「後任の管財人」とあるのは「後任の監督委員であって第五十六条第一項の規定により否認権を行使する権限を付与されたもの、管財人」と読み替えるものとする。
④ 裁判所は、第一項の規定による決定を変更し、又は取り消すことができる。
⑤ 裁判所は、必要があると認めるときは、第一項の規定により権限を付与された監督委員が訴えの提起、和解その他裁判所の指定する行為をするには裁判所の許可を得なければならないものとすることができる。
⑥ 第四十一条第二項の規定は、監督委員が前項の許可を得ないでした行為について準用する。

（監督委員に対する監督等）
第五七条 （略）

（数人の監督委員の職務執行）
第五八条 （略）

（監督委員による調査等）
第五九条 （略）

（監督委員の注意義務）
第六〇条 （略）

（監督委員の報酬等）
第六一条 （略）

第二節 調査委員（抄）

（調査命令）
第六二条① 裁判所は、再生手続開始の申立てがあった場合において、必要があると認めるときは、利害関係人の申立てにより又は職権で、調査委員による調査を命ずる処分をすることができる。
② 裁判所は、前項の処分（以下「調査命令」という。）をする場合には、当該調査命令において、一人又は数人の調査委員を選任し、かつ、調査委員が調査すべき事項及び裁判所に対して調査の結果の報告をすべき期間を定めなければならない。
③ 裁判所は、調査命令を変更し、又は取り消すことができる。
④ 調査命令及び前項の規定による決定に対しては、即時抗告をすることができる。
⑤ 前項の即時抗告は、執行停止の効力を有しない。
⑥ 第四項に規定する裁判及び前項の即時抗告についての裁判があった場合には、その裁判書を当事者に送達しなければならない。

（監督委員に関する規定の準用）
第六三条 （略）

第三節 管財人（抄）

（管理命令）

第六四条① 裁判所は、再生債務者（法人である場合に限る。以下この項において同じ。）の財産の管理又は処分が失当であるとき、その他再生債務者の事業の再生のために特に必要があると認めるときは、利害関係人の申立てにより又は職権で、再生手続の開始の決定と同時に又はその決定後、再生債務者の業務及び財産に関し、管財人による管理を命ずる処分をすることができる。

② 裁判所は、前項の処分（以下「管理命令」という。）をする場合には、当該管理命令において、一人又は数人の管財人を選任しなければならない。

③ 裁判所が管理命令を発しようとする場合には、再生債務者を審尋しなければならない。ただし、急迫の事情があるときは、この限りでない。

④ 裁判所は、管理命令を変更し、又は取り消すことができる。

⑤ 管理命令及び前項の規定による決定に対しては、即時抗告をすることができる。

⑥ 前項の即時抗告は、執行停止の効力を有しない。

（管理命令に関する公告及び送達）

第六五条 （略）

（管財人の権限）

第六六条 管理命令が発せられた場合には、再生債務者の業務の遂行並びに財産の管理及び処分をする権利は、裁判所が選任した管財人に専属する。

（管理命令が発せられた場合の再生債務者の財産関係の訴えの取扱い）

第六七条① 管理命令が発せられた場合には、再生債務者の財産関係の訴えについては、管財人を原告又は被告とする。

② 管理命令が発せられた場合には、再生債務者の財産関係の訴訟手続で再生債務者が当事者であるものは、中断する。第百四十五条第一項の訴えに係る訴訟手続で再生債権者が当事者であるものについても、同様とする。

③ 前項の規定により中断した訴訟手続のうち再生債権に関しないもの（第四十条の二第二項に規定するもので同項の規定により受継されたものを除く。）は、管財人においてこれを受け継ぐことができる。この場合においては、受継の申立ては、相手方もすることができる。

④ 第二項の規定により中断した訴訟手続のうち、再生債権に関するもので第百六条第一項、第百九条第一項若しくは第百十三条第二項前段の規定により提起され、若しくは第百七条第一項若しくは第百九条第二項（第百十三条第二項後段において準用する場合を含む。）の規定により受継されたもの又は第四十条の二第二項に規定するもので同項の規定により受継されたものは、管財人においてこれを受け継がなければならない。この場合においては、受継の申立ては、相手方もすることができる。

⑤ 前二項の場合においては、相手方の再生債務者又は第二項後段の再生債権者に対する訴訟費用請求権は、共益債権とする。

第六八条① 前条第二項の規定により中断した訴訟手続について同条第三項又は第四項の規定による受継があるまでに再生手続が終了したときは、再生債務者は、当該訴訟手続（第四十条の二第二項に規定するもので同条第三項の規定により中断するものを除く。次項において同じ。）を当然受継する。

② 再生手続が終了したときは、管財人を当事者とする再生債務者の財産関係の訴訟手続は、中断する。

③ 再生債務者は、前項の規定により中断した訴訟手続（再生計画不認可、再生手続廃止又は再生計画取消しの決定の確定により再生手続が終了した場合における第百三十七条第一項の訴えに係るものを除く。）を受け継がなければならない。この場合においては、受継の申立ては、相手方もすることができる。

④ 第一項の規定は前条第三項又は第四項の規定による受継があるまでに管理命令を取り消す旨の決定が確定した場合について、前二項の規定は管理命令を取り消す旨の決定が確定した場合について準用する。この場合において、第一項中「前条第二項」とあるのは「前条第二項前段」と、「訴訟手続（第四十条の二第二項に規定するもので同条第三項の規定により中断するものを除く。次項において同じ。）」とあるのは「訴訟手続」と読み替えるものとする。

⑤ 第三項の規定は、前条第三項の規定による受継があるまでに管理命令を取り消す旨の決定が確定した場合における同条第二項後段の規定により中断した訴訟手続について準用する。この場合において、第三項中「再生債務者」とあるのは、「前条第二項後段の再生債権者」と読み替えるものとする。

（行政庁に係属する事件の取扱い）

第六九条 第六十七条第二項から第五項まで及び前条の規定は、再生債務者の財産関係の事件で管理命令が発せられた当時行政庁に係属するものについて準用する。

（数人の管財人の職務執行）

第七〇条 （略）

（管財人代理）

第七一条 （略）

（再生債務者の業務及び財産の管理）

第七二条 （略）

（郵便物等の管理）

第七三条及び第七四条 （略）

（管財人の行為に対する制限）

第七五条① 管財人は、裁判所の許可を得なければ、再生債務者の財産を譲り受け、再生債務者に対し自己の財産を譲り渡し、その他自己又は第三者のために再生債務者と取引をすることができない。

② 前項の許可を得ないでした行為は、無効とする。ただし、これをもって善意の第三者に対抗することができない。

（管理命令後の再生債務者の行為等）

第七六条① 再生債務者が管理命令が発せられた後に再生債務者財産に関してした法律行為は、再生手続の関係においては、その効力を主張することができない。ただし、相手方がその行為の当時管理命令が発せられた事実を知らなかったときは、この限りでない。

② 管理命令が発せられた後に、その事実を知らないで再生債務者にした弁済は、再生手続の関係においても、その効力を主張することができる。

③ 管理命令が発せられた後に、その事実を知って再生債務者にした弁済は、再生債務者財産が受けた利益の限度においてのみ、再生手続の関係において、その効力を主張することができる。

④ 第四十七条の規定は、前三項の規定の適用について準用する。この場合において、「第三十五条第一項の規定による公告（以下「再生手続開始の公告」という。）」とあるのは「第六十五条第一項の規定による公告（再生手続開始の決定と同時に管理命令が発せられた場合には、第三十五条第一項の規定による公告）」と読み替えるものとする。

（取締役等の報酬）

第七六条の二 管理命令が発せられた場合における再生債務者が法人であるときのその理事、取締役、執行役、監事、監査役、清算人又はこれらに準ずる者は、再生債務者に対して報酬を請求することができない。

（任務終了の場合の報告義務等）

第七七条 （略）

（監督委員に関する規定の準用）

第七八条 （略）

第四節　保全管理人（抄）

（保全管理命令）

第七九条① 裁判所は、再生手続開始の申立てがあった場合において、再生債務者（法人である場合に限る。以下この節において同じ。）の財産の管理又は処分が失当であるとき、その他再生債務者の事業の継続のために特に必要があると認めるときは、利害関係人の申立てにより又は職権で、再生手続開始の申立てにつき決定があるまでの間、再生債務者の業務及び財産に関し、保全管理人による管理を命ずる処分をすることができる。この場合においては、第六十四条第三項の規定を準用する。

② 裁判所は、前項の処分（以下「保全管理命令」という。）をする場合には、当該保全管理命令において、一人又は数人の保全管理人を選任しなければならない。

③ 前二項の規定は、再生手続開始の申立てを棄却する決定に対して第三十六条第一項の即時抗告があった場合について準用する。

④ 裁判所は、保全管理命令を変更し、又は取り消すことができる。

⑤ 保全管理命令及び前項の規定による決定に対しては、即時抗告をすることができる。

⑥ 前項の即時抗告は、執行停止の効力を有しない。

（保全管理命令に関する公告及び送達）

第八〇条 （略）

（保全管理人の権限）

第八一条① 保全管理命令が発せられたときは、再生債務者の業務の遂行並びに財産の管理及び処分をする権利は、保全管理人に専属する。ただし、保全管理人が再生債務者の常務に属しない行為をするには、裁判所の許可を得なければならない。

② 前項ただし書の許可を得ないでした行為は、無効とする。ただし、これをもって善意の第三者に対抗することができない。

③ 第四十一条の規定は、保全管理人について準用する。

（保全管理人代理）

第八二条 （略）

（監督委員に関する規定等の保全管理人等への準用）

第八三条 （略）

第四章 再生債権（抄）

第一節 再生債権者の権利（抄）

（再生債権となる請求権）

第八四条① 再生債務者に対し再生手続開始前の原因に基づいて生じた財産上の請求権（共益債権又は一般優先債権であるものを除く。次項において同じ。）は、再生債権とする。

② 次に掲げる請求権も、再生債権とする。

一 再生手続開始後の利息の請求権

二 再生手続開始後の不履行による損害賠償及び違約金の請求権

三 再生手続参加の費用の請求権

（再生債権の弁済の禁止）

第八五条① 再生債権については、再生手続開始後は、この法律に特別の定めがある場合を除き、再生計画の定めるところによらなければ、弁済をし、弁済を受け、その他これを消滅させる行為（免除を除く。）をすることができない。

② 再生債務者を主要な取引先とする中小企業者が、その有する再生債権の弁済を受けなければ、事業の継続に著しい支障を来すおそれがあるときは、裁判所は、再生計画認可の決定が確定する前でも、再生債務者等の申立てにより又は職権で、その全部又は一部の弁済をすることを許可することができる。

③ 裁判所は、前項の規定による許可をする場合には、再生債務者と同項の中小企業者との取引の状況、再生債務者の資産状態、利害関係人の利害その他一切の事情を考慮しなければならない。

④ 再生債務者等は、再生債権者から第二項の申立てをすべきことを求められたときは、直ちにその旨を裁判所に報告しなければならない。この場合において、その申立てをしないこととしたときは、遅滞なく、その事情を裁判所に報告しなければならない。

⑤ 少額の再生債権を早期に弁済することにより再生手続を円滑に進行することができるとき、又は少額の再生債権を早期に弁済しなければ再生債務者の事業の継続に著しい支障を来すときは、裁判所は、再生計画認可の決定が確定する前でも、再生債務者等の申立てにより、その弁済をすることを許可することができる。

⑥ 第二項から前項までの規定は、約定劣後再生債権である再生債権については、適用しない。

（再生債務者等による相殺）

第八五条の二 再生債務者等は、再生債務者財産に属する債権をもって再生債権と相殺することが再生債権者の一般の利益に適合するときは、裁判所の許可を得て、その相殺をすることができる。

（再生債権者の手続参加）

第八六条① 再生債権者は、その有する再生債権をもって再生手続に参加することができる。

② 破産法第百四条から第百七条までの規定は、再生手続が開始された場合における再生債権者の権利の行使について準用する。この場合において、同法第百四条から第百七条までの規定中「破産手続開始」とあるのは「再生手続開始」と、同法第百四条第一項、第三項及び第四項、第百五条、第百六条並びに第百七条第一項中「破産手続に」とあるのは「再生手続に」と、同法第百四条第三項から第五項までの規定中「破産者」とあるのは「再生債務者」と、同条第四項中「破産債権者」とあるのは「再生債権者」と読み替えるものとする。

③ 第一項の規定にかかわらず、共助対象外国租税の請求権をもって再生手続に参加するには、共助実施決定（租税条約等実施特例法第十一条第一項に規定する共助実施決定をいう。第百十三条第二項において同じ。）を得なければならない。

（再生債権者の議決権）

第八七条① 再生債権者は、次に掲げる債権の区分に従い、それぞれ当該各号に定める金額に応じて、議決権を有する。

一 再生手続開始後に期限が到来すべき確定期限付債権で無利息のもの　再生手続開始の時から期限に至るまでの期間の年数（その期間に一年に満たない端数があるときは、これを切り捨てるものとする。）に応じた債権に対する再生手続開始の時における法定利率による利息を債権額から控除した額

二 金額及び存続期間が確定している定期金債権　各定期金につき前号の規定に準じて算定される額の合計額（その額が再生手続開始の時における法定利率によりその定期金に相当する利息を生ずべき元本額を超えるときは、その元本額）

三 次に掲げる債権　再生手続開始の時における評価額

イ 再生手続開始後に期限が到来すべき不確定期限付債権で無利息のもの

ロ 金額又は存続期間が不確定である定期金債権

ハ 金銭の支払を目的としない債権

ニ 金銭債権で、その額が不確定であるもの又はその額を外国の通貨をもって定めたもの

ホ 条件付債権

ヘ 再生債務者に対して行うことがある将来の請求権

四 前三号に掲げる債権以外の債権　債権額

② 前項の規定にかかわらず、再生債権者は、第八十四条第二項に掲げる請求権、第九十七条第一号に規定する再生手続開始前の罰金等及び共助対象外国租税の請求権については、議決権を有しない。

③ 第一項の規定にかかわらず、再生債務者が再生手続開始の時においてその財産をもって約定劣後再生債権に優先する債権に係る債務を完済することができない状態にあるときは、当該約定劣後再生債権を有する者は、議決権を有しない。

（別除権者の手続参加）

第八八条 別除権者は、当該別除権に係る第五十三条第一項に規定する担保権によって担保される債権については、その別除権の行使によって弁済を受けることができない債権の部分についてのみ、再生債権者として、その権利を行うことができる。ただし、当該担保権によって担保される債権の全部又は一部が再生手続開始後に担保されないこととなった場合には、その債権の当該全部又は一部について、再生債権者として、その権利を

行うことを妨げない。

（再生債権者が外国で受けた弁済）

第八九条① 再生債権者は、再生手続開始の決定があった後に、再生債務者の財産で外国にあるものに対して権利を行使したことにより、再生債権について弁済を受けた場合であっても、その弁済を受ける前の債権の全部をもって再生手続に参加することができる。

② 前項の再生債権者は、他の再生債権者（同項の再生債権者が約定劣後再生債権を有する者である場合にあっては、他の約定劣後再生債権を有する者）が自己の受けた弁済と同一の割合の弁済を受けるまでは、再生手続により、弁済を受けることができない。

③ 第一項の再生債権者は、外国において弁済を受けた債権の部分については、議決権を行使することができない。

（代理委員）

第九〇条 （略）

（裁判所による代理委員の選任）

第九〇条の二 （略）

（報償金等）

第九一条 （略）

（相殺権）

第九二条① 再生債権者が再生手続開始当時再生債務者に対して債務を負担する場合において、債権及び債務の双方が第九十四条第一項に規定する債権届出期間の満了前に相殺に適するようになったときは、再生債権者は、当該債権届出期間内に限り、再生計画の定めるところによらないで、相殺をすることができる。債務が期限付であるときも、同様とする。

② 再生債権者が再生手続開始当時再生債務者に対して負担する債務が賃料債務である場合には、再生債権者は、再生手続開始後にその弁済期が到来すべき賃料債務（前項の債権届出期間の満了後にその弁済期が到来すべきものを含む。次項において同じ。）については、再生手続開始の時における賃料の六月分に相当する額を限度として、前項の債権届出期間内に限り、再生計画の定めるところによらないで、相殺をすることができる。

③ 前項に規定する場合において、再生債権者が、再生手続開始後にその弁済期が到来すべき賃料債務について、再生手続開始後その弁済期に弁済をしたときは、再生債権者が有する敷金の返還請求権は、再生手続開始の時における賃料の六月分に相当する額（同項の規定により相殺をする場合には、相殺により免れる賃料債務の額を控除した額）の範囲内におけるその弁済額を限度として、共益債権とする。

④ 前二項の規定は、地代又は小作料の支払を目的とする債務について準用する。

（相殺の禁止）

第九三条① 再生債権者は、次に掲げる場合には、相殺をすることができない。

一 再生手続開始後に再生債務者に対して債務を負担したとき。

二 支払不能（再生債務者が、支払能力を欠くために、その債務のうち弁済期にあるものにつき、一般的かつ継続的に弁済することができない状態をいう。以下同じ。）になった後に契約によって負担する債務を専ら再生債権をもってする相殺に供する目的で再生債務者の財産の処分を内容とする契約を再生債務者との間で締結し、又は再生債務者に対して債務を負担する者の債務を引き受けることを内容とする契約を締結することにより再生債務者に対して債務を負担した場合であって、当該契約の締結の当時、支払不能であったことを知っていたとき。

三 支払の停止があった後に再生債務者に対して債務を負担した場合であって、その負担の当時、支払の停止があったことを知っていたとき。ただし、当該支払の停止があった時において支払不能でなかったときは、この限りでない。

四 再生手続開始、破産手続開始又は特別清算開始の申立て（以下この条及び次条において「再生手続開始の申立て等」という。）があった後に再生債務者に対して債務を負担した場合であって、その負担の当時、再生手続開始の申立て等があったことを知っていたとき。

② 前項第二号から第四号までの規定は、これらの規定に規定する債務の負担が次の各号に掲げる原因のいずれかに基づく場合には、適用しない。

一 法定の原因

二 支払不能であったこと又は支払の停止若しくは再生手続開始の申立て等があったことを再生債権者が知った時より前に生じた原因

三 再生手続開始の申立て等があった時より一年以上前に生じた原因

第九三条の二① 再生債務者に対して債務を負担する者は、次に掲げる場合には、相殺をすることができない。

一 再生手続開始後に他人の再生債権を取得したとき。

二 支払不能になった後に再生債権を取得した場合であって、その取得の当時、支払不能であったことを知っていたとき。

三 支払の停止があった後に再生債権を取得した場合であって、その取得の当時、支払の停止があったことを知っていたとき。ただし、当該支払の停止があった時において支払不能でなかったときは、この限りでない。

四 再生手続開始の申立て等があった後に再生債権を取得した場合であって、その取得の当時、再生手続開始の申立て等があったことを知っていたとき。

② 前項第二号から第四号までの規定は、これらの規定に規定する再生債権の取得が次の各号に掲げる原因のいずれかに基づく場合には、適用しない。

一 法定の原因

二 支払不能であったこと又は支払の停止若しくは再生手続開始の申立て等があったことを再生債務者に対して債務を負担する者が知った時より前に生じた原因

三 再生手続開始の申立て等があった時より一年以上前に生じた原因

四 再生債務者に対して債務を負担する者と再生債務者との間の契約

第二節 再生債権の届出（抄）

（届出）

第九四条① 再生手続に参加しようとする再生債権者は、第三十四条第一項の規定により定められた再生債権の届出をすべき期間（以下「債権届出期間」という。）内に、各債権について、その内容及び原因、約定劣後再生債権であるときはその旨、議決権の額その他最高裁判所規則で定める事項を裁判所に届け出なければならない。

② 別除権者は、前項に規定する事項のほか、別除権の目的である財産及び別除権の行使によって弁済を受けることができないと見込まれる債権の額を届け出なければならない。

（届出の追完等）

第九五条① 再生債権者がその責めに帰することができない事由によって債権届出期間内に届出をすることができなかった場合には、その事由が消滅した後一月以内に限り、その届出の追完をすることができる。

② 前項に定める届出の追完の期間は、伸長し、又は短縮することができない。

③ 債権届出期間経過後に生じた再生債権については、その権利の発生した後一月の不変期間内に、届出をしなければならない。

④ 第一項及び第三項の届出は、再生計画案を決議に付する旨の決定がされた後は、することができない。

⑤ 第一項、第二項及び前項の規定は、再生債権者が、その責めに帰することができない事由によって、届け出た事項について他の再生債権者の利益を害すべき変更を加える場合について準用する。

用する。

（届出名義の変更）

第九六条　（略）

（罰金、科料等の届出）

第九七条　次に掲げる請求権を有する者は、遅滞なく、当該請求権の額及び原因並びに当該請求権が共助対象外国租税の請求権である場合にはその旨を裁判所に届け出なければならない。

一　再生手続開始前の罰金、科料、刑事訴訟費用、追徴金又は過料の請求権（共益債権又は一般優先債権であるものを除く。以下「再生手続開始前の罰金等」という。）

二　共助対象外国租税の請求権（共益債権又は一般優先債権であるものを除く。）

第九八条　削除

第三節　再生債権の調査及び確定（抄）

（再生債権者表の作成等）

第九九条①　裁判所書記官は、届出があった再生債権及び第百一条第三項の規定により再生債務者等が認否書に記載した再生債権について、再生債権者表を作成しなければならない。

②　前項の再生債権者表には、各債権について、その内容（約定劣後再生債権であるかどうかの別を含む。以下この節において同じ。）及び原因、議決権の額、第九十四条第二項に規定する債権の額その他最高裁判所規則で定める事項を記載しなければならない。

③　再生債権者表の記載に誤りがあるときは、裁判所書記官は、申立てにより又は職権で、いつでもその記載を更正する処分をすることができる。

（再生債権の調査）

第一〇〇条　裁判所による再生債権の調査は、前条第二項に規定する事項について、再生債務者等が作成した認否書並びに再生債権者及び再生債務者（管財人が選任されている場合に限る。）の書面による異議に基づいてする。

（認否書の作成及び提出）

第一〇一条①　再生債務者等は、債権届出期間内に届出があった再生債権について、その内容及び議決権についての認否を記載した認否書を作成しなければならない。

②　再生債務者等は、第九十五条の規定による届出又は届出事項の変更があった再生債権についても、その内容及び議決権（当該届出事項の変更があった場合には、変更後の内容及び議決権）についての認否を前項の認否書に記載することができる。

③　再生債務者等は、届出がされていない再生債権があることを知っている場合には、当該再生債権について、自認する内容その他最高裁判所規則で定める事項を第一項の認否書に記載しなければならない。

④　債権届出期間内に約定劣後再生債権の届出がなかったときは、前項の規定は、約定劣後再生債権で再生債務者等が知っているものについては、適用しない。

⑤　再生債務者等は、第三十四条第一項に規定する再生債権の調査をするための期間（以下「一般調査期間」という。）前の裁判所の定める期限までに、前各項の規定により作成した認否書を裁判所に提出しなければならない。

⑥　前項の規定により提出された認否書に、第一項に規定する再生債権の内容又は議決権についての認否の記載がないときは、再生債務者等において、これを認めたものとみなす。当該認否書に第二項に規定する再生債権の内容又は議決権のいずれかについての認否の記載がない場合についても、同様とする。

（一般調査期間における調査）

第一〇二条①　届出をした再生債権者（以下「届出再生債権者」という。）は、一般調査期間内に、裁判所に対し、前条第一項若しくは第二項に規定する再生債権の内容若しくは議決権又は同条第三項の規定により認否書に記載された再生債権の内容について、書面で、異議を述べることができる。

②　再生債務者（管財人が選任されている場合に限る。）は、一般調査期間内に、裁判所に対し、前項に規定する再生債権の内容について、書面で、異議を述べることができる。

③　一般調査期間を変更する決定をしたときは、その裁判書は、再生債務者、管財人及び届出再生債権者（債権届出期間の経過前にあっては、知れている再生債権者）に送達しなければならない。

④　前項の規定による送達は、第四十三条第四項に規定する方法によりすることができる。

⑤　前項の規定による送達をした場合においては、その郵便物等が通常到達すべきであった時に、送達があったものとみなす。

（特別調査期間における調査）

第一〇三条①　裁判所は、第九十五条の規定による届出があり、又は届出事項の変更があった再生債権について、その調査をするための期間（以下「特別調査期間」という。）を定めなければならない。ただし、再生債務者等が第百一条第二項の規定により認否書に当該再生債権の内容又は議決権についての認否を記載している場合は、この限りでない。

②　前項本文の場合には、特別調査期間に関する費用は、当該再生債権を有する者の負担とする。

③　再生債務者等は、特別調査期間に係る再生債権について、その内容及び議決権についての認否を記載した認否書を作成し、特別調査期間前の裁判所の定める期限までに、これを裁判所に提出しなければならない。この場合には、第百一条第六項前段の規定を準用する。

④　届出再生債権者は前項の再生債権の内容又は議決権について、再生債務者（管財人が選任されている場合に限る。）は同項の再生債権の内容について、特別調査期間内に、裁判所に対し、書面で、異議を述べることができる。

⑤　前条第三項から第五項までの規定は、特別調査期間を定める決定又はこれを変更する決定をした場合における裁判書の送達について準用する。

（特別調査期間に関する費用の予納）

第一〇三条の二　（略）

（再生債権の調査の結果）

第一〇四条①　再生債権の調査において、再生債務者等が認め、かつ、調査期間内に届出再生債権者の異議がなかったときは、その再生債権の内容又は議決権の額（第百一条第三項の規定により認否書に記載された再生債権にあっては、その内容）は、確定する。

②　裁判所書記官は、再生債権の調査の結果を再生債権者表に記載しなければならない。

③　第一項の規定により確定した再生債権については、再生債権者表の記載は、再生債権者の全員に対して確定判決と同一の効力を有する。

（再生債権の査定の裁判）

第一〇五条①　再生債権の調査において、再生債権の内容について再生債務者等が認めず、又は届出再生債権者が異議を述べた場合には、当該再生債権（以下「異議等のある再生債権」という。）を有する再生債権者は、その内容の確定のために、当該再生債務者等及び当該異議を述べた届出再生債権者（以下この条から第百七条まで及び第百九条において「異議者等」という。）の全員を相手方として、裁判所に査定の申立てをすることができる。ただし、第百七条第一項並びに第百九条第一項及び第二項の場合は、この限りでない。

②　前項本文の査定の申立ては、異議等のある再生債権に係る調査期間の末日から一月の不変期間内にしなければならない。

③　第一項本文の査定の申立てがあった場合には、裁判所は、当該申立てを不適法として却下する場合を除き、査定の裁判をしなければならない。

④　査定の裁判においては、異議等のある再生債権について、その債権の存否及びその内容を定める。

⑤　裁判所は、査定の裁判をする場合には、異議者等を審尋しなければならない。

⑥　第一項本文の査定の申立てについての裁判があった場合には、その裁判書を当事者に送達しなければならない。この場合においては、第十条第三項本文の規定は、適用しない。

（**査定の申立てについての裁判に対する異議の訴え**）

第一〇六条①　前条第一項本文の査定の申立てについての裁判に不服がある者は、その送達を受けた日から一月の不変期間内に、異議の訴えを提起することができる。

②　前項の訴えは、再生裁判所が管轄する。

③　第一項の訴えが提起された第一審裁判所は、再生裁判所が再生事件を管轄することの根拠となる法令上の規定が第五条第八項又は第九項の規定のみである場合（再生裁判所が第七条第四号の規定により再生事件の移送を受けた場合において、移送を受けたことの根拠となる規定が同号ロ又はハの規定のみであるときを含む。）において、著しい損害又は遅滞を避けるため必要があると認めるときは、前項の規定にかかわらず、職権で、当該訴えに係る訴訟を第五条第一項に規定する地方裁判所（同項に規定する地方裁判所がない場合にあっては、同条第二項に規定する地方裁判所）に移送することができる。

④　第一項の訴えは、これを提起する者が、異議等のある再生債権を有する再生債権者であるときは異議者等の全員を、異議者等であるときは当該再生債権者を、それぞれ被告としなければならない。

⑤　第一項の訴えの口頭弁論は、同項の期間を経過した後でなければ開始することができない。

⑥　同一の債権に関し第一項の訴えが数個同時に係属するときは、弁論及び裁判は、併合してしなければならない。この場合においては、民事訴訟法第四十条第一項から第三項までの規定を準用する。

⑦　第一項の訴えについての判決においては、訴えを不適法として却下する場合を除き、同項の裁判を認可し、又は変更する。

（**異議等のある再生債権に関する訴訟の受継**）

第一〇七条①　異議等のある再生債権に関し再生手続開始当時訴訟が係属する場合において、再生債権者がその内容の確定を求めようとするときは、異議者等の全員を当該訴訟の相手方として、訴訟手続の受継の申立てをしなければならない。

②　第百五条第二項の規定は、前項の申立てについて準用する。

（**主張の制限**）

第一〇八条　第百五条第一項本文の査定の申立てに係る査定の手続又は第百六条第一項の訴えの提起若しくは前条第一項の規定による受継に係る訴訟手続においては、再生債権者は、異議等のある再生債権の内容及び原因について、再生債権者表に記載されている事項のみを主張することができる。

（**執行力ある債務名義のある債権等に対する異議の主張**）

第一〇九条①　異議等のある再生債権のうち執行力ある債務名義又は終局判決のあるものについては、異議者等は、再生債務者がすることのできる訴訟手続によってのみ、異議を主張することができる。

②　前項に規定する再生債権に関し再生手続開始当時訴訟が係属する場合において、異議者等が同項の規定による異議を主張しようとするときは、異議者等は、当該再生債権を有する再生債権者を相手方とする訴訟手続を受け継がなければならない。

③　第百五条第二項は第一項の規定による異議の主張又は前項の規定による受継について、第百六条第五項及び第六項並びに前条の規定は前二項の場合について準用する。この場合においては、第百六条第五項中「同項の期間」とあるのは、「異議等のある再生債権に係る調査期間の末日から一月の不変期間」と読み替えるものとする。

④　前項において準用する第百五条第二項に規定する期間内に第一項の規定による異議の主張又は第二項の規定による受継がされなかった場合には、異議者等が再生債権者であるときは第百二条第一項又は第百三条第四項の異議はなかったものとみなし、異議者等が再生債務者等であるときは再生債務者等においてその再生債権を認めたものとみなす。

（**再生債権の確定に関する訴訟の結果の記載**）

第一一〇条　裁判所書記官は、再生債務者等又は再生債権者の申立てにより、再生債権の確定に関する訴訟の結果（第百五条第一項本文の査定の申立てについての裁判に対する第百六条第一項の訴えが、同項に規定する期間内に提起されなかったとき、又は却下されたときは、当該裁判の内容）を再生債権者表に記載しなければならない。

（**再生債権の確定に関する訴訟の判決等の効力**）

第一一一条①　再生債権の確定に関する訴訟についてした判決は、再生債権者の全員に対して、その効力を有する。

②　第百五条第一項本文の査定の申立てについての裁判に対する第百六条第一項の訴えが、同項に規定する期間内に提起されなかったとき、又は却下されたときは、当該裁判は、再生債権者の全員に対して、確定判決と同一の効力を有する。

（**訴訟費用の償還**）

第一一二条　（略）

（**再生手続終了の場合における再生債権の確定手続の取扱い**）

第一一二条の二①　再生手続が終了した際現に係属する第百五条第一項本文の査定の申立てに係る査定の手続は、再生計画認可の決定の確定前に再生手続が終了したときは終了するものとし、再生計画認可の決定の確定後に再生手続が終了したときは引き続き係属するものとする。

②　第六十八条第二項及び第三項の規定は、再生計画認可の決定の確定後に再生手続が終了した場合における管財人を当事者とする第百五条第一項本文の査定の申立てに係る査定の手続について準用する。

③　再生計画認可の決定の確定後に再生手続が終了した場合において、再生手続終了後に第百五条第一項本文の査定の申立てについての裁判があったときは、第百六条第一項の規定により同項の訴えを提起することができる。

④　再生手続が終了した際現に係属する第百六条第一項の訴えに係る訴訟手続であって、再生債務者等が当事者でないものは、再生計画認可の決定の確定前に再生手続が終了したときは中断するものとし、再生計画認可の決定の確定後に再生手続が終了したときは引き続き係属するものとする。

⑤　再生手続が終了した際現に係属する訴訟手続（再生債務者等が当事者であるものを除く。）であって、第百七条第一項又は第百九条第二項の規定による受継があったものは、再生計画認可の決定の確定前に再生手続が終了したときは中断するものとし、再生計画認可の決定の確定後に再生手続が終了したときは中断しないものとする。

⑥　前項の規定により訴訟手続が中断する場合においては、第六十八条第三項の規定を準用する。

（**再生手続開始前の罰金等についての不服の申立て**）

第一一三条①　再生手続開始前の罰金等及び共助対象外国租税の請求権については、第百条から前条までの規定は、適用しない。

②　第九十七条の規定による届出があった請求権（罰金、科料及び刑事訴訟費用の請求権を除く。）の原因（共助対象外国租税の請求権にあっては、共助実施決定）が審査請求、訴訟（刑事訴訟を除く。次項において同じ。）その他の不服の申立てをすることができる処分である場合には、再生債務者等は、当該届出があった請求権について、当該不服の申立てをする方法で、異議を主張することができる。

③　前項の場合において、当該届出があった請求権に関し再生手続開始の当時訴訟が係属するときは、同項に規定する異議を主張しようとする再生債務者等は、当該届出があった請求権を有する再生債権者を相手方とする訴訟手続を受け継がなければならない。当該届出があった請求権に関し再生手続開始当時再生債務者の財産関係の事件が行政庁に係属するときも、同様とする。

④　第二項の規定による異議の主張又は前項の規定による受継は、再生債務者等が第二項に規定する届出があったことを知っ

た日から一月の不変期間内にしなければならない。
⑤ 第百四条第二項の規定は第九十七条の規定による届出があった請求権について、第百八条、第百十条及び第百十一条第一項の規定は第二項の規定による異議又は第三項の規定による受継があった場合について準用する。

第四節　債権者集会及び債権者委員会

（第一一四条から第一一八条の三まで）（略）

第五章　共益債権、一般優先債権及び開始後債権

（抄）

（共益債権となる請求権）

第一一九条 次に掲げる請求権は、共益債権とする。
一 再生債権者の共同の利益のためにする裁判上の費用の請求権
二 再生手続開始後の再生債務者の業務、生活並びに財産の管理及び処分に関する費用の請求権
三 再生計画の遂行に関する費用の請求権（再生手続終了後に生じたものを除く。）
四 第六十一条第一項（第六十三条、第七十八条及び第八十三条第一項において準用する場合を含む。）、第九十条の二第五項、第九十一条第一項、第百十二条、第百十七条第四項及び第二百二十三条第九項（第二百四十四条において準用する場合を含む。）の規定により支払うべき費用、報酬及び報償金の請求権
五 再生債務者財産に関し再生債務者等が再生手続開始後にした資金の借入れその他の行為によって生じた請求権
六 事務管理又は不当利得により再生手続開始後に再生債務者に対して生じた請求権
七 再生債務者のために支出すべきやむを得ない費用の請求権で、再生手続開始後に生じたもの（前各号に掲げるものを除く。）

（開始前の借入金等）

第一二〇条① 再生債務者（保全管理人が選任されている場合を除く。以下この項及び第三項において同じ。）が、再生手続開始の申立て後再生手続開始前に、資金の借入れ、原材料の購入その他再生債務者の事業の継続に欠くことができない行為をする場合には、裁判所は、その行為によって生ずべき相手方の請求権を共益債権とする旨の許可をすることができる。
② 裁判所は、監督委員に対し、前項の許可に代わる承認をする権限を付与することができる。
③ 再生債務者が第一項の許可又は前項の承認を得て第一項に規定する行為をしたときは、その行為によって生じた相手方の請求権は、共益債権とする。
④ 保全管理人が再生債務者の業務及び財産に関し権限に基づいてした資金の借入れその他の行為によって生じた請求権は、共益債権とする。

（社債管理者等の費用及び報酬）

第一二〇条の二（略）

（共益債権の取扱い）

第一二一条① 共益債権は、再生手続によらないで、随時弁済する。
② 共益債権は、再生債権に先立って、弁済する。
③ 共益債権に基づき再生債務者の財産に対し強制執行又は仮差押えがされている場合において、その強制執行又は仮差押えが再生に著しい支障を及ぼし、かつ、再生債務者が他に換価の容易な財産を十分に有するときは、裁判所は、再生手続開始後において、再生債務者等の申立てにより又は職権で、担保を立てさせて、又は立てさせないで、その強制執行又は仮差押えの中止又は取消しを命ずることができる。共益債権である共助対象外国租税の請求権に基づき再生債務者の財産に対し国税滞納処分の例によってする処分がされている場合におけるその処分の中止又は取消しについても、同様とする。
④ 裁判所は、前項の規定による中止の命令を変更し、又は取り消すことができる。
⑤ 第三項の規定による中止又は取消しの命令及び前項の規定による決定に対しては、即時抗告をすることができる。
⑥ 前項の即時抗告は、執行停止の効力を有しない。

（一般優先債権）

第一二二条① 一般の先取特権その他一般の優先権がある債権（共益債権であるものを除く。）は、一般優先債権とする。
② 一般優先債権は、再生手続によらないで、随時弁済する。
③ 優先権が一定の期間内の債権額につき存在する場合には、その期間は、再生手続開始の時からさかのぼって計算する。
④ 前条第三項から第六項までの規定は、一般優先債権に基づく強制執行若しくは仮差押え又は一般優先債権を被担保債権とする一般の先取特権の実行について準用する。

（開始後債権）

第一二三条① 再生手続開始後の原因に基づいて生じた財産上の請求権（共益債権、一般優先債権又は再生債権であるものを除く。）は、開始後債権とする。
② 開始後債権は、再生手続が開始された時から再生計画で定められた弁済期間が満了する時（再生計画認可の決定が確定する前に再生手続が終了した場合にあっては再生手続が終了した時、その期間の満了前に、再生計画に基づく弁済が完了した場合又は再生計画が取り消された場合にあっては弁済が完了した時又は再生計画が取り消された時）までの間は、弁済をし、弁済を受け、その他これを消滅させる行為（免除を除く。）をすることができない。
③ 開始後債権に基づく再生債務者の財産に対する強制執行、仮差押え及び仮処分並びに財産開示手続及び第三者からの情報取得手続の申立ては、前項に規定する期間は、することができない。開始後債権である共助対象外国租税の請求権に基づく再生債務者の財産に対する国税滞納処分の例によってする処分についても、同様とする。

第六章　再生債務者の財産の調査及び確保

第一節　再生債務者の財産状況の調査

（財産の価額の評定等）

第一二四条① 再生債務者等は、再生手続開始後（管財人については、その就職の後）遅滞なく、再生債務者に属する一切の財産につき再生手続開始の時における価額を評定しなければならない。
② 再生債務者等は、前項の規定による評定を完了したときは、直ちに再生手続開始の時における財産目録及び貸借対照表を作成し、これらを裁判所に提出しなければならない。
③ 裁判所は、必要があると認めるときは、利害関係人の申立てにより又は職権で、評価人を選任し、再生債務者の財産の評価を命ずることができる。

（裁判所への報告）

第一二五条① 再生債務者等は、再生手続開始後（管財人については、その就職の後）遅滞なく、次の事項を記載した報告書を、裁判所に提出しなければならない。
一 再生手続開始に至った事情
二 再生債務者の業務及び財産に関する経過及び現状
三 第百四十二条第一項の規定による保全処分又は第百四十三条第一項の規定による査定の裁判を必要とする事情の有無
四 その他再生手続に関し必要な事項
② 再生債務者等は、前項の規定によるもののほか、裁判所の定めるところにより、再生債務者の業務及び財産の管理状況その他裁判所の命ずる事項を裁判所に報告しなければならない。
③ 監督委員は、裁判所の定めるところにより、再生債務者の業務及び財産の管理状況その他裁判所の命ずる事項を裁判所に報告しなければならない。

（財産状況報告集会への報告）

第一二六条① 再生債務者の財産状況を報告するために招集され

た債権者集会においては、再生債務者等は、前条第一項に掲げる事項の要旨を報告しなければならない。

② 前項の債権者集会（以下「財産状況報告集会」という。）においては、裁判所は、再生債務者、管財人又は届出再生債権者から、管財人の選任並びに再生債務者の業務及び財産の管理に関する事項につき、意見を聴かなければならない。

③ 財産状況報告集会においては、労働組合等は、前項に規定する事項について意見を述べることができる。

第二節　否認権

（再生債権者を害する行為の否認）

第一二七条① 次に掲げる行為（担保の供与又は債務の消滅に関する行為を除く。）は、再生手続開始後、再生債務者財産のために否認することができる。

一 再生債務者が再生債権者を害することを知ってした行為。ただし、これによって利益を受けた者が、その行為の当時、再生債権者を害することを知らなかったときは、この限りでない。

二 再生債務者が支払の停止又は再生手続開始、破産手続開始若しくは特別清算開始の申立て（以下この節において「支払の停止等」という。）があった後にした再生債権者を害する行為。ただし、これによって利益を受けた者が、その行為の当時、支払の停止等があったこと及び再生債権者を害することを知らなかったときは、この限りでない。

② 再生債務者がした債務の消滅に関する行為であって、債権者の受けた給付の価額が当該行為によって消滅した債務の額より過大であるものは、前項各号に掲げる要件のいずれかに該当するときは、再生手続開始後、その消滅した債務の額に相当する部分以外の部分に限り、再生債務者財産のために否認することができる。

③ 再生債務者が支払の停止等があった後又はその前六月以内にした無償行為及びこれと同視すべき有償行為は、再生手続開始後、再生債務者財産のために否認することができる。

（相当の対価を得てした財産の処分行為の否認）

第一二七条の二① 再生債務者が、その有する財産を処分する行為をした場合において、その行為の相手方から相当の対価を取得しているときは、その行為は、次に掲げる要件のいずれにも該当する場合に限り、再生手続開始後、再生債務者財産のために否認することができる。

一 当該行為が、不動産の金銭への換価その他の当該処分による財産の種類の変更により、再生債務者において隠匿、無償の供与その他の再生債権者を害することとなる処分（以下「隠匿等の処分」という。）をするおそれを現に生じさせるものであること。

二 再生債務者が、当該行為の当時、対価として取得した金銭その他の財産について、隠匿等の処分をする意思を有していたこと。

三 相手方が、当該行為の当時、再生債務者が前号の隠匿等の処分をする意思を有していたことを知っていたこと。

② 前項の規定の適用については、当該行為の相手方が次に掲げる者のいずれかであるときは、その相手方は、当該行為の当時、再生債務者が同項第二号の隠匿等の処分をする意思を有していたことを知っていたものと推定する。

一 再生債務者が法人である場合のその理事、取締役、執行役、監事、監査役、清算人又はこれらに準ずる者

二 再生債務者が法人である場合にその再生債務者について次のイからハまでに掲げる者のいずれかに該当する者

イ 再生債務者である株式会社の総株主の議決権の過半数を有する者

ロ 再生債務者である株式会社の総株主の議決権の過半数を子株式会社又は親法人及び子株式会社が有する場合における当該親法人

ハ 株式会社以外の法人が再生債務者である場合におけるイ又はロに掲げる者に準ずる者

三 再生債務者の親族又は同居者

（特定の債権者に対する担保の供与等の否認）

第一二七条の三① 次に掲げる行為（既存の債務についてされた担保の供与又は債務の消滅に関する行為に限る。）は、再生手続開始後、再生債務者財産のために否認することができる。

一 再生債務者が支払不能になった後又は再生手続開始、破産手続開始若しくは特別清算開始の申立て（以下この節において「再生手続開始の申立て等」という。）があった後にした行為。ただし、債権者が、その行為の当時、次のイ又はロに掲げる区分に応じ、それぞれ当該イ又はロに定める事実を知っていた場合に限る。

イ 当該行為が支払不能になった後にされたものである場合　支払不能であったこと又は支払の停止があったこと。

ロ 当該行為が再生手続開始の申立て等があった後にされたものである場合　再生手続開始の申立て等があったこと。

二 再生債務者の義務に属せず、又はその時期が再生債務者の義務に属しない行為であって、支払不能になる前三十日以内にされたもの。ただし、債権者がその行為の当時他の再生債権者を害することを知らなかったときは、この限りでない。

② 前項第一号の規定の適用については、次に掲げる場合には、債権者は、同号に掲げる行為の当時、同号イ又はロに掲げる場合の区分に応じ、それぞれ当該イ又はロに定める事実（同号イに掲げる場合にあっては、支払不能であったこと及び支払の停止があったこと）を知っていたものと推定する。

一 債権者が前条第二項各号に掲げる者のいずれかである場合

二 前項第一号に掲げる行為が再生債務者の義務に属せず、又はその方法若しくは時期が再生債務者の義務に属しないものである場合

③ 第一項各号の規定の適用については、支払の停止（再生手続開始の申立て等の前一年以内のものに限る。）があった後は、支払不能であったものと推定する。

（手形債務支払の場合等の例外）

第一二八条① 前条第一項第一号の規定は、再生債務者から手形の支払を受けた者がその支払を受けなければ手形上の債務者の一人又は数人に対する手形上の権利を失う場合には、適用しない。

② 前項の場合において、最終の償還義務者又は手形の振出しを委託した者が振出しの当時支払の停止等があったことを知り、又は過失によって知らなかったときは、第五十六条第一項の規定により否認権を行使する権限を付与された監督委員（以下「否認権限を有する監督委員」という。）又は管財人は、これらの者に再生債務者が支払った金額を償還させることができる。

③ 前条第一項の規定は、再生債務者が再生手続開始前の罰金等につき、その徴収の権限を有する者に対してした担保の供与又は債務の消滅に関する行為には、適用しない。

（権利変動の対抗要件の否認）

第一二九条① 支払の停止等があった後権利の設定、移転又は変更をもって第三者に対抗するために必要な行為（仮登記又は仮登録を含む。）をした場合において、その行為が権利の設定、移転又は変更があった日から十五日を経過した後悪意でしたものであるときは、これを否認することができる。ただし、当該仮登記又は仮登録以外の仮登記又は仮登録があった後にこれらに基づいてされた本登記又は本登録は、この限りでない。

② 前項の規定は、権利取得の効力を生ずる登録について準用する。

（執行行為の否認）

第一三〇条 否認権は、否認しようとする行為につき、執行力のある債務名義があるとき、又はその行為が執行行為に基づくものであるときでも、行うことを妨げない。

（支払の停止を要件とする否認の制限）

第一三一条 再生手続開始の申立て等の日から一年以上前にした行為（第百二十七条第三項に規定する行為を除く。）は、支払の

停止があった後にされたものであること又は支払の停止の事実を知っていたことを理由として否認することができない。

（否認権行使の効果）

第一三二条① 否認権の行使は、再生債務者財産を原状に復させる。

② 第百二十七条第三項に規定する行為が否認された場合においては、相手方は、当該行為の当時、支払の停止等があったこと及び再生債権者を害することを知らなかったときは、その現に受けている利益を償還すれば足りる。

（再生債務者の受けた反対給付に関する相手方の権利等）

第一三二条の二① 第百二十七条第一項若しくは第三項又は第百二十七条の二第一項に規定する行為が否認されたときは、相手方は、次の各号に掲げる区分に応じ、それぞれ当該各号に定める権利を行使することができる。

一 再生債務者の受けた反対給付が再生債務者財産中に現存する場合 当該反対給付の返還を請求する権利

二 再生債務者の受けた反対給付が再生債務者財産中に現存しない場合 共益債権者として反対給付の価額の償還を請求する権利

② 前項第二号の規定にかかわらず、同号に掲げる場合において、当該行為の当時、再生債務者が対価として取得した財産について隠匿等の処分をする意思を有し、かつ、相手方が再生債務者がその意思を有していたことを知っていたときは、相手方は、次の各号に掲げる区分に応じ、それぞれ当該各号に定める権利を行使することができる。

一 再生債務者の受けた反対給付によって生じた利益の全部が再生債務者財産中に現存する場合 共益債権者としてその現存利益の返還を請求する権利

二 再生債務者の受けた反対給付によって生じた利益が再生債務者財産中に現存しない場合 再生債権者として反対給付の価額の償還を請求する権利

三 再生債務者の受けた反対給付によって生じた利益の一部が再生債務者財産中に現存する場合 共益債権者としてその現存利益の返還を請求する権利及び再生債権者として反対給付と現存利益との差額の償還を請求する権利

③ 前項の規定の適用については、当該行為の相手方が第百二十七条の二第二項各号に掲げる者のいずれかであるときは、その相手方は、当該行為の当時、再生債務者が前項の隠匿等の処分をする意思を有していたことを知っていたものと推定する。

④ 否認権限を有する監督委員又は管財人は、第百二十七条第一項若しくは第三項又は第百二十七条の二第一項に規定する行為を否認しようとするときは、前条第一項の規定により再生債務者財産に復すべき財産の返還に代えて、相手方に対し、当該財産の価額から前三項の規定により共益債権となる額（第一項第一号に掲げる場合にあっては、再生債務者の受けた反対給付の価額）を控除した額の償還を請求することができる。

（相手方の債権の回復）

第一三三条 第百二十七条の三第一項に規定する行為が否認された場合において、相手方がその受けた給付を返還し、又はその価額を償還したときは、相手方の債権は、これによって原状に復する。

（転得者に対する否認権）

第一三四条① 次の各号に掲げる場合において、否認しようとする行為の相手方に対して否認の原因があるときは、否認権は、当該各号に規定する転得者に対しても、行使することができる。ただし、当該転得者が他の転得者から転得した者である場合においては、当該転得者の前に転得した全ての転得者に対しても否認の原因があるときに限る。

一 転得者が転得の当時、再生債務者がした行為が再生債権者を害することを知っていたとき。

二 転得者が第百二十七条の二第二項各号に掲げる者のいずれかであるとき。ただし、転得の当時、再生債務者がした行為が再生債権者を害することを知らなかったときは、この限りでない。

三 転得者が無償行為又はこれと同視すべき有償行為によって転得した者であるとき。

② 第百三十二条第二項の規定は、前項第三号の規定により否認権の行使があった場合について準用する。

（再生債務者の受けた反対給付に関する転得者の権利等）

第一三四条の二① 再生債務者がした第百二十七条第一項若しくは第三項又は第百二十七条の二第一項に規定する行為が転得者に対する否認権の行使によって否認されたときは、転得者は、第百三十二条の二第一項各号に掲げる区分に応じ、それぞれ当該各号に定める権利を行使することができる。ただし、同項第一号に掲げる場合において、再生債務者の受けた反対給付の価額が、第四項に規定する転得者がした反対給付又は消滅した転得者の債権の価額を超えるときは、転得者は、共益債権者として再生債務者の受けた反対給付の価額の償還を請求する権利を行使することができる。

② 前項の規定にかかわらず、第百三十二条の二第一項第二号に掲げる場合において、当該行為の当時、再生債務者が対価として取得した財産について隠匿等の処分をする意思を有し、かつ、当該行為の相手方が再生債務者がその意思を有していたことを知っていたときは、転得者は、同条第二項各号に掲げる区分に応じ、それぞれ当該各号に定める権利を行使することができる。

③ 前項の規定の適用については、当該行為の相手方が第百二十七条の二第二項各号に掲げる者のいずれかであるときは、その相手方は、当該行為の当時、再生債務者が前項の隠匿等の処分をする意思を有していたことを知っていたものと推定する。

④ 第一項及び第二項の規定による権利の行使は、転得者がその前者から財産を取得するためにした反対給付又はその前者から財産を取得することによって消滅した債権の価額を限度とする。

⑤ 否認権限を有する監督委員又は管財人は、第一項に規定する行為を転得者に対する否認権の行使によって否認しようとするときは、第百三十二条第一項の規定により再生債務者財産に復すべき財産の返還に代えて、転得者に対し、当該財産の価額から前各項の規定により共益債権となる額（第百三十二条の二第一項第一号に掲げる場合（第一項ただし書に該当するときを除く。）にあっては、再生債務者の受けた反対給付の価額）を控除した額の償還を請求することができる。

（相手方の債権に関する転得者の権利）

第一三四条の三 再生債務者がした第百二十七条の三第一項に規定する行為が転得者に対する否認権の行使によって否認された場合において、転得者がその受けた給付を返還し、又はその価額を償還したときは、転得者は、当該行為がその相手方に対する否認権の行使によって否認されたとすれば第百三十三条の規定により原状に復すべき当該行為の相手方の債権を行使することができる。この場合には、前条第四項の規定を準用する。

（否認権のための保全処分）

第一三四条の四① 裁判所は、再生手続開始の申立てがあった時から当該申立てについての決定があるまでの間において、否認権を保全するため必要があると認めるときは、利害関係人（保全管理人が選任されている場合にあっては、保全管理人）の申立てにより又は職権で、仮差押え、仮処分その他の必要な保全処分を命ずることができる。

② 前項の規定による保全処分は、担保を立てさせて、又は立てさせないで命ずることができる。

③ 裁判所は、申立てにより又は職権で、第一項の規定による保全処分を変更し、又は取り消すことができる。

④ 第一項の規定による保全処分及び前項の申立てについての裁判に対しては、即時抗告をすることができる。

⑤ 前項の即時抗告は、執行停止の効力を有しない。

⑥ 第四項に規定する裁判及び同項の即時抗告についての裁判があった場合には、その裁判書を当事者に送達しなければならな

い。この場合においては、第十条第三項本文の規定は、適用しない。

⑦　前各項の規定は、再生手続開始の申立てを棄却する決定に対して第三十六条第一項の即時抗告があった場合について準用する。

（保全処分に係る手続の続行と担保の取扱い）

第一三四条の五①　前条第一項（同条第七項において準用する場合を含む。）の規定による保全処分が命じられた場合において、再生手続開始の決定があったときは、否認権限を有する監督委員又は管財人は、当該保全処分に係る手続を続行することができる。

②　再生手続開始の決定後一月以内に前項の規定により同項の保全処分に係る手続が続行されないときは、当該保全処分は、その効力を失う。

③　否認権限を有する監督委員又は管財人は、第一項の規定により同項の保全処分に係る手続を続行しようとする場合において、前条第二項（同条第七項において準用する場合を含む。）に規定する担保の全部又は一部が再生債務者財産に属する財産でないときは、その担保の全部又は一部を再生債務者財産に属する財産による担保に変換しなければならない。

④　民事保全法（平成元年法律第九十一号）第十八条並びに第二章第四節（第三十七条第五項から第七項までを除く。）及び第五節の規定は、第一項の規定により否認権限を有する監督委員又は管財人が続行する手続に係る保全処分について準用する。

（否認権の行使）

第一三五条①　否認権は、訴え又は否認の請求によって、否認権限を有する監督委員又は管財人が行う。

②　前項の訴え及び否認の請求事件は、再生裁判所が管轄する。

③　第一項に規定する方法によるほか、管財人は、抗弁によっても、否認権を行うことができる。

（否認の請求）

第一三六条①　否認の請求をするときは、その原因となる事実を疎明しなければならない。

②　否認の請求を認容し、又はこれを棄却する裁判は、理由を付した決定でしなければならない。

③　裁判所は、前項の決定をする場合には、相手方又は転得者を審尋しなければならない。

④　否認の請求を認容する決定があった場合には、その裁判書を当事者に送達しなければならない。この場合においては、第十条第三項本文の規定は、適用しない。

⑤　否認の請求の手続は、再生手続が終了したときは、終了する。

（否認の請求を認容する決定に対する異議の訴え）

第一三七条①　否認の請求を認容する決定に不服がある者は、その送達を受けた日から一月の不変期間内に、異議の訴えを提起することができる。

②　前項の訴えは、再生裁判所が管轄する。

③　第一項の訴えについての判決においては、訴えを不適法として却下する場合を除き、同項の決定を認可し、変更し、又は取り消す。

④　第一項の決定を認可する判決が確定したときは、その決定は、確定判決と同一の効力を有する。同項の訴えが、同項に規定する期間内に提起されなかったとき、又は却下されたときも、同様とする。

⑤　第一項の決定を認可し、又は変更する判決については、受訴裁判所は、民事訴訟法第二百五十九条第一項の定めるところにより、仮執行の宣言をすることができる。

⑥　第一項の訴えに係る訴訟手続で否認権限を有する監督委員が当事者であるものは、再生手続開始の決定の取消しの決定の確定又は再生手続終結の決定により再生手続が終了したときは終了するものとし、再生計画不認可、再生手続廃止又は再生計画取消しの決定の確定により再生手続が終了したときは中断するものとする。

⑦　第一項の訴えに係る訴訟手続で管財人が当事者であるものは、再生手続開始の決定の取消しの決定の確定又は再生手続終結の決定により再生手続が終了したときは、第六十八条第二項の規定にかかわらず、終了するものとする。

（否認権限を有する監督委員の訴訟参加等）

第一三八条①　否認権限を有する監督委員は、第百三十五条第一項の規定にかかわらず、否認権の行使に係る相手方（以下この条において「相手方」という。）及び再生債務者間の訴訟が係属する場合には、否認権を行使するため、相手方を被告として、当事者としてその訴訟に参加することができる。ただし、当該訴訟の目的である権利又は義務に係る請求をする場合に限る。

②　否認権限を有する監督委員が当事者である否認の訴え（前条第一項の訴え及び第百四十条第一項の規定により受継された訴訟手続を含む。）が係属する場合には、再生債務者は、当該訴えの目的である権利又は義務に係る請求をするため、相手方を被告として、当事者としてその訴訟に参加することができる。

③　前項に規定する場合には、相手方は、当該訴訟の口頭弁論の終結に至るまで、再生債務者を被告として、当該訴訟の目的である権利又は義務に係る訴えをこれに併合して提起することができる。

④　民事訴訟法第四十条第一項から第三項までの規定は前三項の場合について、同法第四十三条並びに第四十七条第二項及び第三項の規定は第一項及び第二項の規定による参加の申出について準用する。

（否認権行使の期間）

第一三九条　否認権は、再生手続開始の日（再生手続開始の日より前に破産手続が開始されている場合にあっては、破産手続開始の日）から二年を経過したときは、行使することができない。否認しようとする行為の日から十年を経過したときも、同様とする。

（詐害行為取消訴訟等の取扱い）

第一四〇条①　否認権限を有する監督委員又は管財人は、第四十条の二第一項の規定により中断した訴訟手続のうち、民法第四百二十四条第一項の規定により再生債権者の提起した訴訟又は破産法の規定による否認の訴訟若しくは否認の請求を認容する決定に対する異議の訴訟に係るものを受け継ぐことができる。この場合においては、受継の申立ては、相手方もすることができる。

②　前項の場合においては、相手方の再生債権者又は破産管財人に対する訴訟費用請求権は、共益債権とする。

③　第一項に規定する訴訟手続について同項の規定による受継があった後に再生手続が終了したときは、次条第一項の規定により中断している場合を除き、当該訴訟手続は中断する。

④　前項の場合又は第一項に規定する訴訟手続が次条第一項の規定により中断した後に再生手続が終了した場合には、再生債権者又は破産管財人において当該訴訟手続を受け継がなければならない。この場合においては、受継の申立ては、相手方もすることができる。

（否認の訴え等の中断及び受継）

第一四一条①　次の各号に掲げる裁判が取り消された場合には、当該各号に定める訴訟手続は、中断する。

一　監督命令又は第五十六条第一項の規定による裁判　否認権限を有する監督委員が当事者である否認の訴え若しくは第百三十七条第一項の訴えに係る訴訟手続、否認権限を有する監督委員が第百三十八条第一項の規定による参加をした訴訟手続又は否認権限を有する監督委員が受継した前条第一項に規定する訴訟手続

二　管理命令　管財人が当事者である第百三十七条第一項の訴えに係る訴訟手続又は管財人が受継した前条第一項に規定する訴訟手続

②　前項の規定により中断した訴訟手続は、その後、監督委員が第五十六条第一項の規定により否認権を行使する権限を付与された場合又は管財人が選任された場合には、その監督委員又は

管財人においてこれを受け継がなければならない。この場合においては、受継の申立ては、相手方もすることができる。

第三節　法人の役員の責任の追及

（法人の役員の財産に対する保全処分）

第一四二条① 裁判所は、法人である再生債務者について再生手続開始の決定があった場合において、必要があると認めるときは、再生債務者等の申立てにより又は職権で、再生債務者の理事、取締役、執行役、監事、監査役、清算人又はこれらに準ずる者（以下この条から第百四十五条までにおいて「役員」という。）の責任に基づく損害賠償請求権につき、役員の財産に対する保全処分をすることができる。

② 裁判所は、緊急の必要があると認めるときは、再生手続開始の決定をする前でも、再生債務者（保全管理人が選任されている場合にあっては、保全管理人）の申立てにより又は職権で、前項の保全処分をすることができる。

③ 第一項に規定する場合において管財人が選任されていないとき、又は前項に規定する場合において保全管理人が選任されていないときは、再生債権者も、第一項又は前項の申立てをすることができる。

④ 裁判所は、第一項又は第二項の規定による保全処分を変更し、又は取り消すことができる。

⑤ 第一項若しくは第二項の規定による保全処分又は前項の規定による決定に対しては、即時抗告をすることができる。

⑥ 前項の即時抗告は、執行停止の効力を有しない。

⑦ 第五項に規定する裁判及び同項の即時抗告についての裁判があった場合には、その裁判書を当事者に送達しなければならない。この場合においては、第十条第三項本文の規定は、適用しない。

（損害賠償請求権の査定の申立て等）

第一四三条① 裁判所は、法人である再生債務者について再生手続開始の決定があった場合において、必要があると認めるときは、再生債務者等の申立てにより又は職権で、役員の責任に基づく損害賠償請求権の査定の裁判をすることができる。

② 前項に規定する場合において、管財人が選任されていないときは、再生債権者も、同項の申立てをすることができる。

③ 第一項の申立てをするときは、その原因となる事実を疎明しなければならない。

④ 裁判所は、職権で査定の手続を開始する場合には、その旨の決定をしなければならない。

⑤ 第一項の申立てがあったとき、又は職権による査定の手続の開始決定があったときは、時効の完成猶予及び更新に関しては、裁判上の請求があったものとみなす。

⑥ 査定の手続（第一項の査定の裁判があった後のものを除く。）は、再生手続が終了したときは、終了する。

（損害賠償請求権の査定に関する裁判）

第一四四条① 前条第一項の査定の裁判及び同項の申立てを棄却する裁判は、理由を付した決定でしなければならない。

② 裁判所は、前項の決定をする場合には、役員を審尋しなければならない。

③ 前条第一項の査定の裁判があった場合には、その裁判書を当事者に送達しなければならない。この場合においては、第十条第三項本文の規定は、適用しない。

（査定の裁判に対する異議の訴え）

第一四五条① 第百四十三条第一項の査定の裁判に不服がある者は、その送達を受けた日から一月の不変期間内に、異議の訴えを提起することができる。

② 前項の訴えは、再生裁判所が管轄する。

③ 第一項の訴え（次項の訴えを除く。）は、これを提起する者が、役員であるときは第百四十三条第一項の申立てをした者を、同項の申立てをした者であるときは役員を、それぞれ被告としなければならない。

④ 職権でされた査定の裁判に対する第一項の訴えは、これを提起する者が、役員であるときは再生債務者等を、再生債務者等であるときは役員を、それぞれ被告としなければならない。

第一四六条① 前条第一項の訴えの口頭弁論は、同項の期間を経過した後でなければ開始することができない。

② 前条第一項の訴えが数個同時に係属するときは、弁論及び裁判は、併合してしなければならない。この場合においては、民事訴訟法第四十条第一項から第三項までの規定を準用する。

③ 前条第一項の訴えについての判決においては、訴えを不適法として却下する場合を除き、査定の裁判を認可し、変更し、又は取り消す。

④ 査定の裁判を認可し、又は変更した判決は、強制執行に関しては、給付を命ずる判決と同一の効力を有する。

⑤ 査定の裁判を認可し、又は変更した判決については、受訴裁判所は、民事訴訟法第二百五十九条第一項の定めるところにより、仮執行の宣言をすることができる。

⑥ 再生手続が終了したときは、前条第一項の訴えに係る訴訟手続であって再生債務者等が当事者でないものは、中断する。この場合においては、第六十八条第三項の規定を準用する。

（査定の裁判の効力）

第一四七条 第百四十五条第一項の訴えが、同項の期間内に提起されないとき、又は却下されたときは、査定の裁判は、給付を命ずる確定判決と同一の効力を有する。

第四節　担保権の消滅

（担保権消滅の許可等）

第一四八条① 再生手続開始の時において再生債務者の財産につき第五十三条第一項に規定する担保権（以下この条、次条及び第百五十二条において「担保権」という。）が存する場合において、当該財産が再生債務者の事業の継続に欠くことのできないものであるときは、再生債務者等は、裁判所に対し、当該財産の価額に相当する金銭を裁判所に納付して当該財産につき存するすべての担保権を消滅させることについての許可の申立てをすることができる。

② 前項の許可の申立ては、次に掲げる事項を記載した書面でしなければならない。

一　担保権の目的である財産の表示
二　前号の財産の価額
三　消滅すべき担保権の表示
四　前号の担保権によって担保される債権の額

③ 第一項の許可の決定があった場合には、その裁判書を、前項の書面（以下この条及び次条において「申立書」という。）とともに、当該申立書に記載された同項第三号の担保権を有する者（以下この条から第百五十三条までにおいて「担保権者」という。）に送達しなければならない。この場合においては、第十条第三項本文の規定は、適用しない。

④ 第一項の許可の決定に対しては、担保権者は、即時抗告をすることができる。

⑤ 前項の即時抗告についての裁判があった場合には、その裁判書を担保権者に送達しなければならない。この場合においては、第十条第三項本文の規定は、適用しない。

⑥ 第二項第三号の担保権が根抵当権である場合において、根抵当権者が第三項の規定による送達を受けた時から二週間を経過したときは、根抵当権の担保すべき元本は、確定する。

⑦ 民法第三百九十八条の二十第二項の規定は、第一項の許可の申立てが取り下げられ、又は同項の許可が取り消された場合について準用する。

（価額決定の請求）

第一四九条① 担保権者は、申立書に記載された前条第二項第二号の価額（第百五十一条及び第百五十二条において「申出額」という。）について異議があるときは、当該申立書の送達を受けた日から一月以内に、担保権の目的である財産（次条において「財産」という。）について価額の決定を請求することができる。

② 前条第一項の許可をした裁判所は、やむを得ない事由がある

場合に限り、担保権者の申立てにより、前項の期間を伸長することができる。

③ 第一項の規定による請求（以下この条から第百五十二条までにおいて「価額決定の請求」という。）に係る事件は、再生裁判所が管轄する。

④ 価額決定の請求をする者は、その請求に係る手続の費用として再生裁判所の定める金額を予納しなければならない。

⑤ 前項に規定する費用の予納がないときは、再生裁判所は、価額決定の請求を却下しなければならない。

（財産の価額の決定）

第一五〇条① 価額決定の請求があった場合には、再生裁判所は、当該請求を却下する場合を除き、評価人を選任し、財産の評価を命じなければならない。

② 前項の場合には、再生裁判所は、評価人の評価に基づき、決定で、財産の価額を定めなければならない。

③ 担保権者が数人ある場合には、前項の決定は、担保権者の全員につき前条第一項の期間（同条第二項の規定により期間が伸長されたときは、その伸長された期間。第百五十二条第一項において「請求期間」という。）が経過した後にしなければならない。この場合において、数個の価額決定の請求事件が同時に係属するときは、事件を併合して裁判しなければならない。

④ 第二項の決定は、価額決定の請求をしなかった担保権者に対しても、その効力を有する。

⑤ 価額決定の請求についての決定に対しては、再生債務者等及び担保権者は、即時抗告をすることができる。

⑥ 価額決定の請求についての決定又は前項の即時抗告についての裁判があった場合には、その裁判書を再生債務者等及び担保権者に送達しなければならない。この場合においては、第十条第三項本文の規定は、適用しない。

（費用の負担）

第一五一条① 価額決定の請求に係る手続に要した費用は、前条第二項の決定により定められた価額が、申出額を超える場合には再生債務者の負担とし、申出額を超えない場合には価額決定の請求をした者の負担とする。ただし、申出額を超える額が当該費用の額に満たないときは、当該費用のうち、その超える額に相当する部分は再生債務者の負担とし、その余の部分は価額決定の請求をした者の負担とする。

② 前条第五項の即時抗告に係る手続に要した費用は、当該即時抗告をした者の負担とする。

③ 第一項の規定により再生債務者に対して費用請求権を有する者は、その費用に関し、次条第一項の規定により納付された金銭について、他の担保権者に先立ち弁済を受ける権利を有する。

④ 次条第四項の場合には、第一項及び第二項の費用は、これらの規定にかかわらず、再生債務者の負担とする。この場合においては、再生債務者に対する費用請求権は、共益債権とする。

（価額に相当する金銭の納付等）

第一五二条① 再生債務者等は、請求期間内に価額決定の請求がなかったとき、又は価額決定の請求のすべてが取り下げられ、若しくは却下されたときは申出額に相当する金銭を、第百五十条第二項の決定が確定したときは当該決定により定められた価額に相当する金銭を、裁判所の定める期限までに裁判所に納付しなければならない。

② 担保権者の有する担保権は、前項の規定による金銭の納付があった時に消滅する。

③ 第一項の規定による金銭の納付があったときは、裁判所書記官は、消滅した担保権に係る登記又は登録の抹消を嘱託しなければならない。

④ 再生債務者等が第一項の規定による金銭の納付をしないときは、裁判所は、第百四十八条第一項の許可を取り消さなければならない。

（配当等の実施）

第一五三条① 裁判所は、前条第一項の規定による金銭の納付があった場合には、次項に規定する場合を除き、配当表に基づいて、担保権者に対する配当を実施しなければならない。

② 担保権者が一人である場合又は担保権者が二人以上であって前条第一項の規定により納付された金銭で各担保権者の有する担保権によって担保される債権及び第百五十一条第一項の規定により再生債務者の負担すべき費用を弁済することができる場合には、裁判所は、当該金銭の交付計算書を作成して、担保権者に弁済金を交付し、剰余金を再生債務者等に交付する。

③ 民事執行法（昭和五十四年法律第四号）第八十五条及び第八十八条から第九十二条までの規定は第一項の配当の手続について、同法第八十八条、第九十一条及び第九十二条の規定は前項の規定による弁済金の交付の手続について準用する。

第七章　再生計画（抄）

第一節　再生計画の条項

（再生計画の条項）

第一五四条① 再生計画においては、次に掲げる事項に関する条項を定めなければならない。

一　全部又は一部の再生債権者の権利の変更

二　共益債権及び一般優先債権の弁済

三　知れている開始後債権があるときは、その内容

② 債権者委員会が再生計画で定められた弁済期間内にその履行を確保するため監督その他の関与を行う場合において、再生債務者がその費用の全部又は一部を負担するときは、その負担に関する条項を定めなければならない。

③ 第百六十六条第一項の規定による裁判所の許可があった場合には、再生計画の定めによる再生債務者の株式の取得に関する条項、株式の併合に関する条項、資本金の額の減少に関する条項又は再生債務者が発行することができる株式の総数についての定款の変更に関する条項を定めることができる。

④ 第百六十六条の二第二項の規定による裁判所の許可があった場合には、再生計画において、募集株式（会社法第百九十九条第一項に規定する募集株式をいい、譲渡制限株式であるものに限る。以下この章において同じ。）を引き受ける者の募集（同法第二百二条第一項各号に掲げる事項を定めるものを除く。以下この章において同じ。）に関する条項を定めることができる。

（再生計画による権利の変更）

第一五五条① 再生計画による権利の変更の内容は、再生債権者の間では平等でなければならない。ただし、不利益を受ける再生債権者の同意がある場合又は少額の再生債権若しくは第八十四条第二項に掲げる請求権について別段の定めをし、その他これらの者の間に差を設けても衡平を害しない場合は、この限りでない。

② 前項の規定にかかわらず、約定劣後再生債権の届出がある場合における再生計画においては、再生債権（約定劣後再生債権を除く。）を有する者と約定劣後再生債権を有する者との間においては、第三十五条第四項に規定する配当の順位についての合意の内容を考慮して、再生計画の内容に公正かつ衡平な差を設けなければならない。

③ 再生計画によって債務が負担され、又は債務の期限が猶予されるときは、特別の事情がある場合を除き、再生計画認可の決定の確定から十年を超えない範囲で、その債務の期限を定めるものとする。

④ 再生手続開始前の罰金等については、再生計画において減免その他権利に影響を及ぼす定めをすることができない。

⑤ 再生手続開始前の共助対象外国租税の請求権について、再生計画において減免その他権利に影響を及ぼす定めをする場合には、徴収の権限を有する者の意見を聴かなければならない。

（権利の変更の一般的基準）

第一五六条 再生債権者の権利を変更する条項においては、債務の減免、期限の猶予その他の権利の変更の一般的基準（約定劣後再生債権の届出があるときは、約定劣後再生債権についての一般的基準を含む。）を定めなければならない。

（届出再生債権者等の権利に関する定め）
第一五七条① 再生債権者の権利を変更する条項においては、届出再生債権者及び第百一条第三項の規定により認否書に記載された再生債権者の権利のうち変更されるべき権利を明示し、かつ、前条の一般的基準に従って変更した後の権利の内容を定めなければならない。ただし、第百五十九条及び第百六十条第一項に規定する再生債権については、この限りでない。
② 前項に規定する再生債権者の権利で、再生計画によってその権利に影響を受けないものがあるときは、その権利を明示しなければならない。

（債務の負担及び担保の提供に関する定め）
第一五八条① 再生債務者以外の者が債務を引き受け、又は保証人となる等再生のために債務を負担するときは、再生計画において、その者を明示し、かつ、その債務の内容を定めなければならない。
② 再生債務者又は再生債務者以外の者が、再生のために担保を提供するときは、再生計画において、担保を提供する者を明示し、かつ、担保権の内容を定めなければならない。

（未確定の再生債権に関する定め）
第一五九条 異議等のある再生債権で、その確定手続が終了していないものがあるときは、再生計画において、その権利確定の可能性を考慮し、これに対する適確な措置を定めなければならない。

（別除権者の権利に関する定め）
第一六〇条① 別除権の行使によって弁済を受けることができない債権の部分が確定していない再生債権を有する者があるときは、再生計画において、その債権の部分が確定した場合における再生債権者としての権利の行使に関する適確な措置を定めなければならない。
② 前項に規定する再生債権を担保する根抵当権の元本が確定している場合には、その根抵当権の被担保債権のうち極度額を超える部分について、第百五十六条の一般的基準に従い、仮払に関する定めをすることができる。この場合においては、当該根抵当権の行使によって弁済を受けることができない債権の部分が確定した場合における精算に関する措置をも定めなければならない。

（再生債務者の株式の取得等に関する定め）
第一六一条① 再生計画によって株式会社である再生債務者が当該再生債務者の株式の取得をするときは、次に掲げる事項を定めなければならない。
一 再生債務者が取得する株式の数（種類株式発行会社にあっては、株式の種類及び種類ごとの数）
二 再生債務者が前号の株式を取得する日
② 再生計画によって株式会社である再生債務者の株式の併合をするときは、会社法第百八十条第二項各号に掲げる事項を定めなければならない。
③ 再生計画によって株式会社である再生債務者の資本金の額の減少をするときは、会社法第四百四十七条第一項各号に掲げる事項を定めなければならない。
④ 再生計画によって株式会社である再生債務者が発行することができる株式の総数についての定款の変更をするときは、その変更の内容を定めなければならない。

（募集株式を引き受ける者の募集に関する定め）
第一六二条 株式会社である再生債務者が、第百六十六条の二第二項の規定による裁判所の許可を得て、募集株式を引き受ける者の募集をしようとするときは、再生計画において、会社法第百九十九条第一項各号に掲げる事項を定めなければならない。

第二節 再生計画案の提出（抄）

（再生計画案の提出時期）
第一六三条① 再生債務者等は、債権届出期間の満了後裁判所の定める期間内に、再生計画案を作成して裁判所に提出しなければならない。
② 再生債務者（管財人が選任されている場合に限る。）又は届出再生債権者は、裁判所の定める期間内に、再生計画案を作成して裁判所に提出することができる。
③ 裁判所は、申立てにより又は職権で、前二項の規定により定めた期間を伸長することができる。

（再生計画案の事前提出）
第一六四条① 再生債務者等は、前条第一項の規定にかかわらず、再生手続開始の申立て後債権届出期間の満了前に、再生計画案を提出することができる。
② 前項の場合には、第百五十七条及び第百五十九条に規定する事項を定めないで、再生計画案を提出することができる。この場合においては、債権届出期間の満了後裁判所の定める期間内に、これらの事項について、再生計画案の条項を補充しなければならない。

（債務を負担する者等の同意）
第一六五条 （略）

（再生債務者の株式の取得等を定める条項に関する許可）
第一六六条① 第百五十四条第三項に規定する条項を定めた再生計画案を提出しようとする者は、あらかじめ、裁判所の許可を得なければならない。
② 裁判所は、株式会社である再生債務者がその財産をもって債務を完済することができない場合に限り、前項の許可をすることができる。
③ 第一項の許可の決定があった場合には、その裁判書を当該許可の申立てをした者に、その決定の要旨を記載した書面を株主に、それぞれ送達しなければならない。この場合における株主に対する送達については、第四十三条第四項及び第五項の規定を準用する。
④ 第一項の規定による許可の決定に対しては、株主は、即時抗告をすることができる。

（募集株式を引き受ける者の募集を定める条項に関する許可）
第一六六条の二① 第百五十四条第四項に規定する条項を定めた再生計画案は、再生債務者のみが提出することができる。
② 再生債務者は、前項の再生計画案を提出しようとするときは、あらかじめ、裁判所の許可を得なければならない。
③ 裁判所は、株式会社である再生債務者がその財産をもって債務を完済することができない状態にあり、かつ、当該募集株式を引き受ける者の募集が再生債務者の事業の継続に欠くことのできないものであると認める場合に限り、前項の許可をすることができる。
④ 前条第三項及び第四項の規定は、第二項の許可の決定があった場合について準用する。

（再生計画案の修正）
第一六七条 （略）

（再生債務者の労働組合等の意見）
第一六八条 （略）

第三節 再生計画案の決議（抄）

（決議に付する旨の決定）
第一六九条① 再生計画案の提出があったときは、裁判所は、次の各号のいずれかに該当する場合を除き、当該再生計画案を決議に付する旨の決定をする。
一 一般調査期間が終了していないとき。
二 財産状況報告集会における再生債務者等による報告又は第百二十五条第一項の報告書の提出がないとき。
三 裁判所が再生計画案について第百七十四条第二項各号（第三号を除く。）に掲げる要件のいずれかに該当するものと認めるとき。
四 第百九十一条第二号の規定により再生手続を廃止するとき。
② 裁判所は、前項の決議に付する旨の決定において、議決権を行使することができる再生債権者（以下「議決権者」という。）の議決権行使の方法及び第百七十二条第二項（同条第三項にお

いて準用する場合を含む。）の規定により議決権の不統一行使をする場合における裁判所に対する通知の期限を定めなければならない。この場合においては、議決権行使の方法として、次に掲げる方法のいずれかを定めなければならない。

一　債権者集会の期日において議決権を行使する方法

二　書面等投票（書面その他の最高裁判所規則で定める方法のうち裁判所の定めるものによる投票をいう。）により裁判所の定める期間内に議決権を行使する方法

三　前二号に掲げる方法のうち議決権者が選択するものにより議決権を行使する方法。この場合において、前号の期間の末日は、第一号の債権者集会の期日より前の日でなければならない。

③　裁判所は、第一項の決議に付する旨の決定をした場合には、前項前段に規定する期限を公告し、かつ、当該期限及び再生計画案の内容又はその要旨を第百十五条第一項本文に規定する者（同条第二項に規定する者を除く。）に通知しなければならない。

④　裁判所は、議決権行使の方法として第二項第二号又は第三号に掲げる方法を定めたときは、その旨を公告し、かつ、議決権者に対して、同項第二号に規定する書面等投票は裁判所の定める期間内に限りすることができる旨を通知しなければならない。

⑤　裁判所は、議決権行使の方法として第二項第二号に掲げる方法を定めた場合において、第百十四条前段の申立てをすることができる者が前項の期間内に再生計画案の決議をするための債権者集会の招集の申立てをしたときは、議決権行使の方法につき、当該定めを取り消して、第二項第一号又は第三号に掲げる方法を定めなければならない。

（社債権者等の議決権の行使に関する制限）

第一六九条の二①　再生債権である社債又は第百二十条の二第六項各号に定める債権（以下この条において「社債等」という。）を有する者は、当該社債等について社債管理者、社債管理補助者（当該社債等についての再生債権者の議決権を行使することができる権限を有するものに限る。）又は同項各号に掲げる者（以下この条において「社債管理者等」という。）がある場合には、次の各号のいずれかに該当する場合に限り、当該社債等について議決権を行使することができる。

一　当該社債等について再生債権の届出をしたとき、又は届出名義の変更を受けたとき。

二　当該社債管理者等が当該社債等について再生債権の届出をした場合において、再生計画案を決議に付する旨の決定があるまでに、裁判所に対し、当該社債等について議決権を行使する意思がある旨の申出をしたとき（当該申出のあった再生債権である社債等について次項の規定による申出名義の変更を受けた場合を含む。）。

②　前項第二号に規定する申出のあった再生債権である社債等を取得した者は、申出名義の変更を受けることができる。

③　次に掲げる場合には、第一項の社債等を有する者（同項各号のいずれかに該当するものに限る。）は、同項の規定にかかわらず、当該再生計画案の決議において議決権の行使をすることができない。

一　再生債権である社債等につき、再生計画案の決議における議決権の行使についての会社法第七百六条第一項若しくは第七百十四条の四第三項（これらの規定を医療法第五十四条の七において準用する場合を含む。）の社債権者集会の決議若しくは社会医療法人債権者集会の決議、投資信託及び投資法人に関する法律第百三十九条の九第四項若しくは同法第百三十九条の九の二第二項において読み替えて準用する会社法第七百十四条の四第三項の投資法人債権者集会の決議、保険業法第六十一条の七第四項若しくは第六十一条の七の三第三項の社債権者集会の決議又は資産の流動化に関する法律第百二十七条第四項若しくは同法第百二十七条の二第二項において読み替えて準用する会社法第七百十四条の四第三項の特定社債権者集会の決議が成立したとき。

二　会社法第七百六条第一項ただし書（医療法第五十四条の七において準用する場合を含む。）、投資信託及び投資法人に関する法律第百三十九条の九第四項ただし書若しくは保険業法第六十一条の七第四項ただし書の定めがあるとき、又は資産の流動化に関する法律第百二十七条第四項ただし書の通知がされたとき。

（債権者集会が開催される場合における議決権の額の定め方等）

第一七〇条　（略）

（債権者集会が開催されない場合における議決権の額の定め方等）

第一七一条　（略）

（議決権の行使の方法等）

第一七二条　（略）

（基準日による議決権者の確定）

第一七二条の二　（略）

（再生計画案の可決の要件）

第一七二条の三①　再生計画案を可決するには、次に掲げる同意のいずれもがなければならない。

一　議決権者（債権者集会に出席し、又は第百六十九条第二項第二号に規定する書面等投票をしたものに限る。）の過半数の同意

二　議決権者の議決権の総額の二分の一以上の議決権を有する者の同意

②　約定劣後再生債権の届出がある場合には、再生計画案の決議は、再生債権（約定劣後再生債権を除く。以下この条、第百七十二条の五第四項並びに第百七十四条の二第一項及び第二項において同じ。）を有する者と約定劣後再生債権を有する者とに分かれて行う。ただし、議決権を有する約定劣後再生債権を有する者がないときは、この限りでない。

③　裁判所は、前項本文に規定する場合であっても、相当と認めるときは、再生計画案の決議は再生債権を有する者と約定劣後再生債権を有する者とに分かれないで行うものとすることができる。

④　裁判所は、前項の決定を取り消すことができる。

⑤　前二項の規定による決定があった場合には、その裁判書を議決権者に送達しなければならない。ただし、債権者集会の期日において当該決定の言渡しがあったときは、この限りでない。

⑥　第一項の規定にかかわらず、第二項本文の規定により再生計画案の決議を再生債権を有する者と約定劣後再生債権を有する者とに分かれて行う場合において再生計画案を可決するには、再生債権を有する者と約定劣後再生債権を有する者の双方について第一項各号に掲げる同意のいずれもがなければならない。

⑦　第百七十二条第二項（同条第三項において準用する場合を含む。）の規定によりその有する議決権の一部のみを再生計画案に同意するものとして行使した議決権者（その余の議決権を行使しなかったものを除く。）があるときの第一項第一号又は前項の規定の適用については、当該議決権者一人につき、同号に規定する議決権者の数に一を、再生計画案に同意する旨の議決権の行使をした議決権者の数に二分の一を、それぞれ加算するものとする。

（再生計画案の変更）

第一七二条の四　（略）

（債権者集会の期日の続行）

第一七二条の五　（略）

（再生計画案が可決された場合の法人の継続）

第一七三条　（略）

第四節　再生計画の認可等（抄）

（再生計画の認可又は不認可の決定）

第一七四条①　再生計画案が可決された場合には、裁判所は、次

項の場合を除き、再生計画認可の決定をする。

② 裁判所は、次の各号のいずれかに該当する場合には、再生計画不認可の決定をする。

一 再生手続又は再生計画が法律の規定に違反し、かつ、その不備を補正することができないものであるとき。ただし、再生手続が法律の規定に違反する場合において当該違反の程度が軽微であるときは、この限りでない。

二 再生計画が遂行される見込みがないとき。

三 再生計画の決議が不正の方法によって成立するに至ったとき。

四 再生計画の決議が再生債権者の一般の利益に反するとき。

③ 第百十五条第一項本文に規定する者及び労働組合等は、再生計画案を認可すべきかどうかについて、意見を述べることができる。

④ 再生計画の認可又は不認可の決定があった場合には、第百十五条第一項本文に規定する者に対して、その主文及び理由の要旨を記載した書面を送達しなければならない。

⑤ 前項に規定する場合には、同項の決定があった旨を労働組合等に通知しなければならない。

（約定劣後再生債権の届出がある場合における認可等の特則）

第一七四条の二 （略）

（再生計画認可の決定等に対する即時抗告）

第一七五条① 再生計画の認可又は不認可の決定に対しては、即時抗告をすることができる。

② 前項の規定にかかわらず、再生債務者が再生手続開始の時においてその財産をもって約定劣後再生債権に優先する債権に係る債務を完済することができない状態にある場合には、約定劣後再生債権を有する者は、再生計画の内容が約定劣後再生債権を有する者の間で第百五十五条第一項に違反することを理由とする場合を除き、即時抗告をすることができない。

③ 議決権を有しなかった再生債権者が第一項の即時抗告をするには、再生債権者であることを疎明しなければならない。

④ 前項の規定は、第一項の即時抗告についての裁判に対する第十八条において準用する民事訴訟法第三百三十六条の規定による抗告及び同法第三百三十七条の規定による抗告の許可の申立てについて準用する。

（再生計画の効力発生の時期）

第一七六条 再生計画は、認可の決定の確定により、効力を生ずる。

（再生計画の効力範囲）

第一七七条① 再生計画は、再生債務者、すべての再生債権者及び再生のために債務を負担し、又は担保を提供する者のために、かつ、それらの者に対して効力を有する。

② 再生計画は、別除権者が有する第五十三条第一項に規定する担保権、再生債権者が再生債務者の保証人その他再生債務者と共に債務を負担する者に対して有する権利及び再生債務者以外の者が再生債権者のために提供した担保に影響を及ぼさない。

（再生債権の免責）

第一七八条① 再生計画認可の決定が確定したときは、再生計画の定め又はこの法律の規定によって認められた権利を除き、再生債務者は、すべての再生債権について、その責任を免れる。ただし、再生手続開始前の罰金等については、この限りでない。

② 前項の規定にかかわらず、共助対象外国租税の請求権についての同項の規定による免責の効力は、租税条約等実施特例法第十一条第一項の規定による共助との関係においてのみ主張することができる。

（届出再生債権者等の権利の変更）

第一七九条① 再生計画認可の決定が確定したときは、届出再生債権者及び第百一条第三項の規定により認否書に記載された再生債権を有する再生債権者の権利は、再生計画の定めに従い、変更される。

② 前項に規定する再生債権者は、その有する債権が確定している場合に限り、再生計画の定めによって認められた権利を行使することができる。

③ 第一項の規定にかかわらず、共助対象外国租税の請求権についての同項の規定による権利の変更の効力は、租税条約等実施特例法第十一条第一項の規定による共助との関係においてのみ主張することができる。

（再生計画の条項の再生債権者表への記載等）

第一八〇条① 再生計画認可の決定が確定したときは、裁判所書記官は、再生計画の条項を再生債権者表に記載しなければならない。

② 前項の場合には、再生債権に基づき再生計画の定めによって認められた権利については、その再生債権者表の記載は、再生債務者、再生債権者及び再生のために債務を負担し、又は担保を提供する者に対して、確定判決と同一の効力を有する。

③ 第一項の場合には、前項の権利で金銭の支払その他の給付の請求を内容とするものを有する者は、再生債務者及び再生のために債務を負担した者に対して、その再生債権者表の記載により強制執行をすることができる。ただし、民法第四百五十二条及び第四百五十三条の規定の適用を妨げない。

（届出のない再生債権等の取扱い）

第一八一条① 再生計画認可の決定が確定したときは、次に掲げる再生債権（約定劣後再生債権の届出がない場合における約定劣後再生債権を除く。）は、第百五十六条の一般的基準に従い、変更される。

一 再生債権者がその責めに帰することができない事由により債権届出期間内に届出をすることができなかった再生債権で、その事由が第九十五条第四項に規定する決定前に消滅しなかったもの

二 前号の決定後に生じた再生債権

三 第百一条第三項に規定する場合において、再生債務者が同項の規定による記載をしなかった再生債権

② 前項第三号の規定により変更された後の権利については、再生計画で定められた弁済期間が満了する時（その期間の満了前に、再生計画に基づく弁済が完了した場合又は再生計画が取り消された場合にあっては弁済が完了した時又は再生計画が取り消された時）までの間は、弁済をし、弁済を受け、その他これを消滅させる行為（免除を除く。）をすることができない。

③ 再生計画認可の決定が確定した場合には、再生手続開始前の罰金等についても、前項と同様とする。

（別除権者の再生計画による権利の行使）

第一八二条 再生債権者が第五十三条第一項に規定する担保権を有する場合には、その行使によって弁済を受けることができない債権の部分が確定した場合に限り、その債権の部分について、認可された再生計画の定めによって認められた権利又は前条第一項の規定により変更された後の権利を行使することができる。ただし、その担保権が根抵当権である場合において、再生計画に第百六十条第二項の規定による仮払に関する定め及び精算に関する措置の定めがあるときは、その定めるところによる。

（再生計画により再生債務者の株式の取得等がされた場合の取扱い）

第一八三条① 第百五十四条第三項の規定により再生計画において再生債務者の株式の取得に関する条項を定めたときは、再生債務者は、第百六十一条第一項第二号の日に、認可された再生計画の定めによって、同項第一号の株式を取得する。

② 第百五十四条第三項の規定により再生計画において株式の併合に関する条項を定めたときは、認可された再生計画の定めによって、株式の併合をすることができる。この場合においては、会社法第百十六条、第百十七条、第百八十二条の四及び第百八十二条の五の規定は、適用しない。

③ 前項の場合には、会社法第二百三十五条第二項において準用する同法第二百三十四条第二項の許可の申立てに係る事件は、再生裁判所が管轄する。

④　第百五十四条第三項の規定により再生計画において資本金の額の減少に関する条項を定めたときは、認可された再生計画の定めによって、資本金の額の減少をすることができる。この場合においては、会社法第四百四十九条及び第七百四十条の規定は、適用しない。
⑤　前項の場合には、会社法第八百二十八条第一項第五号及び第二項第五号の規定にかかわらず、資本金の額の減少について、その無効の訴えを提起することができない。
⑥　第百五十四条第三項の規定により再生計画において再生債務者が発行することができる株式の総数についての定款の変更に関する条項を定めたときは、定款は、再生計画認可の決定が確定した時に再生計画の定めによって変更される。
⑦　第二項、第四項又は前項の規定により、認可された再生計画の定めによる株式の併合、資本金の額の減少又は定款の変更があった場合には、当該事項に係る登記の申請書には、再生計画認可の裁判書の謄本又は抄本を添付しなければならない。

（再生計画に募集株式を引き受ける者の募集に関する条項を定めた場合の取扱い）

第一八三条の二①　第百五十四条第四項の規定により再生計画において募集株式を引き受ける者の募集に関する条項を定めたときは、会社法第百九十九条第二項の規定にかかわらず、取締役の決定（再生債務者が取締役会設置会社である場合にあっては、取締役会の決議）によって、同項に規定する募集事項を定めることができる。この場合においては、同条第四項並びに同法第二百四条第二項及び第二百五条第二項の規定は、適用しない。
②　会社法第二百一条第三項から第五項までの規定は、前項の場合について準用する。
③　第一項の募集株式を引き受ける者の募集による変更の登記の申請書には、再生計画認可の裁判書の謄本又は抄本を添付しなければならない。

（中止した手続等の失効）

第一八四条　再生計画認可の決定が確定したときは、第三十九条第一項の規定により中止した手続又は処分は、その効力を失う。ただし、同条第二項の規定により続行された手続又は処分については、この限りでない。

（不認可の決定が確定した場合の再生債権者表の記載の効力）

第一八五条①　再生計画不認可の決定が確定したときは、確定した再生債権については、再生債権者表の記載は、再生債務者に対し、確定判決と同一の効力を有する。ただし、再生債務者が第百二条第二項又は第百三条第四項の規定による異議を述べたときは、この限りでない。
②　前項の場合には、再生債権者は、再生債務者に対し、再生債権者表の記載により強制執行をすることができる。

第八章　再生計画認可後の手続

（再生計画の遂行）

第一八六条①　再生計画認可の決定が確定したときは、再生債務者等は、速やかに、再生計画を遂行しなければならない。
②　前項に規定する場合において、監督委員が選任されているときは、当該監督委員は、再生債務者の再生計画の遂行を監督する。
③　裁判所は、再生計画の遂行を確実にするため必要があると認めるときは、再生債務者等又は再生のために債務を負担し、若しくは担保を提供する者に対し、次に掲げる者のために、相当な担保を立てるべきことを命ずることができる。
一　再生計画の定め又はこの法律の規定によって認められた権利を有する者
二　異議等のある再生債権でその確定手続が終了していないものを有する者
三　別除権の行使によって弁済を受けることができない債権の部分が確定していない再生債権を有する者
④　民事訴訟法第七十六条、第七十七条、第七十九条及び第八十条の規定は、前項の担保について準用する。

（再生計画の変更）

第一八七条①　再生計画認可の決定があった後やむを得ない事由で再生計画に定める事項を変更する必要が生じたときは、裁判所は、再生手続終了前に限り、再生債務者、管財人、監督委員又は届出再生債権者の申立てにより、再生計画を変更することができる。
②　前項の規定により再生債権者に不利な影響を及ぼすものと認められる再生計画の変更の申立てがあった場合には、再生計画案の提出があった場合の手続に関する規定を準用する。ただし、再生計画の変更によって不利な影響を受けない再生債権者は、手続に参加させることを要せず、また、変更計画案について議決権を行使しない者（変更計画案について決議をするための債権者集会に出席した者を除く。）であって従前の再生計画に同意したものは、変更計画案に同意したものとみなす。
③　第百七十五条及び第百七十六条の規定は、再生計画変更の決定があった場合について準用する。

（再生手続の終結）

第一八八条①　裁判所は、再生計画認可の決定が確定したときは、監督委員又は管財人が選任されている場合を除き、再生手続終結の決定をしなければならない。
②　裁判所は、監督委員が選任されている場合において、再生計画が遂行されたとき、又は再生計画認可の決定が確定した後三年を経過したときは、再生債務者若しくは監督委員の申立てにより又は職権で、再生手続終結の決定をしなければならない。
③　裁判所は、管財人が選任されている場合において、再生計画が遂行されたとき、又は再生計画が遂行されることが確実であると認めるに至ったときは、再生債務者若しくは管財人の申立てにより又は職権で、再生手続終結の決定をしなければならない。
④　監督命令及び管理命令は、再生手続終結の決定があったときは、その効力を失う。
⑤　裁判所は、再生手続終結の決定をしたときは、その主文及び理由の要旨を公告しなければならない。

（再生計画の取消し）

第一八九条①　再生計画認可の決定が確定した場合において、次の各号のいずれかに該当する事由があるときは、裁判所は、再生債権者の申立てにより、再生計画取消しの決定をすることができる。
一　再生計画が不正の方法により成立したこと。
二　再生債務者等が再生計画の履行を怠ったこと。
三　再生債務者が第四十一条第一項若しくは第四十二条第一項の規定に違反し、又は第五十四条第二項に規定する監督委員の同意を得ないで同項の行為をしたこと。
②　前項第一号に掲げる事由を理由とする同項の申立ては、再生債権者が再生計画認可の決定に対する即時抗告により同号の事由を主張したとき、若しくはこれを知りながら主張しなかったとき、又は再生債権者が同号に該当する事由があることを知った時から一月を経過したとき、若しくは再生計画認可の決定が確定した時から二年を経過したときは、することができない。
③　第一項第二号に掲げる事由を理由とする同項の申立ては、再生計画の定めによって認められた権利の全部（履行された部分を除く。）について裁判所が評価した額の十分の一以上に当たる権利を有する再生債権者であって、その有する履行期限が到来した当該権利の全部又は一部について履行を受けていないものに限り、することができる。
④　裁判所は、再生計画取消しの決定をしたときは、直ちに、その裁判書を第一項の申立てをした者及び再生債務者等に送達し、かつ、その主文及び理由の要旨を公告しなければならない。
⑤　第一項の申立てについての裁判に対しては、即時抗告をすることができる。
⑥　第四項の決定は、確定しなければその効力を生じない。

⑦ 第四項の決定が確定した場合には、再生計画によって変更された再生債権は、原状に復する。ただし、再生債権者が再生計画によって得た権利に影響を及ぼさない。

⑧ 第百八十五条の規定は第四項の決定が確定した場合について、前条第四項の規定は再生手続終了前に第四項の決定が確定した場合について準用する。

（破産手続開始の決定又は新たな再生手続開始の決定がされた場合の取扱い等）

第一九〇条① 再生計画の履行完了前に、再生債務者について破産手続開始の決定又は新たな再生手続開始の決定がされた場合には、再生計画によって変更された再生債権は、原状に復する。ただし、再生債権者が再生計画によって得た権利に影響を及ぼさない。

② 第百八十五条の規定は、前項の場合について準用する。

③ 第一項の破産手続開始の決定に係る破産手続においては、再生債権であった破産債権については、その破産債権の額は、従前の再生債権の額から同項の再生計画により弁済を受けた額を控除した額とする。

④ 前項の破産手続においては、同項の破産債権については、第一項の再生計画により弁済を受けた場合であっても、従前の再生債権の額をもって配当の手続に参加することができる債権の額とみなし、破産財団に当該弁済を受けた額を加算して配当率の標準を定める。ただし、当該破産債権を有する破産債権者は、他の同順位の破産債権者が自己の受けた弁済と同一の割合の配当を受けるまでは、配当を受けることができない。

⑤ 第一項の破産手続開始の決定がされたときは、再生債務者が再生手続終了後に再生計画によらずに再生債権者に対してした担保の供与は、その効力を失う。

⑥ 新たな再生手続においては、再生債権者は、再生債権について第一項の再生計画により弁済を受けた場合であっても、その弁済を受ける前の債権の全部をもって再生手続に参加することができる。

⑦ 新たな再生手続においては、前項の規定により再生手続に参加した再生債権者は、他の再生債権者が自己の受けた弁済と同一の割合の弁済を受けるまでは、弁済を受けることができない。

⑧ 新たな再生手続においては、第六項の規定により再生手続に参加した再生債権者は、第一項の再生計画により弁済を受けた債権の部分については、議決権を行使することができない。

⑨ 新たな再生手続においては、従前の再生手続における共益債権は、共益債権とみなす。

第九章 再生手続の廃止（抄）

（再生計画認可前の手続廃止）

第一九一条 次の各号のいずれかに該当する場合には、裁判所は、職権で、再生手続廃止の決定をしなければならない。

一 決議に付するに足りる再生計画案の作成の見込みがないことが明らかになったとき。

二 裁判所の定めた期間若しくはその伸長した期間内に再生計画案の提出がないとき、又はその期間内に提出されたすべての再生計画案が決議に付するに足りないものであるとき。

三 再生計画案が否決されたとき、又は第百七十二条の五第一項本文及び第四項の規定により債権者集会の続行期日が定められた場合において、同条第二項及び第三項の規定に適合する期間内に再生計画案が可決されないとき。

第一九二条① 債権届出期間の経過後再生計画認可の決定の確定前において、第二十一条第一項に規定する再生手続開始の申立ての事由のないことが明らかになったときは、裁判所は、再生債務者、管財人又は届出再生債権者の申立てにより、再生手続廃止の決定をしなければならない。

② 前項の申立てをする場合には、申立人は、再生手続廃止の原因となる事実を疎明しなければならない。

（再生債務者の義務違反による手続廃止）

第一九三条① 次の各号のいずれかに該当する場合には、裁判所は、監督委員若しくは管財人の申立てにより又は職権で、再生手続廃止の決定をすることができる。

一 再生債務者が第三十条第一項の規定による裁判所の命令に違反した場合

二 再生債務者が第四十一条第一項若しくは第四十二条第一項の規定に違反し、又は第五十四条第二項に規定する監督委員の同意を得ないで同項の行為をした場合

三 再生債務者が第百一条第五項又は第百三条第三項の規定により裁判所が定めた期限までに認否書を提出しなかった場合

② 前項の決定をする場合には、再生債務者を審尋しなければならない。

（再生計画認可後の手続廃止）

第一九四条 再生計画認可の決定が確定した後に再生計画が遂行される見込みがないことが明らかになったときは、裁判所は、再生債務者等若しくは監督委員の申立てにより又は職権で、再生手続廃止の決定をしなければならない。

（再生手続廃止の公告等）

第一九五条 （略）

第十章 住宅資金貸付債権に関する特則（抄）

（定義）

第一九六条 この章、第十二章及び第十三章において、次の各号に掲げる用語の意義は、それぞれ当該各号に定めるところによる。

一 住宅 個人である再生債務者が所有し、自己の居住の用に供する建物であって、その床面積の二分の一以上に相当する部分が専ら自己の居住の用に供されるものをいう。ただし、当該建物が二以上ある場合には、これらの建物のうち、再生債務者が主として居住の用に供する一の建物に限る。

二 住宅の敷地 住宅の用に供されている土地又は当該土地に設定されている地上権をいう。

三 住宅資金貸付債権 住宅の建設若しくは購入に必要な資金（住宅の用に供する土地又は借地権の取得に必要な資金を含む。）又は住宅の改良に必要な資金の貸付けに係る分割払の定めのある再生債権であって、当該債権又は当該債権に係る債務の保証人（保証を業とする者に限る。以下「保証会社」という。）の主たる債務者に対する求償権を担保するための抵当権が住宅に設定されているものをいう。

四 住宅資金特別条項 再生債権者の有する住宅資金貸付債権の全部又は一部を、第百九十九条第一項から第四項までの規定するところにより変更する再生計画の条項をいう。

五 住宅資金貸付契約 住宅資金貸付債権に係る資金の貸付契約をいう。

（抵当権の実行手続の中止命令等）

第一九七条① 裁判所は、再生手続開始の申立てがあった場合において、住宅資金特別条項を定めた再生計画の認可の見込みがあると認めるときは、再生債務者の申立てにより、相当の期間を定めて、住宅又は再生債務者が有する住宅の敷地に設定されている前条第三号に規定する抵当権の実行手続の中止を命ずることができる。

② 第三十一条第二項から第六項までの規定は、前項の規定による中止の命令について準用する。

③ 裁判所は、再生債務者が再生手続開始後に住宅資金貸付債権の一部を弁済しなければ住宅資金貸付契約の定めにより当該住宅資金貸付債権の全部又は一部について期限の利益を喪失することとなる場合において、住宅資金特別条項を定めた再生計画の認可の見込みがあると認めるときは、再生計画認可の決定が確定する前でも、再生債務者の申立てにより、その弁済をすることを許可することができる。

（住宅資金特別条項を定めることができる場合等）

第一九八条① 住宅資金貸付債権（民法第四百九十九条の規定により住宅資金貸付債権を有する者に代位した再生債権者（弁済をするについて正当な利益を有していた者に限る。）が当該代位により有するものを除く。）については、再生計画において、住宅資金特別条項を定めることができる。ただし、住宅の上に第五十三条第一項に規定する担保権（第百九十六条第三号に規定する抵当権を除く。）が存するとき、又は住宅以外の不動産にも同号に規定する抵当権が設定されている場合において当該不動産の上に同項に規定する担保権で当該抵当権に後れるものが存するときは、この限りでない。

② 保証会社が住宅資金貸付債権に係る保証債務を履行した場合において、当該保証債務の全部を履行した日から六月を経過する日までの間に再生手続開始の申立てがされたときは、第二百四条第一項本文の規定により住宅資金貸付債権を有することとなる者の権利について、住宅資金特別条項を定めることができる。この場合においては、前項ただし書の規定を準用する。

③ 第一項に規定する住宅資金貸付債権を有する再生債権者又は第二百四条第一項本文の規定により住宅資金貸付債権を有することとなる者が数人あるときは、その全員を対象として住宅資金特別条項を定めなければならない。

（住宅資金特別条項の内容）

第一九九条① 住宅資金特別条項においては、次項又は第三項に規定する場合を除き、次の各号に掲げる債権について、それぞれ当該各号に定める内容を定める。

一 再生計画認可の決定の確定時までに弁済期が到来する住宅資金貸付債権の元本（再生債務者が期限の利益を喪失しなかったとすれば弁済期が到来しないものを除く。）及びこれに対する再生計画認可の決定の確定後の住宅約定利息（住宅資金貸付契約において定められた約定利率による利息をいう。以下この条において同じ。）並びに再生計画認可の決定の確定時までに生ずる住宅資金貸付債権の利息及び不履行による損害賠償　その全額を、再生計画（住宅資金特別条項を除く。）で定める弁済期間（当該期間が五年を超える場合にあっては、再生計画認可の決定の確定から五年。第三項において「一般弁済期間」という。）内に支払うこと。

二 再生計画認可の決定の確定時までに弁済期が到来しない住宅資金貸付債権の元本（再生債務者が期限の利益を喪失しなかったとすれば弁済期が到来しないものを含む。）及びこれに対する再生計画認可の決定の確定後の住宅約定利息　住宅資金貸付契約における債務の不履行がない場合についての弁済の時期及び額に関する約定に従って支払うこと。

② 前項の規定による住宅資金特別条項を定めた再生計画の認可の見込みがない場合には、住宅資金特別条項において、住宅資金貸付債権に係る債務の弁済期を住宅資金貸付契約において定められた最終の弁済期（以下この項及び第四項において「約定最終弁済期」という。）から後の日に定めることができる。この場合における権利の変更の内容は、次に掲げる要件のすべてを具備するものでなければならない。

一 次に掲げる債権について、その全額を支払うものであること。

イ 住宅資金貸付債権の元本及びこれに対する再生計画認可の決定の確定後の住宅約定利息

ロ 再生計画認可の決定の確定時までに生ずる住宅資金貸付債権の利息及び不履行による損害賠償

二 住宅資金特別条項による変更後の最終の弁済期が約定最終弁済期から十年を超えず、かつ、住宅資金特別条項による変更後の最終の弁済期における再生債務者の年齢が七十歳を超えないものであること。

三 第一号イに掲げる債権については、一定の基準により住宅資金貸付契約における弁済期と弁済期との間隔及び各弁済期における弁済額が定められている場合には、当該基準におおむね沿うものであること。

③ 前項の規定による住宅資金特別条項を定めた再生計画の認可の見込みがない場合には、一般弁済期間の範囲内で定める期間（以下この項において「元本猶予期間」という。）中は、住宅資金貸付債権の元本の一部及び住宅約定利息のみを支払うものとすることができる。この場合における権利の変更の内容は、次に掲げる要件のすべてを具備するものでなければならない。

一 前項第一号及び第二号に掲げる要件があること。

二 前項第一号イに掲げる債権についての元本猶予期間を経過した後の弁済期及び弁済額の定めについては、一定の基準により住宅資金貸付契約における弁済期と弁済期との間隔及び各弁済期における弁済額が定められている場合には、当該基準におおむね沿うものであること。

④ 住宅資金特別条項によって権利の変更を受ける者の同意がある場合には、前三項の規定にかかわらず、約定最終弁済期から十年を超えて住宅資金貸付債権に係る債務の期限を猶予することその他前三項に規定する変更以外の変更をすることを内容とする住宅資金特別条項を定めることができる。

⑤ 住宅資金特別条項によって権利の変更を受ける者と他の再生債権者との間については第百五十五条第一項の規定を、住宅資金特別条項については同条第三項の規定を、住宅資金特別条項によって権利の変更を受ける者については第百六十条及び第百六十五条第二項の規定を適用しない。

（住宅資金特別条項を定めた再生計画案の提出等）

第二〇〇条① 住宅資金特別条項を定めた再生計画案は、再生債務者のみが提出することができる。

② 再生債務者により住宅資金特別条項を定めた再生計画案が提出され、かつ、次の各号のいずれかに該当することとなったときは、当該各号に定める時までに届出再生債権者が再生債権の調査において第百九十八条第一項に規定する住宅資金貸付債権の内容について述べた異議は、それぞれその時においてその効力を失う。ただし、これらの時までに、当該異議に係る再生債権の確定手続が終了していない場合に限る。

一 いずれの届出再生債権者も裁判所の定めた期間又はその伸長した期間内に住宅資金特別条項の定めのない再生計画案を提出しなかったとき　当該期間が満了した時

二 届出再生債権者が提出した住宅資金特別条項の定めのない再生計画案が決議に付されず、住宅資金特別条項を定めた再生計画案のみが決議に付されたとき　第百六十七条ただし書に規定する決定がされた時

三 住宅資金特別条項を定めた再生計画案及び届出再生債権者が提出した住宅資金特別条項の定めのない再生計画案が共に決議に付され、住宅資金特別条項を定めた再生計画案が可決されたとき　当該可決がされた時

③ 前項の規定により同項本文の異議が効力を失った場合には、当該住宅資金貸付債権については、第百四条第一項及び第三項の規定は、適用しない。

④ 再生債務者により住宅資金特別条項を定めた再生計画案が提出され、かつ、第二項各号のいずれかに該当することとなったときは、当該各号に定める時までに第百九十八条第一項に規定する住宅資金貸付債権を有する再生債権者であって当該住宅資金貸付債権以外に再生債権を有しないもの又は保証会社であって住宅資金貸付債権に係る債務の保証に基づく求償権以外に再生債権を有しないものが再生債権の調査において述べた異議についても、第二項と同様とする。この場合においては、当該異議を述べた者には、第百四条第三項及び第百八十条第二項の規定による確定判決と同一の効力は、及ばない。

⑤ 再生債務者により住宅資金特別条項を定めた再生計画案が提出され、かつ、第二項第一号又は第二号のいずれかに該当することとなったときは、前項前段に規定する再生債権者又は保証会社は、第百七十条第一項本文の異議を述べることができない。

（住宅資金特別条項を定めた再生計画案の決議等）

第二〇一条① 住宅資金特別条項を定めた再生計画案の決議にお

いては、住宅資金特別条項によって権利の変更を受けることとされている者及び保証会社は、住宅資金貸付債権又は住宅資金貸付債権に係る債務の保証に基づく求償権については、議決権を有しない。

② 住宅資金特別条項を定めた再生計画案が提出されたときは、裁判所は、当該住宅資金特別条項によって権利の変更を受けることとされている者の意見を聴かなければならない。第百六十七条の規定による修正（その修正が、住宅資金特別条項によって権利の変更を受けることとされている者に不利な影響を及ぼさないことが明らかな場合を除く。）があった場合における修正後の住宅資金特別条項を定めた再生計画案についても、同様とする。

③ 住宅資金特別条項を定めた再生計画案に対する第百六十九条第一項の規定の適用については、同項第三号中「第百七十四条第二項各号（第三号を除く。）」とあるのは、「第二百二条第二項各号（第四号を除く。）」とする。

（住宅資金特別条項を定めた再生計画の認可又は不認可の決定等）

第二〇二条① 住宅資金特別条項を定めた再生計画案が可決された場合には、裁判所は、次項の場合を除き、再生計画認可の決定をする。

② 裁判所は、住宅資金特別条項を定めた再生計画案が可決された場合において、次の各号のいずれかに該当するときは、再生計画不認可の決定をする。

一 第百七十四条第二項第一号又は第四号に規定する事由があるとき。

二 再生計画が遂行可能であると認めることができないとき。

三 再生債務者が住宅の所有権又は住宅の用に供されている土地を住宅の所有のために使用する権利を失うこととなると見込まれるとき。

四 再生計画の決議が不正の方法によって成立するに至ったとき。

③ 住宅資金特別条項によって権利の変更を受けることとされている者は、再生債権の届出をしていない場合であっても、住宅資金特別条項を定めた再生計画案を認可すべきかどうかについて、意見を述べることができる。

④ 住宅資金特別条項を定めた再生計画の認可又は不認可の決定があったときは、住宅資金特別条項によって権利の変更を受けることとされている者で再生債権の届出をしていないものに対しても、その主文及び理由の要旨を記載した書面を送達しなければならない。

⑤ 住宅資金特別条項を定めた再生計画案が可決された場合には、第百七十四条第一項及び第二項の規定は、適用しない。

（住宅資金特別条項を定めた再生計画の効力等）

第二〇三条① 住宅資金特別条項を定めた再生計画の認可の決定が確定したときは、第百七十七条第二項の規定は、住宅及び住宅の敷地に設定されている第百九十六条第三号に規定する抵当権並びに住宅資金特別条項によって権利の変更を受けた者が再生債務者の保証人その他再生債務者と共に債務を負担する者に対して有する権利については、適用しない。この場合において、再生債務者が連帯債務者の一人であるときは、住宅資金特別条項による期限の猶予は、他の連帯債務者に対しても効力を有する。

② 住宅資金特別条項を定めた再生計画の認可の決定が確定したときは、住宅資金特別条項によって変更された後の権利については、住宅資金特別条項において、期限の利益の喪失についての定めその他の住宅資金貸付契約における定めと同一の定めがされたものとみなす。ただし、第百九十九条第四項の同意を得て別段の定めをすることを妨げない。

③ 住宅資金特別条項を定めた再生計画の認可の決定が確定した場合における第百二十三条第二項及び第百八十一条第二項の規定の適用については、これらの規定中「再生計画で定められた弁済期間」とあるのは「再生計画（住宅資金特別条項を除く。）で定められた弁済期間」と、「再生計画に基づく弁済」とあるのは「再生計画（住宅資金特別条項を除く。）に基づく弁済」とする。

④ 住宅資金特別条項によって変更された後の権利については前項の規定により読み替えて適用される第百八十一条第二項の規定を、住宅資金特別条項によって権利の変更を受けた者については第百八十二条の規定を適用しない。

（保証会社が保証債務を履行した場合の取扱い）

第二〇四条① 住宅資金特別条項を定めた再生計画の認可の決定が確定した場合において、保証会社が住宅資金貸付債権に係る保証債務を履行していたときは、当該保証債務の履行は、なかったものとみなす。ただし、保証会社が当該保証債務を履行したことにより取得した権利に基づき再生債権者としてした行為に影響を及ぼさない。

② 前項本文の場合において、当該認可の決定の確定前に再生債務者が保証会社に対して同項の保証債務に係る求償権についての弁済をしていたときは、再生債務者は、同項本文の規定により住宅資金貸付債権を有することとなった者に対して、当該弁済をした額につき当該住宅資金貸付債権についての弁済をすることを要しない。この場合において、保証会社は、当該弁済を受けた額を同項本文の規定により住宅資金貸付債権を有することとなった者に対して交付しなければならない。

（査定の申立てがされなかった場合等の取扱い）

第二〇五条（略）

（住宅資金特別条項を定めた再生計画の取消し等）

第二〇六条（略）

第十一章 外国倒産処理手続がある場合の特則

（第二〇七条から第二一〇条まで）（略）

第十二章 簡易再生及び同意再生に関する特則（抄）

第一節 簡易再生（抄）

（簡易再生の決定）

第二一一条① 裁判所は、債権届出期間の経過後一般調査期間の開始前において、再生債務者等の申立てがあったときは、簡易再生の決定（再生債権の調査及び確定の手続を経ない旨の決定をいう。以下同じ。）をする。この場合において、再生債務者等の申立ては、届出再生債権者の総債権について裁判所が評価した額の五分の三以上に当たる債権を有する届出再生債権者が、書面により、再生債務者等が提出した再生計画案について同意し、かつ、第四章第三節に定める再生債権の調査及び確定の手続を経ないことについて同意している場合に限り、することができる。

② 前項の申立てをする場合には、再生債務者等は、労働組合等にその旨を通知しなければならない。

③ 裁判所は、第一項の申立てがあった場合において、同項後段の再生計画案について第百七十四条第二項各号（第三号を除く。）のいずれかに該当する事由があると認めるときは、当該申立てを却下しなければならない。

④ 第一項後段の再生計画案が住宅資金特別条項を定めたものである場合における同項後段及び前項の規定の適用については、第一項後段中「届出再生債権者の総債権」とあるのは「届出再生債権者の債権（第百九十八条第一項に規定する住宅資金貸付債権又は保証会社の住宅資金貸付債権に係る債務の保証に基づく求償権で、届出があったものを除く。）の全部」と、「債権を有する届出再生債権者」とあるのは「当該債権を有する届出再生債権者」と、前項中「第百七十四条第二項各号（第三号を除く。）」とあるのは「第二百二条第二項各号（第四号を除く。）」とする。

（簡易再生の決定の効力等）

第二一二条① 簡易再生の決定があった場合には、一般調査期間に関する決定は、その効力を失う。

② 裁判所は、簡易再生の決定と同時に、議決権行使の方法としての第百六十九条第二項第一号に掲げる方法及び第百七十二条第二項（同条第三項において準用する場合を含む。）の規定により議決権の不統一行使をする場合における裁判所に対する通知の期限を定めて、前条第一項後段の再生計画案を決議に付する旨の決定をしなければならない。

③ 簡易再生の決定があった場合には、その主文、前条第一項後段の再生計画案について決議をするための債権者集会の期日、前項に規定する期限及び当該再生計画案を公告するとともに、これらの事項を第百十五条第一項本文に規定する者に通知しなければならない。この場合においては、当該債権者集会の期日を労働組合等に通知しなければならない。

④ 前項の債権者集会については、第百十五条第一項から第四項までの規定は適用しない。

⑤ 簡易再生の決定があった場合における第百七十二条第二項（同条第三項において準用する場合を含む。）の規定の適用については、同条第二項中「第百六十九条第二項前段」とあるのは、「第二百十二条第二項」とする。

（即時抗告等）

第二一三条 （略）

（債権者集会の特則）

第二一四条① 第二百十二条第三項に規定する債権者集会においては、第二百十一条第一項後段の再生計画案のみを、決議に付することができる。

② 裁判所は、財産状況報告集会における再生債務者等による報告又は第百二十五条第一項の報告書の提出がされた後でなければ、前項の再生計画案を決議に付することができない。

③ 第一項の債権者集会に出席しなかった届出再生債権者が第二百十一条第一項後段に規定する同意をしている場合には、第百七十二条の三第一項及び第六項の規定の適用については、当該届出再生債権者は、当該債権者集会に出席して再生計画案について同意したものとみなす。ただし、当該届出再生債権者が、第一項の債権者集会の開始前に、裁判所に対し、第二百十一条第一項後段に規定する同意を撤回する旨を記載した書面を提出したときは、この限りでない。

（再生計画の効力等の特則）

第二一五条① 簡易再生の決定があった場合においては、再生計画認可の決定が確定したときは、すべての再生債権者の権利（約定劣後再生債権の届出がない場合における約定劣後再生債権及び再生手続開始前の罰金等を除く。）は、第百五十六条の一般的基準に従い、変更される。

② 前項に規定する場合における第百八十二条、第百八十九条第三項及び第二百六条第一項の規定の適用については、第百八十二条中「認可された再生計画の定めによって認められた権利又は前条第一項の規定により変更された後の権利」とあり、並びに第百八十九条第三項及び第二百六条第一項中「再生計画の定めによって認められた権利」とあるのは、「第二百十五条第一項の規定により変更された後の権利」とする。

③ 第一項に規定する場合において、約定劣後再生債権の届出がないときは、再生債務者は、約定劣後再生債権について、その責任を免れる。

④ 第一項の規定にかかわらず、共助対象外国租税の請求権についての同項の規定による権利の変更の効力は、租税条約等実施特例法第十一条第一項の規定による共助との関係においてのみ主張することができる。

（再生債権の調査及び確定に関する規定等の適用除外等）

第二一六条 （略）

第二節　同意再生（抄）

（同意再生の決定）

第二一七条① 裁判所は、債権届出期間の経過後一般調査期間の開始前において、再生債務者等の申立てがあったときは、同意再生の決定（再生債権の調査及び確定の手続並びに再生債務者等が提出した再生計画案の決議を経ない旨の決定をいう。以下同じ。）をする。この場合において、再生債務者等の申立ては、すべての届出再生債権者が、書面により、再生債務者等が提出した再生計画案について同意し、かつ、第四章第三節に定める再生債権の調査及び確定の手続を経ないことについて同意している場合に限り、することができる。

② 裁判所は、財産状況報告集会における再生債務者等による報告又は第百二十五条第一項の報告書の提出がされた後でなければ、同意再生の決定をすることができない。

③ 裁判所は、第一項の申立てがあった場合において、同項後段の再生計画案について第百七十四条第二項各号（第三号を除く。）のいずれかに該当する事由があると認めるときは、当該申立てを却下しなければならない。

④ 同意再生の決定があった場合には、その主文、理由の要旨及び第一項後段の再生計画案を公告するとともに、これらの事項を第百十五条第一項本文に規定する者に通知しなければならない。

⑤ 第一項後段の再生計画案が住宅資金特別条項を定めたものである場合における同項後段、第三項及び前項の規定の適用については、第一項後段中「届出再生債権者」とあるのは「届出再生債権者（第百九十八条第一項に規定する住宅資金貸付債権を有する再生債権者であって当該住宅資金貸付債権以外に再生債権を有しないもの及び保証会社であって住宅資金貸付債権に係る債務の保証に基づく求償権以外に再生債権を有しないものを除く。）」と、第三項中「第百七十四条第二項各号（第三号を除く。）」とあるのは「第二百二条第二項各号（第四号を除く。）」と、前項中「第百十五条第一項本文に規定する者」とあるのは「第百十五条第一項本文に規定する者及び住宅資金特別条項によって権利の変更を受けることとされている者で再生債権の届出をしていないもの」とする。

⑥ 第百七十四条第三項及び第二百十一条第二項の規定は第一項の申立てについて、第百七十四条第五項及び第二百十二条第一項の規定は同意再生の決定があった場合について、第二百二条第三項の規定は第一項後段の再生計画案が住宅資金特別条項を定めたものである場合における同意再生の決定に関する意見について準用する。

（即時抗告）

第二一八条 （略）

（同意再生の決定が確定した場合の効力）

第二一九条 （略）

（再生債権の調査及び確定に関する規定等の適用除外）

第二二〇条 （略）

第十三章　小規模個人再生及び給与所得者等再生に関する特則

第一節　小規模個人再生

（手続開始の要件等）

第二二一条① 個人である債務者のうち、将来において継続的に又は反復して収入を得る見込みがあり、かつ、再生債権の総額（住宅資金貸付債権の額、別除権の行使によって弁済を受けることができると見込まれる再生債権の額及び再生手続開始前の罰金等の額を除く。）が五千万円を超えないものは、この節に規定する特則の適用を受ける再生手続（以下「小規模個人再生」という。）を行うことを求めることができる。

② 小規模個人再生を行うことを求める旨の申述は、再生手続開始の申立ての際（債権者が再生手続開始の申立てをした場合にあっては、再生手続開始の決定があるまで）にしなければならない。

③ 前項の申述をするには、次に掲げる事項を記載した書面（以下「債権者一覧表」という。）を提出しなければならない。

一　再生債権者の氏名又は名称並びに各再生債権の額及び原因

二　別除権者については、その別除権の目的である財産及び別除権の行使によって弁済を受けることができないと見込まれる再生債権の額（以下「担保不足見込額」という。）
三　住宅資金貸付債権については、その旨
四　住宅資金特別条項を定めた再生計画案を提出する意思があるときは、その旨
五　その他最高裁判所規則で定める事項

④　再生債務者は、債権者一覧表に各再生債権についての再生債権の額及び担保不足見込額を記載するに当たっては、当該額の全部又は一部につき異議を述べることがある旨をも記載することができる。

⑤　第一項に規定する再生債権の総額の算定及び債権者一覧表への再生債権の額の記載に関しては、第八十七条第一項第一号から第三号までに掲げる再生債権は、当該各号に掲げる債権の区分に従い、それぞれ当該各号に定める金額の債権として取り扱うものとする。

⑥　再生債務者は、第二項の申述をするときは、当該申述が第一項又は第三項に規定する要件に該当しないことが明らかになった場合においても再生手続の開始を求める意思があるか否かを明らかにしなければならない。ただし、債権者が再生手続開始の申立てをした場合については、この限りでない。

⑦　裁判所は、第二項の申述が前項本文に規定する要件に該当しないことが明らかであると認めるときは、再生手続開始の決定前に限り、再生事件を通常の再生手続により行う旨の決定をする。ただし、再生債務者が前項本文の規定により再生手続の開始を求める意思がない旨を明らかにしていたときは、裁判所は、再生手続開始の申立てを棄却しなければならない。

（再生手続開始に伴う措置）

第二二二条①　小規模個人再生においては、裁判所は、再生手続開始の決定と同時に、債権届出期間のほか、届出があった再生債権に対して異議を述べることができる期間をも定めなければならない。この場合においては、一般調査期間を定めることを要しない。

②　裁判所は、再生手続開始の決定をしたときは、直ちに、再生手続開始の決定の主文、債権届出期間及び前項に規定する届出があった再生債権に対して異議を述べることができる期間（以下「一般異議申述期間」という。）を公告しなければならない。

③　再生債務者及び知れている再生債権者には、前項に規定する事項を通知しなければならない。

④　知れている再生債権者には、前条第三項各号及び第四項の規定により債権者一覧表に記載された事項を通知しなければならない。

⑤　第二項及び第三項の規定は、債権届出期間に変更を生じた場合について準用する。

（個人再生委員）

第二二三条①　裁判所は、第二百二十一条第二項の申述があった場合において、必要があると認めるときは、利害関係人の申立てにより又は職権で、一人又は数人の個人再生委員を選任することができる。ただし、第二百二十七条第一項本文に規定する再生債権の評価の申立てがあったときは、当該申立てを不適法として却下する場合を除き、個人再生委員の選任をしなければならない。

②　裁判所は、前項の規定による決定をする場合には、個人再生委員の職務として次に掲げる事項の一又は二以上を指定するものとする。
一　再生債務者の財産及び収入の状況を調査すること。
二　第二百二十七条第一項本文に規定する再生債権の評価に関し裁判所を補助すること。
三　再生債務者が適正な再生計画案を作成するために必要な勧告をすること。

③　裁判所は、第一項の規定による決定において、前項第一号に掲げる事項を個人再生委員の職務として指定する場合には、裁判所に対して調査の結果の報告をすべき期間をも定めなければならない。

④　裁判所は、第一項の規定による決定を変更し、又は取り消すことができる。

⑤　第一項及び前項の規定による決定に対しては、即時抗告をすることができる。

⑥　前項の即時抗告は、執行停止の効力を有しない。

⑦　第五項に規定する裁判及び同項の即時抗告についての裁判があった場合には、その裁判書を当事者に送達しなければならない。

⑧　第二項第一号に掲げる事項を職務として指定された個人再生委員は、再生債務者又はその法定代理人に対し、再生債務者の財産及び収入の状況につき報告を求め、再生債務者の帳簿、書類その他の物件を検査することができる。

⑨　個人再生委員は、費用の前払及び裁判所が定める報酬を受けることができる。

⑩　第五十四条第三項、第五十七条、第五十八条、第六十条及び第六十一条第二項から第四項までの規定は、個人再生委員について準用する。

（再生債権の届出の内容）

第二二四条①　小規模個人再生においては、再生手続に参加しようとする再生債権者は、議決権の額を届け出ることを要しない。

②　小規模個人再生における再生債権の届出に関しては、第二百二十一条第五項の規定を準用する。

（再生債権のみなし届出）

第二二五条　債権者一覧表に記載されている再生債権者は、債権者一覧表に記載されている再生債権については、債権届出期間内に裁判所に当該再生債権の届出又は当該再生債権を有しない旨の届出をした場合を除き、当該債権届出期間の初日に、債権者一覧表の記載内容と同一の内容で再生債権の届出をしたものとみなす。

（届出再生債権に対する異議）

第二二六条①　再生債務者及び届出再生債権者は、一般異議申述期間内に、裁判所に対し、届出があった再生債権の額又は担保不足見込額について、書面で、異議を述べることができる。ただし、再生債務者は、債権者一覧表に記載した再生債権の額及び担保不足見込額であって第二百二十一条第四項の規定により異議を述べることがある旨を債権者一覧表に記載していないものについては、異議を述べることができない。

②—⑥　（略）

（再生債権の評価）

第二二七条①　前条第一項本文又は第三項の規定により再生債務者又は届出再生債権者が異議を述べた場合には、当該再生債権を有する再生債権者は、裁判所に対し、異議申述期間の末日から三週間の不変期間内に、再生債権の評価の申立てをすることができる。ただし、当該再生債権が執行力ある債務名義又は終局判決のあるものである場合には、当該異議を述べた者が当該申立てをしなければならない。

②　前項ただし書の場合において、前項本文の不変期間内に再生債権の評価の申立てがなかったとき又は当該申立てが却下されたときは、前条第一項本文又は第三項の異議は、なかったものとみなす。

③④　（略）

⑤　裁判所は、第二百二十三条第一項の規定による決定において、同条第二項第二号に掲げる事項を個人再生委員の職務として指定する場合には、裁判所に対して調査の結果の報告をすべき期間をも定めなければならない。

⑥　第二百二十三条第二項第二号に掲げる事項を職務として指定された個人再生委員は、再生債務者若しくはその法定代理人又は再生債権者（当該個人再生委員が同項第一号に掲げる事項をも職務として指定された場合にあっては、再生債権者）に対し、再生債権の存否及び額並びに担保不足見込額に関する資料の提出を求めることができる。

⑦　再生債権の評価においては、裁判所は、再生債権の評価の申

立てに係る再生債権について、その債権の存否及び額又は担保不足見込額を定める。
⑧ 裁判所は、再生債権の評価をする場合には、第二百二十三条第二項第二号に掲げる事項を職務として指定された個人再生委員の意見を聴かなければならない。
⑨ 第七項の規定による再生債権の評価については、第二百二十一条第五項の規定を準用する。
⑩ （略）

（貸借対照表の作成等の免除）
第二二八条 小規模個人再生においては、再生債務者は、第百二十四条第二項の規定による貸借対照表の作成及び提出をすることを要しない。

（再生計画による権利の変更の内容等）
第二二九条① 小規模個人再生における再生計画による権利の変更の内容は、不利益を受ける再生債権者の同意がある場合又は少額の再生債権の弁済の時期若しくは第八十四条第二項に掲げる請求権について別段の定めをする場合を除き、再生債権者の間では平等でなければならない。
② 再生債権者の権利を変更する条項における債務の期限の猶予については、前項の規定により別段の定めをする場合を除き、次に定めるところによらなければならない。
一 弁済期が三月に一回以上到来する分割払の方法によること。
二 最終の弁済期を再生計画認可の決定の確定の日から三年後の日が属する月中の日（特別の事情がある場合には、再生計画認可の決定の確定の日から五年を超えない範囲内で、三年後の日が属する月の翌月の初日以降の日）とすること。
③ 第一項の規定にかかわらず、再生債権のうち次に掲げる請求権については、当該再生債権者の同意がある場合を除き、債務の減免の定めその他権利に影響を及ぼす定めをすることができない。
一 再生債務者が悪意で加えた不法行為に基づく損害賠償請求権
二 再生債務者が故意又は重大な過失により加えた人の生命又は身体を害する不法行為に基づく損害賠償請求権（前号に掲げる請求権を除く。）
三 次に掲げる義務に係る請求権
イ 民法第七百五十二条の規定による夫婦間の協力及び扶助の義務
ロ 民法第七百六十条の規定による婚姻から生ずる費用の分担の義務
ハ 民法第七百六十六条（同法第七百四十九条、第七百七十一条及び第七百八十八条において準用する場合を含む。）の規定による子の監護に関する義務
ニ 民法第八百七十七条から第八百八十条までの規定による扶養の義務
ホ イからニまでに掲げる義務に類する義務であって、契約に基づくもの
④ 住宅資金特別条項によって権利の変更を受ける者と他の再生債権者との間については第一項の規定を、住宅資金特別条項については第二項の規定を適用しない。

（再生計画案の決議）
第二三〇条① 裁判所は、一般異議申述期間（特別異議申述期間が定められた場合には、当該特別異議申述期間を含む。）が経過し、かつ、第百二十五条第一項の報告書の提出がされた後でなければ、再生計画案を決議に付することができない。当該一般異議申述期間内に第二百二十六条第一項本文の規定による異議が述べられた場合（特別異議申述期間が定められた場合には、当該特別異議申述期間内に同条第三項の規定による異議が述べられた場合を含む。）には、第二百二十七条第一項本文の不変期間を経過するまでの間（当該不変期間内に再生債権の評価の申立てがあったときは、再生債権の評価がされるまでの間）も、同様とする。
② 裁判所は、再生計画案について第百七十四条第二項各号（第三号を除く。住宅資金特別条項を定めた再生計画案については、第二百二条第二項第一号から第三号まで）又は次条第二項各号のいずれかに該当する事由があると認める場合には、その再生計画案を決議に付することができない。
③ 再生計画案の提出があったときは、裁判所は、前二項の場合を除き、議決権行使の方法としての第百六十九条第二項第二号に掲げる方法及び第百七十二条第二項（同条第三項において準用する場合を含む。）の規定により議決権の不統一行使をする場合における裁判所に対する通知の期限を定めて、再生計画案を決議に付する旨の決定をする。
④ 前項の決定をした場合には、その旨を公告するとともに、議決権者に対して、同項に規定する期限、再生計画案の内容又はその要旨及び再生計画案に同意しない者は裁判所の定める期間内に同項の規定により定められた方法によりその旨を回答すべき旨を通知しなければならない。
⑤ 第三項の決定があった場合における第百七十二条第二項（同条第三項において準用する場合を含む。）の規定の適用については、同条第二項中「第百六十九条第二項前段」とあるのは、「第二百三十条第三項」とする。
⑥ 第四項の期間内に再生計画案に同意しない旨を同項の方法により回答した議決権者が議決権者総数の半数に満たず、かつ、その議決権の額が議決権者の議決権の総額の二分の一を超えないときは、再生計画案の可決があったものとみなす。
⑦ 再生計画案に同意しない旨を第四項の方法により回答した議決権者のうち第百七十二条第二項（同条第三項において準用する場合を含む。）の規定によりその有する議決権の一部のみを行使したものがあるときの前項の規定の適用については、当該議決権者一人につき、議決権者総数に一を、再生計画案に同意しない旨を第四項の方法により回答した議決権者の数に二分の一を、それぞれ加算するものとする。
⑧ 届出再生債権者は、一般異議申述期間又は特別異議申述期間を経過するまでに異議が述べられなかった届出再生債権（第二百二十六条第五項に規定するものを除く。以下「無異議債権」という。）については届出があった再生債権の額又は担保不足見込額に応じて、第二百二十七条第七項の規定により裁判所が債権の額又は担保不足見込額を定めた再生債権（以下「評価済債権」という。）についてはその額に応じて、それぞれ議決権を行使することができる。

（再生計画の認可又は不認可の決定）
第二三一条① 小規模個人再生において再生計画案が可決された場合には、裁判所は、第百七十四条第二項（当該再生計画案が住宅資金特別条項を定めたものであるときは、第二百二条第二項）又は次項の場合を除き、再生計画認可の決定をする。
② 小規模個人再生においては、裁判所は、次の各号のいずれかに該当する場合にも、再生計画不認可の決定をする。
一 再生債務者が将来において継続的に又は反復して収入を得る見込みがないとき。
二 無異議債権の額及び評価済債権の額の総額（住宅資金貸付債権の額、別除権の行使によって弁済を受けることができると見込まれる再生債権の額及び第八十四条第二項に掲げる請求権の額を除く。）が五千万円を超えているとき。
三 前号に規定する無異議債権の額及び評価済債権の額の総額が三千万円を超え五千万円以下の場合においては、当該無異議債権及び評価済債権（別除権の行使によって弁済を受けることができると見込まれる再生債権及び第八十四条第二項各号に掲げる請求権を除く。以下「基準債権」という。）に対する再生計画に基づく弁済の総額（以下「計画弁済総額」という。）が当該無異議債権の額及び評価済債権の額の総額の十分の一を下回っているとき。
四 第二号に規定する無異議債権の額及び評価済債権の額の総額が三千万円以下の場合においては、計画弁済総額が基準債権の総額の五分の一又は百万円のいずれか多い額（基準債権

の総額が百万円を下回っているときは基準債権の総額、基準債権の総額の五分の一が三百万円を超えるときは三百万円）を下回っているとき。

五　再生債務者が債権者一覧表に住宅資金特別条項を定めた再生計画案を提出する意思がある旨の記載をした場合において、再生計画に住宅資金特別条項の定めがないとき。

（再生計画の効力等）

第二三二条①　小規模個人再生において再生計画認可の決定が確定したときは、第八十七条第一項第一号から第三号までに掲げる債権は、それぞれ当該各号に定める金額の再生債権に変更される。

② 小規模個人再生において再生計画認可の決定が確定したときは、すべての再生債権者の権利（第八十七条第一項第一号から第三号までに掲げる債権については前項の規定により変更された後の権利とし、第二百二十九条第三項各号に掲げる請求権及び再生手続開始前の罰金等を除く。）は、第百五十六条の一般的基準に従い変更される。

③ 前項に規定する場合における同項の規定により変更された再生債権であって無異議債権及び評価済債権以外のものについては、再生計画で定められた弁済期間が満了する時（その期間の満了前に、再生計画に基づく弁済が完了した場合又は再生計画が取り消された場合にあっては弁済が完了した時又は再生計画が取り消された時。次項及び第五項において同じ。）までの間は、弁済をし、弁済を受け、その他これを消滅させる行為（免除を除く。）をすることができない。ただし、当該変更に係る再生債権が、再生債権者がその責めに帰することができない事由により債権届出期間内に届出をすることができず、かつ、その事由が第二百三十条第三項に規定する決定前に消滅しなかったもの又は再生債権の評価の対象となったものであるときは、この限りでない。

④ 第二項に規定する場合における第二百二十九条第三項各号に掲げる請求権であって無異議債権及び評価済債権であるものについては、第百五十六条の一般的基準に従って弁済をし、かつ、再生計画で定められた弁済期間が満了する時に、当該請求権の債権額から当該弁済期間内に弁済をした額を控除した残額につき弁済をしなければならない。

⑤ 第二項に規定する場合における第二百二十九条第三項各号に掲げる請求権であって無異議債権及び評価済債権以外のものについては、再生計画で定められた弁済期間が満了する時に、当該請求権の債権額の全額につき弁済をしなければならない。ただし、第三項ただし書に規定する場合には、前項の規定を準用する。

⑥ 第二項に規定する場合における第百八十二条、第百八十九条第三項及び第二百六条第一項の規定の適用については、第百八十二条中「認可された再生計画の定めによって認められた権利又は前条第一項の規定により変更された後の権利」とあるのは「第二百三十二条第二項の規定により変更された後の権利及び第二百二十九条第三項各号に掲げる請求権」と、第百八十九条第三項中「再生計画の定めによって認められた権利の全部（履行された部分を除く。）」とあるのは「第二百三十二条第二項の規定により変更された後の権利の全部及び第二百二十九条第三項各号に掲げる請求権（第二百三十二条第四項（同条第五項ただし書において準用する場合を含む。）の規定により第百五十六条の一般的基準に従って弁済される部分に限る。）であって、履行されていない部分」と、第二百六条第一項中「再生計画の定めによって認められた権利（住宅資金特別条項によって変更された後のものを除く。）の全部（履行された部分を除く。）」とあるのは「第二百三十二条第二項の規定により変更された後の権利（住宅資金特別条項によって変更された後のものを除く。）の全部及び第二百二十九条第三項各号に掲げる請求権（第二百三十二条第四項（同条第五項ただし書において準用する場合を含む。）の規定により第百五十六条の一般的基準に従って弁済される部分に限る。）であって、履行されていない部分」とする。

⑦ 住宅資金特別条項を定めた再生計画の認可の決定が確定した場合における第三項から第五項までの規定の適用については、これらの規定中「再生計画で定められた弁済期間」とあるのは「再生計画（住宅資金特別条項を除く。）で定められた弁済期間」と、第三項本文中「再生計画に基づく弁済」とあるのは「再生計画（住宅資金特別条項を除く。）に基づく弁済」と、同項ただし書中「又は再生債権の評価の対象となったもの」とあるのは「若しくは再生債権の評価の対象となったものであるとき、又は当該変更後の権利が住宅資金特別条項によって変更された後の住宅資金貸付債権」とする。

⑧ 第一項及び第二項の規定にかかわらず、共助対象外国租税の請求権についてのこれらの規定による権利の変更の効力は、租税条約等実施特例法第十一条第一項の規定による共助との関係においてのみ主張することができる。

（再生手続の終結）

第二三三条　小規模個人再生においては、再生手続は、再生計画認可の決定の確定によって当然に終結する。

（再生計画の変更）

第二三四条①　小規模個人再生においては、再生計画認可の決定があった後やむを得ない事由で再生計画を遂行することが著しく困難となったときは、再生債務者の申立てにより、再生計画で定められた債務の期限を延長することができる。この場合においては、変更後の債務の最終の期限は、再生計画で定められた債務の最終の期限から二年を超えない範囲で定めなければならない。

② 前項の規定により再生計画の変更の申立てがあった場合には、再生計画案の提出があった場合の手続に関する規定を準用する。

③ 第百七十五条（第二項を除く。）及び第百七十六条の規定は、再生計画の変更の決定があった場合について準用する。

（計画遂行が極めて困難となった場合の免責）

第二三五条①　再生債務者がその責めに帰することができない事由により再生計画を遂行することが極めて困難となり、かつ、次の各号のいずれにも該当する場合には、裁判所は、再生債務者の申立てにより、免責の決定をすることができる。

一　第二百三十二条第二項の規定により変更された後の各基準債権及び同条第三項ただし書に規定する各再生債権に対してその四分の三以上の額の弁済を終えていること。

二　第二百二十九条第三項各号に掲げる請求権（第二百三十二条第四項（同条第五項ただし書において準用する場合を含む。）の規定により第百五十六条の一般的基準に従って弁済される部分に限る。）に対してその四分の三以上の額の弁済を終えていること。

三　免責の決定をすることが再生債権者の一般の利益に反するものでないこと。

四　前条の規定による再生計画の変更をすることが極めて困難であること。

② 前項の申立てがあったときは、裁判所は、届出再生債権者の意見を聴かなければならない。

③ 免責の決定があったときは、再生債務者及び届出再生債権者に対して、その主文及び理由の要旨を記載した書面を送達しなければならない。

④ 第一項の申立てについての裁判に対しては、即時抗告をすることができる。

⑤ 免責の決定は、確定しなければその効力を生じない。

⑥ 免責の決定が確定した場合には、再生債務者は、履行した部分を除き、再生債権者に対する債務（第二百二十九条第三項各号に掲げる請求権及び再生手続開始前の罰金等を除く。）の全部についてその責任を免れる。

⑦ 免責の決定の確定は、別除権者が有する第五十三条第一項に規定する担保権、再生債権者が再生債務者の保証人その他再生債務者と共に債務を負担する者に対して有する権利及び再生債務者以外の者が再生債権者のために提供した担保に影響を及ぼ

さない。

⑧ 再生計画が住宅資金特別条項を定めたものである場合における第二項及び第三項の規定の適用については、第二項中「届出再生債権者」とあるのは「届出再生債権者及び住宅資金特別条項によつて権利の変更を受けた者」と、第三項中「及び届出再生債権者」とあるのは「、届出再生債権者及び住宅資金特別条項によつて権利の変更を受けた者」とする。

⑨ 第六項の規定にかかわらず、共助対象外国租税の請求権についての同項の規定による免責の効力は、租税条約等実施特例法第十一条第一項の規定による共助との関係においてのみ主張することができる。

（再生計画の取消し）

第二三六条 小規模個人再生において再生計画認可の決定が確定した場合には、計画弁済総額が、再生計画認可の決定があつた時点で再生債務者につき破産手続が行われた場合における基準債権に対する配当の総額を下回ることが明らかになつたときも、裁判所は、再生債権者の申立てにより、再生計画取消しの決定をすることができる。この場合においては、第百八十九条第二項の規定を準用する。

（再生手続の廃止）

第二三七条① 小規模個人再生においては、第二百三十条第四項の期間内に再生計画案に同意しない旨を同項の方法により回答した議決権者が、議決権者総数の半数以上となり、又はその議決権の額が議決権者の議決権の総額の二分の一を超えた場合にも、裁判所は、職権で、再生手続廃止の決定をしなければならない。この場合においては、同条第七項の規定を準用する。

② 小規模個人再生において、再生債務者が財産目録に記載すべき財産を記載せず、又は不正の記載をした場合には、裁判所は、届出再生債権者若しくは個人再生委員の申立てにより又は職権で、再生手続廃止の決定をすることができる。この場合においては、第百九十三条第二項の規定を準用する。

（通常の再生手続に関する規定の適用除外）

第二三八条 小規模個人再生においては、第三十四条第二項、第三十五条、第三十七条本文（約定劣後再生債権に係る部分に限る。）及びただし書、第四十条、第四十条の二（民法第四百二十三条第一項又は第四百二十三条の七の規定により再生債権者の提起した訴訟に係る部分に限る。）、第四十二条第二項（約定劣後再生債権に係る部分を除く。）、第三章第一節及び第二節、第八十五条第六項、第八十七条第三項、第八十九条第二項及び第九十四条第一項（これらの規定中約定劣後再生債権に係る部分に限る。）、第四章第三節（第百十三条第二項から第四項までを除く。）及び第四節、第百二十六条、第六章第二節、第百五十五条第一項から第三項まで、第百五十六条（約定劣後再生債権に係る部分に限る。）、第百五十七条から第百五十九条まで、第百六十三条第二項、第百六十四条第二項後段、第百六十五条第一項、第七章第三節（第百七十二条を除く。）、第百七十四条第一項、第百七十四条の二、第百七十五条第二項、第百七十八条から第百八十条まで、第百八十一条第一項及び第二項、第百八十五条（第百八十九条第八項、第百九十条第二項及び第百九十五条第七項において準用する場合を含む。）、第百八十六条第三項及び第四項、第百八十七条、第百八十八条、第二百条第二項及び第四項、第二百二条第一項、第二百五条第二項並びに第十二章の規定は、適用しない。

第二節 給与所得者等再生

（手続開始の要件等）

第二三九条① 第二百二十一条第一項に規定する債務者のうち、給与又はこれに類する定期的な収入を得る見込みがある者であつて、かつ、その額の変動の幅が小さいと見込まれるものは、この節に規定する特則の適用を受ける再生手続（以下「給与所得者等再生」という。）を行うことを求めることができる。

② 給与所得者等再生を行うことを求める旨の申述は、再生手続開始の申立ての際（債権者が再生手続開始の申立てをした場合にあつては、再生手続開始の決定があるまで）にしなければならない。

③ 再生債務者は、前項の申述をするときは、当該申述が第二百二十一条第一項又は第二百四十四条において準用する第二百二十一条第三項に規定する要件に該当しないことが明らかになつた場合に通常の再生手続による手続の開始を求める意思があるか否か及び第五項各号のいずれかに該当する事由があることが明らかになつた場合に小規模個人再生による手続の開始を求める意思があるか否かを明らかにしなければならない。ただし、債権者が再生手続開始の申立てをした場合については、この限りでない。

④ 裁判所は、第二項の申述が前項本文に規定する要件に該当しないことが明らかであると認めるときは、再生手続開始の決定前に限り、再生事件を通常の再生手続により行う旨の決定をする。ただし、再生債務者が前項本文の規定により通常の再生手続による手続の開始を求める意思がない旨を明らかにしていたときは、裁判所は、再生手続開始の申立てを棄却しなければならない。

⑤ 前項に規定する場合のほか、裁判所は、第二項の申述があつた場合において、次の各号のいずれかに該当する事由があることが明らかであると認めるときは、再生手続開始の決定前に限り、再生事件を小規模個人再生により行う旨の決定をする。ただし、再生債務者が第三項本文の規定により小規模個人再生による手続の開始を求める意思がない旨を明らかにしていたときは、裁判所は、再生手続開始の申立てを棄却しなければならない。

一 再生債務者が、給与又はこれに類する定期的な収入を得る見込みがある者に該当しないか、又はその額の変動の幅が小さいと見込まれる者に該当しないこと。

二 再生債務者について次のイからハまでに掲げる事由のいずれかがある場合において、それぞれイからハまでに定める日から七年以内に当該申述がされたこと。

イ 給与所得者等再生における再生計画が遂行されたこと 当該再生計画認可の決定の確定の日

ロ 第二三五条第一項（第二百四十四条において準用する場合を含む。）に規定する免責の決定が確定したこと 当該免責の決定に係る再生計画認可の決定の確定の日

ハ 破産法第二百五十二条第一項に規定する免責許可の決定が確定したこと 当該決定の確定の日

（再生計画案についての意見聴取）

第二四〇条① 給与所得者等再生において再生計画案の提出があつた場合には、裁判所は、次に掲げる場合を除き、再生計画案を認可すべきかどうかについての届出再生債権者の意見を聴く旨の決定をしなければならない。

一 再生計画案について次条第二項各号のいずれかに該当する事由があると認めるとき。

二 一般異議申述期間が経過していないか、又は当該一般異議申述期間内に第二百四十四条において準用する第二百二十六条第一項本文の規定による異議が述べられた場合において第二百四十四条において準用する第二百二十七条第一項本文の不変期間が経過していないとき（当該不変期間内に再生債権の評価の申立てがあつたときは、再生債権の評価がされていないとき）。

三 特別異議申述期間が定められた場合において、当該特別異議申述期間が経過していないか、又は当該特別異議申述期間内に第二百四十四条において準用する第二百二十六条第三項の規定による異議が述べられたときであつて第二百四十四条において準用する第二百二十七条第一項本文の不変期間が経過していないとき（当該不変期間内に再生債権の評価の申立てがあつたときは、再生債権の評価がされていないとき）。

四 第百二十五条第一項の報告書の提出がされていないとき。

② 前項の決定をした場合には、その旨を公告し、かつ、届出再生債権者に対して、再生計画案の内容又はその要旨を通知する

ともに、再生計画案について次条第二項各号のいずれかに該当する事由がある旨の意見がある者は裁判所の定める期間内にその旨及び当該事由を具体的に記載した書面を提出すべき旨を通知しなければならない。

③ 給与所得者等再生における第九十五条第四項及び第百六十七条ただし書の規定の適用については、これらの規定中「再生計画案を決議に付する旨の決定」とあるのは、「再生計画案を認可すべきかどうかについての届出再生債権者の意見を聴く旨の決定」とする。

（再生計画の認可又は不認可の決定等）

第二四一条① 前条第二項の規定により定められた期間が経過したときは、裁判所は、次項の場合を除き、再生計画認可の決定をする。

② 裁判所は、次の各号のいずれかに該当する場合には、再生計画不認可の決定をする。

一 第百七十四条第二項第一号又は第二号に規定する事由（再生計画が住宅資金特別条項を定めたものである場合については、同項第一号又は第二百二条第二項第二号に規定する事由）があるとき。

二 再生計画が再生債権者の一般の利益に反するとき。

三 再生計画が住宅資金特別条項を定めたものである場合において、第二百二条第二項第三号に規定する事由があるとき。

四 再生債務者が、給与又はこれに類する定期的な収入を得ている者に該当しないか、又はその額の変動の幅が小さいと見込まれる者に該当しないとき。

五 第二百三十一条第二項第二号から第五号までに規定する事由のいずれかがあるとき。

六 第二百三十九条第五項第二号に規定する事由があるとき。

七 計画弁済総額が、次のイからハまでに掲げる区分に応じ、それぞれイからハまでに定める額から再生債務者及びその扶養を受けるべき者の最低限度の生活を維持するために必要な一年分の費用の額を控除した額に二を乗じた額以上の額であると認めることができないとき。

イ 再生債務者の給与又はこれに類する定期的な収入の額について、再生計画案の提出前二年間の途中で再就職その他の年収について五分の一以上の変動を生ずべき事由が生じた場合 当該事由が生じた時から再生計画案を提出した時までの間の収入の合計額からこれに対する所得税、個人の道府県民税又は都民税、個人の市町村民税又は特別区民税及び森林環境税並びに所得税法（昭和四十年法律第三十三号）第七十四条第二項に規定する社会保険料（ロ及びハにおいて「所得税等」という。）に相当する額を控除した額を一年間当たりの額に換算した額

ロ 再生債務者が再生計画案の提出前二年間の途中で、給与又はこれに類する定期的な収入を得ている者でその額の変動の幅が小さいと見込まれるものに該当することとなった場合（イに掲げる区分に該当する場合を除く。） 給与又はこれに類する定期的な収入を得ている者でその額の変動の幅が小さいと見込まれるものに該当することとなった時から再生計画案を提出した時までの間の収入の合計額からこれに対する所得税等に相当する額を控除した額を一年間当たりの額に換算した額

ハ イ及びロに掲げる区分に該当する場合以外の場合 再生計画案の提出前二年間の再生債務者の収入の合計額からこれに対する所得税等に相当する額を控除した額を二で除した額

③ 前項第七号に規定する一年分の費用の額は、再生債務者及びその扶養を受けるべき者の年齢及び居住地域、当該扶養を受けるべき者の数、物価の状況その他一切の事情を勘案して政令で定める。

（再生計画の取消し）

第二四二条 給与所得者等再生において再生計画認可の決定が確定した場合には、計画弁済総額が再生計画認可の決定があった時点で再生債務者につき破産手続が行われた場合における基準債権に対する配当の総額を下回り、又は再生計画が前条第二項第七号に該当することが明らかになったときも、裁判所は、再生債権者の申立てにより、再生計画取消しの決定をすることができる。この場合においては、第百八十九条第二項の規定を準用する。

（再生手続の廃止）

第二四三条 給与所得者等再生において、次の各号のいずれかに該当する場合には、裁判所は、職権で、再生手続廃止の決定をしなければならない。

一 第二百四十一条第二項各号のいずれにも該当しない再生計画案の作成の見込みがないことが明らかになったとき。

二 裁判所の定めた期間若しくはその伸長した期間内に再生計画案の提出がないとき、又はその期間内に提出された再生計画案に第二百四十一条第二項各号のいずれかに該当する事由があるとき。

（小規模個人再生の規定の準用）

第二四四条 第二百二十一条第三項から第五項まで、第二百二十二条から第二百二十九条まで、第二百三十二条から第二百三十五条まで及び第二百三十七条第二項の規定は、給与所得者等再生について準用する。

（通常の再生手続に関する規定の適用除外）

第二四五条 給与所得者等再生においては、第二百三十八条に規定する規定並びに第八十七条第一項及び第二項、第百七十二条、第百七十四条第二項及び第三項、第百九十一条並びに第二百二条第二項の規定は、適用しない。

第十四章　再生手続と破産手続との間の移行

（抄）

第一節　破産手続から再生手続への移行

（第二四六条及び第二四七条）（略）

第二節　再生手続から破産手続への移行（抄）

（再生手続開始の決定があった場合の破産事件の移送）

第二四八条 （略）

（再生手続終了前の破産手続開始の申立て等）

第二四九条 （略）

（再生手続の終了に伴う職権による破産手続開始の決定）

第二五〇条① 破産手続開始前の再生債務者について再生手続開始の申立ての棄却、再生手続廃止、再生計画不認可又は再生計画取消しの決定が確定した場合において、裁判所は、当該再生債務者に破産手続開始の原因となる事実があると認めるときは、職権で、破産法に従い、破産手続開始の決定をすることができる。

② 破産手続開始後の再生債務者について再生計画認可の決定の確定により破産手続が効力を失った後に第百九十三条若しくは第百九十四条の規定による再生手続廃止又は再生計画取消しの決定が確定した場合には、裁判所は、職権で、破産法に従い、破産手続開始の決定をしなければならない。ただし、前条第一項後段の規定による破産手続開始の申立てに基づいて破産手続開始の決定をする場合は、この限りでない。

（再生手続の終了等に伴う破産手続開始前の保全処分等）

第二五一条 （略）

（再生手続の終了に伴う破産手続における破産法の適用関係）

第二五二条① 破産手続開始前の再生債務者に関する次に掲げる場合における破産法の関係規定（破産法第七十一条第一項第四号並びに第二項第二号及び第三号、第七十二条第一項第四号並びに第二項第二号及び第三号、第百六十条（第一項第一号を除く。）、第百六十二条（第一項第二号を除く。）、第百六十三条第二項、第百六十四条第一項（同条第二項において準用する場合を含む。）、第百六十六条並びに第百六十七条第二項（同法第百七十条第二項において準用する場合を含む。）の規定をいう。第三項において同じ。）の適用については、再生手続開始の申立て

等（再生手続開始の申立ての棄却、再生手続廃止若しくは再生計画不認可の決定又は再生計画取消しの決定（再生手続の終了前にされた申立てに基づくものに限る。）が確定した場合にあっては再生手続開始の申立て、再生手続開始によって効力を失った特別清算の手続における特別清算開始の申立て又は破産法第二百六十五条の罪に該当することとなる再生債務者、その法定代理人若しくは再生債務者の理事、取締役、執行役若しくはこれらに準ずる者の行為をいい、再生計画取消しの決定であって再生手続の終了前にされた申立てに基づくもの以外のものが確定した場合にあっては再生計画取消しの申立てをいう。以下この項において同じ。）は、当該再生手続開始の申立て等の前に破産手続開始の申立てがないときに限り、破産手続開始の申立てとみなす。

一　第二百五十条第一項の規定による破産手続開始の決定があった場合

二　再生手続開始の申立ての棄却の決定の確定前にされた破産手続開始の申立てに基づき、当該決定の確定後に破産手続開始の決定があった場合

三　再生手続開始の決定前にされた破産手続開始の申立てに基づき、再生手続開始の決定の取消しの決定の確定後、第百九十一条から第百九十三条まで、第二百三十七条及び第二百四十三条の規定による再生計画認可の決定の確定前の再生手続廃止の決定の確定後又は再生計画不認可の決定の確定後に、破産手続開始の決定があった場合

四　第二百四十九条第一項前段の規定による破産手続開始の申立てに基づき、破産手続開始の決定があった場合

②　再生計画不認可、再生手続廃止又は再生計画取消しの決定の確定による再生手続の終了に伴い前項各号に規定する破産手続開始の決定があった場合における破産法第百七十六条前段の規定の適用については、再生手続開始の決定の日を同条前段の破産手続開始の日とみなす。

③　破産手続開始後の再生債務者について第二百四十九条第一項後段の規定による破産手続開始の申立てに基づいて破産手続開始の決定があった場合又は第二百五十条第二項の規定による破産手続開始の決定があった場合における破産法の関係規定の適用については、次の各号に掲げる区分に応じ、それぞれ当該各号に定める申立てがあった時に破産手続開始の申立てがあったものとみなす。

一　第百九十三条若しくは第百九十四条の規定による再生手続廃止又は再生計画取消しの決定（再生手続の終了前にされた申立てに基づくものに限る。）の確定に伴い破産手続開始の決定があった場合　再生計画認可の決定の確定によって効力を失った破産手続における破産手続開始の申立て

二　再生計画取消しの決定で前号に掲げるもの以外のものの確定に伴い破産手続開始の決定があった場合　再生計画取消しの申立て

④　前項に規定する破産手続開始の決定があった場合（同項第一号に掲げる場合に限る。）における破産法第百七十六条前段の規定の適用については、再生計画認可の決定の確定によって効力を失った破産手続における破産手続開始の日を同条前段の破産手続開始の日とみなす。

⑤　第一項各号又は第三項に規定する破産手続開始の決定があった場合（同項第二号に掲げる場合を除く。）における破産法第百四十九条第一項の規定の適用については、同項中「破産手続開始前三月間」とあるのは、「破産手続開始前三月間（破産手続開始の日前に再生手続開始の決定があるときは、再生手続開始前三月間）」とする。

⑥　前項に規定する破産手続開始の決定があった場合には、共益債権（再生手続が開始されなかった場合における第五十条第二項並びに第百二十条第一項及び第四項に規定する請求権を含む。）は、財団債権とする。破産手続開始後の再生債務者について再生手続開始の申立ての棄却、第百九十一条から第百九十三条まで、第二百三十七条及び第二百四十三条の規定による再生計画認可の決定の確定前の再生手続廃止又は再生計画不認可の決定の確定によって破産手続が続行された場合も、同様とする。

第二五三条（破産債権の届出を要しない旨の決定）（略）

第二五四条（否認の請求を認容する決定に対する異議の訴え等の取扱い）（略）

第十五章　罰則

（第二五五条から第二六六条まで）（略）

附　則（抄）

（施行期日）

第一条　この法律は、公布の日から起算して六月を超えない範囲内において政令で定める日（平成一二・四・一―平成一二政八五）から施行する。

（和議法及び特別和議法の廃止）

第二条　和議法（大正十一年法律第七十二号）及び特別和議法（昭和二十一年法律第四十一号）は、廃止する。

＊令和四法四八（令和八・五・二四までに施行）**による改正**
附則の次に次の別表を加える。

別表（略）（未織込み）

附　則（平成三一・三・二九法三）（抄）

（施行期日）

第一条（前略）附則（中略）第十六条（民事再生法の一部改正）（中略）の規定は、令和六年一月一日から施行する。

附　則（令和四・五・二五法四八）（抄）

（施行期日）

第一条　この法律は、公布の日から起算して四年を超えない範囲内において政令で定める日から施行する。ただし、次の各号に掲げる規定は、当該各号に定める日から施行する。

一（前略）附則第百二十五条の規定　公布の日

二・三（略）

四（前略）附則（中略）第八十三条（民事再生法の一部改正）の規定（中略）　公布の日から起算して二年を超えない範囲内において政令で定める日

五（略）

（政令への委任）

第一二五条（前略）この法律の施行に関し必要な経過措置は、政令で定める。

*会社更生法（抜粋）（平成一四・一二・一三 法 一 五 四）

第一章 総則（抄）

（目的）

第一条 この法律は、窮境にある株式会社について、更生計画の策定及びその遂行に関する手続を定めること等により、債権者、株主その他の利害関係人の利害を適切に調整し、もって当該株式会社の事業の維持更生を図ることを目的とする。

（定義）

第二条① この法律において「更生手続」とは、株式会社について、この法律の定めるところにより、更生計画を定め、更生計画が定められた場合にこれを遂行する手続（更生手続開始の申立てについて更生手続開始の決定をするかどうかに関する審理及び裁判をする手続を含む。）をいう。

② この法律において「更生計画」とは、更生債権者等又は株主の権利の全部又は一部を変更する条項その他の第百六十七条に規定する条項を定めた計画をいう。

③ この法律において「更生事件」とは、更生手続に係る事件をいう。

④ この法律において「更生裁判所」とは、更生事件が係属している地方裁判所をいう。

⑤ この法律（第六条、第四十一条第一項第二号、第百五十五条第二項、第百五十九条、第二百四十六条第一項から第三項まで、第二百四十八条第一項から第三項まで、第二百五十条並びに第二百五十五条第一項及び第二項を除く。）において「裁判所」とは、更生事件を取り扱う一人の裁判官又は裁判官の合議体をいう。

⑥ この法律において「開始前会社」とは、更生裁判所に更生事件が係属している株式会社であって、更生手続開始の決定がされていないものをいう。

⑦ この法律において「更生会社」とは、更生裁判所に更生事件が係属している株式会社であって、更生手続開始の決定がされたものをいう。

⑧ この法律において「更生債権」とは、更生会社に対し更生手続開始前の原因に基づいて生じた財産上の請求権又は次に掲げる権利であって、更生担保権又は共益債権に該当しないものをいう。

一 更生手続開始後の利息の請求権

二 更生手続開始後の不履行による損害賠償又は違約金の請求権

三 更生手続参加の費用の請求権

四 第五十八条第一項（同条第二項において準用する場合を含む。）に規定する債権

五 第六十一条第一項の規定により双務契約が解除された場合における相手方の損害賠償の請求権

六 第六十三条において準用する破産法（平成十六年法律第七十五号）第五十八条第二項の規定による損害賠償の請求権

七 第六十三条において準用する破産法第五十九条第一項の規定による請求権（更生会社の有するものを除く。）

八 第九十一条の二第二項第二号又は第三号に定める権利

⑨ この法律において「更生債権者」とは、更生債権を有する者をいう。

⑩ この法律において「更生担保権」とは、更生手続開始当時更生会社の財産につき存する担保権（特別の先取特権、質権、抵当権及び商法（明治三十二年法律第四十八号）又は会社法（平成十七年法律第八十六号）の規定による留置権に限る。）の被担保債権であって更生手続開始前の原因に基づいて生じたもの又は第八項各号に掲げるもの（共益債権であるものを除く。）のうち、当該担保権の目的である財産の価額が更生手続開始の時における時価であるとした場合における当該担保権によって担保された範囲のものをいう。ただし、当該被担保債権（社債を除く。）のうち利息又は不履行による損害賠償若しくは違約金の請求権の部分については、更生手続開始後一年を経過する時（その時までに更生計画認可の決定があるときは、当該決定の時）までに生ずるものに限る。

⑪ この法律において「更生担保権者」とは、更生担保権を有する者をいう。

⑫ この法律において「更生債権等」とは、更生債権又は更生担保権をいう。ただし、次章第二節においては、開始前会社について更生手続開始の決定がされたとすれば更生債権又は更生担保権となるものをいう。

⑬ この法律において「更生債権者等」とは、更生債権者又は更生担保権者をいう。ただし、次章第二節においては、開始前会社について更生手続開始の決定がされたとすれば更生債権者又は更生担保権者となるものをいう。

⑭ この法律において「更生会社財産」とは、更生会社に属する一切の財産をいう。

⑮ この法律において「租税等の請求権」とは、国税徴収法（昭和三十四年法律第百四十七号）又は国税徴収の例によって徴収することのできる請求権であって、共益債権に該当しないものをいう。

第二章 更生手続開始の申立て及びこれに伴う保全措置（抄）

第一節 更生手続開始の申立て（抄）

（更生手続開始の申立て）

第一七条① 株式会社は、当該株式会社に更生手続開始の原因となる事実（次の各号に掲げる場合のいずれかに該当する事実をいう。）があるときは、当該株式会社について更生手続開始の申立てをすることができる。

一 破産手続開始の原因となる事実が生ずるおそれがある場合

二 弁済期にある債務を弁済することとすれば、その事業の継続に著しい支障を来すおそれがある場合

② 株式会社に前項第一号に掲げる場合に該当する事実があるときは、次に掲げる者も、当該株式会社について更生手続開始の申立てをすることができる。

一 当該株式会社の資本金の額の十分の一以上に当たる債権を有する債権者

二 当該株式会社の総株主の議決権の十分の一以上を有する株主

第二節 更生手続開始の申立てに伴う保全措置（抄）

第一款 開始前会社に関する他の手続の中止命令等

（他の手続の中止命令等）

第二四条① 裁判所は、更生手続開始の申立てがあった場合において、必要があると認めるときは、利害関係人の申立てにより又は職権で、更生手続開始の申立てにつき決定があるまでの間、次に掲げる手続又は処分の中止を命ずることができる。ただし、第二号に掲げる手続又は第六号に掲げる処分については、その手続の申立人である更生債権者等又はその処分を行う者に不当な損害を及ぼすおそれがない場合に限る。

一 開始前会社についての破産手続、再生手続又は特別清算手続

二 強制執行等（更生債権等に基づく強制執行、仮差押え、仮処分若しくは担保権の実行又は更生債権等を被担保債権とする留置権による競売をいう。）の手続で、開始前会社の財産に対して既にされているもの

三 開始前会社に対して既にされている企業担保権の実行手続

四 開始前会社の財産関係の訴訟手続

五 開始前会社の財産関係の事件で行政庁に係属しているもの

の手続

六　外国租税滞納処分（共助対象外国租税の請求権に基づき国税滞納処分の例によってする処分（共益債権を徴収するためのものを除く。）をいう。）で、開始前会社の財産に対して既にされているもの

②－⑧（略）

（包括的禁止命令）

第二五条①　裁判所は、更生手続開始の申立てがあった場合において、前条第一項第二号若しくは第六号又は第二項の規定による中止の命令によっては更生手続の目的を十分に達成することができないおそれがあると認めるべき特別の事情があるときは、利害関係人の申立てにより又は職権で、更生手続開始の申立てにつき決定があるまでの間、全ての更生債権者等に対し、同条第一項第二号に規定する強制執行等、同項第六号に規定する外国租税滞納処分及び同条第二項に規定する国税滞納処分の禁止を命ずることができる。ただし、事前に又は同時に、開始前会社の主要な財産に関し第二十八条第一項の規定による保全処分をした場合又は第三十条第二項に規定する保全管理命令若しくは第三十五条第二項に規定する監督命令をした場合に限る。

②－⑧（略）

第二款　開始前会社の業務及び財産に関する保全処分等（抄）

（開始前会社の業務及び財産に関する保全処分）

第二八条①　裁判所は、更生手続開始の申立てがあった場合には、利害関係人の申立てにより又は職権で、更生手続開始の申立てにつき決定があるまでの間、開始前会社の業務及び財産に関し、開始前会社の財産の処分禁止の仮処分その他の必要な保全処分を命ずることができる。

②－⑤（略）

⑥　裁判所が第一項の規定により開始前会社が更生債権者等に対して弁済その他の債務を消滅させる行為をすることを禁止する旨の保全処分を命じた場合には、更生債権者等は、更生手続の関係においては、当該保全処分に反してされた弁済その他の債務を消滅させる行為の効力を主張することができない。ただし、更生債権者等が、その行為の当時、当該保全処分がされたことを知っていたときに限る。

第三款　保全管理命令（抄）

（保全管理命令）

第三〇条①　裁判所は、更生手続開始の申立てがあった場合において、更生手続の目的を達成するために必要があると認めるときは、利害関係人の申立てにより又は職権で、更生手続開始の申立てにつき決定があるまでの間、開始前会社の業務及び財産に関し、保全管理人による管理を命ずる処分をすることができる。

②　裁判所は、前項の処分（以下「保全管理命令」という。）をする場合には、当該保全管理命令において、一人又は数人の保全管理人を選任しなければならない。ただし、第六十七条第三項に規定する者は、保全管理人に選任することができない。

③－⑤（略）

（保全管理人の権限）

第三二条①　保全管理命令が発せられたときは、開始前会社の事業の経営並びに財産（日本国内にあるかどうかを問わない。）の管理及び処分をする権利は、保全管理人に専属する。ただし、保全管理人が開始前会社の常務に属しない行為をするには、裁判所の許可を得なければならない。

②　前項ただし書の許可を得ないでした行為は、無効とする。ただし、これをもって善意の第三者に対抗することができない。

③　第七十二条第二項及び第三項の規定は、保全管理人について準用する。

第五款　更生手続開始前の調査命令等（抄）

（更生手続開始前の調査命令）

第三九条　裁判所は、更生手続開始の申立てがあった時から当該申立てについての決定があるまでの間においても、必要があると認めるときは、利害関係人の申立てにより又は職権で、次に掲げる事項の全部又は一部を対象とする第百二十五条第二項に規定する調査命令を発することができる。

一　第十七条第一項に規定する更生手続開始の原因となる事実及び第四十一条第一項第二号から第四号までに掲げる事由の有無、開始前会社の業務及び財産の状況その他更生手続開始の申立てについての判断をするのに必要な事項並びに更生手続を開始することの当否

二　第二十八条第一項の規定による保全処分、保全管理命令、監督命令、次条若しくは第四十条の規定による保全処分又は第百条第一項に規定する役員等責任査定決定を必要とする事情の有無及びその処分、命令又は決定の要否

三　その他更生事件に関し調査委員による調査又は意見陳述を必要とする事項

第三章　更生手続開始の決定及びこれに伴う効果等（抄）

第一節　更生手続開始の決定（抄）

（更生手続開始の決定）

第四一条①　裁判所は、第十七条の規定による更生手続開始の申立てがあった場合において、同条第一項に規定する更生手続開始の原因となる事実があると認めるときは、次の各号のいずれかに該当する場合を除き、更生手続開始の決定をする。

一　更生手続の費用の予納がないとき。

二　裁判所に破産手続、再生手続又は特別清算手続が係属し、その手続によることが債権者の一般の利益に適合するとき。

三　事業の継続を内容とする更生計画案の作成若しくは可決の見込み又は事業の継続を内容とする更生計画の認可の見込みがないことが明らかであるとき。

四　不当な目的で更生手続開始の申立てがされたとき、その他申立てが誠実にされたものでないとき。

②　前項の決定は、その決定の時から、効力を生ずる。

第二節　更生手続開始の決定に伴う効果（抄）

（更生会社の組織に関する基本的事項の変更の禁止）

第四五条①　更生手続開始後その終了までの間においては、更生計画の定めるところによらなければ、更生会社について次に掲げる行為を行うことができない。

一　株式の消却、更生会社の発行する売渡株式等（会社法第百七十九条の二第一項第五号に規定する売渡株式等をいう。以下同じ。）についての株式等売渡請求（同法第百七十九条の三第一項に規定する株式等売渡請求をいう。第百七十四条の三及び第二百十四条の二において同じ。）に係る売渡株式等の取得、株式の併合若しくは分割、株式無償割当て又は募集株式（同法第百九十九条第一項に規定する募集株式をいう。以下同じ。）を引き受ける者の募集

二　募集新株予約権（会社法第二百三十八条第一項に規定する募集新株予約権をいう。以下同じ。）を引き受ける者の募集

三　資本金又は準備金（資本準備金及び利益準備金をいう。以下同じ。）の額の減少

四　剰余金の配当その他の会社法第四百六十一条第一項各号に掲げる行為

五　解散又は株式会社の継続

六　募集社債（会社法第六百七十六条に規定する募集社債をい

う。以下同じ。）を引き受ける者の募集

七　持分会社への組織変更又は合併、会社分割、株式交換、株式移転若しくは株式交付

②　更生手続開始後その終了までの間においては、更生計画の定めるところによるか、又は裁判所の許可を得なければ、更生会社の定款の変更をすることができない。

（事業等の譲渡）

第四六条①　更生手続開始後その終了までの間においては、更生計画の定めるところによらなければ、更生会社に係る会社法第四百六十七条第一項第一号から第二号の二までに掲げる行為（以下この条において「事業等の譲渡」という。）をすることができない。ただし、次項から第八項までの規定により更生会社に係る事業等の譲渡をする場合は、この限りでない。

②　更生手続開始後更生計画案を決議に付する旨の決定がされるまでの間においては、管財人は、裁判所の許可を得て、更生会社に係る事業等の譲渡をすることができる。この場合において、裁判所は、当該事業等の譲渡が当該更生会社の事業の更生のために必要であると認める場合に限り、許可をすることができる。

③　裁判所は、前項の許可をする場合には、次に掲げる者の意見を聴かなければならない。

一　知れている更生債権者（更生会社が更生手続開始の時においてその財産をもって約定劣後更生債権に優先する債権に係る債務を完済することができない状態にある場合における当該約定劣後更生債権を有する者を除く。）。ただし、第百十七条第二項に規定する更生債権者委員会があるときは、その意見を聴けば足りる。

二　知れている更生担保権者。ただし、第百十七条第六項に規定する更生担保権者委員会があるときは、その意見を聴けば足りる。

三　労働組合等（更生会社の使用人の過半数で組織する労働組合があるときはその労働組合、更生会社の使用人の過半数で組織する労働組合がないときは更生会社の使用人の過半数を代表する者をいう。）

④　管財人は、第二項の規定により更生会社に係る事業等の譲渡をしようとする場合には、あらかじめ、次に掲げる事項を公告し、又は株主に通知しなければならない。

一　当該事業等の譲渡の相手方、時期及び対価並びに当該事業等の譲渡の対象となる事業（会社法第四百六十七条第一項第二号の二に掲げる行為をする場合にあっては、同号の子会社の事業）の内容

二　当該事業等の譲渡に反対の意思を有する株主は、当該公告又は当該通知があった日から二週間以内にその旨を書面をもって管財人に通知すべき旨

⑤　前項の規定による株主に対する通知は、株主名簿に記載され、若しくは記録された住所又は株主が更生会社若しくは管財人に通知した場所若しくは連絡先にあてて、することができる。

⑥　第四項の規定による株主に対する通知は、その通知が通常到達すべきであった時に、到達したものとみなす。

⑦　裁判所は、次の各号のいずれかに該当する場合には、第二項の許可をすることができない。

一　第四項の規定による公告又は通知があった日から一月を経過した後に第二項の許可の申立てがあったとき。

二　第四項第二号に規定する期間内に、更生会社の総株主の議決権の三分の一を超える議決権を有する株主が、書面をもって管財人に第二項の規定による事業等の譲渡に反対の意思を有する旨の通知をしたとき。

⑧　第四項から前項までの規定は、第二項の規定による事業等の譲渡に係る契約の相手方が更生会社の特別支配会社（会社法第四百六十八条第一項に規定する特別支配会社をいう。）である場合又は第二項の許可の時において更生会社がその財産をもって債務を完済することができない状態にある場合には、適用しない。

⑨　第二項の許可を得ないでした行為は、無効とする。ただし、これをもって善意の第三者に対抗することができない。

⑩　第二項の許可を得て更生会社に係る事業等の譲渡をする場合には、会社法第二編第七章の規定は、適用しない。

（更生債権等の弁済の禁止）

第四七条①　更生債権等については、更生手続開始後は、この法律に特別の定めがある場合を除き、更生計画の定めるところによらなければ、弁済をし、弁済を受け、その他これを消滅させる行為（免除を除く。）をすることができない。

②　更生会社を主要な取引先とする中小企業者が、その有する更生債権等の弁済を受けなければ、事業の継続に著しい支障を来すおそれがあるときは、裁判所は、更生計画認可の決定をする前でも、管財人の申立てにより又は職権で、その全部又は一部の弁済をすることを許可することができる。

③　裁判所は、前項の規定による許可をする場合には、更生会社と同項の中小企業者との取引の状況、更生会社の資産状態、利害関係人の利害その他一切の事情を考慮しなければならない。

④　管財人は、更生債権者等から第二項の申立てをすべきことを求められたときは、直ちにその旨を裁判所に報告しなければならない。この場合において、その申立てをしないこととしたときは、遅滞なく、その事情を裁判所に報告しなければならない。

⑤　少額の更生債権等を早期に弁済することにより更生手続を円滑に進行することができるとき、又は少額の更生債権等を早期に弁済しなければ更生会社の事業の継続に著しい支障を来すときは、裁判所は、更生計画認可の決定をする前でも、管財人の申立てにより、その弁済をすることを許可することができる。

⑥⑦　（略）

（他の手続の中止等）

第五〇条①　更生手続開始の決定があったときは、破産手続開始、再生手続開始、更生手続開始若しくは特別清算開始の申立て、更生会社の財産に対する第二十四条第一項第二号に規定する強制執行等、企業担保権の実行若しくは同項第六号に規定する外国租税滞納処分又は更生債権等に基づく財産開示手続若しくは第三者からの情報取得手続の申立てはすることができず、破産手続、再生手続、更生会社の財産に対して既にされている同項第二号に規定する強制執行等の手続、企業担保権の実行手続及び同項第六号に規定する外国租税滞納処分並びに更生債権等に基づく財産開示手続及び第三者からの情報取得手続は中止し、特別清算手続はその効力を失う。

②―⑪　（略）

第三節　管財人（抄）

第二款　管財人の権限等（抄）

（管財人の権限）

第七二条①　更生手続開始の決定があった場合には、更生会社の事業の経営並びに財産（日本国内にあるかどうかを問わない。第四項において同じ。）の管理及び処分をする権利は、裁判所が選任した管財人に専属する。

②　裁判所は、必要があると認めるときは、管財人が次に掲げる行為をするには裁判所の許可を得なければならないものとすることができる。

一　財産の処分

二　財産の譲受け

三　借財

四　第六十一条第一項の規定による契約の解除

五　訴えの提起

六　和解又は仲裁合意（仲裁法（平成十五年法律第百三十八号）第二条第一項に規定する仲裁合意をいう。）

七　権利の放棄

八　共益債権又は第六十四条第一項に規定する権利の承認

九　更生担保権に係る担保の変換

十　その他裁判所の指定する行為

③　前項の許可を得ないでした行為は、無効とする。ただし、これをもって善意の第三者に対抗することができない。

④―⑦　（略）

第三款　更生会社の財産状況の調査（抄）

（財産の価額の評定等）

第八三条①　管財人は、更生手続開始後遅滞なく、更生会社に属する一切の財産につき、その価額を評定しなければならない。

②　前項の規定による評定は、更生手続開始の時における時価によるものとする。

③　管財人は、第一項の規定による評定を完了したときは、直ちに更生手続開始の時における貸借対照表及び財産目録を作成し、これらを裁判所に提出しなければならない。

④　更生計画認可の決定があったときは、管財人は、更生計画認可の決定の時における貸借対照表及び財産目録を作成し、これらを裁判所に提出しなければならない。

⑤　前項の貸借対照表及び財産目録に記載し、又は記録すべき財産の評価については、法務省令の定めるところによる。

第六節　担保権消滅の請求等（抄）

第一款　担保権消滅の請求（抄）

（担保権消滅許可の決定）

第一〇四条①　裁判所は、更生手続開始当時更生会社の財産につき特別の先取特権、質権、抵当権又は商法若しくは会社法の規定による留置権（以下この款において「担保権」という。）がある場合において、更生会社の事業の更生のために必要であると認めるときは、管財人の申立てにより、当該財産の価額に相当する金銭を裁判所に納付して当該財産を目的とするすべての担保権を消滅させることを許可する旨の決定をすることができる。

②　前項の決定は、更生計画案を決議に付する旨の決定があった後は、することができない。

③　第一項の申立ては、次に掲げる事項を記載した書面でしなければならない。

一　担保権の目的である財産の表示

二　前号の財産の価額

三　消滅すべき担保権の表示

④　第一項の決定があった場合には、その裁判書を、前項の書面（以下この条及び次条において「申立書」という。）とともに、当該申立書に記載された同項第三号の担保権を有する者（以下この款において「被申立担保権者」という。）に送達しなければならない。この場合においては、第十条第三項本文の規定は、適用しない。

⑤　第一項の決定に対しては、被申立担保権者は、即時抗告をすることができる。

⑥　前項の即時抗告についての裁判があった場合には、その裁判書を被申立担保権者に送達しなければならない。この場合においては、第十条第三項本文の規定は、適用しない。

⑦　申立書に記載された第三項第三号の担保権が根抵当権である場合において、根抵当権者が第四項の規定による送達を受けた時から二週間を経過したときは、当該根抵当権の担保すべき元本は、確定する。

⑧　民法第三百九十八条の二十第二項の規定は、第一項の申立てが取り下げられ、又は同項の決定が取り消された場合について準用する。

第七章　更生計画の作成及び認可（抄）

第一節　更生計画の条項（抄）

（更生計画において定める事項）

第一六七条①　更生計画においては、次に掲げる事項に関する条項を定めなければならない。

一　全部又は一部の更生債権者等又は株主の権利の変更

二　更生会社の取締役、会計参与、監査役、執行役、会計監査人及び清算人

三　共益債権の弁済

四　債務の弁済資金の調達方法

五　更生計画において予想された額を超える収益金の使途

六　次のイ及びロに掲げる金銭の額又は見込額及びこれらの使途

イ　第五十一条第一項本文に規定する手続又は処分における配当等に充てるべき金銭の額又は見込額

ロ　第百八条第一項の規定により裁判所に納付された金銭の額（第百十二条第二項の場合にあっては、同項の規定により裁判所に納付された金銭の額及び第百十一条第一項の決定において定める金額の合計額）

七　知れている開始後債権があるときは、その内容

②　第七十二条第四項前段に定めるもののほか、更生計画においては、第四十五条第一項各号に掲げる行為、定款の変更、事業譲渡等（会社法第四百六十八条第一項に規定する事業譲渡等をいう。第百七十四条第六号及び第二百十三条の二において同じ。）、株式会社の設立その他更生のために必要な事項に関する条項を定めることができる。

（更生計画による権利の変更）

第一六八条①　次に掲げる種類の権利を有する者についての更生計画の内容は、同一の種類の権利を有する者の間では、それぞれ平等でなければならない。ただし、不利益を受ける者の同意がある場合又は少額の更生債権等若しくは第百三十六条第二項第一号から第三号までに掲げる請求権について別段の定めをしても衡平を害しない場合その他同一の種類の権利を有する者の間に差を設けても衡平を害しない場合は、この限りでない。

一　更生担保権

二　一般の先取特権その他一般の優先権がある更生債権

三　前号及び次号に掲げるもの以外の更生債権

四　約定劣後更生債権

五　残余財産の分配に関し優先的内容を有する種類の株式

六　前号に掲げるもの以外の株式

②　前項第二号の更生債権について、優先権が一定の期間内の債権額につき存在する場合には、その期間は、更生手続開始の時からさかのぼって計算する。

③　更生計画においては、異なる種類の権利を有する者の間においては、第一項各号に掲げる種類の権利の順位を考慮して、更生計画の内容に公正かつ衡平な差を設けなければならない。この場合における権利の順位は、当該各号の順位による。

④　前項の規定は、租税等の請求権（共助対象外国租税の請求権を除く。）及び第百四十二条第二号に規定する更生手続開始前の罰金等の請求権については、適用しない。

⑤　更生計画によって債務が負担され、又は債務の期限が猶予されるときは、その債務の期限は、次に掲げる期間を超えてはならない。

一　担保物（その耐用期間が判定できるものに限る。）がある場合は、当該耐用期間又は十五年（更生計画の内容が更生債権者等に特に有利なものになる場合その他の特別の事情がある場合は、二十年）のいずれか短い期間

二　前号に規定する場合以外の場合は、十五年（更生計画の内容が更生債権者等に特に有利なものになる場合その他の特別の事情がある場合は、二十年）

⑥　前項の規定は、更生計画の定めにより社債を発行する場合については、適用しない。

⑦　第百四十二条第二号に規定する更生手続開始前の罰金等の請求権については、更生計画において減免の定めその他権利に影響を及ぼす定めをすることができない。

第三節　更生計画案の決議（抄）

（更生計画案の可決の要件）

第一九六条①　更生計画案の決議は、第百六十八条第一項各号に

掲げる種類の権利又は次項の規定により定められた種類の権利を有する者に分かれて行う。

② 裁判所は、相当と認めるときは、二以上の第百六十八条第一項各号に掲げる種類の権利を一の種類の権利とし、又は一の当該各号に掲げる種類の権利を二以上の種類の権利とすることができる。ただし、更生債権、更生担保権又は株式は、それぞれ別の種類の権利としなければならない。

③ 裁判所は、更生計画案を決議に付する旨の決定をするまでは、前項本文の決定を変更し、又は取り消すことができる。

④ 前二項の規定による決定があった場合には、その裁判書を議決権者に送達しなければならない。ただし、関係人集会の期日において当該決定の言渡しがあったときは、この限りでない。

⑤ 更生計画案を可決するには、第一項に規定する種類の権利ごとに、当該権利についての次の各号に掲げる区分に応じ、当該各号に定める者の同意がなければならない。

一 更生債権　議決権を行使することができる更生債権者の議決権の総額の二分の一を超える議決権を有する者

二 更生担保権　次のイからハまでに掲げる区分に応じ、当該イからハまでに定める者

イ 更生担保権の期限の猶予の定めをする更生計画案　議決権を行使することができる更生担保権者の議決権の総額の三分の二以上に当たる議決権を有する者

ロ 更生担保権の減免の定めその他期限の猶予以外の方法により更生担保権者の権利に影響を及ぼす定めをする更生計画案　議決権を行使することができる更生担保権者の議決権の総額の四分の三以上に当たる議決権を有する者

ハ 更生会社の事業の全部の廃止を内容とする更生計画案　議決権を行使することができる更生担保権者の議決権の総額の十分の九以上に当たる議決権を有する者

三 株式　議決権を行使することができる株主の議決権の総数の過半数に当たる議決権を有する者

第四節　更生計画の認可又は不認可の決定（抄）

（更生計画認可の要件等）

第一九九条① 更生計画案が可決されたときは、裁判所は、更生計画の認可又は不認可の決定をしなければならない。

② 裁判所は、次に掲げる要件のいずれにも該当する場合には、更生計画認可の決定をしなければならない。

一 更生手続又は更生計画が法令及び最高裁判所規則の規定に適合するものであること。

二 更生計画の内容が公正かつ衡平であること。

三 更生計画が遂行可能であること。

四 更生計画の決議が誠実かつ公正な方法でされたこと。

五 他の会社と共に第四十五条第一項第七号に掲げる行為を行うことを内容とする更生計画については、前項の規定による決定の時において、当該他の会社が当該行為を行うことができること。

六 行政庁の許可、認可、免許その他の処分を要する事項を定めた更生計画については、第百八十七条の規定による当該行政庁の意見と重要な点において反していないこと。

③ 更生手続が法令又は最高裁判所規則の規定に違反している場合であっても、その違反の程度、更生会社の現況その他一切の事情を考慮して更生計画を認可しないことが不適当と認めるときは、裁判所は、更生計画認可の決定をすることができる。

④ 裁判所は、前二項又は次条第一項の規定により更生計画認可の決定をする場合を除き、更生計画不認可の決定をしなければならない。

⑤ 第百十五条第一項本文に規定する者及び第四十六条第三項第三号に規定する労働組合等は、更生計画を認可すべきかどうかについて、意見を述べることができる。

⑥ 更生計画の認可又は不認可の決定があった場合には、その主文、理由の要旨及び更生計画又はその要旨を公告しなければならない。

⑦ 前項に規定する場合には、同項の決定があった旨を第四十六条第三項第三号に規定する労働組合等に通知しなければならない。

●法の適用に関する通則法（平成一八・六・二一法七八）

施行 平成一九・一・一（平成一八政二八九）

注 ここでは、本法施行前の法例（明治三一・六・二一法一〇）の下での判例であっても、本法の下でも妥当するもの及び本法の解釈の参考になるものは、本法に移し替えて掲載している。適宜、本法において対応する条数を注記し、さらに、平成元年法律第二七号による法例の改正前の事例については、必要に応じて「当時」と注記した。

目次

第一章 総則

（趣旨）

第一条 この法律は、法の適用に関する通則について定めるものとする。

◆【I 国際私法と公法】

①　**戦後補償関係**
国際私法は、私法的法律関係に適用される私法間の抵触問題を解決するための法律であって、その準拠法の決定に当たっては国家の公益についての配慮はされていないから、国家の公益と密接な関係を持つ公法的法律関係については、これを適用することができない。（大阪高判平18・9・27訟月五三・五・一六三三……戦時下のいわゆる強制連行は公権力の行使に当たる公務員の行為であり、公法的法律関係に属するものと評価すべきであるとし、中国法の適用を否定）↓一七条⑦・二二条④

②　国際私法は、社会には特定の国家の法を超えた普遍的な価値に基づく私法があり、国家が異なっても相互に適用が可能であるとの前提の下に、私法の抵触問題の解決をその中心課題とするのに対し、公法は一国の公益と密接な関係を有する法であって、刑法や行政法規等の公法の抵触問題は、国際私法の適用範囲外である。（東京高判平19・7・18判時一九九四・三六、国私百選[二版]一九……終戦直後に日本軍が中国で遺棄した毒ガス兵器等が掘り出される等して生じた人的被害の賠償を国に対して求めた訴訟について、中国法の適用を否定）

③　日本国外で日本の公務員が公権力行使に際して損害を与えた場合の損害賠償請求は、公法的領域における不法行為責任を問うものであるから、我が国の国家賠償法が直接適用される。（東京地判令2・2・12【平30ワ三二六四九】重判令3国私六）↓二二条③

◆【II 絶対的強行法規】

①　労働法は抽象的普遍的性格に乏しく、各国家がそれぞれ独自の要求からその国で現実に労務給付の行われる労使の契約関係に干渉介入し、独自の方法でその自由を制限し規整しているので、労務給付が日本で行われる場合には、属地的に限定された効力を有する公序としての労働法によって、準拠法選定自由の原則は制約を受ける。（東京地決昭40・4・26労民一六・二・三〇八、国私百選[三版]一四……カリフォルニア州法を準拠法とする契約により米国の会社に雇用され、日本の航空会社に派遣されて日本で勤務している米国人パイロットからの地位保全の仮処分申請につき、日本の労働組合法の規定を適用して解雇を無効とした事例）

②　雇用契約についていずれの準拠法選択をした場合であっても、絶対的強行法規の性質を有する労働法規は適用される。（東京地判平16・2・24判時一八五三・三八、重判平16国私二）
↓◆【IV 特許権】[三章名の後]⑥

③　韓国法人Yによる日本法人Xを販売エージェントとする韓国法を準拠法とする契約の更新拒絶につき、強行法規である独禁法二四条が適用される。（東京地決平19・8・28判時一九九一・八九、国私百選[三版]一〇二）↓四二条㉑、民保一一条②

④　契約準拠法でも法廷地法でもない第三国の絶対的強行法規を適用することはない。（東京地判平30・3・26【平28ワ一九五八二】国私百選[三版]一五）

◆【III 統一法条約と国際私法】

①　**一 旧ワルソー条約**
旧ワルソー条約の趣旨、全体的な規定内容等に照らせば、同条約は直接適用される。（東京地判平11・10・13判時一七一九・九四、国私百選[三版]一七……国際私法により準拠法を定め、その準拠法所属国が条約締約国であるときにはその国における条約解釈に従うべきであるとの主張を退け、米国における条約解釈は参考にはなるが、準拠法として適用されるわけではないと判断）

②　**二 ウィーン売買条約**
ウィーン売買条約七八条は遅延利息を請求することができると定めているが、同条約には利率に関する規定はないので、利率は法適用通則法によって定まる準拠法による。（東京地判平30・12・6【平30ワ二三二〇九】……同旨、東京地判令元・6・3【平30ワ九六三二】）↓七条㉖

◆【IV 単位法律関係】

①　優越的地位の濫用を規制する法規範によって保護される権利利益の存否及び内容は、物権の得喪や親族関係のように、他者から侵害されたか否かという場面を離れてその存否及び内容が独立の問題となり得る権利利益とは異なり、それが他者から侵害されたか否かという場面で初めて問題となり、侵害の態様やその程度に応じてその外縁が画されるという性質を有し、独立の問題となることは考えられないので、不法行為に基づく損害賠償請求権の成否とは別個の法律関係を構成しているとはいえない。（東京地判令元・9・4審決集六六・五一九）↓七条⑤・二〇条④・四二条⑦

◆【V 先決問題】

①　**一 一般論**
渉外的な法律関係において、ある一つの法律問題（本問題）を解決するためにまず決めなければならない不可欠の前提問題があり、その前提問題が国際私法上本問題とは別個の法律関係を構成している場合、その前提問題は、本問題の準

拠法によるのでも、本問題の準拠法が所属する国の国際私法が指定する準拠法によるのでもなく、法廷地である我が国の国際私法により定まる準拠法によって解決すべきである。（最判平12・1・27民集五四・一・一、国私百選[三版]二……同旨、東京地判平27・12・28【平25ワ三二八八二】（◆【Ⅵ 外国法の適用】〔二条の後〕[2]）、東京地判平26・8・26【平23ワ一五三五二】）→二八条[1][5]・三三条[3]

二 具体的判断例

[2] 告知に係る事実が「虚偽の事実」に当たるか否かの判断の先決問題として、特許権に基づく差止請求権の行使が権利濫用に当たるかが問題となるところ、その準拠法は当該特許権が登録された国の法律であるとした事例（東京地判平27・2・18判時二二五七・八七）→一七条[5]

[3] 扶養義務の準拠法に関する法律の適用のために問題となる成年年齢について、一般と異なった扱いをすべき明文の規定も特段の事情もないから、法例三条〔法適用四条〕による。（東京高決平18・10・30判時一九六五・七〇、国私百選[二版]二〇）→四一条[2]

◆【Ⅵ 外国法の適用】

一 外国法適用の趣旨

[1] 国際私法が外国法を準拠法として指定するのは、外国法を内国法に組み入れようとする趣旨ではなく、外国法を当該外国の裁判所が行うように解釈適用することを求めたものである。（福岡高判平21・2・10判時二〇四三・八九、国私百選[二版]三九）→四二条[5]

二 外国法の内容確定方法

[2] ミャンマー法の内容の確定につき、証拠のほか、インターネット上で利用可能なミャンマー民事訴訟法の条文及び法務省が公表している「ミャンマー連邦共和国法制度調査報告書」を参照した事例（東京地判平27・12・28【平25ワ三二八八二】）→[7]

[3] 婚姻費用分担申立事件において、扶養義務の準拠法に関する法律二条一項により扶養権利者である申立人の常居所地法である中国法によるところ、中国の最高人民法院が作成した養育費に関する規則は一般的な方針とし、かつ当事者双方が中国で生活していることを前提としているため、これによらず、標準算定方式に基づき、かつそれぞれの地での生活費指数を勘案して金額を算定した事例（東京高決平30・4・19判時二四〇三・五八、国私百選[三版]六四）

三 外国法上の規定の欠缺〔けんけつ〕

[4] 準拠法上の規定が欠缺している場合は、条理により日本法を適用する。（岐阜家審平6・3・9家月四七・一一・八〇……非嫡出子の親権者指定申立事件で、準拠法となるフィリピン法上、非嫡出子の親権者は母と規定するだけで、母が行方不明で親権を行うことが不可能な場合の規定は欠缺しているとし、日本民法を適用して父を親権者とした事例）

[5] 外国法に基づく損害賠償請求につき、遅延損害金については、当該外国法におけるその根拠を見いだすことができないので付さないこととするとした事例（東京地判平23・3・25【平20ワ二七三二〇】）

四 外国法の内容不明の場合

[6] 準拠法として指定された外国法の内容が不明の場合には、準拠法指定の趣旨に沿ってその内容を探究すべく、まず準拠法国の全法秩序からその内容を推測し、それが不可能ならば従前に施行されていた法令と政治的・経済的・民族的に近似する国家の法秩序とから推測すべきである。（東京家審昭38・6・13家月一五・一〇・一五三、渉外百選[二版]一三……養子縁組の許否に関する北朝鮮法の内容として、過去の日本統治下の法と大韓民国法とを比較し、さらにソビエト法を考慮して、公的機関関与の要請が存するものと認定）

[7] ミャンマーの不法行為法の内容は不明であるところ、全体として主に影響を受けている英国法を参考にした上で、条理に従って判断した事例（東京地判平27・12・28前出[2]）

[8] 外国法の内容の一部が不明な場合には、断片的に判明している外国法の内容を手掛かりにして、不明な部分を条理によって補うべきである。（札幌地判昭59・6・26家月三七・七・六五、国私百選[三版]一〇四）

五 外国法の適用違背と上告理由

[9] 準拠法である韓国民法の適用違背を理由とする上告を認めた事例（最判昭56・7・2民集三五・五・八八一、渉外百選[三版]一四）

[10] 虚偽の嫡出子出生届により韓国の戸籍上Aの子とされている者に対して、Aの実子らが提起した実親子関係不存在確認請求について、韓国大法院判決を参照しつつ、権利濫用に関する韓国民法二条二項の適用上、A死亡まで三〇年以上にわたりAとの間に実親子関係と同様に生活し、その虚偽の届出について何ら帰責事由のない者に軽視し得ない精神的苦痛、経済的不利益を強いることになるばかりか、関係者間に形成された社会的秩序が一挙に破壊されるような不都合の発生は重要な考慮要素とすることができるとした事例（最判平20・3・18判時二〇〇六・七七、国私百選[三版]一〇五）

◆【Ⅶ 準拠法決定と事実認定】

[1] 事実を認定するためには法律行為の要件を定めるべき準拠法が問題となるとし、準拠法を決定した上で事実認定をした事例（東京地判平27・12・28【平25ワ三二八八二】）

第二章　法律に関する通則

（法律の施行期日）

第二条　法律は、公布の日から起算して二十日を経過した日から施行する。ただし、法律でこれと異なる施行期日を定めたときは、その定めによる。

（法律と同一の効力を有する慣習）

第三条　公の秩序又は善良の風俗に反しない慣習は、法令の規定により認められたもの又は法令に規定されていない事項に関するものに限り、法律と同一の効力を有する。

第三章　準拠法に関する通則

◆【Ⅰ 法人】

一 法人の従属法

[1] 会社の従属法を設立準拠法でありかつ本店所在地法であるニューヨーク州法であるとした事例（最判昭50・7・15民集二九・六・一〇六一、国私百選[補正]二〇）

二 法人格否認

[2] 法人格否認の法理に基づく被告に対する債務不履行責任の追及は、契約準拠法による。（東京高判平14・1・30判時一七九七・二七、国私百選[補正]二一……このような責任追及はバハマ法により設立された子会社の法人としての設立手続等を問題とするものではなく、契約上の実質的な当事者は被告であるとの理由から被告も責任を負うべきであると主張するものであるから、契約準拠法である日本法によるのが合理的であり、また、このように解しても何ら国際的な礼譲に反するものではないとの原判決（東京地判平13・6・20判時一七九七・三六）を是認。同旨、東京高判平29・6・29【平29ネ七〇九】（一一条[1]）、東京地判平29・1・13【平25ワ一九〇九〇】）

[3] 法人格否認の法理に基づく法人代表者個人に対する不法行為責任の追及は、不法行為準拠法による。（東京地判平27・2・16【平24ワ三〇八〇】）

[4] 認定事実から法人格が形骸にすぎないとして、準拠法に触れることなく、ホンジュラス法人の法人格を否認した事例

[5] （東京地判平13・9・28判タ一一四〇・二二七）
契約上の地位に関して、原告は外観信頼の法理を実質的理由として法人格否認を主張しているのであるから、設立準拠法であるケイマン法ではなく、当該契約の準拠法である日本法によるべきであるとし、法人格を否認しなかった事例（東京地判平22・9・30判時二〇九七・七七、国私百選[三版]二三）

[6] **三 代表者の権限・義務**
法人の取締役としての善管注意義務違反に基づく責任は、法人の内部関係に関する事柄であるから、当該法人の従属法である設立準拠法に従って判断すべきである。（東京地判平26・8・26【平23ワ一五三五二】……同旨、東京地判平4・1・28判時一四三七・一二二、国私百選[三版]一九）↓二一条[7]

◆**【II 氏名】**

[1] **一 氏**↓二五条[1][2]・三二条[4]
日本人同士の婚姻について夫婦別氏を認めない民法七五〇条が、外国人と日本人の婚姻について夫婦別氏が認められていることとの比較において不平等であり、憲法一四条一項に違反するとの主張につき、外国人と日本人の婚姻による氏の問題が法適用通則法二五条の定める準拠法によるのではなく、当事者の本国法によるものとされ、日本法上、外国人と婚姻した日本人の氏が当然には変わらないのは、日本人と婚姻した外国人には民法上の氏がないものとされ、民法七五〇条が適用されないからであって、これは渉外婚姻の性質に応じた合理的な根拠に基づいて外国人と日本人の婚姻につき日本人同士の婚姻と異なる取扱いをするものであり、差別とはいえない。（東京地判令元・9・30判タ一四七九・二〇〇）

[2] **二 名**
名の変更の許否はその者の本国法による。（横浜家審平3・11・28家月四四・八・四九）

◆**【III 相殺】**

[1] 異なる準拠法の債権について相殺が認められるためには、相殺が各債権の消滅の効果を生じさせるものであることに鑑みると、いずれの準拠法によっても債権の消滅が認められることが必要である。（東京地判平30・5・25【平28ワ二一〇〇五】）↓八条[4]

◆**【IV 特許権】**

一 属地主義の原則と日本法の適用

[1] 特許権についての属地主義の原則とは、各国の特許権が、その成立、移転、効力等につき当該国の法律によって定められ、その効力が当該国の領域内においてのみ認められることを意味し、日本の特許権に関して特許権者が日本国内で権利を行使する場合において、対象製品が当該特許権者等により国外において譲渡されたという事情を、日本における特許権の行使の可否の判断に当たってどのように考慮するかは、専ら日本の特許法の解釈の問題であって、属地主義の原則とは無関係である。日本法上、特許権者は、譲受人に対しては、当該製品について販売先ないし使用地域から我が国を除外する旨を譲受人との間で合意した場合を除き、譲受人から特許製品を譲り受けた第三者及びその後の転得者に対しては、譲受人との間で右の旨を合意した上特許製品にこれを明確に表示した場合を除いて、当該製品について日本において特許権を行使することは許されない。（最判平9・7・1民集五一・六・二二九九〈BBS並行輸入事件〉国私百選[三版]四〇）↓特許六八条[1][4]・一〇〇条[6]

[2] 我が国の特許権者等が国外において譲渡した特許製品につき加工や部材の交換がされ、それにより当該特許製品と同一性を欠く特許製品が新たに製造されたものと認められるときは、特許権者は、その新たな製品について我が国における特許権行使をすることが許される。（最判平19・11・8民集六一・八・二九八九、特許百選[五版]二二……国外で販売されたインクタンクにインクを再充填するなどして国外で新たに製造された製品について、その輸入、販売等の差止め及び廃棄の請求を特許権者に認めた事例）↓特許六八条[3]

[3] **二 特許権に基づく差止め・廃棄請求と損害賠償の準拠法**
特許権に基づく差止め及び廃棄請求の準拠法は当該特許権の登録国法であり、損害賠償請求の準拠法は法例一一条［法適用一七条］により定まる。（最判平14・9・26民集五六・七・一五五一、国私百選[三版]四一……同旨、東京地判平15・10・16判時一八七四・二三、東京地判平30・9・19【平28ワ三八五六五】）↓一七条[2]・二二条[3]・四二条[4]

[4] 特許権侵害に基づく損害賠償請求につき、製品の輸入、販売が行われた地が日本国内であること等から、法適用通則法一七条の結果発生地法は日本法である。（知財高判平26・5・16判時二二二四・一四六①、特許百選[五版]二五）

[5] 職務発明の対価の算定上、法的独占力の基礎となる特許権の効力の及ぶ範囲についての準拠法は、特許権についての属地主義の原則に照らし、当該特許権が登録された国の法律である。（知財高判平21・6・25判時二〇八四・五〇、特許百選[四版]三四）↓七条[25]

[6] **三 特許法三五条の適用範囲**
外国の特許を受ける権利の譲渡に伴って譲渡人が譲受人に対しその対価を請求できるかどうか、その対価の額はいくらであるかなどの特許を受ける権利の譲渡の対価に関する問題は、譲渡契約の準拠法によるが、譲渡の対象となる特許を受ける権利が諸外国においてどのように取り扱われ、どのような効力を有するのかという問題についての準拠法は、特許権についての属地主義の原則に照らし、当該特許を受ける権利に基づいて特許権が登録される国の法律である。（最判平18・10・17民集六〇・八・二八五三、国私百選[三版]四二）

[7] イタリア、スペイン等欧州七か国においては、職務発明に基づく特許を受ける権利は会社に原始的に帰属するから、その権利の承継はなく、特許法三五条三項及び四項の類推適用の余地はないとの主張に対して、これらの条項の類推適用の基礎は、各国の法制が我が国と同様であることにあるのではなく、特許を受ける権利が社会的事実としては実質的に一個であることや当該発明に関する法律関係を一元的に処理しようという当事者の通常の意思にあるのであり、本件でもそのような類推適用の基礎が存在する。（知財高判平25・1・31判タ一四一三・一九九）↓◆【II 絶対的強行法規】［一条の後］[2]・七条[22]、特許三五条[8]

◆**【V 著作権】**

[1] 著作権の譲渡の準拠法は、譲渡の原因関係である契約等の債権行為と目的である著作権の物権類似の支配関係の変動とを区別し、前者については法例七条一項［法適用七条以下］により準拠法を定め、後者については第三者に対する排他的効力を有するから、有体物の物権について所在地法が適用されるのと同様、保護国法が適用される。（東京高判平13・5・30判時一七九七・一一一、国私百選[補正]四八……同旨、東京高判平15・5・28判時一八三一・一三五、国私百選[三版]四四、知財高判平20・3・27【平19ネ一〇〇九五】（七条[17]）、知財高判平21・10・28判時二〇六一・七五、東京地判平24・5・31【平21ワ二八三八八】、知財高判平28・6・22判時二三一八・八一（◆【VII 手続問題】［三章名の後］[4]）、知財高判令3・9・29【令3ネ一〇〇二八】（後出[7]））

[2] 著作権に基づく差止請求は、著作権の排他的効力に基づき著作権を保全するための救済方法であるからベルヌ条約五条二項が適用され、また、著作者の死後における人格的利益の保護のための差止請求及び謝罪広告請求は、著作者の権利を保全するための救済方法であるから同条約六条の二第三項が

適用され、いずれも保護が要求される国の法による。他方、著作権侵害、著作者人格権侵害及び名誉毀損を理由とする損害賠償請求の性質は、不法行為であるから法例一一条［法適用一七条］により準拠法を定める。（東京高判平16・12・9【平16ネ三六五六】……同旨、知財高判平20・2・28判時二〇二一・九六、知財高判平21・10・28判時二〇六一・七五、東京地判平24・7・11判時二一七五・九八、重判平24国私三、東京地判平24・12・21判タ一四〇八・三六七、東京地判平25・5・17判タ一三九五・三一九、知財高判平25・9・10【平25ネ一〇〇三九】、知財高判平28・6・22判時二三一八・八一（◆【Ⅶ 手続問題】〔三章名の後〕④））

[3] 著作権侵害を理由とする損害賠償請求権・差止請求権・廃棄請求権の全てを不法行為と性質決定し、法適用通則法一七条によるとした事例（東京地判平28・9・28【平27ワ四八二二】）

[4] 被告が香港で開催したオークションに出品した原告の著作物の画像を複製又は送信可能化したことを理由とする損害賠償請求について、パンフレット等が日本で配布され、原被告とも日本に住所・本店を有することから、日本法が準拠法とされた事例（東京地判平21・11・26【平20ワ三一四八〇】）

[5] 日本が締約国となっている多数国間条約に日本にとっての未承認国が加入した場合、その条約に基づき日本が負担する義務が普遍的価値を有する一般国際法上の義務であるときなどに該当しないときは、日本は当該未承認国との間に権利義務関係を発生させるか否かを選択することができ、北朝鮮が同条約に加入した際、日本は同条約が北朝鮮について効力を生じた旨の告示はしておらず、外務省等は北朝鮮の国民の著作物について同条約上の義務を負うものではないとの見解を示しているのであるから、日本と北朝鮮の間には同条約に基づく権利義務は発生していない。（最判平23・12・8民集六五・九・三二七五、国際百選[三版]一四）↓著作六条[1]

[6] 著作権譲渡契約の準拠法が外国法とされている場合、日本の著作権法六一条二項は適用されず、仮に適用されるとしても、契約内容から同条の推定は覆されるとされた事例（東京地判平22・3・31【平18ワ五六八九】）

[7] 職務著作の問題は、その性質上、雇用契約の準拠法国における著作権法による。（知財高判令3・9・29【令3ネ一〇〇二八】重判令3国私三……同旨、知財高判令2・2・20【平31ネ一〇〇三三】）↓[7]

◆【Ⅵ 詐害行為取消権】

[1] 詐害行為取消権は、債権の内容の実現のために、責任財産の保全を図るという制度であるから、被保全債権である債権の準拠法によって取消しを認めることが必要であり、これに加えて、取消しの対象となる行為が債務者と第三者との間の法律行為であることに鑑みると、当該第三者の利益をも考慮する必要があるから、取消しの対象となる法律行為の準拠法によってもその取消しを認めることが必要であるので、詐害行為取消権の準拠法は、被保全債権の準拠法と取消対象の法律行為の準拠法とを累積的に適用し、双方の法律が認める範囲内において、行使や効果を認めるのが相当である。（東京地判平27・3・31【平24ワ三〇八〇九】重判平27国私二）

◆【Ⅶ 手続問題】

一 訴訟上の権利濫用

[1] ある訴訟上の主張が訴訟上の権利の濫用に当たり許されないか否かは手続上の問題であり、法廷地法による。（東京地判平23・3・10判タ一三五八・二三六、重判平24国私五）

二 証明責任と表見証明

[2] 証明責任の問題は、法律効果の発生要件と密接に結び付くことから、実体法の問題として契約の準拠法によるが、「表見証明」ないし「一応の推定」は、自由心証の枠内での経験則の適用の結果にすぎないので、訴訟法的性格を有するものとして、法廷地法による。（東京地判平10・5・27判時一六六八・八九）↓民訴◆【証明責任】〔一七九条の前〕[1]

三 債権者代位権

[3] 債権者代位権に関する規定は、債権者が自己の名において債務者に属する権利を訴訟上追行し得る権限を付与する訴訟法上の規定であるから、何人が訴訟追行権を有するかは法廷地法による。（東京地判昭37・7・20下民一三・七・一四八二、国私百選[二版]四七）

四 当事者適格

[4] 当事者適格の有無は誰に当事者として訴訟追行権限を認め、法的紛争の解決を有効かつ適切に行わせるのが相当かという視点から判断されるべき事項であるから、法廷地法によるべきであり、訴訟法自体が担当者を定めている場合ではなく、担当の中でも訴訟法上の法律関係に基づいて訴訟物の管理処分権等が認められる場合には、訴訟担当者と被担当者との関係を規律する準拠実体法を参照することが求められる。（知財高判平28・6・22判時二三一八・八一、国私百選[三版]九一）

第一節 人

第四条（人の行為能力）① 人の行為能力は、その本国法によって定める。

② 法律行為をした者がその本国法によれば行為能力の制限を受けた者となるときであっても行為地法によれば行為能力者となるべきときは、当該法律行為の当時そのすべての当事者が法を同じくする地に在った場合に限り、当該法律行為をした者は、前項の規定にかかわらず、行為能力者とみなす。

③ 前項の規定は、親族法又は相続法の規定によるべき法律行為及び行為地と法を異にする地に在る不動産に関する法律行為については、適用しない。

監護権者・法定代理人の要否

[1] 監護権者を要するかどうかは人の能力の問題として法例三条［本条］一項による。（東京高判昭33・7・9家月一〇・七・二九〈マリアンヌちゃん事件〉国私百選[三版]六六）

[2] 被告のうち子らの行為能力及びその法定代理人については、その本国法たる中国法による。（最判昭34・12・22家月一二・二・一〇五、国私百選[補正]一八）

第五条（後見開始の審判等） 裁判所は、成年被後見人、被保佐人又は被補助人となるべき者が日本に住所若しくは居所を有するとき又は日本の国籍を有するときは、日本法により、後見開始、保佐開始又は補助開始の審判（以下「後見開始の審判等」と総称する。）をすることができる。

一 保佐開始の審判と後見

[1] 日本で準禁治産宣告［保佐開始の審判］をした場合、その者に後見人を付す必要があるかどうかはその者の本国法により、後見人の選任は後見の準拠法による。（長野家飯田支審昭46・12・23家月二四・一〇・一一三、国私百選[二版]二二）↓三五条[1]

二 在日外国領事官が在日同国人に対してした「能力を制限する国家行為」の効力

[2] 禁治産宣告［後見開始の審判］は、国家機関が個人の行為能力に制限を加える宣告行為であり、公権力、特に広義の裁判権の行使たる国家行為であるから、日本国駐在のソビエト連邦領事官が日本国内において在日ソ連人に対して禁治産宣告を行うことについて、接受国たる日本国は同意していないから、本件禁治産宣告は権限を欠くものとして無効である。（東京地判昭63・4・25家月四〇・九・七七、重判昭63国際三）

→三八条[9]

第六条（**失踪の宣告**）① 裁判所は、不在者が生存していたと認められる最後の時点において、不在者が日本に住所を有していたとき又は日本の国籍を有していたときは、日本法により、失踪の宣告をすることができる。

② 前項に規定する場合に該当しないときであっても、裁判所は、不在者の財産が日本に在るときはその財産についてのみ、不在者に関する法律関係が日本法によるべきときその他法律関係の性質、当事者の住所又は国籍その他の事情に照らして日本に関係があるときはその法律関係についてのみ、日本法により、失踪の宣告をすることができる。

第二節　法律行為

第七条（**当事者による準拠法の選択**）法律行為の成立及び効力は、当事者が当該法律行為の当時に選択した地の法による。

一 当事者自治の原則

1 当事者の意思

[1] 実質法上の合意である法律行為に意思表示の瑕疵〔かし〕があっても、抵触法上の合意である準拠法選択に意思表示の瑕疵があるということには当然にはならず、株式譲渡合意の相手方の素性・支払能力や、他社も株式を譲渡するかという事情に関する錯誤や詐欺は実質法上の合意に係るものであって、抵触法上の合意に係るものではないので、準拠法選択の有効性を左右するものではない。（東京地判平24・8・30税資二六二順号一二〇二六）

[2] 米国法を準拠法として選択する旨の合意の有効性につき当事者が指定した米国法によって判断することは、循環論に陥っており相当でないとして、国際私法上の判断として有効性を判断した事例（水戸地判平26・3・20判時二二三六・一三五、国私百選〔三版〕二五）→一三条[8]

[3] 裁判管轄と準拠法とを定める条項について、裁判管轄合意の部分が専属管轄ルールに反して無効であるとされるとしても、準拠法合意の部分についての当事者の意思解釈には影響を及ぼさない。（東京地判平27・12・25〔平26ワ八一七四四〕）

[4] 契約条項のうち、シンガポールでの紛争解決を定める部分は、一定の法律関係に基づく訴えに関する合意ではないことに加え、意味するところが極めて不明瞭であり、さらに、日本法人の間で締結された日本国内での太陽光発電に関する契約についてシンガポールで紛争解決をする合理性はないので無効であり、他方、シンガポール法を準拠法と定める部分についても、その内容に何ら合理的な理由がなく、単一の条項において準拠法と紛争解決地の定めとが一体として規定されていることも併せ考慮すると、この条項は全体として公序法に反し無効であるとし、日本法を準拠法とした事例（大分地中間判平28・4・28〔平27ワ二〇〕）

[5] 世界的な大企業であるカリフォルニア州法人Aと日本の中小企業Bとの間の契約中のカリフォルニア州法を指定する準拠法条項は、優越的地位を濫用してこれを定めたとは認められず、Bが同州法の調査・検討が特に困難であることが窺われるような事情はなく、Bにとって特に不利な内容を定めていることを基礎付ける事情もないとして有効であるとした事例（東京地判令元・9・4審決集六六・五一九）→◆【Ⅳ 単位法律関係】〔一条の後〕[7]・二〇条[4]・四二条[7]

[6] シンガポール法及び日本法を準拠法とする旨の合意があるとしても、どちらが優先して適用されるのかが明らかにされておらず、有効な準拠法の選択が行われたものとは認め難い。（東京地判平30・8・10〔平27ワ三三三九六〕）

2 準拠法の分割指定

[7] 日本の損害保険会社が発行した日本への輸入貨物についての英文保険証券上の準拠法約款が保険者の塡補責任の有無及びその決済はイングランドの法と事実たる慣習によると定めている場合、保険契約自体の有効性と航海事業の適法性については日本法に準拠するが、前記の点はイギリス法による趣旨であり、そのように解するのが海上保険業界の慣習である。（東京地判昭52・5・30判時八八〇・七九、保険法百選一〇九）→[8]

[8] 国際海上運送契約を細分化し、履行部分に限りブラジル法を準拠法とすることは、法律関係を複雑にするとともに、荷受人又は船荷証券所持人の立場を不安定にするので、特段の事情がない限り、一つの国際海上運送契約の準拠法の分割は認めるべきではない。（東京地判平13・5・28判タ一〇九三・一七四、国私百選〔補正〕三〇……全体として日本法を適用）→[7]

3 準拠法の黙示の指定

[9] ともにフランス在住の日本人原被告間の消費貸借契約の準拠法について、ともに日本国籍を有すること、借用書が日本語で記載され、被告の日本への帰国を前提に連絡先として日本の住所・電話番号が記載されていることから、フランスの銀行の小切手が振り出され、フランスの通貨が用いられたとしても、準拠法を日本法とすることが想定されていたと考えるのが合理的であるとした事例（東京地判平24・2・3〔平21ワ三七〇三五〕……法例七条一項を適用）

[10] 定期預金債権の準拠法について、日本国内において外国銀行日本支店が行う一般の銀行取引と同様に定型的・画一的に行われる附合契約の性質を有すること、日本国内に設けられた外国銀行の営業所は主務大臣の免許を受けるべきこと、免許を受けた営業所は銀行とみなされること等を参酌し、日本支店の所在地法である日本法を黙示的に指定したものと解すべきである。（最判昭53・4・20民集三二・三・六一六、国私百選〔三版〕三七）→二〇条[7]・一三条[6]

[11] ドイツの航空会社と日本をホームベースとする日本人客室乗務員との雇用契約について、ドイツの労働組合等と会社の間のドイツ労働法に基づく労働協約に依拠するとされていること、この労働協約で争点となっている手当等に関する事項が定められていること、手当等はマルクにより算定されていること、ドイツで雇用契約書に署名していること等から、準拠法をドイツ法とする黙示の合意が成立していたものと推定することができる。（東京地判平9・10・1労民四八・五＝六・四五七、国私百選〔三版〕三六）

[12]（ワラントを表章する新株引受権証券として発行された一枚の大券がベルギーに保管されていることを前提として、ベルギーの保管振替システムに参加していた日本の証券会社からそのワラントを買い受けた日本の顧客が損失を被り、新株引受権証券の交付がなかったことを理由とする契約の解除等の主張について）売買契約の締結地、代金決済地、原被告の住所地がいずれも日本であり、またワラントの各発行会社も日本法人であること等から、黙示的に日本法に準拠する意思を有していたものと推認するのが合理的である。（仙台高秋田支判平12・10・4金判一一〇六・四七、国私百選〔三版〕二七）

[13] 信用状に係る法律行為の準拠法として、信用状債務履行地法とする旨の黙示の合意があるとした事例（東京地判平15・9・26金法一七〇六・四〇、重判平16私一）

[14] 香港法人の売主と日本法人の買主との間の売買契約について、日本国内向けに販売する商品を対象としており、買主が日本法人である上、売主の代表者も日本人であること等を総合的に考慮すれば、黙示的に日本法が選択されたものと認めることができる。（東京地判平26・10・7〔平24ワ二四五三五〕）

[15] 韓国法人が製造した製品を日本法人が購入して日本で販売する売買契約の準拠法に関しては、製品を日本に納品し、日本円による支払を受けること等を理由に、また、その日本法人の債務についての債務引受け及び保証をした他の日本法人二社の契約の準拠法に関しては、主たる債務の準拠法が日本

法である上、日本法人の債務を日本法人が引受け又は保証することを理由に、いずれも黙示的に日本法を選択したと判断した事例（東京地判平26・3・20【平23ワ三一四〇〇】）

[16] 韓国法人を委任者とし、日本における会社設立・事業開始等を目的とする委任契約は、契約締結は韓国で行われたとしても、日本法を準拠法とする黙示の意思があるとした事例（東京高判平18・10・24判タ一二四三・一三一、国私百選[二版]三二）

[17] 米国人が日本で事業を営む韓国人に日本の著作権を譲渡する契約について、日本法を準拠法とすることが当事者の合理的意思に合致するとした事例（知財高判平20・3・27【平19ネ一〇〇九五】）

[18] カリフォルニア州法人が日本法人にゴルフ用品を引き渡すこと等を内容とする契約につき、代金額が米国ドルで定められているものの、関連する代理店契約において日本法を準拠法とする旨の定めがあったことや、共同事業のために日本に別法人が設立されたことに鑑みると、日本法を準拠法とする旨の黙示の合意があったと認めるのが相当である。（東京地判平30・10・25【平27ワ二二六三二】国私百選[三版]二六）

二　本条の適用範囲

1　信託契約

[19] 本条により著作権信託契約の準拠法を日本法と判断した事例（知財高判平24・2・14【平22ネ一〇〇二四】）

2　代理

[20] 任意代理に基づく代理行為の相手方と本人との間の法律関係の準拠法は、代理権授与行為（第三者に対して他人に代理権を与えた旨を表示した者についてはその表示行為）の成立及び効力の準拠法と同一であり、法例七条［本条等］の適用又は類推適用により当事者の意思によって定まるが、代理行為の相手方たる第三者にとって代理権の存否を知ることは必ずしも容易ではないから、取引行為の相手方を保護するために法例三条［法適用四条］二項を類推して、本人と代理行為の相手方との法律関係にはその行為地法を適用すべきである。（神戸地決昭34・9・2下民一〇・九・一八四九、国私百選[三版]二二）

3　債権譲渡行為の成立及び効力

[21] 債権譲渡行為は準物権行為としてその原因から明確に区別されるべきであり、譲渡対象債権の準拠法による。（東京地判昭42・7・11金判七六・二、国私百選[二版]四八）→二三条[1]

4　外国の特許を受ける権利の譲渡

[22] 外国の特許を受ける権利の譲渡に伴って対価を請求できるか、その対価の額はいくらかなどの特許を受ける権利の譲渡の対価に関する問題は、譲渡当事者間の債権債務関係の問題にほかならず、譲渡の原因関係である契約の効力の問題である。（最判平18・10・17民集六〇・八・二八五三、国私百選[三版]四二……平成一六法七九による特許法改正前の事件）↓◆【IV 特許権】［三章名の後］[6]

5　競業避止義務

[23] 日本、韓国、台湾及び中国における競業の避止を求める請求につき、競業避止義務を定める業務委託契約の準拠法がオーストリア法であるとした事例（東京地判平19・12・26判タ一二八二・三二六）

6　消滅時効

[24] 消滅時効制度は、一定期間の経過により債務者が利用し得る防御手段として付与され、かつ、その者の援用を条件に債務を免責するという共通の性質からして実体法上の制度とみるべきであり、債権自体の運命の問題にほかならないから、債権自体の準拠法による。（徳島地判昭44・12・16判タ二五四・二〇九、渉外百選[三版]五六……同旨、東京地判平24・2・3【平21ワ三七〇三五】）→四二条[3]

[25] 日本及び外国における特許を受ける権利の譲渡の対価請求権の消滅時効は、譲渡の原因関係である契約の問題の一つであり、その契約の準拠法による。（知財高判平21・6・25判時二〇八四・五〇、特許百選[四版]三四）↓◆【IV 特許権】［三章名の後］[5]

7　遅延利息

[26] 遅延利息は主たる債務に付随するものであるから、主たる債務の準拠法による。（東京地判平7・10・30判タ九二一・二八二……同旨、東京地判令元・11・13【平28ワ三九六八七】、東京地判令元・9・25【平30ワ二一八六〇】）

8　仲裁契約

[27] 当事者間の合意を基礎とする紛争解決手段としての仲裁の本質に鑑みれば、仲裁契約の準拠法は法例七条［本条等］により定められるべきであり、仲裁地に関する合意の有無や主たる契約の内容その他の事情に照らし、黙示の準拠法の合意があると認められるときはこれによる。仲裁に付されるべき紛争の範囲と当事者の一方が訴訟を提起した場合に相手方が仲裁契約の存在を理由として妨訴抗弁を提出することができる紛争の範囲とは表裏一体の関係に立つべきものであるから、前者が仲裁契約の準拠法による以上、後者も仲裁契約の準拠法による。（最判平9・9・4民集五一・八・三六五七、国私百選[三版]一〇六）

[28] 本件契約にはアリゾナ州法及び合衆国法のみに基づき解釈される旨の明文の定めがあるので、本件仲裁合意についてもこれらの法を準拠法とする黙示の合意があると認められ、仲裁地に関してクロス方式の仲裁合意があるとしても、そのことから直ちに上記認定判断は左右されない。（東京地判平26・10・17判タ一四一三・二七一）

第八条（当事者による準拠法の選択がない場合）

第八条① 前条の規定による選択がないときは、法律行為の成立及び効力は、当該法律行為の当時において当該法律行為に最も密接な関係がある地の法による。

② 前項の場合において、法律行為において特徴的な給付を当事者の一方のみが行うものであるときは、その給付を行う当事者の常居所地法（その当事者が当該法律行為に関係する事業所を有する場合にあっては当該事業所の所在地の法、その当事者が当該法律行為に関係する二以上の事業所で法を異にする地に所在するものを有する場合にあってはその主たる事業所の所在地の法）を当該法律行為に最も密接な関係がある地の法と推定する。

③ 第一項の場合において、不動産を目的物とする法律行為については、前項の規定にかかわらず、その不動産の所在地法を当該法律行為に最も密接な関係がある地の法と推定する。

一　売買契約の準拠法

[1] マレーシア法人の買主と日本法人の売主との間の機械売買契約について、売主の給付が特徴的給付であるとして日本法によるとした事例（東京地判平28・2・25【平27ワ二一一九五】……同旨、東京地判令元・8・27【平28ワ四二九二九】国私百選[三版]二八、東京地判令元・6・3【平30ワ九六三二】）

二　委託契約の準拠法

[2] 日本法人が台湾法人に台湾における通信事業を委託する契約について、委託者が日本法人であること、契約書が日本語でのみ作成されていること、東京地裁を指定する管轄合意があること等から、本条一項により日本法によるとした事例（東京地判平26・2・6【平25ワ二七〇二〇】）

三　労働者派遣契約の準拠法

[3] 外国航空会社と日本の労働者派遣会社との間の日本発着便へ日本人乗務員を派遣することを内容とする契約につき、本条一項及び二項により日本法によるとした事例（東京地判平24・12・5労判一〇六八・三二）

四　資金移動のための金銭消費貸借契約

[4] ① 日本法人の代表者の資金をスイス法人経由で当該日本法人に移動させるスキームの一部として、当該スイス法人と当該日本法人との間での金銭消費貸借契約が締結されたことに照らすと、あえて当該スイス法人を介在させることに重要

な意味があったと解され、同契約の最密接関係地はスイスである。

② 日本法人の代表者がスイス法人に貸し付ける金銭消費貸借契約は、当該代表者がその親族の住むロンドンの住所を記載しており、同人が国際ビジネスに通じ、各国の法によって遅延利息や時効に違いが生じることを認識していたことから、あえてこの住所を記載したことに当該消費貸借契約の特徴があり、同契約の最密接関係地はイギリスである。（東京地判平30・5・25【平28ワ二一〇〇五】）→◆【Ⅲ　相殺】［三章名の後］[7]

五　不動産を目的とする契約

[5] 日本所在の不動産の賃料の支払について保証をしたフィリピン人に対する保証債務請求につき、本条三項を適用して日本法を準拠法とした事例（東京地判平30・7・18【平28ワ四二九七七】）

六　仲裁契約の準拠法

[6] 仲裁合意の準拠法につき黙示の合意も認められない場合、仲裁法四四条一項二号、四五条二項二号の規定の趣旨に鑑み、当該仲裁合意において仲裁地とされている地の法によるべきである。（東京高判平22・12・21判時二一一二・三六）

七　契約不成立の場合の準拠法決定

[7] 契約の存否について、当事者がいずれも日本在住であることや、仮に本件契約が成立しているとすれば、その内容となっている宝石の委託販売、その代金から委託手数料を控除した残金の支払が日本で行われるであろうことから、最密接関係地である日本の法によるとした事例（東京高判平28・5・11【平28ネ二〇一】）

（当事者による準拠法の変更）

第九条　当事者は、法律行為の成立及び効力について適用すべき法を変更することができる。ただし、第三者の権利を害することとなるときは、その変更をその第三者に対抗することができない。

訴訟手続中の黙示の合意

[1] 当事者は契約時に準拠法を選択していないが、日本法が適用されることを前提として訴訟活動をしていることから、仮に法適用通則法八条により中国法が適用されるとしても、訴え提起後に日本法による旨の合意をしたと解されるので、本条により日本法によるとした事例（東京高判平30・8・22【平30ネ二五三四】国私百選[三版]二九）

[2] 台湾人妻からの離婚訴訟中の夫に対する両者の間で締結された契約に基づく貸金返還請求につき、同契約中にはスイス法を準拠法とする条項があるが、訴え提起後に日本法を準拠法とすることに合意したとした事例（東京地判平24・2・2【平22ワ二三三八二】）

[3] 準拠法の決定は法令の解釈適用に関する法律問題であり、弁論主義の妥当する範囲の中には含まれないから、裁判所は、準拠法について自白が成立している場合であってもそれには拘束されず、当該事案の具体的な事実関係の下で客観的に法令を解釈適用し、準拠法を決定しなければならない。（東京地判平24・8・30税資二六二順号一二〇二六……本条に相当する規定がなかった法例の下での判断）

（法律行為の方式）

第一〇条①　法律行為の方式は、当該法律行為の成立について適用すべき法（当該法律行為の後に前条の規定による変更がされた場合にあっては、その変更前の法）による。

② 前項の規定にかかわらず、行為地法に適合する方式は、有効とする。

③ 法を異にする地に在る者に対してされた意思表示については、前項の規定の適用に当たっては、その通知を発した地を行為地とみなす。

④ 法を異にする地に在る者の間で締結された契約の方式については、前二項の規定は、適用しない。この場合においては、第一項の規定にかかわらず、申込みの通知を発した地の法又は承諾の通知を発した地の法のいずれかに適合する契約の方式は、有効とする。

⑤ 前三項の規定は、動産又は不動産に関する物権及びその他の登記をすべき権利を設定し又は処分する法律行為の方式については、適用しない。

債権質の対抗要件

[1] 債権質の設定を第三債務者に対抗するために第三債務者への通知又はその承諾を要するかどうかは債権質の効力に関する要件の問題であるから、法例八条［本条］の法律行為の方式には当たらない。（最判昭53・4・20民集三二・三・六一六、国私百選[三版]三七）→七条[10]・一三条[6]

（消費者契約の特例）

第一一条①　消費者（個人（事業として又は事業のために契約の当事者となる場合におけるものを除く。）をいう。以下この条において同じ。）と事業者（法人その他の社団又は財団及び事業として又は事業のために契約の当事者となる場合における個人をいう。以下この条において同じ。）との間で締結される契約（労働契約を除く。以下この条において「消費者契約」という。）の成立及び効力について第七条又は第九条の規定による選択又は変更により適用すべき法が消費者の常居所地法以外の法である場合であっても、消費者がその常居所地法中の特定の強行規定を適用すべき旨の意思を事業者に対し表示したときは、当該消費者契約の成立及び効力に関しその強行規定の定める事項については、その強行規定をも適用する。

② 消費者契約の成立及び効力について第七条の規定による選択がないときは、第八条の規定にかかわらず、当該消費者契約の成立及び効力は、消費者の常居所地法による。

③ 消費者契約の成立について第七条の規定により消費者の常居所地法以外の法が選択された場合であっても、当該消費者契約の方式について消費者がその常居所地法中の特定の強行規定を適用すべき旨の意思を事業者に対し表示したときは、前条第一項、第二項及び第四項の規定にかかわらず、当該消費者契約の方式に関しその強行規定の定める事項については、専らその強行規定を適用する。

④ 消費者契約の成立について第七条の規定により消費者の常居所地法が選択された場合において、当該消費者契約の方式について消費者が専らその常居所地法によるべき旨の意思を事業者に対し表示したときは、前条第二項及び第四項の規定にかかわらず、当該消費者契約の方式は、専ら消費者の常居所地法による。

⑤ 消費者契約の成立について第七条の規定による選択がないときは、前条第一項、第二項及び第四項の規定にかかわらず、当該消費者契約の方式は、消費者の常居所地法による。

⑥ 前各項の規定は、次のいずれかに該当する場合には、適用しない。

一　事業者の事業所で消費者契約に関係するものが消費者の常居所地と法を異にする地に所在した場合であって、消費者が当該事業所の所在地と法を同じくする地に赴いて当該消費者契約を締結したとき。ただし、消費者が、当該事業者から、当該事業所の所在地と法を同じくする地において消費者契約を締結することについての勧誘をその常居所地において受けていたときを除く。

二　事業者の事業所で消費者契約に関係するものが消費者の常居所地と法を異にする地に所在した場合であって、消費者が当該事業所の所在地と法を同じくする地において当該消費者契約に基づく債務の全部の履行を受けたとき、又は受けることとされていたとき。ただし、消費者が、当該事業者から、当該事業所の所在地と法を同じくする地において債務の全部

法適

の履行を受けることについての勧誘をその常居所地において受けていたときを除く。

三　消費者契約の締結の当時、事業者が、消費者の常居所を知らず、かつ、知らなかったことについて相当の理由があるとき。

四　消費者契約の締結の当時、事業者が、その相手方が消費者でないと誤認し、かつ、誤認したことについて相当の理由があるとき。

一　強行法規該当性

[1]　約款上の準拠法条項により法人格否認の法理を認めない英国法が指定されているため、パナマ法人の親会社である香港法人の責任を追及できないとしても、英国法を準拠法とすることが直ちに消費者の権利を制限し義務を加重することになるものではないから、本条一項により日本の消費者契約法一〇条が適用されて、当該準拠法条項が無効となるものではない。（東京高判平29・6・29【平29ネ七〇九】国私百選[三版]二〇……日本法人との間で、その企画したクルージングに参加する旨の契約をし、また船舶の所有者であるパナマ法人との間で旅客運送契約をして乗船中の日本在住の旅客らが、公海上での当該船舶の故障等により精神的苦痛を受けたと主張して、当該パナマ法人の親会社である香港法人等を訴えた事件において、当該パナマ法人の法人格を否認してその親会社の責任を追及することができるか否かという問題は、本件運送契約の準拠法である英国法によるべきところ、英国法には法人格否認の法理はなく、香港法人に対して責任を追及することはできないとされた事例）

[2]　会社法八一八条二項は、一次的には取引の相手方の保護をその趣旨としているものと解され、取引の相手方がその適用を求めないことも可能であるので、これは本条にいう強行法規に当たらない。（東京地判平29・6・2【平27ワ三〇三五六】……リヒテンシュタイン法人である銀行との間の同国法を準拠法とする投資契約に基づく取引により損失を被ったと主張する日本在住の者が本条により日本法上の強行法規として会社法八一八条二項の適用を求めた事例）

二　強行法規を適用すべき旨の意思表示

[3]　出資契約にはネヴァダ州法を指定する準拠法条項があるが、消費者である原告が日本で提起した訴訟の訴状の送達によって、事業者である被告に対し、原告らの常居所地である日本の強行規定である民法九六条一項及び消費者契約法四条一項一号を適用すべき意思表示をしているため、本条一項によりこれらの条項が適用される。（東京地判平29・1・17【平28ワ三二五八五】国私百選[三版]三〇）

三　準拠法選択がない場合

[4]　準拠法選択がない消費者契約について、消費者が契約締結時から訴訟時まで日本に常居所を有するとして、本条二項により、日本法によるとした事例（東京地判平28・3・23【平27レ一〇六二】）

第一二条（労働契約の特例）①　労働契約の成立及び効力について第七条又は第九条の規定による選択又は変更により適用すべき法が当該労働契約に最も密接な関係がある地の法以外の法である場合であっても、労働者が当該労働契約に最も密接な関係がある地の法中の特定の強行規定を適用すべき旨の意思を使用者に対し表示したときは、当該労働契約の成立及び効力に関しその強行規定の定める事項については、その強行規定をも適用する。

②　前項の規定の適用に当たっては、当該労働契約において労務を提供すべき地の法（その労務を提供すべき地を特定することができない場合にあっては、当該労働者を雇い入れた事業所の所在地の法。次項において同じ。）を当該労働契約に最も密接な関係がある地の法と推定する。

③　労働契約の成立及び効力について第七条の規定による選択がないときは、当該労働契約の成立及び効力については、第八条第二項の規定にかかわらず、当該労働契約において労務を提供すべき地の法を当該労働契約に最も密接な関係がある地の法と推定する。

[1]　香港法人とエンプロイメント契約及び出向契約を結び、その関連会社の日本支店に勤務していた日本在住の者が契約を解除された事案において、地位確認、不当利得返還等の前提問題として、両契約は、形式、内容、勤務実態等に照らして実質的には労働契約の性質を有するとした事例（東京地判平25・12・18【平24ワ四四五四】……エンプロイメント契約には香港法を指定する条項があったが、出向契約には日本法を指定する条項があり、また主として日本勤務であったことから、本件労働契約の最密接関係地である日本法を適用）

[2]　日本法人で働くために外部の語学研修を日本で受けたフィリピン人が、当該日本法人との間で締結した就労期間が一年未満となる場合には金銭支払義務を負う旨の契約の準拠法は本条三項により日本法であり、労働基準法一六条に反し、当該契約は無効である。（東京高判平31・4・10【平30ネ五三八〇】）

[3]　香港法人とセールスマネジャーとの間の雇用契約の準拠法は、日本が労務提供地であることから、本条二項により最密接関係地法は日本法であると推定され、原告が適用すべき旨の意思表示をしている労働契約法一六条は本条一項でいう強行法規であり、同条の適用があるとした事例（東京地判平28・5・20【平25ワ二八八一二】）

[4]　英国法上のリミテッドパートナーシップとの雇用契約には英国法を準拠法とする条項があるものの、当初は英国が労務提供地であったが、その後、出張先か出向先かにかかわらず、約三年二箇月継続的に専ら日本が現実の労務提供地であるから日本が最密接関係地であり、原告が適用を求めている労働契約法一六条等が本条一項により適用される。（東京地判平28・9・26【平25ワ一〇七八〇】国私百選[三版]三一）

[5]　労務提供地は中国であるものの、労働契約の準拠法として日本法が黙示的に選択され、雇用者は日本の国立研究開発法人であって、日本で職員の労働条件の決定・管理等の事務を行っていること等から、最密接関係地法を中国法と推定する本条二項の推定は覆され、中国法に基づく請求は認められない。（東京高判平30・10・24【平30ネ一九六四】）

第三節　物権等

第一三条（物権及びその他の登記をすべき権利）①　動産又は不動産に関する物権及びその他の登記をすべき権利は、その目的物の所在地法による。

②　前項の規定にかかわらず、同項に規定する権利の得喪は、その原因となる事実が完成した当時におけるその目的物の所在地法による。

一　原因行為と物権行為

[1]　法律行為に基づく物権変動について、債権契約との間に有因であるのか、無因であるのかは、本条が定める準拠法による。（東京高判平24・1・18判時二一三八・四二、重判平24国私一……物権の準拠法である日本法によれば、物権行為は有因行為であり、本件地上権設定行為が基づく債権契約がその準拠法であるフィリピン共和国法上有効であることが本件地上権成立・取得の前提となる）↓一四条[4]

二　相続準拠法との関係

[2]　共同相続した財産に係る法律関係がどうなるか、相続人が遺産分割前にその持分を処分できるかどうかなどは相続の効果に属するものとして相続準拠法によるが、その持分について第三者に対してした処分に権利移転（物権変動）の効果が生ずるかどうかは物権準拠法による。（最判平6・3・8民集四八・三・八三五、国私百選[三版]二一）

三　担保物権の成立及び効力

[3]　留置権のようないわゆる担保物権は主たる債権の存在を前提とするのであるから、国際私法上担保物権が有効に成立するためには、主たる債権がその準拠法によって有効に成立し、担保物権が目的物所在地法によって有効に成立することを要する。（大判昭11・9・15新聞四〇三三・一六、国私百選[三版]二八）→[4][5]

[4]　船舶先取特権は、一定の債権を担保するためにいわば被担保債権の効力として法律上特に認められた権利であるから、その成立・存続については、物権準拠法のみでは十分でなく、被担保債権の準拠法にもよらなければならない。（東京地判昭51・1・29下民二七・一～四・二三……同旨、水戸地判平26・3・20判時二二三六・一三五（後出[8]）、神戸地決平28・1・21【平27ヲ二九五】、福岡地小倉支決平27・12・4【平27ヲ二一〇七】、東京高決平29・6・30判タ一四四六・九三（四二条[22]））→[3][5]

[5]　船舶先取特権の成立及び効力は法廷地法である日本法による。（東京地決平4・12・15判タ八一一・二二九）→[3][4]

四　債権質

[6]　債権質は物権であるが、財産権そのものを目的とするために直接その目的物の所在地を確定することができず、反面、客体たる権利を支配し、その運命に直接影響を与えるものであるから、債権質に適用すべき法は、客体たる債権自体の準拠法である。（最判昭53・4・20民集三二・三・六一六、国私百選[三版]三七）→七条[10]・一〇条[1]

五　旗国法

[7]　船舶や航空機のごとく常時移動してその物理的な所在地の確定が困難であり、又は確定可能な場合にも、偶然に所在する場所により物権関係を決定することが不適当・不可能なものについては、「所在地法」は登録地法（旗国法）を意味する。（松山地判平6・11・8判時一五四九・一〇九、国私百選[三版]二四）

[8]　船舶を目的物とする物権準拠法として旗国法によることは、明確性や予測可能性において優れることは確かであるが、本条二項の文言と整合しないこと、便宜置籍船については旗国との関係が密接とはいい難いことなどからすれば採用し難いとし、原因事実完成時の船舶の所在地法によるとした事例（水戸地判平26・3・20判時二二三六・一三五、国私百選[三版]二五……なお、法廷地法説についても、被担保債権成立後にたまたま船舶が停泊していた国の法律が適用されるのは相当でないこと、いわゆる「法廷地漁り」の危険性があることなどから採用し難いと判示。同旨、福岡地小倉支決平27・12・4【平27ヲ二一〇七】）→七条[2]

六　自動車の登録国法

[9]　〈ドイツで登録されていた自動車がイタリアで盗まれ、外観上登録のない状態で日本に輸入されて中古車として転々譲渡された後、保険代位により所有権を取得した外国保険会社から現在の占有者に対する自動車引渡請求につき〉運行の用に供し得る状態で取引の対象とされている場合の自動車の所有権取得は「利用の本拠地法」（＝登録地法）によるべきであるが、外観上登録がない状態である場合には、取引の安全の観点から、一般の動産と同様に、当該自動車が他国の仕向地への輸送の途中であり物理的な所在地法を準拠法とすることに支障があるなどの事情がない限り、物理的な所在地法が準拠法となる。（最判平14・10・29民集五六・八・一九六四、国私百選[三版]二三……登録国法であるドイツ法により即時取得を否定した原判決（東京高判平12・2・3判時一七〇九・四三、重判平12国私一）を覆し、日本法により即時取得を肯定）

七　移動中の物に対する売主の引渡差止命令

[10]　運送契約の準拠法上認められる差止権は、その要件を具備する限り、貨物が横浜港に到着した後もこれを有効に行使できる。（大判大9・10・6評論九・諸法四八一、渉外百選[三版]一九）

[11]　貨物引渡差止請求権は実質的には売主の物品取戻権であり、法例一〇条［本条］の精神に従い貨物の到達地法によるる。（横浜地判大7・10・29評論八・諸法四、渉外百選[三版]三二）

八　国有化法の渉外的効力

[12]　イランの石油国有化法による石油所有権の得喪は法例一〇条［本条］二項によりその原因たる事実の完成した当時における目的物の所在地法（イラン法）に従う。（東京高判昭28・9・11高民六・一二・七〇二〈アングロ・イラニアン石油会社事件〉国私百選[三版]一六）

第四節　債権

第一四条（事務管理及び不当利得）　事務管理又は不当利得によって生ずる債権の成立及び効力は、その原因となる事実が発生した地の法による。

一　事務管理

[1]　海難救助は事務管理ないしそれに準ずるものであるから、それに基づく債権の成立及び効力は船舶の救助が行われた地の法律による。（広島地呉支判昭45・4・27下民二一・三＝四・六〇七、国私百選[三版]三二）

二　不当利得

[2]　中国法人に報酬債務を履行した日本法人による、同債務が消滅していたことを理由とする不当利得返還請求について、当該報酬債務を消滅させる旨の契約は中国法人間で中国で締結されたものであり、また利得発生地も中国であるから、中国法による。（東京地判平30・3・20【平28ワ一二一四九】）

[3]　日本の銀行の東京支店の預金を目的とする質権実行が不当利得となるか否かは、質権実行行為地法である日本法による。（東京地判平21・3・10判時二〇六一・七四）

[4]　無効の傭船［ようせん］契約に基づき船舶を占有使用した場合における不当利得返還義務の存否は、利得の原因となった船舶の占有移転が現実に行われた地の法律による。（大阪高判昭40・5・13判時四一六・七八）

[5]　ハワイ州にある銀行口座に振り込まれた同州所在の建物の家賃のうち三分の二が不当利得か否かについて、当事者双方とも日本に常居所を有しており、上記口座の金員は日本に居住しながら管理されていたことから、不当利得の原因となる事実の発生した地は同州のほか日本国内も含むものと認めるのが相当であるとし、日本法を適用した事例（東京地判平27・5・19【平21ワ二九二三八】）

第一五条（明らかにより密接な関係がある地がある場合の例外）　前条の規定にかかわらず、事務管理又は不当利得によって生ずる債権の成立及び効力は、その原因となる事実が発生した当時において当事者が法を同じくする地に常居所を有していたこと、当事者間の契約に関連して事務管理が行われ又は不当利得が生じたことその他の事情に照らして、明らかに同条の規定により適用すべき法の属する地よりも密接な関係がある他の地があるときは、当該他の地の法による。

[1]　定期傭船契約の終了により返船された時に残存燃料の返還請求権を行使することができず、船舶所有者に残存燃料代金相当額の利益が生じたことを理由とする不当利得返還請求権につき、公海上で返船がされたため法適用通則法一四条をそのまま適用することはできず、本条により、当該利得の発生に関連する本件定期傭船契約の準拠法によるとした事例（東京高判平31・1・16判時二四三三・七〇、国私百選[三版]三三）

2　日本所在の不動産を非居住者から購入する際に代金から差し引くべき所得税につき、後に追徴課税をされたことによる日本法人から当該非居住者に対する当該所得税分の不当利得返還請求について、日本で締結された売買契約に関連するこ

とから、本条により日本法による。（東京地判令2・12・10【令2ワ一一一六】）

第一六条（**当事者による準拠法の変更**） 事務管理又は不当利得の当事者は、その原因となる事実が発生した後において、事務管理又は不当利得によって生ずる債権の成立及び効力について適用すべき法を変更することができる。ただし、第三者の権利を害することとなるときは、その変更をその第三者に対抗することができない。

1 原告は、原審最終弁論期日にリベリア法を予備的に主張するに至ったが、それまでは当初から日本法による主張をし、被告も日本法によることを前提に争ってきたものであって、これにより適用準拠法について当事者間に合意が成立したとはいえないまでも、少なくとも当事者間に日本法の適用を排斥する意思があったとは思われないとして、このことを最密接関係地法が日本法であるとの判断の一要素とした事例（東京高判平16・5・27金判一二四二・三六、国私百選〔二版〕四二……法例一一条一項の下での判断）→一七条8・二〇条11

2 日本法人の取締役が中国で別法人を設立したことが忠実義務違反であるとする不法行為又は不当利得に基づく金銭支払請求について、準拠法を日本法とすることにつき当事者間に争いはなく、また、それが第三者の権利を害することとなる場合であることはうかがわれないとして、日本法を適用した事例（東京地判平28・6・29【平27ワ一五八一八】……紛争の経緯の部分での判示）

第一七条（**不法行為**） 不法行為によって生ずる債権の成立及び効力は、加害行為の結果が発生した地の法による。ただし、その地における結果の発生が通常予見することのできないものであったときは、加害行為が行われた地の法による。

一 不法行為

1 フランス在住の日本人原告が同国在住の日本人被告からフランスで金銭を詐取されたとの主張につき、返済の意思がないのに金銭を交付させたとの行為があったとは認められないとし、不法行為の準拠法についての検討を尽くすまでもなく請求には理由がないとした事例（東京地判平24・2・3【平21ワ三七〇三五】）

2 特許権侵害による損害賠償請求は特許権特有の問題ではなく、その法律関係の性質は不法行為であり、米国特許権侵害の日本での誘導行為による損害賠償請求については米国法による。（最判平14・9・26民集五六・七・一五五一、国私百選〔三版〕四一……法例一一条一項の下での判断）→◆【Ⅳ 特許権】〔三章名の後〕3・二二条3・四二条4

二 結果発生地

3 本条の結果発生地とは、加害行為によって直接に侵害された権利が侵害発生時に所在した地を意味し、損害発生地とは異なる概念であって、日本において欺罔〔ぎもう〕し、ケイマン法人の株式を譲渡する意思表示を日本において行わせた以上、後日当該株式の買主が契約に署名し、かつ証券会社での手続が行われた香港が損害発生地であるとしても、結果発生地は日本である。（東京高判平30・1・16【平29ネ二三五六】国私百選〔三版〕三四……同旨、東京地判平30・11・22【平27ワ三一八三五】）

4 日本法人が有する情報が日本国外において外国法人から取得したものであったとしても、当該情報の日本での使用及び開示の差止め等の請求は結果発生地法である日本法による。（知財高判平30・1・15判タ一四五二・八〇）

5 デラウェア州法人が、日本法人の取引先である日本の小売店に対して、当該日本法人の製品販売は日本の特許権侵害となるとの告知等をしたことに対する当該日本法人からの告知等の差止め及び損害賠償請求の準拠法は、結果発生地が当該日本法人の本店所在地であるので、日本法となる。（東京地判平27・2・18判時二二五七・八七）→◆【Ⅴ 先決問題】〔一条の後〕2

6 日本法人とその子会社であるアラブ首長国連邦法人との役職を兼務し、ドバイで勤務していた従業員から当該日本法人に対する名誉毀損による損害賠償請求につき、当該日本法人が当該従業員の横領行為をドバイ警察に告発し、ドバイの新聞に当該従業員とは一切の関係がない旨の広告等をしたことに基づくものであるから、原因事実発生地であるアラブ首長国連邦法による。（東京地判平24・10・11労判一〇六七・六三……法例一一条一項の下での判断）

7 隔地的不法行為については、ある国で不法行為の主要な部分が行われ、他の国においては副次的又は軽微な部分しか行われていないときは、最も密接な利害を有する地の公益を維持し、行為者の予測可能性を保護するため、主要な部分が行われた地の法律による。（東京地判平15・3・11訟月五〇・二・四三九……法例一一条一項の下での判断。戦時中の中国からの強制連行及び日本での強制労働に関係した日本企業に対する損害賠償請求につき、連行は日本軍等によるものであり、原告主張の日本企業の行為はほとんど全て日本で行われたものであるので、不法行為の準拠法は日本法であるとした事例）→◆【Ⅰ 国際私法と公法】〔一条の後〕1

8 船舶修繕費や修繕中の休業損害が帰港後に日本で現実化したとしても、船舶衝突自体は公海上で発生し、その時点で船舶の損壊という形で損害も発生しており、一般に、船舶衝突により双方に損壊や人損等が発生することがあるので、損害の現実化をもって原因事実発生地と解することは相当でない。（東京高判平16・5・27金判一二四二・三六、国私百選〔二版〕四二……法例一一条一項の下での判断）→一六条1・二〇条11

9 公海上で発生したパナマ船籍の船舶の貨物の発煙事故による損害賠償責任につき、結果発生地は公海であって適用すべき法が存在しないが、不法行為責任が成立しないのは不合理であるから、条理により、最密接関係地法を適用するとした上で、①貨物の製造業者及び荷送人が日本法人であり、②貨物の製造、その売買、引渡し及び積載がいずれも日本でされ、③損傷を受けた他の貨物も全て日本で積載され、④この船舶はパナマ法人が日本法人から定期傭船しており、⑤貨物の事故により他の貨物が損傷した場合、船舶衝突と異なり、船舶自体が不法行為の最密接関係地とはいえないこと、以上を総合考慮して日本法を適用した事例（東京高判平26・10・29判時二二三九・二三……法例一一条一項の下での判断。同旨、東京高判平25・2・28判時二一八一・三、商法百選七二（当該船舶の運航上の安全についての最密接関係地法として日本法を適用））

10 日本法人とその代表者が中国・台湾・香港で「NEC」の文字標章を権限なく使用等したことに基づく損害賠償請求について、それぞれの地での行為につきそれぞれの地の法を適用して判断した事例（東京地判平23・3・25【平20ワ二七二二〇】）

11 日本法人と日本在住の個人との間で電話によりカンボジア所在のアパート購入手続が行われ、代金送金・受領も日本で行われた取引が詐欺であったと主張する場合、結果発生地は日本である。（東京地判平26・6・25【平25ワ一〇〇九一】）

12 韓国法人Yが日本在住の顧客にセットトップボックスを送付して設置させ、韓国内で受信してYのサーバーに保存した韓国法人Xの番組を、日本の顧客からの指示によりそのセットトップボックスに送信してテレビで視聴させる行為の結果発生地は日本である。（東京地判平26・7・16【平25ワ二三三六三】）

13 夫と被告による不貞行為に基づく妻の慰謝料請求権につき、当該不貞行為が行われた当時、妻がニューヨークで暮らし、夫がニューヨークに訪れる方法で婚姻生活を営んでいたので、妻の生活の本拠も、保護されるべき婚姻共同生活の平和の維持という利益もニューヨークにあったので、日本に帰国して婚姻生活を営む予定であったとしても、結果発生地はニューヨークである。（東京地判平26・9・5判時二二五九・七五、国私百選[三版]五……ニューヨーク州法によれば同州内での不貞行為を理由とする慰謝料請求は認められないとして請求を棄却）

[14] 結果発生地が複数ある場合には、最も重大な結果が発生した地を結果発生地とし、結果の軽重を決し難いときには最初に結果が発生した地を結果発生地とすべきである。（東京高判令元・9・25判タ一四七〇・七五、重判令2国私四）

三 予見可能性の要件

[15] 本条ただし書の通常予見性は、加害者と同一の立場にある一般人を基準に、加害者及び加害行為の性質・態様、被害発生の状況等当該不法行為に関する客観的事情に照らして、その地において加害行為の結果が発生することを予見できないことを意味するものというべきであり、カリフォルニア州に居住している既婚者と少なくとも六箇月余りにわたり継続的に不貞関係にあった者が、同州において婚姻共同生活の平和の破壊という侵害結果発生を予見できないとはいえない。（東京地判令2・10・23【令元ワ一三三八九】）→四二条[23]

[16] 日本国内にも読者が相当数存在するアメリカのニュース配信会社のインターネットニュースの日本国内の話題に関わる記事による日本法人の代表者のプライバシー権侵害の結果発生地は日本であり、その結果の発生が通常予見することのできないものであったとは認められない。（東京地判平28・11・30判タ一四三八・一八六、国私百選[三版]三六）→一九条[3]・三〇条[7]

四 共同不法行為

[17] 共同不法行為は、複数の行為者が不法行為を共同でした場合に各行為者の不法行為責任の成否及び効力を定める制度であるから、被告らの共同不法行為と原告の損害との間に因果関係があると認められるかどうかが問題となるにすぎず、必ずしも一の被告についての不法行為の成立が前提とはならず、当該一の被告の不法行為の準拠法が外国法であるとしても、共同不法行為成立の前提となる別個の法律関係を構成するわけではないから、先決問題ではないとして、その成否には触れず、共同不法行為につき日本法により判断をした事例（東京地判平22・1・29判タ一三三四・二二三、国私百選[二版]四一）→二〇条[2]

五 離婚等による慰謝料

[18] 離婚そのものを原因とする慰謝料請求は、離婚給付の一端を担うものとして法例一六条［法適用二七条］によるが、離婚に伴う慰謝料請求中、離婚に至るまでの個々の行為を原因とする慰謝料請求は、一般不法行為の問題として法例一一条［本条］による。（神戸地判平6・2・22家月四七・四・六〇、国私百選[補正]五六……同旨、東京地判平24・12・25【平24ワ二一〇四】重判平25国私一）

[19] 内縁関係破棄を原因とする慰謝料請求権の成立及び効力は、法例一一条［本条］による。（最判昭36・12・27家月一四・四・一七七、国私百選[三版]五三……原告・被告ともに韓国国籍で、日本に住所を有する）

六 外国人等の損害賠償額の算定

[20] 不法残留外国人の労災による逸失利益は、予測される日本での就労期間は日本での収入等を基礎とし、その後は出国先（多くは母国）での収入等を基礎として算定するのが合理的である。（最判平9・1・28民集五一・一・七八、国私百選[二版]四五……三年間を日本の基準で算定。同旨、千葉地判平26・9・30判時二二四八・七二）→民七〇九条[114]、労契五条[12]

[21] 被害者が外国在住で、慰謝料を当該外国で費消することが予想される場合であっても、慰謝料額が当該外国の所得水準等に当然に比例するわけではなく、諸般の事情の一つとして考慮されるにとどまる。（東京高判平16・12・9【平16ネ三六五六】）

[22] 観光ツアー中に日本で殺害された中華民国人女子の逸失利益の算定について、中華民国の平均年収が日本の二分の一程度であるのに比し、物価水準は日本の四又は五分の一であるとしても、年収に占める生活費控除率を二〇パーセントとすべきであるとはいえず、三〇パーセントとするのが相当である。（甲府地判平20・2・5判時二〇二三・一三四）

第一八条（生産物責任の特例）　前条の規定にかかわらず、生産物（生産され又は加工された物をいう。以下この条において同じ。）で引渡しがされたものの瑕疵により他人の生命、身体又は財産を侵害する不法行為によって生ずる生産業者（生産物を業として生産し、加工し、輸入し、輸出し、流通させ、又は販売した者をいう。以下この条において同じ。）又は生産物にその生産業者と認めることができる表示をした者（以下この条において「生産業者等」と総称する。）に対する債権の成立及び効力は、被害者が生産物の引渡しを受けた地の法による。ただし、その地における生産物の引渡しが通常予見することのできないものであったときは、生産業者等の主たる事業所の所在地の法（生産業者等が事業所を有しない場合にあっては、その常居所地法）による。

[1] 台湾での製造過程で落花生粉が混入した甜杏仁粉が日本に輸入され、日本で商品回収等の損害につき賠償をした日本の輸入業者から原因を作った台湾関係者らに対する損害賠償請求は、製造物責任の問題であり、本件粉の引渡地である日本の法による。（東京地判平30・7・24【平29ワ一九八二七】）

第一九条（名誉又は信用の毀損の特例）　第十七条の規定にかかわらず、他人の名誉又は信用を毀損する不法行為によって生ずる債権の成立及び効力は、被害者の常居所地法（被害者が法人その他の社団又は財団である場合にあっては、その主たる事業所の所在地の法）による。

一 権利侵害の告知行為

[1] 原作の独占的利用権に基づく実写映画等の作成は権利侵害に当たる旨の告知行為の準拠法は本条による。（知財高判平26・3・27【平25ネ一〇〇九四】）

二 新聞による名誉毀損

[2] 日本で発行された新聞の記事により、日本国内はもとより、マレーシア、シンガポール等においても、原告の社会的評価が害されたこと等から、慰謝料等の請求が認められた事例（東京地判平4・9・30判時一四八三・七九、国私百選[二版]四四……法例一一条の下での判断。準拠法決定には触れず、日本法を適用）

三 ウェブサイトによる名誉毀損

[3] アメリカのニュース配信会社のウェブサイトに日本法人の代表者の自宅新築等に関する情報を掲載したことにつき、名誉権侵害については本条により当該代表者らの常居所地法である日本法が適用されるが、プライバシー権侵害については法適用通則法一七条によるとした事例（東京地判平28・11・30判タ一四三八・一八六、国私百選[三版]三六）→一七条[16]・二〇条[7]

[4] 口コミを書き込むことができるウェブサイトを運営する特定電気通信役務提供者に対する発信者情報開示請求は、本条により被害を受けた法人の主たる事務所所在地である日本の法による。（東京地決平29・8・30【平29ヨ一五五二】……同旨、東京高決平30・9・3【平30ラ一一六一】）

四 電子メール等による名誉・信用の毀損

[5] ニューヨークからニューヨーク及び日本国内の関係先に送信した電子メールによる名誉毀損による損害賠償請求の準拠法は、被害者のうち妻の生活の本拠はニューヨークであり、夫の生活の本拠は日本であったので、本条によりそれぞれニューヨーク州法及び日本法である。（東京地判平26・9・5

判時二二五九・七五、国私百選[三版]五）

⑥ 日本法人が製造するギターと全く同一の意匠の韓国製の粗悪なギターに当該日本法人が使用している標章を付して米国内の各州で販売し、また欧州を含む地域における当該日本法人の関係先に電子メール等を送付し、当該日本法人の信用を毀損した米国法人の責任については、本条により被害者である当該日本法人の主たる事業所のある日本法による。（知財高判平27・3・25【平25ネ一〇一〇四】）

第二〇条（明らかにより密接な関係がある地がある場合の例外） 前三条の規定にかかわらず、不法行為によって生ずる債権の成立及び効力は、不法行為の当時において当事者が法を同じくする地に常居所を有していたこと、当事者間の契約に基づく義務に違反して不法行為が行われたことその他の事情に照らして、明らかに前三条の規定により適用すべき法の属する地よりも密接な関係がある他の地があるときは、当該他の地の法による。

一 「当事者」

① 本条の当事者とは、不法行為の直接の当事者（加害者及び被害者）を意味し、日本法における不法行為に関する特別な規定の一つである民法七一五条や自賠法三条に基づき加害者と同様の責任を負うべきとされる者は含まない。（東京地判令2・2・25労判一二四二・九一……マレーシア出張中に現地会社が手配した自動車の事故により重傷を負った日本人から、現地会社の親会社等である日本法人に対する損害賠償請求につき、本条の定める「当事者が法を同じくする地に常居所を有していたこと」には該当せず、結果発生地法であるマレーシア法を適用した事例）

二 契約関連不法行為

② フランス法人と日本法人との間のフランス法を準拠法とする独占的販売代理店契約を当該フランス法人が解除し、新たな日本法人の販売店を設立したことを背景とする当該日本法人からの新たに設立された日本法人等に対する損害賠償請求につき、結果はいずれも日本国内において生じており、前記契約に関連しているが、それに関連しない者の行為も問題とされていること等の事情から、明らかに日本よりもフランスが密接な関係があるということはできないとして、本条の適用を否定した事例（東京地判平22・1・29判タ一三三四・二二三、国私百選[二版]四一）→一七条⑰

③ 外国法人の子会社の日本法人に当該外国法人から出向し東京支店長を務めていた者の賞与額を減額したことは不法行為に当たるとの主張につき、加害行為の結果は債権者の住所地である日本で発生したものというべきであるが、この不法行為は債権者から当該外国法人への賞与請求権の有無及び内容と表裏の関係にあるというべきであるから、雇用契約の準拠法である英国法による。（東京地判平24・5・24【平21ワ二五一〇九】重判平24国私二）

④ 契約に違反して不法行為が行われたことは一例であり、また、請求権競合が生じる場合の混乱を避けることは本条の一根拠にすぎず、契約違反による不法行為でなくても、契約が課す義務の内容に照らし、当事者が負うべき義務の範囲を画することによって不法行為該当性を判断することが可能になり、当該契約と切り離しては不法行為該当性の判断ができない性質を有する場合には、本条により契約準拠法による。（東京地判令元・9・4審決集六六・五一九）→◆【Ⅳ 単位法律関係】［一条の後］⑦・七条⑤・四二条⑦

❺ 米国各地での訴訟提起により、信用も毀損されたとの主張に基づく不法行為の準拠法は、信用毀損の部分は法適用通則法一九条により、他の部分は同法一七条によって定めることになるところ、いずれも、主たる事業所が日本にある法人間で締結された日本法を準拠法とする実施許諾契約の趣旨に照らして当該特許権者の行為が許容されるか否かが問題であるので、本条により日本法による。（大阪地判令3・6・10【平30ワ五〇三七】）

三 名誉毀損

⑥ バージン諸島法人とその香港在住の代表者からアメリカ法人に対する当該アメリカ法人が提供するブログサービス上の記事の削除を怠ったことによる名誉毀損に基づく慰謝料等請求につき、当該記事は日本語で記載され、香港から日本向けに販売している投資商品に関する金融庁の警告等を内容とし、日本在住の日本人読者を主な対象としており、原告らの日本での社会的評価に密接に関わるものであって、最も重大な損害の発生地は日本であるから、本条により日本法による。（東京地判平28・6・20【平24ワ二九〇〇三】）

⑦ アメリカのニュース配信会社が運営するウェブサイトに掲載した記事による名誉毀損及びプライバシー権侵害の準拠法は、それぞれ法適用通則法一九条及び一七条により日本法であり、本件記事は日本国内に存在する建物に関するものであり、日本国内に居住する者らの名誉権及びプライバシー権に関わるので、明らかに日本よりも密接な関係がある他の地があるとはいえない。（東京地判平28・11・30判タ一四三八・一八六、国私百選[三版]三六）→一七条⑯・一九条③

四 不正競争

⑧ 日本以外の国における提訴等の差止請求につき、対象行為の結果発生地は外国であり、法適用通則法一七条によれば当該外国法によることとなるが、当事者は双方ともに日本に本店を有する日本法人であり、対象行為に係る意思決定も日本で行われること、対象行為の結果は日本にも及ぶこと等の事情に照らし、本条により日本法による。（知財高決平21・12・15【平21ラ一〇〇〇六】国私百選[二版]四〇）

⑨ 商品形態模倣行為による損害賠償及び将来の差止めの請求は、販売先国の市場での原告の営業上の利益が侵害され又はそのおそれがあることに基づくから、法適用通則法一七条により定まる準拠法は当該販売先国法であるが、双方の本店所在地は日本であり、被告による販売形態は日本で受注し、外国の顧客に対して輸出するものであり、販売先は複数国に及んでいることから、本条により、販売先の各国よりも日本が明らかにより密接な関係がある。（知財高判平31・1・24判時二四二五・八八、国私百選[三版]三五）

五 公海上等での不法行為

⑩ 公海上での船舶衝突による不法行為の準拠法は、不法行為地法は存在しないので、法例一一条［法適用一七条］によることはできず、加害船舶と被害船舶の双方の旗国法を重畳的に適用し、各旗国法が共に認める場合及び効力の限度において責任を認めるべきである。（仙台高判平6・9・19高民四七・三・一七三、国私百選[補正]三八……同旨、東京高決平29・6・30判タ一四四六・九三（四二条㉒））

⑪ 公海上での日本船舶とリベリア船舶との衝突について、原因事実発生地法は存在しないが、損害賠償請求が認められないのは明らかに不合理であるから、当該事案の具体的な内容に即し、一切の事情を考慮した上で、最も密接な関連性を有する法を適用すべきである。（東京高判平16・5・27金判一二四二・三六、国私百選[二版]四二……法例一一条一項の下での判断。旗国法が一般的に船舶衝突による損害賠償債権と特別密接な関連性を有するとは認められないとし、合意により日本で提訴されていること、修繕費の負担や休業による減益といった損害が現実化した地は日本であること、当初は原告も日本法を準拠法と主張し、被告も日本法を前提に争っていたこと等から、最密接関係地法として日本法を適用）→一六条⑦・一七条⑧

⑫ 公海上空での不法行為の準拠法は、被害者の本国法及び法廷地法が日本法であり、かつ、加害者の本国法と被害者の本国法における不法行為の成立要件及び効果がほぼ同じである場合には、日本法によることが不合理であるとの特段の事情がない限り、日本法による。（東京地判平9・7・16判時一六一九・一七〈大韓航空機撃墜事件〉国私百選[二版]四三）

六　船主責任制限

[13]　船主責任制限は、国際的衡平の観点、この制度が各国の政策的考慮に強く結びついていること、法廷地国における利益の享受が第一の目的であるのが通常であること等を考慮すると、法廷地法による。（仙台高判平6・9・19前出[10]）

七　その他

[14]　日本のプロ野球球団が米国在住の選手との間で来期に向けた契約更新の交渉を打ち切ったことから、当該選手が米国で損害賠償請求訴訟を提起したのに対抗し、日本での債務不存在確認請求について、①日本における契約締結上の過失に由来する損害賠償請求に関しては本条の法意に照らし日本法により、②保留者名簿に当該選手が記載されたままであったために他の日本球団及び外国球団との交渉ができなかったことに由来する損害賠償請求に関しては、法適用通則法一七条にいう結果発生地は日本及び外国であるものの、主たる権利侵害は日本において生じていることから、本条の趣旨を踏まえ日本法によるとした事例（仙台地判平30・9・26【平29ワ一四二一】）

第二一条（**当事者による準拠法の変更**）　不法行為の当事者は、不法行為によって生ずる債権の成立及び効力について適用すべき法を変更することができる。ただし、第三者の権利を害することとなるときは、その変更をその第三者に対抗することができない。

[1]　タイ法が準拠法となるべき場合であるが、弁論準備手続期日において原被告間で日本法に準拠法を変更する旨の合意があったとし、日本法によった事例（東京地判平26・8・26【平23ワ一五三五二】）↓◆【I　法人】〔三章名の後〕[6]

[2]　法適用通則法一九条によるべき場合であるが、日本法の適用につき当事者間に明らかに争いがないので、日本法によるとした事例（知財高判平26・3・27【平25ネ一〇〇九四】）↓一九条[1]

[3]　中国にある上海日本人学校に中学部を開校させるための活動をしていた者が、PTA会長に同活動を妨害されたと主張して損害賠償等を求めた事案について、両者は口頭弁論期日に日本民法の規定に基づき判断をするよう求めたから、本条により日本法によるとした事例（東京地判令2・2・12【平30ワ三二六四九】重判令3国私六）↓◆【I　国際私法と公法】〔二条の後〕[3]

第二二条（**不法行為についての公序による制限**）①　不法行為について外国法によるべき場合において、当該外国法を適用すべき事実が日本法によれば不法とならないときは、当該外国法に基づく損害賠償その他の処分の請求は、することができない。

②　不法行為について外国法によるべき場合において、当該外国法を適用すべき事実が当該外国法及び日本法により不法となるときであっても、被害者は、日本法により認められる損害賠償その他の処分でなければ請求することができない。

一　累積適用される日本法による不法行為不成立の判断

[1]　オマーンのプラント事故につき保険金が支払われ、当該プラントの設計等をした日本法人に対して保険代位による請求がされた事案において、本条一項により適用される日本法の不法行為の要件を満たさないとし、請求を棄却した事例（東京高判平29・9・21【平28ネ二七三九】……同旨、東京地判平20・8・29【平19ワ四七七七】、東京高判平30・2・8【平29ネ二五九四】、東京地判令2・5・20【平29ワ三三八一八】、東京地判令2・10・23【令元ワ二七四八六】、大阪地判令3・1・21【平30ワ五〇四一】）

[2]　本条二項の規定の文言から、日本民法の消滅時効や除斥期間といった損害賠償請求権の消滅に関する諸規定までが累積的に適用されるものと直ちに読み取ることはできない上、準拠法とされた外国法の全規定とともにかかる日本民法の諸規定の累積的適用も認めることになれば、法律関係がいたずらに複雑になるおそれがあるから、かかる累積的適用をするのは相当でない。（東京地判平25・10・28判タ一四一九・三三二）

二　登録国の領域外での特許権侵害行為

[3]　特許権侵害による損害賠償請求の準拠法である米国法上これを肯定する余地があるとしても、属地主義の原則を採り、域外適用を可能とする規定を持たない日本の特許法の下では、登録国の領域外において特許権侵害を積極的に誘導する行為は違法ということはできず、法例一一条二項〔本条一項〕により、請求を認めることはできない。（最判平14・9・26民集五六・七・一五五一、国私百選[三版]四二）↓◆【IV　特許権】〔三章名の後〕[3]・一七条[2]・四二条[4]

三　旧日本軍によるフィリピンでの暴力等の行為

[4]　法例一一条〔法適用一七条・本条〕は渉外的関係について私法規定の抵触がある場合にその準拠法を定める規定であり、原告主張の旧日本軍によるフィリピンでの暴行等の加害行為は国家の権力的作用に付随する極めて公法的色彩の強い行為であって、同条を適用することには大きな疑問がある。また仮に適用され、かつ、仮にフィリピン法上は不法行為が成立する余地があるとしても、同条二項〔本条一項〕により日本法が全面的に累積適用され、日本の国家賠償法附則六項を介して適用される加害行為時の日本法では国家無答責の原則が採用されていたので、不法行為は成立しない。さらに仮に不法行為が成立するとしても、同条三項〔本条二項〕により効力についても日本法が全面的に累積適用され、日本民法の定める除斥期間の経過により請求権は消滅している。（東京地判平10・10・9判時一六八三・五七、重判平10国私一……控訴審（東京高判平12・12・6判時一七四四・四八、重判平12国際一）で維持。同旨、東京地判平11・9・22判タ一〇二八・九二、国私百選[補正]一六）

第二三条（**債権の譲渡**）　債権の譲渡の債務者その他の第三者に対する効力は、譲渡に係る債権について適用すべき法による。

準物権行為としての債権譲渡

[1]　債権譲渡行為は準物権行為としてその原因から明確に区別されるべきであるから、譲渡債権の準拠法による。（東京地判昭42・7・11金判七六・二、国私百選[二版]四六）↓七条[21]

第五節　親族

第二四条（**婚姻の成立及び方式**）①　婚姻の成立は、各当事者につき、その本国法による。

②　婚姻の方式は、婚姻挙行地の法による。

③　前項の規定にかかわらず、当事者の一方の本国法に適合する方式は、有効とする。ただし、日本において婚姻が挙行された場合において、当事者の一方が日本人であるときは、この限りでない。

一　婚姻の実質的成立要件

[1]　詐欺又は脅迫による婚姻の取消権者は本条一項によって定まる準拠法による。（大阪高判平28・11・18判時二三二九・四五、国私百選[三版]四七）↓[5]

[2]　離婚後の再婚禁止期間の期間内になされた婚姻の成否は、法例一三条〔本条〕一項により定まる準拠法による。（浦和家審昭38・6・7家月一五・八・一三一、国私百選[二版]五六）

[3]　日本人と韓国人との偽装結婚につき、婚姻意思の欠缺〔けんけつ〕は相手方とは関係がなく、当事者の一方のみの関係で

婚姻障害となるものであるから、一方が婚姻意思を有していなかった以上、相手方の本国法による婚姻要件を検討するまでもなく、婚姻は無効である。（水戸家判平28・12・16判タ一四三九・二五一、国私百選[三版]四五）

[4] 重婚による無効を誰が主張し得るかは婚姻の効力の問題ではなく、婚姻の成立の問題であり、一方の当事者の本国法である日本法では婚姻取消事由であるのに対し、他方の当事者の本国法である中国法では無効となるのであれば、より厳格な効果を認める方の法律を適用すべきであるから無効となる。（東京高判平19・4・25家月五九・一〇・四二、国私百選[三版]四六）

二　婚姻の形式的成立要件―方式

[5] 婚姻届の届出意思は婚姻の方式の問題である。（大阪高判平28・11・18前出[1]）

[6] 方式を具備していない婚姻が追認により遡及的に有効となるか否かは、法例一三条［本条］二項に準じて追認地法による。（京都地判平4・12・9判タ八三一・一二二、渉外百選[三版]六〇）

三　婚約の成立要件

[7] 婚約の成立要件につき明文の規定はないが、婚約が身分法上の契約の性質を持ち、一体的関係が成立する以前のものであるので、法例一三条［本条］一項を類推適用し、各当事者につき、その本国法を適用する。（東京地判昭46・3・12下民二二・三＝四・二五八、渉外百選[三版]五七）

（婚姻の効力）

第二五条　婚姻の効力は、夫婦の本国法が同一であるときはその法により、その法がない場合において夫婦の常居所地法が同一であるときはその法により、そのいずれの法もないときは夫婦に最も密接な関係がある地の法による。

一　夫婦の氏

[1] 婚姻による氏の変更は婚姻の効力の問題である。（東京家審昭43・2・5家月二〇・九・一一六）→[2]

[2] 婚姻による氏の問題は、法例一四条［本条］の定める準拠法によるのではなく、人格権たる氏名権の問題として本人の属人法による。（京都家審昭55・2・28家月三三・五・九〇、国私百選[三版]七四）→[1]

二　内縁の効力

[3] 内縁の効力については法例一四条［本条］を準用する。（佐賀地判昭37・2・28下民一三・二・三一七）

（夫婦財産制）

第二六条①　前条の規定は、夫婦財産制について準用する。

②　前項の規定にかかわらず、夫婦が、その署名した書面で日付を記載したものにより、次に掲げる法のうちいずれの法によるべきかを定めたときは、夫婦財産制は、その法による。この場合において、その定めは、将来に向かってのみその効力を生ずる。

一　夫婦の一方が国籍を有する国の法

二　夫婦の一方の常居所地法

三　不動産に関する夫婦財産制については、その不動産の所在地法

③　前二項の規定により外国法を適用すべき夫婦財産制は、日本においてされた法律行為及び日本に在る財産については、善意の第三者に対抗することができない。この場合において、その第三者との間の関係については、夫婦財産制は、日本法による。

④　前項の規定にかかわらず、第一項又は第二項の規定により適用すべき外国法に基づいてされた夫婦財産契約は、日本においてこれを登記したときは、第三者に対抗することができる。

婚姻費用の分担

[1] 別居中の妻から夫に対する生活費の支払請求につき、(1)夫婦財産制の中で婚姻費用の負担者が定まっている場合には、その者が負担義務を履行している限り扶養の問題を生ずる余地がないのであるから、まず法例一五条［本条］の夫婦財産制の準拠法により、(2)夫婦財産制の準拠法上婚姻費用負担に関する規定がない場合、又はその準拠法による婚姻費用負担者が負担義務を履行することができない場合において生活能力のない配偶者の一方が他方に対し生活費の支払を求めるときは、扶養の問題となる。（大阪家審昭54・2・1家月三二・一〇・六七）

（離婚）

第二七条　第二十五条の規定は、離婚について準用する。ただし、夫婦の一方が日本に常居所を有する日本人であるときは、離婚は、日本法による。

一　連結点の確定

[1] フランス人妻と英国人夫との離婚の準拠法決定のための「常居所」につき、相手方はここ二〇年間は日本以外に落ち着いて生活した地はないので日本に常居所を有するが、申立人の日本滞在期間は一年弱と短いため日本には常居所はないとした事例（水戸家審平3・3・4家月四五・一二・五七、国私百選[三版]四）

二　離婚に伴う慰謝料

[2] 離婚そのものによる慰謝料請求は、財産分与とともに離婚の際の財産的給付の一環を成すものであるから、離婚の準拠法による。（横浜地判平3・10・31家月四四・一二・一〇五、渉外百選[三版]六六）

三　離婚に伴う財産分与

[3] 離婚に伴う財産分与は離婚の準拠法による。（最判昭59・7・20民集三八・八・一〇五一、国私百選[三版]一三）→四二条[10]

[4] 離婚による年金分割のための按分割合の指定は、離婚の際の財産的給付に相当するものであるから離婚の準拠法による。（東京高判平30・3・15【平29ネ五二五三】）

[5] 離婚による年金分割のための按分割合に関する処分は、日本の年金に関する処分であるから日本法による。（東京高判平30・6・20【平30ネ四六】重判平30国私五）

四　離婚の方法

[6] 裁判離婚のみを認めるイギリス法が離婚の準拠法である場合に、家事審判法二四条による離婚の審判を行った事例（東京家審昭51・5・31判タ三四五・二九七、渉外百選[三版]五九）

[7] 離婚の合意ができている事案において、裁判離婚のみを認めるハワイ州法が離婚の準拠法である場合に、家事審判法二三条による離婚の審判は同州法の方式に適うものである。（横浜家審平3・5・14家月四三・一〇・四八、国私百選[三版]五〇）

五　離婚禁止国法と公序→四二条[9]

六　離婚に伴う財産分与と公序→四二条[10]

（嫡出である子の親子関係の成立）

第二八条①　夫婦の一方の本国法で子の出生の当時におけるものにより子が嫡出となるべきときは、その子は、嫡出である子とする。

②　夫が子の出生前に死亡したときは、その死亡の当時における夫の本国法を前項の夫の本国法とみなす。

一　本条と二九条との適用順序

[1] 親子関係の成立のうち嫡出性取得を一個の独立した法律関係としている法例一七条［本条］、一八条［法適用二九条］の構造上、親子関係の成立が問題になる場合には、まず嫡出親子関係の成立についての準拠法により嫡出親子関係が成立するかどうかを見た上、嫡出親子関係が否定された場合には、その子について嫡出以外の親子関係の成立の準拠法を別途見

いだし、その準拠法を適用して親子関係の成立を判断すべきである。〔平成一法二七による法例改正前の事案〕（最判平12・1・27民集五四・一・一、国私百選[三版]五四……同旨、後出[2]、名古屋家豊橋支判平30・10・2【平30家ホ一八】（四一条[3]））↓[5]・◆【V 先決問題】〔一条の後〕[1]・三三条[3]

二 嫡出親子関係の存否

[2] 米国人の夫婦との間で締結した契約に基づき、日本人夫の精子を用いた代理出産の方法で出生した子について、法例一七条［本条］により適用される日本人夫婦の本国法によれば嫡出子とは認められず、他方、出産した米国人とその夫の本国法によれば、日本人妻が母とされ、その間の嫡出子とはされない。（大阪高決平17・5・20判時一九一九・一〇七、国私百選[補正]六〇……同旨、最決平19・3・23民集六一・二・六一九、国私百選[三版]五七）↓二九条[4]、民◆【II 生殖補助医療と親子関係】〔七七二条の前〕[3]

[3] 嫡出子否認は、子の嫡出決定の問題として法例一七条［本条］が適用される。（東京家審昭48・5・8家月二五・一二・六三、渉外百選[二版]六二）

三 嫡出推定の重複

[4] 離婚後再婚した女が出産した子が前婚の夫と後婚の夫のいずれの嫡出子かにつき、本条を前婚と後婚にそれぞれ適用したところ、双方の夫との間で重複して嫡出親子関係の成立が認められる場合、条理に従って判断するほかないとし、準拠法に触れることなく、父子DNA鑑定の結果とともに、母と後婚の夫との同居開始時期を勘案して、後婚の夫の子とした事例（千葉家松戸支判令2・5・14判時二四六五＝二四六六・一一七）

四 出生以外の事由による嫡出性の取得

[5] 法例一七条［本条］はその文言上出生という事実により嫡出性を取得する嫡出親子関係の成立についてその準拠法を定める規定であると解され、出生以外の事由により嫡出性を取得する場合の嫡出親子関係の成立については規定を欠いているが、同条を類推適用するのが相当である。〔平成一法二七による法例改正前の事案〕（最判平12・1・27前出[1]）↓◆【V 先決問題】〔一条の後〕[1]・三三条[3]

（嫡出でない子の親子関係の成立）

第二九条① 嫡出でない子の親子関係の成立は、父との間の親子関係については子の出生の当時における父の本国法により、母との間の親子関係についてはその当時における母の本国法による。この場合において、子の認知による親子関係の成立については、認知の当時における子の本国法によればその子又は第三者の承諾又は同意があることが認知の要件であるときは、その要件をも備えなければならない。

② 子の認知は、前項前段の規定により適用すべき法によるほか、認知の当時における認知する者又は子の本国法による。この場合において、認知する者の本国法によるときは、同項後段の規定を準用する。

③ 父が子の出生前に死亡したときは、その死亡の当時における父の本国法を第一項の父の本国法とみなす。前項に規定する者が認知前に死亡したときは、その死亡の当時におけるその者の本国法を同項のその者の本国法とみなす。

一 認知・死後認知

[1] 認知の準拠法上、裁判所の許可が必要とされている場合、その趣旨から、日本の家庭裁判所による審判をもってこれに代えることができる。（東京家審昭62・5・19判時一二五一・一一六）

[2] 父の死亡後における認知請求の出訴期間は認知の要件である。（最判昭50・6・27家月二八・四・八三、国私百選[補正]九……却下）↓四二条[24]

二 認知無効

[3] 本条一項及び二項では、認知の成立をなるべく容易にするという認知保護の政策に基づいて選択的連結が導入されているところ、認知の無効については、定められている全ての法律によって認知が無効である場合のみ、これを無効とすることができる。（広島高判平23・4・7金判一四四九・一五、国私百選[三版]五六）

三 認知・死後認知と公序↓四二条[14][15]

四 代理出産による子との母子関係

[4] 日本人夫婦と米国人夫婦との間の契約に基づき、日本人夫の精子を用いて米国人夫婦の妻が代理出産した子と、日本人夫婦の妻との間には、法例一八条［本条］により適用される日本法上、非嫡出親子関係を認めることはできない。（大阪高決平17・5・20判時一九一九・一〇七、国私百選[補正]六〇）↓二八条[2]、民◆【II 生殖補助医療と親子関係】〔七七二条の前〕[3]

（準正）

第三〇条① 子は、準正の要件である事実が完成した当時における父若しくは母又は子の本国法により準正が成立するときは、嫡出子の身分を取得する。

② 前項に規定する者が準正の要件である事実の完成前に死亡したときは、その死亡の当時におけるその者の本国法を同項のその者の本国法とみなす。

（養子縁組）

第三一条① 養子縁組は、縁組の当時における養親となるべき者の本国法による。この場合において、養子となるべき者の本国法によればその者若しくは第三者の承諾若しくは同意又は公的機関の許可その他の処分があることが養子縁組の成立の要件であるときは、その要件をも備えなければならない。

② 養子とその実方の血族との親族関係の終了及び離縁は、前項前段の規定により適用すべき法による。

一 養子縁組の成立要件

[1] 養親の本国法上養子決定の裁判が要求されている場合には、配偶者の子を養子とするにも養子決定の裁判が必要であり、我が国の家庭裁判所の許可をもって右決定に代え得るかどうかは、両裁判の性質・効果は異なるものの、縁組の成立に関与する目的は同一であるから、実質的側面からみて積極に解すべきである。（札幌家審昭46・2・22家月二三・七・七八）

[2] 韓国人妻を有する日本人夫が一五歳未満の韓国人子供を養子にする場合、養父子関係成立の準拠法である日本法により必要的夫婦共同養子となる。他方、養母子関係は韓国法によるが、それによっても夫婦共同養子であるので、それぞれの本国法を各別に適用し、申立人に対し妻とともに未成年者を養子とすることを許可する。（札幌家審平4・6・3家月四四・一二・九一、国私百選[二版]一〇六）

二 養子縁組の効果

[3] 日本人が養親となる養子縁組により、養子と実親との関係の断絶という効果が発生するためには、養子縁組成立の準拠法である日本法上の特別養子縁組の成立要件を備えていることを要する。（東京家審平8・1・26家月四八・七・七二、国私百選[三版]五九）

三 セーフガード条項の適用

[4] 日本人の養親が中華民国人である成人を養子にする場合、法例二〇条［本条］一項後段により適用される養子の本国法である中華民国法は成人であっても法院の許可を要件としているので、この要件も具備する必要があるところ、これは日本の家庭裁判所の許可の審判で代行することができる。（水戸家土浦支審平4・9・22家月四五・一〇・七五）

[5] 法例二〇条［本条］一項後段のセーフガード条項により、養子の本国法であるフィリピン法上の養子縁組の成立要件である養親の嫡出子の同意は必要である。（水戸家土浦支審平11・2・15家月五一・七・九三、国私百選[三版]六〇……同意が得られない本件において養子縁組の成立を否定することは公序に反

するとした事例）→四二条[17]

四　養子縁組の否定と公序→四二条[18]

（親子間の法律関係）

第三二条　親子間の法律関係は、子の本国法が父又は母の本国法（父母の一方が死亡し、又は知れない場合にあっては、他の一方の本国法）と同一である場合には子の本国法により、その他の場合には子の常居所地法による。

一　親子間の利益相反行為と特別代理人の選任

[1] 親子間の利益相反行為の問題に適用される親子間の法律関係の準拠法は、検認裁判所が後見人を選任すべき旨定めているが、日本の家庭裁判所はかかる場合に後見人を選任する権限を有していないので、手続法上の権限のうちで他国の実体法を適用・実現する権能と類似のものによるほかなく、本件では特別代理人を選任する。（東京家審昭40・12・20家月一八・八・八三、渉外百選[二版]七二）

二　法定代理人

[2] 非嫡出子の母が法定代理人として血統上の父に対し認知の訴えを提起し得るかどうかは本条により定まる準拠法による。（最判昭44・10・21民集二三・一〇・一八三四、渉外百選[二版]六五）

[3] 親権者の未成年の子に対する財産管理権喪失の問題は本条により定まる準拠法による。（大阪高決平16・5・12家月五六・一〇・五六）

三　養子の氏

[4] 養子の氏は養子と養親との間の法律関係の問題として本条により定まる準拠法による。（東京家審昭41・7・9家月一九・一・六八、渉外百選[三版]九四……氏変更許可申立認容）

四　離婚に伴う親権者指定

[5] 離婚の際の親権の帰属問題は、子の福祉を基準として判断すべき問題であるから、本条により定まる準拠法による。（東京地判平2・11・28判時一三八四・七一、国私百選[補正]六七）→四二条[30]

[6] 親権者指定についての準拠法であるフィリピン家族法には離婚制度が存在しないため、別居の際の親権者の指定を定めた規定を類推適用する。（東京高決平17・11・24家月五八・一一・四〇、国私百選[三版]八九）

五　離婚に伴う親権者指定と公序→四二条[12][30]

六　面会交流（面接交渉）

[7] 別居中の父と子の面接交渉については、本条により定まる準拠法による。（京都家審平6・3・31判時一五四五・八一、国私百選[二版]一一五）

七　子の引渡請求

[8] イタリアで婚姻生活をしていたイタリア人父と日本人母との間に生まれ、母の療養のために一緒に来日し、母の死亡後も母の実家で生活していた子について、父が引渡しを求めた事案において、来日及び母が死亡するまで日本で生活することは父も同意していたことから、子の常居所は日本にあるとし、本条により、日本法によるとした事例（東京高判平28・8・30【平27ネ六三七三】）

（その他の親族関係等）

第三三条　第二十四条から前条までに規定するもののほか、親族関係及びこれによって生ずる権利義務は、当事者の本国法によって定める。

一　婚約

[1] 中国人女から日本人男に対する婚約不履行等による損害賠償請求につき、婚約の成立・効力は、本条に準じ、両当事者の本国法が認める範囲内においてのみ認められるとし、少なくとも日本法によれば婚約の成立は認められないとした事例（東京地判平21・6・29判タ一三二八・二二九）

二　準婚関係

[2] 準婚関係の効力につき、本条により、当事者双方の本国法の認める範囲内においてのみその効力を生ずる。（東京地判昭41・8・31判時四七四・三三）

三　出生によらない非嫡出親子関係の成立

[3] 血縁関係がない者の間における出生以外の事由による非嫡出親子関係の成立につき、法例一八条［法適用二九条］一項及び二二条［当時。本条］の法意に鑑み、親子関係の成立原因となるべき事実が完成した当時の親の本国法及び子の本国法の双方が親子関係の成立を肯定する場合にのみ成立を認めるのが相当である。〔平成一法二七による法例改正前の事案〕（最判平12・1・27民集五四・一・一、国私百選[三版]五四）→◆【V　先決問題】［一条の後］[7]・二八条[7][5]

四　親族相盗

[4] 刑法二四四条の親族相盗の適用に当たり、同法三条一三号［現一四号］が窃盗罪について属人主義を採用していること及び法例二二条［当時。本条］の趣旨を勘案して、被告人の本国法及び被害者の本国法上、いずれも親族であることが必要である。（大阪高判昭38・12・24高刑一六・九・八四一、渉外百選[二版]一一九）

（親族関係についての法律行為の方式）

第三四条①　第二十五条から前条までに規定する親族関係についての法律行為の方式は、当該法律行為の成立について適用すべき法による。

② 前項の規定にかかわらず、行為地法に適合する方式は、有効とする。

認知の方式

[1] 認知の届出・登記は認知の方式の問題である。（東京高判昭50・12・9判時八〇七・二八）

（後見等）

第三五条①　後見、保佐又は補助（以下「後見等」と総称する。）は、被後見人、被保佐人又は被補助人（次項において「被後見人等」と総称する。）の本国法による。

② 前項の規定にかかわらず、外国人が被後見人等である場合であって、次に掲げるときは、後見人、保佐人又は補助人の選任の審判その他の後見等に関する審判については、日本法による。

一　当該外国人の本国法によればその者について後見等が開始する原因がある場合であって、日本における後見等の事務を行う者がないとき。

二　日本において当該外国人について後見開始の審判等があったとき。

一　後見開始原因

[1] 日本在住の未成年者である被後見人の本国法上、後見開始原因は認められるが、親権者が右本国に居住しており、後見人としての権利義務の行使が著しく困難であることが明らかな場合には、後見の事務を行う者がないときに当たり、日本法により後見人を選任できる。（東京家審昭49・3・28家月二六・八・九九、渉外百選[三版]七九）

二　本条二項一号の適用

[2] 後見人の選任の準拠法である中国法によれば、未成年者の父母が既に死亡しているか、監護能力がない場合、祖父母、外祖父母等の中から監護人が選任されるところ、この選任について争いがあるときには、未成年者の住所地の居民委員会等が監護人を指定することとされていることに照らせば、一定の順序で特定の親族が監護人になるとはされていないとし、本条二項一号により、日本において日本法により選任された弁護士を後見人とした事例（東京地判平27・4・22【平26ワ三四八四】国私百選[三版]六五）

第六節　相続

（相続）
第三六条　相続は、被相続人の本国法による。

一　物権準拠法との関係↓一三条[2]
二　相続財産―損害賠償請求権の相続
[1]　不法行為債務の相続性につき、法例二五条［当時。本条］と一一条一項［法適用一七条］とが相矛盾する内容の二個の準拠法の適用を命じており、そのうちのいずれかを優先的に適用する根拠も見当たらないので、双方が相続性を肯定しているときに限り債務は承継される。（大阪地判昭62・2・27判時一二六三・三二、国私百選[三版]六七）
[2]　不法行為の準拠法である日本法により損害賠償請求権の成立が認められる以上、相続準拠法である台湾法上被相続人自身の死亡による損害賠償請求権の相続性について検討するまでもなく、相続の対象となる。（名古屋地判平15・12・26判時一八五四・六三、重判平15国私三）
三　相続財産―契約債権の相続
[3]　相続準拠法が日本法となる場合、どのような財産が相続財産となるかは日本法によるが、他方、ある財産・権利が相続の客体となり得るか否かは当該財産・権利の属性の問題であり、それらに内在するものであるから、契約債権が相続財産となるかどうかは法適用通則法七条及び八条により定まる準拠法による。（東京地判平26・7・8判タ一四一五・二八三、国私百選[三版]六八）
四　限定承認
[4]　相続準拠法によれば限定承認の申述が適法にできる場合、申述人が日本に永く居住し、被相続人の財産が日本に集中しており、相続人の居住国である日本で申述を認めないと申述の機会が失われるおそれがある等の事情があるときは、日本で被相続人の本国法を適用して限定承認の申述を受理できる。（東京家審昭52・7・19家月三〇・七・八二、重判昭53国際七）
五　遺産管理人の権限
[5]　相続準拠法上、遺産管理人の任命は、動産に関する限り、その所在地を問わず、全遺産にその効力を及ぼすものとされ、相続財産はいったん被相続人の人格代表者である遺産管理人に移転し、管理清算後に残余財産が相続人に引き渡されるとされているから、それまでは相続人は相続財産につき具体的権利を有さず、人格代表者のみがその権利義務の主体となる。（大阪高判昭56・9・30家月三五・三・四九、渉外百選[三版]八四）
六　相続人の不明・不存在
[6]　被相続人に相続人のあることが不分明であるかどうか、最終的に相続人が不存在であることが確定できるかどうかは、相続準拠法によるが、それ以後の相続財産の管理・清算・帰属の問題は、法例一〇条［法適用一三条］の精神に従い、財産所在地法による。（東京家審昭41・9・26家月一九・五・一一二、国私百選[三版]六九）
[7]　相続人不存在の場合の相続財産の帰属と公序（仙台家審昭47・1・25家月二五・二・一一二、渉外百選[二版]八四）↓四二条[20]
七　相続人の廃除
[8]　遺言による推定相続人の廃除の効力は相続準拠法によるべきところ、相続人の廃除は被相続人の意思表示で足り、形成的非訟手続を必要とされない場合、日本の家庭裁判所に対する本件相続人廃除審判の申立ては不適法である。（大阪高決昭62・3・20家月三九・七・四三、渉外百選[三版]八二）
八　遺言執行者の選任
[9]　遺言執行者の選任の問題は相続準拠法による。（東京家審昭45・3・31家月二二・一〇・一〇一、渉外百選[二版]一二）↓四一条[1]

（遺言）
第三七条①　遺言の成立及び効力は、その成立の当時における遺言者の本国法による。
②　遺言の取消しは、その当時における遺言者の本国法による。

[1]　中国から日本に帰化した者の遺言の中に香港法を準拠法として指定する条項があるからといって、そのような指定は認めることはできない。（東京地判平28・12・27【平27ワ七三二八】）

第七節　補則

（本国法）
第三八条①　当事者が二以上の国籍を有する場合には、その国籍を有する国のうちに当事者が常居所を有する国があるときはその国の法を、その国籍を有する国のうちに当事者が常居所を有する国がないときは当事者に最も密接な関係がある国の法を当事者の本国法とする。ただし、その国籍のうちのいずれかが日本の国籍であるときは、日本法を当事者の本国法とする。
②　当事者の本国法によるべき場合において、当事者が国籍を有しないときは、その常居所地法による。ただし、第二十五条（第二十六条第一項及び第二十七条において準用する場合を含む。）及び第三十二条の規定の適用については、この限りでない。
③　当事者が地域により法を異にする国の国籍を有する場合には、その国の規則に従い指定される法（そのような規則がない場合にあっては、当事者に最も密接な関係がある地域の法）を当事者の本国法とする。

一　重国籍者の本国法
[1]　日本に居住する英仏重国籍者たる子の本国法について、英国人の父が今後養育し、英語圏であるケニアに移住して英国人としての教育を受けさせたいとの意向であること等を勘案し、最密接関係地法は英国法であるとした事例（水戸家審平3・3・4家月四五・一二・五七、国私百選[三版]四）
二　分裂国家の国民の本国法
[2]　国籍は各国が独自に決定するという国際法上の原則によれば朝鮮人は全て大韓民国と朝鮮民主主義人民共和国との二重国籍を有することになるが、それが政治的理由に基づく場合は法例二七条［当時。本条］が本来予想するところではなく、同条に照らし、当事者の住所などの客観的要素や当事者の意思など全ての事情を総合考慮して、当事者の身分関係がいずれの国とより密接な関係を有するかという観点から本国法を定めるべきであって、日本が国家承認をしているか否かは問わない。（東京地判昭51・3・19下民二七・一～四・一二五）
[3]　中国の場合につき、[2]と同旨（東京家審昭44・5・28家月二一・一二・一七五）
[4]　日本で出生し居住する者が、大韓民国、朝鮮民主主義人民共和国のいずれに属するか明らかでなく、いずれでも生活したことがなく、今後もその意思もない場合には、国籍をいずれとも決められないため、無国籍に準じて扱う。（富山家審昭56・2・27家月三四・一・八〇）
[5]　朝鮮民主主義人民共和国に本籍を有し、日本で出生し現在に至っている者の本国法の決定に当たり、朝鮮半島における法状態は法例二七条［当時。本条］三項の場合に類似しているから、同項を類推適用する。（高知家審昭37・1・8家月一四・四・二二一、渉外百選[二版]八……本人の意思に従い韓国法を適用し、養子縁組申立てを認容）
三　不統一法国法の指定
[6]　米国は州により法律を異にするから、米国人の本国法は法例二七条［当時。本条］三項に適用される米国法により、い

わゆる本源住所の所在地法がその者の属人法となる。（東京地判昭33・4・3下民九・四・五七六、渉外百選[二版]六）

[7] 米国には、法例二八条［本条］三項にいう「規則」はない。（横浜地判平3・10・31家月四四・一二・一〇五、渉外百選[三版]六……同旨、横浜地判平10・5・29判タ一〇〇二・二四九、国私百選[三版]八、青森家十和田支審平20・3・28家月六〇・一二・六三（四一条[4]））→[8]

[8] 出生以来日本に居住し、米国には約二箇月間旅行をしたことがあるだけの米国人の未成年者の親権者の指定につき、本国である米国内には「最モ密接ナル関係アル地方［最も密接な関係がある地域］」はなく、法例二一条［法適用三二条］が第二順位に定めている子の常居所地法である日本法が適用される。（横浜地判平3・10・31前出[7]）

[9] 遺言者の本国法がソ連法である場合には、ソ連は一五の共和国からなるいわゆる不統一法国であるから、ソ連における準国際私法である「ソ連邦及び連邦構成共和国の民事立法の基礎」に従うべきところ、同法の規定からは本件についてソ連の各共和国のいずれの法域の法律を選択すべきかは明らかではないので、諸般の事情を考慮した上で当事者と最も密接な関連を有する法域の法律を本国法とすべきである。（東京地判昭63・4・25家月四〇・九・七七、重判昭63国際三）→五条[2]

（常居所地法）

第三九条 当事者の常居所地法によるべき場合において、その常居所が知れないときは、その居所地法による。ただし、第二十五条（第二十六条第一項及び第二十七条において準用する場合を含む。）の規定の適用については、この限りでない。

（人的に法を異にする国又は地の法）

第四〇条① 当事者が人的に法を異にする国の国籍を有する場合には、その国の規則に従い指定される法（そのような規則がない場合にあっては、当事者に最も密接な関係がある法）を当事者の本国法とする。

② 前項の規定は、当事者の常居所地が人的に法を異にする場合における当事者の常居所地法で第二十五条（第二十六条第一項及び第二十七条において準用する場合を含む。）、第二十六条第二項第二号、第三十二条又は第三十八条第二項の規定により適用されるもの及び夫婦に最も密接な関係がある地が人的に法を異にする場合における夫婦に最も密接な関係がある地の法について準用する。

[1] **宗教による人的不統一法国の場合**

イランは宗教により身分法を異にする人的不統一法国であるが、同国には本条一項にいう「規則」がないため、本件当事者の一方はイスラム教徒であり、他方は特定の宗教に入信していないもののイランで一方の親族と同居していたことがあるので、双方の本国法はいずれもイラン・イスラム法である。（東京家審平22・7・15家月六三・五・五八、国私百選[三版]九）

（反致）

第四一条 当事者の本国法によるべき場合において、その国の法に従えば日本法によるべきときは、日本法による。ただし、第二十五条（第二十六条第一項及び第二十七条において準用する場合を含む。）又は第三十二条の規定により当事者の本国法によるべき場合は、この限りでない。

一 反致

[1] 被相続人の本国法によれば、不動産以外の権利の相続は被相続人の住所地法によるとされている場合、住所は当該本国法によって決すべきであり、被相続人が日本で永年生活を営み、終生の地とする意思であったことが推認できる以上、日本に住所があったと認められ、外国所在の不動産を除き、遺産に関する遺言執行の準拠法は、反致により日本法となる。（東京家審昭45・3・31家月二二・一〇・一〇一、渉外百選[二版]二）

[2] 成年年齢について適用される本人の本国法である中国法中の国際私法によれば、外国に定住している中国人の行為能力は定住国法によることができると規定され、常に定住国の法を適用するものとはされていないから、反致は成立しない。（東京高決平18・10・30判時一九六五・七〇、国私百選[二版]二〇）→◆【V 先決問題】［一条の後］[3]

二 選択的連結と反致

[3] 法適用通則法二八条一項により適用される妻の本国法であるルーマニア法からの反致を認めた事例（名古屋家豊橋支判平30・10・2【平30家ホ一八】）→二八条[7]

三 隠れた反致

[4] 日本に住む米国人養親と日本人養子との間の養子縁組許可申立てにつき、養親の本国法であるテネシー州法によれば裁判管轄権を有する法廷地の法をもって事件審理の準拠法とするとされ、本件では日本にのみ裁判管轄権が認められるので、日本法による。（青森家十和田支審平20・3・28家月六〇・一二・六三、国私百選[三版]七）

[5] 養親の本国法をカリフォルニア州法とした上で、アメリカ国際私法上、一般に養親子いずれかのドミサイルのある州（又は国）が養子決定の裁判管轄権を有し、裁判管轄権があれば法廷地法が適用されており、この点カリフォルニア州においても同様と解されるとし、養子のドミサイルが日本にあることを理由に隠れた反致を認めて法廷地法としての日本法を適用した事例（東京家審昭44・8・19家月二二・四・七六）

四 二重反致

[6] ソ連人の相続につき、本国法であるソ連法によれば、ソ連に所在する建物の相続についてはソ連法が適用されるとしているので、日本に所在する建物の相続に関しては反致が成立するが、ソ連国際私法は一般に反致を認めるので二重反致が成立し、結局、ソ連法（ロシア共和国法）による。（東京高判昭54・7・3判時九三九・三七、渉外百選[三版]四）

（公序）

第四二条 外国法によるべき場合において、その規定の適用が公の秩序又は善良の風俗に反するときは、これを適用しない。

一 公序違反

1 意義

[1] 本条により外国法の適用を排除すべきかどうかは、当該外国法の内容自体が内国の法秩序と相いれないかどうかではなく、それを適用して請求又は抗弁を認容し又は排斥することが内国の社会生活の秩序を害するかどうかによって決すべきである。（東京地判平5・1・29判時一四四四・四一、国私百選[三版]一二……同旨、東京地判令元・9・4審決集六六・五一九）
→◆【IV 単位法律関係】［一条の後］[1]・七条[5]・二〇条[4]

[2] 外国法それ自体が公序に反するとは解されなくても、事案が日本での私法的社会生活と密接な牽連性があり、それを適用することが日本の基本的な道徳観念にもとる結果となれば、その適用は排除される。（神戸地判昭54・11・5判時九四八・九一、渉外百選[三版]一五）

[3] 国際私法上の公序は、民法の「公の秩序」と同一ではない。消滅時効についての準拠法上の時効期間が日本法のそれよりも長期であるからといって、直ちに日本の市民法秩序が害されるとはいえない。（徳島地判昭44・12・16判タ二五四・二〇九、渉外百選[三版]五六）→七条[24]

2 公序違反とした例

[4] 米国特許法によれば日本での製造等差止め及び日本にある侵害品廃棄請求が容認されるとしても、そのような領域外の行為への米国法の適用は日本の採用する属地主義の原則に反するものであり、日本の特許法秩序の基本理念と相いれないので、公序に反する。（最判平14・9・26民集五六・七・一五五

一、国私百選[三版]四二）→◈【Ⅳ　特許権】〔三章名の後〕[3]・一七条[2]・二二条[3]

[5]　アルゼンチンで日本人が運転する車の事故により同乗していた日本人が死亡したことに基づく遺族からの損害賠償請求につき、賠償範囲の違いから著しく低額の賠償額しか認められない同国法を適用することは公序に反する。（福岡高判平21・2・10判時二〇四三・八九、国私百選[二版]三九）→◈【Ⅵ　外国法の適用】〔二条の後〕[7]

[6]　異教徒間の婚姻を禁止するエジプト法の適用は、信教の自由、法の下の平等を保障する我が国の公序に反する。（東京地判平3・3・29家月四五・三・六七、国私百選[三版]一〇）

[7]　日本人とフィリピン人との間の婚姻を重婚を理由に無効とすることにつき、婚姻成立から約六箇月後に当該フィリピン人の前婚の配偶者は死亡しており、既に重婚状態は解消していること、婚姻期間は五年になり、その間を当該フィリピン人と長女は日本で生活していること、二女は出生以来日本で生活していること、その婚姻が無効となれば長女及び二女が両者の嫡出子の身分を失うことになること等を考慮すれば、フィリピン法を適用して婚姻無効とすることは公序に反する。（熊本家判平22・7・6【平21家ホ七六】国私百選[二版]一〇）

[8]　韓国人亡Aとその内縁の妻である朝鮮人亡Bとの間に出生したものの、Aの配偶者であった韓国人亡CとAとの間の嫡出子とされている韓国人Dが、Cとの間の親子関係不存在確認を求めた事案において、Aの本国法である韓国法によれば、本件訴えは出訴期間を徒過していて不適法とされるものの、Dは日本で出生して以来日本に居住している者であり、Cも長期間にわたって日本に居住していた者であるので、日本との関連性がある事案であり、既にBとの間の親子関係存在は確定判決により確認されている以上、本件訴えを許さないと、Dには実母が二名存在することになってしまうので、韓国法の適用は公序に反する。（大阪高判平26・5・9判時二二三一・五三、国私百選[三版]一一）

[9]　婚姻関係が既に破綻し、その回復が期待できない事案において、離婚を許さないフィリピン法を適用することは公序に反する。（東京地判昭56・2・27判時一〇一〇・八五）

[10]　離婚に伴う財産分与請求権を認めない韓国法の適用が直ちに公序に反するのではなく、韓国法上認められている慰謝料により財産分与と実質的に同一の結果を得られるのであるから、その慰謝料額が日本の離婚給付についての社会通念に反して著しく低額である場合に限り、その適用は公序に反する。（最判昭59・7・20民集三八・八・一〇五一、国私百選[三版]一三）→二七条[3]

[11]　①　日本の永住資格を有するミャンマー人夫婦の離婚に適用されるミャンマーのイスラム法によれば、夫が妻に対して「タラーク」と三回唱えれば離婚が成立するとされ、本件でこれがされているとしても、そのルールの適用は本条により排除されるが、これとは別の理由での妻からの離婚請求は認められる。

②　イスラム法によれば、子の財産後見及び身分後見は妻に帰属する余地はないが、今後の生活を考えると、本条によりイスラム法の適用を排除して日本法を適用して妻を親権者と定める。

③　イスラム法には離婚慰謝料の制度は存在しないが、別居に至る経緯に照らせば、本条により妻に同法の適用を排除して日本法を適用すべきであり、別居に至る経緯のほか、本件に現れた一切の事情を考慮すると、夫は妻に離婚慰謝料三〇〇万円の支払義務を負う。（東京家判平31・1・17家庭の法と裁判二一・一二二、国私百選[三版]五二）

[12]　離婚に伴う未成年の子の親権者を法律上自動的に父とし、母が親権者になることを許さない韓国法の適用は公序に反する。（最判昭52・3・31民集三一・二・三六五、渉外百選[二版]六〇）

[13]　離婚の際に未成年者の親権者を父のみとするスリランカ法は、子の福祉を中心に考慮して親権者を決定すべきものとする日本の社会通念に反し、また憲法二四条に基づき両性の平等を基本とする日本の法秩序に反するので、スリランカ法を適用せず、父母双方及び子の常居所地法である日本法を適用する。（東京高判平30・7・12【平30ネ三三九】）

[14]　認知を認めない米国コロラド州法の適用は公序に反する。（名古屋家審昭49・3・2家月二六・八・九四）

[15]　死後認知の出訴期間を制限する韓国民法の定めは、戸籍上の親子関係と異なる親子関係を主張するという法律関係の混乱を長引かせない趣旨であり、韓国戸籍の記載通りの親子関係の確認を求める場合には適用されないと解釈することができ、仮に、この解釈をとることができず、そのような場合にも適用されるとすれば公序に反する。（大阪高判平18・10・26判タ一二六二・三一一、国私百選[二版]一二）

[16]　未成年の二名の兄弟との養子縁組の許可申立事件において、養親は一名の子女としか縁組できないとする中国法を適用して、申立てを棄却又は兄弟を切り離して一方だけとの縁組の許可をすることは、子の福祉を目的とする未成年者養子制度の趣旨を著しく損なうので、公序に反する。（神戸家審平7・5・10家月四七・一二・五八、国私百選[補正]一〇）

[17]　養親の嫡出子の同意がないことを理由に養子縁組の成立を否定する結果となるフィリピン法の適用は、事件本人の福祉を著しく害するので公序に反する。（水戸家土浦支審平11・2・15家月五一・七・九三、国私百選[三版]六〇）→三一条[5]

[18]　養子縁組を認めないイラン人養親の本国法であるイスラム法の適用は公序に反する。（宇都宮家審平19・7・20家月五九・一二・一〇六、国私百選[二版]一二）

[19]　当事者らの生活状況、特に、父が受刑中であり、現実に親権者としての義務を果たすことができないことに鑑みれば、未成年者の親権者を父から母に変更すべき必要性が高く、父もこれに賛成の意向であると認められるにもかかわらず、イラン・イスラム法により親権者の父から母への変更を認めないという結論は、親権者の変更は子の福祉を中心に考慮して決定すべきものとする日本の社会通念に反し、公序違反となる。（東京家審平22・7・15家月六三・五・五八、国私百選[三版]九）

[20]　相続人不存在の場合に相続財産を国家に帰属させる韓国法を適用すると、被相続人に多年にわたり協力してきた内縁の妻に財産分与が認められない酷な結果となるから、公序に反する。（仙台家審昭47・1・25家月二五・二・一一二、渉外百選[二版]八四）

3　公序違反ではないとした例

[21]　韓国法人の製品の日本法人への販売に係る他の日本法人とのエージェント契約の更新拒絶につき、日本で認められている継続的契約保護の法理は、特別法により特別の保護が規定されている労働者保護や賃借人保護と異なり、直ちに我が国の公の秩序を構成すると解することはできないので、契約準拠法である韓国法により契約更新拒絶を認めることは公序に反しない。（東京地決平19・8・28判時一九九一・八九、国私百選[二版]一〇二）→◈【Ⅱ　絶対的強行法規】〔一条の後〕[3]、民保一一条[2]

[22]　英国法が適用されて日本の保険法二二条一項に基づく先取特権の成立が認められないとしても、英国法は海運業界では世界的に広く使われる標準法であり、しかも第三債務者に対する直接請求制度を規定していることに鑑みると、保険事故に係る損害賠償請求権者を保護する立法政策として日本の債権先取特権という立法以外が存しないとはいえず、英国法の適用は公序に反しないとした事例（東京高決平29・6・30判タ一四四六・九三、国私百選[三版]三八）

[23]　元夫の不貞行為の相手方に対する元妻からの慰謝料請求について、婚姻共同生活が営まれていた地は日本ではなく、相手方の行為を特に悪質と評価すべき事情も認められないか

ら、不法行為の結果発生地法として適用されるカリフォルニア州法により請求が否定されることは公序に反しない。（東京地判令2・10・23【令元ワ二三三八九】）↓一七条[15]

[24] 死後認知の出訴期間を父又は母の死亡を知った日から一年とする韓国法の適用の結果は公序に反しない。（最判昭50・6・27家月二八・四・八三、国私百選[補正]九）↓二九条[2]

[25] 雇用契約上の紛争を米国ジョージア州での仲裁により解決する旨の条項を有効とする同州法の適用につき、被用者は、日本在住ではあるが、米国の大学を卒業した米国人であること、勤務当時、年俸一五万ドル、年一二万ドルの生活調整費、月額賃料八一万円の都心のマンションの提供等の利益を享受していたこと、現在、既に他社の指導的役職者として就職して生計を維持していること、同州の弁護士に事実調査等の委任が可能であること、本件仲裁合意が有効とされると、長年日本に生活の本拠を置いてきた被用者の保護が全うされないというべき事情も見当たらないことから、被用者がジョージア州での仲裁に参加するには、甚だしい時間、労力、費用等を負担せざるを得ないというのは、被用者の主観的事情にすぎないというべきであり、公序に反しない。（東京地判平23・2・15判タ一三五〇・一八九……仲裁契約締結時が仲裁法施行前であり、同法附則四条の適用はない事例）

[26] アルゼンチンの発行した債券の全債権者は要項に記載された内容に合意していたところ、その定めに従って開催された債権者集会の特別決議は出欠を問わず日本法により認められる限度で全債権者を拘束する旨定められており、その方法は本件債券発行当時の商法における社債権者集会の特別決議と同様の内容となっており、また、本件債権者集会の招集の手続や特別決議の方法が日本法や本件要項の記載に反したり、特別決議が不当の方法によって成立し、著しく不公正であり、本件債券の債権者らの一般の利益に反したりするといった事情も認められないことからしても本件債権者集会の特別決議の効力を本件債券の全債権者に及ぼすことに日本法上問題はなく、特別決議により全債権者の権利は可決された和解の内容に従って変更されたとした事例（東京高判令元・10・29金判一五九六・八）

二　外国法適用排除後の準拠法

[27] 法廷地法である日本法による。（横浜地判昭58・1・26判時一〇八二・一〇九）

[28] 排除された外国法に次いで生活関係に緊密な牽連関係のある日本法による。（大阪家審昭50・1・31家月二八・三・八八）

[29] 公序により排除された規定の属するフィリピン法秩序の他の規定又はその秩序全体の精神から類推解釈することにより欠缺［けんけつ］の補充がなされるべきであり、これによる補充ができない場合、又はその補充によっては外国法規を排除した目的が達成されない場合に限り法廷地法である内国法規が適用される。（東京地判昭33・7・10下民九・七・一二六一）

[30] 法例二一条［法適用三二条］において、子の本国法と父の本国法とが同一であるために準拠法とされた韓国法の適用結果が公序に反する場合、同条所定の第二次的準拠法である子の常居所地法（日本法）による。（東京地判平2・11・28判時一三八四・七一、国私百選[補正]六七）↓三二条[5]

（適用除外）

第四三条① この章の規定は、夫婦、親子その他の親族関係から生ずる扶養の義務については、適用しない。ただし、第三十九条本文の規定の適用については、この限りでない。

② この章の規定は、遺言の方式については、適用しない。ただし、第三十八条第二項本文、第三十九条本文及び第四十条の規定の適用については、この限りでない。

附　則（抄）

（施行期日）

第一条　この法律は、公布の日から起算して一年を超えない範囲内において政令で定める日（平成一九・一・一—平成一八政二八九）から施行する。

○扶養義務の準拠法に関する法律（昭和六一・六・一二法　八　四）

施行　昭和六一・九・一（附則参照）
最終改正　平成一八法七八

（趣旨）
第一条　この法律は、夫婦、親子その他の親族関係から生ずる扶養の義務（以下「扶養義務」という。）の準拠法に関し必要な事項を定めるものとする。

（準拠法）
第二条①　扶養義務は、扶養権利者の常居所地法によつて定める。ただし、扶養権利者の常居所地法によればその者が扶養義務者から扶養を受けることができないときは、当事者の共通本国法によつて定める。

②　前項の規定により適用すべき法によれば扶養権利者が扶養義務者から扶養を受けることができないときは、扶養義務は、日本法によつて定める。

（傍系親族間及び姻族間の扶養義務の準拠法の特例）
第三条①　傍系親族間又は姻族間の扶養義務は、扶養義務者が、当事者の共通本国法によれば扶養権利者に対して扶養をする義務を負わないことを理由として異議を述べたときは、前条の規定にかかわらず、その法によつて定める。当事者の共通本国法がない場合において、扶養義務者が、その者の常居所地法によれば扶養権利者に対して扶養をする義務を負わないことを理由として異議を述べたときも、同様とする。

②　前項の規定は、子に対する扶養義務の準拠法に関する条約（昭和五十二年条約第八号）が適用される場合には、適用しない。

（離婚をした当事者間等の扶養義務の準拠法についての特則）
第四条①　離婚をした当事者間の扶養義務は、第二条の規定にかかわらず、その離婚について適用された法によつて定める。

②　前項の規定は、法律上の別居をした夫婦間及び婚姻が無効とされ、又は取り消された当事者間の扶養義務について準用する。

（公的機関の費用償還を受ける権利の準拠法）
第五条　公的機関が扶養権利者に対して行つた給付について扶養義務者からその費用の償還を受ける権利は、その機関が従う法による。

（扶養義務の準拠法の適用範囲）
第六条　扶養権利者のためにその者の扶養を受ける権利を行使することができる者の範囲及びその行使をすることができる期間並びに前条の扶養義務者の義務の限度は、扶養義務の準拠法による。

（常居所地法及び本国法）
第七条　当事者が、地域的に、若しくは人的に法を異にする国に常居所を有し、又はその国の国籍を有する場合には、第二条第一項及び第三条第一項の規定の適用については、その国の規則に従い指定される法を、そのような規則がないときは当事者に最も密接な関係がある法を、当事者の常居所地法又は本国法とする。

（公序）
第八条①　外国法によるべき場合において、その規定の適用が明らかに公の秩序に反するときは、これを適用しない。

②　扶養の程度は、適用すべき外国法に別段の定めがある場合においても、扶養権利者の需要及び扶養義務者の資力を考慮して定める。

附　則（抄）

（施行期日）
①　この法律は、扶養義務の準拠法に関する条約が日本国について効力を生ずる日（昭和六一・九・一―昭和六一外告二三五）から施行する。

（経過措置）
②　この法律の施行前の期間に係る扶養義務については、なお従前の例による。

○遺言の方式の準拠法に関する法律（昭和三九・六・一〇 法 一〇〇）

施行　昭和三九・八・二（附則参照）
最終改正　平成一八法七八

（趣旨）
第一条　この法律は、遺言の方式の準拠法に関し必要な事項を定めるものとする。

（準拠法）
第二条　遺言は、その方式が次に掲げる法のいずれかに適合するときは、方式に関し有効とする。
一　行為地法
二　遺言者が遺言の成立又は死亡の当時国籍を有した国の法
三　遺言者が遺言の成立又は死亡の当時住所を有した地の法
四　遺言者が遺言の成立又は死亡の当時常居所を有した地の法
五　不動産に関する遺言について、その不動産の所在地法

第三条　遺言を取り消す遺言については、前条の規定によるほか、その方式が、従前の遺言を同条の規定により有効とする法のいずれかに適合するときも、方式に関し有効とする。

（共同遺言）
第四条　前二条の規定は、二人以上の者が同一の証書でした遺言の方式についても、適用する。

（方式の範囲）
第五条　遺言者の年齢、国籍その他の人的資格による遺言の方式の制限は、方式の範囲に属するものとする。遺言が有効であるために必要とされる証人が有すべき資格についても、同様とする。

（本国法）
第六条　遺言者が地域により法を異にする国の国籍を有した場合には、第二条第二号の規定の適用については、その国の規則に従い遺言者が属した地域の法を、そのような規則がないときは遺言者が最も密接な関係を有した地域の法を、遺言者が国籍を有した国の法とする。

（住所地法）
第七条①　第二条第三号の規定の適用については、遺言者が特定の地に住所を有したかどうかは、その地の法によつて定める。
②　第二条第三号の規定の適用については、遺言の成立又は死亡の当時における遺言者の住所が知れないときは、遺言者がその当時居所を有した地の法を遺言者がその当時住所を有した地の法とする。

（公序）
第八条　外国法によるべき場合において、その規定の適用が明らかに公の秩序に反するときは、これを適用しない。

附　則（抄）

（施行期日）
①　この法律は、遺言の方式に関する法律の抵触に関する条約が日本国について効力を生ずる日（昭和三九・八・二―昭和三九外告八二）から施行する。

（経過規定）
②　この法律は、この法律の施行前に成立した遺言についても、適用する。ただし、遺言者がこの法律の施行前に死亡した場合には、その遺言については、なお従前の例による。

◉刑法（明治四〇・四・二四 法　四　五）

施行　明治四一・一〇・一（明治四一勅一六三）
改正　大正一〇法七七、昭和一六法六一、昭和二二法一二四、昭和二八法一九五、昭和二九法五七、昭和三三法一〇七、昭和三五法八三、昭和三九法一二四、昭和四三法六一、昭和五五法三〇、昭和六二法五二、平成三法三一、平成七法九一、平成一三法九七・法一三八・法一五三、平成一五法一二二・法一三八、平成一六法一五六、平成一七法五〇・法六六、平成一八法三六、平成一九法五四、平成二二法二六、平成二三法七四、平成二五法四九・法八六、平成二八法五四、平成二九法六七・法七二、平成三〇法七二、令和四法六七

注　本法は、刑法の一部を改正する法律（平成七・五・一二法九一）により改正されたが、講学上、必要と思われる旧規定については、改正後の規定の次に併記した。

注　令和四法六七第二条による本法の改正規定は、令和七・六・一六までに施行される。改正後の規定を、改正のない条文を除き、本法末尾に掲げた。

目次

朕帝国議会の協賛を経たる刑法改正法律を裁可し茲に之を公布せしむ。

刑法別冊の通之を定む。

此法律施行の期日は勅令を以て之を定む。（明治四一・一〇・一施行―明治四一勅一六三）

明治十三年第三十六号布告刑法は此法律施行の日より之を廃止す。

刑法

第一編　総則

◆【罪刑法定主義】

一　法律主義

7 条例は地方公共団体の議会の議決を経て制定される自治立法であり、国民の公選した議員をもって組織する国会の制定する法律に類するものであるから、条例によって刑罰を定める場合には、法律の授権が相当な程度に具体的であり、限定されていれば足りる。したがって、地方自治法二条三項七号及び一号のように相当に具体的な内容の事項につき、同法一四条五項のように限定された範囲内で条例に罰則を定め得るとしたことは、憲法三一条に反するものではない。（平成一一法八七による地方自治法改正前の事案）（最大判昭37・5・30刑集一六・五・五七七、憲百選Ⅱ［七版］

二〇八）

[2]　児童福祉法三四条一項六号の「児童に淫行をさせる行為」の禁止規定は、一八歳未満の青少年との合意に基づく淫行をも条例で規制することを容認しない趣旨ではないと解するのが相当である。（最大判昭60・10・23刑集三九・六・四一三、刑百選I[八版]二）→[11]

二　事後法の禁止

[3]　刑法六条にいう「刑の変更」とは特定の犯罪を処罰する刑そのものの変更を意味し、刑の執行猶予の条件に関する規定は含まれないから、改正後の法規を遡及的に適用することも許される。（最判昭23・6・22刑集二・七・六九四、刑百選I[二版]九）

[4]　公訴の時効は、その時効期間が犯罪に対する刑の軽重に応じて定められているから、実体法をはなれて決定できるものではない。したがって、犯罪後の法律により刑の変更があった場合における公訴時効の期間は、法律の規定により当該犯罪事実に適用すべき罰条の法定刑によって定まるものと解するのが相当である。（最決昭42・5・19刑集二一・四・四九四、重判昭41・42刑訴三）

[5]　行為当時における最高裁判所の判例の示す法解釈に従えば無罪となるべき行為を処罰しても憲法三九条に違反しない。（最判平8・11・18刑集五〇・一〇・七四五、重判平8刑二……判例を信頼し、それゆえに自己の行為が適法であると信じたことに相当な理由のある者については、故意を欠くと解する余地があるが、本件では、行為時の判例はいずれ変更されることが予想される状況にあり、被告人はこのような事情を知り得る状況にあり、かつ知った上で犯行に及んだものであるから、故意を欠いていたと認める余地はない、とする河合裁判官の補足意見がある）

三　類推解釈の禁止

[6]　食用とする目的で狩猟鳥獣であるマガモ又はカルガモを狙い洋弓銃で矢を射かける行為は、矢が外れたため鳥獣を自己の実力支配内に入れられず、かつ、殺傷するに至らなくても、鳥獣保護及狩猟ニ関スル法律一条の四第三項［鳥獣の保護及び管理並びに狩猟の適正化に関する法律一二条一項に相当］の委任を受けた昭和五三年環境庁告示第四三号三号リ［鳥獣の保護及び管理並びに狩猟の適正化に関する法律施行規則一〇条三項一二号に相当］が禁止する「弓矢を使用する方法による捕獲」に当たる。（最判平8・2・8刑集五〇・二・二二一、刑百選I[八版]一）

[7]　刑法一二九条にいう「汽車」には「ガソリンカー」を含む。けだし、交通機関による交通往来の安全を維持するという同条の立法趣旨からは、汽車代用のガソリンカーを除外する理由はないし、両者はその動力を異にするだけであって、共に鉄道線路上を運転し多数の貨客を迅速安全かつ容易に運輸する陸上交通機関である点では同一だからである。（大判昭15・8・22刑集一九・五四〇）

[8]　人事院規則一四―七「政治的行為」五項一号にいう「特定の候補者」とは、「候補者としての地位を有するに至った特定人」と解すべきであり、国家公務員法一〇二条の精神に背反するというような理由から「立候補しようとする特定人」を含むと解することは不当な類推拡張解釈である。（最判昭30・3・1刑集九・三・三八一、刑百選[初版]二）

[9]　爆発物取締罰則にいわゆる爆発物とは、理化学上の爆発現象を惹起［じゃっき］するような不安定な平衡状態において、薬品その他の資材が結合した物体であって、その爆発作用そのものによって公共の安全を乱し又は人の身体財産を害するに足る破壊力を有するものを指称すると解するのを相当とするから、火炎瓶は爆発物に当たらない。（最大判昭31・6・27刑集一〇・六・九二一、刑百選I[二版]二）

四　刑罰法規の明確性

[10]　刑罰法規の定める犯罪構成要件が曖昧不明確のゆえに憲法三一条に違反し無効であるとされるのは、その規定が通常の判断能力を有する一般人に対して、禁止される行為とそうでない行為とを識別するための基準を示すところがなく、そのため、その適用を受ける国民に対して刑罰の対象となる行為をあらかじめ告知する機能を果たさず、また、その運用がこれを適用する国又は地方公共団体の機関の主観的判断に委ねられて恣意に流れる等、重大な弊害を生ずるからであると考えられる。それゆえ、ある刑罰法規が曖昧不明確のゆえに憲法三一条に違反するものと認めるべきかどうかは、通常の判断能力を有する一般人の理解において、具体的場合に当該行為がその適用を受けるものかどうかの判断を可能ならしめるような基準が読み取れるかどうかによってこれを決定すべきである。（最大判昭50・9・10刑集二九・八・四八九〈徳島市公安条例事件〉憲百選I[七版]八三）

[11]　福岡県青少年保護育成条例一〇条一項にいう「淫行」とは、広く青少年に対する性行為一般をいうものと解すべきではなく、青少年を誘惑し、威迫し、欺罔［ぎもう］し又は困惑させる等その心身の未成熟に乗じた不当な手段により行う性交又は性交類似行為のほか、青少年を単に自己の性的欲望を満足させるための対象として扱っているとしか認められないような性交又は性交類似行為をいうものと限定して解するのが相当である。このような解釈は通常の判断能力を有する一般人の理解にもかなうものであり、「淫行」の意義を右のように解釈するときは、同規定につき処罰の範囲が不当に広過ぎるとも不明確であるともいえないから、右条項及びその違反に対する罰則である一六条一項は憲法三一条に違反しない。（最大判昭60・10・23前出[2]）

第一章　通則

（国内犯）

第一条①　この法律は、日本国内において罪を犯したすべての者に適用する。

②　日本国外にある日本船舶又は日本航空機内において罪を犯した者についても、前項と同様とする。

一　日本国、日本船舶、日本航空機

[1]　外国の使節の公館内においても刑法の適用はある。（大判大7・12・16刑録二四・一五二九）

[2]　船舶法一条三号の要件を満たす、日本に本店を有し、取締役全員が日本国民である株式会社所有の船舶は、本条二項の「日本船舶」に当たる。（最決昭58・10・26刑集三七・八・一二二八）

二　犯罪地

[3]　失火罪につき、過失行為が国内で行われた以上、結果が国外で発生したとしても刑法の適用がある。（大判明44・6・16刑録一七・一二〇二）

[4]　わいせつ画像データを記憶、蔵置するインターネット用サーバーコンピュータが米国内にあるときでも、同データを含むページが日本語で構成され、国内プロバイダーのホームページから右ページに直接移動できるようリンクされているときは、日本国内から同データに容易にアクセスできるのであるから、米国内のコンピュータに日本国内から画像データを送信して記憶、蔵置させたときは、わいせ

つ図画公然陳列罪の国内犯が成立する。（大阪地判平11・3・19判タ一〇三四・二八三、メディア百選[二版]一二三）

[5] 賄賂の供与が国外で実行されたとしても、その共謀や約束が国内で行われているときは、犯罪構成事実の一部が国内で実現されたものであり、賄賂の供与を含めた全体が国内犯に当たる。（東京地判昭56・3・30刑月一三・三・二九九）

[6] 日本国外で幇助〔ほうじょ〕行為（覚醒剤の調達等）をした者であっても、正犯が日本国内で実行行為（覚醒剤輸入罪等）をした場合には、本条一項の「日本国内において罪を犯した」者に当たる。（最決平6・12・9刑集四八・八・五七六、重判平6刑一）

[7] 領海外での日本船舶を使用した漁業取締規則違反も日本船舶内で罪を犯したといえる。（大判昭4・6・17刑集八・三五七）

三 「すべての者」の意義

[8] 外交使節等の治外法権は、その資格・身分関係に随伴するもので、その者にも刑法の適用はあり、その者がその資格等を喪失したときは、公訴時効が完成しない以上、訴追できる。（大判大10・3・25刑録二七・一八七）

（すべての者の国外犯）

第二条　この法律は、日本国外において次に掲げる罪を犯したすべての者に適用する。

一　削除

二　第七十七条から第七十九条まで（内乱、予備及び陰謀、内乱等幇助）の罪

三　第八十一条（外患誘致）、第八十二条（外患援助）、第八十七条（未遂罪）及び第八十八条（予備及び陰謀）の罪

四　第百四十八条（通貨偽造及び行使等）の罪及びその未遂罪

五　第百五十四条（詔書偽造等）、第百五十五条（公文書偽造等）、第百五十七条（公正証書原本不実記載等）、第百五十八条（偽造公文書行使等）及び公務所又は公務員によって作られるべき電磁的記録に係る第百六十一条の二（電磁的記録不正作出及び供用）の罪

六　第百六十二条（有価証券偽造等）及び第百六十三条（偽造有価証券行使等）の罪

七　第百六十三条の二から第百六十三条の五まで（支払用カード電磁的記録不正作出等、不正電磁的記録カード所持、支払用カード電磁的記録不正作出準備、未遂罪）の罪

八　第百六十四条から第百六十六条まで（御璽偽造及び不正使用等、公印偽造及び不正使用等、公記号偽造及び不正使用等）の罪並びに第百六十四条第二項、第百六十五条第二項及び第百六十六条第二項の罪の未遂罪

⊛↑【本条の例に従う罪↓航空強取五、人質五、ETC】

（国民の国外犯）

第三条　この法律は、日本国外において次に掲げる罪を犯した日本国民に適用する。

一　第百八条（現住建造物等放火）及び第百九条第一項（非現住建造物等放火）の罪、これらの規定の例により処断すべき罪並びにこれらの罪の未遂罪

二　第百十九条（現住建造物等浸害）の罪

三　第百五十九条から第百六十一条まで（私文書偽造等、虚偽診断書等作成、偽造私文書等行使）及び前条第五号に規定する電磁的記録以外の電磁的記録に係る第百六十一条の二の罪

四　第百六十七条（私印偽造及び不正使用等）の罪及び同条第二項の罪の未遂罪

五　第百七十六条から第百八十一条まで（強制わいせつ、強制性交等、準強制わいせつ及び準強制性交等、監護者わいせつ及び監護者性交等、未遂罪、強制わいせつ等致死傷）及び第百八十四条（重婚）の罪

六　第百九十八条（贈賄）の罪

七　第百九十九条（殺人）の罪及びその未遂罪

八　第二百四条（傷害）及び第二百五条（傷害致死）の罪

九　第二百十四条から第二百十六条まで（業務上堕胎及び同致死傷、不同意堕胎、不同意堕胎致死傷）の罪

十　第二百十八条（保護責任者遺棄等）の罪及び同条の罪に係る第二百十九条（遺棄等致死傷）の罪

十一　第二百二十条（逮捕及び監禁）及び第二百二十一条（逮捕等致死傷）の罪

十二　第二百二十四条から第二百二十八条まで（未成年者略取及び誘拐、営利目的等略取及び誘拐、身の代金目的略取等、所在国外移送目的略取及び誘拐、人身売買、被略取者等所在国外移送、被略取者引渡し等、未遂罪）の罪

十三　第二百三十条（名誉毀損）の罪

十四　第二百三十五条から第二百三十六条まで（窃盗、不動産侵奪、強盗）、第二百三十八条から第二百四十条まで（事後強盗、昏酔強盗、強盗致死傷）、第二百四十一条第一項及び第三項（強盗・強制性交等及び同致死）並びに第二百四十三条（未遂罪）の罪

十五　第二百四十六条から第二百五十条まで（詐欺、電子計算機使用詐欺、背任、準詐欺、恐喝、未遂罪）の罪

十六　第二百五十三条（業務上横領）の罪

十七　第二百五十六条第二項（盗品譲受け等）の罪

⊛↑【本条の例に従う罪↓暴力一ノ二③、人質五、児童買春一〇、組織犯罪一二、ETC】

国外犯処罰規定の存否

[1] 北海道海面漁業調整規則三六条は、その目的とする水産資源の保護培養・維持及び漁業秩序確立のための漁業取締りその他漁業調整を必要とする範囲の我が国領海及び公海のほかそれらと連接して一体をなす外国の領海における日本国民の漁業に適用があり、同規則五五条は、その目的達成の必要上、我が国領海における同規則三六条違反の行為のほか、公海及びこれらと連接して一体をなす外国の領海において日本国民がした同規則三六条違反の行為をも処罰する旨を定めたものである。（最判昭46・4・22刑集二五・

刑法

三・四五一、行政百選Ⅰ〔七版〕五三）

第三条の二（国民以外の者の国外犯） この法律は、日本国外において日本国民に対して次に掲げる罪を犯した日本国民以外の者に適用する。

一　第百七十六条から第百八十一条まで（強制わいせつ、強制性交等、準強制わいせつ及び準強制性交等、監護者わいせつ及び監護者性交等、未遂罪、強制わいせつ等致死傷）の罪

二　第百九十九条（殺人）の罪及びその未遂罪

三　第二百四条（傷害）及び第二百五条（傷害致死）の罪

四　第二百二十条（逮捕及び監禁）及び第二百二十一条（逮捕等致死傷）の罪

五　第二百二十四条から第二百二十八条まで（未成年者略取及び誘拐、営利目的等略取及び誘拐、身の代金目的略取等、所在国外移送目的略取及び誘拐、人身売買、被略取者等所在国外移送、被略取者引渡し等、未遂罪）の罪

六　第二百三十六条（強盗）、第二百三十八条から第二百四十条まで（事後強盗、昏酔強盗、強盗致死傷）並びに第二百四十一条第一項及び第三項（強盗・強制性交等及び同致死）の罪並びにこれらの罪（同条第一項の罪を除く。）の未遂罪

参照【日本国民→憲一〇、国籍【本条の例に従う罪→暴力一ノ二③、人質五

第四条（公務員の国外犯） この法律は、日本国外において次に掲げる罪を犯した日本国の公務員に適用する。

一　第百一条（看守者等による逃走援助）の罪及びその未遂罪

二　第百五十六条（虚偽公文書作成等）の罪

三　第百九十三条（公務員職権濫用）、第百九十五条第二項（特別公務員暴行陵虐）及び第百九十七条から第百九十七条の四まで（収賄、受託収賄及び事前収賄、第三者供賄、加重収賄及び事後収賄、あっせん収賄）の罪並びに第百九十五条第二項の罪に係る第百九十六条（特別公務員職権濫用等致死傷）の罪

参照【公務員→七①【本条の例に従う罪→破二七六②、民再二六四②、ETC

第四条の二（条約による国外犯） 第二条から前条までに規定するもののほか、この法律は、日本国外において、第二編の罪であって条約により日本国外において犯したときであっても罰すべきものとされているものを犯したすべての者に適用する。

参照【本条の例に従う罪→爆発一〇、暴力一ノ二③・一ノ三②、人質五、組織犯罪一二、不正アクセス一四、ETC

第五条（外国判決の効力） 外国において確定裁判を受けた者であっても、同一の行為について更に処罰することを妨げない。ただし、犯人が既に外国において言い渡された刑の全部又は一部の執行を受けたときは、刑の執行を減軽し、又は免除する。

参照【二重処罰の禁止→憲三九

第六条（刑の変更） 犯罪後の法律によって刑の変更があったときは、その軽いものによる。

参照【刑法の不遡及→憲三九【刑の軽重→一〇【刑の廃止→刑訴三三七②【判決後の刑の変更→刑訴三八三②、四一一⑤

一　犯罪時

1　犯罪の着手が新法施行前でも、その終了が施行後であるときは、新法だけを適用する。（大判明43・5・17刑録一六・八七七）

2　詐欺破産罪の処罰条件である破産宣告が新法施行後に確定しても、旧法当時に行為が終了しているときは、行為終了時を基準とし、旧法当時の犯罪として本条の比照を必要とする。（大判大15・11・4刑集五・五三五）

3　継続犯については、刑罰法規に変更があった場合、行為の完結した時期における新法を適用すべきである。（最決昭27・9・25刑集六・八・一〇九三）

4　単一意思の発動に基づき同種の行為を継続したため包括一罪を構成するときは、途中で刑の変更があっても、行為全部に新法を適用する。（大判明43・11・24刑録一六・二一一八）

5　常習犯加重処罰規定が新設され、その前後にまたがる常習としてなされた麻薬の不法譲渡等の行為は、それが不可分の関係にあって一罪と認められる場合でない限り、これをその前後によって区分し、それぞれ行為時法によって法律上の処遇を判断すべきである。（最大判昭31・12・26刑集一〇・一二・一七四六）

6　旧法時に完成した犯罪行為であっても、それが新法施行後に成立した他の犯罪行為と牽連〔けんれん〕犯の関係にあるときは、その全部に対し新法を適用する。（大判明42・11・1刑録一五・一四九八）

7　正犯が新旧両法にわたり継続して行われたため新法を適用するときは、旧法時に終了した従犯にも新法を適用する。（大判明44・6・23刑録一七・一二五二）

8　拳銃の不法所持の正犯が不法所持を継続中法改正があり刑が加重された場合、改正前に拳銃の購入を斡旋〔あっせん〕することにより正犯の不法所持を幇助〔ほうじょ〕した者に対しては、改正前の旧法を適用すべきであり、新法を適用すべきでない。（大阪高判昭43・3・12高刑二一・二・一二六）

二　「法律」の意義

9　本条の「法律」とは、法律であると、その他の命令であるとを問わず、全ての刑罰法令をいう。（最判昭24・9・1裁判集刑一三・三五五）

三　刑の変更

1　「刑」の意義

10　犯罪後の法律により労役場留置の期間に変更があったときは、本条の趣旨により、その軽いものを適用する。（大判昭16・7・17刑集二〇・四二五）

11　刑の執行猶予の条件に関する規定の変更は、特定の犯罪を処罰する刑の種類・量を変更するものではなく、刑の変更に当たらない。（最判昭23・6・22刑集二・七・六九四、刑百選Ⅰ〔三版〕九）

12　保護観察は刑そのものではないから、保護観察に関する

刑法二五条の二の規定が新設されても、刑の変更があったとはいえない。（高松高判昭29・4・20高刑七・六・八二三）

13 交通反則通告制度における反則金の限度額の変更は、本条とは関係がない。（大阪高判昭44・5・6判タ二三七・三二七）

2 変更・廃止の有無

イ 新法に特段の定めのある場合

14 法令の廃止前にした行為に対する罰則の適用については、その廃止後もなお効力を有する旨が規定されている場合は、本条の適用を待つまでもなく、当然に行為時の法令が適用される。（最判昭30・7・22刑集九・九・一九六二）

ロ 新法に特段の定めのない場合

15 尊属殺人罪［旧二〇〇条］成立後に、被害者が民法改正により直系尊属から除かれたときは、犯罪後の法律により刑の変更があったとはいえない。（最判昭27・12・25刑集六・一二・一四四二）

16 物価統制令三条違反の行為があった後に、同令に基づき価格等の統制額を指定した主務大臣の告示が廃止されても、刑の廃止に当たらない。（最大判昭25・10・11刑集四・一〇・一九七二）

17 外国とみなされていた奄美群島との間の密輸出入罪については、同地域が外国とみなされなくなった後は、刑の廃止があったものと解すべきである。（最大判昭32・10・9刑集一一・一〇・二四九七、刑百選［二版］一八）

18 旧道路交通取締法施行令四一条に基づく旧新潟県道路交通取締規則八条による乗車制限が廃止されても、同施行令四一条は、公安委員会の定める制限が、その時々の必要により適宜変更あるべきことを予想し、行為当時の制限に違反する行為を処罰しようとするものであって、その廃止前にした行為について刑の廃止があったとはいえない。（最大判昭37・4・4刑集一六・四・三四五、刑百選Ⅰ［二版］八）

3 刑の軽重

イ 基準

19 新旧法の比照は、両者の主刑を標準とし、両者の主刑が同一であれば併科刑の有無による。（大判大11・9・12刑集一・四三七）

20 選択刑に懲役、罰金のほかに禁錮が加わった場合は、新法が軽い。（大判昭5・12・8刑集九・八五八）

ロ 軽重のない場合

21 新旧法を比較した結果、刑に軽重のないときは、犯罪時法による。（大判昭9・1・31刑集一三・二八）

四 適用

22 軽い旧法を適用するときは、刑名も旧法の刑名を存置する。（大判明41・12・21刑録一四・一一五〇）

23 主刑と付加刑を相合して比較した結果新法を軽いとした以上、旧法に付加刑がない場合でも、新法の全部を適用し、付加刑の部分だけを適用しないとすべきでない。（大判明41・5・22刑録一四・五九一）

24 犯罪後の法律により刑の変更があった場合における事物管轄は、本条により当該犯罪事実に適用すべき罰条の法定刑によって定まる。（最大判昭39・2・26刑集一八・二・四八）

25 犯罪後の法律により刑の変更があった場合における公訴時効の期間は、当該犯罪事実に適用すべき罰条の法定刑によって定まる。（最決昭42・5・19刑集二一・四・四九四、重判昭41・42刑訴三）→◘【罪刑法定主義】［一編名の後］4、刑訴二五〇条2

第七条（**定義**）① この法律において「公務員」とは、国又は地方公共団体の職員その他法令により公務に従事する議員、委員その他の職員をいう。

② この法律において「公務所」とは、官公庁その他公務員が職務を行う所をいう。

⚭【公務員↓四、九五、九六、一〇七、一五五―一五七、一六一の二、一六五、一九三―一九五、一九七―一九七の四【公務所↓一五五、一六〇、一六一の二、一六五、一六六、二五八

一 公務員の意義

1 定義

1 公務員とは、官制、職制によってその職務権限が定まっている者に限らず、全ての法令により公務に従事する職員を指称するものであり、その法令には単に行政内部の組織作用を定めた訓令といえども、抽象的な通則を規定しているものは含まれる。（最判昭25・2・28刑集四・二・二六八）

2 法令により公務に従事する職員とは、法令の根拠に基づき任用され公務に従事する職員を意味し、単純な機械的・肉体的労働に従事する者はこれを含まないが、当該職制等の上で職員と呼ばれている身分を持つかどうかは問わない。（最決昭30・12・3刑集九・一三・二五九六）

2 具体例

3 郵便集配員は、単純な機械的・肉体的労働にとどまらず、民訴法、郵便法等の諸規定に基づく精神労務に属する事務をも併せ担当しているものであるから、公務員である。（最判昭35・3・1刑集一四・三・二〇九、刑百選Ⅱ［初版］五）

二 公務所の意義

4 公務分担の機関として公務員の職務を行う所は、法令に基づいて設けられたと否とによらず、公務所である。（大判大3・11・10刑録二〇・二〇七九）

第七条の二 この法律において「電磁的記録」とは、電子的方式、磁気的方式その他人の知覚によっては認識することができない方式で作られる記録であって、電子計算機による情報処理の用に供されるものをいう。

⚭【電磁的記録↓二五、三三、一五七①、一五八①、一六一の二、一六三の二、一六八の二、二三四の二、二四六の二、二五八、二五九

第八条（**他の法令の罪に対する適用**） この編の規定は、他の法令の罪についても、適用する。ただし、その法令に特別の規定があるときは、この限りでない。

「特別の規定」

1 「特別の規定」がある場合とは、明文又は法令の規定の性質上、刑法総則規定の適用を除外することが、規定の目的を達するに必要な場合をいう。（大判大6・12・12刑録二三・一三五七）

第二章 刑

（**刑の種類**）

第九条　死刑、懲役、禁錮、罰金、拘留及び科料を主刑とし、没収を付加刑とする。

（刑の軽重）

第一〇条①　主刑の軽重は、前条に規定する順序による。ただし、無期の禁錮と有期の懲役とでは禁錮を重い刑とし、有期の禁錮の長期が有期の懲役の長期の二倍を超えるときも、禁錮を重い刑とする。

②　同種の刑は、長期の長いもの又は多額の多いものを重い刑とし、長期又は多額が同じであるときは、短期の長いもの又は寡額の多いものを重い刑とする。

③　二個以上の死刑又は長期若しくは多額及び短期若しくは寡額が同じである同種の刑は、犯情によってその軽重を定める。

（死刑）

第一一条①　死刑は、刑事施設内において、絞首して執行する。

②　死刑の言渡しを受けた者は、その執行に至るまで刑事施設に拘置する。

❶【執行→刑訴四七五―四七九、刑事収容一七八・一七九　❷【拘置→刑事収容二―四・三二・三六　+【国際規約→人権B規約六

一　**死刑の合憲性**

[1]　死刑は、憲法三六条にいわゆる残虐な刑罰に当たらない。（最大判昭23・3・12刑集二・三・一九一、憲百選II[七版]一一五）→憲一三条[52]

[2]　死刑は、憲法九条、一三条、三六条に違反しない。（最大判昭26・4・18刑集五・五・九二三）

[3]　死刑は、憲法二五条に違反しない。（最判昭33・4・10刑集一二・五・八三九）

二　**絞首刑の合憲性**

[4]　絞首刑は、憲法三六条に違反しない。（最大判昭30・4・6刑集九・四・六六三）

[5]　絞首の方法を定めた絞罪器械図式は、現在法律と同一の効力を持つものとして有効に存続しており、これによって執行することは憲法三一条に違反しない。（最大判昭36・7・19刑集一五・七・一一〇六、憲百選II[七版]A17）→憲九八条[3]

（懲役）

第一二条①　懲役は、無期及び有期とし、有期懲役は、一月以上二十年以下とする。

②　懲役は、刑事施設に拘置して所定の作業を行わせる。

❷【所定の作業→刑事収容九二―九八【執行→刑訴四八〇―四八二・四八四―四八九、少五六①③

無期懲役刑の合憲性

[1]　無期懲役刑は、憲法三六条にいわゆる残虐な刑罰に当たらない。（最大判昭24・12・21刑集三・一二・二〇四八、刑百選I[二版]九九）

[2]　無期懲役刑は、憲法一三条、三一条に違反しない。（最決昭31・12・25刑集一〇・一二・一七一一）

（禁錮）

第一三条①　禁錮は、無期及び有期とし、有期禁錮は、一月以上二十年以下とする。

②　禁錮は、刑事施設に拘置する。

❷【拘置→少五六①③【申出による作業→刑事収容九三【執行→刑訴四八四―四八九

禁錮刑の合憲性

[1]　禁錮刑は、憲法二七条一項に抵触しない。（最大判昭33・9・10刑集一二・一三・二八九七、刑百選I[二版]一〇〇）

（有期の懲役及び禁錮の加減の限度）

第一四条①　死刑又は無期の懲役若しくは禁錮を減軽して有期の懲役又は禁錮とする場合においては、その長期を三十年とする。

②　有期の懲役又は禁錮を加重する場合においては三十年にまで上げることができ、これを減軽する場合においては一月未満に下げることができる。

+【加重→四七、五七【減軽→三六②・三七①・三八③・三九②・四二・四三・六三・一七〇・一七一・一七三・二二八の二・二二八の三・六六【加重減軽の方法→六八―七二

（罰金）

第一五条　罰金は、一万円以上とする。ただし、これを減軽する場合においては、一万円未満に下げることができる。

+【減軽→六八④・七一【執行→刑訴四九〇―四九二

（拘留）

第一六条　拘留は、一日以上三十日未満とし、刑事施設に拘置する。

+【拘置→刑事収容二―四【執行→刑訴四八四―四八九

（科料）

第一七条　科料は、千円以上一万円未満とする。

+【執行→刑訴四九〇―四九二

（労役場留置）

第一八条①　罰金を完納することができない者は、一日以上二年以下の期間、労役場に留置する。

②　科料を完納することができない者は、一日以上三十日以下の期間、労役場に留置する。

③　罰金を併科した場合又は罰金と科料とを併科した場合における留置の期間は、三年を超えることができない。科料を併科した場合における留置の期間は、六十日を超えることができない。

④　罰金又は科料の言渡しをするときは、その言渡しとともに、罰金又は科料を完納することができない場合における留置の期間を定めて言い渡さなければならない。

⑤　罰金については裁判が確定した後三十日以内、科料については裁判が確定した後十日以内は、本人の承諾がなければ留置の執行をすることができない。

⑥　罰金又は科料の一部を納付した者についての留置の日数は、その残額を留置一日の割合に相当する金額で除して得た日数（その日数に一日未満の端数を生じるときは、これを一日とする。）とする。

+【労役場→刑事収容二八七・二八八【執行→刑訴五〇五

一　**労役場留置の合憲性**

[1]　本条は、憲法一四条に違反しない。（最大判昭25・6・7

刑集四・六・九五六）

[2] 本条は、憲法一一条、一三条、一八条に違反しない。（最判昭33・5・6刑集一二・七・一三五一）

二 換価率

[3] 留置一日に相応する金銭的換価率は、必ずしも自由な社会における勤労の報酬額と同率に決定されるべきものではなく、金一〇〇〇円の罰金を完納できない場合の労役場留置期間の割合を一日金二〇円と定めたことは、基本的人権と法の下における国民の平等を保障した憲法の条規に違反しない。（最大判昭24・10・5刑集三・一〇・一六四六）

（没収）

第一九条① 次に掲げる物は、没収することができる。

一 犯罪行為を組成した物

二 犯罪行為の用に供し、又は供しようとした物

三 犯罪行為によって生じ、若しくはこれによって得た物又は犯罪行為の報酬として得た物

四 前号に掲げる物の対価として得た物

② 没収は、犯人以外の者に属しない物に限り、これをすることができる。ただし、犯人以外の者に属する物であっても、犯罪の後にその者が情を知って取得したものであるときは、これを没収することができる。

参❶【必要的没収の例→一九七の五、あっせん利得三、組織犯罪一三④、金商二〇〇の二、臓器移植二五【執行→刑訴四九〇―四九二、四九六、四九七 ❷【特則→組織犯罪八

一 没収の対象物

1 特定性

[1] 賭客の賭銭が開張者の両替用及び釣銭用の金員と混合して特定できなくなった場合には、没収できない。（東京高判昭41・11・17判タ二〇七・一五四）

2 同一性

[2] 賄賂の目的物に変更を加えても、同一性を失わない場合には没収できる。（大判大6・3・2刑録二三・一三九）

[3] 賄賂として収受した反物を着物の表とした場合には、加工により別個の新しい衣類に変更したもので、没収できない。（大判大6・6・28刑録二三・七三七）

[4] 賄賂の目的物である反物で単衣〔ひとえ〕を作った場合には、没収できる。（大判大6・3・2前出[2]）

[5] 供与を受けた金銭を両替しても、その性質を変更せず、没収できる。（大判大7・3・27刑録二四・二四八）

[6] 犯罪組成物件の刑訴法一二二条による換価代金は、法律上は被換価物そのものであり、没収できる。（最決昭25・10・26刑集四・一〇・二一七〇）

3 一体性

[7] 犯行により得た親だぬきが犯行当時懐胎していた子だぬきを分娩した場合には、子だぬきも没収できる。（大判昭15・6・3刑集一九・三三七）

4 主物・従物

[8] 杖刀〔じょうとう〕を没収する場合には、その従物である鞘〔さや〕をも没収することができる。（大判明44・4・18刑録一七・六一一）

5 可分性・不可分性

[9] 主債務負担の部分が偽造である借用証書の真正な保証債務の部分は、独立した効用がなく、共に没収できる。（大判明45・6・27刑録一八・九三六）

[10] 偽造文書の偽造部分と真正部分とが有形上分割し得なければ、全て没収できるが、有形上分割可能で、真正部分が文書として効力を有するときは、真正部分を没収することはできない。（大判大3・11・19刑録二〇・二二六九）

二 没収の効力

[11] 没収の目的たる物件が押収されているときは、没収を言い渡した判決確定と同時に、没収の効力を生ずる。（最判昭37・4・20民集一六・四・八六〇）

[12] 没収物の国庫帰属の効力は、没収物が押収されているか否か及び没収物の種類を問わず、没収の判決確定と同時に発生する。（大阪高判昭51・7・9判時八四一・四五）

[13] 被告人に対する付加刑として言い渡された第三者の所有物の没収の効果は第三者に及ぶから、所有物を没収される第三者についても、告知、弁解、防御の機会を与えることが必要で、これなくして第三者の所有物を没収することは、適正な法律手続によらずに財産権を侵害する制裁を科するにほかならないので、憲法三一条、二九条に違反する。（最大判昭37・11・28刑集一六・一一・一五九三、憲百選II[七版]一〇七）→憲八一条[18]

三 対物的要件

1 犯罪組成物件

[14] 犯罪組成物件とは、法律上犯罪行為の構成要素となるべき物件をいう。（大判明44・2・16刑録一七・八三）

[15] 偽造・変造文書行使罪における偽造・変造文書は、犯罪組成物件である。（大判明43・11・22刑録一六・二一一〇）

[16] 賭博罪において賭した財物は、犯罪組成物件である。（大判大3・4・21刑録二〇・五九六）

[17] 存在につき報告を怠った麻薬は、報告義務違反罪の犯罪組成物件ではない。（最判昭28・10・13刑集七・一〇・一九一〇）

2 犯罪供用物件

[18] 犯罪供用物件は、単に結果から見て犯行に役立ったというだけでは十分でなく、犯人がこれを犯行の用に供する意思を持って直接犯行の用に供し又は供そうとしたことを必要とし、被告人が被害者を足蹴にしたときたまたま履いていた靴は犯罪供用物件とはいえない。（名古屋高判昭30・7・14高刑八・六・八〇五）

[19] 犯罪供用物件とは、犯罪の構成要件たる行為自体に供した物の外、犯罪完成直後その結果を確保するための用に供した物を含み、窃取した鶏を運搬しやすいよう処置するため、その首を切るために用いた切出し及びナイフは、犯罪供用物件に当たる。（東京高判昭28・6・18高刑六・七・八四八）

[20] 窃盗のための住居侵入に使用した鉄棒は、住居侵入の点が起訴されていなくても、窃盗の犯罪供用物件として没収できる。（最判昭25・9・14刑集四・九・一六四六）

[21] 被告人が強制性交等の犯行の様子を隠し撮りしてデジタルビデオカセットに録画したのが、被害者に犯行の様子を撮影録画したことを知らせて、捜査機関に被告人の処罰を求めることを断念させ、刑事責任の追及を免れようとしたためであるときには、当該デジタルビデオカセットは「犯罪行為の用に供した物」に当たる。（最決平30・6・26刑集七二・二・二〇九、重判平30刑四）

3 犯罪生成物件

[22] 通貨偽造罪における偽造通貨は犯罪生成物件である。（大判明42・4・19刑録一五・四五八）

[23] 不実記載のある公正証書原本は、公証人が権限に基づき正当に作成した物であるから、犯罪生成物件には当たらない。（大判明42・1・22刑録一五・一七）

4 犯罪取得物件

24 有償で譲り受けた盗品等は、犯罪取得物件である。（最判昭23・11・18刑集二・一二・一五九七）

25 金融の利益が賄賂である場合の借受金は犯罪取得物件である。（最決昭33・2・27刑集一二・二・三四二）

5 犯罪報酬物件

26 売春業者に建物を提供した場合の家賃は犯罪報酬物件に当たる。（最決昭40・5・20判時四一四・四七）

6 対価物件

27 有償で譲り受けた盗品等を売却して得た代金は対価物件として没収でき、売却行為が犯罪を構成することは必要ない。（最判昭23・11・18前出24）

四 対人的要件

1 「犯人」の意義

28 「犯人」には共犯者を含み、それが既に判決の確定した者であってもよい。（大判明44・2・13刑録一七・七五）

29 「犯人」には、共犯であっていまだ訴追を受けていない者も含まれる。（大判大11・5・19刑集一・三二六）

2 犯人以外の者に「属する」の意義

30 犯人以外の者が、その物に対し、物権ではなく単に債権を有するにすぎない場合は、没収の妨げとはならない。（最判昭40・6・29刑集一九・四・四九〇）

31 犯人以外の者に属するか否かは、判決言渡し当時における権利関係を基準とする。（大判明43・7・8刑録一六・一四二四）

32 押収品（麻薬）の所有者不明の場合には、犯人以外の者に属しないとして没収できる。（最決昭27・6・26裁判集刑六五・四二五）

33 被害者不明の盗品等についても、被害者還付の言渡しをすべきで、没収すべきではない。（最判昭30・1・14刑集九・一・五二）

34 所有者が返還請求権を放棄したと認められる物は、犯人以外の者の所有に属しないものとして没収できる。（最判昭24・5・28刑集三・六・八七八）

35 偽造印・偽造証書は、法律において製作・所持を禁止し、何人の所有も許さないから没収できる。（大判明41・12・21刑録一四・一一三六）

（追徴）

第一九条の二 前条第一項第三号又は第四号に掲げる物の全部又は一部を没収することができないときは、その価額を追徴することができる。

参【必要的追徴の例→一九七の五、あっせん利得三、組織犯罪一六③】【執行→刑訴四九〇―四九二】

一 没収不能

1 金銭のような代替物は、押収又は封金等によって特定していない限り、没収できない場合に当たるから、その価額を追徴すべきである。（最大判昭23・6・30刑集二・七・七七七）

二 追徴額の算定基準時

2 収賄者は賄賂たる物を収受することによって、その物のその当時の価額に相当する利益を得たものであり、没収に代えて追徴すべき金額は、その物の授受当時の価額による。（最大判昭43・9・25刑集二二・九・八七一、刑百選Ⅰ二版一〇二）

三 共犯者と追徴

3 無免許輸出入の用に供した船舶の価額を共犯者数人より追徴する場合には、その各人に対し全額の追徴を言い渡すことができるが、被告人の一人が追徴金の全部又は一部を納付したときは、納付済みの部分については、更に他の被告人から徴収できない。（最決昭31・8・30刑集一〇・八・一二八三）

4 関税法違反の物件につき、没収に代わる追徴を命ずるに当たっては、共犯者全員に対し各独立して全額の追徴を命じなければならないものではなく、所有者たる被告人のみに対して追徴を命ずることも違法でない。（最大判昭33・3・5刑集一二・三・三八四）

（没収の制限）

第二〇条 拘留又は科料のみに当たる罪については、特別の規定がなければ、没収を科することができない。ただし、第十九条第一項第一号に掲げる物の没収については、この限りでない。

参【拘留又は科料のみに当たる罪の例→軽犯一】

（未決勾留日数の本刑算入）

第二一条 未決勾留の日数は、その全部又は一部を本刑に算入することができる。

参【法定通算→刑訴四九五】【特別規定→刑訴一六七⑥、少五三】

一 勾留日数の起算日

1 逮捕に引き続き勾留請求が行われ、その請求日の翌日以降に勾留状が発せられて執行がなされた場合、算入の対象となる未決勾留日数は、勾留状の執行のなされた日から起算する。（最判昭43・7・11刑集二二・七・六四六）

二 算入の可否

1 刑の執行との競合

2 未決勾留中の被告人が、他事件の確定判決により懲役刑の執行を受けるに至ったときは、懲役刑の執行と競合する未決勾留日数を本刑に算入することは違法である。（最大判昭32・12・25刑集一一・一四・三三七七）

2 他の事実についての勾留

3 同一被告人に対する数個の公訴事実を併合審理する場合、無罪となった公訴事実につき発せられた勾留状の執行による未決勾留日数を他の有罪とした公訴事実の本刑に算入できる。（最判昭30・12・26刑集九・一四・二九九六）

4 起訴されていない被疑事実についての未決勾留は、（それと併合罪の関係にある）起訴事件の捜査に利用されたとしても、起訴事件の本刑に算入できない。（最決昭50・7・4判時九二一・一二八）

5 起訴されなかった住居侵入の事実についての未決勾留日数は、右と一罪の関係にある起訴された常習累犯窃盗の罪の本刑に算入できる。（最判昭55・12・23刑集三四・七・七六七、刑訴百選九版A40）

6 併合罪関係にある数罪を併合審理して一個の主文による刑を言い渡す場合、その刑が本条にいう「本刑」であり、この理は、その刑が懲役刑と罰金刑の併科でも異ならず、勾留されていない事実に由来する罰金刑に対し、併合罪として処断された他の事実に係る未決勾留日数を算入することができる。（最決平18・8・30刑集六〇・六・四五七、重判平18刑四①）

3 他事件で算入された勾留と重複する勾留

7 他事件につき本刑である自由刑に算入された未決勾留と重複する未決勾留を更に本刑に算入することはできない。（最判昭40・7・9刑集一九・五・五〇八）

刑法

⑧ 他事件の本刑に法定通算された未決勾留の期間と暦の上で重複する未決勾留を、更に本件の本刑に裁定算入又は法定通算することはできない。（最判昭52・7・1刑集三一・四・六八一）

4 法定通算との関係

⑨ 控訴審が、被告人が控訴した事件において第一審判決を破棄する場合、控訴申立て後の未決勾留日数は刑訴法四九五条二項二号により当然に全部本刑に通算されるべきであり、本条により、判決において、その全部又は一部を本刑に算入する旨の言渡しをすべきでない。（最判昭46・4・15刑集二五・三・四三九）→刑訴四九五条②

三 刑事補償との関係

⑩ 併合罪中一部無罪の場合、本刑に算入した未決勾留日数については、未決勾留として刑事補償の請求はできない。（最決昭34・10・29刑集一三・一一・三〇七六）

第三章　期間計算

（期間の計算）

第二二条 月又は年によって期間を定めたときは、暦に従って計算する。

（刑期の計算）

第二三条① 刑期は、裁判が確定した日から起算する。

② 拘禁されていない日数は、裁判が確定した後であっても、刑期に算入しない。

参❶【裁判の確定→刑訴三五八・三七三・四一四・四一八　❷【拘禁されていない日数→刑訴四七一・四八一・四八四、二九③

刑期起算日

① 本条は、自由刑に処する裁判を受けた者が当該事件に関して拘禁されている場合にその裁判確定の日から刑期を起算する趣旨の規定であって、当該事件に関し拘禁されていない場合には、他事件に関して拘禁されていても本条一項の適用はない。（最決昭54・3・26刑集三三・二・一二一）

（受刑等の初日及び釈放）

第二四条① 受刑の初日は、時間にかかわらず、一日として計算する。時効期間の初日についても、同様とする。

② 刑期が終了した場合における釈放は、その終了の日の翌日に行う。

参❶【刑の時効期間→三二　❷【釈放→刑事収容一七一

第四章　刑の執行猶予

（刑の全部の執行猶予）

第二五条① 次に掲げる者が三年以下の懲役若しくは禁錮又は五十万円以下の罰金の言渡しを受けたときは、情状により、裁判が確定した日から一年以上五年以下の期間、その刑の全部の執行を猶予することができる。

一 前に禁錮以上の刑に処せられたことがない者

二 前に禁錮以上の刑に処せられたことがあっても、その執行を終わった日又はその執行の免除を得た日から五年以内に禁錮以上の刑に処せられたことがない者

② 前に禁錮以上の刑に処せられたことがあってもその刑の全部の執行を猶予された者が一年以下の懲役又は禁錮の言渡しを受け、情状に特に酌量すべきものがあるときも、前項と同様とする。ただし、次条第一項の規定により保護観察に付せられ、その期間内に更に罪を犯した者については、この限りでない。

参+【執行猶予の影響→公選一一①㈢―㈤、国公三八㈡　❶㈡【刑に処せられたことのない者→二七・三四の二　㈢【刑の執行の免除→五・三一　❷【保護観察→二五の二①

① 本条にいう「前に」とは、執行猶予を言い渡す判決の以前にという意味であり、既に刑に処せられた罪が現に審判すべき犯罪の前後いずれに犯されたかは問わない。（最判昭31・4・13刑集一〇・四・五六七）

② 本条一項二号にいう「前に禁錮以上の刑に処せられたことがない者」とは、前に禁錮以上の確定判決を受けたことのない者をいい、その執行を受けなかった者を意味しない。（最判昭24・3・31刑集三・三・四〇六）

③ 併合罪である数罪が前後して起訴されて裁判され、前の判決では執行猶予が言い渡されていた場合でも、両罪が同時審判されていたならば一括して執行猶予が言い渡されていたであろうという事情の存するときは、本条一項一号にいう「刑に処せられた」とは実刑判決の場合を指すものと解すべきである。（最大判昭28・6・10刑集七・六・一四〇四）

④ （前出③の事案のような場合）昭和二八年法一九五による本条二項の新設後も、余罪についての再度の執行猶予の言渡しは本条一項により、二項によるべきではない。（最大判昭31・5・30刑集一〇・五・七六〇）

⑤ 本条一項により刑の執行猶予を受けた犯罪の余罪について、同項により再度執行猶予を言い渡す場合、両罪を同時に審判することが著しく困難若しくは不可能であること、同時に審判されたならば執行猶予を言い渡すことのできる情状があることは必要でない。（最大判昭32・2・6刑集一一・二・五〇三）

⑥ 実刑判決である確定判決のあった罪と併合罪関係に立つ余罪については執行猶予を言い渡すことができない。（最判平7・12・15刑集四九・一〇・一一二七）

⑦ 二個以上の自由刑を併科するに当たり、その一個についてのみ執行を猶予することは、刑法二六条の三の趣旨からみて許されない。（札幌高判昭39・1・18高刑一七・一・三三）

⑧ 同一被告人に対し一個の主文において二個の裁判をなす場合、実刑と執行猶予との二個の懲役刑を同時に言い渡すことは、極めて当を失する措置ではあるが、必ずしも違法とはいえない。（仙台高判昭29・3・9高刑七・三・二九〇）

⑨ 本条二項にいう「執行を猶予された者」とは、執行猶予期間内に犯罪を犯した者を指すのではなく、裁判時において現に執行猶予中の者を指す。（福岡高判昭29・3・23高刑七・二・二〇二）

（刑の全部の執行猶予中の保護観察）

第二五条の二① 前条第一項の場合においては猶予の期間中保護観察に付することができ、同条第二項の場合においては猶予の期間中保護観察に付する。

② 前項の規定により付せられた保護観察は、行政官庁

の処分によって仮に解除することができる。

③ 前項の規定により保護観察を仮に解除されたときは、前条第二項ただし書及び第二十六条の二第二号の規定の適用については、その処分を取り消されるまでの間は、保護観察に付せられなかったものとみなす。

【保護観察の言渡し→刑訴三三三】

第二六条（刑の全部の執行猶予の必要的取消し） 次に掲げる場合においては、刑の全部の執行猶予の言渡しを取り消さなければならない。ただし、第三号の場合において、猶予の言渡しを受けた者が第二十五条第一項第二号に掲げる者であるとき、又は次条第三号に該当するときは、この限りでない。

一 猶予の期間内に更に罪を犯して禁錮以上の刑に処せられ、その刑の全部について執行猶予の言渡しがないとき。

二 猶予の言渡し前に犯した他の罪について禁錮以上の刑に処せられ、その刑の全部について執行猶予の言渡しがないとき。

三 猶予の言渡し前に他の罪について禁錮以上の刑に処せられたことが発覚したとき。

【取消し→刑訴三四九、三四九の二】

1 本条一号にいう「禁錮以上の刑に処せられ」とは、禁錮以上の刑を言い渡した判決が確定したことをいう。（最決昭54・3・27刑集三三・二・一五五、重判昭54刑二）

2 本条二号にいう「猶予の言渡し前」とは、刑の執行猶予の判決の確定前という意味に解するのが相当である。（最大決昭42・3・8刑集二一・二・四二三）

3 本条三号にいう「猶予の言渡し前に他の罪について禁錮以上の刑に処せられたことが発覚したとき」とは、猶予の言渡し後に、その言渡し前他の罪につき禁錮以上の刑に処せられたことが発覚した場合と解すべきである。したがって、執行猶予の言渡し前に、他の罪につき禁錮以上の刑に処せられたことが、検察官、裁判官に発覚していた場合には、本条三号による執行猶予の取消しはできない。（最決昭27・2・7刑集六・二・一九七）

4 本条三号は、検察官が上訴の方法によって、違法に言い渡された執行猶予判決を是正する方途がない場合に対処するものであるから、検察官が、判決言渡し後その確定前に、被告人が欠格者であることを覚知しながら上訴申立てをなすことなく執行猶予の言渡しを確定させたときは、本号による取消しは許されない。（最大決昭33・2・10刑集一二・二・一三五）

5 先行事件につき高等裁判所で言い渡された執行猶予判決に対する上告申立期間中に、後行事件について地方裁判所での懲役刑の実刑判決が確定した場合、この確定の事実が、右上告申立期間満了まで五日を残して地方検察庁に通知されており、高等検察庁と相互に連絡を取り合うなどの方法を採っていれば、右高検察官において、後行事件につき懲役刑に処せられた事実を覚知することができたときは、本条三号による執行猶予の取消しはできない。（最決昭56・11・25刑集三五・八・八八四）

6 被告人が捜査官を欺罔〔ぎもう〕して、他人の氏名、身上及び前科を詐称したため、捜査官が別人格であることに全く不審を抱かず、両者の指紋の同一性の確認をしなかった結果、執行猶予判決の確定前に被告人の前科を覚知できなかった場合には、検察官は本条三号による取消請求権を失わない。（最決昭60・11・29刑集三九・七・五三二、刑訴百選一〇版五〇）

第二六条の二（刑の全部の執行猶予の裁量的取消し） 次に掲げる場合においては、刑の全部の執行猶予の言渡しを取り消すことができる。

一 猶予の期間内に更に罪を犯し、罰金に処せられたとき。

二 第二十五条の二第一項の規定により保護観察に付せられた者が遵守すべき事項を遵守せず、その情状が重いとき。

三 猶予の言渡し前に他の罪について禁錮以上の刑に処せられ、その刑の全部の執行を猶予されたことが発覚したとき。

【手続→刑訴三四九②】

1 本条三号は、検察官において、新たに執行猶予を言い渡した裁判に対し上訴による是正の途〔みち〕が閉ざされた後、執行猶予の前科の存在を覚知した場合に取消請求を認める趣旨であるから、検察官が前科照会などの方法によって容易に前科の存在を知り得た場合は、右前科の存在する事実を現実に知っていた場合と同様に、上訴によって新たな執行猶予を阻止することができたものと解すべきであり、取消請求は認められない。（最決昭53・11・22刑集三二・八・一二四〇）

第二六条の三（刑の全部の執行猶予の取消しの場合における他の刑の執行猶予の取消し） 前二条の規定により禁錮以上の刑の全部の執行猶予の言渡しを取り消したときは、執行猶予中の他の禁錮以上の刑についても、その猶予の言渡しを取り消さなければならない。

【執行猶予の競合→二五②】

第二七条（刑の全部の執行猶予の猶予期間経過の効果） 刑の全部の執行猶予の言渡しを取り消されることなくその猶予の期間を経過したときは、刑の言渡しは、効力を失う。

1 執行猶予取消決定に対する即時抗告の提起期間内又はその係属中は、刑訴法四二五条により右取消決定の執行は停止されるから、その間に猶予期間が経過すれば、刑の言渡しはその効力を失うが、右即時抗告の棄却決定が猶予期間経過前に告知されれば、猶予取消しの効果が生ずる。右棄却決定に対し特別抗告がなされた場合も、執行猶予取消決定の執行停止がなされない限り、取消決定は直ちに執行可能であるから、同様である。（最大決昭40・9・8刑集一九・六・六三六）

2 執行猶予期間を経過し刑の言渡しがその効力を失っても、その言渡しを受けたという既往の事実そのものを量刑の資料に参酌しても違法ではない。（最決昭33・5・1刑集一二・七・一二九三）

3 本条により刑の言渡しがその効力を失っても、そのことは、刑法四五条後段の併合罪の成否とは相関しない。（最決昭45・9・29刑集二四・一〇・一四二一）

（刑の一部の執行猶予）

第二七条の二① 次に掲げる者が三年以下の懲役又は禁錮の言渡しを受けた場合において、犯情の軽重及び犯人の境遇その他の情状を考慮して、再び犯罪をすることを防ぐために必要であり、かつ、相当であると認められるときは、一年以上五年以下の期間、その刑の一部の執行を猶予することができる。

一 前に禁錮以上の刑に処せられたことがない者

二 前に禁錮以上の刑に処せられたことがあっても、その刑の全部の執行を猶予された者

三 前に禁錮以上の刑に処せられたことがあっても、その執行を終わった日又はその執行の免除を得た日から五年以内に禁錮以上の刑に処せられたことがない者

② 前項の規定によりその一部の執行を猶予された刑については、そのうち執行が猶予されなかった部分の期間を執行し、当該部分の期間の執行を終わった日又はその執行を受けることがなくなった日から、その猶予の期間を起算する。

③ 前項の規定にかかわらず、その刑のうち執行が猶予されなかった部分の期間の執行を終わり、又はその執行を受けることがなくなった時において他に執行すべき懲役又は禁錮があるときは、第一項の規定による猶予の期間は、その執行すべき懲役若しくは禁錮の執行を終わった日又はその執行を受けることがなくなった日から起算する。

【全部の猶予→二五【特則→薬物一部猶予三　❶【二】【刑に処せられたことのない者→二七、三四の二　【三】【刑の執行の免除→五、三一

（刑の一部の執行猶予中の保護観察）

第二七条の三① 前条第一項の場合においては、猶予の期間中保護観察に付することができる。

② 前項の規定により付せられた保護観察は、行政官庁の処分によって仮に解除することができる。

③ 前項の規定により保護観察を仮に解除されたときは、第二十七条の五第二号の規定の適用については、その処分を取り消されるまでの間は、保護観察に付せられなかったものとみなす。

【特則→薬物一部猶予四　❶【言渡し→刑訴三三三

（刑の一部の執行猶予の必要的取消し）

第二七条の四 次に掲げる場合においては、刑の一部の執行猶予の言渡しを取り消さなければならない。ただし、第三号の場合において、猶予の言渡しを受けた者が第二十七条の二第一項第三号に掲げる者であるときは、この限りでない。

一 猶予の言渡し後に更に罪を犯し、禁錮以上の刑に処せられたとき。

二 猶予の言渡し前に犯した他の罪について禁錮以上の刑に処せられたとき。

三 猶予の言渡し前に他の罪について禁錮以上の刑に処せられ、その刑の全部について執行猶予の言渡しがないことが発覚したとき。

【特則→薬物一部猶予五①【取消し→刑訴三四九・三四九の二

（刑の一部の執行猶予の裁量的取消し）

第二七条の五 次に掲げる場合においては、刑の一部の執行猶予の言渡しを取り消すことができる。

一 猶予の言渡し後に更に罪を犯し、罰金に処せられたとき。

二 第二十七条の三第一項の規定により保護観察に付せられた者が遵守すべき事項を遵守しなかったとき。

【取消し→二七の四、刑訴三四九②

（刑の一部の執行猶予の取消しの場合における他の刑の執行猶予の取消し）

第二七条の六 前二条の規定により刑の一部の執行猶予の言渡しを取り消したときは、執行猶予中の他の禁錮以上の刑についても、その猶予の言渡しを取り消さなければならない。

【執行猶予の競合→二七の二①【三】

（刑の一部の執行猶予の猶予期間経過の効果）

第二七条の七 刑の一部の執行猶予の言渡しを取り消されることなくその猶予の期間を経過したときは、その懲役又は禁錮を執行が猶予されなかった部分の期間を刑期とする懲役又は禁錮に減軽する。この場合においては、当該部分の期間の執行を終わった日又はその執行を受けることがなくなった日において、刑の執行を受け終わったものとする。

【猶予期間の計算→二二【少年の特則→少六〇②

第五章　仮釈放

（仮釈放）

第二八条 懲役又は禁錮に処せられた者に改悛の状があるときは、有期刑についてはその刑期の三分の一を、無期刑については十年を経過した後、行政官庁の処分によって仮に釈放することができる。

【手続→刑事収容一七一【少年の特則→少五八①・五九

（仮釈放の取消し等）

第二九条① 次に掲げる場合においては、仮釈放の処分を取り消すことができる。

一 仮釈放中に更に罪を犯し、罰金以上の刑に処せられたとき。

二 仮釈放前に犯した他の罪について罰金以上の刑に処せられたとき。

三 仮釈放前に他の罪について罰金以上の刑に処せられた者に対し、その刑の執行をすべきとき。

四 仮釈放中に遵守すべき事項を遵守しなかったとき。

② 刑の一部の執行猶予の言渡しを受け、その刑について仮釈放の処分を受けた場合において、当該仮釈放中に当該執行猶予の言渡しを取り消されたときは、その処分は、効力を失う。

③ 仮釈放の処分を取り消したとき、又は前項の規定により仮釈放の処分が効力を失ったときは、釈放中の日数は、刑期に算入しない。

第三〇条（仮出場）① 拘留に処せられた者は、情状により、いつでも、行政官庁の処分によって仮に出場を許すことができる。

② 罰金又は科料を完納することができないため留置された者も、前項と同様とする。

参【手続→刑事収容一七一 ❷【労役場留置→一八

第六章 刑の時効及び刑の消滅

第三一条（刑の時効） 刑（死刑を除く。）の言渡しを受けた者は、時効によりその執行の免除を得る。

参【刑の言渡し→刑訴三三三、四六一【公訴の時効→刑訴二五〇

第三二条（時効の期間） 時効は、刑の言渡しが確定した後、次の期間その執行を受けないことによって完成する。

一 無期の懲役又は禁錮については三十年
二 十年以上の有期の懲役又は禁錮については二十年
三 三年以上十年未満の懲役又は禁錮については十年
四 三年未満の懲役又は禁錮については五年
五 罰金については三年
六 拘留、科料及び没収については一年

参【刑の言渡しの確定→刑訴三五八、三七三、四一四、四一八、四七〇

[1] 受刑中病気のため刑の執行停止を受けた者が逃走し、検事がその所在不明を確認した場合には、執行停止を受けた者の病気が通常の経過をとれば刑の執行に耐え得る程度に治癒し得たと考えられる時期に右執行停止を取り消すのが相当であり、もし、検事が取消しの措置に出ないときは、その取消決定があったものとして、その時点から刑の時効が進行するものと解すべきである。（大阪高決昭45・1・19高刑二三・一・一）

[2] 死刑の確定判決を受けた者が、刑法一一条二項に基づき監獄［刑事施設］に継続して拘置されている場合には死刑の時効は進行しない。（最決昭60・7・19判タ五六〇・九一、重判昭60刑四）→憲三六条[2]

第三三条（時効の停止） 時効は、法令により執行を猶予し、又は停止した期間内は、進行しない。

参【執行猶予→二五、二七の二【刑の執行停止→刑訴三六五、四四二、四四八、四七九—四八二

[1] 執行停止が取り消されなくても時効の進行を認めるべき場合（大阪高決昭45・1・19高刑二三・一・一）→三二条[1]

第三四条（時効の中断）① 懲役、禁錮及び拘留の時効は、刑の言渡しを受けた者をその執行のために拘束することによって中断する。

② 罰金、科料及び没収の時効は、執行行為をすることによって中断する。

参【拘束→刑訴四八八、四八九、七〇—七三、刑事収容八一

第三四条の二（刑の消滅）① 禁錮以上の刑の執行を終わり又はその執行の免除を得た者が罰金以上の刑に処せられないで十年を経過したときは、刑の言渡しは、効力を失う。罰金以下の刑の執行を終わり又はその執行の免除を得た者が罰金以上の刑に処せられないで五年を経過したときも、同様とする。

② 刑の免除の言渡しを受けた者が、その言渡しが確定した後、罰金以上の刑に処せられないで二年を経過したときは、刑の免除の言渡しは、効力を失う。

参❶【執行の免除→五、三一 ❷【刑の免除→三六②、三七①、四三、八〇、九三、一〇五、一一三、一七〇、一七一、一七三、二〇一、二二八の三、二四四①、二五一、二五五、二五七

[1] 本条一項にいう「刑の言渡しは、効力を失う」とは、刑の言渡しに基づく法的効果が将来に向かって消滅するという趣旨であるから、罰金刑に処せられたという事実を量刑の資料とすることは妨げない。（最判昭29・3・11刑集八・三・二七〇）

[2] 懲役刑の執行終了後一〇年を経過しない間に罰金刑に処せられた場合でも、その罰金刑が本条一項後段により言渡しの効力を失ったときは、右懲役刑の執行終了後一〇年を経過したときに効力を失う。（最決昭52・3・25刑集三一・二・一二〇）

第七章 犯罪の不成立及び刑の減免

◆【Ⅰ 犯罪の主体・行為・結果】

一 法人の犯罪能力

[1] 現行刑法は自然意思を有する責任能力者のみを犯罪の主体と認めており、法人は犯罪能力を有しない。（大判昭10・11・25刑集一四・一二一七）

[2] 法人たる事業主に両罰規定を適用した事例（最判昭40・3・26後出[4]）

二 業務主処罰

[3] 業務主処罰規定は、事業主が直接行為者たる従業者の選任・監督その他違反行為防止に必要な注意を尽くさなかった過失を推定したものであり、事業主が注意を尽くしたことを証明しない限り刑責を免れない。（最大判昭32・11・27刑集一一・一二・三一一三、行政百選Ⅰ[六版]一一八）

[4] 業務主処罰規定（両罰規定）を過失推定規定と解した前出[3]の趣旨は、事業主が法人で、行為者がその代表者でない従業者である場合にも推及されるべきである。（最判昭40・3・26刑集一九・二・八三、刑百選Ⅰ[八版]三）→[2]

三 行為

[5] 人に絞殺される妄想ないし夢に反応して逆にその人の首を絞扼［こうやく］する行動は、任意の意思によって支配されておらず、行為といえない。（大阪地判昭37・7・24下刑四・七＝八・六九六、刑百選Ⅰ[二版]一三……本件の二審（大阪高判昭39・9・29判例集未登載）では行為性は肯定され、責任無能力とされた）

四 不作為犯

1 食物不給付

[6] 法律又は契約による養育義務者が殺意を持って、被養育者の生存に必要な食物を給付せず死亡させたときは、殺人

罪が成立する。（大判大4・2・10刑録二一・九〇）

2　医療不給付

7　自己の責めに帰すべき事由により患者の生命に具体的な危険を生じさせ、患者の親族から重篤な患者に対する手当てを全面的に委ねられた立場にある被告人が、未必的な殺意をもって、必要な医療措置を受けさせないまま放置して患者を死亡させたときには不作為による殺人罪が成立する。（最決平17・7・4刑集五九・六・四〇三、刑百選Ⅰ[八版]六）→六〇条12

3　ひき逃げ→二一八条3

8　交通事故で重傷を負わせた被害者を病院に搬送するため自車に乗せたが、途中で病院搬送を放棄しそのまま走行したため、直ちに救護すれば救命し得た被害者を自動車内で死に至らせたときは、殺人罪が成立する。（東京地判昭40・9・30下刑七・九・一八二八、刑百選Ⅰ[二版]一五）

9　交通事故で重傷を負い道路沿いの水深約五〇センチメートルの川中に転落した被害者を放置、逃走しても、死亡の蓋然性が高度といえず被告人がその認識を有してもいないときは未必的殺意がなく、殺人罪は成立しない。（岐阜地大垣支判昭42・10・3下刑九・一〇・一三〇三）

4　放火

10　喧嘩〔けんか〕格闘中に相手の投げた燃えさしから自宅庭内のわらに火がついた場合、法律上消火の義務を負い容易に消火が可能であるのに既発の火力を利用する意思でこれを放置することは、放火行為に当たる。（大判大7・12・18刑録二四・一五五八）

11　神棚のろうそくが傾き自宅を焼損するに至る危険があることを認識しながら、既発の危険を利用する意思でそのまま外出することは、放火行為に当たる。（大判昭13・3・11刑集一七・二三七）

12　残業中自己の過失行為により机等を燃焼させ、放置すれば建物を焼損するに至ることを認めた者は消火義務を負い、建物の焼損を認容する意思であえて消火しないことは放火行為に当たる。（最判昭33・9・9刑集一二・一三・二八八二、刑百選Ⅰ[八版]五）

5　詐欺

13　準禁治産者であることを黙秘して能力者であるかのごとく誤信させ貸与名下に財物を交付させた場合、準禁治産者であると知れば相手方が取引をしなかったであろうときは詐欺罪が成立する。（大判大7・7・17刑録二四・九三九）

五　因果関係

1　一般論

14　被害者の病気という特殊事情とあいまって、それ自体では致命的でない暴行により被害者が死亡したときは、被告人が行為当時その特殊事情を知らずまた予測不能でも、行為と結果の間に因果関係がある。（最判昭25・3・31刑集四・三・四六九）→16

15　交通事故で被害者を自車の屋根の上にはね上げたまま走行中、同乗者がこれを引き降ろし路上に転落させた場合、同乗者の行為は経験上普通予想し得るところではなく、殊に本件では被害者の死因たる頭部傷害が最初の事故と転落とのいずれで生じたか確定し難いので、被告人の衝突行為から死亡結果の発生することが経験則上当然予想し得るところとはいえない。したがって、因果関係は認められない。（最決昭42・10・24刑集二一・八・一一一六、刑百選Ⅰ[八版]九）

2　因果関係の存否

イ　被害者の病因の関与

16　被害者が脳梅毒で脳に高度の病変があったため顔面への暴行により死亡したときは、暴行と死亡の間に因果関係がある。（最判昭25・3・31前出14）

17　被害者が高齢で重篤な心臓疾患があったため、口などを押さえ付けたところ急性心臓死したときは、暴行と死亡の間に因果関係がある。（最判昭46・6・17刑集二五・四・五六七、刑百選Ⅰ[八版]八）

ロ　第三者の過失行為の介在

18　行為者の暴行が傷害致死の結果に対する一つの原因となった以上、医師の診療過誤が他の一因を成したとしても暴行と死亡の間に因果関係がある。（大判大12・5・26刑集二・四五八）

19　鉄道架線工事中に過ってショートにより架線を溶断させたところ、他の鉄道要員の過失があいまって車両火災を生じ死傷者を出したときは、他者の過失等が結果発生に対して直接かつ優勢なものとして介在していたとしても、架線溶断の過失と死傷の間には因果関係があり、業務上過失致死傷が成立する。（最決昭35・4・15刑集一四・五・五九一〈桜木町駅事故事件〉刑百選[二版]一〇）

20　交通事故ではね飛ばした被害者が対向車にひかれて死亡した場合、対向車に過失があっても、はね飛ばした過失と死亡の間に因果関係があり得る。（最決昭47・4・21判時六六六・九三）

21　被告人が、普通乗用自動車後部のトランク内に被害者を押し込み、トランクカバーを閉めて被害者の脱出を不能にして同車を走行させた後、道路上に停車したところ、その数分後に、別の普通乗用自動車が、その運転手の過失により、時速約六〇キロメートルで追突したため、トランク内にいた被害者が傷害を負って間もなく死亡した場合、被害者の死亡原因が直接的には追突事故を起こした第三者「運転手」の甚だしい過失行為にあるとしても、被告人がトランク内に被害者を監禁した行為と被害者の死亡との間の因果関係を肯定することができる。（最決平18・3・27刑集六〇・三・三八二、刑百選Ⅰ[八版]一一）

ハ　第三者の故意行為の介在

22　行為者が頭部を殴打した被害者を第三者が後に川に投げ込んだところ、殴打による脳震盪〔しんとう〕によって水中から首を上げる力を失っていたため水深二十数センチメートルのところで溺死した場合、行為者の暴行は死亡発生を助成する関係がある以上死亡に対して因果関係があり、傷害致死が成立する。（大判昭5・10・25刑集九・七六一）

23　自動車同乗者の引き降ろし行為（最決昭42・10・24前出15）

24　被告人が被害者の頭部を殴打するなどした結果、被害者が心理的圧迫等による血圧上昇から内因性高血圧性橋脳出血を起こし意識を消失したが、被告人がこれをかなり離れた場所に運搬放置したところ、その後第三者がさらに頭部を殴打し、結局被害者が被告人の暴行の数時間後に右橋脳出血により死亡した場合において、第三者の暴行が既に生じていた橋脳出血を拡大させ被害者の死期を幾分早める影響を与えたものであったとしても、被告人の暴行と右死亡結果との間には因果関係がある。（最決平2・11・20刑集四四・八・八三七、刑百選Ⅰ[八版]一〇）

25　被告人の暴行によって被害者が脳死状態になった後、医師によって人工呼吸器が取り外され心臓死になった場合、心臓死が確実に切迫してこれを回避することが全く不可能な状態に立ち至っていたのであるから、人工呼吸器の取外しによって心臓死の時期が多少早められたとしても因果関係を肯定できる。（大阪地判平5・7・9判時一四七三・一

五六、医事法百選[初版]四二）

二 被害者の行為の介在

[26] 被害者に暴行を加え怒鳴りながら追い掛ける気勢を示したところ、驚いた被害者が難を避けようと夢中で逃げ走る途中に鉄棒につまずき転倒して負傷したときは、暴行と負傷との間に因果関係があり、傷害が成立する。（最判昭25・11・9刑集四・一一・二二三九）

[27] 長時間激しくかつ執ような暴行を受けて極度の恐怖感を抱いた被害者が、逃走の過程で高速道路に進入することは、暴行から逃れる方法として著しく不自然、不相当とはいえず、被害者が高速道路上で交通事故により死亡したことは被告人らの暴行に起因するものと評価することができるから、右暴行と死亡との間には因果関係がある。（最決平15・7・16刑集五七・七・九五〇、刑百選I[八版]一三）

[28] 行為者の負わせた傷に被害者が治療目的で不潔な水を塗付したため丹毒症を起こしたときは、行為者の傷害による傷口から病菌が侵入した以上、傷害行為と丹毒症との間に因果関係がある。（大判大12・7・14刑集二・六五八）

[29] 風邪気味の被害者に診察治療を頼まれた者が、熱を上げること、水分食事を控えること等の病状悪化の危険のある指示をなし、これに従った被害者の病状が次第に悪化したのになおも従来通りの指示を繰り返し、被害者が医師の診察治療を受けることもなくこの指示のみに忠実に従ったため死亡するに至った場合、その者の行為と被害者の死亡との間には因果関係がある。（最決昭63・5・11刑集四二・五・八〇七、刑百選I[三版]一一）

[30] 夜間潜水の講習指導中、受講生が溺死した事故につき、指導補助者及び受講生の不適切な行動が介在したとしても、右受講生は潜水経験に乏しく技術が未熟であり、指導補助者もその経験が浅かったという事情がある場合には、指導者が不用意に受講生の側を離れた行為と当該溺死との間には因果関係がある。（最決平4・12・17刑集四六・九・六八三、刑百選I[八版]一二）

[31] 被告人の暴行により多量の出血を来す頸部〔けいぶ〕血管損傷等の傷害を受けた被害者が、頭部循環障害による脳機能障害により死亡した場合、右傷害はそれ自体死亡の結果をもたらし得る身体の損傷であって、仮に被害者が医師の指示に従わず安静に努めなかったため治療の効果が上がらなかったという事情が介在したとしても、右傷害と被害者の死亡との間には因果関係がある。（最決平16・2・17刑集五八・二・一六九、重判平16刑一）

[32] 高速道路上に自車及び他人が運転する自動車を停止させた過失行為は、それ自体において人身事故につながる重大な危険性を有しており、本件事故は過失行為の後、他人の行動等が介在して発生したものであるが、それらは過失行為及びこれと密接に関連してされた一連の暴行等に誘発されたものであるから、事故により生じた死傷との間に因果関係がある。（最決平16・10・19刑集五八・七・六四五、重判平16刑二）

ホ 行為者の行為の介在

[33] 殺意を持って被害者の頸部を縄で絞めたところ動かなくなったので死亡したと誤信し、発覚防止のため海辺砂上に放置したため被害者が砂末を吸引して死亡したときは、殺害目的の行為がなければ放置行為もなかったのであって、頸部を絞める行為と死亡との間に因果関係があり、殺人が成立する。（大判大12・4・30刑集二・三七八、刑百選I[八版]一五）↓三八条[9]

[34] 狩猟中、同行者を熊と誤認して猟銃を発射し瀕死の重傷を負わせた者が、被害者が間もなく死亡すると考え、また逃亡の目的から、殺意を持って被害者の胸部に銃弾一発を発射してこれを死亡させたときは、業務上過失傷害罪と殺人罪が成立し、両罪は併合罪の関係に立つ。（最決昭53・3・22刑集三二・二・三八一、刑百選I[八版]一四）

3 不作為の因果関係

[35] 被告人により覚醒剤を注射された被害者が、錯乱状態を呈し重篤状態に陥ったにもかかわらず、これを放置して死亡させた場合において、被告人が立ち去った時点で救急医療を要請していれば十中八、九被害者の救命が可能であったときは、その救命が合理的疑いを超える程度に確実といえるから、被告人が右措置をとらずに立ち去った行為と被害者の死亡との間に因果関係が認められる。（最決平元・12・15刑集四三・一三・八七九、刑百選I[八版]四）

4 注意義務違反の因果関係

[36] 踏切上に小児が立っているのに警笛吹鳴・非常制動を行わないまま機関車を運転したためこれを轢死〔れきし〕させた場合、小児の存在を認識し得る時点で右措置をとったとしてもいかなる方法で小児を救出することも不可能であったときは、右措置の懈怠は轢死の原因とはいえない。（大判昭4・4・11新聞三〇〇六・一五、刑百選I[五版]七）

[37] 走行中のトラック前輪のハブが輪切り破損し、脱落した前輪が歩行者に衝突、死傷させた事故が、当該ハブの強度不足に起因したと認められる一方、同車両製造会社担当者に当該ハブを装備した車両のリコール等の改善措置実施のため必要な措置を採らなかった注意義務違反が認められるときは、前記事故は当該注意義務違反に基づく危険が現実化したものといえるから、両者の間に因果関係が認められ、前記担当者に業務上過失致死傷罪が成立する。（最決平24・2・8刑集六六・四・二〇〇、重判平24刑一）

◆【II 違法性一般】

一 可罰的違法性

1 違法一元論と違法多元論

[1] 公共企業体等労働関係法〔現・行政執行法人の労働関係に関する法律〕一七条一項違反の争議行為については、その正当性の限界いかんを論じる余地はなく、労組法一条二項の適用はない。（最判昭38・3・15刑集一七・二・二三〈国労檜山丸事件〉）……[2]で判例変更）

[2] 公共企業体等労働関係法〔現・行政執行法人の労働関係に関する法律〕一七条一項違反の争議行為でも労組法一条二項が適用され、労組法一条一項の目的のためで暴力の行使その他の不当性を伴わなければ郵便法七九条一項の罰則は適用されない。（最大判昭41・10・26刑集二〇・八・九〇一〈全逓東京中郵事件〉憲百選II[七版]一三九……[3]で判例変更）↓憲二八条[8]

[3] 公共企業体等労働関係法〔現・行政執行法人の労働関係に関する法律〕一七条一項違反の争議行為が郵便法七九条一項の罰則の構成要件に該当する場合には労組法一条二項の適用がないが、公労法の立法経過に照らすなら、不作為による単純参加行為については処罰が阻却される。しかし本件の被告人は国家公務員法の罰則における「あおり」に当たるような指導的行為をなしたものであるから処罰を免れない。（最大判昭52・5・4刑集三一・三・一八二〈全逓名古屋中郵事件〉刑百選I[五版]一六）

2 被害が軽微な場合の可罰的違法性の判断

[4] 価格一厘にすぎない量の葉たばこの怠納という零細なる

反法行為は、犯人に危険性ありと認むべき特殊の状況の下に行われたものでない限り、共同生活上の観念において刑罰による保護を要求すべき法益侵害とは認められず、煙草専売法違反の罪は成立しない。（大判明43・10・11刑録一六・一六二〇〈一厘事件〉）

5 電話回線に取り付けると発信側の通話料金の計算が不可能になるマジックホンという機器を取り付けた者が、一回通話を試みただけで、不安を覚えてすぐにこれを取り外した場合でも、偽計業務妨害罪等が成立する。（最決昭61・6・24刑集四〇・四・二九二、刑百選Ⅰ八版一七）

二　超法規的違法阻却事由

6 中国からの帰国者大会で、これを非公開にしたのに退場しなかった援護局職員をその理由を尋ねるため監禁した行為は、健全な社会の通念に照らし、その動機目的が正当であり、その手段方法が相当とされ、その内容においても保護しようとする法益と侵害されるべき法益が均衡を失わない等相当と認められ、行為全体として法律秩序の精神に照らして是認できる限りは、超法規的に犯罪の成立を阻却する。（東京地判昭31・5・14判時七六・二〈舞鶴事件一審〉）↓7

7 〈前出6の事案について〉急迫の侵害又は現在の危難という緊急性の要件を欠いても違法性が阻却されるためには、目的の正当性、法益権衡等の要件を具備するほか、その行為に出ることがその際の情況に照らし緊急を要するやむを得ないものであり、他にこれに代わる手段方法を見出すことが不可能若しくは著しく困難であることを要するが、本件はこれらの要件を満たさない。（東京高判昭35・12・27下刑二・一一＝一二・一三七五〈舞鶴事件二審〉）……本件につき上告審（最決昭39・12・3刑集一八・一〇・六九八、刑百選Ⅰ三版二二）は刑法三五条に当たらないとして被告人の上告を棄却した）

三　自救行為

8 自救行為の主張は犯罪の違法性を阻却する事由であり、刑訴法三三五条二項の主張に当たる。（最決昭46・7・30刑集二五・五・七五六、刑訴百選八版A39）

9 倒産の危機を打開するために自己の借地内にある自己所有の店舗を増築する必要に迫られて、その借地内に突出している隣家の軒先の一部をその承諾なくして切除することが自救行為に当たらないとした原審の判断は正当である。（最判昭30・11・11刑集九・一二・二四三八、刑百選Ⅰ八版一九）

10 建物賃借人がその占有を所有者に侵奪された場合に、侵奪者の占有が平穏に帰し新しい事実秩序が形成される前であれば、右賃借人が四日後に侵奪者の占有を鍵の取替えなどの方法で奪回することは自救行為として違法性がない。（福岡高判昭45・2・14高刑二三・一・一五六）

四　被害者の同意

1　社会法益、国家法益に対する罪と同意

11 虚偽告訴罪は個人の権利の侵害にとどまらない犯罪だから被告訴者の承諾があっても犯罪は成立する。（大判大元・12・20刑録一八・一五六六）

12 交通反則切符中の供述書を、他人の承諾を得て他人名義で作成しても私文書偽造罪が成立する。（最決昭56・4・16刑集三五・三・一〇七）

2　同意の有効要件

13 自殺の何たるかを理解しない五年一一月の幼児には自己を殺害することを承諾、嘱託する適格がない。（大判昭9・8・27刑集一三・一〇八六）

14 被害者の同意は行為時に与えられたもので、自由かつ真意のものであることを要する。（福岡高判昭30・9・28高刑裁特二・二一・一一四九）

15 強盗の意図を隠して「今晩は」と挨拶し、家人が「お入り」と答えたのに応じて住居に入った場合には、真実においては家人の承諾を欠くものだから住居侵入罪が成立する。（最大判昭24・7・22刑集三・八・一三六三）

16 治療のため必要であると誤信させて性交した行為に準強制性交等罪を認めた事例（名古屋地判昭55・7・28刑月一二・七・七〇九）→一七八条6

3　同意による違法阻却の限界

17 相手方が承諾しているとしても、性的満足を得るためバンドでその首を絞めるという相手方の生命を侵害する危険性の高い行為により相手方を窒息死させることは、社会的相当性の限度を超え違法性を阻却しない。（東京高判昭52・11・29東高刑二八・一一・一四三）

18 被害者が身体傷害を承諾した場合の傷害罪の成否は、承諾の存在だけでなく、その承諾を得た動機、目的、身体傷害の手段、方法、損傷の部位、程度などの諸般の事情を照らし合わせて決すべきで、保険金詐取の目的で身体傷害の承諾を得た場合には傷害罪の違法性は阻却されない。（最決昭55・11・13刑集三四・六・三九六、刑百選Ⅰ八版二二）

19 暴力団員が、他の団員の承諾に基づき、出刃包丁でその指を切断する行為は、公序良俗に反する指詰めに関わるものであり、医学的に適切な方法を採らない野蛮な方法であるから、社会的相当行為として違法性が失われることはない。（仙台地石巻支判昭62・2・18判時一二四九・一四五）

4　危険の引受け

20 生命、身体に重大な損害が生じる危険が内在しているダートトライアルの走行練習において、被害者が右危険を認識し自己の危険として引き受けていた場合には、危険が現実化した事態について違法性の阻却を認める根拠がある。（千葉地判平7・12・13判時一五六五・一四四、刑百選Ⅰ八版五九）

五　安楽死・尊厳死

21 安楽死として違法性の阻却を認めるためには、不治の病に冒され死期が目前に迫っていること、苦痛が見るに忍びない程度に甚だしいこと、専ら死苦の緩和の目的でなされたこと、本人が意思を表明できるときは本人の真摯な嘱託又は承諾のあること、原則として医師の手によるべきだがそうでない場合にも医師により得ないと首肯するに足る特別の事情の認められること、方法が倫理的にも妥当なものであることの六つの要件を全て満たす必要があるが、本件では医師の手により得ないことを首肯するに足る特別の事情もなく、また牛乳に毒薬を混入して飲ませるという倫理的に認容し難い方法で行ったものだから違法性は阻却されない。（名古屋高判昭37・12・22高刑一五・九・六七四、刑百選Ⅰ三版二二）

22 治療行為の中止は、患者が治癒不可能な病気に冒され死が避けられない末期状態にあり、治療行為の中止を求める患者の意思表示が存在すれば許容される。患者の明確な意思表示が存在しないときには、患者の推定的意思によることを是認してよく、家族の意思表示から患者の意思を推定することも許される。

医師による末期患者に対する致死行為が積極的安楽死として許容されるための要件は、①患者が耐えがたい肉体的苦痛に苦しんでいること、②患者は死が避けられず、その死期が迫っていること、③患者の肉体的苦痛を除去・緩和するために方法を尽くし他に代替的手段がないこと、④生命の短縮を承諾する患者の明示の意思があることである。〈横浜地判平7・3・28判時一五三〇・二八〈東海大学安楽死事件〉刑百選Ⅰ[八版]二〇〉

[23] 医師である被告人が、こん睡状態の患者の家族の要請に基づき、気道確保のために患者の気管内に挿入されていたチューブを抜き取った行為は、患者の回復可能性や余命について的確な判断を下せる状況になく、家族の要請が患者の病状等について適切な情報が伝えられた上でされたものとはいえず、患者の推定的意思に基づくということもできないという事情の下では、法律上許容される治療中止に当たらない。〈最決平21・12・7刑集六三・一一・一八九九、刑百選Ⅰ[八版]二一〉

（正当行為）

第三五条 法令又は正当な業務による行為は、罰しない。

⊗【本条の適用↓労組一②【法令による行為の例↓刑訴一六八・一九九・二一〇・二一三・二二二の二、民八二二、警職七、自衛八八、母体保護三・一四

一 法令による行為

1 警察活動

[1] 警察官が警察法二条一項に基づき犯罪捜査の必要上写真を撮影する際、その対象の中に犯人のみならず第三者である個人の容貌等が含まれていても、現に犯罪が行われ又はその直後と認められる場合で、証拠保全の必要性、緊急性があり、撮影が相当な方法をもって行われるなら、憲法一三条、三五条に違反しない。〈最大判昭44・12・24刑集二三・一二・一六二五〈京都府学連デモ事件〉憲百選Ⅰ[七版]一六〉↓憲一三条[13]

2 現行犯逮捕

[2] 現行犯人から抵抗を受けたとき、現行犯逮捕をしようとする者は、警察官であると私人であるとを問わず、その際の状況からみて社会通念上逮捕のために必要かつ相当であると認められる限度内の実力の行使が許され、その実力の行使が刑罰法令に触れることがあっても本条により罰せられない。〈最判昭50・4・3刑集二九・四・一三二、刑百選Ⅰ[二版]二六〉

3 教師の懲戒行為

[3] 学校教育法一一条に照らすなら、教員の生徒に対する殴打は懲戒行為としてする場合でも暴行罪の違法性を阻却しない。〈大阪高判昭30・5・16高刑八・四・五四五、教育百選[三版]四九〉

[4] 教師が生徒の言動の非を指摘し同人の自覚を促すため平手及び軽く握った拳で同人の頭を数回軽くたたくという軽度の有形力の行使は学校教育法一一条により教師に認められた正当な懲戒権の行使として許容された限度内の行為である。〈東京高判昭56・4・1刑月一三・四＝五・三四一、教育百選[三版]五〇〉

二 正当業務行為

1 医療行為

[5] 被告人の行ったいわゆる性転換手術はいまだ正当な医療行為と認めることができず、優生保護法［現・母体保護法］違反の罪が成立する。〈東京高判昭45・11・11高刑二三・四・七五九、刑百選Ⅰ[初版]三三〉

2 弁護活動

[6] 弁護人が被告人の利益を擁護するためにした行為が本条の適用を受けるためには、それが弁護活動のために行われたものであるだけでは足りず、行為の具体的状況その他諸般の事情を考慮して、それが法秩序全体の見地から許容されるべきものと認められなければならず、その判断に際しては、法令上の根拠を持つ職務活動が、弁護目的達成との間に関連性があるか、被告人自身が行った場合に違法阻却が認められるかという諸点を考慮に入れるのが相当である。〈最決昭51・3・23刑集三〇・二・二二九〈丸正名誉毀損事件〉刑百選Ⅰ[二版]二七〉

3 取材活動

[7] 報道機関が取材の目的で公務員に秘密漏示を唆しただけで違法性が推定されるものではなく、真に報道の目的から出たもので、その手段・方法が法秩序全体の精神に照らし相当なものとして社会観念上是認されるものであれば正当な業務行為として違法性を欠くが、取材の手段・方法が刑罰法令に触れなくとも、本件のように肉体関係を持つなどして依頼を拒み難い心理状態に陥れ秘密文書を持ち出させるような取材対象者の人格の尊厳を著しく蹂躙［じゅうりん］するような態様のものである場合には、正当な取材活動の範囲を逸脱し違法なものである。〈最決昭53・5・31刑集三二・三・四五七〈外務省秘密漏洩事件〉刑百選Ⅰ[八版]一八〉↓憲二一条[39]

4 宗教活動

[8] 教会の牧師が、刑罰法令に触れる行為を犯しながら救済を求めてきた少年に対し、牧師として対処し、自己省察をさせるため監督と指導に適当な教会に一週間程度隔離した本件行為は、手段方法においても相当であり、全体としての法秩序の理念にも反せず正当な業務行為として違法性を阻却される。〈神戸簡判昭50・2・20刑月七・二・一〇四、憲百選Ⅰ[七版]四〇〉

三 争議行為

1 争議行為の正当性

[9] 争議行為の正当性の限界はもろもろの一般的基本的人権と労働者の権利の調和点に求められ、またいかなる争議行為が正当か否かは具体的に当該争議の目的と争議手段たる各個の行為との両面につき現行法秩序全体との関連において決すべきものである。〈最大判昭25・11・15刑集四・一一・二二五七、憲百選Ⅱ[七版]A12〉

[10] 労組法一条二項は労組法制定の目的達成のためになした正当の行為についてのみ適用され、団交において暴行罪脅迫罪に当たる行為が行われた場合の全てに本条を適用する趣旨ではない。〈最大判昭24・5・18刑集三・六・七七二、憲百選Ⅱ[三版]一四二〉

[11] 使用者に対する経済的地位の向上の要請とは直接関係があるとはいえない警職法の改正に対する反対のような政治的目的のために争議行為を行うがごときは、憲法二八条の保障とは無関係である。〈最大判昭48・4・25後出[15]〉

2 正当な争議行為の限界

[12] 争議行為に際して行われた犯罪構成要件該当行為の刑法上の違法阻却事由の有無を判断するに当たっては、その行為が争議行為に際して行われたものであるという事実をも含めて、当該行為の具体的状況その他諸般の事情を考慮に入れ、それが法秩序全体の見地から許容されるべきものであるか否かを判定しなければならない。〈最大判昭48・4・25刑集二七・三・四一八〈国労久留米駅事件〉刑百選Ⅰ[八版]一六〉

[13] 争議に際し、他組合の組合員を警備員による妨害の及ばないところで説得するためなした本件逮捕行為は、法秩序全体の見地から見ると、その動機目的、所為の具体的態

様、周囲の客観的状況、その他諸般の事情に照らしても容認さるべきピケッティングの合理的限界を超えたもので刑法上の違法性に欠けるところはない。（最判昭50・11・25刑集二九・一〇・九二八〈光文社事件〉刑百選I[二版]二三）

3 公務員の争議行為↓◆【II 違法性一般】〔三五条の前〕[1]～[3]

[14] 地方公務員法六一条四号〔令和三法七五により削除。現六二条の二〕の罰則は違法性の強い争議行為を違法性の強い行為であおるなどした場合にのみ適用される。（最大判昭44・4・2刑集二三・五・三〇五〈都教組事件〉憲百選II[七版]一四〇……[16]で判例変更）↓憲二八条[9]

[15] 国家公務員法一一〇条一項一七号〔令和三法七五により削除。現一一一条の二第一号〕の罰則が違法性の強い争議行為を違法性の強い行為であおるなどした場合にのみ適用されるという全司法仙台事件判決（最大判昭44・4・2刑集二三・五・六八五）の解釈は採り得ないが、公務員の団体行動のうち単なる規律違反の実質しか有しないものについては、その扇動等の行為は右罰則の構成要件に該当しないし、また該当することがあっても法秩序全体の精神に照らし違法性を阻却されることがある。（最大判昭48・4・25刑集二七・四・五四七〈全農林警職法事件〉刑百選I[二版]二四）↓憲二八条[10]

[16] 地方公務員法六一条四号〔令和三法七五により削除。現六二条の二〕の罰則が違法性の強い争議行為を違法性の強い行為であおるなどした場合にのみ適用されるという都教組事件判決の解釈は採り得ない。（最大判昭51・5・21刑集三〇・五・一一七八〈岩教組事件〉憲百選II[七版]一四三）↓[14]

（正当防衛）

第三六条① 急迫不正の侵害に対して、自己又は他人の権利を防衛するため、やむを得ずにした行為は、罰しない。

② 防衛の程度を超えた行為は、情状により、その刑を減軽し、又は免除することができる。

㊟【本条の特則↓盗犯一【減軽↓六八―七〇・七二㊂【損害賠償↓民七二〇①

一 侵害の急迫性

1 犯罪の既遂時期と急迫性

[1] 集音マイクを奪って街宣車内に投げ入れ、窃盗は既遂に至ったが、マイクに対する占有はいまだ確固たるものではなく不法に奪い取られつつある事態が進行している場合、マイクに対する急迫不正の侵害はその後も継続しており、これを取り戻すため、相手を殴打し下口唇裂傷を負わせた被告人の暴行行為は相手が多数回の殴打行為に及んだことに照らすと防衛行為の相当性も認められるので、正当防衛に当たる。（高松高判平12・10・19判時一七四五・一五九）

2 喧嘩〔けんか〕**と正当防衛**

[2] 互いに暴行し合ういわゆる喧嘩は、闘争者双方が攻撃及び防御を繰り返す一団の連続的闘争行為であるから、闘争のある瞬間においては、闘争者の一方が専ら防御に終始し、正当防衛を行う観を呈することがあっても、闘争の全般からみては、正当防衛の観念を入れる余地がない場合がある。（最大判昭23・7・7刑集二・八・七九三、刑百選[二版]一七）

[3] 前出[2]の趣旨は、法律判断として、まず喧嘩闘争はこれを全般的に観察することを要し、闘争行為中の瞬間的な部分の攻防の態様によって事を判断してはならないということと、喧嘩闘争においてもなお正当防衛が成立する場合があり得るという両面を含むものと解することができる。（最判昭32・1・22刑集一一・一・三一）

3 侵害の予期と急迫性

[4] 本条にいう「急迫」とは、法益の侵害が現に存在しているか、又は間近に押し迫っていることを意味し、その侵害があらかじめ予期されていたものであるとしても、そのことから直ちに急迫性を失うものと解すべきではない。（最判昭46・11・16刑集二五・八・九九六、刑百選I[初版]三六）

[5] 本条が侵害の急迫性を要件としているのは、予期された侵害を避けるべき義務を課する趣旨ではないから、当然又はほとんど確実に侵害が予期されたとしても、そのことから直ちに侵害の急迫性が失われるわけではないが、単に予期された侵害を避けなかったというにとどまらず、その機会を利用し積極的に相手に対して加害行為をする意思で侵害に臨んだときは、侵害の急迫性の要件を満たさない。（最決昭52・7・21刑集三一・四・七四七、刑百選I[七版]二三）

[6] 本条は、緊急状況の下で公的機関による法的保護を求めることが期待できないときに私人による対抗行為を例外的に許容したものであるから、行為者が侵害を予期した上で対抗行為に及んだ場合、侵害の急迫性の要件については、行為者と相手方との従前の関係、予期された侵害の内容、侵害の予期の程度、侵害回避の容易性、侵害場所に出向く必要性、侵害場所にとどまる相当性、対抗行為の準備の状況、実際の侵害行為の内容と予期された侵害との異同、行為者が侵害に臨んだ状況及びその際の意思内容等、対抗行為に先行する事情を含めた行為全般の状況に照らして検討すべきであり、積極的加害意思で侵害に臨んだときなど、本条の趣旨に照らし許容されるものとはいえない場合には、侵害の急迫性の要件を満たさない。（最決平29・4・26刑集七一・四・二七五、刑百選I[八版]二三）

二 正当防衛状況↓[17]

[7] 単に侵害が予期されただけでなく、被侵害者が正当な利益を損なうことなく容易にその侵害を避けることができたにもかかわらず、侵害があれば反撃する意思で、自ら侵害が予想される状況に臨み、反撃行為に及んだという場合には、実際に受けた侵害が事前の予想の範囲・程度を大きく超えるものであったなどの特段の事情がない限り、「急迫不正の侵害」があるということはできないし、また反撃行為に出ることが正当とされる状況にあったとはいえない。（東京高判平21・10・8判タ一三八八・三七〇）

三 不正の侵害

[8] 本条にいう不正とは違法の意味であるから、酔者を室外に連れ出す行為が違法でない以上、これに対する正当防衛は成立しない。（大判昭8・9・27刑集一二・一六五四）

[9] 甲の犬が乙の犬に襲い掛かったため、乙がやむを得ずこれを猟銃で撃つ行為は、乙の犬の価格の方が高い場合には、刑法三七条の緊急避難により違法性が阻却される。（大判昭12・11・6裁判例一一・刑八七）

四 自己又は他人の権利

[10] 国家的、公共的法益の防衛は、本来国家又は公共団体の公的機関の任務に属する事柄であり、これを私人の行動に委ねることはかえって秩序を乱す危険があるから、公益のための正当防衛は、国家公共の機関の有効な公的活動を期待し得ない極めて緊迫した場合にのみ例外的に許容されると解すべきである。（最判昭24・8・18刑集三・九・一四六

五、刑百選[初版]二一）

五　防衛の意思

[11] 本条の防衛行為は、防衛の意思を持ってなされることが必要であるが、相手の加害行為に対し憤激又は逆上して反撃を加えたからといって、直ちに防衛の意思を欠くものと解すべきではない。（最判昭46・11・16前出[4]）

[12] 防衛に名を借りて侵害者に対し積極的に攻撃を加える行為は、防衛の意思を欠く結果、正当防衛とは認められないが、防衛の意思と攻撃の意思とが併存している場合の行為は、防衛の意思を欠くものではない。（最判昭50・11・28刑集二九・一〇・九八三、刑百選I[八版]二四）

六　防衛の必要性・相当性

[13] 「やむを得ずにした行為」とは、急迫不正の侵害に対する反撃行為が、権利防衛の手段として必要最小限度のものであること、すなわち防衛手段として相当性を有するものであることを意味するのであって、反撃行為が右の限度を超えず、したがって相当性を有する以上、その反撃行為により生じた結果がたまたま侵害されようとした法益より大であっても、その反撃行為が正当防衛でなくなるものではないと解すべきである。（最判昭44・12・4刑集二三・一二・一五七三、刑百選I[三版]二五）

[14] 年齢も若く体力も優れた相手方が、「お前、殴られたいのか」と言って手拳を前に突き出し、足を蹴り上げる動作を示しながら近づいてきたため、その接近を防ぎ、その危害を免れるため包丁を手に取って腰に構え、「切られたいんか」などと言う行為は、その行動が防御的なものに終始していた場合には、防衛手段としての相当性の範囲を超えるものではない。（最判平元・11・13刑集四三・一〇・八二三、刑百選I[八版]二五）

[15] 相手方は二階手すりの外側に上半身を前のめりに乗り出した姿勢となっていても、鉄パイプを握りしめる等加害の意欲は旺盛かつ強固であり、間もなく姿勢を立て直して再度の攻撃に及ぶことが可能であったから、急迫不正の侵害は終了しておらず、攻撃力がかなり減弱していた相手方の片足を持ち上げて約四メートル下のコンクリート道路上に転落させた行為は、死亡の結果すら発生しかねない危険なものであるから、それ以前に鉄パイプで相手方の頭部を一回殴打した行為を含め、全体として防衛のためにやむを得ない程度を超えたもので、過剰防衛となる。（最判平9・6・16刑集五一・五・四三五、重判平9刑二）

[16] 急迫不正の侵害に対して一連一体のものとして加えた複数の暴行は、同一の防衛の意思に基づく一個の行為と認められ、全体的に考察して一個の過剰防衛としての傷害罪が成立し、その傷害が単独で見れば防衛手段の相当性を備えた暴行から生じたものであるとしても、そのことは有利な情状として考慮すれば足りる。（最決平21・2・24刑集六三・二・一、重判平21刑二）

七　自招防衛

[17] 相手方の攻撃に対して被告人が反撃行為を行った場合であっても、相手方の攻撃が、被告人が相手方に対して先に加えた暴行に触発された、その直後における近接した場所での一連、一体の事態ということができるときには、被告人は不正の行為により自ら侵害を招いたものといえるから、相手方の攻撃が被告人の暴行の程度を大きく超えるものでない事実関係の下においては、被告人において何らかの反撃行為に出ることが正当とされる状況にあるとはいえず、正当防衛は成立しない。（最決平20・5・20刑集六二・六・一七八六、刑百選I[八版]二六）

八　防衛行為と第三者

[18] 相手方グループ員から危害を加えられている兄を助け出して一緒に逃げるため、正当防衛として、暴行の故意で相手方グループ員付近に自動車を急後退させて同人らを追い払おうとした際、誤って兄に自動車を衝突させ、同人を轢過して死亡させた行為は、正当防衛ではなく、緊急避難でもないが、正当防衛と認識して行為している以上、誤想防衛の一種として故意責任を肯定することはできない。（大阪高判平14・9・4判タ一一一四・二九三、刑百選I[八版]二八）

九　誤想防衛

[19] 老父が棒を持って打ち掛かってきたのに対し斧だけの重量のある棒様のもので頭部を乱打した行為は、たとえ斧と気付かなかったとしても過剰防衛であり、誤想防衛は認められない。（最判昭24・4・5刑集三・四・四二一、刑百選I[六版]二七）

[20] 被害者が第三者及び被告人に対し攻撃を加えようとしているものと誤信して、これに回しげりで対抗し、死亡するに至らしめた場合であっても、被告人の誤想を前提とする限り、反撃行為が防衛手段として相当性を有する以上、被告人の行為は誤想防衛として故意を阻却する。（千葉地判昭59・2・7判時一一二七・一五九……ただし、本件の上告審（最決昭62・3・26刑集四一・二・一八二、刑百選I[五版]二六）は誤想過剰防衛の成立を認めた）

[21] 防衛のため相当な行為をするつもりで誤ってその程度を超えた場合も、急迫不正の侵害事実についての誤認と同様に誤想防衛として故意を阻却する。（盛岡地一関支判昭36・3・15下刑三・三＝四・二五二）

一〇　過剰防衛・誤想過剰防衛

[22] 僅か豆腐数丁の財産的利益を防衛するため人命を害することは防衛の程度を超えるものである。（大判昭3・6・19新聞二八九一・一四）

[23] 正当防衛の要件を備える反撃行為により相手方の侵害態勢が崩れた後もなお反撃を続け、相手方を殺害するに至ったときは、全体として過剰防衛に当たる。（最判昭34・2・5刑集一三・一・一）

[24] 正当防衛に当たる暴行の後、時間的場所的に連続して暴行を加えたが、後者について侵害の継続性及び防衛の意思が否定される点で両暴行は明らかに性質を異にし、両者間には断絶がある場合には、全体的に考察して一個の過剰防衛の成立を認めることはできない。（最決平20・6・25刑集六二・六・一八五九、刑百選I[八版]二七）

[25] 誤想防衛行為が、防衛の程度を超えた場合にも、本条二項を適用し得る。（最決昭41・7・7刑集二〇・六・五五四、刑百選I[三版]三六）

[26] 誤想過剰防衛に該当する行為であっても、誤信した侵害に対して許されるであろう防衛の程度をはるかに超えた行為については、本条二項を適用して刑を減免することはしない。（東京地判平5・1・11判時一四六二・一五九、重判平5刑三）

[27] 公的機関に頼るなどして内縁関係にある被害者との関係を清算すべく努力していた被告人に対して、被害者が、長期にわたって、執拗［しつよう］で強度な暴行を加えており、当日も、ゴルフクラブで殴打するなど普段より強度で執拗な暴力を加え引き続き暴行が反復される危険があったため、被告人が思い余って目を閉じていた被害者をナイフで突き刺し死亡させた行為は過剰防衛に当たり、刑が免除される。（名古屋地判平7・7・11判時一五三九・一四三）

一一　共犯と正当防衛・過剰防衛

[28] 共同正犯が成立する場合における過剰防衛の成否は、共同正犯者の各人につきそれぞれその要件を検討して決するべきであって、積極的な加害の意思がなかった共同正犯者の一人について過剰防衛が成立したとしても、被害者の攻撃を予期し積極的な加害の意思で侵害に臨んだ他の共同正犯者については侵害の急迫性が否定され過剰防衛は成立しない。（最決平4・6・5刑集四六・四・二四五、刑百選Ⅰ［八版］九〇）

[29] 相手方の急迫不正の侵害行為に対し、複数人が共同で暴行により反撃し、相手方の侵害行為終了後に、そのうちの一部の者が追撃しなお暴行を続けた場合、侵害現在時の暴行が正当防衛と認められるなら、侵害行為終了後に暴行を加えていない者については、防衛行為としての暴行の共同意思から離脱したかではなく、侵害行為終了後の暴行につき新たな共謀が成立したかが検討されるべきで、その場合、侵害行為時の暴行に正当防衛が成立し、かつ、侵害行為終了後の暴行について新たな共謀が認められないなら、正当防衛が成立する。（最判平6・12・6刑集四八・八・五〇九、刑百選Ⅰ［八版］九八）

（緊急避難）

第三七条① 自己又は他人の生命、身体、自由又は財産に対する現在の危難を避けるため、やむを得ずにした行為は、これによって生じた害が避けようとした害の程度を超えなかった場合に限り、罰しない。ただし、その程度を超えた行為は、情状により、その刑を減軽し、又は免除することができる。

② 前項の規定は、業務上特別の義務がある者には、適用しない。

【減軽】→六八―七〇・七二【損害賠償】→民七二〇②

一　現在の危難

[1] 田植え後一〇日ないし一二日であり、豪雨のため稲苗が枯死するに至るおそれがあるときは、現在の危難があるということができる。（大判昭8・11・30刑集一二・二一六〇）

[2] 列車乗務員がトンネル内を通過するに当たり、トンネル内における熱気の上昇、有毒ガスの発生等により生命身体に被害を受ける危険が常時存在する場合は、現在の危難に当たる。（最判昭28・12・25刑集七・一三・二六七一、刑百選Ⅰ［二版］三九）

[3] 村所有の釣橋が腐朽して危険になったとはいっても、人の通行には差支えがなく、重量制限違反の荷馬車の通行もまれであった事情の下では現在の危難ありとはいえない。（最判昭35・2・4刑集一四・一・六一、刑百選Ⅰ［八版］三〇）

二　補充性の原則

[4] 「やむを得ずにした行為」とは、当該避難行為をする以外には他に方法がなく、かかる行動に出たことが条理上肯定し得る場合を意味する。（最大判昭24・5・18刑集三・六・七七二……右判示部分は刑集に所載なし。判示部分につき裁判集刑一〇・二三一）

[5] （前出[1]の状況において）約三反の稲の枯死を回避するため、排水を妨げていた他人の板堰［いたぜき］を損壊する行為は緊急避難に当たる。（大判昭8・11・30前出[1]）

[6] 時速約五五キロメートルでトラックを運転中の被告人が、約三、四〇メートル前方に中央線を越えて時速約七〇キロメートルで対向してくる自動車を発見したため、これとの衝突を避けるため、とっさにハンドルを左に切り多少減速して左に寄る行為は、現在の危難を避けるためのやむを得ない行為であり、このため後続の単車と衝突して、その運転者に傷害を与えても緊急避難に当たる。（大阪高判昭45・5・1高刑二三・二・三六七）

[7] 覚醒剤を使用し興奮状態にある者から拳銃を頭部に突き付けられて覚醒剤の摂取を強要されたため、断ったら殺されると思い、仕方なく覚醒剤を自分で注射した場合は、緊急避難に該当する。（東京高判平24・12・18判時二二一二・一二三、刑百選Ⅰ［八版］三二）

[8] 現在の危難が行為者の有責行為により自ら招いたものであり、社会通念に照らしやむことを得ないものとしてその避難行為を是認し得ない場合は、本条の適用はない。（大判大13・12・12刑集三・八六七、刑百選Ⅰ［八版］三三）

[9] 老朽化のために釣橋が危険な状態にあったとしても、その危険を防止するには、通行制限の強化その他の適当な手段、方法があり得た以上、ダイナマイトを使用してこれを爆破する行為には緊急避難を認める余地はなく、したがってまた過剰避難も成立しない。（最判昭35・2・4前出[3]）

[10] 急病人を救助するためではあっても、救急車の出動を要請するとかの他の適切な方法を講じ得た以上、自ら無免許で運転して病人を病院へ運ぶ行為は、危難を避ける唯一の方法とはいい難いから緊急避難を認める余地はなく、したがって過剰避難も成立し得ない。（東京高判昭46・5・24判タ二六七・三八二）

三　過剰避難

[11] （前出[2]の状況の下では）トンネル通過の際の現在の危難を避けるため、三割減車行為を行うことは緊急避難たり得るが、更に進んで全面的に職場を放棄する行為は過剰避難というべきである。（最判昭28・12・25前出[2]）

[12] 自己の生命、身体に切迫した危険を避けるため、酒気帯びの状態で自動車を運転し警察署に赴き助けを求める行為は、やむを得ない方法であって、条理上肯定し得るが、適当な場所で運転をやめ、電話連絡等の方法で警察の助けを求めることが不可能ではなかった以上、酒気帯び運転の罪が成立し、全体として過剰避難に当たる。（東京高判昭57・11・29刑月一四・一一＝一二・八〇四、刑百選Ⅰ［七版］三二）

[13] 教団の絶対的存在である教祖とその信者に監禁され、教祖から被害者を殺害しなければ被告人も殺すと脅されるなどして、殺害行為に及ぶ時点において被告人殺害の現在の危機はないがその可能性が存在した場合、被告人が被害者を殺害しないことはなお期待可能であるが、解放されるには被害者殺害以外に方法がなく殺害行為が条理上肯定し得ないわけではないものの、被害者の殺害は法益の均衡を失しているから、過剰避難に当たる。（東京地判平8・6・26判時一五七八・三九〈オウム真理教集団リンチ事件〉重判平8刑三）

四　誤想過剰避難

[14] 今にも二人のやくざ風の男から身体に危害を加えられると思いこみ、この危難を避けるための護身用具として通りがかりの理容室から散髪バサミを持ち出したことは、誤想過剰避難に当たる。（大阪簡判昭60・12・11判時一二〇四・一六一、刑百選Ⅰ［七版］三三）

◆【責任】

一　期待可能性

1　量刑と期待可能性

[1] 船主が、船長である被告人の再三の注意にもかかわらず、多数の乗客を乗せることを命じ、ついに船が転覆して多数の船客を溺死させた場合、この事実は量刑において考慮すべきである。（大判昭8・11・21刑集一二・二〇七二）

2 犯罪の成否と期待可能性

イ 期待可能性の理論

[2] 期待可能性の不存在を理由として刑事責任を否定する理論は、いわゆる超法規的責任阻却事由である。（最判昭31・12・11後出[5]）

[3] 従来の大審院、最高裁判所、高等裁判所の諸判例は、いまだ期待可能性の理論を肯定又は否定する判断を示したものとは認められない。（最判昭33・7・10後出[7]）

[4] 規範はその内容たる命令・禁令の履行可能なことを前提とし、これを限度とするが、その可能・不可能は絶対的意味における能不能をいうのでなく、一般普通人にとって義務の履行が可能として期待できるかを標準とする。（東京高判昭23・10・16高刑一・追録一八）

ロ 事例

[5] 炭坑の労働組合が、飢餓突破資金等の要求を拒否され、ストライキに入ったところ、組合員の一部がストライキから脱退して生産業務に従事したため、他の組合員が極度に憤慨していた状況下で、ストライキから脱退した者が運炭車の進行を開始させたので、組合婦人部長である被告人らが、他の組合員と共に、運炭車の前方線路上に立ち塞がるなどし、通るなら自分をひき殺して通れと怒号し、座り込み戦術により運炭車の進行を停止させ運炭業務を妨害したという事案において、このような事情においては、被告人に右の所為に出ないことを期待することは、一般通念よりして可能とは認め難いとして無罪を言い渡した原判決は、被告人の所為はいまだ違法に刑法二三四条にいう威力を用いて人の業務を妨害したものとはいえないから、結局において正当である。（最判昭31・12・11刑集一〇・一二・一六〇五〈三友炭鉱事件〉続刑百選二五）

[6] 会社の工場長が、失業保険法所定の保険料を納付期日までに会社の代理人として納付しなかったという事案において、会社の経理状況が悪化したため、本店からの送金が遅れ、被告人の手元資金もなく、独自の権限で融資を受ける方法等もなかったという事情がある以上、被告人に失業保険料納付義務の履行を期待するのは不可能である。（東京高判昭28・10・29高刑六・一一・一五三六）

[7] （前出[6]の事案において）保険料を納付しなかった罪は、事業主において、代理人等が納付期日に保険料を現実に納付し得る状態に置いたにかかわらず、これをその納付期日に納付しなかった場合に成立するので、このような事実が認められない本件では、被告人は無罪である。（最判昭33・7・10刑集一二・一一・二四七一、刑百選I[七版]六一……前出[6]の上告審）

[8] 期待可能性が否定されず過剰避難が認められた事例（東京地判平8・6・26判時一五七八・三九〈オウム真理教集団リンチ事件〉重判平8刑三）→三七条[13]

二 原因において自由な行為

1 過失犯の場合

[9] 生後間もない嬰児〔えいじ〕に対して添い寝しながら授乳していたところ、授乳のまま睡眠したため乳房で乳児の鼻口を圧して窒息死させたときは、過失致死が成立する。（大判昭2・10・16刑集六・四一三）

[10] 多量に飲酒するときは病的酩酊〔めいてい〕に陥り、心神喪失の状態において他人に犯罪の害悪を及ぼす危険のある素質を有することを自覚する者が、飲酒酩酊し、心神喪失の状態において、肉切包丁で人を突き刺し死亡させたときは、過失致死が成立する。（最大判昭26・1・17刑集五・一・二〇、刑百選I[八版]三七）

[11] 覚醒剤を多量に使用すると幻覚・妄想に支配されて暴力的行為を振る舞う習癖を有することを覚知している者が、多量の覚醒剤を注射し、心神喪失状態で人を殺したときは、重過失致死が成立する。（京都地舞鶴支判昭51・12・8判時九五八・一三五）

2 故意犯の場合

[12] ヒロポン注射をすれば精神異常を招来して幻覚妄想を起こし、他人に暴行を加えることがあるかもしれないことを予想しながらあえてこれを容認してヒロポン注射をしたときは、暴行の未必の故意が成立し、心神喪失の状態で殺意をもって人を殺したときは、傷害致死罪が成立する。（名古屋高判昭31・4・19高刑九・五・四一一、刑百選I[三版]四四）

[13] 飲酒を始めれば、これを抑制し難く、相当量飲酒すれば異常酩酊に陥り、是非弁別能力又は行動制御能力が少なくとも著しく減低する状態において他人に暴行・脅迫を加えるかもしれないことを認識予見しながら飲酒し、病的酩酊に陥って、心神喪失の状態で、強盗をするため、タクシー運転手に凶器を示して暴行・脅迫を加えたが、強盗は未遂に終わったときは、飲酒前から飲酒継続中を通して強盗をする意思があったことを認められないので、暴力行為等処罰に関する法律一条（示凶器暴行・脅迫）が成立するにとどまる。（大阪地判昭51・3・4判時八二二・一〇九、刑百選I[八版]三八）

[14] 覚醒剤の使用及び所持について、犯行当時覚醒剤中毒等により少なくとも心神耗弱の状態にあったとしても、責任能力がある当時における覚醒剤の反復使用、継続所持等の意思が実現されたものと認められる場合は、刑法三九条を適用すべきでない。（大阪高判昭56・9・30高刑三四・三・三八五、重判昭57刑四）

3 限定責任能力と原因において自由な行為

[15] 酒酔い運転の行為当時に飲酒酩酊により心神耗弱の状態にあったとしても、飲酒の際酒酔い運転の意思が認められる場合には、刑法三九条二項を適用して刑の減軽をすべきでない。（最決昭43・2・27刑集二二・二・六七、刑百選I[八版]三九）

三 実行後の責任能力

[16] 犯行の途中から酒の酔いのために錯乱状態に陥っていたとしても、責任能力のある段階での暴行が致死の結果をもたらし得るものであり、錯乱状態が被告人自らの飲酒及び暴行等の行動によって招かれたものであって、右状態での暴行が前段階でのそれと態様を異にするものではないので、本件暴行はその全部を一体として評価すべきであり、刑法三九条一項又は二項は適用されない。（大阪地判昭58・3・18判時一〇八六・一五八、刑百選I[三版]三六）

（故意）

第三八条① 罪を犯す意思がない行為は、罰しない。ただし、法律に特別の規定がある場合は、この限りでない。

② 重い罪に当たるべき行為をしたのに、行為の時にその重い罪に当たることとなる事実を知らなかった者は、その重い罪によって処断することはできない。

③ 法律を知らなかったとしても、そのことによって、罪を犯す意思がなかったとすることはできない。ただし、情状により、その刑を減軽することができる。

参❶【特別の規定の例↓一一六・一一七②・一一七の二・一二一・一二九・二〇九―二一一　❸【減軽↓六八―七〇・七二

一　故意

1　犯罪事実の認識

[1] 覚醒剤を含む身体に有害で違法な薬物類であるとの認識があれば、覚醒剤かもしれないし、その他の身体に有害で違法な薬物かもしれないとの認識はあったことになるから、覚醒剤密輸入罪の故意に欠けるところはない。（最決平2・2・9判時一三四一・一五七、刑百選Ⅰ[八版]四〇）

[2] トルエンを含有するシンナーの吸入目的による所持罪（毒物及び劇物取締法二四条の三）の故意を認めるには、トルエンという劇物の名称を知らなくとも、身体に有害で違法な薬物を含有するシンナーであるとの未必的認識があれば足りるが、被告人が、過去の経験からトルエンを含有しないシンナーを吸入目的で所持しても犯罪にならないことを知っており、かつ、当該シンナーはトルエンを含有していないと思っていた場合には故意は認められない。（東京地判平3・12・19判タ七九五・二六九）

2　未必の故意

[3] 犯意は罪となるべき事実の認識予見があれば足り、その認識予見も確定的である必要はない。犯意ある行為とは、罪となるべき事実の発生を予見しながらあえてする決意の実行をいう。（大判大11・5・6刑集一・二五五）

[4] 盗品有償譲受け罪の故意が成立するには、盗品等であるかもしれないと思いながらしかもあえてこれを買い受ける意思があれば足りる。（最判昭23・3・16刑集二・三・二二七、刑百選Ⅰ[八版]四一）

3　条件付き故意

[5] 謀議の内容において被害者の殺害を一定の事態の発生にかからせ、犯意自体が未必的なものであったとしても、実行行為の意思が確定的であったときは、殺人の故意の成立に欠けるところはない。（最判昭59・3・6刑集三八・五・一九六一、刑百選Ⅰ[五版]三七）

4　概括的故意

[6] 殺害の目的は一人であっても、複数の者が飲用することの予想される鉄瓶に毒薬を投入した場合、飲用者の数に応じた殺人罪が成立し観念的競合となる。（大判大6・11・9刑録二三・一二六一）

二　事実の錯誤

1　具体的事実の錯誤

[7] 殺人罪は故意に人を殺害することにより成立し被害者が何者であるかはその成立に影響を及ぼさないから、甲を乙と誤認して殺人の実行に着手した場合でも故意を阻却しない。（大判大11・2・4刑集一・三二）

[8] 犯罪の故意があるとするには、犯人の認識した事実と発生した事実とが法定の範囲内で一致すれば足り、殺意を持って殺害行為に出た以上犯人の認識しなかった人に結果が発生した場合にも故意があるといってよい。したがって、強盗殺人の故意で甲に向けて発砲したが、甲のみでなく乙をも負傷させた場合には、二個の強盗殺人未遂罪が成立する。（最判昭53・7・28刑集三二・五・一〇六八、刑百選Ⅰ[八版]四二）

[9] 被害者を絞殺したと誤信して、海岸の砂上まで運び放置したところ、被害者は砂末を吸引して死亡した場合でも、因果関係がある以上殺人既遂罪が成立する。（大判大12・4・30刑集二・三七八、刑百選Ⅰ[八版]一五）↓◆【Ⅰ 犯罪の主体・行為・結果】［三五条の前］[33]

2　抽象的事実の錯誤

[10] 甲・乙が虚偽公文書作成罪の教唆を共謀したところ、乙が公文書偽造の教唆を行った場合でも、公文書偽造教唆についての甲の故意は阻却されない。（最判昭23・10・23刑集二・一一・一三八六、刑百選Ⅰ[初版]五三）

[11] 麻薬を覚醒剤と誤信して密輸入した場合、覚せい剤取締法の輸入罪を犯す意思で麻薬取締法の輸入罪に当たる事実を実現したことになるが、両罪は、目的物が異なるだけでその余の犯罪構成要件要素は同一であり、その法定刑も全く同一であるから、麻薬と覚醒剤との類似性に鑑みると、両罪の構成要件は実質的に全く重なり合っているものとみるのが相当であり、右の誤信は、麻薬輸入罪の故意を阻却せず、同罪が成立する。また、税関長の許可を受けないで覚醒剤を輸入する意思（関税法の無許可輸入罪を犯す意思）で輸入禁制品である麻薬を輸入した（同法の禁制品輸入罪に当たる事実を実現した）場合、両罪は、ともに通関手続を履行しないでした類似する貨物の密輸入行為を処罰の対象とする限度において、その犯罪構成要件は重なり合っているものと解するのが相当であるから、両罪の構成要件が重なり合う限度で軽い無許可輸入罪が成立する。（最決昭54・3・27刑集三三・二・一四〇、刑百選Ⅰ[三版]五〇）

[12] 税関長の許可を受けないでダイヤモンド原石を輸入する意思（関税法の無許可輸入罪を犯す意思）で輸入禁制品である覚醒剤を輸入しようとした（同法の禁制品輸入罪に当たる事実を実現した）場合、両罪の構成要件が重なり合う限度で軽い無許可輸入罪（未遂）が成立する。（東京高判平25・8・28判タ一四〇七・二二八、重判平26刑一）

[13] 戯言［ざれごと］による嘱託を真に受けて殺害行為に出たが未遂に終わった場合、嘱託殺人未遂罪で処断するのが相当である。（大判明43・4・28刑録一六・七六〇）

[14] 暴行・傷害を共謀した被告人のうちの一人が未必の故意を持って殺人罪を犯した場合でも、他の者については、科刑のみでなく罪名としても傷害致死罪の共同正犯が成立する。（最決昭54・4・13刑集三三・三・一七九、刑百選Ⅰ[八版]九二）

三　法律の錯誤

1　違法の意識

[15] 自然犯、法定犯を問わず犯意の成立には違法の意識を必要としない。（最判昭25・11・28刑集四・一二・二四六三）

[16] 本条三項ただし書は、刑罰法令の不知により行為の違法であることを意識しなかったにかかわらず、それが故意犯として処罰される場合に、右違法の意識を欠くことにつき宥恕［ゆうじょ］すべき事由があるときは刑の減軽をなし得ることを認めたものである。したがって、違法の意識がある以上、具体的な刑罰法令や法定刑の寛厳の程度を知らなかったとしても、ただし書の適用はない。（最判昭32・10・18刑集一一・一〇・二六六三、刑百選Ⅰ[八版]四九）

[17] 商店の宣伝のため、百円紙幣と同寸大、同図案で、裏面に広告を記載したサービス券を作成しようとした被告人が、これにつき相談した警察官から、紙幣に紛らわしいものの作成は通貨及証券模造取締法に触れること、寸法を大きくするなど誰がみても紛らわしくないようにすればよい等の助言を受けたが、右助言を重視せず、当時百円紙幣は全く市中に流通していなかったこと等から、右サービス券の作成が処罰されることはないと考え作成等に至った場合

について、右取締法違反の違法性の意識がなかったとしてもそれにつき相当の理由があるとはいえないとした原審判決は是認し得る。よって、違法性の意識を欠くにつき相当の理由があれば犯罪は成立しないとの見解の採否を検討するまでもなく、本件を有罪とした原判決の結論に誤りはない。（最決昭62・7・16刑集四一・五・二三七、刑百選Ⅰ［八版］四八）

［18］　映倫の審査を通過したことにより刑法上のわいせつ性なしと信じて映画を上映した場合は、法律上許容されたものと信ずるにつき相当の理由があり、わいせつ物陳列罪の犯意を阻却する。（東京高判昭44・9・17高刑二二・四・五九五〈「黒い雪」事件〉刑百選［二版］二六）

［19］　被告人らによる石油の生産調整が、通産省の行政指導の下に行われ、かつ、公正取引委員会も、これに対して何らの措置を執らなかったという事情が存在するときは、違法性の意識を欠き、かつ、そのことに相当の理由があるというべきであるから、独禁法八条一項一号［現八条一号］、八九条一項二号の故意がなかったと認められる。（東京高判昭55・9・26高刑三三・五・三五九、経済百選一三三）

◇［15］～［19］→◆【罪刑法定主義】［一編名の後］［5］（河合裁判官補足意見）

2　事実の錯誤と法律の錯誤の限界

［20］　俗称「もま」が禁猟獣「むささび」と同一であることを知らずに捕獲した場合は、「むささび」すなわち「もま」を「もま」と知って捕獲したものであるから事実の認識に欠けるところはなく法律の不知にすぎない。（大判大13・4・25刑集三・三六四）

［21］　「メチルアルコール」であることを知って所持、譲渡した以上、たとえ「メチルアルコール」が法律上その所持、譲渡を禁ぜられている「メタノール」と同一であることを知らなくても法律の不知にすぎない。（最大判昭23・7・14刑集二・八・八八九）

［22］　わいせつ文書販売罪の犯意としては、問題となる記載の存在とこれを頒布販売することの認識があれば足り、それが客観的にわいせつ性を有すれば、わいせつ文書に当たらないとの誤信は法律の錯誤であって犯意を阻却しない。（最大判昭32・3・13刑集一一・三・九九七〈チャタレー事件〉刑百選Ⅰ［八版］四七）

［23］　我が国古来の習俗上の観念に従い「むじな」は「たぬき」と別物であると信じて捕獲した場合は、狩猟法［現・鳥獣の保護及び管理並びに狩猟の適正化に関する法律］で禁止された「たぬき」を捕獲するという認識を欠くがゆえに犯意を阻却する。（大判大14・6・9刑集四・三七八、刑百選Ⅰ［八版］四五）

［24］　他人所有の無鑑札の犬を撲殺した場合でも、飼犬証票なき犬は無主犬とみなす旨の飼犬取締規則を誤解した結果、当該犬が他人所有に属する事実について認識を欠いていたと認めるべき場合は事実の錯誤として犯意を阻却し得る。（最判昭26・8・17刑集五・九・一七八九、刑百選Ⅰ［八版］四四）

［25］　実父名義の営業許可により公衆浴場を営業していた被告人が、被告会社名義への許可の変更を希望したが、公衆浴場法により営業名義の変更が許されないため、県係官の教示により、実父による最初の許可申請が設立中の被告会社の代表者の資格によるものであるとして申請者の名義変更届を県知事宛てに提出し、受理された旨の連絡を県議を通じて受けたため、この変更届受理により被告会社に対する営業許可がなされたものと認識して営業を続けていた場合は、公衆浴場法八条一号の無許可営業罪の故意は認められない。（最判平元・7・18刑集四三・七・七五二、刑百選Ⅰ［八版］四六）

［26］　乗車定員が一一人以上である自動車の座席の一部が取り外されて現実に存する席が一〇人分以下となった場合でも、乗車定員の変更が自動車検査証に記入されていないときは当該自動車は道路交通法上の大型自動車に当たり、本件事実関係の下で席の状況を認識しながらこれを普通自動車免許で運転した被告人には無免許運転の故意が認められる。（最決平18・2・27刑集六〇・二・二五三、重判平18刑二）

四　「特別の規定」

1　明文規定の要否

［27］　古物営業法二九条［現三三条に相当］で処罰する同法一七条［現一六条］違反行為は、その取り締まる事柄の本質に鑑み、故意に帳簿に所定の事項を記載しなかったものばかりでなく、過失によりこれを記載しなかったものをも包含する。（最判昭37・5・4刑集一六・五・五一〇、刑百選Ⅰ［初版］六二）

2　結果的加重犯

［28］　暴行と傷害致死の結果との間に因果関係の存する以上、被告人において致死の結果をあらかじめ認識し、予見する可能性は必要ではない。（最判昭32・2・26刑集一一・二・九〇六、刑百選Ⅰ［八版］五〇）

五　過失

1　過失の要件

イ　意義

［29］　過失の要件は、結果の発生を予見することの可能性とその義務及び結果の発生を未然に防止することの可能性とその義務である。（最決昭42・5・25刑集二一・四・五八四〈弥彦神社事件〉宗教百選［三版］六六）

［30］　左右の見通しが利かない交差点に進入するに当たり、何ら徐行することなく、時速約三〇ないし四〇キロメートルの速度で進行を続けた被告人の行為は、道交法の徐行義務を怠り、業務上過失致死傷罪の観点からも危険な走行であったが、対面信号機が黄色灯火の点滅を表示している際、交差道路から、一時停止も徐行もせず、時速約七〇キロメートルという高速で進入してくる車両があり得るとは、通常想定し難いものというべきであり、被告人車が本件交差点手前で時速一〇ないし一五キロメートルに減速して交差道路の安全を確認していれば、被害者の車との衝突を回避することが可能であったという事実について、合理的な疑いを入れる余地があるので、業務上過失致死傷罪の成立を認めることはできない。（最判平15・1・24判時一八〇六・一五七、刑百選Ⅰ［八版］七）

［31］　過失の要件としての注意義務は、それを負担すべき行為者の属性によって類型化された一般通常人（本件においては、通常の血友病専門医）の注意能力を基準として判断される。本件で刑事責任が認められるとすれば、結果予見可能性の程度を前提として、治療上の効能と危険性との比較衡量、本件の医療行為と他の選択肢との比較衡量を行い、通常の血友病専門医が本件当時の被告人の立場に置かれれば、およそそのような判断はしないはずであるのに、利益に比して危険の大きい医療行為を選択してしまったような場合である。（東京地判平13・3・28判時一七六三・一七〈薬害エイズ帝京大事件〉刑百選Ⅰ［七版］五五）

［32］　血友病の治療として非加熱製剤の投与を継続するとHIV未感染の患者をHIVに感染させエイズ発症により死亡させる危険があること、その後、輸入承認等により加熱製

剤の供給が十分可能となったことは、厚生省における非加熱製剤に係るエイズ対策に関して中心的な立場にあった薬務局生物製剤課長には予見可能であり、同課長には、必要に応じて他の部局等と協議して所要の措置を採ることを促すことを含め、非加熱製剤の販売中止等薬務行政上必要かつ十分な対応を図るべき刑法上の義務があったのであり、同製剤を利用した被害者が死亡したことについては、これを専ら同課長の責任に帰すべきものではないにせよ、同人においてその責任を免れるものではない。（最決平20・3・3刑集六二・四・五六七〈薬害エイズ厚生省事件〉刑百選Ⅰ[八版]五六）→行総◆【Ⅰ】98

33　大学病院の耳鼻咽喉科科長兼教授である被告人には、主治医や指導医らが抗がん剤の投与計画の立案を誤り、抗がん剤が過剰投与されるに至ることの予見可能性が認められる本件の事案においては、自らも当該療法の適否とその用法・用量・副作用などについて把握した上で、抗がん剤の投与計画案の内容について具体的に検討し、これに誤りがあれば是正すべき注意義務がある。また、被告人には、主治医らが抗がん剤の副作用の発現の把握及び対応を誤ることにより、副作用に伴う死傷の結果を生じさせることの予見可能性も認められるので、主治医らに対し副作用への対応について事前に指導を行うとともに、自らも主治医等からの報告を受けるなどして副作用の発現等を的確に把握し、結果の発生を未然に防止すべき注意義務がある。（最決平17・11・15刑集五九・九・一五五八、刑百選Ⅰ[八版]五五）

ロ　予見可能性

a　対象・程度

34　過失犯の成立に必要な結果発生の予見可能性とは、内容の特定しない一般的・抽象的な危惧感ないし不安感を抱く程度では足りず、特定の構成要件的結果及びその結果の発生に至る因果関係の基本的部分の予見可能性を意味する。（札幌高判昭51・3・18高刑二九・一・七八〈北大電気メス事件〉刑百選Ⅰ[八版]五一）

35　鉄道トンネル内で発生した火災について、炭化導電路の形成という実際の因果経過を具体的に予見できなくても、電力ケーブルに発生する誘起電流が本来流れるべきでない部分に長期間流れ続けることにより火災発生に至る可能性があることを予見できた以上、予見可能性が認められる。（最決平12・12・20刑集五四・九・一〇九五〈生駒トンネル事件〉刑百選Ⅰ[八版]五三）

36　予見可能性は、結果防止に向けられた何らかの負担を課するのが合理的であるということを裏付ける程度のものであればよく、そして、それは具体的な因果関係を見通すことの可能性である必要はなく、何事かは特定できないが、ある種の危険が絶無であるとして無視するわけにはいかないという程度の危惧感であれば足りる。（徳島地判昭48・11・28判時七二一・七〈森永ドライミルク事件〉重判昭48刑五）

37　貨物自動車の運転者の過失により後部荷台の同乗者が死亡した場合において、同乗者の乗車を認識していなかったとしても、本件のような無謀な運転をすれば人の死傷を伴ういかなる事故を惹起［じゃっき］するかもしれないことは当然認識し得たから、業務上過失致死が成立する。（最決平元・3・14刑集四三・三・二六二、刑百選Ⅰ[八版]五二）

38　快速列車の運転士が制限速度を大幅に超過して同列車を曲線に進入させたことにより同列車が脱線転覆し、多数の乗客が死傷した事故について、①同事故以前の法令上、曲線に自動列車停止装置（ＡＴＳ）を整備することは義務付けられておらず、大半の鉄道事業者は曲線にＡＴＳを整備していなかったこと、及び、②同列車を運行する鉄道会社の歴代社長らが、管内に多数存在する同種曲線の中から、特に本件曲線を脱線転覆事故発生の危険性が高い曲線として認識できたとは認められないことから、歴代社長らが、本件曲線において列車の脱線転覆事故が発生する危険性を予見できたとはいえず、①等の事実関係の下では、「運転士がひとたび大幅な速度超過をすれば脱線転覆事故が発生する」という程度の認識をもって注意義務の発生根拠とすることはできない。（最決平29・6・12刑集七一・五・三一五、刑百選Ⅰ[八版]五七）

b　監督過失

39　不特定多数の人が宿泊等するホテルは火災発生の危険を常にはらんでいるが、ホテルの最高権限者として防火防災の管理業務を遂行すべき立場にあり、同ホテルの防火防災対策が人的・物的に不備であることを認識していた被告人は、一旦火災が起これば、本格的な火災に発展して建物に不案内な宿泊客等に死傷の危険の及ぶ恐れのあることを予見し得たものである。（最決平2・11・16刑集四四・八・七四四〈川治プリンスホテル火災事件〉）

40　火災が発生した場合、容易に火災が拡大するおそれのある雑居ビルに入居していたキャバレーの支配人は、防火管理者として、階下からの出火にそなえて平素から避難誘導訓練を実施しておくべき注意義務があり、その代表取締役もまた、適切な避難誘導訓練が平素から十分に実施されていないことを知っていたのだから、管理権原者として、同支配人が防火管理業務を適切に実施しているかどうかを具体的に監督すべき注意義務を有している。（最決平2・11・29刑集四四・八・八七一〈千日デパートビル火災事件〉刑百選Ⅰ[三版]六〇）

41　デパートの防火管理上の注意義務を負うのは一般には会社の業務執行権限を有する代表取締役であって取締役会ではないので、取締役が代表取締役の右業務執行につき取締役会において問題点を指摘し、必要な措置をとるべく決議を促さなかったとしても、代表取締役に右業務の遂行を期待することができないなどの特別の事情のない限り、過失責任を問われることはない。また、防火管理上必要な業務を適切に遂行することのできる管理的又は監督的地位にないものは、防火管理者とする選任届が提出されていたとしても、消防計画を作成してこれに基づく避難訓練を実施すべき注意義務を負わない。（最判平3・11・14刑集四五・八・二二一〈大洋デパート火災事件〉刑百選Ⅰ[四版]五九）

42　ガス会社がガスの熱量変更に対応して需要家のガス器具の調整をする際に、作業員が部品を持っていなかった等のため調整を完了していないにもかかわらず、作業日程が過密であったためこれを失念し、その結果熱量変更後、湯沸器の使用中に一酸化炭素中毒による死亡事故が発生した場合には、熱量変更の責任者であったガス会社の専務取締役及び営業技術課長は、戸別調整の前に各戸のガス器具に関する調査を行い作業員数を確保して作業員に十分な準備をさせ、余裕のある日程・作業をさせた上、別の職員による事後点検を実施する注意義務を怠ったものといえる。（札幌地判昭61・2・13刑月一八・一＝二・六八〈北ガス事件〉刑百選Ⅰ[六版]五八）

2　信頼の原則

イ　適用例

43　旅客の整理誘導等を取り扱う駅員が酔客を下車させる場合、その者の酩酊［めいてい］の程度や歩行の姿勢・態度その他外部からたやすく観察できる徴表に照らし、電車との接触、線路敷への転落などの危険を惹起するものと認められるような特段の状況がない限り、一応その者が安全維持のために必要な行動をとるものと信頼して客扱いをすれば足りる。(最判昭41・6・14刑集二〇・五・四四九、刑百選Ⅰ〔二版〕五八)

44 自動車運転者としては、特別な事情のない限り、右側方から来る他の車両が交通法規を守り自車との衝突を回避するため適切な行動に出ることを信頼して運転すれば足り、本件被害者の車両のように、あえて交通法規に違反し、自車の前面を突破しようとする車両のあり得ることまでも予想して、右側方に対する安全を確認し、もって事故の発生を未然に防止すべき義務はない。(最判昭41・12・20刑集二〇・一〇・一二一二、重判昭41・42刑一)

45 事故現場付近の道路・交通状況から、バスから下車した人が、その直後道路を横断しようとすることがあり得ることを予見することが客観的に不可能でない以上、右のような交通秩序に従わない者はいないであろうという信頼を持っていたとしても、その信頼は相当でなく、信頼の原則は適用されない。(最決昭45・7・28判時六〇五・九七、重判昭45刑一)

46 自動車運転者が、時差式信号機の設置された交差点を右折進行するに当たり、時差式信号機であることの標示がなかったとしても、自己の対面する信号機の表示を根拠として、対向車両の対面信号の表示を判断し、それに基づき対向車両の運転者がこれに従って運転すると信頼することは許されない。(最決平16・7・13刑集五八・五・三六〇)

ロ 行為者の法規違反と信頼の原則

47 右折の合図をしながら右折しようとする原動機付自転車の運転者としては、後方から来る他の車両の運転者が、安全な速度と方法で進行するであろうことを信頼して運転すれば足り、その右折方法が法規に違反している場合であっても、このことは、右注意義務の存否とは関係がない。(最判昭42・10・13刑集二一・八・一〇九七、刑百選Ⅰ〔八版〕五四)

48 交差する道路(優先道路ではない)の幅員より明らかに広い幅員の道路から交通整理の行われていない交差点に進入しようとする自動車運転者としては、その時点で法規に違反して道路の右側を通行していたとしても、交差する道路から交差点に進入しようとする車両等が交差点の入口で徐行し、かつ、一時停止などの措置に出るであろうことを信頼して交差点に進入すれば足り、被害者のようにあえて交通法規に違反して交差点に進入し自車の前で右折する車両のあり得ることまでを予想して減速徐行する義務はない。(最判昭45・11・17刑集二四・一二・一六二二)

(心神喪失及び心神耗弱)

第三九条① 心神喪失者の行為は、罰しない。

② 心神耗弱者の行為は、その刑を減軽する。

⊛心神喪失処遇【減軽→六八—七〇・七二〔三〕

責任能力の判定基準

1 心神喪失とは、精神の障害により事物の理非善悪を弁識する能力又はその弁識に従って行動する能力のない状態をいい、心神耗弱とは、精神の障害がまだこのような能力を欠如する程度には達していないが、その能力が著しく減退した状態をいう。(大判昭6・12・3刑集一〇・六八二、刑百選Ⅰ〔四版〕三三)

2 被告人の精神状態が本条にいう心神喪失又は心神耗弱に該当するかどうかは法律判断であって専ら裁判所に委ねられるべき問題であることはもとより、その前提となる生物学的、心理学的要素についても、右法律判断との関係で究極的には裁判所の評価に委ねられるべき問題である。(最決昭58・9・13判時一一〇〇・一五六)

3 責任能力判断の前提となる生物学的要素(精神障害の有無及び程度)並びにこれが心理学的要素に与えた影響の有無及び程度については、その診断は臨床精神医学の本分であることから、専門家たる精神医学者の意見が鑑定等として証拠となっている場合には、鑑定人の公正さや能力に疑いが生じたり、鑑定の前提条件に問題があったりするなど、これを採用し得ない合理的な事情が認められるのでない限り、その意見を十分に尊重して認定すべきである。(最判平20・4・25刑集六二・五・一五五九、重判平20刑四)

4 →刑訴三一八条5

被告人が犯行当時精神分裂病に罹患〔りかん〕していたからといって、直ちに心神喪失とされるものではなく、責任能力の有無・程度は、被告人の犯行当時の病状、犯行前の生活状態、犯行の動機・態様等を総合して判定すべきである。(最決昭59・7・3刑集三八・八・二七八三、刑百選Ⅰ〔六版〕三三……後出5の差戻し後の上告審)

5 犯行当時精神分裂病の欠陥状態(人格水準低下、感情鈍麻)にあった被告人について、犯行の動機への精神分裂病に基づく妄想の関与と精神分裂病の症状の現れである公判段階での奇異な言動が認められる場合、このような被告人の病歴、犯行態様に見られる奇異な行動及び犯行以後の病状などを総合考察すると、被告人は本件犯行時に精神分裂病の影響により、心神耗弱の状態にあったとの疑いを抱かざるを得ず、完全責任能力を認めた原判決は、限定責任能力を認めなかった点において、重大な事実誤認の疑いがあり、破棄を免れない。(最判昭53・3・24刑集三二・二・四〇八、刑百選Ⅰ〔八版〕三四)

6 被告人が親族を含む隣人八名を、順次、殺傷するなどの犯行に及んだ事件について、被告人は、妄想性障害のために、被害者意識を過度に抱き、怨念を強くしたとは言えるが、同障害が本件犯行に与えた影響はその限度にとどまる上、被告人の妄想の内容は、現実の出来事に基礎を置いて生起したものと考えれば十分に理解可能であり、これにより被害者意識や怨念が強化されたとしても、その一事をもって、責任能力の減弱を認めるのは相当とはいえないとされた事例(最判平27・5・25判時二二六五・一二三、重判平27刑三)

第四〇条【瘖啞者】 削除

(責任年齢)

第四一条 十四歳に満たない者の行為は、罰しない。

⊛少二①、三①

(自首等)

第四二条① 罪を犯した者が捜査機関に発覚する前に自首したときは、その刑を減軽することができる。

② 告訴がなければ公訴を提起することができない罪について、告訴をすることができる者に対して自己の犯罪事実を告げ、その措置にゆだねたときも、前項と同様とする。

参❶【自首→刑訴二四五【自首による刑の免除→八〇・九三【自首による刑の必要的減免→二二八の三】を提起することができない罪→一三五・二〇九②・二二九・二三二①・二四四②・二五一・二五五・二六四、著作一二三【告訴権を有する者→刑訴二三〇―二三四

一　自首の意義

1　「捜査機関に発覚する前」とは、犯罪の発覚前又は犯人の誰であるかが判明する前を意味し、この双方が判明しているが、犯人の所在だけが判明しない場合を含まない。（最判昭24・5・14刑集三・六・七二一）

2　自首は、必ずしも犯人自らする必要はなく、他人を介して自己の犯罪を捜査機関に申告したときも有効である。（最判昭23・2・18刑集二・二・一〇四）

二　自首に当たるとされた事例

3　運転を誤り自動車を海中に転落させて同乗者を負傷させた者が、警察官の取調べに対し、一旦は同乗者はいなかったと虚言を弄し、自己に業務上過失傷害罪の嫌疑が及ぶことを妨げたという事情があったとしても、その後、右罪が捜査機関に発覚する前に、この事実を自ら進んで警察官に申告したときは、自首が成立する。（最決昭60・2・8刑集三九・一・一、重判昭60刑二）

4　警察官の職務質問に対して犯罪事実を申告した場合でも、当該警察官には犯罪事実が全く知られておらず、犯罪を行ったとの疑いを掛けられその取調べを受けて初めて犯罪事実を申告したのではなく、自首の意思で進んで申告したときは、自首に当たる。（東京高判昭42・2・28東高刑一八・二・五八）

5　人を殺した者が犯行直後に自首を決意し、そのまま派出所に赴いたが警察官が不在であったため、さらに一一〇番通報して自己の氏名・犯罪事実を申告した場合には、被告人の派出所出頭八分後、電話通報二分前にその妻が通報していたため既に捜査機関に被告人の犯罪事実が発覚していたとしても、「捜査機関に発覚する前」に自首したものといえる。（東京高判平7・12・4判時一五五六・一四八）

6　拳銃所持・発射罪の事実について、捜査機関に発覚する前に申告したときは、使用した拳銃について虚偽の事実を述べたとしても、自首が成立する。（最決平13・2・9刑集五五・一・七六、重判平13刑五）

三　自首に当たらないとされた事例

7　いわゆるひき逃げ事件において、犯人の乗車していた車両の車体・車体登録番号が発覚していた以上、犯人の氏名・住所がいまだ判明していなくとも、犯人は特定し、捜査機関に発覚していると認められる。（東京高判昭46・10・27刑月三・一〇・一三三一）

8　警察官から職務質問を受け、やむを得ず拳銃を所持していることを申告するに至ったときは、その申告は自発的になされたものと評価できず、この点において自首には当たらない。（大阪高判昭50・11・5刑月七・一一＝一二・八六九）

9　自己の犯罪事実について警察官から取調べを受けている者が、他にも犯罪を犯していないかとの質問を受けて犯行を自供したときは、自首には当たらない。（東京高判昭52・12・26刑月九・一一＝一二・八六一）

10　自首が法律上減軽・免除事由とされているのは、自首を奨励することにより、犯罪の捜査・処罰を容易にしようとするものであるから、自首そのものが犯人隠避行為に該当する場合は、実質的にみて自己の犯罪事実の申告があったとは認められず、傷害致死の共同正犯者が、他の共犯者の存在を隠蔽するため単独犯行として警察に申告する行為は、自首に当たらない。（東京高判平17・6・22判タ一一九五・二九九）

11　嘱託を受けていないのに、嘱託を受けて被害者を殺害したと事実を偽って申告した場合、自己の犯罪事実を申告したものとはいえず、本条一項の自首は成立しない。（最決令2・12・7刑集七四・九・七五七、重判令3刑三）

第八章　未遂罪

（未遂減免）

第四三条　犯罪の実行に着手してこれを遂げなかった者は、その刑を減軽することができる。ただし、自己の意思により犯罪を中止したときは、その刑を減軽し、又は免除する。

参＋【減軽→六八―七〇・七二四

一　実行の着手

1　実行に移す意思

1　クロロホルムを吸引させて被害者を失神させ（第一行為）、自動車に乗せた上で、水中に自動車ごと転落させて（第二行為）溺死させる計画を実行し、その結果被害者が死亡したが、死因が溺死かクロロホルム吸引か特定できない場合において、第一行為により被害者を死亡させる認識がなかったとしても、第一行為は人を死に至らせる危険性の相当高い行為であるところ、第一行為は第二行為を確実かつ容易に行うために必要不可欠なものであり、第一行為に成功した場合、それ以降の殺害計画を遂行する上で障害となるような特段の事情はなく、第一行為と第二行為との間の時間的場所的近接性などに照らすと、第一行為は第二行為に密接な行為であり、第一行為を開始した時点で殺人に至る客観的危険性が明らかに認められるから、その時点で殺人罪の実行の着手があり、第二行為の前の時点で被害者が第一行為により死亡していたとしても、殺人の故意に欠けることはなく、殺人既遂罪が成立する。（最決平16・3・22刑集五八・三・一八七、刑百選Ⅰ八版六四）

2　放火罪の実行の着手が認められた事例（横浜地判昭58・7・20判時一一〇八・一三八、刑百選Ⅰ五版六一）↓一〇八条13

2　意義と事例

イ　窃盗罪の場合

3　窃盗の目的で、家宅に侵入し、金品物色のためたんすに近寄ったときは、他人の財物に対する事実上の支配を侵すにつき密接な行為をなしたもので、窃盗の着手に当たる。（大判昭9・10・19刑集一三・一四七三）

4　犯人が、被害者方店舗内で、所携の懐中電灯で真っ暗な店内を照らしたところ、電気器具類が積んであることが分かったが、なるべく金をとりたいので煙草売場の方に行き掛けたときには、窃盗の着手がある。（最決昭40・3・9刑集一九・二・六九、刑百選Ⅰ八版六一）

5　被害者のズボン右ポケットから現金をすり取ろうとして同ポケットに手を差し伸べ、その外側に触れた以上窃盗の着手がある。（最決昭29・5・6刑集八・五・六三四、刑百選初版三四）

6　土蔵内の物品を窃盗する目的で、土蔵に侵入しようとして壁の一部を破壊したり、外扉の錠を破壊したときは、土蔵の場合には通常窃盗すべき財物のみが存在するのであるから、その財物を窃盗しようと企てていることが客観的に

も看取でき、内扉を開けることができず、逃げ帰ったとしても窃盗の着手に当たる。（名古屋高判昭25・11・14高刑三・四・七四八）

[7] 自動券売機の釣銭返却口に接着剤を塗り付け、付着する釣銭を回収して取得しようとした場合、接着剤塗付行為は、釣銭の取得に密接に結びついた行為であり、これにより硬貨の窃取に至る客観的危険性が発生したといえるから、窃盗の着手に当たる。（東京高判平22・4・20判タ一三七一・二五一）

[8] 被害者に電話をかけ、キャッシュカードを封筒に入れて保管する必要がありこれから訪れる者が作業を行う旨信じさせ、被害者宅を訪れる被告人がキャッシュカード入りの封筒と偽封筒とをすり替えて同カードを窃取するという犯行計画に基づいて、被告人が被害者宅を訪問し虚偽の指示等を行うことに直接つながるとともに、すり替えの隙を生じさせる状況を作り出すようなうそが述べられ、被告人が被害者宅付近路上まで赴いたなどの事実関係の下では、当該うそが述べられ被告人が被害者宅付近路上まで赴いた時点で窃盗罪の実行の着手が既に認められる。（最決令4・2・14【令2あ一〇八七】）

ロ　詐欺罪の場合

[9] 警察官を装って、詐欺にあった被害者に対して、さらなる被害を避けるためには預金を現金化する必要があり、また、被害金を取り戻すためには警察に協力する必要があり、間もなく警察官が被害者宅を訪問するなどの嘘を述べた行為は、被害者に現金を交付させるための計画の一環として重要であり、また、嘘の内容には現金の交付を求める行為に直接つながる嘘が含まれており、被害者が現金を交付する危険性を著しく高めるものであるなどの事実関係の下では、本件嘘を一連のものとして被害者に対して述べた段階において、被害者に現金の交付を求める文言を述べていないとしても、詐欺罪の実行の着手が認められる。（最判平30・3・22刑集七二・一・八二、刑百選Ⅰ[八版]六三）

ハ　強制性交等罪の場合

[10] 被告人らが、夜間、ダンプカーの運転席に通行中の女性を引きずり込み、ダンプカーを発進させて同所から五キロメートル離れた護岸工事現場で強制性交したときは、女性をダンプカーの運転席に引きずり込もうとした段階において、既に強制性交に至る客観的な危険性が明らかに認められるから、強制性交等罪の実行の着手がある。（最決昭45・7・28刑集二四・七・五八五、刑百選Ⅰ[八版]六二）

3　結合犯の実行の着手

[11] 拘禁場又は拘束のための器具の損壊による加重逃走罪については、逃走の手段としての損壊が開始されたときには、逃走行為自体に着手した事実がなくとも、実行の着手がある。（最判昭54・12・25刑集三三・七・一一〇五）

4　離隔犯の実行の着手

[12] 殺人の目的で、毒薬を混入した砂糖を郵送した事案においては、相手方がこれを受領したときに、同人又はその家族の食用し得べき状態の下に置かれたことになり、殺人の着手がある。（大判大7・11・16刑録二四・一三五二、刑百選Ⅰ[八版]六五）

[13] 殺人の目的で、毒入りジュースの袋を農道脇に分散配置した行為は、殺人罪の予備であり、被害者らによって拾得飲用される直前に殺人の着手がある。（宇都宮地判昭40・12・9下刑七・一二・二一八九）

二　不能犯

1　定義

[14] 不能犯とは、犯罪行為の性質上、結果発生の危険を絶対に不能ならしめるものを指す。（最判昭25・8・31刑集四・九・一五九三）

2　方法の不能の場合

イ　肯定例

[15] 人を殺す目的で、硫黄粉末を飲食物等に混入して人に与えても、殺害の結果を惹起［じゃっき］することは絶対に不能であるから、殺人の不能犯で、傷害である。（大判大6・9・10刑録二三・九九九）

[16] 永らく地中に埋没され、爆発力を失った手榴弾で人を殺そうとしても、殺人未遂は成立しない。（東京高判昭29・6・16東高刑五・六・二三六）

[17] 覚醒剤製造に用いた主原料が真正のものではなかったときには、覚醒剤製造未遂は成立しない。（東京高判昭37・4・24高刑一五・四・二一〇）

[18] 拾得した一般線引小切手に裏書をし、小切手を提出して正当な所持人であることを装うだけでは、支払人を欺罔［ぎもう］することができないから、詐欺未遂は成立しない。（東京地判昭47・11・7判タ二八八・三〇三、重判昭48刑二）

ロ　否定例

[19] 人を殺す目的で、致死量に達しない量の空気を静脈内に注射したのであれば、注射された空気の量が致死量以下であっても、被注射者の身体的条件その他の事情のいかんによっては死の結果発生の危険が絶対にないとはいえないから、殺人未遂が成立する。（最判昭37・3・23刑集一六・三・三〇五、刑百選Ⅰ[八版]六六）

[20] 科学的根拠を有する方法により覚醒剤製造を試みたが、触媒の量が足らず、成品を得るに至らなかったという場合でも、その薬品を二倍量ないし三倍量使用すれば覚醒剤の製造は可能であったと認められるときは、覚醒剤製造未遂が成立する。（最決昭35・10・18刑集一四・一二・一五五九）

[21] 実弾の込められていなかった巡査の拳銃を奪取、同巡査目掛けて引金を引いたという場合、制服を着用した警官が勤務中着装している拳銃には常時弾が装填されているべきものであることは一般社会に認められていることであるから、殺害の結果を発生する可能性を有し、殺人未遂が成立する。（福岡高判昭28・11・10高刑判特二六・五八）

3　客体の不能の場合

[22] 通行人が懐中物を所持することは普通予想し得べき事実であるから、これを奪取しようとする行為は、実害を生ずる危険があり、行為当時たまたま被害者が懐中物を所持していなかったとしても、強盗未遂が成立する。（大判大3・7・24刑録二〇・一五四六）

[23] 既に銃撃により倒れていた者に、とどめを刺すべく日本刀を突き刺したときは、たとえ被害者が行為当時既に死亡していたとしても、犯人のみならず、一般人もその当時死亡の事実を知り得ず、したがって右の加害行為により被害者が死亡するであろうとの危険を感ずるから、殺人未遂が成立する。（広島高判昭36・7・10高刑一四・五・三一〇、刑百選Ⅰ[八版]六七）

三　中止犯

1　中止行為

イ　中止行為と結果不発生の間の因果関係の要否

[24] 放火犯が消火しようとしたが、病中であったため一人ではできず、大声で隣人を呼び、その助けで消火した場合には、中止犯となる。（大判大15・12・14新聞二六六一・一五）

[25] 放火犯が、麻縄についた火を消そうとしたがなかなかう

まくいかず、やってきた第三者の行為によってやっと消火に成功したときは、中止犯は成立しない。（大判昭4・9・17刑集八・四四六）

ロ　「真摯な努力」

[26] 犯人自身が結果発生の防止に自ら当たらないときは、犯人自身が防止に当たったのと同視するに足るべき程度の努力を払うことを要し、放火犯が、放火したからよろしく頼むと叫びながら走り去った場合、中止犯は成立しない。（大判昭12・6・25刑集一六・九九八）

[27] 殺意を持って睡眠薬を人に飲ませたが、大変な事をしたと悟って警察官に通報し、被害者は病院に収容されて一命を取りとめた場合、警察官に対して率直に自己の犯行を告げるなど、救護措置に必死に協力し、その前後の態度も極めて真摯であったときには、中止犯が成立する。（東京地判昭37・3・17下刑四・三＝四・二二四）

[28] 腹部を刺した被害者を自ら病院に連れていったとしても、犯跡を隠蔽しようとし、自分が犯人であることを打ち明け凶器の種類等を示すとか経済的負担を約するとかの救助のための万全の行動をとっていないので、中止犯は成立しない。（大阪高判昭44・10・17判タ二四四・二九〇、刑百選Ｉ[六版]七二）

八　中止行為の態様

[29] 中止行為は、着手未遂の段階においては、実行行為の終了までに自発的に犯意を放棄してそれ以上の実行を行わないことで足りるが、実行未遂の場合にあっては、犯人の実行行為は終わっているのであるから、中止行為といい得るためには任意に結果の発生を妨げることによって、既遂の状態に至らせないことが必要であり、日本刀で一撃を加えた後、以後の攻撃を止めたときも、いまだ実行行為は終了していないので、中止犯は成立する。（東京高判昭51・7・14判時八三四・一〇六、刑百選Ｉ[二版]七〇）→◆【共犯一般】［六〇条の前］[24]

[30] 牛刀で被害者に切り付けたところ、これを腕で防いだ同人から助命を哀願されたため犯行を中止し、謝罪の上病院に運んだ場合、被告人には最初の一撃で目的が達せられないときは追撃する意図があったことが明らかであるので、着手未遂に該当し、任意にそれ以上の実行行為に出ていない以上、中止犯が成立する。（東京高判昭62・7・16判時一二四七・一四〇、刑百選Ｉ[八版]七〇）

[31] 被害者の頸部［けいぶ］を締め続けている途中で翻意してこれを中止したとしても、客観的にみて既に被害者の生命に対する現実的な危険性が生じていたと認められる上、被告人においても被害者が気を失った後も約三〇秒間締め続けたことを認識していたものとみ得るから、その時点で実行行為は終了しており、被害者の救護等結果発生を防止するための積極的な行為がなければ中止犯は成立しない。（福岡高判平11・9・7判時一六九一・一五六、重判平11刑三）

2　任意性

イ　意義

[32] 外部的障害の原因が存しないにもかかわらず、内部的原因により任意に実行を中止し、又は結果発生を防止した場合に中止犯は成立し、流血のほとばしるのを見て恐怖に駆られて中止したときは、中止犯は成立しない。（大判昭12・3・6刑集一六・二七二）

[33] 被告人が犯行完成の意力を抑圧せしめられて犯行を中止した場合は、犯罪の完成を妨害するに足る性質の障害に基づくものと認めるべきで、中止犯は成立せず、殺意を持って母を殴打したが、流血痛苦の様子を見て驚愕［きょうがく］・恐怖して中止したときは、中止犯に当たらない。（最決昭32・9・10刑集一一・九・二二〇二、刑百選Ｉ[二版]六九）

[34] 中止行為が外部的事実の表象を契機としつつも、犯人がその表象により必ず中止行為に出ると限らない場合にあえて中止行為に出たときは、任意の意思によるものといえ、ナイフで刺した被害者の出血に驚愕し、「大変なことをした」と思って、救急車を呼ぶ等して死を回避した場合、犯行に対する反省、悔悟の情も認められ、任意の意思に基づく中止行為があったといえる。（福岡高判昭61・3・6高刑三九・一・一、刑百選Ｉ[八版]六九）

[35] 強制性交の実行に着手した犯人が、犯罪遂行の実質的障害となる事情に遭遇したわけでなく、通常であればこれを継続して所期の目的を達したであろうと考えられる場合に、犯人が自己の意思で犯罪の遂行を中止したときは、その際の犯人の主観が、憐憫の情と犯行の発覚を怖れたもののいずれであったかを問わず、中止未遂が成立する。（浦和地判平4・2・27判タ七九五・二六三）

ロ　事例

[36] 電車の前照灯に照らされて、陰部に挿入した指から手首まで一面に赤黒い血が付着しているのを見て、驚愕して性交を中止した場合は、中止犯は成立しない。（最判昭24・7・9刑集三・八・一一七四）

[37] 放火の時刻が遅く、発火が払暁に及ぶおそれがあったため、犯罪の発覚を恐れて消火した場合、中止犯は成立しない。（大判昭12・9・21刑集一六・一三〇三）

[38] 強制性交の被害者が月経中であったために犯行を中止した場合、中止犯は成立しない。（仙台高判昭26・9・26高刑判特二二・七三）

[39] 強制性交の被害者の露出した肌が鳥肌立っているのを見て欲情が減退したために犯行を中止した場合、中止犯は成立しない。（東京高判昭39・8・5高刑一七・六・五五七）

3　予備と中止

[40] 予備罪には中止未遂の観念を入れる余地はない。（最大判昭29・1・20刑集八・一・四一、刑百選Ｉ[八版]七二）

（未遂罪）

第四四条　未遂を罰する場合は、各本条で定める。

㊫【未遂を罰する場合→七七②・八七・一〇二・一一二・一二八・一三二・一四一・一五一・一五七③・一五八②・一六一②・一六一の二④・一六三②・一六三の五・一六八・一六八の二③・一八〇・二〇三・二一五②・二二三③・二二八・二三四の二②・二四三・二五〇

第九章　併合罪

◆【罪数】

一　単純一罪の基準

[1] （強盗）は個人の専属的法益を侵害する罪であるから、その犯罪の個数は被害者の数によって算定されるべきである。（最判昭24・8・18裁判集刑一三・三〇七）

[2] 同一の商標権を侵害した場合でも、別個の意思決定に基づき共犯者・場所を異にして行われたときは、別罪を構成する。（最決昭30・10・18刑集九・一一・二二四五）

[3] 出資の受入、預り金及び金利等の取締等に関する法律五条一項（高金利の処罰）は同種行為の無制約な反復を予定しているわけでないので、違反行為が反復されたときは、

特段の事情がない限り個々の契約ごとに一罪が成立し、各罪は併合罪の関係に立つ。（最判昭53・7・7刑集三二・五・一〇一一、刑百選Ⅰ[二版]八九）

[4] 不法所持罪における「所持」の単複は、刑罰法規手続規定等の立法の目的に立脚し、所持の行為ないし容態の形態を内心的、物理的、時間的、空間的関係はもとより諸般の事情に従って考察し、社会通念により、それが人と物の間の実力支配関係を客観的に表明するに足る個別性を有するかにより決定される。（最大判昭24・5・18刑集三・六・七九六）

二 包括一罪

1 集合犯

イ 常習犯

[5] 賭博常習者が数回にわたって賭博をなしたときは、一個の常習賭博罪が成立する。（大判明44・1・24刑録一七・八）

ロ 営業犯

[6] わいせつ図画販売罪は性質上反復される多数行為を含むから、同一人に某年五月と一一月にわいせつ図書を販売する行為は包括的に一個の同罪を構成する。（大判昭10・11・11刑集一四・一二六五）

2 吸収一罪

イ 吸収される場合

[7] 殺害目的で同一人に対し日時場所を異にして数回攻撃を加え、ついに殺害したときは、数回の攻撃行為を包括的に観察し一個の殺害行為とみなすべく、一個の殺人既遂罪が成立する。（大判大7・2・16刑録二四・一〇三）

[8] 供与等（公職選挙法二二一条一項一号）の共謀者相互間での買収目的の金品授受は交付・受交付罪（五号）となるが、金品全部につき供与等がなされたときは供与等の罪に吸収される。（最大判昭41・7・13刑集二〇・六・六二三）

[9] 窃盗犯人がその盗品を運搬しても、別個に盗品運搬罪を構成しない。（最判昭24・10・1刑集三・一〇・一六二九）

[10] ノンバンクから受けた融資金を銀行に預金し、その預金に、右融資の担保となる質権を設定するかのように仮装するため、銀行支店長名義の質権設定承諾書を偽造し右ノンバンク担当者に交付した場合には、偽造有印私文書行使罪と詐欺罪との包括一罪として処断するのが相当である。（東京高判平7・3・14高刑四八・一・一五）

[11] 被害者の顔面を眼鏡の上から殴打し、傷害を負わせると共に眼鏡レンズ一枚を破損したときは、傷害罪のみが成立し、レンズの損壊はこれによって包括的に評価される。（東京地判平7・1・31判時一五五九・一五二）

ロ 吸収されない場合

[12] 窃取又は詐取した郵便貯金通帳により払戻名下に金員を詐取することは新たな法益侵害であるから、別個の犯罪が成立し、右罪と併合罪の関係に立つ。（最判昭25・2・24刑集四・二・二五五）

[13] 覚醒剤密造者が自ら製造した覚醒剤を所持することは、その所持が製造に伴う必然的結果として一時的になされるにすぎないと認められない限り、製造行為に包括されず、製造罪と所持罪の併合罪が成立する。（最決昭30・1・14刑集九・一・四五）

3 同一法条内の異なる構成要件の包括

[14] 賄賂を同一人に要求し収受したときは、各行為が日時、場所、賄賂の種類を異にしても、包括的に一個の賄賂罪が成立する。（大判昭10・10・23刑集一四・一〇五二）

[15] 同一犯人を蔵匿し更に隠避させたときは、包括して一個の犯罪が成立する。（大判明43・4・25刑録一六・七三九）

[16] 同一人を逮捕し引き続き監禁したときは、包括して一個の犯罪が成立する。（大判大6・10・25刑録二三・一一三一）

[17] 一個の欺罔［ぎもう］行為により財産上不法の利益を得、かつ、財物を詐取したときは、刑法二四六条に該当する単一の詐欺罪が成立する。（大判大4・4・26刑録二一・四二二）

4 接続犯

[18] 二時間余の短時間内に同一機会を利用して同一倉庫から、三回にわたり米俵三俵ずつを窃取する行為は、単一犯意による一連の動作と認められ、一個の窃盗罪が成立する。（最判昭24・7・23刑集三・八・一三七三、刑百選Ⅰ[八版]一〇〇）

[19] 約五箇月間に十数回にわたり係員を欺罔して食料の配給を受けたときは、一個の配給手帳に基づき継続した意図の下で反復したとしても、別個の欺罔行為がある以上受配行為ごとに一個の詐欺罪が成立する。（最判昭26・5・8刑集五・六・一〇二一）

[20] 同一又は継続の犯意の下に連続して行われた同一構成要件該当の数個の所為が同一の社会的事実を基盤とし犯罪態様も同一であるときは、包括して一個の犯罪となる。（東京高判昭27・1・31高刑五・三・三五……約一〇箇月にわたる業務上横領）

[21] 刑法五五条の連続犯が削除となった今日、いわゆる意思継続があってもそれだけで一罪として処断しなければならないことはないから、二日間に七回のショウでそれぞれ公然わいせつ行為をしたときは、七個の公然わいせつ罪が成立する。（最判昭25・12・19刑集四・一二・二五七七）

[22] 約四箇月間又は約一箇月間という一定期間内に、自己の支配下にある被害者に対し、ある程度限定された場所で、憂さ晴らしなど共通の動機から繰り返し犯意を生じ、加害の部位・方法などにおいて主として同態様の暴行を反復累行し、その結果、個別の機会の暴行と傷害の発生、拡大、悪化との対応関係を個々に特定することはできないものの、結局は一人の被害者の身体に一定の傷害を負わせたといえるときは、全体を一体のものと評価し、包括して一罪（傷害罪）と解し得る。（最決平26・3・17刑集六八・三・三六八、刑百選Ⅰ[八版]一〇一）

5 その他

[23] 二箇月にわたり、街頭募金の名の下に通行人から金を詐取した行為は、通行人一般に対し、一括して同一内容の定型的働き掛けによって寄付を募るという態様のものであり、かつ、一個の意思に基づき継続してなされた活動である上、街頭募金詐欺の特徴（募金に応じる被害者は、現金を募金箱に投入すると、そのまま立ち去ってしまうのが通例であり、募金箱に投入された現金は直ちに他の被害者が投入したものと混和して特定性を失うこと）に鑑みると、一体のものと評価され、包括一罪が成立する。（最決平22・3・17刑集六四・二・一一一、刑百選Ⅰ[八版]一〇二）

6 判示方法

[24] 包括一罪として業務上横領罪を認定した場合は、各個の使途及び費消金の具体的内容を証拠によって明確にすることは必ずしも必要でない。（福岡高宮崎支決昭26・10・31高刑判特一九・一六三）

7 公訴時効の起算点

[25] 包括一罪の公訴時効は、最終犯罪行為が終わった時から進行する。（最判昭31・8・3刑集一〇・八・一二〇二、刑百選Ⅰ[初版]九五）

（併合罪）

第四五条　確定裁判を経ていない二個以上の罪を併合罪とする。ある罪について禁錮以上の刑に処する確定裁判があったときは、その罪とその裁判が確定する前に犯した罪とに限り、併合罪とする。

参+【確定裁判↓刑訴三五八、三七三、四一四、四一八、四六五、四七〇【処分↓四六―五三

一　「数罪」

1　包括一罪ではなく併合罪とされた事例↓◆【罪数】［四五条の前］[3][12][13][19][21]

[1]　機会を異にして犯された常習累犯窃盗と軽犯罪法上の侵入具携帯の両罪は、侵入具携帯が常習性の発現と認められる窃盗を目的とするものであっても、包括一罪ではなく併合罪の関係にある。（最決昭62・2・23刑集四一・一・一、刑百選Ⅰ[七版]一〇〇）

[2]　高速道路上の二地点において犯された速度違反の行為は、この二地点が約一九・四キロメートル離れており、その間の道路状況が変化していることにも鑑みると、別罪を構成し、両者は併合罪の関係にあるものと解すべきである。（最決平5・10・29刑集四七・八・九八、重判平5刑四）

2　観念的競合ではなく併合罪とされた事例↓五四条[11]～[13]

3　牽連［けんれん］**犯ではなく併合罪とされた事例**↓五四条[29]～[38]

二　後段の要件

1　確定裁判

[3]　執行猶予期間の経過によって刑の言渡しが失効しても、本条後段の確定裁判たることに変わりない。（最決昭45・9・29刑集二四・一〇・一四二一）

[4]　刑法三四条の二により刑が消滅しても、本条後段の確定裁判たることに変わりない。（最判昭29・3・11刑集八・三・二七〇）

[5]　大赦により刑の言渡しが失効しても、本条後段の確定裁判たることに変わりない。（仙台高判昭28・3・31高刑六・三・三〇七）

2　「確定する前に犯した罪」

イ　判決確定前

[6]　「その裁判が確定する前に犯した罪」とは、当該犯罪に対する判決の確定した日時までに犯した罪をいう。（東京高判昭28・2・26高刑判特三八・四八）

ロ　判決宣告前

[7]　「その裁判が確定する前に犯した罪」とは、当該犯罪に対する判決宣告前に犯した犯罪をいう。（福岡地判昭34・12・15下刑一・一二・二六一〇）

八　分割されない場合

[8]　刀剣不法所持罪は継続犯として一罪であり不法所持終了時が犯罪終了時であるから、所持継続中に別罪につき確定裁判があっても、それと併合罪になることはない。（最決昭35・2・9刑集一四・一・八二、刑百選[初版]四七）

三　適用

[9]　確定裁判前の罪が数個あり同時に審判すべきときは、本条前段と後段とを共に適用して併合罪加重がなされる。（最決昭34・2・9刑集一三・一・八二）

（併科の制限）

第四六条①　併合罪のうちの一個の罪について死刑に処するときは、他の刑を科さない。ただし、没収は、この限りでない。

②　併合罪のうちの一個の罪について無期の懲役又は禁錮に処するときも、他の刑を科さない。ただし、罰金、科料及び没収は、この限りでない。

（有期の懲役及び禁錮の加重）

第四七条　併合罪のうちの二個以上の罪について有期の懲役又は禁錮に処するときは、その最も重い罪について定めた刑の長期にその二分の一を加えたものを長期とする。ただし、それぞれの罪について定めた刑の長期の合計を超えることはできない。

参+【最も重い罪↓一〇【加重↓一四、七二㊂

一　法意

[1]　本条は、併合罪のうち二個以上の罪について有期の懲役又は禁錮に処するときは、同条が定めるところに従って併合罪を構成する各罪全体に対する統一刑を処断刑として形成し、その範囲内で各罪全体に対する刑を決することとした規定であって、併合罪の構成単位である各罪について個別的な量刑判断を行うことは、法律上予定されていない。したがって、長期にわたる監禁致傷罪と軽微な窃盗罪が併合罪で起訴された場合でも、前者の量刑が一〇年、後者が一年で一一年というような量刑は許されず、全体として一四年の懲役刑を科することも可能である。（最判平15・7・10刑集五七・七・九〇三、重判平15刑三）

二　適用の順序

[2]　最も重い罪につき定めた刑を決定するには、まず各本条につき適用すべき有期の懲役刑又は禁錮刑を選択した上、これに再犯加重、法律上減軽を行った処断刑のみを標準として刑法一〇条に従い決すべきであり、各本条に併科的又は選択的に規定されている死刑、無期刑又は罰金刑等を比較の対照として、定めるべきではない。（最判昭24・8・18刑集三・九・一四五五）

三　短期の定め方

[3]　併合罪加重における短期は、併合罪中その短期の最も重いものによる。（名古屋高判昭28・7・28高刑六・九・一二一七）

四　資格制限

[4]　選挙法違反と刑法犯とのうち重い後者によって刑を定めたときも、これによって前者も処断されているのであり、選挙権は禁ぜられる。（大判大5・1・29刑録二二・八〇）

（罰金の併科等）

第四八条①　罰金と他の刑とは、併科する。ただし、第四十六条第一項の場合は、この限りでない。

②　併合罪のうちの二個以上の罪について罰金に処するときは、それぞれの罪について定めた罰金の多額の合計以下で処断する。

（没収の付加）

第四九条①　併合罪のうちの重い罪について没収を科さない場合であっても、他の罪について没収の事由があるときは、これを付加することができる。

②　二個以上の没収は、併科する。

参+【没収↓九、一九

（余罪の処理）

第五〇条　併合罪のうちに既に確定裁判を経た罪とまだ確定裁判を経ていない罪とがあるときは、確定裁判を経ていない罪について更に処断する。

合憲性

[1] 併合罪関係にある一部の罪につき確定裁判がなされても、その既判力は他の部分には及ばないから、後者の罪を審理・裁判しても一事不再理に触れない。（最判昭27・9・12刑集六・八・一〇七一）

（併合罪に係る二個以上の刑の執行）

第五一条①　併合罪について二個以上の裁判があったときは、その刑を併せて執行する。ただし、死刑を執行すべきときは、没収を除き、他の刑を執行せず、無期の懲役又は禁錮を執行すべきときは、罰金、科料及び没収を除き、他の刑を執行しない。

② 前項の場合における有期の懲役又は禁錮の執行は、その最も重い罪について定めた刑の長期にその二分の一を加えたものを超えることができない。

【執行の順序→刑訴四七四】

（一部に大赦があった場合の措置）

第五二条　併合罪について処断された者がその一部の罪につき大赦を受けたときは、他の罪について改めて刑を定める。

【手続→刑訴三五〇】

[1] 本条は併合罪中大赦に当たらない罪につき執行すべき部分を定めるものであって、それにつき再度の審判をするものではない。（最決昭28・4・7刑集七・四・七七一）

[2] 本条により刑を定めるときは、判決確定後の刑の廃止又は法令の変更があってもこれを考慮しない。（最決昭28・4・7前出[1]）

（拘留及び科料の併科）

第五三条①　拘留又は科料と他の刑とは、併科する。ただし、第四十六条の場合は、この限りでない。

② 二個以上の拘留又は科料は、併科する。

（一個の行為が二個以上の罪名に触れる場合等の処理）

第五四条①　一個の行為が二個以上の罪名に触れ、又は犯罪の手段若しくは結果である行為が他の罪名に触れるときは、その最も重い刑により処断する。

② 第四十九条第二項の規定は、前項の場合にも、適用する。

【最も重い刑→一〇】【科刑上の一罪→刑訴三三七㈠】

一　観念的競合

1　「一個の行為」

[1] 一個の行為とは、法的評価を離れ構成要件的観点を捨象した自然的観察の下で、行為者の動態が社会的見解上一個のものとの評価を受ける場合をいう。（最大判昭49・5・29刑集二八・四・一一四、刑百選Ⅰ八版一〇四）→[11]

2　「二個以上の罪名」

[2] 二個以上の罪名とは、二個以上の別異の罪名たると同一の罪名たるとを問わない。（大判明42・3・11刑録一五・二〇五）

3　「一個の行為」であり観念的競合とされた事例

[3] 一通の告訴状で二名を虚偽告訴した場合の、虚偽告訴罪（大判明44・11・9刑録一七・一八四九）

[4] 騒乱罪と住居侵入罪・恐喝罪・殺人罪（大判大8・5・23刑録二五・六七三）

[5] 一個の過失行為で一六人を死亡させたときの、一六個の過失致死罪（大判大7・1・19刑録二四・四）

[6] 無免許運転と酒酔運転（最大判昭49・5・29刑集二八・四・一五一）

[7] 酒気帯び運転と免許証不携帯（最判平4・10・15判時一四四二・一五二）

[8] 信号に従った一時停止をせず漫然交差点に進入して人身事故を起こした場合の、信号無視と業務上過失傷害（最決昭49・10・14刑集二八・七・三七二）

[9] ひき逃げにおける、道路交通法上の救護義務違反と報告義務違反（最大判昭51・9・22刑集三〇・八・一六四〇、刑百選Ⅰ八版一〇五）

[10] 航空機により覚醒剤を空港に持ち込みこれを携帯して通関しようとした場合においてこの一連の動態が構成する、覚醒剤輸入罪（税関空港等への持込み時に既遂）と関税法上の無許可輸入罪（通関線突破時に既遂）（最判昭58・9・29刑集三七・七・一一一〇、重判昭58刑二……後者が未遂の段階でも同様）

4　「一個の行為」でなく併合罪とされた事例

[11] 酒酔い運転とその運転中の業務上過失致死（最大判昭49・5・29前出[1]……酒酔い運転が事故の過失の内容をなすか否かを問わない）

[12] 無免許運転とその運転中の速度違反（最決昭49・11・28刑集二八・八・三八五）

[13] 自宅内で、テレビ上に置いてある覚醒剤の所持と着衣ポケット内の覚醒剤原料の所持（最決昭50・1・27刑集二九・一・二二、刑百選Ⅰ二版九二）

5　共犯の場合

イ　共同正犯

[14] 二人が共謀して同時・同一場所でそれぞれ一人ずつを殺害等したときは、各自、二個の殺人罪名に触れる一個の行為があったといえ観念的競合となる。（大判大5・11・8刑録二二・一六九三）

[15] 数人共同して二人以上に暴行傷害を加えたときは、被害者数に応じた傷害罪等が成立し、その併合罪となる。（最決昭53・2・16刑集三二・一・四七、刑訴百選一〇版A20）

ロ　幇助〔ほうじょ〕犯

[16] 一個の幇助行為で正犯の二個の犯罪を幇助した場合、幇助罪の個数は正犯の個数に従って二個であるが、「一個の行為」であるかについては幇助行為それ自体についてみるべきであるから、右二罪の観念的競合となる。（最決昭57・2・17刑集三六・二・二〇六、刑百選Ⅰ八版一〇七）↓◆

【共犯一般】〔六〇条の前〕[33]

二　牽連〔けんれん〕犯

1　牽連関係

[17] 牽連犯たるには、犯人が主観的にその一方を他方の手段又は結果の関係において実行しただけでは足りず、その数罪間にその罪質上通例手段結果の関係が存在すべきものであることを要する。（最判昭32・7・18刑集一一・七・一八六一）

[18] 手段となる犯罪（公文書偽造）と結果となる犯罪（同行使）の間に別罪の確定裁判が介在しても、牽連関係は失わ

れない。（最大判昭44・6・18刑集二三・七・九五〇、刑百選Ⅱ〔八版〕九九）

２　牽連犯が認められた事例

⑲　住居侵入罪と放火罪（大判明43・2・28刑録一六・三四九）

⑳　住居侵入罪と強制性交等罪（大判明44・5・23刑録一七・九五三）

㉑　住居侵入罪と殺人罪（大判明43・6・17刑録一六・一二二〇）

㉒　住居侵入罪と窃盗・強盗罪（大判明45・5・23刑録一八・六五八）

㉓　住居侵入罪と軽犯罪法一条二三号（のぞき）の罪（最判昭57・3・16刑集三六・三・二六〇）

㉔　公文書偽造罪と同行使罪（大判明42・7・27刑録一五・一〇四八）

㉕　公正証書原本不実記載罪と同行使罪と詐欺罪（大判昭7・4・11刑集一一・三四九）

㉖　私文書偽造罪と詐欺罪（大判明42・1・22刑録一五・二七）

㉗　偽証罪と詐欺罪（大判大2・1・24刑録一九・三九……訴訟詐欺における偽証）

㉘　業務妨害罪と恐喝罪（大判大2・11・5刑録一九・一一一四）

３　牽連犯が認められず併合罪とされた事例

㉙　放火罪と詐欺罪（大判昭5・12・12刑集九・八九三……保険金詐欺）

㉚　強制性交等罪と殺人罪（大判昭7・2・22刑集一一・一〇七……強制性交の犯跡隠蔽）

㉛　殺人罪と死体遺棄罪（大判明44・7・6刑録一七・一三八八）

㉜　凶器準備集合罪と暴力行為等処罰に関する法律一条違反（最決昭43・7・16刑集二二・七・八三〇）

㉝　監禁罪と強制性交等致傷罪（最判昭24・7・12刑集三・八・一二三七、刑百選Ⅰ〔二版〕九〇……男性同伴者を監禁し、その間に女性に対する強制性交）

㉞　監禁罪と傷害罪（最決昭43・9・17刑集二二・九・八五三……傷害目的で監禁したときでも）

㉟　窃盗教唆罪と盗品有償譲受罪（大判明42・3・16刑録一五・二五八）

㊱　銃砲不法所持と殺人罪（最判昭26・2・27刑集五・三・四六六）

㊲　麻薬の譲受けと麻薬の譲渡（最判昭54・12・14刑集三三・七・八五九……たとえ営利目的であっても）

㊳　監禁罪と恐喝罪（最判平17・4・14刑集五九・三・二八三、刑百選Ⅰ〔八版〕一〇三……恐喝の手段として監禁が行われた場合であっても）

三　かすがい現象

１　牽連犯の場合

㊴　他人の住居に侵入して三人を殺害した場合、三個の殺人罪は一個の住居侵入罪とそれぞれ牽連犯の関係にあり本条一項後段により全体を一罪として処断する。（最決昭29・5・27刑集八・五・七四一、刑百選Ⅰ〔八版〕一〇六）

２　観念的競合の場合

㊵　児童の権利を擁護しようとする児童ポルノ法の立法趣旨に照らし、同法七条四項〔現六項〕の児童ポルノ提供罪と同条五項〔現七項〕の同提供目的所持罪とは併合罪の関係にあると解されるが、児童ポルノであり、かつ、刑法一七五条のわいせつ物である物を、不特定又は多数の者に販売して提供するとともに、不特定又は多数の者に販売して提供する目的で所持した場合においては、わいせつ物販売と同販売目的所持が包括して一罪を構成すると認められ、その一部であるわいせつ物販売と児童ポルノ提供、同じくわいせつ物販売目的所持と児童ポルノ提供目的所持は、それぞれ社会的、自然的事象としては同一の行為であって観念的競合の関係に立つから、結局以上の全体が一罪となる。（最決平21・7・7刑集六三・六・五〇七）

四　処分

㊶　「その最も重い刑により処断する」とは、数個の罪名中最も重い刑を定める法条によって処断するが、他の法条の最下限の刑より軽く処断することはできない、という趣旨である。（最判昭28・4・14刑集七・四・八五〇）

㊷　最も重い罪の刑は懲役刑のみであるが、その他の罪に罰金刑の任意的併科の定めがあるときには、最も重い罪の懲役刑にその他の罪の罰金刑を併科することができる。（最決平19・12・3刑集六一・九・八二一）

㊸　数罪が科刑上一罪の関係にある場合で、各罪の主刑のうち重い刑種の刑のみを取り出して軽重を比較対照した際の重い罪及び軽い罪のいずれにも選択刑として罰金刑の定めがあり、軽い罪の罰金刑の多額の方が重い罪の罰金刑の多額よりも多いときは、罰金刑の多額は軽い罪のそれによる。（最判令2・10・1刑集七四・七・七二一、重判令2刑三）

五　公訴時効

１　牽連犯の場合

㊹　牽連犯において、目的行為がその手段行為についての時効期間の満了前に実行されたときは、両者の公訴時効は不可分的に最も重い刑を標準に最終行為の時より起算する。（最判昭47・5・30民集二六・四・八二六）

２　観念的競合の場合

㊺　観念的競合における時効期間は、最も重い罪の刑につき定めた時効期間による。（最判昭41・4・21刑集二〇・四・二七五）

第五五条【連続犯】　削除

参考判例（昭和二二法一二四による改正前のもの）

旧第五五条　連続シタル数個ノ行為ニシテ同一ノ罪名ニ触ルルトキハ一罪トシテ之ヲ処断ス

①　日時場所の異同を問わず、単一の意思を継続して同種行為を反復し単一の法益を侵害する場合は、連続犯となる。（大判明42・6・3刑録一五・六八九）

②　二年二箇月の間隔があっても、犯意継続の意思で反復されたときは連続犯である。（大判昭15・11・4判決全集八・二五）

第十章　累犯

（再犯）

第五六条①　懲役に処せられた者がその執行を終わった日又はその執行の免除を得た日から五年以内に更に罪を犯した場合において、その者を有期懲役に処するときは、再犯とする。

②　懲役に当たる罪と同質の罪により死刑に処せられた者がその執行の免除を得た日又は減刑により懲役に減軽されてその執行を終わった日若しくはその執行の免

除を得た日から五年以内に更に罪を犯した場合において、その者を有期懲役に処するときも、前項と同様とする。

③ 併合罪について処断された者が、その併合罪のうちに懲役に処すべき罪があったのに、その罪が最も重い罪でなかったため懲役に処せられなかったものであるときは、再犯に関する規定の適用については、懲役に処せられたものとみなす。

⊛【執行の免除→五、三二【常習累犯→盗犯三

一 合憲性

①本条は、再犯者であるということに基づいて、新たに犯した罪に対し重い刑を科すことを認めたにすぎず、前科に対する確定判決を動かしたり前犯に対し重ねて刑罰を科する趣旨ではないから、憲法三九条に違反しない。（最大判昭24・12・21刑集三・一二・二〇六二）

②本条は、憲法一四条に違反しない。（最判昭25・1・24刑集四・一・五四）

二 常習犯への適用

③常習累犯窃盗罪（盗犯等の防止及処分に関する法律三条）についても、累犯加重規定の適用がある。（最決昭44・6・5刑集二三・七・九三五）

④暴力行為等処罰に関する法律一条の三の罪についても、累犯加重規定の適用がある。（最判昭44・9・26刑集二三・九・一一五四）

三 要件

1 前科

⑤前科が少年法にいう少年の時に犯した罪であっても、本条の適用がある。（大判大15・6・23刑集五・二八一）

⑥前科ある者が恩赦によって復権しているときも、累犯加重を妨げない。（最判昭25・2・14裁判集刑一六・四〇五）

⑦執行猶予になった犯罪と、その猶予期間中に犯した犯罪とは、累犯関係に立たない。（大判大12・11・17刑集二・八〇五）

⑧甲罪につき仮出獄［仮釈放］中、乙罪を犯した場合、甲罪と乙罪は累犯関係に立たない。（最判昭24・12・24裁判集刑一五・五八三）

2 期間の算定

⑨五年の期間は、受刑の最終日の翌日から起算する。（最判昭57・3・11刑集三六・三・二五三）

⑩累犯関係の有無は、法定の五年の期間内に犯罪の実行行為をしたか否かを基準として決すべきであり、その着手時期のみを基準とすべきものではないから、刑の執行終了前から終了後まで引き続き、拳銃等を自己の事務所に保管するなどして不法所持した場合には、執行終了後の所持を捉えて累犯の成立を認めることができる。（最決昭43・11・7刑集二二・一二・一三三五）

⑪包括一罪の一部の所為が前科と累犯関係にある以上、他の部分が五年の期間経過後に行われても全部について累犯となる。（大判昭17・7・18評論三一・刑一四二）

⑫牽連［けんれん］犯のうち公文書偽造罪が前科と累犯関係に立つときは、同行使罪が五年の期間経過後に犯されたとしても、全体として再犯となる。（東京高判昭48・10・2東高刑二五・一〇・一二五）

四 適用

⑬放火と強盗殺人が併合罪関係に立つ場合は放火については有期刑の定めがあるから累犯規定の適用があるが、両者が住居侵入罪をかすがいとして一罪の関係に立ったときは、刑法五四条の適用により全体についての刑が死刑又は無期懲役であることになるから、累犯規定を適用し得ない。（大判昭5・11・22刑集九・八二三）

（再犯加重）

第五七条 再犯の刑は、その罪について定めた懲役の長期の二倍以下とする。

⊛一四、七二

第五八条【確定後の再犯の発見】 削除

（三犯以上の累犯）

第五九条 三犯以上の者についても、再犯の例による。

①三犯として処断するには、初犯と再犯、再犯と三犯のほか初犯と三犯との間にも刑法五六条の条件を具備することが必要である。（大判明42・6・21刑録一五・八一二）

第十一章 共犯

◆【共犯一般】

一 間接正犯

1 意思抑圧による第三者の利用

①日ごろ暴行を加えて自己の意のままに従わせていた一二歳の養女を利用して窃盗を行わせた者は、意思を抑圧されている同女を利用して窃盗を行ったと認められるから、たとえ同女が是非善悪の判断能力を有する者であったとしても、窃盗の間接正犯が成立する。（最決昭58・9・21刑集三七・七・一〇七〇、刑百選Ⅰ八版七四）

②事理弁識能力が十分とはいえない一〇歳の少年に対し、それまで何度か一緒に遊ぶ中で「怖い」という印象を与えていた者が、四、五メートル先に落ちている他人のバッグを取ってくるよう命じて盗ませる行為は、窃盗の間接正犯に当たる。（大阪高判平7・11・9高刑四八・三・一七七）

③是非弁別能力のある一二歳の長男に、犯行方法を教示し、犯行道具を与える等して強盗の実行を指示命令した上、奪った金品を全て自らに領得した母親は、指示命令が長男の意思を抑圧するに足る程度のものではなく、長男が自らの意思で強盗を決意し完遂した事情の下では、間接正犯でも教唆犯でもなく、強盗の共同正犯になる。（最決平13・10・25刑集五五・六・五一九、重判平13刑四）

④生命維持のためにインスリンの投与が必要な糖尿病にり患している被害者の治療をその両親から依頼された被告人が、被害者が死亡する現実的な危険性があることを認識しつつ、自身を信頼して指示に従っている母親に対し、インスリンを投与しないよう執ようかつ強度の働きかけを行い、インスリンの投与に出ることができない精神状態に陥らせ、被告人の治療法に半信半疑の状態であった父親に対してもインスリンの不投与を指示し、両親をしてインスリンの投与をさせず、その結果、被害者を死亡させた場合、母親を道具として利用するとともに不保護の故意のある父親と共謀した未必の殺意に基づく殺人罪が成立する。（最決令2・8・24刑集七四・五・五一七、重判令2刑一）

2 情を知らない第三者の利用

⑤甲が乙の所有物を情を知らない丙に勝手に売却し、丙が更に丁に売却し、丁がこの財物を搬出した場合、甲は窃盗

罪の刑責を免れない。（最決昭31・7・3刑集一〇・七・九五五）

3 他人の正当行為の利用

⑥ 妊婦の嘱託を受け堕胎手段を施したが妊婦の生命が危険となったため、医師に胎児を排出してもらった者は、医師の正当業務行為を利用して堕胎を遂行させた者であるから堕胎罪の間接正犯である。（大判大10・5・7刑録二七・二五七）

4 情を知っている第三者の利用

⑦ 会社の代表取締役が使用人を自己の手足として利用し、[旧]食糧管理法に違反して米を運搬輸送させた場合は、使用人がその情を知ると否とにかかわらず、代表取締役が実行正犯である。（最判昭25・7・6刑集四・七・一一七八）

⑧ 被告人が大麻を隠匿して発送した航空貨物について麻薬特例法に基づくコントロールド・デリバリーが実施され、配送業者が、捜査機関から事情を知らされ、捜査協力を要請されてその監視の下、右貨物を受け取ってこれを被告人方に配送したとしても、被告人らは、その意図したとおり、運送契約上の義務を履行する配送業者を自己の犯罪実現のための道具として利用したというに妨げず、関税法の禁制品輸入罪は既遂となる。（最決平9・10・30刑集五一・九・八一六、重判平9刑四）

5 被害者の利用

⑨ 自殺の何たるかを解しない精神分裂病患者に縊首〔いしゅ〕の方法を教えて自殺させた場合は殺人罪が成立する。（最決昭27・2・21刑集六・二・二七五）

⑩ 追死の意思がないのに、被害者を欺罔〔ぎもう〕し被告人の追死を誤信させて自殺させた場合は通常の殺人罪が成立する。（最判昭33・11・21刑集一二・一五・三五一九、刑百選II八版一）

⑪ 厳寒の深夜、かなり酩酊〔めいてい〕し、かつ、暴行を受けて衰弱していた被害者を河川堤防上に連行し、河川に飛び込むよう脅迫した結果、ついに逃げ場を失った同人を河川に転落するのやむなきに至らしめ、溺死させた場合は殺人罪が成立する。（最決昭59・3・27刑集三八・五・二〇六四、重判昭59刑六）

⑫ 被告人が、被害者を車ごと海中に飛び込む以外の選択肢がない精神状態に陥らせて岸壁から車ごと海中に転落することを命じ、被害者をして、車ごと海中へ飛び込ませるという自らを死亡させる現実的危険性の高い行為に及ばせた行為は、被害者が死亡を免れた場合であっても、殺人罪の実行行為に当たり、また、被告人の予期に反して被害者には自殺する意思がなかったとしても、死亡の現実的危険性の高い行為を強いたことの認識があるから殺人罪の故意が認められる。（最決平16・1・20刑集五八・一・一、刑百選I八版七三）

⑬ 二時間以上のリンチを加えられ、指を詰めなければ殺すと脅迫された結果、被害者が命令に従い自己の指をかみ切った場合は傷害罪が成立する。（鹿児島地判昭59・5・31判時一一三九・一五七）

二 必要的共犯

⑭ ある犯罪が成立するについて当然予想され、そのために欠くことができない関与行為について、これを処罰する規定がない以上、これを教唆又は幇助〔ほうじょ〕として処罰することは原則として法の意図しないところと解すべきである。したがって、弁護士でない者に自己の法律事件を依頼し報酬を与え若しくは与えることを約束した者を弁護士法七二条違反の罪の教唆犯として処罰することはできない。（最判昭43・12・24刑集二二・一三・一六二五、刑百選I八版九九）

三 共犯の錯誤

⑮ 甲が乙に丙方での住居侵入窃盗を教唆したところ、乙が丁方で住居侵入強盗を行った場合、犯罪の故意があるとするには、犯人の認識事実と現に発生した事実とが具体的に符合することを要せず、両者が犯罪類型として規定している範囲において符合していれば足りるから、乙の所為が甲の教唆に基づいてなされたと認められる限り、甲は住居侵入窃盗教唆犯の罪責を負う。（最判昭25・7・11刑集四・七・一二六一、刑百選I八版九一）

⑯ 甲と乙とが丙に対する虚偽公文書作成罪の教唆を共謀したところ、乙は丁を教唆して公文書を偽造させた場合でも、この両罪は罪質を同じくするものであり、法定刑も同一であるから、甲についても右公文書偽造教唆が成立する。（最判昭23・10・23刑集二・一一・一三八六、刑百選I初版五三）→三八条⑩

⑰ 甲が乙を責任能力者と思って窃盗を教唆したところ、実際は乙が刑事未成年であった場合、甲の行為は窃盗の間接正犯に当たるが、刑法三八条二項により、犯情の軽い窃盗教唆の刑をもって処断すべきである。（仙台高判昭27・2・29高刑判特二二・一〇六）

四 結果的加重犯の共犯

⑱ 窃盗の意思で見張りをした者は、他の共同正犯者は最初から強盗の意思で強盗の結果を実現した場合でも、窃盗罪の責任を負うにとどまる。（最判昭23・5・1刑集二・五・四三五）

⑲ 暴行・傷害を共謀した者のうちの一人が殺意を持って被害者を殺害した場合、殺意のなかった者については、殺人罪の共同正犯と傷害致死罪の共同正犯の構成要件が重なり合う限度で軽い傷害致死罪の共同正犯が成立する。（最決昭54・4・13刑集三三・三・一七九、刑百選I八版九二）→三八条⑭

⑳ 人を教唆して他人に暴行を加えさせた以上は、その暴行により傷害、死亡の結果を生じた場合、傷害致死の教唆犯となる。（大判大13・4・29刑集三・三八七）

五 共犯の中止

1 共犯の中止犯

㉑ 甲・乙が共同して丙を脅迫し金銭の供与を約束させた後、甲が恐怖のため犯行を中止しても、乙が犯罪を続行した場合、甲は乙による実行を防止しなかった以上恐喝既遂の罪責を負う。（大判大12・7・2刑集二・六一〇）

㉒ 甲・乙が共同して丙宅に強盗に入り脅迫したところ、丙が僅かな金銭を差し出したため、甲が犯行を中止し、乙にも中止を促して丙宅を出たが、乙は右金銭を強取していた場合、甲が乙の強取行為を阻止せず放任した以上中止犯は成立せず強盗既遂の罪責を負う。（最判昭24・12・17刑集三・一二・二〇二八、刑百選I七版九七）

㉓ 甲・乙が共謀のうえ丙に暴行を加えた後、甲は立ち去ったが、その際「俺帰る」といっただけであり、乙においてなお丙に暴行を加えるおそれが消滅していなかったのに、これを防止する措置を講じなかったときは、乙との共犯関係が解消したとはいえず、仮に丙の死亡が、その後の乙の暴行により生じていたとしても甲は傷害致死の共同正犯となる。（最決平元・6・26刑集四三・六・五六七、刑百選I八版九六）

㉔ 甲・乙が共同して丙の殺害に着手し、乙が日本刀で丙の肩に切り付けた後、甲が犯行を中止させた場合は、実行行

為が終了していないから、中止犯が成立する。（東京高判昭51・7・14判時八三四・一〇六、刑百選Ⅰ[二版]七〇）

[25] 実行正犯の一人のみが実行を中止し、若しくは、結果の発生を防止した場合、右中止の効力は他の共犯者に及ばない。（大判大2・11・18刑録一九・一二一二、刑百選Ⅰ[初版]九〇）

2　着手前の共犯関係からの離脱

[26] 窃盗の共謀者の一人が、実行の着手前自己が執行猶予中であることから翻意し、離脱の意思を表示して中止した場合は、残余の共犯者の実行した犯罪について責任を負わない。（東京高判昭25・9・14高刑三・三・四〇七）

[27] 強盗の共謀者の一人が着手前その非を悟り現場から立ち去ったときは、たとえ他の共犯者の犯行を阻止せず、離脱の意思を明示せずとも、他の共謀者が右離脱を意識しつつ犯行を続行した場合には、右離脱者は強盗予備の責任を負うにとどまる。（福岡高判昭28・1・12高刑六・一・一）

[28] 窃盗の首謀者の一人が、自分が参加しなければ他の共謀者も中止するであろうと考え現場に赴かなかったとしても、他の共謀者の犯行を阻止し、又は、少なくとも、その者との共謀関係を解消しない限り、他の共謀者の犯行についても共同正犯としての刑責を負う。（東京高判昭32・2・21東高刑八・二・三九）

[29] 一般的には犯罪の共謀があっても、その着手前に離脱の意思を表示し、他の共謀者もこれを了承した場合、他の共謀者の犯行について責任を問い得ないが、離脱者が共謀者団体の頭領であり、他の共謀者を統制支配し得る立場にある場合は、共謀関係がなかった状態に復元させなければ、共謀関係の解消がなされたとはいえない。（松江地判昭51・11・2刑月八・一一＝一二・四九五、刑百選Ⅰ[六版]九五）

[30] 共犯者数名と住居侵入強盗に及ぶことを共謀した者が、共犯者の一部が家人の在宅する住居内に侵入した後に、電話で「犯行をやめた方がよい、先に帰る」などと一方的に伝えた見張り役と共に離脱したが、格別それ以後の犯行を防止する措置を講ずることがなかった場合には、離脱が、共犯者が強盗行為に着手する前に見張り役の右電話内容を認識した上でなされ、残された共犯者らがその後離脱を知るに至ったとしても、当初の共謀関係が解消したということはできず、その後の共犯者らの強盗も当初の共謀に基づいて行われたものと認められる。（最決平21・6・30刑集六三・五・四七五、刑百選Ⅰ[八版]九七）

六　共犯の罪数

1　正犯行為を基準とするもの

[31] 甲が乙に対して五名の者に偽証をさせるよう教唆した場合、教唆犯は実行正犯に随伴して成立するものであるから、右五名が各自偽証したときは、甲も五個の偽証教唆の併合罪となる。（大判昭2・10・28刑集六・四〇三）

2　共犯行為を基準とするもの

[32] 自己の船舶で同時に三名の不法退去者を運搬した場合、三個の不法退去幇助罪の観念的競合になる。（最大判昭30・10・12刑集九・一一・二二五九）

[33] 甲が一個の行為で乙の営利目的による覚醒剤密輸入を幇助したが、乙に二個の密輸入罪が成立し、両者が併合罪になる場合、甲に成立すべき幇助罪の個数は正犯の罪の個数に従うが、それらが刑法五四条一項にいう一個の行為によるものか否かは幇助行為自体から判断すべきであるから、甲の二個の幇助罪は観念的競合に当たると解すべきである。（最決昭57・2・17刑集三六・二・二〇六、刑百選Ⅰ[八版]一〇七）→五四条[16]

（共同正犯）

第六〇条　二人以上共同して犯罪を実行した者は、すべて正犯とする。

⑱+【特別規定】→二〇七、軽犯一[三十九]、国公一一一の二[三]

一　共同加功の事実

[1] 他の共犯者が夜間ブリキ製のピストルを被害者に突き付け脅迫した際に、被告人がその傍らに佇立［ちょりつ］していたことは被害者を畏怖させるのに役立つもので、強盗罪の共同正犯が成立する。（最判昭23・6・22刑集二・七・七一一）

[2] 被告人とAがそれぞれ自動車を運転し、赤色信号を殊更に無視して交差点に進入し、被害車両にA車が衝突するなどして五名を死傷させた事故について、被告人とAが、互いに、相手が赤色信号を殊更に無視する意思であることを認識しながら、相手の運転行為にも触発され、速度を競うように高速度のまま同交差点を通過する意図の下に赤色信号を殊更に無視する意思を強め合い、高速度で一体となって自車を同交差点に進入させたなどの事実関係の下では、被告人には、A車による死傷の結果も含め、危険運転致死傷罪の共同正犯が成立する。（最決平30・10・23刑集七二・五・四七一、重判平30刑七）

二　共謀による共同正犯

1　共謀共同正犯の成否

[3] 二人以上の者が犯罪を共謀しそのうちのある者がこれを実行したときは、その実行行為に加担しなかった者も共同正犯となる。（大連判昭11・5・28刑集一五・七一五）

[4] 共謀共同正犯が成立するには、二人以上の者が、特定の犯罪を行うため、共同意思の下に一体となって互いに他人の行為を利用し、各自の意思を実行に移すことを内容とする謀議をなし、よって犯罪を実行した事実が認められなければならない。（最大判昭33・5・28刑集一二・八・一七一八〈練馬事件〉刑百選Ⅰ[八版]七五）

[5] 共謀があれば、見張りも共同正犯たり得る。（最判昭23・3・11刑集二・三・一八五、刑百選Ⅰ[二版]七三）

[6] 暴力団組長である被告人は、直接指示を下さなくても、自己のボディガードらが襲撃に備えて拳銃等を所持していたことを確定的に認識しながら、これを当然のこととして受け入れて認容し、ボディーガードらも、被告人のこのような意思を察していたのであるから、拳銃等の所持につき黙示的に意思の連絡があったといえる。また、被告人は、ボディーガードらと終始行動を共にしていたものであり、彼らを指揮命令する権限を有する被告人の地位と彼らによって警護を受けるという被告人の立場を併せ考えれば、実質的には、正に被告人が本件拳銃等を所持させていたと評し得るのであるから、被告人には共謀共同正犯が成立する。（最決平15・5・1刑集五七・五・五〇七、刑百選Ⅰ[八版]七六）

[7] インターネット上の動画投稿・配信サイトを管理・運営していた被告人が、投稿・配信された動画が無修正わいせつ動画であっても、これを利用して利益を上げる目的で動画の投稿・配信を勧誘し、投稿者・配信者が上記働きかけを受け、各サイトに無修正わいせつ動画の投稿・配信を行った場合、投稿者らの投稿・配信行為と被告人の勧誘及びサイトの管理・運営行為の両者によってわいせつ電磁的記録記録媒体陳列罪及び公然わいせつ罪が実現可能となっており、被告人と投稿者らとの間に共同正犯が成立する。

（最決令3・2・1刑集七五・二・一二三、重判令3刑二）

2 共謀の意義

⑧ 共謀が成立したというためには、単に他人が犯罪を行うことを認識しているだけでは足りず、互いに他の行為を利用して各自の犯意を実行する意思の存することが必要である。（最判昭43・3・21刑集二二・三・九五）

⑨ 暗黙の意思連絡も共謀に当たる。（最判昭23・11・30裁判集刑五・五二五）

⑩ 甲と乙、乙と丙と順次に共謀が行われた場合でも、全ての者に共謀の成立を認めてよい。（最大判昭33・5・28前出④）

3 共謀の証明

⑪ 共謀は罪となるべき事実に当たり厳格な証明を要するが、その日時、場所、内容についての具体的判示を必要とするものではない。（最大判昭33・5・28前出④）

三 共同正犯の成立範囲

⑫ 未必的な殺意をもって、必要な医療措置を受けさせないまま放置して患者を死亡させた被告人には、不作為による殺人罪が成立し、殺意のない患者の親族との間では保護責任者遺棄致死罪の限度で共同正犯となる。（最決平17・7・4刑集五九・六・四〇三、刑百選Ⅰ[八版]六）→◆【Ⅰ 犯罪の主体・行為・結果】[三五条の前]⑦

四 承継的共同正犯

⑬ 先行行為者が甲を監禁しているのを認識しながら監禁行為に加わり、その後、更に連行されてきた乙を共同して監禁し、乙に傷害を負わせた事案において、後行行為者は監禁行為全体について責任を負う。（東京高判昭34・12・7高刑一二・一〇・九八〇）

⑭ 先行行為者が二〇〇〇万円の恐喝を企てまず一〇〇〇万円が喝取・分配された後、後行行為者が残りの一〇〇〇万円の受領行為（未遂）に加わった場合、後行行為者は、既成の事実を支配することは不可能だから前の一〇〇〇万円の喝取行為については刑事責任を負わないが、先行行為者によりひき起こされた畏怖状態等を容認・利用して金員を要求しているから、その限度で先行行為を承継しており後の一〇〇〇万円について恐喝未遂の責任を負う。（名古屋高判昭58・1・13判時一〇八四・一四四）

⑮ 共犯者らが被害者に傷害の結果を生じさせた後に、共犯者らに共謀加担した上被害者に対し暴行に及んだ者は、共謀加担前に被害者に生じていた傷害結果については、自己の共謀及びそれに基づく行為がこれと因果関係を有することはないから、傷害罪の共同正犯としての責任を負うことはなく、共謀加担後の傷害を引き起こすに足りる暴行によって被害者の傷害の発生に寄与したことについてのみ、傷害罪の共同正犯としての責任を負う。（最決平24・11・6刑集六六・一一・一二八一、刑百選Ⅰ[八版]八二）

⑯ 特殊詐欺について共犯者による欺罔〔ぎもう〕行為がされた後、だまされたふり作戦（だまされたことに気付いた被害者側が、捜査機関と協力の上、引き続き犯人側の要求どおり行動しているふりをして犯人を検挙しようとする捜査手法）が開始されたことを認識せずに、共犯者らと共謀の上、現金が入っていない箱を受領する行為のみに関与した者は、欺罔行為と一体のものとして予定されていた受領行為に関与している以上、だまされたふり作戦の開始いかんにかかわらず、その加功前の欺罔行為の点も含めた本件詐欺につき、詐欺未遂罪の共同正犯としての責任を負う。（最決平29・12・11刑集七一・一〇・五三五、刑百選Ⅰ[八版]八二）

⑰ 他の者が先行して暴行を加えた後、後行者が途中から共謀加担したが、被害者の傷害が共謀加担前後のいずれの暴行により生じたかが不明である場合に、刑法二〇七条の適用を肯定した事例（最決令2・9・30刑集七四・六・六六九、重判令2刑四）→二〇七条②

五 片面的共同正犯

⑱ （襲撃行為を知った被告人が後で駆けつけ加わったものの共同実行の意思連絡の存在が証明されていない事案において）各自が犯罪の一部しか実行しないのに犯罪全体について責任を負うのは、相互に意思の連絡すなわち共同犯行の認識があり、互いに他の行為を利用し全員協力して犯罪を実現することによるのであり、意思の連絡を欠けば一方に共同犯行の意思があっても共同正犯は成立しない。（大判大11・2・25刑集一・七九）

六 過失の共同正犯

⑲ 共同経営に係る飲食店で、被告人両名が過失により法定の除外量以上のメタノールを含有する液体を販売した場合において、両名が意思を連絡して右液体を販売したものであるなら〔旧〕有毒飲食物等取締令四条一項後段（過失犯）の共同正犯が成立する。（最判昭28・1・23刑集七・一・三〇、刑百選Ⅰ[二版]七五）

⑳ 甲・乙が地下洞道内で電話ケーブルの断線探索作業に共同して従事し、どちらかが使用したトーチランプの火を完全に消火しなかったために火災を発生させて電話ケーブル等を焼損した場合、確実に消火したことを相互に確認しあい、共同して火災の発生を未然に防止すべき相互利用・補充による共同の注意義務を怠った共同の行為があり、甲・乙について業務上失火罪の共同正犯が成立する。（東京地判平4・1・23判時一四一九・一三三、刑百選Ⅰ[七版]八〇）

㉑ 業務上過失致死傷罪の共同正犯が成立するためには、共同の業務上の注意義務に共同して違反したことが必要であると解されるところ、A警察署の職制及び職務執行状況等に照らせば、同署の副署長と地域官では分担する役割が基本的に異なっており、本件花火大会の際の雑踏事故を回避するために両者が負うべき具体的注意義務が共同のものであったということはできないとして、両名の間に業務上過失致死傷罪の共同正犯が成立する余地はないとした事例（最決平28・7・12刑集七〇・六・四一一、刑百選Ⅰ[八版]七九）

七 共同正犯と過剰防衛

㉒ 共同正犯が成立する場合における過剰防衛の成否は、共同正犯者の各人につきそれぞれその要件を検討して決するべきである。（最決平4・6・5刑集四六・四・二四五、刑百選Ⅰ[八版]九〇）→三六条㉘

八 予備・幇助〔ほうじょ〕の共同正犯

㉓ 殺害目的で利用するものであることを知りながら毒物を交付したところ、交付された者が殺人予備に終わった場合、交付者に殺人予備罪の共同正犯を認めた原審判断は正当である。（最決昭37・11・8刑集一六・一一・一五二二、刑百選Ⅰ[八版]八〇）

㉔ 本条にいう犯罪を構成要件該当の正犯行為に限定すべき理由はないから、共同幇助ひいては共謀共同幇助の成立を認めるのが相当である。（大阪高判平5・3・30判タ八四〇・二一八）

第六一条（教唆）① 人を教唆して犯罪を実行させた者には、正犯の刑を科する。

② 教唆者を教唆した者についても、前項と同様とする。

⊗+【処罰の制限↓六四【特別規定↓軽犯三、破防三八―四一、国公一一一の二㊃、地公六二の二、爆発四

一 従属性

[1] 教唆犯を処罰するには、被教唆者が教唆された犯罪を実行すれば足り、処罰されることまでを要しない。（大判明44・12・18刑録一七・二二一一）

[2] 教唆犯は正犯の犯罪行為が実行されて初めて完成するので、教唆犯成立の日時は正犯実行の日時であり、たとい中間に刑を重くする法改正があったとしても、正犯の日時を明確にしてそのとき効力を有する法律を適用すれば足る。（大判昭11・11・6新聞四〇八四・一四）↓六条[7][8]

[3] 教唆犯成立の場所は正犯実行の場所であるから、これを認定、判示すれば教唆犯の認定として十分である。（大判大4・10・29刑録二一・一七五一）

[4] 教唆犯成立の場所は正犯実行の場所であるから、正犯行為が罰則（〔旧〕朝鮮阿片取締令）施行区域内で行われた以上、区域外でなされた教唆行為についても教唆犯が成立する。（朝鮮高院判昭9・12・10評論二三・刑三七五）

二 要件

1 教唆行為

[5] 教唆犯の成立には、ただ漠然と特定しない犯罪を惹起させるにすぎないような行為では足りないが、いやしくも一定の犯罪を実行する決意を生じさせるものであれば足り、その方法を問わない。（最判昭26・12・6刑集五・一三・二四八五、刑百選I[二版]七八）

[6] 教唆犯の成立には、なすべき個々の行為につき具体的に指示することまでは要しない。（大判大5・9・13刑録二二・一三三五）

[7] 助言によって他人の犯罪に加功した場合、その助言が犯行の故意を決定させたときは教唆犯であり、単に既発の犯意を強固ならしめたときは従犯である。（大判大6・5・25刑録二三・五一九）

[8] 乙が犯罪の実行方法を考案して甲に積極的に提案していたとしても、甲が乙の提案を承諾してその実行を依頼したことによって、犯罪を遂行しようという乙の意思を確定させたと認められる場合には、甲の行為は、人に特定の犯罪を実行する決意を生じさせたものとして、教唆に当たる。（最決平18・11・21刑集六〇・九・七七〇、刑百選I[八版]八三）

2 因果関係

[9] 教唆内容たる侵入窃盗を一旦断念した被教唆者が、新たな決意に基づき別の店舗で強盗を遂げた場合において、教唆犯が被教唆者の所為について責めを負うためには、教唆と右所為の間に因果関係が認められなければならない。（最判昭25・7・11刑集四・七・一二六一、刑百選I[八版]九一）

3 過失犯への教唆

[10] 教唆とは他人に犯意を起こさせることを要素とするから、過失犯に対する教唆という観念は認める余地がない。（東京高判昭26・11・7高刑判特二五・三一）

4 正犯たり得ない者による教唆

[11] ① 犯人が他人を教唆して自己を隠避させたときは、防御の濫用であって、犯人隠避教唆が成立する。
② 犯人の親族が他人を教唆して犯人を隠避させたときは、庇護〔ひご〕の濫用であって、犯人隠避教唆が成立する。（大判昭8・10・18刑集一二・一八二〇……親族による犯人隠避（刑法一〇五条）の刑が必要的免除であった当時の判例）

[12] 被告人に黙秘権があるといっても、自己の被告事件について他人に虚偽の陳述をするよう教唆したときは、偽証教唆が成立する。（最決昭28・10・19刑集七・一〇・一九四五、刑百選II[初版]一七）

三 再間接教唆

[13] 再間接教唆も、教唆犯として処罰される。（大判大11・3・1刑集一・九九）

四 罪数

[14] 二人を同時に教唆して一個の犯罪を実行させたときは、ただ一個の教唆罪が成立する。（大判大8・6・20刑録二五・七八六）↓◆【共犯一般】〔六〇条の前〕[31]～[33]

[15] 教唆者が被教唆者と共に教唆に係る犯罪を実行したときは、教唆罪は正犯の罪に吸収され正犯の単純一罪が成立する。（大判昭8・11・27刑集一二・二一三四）

（幇助(ほう)）

第六二条① 正犯を幇(ほう)助した者は、従犯とする。

② 従犯を教唆した者には、従犯の刑を科する。

⊗+【刑↓六三【処罰の制限↓六四

一 従属性

[1] 従犯の成立には正犯の存在が前提となるが、正犯が処罰されたか否かは問わない。（大判昭15・4・22刑集一九・二五三）

二 要件

1 幇助行為

[2] 鳥打帽子又は足袋を与える行為が強盗を容易ならしめることは特殊なことであるから、右行為を強盗幇助罪に問うためには、その理由を説示しなければならない。（大判大4・8・25刑録二一・一二四九）

[3] 「男は、やるときはやらねばならぬ」などと激励して殺人の決意を強固にさせることは、幇助に当たる。（大判昭7・6・14刑集一一・七九七）

[4] さいころ賭博場において開張者に有利な目が出るよう縁起のため塩まきをする行為は、直ちに賭博開張図利行為を容易ならしめるものではないから従犯とならず、無罪である。（名古屋地判昭33・8・27一審刑一・八・一二八八）

[5] 被告人両名が、職場の後輩である甲から自分たちを同乗させて自動車を走行させることの了解を求められ、甲がアルコールの影響により正常な運転が困難な状態にあることを認識しながらこれを了解し、甲が走行を始めた後もこれを制止することなくそのまま同乗して黙認し続けたところ、甲が事故を起こして人を死傷させた場合、被告人両名の了解とこれに続く黙認という行為について、危険運転致死傷幇助罪が成立する。（最決平25・4・15刑集六七・四・四三七、刑百選I[八版]八四）

[6] 外国籍の内縁の夫と同居し生計を共にしていた者が、同夫が在留期限を超えて不法に本邦に残留していることを知りながら同居を継続したにすぎない場合には、不法残留という正犯行為を促進する危険性を備えたものとはいえず幇助は成立しない。（東京高判令元・7・12高刑速令元・一九七、重判令元刑五）

2 不作為による幇助

[7] 不作為による幇助は、他人の犯罪行為を認識しながら法律上の義務に違背して自己の不作為によって正犯の実行を

容易にすることによって成立するから、選挙長が投票干渉を現認しながら義務に反してこれを制止しなかったときは、干渉の幇助罪が成立する。（大判昭3・3・9刑集七・一七二）

[8] 不作為による幇助犯の成立には、犯罪の実行をほぼ確実に阻止し得たにもかかわらずこれを放置したという要件は不要であり、内縁の夫による子供に対する暴行を監視ないし制止することによってこれを阻止する作為義務のある母親が、不作為によって内縁の夫の暴行を容易にし子供を死亡させた場合には、傷害致死幇助罪が成立する。（札幌高判平12・3・16判時一七一一・一七〇、刑百選Ⅰ[八版]八五）

[9] 売春を行う場所を提供することを業としようと企てた甲の依頼により、料理店営業許可について、いわゆる名義貸しをした乙が、名義貸与の時点において右の事情を知らなかったときは、その後、売春の場所提供の実態を知りつつ放置していたとしても、不作為による売春防止法違反の幇助犯は成立しない。（大阪高判平2・1・23高刑四三・一・一）

[10] 従業員乙から同一経営者による別の店の売上金の強盗計画を知らされたが、これを阻止しあるいはその被害を避ける措置を採らなかった店長甲には、別の店の売上金の集金を確実にするよう努める法益の保護義務がなく、また、乙を管理監督する人事管理上の職務がないから犯行の阻止義務もなく、さらに、会社の従業員としての地位一般から保護義務、阻止義務が認められる例外的場合でもないから、強盗致傷罪の不作為の幇助犯は成立しない。（東京高判平11・1・29判時一六八三・一五三、重判平11刑四）

3 因果関係

[11] 被告人は正犯から某ビル地下室において人を射殺する計画を告げられ、銃声が漏れないよう同室の窓等に目張りをしたが、正犯が計画を変更し、被害者を他所で射殺した場合に、被告人の目張り行為が幇助たりうるためには、それ自体正犯者を精神的に力づけ、その犯意を強化することに役立ったことが必要と解すべきである。それゆえ、正犯によって認識されていなかった被告人の右目張り行為は、幇助行為性を有しない。（東京高判平2・2・21判タ七三三・二三二、刑百選Ⅰ[八版]八八）

4 承継的従犯

[12] 既に強盗目的で人を殺していた夫から金員強取について協力を求められ、ろうそくで照らすことにより強取を容易にした妻の行為は、強盗殺人の従犯を構成する。（大判昭13・11・18刑集一七・八三九、刑百選Ⅱ[三版]七七）

5 片面的従犯

[13] 従犯の成立には、従犯者に、正犯の行為を認識してこれを幇助する意思があれば足り、従犯・正犯間の相互の意思連絡は必要でない。（大判大14・1・22刑集三・九二一）

[14] 甲らがテーブルの中に拳銃を隠して日本国内に密輸入するに際し、その発送手続を行った乙は、甲らの犯行について片面的、未必的認識があるにとどまり、甲らとの共謀が認められない場合には幇助犯となる。（東京地判昭63・7・27判時一三〇〇・一五三、刑百選Ⅰ[八版]八七）

6 間接幇助

[15] 被告人が、甲又はその得意先が公然陳列するであろうと知りながらわいせつ映画フィルムを甲に貸与したところ、甲の得意先である乙が甲から右フィルムの貸与を受けて、上映によりこれを公然陳列したときは、被告人には、乙の犯行を間接に幇助したものとして従犯が成立する。（最決昭44・7・17刑集二三・八・一〇六一、刑百選Ⅰ[八版]八六）

7 幇助者の認識

[16] 幇助者が正犯の日時・場所・目的・手段・態様等の細部まで具体的に表象していなくとも、特定の犯罪についてその内容をある程度概括的に表象していれば、幇助犯の成立のため十分である。（東京高判昭51・9・28東高刑二七・九・一二八）

[17] Winny（ファイル共有ソフト）を開発し、インターネットを通じて不特定多数の者に提供していた者に、当該ソフトを利用してなされた著作権法違反罪の幇助犯が成立するには、現に行われようとしている具体的な著作権侵害を認識、認容しながら、その公開、提供がなされたか、当該ソフトが入手者のうち例外的とはいえない範囲の者により著作権侵害に利用される蓋然性が高いことを認識、認容しつつ、その公開、提供がなされたことが必要である。（最決平23・12・19刑集六五・九・一三八〇、刑百選Ⅰ[八版]八九）

三 正犯と幇助の区別

1 実行行為の一部分担

[18] 強盗を共謀し凶器を所持して家宅内に侵入したときは、既に強盗罪構成要件の一部たる財物支配の侵害をなしたのであるから、共犯者が財物強取をしたときは両者に強盗の共同正犯が成立する。（大判昭7・4・28刑集一一・五〇四）

[19] 強盗現場での佇立［ちょりつ］（最判昭23・6・22刑集二・七・七一一）→六〇条[7]

2 実行に密接した行為の分担

[20] 強盗を共謀して、被害者の誘い出しを分担した者は、その実行正犯である。（大判昭10・6・25刑集一四・七三二）

[21] 共謀者による見張り（最判昭23・3・11刑集二・三・一八五）→六〇条[5]

3 自己の犯罪を実現する意思

[22] 自動車運転者が雇主のする麦の闇売買の際に、取引への立会い、代金の支払、麦の引取り、運搬をなしたとしても、雇主の指示命令のままにこれを行い、自己の犯意を実現する意思があったと認められないときは、幇助犯となるにすぎない。（名古屋高判昭27・12・10高刑判特三〇・二一）

[23] 現金輸送車強盗の犯行直前に共犯者から犯行を打ち明けられ、そのまま離脱せず犯行に及び、犯行後は逃走用車両を運転し、二〇〇万円の報酬を受領しているとしても、事前謀議や下見に参加せず犯行計画の決定に関与せず、報酬も強取金員を他の共犯者が等分した一人分の中から支払を受けたにすぎず、他の共犯者から逃走用車両の運転手とのみ考えられていた者は、幇助にすぎない。（千葉地松戸支判昭55・11・20判時一〇一五・一四三）

[24] 大麻密輸入の実行を依頼されるや大麻入手の欲求に駆られたが、執行猶予中の身であることから知人を身代わりとして紹介するとともに、密輸入した大麻の一部をもらい受ける約束の下にその相当額の資金を提供した者は、（共謀）共同正犯である。（最決昭57・7・16刑集三六・六・六九五、刑百選Ⅰ[八版]七七）

[25] 共同正犯には共同実行の意思を必要とするが、実行行為の一部を分担したことの一事のみで常に共同実行の意思を認めることは相当でない。したがって、被害者を殺害して覚醒剤を強取するに際し、覚醒剤を受け取り現場を脱出した場合でも、その者の存在が犯行全体にとって不可欠のものでなく、報酬も与えられていない場合には、強盗殺人未遂罪の幇助犯が成立するにとどまる。（福岡地判昭59・8・30判時一一五二・一八二、刑百選Ⅰ[八版]七八）

4 利益の帰属

[26] 単に受働的に賭場のため房室を給与したにとどまらず、

利益を得る目的で自己の支配下に賭博場を開設したときは、賭博の幇助ではなく正犯たる賭博場開張罪に当たる。（大判昭2・11・26評論一七・刑六五）

[27] 相被告人らが窃盗を犯すことを十分認識してこれに種々の助力をし、かつ、あらかじめ利益の分配につき相談した者を窃盗の共同正犯と判断した原判決は正当である。（最判昭30・7・5裁判集刑一〇七・一三五）

四　罪数

[28] 同一犯罪を教唆した者が更にその正犯を幇助したときは、包括して、重い教唆犯として論ずる。（大判大12・7・12刑集二・七一八）

[29] 幇助罪の個数は正犯の罪のそれに従って決定され、それが刑法五四条一項にいう一個の行為によるものかは、幇助行為自体についてみる。（最決昭57・2・17刑集三六・二・二〇六、刑百選Ⅰ[八版]一〇七）→◆【共犯一般】［六〇条の前］[33]

（従犯減軽）

第六三条　従犯の刑は、正犯の刑を減軽する。

⊛【従犯→六二【減軽→六八―七〇、七二㊁

[1] 本条は、法定刑を減軽する趣旨であり、具体的に従犯は必ず正犯より軽く処罰しなければならないわけではない。（大判昭13・7・19新聞四三〇五・一八）

（教唆及び幇助の処罰の制限）

第六四条　拘留又は科料のみに処すべき罪の教唆者及び従犯は、特別の規定がなければ、罰しない。

⊛【拘留又は科料のみに処すべき罪→軽犯一【特別の規定→軽犯三

（身分犯の共犯）

第六五条①　犯人の身分によって構成すべき犯罪行為に加功したときは、身分のない者であっても、共犯とする。

②　身分によって特に刑の軽重があるときは、身分のない者には通常の刑を科する。

⊛【身分によって犯罪を構成すべき罪→一三四、一五六、一六〇、一六九、一七一、一八四、一九七―一九七の四【身分によって刑の軽重がある罪→一〇〇、一〇一、一三六、一三八、一八五、一八六、二二三、一九三、二三〇、一九四、二〇八、一九五、二一一―二一四、二一七、二一八、二五二、二五三、盗犯二、三、暴力一ノ三①、二②

一　身分

[1] 本条にいう身分とは、男女の性別、内外国人の別、親族の関係、公務員としての資格のような関係のみに限らず、全て一定の犯罪行為に関する犯人の人的関係である特殊の地位又は状態を指称する。（最判昭27・9・19刑集六・八・一〇八三）

[2] 営利目的誘拐罪における「営利の目的」は、本条一、二項の身分に当たらない。（大判大14・1・28刑集四・一四）

[3] 麻薬輸入者の処罰と、営利目的の麻薬輸入者のより重い処罰とを定める麻薬取締法六四条は、営利目的の有無という犯人の特殊な状態の差異によって刑の軽重を区別しているものであって、本条二項にいう「身分によって特に刑の軽重があるとき」に当たる。（最判昭42・3・7刑集二一・二・四一七、刑百選Ⅰ[八版]九三）

[4] 正犯が営利の目的を有していることを認識しているにすぎない幇助［ほうじょ］者については、重い営利目的大麻輸入幇助罪ではなく、本条二項により、軽い（単純）大麻輸入幇助罪が成立する。（東京高判平10・3・25判時一六七二・一五七、重判平10刑二）

二　適用

[5] 本条一項は、共同正犯、教唆、幇助のいずれにも適用がある。（大判大4・3・2刑録二一・一九四）

[6] 直系卑属の身分を有する者と共に尊属を殺した非身分者の所為に対し「本条一項により刑法二〇〇条への該当を認めた後本条二項により刑法一九九条を適用して処断」した原判決は不法であり、右所為は「刑法六〇条、二〇〇条に該当するが本条二項により刑法一九九条を適用する」とすべきである。（大判大7・7・2新聞一四六〇・二三）

[7] 占有者の身分なき者が、業務上占有者たる身分ある者と共に後者の占有する金員を横領したときは本条一項により業務上横領罪の共同正犯が成立し、非身分者には本条二項により単純横領罪の刑を科する。（最判昭32・11・19刑集一一・一二・三〇七三、刑百選Ⅰ[八版]九四）

三　構成的身分

1　肯定例

[8] 偽証罪における「法律により宣誓した証人」（大判昭9・11・20刑集一三・一五一四）

[9] 収賄罪における「公務員」（大判大3・6・24刑録二〇・一三二九）

[10] 強姦罪［平成二九法七二による改正前］における「男性」（最決昭40・3・30刑集一九・二・一二五、刑百選Ⅰ[四版]九一）

[11] 事後強盗罪における「窃盗犯人」（大阪高判昭62・7・17判時一二五三・一四一、刑百選Ⅰ[八版]九五）→二三八条[3]

[12] 背任罪における「他人のためにその事務を処理する者」（大判昭8・9・29刑集一二・一六八三）

[13] 横領罪における「他人の物の占有者」（大判明44・5・16刑録一七・八七四）

2　否定例

[14] 他人と共謀して実父の住居に侵入することは、身分により構成する罪への加功といえない。（最判昭23・11・25刑集二・一二・一六四九）

[15] 公職選挙法二三五条二項における「当選を得させない目的」を有することは、構成的身分でない。（東京高判昭53・5・30高刑三一・三・一四三）

四　加減的身分

[16] 常習賭博罪における「常習性」（大判大2・3・18刑録一九・三五三）

[17] 業務上堕胎罪における「医師」等（大判大9・6・3刑録二六・三八二）

[18] 業務上横領罪における「業務上他人の物を占有する者」（最判昭32・11・19前出[7]）

第十二章　酌量減軽

（酌量減軽）

第六六条　犯罪の情状に酌量すべきものがあるときは、その刑を減軽することができる。

⊛【減軽の方法→七一【減軽の順序→七二㊃

[1] 酌量減軽をすべき場合とは、法定刑の最低をもってしてもなお重いと考えられる場合である。（大判昭7・6・6刑

集一一・七五六）

（法律上の加減と酌量減軽）

第六七条　法律上刑を加重し、又は減軽する場合であっても、酌量減軽をすることができる。

参【法律上の加重→四七、五七【法律上の減軽→三六②、三七①但、三八③、三九②、四二、四三、六三、一七〇、一七一、一七三、二二八の二、二二八の三

第十三章　加重減軽の方法

（法律上の減軽の方法）

第六八条　法律上刑を減軽すべき一個又は二個以上の事由があるときは、次の例による。

一　死刑を減軽するときは、無期の懲役若しくは禁錮又は十年以上の懲役若しくは禁錮とする。

二　無期の懲役又は禁錮を減軽するときは、七年以上の有期の懲役又は禁錮とする。

三　有期の懲役又は禁錮を減軽するときは、その長期及び短期の二分の一を減ずる。

四　罰金を減軽するときは、その多額及び寡額の二分の一を減ずる。

五　拘留を減軽するときは、その長期の二分の一を減ずる。

六　科料を減軽するときは、その多額の二分の一を減ずる。

参【法律上の減軽の事由→六七参【減軽の順序→七二

減軽の方法

[1] 法律上の減軽をなすべき場合は、その原因が数個あっても一回減軽するだけである。（最判昭24・3・29裁判集刑八・四五五）

[2] 本条三号に基づく減軽はその長期と短期を各二分の一に減ずるものである。（最判昭25・11・9刑集四・一一・二二四四）

（法律上の減軽と刑の選択）

第六九条　法律上刑を減軽すべき場合において、各本条に二個以上の刑名があるときは、まず適用する刑を定めて、その刑を減軽する。

参【法律上の減軽→六七参【刑名→九

（端数の切捨て）

第七〇条　懲役、禁錮又は拘留を減軽することにより一日に満たない端数が生じたときは、これを切り捨てる。

（酌量減軽の方法）

第七一条　酌量減軽をするときも、第六十八条及び前条の例による。

参【酌量減軽→六六

（加重減軽の順序）

第七二条　同時に刑を加重し、又は減軽するときは、次の順序による。

一　再犯加重

二　法律上の減軽

三　併合罪の加重

四　酌量減軽

参【加重減軽→一四、六八―七一【再犯加重→五七、五九【法律上の減軽→六七参【併合罪の加重→四七【酌量減軽→六六

一　刑法五四条の適用順位

[1] 刑法五四条を適用する場合は、まず最も重い刑を定めその後に累犯を適用すべきである。（大判明42・3・25刑録一五・三二八）

二　本条の適用方法

[2] 法律上の減軽事由がある場合にこれを行わず直ちに酌量減軽することは本条に違反する。（東京高判昭52・2・10東高刑二八・二・一三）

第二編　罪

第一章　削除

第七三条から第七六条まで　削除

第二章　内乱に関する罪

（内乱）

第七七条①　国の統治機構を破壊し、又はその領土において国権を排除して権力を行使し、その他憲法の定める統治の基本秩序を壊乱することを目的として暴動をした者は、内乱の罪とし、次の区別に従って処断する。

一　首謀者は、死刑又は無期禁錮に処する。

二　謀議に参与し、又は群衆を指揮した者は無期又は三年以上の禁錮に処し、その他諸般の職務に従事した者は一年以上十年以下の禁錮に処する。

三　付和随行し、その他単に暴動に参加した者は、三年以下の禁錮に処する。

②　前項の罪の未遂は、罰する。ただし、同項第三号に規定する者については、この限りでない。

参【管轄→裁一六四　❷【未遂→四三、四四【教唆・せん動等→破防三八

（予備及び陰謀）

第七八条　内乱の予備又は陰謀をした者は、一年以上十年以下の禁錮に処する。

参【自首免刑→八〇【管轄→裁一六四【教唆→破防三八②

（内乱等幇助）

第七九条　兵器、資金若しくは食糧を供給し、又はその他の行為により、前二条の罪を幇助した者は、七年以下の禁錮に処する。

参【自首免刑→八〇【管轄→裁一六四【教唆→破防三八②

（自首による刑の免除）

第八〇条　前二条の罪を犯した者であっても、暴動に至る前に自首したときは、その刑を免除する。

第三章　外患に関する罪

（外患誘致）

第八一条　外国と通謀して日本国に対し武力を行使させた者は、死刑に処する。

参【未遂→八七【予備・陰謀→八八【教唆・せん動等→破防三八

（外患援助）

第八二条　日本国に対して外国から武力の行使があったときに、これに加担して、その軍務に服し、その他これに軍事上の利益を与えた者は、死刑又は無期若しくは二年以上の懲役に処する。

参【未遂→八七【予備・陰謀→八八【教唆・せん動等→破防三八

第八三条から第八六条まで【利敵行為】　削除

（未遂罪）

第八七条　第八十一条及び第八十二条の罪の未遂は、罰する。

参【未遂→四三、四四

（予備及び陰謀）

第八八条　第八十一条又は第八十二条の罪の予備又は陰謀をした者は、一年以上十年以下の懲役に処する。

参【教唆→破防三八②

第八九条【戦時同盟国に対する行為】　削除

第四章　国交に関する罪

第九〇条及び第九一条【外国元首・使節に対する暴行・脅迫・侮辱】　削除

（外国国章損壊等）

第九二条①　外国に対して侮辱を加える目的で、その国の国旗その他の国章を損壊し、除去し、又は汚損した者は、二年以下の懲役又は二十万円以下の罰金に処する。

②　前項の罪は、外国政府の請求がなければ公訴を提起することができない。

[1] ベニヤ板製の看板によって、国章を刻した横額を遮蔽する行為は、右国章の効用を減却させるものであり、本条にいう除去に当たる。（最決昭40・4・16刑集一九・三・一四三、刑百選Ⅱ〔二版〕九五）

（私戦予備及び陰謀）

第九三条　外国に対して私的に戦闘行為をする目的で、その予備又は陰謀をした者は、三月以上五年以下の禁錮に処する。ただし、自首した者は、その刑を免除する。

（中立命令違反）

第九四条　外国が交戦している際に、局外中立に関する命令に違反した者は、三年以下の禁錮又は五十万円以下の罰金に処する。

第五章　公務の執行を妨害する罪

（公務執行妨害及び職務強要）

第九五条①　公務員が職務を執行するに当たり、これに対して暴行又は脅迫を加えた者は、三年以下の懲役若しくは禁錮又は五十万円以下の罰金に処する。

②　公務員に、ある処分をさせ、若しくはさせないため、又はその職を辞させるために、暴行又は脅迫を加えた者も、前項と同様とする。

参【公務員→七①【予備・陰謀・教唆・せん動→破防四〇

一　保護法益

[1] 本条は、公務員を特別に保護する趣旨の規定ではなく公務員によって執行される公務そのものを保護するものであるから、憲法一四条に反するものではない。（最判昭28・10・2刑集七・一〇・一八八三）

二　公務員の意義→七条[1]〜[3]

三　公務執行妨害罪関係

1　罪質

[2] 本罪は、公務員が職務を執行するに当たり、これに対して暴行、脅迫を加えれば直ちに成立し、その暴行、脅迫により現実に職務執行妨害の結果が発生したことを必要とするものではない。（最判昭33・9・30刑集一二・一三・三一五一、刑百選Ⅱ〔七版〕一一五）

2　保護対象としての公務の範囲

[3] 本罪にいう「職務」には、公務員が取り扱う事務の全てが含まれる。（最判昭53・6・29刑集三二・四・八一六、刑百選Ⅱ〔二版〕一〇四）

[4] 国鉄の電気機関士による出区点検行為は、本条一項にいう公務員の職務に当たる。（最決昭59・5・8刑集三八・七・二六二一）

3　威力業務妨害罪との関係→二三四条[8]〜[12]

4　「職務を執行するに当たり」の意義

[5] 本罪の保護の対象となるべき職務の執行とは、具体的・個別的に特定された職務の執行の開始から終了までの時間的範囲及び当該職務の執行と時間的に接着し、これと切り離し得ない一体的関係にある範囲内の職務行為に限ると解すべきであるから、国鉄の助役が職員の点呼を終了後、次の職務である事務引継ぎに赴くに際し同助役に対し暴行を加えても本罪は成立しない。（最判昭45・12・22刑集二四・一三・一八一二、刑百選Ⅱ〔初版〕八）

[6] 交替制当直勤務中の警察官でも、当直室で休憩中の場合及び休憩のため当直室に赴こうとしていた場合は、たとえ勤務時間内であっても、公務の執行中に当たらない。（大阪高判昭53・12・7高刑三一・三・三一三）

[7] 本罪の保護対象である職務の執行は、具体的・個別的であることを要するが、職務の性質によっては、その内容を個別的に分断して論ずることが不自然かつ不可能であり、ある程度継続した一連の職務として把握することが相当な場合もある。したがって、電報局局長や次長のように局務全般にわたる統轄的な性質の職務については、暴行の際、その執行が一時中断されているかのような外観を呈しても、なお一体性、継続性を有する統轄的職務の執行中であったとみるのが相当である。（最判昭53・6・29前出[3]）

[8] 国鉄の運転士が駅到着後、終業点呼を受けるために運転当直助役の下に赴く行為は、右終業点呼が運転状況、動力車の状態の報告など乗務に直結する内容をもって構成されているから、公務の執行中に当たる。（最決昭54・1・10刑集三三・一・一、刑百選Ⅱ〔二版〕一〇五）

[9] 議事が紛糾したため、県議会委員長が休憩を宣言し退席しようとした際に暴行を加える行為は、右委員長が休憩宣言後も委員会の秩序を保持し、右紛議に対処するための職責を現に執行していたものと認められるから本罪を構成する。（最決平元・3・10刑集四三・三・一八八、刑百選Ⅱ〔八版〕一一四）

5　暴行・脅迫の意義

[10] 本条にいう暴行とは、公務員の身体に対し、直接であると間接であるとを問わず不法な攻撃を加えることをいう。

（最判昭37・1・23刑集一六・一・一一、続刑百選一三）

11 本罪の暴行・脅迫は、直接公務員の身体に対して加えられる場合に限らず、当該公務員の指揮に従いその手足となって、その職務の執行に関与する補助者に対してなされた場合を含む。（最判昭41・3・24刑集二〇・三・一二九、刑百選Ⅱ八版一一五）

12 収税官吏が差し押さえた密造酒入りの瓶を自動車に積載した際、鉈［なた］でこれを破砕する行為は、直接公務員の身体に対するものでなくても本罪の暴行に当たると解すべきである。（最判昭33・10・14刑集一二・一四・三二六四）

13 司法巡査が現行犯逮捕の現場で証拠物として差し押さえ、同所に置いた覚醒剤のアンプルを足で踏み付けて損壊する行為は、職務の執行を妨害するに足る暴行であり、間接に右巡査に対するものというべきである。（最決昭34・8・27刑集一三・一〇・二七六九）

6 職務行為の適法性

イ 適法性の要件

14 警察官による示談斡旋［あっせん］行為は、警察官の職務権限に属するものではないから、これに対して暴行を加えても本罪は成立しない。（大判大4・10・6刑録二一・一四四一）

15 本罪が成立するには、妨害が公務員の適法な職務の執行に当たりなされたことを要するが、当該公務員の行為がその抽象的職務権限に属する事項である場合には、当該公務員に事実の誤認や法令解釈の誤りがあっても、一応その公務員の適法な職務執行行為と認めてよい。（大判昭7・3・24刑集一一・二九六）

16 収税官吏が押収処分に際して、法規に違反し証票を携帯していなくとも、当該証票は身分を証明するためのものであるから、収税官吏がその身分を有する以上、その職務権限に影響を及ぼすものではない。（大判大14・3・23刑集四・一八七）

17 収税官吏が税務調査に際し検査章を携帯すべき旨の規定は、単なる訓示規定ではないから、相手方の要求に対して、これを呈示しないときは、相手方は検査を拒む正当な理由を有するが、相手方が呈示を求めたという事情が存しない場合は、検査章を携帯していなかった一事をもって右収税官吏の行為が公務の執行でないとはいえない。（最判昭27・3・28刑集六・三・五四六、刑百選初版五五）

18 地方議会の議長の議事運営が規則に違反していたとしても、その措置が議長の抽象的権限に属し、かつ、具体的事実関係の下では暴行等による妨害から保護されるに値する職務行為であるときは本罪の成立を妨げない。（最大判昭42・5・24刑集二一・四・五〇五、刑百選Ⅱ八版一一二）

19 逮捕状の執行に際し、これを被疑者に呈示しなかった場合、その逮捕行為は重要な形式を履践していないから違法である。（大阪高判昭32・7・22高刑一〇・六・五二一）

20 逮捕状の緊急執行に際し、被疑事実の要旨を告知しなかった場合、本件逮捕手続は違法であり、公務員の職務の執行に当たらない。（東京高判昭34・4・30高刑一二・五・四八六）

ロ 適法性の判断基準

21 職務の執行が、当該公務員の抽象的職務権限に属し、かつ、当該公務員が真実その職務の執行と信じていた場合には、一応その公務員の適法なる職務執行行為と認めてよい。（大判昭7・3・24前出15）

22 職務行為の適否は事後的に純客観的な立場から判断されるべきではなく、行為当時の状況に基づいて客観的、合理的に判断されるべきであるから、行為時において現行犯と認められる十分の理由がある場合、警察官による逮捕行為は適法である。（最決昭41・4・14判時四四九・六四、刑百選Ⅱ八版一一三）

ハ 適法性の錯誤

23 地方議会の議長による議事運営が適法でないがゆえに、自己の行為が公務の妨害に当たらないとの判断は、法律上の判断にすぎず犯意を左右するものではない。（大判昭7・3・24前出15）

24 自己が傷害の準現行犯として逮捕されることについて認識せず、巡査による職務行為を違法と考えて抵抗した場合、被告人の認識事情の下においては、当該逮捕行為は違法となるから、適法性の錯誤は事実の錯誤として犯意を阻却する。（大阪地判昭47・9・6判タ三〇六・二九八）

四 職務強要罪

1 罪質

25 本罪は所定の目的を持って暴行又は脅迫を加えることにより直ちに成立し、その結果として当該公務員が加害者の目的とした処分をしたこと、若しくは、しなかったことを必要としない。（大判昭4・2・9刑集八・五九）

2 「処分」の意義

26 官吏である神社の社掌が、信徒総代と共に市町村役場へなした信徒総代選定の届出を任意に取り消すことは、その職務権限内の処分に属しないから、暴行によって右届出の取消しを強要しても本罪は成立しない。（大判昭2・7・21刑集六・三五七）

27 公務員の処分とは、当該公務員の職務に関係ある処分であれば足り、その職務権限内の処分であるか否かを問わないものと解すべきである。なぜなら、本罪は、公務員の正当な職務の執行を保護するばかりでなく、広くその職務上の地位の安全をも保護しようとするものだからである。（最判昭28・1・22刑集七・一・八）

28 課税方法が仮に不当であっても、その是正は税法所定の方法によるべきであるから、直接税務署係官を脅迫して、課税処分の変更を求めた場合は、本罪が成立する。（最判昭25・3・28刑集四・三・四二五）

第九六条（封印等破棄） 公務員が施した封印若しくは差押えの表示を損壊し、又はその他の方法によりその封印若しくは差押えの表示に係る命令若しくは処分を無効にした者は、三年以下の懲役若しくは二百五十万円以下の罰金に処し、又はこれを併科する。

㉓+【公務員↓七①】【封印若しくは差押えの表示↓民執一二三③】【加重規定↓組織犯罪三】

一 封印・差押えの表示の意義

1 本条にいう封印とは、印章を用いたもののみに限定されず、穀類差押えのために執達吏が俵に縄張りをし、これに必要事項を記入した紙片を巻き付けた場合も封印を施したものである。（大判大6・2・6刑録二三・三五）

2 本条にいう差押えとは、公務員がその職務上保全すべき物を自己の占有に移す処分をいい、この処分を明白にするものが差押えの表示である。したがって、民訴法による有体動産の差押えはもちろん、仮差押え、仮処分でも右の性質を有するものは本条の差押えに含まれる。（大判大11・5・6刑集一・二六一）

3 占有者を誤認してなされた仮処分であっても原則として

有効であり、仮処分の取消しを得ないうちに差押物件たる家屋に入居する行為は本罪に当たる。（最決昭42・12・19刑集二一・一〇・一四〇七、刑百選Ⅱ〔初版〕一〇八）

[4] 執行官により立てられ、その後何者かにより包装紙で覆われその上からビニールひもが掛けられていて、そのままでは記載内容を知ることのできない仮処分の公示札でも、容易にこれらを除去して記載内容を明らかにすることができる状態にあったときは、差押えの表示としての効用を滅却されるまでには至っていないから、有効な差押えの表示としての本条の客体に当たる。（最決昭62・9・30刑集四一・六・二九七、刑百選Ⅱ〔七版〕一一六）

二 損壊・無効にする行為の事例

[5] 本条にいう封印の損壊とは、封印の外表を破壊する場合に限られず、封印全部を剝離するなどして、その施された位置より移動させることを含む。（大判大3・11・17刑録二〇・二一四二）

[6] 封印のある桶から濁酒を洩出〔えいしゅつ〕させる行為は、封印の外形に異状がなくても、封印を無効たらしめる行為に当たる。（大判明44・7・10刑録一七・一四〇九）

[7] 執達吏の占有に移り立入禁止の表示札があるにもかかわらず、これを無視して土地を耕作する行為は本罪に当たる。（大判昭7・2・18刑集一一・四二）

[8] 仮処分の執行により執行吏の占有に移った家屋に入居する行為は本罪に当たる。（最決昭42・12・19前出[3]）

三 差押えの効力に関する錯誤

[9] 弁済により差押えは効力を失ったと誤信して差押物件の封印及び表示を剝離した場合は本罪の故意を阻却する。（大決大15・2・22刑集五・九七）

[10] 本罪の故意ありとするには、差押えの表示が公務員により施されたものであること、及び、これを損壊することの認識があれば足り、被告人が、当該滞納処分による差押えが国税徴収法に違反するものであり、したがって、差押えの表示も法律上無効であると誤信しても、それは法律の錯誤であって故意を阻却しない。（最判昭32・10・3刑集一一・一〇・二四一三）

（強制執行妨害目的財産損壊等）

第九六条の二 強制執行を妨害する目的で、次の各号のいずれかに該当する行為をした者は、三年以下の懲役若しくは二百五十万円以下の罰金に処し、又はこれを併科する。情を知って、第三号に規定する譲渡又は権利の設定の相手方となった者も、同様とする。

一 強制執行を受け、若しくは受けるべき財産を隠匿し、損壊し、若しくはその譲渡を仮装し、又は債務の負担を仮装する行為

二 強制執行を受け、又は受けるべき財産について、その現状を改変して、価格を減損し、又は強制執行の費用を増大させる行為

三 金銭執行を受けるべき財産について、無償その他の不利益な条件で、譲渡をし、又は権利の設定をする行為

【強制執行→民執【加重規定→組織犯罪三

一 保護法益

[1] 本罪は、強制執行の適正な遂行を担保するものではあるが、強制執行は債権の実行のための手段であり、結局、債権者の債権保護を主眼とする規定と解すべきであるから、本罪が成立するには、必ず刑事訴訟の審理過程において、その基本たる債権の存在が肯定されねばならない。（最判昭35・6・24刑集一四・八・一一〇三、刑百選Ⅱ〔七版〕一一七）

二 強制執行の意義

[2] 本条は、主として民訴法〔改正前〕による強制執行の妨害を排除しようとするものであるから、そこにいう「強制執行」とは、民訴法による強制執行又は同法を準用する強制執行を指称し、国税徴収法に基づく滞納処分たる差押えを含まない。（最決昭29・4・28刑集八・四・五九六）

[3] 本条にいう「強制執行」には、民執法一条所定の「担保権の実行としての競売」が含まれる。（最決平21・7・14刑集六三・六・六一三、重判平21刑七）

三 強制執行を妨害する目的

[4] 本罪の成立には、仮差押え、仮処分その他の強制執行を妨害する（免れる）目的あるをもって足り、その執行の全部又は一部が行われたことを要しない。（最決昭35・4・28刑集一四・六・八三六）

[5] 本罪が成立するには、現実に強制執行を受けるおそれのある客観的な状態の下において、強制執行を妨害する（免れる）目的を持って本条所定の行為をなすことが必要である。したがって、何らの執行名義も存在せず単に債権者が履行請求の訴訟を提起したにすぎない場合は、刑事訴訟の審理過程で債権の存在が肯定されなければならず、債権の存在が否定されたときは、保護法益の存在を欠くものとして本罪の成立は否定されるべきである。（最判昭35・6・24前出[1]）

四 妨害行為

[6] 本条にいう隠匿には、財産の所有関係を不明にする行為を含むと解すべきであるから、仮装の競売手続により債務者の所有物件が仮装の競落人の所有に帰したかのごとく偽る場合も本罪が成立する。（最決昭39・3・31刑集一八・三・一一五）

（強制執行行為妨害等）

第九六条の三① 偽計又は威力を用いて、立入り、占有者の確認その他の強制執行の行為を妨害した者は、三年以下の懲役若しくは二百五十万円以下の罰金に処し、又はこれを併科する。

② 強制執行の申立てをさせず又はその申立てを取り下げさせる目的で、申立権者又はその代理人に対して暴行又は脅迫を加えた者も、前項と同様とする。

【占有者の確認→民執五五、五五の二【強制執行の行為→民執五七【加重規定→組織犯罪三

（強制執行関係売却妨害）

第九六条の四 偽計又は威力を用いて、強制執行において行われ、又は行われるべき売却の公正を害すべき行為をした者は、三年以下の懲役若しくは二百五十万円以下の罰金に処し、又はこれを併科する。

【強制執行→民執【売却→民執六四【加重規定→組織犯罪三

一 罪質

[1] 現況調査に訪れた執行官に虚偽の事実を陳述等することが本罪に当たる場合、虚偽の事実の陳述等に基づく競売手続が進行する限り「犯罪行為が終つた時」（刑訴法二五三条一項）は到来しない。（最決平18・12・13刑集六〇・一

〇・八五七、重判平19刑一）→刑訴二五三条[3]

二　**妨害行為の事例**

[2]　入札の直後、入札場に近接した裁判所構内で、威力を用いて執行官に入札の取下げを申し出させた場合も本罪が成立する。（京都地判昭58・8・1判時一一一〇・一四四）

[3]　弁護士である被告人が、裁判所に対して、競売開始決定のあった土地建物につき賃貸借契約があるかのように装って、取調べを求める上申書及び競売開始決定前に短期賃貸借契約の締結があった旨の内容虚偽の賃貸借契約書写しを提出する行為は、本罪に当たる。（最決平10・7・14刑集五二・五・三四三、刑百選Ⅱ[八版]一一六）

[4]　不動産競売における入札で最高価買受申出人となった者に対し、落札後に、威力を用いて当該不動産の取得を断念するよう要求する行為は、本罪に当たる。（最決平10・11・4刑集五二・八・五四二）

第九六条の五　**（加重封印等破棄等）**　報酬を得、又は得させる目的で、人の債務に関して、第九十六条から前条までの罪を犯した者は、五年以下の懲役若しくは五百万円以下の罰金に処し、又はこれを併科する。

第九六条の六　**（公契約関係競売等妨害）**　①　偽計又は威力を用いて、公の競売又は入札で契約を締結するためのものの公正を害すべき行為をした者は、三年以下の懲役若しくは二百五十万円以下の罰金に処し、又はこれを併科する。

②　公正な価格を害し又は不正な利益を得る目的で、談合した者も、前項と同様とする。

罰+【公の競売又は入札で契約を締結するためのもの→自治二三四

一　**売却妨害罪**

1　**罪質**

[1]　本罪は、入札の公正を害すべき行為が行われたときは直ちに完成し、その行為の結果、現実に入札の公正を害されたことを要しない。（東京高判昭57・3・4刑集三七・四・四一一）

2　**公の競売・入札の意義**

[2]　本罪にいう「公の競売又は入札」とは、公の機関すなわち国又はこれに準ずる団体の実施するものを指し、公法人であっても、その事務が公務に当たらない団体の実施するものを含まないと解すべきであるから、東京都保険組合の実施する入札は、「公の入札」に当たらない。（東京高判昭36・3・31高刑一四・二・七七）

[3]　公の入札が行われたというためには、権限のある機関によって適法に入札に付すべき旨の決定がなされたことが必要であり、かつ、それをもって足りるが、現実には何ら入札と目すべき行為が行われず右決定が適法になされたものとは認められない場合には本罪は成立しない。（最判昭41・9・16刑集二〇・七・七九〇）

3　**妨害行為の事例**

[4]　敷札に最も近い入札者を落札者とする競争入札において、特定の入札予定者にのみ敷札額を内報して入札させる行為は偽計に当たる。（最決昭37・2・9刑集一六・二・五四）

[5]　県有林の立木売却のための競争入札において、入札価格が下位にある特定業者の入札価格を増額訂正して発表し、その訂正額で売買契約を締結する行為は偽計に当たる。（甲府地判昭43・12・18下刑一〇・一二・一二三九）

[6]　指名競争入札に際し、他の指名業者に談合を持ち掛け、これに応じなかった業者に脅迫を加えて談合に応じるよう要求する行為は威力に当たる。（最決昭58・5・9刑集三七・四・四〇一、刑百選Ⅱ[四版]一〇九）

二　**談合罪**

1　**談合の意義**

[7]　本罪が成立するには、公の競売又は入札において所定の目的で競争者が互いに通謀してある特定の者を契約者たらしめるため他の者は一定の価格以下又は以上に入札しないことを協定するだけで足り、その協定に従って行動することまでを必要としない。（最決昭28・12・10刑集七・一二・二四一八）

[8]　談合は公務の執行を妨害する抽象的危険犯であることを本質とし、いやしくもその危険があるような談合である以上入札参加者の一部によると全部によるとを問わず談合罪が成立する。（最判昭32・12・13刑集一一・一三・三二〇七）

[9]　裁判所の実施する不動産競売に際し、いわゆる「せり」を控え、最低競売価格で共同競買の申出をするよう合意したとしても、直ちに競売に不当な影響を及ぼし、その公正を害すべき行為とはいえず、共同競買の申出が真意を欠く等公正な自由競争の実を失わせる特段の事情のない限り談合には当たらない。（東京高判昭49・6・5高刑二七・三・一九二）

2　**公正な価格を害する目的**

[10]　「公正な価格」とは、入札を離れて客観的に測定されるべき価格をいうのではなく、その入札において公正な自由競争が行われたならば成立したであろう価格をいう。（最判昭32・1・22刑集一一・一・五〇、刑百選[二版]六四）

[11]　談合が行われても、入札施行の結果が自由な競争により到達したと同一の結果に帰着する場合は、右談合を公正な価格を害する目的でなされたものということはできず、自由競争によっても当該落札価格より低い入札価格の申立てがあり得たという事情がない場合本罪は成立しない。（東京高判昭27・8・18高刑判特三四・一四八）

[12]　利潤を無視した入札の場合に、到達すべかりし落札価格（出血価格）を、通常の利潤の加算された価格にまで引き上げる意図を持ってする協定は、公正な価格を害する目的をもって談合したものとはいえない。（大津地判昭43・8・27下刑一〇・八・八六六）

3　**不正な利益を得る目的**

[13]　「不正な利益」とは、談合によって得る金銭その他の経済的利益であって、社会通念上いわゆる「祝儀」の程度を超え不当に高額の場合をいう。（最判昭32・1・22前出[10]）

[14]　談合金が落札金額の約三パーセントで、その金額、分配方法が社会常識上儀礼的なものその他正当のものとは認められないときは、かかる金銭の授受を目的とする談合は「不正な利益を得る目的で、談合」したものである。（最判昭32・1・31刑集一一・一・四三五）

[15]　落札者が自己の採算を無視し、公正な価格の範囲内で利潤を削減して談合金を捻出し、分配するような場合には、これを収受する意思を持って談合しても、「不正な利益を得る目的」があるとはいえない。（大阪高判昭29・10・30高刑裁特一・追録七五九）

第六章　逃走の罪

第九七条（逃走） 裁判の執行により拘禁された既決又は未決の者が逃走したときは、一年以下の懲役に処する。

参【既決の者→一一―一三、一六、一八【未決の者→刑訴六〇【未遂→一〇二

一　主体

[1] 「未決の者」とは、勾留状の執行のため拘禁されている者をいう。（札幌高判昭28・7・9高刑六・七・八七四）

[2] 鑑定留置に付された者も、留置中の身柄の処遇が勾留と同一視される限り「未決の者」に当たる。（仙台高判昭33・9・24高刑一一・追録一）

[3] 勾留中に鑑定留置に付され精神病院に収容中の者は、同所における身柄の処遇が勾留と同程度の拘禁状態に置かれていない場合は「未決の者」に当たらない。（福井地判昭46・2・16刑月三・二・一〇五）

二　既遂時期

[4] 未決の者が施設外へ逃走したが、看守者が直ちに発見して追跡し、間もなく六〇〇メートル離れた家屋内で発見した場合は、いまだ看守者の実力的支配を完全に脱出したとはいえないから本罪の未遂である。（福岡高判昭29・1・12高刑七・一・一）

第九八条（加重逃走） 前条に規定する者又は勾引状の執行を受けた者が拘禁場若しくは拘束のための器具を損壊し、暴行若しくは脅迫をし、又は二人以上通謀して、逃走したときは、三月以上五年以下の懲役に処する。

参【前条に規定する者→九七参【勾引状の執行を受けた者→刑訴五九、七三、一五二、民訴一九四【拘禁場→刑事収容三【拘束のための器具→刑事収容七八【未遂→一〇二

一　主体

[1] 逮捕状の執行を受けた者は「勾引状の執行を受けた者」に準ずるものとして取り扱うのが相当であるから、逮捕状の執行により警察に留置中の者が留置場の一部を損壊して逃走した場合本罪が成立する。（東京高判昭33・7・19高刑一一・六・三四七）

二　手段

[2] 本条にいう損壊とは、物の実質に対する物理的損壊を意味するものと解すべきであるから、列車で護送中の被告人が逃走に際し、手錠及び捕縄を外し、かつ、手錠を車外に投棄したとしても、その行為は本条にいう損壊に当たらない。（広島高判昭31・12・25高刑九・一二・一三三六）

[3] 未決の者が逃走の目的をもって拘禁場内の換気孔周辺のモルタル部分を損壊したときは、脱出可能な穴を開けることができなかった場合でも本罪の実行の着手があったといってよい。（最判昭54・12・25刑集三三・七・一一〇五）

三　共犯

[4] 通謀による加重逃走罪については刑法六〇条の適用はなく、同罪が成立するには、通謀した二人以上の者が共に少なくとも逃走に着手することが必要であり、その各人の行為の態様によって、それぞれについて既遂、未遂が各別に成立すると解すべきである。（佐賀地判昭35・6・27下刑二・五＝六・九三八）

第九九条（被拘禁者奪取） 法令により拘禁された者を奪取した者は、三月以上五年以下の懲役に処する。

参【法令により拘禁された者→九八参、刑訴二〇一・二一〇、二一三、四八九【未遂→一〇二

第一〇〇条（逃走援助） ① 法令により拘禁された者を逃走させる目的で、器具を提供し、その他逃走を容易にすべき行為をした者は、三年以下の懲役に処する。

② 前項の目的で、暴行又は脅迫をした者は、三月以上五年以下の懲役に処する。

参【法令により拘禁された者→九九参【未遂→一〇二

[1] 少年院に保護処分として収容された者は、本条にいう「法令により拘禁された者」に当たる。（福岡高宮崎支判昭30・6・24高刑裁特二・一二・六二八）

第一〇一条（看守者等による逃走援助） 法令により拘禁された者を看守し又は護送する者がその拘禁された者を逃走させたときは、一年以上十年以下の懲役に処する。

参【法令により拘禁された者→九九参【未遂→一〇二【国外犯→四①

[1] 看守又は護送する者が逃走を容易ならしめる行為をした場合は、逃走の事実が看守又は護送の任務解除後に発生しても本罪が成立する。（大判大2・5・22刑録一九・六二六）

第一〇二条（未遂罪） この章の罪の未遂は、罰する。

参【未遂→四三、四四

第七章　犯人蔵匿及び証拠隠滅の罪

第一〇三条（犯人蔵匿等） 罰金以上の刑に当たる罪を犯した者又は拘禁中に逃走した者を蔵匿し、又は隠避させた者は、三年以下の懲役又は三十万円以下の罰金に処する。

参【特別規定→爆発九、組織犯罪七

一　保護法益

[1] 本条は司法に関する国権の作用を妨害する者を処罰しようとするのであるから、「罪を犯した者」は犯罪の嫌疑によって捜査中の者を含むと解しなければ立法目的を達し得ない。（最判昭24・8・9刑集三・九・一四四〇、刑百選Ⅱ〔八版〕一一七）

二　「罰金以上の刑に当たる罪を犯した者」の意義

[2] 罰金以上の刑に当たる罪を犯した者として捜査中の犯人であることを知って蔵匿し又は隠避せしめた場合は本罪が成立し、当該犯人が確定的犯人であることの事実及び証拠の説示を必要としない。（大判大12・5・9刑集二・四〇一）

[3] 本罪の客体たる犯人であるには、その犯した罪について言い渡された裁判の確定することを要しない。（大判大4・12・16刑録二一・二一〇三）

[4] 真に罰金以上の刑に当たる罪を犯した者であることを知りながら、これをかくまった場合には、その犯罪が既に捜

査官憲に発覚し捜査が始まっているかどうかに関係なく本罪が成立する。（最判昭28・10・2刑集七・一〇・一八七九）

三　蔵匿・隠避行為

5　蔵匿とは官憲の発見逮捕を免れるべき隠匿場を供給することをいい、隠避とは蔵匿以外の方法により官憲の発見逮捕を免れしむるべき一切の行為を包含するから、逃避者に、留守宅の状況、家族の安否、捜査の形勢等を通報する行為は、逃避の便宜を与えたものであって犯人隠避に当たる。（大判昭5・9・18刑集九・六六八）

6　犯人として逮捕・勾留されている者をして、現になされている身柄の拘束を免れさせるような性質の行為も本条にいう「隠避」に当たると解すべきであるから、たとえ本犯が既に逮捕・勾留された後であっても、身代わり犯人を警察に出頭させる行為は、犯人隠避教唆に当たる。（最決平元・5・1刑集四三・五・四〇五、刑百選Ⅱ八版一二二）

7　自動車運転過失致死罪等の犯人がAであると知りながら、同人との間で、Aが事故時に乗っていた単車が盗まれたことにするという、Aを同罪等の犯人として身柄拘束を継続することに疑念を生じさせる内容の口裏合わせをし、この虚偽事実を、参考人として警察官に供述する行為は、本条にいう「罪を犯した者」をして現にされている身柄の拘束を免れさせるような性質の行為であり、本条にいう「隠避させた」に当たる。（最決平29・3・27刑集七一・三・一八三、刑百選Ⅱ八版一二三）

8　本条にいう「隠避させ」るとは、犯人の逃避行為を直接的に容易にする行為に限定されると解すべきであるから、手配中の被疑者の依頼により、その内妻に金銭を工面してやったが、被疑者自身の手に渡ったのは皆無であった場合にまで、逃走を容易にし隠避させたとはいえない。（大阪高判昭59・7・27判時一一二五・一七四）

9　捜査機関に犯人が分かっていない段階で、捜査機関に対して自らが犯人である旨の虚偽の申告をすることは、犯人が死亡していたとしても捜査を妨害するから本条にいう「隠避」に該当し、本条にいう「罪を犯した者」には死者も含まれる。（札幌高判平17・8・18高刑五八・三・四〇、刑百選Ⅱ八版一二四）

四　故意

10　犯人隠避罪は、罰金以上の刑に当たる犯人であることを認識して隠避させることにより成立し、その犯人が何罪を犯したものかは関係がないから、窃盗犯人を汚職犯人と誤信していても本罪が成立する。（大判大4・3・4刑録二一・二三二）

11　犯人蔵匿罪は、犯人がいわゆる密入国者であることを認識してこれを蔵匿することにより成立し、密入国罪の刑が罰金以上であることまでを認識する必要はない。（最決昭29・9・30刑集八・九・一五七五）

五　共犯

12　犯人が他人を教唆して自己を隠避させた場合は、犯人隠避罪の教唆犯が成立する。（最決昭40・2・26刑集一九・一・五九）→六一条11

13　共犯者の蔵匿・隠避は、行為者自身の刑事事件に対する証拠隠滅の側面を併有していたとしても、共犯者に対する審判及び刑の執行を直接阻害する行為は防御として放任される範囲を逸脱しており期待可能性を一般的に失わせるとはいえず、処罰の対象となる。（旭川地判昭57・9・29刑月一四・九・七一三、刑百選Ⅱ八版一二一）

六　罪数

14　同一事件につき共犯者が数名ある場合に数個の行為で各別にこれを蔵匿又は隠避せしめた場合は、犯人一名ごとに独立の一罪を構成する。（大判大12・2・15刑集二・六五）

15　同一人を蔵匿し、かつ、隠避させるのは包括一罪であり、同一事件であっても、数人の犯人を一個の行為で蔵匿又は隠避させたときは観念的競合である。（最判昭35・3・17刑集一四・三・三五一）

（証拠隠滅等）

第一〇四条　他人の刑事事件に関する証拠を隠滅し、偽造し、若しくは変造し、又は偽造若しくは変造の証拠を使用した者は、三年以下の懲役又は三十万円以下の罰金に処する。

参【特別規定→爆発九、組織犯罪七

一　「他人の」刑事事件の意義

1　自分が当該被告事件の共犯たる事実は、本罪の成立を阻却しないから、被告人が、自己の被告事件のためでなく、他の共犯者のために証拠を偽造した場合は本罪が成立する。（大判大7・5・7刑録二四・五五五）

2　共犯中の一人による証拠隠滅行為が、専ら他の共犯者のためにする意思に基づき、自己の利益のためにする意思が欠如するときは本罪を構成する。（大判大8・3・31刑録二五・四〇三）

3　他人の刑事事件に関して証拠を偽造する場合は、たまたまその偽造証拠が自己の刑事事件に関係する場合があっても本罪の成立に消長を来さない。（大判昭12・11・9刑集一六・一五四五）

4　自己の刑事事件に関する証拠が、同時に、共犯者の刑事事件に関する証拠である場合でも、自己の利益のためにこれを隠滅するときは本罪を構成しないと解するのが相当である。（東京地判昭36・4・4判時二七四・三四）

二　証拠の意義

5　本条にいう証拠とは、犯罪の成否、態様、刑の軽重に関係を及ぼすべき情状を決定するに足るべき一切の証拠をいう。（大判昭7・12・10刑集一一・一八一七）

6　捜査段階の参考人も、本条にいう証拠に当たり、これを隠匿すれば証拠隠滅罪が成立する。（最決昭36・8・17刑集一五・七・一二九三、刑百選Ⅱ八版一一八）

三　隠滅・偽造・変造行為

7　隠滅とは刑事事件に関する証拠の顕出を妨げ、若しくは、その効力を滅失・減少させる全ての行為を意味し、証拠の蔵匿を含む。（大判明43・3・25刑録一六・四七〇）

8　自己の刑事事件につき他人に偽証させる行為は、偽証教唆罪に当たり、本罪を構成しない。（大判大3・6・23刑録二〇・一三二四）→一六九条9

9　他人の刑事事件に関し、被疑者以外の者が捜査機関から参考人として取調べを受けた際、虚偽の供述をしても、証拠偽造罪（本条）には該当しない。その虚偽の供述内容が供述調書に録取されるなどして、書面を含む記録媒体上に記録されても、そのことだけで同罪に該当するとは言えない。しかし、他人の刑事事件について捜査官と相談しながら虚偽の供述内容を創作するなどして供述調書を作成する行為は、同罪に該当する。（最決平28・3・31刑集七〇・三・五八、刑百選Ⅱ八版一一九）

四　共犯

10　犯人が他人を教唆して自己の刑事事件に関する証拠を偽造させたときは、本罪の教唆犯が成立する。（最決昭40・

9・16刑集一九・六・六七九）↓六一条[11][12]

第一〇五条　**（親族による犯罪に関する特例）**　前二条の罪については、犯人又は逃走した者の親族がこれらの者の利益のために犯したときは、その刑を免除することができる。

§【親族↓民七二五【親族間の窃盗・不動産侵奪↓二四四

一　**「犯人又は逃走した者の利益のために」の意義**

[1]　自己又は親族の利益たるにとどまらず、同時に他人の刑事事件にも関係ある証拠を、そのことを認識して隠滅する場合には本条の適用はない。（大判昭7・12・10刑集一一・一八一七）

二　**共犯**

[2]　犯人の親族が犯人を庇護〔ひご〕する目的で他人を教唆して犯人を隠避させた場合には、犯人隠避教唆罪が成立する。（昭和二二法一二四による改正前の事件）（大判昭8・10・18刑集一二・一八二〇）↓六一条[11]

第一〇五条の二　**（証人等威迫）**　自己若しくは他人の刑事事件の捜査若しくは審判に必要な知識を有すると認められる者又はその親族に対し、当該事件に関して、正当な理由がないのに面会を強請し、又は強談威迫の行為をした者は、二年以下の懲役又は三十万円以下の罰金に処する。

§【親族↓民七二五【面会強請・強談威迫↓暴力二ﾉ二、議院証言九【特別規定↓組織犯罪七

一　**保護法益、罪質**

[1]　本条は刑事事件の証人等の個人的平穏を保護するとともに刑事司法の適正な運用を確保し、これを阻害する者を処罰する趣旨であるから、当該事件が未確定状態にある間の本条所定の行為が処罰の対象であり、一度証人として証言を終えた者を事件の確定前に威迫したときは、本罪が成立する。（大阪高判昭35・2・18下刑二・二・一四一）

[2]　本罪の成立には、証人等が公判審理の段階において威迫された後に証拠調べを受ける可能性のあることを必要とせず、かつ、公判結果に何らかの影響を及ぼそうとの積極的な目的意識を要するものではない。（東京高判昭35・11・29高刑一三・九・六三九）

[3]　本条は、いわゆる抽象的危険犯と解すべきものであるから、強談威迫の行為は、刑事司法の適正な作用を侵害する可能性があれば足り、相手方の供述に不当な影響を及ぼすべき具体的危険性を要しない。（福岡高判昭51・9・22判時八三七・一〇八）

二　**行為**

[4]　本条にいう「面会の強請」とは、直接相手方の住居、事務所等において行うことを要し、書信、電話等によって間接に行われるものは、その威圧の程度により、脅迫罪、強要罪、恐喝罪が成立することはあっても、本罪を構成するものではない。（福岡高判昭38・7・15下刑五・七＝八・六五三）

[5]　本条にいう「威迫」には、文書を送付する方法による場合が含まれ、直接相手と相対する場合に限られない。（最決平19・11・13刑集六一・八・七四三、重判平20刑一二）

第八章　騒乱の罪

第一〇六条　**（騒乱）**　多衆で集合して暴行又は脅迫をした者は、騒乱の罪とし、次の区別に従って処断する。

一　首謀者は、一年以上十年以下の懲役又は禁錮に処する。

二　他人を指揮し、又は他人に率先して勢いを助けた者は、六月以上七年以下の懲役又は禁錮に処する。

三　付和随行した者は、十万円以下の罰金に処する。

§【特別規定↓七七①【予備・陰謀・教唆・せん動↓破防四〇

一　**保護法益、罪質**

[1]　本条は、多衆で集合して暴行又は脅迫したときは、その行為自体に当然地方の静謐〔せいひつ〕又は公共の平和を害する危険性を包蔵すると認めたがゆえに騒乱罪として処罰するものであるから、同罪の成立には、群集の暴動に発展し社会の治安を動揺せしむる危険又は、社会の治安に不安・動揺を生ぜしめた事実を必要とするものではない。（最判昭28・5・21刑集七・五・一〇五三）

二　**多衆の意義**

[2]　本条にいう「多衆」とは、一地方における公共の平和、静謐を害するに足る暴行、脅迫をなすに適当な多人数であることを要する。（最判昭35・12・8刑集一四・一三・一八一八〈平事件〉刑百選[二版]六九）

[3]　異なる構成員による集団が、時間的、場所的に近接して暴行・脅迫を行った場合に、これらを包括して一個の騒乱罪と評価するためには、各所において暴行・脅迫に及んだ集団員が、騒乱罪の主体たる「多衆」として前後同一性を維持していたことが必要である。（東京高判昭47・11・21高刑二五・五・四七九〈メーデー事件〉刑百選Ⅱ[初版]一八）

三　**暴行・脅迫**

1　意義

[4]　本条にいう暴行・脅迫は、一地方における公共の平和、静謐を害するに足りるものでなければならないが、「一地方」に当たるか否かについては、単に暴行・脅迫が行われた地域の広狭や居住者の多寡のみでなく、右地域が社会生活において占める重要性や同所を利用する一般市民の動き、同所を職域として勤務する者の活動状況、さらには、当該騒動が、その周辺地域の人心にまで不安を与えるに足りる程度のものであったか等の観点から決定すべきである。（最決昭59・12・21刑集三八・一二・三〇七一〈新宿騒乱事件〉刑百選Ⅱ[六版]八一）

[5]　本条にいう暴行は広義のものであって、物に対する有形力の行使をも含むと解すべきであるから、建物の不法占拠又は不法侵入も本罪の暴行に当たる。（最判昭35・12・8前出[2]）

2　共同意思

[6]　本罪における暴行・脅迫は、集合した多衆の共同意思に出たものであることを要する。すなわち、多衆の全ての者が暴行・脅迫を行う必要はないが、群集の集団として暴行・脅迫を加えるという認識が必要なのである。この共同意思は、多衆の合同力をたのんで自ら暴行・脅迫をなす意思ないしは多衆をしてこれをなさしめる意思と、かかる暴行・脅迫に同意を表し、その合同力に加わる意思とに分かたれ、集合した多衆がこのいずれかの意思を有する者によって構成されているとき、その多衆の共同意思があるこ

とになる。この共同意思ありとするには、多衆集合の結果惹起［じゃっき］せられることのあり得べき多衆の合同力による暴行・脅迫の事態の発生を予見しながら、あえて、騒乱行為に加担する意思があれば足り、個々の暴行・脅迫の確定的認識を必要とするものでない。（最判昭35・12・8前出②）

⑦ 共同意思が存するといい得るためには、騒乱行為に加担する意思において確定的であることを要するが、多衆の合同力による暴行・脅迫の事態の発生については、確定的な認識まで要するものでなく、その予見で足りる。（最決昭53・9・4刑集三二・六・一〇七七〈大須事件〉刑百選Ⅱ〔二版〕六九）

⑧ 同一地域において、構成を異にする複数の集団により時間・場所を異にして暴行・脅迫が行われた場合でも、先行の集団による暴行・脅迫に触発、刺激され、右暴行・脅迫の事実を認識、認容しつつ、これを承継する形態において、その集団による暴行・脅迫に時間的、場所的に近接して、後の集団による暴行・脅迫が順次継続的に行われたときは、各集団による暴行・脅迫は全体として同一の共同意思によるものというべきである。（最決昭59・12・21前出④）

四　関与行為

⑨ 単なる謀議参与者は、首謀者でない限り、本条二号、三号所定の行為をしない以上、本罪に問擬し得ない。（大判明44・9・25刑録一七・一五五〇）

⑩ 首謀者とは、主動者となり多衆をしてその合同力により暴行又は脅迫をなすに至らしむる者をいい、必ずしも暴行・脅迫を共にし、若しくは、現場にあって総括指揮することを要しない。（最判昭28・5・21前出①）

⑪ 他人を指揮したる者とは、多衆集合して暴行・脅迫をなすに際し、多衆の一部又は全部に対し指揮をつかさどる者をいい、その指揮行為は、暴行・脅迫の決行中現場でなされると、事前に他の場所でなされるとを問わない。（大判昭5・4・24刑集九・二六五）

⑫ 率先助勢とは、多衆の合同力をたのんで自ら暴行又は脅迫をなし、若しくは多衆に抜きんでて騒乱を容易ならしめる行為をいい、それが現場で行われるか事前に行われるかを問わず、また、行為のとき既に共同意思が形成されていることを必要としない。（最決昭53・9・4前出⑦）

⑬ 共同の力を利用し暴行・脅迫をなす意思を持って多衆中に加わった者は、自ら暴行・脅迫の行為をしなくても、付和随行したる者に当たる。（大判昭2・6・8新聞二七三四・一二）

（多衆不解散）

第一〇七条　暴行又は脅迫をするため多衆が集合した場合において、権限のある公務員から解散の命令を三回以上受けたにもかかわらず、なお解散しなかったときは、首謀者は三年以下の懲役又は禁錮に処し、その他の者は十万円以下の罰金に処する。

参【解散の命令→警職五】

第九章　放火及び失火の罪

一　放火罪の保護法益

① 放火罪は静謐［せいひつ］なる公共的利益の侵害をもって主となし、個人の財産的法益の侵害はその従たるものにすぎないから、本罪の法益はその主たる関係を標準とすべきであり、単一の放火行為により数個の建造物を焼損したときはこれを包括的に観察して単一の放火罪として処分すべきものである。（大判大11・12・13刑集一・七五四）

二　焼損

1　意義―独立燃焼説

② 焼損とは、犯人が点じた火がその媒介物たる燃料を離れ、燃焼の目的物たる建造物等に移り、独立してその燃焼力を継続する事実をいう。（大判明43・3・4刑録一六・三八四）

③ 目的物が独立燃焼の程度に至れば、その目的物の効用を全然喪失させるに至らなくとも焼損の結果が生じており、放火罪の既遂となる。（大判大7・3・15刑録二四・二一九）

2　焼損が認められた事例

④ 天井板約一尺四方を焼損しただけでも、家屋が独立燃焼する程度に達しているから、放火既遂となる。（最判昭23・11・2刑集二・一二・一四四三）

⑤ 不燃性の建造物においても、その不可分な一部と認められる可燃部分が独立して燃焼するに至れば放火罪の既遂である。（東京高判昭49・10・22東高刑二五・一〇・九〇）

3　焼損が否定された事例

⑥ 布団、畳等の建具類が焼失したほかは、なげし、壁代用のベニヤ板の一部を焦がした程度で、その小部が僅かに炭化しただけでは、独立燃焼の程度に達したとはいえない。（東京高判昭32・12・19高刑裁特四・二四・六六〇）

⑦ 鉄筋鉄骨コンクリート造りの建造物に放火したが、コンクリート内壁表面のモルタルの剝離脱落、ダクトの塗料の焼損にとどまった程度では焼損に当たらず、放火罪の未遂である。（東京地判昭59・6・22刑月一六・五＝六・四六七）

三　各条の適用関係

⑧ 単一の放火行為により処罰規定を異にする数個の目的物を焼損した場合は、この目的物を包括的に観察し最も重い処罰規定で処罰すべきである。（大判明42・11・19刑録一五・一六四五）

⑨ 住宅焼損の目的でこれに接する空家に放火し住宅焼損に至るべき状態を惹起［じゃっき］した場合は、空家につき刑法一〇九条の放火罪の既遂の程度に至ったと否とにかかわらず、一〇八条の放火罪の未遂犯である。（大判大15・9・28刑集五・三八三）

（現住建造物等放火）

第一〇八条　放火して、現に人が住居に使用し又は現に人がいる建造物、汽車、電車、艦船又は鉱坑を焼損した者は、死刑又は無期若しくは五年以上の懲役に処する。

参【未遂→一一二】【予備→一一三】【予備・陰謀・教唆・せん動→破防三九】

一　客体

1　建造物

① 建造物とは、屋蓋を有し、牆壁［しょうへき］又は柱材により支持されて土地に定着し、少なくともその内部に人の出入りできる建築物であることを要する。（大判大3・6・20刑録二〇・一三〇〇）

② 畳、建具等の家屋の従物が建造物たる家屋の一部を構成するためには、該物件を毀損しなければ取り外せない状態にあることを要するから、取外し自由な畳等を焼損しただ

けではまだ本条の放火未遂である。（最判昭25・12・14刑集四・一二・二五四八）

2 人の現住性・現在性

[3] 本条にいう人とは犯人以外の者を指称する。（最判昭32・6・21刑集一一・六・一七〇〇）

[4] 本条の建造物は現に人の住居に使用し、又は人の現在するものであれば足り、その建造物使用の主な目的を問わない。（大判昭9・11・15刑集一三・一五〇二）

[5] 競売手続の妨害目的で従業員らを交替で泊まり込ませていた家屋につき放火前に右従業員らを旅行に連れ出していても、従業員らが旅行から帰れば再び右家屋での宿泊が継続されるものと認識していた場合には本条の現住建造物に当たる。（最決平9・10・21刑集五一・九・七五五、刑百選Ⅱ[八版]八四）

3 本条の客体に当たるとされた事例

[6] 宿直員は庁舎の各部分を巡視するのが通例であるから、宿直室が庁舎と独立した建造物にあっても、その庁舎は人の住居に使用する建造物である。（大判大3・6・9刑録二〇・一一四七）

[7] 待合いの客用離れ座敷で別棟にあり、昼夜間断なく人が出入りするわけではないとしても、営業上客が出入りし、かつ、起臥〔きが〕寝食の場所として使用されている建物は現住建造物に当たる。（最判昭24・6・28刑集三・七・一一二九）

[8] 耐火構造のマンションの空室に放火したものでも、マンションは全体として一個の建造物とみるのが相当であり、現住建造物放火罪が成立する。（東京高判昭58・6・20刑月一五・四～六・二九九）→一〇九条[5]

[9] 居住者が常時利用しているマンション内に設置されたエレベーターは、各居住空間部分と共に、それぞれ一体として現住建造物であるマンションを構成しており、エレベーターのかごの壁面の一部を燃焼した行為は、本条に当たる。（最決平元・7・7判時一三二六・一五七、刑百選Ⅱ[八版]八二）

[10] 複数の木造建物が多量の木材よりなる回廊・歩廊で接続され、一部に放火すると社務所等に延焼の可能性のある平安神宮は、参拝客が訪れ、また夜間、社務所等に人が執務・宿直し、定期的に巡回が行われており、この事情に照らすなら、右平安神宮は、その一部に放火されると全体に危険が及ぶ一体の構造をなすもので、またその全体が一体として日夜人の起居に利用されているから、物理的にみても、機能的にみても、その全体が一個の現住建造物で、その一部に放火すれば本条に当たる。（最決平元・7・14刑集四三・七・六四一、刑百選Ⅱ[八版]八三）

二 放火行為

[11] 放火の手段が家屋に伝火することが物理上明白な場合は、伝火用材料に火をつけた以上、いまだ家屋の一部に伝火しなくても、現住建造物放火の実行の着手があったといえる。（大判大3・10・2刑録二〇・一七八九）

[12] 自然に発火するように装置することは放火の準備行為でも、自然に発火して導火材料を経て放火の物体に火力を及ぼすべき状態にある場合には、その準備行為は本条の放火行為と認めてもよい。（大判昭3・2・17新聞二八三三・一〇）

[13] 木造建物の密閉された室内全体にガソリン六リットル余りをまんべんなくまくことは、現住建造物放火の実行の着手に当たり、したがってガソリンに点火する前に、ライターでたばこに火をつけようとしたらガソリンに引火してしまい建物を全焼させた場合には既遂となる。（横浜地判昭58・7・20判時一一〇八・一三八、刑百選Ⅰ[五版]六一）

[14] 不作為の放火を認めた事例――自己の過失行為による机等の燃焼を放置すれば建物の焼損に至ることを認めた者があえて放置した場合（最判昭33・9・9刑集一二・一三・二八八二、刑百選Ⅰ[八版]五）→◆【Ⅰ 犯罪の主体・行為・結果】〔三五条の前〕[12]

三 量刑

[15] 放火罪は、火力によって不特定又は多数の者の生命、身体及び財産に対する危険を惹起〔じゃっき〕することを内容とする罪であり、現住建造物等放火罪では、その客体の規定からも、類型的に人が死傷する結果が発生する相当程度の蓋然性があるといえるが、この危険が現実に人が死傷する結果として生じた場合について、他により重く処罰する特別な犯罪類型が設けられていないことからすれば、同罪に該当する行為により生じた人の死傷結果を、その法定刑の枠内で、量刑上考慮することは許される。（最決平29・12・19刑集七一・一〇・六〇六、重判平30刑六）

第一〇九条（非現住建造物等放火）① 放火して、現に人が住居に使用せず、かつ、現に人がいない建造物、艦船又は鉱坑を焼損した者は、二年以上の有期懲役に処する。

② 前項の物が自己の所有に係るときは、六月以上七年以下の懲役に処する。ただし、公共の危険を生じなかったときは、罰しない。

㊜❶【未遂→一一二】【予備→一一三】【予備・陰謀・教唆・せん動→破防三九】❷【延焼→一一一①】

一 客体

1 建造物

[1] 本条の建造物とは、家屋その他これに類似する工作物で、土地に定着し、人の起居出入に適する構造を有するものをいう。（大判大13・5・31刑集三・四五九）

[2] 本条の建造物は、同条の立法趣旨から考えて、人の起居出入することが予定されている建物であることを要し、人の起居出入が全く予定されていない豚小屋、堆肥小屋は本条の建造物ではない。（東京高判昭28・6・18東高刑四・一・五）

2 非現住性・非現在性

[3] 独居者が自己の住居に使用する他人所有の建造物に放火したときは、本条一項の目的物に放火したものである。（大判昭7・5・5刑集一一・五九五）

[4] 父母を殺害後その死体の横たわる家屋を焼損したときは、他に住居者、現在者のいない限り、非現住建造物放火罪に当たる。（大判大6・4・13刑録二三・三一二）

3 本条の客体に当たるとされた事例

[5] 鉄筋コンクリートのマンションの一部にあり、優れた防火構造を備え、一区画から他区画に容易に延焼しにくい構造になっている病院は、独立した建造物であり、非現住建造物である。（仙台地判昭58・3・28刑月一五・三・二七九）↓一〇八条[8]

[6] 人の現存する建物と非現住・非現在の建物が全体として一個の現在建造物として認められるためには、各建物が渡り廊下などの構造物によって相互に連結されていることを前提に、非現住・非現在の建物から現在の建物への延焼可能性が否定できないという程度の意味において延焼の蓋然性が認められることが必要であり、研修棟から渡り廊下を

経由して宿泊棟に延焼する蓋然性が認められない場合には、研修棟は独立した非現住・非現在建造物である。（福岡地判平14・1・17判タ一〇九七・三〇五、重判平14刑七）

↓一〇八条[10]

二　放火行為

[7] 不作為の放火を認めた事例――喧嘩〔けんか〕格闘中に相手の投げた燃えさしから自宅庭内のわらに火がついたのを放置した場合（大判大7・12・18刑録二四・一五五八）↓◆【I　犯罪の主体・行為・結果】〔三五条の前〕[10]

[8] 不作為の放火を認めた事例――神棚のろうそくが傾き自宅を焼損するに至る危険があることを認識しながら外出した場合（大判昭13・3・11刑集一七・二三七）↓◆【I　犯罪の主体・行為・結果】〔三五条の前〕[11]

三　公共の危険

1　公共の危険の存在

[9] 人家から三〇〇メートル以上離れた山腹にあり、周辺の雑木は全て切り払われて、引火延焼の危険のある物は何も存在していない炭焼小屋を、前夜来小雨の降る状況の下で、付近に延焼しないよう監視しながら焼損したときは、公共の危険は生じていない。（広島高岡山支判昭30・11・15高刑裁特二・二二・一一七三）

2　公共の危険の認識の要否↓一一〇条[5]

（建造物等以外放火）

第一一〇条①　放火して、前二条に規定する物以外の物を焼損し、よって公共の危険を生じさせた者は、一年以上十年以下の懲役に処する。

②　前項の物が自己の所有に係るときは、一年以下の懲役又は十万円以下の罰金に処する。

一　客体

[1] マッチ棒やごく少量の紙片のごとく、他の物体に対する点火の媒介物として用いられ、それ自体の焼損では公共の危険の発生の予想されないような物は、本条の客体に含まれず、二頁分の新聞紙の約半分を焼損した行為は建造物等以外放火罪に当たらない。（東京地判昭40・8・31判タ一八一・一九四）

[2] 所有者が所有権を放棄した物を焼損し、公共の危険を生じさせた行為には、本条二項が適用される。（大阪地判昭41・9・19判タ二〇〇・一八〇）

二　公共の危険

1　公共の危険の意義

[3] 刑法一〇八条、一〇九条一項に規定する放火罪にあってはその行為中に当然公共に対する危険の観念を包含するから、特に公共の危険の発生を犯罪構成の要件としなかったものであるが、本条の場合はその行為自体には右の観念が含まれていないから公共の危険の発生を要求しているのである。そして本条の「公共の危険」とは、放火行為により、一般不特定の多数人をして、一〇八条、一〇九条の物件に延焼する結果を発生するおそれありと思わせるのに相当な状態をいう。（大判明44・4・24刑録一七・六五五）

[4] 本条にいう「公共の危険」は、必ずしも刑法一〇八条及び一〇九条一項に規定する建造物等に対する延焼の危険のみに限られるものではなく、不特定又は多数の人の生命、身体又は建造物等以外の財産に対する危険も含まれる。（最決平15・4・14刑集五七・四・四四五、刑百選II[八版]八五）

[5] 2　公共の危険の認識の要否

本条一項の放火罪の成立には、公共の危険発生の認識は必要でない。（最判昭60・3・28刑集三九・二・七五、刑百選II[八版]八六）

（延焼）

第一一一条①　第百九条第二項又は前条第二項の罪を犯し、よって第百八条又は第百九条第一項に規定する物に延焼させたときは、三月以上十年以下の懲役に処する。

②　前条第二項の罪を犯し、よって同条第一項に規定する物に延焼させたときは、三年以下の懲役に処する。

（未遂罪）

第一一二条　第百八条及び第百九条第一項の罪の未遂は、罰する。

参照【未遂↓四三、四四】

（予備）

第一一三条　第百八条又は第百九条第一項の罪を犯す目的で、その予備をした者は、二年以下の懲役に処する。ただし、情状により、その刑を免除することができる。

（消火妨害）

第一一四条　火災の際に、消火用の物を隠匿し、若しくは損壊し、又はその他の方法により、消火を妨害した者は、一年以上十年以下の懲役に処する。

参照【特別規定↓軽犯一四】

（差押え等に係る自己の物に関する特例）

第一一五条　第百九条第一項及び第百十条第一項に規定する物が自己の所有に係るものであっても、差押えを受け、物権を負担し、賃貸し、配偶者居住権が設定され、又は保険に付したものである場合において、これを焼損したときは、他人の物を焼損した者の例による。

参照【差押え↓民執四三・一二二【物権↓民三〇三・三四二・三六九【賃貸↓民六〇一【配偶者居住権↓民一〇二八【保険↓保険一―三、商八一五

一　本条の適用範囲

[1] 本条は未遂、予備の場合にも適用がある。（大判昭7・6・15刑集一一・八四一）

二　公共の危険の発生の要否

[2] 犯人の所有に係る物件を焼損し、本条により刑法一〇九条一項の刑をもって処断すべき場合には、同条二項所定の公共の危険の発生は必要でない。（大判昭11・2・18刑集一五・一三二）

（失火）

第一一六条①　失火により、第百八条に規定する物又は他人の所有に係る第百九条に規定する物を焼損した者は、五十万円以下の罰金に処する。

②　失火により、第百九条に規定する物であって自己の所有に係るもの又は第百十条に規定する物を焼損し、よって公共の危険を生じさせた者も、前項と同様とす

る。

【過失→三八①【特別規定→軽犯一四【民事責任→失火

1 **公共の危険の意義**　「公共の危険を生じさせた」とは、火を失して、刑法一〇八条、一〇九条の物に延焼せんとし、その他一般不特定多数人をして生命身体財産に対する危害を感じさせるにつき相当の理由を有する状態を発生させたことをいう。（大判大5・9・18刑録二二・一三五九）

（激発物破裂）

第一一七条① 火薬、ボイラーその他の激発すべき物を破裂させて、第百八条に規定する物又は他人の所有に係る第百九条に規定する物を損壊した者は、放火の例による。第百九条に規定する物であって自己の所有に係るもの又は第百十条に規定する物を損壊し、よって公共の危険を生じさせた者も、同様とする。

② 前項の行為が過失によるときは、失火の例による。

【特別規定→爆発一、一二　❶【前段の罪の予備・陰謀・教唆・せん動→破防三九　❷【失火→一一六

1 **「激発すべき物」**　室内に充満したガスは激発物に当たる。（横浜地判昭54・1・16判時九二五・一三四）

（業務上失火等）

第一一七条の二　第百十六条又は前条第一項の行為が業務上必要な注意を怠ったことによるとき、又は重大な過失によるときは、三年以下の禁錮又は百五十万円以下の罰金に処する。

【過失→三八①【重大な過失の他の例→二一一

1 **一　業務の意義**　本条の業務は、当該火災の原因となった火を直接扱うことを業務の内容の全部又は一部としているものだけに限定されず、火災の発見防止を職務内容とする夜警のようなものをも含む。（最判昭33・7・25刑集一二・一二・二七四六）

2 本条の業務とは、職務として火気の安全に配慮すべき社会生活上の地位をいうと解するのが相当である。（最決昭60・10・21刑集三九・六・三六二、刑百選Ⅰ〔八版〕六〇）

3 **二　業務上失火罪が認められた事例**　自動車のディーゼル・エンジンの排気管が運転中著しく高温となり、可燃物が接触すると火災発生の危険があるのに、運転者が、運転席の床にゴム板を装置し、運転中ゴム板が燻焦〔くんしょう〕する臭気に気付いたにもかかわらず、運転を継続して火災を発生させた場合には、業務上失火罪が成立する。（最決昭46・12・20刑集二五・九・一〇八六）

4 サウナ風呂の開発・製作者は、その構造につき耐火性を検討・確保して火災を未然に防止すべき業務上の注意義務があり、それを怠った結果、右サウナ風呂を継続使用した浴場で火災を発生させた場合には、業務上失火罪が成立する。（最決昭54・11・19刑集三三・七・七二八〈有楽サウナ事件〉刑百選Ⅱ〔二版〕七二）

5 ウレタンフォームの加工販売業を営む会社の工場部門の責任者として、ウレタンフォームを管理する上で当然に伴う火災防止の職務に従事していた者が、火炎の出るガス切断器を用いた補修作業に立ち会い、これを監視しており、作業に伴い出る火花が下にあるウレタンフォームに接触着火して火災になるかもしれないことを十分に予見できたのに回避措置を執ることなく火を失した場合には業務上失火罪が成立する。（最決昭60・10・21前出2）

6 **三　重過失失火罪が認められた事例**　盛夏炎天の日、ガソリン給油場内のガソリン缶から一尺五寸ないし二尺の箇所でライターを使用した場合は、重過失失火罪が成立する。（最判昭23・6・8裁判集刑二・三二九）

（ガス漏出等及び同致死傷）

第一一八条① ガス、電気又は蒸気を漏出させ、流出させ、又は遮断し、よって人の生命、身体又は財産に危険を生じさせた者は、三年以下の懲役又は十万円以下の罰金に処する。

② ガス、電気又は蒸気を漏出させ、流出させ、又は遮断し、よって人を死傷させた者は、傷害の罪と比較して、重い刑により処断する。

❷【傷害の罪→二〇四、二〇五【刑の軽重→一〇

1 **一　生命・身体・財産に対する認識の要否**　本条の罪の成立には、生命の危険の発生についての認識は必要でない。（東京高判昭51・1・23判時八一八・一〇七）

2 **二　ガス漏出罪が認められた事例**　自室を閉めきり都市ガスを漏出充満させ、爆発のおそれを生ぜしめ、もって他人の生命・身体・財産に危険を生ぜしめたときは、本条の罪が成立する。（大阪地判昭58・2・8判タ五〇四・一九〇）

第十章　出水及び水利に関する罪

1 **各条の適用範囲**　堤防を決壊して出水させ、処罰規定を異にする数個の目的物を浸害した場合には、最も重い処罰規定をもって論ずべきである。（大判明44・11・16刑録一七・一九八七）

（現住建造物等浸害）

第一一九条　出水させて、現に人が住居に使用し又は現に人がいる建造物、汽車、電車又は鉱坑を浸害した者は、死刑又は無期若しくは三年以上の懲役に処する。

（非現住建造物等浸害）

第一二〇条① 出水させて、前条に規定する物以外の物を浸害し、よって公共の危険を生じさせた者は、一年以上十年以下の懲役に処する。

② 浸害した物が自己の所有に係るときは、その物が差押えを受け、物権を負担し、賃貸し、配偶者居住権が設定され、又は保険に付したものである場合に限り、前項の例による。

❷【差押え等→一一五

1 **公共の危険の意義**　本条の公共の危険とは、出水させて所定の物件を浸害するだけでなく、その結果、刑法一一九条の物件に波及して

不特定多数人をしてその生命・身体・財産につき危険を感じさせるような状態をいう。（大判明44・6・22刑録一七・一二四二）

（水防妨害）

第百二十一条　水害の際に、水防用の物を隠匿し、若しくは損壊し、又はその他の方法により、水防を妨害した者は、一年以上十年以下の懲役に処する。

（過失建造物等浸害）

第百二十二条　過失により出水させて、第百十九条に規定する物を浸害し、又は第百二十条に規定する物を浸害し、よって公共の危険を生じさせた者は、二十万円以下の罰金に処する。

参【過失→三八①】

（水利妨害及び出水危険）

第百二十三条　堤防を決壊させ、水門を破壊し、その他水利の妨害となるべき行為又は出水させるべき行為をした者は、二年以下の懲役若しくは禁錮又は二十万円以下の罰金に処する。

[1] **水利権の存在**　水利妨害罪が成立するには、被害者において契約又は慣習法上、水の使用につき権利があることが必要で、かつ、犯人の行為によりその権利の行使が妨害されたことを要する。（大判昭7・4・11刑集一一・三三七）

第十一章　往来を妨害する罪

（往来妨害及び同致死傷）

第百二十四条①　陸路、水路又は橋を損壊し、又は閉塞して往来の妨害を生じさせた者は、二年以下の懲役又は二十万円以下の罰金に処する。

② 前項の罪を犯し、よって人を死傷させた者は、傷害の罪と比較して、重い刑により処断する。

参【未遂→一二八　❷【傷害の罪→二〇四、二〇五【刑の軽重→一

○

一　客体

[1] 本条の陸路とは、公衆の用に供されている陸上の通路をいい、その通路敷地の所有権が何人に属するかを問わない。（最決昭32・9・18裁判集刑一二〇・四五七）

二　損壊・閉塞による往来妨害

[2] 陸路閉塞による往来妨害罪の成立には、物的障害物により道路を遮断し、通行人の往来を困難ならしめる状態を作出することをもって足り、通行権利者の権利行使が妨害されたことを要件とするものではない。（東京高判昭54・7・24判時九五六・一三五）

[3] 道路上に立看板等を点々と放置して車馬の交通の妨害となるおそれのある行為をしても、付近を通過する車馬が、僅かな注意を払うことで、これらの障害物を回避等して往来することのできる場合である以上、いまだ本条にいう往来妨害の程度には達していない。（名古屋高判昭35・4・25高刑一三・四・二七九）

[4] （幅員約五・九メートルの道路の側端から中央部にかけて、長さ約四・二六メートルの車をやや斜め横向きに置き、右車をガソリンをまいて炎上させ引火爆発のおそれを生じさせた事案について）陸路の閉塞とは、陸上の通路に障害物を設け、該通路による往来の不能又は危険を生じさせることをいい、設けられた障害物が通路を部分的に遮断するにすぎない場合でも、該通路の効用を阻害して往来の危険を生じさせるものであるときには、陸路の閉塞に当たる。（最決昭59・4・12刑集三八・六・二一〇七、刑百選Ⅱ五版八二）

三　往来妨害罪が認められた事例

[5] 道路を改築する権限を有する道路の管理者が、専ら特定人の往来を妨害するために道路改築を決し、道路又は橋を損壊する行為は、職権の濫用であり、往来妨害罪となる。（大判昭2・3・30刑集六・一四五）

四　「重い刑により処断する」の意義

[6] 本条二項は、傷害の場合は刑法二〇四条と比較し、致死の場合は二〇五条と比較し、それぞれ重い刑により処断する趣旨である。（最判昭36・1・10刑集一五・一・一）

（往来危険）

第百二十五条①　鉄道若しくはその標識を損壊し、又はその他の方法により、汽車又は電車の往来の危険を生じさせた者は、二年以上の有期懲役に処する。

② 灯台若しくは浮標を損壊し、又はその他の方法により、艦船の往来の危険を生じさせた者も、前項と同様とする。

参【未遂→一二八【予備・陰謀・教唆・せん動→破防四〇】

一　行為態様

[1] 無人電車を暴走させて電車の往来の危険を生ぜしめた場合は、本条一項に当たる。（最大判昭30・6・22刑集九・八・一一八九〈三鷹事件〉刑百選Ⅱ六版九〇）→一二七条[7]

[2] 線路沿いの土地を掘削し、土砂が崩壊して境界杭が落下するなどしたことにより、電車の脱線等の実害の発生する可能性が生じた場合には、往来の危険の発生を認めることができる。（最決平15・6・2刑集五七・六・七四九、刑百選Ⅱ八版八七）

二　往来の危険

[3] 汽車・電車の往来危険罪が成立するためには、脱線、転覆、衝突、破壊等、その往来に危険な結果を生ずるおそれのある状態を発生させることが必要であるが、駅信号所の信号操作を放置した場合でも、それにより自動的に停止信号になり電車の転覆等の危険発生のおそれがないときは本罪は成立しない。（最判昭35・2・18刑集一四・二・一三八）

[4] 本条にいう危険とは、電車の安全な往来を妨げるおそれのある状態、すなわち電車の転覆衝突等の事故発生の可能性のある状態をいうが、業務命令に違反してなされたいわゆる人民電車の運行はこれに当たり本罪が成立する。（最判昭36・12・1刑集一五・一一・一八〇七〈人民電車事件〉刑百選Ⅱ二版七三）

（汽車転覆等及び同致死）

第百二十六条①　現に人がいる汽車又は電車を転覆させ、又は破壊した者は、無期又は三年以上の懲役に処する。

② 現に人がいる艦船を転覆させ、沈没させ、又は破壊

した者も、前項と同様とする。

③ 前二項の罪を犯し、よって人を死亡させた者は、死刑又は無期懲役に処する。

⊕【未遂↓一二八 ❶❷【予備・陰謀・教唆・せん動↓破防三九

[1] **一 汽車又は電車の転覆・破壊（一項）** 本条一項にいう汽車又は電車の破壊とは、汽車又は電車の実質を害して、その交通機関としての機能の全部又は一部を失わせる程度の損壊をいう。（最判昭46・4・22刑集二五・三・五三〇）

[2] **二 艦船の転覆・破壊（二項）** 本条二項の艦船の破壊とは、艦船の実質を害し、航行機関たる機能の全部又は一部を不能にする程度の損壊をいう。（大判昭2・10・18刑集六・三八六）

[3] 人の現在する漁船を座礁させた上、海水取入れバルブを開放して機関室内に海水を取り入れ、自力離礁を不可能ならしめ同船の航行能力を失わせたような場合には、船体自体に破損が生じていなくとも、本条二項の艦船の破壊に当たる。（最決昭55・12・9刑集三四・七・五一三、刑百選Ⅱ[六版]八九）

三 人の現在する時期

[4] 人の現在は、艦船転覆罪等の実行開始当時を標準とし、転覆等の時期に現在することを要しない。（大判大12・3・15刑集二・二一〇）

四 三項の適用範囲

[5] 本条三項にいう人とは、必ずしも本条一項、二項の車中、船中に現在した人に限定されない。（最大判昭30・6・22刑集九・八・一一八九〈三鷹事件〉刑百選Ⅱ[六版]九〇）↓一二七条[1]

[6] 刑法一二五条の罪を犯し、よって汽車・電車の転覆破壊を致し、さらに、よって人を死に致した場合にも、本条三項が適用される。（最大判昭30・6・22前出[5]）↓一二七条[1]

[7] 電車内で時限爆破装置を爆発させて電車を破壊し、同時にその爆体の破片により乗客を死亡させた場合は、本条三項に当たると解するのが相当である。（東京高判昭45・8・11高刑二三・三・五二四）

第一二七条（往来危険による汽車転覆等） 第百二十五条の罪を犯し、よって汽車若しくは電車を転覆させ、若しくは破壊し、又は艦船を転覆させ、沈没させ、若しくは破壊した者も、前条の例による。

[1] 〈三鷹電車区構内に入庫中の無人の電車を暴走させて電車の往来の危険を生ぜしめ、その電車が被告人の予期に反し、車止めに衝突、脱線して、付近にいた人々を巻き込んで死亡させた事案において〉本条にいう「前条」には、文理上当然、刑法一二六条三項も含まれる。（最大判昭30・6・22刑集九・八・一一八九〈三鷹事件〉刑百選Ⅱ[六版]九〇）

第一二八条（未遂罪） 第百二十四条第一項、第百二十五条並びに第百二十六条第一項及び第二項の罪の未遂は、罰する。

⊕【未遂↓四三、四四

第一二九条（過失往来危険） ① 過失により、汽車、電車若しくは艦船の往来の危険を生じさせ、又は汽車若しくは電車を転覆させ、若しくは破壊し、若しくは艦船を転覆させ、沈没させ、若しくは破壊した者は、三十万円以下の罰金に処する。

② その業務に従事する者が前項の罪を犯したときは、三年以下の禁錮又は五十万円以下の罰金に処する。

⊕【過失↓三八①

一 客体

[1] 本条の「汽車」の中にはガソリンカーも含まれる。（大判昭15・8・22刑集一九・五四〇）↓◘【罪刑法定主義】[二][編名の後][7]

二 往来の危険

[2] 汽車の往来の危険を生ぜしめるときとは、汽車の往来に際して、衝突・転覆・破壊はもちろん、脱線のような事難に遭遇するおそれのある状態を生ぜしめる場合をも包含する。（大判大15・2・17刑集五・四一）

三 業務に従事する者

[3] 業務とは、各人が社会生活上の地位に基づいて継続して行う事務のことであって、本務たると兼務たるとを問わないから、電車の運転手兼車掌の業務に従事してきた者が、上司の許可を得ずに列車を運転した場合でも、その運転行為は業務上の行為である。（最判昭26・6・7刑集五・七・一二三六）

[4] 業務に従事する者とは、直接又は間接に汽車・電車又は艦船の交通往来の業務に従事する者をいう。（大判昭2・11・28刑集六・四七二）

四 注意義務の程度

[5] 一定の業務に従事する者は、通常人に比し特別の注意義務を有する。（最判昭26・6・7前出[3]）

第十二章 住居を侵す罪

第一三〇条（住居侵入等） 正当な理由がないのに、人の住居若しくは人の看守する邸宅、建造物若しくは艦船に侵入し、又は要求を受けたにもかかわらずこれらの場所から退去しなかった者は、三年以下の懲役又は十万円以下の罰金に処する。

⊕【未遂↓一三二【特別規定↓盗犯一、軽犯一[一][三十二]

一 保護法益

[1] 本条の罪は他人の住居権を侵害するをもって本質とし、たとえ姦通の相手方である妻の承諾を得ても、住居権者である不在の夫（家長）の承諾が推測し得ない以上、当該住居に入る行為は本条の罪を構成する。（大判大7・12・6刑録二四・一五〇六）

[2] 居住者又は看守者が法律上正当の権限を持って居住し又は看守するか否かは、本条の罪の成立を左右しない。（最決昭28・5・14刑集七・五・一〇四二）

[3] 建物の囲繞〔いにょう〕地を本条の客体とするゆえんは、右部分への侵入により建造物自体への侵入若しくはこれに準じる程度に建造物利用の平穏が害され又は脅かされることからこれを保護する趣旨によるものである。（最判昭51・3・4刑集三〇・二・七九〈東大地震研事件〉刑百選Ⅱ[二版]

一七）

④ 他人の看守する建造物等に管理権者の意思に反して立ち入る行為は「侵入」に当たり、本条の罪が成立する。（最判昭58・4・8刑集三七・三・二一五、刑百選Ⅱ[八版]一六）

二　客体

1　建造物

⑤ 本条の建造物は、家屋だけでなく、その囲繞地を含む。（最大判昭25・9・27刑集四・九・一七八三）

⑥ 建造物に含まれる囲繞地であるためには、当該建造物に接してその周辺に存在し、かつ、管理者が門塀等の囲障を設置することにより、建物の付属地として建物利用のために供されるものであることが明示されればよく、右囲障が通常の門塀に準じ外部との交通を阻止し得る程度の構造を有する金網柵である場合には囲繞地に当たる。（最判昭51・3・4前出③）

⑦ 警察署庁舎建物とその敷地を他から明確に画するとともに、立入り、のぞき見等、外部からの干渉を排除する作用を果たしている塀は、庁舎建物の利用のために供されている工作物であって、本条にいう「建造物」の一部を構成するものとして、建造物侵入罪の客体に当たる。（最決平21・7・13刑集六三・六・五九〇、重判平21刑四）

2　邸宅

⑧ 邸宅とは、人の住居の用に供される家屋に付属し、主として住居者の利用に供されるように区画された場所をいう。（大判昭7・4・21刑集一一・四〇七）

⑨ 管理者が管理する集合住宅の一階出入口から各室玄関前までの部分は本条にいう「人の看守する邸宅」に当たり、門塀等の囲障により建物利用のために供されるものであることが明示されている建物の周辺土地は「人の看守する邸宅」の囲にょう地として、本条の罪の客体となる。（最判平20・4・11刑集六二・五・一二一七、重判平20刑八）↓憲二一条72

三　行為

1　侵入

⑩ 本条前段の「侵入し」とは、他人の看守する建造物等に管理権者の意思に反して立ち入ることをいい、管理権者があらかじめ立入り拒否の意思を積極的に明示していなくとも、建造物の性質、使用目的、管理状況、管理権者の態度、立入りの目的等からみて、当該立入行為を管理権者が容認していないと合理的に判断されるときは、他に犯罪成立を阻却する事情がない以上、本罪が成立する。（最判昭58・4・8前出④）

⑪ 現金自動預払機利用客のカードの暗証番号等を盗撮する目的で、現金自動預払機が設置された銀行支店出張所に営業中に立ち入ることは、同所の管理権者である銀行支店長の意思に反することが明らかであり、その立入りの外観が一般の現金自動預払機利用客のそれと特に異なるものでなくても、建造物侵入罪が成立する。（最決平19・7・2刑集六一・五・三七九、刑百選Ⅱ[八版]一八）

2　退去

⑫ 建造物侵入罪が成立する以上、その侵入者が退去を求められ応じなかった場合でも不退去罪は成立しない。（最決昭31・8・22刑集一〇・八・一二三七）

⑬ 不退去罪の成否は、行為者の滞留目的、その間になされた行為、居住者の意思に反する程度、滞留時間等を考慮し、住居等の平穏が乱されたか否かにより決すべきである。（東京高判昭45・10・2高刑二三・四・六四〇）

四　同意

⑭ 強盗殺人の目的で、顧客と信じさせて被害者の店舗に入った行為は住居侵入罪を構成する。（最判昭23・5・20刑集二・五・四八九、刑百選Ⅱ[二版]一六）

⑮ 強盗の意図を隠して「今晩は」と挨拶し、家人が「お入り」と答えたのに応じて住居に入った場合でも本罪に当たるとされた事例（最大判昭24・7・22刑集三・八・一三六三）↓◆【Ⅱ 違法性一般】[三五条の前]15

⑯ 国体開会式を妨害する目的で、開会式場に入場券を所持し一般観客を装って入場した場合でも建造物侵入罪は成立する。（仙台高判平6・3・31判時一五一三・一七五、刑百選Ⅱ[六版]一七）

第一三一条【皇居等侵入】削除

（未遂罪）
第一三二条　第百三十条の罪の未遂は、罰する。

参【未遂→四三、四四】

第十三章　秘密を侵す罪

（信書開封）
第一三三条　正当な理由がないのに、封をしてある信書を開けた者は、一年以下の懲役又は二十万円以下の罰金に処する。

参【信書の秘密→憲二一②【親告罪→一三五】

（秘密漏示）
第一三四条① 医師、薬剤師、医薬品販売業者、助産師、弁護士、弁護人、公証人又はこれらの職にあった者が、正当な理由がないのに、その業務上取り扱ったことについて知り得た人の秘密を漏らしたときは、六月以下の懲役又は十万円以下の罰金に処する。

② 宗教、祈禱若しくは祭祀の職にある者又はこれらの職にあった者が、正当な理由がないのに、その業務上取り扱ったことについて知り得た人の秘密を漏らしたときも、前項と同様とする。

参【証言拒絶→刑訴一四九、民訴一九七①[二]【親告罪→一三五】

① 医師が、医師としての知識、経験に基づく、診断を含む医学的判断を内容とする鑑定を命じられた場合に、その鑑定の過程で知り得た人の秘密（鑑定対象者以外の者の秘密を含む）を正当な理由なく漏らす行為は、本条一項の罪に当たる。（最決平24・2・13刑集六六・四・四〇五、メディア百選[二版]五）

② 被告人が身代わりであることを知った弁護人は、その意思のいかんにかかわらず、被告人の利益を擁護すべき職責を有し、この職責を果たすに当たり、たとえ業務上知り得た他人の秘密を漏洩[ろうえい]する結果を生じても違法性を阻却し、本罪は成立しない。（大判昭5・2・7刑集九・五一）

（親告罪）
第一三五条　この章の罪は、告訴がなければ公訴を提起することができない。

参【告訴→刑訴二三〇—二三二、二四一】

① **告訴権者**　封をしてある信書の秘密に対する権利は発信人がこれを

有し、信書が受信人に到達した以後においては受信人もまたこの権利を有する。（大判昭11・3・24刑集一五・三〇七）

第十四章　あへん煙に関する罪

（**あへん煙輸入等**）

第一三六条　あへん煙を輸入し、製造し、販売し、又は販売の目的で所持した者は、六月以上七年以下の懲役に処する。

【未遂→一四一】【特別規定→麻薬】

（**あへん煙吸食器具輸入等**）

第一三七条　あへん煙を吸食する器具を輸入し、製造し、販売し、又は販売の目的で所持した者は、三月以上五年以下の懲役に処する。

【未遂→一四一】

（**税関職員によるあへん煙輸入等**）

第一三八条　税関職員が、あへん煙又はあへん煙を吸食するための器具を輸入し、又はこれらの輸入を許したときは、一年以上十年以下の懲役に処する。

【未遂→一四一】

（**あへん煙吸食及び場所提供**）

第一三九条①　あへん煙を吸食した者は、三年以下の懲役に処する。

②　あへん煙の吸食のため建物又は室を提供して利益を図った者は、六月以上七年以下の懲役に処する。

【未遂→一四一】

（**あへん煙等所持**）

第一四〇条　あへん煙又はあへん煙を吸食するための器具を所持した者は、一年以下の懲役に処する。

【未遂→一四一】

（**未遂罪**）

第一四一条　この章の罪の未遂は、罰する。

【未遂→四三、四四】

第十五章　飲料水に関する罪

（**浄水汚染**）

第一四二条　人の飲料に供する浄水を汚染し、よって使用することができないようにした者は、六月以下の懲役又は十万円以下の罰金に処する。

1　他人の飲料に供する井戸水に食用紅を溶かした水を注いで薄赤色に混濁させ、飲料浄水として一般に使用することを心理的に不能にした場合には本罪が成立する。（最判昭36・9・8刑集一五・八・一三〇九、刑百選[初版]六六）

（**水道汚染**）

第一四三条　水道により公衆に供給する飲料の浄水又はその水源を汚染し、よって使用することができないようにした者は、六月以上七年以下の懲役に処する。

（**浄水毒物等混入**）

第一四四条　人の飲料に供する浄水に毒物その他人の健康を害すべき物を混入した者は、三年以下の懲役に処する。

1　**「人の飲料に供する浄水」の意義**

飲料水に関する罪は公共衛生の見地から人の健康を保持するために設けられたものだから、「人の飲料に供する浄水」とは不特定又は多数の人に供されるものであることを要し、台所炊事場に備付けの水瓶内の飲料水は、本条の「人の飲料に供する浄水」に当たる。（大判昭8・6・5刑集一二・七三六）

（**浄水汚染等致死傷**）

第一四五条　前三条の罪を犯し、よって人を死傷させた者は、傷害の罪と比較して、重い刑により処断する。

【傷害の罪→二〇四、二〇五】【刑の軽重→一〇】

（**水道毒物等混入及び同致死**）

第一四六条　水道により公衆に供給する飲料の浄水又はその水源に毒物その他人の健康を害すべき物を混入した者は、二年以上の有期懲役に処する。よって人を死亡させた者は、死刑又は無期若しくは五年以上の懲役に処する。

【公害→公害犯罪二、三】

1　本罪の成立には人の健康に障害を与えたか否かを問わないから、上水道の水源に青酸カリを投入する行為は本罪に当たる。（大判昭3・10・15刑集七・六六五）

（**水道損壊及び閉塞**）

第一四七条　公衆の飲料に供する浄水の水道を損壊し、又は閉塞した者は、一年以上十年以下の懲役に処する。

1　**一　「浄水の水道」の意義**

「浄水の水道」とは、浄水の清浄を保って一定地点に導く人工的設備を指し、法令、慣習により浄水の水道であることが認容されたと否とを問わない。（大判昭7・3・31刑集一一・三一一）

2　**二　損壊・閉塞の意義**

損壊とは、水道による浄水の供給を不可能又は困難にする程度に破壊を加えることで、閉塞とは、有形の障害物で水道を遮断し、浄水の供給を不能又は著しく困難にすることで、水道施設自体の操作により、送水を遮断することはこれに当たらない。また損壊も閉塞も相当な時間にわたりその状態を継続させることを要する。（大阪高判昭49・6・12判時七六〇・一〇六）

第十六章　通貨偽造の罪

（**通貨偽造及び行使等**）

第一四八条①　行使の目的で、通用する貨幣、紙幣又は銀行券を偽造し、又は変造した者は、無期又は三年以上の懲役に処する。

②　偽造又は変造の貨幣、紙幣又は銀行券を行使し、又は行使の目的で人に交付し、若しくは輸入した者も、又

前項と同様とする。

⊗+【未遂】→一五一【準備】→一五三

一　保護法益

① 通貨偽造罪は通貨発行権者の発行権を保障することにより通貨に対する社会の信用を確保しようとするものだから、正規の手続によらずに入手した証紙を旧円紙幣に貼付して、新円紙幣とみなされるものを作成するときは、通貨偽造罪が成立する。(最判昭22・12・17刑集一・九四)

二　通貨偽造罪

1　客体

② 本条にいわゆる銀行券とは、内国に流通するもののみを指す。(大判大3・11・14刑録二〇・二一一一)

2　行為

イ　偽造・変造の意義

③ 本条の銀行券の偽造は、通常人が不用意にこれを一見した場合に真正の銀行券と思い誤る程度に製作されていることを要する。(最判昭25・2・28裁判集刑一六・六六三)

④ 文字、模様、肖像が酷似し、形状寸法がほとんど同様の物件は、真正の銀行券に比し、色彩が黒の単色で不鮮明、用紙も薄く劣っているとしても、通常人が一見真正と誤信する程度に製作されたもので、偽造銀行券に当たる。(名古屋高判昭36・10・10下刑三・九＝一〇・八四六)

⑤ 紙幣を表裏二片に剝離しただけでは、真正の銀行券と誤認させる程度の外観を有しないから、偽造でなく、また通貨の外観に重大な変更を加えているから変造にも当たらない。(高知地判昭41・5・20下刑八・五・七五〇)

ロ　偽造・変造の区別

⑥ 通貨偽造とは新たに通貨の様式、外観を作り出す行為で、通貨変造とは既存の真正な通貨の様式、外観の完全性を変更する行為である。(新潟地判昭39・3・12下刑六・三＝四・二二七)

ハ　偽造・変造の態様

a　偽造

⑦ 真正の銀行券の中間の一部を取り除き両端の残存部分を継ぎ合わせ一見完全な一枚の銀行券のごとき外観を有するものを作出する行為は偽造に当たる。(広島高松江支判昭30・9・28高刑八・八・一〇五六)

⑧ 証紙を貼付して新円紙幣とみなされるものを作出した行為を偽造とした事例(最判昭22・12・17前出①)

b　変造

⑨ 千円銀行券の端の四分の一を切り取り、欠損部分にハトロン紙を貼り付け、所持人が善意で補修したもののように作為したときは銀行券の変造に当たる。(東京高判昭39・7・22高刑一七・六・六四七)

⑩ 真正な千円銀行券二枚を用いこれを二枚に剝がす等して、四つ折り又は八つ折りにした銀行券と思い誤らせる程度の外観、手ざわりを備えた六片の物件は真正の千円銀行券として流通する危険を備えたものと認められるので、これを作出する行為は変造に当たる。(最判昭50・6・13刑集二九・六・三七五)

三　偽造通貨行使罪

1　行使の意義

⑪ 行使とは偽造紙幣を真正なもののように装い、これを経済的流通に置くことをいう。[旧法事件](大判明41・4・10新聞四九三・二一)

⑫ 自動販売機に偽造通貨を投入する行為は行使に当たる。(東京高判昭53・3・22刑月一〇・三・二一七)

2　交付の意義

⑬ 行使の目的で人に交付するとは、偽貨を流通に置く意思で他人にこれを交付することをいい、相手方が情を知っていたと否とを問わない。(大判明43・3・10刑録一六・四〇二)

(外国通貨偽造及び行使等)

第一四九条① 行使の目的で、日本国内に流通している外国の貨幣、紙幣又は銀行券を偽造し、又は変造した者は、二年以上の有期懲役に処する。

② 偽造又は変造の外国の貨幣、紙幣又は銀行券を行使し、又は行使の目的で人に交付し、若しくは輸入した者も、前項と同様とする。

⊗+【未遂】→一五一【準備】→一五三

一　「日本国内に流通している」の意義

① 日本国内の米軍施設内で流通する、米軍の発行したドル表示軍票は、流通が制限的だがなお日本国内に流通するといえるから、「日本国内に流通している外国の紙幣」に当たる。(最判昭30・4・19刑集九・五・八九八)

二　行使の意義

② 両替は行使に当たる。(最決昭32・4・25刑集一一・四・一四八〇)

三　行使の目的

③ (米軍軍票を偽造して他に売却し、利益を得ようとした事案において)行使の目的は自己が行使する場合に限らず他人をして真正の通貨として流通に置かせる目的でもよい。(最判昭34・6・30刑集一三・六・九八五)

(偽造通貨等収得)

第一五〇条 行使の目的で、偽造又は変造の貨幣、紙幣又は銀行券を収得した者は、三年以下の懲役に処する。

⊗+【未遂】→一五一

(未遂罪)

第一五一条 前三条の罪の未遂は、罰する。

⊗+【未遂】→四三、四四

(収得後知情行使等)

第一五二条 貨幣、紙幣又は銀行券を収得した後に、それが偽造又は変造のものであることを知って、これを行使し、又は行使の目的で人に交付した者は、その額面価格の三倍以下の罰金又は科料に処する。ただし、二千円以下にすることはできない。

(通貨偽造等準備)

第一五三条 貨幣、紙幣又は銀行券の偽造又は変造の用に供する目的で、器械又は原料を準備した者は、三月以上五年以下の懲役に処する。

一　自己予備・他人予備

① 本罪が成立するためには、偽造・変造の実行の意思を有する者が存在し、偽造・変造が可能な器械又は原料を準備すること、若しくはその者を帮助[ほうじょ]するために他人が右の物を準備をすることが必要である。(大判大5・12・21刑録二二・一九二五)

二　**器械**

② 器械とは、広く偽造又は変造の用に供し得る一切の器械を指し、偽造又は変造に直接必要なものに限らない。（大判大2・1・23刑録一九・二八）

三　**準備**

③ 本罪の成立には、準備が目的を遂行し得る程度に達していることを要しない。（大判大2・1・23前出②）

四　**行使の目的の要否**

④ 本罪の成立には、行使の目的が必要である。（大判昭4・10・15刑集八・四八五）

第十七章　文書偽造の罪

一　**保護法益・罪質**

① 文書偽造罪は、文書の証明手段としての信用を害することにより成立し、特定人に対し具体的に損害を与え又はその危険を生じさせることを必要としない。よって、実際には一筆である土地を三筆である旨の村長名義の上申書を郡長に提出することによっても、本罪は成立する。（大判明43・12・13刑録一六・二一八一）

② 公文書偽造罪は、公文書に対する公共的信用を保護法益とし、その証明手段として持つ社会的機能を保護し社会生活の安定を図ろうとするものである。（最判昭51・4・30後出⑦）

二　**客体**

1　**文書**

イ　**意義**

③ 文書とは文字又はこれに代わるべき符号を用い永続すべき状態においてある物体の上に記載した意思表示をいうから、入札用陶器への記載は、文書に当たる。（大判明43・9・30刑録一六・一五七二）

ロ　**原本性**

④ 黒板上のチョークによる記載は、文書に当たる。（最判昭38・12・24刑集一七・一二・二四八五）→二五八条④

⑤ 文書偽造罪にいう文書は、法律上少なくとも実生活上の利害に関係ある事項の証明に役立つ意識の表示であり、かつ、意識の表示それ自体でなければならないから、単純な写しは文書でない。（福島地判昭26・5・24体系三二・六三七）

⑥ ある議案を議決した旨記載した「村議会議決（写）」なる文書は、そのような議決書の写しなる旨を表示した公文書と認められる。（最決昭34・8・17刑集一三・一〇・二七五七）

⑦ 文書偽造罪の保護法益に鑑みると、その客体となる文書は原本たる公文書に限らず、原本の写しであっても原本と同一の意識内容を保有し、証明文書としてこれと同様の社会的機能と信用性を有する限りこれに含まれる。写真コピーは、同一内容の原本の存在を信用させるだけでなく原本作成者の意識内容が直接伝達保有されている文書と見得るようなものであるから、文書本来の性質上写真コピーが原本と同様の機能と信用性を有し得ない場合を除き、公文書偽造罪の客体となり得る。（最判昭51・4・30刑集三〇・三・四五三、刑百選Ⅱ八版八八）

⑧ 保険証を原寸大でA4大の用紙にコピーし、これに数字等が印字された紙を貼り付けることでできた改ざん物は、肉眼等で観察する限り、保険証の原本であると一般人が見誤ることは通常は考え難いため保険証の原本の偽造罪は成立しないが、一般人をして当該保険証の真正なコピーであると誤認させるに足りる程度の形式・外観を備えた文書とは認められるから、当該保険証の写しについては、偽造罪が成立する。（東京高判平20・7・18判タ一三〇六・三一一）

⑨ 別人の氏名等を記載した紙片を置きメンディングテープで全体が覆われた運転免許証は、手に取るなら改ざんが判明するとしても、無人の自動契約受付機から係員の前にあるディスプレイに表示させる電子機器を通しての呈示・使用も含め免許証に通常想定される行使態様を考えるなら、必ずしも切貼り等にすぐ気付くものとはいえないから、一般人をして真正な免許証と誤認させる程度のものであり、公文書偽造罪が成立する。（大阪地判平8・7・8判タ九六〇・二九三、刑百選Ⅱ八版九〇）

ハ　**電磁的記録物**

a　**キャッシュカードの磁気ストライプ部分**→一五九条⑦

b　**電磁的記録物たる自動車登録ファイル**→一五七条⑤

ニ　**名義人の存在**

a　**名義人の判別**

⑩ 刑法上の文書といえるためには、名義人が文書自体において判断できることを要する。「小屋瀬町会議員代表」と表示した書面は名義人を特定できないから文書といえない。（大判昭3・7・14刑集七・四九〇）

⑪ 紙片自体には名義人の表示がなくともそれに付随する物体から知り得れば文書といえるから、いずれかの部分に製造会社名の表示されている焼酎瓶に貼付されたアルコール含有量を証明する用紙は、文書に当たる。（大判昭7・5・23刑集一一・六六五）

b　**架空の名義人**

⑫ 実在しない司法局別館人権擁護委員会会計課名義の書面は、その形式・外観において一般人をして実在する公務所が権限内で作成した公文書であると誤信させるに足りるから、その偽造・行使は公文書偽造・行使に当たる。（最判昭36・3・30刑集一五・三・六六七）

⑬ 架空人名義の簡易保険申込書を作成した場合、当局のみならず一般人をして真正に作成された文書と誤信させる危険のある点は実在人名義を冒用した場合と区別がないから、私文書偽造罪が成立する。（最判昭28・11・13刑集七・一一・二〇九六、刑百選Ⅱ二版七八）

⑭ 偽名を用いて就職しようと考え、虚偽の氏名、生年月日、住所、経歴等を記載し、被告人の顔写真を貼付した履歴書及び虚偽の氏名等を記載した雇用契約書を作成して、提出行使した場合、これらの文書の性質、機能等に照らすと、たとえ被告人の顔写真が貼付され、あるいは被告人が文書から生ずる責任を免れようとする意思を有していなかったとしても、文書に表示された名義人は、被告人とは別人格の者であることが明らかであるから、名義人と作成者との人格の同一性にそごを生じさせたものであり、私文書偽造、同行使罪が成立する。（最決平11・12・20刑集五三・九・一四九五、刑百選Ⅱ七版九五）

⑮ 国際運転免許証の発給権限を有しない実在の団体Aの委託を受けて国際運転免許証に酷似した文書を作成した場合、発給権限を有する団体により作成されているということが文書の社会的信用性を基礎付けるものといえるから、文書の名義人は国際運転免許証の発給権限を有する団体であるAと解すべきであり、名義人と作成者との間の人格の同一性を偽る行為として私文書偽造罪が成立する。（最決平15・10・6刑集五七・九・九八七、刑百選Ⅱ八版九六）

16 **2 図画**

日本専売公社の製造たばこ「光」の外箱は、合法的な専売品であることを証明する意思を表示した図画である。（最判昭33・4・10刑集一二・五・七四三）

17 地方法務局出張所の土地台帳附属の編綴〔へんてつ〕された地図は、編綴の表紙に出張所名の記載がなされていれば図の各葉にこれがなくとも、同出張所の署名のある公図画である。（最決昭45・6・30判時五九六・九六）

三 行為

1 偽造

イ 意義

18 文書の偽造とは、他人の作成名義を偽り新たに文書を作成することを意味する。（大判明43・12・20刑録一六・二二六五）

19 本来作成権限のない公務員を作成名義人として公文書を偽造しても、一般人をして権限内において作成されたと信ぜしめ得る形式・外観を備えている以上、公文書偽造罪となり得る。（最判昭28・2・20刑集七・二・四二六）

20 有効期間を三箇月余経過して無効になった運転免許証に自己の写真を貼り替えた場合、被告人が受けた真正な免許証の有効期限が過ぎたにすぎないように誤信させるに足りる外観を備えているときは、警察官にこれを提示する行為は偽造公文書行使に当たる。（最決昭52・4・25刑集三一・三・一六九、重判昭52刑五）

21 有効期限を過ぎて無効となった運転免許証の生年月日等の記載を改竄〔かいざん〕しても、それが有効な免許証と誤認されるおそれはほとんどないから、公文書偽造罪は成立しない。（長崎地佐世保支判昭33・7・18一審刑一・七・一〇六八）

ロ 名義人

a 代理・代表名義

22 他人の代表者・代理人として文書を作成する権限のない者が、代表・代理の資格又は普通人をしてそれと誤認させるような資格を表示して作成した文書は、文書内容に基づく効果が本人に帰属する形式を備えているから、その名義人は代表・代理された本人である。（最決昭45・9・4刑集二四・一〇・一三一九、刑百選Ⅱ〔八版〕九三）

b 通称の使用

23 義弟と同一の氏名を使用して生活していたためそれがある限られた範囲で被告人の通称となっていても、その名義で交通切符中の供述書を作成したときは、私文書偽造罪が成立する。（最決昭56・12・22刑集三五・九・九五三、刑百選Ⅱ〔二版〕八六）

24 密入国者が他人たる甲名義の外国人登録証明書を取得し、「甲」を永年自己の氏名として公然使用した結果、それが相当広い範囲で被告人を指す名称として定着し他人と混同するおそれがなくなったとしても、甲名義で作成された再入国許可申請書に表示された「甲」から認識される人格は適法に日本在留を許された甲であって被告人とは別の人格であるから、右文書は名義人と作成者との人格の同一性に齟齬〔そご〕を生じておりその作成は私文書偽造罪に当たる。（最判昭59・2・17刑集三八・三・三三六、刑百選Ⅱ〔八版〕九四）

c 同姓同名

25 弁護士でない甲が、自己と同姓同名の弁護士がいることを利用して、「弁護士甲」の名義で、弁護士業務に関連し、弁護士資格を有する者が作成した形式、内容を備える文書を作成した場合、その文書の名義人は弁護士甲であって被告人とは別人格の者だから、名義人と作成者の人格の同一性にそごを生じさせたもので、私文書偽造、同行使罪が成立する。（最決平5・10・5刑集四七・八・七、刑百選Ⅱ〔八版〕九五）

ハ 作成権限

a 名義人の承諾

26 交通切符中の供述書は、その性質上名義人以外の者が作成することが法令上許されないので、これを他人名義で作成したときは、あらかじめその他人の承諾を得ていたとしても、私文書偽造罪が成立する。（最決昭56・4・8刑集三五・三・五七、刑百選Ⅱ〔八版〕九七）

27 大学の入学選抜試験の志願者が、替え玉受験を承諾していたとしても、答案は、志願者本人の学力の程度を判断するためのもので、作成名義人以外の者の作成が許容されるものではないから、名義人の承諾あるいは承諾あることの被告人の認識は、私文書偽造、同行使罪の成立を妨げるものではない。（東京高判平5・4・5高刑四六・二・三五）

b 権限の踰越〔ゆえつ〕

28 本人の承諾していない土地に承諾範囲を超えた金額の債務のため抵当権を設定する旨を記載した借用証書を作成する行為は、私文書偽造罪を構成する。（大判昭7・10・27刑集一一・一五〇六）

c 権限の濫用

29 銀行の支配人のように他人の代表者又は代理人として代表・代理名義又は直接本人の商号を用いて文書を作成する権限ある場合、その地位を濫用して、自己又は第三者の利益を図る目的で文書（為替取引報告書）を作成しても、右文書の私法上の効果に影響がないから、文書偽造罪は成立しない。（大連判大11・10・20刑集一・五五八、刑百選〔初版〕七二）→一六二条14

ニ 名義人を道具とした間接正犯

30 文書作成権者がとかく内容を審査せずに印を押捺〔おうなつ〕することに乗じ、虚偽の記載をした書面に情を知らない同人をして職印を押捺させて内容虚偽の公文書を作成させたときは、公文書偽造罪が成立することは格別、虚偽公文書作成罪は成立しない。（東京高判昭28・8・3高刑判特三九・七二）

31 他の文書であると欺罔〔ぎもう〕して名義人に署名等をさせたときは、文書偽造罪が成立する。（大判明44・5・8刑録一七・八一七）

32 名義人が借用証書の内容を認識し、その証書を作成する意思の下に署名したときは、虚偽の内容を真実と誤信させて署名させたとしても文書偽造罪は成立せず、証書詐取の詐欺罪が成立するにとどまる。（大判昭2・3・26刑集六・一一四）

◇30〜32→一五六条5

2 変造

イ 変造とされた事例

33 有効な借用証書の金額を増減する行為は、変造に当たる。（大判明44・11・9刑録一七・一八四三）

34 登記済証の抵当権欄の登記順位番号の変更は、変造に当たる。（大判昭2・7・8評論一七・刑一〇四）

ロ 偽造とされた事例

35 郵便貯金通帳の記号番号、貯金者名義、預金・払戻金額欄の記載を変更する行為は、公文書の変造ではなく偽造である。（大判大15・5・13刑集五・一五八）

36 運転免許証の写真を貼り替え生年月日欄の記載を変更する行為は、公文書偽造罪に当たる。（最決昭35・1・12刑集一四・一・九）

3　虚偽文書作成

イ　偽造との区別

37　公文書の作成権限者が権限を濫用して内容虚偽の公文書を作成したときは、たとえ専ら第三者の利を図る目的であったとしても、虚偽公文書作成罪が成立し公文書偽造罪は成立しない。（最決昭33・4・11刑集一二・五・八八六、刑百選Ⅱ〔初版〕一二）

ロ　偽造と虚偽文書作成の錯誤

38　虚偽公文書作成の教唆を共謀したところ共犯者が公文書偽造教唆を行ったときは、両罪は罪質・法定刑が同じであり、共犯者も動機・目的を同じくして犯したのであるから、共謀者はその結果、すなわち公文書偽造教唆につき故意の責任を負う。（最判昭23・10・23刑集二・一一・一三八六、刑百選Ⅰ〔初版〕五三）→三八条10

4　行使

イ　意義

39　偽造文書の行使とは、偽造文書を真正の文書として使用することによって成立し、その文書の趣旨に従って使用する必要はないから、無権限に虚偽金額を記入した銀行預金通帳を真正な通帳として預金口座の名義人に交付する行為は、銀行に対して預金通帳という文書の趣旨に従った使用をするのでなくとも、偽造文書行使罪が成立する。（大判明44・3・24刑録一七・四五八）

40　偽造の卒業証書を真正のものとして父親に見せる行為は、単に父親を満足させる目的のみであったとしても、偽造文書行使罪に当たる。（最決昭42・3・30刑集二一・二・四四七、刑百選Ⅱ〔二版〕八三）

ロ　行使の態様

41　偽造文書の行使は、その原本を他人に示すことによって成立し、その謄本を示したり、その内容・形式を口頭又は文書で他人に告げることでは足りない。（大判明43・8・9刑録一六・一四五二）

42　偽造の運転免許証を携帯して自動車を運転したときは、いまだ免許証を他人の閲覧に供しその内容を認識し得る状態においたといえないから、偽造公文書行使罪に当たらない。（最大判昭44・6・18刑集二三・七・九五〇、刑百選Ⅱ〔八版〕九九）

43　不実の記載をさせた登記簿は登記官庁に備え付けられたときに行使の効果を生じ、何人かがその閲覧等の申請をすることを待たない。（大判大11・5・1刑集一・二五二）

44　偽造文書の縮小写真コピーを作成してこれを使用する行為は、偽造文書行使罪に当たる。（福島地判昭61・1・31刑月一八・一＝二・五七）

四　行使の目的

45　文書偽造罪における行使の目的は、その本来の用法に従って真正なものとして使用することに限らず、いやしくも真正な文書としてその効用に役立たせる目的（選挙投票通知書等を投票があったことの証明資料とする）があれば足りる。（最決昭29・4・15刑集八・四・五〇八）

46　行使の目的は、確定的でなく未必・条件付きであってもよい。（大判大11・4・11新聞一九八四・一九）

五　罪数

1　一罪の基準

47　郵便貯金通帳の預入れ・払戻しの各記載は、それぞれ一個の公文書をなし、その偽造は各記載ごとに公文書偽造罪を構成する。（大判昭7・2・25刑集一一・二〇七）

2　牽連〔けんれん〕犯になる場合→五四条24～26

（詔書偽造等）

第一五四条①　行使の目的で、御璽、国璽若しくは御名を使用して詔書その他の文書を偽造し、又は偽造した御璽、国璽若しくは御名を使用して詔書その他の文書を偽造した者は、無期又は三年以上の懲役に処する。

②　御璽若しくは国璽を押し又は御名を署した詔書その他の文書を変造した者も、前項と同様とする。

（公文書偽造等）

第一五五条①　行使の目的で、公務所若しくは公務員の印章若しくは署名を使用して公務所若しくは公務員の作成すべき文書若しくは図画を偽造し、又は偽造した公務所若しくは公務員の印章若しくは署名を使用して公務所若しくは公務員の作成すべき文書若しくは図画を偽造した者は、一年以上十年以下の懲役に処する。

②　公務所又は公務員が押印し又は署名した文書又は図画を変造した者も、前項と同様とする。

③　前二項に規定するもののほか、公務所若しくは公務員の作成すべき文書若しくは図画を偽造し、又は公務所若しくは公務員が作成した文書若しくは図画を変造した者は、三年以下の懲役又は二十万円以下の罰金に処する。

⊛+【公務所・公務員↓七

一　公文書

1　意義

1　公文書とは公務所又は公務員がその名義をもってその権限内で所定の形式に従い作成すべき文書をいい、その権限が法令・内規・慣例のいずれによるかは問わず、その職務執行の範囲内で作成されるものであれば足りる。（大判明45・4・15刑録一八・四六四）

2　村役場書記の退職願は、職務の執行につき作成すべきものではないから、公文書に当たらない。（大判大10・9・24刑録二七・五八九）→二五八条11

2　作成権限

3　公務員であっても、自己に作成権限のない文書を作成すれば、公文書偽造罪が成立する。（最判昭25・2・28刑集四・二・二六八）

4　市長の代決者たる課長の補助者として一定の手続の下で印鑑証明書を作成する権限を有する公務員が、その手続たる申請書の提出・手数料の納付のないまま印鑑証明書を作成しても、申請書がなくとも正確性に問題がないような場合には、作成権限に基づいてこれを作成したといえ、公文書偽造罪は成立しない。（最判昭51・5・6刑集三〇・四・五九一、刑百選Ⅱ〔八版〕九一）

3　省略文書

5　郵便日付印の押捺〔おうなつ〕は、郵便物の引受けを証する郵便局の署名ある文書である。（大判昭3・10・9刑集七・六八三）

6　物品税証紙は、物品税納付の事実を証明する政府発行の文書である。（最決昭29・8・20刑集八・八・一三六三）

7　富山県三等輸出米検査証紙は、単に同輸出米検査をしたことを示す公記号にすぎない。（大判大2・3・11刑録一九・三三〇）

二　印章・署名

8　公務員の印章とは、公務員が職務上公務員の印章として使用する一切の印章を指称し、認印たると職印たるとを問

刑法

わない。（大判昭9・2・24刑集一三・一六〇）

[9] 本条にいう署名は、記名たると自署たるとを問わず、いやしくも作成者がいかなる者であるかを表示するものは全てこれに当たる。（大判大4・10・20新聞一〇五二・二七）

[10] 「公務所の署名を使用し」とは、正当に表示された公務所の署名を不正に使用することをいう。（大判大3・6・13刑録二〇・一一八二）

（虚偽公文書作成等）

第一五六条 公務員が、その職務に関し、行使の目的で、虚偽の文書若しくは図画を作成し、又は文書若しくは図画を変造したときは、印章又は署名の有無により区別して、前二条の例による。

【公務員↓七①】【国外犯↓四㈢】

一 主体

[1] 作成権限ある公務員（最決昭33・4・11刑集一二・五・八八六、刑百選Ⅱ[初版]一一二）↓二編十七章[37]

二 虚偽の届出に基づく虚偽文書作成

1 実質的審査をする場合

[2] 市町村長は家屋台帳に記載すべきことにつき虚偽事実の届出があったときは、その台帳への記載を拒否すべき義務と権能があるので、虚偽と知りながらこれを台帳に記載したときは虚偽公文書作成罪が成立する。（大判昭7・4・21刑集一一・四一五）

2 形式的審査をする場合

[3] 市町村長は戸籍の記載をなす際、形式上の要件を備えた届出があれば、届出事項の真否を調査して採否を決する必要はないが、虚偽であることが明白であるときはその記載を拒むことができるので、その虚偽たることを知りながら戸籍簿の記載をしたときは、虚偽公文書作成罪が成立する。（大判大7・7・26刑録二四・一〇一六）

三 権限ある公務員を道具とする間接正犯

1 非公務員による場合

[4] 刑法一五七条が文書の種類を限定して軽い処罰規定を設けていることに鑑みると、それ以外の場合は処罰しない趣旨と解されるから、非公務員が虚偽の申立てをなして公務員をして内容虚偽の証明書を作成させた場合には、本条の罪は成立しない。（最判昭27・12・25刑集六・一二・一三八七）

2 起案担当者による場合

[5] 公文書の作成権限者を補佐して公文書の起案を担当する職員が、その地位を利用して、職務上起案を担当する文書につき内容虚偽のものを起案し情を知らない上司をして真実なものと誤信させて署名等させたときは、虚偽公文書作成罪の間接正犯が成立する。（最判昭32・10・4刑集一一・一〇・二四六四、刑百選Ⅱ[八版]九二）

3 内容審査を怠った公務員の利用↓二編十七章[30]

（公正証書原本不実記載等）

第一五七条① 公務員に対し虚偽の申立てをして、登記簿、戸籍簿その他の権利若しくは義務に関する公正証書の原本に不実の記載をさせ、又は権利若しくは義務に関する公正証書の原本として用いられる電磁的記録に不実の記録をさせた者は、五年以下の懲役又は五十万円以下の罰金に処する。

② 公務員に対し虚偽の申立てをして、免状、鑑札又は旅券に不実の記載をさせた者は、一年以下の懲役又は二十万円以下の罰金に処する。

③ 前二項の罪の未遂は、罰する。

【公務員↓七】【電磁的記録↓七の二】❸【未遂↓四三、四四】

一 客体

1 公正証書原本

イ 公正証書原本に当たるもの

[1] 土地登記簿・建物登記簿（大判明43・11・8刑録一六・一八九五）

[2] [旧]住民登録法による住民票は、公務員が職務上作成し、権利義務に関するある事実を証明する効力を有する文書であるから、公正証書原本に当たる。（最判昭36・6・20刑集一五・六・九八四、刑百選[二版]七七）

[3] 外国人登録原票は、在留外国人の同一性とともに、居住関係、身分関係を明らかにし、ひいては公法上、私法上の権利義務の主体を明らかにするものであるから、本条一項の権利、義務に関する公正証書の原本に当たる。（名古屋高判平10・12・14高刑五一・三・五一〇）

ロ 公正証書原本に当たらないもの

[4] 印鑑簿は専ら事実証明に関する公簿であって、権利若しくは義務に関する公正証書ではない。（神戸地姫路支判昭33・9・27一審刑一・九・一五五四）

ハ 電磁的記録物

[5] コンピュータによる自動車登録ファイルは、本条一項にいう「権利若しくは義務に関する公正証書の原本」に当たる。〔昭和六二法五二による本条一項改正前の事案〕（最決昭58・11・24刑集三七・九・一五三八、刑百選Ⅱ[二版]八七）

2 免状

[6] 免状とは、一定の人に対し一定の行為をなす権能を付与する行政庁の証明書を汎称し、外国人登録証明書はこれに当たらない。（東京高判昭33・7・15東高刑九・七・二〇一）

二 虚偽の内容

[7] 不動産の所有者が他人から売渡しを受けた事実がないのにその旨登記申請をし登記簿原本に記載をさせたときは、本条一項に該当する。（最決昭35・1・11刑集一四・一・一、刑百選[二版]七六）

[8] 不動産を、名目上の買主（A）を経由して実質上の買主（B）に移転する意図で、売主（S）から購入したAによる、当該不動産に係る所有権がSからAに移転した旨の登記申請は、当該所有権が一旦はAに移転したという民事実体法上の物権変動の過程を忠実に反映している以上、「虚偽の申立て」とはいえず、当該申立てによる登記（磁気ディスクへの記録）も「不実の記録」とはいえない。（最判平28・12・5刑集七〇・八・七四九、重判平29刑四）

[9] 仮装の株式払込みに基づいて新株発行による変更登記を申請し商業登記簿原本に記載をさせたときは、本条一項に該当する。（最決平3・2・28刑集四五・二・七七〈アイデン架空増資事件〉会社法百選[四版]一〇一）

（偽造公文書行使等）

第一五八条① 第百五十四条から前条までの文書若しくは図画を行使し、又は前条第一項の電磁的記録を公正証書の原本としての用に供した者は、その文書若しくは図画を偽造し、若しくは変造し、虚偽の文書若しくは図画を作成し、又は不実の記載若しくは記録をさせた者と同一の刑に処する。

② 前項の罪の未遂は、罰する。

☞【電磁的記録→七の二 ❷【未遂→四三、四四

第一五九条（**私文書偽造等**）① 行使の目的で、他人の印章若しくは署名を使用して権利、義務若しくは事実証明に関する文書若しくは図画を偽造し、又は偽造した他人の印章若しくは署名を使用して権利、義務若しくは事実証明に関する文書若しくは図画を偽造した者は、三月以上五年以下の懲役に処する。

② 他人が押印し又は署名した権利、義務又は事実証明に関する文書又は図画を変造した者も、前項と同様とする。

③ 前二項に規定するもののほか、権利、義務又は事実証明に関する文書又は図画を偽造し、又は変造した者は、一年以下の懲役又は十万円以下の罰金に処する。

一 権利、義務若しくは事実証明に関する文書

1 内容の重要性

[1] 実社会生活に交渉を持つ事項を証明するに足る以上、法律上の事項に限らず、選挙候補者推薦会への案内状であっても、本条にいう事実証明の文書に当たる。（大判大9・12・24刑録二六・九三八）

[2] 書画の箱書は、書画が真筆によるという事実を証明するに足る文書である。（大判昭14・8・21刑集一八・四五七）

[3] 自動車登録事項等証明書に記載される事項は実社会生活に交渉を有する事項であり、この事項に関する情報を入手する目的で作成提出される自動車登録事項等証明書交付請求書は何某という請求者が情報の入手を請求する意思を表示したことを証明するものとして、実社会生活に交渉を有する事項を証明するに足りる文書であり、「事実証明に関する文書」に当たる。（東京高判平2・2・20高刑四三・一・一一、刑百選Ⅱ[四版]八〇）

[4] 大学入学試験の答案は、試験問題に対し、志願者が正解と判断した内容を解答用紙に記載する文書であり、それ自体で志願者の学力が明らかになるものではないが、その採点結果が志願者の学力を示す資料となり、これを基に合格の判定を受けた志願者が入学を許可されるのであるから、志願者の学力の証明に関するものであって、社会生活に交渉を有する事項を証明する文書に当たる。（最決平6・11・29刑集四八・七・四五三、刑百選Ⅱ[八版]八九）

2 省略文書

[5] 銀行の支払伝票は、金銭を支払うべき旨の意思を表示した文書である。（大判大3・4・6刑録二〇・四七八）

[6] 印鑑証明を受けるため小紙片に氏名とその印鑑を押捺［おうなつ］したものは、その印鑑が記名者の印影であることを証明する文書である。（大判大2・1・21刑録一九・二〇）

3 電磁的記録物

[7] 銀行のキャッシュカードの磁気ストライプ部分は、インプットされた情報が現金支払機等においてジャーナルレシートにプリントアウトされ可視的・可読的な文書として再生され、その再生された文書と磁気ストライプ部分とは一体不可分な関連を有すると認められるから、文書性を肯定すべきである。（大阪地判昭57・9・9刑月一四・一〇・七七六）

4 有価証券との区別→一六二条[5]～[8]

二 印章・署名

[8] 本条にいう「他人の署名」は、他人の氏名・商号・通称いずれであるか、自筆・代筆・印刷のいずれによるかを問わない。（大判明45・5・30刑録一八・七九〇）

[9] 片仮名で氏のみを表示したものも、本条にいう「署名」に当たる。（大判明43・1・31刑録一六・七四）

第一六〇条（**虚偽診断書等作成**） 医師が公務所に提出すべき診断書、検案書又は死亡証書に虚偽の記載をしたときは、三年以下の禁錮又は三十万円以下の罰金に処する。

☞【公務所→七②

第一六一条（**偽造私文書等行使**）① 前二条の文書又は図画を行使した者は、その文書若しくは図画を偽造し、若しくは変造し、又は虚偽の記載をした者と同一の刑に処する。

② 前項の罪の未遂は、罰する。

☞【未遂→四三、四四

第一六一条の二（**電磁的記録不正作出及び供用**）① 人の事務処理を誤らせる目的で、その事務処理の用に供する権利、義務又は事実証明に関する電磁的記録を不正に作った者は、五年以下の懲役又は五十万円以下の罰金に処する。

② 前項の罪が公務所又は公務員により作られるべき電磁的記録に係るときは、十年以下の懲役又は百万円以下の罰金に処する。

③ 不正に作られた権利、義務又は事実証明に関する電磁的記録を、第一項の目的で、人の事務処理の用に供した者は、その電磁的記録を不正に作った者と同一の刑に処する。

④ 前項の罪の未遂は、罰する。

☞【電磁的記録→七の二 ❷【公務所・公務員→七 ❹【未遂→四三、四四 ＊不正アクセス二④、三―七、一一―一三

[1] 銀行オンラインシステムに接続された現金自動預入払出機（ATM）等から現金を窃取しようとして、キャッシュカード大のプラスチック板にビデオテープを貼り付け、その磁気ストライプ部分に銀行番号等の印磁をなした上、右カードを用いてATM等から現金を引き出したときは、私電磁的記録不正作出罪、同供用罪及び窃盗罪が成立し、それぞれ牽連関係に立つ。（東京地判平元・2・22判時一三〇八・一六一）

[2] 自動払戻機に挿入して現金の払戻しを受ける目的で、はずれ馬券裏面の磁気ストライプ部分に的中馬券と同一内容を印磁する行為は、私電磁的記録不正作出罪に当たる。（甲府地判平元・3・31判時一三一一・一六〇、刑百選Ⅱ[四版]九〇）

第十八章 有価証券偽造の罪

第一六二条（**有価証券偽造等**）① 行使の目的で、公債証書、官庁の証券、会社の株券その他の有価証券を偽造し、又は変造した者は、三月以上十年以下の懲役に処する。

② 行使の目的で、有価証券に虚偽の記入をした者も、前項と同様とする。

一 有価証券

1 意義

[1] 刑法にいわゆる有価証券とは、財産上の権利が証券に表示され、その表示された権利の行使につきその証券の占有が必要とされるものをいい、その証券が取引上流通性を有すると否とは刑法上は必ずしも問わないから、私鉄電車定期乗車券は有価証券に当たる。（最判昭32・7・25刑集一一・七・二〇三七）

[2] テレホンカードは、その磁気情報部分、券面上の記載、外観を一体としてみれば、電話の役務の提供を受ける財産上の権利を証券上表示するものと認められ、カード式公衆電話機に挿入して使用するものであるから有価証券に当たる。その磁気情報部分に記録された通話可能度数を権限なく改ざんする行為は、真正に作成された有価証券に権限なく変更を加えるもので、有価証券の変造に当たる。変造されたテレホンカードをカード式公衆電話機に挿入して使用する行為は、その用法に従って真正なものとして使用するものであり、変造された有価証券の行使に当たる。（最決平3・4・5刑集四五・四・一七一、刑百選Ⅱ[四版]八二）

[3] 使用済みテレホンカードのパンチ穴を磁気テープで塞いで度数情報を印磁した場合、一般人をして真正に作成されたテレホンカードと誤信させるだけの外観がない場合には、有価証券偽変造罪は成立せず、電磁的記録不正作出罪が成立するにとどまる。（名古屋地判平5・4・22判タ八四〇・二三四）

[4] テレホンカードが改ざんされてテープが貼られているとはいえ、NTTが正規に発行したものではないという不審の念を抱かせるほどの外観の異常さが認められないなら、変造有価証券に当たる。（東京高判平6・8・4判時一五二四・一五二）

◇[2]～[4]↓一六三条の二

2 流通性・権利化体性

[5] 当せん金附証票法により発行された宝くじは、転売が禁止され流通性を欠いているとはいえ、刑法上の有価証券に当たる。（最決昭33・1・16刑集一二・一・二五）

[6] 刑法が文書偽造罪のほかに有価証券偽造罪を設けたのは、有価証券がその効用において一般私文書よりも高度の信用性を担保する必要があることによるから、証券上の権利が証券の記載内容から必ずしも明瞭でない場合であっても取引慣習とあいまってその権利が証券に表彰されているものと同様に取引客体とされているときは、有価証券といい得る。昭和二六年商法改正前において、白紙委任状付増資新株申込証拠金領収書は慣行上株券類似の証券的作用を営んでいたから、刑法上の有価証券に当たる。（最判昭34・12・4刑集一三・一二・三一二七）

[7] ゴルフクラブ会員権の譲渡には会社の承諾や会員名簿への氏名登録等が必要であり、ゴルフ場の優先的利用権の行使に預り金証券の呈示は必要なく会員名簿に登載されていることさえ明らかにすれば足り、他方その登載がなければ同証券を譲り受けたとしても利用権の行使ができないこと等、権利の移転・行使に証書を離れた手続が要求されていることに鑑みると、本件預り金証券は信用性につき手形等と同様の強い保護を与える必要は認め難く、有価証券といえない。（東京高判昭53・2・16高刑三一・一・二二）

[8] ゴルフ場の優先的利用の際にはゴルフクラブ会員証（預り金証券）に基づいて作成される会員名簿に掲載された者のみに発行されるパス券の呈示が必要であり、間接的に右会員証の占有を必要とするといえること、預託金返還請求の際には会員証の呈示が必要であること、会員権の移転には少なくとも会員証の裏書交付が必要であり、その他に必要とされている会社の譲渡承諾は全く名目的であることなどに鑑みると、本件会員証（預り金証券）には真正性に対し単なる私文書以上の保護を要すべきであるから、本件会員証は、預託金返還請求権とゴルフ場優先利用権を表彰する有価証券といえる。（東京地判昭53・3・28判時九一一・一六六）

[9] 無記名定期預金証券は、譲渡・質入れが禁止され、証書がなくとも支払がなされ得るから、財産権が証券に化体されその行使・譲渡に証券の占有を必要とする有価証券とはいえない。（最決昭31・12・27刑集一〇・一二・一七九八）

3 私法上の有効性

[10] 会社の設立が無効であっても会社の設立登記がある以上、登記上の取締役の作成した株券は刑法上の有価証券に当たる。（大判大14・9・25刑集四・五四七）

[11] 受取人及び振出日という手形法七五条所定の要件を欠き無効な約束手形であっても、外見上通常人をして白地手形と誤信させる程度の記載があれば、本条にいう有価証券に当たる。（東京高判昭58・5・26東高刑三四・四～六・一八）

[12] 会社社長の記名印章等を偽造して株券用紙を作成したが、番号・株主氏名など記名株券の要件を欠くのみならず、外観上も単に株券用紙にとどまることが明らかなときは、有価証券偽造罪は成立しない。（大判大15・5・8刑集五・二七一）

4 名義人

[13] 架空人名義の手形であっても、外形上一般人をして真正に成立した有価証券と誤信せしめるに足るものであれば、行使の目的でこれを作成する行為は本条の罪に当たる。（最大判昭30・5・25刑集九・六・一〇八〇）

二 行為

1 作成権限

[14] 他人の代表者又は代理人が代表・代理名義又は直接本人の商号を用いて手形その他の文書を作成する権限がある場合、その地位を濫用して、自己又は第三者の利益を図る目的で小切手を作成しても、その私法上の効力に影響がないから、このような行為をした商法上の支配人に有価証券偽造罪は成立しない。（大連判大11・10・20刑集一・五五八）

[15] 水産業協同組合法によって支配人に関する商法［会社法］の規定が準用される漁業協同組合参事であっても、組合内部の定めにより、組合長振出名義の約束手形の作成権限が専務理事に専属し、参事はその起案者・補助役にとどまっていたときは、参事が組合長又は専務理事の決済・承認を受けずに右手形を作成する行為は、有価証券偽造罪に当たる。（最決昭43・6・25刑集二二・六・四九〇、刑百選Ⅱ[八版]九八）

[16] 設立準備中の甲株式会社の発起人代表乙の承諾を得たとしても、設立前に「甲株式会社代表取締役乙」名義の手形を振り出すことは架空会社名義の冒用であって、有価証券偽造罪が成立する。（最判昭38・12・6刑集一七・一二・二四四三、刑百選Ⅱ[二版]七七）

2 偽造と変造の区別

[17] 通用期間を経過し効力を失った鉄道乗車券の終期に改竄［かいざん］を加え、なお有効であるかのように装ったときは、有価証券偽造罪が成立する。（大判大12・2・15刑集二・七八）

[18] 手形の振出日付又は受取日付の改竄は、手形の変造に当たる。（大判大3・5・7刑録二〇・七八二）

[19] 小切手の金額欄の金額数字の改竄は、小切手の変造に当たる。（最判昭36・9・26刑集一五・八・一五二五）

3　虚偽記入

[20] 本条二項にいう「虚偽の記入」とは、既成の有価証券に対すると否とを問わず、すなわち手形にあっては振出行為の前後を問わず、有価証券に真実に反する記載をする全ての行為を指し、手形にあっては基本的な振出行為を除いたいわゆる附属的手形行為（裏書、引受け、保証等）の偽造等をいう。（最決昭32・1・17刑集一一・一・二三、刑百選[二版]八〇……引受文言の事例）

[21] 約束手形の振出日と支払期日を遡及して記載し、また振出日付で某が支払保証をした旨の虚偽の記入をしたときは、虚偽記入罪が成立する。（大判昭11・2・24刑集一五・一五五）

[22] 設立無効の会社名義の株券に、株主名義・資本金額・一株の金額・その払込済みなることを記入したときは、虚偽記入罪が成立する。（大判大14・9・25前出[10]）

三　行使の目的↓一六三条[1][2]

第一六三条（偽造有価証券行使等）① 偽造若しくは変造の有価証券又は虚偽の記入がある有価証券を行使し、又は行使の目的で人に交付し、若しくは輸入した者は、三月以上十年以下の懲役に処する。

② 前項の罪の未遂は、罰する。

§+【未遂↓四三・四四

一　行使

[1] 偽造手形の行使は、手形本来の効用に従いこれを流通に置く場合のみならず、偽造手形を真正のものとして使用することを汎称するから、見せ手形として使用することは行使に当たり、見せ手形として使用されることを知りつつ偽造であることを知らない他人に交付することも行使に当たる。（大判明44・3・31刑録一七・四八二）

[2] 偽造手形の善意取得者が後日その偽造であることを知った場合でも、真実の署名をなした手形債務者に右手形を呈示して弁済を請求することは、当然の権利行使であって偽造有価証券行使罪を構成しない。（大判大3・11・28刑録二〇・二二七七）

二　交付

[3] 偽造等有価証券交付罪は、偽造等有価証券を行使の目的で情を知った他人に交付する場合に成立する。（大判昭2・6・28刑集六・二三五）

第十八章の二　支払用カード電磁的記録に関する罪

第一六三条の二（支払用カード電磁的記録不正作出等）① 人の財産上の事務処理を誤らせる目的で、その事務処理の用に供する電磁的記録であって、クレジットカードその他の代金又は料金の支払用のカードを構成するものを不正に作った者は、十年以下の懲役又は百万円以下の罰金に処する。預貯金の引出用のカードを構成する電磁的記録を不正に作った者も、同様とする。

② 不正に作られた前項の電磁的記録を、同項の目的で、人の財産上の事務処理の用に供した者も、同項と同様とする。

③ 不正に作られた第一項の電磁的記録をその構成部分とするカードを、同項の目的で、譲り渡し、貸し渡し、又は輸入した者も、同項と同様とする。

§+【電磁的記録↓七の二　❶【電磁的記録不正作出等↓一六一の二　+【未遂↓一六三の五

本条新設前の判例として↓一六二条[2]～[4]

第一六三条の三（不正電磁的記録カード所持）　前条第一項の目的で、同条第三項のカードを所持した者は、五年以下の懲役又は五十万円以下の罰金に処する。

第一六三条の四（支払用カード電磁的記録不正作出準備）① 第百六十三条の二第一項の犯罪行為の用に供する目的で、同項の電磁的記録の情報を取得した者は、三年以下の懲役又は五十万円以下の罰金に処する。情を知って、その情報を提供した者も、同様とする。

② 不正に取得された第百六十三条の二第一項の電磁的記録の情報を、前項の目的で保管した者も、同項と同様とする。

③ 第一項の目的で、器械又は原料を準備した者も、同項と同様とする。

§❶【未遂↓一六三の五

第一六三条の五（未遂罪）　第百六十三条の二及び前条第一項の罪の未遂は、罰する。

§+【未遂↓四三・四四

第十九章　印章偽造の罪

一　客体

1　印章

[1] 「印章」には、印章の影蹟〔えいせき〕のみならず印顆〔いんか〕そのものも含まれる。（大判明43・11・21刑録一六・二〇九三）

[2] 印章署名偽造罪にいう印章・署名は、法律事項に限らず、人類の社会生活に交渉を有する事項を証明するものであれば足りるから、書画の印章落款もこれに当たる。（大判大14・10・10刑集四・五九九）

[3] 通常人をして実在する公務所又は公務員の印章署名と誤信させるに足りる程度の形式、外観を備えた印章署名であれば公印偽造罪の客体になるから、かつて某市の市長であったが犯行前に落選した甲の名を刻した印章と「某市長印」なる印章とを作成したときは、両印章は不可分の関係に立ち、某市長甲の印章と誤信され得るものだから、公印偽造罪が成立する。（最決昭32・2・7刑集一一・二・五三〇）

2　署名

[4] 「署名」とは、一定の人が自己を表彰すべき文字をもって氏名その他の呼称を表記したものをいい、雅号もこれに

含まれる。（大判大5・12・11刑録二二・一八五六）→一五五条⑨・一五九条⑧⑨

３　記号

イ　意義

⑤ 刑法一六六条にいう公務所の記号とは、他の物体上に現出せしめた記号の影蹟のみならず、その影蹟を現出せしむべき物体を含むから、同条の罪は記号を彫刻業者に彫刻させたことにより既に成立する。（大判明45・4・22刑録一八・四九一）

ロ　印章との区別

⑥ 印章と記号とを区別する必要は証明力の程度にあるから、その押捺〔おうなつ〕された物体を絶対的な基準とすべきではなく、専ら特定人が事実証明者として自己を表彰するため氏名名称を印記したか否かによって決するべきである。よって織物が合法的に製織された旨を確認し、検査済みであることを証する繊維需給調整協議会の「検査済」の表示は、織物に押捺されたものであっても印章に当たる。（大判昭17・9・28新聞四八〇三・一四）

⑦ 公務所の印章と記号の区別の基準はその使用の目的物にあり、文書に押捺して証明の用に供するものは印章であり、産物、商品等に押捺するものは記号であるから、選挙用ポスターに押捺すべき選挙管理委員会の検印は印章に当たる。（最判昭30・1・11刑集九・一・二五）

八　省略文書との区別→一五五条⑤～⑦

二　行為

１　偽造

⑧ 偽造印は、人をして真印と信じさせる程度に偽造されていれば足り、実物に類似している必要はない。（大判明43・6・23刑録一六・一二六七）

⑨ 「東京市麹町永田近衛文麿」と署名したときは、一見通常人をして近衛文麿の署名と誤認させるに足るから、その署名を偽造したといえる。（大判昭8・12・6刑集一二・二二二六）

⑩ 一般的に見て、真正のものという印象を与える程度のものであるときを偽造といい、その程度に至らないときが模造である。権限なく作成された物品税表示証の検印が、専門家が見れば偽物と分かるものであるとしても、偽造となり得る。（最決昭32・6・8刑集一一・六・一六一六）

２　不正使用

⑪ 印章不正使用とは、印章を押捺すべきでない場合に不正にその影蹟をある物体上に表顕させ、これを正当に押捺した印章として他人に閲覧させ得る状態に置くことをいう。（大判昭16・10・9刑集二〇・五四七）

三　罪数

⑫ 有印私文書偽造罪は印章偽造をその構成要素とするので、別に印章偽造罪を成立させない。（大判昭7・7・20刑集一一・一一一三）

（御璽偽造及び不正使用等）

第一六四条① 行使の目的で、御璽、国璽又は御名を偽造した者は、二年以上の有期懲役に処する。

② 御璽、国璽若しくは御名を不正に使用し、又は偽造した御璽、国璽若しくは御名を使用した者も、前項と同様とする。

❷【未遂→一六八

（公印偽造及び不正使用等）

第一六五条① 行使の目的で、公務所又は公務員の印章又は署名を偽造した者は、三月以上五年以下の懲役に処する。

② 公務所若しくは公務員の印章若しくは署名を不正に使用し、又は偽造した公務所若しくは公務員の印章若しくは署名を使用した者も、前項と同様とする。

†【公務所・公務員→七　❷【未遂→一六八

（公記号偽造及び不正使用等）

第一六六条① 行使の目的で、公務所の記号を偽造した者は、三年以下の懲役に処する。

② 公務所の記号を不正に使用し、又は偽造した公務所の記号を使用した者も、前項と同様とする。

†【公務所→七②　❷【未遂→一六八

（私印偽造及び不正使用等）

第一六七条① 行使の目的で、他人の印章又は署名を偽造した者は、三年以下の懲役に処する。

② 他人の印章若しくは署名を不正に使用し、又は偽造した印章若しくは署名を使用した者も、前項と同様とする。

❷【未遂→一六八

① 公印偽造罪は重い刑を定めているため、記号偽造のために公記号偽造罪という別の罰条を設けているが、本条の刑は比較的軽いので私記号偽造もこれに包含されると解され、樹木売却の際押用される極印の偽造は本条の罪に当たる。（大判大3・11・4刑録二〇・二〇〇八）

（未遂罪）

第一六八条　第百六十四条第二項、第百六十五条第二項、第百六十六条第二項及び前条第二項の罪の未遂は、罰する。

†【未遂→四三・四四

① 他人名義の領収書を偽造する目的で罫紙にその印章を盗捺〔とうなつ〕したときは、いまだ他人の印章を事実証明のために使用する行為の予備たるにすぎないから、印章不正使用未遂罪は成立しない。（大判昭4・11・1刑集八・五五七）

第十九章の二　不正指令電磁的記録に関する罪

（不正指令電磁的記録作成等）

第一六八条の二① 正当な理由がないのに、人の電子計算機における実行の用に供する目的で、次に掲げる電磁的記録その他の記録を作成し、又は提供した者は、三年以下の懲役又は五十万円以下の罰金に処する。

一　人が電子計算機を使用するに際してその意図に沿うべき動作をさせず、又はその意図に反する動作をさせるべき不正な指令を与える電磁的記録

二　前号に掲げるもののほか、同号の不正な指令を記述した電磁的記録その他の記録

② 正当な理由がないのに、前項第一号に掲げる電磁的

記録を人の電子計算機における実行の用に供した者も、同項と同様とする。
③ 前項の罪の未遂は、罰する。

⊕【電磁的記録↓七の二】【不正指令↓二三四の二・二四六の二】【未遂↓四三・四四】

一 反意図性

[1] 反意図性（電磁的記録が利用者の「意図に沿うべき動作をさせず、又はその意図に反する動作をさせるべき」性質）とは、当該プログラムについて一般の使用者が認識すべき動作と実際の動作が異なることをいい、その判断に当たっては、当該プログラムの動作の内容に加え、プログラムに付された名称、動作に関する説明の内容、想定される当該プログラムの利用方法等を考慮する必要がある。ウェブサイト閲覧者の同意を得ることなくその電子計算機を使用して仮想通貨のマイニングを行わせる本件プログラムコード（電磁的記録）には、反意図性が認められる。（最判令4・1・20刑集七六・一・一）

二 不正性

[2] 不正性（電磁的記録の「不正な指令を与える」べき性質）とは、電子計算機による情報処理に対する社会一般の信頼を保護し、電子計算機の社会的機能を保護する本罪の性質を踏まえ、社会的に許容し得ないプログラムについて肯定され、その判断に当たっては、当該プログラムの動作の内容、動作が電子計算機の機能や電子計算機による情報処理に与える影響の有無・程度、当該プログラムの利用方法等を考慮する必要がある。ウェブサイト閲覧者の電子計算機を使用して仮想通貨のマイニングを行わせる本件プログラムコード（電磁的記録）は、これらの点を考慮すると、社会的に許容し得ないものとはいえず、不正性は認められない。（最判令4・1・20前出[1]）

（不正指令電磁的記録取得等）

第一六八条の三 正当な理由がないのに、前条第一項の目的で、同項各号に掲げる電磁的記録その他の記録を取得し、又は保管した者は、二年以下の懲役又は三十万円以下の罰金に処する。

⊕【不正取得、保管の例↓一六三の四】

第二十章　偽証の罪

（偽証）

第一六九条 法律により宣誓した証人が虚偽の陳述をしたときは、三月以上十年以下の懲役に処する。

⊕【法律により宣誓した証人↓刑訴一五四・一五五、民訴二〇一、非訟五三①】【特別規定↓議院証言六】

一 主体

1 証言拒絶権

[1] 親族関係により民訴法上証言拒絶権を有する者であっても、宣誓して虚偽の陳述をしたときは偽証罪が成立する。（大判大12・4・9刑集二・三三七）

[2] 本罪の主体たる「証人」は証言義務のある者に限られるから、自己負罪事項について証言拒絶権を行使した証人に対し、裁判官が証言する義務があると告げて証言させた結果、証人が虚偽の陳述をしたときは、偽証罪を構成しない。（札幌地判昭46・5・10刑月三・五・六五四）

[3] 旧刑訴法（大正一一年法律七五号）二〇一条一項四号により宣誓させないで尋問すべき証人（自己負罪事項につき証言を拒まない者）を宣誓させたとしても、本条にいう法律による宣誓の効力を有しないから、右証人は「法律により宣誓した証人」に当たらない。（最大判昭27・11・5刑集六・一〇・一一五九）

2 宣誓の方式

[4] 本条の罪の成立には、証人が法律に従って宣誓したことと故意に虚偽の陳述をしたことの二要素があれば足り、宣誓が陳述の前になされたことを要しない。（大判明45・7・23刑録一八・一一〇〇）

[5] 証人が民訴法に定められた、起立による宣誓、宣誓の趣旨の論示と偽証の罪の警告、宣誓書の朗読の方式を踏まなかったとしても、審問終了後に家事審判官、裁判所書記官立会いの面前で［平成八法一〇九による改正前の］民訴法二八八条二項所定の文言の記載ある宣誓書を黙読してその意味を十分了解した上でこれに署名押印したと認められるときは、「法律により宣誓した証人」に当たる。（広島高判昭41・9・30高刑一九・五・六二〇）

二 虚偽の陳述

1 虚偽

[6] 証言内容たる事実が真実に一致し、又は少なくとも不実であると認められないとしても、証人が殊更に記憶に反する陳述をなしたときは偽証罪が成立する。（大判大3・4・29刑録二〇・六五四、刑百選Ⅱ［八版］一二〇）

2 裁判への影響

[7] 虚偽の陳述が裁判の結果に影響を有するか否かは、偽証罪の成否に関係ない。（大判明43・10・21刑録一六・一七一四）

[8] 偽証をした公判手続が、検事の陳述を聴かずに進行したという違法により無効になったとしても、偽証罪の成立を妨げない。（大判明45・7・8刑録一八・一〇六七）

三 共犯

[9] 被告人に黙秘権があるといっても、自己の被告事件について他人に虚偽の陳述をするよう教唆したときは、偽証教唆が成立する。（最決昭28・10・19刑集七・一〇・一九四五、刑百選Ⅱ［初版］一一七）↓六一条[12]

四 罪数

[10] 偽証罪は宣誓に反して体験に反する陳述をすることを罰するものであるから、一回の宣誓の下に数個の虚偽の陳述をしても一個の偽証罪のみが成立する。（大判昭16・3・8刑集二〇・一六九）

[11] 詐欺の目的で民事訴訟を提起して偽証をした場合、偽証罪と詐欺罪は牽連〔けんれん〕犯の関係に立つ。（大判大2・1・24刑録一九・三九）

（自白による刑の減免）

第一七〇条 前条の罪を犯した者が、その証言をした事件について、その裁判が確定する前又は懲戒処分が行われる前に自白したときは、その刑を減軽し、又は免除することができる。

⊕【裁判の確定↓刑訴三七三・四一四・四一八、民訴二八五・三一三】【刑の減軽↓六八―七〇】

[1] 本条の「自白」は、当該官の問いに対して自認する形でなされたのでもよい。（大判明42・12・16刑録一五・一七九五）

[2] 本条にいう「自白」は事件の裁判確定前に一回なされれば足り、第二審に至っても一貫して「自白」の趣旨を支持

することは必要でない。（大判大4・3・8刑録二一・二六四）

（虚偽鑑定等）

第一七一条　法律により宣誓した鑑定人、通訳人又は翻訳人が虚偽の鑑定、通訳又は翻訳をしたときは、前二条の例による。

参【法律により宣誓した鑑定人→刑訴一六六、民訴二一六【法律により宣誓した通訳人・翻訳人→刑訴一七八、民訴一五四②

[1] 虚偽鑑定罪は、鑑定人が自己の所信に反して虚偽の意見判断を陳述することによって成立し、その意見がたまたま客観的真実と符合しても影響はない。（大判明42・12・16刑録一五・一七九五）

[2] 宣誓した鑑定人が虚偽の鑑定をすれば本条の罪は直ちに完成し、その鑑定がその後どのように使用されたかは関係がない。（大判明42・12・16前出[1]）

第二十一章　虚偽告訴の罪

（虚偽告訴等）

第一七二条　人に刑事又は懲戒の処分を受けさせる目的で、虚偽の告訴、告発その他の申告をした者は、三月以上十年以下の懲役に処する。

参【刑事の処分→九、刑訴三三三【懲戒の処分→国公八二【申告→刑訴二三〇・二三九

一　保護法益

[1] 虚偽告訴罪は、個人の権利を侵害すると同時に、公益上当該官憲の職務を誤らしめる危険があるため処罰するものであるから、虚偽告訴された者が承諾していたとしても本罪の成立は妨げられない。（大判大元・12・20刑録一八・一五六六）

[2] 選挙罰則違反事件につき金銭の供与を受けたとして虚偽告発を受けた者の中に選挙権を有しない者があったとしても、本罪の成立を妨げない。（大判大6・6・28刑録二三・七七三）

二「虚偽の告訴、告発その他の申告」

1　虚偽

[3] 本条にいう「虚偽の申告」とは、申告の内容をなすところの刑事・懲戒の処分の原因となる事実が客観的事実に反することをいう。（最決昭33・7・31刑集一二・一二・二八〇五）

[4] 単に申告事件の情況を誇張したにとどまり犯罪の成否に消長を来すことがないときは、不実の申告であっても虚偽告訴等の罪に当たらないから、選挙違反を申告するに当たり某がそれを目撃したという事実を虚構して付け加えたとしても、虚偽告発罪は成立しない。（大判大13・7・29刑集三・七二一）

2　申告内容

[5] 虚偽の申告は必ずしも具体的事実に限らず、抽象的事実であっても捜査権限を有する当該官庁の職権の発動を促すに足るべきおそれあるものであればよいから、某公務員について賄賂を貪り、偏った処置をし、官規を乱し、不当に旅費を貪った等と告発した場合もこれに当たる。（大判大5・9・20刑録二二・一三九三）

3　申告方法

[6] 申告の方法は、口頭によるか書面によるか、署名があるか匿名であるか、また他人名義を用いたかを問わない。（大判明42・4・27刑録一五・五一八）

[7] 長崎県の警察官をして刑事処分を受けさせる目的で虚偽の犯罪事実を管轄区域外の福岡県警察部長に告発したときも、虚偽告発罪が成立する。（大判昭11・11・24刑集一五・一五一二）

三　目的

[8] 本条の「目的」とは、他人が刑事等の処分を受けることがあるであろうという認識があれば足り、その処分を希望する意思は必要でないから、駆け落ちした自己を追い掛けてくる者を警察に引致させようと考えてその者につき虚偽の犯罪事実を通報することも、本罪に当たる。（大判昭8・2・14刑集一二・一一四）

四　故意

[9] 虚偽告発罪が成立するためには、申告者が申告事実の虚偽であることにつき確定的な認識を要せず、未必的な認識があれば足りるから、「公務員某が賄賂を収受したそうだがはっきり分からない」との知人の話を聞き、その真偽を調査しないまま告発をしたときは、本罪が成立する。（最判昭28・1・23刑集七・一・四六）

五　承諾

[10] 虚偽告訴された者の承諾があっても、本条の罪は成立する。（大判大元・12・20前出[1]）

六　罪数

[11] 虚偽告訴罪は、被申告者各人に対する名誉その他の法益を害するという一面を有するから、一通の告訴状により二人に対する虚偽の告訴をなした場合は、一個の行為であって二個の虚偽告訴罪に当たる。（大判明44・11・9刑録一七・一八四九）

[12] 同一人をして刑事の処分を受けさせる目的で同一の虚偽告訴事項を記載した書面であっても、時を異にし、一つは市警察本部、他は地方検察庁に対して告訴状を提出したときは、二個の虚偽告訴罪が成立し両者は併合罪の関係に立つ。（最決昭36・3・2刑集一五・三・四五一）

（自白による刑の減免）

第一七三条　前条の罪を犯した者が、その申告をした事件について、その裁判が確定する前又は懲戒処分が行われる前に自白したときは、その刑を減軽し、又は免除することができる。

参【裁判の確定→一七〇参【懲戒処分→国公八二【刑の減軽→六八―七〇

第二十二章　わいせつ、強制性交等及び重婚の罪

（公然わいせつ）

第一七四条　公然とわいせつな行為をした者は、六月以下の懲役若しくは三十万円以下の罰金又は拘留若しくは科料に処する。

参【特別規定→軽犯一[二十]

一　公然性

[1] 「公然」とは、不特定又は多数の人が認識することのできる状態をいう。（最決昭32・5・22刑集一一・五・一五二六、刑百選Ⅱ〔六版〕一〇五）

二　わいせつ行為

[2] ストリップガールが、多数の観客の前で陰部を露出する等の行為は、公然わいせつ行為に当たる。（最決昭30・7・1刑集九・九・一七六九）→一七五条[1]～[5]

三　罪数

[3] 強制わいせつ（刑法一七六条）行為を公然と行った場合は、公然わいせつ罪と強制わいせつ罪の観念的競合となる。（大判明43・11・17刑録一六・二〇一〇）

[4] 前後七回それぞれ異なる多数の観客の前で全裸体となり局部を露出した場合は、七個の独立した公然わいせつ罪が成立する。（最判昭25・12・19刑集四・一二・二五七七）

（わいせつ物頒布等）

第一七五条①　わいせつな文書、図画、電磁的記録に係る記録媒体その他の物を頒布し、又は公然と陳列した者は、二年以下の懲役若しくは二百五十万円以下の罰金若しくは科料に処し、又は懲役及び罰金を併科する。電気通信の送信によりわいせつな電磁的記録その他の記録を頒布した者も、同様とする。

②　有償で頒布する目的で、前項の物を所持し、又は同項の電磁的記録を保管した者も、同項と同様とする。

参【電磁的記録↓七の二・一六一の二【表現の自由↓憲二一【児童ポルノ↓児童買春二③・七

一　わいせつ性

[1] わいせつとは、いたずらに性欲を興奮又は刺激させ、かつ、普通人の正常な性的羞恥心を害し、善良な性的道義観念に反するものをいう。（最判昭26・5・10刑集五・六・一〇二六、刑百選[初版]七四）

[2] わいせつ性の判断は、一般社会において行われている良識すなわち社会通念を基準とし、当該作品自体からして純客観的に行うべきもので、作者の主観的意図によって影響されるべきものではない。芸術的作品であっても、わいせつ性を有する場合がある。（最大判昭32・3・13刑集一一・三・九九七〈チャタレー事件〉刑百選Ⅰ[八版]四七）

[3] 文章の個々の章句の部分のわいせつ性の有無は、その部分だけを取り出して判断するのではなく、文書全体との関連において判断されなければならない。芸術的・思想的価値のある文書でも、わいせつ性を有するものとすることは差し支えない。（最大判昭44・10・15刑集二三・一〇・一二三九〈サド「悪徳の栄え」事件〉憲百選Ⅰ[七版]五二）

[4] 文書のわいせつ性の有無はその文書自体について客観的に判断すべきものであり、現実の購読層の状況あるいは著者や出版者としての著述・出版意図など当該文書外に存する事実関係は、文書のわいせつ性の判断の基準外に置かれるべきものである。（最判昭48・4・12刑集二七・三・三五一〈国貞事件〉刑百選Ⅱ[二版]九〇）

[5] 文書のわいせつ性の判断に当たっては、当該文書の性に関する露骨で詳細な描写叙述の程度とその手法、右描写叙述の文書全体に占める比重、文書に表現された思想等と右描写叙述との関連性、文書の構成や展開、さらには芸術性・思想性等による性的刺激の緩和の程度、また、これらの観点から該文書を全体として見たときに、主として、読者の好色的興味に訴えるものと認められるか否かなどの諸点を検討することが必要であり、これらの事情を総合し、その時代の健全な社会通念に照らして、それが「徒らに性欲を興奮又は刺激せしめ、かつ、普通人の正常な性的羞恥心を害し、善良な性的道義観念に反するもの」といえるか否かを決すべきである。（最判昭55・11・28刑集三四・六・四三三〈「四畳半襖の下張」事件〉刑百選Ⅱ[八版]一〇〇）

[6] 英文の書籍のわいせつ性は、その読者たり得る英語の読める日本人及び在日外国人の普通人、平均人を基準として判断すべきである。（最判昭45・4・7刑集二四・四・一〇五、刑百選Ⅱ[二版]八九）

二　行為類型

1　頒布

[7] 頒布とは、不特定多数の人に対し配布することをいうが、当然若しくは成り行き上不特定多数の人に配布されるべき場合には、現に配布を受けた者が数名でも、頒布があったと解することができる。（大判大15・3・5刑集五・七八）

[8] 頒布とは、本条掲記の物件を単に郵便物として差し出したのでは足りず、不特定多数人に配布することが必要である。（大判昭11・1・31刑集一五・六八）

[9] 本条一項後段にいう「頒布」とは、不特定又は多数の者の記録媒体上に電磁的記録その他の記録を存在するに至らしめることをいう。不特定の者（顧客）によるダウンロード操作を契機として、わいせつな動画等のデータファイルを自動的に送信し、当該顧客のパーソナルコンピュータ等の記録媒体上に当該ファイルを記録、保存させることは「頒布」に当たる。（最決平26・11・25刑集六八・九・一〇五三、刑百選Ⅱ[八版]一〇二）

2　公然陳列

[10] 外部との交通を遮断した部屋で、観客五名に対してわいせつ映画を上映して観覧させた場合でも、その五名が、上映者から不特定の客の周旋方を依頼された者により勧誘、案内されてきた者である以上、公然陳列した場合に当たる。（最決昭33・9・5刑集一二・一三・二八四四）

[11] わいせつな画像データを記憶、蔵置させたホストコンピュータのハードディスクは本条のわいせつ物に当たり、不特定多数の会員が、自己のパソコンから電話回線を通じて、このハードディスクにアクセスしてわいせつな画像データをダウンロードし画像表示ソフトを使用してパソコン画面にわいせつな画像として顕現させ、これを閲覧することができる状態を設定した場合にはわいせつ物陳列罪が成立する。（最決平13・7・16刑集五五・五・三一七、刑百選Ⅱ[七版]一〇二）

[12] 児童ポルノ画像が掲載された（第三者の管理に係る）ウェブページの特定識別番号（URL）の一部を改変した文字列等を、共犯者が管理するウェブページ上に明らかにする行為は、児童ポルノを「公然と陳列した」（児童ポルノ法七条四項［現六項］）ものであり、児童ポルノ公然陳列罪が成立する。（最決平24・7・9判時二一六六・一四〇、重判平24刑九……児童ポルノ法の事例）

[13] 元交際相手である被害者の性的な画像データをオンライン上のストレージサービスに記憶蔵置させ、公開設定をしてその公開用URLの発行を受けても、そのURLを被害者以外の第三者に送信していない場合には、公然陳列罪は成立しない。（大阪高判平29・6・30判時二三八六・一〇九）

3　有償頒布目的所持

[14] 本条の規定は、我が国における健全な性風俗維持のため、日本国内でわいせつ文書等が頒布等されることを禁じようとする趣旨に出たものであるから、「有償頒布（販売）の目的」とは、わいせつの図画等を日本国内で有償頒布（販売）する目的をいい、日本国外で有償頒布（販売）する目的を含まない。（最判昭52・12・22刑集三一・七・一一七六、刑百選Ⅱ[五版]一〇〇）

15　有償頒布（販売）用見本誌は、随時有償頒布（販売）対象になり得る性質のものであり、出版元への返品用わいせつ写真誌も、有償頒布（販売）の目的を放棄したとは認められないときには、わいせつ図画有償頒布（販売）目的所持罪が成立し得る。（東京地判昭60・3・13判時一一七二・一五九）

16　マスターテープをダビングしてダビングテープを有償頒布（販売）する目的で所持する場合には、マスターテープ自体を有償頒布（販売）する目的がない場合でも、わいせつ図画有償頒布（販売）目的所持罪が成立する。（東京地判平4・5・12判タ八〇〇・二七二）

17　児童ポルノ画像データをパソコンのハードディスクに記憶させ、その元データにサイズ縮小などの加工を加えた上でコンパクトディスクに記憶させて、これを有償頒布（販売）することとしていた場合において、当該元データをバックアップのため光磁気ディスクに記憶させ、これを所持する行為は、児童ポルノ及びわいせつ物の「有償頒布（販売）の目的」で行われたといえる。（最決平18・5・16刑集六〇・五・四一三、刑百選Ⅱ〔七版〕一〇二）

第一七六条（強制わいせつ）　十三歳以上の者に対し、暴行又は脅迫を用いてわいせつな行為をした者は、六月以上十年以下の懲役に処する。十三歳未満の者に対し、わいせつな行為をした者も、同様とする。

【未遂→一八〇】【致死傷→一八一①】【児童買春→児童買春二②・四】

一　暴行・脅迫

1　「暴行」とは、正当の理由なしに、他人の意思に反して、その身体髪膚に力を加えることをいい、その力の大小強弱を問わないから、他人の家に侵入し、臥床〔がしょう〕中の女子の意思に反してその肩を抱き、左手で陰部に触れたことは、暴行によりわいせつ行為をしたといえる。（大判大13・10・22刑集三・七四九）

2　女子の意思に反して指を陰部に挿入することは、それ自体暴行を用いてわいせつの行為をしたものである。（大判大7・8・20刑録二四・一二〇三）

二　わいせつ行為

3　相手方女性が接吻〔せっぷん〕を承諾することを予期し得る事情がないのに、相手方の感情を無視し、暴行をもって強いて接吻を求めることは、強制わいせつ行為に当たる。（東京高判昭32・1・22高刑一〇・一・一〇）

4　強制わいせつ罪が成立するためには、その行為が犯人の性欲を刺激、興奮させ又は満足させるという性的意図の下に行われることを要し、女子を脅迫して裸にし、その立っているところを撮影する行為であっても、これが専らその女子に報復し又はこれを侮辱し、虐待する目的に出たものであるときは、強制わいせつ罪は成立しない。（最判昭45・1・29刑集二四・一・一、刑百選Ⅱ〔七版〕一四）

5　本条にいうわいせつな行為に当たるか否かの判断を行うには、行為そのものが持つ性的性質の有無及び程度を十分に踏まえた上で、事案によっては、当該行為が行われた際の具体的状況等の諸般の事情をも総合考慮し、社会通念に照らし、その行為に性的な意味があるといえるか否かや、その性的な意味合いの強さを判断せざるを得ない。その際には、行為者の目的等の主観的事情を判断要素として考慮すべき場合があり得ることは否定し難いが、故意以外の行為者の性的意図を一律に強制わいせつ罪の成立要件とすることは相当ではない。（最大判平29・11・29刑集七一・九・四六七、刑百選Ⅱ〔八版〕一四）

三　一三歳未満の者に対するわいせつ行為

6　一三歳未満の者に対し、その反抗を著しく困難にさせる程度の脅迫を用いてわいせつ行為をしたときは、本条前段と後段の区別なく、本条に該当する一罪が成立する。（最決昭44・7・25刑集二三・八・一〇六八）

第一七七条（強制性交等）　十三歳以上の者に対し、暴行又は脅迫を用いて性交、肛門性交又は口腔性交（以下「性交等」という。）をした者は、強制性交等の罪とし、五年以上の有期懲役に処する。十三歳未満の者に対し、性交等をした者も、同様とする。

【未遂→一八〇】【致死傷→一八一②】【強盗・強制性交等→二四一】

1　本条の暴行又は脅迫は、相手方の抗拒を著しく困難ならしめる程度のもので足りる。（最判昭24・5・10刑集三・六・七一一）

2　暴行又は脅迫をもって女子の心神を喪失させ又は抗拒不能ならしめて性交をした場合には、刑法一七八条ではなく、本条に該当する。（最判昭24・7・9刑集三・八・一一七四）

第一七八条（準強制わいせつ及び準強制性交等）①　人の心神喪失若しくは抗拒不能に乗じ、又は心神を喪失させ、若しくは抗拒不能にさせて、わいせつな行為をした者は、第百七十六条の例による。

②　人の心神喪失若しくは抗拒不能に乗じ、又は心神を喪失させ、若しくは抗拒不能にさせて、性交等をした者は、前条の例による。

【強盗・強制性交等→二四一】

一　心神喪失

1　四、五歳の知能程度しかない重度の知的障害の女子に対して性交することは、人の心神喪失に乗じたものである。（東京高判昭51・12・13東高刑二七・一二・一六五）

2　暴行・脅迫による心神喪失・抗拒不能（最判昭24・7・9刑集三・八・一一七四）→一七七条2

二　抗拒不能

1　肯定例

3　鈴振りなどの施術をして自由に身動きのできない催眠状態にしたことは、抗拒不能にした場合に当たる。（東京高判昭51・8・16東高刑二七・八・一〇八）

4　患者の少女が医師を信頼しているのに乗じ、医師が必要な施術をするかのように誤信させ、陰部に薬を挿入すると偽り、目を閉じさせる等して性交をしたことは、抗拒不能ならしめて性交等をした場合に当たる。（大判大15・6・25刑集五・二八五）

5　被害者が睡気その他の事情から犯人を自己の夫と誤認しているのに乗じて性交をした以上、性交の当時又は直前に被害者が完全に覚醒していても、この誤認が続く限り、抗拒不能に乗じて性交等をした場合に当たる。（広島高判昭33・12・24高刑一一・一〇・七〇一）

⑥ にせ婦人科医が治療行為に仮装して治療のためには性交が必要である旨を申し向け、治療のためやむを得ないと誤信した被害者の承諾を得て性交をしたことは、抗拒不能にさせて性交等をした場合に当たる。(名古屋地判昭55・7・28刑月一二・七・七〇九)

⑦ モデル等の職業紹介を業とするプロダクションの経営者が、モデル志願者としてスカウトした女性に、モデルになるための度胸試しに写真を撮るから裸になるよう要求し、同女に、全裸になって写真撮影されることもモデルになるため必要であり、拒否すればモデルとして売り出してもらえなくなると誤信させて、やむなく全裸にさせたときは、抗拒不能の状態に陥らせたといえる。(東京高判昭56・1・27刑月一三・一＝二・五〇)

2 否定例

⑧ 欺罔[ぎもう]による準強制性交等が成立するのは、欺罔の内容、手段、方法が女子をして高度に困惑、驚愕[きょうがく]、狼狽[ろうばい]の念を起こさせ、自由な意思の下に行動する精神的余裕を喪失させ、行為者との性交等を拒否することが不能若しくは著しく困難であると客観的に認められる場合に限定され、欺罔により強く意思決定に制約を受けたと認められず、性交等を拒否することが不能若しくは著しく困難であると認めるに足る外形的情況が欠けている以上、抗拒不能の状態にあったとはいえない。(岡山地判昭43・5・6下刑一〇・五・五六一)

⑨ 被告人が、霊感治療のためと称して女子と性交しても、正常な判断能力を有する成人女性が相手方と性行為を持つことを認識しながらこれに応じ、暴行・脅迫と同程度に相手方の自由意思を無視したと認めざるを得ないような特段の事情が認められないときは、準強制性交等罪は成立しない。(東京地判昭58・3・1刑月一五・三・二五五、宗教百選[二版]一〇八)

第一七九条（**監護者わいせつ及び監護者性交等**）① 十八歳未満の者に対し、その者を現に監護する者であることによる影響力があることに乗じてわいせつな行為をした者は、第百七十六条の例による。

② 十八歳未満の者に対し、その者を現に監護する者であることによる影響力があることに乗じて性交等をした者は、第百七十七条の例による。

参【一八歳→年齢計算【監護→民八二〇、少二②

第一八〇条（**未遂罪**）第百七十六条から前条までの罪の未遂は、罰する。

参【未遂→四三、四四

第一八一条（**強制わいせつ等致死傷**）① 第百七十六条、第百七十八条第一項若しくは第百七十九条第一項の罪又はこれらの罪の未遂罪を犯し、よって人を死傷させた者は、無期又は三年以上の懲役に処する。

② 第百七十七条、第百七十八条第二項若しくは第百七十九条第二項の罪又はこれらの罪の未遂罪を犯し、よって人を死傷させた者は、無期又は六年以上の懲役に処する。

一 行為

① 強制性交等致傷罪は、傷害の発生が性交等の行為自体による場合だけでなく、性交等の手段である暴行による場合にも成立する。(最決昭43・9・17刑集二二・九・八六二)

② 熟睡中の被害者にわいせつな行為をした者が、覚醒した被害者から衣服をつかまれるなどされたため、わいせつな行為を行う意思を喪失した後に、その場から逃走するため、被害者に対して暴行を加えて傷害を負わせた場合、その暴行は、準強制わいせつ行為に随伴するものといえるから、強制わいせつ致傷罪が成立する。(最決平20・1・22刑集六二・一・一、刑百選Ⅱ[八版]一五)

③ 共犯者の一名により強制性交された後、他の共犯者による強制性交の危険を感じた被害者が、逃走して救助を求めるに際し、転倒して傷害を受けたときは、強制性交等致傷罪が成立する。(最決昭46・9・22刑集二五・六・七六九)

④ 強制性交目的で女子に暴行を加え、その女子を死亡させた直後に性交をしたときは、性交行為が女子の死亡後であるとしても、これを包括して強制性交等致死罪が成立する。(最判昭36・8・17刑集一五・七・一二四四)

⑤ 当初から被害者を殺害した直後に性交等する意思を有していた者が、被害者死亡と時間的場所的に接着した段階で性交等に着手した場合、被害者の性的自由はいまだ保護されている。(東京高判平29・12・1高刑速平二九・二一九)

二 結果

1 傷害

⑥ 処女を強制性交して処女膜裂傷を生ぜしめた場合には、強制性交等致傷罪が成立する。(最大判昭25・3・15刑集四・三・三五五)

⑦ 強制性交に際し、相手方に傷害を加えた場合には、たとえその傷害が軽度でも、強制性交等致傷罪が成立する。(最判昭24・7・26裁判集刑一二・八三一)

2 死亡

⑧ 殺意を有しつつ、暴行により女子を性交し死亡させた場合、強制性交等致死罪と殺人罪の観念的競合が成立する。(大判大4・12・11刑録二一・二〇八八)

第一八二条（**淫行勧誘**）営利の目的で、淫行の常習のない女子を勧誘して姦淫させた者は、三年以下の懲役又は三十万円以下の罰金に処する。

第一八三条【**姦通**】削除

第一八四条（**重婚**）配偶者のある者が重ねて婚姻をしたときは、二年以下の懲役に処する。その相手方となって婚姻をした者も、同様とする。

参【重ねて婚姻→民七三二、七四四

① 前婚を偽造・虚偽の協議離婚届により戸籍上解消した上で婚姻届を提出し、後婚を有効に成立させたとき、重婚罪が成立する。(名古屋高判昭36・11・8高刑一四・八・五六三)

第二十三章　賭博及び富くじに関する罪

第一八五条（**賭博**）賭博をした者は、五十万円以下の罰金又は科料に処する。ただし、一時の娯楽に供する物を賭けたにとどまるときは、この限りでない。

⇒【特別規定↓金商二〇二

一　保護法益

[1] 賭博は、国民に怠惰浪費の弊風を生じさせ、勤労の美風を害するばかりでなく、甚だしきは暴行その他の副次的犯罪を誘発し又は国民経済の機能に重大な障害を与えるおそれすらあることが、それを処罰する理由である。（最大判昭25・11・22刑集四・一一・二三八〇、憲百選Ⅰ[七版]一五）

二　賭博

[2] 賭博罪成立のためには、勝敗が主観的に不確定な事実に係ることで足り、客観的に不確定であることを要しない。（大判大3・10・7刑録二〇・一八一六）

[3] 勝敗が単に技量の巧拙のみにより決まらず、偶然の事情の影響を受けることがある囲碁についても、賭博罪は成立する。（大判大4・10・16刑録二一・一六三二）

[4] 当事者の一方が危険を負担せず、常に利益を取得する組織の場合、賭博罪は成立しない。（大判大6・4・30刑録二三・四三六）

三　一時の娯楽に供する物

[5] 一時の娯楽に供する物とは、関係者が即時娯楽のため消費するような物をいう。（大判昭4・2・18新聞二九七〇・九）

[6] 金銭はその性質上一時の娯楽に供する物ではない。（大判大13・2・9刑集三・九五）

[7] 敗者に一時の娯楽に供する物の対価を負担させるため一定金額を支払わせた場合は、賭博罪を構成しない。（大判大2・11・19刑録一九・一二五三）

四　既遂時期

[8] 賭銭を場に出し、花札を配布すれば、賭博罪は既遂となる。（最判昭23・7・8刑集二・八・八二二）

（常習賭博及び賭博場開張等図利）

第一八六条① 常習として賭博をした者は、三年以下の懲役に処する。

② 賭博場を開張し、又は博徒を結合して利益を図った者は、三月以上五年以下の懲役に処する。

⇒【特別規定↓金商二〇二【加重規定↓組織犯罪三【常習犯の例↓暴力一ノ三①、二②、盗犯二―四

一　常習賭博

1　常習性

[1] 賭博常習者とは、賭博を反復累行する習癖ある者をいい、必ずしも博徒の類いを指すものでない。（最判昭26・3・15裁判集刑四一・八七一）

[2] 長期間営業を継続する意思で多額の資金を投下して多数の賭博遊技機を設置した遊技場の営業を開始し、警察による摘発を受けて廃業するまでの三日間、多数の客と賭博した場合、遊技場の営業者は、賭博を反復累行する習癖があり、その発現として賭博をしたと認められる。（最決昭54・10・26刑集三三・六・六六五、重判昭55刑四）

2　罪数

[3] 常習賭博罪における数個の賭博行為は、包括して単純一罪を構成する。（最判昭26・4・10刑集五・五・八二五）

二　賭博場開張

1　開張

[4] 賭博場開張罪は、利益を図る目的で、犯人自ら主宰者となり、賭博をする場所を開設することにより成立する。（大判昭7・4・12刑集一一・三六七）

[5] 賭博場開張罪成立のためには、必ずしも賭博者を一定の場所に集合させることを要せず、事務所に電話等を備え付け、電話により賭客の申込みを受ける等して行った野球賭博は、右事務所を本拠として行われたもので、賭博場開張の場所を欠如するものでない。（最決昭48・2・28刑集二七・一・六八、刑百選Ⅱ[二版]九三）

2　図利

[6] 利益を得る目的とは、賭博者から、寺銭、手数料等の名義で、賭場開設の対価として不法な財産的利得をしようとする意思のあることをいう。（最判昭24・6・18刑集三・七・一〇九四）

3　罪数

[7] 別個の意思発動により日時・場所を異にして行われた賭博場開張罪は、併合罪である。（最判昭25・9・14刑集四・九・一六五二）

三　博徒結合

1　結合

[8] 博徒を集合し、一定の区域内で随時随所で賭博をする方便を授けた場合にも、博徒結合罪は成立する。（大判明43・10・11刑録一六・一六八九）

2　図利

[9] 「利益を図った」とは、利益を獲得しようとする計画があれば足り、現に利益を獲得したことを要しない。（大判明43・10・11前出[8]）

（富くじ発売等）

第一八七条① 富くじを発売した者は、二年以下の懲役又は百五十万円以下の罰金に処する。

② 富くじ発売の取次ぎをした者は、一年以下の懲役又は百万円以下の罰金に処する。

③ 前二項に規定するもののほか、富くじを授受した者は、二十万円以下の罰金又は科料に処する。

[1] 富くじ罪と賭博罪の区別は、抽選の方法により勝敗を決するか否か、財物の所有権を提供と同時に失うか否か、当事者双方が危険を負担しないか否かにある。（大判大3・7・28刑録二〇・一五四八）

第二十四章　礼拝所及び墳墓に関する罪

（礼拝所不敬及び説教等妨害）

第一八八条① 神祠、仏堂、墓所その他の礼拝所に対し、公然と不敬な行為をした者は、六月以下の懲役若しくは禁錮又は十万円以下の罰金に処する。

② 説教、礼拝又は葬式を妨害した者は、一年以下の懲役若しくは禁錮又は十万円以下の罰金に処する。

⇒【特別規定↓軽犯一[二十四]

[1] 県道につながる村道に近接し、住家からも遠くない共同墓地で墓碑を押し倒した場合、深夜通行人のない時になされたとしても、公然と不敬の行為をしたといえる。（最決昭43・6・5刑集二二・六・四二七、刑百選Ⅱ[二版]九四）

（墳墓発掘）

第一八九条　墳墓を発掘した者は、二年以下の懲役に処する。

一　墳墓
① 既に祭祀〔さいし〕・礼拝の対象でなくなった古墳は、墳墓に当たらない。（大判昭9・6・13刑集一三・七四七）

二　発掘
② 発掘とは、墳墓の覆土の全部又は一部を除去し、若しくは墓石等を破壊、解体して、墳墓を損壊する行為をいい、墳墓内の棺桶〔かんおけ〕、遺骨、死体等を外部に露出させることを要しない。（最決昭39・3・11刑集一八・三・九九）

（死体損壊等）

第一九〇条　死体、遺骨、遺髪又は棺に納めてある物を損壊し、遺棄し、又は領得した者は、三年以下の懲役に処する。

【特別規定→軽犯一⑱】

一　客体
① 遺骨とは、死者の祭祀・記念のため保存し又は保存すべきものをいい、遺族その他遺骨を処分する権限を有する者が、風俗慣習に従って正当に処分したものを含まない。（大判明43・10・4刑録一六・一六〇八、宗教百選〔二版〕一〇三）

二　行為
1　損壊
② 死体損壊とは、死体を物理的に損傷、毀壊する場合をいい、屍姦〔しかん〕はこれに当たらない。（最判昭23・11・16刑集二・一二・一五三五、宗教百選〔二版〕一〇〇）

2　遺棄
③ 死体遺棄罪は、死体を他に移して遺棄する場合のほか、葬祭をする責務を有する者が、葬祭の意思なく死体を放置して立ち去る場合にも成立する。（大判大6・11・24刑録二三・一三〇二）
④ 自動車内で死亡した人の死体を同車両で運搬したが、死体の状況を変容させる作為はなされず、運搬による場所の移動及び時間の経過により、死体の身元が不明になったり死体が腐敗変質したりする等宗教風俗上許されない事態も発生しなかった場合には、隠匿による死体遺棄罪は成立しない。（福岡高判令3・6・25高刑七三・一・六）
⑤ 葬祭をなすべき義務がある者による作為の死体遺棄が行われた後も、死体を被告人らが支配管理する場所に運び込み、同所に放置し続けた場合には、被告人らの死体を葬祭すべき作為義務が消滅せず、義務違反行為が続いており、死体発見の時点まで不作為による死体遺棄行為の継続を認めることができる。（大阪地判平29・3・3【平28わ二一二五】）

（墳墓発掘死体損壊等）
第一九一条　第百八十九条の罪を犯して、死体、遺骨、遺髪又は棺に納めてある物を損壊し、遺棄し、又は領得した者は、三月以上五年以下の懲役に処する。

（変死者密葬）

第一九二条　検視を経ないで変死者を葬った者は、十万円以下の罰金又は科料に処する。

【検視→刑訴二二九】

① 変死者とは、不自然な死亡を遂げ、その死因の不明なもののみを指す。（大判大9・12・24刑録二六・一四三七）

第二十五章　汚職の罪

（公務員職権濫用）

第一九三条　公務員がその職権を濫用して、人に義務のないことを行わせ、又は権利の行使を妨害したときは、二年以下の懲役又は禁錮に処する。

【公務員→七①【付審判請求→刑訴二六二―二六九】【国外犯→四③】

一　職権の濫用
① 職権の濫用とは、公務員が、一般的職務権限に属する事項につき、職権行使に仮託して実質的、具体的に違法、不当な行為をすることをいい、この一般的職務権限は、法律上の強制力を伴うものであることを要せず、濫用された場合、相手方をして事実上義務のないことを行わせ又は権利の行使を妨害するに足りる権限であればよい。（最決昭57・1・28刑集三六・一・一、刑百選Ⅱ〔二版〕一〇二）

二　肯定例
② 裁判官が、正当な目的による調査行為を仮装して、刑務所長らに資料の閲覧、提供等を求めることは、刑務所長らに特段の支障ない限り応ずべき事実上の負担を生ぜしめるから、裁判官の一般的職務権限に属し、刑務所長をして身分帳簿の閲覧等に応じさせたときには、本罪が成立する。（最決昭57・1・28前出①）
③ 裁判官が、私的な交際を求める意図で、夜間、自己の担当する窃盗被告事件の女性被告人を喫茶店に呼び出し、同店内に同席させた行為は、被告人の呼出しという一般的職務権限に属する職権行使の方法としては異常だが、被害弁償のことで会いたいと言うなど職権行使の外形を備えていないとはいえず、呼出しを受けた当人をして裁判官が権限を行使して出頭を求めたと信じさせるに足りる行為だから、本罪を構成する。（最決昭60・7・16刑集三九・五・二四五）

三　否定例
④ 公務員の行為が本条に該当するためには、相手方の意思に働き掛け、これに影響を与える職権行使の性質を備えることが必要であり、警察官による盗聴行為にはこの性質が欠けるから、本罪は成立しない。（東京高決昭63・8・3高刑四一・二・三二七、重判昭63刑五……⑤の原決定）
⑤ 職権行使の相手方に対して法律上、事実上の負担ないし不利益を生ぜしめるに足りる特別の職務権限を濫用したことが本罪の成立には必要であり、警察官の電話の盗聴について、何人に対しても警察官による行為でないことを装う行動がとられていた以上、警察官に認められている職権の濫用があったといえない。（最決平元・3・14刑集四三・三・二八三、刑百選Ⅱ〔八版〕一一一）

（特別公務員職権濫用）

第一九四条　裁判、検察若しくは警察の職務を行う者又はこれらの職務を補助する者がその職権を濫用して、人を逮捕し、又は監禁したときは、六月以上十年以下の懲役又は禁錮に処する。

【逮捕監禁→憲三三・三四、人保、二二〇【付審判請求→刑訴

二六二―二六九

第一九五条（特別公務員暴行陵虐）① 裁判、検察若しくは警察の職務を行う者又はこれらの職務を補助する者が、その職務を行うに当たり、被告人、被疑者その他の者に対して暴行又は陵辱若しくは加虐の行為をしたときは、七年以下の懲役又は禁錮に処する。

② 法令により拘禁された者を看守し又は護送する者がその拘禁された者に対して暴行又は陵辱若しくは加虐の行為をしたときも、前項と同様とする。

⊛【暴行・陵辱・加虐の行為→憲三六、三八【付審判請求→刑訴二六二―二六九 ❷【法令により拘禁された者→九九⊛【国外犯→四⑶

[1] 少年補導員は警察の職務を補助する職務権限を何ら有するものでないので、本条一項にいう警察の職務を補助する者に当たらない。（最決平6・3・29刑集四八・三・一、重判平6刑五）

[2] 本罪は公務の適正とこれに対する国民の信頼を保護するもので、看守者等がその実力的支配下にある被拘禁者に、性交行為のような精神的、肉体的苦痛を与えると考えられる行為に及んだ場合には、被拘禁者がこれを承諾し、精神的、肉体的苦痛を被らなかったとしても、陵辱若しくは加虐の行為に当たる。（東京高判平15・1・29判時一八三五・一五七）

第一九六条（特別公務員職権濫用等致死傷）　前二条の罪を犯し、よって人を死傷させた者は、傷害の罪と比較して、重い刑により処断する。

⊛【傷害の罪→二〇四・二〇五【刑の軽重→一〇【付審判請求→刑訴二六二―二六九

第一九七条（収賄、受託収賄及び事前収賄）① 公務員が、その職務に関し、賄賂を収受し、又はその要求若しくは約束をしたときは、五年以下の懲役に処する。この場合において、請託を受けたときは、七年以下の懲役に処する。

② 公務員になろうとする者が、その担当すべき職務に関し、請託を受けて、賄賂を収受し、又はその要求若しくは約束をしたときは、公務員となった場合において、五年以下の懲役に処する。

⊛【公務員→七①【国外犯→四⑶【特別規定→会社九六七・九六八、破二七三、民再二六一、金商二〇三

一　職務行為

[1] 本条の職務とは、当該公務員の一般的な職務権限に属するものであれば足り、本人が具体的に担当している事務であることを要しない。（最判昭37・5・29刑集一六・五・五二八）

[2] 警視庁A警察署地域課に勤務する警察官が、同庁B警察署刑事課で捜査中の事件に関して、同事件の関係者から現金の供与を受ける行為は、同庁警察官の犯罪捜査に関する職務権限が東京都全域に及ぶことなどに照らすと、被告人が右事件の捜査に関与していなかったとしても、その職務に関し賄賂を収受したものといえる。（最決平17・3・11刑集五九・二・一、刑百選Ⅱ[八版]一〇五）

[3] 「職務に関し」とは、公務員の職務行為自体であることを要せず、職務に密接な関係を有する準職務行為又は事実上所管する職務行為の場合も含む。（最決昭31・7・12刑集一〇・七・一〇五八）

[4] 大学設置審議会及びその歯学専門委員会の委員が、教員予定者の適否をあらかじめ判定し、又は同委員会の中間的審査結果を正式通知前に知らせた行為は、右審議会及び委員会の委員としての職務に密接な関係のある行為であり、収賄罪にいわゆる職務行為に当たる。（最決昭59・5・30刑集三八・七・二六八二、刑百選Ⅱ[八版]一〇六）

[5] 市議会議員により構成される議会内会派に属する議員が、市議会議長選挙における投票につき同会派所属の議員を拘束する趣旨で、同会派として同選挙で投票すべき者を選出する行為は、市議会議員の職務に密接な関係のある行為であり、収賄罪にいわゆる職務行為に当たる。（最決昭60・6・11刑集三九・五・二一九、刑百選Ⅱ[三版]九三）

[6] 衆議院議員に対し、同院大蔵委員会で審査中の法律案について、同院における審議・表決に際し意思を表明し又は同委員会委員を含む他議員に説得・勧誘することを請託して金員の供与がなされたときは、同議員が同委員会委員でなくとも賄賂罪が成立する。（最決昭63・4・11刑集四二・四・四一九、刑百選Ⅱ[五版]一〇三）

[7] 国会法七四条の質問は、国会議員のみに認められ、内閣に対して答弁の義務を課すものであって、議員固有の権限といわなくてはならず、贈収賄の対象となる国会議員の職務権限である。（大阪地判平4・2・25判時一四二七・三）

[8] 内閣総理大臣は、その憲法、内閣法上の地位及び権限に照らすと、閣議にかけて決定した方針が存在しない場合でも、内閣の明示の意思に反しない限り、行政各部に対し指示を与える権限を有するものと解するのが相当である。したがって、内閣総理大臣が運輸大臣に対し、民間航空会社に特定機種の航空機の選定購入を勧奨するよう働き掛けることは、運輸大臣に対する指示として、賄賂罪の職務行為に当たる。（最大判平7・2・22刑集四九・二・一〈ロッキード事件丸紅ルート上告審〉刑百選Ⅱ[八版]一〇七）→憲七二条[1]

[9] 市長が、任期満了前に、現に市長としての一般的職務権限に属する市庁舎の建設工事の入札等に関し、再選された場合に担当すべき具体的職務の執行につき請託を受けて賄賂を収受したときは、受託収賄罪が成立する。（最決昭61・6・27刑集四〇・四・三六九、刑百選Ⅱ[八版]一〇八）

[10] 公務員が一般的職務権限を異にする他の職務に転じた後に前の職務に関して賄賂を供与した場合でも、供与当時受供与者が公務員である以上、賄賂罪が成立する。（最決昭58・3・25刑集三七・二・一七〇、刑百選Ⅱ[八版]一〇九）

[11] 中学校教諭が、深夜の宿直時間や私生活上の時間を割いて生徒に学習指導することは、それが、法令上の義務的時間の枠をはるかに超え、内容の実質も社会一般の通常の期待以上のものがあるときは、職務に基づく公的な面を離れ、私的な人間的情愛と教育に対する格別の熱情の発露の結果であるともみられ、職務行為と速断できない。（最判昭50・4・24判時七七四・一一九、刑百選Ⅱ[八版]一〇四）

[12] ある業者の進学情報誌事業について教育関係者、学校団体等から問題が指摘されている状況において、これを知りながら、文部事務次官が、当該業者の事業の遂行に支障を及ぼす行政措置をあえて採らないことは、本条の職務行為に当たる。（最決平14・10・22刑集五六・八・六九〇、重判平14刑八）

[13] 国立大学医学部教授が製薬会社との共同研究を実施する

ために行った学内外での指導助言のうち、学外での企業の経済的活動に結びついた部分は、本来の職務行為ではないが、学内での指導と密接不可分な職務の執行に密接な関係を有する行為である。また、その指導助言に対する謝礼は、その額が余分に費やした労力に対する礼として社会通念上相当と認められる範囲にとどまるときは、職務外の私的活動に対する報酬として賄賂性が否定されるが、本件各金員の供与は社会的相当性の範囲を逸脱しており賄賂に当たる。（名古屋地判平11・3・31判時一六七六・一五五、医事法百選[初版]五二）

二　賄賂

14　賄賂の目的物は、有形無形を問わず、人の需要・欲望を満たすに足りる一切の利益を含む。（大判明43・12・19刑録一六・二二三九）

15　株式の新規上場に先立つ公開に際し、上場時には価格が確実に公開価格を上回ると見込まれ、一般人には公開価格で取得することが極めて困難な株式を公開価格で取得できる利益は、それ自体が賄賂罪の客体になる。（最決昭63・7・18刑集四二・六・八六一〈殖産住宅事件〉刑百選Ⅱ[七版]一〇三）

16　土地を早期に売却する必要性があったにもかかわらず、思うようにこれを売却できない状況の中で、土地を買い取ってもらい代金の支払を受けた場合には、売買代金が時価相当額であったとしても、土地の売買による換金の利益が賄賂罪の客体になる。（最決平24・10・15刑集六六・一〇・九九〇、刑百選Ⅱ[八版]一〇三）

17　賄賂は職務行為に関するものであれば足り、個々の職務行為との間に対価関係のあることは必要ない。（最決昭33・9・30刑集一二・一三・三一八〇）

18　中元・歳暮における社交上の儀礼と認められる程度の贈物も、職務に関して授受される以上、収賄罪が成立する。（大判昭4・12・4刑集八・六〇九）

19　中学校教諭が新たに担任となった生徒の母から贈答用小切手（五〇〇〇円）を収受したとしても、父兄からの慣行的儀礼として行われたと考える余地があり、職務行為に関する対価的給付と断ずることはできない。（最判昭50・4・24前出11）

三　請託

20　請託とは、公務員に対し、職務に関し一定の行為を行うことを依頼することをいい、不正な職務行為の依頼か正当な職務行為の依頼かを問わない。（最判昭27・7・22刑集六・七・九二七、刑百選[二版]六〇）

四　恐喝による収賄

21　公務員が職務執行の意思なく、名を職務執行にかりて、人を恐喝して財物を交付させたときは、被害者に公務員の職務に対し財物を交付する意思があっても、公務員に職務執行の対価として財物の交付を受ける意思はなく、贈賄者による賄賂の提供は任意によるものでないので、収賄罪は成立せずに恐喝罪が成立するから、警察官が、その意思がないのに、検挙を行う旨申し向け、犯人を畏怖させて金員を提供させた場合には、恐喝罪だけが成立する。（大判昭2・12・8刑集六・五一二）→一九八条[2]

（第三者供賄）

第一九七条の二　公務員が、その職務に関し、請託を受けて、第三者に賄賂を供与させ、又はその供与の要求若しくは約束をしたときは、五年以下の懲役に処する。

⊗【公務員・国外犯→一九七⊗】

1　本罪の成立には、公務員が職務に関する事項につき依頼を受けて承諾し、第三者に供与した利益が職務行為の代償であることを要し、その第三者には地方公共団体その他の法人を含むから、**警察署長**が、町及び隔離病舎組合に寄附金をするから寛大に取り扱われたいとの依頼を受けて承諾し、町等に寄附金名義で金員を供与させ、被疑事件を検察庁に送致しなかったときには、本罪が成立する。（最判昭29・8・20刑集八・八・一二五六）

（加重収賄及び事後収賄）

第一九七条の三①　公務員が前二条の罪を犯し、よって不正な行為をし、又は相当の行為をしなかったときは、一年以上の有期懲役に処する。

②　公務員が、その職務上不正な行為をしたこと又は相当の行為をしなかったことに関し、賄賂を収受し、若しくはその要求若しくは約束をし、又は第三者にこれを供与させ、若しくはその供与の要求若しくは約束をしたときも、前項と同様とする。

③　公務員であった者が、その在職中に請託を受けて職務上不正な行為をしたこと又は相当の行為をしなかったことに関し、賄賂を収受し、又はその要求若しくは約束をしたときは、五年以下の懲役に処する。

⊗【公務員・国外犯→一九七⊗】

（あっせん収賄）

第一九七条の四　公務員が請託を受け、他の公務員に職務上不正な行為をさせるように、又は相当の行為をさせないようにあっせんをすること又はしたことの報酬として、賄賂を収受し、又はその要求若しくは約束をしたときは、五年以下の懲役に処する。

⊗【公務員→七【国外犯→四[三]【特別規定→あっせん利得一・二

1　本罪成立には、公務員が積極的に地位を利用してあっせんする必要はないが、少なくとも公務員の立場であっせんすることを要し、単なる私人としての行為では足りない。（最決昭43・10・15刑集二二・一〇・九〇一、刑百選Ⅱ[五版]一〇八）

2　調査中の審査事件につき、請託を受けて、公正取引委員会の裁量判断に不当な影響を及ぼし、適正に行使されるべき同委員会の告発、調査権限の行使をゆがめようとする働き掛けは、「職務上相当の行為をさせないように」あっせんすることに当たる。（最決平15・1・14刑集五七・一・一、刑百選Ⅱ[八版]一一〇）

（没収及び追徴）

第一九七条の五　犯人又は情を知った第三者が収受した賄賂は、没収する。その全部又は一部を没収することができないときは、その価額を追徴する。

⊗【没収・追徴→刑訴四九〇―四九二

一　第三者

1　本条の没収・追徴は、第三者である法人の代表者が情を知っている場合、その法人に対して言い渡すことができる。（最判昭29・8・20刑集八・八・一二五六）

[2] 農業協同組合支部の代表者が、同支部を第三者とする第三者供賄罪につき被告人として弁解、防御の機会が与えられているときは、同支部に対しても実質上弁解、防御の機会が与えられていたもので、同支部から賄賂の価額を追徴できる。（最大判昭40・4・28刑集一九・三・三〇〇）

二 目的物

[3] ゴルフクラブ会員権は、債権的法律関係であり、性質上没収できず、また、入会保証金預託証書は、ゴルフクラブ会員権を表章する有価証券ではなく没収できないから、収受時の時価を追徴すべきである。（最決昭55・12・22刑集三四・七・七四七、重判昭56刑一〇）

[4] 収賄した金銭を預金した場合、没収できないとして追徴すべきである。（最判昭32・12・20刑集一一・一四・三三三一）

[5] 賄賂と賄賂でない謝礼とが不可分のときは、全部を没収・追徴すべきである。（大判昭3・5・24刑集七・三八九）

[6] 収受されなかった賄賂は、賄賂申込罪の組成物件として、刑法一九条により没収できる。（最判昭24・12・6刑集三・一二・一八八四）

[7] 金銭の貸与を受けて収賄した場合、金銭の没収ができないときは、刑法一九条一項三号、一九条の二により全額を追徴できる。（最決昭33・2・27刑集一二・二・三四二）

三 賄賂の返還と没収・追徴

[8] 賄賂が贈賄者に返還されたときは、贈賄者から没収する。（大連判大11・4・22刑集一・二九六）

[9] 収賄者が収受した賄賂を消費した以上、その後同額の金銭を贈賄者に返還しても、収賄者から追徴する。（最判昭24・12・15刑集三・一二・二〇二三）

四 数人共同した収賄の場合

[10] 数人が共同して賄賂を収受し、その賄賂を消費した場合、共犯者各自からその分配額に応じて追徴する。（大判昭9・7・16刑集一三・九七二）

[11] 収賄の共同正犯者が共同して収受した賄賂については、共犯者各自に対し、公務員の身分の有無にかかわらず、それぞれその価額全部の追徴を命じることができるが、相当と認められる場合には、裁量により、各人にそれぞれ一部の額の追徴を命じ、あるいは一部の者にのみ追徴を科することも許される。（最決平16・11・8刑集五八・八・九〇五、重判平16刑五）

五 追徴額の算定基準

[12] 賄賂の価額を追徴する場合には、授受当時の価額を追徴額とすべきである。（最大判昭43・9・25刑集二二・九・八七一、刑百選I[二版]一〇二）

（贈賄）

第一九八条 第百九十七条から第百九十七条の四までに規定する賄賂を供与し、又はその申込み若しくは約束をした者は、三年以下の懲役又は二百五十万円以下の罰金に処する。

【特別規定→会社九六七②・九六八②、破二七四、民再二六二、金商二〇三③】【外国公務員に対する贈賄→不正競争一八・二一】【公職者、議員秘書への利益供与→あっせん利得四】

一 職務行為

[1] 一般的職務権限を異にする転職後の贈賄（最決昭58・3・25刑集三七・二・一七〇、刑百選II[八版]一〇九）→一九七条[10]

二 贈賄行為

[2] 賄賂要求に応じて行った贈賄行為について、要求行為が恐喝罪を構成するときでも、贈賄罪の成立は否定されない。（大判昭10・12・21刑集一四・一四三四）→一九七条[21]

第二十六章　殺人の罪

（殺人）

第一九九条 人を殺した者は、死刑又は無期若しくは五年以上の懲役に処する。

【加重規定→組織犯罪三】【自殺関与及び同意殺人→二〇二】【予備→二〇一】【未遂→二〇三】【予備・陰謀・教唆・せん動→破防三九】

一 客体

[1] 胎児が既に母体から一部露出した以上、母体に関係なく侵害を加えることが可能であり、殺人罪の客体としての人といえる。（大判大8・12・13刑録二五・一三六七）

[2] 堕胎した後で、嬰児［えいじ］を殺したときには、堕胎罪と殺人罪の併合罪となる。（大判大11・11・28刑集一・七〇五、刑百選II[二版]三）

二 被害者の同意と錯誤

[3] 自己に追死の意思がないのに、被害者を欺罔［ぎもう］して追死を誤信させ、自殺させたときは、殺人罪が成立する。（最判昭33・11・21刑集一二・一五・三五一九、刑百選II[八版]一）

[4] 通常の意思能力を欠き自殺の何たるかを理解せず、被告人の命ずることには何でも服従する被害者に、それを利用し、縊首［いしゅ］の方法を教えて、縊首により死亡させたときは、殺人罪が成立する。（最決昭27・2・21刑集六・二・二七五）

[5] 真意に添わない重大な瑕疵［かし］ある意思に基づく自殺の決意を生じさせることは、自殺教唆ではなく被害者の行為を利用した殺人であり、欺罔・威迫により状況認識について錯誤を生じさせて現状から逃れるためには自殺以外ないと誤信させて自殺させるのは殺人である。（福岡高宮崎支判平元・3・24高刑四二・二・一〇三、刑百選II[七版]二）

第二〇〇条 【尊属殺】 削除

> 第二〇〇条　自己又ハ配偶者ノ直系尊属ヲ殺シタル者ハ死刑又ハ無期懲役ニ処ス

（予備）

第二〇一条 第百九十九条の罪を犯す目的で、その予備をした者は、二年以下の懲役に処する。ただし、情状により、その刑を免除することができる。

【加重規定→組織犯罪六】【特別規定→軽犯一[二]】

（自殺関与及び同意殺人）

第二〇二条 人を教唆し若しくは幇助して自殺させ、又は人をその嘱託を受け若しくはその承諾を得て殺した者は、六月以上七年以下の懲役又は禁錮に処する。

【未遂→二〇三】

一 本条の趣旨

[1] 嘱託殺人罪は、違法性及び責任が軽いことを考慮して規定されたものであるから、傷害致死罪の法定刑の上限及び

下限が本罪のそれより重いことは不合理とはいえない（自己の殺害を嘱託した者を傷害の故意で死亡させた場合には、本罪ではなく、傷害致死罪が成立する）。（札幌高判平25・7・11高刑速平二五・二五三、重判平26刑五）

[2] **二　同意殺人罪と自殺関与罪の区別**　被告人と被害者が、二人で練炭自殺をすることを計画し、被害者も練炭コンロの着火に積極的に関与した場合、練炭への着火は、練炭コンロを車内に置いてドアを閉めるという直接的な生命侵害行為と密接不可分の行為であり、単なる準備行為にすぎないということはできないから、被害者自身も自殺を実行したとみるべきであり、被告人の行為は、共同して自殺行為を行うことにより、被害者の自殺の実行を容易にしたものとして、自殺幇助に該当する。（東京高判平25・11・6判タ一四一九・二三〇、重判平28刑五）

三　自殺者の意思

[3] 自己の依頼した行為の結果が死に結びつくことを意識していれば、たとえ死の結果を望んでいなくとも、真意に基づく殺害の嘱託と解することができる。（大阪高判平10・7・16判時一六四七・一五六、重判平10刑四）

[4] 錯誤（最判昭33・11・21刑集一二・一五・三五一九、刑百選Ⅱ[八版]二）↓一九九条[3]

[5] 客観的に被害者の真意に基づく嘱託が存在する以上、仮に被告人がそのことを意識していなくとも嘱託殺人は成立する。（大阪高判平10・7・16前出[3]）

[6] 意思能力（最決昭27・2・21刑集六・二・二七五）↓一九九条[4]

[7] 連日のごとく暴行・脅迫を繰り返し、執拗［しつよう］に肉体的・精神的圧迫を加えて自殺を決意・実行させた場合、暴行・脅迫が意思の自由を失わしめる程度のものでないときは、自殺教唆となる。（広島高判昭29・6・30高刑七・六・九四四）

（未遂罪）

第二〇三条　第百九十九条及び前条の罪の未遂は、罰する。

【未遂↓四三、四四】

第二十七章　傷害の罪

（傷害）

第二〇四条　人の身体を傷害した者は、十五年以下の懲役又は五十万円以下の罰金に処する。

【特別規定↓軽犯一[二十九]、公害犯罪二②、自動車運転致死傷二・三、母体保護三四】

一　傷害

1　意義

[1] 傷害とは、他人の身体に対する暴行により生活機能の毀損すなわち健康状態の不良な変更を惹起［じゃっき］することをいい、毛髪の切断・剃去［ていきょ］は傷害に当たらない。（大判明45・6・20刑録一八・八九六）

[2] 傷害とは、他人の身体の生理的機能を毀損するものである以上手段を問わず、暴行によらず病毒を他人に感染させる場合も含まれる。（最判昭27・6・6刑集六・六・七九五）

2　肯定例

[3] 膣口［ちっこう］哆開［しゃかい］・発赤（大判明44・4・28刑録一七・七二二）

[4] 湖中に突き落とすことによる失神（大判昭8・9・6評論二二・刑訴二四九）

[5] 眼の充血・周辺の腫張（大判昭8・12・16評論二三・刑訴五七）

[6] 陰毛の引抜き（大阪高判昭29・5・31高刑七・五・七五二）

[7] 胸部疼痛［とうつう］（最決昭32・4・23刑集一一・四・一三九三、刑百選Ⅱ[二版]四）

[8] ラジオ、目覚まし時計を大音量で長期間鳴らしてストレスを与えたことによる慢性頭痛症、睡眠障害等（最決平17・3・29刑集五九・二・五四、刑百選Ⅱ[八版]五）

[9] 睡眠薬等を摂取させたことによる数時間にわたる意識障害及び筋弛緩作用を伴う急性薬物中毒症状（最決平24・1・30刑集六六・一・三六、刑百選Ⅱ[八版]四）

[10] 精神疾患の一種である外傷後ストレス障害（いわゆる再体験症状、回避・精神麻痺症状及び過覚醒症状等の継続的発現を特徴とするＰＴＳＤ）（最決平24・7・24刑集六六・八・七〇九、重判平24刑五）

二　故意

[11] 暴行の故意で傷害の結果が発生したときでも、傷害罪は成立する。（最判昭25・11・9刑集四・一一・二二三九）

（傷害致死）

第二〇五条　身体を傷害し、よって人を死亡させた者は、三年以上の有期懲役に処する。

【特別規定↓公害犯罪二②、自動車運転致死傷二・三、母体保護三四】

[1] 傷害致死罪の成立には、致死の結果の予見可能性は不要である。（最判昭26・9・20刑集五・一〇・一九三七）

（現場助勢）

第二〇六条　前二条の犯罪が行われるに当たり、現場において勢いを助けた者は、自ら人を傷害しなくても、一年以下の懲役又は十万円以下の罰金若しくは科料に処する。

【幇助↓六二】

[1] 本条は、傷害の現場における単なる助勢行為を処罰するもので、特定の正犯を幇助［ほうじょ］した場合は、傷害幇助として処罰する。（大判昭2・3・28刑集六・一一八）

（同時傷害の特例）

第二〇七条　二人以上で暴行を加えて人を傷害した場合において、それぞれの暴行による傷害の軽重を知ることができず、又はその傷害を生じさせた者を知ることができないときは、共同して実行した者でなくても、共犯の例による。

【共犯の例↓六〇】

一　本条の法意

[1] 同時傷害の特例を定めた本条は、二人以上が暴行を加えた事案においては、生じた傷害の原因となった暴行を特定することが困難な場合が多いことなどに鑑み、共犯関係が立証されない場合であっても、例外的に共犯の例によるこ

とをしている。本条の適用の前提として、検察官は、各暴行が当該傷害を生じさせ得る危険性を有するものであること及び各暴行が外形的には共同実行に等しいと評価できるような状況において行われたこと、すなわち、同一の機会に行われたものであることの証明を要するというべきであり、その証明がされた場合、各行為者は、自己の関与した暴行がその傷害を生じさせていないことを立証しない限り、傷害についての責任を免れない。（最決平28・3・24刑集七〇・三・一、刑百選Ⅱ[八版]六）

[2] 他の者が先行して被害者に暴行を加え、これと同一の機会に、後行者が途中から共謀加担したが、被害者の負った傷害が共謀成立前後のいずれの暴行により生じたかが不明であり、その傷害を生じさせた者を知ることができないときは、本条を適用する余地があるが、本条により後行者に傷害についての責任を問い得るのは、後行者の加えた暴行が当該傷害を生じさせ得る危険性を有するものであるときに限られる。（最決令2・9・30刑集七四・六・六六九、重判令2刑四）→六〇条[17]

二　暴行の同時性

[3] 二人以上の者の暴行が時・所を異にする場合でも本条の適用がある。（大判昭11・6・25刑集一五・八二三）

[4] 本条は、数人による暴行が、同一場所で同時に行われたか、これと同一視できるほど時間的、場所的に接着して行われるか、各暴行が社会通念上同一の機会に行われた一連の行為と認められ、共犯者でない者に結果についての責任を負わせても不合理とはいえない場合に適用は限られ、同一被害者に対する近接した場所での第一の暴行と第二の暴行の間隔が約四〇分あり、後者が別個の原因により発生した等の事情があるときは、本条の適用はない。（札幌高判昭45・7・14高刑二三・三・四七九）

三　適用範囲

[5] 同時暴行により傷害致死の結果が生じ、傷害を生じさせた者を知ることができないときは、本条により、共に傷害致死罪の責任を負う。（最判昭26・9・20刑集五・一〇・一九三七）

[6] 傷害致死の事案において、本条適用の前提となる事実関係が証明された場合には、いずれかの暴行と死亡との間の因果関係が肯定されるときであっても、本条の適用は妨げられない。（最決平28・3・24前出[1]）

[7] 二人以上の者が共謀によらずに強制性交を行い致傷の結果を生ぜしめ、傷害を生じさせた者が不明の場合、本条の適用はない。（仙台高判昭33・3・13高刑一一・四・一三七）

（暴行）

第二〇八条　暴行を加えた者が人を傷害するに至らなかったときは、二年以下の懲役若しくは三十万円以下の罰金又は拘留若しくは科料に処する。

参【特別規定】→九五、一〇〇②、一〇六、一〇七、一七六、一七七、一九五、二二三①、二三六、二三八、暴力一・一ノ三①、三、金商一九七①[五]

暴行

1　意義

[1] 暴行とは、人の身体に対する不法な攻撃方法の一切をいい、その性質上傷害の結果を惹起[じゃっき]すべきものであることを要せず、着衣をつかみ引っ張るなどは暴行に当たる。（大判昭8・4・15刑集一二・四二七）

2　肯定例

[2] 毛髪の切断・剃去[ていきょ]（大判明45・6・20刑録一八・八九六……暴行罪の事例（傷害罪の成立を否定））→二〇四条[1]

[3] 瞬時身体を拘束する行為（大判昭7・2・29刑集一一・一四一……逮捕罪の事例（数分間の身体拘束を認め逮捕罪の成立を肯定））

[4] 驚かせる目的で、人の数歩前を狙って投石する行為（東京高判昭25・6・10高刑三・二・二二二……傷害罪の事例（傷害罪の成立を肯定））

[5] 瓦の破片を投げ、脅かしながら追い掛ける行為（最判昭25・11・9刑集四・一一・二二三九……傷害罪の事例（傷害罪の成立を肯定））

[6] 人の身辺で大太鼓・鉦[かね]等を打ち鳴らす行為（最判昭29・8・20刑集八・八・一二七七、刑百選[二版]八七……暴行罪の事例（暴力行為等処罰ニ関スル法律所定の暴行を肯定））

[7] 狭い室内で脅す目的で日本刀の抜き身を振り回す行為（最決昭39・1・28刑集一八・一・三一、刑百選Ⅱ[八版]三……傷害罪の事例（傷害致死罪の成立を肯定））

[8] 他人の頭・顔に、お清めと称し、食塩を振り掛ける行為（福岡高判昭46・10・11刑月三・一〇・一三一一……暴行罪の事例（暴行罪の成立を肯定））

[9] 相手方と向かい合って立ち、約三〇ないし五〇センチメートルの距離を保ったまま、秒速一・三メートル余りの速度で約四メートル前進することは、後方の確認をする時間的・精神的余裕のないまま相手方を後ずさりさせる行為であり、相手方との直接の身体接触はないが、これをして転倒させけがをさせる危険性を有するから、傷害罪の実行行為である暴行に当たる。（大阪高判平24・3・13判タ一三八七・三七六）

（凶器準備集合及び結集）

第二〇八条の二①　二人以上の者が他人の生命、身体又は財産に対し共同して害を加える目的で集合した場合において、凶器を準備して又はその準備があることを知って集合した者は、二年以下の懲役又は三十万円以下の罰金に処する。

② 前項の場合において、凶器を準備して又はその準備があることを知って人を集合させた者は、三年以下の懲役に処する。

一　保護法益・罪質

[1] 本罪は、個人の生命、身体又は財産ばかりでなく、公共的な社会生活の平穏をも同様に保護法益とする。（最判昭58・6・23刑集三七・五・五五五）

[2] 本罪は抽象的危険犯であり、迎撃形態の本罪が成立するには、相手方の襲撃の蓋然性・切迫性が客観的状況として存在することは必要なく、凶器準備集合の状況が社会生活の平穏を害し得る態様のものであれば足りる。（最判昭58・6・23前出[1]）

[3] 本罪は、本条にいう集合の状態が継続する限り、継続して成立する。（最決昭45・12・3刑集二四・一三・一七〇七〈清水谷公園乱闘事件〉刑百選Ⅱ[八版]七）

二　共同加害目的

[4] 本罪が成立するには、集合者の全員又は大多数の者の集団意思としての共同加害目的は不要で、行動を相互に目撃し得る場所に近接していた者のうち、少なくとも暴行に及

び又は及ぼうとした者らには、漸次波及的に共同加害目的を認め得る。（最判昭52・5・6刑集三一・三・五四四〈飯田橋事件上告審〉刑百選Ⅱ〔六版〕八）

⑤ 迎撃形態の本罪において、行為者が相手方の襲撃の蓋然性・切迫性を認識していなくても、襲撃があり得ると予想し、その際には迎撃して相手方の生命、身体又は財産に対して共同して害を加える意思があれば、共同加害目的がある。（最判昭58・11・22刑集三七・九・一五〇七）

三　集合

⑥ 既に一定の場所に集まっている二人以上の者が、その場で凶器を準備し、又はその準備のあることを知った上、共同加害目的を有するに至った場合も、本条の集合に当たる。（最決昭45・12・3前出③）

四　凶器

⑦ 他人を殺傷する用具として利用する意図で準備されたダンプカーでも、他人を殺傷する用具として利用される外観を呈しておらず、社会通念に照らし直ちに他人に危険感を抱かせるに足りないときは、本条の凶器に当たらない。（最判昭47・3・14刑集二六・二・一八七、刑百選Ⅱ〔六版〕九）

⑧ 長さ一メートル前後の角棒は、本条の凶器に当たる。（最決昭45・12・3前出③）

⑨ プラカードは、それで殴り掛かった段階で、闘争の際に使用される意図が外部に覚知され、社会通念に照らし人の視聴覚上直ちに危険性を感ぜしめる状態になり、凶器となる。（東京地判昭46・3・19刑月三・三・四四四〈飯田橋事件一審〉）→④

第二十八章　過失傷害の罪

（過失傷害）

第二〇九条① 過失により人を傷害した者は、三十万円以下の罰金又は科料に処する。

② 前項の罪は、告訴がなければ公訴を提起することができない。

参 ❶〔過失→三八①〕 ❷〔告訴→刑訴二三〇―二三二・二三四・二四二〕〔公訴棄却→刑訴三三八〔四〕〕

（過失致死）

第二一〇条 過失により人を死亡させた者は、五十万円以下の罰金に処する。

参〔過失→三八①〕

（業務上過失致死傷等）

第二一一条 業務上必要な注意を怠り、よって人を死傷させた者は、五年以下の懲役若しくは禁錮又は百万円以下の罰金に処する。重大な過失により人を死傷させた者も、同様とする。

参〔過失→三八①〕〔重大な過失の他の例→一一七の二、不正競争二一①〔五〕〔六〕〔四〕〔九〕〕〔特別規定→公害犯罪三、自動車運転致死傷五〕

一　客体

① 実行行為の際に「人」が存在することは必要なく、致死の結果発生の時点で「人」が存在すれば足り、塩化メチル水銀を含有する排水を流出させたことにより、胎児であった被害者の「人」の機能の萌芽〔ほうが〕に障害を生じさせて胎児性水俣病の疾患を持った先天性障害児として出生させ、それに基因する栄養失調・脱水症により死亡させたときは、業務上過失致死罪が成立する。（熊本地判昭54・3・22刑月一一・三・一六八〈熊本水俣病事件一審〉刑百選Ⅱ〔二版〕五）

② 業務上過失行為は、被害者が胎生八箇月となるまでに終わったものでなく、その侵害は発病可能な右時点を過ぎ一部露出の時点まで継続的に母体を介して及んでいたもので、一部露出の時点まで包括的に加害が認められる限り、人に対する過失傷害として欠けるところなく、傷害に基づき死亡した同人に対し業務上過失致死罪が成立する。（福岡高判昭57・9・6高刑三五・二・八五〈熊本水俣病事件二審〉）

③ 業務上過失により胎児に病変を発生させ、出生後、それに起因してその者を死亡させた場合、人である母体の一部に病変を発生させて人に死の結果をもたらしたものであり、業務上過失致死罪が成立する。（最決昭63・2・29刑集四二・二・三一四〈熊本水俣病事件上告審〉刑百選Ⅱ〔八版〕二）

二　業務上過失における業務

1　意義

④ 本条にいわゆる業務とは、本来人が社会生活上の地位に基づき反復・継続して行う行為であって、他人の生命・身体等に危害を加えるおそれあるものをいう。（最判昭33・4・18刑集一二・六・一〇九〇、刑百選Ⅰ〔二版〕六二）

⑤ 本条にいう業務には、人の生命・身体の危険を防止することを義務内容とする業務も含まれる。（最決昭60・10・21刑集三九・六・三六二、刑百選Ⅰ〔八版〕六〇）

⑥ 目的が収入を得るにあるとその他の欲望を満たすにあるとは問わず、娯楽のためであってもよい。（最判昭33・4・18前出④）

2　業務に当たるとされた事例

⑦ 雑貨輸入商が、継続して自家用自動車の運転に従事する場合（大判大12・8・1刑集二・六七三）

⑧ 医師が医業を行うに当たって、自ら自家用自動車を運転する場合（大判昭14・5・23刑集一八・二八三）

⑨ 過去において空地で二回運転の練習をした者が、公道上で初めて練習のため自動車を運転したが、反復・継続の意思のあった場合（福岡高宮崎支判昭38・3・29判タ一四五・一九九）

⑩ 娯楽のため銃器を使用して狩猟行為を行う場合（最判昭33・4・18前出④）

⑪ 看護婦が医師の指示に従って静脈注射をする場合（最判昭28・12・22刑集七・一三・二六〇八、医事法百選〔二版〕六四）

⑫ 高校教諭が山岳部の活動として行われた山岳合宿訓練に同行する場合（山形地判昭49・4・24刑月六・四・四三九）

⑬ ウレタンフォームの加工販売業を営む会社の工場部門の責任者として、易燃物であるウレタンフォームの管理に伴う火災防止の職務に従事していた場合（最決昭60・10・21前出⑤）

3　業務に当たらないとされた事例

⑭ 平素自転車等で商品の配達等をしている者がたまたま余暇に自動車を一回だけ運転し、社会生活上の地位に基づく運転の反復・継続の目的の認められない場合（東京高判昭35・3・22東高刑一一・三・七三）

三　重過失

1　意義

⑮ 重大な過失とは、注意義務違反の程度が著しい場合をいい、発生した結果の重大性、結果発生の可能性が大であったことは必ずしも必要としない。（東京高判昭57・8・10刑

月一四・七＝八・六〇三）

2 事例

⑯ 病的酩酊〔めいてい〕の素質を有し、以前にしばしば飲酒酩酊の上、心神喪失ないし心神耗弱の状態に陥り、その状態において犯罪を犯す習癖を自覚する者が、飲酒酩酊の上、人に傷害を負わせたときは、重過失傷害罪が成立する。（福岡高判昭28・2・9高刑六・一・一〇八）

⑰ 赤色信号を見落とし、自転車にけんけん乗りをして横断歩道上の歩行者の一団に突っ込み、傷害を負わせたときは、重過失傷害罪が成立する。（東京高判昭57・8・10前出⑮）

第二十九章　堕胎の罪

（堕胎）

第二一二条　妊娠中の女子が薬物を用い、又はその他の方法により、堕胎したときは、一年以下の懲役に処する。

堕胎の意義

⑦ 本罪は、自然の分娩期に先立って人為的に胎児を母体から分離させることによって成立し、その結果胎児が死亡したか否かを問わない。（大判明44・12・8刑録一七・二一八三）

（同意堕胎及び同致死傷）

第二一三条　女子の嘱託を受け、又はその承諾を得て堕胎させた者は、二年以下の懲役に処する。よって女子を死傷させた者は、三月以上五年以下の懲役に処する。

（業務上堕胎及び同致死傷）

第二一四条　医師、助産師、薬剤師又は医薬品販売業者が女子の嘱託を受け、又はその承諾を得て堕胎させたときは、三月以上五年以下の懲役に処する。よって女子を死傷させたときは、六月以上七年以下の懲役に処する。

参【医師の堕胎→母体保護一四

（不同意堕胎）

第二一五条①　女子の嘱託を受けないで、又はその承諾を得ないで堕胎させた者は、六月以上七年以下の懲役に処する。

②　前項の罪の未遂は、罰する。

参【致死傷→二一六　❷【未遂→四三・四四

（不同意堕胎致死傷）

第二一六条　前条の罪を犯し、よって女子を死傷させた者は、傷害の罪と比較して、重い刑により処断する。

参【傷害の罪→二〇四、二〇五【刑の軽重→一〇

第三十章　遺棄の罪

（遺棄）

第二一七条　老年、幼年、身体障害又は疾病のために扶助を必要とする者を遺棄した者は、一年以下の懲役に処する。

参【致死傷→二一九【特別規定→軽犯一⑱

⑦ 本罪は、他人の扶持助力がなければ自ら日常の生活を営むべき動作をできない者を遺棄することにより直ちに成立し、現実に生命身体に対する危険を発生させたことを要しない。（大判大4・5・21刑録二一・六七〇）

（保護責任者遺棄等）

第二一八条　老年者、幼年者、身体障害者又は病者を保護する責任のある者がこれらの者を遺棄し、又はその生存に必要な保護をしなかったときは、三月以上五年以下の懲役に処する。

参【保護責任→民八二〇、八七七【致死傷→二一九【交通事故の場合の救護義務→道交七二、一一七

一　客体

⑦ 高度の酩酊〔めいてい〕により身体の自由を失い他人の扶助を要する状態にある者は、本条の病者に当たる。（最決昭43・11・7判時五四一・八三、刑百選Ⅱ〔初版〕四六）

② 堕胎により出生させた未熟児を、生育可能性のあることを認識し、医療の措置をとることが迅速・容易にできたのに、医院内に放置して死亡させた医師には、業務上堕胎罪に併せて保護者遺棄致死罪が成立する。（最決昭63・1・19刑集四二・一・一、刑百選Ⅱ〔八版〕八）

二　保護責任者

③ 自動車運転者が、過失により通行人に重傷を負わせて歩行不能にさせたときは、保護責任者に当たり、（本条の遺棄には単なる置去りも含むから）救護措置を講ずることなく、被害者を自車に乗せて現場を離れ、降雪中の薄暗い車道上まで運び、降ろして放置したときは本罪が成立する。（最判昭34・7・24刑集一三・八・一一六三、刑百選Ⅱ〔四版〕九）

④ 被害者と同行して外出中の、同人と同じ会社に勤務し、同じ社員寮に居住する者は、傷害を負って独力による起居動作が不可能に陥った被害者を「保護する責任のある者」に当たる。（岡山地判昭43・10・8判時五四六・九八）

⑤ 自動車運転者が歩行者を誘って助手席に同乗させて走行中、しきりに下車を求められたにもかかわらず走行を継続したため、同乗者が路上に飛び降り重傷を負ったときは、救護を要する事態を確認した運転者は、自己の先行行為に基づき、本条の保護責任を有する。（東京高判昭45・5・11高刑二三・二・三八六）

三　生存に必要な保護

⑥ 本条の不保護による保護責任者遺棄罪の実行行為は、本条所定の客体（幼年者等）につきその生存のために特定の保護行為を必要とする状況（要保護状況）が存在することを前提に、その者の「生存に必要な保護」行為として行うことが刑法上期待される特定の行為をしなかったことを意味し、本条は広く保護行為一般（例えば幼年者の親ならば当然に行っているような監護、育児、介護行為等全般）を行うことを刑法上の義務として求めているものではない。（最判平30・3・19刑集七二・一・一、刑百選Ⅱ〔八版〕九）→刑訴三二二条〔92〕・三八二条〔7〕

（遺棄等致死傷）

第二一九条　前二条の罪を犯し、よって人を死傷させた者は、傷害の罪と比較して、重い刑により処断する。

参【傷害の罪↓二〇四、二〇五【刑の軽重↓一〇

第三十一章　逮捕及び監禁の罪

（逮捕及び監禁）

第二二〇条　不法に人を逮捕し、又は監禁した者は、三月以上七年以下の懲役に処する。

参【致死傷↓二二一【加重規定↓組織犯罪三【特別規定↓一九四【人質↓人質一・二

一　客体

1 自然的、事実的意味において任意に行動し得る者である以上、たとえ法的に責任能力や行動能力はもちろん、幼児のように意思能力を欠如しているものであっても監禁罪の客体となり得る。自力ではったり壁を支えに歩き回り得る一年七箇月の幼児はこれに当たり、同児の被害意識の有無も本罪成立の妨げとならない。（京都地判昭45・10・12刑月二・一〇・一一〇四、刑百選Ⅱ八版一〇）

二　行為

1　逮捕

2 逮捕とは、直接に人の身体の自由を拘束することをいうから、ロープ等で人の胸部、足部等を木柱に縛り付けることは監禁ではなく逮捕に当たる。（大阪高判昭26・10・26高刑四・九・一一七三）

3 逮捕には多少の時間継続して自由を束縛することを要し、わら縄で両足を五分間制縛して引きずり回すことはこれに当たる。（大判昭7・2・29刑集一一・一四一）

2　監禁

イ　継続性

4 監禁罪は、方法の有形的であると無形的であるとを問わず一定の場所からの脱出を不可能にし、継続して人の行動の自由を不法に拘束することによって成立し、その拘束は多少の時間継続することを必要とするが、時間の長短は問わない。暴行・脅迫により八畳間に約三〇分間拘束することは、監禁に当たる。（大判昭7・2・12刑集一一・七五）

ロ　手段の強度

5 深夜、強制性交の恐怖がなお継続していないといえない女子を、脱出には泳ぐほか方法のない海上沖合に停泊中の漁船内に閉じ込めたときは、脱出を著しく困難にしたものであって監禁罪が成立する。（最判昭24・12・20刑集三・一二・二〇三六）

6 脅迫による監禁罪が成立するためには、その脅迫は被害者をして一定の場所から立ち去ることを得せしめない程度のものでなければならない。（最大判昭28・6・17刑集七・六・一二八九、刑百選Ⅱ二版一四）↓13

7 女子と性交する企図の下に、自己の運転する第二種原動機付自転車の荷台にこれを乗車せしめて一〇〇〇メートル余を疾走する行為は、監禁罪に当たる。（最決昭38・4・18刑集一七・三・二四八）

8 自己の居室で女子の頭髪を切断し、果物ナイフを突き付けるなどして脅迫することにより、被害者が後難を恐れて脱出できなくしたときは、たとえ錠を室内から外すことができ、被告人が眠ったり短時間外出したりしたとしても、監禁罪が成立する。（東京高判昭40・6・25高刑一八・三・二三八）

ハ　被害者の錯誤

9 本条にいう「監禁」は、偽計により被害者の錯誤を利用する場合を含むから、逃亡した接客婦を連れ戻すため入院中の母の許へ行くものと誤信させてタクシーに乗り込ませ、疾走するタクシーから容易に脱出できなくする行為は監禁罪に当たる。（最決昭33・3・19刑集一二・四・六三六）

10 監禁罪においては被監禁者が行動の自由を拘束されていれば足り、自己が監禁されていることを意識する必要はないから、強制性交目的で女子を自動車に乗り込ませ疾走する行為は、被害者らが被告人らの意図に気付かず降車を要求していなくても、監禁罪に当たる。（広島高判昭51・9・21刑月八・九＝一〇・三八〇）

ニ　生活設備ある場所への監禁

11 女工の逃走を防ぐため寄宿舎の部屋出入口の戸に外部から施錠した場合、たとえ室内に健康保全と慰安娯楽の設備があるとしても、監禁罪が成立する。（大判大4・11・5刑録二一・一八九一）

ホ　間接正犯

12 虚偽の犯罪を警察署員に告知して留置場に留置させるというように、情を知らない第三者を利用して人を監禁させる行為も、監禁罪に当たる。（大判昭14・11・4刑集一八・四九七）

三　罪数

13 人を逮捕し引き続き監禁したときは、包括的に観察して本条一項の単純一罪が成立する。（最大判昭28・6・17前出6）

14 人を略取した者が引き続き監禁したときは、略取罪のほかに監禁罪を構成し、両罪は牽連〔けんれん〕犯の関係に立つ。（大判昭13・11・10刑集一七・七九九）

15 身の代金取得目的で人を略取誘拐した者が更に略取され又は誘拐された者を監禁し、その間に身の代金を要求したときは、身の代金目的略取誘拐罪と身の代金要求罪とは牽連犯の関係に、以上の各罪と監禁罪とは併合罪の関係に立つ。（最決昭58・9・27刑集三七・七・一〇七八、刑百選Ⅰ六版一〇二）

16 不法監禁中になされた暴行・脅迫（最判昭28・11・27刑集七・一一・二三四四）↓二二二条17

（逮捕等致死傷）

第二二一条　前条の罪を犯し、よって人を死傷させた者は、傷害の罪と比較して、重い刑により処断する。

参【傷害の罪↓二〇四、二〇五【刑の軽重↓一〇

1 本条の罪の成立には、人の死傷が逮捕又は監禁そのものの、少なくともその手段たる行為そのものから生じたことを要するから、人を監禁しその機会にこれに暴行を加えて傷害を負わせたときは、本罪ではなく、監禁罪と傷害罪の両罪が成立し併合罪となる。（名古屋高判昭31・5・31高刑裁特三・一四・六八五）

2 被害者が被告人の運転する走行中の自動車のドアから車外に転落して死亡した場合、転落がドアの故障によるのであれ、被害者の脱出行為によるのであれ、被告人の監禁行為と被害者の死亡との間に因果関係は認められるから、本条の罪が成立する。（名古屋高判昭35・11・21下刑二・一一＝一二・一三三八）

第三十二章　脅迫の罪

（脅迫）

第二二二条①　生命、身体、自由、名誉又は財産に対し

害を加える旨を告知して人を脅迫した者は、二年以下の懲役又は三十万円以下の罰金に処する。

② 親族の生命、身体、自由、名誉又は財産に対し害を加える旨を告知して人を脅迫した者も、前項と同様とする。

参【親族→民七二五、七二七―七二九【特別規定→暴力一・一ノ三①・三、金商一九七①五

一 罪質

[1] 脅迫罪は、本条列記の法益に対して危害の至るべきことの通告によって成立し、必ずしも被通告者が畏怖の念を起こしたことを必要としない。（大判明43・11・15刑録一六・一九三七）

[2] 本条の罪は、人の意思決定の自由を保護法益とするから、自然人に対してのみ成立し、法人に対しては成立しない。したがって、株式会社に対して業務の遂行を妨害する旨告知する行為は、本条の罪に当たらない。（大阪高判昭61・12・16高刑三九・四・五九二）

二 「害を加える旨を告知して」

1 加害の対象

[3] いわゆる村八分とする旨の決議は、相手方の人格を蔑視し共同生活に適しない一種の劣等者として待遇しようとするものであるからその名誉を侵害し、また右決議を通告することは、将来引き続き不名誉な待遇をしようとする害悪の告知に当たり、脅迫罪を構成する。（大判昭9・3・5刑集一三・二一三）

2 加害の告知

イ 脅迫罪の成立を肯定したもの

[4] 「君の警察活動を止めよ、止めないと必ず不幸が起こる」「君も妻子があるから、よく考えたらどうか、皆君の敵ばかりだ」等申し向けることは、害悪の告知に当たる。（大阪高判昭29・6・11高刑判特二八・一四四）

[5] 害悪の告知が明白にして現在の危険を内包しなくとも脅迫罪は成立し得るから、県警察本部警察隊長に対し「国民の敵となり身を滅ぼすより、辞職せよ」等記載したビラをもって右了知させたときは、脅迫罪が成立する。（最判昭34・7・24刑集一三・八・一一七六）

[6] 政治問題について村内の二派の抗争が熾烈〔しれつ〕になっている時期に、一方の派の中心人物宅に、現実の出火もないのに「出火御見舞申上げます、火の元に御用心」という趣旨の文面の葉書を差し出し配達させることは、脅迫に当たる。（最判昭35・3・18刑集一四・四・四一六、刑百選II八版一二）

ロ 脅迫罪の成立が否定されたもの

[7] 本条の脅迫たるには、告知される害悪の内容が客観的かつ具体的で、一般的にみて畏怖に値するものであることを要するから、駐在所勤務の巡査に対し「この事を本署に連絡すると、もっと重い責任を持ってくるぞ」と申し向けることはこれに当たらない。（静岡地判昭33・5・20判タ八一・九二）

[8] 畑地交換の交渉中、前に警察職員であり柔道初段の力を持つ被害者に対し「俺は監獄の飯を食ってきた」等申し向けたが、間もなく話合いで解決しようということになった場合、右言辞は脅迫罪を構成しない。（東京高判昭33・6・28東高刑九・六・一六九）

[9] 死刑を含む有罪判決を言い渡した裁判官に対し「人殺し、売国奴、貴様に厳烈な審判が下されるであろう」等記載した葉書を投函、配達させた行為は、文面が婉曲〔えんきょく〕であり何人の手によって害悪が加えられるか全く不明確であり、脅迫罪は成立しない。（名古屋高判昭45・10・28刑月二・一〇・一〇三〇）

3 害悪の将来性

[10] 害悪を事後に通知したのでは脅迫罪は成立しないから、原審が脅迫罪を認定するに当たり、「俵の間に松明〔たいまつ〕を挿入するなどして放火したごとく仮装し、程なく相手方にこれを認識させて脅迫した」と説示したのは、将来放火するであろうことの未然の通告に当たるか否か判示が不明であり理由不備の違法がある。（大判大7・3・11刑録二四・一七二）

4 告知者の加害への影響力

[11] 「お前を、恨んでいる者は俺だけではない、ダイナマイトで貴男を殺すと言っている者もある」「俺の仲間は沢山いて、君をやっつけると相当意気込んでいる」等と告げる行為は、被告人自身又は影響を与え得る第三者による害悪の告知に当たり、脅迫罪を構成する。（最判昭27・7・25刑集六・七・九四一）

[12] 「云々の警察官は人民政府ができた暁には人民裁判によって断頭台上に裁かれる。人民政府ができるのは近い将来である」と申し向けることは、右害悪が被告人自身又は被告人の左右し得る他人を通じて可能ならしめられるものとして通告されたのではないから、脅迫罪に当たらない。（広島高松江支判昭25・7・3高刑三・二・二四七）

5 告知方法

[13] 害悪の告知には、告知手段を施し相手方が加害の行われるべきことを知ることがあれば足り、必ずしも犯人が言語その他の方法で直接相手方に対して通知することを要しないから、脅迫状を人の発見しやすい掲示場屋根の棟竹の端に掛けておき、これを持ち帰った第三者を通して相手方がこれを閲読したときは、脅迫罪が成立する。（大判大8・5・26刑録二五・六九四）

[14] 多数の集落住民が公開の場所において、ある住民に対する絶交の決議をしたときは、特にその通告をしなくとも、被絶交者が右決議を了知したときは、脅迫罪が成立する。（大判大13・11・26刑集三・八三一）

[15] 虚無人名義によって害悪を通告したときも、本罪が成立する。（大判明43・11・15前出[1]）

三 親族

[16] 妻の姦通事実を公表する旨通告したときは、夫の名誉に対する害悪告知ではなく、妻の名誉に対する害悪告知であって、本条二項に該当する。（大判昭5・7・11新聞三一九二・七）

四 罪数

[17] 暴行・脅迫が不法監禁中になされたものであっても、不法監禁の状態を維持・存続させるためその手段としてなされたのでなく、被害者の言動に対する憤激など別個の動機原因からなされた場合には、右暴行・脅迫は監禁罪に吸収されず、別罪を構成する。（最判昭28・11・27刑集七・一一・二三四四）

（強要）

第二二三条① 生命、身体、自由、名誉若しくは財産に対し害を加える旨を告知して脅迫し、又は暴行を用いて、人に義務のないことを行わせ、又は権利の行使を妨害した者は、三年以下の懲役に処する。

② 親族の生命、身体、自由、名誉又は財産に対し害を

加える旨を告知して脅迫し、人に義務のないことを行わせ、又は権利の行使を妨害した者も、前項と同様とする。

③　前二項の罪の未遂は、罰する。

【親族↓民七二五、七二七―七二九【未遂↓四三、四四【加重規定↓組織犯罪三【特別規定↓九五②、一〇〇②、暴力三、人質一―三

[1]
一　保護法益
強要罪の保護法益は、意思決定に基づく行動の自由にあるから、本条一項にいう「暴行」は、相手方の自由な意思決定を拘束してその行動の自由を制約するに足りる程度のものであることを要し、背広の襟をつかんで引っ張り、怒鳴りながら身体を前後に数回揺さぶることではいまだその程度に達したとはいえない。（大阪地判昭36・10・17下刑三・九＝一〇・九四五）

二　手段
1　脅迫↓二二二条[判]
2　暴行↓[7]

三　強制行為
1　「義務のないことを行わせ」

[2]
本条一項にいう「人に義務のないことを行わせ」とは、自己に何らの権利権能なく、したがって相手にその義務がないのに、暴行・脅迫を用いて強いて作為、不作為又は忍受をさせたことをいい、雇人たる一三歳の少女に水入りバケツ、木製腰掛等を数十分間から数時間にわたり胸辺又は頭上に支持させたことは、これに当たる。（大判大8・6・30刑録二五・八二〇）

[3]
暴行・脅迫により強要した行為の一部に、他人の義務に属しない事項がある以上、その他の部分はその他人の義務であったとしても、本条の罪の成立は妨げられないから、自己の負う債務を超える差押えをなした債権者を脅迫して、超過分に限らず全部の差押えを解除させたときは、強要罪が成立する。（大判大2・4・24刑録一九・五二六）

[4]
「暴行を用いて、人に義務のないことを行わせ」るとは、なお被強要者自身の意思に基づく行為が存することを要し、暴力のままにその人を器械的に行動させることはこれに当たらない。よって、女性の両腕を背後からつかんで引っ張り、一〇メートル余を移動させることは、不法監禁罪に当たることは格別、強要罪には当たらない。（東京高判昭34・12・8高刑一二・一〇・一〇一七）

2　「権利の行使を妨害した」

[5]
新聞記者が料理店営業者に対し、自己の意思に逆らうと右料理店に関し不利益な事項を新聞に掲載すると告げて告訴を中止させたときは、権利の行使を妨害したものである。（大判昭7・7・20刑集一一・一一〇四）

[6]
本条にいう「権利」とは、必ずしも法律上「何々権」と呼称されるものに限らず、個人の自由として法的保護を受くべき領域にあれば足りるから、動物の品質・技能を競う競技大会に動物操縦者として参加出場する権利もこれに当たる。（岡山地判昭43・4・30下刑一〇・四・四一六）

四　未遂

[7]
害悪の告知が相手方に義務のないことを行わせるために行われたときは脅迫罪ではなく強要罪が成立し、被通告者をしてこれを行わせることができなかったときも強要未遂罪のみが成立する。（大判昭7・3・17刑集一一・四三七）

第三十三章　略取、誘拐及び人身売買の罪

（未成年者略取及び誘拐）

第二二四条　未成年者を略取し、又は誘拐した者は、三月以上七年以下の懲役に処する。

【未成年者↓民四【未遂↓二二八【親告罪↓二二九

一　保護法益

[1]
未成年者誘拐罪の保護法益は、被誘拐者たる未成年者の自由のみならず、両親、後見人等の監護者又はこれに代わり未成年者に対し事実上の監護権を有する監督者などの監護権でもある。（福岡高判昭31・4・14高刑裁特三・八・四〇九、刑百選Ⅱ[五版]一一）

[2]
別居中で離婚係争中の妻が養育している二歳の子を夫が有形力を用いて連れ去る行為は未成年者略取罪の構成要件に該当し、行為者が親権者の一人であることは、違法阻却の判断において考慮されるべき事情にとどまる。（最決平17・12・6刑集五九・一〇・一九〇一、刑百選Ⅱ[八版]一二……監護権者の保護監督権を本罪の保護法益に含める立場から違法阻却を認める滝井裁判官の反対意見などがある）

二　行為
1　略取↓二二五条[7]
2　誘拐
イ　意義

[3]
誘拐罪は、詐欺又は誘惑の手段によって他人を自己の実力的支配下に置き、その居所を移させる場合に成立し、甘言によって人を惑わし判断を誤らせることは誘惑に当たる。未成年者に、外妾［がいしょう］又は仲居になると高給が得られ着物ももらえると告げることは、この誘惑に当たる。（大判大12・12・3刑集二・九一五）

[4]
誘惑においては、必ずしも虚偽の事実で被害者を錯誤に陥れることを要しない。（大判大7・10・16刑録二四・一二六八）

ロ　欺罔［ぎもう］の相手方

[5]
未成年者の監督者を欺いて利害判断を誤らせ未成年者を自己の支配内に移すことを承諾させて、これを移したときは、誘拐罪が成立する。（大判大13・6・19刑集三・五〇二）

三　既遂時期

[6]
一四歳の少女を自己の自転車に同乗させ約一・四キロメートル余を連れ去ったときは、一応被害者を自己の実力的支配内に置いたといえるから、そこで被害者の母親に発見されて奪還されても、誘拐既遂罪が成立する。（東京高判昭30・3・26高刑裁特二・七・二一九）

四　告訴権者

[7]
未成年者に対する監護権を侵された監督者は、告訴権を有する。（福岡高判昭31・4・14前出[1]）

（営利目的等略取及び誘拐）

第二二五条　営利、わいせつ、結婚又は生命若しくは身体に対する加害の目的で、人を略取し、又は誘拐した者は、一年以上十年以下の懲役に処する。

【未遂↓二二八【予備↓組織犯罪六

一　行為
1　略取

[1]
本条にいう略取とは、暴行又は脅迫を手段として他人の意思に反し、その生活環境から離脱させ、自己又は第三者

の事実的支配の下に置く行為であって、ここにいう脅迫とは、畏怖心を生じさせる目的で他人に害悪を告知する一切の場合をいい、反抗を抑圧するに足る程強度のものであることを要しないから、「俺は警察なんか何とも思っていない」「言うことをきかないと商売ができないようにしてやる」と申し向けることはこれに当たる。（広島高岡山支判昭30・6・16高刑裁特二・一二・六一〇）

2 誘拐→二二四条[3][4]

二 目的

1 営利目的

[2] 本条にいう営利の目的は、利益を得る目的を指称し、継続して利益を得る目的たるを要しない。（大判大9・3・31刑録二六・二二三）

[3] 女子を芸妓稼業に従事させてその得た金銭によって女子の自己に対する前借金債務を弁済させる目的も本条にいう営利の目的に当たり、その受くべき利益が不法の利益たることは必要でない。（大判大14・1・28刑集四・一四）

[4] 営利誘拐にいう営利目的は、誘拐を決意する動機を指称するものであるから、必ずしも誘拐行為自体により利益を取得する場合に限らず、誘拐後に被害者をして醜業をさせるなど、誘拐後の行為の結果として取得する場合を含む。（大判昭2・6・16新聞二七二六・一三）

[5] 営利誘拐罪にいう営利の目的は、誘拐行為により財産上の利益を得ることを動機とする場合をいうものであり、その利益は被誘拐者自身の負担によって得られるものに限らず、誘拐行為に対して第三者から報酬として受ける財産上の利益も包含する。（最決昭37・11・21刑集一六・一一・一五七〇）

2 結婚・わいせつ目的

[6] 本条の結婚目的にいう「結婚」は、法律婚のみならず事実婚も含むが、それは通常の夫婦生活の実質を備え単に届出を欠く場合を指すから、肉体関係の継続という一時的享楽は本条の「わいせつ」に含まれる。（岡山地判昭43・5・6下刑一〇・五・五六一）

三 既遂時期

[7] 本条の誘拐罪は、他人を自己の実力的支配内に置いたときに既遂に達し、その後被誘拐者が犯人の支配内から脱出したため営利その他の目的を達することができなかったとしても未遂になるわけではない。（大判大3・4・14刑録二〇・五五九）

四 共犯

[8] 本条における「営利の目的」は、刑法六五条一、二項の身分に当たらない。（大判大14・1・28前出[3]）→六五条[2]

五 罪数

1 複数の目的

[9] 本条の誘拐罪は人を実力支配内に置いた時に直ちに成立するが、支配継続中犯罪は引き続き存立する。わいせつ目的で少女を誘拐し犯人の実力支配内に置いた後、さらに営利目的で別所に誘拐したときは、目的を異にするに従って新たな支配関係が生じたといえるから後者もまた誘拐罪を構成するが、前者と後者は同一法益を侵害し同一法条に触れる行為であるから、包括的に観察して一罪として処断すべきである。後者の行為のみに加担した者には、後者の罪に対する共犯が成立する。（大決大13・12・12刑集三・八七一）

2 他罪との関係

[10] 本条所定の目的を持って未成年者を誘拐したときは、単一の本条の罪が成立する。（大判明44・12・8刑録一七・二一六八）

[11] 営利略取罪は人を自己の支配下に移した段階で既遂に達するがその後も犯罪行為が継続する継続犯であるから、監禁を手段として営利略取が行われた場合、監禁罪と営利略取罪とは観念的競合の関係に立つ。（大阪高判昭53・7・28高刑三一・二・一一八）

[12] 営利目的で人を略取した者が身の代金要求罪を犯した場合は、両罪は併合罪の関係に立つ。（最決昭57・11・29刑集三六・一一・九八八）

（身の代金目的略取等）

第二二五条の二① 近親者その他略取され又は誘拐された者の安否を憂慮する者の憂慮に乗じてその財物を交付させる目的で、人を略取し、又は誘拐した者は、無期又は三年以上の懲役に処する。

② 人を略取し又は誘拐した者が近親者その他略取され又は誘拐された者の安否を憂慮する者の憂慮に乗じて、その財物を交付させ、又はこれを要求する行為をしたときも、前項と同様とする。

§†【未遂↓二二八】【予備↓二二八の三】【解放減軽↓二二八の二】【加重規定↓組織犯罪三】

一 身の代金要求等の相手方

[1] 本条にいう「近親その他略取され又は誘拐された者の安否を憂慮する者」には、単なる同情から略取され又は誘拐された者の安否を気遣う第三者は含まれないが、略取され又は誘拐された者の近親でなくとも、略取され又は誘拐された者の安否を親身になって憂慮するのが社会通念上当然とみられる特別な関係にある者はこれに含まれる。相互銀行の代表取締役社長が略取された場合、同銀行幹部らは右特別な関係にあり、「近親その他略取され又は誘拐された者の安否を憂慮する者」に当たる。（最決昭62・3・24刑集四一・二・一七三、刑百選Ⅱ[八版]一三）

[2] 銀行の一般行員である被略取者との間に個人的交際関係がなくとも、我が国の会社組織においては、代表取締役頭取は、行員の安全を親身になって憂慮するのが社会通念上当然と見られる特別な関係にあるものと認められ、「その他略取され又は誘拐された者の安否を憂慮する者」に当たる。（東京地判平4・6・19判タ八〇六・二二七）

二 「その財物」

[3] 本条二項が「その財物」という要件を定めているのは、略取され又は誘拐された者自身又は第三者の財物を交付させ又は要求する行為を処罰範囲外とする趣旨であり、「近親その他略取され又は誘拐された者の安否を憂慮する者」が現に占有する財物に限定する趣旨ではなく、「その財物」は、その者が事実上処分し得る財物を広く意味するから、その者が略取誘拐した者の要求に応ずるため他から入手するなどして処分を委ねられた財物も含む。（大阪高判昭53・7・28高刑三一・二・一一八）

三 罪数

[4] 身の代金目的で人を誘拐した者がその後身の代金を要求したときは、包括一罪である。（宮崎地都城支判昭50・11・5判タ三三三・三六三）

[5] 営利略取誘拐罪と本罪は併合罪（最決昭57・11・29刑集三六・一一・九八八）→二二五条[12]

[6] 身の代金目的で人を略取誘拐した者が更に略取され又は

刑法

誘拐された者を監禁し、その間に身の代金を要求したときは、身の代金目的略取誘拐罪と身の代金要求罪とは牽連犯の関係に、右各罪と監禁罪とは併合罪の関係に立つ。（最決昭58・9・27刑集三七・七・一〇七八、刑百選Ⅰ[六版]一〇二）

（所在国外移送目的略取及び誘拐）

第二二六条　所在国外に移送する目的で、人を略取し、又は誘拐した者は、二年以上の有期懲役に処する。

【未遂→二二八】

[7] 日本人の妻と別居中の外国人が、妻のもとで監護養育されていた子（二歳四箇月）を、母国に連れ去る目的で、入院中の病院から有形力を用いて連れ出し、保護されている環境から引き離して自分の事実的支配下に置いた行為については、国外移送略取罪が成立する。（最決平15・3・18刑集五七・三・三七一）

（人身売買）

第二二六条の二① 人を買い受けた者は、三月以上五年以下の懲役に処する。

② 未成年者を買い受けた者は、三月以上七年以下の懲役に処する。

③ 営利、わいせつ、結婚又は生命若しくは身体に対する加害の目的で、人を買い受けた者は、一年以上十年以下の懲役に処する。

④ 人を売り渡した者も、前項と同様とする。

⑤ 所在国外に移送する目的で、人を売買した者は、二年以上の有期懲役に処する。

【未遂→二二八　❷【未成年者→民四】

（被略取者等所在国外移送）

第二二六条の三　略取され、誘拐され、又は売買された者を所在国外に移送した者は、二年以上の有期懲役に処する。

【未遂→二二八】

（被略取者引渡し等）

第二二七条① 第二百二十四条、第二百二十五条又は前三条の罪を犯した者を幇助する目的で、略取され、誘拐され、又は売買された者を引き渡し、収受し、輸送し、蔵匿し、又は隠避させた者は、三月以上五年以下の懲役に処する。

② 第二百二十五条の二第一項の罪を犯した者を幇助する目的で、略取され又は誘拐された者を引き渡し、収受し、輸送し、蔵匿し、又は隠避させた者は、一年以上十年以下の懲役に処する。

③ 営利、わいせつ又は生命若しくは身体に対する加害の目的で、略取され、誘拐され、又は売買された者を引き渡し、収受し、輸送し、又は蔵匿した者は、六月以上七年以下の懲役に処する。

④ 第二百二十五条の二第一項の目的で、略取され又は誘拐された者を収受した者は、二年以上の有期懲役に処する。略取され又は誘拐された者を収受した者が近親者その他略取され又は誘拐された者の安否を憂慮する者の憂慮に乗じて、その財物を交付させ、又はこれを要求する行為をしたときも、同様とする。

【未遂→二二八】【親告罪→二二九　❷❹【解放減軽→二二八の二】

[1] 本条にいう蔵匿とは、略取され又は誘拐された者にその発見を妨げるような場所を供給することをいうから、情を知って旅館の投宿人名簿に偽名を記入して同旅館に滞在させることもこれに当たる。（大判明44・7・28刑録一七・一四七七）

（未遂罪）

第二二八条　第二百二十四条、第二百二十五条、第二百二十五条の二第一項、第二百二十六条から第二百二十六条の三まで並びに前条第一項から第三項まで及び第四項前段の罪の未遂は、罰する。

【未遂→四三、四四】

（解放による刑の減軽）

第二二八条の二　第二百二十五条の二又は第二百二十七条第二項若しくは第四項の罪を犯した者が、公訴が提起される前に、略取され又は誘拐された者を安全な場所に解放したときは、その刑を減軽する。

【刑の減軽→六八】【特別規定→組織犯罪三①⑪・五】

[1] 本条にいう「安全な場所」は、略取され又は誘拐された者が近親者・警察当局等によって安全に救出されると認められる場所を意味し、そこにいう安全とは具体的かつ実質的な危険にさらされるおそれのないことであり、漠然とした抽象的な危険や単なる不安感・危惧感を伴うだけでこれが欠けるわけではない。（最決昭54・6・26刑集三三・四・三六四、刑百選Ⅱ[二版]一四）

（身の代金目的略取等予備）

第二二八条の三　第二百二十五条の二第一項の罪を犯す目的で、その予備をした者は、二年以下の懲役に処する。ただし、実行に着手する前に自首した者は、その刑を減軽し、又は免除する。

【自首→四二①】【刑の減軽→六八】

（親告罪）

第二二九条　第二百二十四条の罪及び同条の罪を幇助する目的で犯した第二百二十七条第一項の罪並びにこれらの罪の未遂罪は、告訴がなければ公訴を提起することができない。

【告訴→刑訴二三〇―二三三、二三四、二四一】

告訴権者→二二四条[7]

第三十四章　名誉に対する罪

（名誉毀損）

第二三〇条① 公然と事実を摘示し、人の名誉を毀損した者は、その事実の有無にかかわらず、三年以下の懲役若しくは禁錮又は五十万円以下の罰金に処する。

② 死者の名誉を毀損した者は、虚偽の事実を摘示する

ことによってした場合でなければ、罰しない。

⑬❶【不処罰→二三〇の二】【親告罪→二三二①】❷【告訴権者→刑訴二三三】

一　罪質

1　本条の罪は、公然人の社会的地位を貶〔へん〕するに足るべき具体的事実を摘示して名誉低下の危険状態を発生させることで既遂に達するから、右のような事実を記載した新聞紙を配布すれば既遂であり、被害者が社会的地位を傷つけられた事実までは必要としない。（大判昭13・2・28刑集一七・一四一）

二　「人の名誉」

2　名誉とは人の社会的評価又は価値を指称するのであって、何人であっても法律によるその保護を受けるから、法律違反者にも法律上の保護がある。（大判昭8・9・6刑集一二・一五九〇）

3　名誉毀損罪又は侮辱罪の被害者は、特定した人又は人格を有する団体であることを要し、単に東京市民又は九州人というように漠然とした表示では本罪は成立しない。（大判大15・3・24刑集五・一一七）

三　行為

1　公然性

イ　不特定又は多数

4　本条にいう公然とは秘密でないことをいい、多数人又は不特定人に対し名誉を毀損すべき事実を摘示したときは名誉毀損罪が成立する。株主総会において株主五、六〇人と会社役員の面前で事実の摘示をしたときは、たとえ多数人の範囲が特定されていたとしても、公然これをなしたといえる。（大判昭6・6・19刑集一〇・二八七）

5　多数人の面前において人の名誉を毀損すべき事実を摘示した場合は、その多数人が特定していても本条の罪は成立し、出席者が二五人を下らない労働組合の執行委員会における事実摘示はこれに当たる。（最判昭36・10・13刑集一五・九・一五八六、続刑百選二九）

ロ　伝播〔でんぱ〕可能性

6　人の名誉を毀損すべき文書を特定された人に対して郵送した場合、真にこれを秘密にすることを要求し他に発表することを厳禁したのでない限り、その文書が転々して多数人がこれを了知するに至るおそれがあるから、公然性が肯定される。（大判昭3・12・13刑集七・七六六）

7　本条にいう公然とは不特定多数の視聴に達し得べき状態をいうから、甲が自己方に放火したと思い込んだ被告人が、自宅で甲の弟及び村会議員に対し、また甲宅でその妻子と近所の者に対し、甲の放火を目撃した等と告げ、その結果甲の放火の噂が村中相当に広まったときは、事実の摘示は特殊の関係で限局された者のみに対してではなく、不特定多数人の視聴に達せしめ得る状態において行われたということができる。（最判昭34・5・7刑集一三・五・六四一、刑百選Ⅱ〔八版〕一九）

8　多数人であっても、人数又は集合の性質からみてよく秘密が保たれて絶対に伝播のおそれのない場合には公然性がない。八人出席の消防組役員会の席上、懇意な役員の会合であるとして被告人に事実の開示を強いた場合には、列席者には秘密を保つ義務があるから、その際の事実摘示行為は公然性を欠く。（大判昭12・11・19刑集一六・一五一三）

9　告訴を受けた者が、告訴人と、告訴事件の取調べを担当する検事及び検察事務官のみが在室する検事取調室内で告訴人の名誉を毀損する事実を述べた場合は、公然性を欠いている。（最決昭34・2・19刑集一三・二・一八六）

10　高校教師の名誉を毀損する内容の投書を、県教育委員会委員長、同校校長、同校PTA会長宛て各一通郵送した場合、その文書の内容が名宛人又はその関係者など一部局限された者に知られたにとどまり、他へ伝播するおそれがなかったときは、「公然」事実を摘示したといえない。（東京高判昭58・4・27高刑三六・一・二七）

2　事実の摘示

イ　社会的評価を害するに足りる事実

11　本条一項にいう事実は、悪事醜行はもちろん、その他人の社会上の地位又は価値を侵害するに足りる事実をも包含するから、「某は県会議員にもなりたかったが金が惜しいので沈黙を守ってきた」等と述べたので足りる。（大判大7・3・1刑録二四・一一六）

12　他人が巨額の借財をしたという事実は、直ちにその社会上の地位又は価値を侵害するものとはいえない。（大判大5・6・1刑録二二・八五四）

13　某について、その妻に万引き癖がある旨を新聞紙上に掲載しても直接にその名誉を毀損するものではないが、某自身につき、妻の癖を知らず気の毒がられている等の事実を掲載したときは、夫の名誉を毀損したといえる。（大判昭8・8・1刑集一二・一四〇三）

ロ　事実の具体性

14　本条にいう事実とは、単なる人の意見・判断ではなくして、真実性の証明に適するような具体的事実であり、それ自体が他人の社会的地位を害するに足るべき事実でなければならない。某新聞を批判するに際し「この種の新聞は候補者の悪口を書くときは、対立候補から金をもらっているものだ」と書いても、新聞の一般的性格に対する意見にすぎず、事実の摘示とはいえない。（東京高判昭33・7・15高刑一一・七・三九四）

15　名誉毀損罪における事実の摘示は、特定され得る他人の名誉が毀損されるものと認められる程度に具体的であれば足り、事実の時期・場所・手段等にわたり精密に特定されることを要しないから、「選挙のときに何か不正をして警察に一週間も放り込まれたような人々を町内の衛生役員にしたくない」との記事は、衛生役員の名誉を毀損したものといえる。（大判昭7・7・11刑集一一・一二五〇）

16　記事掲載による名誉毀損罪における具体的事実の有無は、当該記事自体によって判断すべきであり、その当時問題となっていた事件や社会情勢により内容を補完した上で認定すべきではない。A県選出の国会議員甲の汚職行為が報道されている時期に、「A県に甲あり、B県に乙ありといわれるほど県政は腐敗している」旨の記事を掲載しても、B県知事乙が甲と同様の犯罪を犯したと理解することは困難であり、乙の名誉を毀損すべき事実の摘示があったとはいえない。（名古屋高判昭50・4・30刑月七・四・五二四）

17　露骨に明言しなくとも演説の全趣旨及び演説当時の風説その他の事情により、一般聴衆に誰が何をしたかを推知させるに足りる演説をしたときは、名誉を毀損したといえるから、A女学校教諭甲が女生徒と関係したとの風説があるときに、「A女学校の甲君が教育者としてどうであるかを解剖してみよう」とした上で「一般生徒はもう三箇月だと言っている」などと演説することは、名誉毀損罪に当たる。（大判大14・12・14刑集四・七六一）

18　実在人をモデルとしたことが何人にも明らかな文芸作品を発表した場合において、それが事実の摘示でないといえるためには、特定人の具体的行動を推知せしめない程度に、人間一般に関する小説へと抽象化されていなければならない。実在の政治家をモデルとした小説で、世人から憶測されていた疑獄事件に関する事実が生のまま織り込まれているときは、本罪が成立する。（東京地判昭32・7・13判時一一九・一）

八　風評

[19]　噂であっても人の名誉を害すべき事実である以上、公然これを摘示したときは名誉毀損罪が成立する。（大判昭5・8・25新聞三一九二・一五）

[20]　「人の噂であるから真偽は別として」として事実を摘示した場合において、噂の存在ではなくその内容につき、事実の摘示を認めた事例（最決昭43・1・18刑集二二・一・七、メディア百選[二版]二二）→二三〇条の二[10]

二　公知の事実

[21]　摘示した事実が公知のものであっても本罪の成否に消長はないから、公知となっている村長の非行を列挙した文書を村会議場などで配布することは名誉毀損罪に当たる。（大判昭9・5・11刑集一三・五九八）

四　違法性

[22]　公開の法廷における被告人の供述がたまたま第三者の名誉を毀損する結果を生じても、防御権の行使としてなしたものであるときは違法性がないが、虚偽の事実を供述して第三者の名誉を毀損することは権利の濫用であって違法性は阻却されず、名誉毀損罪が成立する。（大判大15・5・22刑集五・一八五）

[23]　刑事事件の弁護人が、その被告人以外の甲らが真犯人であることを広く社会に報道し、世論を喚起し被告人を無罪とするための証拠の収集に協力を求め、かつ、最高裁の職権発動による原判決破棄の道を開くため、甲らが真犯人である旨の事実を公然摘示した場合、この行為は、当該被告事件の訴訟手続内において行ったものではないから訴訟手続の一環として正当化する余地はなく、訴訟外の救援活動に関するものであって弁護目的との関連性も著しく間接的であり、正当な弁護活動の範囲を超えるものであるから、違法性が阻却されず、名誉毀損罪が成立する。（最決昭51・3・23刑集三〇・二・二二九〈丸正名誉毀損事件〉刑百選Ⅰ[二版]二七）

五　故意

[24]　本条一項の罪が成立するには、行為が人の名誉を毀損することを認識していれば足り、さらに人の名誉を毀損する目的に出たものであることを要しない。（大判大6・7・3刑録二三・七八二）

六　侮辱罪との関係→二三一条[3]

第二三〇条の二（公共の利害に関する場合の特例）①　前条第一項の行為が公共の利害に関する事実に係り、かつ、その目的が専ら公益を図ることにあったと認める場合には、事実の真否を判断し、真実であることの証明があったときは、これを罰しない。

②　前項の規定の適用については、公訴が提起されるに至っていない人の犯罪行為に関する事実は、公共の利害に関する事実とみなす。

③　前条第一項の行為が公務員又は公選による公務員の候補者に関する事実に係る場合には、事実の真否を判断し、真実であることの証明があったときは、これを罰しない。

参【公務員】↓七①【公選による公務員】↓公選三

一　挙証責任の転換

[1]　本条によると、事実の真否が確定されなかったときは被告人は不利益な判断を受けるという意味において、被告人は事実の証明に関して挙証責任を負うということができる。（東京高判昭28・2・21高刑六・四・三六七）

二　要件

1　事実の公共性

[2]　本条一項にいう「公共の利害に関する事実」に当たるか否かは、摘示事実自体の内容・性質に照らし客観的に判断されるべきであり、摘示の際の表現方法や事実調査の程度などは同条の公益目的の有無の認定等に関して考慮されるべきである。（最判昭56・4・16刑集三五・三・八四〈月刊ペン事件〉刑百選Ⅱ[八版]二〇）

[3]　「インチキブンヤの話」と題して、疑獄事件につき某新聞社社会部長がもみ消し料をもらったと同社内で考えられている旨の記事を掲載した場合は、標題も不当に侮辱的であり記事も漠然として噂をそのまま伝えているものであって、社会への利益があまりない反面、被害者の名誉侵害の程度はかなり高いと認められるから、公共の利益に関する事実に係る場合には当たらない。（東京高判昭28・2・21前出[1]）

[4]　新聞各社間の競争などを特集した週刊誌の記事において某新聞社の不振ぶりを強調する部分があったとしても、新聞の寡占化に警鐘を鳴らすという特集全体の企画意図に背馳［はいち］するものでないと認められるときは、本条一項にいう公共の利害に関する事実に係るといえる。（東京地判昭49・6・27刑月六・六・七二四）

[5]　私人の私生活上の行状であっても、その携わる社会的活動の性質及びこれを通じて社会に及ぼす影響力の程度などのいかんによっては、その社会的活動に対する批判ないし評価の一資料として、本条一項にいう「公共の利害に関する事実」に当たる場合がある。多数の信徒を擁する我が国有数の宗教団体において、その会長が信仰上のほぼ絶対的指導者であり、公私を問わずその言動が信徒の精神生活等に重大な影響を与える立場にあっただけでなく、右宗教上の地位を背景として直接・間接の政治的活動等を通じ、社会一般に対しても少なからぬ影響を及ぼしている等の事情のある場合には、右会長の女性関係が乱脈を極めており、同会長と関係のあった女性二名が同会長によって国会に送りこまれた等の事実は、「公共の利害に関する事実」に当たる。（最判昭56・4・16前出[2]）

2　公益目的

[6]　〈前出[4]の事案において〉見出しや記事の一部が読者の興味を意識したものであったとしても、私企業の発行する週刊誌であるからある程度はやむを得ないのであり、各新聞社の比較自体は事実に沿った分析をしており、名誉を毀損されたとする新聞社への配慮を示した部分も見られるなどの場合は、本件特集記事の全体的内容に照らして、本件記事を掲載した主要な動機が本条一項にいう公益を図るにあったと認めることができる。（東京地判昭49・6・27前出[4]）

[7]　〈前出[5]の事案において〉会長等の男女関係に関する部分がかなり侮辱的・嘲笑的であり、全体として調査不十分のまま執筆・発表したともみられるなど、公益目的を疑わせる一面があるとしても、論説全体が教義批判を主としており、男女関係もその具体的例証としようとした意図がうか

がわれその分量も全体の中でそれほど多くはないなどの事情があるときは、なお「専ら」公益目的で執筆されたものと評価することができる。（東京地判昭58・6・10判時一〇八四・三七〈月刊ペン事件差戻審〉）

◇6 7↓2

8 行為者が甲を窃盗犯人と信じてその窃盗の事実を公表した場合において、その公表が主として甲から被害弁償を受ける手段としてなされたときは、捜査進捗を図る等の目的の公益性は認められない。（広島高判昭30・2・5高刑裁特二・四・六〇）

3　真実性の証明

イ　証明の対象

9 真実性の立証は摘示事実のうち主要な部分につきなされれば足り、その余の付随的部分につき立証が尽くされなくても、免責される。前出4の事案において中核となるのは当該新聞社が東京中央紙の中で最も苦境に置かれている旨の記載であり、これの立証があれば名誉毀損罪は成立しない。（東京地判昭49・6・27前出4）

10 市長が国会議員候補者から金をもらった等の事実を「人の噂であるから真偽は別として」という表現を用いて摘示した場合、本条の事実証明の対象となるのは風説そのものの存在ではなく、その風説の内容たる事実である。（最決昭43・1・18刑集二二・一・七、メディア百選〔二版〕二二）

ロ　証明の程度

11 真実性の証明は厳格な証明によって合理的疑いをいれない程度になされなければならない。（東京地判昭49・11・5判時七八五・一一六）

12 ニュースソース秘匿の倫理慣行があるからといって、言論、出版の業に携わる者に限って特に事実の証明が不十分であっても名誉毀損罪の成立が阻却されるわけではない。（最判昭30・12・9刑集九・一三・二六三三）

4　真実性の錯誤

13 個人の名誉の保護と正当な言論の保障との調和を図る本条の趣旨を考慮すると、たとえ真実性の証明がない場合でも、行為者がその事実を真実であると誤信し、その誤信したことについて確実な資料・根拠に照らし相当の理由があるときは、犯罪の故意がなく、名誉毀損罪は成立しない。（最大判昭44・6・25刑集二三・七・九七五、刑百選II〔八版〕二一）

14 係属中の刑事事件の被告人の無実を信じ、さらに有罪判決を言い渡した第一審裁判長が外国権力の圧力に屈したと信じてその名誉を毀損した場合において、その誤信が右刑事事件の一方当事者の主張・要求など断片的で客観性のないものに基づくときは、誤信に相当の理由があるとはいえない。（最決昭46・10・22刑集二五・七・八三八）

三　公務員の特則

15 「妾〔めかけ〕を囲っている」「大幅な家賃値上げを要求した」等公務員の身上に関する事実であっても、本条にいう公務員に関する事実である。（東京高判昭26・11・7高刑判特二五・二九）

16 公務員を批判するに際し、その片手が欠けていることに結び付けて「肉体の片手落ちは精神の片手落ちに通ずる」等述べ、身体の障害のように公務と何ら関係のない事実を摘示したときは、たとえ右障害の事実の証明があっても名誉毀損罪が成立する。（最判昭28・12・15刑集七・一二・二四三六、刑百選II〔二版〕一九）

第二三一条（侮辱）　事実を摘示しなくても、公然と人を侮辱した者は、一年以下の懲役若しくは禁錮若しくは三十万円以下の罰金又は拘留若しくは科料に処する。

⊛【親告罪↓二三二】

一　「人」

1 本条にいう「人」には法人も含まれる。（最決昭58・11・1刑集三七・九・一三四一、刑百選II〔八版〕二二）

二　行為

2 侮辱罪は、被害者が現在するところで行われると否とを問わず成立する。（大判大4・6・8新聞一〇二四・三二）

三　名誉毀損罪との関係

3 侮辱罪は事実を摘示しないで他人の社会的地位を軽蔑する犯人の抽象的判断を公然発表することによって成立し、名誉毀損罪は他人の社会的地位を害するに足るべき具体的事実を公然告知することにより成立する。（大判大15・7・5刑集五・三〇三）

4 一個の文章で人を非難する際に、侮辱の語を交えて悪事を摘示し、名誉を毀損した場合は、侮辱の語は名誉毀損の態様をなすにすぎず、名誉毀損の一罪のみが成立する。（大判大3・11・26刑録二〇・二二六五）

第二三二条（親告罪）①　この章の罪は、告訴がなければ公訴を提起することができない。

② 告訴をすることができる者が天皇、皇后、太皇太后、皇太后又は皇嗣であるときは内閣総理大臣が、外国の君主又は大統領であるときはその国の代表者がそれぞれ代わって告訴を行う。

⊛【告訴↓刑訴二三〇―二三四・二四一　❷【天皇↓憲一【皇后・太皇太后・皇太后・皇嗣↓典五・八

第三十五章　信用及び業務に対する罪

第二三三条（信用毀損及び業務妨害）　虚偽の風説を流布し、又は偽計を用いて、人の信用を毀損し、又はその業務を妨害した者は、三年以下の懲役又は五十万円以下の罰金に処する。

⊛【加重規定↓組織犯罪三二【特別規定↓軽犯一〔三十一〕

一　信用毀損

1　保護法益・結果

1 本条にいう信用は財産的法益の一種であり、刑法二三〇条にいう名誉の一部に属するものではない。（大判大5・6・26刑録二二・一一五三）

2 信用毀損罪の成立には、人の信用を害するおそれある虚偽の風説を流布することを必要とするが、現実に信用毀損の結果を生じたことを要しない。（大判大2・1・27刑録一九・八五）

2　客体

3 信用毀損罪は、経済的な側面における人の社会的な評価を保護するものであり、本条にいう「信用」は、人の支払能力又は支払意思に対する社会的な信頼に限定されるべきものではなく、販売される商品の品質に対する社会的な信頼も含む。（最判平15・3・11刑集五七・三・二九三）

3　手段

4 「虚偽の風説を流布し」とは虚偽の事項を内容とする風

説を世上に伝播〔でんぱ〕することを意味し、その風説が被告人によって創作されたか否かは問わないから、後者について認定する必要はない。（大判大2・1・27前出②）

⑤ 三名の者に虚偽事実を告知したとしても、その者から順次多数の人に伝播されるおそれがあるから、流布ということができる。（大判昭12・3・17刑集一六・三六五）

二　業務妨害

1　罪質

⑥ 業務妨害罪は、人の業務の執行又はその経営に対し妨害の結果を生じさせたことを要しないから、雇人を解雇させようとして理髪業者に対し、技術が拙劣だから解雇すべき旨の信書を顧客名義で送ったことによって、右雇人に対する業務妨害罪は成立する。（大判昭11・5・7刑集一五・五七三）

2　業務→二三四条②～⑫

⑦ 本条にいう業務は、公務を除くほか精神的なると経済的なるとを問わず、広く職業その他継続して従事することを要すべき事務又は事業を総称し、株式会社の創立も継続して従事することを要する一つの事業であるからこれに当たる。（大判大10・10・24刑録二七・六四三）

⑧ 虚偽の殺人予告をインターネット掲示板に掲載し、警察署職員らをして警戒等の徒労の業務に従事させ、その間の本来の業務を妨害した行為は、警察の公務が有する強制力によって排除することができない虚偽通報の手段によって行われているから、強制力ある権力的公務に対する妨害を含め偽計業務妨害罪に当たる。（東京高判平21・3・12判タ一三〇四・三〇二）

3　手段

イ　虚偽の風説の流布

⑨ 本条にいう「虚偽の風説」とは、行為者が確実な資料・根拠を有しないで述べた事実をいい、その資料・根拠の確実性は、社会通念に照らし客観的に判定すべきである。相当な根拠のないまま、著書において誇張的表現を用いて食品添加物「AF―2」の有害性を主張することは、「虚偽の風説」に当たる。（東京地判昭49・4・25刑月六・四・四七五）

ロ　偽計

⑩ 人の漁業を妨害しようとして、外面から容易に窺知〔きち〕できない程度の障害物を他人の漁場の海底に沈め置き、平常通り漁業に従事させて漁網を破損させ、漁獲不能に陥れたときは、偽計業務妨害罪が成立する。（大判大3・12・3刑録二〇・二三二二）

⑪ 「軍港新聞」の購読者を奪ってその業務を妨害しようと企て、自己の経営する新聞を「佐世保軍港新聞」と改題し、題字・題字欄の体裁等を右新聞に酷似させ一見同新聞と誤りやすいようにして発行したときは、本条の偽計に当たる。（大判大4・2・9刑録二一・八一）

⑫ 内容虚偽の仮処分申請書を裁判所に提出し、係判事を欺罔〔ぎもう〕して得た仮処分命令に基づき新聞会社に社屋明渡しをさせその経営を不能ならしめることは、偽計業務妨害罪に当たる。（大判昭15・8・8刑集一九・五二九）

⑬ そば屋の営業を妨害するため三箇月の間に約九七〇回にわたり昼夜を問わず無言電話を掛け、また相手方が送受信器を復旧しても自らは五分ないし三〇分復旧しないでおきその間相手方の電話の発着信を不能にさせ、電話による出前注文を妨げ、かつ、被害者を心身とも疲労させてその業務を妨害したときは、一面で被害者の錯誤ないし不知を利用するとともに他面で目的・態様・回数等に照らし社会生活上受容できる限度を超え相手方を困惑させる手段術策に当たり、これを総合すると偽計により業務を妨害したものといえる。（東京高判昭48・8・7高刑二六・三・三二二、刑百選Ⅱ〔二版〕一二三）

⑭ 電電公社の加入電話回線に「マジックホン」という電気機器を取り付け使用して、発信側電話機に対する課金装置の作動を不可能にする行為は、偽計業務妨害罪に当たる。（最決昭59・4・27刑集三八・六・二五八四、刑百選Ⅱ〔八版〕二五）

⑮ 本条にいう「偽計を用い」とは人の業務を妨害するため他人の不知又は錯誤を利用する意図を持って錯誤を生じさせる手段を施すことをいい、列車の乗客が面白半分に制動機ハンドルを回して制動機を緊締したにとどまり、他人がその事実を知らないこと等を利用して業務を妨害する意図に出たと認められない限り、偽計業務妨害罪は成立しない。（大阪高判昭29・11・12高刑七・一一・一六七〇）

（威力業務妨害）

第二三四条　威力を用いて人の業務を妨害した者も、前条の例による。

⊛+【加重規定】↓組織犯罪三【特別規定】↓暴力三

一　罪質

① 本罪の成立には現に業務妨害の結果の発生を必要とせず、業務を妨害するに足りる行為があることで足りる。（最判昭28・1・30刑集七・一・一二八、刑百選〔二版〕九五）

二　業務

1　定義→二三三条⑦

2　継続性

② 大韓民国青年団の支部の結成式は、性質上一回的・一時的なものであって継続的な要素を含まないから、これを右団体の業務ということはできず、本条の保護を受けない。（東京高判昭30・8・30高刑八・六・八六〇）

③ 政党の結党大会の開催は、党そのものの政策発表の業務と解することはできないが、結党準備着手時から結党完了時まで継続して行われる結党大会準備委員会の事務の一環として行われたものであるから、本条の業務に当たる。（東京高判昭37・10・23高刑一五・八・六二一）

3　適法性

④ 労使間に労基法三六条に基づく時間外協定が締結されていない場合、労働者は時間外に労務を提供する義務を負わず、これをさせようとする使用者側の行為は義務のない者に作業を強制する違法なものであるから、刑法上保護に値するものといえない。したがって、右作業を強制させようとする行為を妨害しても、本条の罪は成立しない。（名古屋地判昭39・2・20下刑六・一＝二・八〇）

⑤ 業務妨害罪により保護されるのは事実上平穏に行われている一定の業務であって、その業務の開始される原因となった契約の民法上の有効性や、業務に関する行政上の許可の有無は問わないから、所有者の承諾なく転貸された浴場において、かつ、知事の許可を得ていない者によって行われた湯屋営業であっても、事実上平穏かつ公然に浴場を占拠して継続してきたものであるときは、これに当たる。（東京高判昭27・7・3高刑五・七・一一三四）

⑥ パチンコ景品買入営業が風俗営業等の規制及び業務の適正化等に関する法律等の行政取締法規に違反しているとしても、取締法規違背の点は所定の法的手続に従って処理すれば足りるのであって、本条による保護を妨げるものでは

ない。（横浜地判昭61・2・18刑月一八・一＝二・一二七）

7 「動く歩道」設置のため、警察官により路上生活者を排除し、その意思に反して段ボール小屋等を撤去する工事は、それが公共目的に基づくものであるのに対し路上生活者は不法占拠者であること、路上生活者の受ける財産的不利益が僅かで居住上の不利益についても保護施設の開設等の対策が立てられていること、道路法の定める手続を採っても実効性が期し難かったと認められることなどの事情がある場合には、道路法上の手続を経ていないとしても、業務妨害罪による要保護性を失わせるような法的瑕疵があったとはいえない。（最決平14・9・30刑集五六・七・三九五、刑百選Ⅱ[八版]二四）

4 公務との関係

8 業務妨害罪にいう業務には公務員の職務は含まれないから、労働争議の過程で占拠した工場を明け渡させるため駆け付けた警察官に対し、労働者がスクラムを組み暴行・脅迫に達しない程度の威力を用いて抵抗したとしても、業務妨害罪は成立しない。（最大判昭26・7・18刑集五・八・一四九一、刑百選[初版]八七）

9 国鉄は民間鉄道と異なる特殊公法人事業体ではあるが、その事業・業務の実態は運輸を目的とする鉄道事業及び関連事業であって、権力的作用を伴う職務ではなく、民営鉄道のそれと何ら異なるところはないから、刑法二三三条、本条にいう「業務」に含まれる。（最大判昭41・11・30刑集二〇・九・一〇七六〈摩周丸事件〉刑百選Ⅱ[二版]五七）

10 国立大学大学院入試実施業務は、受験者の自由を拘束するものではないから非権力的公務であり、権力的公務と異なり威力等による妨害からも刑法上保護される必要があるから、「業務」に含まれる。（京都地判昭44・8・30刑月一・八・八四二）

11 県議会の委員会の条例案採決事務は、何ら被告人に対して強制力を行使する権力的公務ではないから、本条にいう「業務」に当たる。（最決昭62・3・12刑集四一・二・一四〇、刑百選Ⅱ[六版]二二）

12 公職選挙法上の選挙長の立候補届出受理事務は、強制力を行使する権力的公務ではないから、刑法二三三条、本条にいう「業務」に当たる。（最決平12・2・17刑集五四・二・三八、刑百選Ⅱ[八版]二三）

三 威力

13 本条にいう「威力」とは犯人の威勢、人数、四囲の情勢から客観的に見て被害者の自由意思を制圧するに足る犯人側の勢力をいい、被害者たる工場長が団交に応ずる決意をしたため現実にその自由意思を制圧されたわけではなかったという被害者の主観的条件によっては左右されない。（最判昭28・1・30前出7）

14 本条にいう「威力」とは一般に人の意思を圧迫するに足る有形・無形の勢力をいい、その程度に達しないのに被害者が暴行罪の前科のある被告人に怒鳴られたことから困惑し暴行を受けるのではないかと思い過ごして作業を中止したときには、これに当たらない。（広島高判昭28・5・27高刑六・九・一一〇五）

15 営業中の商家の表をほとんど全面にわたって板囲いして看板、店灯などを街路から見えないようにし、玄関内、帳場、店の間など重要な各室内を暗黒にして営業に関する事務を不可能にしたときは、威力業務妨害罪が成立する。（大判大9・2・26刑録二六・八二）

16 デパート食堂の配膳部に向かってしまへび二〇匹をまき散らすことは客と営業者に嫌忌畏怖の念を生じさせる手段であるのみならず、よって満員の食堂を大混乱に陥れた以上、威力により人の業務を妨害したといえる。（大判昭7・10・10刑集一一・一五一九）

17 競馬挙行を妨害する意図で馬場に幅約二メートル長さ約一二〇メートルにわたり平釘[くぎ]約一樽分を撒布[さんぷ]する行為は、競馬興行主体の業務執行を阻害する状態を生じさせたのであり、仮に興行主体が釘を除去したため競馬挙行に支障を生じなかったとしても威力業務妨害罪が成立する。（大判昭12・2・27新聞四一〇〇・四）

18 他人が耕作中の苗代田のあぜ二箇所を各数尺にわたって鍬[くわ]を用いて決壊させ、苗代田の水を放出させて稲苗の生育を妨げることは、威力業務妨害罪に当たる。（広島高判昭24・9・17刑集四・一二・一六六）

19 工場内モーター室において配電盤のスイッチを切り織機三二〇台の運転を止めることは、操業中の工場従業員の自由意思を制圧する勢力に当たるから、威力業務妨害罪に当たる。（大阪高判昭26・10・22高刑四・九・一一六五）

20 複数の漁協が共同で設立した海豚[いるか]対策協議会が、イルカを漁業上有害な動物として捕獲し処理することは正当な事業であって業務妨害罪によって保護されるべき業務に当たるから、動物愛護団体に所属する被告人が捕獲網のロープを切断するなどして捕獲イルカ約三〇〇頭を逃走させた行為は、威力業務妨害罪を構成する。（長崎地佐世保支判昭55・5・30判時九九九・一三一）

21 弁護士から、訟廷日誌、訴訟記録等の在中する鞄を奪い取り、これを二箇月余りの間自宅に隠匿する行為は、被害者の意思を制圧するに足りる勢力を用いたといえるから、本条にいう「威力を用い」た場合に当たり、威力業務妨害罪が成立する。（最決昭59・3・23刑集三八・五・二〇三〇、刑百選Ⅱ[五版]二二）

22 執務に際して目にすることが予想される机の引出し等の場所に猫の死骸などを入れ、被害者にこれを発見させ、同人を畏怖させるに足りる状態においた行為は、被害者の行為を利用する形態でその意思を制圧するような勢力を用いたもので、「威力を用い」た場合に当たる。（最決平4・11・27刑集四六・八・六二三、重判平4刑五）

第二三四条の二（電子計算機損壊等業務妨害）① 人の業務に使用する電子計算機若しくはその用に供する電磁的記録を損壊し、若しくは人の業務に使用する電子計算機に虚偽の情報若しくは不正な指令を与え、又はその他の方法により、電子計算機に使用目的に沿うべき動作をさせず、又は使用目的に反する動作をさせて、人の業務を妨害した者は、五年以下の懲役又は百万円以下の罰金に処する。

② 前項の罪の未遂は、罰する。

参＋【電磁的記録→七の二【不正アクセス行為の禁止→不正アクセス二④・三―七、一一―一三】❷一六八の二【未遂→四三・四四】

1 パチンコ遊技台に組み込まれた電子計算機部分は、一定の作業をあらかじめ書き込まれたプログラムどおりに動作させるものであり、その内容も比較的単純で、当該遊技台の動作を制御するにとどまるものであるから、本条の「業務に使用する電子計算機」に当たらない。（福岡高判平12・9・21判時一七三一・一三一）

2 放送会社がインターネット利用者に提供するために開設したホームページ内の天気予報画像を消去しわいせつな画

像等に置き換えた行為は、電子計算機損壊等業務妨害罪及びわいせつ図画公然陳列罪に当たる。（大阪地判平9・10・3判タ九八〇・二八五、メディア百選[二版]一一二）

第三十六章　窃盗及び強盗の罪

（窃盗）

第二三五条　他人の財物を窃取した者は、窃盗の罪とし、十年以下の懲役又は五十万円以下の罰金に処する。

⊗＋【他人の財物↓二四二、二四五【未遂↓二四三【親族間の犯罪↓二四四【特別規定↓盗犯二、三

一　保護法益

[1]　刑法二四二条は占有者が適法にその占有権をもって所有者に対抗し得べき場合にのみ適用されるべきものであるから、甲・乙共有の牛を甲が丙に賃貸していたところ、乙がこれを丁に売却し、乙・丁共謀の上丙の占有する牛を無断で連れ去る行為は、もし、右売買が有効で、右賃貸借が無効の場合は窃盗罪を構成しない。（大判大12・6・9刑集二・五〇八）

[2]　刑法における財物取罪の規定は人の財物に対する事実上の所持を保護しようとするものであって、法律上その所持を禁じられている場合でも現実にこれを所持している事実がある以上社会の法的秩序を維持する必要上物の所持という事実上の状態それ自体が保護され、みだりに不正手段によってこれを侵すことを許さないものであるから、所持を禁止されている濁酒であっても、これを奪う行為は窃盗罪を構成する。（最判昭26・8・9裁判集刑五一・三六三）

[3]　窃盗罪の法益たる所持は、物に対する事実上の支配であり、そのような支配関係が認められる限り、その支配が適法であると否とにかかわらず窃盗罪の保護法益となるものと解されるから、窃盗犯人から更に盗品を窃取した場合でも窃盗罪が成立する。（東京高判昭29・5・24高刑判特四〇・一〇八）

[4]　正当の権利を有しない者の所持であっても、その所持は所持として法律上の保護を受けるのであるから、譲渡担保に取った自動車の所有権が被告人に帰属していたとしても、債務者側の事実上の支配内にあった本件自動車を無断で運び去る行為は窃盗罪に当たる。（最判昭35・4・26刑集一四・六・七四八、刑百選II[二版]二四）

[5]　買戻約款付自動車売買契約により自動車金融をしていた貸主が、買戻期限が到来するや直ちに、密かに作成しておいた合鍵を利用して借主の承諾なしに自動車を引き揚げる行為は、その時点で自動車が借主の事実上の支配下にある以上、仮に貸主にその所有権があったとしても、刑法二四二条にいう他人の占有に属する物を窃取したものとして窃盗罪を構成し、かつ、その行為は、社会通念上借主に受忍を求める限度を超えた違法なものというほかはない。（最決平元・7・7刑集四三・七・六〇七、刑百選II[八版]二六）

二　財物

1　財物の意義

[6]　窃取可能な物は窃盗罪の客体たり得ると解すべきであるから、財物とは、有体物である必要はなく、可動性と管理可能性を有し、これを所持し、その所持を継続、移転することを得るものであればよい。電流も容器に収容して、これを所持し移転することができる以上財物に当たる。（旧法事件）（大判明36・5・21刑録九・八七四、刑百選I[二版]一）

[7]　会社の機密資料を会社所有の感光紙に複写して、このコピーを社外に持ち出した場合、全体的にみて、単なる感光紙の窃取ではなく、会社所有の複写した右機密資料を窃取したものである。（東京地判昭40・6・26下刑七・六・一三一九、続刑百選八二）

2　所有権の対象物

[8]　墳墓についても所有権が認められる以上、他人所有の墳墓に埋納され、これの内容をなす物であって、刑法一九〇条、一九一条の棺内蔵置物に当たらない物を不法領得の意思を持って自己の支配内に移す行為は窃盗に当たる。（大判大8・3・6新聞一五四七・一九、宗教百選[二版]一〇四）

[9]　東京都が管理する戦災死亡者仮墳墓の改葬作業中に死体より脱落した金歯は、死体又は遺骨の一部あるいは棺内蔵置物ということはできず、純然たる財物として死者の遺族の権利に属し明らかに所有権の対象となるから、これを取得する行為は窃盗に当たる。（東京高判昭27・6・3高刑五・六・九三八）

[10]　所有並びに所持を禁じられた濁酒でも、これを奪う行為は窃盗に当たる。（最判昭26・8・9前出[2]）

[11]　地方行政庁による河川管理は、河川敷内の砂利等にも及ぶが、これらの砂利等は、流水の変化に伴い移動を免れないから、その占有を保持するため他に特段の事実上の支配がなされない限り、窃盗罪によって保護されるべき管理占有がなされているとはいえず、無許可の砂利採取は窃盗罪に当たらない。（最判昭32・10・15刑集一一・一〇・二五九七、刑百選II[二版]二五）

3　財産的価値

[12]　一塊の石といえども他人の所有に属する以上は、その経済的価値のいかんを問わず刑法上の財物たり得るから、他人の石塊（価格二銭位）を奪取する行為も窃盗罪に当たる。（大判大元・11・25刑録一八・一四二一）

[13]　本条にいう財物とは、所有権の目的となり得べき物をいい、それが金銭的ないし経済的価値を有するや否やを問わないから、某政党の中央指令綴［つづり］一冊は、もとより財物に当たる。（最判昭25・8・29刑集四・九・一五八五）

[14]　消印済みの収入印紙は交換価値を有しなくても、独立して、若しくは、証書に貼用されその一部として財産権の目的たることを得るから、公正証書原本に貼用された右物件を剥離し領得する行為は窃盗罪に当たる。（大判明44・8・15刑録一七・一四八八）

[15]　支払期日を一〇日徒過し小切手法上無効の小切手であっても財物に当たる。（最決昭29・6・1刑集八・六・七八七）

[16]　社会通念に照らし何らの主観的客観的価値を有しない場合、又は、その価値が極めて微小であって刑法上の保護に値しないと認められる場合は本条にいう財物に当たらないと解すべきであるから、他人のポケットからちり紙一三枚をすり取る行為は、窃盗未遂にとどまる。（東京高判昭45・4・6判タ二五五・二三五）

三　占有

1　占有の有無

イ　客観的支配

[17]　刑法上の占有は、人が物を実力的に支配する関係であって、その態様は物の形状その他の具体的事情により一様ではないが、必ずしも物の現実の所持又は監視を必要とせず、物が占有者の支配力の及ぶ場所に存在するをもって足りると解すべきである。（最判昭32・11・8刑集一一・一

二・三〇六一、刑百選Ⅱ[六版]二七）

[18] 甲が自宅内で寄託された財物の所在を見失っても、それが甲の実力的支配を及ぼし得る屋内にある限り、なお甲の占有が認められる。（大判大15・10・8刑集五・四四〇）

[19] バスを待って行列中に写真機を置き忘れても、その間約五分であり、距離も約二〇メートルのときは、右写真機はなお被害者の実力的支配内にあったもので占有離脱物ではない。（最判昭32・11・8前出[17]）

[20] 駅の窓口に財布を置き忘れた場合でも、その一、二分後、約一五メートルの所で気付き戻ったときは、右財布は依然として被害者の実力的支配内にあったと認めるのが相当である。（東京高判昭54・4・12刑月一一・四・二七七）

[21] 被害者が、公園のベンチにポシェットを忘れ二〇〇メートル離れた所で気がついたが、忘れるのを見ていた被告人は、被害者が二七メートル離れた時点で、これを領得した場合、被害者の本件ポシェットに対する占有は失われておらず、被告人の本件領得行為は窃盗罪に当たる。（最決平16・8・25刑集五八・六・五一五、刑百選Ⅱ[八版]二八）

[22] 酩酊〔めいてい〕のため自転車を路上に放置してその場を立ち去った者が、放置場所を失念して帰宅した場合、右自転車は占有離脱物である。（東京高判昭36・8・8高刑一四・五・三一六）

[23] 飼い犬は、時に所有者の事実上の支配を及ぼし得べき地域外に出遊することがあっても、その習性として飼育者の下に帰来するのを常とするときは、特段の事情の生じない限り、直ちに飼育者の所持を離れたものとはいえない。（最判昭32・7・16刑集一一・七・一八二九）

[24] 客が旅館便所に遺失した財布は、旅館主がその事実を知ると否とを問わず、旅館主の占有に属する。（大判大8・4・4刑録二五・三八二）

[25] 列車内の遺留物は、法律上当然に乗務員の保管に係るものとはいえないから、これを領得する行為は遺失物横領罪を構成する。（大判大15・11・2刑集五・四九一）

[26] 通話者が持ち帰らないで公衆電話機内に存置させておいた硬貨は、電話局長又は電話分局長の管理に服するから、これを領得する行為は窃盗に当たる。（東京高判昭33・3・10高刑裁特五・三・八九）

[27] ゴルフ場の池から約一三〇〇個のロストボールを領得した場合、ゴルフ場側がその回収、再利用を予定しているときは、無主物先占、権利の承継的取得のいずれによるかは別として、右ゴルフボールは無主物ではなくゴルフ場側の所有と占有に帰していたといえるから窃盗罪が成立する。（最決昭62・4・10刑集四一・三・二二一、重判昭62刑六）

ロ　占有の意思

[28] 大震火災に際し、人がその所有物を公道に置き一時その場所を去っても、所有者がその存在を認識し、しかも、これを放棄する意思でないときは、その物はなお所有者の支配に属する。（大判大13・6・10刑集三・四七三）

[29] 海中に落とした物件も、落とし主の意に基づきこれを引き揚げようとする者が、落下場所の大体の位置を指示し、その引揚げを依頼した結果発見されたとき、依頼者は、その物件に対し管理支配意思と支配可能な状態を有するから、現場にいなくても事実上の支配管理を有する。（最決昭32・1・24刑集一一・一・二七〇）

[30] 人道専用の橋の上に無施錠のまま一四時間放置されている自転車であっても、所有者が駐輪する意思であることを推認せしめる状況にあり、かつ、所有者も後で取りに来るつもりで同所に置き一旦帰宅した場合には、右自転車は他人の占有に属するものである。（福岡高判昭58・2・28判時一〇八三・一五六）

八　死者の占有

[31] 野外において人を殺害した後領得の意思を生じ、被害者が身に付けていた時計を奪取した場合、被害者が生前有していた財物の所持は、その死亡直後においてもなお継続して保護するのが法の目的にかなうというべきであるから、全体的に考察して窃盗罪が成立する。（最判昭41・4・8刑集二〇・四・二〇七、刑百選Ⅱ[八版]二九）

[32] 同棲中の女性を殺害し、その直後に被害者の所有していた現金を奪取する行為は窃盗罪に、その後約九時間を経て再度現場住宅に戻って同女名義の通帳を奪取する行為は占有離脱物横領罪に当たる。（東京地判昭37・12・3判時三二三・三三）

[33] 同棲中の女性を殺害し、その死体を遺棄して四日後に同女の室内遺留物を奪取した場合、本件財物は、外部的に見て一般的に同女の占有下にあるとみられる状況にあったのであるから、社会通念上、なお所持が継続していると解すべきである。（東京高判昭39・6・8高刑一七・五・四四六）

[34] 殺害して五日後及び一〇日後に被害者の居宅から財物を持ち去る行為は占有離脱物横領罪を構成する。（新潟地判昭60・7・2刑月一七・七＝八・六六三）

2　占有の帰属

[35] 共同占有の場合に共同占有者の占有を奪って自己単独の占有に移す行為は窃盗になる。（最判昭25・6・6刑集四・六・九二八）

[36] 倉庫の看守又は寄託物の入出庫に関する事実上の事務を補助するにすぎないものは、倉庫内の物について占有を有するものではない。（大判大12・11・9刑集二・七七八）

[37] 雇人が雇主の居宅において雇主の物品を販売する場合、その物品は雇主の占有に属するから、雇人が右占有を侵す場合は窃盗罪が成立する。（大判大7・2・6刑録二四・三二）

[38] 他人からその所有の衣類在中の縄掛け梱包〔こんぽう〕した行李を預り保管中の場合も、所有者は行李中の衣類に対しその所持を失わないから、保管者が質草にする目的で右行李から衣類を取り出す行為は窃盗罪を構成する。（最決昭32・4・25刑集一一・四・一四二七、刑百選Ⅱ[二版]二六）

[39] 郵便集配人は、その配達中の郵便物自体については占有を有するが、封入の物件は依然他人の占有に属するから、配達中の信書を開封して在中の小為替証書を抜き出す行為は窃盗罪に当たる。（大判明45・4・26刑録一八・五三六）

[40] 郵便集配人が配達のため占有中の紙幣在中の普通郵便物を領得する行為は、窃盗罪ではなく業務上横領罪を構成する。（大判大7・11・19刑録二四・一三六五）

[41] 宿泊料の支払ができないため、手紙を出してくると偽り、旅館の丹前等を着たままの状態で外出して戻らなかった場合、右丹前等の所持は所有者たる旅館にあると解すべきであるから窃盗罪が成立する。（最決昭31・1・19刑集一〇・一・六七）

[42] 自動車の試乗を販売店で申し込み、添乗員のいない試乗車を乗り逃げした場合、単独試乗させた段階で販売店の試乗車に対する事実上の支配は失われ、窃盗罪ではなく詐欺罪が成立する。（東京地八王子支判平3・8・28判タ七六八・二四九）

四　窃取

[43] 専らメダルの不正取得を目的として体感器を身体に装着してパチスロ機で遊戯することは、通常の遊戯方法の範囲を逸脱し、パチンコ店が許容しないことが明らかであるか

ら、当該態様の遊戯により取得したメダルは、体感器の操作の結果取得されたものであるか否かを問わず、同店舗メダル管理者の意思に反して占有を侵害したものといえる。（最決平19・4・13刑集六一・三・三四〇、重判平19刑七）

[44] パチスロ機に針金を差し込むなどしてメダルを取得することを共謀した場合においても、その実行者の犯行を隠蔽するためその隣で、パチンコ店が容認する通常の遊戯方法によりメダルを取得する行為は、窃盗罪に当たらない。（最決平21・6・29刑集六三・五・四六一、刑百選Ⅱ[八版]三〇）

[45] 銀行に開設された某社名義の普通預金口座に詐欺等の犯罪行為により現金が振り込まれている事実を知った者が、当該事実を秘して、キャッシュカードを用いて現金自動預払機から当該口座にて管理されている現金を引出しすれば、預金の管理者ひいては現金自動預払機の管理者の意思に反するものとして、窃盗罪が成立する。（東京高判平25・9・4判時二二一八・一三四、重判平26刑九）→二四六条[28]

五 不法領得の意思

[46] 窃盗罪の成立には、故意の外に不法領得の意思を必要とするが、領得意思とは、権利者を排除して他人の物を自己の所有物としてその経済的用法に従いこれを利用若しくは処分する意思をいうから、校長を困らせる目的で学校に保管してある教育勅語謄本を持ち出し教室の天井裏に隠匿する行為は窃盗罪を構成しない。（大判大4・5・21刑録二一・六六三、刑百選Ⅱ[六版]二九）

[47] 競売事件の進行を一時妨害する目的で競売場から競売記録を持ち出す行為は、公用文書毀棄であって窃盗罪を構成しない。（大判昭9・12・22刑集一三・一七八九）→二五八条[9]

[48] 保管中の政府所有米の俵数の不足を隠す目的で、各俵から少しずつ米を抜き取り新たな米俵を作る行為は、抜き取った米を自己の物とし利用処分する意思に欠けるから窃盗に当たらない。（最判昭28・4・7刑集七・四・七六二、刑百選[二版]九七）

[49] 投票数を不正に増加させる目的で投票用紙を奪取した場合、権利者を排除して右投票用紙をあたかも自己の所有物のごとく、同用紙として利用する意思であれば不法領得の意思なしとはいえない。（最判昭33・4・17刑集一二・六・一〇七九、刑百選Ⅱ[初版]六六）

[50] 大水で漂流中の木材を拾得し、その流失を防ぐため、他人所有の電線約一二メートルを勝手に切断して右木材を繋留〔けいりゅう〕する行為は、電線の廃棄ではなく、その経済的用法に従ったものであり窃盗罪が成立する。（最決昭35・9・9刑集一四・一一・一四五七）

[51] 自己の犯行を隠蔽するために会社の手提金庫を取り出し河中に投棄した場合、被告人には、終局的に被害者の所持を奪い、これを処分して自ら所有者の実を挙げる意思すなわち不法領得の意思があったといってよい。（大阪高判昭24・12・5高刑判特四・三）

[52] 刑法が窃盗罪と毀棄罪の法定刑に差を設けている主たる理由は、犯人の意図が物の効用の享受に向けられる行為は誘惑が多く、より強い抑止的制裁を必要とする点にあるから、不法領得の意思とは、正当な権限を有する者として振る舞う意思のほかに、財物から生ずる何らかの効用を享受する意思を必要とすると解すべきであり、被害者を殺害後に犯行発覚を防ぐため腕時計等を投棄しようとしてこれらを死体から剝がす行為は、窃盗罪を構成しない。（東京地判昭62・10・6判時一二五九・一三七）

[53] 金員そのものを強奪したり盗んだりすることを主たる目的としていなくとも、単に物を廃棄したり隠匿したりする意思からではなく、物取りの犯行を装う意図で金品を奪っていれば、不法領得の意思を認めることができる。（東京高判平12・5・15判時一七四一・一五七）

[54] 携帯電話機の写真データを削除するため、同電話機を取り上げ、持ち去る行為には不法領得の意思が認められ、窃盗罪が成立する。（東京高判平30・9・28高刑速平三〇・二三六）

[55] 窃盗罪の成立には不法領得の意思を必要とするから、他人の財物を単に一時使用のために自己の所持に移しても同罪に当たらない。したがって、たとえ他人の自転車を無断使用して乗り捨てても、自己の所持に入れる際には、一時使用の意思であれば窃盗罪は成立しない。（大判大9・2・4刑録二六・二六）

[56] 不法領得の意思とは、永久的に他人の物の経済的利益を保持する意思であることを必要としないから、当初から乗り捨てる意思で他人の船を奪取した以上不法領得の意思がなかったとはいえない。（最判昭26・7・13刑集五・八・一四三七、刑百選[初版]九〇）

[57] 磁石を用いて機械からパチンコ玉をとる行為は、たとえその目的が右パチンコ玉を景品交換の手段とするためであっても、不法領得の意思があるといえる。（最決昭31・8・22刑集一〇・八・一二六〇）

[58] 他人の自動車を数時間にわたって完全に自己の支配下に置く意図の下に所有者に無断で四時間余り乗り回した場合、たとえ使用後に元の場所に戻しておくつもりであったとしても、不法領得の意思が認められる。（最決昭55・10・30刑集三四・五・三五七、刑百選Ⅱ[八版]三二）

[59] 住居侵入、強制性交の目的で他人の自転車を無断で持ち出したとしても、自転車を乗り捨てる意思はなく、最大限でも二、三時間で元の場所に返還する意思があった場合には、所有者を排除するまでの意思を有していたとはいえず、不法領得の意思が認められない。（京都地判昭51・12・17判時八四七・一一二）

[60] 会社の機密資料である会員名簿を保管者の机より無断で持ち出し、これを社外でコピーして、約二時間後に元本を元に戻したとしても、この名簿の経済的価値はその内容自体にあるから、この内容をコピーして、それを第三者に譲渡する手段として右名簿を利用する意思は、権利者を排除し、右名簿を自己の所有物と同様にその経済的用法に従い利用する意思と認め得る。（東京地判昭55・2・14刑月一二・一=二・四七、重判昭55刑六）

[61] 甲・乙共謀の上、甲が丙の保管する秘密資料を持ち出し、乙がこれをコピーして、元本は約七時間後及び約一六時間後に元の場所に戻したとしても、本件資料の経済的価値がその具現化された情報の有用性、価値性に依存する以上、資料の内容をコピーしその情報を獲得しようとする意思は、権利者を排除し右資料を自己の物と同様にその経済的用法に従って利用する意思であり不法領得の意思に当たる。（東京地判昭59・6・15刑月一六・五=六・四五九、重判昭59刑八）

六 既遂時期

[62] 店頭にある靴下を手にして懐中に収めた行為は、財物を自己の事実上の支配内に移したものであるから、即時に発見され取り戻されても窃盗既遂である。（大判大12・4・9刑集二・三三〇）

[63] 窃盗罪は、他人の実力支配内にある物を自己の実力支配内に移し排他的にこれを自由に処分し得べき状態におくこ

とにより完成するものであるから、他人の住居に侵入し衣類を盗んで荷造りを終えた以上、家人の帰宅により、これを置いて逃走しても窃盗は既遂である。（東京高判昭27・12・11高刑五・一二・二二八三）

64　エンジンキーを外して駐車中の自動車を駐車場から道路まで移動させた上、配線を操作してエンジンを始動させいつでも発進可能の状態におけば窃盗は既遂である。（広島高判昭45・5・28判タ二五五・二七五）

65　他人の所持が完全に失われない間窃盗はいまだ既遂にならないが、いつ他人の所持が完全に失われたかは、目的物の量や大きさ等その場所との関係から判断すべきである。したがって、高さ三尺、幅四尺、重量約一二貫の木綿一梱〔ひとこり〕を被害者宅の屋根庇〔ひさし〕の上まで持ち出した段階で発見され、目的物を置いたまま逃走したときは窃盗未遂である。（名古屋高判昭24・11・12高刑判特三・九三）

66　一般に人が自由に出入りすることができず、さらに門扉、障壁、守衛等の設備があり、その障害を排除しなければ目的物を構外に搬出できないような工場内の資材小屋から財物を取り出し運搬しても、構外に出ないうちに発見され目的を遂げなかった場合は窃盗未遂である。（大阪高判昭29・5・4高刑七・四・五九一）

67　大型店舗の家電売り場に陳列されていたテレビ（幅約四七センチメートル、高さ約四一センチメートル、厚さ約一七センチメートル）を盗む目的で買い物カートの籠に入れ、精算せずにトイレ内の洗面台下の収納棚に隠し入れた行為は、テレビを店舗関係者が把握困難な場所に移動させ、大きな袋に入れるなどして店外に運び出すことが可能な状態に置いたから、自己の支配内に移したといえ、窃盗罪の既遂に当たる。（東京高判平21・12・22判タ一三三三・二八二）

68　他人方の浴場で所有者不明の遺留品である金の指輪を発見した者が、機会を待って持ち去る目的で、一時右浴室内の他人が容易に発見することのできない所に隠匿する行為は窃盗既遂である。（大判大12・7・3刑集二・六二四）

69　鉄道線路の地理現場に精通している機関助士が、後刻拾いに戻る計画で、予定の地点において積荷を列車外に突き落とした場合、右物件は、その時点で被告人の実力支配内に置かれたとみ得るから窃盗既遂である。（最判昭24・12・22刑集三・一二・二〇七〇）

第二三五条の二（**不動産侵奪**）　他人の不動産を侵奪した者は、十年以下の懲役に処する。

参↑【不動産↓民八六①】【未遂↓二四三】【親族間の犯罪↓二四四

1　本条にいう侵奪とは、不法領得の意思を持って不動産に対する他人の意思に反し、その事実上の占有を排除し、これに自己の占有すなわち事実上の支配を設定する行為をいうが、隣接する他人の土地に承諾を得ずに排水口を設置しても、将来その土地を買い受ける予定でそれまで一時利用させてもらう意思であり、かつ、原状回復が容易であって、土地所有者の受ける損害も皆無に等しい場合は、いまだ不動産を侵奪した行為に当たらない。（大阪高判昭40・12・17高刑一八・七・八七七）

2　他人所有の空地を資材置場として無断で一時使用していた者が、本件土地の借受け又は買収の交渉を有利に進める意図で、その周囲に半永久的で容易に除去し得ない工作物であるコンクリートブロック塀を築造する行為は、従前の一時使用から侵奪へと質的変化を遂げたものであり、本罪が成立する。（最決昭42・11・2刑集二一・九・一一七九、刑百選II［四版］三三）

3　土地の使用貸借の借主から、転貸が禁止され、すぐに撤去できる屋台以外の営業が禁じられていることを伝えられて土地と施設の引渡しを受けた被告人が、その施設の骨組みを利用して、解体・撤去の困難さが格段に増加し、構造も大いに異なる風俗営業用の店舗を構築することは、所有者の土地に対する占有を新たに排除したものであり、本罪が成立する。（最決平12・12・15刑集五四・九・一〇四九、刑百選II［八版］三七）

4　本罪の侵奪の有無は、不動産の種類、占有侵害の方法、態様、占有期間の長短、原状回復の難易、占有排除及び占有設定の意思の強弱、相手方に与えた損害の有無などを総合的に判断し、社会通念に従って決定すべきであるが、捜査段階の検証時には、公園予定地の土地の上に、容易に倒壊しない骨組みを有する簡易建物があって、土地の有効利用が阻害されており、回復も容易でなく、また、所有者の警告も無視し、退去要求にも相当期間応じなかったのであるから、検証時までには本件土地は被告人により侵奪されていたものである。（最判平12・12・15刑集五四・九・九二三、重判平12刑九）

5　本罪は、不動産に対する他人の事実上の占有を侵害、奪取し新たな占有状態を作出する行為を処罰するものであるから、土地・建物の使用貸借終了後に増築がなされても、それが小規模のものであるときは、既存の占有状態を変更したにすぎず、他人の占有を新たに奪取する行為がないから本罪を構成しない。（大阪高判昭41・8・9高刑一九・五・五三五）

6　他人の農地を無断で耕耘〔こううん〕し苗床を造り、播種〔はしゅ〕するなどしたときは、右農地を不法に侵奪したものである。（新潟地相川支判昭39・1・10下刑六・一＝二・二五）

7　自己の居住する家屋の二階部分を増築するに際し、隣接する電気鉄道会社の軌道用地上に突出して建築させる行為は、右軌道敷地の占有を妨げるものであり本罪を構成する。（大阪地判昭43・11・15判タ二三五・二八〇）

8　他人の土地を掘削し、その土砂を搬出した上、その跡地に残土やコンクリート片等の廃棄物を投棄する行為は本罪に当たり、たとえ使用後は整地して返還する意思があったとしても、管理者の占有を排除し自己の占有を設定して所有者と同様の実を挙げた以上不法領得の意思が認められる。（大阪高判昭58・8・26判時一一〇二・一五五）

9　株式会社が土地をその上の建物とともに所有していたが、代表者が行方をくらまして事実上廃業状態にあり土地の現実の支配管理が困難だったとしても、土地の占有を失ったとはいえないから、右建物の賃借権とこれに付随する土地利用権を譲り受けたに過ぎない者が土地上に廃棄物を高さ一三メートル以上に堆積させ、容易に原状回復ができないようにしたときは、不動産侵奪罪が成立する。（最決平11・12・9刑集五三・九・一一一七、刑百選II［八版］三六）

第二三六条（**強盗**）①　暴行又は脅迫を用いて他人の財物を強取した者は、強盗の罪とし、五年以上の有期懲役に処する。

②　前項の方法により、財産上不法の利益を得、又は他人にこれを得させた者も、同項と同様とする。

⊗+【他人の財物↓二四二・二四五【未遂↓二四三【予備↓二三七【予備・陰謀・教唆・せん動↓破防三九【特別規定↓盗犯二・三、航空強取一

一 暴行・脅迫の程度

[1] 他人に暴行又は脅迫を加えて財物を奪取した場合、それが恐喝罪となるか強盗罪となるかは、その暴行又は脅迫が社会通念上一般に被害者の反抗を抑圧するに足る程度のものであるか否かという客観的基準によって決定され、具体的事案の被害者の主観を基準とするものではない。したがって、深夜、被害者方において匕首〔あいくち〕を示して脅迫し金品を奪取する行為は、仮に被害者に対してはたまたま同人の反抗を抑圧する程度に至らなかったとしても恐喝罪ではなく強盗既遂罪が成立する。（最判昭24・2・8刑集三・二・七五）

[2] 強盗目的で反抗を抑圧するに足りる程度の脅迫を加えたにもかかわらず、被害者は、反抗抑圧に至らない程度に畏怖したにとどまり、その結果、被害者が財産の持ち去りを黙認していた場合は、強盗未遂と恐喝既遂の観念的競合である。（大阪地判平4・9・22判タ八二八・二八一）

二 強取の意義

[3] 強盗犯人が被害者を脅迫し、その反抗抑圧中に財物を奪取すれば、奪取行為を被害者が気付かない場合であっても強盗罪が成立する。（最判昭23・12・24刑集二・一四・一八八三）

[4] 他の目的で加えた暴行により被害者が畏怖の余り身動きしないでいるのを失神しているものと思って、領得の意思を生じ、被害者の腕から時計を奪取する行為は、財物奪取のために暴行・脅迫を用いたものと評価されるべきではないから、窃盗罪が成立するにすぎない。（高松高判昭34・2・11高刑一二・一・一八）

[5] 窃盗の意思で夜間人通りのない場所を通行中の女性に自動車で接近し、そのハンドバッグをひったくろうとしたが、被害者が奪われまいとして離さなかったため、バッグの下げひもをつかんだまま自動車を進行させ、被害者をバッグもろとも引きずって転倒させたり、道路脇の電柱に衝突させたりして、結局、バッグを奪取した場合には、その過程において強盗の犯意を生じたものであり、その行為も、相手方の反抗を抑圧するに足りる暴行といえるから強盗罪が成立する。（最決昭45・12・22刑集二四・一三・一八八二、刑百選Ⅱ〔二版〕三四）

[6] 強制性交の目的でなされた暴行・脅迫により反抗不能の状態に陥った女性は、犯人が現場を去らない限り、その畏怖状態が継続しているから、犯人が退去することを願って金品を提供する場合でも、これを受け取る行為は相手方が畏怖状態に陥っているのに乗じて金品を奪取するにほかならず、したがって、その金品奪取の時において、先になされた暴行・脅迫は財物奪取のための暴行・脅迫と法律上同一視され、強盗罪が成立する。（東京高判昭37・8・30高刑一五・六・四八八）

[7] 強盗罪は相手方の反抗を抑圧するに足りる暴行・脅迫を手段として財物を奪取することにより成立するのであるから、暴行・脅迫後に初めて奪取の意思を生じて財物を取得した場合には、犯人がその意思を生じた後に改めて被害者の抗拒を不能ならしめる暴行ないし脅迫に値する行為が存在して初めて強盗罪が成立すると解すべきである。（東京高判昭48・3・26高刑二六・一・八五、重判昭48刑六）

[8] 強制性交の犯意で暴行・脅迫に及び、抗拒不能にしたが、被害者が男性であることに気付いたため、強盗の犯意に変わり、それまでの暴行・脅迫の結果を利用して金品奪取の目的を遂げた場合には、右の暴行・脅迫をそのまま強盗の手段である暴行・脅迫と解してよく、たとえ強盗の犯意に基づく新たな暴行・脅迫を加えていないときでも、強盗罪の成立を肯定するのが相当である。（東京高判昭57・8・6判時一〇八三・一五〇）

[9] 相手方の反抗を抑圧した後に財物奪取の意思を生じた場合、新たに強盗の手段としての暴行・脅迫を必要とするが、その程度は、自己の先行行為によって作出した反抗抑圧状態を継続させるに足りるもので十分であり、それ自体として客観的に反抗を抑圧するに足りるものである必要はない。（大阪高判平元・3・3判タ七一二・二四八、刑百選Ⅱ〔六版〕三九）

[10] 強制わいせつ目的による暴行・脅迫の終了後に財物取得の意思を生じ、同暴行・脅迫による反抗抑圧状態に乗じて財物を取得する行為に強盗罪が成立するには、新たな暴行・脅迫と評価できる行為が必要であるが、被害者が緊縛された状態にあり、実質的には暴行・脅迫が継続していると認められる場合に、これに乗じて財物を取得したときは、新たな暴行・脅迫がなくとも強盗罪が成立する。（東京高判平20・3・19高刑六一・一・一、刑百選Ⅱ〔八版〕四二）

[11] 暴行・脅迫を用いて財物を奪取する犯意の下に、まず被害者が所持していた手提鞄を奪取し、次いで暴行を加えてその奪取を確保した場合は、事後強盗ではなく強盗罪を構成する。（最判昭24・2・15刑集三・二・一六四）

[12] 甲・乙が共謀の上、甲が取引を斡旋〔あっせん〕すると欺罔〔ぎもう〕して丙から覚醒剤を取得し逃走した後、乙が丙を殺害しようとして未遂に終わった場合、殺害行為が占有奪取の手段となってはいないから、本件覚醒剤を強取したとはいえないが、殺害行為は、右覚醒剤の返還ないし代金支払を免れるという財産上不法の利益を得るためになされたものであるから、先行する覚醒剤取得行為が窃盗罪・詐欺罪のいずれに当たるにせよ、包括して、（二項）強盗殺人未遂罪が成立する。（最決昭61・11・18刑集四〇・七・五二三、刑百選Ⅱ〔八版〕四〇）

三 処分行為の要否

[13] 本条二項の不法利得罪は、暴行又は脅迫をもって不法に財産上無形の利益を得又は他人をしてこれを得させるため、他人に財産上の処分を強制することを要するから、債務者が債務の履行を免れる目的で単に債権者を殺害する行為は強盗罪に当たらない。（大判明43・6・17刑録一六・一二一〇）↓[14]

[14] 本条二項の罪は、一項の罪と不法利得と財物強取とを異にするほか、その構成要素に何らの差異がなく、一項の罪におけると同じく相手方の反抗を抑圧すべき暴行・脅迫の手段を用いて財産上不法利得するをもって足り、必ずしも相手方の意思による処分行為を必要とするものではないから、明治四三年判例〔前出[13]〕は変更されるべきである。（最判昭32・9・13刑集一一・九・二二六三、刑百選Ⅱ〔八版〕三九）

四 財産上不法の利益

[15] 自動車運転手に暴行を加えて逃走し、乗車賃の請求を不能にし、その支払を免れた場合は本条二項の強盗罪が成立する。（大判昭6・5・8刑集一〇・二〇五）

[16] 債務の履行を免れる目的で債権者を殺害しようとし未遂に終わった場合でも、債権者により強く返済方を迫られており、他方、当該金銭貸借につき証書もないため、債権者が死亡すれば被告人以外にその詳細を知る者もいないという事情がある場合には、（二項）強盗殺人未遂罪が成立す

る。（最判昭32・9・13前出[14]）

[17] 債務者が債務の支払を免れる目的を持って債権者を殺害した場合、直ちに財産上不法の利益を得たと解するのは広きに失するが、相続人の不存在又は証拠書類の不備等のため、債権者側による債権の行使を不可能若しくは著しく困難ならしめたときのほか、履行期の到来又は切迫等のため、債権者側による速やかな債権の行使を相当期間不可能ならしめたときにも、財産上不法の利益を得たものといってよい。（大阪高判昭59・11・28高刑三七・三・四三八）

[18] 本条二項の財産上の利益とは、財物の場合と同様、反抗を抑圧されていない状態において被害者が任意に処分できるものであることを要すると解すべきところ、相続の開始による財産の承継は人の死亡を唯一の原因として発生するもので、その間任意の処分の観念を入れる余地がないから、二項の財産上の利益には当たらない。したがって、相続人となるべき者が自己のため相続を開始させる意図で被相続人を殺害しても強盗殺人罪は成立しない。（東京高判平元・2・27高刑四二・一・八七）

[19] 被害者が生前有していた「経営上の権益［会社の備品、従業員等を利用して売上金を収受すること等を含む権益］」は、その包括的な承継が全く観念できないものではないが、被害者の殺害自体によって、これが行為者［殺害者］に移転するという関係を認めることができない場合には、本条二項の「財産上の利益」には該当せず、行為者に二項強盗殺人罪は成立しない。（神戸地判平17・4・26判時一九〇四・一五二）

[20] 住居に侵入した後、キャッシュカードの窃取に着手した被告人が、同キャッシュカードの占有を容易に取得できる状態に置き、その占有者に脅迫を加えて同キャッシュカードの暗証番号を聞き出した行為は、同キャッシュカードとその暗証番号を用いて、事実上、ATMを通して当該預貯金口座から預貯金の払戻しを受け得る地位という財産上の利益を得たものといえる。（東京高判平21・11・16判時二一〇三・一五八、刑百選II[八版]四一）

[21] 一旦詐取した財物について、その代金の支払を免れるために欺罔行為をしても重ねて二項詐欺が成立しないとすれば、その支払を免れるために暴行・脅迫を加えても二項強盗は成立しないと解すべきであるから、当初から欺罔の意思により無銭飲食をした者が、代金の支払を免れるために請求者を殺害した場合は、強盗殺人罪ではなく、一項詐欺と殺人の併合罪と解すべきである。（神戸地判昭34・9・25下刑一・九・二〇六九）

[22] 欺罔の手段を用いて飲食物を提供させる行為と暴行・脅迫によってその代金支払を免れる行為とは、それぞれ別個独立の法益侵害行為とみるべきであるから、飲食物に対する詐欺罪が成立することは、その後の二項強盗罪の成立を妨げるものではない。（大阪地判昭57・7・9判時一〇八三・一五八）→[12]

（強盗予備）

第二三七条　強盗の罪を犯す目的で、その予備をした者は、二年以下の懲役に処する。

⊗+【特別規定→軽犯一[三]、航空強取三】

一　**強盗の目的**

[1] 本条にいう「強盗の罪を犯す目的」には、刑法二三八条に規定する事後強盗を目的とする場合を含む。（最決昭54・11・19刑集三三・七・七一〇、刑百選II[七版]四三）

二　**強盗予備の事例**

[2] 金品の強奪を共謀し、これに使用するため出刃包丁等を買い求め、これを携えて徘徊［はいかい］する行為は本罪に当たる。（最判昭24・12・24刑集三・一二・二〇八八）

[3] 強盗の目的で拳銃を携え貨物自動車を物色しながら徘徊する行為は本罪に当たる。（名古屋高金沢支判昭30・3・17高刑裁特二・六・一五六）

[4] 自己の着用しているバンドで首を絞めて脅し金銭を強取する目的でタクシーに乗り、機会をうかがう行為は本罪に当たる。（東京高判昭32・5・31高刑裁特四・一一＝一二・二八九）

（事後強盗）

第二三八条　窃盗が、財物を得てこれを取り返されることを防ぎ、逮捕を免れ、又は罪跡を隠滅するために、暴行又は脅迫をしたときは、強盗として論ずる。

⊗+【未遂→二四三】【特別規定→盗犯二・三】

一　**本条の趣旨**

[1] 本条は窃盗の加重情状に関する規定ではなく、罪質を変更して強盗とするものであるから、本条と二四〇条の適用がある場合に重ねて二三五条を適用すべきではない。（大判明43・11・24刑録一六・二一二五）

二　**主体**

[2] 本条の罪の成立には犯人が窃盗の実行に着手したことを要するから、人の住宅に侵入した者が金品物色の前に、家人による逮捕を免れるためこれを死に至らしめたときは、その適用がない。（東京高判昭24・12・10高刑二・三・二九二）

[3] 甲の窃盗が既遂に達した後に、右窃盗の事実を認識したうえ甲と共謀し、逮捕を免れる目的で被害者に暴行を加えた乙は、窃盗犯人の身分を有しないが刑法六五条一項、六〇条により事後強盗致傷罪の共同正犯となる。この際、事後強盗罪は窃盗犯人たる身分による真正身分犯であるから、乙について六五条二項の適用はない。（大阪高判昭62・7・17判時一二五三・一四一、刑百選I[八版]九五）

三　**目的**

[4] 本条は、窃盗犯人が所定の目的を持って暴行・脅迫を行った以上適用があり、被害者が財物取返し又は逮捕の行為をしたか否かは問わない。（最判昭22・11・29刑集一・四〇）

四　**1　暴行・脅迫**

暴行・脅迫の意義

[5] 本条にいう暴行は相手方の反抗を抑圧すべき程度のものたるを要し、その程度は具体的状況に照らして判断すべきである。一七歳の窃盗犯人が強壮な成人による逮捕を免れようとして手を振り放して押し倒したとしても、右の程度に達したとはいえない。（大判昭19・2・8刑集二三・一）

[6] 窃盗犯人が罪跡隠滅のため被害者を殺害したときは、強盗殺人罪が成立する。（大判大15・2・23刑集五・四六）

[7] 窃盗犯人が、犯行を目撃して追跡してきた者による逮捕を免れるため暴行を加えたときも本罪が成立する。（大判昭8・6・5刑集一二・六四八）

2　窃盗の機会

[8] 窃盗犯人が現場住宅の天井裏に潜んでいた場合、被害者等から容易に発見されて、財物を取り返され、あるいは逮捕され得る状況が継続していたのであるから、約三時間後

に逮捕を免れるため警察官に暴行を加えたときは、窃盗の機会の継続中に行われたといえる。（最決平14・2・14刑集五六・二・八六、刑百選II[五版]三八）

[9] 窃盗行為から約三〇分後、窃盗現場から約一キロメートル離れた地点において、犯人が盗品を持って歩いていたところ、窃盗被害の連絡を受け現場に向かう途中の被害者に発見され盗品を取り戻そうとされたので暴行を加えたときは、窃盗の機会延長の状態における暴行といえるから、本条の適用を受ける。（広島高判昭28・5・27高刑判特三一・一五）

[10] 窃盗行為後間もなく罪跡隠滅のため被害者に対する殺意を生じ、被害者を別の部屋に移して凶器の包丁を台所に取りに行こうとしたところ、たまたま友人二人が来訪して来たので殺害行為の継続が不可能になったが、友人来訪中も極力家を空けないように努め、寝ている被害者が起きて来ないよう気を配った末、友人が帰った後窃盗の約一一時間後に被害者を殺害したような場合には、殺害は窃盗の機会になされたものと認め得る。（千葉地木更津支判昭53・3・16判時九〇三・一〇九）

[11] すいか二個を窃取した者が、付近を通行中の者三名によって現行犯逮捕され派出所に連行される途中に逃走のため暴行を加え傷害を負わせたときでも、逮捕後約三〇分を経過し、窃盗の現場から十数丁離れている場合、右暴行は、窃盗行為に接着した新鮮な時及び場所においてなされたものではないから、事後強盗による強盗致傷罪には当たらない。（名古屋高判昭26・4・27高刑判特二七・八四）

[12] 本条にいう「暴行」は、時間的に窃盗行為と近接していても、窃盗の現場と全然異なる場所において窃盗犯人としての逮捕を免れるためでなくなした暴行を含まないから、窃盗現場から約二〇〇メートル離れた地点で窃盗と無関係に警邏［けいら］中の警察官から職務質問をされそうになった際逮捕を免れるためになした暴行は、これに当たらない。（東京高判昭27・6・26高刑判特三四・八六）

[13] 財布等の窃取後、発見、追跡されることなく犯行現場を離れ、ある程度の時間の経過後、被害者等から容易に発見、取り返し、逮捕され得る状況ではなくなった後、再び窃盗目的で犯行現場に戻った際になした脅迫は、窃盗の機会の継続中に行われたものではない。（最判平16・12・10刑集五八・九・一〇四七、刑百選II[八版]四三）

五　未遂

[14] 窃盗未遂犯人が逮捕を免れるため脅迫をなしたときは、準強盗の未遂罪が成立する。（最判昭24・7・9刑集三・八・一一八八、刑百選[初版]九七）

[15] 窃盗犯人が財物を得た後その取返しを防ぎ又は逮捕を免れる目的で暴行をなしたときは、現実に逮捕を免れなくとも、準強盗罪が成立する。（大判昭7・6・9刑集一一・七七八）

（昏酔強盗）

第二三九条　人を昏酔させてその財物を盗取した者は、強盗として論ずる。

参照【未遂↓二四三【特別規定↓盗犯二・三

（強盗致死傷）

第二四〇条　強盗が、人を負傷させたときは無期又は六年以上の懲役に処し、死亡させたときは死刑又は無期懲役に処する。

参照【未遂↓二四三【特別規定↓盗犯四、航空強取二

一　主体

[1] 本条にいう「強盗」は、刑法二三六条の強盗犯人のほか、二三八条及び二三九条により強盗をもって論ずべき犯人をも含む。（大判昭6・7・8刑集一〇・三一九）

二　致死傷・傷人・殺人

[2] 強盗犯人が金員要求のため被害者に日本刀を突き付ける行為は暴行といい得るから、被害者が救いを求めて日本刀にしがみつき、犯人が刀を引いたため切創を負ったときは、暴行により傷害を加えた強盗致傷罪に当たる。（最決昭28・2・19刑集七・二・二八〇）

[3] ミニバイク運転中の被害者を強盗目的で停車させ、登山ナイフを突き付け、さらに被害者の左手とバイクのハンドルを手錠で連結した上で「倒れろ」と命じ、畏怖した被害者をしてミニバイクもろとも路上に転倒させ傷害を負わせたときは、脅迫により傷害を負わせた強盗致傷罪が成立する。（大阪高判昭60・2・6高刑三八・一・五〇、重判昭60刑六）

[4] 本条後段の罪は強盗犯人が故意で人を死に致した場合と傷害により人を死に致した場合とを含み、強盗殺人には本条後段のみを適用すべきであって更に重複して刑法一九九条を適用すべきではない。（大連判大11・12・22刑集一・八一五）

三　強盗の機会

[5] 本条の強盗致傷罪は、強盗の機会に人に傷害を加えることによって成立し、それが財物強取の手段として行われることを要しない。なぜなら、強盗の機会には致死傷のような残虐な行為を伴うことが少なくないので、これを重い情状となし、この行為がいかなる目的でなされたとしても重く処罰する趣旨だからである。（大判昭6・10・29刑集一〇・五一一）

[6] 強盗殺人罪は強盗の機会に人を殺害すれば足りるから、金品奪取の際被害者の傍に寝ていた子供二名を殺害したときは、子供の殺害についても強盗殺人罪が成立する。（最判昭25・12・14刑集四・一二・二五四八）

[7] 強盗犯人が逃走しようとした際に、追跡してきた被害者を日本刀で突き刺し死亡させたときは、強盗行為が終了して別の機会に殺害したものではなく強盗の機会に殺害したのであるから、本条の罪が成立する。（最判昭24・5・28刑集三・六・八七三、刑百選II[七版]四四）

[8] 前日岡山県で強盗を行って得た盗品を船で運搬し、神戸で陸揚げしようとした際に巡査に発見され、逮捕を免れるため暴行を加えて傷害を負わせたときは、本条の強盗致傷罪は成立しない。（最判昭32・7・18刑集一一・七・一八六一）

[9] 強盗に引き続いて、当初からの計画に従い、罪跡を隠滅するために、自動車に監禁していた被害者に覚醒剤を注射して山中に放置し、被害者を死亡させた場合、強取行為と罪跡隠滅行為が、時間的に約六時間、場所的に約五〇キロメートル離れていても、強盗致死罪が成立する。（東京高判平23・1・25判時二一六一・一四三、刑百選II[八版]四四）

[10] 一旦強盗殺人行為を終了した後新たな決意に基づき別の機会に他人を殺害したときは、たとえ両者が時間的に接近しても、後の殺人が先行する強盗の犯跡隠蔽の意図で行われたとしても、本条後段の強盗殺人罪を構成しない。（最判昭23・3・9刑集二・三・一四〇）

四　傷害

1　傷害の意義

11 本条にいう「人を負傷させた」とは、体躯〔たいく〕の完全を害することをいい生活機能に障害を与える一切の場合を包含するから、強盗犯人が眼部を殴打し浮腫・打撲傷を負わせたときもこれに当たる。（大判大4・5・24刑録二一・六六一）

12 軽微な皮下出血・腫張等は強盗の手段たる暴行に伴う不可避的なものともいえること、強盗致傷罪の法定刑の下限は七年であって酌量減軽しても執行猶予を付し得ないこと等に鑑みると、強盗致傷罪における「傷害」の程度は傷害罪のそれよりも幾分強度の生理機能の障害であることを要し、被害者が意識せず特別な治療を要しないような表皮剝奪、腫張等はこれに含まれない。（広島地判昭52・7・13判時八八〇・一一一）

13 強盗致傷罪にいう「傷害」は、他の罰条にいう「傷害」と別異に解すべきではない。（広島高判昭53・1・24判時八九五・一二六……前出12の二審）

2 因果関係

14 強盗から逃げる際に被害者が道路近くの小川に転落して傷害を負ったという事実関係がある場合、被告人には強盗致傷罪が成立する。（広島高判昭29・5・4高刑判特三一・五七）

15 強盗犯人から凶器の手斧〔ちょうな〕を奪い取る際に被害者が掴に手をこすって負傷したときは、犯人の脅迫行為と傷害結果の間に因果関係がなく、強盗致傷罪は成立しない。（神戸地姫路支判昭35・12・12下刑二・一一＝一二・一五二七）

五 未遂

16 強盗殺人の未遂とは被害者が死亡しなかったときをいい、財物取得の有無は関係を持たない。（大判昭4・5・16刑集八・二五一、刑百選II［八版］四五）

六 本罪の個数

17 一個の強盗を行うに際し数人を殺害したときは、数個の強盗殺人罪を構成する。（大判明43・11・24刑録一六・二一二一）

（強盗・強制性交等及び同致死）

第二四一条① 強盗の罪若しくはその未遂罪を犯した者が強制性交等の罪（第百七十九条第二項の罪を除く。以下この項において同じ。）若しくはその未遂罪をも犯したとき、又は強制性交等の罪若しくはその未遂罪を犯した者が強盗の罪若しくはその未遂罪をも犯したときは、無期又は七年以上の懲役に処する。

② 前項の場合のうち、その犯した罪がいずれも未遂罪であるときは、人を死傷させたときを除き、その刑を減軽することができる。ただし、自己の意思によりいずれかの犯罪を中止したときは、その刑を減軽し、又は免除する。

③ 第一項の罪に当たる行為により人を死亡させた者は、死刑又は無期懲役に処する。

参【強制性交等→一七七—一七九【未遂→二四三【特別規定→盗犯四

（他人の占有等に係る自己の財物）

第二四二条 自己の財物であっても、他人が占有し、又は公務所の命令により他人が看守するものであるときは、この章の罪については、他人の財物とみなす。

参【公務所→七②

一 「占有」

1 譲渡担保に供されて所有権を有する自動車であっても、債務者の事実上の支配内にある場合、債権者が無断で運び去るときには、窃盗が成立する。（最判昭35・4・26刑集一四・六・七四八、刑百選II［二版］二四）

2 自動車金融の買戻約款付自動車売買契約で借主が買戻権を喪失したことにより所有権を取得した貸主が、借主の事実上の支配内にある自動車を承諾なしに引き揚げるときには窃盗罪が成立する。（最決平元・7・7刑集四三・七・六〇七、刑百選II［八版］二六）

二 適用範囲

3 本条は処罰範囲を拡張する例外規定であり、明文の準用規定のない森林法上の森林窃盗罪に適用することは、罪刑法定主義上許されない。（最決昭52・3・25刑集三一・二・九六）

（未遂罪）

第二四三条 第二百三十五条から第二百三十六条まで及び第二百三十八条から第二百四十一条第三項の罪の未遂は、罰する。

参【未遂→四三、四四【特別規定→盗犯二—四、航空強取一②

（親族間の犯罪に関する特例）

第二四四条① 配偶者、直系血族又は同居の親族との間で第二百三十五条の罪、第二百三十五条の二の罪又はこれらの罪の未遂罪を犯した者は、その刑を免除する。

② 前項に規定する親族以外の親族との間で犯した同項に規定する罪は、告訴がなければ公訴を提起することができない。

③ 前二項の規定は、親族でない共犯については、適用しない。

参【親族→民七二五、七二七—七二九 ❷【告訴→刑訴二三〇—二三二、二三四、二四一 ❸【共犯→六〇—六二

一 特例の趣旨

1 本条一項は、親族間の一定の犯罪については、国家が刑罰権の行使を差し控え、親族間の自律に委ねる方が望ましいという政策的な考慮に基づき、犯人の処罰につき特例を設けたもので、犯罪の成立を否定したものではない。（最決平20・2・18刑集六二・二・三七、刑百選II［八版］三五）↓二五五条1

二 親族関係

2 窃盗犯人と財物の占有者との間のみならず、所有者との間にも親族関係が存在しなければ、本条［旧］一項は適用されない。（最決平6・7・19刑集四八・五・一九〇、刑百選II［六版］三三）

3 本条一項は、刑の必要的免除を定めるものであり、免除を受ける者の範囲を明確に定める必要があることなどからすると、同項が内縁の配偶者に適用又は類推適用されることはない。（最決平18・8・30刑集六〇・六・四七九、重判平18刑六①）

（電気）

第二四五条 この章の罪については、電気は、財物とみ

なす。

第三十七章　詐欺及び恐喝の罪

（詐欺）

第二四六条① 人を欺いて財物を交付させた者は、十年以下の懲役に処する。

② 前項の方法により、財産上不法の利益を得、又は他人にこれを得させた者も、同項と同様とする。

㊟【未遂】→二五〇【自己の財物・親族間の犯罪・電気】→二五一【加重規定】→組織犯罪三

一　保護法益

1 恩給年金証書は、当時、恩給法規により担保に供し得ないものであったから、債権者が右証書を担保の目的物として交付を受けても、債権者の占有権をもって所有者に適法に対抗し得るものではなく、したがって恩給年金の帯有者が欺罔［ぎもう］により債権者から右証書の占有を回復しても詐欺罪は成立しない。（大判大7・9・25刑録二四・一二一九……2により判例変更）

2 公傷年金の受給権は法令上担保に供し得ないから国鉄年金証書を担保として差し入れても無効であるが、財物取得罪は人の財物に対する事実上の所持を保護するものだから、同証書の所有者であっても、これを欺罔行為を用いて詐取すれば、詐欺罪が成立する。（最判昭34・8・28刑集一三・一〇・二九〇六、刑百選Ⅱ［二版］四〇）

3 元軍用アルコールが私人の所持を禁じられているものであるとしても、刑法における財物取得罪の規定は人の財物に対する事実上の所持を保護するものだから、元軍用アルコールを詐取すれば詐欺罪が成立する。（最判昭24・2・15刑集三・二・一七五）

4 詐欺罪が処罰されるのは単に被害者の財産権の保護のみにあるのではなく、かかる違法な手段による行為は社会の秩序をみだす危険があるからでもあって、経済統制法規違反の闇取引における詐欺行為についても詐欺罪は成立する。（最判昭25・7・4刑集四・七・一一六八、刑百選Ⅱ［八版］四六）

5 詐欺の手段により関税を逋脱［ほだつ］すればその結果として財産上不法の利益を得るのは当然であり、関税法の関税逋脱罪の規定はかかる場合をも予想して同規定をもって処罰する趣旨であり詐欺罪は成立しない。（大判大4・10・28刑録二一・一七四五）

6 詐欺罪は財産権を侵害すべき行為により成立するものだから、免状等の下付を受ける場合のように単に一定の資格について当該官庁の証明を受けることを目的とするだけで当該官庁より財産上の利益を得ることを目的としない場合には、詐欺罪は成立しないのであって、公務員に虚偽の申立てをなし他人名義の旅券の下付を受けても詐欺罪を構成しない。（大判昭9・12・10刑集一三・一六九九）

7 詐欺罪の保護法益は、不当に詐取せられる財物であり、配給制度そのものではないから、現存する甲の名義の移動証明書を用いて自己の同居人とする虚偽申告をなし自己の主要食糧配給通帳にその旨記載させ、右通帳を用いて食糧営団出張所の係員を欺罔し、右出張所から配給を受ける権利のない甲の主要食糧を詐取した場合には、詐欺罪が成立する。（最判昭23・11・4刑集二・一二・一四四六、刑百選［初版］一〇三）

8 国有の未墾地を農地にする意思がないため農地法上これを取得し得ない者であるのに、その意思があるごとく装って県知事を欺罔し、売渡処分名下にその土地の所有権を取得する行為は、農業政策という国家的法益の侵害に向けられた側面を有するとしても、その故をもって当然に刑法詐欺罪の成立が排除されるものではなく、当該行政刑罰法規は特別法として詐欺罪の適用を排除する趣旨のものと認められないから、詐欺罪が成立する。（最決昭51・4・1刑集三〇・三・四二五、刑百選Ⅱ［八版］四七）

9 傷病により入院中である等の事実を秘して欺罔により簡易生命保険契約を締結させ、簡易生命保険証書を騙取する行為は一項詐欺罪に当たる。（最決平12・3・27刑集五四・三・四〇二、刑百選Ⅱ［六版］四八）

10 自己名義の住民異動届に虚偽の記入をして町役場係員に提出するなどして、係員を欺いて国民健康保険被保険者証の交付を受ければ、本条一項の詐欺罪が成立する。（最決平18・8・21判タ一二二七・一八四）

11 被告人が銀行から三〇〇円の払戻しを受けるに際し三〇〇〇円を交付させた場合に、権利の範囲外において領得した二七〇〇円について詐欺罪の成立を認めた事例（大連判大2・12・23刑録一九・一五〇二）→48

二　客体

1　財物

12 詐欺取財犯の目的は現実に物の所在を移転することなくこれを達成し得るものだから、その目的物は必ずしも移転し得べきものである必要はなく、不動産もその目的物たり得る。（旧法事件）（大判明36・6・1刑録九・九三〇）

2　財産上の利益

13 「財産上不法の利益」にいう「不法」とは利益を取得する手段が不法であることを意味し、利得を生じる原因である法律行為が私法上有効であるか否かを問わない。（大判昭13・10・4新聞四三三三・一七）

14 被告人らが詐欺賭博を行い、賭客を欺罔して、金員を支払うべき債務を負担させれば本条二項の罪が成立する。（最決昭43・10・24刑集二二・一〇・九四六、刑百選Ⅱ［二版］四九）

三　詐取

1　欺罔行為

15 代金を支払える見込みもその意思もなく商品買受けの注文をしたときには、その注文行為自体が作為による欺罔行為であり、告知義務の有無を論じる必要はない。（最決昭43・6・6刑集二二・六・四三四）

16 飲食店又は旅館で注文主又は宿泊者が、支払の意思がないのに、その事情を告げずに単純に注文又は宿泊する場合は、その注文又は宿泊行為自体が欺罔行為である。（大判大9・5・8刑録二六・三四八）

17 登記済みの抵当権のついた不動産は、抵当権の行使により買主が所有権を失うおそれがある以上、買主が抵当権のあることを知れば、これを買い受けないということもあり得るのだから、信義誠実を旨とする取引の必要に鑑み、登記済みの抵当権の付いた不動産の売買契約に際して、売主は右事実を買主に告知する法律上の義務があり、売主が抵当権のあることを黙秘するのはこの義務に違反するもので、このため買主が抵当権の負担のない不動産と誤信してこれを買い受けた以上、詐欺罪が成立する。（大判昭4・3・7刑集八・一〇七）

18 被告人は家屋の売買契約の締結に際して、該家屋の係争事情を告げるなら相手方は買い受けないだろうことを認識していたにもかかわらず、相手方に質問されてこれを否認したのではなくただ単に沈黙を守ったという不作為にとどまるものであり、係争があるとしても、本件は何ら瑕疵

〔かし〕のない目的物に関する契約で、相手方は何ら損害を被るべき地位にないものだから、このような契約に際しての右不作為は、法令上慣習上又は契約上その他法規上の一般条理として存在する告知義務に違反するものではなく、詐欺罪は成立しない。（大判昭8・5・4刑集一二・五三八）

19 請負契約の締結に際して、請負人の代理人として町と請負契約を締結し、代金を受領する権限のある被告人に、被告人と請負人との内部の関係において請負人に承諾させた請負金額を、注文主たる町に告知しなければならない法律上の義務があるとすべき特段の事情がない事案であるから、被告人が、町に右事実を秘して請負人が町の予算額で請け負うもののごとく申し向けて契約を締結し、代金の交付を受けて町の予算額と請負金額との差額を領得しても、詐取行為があったとはいえないから、詐欺罪は成立しない。（最判昭31・8・30判時九〇・二六）

20 所管官庁で調査すれば規制内容を容易かつ正確に知り得る土地の売買に際して、不動産取引の専門家ではなく、規制内容についても断片的な認識しかない所有者が、当該土地をプロの不動産屋のごとく振る舞っている者に売却する場合には、不動産業者が一般人に住宅を売却する場合などと異なり、規制のあること及びその概要を告げ、相手方にこれを調査する機会を与えれば足り、規制内容を告知しなくとも告知義務の違反ではなく、詐欺罪は成立しない。（東京高判平元・3・14判タ七〇〇・二六六）

21 先物取引に無知な主婦、老人に、頻繁な売買を行わせて委託手数料を増大させる等の方法により、委託証拠金の返還や利益金の支払を免れる「客殺し商法」によって顧客に損失を与え、また自ら「向かい玉〔ぎょく〕」を建てることにより顧客の損失に見合う利益を自己に帰属させる意図であるのに、顧客の利益のために受託業務を行うよう装い、該取引の仕組みに無知な被害者をして、外務員の指示どおりに売買すれば必ずもうかると信じ込ませて、被害者から委託証拠金名義で現金等の交付を受ける行為は、詐欺罪に当たる。（最決平4・2・18刑集四六・二・一、重判平4刑六）

22 銀行と預金取引を行っている者には、自己の口座に誤振込みがあったことを知った場合にこれを銀行に告知すべき信義則上の義務があるから、誤振込みがあったことを秘して預金の払戻しを請求することは、詐欺罪の欺罔行為に当たる。（最決平15・3・12刑集五七・三・三二二、刑百選Ⅱ〔八版〕五二）

23 預金契約に関する権利、通帳等の第三者への譲渡等を禁止する預金約款の下では、預金口座の開設、預金通帳及びキャッシュカードの交付を銀行員に申し込むことは、これを自分自身で利用する意思を表しているといえるから、預金通帳及びキャッシュカードを第三者に譲渡する意図を秘して右記申込みを行う行為は人を欺く行為に当たり、これにより通帳等の交付を受ける行為は詐欺罪を構成する。（最決平19・7・17刑集六一・五・五二一、重判平19刑九）

24 搭乗券の交付を請求する者自身が自ら航空機に搭乗するか否かは、航空機の運航の安全、到着国への不法入国の防止等の観点から、航空会社係員が搭乗券交付の可否を決する際の重要な事項であるから、交付された搭乗券によって他者を搭乗させる意図を秘して搭乗券の交付を請求する行為は、詐欺罪にいう人を欺く行為に当たり、これにより交付を受ける行為は本条一項の詐欺罪を構成する。（最決平22・7・29刑集六四・五・八二九、刑百選Ⅱ〔八版〕五〇）

25 利用細則において暴力団関係者の利用を禁止しているが、同関係者でないことを確認する措置を講じていないゴルフ場において、暴力団員が、同関係者でないことを確認する記入欄のないビジター受付書類に氏名等を記入して施設利用を申し込む行為は、同関係者でないことの意思表示を含む挙動があったとはいえず、欺罔行為には当たらない。（最判平26・3・28刑集六八・三・五八二、刑百選Ⅱ〔八版〕五一）

26 暴力団員の入場・施設利用を約款で禁止しているゴルフクラブに、暴力団関係者を同伴しない旨を誓約して入会した会員が同伴者の施設利用を申し込む行為は、同伴者が同関係者でないことを保証する意思の表示といえるから、暴力団員を同伴しているのにこれを申告せずに利用を申し込む行為はその旨を誤信させる欺罔行為に当たる。意を通じた会員の同行為によりクラブ施設利用をした暴力団員には、本条二項の罪の共同正犯が成立する。（最決平26・3・28刑集六八・三・六四六、重判平26刑七②）

27 暴力団員を含む反社会的勢力に該当しないことを条件に口座開設・利用を認め、これに反したときは貯金の取扱いを停止するなど定めている銀行において、暴力団員が、自己が反社会的勢力でないことなどを表明・確約する文言を含む口座利用申込書に氏名を記入するなどして口座の開設を申し込む行為は欺罔行為に当たり、これにより通帳とキャッシュカードの交付を受ける行為は、本条一項の罪に当たる。（最決平26・4・7刑集六八・四・七一五、重判平26刑八）

28 銀行に開設された某社名義の普通預金口座に詐欺等の犯罪行為により現金が振り込まれている事実を知った者は、その旨を銀行に告知すべき信義則上の義務を負っており、当該事実を秘して預金の払戻しを受ける権限はないから、当該事実を秘して預金の払戻しを請求することは、欺罔行為に当たる。（東京高判平25・9・4判時二二一八・一三四、重判平26刑九）→二三五条45

2 交付行為

29 不動産を目的とする詐欺罪では、所有権移転の意思表示がなされただけでは足りず、現実に占有が移転し若しくは登記をなしたときに詐欺罪は完了する。（大連判大11・12・15刑集一・七六三）

30 財物の詐取とは犯人の施用した欺罔手段により、他人を錯誤に陥れ、財物を犯人自身又はその代人若しくは第三者に交付させるかあるいはこれらの者の自由な支配内に置かせることをいうから、被告人の欺罔に基づき錯誤に陥った被害者が、奥から金員を持ち出して、玄関の上がり口の所に置き、被告人だけを玄関に残し被告人が現金を事実上自由に支配できる状態においたまま便所に赴いたので、被告人がその隙に金員を持って逃走した本件には、詐欺既遂罪が成立する。（最判昭26・12・14刑集五・一三・二五一八、刑百選〔二版〕一二一）

31 被告人が、警察官を装い、捜査に協力してほしいと被害者を騙して、被害者方玄関内において、用意した封筒に被害者のキャッシュカード（以下「被害カード」）を入れさせ、被害者が玄関から離れた隙に、被害カード入り封筒を偽カード入り封筒とすり替え、戻ってきた被害者に偽カード入り封筒を保管するように指示して、被害カード入り封筒を被害者方から持ち去った場合、被害者による財物の交付がなく、詐欺罪ではなく窃盗罪が成立する。（京都地判令元・5・7【平30わ一一二三】）

32 月賦購入の約定により所有権が売主に留保されていても、引渡しを受けて占有を取得した以上、詐欺罪が成立する。（最決昭45・6・30判タ二五一・二七一）

33 履行期を徒過したりんごの引渡債務を負う被告人が、貨車積みのりんごを示して債権者に引き渡すべきりんごであると誤信させ、安心して帰宅させることにより、債権者の督促を免れたとしても、特段の事情のない限り、それのみでは本条二項の財産上の利益を得たものということはできない。（最判昭30・4・8刑集九・四・八二七、刑百選Ⅱ八版五七）

34 当初より支払意思なく無銭飲食・無銭宿泊をなし、知人を見送ると申し欺いて逃走した事案において、債務の支払を免れたことが本条二項に該当するためには、相手方たる債権者を欺罔して債務免除の意思表示をさせることが必要であり、単に逃走して事実上支払をしなかっただけでは足りないが、本事案では飲食・宿泊時に既遂に達している。（最決昭30・7・7刑集九・九・一八五六、刑百選Ⅱ八版五三）

35 当初から、AB間の切符とCD間の切符を用いてA駅からD駅まで乗車し、途中区間であるBC間の運賃の支払をしない意図で、その意図を秘してA駅改札係員にAB間の切符を呈示した行為は正当な権利行使とはいえず、呈示した切符は無効で、結局、右行為は輸送という処分行為を指向する、A駅改札係員に対する積極的な欺罔行為に当たり、右係員をして正常な乗客と誤信させた結果、国鉄職員が被告人をD駅まで輸送する有償的役務の提供という処分行為をしたもので、詐欺利得罪にいう欺罔行為及び処分行為が認められ、詐欺罪が成立する。（大阪高判昭44・8・7刑月一・八・七九五、刑百選Ⅱ八版五四）

36 料金後払制の高速道路の通行料金について、Aから流入した被告人は、Cから出る際に、あらかじめ取得していた中間地点Bからの使用済みで無効な通行券を、C料金所の係員に示して、BC間の通行料金を支払ったのみでC料金所を通行したもので、右通行券の呈示は正常な通過者を装うための積極的な仮装欺罔行為で、右係員が錯誤の結果なした料金の過小請求行為は財産的処分行為に当たり、詐欺利得罪が成立するのであって、乗越しの客が中間駅までの乗車券を下車駅の係員に示して出場した事案に関して、傍論として述べられた、下車駅の係員が免除の意思表示をすることが詐欺利得罪の成立に必要であるとする東京高判昭和三五年二月二二日（東高刑一一巻二号四三頁）は、必ずしも全面的に首肯し得ない。（福井地判昭56・8・31刑月一三・八=九・五四七）

3 欺罔行為、錯誤、交付行為の間の因果関係

37 犯人の用いた欺罔手段と被害者のした判断の誤りがあいまって被害者に錯誤の結果を生じたものであっても、錯誤の結果は欺罔手段によるものであるといってよく、被告人が甲会社の株券を乙会社の株券のごとく装って担保に供して金員を詐取する際に、被害者が自ら相場表を見て乙会社の株券であると誤信した場合であっても、詐欺罪の成立を妨げない。（大判大14・4・7刑集四・二八一）

38 詐欺罪が成立するためには、被欺罔者が錯誤により何らかの財産的処分行為をすることを要するから、被欺罔者と財産上の被害者が同一人でない場合には、被欺罔者において被害者のためにその財産を処分し得る権能又は地位のあることが必要であるが、家屋の旧所有者である被告人甲が、既に失効している甲丁間の和解調書正本を利用して乙の所有する家屋に強制執行をなさしめた場合でも、債務名義の執行債務者は甲であり乙でないから、被欺罔者とされている該執行官には乙の所有家屋を処分し得る権能も地位もなく、また乙に代わって財産的処分行為をしたわけでもないから、詐欺罪は成立しない。（最判昭45・3・26刑集二四・三・五五、刑百選Ⅱ八版五六）

39 クレジットカードの貸与を受けて会員となった被告人が、クレジット会社に対して代金及び利息を支払う意思も能力もないのに、これがあるかのように装い、加盟店の従業員をその旨誤信させ物品を販売させた場合には、被告人の欺罔も従業員の錯誤もあるから、本条一項の詐欺罪が成立し、加盟店を介しクレジット会社に対してなされる行為として二項の詐欺罪の成立を論じる必要はない。（東京高判昭59・11・19判タ五四四・二五一、刑百選Ⅱ五版四九）

40 規約上、名義人のみが利用できることとされ、加盟店にも利用者が本人であることの確認義務が定められているクレジットカードについて、他人名義のカードの所持者が名義人に成り済まし、正当な利用権限がある旨従業員を誤信させて商品を購入する行為は、（加盟店に対する）詐欺罪を構成する。行為者が、カードの名義人からカード使用を許されており同人において決済もなされると誤信していたとしても同様である。（最決平16・2・9刑集五八・二・八九、刑百選Ⅱ八版五五）

四 財産上の損害

41 売買を装い不動産の移転登記を経由しこれを詐取した以上、これ以外に損害の存することは要せず、詐欺により被害者のなした意思表示が無効であるか又は取り消し得るものであるかは、詐欺罪の成立に影響しない。（大判大12・11・21刑集二・八二三）

42 価格相当の商品を提供したとしても、事実を知れば金員を交付しないような場合において、商品の効能等につき真実に反する誇大な事実を告知して相手方を誤信させ金員の交付を受ければ、詐欺罪が成立する。（最決昭34・9・28刑集一三・一一・二九九三、刑百選Ⅱ八版四八）

43 本人が代理人のなした行為について民法上の責任を負う場合でも、代理人が権限があると偽って財物を詐取すれば、詐欺罪が成立する。（最決昭36・12・20刑集一五・一一・二〇三二）

44 受領の権利を有する請負代金につき、欺罔手段を用いて不当に早く受領したとして、その代金につき本条一項の罪が成立するには、欺罔手段を用いなかった場合に得られたであろう支払とは、社会通念上別個の支払に当たるといい得る程度の期間、支払時期を早めたことが必要である。（最判平13・7・19刑集五五・五・三七一、刑百選Ⅱ八版四九）

45 債権管理会社甲に対する債務のため不動産に根抵当権等を設定していた会社の代表者が、同不動産に第一順位の根抵当権を設定することと引換えに乙銀行から多額の融資を受け資金を手元に残すことを企て、同不動産を第三者に売却する旨の虚偽の事実を甲に申し向け、売却代金の中から甲が相当と認める金員を債務弁済として受け取るのと引換えに根抵当権等を放棄させた場合は、甲は、行為者に欺かれて同不動産が第三者に正規に売却されるものと誤信しなければ根抵当権等の放棄に応ずることはなかったといえるから、二項詐欺罪が成立する。（最決平16・7・7刑集五八・五・三〇九、重判平16刑九）

五 不法領得の意思

46 虚偽の支払督促を申し立てて強制執行を行い金員を得ようとし、債務者に異議申立ての機会を与えないため、裁判所から発送された支払督促正本を債務者を装って受け取る行為であっても、同正本を廃棄するだけで外に何らかの用途に利用、処分する意思がなかったときは、不法領得の意思がなく、詐欺罪には当たらない。（最決平16・11・30刑集

五八・八・一〇〇五、刑百選Ⅱ[八版]三一）

[47] 欺罔行為者と財物の交付を受ける者が異なる場合、詐欺罪が成立するには、欺罔行為者において第三者に利得させる目的がある、第三者が共犯である、第三者が情を知らない道具で財物が当然に被告人に渡る等、欺罔行為者と第三者との間に特別な事情の存することが必要である。（大阪高判平12・8・24判時一七三六・一三〇）

六 権利行使

[48] 正当な権利者が、権利の実行に当たり、欺罔・恐喝の手段を用いても詐欺罪・恐喝罪は成立しないが、その範囲を超過した場合は、その権利の範囲外において領得したる財産又は利益の部分についてのみ詐欺罪・恐喝罪が成立し、権利の実行に仮託して財物・利益を領得した場合、それを領得した原因が正当な権利と全然異なっている場合、財物・利益が法律上不可分のものである場合には、その全部について詐欺罪・恐喝罪が成立する。（大連判大2・12・23前出[11]）→二四九条[1]～[3]

七 不法原因給付物

[49] 闇米を買ってやるように偽り金銭を詐取した以上、右金額の授受が不法行為を目的とするものであっても詐欺罪が成立する。（最判昭25・12・5刑集四・一二・二四七五）

八 罪数

[50] 一個の行為により財産上不法の利益を得、かつ、財物を詐取したときには、本条に該当する単一の詐欺罪を構成する。（大判大4・4・26刑録二一・四二二）→◆【罪数】［四五条の前］[17]

九 他罪との関係

[51] 他人のためにその事務を処理する者が、その任務に背き本人に対し欺罔行為を行い、同人を錯誤に陥れて財物を交付させた場合には、詐欺罪を構成し、別に背任罪を構成しない。（最判昭28・5・8刑集七・五・九六五）→刑訴三一二条[9]

[52] 人を欺いて国の補助金等の交付を受けた行為が補助金適正化法二九条一項違反の罪に該当する場合であっても、本条一項を適用することができる。（最決令3・6・23刑集七五・七・六四一、重判令3刑五）

（電子計算機使用詐欺）

第二四六条の二 前条に規定するもののほか、人の事務処理に使用する電子計算機に虚偽の情報若しくは不正な指令を与えて財産権の得喪若しくは変更に係る不実の電磁的記録を作り、又は財産権の得喪若しくは変更に係る虚偽の電磁的記録を人の事務処理の用に供して、財産上不法の利益を得、又は他人にこれを得させた者は、十年以下の懲役に処する。

参【電磁的記録↓七の二【未遂↓二五〇【親族間の犯罪↓二五一【不正アクセス行為の禁止↓不正アクセス二④・三―七・一一―一三

[1] 「虚偽の情報」とは、電子計算機を使用する当該事務処理システムにおいて予定されている事務処理の目的に照らし、その内容が真実に反する情報をいうものであり、金融実務における入金等に関する「虚偽の情報」とは、入金等の入力処理の原因となる経済的・資金的実体を伴わないか、あるいはそれに符合しない情報をいう。信用金庫の支店長が、自己の個人的債務の支払のため勝手に電信振込依頼書等に所要事項を記載し、現実にこれに見合う現金の受入れ等がないにもかかわらず支店係員をして振込入金等の電子計算機処理をさせた場合は、被告人が係員に指示して電子計算機に入力させた振込入金等に関する情報は「虚偽の情報」に当たり、電子計算機使用詐欺罪が成立する。（東京高判平5・6・29高刑四六・二・一八九、刑百選Ⅱ[八版]五八）

[2] 甲銀行の職員乙が同銀行オンラインシステムの預金端末機を操作して、実際には振替入金の事実がないのに乙の口座に七〇万円の入金処理を行った場合は、電子計算機に虚偽の情報を与え、接続された磁気ディスクの口座預金残高を増加させて財産権の得喪・変更に係る不実の電磁的記録を作り、よって財産上不法の利益を得たものである。（大阪地判昭63・10・7判時一二九五・一五一、刑百選Ⅱ[四版]四九）

[3] 通話サービスを受けること自体が目的ではなく、NTTが回収を代行し番組開設者に支払うダイヤルQ_2の情報料を不正に得ることを唯一の目的として、カード式公衆電話機から通話可能度数が改ざんされたテレホンカードを用いて電話する行為は、機械的に処理され人為的改変の余地の全くないダイヤルQ_2の情報料支払いの事務処理過程に照らすなら、未回収の情報料を回収されたとする虚偽の情報を与え、情報料支払いのもととなる不実の電磁的記録を別途作出しようとしたもので、「不実の電磁的記録を作」る行為に当たり、着信先の電話番号をダイヤルした時点で電子計算機使用詐欺未遂罪が成立する。（岡山地判平4・8・4判例集未登載）

[4] KDDの電話交換システムに対し、パソコンから不正信号を送出して、コンピュータ処理によるKDDの電話料金課金システムに対して通話が料金着信払サービス利用によるものである旨の虚偽の通話情報を同社電話交換システムから伝送させ、その旨の不実のファイルを右課金システムに作出させて、通話料金相当額の支払を免れる行為は、本条の罪に当たる。（東京地判平7・2・13判時一五二九・一五八、刑百選Ⅱ[七版]五八）

[5] 窃取したクレジットカードの名義人氏名・カード番号等の情報を、インターネットを介して、クレジットカード決済代行業者が事務処理に使用する電子計算機に送信し、電子マネーを購入した被告人の行為は、本件電子計算機に、名義人本人が電子マネーの購入を申し込んだとする虚偽の情報を与え、名義人本人がこれを購入したとする財産権の得喪に係る不実の電磁的記録を作り、電子マネーの利用権を取得して財産上不法の利益を得たものであるから、電子計算機使用詐欺罪に当たる。（最決平18・2・14刑集六〇・二・一六五、刑百選Ⅱ[八版]五九）

[6] 有効乗車区間の連続しない磁気乗車券を用いていわゆるキセル乗車を行い、途中運賃の支払を免れる行為は、事実と異なる入場（乗車駅）情報の記録された磁気乗車券を下車駅の自動改札機に読み取らせることにより虚偽の電磁的記録を人の事務処理の用に供したといえるから、本条後段の罪が成立する。（東京地判平24・6・25判タ一三八四・三六三、重判平25刑八）

（背任）

第二四七条 他人のためにその事務を処理する者が、自己若しくは第三者の利益を図り又は本人に損害を加える目的で、その任務に背く行為をし、本人に財産上の損害を加えたときは、五年以下の懲役又は五十万円以下の罰金に処する。

㊂【未遂→二五〇【親族間の犯罪→二五一【特別規定→会社九六〇・九六一

一　事務処理者

[1] 本条にいう他人のためその事務を処理する者には、法令又は契約により他人のためその事務を処理する者だけでなく、義務なくして他人のためその事務管理をなす者も含まれる。（大判大3・9・22刑録二〇・一六二〇）

[2] 他人のためにその事務を処理する者には、独立の権限を持ってその処理をなす者だけでなく、事実上の補助者としてその処理にあずかる者も含むから、耕地組合評議員たる実父の事実上の補助者として、被告人が実父の権限に属する工事の検閲等の事務を実父の名義で行うにつき、検査の手を抜いて組合に請負金を支払わせ財産上の損害を加えた場合には背任罪を構成する。（大判大5・6・3刑録二二・八七三）

[3] 自己の不動産に根抵当権を設定した甲は、その登記を完了するまでは、抵当権者乙に協力する任務を有するから、その登記前に丙に対して根抵当権を設定してその登記を完了する所為は背任罪である。（最判昭31・12・7刑集一〇・一二・一五九二、刑百選Ⅱ[八版]七〇）

[4] 譲渡担保として債権者名義に所有権移転登記をした不動産に、債権者が自己の債務のために抵当権を設定し登記する行為は、債務者のために土地を保全する上での任務に背く行為であり、背任罪となる。（大阪高判昭55・7・29刑月一二・七・五二五）

[5] 株式質権の設定者は、質権の目的である株券を質権者に交付し、質権者に第三者に対する対抗要件を具備させた後も、当該株券を質権者のために保全すべき任務を負うのであるから、株券を紛失した旨の虚偽の理由による除権判決の申立てをしてこれを失効させ、質権を喪失させる行為は背任罪となる。（最決平15・3・18刑集五七・三・三五六、重判平15刑六）

[6] 会社の社員が、無断で機密資料を持ち出して写真複製した後返還し、右複製を他に売却しても、右社員が機密資料を保管・秘匿する任務を負担していなかったときは、右社員が、担当事務との関係の有無を問わずに存する、就業規則等に基づく会社の秘密を社外に漏らしてはならないという義務を負担しているとしても、背任罪にいう任務違背があるとはいえない。（神戸地判昭56・3・27判時一〇一二・三五、重判昭56刑七）

[7] コンピュータ会社のインストラクターとして、同社がコンピュータを販売するため極めて重要な営業上の財産であり企業秘密であるところの新聞販売店購読者管理システムのプログラムを記録したフロッピーシートを管理し、これを同社の顧客方に設置するコンピュータに対してのみ使用するなど、同社のために忠実にその業務を遂行する任務を有していた者が、任務に背いて、自己の利益を図る目的で、同社と無関係に自己らが独自に販売するコンピュータに右プログラムを入力し、同社に入力代金相当額の財産上の損害を加えれば背任罪が成立する。（東京地判昭60・3・6判時一一四七・一六二、刑百選Ⅱ[六版]六九）

二　図利・加害目的

[8] 図利・加害目的を肯定するには、図利・加害の点につき、必ずしも意欲ないし積極的認容までは要しないと解するのが相当であるから、甲銀行の支店長乙が回収不能のおそれがあるのに、あえて顧客丙の当座預金口座決済資金の立替払（過振り）を長期間連続的に行い、しかも、その目的が甲銀行の利益を図るためではなかった場合は、図利・加害目的の存在を認めることができる。（最決昭63・11・21刑集四二・九・一二五一、刑百選Ⅱ[四版]六二）

[9] 本条にいう自己の利益を図る目的とは、身分上の利益その他全て自己の利益を図る目的であれば足り、必ずしも財産上の利益を図る目的である必要はない。（大判大3・10・16刑録二〇・一八六七）

[10] 銀行の常務取締役が、その任務に背き、銀行が、欠損がかさみ、到底利益配当をし得る状態でなく、配当をすれば危機を醸成する内情を知りながら、株主の意に迎合して、株主に配当利益を与える目的で、欠損を計上せずまた確実な資産があるように仮装して、利益があるように装い、いわゆる蛸〔たこ〕配当をすれば、従たる目的として銀行の信用を維持することがあっても、背任罪の成立は否定されない。（大判昭7・9・12刑集一一・一三一七）

[11] 組合の理事が、主として第三者の利益を図る目的で不当貸付けをすれば、背任罪が成立する。（最判昭29・11・5刑集八・一一・一六七五）

[12] 主として自己若しくは他人の利益を図る目的がある以上は、これに付随して本人の利益を図る目的があっても本罪が成立する。（東京高判昭42・12・15下刑九・一二・一五〇六）

[13] 被告人が会計法規に違反して代金完納前に廃材を引き渡したとしても、引渡し当時代金支払の確実性を信じていたと認められる状況があるときは、会計法規に違反する認識があったからといって、直ちに国に損害を加える認識があったとはいえない。（最判昭43・4・26刑集二二・四・三〇一、刑百選Ⅱ[初版]九五）

三　任務違背行為

[14] 本人に対してある任務を負担した場合でも、その任務と何ら関係のない行為により本人に財産上の損害を加えても背任罪は成立しないから、立木の伐採、伐採後の立木の管理、立木の搬出の業務を依頼された者が、自己の利益を図るため、ほしいままに立木を売却する行為は、他の犯罪が成立することはあっても背任罪は成立しない。（東京高判昭30・5・30高刑裁特二・一一・五三八）

[15] 信用組合の専務理事は、貸付金の回収が困難又は不能となるおそれがあるときは可及的に貸付けを回避する等の措置を講じる任務があり、相手方が資金繰りが苦しく、貸付けが不適当であることを知りながら、十分な担保もなく貸付けを行えば背任罪となる。（東京高判昭42・1・24東高刑一八・一・二）

[16] 信用組合の本店長が融資している会社の担保預金の一部を解放し、担保権を喪失させる行為はたやすく許されるべきではないが、それが同会社の倒産による組合の損害の発生の回避の措置であったと認められるときには、稟議〔りんぎ〕手続を経ていない点で組合内規の手続上の違反を伴っているとしても、任務に背く行為とはいえない。（東京高判昭53・3・29東高刑二九・三・五九）

[17] 信用組合の専務理事が、自ら所管する貸付事務について、貸付金の回収が危ぶまれることを熟知しながら、十分な担保もなく貸付けを実行した場合は、たとえそれが決済権を有する理事長の決定、指示によるもので、被告人が理事長に当該貸付けについて反対意見を具申したという事情があっても、任務違背がないとはいえない。（最決昭60・4・3刑集三九・三・一三一、重判昭60刑七）

[18] 銀行取締役にも、いわゆる経営判断の原則が適用され得るが、銀行業の公益性、銀行取締役の専門性等から、融資に際して銀行取締役に要求される注意義務の程度は一般の

株式会社取締役の場合に比べて高く、経営判断の原則が適用される余地はそれだけ限定されるため、銀行取締役は、融資に際して、原則として確実な担保を徴求する等相当の措置をとるべき義務を負い、例外的に、実質倒産状態にある企業に対する支援策として無担保等で追加融資をし再建等を目指すこと等があり得るにしても、合理的な融資判断に基づく必要があり、銀行内部での明確な計画の策定とその正式な承認も欠かせず、これを欠く行為は任務違背となる。（最決平21・11・9刑集六三・九・一一一七、刑百選Ⅱ[八版]七二）

[19] 企業者の債務につき債務保証を行う信用保証協会の業務の性質上、その債務保証が常態においても損害を生じさせる場合が少なくないとしても、同協会の支店長が、企業者の倒産を一時糊塗するためにすぎないものであることを知りながら、限度額を超えて債務保証を専決し、あるいは協会長に対する稟議資料に不実の記載をし、さらに協会長の指示に反して抵当権を設定させないで保証書を交付し、協会に保証債務を負担させる行為は任務に背いた行為である。（最決昭58・5・24刑集三七・四・四三七、刑百選Ⅱ[八版]七二）

[20] 商品取引員が顧客の指示、注文のないまま顧客の計算で取引をすることは許されないわけではないが、商品取引員には、委託の趣旨にのっとり顧客に利益を生じさせるように誠実に相場感を形成し、これに従い取引を行う任務があり、自己の相場感に反して、顧客に不利益となる危険のある取引を行う行為は任務違背の行為である。（福岡高判昭54・4・17刑月一一・四・二八六）

[21] 蛸配当に背任罪の成立を認めた事例（大判昭7・9・12前出[10]）

四 財産上の損害

[22] 一番抵当を後順位の二番抵当にすることは本条の損害に当たる。（最判昭31・12・7前出[3]）

[23] 「本人に財産上の損害を加えたとき」とは、経済的見地において本人の財産状態を評価し、被告人の行為により、本人の財産の価値が減少したとき又は増加すべかりし価値が増加しなかったときをいう。（最決昭58・5・24前出[19]）

[24] 甲銀行が、手形決済能力のない乙会社が振り出した約束手形の手形保証をした場合において、右保証と引換えに額面金額と同額の資金が銀行の乙会社名義の預金口座に入金され、乙会社の当座貸越債務の弁済に充てられていたとしても、右入金が、一時的に貸越残高を減少させ、乙会社に債務の弁済能力があることを示す外観を作り出して、甲銀行から乙会社へ更に融資を行わせること等を目的として行われたものである場合には、甲銀行が手形保証債務を負担したことは「財産上の損害」に当たる。（最決平8・2・6刑集五〇・二・一二九、刑百選Ⅱ[六版]七二）

五 共犯

[25] 破綻状態にあったA社の代表取締役である被告人が、既に多額の融資金残高のある住宅金融専門会社B社に対し繰り返し運転資金の借入れを申し入れてB社の融資担当者甲が任務違背するよう仕向けた際、甲の任務違背、B社の財産上の損害につき高度の認識を有し、また、甲に自己保身及びA社の利益を図る目的のあることを認識し、甲が融資に応じざるを得ない状況にあることを利用して、迂回融資に協力する等して融資に加担した場合には、支配的な影響力の行使もなく、社会通念上許容されない方法を用いる等の積極的働き掛けもないとしても、被告人は特別背任罪の共同正犯になる。（最決平15・2・18刑集五七・二・一六一、刑百選Ⅱ[八版]七四）

[26] 経営がひっ迫する中で相互に巨額の融資をし合うことでそれぞれの経営を維持している一方の会社経営者甲が、他方の経営者乙に対し、甲に取引上の便宜を図ることが乙自らの利益にもつながるという関係を利用して、甲の会社から絵画等を著しく不当な高額で購入させるよう依頼し、これに応じた乙が同絵画を自己が支配する丙社に購入させて同社に損害を生じさせたときは、甲には、乙の特別背任罪の共同正犯が成立する。（最決平17・10・7刑集五九・八・一一〇八、重判平17刑八②）

[27] 甲は、長年、不正常な融資を受けてきた銀行の頭取乙に対して、甲が実質的に経営する会社の債務を圧縮するスキームを考案した上で、その実施に要する融資を求め、担保となる物件の担保価値を大幅に水増しした不動産鑑定書を作らせるなどして当該融資の実現に積極的に加担したが、その際、乙の任務違背及び銀行に財産上の損害が発生することを十分に認識し、かつ、乙の自己保身の目的をも認識していた場合には、乙の特別背任罪について甲に共同正犯が成立する。（最決平20・5・19刑集六二・六・一六二三）→会社九六〇条[3]

第二四八条（準詐欺）　未成年者の知慮浅薄又は人の心神耗弱に乗じて、その財物を交付させ、又は財産上不法の利益を得、若しくは他人にこれを得させた者は、十年以下の懲役に処する。

＋二四六

一 本条の処罰根拠

[1] 本条は正常でない意思状態にある被害者の同意を利用して財物を領得する行為を処罰しているものであるから、被害者の心神耗弱に乗じて交付させた場合に限らず、これに乗じて財物を奪取した場合にも本罪が成立する。（福岡高判昭25・2・17高刑判特四・七四）

二 心神耗弱の意義

[2] 本条の心神耗弱とは、全然意思能力を喪失するに至っていなくとも、精神の健全を欠き事物の判断に十分な普通人の知能を備えていない状態をいう。（大判明45・7・16刑録一八・一〇八七）

三 詐欺罪、恐喝罪との関係

[3] 本条は詐欺又は恐喝に該当しない誘惑その他の方法で財物を交付させることにより成立するもので、詐欺又は恐喝の方法を用いた場合には、詐欺罪又は恐喝罪が成立する。（大判大4・6・15刑録二一・八一八）

第二四九条（恐喝）①　人を恐喝して財物を交付させた者は、十年以下の懲役に処する。

②　前項の方法により、財産上不法の利益を得、又は他人にこれを得させた者も、同項と同様とする。

＋二四六【加重規定→組織犯罪三】

一 保護法益

[1] 法律上正当な権利のある者が、これを実行するに当たり、その範囲を超過した場合には、原則として、正当な権利の範囲外において領得した財産又は利益の部分についてのみ恐喝罪が成立する。（大連判大2・12・23刑録一九・一五〇二）→二四六条[11]

[2] 法律上他人より財物又は財産上の利益を受くべき権利を

有する者が、その権利実行のため、身体に危害を加えるような態度を示して脅迫するがごとき恐喝手段を用いた場合であっても、他の罪名に触れることは別として、財産に関する不法利益の要件が欠けているから恐喝罪は成立しない。（大判昭5・5・26刑集九・三四二）

[3] 他人に対して権利を有する者が、その権利を実行することは、その権利の範囲内であり、かつ、その方法が社会通念上忍容すべきものと認められる範囲を超えない限り、何ら違法でないが、その範囲程度を逸脱するときには違法となり、恐喝罪が成立し得るのであって、被告人が、三万円の債権の債務者に対し、要求に応じないなら、その身体に危害を加えるような態度を示して畏怖せしめ、六万円を交付させた場合には、右六万円の全額について恐喝罪が成立する。（最判昭30・10・14刑集九・一一・二一七三、刑百選Ⅱ〔八版〕六一）

[4] 患者が医師を脅迫して不必要な麻酔薬の注射施用を強いるのは、その対象が非財産的な医療行為であって、財産的処分行為ではないから、恐喝罪は成立せず、強要罪が成立する。（高松高判昭46・11・30高刑二四・四・七六九）

二　客体

[5] 金員喝取の目的で、その支払を約束する契約書を署名押印の上交付させたときには、この契約が法的に無効であるとしても、契約書の利用価値に鑑みると、これには重要な財産的価値が認められるから、一項の財物喝取罪の既遂が成立する。（東京高判昭53・3・20刑月一〇・三・二一〇）

[6] 被害者を脅迫し、同人をして四万円を交付することを約束させた以上、「財産上不法の利益を得」たものである。（最判昭26・9・28刑集五・一〇・二一二七）

[7] 金員喝取の目的で自らの預金口座に振込入金をさせたときでも、銀行側が該口座に振り込まれた金員の預金払戻しを受けることができない体制を整えていた場合には、被告人は該口座から自由に払戻しを受けることができないから、恐喝は未遂にとどまる。（浦和地判平4・4・24判時一四三七・一五一）

三　喝取

1　恐喝行為

[8] 恐喝罪において、脅迫の内容をなす害悪の実現は必ずしもそれ自体違法である必要はなく、他人の犯罪事実を知る者がこれを捜査官憲に告発しても違法ではないが、これを種にして相手方を畏怖させ口止料を取れば本罪が成立する。（最判昭29・4・6刑集八・四・四〇七）

[9] 恐喝罪は害悪の及ぶべきことを通知して相手方を畏怖させることにより財物を交付させる犯罪であるが、その害悪の告知は、明示の言動でなくともよく、自己の経歴、性行及び職業上の不法な勢威等を利用して財物を要求し、相手方をしてもし要求を入れないときは不当な不利益を醸される危険があるとの危惧の念を抱かしめるような暗黙の告知で足りる。（最判昭24・9・29裁判集刑一三・六五五）

[10] 本罪の害悪通知の方法には制限がなく、被害者に暴行を加え、被害者をして要求に応じないときには更に暴行等いかなる危害を加えるかもしれないと畏怖させた場合には、暴行が害悪通知の方法である。（最決昭33・3・6刑集一二・三・四五二）

[11] 第三者の行為による害悪の告知が恐喝となるには、行為者において自己が第三者の害悪行為の決意に影響を与え得る立場にあることを相手方に知らしむるか、相手方においてこれを推測し得る場合であることが必要である。（大判昭5・7・10刑集九・四九七）

[12] 害悪の告知は、行為者自身が行為にでるものであることは要せず、行為者が第三者において相手方に対して害悪行為を加えることを告げて畏怖させる場合でもよく、その害悪行為が虚構の事実であっても本罪を構成する。（東京高判昭32・1・30東高刑八・一・一六）

[13] 一定の地域の住民の団体が、その一員に対し絶交を通告し、その者が絶交の解除を懇請するや、若干の金員を提供するのでなければその絶交を継続して解除しないと通告し、その者をして金員を交付させた行為は、たとえその金員が絶交解除による利益に相当するものであるとしても、本罪を構成する。（大判昭2・9・20刑集六・三六一）

[14] 恐喝罪が成立するには、害悪の告知が被害者に畏怖の念を生じさせるようなものであればよく、現実に畏怖させなかったときには未遂である。（大判大3・4・29新聞九四三・三一）

2　処分行為

[15] 恐喝取財罪の本質は、被喝取者の畏怖による瑕疵〔かし〕ある同意を利用する財物の領得行為であり、被喝取者が畏怖して黙認しているのに乗じて恐喝者において財物を奪取した場合にも本罪が成立する。（最判昭24・1・11刑集三・一・一）

[16] 飲食代金の請求を受けた者が、脅迫により畏怖させ、その請求を断念させた以上、そこに被害者の黙示的な支払猶予の処分行為が存在するから、恐喝罪が成立する。（最決昭43・12・11刑集二二・一三・一四六九、刑百選Ⅱ〔八版〕六二）

3　恐喝行為、畏怖、処分行為の間の因果関係

[17] 害悪を告知しても現実に畏怖させなかったときは恐喝未遂である。（大判大3・4・29前出[14]）

[18] 恐喝罪の畏怖の観念は財物を交付せしめる程度の心理的束縛を生ずれば足りるものだから、たとえ被害者にある程度打算的心理状態が動いたとしても本罪を構成するのであり、被害者が主として「うるさい」という考えから被告人に金員を交付したことが認められる場合でも恐喝既遂罪を構成する。（名古屋高判昭26・3・15高刑判特二七・五六）

[19] 脅迫により畏怖・困惑して金員交付を約束した被害者が、警察署に届けたところ、現場に警察官を張り込ませるから受渡場所に行くように指示され、安心した被害者が被告人に現金等を交付したのを待って、張り込んでいた警察官が被告人を逮捕した場合、被害者の交付行為は畏怖・困惑に基づく交付であるとはいえず、恐喝未遂罪が成立するにとどまる。（東京地判昭59・8・6判時一一三二・一七六）

[20] 信用金庫支店のなした手形不渡届に対する異議申立ての措置に落度があるとして同金庫を恐喝し、同金庫をして手形振出人に働き掛けさせて、振出人に手形金を支払わせ財産上の不法の利益を得ようと企てたような、被恐喝者と財産上の被害者とが異なる場合に恐喝罪が成立するためには、(1)被恐喝者が恐喝の目的物を処分する権限又は地位を有しているか、(2)両者の間に法益主体が単一と認められる関係があるか、(3)被恐喝者に対する恐喝が、第三者を介して財産上の被害者を恐喝したのと同視できる事情があるかのいずれかに該当することが必要である。（東京高判昭53・3・14東高刑二九・三・四二）

四　財産上の損害の発生の要否

[21] 恐喝罪が成立するには、脅迫による畏怖がなければその財物又は財産上の利益を交付しなかったであろうという関係があれば足り、たとえ相当な対価が支払われた場合であっても、その交付された財物又は財産上の利益の全部につき恐喝罪が成立する。（大判昭14・10・27刑集一八・五〇

三）

[22] 人に暴行・脅迫を加え財物又は財産上の利益を獲得すれば恐喝罪が成立するのであって、財物又は財産上の利益に反対給付を約束したか否か、又、反対給付をなす真意があったか否かは、恐喝罪の成否に影響しない。（大判大15・12・24新聞二六五六・一三）

五　権利行使

[23] 他人に対して権利を有する者が、その権利を実行することは、その権利の範囲内であり、かつ、その方法が社会通念上一般に忍容すべきものと認められる程度を超えない限り、何ら違法の問題を生じないが、右の範囲程度を逸脱するときは違法になり、恐喝罪が成立する。（最判昭30・10・14前出[3]）

[24] 乗用車に欠陥があり、その欠陥による事故について、事故の被害者は自動車会社に損害賠償請求権を有すると相当の理由（資料）をもって確信していた被告人が、権利行使の意図で右会社と示談交渉を行った際に、権利実現のために多少の脅迫的言動があったとしても、それが権利行使の方法として社会通念上忍容すべきものと一般に認められる程度内のものである限り恐喝罪は成立しない。（東京高判昭57・6・28刑月一四・五＝六・三二四）

六　一、二項の関係

[25] 本条一項、二項は同一罪質で同一罪名をなすものだから、同一の被害者に対する一個の行為で同時にその一、二項に触れる場合は、単に一個の罪名に触れる恐喝罪を構成し、どちらを適用しても擬律の錯誤とならない。（大判明45・4・15刑録一八・四六九）

七　詐欺罪、強盗罪との区別

[26] 被告人の用いた手段に警察官と称したという虚偽の部分があっても、その部分も相手方の畏怖の念を生ぜしめる一材料で、その畏怖の結果として財物が交付された場合には、詐欺罪でなく、恐喝罪が成立する。（最判昭24・2・8刑集三・二・八三）

[27] 恐喝罪か強盗罪かは、暴行・脅迫が社会通念上一般に被害者の反抗を抑圧するものであるかどうかという客観的基準によって決せられる。（最判昭24・2・8刑集三・二・七五）→二三六条[7]

（未遂罪）

第二五〇条　この章の罪の未遂は、罰する。

【未遂→四三・四四】

（準用）

第二五一条　第二百四十二条〈他人の占有等に係る自己の財物〉、第二百四十四条〈親族間の犯罪に関する特例〉及び第二百四十五条〈電気〉の規定は、この章の罪について準用する。

第三十八章　横領の罪

（横領）

第二五二条①　自己の占有する他人の物を横領した者は、五年以下の懲役に処する。

②　自己の物であっても、公務所から保管を命ぜられた場合において、これを横領した者も、前項と同様とする。

【公務所→七②】【親族間の犯罪→二五五】

一　委託関係

[1] 本条の横領罪が成立するためには物の占有の原因が委任、事務管理、後見等の委託関係に基づくことを要し、かかる委託関係の存しない場合には、刑法二五四条が成立することは格別、本条は成立しない。（東京高判昭25・6・19高刑三・二・二二七）

[2] 十円紙幣を五円紙幣と誤解して交付した場合、交付すべき金額以外の部分については委託の意思がなく、また十円紙幣が被告人の手に移ったことを知らない以上、これについて委託の意思があるとはいえないから、被告人が十円紙幣を受領したまま被害者に戻さないとしても、両者に委託関係があるとはいえない。〔旧法事件〕（大判明31・3・3刑録四・三・一五）

[3] 委託契約を解除していた場合でも、委託物を返還せずにこれを費消すれば本罪が成立する。（大判明42・11・15刑録一五・一五九六）

[4] 郵便物の差出人は、その送達を受託した郵便官署の吏員がこれを保管することによりその占有を持続するもので、郵便物が誤配された場合には、差出人はこれに伴いその封入物件についての占有を喪失し、誤配された郵便物は占有離脱物となる。（大判大6・10・15刑録二三・一一一三）

[5] 債権の譲渡人が債務者に対しいまだその譲渡通知をしないうちに、債務の弁済として同人より受領した金銭を、譲受人に渡さないで勝手に費消すれば本罪が成立する。（最決昭33・5・1刑集一二・七・一二八六）

[6] 他人より一時スーツケースの看視を依頼されただけの者は、いまだその保管の委託を受け、占有を取得するに至ったとはいえない。（東京高判昭35・3・1下刑二・三＝四・三〇五）

二　横領罪の客体

1　「自己の占有する」

イ　占有の意義

[7] 本条及び刑法二五三条の占有とは、必ずしも物の握持のみでなく、事実上、法律上物に対する支配力を有する状態を汎称するもので、株式会社の取締役は会社の財産を占有する。（大判大4・4・9刑録二一・四五七）

[8] 村長が自己の保管する公金を銀行に預け入れても、右公金は依然村長の支配内にあり、「自己の占有する他人の物」に該当し、これをほしいままに引き出す行為をもって横領は既遂になる。（大判大元・10・8刑録一八・一二三一）

[9] 登記簿上土地の所有名義を有し第三者に対して有効にこれを処分し得る状態にある者は、刑法上他人の土地の占有者である。（大判大3・4・13新聞九四〇・二六）

[10] 他人の不動産につきほしいままに相続登記、保存登記をして自己の所有名義としても、右登記は無原因で、法律上何らの効力も生ぜしめないから、右所有名義人は、その不動産の占有者とならない。（大判大5・6・24刑録二二・一〇一七）

[11] 倉荷証券の所持人は寄託物を任意に処分し得るから、刑法上は寄託物の占有者である。（大判大7・10・19刑録二四・一二七四）

ロ　占有の帰属→二三五条[35]〜[42]

2　「他人の物」

[12] 使途を限定されて金銭を寄託された場合は、特別の事情のない限り、受託者はその金銭について本条の「他人の物」を占有する者であり、製茶買受資金を委託の本旨に反して自己の用途に費消した被告人には横領罪が成立する。

（最判昭26・5・25刑集五・六・一一八六、刑百選Ⅱ八版六四）

13　他人から物品の売却方を依頼されたときは、特約ないし特別の事情のない限り、委託品の所有権は売却に至るまで委託者に存し、その売却代金は委託者に帰属するから、ほしいままにこれを着服、費消する行為は横領罪である。（最決昭28・4・16刑集七・五・九一五）

14　集金代金を被告人の当座預金口座に入金し、会社への引渡しは右口座を利用した被告人振出しの小切手によることを会社が黙認していたという事情のある場合で、しかもその口座には被告人個人の預金も多く含まれている事案において、被告人が集金した自動車販売代金自体は会社の所有に属するが、それが一旦被告人名義の当座預金に入金されたならその預金債権は被告人のもので、会社所有のものでなくなり、したがってこれを費消しても横領罪ではなく、背任罪が成立する。（東京高判昭44・7・31高刑二二・四・五一八）

15　被告人より金員を借り入れた債務者が、その担保のため山林を売渡担保にしたが、両者の内部関係においては債務者に所有権を留保する意思であった場合、被告人がこれをほしいままに他に売却すれば横領罪が成立する。（大判昭11・3・30刑集一五・三九六）

16　自動車販売会社から所有権留保の特約付割賦販売契約に基づいて引渡しを受けた自動車を、右会社に無断で金融業者に自己の借入金の担保として提供すれば横領罪が成立する。（最決昭55・7・15判時九七二・一二九）

17　洋服の仕立業者が、客から仕立てのために預かった洋服生地を加工して洋服に仕立て、その価値を著しく高めても、その所有権は注文者にあり、これを着服すれば業務上横領罪が成立する。（最決昭45・4・8判時五九〇・九一）

18　委託を受けて他人の不動産を占有する者が、ほしいままに抵当権を設定してその旨の登記を了した後においても、その不動産は他人の物であり、ほしいままに売却等による所有権移転行為を行いその旨の登記を了したときは横領罪が成立し、先行の抵当権設定行為が存在することは、後行の所有権移転行為について犯罪の成立自体を妨げる事情にはならない。（最大判平15・4・23刑集五七・四・四六七、刑百選Ⅱ八版六九）→刑訴二五六条7

3　不法原因給付物↓民七〇八条7

19　不法原因のため給付をした者は民法上その給付したものの返還を請求することはできないが、しかし横領罪の目的物は単に犯人の占有する他人の物であることを要件としているだけであるから、不法原因給付物についても横領罪が成立する。（最判昭23・6・5刑集二・七・六四一、刑百選Ⅱ八版六三）

20　窃盗犯人が盗品の有償処分のあっせんを依頼したあっせん者に対してその売却代金の返還を請求し得ないとしても、あっせん者がこの売却代金を着服すれば横領罪が成立する。（最判昭36・10・10刑集一五・九・一五八〇）

4　「公務所から保管を命ぜられた」物

21　有体動産の差押えのため、有体動産の存した場所とは異なる、営業所の宿直室の壁に差押えの公示を貼付しただけであるような、封印その他差押えを明白にすべき方法でなされなかった場合には、執達吏がその保管を命じても、公務所から保管を命じられた物とはいえない。（大判大15・11・26刑集五・五五一）

22　第三者が処分禁止の仮処分の公示書を無断で剝がしても、仮処分及びこれに基づく保管命令の効力は有効に存続するから、所有者がこれを表示箇所から搬出すれば本罪が成立する。（名古屋高判昭31・10・30高刑裁特三・二一・一〇二四）

三　横領行為

23　横領とは、他人の物を自己又は第三者のために不法に領得することをいい、必ずしも自己に領得する場合に限らない。（大判昭8・7・5刑集一二・一一〇一）

24　横領罪は自己の占有する他人の物を自己に領得する意思を外部に発現する行為があったときに成立するが、不法領得の意思を発現する行為は必ずしもその物の処分のような客観的な領得行為たることを要せず、単に領得の意思を持ってなした行為たるをもって足るから、刀剣の保管許可申請を委託されていた者が所定期日までにその手続をせずに以後ほしいままに自己のために蔵置するような行為であっても横領罪を構成する。（最判昭27・10・17裁判集刑六八・三六一）

25　登記簿上自己が所有名義人となって保管中の不動産につき、不動産移転登記手続請求の訴えが提起された場合に、その訴訟において自己の所有権を主張・抗争する行為は、不法領得の意思の確定的発現として、不動産の横領罪を構成する。（最決昭35・12・27刑集一四・一四・二二二九）

26　A会社が登記簿上の所有名義人であるB所有の建物を、A社の実質的代表者として預かり保管中であった被告人が、金銭的利益を得ようとして、同建物にCを権利者とする不実の抵当権設定仮登記を了したことは、不法領得の意思を実現する行為に当たり、横領罪が成立する。（最決平21・3・26刑集六三・三・二九一、重判平21刑六）

27　他人の物を占有する者が、その物件を委託の趣旨に反して勝手に使用又は売却した場合には、たとえそれが代替物で、同種の物件を手持ちしていたとしても横領罪を構成する。（最判昭26・6・12裁判集刑四七・七九七）

28　債権者の委任により取り立てた金銭は、一時使用をも許さない特別の事情の認められない限り、これを保管中一時流用しても、遅滞なく補塡する意思があり、かつ、いつにてもこれを補塡し得る十分の資力の存する場合には、横領罪が成立しないこともあり得る。（東京高判昭31・8・9高刑裁特三・一七・八二六）

29　不動産の所有権が売買により買主に移転した場合、登記簿上の所有名義がなお売主にあることを奇貨として、これを勝手に第三者に売却してその旨の登記をした場合には横領罪が成立する。（最判昭30・12・26刑集九・一四・三〇五三）→38 39

30　原質権の範囲を超越する転質行為は、横領罪を構成する。（最決昭45・3・27刑集二四・三・七六、重判昭45刑四）

四　不法領得の意思

31　横領罪の成立に必要な不法領得の意思とは、他人の物の占有者が委託の任務に背いて、その物につき権限がないのに所有者でなければできないような処分をする意思をいうのであって、必ずしも占有者が自己の利益取得を意図することを必要とするものではなく、また占有者が不法に処分したものを後日補塡する意思があっても横領罪が成立するから、農業会長が、村内農家の肥料確保のために、政府に売り渡すため保管すべき供出米と魚粕［さかなかす］を交換し、後日、余剰米で供出米の不足分を補塡するつもりであっても業務上横領罪が成立する。（最判昭24・3・8刑集三・三・二七六、刑百選Ⅱ八版六六）

32　森林組合の組合長及び常務理事が、法令で保管方法と使途が限定され、他のいかなる用途にも絶対流用支出することができない性質の金員を、使途の規正に反して貸付支出したときは、手続違反的な形式的違法行為にとどまるものではなく、他人の所有権そのものを侵害する行為にほかならないから、不法領得の意思が認められる。（最判昭34・2・13刑集一三・二・一〇一、刑百選Ⅱ[四版]五七）

[33] 行為の客観的性質の問題と行為者の主観の問題は、本来、別異のものであって、たとえ商法［会社法］その他の法令に違反する行為であっても、行為者の主観において、それを専ら会社のためにするとの意識の下に行うことは、あり得ないことではない。したがって、株式会社の経理部長らが、自社の株式を買い占めた仕手集団に対抗する目的で、第三者に買占めの妨害を依頼し、そのために業務上保管していた現金を工作資金等に充てるために支出する行為につき、業務上横領罪の成立を認めた原判決の判断のうち、その行為の目的が違法であるなどの理由から、金員の委託者である会社自体でも行い得ない性質のものである場合には、金員の占有者である被告人がこれを行うことは、専ら委託者である会社のためにする行為ということはできない、とした部分は是認することができない。（最決平13・11・5刑集五五・六・五四六〈國際航業事件〉刑百選Ⅱ[八版]六七）

[34] 労働争議の手段として集金代金を会社に納入せず、一時保管の意味で組合側で預金するいわゆる納金ストにおいて、銀行にもその旨の預金であることを説明し、会社側にも納金ストの実施を通告し、会社が業務命令を発するや納金ストを中止して該預金が会社に返還されたものである場合には、右預金行為には不法領得の意思がない。（最判昭33・9・19刑集一二・一三・三〇四七）

[35] 特定郵便局長が、貯金の払出高を増加させる手段として、郵便貯金に預入れした自己振出名義の小切手が決済される前に、郵便貯金法に違反して、右小切手金額に相当する現金を保管中の公金から払い出し、それをもって自己振出小切手の決済資金に当てた行為は、それが専ら貯金の払出しを増加させるためで、それにより貯金者の便宜を図り、郵便貯金事業の推進を図る目的でなされたものと認められる場合は、不法領得の意思を欠く。（大阪高判昭45・4・22刑月二・四・三五九）

[36] 債権の取立ての委託を受けた者が取り立てた金銭の所有権は、直ちに債権者たる委任者本人に帰属するが、金銭は代替物だから、委任の趣旨に鑑み金銭の一時使用を許さない特別の事情がない限り、受任者が一時これを自己のために費消しても、遅滞なくこれを補塡する意思があり、かつ、いつにてもこれを補塡し得る十分の資力があるときには、違法性を欠き横領罪が成立しないこともあるが、しかし、被告人が、当時手許不如意で、遅滞なく補塡できない事情にあることを知りながらあえて費消に及び、発覚後弁償がなされたような場合には、当然横領罪が成立する。（東京高判昭31・8・9前出[28]）

[37] 内容自体に経済的価値があり、かつ、所有者以外の者が許可なくコピーすることの許されない機密資料を、コピーの目的で許可なく持ち出す行為には、その間、所有者を排除し右資料を自己の所有物と同様にその経済的用法に従って利用する意図が認められ、使用後返還する意思があったとしても、不法領得の意思が認められる。（東京地判昭60・2・13刑月一七・一＝二・二二、刑百選Ⅱ[六版]六五）

五　共犯

[38] 甲が不動産を乙に売却し所有権移転の登記がまだなされていないという事情を知りながら、丙が、甲に対する債権の代物弁済として当該所有権の移転登記を受けた場合であっても、丙は直ちに甲の横領罪の共犯となるものではない。（最判昭31・6・26刑集一〇・六・八七四、不動産百選[三版]八〇）

[39] 丙が、乙の山林を入手しようと企て、二重譲渡になることを知りつつ、山林の登記簿上の名義人甲が、山林は乙のもので二重譲渡になるとして拒絶したにもかかわらず、なおも甲に執拗［しつよう］に、言葉たくみに働き掛けて、法的知識の乏しい甲をして丙との間に売買契約を締結させた場合には、丙は、甲の横領罪の共同正犯となる。（福岡高判昭47・11・22刑月四・一一・一八〇三、刑百選Ⅱ[八版]六五）

六　背任罪との区別

[40] 既に横領罪が成立する場合には、当該行為が背任罪の構成要件を具備しても別に背任罪に問擬すべきではない。（大判昭10・7・3刑集一四・七四五）

[41] 背任罪と横領罪は任務違背を共通にするが一般法と特別法の関係にあり、客体が物自体に関するときには横領罪で、そうでないときには背任罪である。（朝鮮高判昭14・9・21評論二九・刑七七）

[42] 本罪の成立には、必ず他人の所有権に対する侵害のあることが必要で、質権者より質物の保管を委託された者が、これをその所有者に交付する行為は、横領罪でなく、背任罪を構成する。（大判明44・10・13刑録一七・一六九八）

[43] 名義変更がないと第三者に対抗できない電話加入権を甲が乙に贈与していたのに、乙のために名義変更をする任務のある丙が、丁と共謀して、甲から丁に名義変更するため、名義変更請求書を郵便局に提出した行為は、背任（未遂）罪を構成する。（大判昭7・10・31刑集一一・一五四一）

[44] 農業協同組合の組合長が任務に背いて組合名義で約束手形を振り出した行為は背任罪である。（最決昭40・5・27刑集一九・四・三九六）

[45] 村長が業務上保管している公金を、同村の計算において、親交のある第三者に貸与し、村に財産上の損害を加えた場合には、業務上横領罪でなく、背任罪が成立する。（大判昭9・7・19刑集一三・九八三、刑百選Ⅱ[八版]六八）

[46] 銀行の出納係主任が業務上保管する金員をほしいままに他人の営業資金に流用、費消したときには、自己の物として不法に領得する意思を実現したものだから、その流用が銀行名義をもってなされていても、その出納係主任に貸付けの権限が全くない以上、業務上横領罪であり、背任罪ではない。（最判昭26・1・23裁判集刑三九・五七三）

[47] 信用組合の支店長らが、自己の計算で業務上保管する金員を支出、交付し、その補塡のために融資資格のない者に不正な高利で貸し付けた行為は、組合の計算においてなされた行為ではなく、支店長ら被告人の計算でなされたものだから、業務上横領罪が成立する。（最判昭33・10・10刑集一二・一四・三二四六）

[48] 森林組合の組合長及び常務理事が、法令により保管方法と使途の限定された金員を、使途の規正に反して、しかも役員会の決議を無視して、ほしいままに貸付支出したときは、個人の計算においてなしたものと認められ、たとえそれが組合名義をもって処理されているとしても、業務上横領罪が成立する。（最判昭34・2・13前出[32]）

[49] 取締役が、自己の保管する会社の金員を、違法な贈賄の用に費消した場合には、仮に株主総会の議決を執行したものであったとしても、横領罪が成立する。（大判明45・7・4刑録一八・一〇〇九）

[50] 村の吏員が職務上占有する公金を、支弁の許されない県会議員等の歓迎費に流用することは、たとえその目的が私

利を営むものでないとしても、横領罪を構成する。（大判大元・11・11刑録一八・一三六八）

第二五三条（業務上横領）　業務上自己の占有する他人の物を横領した者は、十年以下の懲役に処する。

☞【親族間の犯罪↓二五五

一　主体

1　業務者

[1]　他人に雇われ、業務として金品を保管する者は、たとえ雇用関係が消滅した後でも完全にその業務の引継ぎが終わるまでは、依然として金品保管の責めを免れない。（大判大11・8・3刑集一・四〇七）

[2]　村長は地方自治法一四九条により財産を管理する権限を有するが、同条にいう財産とは村の基本財産等収益その他特定の目的のために長期にわたり村の公用に供される財産を指称し、当該年度の歳入出予算に属する金員のようなそれ以外の財産については、村の出納その他の会計事務を管掌する収入役がこれを保管占有すべき職務権限を有するもので、村長はただ収入役の職務を監督する地位にあるにとどまり、自ら単独に若しくは重複してこれを保管占有すべき職務権限を有するものではない。したがって、村長が収入役と相謀って横領行為をなした場合には、村長には刑法六五条一、二項を適用して、単純横領罪の刑を科すべきである。（最判昭32・11・19刑集一一・一二・三〇七三、刑百選Ⅰ〔八版〕九四）→六五条[7]

[3]　甲は代表取締役社長で、会社運営の最高責任者で、会社業務全般を執行、統轄する者として、会社資金の業務上占有者であるが、副社長で代表取締役の乙らについては、役職上、会社代表権を有し、社長業務全般を補佐するとしても、そのことから当然に会社資金に関する占有者であるとはいえず、会社組織における現実の職務の実態を検討すると、職務権限規程上、予算管理の総括統制、財産管理における基本的事項の決定に関する事項の権限が認められている副社長は、会社の資金関係に影響を与えても、直接資金の管理に関係するものではないから、会社資金の占有者ではない。（東京地判昭46・9・20判時六四八・二八）

2　業務

[4]　本条にいう業務とは、法規又は慣習によるか契約によるかを問わず、同種の行為を反覆すべき地位に基づく事務を指称する。（大判昭9・10・29新聞三七九二・一七）

[5]　行為自体は法の絶対的に禁止する反社会性のものではなく、ただ取締りの必要上その行為を制限するにすぎない場合には、違法行為であっても、それを業務行為といって妨げないのであって、会社の業務たる物納土地の払下斡旋〔あっせん〕に付随して、大蔵省が業者の不正を防止するために禁止していたにもかかわらず、物納土地の売払代金を払下申請人より事実上受領していた行為は業務行為に当たる。（東京高判昭30・7・25高刑八・五・七〇六）

二　委託関係↓二五二条[1]～[6]

三　客体↓二五二条[7]～[22]

四　横領行為↓二五二条[23]～[30]

第二五四条（遺失物等横領）　遺失物、漂流物その他占有を離れた他人の物を横領した者は、一年以下の懲役又は十万円以下の罰金若しくは科料に処する。

☞【遺失物↓遺失一・二

一　占有離脱物↓二三五条[17]～[34]

二　錯誤に基づく占有の離脱

[1]　郵便物の差出人は、郵便集配人の誤配に伴い封入の物件についての占有を喪失する。（大判大6・10・15刑録二三・一一一三）→二五二条[4]

[2]　信用組合の出納係事務員が、甲に支払うべき、現金を被告人に交付した場合、右現金は「占有を離れた他人の物」である。（名古屋高判昭26・10・30高刑判特二七・一六〇）

三　無主物と所有物の限界

[3]　往古、死者を埋葬する者が遺骸と共に塚内に納蔵した宝石等は、千五、六百年以上を経過したものとしても、所有者不明の埋蔵物として占有を離れた他人の物である。（大判昭8・3・9刑集一二・二三二）

[4]　市町村経営の火葬場では、灰置場を設け骨灰を払い下げ、雑収入としている事実が認められるから、火葬後に残留する金歯くずは、相続人が所有権留保の意思表示をしない限り、慣例上骨揚げが終わると同時に市町村の所有物となるのであって、焼夫が遺留された骨灰から金歯くずを取る行為につき、所有権が遺族にありと漫然と断じて占有離脱物横領罪とした原判決は破棄を免れない。（大判昭14・3・7刑集一八・九三）→二三五条[9]

[5]　米占領軍に引き渡され海中に廃棄の目的を持って投棄された旧日本軍の銃砲弾等は、投棄のときに無主の動産となったものである。（大阪高判昭30・6・27高刑裁特二・一五・七四八）

[6]　養殖色鯉が八郎湖に逃げ出し、かかる色鯉が一度に群遊して建て網に入ることは養殖業者の生けすから逃げ出した場合を除きあり得ないという事案において、飼養主においてこれを回収することが事実上困難であるとしても、色鯉は遺失物横領罪の客体に当たり、生けすから逃げ出した色鯉であることを知りながらこれを領得すれば本罪が成立する。（最決昭56・2・20刑集三五・一・一五、刑百選Ⅱ〔二版〕五七）

[7]　ゴルフ場内の人工池の底にあるロストボールはゴルフ場側の所有に帰し、かつ、ゴルフ場の管理者に占有があるとして、その領得行為を窃盗罪とした事例（最決昭62・4・10刑集四一・三・二二一、重判昭62刑六）→二三五条[27]

第二五五条（準用）　第二百四十四条〈親族間の犯罪に関する特例〉の規定は、この章の罪について準用する。

[1]　未成年後見人の後見の事務は公的性格を有するもので、家庭裁判所から選任された未成年後見人が業務上占有する未成年被後見人所有の財物を横領した場合に、後見人と被後見人との間に親族関係があっても、刑法二四四条一項を準用して刑法上の処罰を免れると解する余地はない。（最決平20・2・18刑集六二・二・三七、刑百選Ⅱ〔八版〕三五）→二四四条[1]

第三十九章　盗品等に関する罪

（盗品譲受け等）

第二五六条① 盗品その他財産に対する罪に当たる行為によって領得された物を無償で譲り受けた者は、三年以下の懲役に処する。

② 前項に規定する物を運搬し、保管し、若しくは有償で譲り受け、又はその有償の処分のあっせんをした者は、十年以下の懲役及び五十万円以下の罰金に処する。

> **第二五六条①**贓物〔ぞうぶつ〕ヲ収受シタル者ハ三年以下ノ懲役ニ処ス
> ②贓物ノ運搬、寄蔵、故買又ハ牙保〔がほ〕ヲ為シタル者ハ十年以下ノ懲役及ヒ五十万円以下ノ罰金ニ処ス

一 保護法益

[1] 盗品等に関する罪は、他人が不法に領得した物の占有を不法に取得し、もって、所有者の物に対する追求権の実行を困難ならしめることを本質とする。（大判大11・7・12刑集一・三九三）

[2] 盗品の有償処分のあっせんが処罰されるのは、これにより被害者の返還請求権の行使を困難ならしめるばかりでなく、一般に強窃盗のごとき犯罪を助成し誘発せしめる危険があるからである。したがって、盗品の売買が成立しなくても、その仲介周旋をすればあっせん罪が成立する。（最判昭26・1・30刑集五・一・一一七）

[3] 窃盗の被害者に盗品の取戻しを依頼された者が、盗品を買い戻し被害者宅へ運搬する場合でも、それが、窃盗犯人の利益のためにその領得を継受して盗品の所在を移転したものであり、これにより被害者をして当該盗品の正常なる回復を全く困難ならしめた場合には運搬罪が成立する。（最決昭27・7・10刑集六・七・八七六、刑百選Ⅱ[五版]六八）

[4] 窃盗等の被害者を相手方として盗品等の有償の処分のあっせんをする行為は、被害者による盗品等の正常な回復を困難にするばかりではなく、窃盗等の犯罪を助長し誘発するおそれのある行為であるから、あっせん罪に当たる。（最決平14・7・1刑集五六・六・二六五、刑百選Ⅱ[八版]七五）

二 主体

[5] 窃盗犯人と共同して盗品を運搬した者については運搬罪が成立する。（最判昭30・7・12刑集九・九・一八六六）

[6] 強窃盗の本犯については、重ねて盗品等に関する罪の成立を認め得ないが、強盗の従犯が、情を知って盗品を買い受けた場合は、教唆の場合と同様、有償譲受け罪が成立する。ただし、既に有償で譲受けした物件を他に運搬しても運搬罪は成立しない。（最判昭24・10・1刑集三・一〇・一六二九）→◆【罪数】〔四五条の前〕[9]

三 盗品等の意義

1 本犯の範囲・性質

[7] 墳墓を発掘して領得した死体の一部を買い受ける行為は有償譲受け罪に当たらない。（大判大4・6・24刑録二一・八八六）

[8] 漁業法違反の行為によって得られた海草を買い受けても有償譲受け罪は成立しない。（大判大11・11・3刑集一・六二二）

[9] 一四歳未満の者が窃取した財物であっても、客観的に犯罪構成の要素を具備する場合は盗品に当たる。（大判明44・12・18刑録一七・二二〇八）

2 被害者の追求権

[10] 本条にいう盗品等とは、不法に領得された物件で被害者が法律上追求することのできるものをいう。したがって、領得行為が詐欺として取り消し得る法律行為にとどまる場合でも、その物件はそれに当たる。（大判大12・4・14刑集二・三三六）

[11] 横領犯人甲から領得物を取得した乙が善意・無過失の場合、当該物件は盗品性を失うから、情を知る丙が乙から更に買い受けても有償譲受け罪は成立しない。（大判大6・5・23刑録二三・五一七）

[12] 盗品等に関する罪は、被害者が民法の規定により、その物の回復請求権を失わない以上、その物につき成立し得るから、善意・無過失の第三者が介在しても、民法一九三条により被害者が、その物の回復を請求し得る期間は盗品等に関する罪が成立し得る。（最決昭34・2・9刑集一三・一・七六）

[13] 民法二四六条により加工者が所有権を取得する場合には盗品等に関する罪は成立し得ないが、窃取した貴金属を変形して金塊としたにすぎない場合は加工に当たらない。（大判大4・6・2刑録二一・七二一）

[14] 盗品である自転車の部品（車輪、サドル）を取り外し、他の自転車に取り付けた場合でも、その行為が、民法上の付合、加工に当たらない以上、当該部品は盗品に当たる。（最判昭24・10・20刑集三・一〇・一六六〇、刑百選Ⅱ[八版]七七）

3 同一性

[15] 窃取した鉛管等を潰し、又は溶解して、その原形を変更しても、被害者がその所有権を失わない以上盗品に当たる。（大判大5・11・6刑録二二・一六六四）

[16] 横領した紙幣を他の紙幣、貨幣に両替しても盗品性は失われない。（大判大2・3・25刑録一九・三七四）

[17] 小切手は、現金を支払わせる手段方法にすぎないから、詐取した小切手によって支払を受けた現金は、詐欺罪により領得した物件にほかならず、盗品等に当たる。（大判大11・2・28刑集一・八二）

四 行為

1 無償譲受け

[18] 無償譲受け罪は、盗品であることの情を知りながら無償でこれを収得した場合に限り成立する。（大判大6・4・27刑録二三・四五一）

[19] 盗品たる金員を収得した場合でも、それが無利息消費貸借であれば無償譲受けに当たるが、利息付消費貸借であれば有償譲受け罪を構成する。（福岡高判昭26・8・25高刑四・八・九九五）

[20] 無償譲受け罪は、盗品であることを知りながら無償でその所有権を取得する行為をいい、単に一時使用の目的で盗品たる空気銃を借用したにすぎないときは無償譲受けに当たらない。（福岡高判昭28・9・8高刑六・九・一二五六）

2 運搬

[21] 盗品を被害者宅へ運搬する行為も、運搬罪を構成する場合がある。（最決昭27・7・10前出[3]）

[22] 運搬とは、委託を受けて本犯のために盗品の所在を移転することをいい、その移転行為が犯人の意思に基づく以上、犯人自ら盗品を所持し、又は、これを積んだ船車等に同乗することを要しない。（東京高判昭32・8・31高刑裁特四・一八・四六三）

[23] 盗品を運搬した距離がさほど遠くない場合でも、被告人が盗品の隠匿に加功し、被害者の盗品に対する権利の実行を困難ならしめたといい得るから運搬罪が成立する。（最判昭33・10・24刑集一二・一四・三三六八）

3 保管

24 保管とは、委託を受けて本犯のために盗品を保管することをいう。（最判昭34・7・3刑集一三・七・一〇九九）

25 盗品であることの情を知りながら、貸金の担保として、これを受け取り蔵匿する行為は保管に当たる。（大判大2・12・19刑録一九・一四七二）

26 盗品であることを知らずに物品の保管を開始した後、盗品であることを知るに至ったのに、なおも本犯のためにその保管を継続するときは保管罪が成立する。（最決昭50・6・12刑集二九・六・三六五、刑百選Ⅱ[八版]七六）

27 保管罪が成立するには、盗品に対する占有が被告人の支配下に移転されたことが必要であり、単に預かる旨の約束をしたにとどまるときは同罪は成立しない。（京都地判昭45・3・12刑月二・三・二五八）

4 有償譲受け

28 有償譲受けとは、盗品たるの情を知りながら、金銭その他の物件の対価として盗品の所有権を取得する契約をすることをいう。（大判大2・12・19前出25）

29 有償譲受けとは、売買交換による盗品の取得のみに限らず、その他の形式における有償取得を汎称し、債務の弁済として盗品たる金員を取得することも有償譲受けに当たる。（大判大12・4・14前出10）

30 有償譲受け罪の成立には、有償で譲り受けた者に、その物が財産罪によって領得されたものであることの認識があれば足り、それがいかなる犯行によって得られたかという具体的事実まで知る必要はない。（最判昭30・9・16裁判集刑一〇八・四八五）

31 有償譲受け罪の故意は、買い受ける物が盗品かもしれないと思いながら、あえてこれを買い受ける意思があれば足りる。（最判昭23・3・16刑集二・三・二二七、刑百選Ⅰ[八版]四一）→三八条4

32 盗品等に関する罪の規定は、盗品の輾転〔てんてん〕を防止することにより被害者の請求権の実行を容易ならしめようとするものであるから、有償譲受け罪が成立するには、盗品を受領することが必要であり、単に売買を約するだけでは足りない。（大判大12・1・25刑集二・一九）

5 処分のあっせん

33 盗品等に関する罪の本質は、盗品を輾転して被害者の返還請求権の行使を困難若しくは不能ならしめる点にあるから、いやしくも盗品たるの情を知りながら盗品の売買を仲介周旋した事実があれば、既に被害者の返還請求権の行使を困難ならしめる行為をしたといわなければならないから、周旋にかかる売買が成立しなくてもあっせん罪が成立する。（最判昭23・11・9刑集二・一二・一五〇四、刑百選Ⅱ[五版]六九）→2

34 あっせん罪は、盗品の処分行為の媒介・周旋をすれば足り、そのため利益を伴うことを要しない。（最判昭25・8・9刑集四・八・一五五六）

35 窃盗の決意をした者の依頼に応じて同人が将来窃取すべき物の売却を周旋しても、窃盗幇助〔ほうじょ〕罪が成立することがあるは格別、あっせん罪は成立しない。（最決昭35・12・13刑集一四・一三・一九二九）

（親族等の間の犯罪に関する特例）

第二五七条① 配偶者との間又は直系血族、同居の親族若しくはこれらの者の配偶者との間で前条の罪を犯した者は、その刑を免除する。

② 前項の規定は、親族でない共犯については、適用しない。

参照 ①［親族］→民七二五、七二七―七二九 ❷［共犯］→六〇―六二

1 本条一項は、本犯と盗品等に関する罪の犯人との間に同条項所定の関係がある場合に盗品等に関する罪の犯人の刑を免除する旨を規定したものであるから、盗品等に関する罪の犯人相互間に配偶者たる関係があっても、その刑を免除すべきではない。（最決昭38・11・8刑集一七・一一・二三五七）

2 本条一項にいう「同居」とは、同一の場所で日常生活を共にし定住性がある場合をいう。したがって、窃盗本犯たる弟が盗品等に関する罪の犯人たる兄の居宅を盗品保管場所として利用するため来訪し、時には宿泊していた程度にすぎない場合、本条項は適用されない。（最決昭32・11・19刑集一一・一二・三〇九三）

第四十章　毀棄及び隠匿の罪

（公用文書等毀棄）

第二五八条 公務所の用に供する文書又は電磁的記録を毀棄した者は、三月以上七年以下の懲役に処する。

参照［公務所］→七②［電磁的記録］→七の二

一 「公務所の用に供する文書」

1 本条にいう「公務所の用に供する文書」とは、公務所において使用の目的で保管する文書を意味し、その作成者が公務員か私人かを問わず、また、作成目的が公務所のためか私人のためかを問わず、現に公務所において使用に供するものを汎称するから、公証人が作成し公証人役場に保管中の公正証書の原本は、私人のために作成されたものであっても本条の文書に当たる。（大判明44・8・15刑録一七・一四八八）

2 偽造の徴税伝令書も、これを徴税のために行使した場合は、村役場に保存し後日の使用に供すべきものであるから本条の文書に当たる。（大判大9・12・17刑録二六・九二一）

3 収税官吏が差し押さえた帳簿書類は、これを容器に収納し封印を施して被告人にその保管を命じた場合、本条の文書に当たる。（最決昭28・7・24刑集七・七・一六三八）

4 旧国鉄駅助役が白墨で列車案内、陳謝文を記載した急告板は、証明の用に供せられるべきものでないとしても、本条の文書に当たる。（最判昭38・12・24刑集一七・一二・二四八五）

5 被疑者の供述を記載し、これを読み聞かせた弁解録取書は、いまだ被疑者及び司法警察職員の署名押印がなくても、本条の文書に当たる。（最決昭32・1・29刑集一一・一・三二五）

6 公務員が公務所の作用として職務権限に基づいて作成中の文書は、それが文書としての意味・内容を備えるに至れば、公務所において現に使用している文書といい得るから、被疑者の氏名・職業・生年月日その他の必要事項を記入し、さらに、その供述の一部を記載した弁解録取書は、本条の文書に当たる。（最判昭52・7・14刑集三一・四・七一三、重判昭53刑八）

7 警察官による取調方法が違法であったとしても、作成中の供述録取書が既に文書としての意味・内容を備えるに至っている以上、将来これを公務所において適法に使用することがあり、そのため公務所が保管すべきものであるか

ら、本条の文書に当たる。（最判昭57・6・24刑集三六・五・六四六、刑百選Ⅱ[二版]六五）

二　毀棄の意義

[8] 本条にいう毀棄とは、文書の実質的部分の毀損と形式的部分の毀損との両方を含み、その形式的部分が文書の証明力に影響を及ぼすか否かを問わないから、公正証書の原本に貼付された印紙を剥離する行為は毀棄に当たる。（大判明44・8・15前出[1]）

[9] 競売の進行を一時妨害する目的で、競売記録を持ち出し隠匿する行為は本条に当たる。（大判昭9・12・22刑集一三・一七八九）→二三五条[47]

[10] 被疑者が弁解録取書を丸めしわくちゃにした上、床に投げ捨てる行為は本条の毀棄に当たる。（最決昭32・1・29前出[5]）

[11] 村役場書記が村長に提出した退職届の日付を改ざんする行為は本条に当たる。（大判大10・9・24刑録二七・五八九）→二五五条[2]

[12] 県立高校の入試答案を改ざんする行為は、有印私文書偽造に当たり、さらに本条の毀棄に当たる。（神戸地判平3・9・19判タ七九七・二六九）

第二五九条（私用文書等毀棄） 権利又は義務に関する他人の文書又は電磁的記録を毀棄した者は、五年以下の懲役に処する。

㊇†【電磁的記録→七の二【親告罪→二六四

一　「権利又は義務に関する他人の文書」

[1] 有価証券である小切手も本条の文書に当たる。（最決昭44・5・1刑集二三・六・九〇七、刑百選Ⅱ[二版]六六）

[2] ストライキ中の非組合員に対する業務命令書は、同人らが労働契約に基づいて負担する労務提供義務の存否を証明する文書であるから、本条の文書に当たる。（大阪地判昭43・7・13判時五四五・二七）

二　毀棄の意義

[3] 毀棄とは、必ずしも文書を有形的に毀損することを要せず、隠匿その他の方法によって、その文書を利用することができない状態に置くことをもって足り、その利用を妨げた期間が一時的であると永続的であると、また、犯人に後日返還の意思があったと否とを問わない。（最決昭44・5・1前出[1]）

第二六〇条（建造物等損壊及び同致死傷） 他人の建造物又は艦船を損壊した者は、五年以下の懲役に処する。よって人を死傷させた者は、傷害の罪と比較して、重い刑により処断する。

㊇†【加重規定→組織犯罪三【傷害の罪→二〇四、二〇五【刑の軽重→一〇【特別規定→軽犯一[三十三]

一　他人性

[1] 本条にいう「他人の」建造物というためには、他人の所有権が将来民事訴訟等において否定される可能性がないということまでは要しない。したがって、根抵当権の実行により他人に競落され移転登記を経た建物を旧所有者が損壊した場合は、たとえ根抵当権の設定が詐欺に基づく可能性があり、かつ、損壊以前に取消しの意思表示がなされていたとしても、なお本条に当たる。（最決昭61・7・18刑集四〇・五・四三八、刑百選Ⅱ[八版]七八）

二　建造物の意義

[2] 建造物とは、家屋その他これに類似する建築物を指称し、屋蓋を有し牆壁〔しょうへき〕又は柱材をもって支持されて土地に定着し、少なくともその内部に人の出入することのできるものであることを必要とする。したがって、潜戸〔くぐりど〕の付いた門は建造物に当たらない。（大判大3・6・20刑録二〇・一三〇〇）

[3] 棟上げを終わっただけで、いまだ屋蓋又は周壁を有するに至っていない物件は建造物ではない。（大判昭4・10・14刑集八・四七七）

[4] 敷居、鴨居〔かもい〕のように建造物の一部を組成し、建造物を損壊しなければ取り外すことのできない物を毀損する行為は本条に当たる。（大判大6・3・3新聞一二四〇・三一）

[5] 家屋の外囲に建て付けてある雨戸又は板戸のように損壊することなく自由に取り外し得る物を損壊する行為は本条に当たらない。（大判大8・5・13刑録二五・六三二）

[6] 建造物に取り付けられた物が建造物損壊罪の客体に当たるか否かは、当該物と建造物との接合の程度のほか、当該物の建造物における機能上の重要性をも総合考慮して決すべきものであり、住居の外壁と接続し、外界とのしゃ断・防犯・防風・防音等の重要な役割を果たしている玄関ドアは、適切な工具を使用すれば損壊せずに取り外しが可能であるとしても、建造物損壊罪の客体に当たる。（最決平19・3・20刑集六一・二・六六、刑百選Ⅱ[八版]七九）

三　損壊の意義

[7] 建造物損壊罪は、建造物の全部又は一部を損壊することにより成立し、必ずしもその損壊により建物の用法を全然不能にすることを要しないし、また、損壊部分が建造物の主要構成部分であることも必要ではない。（大判明43・4・19刑録一六・六五七）

[8] 建物の美観ないし外観も建物の効用の一つであるが、美観ないし外観の汚損を建物の「損壊」といい得るには、それにより職員又は来客に著しい不快感を与え、そのため同建物内で本来の事務を執行することがほとんどできない程度に支障を来したことが必要である。（名古屋地判昭39・11・17判時四〇八・五〇）

[9] 建物の構成部分たる事務所カウンターに多数のビラを貼ってその品位、美観を著しく汚損し、ひいては、カウンターの存在する事務室全体の品位、美観をも著しく汚損する行為は本条に当たる。（名古屋高判昭46・5・6刑月三・五・六二三……前出[8]の二審判決）

[10] 一回に約四、五百枚ないし二五〇〇枚のビラを建物の壁、窓ガラス戸、ガラス扉、シャッター等に三回にわたり糊で貼付した場合には、右建物の効用を減損するものと認められるから、本条に当たる。（最決昭41・6・10刑集二〇・五・三七四、刑百選Ⅱ[五版]七四）

[11] タクシー会社の労組員が、争議手段として、会社建物内の壁、社長室扉の外側、同室内部の壁に約五〇枚、事務室の窓ガラス、入口引戸、書棚、社長室の窓ガラス等に約三〇枚のビラを糊で貼付する行為は、本条に当たる。（最決昭43・1・18刑集二二・一・三二、重判昭43刑六）

[12] 美観に工夫がなされた公園内の公衆便所の外壁にラッカースプレーでペンキを吹き付け、「反戦」などと大書して、建物の外観・美観を著しく汚損し、そのままの状態で一般の利用に供することを困難にするとともに、再塗装を要するなど原状回復に相当の困難を生じさせた行為は、本条に当たる。（最決平18・1・17刑集六〇・一・二九、刑百選

Ⅱ[六版]八〇）

（器物損壊等）

第二六一条　前三条に規定するもののほか、他人の物を損壊し、又は傷害した者は、三年以下の懲役又は三十万円以下の罰金若しくは科料に処する。

【親告罪→二六四

[1] 本条にいう損壊とは、物質的に物の全部、一部を害し、又は、物の本来の効用を失わしめる行為をいうから、盗難及び火災予防のため埋設貯蔵されているガソリン入りのドラム缶を発掘する行為は貯蔵施設の損壊に当たる。（最判昭25・4・21刑集四・四・六五五）

[2] 本条にいう損壊とは、事実上若しくは感情上、器物を再び本来の目的の用に供することができない状態にさせる場合を含むから、営業上来客の飲食の用に供すべき器物に放尿する行為は、本条に当たる。（大判明42・4・16刑録一五・四五二）

[3] 養魚池の水門を開いて鯉を流出させる行為は、本条にいう物の傷害に当たる。（大判明44・2・27刑録一七・一九七）

[4] 家屋を建設するため地ならしをした敷地を掘り起こして畑地とする行為は敷地の損壊に当たる。（大判昭4・10・14刑集八・四七七）

[5] 高校の校庭として使用されている土地に、「アパート建築現場」と書いた立札を掲げ、幅六間長さ二〇間の範囲で二箇所に杭を打ち込み板付けをして、保健体育の授業その他に支障を生ぜしめたときは、該物件の効用を害するから本罪に当たる。（最決昭35・12・27刑集一四・一四・二二二九、刑百選[初版]一一九）

[6] 争議手段として、ビラ約六〇枚を会社事務所の窓や扉のガラスに洗濯糊で貼り付ける行為は、窓ガラスや扉のガラスとしての効用を著しく減損するものであるから本罪に当たり、多数人により行われれば、暴力行為等処罰に関する法律一条の罪が成立する。（最決昭46・3・23刑集二五・二・二三九）

[7] 組合の看板を取り外す行為及び組合事務所に集荷された荷物から荷札を取り外す行為は、看板・荷札の本来の効用を喪失するに至らせたものであり、器物損壊に当たる。（最判昭32・4・4刑集一一・四・一三二七、刑百選Ⅱ[六版]七八）

[8] いわゆるコンピュータウイルスファイル（通称「イカタコウイルス」）をネットワーク上に公開し、これを音楽ファイル等と誤信した被害者に受信、実行させることで、同人のパソコン内蔵のハードディスクの読み出し機能と書き込み機能を容易に現状回復が困難な状態にすれば、ハードディスクの本来の効用が害されたといえるから、ハードディスクは「損壊」されたものと認められる。（東京地判平23・7・20判タ一三九三・三六六）

（自己の物の損壊等）

第二六二条　自己の物であっても、差押えを受け、物権を負担し、賃貸し、又は配偶者居住権が設定されたものを損壊し、又は傷害したときは、前三条の例による。

【差押え・物権・賃貸→一一五

（境界損壊）

第二六二条の二　境界標を損壊し、移動し、若しくは除去し、又はその他の方法により、土地の境界を認識することができないようにした者は、五年以下の懲役又は五十万円以下の罰金に処する。

[1] 本罪が成立するには、境界を認識することができなくなるという結果の発生を要し、境界標を損壊したが、いまだ境界が不明にならない場合は本条に当たらない。（最判昭43・6・28刑集二二・六・五六九、刑百選Ⅱ[六版]八〇）

（信書隠匿）

第二六三条　他人の信書を隠匿した者は、六月以下の懲役若しくは禁錮又は十万円以下の罰金若しくは科料に処する。

【親告罪→二六四

（親告罪）

第二六四条　第二百五十九条、第二百六十一条及び前条の罪は、告訴がなければ公訴を提起することができない。

【告訴→刑訴二三〇—二三三・二三四・二四一

附　則（平成二九・六・二三法七二）（抄）

（施行期日）

第一条　この法律は、公布の日から起算して二十日を経過した日から施行する。

（経過措置）

第二条①　この法律の施行前にした行為の処罰については、なお従前の例による。

②　この法律による改正前の刑法（以下「旧法」という。）第百八十条又は第二百二十九条本文の規定により告訴がなければ公訴を提起することができないとされていた罪（旧法第二百二十四条の罪及び同条の罪を幇助する目的で犯した旧法第二百二十七条第一項の罪並びにこれらの罪の未遂罪を除く。）であってこの法律の施行前に犯したものについては、この法律の施行の際既に法律上告訴がされることがなくなっているものを除き、この法律の施行後は、告訴がなくても公訴を提起することができる。

③　旧法第二百二十九条本文の規定により告訴がなければ公訴を提起することができないとされていた罪（旧法第二百二十四条の罪及び同条の罪を幇助する目的で犯した旧法第二百二十七条第一項の罪並びにこれらの罪の未遂罪を除く。）であってこの法律の施行前に犯したものについてこの法律の施行後にする告訴は、略取され、誘拐され、又は売買された者が犯人と婚姻をしたときであっても、そのためにその効力を妨げられない。ただし、この法律の施行の際既に附則第四条の規定による改正前の刑事訴訟法（昭和二十三年法律第百三十一号）第二百三十五条第二項に規定する期間が経過しているときは、この限りでない。

④　旧法第二百二十四条の罪及び同条の罪を幇助する目的で犯した旧法第二百二十七条第一項の罪並びにこれらの罪の未遂罪であってこの法律の施行前に犯したものについてこの法律の施行後にする告訴の効力については、なお従前の例による。

附　則（令和四・六・一七法六七）

（施行期日）

①　この法律は、公布の日から起算して三年を超えない範囲内において政令で定める日から施行する。ただし、次の各号に掲げる規定は、当該各号に定める日から施行する。

一　第一条（刑法の一部改正）及び附則第三項の規定　公布の日から起算して二十日を経過した日（令和四・七・七）

二　（略）

（経過措置）

② この法律の施行に伴い必要な経過措置その他の事項は、別に法律で定めるところによる。

（検証）

③ 政府は、第一条の規定の施行後三年を経過したときは、同条の規定による改正後の刑法第二百三十一条の規定の施行の状況について、同条の規定がインターネット上の誹謗中傷に適切に対処することができているかどうか、表現の自由その他の自由に対する不当な制約になっていないかどうか等の観点から外部有識者を交えて検証を行い、その結果に基づいて必要な措置を講ずるものとする。

刑法等の一部を改正する法律の施行に伴う関係法律整理法中経過規定

（令和四・六・一七法六八）（抄）

第二編　経過措置

第一章　通則

（罰則の適用等に関する経過措置）

第四四一条① 刑法等の一部を改正する法律（令和四年法律第六十七号。以下「刑法等一部改正法」という。）及びこの法律（以下「刑法等一部改正法等」という。）の施行前にした行為の処罰については、次章に別段の定めがあるもののほか、なお従前の例による。

② 刑法等一部改正法等の施行後にした行為に対して、他の法律の規定によりなお従前の例によることとされ、なお効力を有することとされ又は改正前若しくは廃止前の法律の規定の例によることとされる罰則を適用する場合において、当該罰則に定める刑（刑法施行法第十九条第一項の規定又は第八十二条の規定による改正後の沖縄の復帰に伴う特別措置に関する法律第二十五条第四項の規定の適用後のものを含む。）に刑法等一部改正法第二条の規定による改正前の刑法（明治四十年法律第四十五号。以下この項において「旧刑法」という。）第十二条に規定する懲役（以下「懲役」という。）、旧刑法第十三条に規定する禁錮（以下「禁錮」という。）又は旧刑法第十六条に規定する拘留（以下「旧拘留」という。）が含まれるときは、当該刑のうち無期の懲役又は禁錮はそれぞれ無期拘禁刑と、有期の懲役又は禁錮はそれぞれその刑と長期及び短期（刑法施行法第二十条の規定の適用後のものを含む。）を同じくする有期拘禁刑と、旧拘留は長期及び短期（刑法施行法第二十条の規定の適用後のものを含む。）を同じくする拘留とする。

（裁判の効力とその執行に関する経過措置）

第四四二条　懲役、禁錮及び旧拘留の確定裁判の効力並びにその執行については、次章に別段の定めがあるもののほか、なお従前の例による。

（人の資格に関する経過措置）

第四四三条① 懲役、禁錮又は旧拘留に処せられた者に係る人の資格に関する法令の規定の適用については、無期の懲役又は禁錮に処せられた者はそれぞれ無期拘禁刑に処せられた者と、有期の懲役又は禁錮に処せられた者はそれぞれ刑期を同じくする有期拘禁刑に処せられた者と、旧拘留に処せられた者は拘留に処せられた者とみなす。

② 拘禁刑又は拘留に処せられた者に係る他の法律の規定によりなお従前の例によることとされ、なお効力を有することとされ又は改正前若しくは廃止前の法律の規定の例によることとされる人の資格に関する法令の規定の適用については、無期拘禁刑に処せられた者は無期禁錮に処せられた者と、有期拘禁刑に処せられた者は刑期を同じくする有期禁錮に処せられた者と、拘留に処せられた者は刑期を同じくする旧拘留に処せられた者とみなす。

第二章　刑法等の一部を改正する法律の施行に伴う経過措置

第一節　刑法の一部改正に伴う経過措置

（新旧の刑の軽重）

第四四四条　懲役、禁錮、旧拘留及び刑法等一部改正法第二条の規定による改正後の刑法（以下「新刑法」という。）第九条に規定する主刑の軽重は、死刑、懲役、拘禁刑、禁錮、罰金、拘留、旧拘留及び科料の順序による。ただし、無期の拘禁刑又は禁錮と有期懲役とでは拘禁刑又は禁錮を重い刑とし、無期禁錮と有期拘禁刑とでは禁錮を重い刑とし、有期拘禁刑の長期が有期懲役の長期を超えるときは拘禁刑を重い刑とし、有期禁錮の長期が有期の懲役又は拘禁刑の長期の二倍を超えるときは禁錮を重い刑とし、旧拘留の長期が拘留の長期の二倍を超えるときは旧拘留を重い刑とする。

（有期刑の加減の限度に関する経過措置）

第四四五条　新刑法第十四条の規定は、次に掲げる場合において、無期の懲役若しくは禁錮を減軽するとき、又は有期の懲役若しくは禁錮を加重し若しくは減軽するときにも、適用する。この場合において、同条第一項中「無期拘禁刑」とあるのは「無期の刑法等の一部を改正する法律（令和四年法律第六十七号）第二条の規定による改正前の第十二条に規定する懲役（以下「懲役」という。）若しくは同法第二条の規定による改正前の第十三条に規定する禁錮（以下「禁錮」という。）」と、同条中「有期拘禁刑」とあるのは「有期の懲役又は禁錮」とする。

一　併合罪として処断すべき罪に刑法等一部改正法の施行前に犯したものと施行後に犯したものがあるとき。

二　一個の行為が二個以上の罪名に触れる場合又は犯罪の手段若しくは結果である行為が他の罪名に触れる場合において、これらの罪名に触れる行為に刑法等一部改正法の施行前のものと施行後のものがあるとき。

（拘留に関する経過措置）

第四四六条　新刑法第十六条第二項の規定は、刑法等一部改正法の施行後に犯した罪に係る拘留について、適用する。

（刑の執行猶予に関する経過措置）

第四四七条① 新刑法第二十五条、第二十六条から第二十六条の三まで、第二十七条の二、第二十七条の四及び第二十七条の六並びに刑法第二十五条の二、第二十七条の三及び第二十七条の五（薬物使用等の罪を犯した者に対する刑の一部の執行猶予に関する法律（平成二十五年法律第五十号）第五条第二項の規定により読み替えて適用する場合を含む。）の規定は、懲役又は禁錮の全部の執行猶予の言渡し又は一部の執行猶予の言渡し及びこれらの取消し、当該取消しの場合における他の刑の執行猶予の言渡しの取消し並びに懲役又は禁錮の全部の執行猶予の言渡し又は一部の執行猶予の言渡しに係る猶予の期間中の保護観察についても、適用する。

② 当分の間、新刑法第二十五条、第二十六条、第二十六条の二（第三号に係る部分に限る。）、第二十六条の三、第二十七条の二第一項及び第三項、第二十七条の四並びに第二十七条の六（これらの規定を前項の規定により適用する場合を含む。）の規定の適用については、次の表の上欄に掲げる新刑法の規定中同表の中欄に掲げる字句は、それぞれ同表の下欄に掲げる字句とする。

第二十五条第一項	拘禁刑又は	拘禁刑、刑法等の一部を改正する法律（令和四年法律第六十七号）第二条の規定による改正前の第十二条に規定する懲役（以下「懲役」という。）若しくは同法第二条の規定による改正前の第十三条に規定する禁錮（以下「禁錮」という。）又は
第二十五条第一項各号	刑に	刑又は懲役若しくは禁錮に

第二十五条第二項	拘禁刑	拘禁刑、懲役又は禁錮
第二十六条各号	刑に	刑又は懲役若しくは禁錮に
第二十六条の二第三号	拘禁刑	拘禁刑、懲役又は禁錮
第二十六条の三	拘禁刑の	拘禁刑、懲役又は禁錮の
	拘禁刑（	拘禁刑、懲役又は禁錮（いずれも
第二十七条の二第一項	拘禁刑の	拘禁刑、懲役又は禁錮の
第二十七条の二第一項第一号	刑に	刑又は懲役若しくは禁錮に
第二十七条の二第一項第二号	拘禁刑	拘禁刑、懲役又は禁錮
第二十七条の二第一項第三号	刑に	刑又は懲役若しくは禁錮に
第二十七条の二第三項	拘禁刑が	拘禁刑、懲役又は禁錮が
	拘禁刑の	拘禁刑、懲役若しくは禁錮の
第二十七条の四各号	刑に	刑又は懲役若しくは禁錮に
第二十七条の六	拘禁刑	拘禁刑、懲役又は禁錮

第四四八条（**刑の執行猶予の猶予期間経過の効果に関する経過措置**）① 新刑法第二十七条第二項から第六項まで及び第二十七条の七第二項から第六項までの規定は、新刑法第二十五条又は第二十七条の二（これらの規定を前条第二項の規定により読み替えて適用する場合を含む。）の規定による刑の全部の執行猶予の言渡し又は刑の一部の執行猶予の言渡しが刑法等一部改正法の施行の日（以下「刑法等一部改正法施行日」という。）以後にされた場合について、適用する。

② 新刑法第二十七条第四項若しくは第五項の規定により同条第二項後段の規定による刑の全部の執行猶予の言渡しを取り消した場合又は新刑法第二十七条の七第四項若しくは第五項の規定により同条第二項後段の規定による刑の一部の執行猶予の言渡しを取り消した場合において、執行猶予中の他の懲役又は禁錮があるときにおける新刑法第二十七条第六項又は第二十七条の七第六項の規定の適用については、新刑法第二十七条第六項中「についても」とあるのは「又は刑法等の一部を改正する法律（令和四年法律第六十七号）第二条の規定による改正前の第十二条に規定する懲役（以下「懲役」という。）若しくは同法第二条の規定による改正前の第十三条に規定する禁錮（以下「禁錮」という。）（いずれも第二項後段又は第二十七条の七第二項後段の規定によりその執行を猶予されているものを除く。）についても」と、新刑法第二十七条の七第六項中「についても」とあるのは「又は懲役若しくは禁錮（いずれも第二十七条第二項後段又はこの条第二項後段の規定によりその執行を猶予されているものを除く。）についても」とする。

第四四九条（**仮釈放の取消しに関する経過措置**）① 刑法第二十九条の規定は、懲役又は禁錮に係る仮釈放の処分の取消しについても、適用する。

② 当分の間、刑法第二十九条第一項（第四号を除き、前項の規定により適用する場合を含む。）の規定の適用については、同条第一項第一号中「刑に」とあるのは「刑（刑法等の一部を改正する法律（令和四年法律第六十七号）第二条の規定による改正前の第十二条に規定する懲役（以下「懲役」という。）及び同法第二条の規定による改正前の第十三条に規定する禁錮（以下「禁錮」という。）を含む。）に」と、同項第二号及び第三号中「刑に」とあるのは「刑（懲役及び禁錮を含む。）に」とする。

第四五〇条（**刑の消滅に関する経過措置**）① 新刑法第三十四条の二第一項の規定は、懲役、禁錮及び旧拘留に係る刑の消滅についても、適用する。

② 当分の間、新刑法第三十四条の二第一項（前項の規定により適用する場合を含む。）及び刑法第三十四条の二第二項の規定の適用については、次の表の上欄に掲げる新刑法又は刑法の規定中同表の中欄に掲げる字句は、それぞれ同表の下欄に掲げる字句とする。

新刑法第三十四条の二第一項	以上の刑の	以上の刑若しくは刑法等の一部を改正する法律（令和四年法律第六十七号）第二条の規定による改正前の第十二条に規定する懲役（以下「懲役」という。）若しくは同法第二条の規定による改正前の第十三条に規定する禁錮（以下「禁錮」という。）の
	刑に	刑（懲役及び禁錮を含む。）に
	以下の刑	以下の刑（同法第二条の規定による改正前の第十六条に規定する拘留を含む。）
刑法第三十四条の二第二項	刑に	刑（懲役及び禁錮を含む。）に

第四五一条（**併合罪に係る規定の適用に関する経過措置**）① 新刑法第四十五条の規定は、確定裁判を経ていない二個以上の罪がある場合において、それらの罪に刑法等一部改正法の施行前に犯したものと施行後に犯したものがあるときにも、適用する。この場合において、懲役又は禁錮に処する確定裁判があったときにおける同条後段の規定の適用については、同条後段中「刑に」とあるのは、「刑又は刑法等の一部を改正する法律（令和四年法律第六十七号）第二条の規定による改正前の第十二条に規定する懲役若しくは同法第二条の規定による改正前の第十三条に規定する禁錮に」とする。

② 刑法第四十六条第一項、第四十八条第一項、第四十九条第一項、第五十条並びに第五十三条第一項及び第二項（科料に係る部分を除く。）並びに新刑法第四十六条第二項及び第四十七条の規定は、第四百四十五条第一号に掲げる場合にも、適用する。この場合において、次の表の上欄に掲げる刑法又は新刑法の規定中同表の中欄に掲げる字句は、それぞれ同表の下欄に掲げる字句とする。

刑法第四十六条第一項	刑を	刑（刑法等の一部を改正する法律（令和四年法律第六十七号）第二条の規定による改正前の第十二条に規定する懲役（以下「懲役」という。）、同法第二条の規定による改正前の第十三条に規定する禁錮（以下「禁錮」という。）及び同法第二条の規定による改正前の第十六条に規定する拘留（以下「旧拘留」という。）を含む。）を
新刑法第四十六条第二項	無期拘禁刑	無期の拘禁刑、懲役又は禁錮
	刑を	刑（懲役、禁錮及び旧拘留を含む。）を
新刑法第四十七条	有期拘禁刑	有期の拘禁刑、懲役又は禁錮
刑法第四十八条第一項	刑	刑（懲役、禁錮及び旧拘留を含む。）

刑法第五十三条第一項	拘留	拘留、旧拘留
	刑	刑（懲役、禁錮及び旧拘留を含む。）

（併合罪に係る二個以上の刑の執行に関する経過措置）

第四五二条　新刑法第五十一条の規定は、併合罪について二個以上の裁判があった場合において、それらのうちに懲役、禁錮又は旧拘留を言い渡したものがあったときにおける刑の執行についても、適用する。この場合において、同条第一項ただし書中「刑を執行せず」とあるのは「刑（刑法等の一部を改正する法律（令和四年法律第六十七号）第二条の規定による改正前の第十二条に規定する懲役（以下「懲役」という。）、同法第二条の規定による改正前の第十三条に規定する禁錮（以下「禁錮」という。）及び同法第二条の規定による改正前の第十六条に規定する拘留（以下「旧拘留」という。）を含む。）を執行せず」と、「無期拘禁刑」とあるのは「無期の拘禁刑、懲役又は禁錮」と、「刑を執行しない」とあるのは「刑（懲役、禁錮及び旧拘留を含む。）を執行しない」と、同条第二項中「有期拘禁刑」とあるのは「有期の拘禁刑、懲役又は禁錮」とする。

（再犯に関する経過措置）

第四五三条①　新刑法第五十六条及び第五十七条の規定は、第四百四十五条第二号に掲げる場合において、同号に規定する行為について有期懲役に処するときにおける再犯加重についても、適用する。

② 当分の間、新刑法第五十六条及び第五十七条（これらの規定を前項の規定により適用する場合を含む。）の規定の適用については、次の表の上欄に掲げる新刑法の規定中同表の中欄に掲げる字句は、それぞれ同表の下欄に掲げる字句とする。

第五十六条第一項	拘禁刑に処せられた者	拘禁刑又は刑法等の一部を改正する法律（令和四年法律第六十七号）第二条の規定による改正前の第十二条に規定する懲役（以下「懲役」という。）に処せられた者（併合罪について処断された者であって、その併合罪のうちに懲役に処すべき罪があったのに、その罪が最も重い罪でなかったため懲役に処せられなかったものを含む。）
	有期拘禁刑	有期の拘禁刑又は懲役
第五十六条第二項	刑	刑
	拘禁刑に減軽されて	拘禁刑若しくは懲役に減軽されて
	有期拘禁刑	有期の拘禁刑又は懲役
第五十七条	拘禁刑	拘禁刑又は懲役

（法律上の減軽の方法に関する経過措置）

第四五四条　新刑法第六十八条（第四号及び第六号を除く。）及び第七十条の規定は、第四百四十五条第二号に掲げる場合において、死刑（刑法等一部改正法の施行前にした行為に係る罪により処せられるものに限る。）、懲役、禁錮又は旧拘留を減軽すべき一個又は二個以上の事由があるときにおける法律上の減軽についても、適用する。この場合において、次の表の上欄に掲げる新刑法の規定中同表の中欄に掲げる字句は、それぞれ同表の下欄に掲げる字句とする。

第六十八条第一号	無期又は十年以上の拘禁刑	無期の刑法等の一部を改正する法律（令和四年法律第六十七号）第二条の規定による改正前の第十二条に規定する懲役（以下「懲役」という。）若しくは同法第二条の規定による改正前の第十三条に規定する禁錮（以下「禁錮」という。）又は十年以上の懲役若しくは禁錮
第六十八条第二号	無期拘禁刑	無期の懲役又は禁錮
	有期拘禁刑	有期の懲役又は禁錮
第六十八条第三号	有期拘禁刑	有期の懲役又は禁錮
第六十八条第五号	拘留	刑法等の一部を改正する法律第二条の規定による改正前の第十六条に規定する拘留（第七十条において「旧拘留」という。）
第七十条	拘禁刑又は拘留	懲役、禁錮又は旧拘留

（酌量減軽の方法に関する経過措置）

第四五五条　第四百四十五条各号に掲げる場合において、死刑（刑法等一部改正法の施行前にした行為に係る罪により処せられるものに限る。）、懲役、禁錮又は旧拘留の酌量減軽をするときは、前条の規定により読み替えて適用する新刑法第六十八条（第四号及び第六号を除く。）及び第七十条の例による。

（犯人蔵匿等に関する経過措置）

第四五六条　懲役又は禁錮に当たる罪を犯した者を蔵匿し、又は隠避させた者に係る新刑法第百三条の規定の適用については、懲役又は禁錮に当たる罪を犯した者は、それぞれ拘禁刑に当たる罪を犯した者とみなす。

（平成十六年一部改正法の施行前にした行為等に係る併合罪の処理に関する経過措置）

第四五七条①　併合罪として処断すべき罪に刑法等の一部を改正する法律（平成十六年法律第百五十六号。以下この項及び第三項において「平成十六年一部改正法」という。）の施行前に犯したものと刑法等一部改正法の施行後に犯したものがある場合において、第四百五十一条第二項の規定により読み替えて適用する新刑法第四百四十七条の規定により併合罪として有期の拘禁刑、懲役又は禁錮の加重をするときは、平成十六年一部改正法附則第四条の規定及び第四百四十五条の規定にかかわらず、平成十六年一部改正法第一条の規定による改正前の刑法（次項において「平成十六年旧刑法」という。）第十四条の規定を適用する。ただし、当該併合罪として処断すべき罪のうち平成十六年一部改正法の施行後に犯したもののみについて新刑法第十四条第二項の規定を適用して処断することとした場合の刑が、この項本文の場合の刑より重い刑となるときは、その重い刑をもって処断する。

② 前項本文の場合において、有期拘禁刑を加重するときにおける平成十六年旧刑法第十四条の規定の適用については、同条中「有期の懲役又は禁錮」とあるのは、「有期の刑法等の一部を改正する法律（令和四年法律第六十七号）第二条の規定による改正後の第十二条に規定する拘禁刑」とする。

③ 第一項ただし書の場合において、当該併合罪として処断すべき罪のうち平成十六年一部改正法の施行後に犯したもののみについて新刑法第十四条第二項の規定を適用して処断することとするときにおける同項の規定の適用については、同項中「有期拘禁刑」とあるのは、「有期の拘禁刑、刑法等の一部を改正する法律（令和四年法律第六十七号）第二条の規定による改正前の第十二条に規定する懲役又は同法第二条の規定による改正前

の第十三条に規定する禁錮」とする。

第四章　その他

第五〇九条（**経過措置の政令への委任**）この編に定めるもののほか、刑法等一部改正法等の施行に伴い必要な経過措置は、政令で定める。

刑法等の一部を改正する法律の施行に伴う関係法律整理法

附　則（令和四・六・一七法六八）（抄）

（**施行期日**）

① この法律は、刑法等一部改正法施行日から施行する。ただし、次の各号に掲げる規定は、当該各号に定める日から施行する。

一　第五百九条の規定　公布の日

二　（略）

刑法

（令和四法六七による改正後の条文）

注　刑法等の一部を改正する法律（令和四法六七）第二条による本法の改正規定は令和七・六・一六までに施行される。本法第一編のうち改正のあった条について、改正後の規定を次に掲げる。また、第二編については、改正される文言の対応表を注記で掲げた。

第一編　総則

第二章　刑

（**刑の種類**）

第九条 死刑、拘禁刑、罰金、拘留及び科料を主刑とし、没収を付加刑とする。

（**刑の軽重**）

第一〇条① 主刑の軽重は、前条に規定する順序による。

②③（略）

（**拘禁刑**）

第一二条① 拘禁刑は、無期及び有期とし、有期拘禁刑は、一月以上二十年以下とする。

② 拘禁刑は、刑事施設に拘置する。

③ 拘禁刑に処せられた者には、改善更生を図るため、必要な作業を行わせ、又は必要な指導を行うことができる。（改正により追加）

第一三条 削除

（**有期拘禁刑の加減の限度**）

第一四条① 死刑又は無期拘禁刑を減軽して有期拘禁刑とする場合においては、その長期を三十年とする。

② 有期拘禁刑を加重する場合においては三十年にまで上げることができ、これを減軽する場合においては一月未満に下げることができる。

（**拘留**）

第一六条①（略、改正前の本条）

② 拘留に処せられた者には、改善更生を図るため、必要な作業を行わせ、又は必要な指導を行うことができる。（改正により追加）

第四章　刑の執行猶予

（**刑の全部の執行猶予**）

第二五条① 次に掲げる者が三年以下の拘禁刑又は五十万円以下の罰金の言渡しを受けたときは、情状により、裁判が確定した日から一年以上五年以下の期間、その刑の全部の執行を猶予することができる。

一　前に拘禁刑以上の刑に処せられたことがない者

二　前に拘禁刑以上の刑に処せられたことがあっても、その執行を終わった日又はその執行の免除を得た日から五年以内に拘禁刑以上の刑に処せられたことがない者

② 前に拘禁刑に処せられたことがあってもその刑の全部の執行を猶予された者が二年以下の拘禁刑の言渡しを受け、情状に特に酌量すべきものがあるときも、前項と同様とする。ただし、この項本文の規定により刑の全部の執行を猶予されて、次条第一項の規定により保護観察に付せられ、その期間内に更に罪を犯した者については、この限りでない。

（**刑の全部の執行猶予の必要的取消し**）

第二六条（柱書略）

一　猶予の期間内に更に罪を犯して拘禁刑以上の刑に処せられ、その刑の全部について執行猶予の言渡しがないとき。

二　猶予の言渡し前に犯した他の罪について拘禁刑以上の刑に処せられ、その刑の全部について執行猶予の言渡しがないとき。

三　猶予の言渡し前に他の罪について拘禁刑以上の刑に処せられたことが発覚したとき。

（**刑の全部の執行猶予の裁量的取消し**）

第二六条の二（柱書略）

一・二（略）

三　猶予の言渡し前に他の罪について拘禁刑に処せられ、その刑の全部の執行を猶予されたことが発覚したとき。

（**刑の全部の執行猶予の取消しの場合における他の刑の執行猶予の取消し**）

第二六条の三 前二条の規定により拘禁刑の全部の執行猶予の言渡しを取り消したときは、執行猶予中の他の拘禁刑（次条第二項後段又は第二十七条の七第二項後段の規定によりその執行を猶予されているものを除く。次条第六項、第二十七条の六及び第二十七条の七第六項において同じ。）についても、その猶予の言渡しを取り消さなければならない。

（**刑の全部の執行猶予の猶予期間経過の効果**）

第二七条①（略、改正前の本条）

② 前項の規定にかかわらず、刑の全部の執行猶予の期間内に更に犯した罪（罰金以上の刑に当たるものに限る。）について公訴の提起がされているときは、同項の刑の言渡しは、当該期間が

経過した日から第四項又は第五項の規定によりこの項後段の規定による刑の全部の執行猶予の言渡しが取り消されることがなくなるまでの間（以下この項及び次項において「効力継続期間」という。）、引き続きその効力を有するものとする。この場合においては、当該刑については、当該効力継続期間はその全部の執行猶予の言渡しがされているものとみなす。（改正により追加）

③ 前項前段の規定にかかわらず、効力継続期間における次に掲げる規定の適用については、同項の刑の言渡しは、効力を失っているものとみなす。

一 第二十五条、第二十六条、第二十六条の二、次条第一項及び第三項、第二十七条の四（第三号に係る部分に限る。）並びに第三十四条の二の規定

二 人の資格に関する法令の規定

（改正により追加）

④ 第二項前段の場合において、当該罪について拘禁刑以上の刑に処せられ、その刑の全部について執行猶予の言渡しがないときは、同項後段の規定による刑の全部の執行猶予の言渡しを取り消さなければならない。ただし、当該罪が同項前段の猶予の期間の経過後に犯した罪と併合罪として処断された場合において、犯情その他の情状を考慮して相当でないと認めるときは、この限りでない。（改正により追加）

⑤ 第二項前段の場合において、当該罪について罰金に処せられたときは、同項後段の規定による刑の全部の執行猶予の言渡しを取り消すことができる。（改正により追加）

⑥ 前二項の規定により刑の全部の執行猶予の言渡しを取り消したときは、執行猶予中の他の拘禁刑についても、その猶予の言渡しを取り消さなければならない。（改正により追加）

（刑の一部の執行猶予）

第二七条の二① 次に掲げる者が三年以下の拘禁刑の言渡しを受けた場合において、犯情の軽重及び犯人の境遇その他の情状を考慮して、再び犯罪をすることを防ぐために必要であり、かつ、相当であると認められるときは、一年以上五年以下の期間、その刑の一部の執行を猶予することができる。

一 前に拘禁刑以上の刑に処せられたことがない者

二 前に拘禁刑に処せられたことがあっても、その刑の全部の執行を猶予された者

三 前に拘禁刑以上の刑に処せられたことがあっても、その執行を終わった日又はその執行の免除を得た日から五年以内に拘禁刑以上の刑に処せられたことがない者

② （略）

③ 前項の規定にかかわらず、その刑のうち執行が猶予されなかった部分の期間の執行を終わり、又はその執行を受けることがなくなった時において他に執行すべき拘禁刑があるときは、第一項の規定による猶予の期間は、その執行すべき拘禁刑の執行を終わった日又はその執行を受けることがなくなった日から起算する。

（刑の一部の執行猶予の必要的取消し）

第二七条の四 （柱書略）

一 猶予の言渡し後に更に罪を犯し、拘禁刑以上の刑に処せられたとき。

二 猶予の言渡し前に犯した他の罪について拘禁刑以上の刑に処せられたとき。

三 猶予の言渡し前に他の罪について拘禁刑以上の刑に処せられ、その刑の全部について執行猶予の言渡しがないことが発覚したとき。

（刑の一部の執行猶予の取消しの場合における他の刑の執行猶予の取消し）

第二七条の六 前二条の規定により刑の一部の執行猶予の言渡しを取り消したときは、執行猶予中の他の拘禁刑についても、その猶予の言渡しを取り消さなければならない。

（刑の一部の執行猶予の猶予期間経過の効果）

第二七条の七① 刑の一部の執行猶予の言渡しを取り消されることなくその猶予の期間を経過したときは、その拘禁刑を執行が猶予されなかった部分の期間を刑期とする拘禁刑に減軽する。この場合においては、当該部分の期間の執行を終わった日又はその執行を受けることがなくなった日において、刑の執行を受け終わったものとする。（改正前の本条）

② 前項の規定にかかわらず、刑の一部の執行猶予の言渡し後その猶予の期間を経過するまでに更に犯した罪（罰金以上の刑に当たるものに限る。）について公訴の提起がされているときは、当該期間が経過した日から第四項又は第五項の規定によりこの項後段の規定による刑の一部の執行猶予の言渡しが取り消されることがなくなるまでの間（以下この項及び次項において「効力継続期間」という。）、前項前段の規定による減軽は、されないものとする。この場合においては、同項の刑については、当該効力継続期間は当該猶予された部分の刑の執行猶予の言渡しがされているものとみなす。（改正により追加）

③ 前項前段の規定にかかわらず、効力継続期間における次に掲げる規定の適用については、同項の刑は、第一項前段の規定による減軽がされ、同項後段に規定する日にその執行を受け終わったものとみなす。

一 第二十五条第一項（第二号に係る部分に限る。）、第二十七条の二第一項（第三号に係る部分に限る。）及び第三項、第二十七条の四、第二十七条の五、第三十四条の二並びに第五十六条第一項の規定

二 人の資格に関する法令の規定

（改正により追加）

④ 第二項前段の場合において、当該罪について拘禁刑以上の刑に処せられたときは、同項後段の規定による刑の一部の執行猶予の言渡しを取り消さなければならない。ただし、当該罪が同項前段の猶予の期間の経過後に犯した罪と併合罪として処断された場合において、犯情その他の情状を考慮して相当でないと認めるときは、この限りでない。（改正により追加）

⑤ 第二項前段の場合において、当該罪について罰金に処せられたときは、同項後段の規定による刑の一部の執行猶予の言渡しを取り消すことができる。（改正により追加）

⑥ 前二項の規定により刑の一部の執行猶予の言渡しを取り消したときは、執行猶予中の他の拘禁刑についても、その猶予の言渡しを取り消さなければならない。（改正により追加）

第五章 仮釈放

（仮釈放）

第二八条 拘禁刑に処せられた者に改悛（しゅん）の状があるときは、有期刑についてはその刑期の三分の一を、無期刑については十年を経過した後、行政官庁の処分によって仮に釈放することができる。

第六章 刑の時効及び刑の消滅

（時効の期間）

第三二条 （柱書略）

一 無期拘禁刑については三十年

二 十年以上の有期拘禁刑については二十年

三 三年以上十年未満の拘禁刑については十年

四 三年未満の拘禁刑については五年

五・六 （略）

（時効の中断）

第三四条① 拘禁刑及び拘留の時効は、刑の言渡しを受けた者をその執行のために拘束することによって中断する。

② （略）

（刑の消滅）

第三四条の二① 拘禁刑以上の刑の執行を終わり又はその執行の免除を得た者が罰金以上の刑に処せられないで十年を経過したときは、刑の言渡しは、効力を失う。罰金以下の刑の執行を終わり又はその執行の免除を得た者が罰金以上の刑に処せられないで五年を経過したときも、同様とする。

②（略）

第九章　併合罪

（併合罪）

第四五条　確定裁判を経ていない二個以上の罪を併合罪とする。ある罪について拘禁刑以上の刑に処する確定裁判があったときは、その罪とその裁判が確定する前に犯した罪とに限り、併合罪とする。

（併科の制限）

第四六条①（略）

②　併合罪のうちの一個の罪について無期拘禁刑に処するときも、他の刑を科さない。ただし、罰金、科料及び没収は、この限りでない。

（有期拘禁刑の加重）

第四七条　併合罪のうちの二個以上の罪について有期拘禁刑に処するときは、その最も重い罪について定めた刑の長期にその二分の一を加えたものを長期とする。ただし、それぞれの罪について定めた刑の長期の合計を超えることはできない。

（併合罪に係る二個以上の刑の執行）

第五一条①　併合罪について二個以上の裁判があったときは、その刑を併せて執行する。ただし、死刑を執行すべきときは、没収を除き、他の刑を執行せず、無期拘禁刑を執行すべきときは、罰金、科料及び没収を除き、他の刑を執行しない。

②　前項の場合における有期拘禁刑の執行は、その最も重い罪について定めた刑の長期にその二分の一を加えたものを超えることができない。

第十章　累犯

（再犯）

第五六条①　拘禁刑に処せられた者がその執行を終わった日又はその執行の免除を得た日から五年以内に更に罪を犯した場合において、その者を有期拘禁刑に処するときは、再犯とする。

②　死刑に処せられた者がその執行の免除を得た日又は減刑により拘禁刑に減軽されてその執行を終わった日若しくはその執行の免除を得た日から五年以内に更に罪を犯した場合において、その者を有期拘禁刑に処するときも、前項と同様とする。

③　（改正により削る）

（再犯加重）

第五七条　再犯の刑は、その罪について定めた拘禁刑の長期の二倍以下とする。

第十三章　加重減軽の方法

（法律上の減軽の方法）

第六八条（柱書略）

一　死刑を減軽するときは、無期又は十年以上の拘禁刑とする。

二　無期拘禁刑を減軽するときは、七年以上の有期拘禁刑とする。

三　有期拘禁刑を減軽するときは、その長期及び短期の二分の一を減ずる。

四―六（略）

（端数の切捨て）

第七〇条　拘禁刑又は拘留を減軽することにより一日に満たない端数が生じたときは、これを切り捨てる。

第二編　罪

注　**令和四法六七**（令和七・六・一六までに施行）**による改正対応表**

刑法第二編中、第七七条から第二六三条までの規定のうち、以下の表上段の文言は下段の文言に改められる。

改正前	改正後
無期禁錮	無期拘禁刑
無期懲役	無期拘禁刑
有期懲役	有期拘禁刑
懲役若しくは禁錮	拘禁刑
懲役又は禁錮	拘禁刑
禁錮	拘禁刑
懲役	拘禁刑

＊組織的な犯罪の処罰及び犯罪収益の規制等に関する法律（抜粋）

（平成一一・八・一八 法　一三六）

（目的）

第一条　この法律は、組織的な犯罪が平穏かつ健全な社会生活を著しく害し、及び犯罪による収益がこの種の犯罪を助長するとともに、これを用いた事業活動への干渉が健全な経済活動に重大な悪影響を与えることに鑑み、並びに国際的な組織犯罪の防止に関する国際連合条約を実施するため、組織的に行われた殺人等の行為に対する処罰を強化し、犯罪による収益の隠匿及び収受並びにこれを用いた法人等の事業経営の支配を目的とする行為を処罰するとともに、犯罪による収益に係る没収及び追徴の特例等について定めることを目的とする。

（定義）

第二条①　この法律において「団体」とは、共同の目的を有する多数人の継続的結合体であって、その目的又は意思を実現する行為の全部又は一部が組織（指揮命令に基づき、あらかじめ定められた任務の分担に従って構成員が一体として行動する人の結合体をいう。以下同じ。）により反復して行われるものをいう。

②　この法律において「犯罪収益」とは、次に掲げる財産をいう。

一　財産上の不正な利益を得る目的で犯した次に掲げる罪の犯罪行為（日本国外でした行為であって、当該行為が日本国内において行われたとしたならばこれらの罪に当たり、かつ、当該行為地の法令により罪に当たるものを含む。）により生じ、若しくは当該犯罪行為により得た財産又は当該犯罪行為の報酬として得た財産

イ　死刑又は無期若しくは長期四年以上の懲役若しくは禁錮の刑が定められている罪（ロに掲げる罪及び国際的な協力の下に規制薬物に係る不正行為を助長する行為等の防止を図るための麻薬及び向精神薬取締法等の特例等に関する法律（平成三年法律第九十四号。以下「麻薬特例法」という。）第二条第二項各号に掲げる罪を除く。）

> **＊令和四法六八（令和七・六・一六までに施行）による改正**
> 第一号イ中「懲役若しくは禁錮の刑」を「拘禁刑」に改める。（本文未織込み）

ロ　別表第一（第三号を除く。）又は別表第二に掲げる罪

二　次に掲げる罪の犯罪行為（日本国外でした行為であって、当該行為が日本国内において行われたとしたならばイ、ロ又はニに掲げる罪に当たり、かつ、当該行為地の法令により罪に当たるものを含む。）により提供された資金

イ　覚醒剤取締法（昭和二十六年法律第二百五十二号）第四十一条の十（覚醒剤原料の輸入等に係る資金等の提供等）の罪

ロ　売春防止法（昭和三十一年法律第百十八号）第十三条（資金等の提供）の罪

ハ　銃砲刀剣類所持等取締法（昭和三十三年法律第六号）第三十一条の十三（資金等の提供）の罪

ニ　サリン等による人身被害の防止に関する法律（平成七年法律第七十八号）第七条（資金等の提供）の罪

三　次に掲げる罪の犯罪行為（日本国外でした行為であって、当該行為が日本国内において行われたとしたならばこれらの罪に当たり、かつ、当該行為地の法令により罪に当たるものを含む。）により供与された財産

イ　第七条の二（証人等買収）の罪

ロ　不正競争防止法（平成五年法律第四十七号）第十八条第一項の違反行為に係る同法第二十一条第二項第七号（外国公務員等に対する不正の利益の供与等）の罪

四　公衆等脅迫目的の犯罪行為のための資金等の提供等の処罰に関する法律（平成十四年法律第六十七号）第三条第一項若しくは第二項前段、第四条第一項若しくは第五条第一項（資金等の提供）の罪又はこれらの罪の未遂罪の犯罪行為（日本国外でした行為であって、当該行為が日本国内において行われたとしたならばこれらの罪に当たり、かつ、当該行為地の法令により罪に当たるものを含む。）により提供され、又は提供しようとした財産

五　第六条の二第一項又は第二項（テロリズム集団その他の組織的犯罪集団による実行準備行為を伴う重大犯罪遂行の計画）の罪の犯罪行為である計画（日本国外でした行為であって、当該行為が日本国内において行われたとしたならば当該罪に当たり、かつ、当該行為地の法令により罪に当たるものを含む。）をした者が、計画をした犯罪の実行のための資金として使用する目的で取得した財産

③　この法律において「犯罪収益に由来する財産」とは、犯罪収益の果実として得た財産、犯罪収益の対価として得た財産、これらの財産の対価として得た財産その他犯罪収益の保有又は処分に基づき得た財産をいう。

④　この法律において「犯罪収益等」とは、犯罪収益、犯罪収益に由来する財産又はこれらの財産とこれらの財産以外の財産とが混和した財産をいう。

⑤　この法律において「薬物犯罪収益」とは、麻薬特例法第二条第三項に規定する薬物犯罪収益をいう。

⑥　この法律において「薬物犯罪収益に由来する財産」とは、麻薬特例法第二条第四項に規定する薬物犯罪収益に由来する財産をいう。

⑦　この法律において「薬物犯罪収益等」とは、麻薬特例法第二条第五項に規定する薬物犯罪収益等をいう。

（組織的な殺人等）

第三条①　次の各号に掲げる罪に当たる行為が、団体の活動（団体の意思決定に基づく行為であって、その効果又はこれによる利益が当該団体に帰属するものをいう。以下同じ。）として、当該罪に当たる行為を実行するための組織により行われたときは、その罪を犯した者は、当該各号に定める刑に処する。

一　刑法（明治四十年法律第四十五号）第九十六条（封印等破棄）の罪　五年以下の懲役若しくは五百万円以下の罰金又はこれらの併科

二　刑法第九十六条の二（強制執行妨害目的財産損壊等）の罪　五年以下の懲役若しくは五百万円以下の罰金又はこれらの併科

三　刑法第九十六条の三（強制執行行為妨害等）の罪　五年以下の懲役若しくは五百万円以下の罰金又はこれらの併科

四　刑法第九十六条の四（強制執行関係売却妨害）の罪　五年以下の懲役若しくは五百万円以下の罰金又はこれらの併科

五　刑法第百八十六条第一項（常習賭博）の罪　五年以下の懲役

六　刑法第百八十六条第二項（賭博場開張等図利）の罪　三月以上七年以下の懲役

七　刑法第百九十九条（殺人）の罪　死刑又は無期若しくは六年以上の懲役

八　刑法第二百二十条（逮捕及び監禁）の罪　三月以上十年以下の懲役

九　刑法第二百二十三条第一項又は第二項（強要）の罪　五年以下の懲役

十　刑法第二百二十五条の二（身の代金目的略取等）の罪　無期又は五年以上の懲役

十一　刑法第二百三十三条（信用毀損及び業務妨害）の罪　五年以下の懲役又は五十万円以下の罰金

十二　刑法第二百三十四条（威力業務妨害）の罪　五年以下の懲役又は五十万円以下の罰金

十三　刑法第二百四十六条（詐欺）の罪　一年以上の有期懲役

十四　刑法第二百四十九条（恐喝）の罪　一年以上の有期懲役

十五　刑法第二百六十条前段（建造物等損壊）の罪　七年以下の懲役

＊**令和四法六八**（令和七・六・一六までに施行）**による改正**
第一号から第十二号までの規定中「懲役」を「拘禁刑」に改め、第十三号及び第十四号中「有期懲役」を「有期拘禁刑」に改め、第十五号中「懲役」を「拘禁刑」に改める。（本文未織込み）

② 団体に不正権益（団体の威力に基づく一定の地域又は分野における支配力であって、当該団体の構成員による犯罪その他の不正な行為により当該団体又はその構成員が継続的に利益を得ることを容易にすべきものをいう。以下この項及び第六条の二第二項において同じ。）を得させ、又は団体の不正権益を維持し、若しくは拡大する目的で、前項各号（第五号、第六号及び第十三号を除く。）に掲げる罪を犯した者も、同項と同様とする。

（未遂罪）

第四条　前条第一項第七号、第九号、第十号（刑法第二百二十五条の二第一項に係る部分に限る。）、第十三号及び第十四号に掲げる罪の未遂は、罰する。

（組織的な身の代金目的略取等における解放による刑の減軽）

第五条　第三条第一項第十号に掲げる罪に係る同条の罪を犯した者が、公訴が提起される前に、略取され又は誘拐された者を安全な場所に解放したときは、その刑を減軽する。

（組織的な殺人等の予備）

第六条① 次の各号に掲げる罪で、これに当たる行為が、団体の活動として、当該行為を実行するための組織により行われるものを犯す目的で、その予備をした者は、当該各号に定める刑に処する。ただし、実行に着手する前に自首した者は、その刑を減軽し、又は免除する。

一　刑法第百九十九条（殺人）の罪　五年以下の懲役

二　刑法第二百二十五条（営利目的等略取及び誘拐）の罪（営利の目的によるものに限る。）　二年以下の懲役

＊**令和四法六八**（令和七・六・一六までに施行）**による改正**
第一号及び第二号中「懲役」を「拘禁刑」に改める。（本文未織込み）

② 第三条第二項に規定する目的で、前項各号に掲げる罪の予備をした者も、同項と同様とする。

（テロリズム集団その他の組織的犯罪集団による実行準備行為を伴う重大犯罪遂行の計画）

第六条の二① 次の各号に掲げる罪に当たる行為で、テロリズム集団その他の組織的犯罪集団（団体のうち、その結合関係の基礎としての共同の目的が別表第三に掲げる罪を実行することにあるものをいう。次項において同じ。）の団体の活動として、当該行為を実行するための組織により行われるものの遂行を二人以上で計画した者は、その計画をした者のいずれかによりその計画に基づき資金又は物品の手配、関係場所の下見その他の計画をした犯罪を実行するための準備行為が行われたときは、当該各号に定める刑に処する。ただし、実行に着手する前に自首した者は、その刑を減軽し、又は免除する。

一　別表第四に掲げる罪のうち、死刑又は無期若しくは長期十年を超える懲役若しくは禁錮の刑が定められているもの　五年以下の懲役又は禁錮

二　別表第四に掲げる罪のうち、長期四年以上十年以下の懲役又は禁錮の刑が定められているもの　二年以下の懲役又は禁錮

＊**令和四法六八**（令和七・六・一六までに施行）**による改正**
第一号中「懲役若しくは禁錮の刑」及び「懲役又は禁錮」を「拘禁刑」に改め、第二号中「懲役又は禁錮の刑」を「拘禁刑」に、「二年以下の懲役又は禁錮」を「二年以下の拘禁刑」に改める。（本文未織込み）

② 前項各号に掲げる罪に当たる行為で、テロリズム集団その他の組織的犯罪集団に不正権益を得させ、又はテロリズム集団その他の組織的犯罪集団の不正権益を維持し、若しくは拡大する目的で行われるものの遂行を二人以上で計画した者も、その計画をした者のいずれかによりその計画に基づき資金又は物品の手配、関係場所の下見その他の計画をした犯罪を実行するための準備行為が行われたときは、同項と同様とする。

③ 別表第四に掲げる罪のうち告訴がなければ公訴を提起することができないものに係る前二項の罪は、告訴がなければ公訴を提起することができない。

④ 第一項及び第二項の罪に係る事件についての刑事訴訟法（昭和二十三年法律第百三十一号）第百九十八条第一項の規定による取調べその他の捜査を行うに当たっては、その適正の確保に十分に配慮しなければならない。

（組織的な犯罪に係る犯人蔵匿等）

第七条① 禁錮以上の刑が定められている罪に当たる行為が、団体の活動として、当該行為を実行するための組織により行われた場合において、次の各号に掲げる者は、当該各号に定める刑に処する。

一　その罪を犯した者を蔵匿し、又は隠避させた者　五年以下の懲役又は五十万円以下の罰金

二　その罪に係る他人の刑事事件に関する証拠を隠滅し、偽造し、若しくは変造し、又は偽造若しくは変造の証拠を使用した者　五年以下の懲役又は五十万円以下の罰金

三　その罪に係る自己若しくは他人の刑事事件の捜査若しくは審判に必要な知識を有すると認められる者又はその親族に対し、当該事件に関して、正当な理由がないのに面会を強請し、又は強談威迫の行為をした者　五年以下の懲役又は五十万円以下の罰金

四　その罪に係る被告事件に関し、当該被告事件の審判に係る職務を行う裁判員若しくは補充裁判員若しくはこれらの職にあった者又はその親族に対し、面会、文書の送付、電話をかけることその他のいかなる方法をもってするかを問わず、威迫の行為をした者　三年以下の懲役又は二十万円以下の罰金

五　その罪に係る被告事件に関し、当該被告事件の審判に係る職務を行う裁判員若しくは補充裁判員の選任のために選定された裁判員候補者若しくは当該裁判員若しくは補充裁判員の職務を行うべき選任予定裁判員又はその親族に対し、面会、文書の送付、電話をかけることその他のいかなる方法をもってするかを問わず、威迫の行為をした者　三年以下の懲役又は二十万円以下の罰金

＊**令和四法六八**（令和七・六・一六までに施行）**による改正**
第一項中「禁錮」を「拘禁刑」に改め、第一号、第二号、第三号、第四号及び第五号中「懲役」を「拘禁刑」に改める。（本文未織込み）

② 禁錮以上の刑が定められている罪が第三条第二項に規定する目的で犯された場合において、前項各号のいずれかに該当する者も、同項と同様とする。

＊**令和四法六八**（令和七・六・一六までに施行）**による改正**
第二項中「禁錮」を「拘禁刑」に改める。（本文未織込み）

（証人等買収）

第七条の二① 次に掲げる罪に係る自己又は他人の刑事事件に関し、証言をしないこと、若しくは虚偽の証言をすること、又は証拠を隠滅し、偽造し、若しくは変造すること、若しくは偽造若しくは変造の証拠を使用することの報酬として、金銭その他の利益を供与し、又はその申込み若しくは約束をした者は、二年以下の懲役又は三十万円以下の罰金に処する。

一　死刑又は無期若しくは長期四年以上の懲役若しくは禁錮の

刑が定められている罪（次号に掲げる罪を除く。）

二　別表第一に掲げる罪

＊令和四法六八（令和七・六・一六までに施行）による改正　第一項中「懲役又は」を「拘禁刑又は」に改め、第一号中「懲役若しくは禁錮の刑」を「拘禁刑」に改める。（本文未織込み）

② 前項各号に掲げる罪に当たる行為が、団体の活動として、当該行為を実行するための組織により行われた場合、又は同項各号に掲げる罪が第三条第二項に規定する目的で犯された場合において、前項の罪を犯した者は、五年以下の懲役又は五十万円以下の罰金に処する。

＊令和四法六八（令和七・六・一六までに施行）による改正　第二項中「懲役」を「拘禁刑」に改める。（本文未織込み）

（団体に属する犯罪行為組成物件等の没収）

第八条　団体の構成員が罪（これに当たる行為が、当該団体の活動として、当該行為を実行するための組織により行われたもの、又は第三条第二項に規定する目的で行われたものに限る。）を犯した場合、又は当該罪を犯す目的でその予備罪（これに当たる行為が、当該団体の活動として、当該行為を実行するための組織により行われたもの、及び同項に規定する目的で行われたものを除く。）を犯した場合において、当該犯罪行為を組成し、又は当該犯罪行為の用に供し、若しくは供しようとした物が、当該団体に属し、かつ、当該構成員が管理するものであるときは、刑法第十九条第二項本文の規定にかかわらず、その物が当該団体及び犯人以外の者に属しない場合に限り、これを没収することができる。ただし、当該団体において、当該物が当該犯罪行為を組成し、又は当該犯罪行為の用に供され、若しくは供されようとすることの防止に必要な措置を講じていたときは、この限りでない。

（不法収益等による法人等の事業経営の支配を目的とする行為）

第九条①　第二条第二項第一号若しくは第三号の犯罪収益若しくは薬物犯罪収益（麻薬特例法第二条第二項各号に掲げる罪の犯罪行為により得た財産又は当該犯罪行為の報酬として得た財産に限る。第十三条第一項第三号及び同条第四項において同じ。）、これらの保有若しくは処分に基づき得た財産又はこれらの財産とこれらの財産以外の財産とが混和した財産（以下「不法収益等」という。）を用いることにより、法人等（法人又は法人でない社団若しくは財団をいう。以下この条において同じ。）の株主等（株主若しくは社員又は発起人その他の法人等の設立者をいう。以下同じ。）の地位を取得し、又は第三者に取得させた者が、当該法人等又はその子法人の事業経営を支配する目的で、その株主等の権限又は当該権限に基づく影響力を行使し、又は当該第三者に行使させて、次の各号のいずれかに該当する行為をしたときは、五年以下の懲役若しくは千万円以下の罰金に処し、又はこれを併科する。

一　当該法人等又はその子法人の役員等（取締役、執行役、理事、管理人その他いかなる名称を有するものであるかを問わず、法人等の経営を行う役職にある者をいう。以下この条において同じ。）を選任し、若しくは選任させ、解任し、若しくは解任させ、又は辞任させること。

二　当該法人等又はその子法人を代表すべき役員等の地位を変更させること（前号に該当するものを除く。）。

＊令和四法六八（令和七・六・一六までに施行）による改正　第一項中「懲役」を「拘禁刑」に改める。（本文未織込み）

② 不法収益等を用いることにより、法人等に対する債権を取得し、又は第三者に取得させた者が、当該法人等又はその子法人の事業経営を支配する目的で、当該債権の取得又は行使に関し、次の各号のいずれかに該当する行為をしたときも、前項と同様とする。不法収益等を用いることにより、法人等に対する債権を取得しようとし、又は第三者に取得させようとする者が、当該法人等又はその子法人の事業経営を支配する目的で、当該債権の取得又は行使に関し、これらの各号のいずれかに該当する行為をした場合において、当該債権を取得し、又は第三者に取得させたときも、同様とする。

一　当該法人等又はその子法人の役員等を選任させ、若しくは解任させ、又は辞任させること。

二　当該法人等又はその子法人を代表すべき役員等の地位を変更させること（前号に該当するものを除く。）。

③ 不法収益等を用いることにより、法人等の株主等に対する債権を取得し、又は第三者に取得させた者が、当該法人等又はその子法人の事業経営を支配する目的で、当該債権の取得又は行使に関し、当該株主等にその権限又は当該権限に基づく影響力を行使させて、前項各号のいずれかに該当する行為をしたときも、第一項と同様とする。不法収益等を用いることにより、法人等の株主等に対する債権を取得しようとし、又は第三者に取得させようとする者が、当該法人等又はその子法人の事業経営を支配する目的で、当該債権の取得又は行使に関し、当該株主等にその権限又は当該権限に基づく影響力を行使させて、これらの各号のいずれかに該当する行為をした場合において、当該債権を取得し、又は第三者に取得させたときも、同様とする。

④ この条において「子法人」とは、一の法人等が株主等の議決権（株主総会において決議をすることができる事項の全部につき議決権を行使することができない株式についての議決権を除き、会社法（平成十七年法律第八十六号）第八百七十九条第三項の規定により議決権を有するものとみなされる株式についての議決権を含む。以下この項において同じ。）の総数の百分の五十を超える数の議決権を保有する法人をいい、一の法人等及びその子法人又は一の法人等の子法人が株主等の議決権の総数の百分の五十を超える数の議決権を保有する法人は、当該法人等の子法人とみなす。

（犯罪収益等隠匿）

第一〇条①　犯罪収益等（公衆等脅迫目的の犯罪行為のための資金等の提供等の処罰に関する法律第三条第一項若しくは第二項前段、第四条第一項又は第五条第一項の罪の未遂罪の犯罪行為（日本国外でした行為であって、当該行為が日本国内において行われたとしたならばこれらの罪に当たり、かつ、当該行為地の法令により罪に当たるものを含む。以下この項において同じ。）により提供しようとした財産を除く。以下この項及び次条において同じ。）の取得若しくは処分につき事実を仮装し、又は犯罪収益等を隠匿した者は、五年以下の懲役若しくは三百万円以下の罰金に処し、又はこれを併科する。犯罪収益（同法第三条第一項若しくは第二項前段、第四条第一項又は第五条第一項の罪の未遂罪の犯罪行為により提供しようとした財産を除く。）の発生の原因につき事実を仮装した者も、同様とする。

② 前項の罪の未遂は、罰する。

③ 第一項の罪を犯す目的で、その予備をした者は、二年以下の懲役又は五十万円以下の罰金に処する。

＊令和四法六八（令和七・六・一六までに施行）による改正　第一項及び第三項中「懲役」を「拘禁刑」に改める。（本文未織込み）

（犯罪収益等収受）

第一一条　情を知って、犯罪収益等を収受した者は、三年以下の懲役若しくは百万円以下の罰金に処し、又はこれを併科する。ただし、法令上の義務の履行として提供されたものを収受した者又は契約（債権者において相当の財産上の利益を提供すべきものに限る。）の時に当該契約に係る債務の履行が犯罪収益等によって行われることの情を知らないでした当該契約に係る債務の履行として提供されたものを収受した者は、この限りでない。

*令和四法六八（令和七・六・一六までに施行）による改正
　第一一条中「懲役」を「拘禁刑」に改める。（本文末織込み）

（国外犯）

第一二条　第三条第一項第九号、第十一号、第十二号及び第十五号に掲げる罪に係る同条の罪、第六条第一項第一号に掲げる罪に係る同条の罪並びに第六条の二第一項及び第二項の罪は刑法第四条の二の例に、第九条第一項から第三項まで及び前二条の罪は同法第三条の例に従う。

（犯罪収益等の没収等）

第一三条①　次に掲げる財産は、不動産若しくは動産又は金銭債権（金銭の支払を目的とする債権をいう。以下同じ。）であるときは、これを没収することができる。

一　犯罪収益（第六号に掲げる財産に該当するものを除く。）
二　犯罪収益に由来する財産（第六号に掲げる財産に該当する犯罪収益の保有又は処分に基づき得たものを除く。）
三　第九条第一項の罪に係る株主等の地位に係る株式又は持分であって、不法収益等（薬物犯罪収益、その保有若しくは処分に基づき得た財産又はこれらの財産とこれらの財産以外の財産とが混和した財産であるもの（第四項において「薬物不法収益等」という。）を除く。以下この項において同じ。）を用いることにより取得されたもの
四　第九条第二項又は第三項の罪に係る債権であって、不法収益等を用いることにより取得されたもの（当該債権がその取得に用いられた不法収益等である財産の返還を目的とするものであるときは、当該不法収益等）
五　第十条又は第十一条の罪に係る犯罪収益等
六　不法収益等を用いた第九条第一項から第三項までの犯罪行為又は第十条若しくは第十一条の犯罪行為により生じ、若しくはこれらの犯罪行為により得た財産又はこれらの犯罪行為の報酬として得た財産
七　第三号から前号までの財産の果実として得た財産、これらの各号の財産の対価として得た財産、これらの財産の対価として得た財産その他これらの各号の財産の保有又は処分に基づき得た財産

②　前項各号に掲げる財産が犯罪被害財産（次に掲げる罪の犯罪行為によりその被害を受けた者から得た財産又は当該財産の保有若しくは処分に基づき得た財産をいう。以下同じ。）であるときは、これを没収することができない。同項各号に掲げる財産の一部が犯罪被害財産である場合において、当該部分についても、同様とする。

一　財産に対する罪
二　刑法第二百二十五条の二第二項の罪に係る第三条（組織的な拐取者身の代金取得等）の罪
三　刑法第二百二十五条の二第二項（拐取者身の代金取得等）又は第二百二十七条第四項後段（収受者身の代金取得等）の罪
四　出資の受入れ、預り金及び金利等の取締りに関する法律（昭和二十九年法律第百九十五号）第五条第一項後段（高金利の受領）、第二項後段（業として行う高金利の受領）若しくは第三項後段（業として行う著しい高金利の受領）、第五条の二第一項後段（高保証料の受領）若しくは第五条の三第一項後段（保証料がある場合の高金利の受領）、第二項後段（保証があり、かつ、変動利率による利息の定めがある場合の高金利の受領）若しくは第三項後段（根保証がある場合の高金利の受領）の罪、同法第五条第一項後段若しくは第二項後段、第五条の二第一項後段若しくは第五条の三第一項後段、第二項後段若しくは第三項後段の違反行為に係る同法第八条第一項（高金利の受領等の脱法行為）の罪、同法第五条第三項後段の違反行為に係る同法第八条第二項（業として行う著しい高金利の受領の脱法行為）の罪又は同法第一条若しくは第二条第一項の違反行為に係る同法第八条第三項（元本を保証して行う出資金の受入れ等）の罪
五　補助金等に係る予算の執行の適正化に関する法律（昭和三十年法律第百七十九号）第二十九条（不正の手段による補助金等の受交付等）の罪
六　航空機工業振興法（昭和三十三年法律第百五十号）第二十九条（不正の手段による交付金等の受交付等）の罪
七　人質による強要行為等の処罰に関する法律（昭和五十三年法律第四十八号）第一条から第四条まで（人質による強要等、加重人質強要、人質殺害）の罪
八　金融機関等の更生手続の特例等に関する法律（平成八年法律第九十五号）第五百四十九条（詐欺更生）の罪
九　民事再生法（平成十一年法律第二百二十五号）第二百五十五条（詐欺再生）の罪
十　会社更生法（平成十四年法律第百五十四号）第二百六十六条（詐欺更生）の罪
十一　破産法（平成十六年法律第七十五号）第二百六十五条（詐欺破産）の罪
十二　海賊行為の処罰及び海賊行為への対処に関する法律（平成二十一年法律第五十五号）第二条第四号に係る海賊行為に係る同法第三条第一項（人質強要に係る海賊行為）又は第四条（人質強要に係る海賊行為致死傷）の罪

③　前項の規定にかかわらず、次の各号のいずれかに該当するときは、犯罪被害財産（第一項各号に掲げる財産の一部が犯罪被害財産である場合における当該部分を含む。以下この項において同じ。）を没収することができる。

一　前項各号に掲げる罪の犯罪行為が、団体の活動として、当該犯罪行為を実行するための組織により行われたもの、又は第三条第二項に規定する目的で行われたものであるとき、その他犯罪の性質に照らし、前項各号に掲げる罪の犯罪行為により受けた被害の回復に関し、犯人に対する損害賠償請求権その他の請求権の行使が困難であると認められるとき。
二　当該犯罪被害財産について、その取得若しくは処分若しくは発生の原因につき事実を仮装し、又は当該犯罪被害財産を隠匿する行為が行われたとき。
三　当該犯罪被害財産について、情を知って、これを収受する行為が行われたとき。

④　次に掲げる財産は、これを没収する。ただし、第九条第一項から第三項までの罪が薬物犯罪収益又はその保有若しくは処分に基づき得た財産とこれらの財産以外の財産とが混和した財産に係る場合において、これらの罪につき次に掲げる財産の全部を没収することが相当でないと認められるときは、その一部を没収することができる。

一　第九条第一項の罪に係る株主等の地位に係る株式又は持分であって、薬物不法収益等を用いることにより取得されたもの
二　第九条第二項又は第三項の罪に係る債権であって、薬物不法収益等を用いることにより取得されたもの（当該債権がその取得に用いられた薬物不法収益等である財産の返還を目的とするものであるときは、当該薬物不法収益等）
三　薬物不法収益等を用いた第九条第一項から第三項までの犯罪行為により生じ、若しくは当該犯罪行為により得た財産又は当該犯罪行為の報酬として得た財産
四　前三号の財産の果実として得た財産、前三号の財産の対価として得た財産、これらの財産の対価として得た財産その他前三号の財産の保有又は処分に基づき得た財産

⑤　前項の規定により没収すべき財産について、当該財産の性質、その使用の状況、当該財産に関する犯人以外の者の権利の有無その他の事情からこれを没収することが相当でないと認められるときは、同項の規定にかかわらず、これを没収しないことができる。

（犯罪収益等が混和した財産の没収等）

第一四条　前条第一項各号又は第四項各号に掲げる財産（以下「不法財産」という。）が不法財産以外の財産と混和した場合において、当該不法財産を没収すべきときは、当該混和により生じた財産（次条第一項において「混和財産」という。）のうち当該不法財産（当該混和に係る部分に限る。）の額又は数量に相当する部分を没収することができる。

（没収の要件等）

第一五条①　第十三条の規定による没収は、不法財産又は混和財産が犯人以外の者に帰属しない場合に限る。ただし、犯人以外の者が、犯罪の後情を知って当該不法財産又は混和財産を取得した場合（法令上の義務の履行として提供されたものを収受した場合又は契約（債権者において相当の財産上の利益を提供すべきものに限る。）の時に当該契約に係る債務の履行が不法財産若しくは混和財産によって行われることの情を知らないでした当該契約に係る債務の履行として提供されたものを収受した場合を除く。）は、当該不法財産又は混和財産が犯人以外の者に帰属する場合であっても、これを没収することができる。

②　地上権、抵当権その他の権利がその上に存在する財産を第十三条の規定により没収する場合において、犯人以外の者が犯罪の前に当該権利を取得したとき、又は犯人以外の者が犯罪の後情を知らないで当該権利を取得したときは、これを存続させるものとする。

（追徴）

第一六条①　第十三条第一項各号に掲げる財産が不動産若しくは動産若しくは金銭債権でないときその他これを没収することができないとき、又は当該財産の性質、その使用の状況、当該財産に関する犯人以外の者の権利の有無その他の事情からこれを没収することが相当でないと認められるときは、その価額を犯人から追徴することができる。ただし、当該財産が犯罪被害財産であるときは、この限りでない。

②　前項ただし書の規定にかかわらず、第十三条第三項各号のいずれかに該当するときは、その犯罪被害財産の価額を犯人から追徴することができる。

③　第十三条第四項の規定により没収すべき財産を没収することができないとき又は同条第五項の規定によりこれを没収しないときは、その価額を犯人から追徴する。

（両罰規定）

第一七条　法人の代表者又は法人若しくは人の代理人、使用人その他の従業者が、その法人又は人の業務に関して第九条第一項から第三項まで、第十条又は第十一条の罪を犯したときは、行為者を罰するほか、その法人又は人に対しても各本条の罰金刑を科する。

刑法等の一部を改正する法律の施行に伴う関係法律整理法中経過規定　（令和四・六・一七法六八）（抄）

第四四一条から第四四三条まで　（刑法の同経過規定参照）

（組織的な犯罪の処罰及び犯罪収益の規制等に関する法律の一部改正に伴う経過措置）

第四八九条①　当分の間、第四十五条の規定による改正後の組織的な犯罪の処罰及び犯罪収益の規制等に関する法律（以下この条において「新組織的犯罪処罰法」という。）第二条第二項第一号イ中「拘禁刑」とあるのは「拘禁刑若しくは刑法等の一部を改正する法律（令和四年法律第六十七号）第二条の規定による改正前の刑法（明治四十年法律第四十五号。以下「旧刑法」という。）第十二条に規定する懲役（以下「懲役」という。）若しくは旧刑法第十三条に規定する禁錮（以下「禁錮」という。）」と、新組織的犯罪処罰法第三条第一項第一号中「刑法（明治四十年法律第四十五号）」とあるのは「刑法」と、新組織的犯罪処罰法別表第一第十号イ中「拘禁刑」とあるのは「拘禁刑若しくは懲役若しくは禁錮の刑」とする。

②　刑法等一部改正法等（刑法等の一部を改正する法律（令和四法六七）及び刑法等の一部を改正する法律の施行に伴う関係法律の整理等に関する法律（令和四法六八））の施行前に計画をした犯罪を実行するための準備行為が刑法等一部改正法等の施行後に行われた場合における新組織的犯罪処罰法第六条の二第一項及び第二項の規定の適用については、その計画の時に無期の懲役又は禁錮の刑が定められていた罪に当たる行為はそれぞれ無期拘禁刑が定められている罪に当たる行為と、その計画の時に有期の懲役又は禁錮の刑が定められていた罪に当たる行為はそれぞれその罪について定めた刑と長期及び短期を同じくする有期拘禁刑が定められている罪に当たる行為とみなす。

③　刑法等一部改正法等の施行前に懲役又は禁錮の刑が定められている罪に当たる行為が行われた場合において、刑法等一部改正法等の施行後に新組織的犯罪処罰法第七条第一項各号に掲げる行為が行われたときにおける同条の規定の適用については、懲役又は禁錮の刑が定められている罪に当たる行為は、それぞれ拘禁刑が定められている罪に当たる行為とみなす。

④　刑法等一部改正法等の施行前に犯した懲役又は禁錮の刑が定められている罪に係る自己又は他人の刑事事件に関し、刑法等一部改正法等の施行後に新組織的犯罪処罰法第七条の二第一項に規定する行為が行われた場合における同条第一項及び第二項（いずれも第一項第一号及び第二号（別表第一第十号イに係る部分に限る。）に係る部分に限る。）の規定の適用については、無期の懲役又は禁錮の刑が定められている罪はそれぞれ無期拘禁刑が定められている罪と、有期の懲役又は禁錮の刑が定められている罪はそれぞれその罪について定めた刑と長期及び短期を同じくする有期拘禁刑が定められている罪とみなす。

第五〇九条　（刑法の同経過規定参照）

刑法等の一部を改正する法律の施行に伴う関係法律整理法附　則　（令和四・六・一七法六八）（抄）

（施行期日）

①　この法律は、刑法等一部改正法（刑法等の一部を改正する法律（令和四法六七））施行日から施行する。ただし、次の各号に掲げる規定は、当該各号に定める日から施行する。

一　第五百九条の規定　公布の日

二　（略）

＊航空機の強取等の処罰に関する法律（昭和四五・五・一八 法 六八）

第一条①（**航空機の強取等**）暴行若しくは脅迫を用い、又はその他の方法により人を抵抗不能の状態に陥れて、航行中の航空機を強取し、又はほしいままにその運航を支配した者は、無期又は七年以上の懲役に処する。

> **＊令和四法六八**（令和七・六・一六までに施行）**による改正**
> 第一項中「懲役」を「拘禁刑」に改める。（本文未織込み）

② 前項の未遂罪は、罰する。

第二条（**航空機強取等致死**）前条の罪を犯し、よつて人を死亡させた者は、死刑又は無期懲役に処する。

> **＊令和四法六八**（令和七・六・一六までに施行）**による改正**
> 第二条中「無期懲役」を「無期拘禁刑」に改める。（本文未織込み）

第三条（**航空機強取等予備**）第一条第一項の罪を犯す目的で、その予備をした者は、三年以下の懲役に処する。ただし、実行に着手する前に自首した者は、その刑を減軽し、又は免除する。

> **＊令和四法六八**（令和七・六・一六までに施行）**による改正**
> 第三条中「懲役」を「拘禁刑」に改める。（本文未織込み）

第四条（**航空機の運航阻害**）偽計又は威力を用いて、航行中の航空機の針路を変更させ、その他その正常な運航を阻害した者は、一年以上十年以下の懲役に処する。

> **＊令和四法六八**（令和七・六・一六までに施行）**による改正**
> 第四条中「懲役」を「拘禁刑」に改める。（本文未織込み）

第五条（**国外犯**）前四条の罪は、刑法（明治四十年法律第四十五号）第二条の例に従う。

刑法等の一部を改正する法律の施行に伴う関係法律整理法中経過規定（令和四・六・一七法六八）（抄）

第四四一条から第四四三条まで（刑法の同経過規定参照）

第五〇九条（刑法の同経過規定参照）

刑法等の一部を改正する法律の施行に伴う関係法律整理法　附　則（令和四・六・一七法六八）（抄）

（**施行期日**）

① この法律は、刑法等一部改正法（刑法等の一部を改正する法律（令和四法六七））施行日から施行する。ただし、次の各号に掲げる規定は、当該各号に定める日から施行する。

一　第五百九条の規定　公布の日

二　（略）

＊人の健康に係る公害犯罪の処罰に関する法律（抜粋）（昭和四五・一二・二五 法 一四二）

（**目的**）

第一条　この法律は、事業活動に伴つて人の健康に係る公害を生じさせる行為等を処罰することにより、公害の防止に関する他の法令に基づく規制と相まつて人の健康に係る公害の防止に資することを目的とする。

（**故意犯**）

第二条①　工場又は事業場における事業活動に伴つて人の健康を害する物質（身体に蓄積した場合に人の健康を害することとなる物質を含む。以下同じ。）を排出し、公衆の生命又は身体に危険を生じさせた者は、三年以下の懲役又は三百万円以下の罰金に処する。

② 前項の罪を犯し、よつて人を死傷させた者は、七年以下の懲役又は五百万円以下の罰金に処する。

> **＊令和四法六八**（令和七・六・一六までに施行）**による改正**
> 第二条中「懲役」を「拘禁刑」に改める。（本文未織込み）

（**過失犯**）

第三条①　業務上必要な注意を怠り、工場又は事業場における事業活動に伴つて人の健康を害する物質を排出し、公衆の生命又は身体に危険を生じさせた者は、二年以下の懲役若しくは禁錮又は二百万円以下の罰金に処する。

② 前項の罪を犯し、よつて人を死傷させた者は、五年以下の懲役若しくは禁錮又は三百万円以下の罰金に処する。

> **＊令和四法六八**（令和七・六・一六までに施行）**による改正**
> 第三条中「懲役若しくは禁錮」を「拘禁刑」に改める。（本文未織込み）

（**両罰**）

第四条　法人の代表者又は法人若しくは人の代理人、使用人その他の従業者が、その法人又は人の業務に関して前二条の罪を犯したときは、行為者を罰するほか、その法人又は人に対して各本条の罰金刑を科する。

（**推定**）

第五条　工場又は事業場における事業活動に伴い、当該排出のみによつても公衆の生命又は身体に危険が生じうる程度に人の健康を害する物質を排出した者がある場合において、その排出によりそのような危険が生じうる地域内に同種の物質による公衆の生命又は身体の危険が生じているときは、その危険は、その者の排出した物質によつて生じたものと推定する。

刑法等の一部を改正する法律の施行に伴う関係法律整理法中経過規定（令和四・六・一七法六八）（抄）

第四四一条から第四四三条まで（刑法の同経過規定参照）

第五〇九条（刑法の同経過規定参照）

刑法等の一部を改正する法律の施行に伴う関係法律整理法　附　則（令和四・六・一七法六八）（抄）

（**施行期日**）

① この法律は、刑法等一部改正法（刑法等の一部を改正する法律（令和四法六七））施行日から施行する。ただし、次の各号に掲げる規定は、当該各号に定める日から施行する。

一　第五百九条の規定　公布の日

二　（略）

*不正アクセス行為の禁止等に関する法律(抜粋)

(平成一一・八・一三 法 一二八)

(目的)

第一条 この法律は、不正アクセス行為を禁止するとともに、これについての罰則及びその再発防止のための都道府県公安委員会による援助措置等を定めることにより、電気通信回線を通じて行われる電子計算機に係る犯罪の防止及びアクセス制御機能により実現される電気通信に関する秩序の維持を図り、もって高度情報通信社会の健全な発展に寄与することを目的とする。

(定義)

第二条① この法律において「アクセス管理者」とは、電気通信回線に接続している電子計算機(以下「特定電子計算機」という。)の利用(当該電気通信回線を通じて行うものに限る。以下「特定利用」という。)につき当該特定電子計算機の動作を管理する者をいう。

② この法律において「識別符号」とは、特定電子計算機の特定利用をすることについて当該特定利用に係るアクセス管理者の許諾を得た者(以下この項において「利用権者」という。)及び当該アクセス管理者(以下この項において「利用権者等」という。)に、当該アクセス管理者において当該利用権者等を他の利用権者等と区別して識別することができるように付される符号であって、次のいずれかに該当するもの又は次のいずれかに該当する符号とその他の符号を組み合わせたものをいう。

一 当該アクセス管理者によってその内容をみだりに第三者に知らせてはならないものとされている符号

二 当該利用権者等の身体の全部若しくは一部の影像又は音声を用いて当該アクセス管理者が定める方法により作成される符号

三 当該利用権者等の署名を用いて当該アクセス管理者が定める方法により作成される符号

③ この法律において「アクセス制御機能」とは、特定電子計算機の特定利用を自動的に制御するために当該特定利用に係るアクセス管理者によって当該特定電子計算機又は当該特定電子計算機に電気通信回線を介して接続された他の特定電子計算機に付加されている機能であって、当該特定利用をしようとする者により当該機能を有する特定電子計算機に入力された符号が当該特定利用に係る識別符号(識別符号を用いて当該アクセス管理者の定める方法により作成される符号と当該識別符号の一部を組み合わせた符号を含む。次項第一号及び第二号において同じ。)であることを確認して、当該特定利用の制限の全部又は一部を解除するものをいう。

④ この法律において「不正アクセス行為」とは、次の各号のいずれかに該当する行為をいう。

一 アクセス制御機能を有する特定電子計算機に電気通信回線を通じて当該アクセス制御機能に係る他人の識別符号を入力して当該特定電子計算機を作動させ、当該アクセス制御機能により制限されている特定利用をし得る状態にさせる行為(当該アクセス制御機能を付加したアクセス管理者がするもの及び当該アクセス管理者又は当該識別符号に係る利用権者の承諾を得てするものを除く。)

二 アクセス制御機能を有する特定電子計算機に電気通信回線を通じて当該アクセス制御機能による特定利用の制限を免れることができる情報(識別符号であるものを除く。)又は指令を入力して当該特定電子計算機を作動させ、その制限されている特定利用をし得る状態にさせる行為(当該アクセス制御機能を付加したアクセス管理者がするもの及び当該アクセス管理者の承諾を得てするものを除く。次号において同じ。)

三 電気通信回線を介して接続された他の特定電子計算機が有するアクセス制御機能によりその特定利用を制限されている特定電子計算機に電気通信回線を通じてその制限を免れることができる情報又は指令を入力して当該特定電子計算機を作動させ、その制限されている特定利用をし得る状態にさせる行為

(不正アクセス行為の禁止)

第三条 何人も、不正アクセス行為をしてはならない。

(他人の識別符号を不正に取得する行為の禁止)

第四条 何人も、不正アクセス行為(第二条第四項第一号に該当するものに限る。第六条及び第十二条第二号において同じ。)の用に供する目的で、アクセス制御機能に係る他人の識別符号を取得してはならない。

(不正アクセス行為を助長する行為の禁止)

第五条 何人も、業務その他正当な理由による場合を除いては、アクセス制御機能に係る他人の識別符号を、当該アクセス制御機能に係るアクセス管理者及び当該識別符号に係る利用権者以外の者に提供してはならない。

(他人の識別符号を不正に保管する行為の禁止)

第六条 何人も、不正アクセス行為の用に供する目的で、不正に取得されたアクセス制御機能に係る他人の識別符号を保管してはならない。

(識別符号の入力を不正に要求する行為の禁止)

第七条 何人も、アクセス制御機能を特定電子計算機に付加したアクセス管理者になりすまし、その他当該アクセス管理者であると誤認させて、次に掲げる行為をしてはならない。ただし、当該アクセス管理者の承諾を得てする場合は、この限りでない。

一 当該アクセス管理者が当該アクセス制御機能に係る識別符号を付された利用権者に対し当該識別符号を特定電子計算機に入力することを求める旨の情報を、電気通信回線に接続して行う自動公衆送信(公衆によって直接受信されることを目的として公衆からの求めに応じ自動的に送信を行うことをいい、放送又は有線放送に該当するものを除く。)を利用して公衆が閲覧することができる状態に置く行為

二 当該アクセス管理者が当該アクセス制御機能に係る識別符号を付された利用権者に対し当該識別符号を特定電子計算機に入力することを求める旨の情報を、電子メール(特定電子メールの送信の適正化等に関する法律(平成十四年法律第二十六号)第二条第一号に規定する電子メールをいう。)により当該利用権者に送信する行為

(罰則)

第一一条 第三条の規定に違反した者は、三年以下の懲役又は百万円以下の罰金に処する。

> ***令和四法六八**(令和七・六・一六までに施行)**による改正**
> 第一一条中「懲役」を「拘禁刑」に改める。(本文未織込み)

第一二条 次の各号のいずれかに該当する者は、一年以下の懲役又は五十万円以下の罰金に処する。

一 第四条の規定に違反した者

二 第五条の規定に違反して、相手方に不正アクセス行為の用に供する目的があることの情を知ってアクセス制御機能に係る他人の識別符号を提供した者

三 第六条の規定に違反した者

四 第七条の規定に違反した者

五 第九条第三項の規定に違反した者

> ***令和四法六八**(令和七・六・一六までに施行)**による改正**
> 第一二条中「懲役」を「拘禁刑」に改める。(本文未織込み)

第一三条 第五条の規定に違反した者(前条第二号に該当する者を除く。)は、三十万円以下の罰金に処する。

第一四条 第十一条及び第十二条第一号から第三号までの罪は、刑法(明治四十年法律第四十五号)第四条の二の例に従う。

刑法等の一部を改正する法律の施行に伴う関係法律整理法中経過規定（令和四・六・一七法六八）（抄）

第四四一条から第四四三条まで　（刑法の同経過規定参照）

第五〇九条　（刑法の同経過規定参照）

刑法等の一部を改正する法律の施行に伴う関係法律整理法

附　則（令和四・六・一七法六八）（抄）

（施行期日）

① この法律は、刑法等一部改正法（刑法等の一部を改正する法律（令和四法六七））施行日から施行する。ただし、次の各号に掲げる規定は、当該各号に定める日から施行する。

一　第五百九条の規定　公布の日

二　（略）

＊爆発物取締罰則

（明治一七・一二・二七 太告三二）

第一条【爆発物使用】 治安を妨げ又は人の身体財産を害せんとするの目的を以て爆発物を使用したる者及び人をして之を使用せしめたる者は死刑又は無期若くは七年以上の懲役又は禁錮に処す。

> **＊令和四法六八**（令和七・六・一六までに施行）**による改正**
> 第一条中「懲役又は禁錮」を「拘禁刑」に改める。（本文未織込み）

第二条【使用未遂】 前条の目的を以て爆発物を使用せんとするの際発覚したる者は無期若くは五年以上の懲役又は禁錮に処す。

> **＊令和四法六八**（令和七・六・一六までに施行）**による改正**
> 第二条中「若くは」を「又は」に、「懲役又は禁錮」を「拘禁刑」に改める。（本文未織込み）

第三条【製造・輸入・所持・注文】 第一条の目的を以て爆発物若くは其使用に供す可き器具を製造輸入所持し又は注文を為したる者は三年以上十年以下の懲役又は禁錮に処す。

> **＊令和四法六八**（令和七・六・一六までに施行）**による改正**
> 第三条中「懲役又は禁錮」を「拘禁刑」に改める。（本文未織込み）

第四条【脅迫・教唆・煽動・共謀】 第一条の罪を犯さんとして脅迫教唆煽動に止る者及び共謀に止る者は三年以上十年以下の懲役又は禁錮に処す。

> **＊令和四法六八**（令和七・六・一六までに施行）**による改正**
> 第四条中「懲役又は禁錮」を「拘禁刑」に改める。（本文未織込み）

第五条【幇助のための製造・輸入等】 第一条に記載したる犯罪者の為め情を知て爆発物若くは其使用に供す可き器具を製造輸入販売譲与寄蔵し及び其約束を為したる者は三年以上十年以下の懲役又は禁錮に処す。

> **＊令和四法六八**（令和七・六・一六までに施行）**による改正**
> 第五条中「懲役又は禁錮」を「拘禁刑」に改める。（本文未織込み）

第六条【挙証責任】 爆発物を製造輸入所持し又は注文を為したる者第一条に記載したる犯罪の目的にあらざることを証明すること能はざる時は六月以上五年以下の懲役に処す。

> **＊令和四法六八**（令和七・六・一六までに施行）**による改正**
> 第六条中「懲役」を「拘禁刑」に改める。（本文未織込み）

第七条【爆発物告知義務】 爆発物を発見したる者は直に警察官吏に告知す可し。違ふ者は百円以下の罰金に処す。

第八条【犯罪告知義務】 第一条乃至第五条の犯罪あることを認知したる時は直に警察官吏若くは危害を被むらんとする人に告知す可し。違ふ者は五年以下の懲役又は禁錮に処す。

> **＊令和四法六八**（令和七・六・一六までに施行）**による改正**
> 第八条中「懲役又は禁錮」を「拘禁刑」に改める。（本文未織込み）

第九条【犯人蔵匿・隠避、罪証隠滅】 第一条乃至第五条の犯罪者を蔵匿し若くは隠避せしめ又は其罪証を湮滅したる者は十年以下の懲役又は禁錮に処す。

> **＊令和四法六八**（令和七・六・一六までに施行）**による改正**
> 第九条中「懲役又は禁錮」を「拘禁刑」に改める。（本文未織込み）

第一〇条【国外犯】 第一条乃至第六条の罪は刑法（明治四十年法律第四十五号）第四条の二の例に従ふ。

第一一条【自首】 第一条に記載したる犯罪の予備陰謀を為したる者と雖も未だ其事を行はざる前に於て官に自首し因て危害を為すに至らざる時は其刑を免除す。第五条に記載したる犯罪者も亦同じ。

第一二条【刑法との比照】 本則に記載したる犯罪刑法に照し仍ほ重き者は重きに従て処断す。

刑法等の一部を改正する法律の施行に伴う関係法律整理法中経過規定（令和四・六・一七法六八）（抄）

第四四一条から第四四三条まで　（刑法の同経過規定参照）

第五〇九条　（刑法の同経過規定参照）

刑法等の一部を改正する法律の施行に伴う関係法律整理法

附　則（令和四・六・一七法六八）（抄）

（施行期日）

① この法律は、刑法等一部改正法（刑法等の一部を改正する法律（令和四法六七））施行日から施行する。ただし、次の各号に掲げる規定は、当該各号に定める日から施行する。

一　第五百九条の規定　公布の日

二　（略）

＊暴力行為等処罰に関する法律（大正一五・四・一〇　法　六〇）

第一条【集団的暴行・脅迫・毀棄】 団体若は多衆の威力を示し、団体若は多衆を仮装して威力を示し又は兇器を示し若は数人共同して刑法（明治四十年法律第四十五号）第二百八条、第二百二十二条又は第二百六十一条の罪を犯したる者は三年以下の懲役又は三十万円以下の罰金に処す。

> **＊令和四法六八**（令和七・六・一六までに施行）**による改正**
> 第一条中「懲役」を「拘禁刑」に改める。（本文未織込み）

第一条の二【加重傷害】 ①銃砲若はクロスボウ又は刀剣類を用ひて人の身体を傷害したる者は一年以上十五年以下の懲役に処す。

> **＊令和四法六八**（令和七・六・一六までに施行）**による改正**
> 第一項中「懲役」を「拘禁刑」に改める。（本文未織込み）

②前項の未遂罪は之を罰す。
③前二項の罪は刑法第三条、第三条の二及第四条の二の例に従ふ。

第一条の三【常習的傷害・暴行・脅迫・毀棄】 ①常習として刑法第二百四条、第二百八条、第二百二十二条又は第二百六十一条の罪を犯したる者人を傷害したるものなるときは一年以上十五年以下の懲役に処し其の他の場合に在りては三月以上五年以下の懲役に処す。

> **＊令和四法六八**（令和七・六・一六までに施行）**による改正**
> 第一項中「懲役」を「拘禁刑」に改める。（本文未織込み）

②前項（刑法第二百四条に係る部分を除く。）の罪は同法第四条の二の例に従ふ。

第二条【集団的、常習的面会強請・強談威迫】 ①財産上不正の利益を得又は得しむる目的を以て第一条の方法に依り面会を強請し又は強談威迫の行為を為したる者は一年以下の懲役又は十万円以下の罰金に処す。

> **＊令和四法六八**（令和七・六・一六までに施行）**による改正**
> 第一項中「懲役」を「拘禁刑」に改める。（本文未織込み）

②常習として故なく面会を強請し又は強談威迫の行為を為したる者の罰亦前項に同じ。

第三条【集団犯罪等の請託】 ①第一条の方法に依り刑法第百九十九条、第二百四条、第二百八条、第二百二十二条、第二百二十三条、第二百三十四条、第二百六十条又は第二百六十一条の罪を犯さしむる目的を以て金品其の他の財産上の利益若は職務を供与し又は其の申込若は約束を為したる者及情を知りて供与を受け又は其の要求若は約束を為したる者は六月以下の懲役又は十万円以下の罰金に処す。
②第一条の方法に依り刑法第九十五条の罪を犯さしむる目的を以て前項の行為を為したる者は六月以下の懲役若は禁錮又は十万円以下の罰金に処す。

> **＊令和四法六八**（令和七・六・一六までに施行）**による改正**
> 第一項中「懲役」を「拘禁刑」に改め、第二項中「懲役若は禁錮」を「拘禁刑」に改める。（本文未織込み）

刑法等の一部を改正する法律の施行に伴う関係法律整理法中経過規定（令和四・六・一七法六八）（抄）

第四四一条から第四四三条まで（刑法の同経過規定参照）
第五〇九条（刑法の同経過規定参照）

刑法等の一部を改正する法律の施行に伴う関係法律整理法

附　則（令和四・六・一七法六八）（抄）

（施行期日）
① この法律は、刑法等一部改正法（刑法等の一部を改正する法律（令和四法六七））施行日から施行する。ただし、次の各号に掲げる規定は、当該各号に定める日から施行する。
一　第五百九条の規定　公布の日
二　（略）

＊人質による強要行為等の処罰に関する法律（昭和五三・五・一六　法　四八）

（人質による強要等）
第一条① 人を逮捕し、又は監禁し、これを人質にして、第三者に対し、義務のない行為をすること又は権利を行わないことを要求した者は、六月以上十年以下の懲役に処する。

> **＊令和四法六八**（令和七・六・一六までに施行）**による改正**
> 第一項中「懲役」を「拘禁刑」に改める。（本文未織込み）

② 第三者に対して義務のない行為をすること又は権利を行わないことを要求するための人質にする目的で、人を逮捕し、又は監禁した者も、前項と同様とする。
③ 前項の未遂罪は、罰する。

（加重人質強要）
第二条　二人以上共同して、かつ、凶器を示して人を逮捕し、又は監禁した者が、これを人質にして、第三者に対し、義務のない行為をすること又は権利を行わないことを要求したときは、無期又は五年以上の懲役に処する。

> **＊令和四法六八**（令和七・六・一六までに施行）**による改正**
> 第二条中「懲役」を「拘禁刑」に改める。（本文未織込み）

第三条　航空機の強取等の処罰に関する法律（昭和四十五年法律第六十八号）第一条第一項の罪を犯した者が、当該航空機内にある者を人質にして、第三者に対し、義務のない行為をすること又は権利を行わないことを要求したときは、無期又は十年以上の懲役に処する。

> **＊令和四法六八**（令和七・六・一六までに施行）**による改正**
> 第三条中「懲役」を「拘禁刑」に改める。（本文未織込み）

（人質殺害）
第四条① 第二条又は前条の罪を犯した者が、人質にされている者を殺したときは、死刑又は無期懲役に処する。

> **＊令和四法六八**（令和七・六・一六までに施行）**による改正**
> 第一項中「無期懲役」を「無期拘禁刑」に改める。（本文未織込み）

② 前項の未遂罪は、罰する。

（国外犯）

第五条　第一条の罪は刑法（明治四十年法律第四十五号）第三条、第三条の二及び第四条の二の例に、前三条の罪は同法第二条の例に従う。

刑法等の一部を改正する法律の施行に伴う関係法律整理法中経過規定　（令和四・六・一七法六八）（抄）

第四四一条から**第四四三条**まで　（刑法の同経過規定参照）

第五〇九条　（刑法の同経過規定参照）

刑法等の一部を改正する法律の施行に伴う関係法律整理法

附　則　（令和四・六・一七法六八）（抄）

（施行期日）

① この法律は、刑法等一部改正法（刑法等の一部を改正する法律（令和四法六七））施行日から施行する。ただし、次の各号に掲げる規定は、当該各号に定める日から施行する。

一　第五百九条の規定　公布の日

二　（略）

＊盗犯等の防止及処分に関する法律（昭和五・五・二二 法　九）

第一条【正当防衛の特則】 ①左の各号の場合に於て自己又は他人の生命、身体又は貞操に対する現在の危険を排除する為犯人を殺傷したるときは刑法第三十六条第一項の防衛行為ありたるものとす。

一　盗犯を防止し又は盗贓を取還せんとするとき。

二　兇器を携帯して又は門戸牆壁等を踰越損壊し若は鎖鑰を開きて人の住居又は人の看守する邸宅、建造物若は船舶に侵入する者を防止せんとするとき。

三　故なく人の住居又は人の看守する邸宅、建造物若は船舶に侵入したる者又は要求を受けて此等の場所より退去せざる者を排斥せんとするとき。

②前項各号の場合に於て自己又は他人の生命、身体又は貞操に対する現在の危険あるに非ずと雖も行為者恐怖、驚愕、興奮又は狼狽に因り現場に於て犯人を殺傷するに至りたるときは之を罰せず。

第二条【常習特殊強窃盗】 常習として左の各号の方法に依り刑法第二百三十五条、第二百三十六条、第二百三十八条若は第二百三十九条の罪又は其の未遂罪を犯したる者に対し窃盗を以て論ずべきときは三年以上、強盗を以て論ずべきときは七年以上の有期懲役に処す。

一　兇器を携帯して犯したるとき。

二　二人以上現場に於て共同して犯したるとき。

三　門戸牆壁等を踰越損壊し又は鎖鑰を開き人の住居又は人の看守する邸宅、建造物若は艦船に侵入して犯したるとき。

四　夜間人の住居又は人の看守する邸宅、建造物若は艦船に侵入して犯したるとき。

＊令和四法六八（令和七・六・一六までに施行）**による改正**
第二条中「有期懲役」を「有期拘禁刑」に改める。（本文未織込み）

第三条【常習累犯強窃盗】 常習として前条に掲げたる刑法各条の罪又は其の未遂罪を犯したる者にして其の行為前十年内に此等の罪又は此等の罪と他の罪との併合罪に付三回以上六月の懲役以上の刑の執行を受け又は其の執行の免除を得たるものに対し刑を科すべきときは前条の例に依る。

＊令和四法六八（令和七・六・一六までに施行）**による改正**
第三条中「懲役」を「拘禁刑」に改める。（本文未織込み）

第四条【常習強盗傷人、常習強盗・強制性交等】 常習として刑法第二百四十条の罪（人を傷したるときに限る。）又は第二百四十一条第一項の罪を犯したる者は無期又は十年以上の懲役に処す。

＊令和四法六八（令和七・六・一六までに施行）**による改正**
第四条中「懲役」を「拘禁刑」に改める。（本文未織込み）

刑法等の一部を改正する法律の施行に伴う関係法律整理法中経過規定　（令和四・六・一七法六八）（抄）

第四四一条から**第四四三条**まで　（刑法の同経過規定参照）

（盗犯等の防止及び処分に関する法律の一部改正に伴う経過措置）

第四七四条　懲役の執行を受け又はその執行の免除を得た者に対し刑を科すべき場合における第七条の規定による改正後の盗犯等の防止及び処分に関する法律第三条の規定の適用については、同条中「刑の」とあるのは、「刑若は六月の刑法等の一部を改正する法律（令和四年法律第六十七号）に依る改正前の刑法第十二条に規定する懲役以上の刑の」とする。

第五〇九条　（刑法の同経過規定参照）

刑法等の一部を改正する法律の施行に伴う関係法律整理法

附　則　（令和四・六・一七法六八）（抄）

（施行期日）

① この法律は、刑法等一部改正法（刑法等の一部を改正する法律（令和四法六七））施行日から施行する。ただし、次の各号に掲げる規定は、当該各号に定める日から施行する。

一　第五百九条の規定　公布の日

二　（略）

＊軽犯罪法

（昭和二三・五・一 法　三　九）

第一条【罪】 左の各号の一に該当する者は、これを拘留又は科料に処する。
一　人が住んでおらず、且つ、看守していない邸宅、建物又は船舶の内に正当な理由がなくてひそんでいた者
二　正当な理由がなくて刃物、鉄棒その他人の生命を害し、又は人の身体に重大な害を加えるのに使用されるような器具を隠して携帯していた者
三　正当な理由がなくて合かぎ、のみ、ガラス切りその他他人の邸宅又は建物に侵入するのに使用されるような器具を隠して携帯していた者
四　生計の途がないのに、働く能力がありながら職業に就く意思を有せず、且つ、一定の住居を持たない者で諸方をうろついたもの
五　公共の会堂、劇場、飲食店、ダンスホールその他公共の娯楽場において、入場者に対して、又は汽車、電車、乗合自動車、船舶、飛行機その他公共の乗物の中で乗客に対して著しく粗野又は乱暴な言動で迷惑をかけた者
六　正当な理由がなくて他人の標灯又は街路その他公衆の通行し、若しくは集合する場所に設けられた灯火を消した者
七　みだりに船又はいかだを水路に放置し、その他水路の交通を妨げるような行為をした者
八　風水害、地震、火事、交通事故、犯罪の発生その他の変事に際し、正当な理由がなく、現場に出入するについて公務員若しくはこれを援助する者の指示に従うことを拒み、又は公務員から援助を求められたのにかかわらずこれに応じなかつた者
九　相当の注意をしないで、建物、森林その他燃えるような物の附近で火をたき、又はガソリンその他引火し易い物の附近で火気を用いた者
十　相当の注意をしないで、銃砲又は火薬類、ボイラーその他の爆発する物を使用し、又はもてあそんだ者
十一　相当の注意をしないで、他人の身体又は物件に害を及ぼす虞のある場所に物を投げ、注ぎ、又は発射した者
十二　人畜に害を加える性癖のあることの明らかな犬その他の鳥獣類を正当な理由がなくて解放し、又はその監守を怠つてこれを逃がした者
十三　公共の場所において多数の人に対して著しく粗野若しくは乱暴な言動で迷惑をかけ、又は威勢を示して汽車、電車、乗合自動車、船舶その他の公共の乗物、演劇その他の催し若しくは割当物資の配給を待ち、若しくはこれらの乗物若しくは催しの切符を買い、若しくは割当物資の配給に関する証票を得るため待つている公衆の列に割り込み、若しくはその列を乱した者
十四　公務員の制止をきかずに、人声、楽器、ラジオなどの音を異常に大きく出して静穏を害し近隣に迷惑をかけた者
十五　官公職、位階勲等、学位その他法令により定められた称号若しくは外国におけるこれらに準ずるものを詐称し、又は資格がないのにかかわらず、法令により定められた制服若しくは勲章、記章その他の標章若しくはこれらに似せて作つた物を用いた者
十六　虚構の犯罪又は災害の事実を公務員に申し出た者
十七　質入又は古物の売買若しくは交換に関する帳簿に、法令により記載すべき氏名、住居、職業その他の事項につき虚偽の申立をして不実の記載をさせた者
十八　自己の占有する場所内に、老幼、不具若しくは傷病のため扶助を必要とする者又は人の死体若しくは死胎のあることを知りながら、速やかにこれを公務員に申し出なかつた者
十九　正当な理由がなくて変死体又は死胎の現場を変えた者
二十　公衆の目に触れるような場所で公衆にけん悪の情を催させるような仕方でしり、ももその他身体の一部をみだりに露出した者
二十一　削除
二十二　こじきをし、又はこじきをさせた者
二十三　正当な理由がなくて人の住居、浴場、更衣場、便所その他人が通常衣服をつけないでいるような場所をひそかにのぞき見た者
二十四　公私の儀式に対して悪戯などでこれを妨害した者
二十五　川、みぞその他の水路の流通を妨げるような行為をした者
二十六　街路又は公園その他公衆の集合する場所で、たんつばを吐き、又は大小便をし、若しくはこれをさせた者
二十七　公共の利益に反してみだりにごみ、鳥獣の死体その他の汚物又は廃物を棄てた者
二十八　他人の進路に立ちふさがつて、若しくはその身辺に群がつて立ち退こうとせず、又は不安若しくは迷惑を覚えさせるような仕方で他人につきまとつた者
二十九　他人の身体に対して害を加えることを共謀した者の誰かがその共謀に係る行為の予備行為をした場合における共謀者
三十　人畜に対して犬その他の動物をけしかけ、又は馬若しくは牛を驚かせて逃げ走らせた者
三十一　他人の業務に対して悪戯などでこれを妨害した者
三十二　入ることを禁じた場所又は他人の田畑に正当な理由がなくて入つた者
三十三　みだりに他人の家屋その他の工作物にはり札をし、若しくは他人の看板、禁札その他の標示物を取り除き、又はこれらの工作物若しくは標示物を汚した者
三十四　公衆に対して物を販売し、若しくは頒布し、又は役務を提供するにあたり、人を欺き、又は誤解させるような事実を挙げて広告をした者

第二条【刑の免除・併科】 前条の罪を犯した者に対しては、情状に因り、その刑を免除し、又は拘留及び科料を併科することができる。

第三条【教唆・幇助】 第一条の罪を教唆し、又は幇助した者は、正犯に準ずる。

第四条【適用上の注意】 この法律の適用にあたつては、国民の権利を不当に侵害しないように留意し、その本来の目的を逸脱して他の目的のためにこれを濫用するようなことがあつてはならない。

＊道路交通法（抜粋）（昭和三五・六・二五 法一〇五）

（危険防止の措置）

第六一条　警察官は、第五十八条の三第一項及び第二項の規定による場合のほか、車両等の乗車、積載又は牽引について危険を防止するため特に必要があると認めるときは、当該車両等を停止させ、及び当該車両等の運転者に対し、危険を防止するため必要な応急の措置をとることを命ずることができる。

（酒気帯び運転等の禁止）

第六五条①　何人も、酒気を帯びて車両等を運転してはならない。

②　何人も、酒気を帯びている者で、前項の規定に違反して車両等を運転することとなるおそれがあるものに対し、車両等を提供してはならない。

③　何人も、第一項の規定に違反して車両等を運転することとなるおそれがある者に対し、酒類を提供し、又は飲酒をすすめてはならない。

④　何人も、車両（トロリーバス及び旅客自動車運送事業の用に供する自動車で当該業務に従事中のものその他の政令で定める自動車を除く。以下この項、第百十七条の二の二第一項第六号及び第百十七条の三の二第三号において同じ。）の運転者が酒気を帯びていることを知りながら、当該運転者に対し、当該車両を運転して自己を運送することを要求し、又は依頼して、当該運転者が第一項の規定に違反して運転する車両に同乗してはならない。

（危険防止の措置）

第六七条①　警察官は、車両等の運転者が第六十四条第一項、第六十五条第一項、第六十六条、第七十一条の四第四項から第七項まで又は第八十五条第五項から第七項（第二号を除く。）までの規定に違反して車両等を運転していると認めるときは、当該車両等を停止させ、及び当該車両等の運転者に対し、第九十二条第一項の運転免許証又は第百七条の二の国際運転免許証若しくは外国運転免許証の提示を求めることができる。

＊令和四法三二（令和六・四・二六までに施行）による改正
第一項中「第七十一条の四第三項から第六項まで」は「第七十一条の四第四項から第七項まで」に改められた。（本文織込み済み）

②　前項に定めるもののほか、警察官は、車両等の運転者が車両等の運転に関しこの法律（第六十四条第一項、第六十五条第一項、第六十六条、第七十一条の四第四項から第七項まで及び第八十五条第五項から第七項（第二号を除く。）までを除く。）若しくはこの法律に基づく命令の規定若しくはこの法律の規定に基づく処分に違反し、又は車両等の交通による人の死傷若しくは物の損壊（以下「交通事故」という。）を起こした場合において、当該車両等の運転者に引き続き当該車両等を運転させることができるかどうかを確認するため必要があると認めるときは、当該車両等の運転者に対し、第九十二条第一項の運転免許証又は第百七条の二の国際運転免許証若しくは外国運転免許証の提示を求めることができる。

＊令和四法三二（令和六・四・二六までに施行）による改正
第二項中「第七十一条の四第三項から第六項まで」は「第七十一条の四第四項から第七項まで」に改められた。（本文織込み済み）

③　車両等に乗車し、又は乗車しようとしている者が第六十五条第一項の規定に違反して車両等を運転するおそれがあると認められるときは、警察官は、次項の規定による措置に関し、その者が身体に保有しているアルコールの程度について調査するため、政令で定めるところにより、その者の呼気の検査をすることができる。

④　（略）

（交通事故の場合の措置）

第七二条①　交通事故があつたときは、当該交通事故に係る車両等の運転者その他の乗務員（以下この節において「運転者等」という。）は、直ちに車両等の運転を停止して、負傷者を救護し、道路における危険を防止する等必要な措置を講じなければならない。この場合において、当該車両等の運転者（運転者が死亡し、又は負傷したためやむを得ないときは、その他の乗務員。次項において同じ。）は、警察官が現場にいるときは当該警察官に、警察官が現場にいないときは直ちに最寄りの警察署（派出所又は駐在所を含む。同項において同じ。）の警察官に当該交通事故が発生した日時及び場所、当該交通事故における死傷者の数及び負傷者の負傷の程度並びに損壊した物及びその損壊の程度、当該交通事故に係る車両等の積載物並びに当該交通事故について講じた措置（第七十五条の二十三第一項及び第三項において「交通事故発生日時等」という。）を報告しなければならない。

②―④　（略）

（罰則）

第一一七条①　車両等（軽車両を除く。以下この項において同じ。）の運転者が、当該車両等の交通による人の死傷があつた場合において、第七十二条（交通事故の場合の措置）第一項前段の規定に違反したときは、五年以下の懲役又は五十万円以下の罰金に処する。

②　前項の場合において、同項の人の死傷が当該運転者の運転に起因するものであるときは、十年以下の懲役又は百万円以下の罰金に処する。

③　（略）

＊令和四法六八（令和七・六・一六までに施行）による改正
第一一七条中「懲役」を「拘禁刑」に改める。（本文未織込み）

第一一七条の二①　次の各号のいずれかに該当する者は、五年以下の懲役又は百万円以下の罰金に処する。

一　第六十五条（酒気帯び運転等の禁止）第一項の規定に違反して車両等を運転した者で、その運転をした場合において酒に酔つた状態（アルコールの影響により正常な運転ができないおそれがある状態をいう。以下同じ。）にあつたもの

二　第六十五条（酒気帯び運転等の禁止）第二項の規定に違反した者（当該違反により当該車両等の提供を受けた者が酒に酔つた状態で当該車両等を運転した場合に限る。）

三・四　（略）

②　（略）

＊令和四法六八（令和七・六・一六までに施行）による改正
第一一七条の二中「懲役」を「拘禁刑」に改める。（本文未織込み）

第一一七条の二の二①　次の各号のいずれかに該当する者は、三年以下の懲役又は五十万円以下の罰金に処する。

一・二　（略）

三　第六十五条（酒気帯び運転等の禁止）第一項の規定に違反して車両等（軽車両を除く。次号において同じ。）を運転した者で、その運転をした場合において身体に政令で定める程度以上にアルコールを保有する状態にあつたもの

四　第六十五条（酒気帯び運転等の禁止）第二項の規定に違反した者（当該違反により当該車両等の提供を受けた者が身体に前号の政令で定める程度以上にアルコールを保有する状態で当該車両等を運転した場合に限るものとし、前条第一項第二号に該当する場合を除く。）

五　第六十五条（酒気帯び運転等の禁止）第三項の規定に違反して酒類を提供した者（当該違反により当該酒類の提供を受

けた者が酒に酔った状態で車両等を運転した場合に限る。）

六 第六十五条（酒気帯び運転等の禁止）第四項の規定に違反した者（その者が当該同乗した車両の運転者が酒に酔った状態にあることを知りながら同項の規定に違反した場合であって、当該運転者が酒に酔った状態で当該車両を運転したときに限る。）

七―九 （略）

② （略）

＊令和四法六八（令和七・六・一六までに施行）による改正
第一一七条の二の二中「懲役」を「拘禁刑」に改める。（本文未織込み）

第一一七条の三の二 次の各号のいずれかに該当する者は、二年以下の懲役又は三十万円以下の罰金に処する。

一 （略）

二 第六十五条（酒気帯び運転等の禁止）第三項の規定に違反して酒類を提供した者（当該違反により当該酒類の提供を受けた者が身体に第百十七条の二の二第一項第三号の政令で定める程度以上にアルコールを保有する状態で車両等（軽車両を除く。）を運転した場合に限るものとし、同項第五号に該当する場合を除く。）

三 第六十五条（酒気帯び運転等の禁止）第四項の規定に違反した者（当該同乗した車両（軽車両を除く。以下この号において同じ。）の運転者が酒に酔った状態で当該車両を運転し、又は身体に第百十七条の二の二第一項第三号の政令で定める程度以上にアルコールを保有する状態で当該車両を運転した場合に限るものとし、同項第六号に該当する場合を除く。）

＊令和四法六八（令和七・六・一六までに施行）による改正
第一一七条の三の二中「懲役」を「拘禁刑」に改める。（本文未織込み）

第一一八条の二 第六十七条（危険防止の措置）第三項の規定による警察官の検査を拒み、又は妨げた者は、三月以下の懲役又は五十万円以下の罰金に処する。

＊令和四法六八（令和七・六・一六までに施行）による改正
第一一八条の二中「懲役」を「拘禁刑」に改める。（本文未織込み）

附 則（令和四・四・二七法三二）（抄）

（施行期日）

第一条 この法律は、公布の日から起算して一年を超えない範囲内において政令で定める日から施行する。ただし、次の各号に掲げる規定は、当該各号に定める日から施行する。

一 （略）

二 第一条（道路交通法の一部改正）並びに附則第六条（中略）の規定 公布の日から起算して六月を超えない範囲内において政令で定める日

三 第三条（道路交通法の一部改正）（中略）の規定 公布の日から起算して二年を超えない範囲内において政令で定める日

四 （略）

刑法等の一部を改正する法律の施行に伴う関係法律整理法中経過規定（令和四・六・一七法六八）（抄）

第四四一条から第四四三条まで（刑法の同経過規定参照）

第五〇九条（刑法の同経過規定参照）

刑法等の一部を改正する法律の施行に伴う関係法律整理法

附 則（令和四・六・一七法六八）（抄）

（施行期日）

① この法律は、刑法等一部改正法（刑法等の一部を改正する法律（令和四法六七））施行日から施行する。（後略）

＊自動車の運転により人を死傷させる行為等の処罰に関する法律（抜粋）

（平成二五・一一・二七
法 八 六）

（危険運転致死傷）

第二条 次に掲げる行為を行い、よって、人を負傷させた者は十五年以下の懲役に処し、人を死亡させた者は一年以上の有期懲役に処する。

一 アルコール又は薬物の影響により正常な運転が困難な状態で自動車を走行させる行為

二 その進行を制御することが困難な高速度で自動車を走行させる行為

三 その進行を制御する技能を有しないで自動車を走行させる行為

四 人又は車の通行を妨害する目的で、走行中の自動車の直前に進入し、その他通行中の人又は車に著しく接近し、かつ、重大な交通の危険を生じさせる速度で自動車を運転する行為

五 車の通行を妨害する目的で、走行中の車（重大な交通の危険が生じることとなる速度で走行中のものに限る。）の前方で停止し、その他これに著しく接近することとなる方法で自動車を運転する行為

六 高速自動車国道（高速自動車国道法（昭和三十二年法律第七十九号）第四条第一項に規定する道路をいう。）又は自動車専用道路（道路法（昭和二十七年法律第百八十号）第四十八条の四に規定する自動車専用道路をいう。）において、自動車の通行を妨害する目的で、走行中の自動車の前方で停止し、その他これに著しく接近することとなる方法で自動車を運転することにより、走行中の自動車に停止又は徐行（自動車が直ちに停止することができるような速度で進行することをいう。）をさせる行為

七 赤色信号又はこれに相当する信号を殊更に無視し、かつ、重大な交通の危険を生じさせる速度で自動車を運転する行為

八 通行禁止道路（道路標識若しくは道路標示により、又はその他法令の規定により自動車の通行が禁止されている道路又はその部分であって、これを通行することが人又は車に交通の危険を生じさせるものとして政令で定めるものをいう。）を進行し、かつ、重大な交通の危険を生じさせる速度で自動車を運転する行為

＊令和四法六八（令和七・六・一六までに施行）による改正
第二条中「懲役に処し」を「拘禁刑に処し」に、「有期懲役」を「有期拘禁刑」に改める。（本文未織込み）

第三条① アルコール又は薬物の影響により、その走行中に正常な運転に支障が生じるおそれがある状態で、自動車を運転し、よって、そのアルコール又は薬物の影響により正常な運転が困難な状態に陥り、人を負傷させた者は十二年以下の懲役に処し、人を死亡させた者は十五年以下の懲役に処する。

② 自動車の運転に支障を及ぼすおそれがある病気として政令で定めるものの影響により、その走行中に正常な運転に支障が生じるおそれがある状態で、自動車を運転し、よって、その病気の影響により正常な運転が困難な状態に陥り、人を死傷させた者も、前項と同様とする。

＊令和四法六八（令和七・六・一六までに施行）による改正
第一項中「懲役」を「拘禁刑」に改める。（本文未織込み）

（過失運転致死傷アルコール等影響発覚免脱）
第四条 アルコール又は薬物の影響によりその走行中に正常な運転に支障が生じるおそれがある状態で自動車を運転した者が、運転上必要な注意を怠り、よって人を死傷させた場合において、その運転の時のアルコール又は薬物の影響の有無又は程度が発覚することを免れる目的で、更にアルコール又は薬物を摂取すること、その場を離れて身体に保有するアルコール又は薬物の濃度を減少させることその他その影響の有無又は程度が発覚することを免れるべき行為をしたときは、十二年以下の懲役に処する。

＊令和四法六八（令和七・六・一六までに施行）による改正
第四条中「懲役」を「拘禁刑」に改める。（本文未織込み）

（過失運転致死傷）
第五条 自動車の運転上必要な注意を怠り、よって人を死傷させた者は、七年以下の懲役若しくは禁錮又は百万円以下の罰金に処する。ただし、その傷害が軽いときは、情状により、その刑を免除することができる。

＊令和四法六八（令和七・六・一六までに施行）による改正
第五条中「懲役若しくは禁錮」を「拘禁刑」に改める。（本文未織込み）

（無免許運転による加重）
第六条① 第二条（第三号を除く。）の罪を犯した者（人を負傷させた者に限る。）が、その罪を犯した時に無免許運転をしたものであるときは、六月以上の有期懲役に処する。

② 第三条の罪を犯した者が、その罪を犯した時に無免許運転をしたものであるときは、人を負傷させた者は十五年以下の懲役に処し、人を死亡させた者は六月以上の有期懲役に処する。

③ 第四条の罪を犯した者が、その罪を犯した時に無免許運転をしたものであるときは、十五年以下の懲役に処する。

④ 前条の罪を犯した者が、その罪を犯した時に無免許運転をしたものであるときは、十年以下の懲役に処する。

＊令和四法六八（令和七・六・一六までに施行）による改正
第一項中「有期懲役」を「有期拘禁刑」に改め、第二項中「懲役に処し」を「拘禁刑に処し」に、「有期懲役」を「有期拘禁刑」に改め、第三項及び第四項中「懲役」を「拘禁刑」に改める。（本文未織込み）

刑法等の一部を改正する法律の施行に伴う関係法律整理法中経過規定

（令和四・六・一七法六八）（抄）

第四四一条から第四四三条まで （刑法の同経過規定参照）

第五〇九条 （刑法の同経過規定参照）

刑法等の一部を改正する法律の施行に伴う関係法律整理法

附 則（令和四・六・一七法六八）（抄）

（施行期日）
① この法律は、刑法等一部改正法（刑法等の一部を改正する法律（令和四法六七））施行日から施行する。ただし、次の各号に掲げる規定は、当該各号に定める日から施行する。

一 第五百九条の規定 公布の日

二 （略）

＊児童福祉法（抜粋）

（昭和二二・一二・一二法一六四）

第三四条【児童保護のための禁止行為】① 何人も、次に掲げる行為をしてはならない。

一 身体に障害又は形態上の異常がある児童を公衆の観覧に供する行為

二 児童にこじきをさせ、又は児童を利用してこじきをする行為

三 公衆の娯楽を目的として、満十五歳に満たない児童にかるわざ又は曲馬をさせる行為

四 満十五歳に満たない児童に戸々について、又は道路その他これに準ずる場所で歌謡、遊芸その他の演技を業務としてさせる行為

四の二 児童に午後十時から午前三時までの間、戸々について、又は道路その他これに準ずる場所で物品の販売、配布、展示若しくは拾集又は役務の提供を業務としてさせる行為

四の三 戸々について、又は道路その他これに準ずる場所で物品の販売、配布、展示若しくは拾集又は役務の提供を業務として行う満十五歳に満たない児童を、当該業務を行うために、風俗営業等の規制及び業務の適正化等に関する法律（昭和二十三年法律第百二十二号）第二条第四項の接待飲食等営業、同条第六項の店舗型性風俗特殊営業及び同条第九項の店舗型電話異性紹介営業に該当する営業を営む場所に立ち入らせる行為

五 満十五歳に満たない児童に酒席に侍する行為を業務としてさせる行為

六 児童に淫行をさせる行為

七 前各号に掲げる行為をするおそれのある者その他児童に対し、刑罰法令に触れる行為をなすおそれのある者に、情を知つて、児童を引き渡す行為及び当該引渡し行為のなされるおそれがあるの情を知つて、他人に児童を引き渡す行為

八 成人及び児童のための正当な職業紹介の機関以外の者が、営利を目的として、児童の養育をあつせんする行為

九 児童の心身に有害な影響を与える行為をさせる目的をもつて、これを自己の支配下に置く行為

② 児童養護施設、障害児入所施設、児童発達支援センター又は児童自立支援施設においては、それぞれ第四十一条から第四十三条まで及び第四十四条に規定する目的に反して、入所した児童を酷使してはならない。

第六〇条【禁止行為違反の罪】① 第三十四条第一項第六号の規定に違反した者は、十年以下の懲役若しくは三百万円以下の罰

金に処し、又はこれを併科する。

② 第三十四条第一項第一号から第五号まで又は第七号から第九号までの規定に違反した者は、三年以下の懲役若しくは百万円以下の罰金に処し、又はこれを併科する。

③ 第三十四条第二項の規定に違反した者は、一年以下の懲役又は五十万円以下の罰金に処する。

④ 児童を使用する者は、児童の年齢を知らないことを理由として、前三項の規定による処罰を免れることができない。ただし、過失のないときは、この限りでない。

⑤ 第一項及び第二項（第三十四条第一項第七号又は第九号の規定に違反した者に係る部分に限る。）の罪は、刑法第四条の二の例に従う。

＊令和四法六八（令和七・六・一六までに施行）による改正
第一項、第二項及び第三項中「懲役」を「拘禁刑」に改める。（本文未織込み）

刑法等の一部を改正する法律の施行に伴う関係法律整理法中経過規定（令和四・六・一七法六八）(抄)

第四四一条から第四四三条まで（刑法の同経過規定参照）

第五〇九条（刑法の同経過規定参照）

刑法等の一部を改正する法律の施行に伴う関係法律整理法

附　則（令和四・六・一七法六八）(抄)

（施行期日）

① この法律は、刑法等一部改正法（刑法等の一部を改正する法律（令和四法六七））施行日から施行する。ただし、次の各号に掲げる規定は、当該各号に定める日から施行する。

一 第五百九条の規定　公布の日

二 （略）

＊児童買春、児童ポルノに係る行為等の規制及び処罰並びに児童の保護等に関する法律（抜粋）

（平成一一・五・二六法五二）

（目的）

第一条 この法律は、児童に対する性的搾取及び性的虐待が児童の権利を著しく侵害することの重大性に鑑み、あわせて児童の権利の擁護に関する国際的動向を踏まえ、児童買春、児童ポルノに係る行為等を規制し、及びこれらの行為等を処罰するとともに、これらの行為等により心身に有害な影響を受けた児童の保護のための措置等を定めることにより、児童の権利を擁護することを目的とする。

（定義）

第二条① この法律において「児童」とは、十八歳に満たない者をいう。

② この法律において「児童買春」とは、次の各号に掲げる者に対し、対償を供与し、又はその供与の約束をして、当該児童に対し、性交等（性交若しくは性交類似行為をし、又は自己の性的好奇心を満たす目的で、児童の性器等（性器、肛門又は乳首をいう。以下同じ。）を触り、若しくは児童に自己の性器等を触らせることをいう。以下同じ。）をすることをいう。

一 児童

二 児童に対する性交等の周旋をした者

三 児童の保護者（親権を行う者、未成年後見人その他の者で、児童を現に監護するものをいう。以下同じ。）又は児童をその支配下に置いている者

③ この法律において「児童ポルノ」とは、写真、電磁的記録（電子的方式、磁気的方式その他人の知覚によっては認識することができない方式で作られる記録であって、電子計算機による情報処理の用に供されるものをいう。以下同じ。）に係る記録媒体その他の物であって、次の各号のいずれかに掲げる児童の姿態を視覚により認識することができる方法により描写したものをいう。

一 児童を相手方とする又は児童による性交又は性交類似行為に係る児童の姿態

二 他人が児童の性器等を触る行為又は児童が他人の性器等を触る行為に係る児童の姿態であって性欲を興奮させ又は刺激するもの

三 衣服の全部又は一部を着けない児童の姿態であって、殊更に児童の性的な部位（性器等若しくはその周辺部、臀部又は胸部をいう。）が露出され又は強調されているものであり、かつ、性欲を興奮させ又は刺激するもの

（児童買春、児童ポルノの所持その他児童に対する性的搾取及び性的虐待に係る行為の禁止）

第三条の二 何人も、児童買春をし、又はみだりに児童ポルノを所持し、若しくは第二条第三項各号のいずれかに掲げる児童の姿態を視覚により認識することができる方法により描写した情報を記録した電磁的記録を保管することその他児童に対する性的搾取又は性的虐待に係る行為をしてはならない。

（児童買春）

第四条 児童買春をした者は、五年以下の懲役又は三百万円以下の罰金に処する。

＊令和四法六八（令和七・六・一六までに施行）による改正
第四条中「懲役」を「拘禁刑」に改める。（本文未織込み）

（児童買春周旋）

第五条① 児童買春の周旋をした者は、五年以下の懲役若しくは五百万円以下の罰金に処し、又はこれを併科する。

② 児童買春の周旋をすることを業とした者は、七年以下の懲役及び千万円以下の罰金に処する。

＊令和四法六八（令和七・六・一六までに施行）による改正
第五条中「懲役」を「拘禁刑」に改める。（本文未織込み）

（児童買春勧誘）

第六条① 児童買春の周旋をする目的で、人に児童買春をするように勧誘した者は、五年以下の懲役若しくは五百万円以下の罰金に処し、又はこれを併科する。

② 前項の目的で、人に児童買春をするように勧誘することを業とした者は、七年以下の懲役及び千万円以下の罰金に処する。

＊令和四法六八（令和七・六・一六までに施行）による改正
第六条中「懲役」を「拘禁刑」に改める。（本文未織込み）

（児童ポルノ所持、提供等）

第七条① 自己の性的好奇心を満たす目的で、児童ポルノを所持した者（自己の意思に基づいて所持するに至った者であり、かつ、当該者であることが明らかに認められる者に限る。）は、一年以下の懲役又は百万円以下の罰金に処する。自己の性的好奇心を満たす目的で、第二条第三項各号のいずれかに掲げる児童の姿態を視覚により認識することができる方法により描写した情報を記録した電磁的記録を保管した者（自己の意思に基づい

て保管するに至った者であり、かつ、当該者であることが明らかに認められる者に限る。）も、同様とする。

② 児童ポルノを提供した者は、三年以下の懲役又は三百万円以下の罰金に処する。電気通信回線を通じて第二条第三項各号のいずれかに掲げる児童の姿態を視覚により認識することができる方法により描写した情報を記録した電磁的記録その他の記録を提供した者も、同様とする。

③ 前項に掲げる行為の目的で、児童ポルノを製造し、所持し、運搬し、本邦に輸入し、又は本邦から輸出した者も、同項と同様とする。同項に掲げる行為の目的で、同項の電磁的記録を保管した者も、同様とする。

④ 前項に規定するもののほか、児童に第二条第三項各号のいずれかに掲げる姿態をとらせ、これを写真、電磁的記録に係る記録媒体その他の物に描写することにより、当該児童に係る児童ポルノを製造した者も、第二項と同様とする。

⑤ 前二項に規定するもののほか、ひそかに第二条第三項各号のいずれかに掲げる児童の姿態を写真、電磁的記録に係る記録媒体その他の物に描写することにより、当該児童に係る児童ポルノを製造した者も、第二項と同様とする。

⑥ 児童ポルノを不特定若しくは多数の者に提供し、又は公然と陳列した者は、五年以下の懲役若しくは五百万円以下の罰金に処し、又はこれを併科する。電気通信回線を通じて第二条第三項各号のいずれかに掲げる児童の姿態を視覚により認識することができる方法により描写した情報を記録した電磁的記録その他の記録を不特定又は多数の者に提供した者も、同様とする。

⑦ 前項に掲げる行為の目的で、児童ポルノを製造し、所持し、運搬し、本邦に輸入し、又は本邦から輸出した者も、同項と同様とする。同項に掲げる行為の目的で、同項の電磁的記録を保管した者も、同様とする。

⑧ 第六項に掲げる行為の目的で、児童ポルノを外国に輸入し、又は外国から輸出した日本国民も、同項と同様とする。

＊令和四法六八（令和七・六・一六までに施行）**による改正**
第一項、第二項及び第六項中「懲役」を「拘禁刑」に改める。（本文未織込み）

第八条（**児童買春等目的人身売買等**）① 児童を児童買春における性交等の相手方とさせ又は第二条第三項各号のいずれかに掲げる児童の姿態を描写して児童ポルノを製造する目的で、当該児童を売買した者は、一年以上十年以下の懲役に処する。

② 前項の目的で、外国に居住する児童で略取され、誘拐され、又は売買されたものをその居住国外に移送した日本国民は、二年以上の有期懲役に処する。

③ 前二項の罪の未遂は、罰する。

＊令和四法六八（令和七・六・一六までに施行）**による改正**
第一項中「懲役」を「拘禁刑」に改め、第二項中「有期懲役」を「有期拘禁刑」に改める。（本文未織込み）

第九条（**児童の年齢の知情**）児童を使用する者は、児童の年齢を知らないことを理由として、第五条、第六条、第七条第二項から第八項まで及び前条の規定による処罰を免れることができない。ただし、過失がないときは、この限りでない。

刑法等の一部を改正する法律の施行に伴う関係法律整理法中経過規定　（令和四・六・一七法六八）（抄）

第四四一条から**第四四三条**まで（刑法の同経過規定参照）

第五〇九条（刑法の同経過規定参照）

刑法等の一部を改正する法律の施行に伴う関係法律整理法　附　則（令和四・六・一七法六八）（抄）

（**施行期日**）

① この法律は、刑法等一部改正法（刑法等の一部を改正する法律（令和四法六七））施行日から施行する。ただし、次の各号に掲げる規定は、当該各号に定める日から施行する。

一 第五百九条の規定　公布の日

二 （略）

＊母体保護法（抜粋）（昭和二三・七・一三法一五六）

第二条（**定義**）① この法律で不妊手術とは、生殖腺を除去することなしに、生殖を不能にする手術で内閣府令をもつて定めるものをいう。

② この法律で人工妊娠中絶とは、胎児が、母体外において、生命を保続することのできない時期に、人工的に、胎児及びその附属物を母体外に排出することをいう。

第一四条（**医師の認定による人工妊娠中絶**）① 都道府県の区域を単位として設立された公益社団法人たる医師会の指定する医師（以下「指定医師」という。）は、次の各号の一に該当する者に対して、本人及び配偶者の同意を得て、人工妊娠中絶を行うことができる。

一 妊娠の継続又は分娩が身体的又は経済的理由により母体の健康を著しく害するおそれのあるもの

二 暴行若しくは脅迫によつて又は抵抗若しくは拒絶することができない間に姦淫されて妊娠したもの

② 前項の同意は、配偶者が知れないとき若しくはその意思を表示することができないとき又は妊娠後に配偶者がなくなつたときには本人の同意だけで足りる。

第二八条（**禁止**）何人も、この法律の規定による場合の外、故なく、生殖を不能にすることを目的として手術又はレントゲン照射を行つてはならない。

第三四条（**第二十八条違反**）第二十八条の規定に違反した者は、これを一年以下の懲役又は五十万円以下の罰金に処する。そのために、人を死に至らしめたときは、三年以下の懲役に処する。

＊令和四法六八（令和七・六・一六までに施行）**による改正**
第三四条中「これを」を削り、「懲役」を「拘禁刑」に改める。（本文未織込み）

刑法等の一部を改正する法律の施行に伴う関係法律整理法中経過規定　（令和四・六・一七法六八）（抄）

第四四一条から**第四四三条**まで（刑法の同経過規定参照）

第五〇九条（刑法の同経過規定参照）

刑法等の一部を改正する法律の施行に伴う関係法律整理法　附　則（令和四・六・一七法六八）（抄）

①（施行期日）
この法律は、刑法等一部改正法（刑法等の一部を改正する法律（令和四法六七））施行日から施行する。ただし、次の各号に掲げる規定は、当該各号に定める日から施行する。
一　第五百九条の規定　公布の日
二　（略）

——

＊精神保健及び精神障害者福祉に関する法律（抜粋）

（昭和二五・五・一法　一　二　三）

（都道府県知事による入院措置）
第二九条①　都道府県知事は、第二十七条の規定による診察の結果、その診察を受けた者が精神障害者であり、かつ、医療及び保護のために入院させなければその精神障害のために自身を傷つけ又は他人に害を及ぼすおそれがあると認めたときは、その者を国等の設置した精神科病院又は指定病院に入院させることができる。
②　前項の場合において都道府県知事がその者を入院させるには、その指定する二人以上の指定医の診察を経て、その者が精神障害者であり、かつ、医療及び保護のために入院させなければその精神障害のために自身を傷つけ又は他人に害を及ぼすおそれがあると認めることについて、各指定医の診察の結果が一致した場合でなければならない。
③④　（略）

＊心神喪失等の状態で重大な他害行為を行った者の医療及び観察等に関する法律（抜粋）

（平成一五・七・一六法　一　一　〇）

（目的等）
第一条①　この法律は、心神喪失等の状態で重大な他害行為（他人に害を及ぼす行為をいう。以下同じ。）を行った者に対し、その適切な処遇を決定するための手続等を定めることにより、継続的かつ適切な医療並びにその確保のために必要な観察及び指導を行うことによって、その病状の改善及びこれに伴う同様の行為の再発の防止を図り、もってその社会復帰を促進することを目的とする。
②　この法律による処遇に携わる者は、前項に規定する目的を踏まえ、心神喪失等の状態で重大な他害行為を行った者が円滑に社会復帰をすることができるように努めなければならない。

（定義）
第二条①　この法律において「対象行為」とは、次の各号に掲げるいずれかの行為に当たるものをいう。
一　刑法（明治四十年法律第四十五号）第百八条から第百十条まで又は第百十二条に規定する行為
二　刑法第百七十六条から第百八十条までに規定する行為
三　刑法第百九十九条、第二百二条又は第二百三条に規定する行為
四　刑法第二百四条に規定する行為
五　刑法第二百三十六条、第二百三十八条又は第二百四十三条（第二百三十六条又は第二百三十八条に係るものに限る。）に規定する行為
②　この法律において「対象者」とは、次の各号のいずれかに該当する者をいう。
一　公訴を提起しない処分において、対象行為を行ったこと及び刑法第三十九条第一項に規定する者（以下「心神喪失者」という。）又は同条第二項に規定する者（以下「心神耗弱者」という。）であることが認められた者
二　対象行為について、刑法第三十九条第一項の規定により無罪の確定裁判を受けた者又は同条第二項の規定により刑を減軽する旨の確定裁判（懲役又は禁錮の刑を言い渡し、その刑の全部の執行猶予の言渡しをしない裁判であって、執行すべき刑期があるものを除く。）を受けた者

＊令和四法六八（令和七・六・一六までに施行）**による改正**
第二号中「懲役又は禁錮の刑」を「拘禁刑」に改める。（本文未織込み）

③　この法律において「指定医療機関」とは、指定入院医療機関及び指定通院医療機関をいう。

④　この法律において「指定入院医療機関」とは、第四十二条第一項第一号又は第六十一条第一項第一号の決定を受けた者の入院による医療を担当させる医療機関として厚生労働大臣が指定した病院（その一部を指定した病院を含む。）をいう。

⑤　この法律において「指定通院医療機関」とは、第四十二条第一項第二号又は第五十一条第一項第二号の決定を受けた者の入院によらない医療を担当させる医療機関として厚生労働大臣が指定した病院若しくは診療所（これらに準ずるものとして政令で定めるものを含む。第十六条第二項において同じ。）又は薬局をいう。

（検察官による申立て）

第三三条①　検察官は、被疑者が対象行為を行ったこと及び心神喪失者若しくは心神耗弱者であることを認めて公訴を提起しない処分をしたとき、又は第二条第二項第二号に規定する確定裁判があったときは、当該処分をされ、又は当該確定裁判を受けた対象者について、対象行為を行った際の精神障害を改善し、これに伴って同様の行為を行うことなく、社会に復帰することを促進するためにこの法律による医療を受けさせる必要が明らかにないと認める場合を除き、地方裁判所に対し、第四十二条第一項の決定をすることを申し立てなければならない。ただし、当該対象者について刑事事件若しくは少年の保護事件の処理又は外国人の退去強制に関する法令の規定による手続が行われている場合は、当該手続が終了するまで、申立てをしないことができる。

②　前項本文の規定にかかわらず、検察官は、当該対象者が刑若しくは保護処分の執行のため刑務所、少年刑務所、拘置所若しくは少年院に収容されており引き続き収容されることとなるとき、又は新たに収容されるときは、同項の申立てをすることができない。当該対象者が外国人であって出国したときも、同様とする。

③　検察官は、刑法第二百四条に規定する行為を行った対象者については、傷害が軽い場合であって、当該行為の内容、当該対象者による過去の他害行為の有無及び内容並びに当該対象者の現在の病状、性格及び生活環境を考慮し、その必要がないと認めるときは、第一項の申立てをしないことができる。ただし、他の対象行為をも行った者については、この限りでない。

（入院等の決定）

第四二条①　裁判所は、第三十三条第一項の申立てがあった場合は、第三十七条第一項に規定する鑑定を基礎とし、かつ、同条第三項に規定する意見及び対象者の生活環境を考慮し、次の各号に掲げる区分に従い、当該各号に定める決定をしなければならない。

一　対象行為を行った際の精神障害を改善し、これに伴って同様の行為を行うことなく、社会に復帰することを促進するため、入院をさせてこの法律による医療を受けさせる必要があると認める場合　医療を受けさせるために入院をさせる旨の決定

二　前号の場合を除き、対象行為を行った際の精神障害を改善し、これに伴って同様の行為を行うことなく、社会に復帰することを促進するため、この法律による医療を受けさせる必要があると認める場合　入院によらない医療を受けさせる旨の決定

三　前二号の場合に当たらないとき　この法律による医療を行わない旨の決定

②　裁判所は、申立てが不適法であると認める場合は、決定をもって、当該申立てを却下しなければならない。

（入院等）

第四三条①　前条第一項第一号の決定を受けた者は、厚生労働大臣が定める指定入院医療機関において、入院による医療を受けなければならない。

②　前条第一項第二号の決定を受けた者は、厚生労働大臣が定める指定通院医療機関による入院によらない医療を受けなければならない。

③④　（略）

（通院期間）

第四四条　第四十二条第一項第二号の決定による入院によらない医療を行う期間は、当該決定があった日から起算して三年間とする。ただし、裁判所は、通じて二年を超えない範囲で、当該期間を延長することができる。

刑法等の一部を改正する法律の施行に伴う関係法律整理法中経過規定　（令和四・六・一七法六八）（抄）

第四四一条から第四四三条まで　（刑法の同経過規定参照）

（心神喪失等の状態で重大な他害行為を行った者の医療及び観察等に関する法律の一部改正に伴う経過措置）

第四九三条①　当分の間、第五十五条の規定による改正後の心神喪失等の状態で重大な他害行為を行った者の医療及び観察等に関する法律（以下この条において「新医療観察法」という。）第二条第二項（第二号に係る部分に限る。）に規定する対象者に係る新医療観察法の規定の適用については、同号中「拘禁刑」とあるのは、「拘禁刑、刑法等の一部を改正する法律（令和四年法律第六十七号）第二条の規定による改正前の刑法（以下この号において「旧刑法」という。）第十二条に規定する懲役又は旧刑法第十三条に規定する禁錮」とする。

②　（略）

第五〇九条　（刑法の同経過規定参照）

刑法等の一部を改正する法律の施行に伴う関係法律整理法

附　則（令和四・六・一七法六八）（抄）

（施行期日）

①　この法律は、刑法等一部改正法（刑法等の一部を改正する法律（令和四法六七））施行日から施行する。ただし、次の各号に掲げる規定は、当該各号に定める日から施行する。

一　第五百九条の規定　公布の日

二　（略）

＊臓器の移植に関する法律（抜粋）（平成九・七・一六 法一〇四）

（定義）
第五条　この法律において「臓器」とは、人の心臓、肺、肝臓、腎臓その他厚生労働省令で定める内臓及び眼球をいう。

（臓器の摘出）
第六条①　医師は、次の各号のいずれかに該当する場合には、移植術に使用されるための臓器を、死体（脳死した者の身体を含む。以下同じ。）から摘出することができる。
一　死亡した者が生存中に当該臓器を移植術に使用されるために提供する意思を書面により表示している場合であって、その旨の告知を受けた遺族が当該臓器の摘出を拒まないとき又は遺族がないとき。
二　死亡した者が生存中に当該臓器を移植術に使用されるために提供する意思を書面により表示している場合及び当該意思がないことを表示している場合以外の場合であって、遺族が当該臓器の摘出について書面により承諾しているとき。
②　前項に規定する「脳死した者の身体」とは、脳幹を含む全脳の機能が不可逆的に停止するに至ったと判定された者の身体をいう。
③　臓器の摘出に係る前項の判定は、次の各号のいずれかに該当する場合に限り、行うことができる。
一　当該者が第一項第一号に規定する意思を書面により表示している場合であり、かつ、当該者が前項の判定に従う意思がないことを表示している場合以外の場合であって、その旨の告知を受けたその者の家族が当該判定を拒まないとき又は家族がないとき。
二　当該者が第一項第一号に規定する意思を書面により表示している場合及び当該意思がないことを表示している場合以外の場合であり、かつ、当該者が前項の判定に従う意思がないことを表示している場合以外の場合であって、その者の家族が当該判定を行うことを書面により承諾しているとき。
④　臓器の摘出に係る第二項の判定は、これを的確に行うために必要な知識及び経験を有する二人以上の医師（当該判定がなされた場合に当該脳死した者の身体から臓器を摘出し、又は当該臓器を使用した移植術を行うこととなる医師を除く。）の一般に認められている医学的知見に基づき厚生労働省令で定めるところにより行う判断の一致によって、行われるものとする。
⑤　前項の規定により第二項の判定を行った医師は、厚生労働省令で定めるところにより、直ちに、当該判定が的確に行われたことを証する書面を作成しなければならない。
⑥　臓器の摘出に係る第二項の判定に基づいて脳死した者の身体から臓器を摘出しようとする医師は、あらかじめ、当該脳死した者の身体に係る前項の書面の交付を受けなければならない。

（親族への優先提供の意思表示）
第六条の二　移植術に使用されるための臓器を死亡した後に提供する意思を書面により表示している者又は表示しようとする者は、その意思の表示に併せて、親族に対し当該臓器を優先的に提供する意思を書面により表示することができる。

（臓器売買等の禁止）
第一一条①　何人も、移植術に使用されるための臓器を提供すること若しくは提供したことの対価として財産上の利益の供与を受け、又はその要求若しくは約束をしてはならない。
②　何人も、移植術に使用されるための臓器の提供を受けること若しくは受けたことの対価として財産上の利益を供与し、又はその申込み若しくは約束をしてはならない。
③―⑥　（略）

（業として行う臓器のあっせんの許可）
第一二条①　業として移植術に使用されるための臓器（死体から摘出されるもの又は摘出されたものに限る。）を提供すること又はその提供を受けることのあっせん（以下「業として行う臓器のあっせん」という。）をしようとする者は、厚生労働省令で定めるところにより、臓器の別ごとに、厚生労働大臣の許可を受けなければならない。
②　（略）

（罰則）
第二〇条①　第十一条第一項から第五項までの規定に違反した者は、五年以下の懲役若しくは五百万円以下の罰金に処し、又はこれを併科する。

＊令和四法六八（令和七・六・一六までに施行）**による改正**
第一項中「懲役」を「拘禁刑」に改める。（本文未織込み）

②　前項の罪は、刑法（明治四十年法律第四十五号）第三条の例に従う。
第二一条①　第六条第五項の書面に虚偽の記載をした者は、三年以下の懲役又は五十万円以下の罰金に処する。
②　第六条第六項の規定に違反して同条第五項の書面の交付を受けないで臓器の摘出をした者は、一年以下の懲役又は三十万円以下の罰金に処する。

＊令和四法六八（令和七・六・一六までに施行）**による改正**
第二一条中「懲役」を「拘禁刑」に改める。（本文未織込み）

第二二条　第十二条第一項の許可を受けないで、業として行う臓器のあっせんをした者は、一年以下の懲役若しくは百万円以下の罰金に処し、又はこれを併科する。

＊令和四法六八（令和七・六・一六までに施行）**による改正**
第二二条中「懲役」を「拘禁刑」に改める。（本文未織込み）

刑法等の一部を改正する法律の施行に伴う関係法律整理法中経過規定（令和四・六・一七法六八）（抄）
第四四一条から第四四三条まで（刑法の同経過規定参照）
第五〇九条（刑法の同経過規定参照）

刑法等の一部を改正する法律の施行に伴う関係法律整理法
附　則（令和四・六・一七法六八）（抄）
（施行期日）
①　この法律は、刑法等一部改正法（刑法等の一部を改正する法律（令和四法六七））施行日から施行する。ただし、次の各号に掲げる規定は、当該各号に定める日から施行する。
一　第五百九条の規定　公布の日
二　（略）

＊麻薬及び向精神薬取締法（抜粋）（昭和二八・三・一七 法 一四）

（麻薬取締官及び麻薬取締員の麻薬の譲受）
第五八条 麻薬取締官及び麻薬取締員は、麻薬に関する犯罪の捜査にあたり、厚生労働大臣の許可を受けて、この法律の規定にかかわらず、何人からも麻薬を譲り受けることができる。

【罰則】
第六四条① ジアセチルモルヒネ等を、みだりに、本邦若しくは外国に輸入し、本邦若しくは外国から輸出し、又は製造した者は、一年以上の有期懲役に処する。
② 営利の目的で前項の罪を犯した者は、無期若しくは三年以上の懲役に処し、又は情状により無期若しくは三年以上の懲役及び一千万円以下の罰金に処する。
③ 前二項の未遂罪は、罰する。

＊令和四法六八（令和七・六・一六までに施行）**による改正**
第一項中「有期懲役」を「有期拘禁刑」に改め、第二項中「懲役」を「拘禁刑」に改める。（本文未織込み）

第六四条の二① ジアセチルモルヒネ等を、みだりに、製剤し、小分けし、譲り渡し、譲り受け、交付し、又は所持した者は、十年以下の懲役に処する。
② 営利の目的で前項の罪を犯した者は、一年以上の有期懲役に処し、又は情状により一年以上の有期懲役及び五百万円以下の罰金に処する。
③ 前二項の未遂罪は、罰する。

＊令和四法六八（令和七・六・一六までに施行）**による改正**
第一項中「懲役」を「拘禁刑」に改め、第二項中「有期懲役」を「有期拘禁刑」に改める。（本文未織込み）

第六四条の三① 第十二条第一項又は第四項の規定に違反して、ジアセチルモルヒネ等を施用し、廃棄し、又はその施用を受けた者は、十年以下の懲役に処する。
② 営利の目的で前項の違反行為をした者は、一年以上の有期懲役に処し、又は情状により一年以上の有期懲役及び五百万円以下の罰金に処する。
③ 前二項の未遂罪は、罰する。

＊令和四法六八（令和七・六・一六までに施行）**による改正**
第一項中「懲役」を「拘禁刑」に改め、第二項中「有期懲役」を「有期拘禁刑」に改める。（本文未織込み）

第六九条の三① 第六十四条から第六十七条まで又は前条の罪に係る麻薬又は向精神薬で、犯人が所有し、又は所持するものは、没収する。ただし、犯人以外の所有に係るときは、没収しないことができる。
② 前項に規定する罪（第六十四条の三及び第六十六条の二の罪を除く。）の実行に関し、麻薬又は向精神薬の運搬の用に供した艦船、航空機又は車両は、没収することができる。

刑法等の一部を改正する法律の施行に伴う関係法律整理法中経過規定（令和四・六・一七法六八）（抄）
第四四一条から第四四三条まで（刑法の同経過規定参照）
第五〇九条（刑法の同経過規定参照）
刑法等の一部を改正する法律の施行に伴う関係法律整理法
附 則（令和四・六・一七法六八）（抄）
（施行期日）
① この法律は、刑法等一部改正法（刑法等の一部を改正する法律（令和四法六七））施行日から施行する。ただし、次の各号に掲げる規定は、当該各号に定める日から施行する。
一 第五百九条の規定 公布の日
二 （略）

＊覚醒剤取締法（抜粋）（昭和二六・六・三〇 法 二五二）

（刑罰）
第四一条① 覚醒剤を、みだりに、本邦若しくは外国に輸入し、本邦若しくは外国から輸出し、又は製造した者（第四十一条の五第一項第二号に該当する者を除く。）は、一年以上の有期懲役に処する。
② 営利の目的で前項の罪を犯した者は、無期若しくは三年以上の懲役に処し、又は情状により無期若しくは三年以上の懲役及び一千万円以下の罰金に処する。
③ 前二項の未遂罪は、罰する。

＊令和四法六八（令和七・六・一六までに施行）**による改正**
第一項中「有期懲役」を「有期拘禁刑」に改め、第二項中「懲役」を「拘禁刑」に改める。（本文未織込み）

第四一条の二① 覚醒剤を、みだりに、所持し、譲り渡し、又は譲り受けた者（第四十二条第五号に該当する者を除く。）は、十年以下の懲役に処する。
② 営利の目的で前項の罪を犯した者は、一年以上の有期懲役に処し、又は情状により一年以上の有期懲役及び五百万円以下の罰金に処する。
③ 前二項の未遂罪は、罰する。

＊令和四法六八（令和七・六・一六までに施行）**による改正**
第一項中「懲役」を「拘禁刑」に改め、第二項中「有期懲役」を「有期拘禁刑」に改める。（本文未織込み）

第四一条の三① 次の各号の一に該当する者は、十年以下の懲役に処する。
一 第十九条（使用の禁止）の規定に違反した者
二 第二十条第二項又は第三項（他人の診療以外の目的でする施用等の制限又は中毒の緩和若しくは治療のための施用等の制限）の規定に違反した者
三 第三十条の六（輸入及び輸出の制限及び禁止）の規定に違反した者
四 第三十条の八（製造の禁止）の規定に違反した者
② 営利の目的で前項の違反行為をした者は、一年以上の有期懲役に処し、又は情状により一年以上の有期懲役及び五百万円以下の罰金に処する。
③ 前二項の未遂罪は、罰する。

＊令和四法六八（令和七・六・一六までに施行）**による改正**

（麻薬及び向精神薬取締法等の特例等に関する法律）

第一項中「二に」を「いずれかに」に、「懲役」を「拘禁刑」に改め、第二項中「有期懲役」を「有期拘禁刑」に改める。（本文未織込み）

第四一条の八① 第四十一条から前条までの罪に係る覚醒剤又は覚醒剤原料で、犯人が所有し、又は所持するものは、没収する。ただし、犯人以外の所有に係るときは、没収しないことができる。

② 前項に規定する罪（第四十一条の三から第四十一条の五まで及び前条の罪を除く。）の実行に関し、覚醒剤の運搬の用に供した艦船、航空機又は車両は、没収することができる。

刑法等の一部を改正する法律の施行に伴う関係法律整理法中経過規定 （令和四・六・一七法六八）（抄）

第四四一条から第四四三条まで （刑法の同経過規定参照）

第五〇九条 （刑法の同経過規定参照）

刑法等の一部を改正する法律の施行に伴う関係法律整理法

附　則 （令和四・六・一七法六八）（抄）

（施行期日）

① この法律は、刑法等一部改正法（刑法等の一部を改正する法律（令和四法六七））施行日から施行する。ただし、次の各号に掲げる規定は、当該各号に定める日から施行する。

一 第五百九条の規定　公布の日

二 （略）

＊国際的な協力の下に規制薬物に係る不正行為を助長する行為等の防止を図るための麻薬及び向精神薬取締法等の特例等に関する法律（抜粋）（平成三・一〇・五法九四）

（上陸の手続の特例）

第三条① 入国審査官は、出入国管理及び難民認定法（昭和二十六年政令第三百十九号。以下「入管法」という。）第五条第一項第六号に掲げる者である疑いのある外国人から入管法第六条第二項の申請があった場合において、法務大臣から、薬物犯罪の捜査に関し、当該外国人を上陸させることが必要であるとの検察官からの通報又は司法警察職員（麻薬取締官、麻薬取締員、警察官又は海上保安官に限る。次項及び次条第一項において同じ。）からの要請があった旨並びに規制薬物の散逸及び当該外国人の逃走を防止するための十分な監視体制が確保されていると認められる旨の連絡を受けているときは、入管法第九条第一項の規定にかかわらず、入管法第五条第一項第六号以外の事項について入管法第七条第一項の審査をした上、当該外国人の旅券に入管法第九条第一項の上陸許可の証印をすることができる。

②―④ （略）

（税関手続の特例）

第四条① 税関長は、関税法（昭和二十九年法律第六十一号）第六十七条（同法第七十五条において準用する場合を含む。以下この項において同じ。）の規定による貨物の検査により、当該検査に係る貨物に規制薬物が隠匿されていることが判明した場合において、薬物犯罪の捜査に関し、当該規制薬物が外国に向けて送り出され、又は本邦に引き取られることが必要である旨の検察官又は司法警察職員からの要請があり、かつ、当該規制薬物の散逸を防止するための十分な監視体制が確保されていると認めるときは、当該要請に応ずるために次に掲げる措置をとることができる。ただし、当該措置をとることが関税法規の目的に照らし相当でないと認められるときは、この限りでない。

一 当該貨物（当該貨物に隠匿されている規制薬物を除く。）について関税法第六十七条の規定により申告されたところに従って同条の許可を行うこと。

二 その他当該要請に応ずるために必要な措置

② 前項（第一号を除く。）の規定は、関税法第七十六条第一項ただし書の規定による郵便物中にある信書以外の物の検査により、当該信書以外の物に規制薬物が隠匿されていることが判明した場合について準用する。この場合において、当該規制薬物については、同法第七十四条の規定は、適用しない。

（業として行う不法輸入等）

第五条 次に掲げる行為を業とした者（これらの行為と第八条の罪に当たる行為を併せてすることを業とした者を含む。）は、無期又は五年以上の懲役及び一千万円以下の罰金に処する。

一 麻薬及び向精神薬取締法第六十四条、第六十四条の二（所持に係る部分を除く。）、第六十五条、第六十六条（所持に係る部分を除く。）、第六十六条の三又は第六十六条の四（所持に係る部分を除く。）の罪に当たる行為をすること。

二 大麻取締法第二十四条又は第二十四条の二（所持に係る部分を除く。）の罪に当たる行為をすること。

三 あへん法第五十一条又は第五十二条（所持に係る部分を除く。）の罪に当たる行為をすること。

四 覚醒剤取締法第四十一条又は第四十一条の二（所持に係る部分を除く。）の罪に当たる行為をすること。

＊令和四法六八（令和七・六・一六までに施行）による改正

第五条中「懲役」を「拘禁刑」に改める。（本文未織込み）

（薬物犯罪収益等隠匿）

第六条① 薬物犯罪収益等の取得若しくは処分につき事実を仮装し、又は薬物犯罪収益等を隠匿した者は、五年以下の懲役若しくは三百万円以下の罰金に処し、又はこれを併科する。薬物犯罪収益の発生の原因につき事実を仮装した者も、同様とする。

② 前項の未遂罪は、罰する。

③ 第一項の罪を犯す目的をもって、その予備をした者は、二年以下の懲役又は五十万円以下の罰金に処する。

＊令和四法六八（令和七・六・一六までに施行）による改正

第一項及び第三項中「懲役」を「拘禁刑」に改める。（本文未織込み）

（薬物犯罪収益等収受）

第七条 情を知って、薬物犯罪収益等を収受した者は、三年以下の懲役若しくは百万円以下の罰金に処し、又はこれを併科する。ただし、法令上の義務の履行として提供されたものを収受した者又は契約（債権者において相当の財産上の利益を提供すべきものに限る。）の時に当該契約に係る債務の履行が薬物犯罪収益等によって行われることの情を知らないでした当該契約に係る債務の履行として提供されたものを収受した者は、この限りでない。

＊令和四法六八（令和七・六・一六までに施行）による改正
第七条中「懲役」を「拘禁刑」に改める。（本文未織込み）

（規制薬物としての物品の輸入等）
第八条① 薬物犯罪（規制薬物の輸入又は輸出に係るものに限る。）を犯す意思をもって、規制薬物として交付を受け、又は取得した薬物その他の物品を輸入し、又は輸出した者は、三年以下の懲役又は五十万円以下の罰金に処する。
② 薬物犯罪（規制薬物の譲渡し、譲受け又は所持に係るものに限る。）を犯す意思をもって、薬物その他の物品を規制薬物として譲り渡し、若しくは譲り受け、又は規制薬物として交付を受け、若しくは取得した薬物その他の物品を所持した者は、二年以下の懲役又は三十万円以下の罰金に処する。

＊令和四法六八（令和七・六・一六までに施行）による改正
第八条中「懲役」を「拘禁刑」に改める。（本文未織込み）

（薬物犯罪収益等の没収）
第一一条① 次に掲げる財産は、これを没収する。ただし、第六条第一項若しくは第二項又は第七条の罪が薬物犯罪収益又は薬物犯罪収益に由来する財産とこれらの財産以外の財産とが混和した財産に係る場合において、これらの罪につき第三号から第五号までに掲げる財産の全部を没収することが相当でないと認められるときは、その一部を没収することができる。
一 薬物犯罪収益（第二条第二項第六号又は第七号に掲げる罪に係るものを除く。）
二 薬物犯罪収益に由来する財産（第二条第二項第六号又は第七号に掲げる罪に係る薬物犯罪収益の保有又は処分に基づき得たものを除く。）
三 第六条第一項若しくは第二項又は第七条の罪に係る薬物犯罪収益等
四 第六条第一項若しくは第二項又は第七条の犯罪行為より生じ、若しくは当該犯罪行為により得た財産又は当該犯罪行為の報酬として得た財産
五 前二号の財産の果実として得た財産、前二号の財産の対価として得た財産、これらの財産の対価として得た財産その他前二号の財産の保有又は処分に基づき得た財産
② 前項の規定により没収すべき財産について、当該財産の性質、その使用の状況、当該財産に関する犯人以外の者の権利の有無その他の事情からこれを没収することが相当でないと認められるときは、同項の規定にかかわらず、これを没収しないことができる。
③ 次に掲げる財産は、これを没収することができる。
一 薬物犯罪収益（第二条第二項第六号又は第七号に掲げる罪に係るものに限る。）
二 薬物犯罪収益に由来する財産（第二条第二項第六号又は第七号に掲げる罪に係る薬物犯罪収益の保有又は処分に基づき得たものに限る。）
三 第六条第三項の罪に係る薬物犯罪収益等
四 第六条第三項の犯罪行為より生じ、若しくは当該犯罪行為により得た財産又は当該犯罪行為の報酬として得た財産
五 前二号の財産の果実として得た財産、前二号の財産の対価として得た財産、これらの財産の対価として得た財産その他前二号の財産の保有又は処分に基づき得た財産

（薬物犯罪収益の推定）
第一四条 第五条の罪に係る薬物犯罪収益については、同条各号に掲げる行為を業とした期間内に犯人が取得した財産であって、その価額が当該期間内における犯人の稼働の状況又は法令に基づく給付の受給の状況に照らし不相当に高額であると認められるものは、当該罪に係る薬物犯罪収益と推定する。

刑法等の一部を改正する法律の施行に伴う関係法律整理法中経過規定 （令和四・六・一七法六八）（抄）

第四四一条から第四四三条まで （刑法の同経過規定参照）
第五〇九条 （刑法の同経過規定参照）

刑法等の一部を改正する法律の施行に伴う関係法律整理法
附 則（令和四・六・一七法六八）（抄）

（施行期日）
① この法律は、刑法等一部改正法（刑法等の一部を改正する法律（令和四法六七））施行日から施行する。ただし、次の各号に掲げる規定は、当該各号に定める日から施行する。
一 第五百九条の規定 公布の日
二 （略）

＊薬物使用等の罪を犯した者に対する刑の一部の執行猶予に関する法律

（平成二五・六・一九 法 五〇）

（趣旨）
第一条 この法律は、薬物使用等の罪を犯した者が再び犯罪をすることを防ぐため、刑事施設における処遇に引き続き社会内においてその者の特性に応じた処遇を実施することにより規制薬物等に対する依存を改善することが有用であることに鑑み、薬物使用等の罪を犯した者に対する刑の一部の執行猶予に関し、その言渡しをすることができる者の範囲及び猶予の期間中の保護観察その他の事項について、刑法（明治四十年法律第四十五号）の特則を定めるものとする。

（定義）
第二条① この法律において「規制薬物等」とは、大麻取締法（昭和二十三年法律第百二十四号）に規定する大麻、毒物及び劇物取締法（昭和二十五年法律第三百三号）第三条の三に規定する興奮、幻覚又は麻酔の作用を有する毒物及び劇物（これらを含有する物を含む。）であって同条の政令で定めるもの、覚醒剤取締法（昭和二十六年法律第二百五十二号）に規定する覚醒剤、麻薬及び向精神薬取締法（昭和二十八年法律第十四号）に規定する麻薬並びにあへん法（昭和二十九年法律第七十一号）に規定するあへん及びけしがらをいう。
② この法律において「薬物使用等の罪」とは、次に掲げる罪をいう。
一 刑法第百三十九条第一項若しくは第百四十条（あへん煙の所持に係る部分に限る。）の罪又はこれらの罪の未遂罪
二 大麻取締法第二十四条の二第一項（所持に係る部分に限る。）の罪又はその未遂罪
三 毒物及び劇物取締法第二十四条の三の罪
四 覚醒剤取締法第四十一条の二第一項（所持に係る部分に限る。）、第四十一条の三第一項第一号若しくは第二号（施用に係る部分に限る。）若しくは第四十一条の四第一項第三号若しくは第五号の罪又はこれらの罪の未遂罪
五 麻薬及び向精神薬取締法第六十四条の二第一項（所持に係る部分に限る。）、第六十四条の三第一項（施用又は施用を受けたことに係る部分に限る。）、第六十六条第一項（所持に係る部分に限る。）若しくは第六十六条の二第一項（施用又は施用を受けたことに係る部分に限る。）の罪又はこれらの罪の未

遂罪

六　あへん法第五十二条第一項（所持に係る部分に限る。）若しくは第五十二条の二第一項の罪又はこれらの罪の未遂罪

（刑の一部の執行猶予の特則）

第三条　薬物使用等の罪を犯した者であって、刑法第二十七条の二第一項各号に掲げる者以外のものに対する同項の規定の適用については、同項中「次に掲げる者が」とあるのは「薬物使用等の罪を犯した者に対する刑の一部の執行猶予に関する法律（平成二十五年法律第五十号）第二条第二項に規定する薬物使用等の罪を犯した者が、その罪又はその罪及び他の罪について」と、「考慮して」とあるのは「考慮して、刑事施設における処遇に引き続き社会内において同条第一項に規定する規制薬物等に対する依存の改善に資する処遇を実施することが」とする。

（刑の一部の執行猶予中の保護観察の特則）

第四条①　前条に規定する者に刑の一部の執行猶予の言渡しをするときは、刑法第二十七条の三第一項の規定にかかわらず、猶予の期間中保護観察に付する。

②　刑法第二十七条の三第二項及び第三項の規定は、前項の規定により付せられた保護観察の仮解除について準用する。

（刑の一部の執行猶予の必要的取消しの特則等）

第五条①　第三条の規定により読み替えて適用される刑法第二十七条の二第一項の規定による刑の一部の執行猶予の言渡しの取消しについては、同法第二十七条の四第三号の規定は、適用しない。

②　前項に規定する刑の一部の執行猶予の言渡しの取消しについての刑法第二十七条の五第二号の規定の適用については、同号中「第二十七条の三第一項」とあるのは、「薬物使用等の罪を犯した者に対する刑の一部の執行猶予に関する法律第四条第一項」とする。

◉刑事訴訟法（昭和二三・七・一〇 法 一 三 一）

施行　昭和二四・一・一（附則）

改正　昭和二三法二六〇、昭和二四法一一六、昭和二七法二四〇・法二六八、昭和二八法**一七二**・法一九五、昭和二九法五七・法一六三、昭和三三法一〇八、昭和四六法四二、昭和五一法二三、昭和五四法五、昭和六一法六六、昭和六三法九三、平成三法三一、平成四法三〇、平成七法九一、平成一一法四三・法一三八・法一四七・法一五一、平成一二法**七四**・法一四二、平成一三法四一・法一三九・法一四〇・法一五三、平成一四法九八・法一〇〇、平成一五法六一、平成一六法**六二**・法一五六、平成一七法五〇・法六六、平成一八法三六、平成一九法五四・法六〇・法**九五**、平成二〇法七一、平成二一法六六、平成二二法二六、平成二三法六一・法七四、平成二五法四九・法八六、平成二六法七九、平成二八法**五四**（平成二九法六七）、平成二九法七二、令和一法六三、令和二法三三、令和三法三七、令和四法四八・法六七

目次

第一編　総則

第一条【この法律の目的】　この法律は、刑事事件につき、公共の福祉の維持と個人の基本的人権の保障とを全うしつつ、事案の真相を明らかにし、刑罰法令を適正且つ迅速に適用実現することを目的とする。

〔参〕【公共の福祉↓憲一二、一三】【基本的人権↓憲一一、三一・三三―三九、人権B規約一四】【裁判の迅速と公正↓刑訴規一】【捜査の基本↓捜査規範二】

一　事案の真相の解明

1　検察官に立証を促す裁判所の義務↓二九八条⑦

2　訴因変更を命じ又は促す裁判所の義務↓二五六条⑥・三一二条⑨①⑨③⑨④

二　迅速な裁判

1　公判期日の指定・変更

①　審理が判決に熟した段階で、専ら時の経過により法律上の制限が除去されるのを待つために判決宣告期日を約一〇箇月半先へ変更したことは、訴訟の遅延を招くもので、刑訴規則一八二条一項の「やむを得ないと認める場合」に当たらない。（最決昭36・5・9刑集一五・五・七七一）

②　公判期日の指定は裁判長の裁量に属するが、迅速裁判の要請に著しく反する意図（被告人の五年間の海外留学という訴訟と無関係な個人的事情のみを考慮）の下に期日を指定しないことは、裁量権の範囲を逸脱し違法である。（最大決昭37・2・14刑集一六・二・八五、刑訴百選〔五版〕五六）

2　審理の遅延と憲法三七条一項

③　〈第一審の検察官立証段階に一五年余の審理中断があった事案で〉憲法三七条一項は、個々の刑事事件につき、現実に迅速な裁判の保障に明らかに反し、審理の著しい遅延の結果、迅速な裁判を受ける被告人の権利が害される異常な事態が生じた場合には、具体的規定がなくても、審理の打切りという非常救済手段をとることをも認める趣旨の規定であり、具体的事件における同条同項違反の事態の発生の有無は、遅延の原因・理由等を勘案し諸般の情況を総合的に判断して決すべきである。

本件被告人は迅速な裁判を受ける権利を自ら放棄したとはいえず、また迅速な裁判の保障条項により守られるべき被告人の諸利益が実質的に侵害されたと認められるので、第一審における中断の終了時に既に憲法三七条一項に明らかに違反した異常な事態に立ち至っており、審理打切りという非常救済手段が是認される。その方法については、現行法上明文の

規定はないが、本件の審理経過からはこれ以上実体的審理を進めるべきでないから、免訴の言渡しが相当である。（最大判昭47・12・20刑集二六・一〇・六三一〈高田事件〉刑訴百選[一〇版]A31）↓憲三七条[6]

[4]〈起訴から最終控訴審判決まで二一年余を要し、うち複雑な法律問題を含む事件ゆえやむを得ないとされた期間のほか控訴審（第三次）で約七年の審理中断があった事案で〉審理中断が事後審たる控訴審で生じたこと、被告人側が審理促進を求めるべき段階であったのに積極的態度を示さなかったこと、被告人が不利益を被ったとみるべき格別の事情もないことから憲法三七条一項に反する異常な事態に至っていないとされた事例（最判昭49・5・31判時七四五・一〇四）

[5]〈第一次控訴審に四年、第二次控訴審に三年七月の審理中断があった事案で〉被告人側が審理促進を求める積極的態度を示さず、また中断により被告人の防御権の行使に特に障害を生じてもいないため、昭和四七年大法廷判決［前出[3]］において示したほどの異常な事態に至っていないとされた事例（最判昭50・8・6刑集二九・七・三九三、重判昭50刑訴一）

[6]〈第一審審理に約一六ないし一七年三月を要し、控訴審判決まで約五年四月を要したため、起訴以来二六年が経過している事案で〉

① 審理の長期化は、事案の複雑さや被告人・証拠の多さ、及び被告人の執拗［しっょう］な法廷闘争によるものであり、憲法三七条一項に反する異常な事態に至っていないとされた事例

② ①のいわゆる統一組との合一的確定のためその審理を待っていた場合、統一組の審理遅延は事件の性質・内容によるもので、分離組の審理の遅延はやむを得ず、また、被告人の防御権の行使に障害を生じてもいないため、憲法三七条一項に反する異常な事態に至っていないとされた事例（最決昭53・9・4刑集三二・六・一〇七七〈大須事件〉）

[7]〈第一審から控訴審判決まで二五年を要し、うち被告人の病気によるやむを得ない年月のほか第一審において検察官の申出による約五年の審理中断があった事案で〉中断期間を除いては顕著な審理の中断もなく、また、中断後関連事件の審理の結果が本件に反映されており中断期間が全く無意味に経過したわけでなく、中断により被告人が防御上重大な不利益を受けておらず、さらに被告人側から訴訟促進について格別の申出もなされていないため、昭和四七年大法廷判決［前出[3]］に示されたほど異常な事態に至っていないとされた事例（最判昭55・2・7刑集三四・二・一五、重判昭55憲五）

[8]〈第一審約八年、控訴審約二年の詳細な事実審理がなされ、事件を第一審に差し戻しても実質的に意味のある新証拠提出の蓋然性が必ずしも大きくない事案で〉審理長期化の主因は、捜査段階での被告人側の積極的な罪証隠滅行為や、被告人らの供述の大幅な変遷等により事案の真相の解明に困難を生じた点にあり、本件を第一審に差し戻しても、今後審理が格別に長期化しあるいは被告人が防御上著しい不利益を受けるおそれはなく、また、控訴審から第一審への事件の差戻しは、本件関係者の事件との併合審理により本件事案の真相の解明と事実認定の統一を図るため合理的であるから、破棄差戻しの控訴判決により憲法三七条一項に反する異常な事態を生じてはいない。（最判昭58・5・27刑集三七・四・四七四、重判昭58憲八）

[9] 有害物質の排出終了後、約一六年の後に公訴が提起された事案につき、複雑な過程を経て発生した未曽有の公害事犯で事案の解明に格別の困難があったなどの特殊事情から、起訴が甚だしく遅延したとは認められないとした事例（最決昭63・2・29刑集四二・二・三一四〈熊本水俣病事件〉刑訴百選[一〇版]四二）

第一章　裁判所の管轄

第二条【土地管轄】① 裁判所の土地管轄は、犯罪地又は被告人の住所、居所若しくは現在地による。

② 国外に在る日本船舶内で犯した罪については、前項に規定する地の外、その船舶の船籍の所在地又は犯罪後その船舶の寄泊した地による。

③ 国外に在る日本航空機内で犯した罪については、第一項に規定する地の外、犯罪後その航空機の着陸（着水を含む。）した地による。

⊛❶【住所↓民二二】【居所↓民二三】⁺【管轄違い↓三二九・三三〇・三七八㈠・三九八・三九九・四一一㈠・四一二】

一　裁判所の土地管轄

1　本庁と支部

[1] 地方裁判所の支部は、その地方裁判所の一部であるから、地方裁判所の本庁と支部との間には、土地管轄の問題はない。（東京高判昭27・4・24高刑五・五・六六六）

2　土地管轄の瑕疵［かし］の治癒

[2] 刑訴法一九条により移送を受けた被告事件について、その当時土地管轄があることが明らかでなかったとしても、その後管轄違いの申立てがされるまでに土地管轄が具備されるに至った場合は、管轄についての右瑕疵は治癒される。（最判昭58・10・13刑集三七・八・一一三九、刑訴百選[五版]四九）

二　「犯罪地」

[3] 犯罪地とは、犯罪の構成要件事実の発現した土地を汎称し、当選妨害目的で新聞紙により議員候補者に関して虚偽の事項を公にする罪については、新聞の発行地、配布地は全て犯罪地である。（旧法事件）（大判大4・6・4刑録二一・七六七）

[4] 可罰的とされている予備が更に実行行為にまで進展し、これに吸収される場合においても、右予備の行われた地は犯罪地に当たる。（福岡高宮崎支決昭45・8・10高刑二三・三・五一六）↓一九条[6]

三　「現在地」

[5] 現在地とは、公訴提起の当時、被告人が任意又は適法な強制処分によって現在する地域をいう。（最決昭30・5・17刑集九・六・一〇六五、刑訴百選[五版]A12）

第三条【関連事件の併合管轄】① 事物管轄を異にする数個の事件が関連するときは、上級の裁判所は、併せてこれを管轄することができる。

② 高等裁判所の特別権限に属する事件と他の事件とが関連するときは、高等裁判所は、併せてこれを管轄することができる。

⊛❶【事物管轄↓裁二四・三三①】【関連事件↓九】❷【高等裁判所の特別権限↓裁一六㈣】

上級裁判所

[1] 家庭裁判所の取扱事件と簡易裁判所の取扱事件とが関連する場合は、家庭裁判所と簡易裁判所の間に上級、下級の関係が認められる。（鹿児島家判昭47・11・6家月二五・八・一一七）

第四条【審判の分離】 事物管轄を異にする数個の関連事件が上級の裁判所に係属する場合において、併せて審判することを必要としないものがあるときは、上級の裁判所は、決定で管轄権を有する下級の裁判所にこれを移送することができる。

⊛⁺【事物管轄・関連事件↓三⊛】【上級裁判所の管轄権↓三】

第五条【審判の併合】① 数個の関連事件が各別に上級の裁判所及び下級の裁判所に係属するときは、事物管轄にかかわらず、上級の裁判所は、決定で下級の裁判所の管轄に属する事件を併せて審判することができる。

② 高等裁判所の特別権限に属する事件が高等裁判所に係属し、これと関連する事件が下級の裁判所に係属するときは、高等裁

判所は、決定で下級の裁判所の管轄に属する事件を併せて審判することができる。

§+【事物管轄・関連事件・高等裁判所の特別権限→三§】

一 本条一項該当の有無

1 本条一項は、数個の関連事件が各別に控訴審及び第一審に審級を異にして係属する場合には適用されない。（最判昭27・3・4刑集六・三・三三九）

2 同一の傷害事件が数個の簡易裁判所に別々に起訴され、同時に係属する場合において、上級の地方裁判所に窃盗等の関連事件が係属しているときは、その地方裁判所は、刑訴法一一条にかかわらず、後に起訴された傷害事件を併せて審判することができる。（最決昭29・6・29刑集八・六・九八五）

二 下級裁判所の措置

3 本条一項により上級裁判所が下級裁判所に係属中の事件を併合審判する旨決定したときは、下級裁判所としては一件記録を上級裁判所に送付するだけで足りる。（広島高判昭26・8・9高刑四・一一・一三四一）

第六条【関連事件の併合管轄】 土地管轄を異にする数個の事件が関連するときは、一個の事件につき管轄権を有する裁判所は、併せて他の事件を管轄することができる。但し、他の法律の規定により特定の裁判所の管轄に属する事件は、これを管轄することができない。

§+【土地管轄→二【関連事件→九

1 **併合管轄の要件** 本条所定の関連事件の管轄が成立するためには、いわゆる固有管轄事件及びその関連事件が同一の裁判所に係属することを要するが、必ずしも右の両事件が併合して審判されることを要件とするものではない。（最判昭59・11・30判時一一五三・二三三）

第七条【審判の分離】 土地管轄を異にする数個の関連事件が同一裁判所に係属する場合において、併せて審判することを必要としないものがあるときは、その裁判所は、決定で管轄権を有する他の裁判所にこれを移送することができる。

§+【土地管轄・関連事件→六§】

第八条【審判の併合】 ① 数個の関連事件が各別に事物管轄を同じくする数個の裁判所に係属するときは、各裁判所は、検察官又は被告人の請求により、決定でこれを一の裁判所に併合することができる。

② 前項の場合において各裁判所の決定が一致しないときは、各裁判所に共通する直近上級の裁判所は、検察官又は被告人の請求により、決定で事件を一の裁判所に併合することができる。

§❶【事物管轄・関連事件→三§】

一 「数個の裁判所」

1 「事物管轄を同じくする数個の裁判所に係属するとき」とは国法上の意義における数個の裁判所に係属する場合をいい国法上の意義における一個の裁判所内の数個の裁判機関（訴訟法上の意義における数個の裁判所）に係属する場合はこれに当たらない。（東京高判昭33・5・29高刑一一・四・二五〇）→三一三条2

二 審判併合請求に対する直近上級裁判所の決定

2 本条二項による審判併合請求事件において、その後各裁判所の決定が一致するに至った場合は、直近上級裁判所は、右請求を却下すべきである。（最決昭31・7・3刑集一〇・七・一〇一三）

3 本条二項による審判併合請求事件について、直近上級裁判所が、それぞれ現に係属する裁判所で各別に審判するを相当と認めるときは、その請求を却下すべきである。（最決昭32・7・4刑集一一・七・一八〇七）

第九条【関連事件】 ① 数個の事件は、左の場合に関連するものとする。

一 一人が数罪を犯したとき。
二 数人が共に同一又は別個の罪を犯したとき。
三 数人が通謀して各別に罪を犯したとき。

② 犯人蔵匿の罪、証憑湮滅の罪、偽証の罪、虚偽の鑑定通訳の罪及び贓物に関する罪とその本犯の罪とは、共に犯したものとみなす。

§❶【関連事件→三 ❷【犯人蔵匿の罪→刑一〇三【証憑湮滅の罪→刑一〇四【偽証の罪→刑一六九【虚偽の鑑定通訳の罪→刑一七一【贓物に関する罪→刑二五六

1 関税逋脱〔ほだつ〕犯と関税贓物〔ぞうぶつ〕犯とは、本条二項の関連事件である。（名古屋地判昭32・5・27判時一一九・二七）

2 被告事件が共犯によるものである場合、その共犯者の犯した他事件は、関連事件として管轄するに至った事件に更に関連するものとして、本条の関連事件に当たる。（広島高岡山支判昭47・10・12判時六八五・一三七）

第一〇条【同一事件と数個の訴訟係属】 ① 同一事件が事物管轄を異にする数個の裁判所に係属するときは、上級の裁判所が、これを審判する。

② 上級の裁判所は、検察官又は被告人の請求により、決定で管轄権を有する下級の裁判所にその事件を審判させることができる。

一 「同一事件」

1 他の共犯者に対する被告事件は、刑訴法九条にいう関連事件ではあるが、本条にいう同一事件ではない。（最判昭29・4・27刑集八・四・五七二）

二 本条の準用

2 控訴審に係属中の事件と同一事件がその第一審裁判所と同等の他の裁判所に起訴された場合は、控訴審である上級裁判所がこれを審判すべきである。（東京高判昭25・7・13高刑特一二・二四）

第一一条【同前】 ① 同一事件が事物管轄を同じくする数個の裁判所に係属するときは、最初に公訴を受けた裁判所が、これを審判する。

② 各裁判所に共通する直近上級の裁判所は、検察官又は被告人の請求により、決定で後に公訴を受けた裁判所にその事件を審判させることができる。

一 同一事件の係属

1 略式命令謄本不送達のまま刑訴法四六三条の二の期間内に同一事件を別個の簡易裁判所に起訴したときも、本条の適用がある。（東京高判昭27・7・30高刑判特三四・一三四）

二 同一事件の審判

2 刑訴法五条との関係（最決昭29・6・29刑集八・六・九八五）→五条2

第一二条【管轄区域外の職務執行】 ① 裁判所は、事実発見のため必要があるときは、管轄区域外で職務を行うことができる。

② 前項の規定は、受命裁判官にこれを準用する。

§❶【事実発見のための職務→九九―一六四 ❷【受命裁判官→一二五、一四二、一六三

第一三条【管轄違いと訴訟手続の効力】 訴訟手続は、管轄違の理由によっては、その効力を失わない。

1 簡易裁判所が、窃盗被告事件につき科刑の制限を超える刑を相当と認めて地方裁判所へ移送し、地方裁判所が横領罪に

当たると認めた場合にも移送前の簡易裁判所の訴訟手続は、その効力を失わない。〔旧法事件〕（最判昭26・4・13刑集五・五・八九八）

第一四条【管轄違いと要急処分】① 裁判所は、管轄権を有しないときでも、急速を要する場合には、事実発見のため必要な処分をすることができる。

② 前項の規定は、受命裁判官にこれを準用する。

参＋【事実発見のため必要な処分→九九―一六四【受命裁判官→一二②参】

第一五条【管轄指定の請求】 検察官は、左の場合には、関係のある第一審裁判所に共通する直近上級の裁判所に管轄指定の請求をしなければならない。

一 裁判所の管轄区域が明らかでないため管轄裁判所が定まらないとき。

二 管轄違を言い渡した裁判が確定した事件について他に管轄裁判所がないとき。

参[二]【管轄違いの言渡し→三二九　＋【指定の請求→刑訴規二・三、六

第一六条【同前】 法律による管轄裁判所がないとき、又はこれを知ることができないときは、検事総長は、最高裁判所に管轄指定の請求をしなければならない。

[1] 日本統治下の朝鮮の通常裁判所が言い渡した有罪の確定判決に対する再審請求の管轄裁判所は、最高裁判所が指定すべきである。（最決昭42・2・28刑集二一・一・三五六）

第一七条【管轄移転の請求】① 検察官は、左の場合には、直近上級の裁判所に管轄移転の請求をしなければならない。

一 管轄裁判所が法律上の理由又は特別の事情により裁判権を行うことができないとき。

二 地方の民心、訴訟の状況その他の事情により裁判の公平を維持することができない虞があるとき。

② 前項各号の場合には、被告人も管轄移転の請求をすることができる。

参❶【移転の請求→刑訴規四　❷【被告人の請求→憲三七①、刑訴規五

一 一項二号の事由

1 該当する事例

[1] 弁護士である被告人が地方裁判所の裁判官の名誉を毀損した事件で、当該裁判所の裁判官等職員が証人として尋問されることが予想される場合は、裁判の公平を維持することができないおそれがある。（東京高決昭32・10・25東高刑八・一〇・三七二）

2 該当しない事例

[2] 米軍属である被告人が那覇地裁に起訴された強姦致死・殺人・死体遺棄被告事件について、沖縄県内で大々的に報道され広範な抗議活動が行われたことにより、裁判員の母集団たる沖縄県民が被告人は有罪であるとの心証を有し厳罰に処すべきとの予断を持つに至っているなどと弁護人の論旨は主張するが、裁判員の参加する裁判体は、公平性、中立性を確保できるよう配慮された手続の下に選任された裁判員と、身分保障の下、独立して職権を行使することが保障された裁判官とによって構成され、裁判員は、法令に従い公平誠実にその職務を行う義務を負っている上、裁判長は、裁判員がその職責を十分に果たすことができるように配慮しなければならないとされていることなどを考慮すれば、公平な裁判所における法と証拠に基づく適正な裁判が行われることが制度的に十分保障されているから、論旨のいう点は、那覇地裁で公平な裁判が行われることを期待し難い事情とはいえず、裁判の公平を維持することができないおそれがあるときに当たらない。（最決平28・8・1刑集七〇・六・五八一、重判平28刑訴四）

[3] 裁判所及び裁判官が被害者であっても、そのことだけで直ちに裁判の公平を維持することができないおそれがある場合に当たるとはいえない。（最決昭52・6・17刑集三一・四・六七五）

二 被告人の請求

[4] 被告人が管轄移転の請求をすることができるのは、本条一項二号の事由があるときに限られ、被告人の健康、生活状態、住居等一身上の便宜を理由とすることはできない。〔旧法事件〕（最決昭23・10・13刑集二・一一・一三三九）

三 訴訟手続の停止（刑訴規則六条）

[5] 管轄移転の請求が訴訟を遅延させる目的のみでされたことが明らかである場合には、刑訴規則六条により訴訟手続を停止することを要しない。（最決令3・12・10刑集七五・九・一一一九）

[6] 勾留期間更新の裁判は、刑訴規則六条にいう「訴訟手続」には含まれない。（最決平9・9・16刑集五一・八・五六七、重判平9刑訴二）

第一八条【同前】 犯罪の性質、地方の民心その他の事情により管轄裁判所が審判をするときは公安を害する虞があると認める場合には、検事総長は、最高裁判所に管轄移転の請求をしなければならない。

第一九条【事件の移送】① 裁判所は、適当と認めるときは、検察官若しくは被告人の請求により又は職権で、決定を以て、その管轄に属する事件を事物管轄を同じくする他の管轄裁判所に移送することができる。

② 移送の決定は、被告事件につき証拠調を開始した後は、これをすることができない。

③ 移送の決定又は移送の請求を却下する決定に対しては、その決定により著しく利益を害される場合に限り、その事由を疎明して、即時抗告をすることができる。

参❶【事物管轄→三参【移送の請求→刑訴規七　❷【証拠調べ→二九二　❶❷【決定の手続→刑訴規八　❸【即時抗告→四二二・四二五

一 「他の管轄裁判所」

[1] 本条一項の「他の管轄裁判所」には、刑訴法六条、九条所定の関連事件について生ずる管轄のある裁判所を含む。（東京高決昭53・8・15刑月一〇・六～八・一〇九六）

二 移送の決定

1 逆移送の可否

[2] 本条により移送を受けた裁判所は、新たな特別の事情のない限り、その事件を移送決定をした裁判所に移送することはできない。（東京地決昭54・3・31刑月一一・三・二六九）

2 土地管轄のない裁判所への移送

[3] 土地管轄の瑕疵〔かし〕の治癒（最判昭58・10・13刑集三七・八・一一三九、刑訴百選[五版]四九）→二条[2]

三 即時抗告

1 認容された事例―検察官が申し立てたもの

[4] 被告人に対する別事件が甲裁判所に係属し、右別件が本件と同種背景の事件であっても、本件の犯罪地、多数証人の住居地が自己の管轄内にあり、別件には八名の共同被告人がいるなどの事情があるときは、甲裁判所へ本件を移送するのは相当でない。（東京高決昭35・12・7下刑二・一一＝一二・一四一九）

2 棄却された事例

イ 検察官が申し立てたもの

[5] 事件の移送により公判立会検察官において捜査担当官と随時容易に連絡協議し得る便宜が妨げられるとしても、著しく利益を害される場合に当たらない。（広島高決昭41・5・10高刑一九・三・三六七）

[6] **ロ 被告人が申し立てたもの** 船舶内の犯罪行為につき、犯罪地を管轄する裁判所に公訴が提起された場合、検察官の公訴維持の便宜等を考慮して公判裁判所において審判することが相当であると認められるときは、船籍港を管轄する裁判所への移送請求を却下することにより公判裁判所の遠隔地に居住する被告人及び弁護人に出廷等につき時間的、経済的な不便を招来しても、被告人が著しく利益を害される場合に当たらない。（福岡高宮崎支決昭45・8・10高刑二三・三・五一六）

第二章 裁判所職員の除斥及び忌避

第二〇条【除斥の原因】 裁判官は、次に掲げる場合には、職務の執行から除斥される。

一 裁判官が被害者であるとき。

二 裁判官が被告人又は被害者の親族であるとき、又はあったとき。

三 裁判官が被告人又は被害者の法定代理人、後見監督人、保佐人、保佐監督人、補助人又は補助監督人であるとき。

四 裁判官が事件について証人又は鑑定人となったとき。

五 裁判官が事件について被告人の代理人、弁護人又は補佐人となったとき。

六 裁判官が事件について検察官又は司法警察員の職務を行ったとき。

七 裁判官が事件について第二百六十六条第二号の決定、略式命令、前審の裁判、第三百九十八条乃至第四百条、第四百十二条若しくは第四百十三条の規定により差し戻し、若しくは移送された場合における原判決又はこれらの裁判の基礎となった取調べに関与したとき。ただし、受託裁判官として関与した場合は、この限りでない。

㊜⁺憲三七①【本条違反と控訴理由↓三七七[二]、三七九【本条違反と上告理由↓四〇五[三]、四一一 [二]【親族↓民七二五 [三]【法定代理人↓民八一八、八一九、八三八—八四七【後見監督人↓民八四八—八五二【保佐人、保佐監督人、補助人、補助監督人↓民八七六—八七六の一〇 [四]【証人↓一四三【鑑定人↓一六五 [五]【代理人↓二七—二九、二八三、二八四【弁護人↓三〇—四一【補佐人↓四二 [七]【略式命令↓四六一【受託裁判官↓一二五、一四二、一六三 ⁺【除斥理由があるとき↓二一、刑訴規一三

一 除斥されるべき職務執行に当たらない事例

1 判決宣告への関与

[1] 前審関与の裁判官が上級審における判決宣告のみに関与する場合（最決昭28・11・27刑集七・一一・二二九四）

[2] 控訴審の破棄差戻判決に関与した裁判官が、差戻し後の控訴審の判決宣告のみに関与する場合（最判昭32・4・16刑集一一・四・一三七二）

[3] 略式命令を発した裁判官がその事件の判決の言渡しに関与する場合（広島高岡山支判昭27・3・17高刑判特二〇・一四一）

2 公判期日の延期への関与

[4] 前審関与の裁判官が控訴審において公判期日の延期のみに関与する場合（最判昭27・1・29判タ一八・五三）

3 移送決定への関与

[5] 略式命令を発した裁判官が、同命令に対する正式裁判の請求を受け、その事件を別件と併合して刑訴法三三二条により地方裁判所に移送する決定をする場合（最判昭36・2・23刑集一五・二・三九六）

二 除斥に関する裁判の要否

[6] 除斥事由のある裁判官は、除斥に関する裁判を要せず当然に職務の執行から排除される。（最決昭27・9・8裁判集刑六七・一）

三 除斥の原因（六号関係）

[7] 「裁判官が事件について検察官の職務を行ったとき」とは、裁判官がその任官前に、当該事件について、検察官として具体的な職務行為をした場合をいう。（最大決昭47・7・1刑集二六・六・三五五、刑訴百選[五版]A14）↓[8]

[8] 最高裁判所の裁判官が、その任官前に、高検検事長として、憲法及び法律の解釈上本件と同種の論点を含む他の刑事被告事件について上告趣意書を提出したからといって、「検察官の職務を行った」ことにはならない。また、最高検次長検事の職にあり、その在職期間中に本件の論点と密接に関連する判旨を持つ上告審の諸裁判があったとしても、本件につき具体的な職務行為をした事実が認められない限り、「検察官の職務を行った」ことにはならない。（最大決昭47・7・1前出[7]）

四 除斥の原因（七号関係）

1 前審の裁判への関与

[9] 公訴棄却の判決をし、又はその判決に至る手続に関与した裁判官は、再起訴後の第一審の審判から除斥されない。（最決平17・8・30刑集五九・六・七二六、刑訴百選[九版]五二）

[10] 破棄差戻しの控訴審判決に関与した裁判官は、差戻し後の（第二次）控訴審の審判から除斥されない。（最決昭28・5・7刑集七・五・九四六）

[11] 再審請求の目的となった確定判決に関与した裁判官は、再審請求事件の審理手続から除斥されない。（最決昭34・2・19刑集一三・二・一七九）

[12] 少年法二〇条による検察官送致の決定をした裁判官は、後のその刑事事件の審判から除斥されない。（最決昭29・2・26刑集八・二・一九八、少年百選一〇六）

2 前審の裁判の基礎となった取調べへの関与

イ 該当する事例

[13] 第一審裁判官として公判期日に取り調べた証拠が第一審判決の罪となるべき事実の認定の用に供されているときは、その裁判官は、前審の「裁判の基礎となった取調に関与した」者として、控訴審における職務の執行から除斥される。（最大判昭41・7・20刑集二〇・六・六七七、刑訴百選[五版]A13）

ロ 該当しない事例↓[9]

[14] 起訴前の強制処分に関与し、かつ、起訴後第一審公判前に保釈請求を却下した場合（最大判昭25・4・12刑集四・四・五三五、刑訴百選[初版]二）

[15] 裁判官が起訴前に刑訴法二二七条による証人尋問をした場合（最判昭30・3・25刑集九・三・五一九）

[16] 共同被告人として起訴された共犯者らと被告人との弁論が分離された結果、裁判官が、右共犯者らの公判審理により、被告人に対する公判審理の開始前に、被告事件の内容に関し知識を有していた場合（最判昭28・10・6刑集七・一〇・一八八八）↓二一条[1]

[17] 公判審理前に、これと必要的共犯の関係にある者の被告事件の証人として被告人を尋問したため、被告事件の内容について裁判官が知識を有していた場合（最判昭30・10・14刑集九・一一・二二一三）

[18] ただ一人の裁判官が配属されて簡易裁判所裁判官と地方裁判所支部裁判官とを兼任している場合、同裁判官が、略式命令の請求を受けた事件につき、略式不相当として通常手続に移し、証拠調べをした上、更に地方裁判所支部に移送し自ら審理判決する場合（最判昭28・2・19刑集七・二・二九三）

[19] 控訴審が事実の取調べの後第一審判決を破棄差戻しする判決をし、差戻し後の第一審判決が右控訴審の事実取調べとしてなした証人尋問の結果を犯罪事実認定の証拠とした場合の再度の控訴審において、前の控訴審の事実の取調べに関与した裁判官が審判に関与する場合（最決昭29・6・23刑集八・六・九四三）

第二一条【忌避の原因、忌避申立権者】 ① 裁判官が職務の執行から除斥されるべきとき、又は不公平な裁判をする虞があると

きは、検察官又は被告人は、これを忌避することができる。

② 弁護人は、被告人のため忌避の申立をすることができる。但し、被告人の明示した意思に反することはできない。

参❶憲三七【除斥されるべきとき→二〇【忌避の申立て→二二、刑訴規九【忌避申立てに対する決定→二三—二五、三七七[三]【忌避の理由があるとき→刑訴規一三　❷【弁護人の忌避申立て→四一

一　忌避理由に該当しないとされた事例

1　共犯者の審判等への関与

[1] 共同被告人として起訴された共犯者らと被告人との弁論が分離された結果、裁判官が、右共犯者らの公判審理により、被告人に対する公判審理開始前に被告事件の内容に関しあらかじめ知識を有していること（最判昭28・10・6刑集七・一〇・一八八八）→二〇条[16]

[2] 公職選挙法二二一条違反の罪における金員の供与者を審判するに当たり、その裁判官が、前に右金員の被供与者の審判に関与し、当該事案の内容につき知識を得ていること（最決昭31・9・18刑集一〇・九・一三四七）

[3] 裁判官が共犯者に対して被告人との共謀に係る公訴事実につき有罪の判決をしたこと（最決昭36・6・14刑集一五・六・九七四）

[4] 背任被告事件の審判に関与する裁判官が、右背任の公訴事実と社会的事実関係を同じくする民事訴訟事件の審判に関与したこと（最決昭31・9・25刑集一〇・九・一三八二）

2　法律問題等に関する見解の発表

[5] 裁判官が日本国憲法の理念又は社会現象についてその所感を発表したこと（最大決昭34・7・1刑集一三・七・一〇〇一）

[6] 裁判官が、任官前、審理の対象となっている条例の立案過程において、当該条例案の合憲性に関する立案当事者の意見照会に対し、法務府法制意見第一局長として法律解釈に関する意見回答をしたこと（最決昭48・9・20刑集二七・八・一三九五）

[7] 最高裁判所の裁判官が、その任官前に、高検検事長等として、本件と同種の論点に関係する職務を行ったこと（最大決昭47・7・1刑集二六・六・三五五）→二〇条[7][8]

[8] 最高裁判所の長官が、その就任前に、陪参審制度の研究のため渡米し、また、就任後、裁判員制度の実施の任に当たる同裁判所の司法行政事務を統括する立場において、裁判員の参加する刑事裁判に関する法律の施行を推進するために裁判員制度を説明するパンフレット等の配布を許すとともに、憲法記念日に際して裁判員制度の実施に関し、司法行政事務として現状認識や見通し及び意見を述べたこと（最大決平23・5・31刑集六五・四・三七三、重判平23刑訴二……裁判員制度の憲法適合性を争点とする事案）

3　当該手続内における審理の方法等

[9] 付審判請求事件の審理に関して当該裁判官の属する裁判所が示した審理方式が裁量の許される範囲を逸脱している疑いのあること（最決昭47・11・16刑集二六・九・五一五、重判昭47刑訴二）→二六五条[4]

[10] 訴訟手続内における審理の方法、態度（最決昭48・10・8刑集二七・九・一四一五、刑訴百選[一〇版]A25……裁判官の忌避の制度は、当該事件の手続外の要因により、その事件について公平で客観性のある審判を期待できない場合に、当該裁判官をその事件の審判から排除し、裁判の公正及び信頼を確保することを目的とするものであるとした）→二四条[2]

4　司法行政上の資料の入手

[11] 裁判官が事務分配その他の司法行政の運営上必要な関係資料を入手したため係属中の事件につきたまたま何らかの知識を得たこと（最決昭49・7・18判タ三一二・一八八、刑訴百選[五版]四七）→憲三七条[2]

二　忌避申立権者

1　被疑者

[12] 付審判請求事件における被疑者は、本条一項により裁判官忌避の申立てをすることができる。（最決昭44・9・11刑集二三・九・一一〇〇、刑訴百選[五版]A9）

[13] 刑訴法二二六条の証人尋問をする裁判官に対して、被疑者の弁護人は忌避の申立てをすることができる。（富山地決昭47・11・22判時六九〇・一〇二）

2　付審判の請求者

[14] 付審判請求事件における付審判の請求者は、本条一項により裁判官忌避の申立てをすることができる。（福岡高決昭50・3・4高刑二八・二・一二三）

三　弁護人の忌避申立権の性質

[15] 弁護人の忌避申立権は、被告人の事件についての陳述により被告人の忌避申立権の消滅と同時に当然に消滅し、また被告人の忌避申立権も、弁護人の事件についての陳述による弁護人の忌避申立権の消滅と同時に当然に消滅する。（大阪高決昭28・11・16高刑六・一二・一七〇五）→二二条[2]

第二二条【忌避申立ての時期】 事件について請求又は陳述をした後には、不公平な裁判をする虞があることを理由として裁判官を忌避することはできない。但し、忌避の原因があることを知らなかつたとき、又は忌避の原因がその後に生じたときは、この限りでない。

参+【事件についての請求・陳述→二九八①・二九一①②・二九六【本条違反の申立て→二四

一　本条の合憲性

[1] 本条は、忌避申立権を誠実に行使させるために合理的な規制を加えようとするもので、憲法三七条一項に違反しない。（最大決昭39・3・12刑集一八・三・一〇七）

二　「請求又は陳述」

[2] 被告事件の実体に関する証拠調べの請求、訴因訂正の申立て、右請求又は申立てに対する同意・不同意、あるいは異議なき旨の意見の陳述はもちろんのこと、その採用された証人に対する尋問・反対尋問等も、全て本条にいわゆる事件についての請求又は陳述に当たる。（大阪高決昭28・11・16高刑六・一二・一七〇五）→二一条[15]

第二三条【忌避申立てに対する決定】 ① 合議体の構成員である裁判官が忌避されたときは、その裁判官所属の裁判所が、決定をしなければならない。この場合において、その裁判所が地方裁判所であるときは、合議体で決定をしなければならない。

② 地方裁判所の一人の裁判官又は家庭裁判所の裁判官が忌避されたときはその裁判官所属の裁判所が、簡易裁判所の裁判官が忌避されたときは管轄地方裁判所が、合議体で決定をしなければならない。ただし、忌避された裁判官が忌避の申立てを理由があるものとするときは、その決定があつたものとみなす。

③ 忌避された裁判官は、前二項の決定に関与することができない。

④ 裁判所が忌避された裁判官の退去により決定をすることができないときは、直近上級の裁判所が、決定をしなければならない。

参+【合議体→裁九②・一八・二六②【地方裁判所の一人の裁判官→裁二六①【決定→刑訴規一二【不服申立て→二五

「所属の裁判所」

[1] 「その裁判官所属の裁判所が、決定を」するとは、忌避された裁判官所属の裁判所の裁判官をもって構成される訴訟法上の意味の裁判所が決定をする趣旨である。（最決昭33・12・15刑集一二・一六・三五四五）

第二四条【簡易却下手続】 ① 訴訟を遅延させる目的のみでされたことの明らかな忌避の申立は、決定でこれを却下しなければ

ならない。この場合には、前条第三項の規定を適用しない。第二十二条の規定に違反し、又は裁判所の規則で定める手続に違反してされた忌避の申立を却下する場合も、同様である。

② 前項の場合には、忌避された受命裁判官、地方裁判所の一人の裁判官又は家庭裁判所若しくは簡易裁判所の裁判官は、忌避の申立てを却下する裁判をすることができる。

⚭❶【規則の定め→刑訴規九【却下の決定→二五 ❷【却下の裁判→四二九①㈠

一 本条の合憲性

[1] 本条は、憲法三七条一項又は三二条に違反しない。（最決昭34・3・27刑集一三・三・四一五）

二 訴訟遅延の目的

1 該当する事例

[2] 公判期日前の打合せから第一回公判期日終了までの裁判長の訴訟指揮権、法廷警察権の行使の不当を理由とする忌避申立ては、訴訟手続内における審理の方法、態度に対する不服を理由とするものであって、受け入れられる可能性は全くないから訴訟遅延のみを目的とするものとして本条により却下すべきである。（最決昭48・10・8刑集二七・九・一四一五、刑訴百選[一〇版]A25）→二一条[10]

2 該当しない事例

[3] 裁判官が第一回公判期日以前に事件に関連する証拠をあらかじめ入手し、第一回公判期日に職権でこれを証拠調べしようとしたこと、弁護人が第一回公判期日の審理に全面的に協力していたこと等の事情があるときは、右弁護人からなされた同裁判官に対する忌避申立てを簡易却下することは許されない。（名古屋地決昭50・4・25判タ三二三・二九七）

三 簡易却下に対する不服申立て

[4] 刑の執行猶予の言渡取消請求事件につき忌避された裁判官が忌避の申立てを簡易却下した場合において、同裁判官が、刑の執行猶予の言渡取消決定をし、これに対する即時抗告につき意見書を抗告裁判所に送付したときは、右簡易却下の裁判に対する不服申立ての利益は失われる。（最決昭59・3・29刑集三八・五・二〇九五）→四二九条[12]

第二五条【即時抗告】 忌避の申立を却下する決定に対しては、即時抗告をすることができる。

⚭+【即時抗告→四二二・四二五

[1] 地方裁判所の一人の裁判官が刑訴法二四条により忌避申立却下の裁判をしたときは、これに対する不服は四二九条一項によりその地方裁判所に対して行うべく、本条により即時抗告をすべきものではない。（最決昭29・5・4刑集八・五・六三一）

第二六条【裁判所書記官の除斥・忌避】 ① この章の規定は、第二十条第七号の規定を除いて、裁判所書記にこれを準用する。

② 決定は、裁判所書記所属の裁判所がこれをしなければならない。但し、第二十四条第一項の場合には、裁判所書記の附属する受命裁判官が、忌避の申立を却下する裁判をすることができる。

⚭+【裁判所書記官→裁六〇

一 忌避理由の有無

[1] 裁判所書記官の忌避の制度は、当該事件の手続外の要因により当該裁判所書記官によっては公平な事務処理を期待できない場合に、当該書記官をその事件から排除し、裁判の公正を確保するためのものであって、その手続内における発言や態度などは、それだけでは直ちに忌避の理由となるものではない。（東京高決昭48・11・5高刑二六・五・五三一）

二 忌避申立却下に対する不服申立ての利益

[2] 裁判所書記官に対する忌避申立てが却下された場合において、当該書記官の関与する被告事件の審理が終了し、判決宣告が終わったときは、右却下の裁判に対する不服申立ての利益は失われる。（最決昭62・3・10判時一二三三・一五四）

第三章 訴訟能力

訴訟能力の意義

[1] 訴訟能力とは、一定の訴訟行為をするに当たりその行為の意義を理解し、自己の権利を守る能力を指し、刑法上の責任能力とは異なるから、第一審において精神分裂病のため心神耗弱と認定されたとしても、その控訴取下げは訴訟能力のない者の無効な行為であるとはいえない。（最決昭29・7・30刑集八・七・一二三一）

[2] 訴訟能力に疑いがある場合の措置（最決平7・2・28刑集四九・二・四八一、刑訴百選[一〇版]五一）→三一四条[1][2]

第二七条【法人と訴訟行為の代表】 ① 被告人又は被疑者が法人であるときは、その代表者が、訴訟行為についてこれを代表する。

② 数人が共同して法人を代表する場合にも、訴訟行為については、各自が、これを代表する。

⚭+【代表者→一般法人七七、会社三四九・五九九

[1] 株式会社の代表取締役は、その任期満了後においても、新たな取締役が就任するまでは、なおその会社を代表して告訴をすることができる。（最決昭31・7・3刑集一〇・七・九九九）→二三〇条[9]

第二八条【意思無能力者と訴訟行為の代理】 刑法（明治四十年法律第四十五号）第三十九条又は第四十一条の規定を適用しない罪に当たる事件について、被告人又は被疑者が意思能力を有しないときは、その法定代理人（二人以上あるときは、各自。以下同じ。）が、訴訟行為についてこれを代理する。

⚭+【法定代理人→民八一八・八一九・八三八―八四七

被害者の親権者の訴訟行為

[1] 被害者の親権者が二人いるときは、その各自が法定代理人として告訴をすることができる。（最決昭34・2・6刑集一三・一・四九）

第二九条【特別代理人】 ① 前二条の規定により被告人を代表し、又は代理する者がないときは、検察官の請求により又は職権で、特別代理人を選任しなければならない。

② 前二条の規定により被疑者を代表し、又は代理する者がない場合において、検察官、司法警察員又は利害関係人の請求があつたときも、前項と同様である。

③ 特別代理人は、被告人又は被疑者を代表し又は代理して訴訟行為をする者ができるまで、その任務を行う。

⚭❶【選任の請求→刑訴規一六

第四章 弁護及び補佐

第三〇条【弁護人選任の時期、選任権者】 ① 被告人又は被疑者は、何時でも弁護人を選任することができる。

② 被告人又は被疑者の法定代理人、保佐人、配偶者、直系の親族及び兄弟姉妹は、独立して弁護人を選任することができる。

⚭❶【弁護人選任権→憲三四・三七③【選任権の告知→七六・七七・二〇三・二〇四・二〇七②・二一一・二一六・二七二【選任手続→七八・二〇九・二一一・二一六、刑訴規一七―一八の二 ❷【法定代理人→民八一八・八一九・八三八―八四七【保佐人→民八七六・八七六の二

一 弁護人依頼権の行使

[1] 憲法三四条及び三七条三項の弁護人依頼権は、被告人が自ら行使すべきものであって、裁判所、検察官等は、被告人にこの権利を行使する機会を与えればよく、弁護人に依頼する方法及び費用等についてまで説示する必要はない。〔旧法事件〕（最大判昭24・11・30刑集三・一一・一八五七）

二　弁護人の選任

1　弁護人選任権者

[2] 内縁の妻による弁護人選任は無効である。（東京高判昭25・10・4高刑判特一二・六二）

2　選任の方式（刑訴規則一七条・一八条）

イ　被告人の氏名黙秘

[3] 被告人が氏名を黙秘し、監房番号の自署、拇印〔ぼいん〕等により自己を表示し、弁護人が署名押印した上提出した弁護人選任届を裁判所が適法でないとしたため、被告人がその氏名を開示しなければならなくなったとしても、その訴訟手続は憲法三八条一項、三七条三項に違反しない。（最大判昭32・2・20刑集一一・二・八〇二、刑訴百選[八版]A19）→憲三八条[1]

[4] 氏名を記載することができない合理的な理由がないのに、署名のない弁護人選任届によってした被告人の弁護人選任は、無効である。（最決昭40・7・20刑集一九・五・五九一、刑訴百選[五版]五二）→三七四条[2]

ロ　被疑者の氏名黙秘

[5] 起訴前の弁護人選任届について、氏名を記載することのできない合理的な理由がないのに被疑者の署名がない場合は、その弁護人選任は無効である。（福岡地決昭47・6・27刑月四・六・一二四四）

3　追起訴事件と選任の効力（刑訴規則一八条の二）

[6] 被告人のした弁護人選任の効力は、被告人が特段の限定をしない以上、同一の機会に追起訴され、かつ、一つの事件として併合審理された事件の全部に及ぶ。（最判昭26・6・28刑集五・七・一三〇三）

[7] 必要的弁護事件につき付された国選弁護人の弁護権は、裁判所の別段の意思表示がなく、被告人及び弁護人に異議がない以上、追起訴されて先の事件と併合審理された他の必要的弁護事件にも及ぶ。（最判昭27・11・14刑集六・一〇・一一九九）

三　弁護人の権限と義務

[8] 弁護人は、被告人の意思に反しない限り、被告人のなし得る全ての訴訟行為を代理することができる。〔旧法事件〕（大判昭6・7・22刑集一〇・三九七）

[9] 殺人、死体遺棄の公訴事実について、被告人が、第一審公判の終盤において全面否認に転じたが、弁護人が、従前の供述を前提に有罪を基調とする最終弁論をして、裁判所がそのまま審理を終結したとしても、弁護人として、それまでの証拠関係を踏まえて被告人に最大限有利な主張をしており、また、変更後の供述にも言及して事実認定上の問題点を指摘していること、被告人も、最終意見陳述では弁護人の最終弁論に不服を述べていないことなどからすれば訴訟手続に法令違反はない。（最決平17・11・29刑集五九・九・一八四七、刑訴百選[一〇版]五三……上田裁判官の補足意見が付されている）

[10] 弁護人の弁護活動が、誠実義務に違反し、実質的に被告人の防御権・弁護人選任権を侵害しており、それを放置した原審の訴訟手続には法令違反があるとした例（東京高判平23・4・12判タ一三九九・三七五）

[11] 控訴審における弁護を依頼された弁護人は、訴訟記録上控訴理由が発見できなかったときも、法の認める例外的事実又は事情の有無を考慮すべきであり、少なくとも被告人自身につき調査しなければならないから、被告人を死刑に処した第一審判決が相当である旨の控訴趣意書を提出しただけで、それ以上の弁護活動をしなかったときは、損害賠償責任を負う。（東京地判昭38・11・28下民一四・一一・二三三六、刑訴百選[八版]A21）

四　弁護人の辞任・解任

[12] 公判期日における人定質問中、負担過重を理由に突如なされた弁護人の辞任申出は、弁護人の職責に反する権利濫用行為として、少なくとも裁判所及び訴訟関係人がその公判期日に一応予定していた訴訟行為を終了するまでは、その効力を発生しない。（東京高判昭28・8・14高刑判特三九・八二）

[13] 上告審において、被告人が弁護人の解任届を提出しても、それが訴訟遅延を図るものと認められるときは、訴訟遅延を避けるに必要な限度においてその効力を生じない。（最高裁の見解昭62・2・3判時一二二八・五四、重判昭62刑訴一）

第三一条【資格、特別弁護人】　① 弁護人は、弁護士の中からこれを選任しなければならない。

② 簡易裁判所又は地方裁判所においては、裁判所の許可を得たときは、弁護士でない者を弁護人に選任することができる。ただし、地方裁判所においては、他に弁護士の中から選任された弁護人がある場合に限る。

参 ❶【弁護士↓憲三七③、弁護四】 ❷【特別弁護人↓三八七、四一一】

[1] **特別弁護人の選任**

本条二項により特別弁護人を選任することができるのは公訴が提起された後に限られる。（最決平5・10・19刑集四七・八・六七、重判平5刑訴一……被疑者に対する国選弁護の必要を説く大野裁判官の補足意見がある）

[2] 必要的弁護事件でなく、弁護人も選任されていない事件が簡易裁判所に係属する場合に、被告人が特別弁護人の選任の許可を申請したときは、裁判所は、その裁量により自由にその許否を決することができる。（東京高判昭43・2・15高刑二一・一・七三）

第三一条の二【弁護人選任の申出】　① 弁護人を選任しようとする被告人又は被疑者は、弁護士会に対し、弁護人の選任の申出をすることができる。

② 弁護士会は、前項の申出を受けた場合は、速やかに、所属する弁護士の中から弁護人となろうとする者を紹介しなければならない。

③ 弁護士会は、前項の弁護人となろうとする者がないときは、当該申出をした者に対し、速やかに、その旨を通知しなければならない。同項の規定により紹介した弁護士が被告人又は被疑者がした弁護人の選任の申込みを拒んだときも、同様とする。

参 ❶【弁護士会↓弁護五章】 ❸【通知↓刑訴規一八の三】

第三二条【選任の効力】　① 公訴の提起前にした弁護人の選任は、第一審においてもその効力を有する。

② 公訴の提起後における弁護人の選任は、審級ごとにこれをしなければならない。

参 ❶【公訴提起前の弁護人選任↓三〇、刑訴規一七、一六五②、三七の二—三七の五】 ❷【公訴提起後の弁護人選任↓刑訴規一八、三六—三七、二八九、二九〇 ETC】

一　「審級ごと」の選任

[1] 差戻し前の第一審においてなされた弁護人の選任は、差戻し後の第一審においてはその効力を有しない。（最決昭27・12・26刑集六・一二・一四七〇）

二　選任の効力の終期

[2] 弁護人選任の効力は、判決宣告によって失われるものではない。（最決平4・12・14刑集四六・九・六七五、重判平4刑訴七）→四九条[1]

[3] 弁護人の選任は、上訴提起期間の満了又は上訴申立てによる移審により、原則としてその効力を失うが、刑訴法三五五条による上訴申立てがなされた場合は、その効力はなお存続しており、原審弁護人は控訴（上告）趣意書の作成のほか、訴訟記録の閲覧・謄写、被告人との接見交通等の弁護活動を

することができる。（福岡高決平13・9・10高刑五四・二・一二三、重判平14刑訴六）

第三三条【主任弁護人】 被告人に数人の弁護人があるときは、裁判所の規則で、主任弁護人を定めなければならない。

【主任弁護人↓刑訴規一九―二二、二四【副主任弁護人↓刑訴規二三、二四

[1] **主任弁護人の不出頭**
主任弁護人の制度は、公判廷その他における申立て、請求、質問又は陳述等を整理統一し、訴訟手続の円満進行を図るためであるから、二人の弁護人のうち主任弁護人が出頭しないときは、出頭した弁護人が当然主任弁護人と同一の権限を行使できる。（名古屋高判昭27・7・21高刑五・九・一四七七）

第三四条【同前】 前条の規定による主任弁護人の権限については、裁判所の規則の定めるところによる。

【主任弁護人の権限↓刑訴規二五、二三九

[1] **主任弁護人の同意（刑訴規則二五条）**
控訴の申立てについては、刑訴規則二五条二項本文の適用はなく、主任弁護人以外の原審弁護人は裁判長等の許可及び主任弁護人の同意がなくても控訴の申立てをすることができる。（名古屋高判昭62・3・9判時一二三六・一五七）

第三五条【弁護人の数の制限】 裁判所は、裁判所の規則の定めるところにより、被告人又は被疑者の弁護人の数を制限することができる。但し、被告人の弁護人については、特別の事情のあるときに限る。

【被告人の弁護人↓刑訴規二六【被疑者の弁護人↓刑訴規二七

一 **「特別の事情」**

[1] 被告人に当初より四名の弁護人が選任されていて、十分に防御権が行使されていたのに、第五回公判終了後更に被告人の親族より一名の弁護人が選任された場合には、記録の閲覧謄写等のために訴訟手続の遅延が予見されるから、弁護人の数を制限する特別の事情がある場合に該当する。（名古屋高金沢支判昭28・7・18高刑六・一〇・一二九七）

二 **被疑者の弁護人の数（刑訴規則二七条）**

[2] 事案が複雑で、頻繁な接見の必要性が認められるなど、広範な弁護活動が求められ、三人を超える数の弁護人を選任する必要があり、かつ、それに伴う支障が想定されない場合には、刑訴規則二七条一項ただし書にいう「特別な事情」がある。（最決平24・5・10刑集六六・七・六六三、重判平24刑訴二）

第三六条【被告人の国選弁護】 被告人が貧困その他の事由により弁護人を選任することができないときは、裁判所は、その請求により、被告人のため弁護人を附しなければならない。但し、被告人以外の者が選任した弁護人がある場合は、この限りでない。

【被告人の権利↓憲三七③【請求↓刑訴規二八【選任↓三八、刑訴規一七九の六【被告人以外の者による弁護人の選任↓三〇②

一 **本条の合憲性**

[1] 国選弁護人を付す場合に「貧困その他の事由」を条件とし、また被告人の請求にかからせている点は、憲法三七条三項に違反しない。〔旧法事件〕（最大判昭24・11・2刑集三・一一・一七三七）

二 **国選弁護人の選任**

1 **選任請求の有無**

[2] 弁護人選任請求権を告知された被告人が、貧困により弁護人を私選しない旨回答したにとどまり、積極的に弁護人選任の請求をせず、また公判廷においても何らその請求をしなかった場合には、国選弁護人選任の請求があったものとはいえない。（最判昭25・6・23刑集四・六・一〇六一）

[3] 被告人が裁判所に対し「私選弁護人は頼まない」旨の意思表示をしただけでは、国選弁護人選任の請求とみることはできない。（最大決昭32・7・17刑集一一・七・一八四二）

2 **選任請求の効果**

[4] 第一審における被告人の国選弁護人選任請求の効力は、控訴審には及ばない。（最決昭27・9・11裁判集刑六七・二一一）

[5] 被告人に国選弁護人を通じて正当な防御活動を行う意思のないことが明らかになったため、裁判所が国選弁護人の辞意をいれて解任した場合、被告人が再度国選弁護人の選任を請求しても、被告人においてその後もそのような状況を維持・存続させたとみるべきときは、被告人の請求は権利の濫用というべく、裁判所が右再選任請求を却下した措置は相当であり、このように解しても憲法三七条三項に違反しない。（最判昭54・7・24刑集三三・五・四一六、刑訴百選〔一〇版〕A29）↓[8][9][12]、憲三七条[13]

[6] 被告人が控訴審判決宣告期日の二日前に私選弁護人全員を解任し、その翌日国選弁護人選任の請求をした場合において、被告人がその時期に私選弁護人を解任するのもやむを得ないとする事情がなく、裁判所が判決宣告期日に間に合うように国選弁護人を選任するのが困難であったときは、裁判所が国選弁護人を選任しないまま判決の宣告をしても、憲法三七条三項に違反しない。（最判昭63・7・8刑集四二・六・八四一）

3 **選任の時期**

[7] 被告人の国選弁護人選任の請求が、その責めに帰すべき事由により控訴趣意書の提出期限に近接していて期間内に控訴趣意書を提出できないような時期になされたときは、たとえ裁判所が控訴趣意書の提出期限後に弁護人を選任したとしても、憲法三七条三項による権利の行使を妨げたとはいえない。（最大判昭28・4・1刑集七・四・七一三）

三 **国選弁護人の辞任・解任**

1 **解任の裁判の要否**

[8] 国選弁護人は、辞任の申出をした場合であっても、裁判所が辞任の申出について正当な理由があると認めて解任しない限り、その地位を失わない。（最判昭54・7・24前出[5]）

2 **解任の裁判と事実の取調べ**

[9] 国選弁護人から辞任の申出を受けた裁判所は、解任すべき事由の有無を判断するに必要な限度において、相当と認める方法により、事実の取調べをすることができる。（最判昭54・7・24前出[5]）

3 **解任すべき事由**

[10] 国選弁護人を選任した後、他の弁護人が私選されたときは、裁判所は、原則として国選弁護人を解任すべきである。（福岡高判昭37・9・18下刑四・九＝一〇・七九〇）

[11] 国選弁護人は、被告人との信頼関係を喪失しても、直ちには解任されない。（東京高判昭54・1・24刑月一一・一＝二・一）

[12] 国選弁護人に対し理由のない暴行、罵倒、誹謗〔ひぼう〕を加える等、被告人が国選弁護人を通じて正当な防御活動を行う意思がないことを自らの行動によって表明したものと評価すべき事情の下においては、裁判所が弁護人の辞意をいれてこれを解任してもやむを得ない。（最判昭54・7・24前出[5]）

第三六条の二【資力申告書の提出】 この法律により弁護人を要する場合を除いて、被告人が前条の請求をするには、資力申告書（その者に属する現金、預金その他政令で定めるこれらに準ずる資産の合計額（以下「資力」という。）及びその内訳を申告する書面をいう。以下同じ。）を提出しなければならない。

⊛+【この法律により弁護人を要する場合↓二八九、三一六の四、三一六の七、三一六の八、三一六の二八、三一六の二九、三五〇の二三】

第三六条の三【私選弁護人選任申出の前置】① この法律により弁護人を要する場合を除いて、その資力が基準額（標準的な必要生計費を勘案して一般に弁護人の報酬及び費用を賄うに足りる額として政令で定める額をいう。以下同じ。）以上である被告人が第三十六条の請求をするには、あらかじめ、その請求をする裁判所の所在地を管轄する地方裁判所の管轄区域内に在る弁護士会に第三十一条の二第一項の申出をしていなければならない。

② 前項の規定により第三十一条の二第一項の申出を受けた弁護士会は、同条第三項の規定による通知をしたときは、前項の地方裁判所又は当該被告事件が係属する裁判所に対し、その旨を通知しなければならない。

⊛+【この法律により弁護人を要する場合↓三六の二⊛【弁護士会↓弁護五章

第三七条【職権による選任】 左の場合に被告人に弁護人がないときは、裁判所は、職権で弁護人を附することができる。

一 被告人が未成年者であるとき。
二 被告人が年齢七十年以上の者であるとき。
三 被告人が耳の聞えない者又は口のきけない者であるとき。
四 被告人が心神喪失者又は心神耗弱者である疑があるとき。
五 その他必要と認めるとき。

⊛+【選任↓三八 【一】【未成年↓民四、刑訴規二七九 【四】【心神喪失・心神耗弱↓刑三九

1 **一 判断の裁量性**
本条は、事件の難易、被告人の精神状態等を考慮して被告人に弁護人を付するか否かを裁判所の裁量に委ねたものであるから、未成年の被告人に弁護人を付さなかったとしても、違法ではない。（東京高判昭25・5・23高刑判特九・一一）

二 「その他必要と認めるとき」

2 「その他必要と認めるとき」とは、被告人が公判廷において事実上又は法律上の争点に関し正当に自己の権利を主張し又は防御する能力に欠ける疑いがある場合をいい、その必要の有無は、被告人の年齢、事件の内容、争点に応じ、事前に又は審理の経過に従い客観的に判断すべきである。（東京高判昭42・11・13判タ二一八・二四九）

3 必要的弁護事件ではない事件について、裁判所が必要と認めて職権で弁護人を付したことは、被告人がこれを固辞していても、違法、不当ではない。（東京高判昭61・1・20判時一二二二・一五七）

第三七条の二【被疑者の国選弁護】① 被疑者に対して勾留状が発せられている場合において、被疑者が貧困その他の事由により弁護人を選任することができないときは、裁判官は、その請求により、被疑者のため弁護人を付さなければならない。ただし、被疑者以外の者が選任した弁護人がある場合又は被疑者が釈放された場合は、この限りでない。

② 前項の請求は、勾留を請求された被疑者も、これをすることができる。

⊛❶【被疑者の勾留↓二〇七【請求↓刑訴規二八―二八の三【被疑者の釈放↓八七、九五、二〇七、二〇八①、二〇六①　+【被疑者への教示等↓二〇三④、二〇四③、二〇七②③ ❷【勾留の請求↓二〇四①、二〇五①

第三七条の三【選任請求の手続】① 前条第一項の請求をするには、資力申告書を提出しなければならない。

② その資力が基準額以上である被疑者が前条第一項の請求をするには、あらかじめ、その勾留の請求を受けた裁判官の所属する裁判所の所在地を管轄する地方裁判所の管轄区域内に在る弁護士会に第三十一条の二第一項の申出をしていなければならない。

③ 前項の規定により第三十一条の二第一項の申出を受けた弁護士会は、同条第三項の規定による通知をしたときは、前項の地方裁判所に対し、その旨を通知しなければならない。

⊛❶【資力申告書↓三六の二 ❷【基準額↓三六の三①【弁護士会↓弁護五章

第三七条の四【職権による選任】 裁判官は、被疑者に対して勾留状が発せられ、かつ、これに弁護人がない場合において、精神上の障害その他の事由により弁護人を必要とするかどうかを判断することが困難である疑いがある被疑者について必要があると認めるときは、職権で弁護人を付することができる。ただし、被疑者が釈放された場合は、この限りでない。

⊛+三七の二①⊛

第三七条の五【複数の弁護人の選任】 裁判官は、死刑又は無期の懲役若しくは禁錮に当たる事件について第三十七条の二第一項又は前条の規定により弁護人を付する場合又は付した場合において、特に必要があると認めるときは、職権で更に弁護人一人を付することができる。ただし、被疑者が釈放された場合は、この限りでない。

*令和四法六七（令和七・六・一六までに施行）による改正
第三七条の五中「無期の懲役若しくは禁錮」を「無期拘禁刑」に改める。（本文未織込み）

⊛+【被疑者の釈放↓三七の二①⊛

第三八条【選任資格、旅費等の請求】① この法律の規定に基づいて裁判所若しくは裁判長又は裁判官が付すべき弁護人は、弁護士の中からこれを選任しなければならない。

② 前項の規定により選任された弁護人は、旅費、日当、宿泊料及び報酬を請求することができる。

⊛❶【この法律の規定↓三六、三七、三七の二、三七の四、二八九、二九〇、三一六の四、三一六の八、三一六の二八、三一六の二九、三五〇の一七、三五〇の一八、四五一【弁護士↓憲三七③、弁護四、八、刑訴規二九【選任の通知↓刑訴規二九の三①

1 **一 同一弁護人の選任と利害相反（刑訴規則二九条五項）**
強盗殺人罪に問われた二名の被告人が一貫して公訴事実を認め、同一人を国選弁護人に選任したことにつき異議の申立てをしなかったとしても、犯行の動機、経緯、態様、結果等の犯情に影響すると思われる部分について両名の主張に食い違いがあり、一方に有利な事情が他方に不利な事情になるため、右の点につき主張、立証すべきか否かの判断に窮することになるときは、「被告人の利害が相反しない」とはいえない。（名古屋高判平9・9・29高刑五〇・三・一三九、重判平9刑訴三）

二 費用の請求

2 国選弁護人の選任に基づく法律関係には民法の委任に関する規定は適用されず、裁判所の支給する旅費、日当、宿泊料及び報酬以外に費用の請求をすることはできない。（最判昭29・8・24民集八・八・一五四九）

3 報酬支給決定に対する不服申立て（最決昭63・11・29刑集四二・九・一三八九、重判昭63刑訴一）↓四一九条5

第三八条の二【選任の効力の終期】 裁判官による弁護人の選任は、被疑者がその選任に係る事件について釈放されたときは、その効力を失う。ただし、その釈放が勾留の執行停止によるときは、この限りでない。

⊛+【被疑者の釈放↓三七の二①⊛【勾留の執行停止↓九五、二〇七

第三八条の三【弁護人の解任】① 裁判所は、次の各号のいずれ

かに該当すると認めるときは、裁判所若しくは裁判長又は裁判官が付した弁護人を解任することができる。

一　第三十条の規定により弁護人が選任されたことその他の事由により弁護人を付する必要がなくなつたとき。

二　被告人と弁護人との利益が相反する状況にあり弁護人にその職務を継続させることが相当でないとき。

三　心身の故障その他の事由により、弁護人が職務を行うことができず、又は職務を行うことが困難となつたとき。

四　弁護人がその任務に著しく反したことによりその職務を継続させることが相当でないとき。

五　弁護人に対する暴行、脅迫その他の被告人の責めに帰すべき事由により弁護人にその職務を継続させることが相当でないとき。

②　弁護人を解任するには、あらかじめ、その意見を聴かなければならない。

③　弁護人を解任するに当たつては、被告人の権利を不当に制限することがないようにしなければならない。

④　公訴の提起前は、裁判官が付した弁護人の解任は、裁判官がこれを行う。この場合においては、前三項の規定を準用する。

§§❹【解任を行う裁判官↓刑訴規二九の二

第三八条の四【虚偽の資力申告書の提出に対する制裁】 裁判所又は裁判官の判断を誤らせる目的で、その資力について虚偽の記載のある資力申告書を提出した者は、十万円以下の過料に処する。

§§+【資力申告書の提出↓三六の二、三七の三①

第三九条【被告人・被疑者との接見交通】 ①身体の拘束を受けている被告人又は被疑者は、弁護人又は弁護人を選任することができる者の依頼により弁護人となろうとする者（弁護士でない者にあつては、第三十一条第二項の許可があつた後に限る。）と立会人なくして接見し、又は書類若しくは物の授受をすることができる。

②　前項の接見又は授受については、法令（裁判所の規則を含む。以下同じ。）で、被告人又は被疑者の逃亡、罪証の隠滅又は戒護に支障のある物の授受を防ぐため必要な措置を規定することができる。

③　検察官、検察事務官又は司法警察職員（司法警察員及び司法巡査をいう。以下同じ。）は、捜査のため必要があるときは、公訴の提起前に限り、第一項の接見又は授受に関し、その日時、場所及び時間を指定することができる。但し、その指定は、被疑者が防禦の準備をする権利を不当に制限するようなものであつてはならない。

§§❶【身体の拘束を受けている被告人↓五八、六〇、一六七【身体の拘束を受けている被疑者↓一九九、二一〇、二一三、二〇七、二二四【弁護人を選任することができる者↓三〇【本条以外の者との接見交通↓八〇、八一【弁護人との連絡↓人権B規約一四3(b) ❷【法令の定め↓刑訴規三〇、刑事収容一一七―一一九、一二三、一四五、二一九、二二〇 +【不服申立て↓四三〇

一　秘密交通権

[1] 本条一項にいう「立会人なくして」とは、捜査機関が立ち会わないことにとどまらず、弁護人等の固有権として、接見終了後においても、接見内容を知られない権利を保障したものである。検察官が、いまだ秘密性が消失していない被疑者と弁護人との間の意思疎通の過程を聴取し、調書化したことは、被疑者等と弁護人等との自由な意思疎通ないし情報伝達に萎縮的効果を及ぼすおそれがあるから、違法であり、また、この調書の証拠調べ請求に際し、あえて「弁護人にも嘘をついたこと」をまでも立証趣旨としたことは、弁護人と被疑者との信頼関係を破壊するおそれのある行為であって、弁護人に対し、今後の公判における審理準備のため弁護活動をなす際においても、実質的弁護権としての秘密交通権を行使する機会を持つことについて、心理的な萎縮効果を生じさせたものであるから、違法である。（福岡高判平23・7・1判時二一二七・九、刑訴百選[一〇版]三六……国賠請求事件）

[2] 被告人等が弁護人等から有効かつ適切な援助を受けるためには、証拠資料等の情報が記載された書類等を閲覧しながら打ち合わせることが必要不可欠であるから、秘密交通権の保障の対象となる行為には、口頭で打合せをすることだけでなく、右書類等を閲覧しながら、あるいはパソコン等の電子機器を接見室に持ち込んで右情報が保存された電磁的記録を再生しながら、打合せをすることも含まれる。（広島高判平31・3・28【平30ネ二〇三】重判令元刑訴五……国賠請求事件）

[3] 本条一項の「接見」とは、被告人が弁護人等と面会して相談しその助言を受けるなど、会話による面接を通じて意思の疎通を図り援助を受けることをいい、被告人が弁護人等により写真やビデオに撮影されること、弁護人が面会時の様子や結果を音声や画像等として記録することを本来的には含まない。（東京高判平27・7・9判時二二八〇・一六）

[4] 弁護人が接見時に防御方法の打合せの一環として交付した書類、被告人が接見内容や防御構想を書き留めたメモ類、弁護人との接見の代替方法として行われた信書のやり取りは、憲法三四条に基づく被告人の接見交通権又は防御権及び弁護人の弁護権として保障されており、これらの防御方法の内容は、基本的には、捜査機関に対して秘匿されるべきであるものの、防御方法の内容の秘密といえども絶対的に保障されるものではなく、捜査権の行使という国家の権能との間で合理的な調整を図る必要があり、必要かつ合理的な範囲の制約に服するから、被告人と弁護人との間で交わされる文書を対象とする捜索・差押えの当否は、犯罪の態様・軽重、差し押さえるべき物の証拠としての価値・重要性、差し押さえるべき物が隠滅毀損されるおそれの有無、差押えによって受ける被差押者の不利益の程度その他諸般の事情に照らし、捜索・差押えの必要性と被差押者である被告人の被る不利益とを考慮して判断すべきである。（大阪高判平28・4・22判時二三一五・六一……被告人が共犯者等の証言予定者に対して直接に又は第三者を介して口裏合わせなどの罪証隠滅工作を行っているおそれが高いとして、検察官が第一審係属中に捜索差押許可状を請求したこと、及び、拘置所の書信室、被告人の居室、領置倉庫を捜索し、弁護人宛ての書き損じ等が含まれた便せん一束、手紙、弁護人が差し入れ被告人による書き込みのある尋問事項書を差し押さえたことを違法とした。国賠請求事件）

二　接見指定の合憲性

[5] 憲法三四条前段の弁護人依頼権は、身体の拘束を受けている被疑者が、自己の自由と権利を守るため弁護人から援助を受けられるようにすることを目的とするから、被疑者が弁護人に相談し、その助言を受けるなど弁護人から援助を受ける機会を持つことを実質的に保障していると解すべきであり、接見交通権は、右憲法の保障に由来する。もっとも、憲法は、刑罰権の発動ないしこのための捜査権の行使が国家の権能であることを当然の前提とするから、接見交通権は、捜査権に絶対的に優先するものではなく、両者の間に合理的な調整を図らなければならない。憲法三四条は、身体を拘束された被疑者に弁護人の援助を受ける機会を保障するという趣旨が実質的に損なわれない限りにおいて、法律に右の調整の規定を設けることを否定するものではない。

本条三項の規定は、取調べ等捜査の必要と接見交通権の行使との調整を図るものであり、(1)接見等の申出を全面的に拒むことを許すものではなく、日時を弁護人等の申出とは別の日時とするか、時間を申出より短縮できるにすぎず、接見交通権を制約する程度は低い。また、(2)接見指定ができるのは、現に被疑者を取調べ中である場合など、取調べの中断等により捜査に顕著な支障が生ずる場合に限られ、しかも、(3)右要件を具備する場合、捜査機関は、弁護人等と協議してできる限り速やかな接見等のための日時等を指定し、被疑者が

弁護人等と防御の準備ができるような措置を採らなければならない。このような点からみれば、右規定は、憲法三四条前段の弁護人依頼権の保障の趣旨を実質的に損なうものではない。捜査機関に接見指定の権限を付与している点も、接見等の制限に対し、簡易迅速な司法審査の道があることを考慮すると、そのことによって本条三項が違憲であるということはできない。（最大判平11・3・24民集五三・三・五一四、刑訴百選[一〇版]三三……国賠請求事件）

三　「捜査のため必要があるとき」

[6] 捜査機関は、弁護人等から被疑者との接見等の申出があったときは、原則としていつでも接見等の機会を与えなければならないのであり、本条三項本文にいう「捜査のため必要があるとき」とは、右接見等を認めると取調べの中断等により捜査に顕著な支障が生ずる場合に限られる。接見等の申出を受けた時に、捜査機関が現に被疑者を取調べ中である場合や実況見分、検証等に立ち会わせている場合、また、間近い時に右取調べ等をする確実な予定があって、弁護人等の申出に沿った接見等を認めたのでは、右取調べ等が予定どおり開始できなくなるおそれがある場合などは、原則として右にいう取調べの中断等により捜査に顕著な支障が生ずる場合に当たる。（最大判平11・3・24前出[5]）

四　接見の申出と採るべき措置

[7] 弁護人からの接見の申出を受けた者が接見指定の権限のある捜査官ではないため接見指定の要件が存在するか否かの判断ができないときは、権限のある捜査官に申出のあったことを連絡し、具体的措置について指示を受ける等の必要があり、そのため弁護人が待機することになり又は接見が遅れることがあったとしても、それが合理的な範囲にとどまる限り許容される。（最判平3・5・31判時一三九〇・三三〈若松事件〉刑訴百選[七版]三五……国賠請求事件）

[8] 弁護人の事務所、検察庁及び被疑者が勾留されている警察署の位置関係から、検察庁で接見指定書を受領し警察署に持参することが弁護人にとって過重な負担ではなく、弁護人が申し出た接見日時まで相当の時間があるため接見開始が遅れる事情がないときは、検察官が弁護人に対し検察庁で指定書を受領するよう求め、その間接見指定をしなかった措置は、違法とはいえない。（最判平12・2・22判時一七二一・七〇……元原裁判官の反対意見がある。国賠請求事件）

[9] 逮捕直後の初回の接見は、身体を拘束された被疑者が弁護人選任を目的とし、かつ、今後捜査機関の取調べを受けるに当たっての助言を得る最初の機会であって、憲法上の保障の出発点を成すものであるから、速やかに行うことが防御の準備のため特に重要である。接見申出を受けた捜査機関は、指定要件が具備された場合でも、弁護人となろうとする者と協議して、即時又は近接した時点での接見を認めても捜査に顕著な支障が生じるのを避けることが可能かどうかを検討し、留置施設管理運営上支障があるなど特段の事情のない限り、逮捕後の手続を終えた後、たとえ比較的短時間でも、可能な限り時間を指定した上で即時又は近接した時点での接見を認めるようにすべきであり、取調べを理由としてこの時点での接見を拒否するような指定をし、初回の接見の機会を遅らせることは、本条三項ただし書に違反して被疑者が防御の準備をする権利を不当に制限するものであって、違法である。（最判平12・6・13民集五四・五・一六三五、刑訴百選[一〇版]三四……国賠請求事件）→憲三四条[4]

五　接見指定の方法

[10] 接見指定の方法は、捜査機関の合理的裁量に委ねられているから、電話などの口頭による指定のほか、接見指定書の交付による方法も許されるが、その方法が著しく合理性を欠き、迅速かつ円滑な接見交通が害される結果になるときは、違法である。（最判平3・5・10民集四五・五・九一九〈浅井事件〉刑訴百選[七版]三六……国賠請求事件）

[11] 「接見等の指定に関する通知書」は、弁護人等から接見等の申出があったときに接見指定をすることがあり得る旨を通知する捜査機関の内部的な事務連絡文書であって、検察官が接見指定権を適切に行使する機会を確保するとともに、接見交通権の行使と捜査の必要との調整を図ることを目的とするものであるから、その発出自体は違法ではない。（最判平16・9・7判時一八七八・八八、重判平16刑訴三……国賠請求事件）

六　起訴後の余罪捜査と接見指定

[12] 起訴後は、余罪について捜査の必要がある場合であっても、捜査機関は、被告事件の弁護人又は弁護人となろうとする者に対し、本条三項の指定権を行使することができない。（最決昭41・7・26刑集二〇・六・七二八、刑訴百選[三版]七）↓四三〇条[3]

[13] 同一人につき被告事件の勾留とその余罪である被疑事件の逮捕、勾留とが競合している場合、捜査機関は、被告事件について防御権の不当な制限にわたらない限り、本条三項の接見等の指定権を行使することができる。（最決昭55・4・28刑集三四・三・一七八、刑訴百選[一〇版]三五……被告事件の弁護人が被疑事件の弁護人を兼ねる事案）

[14] 被告事件についてだけ選任された弁護人の場合も、前出[13]と同様である。（最決平13・2・7判時一七三七・一四八、重判平13刑訴二）

七　適切な部屋のない場合の措置

[15] 検察庁の庁舎内において、弁護人等と被疑者との立会人なしの接見を認めても、戒護上の支障が生じないような設備のある部屋等が存在しない場合には、接見の申出を拒否したとしても違法ではない。検察官が右記の設備のある部屋等が存在しないことを理由として接見の申出を拒否したにもかかわらず、弁護人等がなお庁舎内における即時の接見を求め、即時に接見をする必要性が認められる場合には、検察官は、例えば立会人の居る部屋での短時間の「接見」などのように、いわゆる秘密交通権が十分に保障されないような態様の短時間の「接見」（以下「面会接見」という）であってもよいかどうかという点につき、弁護人等の意向を確かめ、弁護人等がそのような面会接見であっても差し支えないとの意向を示したときは、面会接見ができるように特別の配慮をすべき義務がある。（最判平17・4・19民集五九・三・五六三、刑訴百選[一〇版]A11……検察官が、弁護人の意向を確かめることをせず、接見申出に対して何らの配慮もしなかったことを違法とする。国賠請求事件）

八　任意同行中の場合

[16] 弁護人等は、被疑者が任意同行後取調べを受けている場合にも自由に面会することができるのであるから、捜査機関は、弁護人等から面会の申出があったときは、面会時間の調整が整うなどの特段の事情がない限り、取調べを中断してその旨を被疑者に伝え、被疑者が面会を希望するときはその実現のための措置を執るべきであり、社会通念上相当と認められる限度を超えて、被疑者に対する伝達を遅らせ又は伝達後被疑者の行動の自由に制約を加えたときは、弁護活動を阻害するものとして違法となる。（福岡高判平5・11・16判時一四八〇・八二、刑訴百選[一〇版]A12……国賠請求事件）

[17] 刑訴法三〇条により被疑者は何時でも弁護人を選任することができるところ、十分な防御のためには、弁護人に相談し助言を受けるなど弁護人から援助を受ける機会を実質的に保障する必要があるから、被疑者は、身体の拘束を受けていない段階でも、本条一項の接見交通権に準じて、立会人なく弁護人等と接見する利益を有する。この接見の利益は、十分な弁護活動を保障するために不可欠で弁護権の行使上重要な弁護人等の固有の利益でもある。したがって、弁護人等が、任意取調べ中の被疑者との立会人のない接見の申出をした場合、捜査機関は速やかにその申出があった事実を被疑者に告げ接見するか取調べを継続するかを確認すべきであり、その事実を告げないまま取調べを継続する捜査機関の措置は、弁

護人等であることの事実確認のために時間を要するなど特段の事情がない限り、被疑者の接見の利益及び弁護人等の固有の接見の利益を侵害するものとして違法となる。（東京高判令3・6・16判タ一四九〇・九九……国賠請求事件）

九　接見指定と自白の任意性

[18] 被疑者として警察に身柄を拘束されていた間に弁護人との面接時間が二分ないし三分と指定され、しかも右面接の際警察官が立ち会っていた事実があったとしても、右被疑者が検察官に対してなした自白に任意性があるか否かは、それらの事由とは関係なく、自白をした当時の情況に照らして判断すべきである。（最判昭28・7・10刑集七・七・一四七四、刑訴百選[初版]四）→三一九条[6]

一〇　書類・物の授受

[19] 刑事収容施設及び被収容者等の処遇に関する法律五一条ないし刑事施設及び被収容者の処遇に関する規則二一条二号の解釈に当たっては、本条一項の規定の趣旨が実質的に損なわれないよう配慮する必要があり、弁護人等と被告人等との物の授受について、被告人等の逃亡、罪証の隠滅又は戒護に支障のある物以外の物の授受を一般的に制限し得るものではなく、合理的理由に基づく最小限の制限を行うことのみが許される。（福岡高判平22・2・25判タ一三三〇・九三……刑事施設の長が、差入れできる便箋、封筒を指定する業者から購入するものに制限する旨の達示を定め、弁護人が直接差し入れるのを認めないとの取扱いをしたことは、合理的理由に基づく最小限の制限とはいえないとした）

[20] 接見交通権は、被告人と弁護人が公判廷において何らの制限も受けないで物を授受する自由までも保障するものではないが、裁判所の訴訟指揮が接見交通権を不当に制限し、被告人に重大な支障ないし不利益を与えるような場合には、違法となる。（東京高判平4・5・27判時一四三三・一三九……メモ用紙等の授受を制限した第一審裁判所の訴訟指揮を是認した）↓二九四条[2]

[21] 在監者の信書の発受に関する制限を定めた監獄法五〇条及び監獄法施行規則一三〇条の規定は、憲法二一条、三四条、三七条三項に違反しない。〔平成一八法五八による刑事施設ニ於ケル刑事被告人ノ収容等ニ関スル法律（旧監獄法）廃止前の事案〕（最判平15・9・5判タ一一四六・二一八、重判平16刑訴四……監獄法五〇条の制限は、憲法に由来する本条と整合する範囲で定められるべきであるから、監獄法施行規則一三〇条にいう「信書」には、被勾留者と弁護人との間で発受されるものは含まれず、拘置所長が信書が弁護人との間のものであるかどうか、その中に信書以外の物が含まれているかどうかの範囲を超えて検閲することは、特段の事情のない限り、違法であるとする梶谷等二裁判官の反対意見がある。国賠請求事件）

第四〇条【書類・証拠物の閲覧・謄写】① 弁護人は、公訴の提起後は、裁判所において、訴訟に関する書類及び証拠物を閲覧し、且つ謄写することができる。但し、証拠物を謄写するについては、裁判長の許可を受けなければならない。

② 前項の規定にかかわらず、第百五十七条の六第四項に規定する記録媒体は、謄写することができない。

❶【閲覧・謄写↓刑訴規三一】【制限↓二九九の六①②】

本条の準用↓三四九条の二[2]

第四一条【独立行為権】 弁護人は、この法律に特別の定のある場合に限り、独立して訴訟行為をすることができる。

【弁護人だけが持つもの↓三九、四〇、一七〇、一八〇①、三八八、四一四【被告人と重複して持つもの↓一一三、一四二、一五七、二二八②、二九三②、三〇四②③【被告人の明示の意思に反し得るとき↓八二②、八七、八八、九一、一七九①、二七六、二九八①、三〇九①②【黙示の意思に反し得るとき↓二一、五〇①、三五五、三五六

第四二条【補佐人】① 被告人の法定代理人、保佐人、配偶者、直系の親族及び兄弟姉妹は、何時でも補佐人となることができる。

② 補佐人となるには、審級ごとにその旨を届け出なければならない。

③ 補佐人は、被告人の明示した意思に反しない限り、被告人がすることのできる訴訟行為をすることができる。但し、この法律に特別の定のある場合は、この限りでない。

❶【法定代理人・保佐人↓三〇②　❷【届出↓刑訴規三二　❸【特別の定め↓三六〇

第五章　裁判

第四三条【判決、決定・命令】① 判決は、この法律に特別の定のある場合を除いては、口頭弁論に基いてこれをしなければならない。

② 決定又は命令は、口頭弁論に基いてこれをすることを要しない。

③ 決定又は命令をするについて必要がある場合には、事実の取調をすることができる。

④ 前項の取調は、合議体の構成員にこれをさせ、又は地方裁判所、家庭裁判所若しくは簡易裁判所の裁判官にこれを嘱託することができる。

❶【特別の定め↓三一四①、三四一、三九〇、三九一、四〇八、四一六　❷【決定・命令↓刑訴規三三①②　❸【事実の取調べ↓刑訴規三三③④

一　判決と口頭弁論

[1] 審理に関与しなかった裁判官が判決書に署名押印したのは、本条一項に違反する。（旧法事件）（最判昭25・3・30刑集四・三・四五四）

[2] 判決宣告期日として指定された公判期日に、弁論を再開して証拠調べをした後、弁論を終結して判決を宣告した場合において、判決書の日付に右期日よりも前の年月日が記載されているときは、右判決は、弁論再開後の口頭弁論に基づかないでした違法なものである。（最判昭41・2・24刑集二〇・二・四九）→三一三条[7]

二　判決の宣告

1　宣告と裁判書の作成の要否↓三四二条[7][8]

2　判決言直しの効力↓三四二条[9][10]

第四四条【裁判の理由】① 裁判には、理由を附しなければならない。

② 上訴を許さない決定又は命令には、理由を附することを要しない。但し、第四百二十八条第二項の規定により異議の申立をすることができる決定については、この限りでない。

❶【理由↓三七八四　❷【上訴を許さない決定↓四一九、四二〇、四二七、四二八①【上訴を許さない命令↓四二九

第四五条【判事補の権限】 判決以外の裁判は、判事補が一人でこれをすることができる。

【判事補↓裁二七

第四六条【謄本の請求】 被告人その他訴訟関係人は、自己の費用で、裁判書又は裁判を記載した調書の謄本又は抄本の交付を請求することができる。

第六章　書類及び送達

第四七条【訴訟書類の非公開】 訴訟に関する書類は、公判の開廷前には、これを公にしてはならない。但し、公益上の必要その他の事由があって、相当と認められる場合は、この限りでない。

【公益上の必要の例↓国会一〇四

一　本条の趣旨

[1]　本条本文は、訴訟に関する書類が公判開廷前に公開されることによって訴訟関係人の名誉が毀損され、公序良俗が害され、又は裁判に不当な影響が引き起こされるのを防止する趣旨である。（最判昭28・7・18刑集七・七・一五四七……検察官がその保管に係る他の被疑事件に関する書類の内容を起訴状に記載したことを適法とした）

二　「訴訟に関する書類」

[2]　公判不提出記録（共犯者の供述調書）（最決平16・5・25民集五八・五・一一三五、民訴百選[五版]A23）→民訴二二〇条[9]

[3]　捜索差押許可状・捜索差押令状請求書（最決平17・7・22民集五九・六・一八三七、重判平17民訴一……前者の提出拒否は文書保管者の裁量権の逸脱に当たるが、後者の提出拒否は当たらないとした）→民訴二二〇条[10]

[4]　被疑者の勾留請求の資料とされた告訴状及び被害者の供述調書（最決平19・12・12民集六一・九・三四〇〇、重判平20民訴五……提出拒否は裁量権の逸脱・濫用に当たるとした）→民訴二二〇条[11]

三　「相当と認められる場合」の判断をすべき者

[5]　検察官が原本を保管する捜査書類の写しをその捜査を担当した警察を置く都道府県が所持する場合、都道府県は当該写しについて「相当と認められる場合」の判断をすることができる。（最決平31・1・22民集七三・一・三九、重判令元民訴四）→民訴二二〇条[5][13]

第四八条【公判調書の作成、整理】　①　公判期日における訴訟手続については、公判調書を作成しなければならない。

②　公判調書には、裁判所の規則の定めるところにより、公判期日における審判に関する重要な事項を記載しなければならない。

③　公判調書は、各公判期日後速かに、遅くとも判決を宣告するまでにこれを整理しなければならない。ただし、判決を宣告する公判期日の調書は当該公判期日後七日以内に、公判期日から判決を宣告する日までの期間が十日に満たない場合における当該公判期日の調書は当該公判期日後十日以内（判決を宣告する日までの期間が三日に満たないときは、当該判決を宣告する公判期日後七日以内）に、整理すれば足りる。

規❶【公判調書→刑訴規四五・四六　❷【記載すべき事項→刑訴規四四【刑事訴訟手続における和解の記載→犯罪被害保護一九

一　公判調書の記載事項

[1]　本条二項にいう「公判期日における審判に関する重要な事項」とは、事柄自体からみて訴訟法上重要な意義を持つ事項をいうのではなく、特に公判調書に記載しておくことを必要とする事項を意味するのであり、いかなる事項がこれに該当するかは、裁判所の規則の定めるところに委ねられている。（最判昭30・12・9刑集九・一三・二六八二）

二　公判調書の整理

1　意義

[2]　公判調書の整理とは、調書の記載を完了した裁判所書記官が署名押印を済ませ、裁判長ないし担当裁判官の認印を得ることをいう。（大阪高判昭60・10・30判時一一九一・一四七）

2　整理の期間

[3]　公判調書は訴訟活動の準備のために実務上有効な機能を果たし得るので速やかな整理が求められているが、その作成の本来の目的は、公判期日における審判に関する重要な事項を明らかにし、訴訟手続が適式に行われたかどうかを公証することにより訴訟手続の公正を担保すること、上訴審に審査の資料を提供すること等にあり、整理期間の具体的な設定は刑事裁判における適正手続の保障と直接には関係がない。（最決平27・8・25刑集六九・五・六六七）→憲三一条[6]

[4]　本条三項所定の期間内に整理されなかった公判調書であっても、その一事だけでは無効にはならない。（最判昭32・9・10刑集一一・九・二二一三……判決宣告から三箇月後に整理されたもの）

3　署名押印・認印（刑訴規則四六条）

[5]　公判調書に裁判長の認印又は裁判長に差支えあるときの一人の裁判官の認印を欠く場合であっても、作成権限のある裁判所書記官の署名押印があり、被告人又は弁護人から同調書の記載の正確性について適法な異議の申立てもなく、原審において法令違反について何ら主張がなされていないときは、その公判調書は無効でない。（最判昭32・8・23刑集一一・八・二一〇三）

[6]　公判調書末尾の裁判所書記官の署名押印が、同調書に記載された書記官の氏名と異なっているときは、その公判調書は無効である。（広島高判昭29・4・21高刑七・三・四四八）

第四九条【被告人の公判調書閲覧権】　被告人に弁護人がないときは、公判調書は、裁判所の規則の定めるところにより、被告人も、これを閲覧することができる。被告人は、読むことができないとき、又は目の見えないときは、公判調書の朗読を求めることができる。

規＋【規則の定め→刑訴規五〇①・三〇一【制限→二九九の六③

「弁護人がないとき」

[1]　国選弁護人を付されて審理を受けた被告人が判決宣告後に上訴申立てのため必要であるとして公判調書の閲覧を請求した場合は、本条にいう「弁護人がないとき」に当たらず、右請求は許されない。（最決平4・12・14刑集四六・九・六七五、重判平4刑訴七）→三二条[2]

第五〇条【公判調書の未整理と当事者の権利】　①　公判調書が次回の公判期日までに整理されなかったときは、裁判所書記は、検察官、被告人又は弁護人の請求により、次回の公判期日において又はその期日までに、前回の公判期日における証人の供述の要旨を告げなければならない。この場合において、請求をした検察官、被告人又は弁護人が証人の供述の要旨の正確性につき異議を申し立てたときは、その旨を調書に記載しなければならない。

②　被告人及び弁護人の出頭なくして開廷した公判期日の公判調書が、次回の公判期日までに整理されなかったときは、裁判所書記は、次回の公判期日において又はその期日までに、出頭した被告人又は弁護人に前回の公判期日における審理に関する重要な事項を告げなければならない。

規❶【異議の申立て→刑訴規四八【要旨の告知→刑訴規五一

第五一条【公判調書の記載に対する異議申立て】　①　検察官、被告人又は弁護人は、公判調書の記載の正確性につき異議を申し立てることができる。異議の申立があつたときは、その旨を調書に記載しなければならない。

②　前項の異議の申立ては、遅くとも当該審級における最終の公判期日後十四日以内にこれをしなければならない。ただし、第四十八条第三項ただし書の規定により判決を宣告する公判期日後に整理された調書については、整理ができた日から十四日以内にこれをすることができる。

一　異議申立ての期間

[1]　本条二項本文の異議申立期間経過後に公判調書の整理がなされた場合には、同項ただし書の規定が類推され、異議申立期間は当然に延長される。（東京高判昭48・10・31判時七三六・一〇七）

二　異議申立てが妨げられた場合

[2]　本条の異議申立権の行使が妨げられたときには、公判調書の記載について刑訴法五二条の証明力が排除される。（最判昭47・3・14刑集二六・二・一九五）

第五二条【公判調書の証明力】 公判期日における訴訟手続で公判調書に記載されたものは、公判調書のみによつてこれを証明することができる。

一　証明力の及ぶ範囲

[1] 本条は、公判調書に記載のあるもののみについて反証を許さない趣旨であって、調書に記載がないものについては、それだけで手続がなされなかったものということはできない。（最判昭27・3・25刑集六・三・五〇七……被告人に反対尋問の機会を与えた旨の記載がない場合）

[2] 公判調書の必要的記載事項に関しては、公判調書にその記載がなく、正確性につき異議の申立てもないときは、記載がない事項は存在しなかったものと推定される。（東京高判昭53・8・7高刑三一・二・一三一……嘆願書についての証拠調べの請求等に関するもの）

二　公判調書の誤記・矛盾と証明力

[3] 公判調書に矛盾した記載や不明確な記載があっても、記録中の他の資料によってその正誤を判定、解釈することができる。〔旧法事件〕（最判昭24・3・5刑集三・三・二五三）

[4] 公判調書の記載が明白な誤記である場合には、公判調書は正しい内容に従って証明力を有する。（最決昭36・3・14刑集一五・三・五二六……公判立会検察官の記載の誤り）

三　公判調書の不存在と証明力

[5] 公判調書が全て紛失して存在しない場合には、上告裁判所は自ら事実の取調べをした上で、公判期日における訴訟手続が適法に行われたか否かを認定することができる。〔旧法事件〕（最大判昭29・4・28刑集八・四・五八四）

[6] 第一審公判調書に「証拠に関する事項、別紙証拠関係目録記載の通り」と記載されているにもかかわらず、調書作成当時は添付されていたものと推察される別紙が添付されていないときは、上級審の職権調査により第一審に関与した裁判官又は裁判所書記官の提出した回答書は、訴訟手続を証明する資料となる。（最決昭29・6・16刑集八・六・八七八）

[7] 判決言渡しについて、言渡期日の公判調書が存在しないときは、記録中の証拠によって判決の存在が認められたとしても、その言渡しが適法になされたか否かを証明することができないから、原判決破棄の理由となる。（東京高判昭40・6・17高刑一八・三・二二八）

第五三条【訴訟記録の公開】 ① 何人も、被告事件の終結後、訴訟記録を閲覧することができる。但し、訴訟記録の保存又は裁判所若しくは検察庁の事務に支障のあるときは、この限りでない。

② 弁論の公開を禁止した事件の訴訟記録又は一般の閲覧に適しないものとしてその閲覧が禁止された訴訟記録は、前項の規定にかかわらず、訴訟関係人又は閲覧につき正当な理由があつて特に訴訟記録の保管者の許可を受けた者でなければ、これを閲覧することができない。

③ 日本国憲法第八十二条第二項但書に掲げる事件については、閲覧を禁止することはできない。

④ 訴訟記録の保管及びその閲覧の手数料については、別に法律でこれを定める。

⊛+【保管検察官への送付→刑訴規三〇四

一　「検察庁の事務に支障のあるとき」

1　意義

[1] 本条一項ただし書には、保管記録を請求者に閲覧させることによって、その保管記録に係る事件と関連する他の事件の捜査や公判に不当な影響を及ぼすおそれがある場合が含まれる。（最決平27・10・27刑集六九・七・七八七）

2　具体例

[2] 覚せい剤譲受け被告事件の弁護人が、未開示であった関係者Xの供述調書を閲覧するため、関連する覚せい剤自己使用罪についてのXの確定訴訟記録の閲覧を請求した場合、Xの主尋問すらなされていない等の事情の下では、保管検察官の閲覧不許可処分は適法である。（名古屋地決平2・6・30判時一四五二・一二九）

[3] 公職選挙法違反被告事件の弁護人が、関係者の受供与罪、受供応罪についての確定訴訟記録の閲覧を請求した場合、それらの者につき既に証人尋問が終了し、又は尋問未了であっても確定記録閲覧の影響が単なる心理的なものに止まる等の事情の下では、保管検察官の閲覧不許可処分は不適法である。（浦和地決平4・5・14判時一四五二・一二九）

二　閲覧禁止記録を閲覧するための正当な理由

[4] 離婚交渉等の非弁活動に係る弁護士法違反被告事件の訴訟記録が、事件関係者の秘密の保護や犯行の模倣の防止のため閲覧禁止記録に指定されている場合において、訴訟関係人でない者が社会勉強のためとして閲覧を申請しても、本条二項にいう正当な理由があるとはいえない。（東京高判昭62・2・26行裁三八・二=三・一六三）

三　犯罪被害者保護法に基づく訴訟記録の謄写措置への不服申立て

[5] 犯罪被害者保護法三条一項〔平成一九法九五による改正前〕に基づき訴訟記録を謄写させる措置に対して、被告人から不服申立てをすることはできない。（最決平16・10・8判タ一一六八・一三四）

第五三条の二【情報公開法等の適用除外】 ① 訴訟に関する書類及び押収物については、行政機関の保有する情報の公開に関する法律（平成十一年法律第四十二号）及び独立行政法人等の保有する情報の公開に関する法律（平成十三年法律第百四十号）の規定は、適用しない。

② 訴訟に関する書類及び押収物に記録されている個人情報については、個人情報の保護に関する法律（平成十五年法律第五十七号）第五章第四節の規定は、適用しない。

③ 訴訟に関する書類については、公文書等の管理に関する法律（平成二十一年法律第六十六号）第二章の規定は、適用しない。この場合において、訴訟に関する書類についての同法第四章の規定の適用については、同法第十四条第一項中「国の機関（行政機関を除く。以下この条において同じ。）」とあり、及び同法第十六条第一項第三号中「国の機関（行政機関を除く。）」とあるのは、「国の機関」とする。

④ 押収物については、公文書等の管理に関する法律の規定は、適用しない。

⊛+行政情報公開五㊃

第五四条【送達】 書類の送達については、裁判所の規則に特別の定のある場合を除いては、民事訴訟に関する法令の規定（公示送達に関する規定を除く。）を準用する。

＊令和四法四八（令和八・五・二四までに施行）による改正後

第五四条【送達】 書類の送達については、裁判所の規則に特別の定めのある場合を除いては、民事訴訟に関する法令の規定（民事訴訟法（平成八年法律第百九号）第百条第二項並びに第一編第五章第四節第三款及び第四款の規定を除く。）を準用する。

⊛+【書類の送達→六五、二七一①【規則の定め→刑訴規六二—六五【民事訴訟に関する法令→民訴九八—一〇九

一　送達すべき場所

[1] 被告人が保釈の制限住居に居住していない場合であっても、その事実が裁判所に明白でない限りは、制限住居宛てに送達をすることができる。（最決昭29・3・20刑集八・三・二八〇）

二　付郵便送達

1　付郵便送達のできる場合

[2] 再審請求人が、住居の届出をした後、裁判所に対してその

変更届出等をしてこなかった一方で、裁判所も、その所在を把握できず、そのための端緒もなかったなどの事実関係の下においては、同人が別件で刑事施設に収容されていたとしても、届出のなされている住居に宛てて、同人に対する再審請求棄却決定謄本の書留郵便に付する送達を行ったことは、刑訴規則六三条一項によるものとして有効である。（最決平27・3・24刑集六九・二・五〇六）

③ 付郵便送達に関する刑訴規則六三条は、民訴法一〇四条［旧一七〇条］に対してのみの特別規定であって、付郵便送達を刑訴規則六二条の住居等の届出義務のある者がその届出をしない場合に限定するものではないから、民訴法一〇七条一項［旧一七二条］は、本条により刑事手続における書類の送達について準用される。（最決昭52・3・4刑集三一・二・六九、刑訴百選[五版]A38）

④ 身柄を拘束されていない住居不定の被告人が、控訴審においてその住居又は事務所とは認め難い場所を送達場所とし自己を送達受取人として届け出る旨の書面を提出したとしても、刑訴規則六二条一項の住居等の届出があったものとはいえないが、その後上告を申し立てておきながら、住居又は事務所を届け出ず、送達受取人を選任して届け出ることもなく、上告審宛ての弁護人選任回答書にも住居として右場所を記載したなどの事実関係の下においては、被告人に対する上告趣意書差出最終日通知書等の書類は、刑訴規則六三条一項の趣旨に照らし、右場所に宛てて書留郵便に付して送達できる。（最決平12・6・27刑集五四・五・四四五）

⑤ 第一審で無罪判決を受けた後、控訴申立通知書の送達を受けて、検察官が控訴を申し立てたことを承知した被告人には、刑訴規則六二条一項に基づく住居等の届出をする義務があり、被告人がその履行を怠る一方で、控訴審裁判所から当時居住していた場所宛に送達された書類を異議なく受領しながら、その後異なる意思を示すことなく所在不明となるなどの事実関係の下では、控訴審裁判所が上記場所に宛てて行った被告人に対する公判期日召喚状等の書留郵便に付する送達は、刑訴規則六三条一項によるものとして有効である。（最決平19・4・9刑集六一・三・三二一、重判平19刑訴四）

2　特別送達との関係

⑥ 特別送達は、郵便集配人を送達吏員として、郵便によりなされるが（民訴法九九条［旧一六二条］、郵便法六六条［現四九条］）、付郵便送達とはその手続、効果を異にし、特別送達に付したことを付郵便送達として有効視することはできない。（最決昭47・12・26刑集二六・一〇・七五九……特別送達が不送達となった事案）

第七章　期間

第五五条【期間の計算】 ① 期間の計算については、時で計算するものは、即時からこれを起算し、日、月又は年で計算するものは、初日を算入しない。但し、時効期間の初日は、時間を論じないで一日としてこれを計算する。

② 月及び年は、暦に従つてこれを計算する。

③ 期間の末日が日曜日、土曜日、国民の祝日に関する法律（昭和二十三年法律第百七十八号）に規定する休日、一月二日、一月三日又は十二月二十九日から十二月三十一日までの日に当たるときは、これを期間に算入しない。ただし、時効期間については、この限りでない。

⊛【時効の起算点→二五三

一　期間の起算点

① 上訴の提起期間は、裁判の告知の翌日から起算する。（旧法事件）（大決大13・4・26刑集三・三六八）

② 日で計算する期間が初日午前零時より始まる場合（最決昭40・8・2刑集一九・六・六〇九）→五〇〇条②

二　期間の計算方法

③ 勾留期間の暦による計算（最決昭26・4・27刑集五・五・九五七）→六〇条⑮

第五六条【法定期間の延長】 ① 法定の期間は、裁判所の規則の定めるところにより、訴訟行為をすべき者の住居又は事務所の所在地と裁判所又は検察庁の所在地との距離及び交通通信の便否に従い、これを延長することができる。

② 前項の規定は、宣告した裁判に対する上訴の提起期間には、これを適用しない。

⊛❶【規則の定め→刑訴規六六、六六の二　❷【上訴提起期間→三七三、四一四、四二二

送達された裁判に対する上訴期間

① 送達によって告知された決定に対する不服申立ての期間には、本条二項の適用はなく、一項が適用される。（最決昭26・9・6刑集五・一〇・一九〇七）

第八章　被告人の召喚、勾引及び勾留

第五七条【召喚】 裁判所は、裁判所の規則で定める相当の猶予期間を置いて、被告人を召喚することができる。

⊛【猶予期間→刑訴規六七【召喚の目的→二七三②【召喚の手続→六二―六五【召喚に応じないとき→五八

第五八条【勾引】 裁判所は、次の場合には、被告人を勾引することができる。

一 被告人が定まつた住居を有しないとき。

二 被告人が、正当な理由がなく、召喚に応じないとき、又は応じないおそれがあるとき。

⊛【勾引の手続→憲三三、六二、六四、七〇―七六

召喚に応じないおそれ

① 住居地から裁判所まで出頭することが可能な状態にある被告人が、過去七回病気を理由に判決言渡期日に出頭しておらず、さらに出頭できない旨連絡してきたときは、正当な理由なく召喚に応じないおそれがあると認められる。（東京高判昭53・4・6刑月一〇・四＝五・七〇九）

第五九条【勾引の効力】 勾引した被告人は、裁判所に引致した時から二十四時間以内にこれを釈放しなければならない。但し、その時間内に勾留状が発せられたときは、この限りでない。

⊛【引致→七三①【勾留状発付→六〇

第六〇条【勾留の理由、期間・期間の更新】 ① 裁判所は、被告人が罪を犯したことを疑うに足りる相当な理由がある場合で、左の各号の一にあたるときは、これを勾留することができる。

一 被告人が定まつた住居を有しないとき。

二 被告人が罪証を隠滅すると疑うに足りる相当な理由があるとき。

三 被告人が逃亡し又は逃亡すると疑うに足りる相当な理由があるとき。

② 勾留の期間は、公訴の提起があつた日から二箇月とする。特に継続の必要がある場合においては、具体的にその理由を附した決定で、一箇月ごとにこれを更新することができる。但し、第八十九条第一号、第三号、第四号又は第六号にあたる場合を除いては、更新は、一回に限るものとする。

③ 三十万円（刑法、暴力行為等処罰に関する法律（大正十五年法律第六十号）及び経済関係罰則の整備に関する法律（昭和十九年法律第四号）の罪以外の罪については、当分の間、二万円）以下の罰金、拘留又は科料に当たる事件については、被告人が定まつた住居を有しない場合に限り、第一項の規定を適用する。

⊛【被疑者の勾留→二〇七、二一一、二一六【不服申立て→四二〇②③【ただし書不適用→三四四

一　勾留の要件

[1]　本条一項二号の要件は、罪証隠滅の単なる抽象的な可能性では足りず、罪証を隠滅することが何らかの具体的事実によって蓋然的に推測され得る場合でなければならない。（大阪地決昭38・4・27下刑五・三＝四・四四四）

[2]　朝のラッシュ時間帯に地下鉄車内で発生した痴漢事件被疑者の勾留請求が却下され検察官が準抗告をした事案において、被疑者が前科前歴のない会社員であり、逃亡のおそれも認められないとすれば、勾留の必要性の判断を左右する要素は罪証隠滅の現実的可能性の程度であるところ、事案の性質に加えて、被疑者が被害者に接触する可能性が高いことを示すような具体的な事情がうかがわれないことからすると、準抗告審が、被害者に対する現実的な働きかけの可能性もあるとするのみでその可能性の程度について勾留裁判官と異なる判断をした理由を何ら示さずに勾留を認めたことには違法がある。（最決平26・11・17判時二二四五・一二四②、刑訴百選[一〇版]一三）

[3]　業務上横領事件の被疑者について勾留の必要性がないとして勾留請求を却下した原々裁判を準抗告審が取り消した事案において、犯情は相応に重いものの、長期間にわたり在宅で捜査が続けられ、被疑者が任意の出頭要請に応じるなどしていたことや被疑者の身上関係等に照らし、罪証隠滅・逃亡の現実的可能性の程度が高いとは認められないことからすれば、時効完成が迫ったことなどを理由に勾留の必要性がないとまではいえないとする準抗告審の説示を踏まえても、原々審の判断を不合理であるとして覆すに足りる理由があるとはいえない。（最決平27・10・22裁判集刑三一八・一一、重判平27刑訴一②）

[4]　支援者の法廷内外における証人威迫的言動が被告人と意思を通じてなされていると認められるときは、本条一項二号に当たる。（大阪高決昭51・8・20判時八三三・一二二）

二　再度の勾留

1　複数の事実の同時処理

[5]　既に逮捕・勾留された被疑事実とは社会的事実として実質上同一である被疑事実についてなされた勾留の裁判であっても、数箇月の捜査により新たな証拠の収集がなされた等の事情があるときは、逮捕・勾留の蒸し返しとは評価されず、適法である。（千葉地決昭47・7・8刑月四・七・一四一九……凶器準備集合罪により逮捕・勾留された者を、これに近接した時・場所での公務執行妨害罪及び傷害罪で勾留する場合）

[6]　被疑者が規制薬物として取得した大麻の代替物を所持したという前件被疑事実で勾留された後、大麻の営利目的輸入の本件被疑事実で勾留が請求された事案で、準抗告審が原裁判を取り消し本件勾留請求を却下するに際し、両事実の実質的同一性や両事実が一罪の関係に立つ場合との均衡等のみから、前件勾留中に本件被疑事実に関する捜査の同時処理が義務付けられていた旨説示した点は是認できない。（最決平30・10・31判時二四〇六・七〇、重判令元刑訴二……ただし、いまだ刑訴法四一一条を準用すべきものとまでは認められないとした）

[7]　別件での勾留期間中に、本件の逮捕状を執行し取り調べることが可能であったのに、特段の事由もなくその執行を遅らせたときは、本件についての勾留請求は、逮捕・勾留につき厳格な時間的制約を設けた法の趣旨に反する違法なものである。（福岡地決昭47・1・26刑月四・一・二二三……二名の被疑者について別件での現行犯逮捕当日ないし別件での起訴の前にそれぞれ本件逮捕状が発付されていたのに、本件についてみるべき捜査をしないまま別件起訴の一〇日ないし二〇日後に別件について勾留取消しないし保釈がされた段階で本件逮捕状を執行した事案）

2　一罪一勾留の原則

[8]　保釈中、前件と常習一罪の関係にある罪を犯した場合、後の罪につき勾留しても一罪一勾留の原則に反しない。後の罪につき訴因変更ないし追加の請求がなされた場合は、起訴に準ずるものと解され、後の罪につきなされた勾留状の効力は失われない。（福岡高決昭42・3・24高刑二〇・二・一一四、刑訴百選[八版]二〇）→[14]

[9]　保釈中、前件と包括一罪の関係にある罪を犯し、後の罪につき訴因の追加申立てがあり、職権により後の罪で勾留したため、一罪について重複した勾留が生じたときは、裁判所の裁量により、いずれか一方の勾留を取り消すべきである。（広島高松江支決昭46・5・22判時六五〇・九九）

[10]　甲事実で保釈中、その勾留状発付当時判明していなかった包括一罪の関係にある乙事実で再び勾留され、乙事実を追加する訴因変更が行われた場合に、乙事実についての勾留を一罪一勾留の原則に反するとして取り消すことはできない。（福岡高決昭49・10・31刑月六・一〇・一〇二一）

3　勾留失効後の再勾留↓三四五条[1]～[5]

三　勾留の効力

1　起訴時の罪名・事実の変更

[11]　起訴状記載の罪名・罰条と勾留状記載の罪名・罰条とが異なっていても、両者に記載の犯罪事実に同一性があるときは、被告人の勾留は違法ではない。（最判昭29・12・14刑集八・一三・二一四二）

2　勾留前の手続と勾留の効力

[12]　起訴前の勾留期間延長の裁判が準抗告審で取り消されたのにもかかわらず、検察官が釈放の手続をとらずに身柄を拘束していたのは違法であるが、その状態が起訴後の勾留質問の段階まで継続していたとしても、起訴後の勾留の裁判の効力に影響を及ぼさない。（最決昭53・10・31刑集三二・七・一八四七）

[13]　甲被疑事実による勾留を利用して乙被疑事実につき取り調べた後、一旦釈放し、直ちに乙事実により逮捕勾留した場合において、乙事実について公訴が提起され、勾留の理由があるときは、起訴前における勾留及び勾留中の取調べの当否は、起訴後における勾留の効力に影響を及ぼさない。（最決昭42・8・31刑集二一・七・八九〇〈東京ベッド事件〉刑訴百選[二版]一七）

四　勾留期間の計算

1　勾留期間の起算日

[14]　保釈中、訴因と常習一罪の関係にある罪で逮捕・勾留された被告人が、その罪の訴因を追加されたときは、勾留期間は追加の請求があった日から起算して二箇月である。（福岡高決昭42・3・24前出[8]）

2　勾留期間の満了日

[15]　勾留の残存期間が一箇月以上あるときは、その残存期間及び期間満了日は、暦に従って算出する（起算日が四月二二日のとき、満了日は六月二一日。四月二八日に保釈なら、残存期間は一箇月二四日。八月四日に勾留再執行なら、満了日は九月二七日）。（最決昭26・4・27刑集五・五・九五七）

五　勾留更新決定

1　勾留事由の付加

[16]　当初の勾留状には記載されていなかった勾留事由であっても、客観的に存在し又はその後に生じたものは、これを付加して勾留を更新することができる。（広島高岡山支決昭49・4・9判時七四一・一一八）

2　勾留更新回数制限の除外事由

[17]　勾留更新回数制限の除外事由としての住居不詳（刑訴法八九条六号）とは、被告人が勾留更新の時点において定まった住居を有せず、又はこれを有していてもその所在が判明していないことをいい、特定の住居を有していることの確認されている者につき、単に釈放後右住居を去って所在不明になるおそれがあるというだけでは、これに当たらない。（大阪高決昭60・11・29刑月一七・一一・一一一六）

3　決定に関する抗告申立ての利益

[18]　勾留期間更新決定に関する（特別）抗告申立ての利益は、右決定による勾留の期間の満了により失われる。（最決平6・

7・8刑集四八・五・四七、重判平6刑訴六）

六　他事件による勾留の効果

[19] 数個の事実を併合審理する場合、無罪となった甲事実につき発せられた勾留状の執行による未決勾留日数は、有罪となった乙事実の本刑に算入できる。（最判昭30・12・26刑集九・一四・二九九六）

[20] 不起訴となった甲事実に基づく勾留であっても、そのうちに実質的には無罪となった乙事実についての勾留と認められるものがある場合、その部分は刑事補償の対象となる。（最大決昭31・12・24刑集一〇・一二・一六九二、憲百選Ⅱ[七版]一二九）

第六一条【勾留と被告事件の告知】 被告人の勾留は、被告人に対し被告事件を告げこれに関する陳述を聴いた後でなければ、これをすることができない。但し、被告人が逃亡した場合は、この限りでない。

⊛【被告事件の告知↓憲三四、刑訴規六九

一　勾留質問の要否

[1] 勾留する裁判所が、既に被告事件の審理の際、被告事件に関する陳述を聴いている場合には、改めて勾留質問をしなくてもよい。（最決昭41・10・19刑集二〇・八・八六四）↓九七条二[2]

二　勾留質問の場所

[2] 裁判官が裁判所の庁舎外で勾留質問を行っても、憲法三二条に違反しない。（最決昭44・7・25刑集二三・八・一〇七七）

三　外国人に対する勾留質問↓二〇七条[3]

四　陳述調書の送付（刑訴規則一五〇条・一六七条）

[3] 被疑者の勾留質問調書は、第一回公判期日が開かれたとき裁判官から裁判所に送付すべき書類に含まれない。（最判昭29・5・11刑集八・五・六七〇）

第六二条【令状】 被告人の召喚、勾引又は勾留は、召喚状、勾引状又は勾留状を発してこれをしなければならない。

⊛【令状の必要↓憲三三【召喚状↓六三・六五【勾引状↓六四・七〇【勾留状↓六四・七〇【不服申立て↓四二〇・四二九

第六三条【召喚状の方式】 召喚状には、被告人の氏名及び住居、罪名、出頭すべき年月日時及び場所並びに正当な理由がなく出頭しないときは勾引状を発することがある旨その他裁判所の規則で定める事項を記載し、裁判長又は受命裁判官が、これに記名押印しなければならない。

⊛【規則の定め↓刑訴規一〇二

第六四条【勾引状・勾留状の方式】 ① 勾引状又は勾留状には、被告人の氏名及び住居、罪名、公訴事実の要旨、引致すべき場所又は勾留すべき刑事施設、有効期間及びその期間経過後は執行に着手することができず令状はこれを返還しなければならない旨並びに発付の年月日その他裁判所の規則で定める事項を記載し、裁判長又は受命裁判官が、これに記名押印しなければならない。

② 被告人の氏名が明らかでないときは、人相、体格その他被告人を特定するに足りる事項で被告人を指示することができる。

③ 被告人の住居が明らかでないときは、これを記載することを要しない。

⊛【規則の定め↓刑訴規七〇

一　勾留すべき刑事施設

[1] 勾留すべき監獄［刑事施設］は、本来拘置監であって、代用監獄を指定するのは特段の事情のある例外の場合に限る。（和歌山地決昭42・2・7下刑九・二・一六五）

[2] 勾留場所を拘置所と代用監獄のいずれに指定するかは、諸事情を比較考量し、裁判官の裁量により決すべきであって、適法な捜査の便宜は当然考慮することができる。（東京地決昭47・12・1刑月四・一二・二〇三〇、刑訴百選[六版]一三）

二　職権による移送（刑訴規則八〇条）

[3] 勾留に関する処分を行う裁判官は、職権により被疑者又は被告人の勾留場所を変更する旨の移監命令を発することができる。（最決平7・4・12刑集四九・四・六〇九、重判平7刑訴二）↓八七条[3]・四二〇条[4]・四二九条[9]

[4] 代用監獄から拘置所へ被告人が職権により移監された事例（浦和地命平4・11・10判タ八一二・二六〇、刑訴百選[九版]A2）

第六五条【召喚の手続】 ① 召喚状は、これを送達する。

② 被告人から期日に出頭する旨を記載した書面を差し出し、又は出頭した被告人に対し口頭で次回の出頭を命じたときは、召喚状を送達した場合と同一の効力を有する。口頭で出頭を命じた場合には、その旨を調書に記載しなければならない。

③ 裁判所に近接する刑事施設にいる被告人に対しては、刑事施設職員（刑事施設の長又はその指名する刑事施設の職員をいう。以下同じ。）に通知してこれを召喚することができる。この場合には、被告人が刑事施設職員から通知を受けた時に召喚状の送達があつたものとみなす。

⊛【送達↓五四【通知↓二七四

被収容者の召喚

[1] 本条三項所定の召喚の手続は、裁判所が、相当と認めるところに従い、在監人召喚簿、電話、その他適宜の方法により前もって通知すれば足りる。（最決昭32・8・30刑集一一・八・二一二八）

第六六条【勾引の嘱託】 ① 裁判所は、被告人の現在地の地方裁判所、家庭裁判所又は簡易裁判所の裁判官に被告人の勾引を嘱託することができる。

② 受託裁判官は、受託の権限を有する他の地方裁判所、家庭裁判所又は簡易裁判所の裁判官に転嘱することができる。

③ 受託裁判官は、受託事項について権限を有しないときは、受託の権限を有する他の地方裁判所、家庭裁判所又は簡易裁判所の裁判官に嘱託を移送することができる。

④ 嘱託又は移送を受けた裁判官は、勾引状を発しなければならない。

⑤ 第六十四条の規定は、前項の勾引状についてこれを準用する。この場合においては、勾引状に嘱託によつてこれを発する旨を記載しなければならない。

第六七条【嘱託による勾引の手続】 ① 前条の場合には、嘱託によつて勾引状を発した裁判官は、被告人を引致した時から二十四時間以内にその人違でないかどうかを取り調べなければならない。

② 被告人が人違でないときは、速やかに且つ直接これを指定された裁判所に送致しなければならない。この場合には、嘱託によつて勾引状を発した裁判官は、被告人が指定された裁判所に到着すべき期間を定めなければならない。

③ 前項の場合には、第五十九条の期間は、被告人が指定された裁判所に到着した時からこれを起算する。

⊛【嘱託による勾引状↓刑訴規七六

第六八条【出頭命令・同行命令・勾引】 裁判所は、必要があるときは、指定の場所に被告人の出頭又は同行を命ずることができる。被告人が正当な理由がなくこれに応じないときは、その場所に勾引することができる。この場合には、第五十九条の期間は、被告人をその場所に引致した時からこれを起算する。

⊛【勾引↓五八

第六九条【裁判長の権限】 裁判長は、急速を要する場合には、第五十七条乃至第六十二条、第六十五条、第六十六条及び前条に規定する処分をし、又は合議体の構成員にこれをさせることができる。

⊛+【令状の記載要件↓刑訴規七一

第七〇条【勾引状・勾留状の執行】① 勾引状又は勾留状は、検察官の指揮によつて、検察事務官又は司法警察職員がこれを執行する。但し、急速を要する場合には、裁判長、受命裁判官又は地方裁判所、家庭裁判所若しくは簡易裁判所の裁判官は、その執行を指揮することができる。

② 刑事施設にいる被告人に対して発せられた勾留状は、検察官の指揮によつて、刑事施設職員がこれを執行する。

⊛+【勾引状・勾留状↓六二・六四・七三・一二六・二二〇④【指揮↓四七二・四七三、刑訴規七二

第七一条【勾引状・勾留状の管轄区域外における執行・執行の嘱託】 検察事務官又は司法警察職員は、必要があるときは、管轄区域外で、勾引状若しくは勾留状を執行し、又はその地の検察事務官若しくは司法警察職員にその執行を求めることができる。

第七二条【被告人の捜査・勾引状・勾留状の執行の嘱託】① 被告人の現在地が判らないときは、裁判長は、検事長にその捜査及び勾引状又は勾留状の執行を嘱託することができる。

② 嘱託を受けた検事長は、その管内の検察官に捜査及び勾引状又は勾留状の執行の手続をさせなければならない。

第七三条【勾引状・勾留状執行の手続】① 勾引状を執行するには、これを被告人に示した上、できる限り速やかに且つ直接、指定された裁判所その他の場所に引致しなければならない。第六十六条第四項の勾引状については、これを発した裁判官に引致しなければならない。

② 勾留状を執行するには、これを被告人に示した上、できる限り速やかに、かつ、直接、指定された刑事施設に引致しなければならない。

③ 勾引状又は勾留状を所持しないためこれを示すことができない場合において、急速を要するときは、前二項の規定にかかわらず、被告人に対し公訴事実の要旨及び令状が発せられている旨を告げて、その執行をすることができる。但し、令状は、できる限り速やかにこれを示さなければならない。

⊛❶【指定された場所↓六四　❷【指定された刑事施設↓六四

> **緊急執行の要件・手続↓二〇一条[2]～[7]**

第七四条【護送中の仮留置】 勾引状又は勾留状の執行を受けた被告人を護送する場合において必要があるときは、仮に最寄りの刑事施設にこれを留置することができる。

⊛+【刑事施設↓刑事収容三

第七五条【勾引された被告人の留置】 勾引状の執行を受けた被告人を引致した場合において必要があるときは、これを刑事施設に留置することができる。

⊛+【勾引状の執行↓七三【勾引の効力↓五九・六七・六八【刑事施設↓刑事収容三【接見授受権↓三九・八〇

> **一　被疑者の留置場所の変更↓二〇九条[7]**
> **二　被逮捕者を留置する際の身体検査↓二〇三条[3]**

第七六条【勾引された被告人と公訴事実・弁護人選任権の告知】① 被告人を勾引したときは、直ちに被告人に対し、公訴事実の要旨及び弁護人を選任することができる旨並びに貧困その他の事由により自ら弁護人を選任することができないときは弁護人の選任を請求することができる旨を告げなければならない。ただし、被告人に弁護人があるときは、公訴事実の要旨を告げれば足りる。

② 前項の規定により弁護人を選任することができる旨を告げるに当たつては、弁護士、弁護士法人（弁護士・外国法事務弁護士共同法人を含む。以下同じ。）又は弁護士会を指定して弁護人の選任を申し出ることができる旨及びその申出先を教示しなければならない。

③ 第一項の告知及び前項の教示は、合議体の構成員又は裁判所書記官にこれをさせることができる。

④ 第六十六条第四項の規定により勾引状を発した場合には、第一項の告知及び第二項の教示は、その勾引状を発した裁判官がこれをしなければならない。ただし、裁判所書記官にその告知及び教示をさせることができる。

⊛+【裁判所書記官の立会い↓刑訴規七七【調書↓刑訴規七八
❶【公訴事実の要旨の告知↓憲三四【弁護人選任権の告知↓憲三四・三七①【弁護人選任請求権の告知↓憲三七③、三六
❷【弁護人選任の申出↓七八　❸【合議体の構成員↓裁二六

第七七条【勾留と弁護人選任権等の告知】① 被告人を勾留するには、被告人に対し、弁護人を選任することができる旨及び貧困その他の事由により自ら弁護人を選任することができないときは弁護人の選任を請求することができる旨を告げなければならない。ただし、被告人に弁護人があるときは、この限りでない。

② 前項の規定により弁護人を選任することができる旨を告げるに当たつては、勾留された被告人は弁護士、弁護士法人又は弁護士会を指定して弁護人の選任を申し出ることができる旨及びその申出先を教示しなければならない。

③ 第六十一条ただし書の場合には、被告人を勾留した後直ちに、第一項に規定する事項及び公訴事実の要旨を告げるとともに、前項に規定する事項を教示しなければならない。ただし、被告人に弁護人があるときは、公訴事実の要旨を告げれば足りる。

④ 前条第三項の規定は、第一項の告知、第二項の教示並びに前項の告知及び教示についてこれを準用する。

⊛+七六⊛

第七八条【弁護人選任の申出】① 勾引又は勾留された被告人は、裁判所又は刑事施設の長若しくはその代理者に弁護士、弁護士法人又は弁護士会を指定して弁護人の選任を申し出ることができる。ただし、被告人に弁護人があるときは、この限りでない。

② 前項の申出を受けた裁判所又は刑事施設の長若しくはその代理者は、直ちに被告人の指定した弁護士、弁護士法人又は弁護士会にその旨を通知しなければならない。被告人が二人以上の弁護士又は二以上の弁護士法人若しくは弁護士会を指定して前項の申出をしたときは、そのうちの一人の弁護士又は一の弁護士法人若しくは弁護士会にこれを通知すれば足りる。

⊛+【弁護人選任権↓憲三四・三七③【弁護士法人↓弁護四章の二【弁護士会↓弁護五章

> **通知の懈怠↓三一九条[15]**

第七九条【勾留と弁護人等への通知】 被告人を勾留したときは、直ちに弁護人にその旨を通知しなければならない。被告人に弁護人がないときは、被告人の法定代理人、保佐人、配偶者、直系の親族及び兄弟姉妹のうち被告人の指定する者一人にその旨を通知しなければならない。

⊛+【法定代理人・保佐人↓三〇②⊛【刑訴規七九

第八〇条【勾留と接見交通】 勾留されている被告人は、第三十九条第一項に規定する者以外の者と、法令の範囲内で、接見し、又は書類若しくは物の授受をすることができる。勾引状により刑事施設に留置されている被告人も、同様である。

⊛+【法令の範囲内↓刑事収容一一六・二一八・一一七・二一九【勾引状による留置↓七五【本条による接見等の制限↓八一

第八一条【接見交通の制限】 裁判所は、逃亡し又は罪証を隠滅す

ると疑うに足りる相当な理由があるときは、検察官の請求により又は職権で、勾留されている被告人と第三十九条第一項に規定する者以外の者との接見を禁じ、又はこれと授受すべき書類その他の物を検閲し、その授受を禁じ、若しくはこれを差し押えることができる。但し、糧食の授受を禁じ、又はこれを差し押えることはできない。

参+【検閲】↓憲二一②【不服申立て】↓四二〇

一　接見等禁止の当否

[1]　親子間の傷害致死の事案において、第一回公判期日終了まで接見等を禁止する旨の裁判は、公判前整理手続の進行に伴い罪証隠滅の対象や具体的なおそれの有無・程度が変動し得るにもかかわらず接見等禁止を長期間継続させかねないから、その当否は同手続の経過等を考慮して判断すべきところ、主な争点が責任能力の有無・程度に絞られ、弁護人が責任能力の鑑定を依頼した医師については特段の事情がない限り被告人が接見等により実効的な罪証隠滅に及ぶ現実的なおそれがあるとはいえずかえって公判に向けた準備を行う必要性が高いこと、被告人の妹ら他の関係者についても接見等を禁止すべき程度の罪証隠滅のおそれの有無に関し原決定が具体的に検討した形跡が見当たらないことに照らすと、主位的に接見等禁止決定の取消しと請求却下を、予備的に右医師及び妹について禁止対象からの除外を求める弁護人の準抗告を棄却した原決定には、本条の解釈を誤った違法がある。（最決平31・3・13判時二四二三・一一一、重判令元刑訴三）

二　糧食差入禁止と自白の任意性↓三一九条[11]

第八二条【勾留理由開示の請求】①　勾留されている被告人は、裁判所に勾留の理由の開示を請求することができる。

②　勾留されている被告人の弁護人、法定代理人、保佐人、配偶者、直系の親族、兄弟姉妹その他利害関係人も、前項の請求をすることができる。

③　前二項の請求は、保釈、勾留の執行停止若しくは勾留の取消があつたとき、又は勾留状の効力が消滅したときは、その効力を失う。

参❶【勾留理由開示】↓憲三四【勾留の理由】↓六〇①　❷【法定代理人・保佐人】↓三〇②参【開示請求者の抗告権】↓三五四　❶❷刑訴規八一・八一の二・八六の二、九七③　❸【保釈】↓八九―九一【勾留の執行停止】↓九五【勾留の取消し】↓八七【勾留状の失効】↓六〇②・三四五

一　請求の回数

[1]　同一勾留に対する勾留理由開示の請求は、勾留が開始された当該裁判所において一回に限り許される。（最決昭29・8・5刑集八・八・一二三七）

二　請求をすべき裁判所

[2]　第一審で被告人の勾留が開始され、勾留のまま第一審裁判所が被告人に対して実刑判決を言い渡した後、控訴の申立てがあり訴訟記録が控訴裁判所に到達している場合には、第一審裁判所に対して勾留理由開示の請求をすることは許されない。（最決平26・1・21判時二二二三・一二九、重判平26刑訴五）

三　「利害関係人」の意義

[3]　「利害関係人」とは被告人又は被疑者が勾留されることについて身分的関係又はこれに類する直接かつ具体的な利害関係を有する者を指称し、組合員たる被疑者の勾留について同労組執行委員長は利害関係人に当たらない。（東京地決昭34・8・27下刑一・八・一八八八）

四　請求却下の裁判に対する不服申立て↓四二九条[2]

第八三条【勾留の理由の開示】①　勾留の理由の開示は、公開の法廷でこれをしなければならない。

②　法廷は、裁判官及び裁判所書記が列席してこれを開く。

③　被告人及びその弁護人が出頭しないときは、開廷することはできない。但し、被告人の出頭については、被告人が病気その他やむを得ない事由によつて出頭することができず且つ被告人に異議がないとき、弁護人の出頭については、被告人に異議がないときは、この限りでない。

参❶【公開の法廷】↓憲三四【開示の手続】↓刑訴規八二・八三　❸【被告人・弁護人の出頭】↓刑訴規八五の二

開示裁判所

[1]　簡易裁判所の裁判官が発した勾留状により勾留されている被疑者の事件が地方裁判所に起訴された場合には、第一回公判期日前における勾留理由の開示は、その地方裁判所の裁判官が行うべきものである。（最決昭47・4・28刑集二六・三・二四九）

第八四条【同前】①　法廷においては、裁判長は、勾留の理由を告げなければならない。

②　検察官又は被告人及び弁護人並びにこれらの者以外の請求者は、意見を述べることができる。但し、裁判長は、相当と認めるときは、意見の陳述に代え意見を記載した書面を差し出すべきことを命ずることができる。

参❶【勾留の理由】↓六〇①　❷【請求者】↓八二②【意見】↓憲三四、刑訴規八五の三

第八五条【同前】　勾留の理由の開示は、合議体の構成員にこれをさせることができる。

参+【合議体の構成員】↓裁二六

第八六条【同前】　同一の勾留について第八十二条の請求が二以上ある場合には、勾留の理由の開示は、最初の請求についてこれを行う。その他の請求は、勾留の理由の開示が終つた後、決定でこれを却下しなければならない。

第八七条【勾留の取消し】①　勾留の理由又は勾留の必要がなくなつたときは、裁判所は、検察官、勾留されている被告人若しくはその弁護人、法定代理人、保佐人、配偶者、直系の親族若しくは兄弟姉妹の請求により、又は職権で、決定を以て勾留を取り消さなければならない。

②　第八十二条第三項の規定は、前項の請求についてこれを準用する。

参❶【勾留の理由】↓六〇①【弁護人】↓四一【法定代理人・保佐人】↓三〇②参【決定】↓四二〇

一　勾留取消請求の利益

[1]　被疑者として勾留されていた者についての勾留取消請求は、公訴の提起後は法律上の利益が失われる。（東京地決昭63・6・22判タ六七〇・二七二）

二　勾留の裁判に対する不服申立てと勾留取消し

[2]　勾留の裁判に対する異議申立て（刑訴法四二八条二項）が棄却され、その棄却決定がこれに対する特別抗告も棄却されて確定した場合においては、右異議申立てと同一の論拠に基づいて勾留を違法として取り消すことはできない。（最決平12・9・27刑集五四・七・七一〇、重判平12刑訴八）

三　移送命令を促す趣旨の勾留取消請求

[3]　裁判官に移監命令の職権発動を促す趣旨でされた勾留取消請求を却下した裁判に対する不服申立ては許されない。（最決平7・4・12刑集四九・四・六〇九、重判平7刑訴一）↓六四条[3]

第八八条【保釈の請求】①　勾留されている被告人又はその弁護人、法定代理人、保佐人、配偶者、直系の親族若しくは兄弟姉妹は、保釈の請求をすることができる。

②　第八十二条第三項の規定は、前項の請求についてこれを準用する。

参❶【弁護人】↓四一【法定代理人・保佐人】↓三〇②参【請求による保釈の決定】↓八九・九一・九二【請求却下の決定】↓九二

① **保釈請求の適否**　原判決言渡し後原裁判所で保釈を許可されたが保証金を納付できなかった者が、重ねて上告審にした保釈請求は不適法である。（最決昭41・4・15判タ一九一・一四七）

第八九条【必要的保釈】　保釈の請求があつたときは、次の場合を除いては、これを許さなければならない。

一　被告人が死刑又は無期若しくは短期一年以上の懲役若しくは禁錮に当たる罪を犯したものであるとき。

二　被告人が前に死刑又は無期若しくは長期十年を超える懲役若しくは禁錮に当たる罪につき有罪の宣告を受けたことがあるとき。

三　被告人が常習として長期三年以上の懲役又は禁錮に当たる罪を犯したものであるとき。

四　被告人が罪証を隠滅すると疑うに足りる相当な理由があるとき。

五　被告人が、被害者その他事件の審判に必要な知識を有すると認められる者若しくはその親族の身体若しくは財産に害を加え又はこれらの者を畏怖させる行為をすると疑うに足りる相当な理由があるとき。

六　被告人の氏名又は住居が分からないとき。

＊令和四法六七（令和七・六・一六までに施行）**による改正**
第一号及び第二号中「懲役若しくは禁錮」を「拘禁刑」に改め、第三号中「懲役又は禁錮」を「拘禁刑」に改め、第五号中「畏怖させる」を「畏怖させる」に改める。（本文未織込み）

【本条の不適用→三四四【不服申立て→四二〇②

一　非勾留事実を考慮することの可否→九〇条③

① 併合審理されている複数の犯罪事実のうち、一個の犯罪事実につき勾留している場合には、必要的保釈の要件の存否は、その犯罪事実についてのみ考慮すべきである。（名古屋高決昭30・1・13高刑裁特二・一～三・三）

二　必要的保釈の除外事由（一号）

② 短期一年以上の懲役刑のほか選択刑として罰金刑が法定されている罪に係る事件について、地方裁判所に公訴が提起されたときは、本条一号の適用がある。（最決昭59・12・10刑集三八・一二・三〇二一）

③ 幇助犯の場合は、正犯の罪の法定刑を基準として本条一号の適用を決すべきである。（大阪高決平2・7・30高刑四三・二・九六）

三　必要的保釈の除外事由（三号）

④ **1「常習として」の意義**　「常習として」とは、罪質を同じくする犯罪が一種の習癖として反覆して行われたと認められる場合をいい、その常習性が犯罪構成要件となっていることも、同種の前科のあることも必要としない。（高松高決昭30・6・18高刑裁特二・一三・六五六）

⑤ **2　常習性の認定**　傷害罪は暴行の結果的加重犯として犯されることが多いから、傷害罪の常習性の認定には、暴行罪の反覆累行を資料とすることができる。（福岡高決昭41・4・28下刑八・四・六一〇）

四　必要的保釈の除外事由（四号）

⑥ 本条四号の「罪証を隠滅する」とは、物証、人証の取調べを積極的に不可能ならしめる場合に限らず、消極的に公判開廷を不可能ならしめる目的で故意に出頭せず、その間に証人の死亡等の事故の発生や物証の自然的散逸を待つような態度をも含む。（東京高決昭29・7・15高刑裁特一・一・二四）

⑦ 公訴事実が単独又は共謀による二四個の恐喝の事実であって、その内容が複雑多岐にわたり、被告人が公判において終始犯行を否認しており、審理も検察官請求にかかる証人の取調べは一応完了したが、弁護側の証人の取調べは未了の段階にある場合には、本条四号に該当しないとはいえない。（仙台高決昭30・6・8高刑裁特二・一一・五七三）

第九〇条【職権保釈】　裁判所は、保釈された場合に被告人が逃亡し又は罪証を隠滅するおそれの程度のほか、身体の拘束の継続により被告人が受ける健康上、経済上、社会生活上又は防御の準備上の不利益の程度その他の事情を考慮し、適当と認めるときは、職権で保釈を許すことができる。

【不服申立て→四二〇②

一　裁量による保釈

① LED照明の架空発注に係る詐欺被告事件において、原々審が、被告人と共犯者らとの主張の相違ないし対立状況、被告人の関係者に対する影響力、被害会社担当者の主尋問における供述状況等に照らし、被告人がこれらの者に対して実効性のある罪証隠滅行為に及ぶ現実的可能性が高いとはいえないこと、本件における被告人の立場は、複数回の架空発注のうちの一件に発注会社の担当者として関与したにとどまること、被告人に対する勾留が既に相当期間に及んでおり、前述のような現実的でない罪証隠滅のおそれを理由にこれ以上身柄拘束を継続することは不相当であること等を考慮して、保証金額を三〇〇万円とし、共犯者その他の関係者との接触禁止等の条件を付した上で被告人の保釈を許可した判断は、不合理とはいえない。（最決平26・11・18刑集六八・九・一〇二〇、刑訴百選[10版]A54）

② 準強制わいせつ被告事件において、既に検察官立証の中核となる被害者の証人尋問が終了していることに加え、当該証人尋問を含む審理の結果を踏まえ、被告人による罪証隠滅行為の可能性、実効性の程度を具体的に考慮した上で、証人尋問の請求を予定する者らとの通謀の点を含め、被告人による罪証隠滅のおそれはそれほど高度のものとはいえないとする原々審が、さらに、被告人を保釈する必要性や、被告人に前科がないこと、逃亡のおそれが高いとはいえないことなども勘案して、保証金額を三〇〇万円とし、被害者らとの接触禁止等の条件を付した上で被告人の保釈を許可した判断は、不合理とはいえない。（最決平27・4・15判時二二六〇・一二九、重判平27刑訴二②）

二　保釈の許否と非勾留事実→八九条①

③ 甲乙丙の三個の公訴事実のうち甲事実のみについて勾留状が発せられている場合において、裁量保釈の許否を審査するに当たり、甲事実の事案の内容や性質、被告人の経歴、行状、性格等の事情を考察するための一資料として乙丙各事実を考慮することは差し支えない。（最決昭44・7・14刑集二三・八・一〇五七、刑訴百選[10版]A28）

第九一条【不当に長い拘禁と勾留の取消し・保釈】　① 勾留による拘禁が不当に長くなつたときは、裁判所は、第八十八条に規定する者の請求により、又は職権で、決定を以て勾留を取り消し、又は保釈を許さなければならない。

② 第八十二条第三項の規定は、前項の請求についてこれを準用する。

【不服申立て→四二〇②

不当に長い拘禁

① 「勾留による拘禁が不当に長くなつたとき」とは、単なる時間的観念ではなく、事案の性質、態様、審判の難易、被告人の健康状態その他諸般の状況から、総合的に判断されるべき相対的観念であるから、勾留が一年五月余に及んでも、訴因数、証人数が大量であり、勾留中被告人の健康に応じ二回勾留執行停止をしているときは、不当に長い拘禁とはいえない。（名古屋高決昭34・4・30高刑一二・四・四五六）

第九二条【保釈と検察官の意見】　① 裁判所は、保釈を許す決定又は保釈の請求を却下する決定をするには、検察官の意見を聴かなければならない。

② 検察官の請求による場合を除いて、勾留を取り消す決定をするときも、前項と同様である。但し、急速を要する場合は、この限りでない。

⊛+【保釈許否の決定↓八九―九一【勾留を取り消す決定↓八七、九一】

第九三条【保証金額、保釈の条件】 ① 保釈を許す場合には、保証金額を定めなければならない。

② 保証金額は、犯罪の性質及び情状、証拠の証明力並びに被告人の性格及び資産を考慮して、被告人の出頭を保証するに足りる相当な金額でなければならない。

③ 保釈を許す場合には、被告人の住居を制限しその他適当と認める条件を附することができる。

⊛❶【保証金↓九六②③　❸【住居制限↓九六①五

一 保証金額の職権による変更

[1] 保釈決定後に事情変更があっても、保証金額を変更する裁判をすることはできない。（大阪高決昭33・12・22高刑裁特五・追録五三五）

二 制限住居の変更請求

[2] 保釈を許可された被告人は、制限住居の変更を請求する権利はなく、制限住居の変更を許さない措置に対し抗告をすることはできない。（東京高決昭53・10・17東高刑二九・一〇・一七六）

三 「適当と認める条件」

1 意義

[3] 「適当と認める条件」とは、被告人の逃亡、罪証隠滅等を防止するとともに、保釈後の被告人の公判出廷又は有罪判決確定後の刑の執行を確保するための条件を指称する。（福岡高決昭30・10・21高刑裁特二・二〇・一〇六一、刑訴百選[三版]二二）→[5]

2 適当な条件といえる事例

[4] 保釈許可に際し、「被告人は、弁護人を介さずして事件関係者に対し面接、電話、文書その他いかなる方法によるとを問わず一切接触しないこと」との条件を付することは、本件事案の内容、公判審理の経過等に鑑み、適法である。（大阪高決昭63・9・9判時一三二七・一五七）

3 適当な条件とはいえない事例

[5] 保釈許可に際し、「保釈期間中他の犯罪を犯さぬよう謹慎していなければならない」との条件を付することは違法である。（福岡高決昭30・10・21前出[3]）

[6] 保釈許可に際し、「本件公訴事実と同種犯行を行ったときは保釈を取り消すこと」との条件を付することは違法である。（高松高決昭39・10・28下刑六・九＝一〇・九九九）

4 条件の追加、変更

[7] 保釈後に事情変更があって従前の任意的保釈条件ではこれに対処できない場合には、必要かつ相当とされるときに限り、その追加、変更をすることができる。「証拠隠滅と思われるような行為をしてはならない」等の条件の下に保釈された被告人が、被害者の証人尋問を控えてその店舗の営業を妨害する行為に出た等の事情が生じた場合、「右店舗の営業を妨害してはならない」旨の条件を追加することは、刑訴法九六条一項四号所定の行為を防止するのに必要かつ相当な措置として、適法である。（東京高決昭54・5・2高刑三二・二・一二九、刑訴百選[五版]三二）

第九四条【保釈の手続】 ① 保釈を許す決定は、保証金の納付があつた後でなければ、これを執行することができない。

② 裁判所は、保釈請求者でない者に保証金を納めることを許すことができる。

③ 裁判所は、有価証券又は裁判所の適当と認める被告人以外の者の差し出した保証書を以て保証金に代えることを許すことができる。

⊛❶【保証金の納付↓九六②③　❸【保証書↓刑訴規八七

第九五条【勾留の執行停止】 裁判所は、適当と認めるときは、決定で、勾留されている被告人を親族、保護団体その他の者に委託し、又は被告人の住居を制限して、勾留の執行を停止することができる。

⊛+【委託↓刑訴規九〇【手続↓刑訴規八八

一 執行停止の申請

[1] 勾留執行停止の申請は、単に裁判所の職権発動を促すものにすぎないから、裁判所は、その申請について裁判する訴訟法上の義務はない。（旧法事件）（最判昭24・2・17刑集三・二・一八四）

二 「適当と認めるとき」

[2] 本条にいう「適当と認めるとき」とは、勾留の執行を停止する緊急かつ切実な必要性がある場合をいい、被告人が市長選挙に立候補したことによる選挙運動の必要性はこれに該当しない。（広島高決昭60・10・25判時一一八〇・一六一）

[3] 被告人が実弟の結婚式に出席するためであっても、本件勾留の理由及び必要性、被告人の逮捕前の生活状況、被告人の家族関係に照らすと、勾留の執行を停止することが適当であるとはいえない。（大阪高決昭60・11・22判時一一八五・一六七）

第九六条【保釈等の取消し、保証金の没取】 ① 裁判所は、左の各号の一にあたる場合には、検察官の請求により、又は職権で、決定を以て保釈又は勾留の執行停止を取り消すことができる。

一 被告人が、召喚を受け正当な理由がなく出頭しないとき。

二 被告人が逃亡し又は逃亡すると疑うに足りる相当な理由があるとき。

三 被告人が罪証を隠滅し又は罪証を隠滅すると疑うに足りる相当な理由があるとき。

四 被告人が、被害者その他事件の審判に必要な知識を有すると認められる者若しくはその親族の身体若しくは財産に害を加え若しくは加えようとし、又はこれらの者を畏怖させる行為をしたとき。

五 被告人が住居の制限その他裁判所の定めた条件に違反したとき。

② 保釈を取り消す場合には、裁判所は、決定で保証金の全部又は一部を没取することができる。

③ 保釈された者が、刑の言渡を受けその判決が確定した後、執行のため呼出を受け正当な理由がなく出頭しないとき、又は逃亡したときは、検察官の請求により、決定で保証金の全部又は一部を没取しなければならない。

⊛❶【召喚↓五七【住居の制限↓九三③、九五【裁判所の定めた条件↓九三③【取消し↓九八　❷【決定↓四二〇②

一 保釈の取消し

1 非勾留事実を考慮することの可否

[1] 保釈取消事由の有無は、当該勾留状記載の犯罪事実を基準として考えるべきであって、これと併合審理中の他の犯罪事実についての罪証隠滅のおそれの有無を判断すべきではない。（福岡高決昭30・7・12高刑八・六・七六九）

[2] 本条一項四号にいう「事件」とは、勾留の基礎となっている犯罪事実をいい、併合審理されている事実であっても勾留の基礎となっていないものは、これに当たらない。（大阪高決昭37・11・14高刑一五・八・六三九）

2 取消事由（一号）

イ 該当する事例

[3] 保釈中他事件で勾留されたが、公判期日に出頭できるよ

う、保釈され現に公判審理中であることを申し出るなどの手続をとらず、出頭しない場合（東京高決昭31・3・22高刑九・二・一八二）

[4] 健康上やむを得ない事由があるとして診断書添付の期日変更請求がなされ、裁判所がこれをいれて事前に公判期日を取り消したが、後に右請求には正当な理由がなかったと判明した場合（札幌高決昭62・12・8高刑四〇・三・七四八）↓[14]

ロ　該当しない事例

[5] 被告人が真実疾病のため公判期日の召喚に応じられなかったが、刑訴規則所定の手続はとらなかった場合（東京高決昭29・4・1高刑判特四〇・六〇）

[6] 保釈中他事件で勾留されたが、警察が保釈中の事件を了知しており、召喚状を回送させる手続もしていたのに、被告人の帰責事由なく召喚状が届かなかった場合（東京高決昭34・2・7東高刑一〇・二・九七）

3　取消事由（三号）

[7] 被告人が罪状認否に際し公訴事実を否認したというだけで、他に罪証を隠滅すると疑うに足りる資料のないときは、本号に当たらない。（仙台高決昭29・3・22高刑七・三・三一七）

4　法定の取消事由がない場合

[8] 被告人が保釈の取消しを希望し、かつ、取消しに相当の理由がある場合には、裁判所は職権で保釈を取り消すことができる。（鳥取地米子支決平5・10・26判時一四八二・一六二）

二　保証金没取決定（三項）

1　没取の請求をすべき裁判所

[9] 本条三項による保釈保証金没取の請求は、現に当該本案記録の存する検察庁に対応する裁判所になすべきである。（最決昭32・10・23刑集一一・一〇・二六九四）

2　没取の可否

[10] 保釈された者が実刑判決を受け、その判決が確定するまでの間に逃亡等を行ったとしても、判決確定前までにそれが解消され、判決確定後の時期において逃亡等の事実がない場合には、本条三項の適用ないし準用により保釈保証金を没取することはできない。（最決平22・12・20刑集六四・八・一三五六、重判平23刑訴八）

[11] 本条三項は、保釈保証金没取の制裁の予告の下、これによって逃亡等を防止するとともに、保釈された者が逃亡等をした場合には、前記制裁を科することにより、刑の確実な執行を担保する趣旨のものである。このような制度の趣旨に鑑みると、保釈された者について、同項所定の事由が認められる場合には、刑事施設に収容され刑の執行が開始された後であっても、保釈保証金を没取することができる。（最決平21・12・9刑集六三・一一・二九〇七、重判平22刑訴六）

3　没取の対象

[12] 刑訴法三四三条の規定による保釈失効後、新たに保釈の決定があり、刑訴規則九一条二項により前に納付された保証金が新たな保証金の一部として納付されたものとみなされる場合であっても、残額が納付されないままに本条三項に定める事由が生じたときは、前の保釈の保証金として、その全部又は一部を没取しなければならない。（最決昭50・3・28刑集二九・三・五九）

三　没取決定に対する不服申立て

1　申立権者

[13] 被告人以外の者で、保釈保証金若しくはこれに代わる有価証券を納付し、又は保証書を差し出した者は、保釈保証金没取決定につき刑訴法三五二条にいう「検察官又は被告人以外の者で決定を受けたもの」に該当し、その者も右決定に対し不服の申立てをすることができる。（最大決昭43・6・12刑集二二・六・四六二、刑訴百選[二版]九六）

[14] 第三者が納付した保釈保証金の没取決定に対して、被告人も不服の申立てをすることができる。（札幌高決昭62・12・8前出[4]）

2　不服申立ての対象

[15] 最高裁判所のした保釈保証金没取決定に対しては、刑訴法四二八条の準用により異議の申立てをすることができる。（最決昭52・4・4刑集三一・三・一六三）

3　被収容者による不服申立て

[16] 在監者の上訴申立てに関する刑訴法三六六条一項は、本条三項の保釈保証金没取請求事件につき在監者が特別抗告を申し立てるときに準用される。（最決昭56・9・22刑集三五・六・六七五）

第九七条【上訴と勾留に関する決定】① 上訴の提起期間内の事件でまだ上訴の提起がないものについて、勾留の期間を更新し、勾留を取り消し、又は保釈若しくは勾留の執行停止をし、若しくはこれを取り消すべき場合には、原裁判所が、その決定をしなければならない。

② 上訴中の事件で訴訟記録が上訴裁判所に到達していないものについて前項の決定をすべき裁判所は、裁判所の規則の定めるところによる。

③ 前二項の規定は、勾留の理由の開示をすべき場合にこれを準用する。

❶【勾留期間の更新↓六〇②【勾留の取消し↓八七・九一【保釈↓八八―九四【勾留の執行停止↓九五【保釈又は勾留の執行停止の取消し↓九六　❷【規則の定め↓刑訴規九二②　❸【勾留理由開示↓八二―八六

原裁判所の勾留の権限

[1] 上訴提起期間内の事件でまだ上訴の提起がないものについて、原裁判所は新たに勾留状を発付することができる。（福岡高決昭39・6・13下刑六・五＝六・六二一）

[2] 原裁判所は、上訴提起後であっても、訴訟記録がまだ上訴裁判所に到達していない間は、被告人を勾留することができる。（最決昭41・10・19刑集二〇・八・八六四、刑訴百選[二版]一九）↓六一条[1]

第九八条【保釈の取消し等と収容の手続】① 保釈若しくは勾留の執行停止を取り消す決定があつたとき、又は勾留の執行停止の期間が満了したときは、検察事務官、司法警察職員又は刑事施設職員は、検察官の指揮により、勾留状の謄本及び保釈若しくは勾留の執行停止を取り消す決定の謄本又は期間を指定した勾留の執行停止の決定の謄本を被告人に示してこれを刑事施設に収容しなければならない。

② 前項の書面を所持しないためこれを示すことができない場合において、急速を要するときは、同項の規定にかかわらず、検察官の指揮により、被告人に対し保釈若しくは勾留の執行停止が取り消された旨又は勾留の執行停止の期間が満了した旨を告げて、これを刑事施設に収容することができる。ただし、その書面は、できる限り速やかにこれを示さなければならない。

③ 第七十一条の規定は、前二項の規定による収容についてこれを準用する。

【保釈又は勾留の執行停止の取消し↓九六、三四三

第九章　押収及び捜索

第九九条【差押え、提出命令】① 裁判所は、必要があるときは、証拠物又は没収すべき物と思料するものを差し押えることができる。但し、特別の定のある場合は、この限りでない。

② 差し押さえるべき物が電子計算機であるときは、当該電子計算機に電気通信回線で接続している記録媒体であつて、当該電子計算機で作成若しくは変更をした電磁的記録又は当該電子計算機で変更若しくは消去をすることができることとされている電磁的記録を保管するために使用されていると認めるに足りる状況にあるものから、その電磁的記録を当該電子計算機又は当該他の記録媒体に複写した上、当該電子計算機又は当該他の記録媒

体を差し押さえることができる。

③ 裁判所は、差し押さえるべき物を指定し、所有者、所持者又は保管者にその物の提出を命ずることができる。

⊛❶【没収すべき物→刑一九、ETC【差押え→憲三五、一〇六、刑訴規九三―一〇〇【特別の規定→一〇三―一〇五　❷一〇七　②⁺【不服申立て→四二〇②・四二九①三

一 「証拠物又は没収すべき物」

[1] 当該事件のため特に作成された書面（警察官作成の検証調書に添付された被害上申書、被害者供述書、診断書等）のように元来供述に代わるべきものは、その証拠能力につき重大な制限があり、かつ、その作成者・供述者を証人として証言させること等により代替し得るものであるから、本条にいう「証拠物」中には含まれない。（名古屋高決昭32・11・13高刑一〇・一二・七九九）

[2] 通常は証拠書類の範疇〔はんちゅう〕に入るもの、たとえば供述調書であっても、その存在又は状態が証明のために必要とされ、又は供述の再現ができない場合に証拠にしようとするときは、その限度では代替性がなく、「証拠物」に当たる。（福岡高決昭44・1・31刑月一・一・三九……本件では代替性があるとした）→[7]

二 押収の必要性

[3] 没収すべき物と思料するものを差し押さえるのは、没収すべき物を確保し、判決執行の際その同一性に誤りなからしめるためであって、これが確保されるものは必ずしも差押えを要しない。（東京高判昭25・11・13高刑判特一五・二六）

[4] 報道機関の取材フィルムに対する提出命令の許否は、一面において、審判の対象とされている犯罪の性質、態様、軽重及び取材したものの証拠としての価値、ひいては、公正な刑事裁判を実現するに当たっての必要性の有無を考慮するとともに、他面において、取材したものを証拠として提出させられることによって報道機関の取材の自由が妨げられる程度及びこれが報道の自由に及ぼす影響の度合いその他諸般の事情を比較衡量して決せられるべきであり、これを刑事裁判の証拠として使用することがやむを得ないと認められる場合においても、それによって受ける報道機関の不利益が必要な限度を超えないように配慮されなければならない。（最大決昭44・11・26刑集二三・一一・一四九〇〈博多駅事件（テレビフィルム提出命令）〉憲百選I[七版]七三）→二一八条[4][5]、憲二一条[36]

[5] 本条二項［現三項］の提出命令は、公訴犯罪事実の性質、態様や軽重などを考慮した上で、証拠としての価値及び必要性のほか、特定性や代替性、名宛人が受ける不利益など諸般の事情を勘案して、その是非を判定すべきである。大企業の商取引に関連した大規模かつ複雑な経済事件（特別背任）において、検察官立証がようやく各論段階に入ったばかりで、弁護人の冒頭陳述は行われておらず、争点が具体的に明確化されず、したがって要証事実との関連性も十分に把握できない時点で、包括的かつ大量の会計帳簿類を含む物件の提出を命じた本件提出命令は、違法である。（大阪高決平5・11・29高刑四六・三・三〇六）

三 電磁的記録の収集・保全→二一八条[10][13]

四 提出命令

[6] 上告審においても、証拠物（「諏訪メモ」）の所有者にその提出を命ずることができる。（最大判昭34・8・10刑集一三・九・一四一九〈松川事件第一次上告審〉）→三〇七条[4]・四一四条[7]

[7] 本条二項［現三項］にいう差し押さえるべき物の指定とは、特定の物を受命者の側において判断の余地がない程度に、具体的に限定指摘することをいい、概括的表示では足りない。（福岡高決昭44・1・31前出[2]……結論として、違法な指定とした）

第九九条の二【記録命令付差押え】　裁判所は、必要があるときは、記録命令付差押え（電磁的記録を保管する者その他電磁的記録を利用する権限を有する者に命じて必要な電磁的記録を記録媒体に記録させ、又は印刷させた上、当該記録媒体を差し押さえることをいう。以下同じ。）をすることができる。

⊛⁺【記録命令付差押え→刑訴規九三―一〇〇

第一〇〇条【郵便物等の押収】　① 裁判所は、被告人から発し、又は被告人に対して発した郵便物、信書便物又は電信に関する書類で法令の規定に基づき通信事務を取り扱う者が保管し、又は所持するものを差し押さえ、又は提出させることができる。

② 前項の規定に該当しない郵便物、信書便物又は電信に関する書類で法令の規定に基づき通信事務を取り扱う者が保管し、又は所持するものは、被告事件に関係があると認めるに足りる状況のあるものに限り、これを差し押さえ、又は提出させることができる。

③ 前二項の規定による処分をしたときは、その旨を発信人又は受信人に通知しなければならない。但し、通知によって審理が妨げられる虞がある場合は、この限りでない。

⊛⁺憲二一②　❸【不服申立て→四二〇②・四二九①三

第一〇一条【領置】　被告人その他の者が遺留した物又は所有者、所持者若しくは保管者が任意に提出した物は、これを領置することができる。

⊛⁺【不服申立て→四二〇②・四二九①三

領置の性質→二二一条[1]

第一〇二条【捜索】　① 裁判所は、必要があるときは、被告人の身体、物又は住居その他の場所に就き、捜索をすることができる。

② 被告人以外の者の身体、物又は住居その他の場所については、押収すべき物の存在を認めるに足りる状況のある場合に限り、捜索をすることができる。

⊛⁺【捜索→憲三五、一〇六、刑訴規九三―一〇〇【人の捜索→一二六

第一〇三条【公務上秘密と押収】　公務員又は公務員であつた者が保管し、又は所持する物について、本人又は当該公務所から職務上の秘密に関するものであることを申し立てたときは、当該監督官庁の承諾がなければ、押収をすることはできない。但し、当該監督官庁は、国の重大な利益を害する場合を除いては、承諾を拒むことができない。

⊛⁺【公務員・公務所の定義→刑七【職務上の秘密の例→国公一〇〇【証人尋問の場合→一四四

第一〇四条【同前】　① 左に掲げる者が前条の申立をしたときは、第一号に掲げる者についてはその院、第二号に掲げる者については内閣の承諾がなければ、押収をすることはできない。

一　衆議院若しくは参議院の議員又はその職に在つた者

二　内閣総理大臣その他の国務大臣又はその職に在つた者

② 前項の場合において、衆議院、参議院又は内閣は、国の重大な利益を害する場合を除いては、承諾を拒むことができない。

⊛⁺【衆議院・参議院の議員→憲四三、四四【内閣総理大臣・国務大臣→憲六六【証人尋問の場合→一四五

第一〇五条【業務上秘密と押収】　医師、歯科医師、助産師、看護師、弁護士（外国法事務弁護士を含む。）、弁理士、公証人、宗教の職に在る者又はこれらの職に在つた者は、業務上委託を受けたため、保管し、又は所持する物で他人の秘密に関するものについては、押収を拒むことができる。但し、本人が承諾した場合、押収の拒絶が被告人のためのみにする権利の濫用と認められる場合（被告人が本人である場合を除く。）その他裁判所の規則で定める事由がある場合は、この限りでない。

⊛⁺刑一三四【証人尋問の場合→一四九

[1] **他人の秘密に関するもの**　弁護士である弁護人が被告人の委託を受けて保管している同人の犯行状況とされるものを撮影録画したデジタルビデオカセットについて、弁護人により証拠請求がされ、更にその複製ＤＶＤが公判期日で被告人及び弁護人の異議なく取り調べられているなどの事実関係の下では、被告人の意思に基づく訴訟活動の結果、デジタルビデオカセットに記録された情報の全ては、もはや「秘密」でなくなったことが明らかであって、デジタルビデオカセットは、本条の「他人の秘密に関するもの」に当たらない。（最決平27・11・19刑集六九・七・七九七、重判平28刑訴一）

第一〇六条【令状】　公判廷外における差押え、記録命令付差押え又は捜索は、差押状、記録命令付差押状又は捜索状を発してこれをしなければならない。

⊛+【令状↓憲三五【差押え↓九九、一〇〇【記録命令付差押え↓九九の二【捜索↓一〇二

捜索差押令状↓二一九条[1]

第一〇七条【差押状・記録命令付差押状・捜索状の方式】　①　差押状、記録命令付差押状又は捜索状には、被告人の氏名、罪名、差し押さえるべき物、記録させ若しくは印刷させるべき電磁的記録及びこれを記録させ若しくは印刷させるべき者又は捜索すべき場所、身体若しくは物、有効期間及びその期間経過後は執行に着手することができず令状はこれを返還しなければならない旨並びに発付の年月日その他裁判所の規則で定める事項を記載し、裁判長が、これに記名押印しなければならない。

②　第九十九条第二項の規定による処分をするときは、前項の差押状に、同項に規定する事項のほか、差し押さえるべき電子計算機に電気通信回線で接続している記録媒体であつて、その電磁的記録を複写すべきものの範囲を記載しなければならない。

③　第六十四条第二項の規定は、第一項の差押状、記録命令付差押状又は捜索状についてこれを準用する。

⊛❶【場所・身体・物の明示↓憲三五【規則の定め↓刑訴規九四

捜索差押令状の方式↓二一九条[判]

第一〇八条【差押状・記録命令付差押状・捜索状の執行】　①　差押状、記録命令付差押状又は捜索状は、検察官の指揮によつて、検察事務官又は司法警察職員がこれを執行する。ただし、裁判所が被告人の保護のため必要があると認めるときは、裁判長は、裁判所書記官又は司法警察職員にその執行を命ずることができる。

②　裁判所は、差押状、記録命令付差押状又は捜索状の執行に関し、その執行をする者に対し書面で適当と認める指示をすることができる。

③　前項の指示は、合議体の構成員にこれをさせることができる。

④　第七十一条の規定は、差押状、記録命令付差押状又は捜索状の執行についてこれを準用する。

第一〇九条【執行の補助】　検察事務官又は裁判所書記官は、差押状、記録命令付差押状又は捜索状の執行について必要があるときは、司法警察職員に補助を求めることができる。

第一一〇条【執行の方式】　差押状、記録命令付差押状又は捜索状は、処分を受ける者にこれを示さなければならない。

一　**「処分を受ける者」**

[1]　本条の「処分を受ける者」とは、捜索すべき場所又は差し押さえるべき物件の直接の支配者をいう。（東京高判昭40・10・29判時四三〇・三三）↓[3]

二　**令状の呈示**

[2]　本条による令状の呈示は、令状の執行に着手する前の呈示を原則とすべきであるが、執行の動きを察知されれば直ちに覚醒剤を洗面所に流すなど短時間のうちに差押対象物件を破棄隠匿するおそれがあったため、ホテルの支配人から借り受けたマスターキーにより施錠された客室に入ったという事情の下では、警察官らが令状の執行に着手して入室した直後に呈示を行うことは、捜索差押えの実効性を確保するためやむを得ないところであり、適法である。（最決平14・10・4刑集五六・八・五〇七、刑訴百選[一〇版]Ａ6）↓一一一条[1]

[3]　「処分を受ける者」が不在のときは、令状を示すことが不可能であるから、示さないで執行しても違法ではない。（東京高判昭40・10・29前出[1]……その場合、立会人に示すのが妥当とする）

[4]　被疑者が捜索の立会いを拒否したからといって直ちに令状の呈示を受ける利益を放棄したとはいえず、呈示を省略することは許されない。（大阪高判平7・1・25高刑四八・一・一……捜索・差押えの実施を本人に告げ、かつ、その親に令状を呈示し立ち会わせている等の事情を考慮すると、違法の程度は重大ではないとして、押収した覚醒剤の証拠能力を肯定した）

第一一〇条の二【電磁的記録に係る記録媒体の差押えの執行方法】　差し押さえるべき物が電磁的記録に係る記録媒体であるときは、差押状の執行をする者は、その差押えに代えて次に掲げる処分をすることができる。公判廷で差押えをする場合も、同様である。

一　差し押さえるべき記録媒体に記録された電磁的記録を他の記録媒体に複写し、印刷し、又は移転した上、当該他の記録媒体を差し押さえること。

二　差押えを受ける者に差し押さえるべき記録媒体に記録された電磁的記録を他の記録媒体に複写させ、印刷させ、又は移転させた上、当該他の記録媒体を差し押さえること。

⊛+一二三③

第一一一条【押収捜索と必要な処分】　①　差押状、記録命令付差押状又は捜索状の執行については、錠をはずし、封を開き、その他必要な処分をすることができる。公判廷で差押え、記録命令付差押え又は捜索をする場合も、同様である。

②　前項の処分は、押収物についても、これをすることができる。

一　**立入り**

[1]　令状執行の動きを察知されれば直ちに覚醒剤を洗面所に流すなど短時間のうちに差押対象物件を破棄隠匿するおそれがあったため、ホテルの支配人から借り受けたマスターキーにより施錠された客室に入ったという事情の下では、令状呈示に先立つ入室措置は、捜索差押えの実効性を確保するために必要であり、社会通念上相当な態様で行われていると認められるから、本条に基づく処分として許容される。（最決平14・

[2] 10・4刑集五六・八・五〇七、刑訴百選[一〇版]Ａ6）↓一一〇条

[2]　覚せい剤取締法違反の被疑者Ａの住居を捜索差押許可状に基づき捜索するに当たり、玄関扉が施錠され、かつ警察官が来たと知れば、Ａらにおいて、開扉を拒み、直ちに証拠隠滅等の行為に出ることが十分予測される場合においては、警察官が、宅配便の配達を装って玄関扉を開けさせて住居内に立ち入ったことは、「必要な処分」として許される。（大阪高判平6・4・20高刑四七・一・一、刑訴百選[七版]一三）

二　**押収物についての処分**

[3]　本条にいう「必要な処分」とは、押収の目的を達するため合理的に必要な範囲内の処分を指し、必ずしもその態様を問わない。犯人らが被害者に性交を強制した上、その姿態などを撮影したフィルムをもとにして金品を強取した事件につき、右撮影済みのフィルムを司法警察員が令状により適法に押収した場合、そのフィルムが真に本件犯行と関係ある証拠

物であるかどうかを確かめ、かつ、直ちに証拠として使用し得る状態に置くために、右フィルムを現像して、その映像を明らかにしたことは、当該押収物の性質上、「必要な処分」であったといえる。（東京高判昭45・10・21高刑二三・四・七四九）

第一一一条の二【捜索・差押えの際の協力要請】 差し押さえるべき物が電磁的記録に係る記録媒体であるときは、差押状又は捜索状の執行をする者は、処分を受ける者に対し、電子計算機の操作その他の必要な協力を求めることができる。公判廷で差押え又は捜索をする場合も、同様である。

第一一二条【執行中の出入禁止】 ① 差押状、記録命令付差押状又は捜索状の執行中は、何人に対しても、許可を得ないでその場所に出入りすることを禁止することができる。

② 前項の禁止に従わない者は、これを退去させ、又は執行が終わるまでこれに看守者を付することができる。

第一一三条【当事者の立会い】 ① 検察官、被告人又は弁護人は、差押状、記録命令付差押状又は捜索状の執行に立ち会うことができる。ただし、身体の拘束を受けている被告人は、この限りでない。

② 差押状、記録命令付差押状又は捜索状の執行をする者は、あらかじめ、執行の日時及び場所を前項の規定により立ち会うことができる者に通知しなければならない。ただし、これらの者があらかじめ裁判所に立ち会わない意思を明示した場合及び急速を要する場合は、この限りでない。

③ 裁判所は、差押状又は捜索状の執行について必要があるときは、被告人をこれに立ち会わせることができる。

参【立会い→一五七、二二二⑥

第一一四条【責任者の立会い】 ① 公務所内で差押状、記録命令付差押状又は捜索状の執行をするときは、その長又はこれに代わるべき者に通知してその処分に立ち会わせなければならない。

② 前項の規定による場合を除いて、人の住居又は人の看守する邸宅、建造物若しくは船舶内で差押状、記録命令付差押状又は捜索状の執行をするときは、住居主若しくは看守者又はこれらの者に代わるべき者をこれに立ち会わせなければならない。これらの者を立ち会わせることができないときは、隣人又は地方公共団体の職員を立ち会わせなければならない。

一 立会人

⑦ 営林署庁舎内にある労働組合事務局内で捜索差押えをするときは、立会人となるべき者は、営林署長である。（秋田地決昭34・8・12下刑一・八・一八六五）

② 公立学校内にある職員組合事務所内で捜索差押えをするときは、立会人となるべき者は、組合代表者又は組合員で、学校長ではない。（東京地判昭44・12・16下民二〇・一一＝一二・九一三）

二 立会い

③ 合理的な理由もなく過大な員数の警察官が家屋内の各部屋の捜索を手分けしてほとんど同時に一斉に行ったため、二名の立会人で到底全部の捜索状況を見守ることができなかったときは、捜索手続は不当である。（東京地決昭40・7・23下刑七・七・一五四〇）

④ 立会人が三階における捜索に立ち会っている間に、同時に一階、二階を捜索してしまったのは、実質的に立会人の立会いが不十分なまま捜索が行われたもので、違法である。（東京地判昭51・4・15判時八三三・八二）

第一一五条【女子の身体の捜索と立会い】 女子の身体について捜索状の執行をする場合には、成年の女子をこれに立ち会わせなければならない。但し、急速を要する場合は、この限りでない。

参【身体の捜索→一〇二【身体検査の立会い→一三一【成年→民四

⑦ 女性の着衣を捜索対象とする捜索差押許可状に基づき、その身体に触れて捜索を実施する者が女性警察官のみである場合には、本条の適用はない。（東京高判平30・2・23高刑七一・一・一）

第一一六条【時刻の制限】 ① 日出前、日没後には、令状に夜間でも執行することができる旨の記載がなければ、差押状、記録命令付差押状又は捜索状の執行のため、人の住居又は人の看守する邸宅、建造物若しくは船舶内に入ることはできない。

② 日没前に差押状、記録命令付差押状又は捜索状の執行に着手したときは、日没後でも、その処分を継続することができる。

参【例外→一一七【検証の場合→一三〇

⑦ 警察官が強制採尿令状により、逮捕されている被疑者を夜間診療中の病院まで連行して採尿する場合には、夜間における私生活の平穏を保護するために設けられた本条一項の制約は受けない。（東京高判平10・6・25判タ九九二・二八一）

第一一七条【時刻の制限の例外】 次に掲げる場所で差押状、記録命令付差押状又は捜索状の執行をするについては、前条第一項に規定する制限によることを要しない。

一 賭博、富くじ又は風俗を害する行為に常用されるものと認められる場所

二 旅館、飲食店その他夜間でも公衆が出入りすることができる場所。ただし、公開した時間内に限る。

参【二】賭博・富くじ→刑一八五―一八七

第一一八条【執行の中止と必要な処分】 差押状、記録命令付差押状又は捜索状の執行を中止する場合において必要があるときは、執行が終わるまでその場所を閉鎖し、又は看守者を置くことができる。

第一一九条【証明書の交付】 捜索をした場合において証拠物又は没収すべきものがないときは、捜索を受けた者の請求により、その旨の証明書を交付しなければならない。

参【証明書→刑訴規九六

第一二〇条【押収目録の交付】 押収をした場合には、その目録を作り、所有者、所持者若しくは保管者（第百十条の二の規定による処分を受けた者を含む。）又はこれらの者に代わるべき者に、これを交付しなければならない。

参【目録→刑訴規九六

⑦ 領置目録の作成・交付は、領置の要件ではなく領置後の処置で、この処置をしなかったからといって領置そのものが無効となるわけではない。（高松高判昭26・7・12高刑特一七・三〇）

② 刑訴法二二二条の準用する本条による押収目録において、ある程度包括的あるいは概括的な記載は許されるとしても、捜索差押許可状に記載の差し押さえるべき物との関連性が判断できないような記載は許されない。（東京地八王子支決平9・2・7判時一六一二・一四六……単に「ダンボール箱一」、「買物袋一」等と記載された目録を交付してなされた差押処分を違法とした）

第一二一条【押収物の保管、廃棄】 ① 運搬又は保管に不便な押収物については、看守者を置き、又は所有者その他の者に、その承諾を得て、これを保管させることができる。

② 危険を生ずる虞がある押収物は、これを廃棄することができる。

③ 前二項の処分は、裁判所が特別の指示をした場合を除いては、差押状の執行をした者も、これをすることができる。

第一二二条【押収物の代価保管】 没収することができる押収物で滅失若しくは破損の虞があるもの又は保管に不便なものについては、これを売却してその代価を保管することができる。

［1］ **一 「没収することができる押収物」**
本条による押収物の換価処分は、押収の名宛人甲につき没収することができない場合（無罪判決）でも、甲の被告事件と関連する同罪名の被告事件として起訴された共同被告人乙につき没収することができるときは、これをすることができる。（福岡高判昭29・6・30高民七・六・五一三）

二 換価処分の効果
［2］ 被告人の占有に係る密輸出入行為の用に供した船舶（被告人所有）が差し押さえられ、その後検察官の刑訴法二二二条、本条に基づく換価処分により公売処分に付せられた結果、他人に競落されたとしても、没収の関係においては、右船舶に対する被告人の占有は失われるものではない。（最大判昭33・3・5刑集一二・三・三八四）↓刑一九条の二［4］

三 換価代金の性質
［3］ 押収した犯罪行為組成物件の本条による換価代金は、刑法一九条の適用上、被換価物件と同一視すべきもので、同条にいわゆる「対価」ではない。（最決昭25・10・26刑集四・一〇・二一七〇）↓刑一九条［6］

第一二三条【還付、仮還付等】 ① 押収物で留置の必要がないものは、被告事件の終結を待たないで、決定でこれを還付しなければならない。
② 押収物は、所有者、所持者、保管者又は差出人の請求により、決定で仮にこれを還付することができる。
③ 押収物が第百十条の二の規定により電磁的記録を移転し、又は移転させた上差し押さえた記録媒体で留置の必要がないものである場合において、差押えを受けた者と当該記録媒体の所有者、所持者又は保管者とが異なるときは、被告事件の終結を待たないで、決定で、当該差押えを受けた者に対し、当該記録媒体を交付し、又は当該電磁的記録の複写を許さなければならない。
④ 前三項の決定をするについては、検察官及び被告人又は弁護人の意見を聴かなければならない。
※❶【還付↓三四七①　❷【仮還付↓三四七③【不服申立て↓四二〇②、四二九①㈢

一 還付
［1］ 裁判所において押収手続をした押収物でなければ、裁判所は、本条、刑訴法一二四条による還付の決定をすることができない。（最決昭26・1・19刑集五・一・五八）↓［2］
［2］ 控訴審における共同被告人の一人が上告を申し立てたため、訴訟記録がたまたま上告裁判所に現存しても、上告を申し立てず控訴審判決の確定した被告人に対する被告事件のみに関する押収物については、上告裁判所に対しその還付の請求をすることはできない。（最決昭26・1・19前出［1］）
［3］ 押収物が検察官の歳入編入処分により国の一般財産と混和し特定性を失ったときは、その還付は不能である。（最決昭54・12・12刑集三三・七・八三九、重判昭54刑訴㈢）
［4］ 公判不提出の押収物については、押収の基礎となった被告事件がどの裁判所に係属しているかにかかわらず、特段の事情のない限り、現にその物の押収を継続している検察庁の検察官が還付等の必要な処分をすべきである。（最決昭58・4・28刑集三七・三・三六九）↓四三〇条［7］
［5］ 刑訴法二二二条の準用する本条一項にいう還付は、押収物について留置の必要がなくなった場合に、押収を解いて原状を回復することをいうから、被押収者が還付請求権を放棄するなどして原状を回復する必要がない場合又は被押収者に還付することができない場合のほかは、被押収者に対してすべきである。（最決平2・4・20刑集四四・三・二八三、重判平2刑訴㈡）

二 仮還付
［6］ 公判で検察官から証拠物として提出し裁判所に領置された物件につき、当初その物件が捜査機関により領置された際の差出人である所有者は、裁判所に仮還付の請求をすることができる。（最決昭30・11・18刑集九・一二・二四八三）
［7］ 領置した証拠物を仮還付したとしても、下命ある場合は何時でも官に提出すべき義務があるから、領置の効力は継続する。（札幌高判昭26・4・12高刑四・四・四〇六）

三 不服申立て↓四二九条［6］・四三〇条［10］

第一二四条【押収贓物の被害者還付】 ① 押収した贓物で留置の必要がないものは、被害者に還付すべき理由が明らかなときに限り、被告事件の終結を待たないで、検察官及び被告人又は弁護人の意見を聴き、決定でこれを被害者に還付しなければならない。
② 前項の規定は、民事訴訟の手続に従い、利害関係人がその権利を主張することを妨げない。
※【還付↓三四七①【不服申立て↓四二〇②、四二九①㈢

［1］ 被害者が死亡した場合には、押収贓物〔ぞうぶつ〕はその相続人に還付すべきものである。〔旧法事件〕（大判昭8・12・7刑集一二・二二三七）

第一二五条【受命裁判官、受託裁判官】 ① 押収又は捜索は、合議体の構成員にこれをさせ、又はこれをすべき地の地方裁判所、家庭裁判所若しくは簡易裁判所の裁判官にこれを嘱託することができる。
② 受託裁判官は、受託の権限を有する他の地方裁判所、家庭裁判所又は簡易裁判所の裁判官に転嘱することができる。
③ 受託裁判官は、受託事項について権限を有しないときは、受託の権限を有する他の地方裁判所、家庭裁判所又は簡易裁判所の裁判官に嘱託を移送することができる。
④ 受命裁判官又は受託裁判官がする押収又は捜索については、裁判所がする押収又は捜索に関する規定を準用する。但し、第百条第三項の通知は、裁判所がこれをしなければならない。
※【不服申立て↓四二九①㈡

第一二六条【勾引状等の執行と被告人の捜索】 検察事務官又は司法警察職員は、勾引状又は勾留状を執行する場合において必要があるときは、人の住居又は人の看守する邸宅、建造物若しくは船舶内に入り、被告人の捜索をすることができる。この場合には、捜索状は、これを必要としない。
※憲三三、三五、二二〇④

第一二七条【同前】 第百十一条、第百十二条、第百十四条及び第百十八条の規定は、前条の規定により検察事務官又は司法警察職員がする捜索についてこれを準用する。但し、急速を要する場合は、第百十四条第二項の規定によることを要しない。

第十章　検証

第一二八条【検証】 裁判所は、事実発見のため必要があるときは、検証することができる。
※【検証↓刑訴規一〇一—一〇五

［1］ **公判廷における検証**
公判廷で被告人の容貌・体格を取り調べることは検証の性質を有するが、特段の方法を用いずに当然に認知でき、かつ、被告人に証明力を争う機会が与えられている場合には、特段の証拠調手続を履践する必要はない。（最決昭28・7・8刑集七・七・一四六二）

第一二九条【検証と必要な処分】 検証については、身体の検査、死体の解剖、墳墓の発掘、物の破壊その他必要な処分をすることができる。

参【身体の検査↓一三一—一四〇

第一三〇条【時刻の制限】 ① 日出前、日没後には、住居主若しくは看守者又はこれらの者に代るべき者の承諾がなければ、検証のため、人の住居又は人の看守する邸宅、建造物若しくは船舶内に入ることはできない。但し、日出後では検証の目的を達することができない虞がある場合は、この限りでない。

② 日没前検証に着手したときは、日没後でもその処分を継続することができる。

③ 第百十七条に規定する場所については、第一項に規定する制限によることを要しない。

参【差押え・捜索の場合↓一一六

第一三一条【身体検査に関する注意、女子の身体検査と立会い】 ① 身体の検査については、これを受ける者の性別、健康状態その他の事情を考慮した上、特にその方法に注意し、その者の名誉を害しないように注意しなければならない。

② 女子の身体を検査する場合には、医師又は成年の女子をこれに立ち会わせなければならない。

参【身体の捜索の立会い↓一一五【成年↓民四

第一三二条【身体検査のための召喚】 裁判所は、身体の検査のため、被告人以外の者を裁判所又は指定の場所に召喚することができる。

参【召喚↓一三三—一三五

第一三三条【出頭拒否と過料等】 ① 前条の規定により召喚を受けた者が正当な理由がなく出頭しないときは、決定で、十万円以下の過料に処し、かつ、出頭しないために生じた費用の賠償を命ずることができる。

② 前項の決定に対しては、即時抗告をすることができる。

参❶【過料・費用賠償の執行↓四九〇 ❷【即時抗告↓三五二・四二二・四二五【準抗告↓四二九①五

第一三四条【出頭拒否と刑罰】 ① 第百三十二条の規定により召喚を受け正当な理由がなく出頭しない者は、十万円以下の罰金又は拘留に処する。

② 前項の罪を犯した者には、情状により、罰金及び拘留を併科することができる。

第一三五条【出頭拒否と勾引】 第百三十二条の規定による召喚に応じない者は、更にこれを召喚し、又はこれを勾引することができる。

参【召喚・勾引↓一三六

第一三六条【召喚・勾引に関する準用規定】 第六十二条、第六十三条及び第六十五条の規定は、第百三十二条及び前条の規定による召喚について、第六十二条、第六十四条、第六十六条、第六十七条、第七十条、第七十一条及び第七十三条第一項の規定は、前条の規定による勾引についてこれを準用する。

第一三七条【身体検査の拒否と過料等】 ① 被告人又は被告人以外の者が正当な理由がなく身体の検査を拒んだときは、決定で、十万円以下の過料に処し、かつ、その拒絶により生じた費用の賠償を命ずることができる。

② 前項の決定に対しては、即時抗告をすることができる。

参❶【過料・費用賠償の執行↓四九〇 ❷【即時抗告↓三五二・四二二・四二五【準抗告↓四二九①五

第一三八条【身体検査の拒否と刑罰】 ① 正当な理由がなく身体の検査を拒んだ者は、十万円以下の罰金又は拘留に処する。

② 前項の罪を犯した者には、情状により、罰金及び拘留を併科することができる。

第一三九条【身体検査の直接強制】 裁判所は、身体の検査を拒む者を過料に処し、又はこれに刑を科しても、その効果がないと認めるときは、そのまま、身体の検査を行うことができる。

参【過料↓一三七【刑↓一三八

第一四〇条【身体検査の強制に関する訓示規定】 裁判所は、第百三十七条の規定により過料を科し、又は前条の規定により身体の検査をするにあたつては、あらかじめ、検察官の意見を聴き、且つ、身体の検査を受ける者の異議の理由を知るため適当な努力をしなければならない。

第一四一条【検証の補助】 検証をするについて必要があるときは、司法警察職員に補助をさせることができる。

第一四二条【準用規定】 第百十一条の二から第百十四条まで、第百十八条及び第百二十五条の規定は、検証についてこれを準用する。

> 1 裁判所が弁護人に立ち会う機会を与えないで公判廷外で行つた検証の調書を証拠とすることは、違法である。（旧法事件）（最大判昭24・5・18刑集三・六・七八三）

第十一章 証人尋問

第一四三条【証人の資格】 裁判所は、この法律に特別の定のある場合を除いては、何人でも証人としてこれを尋問することができる。

参【特別の定め↓一四四、一四五【何人でも↓三一一【尋問手続↓刑訴規一〇四—一二七

> **一 立会検察官の証人適格**
>
> 1 公判立会い中の検察官が自分自身の証人尋問を請求した場合、裁判所が当該検察官を交替させた上同人を尋問しても違法ではない。（東京高判昭27・6・26高刑五・九・一四六七）
>
> **二 裁判権の及ばない者の証人適格**
>
> 2 裁判権の及ばない者（連合国軍隊に所属する連合国人）の意思に反し強制的に証人尋問を行うことはできないが、その者が任意に出廷し証人として供述するならばこれを尋問し得る。（旧法事件）（最判昭24・7・9刑集三・八・一一九三）↓一五四条2
>
> **三 共同被告人の証人適格**
>
> 3 共同被告人を弁論分離等の措置を執ることなく証人として宣誓の上尋問することは刑訴法上許されない。（東京高判昭25・8・7高刑判特一二・五〇）
>
> 4 共同被告人を分離して証人として尋問しても、同証人は自己に不利益な供述を拒み得るのであるから、憲法三八条一項に違反しない。（最決昭29・6・3刑集八・六・八〇二）↓三一三条4
>
> **四 精神病者の証言能力**
>
> 5 精神病者が普通人と異ならない精神状態の時になした証言を証拠としても採証法則に反しない。（旧法事件）（最判昭23・12・24刑集二・一四・一八八三）↓三三五条33、刑三三六条3
>
> **五 幼児の証言能力**
>
> 6 幼児の証言能力は、単に供述者の年齢によって決すべきでなく、供述の態度及び内容等をも具体的に検討し、その経験した過去の出来事が供述者の持つ理解力、判断力等によって弁識し得る範囲内に属するものかどうかを十分考慮に入れて判断する必要がある。（京都地判昭42・9・28下刑九・九・一二一四、刑訴百選二版六〇）
>
> 7 本件自動車事故目撃当時満四歳、証言時満五歳の幼児の目撃証言について、このような幼児であっても、供述事項によってはかなりの程度の理解並びに表現の能力があり、記憶力もあると解されるところ、事故の状況を約半年後に現場付近において行われた裁判官の尋問に際し供述しているのであるから、証言能力に欠けるところはないとした事例（東京高判昭46・10・20判時六五七・九三、刑訴百選八版六九）

第一四三条の二【証人の召喚】 裁判所は、裁判所の規則で定める相当の猶予期間を置いて、証人を召喚することができる。

⊛【猶予期間】→刑訴規一一一【召喚に応じないとき】→一五〇―一五二

第一四四条【公務上秘密と証人資格】 公務員又は公務員であつた者が知り得た事実について、本人又は当該公務所から職務上の秘密に関するものであることを申し立てたときは、当該監督官庁の承諾がなければ証人としてこれを尋問することはできない。但し、当該監督官庁は、国の重大な利益を害する場合を除いては、承諾を拒むことができない。

⊛【公務員・公務所の定義】→刑七【職務上の秘密の例】→国公一〇〇

第一四五条【同前】 ① 左に掲げる者が前条の申立をしたときは、第一号に掲げる者についてはその院、第二号に掲げる者については内閣の承諾がなければ、証人としてこれを尋問することはできない。
一　衆議院若しくは参議院の議員又はその職に在つた者
二　内閣総理大臣その他の国務大臣又はその職に在つた者
② 前項の場合において、衆議院、参議院又は内閣は、国の重大な利益を害する場合を除いては、承諾を拒むことができない。
⊛❶【衆議院又は参議院の議員】→憲四三、四四【内閣総理大臣、国務大臣】→憲六六

第一四六条【自己の刑事責任と証言拒絶権】 何人も、自己が刑事訴追を受け、又は有罪判決を受ける虞のある証言を拒むことができる。

⊛憲三八①、刑訴規一二一、一二二【適用除外】→一五七の二、一五七の三

一　「刑事訴追を受けるおそれのあるとき」
[1] 「刑事訴追を受けるおそれのあるとき」とは、証言の内容自体に刑事訴追を受けるおそれのある事実を包含する場合をいい、証人が真実を述べようとしている場合に偽証罪の訴追を受けるおそれありとして証言を拒否することはできない。（最決昭28・9・1刑集七・九・一七九六）
二　証言拒絶権と偽証罪の成否→刑一六九条[1][2]

第一四七条【近親者の刑事責任と証言拒絶権】 何人も、左に掲げる者が刑事訴追を受け、又は有罪判決を受ける虞のある証言を拒むことができる。
一　自己の配偶者、三親等内の血族若しくは二親等内の姻族又は自己とこれらの親族関係があつた者
二　自己の後見人、後見監督人又は保佐人
三　自己を後見人、後見監督人又は保佐人とする者
⊛【後見人】→民八三九―八四三【後見監督人】→民八四八―八五二【保佐人】→民八七六、八七六の二

本条と憲法三八条一項の関係
[1] 憲法三八条一項の「自己」は供述者本人に限られ、本条に規定する近親者を包含しない。（最大判昭27・8・6刑集六・八・九七四、憲百選Ⅰ〔五版〕七七）→二二六条[1][2]

第一四八条【同前の例外】 共犯又は共同被告人の一人又は数人に対し前条の関係がある者でも、他の共犯又は共同被告人のみに関する事項については、証言を拒むことはできない。
⊛【共犯】→刑六〇―六五

第一四九条【業務上秘密と証言拒絶権】 医師、歯科医師、助産師、看護師、弁護士（外国法事務弁護士を含む。）、弁理士、公証人、宗教の職に在る者又はこれらの職に在つた者は、業務上委託を受けたため知り得た事実で他人の秘密に関するものについては、証言を拒むことができる。但し、本人が承諾した場合、証言の拒絶が被告人のためのみにする権利の濫用と認められる場合（被告人が本人である場合を除く。）その他裁判所の規則で定める事由がある場合は、この限りでない。

⊛【業務上の秘密】→刑一三四

新聞記者の証言拒絶権
[1] 証言義務は国民の司法裁判の適正な行使に協力すべき重大な義務である。本条は限定的列挙と解され、新聞記者に類推適用することはできない。（最大判昭27・8・6刑集六・八・九七四、憲百選Ⅰ〔五版〕七七）→憲二一条[40]

第一五〇条【出頭義務違反と過料等】 ① 召喚を受けた証人が正当な理由がなく出頭しないときは、決定で、十万円以下の過料に処し、かつ、出頭しないために生じた費用の賠償を命ずることができる。
② 前項の決定に対しては、即時抗告をすることができる。
⊛❶【過料・費用賠償の執行】→四九〇❷【即時抗告】→三五二、四二二、四二五【準抗告】→四二九①[四]

第一五一条【出頭義務違反と刑罰】 証人として召喚を受け正当な理由がなく出頭しない者は、一年以下の懲役又は三十万円以下の罰金に処する。

＊令和四法六七（令和七・六・一六までに施行）**による改正**
第一五一条中「懲役」を「拘禁刑」に改める。（本文末織込み）

第一五二条【証人の勾引】 裁判所は、証人が、正当な理由がなく、召喚に応じないとき、又は応じないおそれがあるときは、その証人を勾引することができる。
⊛【召喚・勾引】→一五三

第一五三条【準用規定】 第六十二条、第六十三条及び第六十五条の規定は、証人の召喚について、第六十二条、第六十四条、第六十六条、第六十七条、第七十条、第七十一条及び第七十三条第一項の規定は、証人の勾引についてこれを準用する。
⊛【召喚状・勾引状の記載要件】→刑訴規一一〇

第一五三条の二【証人の留置】 勾引状の執行を受けた証人を護送する場合又は引致した場合において必要があるときは、一時最寄の警察署その他の適当な場所にこれを留置することができる。

⊛【勾引状の執行を受けた証人】→一五二、一五三

第一五四条【宣誓】 証人には、この法律に特別の定のある場合を除いて、宣誓をさせなければならない。
⊛【特別の定め】→一五五【宣誓】→刑訴規一一六―一二〇【偽証罪】→刑一六九

一　共犯者たる証人と宣誓の要否
[1] 共犯者も証人となり得、また証人である以上宣誓をしなければならない。（最判昭27・2・26裁判集刑六一・五九七、刑訴百選〔二版〕五九）→一四三条[3][4]
二　裁判権の及ばない外国人たる証人と宣誓の可否
[2] 裁判権の及ばない外国人（連合国軍人）の証人尋問に際しては、裁判所は当該証人に尋問前に宣誓を欲するか否かを聴き、証人が欲すれば宣誓の上尋問できるが、この場合でも偽証の罰を告げることは許されない。（旧法事件）（最判昭24・7・9刑集三・八・一一九三）→一四三条[2]
三　再度の証人尋問と宣誓の要否
[3] 同一事件につき、同一の証人を重ねて尋問する場合には、再度宣誓をさせなくても違法でない。（東京高判昭26・9・18高刑判特二四・五九）

第一五五条【宣誓無能力】 ① 宣誓の趣旨を理解することができない者は、宣誓をさせないで、これを尋問しなければならな

い。

② 前項に掲げる者が宣誓をしたときでも、その供述は、証言としての効力を妨げられない。

⊛+【宣誓趣旨の説明→刑訴規一一六

第一五六条【推測事項の証言】 ① 証人には、その実験した事実により推測した事項を供述させることができる。

② 前項の供述は、鑑定に属するものでも、証言としての効力を妨げられない。

⊛②【鑑定→一六五

証人の実験した事実により推測した事項

1 該当する事例

[1] ある団体の幹事であった者が、当該団体の関係書類を調査実験した事実により、被告人がある期間当該団体の団長であった旨推測した供述は、これを証拠とすることができる。〔旧法事件〕（最判昭23・8・9刑集二・九・一二四三）

[2] 贓物〔ぞうぶつ〕故買事件における窃盗犯人の、自分は盗んだとはいわなかったが買受人には盗品であることが当然分かるはずである旨の供述は、同人が実験した事実により推測した事項であり、知情の認定の証拠とすることができる。〔旧法事件〕（最判昭25・9・5刑集四・九・一六二〇）

[3] 公然わいせつ事件において、これを観覧した証人に述べさせた感想は、当該演技のわいせつ性の認定の証拠とすることができる。（最判昭29・3・2裁判集刑九三・五九）

2 該当しない事例

[4] 証人の実験した事実や、これにより推測した事項でない、単なる証人の意見の表明たる供述は、証拠とすることはできない。〔旧法事件〕（最大判昭24・6・13刑集三・七・一〇三九）→三七八条[13]

[5] 強盗傷人事件における捜査官の、品物を強奪すべくやったように印象に残っている旨の供述は、単なる意見の陳述であり、これを強盗の犯意の認定の証拠とすることはできない。〔旧法事件〕（最判昭26・3・30刑集五・四・七三一）

第一五七条【当事者の立会権、尋問権】 ① 検察官、被告人又は弁護人は、証人の尋問に立ち会うことができる。

② 証人尋問の日時及び場所は、あらかじめ、前項の規定により尋問に立ち会うことができる者にこれを通知しなければならない。但し、これらの者があらかじめ裁判所に立ち会わない意思を明示したときは、この限りでない。

③ 第一項に規定する者は、証人の尋問に立ち会つたときは、裁判長に告げて、その証人を尋問することができる。

⊛+【被告人→憲三七②

一 期日外尋問と勾留中の被告人の立会権

[1] 裁判所外で証人尋問を行う場合に、被告人が勾留中であるときは、特別の事由がない限り、弁護人に尋問の日時・場所等を通知して立会いの機会を与え、被告人の証人審問権を実質的に害しない措置を執れば、被告人自身を当該尋問に立ち会わせなくても憲法三七条二項に違反しない。〔旧法事件〕（最大判昭25・3・15刑集四・三・三七一）

[2] 公判期日外の証人尋問につき、勾留中の被告人自身が立会いと尋問の権利とを強く求めていたにもかかわらず、立ち会う機会を与えず証人尋問を実施したことは、本条一項に違反し、その結果得られた尋問調書は証拠能力を欠く。（東京高判平6・2・10判タ八五四・二九九……弁護人に立会いの機会が与えられたが立ち会わなかった場合）

二 被告人が法廷の秩序維持のため退廷を命ぜられた場合の証人尋問権

[3] 〈必要的弁護事件でない事案において〉裁判所が被告人を法廷の秩序維持のため退廷させた後に弁護人の立会いなく証人尋問を行っても、被告人は証人審問の機会を与えられなかったのではなく、自らの責めにおいて証人審問権を喪失したのであり、憲法三七条二項に違反しない。（最決昭31・8・22刑集一〇・八・一二三七）

三 事実の取調べとしての証人尋問

[4] 控訴審が事実の取調べとして行う証人尋問には、憲法三七条二項の権利の保護のため、被告人を立ち会わせて証人尋問の機会を与えなければならない。（最大判昭27・2・6刑集六・二・一三四）

[5] 控訴審が事実の取調べとして証人尋問を行う場合に、あらかじめ被告人に証人の氏名・立証趣旨すら知る機会を与えずに、公判期日外において職権をもって証人尋問を決定し施行することは、検察官及び弁護人が立ち会い、かつ、異議がないとしても、刑訴法上許されない。（最決昭43・6・25刑集二二・六・五五二、刑訴百選[5版]A18）→三九三条[4]

第一五七条の二【証人尋問開始前の免責請求】 ① 検察官は、証人が刑事訴追を受け、又は有罪判決を受けるおそれのある事項についての尋問を予定している場合であつて、当該事項についての証言の重要性、関係する犯罪の軽重及び情状その他の事情を考慮し、必要と認めるときは、あらかじめ、裁判所に対し、当該証人尋問を次に掲げる条件により行うことを請求することができる。

一 尋問に応じてした供述及びこれに基づいて得られた証拠は、証人が当該証人尋問においてした行為が第百六十一条又は刑法第百六十九条の罪に当たる場合に当該行為に係るこれらの罪に係る事件において用いるときを除き、証人の刑事事件において、これらを証人に不利益な証拠とすることができないこと。

二 第百四十六条の規定にかかわらず、自己が刑事訴追を受け、又は有罪判決を受けるおそれのある証言を拒むことができないこと。

② 裁判所は、前項の請求を受けたときは、その証人に尋問すべき事項に証人が刑事訴追を受け、又は有罪判決を受けるおそれのある事項が含まれないと明らかに認められる場合を除き、当該証人尋問を同項各号に掲げる条件により行う旨の決定をするものとする。

⊛+【刑事訴追・有罪判決を受けるおそれのある事項→憲三八①、一四六

第一五七条の三【証人尋問開始後の免責請求】 ① 検察官は、証人が刑事訴追を受け、又は有罪判決を受けるおそれのある事項について証言を拒んだと認める場合であつて、当該事項についての証言の重要性、関係する犯罪の軽重及び情状その他の事情を考慮し、必要と認めるときは、裁判所に対し、それ以後の当該証人尋問を前条第一項各号に掲げる条件により行うことを請求することができる。

② 裁判所は、前項の請求を受けたときは、その証人が証言を拒んでいないと認められる場合又はその証人に尋問すべき事項に証人が刑事訴追を受け、若しくは有罪判決を受けるおそれのある事項が含まれないと明らかに認められる場合を除き、それ以後の当該証人尋問を前条第一項各号に掲げる条件により行う旨の決定をするものとする。

⊛+一五七の二⊛

第一五七条の四【証人への付添い】 ① 裁判所は、証人を尋問する場合において、証人の年齢、心身の状態その他の事情を考慮し、証人が著しく不安又は緊張を覚えるおそれがあると認めるときは、検察官及び被告人又は弁護人の意見を聴き、その不安又は緊張を緩和するのに適当であり、かつ、裁判官若しくは訴訟関係人の尋問若しくは証人の供述を妨げ、又はその供述の内容に不当な影響を与えるおそれがないと認める者を、その証人の供述中、証人に付き添わせることができる。

② 前項の規定により証人に付き添うこととされた者は、その証

人の供述中、裁判官若しくは訴訟関係人の尋問若しくは証人の供述を妨げ、又はその供述の内容に不当な影響を与えるような言動をしてはならない。

☞【被害者等の意見陳述への準用→二九二の二⑥【被害者参加人への付添い→三一六の三九①―③ ❶【決定の告知→刑訴規一〇七の二

第一五七条の五【証人尋問の際の証人の遮蔽】 ① 裁判所は、証人を尋問する場合において、犯罪の性質、証人の年齢、心身の状態、被告人との関係その他の事情により、証人が被告人の面前（次条第一項及び第二項に規定する方法による場合を含む。）において供述するときは圧迫を受け精神の平穏を著しく害されるおそれがあると認める場合であつて、相当と認めるときは、検察官及び被告人又は弁護人の意見を聴き、被告人とその証人との間で、一方から又は相互に相手の状態を認識することができないようにするための措置を採ることができる。ただし、被告人から証人の状態を認識することができないようにするための措置については、弁護人が出頭している場合に限り、採ることができる。

② 裁判所は、証人を尋問する場合において、犯罪の性質、証人の年齢、心身の状態、名誉に対する影響その他の事情を考慮し、相当と認めるときは、検察官及び被告人又は弁護人の意見を聴き、傍聴人とその証人との間で、相互に相手の状態を認識することができないようにするための措置を採ることができる。

☞【被告人の証人尋問権→憲三七②【期日外の証人尋問→二八一・一五八【記録媒体の再生→三〇五⑥【被害者等の意見陳述への準用→二九二の二⑥【被害者参加人の遮蔽→三一六の三九④⑤【決定の告知→刑訴規一〇七の二

一 合憲性

[1] いわゆるビデオリンク方式、遮蔽措置を定めた刑訴法一五七条の三［現一五七条の五］、一五七条の四［現一五七条の六］は、裁判の公開を保障する憲法八二条一項、三七条一項、被告人の証人審問権を保障する同条二項前段に違反するものではない。ビデオリンク方式によった上で遮蔽措置が採られても、同様である。（最判平17・4・14刑集五九・三・二五九、刑訴百選[10版]六七）

二 本条二項による遮蔽措置

[2] 教団幹部らが教祖の教義や指示に基づき組織的に行った一連の事件に係る公判において、教団幹部であった死刑確定者を証人尋問する際、本条二項の遮蔽措置を講じることは、証人がそれを望まない場合でも、刑事収容施設法三二条一項が「死刑確定者の処遇に当たっては、その者が心情の安定を得られるようにすることに留意する」と規定する趣旨は証人尋問の場面でも配慮される必要があり、遮蔽措置を講じるか否かは、証人の意向を考慮するにしても、これに拘束されるものでないことに照らせば、その要件を満たす。（東京高判平28・9・7判時二三四九・八三）

三 本条によらない遮蔽措置

[3] 本条一項の要件を欠く場合であっても、証人の犯人識別供述が問題となっていて、証人が法廷で被告人の風貌を見ながらこれに合わせて犯人像を証言することを防ぐ必要性が認められる場合には、裁判所が訴訟指揮により証人と被告人との間に遮蔽の措置をとることも許される。（東京高判平28・5・24高刑速平二八・九六）

第一五七条の六【ビデオリンク方式による証人尋問】 ① 裁判所は、次に掲げる者を証人として尋問する場合において、相当と認めるときは、検察官及び被告人又は弁護人の意見を聴き、裁判官及び訴訟関係人が証人を尋問するために在席する場所以外の場所であつて、同一構内（これらの者が在席する場所と同一の構内をいう。次項において同じ。）にあるものにその証人を在席させ、映像と音声の送受信により相手の状態を相互に認識しながら通話をすることができる方法によつて、尋問することができる。

一 刑法第百七十六条から第百七十九条まで若しくは第百八十一条の罪、同法第二百二十五条若しくは第二百二十六条の二第三項の罪（わいせつ又は結婚の目的に係る部分に限る。以下この号において同じ。）、同法第二百二十七条第一項（第二百二十五条又は第二百二十六条の二第三項の罪を犯した者を幇助する目的に係る部分に限る。）若しくは第三項（わいせつの目的に係る部分に限る。）若しくは第二百四十一条第一項若しくは第三項の罪又はこれらの罪の未遂罪の被害者

二 児童福祉法（昭和二十二年法律第百六十四号）第六十条第一項の罪若しくは同法第三十四条第一項第九号に係る同法第六十条第二項の罪又は児童買春、児童ポルノに係る行為等の規制及び処罰並びに児童の保護等に関する法律（平成十一年法律第五十二号）第四条から第八条までの罪の被害者

三 前二号に掲げる者のほか、犯罪の性質、証人の年齢、心身の状態、被告人との関係その他の事情により、裁判官及び訴訟関係人が証人を尋問するために在席する場所において供述するときは圧迫を受け精神の平穏を著しく害されるおそれがあると認められる者

② 裁判所は、証人を尋問する場合において、次に掲げる場合であつて、相当と認めるときは、検察官及び被告人又は弁護人の意見を聴き、同一構内以外にある場所であつて裁判所の規則で定めるものに証人を在席させ、映像と音声の送受信により相手の状態を相互に認識しながら通話をすることができる方法によつて、尋問することができる。

一 犯罪の性質、証人の年齢、心身の状態、被告人との関係その他の事情により、証人が同一構内に出頭するときは精神の平穏を著しく害されるおそれがあると認めるとき。

二 同一構内への出頭に伴う移動に際し、証人の身体若しくは財産に害を加え又は証人を畏怖させ若しくは困惑させる行為がなされるおそれがあると認めるとき。

三 同一構内への出頭後の移動に際し尾行その他の方法で証人の住居、勤務先その他その通常所在する場所が特定されることにより、証人若しくはその親族の身体若しくは財産に害を加え又はこれらの者を畏怖させ若しくは困惑させる行為がなされるおそれがあると認めるとき。

四 証人が遠隔地に居住し、その年齢、職業、健康状態その他の事情により、同一構内に出頭することが著しく困難であると認めるとき。

③ 前二項に規定する方法により証人尋問を行う場合（前項第四号の規定による場合を除く。）において、裁判所は、その証人が後の刑事手続において同一の事実につき再び証人として供述を求められることがあると思料する場合であつて、証人の同意があるときは、検察官及び被告人又は弁護人の意見を聴き、その証人の尋問及び供述並びにその状況を記録媒体（映像及び音声を同時に記録することができるものに限る。）に記録することができる。

④ 前項の規定により証人の尋問及び供述並びにその状況を記録した記録媒体は、訴訟記録に添付して調書の一部とするものとする。

☞【被告人の証人尋問権→憲三七②【期日外の証人尋問→二八一・一五八【記録媒体の証拠調べの方式→三〇五⑤⑥・三二一の二【記録媒体の証拠能力→三二一の二【記録媒体の謄写の制限→四〇②・一八〇②・二七〇②、刑訴規一三四②【被害者等の意見陳述への準用→二九二の二⑥【映像等の送受信による通話の方法による尋問→民訴二〇四 ❶―❸【決定の告知→刑訴規一〇七の二

合憲性→一五七条の五[1]

第一五八条【裁判所外における証人尋問】 ① 裁判所は、証人の重要性、年齢、職業、健康状態その他の事情と事案の軽重とを

考慮した上、検察官及び被告人又は弁護人の意見を聴き、必要と認めるときは、裁判所外にこれを召喚し、又はその現在場所でこれを尋問することができる。
② 前項の場合には、裁判所は、あらかじめ、検察官、被告人及び弁護人に、尋問事項を知る機会を与えなければならない。
③ 検察官、被告人又は弁護人は、前項の尋問事項に附加して、必要な事項の尋問を請求することができる。

参 憲三七②【尋問調書→三〇三　❶【召喚→一五三　❷【尋問事項の告知→一六三⑤、刑訴規一〇八・一〇九

第一五九条【同前】 ① 裁判所は、検察官、被告人又は弁護人が前条の証人尋問に立ち会わなかつたときは、立ち会わなかつた者に、証人の供述の内容を知る機会を与えなければならない。
② 前項の証人の供述が被告人に予期しなかつた著しい不利益なものである場合には、被告人又は弁護人は、更に必要な事項の尋問を請求することができる。
③ 裁判所は、前項の請求を理由がないものと認めるときは、これを却下することができる。

参 憲三七②

第一六〇条【宣誓証言の拒絶と過料等】 ① 証人が正当な理由がなく宣誓又は証言を拒んだときは、決定で、十万円以下の過料に処し、かつ、その拒絶により生じた費用の賠償を命ずることができる。
② 前項の決定に対しては、即時抗告をすることができる。

参 ❶【過料・費用賠償の執行→四九〇　❷【即時抗告→三五二・四二二・四二五【準抗告→四二九①四

一 過料の制裁を科さない措置と異議申立て→三〇九条〔1〕

二 本条と刑訴法一六一条の関係

〔1〕 本条は訴訟手続上の秩序維持のため当該手続の主宰者たる裁判所又は裁判官が直接科する秩序罰としての過料を規定し、刑訴法一六一条は刑事司法に協力しない行為に対し通常の刑事手続により科せられる刑罰としての罰金・拘留を規定しており、両者の目的・要件及び実現手続の違いからその併科も許され、また、これを併科しても憲法三一条、三九条後段に違反しない。（最判昭39・6・5刑集一八・五・一八九）→行総〔◘〕〔Ⅲ〕〔14〕

第一六一条【宣誓証言の拒絶と刑罰】 正当な理由がなく宣誓又は証言を拒んだ者は、一年以下の懲役又は三十万円以下の罰金に処する。

＊令和四法六七（令和七・六・一六までに施行）**による改正**
第一六一条中「懲役」を「拘禁刑」に改める。（本文未織込み）

〔1〕 **刑訴規則一二二条と証言拒否罪の成否**
刑訴規則一二二条（制裁の告知）は、証人尋問手続の円滑・迅速な進行のための手続的規定にすぎず、同条所定の手続の履践の有無は、証言拒否罪の成否に関係しない。（最決昭46・3・23刑集二五・二・一七七、重判昭46刑訴二）

第一六二条【同行命令・勾引】 裁判所は、必要があるときは、決定で指定の場所に証人の同行を命ずることができる。証人が正当な理由がなく同行に応じないときは、これを勾引することができる。

参【勾引→一五三

第一六三条【受命裁判官、受託裁判官】 ① 裁判所外で証人を尋問すべきときは、合議体の構成員にこれをさせ、又は証人の現在地の地方裁判所、家庭裁判所若しくは簡易裁判所の裁判官にこれを嘱託することができる。
② 受託裁判官は、受託の権限を有する他の地方裁判所、家庭裁判所又は簡易裁判所の裁判官に転嘱することができる。
③ 受託裁判官は、受託事項について権限を有しないときは、受託の権限を有する他の地方裁判所、家庭裁判所又は簡易裁判所の裁判官に嘱託を移送することができる。
④ 受命裁判官又は受託裁判官は、証人の尋問に関し、裁判所又は裁判長に属する処分をすることができる。但し、第百五十条及び第百六十条の決定は、裁判所もこれをすることができる。
⑤ 第百五十八条第二項及び第三項並びに第百五十九条に規定する手続は、前項の規定にかかわらず、裁判所がこれをしなければならない。

参 ❶【裁判所外の尋問→一五八　❹【準抗告→四二九①四　❺【裁判所が行う事項→刑訴規一二七

一 受訴裁判所内で受命裁判官の行った証人尋問

〔1〕 受訴裁判所内で受命裁判官が証人尋問を行うのは違法であるが、その証人尋問につきあらかじめ検察官・弁護人等の同意があり、かつ、被告人・弁護人が尋問立会い時及び尋問調書の証拠調べの時に異議を述べていない場合には、その瑕疵〔かし〕は治癒される。（最決昭29・9・24刑集八・九・一五一九）

二 外国裁判所への証人尋問の嘱託→二二六条〔3〕

第一六四条【証人の旅費・日当・宿泊料】 ① 証人は、旅費、日当及び宿泊料を請求することができる。但し、正当な理由がなく宣誓又は証言を拒んだ者は、この限りでない。
② 証人は、あらかじめ旅費、日当又は宿泊料の支給を受けた場合において、正当な理由がなく、出頭せず又は宣誓若しくは証言を拒んだときは、その支給を受けた費用を返納しなければならない。

第十二章　鑑定

第一六五条【鑑定】 裁判所は、学識経験のある者に鑑定を命ずることができる。

参【捜査機関による鑑定の嘱託→二二三【鑑定書→三二一④【鑑定人尋問→三〇四

一 「鑑定」の意義

〔1〕 鑑定は、裁判所が、裁判上必要な実験則等に関する知識経験の不足の補給のため、指示事項につき第三者をして新たに調査をなさしめ、法則又はこれを適用して得た具体的事実判断等を報告せしめるものである。（最判昭28・2・19刑集七・二・三〇五）→〔2〕

二 鑑定の方法

1 鑑定事項の調査に必要な特別の知識経験

〔2〕 鑑定人が鑑定事項の調査に際し特別の知識経験を必要とする場合、その知識経験は鑑定人自らが直接経験により体得したものに限られず、鑑定人は、他人の著書等によるとその他いかなる方法によるとを問わず、必要な知識を会得した上、これを利用して鑑定をすることができる。（最判昭28・2・19前出〔1〕）

2 鑑定命令に指示された以外の資料を用いた鑑定の効力

〔3〕 鑑定人は、鑑定命令において資料につき特別に制限されていない限り、当該命令に指示されない必要かつ相当な資料を用いて鑑定を行うことができる。（最判昭35・6・9刑集一四・七・九五七）

三 鑑定の要否

〔4〕 裁判所が人の精神状態を認定するのには、必ずしも専門家の鑑定等による必要はなく、他の証拠によって認定しても違法ではない。（旧法事件）（最判昭23・7・6刑集二・八・七八五）

〔5〕 麻薬中毒患者であるか否かの認定に特別の知識経験のある者の鑑定等が必要でないとされた事例（最決昭27・8・21裁判集刑六七・一〇三）

[6] 覚醒剤のごとく厳格な取締りの下にある薬剤は、これに関与する取締官憲並びに違反者の間では、専門の鑑定によらなければ識別できないわけではないから、検挙当時現物が失われていた薬剤について、薬品会社社長である被告人と薬品ブローカーである買受人等の覚醒剤である旨の供述が存在した事案において、鑑定によらずにこれを覚醒剤と認定しても違法でない。（最判昭31・10・23裁判集刑一一五・一三一）

四 精神鑑定の結果と心神喪失・心神耗弱の判断→三一八条[4][5]、刑三九条判

第一六六条【宣誓】 鑑定人には、宣誓をさせなければならない。

+【宣誓→刑訴規一二八　❶【虚偽鑑定罪→刑一七一

第一六七条【鑑定留置、留置状】 ① 被告人の心神又は身体に関する鑑定をさせるについて必要があるときは、裁判所は、期間を定め、病院その他の相当な場所に被告人を留置することができる。

② 前項の留置は、鑑定留置状を発してこれをしなければならない。

③ 第一項の留置につき必要があるときは、裁判所は、被告人を収容すべき病院その他の場所の管理者の申出により、又は職権で、司法警察職員に被告人の看守を命ずることができる。

④ 裁判所は、必要があるときは、留置の期間を延長し又は短縮することができる。

⑤ 勾留に関する規定は、この法律に特別の定のある場合を除いては、第一項の留置についてこれを準用する。但し、保釈に関する規定は、この限りでない。

⑥ 第一項の留置は、未決勾留日数の算入については、これを勾留とみなす。

❶【鑑定→一六五【不服申立て→四二〇②、四二九①㈢【留置→刑訴規一三〇の五　❷【鑑定留置状→憲三三、刑訴規一三〇の二　❸【看守の申出→刑訴規一三〇の三　❹【期間の延長・短縮→刑訴規一三〇の四　❺【勾留に関する規定→六〇―八七　❻【未決勾留日数→刑二一、四九五②④

第一六七条の二【鑑定留置と勾留の執行停止】 ① 勾留中の被告人に対し鑑定留置状が執行されたときは、被告人が留置されている間、勾留は、その執行を停止されたものとする。

② 前項の場合において、前条第一項の処分が取り消され又は留置の期間が満了したときは、第九十八条の規定を準用する。

❶【勾留の執行停止→九五

第一六八条【鑑定と必要な処分、許可状】 ① 鑑定人は、鑑定について必要がある場合には、裁判所の許可を受けて、人の住居若しくは人の看守する邸宅、建造物若しくは船舶内に入り、身体を検査し、死体を解剖し、墳墓を発掘し、又は物を破壊することができる。

② 裁判所は、前項の許可をするには、被告人の氏名、罪名及び立ち入るべき場所、検査すべき身体、解剖すべき死体、発掘すべき墳墓又は破壊すべき物並びに鑑定人の氏名その他裁判所の規則で定める事項を記載した許可状を発して、これをしなければならない。

③ 裁判所は、身体の検査に関し、適当と認める条件を附することができる。

④ 鑑定人は、第一項の処分を受ける者に許可状を示さなければならない。

⑤ 前三項の規定は、鑑定人が公判廷でする第一項の処分については、これを適用しない。

⑥ 第百三十一条、第百三十七条、第百三十八条及び第百四十条の規定は、鑑定人の第一項の規定によつてする身体の検査についてこれを準用する。

❷【許可状→憲三五、刑訴規一三三、捜査規範一八九　❻【身体の検査→一七二

[7] **鑑定の目的物の破壊に対する裁判所の許可**
本条一項は強制処分対象者の基本的人権の保護のため設けられた規定であるから、この者の異議がなければ、鑑定の目的物の破壊（血液の付着したズボンの一部の切取り）につき許可を受けずになされた鑑定も違法ではない。（最判昭29・4・15刑集八・四・四七一）

第一六九条【受命裁判官】 裁判所は、合議体の構成員に鑑定について必要な処分をさせることができる。但し、第百六十七条第一項に規定する処分については、この限りでない。

第一七〇条【当事者の立会い】 検察官及び弁護人は、鑑定に立ち会うことができる。この場合には、第百五十七条第二項の規定を準用する。

[7] **鑑定人の実地調査と弁護人の立会いの機会**
鑑定人が資料収集のため犯罪の現場でなす実地調査につき、弁護人に調査の日時及び場所が通知されず立会いの機会が与えられなかったのは違法であるが、本条、一五七条二項は訓示規定であるから、これに違背しても鑑定は有効である。（広島高判昭51・11・15判時八四一・一一二）

第一七一条【準用規定】 前章の規定は、勾引に関する規定を除いて、鑑定についてこれを準用する。

+【勾引に関する規定→一五二、一六二

[7] **鑑定人尋問と刑訴法一五八条・一五九条の適用**
憲法三七条二項前段の「証人」には鑑定人も含むと解されるから、鑑定人尋問にも刑訴法一五八条・一五九条が適用され、被告人に鑑定人を尋問する機会が与えられなければならない。（東京高判昭28・4・20高刑判特三八・九三……結論としては被告人・弁護人が異議を述べなかったことにより瑕疵〔かし〕が治癒された、とした）

第一七二条【裁判官に対する身体検査の請求】 ① 身体の検査を受ける者が、鑑定人の第百六十八条第一項の規定によつてする身体の検査を拒んだ場合には、鑑定人は、裁判官にその者の身体の検査を請求することができる。

② 前項の請求を受けた裁判官は、第十章の規定に準じ身体の検査をすることができる。

第一七三条【鑑定料・鑑定必要費用等】 ① 鑑定人は、旅費、日当及び宿泊料の外、鑑定料を請求し、及び鑑定に必要な費用の支払又は償還を受けることができる。

② 鑑定人は、あらかじめ鑑定に必要な費用の支払を受けた場合において、正当な理由がなく、出頭せず又は宣誓若しくは鑑定を拒んだときは、その支払を受けた費用を返納しなければならない。

+【証人と対比→一六四

第一七四条【鑑定証人】 特別の知識によつて知り得た過去の事実に関する尋問については、この章の規定によらないで、前章の規定を適用する。

第十三章　通訳及び翻訳

第一七五条【通訳】 国語に通じない者に陳述をさせる場合には、通訳人に通訳をさせなければならない。

[7] **一 「国語に通じない者」**
陳述者が日本語に通ずるか否かの判定は、陳述者の自由な申出によるのではなく、裁判所の合理的判断に委ねられており、陳述者に日本語を用いさせるか、外国語を用いさせ通訳を介するかを決定するのは、専ら裁判所の訴訟指揮権に属する。（大阪高決昭27・1・22高刑五・三・三〇一）

二 通訳人の選任

1 判決の宣告と通訳人の要否

[2] 本条は、裁判等の趣旨を了解させるためにも通訳人を用いなければならない趣旨と解されるから、公判廷での取調べの際通訳人を必要とした被告人には、判決の宣告の際にも通訳人を付さなければならない。（最判昭30・2・15刑集九・二・二八二）

2　通訳人の選定

[3] 捜査段階の通訳人を法廷の通訳人に選任することは、決して望ましいことではないが、それ自体直ちに不当又は違法であるとはいえない。（大阪高判平3・11・19判時一四三六・一四三、刑訴百選[八版]五九……しかし、本件での通訳の正確性や公平さには疑問があるとした）

[4] 市民的及び政治的権利に関する国際規約（人権B規約）一四条3(a)(f)によって要請される通訳は、被告人の「理解する言語」による通訳であって、母国語によるものに限定されない。なお、これらの規定は、裁判所の審理に関するものであって、当然には起訴前の被疑者の取調べには適用されな

⑭ い。（東京高判平4・4・8判時一四三四・一四〇）↓一九八条

第一七六条【同前】 耳の聞えない者又は口のきけない者に陳述をさせる場合には、通訳人に通訳をさせることができる。

[1] 耳の聞こえない被告人が通常の読み書きができる場合、筆問・筆答及び書面での陳述等により公判手続の内容を了知させ訴訟行為を行わせることができるときは、この方法を著しく不相当とする事情がない限り、通訳人を付さなくとも違法ではない。（大阪高判昭50・11・28判時八一四・一五七）↓[2]

[2] 耳の聞こえない被告人に対し通訳人を付さない場合には、判決の宣告とともに、被告人に判決の内容を書面で告知することを要する。訴因・罰条変更により、宣告した判決の罪となるべき事実の要旨と被告人に書面で告知した罪となるべき事実に重大な相異が生じたときは、書面による告知を欠き、判決の宣告は不適法である。（大阪高判昭50・11・28前出[1]）↓二九一条[1]

第一七七条【翻訳】 国語でない文字又は符号は、これを翻訳させることができる。

第一七八条【準用規定】 前章の規定は、通訳及び翻訳についてこれを準用する。

第十四章　証拠保全

第一七九条【証拠保全の請求、手続】 ① 被告人、被疑者又は弁護人は、あらかじめ証拠を保全しておかなければその証拠を使用することが困難な事情があるときは、第一回の公判期日前に限り、裁判官に押収、捜索、検証、証人の尋問又は鑑定の処分を請求することができる。

② 前項の請求を受けた裁判官は、その処分に関し、裁判所又は裁判長と同一の権限を有する。

🔗【裁判官↓刑訴規一三七・一三八【権限↓九九―一二七・一二八―一四二・一四三―一六四・一六五―一七四

一　捜査機関が保管中の証拠

[1] 捜査機関が収集し保管している証拠については、特段の事情が存しない限り、本条の証拠保全手続の対象にならない。（最決平17・11・25刑集五九・九・一八三一）

二　控訴審への適用

[2] 証拠保全手続は、控訴審には適用がない。（最決昭35・5・28刑集一四・七・九二五）

三　請求却下に対する不服申立て

[3] 本条による証人尋問の請求を却下する裁判に対しては、不服を申し立てることができない。（東京地決昭36・12・6下刑三・一一＝一二・一三〇〇）

[4] 本条による押収の請求を却下する裁判に対しては、準抗告をすることができる。（最決昭55・11・18刑集三四・六・四二一）↓四二九条[3]

第一八〇条【当事者の書類・証拠物の閲覧・謄写権】 ① 検察官及び弁護人は、裁判所において、前条第一項の処分に関する書類及び証拠物を閲覧し、且つ謄写することができる。但し、弁護人が証拠物の謄写をするについては、裁判官の許可を受けなければならない。

② 前項の規定にかかわらず、第百五十七条の六第四項に規定する記録媒体は、謄写することができない。

③ 被告人又は被疑者は、裁判官の許可を受け、裁判所において、第一項の書類及び証拠物を閲覧することができる。ただし、被告人又は被疑者に弁護人があるときは、この限りでない。

第十五章　訴訟費用

第一八一条【被告人等の費用負担】 ① 刑の言渡をしたときは、被告人に訴訟費用の全部又は一部を負担させなければならない。但し、被告人が貧困のため訴訟費用を納付することのできないことが明らかであるときは、この限りでない。

② 被告人の責に帰すべき事由によつて生じた費用は、刑の言渡をしない場合にも、被告人にこれを負担させることができる。

③ 検察官のみが上訴を申し立てた場合において、上訴が棄却されたとき、又は上訴の取下げがあつたときは、上訴に関する訴訟費用は、これを被告人に負担させることができない。ただし、被告人の責めに帰すべき事由によつて生じた費用については、この限りでない。

④ 公訴が提起されなかつた場合において、被疑者の責めに帰すべき事由により生じた費用があるときは、被疑者にこれを負担させることができる。

🔗❶【手続↓一八五―一八七【執行↓五〇〇・四八三 ❷【刑の言渡しをしない場合↓三三四・三三六―三三九 ❸【上訴棄却↓三八五・三八六・三九五・三九六・四〇八・四一四【上訴取下げ↓三五九 ❹【公訴の不提起↓二四七・二四八

一　訴訟費用負担の合憲性

1　証人に支給する費用

[1] 憲法三七条二項は、証人尋問に要する費用を訴訟進行の過程において被告人に支弁させることなく、十分に防御権を行使させるとの法意に基づくもので、有罪判決を受けた被告人にその費用を負担させてはならないという趣旨の規定ではない。（旧法事件）（最大判昭23・12・27刑集二・一四・一九三四）

2　国選弁護人に支給する費用

[2] 憲法三七条三項は、刑の言渡しを受けた被告人に対し国選弁護人に支給すべき報酬等を訴訟費用として負担させることを禁ずる趣旨の規定ではない。（最大判昭25・6・7刑集四・六・九六六）

[3] 貧困を理由とした請求に基づいて国選弁護人を選任したときであっても、その費用を被告人に負担させることは、憲法三七条三項に違反しない。（東京高判昭30・9・19高刑八・七・九二二）

二　人権B規約との関係

[4] 人権B規約一四条3(f)に規定する「無料で通訳の援助を受けること」の保障は無条件かつ絶対的なものであって、被告人が刑の言渡しを受けた場合であっても本条一項本文により被告人に通訳に要した費用の負担を命じることは許されない。（東京高判平5・2・3東高刑四四・一～一二・一一）

[5] 人権B規約一四条3(f)は、刑事上の罪の決定に当たり通訳人を付す場合には、無料で、すなわち公費で付すことを規定したもので、決定確定後の段階において、その通訳料を被告人に負担させない趣旨までは含まない。（浦和地決平6・9・1判タ八六七・二九八、重判平7国際四）

三　訴訟費用負担の範囲

1　刑の言渡しをした事件との関係

⑥　併合罪の一部につき無罪の言渡しをしたときは、それに関する証人尋問の費用を被告人に負担させることはできない。（最判昭30・1・14刑集九・一・五二）→一八五条②

2　審理の経過との関係

イ　原則

⑦　被告人に負担させるべき訴訟費用は、刑の言渡しをした事件の審理上必要であって、かつ、審理の経過及び結果に鑑み負担させるのが相当であると認められるものである。（東京高判昭27・2・7高刑五・三・三二八）

ロ　証人に支給する費用

⑧　相被告人のみに関する証人尋問に要した費用は、その事実に関係のない被告人に負担させてはならない。（最判昭46・4・27刑集二五・三・五三四）→一八五条③

ハ　国選弁護人に支給する費用

⑨　私選弁護人があるのに裁判所が誤って国選弁護人を選任したときは、その費用を被告人に負担させることはできない。（東京高判昭27・2・7前出⑦）

四　一部負担

⑩　訴訟費用の全部を負担させるか一部負担とするかは裁判所の自由裁量による。〔旧法事件〕（大判昭7・9・8刑集一一・一二八五）→一八二条③

第一八二条【共犯の費用】　共犯の訴訟費用は、共犯人に、連帯して、これを負担させることができる。

⚮【共犯→刑六〇―六五

一　共犯の範囲

①　〔旧〕衆議院議員選挙法違反の金銭の交付者と受交付者とは、本条の共犯に当たる。〔旧法事件〕（大判昭12・9・21刑集一六・一三〇九）

②　両罰規定により法人と代表者の双方に刑を言い渡すときは、両者は本条の共犯に当たる。（東京高判昭24・9・10高刑二・二・二一二）

二　連帯負担の適否

③　共犯者のうち一名のために特に要した証人喚問の費用は、その被告人の単独負担とすべきである。〔旧法事件〕（大判昭7・9・8刑集一一・一二八五）→一八一条⑩

④　共犯である共同被告人について共通の証人に支給した費用は、その公訴事実を争わなかった被告人に対しても、これを争った被告人と連帯して負担させることができる。〔旧法事件〕（最判昭23・4・17刑集二・四・三六四）

第一八三条【告訴人等の費用負担】　①　告訴、告発又は請求により公訴の提起があった事件について被告人が無罪又は免訴の裁判を受けた場合において、告訴人、告発人又は請求人に故意又は重大な過失があったときは、その者に訴訟費用を負担させることができる。

②　告訴、告発又は請求があった事件について公訴が提起されなかった場合において、告訴人、告発人又は請求人に故意又は重大な過失があったときも、前項と同様とする。

⚮【告訴→二三〇―二三八【告発→二三八、二三九【請求→刑九二、労調四二　❶【無罪→三三六【免訴→三三七　❷【公訴の不提起→二四七、二四八

第一八四条【上訴等の取下げと費用負担】　検察官以外の者が上訴又は再審若しくは正式裁判の請求を取り下げた場合には、その者に上訴、再審又は正式裁判に関する費用を負担させることができる。

⚮【上訴取下げ→三五九、三六〇【再審請求取下げ→四四三【正式裁判請求の取下げ→四六六

第一八五条【被告人負担の裁判】　裁判によって訴訟手続が終了する場合において、被告人に訴訟費用を負担させるときは、職権でその裁判をしなければならない。この裁判に対しては、本案の裁判について上訴があったときに限り、不服を申し立てることができる。

⚮【被告人に負担させるとき→一八一・一八二

不服申立て

1　本条後段の趣旨

①　訴訟費用の裁判に対する不服申立てにより上訴裁判所がこれを是正するのは、本案の裁判に対する上訴が適法でかつ理由があり、本案について原裁判を取り消す場合に限る。（最判昭31・12・13刑集一〇・一二・一六三三）

2　職権で破棄した事例

②　無罪の言渡しをした公訴事実に関する証人尋問の費用を違法に被告人に負担させたときは、刑訴法四一一条一号により原判決を破棄すべきである。（最判昭30・1・14刑集九・一・五二）→一八一条⑥

③　相被告人のみに関する証人尋問に要した費用を違法に被告人に負担させたときは、刑訴法四一一条一号により原判決中右訴訟費用の負担を命じた部分を破棄すべきである。（最判昭46・4・27刑集二五・三・五三四）→一八一条⑧

第一八六条【第三者負担の裁判】　裁判によって訴訟手続が終了する場合において、被告人以外の者に訴訟費用を負担させるときは、職権で別にその決定をしなければならない。この決定に対しては、即時抗告をすることができる。

⚮【被告人以外の者に負担をさせるとき→一八三【即時抗告→三五二、四二二、四二五

第一八七条【本案の裁判がないとき】　裁判によらないで訴訟手続が終了する場合において、訴訟費用を負担させるときは、最終に事件の係属した裁判所が、職権でその決定をしなければならない。この決定に対しては、即時抗告をすることができる。

⚮【裁判によらないとき→三五九、三六〇、四四三【即時抗告→三五二、四二二、四二五

第一八七条の二【公訴の提起がないとき】　公訴が提起されなかった場合において、訴訟費用を負担させるときは、検察官の請求により、裁判所が決定をもってこれを行う。この決定に対しては、即時抗告をすることができる。

⚮【公訴の不提起→二四七、二四八【訴訟費用の請求→刑訴規一三八の二―一三八の七【即時抗告→三五二、四二二、四二五

第一八八条【負担額の算定】　訴訟費用の負担を命ずる裁判にその額を表示しないときは、執行の指揮をすべき検察官が、これを算定する。

①　判決において訴訟費用の負担を命じたがその額を明示しなかったとしても、検察官に訴訟費用の実質的裁判を許したものではなく、憲法三一条、三二条には違反しない。（最大判昭26・5・16刑集五・六・一一五七）

第十六章　費用の補償

第一八八条の二【無罪判決と費用の補償】　①　無罪の判決が確定したときは、国は、当該事件の被告人であった者に対し、その裁判に要した費用の補償をする。ただし、被告人であった者の責めに帰すべき事由によって生じた費用については、補償をしないことができる。

②　被告人であった者が、捜査又は審判を誤らせる目的で、虚偽の自白をし、又は他の有罪の証拠を作ることにより、公訴の提起を受けるに至ったものと認められるときは、前項の補償の全部又は一部をしないことができる。

③　第百八十八条の五第一項の規定による補償の請求がされている場合には、第百八十八条の四の規定により補償される費用に

ついては、第一項の補償をしない。

⊛+【無罪の判決→三三六【補償手続→一八八の三【補償の範囲→一八八の六【刑事補償→刑補

[1]
一　補償の要件
本条一項は、費用補償をすべき場合を無罪判決が確定したときに限り、公訴棄却の判決が確定したときを含まない趣旨である。（最決昭58・9・27刑集三七・七・一〇九二）

[2]
二　補償の対象
再審請求手続において要した費用は、本条による補償の対象とはならない。（最決昭53・7・18刑集三二・五・一〇五五）

第一八八条の三【補償の手続】　①　前条第一項の補償は、被告人であつた者の請求により、無罪の判決をした裁判所が、決定をもつてこれを行う。
②　前項の請求は、無罪の判決が確定した後六箇月以内にこれをしなければならない。
③　補償に関する決定に対しては、即時抗告をすることができる。

⊛❶【決定→四三、刑訴規一三八の九　❸【即時抗告→四二二、四二五

[1]
請求期間
併合罪として起訴された事実のうち、甲事実は、第一審、乙事実は控訴審、丙事実は上告審においてそれぞれ無罪の判決を受け、上告審が丙事実の裁判費用を補償する場合において、甲乙各事実についての無罪判決の各確定後六箇月が経過しているときは、甲乙各事実の裁判費用の補償は請求できない。（最決昭58・11・7刑集三七・九・一三五三）

第一八八条の四【上訴費用の補償】　検察官のみが上訴をした場合において、上訴が棄却され又は取り下げられて当該上訴に係る原裁判が確定したときは、これによつて無罪の判決が確定した場合を除き、国は、当該事件の被告人又は被告人であつた者に対し、上訴によりその審級において生じた費用の補償をする。ただし、被告人又は被告人であつた者の責めに帰すべき事由によつて生じた費用については、補償をしないことができる。

⊛+【費用の範囲→一八八の六【補償手続→一八八の五

[1]
一　補償の要件
第一審で無罪判決があり、検察官のみが控訴したところ、控訴審が原判決を破棄し免訴判決をした場合には、上訴費用の補償は請求できない。（昭和五一法二三による本条追加前の事件）（最決昭34・9・16刑集一三・一一・二九四七……削除前の刑訴法三六八条関係）

[2]
科刑上一罪の一部で実質的に一罪を構成する部分について、検察官の控訴を理由なしとするときは、当該部分の応訴に要した費用の補償を請求できる。（昭和五一法二三による本条追加前の事件）（大阪高決昭44・2・3刑月一・二・一一八……削除前の刑訴法三六八条関係）

[3]
二　補償の対象
本条の補償請求が許される費用は、当該事件の被告人であった者の負担において支出されたものに限る。（昭和五一法二三による本条追加前の事件）（東京高決昭44・9・29高刑二二・四・六四七……削除前の刑訴法三六八条関係）

第一八八条の五【補償の手続】　①　前条の補償は、被告人又は被告人であつた者の請求により、当該上訴裁判所であつた最高裁判所又は高等裁判所が、決定をもつてこれを行う。
②　前項の請求は、当該上訴に係る原裁判が確定した後二箇月以内にこれをしなければならない。
③　補償に関する決定で高等裁判所がしたものに対しては、第四百二十八条第二項の異議の申立てをすることができる。この場合には、即時抗告に関する規定をも準用する。

⊛❸【異議→四二八②

[1]
「当該上訴裁判所」
最高裁判所大法廷において判決を言い渡した被告事件に関する上訴費用補償請求については、最高裁判所小法廷も「当該上訴裁判所であった最高裁判所」に当たる。（昭和五一法二三による本条追加前の事件）（最決昭30・12・26刑集九・一四・三〇六〇……削除前の刑訴法三七〇条関係）

第一八八条の六【補償費用の範囲】　①　第百八十八条の二第一項又は第百八十八条の四の規定により補償される費用の範囲は、被告人若しくは被告人であつた者又はそれらの者の弁護人であつた者が公判準備及び公判期日に出頭するに要した旅費、日当及び宿泊料並びに弁護人であつた者に対する報酬に限るものとし、その額に関しては、刑事訴訟費用に関する法律の規定中、被告人又は被告人であつた者については証人、弁護人であつた者については弁護人に関する規定を準用する。
②　裁判所は、公判準備又は公判期日に出頭した弁護人が二人以上あつたときは、事件の性質、審理の状況その他の事情を考慮して、前項の弁護人であつた者の旅費、日当及び宿泊料を主任弁護人その他一部の弁護人に係るものに限ることができる。

[1]
一　補償費用の算定基準時
刑訴法一八八条の二により補償すべき費用のうち、被告人又は弁護人であった者に対する旅費、日当、宿泊料については、これらの者が公判準備及び公判期日に出頭した時点を、また、弁護人であった者に対する報酬については、当該各審級の判決宣告の時点を、それぞれ基準として算定する。（最決昭54・12・14刑集三三・七・九一七）

[2]
二　弁護人の報酬額の算定
弁護人であった者に対する報酬額は、国選弁護人に支給すべき報酬額に準じ、事案の難易、弁護活動の実績等を考慮し相当とする額をもって算定する。（東京高決昭52・11・2刑月九・一一＝一二・八三九）

第一八八条の七【刑事補償法の例】　補償の請求その他補償に関する手続、補償と他の法律による損害賠償との関係、補償を受ける権利の譲渡又は差押え及び被告人又は被告人であつた者の相続人に対する補償については、この法律に特別の定めがある場合のほか、刑事補償法（昭和二十五年法律第一号）第一条に規定する補償の例による。

第二編　第一審

第一章　捜査

第一八九条【一般司法警察職員と捜査】　①　警察官は、それぞれ、他の法律又は国家公安委員会若しくは都道府県公安委員会の定めるところにより、司法警察職員として職務を行う。
②　司法警察職員は、犯罪があると思料するときは、犯人及び証拠を捜査するものとする。

⊛+【国家公安委員会→警四―一四【都道府県公安委員会→警三八―四五

参考　犯罪捜査規範（昭和三二・七・一一国公委規二）（抜粋）

第五九条（端緒の把握の努力）　警察官は、新聞紙その他の出版物の記事、インターネットを利用して提供される情報、匿名の申告、風説その他広く社会の事象に注意するとともに、警ら、職務質問等の励行により、進んで捜査の端緒を得ることに努めなければならない。

[1]
一　管轄区域外における捜査
司法警察職員は、管轄区域内における関税贓物〔ぞうぶつ〕罪の捜査に関して、その管轄区域外にいる本犯に対しても捜査をすることができる。（最判昭39・10・23訟月一一・二・二五二）

二　告訴・告発前の捜査

②　司法警察職員及び検察官は、収税官吏の告発を待って論ずべき国税犯則事件につき、その告発前でも、強制捜査ができる。（最決昭35・12・23刑集一四・一四・二二一三、刑訴百選［初版］七）

③　司法警察職員は、親告罪（当時親告罪とされていた現在の強制性交等未遂）につき告訴がなされていない場合でも捜査に着手できる。（福岡高宮崎支判昭28・10・30高刑判特二六・一一六）

第一九〇条【特別司法警察職員】　森林、鉄道その他特別の事項について司法警察職員として職務を行うべき者及びその職務の範囲は、別に法律でこれを定める。

海上保安官の捜査権

①　海上保安官が捜査権のない犯罪について捜査したとしても、その捜査に基づいて検察官がした公訴提起は無効であるとはいえない。（東京高判昭39・6・19高刑一七・四・四〇〇）

②　海上保安官は、海上での覚醒剤所持で現行犯逮捕された者に対し右覚醒剤を陸上で譲渡したとの被疑事実について、譲渡人を逮捕、勾留して強制捜査する権限はない。（大阪高判昭60・7・18刑月一七・七＝八・六五三……逮捕の際に領置した覚醒剤等を違法収集証拠としつつ証拠能力は肯定）

第一九一条【検察官・検察事務官と捜査】　①　検察官は、必要と認めるときは、自ら犯罪を捜査することができる。

②　検察事務官は、検察官の指揮を受け、捜査をしなければならない。

一　検察官の補充捜査

①　検察官の補充捜査は、事案の性質、既に収集された証拠及び確実に入手が予測される証拠の証拠能力、証明力等を総合的に判断して有罪判決を得る客観的・合理的な見込みが十分であるか否かにより決すべき裁量行為である。（東京地判昭54・5・28訟月二五・一〇・二五七九）

二　家裁送致後の補充捜査

②　捜査機関は、少年の被疑事件を家庭裁判所に送致した後においても補充捜査をすることができる。（最決平2・10・24刑集四四・七・六三九、少年百選四八）→少一六条⑦

第一九二条【捜査に関する協力】　検察官と都道府県公安委員会及び司法警察職員とは、捜査に関し、互に協力しなければならない。

第一九三条【検察官の司法警察職員に対する指示・指揮】　①　検察官は、その管轄区域により、司法警察職員に対し、その捜査に関し、必要な一般的指示をすることができる。この場合における指示は、捜査を適正にし、その他公訴の遂行を全うするために必要な事項に関する一般的な準則を定めることによつて行うものとする。

②　検察官は、その管轄区域により、司法警察職員に対し、捜査の協力を求めるため必要な一般的指揮をすることができる。

③　検察官は、自ら犯罪を捜査する場合において必要があるときは、司法警察職員を指揮して捜査の補助をさせることができる。

④　前三項の場合において、司法警察職員は、検察官の指示又は指揮に従わなければならない。

警察捜査を不適正と判断する場合

①　検察官が、警察の捜査が不適正と判断した場合において、放置すると重大な法益侵害が発生するおそれが存在し、検察官の行為によりこれを阻止することが可能である場合には、右不適正を正すべき作為義務がある。（福岡高宮崎支判平9・3・21判時一六一〇・四五〈鹿児島夫婦殺し事件〉……警察官に違法な余罪取調べの中止を指示し、これに従わない場合には勾留の取消請求をなすべきであったとして、国家賠償請求を認容した）→一九九条⑦

第一九四条【司法警察職員に対する懲戒・罷免の訴追】　①　検事総長、検事長又は検事正は、司法警察職員が正当な理由がなく検察官の指示又は指揮に従わない場合において必要と認めるときは、警察官たる司法警察職員については、国家公安委員会又は都道府県公安委員会に、警察官たる者以外の司法警察職員については、その者を懲戒し又は罷免する権限を有する者に、それぞれ懲戒又は罷免の訴追をすることができる。

②　国家公安委員会、都道府県公安委員会又は警察官たる者以外の司法警察職員を懲戒し若しくは罷免する権限を有する者は、前項の訴追が理由のあるものと認めるときは、別に法律の定めるところにより、訴追を受けた者を懲戒し又は罷免しなければならない。

第一九五条【検察官・検察事務官の管轄区域外における職務執行】　検察官及び検察事務官は、捜査のため必要があるときは、管轄区域外で職務を行うことができる。

外国における捜査

①　検察官は、外国においても、その国の承認を得た限度で、我が刑訴法に準拠して人を取り調べ、供述を録取することができる。（東京地判昭36・5・13下刑三・五＝六・四六九〈ラストボロフ事件〉）

第一九六条【捜査関係者に対する訓示規定】　検察官、検察事務官及び司法警察職員並びに弁護人その他職務上捜査に関係のある者は、被疑者その他の者の名誉を害しないように注意し、且つ、捜査の妨げとならないように注意しなければならない。

参↑捜査規範九－一一

［参考］　**犯罪捜査規範**（昭和三二・七・一一国公委規二）（抜粋）

第一〇条の二（被害者等に対する配慮）①　捜査を行うに当たつては、被害者又はその親族（以下この節において「被害者等」という。）の心情を理解し、その人格を尊重しなければならない。

②　捜査を行うに当たつては、被害者等の取調べにふさわしい場所の利用その他の被害者等にできる限り不安又は迷惑を覚えさせないようにするための措置を講じなければならない。

第一〇条の三（被害者等に対する通知）　捜査を行うに当たつては、被害者等に対し、刑事手続の概要を説明するとともに、当該事件の捜査の経過その他被害者等の救済又は不安の解消に資すると認められる事項を通知しなければならない。ただし、捜査その他の警察の事務若しくは公判に支障を及ぼし、又は関係者の名誉その他の権利を不当に侵害するおそれのある場合は、この限りでない。

第一一条①（被害者等の保護等）　警察官は、犯罪の手口、動機及び組織的背景、被疑者と被害者等との関係、被疑者の言動その他の状況から被害者等に後難が及ぶおそれがあると認められるときは、被疑者その他の関係者に、当該被害者等の氏名又はこれらを推知されるような事項を告げないようにするほか、必要に応じ、当該被害者等の保護のための措置を講じなければならない。

②　前項の規定は、資料提供者に後難が及ぶおそれがあると認められる場合について準用する。

警察の発表と被疑者の名誉

①　事件の捜査に当たった警察当局が、事件発生直後、被疑者の住所、氏名を明記して同人の犯行と断定し、平素の行動、性格より他の幾多の犯罪をしていることが予想されるので同人から恐喝、脅迫、暴行等の被害を受けたことのある者は届け出るようにとの内容を印刷したチラシを新聞紙に折り込んで一般市民に配布したことは、本条の趣旨に違反する。（仙

台高判昭25・12・23高刑判特一四・二〇四）

[2]　警察官（捜査主任官）が、裁判所より捜索差押許可状の発付を得た後、その上司の許可を得た上、捜査の支障排除と啓発的観点という公益上の目的をもって、捜索の前に、被疑者名、罪名、捜索場所を、何の歪曲〔わいきょく〕もせず発表したことは、違法ではなく不法行為に当たらない。（神戸地姫路支判昭58・3・14判時一〇九二・九八）

[3]　捜査機関が、報道機関に対する記者会見で、加害者である児童の特定に関係する事項として、年齢（七歳）及び住所地（神戸市）を発表したにすぎず、特定の児童を示すものとは到底いえない等の事情の下では、直ちにその児童の名誉を毀損するものとはいえず不法行為に当たらない。（神戸地判昭58・11・7判時一一〇六・一二六）

第一九七条【捜査に必要な取調べ】①　捜査については、その目的を達するため必要な取調をすることができる。但し、強制の処分は、この法律に特別の定のある場合でなければ、これをすることができない。

②　捜査については、公務所又は公私の団体に照会して必要な事項の報告を求めることができる。

③　検察官、検察事務官又は司法警察員は、差押え又は記録命令付差押えをするため必要があるときは、電気通信を行うための設備を他人の通信の用に供する事業を営む者又は自己の業務のために不特定若しくは多数の者の通信を媒介することのできる電気通信を行うための設備を設置している者に対し、その業務上記録している電気通信の送信元、送信先、通信日時その他の通信履歴の電磁的記録のうち必要なものを特定し、三十日を超えない期間を定めて、これを消去しないよう、書面で求めることができる。この場合において、当該電磁的記録について差押え又は記録命令付差押えをする必要がないと認めるに至ったときは、当該求めを取り消さなければならない。

④　前項の規定により消去しないよう求める期間については、特に必要があるときは、三十日を超えない範囲内で延長することができる。ただし、消去しないよう求める期間は、通じて六十日を超えることができない。

⑤　第二項又は第三項の規定による求めを行う場合において、必要があるときは、みだりにこれらに関する事項を漏らさないよう求めることができる。

参❶【任意捜査の原則↓捜査規範九九【特別の定め↓一九九、二一〇、二一三、二一七、二一八、二二〇、二二一、二二二の二、二〇四、二〇五、二二五、二二六、二二七　❸捜査規範一〇一の二

参考　**犯罪捜査規範**（昭和三二・七・一一国公委規二）（抜粋）

第四条（合理捜査）①　捜査を行うに当たつては、証拠によつて事案を明らかにしなければならない。

②　捜査を行うに当たつては、先入観にとらわれず、根拠に基づかない推測を排除し、被疑者その他の関係者の供述を過信することなく、基礎的捜査を徹底し、物的証拠を始めとするあらゆる証拠の発見収集に努めるとともに、鑑識施設及び資料を十分に活用して、捜査を合理的に進めるようにしなければならない。

第九九条（任意捜査の原則）　捜査は、なるべく任意捜査の方法によつて行わなければならない。

第一〇八条（人の住居等の任意の捜索の禁止）　人の住居又は人の看守する邸宅、建造物若しくは船舶につき捜索をする必要があるときは、住居主又は看守者の任意の承諾が得られると認められる場合においても、捜索許可状の発付を受けて捜索をしなければならない。

一　「強制の処分」

1　「強制の処分」の意義

[1]　捜査において法律の根拠規定がある場合に限り許容される「強制手段」とは、有形力の行使を伴う手段を意味するものではなく、「個人の意思を制圧し、身体、住居、財産等に制約を加えて強制的に捜査目的を実現する行為など、特別の根拠規定がなければ許容することが相当でない手段」をいう。（最決昭51・3・16刑集三〇・二・一八七、刑訴百選一〇版一）

↓行総◘【Ⅲ】25

2　「強制の処分」に当たるもの

[2]　荷送人の依頼に基づき宅配便業者の運送過程下にある荷物について、捜査機関が、捜査目的を達成するため、荷送人や荷受人の承諾を得ることなく、これに外部からエックス線を照射して内容物の射影を観察した本件エックス線検査は、その射影によって荷物の内容物の形状や材質をうかがい知ることができる上、内容物によってはその品目等を相当程度具体的に特定することも可能であって、荷送人や荷受人の内容物に対するプライバシー等を大きく侵害するものであるから、検証としての性質を有する強制処分に当たる。（最決平21・9・28刑集六三・七・八六八、刑訴百選一〇版二九……検証許可状によらずに行った本件エックス線検査は違法であるとした）

[3]　車両にその使用者らの承諾なく秘かにGPS端末を取り付けて位置情報を検索し把握する捜査（GPS捜査）は、対象車両の時々刻々の位置情報を検索し、把握すべく行われるものであるが、その性質上、公道上のもののみならず、個人のプライバシーが強く保護されるべき場所や空間に関わるものも含めて、対象車両及びその使用者の所在と移動状況を逐一把握することを可能にする捜査手法であって、個人の行動を継続的、網羅的に把握することを必然的に伴うから、個人のプライバシーを侵害し得るものであり、また、そのような侵害を可能とする機器を個人の所持品に秘かに装着することによって行われることにより、公道上の所在を肉眼で把握したりカメラで撮影したりするような手法とは異なり、公権力による私的領域への侵入を伴うものであることから、合理的に推認される個人の意思に反してその私的領域に侵入する捜査手法である点において、個人の意思を制圧して、憲法の保障する重要な法的利益である「住居、書類及び所持品について、侵入、捜索及び押収を受けることのない権利」に含まれる、「住居、書類及び所持品」に準ずる私的領域に「侵入」されることのない権利を侵害するものとして、刑訴法上、特別の根拠規定がなければ許容されない強制の処分に当たる。（最大判平29・3・15刑集七一・三・一三、刑訴百選一〇版三〇）→二一八条26、憲三五条12

二　任意捜査における有形力の行使

[4]　「強制手段」に当たらない有形力の行使は、任意捜査においても許容され得るが、何らかの法益を侵害し又は侵害するおそれがあるから、必要性、緊急性なども考慮した上、具体的状況の下で相当と認められる限度において許容される。

警察官が、酒酔い運転の疑いが濃厚な被疑者Aを警察署に任意同行し、呼気検査に応じるよう説得を続けるうち、母親が来れば応じる旨述べたのでその来署を待っていたところ、Aが急に退室しようとしたので、説得のためその前に立ち、両手で左手首をつかんだ行為は、任意捜査において許容される有形力の行使である。（最決昭51・3・16前出[1]）

三　集団の停止

[5]　犯人が路上の集団の中に紛れ込んだ場合に、警察官が、犯人を探索して検挙するため、集団全体の移動を停止させることは、犯罪に関係のない多数の第三者の自由をも制約することとなるから、軽々に許されるべきでない。

集団の一員が、警備中の警察官に暴行を加えその職務の執行を妨害するとともに傷害を与え、右集団に紛れ込んだ場合において、犯人を探索して検挙するため、歩行中の集団を六、七分の短時間停止させた警察官の行為は、犯罪発生後間がなく、被害警察官が犯人の人相・特徴を明確に記憶しているなど犯人検挙の可能性が極めて高い状況にあり、集団が四散する直前で、犯人検挙のためには直ちに集団を停止させて

その四散を防止する緊急の必要があり、かつ、他に有効適切な方法もなく、その方法が停止を求めるための説得の手段の域にとどまるときは、捜査活動として許容される限度を超えた行為とまではいえない。（最決昭59・2・13刑集三八・三・二九五、刑訴百選[五版]四）

四　職務質問と有形力の行使

1　歩行者・自転車の停止

[6] 夜間警ら中の私服警察官が、自転車で疾走してきた男の挙動・外見等に不審を抱き、警察官であることを告げた上、その住所・氏名・年齢・勤務先・行き先・時刻の遅い理由等を職務質問して一旦別れたが、自転車の荷台上に革鞄［かばん］があり、その中からポスター様のものがはみ出ていたことから、革鞄の盗難事件及び選挙違反事件に関連して再び職務質問を行うため、その男に追いついて駐在所に任意同行し、鞄内の書類の呈示を再三にわたり求めるうち、男が突然駐在所から逃げ出したため、他の警察官が、麻薬強盗事件にも関係があるのではないかとの疑念も抱きつつ、質問を継続するとともに逃走の理由を問いただす等の目的で、その後を追い掛け、約一三〇メートル離れた地点で追いつき、背後から、「どうして逃げるのか」と言いながら、引き止めるためその腕に手を掛けた行為は、正当な職務執行の範囲を超えるものではない。（最決昭29・7・15刑集八・七・一一三七、刑訴百選[三版]一二）

[7] 警職法二条一項の質問は、専ら犯罪予防又は鎮圧のために認められる任意手段であり、停止は、口頭で呼び掛け若しくは説得的に立ち止まることを求め、あるいは口頭の要求に添えて同人に注意を促す程度の有形的動作にとどまるべきで、威嚇的に呼び止め、あるいは静止を余儀なくさせるような有形的動作等の強制にわたる行為は許されない。

深夜人通りのない人家近くの路上で、周りをキョロキョロ見ていた男の態度から、窃盗犯人ではないかとの疑いの下に職務質問しようとしたところ、同人が三度も立ち去ろうとして応答を拒否する態度を示したので、「待ちなさい」という言葉に添えてその右手首をつかんだ行為は、必ずしも力を入れたという程ではなく、注意を促す程度の有形的な動作であって、いまだ正当な職務執行の範囲を逸脱したものとはいえない。（東京高判昭49・9・30刑月六・九・九六〇）

[8] 夜間に無灯火で名前の記載も防犯登録票の添付もない婦人用自転車に乗った男が、警察官の質問に氏名・住所・職業を答え、兄嫁のものを借りて友人のもとに行くと言ったとしても、簡単にしか応答が得られず、その場を急いで立ち去る気配を示した場合、質問を続行するためその者の左手を押さえ、さらに交通の妨害にならないよう左腕を抱えて交差点近くの道路上から一メートル位離れた道端まで誘導することは、警職法二条一項にいう停止の方法として適法である。（東京高判昭52・10・31刑月九・九＝一〇・六七五）

[9] 夜間に路上で交通整理等の職務に従事中の警察官に対し、突然唾をはきかけた通行人が、何らかの意図で更に暴行あるいは公務執行妨害等の犯罪行為に出るのではないかと考え、職務質問を行うため、その胸元をつかみ歩道上に押し上げたことは、職務質問に付随する有形力の行使として許される。（最決平元・9・26判時一三五七・一四七、重判平元刑訴一……職務質問の要件があったか不明であり、仮にあったとしても、右行為は適法な職務行為ではないとする島谷裁判官の反対意見がある）

2　自動車の停止

[10] 〈交通違反取締り中の警察官が、信号無視の自動車を現認し、停車させた際、下車した運転者が酒臭をさせていたため、酒気の検知をする旨告げたところ、警察官が呈示を受けて持っていた運転免許証を奪い取って、自動車に乗り込み発進させようとした事案で〉警察官が運転席の窓から手を差し入れ、エンジンキーを回転してスイッチを切り運転を制止した行為は、警職法二条一項に基づく職務質問を行うため停止させる方法として必要かつ相当な行為であるのみならず、道路交通法六七条三項［現四項］に基づき、交通の危険を防止するために採った、必要な応急の措置に当たるから、適法である。（最決昭53・9・22刑集三二・六・一七七四、刑訴百選[五版]五）

[11] 空港開港反対派による火炎瓶等の搬入阻止とゲリラ活動の警戒警備を目的とする自動車検問中の警察官が、Aの車に凶器等が積載されている強い疑念を抱き、停止させて約五〜一〇分間職務質問をしたが、疑念を晴らすまでには至らず、更に検問を続行し、また警察官の安全のため右車に丸太で歯止めを掛けようとした所為は、当時の緊迫した状況、職務質問に対するAの冷淡な態度、開港反対派のBが同乗していたこと等に徴すると、警職法二条一項に基づく職務質問の方法として必要かつ相当な行為といえる。（東京高判昭57・4・21刑月一四・三＝四・二四五）

[12] 捜索差押許可状の発付された職務質問の対象者がタクシーで移動する場合、発付された令状の執行を見据えて一般道を走行するように要請するため、走行中の本件タクシーに停止を求めることは、任意捜査の範疇［はんちゅう］に属するものの、これに応じて停止した本件タクシーの前方及び左右をパトカー三台で取り囲み、短時間とはいえ本件タクシーの進路を断って発進できない状態にしたことは、捜索差押許可状の円滑な執行の必要性を考慮しても、任意捜査の限界を超えたものといわざるを得ない。（東京高判平27・10・8判タ一四二四・一六八）

3　対象者の拘束

[13] Xが止めている自動車内に覚醒剤がある旨の情報を得て、警察官がXに職務質問を開始したところ、Xが急に自動車を疾走させ、金網フェンスに激突後、なおも暴走しようとしたので、警察官が、自動車の窓ガラスを割り、Xを車外に引きずり出し、暴れるXに後ろ手錠をかけて拘束した行為は、警職法五条の犯罪の制止行為として必要かつ相当な範囲内のものと認められるが、Xが落ち着きをみせ職務質問にも平静に応じた段階に至ってもなお、後ろ手錠のまま拘束したことは違法である。（東京高判平11・8・26判タ一〇二四・二八四……拘束中に行われた質問の継続、自動車内の捜索、発見された大麻の所持による現行犯逮捕、大麻の押収、逮捕中になされた尿の任意提出も違法としたが、制止行為の時点で現行犯逮捕が可能であったなどとして、大麻及び尿の鑑定書の証拠能力は肯定）

4　対象者の「留め置き」

[14] 自動車を停止させて職務質問を開始した当時、運転者には覚醒剤使用の嫌疑のほか、幻覚の存在や周囲の状況を認識する能力の減退など覚醒剤中毒をうかがわせる異常な言動が見受けられ、かつ、道路が積雪により滑りやすい状態にあるのに自動車を発進させるおそれがあったため、警察官が窓から腕を差し入れエンジンキーを引き抜き取り上げた行為は、警職法に基づく職務質問を行うため停止させる方法として必要かつ相当であるのみならず、道交法六七条三項［現四項］に基づき交通の危険を防止するため採った必要な応急の措置に当たるが、その後も運転を阻止して約六時間半以上もその場に留め置いた措置は、任意同行を求めるための説得行為としてはその限度を超え、移動の自由を長時間にわたり奪った点において、任意捜査として許容される範囲を逸脱し、違法である。（最決平6・9・16刑集四八・六・四二〇、刑訴百選[一〇版]二……警察官の行使した有形力は必要最小限度の範囲にとどまること、任意捜査の面だけでなく交通危険の防止の面からも運転を阻止する必要性が高かったこと、自ら運転することに固執した対象者の態度等の事情を考慮して、その違法の程度は令状主義の精神を没却する重大なものとはいえないとし、引き続く採尿後の鑑定結果の証拠能力は肯定）

[15] 被告人に対して職務質問を行う警察官が、強制採尿令状請求の準備を開始した後は、強制手続への移行段階に至ったと見るべきであり、対象者には犯罪の嫌疑が濃厚に認められる一方、令状執行の対象である対象者の所在を確保する必要性

も非常に高まるため、それ以前の純粋に任意捜査として行われている段階とは手続の性質が異なり、任意捜査であっても対象者には相当程度強くその場にとどまるよう求めることも許されるから、強制採尿令状請求の準備開始から令状の発付・執行までの約三時間二一分にわたり、令状請求中である旨を被告人に告げた上で、**警察官**が被告人の待機する車両をその周辺で距離をおいて取り巻くなどして被告人を職務質問の現場に留め置いた措置に、違法かつ不当な点はない。（東京高判平22・11・8判タ一三七四・二四八、重判平23刑訴一……引き続く手続により得られた尿の鑑定書等は違法収集証拠には当たらないとして証拠能力を認めた原審の訴訟手続に法令違反はないとした）

[16] 職務質問に応じている被告人に、覚醒剤使用の嫌疑が濃厚であったことなどを踏まえると、採尿令状請求の準備が開始された後、**警察官**らが被告人に対して任意採尿に向けた説得を続けるなどしたことが直ちに不当であるとはいえないが、犯罪の嫌疑の程度は、採尿令状の請求準備を開始するか否かという**警察官**の判断により直ちに左右されるものでない上、本件において、その段階で、嫌疑を深めるべき新たな証拠や事実が発見されてもいないから、令状請求準備にかかる**警察**官の判断時点を境界として、許容される留め置きの程度に有意な違いが生じるものと解することには必ずしも説得力がなく、また、被告人が本件現場から立ち去る意思を明示したことがなかったことなどから、被告人の降車を許したとしても直ちに被告人の所在確保が困難になる状況にあったとはいえないことからすれば、被告人が、乗車していた**警察**車両から降車する意思を明示してから本件採尿令状が執行されるまでの約三時間五〇分にわたり、**警察**官らが二回の有形力の行使を交えつつ被告人を**警察**車両内に留め置いた措置について、強制手続への移行段階でなされたものであることを考慮してその適法性を判断すべきであるとはいえず、長時間にわたり対象者の移動の自由を過度に制約したものとして、任意捜査の範囲を逸脱して違法なものであったと評価せざるを得ない。（札幌高判平26・12・18判タ一四一六・一二九……**警察**官らにおいて任意採尿に向けた説得等を継続することが相当でない状況に至っていたとはいえないこと、有形力の行使も被告人の意思を制圧するような強度のものであったとはいえないこと、**警察**官らが本件現場における職務質問を開始した約五〇分後に採尿令状を請求する方針を決定して準備を始めたことなどに照らすと、令状の発付と執行を待つ間に対象者を本件現場に留め置くに当たり、令状主義を潜脱する意図があったものとは認められず、その違法性の程度は、いまだ令状主義の精神を没却するほどに重大なものではないとして、違法の重大性を認めてその後得られた覚醒剤等の証拠能力を否定した原審の判断を破棄）

[17] 職務質問について二時間以上にわたりこれに応じない姿勢を明確に示す被告人を、その者に対する捜索差押許可状の請求中であったことから、発付後の処分実施に備えてその場にとどまらせようとしていた**警察**官に対し、被告人の要請を受けて臨場した弁護士が、法律専門家である弁護士としての立場において、令状がない以上、その場にとどまる理由がない旨明確に述べ、被告人と共に帰る意思を明示して移動を始めたにもかかわらず、**警察**官が、それを無視する形で、移動を阻止するべく、被告人をつかむなど、被告人に「痛い」と言わしめるほどの有形力を行使し、さらには、後方から被告人を転倒させるほどの有形力を行使することは、もはや任意捜査の限界を超える違法なものといわざるを得ない。（東京高判平27・10・8前出[12]）

5　閉扉の防止

[18] ラブホテルからの通報により臨場した**警察**官が、無銭宿泊ないし薬物使用の疑いをもって宿泊客に職務質問するため、客室外から声をかけた上、無施錠の外ドアから入室すると、同客が一旦開けた内ドアを制服姿の**警察**官に気付いて急に閉めて押さえるという不審な行動に出たという事情の下では、質問を継続し得る状況を確保するため、内ドアを押し開け、内玄関と客室の境の敷居上辺りに足を踏み入れ、内ドアが閉められるのを防止したことは、職務質問に付随するものとして適法な措置である。（最決平15・5・26刑集五七・五・六二〇、刑訴百選[一〇版]三）↓[26]

五　任意同行と有形力の行使↓一九九条[11]

[19] 猟銃と登山ナイフを凶器とした銀行強盗事件発生の通報に接し緊急配備検問中の**警察**官らが、Aらを職務質問したが黙秘したため容疑を深め、下車させて付近の事務所内で質問を継続したが、所持するバッグ等の中身についての質問に答えず、開披の求めにも応じなかった等のため容疑が緊急逮捕ができる場合に近い程度に濃厚になっていた場合、**警察**官らが同人らを三人位で取り囲み、数人で引っ張るようにして右事務所から連れ出して**警察**の車に乗せて**警察**署に連行したことは、いまだ**警職**法二条にいう同行の範囲を逸脱した違法なものとはいえない。（東京高判昭52・6・30判時八六六・一八〇……[22]の原審）

[20] **警察**官らが、中古自転車を所持しているAをその窃盗犯人と決めつけるような態度で職務質問し、これに立腹したAと口論になったので、機動捜査隊庁舎で取り調べるため、大声で叫んで乗車を拒否するAを両側から抱え、その抵抗を排して無理にパトカーに乗せ、その横と運転席に**警察**官二人が座るなどして右庁舎に連行した行為は、**警職**法及び刑訴法によって許容される限度を逸脱する違法な任意同行であって、実質的逮捕行為に当たる。（仙台高秋田支判昭55・12・16判時一〇〇一・一三四）

六　自動車検問

[21] **警察**官が、**警察**法二条一項に基づく交通取締りの一環として交通違反の多発する地域等の適当な場所において、交通違反の予防、検挙のための自動車検問を実施し、同所を通過する自動車に対して走行の外観上の不審な点の有無に関わりなく短時分の停止を求めて、運転者などに対し必要な事項についての質問などをすること（いわゆる交通一斉検問）は、それが相手方の任意の協力を求める形で行われ、自動車の利用者の自由を不当に制約することにならない方法・態様で行われる限り、適法である。（最決昭55・9・22刑集三四・五・二七二、刑訴百選[一〇版]A1……時期的に飲酒運転が多い七月八日午前二時四五分頃から、飲食店の多い地域から帰宅する者が通常通る橋の南詰の道路端に立って赤色灯を回しながら北方から同橋を渡ってくる車両全てに停止を求める方法で検問を実施）↓行総◆

【Ⅲ】[28]

七　所持品検査

[22] 所持品検査は、任意手段である**警職**法二条一項の職務質問の付随行為として許容されるのであるから、所持人の承諾を得て、その限度において行うのが原則であるが、捜索に至らない程度の行為は、強制にわたらない限り、承諾がなくても許容される場合がある。かかる行為は、限定的な場合において、所持品検査の必要性、緊急性、これによって害される個人の法益と保護されるべき公共の利益との権衡などを考慮し、具体的状況の下で相当と認められる限度においてのみ、許容される。（最判昭53・6・20刑集三二・四・六七〇〈米子銀行強盗事件上告審〉刑訴百選[一〇版]四……**警察**官が、猟銃及び登山用ナイフを使用しての銀行強盗の容疑が濃厚な者を深夜に検問の現場から**警察**署に同行して職務質問中、その者が、質問に対し黙秘した上、再三にわたる所持品の開披要求を拒否するなどの不審な挙動をとり続けたため、容疑を確かめる緊急の必要から、所持品であるバッグの施錠されていないチャックを開披し、内部を一べつした行為を適法とした）↓憲三五条[3]、行総◆**【Ⅲ】**[26]

[23] **警察**官が、覚醒剤の使用ないし所持の容疑がかなり濃厚に認められる者に対して職務質問中、同人の承諾がないのに、上衣左側内ポケットに手を差し入れて所持品を取り出した上検査した行為は、一般にプライバシー侵害の程度の高い行為であり、かつ、その態様において捜索に類するものであるか

ら、職務質問に附随する所持品検査の許容限度を逸脱し違法である。（最判昭53・9・7刑集三二・六・一六七二、刑訴百選一〇版九〇）↓三一七条[32]、憲三五条[4]、行総◘【Ⅲ】[27]

[24] **警察官**らが午前一時頃覚醒剤常用者特有の顔つきをした一見暴力団員風のAに職務質問をすべく声をかけたところ返答せずに逃げ出したため、追い掛けて取り押さえ、説得により渋々抵抗をやめてパトカーに乗車した後も暴れるAを両側から手首を握るなどして制止して警察署に同行後、職務質問を開始し、所持品検査を求めたところ、ふてくされた態度で上着を脱いで投げ出したので、黙示の承諾があったものと判断して所持品検査をするうち、Aの左足首付近の靴下の部分が膨らんでいるのを認めて、覚醒剤様のもの一包みや注射器、注射針等を取り出したことは、被告人の承諾なく、かつ、違法な連行の影響下でそれを直接利用してなされた違法な所持品検査であり、それに続いてAの承諾を得て行われた採尿手続も右一連の違法な手続によりもたらされた状態を直接利用してなされたもので違法である。（最決昭63・9・16刑集四二・七・一〇五一、刑訴百選六版五四……覚醒剤、尿の鑑定書等の証拠能力は肯定した。なお、証拠能力を否定する島谷裁判官ほか一名の反対意見がある）↓三一七条[41]

[25] 自動車を運転していた者の任意の承諾がないのに、**警察官**数名が当該自動車に乗り込んで、懐中電灯や集光ライトを用い、座席の背もたれを倒したり、シートを前後に動かすなどして車内を丹念に調べた行為は、職務質問に付随して行う所持品検査として許容される限度を超えて違法である。また、この所持品検査により発見された覚醒剤の所持を被疑事実とする現行犯逮捕手続は違法であり、逮捕後、尿の任意提出を受けた手続も違法性を帯びる。（最決平7・5・30刑集四九・五・七〇三、重判平7刑訴六……職務質問時の状況から判断して車内検索の違法の程度は小さく、また採尿手続自体は被疑者の応諾により行われているので、その違法はいまだ重大とはいえないとして、尿の鑑定書の証拠能力を肯定）

[26] 薬物使用の疑いのあったホテル宿泊客に職務質問するため**警察官**が同室内に入ったところ、同人が不可解な言動をしつつ注射器を握っていて嫌疑が飛躍的に高まったこと、覚醒剤がその場に存在することが強く疑われ、直ちに保全措置を講じないと散逸のおそれがあったこと、同人が明確な拒否の意思表示をしなかったことなどの事情の下においては、床に落ちていた財布を拾ってテーブルの上に置いて、二つ折りの部分を開いてファスナーの開いていた小銭入れの部分からビニール袋入りの白色結晶を発見して抜き出したという限度にとどまる所持品検査は、適法である。（最決平15・5・26前出[18]）

[27] 集会会場の公園に赴いた労働組合員集団に対して**警察官**が所持品検査のため行った検問は、説得により任意の所持品検査を行うものではなく、いきなり阻止線を張り検問隊形を作って全員を検査するというものであり、また、バスの公園内乗入れについて事前に許可があったのに、**警察官**側がバスの進入を阻止したこと、労組側が所持していた旗ざお、プラカードに先をとがらせる等危険な細工が施されていなかったこと、などの諸事情に照らすと、必要性、緊急性を欠き、**警職法**二条一項に照らして違法である。（大阪高判平2・2・6判タ七四一・二三八、刑訴百選九版三）

八　写真撮影・録画

[28] 個人の私生活上の自由の一つとして、何人も、その承諾なしに、みだりにその容貌・姿態を撮影されない自由を有しており、少なくとも、**警察官**が、正当な理由もないのに、個人の容貌等を撮影することは、憲法一三条の趣旨に反し、許されない。

現に犯罪が行われ若しくは行われた後間がないと認められる場合であって、しかも証拠保全の必要性及び緊急性があり、かつ、その撮影が一般的に許容される限度を超えない相当な方法をもって行われるときには、撮影される本人の同意がなく、また裁判官の令状がなくても、**警察官**による個人の容貌等の撮影が許容され、また、撮影の対象の中に、犯人の身辺又は被写体とされた物件の近くにいたためこれを除外できない状況にある第三者である個人の容貌等を含むことになっても、憲法一三条、三五条に違反しない。（最大判昭44・12・24刑集二三・一二・一六二五、憲百選Ⅰ七版一六）↓憲一三条[13]

[29] [28]は、**警察官**による人の容貌等の撮影が、現に犯罪が行われ又は行われた後間がないと認められる場合のほかは許されないという趣旨まで判示したものではない。強盗殺人等事件の捜査に関し、防犯ビデオに写っていた人物の容貌、体型等と被告人の容貌、体型等との同一性の有無という犯人の特定のための重要な判断に必要な証拠資料を入手するため、これに必要な限度において、公道上を歩いている被告人の容貌等をビデオ撮影し、あるいは不特定多数の客が集まるパチンコ店内において被告人の容貌等をビデオ撮影した行為は、いずれも、通常、人が他人から容貌等を観察されること自体は受忍せざるを得ない場所におけるものであって、捜査目的を達成するため、必要な範囲において、かつ、相当な方法によって行われたものといえ、捜査活動として適法である。（最決平20・4・15刑集六二・五・一三九八、刑訴百選一〇版八）↓二二一条[2]

[30] 自動速度監視装置による運転者の容貌の写真撮影は、現に犯罪が行われている場合になされ、犯罪の性質、態様からいって緊急に証拠保全をする必要性があり、その方法も一般的に許容される限度を超えない相当なものであるときは、憲法一三条に違反せず、また、右写真撮影の際、運転者の近くにいるため除外できない状況にある同乗者の容貌を撮影することになっても、憲法一三条、二一条に違反しないことは、当裁判所大法廷判決［前出[28]］の趣旨に徴して明らかである。（最判昭61・2・14刑集四〇・一・四八、刑訴百選五版一〇）↓憲一三条[14]

[31] 証拠保全の必要性及び緊急性があり、社会通念上相当な方法によるときは、高度の蓋然性をもって犯罪の発生が予測される場所を継続的、自動的に撮影、録画することも許される。（東京高判昭63・4・1判時一二七八・一五二、刑訴百選九版一〇……派出所前歩道上に立つ電柱にテレビカメラ一台を設置して撮影）

[32] 他人の目に触れない住居内部の状況や所持品等を写真撮影することは、原則としてプライバシーの侵害として違法である。捜索差押えの過程において、捜査機関が、捜索に必要な限度において、差押えの対象物以外の物を見ること及びこれを記憶にとどめることは、捜索差押えに必然的に伴うことでありやむを得ないが、写真撮影もこれと実質的に差異がないとすることはできない。（東京高判平5・4・14判タ八五九・一六〇……**警察官**が、捜索差押許可状の執行に当たり、「差し押さえるべき物」に該当しない、印鑑、ポケット・ティッシュペーパー、電動ひげそり機、洋服ダンス内の背広などを、床面に並べ、あるいは接写した事案。国賠請求認容）

九　秘聴・秘密録音↓二一八条[25]

[33] **警察官**が、犯罪捜査（団体等規正令違反被疑事件）のため、関係ある第三者の居室の外側近くに家主の承諾を得て密行用増幅器を取り付け、右居室内談話等を秘聴する行為は、たとえ捜査目的を達成するに必要な範囲と限度においては、第三者等の住居、言論、集会、結社等の基本権の行使に軽度の悪影響が与えられたとしても、これをもって職権を濫用したものとはいえない。（東京高決昭28・7・14東高刑四・一・一七、刑訴百選二版一二）

[34] 捜査機関が対話の相手方の知らないうちにその会話を録音することは、相手方のプライバシーないし人格権を多かれ少なかれ侵害することになるから、原則として違法であり、ただ録音の経緯、内容、目的、必要性、侵害される個人の法益と保護されるべき公共の利益との権衡などを考慮し、具体的

状況の下で相当と認められる限度においてのみ、許容される。

脅迫電話による暴力行為等処罰法違反事件等を被疑事実とする捜索差押許可状の執行の際に、警察官が、立会人であるAらとの会話を秘かに録音したことは、右事件の犯人がC派の活動家である容疑が濃厚であり、右事件に関連する証拠としてAらの音声を録音する必要があったこと、Aは相手方が警察官であること及び被疑事実の概要を了知した上で警察官との会話に応じていること、その会話は捜索差押えの立会いに関連することのみでプライバシーないし人格権に関わるような内容ではないこと、録音を担当した警察官はAに強いて発言させるために何ら強制、偽計等の手段を用いていないなどの諸事情を総合すれば、Aを含むC派構成員が本件犯行を犯したことを疑うに足りる相当な理由がある上、本件録音の全過程に不当な点は認められず、また、Aの法益を侵害する程度が低いのに比し、電話による脅迫という事件の特質から秘密録音によらなければ有力証拠の収集が困難であるという公益上の必要性が高度であることなどに鑑みると、例外的に相当と認めて許容すべきである。（千葉地判平3・3・29判時一三八四・一四一、刑訴百選[一〇版]九）

一〇　おとり捜査

35 他人の誘惑により犯意を生じ、又はこれを強化された者が犯罪を実行した場合に、その誘惑者が一私人でなく、捜査機関であるとの一事をもってその犯罪実行者の犯罪構成要件該当性又は責任性若しくは違法性を阻却し、又は公訴提起の手続規定に違反し若しくは公訴権を消滅せしめるものとすることはできない。（旧法事件）（最決昭28・3・5刑集七・三・四八二、刑訴百選[四版]A1）

36 おとり捜査は、捜査機関又はその依頼を受けた捜査協力者が、その身分や意図を相手方に秘して犯罪を実行するように働き掛け、相手方がこれに応じて犯罪の実行に出たところで現行犯逮捕等により検挙するものであるが、少なくとも、直接の被害者がいない薬物犯罪等の捜査において、通常の捜査方法のみでは当該犯罪の摘発が困難である場合に、機会があれば犯罪を行う意思があると疑われる者を対象に行うことは、本条一項に基づく任意捜査として許容される。（最決平16・7・12刑集五八・五・三三三、刑訴百選[一〇版]一〇……捜査協力者からの情報によっても、被告人の住居や大麻樹脂の隠匿場所等を把握することができず、他の捜査手法によって証拠を収集し、被告人を検挙することが困難な状況にあり、一方、被告人は既に大麻樹脂の有償譲渡を企図して買手を求めていた状況下で、麻薬取締官が、取引の場所を準備し、被告人に対し大麻樹脂二キログラムを買い受ける意向を示し、被告人が取引の場に大麻樹脂を持参するよう仕向けたとしても、おとり捜査として適法であるとした）

37 覚醒剤の密売事犯において、被告人がいわゆるおとり捜査によって検挙されたものであっても、それが、犯意のなかった者に犯意を誘発させたのではなく、犯意を有していた者に、その現実化及び対外的行動化の機会を与えたにすぎない場合には、覚醒剤の弊害が大きく密売ルート検挙の必要性が高いのに、検挙は通常「物」が存在しないと困難である実情にも鑑みると、公訴提起手続を無効にするほど違法・不当なものとはいえない。（東京高判昭57・10・15判時一〇九五・一五五、刑訴百選[七版]一二）

一一　偽計

38 多数の窃盗事件の被疑者と目すべき事情があり、その捜査が困難で他にこれに代わる有効適切な捜査方法が見当たらない場合において、靴店の協力を得てひそかに靴底裏面に切傷を付けた靴を右被疑者に販売し、窃盗の犯行現場に残された足跡からその者が犯人であることを割り出した捜査方法は、任意捜査として許容される。（東京高判昭58・10・20高刑三六・三・二八五）

39 警察官らが、相手が警察官であることを認識していない者に対し、そのDNA型検査の資料を得るため、紙コップを手渡してお茶を飲むように勧め、そのまま廃棄されるものと思い込んでいた同人の錯誤に基づいて、同人から同紙コップを回収し、唾液を採取した行為は、合理的に推認される対象者の黙示の意思に反する点で、現実に表明された対象者の反対意思を制圧して同様のことを行うのと価値的には何ら変わるものではなく、また、DNAを含む唾液を警察官らによってむやみに採取されない利益（個人識別情報であるDNA型をむやみに捜査機関によって認識されない利益）という重要な権利・利益を侵害しており、強制処分に該当する。（東京高判平28・8・23高刑六九・一・一六）↓三二一条[8]

第一九八条【被疑者の出頭要求・取調べ】①　検察官、検察事務官又は司法警察職員は、犯罪の捜査をするについて必要があるときは、被疑者の出頭を求め、これを取り調べることができる。但し、被疑者は、逮捕又は勾留されている場合を除いては、出頭を拒み、又は出頭後、何時でも退去することができる。

②　前項の取調に際しては、被疑者に対し、あらかじめ、自己の意思に反して供述をする必要がない旨を告げなければならない。

③　被疑者の供述は、これを調書に録取することができる。

④　前項の調書は、これを被疑者に閲覧させ、又は読み聞かせて、誤がないかどうかを問い、被疑者が増減変更の申立をしたときは、その供述を調書に記載しなければならない。

⑤　被疑者が、調書に誤のないことを申し立てたときは、これに署名押印することを求めることができる。但し、これを拒絶した場合は、この限りでない。

❶【任意出頭→捜査規範一〇二【出頭不応と逮捕→一九九①但【被疑者の取調べ→捜査規範八章　❷【供述拒否権→憲三八①　❸【調書→三二一、三二六、三二八　❺【署名押印→三二一

参考　**犯罪捜査規範**（昭和三二・七・一一国公委規二）（抜粋）

（捜査と留置の分離）

第一三六条の三　捜査員は、自らが犯罪の捜査に従事している場合における当該犯罪について留置されている被留置者に係る留置業務に従事してはならない。

（取調べの心構え）

第一六六条　取調べに当たつては、予断を排し、被疑者その他関係者の供述、弁解等の内容のみにとらわれることなく、あくまで真実の発見を目標として行わなければならない。

（取調べにおける留意事項）

第一六七条①②　（略）

③　取調べに当たつては、冷静を保ち、感情にはしることなく、被疑者の利益となるべき事情をも明らかにするように努めなければならない。

④　取調べに当たつては、言動に注意し、相手方の年令、性別、境遇、性格等に応じ、その者にふさわしい取扱いをする等その心情を理解して行わなければならない。

⑤　（略）

（任意性の確保）

第一六八条①　取調べを行うに当たつては、強制、拷問、脅迫その他供述の任意性について疑念をいだかれるような方法を用いてはならない。

②　取調べを行うに当たつては、自己が期待し、又は希望する供述を相手方に示唆する等の方法により、みだりに供述を誘導し、供述の代償として利益を供与すべきことを約束し、その他供述の真実性を失わせるおそれのある方法を用いてはならない。

③　取調べは、やむを得ない理由がある場合のほか、深夜に又は長時間にわたり行うことを避けなければならない。

（精神又は身体に障害のある者の取調べにおける留意事項）

第一六八条の二　精神又は身体に障害のある者の取調べを行うに当たつては、その者の特性を十分に理解し、取調べを行う時間や場所等について配慮するとともに、供述の任意性に疑念が生

じることのないように、その障害の程度等を踏まえ、適切な方法を用いなければならない。

第一八二条の二（**取調べ状況報告書等**）① 被疑者又は被告人を取調べ室又はこれに準ずる場所において取り調べたとき（当該取調べに係る事件が、第百九十八条の規定により送致しない事件と認められる場合を除く。）は、当該取調べを行った日（当該日の翌日の午前零時以降まで継続して取調べを行ったときは、当該翌日の午前零時から当該取調べが終了するまでの時間を含む。次項において同じ。）ごとに、速やかに取調べ状況報告書（別記様式第十六号）を作成しなければならない。

② 前項の場合において、逮捕又は勾留（少年法（昭和二十三年法律第百六十八号）第四十三条第一項の規定による請求に基づく同法第十七条第一項の措置を含む。）により身柄を拘束されている被疑者又は被告人について、当該逮捕又は勾留の理由となつている犯罪事実以外の犯罪に係る被疑者供述調書を作成したときは、取調べ状況報告書に加え、当該取調べを行つた日ごとに、速やかに余罪関係報告書（別記様式第十七号）を作成しなければならない。

③ 取調べ状況報告書及び余罪関係報告書を作成した場合において、被疑者又は被告人がその記載内容を確認したときは、それを証するため当該取調べ状況報告書及び余罪関係報告書の確認欄に署名押印を求めるものとする。

④ 第百八十一条の規定は、前項の署名押印について準用する。この場合において、同条第三項中「その旨」とあるのは、「その旨及びその理由」と読み替えるものとする。

第一八二条の三（**取調べ等の録音・録画**）① 次の各号のいずれかに掲げる事件について、逮捕若しくは勾留されている被疑者の取調べを行うとき又は被疑者に対し弁解の機会を与えるときは、刑訴法第三百一条の二第四項各号のいずれかに該当する場合を除き、取調べ等の録音・録画（取調べ又は弁解の機会における被疑者の供述及びその状況を録音及び録画を同時に行う方法により記録媒体に記録することをいう。次項及び次条において同じ。）をしなければならない。

一 死刑又は無期の懲役若しくは禁錮に当たる罪に係る事件

二 短期一年以上の有期の懲役又は禁錮に当たる罪であつて故意の犯罪行為により被害者を死亡させたものに係る事件

② 逮捕又は勾留されている被疑者が精神に障害を有する場合であつて、その被疑者の取調べを行うとき又は被疑者に対し弁解の機会を与えるときは、必要に応じ、取調べ等の録音・録画をするよう努めなければならない。

第一八二条の四（**録音・録画状況報告書**） 取調べ等の録音・録画をしたときは、速やかに録音・録画状況報告書（別記様式第十八号）を作成しなければ

ならない。

一 任意同行の限界↓一九九条[11]

二 任意出頭・同行後の取調べ

[1] 任意捜査の一環としての被疑者に対する取調べは、強制手段［一九七条[1]参照］によることができないというだけでなく、さらに、事案の性質、被疑者に対する容疑の程度、被疑者の態度等諸般の事情を勘案して、社会通念上相当と認められる方法ないし態様及び限度において許容される。

殺人事件の被疑者に帰宅できない特段の事情もないのに、四夜にわたり捜査官の手配した所轄警察署近辺のホテル等に宿泊させ、捜査官が同宿するなどした上、連日、警察の自動車で同署に出頭させ、午前中から深夜まで長時間取調べをしたことは、任意取調べの方法として必ずしも妥当ではないが、同人が右のような宿泊を伴う取調べに任意に応じており、事案の性質上速やかに同人から詳細な事情及び弁解を聴取する必要があるなど本件の具体的状況の下では、社会通念上やむを得なかったものといえ、任意捜査の限界を超えた違法なものとまでは断じ難い。（最決昭59・2・29刑集三八・三・四七九〈高輪グリーン・マンション事件〉刑訴百選〔一〇版〕六……任意捜査としての許容限度を超え違法であり、その間に得られた被告人の供述の証拠能力を否定すべきである、とする木下裁判官ほか一名の少数意見がある）↓一九九条[12]

[2] 殺人被疑事件の重要参考人、次いで被疑者として、任意同行及び取調べをするに当たり、警察官宿舎及びホテルに宿泊させて、九泊にわたり挙動を監視し、外界と隔絶させて連日長時間の取調べを実施した本件の捜査方法は、社会通念に照らし行き過ぎであり、任意捜査として許容される限界を超えた違法なものである。（東京高判平14・9・4判時一八〇八・一四四、刑訴百選〔一〇版〕七三）↓三一七条[35]

[3] 警ら中の警察官が午後九時二〇分頃Aに対し職務質問を行った後最寄りの派出所に任意同行を求め、その後、パトカーによる二箇所への引当たりを挟み、翌朝午前四時頃に至るまで、右派出所及び警察署において、その所持するウイスキー（約三〇〇〇円相当）の出所又はその余の所持品の用途等について、途中、仮眠や休憩の時間を与えずに、ほぼ間断なく徹夜で取調べを続けたことは、派出所内での取調べ開始後間もなく、Aがウイスキーの窃取を認める趣旨の供述をしていて、右窃盗の嫌疑がかなり濃厚になっていたことを考慮にいれても、任意捜査として許容される社会通念上相当な限度を逸脱し違法である。（大阪高判昭63・2・17高刑四一・一・六二……自白の証拠能力を否定）

[4] 強盗殺人事件の被疑者Aを午後一一時過ぎに警察署に任意同行した後、一睡もさせずに徹夜で、かつ、翌朝一応の自白をした後も、食事時の休憩以外は継続して、合計約二二時間にわたり取り調べ、その後逮捕した事案につき、このような長時間にわたる被疑者取調べは、特段の事情がない限り容易に是認できないが、冒頭Aから進んで取調べを願う旨の承諾があったこと、殺人と窃盗の自白後も、真相は強盗殺人ではないかとの疑いを抱いて取調べを継続したものであること、Aが取調べの拒否や休憩を求めた形跡がないこと、重要な点につき虚偽の供述や弁解を続けたこと、事案の性質・重大性等の事情を勘案して、取調べが社会通念上任意捜査として許容される限度を逸脱したものとまではいえないとした事例（最決平元・7・4刑集四三・七・五八一、刑訴百選〔一〇版〕七……遅くとも、一応の自白をした段階で、最小限度の裏付け捜査のうえ直ちに逮捕し取調べを中断して適当な休息を与えるべきであったとし、取調べは違法で、Aの自白の任意性には疑いがある、とする坂上裁判官の反対意見がある）

三 逮捕・勾留中の取調べ↓三一九条[17]

[5] 身体の拘束を受けている被疑者に取調べのために出頭し、滞留する義務があると解することが、直ちに被疑者からその意思に反して供述することを拒否する自由を奪うことを意味するものではない。（最大判平11・3・24民集五三・三・五一四、刑訴百選〔一〇版〕三三……本条一項ただし書の規定は憲法三八条一項に反しないとした）↓三九条[5]

[6] 勾留中の被疑者を警察署付属の留置場に収容するいわゆる代用監獄は、自白の強要等の行われる危険の多い制度であり、その運用に当たっては、慎重な配慮を必要とする。

本件では、連続強姦・殺人事件について自白を得るため、被疑者を、別件の起訴後勾留をも含めてかなり長期間たった一人の状態で留置し、しかも、捜査本部の捜査員を看守者に選任して留置業務に当たらせ、留置場内での言動の逐一を捜査資料として提出させた上、連日厳しい取調べを行っているが、これは、留置業務を捜査の一環として不当に利用し、代用監獄に身柄を拘束して自白を強要したとのそしりを免れない。（東京高判平3・4・23高刑四四・一・六六〈松戸OL殺人事件〉重判平3刑訴六……自白の内容が著しく変転していることも勘案して、任意性を否定した）↓三一九条[16]

四 供述拒否権とその告知↓憲三八条[1]〜[5]

[7] 憲法三八条は、捜査官が被疑者を取り調べるに当たり事前に黙秘権のあることを告知し、理解させるべき手続上の義務を規定したものではないから、検察事務官がその取調べに際し黙秘権を事前に告知しなかったからといって違憲とはなら

ず、また、その取調べに基づく被疑者の供述が任意性を欠くと即断できない。（旧法事件）（最判昭25・11・21刑集四・一一・二三五九、刑訴百選[初版]一四）↓三一九条[10]

[8] 第一回供述調書作成の八日後に、同一の犯罪につき、同一の検事によって第二回の取調べがなされ、被疑者が供述を拒み得ることを既に十分知っている場合には、改めて供述拒否権を告知しなくてもよい。（最判昭28・4・14刑集七・四・八四一）

[9] ポリグラフ検査を行うことそれ自体が直ちに被疑者たる被検者の供述拒否権を侵害し、憲法三八条一項の趣旨に反し、本条二項に違反するものではない。（東京高決昭41・6・30高刑一九・四・四四七）

五　供述調書の作成↓三二二条[4]

[10] 検察官が既に適法に作成を了した被疑者の供述調書の記載（自白）に対して、被疑者がその後の尋問の際に変更を申し立てても、その申立ては本条四項の「増減変更の申立」に当たらない。（最決昭26・9・6刑集五・一〇・一八七八）

[11] 検察官が供述調書を作成する際には、これを供述者に読み聞かせなければならないが（本条四項、二二三条二項）、この手続が仮にとられなかったとしても、それだけで供述調書が直ちに証拠能力を失うものではない。（最判昭28・1・27刑集七・一・六四……録取の際に読み上げていた事例）

六　外国人被疑者の取調べ

[12] 我が国の刑事手続について知識のない外国人被疑者に対しては、黙秘権・弁護人選任権等がある旨を形式的に告知したのみでは足りず、わかりやすく説明することが必要であるほか、特に被疑者に弁護人がついていない場合には、我が国の刑事手続の流れの概略を説明して、不必要な不安を除去すると同時に、作成された供述調書に署名・指印を求める際には、それが将来の公判において不利な証拠として使用され得ることを告知する等の配慮も必要である。（浦和地判平2・10・12判時一三七六・二四、刑訴百選[一〇版]一六……自白の任意性を否定した事案）↓一九九条[8]

[13] 外国人である被疑者が、警察官の相当強引な発問が行われた取調べにより、異国の地で逮捕・勾留され、我が国の法制度に無知なため、相当程度困惑あるいは混乱に陥った可能性を否定できないなどとして、自白の信用性に疑問があるとした事例（東京地判平3・9・30判時一四〇一・三一）

[14] 外国人である被疑者に対する取調べや調書の作成が、母国語であるペルシャ語ではなく、英語の通訳人を介してなされたとしても、英語に対する理解力は、ペルシャ語に対するそれとさして遜色がなかったと認められ、違法ではない。（東京高判平4・4・8判時一四三四・一四〇）↓一七五条[4]

[15] 公判段階において、適正な通訳人が付され、被告人質問や証人尋問等を通じて、捜査段階で録取された供述調書等について通訳の正確性を吟味する機会が十分に与えられ、それに基づいて、調書の任意性や信用性についての判断がされたのであれば、訴訟手続の法令違反の問題は、原則として起こり得ない。（東京高判平4・7・20判時一四三四・一四〇、重判平4刑訴四）

七　被告人の取調べ

[16] 起訴後においては、被告人の当事者たる地位に鑑み、捜査官が公訴事実について被告人を取り調べることはなるべく避けなければならないが、刑訴法一九七条は、捜査についてはその目的を達するため必要な取調べができる旨規定し、任意捜査について何ら制限をしていないから、本条の「被疑者」という文字にかかわらず、公訴を維持するため必要な取調べを行うことができる。（最決昭36・11・21刑集一五・一〇・一七六四、刑訴百選[一〇版]Ａ16）

[17] 捜査官が起訴後に公訴事実についてした被告人の取調べがいずれも第一回公判期日前ないしは検察官の冒頭陳述前のものであり、その取調べによって公判手続の進行に支障を生じたとか、被告人の防御権を侵害したとかの事実は認められず、また、公訴事実が数次の会合を重ねて決定された周到な計画と準備に基づく騒擾〔そうじょう〕の事案で、捜査官の取調べが現に起訴されている被告人のためだけではなく、他の騒擾参加者のための捜査としての性格を持っていた等の事情があるときは、違法とはいえない。（最決昭53・9・4刑集三二・六・一〇七七〈大須事件〉）↓一条[6]

[18] 検察官（捜査官）が起訴後に被告人を公訴事実に関して取り調べてよいのは、被告人が自ら供述する旨を申し出て取調べを求めたか、あるいは、取調べのための呼出しに対し、出頭を拒み又は退去する自由があることを十分に知った上で、被告人が出頭し、取調べに応じた場合に限られる。（大阪高判昭43・12・9判時五七四・八三）

[19] 被告人が任意に取調べに応ずる場合でも、捜査官は被告人に対して弁護人選任権のみならず、弁護人の立会いの下で取調べを受ける権利があることをも告知する必要があり、その上で、被告人が弁護人の立会いは必要でない旨を明示して取調べに応じた場合等の特別の事情のない限り、捜査官が弁護人を立ち会わせることなく当該被告事件について取調べをすることは、任意捜査の方法として許されない。（東京地決昭50・1・29刑月七・一・六三）

[20] 起訴後捜査官が当該事実について被告人を取り調べることは、被告人の防御権を実質的に侵害しないよう最小限度にとどめるべきであり、殊に被告人が現実に検察官と対等の当事者としての活動を開始する第一回公判期日以後は許されない。（大阪高判昭50・9・11判時八〇三・二四、重判昭51刑訴六）

[21] 起訴後作成された供述調書の証拠能力（最決昭57・3・2裁判集刑二二五・六八九）↓三二二条[3]

第一九九条【逮捕状による逮捕の要件】　① 検察官、検察事務官又は司法警察職員は、被疑者が罪を犯したことを疑うに足りる相当な理由があるときは、裁判官のあらかじめ発する逮捕状により、これを逮捕することができる。ただし、三十万円（刑法、暴力行為等処罰に関する法律及び経済関係罰則の整備に関する法律の罪以外の罪については、当分の間、二万円）以下の罰金、拘留又は科料に当たる罪については、被疑者が定まった住居を有しない場合又は正当な理由がなく前条の規定による出頭の求めに応じない場合に限る。

② 裁判官は、被疑者が罪を犯したことを疑うに足りる相当な理由があると認めるときは、検察官又は司法警察員（警察官たる司法警察員については、国家公安委員会又は都道府県公安委員会が指定する警部以上の者に限る。以下本条において同じ。）の請求により、前項の逮捕状を発する。但し、明らかに逮捕の必要がないと認めるときは、この限りでない。

③ 検察官又は司法警察員は、第一項の逮捕状を請求する場合において、同一の犯罪事実についてその被疑者に対し前に逮捕状の請求又はその発付があったときは、その旨を裁判所に通知しなければならない。

参❶【逮捕状↓二〇〇、憲三三、捜査規範一一九【逮捕する場合の差押え・捜索・検証↓二二〇　❷【逮捕の必要性↓刑訴規一四三の三　＊【国際規約↓人権Ｂ規約九

一　逮捕の理由と必要

[1] 本条の「罪を犯したことを疑うに足りる相当な理由」は、勾留理由として要求される相当な理由（刑訴法六〇条一項本文）よりも低い程度の嫌疑で足りる。（大阪高判昭50・12・2判タ三三五・二三二）

[2] 指紋押なつ拒否事件の被疑者Ｘは、生活が安定し、また、警察は逮捕状請求時までに証拠を相当程度有しており、Ｘも押なつ拒否については自ら認めていたため、逃亡のおそれ及び罪証隠滅のおそれが強いものであったということはできないが、Ｘが警察から五回にわたって任意出頭するように求められながら、正当な理由なく出頭せず、また、Ｘの行動には

組織的な背景が存することがうかがわれたこと等に鑑みると、明らかに逮捕の必要がなかったとはいえない。（最判平10・9・7判時一六六一・七〇、重判平10刑訴一……国家賠償請求を認容した原判決を破棄）

二　逮捕状の執行

[3] 通常逮捕状の執行に当たり、第三者による執行妨害及び捜査官の生命・身体に対する危害のおそれがあると判断するについて相当な理由がある場合には、緊急やむを得ない措置として、執行に必要かつ最少の限度において、相当と認める方法により一時的に右第三者の自由を制限することができる。（東京高判昭53・5・31刑月一〇・四＝五・八八三〈大菩薩峠事件〉……いわゆる赤軍派の集団五十数名を三〇〇余名の警察官が二〇分足らず包囲した事例）

三　別件逮捕・勾留

[4] 検事が初めからB事件（強盗殺人）の取調べに利用する目的・意図を持って殊更にA事件（私文書偽造行使詐欺、同未遂）を起訴し、勾留を請求したのではなく、B事件の取調べ中たまたまA事件を覚知し、A事件につき公訴提起の条件が具備したため起訴し、かつ、勾留の必要を認めその請求をしたにすぎず、勾留自体に違法も不当もないときは、右勾留中にB事件につき被告人の取調べをしても、違法・違憲ではない。〔旧法事件〕（最大判昭30・4・6刑集九・四・六六三〈帝銀事件〉刑訴百選[二版]二一）↓三一九条[7]

[5] 別件による逮捕・勾留の基礎となった被疑事実について逮捕・勾留の理由と必要性があり、かつ、別件中のA事実（恐喝未遂）と本件（強盗強姦殺人等）とは社会的事実として一連の密接な関連があり、別件の捜査として事件当時の被告人の行動状況について同人を取り調べることが他面において本件の捜査ともなるときは、右逮捕・勾留中に本件について取り調べたとしても、右逮捕・勾留は、証拠のそろっている別件の逮捕・勾留に名を借り、その身柄の拘束を利用して、本件について逮捕・勾留して取り調べるのと同様な効果を得ることを狙いとしたものとはいえない。（最決昭52・8・9刑集三一・五・八二一〈狭山事件〉）↓憲三三条[2]

[6] 専ら適法に身柄を拘束するに足りるだけの証拠資料を収集し得ていない重大な本来の事件（本件）について被疑者を取り調べ、本件の証拠資料（自白）を得る目的で、たまたま証拠資料を収集し得た軽い別件に藉口［しゃこう］して被疑者を逮捕・勾留し、結果的には別件を利用して本件で逮捕・勾留して取調べを行ったのと同様の実を挙げようとするような捜査方法は、いわゆる別件逮捕・勾留であって、逮捕・勾留手続を自白獲得の手段視する点において刑訴法の精神にもとるものであり（同法六〇条一項、刑訴規則一四三条の三参照）、また、別件による逮捕・勾留期間満了後に改めて本件で逮捕・勾留することがあらかじめ見込まれている点において、公訴提起前の身柄拘束に細心の注意を払い、厳しい時間的制約を定めた刑訴法二〇三条以下の規定を潜脱する違法・不当な捜査方法であるのみならず、別件による逮捕・勾留が専ら本件の捜査に向けられているにもかかわらず、当該被疑者は本件につき実質的には裁判官が発し、かつ、逮捕・勾留の理由となっている犯罪事実を明示する令状によることなく身柄を拘束されることとなるから、令状主義の原則を定める憲法三三条並びに国民の拘禁に関する基本的人権の保障を定める三四条に違反する。（金沢地七尾支判昭44・6・3刑月一・六・六五七〈蛸島事件〉）

[7] いわゆる別件逮捕・勾留中の取調べの場合、別件（A）の逮捕・勾留についてその理由又は必要性が認められるときでも、本件（B）の取調べが具体的状況の下において令状主義を実質的に潜脱するものであるときは、本件の取調べは違法であるのみならず、それによって得られた被疑者の自白・不利益事実の承認は違法収集証拠として証拠能力を有しない。そして、令状主義の原則を実質的に潜脱するか否かは、(1)A事実とB事実との罪質及び態様の相違、法定刑の軽重、並びに捜査当局の両事実に対する捜査上の重点の置き方の違いの程度、(2)A事実とB事実との関連性の有無及び程度、(3)取調時のA事実についての身柄拘束の必要性の程度、(4)B事実についての取調方法（場所、身柄拘束状況、追求状況等）及び程度（時間、回数、期間等）並びに被疑者の態度、健康状態、(5)B事実について逮捕・勾留して取り調べたと同様の取調べが捜査において許容される被疑者の逮捕・勾留期間を超えていないか、(6)B事実についての証拠、特に客観的証拠の収集程度、(7)B事実に関する捜査の重点が被疑者の供述（自白）を追求する点にあったか、物的資料や被疑者以外の者の供述を得る点にあったか、(8)取調担当者らの主観的意図はどうであったか等の具体的状況を総合して判断するのが相当である。（福岡高判昭61・4・28刑月一八・四・二九四〈鹿児島夫婦殺し事件〉刑訴百選[六版]一五……自白調書の証拠能力を否定した）

[8] 重大な本件について被疑者を逮捕・勾留する理由と必要性が十分でないのに、主として本件について取り調べる目的で、本件が存在しなければ通常立件されることがないと思われる軽微な別件につき被疑者を逮捕・勾留する場合も、違法な別件逮捕・勾留として許されない。（浦和地判平2・10・12判時一三七六・二四、刑訴百選[一〇版]一六……違法な別件逮捕・勾留として、自白調書の証拠能力を否定した事案。本件は現住建造物等放火、別件は出入国管理及び難民認定法違反（不法残留罪））↓一九八条[12]

四　同一事件での再逮捕・再勾留

[9] 同一の被疑事実によって被疑者を再度にわたり逮捕することも、相当の理由がある場合には許される。（東京高判昭48・10・16刑月五・一〇・一三七八……捜査主体の変更、新たな捜査主体と被疑者の居住地との地理関係、第一次逮捕後の日時の経過、捜査の進展に伴う被疑事実の部分的変更、逮捕の必要性等の諸点から、相当の理由がある、とした）

[10] 本条三項は再逮捕が許される場合のあることを前提にしており、現行法上再勾留を禁止した規定はなく、また、逮捕と勾留は相互に密接不可分の関係にあることに鑑みると、同一被疑事実につき被疑者を再度勾留することも例外的に許される。しかし、それは、先行の勾留期間の長短、その期間中の捜査経過、身柄釈放後の事情変更の内容、事案の軽重、検察官の意図その他諸般の事情を考慮し、社会通念上捜査機関に強制捜査を断念させることが首肯し難く、また、身柄拘束の不当な蒸し返しでないと認められる場合に限るべきである。（東京地決昭47・4・4刑月四・四・八九一、刑訴百選[一〇版]一五）

五　任意同行・取調べと逮捕

[11] 出頭の求めに素直に応じた被疑者の周囲に警察官三名が寄り添って看視し、いつでも携行の逮捕状により逮捕できる態勢の下に警察官らの乗用車で警察署まで連行したことは、その後の取調べ状況等にも照らすと、実質的にみて、有形力の行使と同視すべき無形的方法による身体拘束状態の連行で、その際逮捕がなされたものといえる。（高松地決昭43・11・20下刑一〇・一一・一一五九）↓一九七条[20]

[12] 当初被疑者が自宅前から警察署に同行される際には物理的な強制は加えられていないが、同行後の警察署における取調べは午前八時頃から翌日の午前零時過ぎ頃までの長時間にわたり事実上の看視付きで断続的に続けられ、しかも夜間に入っても帰宅の意思を確認したり、退室や外部との連絡の機会を与えていない場合、このような取調べは、仮に被疑者から帰宅等につき明示の申出がなかったとしても、他の特段の事情の認められない限り任意の取調べとはいえず、少なくとも夕食時である午後七時以降の取調べは、実質的には逮捕状によらない違法な逮捕状態でなされたものである。（富山地決昭54・7・26判時九四六・一三七、刑訴百選[一〇版]五……勾留請求を却下した）↓二〇七条[10]

六　不服申立て

[13] 逮捕については、準抗告は許されない。（最決昭57・8・27刑集三六・六・七二六、刑訴百選[五版]一一五）→四二九条[7]

[14] 逮捕状は発付されたが、被疑者が逃亡中のため執行できず、更新が繰り返されているにすぎない時点で、被疑者の近親者が、アリバイの存在を理由に、逮捕状の請求、発付における捜査機関又は令状発付裁判官の「被疑者が罪を犯したことを疑うに足りる相当な理由」があったとする判断の違法性を主張して、国家賠償を請求することは許されない。（最判平5・1・25民集四七・一・三一〇、重判平5刑訴二）

第二〇〇条【逮捕状の方式】 ① 逮捕状には、被疑者の氏名及び住居、罪名、被疑事実の要旨、引致すべき官公署その他の場所、有効期間及びその期間経過後は逮捕をすることができず令状はこれを返還しなければならない旨並びに発付の年月日その他裁判所の規則で定める事項を記載し、裁判官が、これに記名押印しなければならない。

② 第六十四条第二項及び第三項の規定は、逮捕状についてこれを準用する。

参❶【罪名・被疑事実→憲三三【規則の定め→刑訴規五六、一四四、一五七の二【逮捕状の記載の変更→捜査規範一二四

被疑者の特定

[1] 本条にいう「氏名」には、十分の特定性がある限り、戸籍上の氏名と一致しない通称のごときもの（本件では旧姓）も含まれる。（札幌高判昭27・3・12高刑五・三・四一三）

[2] 「通称井野上某、五尺五、六寸位、慎太郎刈り、二十二、三才」との記載は、逮捕状記載の被疑事実とあいまって被疑者井上を特定するに足りる。（東京高判昭38・4・18東高刑一四・四・七〇）

第二〇一条【逮捕状による逮捕の手続】 ① 逮捕状により被疑者を逮捕するには、逮捕状を被疑者に示さなければならない。

② 第七十三条第三項の規定は、逮捕状により被疑者を逮捕する場合にこれを準用する。

参+捜査規範一二六―一二八、一三六

一 一般

[1] 憲法三三条及び本条は、被逮捕者の基本的人権と極めて重大な関係を有する厳格規定であるから、これらの方式を履践しない逮捕行為は違法であって、法律上保護されるべき法益に当たらない。（東京高判昭34・4・21高刑一二・五・四七三……公務執行妨害罪の成立を否定）

二 逮捕状の緊急執行（三項）

1 「急速を要するとき」

[2] 労働争議に関し発生した建造物損壊事件の被疑者に対し、逮捕状が発せられたが、会社内で逮捕することは困難であったので、司法警察員指揮の下に司法巡査五名が右会社工場内外付近各所において待ち伏せ、逮捕状を執行すべく待機中、自転車で工場から出てきた被疑者を甲、乙両巡査が発見したが、逮捕状の所持者と連絡してこれを同人に示す時間的余裕がなかったので、逮捕状が発せられている旨を告げて逮捕しようとした当時の情況は、「急速を要するとき」に当たる。（最決昭31・3・9刑集一〇・三・三〇三）

[3] 逮捕状の執行に当たり、被逮捕者が自宅に現在する場合においても、しばしば他村等に出掛けるなど自宅に現在することはほとんど予期し得ず、逮捕状の所持者に連絡して急速に逮捕状を入手することの極めて困難であった場合には、「急速を要するとき」に当たる。（東京高判昭34・4・30高刑一二・五・四八六）→[6]

2 被疑事実の要旨の告知

[4] 単に窃盗の嫌疑により逮捕状が発せられている旨、すなわち罪名を告げたのみで、被疑事実の要旨を告げていなければ違法である。（福岡高判昭27・1・19高刑五・一・一二）

[5] 逮捕状の緊急執行の際、逮捕状に記載された「被疑事実の要旨」を全て漏れなく告げる必要はないものの、いかなる被疑事実による逮捕であるかを一応理解させる程度には被疑事実の要旨を告げる必要があり、逮捕・勾留の効力が被疑事実を単位として生ずることなどに照らせば、一通の逮捕状に併合罪関係に立つ複数の被疑事実が記載されている場合には、個々の被疑事実について、それぞれその要旨を告知する必要がある。（広島高判令3・2・2【令2う一一三】）

[6] 被疑事実の要旨を告知する余裕があるにもかかわらず、罪名及び逮捕状の発せられている旨を告げたのみでなされた逮捕手続は、罪名を告げただけで直ちに被疑事実の要旨を察知することができ、被逮捕者においてもあえて逮捕状の呈示を求めないような場合でない限り、不適法である。（東京高判昭34・4・30前出[3]）→刑九五条[20]

[7] 罪名の告知で被逮捕者が被疑事実を了知し、要旨告知を求めない場合は、罪名と令状が発せられていることのみを告げて逮捕することができる。（大阪高判昭36・12・11下刑三・一一＝一二・一〇一〇）

第二〇二条【検察官・司法警察員への引致】 検察事務官又は司法巡査が逮捕状により被疑者を逮捕したときは、直ちに、検察事務官はこれを検察官に、司法巡査はこれを司法警察員に引致しなければならない。

[1] 司法巡査による通常逮捕後司法警察員への引致まで約一一時間一五分を要した引致の遅延と司法警察員による犯罪事実及び弁護人選任権の告知並びに弁護の機会の付与の遅延に、やむを得ない事情がないときは、勾留請求の却下は正当である。（大阪地決昭58・6・28判タ五一二・一九九）

第二〇三条【司法警察員の手続、検察官送致の時間の制限】 ① 司法警察員は、逮捕状により被疑者を逮捕したとき、又は逮捕状により逮捕された被疑者を受け取つたときは、直ちに犯罪事実の要旨及び弁護人を選任することができる旨を告げた上、弁解の機会を与え、留置の必要がないと思料するときは直ちにこれを釈放し、留置の必要があると思料するときは被疑者が身体を拘束された時から四十八時間以内に書類及び証拠物とともにこれを検察官に送致する手続をしなければならない。

② 前項の場合において、被疑者に弁護人の有無を尋ね、弁護人があるときは、弁護人を選任することができる旨は、これを告げることを要しない。

③ 司法警察員は、第一項の規定により弁護人を選任することができる旨を告げるに当たつては、被疑者に対し、弁護士、弁護士法人又は弁護士会を指定して弁護人の選任を申し出ることができる旨及びその申出先を教示しなければならない。

④ 司法警察員は、第一項の規定により弁護人を選任することができる旨を告げるに当たつては、被疑者に対し、引き続き勾留を請求された場合において貧困その他の事由により自ら弁護人を選任することができないときは裁判官に対して弁護人の選任を請求することができる旨並びに裁判官に対して弁護人の選任を請求するには資力申告書を提出しなければならない旨及びその資力が基準額以上であるときは、あらかじめ、弁護士会（第三十七条の三第二項の規定により第三十一条の二第一項の申出をすべき弁護士会をいう。）に弁護人の選任の申出をしていなければならない旨を教示しなければならない。

⑤ 第一項の時間の制限内に送致の手続をしないときは、直ちに被疑者を釈放しなければならない。

参❶【逮捕→一九九【受取→二〇二【犯罪事実の要旨→憲三四【弁護人選任権→憲三四【四十八時間→二〇六【送致を受けた検察官の手続→二〇五【弁護人選任の申出→二〇九・七八

一 黙秘権の告知

[1] 本条ないし二〇五条に基づく弁解録取は専ら被疑者を留置

する必要の存否を調査するためのものであり、一九八条の被疑者の取調べではないから、あらかじめ供述を拒むことができる旨を告げなくてもよい。（最判昭27・3・27刑集六・三・五二〇）→三二二条[7]

二　弁護人選任権の告知→一九八条[12]

三　留置の必要→国賠一条[92]

[2]　極めて軽微な交通法令違反事件（通行帯違反）であってかつ身元が判明しており、逃走のおそれがないと認められる場合には、特段の事情が認められない以上、現行犯を留置する必要はない。（浦和地判平2・1・24判時一三四六・一二四……留置を違法として、国家賠償請求を認容）

四　被留置者の身体検査

[3]　被逮捕者に対する営造物管理権に基づく身体検査は、被逮捕者の地位及び身体検査の目的からみて必要最小限度の範囲内において、かつ、その名誉や羞恥心を含む基本的人権を不当に侵害することのないような相当な方法によって行わなければならない。（東京高判平4・9・24高民四五・三・一六一……無免許運転で現行犯逮捕された女性に対する全裸に近い状態の身体検査を違法として、国家賠償請求を認容）

五　送致

[4]　司法警察員は、事件送致後でも、被疑者を取り調べ、供述調書を作成することができる。（名古屋高判昭30・1・27高刑裁特二・一～三・二四）

第二〇四条【検察官の手続・勾留請求の時間の制限】①　検察官は、逮捕状により被疑者を逮捕したとき、又は逮捕状により逮捕された被疑者（前条の規定により送致された被疑者を除く。）を受け取つたときは、直ちに犯罪事実の要旨及び弁護人を選任することができる旨を告げた上、弁解の機会を与え、留置の必要がないと思料するときは直ちにこれを釈放し、留置の必要があると思料するときは被疑者が身体を拘束された時から四十八時間以内に裁判官に被疑者の勾留を請求しなければならない。但し、その時間の制限内に公訴を提起したときは、勾留の請求をすることを要しない。

②　検察官は、前項の規定により弁護人を選任することができる旨を告げるに当たつては、被疑者に対し、弁護士、弁護士法人又は弁護士会を指定して弁護人の選任を申し出ることができる旨及びその申出先を教示しなければならない。

③　検察官は、第一項の規定により弁護人を選任することができる旨を告げるに当たつては、被疑者に対し、引き続き勾留を請求された場合において貧困その他の事由により自ら弁護人を選任することができないときは裁判官に対して弁護人の選任を請求することができる旨並びに裁判官に対して弁護人の選任を請求するには資力申告書を提出しなければならない旨及びその資力が基準額以上であるときは、あらかじめ、弁護士会（第三十七条の三第二項の規定により第三十一条の二第一項の申出をすべき弁護士会をいう。）に弁護人の選任の申出をしていなければならない旨を教示しなければならない。

④　第一項の時間の制限内に勾留の請求又は公訴の提起をしないときは、直ちに被疑者を釈放しなければならない。

⑤　前条第二項の規定は、第一項の場合にこれを準用する。

参❶【逮捕→一九九【受取→二〇二【犯罪事実の要旨→憲三四【弁護人選任権→憲三四【四十八時間→二〇六【勾留の請求→二〇七、刑訴規一四七・一四八【弁護人選任の申出→二〇九・七八

黙秘権の告知→二〇三条[7]

第二〇五条【司法警察員から送致を受けた検察官の手続・勾留請求の時間の制限】①　検察官は、第二百三条の規定により送致された被疑者を受け取つたときは、弁解の機会を与え、留置の必要がないと思料するときは直ちにこれを釈放し、留置の必要があると思料するときは被疑者を受け取つた時から二十四時間以内に裁判官に被疑者の勾留を請求しなければならない。

②　前項の時間の制限は、被疑者が身体を拘束された時から七十二時間を超えることができない。

③　前二項の時間の制限内に公訴を提起したときは、勾留の請求をすることを要しない。

④　第一項及び第二項の時間の制限内に勾留の請求又は公訴の提起をしないときは、直ちに被疑者を釈放しなければならない。

参【二十四時間・七十二時間→二〇六【勾留の請求→二〇七

第二〇六条【制限時間の不遵守と免責】①　検察官又は司法警察員がやむを得ない事情によつて前三条の時間の制限に従うことができなかつたときは、検察官は、裁判官にその事由を疎明して、被疑者の勾留を請求することができる。

②　前項の請求を受けた裁判官は、その遅延がやむを得ない事由に基く正当なものであると認める場合でなければ、勾留状を発することができない。

参【正当なものでないとき→二〇七⑤

「やむを得ない」遅延

[1]　司法警察員が被疑者を逮捕地（熊本市）から遠隔地（旭川市）の検察官に送致するのに、交通事情による必要最小限度の時間として約五一時間を要したため、制限時間を超過したときは、「やむを得ない事由」に基づくものと認められる。（旭川地決昭42・5・13下刑九・五・七四七）

[2]　被疑者の身柄拘束場所と裁判所との地理的な距離関係に、併せて他の関連事件被疑者護送のための護送車不足等により制限時間を四五分超過したときは、やむを得ない事情があったものと認められる。（富山地決昭46・4・15刑月三・四・六一三）

第二〇七条【被疑者の勾留】①　前三条の規定による勾留の請求を受けた裁判官は、その処分に関し裁判所又は裁判長と同一の権限を有する。但し、保釈については、この限りでない。

②　前項の裁判官は、勾留を請求された被疑者に被疑事件を告げる際に、被疑者に対し、弁護人を選任することができる旨及び貧困その他の事由により自ら弁護人を選任することができないときは弁護人の選任を請求することができる旨を告げなければならない。ただし、被疑者に弁護人があるときは、この限りでない。

③　前項の規定により弁護人を選任することができる旨を告げるに当たつては、勾留された被疑者は弁護士、弁護士法人又は弁護士会を指定して弁護人の選任を申し出ることができる旨及びその申出先を教示しなければならない。

④　第二項の規定により弁護人の選任を請求することができる旨を告げるに当たつては、弁護人の選任を請求するには資力申告書を提出しなければならない旨及びその資力が基準額以上であるときは、あらかじめ、弁護士会（第三十七条の三第二項の規定により第三十一条の二第一項の申出をすべき弁護士会をいう。）に弁護人の選任の申出をしていなければならない旨を教示しなければならない。

⑤　裁判官は、第一項の勾留の請求を受けたときは、速やかに勾留状を発しなければならない。ただし、勾留の理由がないと認めるとき、及び前条第二項の規定により勾留状を発することができないときは、勾留状を発しないで、直ちに被疑者の釈放を命じなければならない。

参❶【裁判所又は裁判長の権限→六〇―六二・六四・七〇・七三・七四・七七―八七・九五　❸【弁護人選任の申出→七八

一　一罪一勾留の原則→六〇条[8]

二　同一事件での再勾留→一九九条[10]

三　勾留質問

[1]　裁判官が裁判所の庁舎外で勾留質問を行っても、憲法三二条に違反しない。（最決昭44・7・25刑集二三・八・一〇七七）→六一条[2]

[2]　勾留質問は、捜査官とは別個独立の機関である裁判官によって行われる被疑者の権利保護のための手続であるから、違法な別件逮捕中における自白を資料として本件について逮捕状が発付され、これによる逮捕中に本件についての勾留請求が行われるなど、勾留請求に先立つ捜査手続に違法のある場合でも、被疑者に対する勾留質問を違法とすべき理由はなく、他に特段の事情のない限り、勾留質問調書の証拠能力も否定されない。（最判昭58・7・12刑集三七・六・七九一、刑訴百選[五版]七五）

四　外国人被疑者の勾留

[3]　日本語に通じていない外国人被疑者の勾留質問を実施するに当たり、担当裁判官が、通訳人を介して手続を進めるとともに、勾留質問に先立って黙秘権を告知し、被疑事実を告げ、また、勾留質問は裁判官が裁判所において実施していることを説明した上で、弁解を聴き、立会書記官が勾留質問調書の内容を読み聞けし、右調書に署名、指印させ、勾留質問の手続を終了した場合、それ以上に勾留質問の意義や勾留の要件、効果などについて特に具体的な説明をしなかったとしても違法でない。（札幌地決平3・5・10判タ七六七・二八〇、重判平3憲六）

五　勾留請求の却下と被疑者の身柄拘束

[4]　勾留請求却下の裁判に対する検察官の準抗告に対し、準抗告裁判所が、被疑者につき刑訴法六〇条所定の要件の存否を判断して右裁判を取り消し、勾留の裁判をしたときは、勾留請求却下後における被疑者の身柄拘束の有無及び適否は、直ちに右取消決定及び勾留の裁判の効力に影響を及ぼすものではない。（最決昭44・2・17判タ二三六・二〇四）

六　不服申立て↓四二九条[11][13]

七　違法な逮捕に基づく勾留請求の適否

1　適法とするもの

[5]　覆面パトカーによる警察署への任意同行が実質的には逮捕行為に当たる違法なものである場合でも、実質的逮捕の時点で緊急逮捕の理由と必要性があったと認められ、また、実質的逮捕の約三時間後には通常逮捕の手続がとられ、実質的逮捕の時から四八時間以内に検察官への送致手続がとられており、勾留請求の時期についても違法の点は認められないときは、実質的逮捕の違法性の程度はその後の勾留を違法ならしめるほど重大なものではない。（東京高判昭54・8・14刑月一一・七＝八・七八七、刑訴百選[一〇版]一四）

2　違法とするもの↓二一二条[16]・二一九条[12]

[6]　緊急逮捕後四時間余を経て初めて被疑事実の告知等の手続が行われ（緊急逮捕手続書はこの時逮捕したとしている）、かつ、逮捕状の請求が逮捕後八時間余を経てなされたとき（大阪地決昭35・12・5判時二四八・三五）

[7]　逮捕状請求書に刑訴規則一四二条一項八号所定の記載を欠くとき（東京地命昭37・10・16下刑四・九＝一〇・九六八）

[8]　逮捕状に裁判官の押印及び契印が欠けているとき（東京地決昭39・10・15下刑六・九＝一〇・一一八五）

[9]　現行法がいわゆる逮捕前置主義を採用している法意に鑑みれば、勾留請求が認容されるためにはそれに先立つ逮捕手続が適法であることを要する。（京都地決昭44・7・4刑月一・七・七八〇……現行犯逮捕の要件を欠く逮捕）

[10]　約五時間にも及ぶ令状によらない実質上の逮捕に基づく勾留請求は、実質逮捕の時点から四八時間以内にされても、却下を免れない。（富山地決昭54・7・26判時九四六・一三七、刑訴百選[一〇版]五）↓一九九条[12]

[11]　司法巡査による通常逮捕後司法警察員への引致まで約一一時間一五分を要したとき（大阪地決昭58・6・28判タ五一二・一九九）↓二〇二条[1]

[12]　傷害事件の被疑者Ａ（少年）に対する逮捕状の発付を見越して、Ａを警察署に連行して取り調べることとし、逮捕状を請求する一方で、警察官三名が、未だ逮捕状が発付されていないにもかかわらず、Ａ方の無施錠の玄関引戸を開けた上、勝手に上がり込んでＡに同行を求め、連行後、引き続き逮捕状を執行したとき（浦和地決平元・11・13判時一三三三・一五九）

八　起訴前の勾留の瑕疵［かし］**と起訴後の勾留の効力**↓六〇条[12][13]

九　裁判官の権限

[13]　本条は、起訴前の勾留に関する処分は裁判所ではなく事件を受理した裁判所の裁判官が単独で行う旨定めたもので、裁判所法二六条二項ただし書にいう「特別の定」に当たるから、勾留取消請求に関する審判を合議体でするのは違法である。（仙台高秋田支決昭53・3・8判時九〇六・一〇八）

第二〇八条【起訴前の勾留期間、期間の延長】①　前条の規定により被疑者を勾留した事件につき、勾留の請求をした日から十日以内に公訴を提起しないときは、検察官は、直ちに被疑者を釈放しなければならない。

②　裁判官は、やむを得ない事由があると認めるときは、検察官の請求により、前項の期間を延長することができる。この期間の延長は、通じて十日を超えることができない。

規❷【延長の手続↓刑訴規一五一―一五四

一　勾留期間

[1]　勾留請求を受けた裁判官が、被疑者に対し法定の一〇日よりも短い勾留期間を定めて勾留状を発付することは許されない。（大阪地決昭40・8・14下刑七・八・一七六〇）

二　勾留期間の延長・再延長（二項）

[2]　本条二項の「やむを得ない事由があると認めるとき」とは、事件の複雑困難（被疑者・被疑事実多数、計算複雑、供述等の著しい食違い、取調べを要する関係者・証拠物多数等）、あるいは証拠収集の遅延ないし困難（重要な参考人の病気、旅行、所在不明、日時を要する鑑定等）等により勾留期間を延長して更に取調べをするのでなければ起訴・不起訴の決定をすることが困難な場合をいい、この「やむを得ない事由」の存否の判断には当該事件と関連する他の事件との関係も相当な限度で考慮にいれてよい。（最判昭37・7・3民集一六・七・一四〇八）

[3]　検察官の求めた期間より短い期間の延長を認める勾留期間延長の裁判に対しては、本条二項により再延長請求が認められる以上、検察官には準抗告を申し立てる利益がない。（前橋地決昭59・12・15刑月一六・一一＝一二・七五六）

第二〇八条の二【勾留期間の再延長】　裁判官は、刑法第二編第二章乃至第四章又は第八章の罪にあたる事件については、検察官の請求により、前条第二項の規定により延長された期間を更に延長することができる。この期間の延長は、通じて五日を超えることができない。

規⁺【再延長↓刑訴規一五〇の二【再延長の手続↓刑訴規一五一―一五四

第二〇九条【逮捕状による逮捕に関する準用規定】　第七十四条、第七十五条及び第七十八条の規定は、逮捕状による逮捕についてこれを準用する。

引致後の留置

[1]　本条によって準用される七五条及び監獄法一条三項に基づき、逮捕状の執行によって引致された被疑者を他の警察署の代用監獄に押送、拘置することは違法でない。（平成一八法五八による刑事施設ニ於ケル刑事被告人ノ収容等ニ関スル法律（旧監獄法）廃止前の事案）（最決昭39・4・9刑集一八・四・一二七、刑訴百選[三版]一九）

第二一〇条【緊急逮捕】①　検察官、検察事務官又は司法警察職員は、死刑又は無期若しくは長期三年以上の懲役若しくは禁錮にあたる罪を犯したことを疑うに足りる充分な理由がある場合で、急速を要し、裁判官の逮捕状を求めることができないときは、その理由を告げて被疑者を逮捕することができる。この場合には、直ちに裁判官の逮捕状を求める手続をしなければならない。逮捕状が発せられないときは、直ちに被疑者を釈放しなければならない。

＊令和四法六七（令和七・六・一六までに施行）**による改正**
第一項中「懲役若しくは禁錮にあたる」を「拘禁刑に当たる」に、「充分な」を「十分な」に改める。（本文未織込み）

② 第二百条の規定は、前項の逮捕状についてこれを準用する。

参+憲三三【逮捕する場合の差押え・捜索・検証↓二二〇

一　合憲性

① 本条のような厳格な制約の下に、罪状の重い一定の犯罪のみについて、緊急やむを得ない場合に限り、逮捕後直ちに裁判官の審査を受けて逮捕状の発行を求めることを条件として被疑者の逮捕を認めることは、憲法三三条の規定の趣旨に反するものではない。（最大判昭30・12・14刑集九・一三・二七六〇、刑訴百選〔一〇版〕A3）↓憲三三条⑦

二　逮捕の要件

1　嫌疑の「充分な理由」

② 被疑者の居宅内の電話器の前に「のみ行為」のメモとみられる書面があったとの理由では、被疑者が競馬法三〇条三号の罪を犯したことを疑うに足りる十分な理由があるとはいえない。（神戸地決昭46・9・25刑月三・九・一二八八）

2　被疑者の特定

③ 集団暴行犯人の住所、氏名が明らかでなく、各人ごとに人相、体格、服装等の特徴を具体的に表示できなくても、犯人を確認、追尾した司法警察職員が、群衆中に混在する犯人を容貌等を見て識別できる以上、緊急逮捕をするに必要な被疑者の特定がある。（最判昭32・5・28刑集一一・五・一五四八）↓④

3　逮捕の緊急性

④ 集団暴行犯人が多数の者と共に逮捕に備えて体勢を整えている場合に、警察当局がその動向を探知し、応援警察官を手配するため、即日逮捕する旨の決定をするまでに二時間余を要したとしても、裁判官の逮捕状を求める余裕があったとはいえない。（最判昭32・5・28前出③）

三　逮捕状の請求——「直ちに」

⑤ 本条一項にいう「直ちに」とは、単に緊急逮捕から逮捕状の請求までの所要時間の長短のみでなく、被疑者の警察署への引致、逮捕手続書等書類の作成、疎明資料の調整、書類の決済等警察内部の手続に要する時間、及び事件の複雑性、被疑者の数、警察署から裁判所までの距離、交通機関の事情等も考慮に入れて判断すべきものであり、緊急逮捕後「できる限り速やかに」という意味であるが、深夜のために担当裁判官が翌朝にと指示した場合でも、緊急逮捕の約一二時間半後の翌朝に逮捕状を請求したことは「直ちに」の要件を欠く。（京都地決昭45・10・2判時六三四・一〇三）

⑥ 午後一時二〇分頃に緊急逮捕したが、被疑者として立ち会わせて実況見分を行い、更に取調べを行うなどした後、同日午後八時に逮捕状を請求した場合は、明らかに「直ちに」の要件を欠く。（大阪高判昭50・11・19判時八一三・一〇二）

⑦ 緊急逮捕から逮捕状の請求まで約六時間を経過したとしても、被害者も捜査に協力していないなど本件事情の下では、必要最小限度の疎明資料の収集・整理に要した必要やむを得ないものといえ、「直ちに」の要件を欠くものではない。（広島高判昭58・2・1判時一〇九三・一五一）

第二一一条【緊急逮捕と準用規定】 前条の規定により被疑者が逮捕された場合には、第百九十九条の規定により被疑者が逮捕された場合に関する規定を準用する。

参+【準用される規定↓二〇二—二〇九

第二一二条【現行犯人】 ① 現に罪を行い、又は現に罪を行い終つた者を現行犯人とする。

② 左の各号の一にあたる者が、罪を行い終つてから間がないと明らかに認められるときは、これを現行犯人とみなす。

一　犯人として追呼されているとき。

二　贓物又は明らかに犯罪の用に供したと思われる兇器その他の物を所持しているとき。

三　身体又は被服に犯罪の顕著な証跡があるとき。

四　誰何されて逃走しようとするとき。

参+【現行犯逮捕↓憲三三、二一三

一　現行犯人

① 暴行・器物毀棄の犯行現場の甲特殊飲食店の主人の届出により、現場に急行した巡査が、被害者たる従業婦から犯人が同店より約二〇メートル隔てた乙特殊飲食店にいると告げられたので、破損箇所を検した上直ちにそこに赴き、手をけがして大声で叫びながら洗足している右犯人を犯行後三、四〇分を経過した時点で逮捕したとき（最決昭31・10・25刑集一〇・一〇・一四三九、刑訴百選〔五版〕A1）

② 住居侵入の現場から約三〇メートル離れた地点で逮捕した場合であっても、時間的には、住居侵入の直後、急報に接し、巡査が自転車で現場に駆けつけ、逮捕したものであるとき（最決昭33・6・4刑集一二・九・一九七一）

③ いわゆる定域測定方式により速度違反の事実を現認された者が、速度測定終了の地点から約三〇〇メートル離れた場所で停車させられたとき（東京高判昭41・1・27下刑八・一・一一）

④ 海上において、あわびの密猟船と認めて現行犯逮捕するため約三〇分間追跡した者の依頼により、約三時間にわたり同船の追跡を継続したとき（最判昭50・4・3刑集二九・四・一三二、刑訴百選〔三版〕一六……逮捕者は私人）↓二一三条⑦

⑤ 現行犯人とは、犯罪の実行正犯者に限定されず、現場共謀（公務執行妨害）による共同正犯者を含む。ただし、逮捕者は、その認定には慎重を期すべきである。（東京高判昭57・3・8判時一〇四七・一五七……現行犯と認めた）

二　準現行犯

1　「罪を行い終つてから間がないと明らかに認められるとき」

⑥ 必ずしも犯罪実行行為終了と接続した後だけに限るものではなく、時間的に近接していればよい。令状主義の例外として要請される「急速を要し」「犯罪の嫌疑明白」が充足されていれば足りる。（福岡高宮崎支判昭32・9・10高刑裁特四・一八・四七二）

⑦ 司法巡査が届出により窃盗未遂の犯罪の発生を知り、犯人は裸足〔はだし〕で懐中電灯を携えていることを唯一の手懸かりとして犯人捜査中、犯行後約一時間半位を経過した午前二時半頃の深夜、犯行の現場から二百数十メートル位しか離れていない地点で、ふんどし一つの裸体で首に空風呂敷を掛け、手懸かりどおり裸足で懐中電灯を携えた異様な風体をして歩いて行く者の姿を目撃し、誰何〔すいか〕したのに、その者が突如、逃走しようとしたときは、「罪を行い終つてから間がないと明らかに認められる」者に該当する。（福岡高判昭29・5・29高刑七・六・八六六）

⑧ 犯罪（火炎瓶による建造物放火未遂）発生後直ちに現場に急行した警察官が、犯行の四、五〇分後、現場から約一一〇〇メートルの場所で逮捕行為を開始したときは、「罪を行い終つてから間がないと明らかに認められるとき」に当たる。（最決昭42・9・13刑集二一・七・九〇四）

⑨ いわゆる内ゲバ事件が発生し犯人逃走中等の無線情報を受けて警戒中の警察官が、犯行後約一時間経過後、犯行現場から約四キロメートルの地点でAを発見し、挙動・外見等から

職務質問のための停止を求めたところ、逃走したので約三〇〇メートル追跡し、その際、同人が腕に籠手［こて］を装着しているのを認めたので準現行犯人として逮捕したこと、また B、Cについては、無線情報を受けて逃走犯人を検索中の警察官らが、犯行後約一時間四〇分経過後、犯行現場から約四キロメートルの路上で着衣等が泥で汚れた右両名を発見し、職務質問のための停止を求めたところ逃走したので数十メートル追跡し、その際、同人らの髪がべっとり濡れて靴は泥まみれであり、Cは顔面に新しい傷跡があり血の混じった唾を吐いている等の事情があったので、同人らを準現行犯人として逮捕したことは、いずれも本条二項二号ないし四号に当たる者が「罪を行い終つてから間がないと明らかに認められるとき」にされたものということができる。（最決平8・1・29刑集五〇・一・一、刑訴百選[一〇版]一二）→二二〇条[7]

2　一号

[10]「犯人として追呼されているとき」とは、その者が犯人であることを明確に認識している者により逮捕を前提とする追跡・呼号を受けていることが、逮捕者にとって外見上明瞭である場合をいう。（仙台高判昭44・4・1刑月一・四・三五三）

3　二号

[11]現行犯人とみなされるためには、必ずしも逮捕の瞬間に二号掲記の物件を所持している必要はない。（最判昭30・12・16刑集九・一四・二七九一）

4　三号

[12]酒気帯び運転の際に引き起こした交通事故のため、自らもけがを負い、救急車で病院に運ばれたAにつき、指令により駆け付けた警察官が、酒臭を感じたため、飲酒検知器により呼気を測定した結果、呼気一リットルにつき〇・三五ミリグラムのアルコール量を検出した場合、Aは本条三号の準現行犯に該当する。（名古屋高判平元・1・18判タ六九六・二二九……酒気帯び運転から約五二分後に逮捕した事案）

5　四号

[13]警察官が犯人と思われる者を懐中電灯で照らし、警笛を鳴らしたのに対し、相手方が警察官と知って逃走しようとしたときは、口頭で「だれか」と問わないまでも、「誰何されて逃走しようとするとき」に当たる。（最決昭42・9・13前出[8]）

[14]本号は、もともとそれだけでは、罪と犯人とを結びつけるものが乏しいため、本号に該当するとして逮捕するには、一号ないし三号以上に「罪を行い終わつてから間がないと明らかに認められる」ことが求められる。（大阪高判平8・9・26判時一五九七・八一……逮捕した警察官は関係者の報告以外に外見上犯罪のあったことを覚知し得る状況にはなかったとして、国家賠償請求を認容した）

三　現行犯人・準現行犯人に当たらない事例

[15]映画館内でわいせつ行為の被害を受けて近くの自宅に帰宅した被害者が、家人を伴って引き返し、被害の約一時間後、犯人を指示した場合、現行犯人又は準現行犯人とは認められない。（大阪高判昭40・11・8下刑七・一一・一九四七）

[16]恐喝未遂事件の被害者Aの一一〇番通報を受けて現場に急行した警察官が、Aから事情聴取した上、直ちに付近の巡回に出、犯行時より僅か二十数分後、犯行現場から僅か二十数メートル離れた地点で、被疑者Bを現行犯逮捕したとしても、逮捕者である警察官が犯行を目撃していたわけでなく、また、逮捕時にBが犯罪に供した凶器等を所持しその身体、被服などに犯罪の証跡を残していて明白に犯人と認め得るような状況にあったというわけでもなく、Aの供述に基づいて初めてBを犯人と認め得たにすぎないなどの事情の下においては、緊急逮捕はともかく、現行犯逮捕をなし得るまでの実体的要件が具備されていたとはいえない。（京都地決昭44・11・5判時六二九・一〇三、刑訴百選[一〇版]一一……直ちに緊急逮捕状の発付請求の手続をとらずに漫然と逮捕を継続した点において重大な違法があるとして、勾留請求却下の原裁判に対する準抗告を棄却した）

[17]被害者Aの通報により現場に急行した警察官がBを脅迫の現行犯人と認めたが、AがBのいる前では恐ろしくて事情聴取に応じられないと言ったため、他の警察官にBを約二五〇メートル離れた最寄りの派出所へ任意同行させた上でAから事情聴取を行い、犯行終了時から約四〇分後に現行犯逮捕したことは違法である。（大阪高判昭62・9・18判タ六六〇・二五一）

第二一三条【現行犯逮捕】　現行犯人は、何人でも、逮捕状なくしてこれを逮捕することができる。

⊗憲三三【現行犯人↓二一二【逮捕後の手続↓二一四―二一六【逮捕の制限↓二一七【逮捕する場合の差押え・捜索・検証↓二二〇

一　現行犯の認定

[1]警察職員が現行犯人でない者を現行犯人と信じて逮捕しようとした場合、その判断が社会通念上認容され得べきときは適法な職務行為であり、警察職員に暴行・脅迫を加えれば公務執行妨害罪が成立する。（大阪高判昭28・10・1高刑六・一一・一四九七）

[2]競馬における呑［のみ］行為や賭博行為のように隠密のうちに行われる犯罪について、警察官が事前の内偵、張込み等によって得た客観的資料に基づく知識によって現行犯の存在を認知し得る場合、もしその知識を通常人に供給したらその者が現行犯の存在を認知し得べきときには、当該警察官は現行犯逮捕をすることができる。（東京高判昭41・6・28判タ一九五・一二五、刑訴百選[五版]一二）

[3]被害者の報告以外に、外見上その者が犯罪を行い、あるいは、行った者であることを直接知覚し得る状況がないときには、現行犯人、準現行犯人として逮捕することはできない。（青森地決昭48・8・25刑月五・八・一二四六）

[4]当該犯罪の存在及び犯人の特定について、全て被害者の記憶に基づくいわゆる面通しを含む供述に頼っていた場合、犯行を現認したのと同一視できるような明白性は存在せず、現行犯逮捕は違法である。（東京高判昭60・4・30判タ五五五・三三〇）

二　逮捕の必要性

[5]現行犯逮捕については、逮捕の必要性の有無を問題にする余地はなく、仮にその有無が問題になり得るとしても、その程度は刑訴規則一四三条の三の規定よりもはるかに緩やかに解すべきである。（東京高判昭41・1・27下刑八・一・一一）↓二一二条[3]

[6]現行犯逮捕も人の身体の自由を拘束する強制処分であるから、その要件はできる限り厳格に解すべきであって、通常逮捕の場合と同様、逮捕の必要性（逃亡又は罪証隠滅のおそれ）がその要件となる。（大阪高判昭60・12・18判時一二〇一・九三、刑訴百選[一〇版]A2……民事事件での判示）

三　逮捕の方法

[7]現行犯逮捕をしようとして抵抗を受けたときは、逮捕しようとする者は、私人であっても、「その際の状況からみて社会通念上逮捕のために必要かつ相当であると認められる限度内の実力」を行使することが許され、たとえそれが刑罰法令に触れても、刑法三五条により罰せられない。（最判昭50・4・3刑集二九・四・一三二、刑訴百選[三版]一六）↓二一二条[4]、刑三五条[2]

[8]現行犯人を逮捕するためにある程度の実力行使は許され、その限度は、逮捕者の身分、犯人の挙動その他具体的状況に応じ社会通念に照らして定まる。逮捕者が私人である場合は、逮捕の職責を有する捜査官に要求される節度は期待できない。（東京高判昭37・2・20下刑四・一＝二・三一）

[9]銃刀法違反及び公務執行妨害の犯人Yを現行犯逮捕しようとした警察官Xが、ナイフや木の杭などで抵抗するYに対し

拳銃を発砲し死亡させた事案において、Yが所持していたナイフは比較的小型である上、その抵抗の態様は、相当強度のものとはいえ、一貫して、Xの接近を阻もうとするにとどまり、Xが性急にYを逮捕しようとしなければ、そのような抵抗に遭うことはなかったものと認められ、その罪質、抵抗の態様等に照らすと、Xとしては、逮捕行為を一時中断し、相勤の警察官の到来を待ってその協力を得て逮捕行為に出るなど他の手段を採ることも十分可能であって、発砲行為は、警職法七条に定める「相当な理由」を欠き、かつ、「合理的（な）限度」を逸脱し、違法とした事例（最決平11・2・17刑集五三・二・六四、行政百選Ⅰ[七版]一〇〇）

第二一四条【私人による現行犯逮捕と被逮捕者の引渡し】 検察官、検察事務官及び司法警察職員以外の者は、現行犯人を逮捕したときは、直ちにこれを地方検察庁若しくは区検察庁の検察官又は司法警察職員に引き渡さなければならない。

⊛+【現行犯人↓二一二】

第二一五条【現行犯人を受け取った司法巡査の手続】 ① 司法巡査は、現行犯人を受け取つたときは、速やかにこれを司法警察員に引致しなければならない。

② 司法巡査は、犯人を受け取つた場合には、逮捕者の氏名、住居及び逮捕の事由を聴き取らなければならない。必要があるときは、逮捕者に対しともに官公署に行くことを求めることができる。

第二一六条【現行犯逮捕と準用規定】 現行犯人が逮捕された場合には、第百九十九条の規定により被疑者が逮捕された場合に関する規定を準用する。

⊛+【準用される規定↓二〇二―二〇九】

第二一七条【軽微事件と現行犯逮捕】 三十万円（刑法、暴力行為等処罰に関する法律及び経済関係罰則の整備に関する法律の罪以外の罪については、当分の間、二万円）以下の罰金、拘留又は科料に当たる罪の現行犯については、犯人の住居若しくは氏名が明らかでない場合又は犯人が逃亡するおそれがある場合に限り、第二百十三条から前条までの規定を適用する。

第二一八条【令状による差押え・記録命令付差押え・捜索・検証】 ① 検察官、検察事務官又は司法警察職員は、犯罪の捜査をするについて必要があるときは、裁判官の発する令状により、差押え、記録命令付差押え、捜索又は検証をすることができる。この場合において、身体の検査は、身体検査令状によらなければならない。

② 差し押さえるべき物が電子計算機であるときは、当該電子計算機に電気通信回線で接続している記録媒体であつて、当該電子計算機で作成若しくは変更をした電磁的記録又は当該電子計算機で変更若しくは消去をすることができることとされている電磁的記録を保管するために使用されていると認めるに足りる状況にあるものから、その電磁的記録を当該電子計算機又は他の記録媒体に複写した上、当該電子計算機又は当該他の記録媒体を差し押さえることができる。

③ 身体の拘束を受けている被疑者の指紋若しくは足型を採取し、身長若しくは体重を測定し、又は写真を撮影するには、被疑者を裸にしない限り、第一項の令状によることを要しない。

④ 第一項の令状は、検察官、検察事務官又は司法警察員の請求により、これを発する。

⑤ 検察官、検察事務官又は司法警察員は、身体検査令状の請求をするには、身体の検査を必要とする理由及び身体の検査を受ける者の性別、健康状態その他裁判所の規則で定める事項を示さなければならない。

⑥ 裁判官は、身体の検査に関し、適当と認める条件を附することができる。

⊛❶【令状による差押え等↓憲三五【通信履歴の電磁的記録の差押え等↓一九七③―⑤【身体検査↓捜査規範一五九―一六一 ❷二一九② ❹【令状の発付↓刑訴規一五六【令状の請求↓刑訴規一三九、一五五、捜査規範一三七―一三九 ❺【規則の定め↓刑訴規一五五② +捜査規範六章【令状不要の場合↓二二〇

一　差押えの必要性

[1] **1　差押えの審査権の有無・必要性の判断基準**

準抗告裁判所は差押えの必要性の有無について審査することができる。そして、差押えの対象が、「証拠物又は没収すべき物と思料するもの」であっても、犯罪の態様、軽重、差押物の証拠としての価値、重要性、隠滅・毀損されるおそれの有無、被差押者の不利益の程度その他諸般の事情に照らし明らかに差押えの必要がないと認められるときにまで、差押えを是認しなければならない理由はない。（最決昭44・3・18刑集二三・三・一五三〈國學院大學映研事件〉刑訴百選[一〇版]A4）↓四三〇条[9]

[2] **2　第三者の物に対する差押え**

被疑者以外の第三者の物の差押えも捜査の必要上これをなし得るが、その場合、第三者の、所有者又は保管者として当然に保有する利益は、被疑者のそれより重く保護されなければならず、しかも、差押えが、第三者の右利益と衝突することも免れ難いから、それらの利益をつぶさに較量し、その物を被疑事実の証拠として差し押さえることにつき必要性が十分認められるのでなければ、許されない。（京都地決昭46・4・30刑月三・四・六一七……結論としては、必要性が十分あると認めた（火薬類取締法違反被疑事件））

[3] **3　必要性があるとされた事例**

公務執行妨害罪で現行犯逮捕された被疑者が逮捕時に着用していたジャンパー、ズボン等の衣服の差押えは、被疑者の具体的行動等を解明するために特に慎重・詳細な現場写真の検討の必要があるが、そのためには全身写真では不十分な場合のあり得ることが十分想定し得る事情にあり、かつ、差押えに当たって代わりの衣類が供与されたなどのためその差押えが特別に被疑者に肉体的苦痛を強いるものとはいい難く、被疑者の健康管理上特に問題があったものとは認められないときは、不当なものとはいえない。（東京地決昭44・7・10刑月一・七・七八六）

[4] 報道機関の取材ビデオテープに対し捜査機関が行う差押処分の可否を決するに当たっては、捜査の対象である犯罪の性質、内容、軽重等及び差し押さえるべき取材結果の証拠としての価値、ひいては適正・迅速な捜査を遂げるための必要性と、取材結果を証拠として押収されることによって報道機関の報道の自由が妨げられる程度及び将来の取材の自由が受ける影響その他諸般の事情を比較衡量すべきである（最大決昭44・11・26〔九九条[4]参照〕）、という見地に立ち、重大な贈賄被疑事件の被疑者と現金供与申込みの相手方との面談状況をありのままに収録したビデオテープ（マザーテープ）の差押処分について、そのテープが同事件の解明にはほとんど不可欠であり、他方、報道機関による同テープの放映自体には支障を来さないなどの事情を考慮して、適法とした事例（最決平元・1・30刑集四三・一・一九〈日本テレビ事件〉メディア百選[二版]七……差押処分を違法とする島谷裁判官の反対意見がある）↓憲二一条[37]

[5] 暴力団組長である被疑者Aが組員らと共謀のうえ行った悪質な暴力行為等処罰法違反事件の捜査のため、報道機関のビデオテープ（マザーテープ）を差し押さえた場合において、同テープが、事案の全容を解明して犯罪の成否を判断する上で重要な証拠価値を持つこと、既に編集・放映が済んでいたため、右報道機関が受ける不利益は報道の機会が奪われることではなかったこと、また、Aを始めとする取材協力者は放映を了承していたためその身元の秘匿など擁護すべき利益はほとんど存在しなかったこと、さらに、本件撮影は犯罪者の協力により犯行現場を収録したもので、報道のための取材の

自由として保護しなければならない必要性は疑わしく、将来本件と同様の方法により取材をすることが仮に困難になるとしてもその不利益はさして考慮に値しないことなどの理由を挙げ、本件差押えは、適正迅速な捜査の遂行のためやむを得ない適法なものとした事例（最決平2・7・9刑集四四・五・四二一〈TBS事件〉刑訴百選[一〇版]一八……[4]の場合に比し、差押えにより得られる利益は相当に小さく、他方、報道機関の立場を保護すべき利益は格段に大きいから違法、とする奥野裁判官の反対意見がある）→憲二一条[38]

4　必要性がないとされた事例

[6]　多数学生による騒擾〔そうじょう〕事件の状況を撮影した一六ミリフィルムが、被疑者の具体的な犯行状況を内容とするものではなく、他の共同者の行為を内容とするもので、その罪責に対する影響、被疑者の役割の軽重の判定、その他被疑者の罪を立証する作用は極めて低いと思われ、被疑事実との関係で考える限り、第三者が適法に撮影し所持している右フィルムを押収する必要性はさほど強いものとはいえず、所持者たる映画研究会に与える不利益（期日の迫った学園祭に上映できない等）とを比較衡量してみた場合には、強制的な差押えまでは許されない。（東京地決昭43・11・22判時五三八・一七……[7]の原審）

[7]　犯行現場である堅牢〔けんろう〕な建物（いわゆる横堀第二要塞）に対する差押えは、犯行（凶器準備集合、殺人未遂等）状況についての証拠が他に多数存在する等その現状を保全しておく必要のある証拠物ではなく、また申立人の側においては、空港建設反対運動のシンボル、集会の場所等として法令の許容する範囲内でもそれなりの有用性を有するものであるような場合には、必要性の枠を明らかに超えたものといえる。（千葉地決昭53・5・8刑月一〇・四＝五・一〇二四）

二　差押えの理由

[8]　出版物が刑法一七五条のわいせつ文書図画に当たらないとした未確定第一審判決における判断内容は、法律上当然に捜査機関を拘束するものではない。（最決昭55・12・17刑集三四・七・七二一、重判昭55刑訴六……捜索差押令状を有効とした）

三　電磁的記録の収集・保全

[9]　令状により差し押さえようとするパソコン、フロッピーディスク等の中に被疑事実に関する情報が記録されている蓋然性が認められる場合において、そのような情報が実際に記録されているかをその場で確認していたのでは記録された情報を損壊される危険があるときは、内容を確認することなしに右パソコン、フロッピーディスク等を差し押さえることが許される。（最決平10・5・1刑集五二・四・二七五、刑訴百選[一〇版]二二）

[10]　リモートアクセスによる電磁的記録の複写の処分を許可した捜索差押許可状による複写の処分の対象となる電磁的記録に被疑事実と関連する情報が記録されている蓋然性が認められる場合、差押えの現場における電磁的記録の内容確認の困難性や確認作業を行う間に情報の毀損等が生ずるおそれ等に照らすと、同許可状の執行に当たり、個々の電磁的記録について個別に内容を確認することなく複写の処分を行うことは許される。（最決令3・2・1刑集七五・二・一二三、重判令3刑訴二）→[13]

[11]　インターネット接続会社（プロバイダー）の会員による、わいせつ図画の公然陳列を被疑事実とする捜索差押許可状により、司法警察員が、顧客管理データ（被疑者を含むアダルトホームページ開設希望者四二八名分でフロッピーディスク一枚に収められている）を差し押さえたことにつき、被疑者に関するデータについては被疑事実との関連性、差押えの必要性は明らかであるが、その余の会員に関するデータについては関連性・必要性が認められないとして、右差押処分を取り消した事例（東京地決平10・2・27判時一六三七・一五二、刑訴百選[九版]二六）

[12]　捜査機関が、差し押さえたパソコンについて解析を行い、犯行に使用されていたメールアドレスのアカウント及びこれにログインするためのパスワードを把握した上で、検証許可状の発付を受け、前記パソコンの内容を複製したパソコンからインターネットに接続してメールサーバにアクセスし、メール等を閲覧、保存したことは、検証許可状に基づいて行うことができない強制処分を行ったものであり、また、そのサーバが外国にある可能性があり、捜査機関としては、国際捜査共助等の捜査方法を採るべきであったから、被告人に対する権利侵害の点については司法審査を経ていること、本件検証で閲覧、保存したメール等について、前記パソコンについての捜索差押許可状においても、リモートアクセスによる複写の処分が許可されていたことを考慮しても、本件検証は違法である。（東京高判平28・12・7高刑六九・二・五、重判平29刑訴二）

[13]　複写すべき電磁的記録を保管した記録媒体が「サイバー犯罪に関する条約」の締約国に所在し、電磁的記録を開示する正当な権限を有する者の合法的かつ任意の同意がある場合に、国際捜査共助によることなく同記録媒体へのリモートアクセス及び同記録の複写を行うことは許される。（最決令3・2・1前出[10]）

四　体液・呼気等の採取

1　強制採尿

[14]　尿を任意に提出しない被疑者に対し、ゴム製導尿管（カテーテル）を尿道に挿入して尿を採取することは、被疑事件の重大性、嫌疑の存在、当該証拠の重要性とその取得の必要性、適当な代替手段の不存在等の事情に照らし、犯罪の捜査上真にやむを得ないと認められる場合には、最終的手段として、適切な法律上の手続を経て行うことができるが、その実施に当たっては、被疑者の身体の安全とその人格の保護のため十分な配慮が施されるべきである。捜査機関がこれを実施するには捜索差押令状を必要とするが、右行為は人権の侵害にわたるおそれがある点では検証の方法としての身体検査と共通の性質を有しているので、身体検査令状に関する本条五項［現六項］が準用されるべきで、右令状の記載要件として、強制採尿は医師をして医学的に相当と認められる方法により行わせなければならない旨の条件の記載が不可欠である。（最決昭55・10・23刑集三四・五・三〇〇、刑訴百選[一〇版]二七）→憲三五条[10]

[15]　覚醒剤使用が疑われる被疑者が錯乱状態に陥っていて任意の尿の提出が期待できない状況にあった場合において実施された強制採尿は、被疑事実の重大性、嫌疑の存在、当該証拠の重要性とその取得の必要性、適当な代替手段の不存在等に照らし、犯罪の捜査上真にやむを得ない場合に実施されたものといえるときは、違法でない。（最決平3・7・16刑集四五・六・二〇一、重判平3刑訴四）

[16]　強制採尿令状発付の時点において、本件犯罪事実について同令状を発付するに足りる嫌疑があったとは認められないとした原判断が不合理であるとはいえず、また、被告人の過去の採尿状況に照らすと、被告人が本件当時も任意採尿を拒否する可能性が高いと推測されるものの、同令状請求に先立って警察官が被告人に対して任意採尿の説得をしたなどの事情はなく、同令状発付の時点において、被告人からの任意の尿の提出が期待できない状況にあり適当な代替手段が存在しなかったとはいえないから、同令状は、被告人に対して強制採尿を実施することが「犯罪の捜査上真にやむを得ない」場合とは認められないのに発付されたものであって、その発付は違法であり、警察官らが同令状に基づいて被告人に対する強制採尿を実施した行為も違法といわざるを得ない。（最判令4・4・28【令3あ七一一】……尿の鑑定書等の証拠能力は肯定した）→三一七条[36]

[17]　身柄を拘束されていない被疑者を採尿場所へ任意に同行することが事実上不可能であると認められる場合には、強制採

尿令状の効力として、採尿に適する最寄りの場所まで被疑者を連行することができ、その際、必要最小限度の有形力を行使することができる。そのように解しないと、強制採尿令状の目的を達することができず、また令状裁判官は、連行の当否を含めて審査し令状を発付したものとみられるからである。その場合、令状に、被疑者を採尿に適する最寄りの場所まで連行することを許可する旨記載することができ、又は、特定の採尿場所を指定して、そこまで連行することを許可する旨記載することもできる。（最決平6・9・16刑集四八・六・四二〇、刑訴百選〔一〇版〕二八）

[18] 強制採尿令状の発付された被疑者を採尿場所へ連行するため、同人が滞在する第三者の居室に警察官が立ち入ることは、当該令状に関して履践された司法審査の範囲を超え、審査に当たり想定されたものと異なる権利や利益を制約する事態を招くこととなるから、原則的に許されない。（札幌高判平29・9・7高刑速平二九・三三六）

2　被疑者の身柄と採尿→三一七条[40][41]

3　医療目的での採尿

[19] 医師が、救急患者から治療の目的でその承諾なく尿を採取し、必要な治療又は検査の過程で前記尿から違法薬物の成分を検出した場合に、これを捜査機関に通報することは、正当行為として許容されるものであって、警察官が、差押許可状により前記尿を入手した過程に違法はない。（最決平17・7・19刑集五九・六・六〇〇、医事法百選〔三版〕二二）

4　採血

[20] アルコール濃度測定のため、治療中の医師をして、交通事故のため失神状態にある被疑者の中静脈からその承諾なしに注射器で採血させるには、刑訴法二二三条の鑑定嘱託をし、二二五条、一六八条一項による鑑定処分許可状を受けなければならない。（仙台高判昭47・1・25刑月四・一・一四、刑訴百選〔一〇版〕A8……令状なしに採取した血液を資料とする鑑定書等の証拠能力を否定）

[21] 交通事故による負傷で失神し手術中の者につき、酒気帯び運転の嫌疑があるので、その血中アルコール濃度を測定するため、警察官が看護婦に頼んで、手術担当医の承諾の下に、被疑者の体から流れ出る血液を押さえていたガーゼから少量の血液を採取してもらったことは、令状がなく、また被疑者や家族の同意を得ていなかったとしても、違法とはいえない。（福岡高判昭50・3・11刑月七・三・一四三）

5　呼気

[22] 憲法三八条一項は、刑事上責任を問われるおそれのある事項について供述を強要されないことを保障したものと解すべきところ、呼気検査は、酒気を帯びて車両等を運転することの防止を目的として運転者らから呼気を採取してアルコール保有の程度を調査するものであって、その供述を得ようとするものではないから、検査を拒んだ者を処罰する道路交通法の規定は、憲法三八条一項に違反するものではない。（最判平9・1・30刑集五一・一・三三五、刑訴百選〔一〇版〕A9）→憲三八条[6]

[23] 交通事故のために治療室のベッドに仰臥〔ぎょうが〕して、意識があるかないのかはっきり分からない状態にあった被告人から、呼気中のアルコール濃度を検査するため、令状なしにその呼気を採取することは、それが泥酔者用の風船の吹き口の一辺を破ったものを被告人を口の上に持っていき、自然に吐き出す息をこれに集めるという方法でなされ、特に被告人がこれを拒否したり、あるいは強制力を用いたりしたわけではないと認められるときは、違法でない。（福岡高判昭56・12・16判時一〇五二・一五九）

6　内視鏡による異物の採取

[24] 捜索差押許可状、鑑定処分許可状及び身体検査令状の発付を受けて、被疑者の嚥下した異物（マイクロSDカード）を、内視鏡を肛門に挿入して取り出した事案において、内視鏡による異物の強制採取は、強制採尿よりも相当強度の身体への侵襲であると認められることなどに照らすと、これを強制処分として行うことができる場合があるとしても、身体への侵襲の程度等を十分踏まえた上で、[14]の指摘する諸事情に照らして、当該事案の具体的状況の下で、犯罪の捜査上真にやむを得ないと認められる場合（高度の捜査上の必要性の認められる場合）でなければ許されないにもかかわらず、本件の異物の強制採取及びその差押えは高度の捜査上の必要性を欠いている上、令状の請求に当たり、高度の捜査上の必要性の判断のために検討が必要な重要事項について必要な疎明がされておらず、各令状は、担当裁判官による実質的な審査を欠いたまま発付されたと認められるから、各令状に基づく異物の強制採取及びその差押えには重大な違法がある。（東京高判令3・10・28【令2う八〇六】……採取された本件SDカード等の証拠能力を否定した原審の判断を是認した）

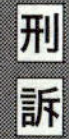

五　電話傍受

[25] 電話の通話内容を通話当事者双方の同意を得ずに傍受すること（以下「電話傍受」という）は、通信の秘密を侵害し、ひいては、個人のプライバシーを侵害する強制処分であるが、重大な犯罪に係る被疑事件について、被疑者が罪を犯したと疑うに足りる十分な理由があり、かつ、当該電話により被疑事実に関連する通話の行われる蓋然性があるとともに、電話傍受以外の方法によってはその罪に関する重要かつ必要な証拠を得ることが著しく困難であるなどの事情が存する場合において、電話傍受により侵害される利益の内容、程度を慎重に考慮した上で、なお電話傍受を行うことが犯罪の捜査上真にやむを得ないと認められるときには、法律の定める手続に従ってこれを行うことも憲法上許される。（最決平11・12・16刑集五三・九・一三二七、刑訴百選〔一〇版〕三一……平成一一法一三八による刑訴法二二二条の二の追加前に、暴力団による覚醒剤密売事件の捜査のため、検証許可状を得て実施された電話傍受を適法とした）→憲三五条[11]

六　GPS捜査

[26] 車両にその使用者らの承諾なく秘かにGPS端末を取り付けて位置情報を検索し把握する捜査（GPS捜査）は、情報機器の画面表示を読み取って対象車両の所在と移動状況を把握する点では刑訴法上の「検証」と同様の性質を有するものの、対象車両にGPS端末を取り付けることにより対象車両及びその使用者の所在の検索を行う点において、「検証」では捉えきれない性質を有することも否定し難い。仮に、検証許可状の発付を受け、あるいはそれと併せて捜索許可状の発付を受けて行うとしても、この捜査手法が、GPS端末を取り付けた対象車両の所在の検索を通じて対象車両の使用者の行動を継続的、網羅的に把握することを必然的に伴うものであって、GPS端末を取り付けるべき車両及び罪名を特定しただけでは被疑事実と関係のない使用者の行動の過剰な把握を抑制することができず、裁判官による令状請求の審査を要することとされている趣旨を満たすことができないおそれがある上、被疑者らに知られず秘かに行うのでなければ意味がなく、事前の令状呈示を行うことも想定できないから、それが絶対的な要請であるとは解されないとしても、これに代わる公正の担保の手段が仕組みとして確保されていないのでは、適正手続の保障という観点から問題が残る。そのため、一般的には、実施可能期間の限定、第三者の立会い、事後の通知等様々な手段によってその解消を図ることが考えられるところ、捜査の実効性にも配慮しつつどのような手段を選択するかは、刑訴法一九七条一項ただし書の趣旨に照らし、第一次的には立法府に委ねられており、仮に法解釈により刑訴法上の強制の処分として許容するとしても、以上のような問題を解消するため、裁判官が発する令状に様々な条件を付す必要が生じるが、事案ごとに、裁判官の判断により、多様な選択肢の中から的確な条件の選択が行われない限り是認できないような強制の処分を認めることが、同規定の趣旨に沿うものとはいえないことに鑑みると、GPS捜査について、

「この法律に特別の定のある場合」に当たるとして同法が規定する令状を発付することには疑義がある。（最大判平29・3・15刑集七一・三・一三、刑訴百選一〇版三〇）↓一九七条③、憲三五条⑫

七　逮捕中の被疑者と直接強制

[27] 逮捕中の被疑者が本条二項［現三項］による指紋採取や写真撮影に任意に応じず、これを拒否した場合において、間接強制では効果がないと認められるときは、刑訴法二二二条一項により準用される一三九条に基づいて、そのままその目的を達するため必要最小限度の有形力をもって直接強制をすることができる。（東京地決昭59・6・22刑月一六・五＝六・五〇四）

八　別件捜索・差押え↓二一九条⑧・二二〇条⑨⑩

[28] 警察当局において、本件である業務上横領事件の証拠を発見するため、殊更被疑者方を捜索する必要性に乏しい別件の軽微なモーターボート競走法違反事件を利用して、捜索差押令状を得て被疑者方を捜索したことは、違法の疑いが強い。（広島高判昭56・11・26判時一〇四七・一六二、刑訴百選一〇版二六……右捜索に際し被疑者が任意提出した預金通帳等の証拠能力は肯定）

九　承諾に基づく捜索

[29] 警察官が、住居主Aの「いいですよ。室内を捜して下さい」との返事を受けて捜索を行ったとしても、Aは二十歳前の女性であり、また、承諾を求められる直前に、父親代わりとして面倒を見てくれていた被疑者Bが、数名の警察官に連れられて来ていた上、Bが持っていたペーパーバッグの中から覚醒剤が発見されていたこと、しかも、警察官の人数は少ない数ではなかった上、責任者であるC警部から、「他に覚醒剤を隠していないか。あったら出しなさい」と告げられた上で、承諾を求められていたことを併せ考えると、同女がCの申し出を拒むことは事実上困難な状況にあり、その承諾が完全な自由意思によるものであったとは認め難く、承諾に基づく適法な捜索であったとはいえない。（福岡高判平5・3・8判タ八三四・二七五、刑訴百選一〇版二四）

一〇　令状請求の違法性の判断基準

[30] 被疑者以外の第三者宅についての捜索差押許可状請求の違法性の判断に当たっては、二四七条⑧の法理を類推すべきであって、押収物が結果的に押収すべき物に当たらないと判明した場合でも、令状請求時において、司法警察員が、その時までに通常要求される捜査により収集した証拠資料を総合勘案して合理的な判断過程により、令状請求の必要があり、かつ、捜索すべき物の存在を認めるに足りる状況があるとの心証を得たのであれば、令状請求は違法性を欠く。（東京高判平元・9・4判タ七二〇・一四七……令状請求時までに行うべき捜査の程度については、捜査の密行性と迅速性による制約を考慮すべきだとした）

一一　違法収集証拠の証拠能力↓三一七条[32][33][37]

第二一九条【差押え等の令状の方式】① 前条の令状には、被疑者若しくは被告人の氏名、罪名、差し押さえるべき物、記録させ若しくは印刷させるべき電磁的記録及びこれを記録させ若しくは印刷させるべき者、捜索すべき場所、身体若しくは物、検証すべき場所若しくは物又は検査すべき身体及び身体の検査に関する条件、有効期間及びその期間経過後は差押え、記録命令付差押え、捜索又は検証に着手することができず令状はこれを返還しなければならない旨並びに発付の年月日その他裁判所の規則で定める事項を記載し、裁判官が、これに記名押印しなければならない。

② 前条第二項の場合には、同条の令状に、前項に規定する事項のほか、差し押さえるべき電子計算機に電気通信回線で接続している記録媒体であつて、その電磁的記録を複写すべきものの範囲を記載しなければならない。

③ 第六十四条第二項の規定は、前条の令状についてこれを準用する。

❸❶【差し押さえるべき物↓憲三五【捜索・検証すべき場所・身体・物↓憲三五【規則の定め↓刑訴規一五七、一五七の二

一　捜索差押令状

[1] 憲法三五条二項は、捜索と押収について、各別の許可が記載されていれば足り、これを一通の令状に記載することを妨げない趣旨である。（最大判昭27・3・19刑集六・三・五〇二）

二　令状の記載事項

1　罪名の記載

[2] 憲法三五条は、令状に、捜索する場所及び押収する物を明示することを要求するにとどまり、令状が正当な理由に基づいて発せられたことを明示するまでは要求していないから、捜索差押令状に被疑事件の罪名を適用法条を示して記載することは憲法の要求ではなく、右令状に罪名を記載するに当たっては、適用法条まで示す必要はない。（最大決昭33・7・29刑集一二・一二・二七七六、刑訴百選一〇版A5……罪名として「地方公務員法違反」とのみ記載した事例）↓[3]

2　「差し押えるべき物」の明示

[3] 「会議議事録、闘争日誌、指令、通達類、連絡文書、報告書、メモその他本件に関係ありと思料せられる一切の文書及び物件」との記載は、同許可状に罪名として記載された「地方公務員法違反」被疑事件に関係があり、かつ、右例示の物件に準じる闘争関係の文書、物件を指すことが明らかであるから、「差し押えるべき物」の明示に欠けるところはない。（最大決昭33・7・29前出[2]）↓憲三五条[7]

[4] 公職選挙法違反被疑事件について発付された捜索差押許可状の記載中差し押さえるべき物として「本件犯行に関係する文書、図画、メモ類一切」との表示は、あまりにも概括的で、押収する物の明示を欠く。（東京高判昭47・10・13刑月四・一〇・一六五一、重判昭48刑訴三……捜索すべき場所との対応関係も示されていないとして、押収物の証拠能力を否定）

3　「捜索すべき場所」の特定

[5] 捜索押収令状の捜索・押収の場所の表示中、捜索・押収を受ける者の氏名について誤記（「佐藤コヨ」を「工藤コマ」と）があっても、当該押収物について裁判所が適法に証拠調べをした以上、これを証拠とすることができる。（最判昭27・2・21刑集六・二・二六六）

[6] 差押令状又は捜索令状における押収又は捜索すべき場所の表示は、合理的に解釈してその場所を特定し得る程度に記載することを必要とするとともに、その程度の記載で足りる。（最決昭30・11・22刑集九・一二・二四八四）

三　令状による捜索・差押えの範囲

[7] 捜索差押令状記載の罪名が賭博（マージャン賭博事件）、捜索場所が「麻雀荘」、差押物件が「本件に関係ありと思料される帳簿、メモ、書類等」であるときは、マージャンパイ及び計算棒も右差押物件中に含まれる。（最判昭42・6・8判時四八七・三八）

[8] 憲法三五条一項及び刑訴法二一八条一項、本条一項の趣旨からすると、専ら別罪の証拠に利用する目的で差押許可状に明示された物を差し押さえることは禁止される。しかし、暴力団O組組員による恐喝被疑事件の捜索差押許可状に、同事件に関係のある「暴力団を標章する状、バッチ、メモ等」が差押えの目的物として記載されている場合、同組組員らによる常習的な賭博場開張の模様が克明に記録されているメモを差し押さえれば、これにより被疑者とO組との関係を知り得るばかりでなく、O組の組織内容と暴力団的性格を知ることができ、本件被疑事件の証拠となると認められるときは、右メモは差押えの目的物に当たる。（最判昭51・11・18判時八三七・一〇四、刑訴百選一〇版二一）

[9] 警察官は、Aに対する覚せい剤取締法違反被疑事件につき、捜索場所をA方居室等、差し押さえるべき物を覚醒剤等とする捜索差押許可状に基づき、A立会いの下に前記居室を

捜索中、宅配便の配達員によってA宛てに配達され、Aが受領した荷物についても、前記許可状に基づき捜索できる。（最決平19・2・8刑集六一・一・一、刑訴百選[一〇版]二〇）

四　捜索場所にいる人の身体・所持品の捜索

[10]　Aの内妻に対する覚せい剤取締法違反被疑事件につき、同女及びAが居住するマンションの居室を捜索場所とする捜索差押許可状により、捜索を実施した際、同室にいたAが携帯するボストンバッグの中を捜索したことは、違法でない。（最決平6・9・8刑集四八・六・二六三、刑訴百選[一〇版]一九）

[11]　場所に対する捜索差押許可状の効力は、捜索すべき場所に現在する者が差押えの対象物をその着衣・身体に隠匿所持していると疑うに足りる相当な理由があり、差押えを有効に実現するためにはその者の着衣・身体を捜索する必要が認められる具体的な状況の下においては、その着衣・身体にも及ぶ。（東京高判平6・5・11高刑四七・二・二三七……警察官が、Aに対する覚せい剤取締法違反被疑事件につき、B方居室を捜索場所とする捜索差押許可状に基づき、Bの輩下でB方に居候しているCの両手をポケットから引き抜き、ポケットの中から出てきた小物入れの中身を確認した行為を、Cが差押えの目的物を所持していると疑うに足りる十分な理由があり、かつ、直ちにその物を確保すべき必要性、緊急性が認められ適法、とした）

[12]　被疑者A（女性）の居室を捜索場所とする覚せい剤取締法違反事件の捜索差押許可状の執行に際し、捜査係官がA着用のエプロンの紐をほどき、トレーナーを脱がせたうえ、強制しても脱がせる旨を告げてA自身にズボンと下着（ブラジャー）を脱がせたことは、明らかに許される捜索の範囲を超えており、Aの下着の中から発見された覚醒剤の所持で現行犯逮捕した手続には、違法の疑いがある。（東京地八王子支決昭62・10・3判タ七〇五・二六七……勾留請求を却下した原判断を支持）

第二二〇条【令状によらない差押え・捜索・検証】①　検察官、検察事務官又は司法警察職員は、第百九十九条の規定により被疑者を逮捕する場合又は現行犯人を逮捕する場合において必要があるときは、左の処分をすることができる。第二百十条の規定により被疑者を逮捕する場合において必要があるときも、同様である。

一　人の住居又は人の看守する邸宅、建造物若しくは船舶内に入り被疑者の捜索をすること。

二　逮捕の現場で差押、捜索又は検証をすること。

②　前項後段の場合において逮捕状が得られなかつたときは、差押物は、直ちにこれを還付しなければならない。第百二十三条第三項の規定は、この場合についてこれを準用する。

③　第一項の処分をするには、令状は、これを必要としない。

④　第一項第二号及び前項の規定は、検察事務官又は司法警察職員が勾引状又は勾留状を執行する場合にこれを準用する。被疑者に対して発せられた勾引状又は勾留状を執行する場合には、第一項第一号の規定をも準用する。

㊜❶【現行犯人逮捕↓二一三　[三]捜査規範一四二　❷【逮捕状が得られないとき↓二一〇【還付↓一二二①、一二三　❸憲三五　❹【勾引状・勾留状の執行↓七〇、七三【被疑者に対する勾引状・勾留状↓二六五

一　「逮捕する場合」

[1]　緊急逮捕のため被疑者方に赴いたところ、被疑者がたまたま他出不在であっても、帰宅次第緊急逮捕する態勢の下に捜索、差押えがなされ、かつ、これと時間的に接着して逮捕がなされる限り、その捜索・差押えは、なお、緊急逮捕する場合その現場でなされたものといえる。（最大判昭36・6・7刑集一五・六・九一五、刑訴百選[一〇版]A7……被疑者方到着から逮捕まで約二〇分の事案）↓三一七条[38]、憲三五条[2]

[2]　逮捕後約三五分の事案（東京高判昭44・6・20後出[6]）

二　「必要があるとき」

[3]　被疑者を現行犯逮捕する場合に、本条に基づき人の住居等に入り被疑者の捜索をする必要性の判断は、単に捜査機関がその主観において必要があると判断するのみでは足らず、客観的にもその必要性が認められる場合であることを要する。（札幌高函館支判昭37・9・11高刑一五・六・五〇三……結論として、必要性を認めた（窃盗事件））

[4]　マンションのA号室前の廊下において、写真撮影中の警察官に暴行、傷害を加えて隣のB号室に逃げ込んだ被疑者を現行犯逮捕した後、逮捕の現場であるB号室を捜索して別件の証拠物（覚醒剤）を発見、領置した場合、凶器のカメラは右廊下に遺棄されており、カメラの付属品を自室内に隠匿したと疑うような状況もなく、また、個人の偶発的犯行であって犯行動機の解明のためにも居室を捜索する必要性を認め難いという本件の事情の下においては、右捜索は違法である。（大阪地判昭53・12・27判時九四二・一四五……覚醒剤の証拠能力は肯定）

三　捜索・差押えの緊急性

[5]　捜索差押許可状の請求手続を履践することができないほどの緊急性はない場合でも、本条に基づく捜索差押えをすることができる。（東京高判昭53・5・31刑月一〇・四＝五・八八三〈大菩薩峠事件〉）

四　「逮捕の現場」

1　場所の捜索

[6]　ホテルの五階で外国人Aを大麻たばこ一本所持の現行犯として逮捕したが、Aが七階自室内にある所持品を携行したいと申し出たため、連行した上、逮捕の約三五分後頃から、同室を捜索して大麻たばこ七本を発見し、Aはそれは外出不在中の同室の外国人Bの所持品であると弁解したが、捜査官においてこれを差し押さえた場合、同たばこが二人の共同所持の疑いもないわけではなく、右捜索・差押え後Bも一時間半くらいのうちには右室に帰って来て緊急逮捕されており、又事案が検挙が困難で、罪質もよくない大麻取締法違反であるなどの本件事情の下では、右捜索・差押えは、直ちに「逮捕の現場」から時間的・場所的かつ合理的な範囲を超えた違法なものとまではいえない。（東京高判昭44・6・20高刑二二・三・三五二、刑訴百選[一〇版]二三）

2　被逮捕者の身体についての捜索

[7]　捜索、差押え等の処分が逮捕した被疑者の身体又は所持品に対するものである場合、逮捕現場付近の状況に照らし、被疑者の名誉等を害し、被疑者らの抵抗による混乱を生じ、又は現場付近の交通を妨げるおそれがあるなどの事情のため、その場で直ちに捜索、差押えを実施することが適当でないときは、速やかに被疑者を捜索、差押えの実施に適する最寄りの場所まで連行した上、これらの処分を実施することも、「逮捕の現場」における捜索、差押えと同視することができ、適法である。（最決平8・1・29刑集五〇・一・一、刑訴百選[一〇版]二五……逮捕場所が被逮捕者の抵抗を制するのに適当でなく、逃走防止のため警察車両に乗せた後も抵抗による混乱のおそれがあったため、そこから約五〇〇メートル、約五分の警察署に到着後、被逮捕者の装着していた籠手［こて］を差し押さえたこと、また、逮捕場所が道幅の狭い路上で車両が通る危険性があり、一旦近くの駐在所で被逮捕者の所持するバッグ等の差押えに着手したものの抵抗を受け混乱のおそれがあったので、逮捕現場から約三キロメートルの警察署まで車両で連行し、逮捕時点から約一時間後に差押えを実施したことを、「逮捕の現場」における差押えと同視できるとした）↓二一二条[9]

[8]　被疑者を凶器準備集合等の現行犯人として逮捕したときは現場が混乱しており、被疑者を奪還されるおそれもあったので、その場で捜索・差押えができなかったことは首肯されるが、被疑者を連行して幅員約一八メートルの道路を横断した歩道上ではもはや右の事情はなかったにもかかわらず、さらにパトカーに乗せて約一キロメートル離れた警察署に連行

し、逮捕の約七分後、同所でその身体を捜索して、上着の内ポケットに所持していた爆竹を差し押さえたことは、「逮捕の現場」における捜索・差押えとして合理的範囲のものとはいえず、違法である。（大阪高判昭49・11・5判タ三二九・二九〇、刑訴百選[三版]六九……証拠能力も否定）

五　捜索・差押えの範囲

[9] 酒気帯び運転の現行犯人として被疑者を逮捕した場合に、本条一項二号で逮捕に付随して令状なしに捜索し差し押さえることができるものは右犯罪の証拠物等に限られるから、付随的な強制処分として全く別個の犯罪である銃砲刀剣類所持等取締法違反の証拠物の捜索・差押えをすることは許されない。（東京高判昭46・3・8高刑二四・一・一八三……既に差押え済みの自動車内に放置されていた匕首〔あいくち〕の領置は適法とした）→二二一条[6]

[10] 監禁、恐喝未遂等事件で被疑者を通常逮捕した後、逮捕の現場において右逮捕に伴う捜索中覚醒剤粉末等をたまたま発見した場合、覚せい剤不法所持罪の（準）現行犯逮捕の手続がなされないまま、右監禁等被疑事件とは無関係の覚せい剤取締法違反の証拠物件の発見を主目的とした捜索が無令状で意図的になされたときは、たとえ、その捜索が右監禁等事件の証拠物の捜索と並行してなされたと認められ、かつ、覚醒剤等の捜索に緊急性・必要性が認められるにしても、不当な便乗捜索を禁圧する必要があること、本件では容易に現行犯逮捕の手続を履行できたことなどに鑑みると、違法である。（広島高岡山支判昭56・8・7判タ四五四・一六八……覚醒剤等の証拠能力は肯定）

[11] 警察官が、暴行事件による被疑者の通常逮捕に伴う捜索の機会を利用し、逮捕の原由である右暴行被疑事実に関する証拠物の発見、収集、及びその場の状況からみて逮捕者の身体に危険を及ぼす可能性のある凶器等の発見、保全などに必要な範囲を超え、余罪である覚醒剤の所持・使用等の嫌疑を裏付ける証拠の発見・収集を意図して行った捜索は違法である。（札幌高判昭58・12・26刑月一五・一一＝一二・一二一九、刑訴百選[六版]二三……右余罪の証拠物（覚醒剤）等の証拠能力は肯定）

六　第三者の身体についての捜索

[12] 現行犯逮捕の現場における捜索に際し、居合わせた第三者の身体に対する強制捜索が令状なしに許されるのは、刑訴法二一八条、二二二条、一〇二条二項の趣旨に鑑み、被逮捕者の逮捕事実と関連する押収すべき物をその者が所持していると認めるに足りる状況がある場合に限られる。（函館地決昭55・1・9刑月一二・一＝二・五〇）

七　本条の処分をなし得る者

[13] 私人が現行犯逮捕のため他人の住居に侵入することは認められない。（名古屋高判昭26・3・3高刑四・二・一四八……住居侵入罪の成立を肯定）

第二二一条【領置】　検察官、検察事務官又は司法警察職員は、被疑者その他の者が遺留した物又は所有者、所持者若しくは保管者が任意に提出した物は、これを領置することができる。

一　領置の性質

[1] 押収には、強制処分としての差押えのほか、任意処分である領置も含まれる。（最決昭29・10・26裁判集刑九九・五三一）

二　「被疑者その他の者が遺留した物」

[2] 被告人及びその妻が、ダウンベスト等を入れたごみ袋を不要物として公道上のごみ集積所に排出し、その占有を放棄していた場合、排出されたごみについては、通常、そのまま収集されて他人にその内容が見られることはないという期待があるとしても、捜査の必要がある場合には、本条により、これを遺留物として領置することができる。（最決平20・4・15刑集六二・五・一三九八、刑訴百選[一〇版]八）→一九七条[29]

[3] 警察官が、マンション管理者等の承諾や令状を得ることのないまま、マンション敷地内に設置された、屋根と壁と扉で周囲と隔てられた構造のごみ集積場に立ち入り、集積場内のごみ袋から被告人が捨てたビニール袋を選別、特定した行為は違法な捜索であり、また、集積場内に搬入されたごみに対して、搬入者の物理的な管理支配関係が喪失されたとは認め難く、あるいは集積場を管理する管理会社の物理的な管理支配関係が生じたとみる余地もあるから、前記ビニール袋は遺留物には該当せず、警察官が令状によることなく前記ビニール袋を回収した行為は、違法な差押えに当たる。（東京高判令3・3・23【平30う一三九〇】……得られた証拠の証拠能力は肯定した）

[4] 共同所持者（デモに参加した労組員）が、所持を放棄した場合でも、他の共同所持者がなお所持している場合には、その物件（ビラの入ったダンボール箱）は、本条の遺留物に当たらない。（名古屋高金沢支判昭42・5・23下刑九・五・六〇一）

三　「所有者、所持者若しくは保管者が任意に提出した物」

[5] 任意提出による領置では、提出者が所有権その他権限ある者であることを要しない。（東京高判昭28・11・25高刑判特三九・二〇二……同居の雇主が、被疑者の居室にある麻薬を差し出した事例）

[6] 被疑者を酒気帯び運転の現行犯人として逮捕した警察官が、逮捕の現場で差し押さえた上警察署まで運転してきた自動車内で匕首〔あいくち〕を発見し、署内で取調べ中の被疑者のもとへ携行して、その同意の下に領置の手続をしたときは、この匕首は所持者等が「任意に提出した物」に当たる。（東京高判昭46・3・8高刑二四・一・一八三）→二二〇条[9]

[7] 被疑者と同居している内縁の妻は、被疑者の不在中は、その居宅内にある物の「保管者」に当たる。（東京高判昭50・2・20東高刑二六・二・三四）

[8] 警察官らが、相手が警察官であることを認識していない者に対し、そのDNA型検査の資料を得るため、紙コップを手渡してお茶を飲むように勧め、その後同人から提出を受けて回収した同紙コップは、それがそのまま廃棄されるものと思い込んでいた同人が、その錯誤に基づいて占有を警察官らに委ねた物であって、「所有者、所持者若しくは保管者が（捜査機関に対して）任意に提出した物」に当たらず、また「被疑者その他の者が遺留した物」、すなわち占有者の意思に基づかないでその所持を離れた物のほか、占有者が自ら置き去りにした物にも当たらない。（東京高判平28・8・23高刑六九・一・一六）→一九七条[39]

[9] マンションの管理規約において、清掃及びごみ処理がマンション管理組合の業務とされ、管理組合がこれらの業務をマンション管理会社に委託し、さらにその委託を受けた清掃会社がごみの回収・搬出作業を行っていたという事実関係の下では、マンション居住者がマンション各階のごみの集積場所（ゴミステーション）に不要物として捨てたごみの占有は、遅くとも清掃会社が各階のゴミステーションから回収した時点で、ごみを捨てた者から管理組合、管理会社及び清掃会社に移転し、それらが当該ごみを重畳的に占有していると解されることを踏まえると、警察官が、回収されたごみ袋の所持者である管理会社や清掃会社の従業員と協議して、ごみ袋の任意提出を受けて領置した上、その占有継続の要否を判断するための必要な処分として、ごみ袋を開封してその内容物を確認し、証拠となり得る物と判断した紙片等について、改めて任意提出を受けて領置した捜査手続は、適法である。（東京高判平30・9・5高刑七一・二・一、重判令元刑訴一）

第二二二条【押収・捜索・検証に関する準用規定、検証の時刻の制限、被疑者の立会い、身体検査を拒否した者に対する制裁】

① 第九十九条第一項、第百条、第百二条から第百五条まで、第百十条から第百十二条まで、第百十四条、第百十五条及び第百

十八条から第百二十四条までの規定は、検察官、検察事務官又は司法警察職員が第二百十八条、第二百二十条及び前条の規定によつてする押収又は捜索について、第百十条、第百十一条の二、第百十二条、第百十四条、第百十八条、第百二十九条、第百三十一条及び第百三十七条から第百四十条までの規定は、検察官、検察事務官又は司法警察職員が第二百十八条又は第二百二十条の規定によつてする検証についてこれを準用する。ただし、司法巡査は、第百二十二条から第百二十四条までに規定する処分をすることができない。

② 第二百二十条の規定により被疑者を捜索する場合において急速を要するときは、第百十四条第二項の規定によることを要しない。

③ 第百十六条及び第百十七条の規定は、検察官、検察事務官又は司法警察職員が第二百十八条の規定によつてする差押え、記録命令付差押え又は捜索について、これを準用する。

④ 日出前、日没後には、令状に夜間でも検証をすることができる旨の記載がなければ、検察官、検察事務官又は司法警察職員は、第二百十八条の規定によつてする検証のため、人の住居又は人の看守する邸宅、建造物若しくは船舶内に入ることができない。但し、第百十七条に規定する場所については、この限りでない。

⑤ 日没前検証に着手したときは、日没後でもその処分を継続することができる。

⑥ 検察官、検察事務官又は司法警察職員は、第二百十八条の規定により差押、捜索又は検証をするについて必要があるときは、被疑者をこれに立ち会わせることができる。

⑦ 第一項の規定により、身体の検査を拒んだ者を過料に処し、又はこれに賠償を命ずべきときは、裁判所にその処分を請求しなければならない。

参❼【処罰等の請求↓刑訴規一五八、捜査規範一六二】

一　換価処分（刑訴法一二二条の準用）

1 検事又は司法警察官も押収物の換価処分ができるとしても憲法三五条に違反しない。（旧法事件）（最大判昭25・7・19刑集四・八・一四八一）

2 検察官押収中の没収可能物件につき滅失等のおそれがある場合には、当該被告事件の係属する裁判所の許可を得て、その物件の換価処分をすることができる。（最決昭30・3・18刑集九・三・五〇八）

二　立会人（二項）

3 執行の必要が被疑者の逃走の危険のため急迫し、立会権者が立ち会うために必要とする時間延引できない場合は、「急速を要するとき」に当たる。（大阪地判昭38・9・17下刑五・九＝一〇・八七〇）

第二二二条の二【電気通信の傍受を行う強制処分】 通信の当事者のいずれの同意も得ないで電気通信の傍受を行う強制の処分については、別に法律で定めるところによる。

参+【強制の処分↓一九七①但【別の法律↓通信傍受

第二二三条【第三者の任意出頭・取調べ・鑑定等の嘱託】 ① 検察官、検察事務官又は司法警察職員は、犯罪の捜査をするについて必要があるときは、被疑者以外の者の出頭を求め、これを取り調べ、又はこれに鑑定、通訳若しくは翻訳を嘱託することができる。

② 第百九十八条第一項但書及び第三項乃至第五項の規定は、前項の場合にこれを準用する。

参❶【取調べ↓二二六、二二七、捜査規範八章【鑑定の嘱託↓捜査規範一八七　+【鑑定↓二二四、二二五【証拠能力↓三二一①㈡㈢④

一　「被疑者以外の者」

1 本条一項の被疑者とは、当該被疑者をいい、これと必要的共犯の関係にある他の者を含まない。（最決昭49・3・5判時七四一・一一七……必要的共犯の関係にある者に対し二二七条による証人尋問調書がその勾留中に作成された事案）↓二二七条1

2 本条一項の被疑者とは、当該被疑者をいい、これと共犯関係にある者を含まない。（最決昭52・10・14判時八六七・五〇）

二　取調べ

3 検察官が、被告人の罪状認否後に事件の関係人を取り調べて作成した供述調書も、直ちに被告人の反対尋問権を実質的に奪った違法なものではない。（東京高判昭36・11・14高刑一四・八・五七七）

4 喚問決定のあった弁護人申請の証人を期日前に検察官が取り調べることは、特別の事情の存しない限り避けるべきである。（東京高判昭48・5・21刑月五・五・九〇四……本件では、許されるとした）

5 捜査官が、起訴後に、被疑者当時から引き続き勾留中の被告人を共犯者との関係につき、その身柄拘束状態を利用して取り調べることは、被告人勾留の制度を濫用して強制的に参考人を取り調べたに等しい違法といえ、それにより作成された供述調書は、共犯者の関係でも証拠にできない。（福岡高那覇支判昭53・11・24判時九三六・一四二）

三　供述拒否権の告知

6 被疑者以外の者の取調べには、刑訴法一九八条二項が準用されていないから、あらかじめ供述拒否権を告げる必要はない。（最判昭25・6・13刑集四・六・九九五）

7 被疑者と共犯の関係を有する者でも、これを「被疑者以外の者」として取り調べる際には、供述拒否権を告知する必要はない。（東京高判昭26・10・16高刑四・一二・一六〇一）

第二二四条【鑑定の嘱託と鑑定留置の請求】 ① 前条第一項の規定により鑑定を嘱託する場合において第百六十七条第一項に規定する処分を必要とするときは、検察官、検察事務官又は司法警察員は、裁判官にその処分を請求しなければならない。

② 裁判官は、前項の請求を相当と認めるときは、第百六十七条の場合に準じてその処分をしなければならない。この場合には、第百六十七条の二の規定を準用する。

参+【裁判官↓四二九①㈢【請求↓刑訴規一五八の二

鑑定留置と取調べ

1 捜査官において、身柄拘束を被疑者の取調べに利用する目的で鑑定留置を請求することは許されないが、鑑定目的遂行に支障を及ぼさない限り、鑑定留置中の被疑者を任意に取り調べることは許される。（広島高判昭49・12・10判時七九二・九五）

第二二五条【鑑定受託者と必要な処分、許可状】 ① 第二百二十三条第一項の規定による鑑定の嘱託を受けた者は、裁判官の許可を受けて、第百六十八条第一項に規定する処分をすることができる。

② 前項の許可の請求は、検察官、検察事務官又は司法警察員からこれをしなければならない。

③ 裁判官は、前項の請求を相当と認めるときは、許可状を発しなければならない。

④ 第百六十八条第二項乃至第四項及び第六項の規定は、前項の許可状についてこれを準用する。

参❷【請求↓刑訴規一五九

血液の採取↓二一八条20

第二二六条【証人尋問の請求】 犯罪の捜査に欠くことのできない知識を有すると明らかに認められる者が、第二百二十三条第一項の規定による取調に対して、出頭又は供述を拒んだ場合には、第一回の公判期日前に限り、検察官は、裁判官にその者の証人尋問を請求することができる。

参【証人尋問↓二二八【請求↓刑訴規一六〇・一六一・一六三
【証拠能力↓三二一①㈠

[1] 一　**黙秘権との関係**
本条により証人に証言を強制しても、証人自身が刑事訴追又は有罪判決を受けるおそれがあるかどうかは、求められている証言の内容により自ら判定し得るから、憲法三八条一項に違反しない。（最大判昭27・8・6刑集六・八・九七四〈石井記者事件〉憲百選Ⅰ[五版]七七）

[2] 二　**要件**
検察官が本条により証人尋問の請求をするためには、捜査機関において犯罪ありと思料することが相当であると認められる程度の被疑事実の存在があれば足り、被疑事実が客観的に存在する必要はない。（最大判昭27・8・6前出[1]）

[3] 三　**嘱託尋問**
本条による証人尋問の請求を受けた裁判官は、国内の他の裁判所の裁判官に嘱託する場合と同一の要件のもとに外国の裁判所に対し証人尋問の嘱託をする権限を有する。（東京高判昭62・7・29高刑四〇・二・七七〈ロッキード事件丸紅ルート控訴審〉……その証人尋問調書の証拠能力は、刑事免責の付与の点で、上告審判決で否定された）↓三一七条[49]

第二二七条【同前】① 第二百二十三条第一項の規定による検察官、検察事務官又は司法警察職員の取調べに際して任意の供述をした者が、公判期日においては前にした供述と異なる供述をするおそれがあり、かつ、その者の供述が犯罪の証明に欠くことができないと認められる場合には、第一回の公判期日前に限り、検察官は、裁判官にその者の証人尋問を請求することができる。

② 前項の請求をするには、検察官は、証人尋問を必要とする理由及びそれが犯罪の証明に欠くことができないものであることを疎明しなければならない。

参【証人尋問↓二二八【請求↓刑訴規一六〇・一六三

[1] 一　**共同被疑者に対する証人尋問**
共同被疑者に対しても、他の共同被疑者の被疑事件につき、本条による証人尋問が許される。（最判昭36・2・23刑集一五・二・三九六）

[2] 二　**証人尋問請求の時期**
本条の証人尋問の請求は、第一回公判期日前である限り、起訴の前後を問わず許される。（札幌高判昭27・2・11高刑五・一・一〇二）

第二二八条【証人尋問】① 前二条の請求を受けた裁判官は、証人の尋問に関し、裁判所又は裁判長と同一の権限を有する。

② 裁判官は、捜査に支障を生ずる虞がないと認めるときは、被告人、被疑者又は弁護人を前項の尋問に立ち会わせることができる。

参❶【裁判官の権限↓一四三―一六四【証人尋問調書の証拠能力↓三二一①㈠　❷【被告人等の立会い↓一五七、刑訴規一六二、憲三七③

[1] 一　**関係者の立会い**
本条二項で被告人、被疑者又は弁護人の立会いを任意にしたからといって、憲法三七条二項に違反しない。（最大判昭27・6・18刑集六・六・八〇〇）

[2] 刑訴法二二六条、二二七条に基づく裁判官の証人尋問に際しては、本条二項は弁護人の立会いを任意にしているのであるから、一五七条二項の適用はない。（最決昭28・3・18刑集七・三・五六八）

[3] 刑訴法二二七条の証人尋問に当たって被告人、弁護人のいずれか又はその双方あるいは弁護人中の何名に立会いを許すか、また、どの程度の準備の余裕を与えるかということは、裁判官の裁量に属する。（最決昭28・4・25刑集七・四・八七六）

[4] 検察官には本条二項及び刑訴規則一六二条のような特則がないから、一般原則である刑訴法一五七条一項等の規定によって、立会権がある。（大阪高判昭32・12・18高刑裁特四・二三・六三七）

二　**証人尋問への関与と除斥原因**↓二〇条[15]

第二二九条【検視】① 変死者又は変死の疑のある死体があるときは、その所在地を管轄する地方検察庁又は区検察庁の検察官は、検視をしなければならない。

② 検察官は、検察事務官又は司法警察員に前項の処分をさせることができる。

参【臓器移植との関係↓臓器移植七

第二三〇条【告訴権者】 犯罪により害を被つた者は、告訴をすることができる。

一　**告訴権者（被害者）**
1　**親告罪における被害者**
イ　**被害者であるとされた事例**

[1] 信書開封罪につき、信書到達前における発信人、信書到達後における発信人及び受信人〔旧法事件〕（大判昭11・3・24刑集一五・三〇七）↓刑一三五条[7]

[2] 未成年者誘拐罪につき、親に代わり養育・保護し、事実上の監護権を有する者（福岡高判昭31・4・14高刑裁特三・八・四〇九、刑百選Ⅱ[五版]一一）↓刑二二四条[7]

[3] 家屋ブロック塀の損壊につき、当該塀、その所在する土地及び土地上の家屋の共有者の一人の妻で、米国出稼ぎ中の夫の留守を守って子供らと居住し、右塀により居住の平穏を維持していた者（最判昭45・12・22刑集二四・一三・一八六二）

[4] 飲食店の窓ガラス等の損壊につき、当該店舗の賃借人（仙台高判昭39・3・19高刑一七・二・二〇六）

[5] 刑法二六二条に規定する自己の物の損壊につき、差押権利者、物権取得者、賃借人〔旧法事件〕（大判昭14・2・7刑集一八・二〇）↓[19]

[6] 映画著作物の著作権者から独占的にビデオグラムの形態により複製・頒布・上映することを許諾されたいわゆる独占ビデオ化権者（最決平7・4・4刑集四九・四・五六三、著作百選[五版]一一一）

ロ　**被害者ではないとされた事例**

[7] 未成年者誘拐罪につき、事実上未成年者を監督している雇主〔旧法事件〕（大判大7・11・11刑録二四・一三二六）

[8] 妻に対する名誉毀損につき、その夫〔旧法事件〕（大判明44・6・8刑録一七・一一〇二）

2　**告訴する法人等の代表者**
イ　**該当するとされた事例**

[9] 株式会社の所有物の損壊につき、新取締役の就任前における従前の代表取締役（最決昭31・7・3刑集一〇・七・九九九）↓二七条[1]

[10] 地方裁判所支部庁舎の玄関扉のガラス等の損壊につき、当該地方裁判所長（最決昭33・7・10刑集一二・一一・二五〇〇）

[11] 地方公共団体の設置・管理する高等学校の校庭の損壊につき、当該地方公共団体の長（最決昭35・12・27刑集一四・一四・二二二九）↓刑二六一条[5]

ロ　**該当しないとされた事例**

[12] 株式会社の所有物の損壊につき、代表取締役でもなく支配人の資格もない工場長（大阪高判昭29・4・26高刑判特二八・一二〇）

二　**告訴の能力**

[13] 強姦の被害者が告訴当時一三歳一一箇月であっても、告訴の訴訟能力がある。（最決昭32・9・26刑集一一・九・二三七六）

三　**告訴の意思**

刑訴

14 告訴ありとするには、被害者から検察官又は司法警察員に対し、犯罪事実につき犯人の処罰を求める旨の意思表示があれば足りる。（旧法事件）（最判昭26・7・12刑集五・八・一四二七……検察官が作成した被害者の聴取書中の供述記載を告訴と認めたもの）

四　告訴の対象と公訴事実

15 強姦未遂として告訴があった事実は、強制わいせつとして処罰し得る。（高松高判昭27・4・24高刑五・八・一一九三）

16 営利目的誘拐として告訴があった事実は、わいせつ目的誘拐として処罰し得る。（旧法事件）（大判大13・4・25刑集三・三六〇）

五　告訴の効力

1　共有者の一人がした告訴

17 器物の共有者の一人が当該器物の損壊に対して告訴をしたときは、告訴人の持分の多少にかかわらず、共有物全体についての告訴として効力を有する。（最決昭35・12・22刑集一四・一四・二二〇四）

2　告訴人の死亡等

18 告訴人が告訴後死亡しても、その告訴の効力に影響はない。（旧法事件）（大判昭12・12・23刑集一六・一六九八）→二三七条1

19 告訴人が、告訴後、告訴権の基礎となった抵当権等を譲渡したためその資格を喪失しても、その告訴の効力に影響はない。（旧法事件）（大判昭14・2・7前出5）

3　告訴の客観的不可分→二三八条2 3

六　告訴の追完

20 器物損壊罪の告訴が公訴提起後になされたときは、有罪の判決をすることはできない。（名古屋高判昭25・12・25高刑判特一四・一一五、刑訴百選［二版］三一）

21 被害者を異にする二つの名誉毀損の事実が観念的競合の関係にあり、その両者について公訴提起がなされたが、その一方につき有効な告訴が欠けていたという場合には、告訴を欠いた状態で訴因として掲げられた事実について、後に適法な告訴がなされれば、いわゆる告訴の追完が認められ、その事実についてもそのまま審判をすることができる。（東京地判平9・9・25判タ九八四・二八八）→三三八条9

22 訴因変更と告訴の追完（東京地判昭58・9・30判時一〇九一・一五九、刑訴百選［一〇版］四八）→三三八条8

七　告訴前の捜査→一八九条3

第二三一条【同前】① 被害者の法定代理人は、独立して告訴をすることができる。

② 被害者が死亡したときは、その配偶者、直系の親族又は兄弟姉妹は、告訴をすることができる。但し、被害者の明示した意思に反することはできない。

§❶【法定代理人→民八一八・八一九・八三八―八四七

一　親権者の告訴→二八条1

二　「独立して」の意義

1 法定代理人の告訴権は、独立して行使できる固有権である。（最決昭28・5・29刑集七・五・一一九五）→二三六条1

2 法定代理人の告訴又はその取消しは、本人の告訴権に影響を及ぼさない。（東京高判昭31・6・19東高刑七・六・二四一）

第二三二条【同前】被害者の法定代理人が被疑者であるとき、被疑者の配偶者であるとき、又は被疑者の四親等内の血族若しくは三親等内の姻族であるときは、被害者の親族は、独立して告訴をすることができる。

§【法定代理人→二三一 §

第二三三条【同前】① 死者の名誉を毀損した罪については、死者の親族又は子孫は、告訴をすることができる。

② 名誉を毀損した罪について被害者が告訴をしないで死亡したときも、前項と同様である。但し、被害者の明示した意思に反することはできない。

§【死者の名誉毀損罪→刑二三〇② 【親族→民七二五

第二三四条【告訴権者の指定】親告罪について告訴をすることができる者がない場合には、検察官は、利害関係人の申立により告訴をすることができる者を指定することができる。

§【親告罪の例→刑一三五、二〇九、二二九、二三二、二四四、二五一、二五五、二六四、著作一二三【告訴権者→二三〇―二三三

第二三五条【告訴期間】親告罪の告訴は、犯人を知つた日から六箇月を経過したときは、これをすることができない。ただし、刑法第二百三十二条第二項の規定により外国の代表者が行う告訴及び日本国に派遣された外国の使節に対する同法第二百三十条又は第二百三十一条の罪につきその使節が行う告訴については、この限りでない。

§【親告罪→二三四 §

一　「犯人を知つた」の意義

1 「犯人を知つた」とは、犯人が誰かを知ることをいい、犯人の住所・氏名等の詳細を知る必要はないが、少なくとも犯人の何人たるかを特定し得る程度に認識することを要する。（最決昭39・11・10刑集一八・九・五四七）

2 強姦の犯行に用いた脅迫行為において、被害者の娘の不倫関係に言及した場合のように、犯人とその告訴権者やその身辺の者との特殊な関係を暗示させる内容が含まれているため、告訴するかどうかの判断に当たって、右関係の詳しい内容が影響するような特別な事情があるときは、その点を含めて犯人が誰であるかを知った時から告訴期間を起算する。（東京高判平9・7・16高刑五〇・二・一二一、重判平10刑訴三）

二　「犯人を知つた日」の意義

3 「犯人を知つた日」とは、犯罪行為終了後の日を指し、告訴権者が犯罪の継続中に犯人を知ったとしても、その日を親告罪の告訴期間の起算日とすることはできない。（最決昭45・12・17刑集二四・一三・一七六五）

三　告訴後の婚姻

4 わいせつ目的誘拐罪において、被誘拐者が告訴をした後、犯人と婚姻したときは、その婚姻の成立が公訴提起後であっても、告訴はその効力を失う。（名古屋高金沢支判昭32・3・12高刑一〇・二・一五七）

第二三六条【告訴期間の独立】告訴をすることができる者が数人ある場合には、一人の期間の徒過は、他の者に対しその効力を及ぼさない。

§【告訴権者→二三〇―二三三【期間→二三五

被害者とその法定代理人

1 被害者が犯人を知った時から六箇月を経過していても、法定代理人がこれを知った時から六箇月以内にした親告罪の告訴は有効である。（最決昭28・5・29刑集七・五・一一九五）→二三一条1

第二三七条【告訴の取消し】① 告訴は、公訴の提起があるまでこれを取り消すことができる。

② 告訴の取消をした者は、更に告訴をすることができない。

③ 前二項の規定は、請求を待つて受理すべき事件についての請求についてこれを準用する。

§❶【告訴取消しの手続→二四〇、二四三、二四四【告訴取消しの不可分→二三八　❸【請求を待って受理すべき事件→刑九二、労調四二

一　取消権者

[1]　名誉毀損罪の被害者が告訴をした後死亡した場合、家督相続人がその告訴を取り消すことはできない。〔旧法事件〕（大判昭12・12・23刑集一六・一六九八）↓二三〇条[18]

[2]　被害者の法定代理人であっても、被害者本人のした告訴を取り消すには、本人からの特別の授権を必要とする。（高松高判昭27・8・30高刑五・一〇・一六〇四）

二　取消しの時期

[3]　公訴提起後の告訴の取消しは、親告罪の訴因の予備的追加前であっても無効である。（東京高判昭33・11・12高刑一一・九・五五〇）

三　告発の取消しへの準用

[4]　国税犯則取締法〔平成二九法四による改正後の国税通則法一一章〕による収税官吏のした告発は、これを取り消すことができるが、告発を待って受理すべき事件については本条二項は準用されないから、再度の告発も有効である。（東京高判昭28・6・26高刑六・九・一一五九）

第二三八条【告訴の不可分】　①　親告罪について共犯の一人又は数人に対してした告訴又はその取消は、他の共犯に対しても、その効力を生ずる。

②　前項の規定は、告発又は請求を待つて受理すべき事件についての告発若しくは請求又はその取消についてこれを準用する。

⊛+【親告罪↓二三四⊛【共犯↓刑六〇―六五【請求を待って受理すべき事件↓刑九二、労調四二【告発を待って受理すべき事件↓独禁九六、議院証言八

一　告訴の不可分

1　主観的不可分

[1]　共謀の上、順次強姦したとされた事案が、共謀はなく連続して犯された各自の単独犯行であると判明したときは、共犯者とされていた者一名に対する告訴の取消しは、単独犯行であることが明らかになった他の者に対してはその効力を生じない。（大阪高判昭40・9・28下刑七・九・一七九四）

2　客観的不可分

イ　包括一罪

[2]　とうもろこしのまかれてあった畑地の土壌を窃取したとの告訴の効力は、これと一罪の関係にあるとうもろこしの損壊にも及ぶ。（東京高判昭33・5・31高刑一一・五・二五七）

ロ　科刑上一罪

[3]　わいせつ目的誘拐罪の告訴の効力は、これと牽連〔けんれん〕犯の関係にある強制わいせつ罪にも及ぶ。（東京高判昭45・12・3刑月二・一二・一二五七）

[4]　観念的競合の関係にある二個の恐喝未遂が、それぞれ被害者を異にする親告罪であるときは、一人の告訴は、他の者の被害事実にはその効力を及ぼさない。（東京高判昭30・4・23高刑八・四・五二二）

二　告発の不可分

1　主観的不可分

[5]　酒税法違反被告事件につき共犯の一人に対してした告発は、他の共犯にもその効力が及ぶ。（最判昭30・2・8刑集九・二・二〇七）

2　客観的不可分

[6]　間接国税犯則事件につき収税官吏のした告発は、逋脱〔ほだつ〕税額の一部に対するものであっても、包括一罪の関係にある全ての行為にその効力が及ぶ。（最決昭30・11・1刑集九・一二・二三五三）

[7]　関税逋脱犯則事件につき税関長のした告発は、観念的競合の関係にある無許可輸入罪にもその効力が及ぶ。（最決昭38・3・19刑集一七・二・一〇二）

[8]　議院証言法八条による告発が、偽証罪として一罪を構成する数個の陳述の一部分についてされた場合、告発の効力は、他の陳述部分にも及ぶ。（最判平4・9・18刑集四六・六・三五五〈ロッキード事件全日空ルート〉刑訴百選[八版]四六）

第二三九条【告発】　①　何人でも、犯罪があると思料するときは、告発をすることができる。

②　官吏又は公吏は、その職務を行うことにより犯罪があると思料するときは、告発をしなければならない。

⊛+【告発義務の他の例↓爆発八、議院証言八

一　告発権者

[1]　弁護士会は、人権に関する事件につき、告発する権能を有する。（最決昭36・12・26刑集一五・一二・二〇五八）↓二六二条[2]

二　告発を訴訟条件とする犯罪

1　該当するもの

[2]　議院における証人の宣誓及び証言等に関する法律に規定する偽証罪については、議院、委員会又は両議院合同審査会の告発が訴訟条件である。〔旧法事件〕（最大判昭24・6・1刑集三・七・九〇一）

[3]　間接国税に関する犯則事件については、〔旧〕国税犯則取締法の規定による収税官吏の告発が訴訟条件である。（最判昭28・9・24刑集七・九・一八二五）

2　該当しないもの

[4]　地方議会の議事進行に関する議員の刑事事件では、議会又は議長の告訴、告発は訴訟条件ではない。（最大判昭42・5・24刑集二一・四・五〇五、自治百選[四版]六九）

[5]　国会議場内における国会議員の行為に対する刑事訴追では、議院の告訴又は告発は訴訟条件ではない。（東京高判昭44・12・17高刑二二・六・九二四、重判昭44憲六）

三　告発の要件

[6]　関税逋脱〔ほだつ〕事件につき、法人のために行為する者に対し税関長が懲役刑相当として直接告発する場合には、法人に対しても通告なしに告発することができる。（最判昭34・5・8刑集一三・五・六五七）

四　告発の効力

1　告発の及ぶ範囲↓二三八条[5]～[8]

2　告発に瑕疵〔かし〕があるとき

[7]　収税官吏が、国税犯則取締法一三条〔平成二九法四による改正後の国税通則法一五六条〕一項ただし書所定の事由があるとして、直ちに告発した場合においても、その要件事実の有無の判断に誤りがあるときは、告発は無効である。（最判昭47・10・24刑集二六・八・四五五）

[8]　告発状の方式に刑訴規則五八条違反の瑕疵がある場合でも、その体裁・形式・記載内容等から告発人の真意に基づいて作成されたものであることが容易に推認できるときは、告発は有効である。（最判昭59・2・24刑集三八・四・一二八七、重判昭59刑訴三）↓二四一条[2]

第二四〇条【告訴の代理】　告訴は、代理人によりこれをすることができる。告訴の取消についても、同様である。

⊛+【告訴↓二三〇―二三三【告訴の取消し↓二三七

一　代理の範囲

[1]　本条の代理は、告訴権者が自ら決定した意思を代理人が表示する表示代理のみではなく、告訴をするか否かの意思決定を代理人が行う意思代理をも含む。（東京高判昭40・2・19高刑一八・二・七五）

二　代理の方式

[2]　代理人による告訴の取消しは、その代理権の存在が実質的に証明される限り適法・有効であり、必ずしも被害者本人の委任状の添付又は告訴取消調書に「代理」の記載があることを要しない。（最判昭35・8・19刑集一四・一〇・一四〇七）

第二四一条【告訴・告発の方式】　①　告訴又は告発は、書面又は口頭で検察官又は司法警察員にこれをしなければならない。

② 検察官又は司法警察員は、口頭による告訴又は告発を受けたときは調書を作らなければならない。

一　書面による告訴・告発
[1] 国税犯則取締法一三条〔平成二九法四による改正後の国税通則法一五六条〕による告発書には、犯罪事実の申告及び訴追の意思表示があれば足り、同条一項各号〔現国税通則法一五六条一項各号〕の事由の明示は必要ではない。（最決昭34・3・12刑集一三・三・三〇二）
[2] 独禁法九六条所定の告発状の方式には刑訴規則五八条の適用ないし準用があり、公正取引委員会委員長の署名押印が必要である。（最判昭59・2・24刑集三八・四・一二八七、重判昭59刑訴三）→二三九条[8]
二　口頭による告訴
[3] 電話による親告罪の告訴は、口頭による告訴の一形式として当然に許容されるものではない。（東京高判昭35・2・11高刑一三・一・四七）
三　受理権者
[4] 検察事務官が、検察官の命ずるところにより、被害者の口頭による告訴の調書を作成しても、適法な告訴の受理とはいえない。（大阪高判昭26・2・5高刑四・二・一〇〇）
四　告訴調書
[5] 犯罪の被害者又はその法定代理人の検察官又は司法警察員に対する供述調書であっても、被害者らの犯罪事実の申告及び犯人の処罰を求める意思表示を録取したものであれば、告訴調書として有効である。（最決昭34・5・14刑集一三・五・七〇六）

第二四二条【告訴・告発を受けた司法警察員の手続】司法警察員は、告訴又は告発を受けたときは、速やかにこれに関する書類及び証拠物を検察官に送付しなければならない。
　⊛二四六、捜査規範二章二節

第二四三条【準用規定】前二条の規定は、告訴又は告発の取消についてこれを準用する。

第二四四条【外国代表者等の告訴の特別方式】刑法第二百三十二条第二項の規定により外国の代表者が行う告訴又はその取消は、第二百四十一条及び前条の規定にかかわらず、外務大臣にこれをすることができる。日本国に派遣された外国の使節に対する刑法第二百三十条又は第二百三十一条の罪につきその使節が行う告訴又はその取消も、同様である。

第二四五条【自首】第二百四十一条及び第二百四十二条の規定は、自首についてこれを準用する。
　⊛【自首→刑四二・八〇・九三・二二八の三、捜査規範六三・六四・六八

使者等を介する自首
[1] 犯行発覚前に次男を介して駐在所の司法警察吏にその犯行を申告したときは、有効な自首である。〔旧法事件〕（最判昭23・2・18刑集二・二・一〇四）→刑四二条[2]
[2] 代理人による自首は認められない。（名古屋高判昭29・7・5高刑裁特一・一・六）

第二四六条【司法警察員から検察官への事件の送致】司法警察員は、犯罪の捜査をしたときは、この法律に特別の定のある場合を除いては、速やかに書類及び証拠物とともに事件を検察官に送致しなければならない。但し、検察官が指定した事件については、この限りでない。
　⊛【特別の定め→二〇三・二一一・二一六・二四二・二四五、少四一

〔参考〕**犯罪捜査規範**（昭和三二・七・一一国公委規二）（抜粋）
第一九八条（微罪処分ができる場合）捜査した事件について、犯罪事実が極めて軽微であり、かつ、検察官から送致の手続をとる必要がないとあらかじめ指定されたものについては、送致しないことができる。
第一九九条（微罪処分の報告）前条の規定により送致しない事件については、その処理年月日、被疑者の氏名、年令、職業及び住居、罪名並びに犯罪事実の要旨を一月ごとに一括して、微罪処分事件報告書（別記様式第十九号）により検察官に報告しなければならない。
第二〇〇条（微罪処分の際の処置）第百九十八条（微罪処分ができる場合）の規定により事件を送致しない場合には、次の各号に掲げる処置をとるものとする。
一　被疑者に対し、厳重に訓戒を加えて、将来を戒めること。
二　親権者、雇主その他被疑者を監督する地位にある者又はこれらの者に代わるべき者を呼び出し、将来の監督につき必要な注意を与えて、その請書を徴すること。
三　被疑者に対し、被害者に対する被害の回復、謝罪その他適当な方法を講ずるよう諭すこと。

第二章　公訴

第二四七条【国家訴追主義】公訴は、検察官がこれを行う。
　⊛【例外→二六二―二六八、検審四一の一〇

一　憲法との関係
[1] 憲法三二条は、いわゆる被害者訴追主義又は一般訴追主義を保障した規定ではない。（最大判昭27・12・24民集六・一一・一二一四）→二四八条[5]
二　公訴の提起・追行と嫌疑の程度
[2] 公訴の提起は、検察官が裁判所に対して犯罪の成否、刑罰権の存否につき審判を求める意思表示であるから、起訴時あるいは公訴追行時における検察官の心証は、その性質上、判決時における裁判官の心証と異なり、その時点における各種の証拠資料を総合勘案して合理的な判断過程により有罪と認められる嫌疑があれば足りる。（最判昭53・10・20民集三二・七・一三六七〈芦別国家賠償請求事件〉刑訴百選〔一〇版〕三七）→[8]、国賠一条[88]
三　捜査手続の違法・不当と公訴提起の効力
[3] 逮捕の際、犯人に対して警察官による暴行陵虐の行為があったとしても、そのために公訴提起が憲法三一条に違反し無効となるものではない。（最判昭41・7・21刑集二〇・六・六九六、刑訴百選〔一〇版〕A15）
[4] 捜査手続に違法があるとしても、それが必ずしも公訴提起の効力を当然に失わせるものでないことは、検察官の極めて広範な裁量にかかる公訴提起の性質に鑑み明らかである。（最判昭44・12・5刑集二三・一二・一五八三、少年百選二〇）
[5] 公訴提起を含む検察段階の措置に被告人に対する不当な差別や裁量権の逸脱等がないときは、被告人と対向的な共犯関係に立つ疑いのある者の一部が、警察段階の捜査において不当に有利な取扱いを受けたことがあったとしても、被告人に対する公訴提起の効力は、否定されない。（最判昭56・6・26刑集三五・四・四二六〈赤碕町長選挙違反事件〉刑訴百選〔五版〕二三）
[6] いわゆるおとり捜査（最決昭28・3・5刑集七・三・四八二、刑訴百選〔四版〕A1）→一九七条[35]
四　少年事件の不起訴と成人後の再起
[7] 犯行時一六歳の少年の業務上過失傷害被疑事件について、検察官への事件送致までに約二年一一か月を要した上、一旦は嫌疑不十分を理由に不起訴処分（家庭裁判所へ送致しない処分）とされたため、被疑者が成人に達して家庭裁判所で審判を受ける機会が失われたとしても、運転者の特定に日時を要し、検察官が嫌疑不十分と判断し不起訴処分にしたのもやむを得ないなどの事情がある場合には、警察官及び検察官の各措置に、家庭裁判所の審判の機会が失われることを知りな

がら殊更捜査を遅らせたり、不起訴処分にしたり、あるいは、特段の事情もなくいたずらに事件の処理を放置したりするなどの極めて重大な職務違反があるとは認められず、これらの捜査等の手続に違法はない。また、同人が成人に達した後、検察官が、改めて補充捜査等を行い、同人に嫌疑が認められると判断した上、事件を再起してした本件公訴提起自体にも違法とすべきところはなく、公訴提起が無効であるとはいえない。〔最決平25・6・18刑集六七・五・六五三、重判平25刑訴二〕

五　無罪判決の確定と訴追の違法性

[8] 無罪の判決が確定した場合においても、公訴の提起時において、検察官が現に収集した証拠資料及び通常要求される捜査を遂行すれば収集し得た証拠資料を総合勘案して合理的な判断過程により有罪とみとめられる嫌疑があれば、当該公訴の提起は違法性を欠く。（最判平元・6・29民集四三・六・六六四、重判平元刑訴四）→[2]

[9] 再審により無罪判決が確定した場合（最判平2・7・20民集四四・五・九三八〈弘前事件〉重判平2刑訴五……一般の場合と同様に処理した）→国賠一条[82][89]

[参考] **検察審査会法**（昭和二三・七・一二法一四七）（抜粋）

第三九条の五【議決】① 検察審査会は、検察官の公訴を提起しない処分の当否に関し、次の各号に掲げる場合には、当該各号に定める議決をするものとする。

一　起訴を相当と認めるとき　起訴を相当とする議決

二　前号に掲げる場合を除き、公訴を提起しない処分を不当と認めるとき　公訴を提起しない処分を不当とする議決

三　公訴を提起しない処分を相当と認めるとき　公訴を提起しない処分を相当とする議決

② 前項第一号の議決をするには、第二十七条の規定にかかわらず、検察審査員八人以上の多数によらなければならない。

第四一条【検察官の処分義務】① 検察審査会が第三十九条の五第一項第一号の議決をした場合において、前条の議決書の謄本の送付があつたときは、検察官は、速やかに、当該議決を参考にして、公訴を提起すべきか否かを検討した上、当該議決に係る事件について公訴を提起し、又はこれを提起しない処分をしなければならない。

② 検察審査会が第三十九条の五第一項第二号の議決をした場合において、前条の議決書の謄本の送付があつたときは、検察官は、速やかに、当該議決を参考にして、当該公訴を提起しない処分の当否を検討した上、当該議決に係る事件について公訴を提起し、又はこれを提起しない処分をしなければならない。

③ 検察官は、前二項の処分をしたときは、直ちに、前二項の検察審査会にその旨を通知しなければならない。

第四一条の二【再度の不起訴処分の審査】① 第三十九条の五第一項第一号の議決をした検察審査会は、検察官から前条第三項の規定による公訴を提起しない処分をした旨の通知を受けたときは、当該処分の当否の審査を行わなければならない。ただし、次項の規定による審査が行われたときは、この限りでない。

② 第三十九条の五第一項第一号の議決をした検察審査会は、第四十条の規定により当該議決に係る議決書の謄本の送付をした日から三月（検察官が当該検察審査会に対し三月を超えない範囲で延長を必要とする期間及びその理由を通知したときは、その期間を加えた期間）以内に前条第三項の規定による通知がなかつたときは、その期間が経過した時に、当該議決があつた公訴を提起しない処分と同一の処分があつたものとみなして、当該処分の当否の審査を行わなければならない。ただし、審査の結果議決をする前に、検察官から同項の規定による公訴を提起しない処分をした旨の通知を受けたときは、当該処分の当否の審査を行わなければならない。

第四一条の六【起訴議決】① 検察審査会は、第四十一条の二の規定による審査を行つた場合において、起訴を相当と認めるときは、第三十九条の五第一項第一号の規定にかかわらず、起訴をすべき旨の議決（以下「起訴議決」という。）をするものとする。起訴議決をするには、第二十七条の規定にかかわらず、検察審査員八人以上の多数によらなければならない。

② 検察審査会は、起訴議決をするときは、あらかじめ、検察官に対し、検察審査会議に出席して意見を述べる機会を与えなければならない。

③ 検察審査会は、第四十一条の二の規定による審査を行つた場合において、公訴を提起しない処分の当否について起訴議決をするに至らなかつたときは、第三十九条の五第一項の規定にかかわらず、その旨の議決をしなければならない。

第四一条の七【議決書の作成及び送付】① 検察審査会は、起訴議決をしたときは、議決書に、その認定した犯罪事実を記載しなければならない。この場合において、検察審査会は、できる限り日時、場所及び方法をもつて犯罪を構成する事実を特定しなければならない。

②（略）

③ 検察審査会は、第一項の議決書を作成したときは、第四十条に規定する措置をとるほか、その議決書の謄本を当該検察審査会の所在地を管轄する地方裁判所に送付しなければならない。ただし、適当と認めるときは、起訴議決に係る事件の犯罪地又は被疑者の住所、居所若しくは現在地を管轄するその他の地方裁判所に送付することができる。

第四一条の九【指定弁護士】① 第四十一条の七第三項の規定による議決書の謄本の送付があつたときは、裁判所は、起訴議決に係る事件について公訴の提起及びその維持に当たる者を弁護士の中から指定しなければならない。

②（略）

③ 指定弁護士（第一項の指定を受けた弁護士及び第四十一条の十一第二項の指定を受けた弁護士をいう。以下同じ。）は、起訴議決に係る事件について、次条の規定により公訴を提起し、及びその公訴の維持をするため、検察官の職務を行う。ただし、検察事務官及び司法警察職員に対する捜査の指揮は、検察官に嘱託してこれをしなければならない。

④―⑥（略）

第四一条の一〇【公訴の提起】① 指定弁護士は、速やかに、起訴議決に係る事件について公訴を提起しなければならない。（後略）

②③（略）

第二四八条【起訴便宜主義】 犯人の性格、年齢及び境遇、犯罪の軽重及び情状並びに犯罪後の情況により訴追を必要としないときは、公訴を提起しないことができる。

㊮＋【公訴提起の手続↓二五六【不起訴処分の告知等↓二五九―二六一【二六二―二六八、検審二①【例外↓少四五[五]

一　公訴権の濫用

[1] 多数の同種の違反者が検挙されずあるいは起訴されなかつた場合に、被告人らのみが起訴、処罰されても憲法一四条に違反しない。〔旧法事件〕（最判昭26・9・14刑集五・一〇・一九三三）

[2] 共同正犯者中一人のみが起訴、処罰されたとしても憲法一四条に違反しない。（最判昭33・10・24刑集一二・一四・三三八五）

[3] 本条、検察庁法四条、刑訴法一条、刑訴規則一条二項などを総合して考えると、検察官の裁量権の逸脱が公訴の提起を無効ならしめる場合のあり得ることを否定することはできないが、それはたとえば公訴の提起自体が職務犯罪を構成するような極限的な場合に限られる。（最決昭55・12・17刑集三四・七・六七二〈チッソ川本事件〉刑訴百選[一〇版]三八）↓四一一条[30]

二　不起訴処分の効力

[4] 検察官が一旦不起訴にした罪を後日になって起訴しても、憲法三九条の二重処罰禁止に違反しない。（最判昭32・5・24刑集一一・五・一五四〇）

三　不起訴処分に対する不服申立て

[5] 検察官の不起訴処分に対しては、民事訴訟ないし行政訴訟

を提起することは許されない。（最大判昭27・12・24民集六・一一・一二二四）↓二四七条[7]

第二四九条【公訴の効力の人的範囲】 公訴は、検察官の指定した被告人以外の者にその効力を及ぼさない。

【被告人の指定↓二五六【共犯との関係↓二五四【被告人以外の者に対する裁判↓三七八[三]

被告人の特定↓二五六条[2]〜[5]

第二五〇条【公訴時効期間】 ① 時効は、人を死亡させた罪であつて禁錮以上の刑に当たるもの（死刑に当たるものを除く。）については、次に掲げる期間を経過することによつて完成する。

一　無期の懲役又は禁錮に当たる罪については三十年
二　長期二十年の懲役又は禁錮に当たる罪については二十年
三　前二号に掲げる罪以外の罪については十年

② 時効は、人を死亡させた罪であつて禁錮以上の刑に当たるもの以外の罪については、次に掲げる期間を経過することによつて完成する。

一　死刑に当たる罪については二十五年
二　無期の懲役又は禁錮に当たる罪については十五年
三　長期十五年以上の懲役又は禁錮に当たる罪については十年
四　長期十五年未満の懲役又は禁錮に当たる罪については七年
五　長期十年未満の懲役又は禁錮に当たる罪については五年
六　長期五年未満の懲役若しくは禁錮又は罰金に当たる罪については三年
七　拘留又は科料に当たる罪については一年

＊令和四法六七（令和七・六・一六までに施行）による改正後

第二五〇条【公訴時効期間】 ① 時効は、人を死亡させた罪であつて拘禁刑に当たるものについては、次に掲げる期間を経過することによつて完成する。

一　無期拘禁刑に当たる罪については三十年
二　長期二十年の拘禁刑に当たる罪については二十年
三　（略）

② 時効は、人を死亡させた罪であつて拘禁刑以上の刑に当たるもの以外の罪については、次に掲げる期間を経過することによつて完成する。

一　（略）
二　無期拘禁刑に当たる罪については十五年
三　長期十五年以上の拘禁刑に当たる罪については十年
四　長期十五年未満の拘禁刑に当たる罪については七年
五　長期十年未満の拘禁刑に当たる罪については五年
六　長期五年未満の拘禁刑又は罰金に当たる罪については三年
七　（略）

【期間の計算↓五五、二五三【時効完成の効果↓三三七[四]【両罰規定と時効期間↓公害犯罪六【刑の時効↓刑三二―三四

一　犯罪後の公訴時効の廃止と公訴時効期間の延長

[1] 人を死亡させた罪であって禁錮以上の刑に当たるものにつき公訴時効を廃止又は公訴時効期間を延長した改正法（平成二二法二六）を、その施行前に犯された罪であって、施行の際に公訴時効が完成していないものについて適用するとした規定（同法附則三条二項）は、行為時点における違法性の評価や責任の重さを遡って変更するものではなく、また、被疑者・被告人となり得る者につき既に生じていた法律上の地位を著しく不安定にするようなものでもないから、憲法三九条、三一条に違反せず、それらの趣旨にも反しない。（最判平27・12・3刑集六九・八・八一五、刑訴百選[一〇版]四一）↓憲三九条[2]

二　犯罪後における刑の変更

[2] 犯罪後の法律により刑の変更があった場合における公訴時効の期間は、法律の規定により当該犯罪事実に適用すべき罰条の法定刑によって定まる。（最決昭42・5・19刑集二一・四・四九四、重判昭42刑訴三）↓刑六条[25]

三　時効期間算定の基準

1　科刑上一罪

イ　観念的競合犯

[3] いわゆる観念的競合犯の場合における公訴の時効期間算定については、各別に論ずることなく、これを一体として観察し、その最も重い罪の刑につき定めた時効期間によるのが相当である。（最判昭41・4・21刑集二〇・四・二七五、刑訴百選[二版]三二）

ロ　牽連［けんれん］犯

[4] 牽連犯において、目的行為がその手段についての公訴時効期間の満了前に実行されたときは、両者の公訴時効は不可分的に最も重い罪を標準に最終行為の時より起算すべきである。（最判昭47・5・30民集二六・四・八二六）

2　身分犯の共犯

[5] 公訴時効期間は、犯人に科される刑を基準として定められるから、他人の物の非占有者が業務上占有者と共謀して横領した場合における非占有者に対する公訴時効の期間は、業務上横領罪（成立する犯罪）ではなく、横領罪に対応するものとなる。（最判令4・6・9【令3あ八二一】）

3　両罰規定

[6] 取引高税法四八条一項［平成二法二二による全部改正前のもの］の両罰規定における事業主たる法人又は人に対する公訴の時効は、違反行為をした従業者に対する法定刑ではなく、その法人又は人に対する法定刑である罰金刑につき定められた三年の期間を経過することによって完成する。（最大判昭35・12・21刑集一四・一四・二一六二）

四　訴因と公訴時効

[7] 訴因の変更があった事件に対する公訴時効完成の有無は、起訴の時を基準として判断すべきであって、訴因変更の時を基準として判断すべきではない。（最決昭29・7・14刑集八・七・一一〇〇）↓三三七条[15]

[8] 検察官が犯行後一年一月余を経過したときに名誉毀損罪（公訴時効は三年）として起訴した公訴事実を、裁判所が侮辱罪（公訴時効は一年）に該当する所為と認めるときは、公訴時効が完成したものとして、免訴の言渡しをすべきである。（最判昭31・4・12刑集一〇・四・五四〇）

第二五一条【時効期間の標準となる刑】 二以上の主刑を併科し、又は二以上の主刑中その一を科すべき罪については、その重い刑に従つて、前条の規定を適用する。

【主刑↓刑九【刑の軽重↓刑一〇【併科の例↓刑二五六②

二種の法定刑が定められている場合

[1] 旧物品税法一八条一項と二項とは犯罪の情状により処断刑を異にする旨を明示したにとどまり、各別個の犯罪を規定しその処断刑を定めたものではないから、時効期間は本条により重い刑に従うべきである。（福岡高判昭29・4・28高刑七・四・五九五）

第二五二条【同前】 刑法により刑を加重し、又は減軽すべき場合には、加重し、又は減軽しない刑に従つて、第二百五十条の規定を適用する。

【加重↓刑四七、五七【減軽↓刑六八、七一

第二五三条【時効の起算点】 ① 時効は、犯罪行為が終つた時から進行する。

② 共犯の場合には、最終の行為が終つた時から、すべての共犯に対して時効の期間を起算する。

【時効期間↓二五〇、五五【共犯↓刑六〇―六五、二五四②

一「犯罪行為」

[1] 本条一項にいう「犯罪行為」とは、刑法各条所定の結果をも含む。（最決昭63・2・29刑集四二・二・三一四〈熊本水俣病事件〉刑訴百選[一〇版]四二）→一条[9]、刑二一一条[3]

二 「終つた時」

1 継続犯等

[2] 外国人登録令所定の登録不申請罪に対する公訴の時効は、所定の申請期間の経過の時からその進行を始めるものでなく、その後申請義務の履践によって、その義務が消滅した時を標準として起算すべきである。（最判昭28・7・31刑集七・一六五四）

[3] 現況調査に訪れた執行官に虚偽事実を陳述等する行為が「公の競売又は入札の公正を害すべき行為」（刑法九六条の三第一項〔平成二三法七四による改正前〕）に当たる場合でも、その時点をもって「犯罪行為が終つた時」と解すべきではなく、虚偽事実の陳述等に基づく競売手続が進行する限り、「犯罪行為が終つた時」には至らない。（最決平18・12・13刑集六〇・一〇・八五七、重判平19刑訴二）→刑九六条の四[7]

2 科刑上一罪―観念的競合犯

[4] 観念的に競合するいわゆる構造型過失犯における公訴時効期間の算定については、その全部を一体として観察し、最終の結果が発生した時から起算すべきである。（最決昭63・2・29前出[1]）→一条[9]

3 包括一罪

[5] 包括一罪の公訴時効は、その最終の犯罪行為が終わった時から進行する。（最判昭31・8・3刑集一〇・八・一二〇二）

4 営業犯

[6] 営業犯の公訴時効は、いわゆる包括一罪の場合と同様に、その最後の犯罪行為が終わつた時から進行する。（最決昭31・10・25刑集一〇・一〇・一四四七）

三 「最終の行為」（二項）

[7] 本条二項にいう「最終の行為」とは、共犯者間に共通した最終行為を指す。〔旧法事件〕（大判昭13・6・16刑集一七・四五五）

第二五四条【公訴の提起と時効の停止】 ① 時効は、当該事件についてした公訴の提起によってその進行を停止し、管轄違又は公訴棄却の裁判が確定した時からその進行を始める。

② 共犯の一人に対してした公訴の提起による時効の停止は、他の共犯に対してその効力を有する。この場合において、停止した時効は、当該事件についてした裁判が確定した時からその進行を始める。

参 ❶【公訴の提起→二五六【管轄違い→三二九【公訴棄却→三三八、三三九【確定→三七三、四一四、四一八 ❷【共犯→刑六〇―六五

一 「公訴の提起」

[1] 準起訴手続の場合は、付審判の決定のあった時に公訴時効はその進行を停止する。（最決昭33・5・27刑集一二・八・一六六五）→二六七条[1]

[2] 起訴状記載の訴因と併合罪関係にある事実について、追起訴の手続によるべきであったのに、検察官が罪数判断を誤り、包括一罪の一部として追加する内容の訴因変更請求をした場合にも、検察官が訴因変更許可請求書を裁判所に提出することにより、その請求に係る特定の事実に対する訴追意思を表明したものとみられるから、その時点で、本条一項に準じて公訴時効の進行が停止する。（最決平18・11・20刑集六〇・九・六九六、刑訴百選[一〇版]A14）

二 時効停止の範囲

[3] 起訴状の公訴事実の記載に不備があって、実体審理を継続するのに十分な程度に訴因が特定していない場合であっても、それが特定の事実について検察官が訴追意思を表明したものと認められるときは、右事実と公訴事実を同一にする範囲において、公訴時効の進行を停止する効力を有する。（最決昭56・7・14刑集三五・五・四九七、刑訴百選[七版]一〇〇）

三 「公訴棄却」

[4] 本条一項は、起訴状の謄本が二七一条二項所定の期間内に被告人に送達されなかつたため、三三九条一項一号により公訴が棄却される場合にも適用があり、公訴の提起により進行を停止していた公訴時効は、右公訴棄却決定の確定した時から再びその進行を始める。（最決昭55・5・12刑集三四・三・一八五、刑訴百選[一〇版]A13）

四 共犯の起訴による時効停止

[5] 検察官が、共犯があるかどうか分からず、単独犯として公訴提起したとしても、共犯が客観的事実として存在する限り、その公訴提起による時効停止の効力はその共犯に及ぶ。（仙台高判昭34・2・24高刑一二・二・六五）

[6] 本条二項後段により公訴時効満了日を定めるには、既に進行した時効期間を暦に従って計算し、これを法定の時効期間から控除して残期間を算出した上、共犯に対する裁判確定の日からその残期間を暦に従って計算する。（大阪高判昭61・8・26高刑三九・三・三二四）

第二五五条【その他の理由による時効の停止】 ① 犯人が国外にいる場合又は犯人が逃げ隠れているため有効に起訴状の謄本の送達若しくは略式命令の告知ができなかつた場合には、時効は、その国外にいる期間又は逃げ隠れている期間その進行を停止する。

② 犯人が国外にいること又は犯人が逃げ隠れているため有効に起訴状の謄本の送達若しくは略式命令の告知ができなかつたことの証明に必要な事項は、裁判所の規則でこれを定める。

参＊【起訴状謄本の送達→五四、二七一、二五四①【裁判所の規則→刑訴規一六六

「犯人が国外にいる場合」

[1] 本条一項前段は、犯人が国外にいる場合は、そのことだけで公訴の時効はその国外にいる期間中進行を停止することを規定したものであって、当時捜査官が犯罪の発生又はその犯人を知っていたか否かを問わない。（最判昭37・9・18刑集一六・九・一三八六〈白山丸事件〉刑訴百選[五版]A8）

[2] 犯人が国外にいる間は、それが一時的な海外渡航による場合であっても、公訴時効はその進行を停止する。（最決平21・10・20刑集六三・八・一〇五二、重判平21刑訴二）

第二五六条【起訴状、訴因、罰条】 ① 公訴の提起は、起訴状を提出してこれをしなければならない。

② 起訴状には、左の事項を記載しなければならない。

一 被告人の氏名その他被告人を特定するに足りる事項

二 公訴事実

三 罪名

③ 公訴事実は、訴因を明示してこれを記載しなければならない。訴因を明示するには、できる限り日時、場所及び方法を以て罪となるべき事実を特定してこれをしなければならない。

④ 罪名は、適用すべき罰条を示してこれを記載しなければならない。但し、罰条の記載の誤は、被告人の防禦に実質的な不利益を生ずる虞がない限り、公訴提起の効力に影響を及ぼさない。

⑤ 数個の訴因及び罰条は、予備的に又は択一的にこれを記載することができる。

⑥ 起訴状には、裁判官に事件につき予断を生ぜしめる虞のある書類その他の物を添附し、又はその内容を引用してはならない。

参 ❶【公訴の提起→二四八【即決裁判の請求→三五〇の一六 ❷【被告人の氏名その他→二四九【その他の記載事項→刑訴規一六四 ❸【公訴事実→三三九①[二]【訴因→三一二 ❹【罪名・罰条→三一二 ❻【予断を生じさせるおそれ→憲三七①

一 起訴状の滅失等

[1] 天災事変等不測の事故により起訴状が滅失した場合においては、他の資料によって、適式な起訴状による公訴の提起があったことを認めて差し支えない。〔旧法事件〕（最判昭23・4・22刑集二・四・四一三……戦災により焼失した事案）

二　被告人の特定

1　被告人の表示の訂正

[2] 起訴状に記載された被告人の氏名、住居、本籍が虚偽であることが判明した場合には、被告人そのものの同一性に支障のない限り、訴訟手続のいかなる段階においても訂正することができる。（福岡高宮崎支判昭25・4・21高刑判特一四・一六五）

[3] 被告人が、何らかの理由で、検察官が起訴しようとした者と齟齬〔そご〕していることが判明し、右両者が全く別人であることが明らかになった場合、起訴しようとした者について改めて審判を求めるため、起訴状の被告人の表示を訂正し、併せて従前の生年月日、職業、本籍及び住居の各記載の変更を求めることは、本条二項一号、刑訴規則一六四条一項一号の各規定の趣意に鑑み許されない。（東京高決昭36・7・28東高刑一二・七・一二八……検察官が甲を起訴しようとする際、被告人を乙と表示し、乙を甲の偽名と考えていたところ、乙と甲とは別人で実在しており、乙が出廷した場合）

2　他人の氏名の冒用

[4] いわゆる三者即日処理方式による略式手続において、甲が乙の氏名を冒用し、捜査機関に対し被疑者として行動し、かつ、裁判所で被告人として乙名義の略式命令の謄本の交付を受けて即日罰金を仮納付するなどの事実があったからといって、右略式命令の効力が冒用者である甲に生じたものとすることはできない。（最決昭50・5・30刑集二九・五・三六〇、刑訴百選[五版]五二）

[5] 甲が逮捕中求令状起訴され、現実に公判審理の過程において被告人として行動し、取り扱われた場合には、甲が前科があって実刑を免れるため、逮捕当初から知人乙の氏名・本籍等を冒用し、乙名義で執行猶予の判決を受けていても、その判決の効力は冒用者である甲に及ぶ。（最決昭60・11・29刑集三九・七・五三二、刑訴百選[一〇版]五〇……執行猶予取消請求事件）↓刑二六条⑥

三　検察官による訴因の設定と裁判所の審判の範囲

[6] 選挙運動者たる乙に対し、甲が公職選挙法二二一条一項一号所定の目的で金銭等を交付したと認められるときは、たとえ甲乙間で右金銭等を第三者に供与することの共謀があり乙が右共謀の趣旨に従いこれを第三者に供与した疑いがあったとしても、検察官は、立証の難易等諸般の事情を考慮して、甲を交付罪のみで起訴することができる。この場合、裁判所は、訴因の制約の下において、甲についての交付罪の成否を判断すれば足り、訴因として掲げられていない乙との共謀による供与罪の成否につき審理したり、検察官に対し、供与罪の訴因の追加・変更を促したりする義務はない。（最決昭59・1・27刑集三八・一・一三六、刑訴百選[五版]四八）↓三一二条94

[7] 自己の占有する他人の土地の所有権移転行為について横領罪が成立する以上、先行する抵当権設定行為について横領罪が成立する場合における同罪と後行の所有権移転による横領罪との罪数評価のいかんにかかわらず、検察官は、事案の軽重、立証の難易等諸般の事情を考慮し、先行の抵当権設定行為ではなく、後行の所有権移転行為を捉えて公訴を提起することができる。またそのような公訴の提起を受けた裁判所は、訴因とされている所有権移転の点だけを審判の対象とすべきであり、犯罪の成否を決するに当たり、売却に先立って横領罪を構成する抵当権設定行為があったかどうかというような訴因外の事情に立ち入って審理判断すべきものではない。（最大判平15・4・23刑集五七・四・四六七、刑訴百選[一〇版]三九）↓刑二五二条18

[8] 実体的には常習特殊窃盗罪を構成するとみられる窃盗行為についても、検察官は、立証の難易等諸般の事情を考慮し、常習性の発露という面を捨象した上、基本的な犯罪類型である単純窃盗罪として公訴を提起することができる。（最判平15・10・7刑集五七・九・一〇〇二、刑訴百選[一〇版]九七）↓三三七条10

[9] 検察官が共謀共同正犯者の存在に言及することなく、被告人が当該犯罪を行ったとの訴因で公訴を提起した場合において、被告人一人の行為により犯罪構成要件の全てが満たされたと認められるときは、他に共謀共同正犯者が存在するとしてもその犯罪の成否は左右されないから、裁判所は訴因どおりに犯罪事実を認定することが許される。（最決平21・7・21刑集六三・六・七六二、重判平21刑訴六）

四　罪となるべき事実の特定

1　特定しているとされた事例

[10] 犯罪の日時、場所及び方法は、それが犯罪を構成する要素になっている場合を除き、本来は、罪となるべき事実そのものではなく、ただ訴因を特定する一手段として、できる限り具体的に表示すべきことを要請されているのであるから、犯罪の種類、性質等により、これをつまびらかにできない特殊事情がある場合には、裁判所に対し審判の対象を限定するとともに、被告人に対し防御の範囲を示すという法の目的を害さない限りの幅のある表示をしても、直ちに違法とはいえない。

密出国の日時を「昭和二七年四月頃より同三三年六月下旬まで」、その場所を「本邦より本邦外の地域たる中国に」と表示し、その方法につき具体的な表示をしていない起訴状であっても、検察官の冒頭陳述により特定の不法出国の事実を起訴したものとみるべき場合には、審判の対象及び防御の範囲はおのずから明らかで、本条三項に違反しない。（最大判昭37・11・28刑集一六・一一・一六三三〈白山丸事件〉刑訴百選[一〇版]A17……国交回復前の中国へ密出国した事案）

[11] 覚醒剤使用の日時を「昭和五四年九月二六日ころから同年一〇月三日までの間」、その場所を「広島県T郡Y町内及びその周辺」、その使用量、使用方法を「若干量を自己の身体に注射又は服用して施用し」との公訴事実の記載は、日時、場所の表示にある程度の幅があり、かつ、使用量、使用方法の表示にも明確を欠くところがあるとしても、検察官において起訴当時の証拠に基づきできる限り特定したものである以上、覚醒剤使用罪の訴因の特定に欠けるところはない。（最決昭56・4・25刑集三五・三・一一六、刑訴百選[一〇版]四三）

[12] 訴因が追加された当時の証拠関係から、被害者に致死的な暴行が加えられたことは明らかであるものの、暴行態様や傷害の内容、死因等については十分な供述等が得られず、不明瞭な領域が残っていたという場合において、予備的に追加された「被告人は、単独又はA及びBと共謀の上、……被害者に対し、その頭部等に手段不明の暴行を加え、頭蓋冠、頭蓋底骨折等の傷害を負わせ、よって、その頃、同所において、頭蓋冠、頭蓋底骨折に基づく外傷性脳障害又は何らかの傷害により死亡させた」という訴因は、単独犯と共同正犯のいずれであるかという点については択一的に記載されており、また暴行態様、傷害の内容、死因等の表示が概括的なものにとどまるが、検察官において、当時の証拠に基づき、できる限り日時、場所、方法等をもって傷害致死の罪となるべき事実を特定して訴因を明示したものと認められるから、訴因の特定に欠けるところはない。（最決平14・7・18刑集五六・六・三〇七、重判平14刑訴四）

[13] 「被告人は、……Aに対し、(1)平成一四年一月頃から同年二月上旬頃までの間、……当時のA方等において、多数回にわたり、その両手を点火している石油ストーブの上に押し付けるなどの暴行を加え、よって、同人に全治不詳の右手皮膚剝離、左手創部感染の傷害を負わせ、(2)Dと共謀の上、平成一四年一月頃から同年四月上旬頃までの間、上記A方等において、多数回にわたり、その下半身を金属製バットで殴打するなどの暴行を加え、よって、同人に全治不詳の左臀部挫

創、左大転子部挫創の傷害を負わせた」との訴因における罪となるべき事実は、約四箇月間という一定の期間内に、被告人が、同一の被害者に対し、ある程度限定された場所で、共通の動機から繰り返し犯意を生じ、同態様の暴行を反復累行したというもので、その全体を一体のものと評価し、包括して一罪と解することができるところ、その共犯者、被害者、期間、場所、暴行の態様及び傷害結果の記載により、他の犯罪事実との区別が可能であり、また、それが傷害罪の構成要件に該当するかどうかを判定するに足りる程度に具体的に明らかにされているから、訴因の特定に欠けるところはない。（最決平26・3・17刑集六八・三・三六八、刑訴百選[一〇版]四四）→刑◆【罪数】［四五条の前］[22]

[14] 麻薬特例法五条違反の罪は、専ら不正な利益の獲得を目的として反復継続される薬物犯罪の特質に鑑み、一定期間内に業として行われた一連の行為を総体として重く処罰するものであるから、その罪質等に照らせば、四回の覚醒剤譲渡の年月日、場所、相手、量、代金を記載した別表を添付した上、「被告人は、平成一四年六月ころから平成一六年三月四日までの間、営利の目的で、別表記載のとおり…Aほか二名に対し、覚せい剤…を…譲り渡すとともに、薬物犯罪を犯す意思をもって、多数回にわたり、大阪市内において、Aほか氏名不詳の多数人に対し、覚せい剤様の結晶を覚せい剤として有償で譲り渡し、もって、覚せい剤を譲り渡す行為と薬物その他の物品を規制薬物として譲り渡す行為を併せてすることを業としたものである。」旨の記載は、訴因の特定として欠けるところはない。（最決平17・10・12刑集五九・八・一四二五、重判平17刑訴三）

[15] 通常の犯罪の教唆犯においては、起訴状において、教唆の行われた日時・場所・方法等について明確を欠くことがあっても、正犯についてその犯罪の日時・場所・方法等が明示されていて、全体として訴因が他と区別して同一性を認識し得る程度に記載されていれば、本条三項に反しない。（東京高判昭31・11・21高刑九・一一・一一七二）

2　特定していないとされた事例↓三一二条[61]

[16] 起訴状の「被告人は本籍地を朝鮮に有する外国人なるところ外国人登録法三条に基づく登録をしなかった」との公訴事実の記載では、被告人が朝鮮に本籍を有する外国人であることが分かるだけで、同法施行前の外国人登録令施行当時既に本邦に在留し外国人としての登録事由が生じたのか、あるいは同法施行後本邦に在留することとなり初めて登録事由が発生し、いつどこでその登録をしなかったというのか、いわゆる外国人登録不申請罪の成立すべき行為の内容が具体的に明示されていないから、無効である。（仙台高判昭28・11・6高刑判特三五・七〇）

[17] 起訴状の「被告人は、自動車の運転者であるが、某日某所において、安全な操縦に必要な操作を怠り他の交通に対し不当に迷惑を及ぼすような方法で普通貨物自動車を運転走行したものである」とする公訴事実の記載は、いかなる点で安全な操縦に必要な操作を怠ったのか、いかなる方法で他の交通に対し不当に迷惑を及ぼす運転をしたかについては何ら具体的に説明していないから、道路交通取締法七条一項・二項五号・二八条［現行の道路交通法七〇条に相当］に該当する罪についての訴因を明示したものとはいえない。（名古屋高判昭28・11・12高刑六・一三・一八二一）

[18] 起訴状の「被告人は自動三輪車の免許を受けた運転者であるが、昭和二九年六月一〇日頃主たる運転地を変更したにかかわらず、後の主たる運転地を管轄する公安委員会に一〇日以内に届け出で免許証に変更に係る事項の記載を受けなかった」との公訴事実の記載は、犯罪の日時が具体的に表示してあるのみで、その他犯罪の構成要件につき具体的な記載を欠き、訴因を明示したものとはいえず、またこの重大な瑕疵［かし］はその後の補充・訂正により治癒され得ないから、右公訴は不適法なものとして棄却すべきである。（名古屋高判昭30・7・14高刑裁特二・一五・七八一）

[19] 学生集団が他の学生集団に共同して暴行を加えたという暴力行為等処罰に関する法律一条違反の事件において、被害者とされている学生集団にいた者が全て被害を受けたとは断定できない場合には、単に起訴状に、H学評系の学生ら約五〇名に共同して暴行を加えたと記載するだけではなく、さらにその集団内部において被害を受けた者を氏名その他の方法で特定しない限り、審判及び防御に支障を来し、本条三項の趣旨に反し違法である。（大阪高判昭50・8・27高刑二八・三・三一〇、刑訴百選[四版]二八）

[20] 公訴時効停止の効力（最決昭56・7・14刑集三五・五・四九七、刑訴百選[七版]一〇〇）↓二五四条[3]

五　罪名・罰条の記載↓三一二条[52]

1　罰条の意義

[21] 酒税法六三条の二のように懲役及び罰金を併科し得ることを定めた規定は、本条四項及び三一二条にいう「罰条」に当たらない。（最決昭28・8・28刑集七・八・一七七五……昭和二八法六による全部改正前の酒税法違反事件［現・同法五七条］）

[22] 起訴状に記載されていない罰条の適用（最決昭53・2・16刑集三二・一・四七、刑訴百選[一〇版]A20）↓三一二条[52][53]

2　罰条の記載と訴因

[23] 公訴事実中に「屋内に侵入し」と記載されてはいるが罪名は単に窃盗と記載され罰条として刑法二三五条のみを示しているときは、住居侵入の点は訴因として起訴されなかったものとみるのが相当である。（最決昭25・6・8刑集四・六・九七二）

[24] 関税法の無許可輸出罪の公訴事実中に、税関吏に対し実際に輸出しようとする薬品の輸出申告をしないで他の薬品の輸出申告をした旨の記載があるが、罪名は単に関税法違反と記載され、罰条としては関税法一一一条一項（無許可輸出罪）のみが示されているにすぎない場合には、同法上の虚偽申告の点は起訴されなかったとみるのが相当である。（最判昭47・3・9刑集二六・二・一〇二〈大信実業事件〉刑訴百選[六版]九三）

3　罰条・罪名の遺脱

[25] 起訴状に罰条の記載の遺脱があっても、公訴事実と罪名の記載により罰条を推認することができ、被告人の防御に実質的な不利益を生ずるおそれがないと認められる場合には、公訴提起の効力に影響を及ぼさない。（最決昭34・10・26刑集一三・一一・三〇四六）

[26] 起訴状に罪名の記載を欠いても、公訴事実その他の記載により訴因が明確になっていて、被告人の防御権の行使に実質的に何ら不利益を与えるおそれのないときは、起訴は有効である。（名古屋高判昭28・12・28高刑六・一三・一九一二）

六　予備的・択一的記載

[27] 強盗を幇助［ほうじょ］した者がその贓物［ぞうぶつ］を収受した場合には、強盗幇助罪と贓物収受罪とが各別個に成立するから、両者を択一的関係において起訴することは許されない。（東京高判昭25・4・25高刑三・一・一一八）

[28] 甲の依頼により乙より金員を喝取したとの恐喝の訴因と、乙より受け取った金員を甲のため保管中着服したとの横領の訴因とは、事実の単一性を欠き、両者を予備的に起訴することは許されない。（名古屋高判昭28・1・21高刑六・二・一六五）

七　訴因・罰条についての釈明

[29] 訴因の記載が明確でない場合には、裁判所は、検察官の釈明を求め、検察官がこれを明確にしないときにこそ、訴因不特定として公訴を棄却すべきである。（最判昭33・1・23刑集一二・一・三四）

[30] 金品を強取することを共謀の上、住宅裏炊事場より屋内に侵入して現金を窃取し、次いで金品物色中に家人が眼を覚ましたので、逮捕を免れる目的で同人を脅迫し、その反抗を抑圧して逃走した旨の公訴事実の記載に対し、「準強盗　刑法

二三八条、六〇条」とのみ記載され、住居侵入について罪名・罰条の記載を欠く場合、裁判所としては、住居侵入の記載部分が、単なる情状であるか、別個の訴因であるかの点について検察官に釈明を命じ、場合によりこの記載を撤回させ又は罰条の追加を命じた上で審判すべきであったのに、このような措置を執ることなく住居侵入の点に刑法一三〇条を適用し判決したことは、違法である。（高松高判昭25・11・9高刑三・追録五〇）

[31] 起訴状記載の公訴事実及び罰条からみると、過失犯ではなく故意犯を起訴したもので罰条の記載が誤りであると解する余地が大いにある場合に、検察官に罰条変更の機会を与えないで、過失犯の起訴であると速断して無罪判決をしたときは、釈明権不行使による審理不尽の違法がある。（東京高判昭42・3・6高刑二〇・二・八五）→二九四条[4]

[32] 覚醒剤使用目的日時を「平成六年一月上旬ころから同月一八日までの間」、場所を「千葉県内またはその周辺地域」と記載された訴因に基づき証拠調べをした結果、訴因の範囲内で使用日時・場所をより具体的に特定できることが判明し、また、両立し得る他の使用事実もうかがわれる場合には、裁判所は、検察官に釈明を求め訴因をより具体的に特定させるべきである。（東京高判平6・8・2高刑四七・二・二八二）

八　起訴状一本主義

1　添付・引用の限度

[33] 起訴状の記載が、訴因を明示するため犯罪構成要件に当たる事実、若しくは、これと密接不可分の事実を記載したものであって、被告人等の行為が罪名として記載された罰条に当たるゆえんを明らかにするため必要なものであるときは、本条六項に違反しない。（最判昭26・4・10刑集五・五・八四二、刑訴百選[二版]二九……ビラの内容を引用するなどした事例）

[34] 恐喝の手段として被害者に郵送された脅迫文書の趣旨が婉曲〔えんきょく〕暗示的であって、起訴状にこれを要約摘示するには相当詳細にわたるのでなければその文書の趣旨が判明し難いような場合には、起訴状にその文書の全文とほとんど同様の記載がなされても、本条六項に違反しない。（最判昭33・5・20刑集一二・七・一三九八）

[35] 起訴状における「外遊はもうかりまっせ、大阪府会滑稽譚」と題する文章原本の引用は、検察官が同文章のうち名誉毀損罪の犯罪構成要件に該当すると思料する部分を抽出して記載したもので、訴因を明示する方法として不当ではなく、また、事件につき予断を生ぜしめるおそれのある書類の内容を引用したものとはいえない。（最決昭44・10・2刑集二三・一〇・一一九九、刑訴百選[三版]三一……雑誌を四頁にわたりほとんど原文のまま引用した事例）

2　余事記載

イ　前科

[36] 詐欺罪の公訴事実について、その冒頭に、「被告人は詐欺罪により既に二度処罰を受けたものであるが」と記載することは、公訴犯罪事実につき、裁判官に予断を生ぜしめるおそれのある事項に当たる。（最大判昭27・3・5刑集六・三・三五一、刑訴百選[五版]A6……ただし、公訴犯罪事実の構成要件となっている場合（例えば、常習累犯窃盗）又は公訴犯罪事実の内容となっている場合（例えば前科の事実を手段方法として恐喝等は適法とする）→[48]

ロ　経歴・素行等

[37] 起訴状記載の公訴事実が、一般人を恐れさせるような被告人の経歴、素行、性格等に関する事実を利用して金品を喝取したというものである場合には、右公訴事実中に被告人の経歴、素行、性格等が近隣に知られていたという記載があっても、それは恐喝の手段・方法を明らかにするために必要な事実であるから、本条六項に反しない。（最判昭26・12・18刑集五・一三・二五二七）

[38] 傷害等被告事件について、起訴状冒頭の「被告人は博徒の親分であるが」との記載は、被告人の経歴を示したもので、裁判官に予断を生ぜしめるおそれのある事項に当たらない。（最判昭29・1・14裁判集刑九一・一六一）

[39] 被告人が「暴力団を組織し暴力を誇示して村民を圧迫」していた旨を記載した傷害罪の起訴状は無効である。（広島高判昭25・11・15高刑判特一五・一四四）

[40] 傷害事件の起訴状に「被告人甲は暴力団A組の若頭補佐、被告人乙、丙は同組の組員であるが」との記載があっても、右事件が甲を含む共犯者三名が一通の起訴状で一括して公訴を提起されたものであるときは、右のような記載は、被告人と共犯者の関係を明らかにすることによって共謀の態様を明示し、公訴事実を特定するためのものとも解され、本条六項に違反するとはいえない。（大阪高判昭57・9・27判タ四八一・一四六、刑訴百選[一〇版]四〇）

ハ　犯行の経緯・動機

[41] 会社社長が同会社に支払の能力がないにもかかわらずこれを秘して取込詐欺をしたという詐欺の起訴状に、右会社の経理状態について具体的に記載することは、公訴犯罪事実の内容ないしそれと密接不可分の関係にあるから、本条六項に違反しない。（最判昭31・3・13刑集一〇・三・三四五）

[42] 暴力行為等処罰に関する法律違反等被告事件に関する公訴事実については、犯罪の構成要件に該当する事実のみを記載しただけではこれを具体的に明確にすることは困難で、むしろ被告人の経歴、犯罪の動機等もある程度記載することが必要である。（仙台高判昭27・2・13高刑五・二・二〇八）

[43] 放火罪の公訴事実においては、犯罪の構成要件に該当する事実のみならず犯罪の動機につき相当程度の記載をなすことにより、これを一層明確ならしめる場合があり得る。（東京高判昭27・6・20高刑判特三四・七三……本条六項に違反しないとした）

3　予断防止一般

[44] 本条六項の趣旨は、裁判官に予断を抱かせないで公平な審理裁判をさせようとすることにあるから、公訴提起後においても第一回公判期日までは、なお、裁判官に予断を生ぜさせるおそれのある書類その他の物を裁判所に提出し、又はその内容を知らせてはならない。（札幌高判昭26・9・3高刑四・八・一〇四四……裁判所が被害始末書を閲読したのを判決に影響を及ぼす法令の違反があるとした）

[45] 当選させる目的で選挙運動者に対し現金を供与したとの訴因で起訴された事件につき、第一審における第一回公判期日前の公判進行についての打合せの際、検察官が、打合せの便宜に供するため、右訴因の事実のほかに、受供与者が受領した金員を更に他の者に交付したり、供応に充てたりした趣旨の事実が系統的に図示されている一覧表を裁判官に提示したことは、（犯罪構成要件に当たる事実でなく、また、これと密接不可分の事実でもないから、）本条六項の趣旨に照らし妥当ではないが、右の程度では、いまだ同項にいう裁判官に事件につき予断を生ぜしめるおそれのある書類を示したものとは認め難い。（最決昭42・11・28刑集二一・九・一二九九）

[46] 被告人甲に対する窃盗事件の第一回公判期日において同被告人から窃盗の事実を自認する陳述を聴取しその証拠書類の取調べをした裁判官が、同被告人より右窃盗の贓物を故買したことを公訴事実とする被告人乙に対する贓物故買事件を、前記甲に対する事件の第二回公判期日冒頭において、これに併合審理することとし、乙に対し起訴状の朗読に始まる審理をすることは、乙に対する起訴状朗読前あらかじめ判決裁判所の裁判官がその公訴事実と密接の関係ある事実の証拠資料の一部を了知していることになるが、本条六項に違反しない。（最決昭32・1・29刑集一一・一・三〇五）

[47] 差戻し後の第一審裁判所は、いわゆる起訴状一本の状態にまで引き戻して審理を開始して判決しなければならないものではなく、第一回公判期日前に記録を読んでも差し支えない。（東京高判昭27・2・26高刑五・三・三五七……自白調書のように最初にこれを閲読すれば裁判官に予断・偏見を抱かせるお

それのある資料が他の証拠の前に記録に編綴〔へんてつ〕してあるときは問題とする）→三〇一条④

48　4　**起訴状一本主義違反の効果**
　公訴犯罪事実について、裁判官に予断を生ぜしめるおそれのある事項は、起訴状に記載することは許されないのであって、かかる事項を起訴状に記載したときは、これによって既に生じた違法性は、その性質上もはや治癒することができない。（最大判昭27・3・5前出36）

第二五七条【公訴の取消し】 公訴は、第一審の判決があるまでこれを取り消すことができる。

【起訴便宜主義→二四八【方式→刑訴規一六八【公訴取消しと裁判→三三九①三【公訴取消しの通知→二六〇【再起訴→三四〇

1　一　**「第一審の判決があるまで」の意義**
　破棄差戻し後の第一審において、公訴の取消しを認めた事例（千葉地佐倉支決昭60・3・29判時一一四八・一〇七、重判昭60刑訴三……被告人が差戻し後の第一回公判以降公判廷に出頭せず所在不明となり、以来三三年余経過し、その間所在捜査に尽くしたが、発見に至らなかった場合）

2　二　**併合罪の公訴の一部取消し**
　併合罪の関係にある数個の犯罪事実として起訴した後に、そのうちの一個又は数個の犯罪事実を公訴事実から取り除くには、単なる起訴状の訂正、又は訴因の撤回等の手続によってすることはできず、必ず公訴の取消しの手続（刑訴規則一六八条）によらなければならない。（東京高判昭27・4・24高刑五・五・六八六）

第二五八条【他管送致】 検察官は、事件がその所属検察庁の対応する裁判所の管轄に属しないものと思料するときは、書類及び証拠物とともにその事件を管轄裁判所に対応する検察庁の検察官に送致しなければならない。
【原則→検察五【裁判所の管轄→二、裁一六四・二四一・三三①三【対応する検察庁→検察二

第二五九条【被疑者に対する不起訴処分の告知】 検察官は、事件につき公訴を提起しない処分をした場合において、被疑者の請求があるときは、速やかにその旨をこれに告げなければならない。

【公訴を提起しない処分→二四八

第二六〇条【告訴人等に対する起訴・不起訴等の通知】 検察官は、告訴、告発又は請求のあった事件について、公訴を提起し、又はこれを提起しない処分をしたときは、速やかにその旨を告訴人、告発人又は請求人に通知しなければならない。公訴を取り消し、又は事件を他の検察庁の検察官に送致したときも、同様である。

【公訴の提起→二五六【公訴を提起しない処分→二四八【公訴の取消し→二五七【告訴人→二三〇―二三三【告発人→二三九【請求人→刑九二【通知を受けた者による審査申立て→検審三〇

第二六一条【告訴人等に対する不起訴理由の告知】 検察官は、告訴、告発又は請求のあった事件について公訴を提起しない処分をした場合において、告訴人、告発人又は請求人の請求があるときは、速やかに告訴人、告発人又は請求人にその理由を告げなければならない。

【公訴を提起しない処分→二四八【告訴人・告発人・請求人→二六〇

1　**告知の程度**
　本条の告知は、不起訴処分の直接の理由すなわち時効完成、罪とならず、嫌疑なし、嫌疑不十分、起訴猶予等の裁定主文に相当する程度の理由を告知すれば足りる。（名古屋高判昭58・8・10訟月三〇・三・五〇八）

第二六二条【裁判上の準起訴手続・付審判の請求】 ①　刑法第百九十三条から第百九十六条まで又は破壊活動防止法（昭和二十七年法律第二百四十号）第四十五条若しくは無差別大量殺人行為を行った団体の規制に関する法律（平成十一年法律第百四十七号）第四十二条若しくは第四十三条の罪について告訴又は告発をした者は、検察官の公訴を提起しない処分に不服があるときは、その検察官所属の検察庁の所在地を管轄する地方裁判所に事件を裁判所の審判に付することを請求することができる。
②　前項の請求は、第二百六十条の通知を受けた日から七日以内に、請求書を公訴を提起しない処分をした検察官に差し出してこれをしなければならない。
❷【請求書の記載事項→刑訴規一六九　【特別規定→通信傍受三七

1　一　**請求の対象となる罪**
　本条一項所定の罪以外の罪（殺人罪）としての付審判請求であっても、主張された被疑事実の中に同項所定の犯罪の構成要件（職権濫用罪）が内在しているときは、その部分は審判の対象となり得、その範囲では請求は適法である。（東京高決昭51・11・8判時八四三・一二〇）

2　二　**請求権者**
　弁護士法一条、三一条、四二条二項に照らすと、弁護士会が人権侵害による犯罪の成立を信ずるにつき合理的な理由のある場合に、自らこれを告発し、その事件を裁判所の審判に付することを請求することは、その権能に属し、適法である。（最決昭36・12・26刑集一五・一二・二〇五八……事案は留置取調べ中の被疑者に対する警察官の暴行事件）→二三九条1

3　三　**代理人による請求**
　本条一項の請求は、弁護士を代理人としてすることができる。（最決昭24・4・6刑集三・四・四六九）

4　四　**請求の期間**
　刑訴法三六六条一項は、付審判請求には準用されておらず、類推適用もされない。（最決平16・10・1判タ一一六八・一三八）→三六六条9

第二六三条【請求の取下げ】 ①　前条第一項の請求は、第二百六十六条の決定があるまでこれを取り下げることができる。
②　前項の取下をした者は、その事件について更に前条第一項の請求をすることができない。
【取下げの方式→刑訴規一七〇

第二六四条【公訴提起の義務】 検察官は、第二百六十二条第一項の請求を理由があるものと認めるときは、公訴を提起しなければならない。

第二六五条【裁判上の準起訴手続の審判】 ①　第二百六十二条第一項の請求についての審理及び裁判は、合議体でこれをしなければならない。
②　裁判所は、必要があるときは、合議体の構成員に事実の取調をさせ、又は地方裁判所若しくは簡易裁判所の裁判官にこれを嘱託することができる。この場合には、受命裁判官及び受託裁判官は、裁判所又は裁判長と同一の権限を有する。
❶【合議体→裁二六②四【審理→刑訴規一七三

1　一　**審理の方式**
　付審判請求事件における審理手続は、捜査に類似する性格をも有する公訴提起前における職権手続であり、本質的には対立当事者の存在を前提とする対審構造を有しないので、このような手続の基本的性格・構造に反しない限り、裁判所の適切な裁量により、必要とする審理方式を採り得るが、検察官から送付された捜査記録等の閲覧謄写を請求代理人に許可することは、これによって被疑者その他捜査協力者らの名

誉・プライバシーを不当に侵害する可能性や、事実歪曲〔わいきょく〕の危険性などの存在を否定しきれないから、密行性の解除によってもたらされる弊害に優越すべき特段の必要のない限り、裁判所に許される裁量の範囲を逸脱し、違法となる。（最決昭49・3・13刑集二八・二・一、刑訴百選[九版]A12）

[2] 付審判請求の審理において、被疑者その他の取調べに際し、申立人及び代理人を立ち会わせず、また、刑訴規則一七一条所定の検察官意見書、書類、証拠物をこれらの者に開示しなくても違法ではない。（東京高決昭48・3・28高刑二六・一・九三）

二　忌避の申立て

[3] 付審判請求事件における被疑者は、刑訴法二一条一項により、裁判官忌避の申立てをすることができる。（最決昭44・9・11刑集二三・九・一一〇〇、刑訴百選[五版]A9）→二一条[12]

[4] 付審判請求事件の審理裁判所が示した審理方式に、裁量範囲を逸脱した疑いがあるとしても、直ちに右裁判所を構成する裁判官らを忌避する理由とはなり得ない。（最決昭47・11・16刑集二六・九・五一五、重判昭47刑訴二）→二一条[9]

第二六六条【請求棄却の決定・付審判の決定】 裁判所は、第二百六十二条第一項の請求を受けたときは、左の区別に従い、決定をしなければならない。

一　請求が法令上の方式に違反し、若しくは請求権の消滅後にされたものであるとき、又は請求が理由のないときは、請求を棄却する。

二　請求が理由のあるときは、事件を管轄地方裁判所の審判に付する。

§【一】【請求権の消滅→二六二②・二六三②】【二】【審判に付する決定→刑訴規一七四

一　本条の決定の性質

[1] 本条の決定は、検察官裁定の当否の判断を直接の目的とする事後審的性質のものではなく、付審判請求そのものとしての理由の有無を裁判所独自の見地より判断するものである。（東京高決昭32・2・22高刑一〇・一・八七）

二　不服申立て

[2] 請求棄却の決定に対しては抗告できる。（最大決昭28・12・22刑集七・一三・二五九五、刑訴百選[初版]八五）→四二〇条[2]

[3] 付審判の決定に対する特別抗告は不適法である。（最決昭52・8・25刑集三一・四・八〇三）→四三三条[8]

第二六七条【公訴提起の擬制】 前条第二号の決定があつたときは、その事件について公訴の提起があつたものとみなす。

一　公訴時効の停止

[1] 準起訴手続において公訴時効は、審判に付する決定があつた時にその進行を停止するのであつて、審判請求時に遡って停止するのではない。（最決昭33・5・27刑集一二・八・一六六五）→二五四条[1]

二　付審判決定と後の公判審理

[2] 準起訴裁判所が、相当な嫌疑の下に刑訴法二六二条一項に掲げる罪が成立すると判断し公訴提起すべきものとして審判に付した以上、その後の公判審理の結果それ以外の罪（暴行罪）の成立が認められるにすぎないことになったとしても、審判に付された事件と公訴事実の同一性が認められる限り、この罪で処罰することができる。（最決昭49・4・1刑集二八・三・一七〈やぐら荘事件〉刑訴百選[五版]A11）

第二六七条の二【付審判決定の通知】 裁判所は、第二百六十六条第二号の決定をした場合において、同一の事件について、検察審査会法（昭和二十三年法律第百四十七号）第二条第一項第一号に規定する審査を行う検察審査会又は同法第四十一条の六第一項の起訴議決をした検察審査会（同法第四十一条の九第一項の規定により公訴の提起及びその維持に当たる者が指定された後は、その者）があるときは、これに当該決定をした旨を通知しなければならない。

第二六八条【公訴の維持と指定弁護士】 ① 裁判所は、第二百六十六条第二号の規定により事件がその裁判所の審判に付されたときは、その事件について公訴の維持にあたる者を弁護士の中から指定しなければならない。

② 前項の指定を受けた弁護士は、事件について公訴を維持するため、裁判の確定に至るまで検察官の職務を行う。但し、検察事務官及び司法警察職員に対する捜査の指揮は、検察官に嘱託してこれをしなければならない。

③ 前項の規定により検察官の職務を行う弁護士は、これを法令により公務に従事する職員とみなす。

④ 裁判所は、第一項の指定を受けた弁護士がその職務を行うに適さないと認めるときその他特別の事情があるときは、何時でもその指定を取り消すことができる。

⑤ 第一項の指定を受けた弁護士には、政令で定める額の手当を給する。

§❷【捜査の指揮→一九三②③】❸【法令により公務に従事する職員→刑七・一九三—一九八

指定弁護士

[1] 特別公務員暴行陵虐被告事件の第一審における公判期日に、検察官の職務を行う弁護士が出席せず、検察官が出席したことは二重に違法である。（最判昭31・2・10刑集一〇・二・一五九……結論としては、刑訴法四一一条一号には当たらない、とする）

第二六九条【請求者に対する費用賠償の決定】 裁判所は、第二百六十二条第一項の請求を棄却する場合又はその請求の取下があつた場合には、決定で、請求者に、その請求に関する手続によつて生じた費用の全部又は一部の賠償を命ずることができる。この決定に対しては、即時抗告をすることができる。

§+【即時抗告→四一九・四二二・四二五

第二七〇条【検察官の書類・証拠物の閲覧・謄写権】 ① 検察官は、公訴の提起後は、訴訟に関する書類及び証拠物を閲覧し、且つ謄写することができる。

② 前項の規定にかかわらず、第百五十七条の六第四項に規定する記録媒体は、謄写することができない。

第三章　公判

第一節　公判準備及び公判手続

第二七一条【起訴状謄本の送達、不送達と公訴提起の失効】 ① 裁判所は、公訴の提起があつたときは、遅滞なく起訴状の謄本を被告人に送達しなければならない。

② 公訴の提起があつた日から二箇月以内に起訴状の謄本が送達されないときは、公訴の提起は、さかのぼつてその効力を失う。

§❶【起訴状謄本→刑訴規一七六【送達→刑訴規六三・六五　❷【公訴提起の失効→三三九①□

一　送達の方法

1　公訴提起が有効とされたもの

[1] 起訴状謄本を被告人の留置されている警察署長宛てではなく警視総監宛てに送達したことは違法であるが、看守係巡査が本条所定の期間内に被告人に対し起訴状謄本を示し、その内容を読み聞かせた上、被告人承諾の下にこれを保管した場合は、起訴状謄本の交付があったと認められる。（最決昭27・5・31刑集六・五・七八八）

[2] 被告人である米国軍属に対する起訴状謄本の送達につき、送達場所の表示を誤り、日本文の謄本自体が被告人に交付されなかったとしても、基地司令部法務部気付で被告人宛てと

された右謄本が法務部に送付され、法務部が職務上英訳したものを被告人に交付したときは、公訴提起は有効である。（最決昭47・7・28刑集二六・六・三九七）

[3]　本条一項、裁判所法七四条は、送達する起訴状謄本が日本語で記載されていることを前提としており、日本語に通じない外国人被告人に対する送達の際に翻訳文の添付等をしなくても、公判全体を通じて、被告人が訴追事実を明確に告げられ防御の機会を与えられると認められるときは、適法である。（東京高判平2・11・29高刑四三・三・二〇二、刑訴百選[八版]四四）→憲三一条[13]

[4]　起訴状謄本の送達は、適式に行われる限り、被告人が訴訟能力を欠く場合でも有効である。（大阪高判平7・12・7高刑四八・三・一九九、重判平8刑訴二……重度の先天性聴覚障害のため訴訟能力を欠く者の事例）

2　公訴提起が無効とされたもの

[5]　拘置所長宛てに送達された起訴状謄本が、誤って同姓同名の在監者に交付され、被告人がその交付を受けなかった場合は、送達がなかった場合と同様に公訴提起は効力を失う。（最大決昭32・6・12刑集一一・六・一六四九）

二　公訴提起の失効

[6]　時効停止の有無（最決昭55・5・12刑集三四・三・一八五、刑訴百選[一〇版]A13）→二五四条[4]

三　本条の適用範囲

[7]　適法に略式命令の謄本を送達した後、被告人から正式裁判の申立てがあっても、重ねて起訴状の謄本を送達する必要はない。（最決昭29・12・2刑集八・一二・二〇六一）

第二七二条【弁護人選任権等の告知】①　裁判所は、公訴の提起があつたときは、遅滞なく被告人に対し、弁護人を選任することができる旨及び貧困その他の事由により弁護人を選任することができないときは弁護人の選任を請求することができる旨を知らせなければならない。但し、被告人に弁護人があるときは、この限りでない。

②　裁判所は、この法律により弁護人を要する場合を除いて、前項の規定により弁護人の選任を請求することができる旨を知らせるに当たつては、弁護人の選任を請求するには資力申告書を提出しなければならない旨及びその資力が基準額以上であるときは、あらかじめ、弁護士会（第三十六条の三第一項の規定により第三十一条の二第一項の申出をすべき弁護士会をいう。）に弁護人の選任の申出をしていなければならない旨を教示しなければならない。

参【弁護人選任権→憲三七③、三〇・三六【その他の告知事項→刑訴規一七七

憲法との関係

[1]　憲法三七条三項は、裁判所に弁護人選任権等を告知する義務まで負わせた規定ではない。〔旧法事件〕（最大判昭24・11・30刑集三・一一・一八五七）→三〇条[1]

第二七三条【公判期日の指定、召喚、通知】①　裁判長は、公判期日を定めなければならない。

②　公判期日には、被告人を召喚しなければならない。

③　公判期日は、これを検察官、弁護人及び補佐人に通知しなければならない。

参❶【公判期日の変更→二七六、二七七　❷【被告人の召喚→六二・六五、二七四、二七五【特別規定→四〇九　❸【弁護人への通知→四一【補佐人→四二【他の関係人への通知→三一六の三四②、犯罪被害保護二六②

一　公判期日の指定

1　指定の方法

[1]　公判期日の指定は、必ずしも文書による必要はなく、裁判長が適宜の方法ですればよい。〔旧法事件〕（最判昭23・10・28刑集二・一一・一四二〇）

2　期日を定める基準

[2]　迅速裁判の要請（最大決昭37・2・14刑集一六・二・八五、刑訴百選[五版]五六）→一条[2]・四三三条[2]

[3]　いわゆる百日裁判を定めた公職選挙法二五三条の二の規定は、憲法一四条、三七条一項に違反しない。（最判平6・7・18刑集四八・五・五〇、重判平6刑六）

二　被告人の召喚

[4]　控訴審における公判期日の通知（最大決昭44・10・1刑集二三・一〇・一一六一）→三九〇条[2]

三　弁護人への通知

1　通知の方法

[5]　弁護人に対する公判期日の通知は、必ずしも送達の方法による必要はなく、適宜の方法で通知すれば足りる。（最判昭25・12・26刑集四・一二・二六三二）

2　通知の懈怠・瑕疵〔かし〕

[6]　控訴審において弁護人が公判期日を適法に通知されなかったため右期日に出頭しなかったとしても、判決宣告期日が適法に通知され、弁護人が判決宣告までに弁論再開の申立て等により弁論の機会を得られたはずなのにこれをせず、かつ、弁護人の提出した控訴趣意書に基づき国選弁護人が弁論しているときは、弁護権の行使が不当に妨げられたとはいえない。（最判昭34・5・7刑集一三・五・六〇六）

[7]　国選弁護人が付されている第一審公判において、判決宣告期日として指定された期日に、弁護人不出頭のまま、弁論を再開し、書証を取り調べ、即日判決を宣告することは、必要的弁護事件でない場合でも、違法である。（最決昭41・12・27刑集二〇・一〇・一二四二）

第二七四条【召喚状送達の擬制】　裁判所の構内にいる被告人に対し公判期日を通知したときは、召喚状の送達があつた場合と同一の効力を有する。

参【公判期日の召喚→二七三②【召喚状送達と同一の効力ある場合→六五②③【通知の効果→五八㈡

第二七五条【期日の猶予期間】　第一回の公判期日と被告人に対する召喚状の送達との間には、裁判所の規則で定める猶予期間を置かなければならない。

参【規則の定める猶予期間→刑訴規一七九②

一　猶予期間と被告人の利益

[1]　追起訴状謄本が被告人に送達された翌々日公判を開き、追起訴事実をも審理し、即日判決を言い渡しても、被告人が出頭し異議なく弁論している以上、違法ではない。（最決昭25・7・20刑集四・八・一五〇〇）

二　規則の定め

[2]　刑訴規則一七九条三項は、本条の規定に抵触しない。（最決昭27・10・25裁判集刑六八・六七五）

第二七六条【公判期日の変更】①　裁判所は、検察官、被告人若しくは弁護人の請求により又は職権で、公判期日を変更することができる。

②　公判期日を変更するには、裁判所の規則の定めるところにより、あらかじめ、検察官及び被告人又は弁護人の意見を聴かなければならない。但し、急速を要する場合は、この限りでない。

③　前項但書の場合には、変更後の公判期日において、まず、検察官及び被告人又は弁護人に対し、異議を申し立てる機会を与えなければならない。

参❶【請求→刑訴規一七九の四、一八一　❷【規則の定め→刑訴規一八〇　❸【不当な変更の救済→二七七

一　期日変更の請求

[1]　公判期日の指定後、弁護人から他の裁判所の公判があるため差支えがある旨の証明書を添えて期日変更申請があって

も、右期日が弁護人の再三の変更申請により指定したものであるときは、請求を却下することができる。（最決昭29・12・18刑集八・一三・二二五八）

[2] 量刑不当のみを主張する控訴趣意書を提出した弁護人が約二箇月の余裕をもって通知された第一回公判期日の三日前に病気を理由に期日変更を申請しても、既に三箇月前に発病しなお二箇月の安静加療を要する場合には、請求を却下することができる。（最決昭33・5・6刑集一二・七・一三二七）

二 職権による変更

[3] 迅速な裁判の要請（最決昭36・5・9刑集一五・五・七七一）→一条[1]・四三三条[1]

第二七七条【不当な期日変更に対する救済】 裁判所がその権限を濫用して公判期日を変更したときは、訴訟関係人は、最高裁判所の規則又は訓令の定めるところにより、司法行政監督上の措置を求めることができる。

【規則の定め→刑訴規一八二②【司法行政監督→裁八〇

第二七八条【不出頭と診断書の提出】 公判期日に召喚を受けた者が病気その他の事由によつて出頭することができないときは、裁判所の規則の定めるところにより、医師の診断書その他の資料を提出しなければならない。

【出頭できない場合の公判手続停止→三一四②③【規則の定め→刑訴規一八三―一八五

第二七八条の二【検察官・弁護人に対する出頭命令】 ① 裁判所は、必要と認めるときは、検察官又は弁護人に対し、公判準備又は公判期日に出頭し、かつ、これらの手続が行われている間在席し又は在廷することを命ずることができる。

② 裁判長は、急速を要する場合には、前項に規定する命令をし、又は合議体の構成員にこれをさせることができる。

③ 前二項の規定による命令を受けた検察官又は弁護人が正当な理由がなくこれに従わないときは、決定で、十万円以下の過料に処し、かつ、その命令に従わないために生じた費用の賠償を命ずることができる。

④ 前項の決定に対しては、即時抗告をすることができる。

⑤ 裁判所は、第三項の決定をしたときは、検察官については当該検察官を指揮監督する権限を有する者に、弁護士である弁護人については当該弁護士の所属する弁護士会又は日本弁護士連合会に通知し、適当な処置をとるべきことを請求しなければならない。

⑥ 前項の規定による請求を受けた者は、そのとつた処置を裁判所に通知しなければならない。

❹【即時抗告→四二二・四二五 ❺【検察官の指揮監督→検察七―一〇【弁護士会→弁護五章【日本弁護士連合会→弁護六章

出頭在廷命令違反に対する過料の合憲性

[1] 本条一項の出頭在廷命令の制度は、従来、一部の事件で当事者による公判廷への不当な不出頭や退廷が審理遅延の一因になっており、刑事裁判の充実、迅速化のために裁判所の期日の指定等の訴訟指揮の実効性を担保する必要があること、裁判員制度の導入を機にその必要性が一層高まったことにより設けられたものである。正当な理由がなくこれに従わなかった者に対する本条三項の過料の制裁は、訴訟手続上の秩序違反行為に対する秩序罰として設けられたものであり、弁護士会等における内部秩序を維持するための弁護士法上の懲戒制度とは、目的や性質を異にするから、訴訟指揮の実効性担保のための手段として合理性、必要性があり、弁護士法上の懲戒制度が既に存在していることを踏まえても、憲法三一条、三七条三項に違反するものではない。（最決平27・5・18刑集六九・四・五七三）

第二七九条【公務所等に対する照会】 裁判所は、検察官、被告人若しくは弁護人の請求により又は職権で、公務所又は公私の団体に照会して必要な事項の報告を求めることができる。

第二八〇条【勾留に関する処分】 ① 公訴の提起があつた後第一回の公判期日までは、勾留に関する処分は、裁判官がこれを行う。

② 第百九十九条若しくは第二百十条の規定により逮捕され、又は現行犯人として逮捕された被疑者でまだ勾留されていないものについて第二百四条又は第二百五条の時間の制限内に公訴の提起があつた場合には、裁判官は、速やかに、被告事件を告げ、これに関する陳述を聴き、勾留状を発しないときは、直ちにその釈放を命じなければならない。

③ 前二項の裁判官は、その処分に関し、裁判所又は裁判長と同一の権限を有する。

❶憲三七①、二五六⑥【勾留に関する処分→六〇・八一・八二、八七―九一・九五【勾留裁判官→刑訴規一八七 ❷【現行犯人逮捕→二一三【検察官等の処置→刑訴規一六七

不服申立て

[1] 第一回公判期日前に裁判官がした保釈に関する裁判に対しては、第一回公判期日後に不服申立てをする場合であっても、抗告によることはできない。（大阪高決昭60・11・19判時一一八五・一六九）

第二八一条【期日外の証人尋問】 証人については、裁判所は、第百五十八条に掲げる事項を考慮した上、検察官及び被告人又は弁護人の意見を聴き必要と認めるときに限り、公判期日外においてこれを尋問することができる。

【証人の遮蔽→一五七の五【ビデオリンク方式による証人尋問→一五七の六【尋問調書→三〇三【証拠能力→三二一②

一 意見の聴取

[1] 弁護人がなくても開廷できる事件で、被告人が正当な理由なく出頭しない場合、予告済みの出頭証人を本条により尋問するときは、被告人の意見を聴取しなくても違法ではない。（東京高判昭51・12・9判タ三五四・三一三）

二 尋問手続

[2] 受命裁判官による公判期日外の証人尋問（最決昭29・9・24刑集八・九・一五一九）→一六三条[1]

[3] 特段の事由がないのに公判期日外に証人を尋問し、かつ、あらかじめ被告人に尋問事項を告知しなかった瑕疵〔かし〕があっても、被告人、弁護人が尋問及び尋問調書の取調べに異議を述べていないときは、その瑕疵は治癒される。（最判昭29・9・24刑集八・九・一五三四）

第二八一条の二【被告人の退席】 裁判所は、公判期日外における証人尋問に被告人が立ち会つた場合において、証人が被告人の面前（第百五十七条の五第一項に規定する措置を採る場合並びに第百五十七条の六第一項及び第二項に規定する方法による場合を含む。）においては圧迫を受け充分な供述をすることができないと認めるときは、弁護人が立ち会つている場合に限り、検察官及び弁護人の意見を聴き、その証人の供述中被告人を退席させることができる。この場合には、供述終了後被告人に証言の要旨を告知し、その証人を尋問する機会を与えなければならない。

【被告人の証人尋問権→憲三七②【期日外における尋問→一五八・二八一【公判期日における証人尋問の場合→三〇四の二

第二八一条の三【開示された証拠の管理】 弁護人は、検察官において被告事件の審理の準備のために閲覧又は謄写の機会を与えた証拠に係る複製等（複製その他証拠の全部又は一部をそのまま記録した物及び書面をいう。以下同じ。）を適正に管理し、その保管をみだりに他人にゆだねてはならない。

§【証拠の閲覧・謄写→二九九、三一六の一四①、三一六の一五、三一六の二〇

第二八一条の四【開示された証拠の目的外使用の禁止】① 被告人若しくは弁護人（第四百四十条に規定する弁護人を含む。）又はこれらであつた者は、検察官において被告事件の審理の準備のために閲覧又は謄写の機会を与えた証拠に係る複製等を、次に掲げる手続又はその準備に使用する目的以外の目的で、人に交付し、又は提示し、若しくは電気通信回線を通じて提供してはならない。

一 当該被告事件の審理その他の当該被告事件に係る裁判のための審理

二 当該被告事件に関する次に掲げる手続

イ 第一編第十六章の規定による費用の補償の手続

ロ 第三百四十九条第一項の請求があつた場合の手続

ハ 第三百五十条の請求があつた場合の手続

ニ 上訴権回復の請求の手続

ホ 再審の請求の手続

ヘ 非常上告の手続

ト 第五百条第一項の申立ての手続

チ 第五百二条の申立ての手続

リ 刑事補償法の規定による補償の請求の手続

② 前項の規定に違反した場合の措置については、被告人の防御権を踏まえ、複製等の内容、行為の目的及び態様、関係人の名誉、その私生活又は業務の平穏を害されているかどうか、当該複製等に係る証拠が公判期日において取り調べられたものであるかどうか、その取調べの方法その他の事情を考慮するものとする。

§【証拠の閲覧・謄写→二九九、三一六の一四①、三一六の一五、三一六の二〇【上訴権回復請求→三六二―三六五【再審請求→四三五―四五三【非常上告→四五四―四六〇

> **被告事件の審理の準備に使用する目的**
>
> [1] 本条一項にいう当該被告事件の審理の準備に使用する目的とは、被告人及び弁護人が当該被告事件において検察官手持ち証拠の内容を把握し、その証拠能力、証明力等を検討して検察官の主張立証に対する反論反証の準備を行い、開示証拠を契機として被告人に有利な主張立証を準備する目的をいうのであって、被告人が当該被告事件における証拠等の問題点を指摘し一般の支援を求めてインターネット上の動画投稿サイトに掲載する行為は、同項の禁ずる目的外使用に当たる。（東京高判平26・12・12高刑六七・二・一）

第二八一条の五【目的外使用の罪】① 被告人又は被告人であつた者が、検察官において被告事件の審理の準備のために閲覧又は謄写の機会を与えた証拠に係る複製等を、前条第一項各号に掲げる手続又はその準備に使用する目的以外の目的で、人に交付し、又は提示し、若しくは電気通信回線を通じて提供したときは、一年以下の懲役又は五十万円以下の罰金に処する。

> ***令和四法六七**（令和七・六・一六までに施行）**による改正**
> 第一項中「懲役」を「拘禁刑」に改める。（本文未織込み）

② 弁護人（第四百四十条に規定する弁護人を含む。以下この項において同じ。）又は弁護人であつた者が、検察官において被告事件の審理の準備のために閲覧又は謄写の機会を与えた証拠に係る複製等を、対価として財産上の利益その他の利益を得る目的で、人に交付し、又は提示し、若しくは電気通信回線を通じて提供したときも、前項と同様とする。

§【証拠の閲覧・謄写→二九九、三一六の一四①、三一六の一五、三一六の二〇

第二八一条の六【連日的開廷の確保】① 裁判所は、審理に二日以上を要する事件については、できる限り、連日開廷し、継続して審理を行わなければならない。

② 訴訟関係人は、期日を厳守し、審理に支障を来さないようにしなければならない。

第二八二条【公判廷】① 公判期日における取調は、公判廷でこれを行う。

② 公判廷は、裁判官及び裁判所書記が列席し、且つ検察官が出席してこれを開く。

§【公判廷→裁六九、三七七㈢【被害者参加人等の出席→三一六の三四

> **一 開廷の場所**
>
> [1] 公判廷とは、本条所定の者が列席して開かれた審判廷をいい、裁判所の建物中のどの場所で開廷したかは問題ではない。〔旧法事件〕（最大判昭23・7・29刑集二・九・一〇七六）
>
> **二 公判廷の構成**
>
> [2] 地方裁判所における審理に判事補の参与を認める規則は、参与判事補を公判期日に立ち会わせ、事件について意見を述べさせるなどして判事補を指導・養成することを目的とし、判事補を裁判体の構成員とするものではない。（最決昭54・6・13刑集三三・四・三四八、刑訴百選[五版]A15）↓憲七七条[2]
>
> [3] 判決宣告期日における検察官の出席（最決平19・6・19刑集六一・四・三六九、重判平19刑訴八）↓三四二条[11]

第二八三条【被告人たる法人と代理人の出頭】 被告人が法人である場合には、代理人を出頭させることができる。

§【代理人→二七、三五五

第二八四条【軽微事件における出頭義務の免除・代理人の出頭】 五十万円（刑法、暴力行為等処罰に関する法律及び経済関係罰則の整備に関する法律の罪以外の罪については、当分の間、五万円）以下の罰金又は科料に当たる事件については、被告人は、公判期日に出頭することを要しない。ただし、被告人は、代理人を出頭させることができる。

§【原則→二八六【召喚状→刑訴規二一六【通知→刑訴規二二二【代理人→三五五

> **召喚の必要**
>
> [7] 本条所定の事件についても、被告人に対し適式に公判期日の告知をせず、その意見、弁解を聴かずに公判審理をすることはできない。（東京高判昭51・10・18東高刑二七・一〇・一三九）

第二八五条【出頭義務とその免除】① 拘留にあたる事件の被告人は、判決の宣告をする場合には、公判期日に出頭しなければならない。その他の場合には、裁判所は、被告人の出頭がその権利の保護のため重要でないと認めるときは、被告人に対し公判期日に出頭しないことを許すことができる。

② 長期三年以下の懲役若しくは禁錮又は五十万円（刑法、暴力行為等処罰に関する法律及び経済関係罰則の整備に関する法律の罪以外の罪については、当分の間、五万円）を超える罰金に当たる事件の被告人は、第二百九十一条の手続をする場合及び判決の宣告をする場合には、公判期日に出頭しなければならない。その他の場合には、前項後段の例による。

> ***令和四法六七**（令和七・六・一六までに施行）**による改正**
> 第一項中「あたる」を「当たる」に改め、第二項中「懲役若しくは禁錮」を「拘禁刑」に改める。（本文未織込み）

§【原則→二八六【召喚状→刑訴規二一六

第二八六条【被告人の出頭の権利義務】 前三条に規定する場合の外、被告人が公判期日に出頭しないときは、開廷することはできない。

§【被告人の出頭を要しない場合→二八三―二八五、三一四①、三四一、三九〇、四五一③【被告人が出頭しないとき→三一四②

[1] 被告人不出頭のまま開廷しても、弁護人からの証人尋問請求の撤回の申出に基づき、前にした証拠決定を取り消す決定をしたにとどまり、事件の実体に関する審理をしなかった場合には、本条に違反しない。（最判昭28・9・29刑集七・九・一八四八）↓三一五条[2]

[2] 外国人登録法違反事件の被告人が、大赦令の公布から一年半にわたり正当な理由なく公判期日への不出頭を繰り返し、訴訟遅延が放置できなくなった状況の下では、刑訴法二八六条の二、三一四条一項ただし書、三四一条を類推適用して被告人不出頭のまま免訴判決を言い渡すことができる。（大阪高判平3・7・17高刑四四・二・一七七）↓三四二条[4]

第二八六条の二【出頭拒否と公判手続】 被告人が出頭しなければ開廷することができない場合において、勾留されている被告人が、公判期日に召喚を受け、正当な理由がなく出頭を拒否し、刑事施設職員による引致を著しく困難にしたときは、裁判所は、被告人が出頭しないでも、その期日の公判手続を行うことができる。

参【出頭しなければ開廷できない場合↓二八六【召喚↓五七【不出頭↓刑訴規一八七の二―一八七の四

一 合憲性

[1] 本条は、憲法三一条、三二条、三七条一項・三項に違反しない。（東京高判昭48・3・26高刑二六・一・六五）

二 「引致を著しく困難にしたとき」

[2] 被告人が言語により出頭拒否の意思を表示しているにすぎないときは、本条の適用はない。（福岡高宮崎支判昭37・1・16下刑四・一＝二・一三）

第二八七条【身体の不拘束】 ① 公判廷においては、被告人の身体を拘束してはならない。但し、被告人が暴力を振い又は逃亡を企てた場合は、この限りでない。

② 被告人の身体を拘束しない場合にも、これに看守者を附することができる。

第二八八条【被告人の在廷義務、法廷警察権】 ① 被告人は、裁判長の許可がなければ、退廷することができない。

② 裁判長は、被告人を在廷させるため、又は法廷の秩序を維持するため相当な処分をすることができる。

参【被告人の退廷↓三四一【法廷の秩序維持↓裁七一・七三【処分に対する異議↓三〇九②

一 法廷秩序維持権の範囲

[1] 法廷秩序維持権は、法廷秩序維持に必要な限り、法廷の内外を問わず裁判官が妨害行為を直接目撃又は聞知し得る場所まで及び、また法廷の開廷中及びこれに接着する前後の時間に及ぶ。（最判昭31・7・17刑集一〇・七・一一二七、刑訴百選[四版]五二）

二 写真撮影の制限（刑訴規則二一五条）

[2] 刑訴規則二一五条は憲法二一条に違反しない。（最大決昭33・2・17刑集一二・二・二五三、憲百選Ⅰ[六版]七六）↓憲二一条[41]

三 メモ採取の制限

[3] 法廷で傍聴人がメモを取ることは、憲法八二条一項で保障された権利ではないが、傍聴人がその見聞する裁判を認識、記憶するためになされるものである限り、憲法二一条一項に照らし、尊重に値し、メモ行為が公正・円滑な訴訟運営を妨げるような特段の事情のない限り、傍聴人の自由に任せるべきである。しかし、法廷警察権の行使は、裁判長の広範な裁量に委ねられ、その行使の要否、執るべき措置についての裁判長の判断は、最大限に尊重されなければならないから、その目的・範囲を著しく逸脱し、又はその方法が甚だしく不当であるなどの特段の事情のない限り、違法とはいえない。（最大判平元・3・8民集四三・二・八九〈レペタ法廷メモ訴訟〉憲百選Ⅰ[七版]七二……法廷警察権に基づき傍聴人のメモ行為を一般的に禁止して開廷した本件裁判長の措置を国家賠償法上違法ではないとした）↓憲二一条[46]

[4] ノートパソコンは、録音録画・通信やスマートフォン連携の各機能の有無ないしそれらの利用状況を一見して判別しづらく、その確認作業自体が円滑な手続の進行ひいては適正かつ迅速な裁判の実現を妨げ得るほか、録音録画等を疑う訴訟関係人が心理的圧迫を感じれば適正迅速な裁判の実現を妨げるおそれがあり、他の傍聴人が録音録画等されているとの疑念を持たないようにすることも適正迅速な裁判の実現には必要であるから、裁判長が傍聴人のノートパソコン使用を一律に禁止しても直ちに法廷警察権の目的・範囲を著しく逸脱し又はその方法が甚だしく不当だとはいえない。（名古屋高判平31・1・31【平30ネ一七五】……国賠請求事件）

第二八九条【必要的弁護】 ① 死刑又は無期若しくは長期三年を超える懲役若しくは禁錮にあたる事件を審理する場合には、弁護人がなければ開廷することはできない。

＊令和四法六七（令和七・六・一六までに施行）による改正
第一項中「懲役若しくは禁錮にあたる」を「拘禁刑に当たる」に改める。（本文未織込み）

② 弁護人がなければ開廷することができない場合において、弁護人が出頭しないとき若しくは在廷しなくなつたとき、又は弁護人がないときは、裁判長は、職権で弁護人を付さなければならない。

③ 弁護人がなければ開廷することができない場合において、弁護人が出頭しないおそれがあるときは、裁判所は、職権で弁護人を付することができる。

参【弁護人の選任↓三〇八、刑訴規一七八・一七九の五

一 憲法との関係

[1] 憲法三一条、三七条三項は、全ての被告事件を必要的弁護事件としなければならないという趣旨ではない。（最大判昭25・2・1刑集四・二・一〇〇）〔旧法事件〕

二 必要的弁護事件の範囲

[2] 併合罪加重を経た処断刑が長期三年を超えても、法定刑が超えていなければ、必要的弁護事件ではない。（東京高判昭28・6・29高刑六・七・八五二）

[3] 両罰規定において、行為者の法定刑が長期三年を超えても、その事業主たる法人の事件は必要的弁護事件ではない。（札幌高函館支判昭26・2・5高刑四・二・八三）

三 事件の審理と弁護人の出頭

1 「審理」に該当しない事例

[4] 必要的弁護事件につき、弁護人の選任のないまま公判期日を開いても、人定質問をしただけであるときは、違法ではない。（最決昭30・3・17刑集九・三・五〇〇）

[5] 必要的弁護事件であっても、判決宣告のためのみに開く公判廷には、必ずしも弁護人の立会いを要しない。（最判昭30・1・11刑集九・一・八）

2 弁護人なしでの審理

[6] 必要的弁護事件において、裁判所が公判期日への弁護人出頭確保のための方策を尽くしたにもかかわらず、被告人が、弁護人の公判期日への出頭を妨げるなど、弁護人が在廷しての公判審理ができない状態を生じさせ、かつ、その事態を解消することが極めて困難な場合には、当該公判期日については、本条一項の適用がなく、弁護人の立会いのないまま公判審理を行うことができる。（最決平7・3・27刑集四九・三・五二五、刑訴百選[一〇版]五二）

[7] 被告人が、国選弁護人との接見を拒否して弁護活動に必要な打ち合わせができないようにし、自ら出廷を拒否するとともに弁護人に対し出廷を拒否するよう脅迫するなどしたた

め、弁護人が裁判所の在廷命令を無視して退廷を繰り返したので、やむなく裁判所が各公判期日に弁護人不在のまま証人尋問等の実質審理を行ったとしても、本条一項の適用がない場合に当たる。（高松高判平10・2・10判時一六三八・一五六）

四　控訴審への準用

[8] 刑訴規則一七八条一項前段、三項の規定は、控訴審の審判に準用され、必要的弁護事件の控訴審において、裁判所のした弁護人選任の照会に対して、被告人から所定の期間内に回答がなく、弁護人の選任もなかったときは、直ちに国選弁護人を選任しなければならない。（最決昭33・5・9刑集一二・七・一三五九）

[9] 必要的弁護事件の控訴審において弁護人を選任しないまま決定棄却することの適否（最決昭47・9・26刑集二六・七・四三一、刑訴百選[四版]九九）→三八六条[7]

第二九〇条【任意的国選弁護】 第三十七条各号の場合に弁護人が出頭しないときは、裁判所は、職権で弁護人を附することができる。

参【弁護人の選任】→三八

第二九〇条の二【公開の法廷での被害者特定事項の秘匿】 ① 裁判所は、次に掲げる事件を取り扱う場合において、当該事件の被害者等（被害者又は被害者が死亡した場合若しくはその心身に重大な故障がある場合におけるその配偶者、直系の親族若しくは兄弟姉妹をいう。以下同じ。）若しくは当該被害者の法定代理人又はこれらの者から委託を受けた弁護士から申出があるときは、被告人又は弁護人の意見を聴き、相当と認めるときは、被害者特定事項（氏名及び住所その他の当該事件の被害者を特定させることとなる事項をいう。以下同じ。）を公開の法廷で明らかにしない旨の決定をすることができる。

一　刑法第百七十六条から第百七十九条まで若しくは第百八十一条の罪、同法第二百二十五条若しくは第二百二十六条の二第三項の罪（わいせつ又は結婚の目的に係る部分に限る。以下この号において同じ。）、同法第二百二十七条第一項（第二百二十五条又は第二百二十六条の二第三項の罪を犯した者を幇助する目的に係る部分に限る。）若しくは第三項（わいせつの目的に係る部分に限る。）若しくは第二百四十一条第一項若しくは第三項の罪又はこれらの罪の未遂罪に係る事件

二　児童福祉法第六十条第一項の罪若しくは同法第三十四条第一項第九号に係る同法第六十条第二項の罪又は児童買春、児童ポルノに係る行為等の規制及び処罰並びに児童の保護等に関する法律第四条から第八条までの罪に係る事件

三　前二号に掲げる事件のほか、犯行の態様、被害の状況その他の事情により、被害者特定事項が公開の法廷で明らかにされることにより被害者等の名誉又は社会生活の平穏が著しく害されるおそれがあると認められる事件

② 前項の申出は、あらかじめ、検察官にしなければならない。この場合において、検察官は、意見を付して、これを裁判所に通知するものとする。

③ 裁判所は、第一項に定めるもののほか、犯行の態様、被害の状況その他の事情により、被害者特定事項が公開の法廷で明らかにされることにより被害者若しくはその親族の身体若しくは財産に害を加え又はこれらの者を畏怖させ若しくは困惑させる行為がなされるおそれがあると認められる事件を取り扱う場合において、検察官及び被告人又は弁護人の意見を聴き、相当と認めるときは、被害者特定事項を公開の法廷で明らかにしない旨の決定をすることができる。

④ 裁判所は、第一項又は前項の決定をした事件について、被害者特定事項を公開の法廷で明らかにしないことが相当でないと認めるに至つたとき、第三百十二条の規定により罰条が撤回若しくは変更されたため第一項第一号若しくは第二号に掲げる事件に該当しなくなつたとき又は同項第三号に掲げる事件若しくは前項に規定する事件に該当しないと認めるに至つたときは、決定で、第一項又は前項の決定を取り消さなければならない。

参【被害者特定事項の秘匿】→二九一②、二九五③、三〇五③、刑訴規三五③、裁判員三三の二、刑訴規一九六の二—一九六の五　❶【法定代理人】→民八一八、八一九、八三八—八四七

[1] **公開裁判を受ける権利との関係**　被害者特定事項を公開の法廷で明らかにしない旨の決定が裁判を非公開で行う旨のものでないことは明らかであり、公開裁判を受ける権利を侵害するものとはいえない。（最決平20・3・5判タ一二六六・一四九、刑訴百選[一〇版]A30）

第二九〇条の三【公開の法廷での証人等特定事項の秘匿】 ① 裁判所は、次に掲げる場合において、証人、鑑定人、通訳人、翻訳人又は供述録取書等（供述書、供述を録取した書面で供述者の署名若しくは押印のあるもの又は映像若しくは音声を記録することができる記録媒体であつて供述を記録したものをいう。以下同じ。）の供述者（以下この項において「証人等」という。）から申出があるときは、検察官及び被告人又は弁護人の意見を聴き、相当と認めるときは、証人等特定事項（氏名及び住所その他の当該証人等を特定させることとなる事項をいう。以下同じ。）を公開の法廷で明らかにしない旨の決定をすることができる。

一　証人等特定事項が公開の法廷で明らかにされることにより証人等若しくはその親族の身体若しくは財産に害を加え又はこれらの者を畏怖させ若しくは困惑させる行為がなされるおそれがあると認めるとき。

二　前号に掲げる場合のほか、証人等特定事項が公開の法廷で明らかにされることにより証人等の名誉又は社会生活の平穏が著しく害されるおそれがあると認めるとき。

② 裁判所は、前項の決定をした事件について、証人等特定事項を公開の法廷で明らかにしないことが相当でないと認めるに至つたときは、決定で、同項の決定を取り消さなければならない。

参【証人等特定事項の秘匿】→二九一③、二九五④、三〇五④、刑訴規三五④、一九六の六—一九六の八

第二九一条【冒頭手続】 ① 検察官は、まず、起訴状を朗読しなければならない。

② 第二百九十条の二第一項又は第三項の決定があつたときは、前項の起訴状の朗読は、被害者特定事項を明らかにしない方法でこれを行うものとする。この場合においては、検察官は、被告人に起訴状を示さなければならない。

③ 前条第一項の決定があつた場合における第一項の起訴状の朗読についても、前項と同様とする。この場合において、同項中「被害者特定事項」とあるのは、「証人等特定事項」とする。

④ 裁判長は、起訴状の朗読が終つた後、被告人に対し、終始沈黙し、又は個々の質問に対し陳述を拒むことができる旨その他裁判所の規則で定める被告人の権利を保護するため必要な事項を告げた上、被告人及び弁護人に対し、被告事件について陳述する機会を与えなければならない。

参❶【起訴状】→二五六【朗読前の手続】→刑訴規一九六　❷【被害者特定事項】→二九〇の二　❸【証人等特定事項】→二九〇の三　❹【供述拒否権】→憲三八①、三一一①【規則で定める事項】→刑訴規一九七

一　起訴状の朗読

[1] 起訴状朗読前に既に訴因変更が許可され、訴因変更請求書に変更後の訴因が全部記載されている場合には、起訴状を朗読せず、直接訴因変更請求書に基づき変更後の訴因を朗読しても違法ではない。（大阪高判昭50・11・28判時八一四・一五七）

二　被告事件についての陳述

1　「陳述する機会」

[2] 被告事件についての陳述は、その機会を与えれば足り、被

告人の陳述を現実に要する趣旨ではない。（名古屋高判昭25・9・23高刑判特一三・八八）

[3] **2　陳述の態様**
被告事件についての陳述とは、公訴事実に関する被告人の概括的な陳述をいい、これに関係のない事項についての陳述は制限することができる。（東京高判昭54・10・23判タ四〇七・一五七）

3　陳述の機会における被告人質問
[4] 冒頭手続終了後証拠調べに入る前に裁判官が被告人に対し公訴事実について質問しても、必ずしも違法であるとはいえない。（最大判昭25・12・20刑集四・一三・二八七〇）

4　被告人の陳述と証拠能力
[5] 被告人の事件についての陳述は、事実認定の証拠となり得る。（最判昭26・7・26刑集五・八・一六五二）

[6] 冒頭手続における共同被告人の陳述が前に検察官に対して した供述と異なるときは、相被告人に対する関係において刑訴法三二一条一項二号後段に当たる。（最決昭35・7・26刑集一四・一〇・一三〇七）↓三二一条[7]

第二九一条の二【簡易公判手続の決定】　被告人が、前条第四項の手続に際し、起訴状に記載された訴因について有罪である旨を陳述したときは、裁判所は、検察官、被告人及び弁護人の意見を聴き、有罪である旨の陳述のあつた訴因に限り、簡易公判手続によつて審判をする旨の決定をすることができる。ただし、死刑又は無期若しくは短期一年以上の懲役若しくは禁錮に当たる事件については、この限りでない。

＊令和四法六七（令和七・六・一六までに施行）**による改正**
第二九一条の二ただし書中「懲役若しくは禁錮」を「拘禁刑」に改める。（本文未織込み）

⊛【訴因↓二五六③【決定前の処置↓刑訴規一九七の二【簡易公判手続と証拠調べ↓三〇七の二、三二〇②

一　合憲性
[1] 簡易公判手続は、憲法三七条二項、一四条一項に違反しない。（最判昭37・2・22刑集一六・二・二〇三、刑訴百選[二版]四四）

二　「有罪である旨の陳述」
1　意義
[2] 「有罪である旨の陳述」とは、訴因として記載された事実を全て認め、かつ、違法性阻却事由及び責任阻却事由の不存在を認める陳述をいう。（大阪高判昭29・12・14高刑裁特一・一二・六一二）↓[4]

2　該当するとされた事例
[3] 「事実は読み聞けのとおり相違なく有罪でありますので別に意見弁解はありません。」との陳述（最判昭30・4・26刑集九・五・九一三）

3　該当しないとされた事例
[4] 「事実その通りです。」と述べるが、犯行時薬物中毒により「自分でも判断がつかなかった。」とする陳述（大阪高判昭29・12・14前出[2]）

[5] 道路交通法違反（駐車違反）の訴因に対し、「事実はそのとおり相違なく、事実について処罰されても仕方がないが、駐車違反の検挙率は非常に低く、ごく一部だけをみせしめ的に取り締まるのは不公平であり、こういう場合は、注意又は説諭ですませるべきだ。」との陳述（東京高判平元・2・7判タ六九九・二五〇）

第二九一条の三【決定の取消し】　裁判所は、前条の決定があつた事件が簡易公判手続によることができないものであり、又はこれによることが相当でないものであると認めるときは、その決定を取り消さなければならない。

⊛【取消し↓三一五の二

一　訴因が変更されたとき
[1] 簡易公判手続による審理中、訴因が変更され、新訴因につき被告人が有罪の陳述をしないときは、簡易公判手続の決定を取り消すべきである。（福岡高宮崎支判昭34・10・20下刑一・一〇・二一二六）

二　有罪の陳述が撤回されたとき
[2] 簡易公判手続による審理中、被告人が有罪の陳述を撤回したときは、簡易公判手続によることができないものとしてその決定を取り消すべきである。（東京高判昭41・9・28東高刑一七・九・一九五）

[3] 簡易公判手続による審理中、被告人が有罪の陳述を撤回したときは簡易公判手続によることが相当でないものとしてその決定を取り消すべきである。（仙台高判昭33・4・30高刑一一・四・二〇二）

[4] 簡易公判手続による審理中、被告人が有罪の陳述を撤回しても、その否認供述が他の証拠との関係で措信し難いときは、簡易公判手続が不相当な場合であるとしてその決定を取り消すことを要しない。（東京高判昭45・9・14高刑二三・四・六〇三）

三　有罪の陳述に疑いが生じたとき
[5] 簡易公判手続による証拠調べの結果、有罪の陳述の真実性に疑いが生じ、更に審理を尽くす必要があるときは、簡易公判手続によることが相当でないとしてその決定を取り消すべきである。（東京高判昭33・3・11高刑裁特五・四・一一二）

四　補強証拠の存否に疑いがあるとき
[6] 別事件による現行犯逮捕後に注射痕の写真撮影及び尿の差押えを受け、その結果を証拠として覚せい剤使用罪で起訴された被告人が、現行犯逮捕手続の違法を主張している場合、もし逮捕が違法なら右証拠の証拠能力に影響があり、そのほかに自白の補強証拠がないときは、有罪の陳述は維持されたままであっても、簡易公判手続によることが相当でないとしてその決定を取り消すべきである。（名古屋高判平5・8・2高刑四六・二・二三九）

第二九二条【証拠調べ】　証拠調べは、第二百九十一条の手続が終つた後、これを行う。ただし、次節第一款に定める公判前整理手続において争点及び証拠の整理のために行う手続については、この限りでない。

⊛【証拠調べ↓二九六

第二九二条の二【被害者等の意見の陳述】　①　裁判所は、被害者等又は当該被害者の法定代理人から、被害に関する心情その他の被告事件に関する意見の陳述の申出があるときは、公判期日において、その意見を陳述させるものとする。

②　前項の規定による意見の陳述の申出は、あらかじめ、検察官にしなければならない。この場合において、検察官は、意見を付して、これを裁判所に通知するものとする。

③　裁判長又は陪席の裁判官は、被害者等又は当該被害者の法定代理人が意見を陳述した後、その趣旨を明確にするため、これらの者に質問することができる。

④　訴訟関係人は、被害者等又は当該被害者の法定代理人が意見を陳述した後、その趣旨を明確にするため、裁判長に告げて、これらの者に質問することができる。

⑤　裁判長は、被害者等若しくは当該被害者の法定代理人の意見の陳述又は訴訟関係人の被害者等若しくは当該被害者の法定代理人に対する質問が既にした陳述若しくは質問と重複するとき、又は事件に関係のない事項にわたるときその他相当でないときは、これを制限することができる。

⑥　第百五十七条の四、第百五十七条の五並びに第百五十七条の六第一項及び第二項の規定は、第一項の規定による意見の陳述について準用する。

⑦　裁判所は、審理の状況その他の事情を考慮して、相当でない

と認めるときは、意見の陳述に代え意見を記載した書面を提出させ、又は意見の陳述をさせないことができる。

⑧ 前項の規定により書面が提出された場合には、裁判長は、公判期日において、その旨を明らかにしなければならない。この場合において、裁判長は、相当と認めるときは、その書面を朗読し、又はその要旨を告げることができる。

⑨ 第一項の規定による陳述又は第七項の規定による書面は、犯罪事実の認定のための証拠とすることができない。

⊛【意見陳述の手続→刑訴規二一〇の二―二一〇の七【公判調書の記載→刑訴規四四①三十六―四十二

第二九三条【弁論】① 証拠調が終つた後、検察官は、事実及び法律の適用について意見を陳述しなければならない。

② 被告人及び弁護人は、意見を陳述することができる。

⊛【被害者参加人等による意見の陳述→三一六の三八　❷【意見の陳述→刑訴規二一一―二一二

一 検察官の意見陳述

[1] 検察官による求刑は違法ではない。（旧法事件）（最判昭24・3・17刑集三・三・三一八、刑訴百選[二版]五〇）

[2] 求刑よりも重い刑の言渡し（最判昭25・7・14刑集四・八・一三八八）→三三三条[7]

二 弁護人の意見陳述→三〇条[9]

[3] 弁護人不出頭の判決宣告期日における弁論再開と審理判決（最決昭41・12・27刑集二〇・一〇・一二四二）→二七三条[7]

[4] 弁護人に最終弁論の機会を与えたのに弁護人が訴訟指揮を不満としてその権利を放棄したときは、弁護人の意見を聴かずに判決することができる。（東京高判昭54・5・30刑月一一・五・四一〇）

三 弁論時間の制限（刑訴規則二一二条）

[5] 公職選挙法違反の百日裁判事件において、起訴後五年経過していること、冒頭手続の意見陳述に四開廷要したこと、弁護人が最終弁論には数開廷必要であると主張していること等の事情があるときは、各弁護人が分担して要旨を陳述し、なお意を尽くさない点は裁判所の許可を得て書面により補うことも可能であるから、五名の弁護人の弁論時間を各五分に制限しても違法ではない。（東京高判昭55・7・18判時一〇〇三・一三五）

第二九四条【訴訟指揮権】 公判期日における訴訟の指揮は、裁判長がこれを行う。

⊛【裁判長の訴訟指揮→二九五【釈明権→刑訴規二〇八【異議申立て→三〇九②③

一 訴訟指揮の適否

[1] 第一回公判期日において起訴状に対する求釈明や被告人の意見陳述等に時間を費やし、予定された冒頭手続終了まで期日を続行したため、閉廷が午後八時三〇分になったとしても、違法ではない。（東京地判昭62・9・28判夕六五八・一六三……国家賠償請求事件）

[2] 身柄拘束中の被告人の公判において、弁護人持参のメモ用紙や筆記用具の被告人への交付を許さず、拘置所ないし裁判所が用意したものの使用を命じても、防御権・弁護権に特段の支障はなく、また、被告人作成のメモを裁判所に提出させた上で弁護人に交付しても、被告人の逃亡や罪証隠滅の防止ないし戒護のために必要な措置であり、訴訟指揮として適法である。（東京高判平4・5・27判時一四三三・一三九）→三九条⑳

二 訴訟指揮を理由とする忌避申立て

[3] 裁判長の訴訟指揮権、法廷警察権の行使の不当を理由とする忌避申立ては、審理方法それ自体に対する不服を理由とするものであるから、簡易却下すべきである。（最決昭48・10・8刑集二七・九・一四一五、刑訴百選[一〇版]A25）→二一条⑩・二四条[2]

三 釈明の必要（刑訴規則二〇八条）

[4] 起訴状記載の公訴事実と罰条からみて罰条の誤記と解される余地が大きい場合に、検察官に対し罰条について釈明を求めず、罰条変更の機会を与えないまま無罪判決をしたときは、釈明権不行使による審理不尽の違法がある。（東京高判昭42・3・6高刑二〇・二・八五）→二五六条㉛

[5] 包括一罪として審判の対象とされた訴因について、証拠調べの結果、事実そのものに変動が生じ、数個の併合罪と認定するのが相当と判断されるに至ったときは、裁判所は、検察官に釈明を求め、罪数補正を伴う訴因変更手続を促すなどして、被告人、弁護人に防御の機会を与えなければならない。（東京高判昭52・12・20高刑三〇・四・四二三、刑訴百選[一〇版]A24）→三一二条㉘

四 争点の顕在化

[6] ハイジャックに関する謀議への関与を理由に共謀共同正犯として起訴された被告人に対し、第一審の検察官が最終的に主張せず第一審判決も認定せずまた控訴審においても検察官が特段の主張・立証を行わず、その結果として被告人側が何らの防御活動を行っていない日時における謀議の存在につき、控訴審が争点としてこれを顕在化させる措置をとることなく認定しこれに対する被告人の関与を肯定した本件訴訟手続は、被告人に不意打ちを与え違法である。（最判昭58・12・13刑集三七・一〇・一五八一〈よど号事件〉刑訴百選[六版]八九）

[7] 刑事裁判における審理の在り方としては、合理的な期間内に充実した審理を行って事案の真相を解明することができるよう、具体的な事件ごとに、争点、その解決に必要な事実の認定、そのための証拠の採否を考える必要があり、その際には、当事者主義（当事者追行主義）を前提とする以上、裁判所は、当事者が争点とし、あるいは主張、立証しようとする内容を踏まえて、事案の真相の解明に必要な立証が的確になされるようにする必要がある。第一審において、犯行場所が争点の一つとなっていたとしても、検察官が請求した被告人の検察官調書の取調べに関し、立証趣旨とされていない犯行場所について、検察官の被告人質問における発問内容にまで着目して同調書の内容やその証明力を推測して、釈明を求めたり検察官に任意性立証の機会を付与したりするなどの措置をとるべき義務が第一審裁判所にあるとまではいえない。さらに、控訴審においても、検察官は、量刑不当のみを控訴理由とし、かつ犯行場所がいずれであっても量刑事情として軽重はない旨釈明しており、その点の解明を必要とはしていなかったことなどからすれば、控訴審裁判所が、前記のような措置をとらないまま同調書の取調べ請求を却下した第一審の訴訟手続に審理不尽があるとして第一審判決を破棄したのは、本条、刑訴法三七九条、刑訴規則二〇八条の解釈適用を誤ったものである。（最判平21・10・16刑集六三・八・九三七、刑訴百選[九版]六〇）

[8] 公判前整理手続を終了するに当たり、被告人が被害者を刃物で刺殺した行為に先立ち拳銃の引き金を引いた（が不発に終わった）という行為が確認された争点として明示的に掲げられなかったとしても、同手続で議論され、公判手続で実質的な攻撃防御を経ていたなどの事実関係（検察官が冒頭陳述で右行為を主張したところ被告人が特段異議を出さず、被告人質問において被告人が右行為の際の確定的故意を否定する供述をし、この点について被告人の供述調書の取調べが請求されたところ弁護人が不同意の意見を述べた）の下においては、公判手続で争点として提示する措置をとることなく殺害に至る経過として拳銃の引き金を引いた行為を認定した第一審判決に違法はない。（最判平26・4・22刑集六八・四・七三〇、重判平26刑訴三）

第二九五条【弁論等の制限】① 裁判長は、訴訟関係人のする尋問又は陳述が既にした尋問若しくは陳述と重複するとき、又は事件に関係のない事項にわたるときその他相当でないときは、訴訟関係人の本質的な権利を害しない限り、これを制限することができる。訴訟関係人の被告人に対する供述を求める行為についても同様である。

② 裁判長は、証人、鑑定人、通訳人又は翻訳人を尋問する場合において、証人、鑑定人、通訳人若しくは翻訳人若しくはこれらの親族の身体若しくは財産に害を加え又はこれらの者を畏怖させ若しくは困惑させる行為がなされるおそれがあり、これらの者の住居、勤務先その他その通常所在する場所が特定される事項が明らかにされたならば証人、鑑定人、通訳人又は翻訳人が十分な供述をすることができないと認めるときは、当該事項についての尋問を制限することができる。ただし、検察官のする尋問を制限することにより犯罪の証明に重大な支障を生ずるおそれがあるとき、又は被告人若しくは弁護人のする尋問を制限することにより被告人の防御に実質的な不利益を生ずるおそれがあるときは、この限りでない。

③ 裁判長は、第二百九十条の二第一項又は第三項の決定があつた場合において、訴訟関係人のする尋問又は陳述が被害者特定事項にわたるときは、これを制限することにより、犯罪の証明に重大な支障を生ずるおそれがある場合又は被告人の防御に実質的な不利益を生ずるおそれがある場合を除き、当該尋問又は陳述を制限することができる。訴訟関係人の被告人に対する供述を求める行為についても、同様とする。

④ 第二百九十条の三第一項の決定があつた場合における訴訟関係人のする尋問若しくは陳述又は訴訟関係人の被告人に対する供述を求める行為についても、前項と同様とする。この場合において、同項中「被害者特定事項」とあるのは、「証人等特定事項」とする。

⑤ 裁判所は、前各項の規定による命令を受けた検察官又は弁護士である弁護人がこれに従わなかつた場合には、検察官については当該検察官を指揮監督する権限を有する者に、弁護士である弁護人については当該弁護士の所属する弁護士会又は日本弁護士連合会に通知し、適当な処置をとるべきことを請求することができる。

⑥ 前項の規定による請求を受けた者は、そのとつた処置を裁判所に通知しなければならない。

参+【訴訟指揮権↓二九四　❸【被害者特定事項↓二九〇の二　❹【証人等特定事項↓二九〇の三　❺【検察官の指揮監督↓検察七―一〇【弁護士会↓弁護五章【日本弁護士連合会↓弁護六章

尋問等の制限

[1] 証人の取調べに際し、裁判長が訴訟指揮権に基づき、事件に関連性のない被告人の発問を制限しても、憲法三七条二項に違反しない。（最大判昭30・4・6刑集九・四・六六三〈帝銀事件〉）

[2] 主張明示義務違反と被告人質問の制限（最決平27・5・25刑集六九・四・六三六、刑訴百選[一〇版]五七）↓三一六条の三二

[3]

第二九六条【検察官の冒頭陳述】 証拠調のはじめに、検察官は、証拠により証明すべき事実を明らかにしなければならない。但し、証拠とすることができず、又は証拠としてその取調を請求する意思のない資料に基いて、裁判所に事件について偏見又は予断を生ぜしめる虞のある事項を述べることはできない。

参+【証拠調べ↓二九二【裁判員が参加する場合↓裁判員五五

一　冒頭陳述の内容

[1] 正犯について単独犯として有罪の確定判決があつた後、教唆犯及び幇助〔ほうじょ〕犯について起訴があつた場合、検察官が冒頭陳述に際し、先に正犯を起訴した時の検察の意見を説明し、また判決がその理由中で捜査の経緯及び事件の特殊性を説示していても、裁判所が予断と偏見に基づき審判をしたものとはいえない。（最判昭29・12・2刑集八・一二・一九二三）

[2] 検察官が冒頭陳述において情状のみに関する事項を述べても、違法ではない。（東京高判昭35・4・21高刑一三・四・二七一、重判平27刑訴三）

二　冒頭陳述の方法・程度

[3] 検察官の冒頭陳述は、訴訟の状況に応じ適宜、既に朗読した公訴事実を引用し、又は冒頭陳述に代えて個々の立証趣旨を陳述するをもって足りる。（最判昭25・5・11刑集四・五・七八一）

三　冒頭陳述の資料

[4] 「証拠とすることができない資料」とは、証拠能力がないことが確定している資料、又は検察官において証拠能力なしと信じた資料を意味し、同意を条件として取調請求をする予定の証拠に基づき陳述することは許される。（名古屋高判昭24・7・14高刑判特一・五八）

第二九七条【証拠調べの範囲・順序・方法の予定とその変更】 ① 裁判所は、検察官及び被告人又は弁護人の意見を聴き、証拠調の範囲、順序及び方法を定めることができる。

② 前項の手続は、合議体の構成員にこれをさせることができる。

③ 裁判所は、適当と認めるときは、何時でも、検察官及び被告人又は弁護人の意見を聴き、第一項の規定により定めた証拠調の範囲、順序又は方法を変更することができる。

参+【義務的証拠調べ↓三〇〇・三〇三【異議申立て↓三〇九①

第二九八条【証拠調べの請求、職権証拠調べ】 ① 検察官、被告人又は弁護人は、証拠調を請求することができる。

② 裁判所は、必要と認めるときは、職権で証拠調をすることができる。

参❶【請求の時期↓刑訴規一八八、三一六の五四・三一六の二八【請求の方式↓刑訴規一八八の二―一八九、三〇二【証拠の厳選↓刑訴規一八九の二【請求の順序↓三〇一、刑訴規一九三【請求すべき証拠↓三〇〇【証拠決定↓刑訴規一九〇―一九二【異議の申立て↓三〇九①　❷【実体的真実主義↓一【職権で証拠調べすべきもの↓三〇三

一　証拠調べの請求

1　請求の方式（刑訴規則一八九条）

[1] 二丁の斧〔おの〕のうちいずれかが凶器である旨主張し、その判定を裁判所の判断に委ねる趣旨でこれらの証拠調べを請求することは適法である。（名古屋高金沢支判昭28・5・28高刑六・九・一一一二）

2　請求の効果

[2] 数名の共犯者たる共同被告人がいずれも公訴事実を否認している場合、検察官が被告人らの検察官に対する供述調書を一括して取調請求したときは、同調書は、当該被告人に対する関係のみならず相被告人に対する関係においても、取調請求があったものと解される。（最判昭33・3・6刑集一二・三・四〇〇）

[3] 情状に関するものとして取調べの請求があった証拠は、犯罪事実認定の証拠とすることはできない。（福岡高判昭27・6・4高刑判特一九・九六）

[4] 情状に関するものとして取調べの請求があった証拠であっても、その立証趣旨にかかわらず、犯罪事実認定の証拠とすることができる。（東京高判昭27・11・15高刑五・一二・二二〇一）

3　請求の撤回・放棄

[5] 検察官の証人尋問請求がその者の検察官に対する供述調書を刑訴法三二一条一項二号により証拠とするためになされたと認められる場合、被告人が右調書を証拠とすることに同意したときは、右請求は撤回されたものと認められる。（最決昭33・5・27刑集一二・八・一六二五）

⑥ 証拠調べの請求につき採否を留保したまま公判を続行したが、証拠調べ終了時に、裁判所が反証の取調請求その他の方法により証拠の証明力を争うことができる旨告げたのに対し、請求当事者が争わないと述べたときは、右請求は放棄されたものと解される。（最決昭28・4・30刑集七・四・九〇四）

二 職権による証拠調べ

⑦ 裁判所は、原則として、職権で証拠調べをし又は検察官に対し立証を促す義務を負わないが、多数の共犯の被告事件が併合・分離を繰り返しつつ同一裁判所で審理されるうち、検察官が不注意により一名の被告人に対する関係で証拠の提出を遺脱したことが明らかな場合には、裁判所は、検察官にその提出を促す義務がある。（最判昭33・2・13刑集一二・二・二一八、刑訴百選〔一〇版〕A26）

三 証拠決定（刑訴規則一九〇条）

1 証拠決定の必要

⑧ 証拠決定をしないまま弁論を終結するのは違法である。（最判昭27・5・13刑集六・五・七四四……証人の重要性が小さいため刑訴法四一一条に当たらないとされた）

2 証拠採否の判断

⑨ 憲法三七条二項は、被告人申請の証人を全て取り調べなければならないとする趣旨ではない。（旧法事件）（最大判昭23・6・23刑集二・七・七三四）

⑩ 弁護人のした被告人の精神鑑定の申請を却下しても、憲法三七条二項に違反しない。（最判昭25・12・26刑集四・一二・二六三六）

⑪ 検察官が同意を条件として被告人の検察官に対する供述調書の証拠調べを請求したのに対し、被告人が証拠とすることに同意しなかった場合でも、裁判所は、刑訴法三二二条の要件を確かめた上、右調書の証拠調べをすることができる。（最決昭29・12・24刑集八・一三・二四一二）

第二九九条【同前と当事者の権利】 ① 検察官、被告人又は弁護人が証人、鑑定人、通訳人又は翻訳人の尋問を請求するについては、あらかじめ、相手方に対し、その氏名及び住居を知る機会を与えなければならない。証拠書類又は証拠物の取調を請求するについては、あらかじめ、相手方にこれを閲覧する機会を与えなければならない。但し、相手方に異議のないときは、この限りでない。

② 裁判所が職権で証拠調の決定をするについては、検察官及び被告人又は弁護人の意見を聴かなければならない。

参❶【第一回公判期日前の当事者の準備→刑訴規一七八の六、一七八の七　❷【職権証拠調べ→二九八②

証拠開示命令

1 事前全面証拠開示の適否

① 検察官の所持する証拠書類又は証拠物について、公判において取調べを請求すると否とにかかわらず、あらかじめこれを被告人・弁護人に閲覧させるべき義務を定め、あるいは裁判所がこのような証拠を被告人・弁護人に閲覧させるよう検察官に命ずることを是認する規定は存しないから、いまだ冒頭手続にも入らない段階において、裁判所が検察官に対し、その手持証拠全部を相手方に閲覧させるよう命ずることはできない。（最決昭34・12・26刑集一三・一三・三三七二、刑訴百選〔初版〕四二）

② 検察官には、公判において取調べを請求すると否とにかかわらずあらかじめ進んで相手方に証拠を閲覧させる義務はなく、被告人・弁護人にもその閲覧請求権はない。（最決昭35・2・9判時二一九・三四）

2 訴訟指揮権に基づく証拠開示命令

③ 証拠調べの段階に入った後、弁護人から、具体的必要性を示して、一定の証拠を弁護人に閲覧させるよう検察官に命ぜられたい旨の申出がなされた場合、裁判所は、事案の性質、審理の状況、当該証拠の種類及び内容、閲覧の時期、程度及び方法、その他諸般の事情を勘案し、その閲覧が被告人の防御のために特に重要であり、かつ、これにより罪証隠滅、証人威迫等の弊害を招来するおそれがなく、相当と認められるときは、その訴訟指揮権に基づき、検察官に対し、その所持する証拠を弁護人に閲覧させることを命ずることができる。（最決昭44・4・25刑集二三・四・二四八、刑訴百選〔一〇版〕A27）

④ 裁判所が、検察官申請証人の採用決定前に、同証人の反対尋問のため必要であるとの理由で、検察官に対し、その所持する当該証人の検察官に対する供述調書を弁護人に閲覧させることを命じた場合、その閲覧の時期を主尋問終了後反対尋問前と指定したとしても、いまだその閲覧が被告人の防御のため特に重要であるということはできず、また右段階で証人威迫、罪証隠滅の弊害がないとするのは時期尚早であって、右証拠開示命令は違法である。（最決昭44・4・25刑集二三・四・二七五）

3 証拠開示を命じた事例

⑤ 傷害・強要被告事件において、被害者に対する検察官の主尋問終了後反対尋問前の段階でその検察官調書の開示申出があった場合に、当該証人の反対尋問が被告人の防御にとって重要な手段であること、主尋問の証言が検察官の主張に沿うもので反対尋問の手掛かりに乏しいこと、事件発生後の時間の経過により証人の記憶が減弱している可能性があることから、証言と調書の記載との食い違いの存否を調べられるよう、証拠開示を命じた事例（浦和地決昭44・12・4判時五八八・一〇二）

⑥ 戸別訪問事件において、証人採用決定のあった検察側証人（被訪問者）四名の検察官調書につき、検察官は各証人ごとに個別に開示することとし、うち一名につき主尋問の四日前に開示したが、弁護人が一括開示を主張したのに対し、弁護人に準備期間が必要であること、証人の記憶喪失により主尋問での調書の利用が予想されるのでその円滑な実施のためには事前の開示が必要であること、訴因の性質上各証人の尋問が相互に関連するものであることから、残る三名の調書を主尋問期日の一〇日前までに開示するよう命じた事例（東京地決昭45・3・7判時五八八・三五）

⑦ 嘱託尋問を受けた証人が作成した日記の開示の申出があった場合に、嘱託尋問調書中に引用されている部分については、その開示により証言の信憑〔しんぴょう〕性をテストすることができることから、また、引用されていない部分については、開示を求める目的が被告人に有利な証拠を探索するためであっても、日記の持主が提供を拒否する公算が高く、その手段をとることが訴訟経済に反し、また日記抄本が裁判所の嘱託により米国で実施された証人尋問によって取得されたもので、検察官のワーク・プロダクトとしての性格が薄いことから、証拠開示を命じた事例（東京地決昭54・4・5刑月一一・四・三八三〈ロッキード事件〉）

第二九九条の二【証人等の身体・財産への加害行為等の防止のための配慮】 検察官又は弁護人は、前条第一項の規定により証人、鑑定人、通訳人若しくは翻訳人の氏名及び住居を知る機会を与え又は証拠書類若しくは証拠物を閲覧する機会を与えるに当たり、証人、鑑定人、通訳人若しくは翻訳人若しくは証拠書類若しくは証拠物にその氏名が記載され若しくは記録されている者若しくはこれらの親族の身体若しくは財産に害を加え又はこれらの者を畏怖させ若しくは困惑させる行為がなされるおそれがあると認めるときは、相手方に対し、その旨を告げ、これらの者の住居、勤務先その他その通常所在する場所が特定される事項が、犯罪の証明若しくは犯罪の捜査又は被告人の防御に関し必要がある場合を除き、関係者（被告人を含む。）に知られないようにすることその他これらの者の安全が脅かされることがないように配慮することを求めることができる。

参†【公判前整理手続における証拠開示への準用→三一六の二三

第二九九条の三【証拠開示の際の被害者特定事項の秘匿要請】 ① 検察官は、第二百九十九条第一項の規定により証人の氏名及び住居を知る機会を与え又は証拠書類若しくは証拠物を閲覧する機会を与えるに当たり、被害者特定事項が明らかにされることにより、被害者等の名誉若しくは社会生活の平穏が著しく害されるおそれがあると認めるとき、又は被害者若しくはその親族の身体若しくは財産に害を加え若しくはこれらの者を畏怖させ若しくは困惑させる行為がなされるおそれがあると認めるときは、弁護人に対し、その旨を告げ、被害者特定事項が、被告人の防御に関し必要がある場合を除き、被告人その他の者に知られないようにすることを求めることができる。ただし、被告人に知られないようにすることを求めることについては、被害者特定事項のうち起訴状に記載された事項以外のものに限る。

㊜【被害者特定事項↓二九〇の二】【起訴状に記載された事項↓二九一②】【公判前整理手続における証拠開示への準用↓三一六の二三①】

第二九九条の四【証人等の氏名・住居の開示に係る措置】 ① 検察官は、第二百九十九条第一項の規定により証人、鑑定人、通訳人又は翻訳人の氏名及び住居を知る機会を与えるべき場合において、その者若しくはその親族の身体若しくは財産に害を加え又はこれらの者を畏怖させ若しくは困惑させる行為がなされるおそれがあると認めるときは、弁護人に対し、当該氏名及び住居を知る機会を与えた上で、当該氏名又は住居を被告人に知らせてはならない旨の条件を付し、又は被告人に知らせる時期若しくは方法を指定することができる。ただし、その証人、鑑定人、通訳人又は翻訳人の供述の証明力の判断に資するような被告人その他の関係者との利害関係の有無を確かめることができなくなるときその他の被告人の防御に実質的な不利益を生ずるおそれがあるときは、この限りでない。

② 検察官は、前項本文の場合において、同項本文の規定による措置によつては同項本文に規定する行為を防止できないおそれがあると認めるとき（被告人に弁護人がないときを含む。）は、その証人、鑑定人、通訳人又は翻訳人の供述の証明力の判断に資するような被告人その他の関係者との利害関係の有無を確かめることができなくなる場合その他の被告人の防御に実質的な不利益を生ずるおそれがある場合を除き、被告人及び弁護人に対し、その証人、鑑定人、通訳人又は翻訳人の氏名又は住居を知る機会を与えないことができる。この場合において、被告人又は弁護人に対し、氏名にあつてはこれに代わる呼称を、住居にあつてはこれに代わる連絡先を知る機会を与えなければならない。

③ 検察官は、第二百九十九条第一項の規定により証拠書類又は証拠物を閲覧する機会を与えるべき場合において、証拠書類若しくは証拠物に氏名若しくは住居が記載され若しくは記録されている者であつて検察官が証人、鑑定人、通訳人若しくは翻訳人として尋問を請求するもの若しくは供述録取書等の供述者（以下この項及び次項において「検察官請求証人等」という。）若しくは検察官請求証人等の親族の身体若しくは財産に害を加え又はこれらの者を畏怖させ若しくは困惑させる行為がなされるおそれがあると認めるときは、弁護人に対し、証拠書類又は証拠物を閲覧する機会を与えた上で、その検察官請求証人等の氏名又は住居を被告人に知らせてはならない旨の条件を付し、又は被告人に知らせる時期若しくは方法を指定することができる。ただし、その検察官請求証人等の供述の証明力の判断に資するような被告人その他の関係者との利害関係の有無を確かめることができなくなるときその他の被告人の防御に実質的な不利益を生ずるおそれがあるときは、この限りでない。

④ 検察官は、前項本文の場合において、同項本文の規定による措置によつては同項本文に規定する行為を防止できないおそれがあると認めるとき（被告人に弁護人がないときを含む。）は、その検察官請求証人等の供述の証明力の判断に資するような被告人その他の関係者との利害関係の有無を確かめることができなくなる場合その他の被告人の防御に実質的な不利益を生ずるおそれがある場合を除き、被告人及び弁護人に対し、証拠書類又は証拠物のうちその検察官請求証人等の氏名又は住居が記載され又は記録されている部分について閲覧する機会を与えないことができる。この場合において、被告人又は弁護人に対し、氏名にあつてはこれに代わる呼称を、住居にあつてはこれに代わる連絡先を知る機会を与えなければならない。

⑤ 検察官は、前各項の規定による措置をとつたときは、速やかに、裁判所にその旨を通知しなければならない。

㊜【公判前整理手続における証拠開示への準用↓三一六の二三②】❺【通知↓刑訴規一七八の八】

> 7 **条件付与等措置・代替開示措置の合憲性**
> 被告人の防御に実質的不利益が生ずる場合は条件付与等措置・代替開示措置をとることはできないが、被告人又は弁護人は代替開示措置がとられても証人等と被告人その他の関係者との利害関係の有無を確かめ、予想される証人等の供述の証明力を事前に検討することができ、被告人の防御に実質的な不利益を生ずるおそれがない場合はある。また、代替開示措置は条件付与等措置では加害行為等を防止できないおそれがあるときに限りとることができる。被告人又は弁護人は裁定請求により裁判所に各措置の取消しを求めることができ、その場合、検察官は、刑訴法二九九条の五第一項各号不該当を明らかにしなければならず、裁判所は、必要なときには被告人又は弁護人の主張を聴くなどすることができ、裁判所の決定に対しては即時抗告も可能である。したがって、本条及び刑訴法二九九条の五は憲法三七条二項前段の証人審問権を侵害しない。（最決平30・7・3刑集七二・三・二九九、重判平30刑訴二）→憲三七条10

第二九九条の五【裁判所による裁定】 ① 裁判所は、検察官が前条第一項から第四項までの規定による措置をとつた場合において、次の各号のいずれかに該当すると認めるときは、被告人又は弁護人の請求により、決定で、当該措置の全部又は一部を取り消さなければならない。

一　当該措置に係る者若しくはその親族の身体若しくは財産に害を加え又はこれらの者を畏怖させ若しくは困惑させる行為がなされるおそれがないとき。

二　当該措置により、当該措置に係る者の供述の証明力の判断に資するような被告人その他の関係者との利害関係の有無を確かめることができなくなるときその他の被告人の防御に実質的な不利益を生ずるおそれがあるとき。

三　検察官のとつた措置が前条第二項又は第四項の規定によるものである場合において、同条第一項本文又は第三項本文の規定による措置によつて第一号に規定する行為を防止できるとき。

② 裁判所は、前項第二号又は第三号に該当すると認めて検察官がとつた措置の全部又は一部を取り消す場合において、同項第一号に規定する行為がなされるおそれがあると認めるときは、弁護人に対し、当該措置に係る者の氏名又は住居を被告人に知らせてはならない旨の条件を付し、又は被告人に知らせる時期若しくは方法を指定することができる。ただし、当該条件を付し、又は当該時期若しくは方法の指定をすることにより、当該措置に係る者の供述の証明力の判断に資するような被告人その他の関係者との利害関係の有無を確かめることができなくなるときその他の被告人の防御に実質的な不利益を生ずるおそれがあるときは、この限りでない。

③ 裁判所は、第一項の請求について決定をするときは、検察官の意見を聴かなければならない。

④ 第一項の請求についてした決定（第二項の規定により条件を

付し、又は時期若しくは方法を指定する裁判を含む。）に対しては、即時抗告をすることができる。

∞❶【請求の方式↓刑訴規一七八の九　❹【即時抗告↓四二二・四二五

第二九九条の六【書類・証拠物、公判調書の閲覧等の制限】
① 裁判所は、検察官がとつた第二百九十九条の四第一項若しくは第三項の規定による措置に係る者若しくは裁判所がとつた前条第二項の規定による措置に係る者若しくはこれらの親族の身体若しくは財産に害を加え又はこれらの者を畏怖させ若しくは困惑させる行為がなされるおそれがあると認める場合において、検察官及び弁護人の意見を聴き、相当と認めるときは、弁護人が第四十条第一項の規定により訴訟に関する書類又は証拠物を閲覧し又は謄写するに当たり、これらに記載され又は記録されている当該措置に係る者の氏名又は住居を被告人に知らせてはならない旨の条件を付し、又は被告人に知らせる時期若しくは方法を指定することができる。ただし、当該措置に係る者の供述の証明力の判断に資するような被告人その他の関係者との利害関係の有無を確かめることができなくなるときその他の被告人の防御に実質的な不利益を生ずるおそれがあるときは、この限りでない。
② 裁判所は、検察官がとつた第二百九十九条の四第二項若しくは第四項の規定による措置に係る者若しくはその親族の身体若しくは財産に害を加え又はこれらの者を畏怖させ若しくは困惑させる行為がなされるおそれがあると認める場合において、検察官及び弁護人の意見を聴き、相当と認めるときは、弁護人が第四十条第一項の規定により訴訟に関する書類又は証拠物を閲覧し又は謄写するについて、これらのうち当該措置に係る者の氏名若しくは住居が記載され若しくは記録されている部分の閲覧若しくは謄写を禁じ、又は当該氏名若しくは住居を被告人に知らせてはならない旨の条件を付し、若しくは被告人に知らせる時期若しくは方法を指定することができる。ただし、当該措置に係る者の供述の証明力の判断に資するような被告人その他の関係者との利害関係の有無を確かめることができなくなるときその他の被告人の防御に実質的な不利益を生ずるおそれがあるときは、この限りでない。
③ 裁判所は、検察官がとつた第二百九十九条の四第一項から第四項までの規定による措置に係る者若しくは裁判所がとつた前条第二項の規定による措置に係る者若しくはこれらの親族の身体若しくは財産に害を加え又はこれらの者を畏怖させ若しくは困惑させる行為がなされるおそれがあると認める場合において、検察官及び被告人の意見を聴き、相当と認めるときは、被告人が第四十九条の規定により公判調書を閲覧し又はその朗読を求めるについて、このうち当該措置に係る者の氏名若しくは住居が記載され若しくは記録されている部分の閲覧を禁じ、又は当該部分の朗読の求めを拒むことができる。ただし、当該措置に係る者の供述の証明力の判断に資するような被告人その他の関係者との利害関係の有無を確かめることができなくなるときその他の被告人の防御に実質的な不利益を生ずるおそれがあるときは、この限りでない。

∞❷❸【証人等の氏名・住居に代わる通知↓刑訴規一七八の一〇

第二九九条の七【弁護人の違反行為に対する処置】
① 検察官は、第二百九十九条の四第一項若しくは第三項の規定により付した条件に弁護人が違反したとき、又はこれらの規定による時期若しくは方法の指定に弁護人が従わなかつたときは、弁護士である弁護人については当該弁護士の所属する弁護士会又は日本弁護士連合会に通知し、適当な処置をとるべきことを請求することができる。
② 裁判所は、第二百九十九条の五第二項若しくは前条第一項若しくは第二項の規定により付した条件に弁護人が違反したとき、又はこれらの規定による時期若しくは方法の指定に弁護人が従わなかつたときは、弁護士である弁護人については当該弁護士の所属する弁護士会又は日本弁護士連合会に通知し、適当な処置をとるべきことを請求することができる。
③ 前二項の規定による請求を受けた者は、そのとつた処置をその請求をした検察官又は裁判所に通知しなければならない。

∞+【弁護士会・日本弁護士連合会↓二九五⑤∞

第三〇〇条【証拠調べの請求の義務】 第三百二十一条第一項第二号後段の規定により証拠とすることができる書面については、検察官は、必ずその取調を請求しなければならない。

∞+【請求↓二九八①

第三〇一条【自白と証拠調べの請求の制限】 第三百二十二条及び第三百二十四条第一項の規定により証拠とすることができる被告人の供述が自白である場合には、犯罪事実に関する他の証拠が取り調べられた後でなければ、その取調を請求することはできない。

∞+【自白↓憲三八③、三一九②③

一　**他の証拠の取調べ**

1　**意義**

[1] 「犯罪事実に関する他の証拠が取り調べられた後」とは、全ての補強証拠が取り調べられた後という意味ではなく、自白を補強し得る証拠の取調べ後であれば足りる。（最決昭26・6・1刑集五・七・一二三二）

2　**該当するもの**

[2] 共同被告人の検察官に対する供述調書は、当該被告人との関係において「犯罪事実に関する他の証拠」に当たり、これを最初に取り調べても違法ではない。（最決昭29・3・23刑集八・三・二九三）

二　**取調請求の制限**

[3] 他の証拠と同時に自白調書の取調請求がなされても、自白調書よりも前に他の証拠が取り調べられた以上、本条に違反しない。（最決昭26・5・31刑集五・六・一二一一）

三　**本条の適用範囲**

[4] 破棄差戻し後の第一審には、本条の適用がない。（東京高判昭27・2・26高刑五・三・三五七）↓二五六条[47]

第三〇一条の二【取調べ等の録音・録画と記録媒体の証拠調べの請求】
① 次に掲げる事件については、検察官は、第三百二十二条第一項の規定により証拠とすることができる書面であつて、当該事件についての第百九十八条第一項の規定による取調べ（逮捕又は勾留されている被疑者の取調べに限る。第三項において同じ。）又は第二百三条第一項、第二百四条第一項若しくは第二百五条第一項（第二百十一条及び第二百十六条において準用する場合を含む。第三項において同じ。）の弁解の機会に際して作成され、かつ、被告人に不利益な事実の承認を内容とするものの取調べを請求した場合において、被告人又は弁護人が、その取調べの請求に関し、その承認が任意にされたものでない疑いがあることを理由として異議を述べたときは、その承認が任意にされたものであることを証明するため、当該書面が作成された取調べ又は弁解の機会の開始から終了に至るまでの間における被告人の供述及びその状況を第四項の規定により記録した記録媒体の取調べを請求しなければならない。ただし、同項各号のいずれかに該当することにより同項の規定による記録が行われなかつたことその他やむを得ない事情によつて当該記録媒体が存在しないときは、この限りでない。
一　死刑又は無期の懲役若しくは禁錮に当たる罪に係る事件
二　短期一年以上の有期の懲役又は禁錮に当たる罪であつて故意の犯罪行為により被害者を死亡させたものに係る事件
三　司法警察員が送致し又は送付した事件以外の事件（前二号に掲げるものを除く。）

刑訴

＊令和四法六七（令和七・六・一六までに施行）**による改正**
第一号中「無期の懲役若しくは禁錮」を「無期拘禁刑」に改め、第二号中「有期の懲役又は禁錮」を「拘禁刑」に改める。
（本文未織込み）

② 検察官が前項の規定に違反して同項に規定する記録媒体の取調べを請求しないときは、裁判所は、決定で、同項に規定する書面の取調べの請求を却下しなければならない。

③ 前二項の規定は、第一項各号に掲げる事件について、第三百二十四条第一項において準用する第三百二十二条第一項の規定により証拠とすることができる被告人以外の者の供述であつて、当該事件についての第百九十八条第一項の規定による取調べ又は第二百三条第一項、第二百四条第一項若しくは第二百五条第一項の弁解の機会に際してされた被告人の供述（被告人に不利益な事実の承認を内容とするものに限る。）をその内容とするものを証拠とすることに関し、被告人又は弁護人が、その承認が任意にされたものでない疑いがあることを理由として異議を述べた場合にこれを準用する。

④ 検察官又は検察事務官は、第一項各号に掲げる事件（同項第三号に掲げる事件のうち、関連する事件が送致され又は送付されているものであつて、司法警察員が現に捜査していることその他の事情に照らして司法警察員が送致し又は送付することが見込まれるものを除く。）について、逮捕若しくは勾留されている被疑者を第百九十八条第一項の規定により取り調べるとき又は被疑者に対し第二百四条第一項若しくは第二百五条第一項（第二百十一条及び第二百十六条においてこれらの規定を準用する場合を含む。）の規定により弁解の機会を与えるときは、次の各号のいずれかに該当する場合を除き、被疑者の供述及びその状況を録音及び録画を同時に行う方法により記録媒体に記録しておかなければならない。司法警察職員が、第一項第一号又は第二号に掲げる事件について、逮捕若しくは勾留されている被疑者を第百九十八条第一項の規定により取り調べるとき又は被疑者に対し第二百三条第一項（第二百十一条及び第二百十六条において準用する場合を含む。）の規定により弁解の機会を与えるときも、同様とする。

一 記録に必要な機器の故障その他のやむを得ない事情により、記録をすることができないとき。

二 被疑者が記録を拒んだことその他の被疑者の言動により、記録をしたならば被疑者が十分な供述をすることができないと認めるとき。

三 当該事件が暴力団員による不当な行為の防止等に関する法律（平成三年法律第七十七号）第三条の規定により都道府県公安委員会の指定を受けた暴力団の構成員による犯罪に係るものであると認めるとき。

四 前二号に掲げるもののほか、犯罪の性質、関係者の言動、被疑者がその構成員である団体の性格その他の事情に照らし、被疑者の供述及びその状況が明らかにされた場合には被疑者若しくはその親族の身体若しくは財産に害を加え又はこれらの者を畏怖させ若しくは困惑させる行為がなされるおそれがあることにより、記録をしたならば被疑者が十分な供述をすることができないと認めるとき。

㊜❶刑訴規一九八の四　【二】【三】裁判員二①　【三】【送致・送付事件↓二〇三・二一一・二一六、二四二・二四五・二四六
❹捜査規範一八二の三・一八二の四

1 **実質証拠等としての使用**
取調べが録音・録画された記録媒体を再生すれば供述の内容だけでなく供述態度も明らかになるが、内心が表情・言動に現れる態様や程度には個人差があるから、供述態度に重きを置いた信用性の判断は、直観的で主観的なものとなる危険があり、供述の信用性判断において供述態度が果たすべき役割は、他の判断指標に比べ、補充的なものにとどまる。公判廷における被告人質問は、公開の法廷で、裁判体の面前において、弁護人が同席し、交互質問という手順を踏んで行われ、裁判体は、被告人の供述態度を単に受け身で見るものではなく、必要に応じ、随時、自ら問いを発して答えを得ることもできるのに対し、捜査機関の管理下で行われ弁護人も同席しない被疑者取調べにはそのような条件は備わっておらず、直観的で主観的な判断に陥る危険が大きい。また、身体拘束下の被疑者が不利益な供述をする場合、その動機は様々なものが想定されるが、取調べの際の供述態度から識別し得る事情には限りがあるにもかかわらず、供述態度が裁判体に強い印象を与え、信用性の評価に不適切な影響を及ぼす可能性も否定できない。しかも、記録媒体を実質証拠として採用すれば、公判が、長時間の取調べを視聴しその適否を審査する手続と化して直接主義の原則から逸脱するおそれがある上、客観証拠その他の本来重視されるべき証拠の取調べと対比して審理の在り方が量的、質的に均衡を失する可能性も否定できず、取調べや供述調書に過度に依存した捜査・公判からの脱却という平成二八年刑訴法改正の背景にある社会的要請にもそぐわない。したがって、記録媒体の実質証拠としての使用の可否・条件は慎重な検討を要する。〔本条施行前の事案〕（東京高判平28・8・10高刑六九・一・四……検察官が実質証拠として請求した被告人の自白を内容とする記録媒体について、自白の概要が被告人質問で明らかになっていること、争点については共犯者等の供述の信用性が判断の決め手であること、取調べ中の供述態度から供述の信用性を判断するのが容易でないことからすれば、証拠調べの必要性を否定し請求を却下した原審の証拠決定には合理性があり、記録媒体の実質証拠としての使用について慎重な検討を要することに照らしても、証拠採否に関する裁判所の合理的裁量を逸脱したとはいえないとした）

2 取調べの録音録画記録媒体を信用性の補助証拠とする場合、当該記録媒体を取り調べることによって実体的な心証形成が直接的に導かれる可能性があることや、沈黙する被告人の様子など実体判断に用いることに適さない事柄で実際の心証形成が行われる危険性があることなどの問題点も考慮した上、供述の裏付けとなる客観的な証拠等、これまで自白の信用性判断の資料とされてきたもののほかに、新たに記録媒体を採用することの具体的な必要性や相当性が認められるのかどうかについて、慎重に吟味し、採用の適否を判断すべきである。自白の信用性の判断に当たっては、供述が強いられたものでないことは当然の前提として、秘密の暴露の有無、客観的な事実や他の証拠との整合性等、第三者にも検証可能な判断指標を重視した上で、内容の合理性、自然性等と併せ多角的に検討し、自白供述から適切な距離を保って、冷静に熟慮することが肝要であるが、記録媒体を見て行う供述の信用性の評価は、供述が自発的なものかどうかという観点を出ない判断となる可能性があるし、それ以上の検討が行われるとしても、判断者の主観に左右される、印象に基づく直観的な判断となる可能性が否定できず、必要な熟慮をむしろ阻害する影響があることも懸念される。〔本条施行前の事案〕（東京高判平30・8・3判時二三八九・三、重判平30刑訴五……多くの考慮すべき事柄があるにもかかわらず、十分な吟味を欠いた手続経過によって、記録媒体を供述調書の信用性の補助証拠として採用しながら、再現された被告人の供述態度等から直接的に被告人の犯人性に関する事実認定を行った原判決には刑訴法三一七条違反の違法があるとした）

第三〇二条【捜査記録の一部についての証拠調べの請求】 第三百二十一条乃至第三百二十三条又は第三百二十六条の規定により証拠とすることができる書面が捜査記録の一部であるときは、検察官は、できる限り他の部分と分離してその取調を請求しなければならない。

㊜＋【予断の防止↓二五六⑥

第三〇三条【公判準備の結果と証拠調べの必要】 公判準備におい

てした証人その他の者の尋問、検証、押収及び捜索の結果を記載した書面並びに押収した物については、裁判所は、公判期日において証拠書類又は証拠物としてこれを取り調べなければならない。

⊛【裁判所外での証人尋問↓一五八【公判期日外の証人尋問↓二八一【検証↓一二八【押収↓九九―一〇一【捜索↓一〇二【証拠書類・記録媒体の取調べ↓三〇五【証拠物の取調べ↓三〇六、三〇七

第三〇四条【人的証拠に対する証拠調べの方式】 ① 証人、鑑定人、通訳人又は翻訳人は、裁判長又は陪席の裁判官が、まず、これを尋問する。

② 検察官、被告人又は弁護人は、前項の尋問が終つた後、裁判長に告げて、その証人、鑑定人、通訳人又は翻訳人を尋問することができる。この場合において、その証人、鑑定人、通訳人又は翻訳人の取調が、検察官、被告人又は弁護人の請求にかかるものであるときは、請求をした者が、先に尋問する。

③ 裁判所は、適当と認めるときは、検察官及び被告人又は弁護人の意見を聴き、前二項の尋問の順序を変更することができる。

⊛憲三七②【証人尋問↓刑訴規一〇六、一九九の二―二〇三 ❷【被害者参加人等による証人尋問↓三一六の三六

> 1 **写真等の利用**
> 被害者の証人尋問において、検察官が、証人から被害状況等に関する具体的な供述が十分にされた後に、その供述内容を明確化するため、証拠として採用されていない捜査段階で撮影された被害者による被害再現写真を示すことを求めた場合において、写真の内容が既にされた供述と同趣旨のものであるときは、証人に不当な影響を与えるものとはいえないから、裁判所は、刑訴規則一九九条の一二に基づきこれを許可することができる。証人に示した被害再現写真を刑訴規則四九条に基づいて証人尋問調書に添付する措置は、その写真を独立した証拠として扱う趣旨のものではないから、当事者の同意は必要ではない。証人に示された被害再現写真が独立した証拠として採用されていなかったとしても、証人がその写真の内容を実質的に引用しながら証言した場合には、引用された限度において写真の内容は証言の一部となり、そのような証言全体を事実認定の用に供することができる。（最決平23・9・14刑集六五・六・九四九、刑訴百選[一〇版]六八）

第三〇四条の二【被告人の退廷】 裁判所は、証人を尋問する場合において、証人が被告人の面前（第百五十七条の五第一項に規定する措置を採る場合並びに第百五十七条の六第一項及び第二項に規定する方法による場合を含む。）においては圧迫を受け充分な供述をすることができないと認めるときは、弁護人が出頭している場合に限り、検察官及び弁護人の意見を聴き、その証人の供述中被告人を退廷させることができる。この場合には、供述終了後被告人を入廷させ、これに証言の要旨を告知し、その証人を尋問する機会を与えなければならない。

⊛【被告人の証人尋問権↓憲三七②【公判期日外の証人尋問の場合↓二八一の二

> 1 **本条による措置の合憲性**
> 本条により被告人を退廷させて証人を尋問しても、憲法三七条二項に違反しない。（最判昭35・6・10刑集一四・七・九七三、刑訴百選[六版]A18）

第三〇五条【証拠書類等に対する証拠調べの方式】 ① 検察官、被告人又は弁護人の請求により、証拠書類の取調べをするについては、裁判長は、その取調べを請求した者にこれを朗読させなければならない。ただし、裁判長は、自らこれを朗読し、又は陪席の裁判官若しくは裁判所書記官にこれを朗読させることができる。

② 裁判所が職権で証拠書類の取調べをするについては、裁判長は、自らその書類を朗読し、又は陪席の裁判官若しくは裁判所書記官にこれを朗読させなければならない。

③ 第二百九十条の二第一項又は第三項の決定があつたときは、前二項の規定による証拠書類の朗読は、被害者特定事項を明らかにしない方法でこれを行うものとする。

④ 第二百九十条の三第一項の決定があつた場合における第一項又は第二項の規定による証拠書類の朗読についても、前項と同様とする。この場合において、同項中「被害者特定事項」とあるのは、「証人等特定事項」とする。

⑤ 第百五十七条の六第四項の規定により記録媒体がその一部とされた調書の取調べについては、第一項又は第二項の規定による朗読に代えて、当該記録媒体を再生するものとする。ただし、裁判長は、検察官及び被告人又は弁護人の意見を聴き、相当と認めるときは、当該記録媒体の再生に代えて、当該調書の取調べを請求した者、陪席の裁判官若しくは裁判所書記官に当該調書に記録された供述の内容を告げさせ、又は自らこれを告げることができる。

⑥ 裁判所は、前項の規定により第百五十七条の六第四項に規定する記録媒体を再生する場合において、必要と認めるときは、検察官及び被告人又は弁護人の意見を聴き、第百五十七条の五に規定する措置を採ることができる。

⊛❶【取調べの請求↓二九八① ❶❷【朗読↓刑訴規二〇三の二 ❷【職権取調べ↓二九八② ❸【被害者特定事項↓二九〇の二 ❹【証人等特定事項↓二九〇の三 ❺【本項ただし書の不適用↓三二一の二②

> 一　**証拠書類の朗読**
> 1　**他の書面を引用する書面の場合**
> 1 証拠書類中に他の書面の記載が引用されているときは、その書面も併せて朗読しなければならない。〔旧法事件〕（最判昭23・5・4刑集二・五・四四一）
> 2 供述書に引用されていてその内容を補足する書面がある場合、証拠調べは、両書面を朗読すれば足り、引用された書面の展示は不要である。（最判昭27・3・25刑集六・三・五一四）
> 2　**外国語文書の場合**
> 3 英文の書類の取調べは、提出者が翻訳の上その訳文を朗読するか、裁判所が自ら翻訳したものを朗読することにより行う。（仙台高判昭25・4・8高刑判特八・九八）
> 4 英文の証拠書類がその訳文とともに朗読された場合、その証拠調べが裁判所法七四条に違反するとはいえない。（最判昭27・12・24刑集六・一一・一三八〇）
> 二　**要旨の告知（刑訴規則二〇三条の二）**
> 5 刑訴規則二〇三条の二は、本条の定める証拠調べの方式を合目的的に簡易化したにとどまり、本条に違反しない。（最決昭29・6・19裁判集刑九六・三三五）
> 三　**上告審における取調べの方法**
> 6 上告審において、別件の証言速記録の謄本を取り調べるには、公判廷にこれを顕出することで足りる。（最判昭41・12・9刑集二〇・一〇・一一〇七）

第三〇六条【証拠物に対する証拠調べの方式】 ① 検察官、被告人又は弁護人の請求により、証拠物の取調をするについては、裁判長は、請求をした者をしてこれを示させなければならない。但し、裁判長は、自らこれを示し、又は陪席の裁判官若しくは裁判所書記にこれを示させることができる。

② 裁判所が職権で証拠物の取調をするについては、裁判長は、自らこれを訴訟関係人に示し、又は陪席の裁判官若しくは裁判所書記にこれを示させなければならない。

⊛三〇五⊛【証拠物中書面の意義が証拠となるもの↓三〇七

> 1 **録音テープの取調べ方法**
> 本人不知の間に録音された録音テープの証拠調べは、公判廷でこれを展示し、かつ、録音再生器により再生する方法で

行う。（最決昭35・3・24刑集一四・四・四六二、刑訴百選[八版]A37）

第三〇七条【同前】 証拠物中書面の意義が証拠となるものの取調をするについては、前条の規定による外、第三百五条の規定による。

一 書面の意義が証拠となる証拠物

1 証拠書類との区別

[1] 証拠書類と書面の意義が証拠となる証拠物とは、その書面の内容だけが証拠となるか、又は書面そのものの存在若しくは状態等が証拠となるかによって区別され、その書面の作成者、作成された場所又は手続等により区別されるのではない。（最判昭27・5・6刑集六・五・七三六、刑訴百選[八版]A24）

2 該当するもの

[2] 総勘定元帳、金銭出納簿は、書面の意義が証拠となる証拠物である。（東京高判昭27・10・14高刑判特三七・四〇）

3 該当しないもの

[3] 捜査官作成の被害者の供述調書、被害者の被害届、被害者に対する医師の診断書、捜査官作成の被告人の供述調書、被告人の前科調書等は、単にその書面の意義が証拠となるだけでその存在や状態が証拠となるものではない場合は、証拠書類であって、書面の意義が証拠となる証拠物ではない。（最判昭27・3・25刑集六・三・五一四）

二 上告審における取調べの方法

[4] 上告審において、提出命令により提出された証拠物たる書面を取り調べるには、公判廷にこれを顕出することで足りる。（最大判昭34・8・10刑集一三・九・一四一九〈松川事件第一次上告審〉）↓九九条[6]・四一四条[7]

第三〇七条の二【簡易公判手続】 第二百九十一条の二の決定があつた事件については、第二百九十六条、第二百九十七条、第三百条乃至第三百二条及び第三百四条乃至前条の規定は、これを適用せず、証拠調は、公判期日において、適当と認める方法でこれを行うことができる。

⊛+【弁護人の陳述、証拠調べの順序、証拠書類等の要旨告知の規定の不適用↓刑訴規二〇三の三

第三〇八条【証明力を争う権利】 裁判所は、検察官及び被告人又は弁護人に対し、証拠の証明力を争うために必要とする適当な機会を与えなければならない。

⊛+三二八【供述の証明力を争う証拠↓三二八【告知↓刑訴規二〇四

第三〇九条【証拠調べに関する異議申立て、裁判長の処分に対する異議申立て】 ① 検察官、被告人又は弁護人は、証拠調に関し異議を申し立てることができる。

② 検察官、被告人又は弁護人は、前項に規定する場合の外、裁判長の処分に対して異議を申し立てることができる。

③ 裁判所は、前二項の申立について決定をしなければならない。

⊛+【証拠調べ↓二九五―三〇八【裁判長の処分↓二八八・二九四・二九一・二九五【異議申立て↓刑訴規二〇五―二〇六【排除決定に関する不服申立て不許↓四二〇①

一 異議申立ての対象↓四二九条[10]

[1] 証人の証言拒絶に対して過料の制裁を科するか否かは裁判所の裁量に属するから、過料を科さなかった措置に対して異議の申立てはできない。（最決昭32・11・2刑集一一・一二・三〇五六）

[2] 法廷警察権行使に関する裁判長の命令に対しても異議の申立てができる。（東京高決昭28・12・4高刑判特三九・二一一）

二 異議を申し立てないことの効果

[3] 期日外の証人尋問の瑕疵［かし］が治癒されたと認められた事例（最判昭29・9・24刑集八・九・一五三四）↓二八一条[3]

[4] 控訴審で一人の弁護人に公判期日を通知しなかったとしても、他の弁護人が出頭して弁論し、異議を申し立てなかったときは、その瑕疵は治癒される。（最判昭32・4・16刑集一一・四・一三七二）

[5] 伝聞証言であっても、異議申立てがないまま当該証人の尋問が終了したときは、直ちに異議の申立てができないなどの特段の事情がない限り、黙示の同意があったものとして証拠能力を有する。（最決昭59・2・29刑集三八・三・四七九〈高輪グリーン・マンション事件〉刑訴百選[一〇版]六八）↓三二六条[7]

第三一〇条【証拠調べを終わった証拠の提出】 証拠調を終つた証拠書類又は証拠物は、遅滞なくこれを裁判所に提出しなければならない。但し、裁判所の許可を得たときは、原本に代え、その謄本を提出することができる。

⊛+【証拠書類・記録媒体・証拠物の証拠調べ↓三〇五―三〇七【領置↓一〇一【押収証拠物の還付等↓一二三・一二四・三四六、三四七

提出する証拠

[1] 供述調書の原本の証拠調べ後、裁判所の許可を得てその写しを提出することは違法ではない。（最決昭28・5・21刑集七・五・一一二五）

[2] 証拠書類の一部のみについて証拠とすることの同意があり、その部分だけの証拠調べをした場合は、当該部分の原本に代えて抄本を提出することができる。（東京高判昭36・2・1高刑一四・二・五一）

第三一一条【被告人の黙秘権・供述拒否権、任意の供述】 ① 被告人は、終始沈黙し、又は個々の質問に対し、供述を拒むことができる。

② 被告人が任意に供述をする場合には、裁判長は、何時でも必要とする事項につき被告人の供述を求めることができる。

③ 陪席の裁判官、検察官、弁護人、共同被告人又はその弁護人は、裁判長に告げて、前項の供述を求めることができる。

⊛❶【被告人の供述拒否権↓憲三八①【供述拒否権の告知↓二九一④ ❷【任意の供述↓三一九① ❸【共同被告人の求供述↓憲三七②【求供述の制限↓二九五【被害者参加人等による質問↓三一六の三七

一 被告人質問

1 時期

[1] 冒頭手続終了後証拠調べ前の被告人質問の適否（最大判昭25・12・20刑集四・一三・二八七〇）↓二九一条[4]

2 程度・方法

[2] 被告人質問の程度・方法は裁判長の裁量に委ねられており、被告人に陳述の機会が与えられている以上、裁判長が詳細な質問をしなくても何ら違法ではない。（最判昭25・7・25刑集四・八・一五二八）

二 被告人の黙秘と事実認定・量刑

[3] 殺人罪の被告人が、逮捕以来、捜査・公判を通じて、一切説明も弁明もせず、黙秘し供述を拒否した態度を、殺意認定の一個の情況証拠として扱うことは、黙秘権、供述拒否権が与えられている趣旨を実質的に没却することになり許されない。（札幌高判平14・3・19判時一八〇三・一四七、刑訴百選[九版]六四）

[4] 被告人が黙秘権を行使したことは、量刑上不利益に考慮すべきではない。（東京高判昭28・12・14高刑判特三九・二二一）

[5] 否認している被告人は、自白し改悛［かいしゅん］している被告人に比し、量刑上不利益に取り扱うことができる。（高松高判昭25・5・3高刑判特一〇・一六〇）

第三一二条【起訴状の変更】① 裁判所は、検察官の請求があるときは、公訴事実の同一性を害しない限度において、起訴状に記載された訴因又は罰条の追加、撤回又は変更を許さなければならない。

② 裁判所は、審理の経過に鑑み適当と認めるときは、訴因又は罰条を追加又は変更すべきことを命ずることができる。

③ 裁判所は、訴因又は罰条の追加、撤回又は変更があつたときは、速やかに追加、撤回又は変更された部分を被告人に通知しなければならない。

④ 裁判所は、訴因又は罰条の追加又は変更により被告人の防禦に実質的な不利益を生ずる虞があると認めるときは、被告人又は弁護人の請求により、決定で、被告人に充分な防禦の準備をさせるため必要な期間公判手続を停止しなければならない。

⊛❶〔起訴状の記載→二五六【追加・撤回・変更の方式→刑訴規二〇九【許可の制限→三五〇の一三②

一 訴因変更の要否

1 訴因の機能と訴因変更の要否

[1] 罪となるべき事実の特定に不可欠とはいえない事項が訴因において明示された場合、判決においてそれと異なる認定をするには、審判対象の画定という見地からは訴因変更を要しないとはいえ、それが一般的に、被告人の防御にとって重要な事項である限りは、原則として、訴因変更手続を要する。しかし、被告人の防御の具体的な状況等の審理の経過に照らし、被告人に不意打ちを与えるものではないと認められ、かつ、判決で認定される事実が訴因に記載された事実と比べて被告人にとってより不利益であるとはいえない場合には、例外的に、訴因変更手続を要しない。（最決平13・4・11刑集五五・三・一二七、刑訴百選[一〇版]四五）→50

2 罰条が変わる場合

イ 訴因変更が必要とされた事例

[2] 行為の公然性を明示していない強制わいせつの訴因に対し、公然わいせつを認定する場合（最判昭29・8・20刑集八・八・一二四九、刑訴百選[三版]四二）→三七八条[6]

[3] 単純収賄の訴因に対し、受託収賄を認定する場合（最判昭30・7・5刑集九・九・一七七七）

[4] 収賄の共同正犯の訴因に対し、贈賄の共同正犯を認定する場合（最判昭36・6・13刑集一五・六・九六一）

[5] 当初起訴に係る業務上横領の訴因から特別背任に変更された訴因に対し、変更前の業務上横領を認定する場合（最判昭41・7・26刑集二〇・六・七一一）

[6] 借用金名下に金員を詐取したとの一項詐欺の訴因に対し、債務につき期限を延期させたとの二項詐欺を認定する場合（東京高判昭55・5・29判時九九二・一二九）

[7] 故意による安全運転義務違反の罪（道路交通法七〇条、一一九条一項九号）の訴因に対し、過失による同違反（同法七〇条、一一九条二項）を認定する場合（大阪高判平2・1・25判タ七三〇・二五三）

ロ 訴因変更が不必要とされた事例

[8] 強盗の訴因に対し、恐喝を認定する場合（最判昭26・6・15刑集五・七・一二七七）

[9] 他人の事務を処理する者が自己の利益を図り任務に関し本人を欺罔〔ぎもう〕して財物を交付せしめたとの背任の訴因に対し、詐欺を認定する場合（最判昭28・5・8刑集七・五・九六五）

[10] 窓口事務員の過誤により他人への払戻金を受領し着服横領したとの訴因に対し、事務員の委託がないとして占有離脱物横領を認定する場合（最判昭28・5・29刑集七・五・一一五八）→64

[11] 殺人の訴因に対し、刑法三八条二項を適用し承諾殺人を認定する場合（最決昭28・9・30刑集七・九・一八六八）

[12] 殺人未遂の訴因に対し、傷害を認定する場合（最決昭28・11・20刑集七・一一・二二七五）

[13] 公職選挙法二二一条一項一号の供与罪の訴因に対し、同項五号の交付罪を認定する場合（最決昭29・5・20刑集八・五・七一一）

[14] 強盗致死の訴因に対し、傷害致死を認定する場合（最判昭29・12・17刑集八・一三・二一四七）

[15] 治安を妨げる目的で爆発物を所持したとの爆発物取締罰則三条の罪の訴因に対し、爆発物の所持を認定し、被告人においてその所持が右目的によるものではないことを証明することができないとして、同罰則六条の罪で処断する場合（最判昭30・10・18刑集九・一一・二二二四）

[16] 足をけり顔面を殴打して傷害を負わせたとの訴因に対し、腰部をけり上げて暴行したと認定する場合（最決昭30・10・19刑集九・一一・二二六八）

[17] 業務上過失致死の訴因に対し、重過失致死を認定する場合（最決昭40・4・21刑集一九・三・一六六）

[18] 酒酔い運転の訴因に対し、酒気帯び運転を認定する場合で、運転当時の身体内のアルコール保有量につき防御が尽くされているとき（最決昭55・3・4刑集三四・三・八九、刑訴百選[一〇版]A19）

3 共犯関係の法律構成が変わる場合

イ 訴因変更が必要とされた事例

[19] 業務上横領教唆と横領に係る贓物〔ぞうぶつ〕の収受の訴因に対し、業務上横領の共同正犯と認定する場合（名古屋高判昭28・12・7高刑六・一三・一八六六）

[20] 選挙人等に対する金銭供与の際その案内や紹介をしてこれを幇助〔ほうじょ〕したとの訴因に対し、供与罪の共同正犯と認定する場合（最大判昭40・4・28刑集一九・三・二七〇、刑訴百選[一〇版]A23）

[21] 電子掲示板の管理人について、児童ポルノ画像の公然陳列の共同正犯の訴因に対し、画像を削除せず放置したという不作為による幇助犯と認定する場合（名古屋高判平18・6・26判タ一二三五・三五〇）

ロ 訴因変更が不必要とされた事例

[22] 詐欺の単独犯の訴因に対し、共同正犯を認定する場合で、被告人に不当な不意打ちを加えその防御権の行使に不利益を与えるおそれがないとき（最判昭28・11・10刑集七・一一・二〇八九）

[23] 窃盗の共同正犯の訴因に対し、幇助を認定する場合で、被告人が公判廷で幇助の事実で弁解し、その防御に不利益を生ずるおそれがないとき（最判昭29・1・21刑集八・一・七一）

[24] 密輸入の共同正犯の訴因に対し、幇助を認定する場合で、被告人が密輸品たることの知情の点を除き幇助の事実を供述し、その防御に不利益を生ずるおそれがないとき（最判昭29・1・28刑集八・一・九五）→77

[25] 強盗殺人の共同正犯の訴因に対し、殺人幇助と認定する場合（最判昭33・6・24刑集一二・一〇・二二六九）

[26] 傷害の同時犯の訴因に対し、共同正犯と認定する場合で、被告人に不当な不意打ちを加えその防御権の行使に不利益を与えるおそれがないとき（最判昭33・7・18刑集一二・一二・二六五六）

[27] 覚せい剤単独所持の訴因に対し、共犯者との共同所持と認定する場合で、被告人に不当な不意打ちを加えその防御権の行使に不利益を与えるおそれがないとき（最判昭34・7・24刑集一三・八・一一五〇）

4 罪数が変わる場合

イ 訴因変更が必要とされた事例

[28] 包括一罪として起訴された児童に淫行させる罪の訴因に対し、併合罪と認定する場合（東京高判昭31・2・22高刑九・一・一〇三）

[29] 強盗殺人と被害者死亡後の窃盗との併合罪の訴因に対し、強盗殺人の包括一罪と認定する場合（仙台高判昭31・6・13高刑裁特三・二四・一一四九）

ロ 訴因変更が不必要とされた事例

[30] 数箇月にわたる物品税逋脱〔ほだつ〕につき製品の各移出行為を一覧表で特定した上包括一罪とする訴因に対し、各月分ごとの物品税逋脱の併合罪と認定する場合（最判昭29・3・2刑集八・三・二二七）

[31] 一個の窃盗の訴因に対し、二個の窃盗の併合罪と認定する場合で、被告人の防御に実質的な不利益を生ずるおそれのないとき（最判昭32・10・8刑集一一・一〇・二四八七、刑訴百選[三版]四一）

[32] 凶器準備集合の訴因及び併合罪として追起訴された同結集の訴因につき併合審理した結果、両者を結集の単純一罪と認定する場合（最決昭35・11・15刑集一四・一三・一六七七）

5　罰条は同一で行為態様等が変わる場合

イ　訴因変更が必要とされた事例

[33] 法人税逋脱罪につき、逋脱所得の内容として検察官の主張しなかった勘定科目を認定する場合（最決昭40・12・24刑集一九・九・八二七）

[34] 業務上過失傷害罪で、傷害の内容を頭部打撲挫傷及び挫創、頸椎〔けいつい〕打撲捻挫とする訴因に対し、頭部打撲傷、脳損傷等と認定する場合（大阪高判昭46・5・28高刑二四・二・三七四）

[35] 業務上過失傷害罪で、過失の態様をぬれた靴による発進時のクラッチ踏み外しとする訴因に対し、一時停止の際のブレーキの掛け遅れと認定する場合（最判昭46・6・22刑集二五・四・五八八、刑訴百選[一〇版]A18）→[51]

[36] 業務上過失致死罪で、結果発生の過程を衝突後の他車両の二重轢過〔れきか〕による受傷死亡とする訴因に対し、衝突後の路上転落による受傷死亡と認定する場合（東京高判昭54・2・8高刑三二・一・一、刑訴百選[五版]三六）

[37] 共謀して、被害者に対し、背後から突き飛ばし体当たりしてその顔面等を路傍のモルタル壁に打ち当てる暴行を加え、顔面打撲擦過傷の傷害を負わせたとの訴因に対し、単独で、被害者の背後から肩付近を片手で一回強く突く暴行を加え、勢い余ってその身体をおおいかぶさるように倒れかかったことにより、その場に転倒させ、その顔面をモルタル壁に衝突、擦過させるなどし、前額部、左頬部各擦過傷及び左鼻根部挫創の傷害を負わせたと認定する場合（大阪高判平元・6・23判時一三三〇・一四九）

[38] 共謀の相手方が誰であるかが被告人の防御上重要な事実であるとき、相被告人との共謀による殺人の訴因に対し、氏名不詳者との共謀を認定する場合（東京高判平10・7・1高刑五一・二・一二九〈ロス疑惑銃撃事件〉重判平10刑訴五）

[39] まず被告人が被害者の首を絞め、次に共犯者が被害者絶命まで首を絞め続けたと訴因に明示されている殺人の共同正犯の事案で、被告人だけが首を絞め続けて殺害したと認定する場合（大阪高判平28・5・26判タ一四三八・一三〇……実行行為者が訴因に明示されているのにそれと異なる認定をした場合には当たらないが、本件のような首絞め事案では、同じく実行行為を行った者であっても、最後にとどめを刺した者と、それに直接加担していない者との間では責任等に相当の差異が生じる可能性があることを理由とする）

[40] 現住建造物等放火事件につき、「ガスコンロの点火スイッチを作動させて点火し」台所に充満したガスに引火、爆発させたとの訴因に対し、「何らかの方法により」前記ガスに引火、爆発させたと認定する場合（最決平24・2・29刑集六六・四・五八九、重判平24刑訴四……[7]の判断枠組みに従い、ガスに引火、爆発させた方法は、現住建造物等放火罪の実行行為の内容をなすものであって、「一般的に被告人の防御にとって重要な事項」であるとした上で、本件の審理では、引火、爆発の原因が点火スイッチの作動以外の行為であるとした場合の被告人の刑事責任について検察官の予備的な主張がなく、そのような行為に関し求釈明や証拠調べにおける発問等もされていなかったから、その経過に照らし、例外的に訴因変更手続を要しない場合にも当たらないとした）

[41] 各横領の時期及び金額を特定した多数回にわたる業務上横領の包括一罪の訴因に対し、各横領の時期及び金額を特定せず、犯行の始期、終期及び合計の横領金額のみを概括的に認定する場合（福岡高判平28・8・24高刑速平二八・二六三……検察官は計二三三回の横領行為の日時と横領金額を特定して訴因の別表に記載し、弁護人は五回を除いて個別の横領の日時・金額を証拠上認定できないと主張していた）

ロ　訴因変更が不要とされた事例

[42] 威力業務妨害罪で、工場長の制止に反抗して送電用スイッチを切断して会社の業務を妨害したとの訴因に対し、送電設備の状況を監視していた工場長に暴行脅迫を加えてスイッチを切断し、工場長の業務を妨害したと認定する場合（最決昭28・3・5刑集七・三・四四三）

[43] 贈賄罪で、賄賂を受けた者の職務内容を機器の修理契約、同代金支払手続等の事務とする訴因に対し、変圧器等古機器の払下げと認定する場合（最判昭30・7・5刑集九・九・一八〇五）

[44] 詐欺罪で、某地甲方において甲を欺罔したとの訴因に対し、同所乙（甲の長女）方で乙を欺罔したと認定する場合（最判昭30・10・4刑集九・一一・二一三六）

[45] 収賄罪で、接収地に対する賃貸借料算定等の職務に関し、借上料値上げの謝礼として賄賂を収受したとの訴因に対し、接収地借上料及び土地買収価格の評価算定等の職務に関し、借上料値上げ問題の情報提供等の謝礼として賄賂を収受したと認定する場合（最判昭32・1・24刑集一一・一・二五二）

[46] 未必の故意による殺人の訴因に対し、確定的故意を認定する場合（東京高判昭32・3・4高刑一〇・二・二二二）

[47] 詐欺罪で、一一月三日頃某地は自己所有のものであるから売却する旨欺罔し、一二月七日頃四〇万円の交付を受けるなど三回にわたり計一八〇万円を詐取したとの訴因に対し、一二月五日頃第三者の所有する右土地を取得する見込みがある旨欺罔し、一二月七日頃転売代金内金名下に四〇万円を詐取したと認定する場合（最決昭35・2・11刑集一四・二・一二六）

[48] 特別背任罪で、「第三者の利益を図る目的をもって」とする訴因を、「自己の利益を図る目的をもって」と認定する場合（最決昭35・8・12刑集一四・一〇・一三六〇）→会社九六〇条[7]

[49] 恐喝罪で、恐喝の動機原因を、被害者がバッグの取引を撤回したことにあるとする訴因に対し、被告人が供述するとおり、被害者が依頼した不正なロムの代金を約束の期日に支払おうとしなかったことなどにあると認定する場合（大阪高判平12・7・21判時一七三四・一五一）

[50] 被告人が甲と共謀の上、Aを殺害したという殺人の共同正犯において、実行行為者を被告人と特定した訴因に対し、これを特定せず「甲又は被告人あるいはその両名において」と認定する場合（最決平13・4・11前出[7]……殺人罪の共同正犯において実行行為者が誰であるかは、「一般的に被告人の防御にとって重要な事項」であるとした上で、本件の審理では、被告人が甲との共謀及び実行行為への関与を否定し、実行行為者は被告人である旨の甲証言につき自己の責任を被告人に転嫁するものであると主張するなどしていたから、その経過に照らし、例外的に訴因変更手続を要しない場合に当たるとした）→[7]・三三五条[20]

[51] 業務上過失傷害罪で、過失の態様を「進路前方を注視せず、進路の安全を確認しなかった」とする訴因に対し、「進路前方を注視せず、ハンドルを右方向に転把して進行した」と認定する場合（最決平15・2・20判時一八二〇・一四九、重判平15刑訴二）→[35]

二　罰条変更の要否

1　変更の要否の基準

[52] 裁判所は、訴因により公訴事実が十分に明確で、被告人の防御に実質的な不利益が生じない限りは、罰条変更の手続を経ないで起訴状に記載されていない罰条を適用することがで

きる。（最決昭53・2・16刑集三二・一・四七、刑訴百選[一〇版]A20）→53

2 変更が不必要とされた事例

53 暴力行為等処罰に関する法律一条の罪に当たる事実が訴因によって十分に明示されている場合には、裁判所は、起訴状に記載された刑法二〇八条の罰条を変更させる手続を経ないで、同法一条を適用することができる。（最決昭53・2・16前出52）

三 訴因変更の可否―公訴事実の同一性

1 同一の構成要件に属する事実の変更

イ 同一性が肯定された事例

54 騒擾［そうじょう］罪で、附和随行の訴因に対し、社会通念上同一事実と認められる範囲内で日時、場所、方法の異なる率先助勢の訴因（最決昭25・6・17刑集四・六・一〇一三）

55 麻薬所持罪で、起訴状記載の訴因に対し、目的物は同一であるが、所持の場所に多少の変更がある訴因（最判昭30・7・19刑集九・九・一八八五）

56 麻薬譲渡罪で、共犯者甲を介して乙に譲渡したとの訴因に対し、甲に譲渡したとの訴因（最決昭34・5・11刑集一三・五・六九九）

57 覚せい剤使用罪で、甲と共謀の上某日午後五時三〇分頃被告人方で甲をして覚醒剤を注射させて使用したとの訴因に対し、同日午後六時三〇分頃スナック（自宅から約一・八キロメートル）で覚醒剤を自ら注射して使用したとの訴因（最決昭63・10・25刑集四二・八・一一〇〇、刑訴百選[一〇版]四六②）

ロ 同一性が否定された事例

58 失業保険法五五条［現・雇用保険法八六条一項に相当］（両罰規定）により会社が責任を問われている事件において、起訴状記載の訴因に対し、違反行為者たる従業員が異なる訴因（最判昭28・1・27刑集七・一・六四）

59 銃砲等不法所持罪で、起訴状記載の訴因に対し、日時、場所は近接するが、目的物が別の日本刀で、かつ、その事実上の支配状態を別異にする訴因（最判昭28・11・27刑集七・一一・二三四四）

60 被告人が個人経営者として無許可で中型かつお・まぐろ漁業を営んだとの訴因に対して、法人の代表者として会社の業務に関し右違反行為をしたとの訴因（仙台高判昭40・5・10高刑一八・三・一六八）

61 覚せい剤譲渡罪で、八月二九日頃の午後七時三〇分頃甲に覚醒剤を譲り渡したとの訴因に対し、その日時を八月下旬頃の午後七時三〇分頃とする訴因（大阪高判平元・3・7判タ七〇四・二八四、刑訴百選[七版]五〇……変更後の訴因が複数存在する可能性のある譲渡の事実のいずれを指すか特定を欠くのみならず、当初の訴因とは併合罪の関係にある事実をも含む訴因となるので、訴因変更は許されないとした）

2 異なった構成要件に属する事実の変更

イ 同一性が肯定された事例

62 甲との共謀による窃盗の訴因に対し、日時、場所、客体が同一である甲の依頼による贓物運搬の訴因（最決昭27・10・30刑集六・九・一一二二）

63 甲と共謀の上乙より酒色の供応を受けて収賄したとの訴因に対し、同一の日時、場所で、乙と共謀の上甲に同一内容の供応をして贈賄したとの訴因（最決昭28・3・5刑集七・三・四五七）

64 窓口事務員の過誤により他人への払戻金を提供されてその誤信に乗じ詐取したとの訴因に対し、誤って受領した金員の返還を拒否して着服横領したとの訴因（最判昭28・5・29前出10……変更後の訴因に対し、さらに異なった占有離脱物横領の事実を認定した）

65 税務署員として徴収した固定資産税相当額の小切手を着服横領したとの訴因に対し、徴収権限があるかのように装い右小切手の交付を受けて詐取したとの訴因（最決昭29・3・23刑集八・三・三〇五）

66 一〇月一四日頃静岡県長岡温泉にて甲所有の背広等を窃取したとの訴因に対し、一〇月一九日頃東京都内で自称甲から右背広の処分を依頼されて贓物であるのを知りながらこれを質入れ牙保したとの訴因（最判昭29・5・14刑集八・五・六七六、刑訴百選[三版]四七）

67 京都市下京区内路上でリヤカーを窃取したとの訴因に対し、同一日時に同区内の別の場所で贓物たるリヤカーを預かったとの贓物寄蔵の訴因（最判昭29・9・7刑集八・九・一四四七）

68 ストリップ・ガールによるわいせつなショーを客に観覧させてわいせつ物を陳列したとの訴因に対し、同女に公然わいせつの教唆をしたとの訴因（最決昭30・7・1刑集九・九・一七六九）

69 賛助会員募集の業務に従事中集金した賛助金を着服横領したとの業務上横領の訴因に対し、解職された後職員であることを装って賛助金名下に同一額の金員を詐取したとの訴因（最決昭31・11・9刑集一〇・一一・一五三一）

70 会社代表取締役が甲から同会社の株式を譲り受けた際代金の支払に会社資金を流用したとの業務上横領の訴因に対し、会社が甲及び乙名義の同会社の株式を取得する際会社資金から同一額の支払をし、会社の計算において不正に株式を取得したとの商法四八九条二号前段［会社九六三条五項一号］の罪の訴因（最判昭33・5・20刑集一二・七・一四一六）

71 甲からその所有する馬の売却を依頼され、うち二頭を売却して代金を保管中、新潟県西蒲原郡S町の旅館において着服横領したとの訴因に対し、甲の父乙から丙が預っていた乙所有の馬二頭を同郡Y村丙方から窃取したとの訴因（最判昭34・12・11刑集一三・一三・三一九五）

72 甲による保険金詐取のための工場放火の際、宿直中の同工場から情を知らない他の宿直者を伴って外出し、放火を容易にしたとの現住建造物放火幇助［ほうじょ］の訴因に対し、火気を始末せずに外出し同工場を焼いたとの失火の訴因（最判昭35・7・15刑集一四・九・一一五二……後者の訴因による有罪の確定判決があった後、前者の訴因による起訴がなされたのに対し、免訴を言い渡したもの）→三三七条3

73 甲から腕時計を窃取したとの訴因に対し、同一日時、場所において甲のポケットから落ちた時計を拾得し、翌日甲に届けるため乙に預けた後、乙と共謀の上入質横領したとの訴因（最決昭37・3・15刑集一六・三・二七四）

74 戦没者法要のろうそく代名下に金員を詐取したとの訴因に対し、金沢市長の許可を受けずに同額の寄附募集をしたとの金沢市条例違反の罪の訴因（最決昭47・7・25刑集二六・六・三六六、刑訴百選[三版]四九）

75 公務員甲と共謀の上、甲の職務上の不正行為に対する謝礼の趣旨で、乙から金品を収受したとの枉法［おうほう］収賄の訴因に対し、乙と共謀の上、右と同じ趣旨で、金品を公務員甲に対して供与したとの贈賄の訴因（最決昭53・3・6刑集三二・二・二一八、刑訴百選[一〇版]四六①）

ロ 同一性が否定された事例

76 窃盗教唆の訴因に対し、日時が接着せず場所が異なる贓物運搬又は故買の訴因（名古屋高判昭28・7・7高刑六・九・一一七二）

77 物品を密輸入しようとしたとの［旧］貿易等臨時措置令違反の訴因に対し、その物品の関税の逋脱を図ったとの関税法違反の訴因（最判昭29・1・28前出24）

78 三〇日頃甲が工場から銅板を窃取する際リヤカーを貸与したとの窃盗幇助の訴因に対し、三一日頃右銅板を買い受けたとの贓物故買の訴因（最判昭33・2・21刑集一二・二・二八八、刑訴百選[五版]三九）→三七八条4

79 酔余正常な運転ができないおそれがあり、かつ、無免許であるにもかかわらず自動車を運転し、無謀な操縦をしたとの［旧］道路交通取締法違反の訴因に対し、同一日時・場所を自動車で進行中、自転車左側方を追い越す際の減速等の注意

刑訴

を怠り、自車を衝突させたとの業務上過失致死の訴因（最決昭33・3・17刑集一二・四・五八一）

[80] 農協理事から約束手形を詐取したとの訴因に対し、農協理事と共謀の上、手形を担保に第三者から借金した債務につき、農協資金で弁済したとの業務上横領の訴因（最判昭41・4・12判時四五一・五五）

[81] 賭客に花札賭博をさせて利を図ったとの賭博開張図利罪の訴因に対し、常習として同一日時場所で同一方法の花札賭博をしたとの常習賭博の訴因（東京高判昭47・3・27高刑二五・一・四二）

[82] 甲らと共謀の上自動車追突事故を仮装して甲に傷害を負わせたとして保険金を詐取しようとしたとの詐欺未遂の訴因に対し、右事故により甲に傷害を負わせたとの業務上過失傷害の訴因（東京高判昭61・6・5判時一二一五・一四一……後者の訴因による有罪の確定判決後、前者の訴因による起訴に対し、免訴の主張を退けて有罪としたもの）

四　裁判所の許可

1　訴訟条件を欠く訴因からの変更

[83] 起訴状記載の訴因が親族相盗に当たるにかかわらず告訴を欠く場合、被害者を改め、親族相盗に当たらない窃盗の訴因に変更することは差し支えない。（最決昭29・9・8刑集八・九・一四七一、刑訴百選[四版]三九）→三三八条[7]

2　時期に後れた変更

[84] 起訴後結審まで相当の期間があり、検察官がその間に訴因の追加をなし得る機会があったとしても、結審後弁論再開請求と共になされた予備的訴因の追加を許容することは違法でない。（高松高判昭29・4・6高刑七・八・一一六九）

[85] 公判の結審直前になされた訴因変更の請求は、被告人の防御に実質的な不利益を生ずるおそれが著しく、裁判の公平を損なうおそれが顕著な場合には、これを許可しないことができる。（福岡高那覇支判昭51・4・5判タ三四五・三二一、刑訴百選[一〇版]A21）

[86] 訴因変更の請求が時期に後れたとして許されなくなるのは、検察官がその権利を濫用していると目されるような例外的な場合に限られる。（東京高判平元・6・1判タ七〇九・二七二）

[87] 訴訟終結間近になって強盗致傷の訴因を強盗殺人未遂に変更することは、当初の訴因を前提として検察官請求証拠に全て同意していた被告人の防御に実質的な不利益を及ぼし、誠実な権利の行使とは認められず、刑訴規則一条に反する権利の濫用として許されない。（大阪地判平10・4・16判タ九九二・二八三）

3　有罪の見込みのある訴因からの変更

[88] 起訴状記載の訴因について有罪の判決が得られる場合でも、検察官から、訴因、罰条の変更の請求があれば、公訴事実の同一性を害しない限り、これを許可しなければならない。（最判昭42・8・31刑集二一・七・八七九、刑訴百選[一〇版]A22）

五　訴因変更の形式

[89] 訴因の予備的な追加又は変更は、本条及び二五六条五項に照らし、可能である。（最判昭26・6・28刑集五・七・一三〇三）

六　訴因変更により撤回された事実の認定

[90] 過失犯に関し、注意義務を課す根拠となる具体的事実が公訴事実中に記載されても、訴因としての拘束力がないから、業務上過失傷害事件に関し、自動車運転手に速度調節義務を課す根拠となる具体的事実として、石灰粉塵の路面への堆積凝固という事実が公訴事実中に記載され、右事実が訴因変更により撤回された場合においても、被告人の防御権を不当に侵害しない限り、右事実を認定してもよい。（最決昭63・10・24刑集四二・八・一〇七九、重判昭63刑訴四）

七　訴因変更命令

1　命令の義務性

[91] 裁判所は、原則として、自ら進んで検察官に対し、訴因変更手続を促し又はこれを命ずる義務はないが、証拠上起訴状記載の訴因については無罪とするほかなくても、他の訴因に変更すれば有罪であることが明らかであり、しかもその罪が相当重大なものであるような場合には、例外的に、訴因変更を促し又はこれを命ずる義務があり、これをしないで起訴状記載の訴因につき直ちに無罪の判決をするのは、審理不尽の違法がある。（最決昭43・11・26刑集二二・一二・一三五二、刑訴百選[四版]三七……被告人が猟銃で被害者を射殺したという殺人の訴因から、猟銃を暴発させて弾丸を被害者に命中させ死亡させたという重過失致死の訴因への変更が問題とされた事案）→三七九条[1]

[92] 被告人が保護責任者遺棄致死の訴因で起訴された事案で、当初重過失致死として処罰を求める意思はないとしていた検察官が、公判審理の進行次第で重過失致死・過失致死の訴因を予備的に追加する可能性がある（裁判所の勧告は求めない）と主張を変えて公判前整理手続が終結し、裁判員の参加する合議体で審理された場合において、証拠調べの終了後に裁判長が「念のために」として検察官に訴因変更の意向の有無を確認し検察官が今のところないと応答した場合、裁判所は求釈明により事実上訴因変更を促したことで訴訟法上の義務を尽くしており、さらに進んで訴因変更を命じ又は積極的に促すなどの措置に出る義務はない。（最判平30・3・19刑集七二・一・一、重判平30刑訴二）→三八二条[7]

[93] 現場共謀の訴因を事前共謀の訴因に変更することにより傷害致死の事実につき被告人らに対し共同正犯の罪責を問い得る余地がある場合であっても、検察官が、約八年半に及ぶ第一審の審理の全過程を通じ一貫して右事実は現場共謀に基づく犯行であると主張していたのみならず、審理の最終段階における裁判長の求釈明に対しても従前の主張を変更する意思はない旨明確かつ断定的な釈明をしていたこと、被告人らの防御活動は検察官の右主張を前提としてなされたことなどの事情があるときは、第一審裁判所としては、検察官に対し右のような求釈明によって事実上訴因変更を促したことによりその義務を尽くしたものというべきであり、更に進んで、検察官に対し、訴因変更を命じ又はこれを積極的に促すべき義務を有するものではない。（最判昭58・9・6刑集三七・七・九三〇、刑訴百選[一〇版]四七）

[94] 甲が乙に対する金銭等の交付罪（公職選挙法違反）で起訴されたときは、たとえ甲乙間で金銭等を第三者に供与することの共謀があり乙が右共謀の趣旨に従いこれを第三者に供与した疑いがあったとしても、裁判所は、訴因の制約の下において、甲についての交付罪の成否を判断すれば足り、訴因として掲げられていない乙との共謀による供与罪の成否につき審理したり、検察官に対し右供与罪の訴因の追加・変更を促したりする義務を負わない。（最決昭59・1・27刑集三八・一・一三六、刑訴百選[五版]四六）→二四七条[6]

2　命令の効力

[95] 本条二項により裁判所が訴因変更命令を発しても、検察官がこれに応じて訴因変更手続をとらない限り、訴因は変更されない。（最大判昭40・4・28前出[20]）

3　訴因変更に関する求釈明権行使の限界

[96] 裁判所の役割は訴因について審判することであるから、検察官が過失運転傷害の訴因で起訴している限り、訴因で特定された過失の存否を審理・判断すべきであり、運転行為が暴行・傷害の故意に基づくものではないかなどと検討する必要はない。過失の存否を証拠に基づき判断する際には、客観面である行為の場合と同様、訴因の同一性を害しない限り法的構成を修正することができるし、必要があれば公訴事実の同一性の範囲内で異なる構成による過失への訴因変更を促すなどすることも可能であり、ここまでは、本条二項の予定する範囲である。しかし、原審裁判長がしたように、故意に事故を起こしたとの認定に至った場合に備え、傷害罪（あるいは

傷害罪及び器物損壊罪）の訴因への変更を促すのは、本条二項の予定する範囲を超え、当事者主義の原則に反する。（東京高判令3・3・24判タ一四九二・一三二）

八　控訴審における訴因変更

[97] 控訴審が事実の取調べをして破棄自判する場合には、検察官の請求により、公訴事実の同一性を害しない限度において、訴因変更を許すべきである。（最決昭29・9・30刑集八・九・一五六五）

[98] 控訴審において、検察官から訴因変更の申出がある場合に、事実の取調べをして原判決を破棄し自判しても被告人の防御に実質的な不利益を及ぼさないと認めるときは、訴因変更を許すべきである。（最判昭30・12・26刑集九・一四・三〇一一、刑訴百選[二版]一〇三）

[99] 訴因どおりに業務上過失傷害罪の事実を認めた原判決に対して負傷程度がより重い旨主張して検察官が量刑不当を理由に控訴した場合、控訴審で訴因変更を請求するには、原審でその請求ができなかった事情がなければならない。（東京高判昭47・1・19高刑二五・一・一）

第三一三条【弁論の分離・併合・再開】 ①　裁判所は、適当と認めるときは、検察官、被告人若しくは弁護人の請求により又は職権で、決定を以て、弁論を分離し若しくは併合し、又は終結した弁論を再開することができる。

②　裁判所は、被告人の権利を保護するため必要があるときは、裁判所の規則の定めるところにより、決定を以て弁論を分離しなければならない。

⊛❷【規則の定め↓刑訴規二一〇【抗告不許↓四二〇①

一　弁論の分離・併合

1　判断の裁量性

[1] 被告人らが集団闘争に関わる多数の事件を併合審理する統一公判を要求していたとしても、法律上共犯関係にも立たない事件につき裁判所がその要求をいれなかったことは正当であり、本条所定の裁量権を不当に行使したとはいえない。（最決昭50・9・11判時七九三・一〇六、刑訴百選[八版]A22）

2　分離・併合の請求と決定

[2] 事物管轄を同じくする数個の事件が同一裁判所に係属している場合、併合審理の請求があったときは、その請求をいれないで併合しない場合にも、その旨の決定を必要とする。（東京高判昭33・5・29高刑一一・四・二五〇）

3　分離・併合の効果

[3] 共同被告人が弁論分離後証人としてした供述は、完全な証拠能力を有する。（最決昭28・2・19刑集七・二・二八〇）

[4] 共同被告人の弁論を分離して証人として尋問した後、更に併合し、その証人尋問調書を同人の犯罪を認定する証拠としても、憲法三八条一項に違反しない。（最判昭35・9・9刑集一四・一一・一四七七、刑訴百選[五版]六三）

[5] 多数の共同被告人の事件において、弁論の分離併合を繰返し、その間に順次共同被告人のうち一名を他の被告人らの関係において証人として取り調べた後、同人の検察官に対する供述調書を刑訴法三二一条一項二号により取り調べることは違法ではない。（東京高判昭29・9・7高刑七・八・一二八六）

二　弁論の再開

1　再開の請求と決定

[6] 終結した弁論の再開請求があったときは、裁判所は、その請求について決定をしなければならない。（最判昭36・5・26刑集一五・五・八四二）

2　再開の効果

[7] 判決宣告期日に弁論を再開して証拠調べをした後、弁論を終結し直ちに判決を宣告した場合において、判決書の日付が右期日前であるときは、右判決は再開後の弁論に基づかないでした違法なものであり、破棄すべきである。（最判昭41・2・24刑集二〇・二・四九）↓四三条[2]

三　弁論の必要的分離（二項）

[8] 共同被告人の主張が相反するというだけでは、必ずしも被告人の権利の保護のため弁論の分離が必要であるとはいえない。（東京高判昭32・6・20高刑裁特四・一四＝一五・三三三）

第三一三条の二【併合事件における弁護人選任の効力】 ①　この法律の規定に基づいて裁判所若しくは裁判長又は裁判官が付した弁護人の選任は、弁論が併合された事件についてもその効力を有する。ただし、裁判所がこれと異なる決定をしたときは、この限りでない。

②　前項ただし書の決定をするには、あらかじめ、検察官及び被告人又は弁護人の意見を聴かなければならない。

⊛❶【この法律の規定↓三六、三七、三七の二、三七の四、二八九、二九〇、三一六の四、三一六の八、三一六の二八、三一六の二九、三五〇の一七、三五〇の一八【弁論の併合↓三一三①

第三一四条【公判手続の停止】 ①　被告人が心神喪失の状態に在るときは、検察官及び弁護人の意見を聴き、決定で、その状態の続いている間公判手続を停止しなければならない。但し、無罪、免訴、刑の免除又は公訴棄却の裁判をすべきことが明らかな場合には、被告人の出頭を待たないで、直ちにその裁判をすることができる。

②　被告人が病気のため出頭することができないときは、検察官及び弁護人の意見を聴き、決定で、出頭することができるまで公判手続を停止しなければならない。但し、第二百八十四条及び第二百八十五条の規定により代理人を出頭させた場合は、この限りでない。

③　犯罪事実の存否の証明に欠くことのできない証人が病気のため公判期日に出頭することができないときは、公判期日外においてその取調をするのを適当と認める場合の外、決定で、出頭することができるまで公判手続を停止しなければならない。

④　前三項の規定により公判手続を停止するには、医師の意見を聴かなければならない。

⊛+【被告人の出頭↓二八六　❶【心神喪失↓二八　❷【被告人の病気による不出頭↓二七八

一　被告人の心神喪失による停止

1　心神喪失の意義

[1] 本条一項にいう「心神喪失の状態」とは、訴訟能力、すなわち、被告人としての重要な利害を弁別し、それに従って相当の防御をすることのできる能力を欠く状態をいう。（最決平7・2・28刑集四九・二・四八一、刑訴百選[一〇版]五一）↓一編三章[2]

2　訴訟能力が争われた事例

[2] 被告人が、耳が聞こえず、言葉も話せないなどのため、通訳人を介しても黙秘権の告知、訴訟行為の内容の伝達ができないことから、その訴訟能力に疑いがある場合には、医師の意見を聴き、必要に応じて聾［ろう］教育の専門家の意見を聴くなどして審理を尽くし、訴訟能力がないと認めるときは、原則として本条一項本文により公判手続を停止すべきである。（最決平7・2・28前出[7]……公判手続停止後において、被告人の訴訟能力が回復されないときは、裁判所は、手続を最終的に打ち切ることができるとする千種裁判官の補足意見がある）

[3] 被告人が重度の聴覚障害及び言語を習得しなかったことによる二次的精神遅滞により精神的能力及び意思疎通能力に重い障害を負っている場合であっても、手話通訳を介することにより、刑事手続において自己の置かれている立場をある程度正確に理解して、自己の利益を防御するため相当に的確な状況判断をすることができ、個々の訴訟手続においても、手続の趣旨に従い、自ら決めた防御方針に沿った供述ないし対応をすることができるなどの事情があるときは、被告人は、

本条一項にいう「心神喪失の状態」にはなかったものと認められ、公判手続を停止する必要はない。（最判平10・3・12刑集五二・二・一七、重判平10刑訴四）

④ 被告人が心神喪失の状態にあることを理由に公判手続が停止された後、訴訟能力回復の見込みがなく公判手続再開の可能性がないと判断されるに至った場合、刑訴法一条の目的に照らし、形式的に訴訟が係属しているにすぎない状態のまま公判手続の停止を続けることは同法の予定するところではなく、裁判所は、検察官が公訴を取り消すかどうかに関わりなく、訴訟手続を打ち切る裁判をすることができる。その裁判の形式について刑訴法上明文はないが、訴訟能力が後発的に失われてその回復可能性の判断が問題となっていることに鑑み、同法三三八条四号に準じて、口頭弁論を経た上で判決で公訴を棄却するのが相当である。（最判平28・12・19刑集七〇・八・八六五、重判平28刑訴二）

二　上訴審への準用

⑤ 本条一項の規定は、控訴審の手続に準用される。（最判昭53・2・28刑集三二・一・八三）

⑥ 本条一項の規定は、上告審の手続に準用される。（最決平5・5・31刑集四七・六・一、重判平5刑訴六）

第三一五条【公判手続の更新】 開廷後裁判官がかわつたときは、公判手続を更新しなければならない。但し、判決の宣告をする場合は、この限りでない。

§+【その他の更新事由→三一五の二、三五〇の二五②】

一　更新の要否

① 開廷後裁判官が替わっても、従前の証拠決定の施行として公判廷外で証拠調べをするには、その前に公判手続を更新する必要はない。〔旧法事件〕（最判昭25・3・28刑集四・三・四三二）

② 開廷後裁判官が替わっても、実体審理をせず、単に弁護人の申出に基づき証人尋問決定を取り消す決定をするにとどまるときは、その決定前に公判手続を更新する必要はない。（最判昭28・9・29刑集七・九・一八四八）→二八六条⑦

二　更新前の請求等の効力

③ 公判手続更新前の証拠申請は、更新により失効せず、これに対する決定が必要である。〔旧法事件〕（大決大13・7・2刑集三・五五一）

④ 更新前になされた証拠決定は、更新によりその効力を失わない。（名古屋高判昭25・11・10高刑判特一四・八一）

三　控訴審への準用

⑤ 本条の規定は、控訴審の手続に準用される。（最判昭30・12・26刑集九・一四・三〇二五）

第三一五条の二【簡易公判手続の決定の取消しと手続の更新】 第二百九十一条の二の決定が取り消されたときは、公判手続を更新しなければならない。但し、検察官及び被告人又は弁護人に異議がないときは、この限りでない。

§+【決定の取消し→二九一の三】

「異議がないとき」

① 「異議がないとき」とは、更新しないことに異議がない旨の積極的陳述があった場合をいう。（福岡高判昭33・9・25高刑一一・七・四二九）

② 「被告人又は弁護人に異議がないとき」とは、弁護人の選任されている事件では、被告人及び弁護人の双方に異議がないことを必要とする。（東京高判昭42・12・5下刑九・一二・一四七八）

第三一六条【合議制事件と一人の裁判官の手続の効力】 地方裁判所において一人の裁判官のした訴訟手続は、被告事件が合議体で審判すべきものであつた場合にも、その効力を失わない。

§+【合議体で審判すべき事件→裁二六②】【管轄違いの場合→一三】

第二節　争点及び証拠の整理手続

第一款　公判前整理手続

第一目　通則

第三一六条の二【公判前整理手続の決定と方法】 ① 裁判所は、充実した公判の審理を継続的、計画的かつ迅速に行うため必要があると認めるときは、検察官、被告人若しくは弁護人の請求により又は職権で、第一回公判期日前に、決定で、事件の争点及び証拠を整理するための公判準備として、事件を公判前整理手続に付することができる。

② 前項の決定又は同項の請求を却下する決定をするには、裁判所の規則の定めるところにより、あらかじめ、検察官及び被告人又は弁護人の意見を聴かなければならない。

③ 公判前整理手続は、この款に定めるところにより、訴訟関係人を出頭させて陳述させ、又は訴訟関係人に書面を提出させる方法により、行うものとする。

§+【審理予定の策定→刑訴規二一七の二】【意見の聴取→刑訴規二一七の三】【決定→刑訴規二一七の四、四二〇①】【公判前整理手続に付された場合の特例→刑訴規二一七の一九】【裁判員制度との関係→裁判員四九】

第三一六条の三【公判前整理手続の目的】 ① 裁判所は、充実した公判の審理を継続的、計画的かつ迅速に行うことができるよう、公判前整理手続において、十分な準備が行われるようにするとともに、できる限り早期にこれを終結させるように努めなければならない。

② 訴訟関係人は、充実した公判の審理を継続的、計画的かつ迅速に行うことができるよう、公判前整理手続において、相互に協力するとともに、その実施に関し、裁判所に進んで協力しなければならない。

第三一六条の四【必要的弁護】 ① 公判前整理手続においては、被告人に弁護人がなければその手続を行うことができない。

② 公判前整理手続において被告人に弁護人がないときは、裁判長は、職権で弁護人を付さなければならない。

§+【被告人への通知→刑訴規二一七の五　❷【弁護人の選任→三八

第三一六条の五【公判前整理手続の内容】 公判前整理手続においては、次に掲げる事項を行うことができる。

一　訴因又は罰条を明確にさせること。

二　訴因又は罰条の追加、撤回又は変更を許すこと。

三　公判期日においてすることを予定している主張を明らかにさせて事件の争点を整理すること。

四　証拠調べの請求をさせること。

五　前号の請求に係る証拠について、その立証趣旨、尋問事項等を明らかにさせること。

六　証拠調べの請求に関する意見（証拠書類について第三百二十六条の同意をするかどうかの意見を含む。）を確かめること。

七　証拠調べをする決定又は証拠調べの請求を却下する決定をすること。

八　証拠調べをする決定をした証拠について、その取調べの順序及び方法を定めること。

九　証拠調べに関する異議の申立てに対して決定をすること。

十　第三目の定めるところにより証拠開示に関する裁定をすること。

十一　第三百十六条の三十三第一項の規定による被告事件の手続への参加の申出に対する決定又は当該決定を取り消す決定をすること。

十二　公判期日を定め、又は変更することその他公判手続の進行上必要な事項を定めること。

⊗+【訴因の明示↓二五六③【罰条の記載↓二五六④【訴因・罰条の追加・撤回・変更↓三一二【証拠調請求↓二九八①【証拠決定↓刑訴規一九〇【証拠調べの順序・方法の決定↓二九七①【証拠調べに関する異議申立て↓三〇九【決定の告知↓刑訴規二一七の一四【証拠開示に関する裁定↓三一六の二五―三一六の二七【公判期日の指定・変更↓二七三・二七六【裁判員制度の場合の特例↓裁判員五〇

第三一六条の六【公判前整理手続期日の決定と変更】　①　裁判長は、訴訟関係人を出頭させて公判前整理手続をするときは、公判前整理手続期日を定めなければならない。

②　公判前整理手続期日は、これを検察官、被告人及び弁護人に通知しなければならない。

③　裁判長は、検察官、被告人若しくは弁護人の請求により又は職権で、公判前整理手続期日を変更することができる。この場合においては、裁判所の規則の定めるところにより、あらかじめ、検察官及び被告人又は弁護人の意見を聴かなければならない。

⊗❶【指定↓刑訴規二一七の六　❸【変更↓刑訴規二一七の七―二一七の一〇

第三一六条の七【公判前整理手続の出席者】　公判前整理手続期日に検察官又は弁護人が出頭しないときは、その期日の手続を行うことができない。

第三一六条の八【弁護人の選任】　①　弁護人が公判前整理手続期日に出頭しないとき、又は在席しなくなつたときは、裁判長は、職権で弁護人を付さなければならない。

②　弁護人が公判前整理手続期日に出頭しないおそれがあるときは、裁判所は、職権で弁護人を付することができる。

第三一六条の九【被告人の出席】　①　被告人は、公判前整理手続期日に出頭することができる。

②　裁判所は、必要と認めるときは、被告人に対し、公判前整理手続期日に出頭することを求めることができる。

③　裁判長は、被告人を出頭させて公判前整理手続をする場合には、被告人が出頭する最初の公判前整理手続期日において、まず、被告人に対し、終始沈黙し、又は個々の質問に対し陳述を拒むことができる旨を告知しなければならない。

⊗❷【被告人の出頭についての通知↓刑訴規二一七の一一　❸【被告人の黙秘権↓三一一①

第三一六条の一〇【被告人の意思確認】　裁判所は、弁護人の陳述又は弁護人が提出する書面について被告人の意思を確かめる必要があると認めるときは、公判前整理手続期日において被告人に対し質問を発し、及び弁護人に対し被告人と連署した書面の提出を求めることができる。

第三一六条の一一【受命裁判官】　裁判所は、合議体の構成員に命じ、公判前整理手続（第三百十六条の五第二号、第七号及び第九号から第十一号までの決定を除く。）をさせることができる。この場合において、受命裁判官は、裁判所又は裁判長と同一の権限を有する。

⊗+【受命裁判官にさせる旨の決定↓刑訴規二一七の一二

第三一六条の一二【調書の作成】　①　公判前整理手続期日には、裁判所書記官を立ち会わせなければならない。

②　公判前整理手続期日における手続については、裁判所の規則の定めるところにより、公判前整理手続調書を作成しなければならない。

⊗+【調書の作成↓刑訴規二一七の一五、二一七の一六【調書の整理↓刑訴規二一七の一七【調書の記載に対する異議申立て↓刑訴規二一七の一八

第二目　争点及び証拠の整理

第三一六条の一三【検察官による証明予定事実の提示と証拠調べ請求】　①　検察官は、事件が公判前整理手続に付されたときは、その証明予定事実（公判期日において証拠により証明しようとする事実をいう。以下同じ。）を記載した書面を、裁判所に提出し、及び被告人又は弁護人に送付しなければならない。この場合においては、当該書面には、証拠とすることができず、又は証拠としてその取調べを請求する意思のない資料に基づいて、裁判所に事件について偏見又は予断を生じさせるおそれのある事項を記載することができない。

②　検察官は、前項の証明予定事実を証明するために用いる証拠の取調べを請求しなければならない。

③　前項の規定により証拠の取調べを請求するについては、第二百九十九条第一項の規定は適用しない。

④　裁判所は、検察官及び被告人又は弁護人の意見を聴いた上で、第一項の書面の提出及び送付並びに第二項の請求の期限を定めるものとする。

⊗❶【証明予定事実の明示↓刑訴規二一七の二〇①・二一七の二一　❷【証拠調請求↓二九八①　❹【期限↓刑訴規二一七の二二・二一七の二三

第三一六条の一四【検察官請求証拠の開示、証拠の一覧表の交付】　①　検察官は、前条第二項の規定により取調べを請求した証拠（以下「検察官請求証拠」という。）については、速やかに、被告人又は弁護人に対し、次の各号に掲げる証拠の区分に応じ、当該各号に定める方法による開示をしなければならない。

一　証拠書類又は証拠物　当該証拠書類又は証拠物を閲覧する機会（弁護人に対しては、閲覧し、かつ、謄写する機会）を与えること。

二　証人、鑑定人、通訳人又は翻訳人　その氏名及び住居を知る機会を与え、かつ、その者の供述録取書等のうち、その者が公判期日において供述すると思料する内容が明らかになるもの（当該供述録取書等が存在しないとき、又はこれを閲覧させることが相当でないと認めるときにあつては、その者が公判期日において供述すると思料する内容の要旨を記載した書面）を閲覧する機会（弁護人に対しては、閲覧し、かつ、謄写する機会）を与えること。

②　検察官は、前項の規定による証拠の開示をした後、被告人又は弁護人から請求があつたときは、速やかに、被告人又は弁護人に対し、検察官が保管する証拠の一覧表の交付をしなければならない。

③　前項の一覧表には、次の各号に掲げる証拠の区分に応じ、証拠ごとに、当該各号に定める事項を記載しなければならない。

一　証拠物　品名及び数量

二　供述を録取した書面で供述者の署名又は押印のあるもの　当該書面の標目、作成の年月日及び供述者の氏名

三　証拠書類（前号に掲げるものを除く。）　当該証拠書類の標目、作成の年月日及び作成者の氏名

④　前項の規定にかかわらず、検察官は、同項の規定により第二項の一覧表に記載すべき事項であつて、これを記載することにより次に掲げるおそれがあると認めるものは、同項の一覧表に記載しないことができる。

一　人の身体若しくは財産に害を加え又は人を畏怖させ若しくは困惑させる行為がなされるおそれ

二　人の名誉又は社会生活の平穏が著しく害されるおそれ

三　犯罪の証明又は犯罪の捜査に支障を生ずるおそれ

⑤　検察官は、第二項の規定により一覧表の交付をした後、証拠を新たに保管するに至つたときは、速やかに、被告人又は弁護人に対し、当該新たに保管するに至つた証拠の一覧表の交付をしなければならない。この場合においては、前二項の規定を準用する。

⊗❶【供述録取書等↓二九〇の三

第三一六条の一五【検察官請求証拠以外の証拠の開示】　①　検察

官は、前条第一項の規定による開示をした証拠以外の証拠であつて、次の各号に掲げる証拠の類型のいずれかに該当し、かつ、特定の検察官請求証拠の証明力を判断するために重要であると認められるものについて、被告人又は弁護人から開示の請求があつた場合において、その重要性の程度その他の被告人の防御の準備のために当該開示をすることの必要性の程度並びに当該開示によつて生じるおそれのある弊害の内容及び程度を考慮し、相当と認めるときは、速やかに、同項第一号に定める方法による開示をしなければならない。この場合において、検察官は、必要と認めるときは、開示の時期若しくは方法を指定し、又は条件を付することができる。

一　証拠物

二　第三百二十一条第二項に規定する裁判所又は裁判官の検証の結果を記載した書面

三　第三百二十一条第三項に規定する書面又はこれに準ずる書面

四　第三百二十一条第四項に規定する書面又はこれに準ずる書面

五　次に掲げる者の供述録取書等

イ　検察官が証人として尋問を請求した者

ロ　検察官が取調べを請求した供述録取書等の供述者であつて、当該供述録取書等が第三百二十六条の同意がされない場合には、検察官が証人として尋問を請求することを予定しているもの

六　前号に掲げるもののほか、被告人以外の者の供述録取書等であつて、検察官が特定の検察官請求証拠により直接証明しようとする事実の有無に関する供述を内容とするもの

七　被告人の供述録取書等

八　取調べ状況の記録に関する準則に基づき、検察官、検察事務官又は司法警察職員が職務上作成することを義務付けられている書面であつて、身体の拘束を受けている者の取調べに関し、その年月日、時間、場所その他の取調べの状況を記録したもの（被告人又はその共犯として身体を拘束され若しくは公訴を提起された者であつて第五号イ若しくはロに掲げるものに係るものに限る。）

九　検察官請求証拠である証拠物の押収手続記録書面（押収手続の記録に関する準則に基づき、検察官、検察事務官又は司法警察職員が職務上作成することを義務付けられている書面であつて、証拠物の押収に関し、その押収者、押収の年月日、押収場所その他の押収の状況を記録したものをいう。次項及び第三項第二号イにおいて同じ。）

②　前項の規定による開示をすべき証拠物の押収手続記録書面（前条第一項又は前項の規定による開示をしたものを除く。）について、被告人又は弁護人から開示の請求があつた場合において、当該証拠物により特定の検察官請求証拠の証明力を判断するために当該開示をすることの必要性の程度並びに当該開示によつて生じるおそれのある弊害の内容及び程度を考慮し、相当と認めるときも、同項と同様とする。

③　被告人又は弁護人は、前二項の開示の請求をするときは、次の各号に掲げる開示の請求の区分に応じ、当該各号に定める事項を明らかにしなければならない。

一　第一項の開示の請求　次に掲げる事項

イ　第一項各号に掲げる証拠の類型及び開示の請求に係る証拠を識別するに足りる事項

ロ　事案の内容、特定の検察官請求証拠に対応する証明予定事実、開示の請求に係る証拠と当該検察官請求証拠との関係その他の事情に照らし、当該開示の請求に係る証拠が当該検察官請求証拠の証明力を判断するために重要であることその他の被告人の防御の準備のために当該開示が必要である理由

二　前項の開示の請求　次に掲げる事項

イ　開示の請求に係る押収手続記録書面を識別するに足りる事項

ロ　第一項の規定による開示をすべき証拠物と特定の検察官請求証拠との関係その他の事情に照らし、当該証拠物により当該検察官請求証拠の証明力を判断するために当該開示が必要である理由

⚭【検察官請求証拠↓三一六の一四①【供述録取書等↓二九〇の三【取調状況の記録に関する準則↓捜査規範一八二の二【不開示理由の告知↓刑訴規二一七の二六

一　一項柱書

[1]　刑訴法三五〇条の二による合意の内容を三五〇条の三第二項に従って記載した合意内容書面が三五〇条の八により取調べ請求された場合、同書面は、その内容の信用性判断が当然に予定されている証拠とはいえないから、弁護人が開示を求める、合意の当事者が協議・合意の過程で作成した一切の文書は、本条一項柱書の「特定の検察官請求証拠の証明力を判断するために重要な証拠」に該当しない。（東京高決令元・12・13高刑七二・二・一）

二　一項一号類型

[2]　本号にいう「証拠物」とは、その存在又は状態が事実認定の証拠となるものを指すところ、判決書謄本は、その記載内容が証拠となるものであるから、これに当たらない。（東京高判平22・12・1判タ一三七〇・二五四）↓[7]

[3]　電磁的記録媒体はその性質上、様々な種類の多数の電磁的記録が随時記録されていくから、同じ媒体上の記録だからといって当該媒体の他の部分と密接に関連しているとはいえないし、当該媒体が関係先から押収されたからといってそこに記録された電磁的記録がすべて事件と関連性を有することになるわけでもないから、電磁的記録については個別にその内容を踏まえて開示の適否を検討すべきである。（東京高決令2・11・10判タ一四八五・一四〇）

三　一項五号類型

[4]　証人請求予定者の供述調書（開示請求調書）の重要性を判断するために、その供述者が公判廷で供述すると予想される事項との関連性の有無を考慮するのは当然である。当該供述者の供述調書は全部、証明力を判断するため必要・重要だから関連性の有無を考慮すべきでないとの所論は採用できない。（大阪高決平18・6・26判時一九四〇・一六四、重判平18刑訴三①……開示請求調書の記載事項と取調請求調書の記載事項との間に関連性がない以上、開示請求調書が取調請求調書の証明力を判断するために重要な証拠とは認められないとした事例）

四　一項六号類型

[5]　本号は、検察官の証明予定事実記載書面の提出及び証拠の開示に引き続き、弁護人側の主張明示や検察官による主張関連証拠の開示に先立って、弁護人側が検察官請求証拠の証明力を判断するのに資するために、一般的、類型的な開示の必要性及び弊害の程度を考慮し、開示することが適当であるものを類型化したものであるから、「事実の有無に関する供述」とは、その事実の有無についての原供述を意味する。事件関係者や被告人からの事情聴取結果を記載した捜査官作成の捜査報告書及び電話聴取書等において、事件当日の関係者らの行動など、検察官が特定の検察官請求証拠により直接証明しようとする事実の有無について供述するのは関係者らの原供述者であり、捜査報告書等の供述者である捜査官が供述するのは、それらの原供述を聴取したというものにすぎないから、前記捜査報告書等は本号の類型には該当しない。（大阪高決平18・10・6判時一九四五・一六六①）

[6]　本条は、特定の検察官請求証拠の証明力を被告人側が適切に判断できるようにするために、その証明力の判断に重要であると認められる一定類型の証拠の開示を認めようとするものである。そして、「供述録取書等」が供述者の署名・押印によって録取内容の正確性が担保されているか、機械的正確さによって録取内容の正確性が保障されているものに限られている（三一六条の一四第二号［現同条一項二号］）ことをも併せ

考慮すると、本号の「事実の有無に関する供述」を内容とする供述録取書等は、供述者が直接体験した事実を記載したもののあるいはその供述を録取・記録したものに限られ、同号にいう「供述」には伝聞供述は含まれない。警察官が聞き取った第三者の供述を内容とする捜査報告書（事情聴取結果を記載した捜査報告書）は、警察官の「供述書」ではあるが、実質的には第三者の供述を録取した書面であるから、第三者の署名・押印がない以上、本号の「供述」を内容とするものとはいえず、本号に該当する証拠と認めることはできない。（東京高決平18・10・16判時一九四五・一六六②）

[7] 検察官が、共犯者に対する判決の内容を立証趣旨として、一部にマスキングを施した判決書抄本を証拠請求した場合において、マスキングされた部分は、検察官が直接証明しようとする、抄本部分の判決があったという事実の有無に関する供述を内容とするものではないから、マスキングのない判決書謄本は本号の証拠に当たらない。（東京高判平22・12・1前出[2]）

第三一六条の一六【検察官請求証拠に対する被告人・弁護人の意見表明】① 被告人又は弁護人は、第三百十六条の十三第一項の書面の送付を受け、かつ、第三百十六条の十四第一項並びに前条第一項及び第二項の規定による開示をすべき証拠の開示を受けたときは、検察官請求証拠について、第三百二十六条の同意をするかどうか又はその取調べの請求に関し異議がないかどうかの意見を明らかにしなければならない。

② 裁判所は、検察官及び被告人又は弁護人の意見を聴いた上で、前項の意見を明らかにすべき期限を定めることができる。

⊗+【検察官請求証拠↓三一六の一四①　❷【期限↓刑訴規二一七の二二―二一七の二四

第三一六条の一七【被告人・弁護人による主張の明示と証拠調べ請求】① 被告人又は弁護人は、第三百十六条の十三第一項の書面の送付を受け、かつ、第三百十六条の十四第一項及び第三百十六条の十五第一項及び第二項の規定による開示をすべき証拠の開示を受けた場合において、その証明予定事実その他の公判期日においてすることを予定している事実上及び法律上の主張があるときは、裁判所及び検察官に対し、これを明らかにしなければならない。この場合においては、第三百十六条の十三第一項後段の規定を準用する。

② 被告人又は弁護人は、前項の証明予定事実があるときは、これを証明するために用いる証拠の取調べを請求しなければならない。この場合においては、第三百十六条の十三第三項の規定を準用する。

③ 裁判所は、検察官及び被告人又は弁護人の意見を聴いた上で、第一項の主張を明らかにすべき期限及び前項の請求の期限を定めることができる。

⊗❶【主張の明示方法↓刑訴規二一七の二〇②　❷【証拠調請求↓二九八①　❸【期限↓三一六の一六⊗

[1] **憲法三八条一項との関係**　本条は、被告人又は弁護人において、公判期日においてする予定の主張がある場合に限り、公判期日に先立って、その主張を公判前整理手続で明らかにするとともに、証拠の取調べを請求するよう義務付けるものであって、被告人に対し自己が刑事上の責任を問われるおそれのある事項について認めるように義務付けるものではなく、また、公判期日において主張をするかどうかも被告人の判断に委ねられているのであって、主張をすること自体を強要するものでもないから、本条は、自己に不利益な供述を強要するものとはいえない。（最決平25・3・18刑集六七・三・三二五、刑訴百選[一〇版]五五）↓憲三八条[8]

第三一六条の一八【被告人・弁護人請求証拠の開示】 被告人又は弁護人は、前条第二項の規定により取調べを請求した証拠については、速やかに、検察官に対し、次の各号に掲げる証拠の区分に応じ、当該各号に定める方法による開示をしなければならない。

一　証拠書類又は証拠物　当該証拠書類又は証拠物を閲覧し、かつ、謄写する機会を与えること。

二　証人、鑑定人、通訳人又は翻訳人　その氏名及び住居を知る機会を与え、かつ、その者の供述録取書等のうち、その者が公判期日において供述すると思料する内容が明らかになるもの（当該供述録取書等が存在しないとき、又はこれを閲覧させることが相当でないと認めるときにあつては、その者が公判期日において供述すると思料する内容の要旨を記載した書面）を閲覧し、かつ、謄写する機会を与えること。

三

⊗+【取調請求証拠の開示↓二九九①【供述録取書等↓二九〇の

第三一六条の一九【被告人・弁護人請求証拠に対する検察官の意見表明】① 検察官は、前条の規定による開示をすべき証拠の開示を受けたときは、第三百十六条の十七第二項の規定により被告人又は弁護人が取調べを請求した証拠について、第三百二十六条の同意をするかどうか又はその取調べの請求に関し異議がないかどうかの意見を明らかにしなければならない。

② 裁判所は、検察官及び被告人又は弁護人の意見を聴いた上で、前項の意見を明らかにすべき期限を定めることができる。

⊗❷【期限↓三一六の一六⊗

第三一六条の二〇【争点に関連する証拠の開示】① 検察官は、第三百十六条の十四第一項並びに第三百十六条の十五第一項及び第二項の規定による開示をした証拠以外の証拠であつて、第三百十六条の十七第一項の主張に関連すると認められるものについて、被告人又は弁護人から開示の請求があつた場合においては、その関連性の程度その他の被告人の防御の準備のために当該開示をすることの必要性の程度並びに当該開示によつて生じるおそれのある弊害の内容及び程度を考慮し、相当と認めるときは、速やかに、第三百十六条の十四第一項第一号に定める方法による開示をしなければならない。この場合において、検察官は、必要と認めるときは、開示の時期若しくは方法を指定し、又は条件を付することができる。

② 被告人又は弁護人は、前項の開示の請求をするときは、次に掲げる事項を明らかにしなければならない。

一　開示の請求に係る証拠を識別するに足りる事項

二　第三百十六条の十七第一項の主張と開示の請求に係る証拠との関連性その他の被告人の防御の準備のために当該開示が必要である理由

⊗+【不開示理由の告知↓刑訴規二一七の二六

第三一六条の二一【検察官による証明予定事実の追加・変更】① 検察官は、第三百十六条の十三から前条まで（第三百十六条の十四第五項を除く。）に規定する手続が終わつた後、その証明予定事実を追加し又は変更する必要があると認めるときは、速やかに、その追加し又は変更すべき証明予定事実を記載した書面を、裁判所に提出し、及び被告人又は弁護人に送付しなければならない。この場合においては、第三百十六条の十三第一項後段の規定を準用する。

② 検察官は、その証明予定事実を証明するために用いる証拠の取調べの請求を追加する必要があると認めるときは、速やかに、その追加すべき証拠の取調べを請求しなければならない。この場合においては、第三百十六条の十三第三項の規定を準用する。

③ 裁判所は、検察官及び被告人又は弁護人の意見を聴いた上で、第一項の書面の提出及び送付並びに前項の請求の期限を定めることができる。

④ 第三百十六条の十四第一項、第三百十六条の十五及び第三百

十六条の十六の規定は、第二項の規定により検察官が取調べを請求した証拠についてこれを準用する。

ⓢ❶【証明予定事実の明示→刑訴規二一七の二〇①　❸【期限→三一六の一六ⓢ

第三一六条の二二【被告人・弁護人による主張の追加・変更】①　被告人又は弁護人は、第三百十六条の十三から第三百十六条の二十まで（第三百十六条の十四第五項を除く。）に規定する手続が終わつた後、第三百十六条の十七第一項の主張を追加し又は変更する必要があると認めるときは、速やかに、裁判所及び検察官に対し、その追加し又は変更すべき主張を明らかにしなければならない。この場合においては、第三百十六条の十三第一項後段の規定を準用する。

②　被告人又は弁護人は、その証明予定事実を証明するために用いる証拠の取調べの請求を追加する必要があると認めるときは、速やかに、その追加すべき証拠の取調べを請求しなければならない。この場合においては、第三百十六条の十三第三項の規定を準用する。

③　裁判所は、検察官及び被告人又は弁護人の意見を聴いた上で、第一項の主張を明らかにすべき期限及び前項の請求の期限を定めることができる。

④　第三百十六条の十八及び第三百十六条の十九の規定は、第二項の規定により被告人又は弁護人が取調べを請求した証拠についてこれを準用する。

⑤　第三百十六条の二十の規定は、第一項の追加し又は変更すべき主張に関連すると認められる証拠についてこれを準用する。

ⓢ❶【主張の明示方法→刑訴規二一七の二〇②　❸【期限→三一六の一六ⓢ

第三一六条の二三【証人等の保護のための配慮】①　第二百九十九条の二及び第二百九十九条の三の規定は、検察官又は弁護人がこの目の規定による証拠の開示をする場合についてこれを準用する。

②　第二百九十九条の四の規定は、検察官が第三百十六条の十四第一項（第三百十六条の二十一第四項において準用する場合を含む。）の規定による証拠の開示をすべき場合についてこれを準用する。

③　第二百九十九条の五から第二百九十九条の七までの規定は、検察官が前項において準用する第二百九十九条の四第一項から第四項までの規定による措置をとつた場合についてこれを準用する。

第三一六条の二四【争点及び証拠の整理結果の確認】　裁判所は、公判前整理手続を終了するに当たり、検察官及び被告人又は弁護人との間で、事件の争点及び証拠の整理の結果を確認しなければならない。

第三目　証拠開示に関する裁定

第三一六条の二五【開示方法等の指定】①　裁判所は、証拠の開示の必要性の程度並びに証拠の開示によつて生じるおそれのある弊害の内容及び程度その他の事情を考慮して、必要と認めるときは、第三百十六条の十四第一項（第三百十六条の二十一第四項において準用する場合を含む。）の規定による開示をすべき証拠については検察官の請求により、第三百十六条の十八（第三百十六条の二十二第四項において準用する場合を含む。）の規定による開示をすべき証拠については被告人又は弁護人の請求により、決定で、当該証拠の開示の時期若しくは方法を指定し、又は条件を付することができる。

②　裁判所は、前項の請求について決定をするときは、相手方の意見を聴かなければならない。

③　第一項の請求についてした決定に対しては、即時抗告をすることができる。

ⓢ❶【請求の方式→刑訴規二一七の二七　❸【即時抗告→四二二、四二五

第三一六条の二六【開示命令】①　裁判所は、検察官が第三百十六条の十四第一項若しくは第三百十六条の十五第一項若しくは第二項（第三百十六条の二十一第四項においてこれらの規定を準用する場合を含む。）若しくは第三百十六条の二十第一項（第三百十六条の二十二第五項において準用する場合を含む。）の規定による開示をすべき証拠を開示していないと認めるとき、又は被告人若しくは弁護人が第三百十六条の十八（第三百十六条の二十二第四項において準用する場合を含む。）の規定による開示をすべき証拠を開示していないと認めるときは、相手方の請求により、決定で、当該証拠の開示を命じなければならない。この場合において、裁判所は、開示の時期若しくは方法を指定し、又は条件を付することができる。

②　裁判所は、前項の請求について決定をするときは、相手方の意見を聴かなければならない。

③　第一項の請求についてした決定に対しては、即時抗告をすることができる。

ⓢ❶【請求の方式→刑訴規二一七の二七　❸【即時抗告→四二二、四二五

一　証拠開示の対象

[1]　本条一項の証拠開示命令の対象となる証拠は、検察官が現に保管している証拠に限られず、当該事件の捜査の過程で作成され、又は入手した書面等であって、公務員が職務上現に保管し、かつ、検察官において入手が容易なものを含む。取調警察官が犯罪捜査規範一三条に基づき作成した備忘録であって、取調べの経過その他参考となるべき事項が記録され、捜査機関において保管されている書面は、個人的メモの域を超え、捜査関係の公文書ということができ、当該事件の公判審理において、当該取調べ状況に関する証拠調べが行われる場合には、証拠開示の対象となり得る。（最決平19・12・25刑集六一・九・八九五、重判平20刑訴二①）

参考　**犯罪捜査規範**（昭和三二・七・一一国公委規二）（抜粋）

（備忘録）

第一三条　警察官は、捜査を行うに当り、当該事件の公判の審理に証人として出頭する場合を考慮し、および将来の捜査に資するため、その経過その他参考となるべき事項を明細に記録しておかなければならない。

[2]　警察官が私費で購入して仕事に利用していた大学ノートに記載し、一時期自宅に持ち帰り、その後、警察署の自己の机の引き出しの中に入れて保管していた取調べメモについて、同メモは、同警察官が、警察官としての職務を執行するに際して、その職務の執行のために作成したものであり、その意味で公的な性質を有するものであって、職務上保管しているものというべきであるから、犯行の捜査の過程で作成され、公務員が職務上現に保管し、かつ検察官において入手が容易なものに当たるとした事例（最決平20・9・30刑集六二・八・二七五三、刑訴百選〔一〇版〕五四）

[3]　原決定は、別事件の捜査で本件とは無関係に収集又は作成された証拠であってもその事件が本件と関連していれば本条一項の開示命令の対象になり得るとするが、[1]によれば、検察官手持ち証拠以外で本条一項による開示命令の対象に含まれ得るのは、当該事件の捜査の過程で作成又は入手された書面等であって公務員が職務上現に保管し検察官において入手が容易なものであるから、原決定の見解は採用できない。（名古屋高決令元・10・24判時二四八一・八八）

二　証拠開示命令に付する条件

[4]　裁判所が付すことができる条件には、開示後の複製等の利用方法に関するものも含まれる。（東京高決平22・3・17判タ一三三六・二八四……殺人事件の被告人の取調べ状況を撮影したDVD二枚の開示について、「謄写枚数は各一枚とする、謄写に係るDVDのデータを一切複写してはならない、再生に際してはインターネット等により外部に接続したパソコンを使用してはな

らない、弁護活動が終了した際にはデータを消去しなければならない」との条件を適法とした）

5 証拠開示命令における条件の付与については、より制限的でない指定や条件で足りないか否かについて十分に検討することが必要であり、原決定が、検察官が弁護人に対して本件供述調書等を謄写させるか否かを検察官の裁量に委ねたのは、法の趣旨に反する。（東京高決平23・11・22判タ一三八三・三八二……弁護人に対し、被告人又は第三者に本件供述録取書等の開示により得た被害者に関する情報を明らかにすることを禁止する旨の条件で必要十分だとした）

三 裁定のための事実取調べ

6 殺人事件において①現場である建物の内外、その室内の状況及び現場にあった物等、及び②被害者の遺体を、それぞれデジタルカメラで撮影し記録した電磁データにつき、検察官が、その手持ち証拠中にはなく、捜査機関も保管しておらず、消去済みである旨主張した場合、事件が現に係属中であるのに捜査機関がこれら電磁データを消去することは通常考え難いから、裁判所としては、このような主張を容易に受け入れず、消去の経緯や時期、その理由等について具体的な説明を求め、場合によっては担当者の証人尋問などの事実取調べを行うなどして事の真偽を確かめる必要がある。（大阪高決平20・12・3判タ一二九二・一五〇）

四 即時抗告↓三五八条3

第三一六条の二七【証拠及び証拠の標目の提示命令】① 裁判所は、第三百十六条の二十五第一項又は前条第一項の請求について決定をするに当たり、必要があると認めるときは、検察官、被告人又は弁護人に対し、当該請求に係る証拠の提示を命ずることができる。この場合においては、裁判所は、何人にも、当該証拠の閲覧又は謄写をさせることができない。

② 裁判所は、被告人又は弁護人がする前条第一項の請求について決定をするに当たり、必要があると認めるときは、検察官に対し、その保管する証拠であつて、裁判所の指定する範囲に属するものの標目を記載した一覧表の提示を命ずることができる。この場合においては、裁判所は、何人にも、当該一覧表の閲覧又は謄写をさせることができない。

③ 第一項の規定は第三百十六条の二十五第三項又は前条第三項の即時抗告が係属する抗告裁判所について、前項の規定は同条第三項の即時抗告が係属する抗告裁判所について、それぞれ準用する。

㊜❷【一覧表の記載事項↓刑訴規二一七の二八

警察官作成のメモに対する提示命令

7 警察官が捜査の過程で作成し警察官が保管するメモが証拠開示命令の対象となるか否かは裁判所が判断すべきであるから、その判断に必要があるときは、裁判所は、検察官に対し、同メモの提示を命ずることができる。（最決平20・6・25刑集六二・六・一八八六、重判平20刑訴二②）

第二款 期日間整理手続

第三一六条の二八【期日間整理手続の決定と進行】① 裁判所は、審理の経過に鑑み必要と認めるときは、検察官、被告人若しくは弁護人の請求により又は職権で、第一回公判期日後に、決定で、事件の争点及び証拠を整理するための公判準備として、事件を期日間整理手続に付することができる。

② 期日間整理手続については、前款（第三百十六条の二第一項及び第三百十六条の九第三項を除く。）の規定を準用する。この場合において、検察官、被告人又は弁護人が前項の決定前に取調べを請求している証拠については、期日間整理手続において取調べを請求した証拠とみなし、第三百十六条の六から第三百十六条の十まで及び第三百十六条の十二中「公判前整理手続期日」とあるのは「期日間整理手続期日」と、同条第二項中「公判前整理手続調書」とあるのは「期日間整理手続調書」と読み替えるものとする。

第三款 公判手続の特例

第三一六条の二九【必要的弁護】 公判前整理手続又は期日間整理手続に付された事件を審理する場合には、第二百八十九条第一項に規定する事件に該当しないときであつても、弁護人がなければ開廷することはできない。

㊜+【公判前整理手続↓三一六の二―三一六の二七【期日間整理手続↓三一六の二八【必要的弁護事件↓二八九①

第三一六条の三〇【被告人・弁護人による冒頭陳述】 公判前整理手続に付された事件については、被告人又は弁護人は、証拠により証明すべき事実その他の事実上及び法律上の主張があるときは、第二百九十六条の手続に引き続き、これを明らかにしなければならない。この場合においては、同条ただし書の規定を準用する。

㊜+【公判前整理手続に付されなかった場合↓刑訴規一九八

第三一六条の三一【整理手続の結果の顕出】① 公判前整理手続に付された事件については、裁判所は、裁判所の規則の定めるところにより、前条の手続が終わつた後、公判期日において、当該公判前整理手続の結果を明らかにしなければならない。

② 期日間整理手続に付された事件については、裁判所は、裁判所の規則の定めるところにより、その手続が終わつた後、公判期日において、当該期日間整理手続の結果を明らかにしなければならない。

㊜+【結果の顕出方法↓刑訴規二一七の三一

第三一六条の三二【整理手続終了後の証拠調べ請求の制限】① 公判前整理手続又は期日間整理手続に付された事件については、検察官及び被告人又は弁護人は、第二百九十八条第一項の規定にかかわらず、やむを得ない事由によつて公判前整理手続又は期日間整理手続において請求することができなかつたものを除き、当該公判前整理手続又は期日間整理手続が終わつた後には、証拠調べを請求することができない。

② 前項の規定は、裁判所が、必要と認めるときに、職権で証拠調べをすることを妨げるものではない。

㊜❶【整理手続における証拠調請求↓三一六の一三②、三一六の一七②、三一六の二一②、三一六の二二②【やむを得ない事由により請求できなかった証拠↓刑訴規二一七の三二、二一七の三三 ❷【職権証拠調べ↓二九八②

一 「やむを得ない事由」

1 刑訴法三一八条による弾劾証拠の取調請求については、弾劾の対象となる公判供述が存在しない段階では、同条の要件該当性を判断できず、証人尋問終了以前の取調請求を当事者に要求することは相当でないから、本条一項の「やむを得ない事由」がある。（名古屋高金沢支判平20・6・5判タ一二七五・三四二、刑訴百選[一〇版]五八）

二 訴因変更請求

2 公判前整理手続を経た後の公判においては、充実した争点整理や審理計画の策定がされた趣旨を没却するような訴因変更請求は許されないが、本件訴因変更請求は、公判前整理手続では争点とされていなかった事項に関し、公判で証人尋問等を行った結果明らかとなった事実関係に基づいて、その必要が生じたものであり、仮にこれを許可したとしても、必要となる追加的証拠調べはかなり限定されていて、審理計画を大幅に変更しなければならなくなるようなものではないから、前記趣旨を没却するものとはいえず、権利濫用にも当たらない。（東京高判平20・11・18判タ一三〇一・三〇七、刑訴百選[一〇版]五六）

三 主張明示義務違反と被告人質問の制限

3 公判前整理手続終了後の新たな主張を制限する規定はなく、公判期日で新たな主張に沿った被告人の供述を当然に制限できるとは解し得ないが、訴訟関係人は公判前整理手続の実施に協力する義務を負う上、被告人又は弁護人は、刑訴法三一六条の一七第一項所定の主張明示義務を負うから、公判前整理手続における被告人又は弁護人の予定主張の明示（裁判所の求釈明に対する釈明を含む）の状況、新たな主張がされるに至った経緯、新たな主張の内容等の諸般の事情を総合的に考慮し、主張明示義務違反が認められ、かつ、明示されなかった主張に関して公判期日で被告人質問やこれに応じた被告人の供述を許すことが、公判前整理手続の意味を失わせるものと認められる場合には、新たな主張に係る事項の重要性等も踏まえた上で、公判期日でその具体的内容に関する質問や被告人の供述が、同法二九五条一項により制限されることがあり得る。（最決平27・5・25刑集六九・四・六三六、刑訴百選〔一〇版〕五七……裁判所の求釈明にもかかわらず、「アリバイの主張をする予定である。具体的内容は被告人質問において明らかにする」という限度でしか主張を明示しなかったような場合と異なり、本件では、公判前整理手続において明示された「本件公訴事実記載の日時には自宅ないしその付近にいた」旨のアリバイの主張に関し、弁護人が具体的な供述を求め、被告人が供述しようとしたものにすぎないから、主張明示義務に違反したものとも、本件質問等を許すことが公判前整理手続を行った意味を失わせるものとも認められず、本件質問等を刑訴法二九五条一項により制限することはできない）

第三節　被害者参加

第三一六条の三三【被告事件の手続への被害者参加】 ①　裁判所は、次に掲げる罪に係る被告事件の被害者等若しくは当該被害者の法定代理人又はこれらの者から委託を受けた弁護士から、被告事件の手続への参加の申出があるときは、被告人又は弁護人の意見を聴き、犯罪の性質、被告人との関係その他の事情を考慮し、相当と認めるときは、決定で、当該被害者等又は当該被害者の法定代理人の被告事件の手続への参加を許すものとする。

一　故意の犯罪行為により人を死傷させた罪

二　刑法第百七十六条から第百七十九条まで、第二百十一条、第二百二十条又は第二百二十四条から第二百二十七条までの罪

三　前号に掲げる罪のほか、その犯罪行為にこれらの罪の犯罪行為を含む罪（第一号に掲げる罪を除く。）

四　自動車の運転により人を死傷させる行為等の処罰に関する法律（平成二十五年法律第八十六号）第四条、第五条又は第六条第三項若しくは第四項の罪

五　第一号から第三号までに掲げる罪の未遂罪

②　前項の申出は、あらかじめ、検察官にしなければならない。この場合において、検察官は、意見を付して、これを裁判所に通知するものとする。

③　裁判所は、第一項の規定により被告事件の手続への参加を許された者（以下「被害者参加人」という。）が当該被告事件の被害者等若しくは当該被害者の法定代理人に該当せず若しくは該当しなくなつたことが明らかになつたとき、又は第三百十二条の規定により罰条が撤回若しくは変更されたため当該被告事件が同項各号に掲げる罪に係るものに該当しなくなつたときは、決定で、同項の決定を取り消さなければならない。犯罪の性質、被告人との関係その他の事情を考慮して被告事件の手続への参加を認めることが相当でないと認めるに至つたときも、同様とする。

【決定の告知↓刑訴規二一七の四〇　❶【被害者等↓二九〇の二【法定代理人↓民八一八・八一九・八三八―八四七【委託を受けた弁護士↓刑訴規二一七の三五　❷【通知の方式↓刑訴規二一七の三四

第三一六条の三四【被害者参加人等の公判期日への出席】 ①　被害者参加人又はその委託を受けた弁護士は、公判期日に出席することができる。

②　公判期日は、これを被害者参加人に通知しなければならない。

③　裁判所は、被害者参加人又はその委託を受けた弁護士が多数である場合において、必要があると認めるときは、これらの者の全員又はその一部に対し、その中から、公判期日に出席する代表者を選定するよう求めることができる。

④　裁判所は、審理の状況、被害者参加人又はその委託を受けた弁護士の数その他の事情を考慮して、相当でないと認めるときは、公判期日の全部又は一部への出席を許さないことができる。

⑤　前各項の規定は、公判準備において証人の尋問又は検証が行われる場合について準用する。

❶【公判廷の構成↓二八二②【被害者参加旅費等の支給↓犯罪被害保護五―一〇　❷【公判期日↓二七三・二七六【通知↓刑訴規二九八　❸【代表者の選定↓刑訴規二一七の三六・二一七の三七　❹【決定の通知↓刑訴規二一七の四〇②④　❺【公判準備における証人尋問・検証↓一五八・二八一・一二八

第三一六条の三五【被害者参加人等の意見に対する検察官の説明義務】 被害者参加人又はその委託を受けた弁護士は、検察官に対し、当該被告事件についてのこの法律の規定による検察官の権限の行使に関し、意見を述べることができる。この場合において、検察官は、当該権限を行使し又は行使しないこととしたときは、必要に応じ、当該意見を述べた者に対し、その理由を説明しなければならない。

第三一六条の三六【被害者参加人等による証人尋問】 ①　裁判所は、証人を尋問する場合において、被害者参加人又はその委託を受けた弁護士から、その者がその証人を尋問することの申出があるときは、被告人又は弁護人の意見を聴き、審理の状況、申出に係る尋問事項の内容、申出をした者の数その他の事情を考慮し、相当と認めるときは、情状に関する事項（犯罪事実に関するものを除く。）についての証人の供述の証明力を争うために必要な事項について、申出をした者がその証人を尋問することを許すものとする。

②　前項の申出は、検察官の尋問が終わつた後（検察官の尋問がないときは、被告人又は弁護人の尋問が終わつた後）直ちに、尋問事項を明らかにして、検察官にしなければならない。この場合において、検察官は、当該事項について自ら尋問する場合を除き、意見を付して、これを裁判所に通知するものとする。

③　裁判長は、第二百九十五条第一項から第四項までに規定する場合のほか、被害者参加人又はその委託を受けた弁護士のする尋問が第一項に規定する事項以外の事項にわたるときは、これを制限することができる。

【証人尋問↓一四三―一六四・二八一　❶【決定の通知↓刑訴規二一七の四〇③④　❸【訴訟指揮権↓二九四

第三一六条の三七【被害者参加人等による被告人への質問】 ①　裁判所は、被害者参加人又はその委託を受けた弁護士から、その者が被告人に対して第三百十一条第二項の供述を求めるための質問を発することの申出があるときは、被告人又は弁護人の意見を聴き、被害者参加人又はその委託を受けた弁護士がこの法律の規定による意見の陳述をするために必要があると認める場合であつて、審理の状況、申出に係る質問をする事項の内容、申出をした者の数その他の事情を考慮し、相当と認めるときは、申出をした者が被告人に対してその質問を発することを許すものとする。

②　前項の申出は、あらかじめ、質問をする事項を明らかにして、検察官にしなければならない。この場合において、検察官

は、当該事項について自ら供述を求める場合を除き、意見を付して、これを裁判所に通知するものとする。

③　裁判長は、第二百九十五条第一項、第三項及び第四項に規定する場合のほか、被害者参加人又はその委託を受けた弁護士のする質問が第一項に規定する意見の陳述をするために必要がある事項に関係のない事項にわたるときは、これを制限することができる。

❶【意見の陳述→二九二の二・三一六の三八【決定の通知→刑訴規二一七の四〇③④　❸【訴訟指揮権→二九四

第三一六条の三八【被害者参加人等による弁論としての意見陳述】　① 裁判所は、被害者参加人又はその委託を受けた弁護士から、事実又は法律の適用について意見を陳述することの申出がある場合において、審理の状況、申出をした者の数その他の事情を考慮し、相当と認めるときは、公判期日において、第二百九十三条第一項の規定による検察官の意見の陳述の後に、訴因として特定された事実の範囲内で、申出をした者がその意見を陳述することを許すものとする。

②　前項の申出は、あらかじめ、陳述する意見の要旨を明らかにして、検察官にしなければならない。この場合において、検察官は、意見を付して、これを裁判所に通知するものとする。

③　裁判長は、第二百九十五条第一項、第三項及び第四項に規定する場合のほか、被害者参加人又はその委託を受けた弁護士の意見の陳述が第一項に規定する範囲を超えるときは、これを制限することができる。

④　第一項の規定による陳述は、証拠とはならないものとする。

❶【訴因→二五六・三一二【決定の通知→刑訴規二一七の四〇③④【意見陳述の時期・時間→刑訴規二一七の三八・二一七の三九　❸【訴訟指揮権→二九四

第三一六条の三九【被害者参加人への付添い、遮蔽の措置】　① 裁判所は、被害者参加人が第三百十六条の三十四第一項（同条第五項において準用する場合を含む。第四項において同じ。）の規定により公判期日又は公判準備に出席する場合において、被害者参加人の年齢、心身の状態その他の事情を考慮し、被害者参加人が著しく不安又は緊張を覚えるおそれがあると認めるときは、検察官及び被告人又は弁護人の意見を聴き、その不安又は緊張を緩和するのに適当であり、かつ、裁判官若しくは訴訟関係人の尋問若しくは被告人に対する供述を求める行為若しくは訴訟関係人がする陳述を妨げ、又はその陳述の内容に不当な影響を与えるおそれがないと認める者を、被害者参加人に付き添わせることができる。

②　前項の規定により被害者参加人に付き添うこととされた者は、裁判官若しくは訴訟関係人の尋問若しくは被告人に対する供述を求める行為若しくは訴訟関係人がする陳述を妨げ、又はその陳述の内容に不当な影響を与えるような言動をしてはならない。

③　裁判所は、第一項の規定により被害者参加人に付き添うこととされた者が、裁判官若しくは訴訟関係人の尋問若しくは訴訟関係人がする陳述を妨げ、又はその陳述の内容に不当な影響を与えるおそれがあると認めるに至つたときその他その者を被害者参加人に付き添わせることが相当でないと認めるに至つたときは、決定で、同項の決定を取り消すことができる。

④　裁判所は、被害者参加人が第三百十六条の三十四第一項の規定により公判期日又は公判準備に出席する場合において、犯罪の性質、被害者参加人の年齢、心身の状態、被告人との関係その他の事情により、被害者参加人が被告人の面前において在席、尋問、質問又は陳述をするときは圧迫を受け精神の平穏を著しく害されるおそれがあると認める場合であつて、相当と認めるときは、検察官及び被告人又は弁護人の意見を聴き、弁護人が出頭している場合に限り、被告人とその被害者参加人との間で、被告人から被害者参加人の状態を認識することができないようにするための措置を採ることができる。

⑤　裁判所は、被害者参加人が第三百十六条の三十四第一項の規定により公判期日に出席する場合において、犯罪の性質、被害者参加人の年齢、心身の状態、名誉に対する影響その他の事情を考慮し、相当と認めるときは、検察官及び被告人又は弁護人の意見を聴き、傍聴人とその被害者参加人との間で、相互に相手の状態を認識することができないようにするための措置を採ることができる。

❶【証人への付添い→一五七の四　❹❺【証人の遮蔽→一五七の五

第四節　証拠

第三一七条【証拠裁判主義】　事実の認定は、証拠による。

+【実体的真実主義→一・三一九③【事実→二五六③・三三五【証拠→三一九―三二七

一　厳格な証明

1　意義

[1]　厳格な証明とは、刑訴法の規定により証拠能力が認められ、かつ、公判廷における適法な証拠調べを経た証拠による証明を意味する。（最判昭38・10・17刑集一七・一〇・一七九五〈白鳥事件〉）

2　厳格な証明を要する事項

[2]　「共謀」又は「謀議」は、共謀共同正犯における「罪となるべき事実」であるから、これを認めるには厳格な証明によらなければならない。（最大判昭33・5・28刑集一二・八・一七一八〈練馬事件〉刑訴百選[一〇版]A43）→三三五条[9]、刑六〇条[4]

[3]　名誉毀損罪における事実の真実性の証明は、自由な証明では足りず、「伝聞法則」の適用を受ける。（東京高判昭59・7・18高刑三七・二・三六〇、重判昭59刑訴五）→[17]

[4]　累犯加重の理由となる前科は、「罪となるべき事実」ではないが、刑の加重理由となる事実であって、実質において犯罪構成事実に準ずるものであるから、その認定は証拠によらなければならず、証拠書類は刑訴法三〇五条による取調べを必要とする。（最大決昭33・2・26刑集一二・二・三一六、刑訴百選[一〇版]A32）

3　適式な証拠調べ

[5]　前科調書により刑法四五条後段の確定裁判のあったことを認め、判決で認定する二罪が併合罪の関係に立たないものとして（すなわち量刑の法律上の範囲が併合罪のように軽くならないものとして）量刑するには、右前科調書は口頭弁論に顕出され右認定の資料として刑訴法三〇五条による証拠調べを経たものであることを必要とする。（最判昭36・11・28刑集一五・一〇・一七七四）

[6]　被告人質問において被告人に示され、公判調書中の被告人供述調書の末尾に添付されたが、これとは別に証拠として取り調べられていない電子メール（写し）は、その存在及び記載が記載内容の真実性と離れて証拠価値を有するものであり、被告人に対してこれを示して質問した手続に違法がなく、被告人がその同一性や真正な成立を確認したとしても、これらのことから独立の証拠となり、あるいは被告人の供述の一部となるものではない。（最決平25・2・26刑集六七・二・一四三、重判平25刑訴三……被告人の供述に引用された限度において、その内容が供述の一部となるにとどまるとした）→三〇四条[7]

二　自由な証明

[7]　刑の執行を猶予すべき情状の有無も必ず適法な証拠に基づいて判断しなければならないが、犯罪を構成する事実に関する判断と異なり、必ずしも刑訴法に定められた一定の方式に従い証拠調べを経た証拠にのみよる必要はない。（旧法事件）（最判昭24・2・22刑集三・二・二二一）

⑧　電報電話局長に対し逆探知資料の送付嘱託を行うことの当否又は逆探知に関する証人申請の採否等を判断する場合、右資料の存否という訴訟法的事実については、いわゆる自由な証明で足りる。（最決昭58・12・19刑集三七・一〇・一七五三、刑訴百選八版六二）

三　証明を要しない事実

1　公知の事実

⑨　マージャン遊戯における勝敗がいかなる方法において決せられ、かつ、その勝敗が主として偶然の事情につながるものであることは公知の事実に属する。（大判昭10・3・28刑集一四・三四三）

⑩　「被告人が昭和二七年五月二五日施行の富山県高岡市長選挙に際し、同年五月五日立候補し、同選挙に当選したものである」との事実は、富山県高岡市及びその付近においては公知の事実に属する。（最判昭31・5・17刑集一〇・五・六八五、刑訴百選五版六〇）

⑪　東京都内においては普通自動車の最高速度を原則として四〇キロメートル毎時とする規制が、東京都公安委員会の設置する道路標識によりなされている事実は、公知の事実に属する。（最決昭41・6・10刑集二〇・五・三六五、刑訴百選三版六一）

2　裁判所に顕著な事実

⑫　通称ヘロインが塩酸ヂアセチルモルヒネを指すものであることについては、裁判所に顕著であって、必ずしも証拠による認定を要しない。（最判昭30・9・13刑集九・一〇・二〇五九）

3　適用法令

⑬　裁判所が適用すべき法令については、裁判所に職権をもって調査する責務があり、原則として証拠調べの対象となるものではないから、特に必要ある場合のほか、法令の公布時期に関し、審理し又はこれに対する判断を判示する必要はない。（最大判昭29・11・24刑集八・一一・一八六六……新潟県公安条例についての事例）

四　証明の程度

⑭　訴訟上の証明は、自然科学者の用いるような実験に基づく論理的証明ではなく、いわゆる歴史的証明であって、前者が「真実」そのものを目標とするのに反し、後者は「真実の高度な蓋然性」をもって満足する。通常人なら誰でも疑いを差し挟まない程度に真実らしいとの確信を得ることで証明できたとするのである。〔旧法事件〕（最判昭23・8・5刑集二・九・一一二三）

⑮　刑事裁判における有罪認定に当たっては、合理的な疑いを差し挟む余地がない程度の立証が必要であるが、それは、反対事実が存在する疑いを全く残さない場合をいうものではなく、抽象的な可能性としては反対事実が存在するとの疑いをいれる余地があっても、健全な社会常識に照らして、その疑いに合理性がないと一般的に判断される場合には、有罪認定を可能とする趣旨のものである。このことは、直接証拠によって事実認定をすべき場合と、情況証拠によって事実認定をすべき場合とで、異なるところはない。（最決平19・10・16刑集六一・七・六七七、刑訴百選一〇版六〇）

⑯　刑事裁判における有罪認定に当たり、情況証拠によって事実認定をすべき場合には、情況証拠によって認められる間接事実中に、被告人が犯人でないとしたならば合理的に説明することができない（あるいは、少なくとも説明が極めて困難である）事実関係が含まれていることを要する。（最判平22・4・27刑集六四・三・二三三、刑訴百選一〇版六一）

⑰　名誉毀損罪における摘示事実の真実性の証明の程度については、「合理的な疑いをいれない程度」のものであることを必要とする。（東京高判昭59・7・18前出③）

五　立証の方法

1　類似事実の立証

⑱　犯罪の客観的要素が他の証拠によって認められる場合、詐欺罪の故意のような犯罪の主観的要素を被告人の同種前科の内容によって認定しても違法でない。（最決昭41・11・22刑集二〇・九・一〇三五、刑訴百選九版六六）

⑲　同種前科による立証は、被告人の犯罪性向といった実証的根拠の乏しい人格評価につながりやすく、そのために事実認定を誤らせるおそれがあり、また、当事者が前科の内容に立ち入った攻撃防御を行う必要が生じるなど、争点を拡散させるおそれもある。したがって、前科証拠は、証拠としての価値（自然的関連性）があることに加え、証明しようとする事実について、実証的根拠の乏しい人格評価によって誤った事実認定に至るおそれがないと認められるときに初めて証拠能力が認められ、前科証拠を被告人と犯人の同一性の証明に用いる場合には、前科に係る犯罪事実が顕著な特徴を有し、かつ、それが起訴に係る犯罪事実と相当程度類似することから、それ自体で両者の犯人が同一であることを合理的に推認させるようなものであるときに初めて証拠能力が認められる。本件の場合、窃盗の目的で住居に侵入し、期待したほどの財物が窃取できなかったために放火に及ぶということは、放火の動機として特に際立った特徴を有するものとはいえず、また、侵入した居室内に石油ストーブの灯油を撒いて火を放つという態様もさほど特殊なものとはいえないから、これらの類似点が持つ、本件放火の犯行が被告人によるものであると推認させる力は、さほど強いものとは認められず、本件前科証拠を被告人が犯人であることの立証に用いることは、犯罪性向という人格評価をもとに被告人が本件放火に及んだという合理性の乏しい推論をすることに帰し、許されない。（最判平24・9・7刑集六六・九・九〇七、刑訴百選一〇版六二……前刑放火は本件放火の一七年前の犯行であり、被告人がその間前刑当時と同様の犯罪傾向を有していたと推認することには疑問があること、被告人が本件放火の前後に行った旨上申している窃盗の中には、十分な金品を得ていないと見られるものが多数あるにもかかわらず、それらと接着した時間、場所で放火があったという事実はうかがわれないこと等の事情に照らし、被告人について、他に選択の余地がないほど習慣化しているといい得るような強固な犯罪傾向を認めることもできないとした上、本件前科証拠の証拠能力を否定した）

⑳　⑲の法理は、前科以外の被告人の他の犯罪事実の証拠を被告人と犯人の同一性の証明に用いようとする場合にも当てはまるから、前科に係る犯罪事実や被告人の他の犯罪事実を被告人と犯人の同一性の間接事実とすることは、これらの犯罪事実が顕著な特徴を有し、かつ、その特徴が証明対象の犯罪事実と相当程度類似していない限り許されない。本件の場合、色情盗という性癖、あらかじめ下見をするなどして侵入先の情報を得る、女性用の物の入手を主な目的とする、留守宅に窓ガラスを割るなどして侵入するという手口及び態様は、さほど特殊なものではなく、これらは単独ではもちろん、総合しても顕著な特徴とはいえないから、犯人が被告人であることの間接事実とすることは許されない。また、「女性用の物を窃取した際に、被告人本人にも十分に説明できないような、女性に対する複雑な感情を抱いて、室内に火を放ったり石油を撒いたりする」という行動傾向を犯人が被告人であることの間接事実とすることも、被告人に対して実証的根拠の乏しい人格的評価を加え、これをもとに犯人が被告人であるという合理性に乏しい推論をすることにほかならず、許されない。（最決平25・2・20刑集六七・二・一、重判平25刑訴四……次のような金築裁判官の補足意見がある。本件起訴に係る一〇件の現住建造物等放火は約四箇月の短期間に連続的に犯されたものであるが、いずれの犯行においても、放火前の近接した時間内に、被告人が、現場の住居に侵入しその室内で金品を盗みあるいは盗もうとした事実が認められ、そのうちの二件では、被告人が放火の犯行を自認している。このような事実関係のもとでは、仮に争いのある放火が、被告人の関与なしに他の者によって犯されたとすれば、極めて確率の低い偶然の事態といえる

から、本件各放火事件の犯人性を、それぞれの事件に関する証拠のみで別個独立に認定すべきであるとすることは不自然であり、類似する多数の犯行を総合的に評価することも許されてよい。また、被告人が自認している二件の住居侵入・窃盗・現住建造物等放火を、他の八件の住居侵入・窃盗・現住建造物等放火の犯人が被告人であることの間接事実とすることは、人格的評価に基づく推論という要素を含み、⑲の法理に従うべきであるが、「顕著な特徴」という例外の要件について、事案によりある程度の幅をもって考えることは否定されないから、約四箇月という短期間に多数の類似犯罪事実が連続的に犯されており、被告人が住居侵入・窃盗の犯人であることは確かで、その犯人と放火犯人との同一性という限局された範囲の推認が問題である本件の場合、併合審理される類似事実については、前科について見られる、その存在自体で人格的評価を低下させる危険性や争点拡散のおそれは考え難いことも考慮すれば、前記例外の要件が満たされていると解する余地もある）

㉑　被告人が、夜間、停車させた自車の近くの人気のない場所で、高校の制服を着て自転車で帰宅途中の被害者に対して、包丁を突き付けて、「騒いだら殺す」「ドライブに行こう」と述べたことが認められる第一事件において、これらの客観的事情を基に、財産を奪う目的、誘拐する目的、暴行のみの目的といった可能性を排斥するとともに、わいせつ目的があったと推認し、その上で、被告人が数日後に同様の状況で行った第二事件において現実にわいせつな行為に及んでいることをその補強として用いた原判決は、第二事件において現実にわいせつな行為に及んでいることを第一事件における被告人のわいせつ目的を認める唯一の積極的事情としているものでないことは明らかであり、また、第二事件で認定した事情を不当な予断偏見をもって第一事件の認定に供しているものでもなく、その認定に違法はない。（東京高判令元・5・15判時二四四一・六三）

2　推計による逋脱〔ほだつ〕所得額の認定

㉒　租税逋脱犯における逋脱所得額の認定に当たり、いわゆる推計の方法すなわち、財産・負債の増減、収入・支出の状況、取扱量、事業の規模、対比に値する同業者の業績等を示す間接的な資料から所得金額を推認して認定する方法も、その方法が経験則に照らして合理的である限り、許される。（最決昭54・11・8刑集三三・七・六九五）

3　疫学的証明

㉓　「疫学的証明ないし因果関係が、刑事裁判上の種々の客観的事実ないし証拠又は情況証拠によって裏付けられ、経験則に照らし合理的であると認むべき場合においては、刑事裁判上の証明があったものとして法的因果関係が成立する」との立場に立ち、疫学的証明のほかに病理学的な証明等を用いることによって合理的な疑いを超える確実なものとして事実を認定したことに誤りはない。（最決昭57・5・25判時一〇四六・一五〈千葉大チフス事件〉刑訴百選[九版]六五）

六　科学的証明

㉔　伝統的筆跡鑑定方法は、多分に鑑定人の経験と勘に頼るところがあり、その証明力にはおのずから限界があるとしても、そのことから直ちに、この鑑定方法が非科学的で不合理であるとはいえず、裁判所は、自由心証により、これを罪証に供することができる。（最決昭41・2・21判時四五〇・六〇、刑訴百選[一〇版]六四）

㉕　刑訴法三二六条一項の同意のあったポリグラフ検査結果回答書は、検査者が自ら実施したポリグラフ検査の経過及び結果を忠実に記載して作成したものであるとともに、検査者が検査に必要な技術と経験とを有する適格者であり、検査に使用された器具の性能等からみて検査結果に信頼性があることがうかがわれる場合には、相当と認めて、証拠能力を肯定してよい。（最決昭43・2・8刑集二二・二・五五、刑訴百選[八版]七二）

㉖　声紋による識別方法は、その結果の確実性がいまだ科学的に承認されておらず、これに証拠能力を認めることは慎重でなければならないが、陪審制を採らず、個別的・具体的判断に親しむ我が国の制度の下では、各種器械の発達及び声紋識別技術の向上に伴い、検定件数も成績も上昇していることに鑑みれば、一概にその証拠能力を否定するのも相当でなく、その検査の実施者が必要な技術と経験を有する適格者であり、使用した器具の性能・作動も正確でその検定結果は信頼あるものと認められるときは、その検査の経過及び結果についての忠実な報告に証拠能力を認めてよい。（東京高判昭55・2・1判時九六〇・八、刑訴百選[九版]六八）

㉗　警察犬による臭気選別は、選別につき専門的な知識と経験を有する指導手が、臭気選別能力が優れ、選別時において体調等も良好でその能力がよく保持されている警察犬を使用して実施したものであるとともに、臭気の採取、保管の過程や臭気選別の方法に不適切な点のないことが認められる場合には、その結果を有罪認定の用に供し得る。（最決昭62・3・3刑集四一・二・六〇、刑訴百選[一〇版]六五）

㉘　本件で証拠の一つとして採用されたいわゆるMCT118DNA型鑑定は、その科学的原理が理論的正確性を有し、具体的な実施の方法も、その技術を修得した者により、科学的に信頼される方法で行われたと認められるから、右鑑定の証拠価値については、その後の科学技術の発達により新たに解明された事項等も加味して慎重に検討されるべきであるが、なお、これを証拠として用いることが許される。（最決平12・7・17刑集五四・六・五五〇、刑訴百選[一〇版]六三）

㉙　本件犯行（殺人、強姦致死事件）に由来すると認められる精子のDNA型が被告人のDNA型と一致した場合において、STR型一六座位のDNA型が全て一致する人物は四兆七〇〇〇億人に一人という出現頻度に鑑み、被告人が本件犯行の犯人であることは優に認定できるとした例（横浜地判平24・7・20判タ一三八六・三七九）

㉚　犯人と被告人の顔貌の同一性を鑑定した顔画像鑑定のうち、防犯カメラ画像から抽出した犯人画像と、被告人の顔貌の三次元画像データから作成した被告人画像との両者を比較し重ね合わせるなどして、一定の類似点を認めたという部分については、その科学的原理は常識に照らして了解可能であり、その手法や分析過程、具体的な指摘内容及びそれらに基づく判断過程にも合理性が認められるから、大筋において信用することができるが、これらの類似点を総合した結果、犯人と被告人は「おそらく同一人と推定される」とした結論部分については、一致が認められた検査所見の出現頻度に関する科学的知見等が全く示されていないから、専門的判断と評価することはできず、別途、類似点から通常の経験則に照らして犯人と被告人の同一性が相当に強く推認できるのかという検討もされていないので、信用性を認めることはできない。（大阪高判令3・3・3判タ一四九一・一一五）

七　いわゆる刺激証拠

㉛　被害者の死因、不保護の故意（被害者の要保護状況に関する被告人の認識）が争点とされた監禁、保護責任者遺棄致死事件において、被害者の死亡から約七日間経過後の死体解剖時の遺体の外観及び内臓の状況を撮影した本件写真は、被告人における被害者の要保護性の認識や解剖医の死因に関する供述の信用性の認定判断に資するもので、本件争点との関連性が認められ、証拠としての必要性も高いものであった上、解剖医によって、死亡直前の状況との相違点についても十分に説明がなされ、一部についてはマスキングも施されていたのであるから、法的関連性（証拠能力）に欠ける証拠とはいえず、遺体の写真がそれを見る者に痛ましさや悲惨さを感じさせるとの弁護人の指摘を踏まえても、適切な代替証拠がなかったので、本件写真を採用したことに訴訟手続の法令違反はない。（大阪高判令3・4・19判時二四九六・九二）

八　違法収集証拠

1　違法収集証拠の排除

[32] 証拠物の押収等の手続に、憲法三五条及びこれを受けた刑訴法二一八条一項の所期する令状主義の精神を没却するような重大な違法があり、これを証拠として許容することが、将来における違法な捜査の抑制の見地からして相当でないと認められる場合においては、その証拠能力は否定される。（最判昭53・9・7刑集三二・六・一六七二、刑訴百選[一〇版]九〇）↓一九七条[23]、憲三五条[4]

[33] 令状による捜索の過程で警察官が被告人に暴力を振るうという違法行為があった場合でも、その暴行が、捜索の結果証拠物が発見された後、被告人の発言に触発されて行われたものであって、証拠物発見を目的とし捜索に利用するために行われたものではない場合には、当該証拠物を警察官の違法行為の結果収集された証拠として証拠能力を否定することはできない。（最決平8・10・29刑集五〇・九・六八三、重判平8刑訴四）

[34] 警察官が、被告人運転の自動車内にチャック付きビニール袋の束があることを確認した旨の疎明資料を作成して、同車に対する捜索差押許可状及び強制採尿令状の発付を受け、車内から覚醒剤等の薬物を差し押さえるとともに、被告人から尿の任意提出を受けたという事案において、ビニール袋はもともと車内になかったものであるとして、薬物並びに薬物及び被告人の尿に関する各鑑定書の証拠能力が争われた場合、各証拠の証拠能力を判断するためには、警察官がビニール袋は車内になかったにもかかわらず、前記疎明資料を作成して各令状を請求した事実の存否を確定し、その存否を前提に各証拠の収集手続に重大な違法があるかどうかを判断する必要がある。（最判令3・7・30刑集七五・七・九三〇、重判令3刑訴二……ビニール袋がもともと車内になかった疑いは残るとしつつ、その疑いはそれほど濃厚ではないなどと判示するのみで各証拠の証拠能力は否定されないとした原判決は、必要な事実の存否を確定し、その存否を前提に各証拠の収集手続に重大な違法があるかどうかを判断したものとはいえず、同判決には法令の解釈適用を誤った違法があるとした）

[35] 自白を内容とする供述証拠についても、証拠物の場合と同様、違法収集証拠排除法則を採用することができない理由はないから、手続の違法が重大であり、これを証拠とすることが違法捜査抑制の見地から相当でない場合には、その証拠能力を否定すべきである。（東京高判平14・9・4判時一八〇八・一四四、刑訴百選[一〇版]七三）↓一九八条[2]

2　具体的事例

イ　証拠能力が肯定された事例↓一九七条[14][24][25]・二一八条[17]

[36] 嫌疑の存在や適当な代替手段の不存在等の事情に照らし、被告人に対する強制採尿を実施することが「犯罪の捜査上真にやむを得ない」場合であるとは認められないにもかかわらず強制採尿令状が発付された場合、令状の発付は違法であり、警察官らが令状に基づいて被告人に対する強制採尿を実施した行為も違法であるが、本件では、警察官らは、犯罪事実の嫌疑があり被告人に対する強制採尿の実施が必要不可欠であると判断した根拠等についてありのままを記載した疎明資料を提出して令状を請求し、令状裁判官の審査を経て発付された適式な令状に基づき、強制採尿を実施したものであり、令状の執行手続自体に違法な点はないこと、「犯罪の捜査上真にやむを得ない」場合とは認められないとはいえ、この点について、疎明資料において、合理的根拠が欠如していることが客観的に明らかであったというものではないこと、令状の発付を得て被告人方に赴いた警察官らは、尿の任意提出を拒否する態度を示した被告人に対して、直ちに令状を執行して強制採尿を実施することなく、尿を任意提出するよう繰り返し促すなどしており、被告人の身体の安全や人格の保護に対する一定の配慮をしていたものといえること、以上のような状況に照らすと、警察官らに令状主義に関する諸規定を潜脱する意図があったともいえないことの各事情が認められ、これらの事情を総合すると、強制採尿手続の違法の程度はいまだ令状主義の精神を没却するような重大なものとはいえず、被告人の尿に関する鑑定書等を証拠として許容することが、違法捜査抑制の見地から相当でないとも認められない。（最判令4・4・28【令3あ七一一】）↓二一八条[16]

ロ　証拠能力が否定された事例↓一九八条[2]

[37] 逮捕手続に、逮捕時の逮捕状の呈示がなく、逮捕状の緊急執行もなされていない違法があるのに加え、警察官が、それを糊塗するために、逮捕状に虚偽事項を記入した上、内容虚偽の捜査報告書を作成し、さらに公判廷において事実と反する証言をしたという事情が存在する下では、警察官の態度を総合的に考慮すれば、逮捕手続の違法の程度は、令状主義の精神を潜脱［せんだつ］し没却するような重大なものであり、このような違法な逮捕に密接に関連する証拠を許容することは、将来における違法捜査抑制の見地から相当でないから、逮捕当日に警察署で任意に採取された尿の鑑定書は、その証拠能力を否定される。（最判平15・2・14刑集五七・二・一二一、刑訴百選[一〇版]九二）↓[42]、憲三五条[5]

3　違法収集証拠と同意

[38] 捜索差押調書及び捜索差押えに係る麻薬に対する鑑定書は、被告人及び弁護人が証拠とすることに同意し、異議なく適法な証拠調べを経たものであるから、捜索差押手続の適法・違法にかかわらず証拠能力を有する。（最大判昭36・6・7刑集一五・六・九一五、刑訴百選[一〇版]A7）↓二二〇条[7]、憲三五条[2]

[39] 第三者から署名指印を得ていた白紙の供述調書用紙を使用して捏造［ねつぞう］した、全く虚偽、架空の事実を内容とする供述調書にのみ基づいて発付された被告人方等の捜索差押令状を執行して証拠物等を差し押さえたことには重大な違法があり、右証拠物等の証拠としての許容性は否定されなければならないところ、公判において被告人が右証拠物等の取調べに同意し又は異議なしと意見を述べたとしても、その前提となる捜索差押えには当事者が放棄することのできない憲法上の権利の侵害を伴う重大な違法があり、このような場合に右同意等によって右各証拠を証拠として許容することは手続の基本的公正に反することになるから許されない。（福岡高判平7・8・30判時一五五一・四四、重判平8刑訴五）

4　派生証拠の排除

[40] 覚せい剤使用事犯の捜査において、採尿手続前に行われた一連の手続に違法がある場合、右一連の手続と採尿手続が被告人に対する覚せい剤事犯の捜査という同一目的に向けられたものであり、採尿手続が右一連の手続によりもたらされた状態を直接利用してなされていたという事情が存在する下では、採尿手続の適法違法は採尿手続前の一連の手続の違法の有無、程度をも十分考慮して判断するのが相当であるが、その結果、採尿手続が違法であると認められる場合でも、採取された尿の鑑定書の証拠能力は、直ちに否定されると解すべきではなく、その違法の程度が令状主義の精神を没却するような重大なものであり、右鑑定書を証拠として許容することが、将来の違法捜査の抑制の見地からして相当でないと認められるときに、否定されるべきである。（最判昭61・4・25刑集四〇・三・二一五、刑訴百選[一〇版]九一……採尿手続前の一連の手続には、警察官が被告人宅の寝室まで承諾なく立ち入り、明確な承諾を得ないまま同人を警察署に任意同行した上、退去の申し出にも応じず同署に留め置くなど、任意捜査の域を逸脱した違法が存することを考慮すると、これに引き続いて行われた採尿手続も違法性を帯びるが、採尿手続自体は何らの強制も加えられることなく、被告人の自由な意思での応諾に基づき行われている等の事情が認められる下では、採尿手続が帯有する違法の程度はいまだ重大であるとはいえず、尿の鑑定書の証拠能力は否定されるべきではないとした。なお、証拠能力を否定する島谷裁判官の反対意見がある）

[41] 警察官が被告人をその意思に反して警察署に連行した上、

その状況を直接利用して所持品検査及び採尿を行った場合、所持品検査及び採尿手続は違法性を帯びるが、連行の際に被告人が落とした紙包みの中身が覚醒剤であると判断され、実質的にはその時点で被告人を逮捕することが許された等の事情が認められる下では、所持品検査及び採尿手続の違法は未だ重大であるとはいえず、右手続により得られた証拠の証拠能力は、これを肯定することができる。（最決昭63・9・16刑集四二・七・一〇五一、刑訴百選[六版]五四……証拠能力を否定する島谷裁判官ほか一名の反対意見がある）↓一九七条[24][25]

[42] 捜索差押許可状の発付に当たり疎明資料とされた尿鑑定書が違法収集証拠として証拠能力を否定される場合であっても、同許可状に基づく覚醒剤の差押えは、それが司法審査に基づいて発付された令状によるものであることのほか、適法に発付された別事件についての捜索差押許可状の執行と併せて行われたものである等の事情が存在する下では、違法収集証拠との関連性が密接とはいえない。それ故、覚醒剤及びこれに関する鑑定書は、その収集手続に重大な違法があるとはいえず、証拠の重要性等諸般の事情を総合すると、証拠能力を否定することはできない。（最判平15・2・14前出[37]）

[43] 違法に収集された証拠に基づき発付された逮捕状により警察官が被疑者を逮捕した後、引致した警察署において同人から発見・押収した覚醒剤及び同人から任意提出を受けた尿に関する鑑定書等の証拠能力は、逮捕状の被疑事実の嫌疑が十分で、発付につき司法判断を経由していること、警察署における覚醒剤の発見及び新たな覚醒剤使用の発覚が全くの偶然で、逮捕状の執行とは別に職務質問によっても発覚した可能性があること等の事情が存在する下では、証拠の重要性、事件の重大性も総合すると、これを認めるのが相当である。（大阪高判平4・1・30高刑四五・一・一）

九　私人による秘密録音テープ

[44] 新聞記者が取材結果を正確に記録するため、対話の相手方が新聞による報道を目的として聞かせた録音テープの再生音と再生前の同テープに関する相手方との会話を録音することは、相手の同意を得ないで行われても違法でなく、新聞記者の録音した右録音テープは証拠能力を失わない。（最決昭56・11・20刑集三五・八・七九七、重判昭56刑訴六）

[45] 被告人から詐欺の被害を受けたと考えた者が、被告人の説明内容に不信を抱き、後日の証拠とするため、被告人との会話を録音することは、たとえそれが相手方の同意を得ないで行われたものであっても、違法ではなく、録音テープの証拠能力を争う所論は、理由がない。（最決平12・7・12刑集五四・六・五一三）

一〇　テレビ番組を捜査機関が録画したビデオテープ

[46] 捜査機関がテレビ番組の報道内容を録画したビデオテープを刑事裁判の証拠としても、そのこと自体が報道機関による報道や取材活動を直接制約ないし阻害することはなく、いわば間接的に、将来における取材活動等に影響を及ぼすおそれがあり得るにとどまるから、一律にこれを禁止すべき理由はない。しかし、報道内容を刑事裁判の証拠とすることによる報道の自由等への影響を一概に無視することもできないから、そのような証拠の取調べが妥当性を欠き、許されない場合のあり得ることは否定できず、これが許容されるか否かは、公正な裁判を実現するための必要性と報道の自由等に対する制約ないし影響の有無、程度とを比較考量して判断すべきである。（大阪高判平17・6・28判タ一一九二・一八六、重判平18刑訴四）↓三二二条[6]

一一　外国の捜査機関により収集された証拠

[47] 外国の捜査機関が、令状を得て、電話による通話を傍受、録音したテープの証拠能力については、他人間の電話傍受は、通信の秘密の保障あるいはプライバシーの保護の見地から無条件に許されるものではないが、日本とA国間の国際的なヘロインの輸出という本件事案の特殊性及び重大性に鑑みれば、証拠収集の必要性、確実性等の観点から検証、傍受の期間や回数が国内における通常の事案と対比して、ある程度伸長することがあったとしてもやむを得ないものというべきであって、我が国の憲法及び刑訴法の精神に照らしてみても、証拠能力は否定されない。（大阪高判平8・7・16判時一五八五・一五七……有効期間三〇日の令状で、二二日間に一五回の通話を傍受した。令状を得てホテル客室内に設置されたビデオカメラにより撮影、録音されたビデオテープ等も許容された）

[48] 国際捜査共助に基づき、中国において身柄を拘束されていた共犯者を同国の捜査官が取り調べ、その供述を録取した供述調書は、日本の捜査機関から中国の捜査機関に対し取調べの方法等に関する要請があり、取調べに際して黙秘権が実質的に告知され、取調べの間、肉体的、精神的強制が加えられた形跡がないなどの事実関係の下では、刑訴法三二一条一項三号により証拠とすることができる。（最判平23・10・20刑集六五・七・九九九、刑訴百選[一〇版]八二……中国では黙秘権が否定されているとして、同国における取調べで作成された供述調書について証拠能力が争われた事案）

一二　刑事免責を付与して獲得した供述

[49] 刑訴法は刑事免責の制度を採用していないから、刑事免責を付与して獲得された供述を事実認定の証拠とすることは許容していないものであり、国際司法共助の過程で右制度を利用して獲得された証拠についても同様である。（最大判平7・2・22刑集四九・二・一〈ロッキード事件丸紅ルート〉刑訴百選[一〇版]六六）

第三一八条【自由心証主義】 証拠の証明力は、裁判官の自由な判断に委ねる。

㊜+【証明力を争う機会↓三〇八【例外↓憲三八③、三一九②
【裁判員が参加する場合↓裁判員六二

一　自由な判断とその限界

[1] 証拠の取捨選択及び事実の認定は事実審裁判所の専権に属するが、経験則には反し得ない。〔旧法事件〕（最判昭23・11・16刑集二・一二・一五四九）

[2] 聴取書中の不可分の供述の一部を分離してその供述全体の趣旨と異なる意味において事実認定の資料とすることは違法である。〔旧法事件〕（最判昭23・12・23刑集二・一四・一八五六）

[3] 弁論の全趣旨といっても何が証拠となったものか判明しないし、訴訟関係人の意見は証拠とならないものであるから、弁論の趣旨が直ちに事実認定の証拠となるものではない。（札幌高函館支判昭29・3・16高刑判特三二・九五）

二　精神鑑定

[4] 被告人の精神状態が刑法三九条にいう心神喪失又は心神耗弱に該当するかどうかは法律判断であって、専ら裁判所に委ねられるべき問題であることはもとより、その前提となる生物学的、心理学的要素についても、右法律判断との関係で究極的には裁判所の評価に委ねられる。（最決昭58・9・13判時一一〇〇・一五六、刑訴百選[五版]七二）↓刑三九条[2]

[5] 生物学的要素である精神障害の有無及び程度並びにこれが心理学的要素に与えた影響の有無及び程度については、専門家たる精神医学者の意見が鑑定等として証拠となっている場合には、鑑定人の公正さや能力に疑いが生じたり、鑑定の前提条件に問題があったりするなど、これを採用し得ない合理的事情が認められるのでない限り、その意見を十分に尊重して認定すべきである。（最判平20・4・25刑集六二・五・一五五九、重判平20刑四）↓刑三九条[3]

三　海難審判所の裁決

[6] 海難事件で海難審判所のした裁決における過失の有無に関する判断は、同一事件について刑事裁判をする司法裁判所を拘束しない。（最決昭31・6・28刑集一〇・六・九三九）

第三一九条【自白の証拠能力・証明力】 ① 強制、拷問又は脅迫

による自白、不当に長く抑留又は拘禁された後の自白その他任意にされたものでない疑のある自白は、これを証拠とすることができない。

② 被告人は、公判廷における自白であると否とを問わず、その自白が自己に不利益な唯一の証拠である場合には、有罪とされない。

③ 前二項の自白には、起訴された犯罪について有罪であることを自認する場合を含む。

㊜❶【強制、拷問又は脅迫、不当に長い抑留拘禁→憲三八②【任意でされたものでない疑い→三二二①・三二四①・三二五 ❷憲三八③、三一八

一 自白の意義

[1] 自白とは被告人（被疑者）が犯罪事実の全部又は一部について自己の刑事責任を認める供述を指すのであって、被告人（被疑者）が単に自己に不利益な事実を認める供述は承認である。（福岡高判昭24・9・6高刑判特一・一二四）

二 不当に長く抑留・拘禁された後の自白

[2] 「不当に長く抑留若しくは拘禁された後の自白」には、自白と不当に長い抑留又は拘禁との間に因果関係のないことが明らかに認められる場合の自白を含まない。〔旧法事件〕（最大判昭23・6・23刑集二・七・七一五）

[3] 窃盗の直後に犯行現場近くで警察官から所持品検査を受け、被告人の所持品の中から被害金品が発見された事件について、罪証隠滅のおそれ、逃亡の危険がないにもかかわらず、被告人を一〇九日間拘禁した後になされた自白は、憲法三八条二項にいう「不当に長く抑留若しくは拘禁された後の自白」に当たる。〔旧法事件〕（最大判昭23・7・19刑集二・八・九四四、刑訴百選[八版]A25）

三 自白の任意性

1 任意性が肯定されたもの

[4] 検事の理屈攻めが強制に当たるか否かは、具体的事実によって各場合に判断せられるべきであって、何ら具体的事実を主張・立証することなく漫然として検事の理詰めをもって強制とすることはできない。〔旧法事件〕（最大判昭23・11・17刑集二・一二・一五六五）

[5] 司法警察員に対する被告人の供述調書が、仮に不法逮捕・拘禁中に作成されたものであっても、そのことだけで直ちに任意性は否定されない。（最判昭27・11・25刑集六・一〇・一二四五）

[6] 被疑者として警察に身柄を拘束されていた間に弁護人との面接時間が二分ないし三分と指定され、しかも右面接の際警察官が立ち会っていた事実があったとしても、右被疑者が検事に対してした自白の任意性は、前記事由とは関係なくその自白をした当時の情況に照らして判断すべきである。（最判昭28・7・10刑集七・七・一四七四、刑訴百選[初版]四……任意性を肯定）→三九条[18]

[7] B事件の取調べ中にたまたま発覚したA事件の起訴後の勾留中に、被告人を再びB事件の被疑者として約三九日間連続約五〇回にわたり取り調べたからといって、右取調べが直ちに自白の強制や不利益な供述を強要したことにならない。（最大判昭30・4・6刑集九・四・六六三〈帝銀事件〉刑訴百選[二版]二二）→一九九条[4]

[8] 取調官からポリグラフ検査の結果を告げられた後になされた自白であっても任意性がないとはいえない。（最決昭39・6・1刑集一八・五・一七七）

[9] 弁護人との接見が余罪の取調べ中を理由に拒まれその後余罪の自白がなされたとしても、その直前に他の弁護人との接見が行われ同日以前には弁護人四名が相前後して被告人と接見し当該弁護人も前日に接見している場合には、右自白の任意性に疑いはない。（最決平元・1・23判時一三〇一・一五五、刑訴百選[一〇版]七四）

[10] 黙秘権の不告知の場合〔旧法事件〕（最判昭25・11・21刑集四・一一・二三五九、刑訴百選[初版]一四）→一九八条[7]

2 任意性が問題とされたもの

[11] 警察において糧食差入禁止が行われ、しかもこの糧食差入禁止の期間と自白の時日との関係上、外形的には糧食差入禁止と自白との間の因果関係を推測させ、少なくともその疑いがあるのに、糧食差入禁止がなぜ行われたか、それと自白との因果関係の疑いについて考究することなく、右自白の任意性を争う所論を排斥したのは審理不尽、理由不備の違法がある。（最判昭32・5・31刑集一一・五・一五七九）

[12] 勾留されている被疑者が、取調べの際、手錠を施されたままであるときは、その心身に圧迫を受け、任意の供述は期待できないものと推定され、反証のない限りその供述の任意性に一応の疑いを差し挟むべきである。（最判昭38・9・13刑集一七・八・一七〇三、刑訴百選[一〇版]A33）

3 任意性が否定されたもの

[13] 被疑者が、起訴・不起訴の決定権を持つ検察官の、自白すれば起訴猶予にする旨の言葉を信じ起訴猶予を期待してした自白は、任意性に疑いがあるものとして、証拠能力を否定すべきである。（最判昭41・7・1刑集二〇・六・五三七、刑訴百選[一〇版]七〇）

[14] 捜査官が被疑者を取り調べるに当たり偽計を用いたため、被疑者が心理的強制を受け、その結果虚偽の自白が誘発されるおそれのある場合には、その自白は任意性に疑いがあるものとして、証拠能力を否定すべきである。（最大判昭45・11・25刑集二四・一二・一六七〇、刑訴百選[一〇版]七一）→憲三八条[10]

[15] 身柄拘束中の被疑者から捜査官に対して弁護人の依頼の申出があったにもかかわらず適切な措置がなされず、憲法に保障される弁護人に依頼することができる権利を侵害し、かつ、被告人の自白を得ることを唯一の目的とする身体の拘束の下に作成された供述調書は、その取調べの過程において被告人が不当に心理的な影響を受けるおそれのあったことが十分に推察されるのであり、その任意性については疑いを抱かざるを得ない。（大阪高判昭35・5・26下刑二・五＝六・六七六、刑訴百選[五版]A24）

[16] 本件についての取調べは、連続殺人事件について自白を得るため、別件の起訴後勾留及び本件の逮捕・勾留中の留置業務を不当に利用して、長期間にわたり、ほとんど連日、厳しく行われたものであり、被告人は精神的にも肉体的にも厳しい状態に追い込まれ、真実を語る自白を得ることが可能であったか大いに疑問であり、また自白の内容も変転しまるで一貫性がなく、その任意性には疑いが消し難いものであるので、右取調べにより得られた自白は任意にされたものでない疑いがある。（東京高判平3・4・23高刑四四・一・六六〈松戸OL殺人事件〉重判平3刑訴六）→一九八条[6]

[17] 警察官による黙秘権告知が、取調期間中一度もされなかったと疑われる本件においては、右不告知の事実は、取調べに当たる警察官に、被疑者の黙秘権を尊重しようとする基本的態度がなかったことを象徴するものとして、また、告知を受けることによる被疑者の心理的圧迫の解放がなかったことを推認させる事情として、供述の任意性の判断に重大な影響を及ぼすものといわなければならず、被告人が、検察官や裁判官からは黙秘権の告知を受けていることとか、刑事裁判を受けた経験があり黙秘権の存在を知っていたと認められることなどは、さして重大な影響を与えないというべきである。また、捜査官による弁護人選任権の不告知も、黙秘権不告知の場合と同様、当該捜査官に弁護人選任権を尊重しようという気持ちがなかったことを推認させ、被告人の弁護人選任の動きを積極的に妨害するような不当な言動があった疑いがある本件においては、検察官や裁判官から弁護人選任権の告知があったこと及び被告人が右権利の存在を現に知っていたことを考慮しても、警察官の右権利不告知及びその後の言動は、被告人の供述の任意性を疑わせる重大な事由である。（浦和地

判平3・3・25判タ七六〇・二六一、刑訴百選[一〇版]七二）

4　違法に得られた自白↓三一七条[35]

四　派生証拠

[18]　虚偽自白を招くおそれのある手段や適正手続の保障に違反して採取された不任意自白に基因する派生的第二次証拠については、犯罪事実の解明という公共の利益と比較衡量の上、排除効の範囲を定めるのが相当と考えられ、派生的第二次証拠が重大な法益を侵害するような重大な犯罪行為の解明にとって必要不可欠な証拠である場合には、その獲得を意図して違法手段により自白採取行為に出たという特段の事情のない限り、証拠排除の波及効は及ばない。（大阪高判昭52・6・28刑月九・五＝六・三三四、刑訴百選[一〇版]七五）

[19]　覚醒剤所持では逮捕も家宅捜索もしないなどと警察官が利益誘導的かつ虚偽の約束をした上、覚醒剤の隠匿場所を自供させ、その供述に基づき発付された捜索差押許可状により覚醒剤を差し押さえた場合、警察官の取調べは黙秘権を侵害する違法なものといわざるを得ず、当該取調べにより直接得られ、任意性に欠けることが明らかな被告人供述のみならず、それと密接不可分の関連性を有する覚醒剤及びその鑑定書等も違法収集証拠として排除しなければならない。（東京高判平25・7・23判時二二〇一・一四一、重判平26刑訴四）

五　補強法則

1　憲法との関係

イ　憲法三八条三項の趣旨

[20]　憲法三八条三項の規定は、被告人本人の自白の証拠能力を否定又は制限したものではなく、かかる自白の証明力（証拠価値）に対する自由心証を制限し、被告人本人を処罰するには、更にその自白の証明力を補充し又は強化すべき他の証拠（いわゆる補強証拠）を要することを規定したものである。（最大判昭33・5・28刑集一二・八・一七一八〈練馬事件〉刑訴百選[一〇版]A43）↓[23]、憲三八条[12]

ロ　公判廷の自白

[21]　憲法三八条三項の「本人の自白」には、公判廷における被告人の自白を含まない。〔旧法事件〕（最大判昭23・7・29刑集二・九・一〇一二、刑訴百選[一〇版]A34）↓憲三八条[11]

[22]　憲法三八条三項は判決裁判所の公判廷外の自白について規定したものであり、本条二項は更に憲法の趣旨を一歩前進させて、公判廷の自白についても補強証拠を要する旨を規定したものである。〔旧法事件〕（最大判昭24・6・29刑集三・七・一一五〇）

ハ　共犯者の自白

[23]　憲法三八条三項は自由心証主義の例外として厳格に解釈すべきであって、共同審理を受けていない単なる共犯者はもちろん、共同審理を受けている共犯者（共同被告人）であっても、被告人本人との関係においては、被告人以外の者であり、純然たる証人とその本質を異にするものではないから、共犯者又は共同被告人の犯罪事実に関する供述は、独立完全な証明力を有し、憲法三八条三項にいわゆる「本人の自白」と同一視され又はこれに準ずるものではない。（最大判昭33・5・28前出[20]）

2　補強の範囲

イ　一般

[24]　自白の補強証拠は、必ずしも自白に係る犯罪組成事実の全部にわたって、漏れなくこれを裏付けするものでなくても、自白に係る事実の真実性を保障し得るものであれば足りる。〔旧法事件〕（最判昭23・10・30刑集二・一一・一四二七）

[25]　自白以外の補強証拠によって、既に犯罪の客観的事実が認められ得る場合においては、なかんずく犯意とか知情とかいう犯罪の主観的部分については、自白が唯一の証拠であっても差し支えない。〔旧法事件〕（最判昭24・4・7刑集三・四・四八九）

[26]　自白の補強証拠とは、被告人の自白した犯罪が架空のものでなく、現実に行われたものであることを証明するものであれば足りるのであって、その犯罪が行われたという犯罪と被告人との結び付きまでをも証明するものであることを要しない。〔旧法事件〕（最判昭24・7・19刑集三・八・一三四八）

[27]　無免許運転の罪においては、運転行為のみならず、運転免許を受けていなかったという事実についても、被告人の自白のほかに、補強証拠が必要である。（最判昭42・12・21刑集二一・一〇・一四七六、刑訴百選[一〇版]七七）

[28]　道路交通法七二条一項後段・一一九条一項一〇号の報告義務違反の罪を認定するには、交通事故があったことだけでなく、「報告をしなかった」という事実についても、被告人の自白のほかに、補強証拠が必要である。（大阪高判平2・10・24高刑四三・三・一八〇）

[29]　常習累犯窃盗罪において、前科及び常習性は同罪の重要な構成事実になっているので、その認定には、補強証拠が必要である。（東京高判平2・5・10判タ七四一・二四五）

ロ　犯罪行為が複数の場合

[30]　併合罪の関係にある数罪は、立証手続の上においても別個独立の犯罪として取り扱われるべきもので、その数ごとに補強証拠を必要とする。（最判昭40・9・21裁判集刑一五六・六一五）

[31]　常習累犯窃盗罪を構成する数個の窃盗行為を認定するには、被告人の自白のほかに、右窃盗行為ごとにこれを補強する証拠を要するものと解すべきである。（東京高判昭49・4・8高刑二七・一・九〇）

[32]　包括一罪の場合には、これを構成する各行為が存在するけれども、全体として一個の犯罪行為とみられるものであるから、包括される数個の行為又は結果の主要部分について補強証拠があれば全体として補強証拠があると解すべきである。（大阪高判昭30・6・27高刑裁特二・一四・七二一）

3　補強の程度

[33]　被告人の自白と補強証拠とあいまって全体として犯罪構成要件たる事実を認定し得られる場合においては必ずしも被告人の自白の各部分につきいちいち補強証拠を要するものではない。〔旧法事件〕（最大判昭24・5・18刑集三・六・七三四）

[34]　被告人の自白及び盗難届書により贓物〔ぞうぶつ〕運搬の犯罪事実を認定しても、本条二項に反しない。（最決昭26・1・26刑集五・一・一〇一）

[35]　「犯人が盗んだといっているのだから盗まれたことに間違いないと思う」との記載がある被害顚末〔てんまつ〕書でも、被害物件の保管場所、保管者、保管状況等を詳述するものは、被告人の公判廷における自白の補強証拠となる。（最決昭32・5・23刑集一一・五・一五三一、刑訴百選[初版]六三）

[36]　被害届書をもって補強証拠とする場合に、それに記載された被害物件が正確に被告人の自白に一致することは必要でない。（最判昭28・5・29刑集七・五・一一三二）

六　補強証拠としての適格

[37]　登録米穀販売業者である被告人が、犯罪の嫌疑を受ける前に、これと関係なく自ら販売未収金関係を備忘のため、その都度記入した未収金控帳は、被告人の自白と目すべきでなく、補強証拠となり得る。（最決昭32・11・2刑集一一・一二・三〇四七、刑訴百選[一〇版]A35）↓三二三条[3]

[38]　被告人の犯罪事実に関する供述を内容とする第三者の供述は、被告人の自白の補強証拠とならない。（最判昭30・6・17刑集九・七・一一五三）

[39]　警察官が無免許運転事件の被告人の自白を基に作成した捜査報告書と実況見分調書は、被告人の自白の補強証拠とはならない。（東京高判平22・11・22判タ一三六四・二五三）

[40]　共同被告人の供述は、被告人の自白の補強証拠となる。〔旧法事件〕（最大判昭23・7・14刑集二・八・八七六）

[41]　共犯者の自白によって、被告人を有罪と認定しても憲法三八条三項に違反しない。（最判昭51・10・28刑集三〇・九・一八五九、刑訴百選[一〇版]七八……共犯者三名のほぼ一致した自白があった事案で、二名以上の者の自白が一致するときは、それが共

犯者のものであっても、誤判の危険はうすらぐので、相互に補強証拠となり得るとする団藤裁判官の補足意見がある）

七 余罪と量刑↓三三三条[3]～[9]

第三二〇条【伝聞証拠と証拠能力の制限】 ① 第三百二十一条乃至第三百二十八条に規定する場合を除いては、公判期日における供述に代えて書面を証拠とし、又は公判期日外における他の者の供述を内容とする供述を証拠とすることはできない。

② 第二百九十一条の二の決定があつた事件の証拠については、前項の規定は、これを適用しない。但し、検察官、被告人又は弁護人が証拠とすることに異議を述べたものについては、この限りでない。

Ⓢ❶憲三七②【適用除外↓三五〇の二七

一 憲法との関係

[1] 憲法三七条二項は、裁判所の職権により又は訴訟当事者の請求により喚問した証人につき、反対尋問の機会を十分に与えなければならないというのであって、反対尋問の機会を与えない証人その他の者の供述を録取した書類は絶対に証拠とすることは許されないという意味を含むものでない。（最大決昭25・10・4刑集四・一〇・一八六六）↓三二一条[10]

二 伝聞

1 伝聞供述に当たらないとされたもの

[2] 自己又は年齢の極めて近接した兄弟姉妹の生年月日については、幼少の頃には父母その他の者から教えられることによってのみその知識を得るものであるが、その成長するに従い、近親者相互の密接な生活関係、殊に日常の家庭生活等において集積される自己の体験によりその知識の真実性に関し独自の確信を有するに至るものであるから、かかる知識は直接体験による認識であって、伝聞に当たらない。（最決昭26・9・6刑集五・一〇・一八九五、刑訴百選[二版]六九）

[3] 伝聞供述となるかどうかは、要証事実と当該供述者の知覚との関係により決せられるものと解すべきであって、甲が「Sはもう殺してもいいやつだな」、「S課長に対する攻撃は拳銃をもってやるが、相手が警察官であるだけに慎重に計画し、まずS課長の行動を出勤退庁の時間とか乗物だとかを調査しチャンスを狙う」と公判外で述べたことにつき、甲がそうした内容の発言をしたこと自体を要証事実とする場合には、その発言を直接知覚した乙の供述は伝聞供述に当たらない。（最判昭38・10・17刑集一七・一〇・一七九五〈白鳥事件〉刑訴百選[三版]七二）

[4] 新聞記事による名誉毀損被告事件で、記事内容に関する情報を他人から聞き込みこれを被告人に提供したとの証言は、被告人が記事内容を真実であると誤信したことにつき相当の理由があったかどうかの点については伝聞証拠といえない。（最大判昭44・6・25刑集二三・七・九七五、憲百選I[七版]六四）↓刑二三〇条の二[13]

[5] 共謀に参加した者が、事前の共謀に当たってその内容を明らかにするために記載したメモ紙は、要証事実が右記載に相応する事前共謀の存在と被告人の本件への関与である場合には、知覚記憶の過程を伴わず表現叙述のみが問題となるところの表意者の精神的状態に関する供述であって、その伝聞証拠としての正確性のテストは必ずしも反対尋問の方法による必要はなく、表現、叙述に真摯性が認められる限り、伝聞法則の適用例外として証拠能力を認めるのが相当である。（大阪高判昭57・3・16判時一〇四六・一四六、刑訴百選[六版]七二）

[6] 刑訴法三二一条一項二号後段により取調請求された検察官調書の特信性を立証するため、同調書を含む供述者の捜査段階における一連の検察官調書、上申書等をその者の供述経過を立証趣旨とする非供述証拠として採用しても、伝聞法則に反しない。（東京地判平16・5・28判時一八七三・三）

2 伝聞供述に当たるとされたもの

[7] 強姦致死事件において、被告人が被害者と情を通じたいとの野心を持っていたという事実を認定する証拠として、生前に被害者が被告人について「あの人はすかんわ、いやらしいことばかりするんだ」と供述していたことを内容とする第三者の公判証言は、伝聞証拠である。（最判昭30・12・9刑集九・一三・二六九九、刑訴百選[五版]八〇）

三 簡易公判手続

[8] 簡易公判手続においては、検察官提出の証拠につき、被告人又は弁護人が証拠とすることに異議を述べないときは、被告人又は弁護人の同意がなくても証拠調べをし、かつ、これに証拠能力を認めて事実認定の資料に供することができる。（最決昭30・7・7刑集九・九・一八六三）

第三二一条【被告人以外の者の供述書・供述録取書の証拠能力】 ① 被告人以外の者が作成した供述書又はその者の供述を録取した書面で供述者の署名若しくは押印のあるものは、次に掲げる場合に限り、これを証拠とすることができる。

一 裁判官の面前（第百五十七条の六第一項及び第二項に規定する方法による場合を含む。）における供述を録取した書面については、その供述者が死亡、精神若しくは身体の故障、所在不明若しくは国外にいるため公判準備若しくは公判期日において供述することができないとき、又は供述者が公判準備若しくは公判期日において前の供述と異なつた供述をしたとき。

二 検察官の面前における供述を録取した書面については、その供述者が死亡、精神若しくは身体の故障、所在不明若しくは国外にいるため公判準備若しくは公判期日において供述することができないとき、又は公判準備若しくは公判期日において前の供述と相反するか若しくは実質的に異なつた供述をしたとき。ただし、公判準備又は公判期日における供述よりも前の供述を信用すべき特別の情況の存するときに限る。

三 前二号に掲げる書面以外の書面については、供述者が死亡、精神若しくは身体の故障、所在不明又は国外にいるため公判準備又は公判期日において供述することができず、かつ、その供述が犯罪事実の存否の証明に欠くことができないものであるとき。ただし、その供述が特に信用すべき情況の下にされたものであるときに限る。

② 被告人以外の者の公判準備若しくは公判期日における供述を録取した書面又は裁判所若しくは裁判官の検証の結果を記載した書面は、前項の規定にかかわらず、これを証拠とすることができる。

③ 検察官、検察事務官又は司法警察職員の検証の結果を記載した書面は、その供述者が公判期日において証人として尋問を受け、その真正に作成されたものであることを供述したときは、第一項の規定にかかわらず、これを証拠とすることができる。

④ 鑑定の経過及び結果を記載した書面で鑑定人の作成したものについても、前項と同様である。

Ⓢ❶[一]【裁判官の面前における供述を録取した書面の例↓一七九、二二六、二二七 [二]【検察官の面前における供述を録取した書面↓二二三【証拠調請求義務↓三〇〇 [三]【前二号以外の書面の例↓二二三、捜査規範一七七―一七九 ❷【公判準備の供述↓一五八、一六三、一七一、一七八、二八一【公判期日の供述↓四八【検証の結果の記載↓一二八 ❸【検察官等の検証↓二一八、二二〇 ❹【鑑定↓一六五、一七一【鑑定嘱託書↓捜査規範一八八

一 一項各号書面

1 「被告人以外の者」

[1] 共犯である共同被告人の検察官に対する供述調書は、被告人に対する関係においては本条一項二号の書面とみるべきである。（最決昭27・12・11刑集六・一一・一二九七）

2 署名押印

[2] 本条の「被告人以外の者の作成した供述書」には、署名も押印も必要としない。（最決昭29・11・25刑集八・一一・一八八八）

[3]　供述録取書について本条一項にいう「署名」には、刑訴規則六一条の適用があり、代署の場合には、代署した者がその理由を記載する必要がある。（最決平18・12・8刑集六〇・一〇・八三七、重判平19刑訴六）

3　供述不能

[4]　証人が、尋問の際に泣き崩れ、手段を尽くして供述を得るよう努力してもなおその供述を得られないときは、本条にいわゆる精神若しくは身体の故障のため供述することができない場合に該当する。（札幌高函館支判昭26・7・30高刑四・七・九三六）

[5]　本条一項三号にいう所在不明とは、通常の手段を尽くして捜査しても供述者の所在が判明しない場合をいう。（東京高判昭40・2・3下刑七・二・九七）

[6]　本条一項二号の規定に供述者が供述することができないときとしてその事由を掲記しているのは、その供述者を裁判所において証人として尋問することを妨げるべき障害事由を示したもので、これと同様又はそれ以上の事由の存する場合において本条所定の書面に証拠能力を認めることを妨げるものではないから、証人が公判廷で証言を拒絶した場合には、本条一項二号により、同人の検察官の面前における供述録取書を証拠とすることができる。（最大判昭27・4・9刑集六・四・五八四、刑訴百選[五版]A27）↓[17]

[7]　本条一項二号前段の供述不能は、例外的に伝聞証拠を用いる必要性を基礎付ける事情であるから、一時的なものでは足りず、その状態が相当程度継続して存続しなければならないが、他方で迅速な裁判の要請も考慮する必要があるから、証人が証言を拒絶した場合には、事案の内容、証人の重要性、審理計画に与える影響、証言拒絶の理由及び態度等を総合考慮して、供述不能といえるかを判断するべきである。（東京高判平22・5・27判タ一三四一・二五〇、刑訴百選[一〇版]八〇……共犯者である証人が、自らの刑事裁判が係属中であることなどを理由に証言を拒絶したが、合理的な期間内に証言拒絶の理由が解消し、証言する見込みが高かったと認められる事案において、事案の内容等も考慮した上、同証人の検察官調書を本条一項二号前段の書面として証拠採用することは訴訟手続の法令違反に当たるとした）

[8]　証人が、氏名等の人定事項を含め一切の供述を拒否し、宣誓及び尋問に応じないときは、その供述拒否が立証者側の通謀あるいは教唆等により作為的に行われたことを疑わせる事情がない以上、本条一項二号前段の供述不能に当たる。（東京高判昭63・11・10判時一三二四・一四四、刑訴百選[九版]八四）

[9]　証人が記憶喪失を理由として証言を拒む場合は本条一項三号の供述不能に当たる。（最決昭29・7・29刑集八・七・一二一七、刑訴百選[初版]五一）

4　退去強制により出国した者の供述調書

[10]　退去強制によって出国した者の検察官に対する供述調書については、検察官において供述者がいずれ国外に退去させられ公判準備又は公判期日に供述することができなくなることを認識しながら殊更そのような事態を利用しようとした場合や、裁判官又は裁判所がその供述者について証人尋問の決定をしているにもかかわらず強制送還が行われた場合など、その供述調書を本条一項二号前段書面として証拠請求することが手続的正義の観点から公正さを欠くと認められるときは、これを事実認定の証拠とすることが許容されないこともある。（最判平7・6・20刑集四九・六・七四一、刑訴百選[一〇版]八一……[19]の上告審）

[11]　裁判所が外国人について証人尋問の決定をしているにもかかわらず強制送還が行われた場合であっても、裁判所及び検察官が証人尋問の実現に向けて相応の尽力をし、入国管理当局も、検察官の要請に基づき、可能な限りこれに協力する態勢を整えていたと認められる場合には、当該外国人の供述調書を本条一項二号ないし三号に基づき証拠とすることが許容される。（東京高判平20・10・16東高刑五九・一～一二・一一一、重判平21刑訴五）

[12]　被告人の有罪立証にとって重要な証拠である供述の供述者が、近日中に強制送還され、公判期日において証人尋問することができなくなる高度の蓋然性がある場合、同人の供述調書を立証に用いると、被告人・弁護人による反対尋問の機会がなくなることを認識していた検察官には、起訴後直ちに、弁護人に対して、供述調書を証拠調べ請求する見込みや、供述者が退去強制処分を受ける可能性があることを連絡し、刑訴法一七九条に基づく証拠保全として証人尋問請求する機会を与えるなど、同人の証人尋問の実現に向けて相応の尽力をすることが求められ、検察官がそれを怠った場合、本条一項二号前段により同人の供述調書を証拠採用することは、手続的正義の観点から公正さを欠き許容されない。（東京地判平26・3・18判タ一四〇一・三七三）

[13]　[10]が退去強制により出国した者の検察官に対する供述調書について判示した趣旨は、刑訴法二二七条一項に基づく検察官の請求により証人尋問が行われ、その証人尋問調書が本条一項一号前段書面として証拠請求されたときにも当てはまる。（東京高判平21・12・1判タ一三二四・二七七、重判平22刑訴四……証人尋問の際、検察官が弁護人の立会いに異議を述べ、裁判官が弁護人の在廷は認めるが反対尋問は行わせない旨の訴訟指揮をした事案）

5　一号書面

イ　合憲性

[14]　本条一項一号後段は憲法三七条二項に違反しない。（最大決昭25・10・4刑集四・一〇・一八六六）↓三二〇条[7]

ロ　裁判官面前調書

[15]　「裁判官の面前における供述を録取した書面」とは、当該事件において作成されたものであると他の事件において作成されたものであるとを問わない。（最決昭29・11・11刑集八・一一・一八三四）

[16]　「裁判官の面前における供述を録取した書面」には、被告人以外の者に対する事件の公判調書中同人の被告人としての供述を録取した部分を含む。（最決昭57・12・17刑集三六・一二・一〇二二、刑訴百選[一〇版]A36）

6　二号書面

イ　前段

[17]　本条一項二号前段は、憲法三七条二項に違反しない。（最大判昭27・4・9前出[6]）

[18]　本条一項各号は、書面の性質上不信用の危険がないという信用性の情況保障がある場合に限り、証拠能力を認めたものであるから、二号前段の場合も、信用性の情況保障について、調書の形式、内容、刑訴法三二五条による任意性の調査と相まち、不信用の危険がないかどうか、判定することになる。（大阪高判昭42・9・28高刑二〇・五・六一一）

[19]　供述が「信用できない状況でなされた疑い」のある場合を本条一項二号前段の消極的要件と解するのは、明文に反し相当でない。（大阪高判平元・11・10判タ七二九・二四九……[10]の原審）

[20]　本条一項二号前段の証拠能力を認める要件として、積極的に信用性の情況的保障があることまでは必要とされないが、その供述が特に信用性を失わせるような外部的情況、例えば、取調官の強制、脅迫等の影響の下でなされたときなどには例外的に証拠能力を欠く場合があると解するのが相当である。（千葉地判平11・9・8判時一七一三・一四三、重判平12刑訴四）

[21]　既に公判期日において証人として尋問を受けた者が、検察官の取調べを受けて証言と異なる供述をしその旨の供述調書が作成された後、改めて証人として喚問されていたところ証言前に死亡した場合には、右調書に本条一項二号前段を適用することができる。（東京高判平5・10・21高刑四六・三・二七一、重判平6刑訴四）

ロ　後段

[22] 本条一項二号後段は、憲法三七条二項に違反しない。（最判昭30・11・29刑集九・一二・二五二四、刑訴百選［一〇版］A37）

[23] 相被告人の検察官に対する供述を録取した書面で、公判廷における供述と大綱においては一致しているが右供述よりも内容において詳細なものは、本条一項二号にいわゆる公判期日において前の供述と実質的に異なった供述に当たらないとはいえない。（最決昭32・9・30刑集一一・九・二四〇三）

[24] 共同被告人が、冒頭手続において、公訴事実につき前に検察官に対してなした供述と相反するか又は実質的に異なった陳述をし、それをその後も維持している場合には、たとえ共同被告人が証拠調べの段階において供述をしていなくとも、本条一項二号にいう「公判期日において前の供述と相反するか若しくは実質的に異つた供述をしたとき」に当たる。（最決昭35・7・26刑集一四・一〇・一三〇七）→二九一条[6]

[25] 本条一項二号ただし書にいわゆる「前の供述を信用すべき特別の情況」は、必ずしも外部的な特別の事情によらなくても、その供述の内容自体によって判断することができる。（最判昭30・1・11刑集九・一・一四、刑訴百選［一〇版］A38）

[26] 上半身を着衣の上から手で触る暴行を受けた被害女児に対し、事件発生から三日後、女性検察官が個室で二人きりで応対し、集中力が保たれる限度内の一時間一〇分の時間枠で行った司法面接の結果得られた供述（捜査報告書添付のDVDに録音録画されたもの）は、担当検察官が被害女児との応対に当たり、冒頭で緊張を解く工夫をした上で、部屋の構造の説明や録音録画の説明等を尽くしていること、要点となる事柄については、ボードに貼り付けた白紙に書き込み、話題にする事柄が視覚においても立体的、構造的に認識できるようにしていること、被害の模様に係る説明は女児本人に自発的に述べてもらう姿勢を貫いていること、女児が言葉を発せずにいると、覚えていないことはそう言ってくれればよい、何か話してくれても皆で支える用意があるなどと伝えて安堵［あんど］させようとしていること、そのようにして被害の模様等の核心部分の供述がはばかられる事柄について能動的な説明を得ている一方で、時間枠の終盤において、上半身を触った犯人の手の動きについて、供述が具体化しなくても、より重い強制わいせつ罪に見合う供述に発展させようと固執することなく聴取を終えていること等の事情が認められるのに加え、司法面接の実施に至るまでの間、初動捜査の担当警察官においても、女児の家族においても、女児に被害の模様を尋ねることは差し控え、供述を誘導したり暗示を与えたりするおそれの排除を徹底していることも認められ、これらの事情を考慮すれば、被害女児の記憶が鮮明に残る中、信用性の情況的保障を備えつつ得られたものと認められ、原審証言と比較して、本条一項二号後段の特別の情況があると認められる。（大阪高判令元・7・25判タ一四七五・八四）

[27] 既に公判期日において証人として尋問された者に対し、捜査機関が、その作成する供述調書を後の公判期日に提出することを予定して、同一事項につき取調べを行うことは、現行刑訴法の趣旨とする公判中心主義の見地から好ましいことではなく、できるだけ避けるべきであるが、右証人が、右供述調書の作成後、公判準備若しくは公判期日において改めて尋問を受け、供述調書の内容と異なる供述をした以上、同人が右供述調書の作成前に同一事項について証言したことがあるからといって、右供述調書が本条一項二号にいう「前の供述」の要件を欠くことになるものではない。（最決昭58・6・30刑集三七・五・五九二、重判昭58刑訴三）

[28] 既に公判期日において証人として供述した後に作成された同人の検察官に対する供述調書は、本条一項二号の書面としての証拠能力を有しない。（東京高判昭31・12・15高刑九・一一・一二四二）

[29] 本条一項二号後段の調書の証拠調べが、その証人を尋問した公判期日の後の公判期日で行われたからといって憲法三七条二項の保障する被告人の反対尋問権を奪ったことにならない。（最判昭30・1・11前出[25]）

7 三号書面

イ 合憲性

[30] 答申書の作成者が所在不明であるときに、その答申書を本条一項三号により証拠に採用することは、憲法三七条二項に違反しない。（最判昭32・1・29刑集一一・一・三三七）

ロ 特に信用すべき情況

[31] 日本からの捜査共助の要請に基づいて、米国に在住する者が、黙秘権の告知を受け、同国の捜査官及び日本の検察官の質問に対して任意に供述し、公証人の面前において、偽証罪の制裁の下で、供述内容が真実であることの言明と署名を付して作成された本件供述書は、特に信用すべき情況の下にされた供述に当たる。（最決平12・10・31刑集五四・八・七三五、重判平12刑訴六）

[32] 大韓民国の裁判所に起訴された共犯者が、自らの意思で任意に供述できるよう手続的保障がされている同国の法令にのっとり、同国の裁判官、検察官及び弁護人が在廷する公開の法廷において、質問に対し陳述を拒否することができる旨を告げられた上でした供述を記載した公判調書は、特に信用すべき情況の下にされた供述を録取した書面に当たる。（最決平15・11・26刑集五七・一〇・一〇五七、重判平15刑訴四）

[33] 捜査機関に対して匿名で犯罪事実を密告する投書は、作成者がその文面について責任を負わず、反対尋問などにより追及する機会もないから、作成者の知覚等に誤謬［ごびゅう］が介在したり、あるいは被告人を罪に陥れるなどの意図に基づいて虚言を交える可能性は、他の供述書に比べて格段に高いというべきところ、本件投書は、その作成目的に疑問があり、また記載内容と客観的事実が一部符合していてもそれは被告人が本件に関与しているとの記載部分の信用性を何ら裏付けるものではないから、特に信用すべき情況の下で作成されたものとは到底認められず、証拠能力を否定すべきである。（東京地決平3・1・16判時一四〇一・三八）

二 検証調書

1 合憲性

[34] 本条三項は、憲法三七条二項に違反しない。（最判昭35・9・8刑集一四・一一・一四三七、刑訴百選［一〇版］A39）→[35]

2 実況見分調書

[35] 本条三項所定の書面には捜査機関が任意処分として行う検証の結果を記載したいわゆる実況見分調書を包含する。（最判昭35・9・8前出[34]）

[36] 実況見分に際し、立会人に指示、説明を求めるのは、実況見分の一つの手段であるにすぎず、被疑者及び被疑者以外の者を取り調べ、その供述を求めるのとは性質を異にし、したがって、立会人の指示、説明を実況見分調書に記載するのは結局実況見分の結果を記載するにほかならず、被疑者及び被疑者以外の者の供述としてこれを録取するのではないから、指示、説明が記載された実況見分調書には立会人の署名押印を必要としない。（最判昭36・5・26刑集一五・五・八九三、刑訴百選［八版］A33）

［参考］ **犯罪捜査規範**（昭和三二・七・一一国公委規二）（抜粋）

（実況見分）

第一〇四条① 犯罪の現場その他の場所、身体又は物について事実発見のため必要があるときは、実況見分を行わなければならない。

② 実況見分は、居住者、管理者その他関係者の立会を得て行い、その結果を実況見分調書に正確に記載しておかなければならない。

③ 実況見分調書には、できる限り、図面及び写真を添付しなければならない。

④ 前三項の規定により、実況見分調書を作成するに当たつては、写真をはり付けた部分にその説明を付記するなど、分かりやすい実況見分調書となるよう工夫しなければならない。

37 酒酔い鑑識カードのうち「化学判定欄」及び被疑者の言語、動作、酒臭、外貌、態度等の外部的状態に関する記載のある欄の各記載は、被疑者の酒酔いの程度を判断するための資料として、被疑者の状態につき検査、観察により認識した結果を記載したものであるから、本条三項の「司法警察職員の検証結果を記載した書面」に当たるが、被疑者との問答の記載のある欄並びに「事故事件の場合」の題下の「飲酒日時」及び「飲酒動機」の両欄の記載は、検証の結果の記載ではなく、本条一項三号の書面に当たる。（最判昭47・6・2刑集二六・五・三一七、刑訴百選五版八五）

3　作成主体

38 書面の作成主体が「検察官、検察事務官又は司法警察職員」とされている本条三項は、規定の文言及びその趣旨に照らし、火災原因の調査、判定に関して特別の学識経験を有する私人が燃焼実験を行ってその考察結果を報告した書面には準用することができない。（最決平20・8・27刑集六二・七・二七〇二、刑訴百選一〇版八四……本条四項の書面に準ずるものとして同項により証拠能力を有するものとされた）

39 税関職員による犯則事件の調査は、検察官、検察事務官又は司法警察職員が行う犯罪の捜査に類似する性質を有するから、税関職員が犯則事件の調査において作成した書面は、検証の結果を記載した書面と性質が同じであると認められる限り、本条三項所定の書面に含まれる。（東京高判平26・3・13判タ一四〇六・二八一……税関職員が犯則物件の発見状況や押収品を明らかにし、証拠として確保することなどを目的として、五官の作用により被告人の所持品や押収品の状態等を観察、確認して写真を撮影し、その結果を書面化した写真撮影報告書等について、本条三項の書面に含まれるとした）

4　被害・犯行状況を再現した実況見分調書等

40 捜査官が被害者や被疑者に被害・犯行状況を再現させた結果を記録した実況見分調書や写真撮影報告書で、実質上の要証事実が再現されたとおりの犯罪事実の存在であると解されるものが証拠能力を具備するには、刑訴法三二六条の同意が得られない限り、本条三項所定の要件を満たす必要があることはもとより、再現者の供述の録取部分及び写真については、再現者が被告人以外の者である場合には刑訴法三二一条一項二号ないし三号所定の、被告人である場合には刑訴法三二二条一項所定の要件を満たす必要がある。ただし、写真については、撮影、現像等の記録の過程が機械的操作によってなされることから前記各要件のうち再現者の署名押印は不要である。（最決平17・9・27刑集五九・七・七五三、刑訴百選一〇版八三）→三〇四条7

5　作成の真正の立証

41 本条三項又は四項の書面については、書面の体裁等から作成名義人が作成したことを疑わせる事情がなく、しかも、相手方当事者が作成の真正を争わず、その点に関する作成者への反対尋問権を行使しない旨の意思を明示した場合には、作成の真正が立証されたものとして扱うことが許される。（東京高判平18・6・13判タ一二二九・三五〇）

三　鑑定書

42 捜査機関の嘱託に基づく鑑定書には、裁判所が命じた鑑定人の作成した書面に関する本条四項を準用すべきである。（最判昭28・10・15刑集七・一〇・一九三四、刑訴百選一〇版A40）

43 医師の作成した診断書には本条四項が準用される。（最判昭32・7・25刑集一一・七・二〇二五）

44 捜査の過程で、事件現場で採取された指紋を専門的知識・経験を有する捜査機関の者が分析・対照し、これにより容疑者を特定する手法が用いられた場合、右指紋の分析・対照の経過・内容・結果等が記載された文書は、本条四項の鑑定書に準じた書面とみるべきである。（札幌高判平10・5・12判時一六五二・一四五）→三二三条2

四　現場写真

45 犯行の状況等を撮影したいわゆる現場写真は、非供述証拠に属し、当該写真自体又はその他の証拠により事件との関連性を認め得る限り証拠能力を具備するものであって、これを証拠として採用するためには、必ずしも撮影者らに現場写真の作成過程ないし事件との関連性を証言させることを要するものではない。（最決昭59・12・21刑集三八・一二・三〇七一〈新宿騒乱事件〉刑訴百選一〇版八九）

五　写し

46 写し一般を許容すべき基準としては、原本が存在すること、写しが原本を忠実に再現したものであること、写しによっては再現し得ない原本の性状が立証事項とされていないことを挙げることができる。（東京高判昭58・7・13高刑三六・二・八六、刑訴百選一〇版A42）

第三二一条の二【ビデオリンク方式による証人尋問調書の証拠能力】① 被告事件の公判準備若しくは公判期日における手続以外の刑事手続又は他の事件の刑事手続において第百五十七条の六第一項又は第二項に規定する方法によりされた証人の尋問及び供述並びにその状況を記録した記録媒体がその一部とされた調書は、前条第一項の規定にかかわらず、証拠とすることができる。この場合において、裁判所は、その調書を取り調べた後、訴訟関係人に対し、その供述者を証人として尋問する機会を与えなければならない。

② 前項の規定により調書を取り調べる場合においては、第三百五条第五項ただし書の規定は、適用しない。

③ 第一項の規定により取り調べられた調書に記録された証人の供述は、第二百九十五条第一項前段並びに前条第一項第一号及び第二号の適用については、被告事件の公判期日においてされたものとみなす。

❸❶【公判準備若しくは公判期日における手続以外の刑事手続→一七九、二二六、二二七　❷【調書の取調べ→三〇五⑤⑥

第三二二条【被告人の供述書・供述録取書の証拠能力】① 被告人が作成した供述書又は被告人の供述を録取した書面で被告人の署名若しくは押印のあるものは、その供述が被告人に不利益な事実の承認を内容とするものであるとき、又は特に信用すべき情況の下にされたものであるときに限り、これを証拠とすることができる。但し、被告人に不利益な事実の承認を内容とする書面は、その承認が自白でない場合においても、第三百十九条の規定に準じ、任意にされたものでない疑があると認めるときは、これを証拠とすることができない。

② 被告人の公判準備又は公判期日における供述を録取した書面は、その供述が任意にされたものであると認めるときに限り、これを証拠とすることができる。

❸+【被告人の供述録取書→一九八、捜査規範一七七―一七九【公判期日の供述録取書→四八【自白の任意性→憲三八①、三一九①【自白調書等の証拠調請求の時期→三〇一

一　被告人の供述書及び供述録取書

1 被疑者の弁解録取書は、被告人の供述を録取した書面として、本条所定の要件の下に証拠となる。（最判昭27・3・27刑集六・三・五二〇）→二〇三条1

2 司法巡査作成名義の交通違反現認報告書の表面に違反事実が記載され、その裏面に不動文字で「表記の通り違反を認む」と記載され、末尾に日付、被告人の住所、氏名の自署及び押印がなされているときは、右報告書裏面は書面全体の形式から被告人の意思に基づき被告人自ら作成したものと認められる限り、本条一項にいわゆる被告人作成の供述書に当たる。（最決昭32・9・26刑集一一・九・二三七一）

3 起訴後作成された被告人の捜査官に対する供述調書の証拠能力を肯定するためには、被告人に対する取調べが第一回公判期日前になされたものであることや第一審公判において被告人側がこれを証拠とすることに同意していることは必要でない。（最決昭57・3・2裁判集刑二二五・六八九）

[4] 国語力・読解力の著しく劣る被疑者に対し、読み聞かせをせずに閲覧させただけで供述調書に署名・指印させたため、署名・指印が録取内容の正確性を担保する機能を全く果たしていない場合には、実質的に本条の署名・指印の要件を充足せず、右調書はその証拠能力を否定される。（浦和地決平4・1・16判タ七九二・二五八）

[5] 供述した日から隔たった日に読み聞かせをしたり、数日間の取調べ結果をまとめて調書化し読み聞かせた場合、供述者が内容の正確性を確認することが著しく困難だったと認められるときは、供述調書の証拠能力は否定される。（函館地判平9・3・21判時一六〇八・三三……作成経過に照らし証拠能力は一応認められるとしたが、信用性については公判供述の方が勝ると判断した）

二　供述の録音・録画

[6] 供述を録画したビデオテープは、それが機械的正確性をもって記録されるものである以上、特段の事情がない限り、供述録取の正確性に疑義を生じる余地はなく、供述者の署名押印やこれに代わる措置がなくても、供述録取書に準じるものとして証拠能力を認めることができる。（大阪高判平17・6・28判タ一一九二・一八六、重判平18刑訴四）↓三〇一条の二[1]・三一七条[46]

三　不利益な事実の承認

[7] 船舶を焼失沈没させて保険金を詐取したとの公訴事実に関し船舶沈没事故があったという外形的事実を認めた被告人の供述調書は、たとえそれが犯罪によるものであることを否定していても、本条にいわゆる不利益な事実の承認を内容とする書面に当たる。（最決昭32・9・30刑集一一・九・二四〇三）

第三二三条【その他の書面の証拠能力】　前三条に掲げる書面以外の書面は、次に掲げるものに限り、これを証拠とすることができる。

一　戸籍謄本、公正証書謄本その他公務員（外国の公務員を含む。）がその職務上証明することができる事実についてその公務員の作成した書面

二　商業帳簿、航海日誌その他業務の通常の過程において作成された書面

三　前二号に掲げるものの外特に信用すべき情況の下に作成された書面

一　一号書面

[1] 前科の有無を確認するための指紋対照方照会に対する国家地方警察本部刑事鑑識課の回答書は本条一号の書面に当たる。（大阪高判昭24・10・21高刑判特一・二七九）

[2] 現場指紋対照結果通知書は本条一号該当の書面でない。（札幌高判平10・5・12判時一六五二・一四五）↓三二一条[44]

二　二号書面―二号書面に当たるとされたもの

[3] 登録米穀販売業者である被告人が、犯罪の嫌疑を受ける前に、これと関係なく自ら販売未収金関係を備忘のため、その都度記入した未収金控帳（最決昭32・11・2刑集一一・一二・三〇四七、刑訴百選[一〇版]A35）↓三一九条[37]

[4] それ自体では「業務の通常の過程において作成された書面」であることが必ずしも明らかでない場合、その作成者の証言等により、船団に所属する漁船の乗組員が、船団の事前の取決めに従い、洋上操業中の船内において、通信業務担当者として、他船の乗組員が通常の業務として発する定時通信を受信した都度その内容を所定の受信用紙に機械的に記入したと認められる受信記録（最決昭61・3・3刑集四〇・二・一七五、刑訴百選[七版]九一）

[5] 留置人名簿、留置人出入簿及び留置人出入要請書中の留置場からの出し入れ時刻に関する部分（浦和地判平元・10・3判時一三三七・一五〇）

[6] 警察官が職務遂行に当たり行った前歴や交通違反歴の照会について、その履歴を記録した前歴照会一覧表（東京高判平24・1・30判タ一四〇四・三六〇）

三　三号書面

1　三号書面に当たるとされたもの

[7] 前科調回答の電信訳文（最決昭25・9・30刑集四・九・一八五六）

[8] 刑務所で服役中の者とその妻との間における一連の手紙で、公判における両名の証言及び信書の外観・内容等から特に信用すべき情況の下に作成されたものと認められるもの（最判昭29・12・2刑集八・一二・一九二三）

[9] いわゆる裏帳簿ないしこれに類する書面と認められる週計表や手帳（東京高判昭37・4・26高刑一五・四・二一八）

2　三号書面に当たらないとされたもの

[10] 被告人以外の者が単に心覚えのため取引の都度書き留めた手帳（最判昭31・3・27刑集一〇・三・三八七）

[11] 金銭の領収書は、業務の通常の過程で自己の業務施行の基礎として順序を追い継続的に作成されるものではなく、その交付を受ける相手方のために個々的にその都度作成されるものであるから、本条二号所定の業務過程文書に当たらないのはもとより、書面自体の性質上これらと同程度に類型的に信憑［しんぴょう］性が高い文書として、同条三号により証拠能力を認めることはできない。（東京地決昭56・1・22判時九九二・三〈ロッキード事件〉）

第三二四条【伝聞の供述】　①　被告人以外の者の公判準備又は公判期日における供述で被告人の供述をその内容とするものについては、第三百二十二条の規定を準用する。

②　被告人以外の者の公判準備又は公判期日における供述で被告人以外の者の供述をその内容とするものについては、第三百二十一条第一項第三号の規定を準用する。

憲三七②【伝聞証拠の禁止↓三二〇

一　第三者の供述（二項）

[1] 第一審公判における証人の証言中に、甲の供述を内容とするいわゆる伝聞部分があっても、既に甲は犯行当時の記憶を全く喪失しており、控訴審においては所在不明となっているときは、右証言は、本条二項及び三二一条一項三号により証拠能力がある。（最判昭33・10・24刑集一二・一四・三三六八）

[2] 本条二項の伝聞供述の原供述者が甲又は乙のいずれか不明確であっても、原供述者の範囲が特定の甲又は乙に限定されている以上、その伝聞供述の証拠能力がなくなるものではない。（最判昭38・10・17刑集一七・一〇・一七九五〈白鳥事件〉）↓三二〇条[3]

二　再伝聞

[3] 共同被告人の検察官に対する供述調書中に被告人からの伝聞の供述が含まれている場合には、刑訴法三二一条一項二号、本条により被告人に対する証拠とすることができ、憲法三七条二項にも違反しない。（最判昭32・1・22刑集一一・一・一〇三、刑訴百選[一〇版]八八）

第三二五条【供述の任意性の調査】　裁判所は、第三百二十一条から前条までの規定により証拠とすることができる書面又は供述であっても、あらかじめ、その書面に記載された供述又は公判準備若しくは公判期日における供述の内容となつた他の者の供述が任意にされたものかどうかを調査した後でなければ、これを証拠とすることができない。

一　調査方法

[1] 被告人の供述調書の任意性に関する調査は、裁判所が適当と認める方法で行うことができ、供述調書に表れた供述の内容自体も調査の一資料としてよい。（最判昭28・10・9刑集七・一〇・一九〇四）

二　調査時期

[2] 本条にいう任意性の調査は、任意性が証拠能力にも関係す

ることがあるところから、通常当該書面又は供述の証拠調べに先立って証拠能力の要件を調査するに際し併せて行われることが多いと考えられるが、必ずしも証拠調べの前にされなければならないものではなく、裁判所が右書面又は供述の証拠調べ後にその証明力を評価するに当たってその調査をしても差し支えない。（最決昭54・10・16刑集三三・六・六三三、刑訴百選〔一〇版〕A41）

[3] **三 調査の必要性**
証拠とすることに同意のあった供述調書については、その調書が作成されたときの情況を考慮して相当と認めるときは、これを証拠とすることができ、それ以上任意性につき調査する必要はない。（最判昭29・12・23刑集八・一三・二二九五）

第三二六条【当事者の同意と書面供述の証拠能力】 ① 検察官及び被告人が証拠とすることに同意した書面又は供述は、その書面が作成され又は供述のされたときの情況を考慮し相当と認めるときに限り、第三百二十一条乃至前条の規定にかかわらず、これを証拠とすることができる。

② 被告人が出頭しないでも証拠調を行うことができる場合において、被告人が出頭しないときは、前項の同意があつたものとみなす。但し、代理人又は弁護人が出頭したときは、この限りでない。

参❶【同意↓三二六の一六①、三一六の一九① ❷【被告人の出頭不要↓二八四、二八五、三九〇、四五一③

[1] **一 同意の意義**
本条の同意とは反対尋問権の放棄である。（最決昭26・5・25刑集五・六・一二〇一）

[2] **二 同意の有無**
被告人及び弁護人が検察官からの証拠調べの請求及び証拠調べの実施後裁判官より意見を問われた際に、別に意見はないと述べた場合には、同意があったものと認めてよい。（最判昭26・9・28刑集五・一〇・二一三二）

[3] 弁護人が書面を証拠とすることに同意した際、被告人は在廷しながら何ら異議を述べなかった場合には、被告人もこれに同意したものと認められる。（最決昭26・2・22刑集五・三・四二一）

[4] 被告人においては全面的に公訴事実を否認し、弁護人のみがこれを認め、その主張を完全に異にしている場合に、弁護人に対してのみ検察官申請の書証の証拠調請求について意見を求め、被告人に対して同意の有無を確かめず、異議がない旨の弁護人の答弁だけで、右書証を取り調べ、これを有罪認定の資料とすることは違法である。（最判昭27・12・19刑集六・一一・一三二九）

[5] 事件に対する陳述において被告人は公訴事実を否認し弁護人も被告人の述べたところと同じであると述べた場合に、検察官請求証拠につき弁護人が関係証拠に同意しても、被告人の否認の陳述の趣旨を無意味に帰せしめるような内容の証拠については、弁護人の同意の意見によって直ちに被告人の同意があったとすることはできない。（大阪高判平8・11・27判時一六〇三・一五一、刑訴百選〔一〇版〕八六）

[6] 被告人が終始黙秘していた事案において、弁護人が検察官請求証拠に全て同意した場合、被告人が積極的に犯行を否認しているのではない等、弁護人の同意の意見が被告人の意思に反したものとはいえない事実関係の下では、被告人に直接確認することなく検察官請求証拠を採用し取り調べることは違法ではない。（大阪高判平13・4・6判時一七四七・一七一）

[7] いわゆる伝聞ないし再伝聞証言について、異議の申立てがないまま、当該証人に対する尋問が終了した場合には、直ちに異議の申立てができないなど、特段の事情がない限り、黙示の同意があったものとし、その証拠能力を認めるのが相当である。（最決昭59・2・29刑集三八・三・四七九〈高輪グリーン・マンション事件〉刑訴百選〔一〇版〕六）↓三〇九条[5]

三 相当性
[8] 本条一項の「相当と認めるときに限り」とは、証拠とすることに同意のあった書面又は供述が任意性を欠き又は証明力が著しく低い等の事由があれば、証拠能力を取得しないという趣旨である。（最決昭29・7・14刑集八・七・一〇七八）

四 同意の撤回
[9] 被告人が一旦証拠とすることに同意した書面について、証拠調べ履行後その同意を撤回することは法律上許されない。（名古屋高金沢支判昭25・10・4高刑判特一五・一〇九）

[10] 〈当該書証の取調べ前に同意が撤回された事案につき〉訴訟行為は手続の混乱を避けるため明文のある場合のほかその撤回を許さないから、書証に証拠能力を付与する訴訟行為である本条の同意についても、錯誤に基づくことを理由としてこれを撤回することは許されない。（東京高判昭47・3・22東高刑二三・三・四八）

五 同意の擬制
[11] 本条二項は、必ずしも被告人の同意の意思が推定されることを根拠にしたものではなく、被告人が出頭しないでも証拠調べを行うことができる場合において、被告人及び弁護人又は代理人も出頭しないときは、裁判所は、その同意の有無を確かめるに由なく、訴訟の進行が著しく阻害されることを防止するため、被告人の真意のいかんにかかわらず、同意があったものとみなす趣旨に出た規定である。（最決昭53・6・28刑集三二・四・七二四、刑訴百選〔九版〕A38）↓[12]

[12] 刑訴法三四一条が、被告人において秩序維持のため退廷させられたときには、被告人自らの責めにおいて反対尋問権を喪失し、この場合被告人不在のまま当然判決の前提となるべき証拠調べを含む審理を追行することができるとして、公判手続の円滑な進行を図ろうとしている法意を勘案すると、本条二項は、被告人が秩序維持のため退廷を命ぜられ三四一条により審理を進められる場合にも適用されると解すべきである。（最決昭53・6・28前出[11]）

第三二七条【合意による書面の証拠能力】 裁判所は、検察官及び被告人又は弁護人が合意の上、文書の内容又は公判期日に出頭すれば供述することが予想されるその供述の内容を書面に記載して提出したときは、その文書又は供述すべき者を取り調べないでも、その書面を証拠とすることができる。この場合においても、その書面の証明力を争うことを妨げない。

第三二八条【証明力を争うための証拠】 第三百二十一条乃至第三百二十四条の規定により証拠とすることができない書面又は供述であつても、公判準備又は公判期日における被告人、証人その他の者の供述の証明力を争うためには、これを証拠とすることができる。

参+【証明力を争う権利↓三〇八

[1] **一 証拠の範囲**
本条は、公判期日等における被告人、証人その他の者の供述が、別の機会にしたその者の供述と矛盾する場合に、矛盾する供述をしたこと自体の立証を許す趣旨のものであり、矛盾する供述をしたという事実の立証については、刑訴法が定める厳格な証明を要する趣旨であるから、本条により許容される証拠は、信用性を争う供述をした者のそれと矛盾する内容の供述が、同人の供述書、供述を録取した書面（刑訴法が定める要件を満たすものに限る）、同人の供述を聞いたとする者の公判期日の供述又はこれと同視し得る証拠の中に現れている部分に限られる。（最判平18・11・7刑集六〇・九・五六一、刑訴百選〔一〇版〕八七……証人として証言した内容と異なる点を含む同人の供述を録取した書面で、同人の署名押印がないものについて、本条が許容する証拠には当たらないとした）

[2] 任意にされたものでない疑いがあるとして証拠能力が否定された被告人の供述調書は、本条により証拠とすることはで

きない。（東京高判昭26・7・27高刑四・一三・一七二五）

[3] 公判準備期日における証人尋問終了後に作成された証人の検察官調書を、同人の証言の証明力を争う証拠としても、本条に違反しない。（最判昭43・10・25刑集二二・一一・九六一〈八海事件第三次上告審〉刑訴百選[一〇版]A51）

二 「供述の証明力を争うため」

[4] 本条はいわゆる弾劾証拠に関する規定であって、公判準備又は公判期日における被告人、証人、その他の者の供述の証明力を争う場合にのみ適用あるものであり、その信憑〔しんぴょう〕力を増強するために右証人の供述書の証拠調べを請求することはできない。（福岡高判昭30・2・28高刑裁特二・六・一四二）

[5] 本条の弾劾証拠とは、供述証拠の証明力を減殺するためのもののみでなく、弾劾証拠により減殺された供述証拠の証明力を回復するためのものをも含む。（東京高判昭54・2・7判時九四〇・一三八、刑訴百選[六版]七七）

三 「証拠とすることができる」

[6] 本条に基づいて提出された証拠を有罪判決の直接の証拠とすることは違法である。（最決昭28・2・17刑集七・二・二三七）

第五節　公判の裁判

第三二九条【管轄違いの判決】 被告事件が裁判所の管轄に属しないときは、判決で管轄違の言渡をしなければならない。但し、第二百六十六条第二号の規定により地方裁判所の審判に付された事件については、管轄違の言渡をすることはできない。

⊗+【制限→三三〇・三三一【管轄→二、裁一六四・二四・二五・三三・三四【関連事件の管轄→三・六【不服申立て→三七八㈠

一 訴因変更との関係

[1] 裁判所の事物管轄は、起訴状記載の訴因と適用すべき罰条を示した罪名により特定する。起訴状記載の訴因につき事物管轄を有しない裁判所は、たとえ公訴事実の同一性を害しなくても、検察官の事件をその裁判所の管轄に属せしめるための訴因罪名の変更請求を許可し実体審理に入ることはできない。（福岡高判昭25・4・17高刑判特七・七二）

二 刑の変更と事物管轄

[2] 犯罪後法による刑の変更があった場合の管轄の有無は、刑法六条により当該犯罪に適用されるべき罰条の法定刑により定まる。（最大判昭39・2・26刑集一八・二・四八、刑訴百選[二版]二）

三 土地管轄の瑕疵〔かし〕の治癒→二条[2]

第三三〇条【管轄違い言渡しの制限】 高等裁判所は、その特別権限に属する事件として公訴の提起があった場合において、その事件が下級の裁判所の管轄に属するものと認めるときは、前条の規定にかかわらず、決定で管轄裁判所にこれを移送しなければならない。

⊗+【特別権限事件→裁一六、一七

第三三一条【同前】 ① 裁判所は、被告人の申立がなければ、土地管轄について、管轄違の言渡をすることができない。

② 管轄違の申立は、被告事件につき証拠調を開始した後は、これをすることができない。

⊗❶【土地管轄→二・六【管轄違いの言渡し→三二九　❷【証拠調べの開始→二九二

管轄を有しない地裁への移送と管轄違いの言渡し

[1] 簡易裁判所が刑訴法三三二条の移送を土地管轄を有しない地方裁判所へ行うのは違法であるが、移送を受けた地方裁判所は、被告人の申立てなしに管轄違いを言い渡すことはできない。（最決昭33・10・31刑集一二・一四・三四二九）

第三三二条【移送の決定】 簡易裁判所は、地方裁判所において審判するのを相当と認めるときは、決定で管轄地方裁判所にこれを移送しなければならない。

⊗+裁三三①㈡③

一 本条の適用範囲

[1] 本条は、当該事件につき地方裁判所が事物管轄を持つ場合のみ適用される。（最決昭39・12・25刑集一八・一〇・九七八）

二 訴因変更との関係

[2] 簡易裁判所の事物管轄に属する事件の簡易裁判所への起訴後、訴因変更により当該事件がその事物管轄に属さなくなった場合でも、同裁判所は本条により事件を管轄地方裁判所に移送し得る。（最判昭28・3・20刑集七・三・五九七、刑訴百選[三版]五二）

三 移送と公判手続の更新

[3] 本条の移送がなされた場合は、移送前後の審理裁判官がたとえ同一人でも公判手続の更新を要する。（大阪高判昭43・2・26下刑一〇・二・一一六）

四 移送と除斥原因→二〇条[5]

第三三三条【刑の言渡しの判決、刑の執行猶予の言渡し】 ① 被告事件について犯罪の証明があったときは、第三百三十四条の場合を除いては、判決で刑の言渡をしなければならない。

② 刑の執行猶予は、刑の言渡しと同時に、判決でその言渡しをしなければならない。猶予の期間中保護観察に付する場合も、同様とする。

⊗❶【判決→四三①・三三五　❷【刑の執行猶予→刑二五・二七の二、薬物一部猶予【保護観察→刑二五の二・二七の三、薬物一部猶予四、刑訴規二二〇の二・二二二の二・二二二の三

一 「犯罪の証明」の意義→三一七条[14][15]

二 求刑より重い刑の言渡しの合憲性

[1] 裁判所が検事の求刑より重い刑を言い渡したとしても憲法三六条、三七条一項に反しない。〔旧法事件〕（最判昭25・7・14刑集四・八・一三八八）

三 没収の言渡しと当該物件の押収の必要性

[2] 没収の言渡しには、当該物件が押収されていることは要件ではない。（最決昭29・3・23刑集八・三・三一八）

四 余罪と量刑

1 余罪考慮の許否

[3] 起訴された犯罪事実のほかに、起訴されていない犯罪事実を余罪として認定し、実質上これを処罰する趣旨で量刑の資料に考慮し、被告人を重く処罰することは、不告不理の原則に反し、憲法三一条にいう法律に定める手続によらずに刑罰を科することになるので許されない。しかし、量刑は、被告人の性格、経歴及び犯罪の動機、目的、方法等すべての事情を考慮して行うべきものであるから、量刑の一情状として余罪を考慮することは禁じられない。ただし、余罪を考慮する程度は、個々の事案ごとに合理的に検討して必要な限度にとどめるべきであり、その点の証拠調べに当たっても、みだりに必要な限度を越えることのないよう注意しなければならない。（最大判昭41・7・13刑集二〇・六・六〇九、重判昭41・42刑訴六）→憲三一条[12]

2 許されるとされた事例

[4] 余罪である窃盗について、「本件以前にも約六ヶ月間多数回にわたり同様な犯行をかさね、それによって得た金員を飲酒……等に使用したことを考慮すれば、云々」と判示していても、余罪である窃盗の回数及び窃取した金額を具体的に判示していないこと、犯罪の成立自体に関係のない窃取金員の使途について比較的詳細に判示していること、その他前後の判文を考慮するならば、原判決は、判示の事情を本件起訴に係る窃盗の動機、目的及び被告人の性格等を推知する一情状

として考慮したものと解される。（最大判昭41・7・13前出③）

3 許されないとされた事例

⑤ 余罪である郵便窃盗について、「既に昭和三十七年五月ごろから百三十回ぐらいに約三千通の郵便物を窃取し、そのうち現金の封入してあったものが約一千四百通でその金額は合計約六十六万円に、郵便切手の封入してあったものが約一千通でその金額は合計約二十三万円に達している」と認めた上、「これによれば、被告人の犯行は、その期間、回数、被害数額等のいずれの点よりしても、この種の犯行としては他に余り例を見ない程度のものであったことは否定できないことであり、事件の性質上量刑にあたって、この事実を考慮に入れない訳にはいかない」と断じた第一審判決の判示は、起訴されていない犯罪事実を余罪として認定し、これをも実質上処罰する趣旨の下に、被告人に重い刑を科したものと認められる。（最大判昭42・7・5刑集二一・六・七四八、憲百選Ⅱ〔六版〕一一四）

⑥ 公訴事実のとおりクレジットカードを利用した詐欺の事実（犯行回数五回、被害金額約三〇万円）を認定し被告人を有罪としたが、その量刑理由において、公訴事実と余罪を一体として犯行回数（合計一九六回）、被害金額（合計約九六四万円）を詳細に認定した上で、犯行の態様、騙取〔へんしゅ〕した商品の処分先等についても両者を一体として論じ、さらに被害弁償の状況（公訴事実対応分）についても、公訴事実と余罪の合計額を基準として特に評価すべきでないなどとし、結局、検察官の求刑は軽すぎる嫌いがあるが、公訴事実の内容を考慮して、求刑どおりの刑を科すにとどめると説示した原判決には、公訴事実のほかに、起訴されていない余罪を認定し、これをも実質的に処罰する趣旨のもとに、被告人に対する量刑を行った疑いがある。（東京高判平3・10・29高刑四四・三・二一二、刑訴百選〔七版〕九八）

⑦ 児童に淫行をさせたという児童福祉法違反被告事件について審理判決した原審が、同一児童をいわゆるヘルス嬢として供給したという別の裁判所に係属中の日時場所を異にする職業安定法違反の犯罪事実の存在を立証趣旨とする証拠を全て取り調べ、しかも、本件の罪となるべき事実の認定に不必要なこれらの証拠の大半を判決の証拠の標目に挙示したことには、右犯罪事実をも実質上処罰する趣旨で刑の量定をした違法がある。（名古屋高判平10・1・28高刑五一・一・七〇、刑訴百選〔九版〕九八）

⑧ 起訴されていない犯罪事実であっても、情状推知の資料として考慮することは許されるが、そのような限度で考慮できる事情についての証拠調べは自ずと限定され、起訴された事実と同等の証拠調べをすることは許されないところ、元交際相手を被害者とする殺人等被告事件において、犯行後、被害者の裸の画像等をインターネット上に公開したという名誉毀損罪に該当する被告人の余罪につき、殺人との関係でどのような量刑要素をどの程度推知させるかの検討を欠いたまま、起訴された犯罪と同様の積極的かつ詳細な立証を許した上、量刑理由において、犯行態様や動機等の一般的な犯情とは別に、被告人の刑事責任を同一の事件類型における量刑の幅の上限付近まで導く事情として考慮したと解される説示をした原審の審理経過及び内容、量刑理由に関する判文を総合すれば、原判決には、起訴されていない余罪を認定し、これをも実質上処罰する趣旨で量刑判断を行った疑いがある。（東京高判平27・2・6東高刑六六・一～一二・四、刑訴百選〔一〇版〕九五）

⑨ 公訴事実に争いのない覚醒剤、大麻等の単純所持の事案において、被告人が違法薬物の密売をしていた事実を立証趣旨とする検察官請求の証人二名を採用し、その後、弁護人が右両名の検察官調書に対する不同意の意見を撤回したことにより、右調書を同意書証として採用して取り調べるとともに、量刑の理由において、被告人が違法薬物の密売をしていた事実を認定した上、同種事案と比較して明らかに重い量刑をした原審の手続を全体としてみると、原判決は、余罪である覚醒剤の営利目的による譲渡等の犯罪事実を認定し、これを実質上処罰する趣旨で被告人に対する刑を量定した疑いを免れない。（東京高判平30・3・27判タ一四五四・一〇七……検察官請求の証人尋問について、被告人の違法薬物密売の事実は、違法薬物所持の常習性や違法薬物に対する親和性という情状を推知させる事実として、その立証自体は許されるものの、犯情に含まれない一般情状として量刑上の有意性に乏しく、常習性や親和性を認めるために必要な限度を超えて、具体性のある違法薬物の密売の事実を立証することとなる可能性が高く、余罪を実質上処罰する趣旨で立証することとなる疑いが強いことを挙げ、被告人の違法薬物密売の事実から何を立証しようとするのかについて求釈明することなく原審が証人尋問を採用したことは著しく不相当であるとした）

五 刑の執行の減軽・免除の言渡し

⑩ 刑法五条ただし書に基づく刑の執行の減軽又は免除は、裁判所が、主文において刑の言渡しと同時になすべきである。（最判昭29・12・23刑集八・一二・二二八八）↓三三七条⑥

第三三四条【刑の免除の判決】 被告事件について刑を免除するときは、判決でその旨の言渡しをしなければならない。

⊛+【必要的刑の免除の例↓刑四三、八〇、九三、二二八の三、二四四、二五一、二五五、二五七【任意的刑の免除↓刑三六、三七、一一三、一七〇、一七一、一七三、二〇一

刑訴法三三五条の適用

① 刑の免除の判決も有罪判決であるから、その言渡しは刑訴法三三五条一項に従ってなされなければならない。（名古屋高判昭26・9・19高刑判特二七・一四五）

第三三五条【有罪判決に示すべき理由】 ① 有罪の言渡をするには、罪となるべき事実、証拠の標目及び法令の適用を示さなければならない。

② 法律上犯罪の成立を妨げる理由又は刑の加重減免の理由となる事実が主張されたときは、これに対する判断を示さなければならない。

⊛+四四 ❶【有罪の言渡し↓三三三、三三四【罪となるべき事実↓二五六②㈢③、三一二【証拠の標目↓三七八㈣【法令の適用↓二五六②㈢④、三一二 ❷【犯罪の成立を妨げる理由の例↓刑三五―三九、四一【刑の加重の例↓刑四七、五六【刑の減軽の例↓刑三九、四三【刑の免除↓刑四三、八〇、九三、二四四、二五一、二五五、二五七

一 一項関係

1 「罪となるべき事実」

イ 構成要件

① 強盗罪の構成要件たる「他人の財物」の判示は、犯人以外の者の所有に属するいかなる財物であるかなど、法令適用の基礎を明らかにする程度に具体的であればよく、その財物の種類・数量・価格等、若しくはいずれの物品が何人の所有に属するかを、いちいち詳細に判示する必要はない。〔旧法事件〕（最判昭23・7・22刑集二・九・一〇〇〇）

② 贓物〔ぞうぶつ〕故買罪においては、必ずしも買受物件が他人のいかなる犯罪行為により領得されたかを具体的に明示することを要しない。〔旧法事件〕（最判昭23・10・30刑集二・一一・一四二四）

③ 犯罪の日時は罪となるべき事実ではなく、単に犯行の情況又はその同一性を示す事項にすぎない。〔旧法事件〕（最判昭24・4・14刑集三・四・五四七）

④ 「罪となるべき事実」の判示としては、構成要件に該当すべき具体的事実をその構成要件に該当するか否かを判定し得る程度に具体的に明白にし、罰条適用の事実上の根拠を確認できるようにすれば足りるので、花札を使用し金銭を賭け、

俗に「コイコイ」又は「後先」と称する賭博をしたと判示すれば、賭けた金銭の種類・数額、博戯の手段・方法等をより精密に判示しなくても、賭博罪の判示として理由不備の違法はない。〔旧法事件〕（最判昭24・2・10刑集三・二・一五五）

5　証拠上住宅の焼失が被告人の放火によることが明らかである場合、家屋のどの部分にいかなる方法で放火したかが判明しない場合、放火の手段方法を判示しなくても判決に理由を付さない違法はない。（高松高判昭28・9・7高刑六・一一・一四四六）

6　殺人罪の罪となるべき事実として、「未必の殺意をもって、被害者の身体を、有形力を行使して、被告人方屋上の高さ約〇・八メートルの転落防護壁の手摺り越しに約七・三メートル下のコンクリート舗装の路上に落下させて路面に激突させた」旨判示し、被害者を落下させた手段方法につき「有形力を行使して」という以上に具体的に摘示していなくても、構成要件に該当するかどうかを判定するに足りる程度に具体的に特定しているというべきである。（最決昭58・5・6刑集三七・四・三七五、刑訴百選一〇版A44）

7　業務上過失傷害罪の罪となるべき事実については、少なくとも主たる傷害について具体的な部位及び傷病名を摘示する必要があり、傷害の内容として「全治約一週間を要する傷害」と摘示するのみでは明確さを欠き、違法である。（東京高判平4・5・28判タ七九四・二八二）

ロ　共犯

a　実行行為の分担

8　他人と共謀して強盗した事実が認定されている以上、共犯者のいずれが現実に脅迫したかを明示しなくてもよい。〔旧法事件〕（最判昭24・1・11刑集三・一・七）

b　共謀・謀議

9　共謀共同正犯の共謀又は謀議は、罪となるべき事実であるが、その日時・場所、又は内容の詳細（実行方法、各人の行為の分担・役割等）までいちいち具体的に判示する必要はない。（最大判昭33・5・28刑集一二・八・一七一八〈練馬事件〉刑訴百選九版A39）→三一七条2、刑六〇条4

ハ　罪数関係

a　併合罪

10　複数の犯罪行為が同一罪質で手段・方法等が共通であっても、各行為の内容を具体的に判示し、更に日時・場所等を明示して、一の行為を他の行為より区別できる程度に特定し、少なくとも各行為への法令の適用を妨げない程度に判示することが必要である。〔旧法事件〕（最大判昭24・2・9刑集三・二・一四一……刑法（昭和二二法一二四による削除前の）五五条の連続犯に当たらない場合）

b　包括一罪

11　多数の賭博遊技機の設置された遊技場において、その営業継続期間の全般にわたり不特定多数の遊技客と反復継続して行われた各賭博行為を、包括して一個の常習賭博罪と認定する際には、遊技場の所在地・営業継続期間、遊技機の種類・台数、賭博の態様を摘示した上、被告人がNと「共謀のうえ、右期間中、常習として、Aほか不特定多数の賭客を相手とし、多数回にわたり、右遊技機を使用して賭博をした」という程度に判示すれば足りる。（最決昭61・10・28刑集四〇・六・五〇九、重判昭61刑訴七）

ニ　択一的認定

a　択一的認定の可否

12　酒税法違反事件における罰金額算定のため焼酎が甲類・乙類のいずれであるかを確定判示することを要する場合に、原料アルコールの製造過程が判明せず、これを確定できなければ、被告人に有利な乙類として扱うことを妨げない。（最決昭33・7・22刑集一二・一二・二七一二、刑訴百選初版六七）

13　被告人が被害者を置去りにした際の被害者の生死が不明であり、死体遺棄罪と保護者遺棄罪のいずれが成立するかを決し得ない場合は、各訴因のいずれについても証明不十分として、無罪を言い渡すべきである。（大阪地判昭46・9・9判時六六二・一〇一、刑訴百選五版九三）

14　被告人が被害者を道端に遺棄した時点での被害者の生死を確定し得ない場合、法定刑の重い重過失致死罪に当たる生存の事実を確定できないのであるから、軽い罪である死体遺棄罪の成否の判断の際に死亡の事実が存在したとみることも、合理的な事実認定として許される。（札幌高判昭61・3・24高刑三九・一・八、刑訴百選一〇版九三……被告人が除雪作業中誤って妻を雪山に埋没せしめ、作業終了後に発掘したものの、既に死亡したものと思い死体遺棄の故意で道路脇に遺棄した事案）

15　甲が自ら強盗の実行行為の全てを行ったことは明らかであるが、乙との共謀の存否につきいずれとも断定し難く、かつ、右犯行が甲の単独犯か甲乙の共同正犯かのいずれかであって、第三の可能性が存在しないときは、甲が「単独で又は乙と共謀の上」強盗をした旨の択一的な認定をすることが許される。（東京高判平4・10・14高刑四五・三・六六、重判平5刑訴七……犯情が軽く被告人に利益な共同正犯の事実を基礎に量刑した）

16　被告人が覚醒剤を所持した点は明白であり、しかも単独でこれを所持した疑いが濃いが、第三者との共謀の上で所持した可能性を完全には排斥できない場合に、単独で又は第三者との共謀の上覚醒剤を所持したとの択一的な事実を認定することは、第三者との共謀の上これを所持したという証明されていない事実を認定することになり、許されない。（東京高判平10・6・8判タ九八七・三〇一、重判平10刑訴七）

17　被告人が全ての実行行為を行ったか、被告人が他者と共謀の上行ったか真偽不明で、被告人が単独で実行行為の全てを行ったとの事実の証明がされておらず、また、被告人が他者と共謀の上行ったとの事実についても証明がされていない場合は、いずれの証明もできていないのであるから、「単独で又は共謀の上」という択一的認定の形をとっても、被告人に全ての実行行為の責任を負わせることはできない。（東京高判平31・2・8判時二四五五・九四）

b　「罪となるべき事実」の択一的判示

18　強盗の共同正犯と単独犯の択一的認定の場合には、その実質は同一の犯罪構成要件に当たる行為の態様に関する択一的認定に類似し、罪質はもとより罪の軽重の面でも定型的な差異は認められず、また裁判所が実質上「強盗の共同正犯か単独犯のいずれかである」との心証しか得ていないのに、「罪となるべき事実」においては、強盗の共同正犯の事実を判示、認定せよというのは、いささか無理を強いるきらいがあるので、「罪となるべき事実」に、強盗の共同正犯と単独犯の各事実を択一的に判示することができる。（東京高判平4・10・14前出15）

19　過失を択一的に認定することは、過失の内容が特定されていないということにほかならず、罪となるべき事実の記載として不十分といわざるを得ない。過失犯の構成要件はいわゆる開かれた構成要件であり、その適用に当たっては、注意義務の前提となる具体的事実関係、その事実関係における具体的注意義務、その注意義務に違反した不作為を補充すべきものであるから、具体的な注意義務違反の内容が異なり、犯情的にも違いがあるのに、罪となるべき事実として、証拠調べを経てもなお確信に達しなかった犯情の重い過失を認定するのは「疑わしきは被告人の利益に」の原則に照らして許されない。（東京高判平28・8・25判時二四二二・一一五、重判平29刑訴四……被告人が大型貨物自動車を運転し交差点を左折する際、横断歩道上を走行中の被害者運転の自転車に自車を衝突させ、被害者を死亡させたという自動車運転過失致死事件において、被告人車両が左折進行している間、被害自転車が被告人車両の死角の範囲内にいたのか、範囲外にいたのかを証拠上確定できないとして、それぞれの場合に対応する過失を択一的に認定した原判決には、犯情の重い過失をも認定した点で前記原則に反する違法があり、理由不備の違法があるとした）

20 「被告人は、甲と共謀の上、二四日午後八時ころから翌二五日未明までの間に、青森市内又はその周辺に停車中の自動車内において、甲又は被告人あるいはその両名において、扼殺［やくさつ］、絞殺又はこれに類する方法でAを殺害した」旨の判示は、殺害の日時・場所・方法が概括的なものであるほか、実行行為者が択一的なものであるにとどまるが、その事件が被告人と甲の二名の共謀による犯行であるというのであるから、この程度の判示であっても、殺人罪の構成要件に該当すべき具体的事実を、それが構成要件に該当するかどうかを判定するに足りる程度に具体的に明らかにしているものというべきであって、罪となるべき事実の判示として不十分とはいえない。（最決平13・4・11刑集五五・三・一二七、刑訴百選［一〇版］四五）→三一二条50

2 「証拠の標目」

イ 挙示の要否

21 累犯前科は実質において犯罪事実に準ずるが、罪となるべき事実ではないので、判決でその事実を摘示すれば、必ずしもこれを認定する証拠の標目を挙示しなくても足りる。（最判昭39・5・23刑集一八・四・一六六）→三一七条4

22 刑の量定に関する事項については、記録上これを認める証拠があれば、判決に証拠を掲げて説明する必要はない。（最判昭25・10・5刑集四・一〇・一八七五）

ロ 挙示の方法

23 有罪判決には罪となるべき事実及び証拠の標目を示せば足り、証拠を取捨した理由を示す必要はない。（最決昭34・11・24刑集一三・一二・三〇八九、刑訴百選［五版］A31）

24 数個の犯罪事実につき証拠の標目を一括挙示したため判文上証拠と事実との関連性が明らかでない場合でも、記録と照合すればどの証拠によりどの事実が認定されたのかが明白ならば、このような挙示の方法も違法ではない。（最判昭26・4・17刑集五・六・九六三）

25 有罪判決の理由として証拠の標目を示すに当たっては、誰の供述調書であるのかを判決書自体で分かるように記載すべきである。（大阪高判平5・5・27判時一四七二・一五八）

ハ 証拠能力のない証拠の挙示

26 証拠の標目として挙示された証人の供述中の伝聞に係る部分については、特に排除決定又はこれを除外する旨の説示がなければ常にこれを含む供述全般を証拠としたと断定すべきではなく、引用された他の証拠及びその他諸般の事情から、これを除いた他の部分のみを証拠としたと解して差し支えない。（最判昭29・2・18刑集八・二・一四五）

3 「法令の適用」

イ 表示の要否

27 「他人と共謀の上窃取し」との判示から刑法六〇条を適用していることが明白である場合は、その適用が明示されなくても違法ではない。（旧法事件）（最判昭24・1・20刑集三・一・四〇）

28 総則規定である罰金等臨時措置法の適用・処断の際には、その適用を必ずしも常に示すことを要しない。（最決昭27・10・2刑集六・九・一〇九七）

ロ 表示の方法

29 数個の犯罪事実を併合罪として刑を加重し処断刑を定める際に、裁判所が各犯罪の犯情に軽重なしと認める場合は、いずれの犯情が重いかを特に明示する必要はない。（旧法事件）（最判昭24・6・9刑集三・七・九五九）

30 法定刑が同一な数個の罪が観念的競合の関係にある場合に、法令適用の判示として単に刑法五四条一項前段・刑法一〇条を示すのみで、どの罪が最も重いかを明示しなくても必ずしも違法ではない。（最決昭45・11・26刑集二四・一二・一六九九）

4 択一的・予備的訴因の認定→三三六条6 7

二 二項関係

1 本項の主張に対する判断

31 期待可能性なしとの主張が旧刑訴法三六〇条二項に該当するとしても、これに対する判断として常にその主張事実を挙げた上直接判断を示す必要はなく、かえって反対の事実を認定し間接に主張を否定する判断を示しても差し支えない。（旧法事件）（最判昭24・9・1刑集三・一〇・一五二九）

2 本項の主張の有無

イ 主張ありと認められた事例

32 弁護人が「被告人の本件犯行は遺伝による一時的精神錯乱によって生じた行為と解せられる」と弁論したときは、被告人が犯行当時心神耗弱ないし心神喪失の状態にあった旨の主張があったと解すべきである。（旧法事件）（最判昭25・9・22刑集四・九・一七七二）

ロ 主張ありと認められなかった事例

33 被告人の精神鑑定の請求のみでは、被告人が心神喪失者又は心神耗弱者であったことの事実上の主張があったとはいえない。（旧法事件）（最判昭23・12・24刑集二・一四・一八八三）

3 「法律上犯罪の成立を妨げる理由……となる事実」

イ 該当するとされた事例

34 適法行為に出ることを期待し得ない旨の主張（東京高判昭29・3・6高刑七・二・一六三）

35 自救行為の主張（最決昭46・7・30刑集二五・五・七五六、刑訴百選［八版］A39）→刑◆【II 違法性一般】［三五条の前］8

36 過失犯成立に必要な一定の注意義務を認識し得なかったこと及びその義務の履行のため適当な手段をとり得なかったことの主張（旧法事件）（最判昭24・3・17刑集三・三・三一一）

37 児童福祉法六〇条四項ただし書にいう児童の使用者がその年齢の不知につき「過失のない」旨の主張（最判昭33・3・27刑集一二・四・六五八）

ロ 該当しないとされた事例

38 不能犯の主張（旧法事件）（最判昭24・1・20刑集三・一・四七）

39 窃盗未遂罪において被告人が目的物を遺失物と誤認した旨の主張（最決昭29・12・24刑集八・一三・二三二〇）

40 「起訴事実がたとえ認められるとしても、それは微罪であり共同生活上ほとんど放任された行為で、これを違法視することはできない」との主張（最決昭33・3・11刑集一二・三・四七八）

41 業務上過失致死罪における事前に被害者を発見するのは困難だった旨の主張（最決昭45・2・13刑集二四・二・一七）

42 法令の不知による錯誤の主張（名古屋高判昭24・10・4高刑判特五・三八）

4 「法律上……刑の加重減免の理由となる事実」―該当しないとされた事例

43 従犯の主張（旧法事件）（最判昭26・3・15刑集五・四・五二七）

44 過剰防衛の主張（旧法事件）（最判昭26・4・10刑集五・五・八九〇）

45 自首があった旨の主張（最決昭32・7・18刑集一一・七・一八八〇）

三 控訴審への準用

46 控訴審が刑訴法三九六条により控訴棄却の判決をする場合は四〇四条の「特別の定のある場合」に該当し、本条の準用はない。（最決昭26・5・10刑集五・六・一〇二一）

第三三六条【無罪の判決】被告事件が罪とならないとき、又は被告事件について犯罪の証明がないときは、判決で無罪の言渡をしなければならない。

参＋【罪とならないとき→三三九①二】【補償→一八八の二、一八八の三、刑補一】

一 無罪判決の理由の内容

1 犯罪の証明なしとして無罪を言い渡す場合、個々の証拠を採り得ない理由を判決で逐一説明する必要はない。（最判昭

35・12・16刑集一四・一四・一九四七、刑訴百選[五版]A32）

[2] 公訴事実を証明するに足る一応の形式的証拠がそろっている場合に無罪を言い渡すには、その証拠の証明力がないことを判決で説明しなければならない。（名古屋高判昭24・12・27高刑判特六・八三）

[3] 無罪判決の理由としては、被告事件が罪とならないか、被告事件について犯罪の証明がないかのいずれか一つにより無罪を言い渡すことを示せば足りる。（東京高判昭27・10・23高刑五・一二・二一六五）

二 無罪の言渡しの要否

1 観念的競合及び併合罪

[4] 観念的競合犯の一部を無罪と認める場合、判決主文でこれを言い渡すべきではないが、理由中にその判断を示す必要がある。（最判昭32・9・24裁判集刑一二〇・五〇七）

[5] 検察官が観念的競合と主張する二罪につき裁判所がこれを併合罪と解し、かつ、その一方の成立を認めない場合は主文でこれに無罪を言い渡すべきである。（東京高判昭40・11・26高刑一八・七・七八六）

2 択一的・予備的訴因

[6] 択一的関係にある二個の訴因の一方につき有罪の判決をした以上、他の訴因の排斥の理由を判決に示す必要はない。（最判昭25・10・3刑集四・一〇・一八六一）↓三七八条[2]

[7] 予備的訴因につき有罪を認定した場合、主文で主たる訴因につき無罪を言い渡すべきでないのはもちろん、理由中にもこれに対する判断を示す必要はない。（最決昭29・3・23刑集八・三・三〇五）

第三三七条【免訴の判決】 左の場合には、判決で免訴の言渡をしなければならない。

一 確定判決を経たとき。
二 犯罪後の法令により刑が廃止されたとき。
三 大赦があつたとき。
四 時効が完成したとき。

参[一]【確定判決↓憲三九【判決↓三三三・三三四・三三六・三三八【裁判の確定↓三七三・四〇四・四一八・四六五【反則金納付による公訴の不提起↓道交一二八② [三]【刑の廃止↓刑六 [四]【時効↓二五〇―二五五

一 免訴の判決の性質

[1] 公訴係属中の事件につき、既に大赦により公訴権消滅の効果を生じている以上、裁判所は実体審理をなし得ず、免訴の判決をしなければならない。〔旧法事件〕（最大判昭23・5・26刑集二・六・五二九〈プラカード事件〉刑訴百選[一〇版]A47）↓[2]

二 免訴の判決と上訴

[2] 大赦による免訴判決に対し、公訴事実が存在せず又は罪とならないことを主張して上訴することはできない。〔旧法事件〕（最大判昭23・5・26前出[1]）↓三五一条[6]

三 一号関係

1 「確定判決を経たとき」

イ 該当するとされた例

[3] 工場に宿直中の被告人が、同僚から保険金詐欺目的の放火の計画を打ち明けられ、事情不知の他の宿直員を誘って工場を抜け出し、もって放火を容易ならしめたという放火幇助〔ほうじょ〕被告事件につき、被告人が火気を始末せず外出したため工場が焼けたとする失火罪での略式命令が確定しているときは、本号に当たるものとして、免訴を言い渡すべきである。（最判昭35・7・15刑集一四・九・一一五二）↓三一二条[72]

[4] 同一事件につき既に略式命令が確定しているとき（最判昭27・11・28裁判集刑六九・一〇八九）↓四五八条[15]

ロ 該当しないとされた事例

[5] 憲法三九条は、起訴状の公訴事実の記載の欠如を理由に公訴棄却判決がなされた場合に、同一事件について再起訴を禁ずる趣旨ではない。（最大判昭28・12・9刑集七・一二・二四一五）

[6] 既に占領軍軍事裁判所の裁判を経た事実につき、重ねて我が国で処罰しても憲法三九条に違反せず、また右判決が確定しても本号に当たらない。（最判昭29・12・23刑集八・一三・二二八八）

[7] 法廷等の秩序維持に関する法律による処罰は、従来の刑事的・行政的処罰のいずれにも属さない特殊な処罰であるから、これにより監置の制裁を受けた被告人に、同一事実に基づき有罪を言い渡しても憲法三九条に違反しない。（最判昭34・4・9刑集一三・四・四四二）

[8] 少年法一九条一項による審判不開始決定は、事案が罪とならないことを理由とするものであっても、一事不再理の効力を認めることはできない。（最大判昭40・4・28刑集一九・三・二四〇、少年百選六八）↓少一九条[1]

2 確定判決の効力の及ぶ範囲

イ 常習一罪

[9] 盗犯等の防止及処分に関する法律三条の常習累犯窃盗に該当する一罪として起訴された数個の窃盗犯行の中間に、同種・同態様の窃盗についての確定判決があり、当該犯行が起訴事実中右判決前の犯行と共に常習累犯窃盗の一罪を構成すると認められる場合は、右判決前の犯行については既に確定判決を経たものとして免訴を言い渡すべきである。（最判昭43・3・29刑集二二・三・一五三）

[10] 前訴の訴因と後訴の訴因との間の公訴事実の単一性についての判断は、基本的には、前訴及び後訴の各訴因のみを基準としてこれらを比較対照することにより行うのが相当であるから、前訴及び後訴の各訴因が共に単純窃盗罪である場合には、両者が実体的には一つの常習特殊窃盗罪を構成するとしても、公訴事実の単一性に欠け、前訴の確定判決による一事不再理効は、後訴に及ばない。（最判平15・10・7刑集五七・九・一〇〇二、刑訴百選[一〇版]九七……前訴及び後訴の各訴因の一方が単純窃盗罪、他方が常習窃盗罪である場合には、単純窃盗罪が常習性の発露として行われたか否かについて付随的に心証形成をし、両訴因間の公訴事実の単一性の有無を判断すべきであるとした）↓[9][12]・二五六条[8]

ロ 効力の及ぶ時間的範囲

[11] 継続犯が確定判決の前後にまたがって行われた場合、その既判力は、原則として事実審理の可能性ある最後の時、すなわち第一審判決言渡し時（例外として上訴審での破棄自判の場合の判決言渡し時）までに行われた行為には及ぶが、これ以後に行われた行為には及ばず、したがってこの行為については、新たな公訴の提起が許され、またこれは実体的にも判決言渡し前の行為と別個独立の犯罪を構成すると解すべきである。（大阪高判昭27・9・16高刑五・一〇・一六九五）

[12] 前訴で住居侵入・窃盗の訴因につき有罪の第一審判決が確定した場合において、後訴の訴因である常習特殊窃盗を構成する住居侵入・窃盗の各行為が前訴の第一審判決後にされたものであるときは、前訴の訴因が常習性の発露として行われたか否かについて検討するまでもなく、前訴の確定判決による一事不再理効は、後訴に及ばない。（最決令3・6・28刑集七五・七・九〇九、重判令3刑訴三）↓[10]

八 余罪の認定

[13] 確定判決がある事実を罪となるべき事実として認定せず、余罪として論及するにとどまった場合でも、実質上これを処罰する趣旨でこれを認定し、量刑資料として参酌して重い刑を科した場合には、当該事実につき一事不再理の効力が生じるが、その効力は右事実と科刑上一罪の関係にある他の事実には及ばない。（大阪高判昭50・8・27高刑二八・三・三二一、刑訴百選[四版]九〇）

四 二号関係

[14] 占領目的阻害行為処罰令（昭和二五年政令三二五号、「ア

カハタ及びその継続紙、同類紙の発行停止に関する指令」に関する政令）違反被告事件については、講和条約発効による同令の失効に伴い、刑の廃止があったものとして免訴を言い渡すべきである。（最大判昭28・7・22刑集七・七・一五六二、憲百選Ⅱ[七版]二〇四）↓憲九八条[4]

五　四号関係

[15]　詐欺罪での起訴後横領罪に訴因変更された事件に対する公訴時効完成の有無は、右訴因変更時ではなく起訴時を基準として判断すべきである。（最決昭29・7・14刑集八・七・一一〇〇）↓二五〇条[7]

六　迅速な裁判↓一条[3]

第三三八条【公訴棄却の判決】　左の場合には、判決で公訴を棄却しなければならない。

一　被告人に対して裁判権を有しないとき。

二　第三百四十条の規定に違反して公訴が提起されたとき。

三　公訴の提起があつた事件について、更に同一裁判所に公訴が提起されたとき。

四　公訴提起の手続がその規定に違反したため無効であるとき。

規【判決による公訴棄却事由↓三五〇の一三①　[一]【裁判権↓裁三　[三]【他の裁判所に公訴が提起されたとき↓一〇・一一・三三九①⑤　[四]【公訴提起の手続↓二五六、少四二、道交一三〇【告訴・告発・請求↓二三四規・二三八規

一　公訴棄却を求める申立てと裁判の要否

[1]　公訴棄却を求める申立ては職権発動を促す意味のみを有し、これに対し申立棄却の裁判をする義務はない。（最決昭45・7・2刑集二四・七・四一二）

二　一号関係

[2]　外交職員以外の使節団の職員として外国大使館に勤務する我が国の国民は、我が国において行った行為について、外交関係に関するウィーン条約三八条二項により刑事裁判権の免除を享有することはない。（東京高判平17・3・23判タ一一八九・一五二）

三　三号関係

1　該当するとされた事例↓四五八条[16]～[18]

2　該当しないとされた事例

[3]　関税法違反事件の第一審での外国人登録令違反の訴因の追加は両罪が併合罪であるため公訴事実の同一性を欠き違法であるとして、控訴審が第一審判決を破棄、差し戻した後、第一審で当該事実につき改めて追起訴がなされた場合は、本号に該当しない。（最判昭29・1・14刑集八・一・一）

[4]　麻薬取締法違反の常習営利の一罪を構成する行為につき追起訴状が提出されても、これが右一罪を構成する行為で先の起訴状に漏れたものを追加補充する趣旨のものと認められる以上、本号に該当しない。（最大判昭31・12・26刑集一〇・一二・一七四六）

[5]　起訴状謄本の不送達による公訴棄却決定後その確定前に、同一事実につき更に公訴提起があっても、その後右決定が確定した場合は、本号に該当しない。（最決昭36・10・31刑集一五・九・一六五三）

四　四号関係

1　公訴権濫用と公訴提起の効力↓二四八条[1]～[3]

2　親告罪

イ　親告罪の一部の起訴

[6]　数人共同して婦女に暴行を加え姦淫した事実が認められる場合、強姦につき告訴が適法に取り消されても、同罪の手段たる共同暴行を暴力行為等処罰に関する法律一条違反として処罰することができる。（最大判昭28・12・16刑集七・一二・二五五〇……昭和三三法一〇七による刑法一八〇条二項追加前の判例。なお同条は平成二九法七二により削除された）

ロ　親告罪の告訴

[7]　起訴状記載の訴因が刑法二四四条一項後段［平成七法九一により二項］の親族相盗に当たり、かつ、告訴を欠く場合でも、これが非親告罪たる窃盗の訴因に変更されたときは、公訴提起の手続を無効として公訴を棄却すべきではない。（最決昭29・9・8刑集八・九・一四七一、刑訴百選[四版]三九）↓三一二条[83]

[8]　非親告罪たる窃盗罪として告訴なしに起訴されその後親告罪たる器物毀棄罪の訴因に変更された場合、訴因変更手続の時点で有効な告訴があれば実体裁判をすることができる。（東京地判昭58・9・30判時一〇九一・一五九、刑訴百選[一〇版]四八）

3　少年事件

[9]　少年と余罪（最判昭28・3・26刑集七・三・六四一、少年百選二三）↓少四五条[4]

[10]　少年を成人と誤認し、少年法四二条、二〇条、四五条五号等の規定による手続を経ずに公訴が提起された場合は、本号により公訴を棄却すべきである。（東京高判昭26・7・20高刑四・九・一〇九八）

[11]　保護処分決定が抗告審で取り消された事件について、家庭裁判所が少年法二〇条により検察官送致をすることは許されず、逆送決定は違法、無効であり、これを前提に同法四五条五号に従って行われた公訴提起の手続も違法、無効であるから、本条四号により公訴棄却すべきである。（最判平9・9・18刑集五一・八・五七一〈調布事件〉少年百選八四）↓少三三条[3]

4　交通反則通告手続

[12]　非反則行為として通告手続を経ずに起訴された事実が反則行為に該当すると認められる場合には、本号により公訴を棄却すべきである。（最判昭48・3・15刑集二七・二・一二八、刑訴百選[五版]四五）

[13]　非反則行為を反則行為と誤認してなした通告は無効と解すべきであるから、反則金が納付されても道路交通法一二八条二項の効力を生ぜず、非反則行為としての起訴は適法である。（最決昭54・6・29刑集三三・四・三八九、刑訴百選[五版]二七）

5　議会内での犯罪行為↓二三九条[2][4][5]

6　訴訟能力の回復不能↓三一四条[4]

五　公訴棄却の裁判の内容的確定力

[14]　訴因不特定を理由とする公訴棄却の確定判決の内容が再起訴の受訴裁判所を拘束するのは、訴因が特定されていなかったという判断だけで、その判断の根拠の一つとされた不実の表示登記と不実の保存登記のどちらを起訴したのか明らかでないという部分は、拘束力を持たない。（最決昭56・7・14刑集三五・五・四九七、刑訴百選[七版]一〇〇）

[15]　公訴棄却の裁判は形式裁判であり、その確定後も原則として再起訴を妨げず、被告人の偽装死亡による公訴棄却決定が確定したときも再起訴できる。（大阪地判昭49・5・2刑月六・五・五八三、刑訴百選[一〇版]九八）

第三三九条【公訴棄却の決定】　①　左の場合には、決定で公訴を棄却しなければならない。

一　第二百七十一条第二項の規定により公訴の提起がその効力を失つたとき。

二　起訴状に記載された事実が真実であつても、何らの罪となるべき事実を包含していないとき。

三　公訴が取り消されたとき。

四　被告人が死亡し、又は被告人たる法人が存続しなくなつたとき。

五　第十条又は第十一条の規定により審判してはならないとき。

②　前項の決定に対しては、即時抗告をすることができる。

規❶[一]【決定の送達↓刑訴規二一九の二　[二]【起訴状の記載↓二五六　[三]【公訴の取消し↓二五七　[四]【被告人の死亡

↓四三九①[四]【法人の不存続↓一般法人一四八―一五一、会社四七一―五七四・六四一・六七三　❷【即時抗告↓四二二・四二三・四二五

一　公訴棄却の決定と上訴

[1]　公訴棄却の決定に対し、被告人・弁護人がその違法・不当を主張し上訴することはできない。（最決昭53・10・31刑集三二・七・一七九三、刑訴百選[六版]八五）↓三五一条[9]

二　一項二号関係

[2]　道路運送車両法第三章の規定中、原動機付自転車保安基準に関する四四条［昭和三八法一四九による改正前のもの］は、何ら後写鏡について定めておらず、第二種原動機付自転車を後写鏡なくして運転した行為を道路交通法六二条、一一九条一項五号違反とする本件公訴事実は、本号に該当する。（最判昭37・6・14刑集一六・七・一二四五）

[3]　本号の事由は、公訴事実が何らの犯罪を構成しないことが明瞭で争う余地がなく、口頭弁論の必要のない場合をいうのであるから、犯罪を構成するか否かにつき、判例上も明らかでなく、検察官と弁護人の解釈が対立している場合は、これに該当しない。（東京高判昭40・5・28高刑一八・四・二七三）

三　一項四号関係

1　被告人の死亡

[4]　弁護人が上告棄却決定以前の被告人死亡を理由として異議を申し立てた場合には、上告棄却決定を取り消し、公訴を棄却すべきである。（最決昭42・5・17刑集二一・四・四九一）

[5]　偽装死亡による公訴棄却決定と再起訴（大阪地判昭49・5・2刑月六・五・五八三、刑訴百選[一〇版]九八）↓三三八条[15]

2　法人の不存続

[6]　「被告人たる法人が存続しなくなつたとき」とは、法人が全ての関係において終局的に存続しなくなったときをいうのであり、法人が解散しても商法一一六条［会社六四五条］により清算の目的の範囲内においてなお存続するものとみなされる場合はこれに該当しない。（最決昭29・11・18刑集八・一一・一八五〇）

[7]　被告会社が合併により解散した場合は、「被告人たる法人が存続しなくなつたとき」に該当する。（最決昭40・5・25刑集一九・四・三五三）

第三四〇条【公訴取消しによる公訴棄却と再起訴の要件】　公訴の取消による公訴棄却の決定が確定したときは、公訴の取消後犯罪事実につきあらたに重要な証拠を発見した場合に限り、同一事件について更に公訴を提起することができる。

⊛【公訴の取消し↓二五七、三三九①[三]【本条違反の再起訴↓三三八[三]【適用除外↓三五〇の二六

第三四一条【被告人の陳述を聴かない判決】　被告人が陳述をせず、許可を受けないで退廷し、又は秩序維持のため裁判長から退廷を命ぜられたときは、その陳述を聴かないで判決をすることができる。

⊛【判決↓四三①【陳述↓三一一①【退廷の許可↓二八八①【退廷命令↓二八八②

被告人が法廷の秩序維持のため退廷を命ぜられた場合

1　反対尋問権の喪失↓一五七条[3]

2　本条と刑訴法三二六条二項の関係↓三二六条[11][12]

第三四二条【判決の宣告】　判決は、公判廷において、宣告によりこれを告知する。

⊛【判決↓四三①【公判廷↓裁六九

一　判決宣告及び訓戒の性質

[1]　判決の宣告は、既に内部的に成立している判決を告知しこれを外部的にも成立させる手続であり、また、裁判長の被告人に対する訓戒（刑訴規則二二一条）は、判決宣告の付随処置であり、性質上、審理及び判決に関与しない裁判官もこれをなし得る。（最決昭47・4・5判時六六二・九八）

[2]　判決主文朗読の際に告げられた刑と訓戒中に述べられた刑とが異なる場合は、主文朗読の際に告げられた刑が言い渡されたものと解すべきである。（大阪高判平元・2・28高刑四二・一・九二）

二　判決の宣告と被告人・弁護人の出頭

[3]　必要的弁護事件における弁護人の出頭（最判昭30・1・11刑集九・一・八）↓二八九条[5]

[4]　大赦による免訴の判決を宣告するにつき、被告人が、無罪判決を求めて長期間にわたり召喚に応じない場合は、刑訴法二八六条の二、三一四条一項ただし書、三四一条を類推適用して被告人不出頭のまま判決を宣告しても違法でない。（大阪高判平3・7・17高刑四四・二・一七七）↓二八六条[2]

[5]　判決宣告期日を変更したのに、変更前の期日に被告人・弁護人不出頭のまま判決を言い渡すのは違法である。（最判昭35・6・10刑集一四・七・九七〇）

三　判決理由の告知（刑訴規則三五条二項）

[6]　判決の宣告に際し、主文のみを告知し、その理由全部を省くことは許されない。（仙台高判昭63・12・12判時一三〇九・一五四）

四　判決書と判決宣告の関係

[7]　判決書は必ずしも判決宣告時に作成されていることを要しない。（旧法事件）（最判昭25・11・17刑集四・一一・二三二八）

[8]　判決宣告時に告知された理由の一部が削除・変更され、判決書に記載されていないとしても、判決公開に関する憲法三七条一項・八二条、裁判所法七〇条、本条等に反しない。（名古屋高金沢支判昭57・1・19判時一〇七一・一五二〈山中事件〉……上告審（最判平元・6・22刑集四三・六・四二七、重判平元刑訴六）は、審理不尽に基づく重大な事実誤認の疑いで破棄）

五　判決の言直し・宣告手続やり直しの効力

[9]　判決宣告の際、裁判長が主文の刑を誤って懲役一年二月と朗読した後、理由要旨と上訴期間を告知し退席し掛けた時に、弁護人から質問され即時その場で懲役一年六月と主文の刑を朗読し直した場合、被告人に対する宣告刑は一年六月として効力を生ずる。（最判昭47・6・15刑集二六・五・三四一）

[10]　判決は、宣告のための公判期日が終了し当該裁判所もこれを変更し得なくなるまでは、判決書又はその原稿の朗読の誤りの訂正はもとより、宣告した内容を変更し改めてこれを宣告することも違法ではなく、言直しがあったときはその内容どおりのものとして効力を生ずる。（最判昭51・11・4刑集三〇・一〇・一八八七、刑訴百選[六版]A32……執行猶予を実刑に変更）

[11]　第一審の裁判官が、判決宣告期日において、検察官の出席のない法廷で判決を宣告した上、被告人の退廷を許し、被告人が法廷外に出たときは、この時点で、判決宣告のための公判期日は終了したものというべきであり、その後、被告人を呼び戻し検察官出席の上で再度行われた判決の宣告は、法的効果を有しない。（最決平19・6・19刑集六一・四・三六九、重判平19刑訴八……検察官の出席のない法廷で行われた判決宣告手続の違法は、判決に影響を及ぼすことが明らかであり、これと異なる判断をして被告人の控訴を棄却した原判決には、法令解釈の誤りがあるが、いまだ破棄しなければ著しく正義に反するとまでは認められないとした）

六　判決の宣告と通訳人の要否↓一七五条[2]

七　耳の聞こえない被告人に対する判決の宣告↓一七六条[2]

第三四三条【禁錮以上の刑の宣告と保釈等の失効】　禁錮以上の刑に処する判決の宣告があつたときは、保釈又は勾留の執行停止は、その効力を失う。この場合には、あらたに保釈又は勾留の執行停止の決定がないときに限り、第九十八条の規定を準用す

る。

＊令和四法六七（令和七・六・一六までに施行）による改正
第三四三条中「禁錮」を「拘禁刑」に、「あらたに」を「新たに」に改める。（本文未織込み）

⊛+【保釈↓八八―九四【勾留の執行停止↓九五

[1] **一 再度の保釈の基準**
本条、刑訴法三四四条の趣旨によれば、被告人に禁錮以上の刑の言渡しがあった後は、逃亡のおそれのみを理由に保釈を許さないことができる。（東京高決昭31・2・16高刑九・一・九七）

二 禁錮以上の刑の言渡しと保釈保証金

[2] **1 保証金の返還時期**
保釈中の被告人を禁錮以上の刑に処する判決の言渡し後も勾留状の効力は消滅しないので、被告人が収監され又は当該判決確定後その執行のための呼出しに応じ出頭した後でなければ、保釈保証金を返還する必要はない。（最決昭25・3・30刑集四・三・四五七）

2 再度の保釈決定と保証金の没取↓九六条[12]

[3] **三 再度の保釈と被告人の控訴の棄却**
本条により再度保釈を許された被告人の控訴が棄却された場合にも、刑訴法四〇四条により本条が準用される。（東京高決昭31・2・16前出[1]）

第三四四条【禁錮以上の刑の宣告後における勾留期間等】 禁錮以上の刑に処する判決の宣告があつた後は、第六十条第二項但書及び第八十九条の規定は、これを適用しない。

＊令和四法六七（令和七・六・一六までに施行）による改正
第三四四条中「禁錮」を「拘禁刑」に、「第六十条第二項但書」を「第六十条第二項ただし書」に改める。（本文未織込み）

[1] **いわゆる国際人権規約B規約との関係**
国内法上法形式としての「法律」より上位の効力を有する法規たる条約である「市民的及び政治的権利に関する国際規約」九条3は「裁判に付される者を抑留することが原則であってはならず」と規定するにとどまり、合理的な理由がある場合においてもその例外を許さないものではない。一審で禁錮以上の刑に処する判決の宣告を受けた者には無罪の推定がなく、判決前より逃亡のおそれが強まり、刑の執行のために身柄を確保する必要性が増大することは明らかであるから、本条が裁量保釈の途を残しながら権利保釈を認めなかったことには合理的理由があり、右規約の前示条項に違反しない。（大阪高決平元・5・17判時一三三三・一五八）

第三四五条【無罪等の宣告と勾留状の失効】 無罪、免訴、刑の免除、刑の全部の執行猶予、公訴棄却（第三百三十八条第四号による場合を除く。）、罰金又は科料の裁判の告知があつたときは、勾留状は、その効力を失う。

⊛+【無罪↓三三六【免訴↓三三七【刑の免除↓三三四【刑の執行猶予↓三三三②【公訴棄却↓三三八、三三九

本条と刑訴法六〇条の関係

[1] 執行猶予の判決により勾留状が失効した後も、刑訴法六〇条一項各号の事由が新たに生じた場合は控訴審において新たに勾留状を発し得る。（最判昭29・10・26裁判集刑九九・五〇七）

[2] 第一審の無罪判決により勾留状が失効した後も、控訴審は、記録等の調査により、無罪判決理由の検討を経た上でもなお罪を犯したことを疑うに足りる相当な理由があると認めるときは、刑訴法六〇条一項各号に定める事由があり、かつ、控訴審における適正・迅速な審理のため勾留の必要性が認められる限り、審理の段階を問わず被告人を勾留することができ、新たな証拠の取調べを待たなければならないものではない。また、裁判所は、勾留理由・必要性の判断において、被告人に対し退去強制の手続が執られていることを考慮することができる。（最決平12・6・27刑集五四・五・四六一、刑訴百選[八版]九八……不法在留中の外国人の事件。遠藤、藤井各裁判官の反対意見がある）

[3] 第一審裁判所において犯罪の証明がないことを理由として無罪判決を受けた被告人を控訴裁判所が勾留する場合、「罪を犯したことを疑うに足りる相当な理由」の有無の判断は、無罪判決の存在を十分に踏まえて慎重になされなければならず、要求される嫌疑の程度は、第一審段階よりも強いものとなる。（最決平19・12・13刑集六一・九・八四三、刑訴百選[一〇版]九六）

[4] 犯罪の証明がないことを理由として無罪判決を言い渡した第一審裁判所が、控訴申立て後、記録が控訴審に送付される前の段階で、被告人を再度勾留することは、許されないことはいえないが、それが許されるのは、第一審の無罪判決に決定的な誤りを発見した場合か、それに匹敵する特段の事情がある場合でなければならない。（東京高決平19・9・5判タ一二五八・三四六）

[5] 第一審裁判所が犯罪の証明がないことを理由として無罪の言渡しをした場合であっても、控訴審裁判所は、第一審裁判所の判決の内容、とりわけ無罪とした理由及び関係証拠を検討した結果、なお罪を犯したことを疑うに足りる相当な理由があり、かつ本条の趣旨及び控訴審が事後審査審であることを考慮しても、勾留の理由及び必要性が認められるときは、その審理の段階を問わず、被告人を勾留することができる。（最決平23・10・5刑集六五・七・九七七）

第三四六条【没収の言渡しがない押収物】 押収した物について、没収の言渡がないときは、押収を解く言渡があつたものとする。

⊛+【押収↓九九―一〇二【没収↓刑一九

第三四七条【押収物還付の言渡し】 ① 押収した贓物で被害者に還付すべき理由が明らかなものは、これを被害者に還付する言渡をしなければならない。

② 贓物の対価として得た物について、被害者から交付の請求があつたときは、前項の例による。

③ 仮に還付した物について、別段の言渡がないときは、還付の言渡があつたものとする。

④ 前三項の規定は、民事訴訟の手続に従い、利害関係人がその権利を主張することを妨げない。

⊛❶❷【贓物の還付↓一二四 ❸【仮還付↓一二三②

[1] **一 「被害者に還付すべき理由が明らかなもの」**
被害者不明の場合、被害者の存在自体は明らかでただその何人たるかが不明であるにすぎないから、没収することはできず、被害者還付の言渡しをなすべきである。（仙台高判昭34・2・19高刑一二・二・五九）

二 被害者還付の言渡しと上訴

[2] 被害者還付の言渡しに対する不服申立ては、付随的裁判に対する上訴たる性質を有するので、本案裁判につき上訴の理由がないときは、不適法として排斥すべきである。（旧法事件）（大阪高判昭23・6・8高刑一・一・七五）

[3] 押収贓物〔ぞうぶつ〕の被害者還付は刑罰的色彩をまったく欠く上、終局裁判の主文で言い渡す場合にも主文に掲げられる他の裁判とは必ずしも内容的に関連せず、手続的にもこれと同時に確定させる必要はないのであるから、終局判決に対する上訴申立てを受けた上級審は、本案部分に対する上訴申立ての理由の有無を問わず、原審の還付の措置の違法を、刑

訴法四〇二条に関係なく、また必要な部分に限定して是正し得る。（大阪高判昭60・11・8高刑三八・三・一九九）

第三四八条【仮納付の判決】① 裁判所は、罰金、科料又は追徴を言い渡す場合において、判決の確定を待つてはその執行をすることができず、又はその執行をするのに著しい困難を生ずる虞があると認めるときは、検察官の請求により又は職権で、被告人に対し、仮に罰金、科料又は追徴に相当する金額を納付すべきことを命ずることができる。

② 仮納付の裁判は、刑の言渡と同時に、判決でその言渡をしなければならない。

③ 仮納付の裁判は、直ちにこれを執行することができる。

参【仮納付→四七一・四九〇・四九三・四九四

1 **仮納付の裁判と上訴** 罰金仮納付の裁判は本案付随の裁判であるから、たとえこれに誤りがある場合でも本案に付随してのみ控訴理由となし得、また本案の裁判に対する控訴の理由がなければ原判決破棄の理由ともならない。（東京高判昭45・11・19刑月二・一一・一一六〇）

第三四九条【刑の執行猶予取消しの手続】① 刑の執行猶予の言渡を取り消すべき場合には、検察官は、刑の言渡を受けた者の現在地又は最後の住所地を管轄する地方裁判所、家庭裁判所又は簡易裁判所に対しその請求をしなければならない。

② 刑法第二十六条の二第二号又は第二十七条の五第二号の規定により刑の執行猶予の言渡しを取り消すべき場合には、前項の請求は、保護観察所の長の申出に基づいてこれをしなければならない。

＊令和四法六七（令和七・六・一六までに施行）**による改正後**

第三四九条【刑の執行猶予取消しの手続】① 刑の執行猶予の言渡しを取り消すべき場合には、検察官は、刑の言渡しを受けた者の現在地又は最後の住所地を管轄する地方裁判所、家庭裁判所又は簡易裁判所に対しその請求をしなければならない。

②（略）

③ 刑法第二十七条第四項若しくは第五項又は第二十七条の七第四項若しくは第五項の規定により刑の執行猶予の言渡しを取り消すべき場合には、第一項の請求は、同法第二十七条第二項前段に規定する刑の全部の執行猶予の期間内又は同法第二十七条の七第二項前段に規定する刑の一部の執行猶予の言渡し後その猶予の期間を経過するまでに更に犯した罪であつて当該請求の理由に係るものについて罰金以上の刑に処する裁判が確定した日から二箇月を経過した後は、これをすることができない。（改正により追加）

参【取消し→刑二六、二六の二、二七の四、二七の五、薬物一部猶予五 ❶【請求→刑訴規二二二の四—二二二の六

1 **「住所地」の意義** ある場所を生活の本拠とする意思を持ってその意思を実現する行為に出ていた以上、たとえ居住期間が二、三日にすぎなくてもその期間内は当該場所をその者の住所と認めることができる。（東京高決昭27・12・2高刑五・一二・二二七八）

第三四九条の二【同前】① 前条の請求があつたときは、裁判所は、猶予の言渡を受けた者又はその代理人の意見を聴いて決定をしなければならない。

② 前項の場合において、その請求が刑法第二十六条の二第二号又は第二十七条の五第二号の規定による猶予の言渡しの取消しを求めるものであつて、猶予の言渡しを受けた者の請求があるときは、口頭弁論を経なければならない。

③ 第一項の決定をするについて口頭弁論を経る場合には、猶予の言渡を受けた者は、弁護人を選任することができる。

④ 第一項の決定をするについて口頭弁論を経る場合には、検察官は、裁判所の許可を得て、保護観察官に意見を述べさせることができる。

⑤ 第一項の決定に対しては、即時抗告をすることができる。

参❷【口頭の弁論→刑訴規二二二の七、二二二の九

1 **一 口頭弁論請求権等の通知** 刑訴規則二二二条の七第一項の手続を経ることなく、刑法二六条の二第二号により刑の執行猶予の言渡しを取り消すことは、猶予の言渡しを受けた者が刑訴法によって付与された権利を侵害することになり、許されない。（最決平12・4・21判時一七〇八・一六五）

2 **二 弁護人による書類証拠物の閲覧・謄写** 本条による執行猶予言渡しの取消手続には、刑訴法四〇条及び刑訴規則三一条が準用される。（福岡高決昭54・1・22判時九三三・一六一）

3 **三 決定謄本の受送達者** 刑の執行猶予の言渡し取消し決定の謄本の送達（刑訴規則三四条）を受けるべき者は、検察官及び猶予の言渡しを受けた者（被請求人）であり、同謄本が被請求人の選任した弁護人に対して送達されたからといって、被請求人に対する送達が行われたものと同じ法的な効果は生じない。（最決平29・1・16刑集七一・一・一、重判平29刑訴三）

4 **四 被請求人から委任を受けた母親による即時抗告** 成人である被請求人の母親は、被請求人から本条一項に基づく求意見に対する回答及び即時抗告の申立てについて権限の委任を受けていたとしても、刑訴法三五五条にいう「原審における代理人」には該当せず、また、上訴について、弁護士以外の者による委任代理は明文の規定がない以上許されるべきではないから、本条一項の決定に対して、被請求人のため即時抗告をすることはできない。（最決平17・3・18刑集五九・二・三八、重判平17刑訴九）

第三五〇条【併合罪中大赦を受けない罪の刑を定める手続】 刑法第五十二条の規定により刑を定むべき場合には、検察官は、その犯罪事実について最終の判決をした裁判所にその請求をしなければならない。この場合には、前条第一項及び第五項の規定を準用する。

参【準用→刑訴規二二二の一〇

第四章 証拠収集等への協力及び訴追に関する合意

第一節 合意及び協議の手続

第三五〇条の二【合意の内容・対象犯罪】① 検察官は、特定犯罪に係る事件の被疑者又は被告人が特定犯罪に係る他人の刑事事件（以下単に「他人の刑事事件」という。）について一又は二以上の第一号に掲げる行為をすることにより得られる証拠の重要性、関係する犯罪の軽重及び情状、当該関係する犯罪の関連性の程度その他の事情を考慮して、必要と認めるときは、被疑者又は被告人との間で、被疑者又は被告人が当該他人の刑事事件について一又は二以上の同号に掲げる行為をし、かつ、検察官が被疑者又は被告人の当該事件について一又は二以上の第二号に掲げる行為をすることを内容とする合意をすることができる。

一 次に掲げる行為

イ 第百九十八条第一項又は第二百二十三条第一項の規定による検察官、検察事務官又は司法警察職員の取調べに際して真実の供述をすること。

ロ 証人として尋問を受ける場合において真実の供述をすること。

ハ 検察官、検察事務官又は司法警察職員による証拠の収集に関し、証拠の提出その他の必要な協力をすること（イ及

びロに掲げるものを除く。）。

二　次に掲げる行為

イ　公訴を提起しないこと。

ロ　公訴を取り消すこと。

ハ　特定の訴因及び罰条により公訴を提起し、又はこれを維持すること。

ニ　特定の訴因若しくは罰条の追加若しくは撤回又は特定の訴因若しくは罰条への変更を請求すること。

ホ　第二百九十三条第一項の規定による意見の陳述において、被告人に特定の刑を科すべき旨の意見を陳述すること。

ヘ　即決裁判手続の申立てをすること。

ト　略式命令の請求をすること。

②　前項に規定する「特定犯罪」とは、次に掲げる罪（死刑又は無期の懲役若しくは禁錮に当たるものを除く。）をいう。

一　刑法第九十六条から第九十六条の六まで若しくは第百五十五条の罪、同条の例により処断すべき罪、同法第百五十七条の罪、同法第百五十八条の罪（同法第百五十五条の罪、同条の例により処断すべき罪又は同法第百五十七条第一項若しくは第二項の罪に係るものに限る。）又は同法第百五十九条から第百六十三条の五まで、第百九十七条から第百九十七条の四まで、第百九十八条、第二百四十六条から第二百五十条まで若しくは第二百五十二条から第二百五十四条までの罪

二　組織的な犯罪の処罰及び犯罪収益の規制等に関する法律（平成十一年法律第百三十六号。以下「組織的犯罪処罰法」という。）第三条第一項第一号から第四号まで、第十三号若しくは第十四号に掲げる罪に係る同条の罪、同項第十三号若しくは第十四号に掲げる罪に係る同条の罪の未遂罪又は組織的犯罪処罰法第十条若しくは第十一条の罪

三　前二号に掲げるもののほか、租税に関する法律、私的独占の禁止及び公正取引の確保に関する法律（昭和二十二年法律第五十四号）又は金融商品取引法（昭和二十三年法律第二十五号）の罪その他の財政経済関係犯罪として政令で定めるもの

四　次に掲げる法律の罪

イ　爆発物取締罰則（明治十七年太政官布告第三十二号）

ロ　大麻取締法（昭和二十三年法律第百二十四号）

ハ　覚醒剤取締法（昭和二十六年法律第二百五十二号）

ニ　麻薬及び向精神薬取締法（昭和二十八年法律第十四号）

ホ　武器等製造法（昭和二十八年法律第百四十五号）

ヘ　あへん法（昭和二十九年法律第七十一号）

ト　銃砲刀剣類所持等取締法（昭和三十三年法律第六号）

チ　国際的な協力の下に規制薬物に係る不正行為を助長する行為等の防止を図るための麻薬及び向精神薬取締法等の特例等に関する法律（平成三年法律第九十四号）

五　刑法第百三条、第百四条若しくは第百五条の二の罪又は組織的犯罪処罰法第七条の罪（同条第一項第一号から第三号までに掲げる者に係るものに限る。）若しくは組織的犯罪処罰法第七条の二の罪（いずれも前各号に掲げる罪を本犯の罪とするものに限る。）

＊令和四法六七（令和七・六・一六までに施行）**による改正**
第二項中「無期の懲役若しくは禁錮」を「無期拘禁刑」に改める。（本文未織込み）

③　第一項の合意には、被疑者若しくは被告人がする同項第一号に掲げる行為又は検察官がする同項第二号に掲げる行為に付随する事項その他の合意の目的を達するため必要な事項をその内容として含めることができる。

参❶【公訴の提起・不提起→二四七、二四八【公訴の取消し→二五七【訴因・罰条→二五六③④、三一二①【即決裁判手続の申立て→三五〇の一六【略式命令の請求→四六二　＊【合意に基づいてした被告人の行為により得られた証拠の証拠能力制限→三五〇の一二、三五〇の一四

第三五〇条の三【弁護人の同意、合意内容書面の作成】①　前条第一項の合意をするには、弁護人の同意がなければならない。

②　前条第一項の合意は、検察官、被疑者又は被告人及び弁護人が連署した書面により、その内容を明らかにしてするものとする。

参❷【連署した書面→三五〇の七―三五〇の九、四六二の二①

第三五〇条の四【協議の主体】　第三百五十条の二第一項の合意をするため必要な協議は、検察官と被疑者又は被告人及び弁護人との間で行うものとする。ただし、被疑者又は被告人及び弁護人に異議がないときは、協議の一部を弁護人のみとの間で行うことができる。

第三五〇条の五【協議における供述の聴取】①　前条の協議において、検察官は、被疑者又は被告人に対し、他人の刑事事件について供述を求めることができる。この場合においては、第百九十八条第二項の規定を準用する。

②　被疑者又は被告人が前条の協議においてした供述は、第三百五十条の二第一項の合意が成立しなかつたときは、これを証拠とすることができない。

③　前項の規定は、被疑者又は被告人が当該協議においてした行為が刑法第百三条、第百四条若しくは第百七十二条の罪又は組織的犯罪処罰法第七条第一項第一号若しくは第二号に掲げる者に係る同条の罪に当たる場合において、これらの罪に係る事件において用いるときは、これを適用しない。

参＊【他人の刑事事件→三五〇の二①　❷【協議においてした供述の本項以外による証拠能力制限→三五〇の一二、三五〇の一四

第三五〇条の六【司法警察員との関係】①　検察官は、司法警察員が送致し若しくは送付した事件又は司法警察員が現に捜査していると認める事件について、その被疑者との間で第三百五十条の四の協議を行おうとするときは、あらかじめ、司法警察員と協議しなければならない。

②　検察官は、第三百五十条の四の協議に係る他人の刑事事件について司法警察員が現に捜査していることその他の事情を考慮して、当該他人の刑事事件の捜査のため必要と認めるときは、前条第一項の規定により供述を求めることその他の当該協議における必要な行為を司法警察員にさせることができる。この場合において、司法警察員は、検察官の個別の授権の範囲内で、検察官が第三百五十条の二第一項の合意の内容とすることを提案する同項第二号に掲げる行為の内容の提示をすることができる。

参❶【送致事件→二四六、二〇三、二一一、二一六【送付事件→二四二、二四五　＊捜査規範九章

第二節　公判手続の特例

第三五〇条の七【合意した被告人の事件における合意内容書面等の証拠調べの請求】①　検察官は、被疑者との間でした第三百五十条の二第一項の合意がある場合において、当該合意に係る被疑者の事件について公訴を提起したときは、第二百九十一条の手続が終わつた後（事件が公判前整理手続に付された場合にあつては、その時後）遅滞なく、証拠として第三百五十条の三第二項の書面（以下「合意内容書面」という。）の取調べを請求しなければならない。被告事件について、公訴の提起後に被告人との間で第三百五十条の二第一項の合意をしたときも、同様とする。

②　前項の規定により合意内容書面の取調べを請求する場合において、当該合意の当事者が第三百五十条の十第二項の規定により当該合意から離脱する旨の告知をしているときは、検察官は、あわせて、同項の書面の取調べを請求しなければならない。

③　第一項の規定により合意内容書面の取調べを請求した後に、当該合意の当事者が第三百五十条の十第二項の規定により当該合意から離脱する旨の告知をしたときは、検察官は、遅滞なく、同項の書面の取調べを請求しなければならない。

§❶【公判前整理手続に付された場合↓三一六の二一】

第三五〇条の八【解明対象となる他人の事件における合意内容書面等の証拠調べの請求】 被告人以外の者の供述録取書等であつて、その者が第三百五十条の二第一項の合意に基づいてされた供述を録取し若しくは記録したもの又は同項の合意に基づいて作成したものについて、検察官、被告人若しくは弁護人が取調べを請求し、又は裁判所が職権でこれを取り調べることとしたときは、検察官は、遅滞なく、合意内容書面の取調べを請求しなければならない。この場合においては、前条第二項及び第三項の規定を準用する。

§+【供述録取書等↓二九〇の三】【検察官・被告人・弁護人による取調請求↓二九八①】【職権による取調べ↓二九八②】【合意内容書面↓三五〇の七①、三五〇の三②】

合意内容書面の取調べ請求と類型証拠開示↓三一六条の一五7

第三五〇条の九【同前】 検察官、被告人若しくは弁護人が証人尋問を請求し、又は裁判所が職権で証人尋問を行うこととした場合において、その証人となるべき者との間で当該証人尋問についてした第三百五十条の二第一項の合意があるときは、検察官は、遅滞なく、合意内容書面の取調べを請求しなければならない。この場合においては、第三百五十条の七第三項の規定を準用する。

§+【検察官・被告人・弁護人による証人尋問請求↓二九八①】【職権による証人尋問↓二九八②】【合意内容書面↓三五〇の七①、三五〇の三②】

第三節　合意の終了

第三五〇条の一〇【合意からの離脱】 ①　次の各号に掲げる事由があるときは、当該各号に定める者は、第三百五十条の二第一項の合意から離脱することができる。

一　第三百五十条の二第一項の合意の当事者が当該合意に違反したとき　その相手方

二　次に掲げる事由　被告人

イ　検察官が第三百五十条の二第一項第二号ニに係る同項の合意に基づいて訴因又は罰条の追加、撤回又は変更を請求した場合において、裁判所がこれを許さなかつたとき。

ロ　検察官が第三百五十条の二第一項第二号ホに係る同項の合意に基づいて第二百九十三条第一項の規定による意見の陳述において被告人に特定の刑を科すべき旨の意見を陳述した事件について、裁判所がその刑より重い刑の言渡しをしたとき。

ハ　検察官が第三百五十条の二第一項第二号ヘに係る同項の合意に基づいて即決裁判手続の申立てをした事件について、裁判所がこれを却下する決定（第三百五十条の二十二第三号又は第四号に掲げる場合に該当することを理由とするものに限る。）をし、又は第三百五十条の二十五第一項第三号若しくは第四号に該当すること（同号については、被告人が起訴状に記載された訴因について有罪である旨の陳述と相反するか又は実質的に異なつた供述をしたことにより同号に該当する場合を除く。）となつたことを理由として第三百五十条の二十二の決定を取り消したとき。

ニ　検察官が第三百五十条の二第一項第二号トに係る同項の合意に基づいて略式命令の請求をした事件について、裁判所が第四百六十三条第一項若しくは第二項の規定により通常の規定に従い審判をすることとし、又は検察官が第四百六十五条第一項の規定により正式裁判の請求をしたとき。

三　次に掲げる事由　検察官

イ　被疑者又は被告人が第三百五十条の四の協議においてした他人の刑事事件についての供述の内容が真実でないことが明らかになつたとき。

ロ　第一号に掲げるもののほか、被疑者若しくは被告人が第三百五十条の二第一項の合意に基づいてした供述の内容が真実でないこと又は被疑者若しくは被告人が同項の合意に基づいて提出した証拠が偽造若しくは変造されたものであることが明らかになつたとき。

②　前項の規定による離脱は、その理由を記載した書面により、当該離脱に係る合意の相手方に対し、当該合意から離脱する旨の告知をして行うものとする。

§❶【訴因・罰条の追加・撤回・変更の不許可↓三一二①】【即決裁判手続の申立ての却下↓刑訴規二二二の一四】【即決裁判手続による審判の決定の取消し↓三五〇の二五①】❷【本項の書面の取調べ等↓三五〇の七②③、三五〇の八、三五〇の九、四六二の二②】

第三五〇条の一一【合意の失効】 検察官が第三百五十条の二第一項第二号イに係る同項の合意に基づいて公訴を提起しない処分をした事件について、検察審査会法第三十九条の五第一項第一号若しくは第二号の議決又は同法第四十一条の六第一項の起訴議決があつたときは、当該合意は、その効力を失う。

第三五〇条の一二【合意の失効の場合の証拠能力の制限】

①　前条の場合には、当該議決に係る事件について公訴が提起されたときにおいても、被告人が第三百五十条の四の協議においてした供述及び当該合意に基づいてした被告人の行為により得られた証拠並びにこれらに基づいて得られた証拠は、当該被告人の刑事事件において、これらを証拠とすることができない。

②　前項の規定は、次に掲げる場合には、これを適用しない。

一　前条に規定する議決の前に被告人がした行為が、当該合意に違反するものであつたことが明らかになり、又は第三百五十条の十第一項第三号イ若しくはロに掲げる事由に該当することとなつたとき。

二　被告人が当該合意に基づくものとしてした行為又は当該協議においてした行為が第三百五十条の十五第一項の罪、刑法第百三条、第百四条、第百六十九条若しくは第百七十二条の罪又は組織的犯罪処罰法第七条第一項第一号若しくは第二号に掲げる者に係る同条の罪に当たる場合において、これらの罪に係る事件において用いるとき。

三　証拠とすることについて被告人に異議がないとき。

§+【協議においてした供述↓三五〇の五①】【合意に基づいてした被告人の行為により得られた証拠↓三五〇の二①[一]】

第四節　合意の履行の確保

第三五〇条の一三【合意違反の場合の公訴棄却等】 ①　検察官が第三百五十条の二第一項第二号イからニまで、ヘ又はトに係る同項の合意（同号ハに係るものについては、特定の訴因及び罰条により公訴を提起する旨のものに限る。）に違反して、公訴を提起し、公訴を取り消さず、異なる訴因及び罰条により公訴を提起し、訴因若しくは罰条の追加、撤回若しくは変更を請求することなく若しくは異なる訴因若しくは罰条の追加若しくは撤回若しくは異なる訴因若しくは罰条への変更を請求して公訴を維持し、又は即決裁判手続の申立て若しくは略式命令の請求を同時にすることなく公訴を提起したときは、判決で当該公訴を棄却しなければならない。

②　検察官が第三百五十条の二第一項第二号ハに係る同項の合意（特定の訴因及び罰条により公訴を維持する旨のものに限る。）に違反して訴因又は罰条の追加又は変更を請求したときは、裁判所は、第三百十二条第一項の規定にかかわらず、これを許してはならない。

§+三五〇の二①§❶【判決による公訴棄却↓三三八[四]】

第三五〇条の一四【合意違反の場合の証拠能力の制限】① 検察官が第三百五十条の二第一項の合意に違反したときは、被告人が第三百五十条の四の協議においてした供述及び当該合意に基づいてした被告人の行為により得られた証拠は、これらを証拠とすることができない。

② 前項の規定は、当該被告人の刑事事件の証拠とすることについて当該被告人に異議がない場合及び当該被告人以外の者の刑事事件の証拠とすることについてその者に異議がない場合には、これを適用しない。

参【協議においてした供述→三五〇の五①【合意に基づいてした被告人の行為により得られた証拠→三五〇の二①[一]

第三五〇条の一五【虚偽供述等の処罰】① 第三百五十条の二第一項の合意に違反して、検察官、検察事務官又は司法警察職員に対し、虚偽の供述をし又は偽造若しくは変造の証拠を提出した者は、五年以下の懲役に処する。

＊**令和四法六七**（令和七・六・一六までに施行）**による改正**
第一項中「懲役」を「拘禁刑」に改める。（本文未織込み）

② 前項の罪を犯した者が、当該合意に係る他人の刑事事件の裁判が確定する前であつて、かつ、当該合意に係る自己の刑事事件の裁判が確定する前に自白したときは、その刑を減軽し、又は免除することができる。

参❶刑一〇三、一〇四　❷【自白による刑の任意的減免→刑一七〇、一七三

第五章　即決裁判手続

第一節　即決裁判手続の申立て

第三五〇条の一六【申立ての要件と手続】① 検察官は、公訴を提起しようとする事件について、事案が明白であり、かつ、軽微であること、証拠調べが速やかに終わると見込まれることその他の事情を考慮し、相当と認めるときは、公訴の提起と同時に、書面により即決裁判手続の申立てをすることができる。ただし、死刑又は無期若しくは短期一年以上の懲役若しくは禁錮に当たる事件については、この限りでない。

＊**令和四法六七**（令和七・六・一六までに施行）**による改正**
第一項ただし書中「懲役若しくは禁錮」を「拘禁刑」に改める。（本文未織込み）

② 前項の申立ては、即決裁判手続によることについての被疑者の同意がなければ、これをすることができない。

③ 検察官は、被疑者に対し、前項の同意をするかどうかの確認を求めるときは、これを書面でしなければならない。この場合において、検察官は、被疑者に対し、即決裁判手続を理解させるために必要な事項（被疑者に弁護人がないときは、次条の規定により弁護人を選任することができる旨を含む。）を説明し、通常の規定に従い審判を受けることができる旨を告げなければならない。

④ 被疑者に弁護人がある場合には、第一項の申立ては、被疑者が第二項の同意をするほか、弁護人が即決裁判手続によることについて同意をし又はその意見を留保しているときに限り、これをすることができる。

⑤ 被疑者が第二項の同意をし、及び弁護人が前項の同意をし又はその意見を留保するときは、書面でその旨を明らかにしなければならない。

⑥ 第一項の書面には、前項の書面を添付しなければならない。

参【申立書→刑訴規二二二の一一

第三五〇条の一七【同意確認のための公的弁護人の選任】① 前条第三項の確認を求められた被疑者が即決裁判手続によることについて同意をするかどうかを明らかにしようとする場合において、被疑者が貧困その他の事由により弁護人を選任することができないときは、裁判官は、その請求により、被疑者のため弁護人を付さなければならない。ただし、被疑者以外の者が選任した弁護人がある場合は、この限りでない。

② 第三十七条の三の規定は、前項の請求をする場合についてこれを準用する。

参❶【請求→刑訴規二八、二八の三【弁護人選任手続→刑訴規二二二の一二、二二二の一三

第二節　公判準備及び公判手続の特例

第三五〇条の一八【職権による公的弁護人の選任】 即決裁判手続の申立てがあつた場合において、被告人に弁護人がないときは、裁判長は、できる限り速やかに、職権で弁護人を付さなければならない。

参【弁護人の選任→三八、刑訴規二九

第三五〇条の一九【検察官請求証拠の開示】 検察官は、即決裁判手続の申立てをした事件について、被告人又は弁護人に対し、第二百九十九条第一項の規定により証拠書類を閲覧する機会その他の同項に規定する機会を与えるべき場合には、できる限り速やかに、その機会を与えなければならない。

参二九九①

第三五〇条の二〇【弁護人に対する同意の確認】① 裁判所は、即決裁判手続の申立てがあつた事件について、弁護人が即決裁判手続によることについてその意見を留保しているとき、又は即決裁判手続の申立てがあつた後に弁護人が選任されたときは、弁護人に対し、できる限り速やかに、即決裁判手続によることについて同意をするかどうかの確認を求めなければならない。

② 弁護人は、前項の同意をするときは、書面でその旨を明らかにしなければならない。

参【即決裁判手続の申立て→三五〇の一六【弁護人の同意・意見の留保→三五〇の一六④

第三五〇条の二一【公判期日の指定】 裁判長は、即決裁判手続の申立てがあつたときは、検察官及び被告人又は弁護人の意見を聴いた上で、その申立て後（前条第一項に規定する場合においては、同項の同意があつた後）、できる限り早い時期の公判期日を定めなければならない。

参【公判期日の指定→刑訴規二二二の一八

第三五〇条の二二【即決裁判手続による審判の決定】 裁判所は、即決裁判手続の申立てがあつた事件について、第二百九十一条第四項の手続に際し、被告人が起訴状に記載された訴因について有罪である旨の陳述をしたときは、次に掲げる場合を除き、即決裁判手続によつて審判をする旨の決定をしなければならない。

一 第三百五十条の十六第二項又は第四項の同意が撤回されたとき。

二 第三百五十条の二十第一項に規定する場合において、同項の同意がされなかつたとき、又はその同意が撤回されたとき。

三 前二号に掲げるもののほか、当該事件が即決裁判手続によることができないものであると認めるとき。

四 当該事件が即決裁判手続によることが相当でないものであると認めるとき。

参【申立ての却下→刑訴規二二二の一四、二二二の一五

合憲性

[7] 即決裁判手続は、刑の執行猶予の言渡しが必要的であるが、被告人に対する手続保障の内容に照らすと、制度自体が安易な虚偽の自白を誘発するものとはいえず、憲法三八条二項に違反しない。（最判平21・7・14刑集六三・六・六二三、刑訴百選〔一〇版〕五九）→四〇三条の二[7]

第三五〇条の二三【必要的弁護】 前条の手続を行う公判期日及び即決裁判手続による公判期日については、弁護人がないときは、これを開くことができない。

【弁護人がないとき→刑訴規二二二の一七【弁護人選任の通知→刑訴規二二二の一六

第三五〇条の二四【公判審理の方式】 ① 第三百五十条の二十二の決定のための審理及び即決裁判手続による審判については、第二百八十四条、第二百八十五条、第二百九十六条、第二百九十七条、第三百条から第三百二条まで及び第三百四条から第三百七条までの規定は、これを適用しない。

② 即決裁判手続による証拠調べは、公判期日において、適当と認める方法でこれを行うことができる。

刑訴規二二二の一八

第三五〇条の二五【即決裁判手続による審判の決定の取消し】 ① 裁判所は、第三百五十条の二十二の決定があつた事件について、次の各号のいずれかに該当することとなつた場合には、当該決定を取り消さなければならない。

一 判決の言渡し前に、被告人又は弁護人が即決裁判手続によることについての同意を撤回したとき。

二 判決の言渡し前に、被告人が起訴状に記載された訴因について有罪である旨の陳述を撤回したとき。

三 前二号に掲げるもののほか、当該事件が即決裁判手続によることができないものであると認めるとき。

四 当該事件が即決裁判手続によることが相当でないものであると認めるとき。

② 前項の規定により第三百五十条の二十二の決定が取り消されたときは、公判手続を更新しなければならない。ただし、検察官及び被告人又は弁護人に異議がないときは、この限りでない。

❶【被告人・弁護人の同意→三五〇の一六②④・三五〇の二〇①【有罪の陳述→三五〇の二二 ❷【公判手続の更新の手続→刑訴規二一三の二

第三五〇条の二六【公訴取消しによる公訴棄却と再起訴】 即決裁判手続の申立てを却下する決定（第三百五十条の二十二第三号又は第四号に掲げる場合に該当することを理由とするものを除く。）があつた事件について、当該決定後、証拠調べが行われることなく公訴が取り消された場合において、公訴の取消しによる公訴棄却の決定が確定したときは、第三百四十条の規定にかかわらず、同一事件について更に公訴を提起することができる。前条第一項第一号、第二号又は第四号のいずれかに該当すること（同号については、被告人が起訴状に記載された訴因について有罪である旨の陳述と相反するか又は実質的に異なつた供述をしたことにより同号に該当する場合に限る。）となつたことを理由として第三百五十条の二十二の決定が取り消された事件について、当該取消しの決定後、証拠調べが行われることなく公訴が取り消された場合において、公訴の取消しによる公訴棄却の決定が確定したときも、同様とする。

【即決裁判手続の申立ての却下→刑訴規二二二の一四【公訴の取消し→二五七【公訴棄却の決定→三三九㊀

第三節　証拠の特例

第三五〇条の二七【伝聞証拠排斥の適用除外】 第三百五十条の二十二の決定があつた事件の証拠については、第三百二十条第一項の規定は、これを適用しない。ただし、検察官、被告人又は弁護人が証拠とすることに異議を述べたものについては、この限りでない。

三二〇②

第四節　公判の裁判の特例

第三五〇条の二八【即日判決の要請】 裁判所は、第三百五十条の二十二の決定があつた事件については、できる限り、即日判決の言渡しをしなければならない。

第三五〇条の二九【懲役又は禁錮の言渡し】 即決裁判手続において懲役又は禁錮の言渡しをする場合には、その刑の全部の執行猶予の言渡しをしなければならない。

> **＊令和四法六七（令和七・六・一六までに施行）による改正**
> 第三五〇条の二九中「懲役又は禁錮」を「拘禁刑」に改める。（本文未織込み）

【刑の全部の執行猶予→刑二五【控訴制限→四〇三の二

第三編　上訴

第一章　通則

第三五一条【上訴権者】 ① 検察官又は被告人は、上訴をすることができる。

② 第二百六十六条第二号の規定により裁判所の審判に付された事件と他の事件とが併合して審判され、一個の裁判があつた場合には、第二百六十八条第二項の規定により検察官の職務を行う弁護士及び当該他の事件の検察官は、その裁判に対し各々独立して上訴をすることができる。

【他の上訴権者→三五二―三五六【刑事施設に収容中の被告人の上訴→三六六

一　検察官による上訴

1　合憲性

[1] 一事不再理の原則は、何人も同じ犯行について、二度以上罪の有無に関する裁判を受ける危険にさらされるべきでないという根本思想に基づいており、その危険とは、同一の事件においては、訴訟手続の開始から終末に至るまでの一つの継続状態とみるのが相当であって、第一審・控訴審・上告審の手続はいずれも継続する一つの危険の各部分にすぎないから、下級審における無罪又は有罪判決に対し、検察官が上訴をなし有罪又はより重い刑の判決を求めることは憲法三九条に違反しない。〔旧法事件〕（最大判昭25・9・27刑集四・九・一八〇五、刑訴百選[一〇版]A46）→憲三九条[4]

2　上訴の利益

[2] 検察官が裁判所の命令によらないで、予備的に訴因及び罰条の追加を請求した場合においても、裁判所が本位的訴因を排斥し、予備的訴因を認容した判決の理由中事実の認定又は法令の解釈、適用に適正を欠くものがあるときは、検察官は、本位的訴因について有罪の認定を求めるため上訴を申し立てる利益があると解してよい。（東京高判昭40・6・3高刑一八・四・三二八、刑訴百選[三版]一〇〇）

[3] 検察官が任意に予備的に訴因を追加し、裁判所がその予備的訴因を認定した場合には、検察官は主訴因を認定すべきであったとして控訴することはできないが、裁判所の命令に従って予備的訴因を追加した場合に限り、控訴することができる。（東京高判昭43・4・9判時五一三・八七……裁判所の命令に従った事案）

二　被告人による上訴

1　上訴の利益

[4] 被告人のためにする上訴は、不利益な裁判を是正して利益となすことを求めることをもってその本質とするから、被告人は下級裁判所の裁判が自己に不利益な場合でなければ右裁判に対する上訴権を有せず、裁判が被告人に不利益であるか否かは、専らその主文を標準として客観的に定めることを要し、裁判の理由及び被告人の主観的事情等はこれを考慮することを要しない。〔旧法事件〕（大決大13・11・27刑集三・八〇四）

[5] 被告人は、無罪の判決については、その理由のいかんを問わずこれに対し上訴権を有しない。（最決昭37・9・18判時三一八・三四）

[6] 大赦を理由とする免訴の判決に対し、被告人は訴訟の実体に関する理由を主張して、無罪の判決を求めることはできない。〔旧法事件〕（最大判昭23・5・26刑集二・六・五二九〈プラカード事件〉刑訴百選[一〇版]A47）↓三三七条[2]

[7] 再審の審判手続において、刑の廃止又は大赦による免訴判決に対し被告人が無罪を主張して上訴することはできない。〔旧法事件〕（最判平20・3・14刑集六二・三・一八五〈横浜事件〉重判平20刑訴六）↓四三九条[4]

[8] 科刑上の一罪として認定された所為を併合罪に当たると主張する上告論旨は、被告人にとり不利益な主張であって、上告理由として許されない。（最決昭29・10・19刑集八・一〇・一五九六）

[9] 公訴棄却の決定に対しては、被告人・弁護人からその違法・不当を主張して上訴することはできない。（最決昭53・10・31刑集三二・七・一七九三、刑訴百選[六版]八五）↓三三九条[1]

[10] 管轄違いを言い渡した判決を不当としてその破棄を求めて上訴するのは、被告人の不利益に帰するものであるから、不適法である。〔旧法事件〕（大判明37・6・27刑録一〇・一四一六）

2　第三者所有物の没収

[11] 没収の言渡しを受けた被告人は、たとえ第三者の所有物に関する場合であっても、被告人に対する付加刑である以上、没収の裁判の違憲を理由として上告することができる。（最大判昭37・11・28刑集一六・一一・一五七七）

第三五二条【同前】 検察官又は被告人以外の者で決定を受けたものは、抗告をすることができる。

参【決定を受けたものの例↓一三三・一三七・一五〇・一六〇・一八六・一八七

「決定を受けたもの」の例

[1] 被告人以外の者で、保釈保証金若しくはこれに代わる有価証券を納付し、又は保証書を差し出した者（最大決昭43・6・12刑集二二・六・四六二、刑訴百選[二版]九六）↓九六条[13]

[2] 付審判請求事件についてなされた提出命令を受けた者（最決昭44・9・18刑集二三・九・一一四六〈博多駅事件（特別公務員暴行陵虐等付審判請求）〉刑訴百選[五版]A37）↓四二〇条[5]

[3] 被告人の保釈請求をし、却下決定を受けた配偶者、直系の親族又は兄弟姉妹（最決平17・3・25刑集五九・二・四九、重判平17刑訴八）↓四二九条[4]

第三五三条【同前】 被告人の法定代理人又は保佐人は、被告人のため上訴をすることができる。

参【被告人のため↓四〇二【制限↓三五六

[1] 原審における代理人又は弁護人及び被告人の法定代理人又は保佐人に該当しない被告人の母からの上告申立ては不適法である。（最決昭30・4・11刑集九・四・八三六）

[2] 被告人の父からの控訴申立てにつき、前出[1]と同旨（最決昭33・11・24刑集一二・一五・三五三二）↓三七五条[1]

[3] 第一審補佐人（被告人の兄）からの控訴申立てにつき、前出[1]と同旨（東京高決令3・7・20判タ一四九六・一二八）

第三五四条【同前】 勾留に対しては、勾留の理由の開示があったときは、その開示の請求をした者も、被告人のため上訴をすることができる。その上訴を棄却する決定に対しても、同様である。

参【勾留理由開示↓八四【請求権者↓八二②【被告人のため↓四〇二【制限↓三五六

第三五五条【同前】 原審における代理人又は弁護人は、被告人のため上訴をすることができる。

参【代理人↓二八三・二八四【弁護人↓三二②

一　原審における代理人↓三四九条の二[4]

二　原審における弁護人

[1] 旧刑訴法三七九条の立法趣旨は主として原審の審理に関与した弁護人は、その審理に基づく判決に対し上訴すべきか否かを独立して決定するに適するものと認めたからであるので、原審の弁護人でない者若しくは判決宣告後において被告人の選任した弁護人は、たとい、被告人の明示した意思に反していなくとも、独立しては、上訴することはできない。しかし、被告人が上訴審の弁護を依頼した場合には判決宣告後選任された弁護人は、被告人を代理して被告人のため上訴をすることができる。〔旧法事件〕（最大判昭24・1・12刑集三・一・二〇）

[2] 弁護人は、被告人のなし得る訴訟行為について、その性質上許されないものを除いては、個別的な特別の授権がなくても、被告人の意思に反しない限り、これを代理して行うことができ、このことは、その選任者が被告人本人であるか被告人以外の選任権者であるかによって何ら変わりはないから、原判決後被告人のために上訴をする権限を有しない選任権者によって選任された弁護人も、刑訴法三五一条一項による被告人の上訴申立てを代理して行うことができる。（最大決昭63・2・17刑集四二・二・二九九、刑訴百選[六版]八四……最決昭44・9・4刑集二三・九・一〇八五等を変更した）

三　原審弁護人の選任の効力の終期↓三二条[3]

四　原審弁護人の地位↓三七六条[1][3]・三五九条[3]

第三五六条【同前】 前三条の上訴は、被告人の明示した意思に反してこれをすることができない。

第三五七条【一部上訴】 上訴は、裁判の一部に対してこれをすることができる。部分を限らないで上訴をしたときは、裁判の全部に対してしたものとみなす。

一　申立ての範囲

[1] 控訴申立ての範囲は、控訴申立書自体によって判定すべきである。（東京高判昭56・6・23刑月一三・六＝七・四三六）

二　一部上訴の可否

[2] 第一審判決が一所為数法の関係にあるとして起訴された公訴事実（横領罪と封印破棄罪）の一部につき有罪の言渡しをなし、その余につき理由において免訴すべきものとした場合には、有罪部分に対してのみ控訴の申立てがあったときでも公訴事実全部につき移審の効力を生じる。（名古屋高判昭32・12・25高刑一〇・一二・八〇九）

[3] 併合罪として起訴された事実を一部有罪、一部無罪とした第一審判決に対し、検察官から無罪部分についてのみ控訴の申立てがなされた場合に、控訴のなされなかった有罪部分についても審理し、併合罪として一つの刑を言い渡すのは違法である。（最判昭28・9・25刑集七・九・一八三二）

[4] 未決勾留日数算入にのみ違法がある場合の破棄の範囲（最判昭56・7・16刑集三五・五・五五七）↓四一〇条[2]

第三五八条【上訴提起期間】 上訴の提起期間は、裁判が告知された日から進行する。

参五六②【上訴提起期間↓三七三・四一四・四二二・四二九④・四三三②【期間計算↓五五【上訴権回復↓三六二【刑事施設にいる被告人の特則↓三六六①

上訴提起期間の起算日

1　判決宣告手続に違法がある場合

[1] 被告人が公判期日に出頭しなければ、判決の宣告ができない事件につき、被告人不出頭のまま判決の宣告をした瑕疵〔かし〕があっても、上訴提起期間は判決宣告の日から進行する。（最決昭38・10・31刑集一七・一一・一三九一）↓三六二条[3]

2　裁判書謄本が複数の上訴権者に異なる日に送達された場合

[2]　保釈請求却下決定に対する準抗告棄却決定の謄本が、被告人と申立人である弁護人との双方に日を異にして送達された場合における特別抗告申立ての期間は、被告人本人に送達された時から進行を始める。（最決昭43・6・19刑集二二・六・四八三）

[3]　弁護人に対し証拠開示することを命じる旨求めた弁護人からの証拠開示命令請求を棄却する決定に対する即時抗告の提起期間は、証拠開示命令請求の形式に加え、公判前整理手続における証拠開示制度の趣旨、内容にも照らすと、同決定を受けた弁護人にその謄本が送達された日から進行する。（最決平23・8・31刑集六五・五・九三五、重判平23刑訴三）

第三五九条【上訴の放棄・取下げ】　検察官、被告人又は第三百五十二条に規定する者は、上訴の放棄又は取下をすることができる。

§+【放棄の制限↓三六〇の二【放棄の手続↓三六〇の三、刑訴規二二三【取下げの手続↓刑訴規二二三の二・二二四【刑事施設にいる被告人の放棄・取下げ↓三六七【相手方への通知↓刑訴規二三〇【放棄・取下げの効力↓三六一

[1]　**一　取下げの効力**　被告人のした上告取下げに錯誤があったとしても、その錯誤が被告人の責めに帰することのできない事由に基づくものとは認められないから、右取下げは無効ということはできない。また、本件上告は、右取下げによって既に終了しているのであるから、もはや取下げの撤回は認められない。（最決昭44・5・31刑集二三・六・九三一）

[2]　死刑判決の言渡しを受けた被告人が、判決の衝撃及び公判審理の重圧に伴う精神的苦痛によって拘禁反応等の精神障害を生じ、苦痛から逃れることを目的として上訴を取り下げた場合には、自己の権利を守る能力を著しく制限されていたものであって、取下げ無効である。（最決平7・6・28刑集四九・六・七八五、重判平7刑訴八）

[3]　**二　原審弁護人による上訴の取下げ**　原審弁護人が被告人のため申し立てた控訴を取り下げることは、本条、三六〇条に照らし許されない。（最決昭25・7・13刑集四・八・一三五六）

三　被告人による弁護人提出の控訴趣意の撤回↓三七六条[11]

第三六〇条【同前】　第三百五十三条又は第三百五十四条に規定する者は、書面による被告人の同意を得て、上訴の放棄又は取下をすることができる。

§+【上訴の放棄・取下げ↓三五九§【同意↓三六一、刑訴規二二四の二

第三六〇条の二【上訴放棄の制限】　死刑又は無期の懲役若しくは禁錮に処する判決に対する上訴は、前二条の規定にかかわらず、これを放棄することができない。

＊令和四法六七（令和七・六・一六までに施行）による改正

第三六〇条の二中「無期の懲役若しくは禁錮」を「無期拘禁刑」に改める。（本文未織込み）

第三六〇条の三【上訴放棄の手続】　上訴放棄の申立は、書面でこれをしなければならない。

第三六一条【上訴の放棄・取下げと再上訴】　上訴の放棄又は取下をした者は、その事件について更に上訴をすることができない。上訴の放棄又は取下に同意をした被告人も、同様である。

§+【上訴の放棄・取下げ↓三五九、三六〇【取下げの同意↓三六〇

控訴を取り下げた者の上告の可否

[1]　本条は同一審級においてのみ適用があると解すべきであって、控訴の取下げをした被告人が検察官の控訴を棄却した控訴審判決に対して上告することまで禁ずるものではない。（最決昭42・5・24刑集二一・四・五七六、刑訴百選[二版]九七）

第三六二条【上訴権回復】　第三百五十一条乃至第三百五十五条の規定により上訴をすることができる者は、自己又は代人の責に帰することができない事由によつて上訴の提起期間内に上訴をすることができなかつたときは、原裁判所に上訴権回復の請求をすることができる。

§+【請求手続↓三六三、三六七

[1]　**一　「代人」の意義**　本条にいう代人には、本人の補助機関として本人の上訴に必要な諸般の事実行為を代行する者を包含する。（旧法事件）（大決昭8・4・26刑集一二・五〇三）

[2]　**二　「責に帰することができない事由」の意義**　本条にいう「責に帰することができない事由」とは、上訴不能の事由が上訴権者又はその代人の故意又は過失に基づかないことをいう。（最決昭31・7・4刑集一〇・七・一〇一五）↓[5]

[3]　**三　回復請求が認められた事例**　被告人が公判期日に出頭しなければ判決の宣告ができない事件であるにもかかわらず被告人不出頭のまま判決の宣告をした場合において、被告人が宣告の翌日判決の通知を受けたときは、その通知が被告人に到達するまでは、被告人自身又は代人の責めに帰することができない事由によって上訴権の行使を妨げられていたものというべきである。（最決昭38・10・31刑集一七・一一・二三九一）↓三五八条[7]

[4]　上訴権者が上訴申立期間内に速達郵便に付した上訴申立書が、上訴期間最終日において、郵便規則上管轄裁判所に即日配達されるべき時間内に配達受持局に到着したにもかかわらず、翌日に配達された場合は本条に当たる。（最決昭39・7・17刑集一八・六・三九九）

[5]　**四　回復請求が認められなかった事例**　控訴棄却決定の送達を受けた当時病床にあり、医師より絶対安静を命じられていたため異議の申立てをすることができなかったとしても、本条の事由に当たらない。（最決昭31・7・4前出[2]）

[6]　被告人は控訴審の弁護人に選任した弁護士が控訴を申し立てたものと軽信し、弁護人は被告人が控訴を申し立てたものと軽信して結局いずれからも上訴しなかった場合は本条に当たらない。（最決昭27・10・31裁判集刑六八・八四九）

五　本条の準用

1　準用の要件

[7]　上訴権回復に関する規定の準用が認められるのは、上訴に準ずる申立ての場合に限る。（最決昭54・7・2刑集三三・五・三九七）↓[10]

2　準用が肯定されたもの

[8]　高等裁判所のした控訴棄却決定に対して異議を申し立てる場合（最決昭26・10・6刑集五・一一・二一七七）

[9]　最高裁判所のした上告棄却決定に対して異議を申し立てる場合（最決昭57・4・7刑集三六・四・五五六）↓四一四条[7]

3　準用が否定されたもの

[10]　訴訟費用執行免除を申し立てる場合（最決昭54・7・2前出[7]）

[11]　請求人が付審判請求書を提出する場合（東京地決昭49・9・2刑月六・九・九九四）

第三六三条【同前】　①　上訴権回復の請求は、事由が止んだ日から上訴の提起期間に相当する期間内にこれをしなければならない。

②　上訴権回復の請求をする者は、その請求と同時に上訴の申立

をしなければならない。

⊛【上訴提起期間↓三五八⊛【刑事施設にいる被告人の請求↓三六七【請求手続↓三六二⊛

第三六四条【同前】 上訴権回復の請求についてした決定に対しては、即時抗告をすることができる。

⊛【即時抗告↓四二二、四二五、四二八②

第三六五条【同前】 上訴権回復の請求があつたときは、原裁判所は、前条の決定をするまで裁判の執行を停止する決定をすることができる。この場合には、被告人に対し勾留状を発することができる。

⊛【勾留状↓六〇―六二

第三六六条【刑事施設にいる被告人に関する特則】 ① 刑事施設にいる被告人が上訴の提起期間内に上訴の申立書を刑事施設の長又はその代理者に差し出したときは、上訴の提起期間内に上訴をしたものとみなす。

② 被告人が自ら申立書を作ることができないときは、刑事施設の長又はその代理者は、これを代書し、又は所属の職員にこれをさせなければならない。

⊛【上訴提起期間↓三五八⊛【刑事施設に収容中の被告人の上訴↓刑訴規二二七、二二八

一 「刑事施設の長又はその代理者に差し出したとき」

[1] 刑訴法三六七条の準用する本条一項が、刑事施設にいる被告人が上訴取下書等の書面を裁判所に提出する場合に、刑事施設の内部手続に時間を要し、被告人が意図した効果の発生時期が予想外のものになつて法的安定性が害されることを防ぐため、書面による訴訟行為の効力発生時期について到達主義の例外を定めた趣旨に照らすと、刑事施設にいる被告人が、被収容者からの書面の受領を担当する刑事施設職員に対し、上訴取下書を交付し、同職員がこれを受領したときは、同項にいう「刑事施設の長又はその代理者に差し出したとき」に当たる。（最決平26・11・28刑集六八・九・一〇六九）

二 一項の準用

1 準用が肯定されたもの

[2] 勾留中の被告人が判決訂正の申立てをする場合（最決昭41・4・27刑集二〇・四・三三二）

[3] 在監者が再審請求棄却決定に対して異議申立てをする場合（最決昭54・5・1刑集三三・四・二七二）↓四四四条[1]

[4] 刑訴法九六条三項による保釈保証金没取請求事件につき在監者が特別抗告を申し立てる場合（最決昭56・9・22刑集三五・六・六七五）↓九六条[16]

[5] 刑の執行猶予言渡しの取消請求事件につき在監者が特別抗告を申し立てる場合（最決平16・10・8刑集五八・七・六四一、重判平16刑訴六）

2 準用が否定されたもの

[6] 在監者が控訴趣意書を提出する場合（最決昭29・9・11刑集八・九・一四九〇）

[7] 在監者が付審判請求棄却決定に対して特別抗告を申し立てる場合（最決昭43・10・31刑集二二・一〇・九五五）

[8] 在監者が刑事補償請求事件につき特別抗告を申し立てる場合（最決昭49・7・18刑集二八・五・二五七）

[9] 在監者が付審判請求をする場合（最決平16・10・1判タ一一六八・一三八）↓二六二条[4]

第三六七条【同前】 前条の規定は、刑事施設にいる被告人が上訴の放棄若しくは取下げ又は上訴権回復の請求をする場合にこれを準用する。

⊛【上訴の放棄・取下げ↓三五九【上訴権回復の請求↓三六二【規則の準用↓刑訴規二二九

第三六八条から第三七一条まで【検察官上訴と費用の補償】 削除

⊛【旧規定に代わるもの↓一八八の四―一八八の七

第二章　控訴

第三七二条【控訴を許す判決】 控訴は、地方裁判所又は簡易裁判所がした第一審の判決に対してこれをすることができる。

⊛【控訴審の管轄↓裁一六㈠【跳躍上告↓刑訴規二五四、二五五

第三七三条【控訴提起期間】 控訴の提起期間は、十四日とする。

⊛【十四日↓三五八、五五、五六②、三六二、三六六①

第三七四条【控訴提起の方式】 控訴をするには、申立書を第一審裁判所に差し出さなければならない。

⊛【刑事施設にいる被告人↓三六六

一 控訴申立書の提出先

[1] 控訴申立書を控訴裁判所に提出したときは、控訴裁判所から回送された申立書が控訴申立期間内に第一審裁判所に到達した場合に限り、控訴申立ての効力を生ずる。（名古屋高決昭30・3・22高刑八・四・四四五）

二 上告申立ての方式（刑訴法四一四条による本条の準用）

[2] 氏名を記載することができない合理的な理由がないのに、署名のない申立書によってした被告人の上告申立ては無効である。（最決昭40・7・20刑集一九・五・五九一、刑訴百選[五版]五二）↓三〇条[4]

第三七五条【第一審裁判所による控訴棄却の決定】 控訴の申立が明らかに控訴権の消滅後にされたものであるときは、第一審裁判所は、決定でこれを棄却しなければならない。この決定に対しては、即時抗告をすることができる。

⊛【控訴権の消滅↓三六一、三七三【即時抗告↓四二二、四二五

一 法令上の方式違反を理由とする場合

[1] 第一審裁判所は、控訴の申立てが法令上の方式に違反していることを理由として右申立てを棄却することはできない。（最決昭33・11・24刑集一二・一五・三五三一）↓三五三条[2]

二 本条の類推適用

[2] 即時抗告の申立て（最決平18・4・24刑集六〇・四・四〇九、重判平18刑訴六）↓四二三条[2]

第三七六条【控訴趣意書】 ① 控訴申立人は、裁判所の規則で定める期間内に控訴趣意書を控訴裁判所に差し出さなければならない。

② 控訴趣意書には、この法律又は裁判所の規則の定めるところにより、必要な疎明資料又は検察官若しくは弁護人の保証書を添附しなければならない。

⊛【控訴趣意書と弁論↓三八九【控訴趣意書と調査範囲↓三九二 ❶【訴訟記録の送付を受けた控訴裁判所↓刑訴規二三六、二三七【規則で定める期間↓刑訴規二三六【控訴趣意書↓刑訴規二四〇―二四二【本条違反の控訴棄却↓三八六①㈠ ❷【疎明資料↓三七八―三八三【保証書↓三七七

一 趣意書の提出

[1] 自ら控訴申立てをした原審弁護人が期間内に控訴趣意書を提出した場合には、控訴審において弁護届の提出がなくても、右控訴趣意書は審判の対象とされるべきである。（最判昭29・12・24刑集八・一三・二三三六）

[2] 自ら上告申立てをしなかった原審弁護人がその資格で上告趣意書を提出しても、右上告趣意は審理の対象とならない。（最決昭36・7・18刑集一五・七・一一〇三）

二 趣意書提出最終日指定の通知（刑訴規則二三六条）

[3] 控訴の申立てをした原審弁護人には、控訴趣意書提出最終

日指定の通知をする必要はない。（最決昭34・2・25刑集一三・二・一九〇）

[4] 控訴趣意書提出最終日指定の後に弁護人選任届の提出された弁護人に対しては、最終日の通知を要しない。（最判昭27・5・6刑集六・五・七三三……指定時に選任届提出済みの弁護人が別に存在し、通知もなされた）

[5] 控訴趣意書提出最終日指定の後に弁護人選任届の提出された弁護人に対しては、たとえ右選任届の提出が被告人に対する右最終日通知送達前であっても、改めて最終日の通知を要しない。（大阪高決平4・9・4高刑四五・三・五三）

[6] 必要的弁護事件について、裁判所が被告人に控訴趣意書の最終差出日を通知する際に、まだ弁護人の選任届が提出されていない場合でも、一旦弁護人を付した上でなければこれをすることができないものであると解すべきでない。（最決昭30・6・3刑集九・七・一一三六）

[7] およそ、裁判所が特段の理由なくして控訴趣意書提出最終日に接着し、又はこれを経過して国選弁護人を選任する場合は、刑訴規則二三六条に準じ、右最終日を変更し改めて弁護人に趣意書提出の機会を与えるか、あるいは相当の期間内に趣意書を提出するよう促し、二三八条に従ってこれを受理するかいずれかの方法を採らなければならない。（最大判昭32・6・19刑集一一・六・一六七三……弁護人が被告人提出の趣意書により異議なく弁論したので、右措置を採らなかった原審の手続に違法はないとした）

三 趣意書の記載（刑訴規則二四〇条）

[8] 控訴趣意書自体に控訴理由を明示しないで、第一審に提出した弁論要旨と題する書面の記載を援用する旨の控訴趣意は許されない。（最決昭35・4・19刑集一四・六・六八五）

[9] 趣意書の記載が方式違反とされた事例（最決昭52・11・11刑集三一・六・一〇一九）↓三八六条[2]

四 趣意書の撤回

[10] 被告人が控訴裁判所に差し出した控訴趣意書を弁護人が撤回することは、刑訴法上全然許されないものと解すべきではない。（最決昭30・4・15刑集九・四・八五一）

[11] 控訴の申立てとその理由の差出しとは一体不可分の関係にあるものであり、被告人は控訴の申立て及びその取下げをする権限を有し、弁護人が被告人のために申し立てた控訴の取下げをすることもできるものであるから、その理由である控訴趣意についても、被告人に差出し及び撤回の権限があり、弁護人が被告人のために差し出した控訴趣意も撤回することができる。（最決昭45・9・4刑集二四・一〇・一三一一）

第三七七条【控訴申立ての理由と控訴趣意書―絶対的控訴理由】 左の事由があることを理由として控訴の申立をした場合には、控訴趣意書に、その事由があることの充分な証明をすることができる旨の検察官又は弁護人の保証書を添附しなければならない。

一 法律に従つて判決裁判所を構成しなかつたこと。

二 法令により判決に関与することができない裁判官が判決に関与したこと。

三 審判の公開に関する規定に違反したこと。

⑧【一】【裁判所の構成↓裁二三、二六、二七、三一、三五、四六、裁判員二、三、一四、一七、六四①　【二】【関与することができない裁判官↓二〇―二三　【三】【公開に関する規定↓憲八二、裁七〇

[7] 審判の公開に関する規定に違反したこと（三号）

傍聴人が出入りできる唯一の法廷出入口ドアが、開廷直前から閉廷時までの間、施錠された状態で行われた公判期日の審理は、あらかじめ着席していて現に傍聴できた者がおり、ほかに傍聴しようとする者がいなかったとしても、裁判公開の原則の趣旨に照らせば、公開されていたとはいえず、この瑕疵は訴訟関係人に異議がなくても治癒されないから、原裁判所の訴訟手続には本条三号所定の違法がある。（東京高判令2・2・6東高刑七一・一～一二・二七）

第三七八条【同前―絶対的控訴理由】 左の事由があることを理由として控訴の申立をした場合には、控訴趣意書に、訴訟記録及び原裁判所において取り調べた証拠に現われている事実であつてその事由があることを信ずるに足りるものを援用しなければならない。

一 不法に管轄又は管轄違を認めたこと。

二 不法に、公訴を受理し、又はこれを棄却したこと。

三 審判の請求を受けた事件について判決をせず、又は審判の請求を受けない事件について判決をしたこと。

四 判決に理由を附せず、又は理由にくいちがいがあること。

⑧+【訴訟記録↓五二　【一】【管轄↓三二九⑧、三二九―三三一　【二】【公訴の受理・棄却↓三三八、三三九　【三】【審判の請求↓二四九、三一二、二五六　【四】【判決の理由↓四四、三三五①

一 三号関係

1 審判の請求を受けた事件について判決をしなかったこと（前段）

イ 併合罪の数個の訴因の場合

[1] 併合審理を経た数個の訴因の一部についてのみ実体判決がなされた場合、他の訴因につき明示的に適法な弁論分離の手続がなされている等特段の事情がない限り、右判決に対する上訴により、併合審理を経た数個の訴因全部につき上級審に移審の効力を生じ、もはや当該判決裁判所において先に判断を遺脱した訴因につき審判することはできない。（最判昭43・4・26刑集二二・四・三四二）

ロ 択一的・予備的訴因の場合

[2] 択一的関係にある二個の訴因の一方につき有罪の判決をした以上、他の訴因の排斥の理由を判決に示さなくとも、本条三号前段に当たらない。（最判昭25・10・3刑集四・一〇・一八六一）↓三三六条[6]

[3] 予備的訴因につき有罪の判決をした以上、本位的訴因に関する判断は必要でない。（最決昭29・3・23刑集八・三・三〇五）↓三一二条[65]・三三六条[7]

2 審判の請求を受けない事件について判決をしたこと（後段）

イ 起訴状の訴因と公訴事実の同一性を欠く事実を認定した場合

[4] 裁判所が公訴事実の同一性がないにもかかわらず予備的訴因の追加を許可し、右訴因の事実について審理、判決をしたのは、本条三号後段に該当する。（最判昭33・2・21刑集一二・二・二八八、刑訴百選[五版]三九）↓三一二条[78]

[5] 起訴状の罪名及び罰条は殺人のみであっても、検察官の釈明等から、逮捕監禁の事実が殺人の実行行為の一部を組成するものとして公訴事実中に記載され、その処罰を求めていることが明らかなときは、逮捕監禁罪の成立を認めても、本条三号後段の場合には当たらない。（最判昭63・1・29刑集四二・一・三八、重判昭63刑訴三……罪数判断については原判決と異なり、殺人と逮捕監禁の各事実は併合罪関係と判示した）

ロ 起訴状の訴因と公訴事実の同一性はあるが異なる事実を認定した場合

[6] 強制わいせつの訴因に対し、訴因の変更又は追加の手続をなすことなく、公然わいせつの事実を認定した有罪判決は、審判の請求を受けない事件について判決をした違法がある。（最判昭29・8・20刑集八・八・一二四九、刑訴百選[三版]四二）

[7] 勝馬投票券に類似するものを発売して競馬を行ったという競馬法三〇条一号違反の起訴事実に対し、判決において被告人は勝馬投票類似の行為をさせて利を図ったという同条三号違反の事実を認定しても、本条三号に当たる違法があるとはいえない。（最決昭32・7・19刑集一一・七・二〇〇六）

ハ 択一的認定

[8] 検察官が一定の期間内に覚醒剤を注射により使用したとの公訴事実に沿った主張・立証をし、被告人がこれを否定して、右注射と両立し得る特異な態様による服用の事実がある旨争っている場合に、「注射又は服用し」と選択的に認定することは、審判の請求を受けない事件について判決したことに当たる。（札幌高判昭58・5・24高刑三六・二・六七、重判昭58刑訴四）

二　四号関係

1　「判決に理由を附せず」の意義

[9] 本条四号にいう「判決に理由を附せず」とは、判決自体において、刑訴法四四条一項、三三五条一項が要求する理由の全部又は一部を欠いた場合をいい、その存否は、判文自体で判断すべきである。（東京高判昭57・3・16判時一〇六三・二一八）

2　「理由にくいちがいがあること」の意義

[10] 本条四号後段にいう「理由にくいちがいがあること」とは、主文と理由との間又は理由の内部において食い違いのあることが判文自体から明らかな場合をいうのであって、訴訟記録に現れた証拠と認定された事実との食い違いは事実誤認の問題である。（東京高判昭57・5・27高刑速昭五七・二三七）

3　有罪判決

イ　主文と理由との食い違い

[11] 主文において被告人を懲役三年六月に処しながら、その理由において被告人を懲役三年に処するのを相当とする旨判示した判決には、理由齟齬［そご］の違法がある。〔旧法事件〕（最大判昭24・3・23刑集三・三・三四二）

ロ　罪となるべき事実

[12] 判決挙示の証拠によっては強姦の犯意が認められない有罪判決には、認定事実と証拠との間に理由不備の違法がある。（最判昭33・6・24刑集一二・一〇・二二八六）

ハ　証拠の標目

[13] 証拠の標目に被告人の自白のみを挙示し、取調べ済みの補強証拠を何ら掲げていない有罪判決には、法の要求する最小限度の理由の記載を欠き、理由不備の違法がある。（大阪高判昭59・9・19高刑三七・三・四〇九）

[14] 補強証拠の不挙示を単に訴訟手続の法令違反とした事例（札幌高判昭47・6・22判タ二八二・二八三）↓三七九条[3]

ニ　刑訴法三三五条二項によって要求される理由

[15] 本条四号に規定する「理由」は、有罪判決においては刑訴三三五条一項が判示することを要求する「罪となるべき事実、証拠の標目及び法令の適用」を指すのであって、同条二項により判決に示さなければならない判断を遺脱したことも含むものでない。（最判昭28・5・12刑集七・五・一〇一一）

ホ　法令適用

[16] 判決で匕首［あいくち］一振りを没収する旨言い渡しながら、法律適用の部では没収に関する法条を適用しないのは、理由不備の違法がある。〔旧法事件〕（最判昭24・7・12刑集三・八・一二三七）

4　無罪判決

[17] 無罪判決の理由（東京高判昭27・10・23高刑五・一二・二一六五）↓三三六条[3]

5　量刑に関する判断

[18] 当事者双方が量刑不当を申し立てた場合（最大判昭33・7・2刑集一二・一一・二三七七）↓三八一条[13]

第三七九条【同前―訴訟手続の法令違反】 前二条の場合を除いて、訴訟手続に法令の違反があってその違反が判決に影響を及ぼすことが明らかであることを理由として控訴の申立をした場合には、控訴趣意書に、訴訟記録及び原裁判所において取り調べた証拠に現われている事実であって明らかに判決に影響を及ぼすべき法令の違反があることを信ずるに足りるものを援用しなければならない。

参+【訴訟記録↓五二】【法令↓三九②】

一　訴訟手続の法令違反

1　該当するとされた場合

[1] 他の訴因に変更すれば有罪であることが明らかであり、しかもその罪が相当重大なものであるような場合に、訴因変更を促し又はこれを命ずることなく、起訴状記載の訴因につき直ちに無罪の判決をするのは、審理不尽の違法がある。（最決昭43・11・26刑集二二・一二・一三五二、刑訴百選[四版]三七）↓三一二条[91]

[2] 裁判員裁判において、検察官が、法改正前の犯行であることを看過し、法改正後の法定刑を前提に論告、求刑を行った場合において、適用すべき法定刑を誤解していた可能性のある裁判員らに対し、合議体を構成する裁判官が正確な法定刑を教示せずに評議が行われたと推認されるときは、訴訟手続に法令の違反がある場合に該当する。（高松高判平22・11・18判タ一三六九・二五四）

[3] 特段の補強証拠を挙示、援用することなく、自白のみによって犯罪事実を認定することは、判決に影響を及ぼすことが明らかな訴訟手続の法令違反に当たる。（札幌高判昭47・6・22判タ二八二・二八三）↓三七八条[14]

[4] 刑訴法三三五条二項による判断の遺脱（最判昭28・5・12刑集七・五・一〇一一）↓三七八条[15]

[5] 簡易裁判所の科刑権の制限の逸脱（最判昭30・12・20刑集九・一四・二九〇六、刑訴百選[二版]二）↓四一一条[7]

2　該当しないとされた場合↓二九四条[7]

二　「判決に影響を及ぼすことが明らかであること」

1　意義

[6] 本条の場合は、訴訟手続の法令違反が判決に影響を及ぼすべき可能性があるというだけでは足りず、その法令違反がなかったならば現になされている判決とは異なる判決がなされたであろうという蓋然性がある場合でなければ、法令違反が判決に影響を及ぼすことが明らかであるということはできない。（最大判昭30・6・22刑集九・八・一一八九〈三鷹事件〉刑訴百選[一〇版]A50）

2　具体的事例↓三四二条[11]

[7] 適法な証拠調べを経ない証拠を他の証拠と総合して犯罪事実を認定した違法がある場合、証拠調べを経ない証拠を除外してもその犯罪事実を認めることができるときは、前記の違法は判決に影響を及ぼさない。（最判昭27・3・6刑集六・三・三六三）

[8] 証拠能力のない証拠を証拠調べした違法がある場合においては、判決に引用のない証拠でも裁判所の事実認定に影響なしとは断言できないから、当該証拠を判決に引用しない一事をもって直ちに右違法は判決に影響がないと解することは正当でない。（最判昭30・8・26刑集九・九・二〇四九……結論的には判決への影響を否定）

[9] 必要的弁護事件につき、終始弁護人のないままで審理、判決した訴訟手続に関する法令の違反は、判決が無罪であるときには、判決に影響を及ぼすことが明らかなものとはいえない。（東京高判昭32・3・2高刑一〇・二・一二三）

[10] いわゆる任意的弁護事件において、被告人から国選弁護人選任の請求があったのに、その許否を決することなく、弁護人の出頭がないまま公判を開廷、審理することは、訴訟手続の法令違反であって、判決に影響を及ぼすことが明らかである場合に当たる。（東京高判昭35・6・29高刑一三・五・四一六）

第三八〇条【同前―法令の適用の誤り】 法令の適用に誤があってその誤が判決に影響を及ぼすことが明らかであることを理由として控訴の申立をした場合には、控訴趣意書に、その誤及びその誤が明らかに判決に影響を及ぼすべきことを示さなければならない。

参+【法令の適用↓三三五

一　判断の基準時

[1] 新刑訴法の控訴審は事後審であつて、控訴を理由ないものと認めて棄却する場合には、第一審判決時を基準として、被告人への少年法の適用の有無を決すべきである。（最決昭34・7・3刑集一三・七・一一一〇）→四〇〇条[18]

二　判決への影響

1　肯定した事例

[2] 三罪のうちの二罪の関係を観念的競合とすべきところを併合罪とした原判決は、その処断刑は、観念的競合とした場合の処断刑より重いから、原判決の法令の適用の誤りは判決に影響を及ぼすことが明らかであるというほかはない。（東京高判昭46・7・5高刑二四・三・四四二）

[3] 併合罪の一部について法令の適用を誤った場合、量刑判断の中で違法な刑罰評価をした部分の占める位置が特に大きいときには、併合罪としての処断刑に変わりがなくとも、その誤りは判決に影響を及ぼすことが明らかである。（東京高判昭46・8・18高刑二四・三・五〇六）

2　否定した事例

[4] 前科相互間に刑法五六条所定の条件を欠くため、再犯であつて三犯ではないのに刑法五九条を適用した違法があつても、処断刑に何ら差異を生ぜず、また各前科はいずれも処断刑の範囲内で累犯として量刑上当然考慮されるべきものであるから、右違法は判決に影響を及ぼすことの明らかな場合に当たらない。（最判昭29・4・2刑集八・四・三九九）

[5] 第一審判決に併合罪の刑を加重するに当たり刑法一四条を適用しなかった違法があつても、被告人に対するその宣告刑が正当な処断刑の範囲内にあり、かつ、犯罪事実の内容その他情状に徴し右宣告刑が重きに過ぎるものと認められないときは、右違法が判決に影響を及ぼすことが明らかということはできない。（最判昭48・2・16刑集二七・一・四六）

第三八一条【同前—刑の量定不当】 刑の量定が不当であることを理由として控訴の申立をした場合には、控訴趣意書に、訴訟記録及び原裁判所において取り調べた証拠に現われている事実であつて刑の量定が不当であることを信ずるに足りるものを援用しなければならない。

⊗【刑の量定→三三三】

一　「刑の量定」の意義

[1] 公職選挙法二五二条にいう選挙権・被選挙権の停止・不停止は、刑法九条、一〇条にいわゆる刑ではないが、本条の「刑の量定」には含まれる。（最決昭29・6・2刑集八・六・七九四）

[2] 罰金不完納の場合の換刑処分は、刑の量定に準じて考えるべきものであり、その不当は刑の量定不当の問題となる。（東京高判昭26・11・2高刑四・一三・一八六一）

[3] 未決勾留日数の本刑算入は、少なくとも刑の量定に準じて考えられるべきであり、その不当は刑の量定不当として判断するのが相当である。（仙台高判昭33・5・20高刑一一・四・二二九……約七箇月の未決勾留日数中一日も本刑（懲役一〇箇月）に算入しなかった原判決を破棄し一二〇日を算入）

[4] 未決勾留日数の算入、不算入は、裁判所の裁量に属するが、事案の規模及び性質、審理経過、被告人の責に帰すべき事由の有無等を勘案して、通常審理に要すると考えられる日数を除くその余の日数は本刑に算入すべきであり、この基準に照らし算入、不算入が著しく妥当性を欠く場合には量刑不当として破棄を免れない。（東京高判平7・6・26判時一五五一・一三八②……原審における未決勾留日数九六日を本刑（懲役二年）に全く算入しなかったことがいまだ著しく妥当性を欠くとまではいえないとした）

二　裁判例の援用

[5] 同種事案に関する従来の裁判例は、裁判所が刑を量定し、又は量刑の当否を判断するに当たり、規範的要素として当然考慮し得べきものであるから、量刑不当の控訴理由として、訴訟記録にも第一審裁判所において取り調べた証拠にも現われていない同種事案に関する従来の裁判例を援用することは許される。（最判昭29・10・22刑集八・一〇・一六五三）

三　裁判員裁判における量刑

1　量刑判断のあり方

[6] 量刑が裁判の判断として是認されるためには、量刑要素が客観的に適切に評価され、結果が公平性を損なわないものであることが求められるが、これまでの量刑傾向を視野に入れて判断がされることは、当該量刑判断のプロセスが適切なものであったことを担保する重要な要素になる。裁判員裁判において、これまでの傾向を変容させる意図を持って量刑を行うことは、裁判員裁判の役割として直ちに否定されるものではないが、そうした量刑判断が公平性の観点からも是認できるものであるためには、従来の量刑の傾向を前提とすべきではない事情の存在について、裁判体の判断が具体的、説得的に判示されるべきである。（最判平26・7・24刑集六八・六・九二五、刑訴百選[一〇版]九四……被告人ら夫婦が一歳八か月の娘に対し、それぞれ継続的に暴行を加えた末、共謀してその頭部を強打するなどして死亡させたという傷害致死の事案につき、検察官の懲役一〇年の求刑を超えて被告人らを懲役一五年に処した第一審判決（裁判員裁判）の量刑判断には、その点での具体的、説得的な根拠が示されているとはいい難く、甚だしく不当であり、これを是認した控訴審判決も甚だしく不当であるとして、両判決を破棄し、自判して、夫を懲役一〇年、妻を懲役八年に処した）

2　具体的事例

[7] 被告人二名が、共謀の上、深夜路上で連続的に中年男性を襲った強盗致傷二件、強盗一件の事案に対し、いずれも懲役三年、五年間の保護観察付き執行猶予を言い渡した原判決は、これまでの量刑傾向の大枠から外れる軽い量刑判断を行ったものであり、これまでの量刑傾向を前提とすべきでない理由の説明もなされていないとして、量刑不当を理由にこれを破棄し、被告人両名にそれぞれ懲役六年、懲役六年六月の実刑を言い渡した例（東京高判平28・6・30判時二三四五・一一三）

四　死刑の選択

1　控訴審における審査のあり方

[8] 死刑は究極の刑罰であるから、その適用は慎重に行われなければならず、裁判の営みに内在する本質的な要請である公平性の確保にも十分に意を払わなければならない。死刑の選択が問題となる事案においては、裁判体が裁判官のみで構成されるか、裁判員が参加するかにかかわらず、裁判例の集積から死刑の選択上考慮されるべき要素及び各要素に与えられた重みの程度・根拠を検討し、評議に際しては、その検討結果を裁判体の共通認識とし、それを出発点として議論することが不可欠である。そして、結論を出すに当たっては、各要素に与えられた重みの程度・根拠を踏まえて総合的な評価を行い、死刑の選択が真にやむを得ないかどうかについて、死刑の適用には慎重さと公平性の確保が求められるという前記の観点をも踏まえて議論を深める必要がある。その上で、死刑の科刑が是認されるためには、死刑の選択をやむを得ないと認めた裁判体の判断の具体的、説得的な根拠が示される必要があり、控訴審は、第一審のこのような判断が合理的なものといえるか否かを審査すべきである。（最決平27・2・3刑集六九・一・一、重判平27刑訴六①）→[9][10]

2　具体的事例

[9] 殺人等の罪により懲役二〇年の刑に服した前科がある被告人が被害者一名を殺害した住居侵入、強盗殺人の事案において、前記前科を除く諸般の情状からすると死刑の選択がやむを得ないといえないにもかかわらず、本件犯行とは関連が薄い前記前科があることを過度に重視して死刑に処した裁判員裁判による第一審判決は、死刑の選択がやむを得ないと認めた判断の具体的、説得的な根拠を示したものとは言い難いと

した例（最決平27・2・3前出[8]……第一審判決を破棄し、自判して、無期懲役に処した原判決の結論を是認した）

[10] 女性一名を殺害するなどした住居侵入、強盗殺人、建造物侵入、現住建造物等放火、死体損壊等のほか、その前後約二箇月間に繰り返された強盗致傷、強盗強姦等の事案において、女性の殺害を計画的に実行したとは認められず、また、殺害態様の悪質性を重くみることにも限界があるのに、同女に係る事件以外の事件の悪質性や危険性、被告人の前科、反社会的な性格傾向等を強調して死刑に処した裁判員裁判による第一審判決は、死刑の選択がやむを得ないと認めた判断の具体的、説得的な根拠を示したものとはいえないとした例（最決平27・2・3刑集六九・一・九九、重判平27刑訴六②……第一審判決を破棄し、自判して、無期懲役に処した原判決の結論を是認した）

五　量刑の資料

1　未確定の有罪判決

[11] 刑の量定については、事実審裁判所において、犯人の性格、年齢及び境遇並びに犯罪の情状及び犯罪後の状況を考察し、特に犯人の経歴習慣その他の事項をも参酌して適当に決定するところに任されているものであって、被告人が別事件で受けた有罪判決を量刑に参酌することは、右有罪判決が控訴中で未確定であるとしても、無罪と推定されるべき事実を有罪のものとして量刑に参酌した違法があるとはいえない。（最判昭25・5・4刑集四・五・七五六）

2　言渡しの効力が消滅した刑

[12] 執行猶予の言渡しが取り消されることなく猶予の期間を経過し刑の言渡しがその効力を失っても、その言渡しを受けたという既往の事実そのものを量刑の資料に参酌することは違法でない。（最決昭33・5・1刑集一二・七・一二九三）↓刑二七条[2]

3　起訴されていない犯罪事実↓三三三条[5]

六　当事者双方が量刑不当を申し立てた場合

[13] 第一審の有罪判決に対し、検察官、被告人双方共控訴を申し立て、控訴趣意として、検察官は第一審判決の量刑が軽きに過ぎると主張し、被告人は、その量刑が重きに過ぎると主張している場合に、控訴審の判決が、「第一審の科刑は不当であると思われるので、論旨は結局においていずれも理由がある」と説示しても、理由齟齬〔そご〕の違法はない。（最大判昭33・7・2刑集一二・一一・二三七七）

第三八二条【同前―事実誤認】 事実の誤認があつてその誤認が判決に影響を及ぼすことが明らかであることを理由として控訴の申立をした場合には、控訴趣意書に、訴訟記録及び原裁判所において取り調べた証拠に現われている事実であつて明らかに判決に影響を及ぼすべき誤認があることを信ずるに足りるものを援用しなければならない。

⊗+【事実の誤認→三三五、四〇三の二】

一　「事実の誤認」

1　意義と判示方法

[1] 刑訴法は控訴審の性格を原則として事後審としており、控訴審は、第一審と同じ立場で事件そのものを審理するのではなく、当事者の訴訟活動を基礎として形成された第一審判決を対象とし、これに事後的な審査を加えるべきものであり、第一審において、直接主義・口頭主義の原則が採られ、争点に関する証人を直接調べ、その際の証言態度等も踏まえて供述の信用性が判断され、それらを総合して事実認定が行われることが予定されていることに鑑みると、控訴審における事実誤認の審査は、第一審判決が行った証拠の信用性評価や証拠の総合判断が論理則、経験則等に照らして不合理といえるかという観点から行うべきものであって、本条の事実誤認とは、第一審判決の事実認定が論理則、経験則等に照らして不合理であることをいい、控訴審が第一審判決に事実誤認があるというためには、第一審判決の事実認定が論理則、経験則等に照らして不合理であることを具体的に示すことが必要である。（最判平24・2・13刑集六六・四・四八二、刑訴百選［一〇版］一〇〇）

2　論理則、経験則等違反の具体的摘示

イ　摘示されているとされた事例

[2] 国際航空貨物を利用した覚醒剤の密輸入事件において、受取役の被告人の共謀の成否について判断した例（最決平25・4・16刑集六七・四・五四九、重判平25刑訴五①……第一審の無罪判決を破棄し有罪とした原判決を維持した）

[3] 密輸組織が関与する覚醒剤の密輸入事件において、運搬役の被告人の故意の有無について判断した例（最決平25・10・21刑集六七・七・七五五、重判平25刑訴五②……第一審の無罪判決を破棄し有罪とした原判決を維持した）

[4] 機内手荷物に収納する方法による覚醒剤の密輸入事件において、実行者の上位にあった被告人の共謀に係る共犯者供述の信用性について判断した例（最決平26・3・10刑集六八・三・八七、重判平26刑訴七①……第一審の無罪判決を破棄し差し戻した原判決を維持した）

ロ　摘示が十分ではないとされた事例

[5] 機内預託手荷物に収納する方法による覚醒剤の密輸入事件において、運搬役の被告人の故意の有無について判断した例（最判平24・2・13前出[1]……第一審の無罪判決を破棄し有罪とした原判決を破棄し、控訴を棄却した）

[6] 保護責任者遺棄致死事件において、被害者の衰弱状態等を述べた医師らの証言の信用性について判断した例（最判平26・3・20刑集六八・三・四九九、重判平26刑訴七②……第一審の有罪判決を破棄し差し戻した原判決を破棄し、差し戻した）

[7] 不保護による保護責任者遺棄致死事件において、子が一定の保護行為を必要とする状態にあることに係る被告人の認識の有無について判断した例（最判平30・3・19刑集七二・一・一、重判平30刑訴二……第一審の無罪判決を破棄し差し戻した原判決を破棄し、控訴を棄却した）↓三二一条[92]

[8] 強盗殺人事件において、被告人の犯人性について判断した例（最判平30・7・13刑集七二・三・三二四……第一審の有罪判決を破棄し無罪とした原判決を破棄し、差し戻した）

[9] 自動車を運転する予定の者に対し、ひそかに睡眠導入剤を摂取させ運転を仕向けて交通事故を引き起こさせ、事故の相手方に傷害を負わせたという殺人未遂被告事件において、事故の相手方に対する殺意の有無について判断した例（最判令3・1・29刑集七五・一・一、重判令3刑一……殺意を認めた第一審判決に事実誤認があるとして破棄、差戻しとした原判決に、違法があるとした）

[10] 男児の頭部に暴行を加え、脳実質損傷の傷害を負わせたという傷害被告事件において、暴行の存否について判断した例（最判令4・4・21【令2あ一七五二】……第一審の有罪判決を破棄し一部無罪とした原判決を破棄し、差し戻した）

[11] 外国公務員等に対して金銭を供与したという不正競争防止法違反幇助被告事件において、共謀の成否について判断した例（最判令4・5・20【令2あ一一三五】……共謀の成立を認めた第一審の有罪判決を破棄し幇助犯が成立するとした原判決を破棄し、控訴を棄却した）

二　判決への影響

1　肯定した事例

[12] 酒類製造の免許を受けないで濁酒を製造した行為を幇助〔ほうじょ〕したものを共同正犯と誤認した場合は、酒税法六一条により刑法六三条（従犯減軽）は適用されないために、法定刑はもちろん処断刑に差異を来すものではないが、法定刑に極めて広い幅が存することから従犯か共同正犯かの犯情の差は当然に法定刑の範囲内における刑の量定に影響を持ち得るのであって、判決に影響を及ぼすべき事実誤認に当たる。（名古屋高判昭34・2・9高刑一二・一・五……昭和三七法四七による酒税法改正前の事件）

13 未必的殺意を確定的殺意と認定した原判決の誤りは、そのいずれを認定するかは紙一重であって、犯情にさして差がない場合においては、判決に影響を及ぼすべき事実誤認に当たらない。（東京高判昭53・2・23刑月一〇・一＝二・七五）

第三八二条の二【同前—弁論終結後の事情】 ① やむを得ない事由によつて第一審の弁論終結前に取調を請求することができなかつた証拠によつて証明することのできる事実であつて前二条に規定する控訴申立の理由があることを信ずるに足りるものは、訴訟記録及び原裁判所において取り調べた証拠に現われている事実以外の事実であつても、控訴趣意書にこれを援用することができる。

② 第一審の弁論終結後判決前に生じた事実であつて前二条に規定する控訴申立の理由があることを信ずるに足りるものについても、前項と同様である。

③ 前二項の場合には、控訴趣意書に、その事実を疎明する資料を添附しなければならない。第一項の場合には、やむを得ない事由によつてその証拠の取調を請求することができなかつた旨を疎明する資料をも添附しなければならない。

㊜【弁論↓二九三、三二三①】【取調べ↓三九三①】

一 「やむを得ない事由」

1 被告人が、検察官の取調べに対し、懲役刑に処せられ刑の執行猶予の言渡しを受けたことを秘匿し、右前科は前科調書にも記載されておらず、これに基づいて判決の言渡しを受けた後、右前科が判明し、検察官がこれを知るに至った場合は、本条一項にいう「やむを得ない事由」に当たる。（最判昭48・2・16刑集二七・一・五八、刑訴百選[五版]一〇八）

2 「やむを得ない事由によって……請求することができなかった」とは、証拠資料の第一審集中主義という法の建前からいって、請求しようとしても請求ができなかった場合を意味し、弁護人が第一審で既に証拠の存在を知っていたが、被告人の要望もあって請求しなかった場合は、これに当たらない。（東京高判昭43・10・22下刑一〇・一〇・九六七）

3 第一審において、被告人が量刑上有利に参酌してもらった方が得策であると考えて犯罪事実を争わなかったことは、本条にいう「やむを得ない事由」に当たらない。（最決昭62・10・30刑集四一・七・三〇九、刑訴百選[一〇版]A48）

二 訴訟手続の法令違反を控訴理由とする場合

4 本条一項には刑訴法三七九条に規定する控訴理由（訴訟手続の法令違反）がある場合は含まれていないので、右控訴理由を主張する場合には適用されない。（東京高判平6・11・28判タ八九七・二四〇）

三 本条に該当しない場合と職権による事実の取調べ↓三九三条2

第三八三条【同前—再審事由その他】 左の事由があることを理由として控訴の申立をした場合には、控訴趣意書に、その事由があることを疎明する資料を添附しなければならない。

一 再審の請求をすることができる場合にあたる事由があること。

二 判決があつた後に刑の廃止若しくは変更又は大赦があつたこと。

㊜【一】【再審理由↓四三五】【二】【刑の廃止・変更↓刑六】

一 再審事由と証拠の新規性↓四三五条15

二 判決後の刑の変更↓三九七条2

第三八四条【控訴理由】 控訴の申立は、第三百七十七条乃至第三百八十二条及び前条に規定する事由があることを理由とするときに限り、これをすることができる。

㊜【本条違反と控訴棄却↓三八六①回、三九六】

第三八五条【控訴棄却の決定】 ① 控訴の申立が法令上の方式に違反し、又は控訴権の消滅後にされたものであることが明らかなときは、控訴裁判所は、決定でこれを棄却しなければならない。

② 前項の決定に対しては、第四百二十八条第二項の異議の申立をすることができる。この場合には、即時抗告に関する規定をも準用する。

㊜❶【申立ての方式↓三七四】【控訴権の消滅↓三六一・三七三】❷【即時抗告に関する規定↓四二二、四二五】

一 本条に該当する場合

1 免訴の判決に対する被告人からの上訴の申立ては、その利益を欠き不適法であり、上訴権がないのにされたものであることが明らかであるから、本条一項により棄却することができる。（東京高決平元・7・6高刑四二・二・一二一）

二 異議申立てと上訴権回復の規定の準用↓三六二条8

第三八六条【同前】 ① 左の場合には、控訴裁判所は、決定で控訴を棄却しなければならない。

一 第三百七十六条第一項に定める期間内に控訴趣意書を差し出さないとき。

二 控訴趣意書がこの法律若しくは裁判所の規則で定める方式に違反しているとき、又は控訴趣意書にこの法律若しくは裁判所の規則の定めるところに従い必要な疎明資料若しくは保証書を添附しないとき。

三 控訴趣意書に記載された控訴の申立の理由が、明らかに第三百七十七条乃至第三百八十二条及び第三百八十三条に規定する事由に該当しないとき。

② 前条第二項の規定は、前項の決定についてこれを準用する。

㊜❶【三】【方式↓刑訴規二四〇】【疎明資料の添付↓三八二の二③・三八三】【保証書の添付↓三七七】

一 控訴趣意書の不提出

1 いわゆる必要的弁護事件につき被告人が控訴した場合において、刑訴規則二五〇条、一七八条三項の規定に違背して被告人に弁護人がないままであるときは、所定の期間内に控訴趣意書を差し出さないことに基づいて本条一項一号により決定で右控訴を棄却することは、刑訴法四〇四条によって控訴の審判に準用される二八九条一項により許されない。（最決昭47・9・26刑集二六・七・四三一、刑訴百選[四版]九九）

二 控訴趣意書の方式違反

2 「一 原判決は明らかに判決に影響を及ぼす事実の誤認がある。二 原判決は量刑が不当である。追って詳細は書面で述べる。」と記載したにすぎない控訴趣意書は、刑訴法三八二条、三八一条所定の事実の援用を欠き、法律で定める方式に違反する。（最決昭52・11・11刑集三一・六・一〇一九）

第三八七条【弁護人の資格】 控訴審では、弁護士以外の者を弁護人に選任することはできない。

㊜【弁護人選任↓三一②】

第三八八条【弁論能力】 控訴審では、被告人のためにする弁論は、弁護人でなければ、これをすることができない。

㊜【弁論↓三八九、三九三④】

第三八九条【弁論】 公判期日には、検察官及び弁護人は、控訴趣意書に基いて弁論をしなければならない。

㊜【控訴趣意書↓三七六】

弁護人が控訴趣意書の陳述をしない場合

1 弁護人が再三にわたる裁判長の督促にもかかわらずこれに応じないときは、裁判長は検察官に控訴趣意に対する答弁を求め訴訟の進行を図るべきである。（東京高決昭47・1・29高

刑二五・一・二〇）

第三九〇条【被告人の出頭】 控訴審においては、被告人は、公判期日に出頭することを要しない。ただし、裁判所は、五十万円（刑法、暴力行為等処罰に関する法律及び経済関係罰則の整備に関する法律の罪以外の罪については、当分の間、五万円）以下の罰金又は科料に当たる事件以外の事件について、被告人の出頭がその権利の保護のため重要であると認めるときは、被告人の出頭を命ずることができる。

㊟【被告人の出頭】↓二八四—二八六【被告人の移送】↓刑訴規二四四

一 **本条の合憲性**

[1] 控訴審において、公開法廷で公判審理が行われ、右期日に被告人は適法な召喚状の送達を受けたが出頭せず、弁護人の控訴趣意書に基づく弁論及び検察官の意見の陳述の後弁論が終結された以上、右手続は憲法三七条一項に違反しない。（最判昭33・10・24刑集一二・一四・三四〇七）

二 **被告人に対する公判期日の通知**

[2] 控訴審において被告人に公判期日の通知をすることなく、被告人が出頭しないまま公判を開廷することは、判決宣告期日の場合も含め、刑訴法二七三条二項に違反する。（最大決昭44・10・1刑集二三・一〇・一一六一）

三 **被告人が出頭した場合の手続**

[3] 控訴審においては、被告人が出頭した場合でも、必ずしも人定質問をする必要はない。（最決昭28・12・17刑集七・一二・二五五八）

[4] 控訴審においては、被告人に刑訴法二九一条二項［現四項］の冒頭陳述の機会を与えなければならないものではない。（最決昭26・3・30刑集五・五・八〇一）

第三九一条【弁護人の不出頭等】 弁護人が出頭しないとき、又は弁護人の選任がないときは、この法律により弁護人を要する場合又は決定で弁護人を附した場合を除いては、検察官の陳述を聴いて判決をすることができる。

㊟【弁護人を要する場合↓二八九【弁護人を付した場合↓三六、三七、二九〇

第三九二条【調査の範囲】 ① 控訴裁判所は、控訴趣意書に包含された事項は、これを調査しなければならない。

② 控訴裁判所は、控訴趣意書に包含されない事項であつても、第三百七十七条乃至第三百八十二条及び第三百八十三条に規定する事由に関しては、職権で調査をすることができる。

㊟【控訴趣意書↓三七六

一 **一項の調査の対象**

[1] 適法に差し出された控訴趣意書は、適法にその趣意書を撤回するか又は公判期日において適法にこれを陳述しない旨の明確な意思表示のない限りは、裁判所はこれを調査しなければならない。（最判昭27・1・10刑集六・一・六九）

二 **職権調査**

1 **義務性**

[2] 本条二項は、裁判所が職権として調査することができる旨を定めたにすぎず、控訴趣意書に包含されない事項についても職務として調査しなければならない旨を定めたものでないから、法定刑を超えた刑を科した第一審判決の違法を控訴審が職権調査しなくとも違法でない。（最判昭30・9・29刑集九・一〇・二一〇二……住居侵入罪につき、上限が二五〇〇円であるところ、一万円の罰金を科した）↓四五七条[7]

[3] 第一審判決に一読すれば直ちに発見し得るような瑕疵［かし］がある場合には、控訴審は、当然職権をもって同判決を破棄しなければならない。（最決昭47・1・18判時六五五・八五……第一審判決が罪となるべき事実の具体的内容を別紙に譲りながら当該別紙を判決書に付さなかった）

2 **限界**

イ **攻防対象論の趣旨**

[4] 牽連［けんれん］犯又は包括一罪として起訴された事実につき、その一部を有罪とし、その余については理由中で無罪の判断を示した第一審判決に対して被告人だけが控訴を申し立てた場合、無罪とされた部分については当事者間において攻防の対象から外されたものとみることができるのであって、このような部分について、それが理論上控訴審に移審係属しているからといって、控訴審が職権調査により有罪の自判をすることは、被告人に不意打ちを与えることであるので、当事者主義を基本原則とし職権主義をその補充的、後見的なものとする現行刑訴法の基本構造、特に職権調査をあくまで補充的なものとし当事者の申し立てた控訴趣意を中心として、第一審判決に対し事後的審査を加えるという現行控訴審の性格に鑑みるときは、職権の発動として許される限界を超えたものであって、違法である。（最大決昭46・3・24刑集二五・二・二九三〈新島ミサイル事件〉刑訴百選[六版]八八）

ロ **職権調査が許される場合**

[5] 本位的訴因の犯罪事実（車両直前の安全確認義務違反）も予備的訴因の犯罪事実（車両左後方の安全確認義務違反）も同一の被害者に対する同一の交通事故に係るものであり、過失の態様についての証拠関係上本位的訴因と予備的訴因とが構成された場合において、予備的訴因に沿う事実を認定した一審判決に対し被告人のみが控訴したからといって、検察官が本位的訴因の訴訟追行を断念して、本位的訴因が当事者間の攻撃防御の対象から外れたとみる余地はないので、破棄差し戻された第二次第一審裁判所が本位的訴因について審理、判決しても違法でない。（最決平元・5・1刑集四三・五・三二三、重判平元刑訴八）

[6] 本位的訴因（被告人が自動二輪車もろとも路上に転倒、滑走し、自車を被害者に衝突させて路上に転倒させ、傷害を負わせた）を排斥し、予備的訴因（転倒、滑走した被告人の自動二輪車が被害者に衝突はしていないが、被害者を驚がくさせて路上に転倒させ、傷害を負わせた）を認定した第一審判決に対し、被告人のみが控訴した場合であっても、控訴審が、再び本位的訴因を認定することは差し支えない。（大阪高判平10・9・1判タ一〇〇四・二八九）

ハ **職権調査が許されない場合**

[7] 本位的訴因（賭博開張図利の共同正犯）を排斥し、予備的訴因（賭博開張図利の幇助犯）を認定した第一審判決に対し、検察官が控訴の申立てをしなかった場合には、検察官は、その時点で本位的訴因につき訴訟追行を断念したとみるべきであって、本位的訴因は、既に当事者間においては攻防の対象から外されていたものと解するのが相当であるから、控訴審が、職権により本位的訴因について調査を加えて有罪の自判をしたことは、職権の発動として許される限度を超えたものであり、違法というほかない。（最決平25・3・5刑集六七・三・二六七、刑訴百選[一〇版]九九）

[8] 第一審判決が、起訴された事実（ナイフを示しての脅迫）につき、構成要件に該当する行為の証明がなされていないとして、理由中で無罪とした上で、同事実に包含されているものとして、同事実と併合罪の関係にある事実（同一ナイフの不法携帯）を認定して有罪の判決をし、それに対し被告人のみが控訴した場合、控訴審裁判所が、刑訴法三七八条三号前段、後段に違反する違法があるとして第一審判決を破棄するに当たり、第一審判決の理由中で無罪とされた事実について、有罪とする余地があるものとして第一審に差し戻すことは、職権の発動の限界を超えるものであって、許されない。（最判平16・2・16刑集五八・二・一三三、重判平16刑訴七）

ニ **上告審における職権調査の限界**

[9] 上告審における職権調査の限界（最判昭47・3・9刑集二六・二・一〇二〈大信実業事件〉刑訴百選[六版]九三）↓二五六条

㉔・四一四条②

第三九三条【事実の取調べ】①　控訴裁判所は、前条の調査をするについて必要があるときは、検察官、被告人若しくは弁護人の請求により又は職権で事実の取調をすることができる。但し、第三百八十二条の二の疎明があつたものについては、刑の量定の不当又は判決に影響を及ぼすべき事実の誤認を証明するために欠くことのできない場合に限り、これを取り調べなければならない。

②　控訴裁判所は、必要があると認めるときは、職権で、第一審判決後の刑の量定に影響を及ぼすべき情状につき取調をすることができる。

③　前二項の取調は、合議体の構成員にこれをさせ、又は地方裁判所、家庭裁判所若しくは簡易裁判所の裁判官にこれを嘱託することができる。この場合には、受命裁判官及び受託裁判官は、裁判所又は裁判長と同一の権限を有する。

④　第一項又は第二項の規定による取調をしたときは、検察官及び弁護人は、その結果に基いて弁論をすることができる。

❶【量刑不当↓三八一【事実誤認↓三八二

①

一　事実の取調べの性質

事後審たる控訴審における事実の取調べは、第一審判決に存する当事者の主張し又は職権で調査すべき破棄事由の有無の審査に限られるのであって、旧法の覆審の場合のように新たな事実の認定や量刑を目的として自ら証拠を取り調べるべきものでない。（最判昭25・12・24刑集四・一二・二六二一、刑訴百選初版七五）

②

二　一項本文の趣旨

本条一項本文は、第一審判決以前に存在した事実に関する限り、第一審で取調べないし取調請求されていない新しい証拠につき、同項ただし書の要件を欠く場合であっても、控訴裁判所が第一審判決の当否を判断するにつき必要と認めるときは裁量によってその取調べをすることができる旨定めたものである。（最決昭59・9・20刑集三八・九・二八一〇、刑訴百選一〇版A49）

③

三　「刑の量定に影響を及ぼすべき情状」の意義

本条二項の「刑の量定に影響を及ぼすべき情状」には、単に被害の弁償、示談の成立等の情状ばかりでなく、傷害被告事件において第一審判決後に被害者がその傷の結果死亡した場合における死亡の事実のように、犯罪事実の変化に伴う情状も含まれる。（仙台高判昭39・2・7高刑一七・一・一四六）

四　事実の取調べの手続

④

控訴裁判所の事実の取調べにおいて、あらかじめ被告人に証人の氏名、立証趣旨すら知る機会を与えることなく、公判期日外において職権をもって証人尋問を決定し施行することは、検察官及び弁護人が立ち会い、かつ、異議がないとしても許されない。（最決昭43・6・25刑集二二・六・五五二、刑訴百選五版A18）↓一五七条⑤

第三九四条【証拠能力】　第一審において証拠とすることができた証拠は、控訴審においても、これを証拠とすることができる。

❶【証拠とすることができた証拠↓三二一―三二四・三二六・三二七

①

控訴審の破棄自判と第一審で取り調べられた証拠

控訴審が事実の取調べをなし第一審の無罪判決を破棄して有罪を認定する場合、第一審において取り調べた証拠は、控訴審で再び証拠調べをし直すことを必要とせず、そのまま判決の基礎とすることができる。（最判昭34・2・13刑集一三・二・一〇一）

第三九五条【控訴棄却の判決】　控訴の申立が法令上の方式に違反し、又は控訴権の消滅後にされたものであるときは、判決で控訴を棄却しなければならない。

❶【控訴申立ての方式↓三七四・三七三・三六一　三八五①【控訴権の消滅↓三六一

第三九六条【同前】　第三百七十七条乃至第三百八十二条及び第三百八十三条に規定する事由がないときは、判決で控訴を棄却しなければならない。

❶三八六①㊂

刑訴法三三五条の準用の有無↓三三五条㊻

第三九七条【破棄の判決】①　第三百七十七条乃至第三百八十二条及び第三百八十三条に規定する事由があるときは、判決で原判決を破棄しなければならない。

②　第三百九十三条第二項の規定による取調の結果、原判決を破棄しなければ明らかに正義に反すると認めるときは、判決で原判決を破棄することができる。

❶【破棄の場合の措置↓三九八―四〇〇

①

一　控訴審における訴因罰条の追加と第一審判決の破棄

現行刑訴法の控訴審の本来の性質は、第一審判決に何らかの過誤があるか否かを審査するいわゆる事後審査をする裁判所であるから、第一審当時の訴因罰条からみて、第一審判決に何ら誤りが見出されないのに、控訴審において新たに訴因罰条が追加されたことを理由に、その新しい訴因について第一審判決がその存在を認めず罰条を適用しなかったことが結局において事実誤認ないし法令違反になるとして、これを破棄することは許されない。（最判昭42・5・25刑集二一・四・七〇五、刑訴百選六版A38）

②

二　判決後の刑の変更と第一審判決の破棄

平成一八法三六による窃盗罪の法定刑の変更の趣旨は、罰金刑の選択を可能として比較的軽微な事案に対しても適正な科刑の実現を図ることにあり、これまで懲役刑が科されてきた事案の処理に広く影響を与えることを意図するものではない。このような法改正の内容、趣旨に鑑みると、当該窃盗罪の犯情、第一審判決が併せて認定した刑の変更のない他の犯罪の有無及びその内容に照らし、法改正との関係からは第一審判決の量刑を再検討する余地のないことが明らかである場合には、本条一項により原判決を破棄すべき「刑の変更」には当たらない。（最決平18・10・10刑集六〇・八・五二三、重判平18刑訴五）

③

三　破棄の範囲

併合罪として起訴された二罪につき、第一審においてなされた一部有罪・一部無罪の判決に対し、その全部について検察官から控訴の申立てがあり、無罪部分について第一審判決を破棄すべき理由があって、二罪のそれぞれにつき有期懲役刑に処するときには、有罪部分について控訴の理由がない場合でも、全部について第一審判決を破棄し、刑法四七条を適用して一個の有期懲役刑に処すべきである。（最判昭38・11・12刑集一七・一一・二三六七）

④

四　双方控訴の一方にのみ理由がある場合の主文の表示

検察官、被告人の双方が上訴し、その一方の上訴だけを理由があるとして原判決を破棄する場合、主文に他方の上訴を棄却する旨の表示をすべきでない。（最決昭42・11・28刑集二一・九・一二九九）

第三九八条【破棄差戻し】　不法に、管轄違を言い渡し、又は公訴を棄却したことを理由として原判決を破棄するときは、判決で事件を原裁判所に差し戻さなければならない。

❶【管轄違い、公訴棄却↓三七八㊀㊁【差戻し↓裁四

①

不法に公訴を棄却した第一審判決の破棄と自判の可否

被告人が、最高速度を三〇キロメートル毎時超える速度で自動車を運転したという、最高速度違反の公訴事実につき、

公訴を提起されたが、第一審判決が、証拠調べの結果、被告人運転車両が最高速度を三〇キロメートル毎時以上超える速度であったことの証明はなく、本件は反則行為に当たるから、反則金納付通告の手続を経ることなく行われた公訴提起の手続は違法であるとして、公訴を棄却した場合に、控訴審が、公訴事実どおりの最高速度違反の事実が認められるとしてこれを破棄するときは、本条を適用せず、自判することができる。（最決平19・3・19刑集六一・二・二五）

第三九九条【破棄移送】 不法に管轄を認めたことを理由として原判決を破棄するときは、判決で事件を管轄第一審裁判所に移送しなければならない。但し、控訴裁判所は、その事件について第一審の管轄権を有するときは、第一審として審判をしなければならない。

参+【不法な管轄認定→三七八㈠】【第一審の管轄→裁一六四、一七】【移送→裁四】

第四〇〇条【破棄差戻し・移送・自判】 前二条に規定する理由以外の理由によつて原判決を破棄するときは、判決で、事件を原裁判所に差し戻し、又は原裁判所と同等の他の裁判所に移送しなければならない。但し、控訴裁判所は、訴訟記録並びに原裁判所及び控訴裁判所において取り調べた証拠によつて、直ちに判決をすることができるものと認めるときは、被告事件について更に判決をすることができる。

参+【差戻し・移送→裁四】【取り調べた証拠→三九三、三九四】【自判の内容→四〇四】

一 破棄判決の拘束力

1 拘束力の範囲

① 破棄判決の破棄の理由とされた事実上の判断は拘束力を有するが、破棄判決の拘束力は、破棄の直接の理由、すなわち原判決に対する消極的否定的判断についてのみ生ずるものであり、その消極的否定的判断を裏付ける積極的肯定的事由についての判断は、破棄の理由に対しては縁由的な関係に立つにとどまり何らの拘束力を生ずるものではない。（最判昭43・10・25刑集二二・一一・九六一〈八海事件第三次上告審〉刑訴百選〔一〇版〕A51）

② 事実の誤認、及び訴訟法の違反を理由として控訴審が第一審の無罪判決を破棄、差し戻した場合に、差戻しを受けた第一審裁判所は、第一審判決に事実誤認、訴訟法違反があり、その誤りが判決に影響を及ぼすことが明らかであるとの控訴審の判断の範囲内において更に審理をなすべき拘束を受けるにとどまり、本件につき必ず有罪の宣告をしなければならないものではない。（最決昭32・12・5刑集一一・一三・三一六七）

2 拘束力の及ぶ裁判所

③ 第一次控訴審が差戻判決においてした法律上の判断は、第二次第一審、控訴審が右判断に従った場合でも、その上告審である最高裁判所を拘束しない。（最大判昭32・10・9刑集一一・一〇・二五二〇、刑訴百選〔初版〕八二）

④ 下級裁判所が最高裁判所の破棄理由とした法律上の判断に従ってした判決に対する上告について審判する場合には、最高裁判所も自らの裁判内容に拘束されることになり、これを変更することは許されない。（最決昭39・11・24刑集一八・九・六三九）

3 差戻判決と差戻し前の訴訟手続の効力

⑤ 差戻し前の訴訟手続は、差戻判決の破棄の理由となった限度において効力を失う。破棄の理由とならない訴訟手続が全部その効力を失うものではない。（最決昭29・11・4刑集八・一一・一六六五）

二 破棄差戻し後の手続→二五六条㊼

三 自判と事実の取調べ

1 犯罪事実の認定

イ 本条ただし書の意義

⑥ 事件が控訴審に係属しても、被告人は、憲法三一条、三七条の保障する権利を有し、その審判は直接審理主義、口頭主義の原則の適用を受けるから、公開の法廷において、その面前で、適法な証拠調べの手続が行われ、これに対する意見弁解を述べる機会を与えられた上でなければ、公訴事実の存在を確定され有罪の判決を言い渡されることはない。したがって、第一審判決が公訴事実の存在を確定せず無罪を言い渡した場合に、控訴裁判所がこれを破棄し、訴訟記録並びに第一審裁判所において取り調べた証拠のみによって、直ちに公訴事実の存在を確定し有罪の判決をすることは許されない。（最大判昭31・7・18刑集一〇・七・一一四七、刑訴百選〔一〇版〕A52）

⑦ 第一審判決が公訴事実を認めるに足る証明がないとして、被告人に対し、無罪を言い渡した場合に、控訴裁判所が右判決は事実を誤認したものとしてこれを破棄し、自ら何ら事実の取調べをすることなく、訴訟記録及び第一審裁判所で取り調べた証拠のみによって、直ちに公訴事実の存在を確定し有罪の判決をすることは、本条ただし書の許さないところである。（最大判昭31・9・26刑集一〇・九・一三九一）

⑧ 原判決は、従前の判例（⑥⑦）を変更すべき理由として、刑訴法の仕組みと運用が大きく変わり、第一審において厳選された証拠に基づく審理がされ、控訴審において第一審判決の認定が論理則、経験則等に照らして不合理であることを具体的に指摘できる場合に限って事実誤認で破棄されること、起訴前国選弁護制度や取調べの録音録画の実施により被告人が黙秘権を行使することも多くなっていること、従前の判例に抵触しないために検察官請求証拠を調べるとすると、取調べの必要性も第一審の弁論終結前に取調べを請求できなかったやむを得ない事由も認められない証拠を採用することになること等を挙げ、従前の判例の解釈は現在ではその正当性に疑問があり、直接に事実の取調べをせずに自判しても、実質的にみて、被告人の権利、利益の保護において問題を生ずるものとは考えられないとするが、同判決が挙げる刑訴法の制度及び運用の変化は、裁判員制度の導入等を契機として、より適正な刑事裁判を実現するため、殊に第一審において、犯罪事実の存否及び量刑を決する上で必要な範囲で充実した審理・判断を行い、公判中心主義の理念に基づき、刑事裁判の基本原則である直接主義・口頭主義を実質化しようとするものであって、同じく直接主義・口頭主義の理念から導かれる従前の判例の正当性を失わせるものとはいえず、いまなおこれを変更すべきものとは認められない。（最判令2・1・23刑集七四・一・一、重判令2刑訴四）

ロ 本条ただし書に違反する場合

⑨ 第一審が収賄罪につき犯罪の証明がないとして無罪を言い渡した場合に、控訴審が右判決を破棄し、被告人の職務権限について事実の取調べをしただけで、事件の核心をなす金員の授受自体について何ら事実の取調べを行うことなく、訴訟記録及び第一審で取り調べた証拠のみによって犯罪事実の存在を確定し有罪判決をすることは、本条ただし書に違反する。（最判昭34・5・22刑集一三・五・七七三）

⑩ 殺人の公訴事実について、第一審が殺意の証明がないとして傷害致死を認定したのに対し、控訴審が何ら自ら事実の取調べをしないで第一審で取り調べた証拠のみによって未必の殺意があると認定し、殺人罪として処断することは、本条ただし書に違反する。（最判昭41・12・22刑集二〇・一〇・一二三三）

⑪ 被告人は行動制御能力が著しく減退していた合理的疑いが残るから心神耗弱の状態にあったとした第一審判決について、その認定は論理則、経験則等に照らして不合理であるとして、事実誤認を理由に破棄し、原審において何ら事実の取調べをすることなく、訴訟記録及び第一審裁判所において取り調べた証拠のみによって、直ちに完全責任能力を認めて自

判をすることは、本条ただし書に違反する。（最判令3・9・7刑集七五・八・一〇七四、重判令3刑訴四②）

八　本条ただし書に違反しない場合

[12]　詐欺罪について、第一審が詐欺の意思以外の点は全て認められると判断しているような場合には、控訴審は被告人を公判廷で公訴事実その他につき質問し、同人の検察官に対する供述調書の信用性等につき取調べを行えば、その余の証拠につき直接取調べをしなくとも、原審の無罪判決を破棄し、有罪判決を言い渡してよい。（最判昭33・5・1刑集一二・七・一二四三）

[13]　第一審判決が、収賄の公訴事実につき犯意について証明がないことを理由に無罪としたのに対し、控訴審では、裁判所が自ら右争点に関わる証人を取り調べている以上、その結果が第一審で取り調べた証拠以上に出ないとしても、右事実取調べの結果と訴訟記録及び第一審で取り調べた証拠とによって破棄自判し、有罪の判決をしてよい。（最判昭36・1・13刑集一五・一・一一三）

[14]　第一審が、準強姦の公訴事実につき、被告人に被害者が抗拒不能であるとの認識があったことには合理的な疑いが残るとして無罪としたのに対し、控訴審では、被告人の右認識について実施された被告人質問の際、被告人が黙秘し、他に事実の取調べは行われなかったが、訴訟記録及び第一審で取り調べた証拠に基づき、被告人に右認識があったことは明らかであるとして、第一審判決を破棄し、被告人を有罪としたという事情の下では、控訴審は、争点の核心部分について事実の取調べをしたということができ、その結果が第一審で取り調べた証拠以上に出なくとも、被告事件について判決をするのに熟していたといえるから、第一審が無罪とした公訴事実を控訴審が認定して直ちに自ら有罪の判決をしても、本条ただし書に違反しない。（最決令3・5・12刑集七五・六・五八三、重判令3刑訴四①）

2　刑の量定

[15]　訴訟記録及び第一審において取り調べた証拠によって、その量刑の不当なことが認められるときは、控訴審が自ら事実の取調べをしないで第一審判決の刑より重い刑を言い渡しても、本条ただし書の解釈を誤ったとはいえない。（最大判昭31・7・18刑集一〇・七・一一七三……懲役二年執行猶予四年の刑を懲役八月の実刑に変更したもの）

[16]　控訴審が自ら事実の取調べをしないで、自判により第一審の無期懲役を死刑に変更したことを、違法でないとした事例（最大判昭30・6・22刑集九・八・一一八九〈三鷹事件〉刑訴百選[一〇版]A50）↓刑一二五条[7]

3　法律判断

[17]　第一審裁判所が、法律判断の対象となる事実を認定し、法律判断だけで無罪を言い渡した場合には、事実について当事者に争わせ、事実の取調べをする意義は認められないから、改めて事実の取調べをするまでもなく、本条ただし書によって、控訴裁判所は自ら有罪の判決をすることができる。（最大判昭44・10・15刑集二三・一〇・一二三九、刑訴百選[六版]九二）↓憲三一条[5][6]

四　自判の場合の判断の基準時

[18]　上訴審において原判決を破棄し自判する場合には、その自判する時を標準として、被告人に少年法五二条を適用すべきか否かを決すべきである。（最判昭26・8・17刑集五・九・一七九九）↓三八〇条[7]

五　自判の手続及び内容

[19]　新刑訴法における控訴審は、第一審判決に対する事後審査の手続であり、公判期日には被告人は原則として出頭せず、検察官及び弁護人は控訴趣意書に基づいて弁論すべきものであるから、本条ただし書によって自判する場合でも、四〇四条により第一審の公判に関する規定を準用して事実の取調べ並びに証拠調べ及び控訴裁判所において取り調べた証拠を資料として覆審をなし、弁論を繰り返し、被告人・弁護人に最終の陳述をなさしむべきものではない。（最判昭25・4・20刑集四・四・六四八）

[20]　控訴審が第一審判決を量刑不当の理由で破棄自判するに当たっては、第一審判決の確定した事実に対し法令の適用を示せば足り、控訴審として改めて事実を認定するを要しない。（最判昭29・4・13刑集八・四・四六二）

[21]　第一審が本位的訴因について有罪認定をした場合、控訴審が破棄自判して予備的訴因について有罪認定をすることは違法でない。（最決昭26・10・31刑集五・一一・二三二二）

第四〇一条【共同被告人のための破棄】　被告人の利益のため原判決を破棄する場合において、破棄の理由が控訴をした共同被告人に共通であるときは、その共同被告人のためにも原判決を破棄しなければならない。

第四〇二条【不利益変更の禁止】　被告人が控訴をし、又は被告人のため控訴をした事件については、原判決の刑より重い刑を言い渡すことはできない。

【被告人のため控訴↓三五三、三五五【重い刑↓刑一〇】

一　本条の趣旨

[1]　不利益変更禁止の原則は、被告人側のした上訴の結果かえって被告人に不利益な結果を来すようなことがあっては、上訴権の行使を躊躇［ちゅうちょ］せしめるおそれがあることをおもんぱかって採用されているのである。（旧法事件）（最大判昭27・12・24刑集六・一一・一三六三、刑訴百選[二版]九九）↓[5]

[2]　控訴審が第一審判決の認定した事実よりも不利益な事実を認定しても、判決主文において被告人に不利益な結果を生ずべき刑の言渡しをしない限り、本条に違反しない。（旧法事件）（最判昭23・11・18刑集二・一二・一六二六）

[3]　被告人が控訴した事件について、控訴裁判所が、第一審において有罪とした手段・結果の関係にある複数の犯罪事実のうち、その一部を無罪とした場合に第一審の刑よりも軽い刑を言い渡さなくても本条に違反しない。（最判昭35・4・12刑集一四・五・五四八）

二　「被告人のため控訴をした事件」

[4]　検察官が控訴した事件は、たとえその申立理由が被告人に利益なものである場合であっても、本条にいう「被告人のため控訴をした事件」に当たらない。（最判昭53・7・7刑集三二・五・一〇一一）

三　本条の適用の有無↓少三三条[3]

[5]　被告人の上告した事件が上告審において破棄され控訴審に差し戻された場合に、差し戻された控訴審は破棄された原判決との関係においても不利益変更禁止の原則に従うべきである。（旧法事件）（最大判昭27・12・24前出[1]）

[6]　略式命令後の正式裁判への適用（最決昭31・7・5刑集一〇・七・一〇二〇）↓四六八条[2]

四　「刑」の意義

[7]　訴訟費用の負担は、本条にいう刑ではない。（最判昭26・3・8刑集五・四・四九五）

五　「原判決の刑より重い刑」

1　判断方法

[8]　本条については第一審、控訴審において言い渡された主文の刑を、刑名等の形式のみによらず、具体的に全体として総合的に観察し、控訴審の判決の刑が第一審の判決よりも実質上被告人に不利益であるか否かによって判断すべきである。（最決昭39・5・7刑集一八・四・一三六、刑訴百選[一〇版]A53）

[9]　第一審判決の不定期刑を控訴審判決で定期刑に変更する場合、不定期刑の中間位と定期刑の刑期とを比較すべきである。（最判昭32・9・20刑集一一・九・二三五三、少年百選一一二）↓少五二条[3]

2　重い刑への変更に当たるとされた事例

[10] 懲役六月、三年間執行猶予の刑を禁錮三月の刑に変更した場合（最大判昭26・8・1刑集五・九・一七一五、刑訴百選[初版]七四）

[11] 第一の罪につき罰金一万二〇〇〇円、第二の罪につき罰金一万五〇〇〇円の刑に処し、右罰金を完納することができないときは金五〇〇円を一日に換算した期間被告人を労役場に留置すべき旨の判決を、第一及び第二の罪につき各罰金一万円の刑に処し、右罰金を完納することができないときは金二五〇円を一日に換算した期間被告人を労役場に留置すべき旨の判決に変更した場合（最判昭33・9・30刑集一二・一三・三一九〇）

3　重い刑への変更に当たらないとされた事例

[12] 禁錮一〇月の刑を懲役八月の刑に変更した場合（最決昭43・11・14刑集二二・一二・一三四三）

[13] 懲役一年の刑を懲役一年六月、三年間執行猶予、保護観察付きの刑に変更した場合（最決昭55・12・4刑集三四・七・四九九、刑訴百選[六版]八六）

[14] 懲役七月の実刑を懲役七月、三年間執行猶予、罰金五〇〇〇円の刑に変更した場合（最決昭40・2・26刑集一九・一・五九）

[15] 懲役一〇月、三年間執行猶予の刑を懲役六月、五年間執行猶予の刑に変更した場合（最判昭28・12・25刑集七・一三・二七四九）

[16] 懲役六月及び罰金二〇〇万円の刑に処し、罰金を完納しないときは一万円を一日に換算した期間労役場に留置し、二年間懲役刑の執行を猶予する旨の判決を、罰金四〇〇万円の刑に処し、罰金を完納しないときは二万円を一日に換算した期間労役場に留置する旨の判決に変更した場合（最判昭48・3・20刑集二七・二・一三八）

[17] 懲役一年六月及び罰金七〇〇〇円の刑に処し、右罰金を完納することができないときは金七〇〇〇円を一日に換算した期間被告人を労役場に留置する旨の判決を、懲役一年二月及び罰金一万円の刑に処し、右罰金を完納することができないときは金五〇〇〇円を一日に換算した期間労役場に留置する旨の判決に変更した場合（最決平18・2・27刑集六〇・二・二四〇、重判平19刑訴九）

[18] 第一の罪につき罰金八万円、第二の罪につき罰金五〇〇〇円の刑に処し、右罰金を完納することができない場合金五〇〇〇円を一日に換算した期間被告人を労役場に留置すべき旨の判決を、第一の罪につき罰金五万円、第二の罪につき罰金五〇〇〇円の刑に処し、右罰金を完納することができない場合金三〇〇〇円を一日に換算した期間被告人を労役場に留置すべき旨の判決に変更した場合（最決昭28・3・26刑集七・三・六三六）

第四〇三条【公訴棄却の決定】① 原裁判所が不法に公訴棄却の決定をしなかつたときは、決定で公訴を棄却しなければならない。

② 第三百八十五条第二項の規定は、前項の決定についてこれを準用する。

☞【公訴棄却→三三九、三七八㈡】

第四〇三条の二【控訴の制限】① 即決裁判手続においてされた判決に対する控訴の申立ては、第三百八十四条の規定にかかわらず、当該判決の言渡しにおいて示された罪となるべき事実について第三百八十二条に規定する事由があることを理由としては、これをすることができない。

② 原裁判所が即決裁判手続によつて判決をした事件については、第三百九十七条第一項の規定にかかわらず、控訴裁判所は、当該判決の言渡しにおいて示された罪となるべき事実について第三百八十二条に規定する事由があることを理由としては、原判決を破棄することができない。

☞【即決裁判手続→三五〇の一六―三五〇の二九】

合憲性

[1] 本条一項は、即決裁判手続の制度を実効あらしめるため、被告人に対する手続保障と科刑の制限を前提に、同手続による判決において示された罪となるべき事実の誤認を理由とする控訴の申立てを制限するものであるから、この控訴の制限には相応の合理的な理由があり、憲法三二条に違反しない。（最判平21・7・14刑集六三・六・六二三、刑訴百選[一〇版]五九）→三五〇条の二二[7]

第四〇四条【準用規定】 第二編中公判に関する規定は、この法律に特別の定のある場合を除いては、控訴の審判についてこれを準用する。

一　**控訴審における訴因変更**→三一二条[97]～[99]

二　**控訴審において被告人が出頭した場合の手続**→三九〇条[3][4]

三　**準用される規定**→二八九条[8]・三一四条[5]・三一五条[5]・三四三条[3]

四　**準用されない規定**→三三五条[46]

第三章　上告

第四〇五条【上告を許す判決・上告申立ての理由】 高等裁判所がした第一審又は第二審の判決に対しては、左の事由があることを理由として上告の申立をすることができる。

一　憲法の違反があること又は憲法の解釈に誤があること。

二　最高裁判所の判例と相反する判断をしたこと。

三　最高裁判所の判例がない場合に、大審院若しくは上告裁判所たる高等裁判所の判例又はこの法律施行後の控訴裁判所たる高等裁判所の判例と相反する判断をしたこと。

☞【高等裁判所の第一審→裁一六㈣】【高等裁判所の第二審→裁一六㈠】【本条の理由のない場合の職権破棄→四一一、裁一〇㈠㈢】【㈡】憲八一、裁一〇㈢【㈢】判例違反→裁一〇㈢

一　**憲法違反の主張**

[1] 憲法三一条違反を主張していても、その実質が明らかに単なる訴訟法違反の主張にすぎない場合は、適法な上告理由にならない。（最決昭25・2・2刑集四・二・一二七）

[2] 控訴審で主張・判断を経なかった事項に関し、上告審において新たに違憲をいう主張は、適法な上告理由にならない。（最大決昭39・11・18刑集一八・九・五九七、刑訴百選[五版]一一二）

[3] 原判示自体において原判決の結論に影響のないことが明らかな憲法解釈を非難する違憲の主張は、適法な上告理由にならない。（最決昭39・12・3刑集一八・一〇・六九八）

二　**判例違反の主張**

[4] 当該事案における量刑理由を判示しただけで、他の事案に適用すべき法律的見解を含んでいない判決は、本条にいう判例ではない。（最決昭28・2・12刑集七・二・二一一）

[5] 原判決の宣告後にされた最高裁判所の判決は、本条二号の判例とはいえない。（最判昭29・11・5刑集八・一一・一七二八）

[6] 原判決の余論に対する判例違反の主張は、適法な上告理由にならない。（最判昭29・12・24刑集八・一三・二三四八）

[7] 最高裁判所により破棄された高裁判決は、本条三号にいう判例に当たらない。（最決昭51・9・14刑集三〇・八・一六一一、刑訴百選[六版]A39）

三　**「判例と相反する判断」**

[8] 本条二号又は三号にいう「判例と相反する判断」とは、法令の解釈適用について控訴審のした法律的判断が判例上の法律的判断と相反する場合をいう。（最判昭37・12・25刑集一六・一二・一七三一）

⑨ 本条にいう「判例と相反する判断をした」というためには、その判例と相反する法律判断が原判決に示されているのでなければならない。（最判昭38・9・12刑集一七・七・六六一〈松川事件第二次上告審〉刑訴百選[三版]一一一）

第四〇六条【同前の特則】 最高裁判所は、前条の規定により上告をすることができる場合以外の場合であつても、法令の解釈に関する重要な事項を含むものと認められる事件については、その判決確定前に限り、裁判所の規則の定めるところにより、自ら上告審としてその事件を受理することができる。

⊛【規則の定め→刑訴規二四七—二四九、二五四、二五五、二五七—二六四、裁一〇③

一 原判決破棄の根拠条文

① 最高裁判所が本条により上告審として事件を受理し、申立てを理由ありと認めた場合は、刑訴法四一一条一号によって原判決を破棄すべきである。（最大判昭32・10・9刑集一一・一〇・二五二〇、刑訴百選[初版]八一）

二 跳躍上告

② 第一審判決に対し控訴が申し立てられた場合であっても、上訴期間経過後に申し立てられた跳躍上告は不適法である。（最決平6・10・19判時一五一〇・一五八、重判平6刑訴五）

第四〇七条【上告趣意書】 上告趣意書には、裁判所の規則の定めるところにより、上告の申立の理由を明示しなければならない。

⊛【上告趣意書→四一四、三七六【規則の定め→刑訴規二五三、二六六、二四〇【調査の範囲→四一四、三九二

一 憲法違反の主張の方式

① 憲法違反の主張をするには原判決のいかなる点がいかなる理由により、憲法のいかなる条項に違反するかを示さなければならない。（最判昭25・7・25刑集四・八・一五二三）

二 判例違反の主張の方式

② 判例違反の主張をするには、原判決のどの判断が援用の判例のどの点に相反するかを示さなければならない。（最決昭26・3・30刑集五・四・七四二）

③ 判例違反を主張するには、裁判所名、事件番号、裁判年月日、掲載文書名、掲載箇所等を指示して、その判例を具体的に示すべきである。（最決昭45・2・4判時五八八・九五）

第四〇八条【弁論を経ない上告棄却の判決】 上告裁判所は、上告趣意書その他の書類によつて、上告の申立の理由がないことが明らかであると認めるときは、弁論を経ないで、判決で上告を棄却することができる。

⊛【上告申立ての理由→四〇五【判決→四三①

① **弁論を経ない原判決破棄差戻しの判決**

上告裁判所が原判決を破棄して事件を原裁判所に差し戻す旨の判決をするに当たり、原判決の宣告手続に法律に従って判決裁判所を構成しなかった違法があるという破棄事由の性質、被告事件の内容、審理経過等を勘案し、本条の趣旨に照らして、口頭弁論を経ることを要しないとした事例（最判平19・7・10刑集六一・五・四三六……最判令2・1・31刑集七四・一・二五七も同旨（原審の公判審理に関与していない裁判官が原判決に関与した違法があることを破棄事由とする事例））→四一一条②

第四〇九条【被告人召喚の不要】 上告審においては、公判期日に被告人を召喚することを要しない。

⊛【召喚→刑訴規二六五

第四一〇条【破棄の判決】 ① 上告裁判所は、第四百五条各号に規定する事由があるときは、判決で原判決を破棄しなければならない。但し、判決に影響を及ぼさないことが明らかな場合は、この限りでない。

② 第四百五条第二号又は第三号に規定する事由のみがある場合において、上告裁判所がその判例を変更して原判決を維持するのを相当とするときは、前項の規定は、これを適用しない。

⊛❶【破棄→四一二、四一三 ❷【判例の変更→裁一〇③

一 一部破棄を相当とする場合

① 原判決中没収・追徴の部分のみを破棄した事例（最判昭62・12・11刑集四一・八・三五二）

② 原判決の違法が、未決勾留日数算入の部分のみにある場合は、原判決中、未決勾留日数算入の部分のみを破棄し、その余の部分に対する上告を棄却すべきである。（最判昭56・7・16刑集三五・五・五五七）→三五七条④

二 判例変更

③ 原判決が高等裁判所の判例と異なる判断をしたことを理由として上告された場合に、上告申立て後、右判例が最高裁判所の判決によって変更されているときは、本条二項の趣旨に従いその上告を棄却すべきである。（最大判昭30・12・21刑集九・一四・二九一二）

④ 原判決が高等裁判所の判例と相反する判断をしたことを理由として上告された場合に、最高裁判所が先例たる判例及び原判決のいずれとも異なる見解に立ち原判決を維持するを得ないときは、原判決を破棄すべきである。（最判昭31・3・9刑集一〇・三・三〇九）

第四一一条【同前】 上告裁判所は、第四百五条各号に規定する事由がない場合であつても、左の事由があつて原判決を破棄しなければ著しく正義に反すると認めるときは、判決で原判決を破棄することができる。

一 判決に影響を及ぼすべき法令の違反があること。

二 刑の量定が甚しく不当であること。

三 判決に影響を及ぼすべき重大な事実の誤認があること。

四 再審の請求をすることができる場合にあたる事由があること。

五 判決があつた後に刑の廃止若しくは変更又は大赦があつたこと。

⊛【四】【再審事由→四三五 【五】【刑の廃止・変更→刑六

一 上告趣意書の不提出と職権破棄

① 被告人から上告中大赦があったときは、被告人が所定期間内に上告趣意書を差し出さなくても、本条五号により原判決を破棄すべきである。（最大判昭32・2・27刑集一一・二・九三五）

二 一号による破棄

1 訴訟手続の法令違反

② 高等裁判所判事職務代行の人事措置が発令されていない判事補が構成に加わった高等裁判所の判決宣告手続に、裁判所法一八条等の法律に従って判決裁判所を構成しなかった違法がある場合（最判平19・7・10刑集六一・五・四三六）→四〇八条①

③ 公判審理に関与しなかった判事が原判決に関与した違法がある場合（最判昭28・4・17刑集七・四・八七三）

④ 主文と理由中の刑との間に食い違いがある場合（最判昭28・7・17刑集七・七・一五三三）

⑤ 控訴審が被告・弁護人に公判期日の通知をせず、公判期日に被告・弁護人不出頭のまま国選弁護人を選任し、被告人の提出した趣意書に基づいて弁論させ、即日弁論を終結し判決をした場合（最判昭28・7・31刑集七・七・一六五一）

⑥ 強制わいせつの訴因に対し、訴因変更手続を経ることなく、公然わいせつの事実を認定した場合（最判昭29・8・20刑集八・八・一二四九、刑訴百選[三版]四二）→三一二条②・三七八条⑥

[7] 外国人登録法違反事件につき、簡易裁判所が裁判所法三三条二項に違反して懲役刑を科した場合（最判昭30・12・20刑集九・一四・二九〇六、刑訴百選[二版]二）→三七九条[5]

[8] 第一審判決が罰金刑につき執行猶予を言い渡したにもかかわらず、控訴審が右罰金刑について執行猶予の言渡しをせず、刑訴法四〇二条に違反した場合（最判昭31・4・19刑集一〇・四・五八八）

[9] 控訴審が何らの事実の取調べをすることなしに第一審の無罪判決を破棄して有罪の判決をした場合（最大判昭31・7・18刑集一〇・七・一一四七、刑訴百選[一〇版]A52）→四〇〇条[6]

[10] 任意性に疑いがあるにもかかわらず、第一審判決において犯罪事実認定の有力証拠となった被告人の自白調書につき、控訴審もまた右自白の任意性を認め、第一審判決の採証を是認した場合（最判昭33・6・13刑集一二・九・二〇〇九）

[11] 判決書の日付に、弁論再開の上証拠調べのなされた最終公判期日の前の年月日が記載されていた場合（最判昭41・2・24刑集二〇・二・四九）→四三条[2]

[12] 相被告人のみに関する訴訟費用を被告人に負担させた場合（最判昭46・4・27刑集二五・三・五三四）→一八一条[8]

2　法令適用の誤り

[13] 大赦令によって消滅した前科を理由に累犯加重した場合（最判昭28・10・16刑集七・一〇・一九四〇）

[14] 刑法一九七条の五の必要的没収・追徴を遺脱した場合（最判昭30・2・18刑集九・二・三三二）

[15] 執行猶予を言い渡すに当たり、保護観察に付することができないにもかかわらず、保護観察に付した場合（最判昭32・11・1刑集一一・一一・三〇三七）

[16] 刑の執行と重複する未決勾留日数を本刑に算入した場合（最判昭33・11・7刑集一二・一五・三五〇四）

[17] 労働組合役員の他組合の組合員に対する暴行・逮捕行為が法秩序全体の見地からみて到底許容されないものであるのに、可罰的違法性を欠くとして無罪を言い渡した場合（最判昭50・8・27刑集二九・七・四四二、重判昭50刑九）

3　一号・三号による破棄

[18] 原判決に審理不尽・理由不備の欠陥があり、ひいては原判決を破棄しなければ著しく正義に反すると認められる事実誤認があるときは、本条一号・三号により原判決を破棄すべきである。（最判昭37・5・19刑集一六・六・六〇九〈八海事件第二次上告審判決〉）

[19] 殺人教唆等の唯一の直接証拠である被教唆者の検察官に対する供述調書の証拠価値に疑問をいれる余地がないとはいえず、被告人のアリバイの成否について幾多の疑問が残されているのに右調書の信用性を認めて被告人を有罪とした原判決には、いまだ審理を尽くさず、証拠の価値判断を誤り、ひいては重大な事実誤認をした疑いが顕著であって、本条一号、三号により破棄を免れないとした事例（最判昭59・4・24刑集三八・六・二一九六、刑訴百選[五版]一一四）

三　二号による破棄

[20] 死刑制度を存置する現行法制の下では、犯行の罪質、動機、態様殊に殺害の手段方法の執拗［しつよう］性・残虐性、結果の重大性殊に殺害された被害者の数、遺族の被害感情、社会的影響、犯人の年齢、前科、犯行後の情状等各般の情状を併せ考察したとき、その罪責が誠に重大であって、罪刑の均衡の見地からも一般予防の見地からも極刑がやむを得ないと認められる場合には、死刑の選択も許される。被告人が、一箇月足らずの期間のうちに、四名を拳銃で射殺した上、さらに約半年後にも一名を狙撃した本件においては、犯行の罪質、結果、社会的影響が極めて重大であること、犯行を重ねた動機にも同情すべき点がないこと、殺害の手段方法が極めて残虐あるいは冷酷かつ執拗であること、遺族の被害感情も深刻であること等の極めて不利な情状があり、犯行時少年（一九歳余）であったこと、不遇な成育歴、犯行後の獄中結婚、被害の一部弁償等の有利な情状を考慮しても、第一審の死刑判決を破棄して被告人を無期懲役に処した原判決は、甚だしく刑の量定を誤ったものとして破棄を免れない。（最判昭58・7・8刑集三七・六・六〇九〈永山事件〉刑百選Ⅰ[二版]九八）

[21] 被告人が、Xと共謀の上、保険金を騙取［へんしゅ］する目的で、Aに対する殺人予備、Bに対する殺人未遂、Cに対する殺人等の犯行に及んだ事案において、事案の性質や罪質の重大性、被告人の果たした役割の重要性等を考慮しても、殺害された被害者が一名であること、被告人が殺人及び殺人未遂の実行為はもちろん、殺害方法の謀議にも関与していないこと、最も重大な犯行として死刑が選択されたC殺害計画については、首謀者であるXに引きずられたものであること、被告人には前科がなく、特段の問題行動もなく社会生活を送ってきたこと、Xについて死刑の判決が確定していること等を併せ考えると、被告人に対し、死刑という極刑を選択することがやむを得ないと認められる場合に当たるとはいい難いと判示し、被告人に死刑を科した第一審判決及びそれを是認した原判決を破棄した事例（最判平8・9・20刑集五〇・八・五七一……自判して無期懲役とした）

[22] 被告人が、一人暮しの老女を連れ出して山中で絞殺し、その所有する金品を強奪する等の犯行に及んだ事案において、被告人が、共犯者との関係において主導的役割を果たしたこと、強盗殺人罪により無期懲役に処せられて服役しながら、その仮出獄中に再び本件強盗殺人の犯行に及んだものであること等を総合すると、殺害された被害者は一名であるものの、被告人の罪責は誠に重大であって、特に酌量すべき事情がない限り、死刑の選択をするほかないと判示し、第一審の無期懲役判決を是認した原判決の刑の量定は甚だしく不当であり、破棄しなければ著しく正義に反するとした事例（最判平11・12・10刑集五三・九・一一六〇、重判平11刑訴八②）

[23] 被告人が、白昼、配水管の検査を装って上がり込んだアパートの一室において、主婦を強姦しようとしたが、激しく抵抗されたため、同女を殺害した上で姦淫し、その後、同所において、激しく泣き続ける生後一一か月の同女の長女をも殺害するなどした本件においては、各犯行の罪質の悪質さ、二名を殺害したという結果の重大性、各犯行の動機及び経緯、犯行態様の冷酷・残虐性、犯行後の情状、遺族の被害感情、社会的影響を総合すると、被告人の罪責は誠に重大であって、特に酌量すべき事情がない限り、死刑の選択をするほかなく、原判決及び第一審判決が酌量すべき事情として述べる、各殺人について計画性がないこと、被告人が犯行当時一八歳になって間もない少年であり、その可塑性から、改善更生の可能性が否定されていないこと等は、被告人につき死刑を選択しない事由として十分な理由に当たると認めることはできないと判示して、被告人を無期懲役に処した第一審判決の量刑を是認した原判決の刑の量定は甚だしく不当であり、破棄しなければ著しく正義に反するとした事例（最判平18・6・20判時一九四一・三八、重判平18刑三）

四　三号による破棄

1　事実の誤認

[24] 公訴事実について自ら事実審理をする権能のない上告裁判所においては、原判決にいかなる事実の誤認があるかを確定することができない場合もあるから、本条三号の法意は、判決に影響を及ぼすべき重大な事実の誤認があると疑うに足る顕著な事由があって、もしこの疑いが存するにかかわらず原判決を維持しその判決を確定させたとすれば著しく正義に反するときは、これを破棄することをも許容したものである。（最判昭28・11・27刑集七・一一・二三〇三〈二俣事件〉刑訴百選[二版]一〇九）

[25] 上告審における事実誤認の主張に関する審査は、上告審が法律審であることを原則としていることに鑑み、原判決の認定が論理則、経験則等に照らして不合理といえるかどうかの観点から行うべきである。（最判平21・4・14刑集六三・四・

三三一、刑訴百選一〇版六九……満員電車内における強制わいせつ被告事件について、被害者とされた者の供述の信用性を全面的に肯定した第一審判決及び原判決の認定を是認できないとした）

2 破棄の事例

[26] 犯行と被告人らとの結び付きに関する原判決の事実認定に不合理な点があるとして本条三号により破棄した事例（最判昭43・10・25刑集二二・一一・九六一〈八海事件第三次上告審判決〉刑訴百選五版一〇四）

[27] 殺人、死体遺棄事件において、被告人と犯行とを結びつける唯一の直接証拠である共犯者の供述の信用性に幾多の疑問があるとし、この供述に信用性を認めて被告人を死刑とした原判決を破棄した事例（最判平元・6・22刑集四三・六・四二七〈山中事件〉重判平元刑訴六）

五 四号による破棄

[28] 業務上過失致死事件に関し、有罪判決を受けた被告人が上告中に、真犯人に対し業務上過失致死、被告人に対し犯人隠避等の罪につき有罪の第一審判決があり、その公判において取り調べられた証拠によって、被告人が真犯人の身代わりとなっていたことが明らかに認められる場合には、本号により原判決を破棄すべきである。（最判昭45・6・19刑集二四・六・二九九）↓四三五条[15]

六 五号による破棄―「刑の変更」

[29] 平成二五法四九による刑の一部の執行猶予に関する各規定（刑法二七条の二ないし二七条の七）の新設は、被告人の再犯防止と改善更生を図るため、宣告刑の一部についてその執行を猶予するという新たな選択肢を裁判所に与える趣旨と解され、特定の犯罪に対して科される刑の種類又は量を変更するものではないから、本号にいう「刑の変更」に当たらない。（最決平28・7・27刑集七〇・六・五七一、重判平28刑訴五）

七 「著しく正義に反する」に当たらないとされた事例

[30] 第一審が罰金五万円、一年間執行猶予の判決を言い渡し、これに対して検察官控訴はなく、被告人の控訴に基づき控訴審が公訴を棄却したものであるところ、水俣病公害という特異な背景事情に加えて、犯行から今日まで既に長期間が経過し、その間水俣病被害の補償をめぐる紛争は終了し、本件被害者らにおいても今なお処罰を求める意思を有しているとは思われないこと、また、被告人が右公害によって父親を失い自らも健康を損なう結果を被っていること等をかれこれ考え併せると、控訴審判決は違法であるがこれを破棄して第一審判決の執行猶予付きの罰金刑を復活させなければ著しく正義に反するとまでは考えられない。（最決昭55・12・17刑集三四・七・六七二〈チッソ川本事件〉刑訴百選一〇版三八）↓二四八条[3]

第四一二条【破棄移送】 不法に管轄を認めたことを理由として原判決を破棄するときは、判決で事件を管轄控訴裁判所又は管轄第一審裁判所に移送しなければならない。

⊜⁺【不法な管轄認定→四一一㊀】

第四一三条【破棄差戻し・移送・自判】 前条に規定する理由以外の理由によつて原判決を破棄するときは、判決で、事件を原裁判所若しくは第一審裁判所に差し戻し、又はこれらと同等の他の裁判所に移送しなければならない。但し、上告裁判所は、訴訟記録並びに原裁判所及び第一審裁判所において取り調べた証拠によつて、直ちに判決をすることができるものと認めるときは、被告事件について更に判決をすることができる。

⊜⁺【自判の内容→四一四、四〇四】

第四一三条の二【上告審における破棄事由の制限】 第一審裁判所が即決裁判手続によつて判決をした事件については、第四百十一条の規定にかかわらず、上告裁判所は、当該判決の言渡しにおいて示された罪となるべき事実について同条第三号に規定する事由があることを理由としては、原判決を破棄することができない。

⊜⁺【即決裁判手続→三五〇の一六―三五〇の二九】

第四一四条【準用規定】 前章の規定は、この法律に特別の定のある場合を除いては、上告の審判についてこれを準用する。

一 上告審における事実の取調べ

[1] 上告審において公判に顕出されたのみの証拠は、事実審のような証拠調べの方法を採らず、したがって上告審裁判所が直ちにこれを事実認定の証拠とすることができないとしても、少なくとも原判決の事実認定の当否を判断する資料に供することは許される。（最大判昭34・8・10刑集一三・九・一四一九〈松川事件第一次上告審〉）↓三〇七条[4]

[2] 当初の無許可輸出罪（関税法）の訴因につき第一審が無罪と判断し、検察官が控訴したが、控訴審も罪とならないとし、ただ、無承認輸出罪（外国為替及び外国貿易管理法）の成立の余地があるとして破棄、差し戻した判決に対し被告人のみ上告した場合には、現行刑訴法の基本構造に鑑み、もはや右訴因の成否の点は当事者間において攻防の対象から外されたものとみるのが相当であり、上告審が職権調査によりこれを有罪とすべきものとして破棄、差し戻し、又は自ら有罪の裁判をすることは許されない。（最判昭47・3・9刑集二六・二・一〇二〈大信実業事件〉刑訴百選六版九三）↓二五六条[24]

[3] 原判決後の情状の取調べに関する刑訴法三九三条二項、三九七条二項の各規定は、上告審に準用されない。（最判昭52・12・22刑集三一・七・一一四七）

二 上告棄却決定

[4] 上告趣意書に記載された上告申立ての理由が明らかに刑訴法四〇五条所定の事由に当たらないときは、三八六条一項三号を準用して決定で上告を棄却すべきである。（最大決昭24・7・22刑集三・八・一三六九）

[5] 上告を棄却した最高裁判所の決定に対しては、本条、刑訴法三八六条二項により異議の申立てをすることができる。（最大決昭30・2・23刑集九・二・三七二）↓四一五条[1]

[6] 上告を棄却した最高裁判所の決定に対する異議申立ては、決定の内容に誤りのあることを発見した場合に限りすることができる。（最決昭36・7・5刑集一五・七・一〇五一）

[7] 上告棄却決定に対する異議申立ての回復請求（最決昭57・4・7刑集三六・四・五五六）↓三六二条[9]

[8] 上告棄却決定に対する異議申立てには、刑訴法四一五条三項の期間延長の申立てに関する規定の準用はない。（最決平9・5・27刑集五一・五・四三三）

三 被告人の心神喪失による公判手続の停止と上告審

[9] 刑訴法三一四条一項の規定は上告審の手続に準用される。（最決平5・5・31刑集四七・六・一、重判平5刑訴六）

第四一五条【訂正の判決】 ① 上告裁判所は、その判決の内容に誤のあることを発見したときは、検察官、被告人又は弁護人の申立により、判決でこれを訂正することができる。

② 前項の申立は、判決の宣告があつた日から十日以内にこれをしなければならない。

③ 上告裁判所は、適当と認めるときは、第一項に規定する者の申立により、前項の期間を延長することができる。

⊜❷【訂正の申立て→刑訴規二六七・二六八　❸【延長申立ての却下決定→刑訴規二六九

一 申立ての対象

[1] 刑訴法四一四条、三八六条一項三号により上告を棄却した最高裁判所の決定に対しては、訂正の申立てをすることはできない。（最大決昭30・2・23刑集九・二・三七二）↓四一四条[5]

二 申立ての理由

2　本条による判決の訂正は、判決の内容に誤りのあることを発見した場合に限りすることができる。（最大決昭30・12・23刑集九・一四・二九六三〈三鷹事件判決訂正申立事件〉刑訴百選［二版］八九……上告審においてなされた忌避申立ての却下を不当とする主張が認められなかったもの）

三　被収容者に関する特則（刑訴法三六六条）の準用↓三六六条[2]

第四一六条【同前】　訂正の判決は、弁論を経ないでもこれをすることができる。

⚭+【判決↓四三①、刑訴規二七〇

[1]　**棄却決定に対する異議申立て**
上告棄却判決に対する訂正申立棄却決定に対しては、異議の申立ては許されない。（最決昭33・11・10刑集一二・一五・三五一一）

第四一七条【同前】　①　上告裁判所は、訂正の判決をしないときは、速やかに決定で申立を棄却しなければならない。

②　訂正の判決に対しては、第四百十五条第一項の申立をすることはできない。

第四一八条【上告判決の確定】　上告裁判所の判決は、宣告があつた日から第四百十五条の期間を経過したとき、又はその期間内に同条第一項の申立があつた場合には訂正の判決若しくは申立を棄却する決定があつたときに、確定する。

第四章　抗告

第四一九条【一般抗告を許す決定】　抗告は、特に即時抗告をすることができる旨の規定がある場合の外、裁判所のした決定に対してこれをすることができる。但し、この法律に特別の定のある場合は、この限りでない。

⚭+【抗告の管轄↓裁一六㈢【即時抗告をすることができる旨の規定↓一九③・二五・二六・一三三②・一三七②・一五〇②・一六〇②・一七一・一七八・一八六―一八七の二・一八八の三③・二六九・二七八の二④・二九九の五④・三一六の二五③・三一六の二六③・三三九②・三四九の二⑤・三五〇・三六四・三七五・四五〇・四六三の二③・四六七・四六八①・五〇四【特別の定め↓四二〇・四二七・四二八

[1]　**抗告の対象**
最高裁判所の決定に対しては、抗告することができない。〔旧法事件〕（最決昭23・1・28刑集二・一・一四）

[2]　最高裁判所がした訴訟終了宣言の決定に対しては不服申立てをすることは許されない。（最決平27・2・24刑集六九・一・一二四）

[3]　地方裁判所の本庁・支部間又は支部相互間の事件回付の措置は、訴訟法に準拠する不服申立ての対象にならない。（最決昭44・3・25刑集二三・三・二一二）

[4]　裁定合議決定を取り消す決定は、訴訟法に準拠する不服申立ての対象にならない。（最決昭60・2・8刑集三九・一・一五、重判昭60刑訴一）

[5]　国選弁護人に支給すべき報酬額の決定は、訴訟法に準拠する不服申立ての対象にならない。（最決昭63・11・29刑集四二・九・一三八九、重判昭63刑訴一）

[6]　接見等禁止を解除する決定に対しては、被告人又は弁護人から不服申立てをすることはできない。（東京高決平4・11・25高刑四五・三・一二〇）

第四二〇条【判決前の決定に対する抗告】　①　裁判所の管轄又は訴訟手続に関し判決前にした決定に対しては、この法律に特に即時抗告をすることができる旨の規定がある場合を除いては、抗告をすることはできない。

②　前項の規定は、勾留、保釈、押収又は押収物の還付に関する決定及び鑑定のためにする留置に関する決定については、これを適用しない。

③　勾留に対しては、前項の規定にかかわらず、犯罪の嫌疑がないことを理由として抗告をすることはできない。

⚭❶【管轄に関する決定↓四・五・七・八・一一〇②・一一②【即時抗告をすることができる旨の規定↓四一九⚭　❷【勾留に関する決定↓六〇・三六五・八七・九一・九五【保釈に関する決定↓八八―九二・九六【押収に関する決定↓九九―一二〇【押収物還付に関する決定↓一二三・一二四【鑑定留置↓一六七

一「訴訟手続に関し判決前にした決定」

1　意義

[1]　「訴訟手続に関し判決前にした決定」とは、判決を目標とする訴訟手続に関しその前提としてなす個々の決定をいう。（最大決昭28・12・22刑集七・一三・二五九五、刑訴百選［初版］八五）↓[2]

2　該当しないとされた事例

[2]　付審判請求を棄却する決定は、訴訟手続に関し判決前にした決定には当たらないから、これに対し抗告することができる。（最大決昭28・12・22前出[1]……したがって特別抗告は不適法とした）

[3]　刑訴法四四八条二項による刑の執行停止決定は、再審開始決定がされたときに行うことのできる刑の執行に関する決定であって、再審開始手続又は再審開始後の審判手続において、終局裁判をするため、その前提としてなす個々の決定の一つではないから、「訴訟手続に関し判決前にした決定」又はこれに準ずる決定には当たらない。（最決平24・9・18刑集六六・九・九六三……上記の決定は、同法四一九条の「裁判所のした決定」であり、不服申立てを許さないとする特別の規定も存しないから、同条による抗告をすることができるとした）

二　勾留・押収等に関する決定

[4]　勾留場所変更の申立てに対し職権を発動しないとした措置は、本条二項の勾留に関する決定に当たらず、これに対して抗告することはできない。（東京高決平4・7・13判時一四三六・一四二）↓六四条[3]・四二九条[9]

[5]　付審判請求事件についてなされた提出命令は、「判決前にした決定」に準ずるものとして本条一項の決定に該当するが、二項にいう押収に関する決定に当たるから、これに対して抗告することができる。（最決昭44・9・18刑集二三・九・一一四六〈博多駅事件（特別公務員暴行陵虐等付審判請求）〉刑訴百選［五版］A37……したがって特別抗告は不適法とした）↓三五二条[2]

第四二一条【通常抗告の時期】　抗告は、即時抗告を除いては、何時でもこれをすることができる。但し、原決定を取り消しても実益がないようになつたときは、この限りでない。

⚭+【即時抗告↓四二二・四二五

第四二二条【即時抗告の提起期間】　即時抗告の提起期間は、三日とする。

⚭+【三日↓三五八・五五

第四二三条【抗告の手続】　①　抗告をするには、申立書を原裁判所に差し出さなければならない。

②　原裁判所は、抗告を理由があるものと認めるときは、決定を更正しなければならない。抗告の全部又は一部を理由がないと認めるときは、申立書を受け取つた日から三日以内に意見書を添えて、これを抗告裁判所に送付しなければならない。

⚭❷【抗告裁判所↓裁一六㈢

一　原決定の更正

[1]　申立提起期間内にされた刑訴法四二八条二項の異議申立てを期間経過後にされた不適法なものとして誤って棄却決定をした原裁判所は、同決定に対する特別抗告の申立てがあった

ときは、本条二項により右決定を更正して新たな決定をすべきである。（最決昭57・12・14刑集三六・一二・一〇一五）

[2] **二 刑訴法三七五条の類推適用**
即時抗告の申立てを受理した裁判所が、刑訴法三七五条を類推適用してその申立てを自ら棄却することはできない。（最決平18・4・24刑集六〇・四・四〇九、重判平18刑訴六）↓三七五条[2]

第四二四条【通常抗告と執行停止】 ① 抗告は、即時抗告を除いては、裁判の執行を停止する効力を有しない。但し、原裁判所は、決定で、抗告の裁判があるまで執行を停止することができる。

② 抗告裁判所は、決定で裁判の執行を停止することができる。

第四二五条【即時抗告の執行停止の効力】 即時抗告の提起期間内及びその申立があつたときは、裁判の執行は、停止される。

⊛+【即時抗告の提起期間↓四二二

執行停止の効力がない場合

[1] 刑訴法二四条により忌避申立てを簡易却下した決定に対する即時抗告については、本条の規定は適用されず、また、それは憲法三七条一項に違反しない。（最判昭31・3・30刑集一〇・三・四二二）

[2] 裁判員法三五条一項の異議申立てには、裁判員等選任手続の性質上、本条は準用されず、前記の異議の申立てがされても、裁判員等選任手続は停止されない。（最決平25・3・15刑集六七・三・三一九、重判平25刑訴七）

第四二六条【抗告に対する決定】 ① 抗告の手続がその規定に違反したとき、又は抗告が理由のないときは、決定で抗告を棄却しなければならない。

② 抗告が理由のあるときは、決定で原決定を取り消し、必要がある場合には、更に裁判をしなければならない。

⊛+【抗告手続↓四一九—四二三【抗告の理由↓四二〇③【決定↓四三②—④

一 「手続がその規定に違反したとき」

[1] 地方裁判所の一人の裁判官が刑訴法二四条により忌避申立てを簡易却下した裁判に対し、高等裁判所に即時抗告の申立てがあったときは、手続違反として抗告を棄却すべきである。（最決昭31・6・5刑集一〇・六・八〇五……準抗告によるべきものとする）↓二五条[1]

[2] 即時抗告又はこれに代わる異議の申立てについて、申立書に申立理由の記載があるとは認められず、申立期間内に理由書の提出もないときは、手続違反として申立てを棄却すべきである。（最決昭54・11・6刑集三三・七・六八五）

[3] 付審判請求棄却決定に対する抗告が棄却された後、同一の理由に基づいて再度原決定に対してなされた抗告の申立ては、不適法として棄却すべきである。（札幌高決昭55・5・29高刑三三・二・二二四）

[4] **二 抗告審の審査範囲**
保釈を許す決定に対する抗告事件において、抗告裁判所は、原決定が違法であるかどうかにとどまらず、不当であるかどうかをも審査することができる。（最決昭29・7・7刑集八・七・一〇六五）

[5] **三 抗告審の審査方法**
抗告審は、原決定の当否を事後的に審査するものであり、被告人を保釈するかどうかの判断が現に審理を担当している裁判所の裁量に委ねられていること（刑訴法九〇条）に鑑みれば、抗告審は、受訴裁判所の判断が委ねられた裁量の範囲を逸脱していないかどうか、すなわち、不合理でないかどうかを審査すべきであり、受訴裁判所の判断を覆す場合には、その判断が不合理であることを具体的に示す必要がある。（最決平26・11・18刑集六八・九・一〇二〇、刑訴百選[一〇版]A54……原々審の判断が不合理であることを具体的に示さないまま、不合理とはいえない原々決定を裁量の範囲を超えたものとして取り消して保釈請求を却下した原決定には違法があるとした）↓九〇条[1][2]

第四二七条【再抗告の禁止】 抗告裁判所の決定に対しては、抗告をすることはできない。

第四二八条【高等裁判所の決定に対する抗告の禁止、抗告に代わる異議申立て】 ① 高等裁判所の決定に対しては、抗告をすることはできない。

② 即時抗告をすることができる旨の規定がある決定並びに第四百十九条及び第四百二十条の規定により抗告をすることができる決定で高等裁判所がしたものに対しては、その高等裁判所に異議の申立をすることができる。

③ 前項の異議の申立に関しては、抗告に関する規定を準用する。即時抗告をすることができる旨の規定がある決定に対する異議の申立に関しては、即時抗告に関する規定をも準用する。

⊛❷【即時抗告をすることができる旨の規定↓四一九⊛【判決前の決定に対する抗告↓四二〇⊛【異議の申立てを許す規定↓一八八の五③・三八五②・三八六②・四〇三② ❸【準用↓四二一—四二六

一 高等裁判所の決定に対する異議申立て

1 異議申立てのできる場合

[1] 高等裁判所が刑訴法四一四条、三七五条によってした上告棄却決定に対しては、異議の申立てをすることができる。（最決昭27・1・8刑集六・一・一……したがって特別抗告は不適法とした）

[2] 高等裁判所がした控訴取下げによる訴訟終了宣言の決定に対しては、三日以内に異議の申立てをすることができる。（最決昭61・6・27刑集四〇・四・三八九、重判昭61刑訴八……したがって特別抗告は不適法とした）

[3] 高等裁判所がした控訴取下げを無効と認め訴訟手続を再開・続行する旨の決定に対しては、三日以内に異議の申立てをすることができる。（最決令2・2・25刑集七四・二・二七七、重判令2刑訴三……したがって特別抗告は不適法とした）

[4] 高等裁判所が刑訴規則二九五条に基づき上告審としての事件受理申立てを棄却した決定に対しては、異議の申立てをすることができる。（東京高決平10・10・26東高刑四九・一～一二・六七）

2 異議申立てのできない場合

[5] 高等裁判所が抗告審としてした決定に対しては、刑訴法四二七条により抗告することができないから、異議の申立てをすることはできない。（最決昭27・9・10刑集六・八・一〇六八）

[6] 高等裁判所のした勾留執行停止決定に対する検察官の異議申立てによりなされた決定に対しては、被告人から更に異議の申立てをすることはできない。（福岡高決昭28・9・11高刑六・八・一〇八六）

二 最高裁判所の決定に対する異議申立て

1 異議申立てのできる場合

[7] 上告棄却決定に対する異議申立て（最大決昭30・2・23刑集九・二・三七二）↓四一四条[5]・四一五条[1]

[8] 最高裁判所のした保釈保証金没取決定に対しては、本条の準用により異議の申立てができる。（最決昭52・4・4刑集三一・三・一六三）↓九六条[15]

2 異議申立てのできない場合

[9] 最高裁判所のした忌避申立却下決定に対しては、異議の申立てをすることができない。（最大決昭30・12・23刑集九・一四・二九九五）

[10] 最高裁判所のした保釈取消決定に対しては、異議の申立てをすることができない。（最決昭33・9・3刑集一二・一三・二八三九）

第四二九条【準抗告】 ① 裁判官が左の裁判をした場合において、不服がある者は、簡易裁判所の裁判官がした裁判に対しては管轄地方裁判所に、その他の裁判官がした裁判に対してはその裁判官所属の裁判所にその裁判の取消又は変更を請求することができる。
一　忌避の申立を却下する裁判
二　勾留、保釈、押収又は押収物の還付に関する裁判
三　鑑定のため留置を命ずる裁判
四　証人、鑑定人、通訳人又は翻訳人に対して過料又は費用の賠償を命ずる裁判
五　身体の検査を受ける者に対して過料又は費用の賠償を命ずる裁判
② 第四百二十条第三項の規定は、前項の請求についてこれを準用する。
③ 第一項の請求を受けた地方裁判所又は家庭裁判所は、合議体で決定をしなければならない。
④ 第一項第四号又は第五号の裁判の取消又は変更の請求は、その裁判のあつた日から三日以内にこれをしなければならない。
⑤ 前項の請求期間内及びその請求があつたときは、裁判の執行は、停止される。

【請求の手続→四三一　❶[一]【忌避申立却下→二四　[二]【勾留→六九・六〇・二〇七・二〇四―二〇六・二八〇【押収→一二五・九九―一〇一【押収物還付→一二五・一二三・一二四　[三]【鑑定留置→二二四・一六七　[四]【証人に対する過料→一六三④・二二八・一五〇・一六〇【証人に対する費用賠償→一六三・一五〇【鑑定人→一七一【通訳人又は翻訳人→一七八　[五]【身体検査拒否に対する過料→一七二・一三七・二二二⑦　❹【期間の計算→五五

一　準抗告の対象

1　準抗告のできる場合

[1] 地方裁判所の一人の裁判官がした忌避申立簡易却下の裁判（最決昭29・5・4刑集八・五・六三一）→二五条[7]

[2] 裁判官が勾留理由開示の請求を却下した裁判に対しては、本条一項二号により、準抗告をすることができる。（最決昭46・6・14刑集二五・四・五六五……したがって特別抗告は不適法とした）

[3] 刑訴法一七九条に基づく押収の請求を却下した裁判に対しては、本条一項二号により、準抗告をすることができる。（最決昭55・11・18刑集三四・六・四二一）→一七九条[4]

[4] 被告人の保釈請求をし、却下決定を受けた配偶者、直系の親族又は兄弟姉妹（最決平17・3・25刑集五九・二・四九、重判平17刑訴八）→三五二条[3]

2　準抗告のできない場合

[5] 地方裁判所の一人の裁判官で構成される裁判所のした保釈許可決定は、本条にいう「裁判官がした裁判」に当たらず、これに対して準抗告をすることはできない。（最大決昭31・6・13刑集一〇・六・八四七……高裁に抗告すべきものとする）

[6] 地方裁判所の一人の裁判官で構成される裁判所のした押収物仮還付請求却下の裁判は、本条にいう「裁判官がした裁判」に当たらず、これに対して準抗告をすることはできない。（最決昭35・1・26刑集一四・一・二九……高裁に抗告すべきものとする）

[7] 逮捕に関する裁判は、本条一項各号所定の準抗告の対象となる裁判に含まれない。（最決昭57・8・27刑集三六・六・七二六、刑訴百選[五版]一一五）

[8] 勾留理由開示の手続においてされる裁判官の行為は、本条一項二号にいう「勾留に関する裁判」に当たらず、これに対して準抗告をすることはできない。（最決平5・7・19刑集四七・七・三、重判平5刑訴四）

[9] 裁判官に移監命令の職権発動を促す趣旨でされた勾留取消請求を却下した裁判に対する不服申立ては許されない。（最決平7・4・12刑集四九・四・六〇九、重判平7刑訴二）→六四条[3]・四二〇条[4]

[10] 起訴後第一回公判期日前に弁護人が申請した、起訴前の勾留理由開示期日調書の謄写請求を不許可にした裁判官の処分は、本条一項二号にいう「勾留に関する裁判」に当たらない。（最決平17・10・24刑集五九・八・一四四二……刑訴法三〇九条二項の異議申立てはできる）

二　準抗告申立ての利益

[11] 勾留された被疑者が勾留期間経過後処分保留のまま釈放されたときは、勾留の裁判に対する準抗告申立ての利益は失われる。（最決昭30・7・14刑集九・九・一八七二）

[12] 刑の執行猶予の言渡取消請求事件につき忌避された裁判官が忌避の申立てを簡易却下した場合において、同裁判官が、刑の執行猶予の言渡取消決定をし、これに対する即時抗告につき意見書等を抗告裁判所に送付したときは、簡易却下の裁判に対する不服申立ての利益は失われる。（最決昭59・3・29刑集三八・五・二〇九五）→二四条[4]

[13] 起訴前の勾留の裁判に対する準抗告申立ての利益は、起訴後は失われる。（最決昭59・11・20刑集三八・一一・二九八四）

[14] 保釈保証金を納付して釈放された後でも、保証金額を不服とする準抗告の申立ては、その利益を欠くものではない。（東京地決平6・3・29判時一五二〇・一五四）

三　準抗告審の決定に対する不服申立て

[15] 準抗告についてした決定に対しては、高等裁判所に抗告をすることはできない。（最決昭29・9・18刑集八・九・一五〇〇）

第四三〇条【同前】 ① 検察官又は検察事務官のした第三十九条第三項の処分又は押収若しくは押収物の還付に関する処分に不服がある者は、その検察官又は検察事務官が所属する検察庁の対応する裁判所にその処分の取消又は変更を請求することができる。
② 司法警察職員のした前項の処分に不服がある者は、司法警察職員の職務執行地を管轄する地方裁判所又は簡易裁判所にその処分の取消又は変更を請求することができる。
③ 前二項の請求については、行政事件訴訟に関する法令の規定は、これを適用しない。

【請求の手続→四三一・四三二　❶【押収・押収物の還付に関する処分→二一八①・二二〇①[二]②・二二一・二二二①

一　準抗告の対象

1　接見指定の処分

[1] 接見に関する捜査官の一般的指定は、具体的指定書の持参がない限り被疑者と弁護人との接見交通を禁止するものであるから、刑訴法三九条三項の処分に当たり、これに対して準抗告できる。（鳥取地決昭42・3・7下刑九・三・三七五、刑訴百選[二版]七）

[2] 検察官の「接見等に関する指定書」は、監獄の長との事務連絡用の書面で、それ自体によっては訴訟法上の効果を発生させないから、指定書の発行は、刑訴法三九条三項の処分に当たらず、これに対して準抗告することはできない。（東京地決昭58・10・5判タ五二七・一六二）

[3] 検察官等が、起訴後も余罪捜査の必要があるときは接見指定権を行使できると誤解し接見等を拒否したときは、その処分に対して準抗告できる。（最決昭41・7・26刑集二〇・六・七二八、刑訴百選[三版]七）→三九条[12]

2　押収に関する処分

[4] 国税犯則取締法二条［平成二九法四による改正後の国税通則法一三二条］により収税官吏がした差押処分に対しては、本条を準用して準抗告することはできない。（最大決昭44・12・3刑集二三・一二・一五二五、刑訴百選[四版]一〇六）→憲三二条[4]

[5] 司法警察員が申立人居室内で捜索差押をするに際し捜索差押許可状記載の「差し押えるべき物」に該当しない印鑑等について写真撮影した場合、右写真撮影は、検証の性質を有

し、「押収に関する処分」には当たらないから、その撮影によって得られたネガ及び写真の廃棄又は申立人への引渡を求める準抗告は、不適法である。（最決平2・6・27刑集四四・四・三八五、刑訴百選[一〇版]三二）

[6] 差押処分が違法として取り消されたため、司法警察員が当該差押物を返還する行為は、本条二項の押収物の還付に関する処分には当たらず、これに対する準抗告は不適法である。（最決平4・10・13刑集四六・七・六一一、重判平4刑訴八）

二 管轄裁判所

1 検察官がした押収物の還付に関する処分

[7] 検察官の保管に係る公判不提出の押収物に関する還付等の処分に対する準抗告の申立ては、その物の押収を継続している検察庁の検察官が還付等の処分をしたものと認められるときには、右検察官の所属する検察庁に対応する裁判所に申し立てるべきである。（最決昭58・4・28刑集三七・三・三六九）→一三三条[4]

2 「司法警察職員の職務執行地」

[8] 本条二項にいう「職務執行地」とは、不服のある処分の行われた地をいう。（最決昭54・4・3刑集三三・三・一七五）

三 準抗告審の審査範囲

[9] 検察官等のした差押えに関する処分に対する準抗告の申立てを受けた裁判所は、差押えの必要性の有無についても審査することができる。（最決昭44・3・18刑集二三・三・一五三〈國學院大學映研事件〉刑訴百選[一〇版]A4）→二一八条[7]

四 取消・変更

[10] 捜査機関による押収処分を受けた者が、刑訴法二二二条一項、一二三条による還付請求を却下されたため、準抗告を申し立てた場合において、押収物について留置の必要がないときは、被害者還付等、申立人以外の者に還付することや、捜査機関に更に事実を調査させるなどして新たな処分をさせることが相当である場合を除き、準抗告裁判所は、原処分を取り消すとともに、捜査機関に対して、申立人への還付を命ずる裁判をすべきである。（最決平15・6・30刑集五七・六・八九三、重判平15刑訴六）

第四三一条【準抗告の手続】 前二条の請求をするには、請求書を管轄裁判所に差し出さなければならない。

⚭【管轄裁判所→四三〇】

第四三二条【同前】 第四百二十四条、第四百二十六条及び第四百二十七条の規定は、第四百二十九条及び第四百三十条の請求があつた場合にこれを準用する。

第四三三条【特別抗告】 ① この法律により不服を申し立てることができない決定又は命令に対しては、第四百五条に規定する事由があることを理由とする場合に限り、最高裁判所に特に抗告をすることができる。

② 前項の抗告の提起期間は、五日とする。

⚭【最高裁判所の法令審査権→憲八一、裁七㊁】❶【不服を申し立てることができない決定・命令の例→四二〇・四二七・四二八①・四二九】【抗告の趣旨→刑訴規二七四】【調査の範囲→刑訴規二七五】❷【期間の計算→五五】

一 特別抗告の対象

1 訴訟手続に関する判決前の決定

イ 特別抗告のできる場合

[1] 裁判所が判決宣告期日を変更した場合、審理続行の必要は全くなく、専ら時の経過を図る目的でなされたと認められるときは、期日変更決定に対する異議申立てを棄却した決定に対して、特別抗告をすることができる。（最決昭36・5・9刑集一五・五・七七一）→一条[7]

[2] 公判期日を追って指定する旨の裁判長の処分が迅速裁判の要請に著しく反し違法であるときは、これに対する異議申立てを棄却した決定に対して、特別抗告をすることができる。（最大決昭37・2・14刑集一六・二・八五、刑訴百選[五版]五六）→一条[2]

ロ 特別抗告のできない場合

[3] 供述調書を証拠に採用するとした決定（最決昭29・10・8刑集八・一〇・一五八八、刑訴百選[五版]一一六）

[4] 刑訴法一四四条ただし書の要件を具備しない証言拒絶を許容した違法があるとの異議申立てを棄却した決定（最決昭33・4・18刑集一二・六・一一〇九）

[5] 予備的訴因の追加を許可する旨の決定（最決昭36・2・7刑集一五・二・三〇四）

[6] 少年法一八条二項による強制的措置許可決定（最決平16・11・11家月五八・二・一八二）

[7] 少年法二〇条による検察官送致決定（最決平17・8・23刑集五九・六・七二〇）

2 付審判決定

[8] 公務員職権濫用被疑事件を裁判所の審判に付する決定に対しては、特別抗告をすることはできない。（最決昭52・8・25刑集三一・四・八〇三）

3 最高裁判所の決定

[9] 最高裁判所のした上告棄却決定に対しては、特別抗告をすることはできない。（最決昭30・10・31刑集九・一一・二三四九）

4 逃亡犯罪人引渡法による決定

[10] 逃亡犯罪人引渡法一〇条一項三号の決定は、同法に基づき東京高等裁判所が行う特別の決定であって、刑訴法上の決定ではなく、また、同法には不服申立てを認める規定がないから、右決定に対して不服申立てをすることはできない。（最決平2・4・24刑集四四・三・三〇一、重判平2国際一）→憲八一条[7]

二 特別抗告申立ての利益

[11] 保釈請求却下決定に対する特別抗告申立て後、被告人が保釈により釈放されたときは、抗告の実益がない。（最決昭29・1・19刑集八・一・三七）

三 特別抗告申立ての方式（刑訴規則二七四条）

[12] 「原決定は不服であり、刑訴法四〇五条の理由ありと考えるので特別抗告を申し立てる。理由書は近日提出する。」というのみで、抗告提起期間内に理由書の提出がないときは、特別抗告を棄却すべきである。（最決昭34・4・13刑集一三・四・四四八）

四 刑訴法四一一条の準用

[13] 刑訴法四一一条は特別抗告について準用される。（最決昭26・4・13刑集五・五・九〇二、刑訴百選[四版]一〇八）

第四三四条【同前】 第四百二十三条、第四百二十四条及び第四百二十六条の規定は、この法律に特別の定のある場合を除いては、前条第一項の抗告についてこれを準用する。

一 特別抗告の手続（刑訴法四二三条の準用）

[1] 特別抗告申立書が提起期間内に直接最高裁判所に差し出されたとしても、それが原裁判所に回送され、期間経過後に同裁判所に到達したときは、特別抗告は不適法である。（最決昭35・2・9刑集一四・一・一一七）

二 執行停止（刑訴法四二四条の準用）

[2] 刑の執行猶予言渡取消決定に対する即時抗告棄却決定が刑の言渡しを受けた者に告知された後、特別抗告提起期間満了前に執行猶予期間が経過した場合においても、右決定の執行停止がなされない限り、その告知により執行猶予取消しの効果が発生し、刑の執行をなし得る。（最大決昭40・9・8刑集一九・六・六三六）

[3] 刑の執行猶予言渡取消決定に対する即時抗告棄却決定に対する特別抗告事件において、裁判の執行を停止する場合には、原々決定を対象とすべきである。（最決昭56・10・2刑集三五・七・六八三）

④ 三 **特別抗告についての上訴権回復請求**
特別抗告についての上訴権回復請求を受理した裁判所は、これを棄却する場合には、刑訴法三七五条、四一四条を類推適用して、右請求と同時にされた特別抗告の申立てを自ら棄却することができる。（最決昭48・6・21刑集二七・六・一一九七）

第四編　再審

第四三五条【再審を許す判決・再審の理由】 再審の請求は、左の場合において、有罪の言渡をした確定判決に対して、その言渡を受けた者の利益のために、これをすることができる。

一　原判決の証拠となつた証拠書類又は証拠物が確定判決により偽造又は変造であつたことが証明されたとき。

二　原判決の証拠となつた証言、鑑定、通訳又は翻訳が確定判決により虚偽であつたことが証明されたとき。

三　有罪の言渡を受けた者を誣告した罪が確定判決により証明されたとき。但し、誣告により有罪の言渡を受けたときに限る。

四　原判決の証拠となつた裁判が確定裁判により変更されたとき。

五　特許権、実用新案権、意匠権又は商標権を害した罪により有罪の言渡をした事件について、その権利の無効の審決が確定したとき、又は無効の判決があつたとき。

六　有罪の言渡を受けた者に対して無罪若しくは免訴を言い渡し、刑の言渡を受けた者に対して刑の免除を言い渡し、又は原判決において認めた罪より軽い罪を認めるべき明らかな証拠をあらたに発見したとき。

七　原判決に関与した裁判官、原判決の証拠となつた証拠書類の作成に関与した裁判官又は原判決の証拠となつた書面を作成し若しくは供述をした検察官、検察事務官若しくは司法警察職員が被告事件について職務に関する罪を犯したことが確定判決により証明されたとき。但し、原判決をする前に裁判官、検察官、検察事務官又は司法警察職員に対して公訴の提起があつた場合には、原判決をした裁判所がその事実を知らなかつたときに限る。

⊗【有罪の言渡し→三三三・三三四【確定判決→三七三・四一四・四一八【被告人の利益のため→憲三九【再審請求手続→刑訴規二八三・二八四 【二】【偽造、変造→刑一〇四 【三】【虚偽→刑一六九・一七一 【三】【誣告→刑一七二 【五】【罪→特許一九六【審決→特許一二五【判決→特許一八一 【六】【有罪→三三三【無罪→三三六【免訴→三三七【刑の免除→三三四 【七】【職務に関する罪→刑一九三―一九七の四・一五五・一五六

刑訴

一　一号における「確定判決」の意義

① 本条一号にいう「確定判決」とは、刑事の確定判決をいうものと解すべきであり、民事の確定判決やこれと同一の効力を有する和解調書等は含まれない。（最決平31・2・12裁判集刑三二五・七九）

二　二号における「証言」の意義

② 相被告人の公判廷における供述は、本条二号の「証言」に含まれない。（最決昭42・5・26刑集二一・四・七二三）

三　六号事由

1　科刑上一罪の一部に対する無罪主張

③ 確定判決が科刑上一罪として処断した一部の罪について無罪とすべき明らかな証拠を新たに発見した場合は、その罪が最も重い罪ではないときであっても、本条六号の再審事由に該当する。（最決平10・10・27刑集五二・七・三六三〈マルヨ無線事件〉重判平10刑訴八）

2　「原判決において認めた罪より軽い罪」の意義

④ 「原判決において認めた罪より軽い罪を認めるべき」ときとは、原判決が認めた犯罪よりもその法定刑の軽い他の犯罪を認めるべきときをいうのであって、被告人が心神耗弱者であると認める場合は、これに当たらない。（最決昭28・10・15刑集七・一〇・一九二一）

3　訴訟法上の事実の認定の瑕疵［かし］につながる証拠

⑤ 本条六号の再審事由は、確定判決の形式的又は手続的な瑕疵を問題とするその余の再審事由と異なり、確定判決における犯罪事実の認定自体の実体的な瑕疵が問題になる場合が想定されている。（札幌高決平28・10・26判タ一四三六・一三三、重判平29刑訴五……確定判決の犯罪事実の認定に供された証拠の証拠能力の判断に影響を与えるおとり捜査の違法を明らかにする新証拠につき、訴訟法上の事実の認定の瑕疵につながる証拠が本条六号所定の証拠として想定されていると解することは困難であるとしたが、本条七号本文に該当する事実が当該新証拠により証明された［刑訴法四三七条本文］として、再審事由の存在を肯定した）

4　証拠の新規性

⑥ 「証拠をあらたに発見したとき」とは、証拠の発見の新たなことをいい、その存在が原判決の以前より継続すると、原判決以後新たに発生したとを問わない。（東京高決昭27・7・17高刑五・七・一一六三）

⑦ 証拠の新規性とは、その証拠について、裁判所による実質的な証拠価値の判断を経ていないことを意味し、同一人の新たな供述については、証拠方法としては同じであっても、証拠資料として内容に新たなものがあれば、新規性が認められる。［旧法事件］（高松高決平5・11・1判時一五〇九・一四六〈榎井村事件〉）

⑧ 証拠方法が同一でなくても証拠資料としてその内容が実質的に同一である場合には証拠の新規性を否定すべきである。（和歌山地決平29・3・29判時二三四五・六……同一人が第二審においてした証言と実質的に同一内容の陳述を弁護人が録取した書面等について、証拠の新規性を欠くとした）↓四四五条④

⑨ 鑑定内容が従前の鑑定と結論を異にするか、あるいは結論を同じくする場合であっても鑑定の方法又は鑑定に用いた基礎資料において異なる等証拠資料としての意義・内容において異なると認められるときは、「あらた」な証拠に当たる。（札幌高決昭44・6・13判時五五八・一四〈白鳥事件〉刑訴百選二版一一五……⑳の原決定）

⑩ 精神科医による新たな意見書の内容が従前の鑑定や意見書の内容等と精神医学上の診断を異にするか、その診断を導いた主要な根拠が異なるなど鑑定証拠としての意義内容において異なると認められる場合には、本条六号所定の証拠の新規性を具備すると解され、旧証拠における基礎資料によって、同様の診断内容やこれを導いた主要な根拠等が既に記述され、裁判所の検討を経ているのであれば、新たな基礎資料が追加されたものであっても、新規性は認められない。（東京高決平27・12・16判タ一四二五・二四〇）

⑪ 新たに提出された鑑定が、新たな基礎資料に基づくものとはいい難く、その鑑定手法に特段の新規性があるともいえない場合でも、従前の鑑定事項の中で十分に検討されていないと考えられる部分を取り出して新たな鑑定人の知見に基づき詳細に検討を加えたものであって、その結論も従前のものと異なるときは、新たな証拠に当たる。（東京高決平20・7・14判タ一二九〇・七三〈布川事件〉）↓四四八条⑦

⑫ 本案の審理において、殊更、その証拠があることを知りながら、これを提出しないで、判決確定後再審の請求をするに際しこれを主張しても、「証拠をあらたに発見したとき」に当たらない。（最決昭29・10・19刑集八・一〇・一六一〇）

⑬ 原確定判決の上告裁判所に提出された資料については、証拠調べ又は事実の取調べの行われた形跡がみられなくても、上告裁判所がその判断の過程で右資料の内容を了知し、これらについての審査を行った上で結論を導いているものとみなされる場合には、本条六号にいわゆる新たに発見した証拠に

当たらない。（東京高決昭55・2・5高刑三三・一・一〈狭山事件〉）

[14] 上告趣意書等に添付して提出された証拠であっても、確定上告審において、当該証拠について明確な判断がなされず、職権調査の対象となったか明らかでない場合には、本条六号の定める証拠の新規性を失わない。（福岡高決平12・2・29高刑五三・一・三四、重判平13刑訴七①）

[15] 被告人が真犯人の身代わりとなっていたことが明らかになった別訴の第一審判決（真犯人を業務上過失致死、被告人を犯人隠避の罪で有罪とするもの）で取り調べられた証拠は、新たな証拠に当たる。（最判昭45・6・19刑集二四・六・二九九）→四一一条[28]

[16] 保険金を詐取する目的で交通事故を偽装する行為に加わって業務上過失傷害罪により略式命令を受けた者からの再審請求を認めることは、衡平の精神、禁反言の原則等に反し、刑事訴訟の当事者主義的構造に照らし許されない。（大阪高決平4・11・19判タ八三二・二五五）

5 前の再審請求審において提出された証拠

[17] 本条六号の明白性の判断は総合的なものであるから、原確定裁判の全訴訟資料のほか、従前の再審請求において新証拠として提出された資料もその証拠価値の肯認されるようなものである限り、新証拠との関係で再度全体的心証形成の素材として右判断の資料となし得る。（福岡高決昭54・9・27高刑三二・二・一八六〈免田事件〉重判昭54刑訴八）

[18] 原確定判決後に発見された証拠は、前の再審請求審で取り調べられたものを含め、全て本号の新たに発見された証拠に当たる。（高松高決昭58・3・12判時一〇七三・三〈徳島ラジオ商殺し事件〉）

6 明白性

[19] 本条六号にいう「明らかな証拠」とは証拠能力もあり、証明力も高度のものを指称し、被告人の弁護人宛ての事件を否認する書信はこれに当たらない。（最決昭33・5・27刑集一二・八・一六八三）

[20] 「無罪を言い渡すべき明らかな証拠」とは、確定判決における事実認定につき合理的な疑いを抱かせ、その認定を覆すに足りる蓋然性のある証拠をいうものと解すべきであるが、右の明らかな証拠であるかどうかは、もし当の証拠が確定判決を下した裁判所の審理中に提出されていたとするならば、果たしてその確定判決においてなされたような事実認定に到達したであろうかどうかという観点から、当の証拠と他の全証拠とを総合的に評価して判断すべきであり、この判断に際しても、再審開始のためには確定判決における事実認定につき合理的な疑いを生ぜしめれば足りるという意味において、「疑わしいときは被告人の利益に」という刑事裁判における鉄則が適用される。（最決昭50・5・20刑集二九・五・一七七〈白鳥事件〉刑訴百選[一〇版]A55）

[21] 「無罪を言い渡すべき明らかな証拠」に当たるか否かの判断に際して、「疑わしいときは被告人の利益に」という原則を具体的に適用するに当たっては、確定判決が認定した犯罪事実の不存在が確実であるとの心証を得ることを必要とするものではなく、確定判決における事実認定の正当性についての疑いが合理的な理由に基づくものであることを必要とし、かつ、これをもって足りる。（最決昭51・10・12刑集三〇・九・一六七三〈財田川事件〉刑訴百選[一〇版]A56）

[22] 再審請求段階で新たに提出された証拠により確定判決の有罪認定の根拠となった証拠の一部について証明力が大幅に減殺された場合において、本条六号にいう「無罪を言い渡すべき明らかな証拠」に当たるか否かは、再審請求後に提出された新証拠と確定判決の言い渡された第二審で取り調べられたその余の全証拠とを総合的に評価した結果として、確定判決の有罪認定につき合理的疑いを生じさせ得るか否かによって決まる。（最決平9・1・28刑集五一・一・一〈名張毒ぶどう酒事件〉重判平9刑訴六）

[23] 確定判決が詳しく認定判示した犯行の態様の一部に事実誤認のあることが判明した場合であっても、そのことにより罪となるべき事実の存在に合理的な疑いを生じさせない限り、本条六号の再審事由に該当しない。（最決平10・10・27前出[3]）

[24] 本条六号の再審事由の存否を判断するため、新証拠と他の全証拠とを総合的に評価するに当たっては、確定判決が標目を挙示しなかったものであってもその審理中に提出されていた証拠、再審請求後の審理において新たに得られた他の証拠をも検討の対象にすることができる。（最決平10・10・27前出[3]）

[25] 新たな証拠の証拠価値については、新たな証拠を有罪判決のあらゆる証拠との有機的な関連において総合的に判断すべきであって、これを既存の全証拠から切り離して、その証拠価値を評価することは許されない。（名古屋高決昭36・4・11高刑一四・九・五八九〈吉田巌窟王事件〉）→四三七条[1]

7 「明らかな証拠をあらたに発見したとき」

[26] 既に証人として供述した者がその供述内容の虚偽である旨記載した書面を提出しても、「明らかな証拠をあらたに発見したとき」に当たらない。（最決昭35・3・29刑集一四・四・四七九）

第四三六条【同前】 ① 再審の請求は、左の場合において、控訴又は上告を棄却した確定判決に対して、その言渡を受けた者の利益のために、これをすることができる。

一 前条第一号又は第二号に規定する事由があるとき。

二 原判決又はその証拠となつた証拠書類の作成に関与した裁判官について前条第七号に規定する事由があるとき。

② 第一審の確定判決に対して再審の請求をした事件について再審の判決があつた後は、控訴棄却の判決に対しては、再審の請求をすることはできない。

③ 第一審又は第二審の確定判決に対して再審の請求をした事件について再審の判決があつた後は、上告棄却の判決に対しては、再審の請求をすることはできない。

㊟❶【控訴棄却→三九五、三九六【上告棄却→四一四【言渡しを受けた者の利益→憲三九

一 上告棄却の決定と再審請求

[1] 上告を棄却した確定決定は上告を棄却した判決と同じく、原審判決を確定せしめる効力を有するから、これに対しても再審の請求をなし得る。（最大決昭31・5・21刑集一〇・五・七一七）

二 再審請求の競合と上級裁判所の訴訟手続停止（刑訴規則二八五条）

[2] 再審請求が競合した場合において控訴を棄却した確定判決に対する再審請求が適法な再審事由の主張がないため不適法であることが明らかなときには、第一審裁判所と控訴裁判所との間において審理の重複や判断の矛盾等が生じるおそれはないから、控訴裁判所は、刑訴規則二八五条一項による訴訟手続の停止をすることなく、当該再審請求を棄却することも許される。（最決平24・2・14刑集六六・四・五八二）

第四三七条【確定判決に代わる証明】 前二条の規定に従い、確定判決により犯罪が証明されたことを再審の請求の理由とすべき場合において、その確定判決を得ることができないときは、その事実を証明して再審の請求をすることができる。但し、証拠がないという理由によつて確定判決を得ることができないときは、この限りでない。

㊟+【証拠がないという理由→三三六

一 「その事実」の意義

[1] 「その事実」とは、確定判決を得ることができなかった事実のみならず再審事由たる事実を包含する。（名古屋高決昭36・4・11高刑一四・九・五八九〈吉田巌窟王事件〉）→四三五

条㉕）

②　二　**ただし書に該当する場合**　犯罪の嫌疑なしとして不起訴処分となったときは本条ただし書に当たる。（福岡高決昭30・5・23高刑裁特二・一一・五三四）

③　三　**本条の証明の程度**　刑訴法四三五条二号を再審事由とする場合において、その虚偽性の立証は、偽証の確定判決に代わるべきものとして、偽証の有罪を認定できる程度のもの、したがって、いわゆる合理的疑いをいれる余地のない程度に、その虚偽性が客観的確実性をもって立証されるものでなければならない。（名古屋高決昭37・1・30判時二八六・五）

第四三八条【管轄】　再審の請求は、原判決をした裁判所がこれを管轄する。

①　確定裁判に関与した裁判官も除斥されない。（最決昭34・2・19刑集一三・二・一七九）→二〇条⑪

第四三九条【再審請求権者】　①　再審の請求は、左の者がこれをすることができる。

一　検察官
二　有罪の言渡を受けた者
三　有罪の言渡を受けた者の法定代理人及び保佐人
四　有罪の言渡を受けた者が死亡し、又は心神喪失の状態に在る場合には、その配偶者、直系の親族及び兄弟姉妹

②　第四百三十五条第七号又は第四百三十六条第一項第二号に規定する事由による再審の請求は、有罪の言渡を受けた者がその罪を犯させた場合には、検察官でなければこれをすることができない。

⑳⁺【再審請求の手続↓刑訴規二八三・二八四　❶【三】【法定代理人・保佐人↓三〇②⑳　【四】【親族↓民七二五

①　一　**「配偶者」の意義**　本条一項四号の「配偶者」は内縁の妻を含まない。（東京高決昭55・10・9判時九九九・一二八）

②　二　**再審を請求した者が死亡した場合**　有罪判決が確定しこれに対し再審を請求中の者が死亡した場合、再審請求事件の手続は終了する。（最決平16・6・24判タ一一五九・一四八）

③　有罪の言渡しを受けた者（以下「本人」という）が、再審請求中に心神喪失の状況に陥ったためその姉妹らが再審を請求し、従前本人のなしてきた訴訟行為を自らの請求のため援用する意思を明らかにした場合には、その後本人が死亡しても、本条一項四号所定の者に再審請求権が認められていること自体、及び訴訟経済上の観点から、本人の請求との関係で実施した証拠調べの結果は、全て、請求人らの申立てとの関係においても取り調べ得るとするのが当然である。（徳島地決昭55・12・13刑月一二・一二・一二八五〈徳島ラジオ商殺し事件〉）

④　再審の審判手続において第一審判決及び控訴審判決が言い渡され、上告に及んだ後に、再審請求人が死亡しても、請求人が既に上告審の弁護人を選任しており、かつ、弁護人が、請求人の死亡後も引き続き弁護活動を継続する意思を有する限り、再審の審判手続は終了しない。〔旧法事件〕（最判平20・3・14刑集六二・三・一八五〈横浜事件〉重判平20刑訴六）→三五一条⑦

第四四〇条【弁護人選任】　①　検察官以外の者は、再審の請求をする場合には、弁護人を選任することができる。

②　前項の規定による弁護人の選任は、再審の判決があるまでその効力を有する。

⑳⁺【弁護人の選任↓三〇・三一

①　一　**死刑確定者と再審請求弁護人との秘密面会**　死刑確定者又はその再審請求のために選任された弁護人が再審請求に向けた打合せをするために刑事施設の職員の立会いのない面会（秘密面会）の申出をした場合に、これを許さない刑事施設の長の措置は、秘密面会により刑事施設の規律及び秩序を害する結果を生ずるおそれがあると認められ、又は死刑確定者の面会についての意向を踏まえその心情の安定を把握する必要性が高いと認められるなど特段の事情がない限り、裁量権の範囲を逸脱し又はこれを濫用して死刑確定者の秘密面会をする利益を侵害するだけではなく、弁護人の固有の秘密面会をする利益も侵害する。（最判平25・12・10民集六七・九・一七六一、重判平26刑訴八……秘密面会を許さなかった刑事施設の長の措置を国家賠償法一条一項の適用上違法とし、弁護人からの国賠請求を認容した）

②　二　**弁護人による請求**　再審の請求は、その性質上代理に親しまないものではないこと、本条の文理上弁護人を代理として再審の請求をなし得ると解しても不合理ではないこと、刑訴規則二八三条の趣旨からは弁護士の弁護人による専門的知識と経験が多く必要とされているものと認められること、新憲法下では弁護人の地位が重視されてその代理行為の範囲も広く認められるに至っていること等の諸点に鑑みると、弁護人は請求者を代理して、その名において、再審の請求をなし得る。（京都地決昭46・11・9刑月三・一一・一五七三）

第四四一条【再審請求の時期】　再審の請求は、刑の執行が終り、又はその執行を受けることがないようになつたときでも、これをすることができる。

⑳⁺【執行を受けることがなくなったとき↓刑三一

①　**刑の廃止・大赦と再審請求権の消長**　刑の廃止によっては再審請求権は消滅しない。〔旧法事件〕（東京高決昭40・12・1高刑一八・七・八三六〈いわゆる大逆事件〉）

②　大赦により赦免されたときでも、有罪確定判決につき無罪を主張して再審を請求することができる。〔旧法事件〕（東京高決平17・3・10判タ一一七九・一三七）

第四四二条【執行停止の効力】　再審の請求は、刑の執行を停止する効力を有しない。但し、管轄裁判所に対応する検察庁の検察官は、再審の請求についての裁判があるまで刑の執行を停止することができる。

⑳⁺【管轄裁判所↓四三八【再審請求についての裁判↓四四六—四四九

第四四三条【再審請求の取下げ】　①　再審の請求は、これを取り下げることができる。

②　再審の請求を取り下げた者は、同一の理由によつては、更に再審の請求をすることができない。

第四四四条【刑事施設にいる被告人に関する特則】　第三百六十六条の規定は、再審の請求及びその取下についてこれを準用する。

①　刑訴法三六六条は、再審請求棄却決定に対する異議の申立てについても準用される。（最決昭54・5・1刑集三三・四・二七一）→三六六条③

第四四五条【事実の取調べ】　再審の請求を受けた裁判所は、必要があるときは、合議体の構成員に再審の請求の理由について、事実の取調をさせ、又は地方裁判所、家庭裁判所若しくは簡易裁判所の裁判官にこれを嘱託することができる。この場合には、受命裁判官及び受託裁判官は、裁判所又は裁判長と同一の

権限を有する。

[1] 一　**憲法との関係**
再審請求に対する審理手続は、憲法八二条の「裁判の対審及び判決」に含まれない。〔旧法事件〕（最大決昭42・7・5刑集二一・六・七六四〈いわゆる大逆事件〉重判昭41・42刑訴一）

[2] 二　**証拠開示**
再審請求審は、当事者主義が採られた上で、当事者間の実質的な公平の要請から証拠開示が認められている通常審とは基本的に手続の構造が異なっているだけでなく、再審事由として請求権者から新規かつ明白な証拠が提出されることが前提とされているという手続の内容などを踏まえると、再審請求審において、特定の証拠の保管者に開示の義務を認めた上、裁判所の事実取調べの権限に基づき証拠開示命令まで発することは現行法では予定されていない。（東京高決平27・7・31判時二二七三・一三七……証拠開示を命じなかった原審の措置に違法・不当な点はないとした）

[3] 再審請求事件においても、裁判所は、具体的な事情の下で、開示の必要性と開示による弊害とを参酌した上、その訴訟指揮権に基づき、証拠開示を命じることができる。（大阪地決平27・1・14判時二三四七・一二七……公判前整理手続を経て審理がなされた確定判決の再審請求事件において、開示命令の対象は具体的に特定された証拠にとどまるとして、弁護人が求めた、捜査機関の保管する全証拠の開示は認めなかったが、捜査機関の保管する全証拠の一覧表を弁護人に交付するよう命じた）

[4] 再審請求審は、通常審とは手続の構造が完全に異なる上、請求人から法定の再審事由が明示された再審請求趣意書に原判決の謄本、証拠書類及び証拠物を添えて差し出されることが前提とされているから、裁判所が特定の証拠の保管者に対して証拠の開示を命じたり、検察官に対してその保管する証拠の一覧表の交付又は開示を命じたりすることは認められない。もっとも、裁判所が、再審事由の存否を判断する上で必要な場合に、事実の取調べの一環としてその目的を達成するのに必要な限度で検察官から当該事件の未提出証拠等を取り寄せ、取り寄せた証拠等を請求人又はその弁護人に開示することは許される。（和歌山地決平29・3・29判時二三四五・六……証拠開示命令申出一覧表記載の証拠等について、検察官から取り寄せて弁護人等に開示するなどの措置を講ずる必要はないとした）→四三五条[7]

[5] 三　**事実の取調べ**
刑訴法四三五条六号に基づく再審の請求に当たり、新たに発見した証拠として証人の取調べを求めている場合でも、その証人の取調べをするか、又はこれをしないで、趣意書に添えた証拠書類等及び確定事件につき必要と認める調査をするにとどめ、あるいは更にその証人の取調べ以外の方法による事実の取調べをするかは、再審の請求を受けた裁判所の合理的裁量に委ねられている。（最決昭28・11・24刑集七・一一・二二八三）

[6] 四　**意見の聴取（刑訴規則二八六条）**
裁判所が再審を請求した者に対し、意見を求め、かつ、相当期間をおいたにもかかわらず請求人からついに意見を申述しなかったときは、刑訴規則二八六条にいう意見を聴いた場合に当たる。（最決昭32・10・23刑集一一・一〇・二六九六）

[7] 刑訴規則二八六条は、再審制度が個々の裁判の事実認定の誤りを是正し、有罪の言渡しを受けた者を救済することを目的とするところから、再審請求人の意見を十分に酌んだ上で再審請求の理由の有無を判断することが望ましいとして設けられたものであって、その趣旨に鑑みると、手続の進展に伴い意見を表明し得る機会を与えなければならないから、その機会を奪ってなされた再審請求棄却決定は、審理不尽により取消しを免れない。（仙台高決昭48・9・18刑月五・九・一三二二〈松山事件〉刑訴百選[六版]九六）

第四四六条【請求棄却の決定】 再審の請求が法令上の方式に違反し、又は請求権の消滅後にされたものであるときは、決定でこれを棄却しなければならない。

⊛+【法令上の方式→四三八、四三九、刑訴規二八三】【請求権の消滅→四三六②③、四四三②、四四七②】

第四四七条【同前】 ① 再審の請求が理由のないときは、決定でこれを棄却しなければならない。

② 前項の決定があつたときは、何人も、同一の理由によつては、更に再審の請求をすることはできない。

⊛+【再審請求の理由→四三五、四三六】

[1] 「同一の理由」とは、法律的に構成された刑訴法四三五条各号等に列挙される再審事由の同一ではなく、請求者によって主張された具体的な事実関係及び証拠関係の同一を意味するものと解されるから、事実関係若しくは証拠関係のいずれかを実質的に異にするときは、同一の理由による再審請求とはいえない。（大阪高決昭60・12・5判タ五八六・八四）

第四四八条【再審開始の決定】 ① 再審の請求が理由のあるときは、再審開始の決定をしなければならない。

② 再審開始の決定をしたときは、決定で刑の執行を停止することができる。

⊛+【再審請求の理由→四三五、四三六】

[1] 一　**開始決定の対象**
併合罪として一個の刑を言い渡された数個の犯罪事実の一部についてのみ再審請求の理由が認められる場合には、併合罪の全部について再審開始決定をすべきであり、その全部が再審の審判の対象となるが、再審請求の理由が認められない犯罪事実についての再審開始決定の効力は単に当該犯罪事実を再審の対象とするだけの形式的な効力にとどまり、確定判決の当該犯罪事実についての有罪認定を破ることはできない。（東京高決平20・7・14判タ一二九〇・七三〈布川事件〉）→四三五条[11]

[2] 二　**開始決定の拘束力**
再審開始決定は、再審公判における事実認定について、何ら拘束力を有しない。（青森地判昭53・7・31判時九〇五・一五）

[3] 三　**死刑の執行停止と拘置の執行停止**
拘置は死刑の執行の一部ではなく、死刑の確定判決の効力に基づいて刑法一一条二項が認めた独特の拘禁であり、死刑の執行停止がなされた場合でも、何らの規定を設けていない現行法の解釈としては、開始決定によっても確定判決の効力が存続していると解する以上、刑法一一条二項により拘置が継続する。（熊本地八代支の見解昭56・6・5刑月一三・六＝七・四八二〈免田事件〉刑訴百選[六版]九七①）

[4] 刑法一一条二項による拘置は、死刑の前置手続の一環をなすとみられ、本条二項にいう「刑」に含まれると解することは可能であり、執行停止が不可能であると解すると、再審において無罪の判決がされた後の場合を考えれば明らかなように、余りに不当な結果をもたらすこととなり、右執行停止制度の趣旨を全うすることができなくなること、などを考慮すると、拘置の執行を停止することもできると解すべきであるが、その場合にはその旨の明示の決定が必要である。（仙台地の見解昭59・3・6刑月一六・三＝四・三四一〈松山事件〉刑訴百選[六版]九七②）

第四四九条【請求の競合と請求棄却の決定】 ① 控訴を棄却した確定判決とその判決によつて確定した第一審の判決とに対して再審の請求があつた場合において、第一審裁判所が再審の判決をしたときは、控訴裁判所は、決定で再審の請求を棄却しなければならない。

② 第一審又は第二審の判決に対する上告を棄却した判決とその判決によつて確定した第一審又は第二審の判決とに対して再審の請求があつた場合において、第一審裁判所又は控訴裁判所が再審の判決をしたときは、上告裁判所は、決定で再審の請求を棄却しなければならない。

第四五〇条【即時抗告】 第四百四十六条、第四百四十七条第一項、第四百四十八条第一項又は前条第一項の決定に対しては、即時抗告をすることができる。

参【即時抗告→四二二・四二五・四二八②③

第四五一条【再審の審判】 ① 裁判所は、再審開始の決定が確定した事件については、第四百四十九条の場合を除いては、その審級に従い、更に審判をしなければならない。

② 左の場合には、第三百十四条第一項本文及び第三百三十九条第一項第四号の規定は、前項の審判にこれを適用しない。

一　死亡者又は回復の見込がない心神喪失者のために再審の請求がされたとき。

二　有罪の言渡を受けた者が、再審の判決がある前に、死亡し、又は心神喪失の状態に陥りその回復の見込がないとき。

③ 前項の場合には、被告人の出頭がなくても、審判をすることができる。但し、弁護人が出頭しなければ開廷することはできない。

④ 第二項の場合において、再審の請求をした者が弁護人を選任しないときは、裁判長は、職権で弁護人を附しなければならない。

参❶【再審開始の決定→四四八　❸【被告人出頭の原則→二八六　❹【国選弁護人の選任→三八

[7] 再審開始決定をした裁判所が第一審裁判所であるとき、第一審の公判手続に従い審理を遂げ、再審の判決をしなければならず、裁判所は、その訴訟手続においては事実認定に必要な証拠調べはもちろん刑の量定に必要な証拠の取調べもでき、また検察官は訴因、罰条の追加、撤回、変更をすることもできる。その結果、再審判決において確定判決と同一の犯罪事実を認定した場合でも、不利益変更禁止の制限を逸脱しない限り確定判決の刑に拘束されない。（大阪高判昭37・9・13高刑一五・六・五一〇）

第四五二条【不利益変更の禁止】 再審においては、原判決の刑より重い刑を言い渡すことはできない。

参【憲三九【重い刑→刑一〇

第四五三条【無罪判決の公示】 再審において無罪の言渡をしたときは、官報及び新聞紙に掲載して、その判決を公示しなければならない。

参【無罪の言渡し→四五一①、三三六、四〇〇・四〇四・四一三、四一四【刑事補償決定の公示→刑補二四

第五編　非常上告

第四五四条【非常上告理由】 検事総長は、判決が確定した後その事件の審判が法令に違反したことを発見したときは、最高裁判所に非常上告をすることができる。

参【確定→三七三・四一四・四一八【最高裁判所→裁八

一　非常上告の可否

[1] 非常上告制度の目的等に照らすと、原略式命令確定後に被告人が本邦を出国し非常上告申立て時において再入国していない場合においても、非常上告をすることができる。（最判平22・7・22刑集六四・五・八一九、重判平22刑訴八①）

[2] 非常上告制度の目的等に照らすと、原略式命令確定後に被告人が死亡している場合においても、非常上告をすることができる。（最判平22・7・22刑集六四・五・八二四、重判平22刑訴八②）

二　非常上告の対象

1　上告棄却の決定

[3] 旧刑訴法四二七条に基づく上告棄却の決定は、上告棄却の判決と同じく、原審判決を確定させる効力を有する終局的な裁判であるから、非常上告の対象となし得る。〔旧法事件〕（最判昭25・4・13刑集四・四・五六七）

2　当然無効の判決

[4] 控訴取下げ後の控訴審判決は当然無効のものであって確定判決とは認められないから、非常上告の対象とはなし得ない。（最大判昭27・11・19刑集六・一〇・一二一七、刑訴百選二版九四）

三　非常上告の理由

1　「事件の審判が法令に違反したこと」の意義

[5] 実体法であると手続法であるとを問わず、その法令の解釈に誤りがあるというのでなく、単にその法令適用の前提事実の誤りのために当然法令違反の結果を来す場合のごときは、法令の解釈適用を統一する目的に少しも役立たないから、本条にいわゆる「事件の審判が法令に違反したこと」に当たらない。（最大判昭27・4・23刑集六・四・六八五、刑訴百選三版一一七……少年を成人と誤認して家庭裁判所を経由せずになされた有罪判決の事案）

[6] 検察官事務取扱（検察庁法附則三六条）の職務命令の発令を受けておらず、公訴提起の権限を持たない検察事務官が公訴提起及び略式命令の請求をしたことは、手続の前提となる事実の誤認ではなく、手続そのものについての誤りであるから、裁判所が原略式命令を発付したことは、本条の「事件の審判が法令に違反したこと」に当たる。（最判平24・9・18刑集六六・九・九五八）

2　非常上告の理由があるとされた事例

[7] 原略式命令に係る事件と同略式命令の確定後に無罪の言渡しがあった共犯者に対する上告事件との証拠関係が共通で、認定できる事実も全く同一であり、被告人の行為につき、法の適用に関し共犯者の行為と別個に評価され得るような事情がない場合（最判平23・12・9刑集六五・九・一三七一、重判平24刑訴七）

3　非常上告の理由がないとされた事例

イ　法令の適用に関する事実

[8] 累犯前科であると誤認して累犯加重がなされた場合（最大判昭25・11・8刑集四・一一・二二二一）

[9] 成人と誤認して定期刑が科された場合（最判昭26・1・23刑集五・一・八六）

[10] 少年と誤認して不定期刑が科された場合（最判昭26・7・6刑集五・八・一四〇八）

ロ　訴訟法上の事実

[11] 控訴趣意書が期間内に提出されなかったと誤認して控訴棄却決定がなされた場合（最判昭25・11・30刑集四・一二・二四六八）

[12] 被告人の死亡を看過して有罪判決がなされた場合（最判昭28・7・18刑集七・七・一五四一）

第四五五条【申立ての方式】 非常上告をするには、その理由を記載した申立書を最高裁判所に差し出さなければならない。

第四五六条【公判期日】 公判期日には、検察官は、申立書に基いて陳述をしなければならない。

参【申立書→四五五

第四五七条【棄却の判決】 非常上告が理由のないときは、判決でこれを棄却しなければならない。

参【非常上告の理由→四五四

原判決の違法を看過してなされた上訴審判決と非常上告の可否

[1] 控訴又は上告審判決が、職権調査をなさずに法定刑を超え

た刑を科した第一審判決の違法を看過したとしても、職務として調査義務があるとすることはできない以上、控訴審、上告審の判決ないし審判手続に法令の違反があるとは認められない。（最判昭30・9・29刑集九・一〇・二一〇二）→三九二条

第四五八条【破棄の判決】 非常上告が理由のあるときは、左の区別に従い、判決をしなければならない。

一 原判決が法令に違反したときは、その違反した部分を破棄する。但し、原判決が被告人のため不利益であるときは、これを破棄して、被告事件について更に判決をする。

二 訴訟手続が法令に違反したときは、その違反した手続を破棄する。

【非常上告の理由→四五四】【判決の効力→四五九 〔二〕刑補一】

一 「原判決が被告人のため不利益であるとき」の意義

[1] 「原判決が被告人のため不利益であるとき」とは、事件につき更になされるべき判決が原判決より利益なことが法律上明白である場合をいう。（最判昭26・12・21刑集五・一三・二六〇七）→[11]

二 一号ただし書の意義

1 ただし書が適用された事例

[2] 少年法五二条により短期は五年長期は一〇年を超えない範囲内で不定期刑を科すべきところ懲役六年の定期刑を言い渡した場合（最判昭27・12・11裁判集刑七〇・四九三……平成二六法二三による少年法改正前の事件）

[3] 不定期刑を言い渡すべき少年に対し懲役八月の定期刑を言い渡し、新たに言い渡すべき刑が懲役六月以上八月以下の不定期刑である場合（最判昭48・12・24刑集二七・一一・一四六九）

[4] 略式命令において法定刑を超える科料を科した場合（最判昭25・7・4刑集四・七・一一七四）

[5] 刑の執行猶予を言い渡すに当たり、保護観察に付すことができない場合であるにもかかわらず、併せて保護観察に付する旨を言い渡した場合（最判昭29・11・25刑集八・一一・一九〇五）

[6] ［昭和四六法九八による改正前の］道路交通法七条一項に基づく公安委員会告示により特定交差点における車両の右折が原則として禁止され、特定方向からの特定種類の車両による右折のみは除外されていた場合において、除外された右折に当たる事実を有罪と認めた略式命令が確定した場合（最大判昭40・7・14刑集一九・五・五八五）

[7] 収税官吏の告発を欠いているにもかかわらず酒税法違反事件の略式命令がなされた場合（最判昭32・12・24刑集一一・一四・三三七一）

[8] 少年について刑事処分があり得ない罰金のみに当たる罪に関し、家庭裁判所を経由せずに略式命令がなされた場合（最判昭42・6・20刑集二一・六・七四一、重判昭41・42刑訴七）

[9] 少年について刑事処分があり得ない罰金のみに当たる罪に関し、家庭裁判所から誤って検察官送致が行われ、略式命令がなされた場合で、非常上告時に被告人が既に満二〇歳に達していたとき（最判平4・9・8判時一四四〇・一五七……公訴棄却の判決がなされた）

[10] 反則行為が非反則行為として処理されたために略式命令がなされた場合（最判昭57・9・28判時一〇五八・一四五）

2 ただし書が適用されなかった事例

[11] 無期刑をもって処断すべき少年に関し、少年法五一条後段により一〇年以上一五年以下の定期刑を言い渡すべきところ、懲役一三年以上一五年以下の不定期刑を言い渡した場合（最判昭26・12・21前出[1]）

[12] 違法に累犯加重をした確定判決であっても、その認定した犯罪事実が受刑中に刑務所内で犯した傷害事犯であり、誤って累犯加重の理由とした前科が受刑中の殺人の前科で、言い渡された刑が懲役六月である場合（最判昭48・3・8刑集二七・二・八七）

[13] 窃盗と道路交通法違反の併合罪の刑として懲役及び罰金を言い渡した判決のうち、同法違反の部分に違法があり、同法違反につき罰金を言い渡したことが明らかであるときには、罰金に関する部分を破棄すれば足りる。（最判昭43・10・15刑集二二・一〇・九四〇、刑訴百選[四版]一一〇）

三 自判の基準時

[14] 本条一号ただし書により更になされるべき判決は、原判決の時を標準とする。（最判昭42・2・10刑集二一・一・二七一）

四 同一事件に対し判決が二重に確定した場合

[15] 略式命令の確定後、更に同一公訴事実について略式命令の請求があり、再び略式命令が発せられて確定したときは、後の略式命令を破棄し同略式命令記載の犯罪事実につき免訴の言渡しをすべきである。（最判昭27・11・28裁判集刑六九・一〇八九）

[16] 略式命令の確定前に、同一公訴事実につき更に略式命令の請求があり、再び略式命令が発付され、前の略式命令確定後に後の略式命令が確定したときは、後の略式命令を破棄し、刑訴法三三八条三号により公訴を棄却すべきである。（最判昭25・5・2刑集四・五・七五二）

[17] 略式命令の確定前に、同一公訴事実につき更に略式命令の請求があり、再び略式命令が発付され、同時に確定したときは、後の略式命令を破棄し、刑訴法三三八条三号により公訴を棄却すべきである。（最判昭40・7・1刑集一九・五・五〇三）

[18] 略式命令の確定前に、同一公訴事実につき更に略式命令の請求があり、再び略式命令が発付され、これが先に確定したときは、後の略式命令を破棄し、刑訴法三三八条三号により公訴を棄却すべきである。（最判昭31・11・27判時九六・七）

[19] 略式命令の確定前に、同一公訴事実につき更に略式命令の請求があり、再び略式命令が発付され、これが先に確定したときは、先の略式命令を破棄し、免訴の判決をすべきである。（最判昭38・9・27裁判集刑一四八・五八九）

[20] 略式命令の請求を受け略式命令が発せられる前に、同一公訴事実につき更に公訴提起されるとともに即決裁判の請求を受けて即決裁判の宣告がなされ、先の請求に基づく略式命令が発せられた後に後の請求に基づく即決裁判が確定した場合には、先の請求に係る略式命令を破棄し、免訴の判決をすべきである。（最判昭39・3・5裁判集刑一五〇・七〇七）

五 二号の適用事例

[21] 家庭裁判所の専属管轄に属する被告事件について簡易裁判所が有罪の判決をした場合（最判昭32・2・5刑集一一・二・四九八）

[22] 簡易裁判所が森林窃盗につき裁判所法三三条二項に違反して地方裁判所に移送することなく懲役刑を言い渡した場合（最大判昭40・4・28刑集一九・三・三四四）

[23] 略式命令において略式手続の科刑限度を超えた罰金を科した場合（最判昭53・2・23刑集三二・一・七七、刑訴百選[四版]一〇九）

六 一号の事由と二号の事由とが競合した場合

[24] 法定刑が懲役刑のみである罪について事物管轄のない簡易裁判所が通常の訴訟手続に移した上で、判決で管轄違いを言い渡すべきところ、略式命令により罰金刑を言い渡した場合には、本条二号によりその違法な手続を破棄し、本条一号により略式命令中法定刑にない罰金刑を科した部分を破棄すべきである。（最判昭58・7・12刑集三七・六・八七五）

第四五九条【判決の効力】 非常上告の判決は、前条第一号但書の規定によりされたものを除いては、その効力を被告人に及ぼさない。

第四六〇条【調査範囲、事実の取調べ】 ① 裁判所は、申立書に

包含された事項に限り、調査をしなければならない。

② 裁判所は、裁判所の管轄、公訴の受理及び訴訟手続に関しては、事実の取調をすることができる。この場合には、第三百九十三条第三項の規定を準用する。

参❶【申立書→四五五

第六編　略式手続

第四六一条【略式命令】 簡易裁判所は、検察官の請求により、その管轄に属する事件について、公判前、略式命令で、百万円以下の罰金又は科料を科することができる。この場合には、刑の執行猶予をし、没収を科し、その他付随の処分をすることができる。

参【略式命令→憲三七①②・三八③【検察官の請求→四六二【簡易裁判所の管轄に属する事件→裁三三①㈡【刑の執行猶予→刑二五【没収→刑一九【付随の処分→刑一九の二・二五の二、三四八、ETC

一　略式手続の合憲性

[1] 略式手続は、憲法八二条の適用を受けるものではなく、三七条、三八条三項にも違反しない。〔旧法事件〕（最大判昭24・7・13刑集三・八・一二九〇）

二　略式命令の時期（刑訴規則二九〇条）

[2] 刑訴規則二九〇条一項は、訓示規定である。（最決昭39・6・26刑集一八・五・二三〇）

三　他人の氏名の冒用と略式命令の効力の相手方→二五六条[4]

第四六一条の二【略式手続についての説明と被疑者の異議】 ① 検察官は、略式命令の請求に際し、被疑者に対し、あらかじめ、略式手続を理解させるために必要な事項を説明し、通常の規定に従い審判を受けることができる旨を告げた上、略式手続によることについて異議がないかどうかを確めなければならない。

② 被疑者は、略式手続によることについて異議がないときは、書面でその旨を明らかにしなければならない。

参❶【書面の添付→刑訴規二八八

第四六二条【略式命令の請求】 ① 略式命令の請求は、公訴の提起と同時に、書面でこれをしなければならない。

② 前項の書面には、前条第二項の書面を添附しなければならない。

第四六二条の二【合意した被告人の事件における合意内容書面等の差出し】 ① 検察官は、略式命令の請求をする場合において、その事件について被告人との間でした第三百五十条の二第一項の合意があるときは、当該請求と同時に、合意内容書面を裁判所に差し出さなければならない。

② 前項の規定により合意内容書面を裁判所に差し出した後、裁判所が略式命令をする前に、当該合意の当事者が第三百五十条の十第二項の規定により当該合意から離脱する旨の告知をしたときは、検察官は、遅滞なく、同項の書面をその裁判所に差し出さなければならない。

参【合意内容書面→三五〇の七①、三五〇の三②

第四六三条【通常の審判】 ① 第四百六十二条の請求があつた場合において、その事件が略式命令をすることができないものであり、又はこれをすることが相当でないものであると思料するときは、通常の規定に従い、審判をしなければならない。

② 検察官が、第四百六十一条の二に定める手続をせず、又は第四百六十二条第二項に違反して略式命令を請求したときも、前項と同様である。

③ 裁判所は、前二項の規定により通常の規定に従い審判をするときは、直ちに検察官にその旨を通知しなければならない。

④ 第一項及び第二項の場合には、第二百七十一条の規定の適用があるものとする。但し、同条第二項に定める期間は、前項の通知があつた日から二箇月とする。

参❸【通常の審判→刑訴規二九二

第四六三条の二【公訴提起の失効】 ① 前条の場合を除いて、略式命令の請求があつた日から四箇月以内に略式命令が被告人に告知されないときは、公訴の提起は、さかのぼつてその効力を失う。

② 前項の場合には、裁判所は、決定で、公訴を棄却しなければならない。略式命令が既に検察官に告知されているときは、略式命令を取り消した上、その決定をしなければならない。

③ 前項の決定に対しては、即時抗告をすることができる。

参【即時抗告の提起期間→四二二、四二五

第四六四条【略式命令の方式】 略式命令には、罪となるべき事実、適用した法令、科すべき刑及び附随の処分並びに略式命令の告知があつた日から十四日以内に正式裁判の請求をすることができる旨を示さなければならない。

参【有罪判決の理由事項→三三五

第四六五条【正式裁判の請求】 ① 略式命令を受けた者又は検察官は、その告知を受けた日から十四日以内に正式裁判の請求をすることができる。

② 正式裁判の請求は、略式命令をした裁判所に、書面でこれをしなければならない。正式裁判の請求があつたときは、裁判所は、速やかにその旨を検察官又は略式命令を受けた者に通知しなければならない。

参❶【請求権者→四六七、三五三、三五五【十四日以内→五五、五六、四六七、三六二、四七〇

一　略式命令謄本送達前の申立て

[1] 略式命令謄本送達前になされた不適法な正式裁判請求も、右請求当時、同文の謄本が既に検察官及び他の共同被告人に対しては送達されており、かつ、請求を受けた裁判所がこれを不適法として棄却する前に、請求人に対する送達が完了したときには、その瑕疵〔かし〕は治癒される。（最大決昭40・9・29刑集一九・六・七四九、刑訴百選［五版］A34）

二　申立権者

[2] 略式手続における代理人又は弁護人に該当せず、被告人の法定代理人又は保佐人にも該当しない商業使用人たる支配人からの正式裁判請求は不適法である。（最決昭43・1・17刑集二二・一・一）

三　検察官による請求

[3] 検察官の科刑意見どおりに略式命令が発付された場合であっても、その後累犯前科を含む多数の同種前科の存在が判明するに至ったという事情の下では、検察官による正式裁判の請求は適法である。（最決平16・2・16刑集五八・二・一二四、重判平16刑訴八）

四　起訴状謄本送達の要否→二七一条[7]

第四六六条【同前の取下げ】 正式裁判の請求は、第一審の判決があるまでこれを取り下げることができる。

参【取下げの手続→四六七、三五九、三六〇、三六一【取下げの効果→四七〇

第四六七条【上訴規定の準用】 第三百五十三条、第三百五十五条乃至第三百五十七条、第三百五十九条、第三百六十条及び第三百六十一条乃至第三百六十五条の規定は、正式裁判の請求又はその取下についてこれを準用する。

第四六八条【正式裁判請求の棄却、通常の審判】 ① 正式裁判の請求が法令上の方式に違反し、又は請求権の消滅後にされたものであるときは、決定でこれを棄却しなければならない。この決定に対しては、即時抗告をすることができる。

② 正式裁判の請求を適法とするときは、通常の規定に従い、審

刑訴

③ 前項の場合においては、略式命令に拘束されない。

❶【法令上の方式→四六五②【請求権の消滅→四六五①・四六七、三六一【棄却の決定→四七〇【即時抗告→四二二、四二五

[1] 一 正式裁判請求がなされた場合の審判の対象
訴因について起訴状（略式命令請求書）と略式命令との各記載内容に軽微とはいえない差異があり、被告人には略式命令の謄本だけが送達されたまま、右略式命令に対し正式裁判の請求がなされ公判が開始された場合、その公判における審理の対象（訴因）は、起訴状と略式命令との各記載内容が一致した部分に限られる。（最決昭42・11・24刑集二一・九・一二五八、刑訴百選[五版]九九）

[2] 二 不利益変更禁止の適用の有無
略式命令に対する正式裁判に関しては、刑訴法四〇二条は適用されない。（最決昭31・7・5刑集一〇・七・一〇二〇）

[3] 三 略式命令の請求に際し提出された書面の不返還と予断防止
略式命令に対する正式裁判を請求した事件記録に右請求のあった後検察官の科刑意見書及び略式命令書を編綴〔へんてつ〕しておくことは、これらの書類はいずれも当該事件の手続の経過に伴い当然に存在を推断される書類であって、裁判官にその事件について予断を生ぜしめるおそれある書類ということはできないから刑訴法二五六条六項に違反しない。（東京高判昭29・6・21高刑七・七・一〇六三）

第四六九条【略式命令の失効】 正式裁判の請求により判決をしたときは、略式命令は、その効力を失う。

【正式裁判の判決→四六八②③

第四七〇条【略式命令の効力】 略式命令は、正式裁判の請求期間の経過又はその請求の取下により、確定判決と同一の効力を生ずる。正式裁判の請求を棄却する裁判が確定したときも、同様である。

【請求期間→四六五①【請求の取下げ→四六六【確定判決の効力→三三七㈠【棄却の裁判→四六八①

略式命令に対する非常上告→四五八条[判]

第七編 裁判の執行

第四七一条【裁判の確定と執行】 裁判は、この法律に特別の定のある場合を除いては、確定した後これを執行する。

【特別の定め→四二四、四三二、三四八、四九〇、四九三、四九四、四八三【裁判の確定→三七三、四一四、四一八

第四七二条【執行指揮】 ① 裁判の執行は、その裁判をした裁判所に対応する検察庁の検察官がこれを指揮する。但し、第七十条第一項但書の場合、第百八条第一項但書の場合その他その性質上裁判所又は裁判官が指揮すべき場合は、この限りでない。

② 上訴の裁判又は上訴の取下により下級の裁判所の裁判を執行する場合には、上訴裁判所に対応する検察庁の検察官がこれを指揮する。但し、訴訟記録が下級の裁判所又はその裁判所に対応する検察庁に在るときは、その裁判所に対応する検察庁の検察官が、これを指揮する。

❶【検察官の指揮→四七五 ❷【上訴の裁判→三八五、三八六、三九六、四〇八、四一四、四二六①【上訴の取下げ→三五九—三六一

第四七三条【執行指揮の方式】 裁判の執行の指揮は、書面でこれをし、これに裁判書又は裁判を記載した調書の謄本又は抄本を添えなければならない。但し、刑の執行を指揮する場合を除いては、裁判書の原本、謄本若しくは抄本又は裁判を記載した調書の謄本若しくは抄本に認印して、これをすることができる。

[1] 裁判書滅失の場合
天災事変等によって裁判書の原本が滅失し、その謄本又は抄本を裁判の執行指揮書に添付することが不可能となった場合には、犯行、刑の種類及び範囲を具体的に明確ならしめるその他の資料を添付して刑の執行を指揮することができる。〔旧法事件〕（最大決昭26・7・18刑集五・八・一四七六）

第四七四条【刑の執行の順序】 二以上の主刑の執行は、罰金及び科料を除いては、その重いものを先にする。但し、検察官は、重い刑の執行を停止して、他の刑の執行をさせることができる。

【主刑→刑九【刑の軽重→刑一〇【刑の時効の停止→刑三三

[1] 刑の執行順序の変更
重い刑の仮出獄条件期間の経過後その刑の執行を停止し、軽い刑の執行をさせて、その仮出獄条件期間の経過後に双方につき仮出獄を許したときは、まず仮出獄当時執行中の刑の残刑期間が進行し、その刑期の満了の翌日から他の刑の残刑期間が進行する。（札幌高判昭29・4・27高刑七・三・四六六）

[2] 検察官が懲役刑の執行を停止して、労役場留置の執行をさせる場合、適正な裁量の範囲を逸脱して、懲役刑の執行終了の時期を遅延させることを目的とするなど、殊更に受刑者の不利益を図った特段の事情がない限り、執行順序の変更は違法ではない。（東京高判昭51・7・16高刑二九・三・三九九）

第四七五条【死刑の執行】 ① 死刑の執行は、法務大臣の命令による。

② 前項の命令は、判決確定の日から六箇月以内にこれをしなければならない。但し、上訴権回復若しくは再審の請求、非常上告又は恩赦の出願若しくは申出がされその手続が終了するまでの期間及び共同被告人であつた者に対する判決が確定するまでの期間は、これをその期間に算入しない。

❷【上訴権回復→三六五【再審→四四二【非常上告→四五九【六箇月以内→五五【刑事施設に拘置→刑一一②、刑事収容二—四

[1] 本条二項は法的拘束力のない訓示規定であり、法務大臣が六箇月以内に死刑執行の命令をしなかったとしても違法の問題は生じない。（東京地判平10・3・20判タ九八三・二二二）

第四七六条【同前】 法務大臣が死刑の執行を命じたときは、五日以内にその執行をしなければならない。

【五日以内→五五、刑事収容一七八②

第四七七条【同前】 ① 死刑は、検察官、検察事務官及び刑事施設の長又はその代理者の立会いの上、これを執行しなければならない。

② 検察官又は刑事施設の長の許可を受けた者でなければ、刑場に入ることはできない。

【死刑の執行→刑一一①、刑事収容一七八・一七九

第四七八条【同前】 死刑の執行に立ち会つた検察事務官は、執行始末書を作り、検察官及び刑事施設の長又はその代理者とともに、これに署名押印しなければならない。

第四七九条【死刑執行の停止】 ① 死刑の言渡を受けた者が心神喪失の状態に在るときは、法務大臣の命令によつて執行を停止する。

② 死刑の言渡を受けた女子が懐胎しているときは、法務大臣の命令によつて執行を停止する。

③ 前二項の規定により死刑の執行を停止した場合には、心神喪失の状態が回復した後又は出産の後に法務大臣の命令がなければ、執行することはできない。

④　第四百七十五条第二項の規定は、前項の命令についてこれを準用する。この場合において、判決確定の日とあるのは、心神喪失の状態が回復した日又は出産の日と読み替えるものとする。

〔参〕【刑の時効の停止→刑三三】

> 1　**死刑確定者の拘置の停止**
> 死刑の言渡しを受けた者が心神喪失の状態になっても、法務大臣の命令によって停止されるのは死刑の執行自体であり、監獄における拘置を解かれるものではない。（東京地決昭62・4・23判時一二二九・一〇八）

第四八〇条【自由刑の執行停止】　懲役、禁錮又は拘留の言渡を受けた者が心神喪失の状態に在るときは、刑の言渡をした裁判所に対応する検察庁の検察官又は刑の言渡を受けた者の現在地を管轄する地方検察庁の検察官の指揮によつて、その状態が回復するまで執行を停止する。

> ＊**令和四法六七**（令和七・六・一六までに施行）**による改正**
> 第四八〇条中「懲役、禁錮」を「拘禁刑」に、「言渡」を「言渡し」に、「在る」を「ある」に改める。（本文未織込み）

〔参〕【刑の時効の停止→刑三三】

第四八一条【同前】　①　前条の規定により刑の執行を停止した場合には、検察官は、刑の言渡を受けた者を監護義務者又は地方公共団体の長に引き渡し、病院その他の適当な場所に入れさせなければならない。

②　刑の執行を停止された者は、前項の処分があるまでこれを刑事施設に留置し、その期間を刑期に算入する。

第四八二条【同前】　懲役、禁錮又は拘留の言渡を受けた者について左の事由があるときは、刑の言渡をした裁判所に対応する検察庁の検察官又は刑の言渡を受けた者の現在地を管轄する地方検察庁の検察官の指揮によつて執行を停止することができる。

一　刑の執行によつて、著しく健康を害するとき、又は生命を保つことのできない虞があるとき。

二　年齢七十年以上であるとき。

三　受胎後百五十日以上であるとき。

四　出産後六十日を経過しないとき。

五　刑の執行によつて回復することのできない不利益を生ずる虞があるとき。

六　祖父母又は父母が年齢七十年以上又は重病若しくは不具で、他にこれを保護する親族がないとき。

七　子又は孫が幼年で、他にこれを保護する親族がないとき。

八　その他重大な事由があるとき。

> ＊**令和四法六七**（令和七・六・一六までに施行）**による改正**
> 第四八二条中「懲役、禁錮」を「拘禁刑」に、「言渡」を「言渡し」に、「左の」を「次に掲げる」に改め、第一号及び第五号中「虞」を「おそれ」に改める。（本文未織込み）

〔参〕【病者等の仮移送→刑事収容六二③】

> 1　一　**執行停止中の刑の時効**
> 受刑中病気のため刑の執行停止を受けた者について、検察官がその所在不明を確認した場合において、通常の経過をとれば刑の執行に耐え得る程度に病気が治癒し得たと考えられる期間を経過したときは、検察官が執行停止を取り消さなくても、その取消しがあったものとみなし、右期間経過の時から刑の時効が進行すると解すべきである。（大阪高決昭45・1・19高刑二三・一・一）→五〇二条6、刑三二条1・三三条1
>
> 2　二　**執行停止中における減刑令**
> 懲役刑の執行を停止されるまでの服役期間が、その後に施行された減刑令によって変更された刑期を超過しているときは、減刑令施行の日に刑の執行が終了したこととなる。（東京高判昭31・8・16高刑九・九・九三七……施行日後の犯罪とは累犯関係を生ずるとした）

第四八三条【訴訟費用の執行停止】　第五百条に規定する申立の期間内及びその申立があつたときは、訴訟費用の負担を命ずる裁判の執行は、その申立についての裁判が確定するまで停止される。

〔参〕【訴訟費用の負担を命ずる裁判→一八一―一八八】【その執行→四九〇】

第四八四条【執行のための呼出し】　死刑、懲役、禁錮又は拘留の言渡しを受けた者が拘禁されていないときは、検察官は、執行のためこれを呼び出さなければならない。呼出しに応じないときは、収容状を発しなければならない。

> ＊**令和四法六七**（令和七・六・一六までに施行）**による改正**
> 第四八四条中「懲役、禁錮」を「拘禁刑」に改める。（本文未織込み）

〔参〕【執行のための呼出し→九六③】【収容状→四八七―四八九】

第四八五条【収容状の発付】　死刑、懲役、禁錮又は拘留の言渡しを受けた者が逃亡したとき、又は逃亡するおそれがあるときは、検察官は、直ちに収容状を発し、又は司法警察員にこれを発せしめることができる。

> ＊**令和四法六七**（令和七・六・一六までに施行）**による改正**
> 第四八五条中「懲役、禁錮」を「拘禁刑」に改める。（本文未織込み）

〔参〕【収容状→四八四〔参〕】

> 1　**仮釈放取消決定告知前の収容状発付**
> 仮出獄取消決定の告知により本人が逃亡するおそれがある場合において、地方更生保護委員会の事前連絡により検察官が収監状を発付しておき、右決定の告知直後に収監状を執行しても違法ではない。（大阪高決昭36・12・11下刑三・一一＝一二・一〇五〇）

第四八六条【検事長に対する収容の請求】　①　死刑、懲役、禁錮又は拘留の言渡しを受けた者の現在地が分からないときは、検察官は、検事長にその者の刑事施設への収容を請求することができる。

②　請求を受けた検事長は、その管内の検察官に収容状を発せしめなければならない。

> ＊**令和四法六七**（令和七・六・一六までに施行）**による改正**
> 第一項中「懲役、禁錮」を「拘禁刑」に改める。（本文未織込み）

第四八七条【収容状】　収容状には、刑の言渡しを受けた者の氏名、住居、年齢、刑名、刑期その他収容に必要な事項を記載し、検察官又は司法警察員が、これに記名押印しなければならない。

〔参〕【収容状の発付→四八四―四八六】

第四八八条【収容状の効力】　収容状は、勾引状と同一の効力を有する。

〔参〕【勾引状と同一の効力→六二・七三・一二六】

第四八九条【収容状の執行】　収容状の執行については、勾引状の執行に関する規定を準用する。

〔参〕【勾引状の執行に関する規定→七〇―七四】

第四九〇条【財産刑等の執行】　①　罰金、科料、没収、追徴、過料、没収、訴訟費用、費用賠償又は仮納付の裁判は、検察官の命令によつてこれを執行する。この命令は、執行力のある債務名義と同一の効力を有する。

刑訴

② 前項の裁判の執行は、民事執行法（昭和五十四年法律第四号）その他強制執行の手続に関する法令の規定に従つてする。ただし、執行前に裁判の送達をすることを要しない。

⊜❶【罰金、科料、没収、追徴↓一一三三、一一三七、一一二一⑦、一一五〇、一一六〇、一一七一、費用賠償↓一一八八【没取↓九六②③【訴訟費用↓一八五—一八七の二【仮納付↓三四八【執行力のある債務名義↓民執二二、二五【執行力のある債務名義と同一の効力を有するものの例↓民執五一 ⊜❷【執行前送達↓民執二九【執行費用の負担↓民執四二

[1] 一 没収の裁判の執行

押収により検察官が保管中の株券につき没収の裁判があつたときは、検察官の命令による執行を待たず、裁判の確定と同時に没収の効力を生ずる。（最判昭37・4・20民集一六・四・八六〇）↓会社二編二章一節[6]、刑一九条[11]

二 追徴の裁判の執行

[2] 関税法違反により犯則貨物の価格相当額を追徴するには、共同正犯者の個々に対しその全額を追徴する旨言い渡し得るが、犯則者のいずれかが追徴金の全部又は一部を納付したときは、納付済みの部分につき重ねて執行することはできない。（最判昭33・4・15刑集一二・五・九一六）

[3] 関税法違反の犯則貨物につき故買又は寄蔵をした各犯則者に対しても、価格相当額の全額を追徴する旨言い渡し得るが、犯則者の一人に対し全部の執行が終われば、他の者に対し執行することはできない。（最判昭35・10・11刑集一四・一二・一五四四）

三 保釈保証金没取決定の執行

[4] 裁判所に保管中の保釈保証金を没取する決定は、その告知によつて裁判内容に即した法律関係が形成され、特段の執行行為を要しない。（札幌高決昭42・2・4高刑二〇・一・五三……その後誤って還付しても検察官の指揮により没取決定を執行することはできないとした）

第四九一条【相続財産に対する執行】 没収又は租税その他の公課若しくは専売に関する法令の規定により言い渡した罰金若しくは追徴は、刑の言渡を受けた者が判決の確定した後死亡した場合には、相続財産についてこれを執行することができる。

⊜+【死亡↓民八八二【相続財産↓民八九六、八九八

第四九二条【合併後の法人に対する執行】 法人に対して罰金、科料、没収又は追徴を言い渡した場合に、その法人が判決の確定した後合併によつて消滅したときは、合併の後存続する法人又は合併によつて設立された法人に対して執行することができる。

⊜+【合併↓会社七四八

第四九三条【仮納付の執行の調整】 ① 第一審と第二審とにおいて、仮納付の裁判があつた場合に、第一審の仮納付の裁判について既に執行があつたときは、その執行は、これを第二審の仮納付の裁判で納付を命ぜられた金額の限度において、第二審の仮納付の裁判についての執行とみなす。

② 前項の場合において、第一審の仮納付の裁判の執行によつて得た金額が第二審の仮納付の裁判で納付を命ぜられた金額を超えるときは、その超過額は、これを還付しなければならない。

⊜+【仮納付の裁判↓三四八、四〇四、四九〇

第四九四条【仮納付の執行と本刑の執行】 ① 仮納付の裁判の執行があつた後に、罰金、科料又は追徴の裁判が確定したときは、その金額の限度において刑の執行があつたものとみなす。

② 前項の場合において、仮納付の裁判の執行によつて得た金額が罰金、科料又は追徴の金額を超えるときは、その超過額は、これを還付しなければならない。

⊜+四九三⊜

第四九五条【勾留日数の法定通算】 ① 上訴の提起期間中の未決勾留の日数は、上訴申立後の未決勾留の日数を除き、全部これを本刑に通算する。

② 上訴申立後の未決勾留の日数は、左の場合には、全部これを本刑に通算する。

一 検察官が上訴を申し立てたとき。

二 検察官以外の者が上訴を申し立てた場合においてその上訴審において原判決が破棄されたとき。

③ 前二項の規定による通算については、未決勾留の一日を刑期の一日又は金額の四千円に折算する。

④ 上訴裁判所が原判決を破棄した後の未決勾留は、上訴中の未決勾留日数に準じて、これを通算する。

⊜+【未決勾留↓六〇、三六五、一六七⑥【通算に関する不服↓五〇二【裁定算入↓刑二一 ❶【上訴提起期間↓三五八、三七三、四一四 ❷[一]【検察官の上訴↓三五一 [二]【検察官以外の上訴↓三五一、三五三、三五五【破棄↓三九七、四一〇、四一一

[1] 一 法定通算とその宣告

本条に定める未決勾留日数の本刑通算は、判決において宣告すべきものではない。（最決昭26・3・29刑集五・四・七二二）

[2] 控訴審が被告人の控訴に基づき第一審判決を破棄する場合、控訴申立て後の未決勾留日数は、本条二項二号により本刑執行の際当然に全部本刑に通算され、刑法二一条により判決において本刑に算入する旨の言渡しをすべきものではない。（最判昭46・4・15刑集二五・三・四三九）↓刑二一条[9]

二 法定通算の対象

[3] 判決言渡し後も勾留が続けられた場合において、判決言渡し日の勾留は、裁定算入の対象とはならない。（東京高判昭40・6・22高刑一八・三・二二一……上訴提起期間中の勾留として法定通算の対象になることを前提）

[4] 保釈中の被告人が第一審判決の言渡しにより保釈が失効し即時収監され、即日控訴の申立て及び保釈請求をし、その日のうちに釈放された場合には、判決言渡し日の勾留は、控訴審における裁定算入の対象となる。（最判昭54・7・13刑集三三・五・四〇五……上訴申立て後の勾留として、二項に該当しない限り法定通算の対象とはならないことを前提）

[5] 被告人が控訴し、更に上告した事件において、上告審が第一審、控訴審判決を破棄、自判した場合には、第一審判決後の未決勾留日数は、本条により全て本刑に通算される。（旧法事件）（最判昭26・7・20刑集五・八・一六〇四）

[6] 控訴の取下げが無効な場合の控訴審における未決勾留日数に関し、被告人が控訴取下書を提出したことに伴い事実上刑の執行を受けていた期間（控訴取下書の提出から、再度の勾留状執行までの期間）については、本条二項二号を類推適用して本刑に通算するのが相当である。（大阪高判平28・2・26高刑速平二八・一八四）

三 法定通算された未決勾留日数の重複算入

[7] 他事件の裁判確定によりその本刑に法定通算されるべき未決勾留と重複する未決勾留を本件の本刑に算入しても、本件の裁判当時他事件の裁判が未確定の状態にあるときは、直ちにこれを違法なものとはいえないが、後に他事件の裁判が確定し、右勾留が本刑に通算されて刑の執行に替えられたときは、結局、違法となる。（最判昭48・11・9刑集二七・一〇・一四四七）

[8] 他事件の本刑に法定通算された未決勾留の期間と暦の上で重複する未決勾留を、更に本件の本刑に裁定算入又は法定通算することは、違法である。（最判昭52・7・1刑集三一・四・六八一）↓刑二一条[8]

第四九六条【没収物の処分】 没収物は、検察官がこれを処分しなければならない。

⊜+【没収物↓三三三、三四六、四九〇【没収↓刑一九

第四九七条【没収物の交付】 ① 没収を執行した後三箇月以内に、権利を有する者が没収物の交付を請求したときは、検察官は、破壊し、又は廃棄すべき物を除いては、これを交付しなければならない。

② 没収物を処分した後前項の請求があつた場合には、検察官は、公売によつて得た代価を交付しなければならない。

参❶【没収の執行→四九〇【三箇月→五五 ❷【没収物の処分→四九六

第四九八条【偽造変造の表示】 ① 偽造し、又は変造された物を返還する場合には、偽造又は変造の部分をその物に表示しなければならない。

② 偽造し、又は変造された物が押収されていないときは、これを提出させて、前項に規定する手続をしなければならない。但し、その物が公務所に属するときは、偽造又は変造の部分を公務所に通知して相当な処分をさせなければならない。

参❷【押収→九九―一〇一

第四九八条の二【不正に作られた電磁的記録の消去等】 ① 不正に作られた電磁的記録又は没収された電磁的記録に係る記録媒体を返還し、又は交付する場合には、当該電磁的記録を消去し、又は当該電磁的記録が不正に利用されないようにする処分をしなければならない。

② 不正に作られた電磁的記録に係る記録媒体が公務所に属する場合において、当該電磁的記録に係る記録媒体が押収されていないときは、不正に作られた部分を公務所に通知して相当な処分をさせなければならない。

第四九九条【還付不能と公告】 ① 押収物の還付を受けるべき者の所在が判らないため、又はその他の事由によつて、その物を還付することができない場合には、検察官は、その旨を政令で定める方法によつて公告しなければならない。

② 第二百二十二条第一項において準用する第百二十三条第一項若しくは第百二十四条第一項の規定又は第二百二十条第二項の規定により押収物を還付しようとするときも、前項と同様とする。この場合において、同項中「検察官」とあるのは、「検察官又は司法警察員」とする。

③ 前二項の規定による公告をした日から六箇月以内に還付の請求がないときは、その物は、国庫に帰属する。

④ 前項の期間内でも、価値のない物は、これを廃棄し、保管に不便な物は、これを公売してその代価を保管することができる。

参❶【押収物の還付→一二三、一二四、三四六、三四七 ❸【六箇月→五五

第四九九条の二【電磁的記録に係る記録媒体の還付不能】 ① 前条第一項の規定は第百二十三条第三項の規定による交付又は複写について、前条第二項の規定は第二百二十条第二項及び第二百二十二条第一項において準用する第百二十三条第三項の規定による交付又は複写について、それぞれ準用する。

② 前項において準用する前条第一項又は第二項の規定による公告をした日から六箇月以内に前項の交付又は複写の請求がないときは、その交付をし、又は複写をさせることを要しない。

第五〇〇条【訴訟費用執行免除の申立て】 ① 訴訟費用の負担を命ぜられた者は、貧困のためこれを完納することができないときは、裁判所の規則の定めるところにより、訴訟費用の全部又は一部について、その裁判の執行の免除の申立をすることができる。

② 前項の申立は、訴訟費用の負担を命ずる裁判が確定した後二十日以内にこれをしなければならない。

参❶【訴訟費用の負担→一八一―一八八【規則の定め→刑訴規二九五―二九五の五 ❷【二十日→五五【訴訟費用の執行停止→四八三

一 申立権者

1 訴訟費用の負担を命ぜられた被告人から特に申立てについての委任を受けていない限り、国選弁護人のなした執行免除の申立ては不適法である。（最決昭28・10・6刑集七・一〇・一八九七）

二 申立ての時期

2 本条二項所定の申立期間は、訴訟費用の負担を命ずる裁判が不服申立期間の満了により確定した場合には、その満了日の翌日午前零時から進行し、初日も丸一日としてこれに算入される。（最決昭40・8・2刑集一九・六・六〇九）→五五条2

三 申立権回復の請求

3 訴訟費用執行免除の申立期間経過後になされた申立権回復請求は不適法である。（最決昭36・7・13刑集一五・七・一〇八二）→三六二条10

第五〇〇条の二【訴訟費用の予納】 被告人又は被疑者は、検察官に訴訟費用の概算額の予納をすることができる。

参†【訴訟費用の負担→一八一

第五〇〇条の三【訴訟費用の裁判の執行】 ① 検察官は、訴訟費用の裁判を執行する場合において、前条の規定による予納がされた金額があるときは、その予納がされた金額から当該訴訟費用の額に相当する金額を控除し、当該金額を当該訴訟費用の納付に充てる。

② 前項の規定により予納がされた金額から訴訟費用の額に相当する金額を控除して残余があるときは、その残余の額は、その予納をした者の請求により返還する。

参❶【訴訟費用の裁判→一八五

第五〇〇条の四【予納金の返還】 次の各号のいずれかに該当する場合には、第五百条の二の規定による予納がされた金額は、その予納をした者の請求により返還する。

一 第三十八条の二の規定により弁護人の選任が効力を失つたとき。

二 訴訟手続が終了する場合において、被告人に訴訟費用の負担を命ずる裁判がなされなかつたとき。

三 訴訟費用の負担を命ぜられた者が、訴訟費用の全部について、その裁判の執行の免除を受けたとき。

参†【訴訟費用の負担を命ずる裁判→一八五【裁判の執行の免除→五〇〇

第五〇一条【解釈の申立て】 刑の言渡を受けた者は、裁判の解釈について疑があるときは、言渡をした裁判所に裁判の解釈を求める申立をすることができる。

参†【刑の言渡し→三三三、四〇〇、四〇四、四一三、四一四、四六一【申立て→五〇三、五〇四

一 申立ての対象

1 上告を棄却した最高裁判所は刑の言渡しをした裁判所ではないから、上告棄却の判決について裁判の解釈を求める申立てをすることはできない。（最決昭25・12・22刑集四・一三・二八八〇）→3

2 訴訟費用の裁判は、本条にいう「裁判」に含まれない。（最決平6・2・23判時一四九四・一五七）

二 申立ての理由

3 本条にいう「裁判の解釈について疑があるとき」とは、判決主文の趣旨が明瞭でなく、その解釈につき疑義がある場合のことをいう。（最決昭25・12・22前出1）

三 申立ての時期

4 未確定の裁判の解釈を求める申立ては不適法である。（最決昭44・2・1裁判集刑一七〇・一七五）

5 裁判の執行の終了後は、裁判の解釈を求める申立てはその実益がなく不適法である。（仙台高決昭30・10・6高刑裁特二・一九・九九五）

第五〇二条【異議の申立て】 裁判の執行を受ける者又はその法定代理人若しくは保佐人は、執行に関し検察官のした処分を不当とするときは、言渡をした裁判所に異議の申立をすることができる。

🔗【法定代理人・保佐人↓三〇②🔗【申立て↓五〇三・五〇四

一 申立てをすべき裁判所

[1] 本条にいう「言渡をした裁判所」とは、執行すべき刑の言渡しをした裁判所をいい、刑の言渡しをした第一審判決について控訴、上告が各々棄却された場合は、執行に関する異議の申立ては、第一審裁判所に対してすべきである。（最決昭26・9・13刑集五・一〇・一九二六）

二 検察官のした処分の意義

[2] 裁判の執行に関する検察官の処分とは、検察官が刑訴法の規定に基づいてする裁判の執行に関する処分をいう。（旧法事件）（大決昭13・6・25刑集一七・四九七……恩赦令による刑変更の判決原本付記は右処分に当たらないとした）

[3] 検察官が裁判の執行指揮その他の処分をする以前になされた本条の異議申立ては不適法である。（最決昭36・8・28刑集一五・七・一三〇一……死刑執行制度の違憲性などを主張して、死刑の執行指揮がない段階で異議を申し立てた事案）

[4] 訴訟費用負担の裁判について、刑訴法四七二条による検察官の執行指揮に基づいてされた納付告知及び督促は、本条の「処分」であり、これらがあったときは、刑訴法四九〇条一項による徴収命令の出される前であっても、本条の異議の申立てをすることができる。（最決平27・2・23刑集六九・一・二〇九）

三 処分の不当性

1 不当な処分に当たるとされた事例

[5] 法定通算すべき未決勾留日数を通算しないでした刑の執行指揮（名古屋高決昭29・1・21高刑七・一・二二）

[6] 病気のため刑の執行停止を受けて逃亡した者につき、執行停止を取り消すべきときから進行した刑の時効完成後になされた残刑の執行指揮（大阪高決昭45・1・19高刑二三・一・一）→四八二条[7]、刑三三条[1]

2 不当な処分に当たらないとされた事例

[7] 懲役刑の裁判確定当時他事件につき勾留され当該事件については拘禁されていなかった者について、刑期の起算日を誤って裁判確定の日まで遡らせる刑の執行指揮をした検察官が、後に刑期の起算日を現実の刑の執行開始に照応するように訂正した措置は、右の者に実質的な不利益を課したと認めるに足りる特段の事情のない本件においては、不当な処分に当たらない。（最決昭54・3・26刑集三三・二・一二二）↓刑二三条[1]

第五〇三条【申立ての取下げ】 ① 第五百条及び前二条の申立ては、決定があるまでこれを取り下げることができる。

② 第三百六十六条の規定は、第五百条及び前二条の申立て及びその取下げについてこれを準用する。

第五〇四条【即時抗告】 第五百条、第五百一条及び第五百二条の申立てについてした決定に対しては、即時抗告をすることができる。

🔗【即時抗告↓三五二・四一九・四二二・四二五・四二八②

第五〇五条【労役場留置の執行】 罰金又は科料を完納することができない場合における労役場留置の執行については、刑の執行に関する規定を準用する。

🔗【労役場留置↓刑一八【準用規定↓四七二―四七四・四八〇―四八二・四八四―四八九

第五〇六条【執行費用の負担】 第四百九十条第一項の裁判の執行の費用は、執行を受ける者の負担とし、民事執行法その他強制執行の手続に関する法令の規定に従い、執行と同時にこれを取り立てなければならない。

🔗【民事執行の費用の負担と取立て↓民執四二

第五〇七条【公務所等への照会】 検察官又は裁判所若しくは裁判官は、裁判の執行に関して必要があると認めるときは、公務所又は公私の団体に照会して必要な事項の報告を求めることができる。

🔗【捜査照会↓一九七②

附 則（平成二二・四・二七法二六）（抄）

（施行期日）

第一条 この法律は、公布の日から施行する。ただし、第二条中刑事訴訟法第四百九十九条の改正規定（中略）は、公布の日から起算して六月を超えない範囲内において政令で定める日（平成二二・一〇・二五―平成二二政二一五）から施行する。

（経過措置）

第三条 ① 第二条の規定による改正後の刑事訴訟法（次項において「新法」という。）第二百五十条の規定は、この法律の施行の際既にその公訴の時効が完成している罪については、適用しない。

② 新法第二百五十条第一項の規定は、刑法等の一部を改正する法律（平成十六年法律第百五十六号）附則第三条第二項の規定にかかわらず、同法の施行前に犯した人を死亡させた罪であって禁錮以上の刑に当たるもので、この法律の施行の際その公訴の時効が完成していないものについても、適用する。

附 則（平成二八・六・三法五四）（抄）

（施行期日）

第一条 この法律は、公布の日から起算して三年を超えない範囲内において政令で定める日（令和一・六・一―平成三一政一五六）から施行する。ただし、次の各号に掲げる規定は、当該各号に定める日から施行する。

一 附則第九条第三項の規定 公布の日

二 第一条（刑事訴訟法第九十条、第百五十一条及び第百六十一条の改正規定に限る。）（中略）の規定（中略） 公布の日から起算して二十日を経過した日（平成二八・六・二三）

三 第一条（前号に掲げる改正規定を除く。）（中略）の規定（中略） 公布の日から起算して六月を超えない範囲内において政令で定める日（平成二八・一二・一―平成二八政三一六）

四 第二条（刑事訴訟法第三百一条の次に一条を加える改正規定を除く。）（中略）の規定（中略） 公布の日から起算して二年を超えない範囲内において政令で定める日（平成三〇・六・一―平成三〇政五〇）

（検討）

第九条 ① 政府は、取調べの録音・録画等（取調べにおける被疑者の供述及びその状況を録音及び録画の方法により記録媒体に記録し、並びにこれを立証の用に供することをいう。以下この条において同じ。）が、被疑者の供述の任意性その他の事項についての的確な立証を担保するものであるとともに、取調べの適正な実施に資することを踏まえ、この法律の施行後三年を経過した場合において、取調べの録音・録画等の実施状況を勘案し、取調べの録音・録画等に伴って捜査上の支障その他の弊害が生じる場合があること等に留意しつつ、取調べの録音・録画等に関する制度の在り方について検討を加え、必要があると認めるときは、その結果に基づいて所要の措置を講ずるものとする。

② 前項に定めるもののほか、政府は、この法律の施行後三年を経過した場合において、この法律による改正後の規定の施行の状況について検討を加え、必要があると認めるときは、その結果に基づいて所要の措置を講ずるものとする。

③ 政府は、この法律の公布後、必要に応じ、速やかに、再審請求審における証拠の開示、起訴状等における被害者の氏名の秘匿に係る措置、証人等の刑事手続外における保護に係る措置等について検討を行うものとする。

附　則（平成二九・六・二一法六七）（抄）

（施行期日）

第一条　この法律は、公布の日から起算して二十日を経過した日（平成二九・七・一一）から施行する。（後略）

（検討）

第一二条①　政府は、刑事訴訟法等の一部を改正する法律（平成二八法五四）附則第九条第一項の規定により同項に規定する取調べの録音・録画等に関する制度の在り方について検討を行うに当たっては、新組織的犯罪処罰法（改正後の組織的な犯罪の処罰及び犯罪収益の規制等に関する法律）第六条の二第一項及び第二項の規定の適用状況並びにこれらの規定の罪に係る事件の捜査及び公判の状況等を踏まえ、特に、当該罪に係る事件における証拠の収集の方法として刑事訴訟法第百九十八条第一項の規定による取調べが重要な意義を有するとの指摘があることにも留意して、可及的速やかに、当該罪に係る事件に関する当該制度の在り方について検討を加えるものとする。

②　政府は、新組織的犯罪処罰法第六条の二第一項及び第二項の罪に係る事件の捜査に全地球測位システムに係る端末を車両に取り付けて位置情報を検索し把握する方法を用いることが、事案の真相を明らかにするための証拠の収集に資するものである一方、最高裁判所平成二八年(あ)第四四二号同二九年三月一五日大法廷判決において、当該方法を用いた捜査が、刑事訴訟法上、特別の根拠規定がある場合でなければ許容されない強制の処分に当たり、当該方法を用いた捜査が今後も広く用いられ得る有力な捜査方法であるとすれば、これを行うに当たっては立法措置が講ぜられることが望ましい旨が指摘されていることを踏まえ、この法律の施行後速やかに、当該方法を用いた捜査を行うための制度の在り方について検討を加え、必要があると認めるときは、その結果に基づいて所要の措置を講ずるものとする。

附　則（令和四・五・二五法四八）（抄）

（施行期日）

第一条　この法律は、公布の日から起算して四年を超えない範囲内において政令で定める日から施行する。ただし、次の各号に掲げる規定は、当該各号に定める日から施行する。

一　（前略）附則第百二十五条の規定　公布の日

二―五　（略）

（政令への委任）

第一二五条　（前略）この法律の施行に関し必要な経過措置は、政令で定める。

附　則（令和四・六・一七法六七）（抄）

（施行期日）

①　この法律は、公布の日から起算して三年を超えない範囲内において政令で定める日から施行する。（後略）

（経過措置）

②　この法律の施行に伴い必要な経過措置その他の事項は、別に法律で定めるところによる。

刑法等の一部を改正する法律の施行に伴う関係法律整理法中経過規定

（令和四・六・一七法六八）（抄）

第四四一条から第四四三条まで　（刑法の同経過規定参照）

第四五八条【刑事訴訟法の一部改正に伴う経過措置】①　刑法等一部改正法等（刑法等の一部を改正する法律（令和四法六七）及び刑法等の一部を改正する法律の施行に伴う関係法律の整理等に関する法律（令和四法六八））の施行前にした行為に係る罪の事件に関しては、刑法等一部改正法第三条の規定による改正後の刑事訴訟法（昭和二十三年法律第百三十一号。以下「新刑事訴訟法」という。）第三十七条の五の規定の適用については、無期の懲役又は禁錮に当たる事件はそれぞれ無期拘禁刑に当たる事件とみなし、刑事訴訟法第六十条第三項及び新刑事訴訟法第二百八十五条第一項の規定の適用については、旧拘留に当たる事件は拘留に当たる事件とみなし、同条第二項の規定の適用については、有期の懲役又は禁錮に当たる事件はそれぞれその事件に係る罪について定めた刑と長期及び短期を同じくする有期拘禁刑に当たる事件とみなし、新刑事訴訟法第二百八十九条第一項、第二百九十一条の二ただし書及び第三百五十条の十六第一項ただし書の規定の適用については、無期の懲役又は禁錮に当たる事件はそれぞれ無期拘禁刑に当たる事件と、有期の懲役又は禁錮に当たる事件はそれぞれその事件に係る罪について定めた刑と長期及び短期を同じくする有期拘禁刑に当たる事件とみなす。

②　刑法等一部改正法等の施行前にした行為に係る罪に関しては、新刑事訴訟法第八十九条（第一号及び第三号に係る部分に限る。）、第二百十条第一項及び第三百一条の二第一項（第一号に係る部分に限り、同条第三項において準用する場合を含む。）の規定の適用については、無期の懲役又は禁錮に当たる罪はそれぞれ無期拘禁刑に当たる罪と、有期の懲役又は禁錮に当たる罪はそれぞれその罪について定めた刑と長期及び短期を同じくする有期拘禁刑に当たる罪とみなし、新刑事訴訟法第百九十九条第一項及び第二百十七条の規定の適用については、旧拘留に当たる罪は拘留に当たる罪とみなし、新刑事訴訟法第二百五十条第一項（第三号に係る部分を除く。）及び第二項（第一号に係る部分を除く。）の規定の適用については、無期の懲役又は禁錮に当たる罪はそれぞれ無期拘禁刑に当たる罪と、有期の懲役又は禁錮に当たる罪はそれぞれその罪について定めた刑と長期及び短期を同じくする有期拘禁刑に当たる罪と、旧拘留に当たる罪は拘留に当たる罪とみなす。

③　懲役又は禁錮に当たる罪に係る新刑事訴訟法第八十九条（第二号に係る部分に限る。）の規定の適用については、無期の懲役又は禁錮に当たる罪につき有罪の宣告を受けたことがある者はそれぞれ無期拘禁刑に当たる罪につき有罪の宣告を受けたことがある者と、有期の懲役又は禁錮に当たる罪につき有罪の宣告を受けたことがある者はそれぞれ有期拘禁刑に当たる罪につき有罪の宣告を受けたことがある者とみなす。

④　懲役又は禁錮に処する判決に関しては、新刑事訴訟法第三百四十三条及び第三百四十四条の規定の適用については、懲役又は禁錮に処する判決はそれぞれ拘禁刑に処する判決とみなし、新刑事訴訟法第三百六十条の二の規定の適用については、無期の懲役又は禁錮に処する判決はそれぞれ無期拘禁刑に処する判決とみなす。

⑤　当分の間、新刑事訴訟法第三百五十条の二第二項に規定する特定犯罪に係る新刑事訴訟法の規定の適用については、同項中「無期拘禁刑」とあるのは、「無期の拘禁刑若しくは刑法等の一部を改正する法律（令和四年法律第六十七号）第二条の規定による改正前の刑法（以下この項において「旧刑法」という。）第十二条に規定する懲役若しくは旧刑法第十三条に規定する禁錮」とする。

⑥　即決裁判手続において懲役又は禁錮の言渡しをする場合における新刑事訴訟法第三百五十条の二十九の規定の適用については、懲役又は禁錮の言渡しは、それぞれ拘禁刑の言渡しとみなす。

⑦　懲役、禁錮又は旧拘留の言渡しを受けた者に係る新刑事訴訟法第四百八十条、第四百八十二条、第四百八十四条、第四百八十五条及び第四百八十六条第一項の規定の適用については、懲役又は禁錮の言渡しはそれぞれ拘禁刑の言渡しと、旧拘留の言渡しは拘留の言渡しとみなす。

第五〇九条　（刑法の同経過規定参照）

刑法等の一部を改正する法律の施行に伴う関係法律整理法

附　則（令和四・六・一七法六八）（抄）

（施行期日）

①　この法律は、刑法等一部改正法施行日から施行する。ただし、次の各号に掲げる規定は、当該各号に定める日から施行する。

一　第五百九条の規定　公布の日

二（略）

○刑事訴訟規則 （昭和二三・一二・一 最高裁規三二）

施行 昭和二四・一・一（附則）
最終改正 令和三最高裁規三

目次

第一編 総則

（この規則の解釈、運用）

第一条① この規則は、憲法の所期する裁判の迅速と公正とを図るようにこれを解釈し、運用しなければならない。

② 訴訟上の権利は、誠実にこれを行使し、濫用してはならない。

第一章 裁判所の管轄

（管轄の指定、移転の請求の方式・法第十五条等）

第二条 管轄の指定又は移転の請求をするには、理由を附した請求書を管轄裁判所に差し出さなければならない。

（管轄の指定、移転の請求の通知・法第十五条等）

第三条 検察官は、裁判所に係属する事件について管轄の指定又は移転の請求をしたときは、速やかにその旨を裁判所に通知しなければならない。

（請求書の謄本の交付、意見書の差出・法第十七条）

第四条① 検察官は、裁判所に係属する事件について刑事訴訟法（昭和二十三年法律第百三十一号。以下法という。）第十七条第一項各号に規定する事由のため管轄移転の請求をした場合には、速やかに請求書の謄本を被告人に交付しなければならない。

② 被告人は、謄本の交付を受けた日から三日以内に管轄裁判所に意見書を差し出すことができる。

（被告人の管轄移転の請求・法第十七条）

第五条① 被告人が管轄移転の請求書を差し出すには、事件の係属する裁判所を経由しなければならない。

② 前項の裁判所は、請求書を受け取つたときは、速やかにこれをその裁判所に対応する検察庁の検察官に通知しなければならない。

（訴訟手続の停止・法第十五条等）

第六条 裁判所に係属する事件について管轄の指定又は移転の請求があつたときは、決定があるまで訴訟手続を停止しなければならない。但し、急速を要する場合は、この限りでない。

（移送の請求の方式・法第十九条）

第七条 法第十九条の規定による移送の請求をするには、理由を附した請求書を裁判所に差し出さなければならない。

（意見の聴取・法第十九条）

第八条① 法第十九条の規定による移送の請求があつたときは、相手方又はその弁護人の意見を聴いて決定をしなければならない。

② 職権で法第十九条の規定による移送の決定をするには、検察官及び被告人又は弁護人の意見を聴かなければならない。

第二章 裁判所職員の除斥、忌避及び回避

（忌避の申立て・法第二十一条）

第九条① 合議体の構成員である裁判官に対する忌避の申立ては、その裁判官所属の裁判所に、受命裁判官、地方裁判所の一人の裁判官又は家庭裁判所若しくは簡易裁判所の裁判官に対する忌避の申立ては、忌避すべき裁判官にこれをしなければならない。

② 忌避の申立てをするには、その原因を示さなければならない。

③ 忌避の原因及び忌避の申立てをした者が事件について請求若しくは陳述をした際に忌避の原因があることを知らなかつたこと又は忌避の原因が事件について請求若しくは陳述をした後に生じたことは、申立てをした日から三日以内に書面でこれを疎明しなければならない。

（申立てに対する意見書・法第二十三条）

第一〇条 忌避された裁判官は、次に掲げる場合を除いては、忌避の申立てに対し意見書を差し出さなければならない。

一 地方裁判所の一人の裁判官又は家庭裁判所若しくは簡易裁判所の裁判官が忌避の申立てを理由があるものとするとき。

二 忌避の申立てが訴訟を遅延させる目的のみでされたことが明らかであるとしてこれを却下するとき。

三 忌避の申立てが法第二十二条の規定に違反し、又は前条第二項若しくは第三項に定める手続に違反してされたものとし

てこれを却下するとき。

（訴訟手続の停止）

第一一条　忌避の申立があつたときは、前条第二号及び第三号の場合を除いては、訴訟手続を停止しなければならない。但し、急速を要する場合は、この限りでない。

（除斥の裁判・法第二十三条）

第一二条①　忌避の申立について決定をすべき裁判所は、法第二十条各号の一に該当する者があると認めるときは、職権で除斥の決定をしなければならない。

②　前項の決定をするには、当該裁判官の意見を聴かなければならない。

③　当該裁判官は、第一項の決定に関与することができない。

④　裁判所が当該裁判官の退去により決定をすることができないときは、直近上級の裁判所が、決定をしなければならない。

（回避）

第一三条①　裁判官は、忌避されるべき原因があると思料するときは、回避しなければならない。

②　回避の申立は、裁判官所属の裁判所に書面でこれをしなければならない。

③　忌避の申立について決定をすべき裁判所は、回避の申立について決定をしなければならない。

④　回避については、前条第三項及び第四項の規定を準用する。

（除斥、回避の裁判の送達）

第一四条　前二条の決定は、これを送達しない。

（準用規定）

第一五条①　裁判所書記官については、この章の規定を準用する。

②　受命裁判官に附属する裁判所書記官に対する忌避の申立は、その附属する裁判官にこれをしなければならない。

第三章　訴訟能力

（被疑者の特別代理人選任の請求・法第二十九条）

第一六条　被疑者の特別代理人の選任の請求は、当該被疑事件を取り扱う検察官又は司法警察員の所属の官公署の所在地を管轄する地方裁判所又は簡易裁判所にこれをしなければならない。

第四章　弁護及び補佐

（被疑者の弁護人の選任・法第三十条）

第一七条　公訴の提起前にした弁護人の選任は、弁護人と連署した書面を当該被疑事件を取り扱う検察官又は司法警察員に差し出した場合に限り、第一審においてもその効力を有する。

（被告人の弁護人の選任の方式・法第三十条）

第一八条　公訴の提起後における弁護人の選任は、弁護人と連署した書面を差し出してこれをしなければならない。

（追起訴された事件の弁護人の選任・法第三十条）

第一八条の二　法第三十条に定める者が一の事件についてした弁護人の選任は、その事件の公訴の提起後同一裁判所に公訴が提起され且つこれと併合された他の事件についてもその効力を有する。但し、被告人又は弁護人がこれと異る申述をしたときは、この限りでない。

（被告人、被疑者に対する通知・法第三十一条の二）

第一八条の三①　刑事収容施設（刑事施設、留置施設及び海上保安留置施設をいう。以下同じ。）に収容され、又は留置されている被告人又は被疑者に対する法第三十一条の二第三項の規定による通知は、刑事施設の長、留置業務管理者（刑事収容施設及び被収容者等の処遇に関する法律（平成十七年法律第五十号）第十六条第一項に規定する留置業務管理者をいう。以下同じ。）又は海上保安留置業務管理者（同法第二十六条第一項に規定する海上保安留置業務管理者をいう。以下同じ。）にする。

②　刑事施設の長、留置業務管理者又は海上保安留置業務管理者は、前項の通知を受けたときは、直ちに当該被告人又は被疑者にその旨を告げなければならない。

（主任弁護人・法第三十三条）

第一九条①　被告人に数人の弁護人があるときは、その一人を主任弁護人とする。但し、地方裁判所においては、弁護士でない者を主任弁護人とすることはできない。

②　主任弁護人は、被告人が単独で、又は全弁護人の合意でこれを指定する。

③　主任弁護人を指定することができる者は、その指定を変更することができる。

④　全弁護人のする主任弁護人の指定又はその変更は、被告人の明示した意思に反してこれをすることができない。

（主任弁護人の指定、変更の方式・法第三十三条）

第二〇条　被告人又は全弁護人のする主任弁護人の指定又はその変更は、書面を裁判所に差し出してしなければならない。但し、公判期日において主任弁護人の指定を変更するには、その旨を口頭で申述すれば足りる。

（裁判長の指定する主任弁護人・法第三十三条）

第二一条①　被告人に数人の弁護人がある場合に主任弁護人がないときは、裁判長は、主任弁護人を指定しなければならない。

②　裁判長は、前項の指定を変更することができる。

③　前二項の主任弁護人は、第十九条の主任弁護人ができるまで、その職務を行う。

（主任弁護人の指定、変更の通知・法第三十三条）

第二二条　主任弁護人の指定又はその変更については、被告人がこれをしたときは、直ちにその旨を検察官及び主任弁護人となつた者に、全弁護人又は裁判長がこれをしたときは、直ちにその旨を検察官及び被告人に通知しなければならない。

（副主任弁護人・法第三十三条）

第二三条①　裁判長は、主任弁護人に事故がある場合には、他の弁護人のうち一人を副主任弁護人に指定することができる。

②　主任弁護人があらかじめ裁判所に副主任弁護人となるべき者を届け出た場合には、その者を副主任弁護人に指定しなければならない。

③　裁判長は、第一項の指定を取り消すことができる。

④　副主任弁護人の指定又はその取消については、前条後段の規定を準用する。

（主任弁護人、副主任弁護人の辞任、解任・法第三十三条）

第二四条①　主任弁護人又は副主任弁護人の辞任又は解任については、第二十条の規定を準用する。

②　主任弁護人又は副主任弁護人の辞任又は解任があつたときは、直ちにこれを訴訟関係人に通知しなければならない。但し、被告人が解任をしたときは、被告人に対しては、通知することを要しない。

（主任弁護人、副主任弁護人の権限・法第三十四条）

第二五条①　主任弁護人又は副主任弁護人は、弁護人に対する通知又は書類の送達について他の弁護人を代表する。

②　主任弁護人及び副主任弁護人以外の弁護人は、裁判長又は裁判官の許可及び主任弁護人又は副主任弁護人の同意がなければ、申立、請求、質問、尋問又は陳述をすることができない。但し、証拠物の謄写の許可の請求、裁判書又は裁判を記載した調書の謄本又は抄本の交付の請求及び公判期日において証拠調が終つた後にする意見の陳述については、この限りでない。

（被告人の弁護人の数の制限・法第三十五条）

第二六条①　裁判所は、特別の事情があるときは、弁護人の数を各被告人について三人までに制限することができる。

②　前項の制限の決定は、被告人にこれを告知することによつてその効力を生ずる。

③　被告人の弁護人の数を制限した場合において制限した数を超える弁護人があるときは、直ちにその旨を各弁護人及びこれらの弁護人を選任した者に通知しなければならない。この場合には、制限の決定は、前項の規定にかかわらず、その告知のあつた日から七日の期間を経過することによつてその効力を生ずる。

④　前項の制限の決定が効力を生じた場合になお制限された数を超える弁護人があるときは、弁護人の選任は、その効力を失

う。

第二七条（被疑者の弁護人の数の制限・法第三十五条）① 被疑者の弁護人の数は、各被疑者について三人を超えることができない。但し、当該被疑事件を取り扱う検察官又は司法警察員の所属の官公署の所在地を管轄する地方裁判所又は簡易裁判所が特別の事情があるものと認めて許可をした場合は、この限りでない。

② 前項但書の許可は、弁護人を選任することができる者又はその依頼により弁護人となろうとする者の請求により、これをする。

③ 第一項但書の許可は、許可すべき弁護人の数を指定してこれをしなければならない。

（国選弁護人選任の請求・法第三十六条等）

第二八条 法第三十六条、第三十七条の二又は第三百五十条の十七第一項の請求をするには、その理由を示さなければならない。

（国選弁護人選任の請求先裁判官・法第三十七条の二）

第二八条の二 法第三十七条の二の請求は、勾留の請求を受けた裁判官、その所属する裁判所の所在地を管轄する地方裁判所の裁判官又はその地方裁判所の所在地（その支部の所在地を含む。）に在る簡易裁判所の裁判官にこれをしなければならない。

（国選弁護人選任請求書等の提出・法第三十七条の二等）

第二八条の三① 刑事収容施設に収容され、又は留置されている被疑者が法第三十七条の二又は第三百五十条の十七第一項の請求をするには、裁判所書記官の面前で行う場合を除き、刑事施設の長、留置業務管理者若しくは海上保安留置業務管理者又はその代理者を経由して、請求書及び法第三十六条の二に規定する資力申告書を裁判官に提出しなければならない。

② 前項の場合において、刑事施設の長、留置業務管理者若しくは海上保安留置業務管理者又はその代理者は、被疑者から同項の書面を受け取つたときは、直ちにこれを裁判官に送付しなければならない。ただし、法第三百五十条の十七第一項の請求をする場合を除き、勾留を請求されていない被疑者から前項の書面を受け取つた場合には、当該被疑者が勾留を請求された後直ちにこれを裁判官に送付しなければならない。

③ 前項の場合において、刑事施設の長、留置業務管理者若しくは海上保安留置業務管理者又はその代理者は、第一項の書面をファクシミリを利用して送信することにより裁判官に送付することができる。

④ 前項の規定による送付がされたときは、その時に、第一項の書面の提出があつたものとみなす。

⑤ 裁判官は、前項に規定する場合において、必要があると認めるときは、刑事施設の長、留置業務管理者又は海上保安留置業務管理者に対し、送信に使用した書面を提出させることができる。

（弁護人の選任に関する処分をすべき裁判官）

第二八条の四 法第三十七条の四の規定による弁護人の選任に関する処分は、勾留の請求を受けた裁判官、その所属する裁判所の所在地を管轄する地方裁判所の裁判官又はその地方裁判所の所在地（その支部の所在地を含む。）に在る簡易裁判所の裁判官がこれをしなければならない。

第二八条の五 法第三十七条の二第一項又は第三十七条の四の規定により弁護人が付されている場合における法第三十七条の五の規定による弁護人の選任に関する処分は、最初の弁護人を付した裁判官、その所属する裁判所の所在地を管轄する地方裁判所の裁判官又はその地方裁判所の所在地（その支部の所在地を含む。）に在る簡易裁判所の裁判官がこれをしなければならない。

（国選弁護人の選任・法第三十八条）

第二九条① 法の規定に基づいて裁判所又は裁判長が付すべき弁護人は、裁判所の所在地を管轄する地方裁判所の管轄区域内に在る弁護士会に所属する弁護士の中から裁判長がこれを選任しなければならない。ただし、その管轄区域内に選任すべき事件について弁護人としての活動をすることのできる弁護士がないときその他やむを得ない事情があるときは、これに隣接する他の地方裁判所の管轄区域内に在る弁護士会に所属する弁護士その他適当な弁護士の中からこれを選任することができる。

② 前項の規定は、法の規定に基づいて裁判官が弁護人を付する場合について準用する。

③ 第一項の規定にかかわらず、控訴裁判所が弁護人を付する場合であつて、控訴審の審理のため特に必要があると認めるときは、裁判長は、原審における弁護人（法の規定に基づいて裁判所若しくは裁判長又は裁判官が付したものに限る。）であつた弁護士を弁護人に選任することができる。

④ 前項の規定は、上告裁判所が弁護人を付する場合について準用する。

⑤ 被告人又は被疑者の利害が相反しないときは、同一の弁護人に数人の弁護をさせることができる。

（弁護人の解任に関する処分をすべき裁判官・法第三十八条の三）

第二九条の二 法第三十八条の三第四項の規定による弁護人の解任に関する処分は、当該弁護人を付した裁判官、その所属する裁判所の所在地を管轄する地方裁判所の裁判官又はその地方裁判所の所在地（その支部の所在地を含む。）に在る簡易裁判所の裁判官がこれをしなければならない。

（国選弁護人の選任等の通知・法第三十八条等）

第二九条の三① 法の規定に基づいて裁判長又は裁判官が弁護人を選任したときは、直ちにその旨を検察官及び被告人又は被疑者に通知しなければならない。この場合には、日本司法支援センターにも直ちにその旨を通知しなければならない。

② 前項の規定は、法の規定に基づいて裁判所又は裁判官が弁護人を解任した場合について準用する。

（裁判所における接見等・法第三十九条）

第三〇条 裁判所は、身体の拘束を受けている被告人又は被疑者が裁判所の構内にいる場合においてこれらの者の逃亡、罪証の隠滅又は戒護に支障のある物の授受を防ぐため必要があるときは、これらの者と弁護人又は弁護人を選任することができる者の依頼により弁護人となろうとする者との接見については、その日時、場所及び時間を指定し、又、書類若しくは物の授受については、これを禁止することができる。

（弁護人の書類の閲覧等・法第四十条）

第三一条 弁護人は、裁判長の許可を受けて、自己の使用人その他の者に訴訟に関する書類及び証拠物を閲覧又は謄写させることができる。

（補佐人の届出の方式・法第四十二条）

第三二条 補佐人となるための届出は、書面でこれをしなければならない。

第五章　裁判

（決定、命令の手続・法第四十三条）

第三三条① 決定は、申立により公判廷でするとき、又は公判廷における申立によりするときは、訴訟関係人の陳述を聴かなければならない。その他の場合には、訴訟関係人の陳述を聴かないでこれをすることができる。但し、特別の定のある場合は、この限りでない。

② 命令は、訴訟関係人の陳述を聴かないでこれをすることができる。

③ 決定又は命令をするについて事実の取調をする場合において必要があるときは、法及びこの規則の規定により、証人を尋問し、又は鑑定を命ずることができる。

④ 前項の場合において必要と認めるときは、検察官、被告人、被疑者又は弁護人を取調又は処分に立ち会わせることができる。

（裁判の告知）

第三四条 裁判の告知は、公判廷においては、宣告によつてこれをし、その他の場合には、裁判書の謄本を送達してこれをしなければならない。但し、特別の定のある場合は、この限りでない。

（裁判の宣告）

第三五条① 裁判の宣告は、裁判長がこれを行う。

② 判決の宣告をするには、主文及び理由を朗読し、又は主文の朗読と同時に理由の要旨を告げなければならない。

③ 法第二百九十条の二第一項又は第三項の決定があつたときは、前項の規定による判決の宣告は、被害者特定事項を明らかにしない方法でこれを行うものとする。

④ 法第二百九十条の三第一項の決定があつた場合における第二項の規定による判決の宣告についても、前項と同様とする。この場合において、同項中「被害者特定事項」とあるのは「証人等特定事項」とする。

（謄本、抄本の送付）

第三六条① 検察官の執行指揮を要する裁判をしたときは、速やかに裁判書又は裁判を記載した調書の謄本又は抄本を検察官に送付しなければならない。但し、特別の定のある場合は、この限りでない。

② 前項の規定により送付した抄本が第五十七条第二項から第四項までの規定による判決書又は判決を記載した調書の抄本で懲役又は禁錮の刑の執行指揮に必要なものであるときは、すみやかに、その判決書又は判決を記載した調書の抄本で罪となるべき事実を記載したものを検察官に追送しなければならない。

第六章　書類及び送達

（訴訟書類の作成者）

第三七条 訴訟に関する書類は、特別の定のある場合を除いては、裁判所書記官がこれを作らなければならない。

（証人等の尋問調書）

第三八条① 証人、鑑定人、通訳人又は翻訳人の尋問については、調書を作らなければならない。

② 調書には、次に掲げる事項を記載しなければならない。

一 尋問に立ち会つた者の氏名

二 証人が宣誓をしないときは、その事由

三 証人、鑑定人、通訳人又は翻訳人の尋問及び供述並びにこれらの者を尋問する機会を尋問に立ち会つた者に与えたこと。

四 法第百五十七条の二第一項各号に掲げる条件により証人尋問を行つたこと。

五 法第百五十七条の四第一項に規定する措置を採つたこと並びに証人に付き添つた者の氏名及びその者と証人との関係

六 法第百五十七条の五に規定する措置を採つたこと。

七 法第百五十七条の六第一項又は第二項に規定する方法により証人尋問を行つたこと。

八 法第百五十七条の六第三項の規定により証人の同意を得てその尋問及び供述並びにその状況を記録媒体に記録したこと並びにその記録媒体の種類及び数量

九 法第三百十六条の三十九第一項に規定する措置を採つたこと並びに被害者参加人（法第三百十六条の三十三第三項に規定する被害者参加人をいう。以下同じ。）に付き添つた者の氏名及びその者と被害者参加人との関係

十 法第三百十六条の三十九第四項に規定する措置を採つたこと。

③ 調書（法第百五十七条の六第三項の規定により証人の尋問及び供述並びにその状況を記録した記録媒体を除く。次項及び第五項において同じ。）は、裁判所書記官をしてこれを供述者に読み聞かさせ、又は供述者に閲覧させて、その記載が相違ないかどうかを問わなければならない。

④ 供述者が増減変更を申し立てたときは、その供述を調書に記載しなければならない。

⑤ 尋問に立ち会つた検察官、被告人、被疑者又は弁護人が調書の記載の正確性について異議を申し立てたときは、申立の要旨を調書に記載しなければならない。この場合には、裁判長又は尋問をした裁判官は、その申立についての意見を調書に記載させることができる。

⑥ 調書には、供述者に署名押印させなければならない。

⑦ 法第百五十七条の六第四項の規定により記録媒体がその一部とされた調書については、その旨を調書上明らかにしておかなければならない。

（被告人、被疑者の陳述の調書）

第三九条① 被告人又は被疑者に対し、被告事件又は被疑事件を告げこれに関する陳述を聴く場合には、調書を作らなければならない。

② 前項の調書については、前条第二項第三号前段、第三項、第四項及び第六項の規定を準用する。

（速記、録音）

第四〇条 証人、鑑定人、通訳人又は翻訳人の尋問及び供述並びに訴訟関係人の申立又は陳述については、裁判所速記官その他の速記者にこれを速記させ、又は録音装置を使用してこれを録取させることができる。

（検証、押収の調書）

第四一条① 検証又は差押状若しくは記録命令付差押状を発しないでする押収については、調書を作らなければならない。

② 検証調書には、次に掲げる事項を記載しなければならない。

一 検証に立ち会つた者の氏名

二 法第三百十六条の三十九第一項に規定する措置を採つたこと並びに被害者参加人に付き添つた者の氏名及びその者と被害者参加人との関係

三 法第三百十六条の三十九第四項に規定する措置を採つたこと。

③ 押収をしたときは、その品目を記載した目録を作り、これを調書に添附しなければならない。

（調書の記載要件）

第四二条① 第三十八条、第三十九条及び前条の調書には、裁判所書記官が取調又は処分をした年月日及び場所を記載して署名押印し、その取調又は処分をした者が認印しなければならない。但し、裁判所が取調又は処分をしたときは、認印は裁判長がしなければならない。

② 前条の調書には、処分をした時をも記載しなければならない。

（差押状等の執行調書、捜索調書）

第四三条① 差押状、記録命令付差押状若しくは捜索状の執行又は勾引状若しくは勾留状を執行する場合における被告人若しくは被疑者の捜索については、執行又は捜索をする者が、自ら調書を作らなければならない。

② 調書には、次に掲げる事項を記載しなければならない。

一 執行又は捜索をした年月日時及び場所

二 執行をすることができなかつたときは、その事由

③ 第一項の調書については、第四十一条第二項第一号及び第三項の規定を準用する。

（公判調書の記載要件・法第四十八条）

第四四条① 公判調書には、次に掲げる事項を記載しなければならない。

一 被告事件名及び被告人の氏名

二 公判をした裁判所及び年月日

三 裁判所法（昭和二十二年法律第五十九号）第六十九条第二項の規定により他の場所で法廷を開いたときは、その場所

四 裁判官及び裁判所書記官の官氏名

五 検察官の官氏名

六 出頭した被告人、弁護人、代理人及び補佐人の氏名

七 裁判長が第百八十七条の四の規定による告知をしたこと。

八 出席した被害者参加人及びその委託を受けた弁護士の氏名

九 法第三百十六条の三十九第一項に規定する措置を採つたこと並びに被害者参加人に付き添つた者の氏名及びその者と被害者参加人との関係

十 法第三百十六条の三十九第四項又は第五項に規定する措置

を採つたこと。

十一　公開を禁じたこと及びその理由

十二　裁判長が被告人を退廷させる等法廷における秩序維持のための処分をしたこと。

十三　法第二百九十一条第四項の機会にした被告人及び弁護人の被告事件についての陳述

十四　証拠調べの請求その他の申立て

十五　証拠と証明すべき事実との関係（証拠の標目自体によつて明らかである場合を除く。）

十六　取調べを請求する証拠が法第三百二十八条の証拠であるときは、その旨

十七　法第三百九条の異議の申立て及びその理由

十八　主任弁護人の指定を変更する旨の申述

十九　被告人に対する質問及びその供述

二十　出頭した証人、鑑定人、通訳人及び翻訳人の氏名

二十一　証人に宣誓をさせなかつたこと及びその事由

二十二　証人、鑑定人、通訳人又は翻訳人の尋問及び供述

二十三　証人その他の者が宣誓、証言等を拒んだこと及びその事由

二十四　法第百五十七条の二第一項各号に掲げる条件により証人尋問を行つたこと。

二十五　法第百五十七条の四第一項に規定する措置を採つたこと並びに証人に付き添つた者の氏名及びその者と証人との関係

二十六　法第百五十七条の五に規定する措置を採つたこと。

二十七　法第百五十七条の六第一項又は第二項に規定する方法により証人尋問を行つたこと。

二十八　法第百五十七条の六第三項の規定により証人の同意を得てその尋問及び供述並びにその状況を記録媒体に記録したこと並びにその記録媒体の種類及び数量

二十九　裁判長が第二百二条の処置をしたこと。

三十　法第三百二十六条の同意

三十一　取り調べた証拠の標目及びその取調べの順序

三十二　公判廷においてした検証及び押収

三十三　法第三百十六条の三十一の手続をしたこと。

三十四　法第三百三十五条第二項の主張

三十五　訴因又は罰条の追加、撤回又は変更に関する事項（起訴状の訂正に関する事項を含む。）

三十六　法第二百九十二条の二第一項の規定により意見を陳述した者の氏名

三十七　前号に規定する者が陳述した意見の要旨

三十八　法第二百九十二条の二第六項において準用する法第百五十七条の四第一項に規定する措置を採つたこと並びに第三十六号に規定する者に付き添つた者の氏名及びその者と同号に規定する者との関係

三十九　法第二百九十二条の二第六項において準用する法第百五十七条の五に規定する措置を採つたこと。

四十　法第二百九十二条の二第六項において準用する法第百五十七条の六第一項又は第二項に規定する方法により法第二百九十二条の二第一項の規定による意見の陳述をさせたこと。

四十一　法第二百九十二条の二第八項の規定による手続をしたこと。

四十二　証拠調べが終わつた後に陳述した検察官、被告人及び弁護人の意見の要旨

四十三　法第三百十六条の三十八第一項の規定により陳述した被害者参加人又はその委託を受けた弁護士の意見の要旨

四十四　被告人又は弁護人の最終陳述の要旨

四十五　判決の宣告をしたこと。

四十六　法第二百九十九条の五第一項の規定による裁定に関する事項

四十七　決定及び命令。ただし、次に掲げるものを除く。

イ　被告人又は弁護人の冒頭陳述の許可（第百九十八条）

ロ　証拠調べの範囲、順序及び方法を定め、又は変更する決定（法第百五十七条の二第一項又は第百五十七条の三第一項の請求に対する決定を除く。）（法第二百九十七条）

ハ　被告人の退廷の許可（法第二百八十八条）

ニ　主任弁護人及び副主任弁護人以外の弁護人の申立て、請求、質問等の許可（第二十五条）

ホ　証拠決定についての提示命令（第百九十二条）

ヘ　速記、録音、撮影等の許可（第四十七条及び第二百十五条）

ト　証人の尋問及び供述並びにその状況を記録媒体に記録する旨の決定（法第百五十七条の六第三項）

チ　証拠書類又は証拠物の謄本の提出の許可（法第三百十条）

四十八　公判手続の更新をしたときは、その旨及び次に掲げる事項

イ　被告事件について被告人及び弁護人が前と異なる陳述をしたときは、その陳述

ロ　取り調べない旨の決定をした書面及び物

四十九　法第三百五十条の二十二第一号若しくは第二号に該当すること又は法第二百九十一条第四項の手続に際し、被告人が起訴状に記載された訴因について有罪である旨の陳述をしなかつたことを理由として即決裁判手続の申立てを却下したときは、その旨

五十　法第三百五十条の二十五第一項第一号、第二号又は第四号に該当すること（同号については、被告人が起訴状に記載された訴因について有罪である旨の陳述と相反するか又は実質的に異なつた供述をしたことにより同号に該当する場合に限る。）となつたことを理由として法第三百五十条の二十二の決定を取り消したときは、その旨

②　前項に掲げる事項以外の事項であつても、公判期日における訴訟手続中裁判長が訴訟関係人の請求により又は職権で記載を命じた事項は、これを公判調書に記載しなければならない。

（公判調書の供述の記載の簡易化・法第四十八条）

第四四条の二　訴訟関係人が同意し、且つ裁判長が相当と認めるときは、公判調書には、被告人に対する質問及びその供述並びに証人、鑑定人、通訳人又は翻訳人の尋問及び供述の記載に代えて、これらの者の供述の要旨のみを記載することができる。

この場合には、その公判調書に訴訟関係人が同意した旨を記載しなければならない。

（公判調書の作成の手続・法第四十八条）

第四五条①　公判調書については、第三十八条第三項、第四項及び第六項の規定による手続をすることを要しない。

②　供述者の請求があるときは、裁判所書記官にその供述に関する部分を読み聞かさせなければならない。尋問された者が増減変更の申立をしたときは、その供述を記載させなければならない。

（公判調書の署名押印、認印・法第四十八条）

第四六条①　公判調書には、裁判所書記官が署名押印し、裁判長が認印しなければならない。

②　裁判長に差し支えがあるときは、他の裁判官の一人が、その事由を付記して認印しなければならない。

③　地方裁判所の一人の裁判官又は簡易裁判所の裁判官に差し支えがあるときは、裁判所書記官が、その事由を付記して署名押印しなければならない。

④　裁判所書記官に差し支えがあるときは、裁判長が、その事由を付記して認印しなければならない。

（公判廷の速記、録音）

第四七条①　公判廷における証人、鑑定人、通訳人又は翻訳人の尋問及び供述、被告人に対する質問及び供述並びに訴訟関係人の申立て又は陳述については、第四十条の規定を準用する。

②　検察官、被告人又は弁護人は、裁判長の許可を受けて、前項の規定による処置をとることができる。

（異議の申立の記載・法第五十条等）

第四八条　公判期日における証人の供述の要旨の正確性又は公判

調書の記載の正確性についての異議の申立があつたときは、申立の年月日及びその要旨を調書に記載しなければならない。この場合には、裁判所書記官がその申立についての裁判長の意見を調書に記載して署名押印し、裁判長が認印しなければならない。

（調書への引用）

第四九条　調書には、書面、写真その他裁判所又は裁判官が適当と認めるものを引用し、訴訟記録に添附して、これを調書の一部とすることができる。

（調書の記載事項別編てつ）

第四九条の二　調書は、記載事項により区分して訴訟記録に編てつすることができる。この場合には、調書が一体となるものであることを当該調書上明らかにしておかなければならない。

（被告人の公判調書の閲覧・法第四十九条）

第五〇条①　弁護人のない被告人の公判調書の閲覧は、裁判所においてこれをしなければならない。

②　前項の被告人が読むことができないとき又は目の見えないときにすべき公判調書の朗読は、裁判長の命により、裁判所書記官がこれをしなければならない。

（証人の供述の要旨等の告知・法第五十条）

第五一条　裁判所書記官が公判期日外において前回の公判期日における証人の供述の要旨又は審理に関する重要な事項を告げるときは、裁判長の面前でこれをしなければならない。

（公判調書の整理・法第四十八条等）

第五二条　法第四十八条第三項ただし書の規定により公判調書を整理した場合には、その公判調書の記載の正確性についての異議の申立期間との関係においては、その公判調書を整理すべき最終日にこれを整理したものとみなす。

（公判準備における証人等の尋問調書）

第五二条の二①　公判準備において裁判所、受命裁判官又は受託裁判官が証人、鑑定人、通訳人又は翻訳人を尋問する場合の調書については、被告人又は弁護人が尋問に立ち会い、且つ立ち会つた訴訟関係人及び供述者が同意したときは、次の例によることができる。

一　証人その他の者の尋問及び供述の記載に代えて、これらの者の供述の要旨のみを記載すること。

二　第三十八条第三項から第六項までの規定による手続をしないこと。

②　前項各号の例によつた場合には、その調書に訴訟関係人及び供述者が同意した旨を記載しなければならない。

③　第一項第二号の例による調書が整理されていない場合において、検察官、被告人又は弁護人の請求があるときは、裁判所書記官は、裁判長、受命裁判官又は受託裁判官の面前で、証人その他の者の供述の要旨を告げなければならない。

④　前項の場合において、検察官、被告人又は弁護人が供述の要旨の正確性について異議を申し立てたときは、申立の年月日及びその要旨を調書に記載しなければならない。この場合には、裁判所書記官がその申立についての裁判長、受命裁判官又は受託裁判官の意見を調書に記載して署名押印し、裁判長、受命裁判官又は受託裁判官が認印しなければならない。

⑤　第一項第二号の例による調書を公判期日において取り調べた場合において、検察官、被告人又は弁護人が調書の記載の正確性について異議を申し立てたときは、前項の規定を準用する。

（速記録の作成）

第五二条の三　裁判所速記官は、速記をしたときは、すみやかに速記原本を反訳して速記録を作らなければならない。ただし、第五十二条の四ただし書又は第五十二条の七ただし書の規定により速記録の引用が相当でないとされる場合及び第五十二条の八の規定により速記原本が公判調書の一部とされる場合は、この限りでない。

（証人の尋問調書等における速記録の引用）

第五二条の四　証人、鑑定人、通訳人又は翻訳人の尋問及び供述並びに訴訟関係人の申立又は陳述を裁判所速記官に速記させた場合には、速記録を調書に引用し、訴訟記録に添附して調書の一部とするものとする。ただし、裁判所又は裁判官が、尋問又は手続に立ち会つた検察官及び被告人、被疑者又は弁護人の意見を聴き、速記録の引用を相当でないと認めるときは、この限りでない。

（速記録引用の場合の措置）

第五二条の五①　前条本文の規定により証人、鑑定人、通訳人又は翻訳人の尋問及び供述を速記した速記録を調書の一部とするについては、第三十八条第三項から第六項までの規定による手続をしない。

②　前項の場合には、次の例による。

一　裁判所速記官に速記原本を訳読させ、供述者にその速記が相違ないかどうかを問うこと。

二　供述者が増減変更を申し立てたときは、その供述を速記させること。

三　尋問に立ち会つた検察官、被告人、被疑者又は弁護人が速記原本の正確性について異議を申し立てたときは、その申立を速記させること。この場合には、裁判長又は尋問をした裁判官は、その申立についての意見を速記させることができること。

四　裁判所書記官に第一号に定める手続をした旨を調書に記載させ、かつ、供述者をしてその調書に署名押印させること。

③　供述者が速記原本の訳読を必要としない旨を述べ、かつ、尋問に立ち会つた検察官及び被告人、被疑者又は弁護人に異議がないときは、前項の手続をしない。この場合には、裁判所書記官にその旨を調書に記載させ、かつ、供述者をしてその調書に署名押印させなければならない。

④　公判準備における証人、鑑定人、通訳人又は翻訳人の尋問及び供述を速記した速記録を調書の一部とする場合には、前二項の規定を適用しない。ただし、供述者が速記原本の訳読を請求したときは、第二項第一号及び第二号に定める手続をしなければならない。

第五二条の六①　前条の例による調書が整理されていない場合において、その尋問に立ち会い又は立ち会うことのできた検察官、被告人、被疑者又は弁護人の請求があるときは、裁判所書記官は、裁判所速記官に求めて速記原本の訳読をさせなければならない。

②　前項の場合において、その速記原本が公判準備における尋問及び供述を速記したものであるときは、検察官、被告人又は弁護人は、速記原本の正確性について異議を申し立てることができる。

③　前項の異議の申立があつたときは、裁判所書記官が申立の年月日及びその要旨を調書に記載し、かつ、その申立についての裁判長、受命裁判官又は受託裁判官の意見を調書に記載して署名押印し、裁判長、受命裁判官又は受託裁判官が認印しなければならない。

④　前条の例により公判準備における尋問及び供述を速記した速記録をその一部とした調書を公判期日において取り調べた場合において、検察官、被告人又は弁護人が調書の正確性について異議を申し立てたときは、前項の規定を準用する。

（公判調書における速記録の引用）

第五二条の七　公判廷における証人、鑑定人、通訳人又は翻訳人の尋問及び供述、被告人に対する質問及び供述並びに訴訟関係人の申立又は陳述を裁判所速記官に速記させた場合には、速記録を公判調書に引用し、訴訟記録に添附して公判調書の一部とするものとする。ただし、裁判所が、検察官及び被告人又は弁護人の意見を聴き、速記録の引用を相当でないと認めるときは、この限りでない。

（公判調書における速記原本の引用）

第五二条の八　前条の裁判所速記官による速記がされた場合において、裁判所が相当と認め、かつ、訴訟関係人が同意したときは、速記原本を公判調書に引用し、訴訟記録に添附して公判調書の一部とすることができる。この場合には、その公判調書に訴訟関係人が同意した旨を記載しなければならない。

（速記原本の訳読等）

第五二条の九　第五十二条の七本文又は前条の規定により速記録又は速記原本が公判調書の一部とされる場合において、供述者の請求があるときは、裁判所速記官にその供述に関する部分の速記原本を訳読させなければならない。尋問された者が増減変更の申立をしたときは、その供述を速記させなければならない。

第五二条の一〇①　第五十二条の七本文又は第五十二条の八の規定により速記録又は速記原本を公判調書の一部とする場合において、その公判調書が次回の公判期日までに整理されなかつたときは、裁判所書記官は、検察官、被告人又は弁護人の請求により、次回の公判期日において又はその期日までに、裁判所速記官に求めて前回の公判期日における証人の尋問及び供述を速記した速記原本の訳読をさせなければならない。この場合において、請求をした検察官、被告人又は弁護人が速記原本の正確性について異議を申し立てたときは、第四十八条の規定を準用する。

② 法第五十条第二項の規定により裁判所書記官が前回の公判期日における審理に関する重要な事項を告げる場合において、その事項が裁判所速記官により速記されたものであるときは、裁判所書記官は、裁判所速記官に求めてその速記原本の訳読をさせることができる。

第五二条の一一①　検察官又は弁護人の請求があるときは、裁判所書記官は、裁判所速記官に求めて第五十二条の八の規定により公判調書の一部とした速記原本の訳読をさせなければならない。弁護人のない被告人の請求があるときも、同様である。

② 前項の場合において、速記原本の正確性についての異議の申立があつたときは、第四十八条の規定を準用する。

（速記原本の反訳等）

第五二条の一二①　裁判所は、次の場合には、裁判所速記官に第五十二条の八の規定により公判調書の一部とされた速記原本をすみやかに反訳して速記録を作らせなければならない。

一　検察官、被告人又は弁護人の請求があるとき。

二　上訴の申立があつたとき。ただし、その申立が明らかに上訴権の消滅後にされたものであるときを除く。

三　その他必要があると認めるとき。

② 裁判所書記官は、前項の速記録を訴訟記録に添附し、その旨を記録上明らかにし、かつ、訴訟関係人に通知しなければならない。

③ 前項の規定により訴訟記録に添附された速記録は、公判調書の一部とされた速記原本に代わるものとする。

（速記録添附の場合の異議申立期間・法第五十一条）

第五二条の一三　前条第二項の規定による通知が最終の公判期日後にされたときは、公判調書の記載の正確性についての異議の申立ては、速記録の部分に関する限り、その通知のあつた日から十四日以内にすることができる。ただし、法第四十八条第三項ただし書の規定により判決を宣告する公判期日後に整理された公判調書について、これを整理すべき最終日前に前条第二項の規定による通知がされたときは、その最終日から十四日以内にすることができる。

（録音反訳による証人の尋問調書等）

第五二条の一四　証人、鑑定人、通訳人又は翻訳人の尋問及び供述並びに訴訟関係人の申立て又は陳述を録音させた場合において、裁判所又は裁判官が相当と認めるときは、録音したもの（以下「録音体」という。）を反訳した調書を作成しなければならない。

（録音反訳の場合の措置）

第五二条の一五①　前条の規定により証人、鑑定人、通訳人又は翻訳人の尋問及び供述を録音した録音体を反訳した調書を作成する場合においては、第三十八条第三項から第六項までの規定による手続をしない。

② 前項に規定する場合には、次に掲げる手続による。

一　裁判所書記官に録音体を再生させ、供述者にその録音が相違ないかどうかを問うこと。

二　供述者が増減変更を申し立てたときは、その供述を録音させること。

三　尋問に立ち会つた検察官、被告人、被疑者又は弁護人が録音体の正確性について異議を申し立てたときは、その申立てを録音させること。この場合には、裁判長又は尋問をした裁判官は、その申立てについての意見を録音させることができること。

四　裁判所書記官に第一号の手続をした旨を調書に記載させ、かつ、供述者をしてその調書に署名押印させること。

③ 供述者が録音体の再生を必要としない旨を述べ、かつ、尋問に立ち会つた検察官及び被告人、被疑者又は弁護人に異議がないときは、前項の手続をしない。この場合には、裁判所書記官にその旨を調書に記載させ、かつ、供述者をしてその調書に署名押印させなければならない。

④ 公判準備における証人、鑑定人、通訳人又は翻訳人の尋問及び供述を録音した録音体を反訳した調書を作成する場合には、前二項の規定を適用しない。ただし、供述者が録音体の再生を請求したときは、第二項第一号及び第二号の手続をしなければならない。

第五二条の一六①　前条第一項に規定する調書が整理されていない場合において、その尋問に立ち会い又は立ち会うことのできた検察官、被告人、被疑者又は弁護人の請求があるときは、裁判所書記官は、録音体を再生しなければならない。

② 前項に規定する場合において、その録音体が公判準備における尋問及び供述を録音したものであるときは、検察官、被告人又は弁護人は、録音体の正確性について異議を申し立てることができる。

③ 前項に規定する異議の申立てがあつたときは、裁判所書記官が、申立ての年月日及びその要旨を調書に記載し、かつ、その申立てについての裁判長、受命裁判官又は受託裁判官の意見を調書に記載して署名押印し、裁判長、受命裁判官又は受託裁判官が認印しなければならない。

④ 前条第四項に規定する調書を公判期日において取り調べた場合において、検察官、被告人又は弁護人が調書の正確性について異議を申し立てたときは、前項の規定を準用する。

（録音反訳による公判調書）

第五二条の一七　公判廷における証人、鑑定人、通訳人又は翻訳人の尋問及び供述、被告人に対する質問及び供述並びに訴訟関係人の申立て又は陳述を録音させた場合において、裁判所が相当と認めるときは、録音体を反訳した公判調書を作成しなければならない。

（公判調書における録音反訳の場合の措置）

第五二条の一八　前条の規定により公判調書を作成する場合において、供述者の請求があるときは、裁判所書記官にその供述に関する部分の録音体を再生させなければならない。この場合において、尋問された者が増減変更の申立てをしたときは、その供述を録音させなければならない。

（公判調書未整理の場合の録音体の再生等）

第五二条の一九①　公判調書が次回の公判期日までに整理されなかつたときは、裁判所は、検察官、被告人又は弁護人の請求により、次回の公判期日において又はその期日までに、前回の公判期日における証人、鑑定人、通訳人又は翻訳人の尋問及び供述、被告人に対する質問及び供述並びに訴訟関係人の申立て又は陳述を録音した録音体又は法第百五十七条の六第三項の規定により証人の尋問及び供述並びにその状況を記録した記録媒体について、再生する機会を与えなければならない。

② 前項の規定により再生する機会を与えた場合には、これをもつて法第五十条第一項の規定による要旨の告知に代えることができる。

③ 法第五十条第二項の規定により裁判所書記官が前回の公判期日における審理に関する重要な事項を告げるときは、録音体を

再生する方法によりこれを行うことができる。

（公判調書における録音体の引用）

第五二条の二〇　公判廷における証人、鑑定人、通訳人又は翻訳人の尋問及び供述、被告人に対する質問及び供述並びに訴訟関係人の申立て又は陳述を録音させた場合において、裁判所が相当と認め、かつ、検察官及び被告人又は弁護人が同意したときは、録音体を公判調書に引用し、訴訟記録に添付して公判調書の一部とすることができる。

（録音体の内容を記載した書面の作成）

第五二条の二一　裁判所は、次の場合には、裁判所書記官に前条の規定により公判調書の一部とされた録音体の内容を記載した書面を速やかに作らせなければならない。

一　判決の確定前に、検察官、被告人又は弁護人の請求があるとき。

二　上訴の申立てがあつたとき。ただし、その申立てが明らかに上訴権の消滅後にされたものであるときを除く。

三　その他必要があると認めるとき。

（裁判書の作成）

第五三条　裁判をするときは、裁判書を作らなければならない。但し、決定又は命令を宣告する場合には、裁判書を作らないで、これを調書に記載させることができる。

（裁判書の作成者）

第五四条　裁判書は、裁判官がこれを作らなければならない。

（裁判書の署名押印）

第五五条　裁判書には、裁判をした裁判官が、署名押印しなければならない。裁判長が署名押印することができないときは、他の裁判官の一人が、その事由を附記して署名押印し、他の裁判官が署名押印することができないときは、裁判長が、その事由を附記して署名押印しなければならない。

（裁判書の記載要件）

第五六条①　裁判書には、特別の定のある場合を除いては、裁判を受ける者の氏名、年齢、職業及び住居を記載しなければならない。裁判を受ける者が法人（法人でない社団、財団又は団体を含む。以下同じ。）であるときは、その名称及び事務所を記載しなければならない。

②　判決書には、前項に規定する事項の外、公判期日に出席した検察官の官氏名を記載しなければならない。

（裁判書等の謄本、抄本）

第五七条①　裁判書又は裁判を記載した調書の謄本又は抄本は、原本又は謄本によりこれを作らなければならない。

②　判決書又は判決を記載した調書の抄本は、裁判の執行をすべき場合において急速を要するときは、前項の規定にかかわらず、被告人の氏名、年齢、職業、住居及び本籍、罪名、主文、適用した罰条、宣告をした年月日、裁判所並びに裁判官の氏名を記載してこれを作ることができる。

③　前項の抄本は、判決をした裁判官がその記載が相違ないことを証明する旨を附記して認印したものに限り、その効力を有する。

④　前項の場合には、第五十五条後段の規定を準用する。ただし、署名押印に代えて認印することができる。

⑤　判決書に起訴状その他の書面に記載された事実が引用された場合には、その判決書の謄本又は抄本には、その起訴状その他の書面に記載された事実をも記載しなければならない。但し、抄本について当該部分を記載することを要しない場合は、この限りでない。

⑥　判決書に公判調書に記載された証拠の標目が引用された場合において、訴訟関係人の請求があるときは、その判決書の謄本又は抄本には、その公判調書に記載された証拠の標目をも記載しなければならない。

（公務員の書類）

第五八条①　官吏その他の公務員が作るべき書類には、特別の定のある場合を除いては、年月日を記載して署名押印し、その所属の官公署を表示しなければならない。

②　裁判官その他の裁判所職員が作成すべき裁判書、調書又はそれらの謄本若しくは抄本のうち、訴訟関係人その他の者に送達、送付又は交付（裁判所又は裁判官に対してする場合及び被告事件の終結その他これに類する事由による場合を除く。）をすべきものについては、毎葉に契印し、又は契印に代えて、これに準ずる措置をとらなければならない。

③　検察官、検察事務官、司法警察職員その他の公務員（裁判官その他の裁判所職員を除く。）が作成すべき書類（裁判所又は裁判官に対する申立て、意見の陳述、通知その他これらに類する訴訟行為に関する書類を除く。）には、毎葉に契印しなければならない。ただし、その謄本又は抄本を作成する場合には、契印に代えて、これに準ずる措置をとることができる。

（公務員の書類の訂正）

第五九条　官吏その他の公務員が書類を作成するには、文字を改変してはならない。文字を加え、削り、又は欄外に記入したときは、その範囲を明らかにして、訂正した部分に認印しなければならない。ただし、削つた部分は、これを読むことができるように字体を残さなければならない。

（公務員以外の者の書類）

第六〇条　官吏その他の公務員以外の者が作るべき書類には、年月日を記載して署名押印しなければならない。

（署名押印に代わる記名押印）

第六〇条の二①　裁判官その他の裁判所職員が署名押印すべき場合には、署名押印に代えて記名押印することができる。ただし、判決書に署名押印すべき場合については、この限りでない。

②　次に掲げる者が、裁判所若しくは裁判官に対する申立て、意見の陳述、通知、届出その他これらに類する訴訟行為に関する書類に署名押印すべき場合又は書類の謄本若しくは抄本に署名押印すべき場合も、前項と同様とする。

一　検察官、検察事務官、司法警察職員その他の公務員（前項に規定する者を除く。）

二　弁護人又は弁護人を選任することができる者の依頼により弁護人となろうとする者

三　法第三百十六条の三十三第一項に規定する弁護士又は被害者参加人の委託を受けて法第三百十六条の三十四若しくは第三百十六条の三十六から第三百十六条の三十八までに規定する行為を行う弁護士

（署名押印に代わる代書又は指印）

第六一条①　官吏その他の公務員以外の者が署名押印すべき場合に、署名することができないとき（前条第二項により記名押印することができるときを除く。）は他人に代書させ、押印することができないときは指印しなければならない。

②　他人に代書させた場合には、代書した者が、その事由を記載して署名押印しなければならない。

（送達のための届出・法第五十四条）

第六二条①　被告人、代理人、弁護人又は補佐人は、書類の送達を受けるため、書面でその住居又は事務所を裁判所に届け出なければならない。裁判所の所在地に住居又は事務所を有しないときは、その所在地に住居又は事務所を有する者を送達受取人に選任し、その者と連署した書面でこれを届け出なければならない。

②　前項の規定による届出は、同一の地に在る各審級の裁判所に対してその効力を有する。

③　前二項の規定は、刑事施設に収容されている者には、これを適用しない。

④　送達については、送達受取人は、これを本人とみなし、その住居又は事務所は、これを本人の住居とみなす。

（書留郵便等に付する送達・法第五十四条）

第六三条①　住居、事務所又は送達受取人を届け出なければならない者がその届出をしないときは、裁判所書記官は、書類を書留郵便又は一般信書便事業者若しくは特定信書便事業者の提供する信書便の役務のうち書留郵便に準ずるものとして別に最高裁判所規則で定めるもの（次項において「書留郵便等」という。）に付して、その送達をすることができる。ただし、起訴状及び略式命令の謄本の送達については、この限りでない。

② 前項の送達は、書類を書留郵便等に付した時に、これをしたものとみなす。

（就業場所における送達の要件・法第五十四条）

第六三条の二 書類の送達は、これを受けるべき者に異議がないときに限り、その者が雇用、委任その他の法律上の行為に基づき就業する他人の住居又は事務所においてこれをすることができる。

（検察官に対する送達・法第五十四条）

第六四条 検察官に対する送達は、書類を検察庁に送付してこれをしなければならない。

（交付送達・法第五十四条）

第六五条 裁判所書記官が本人に送達すべき書類を交付したときは、その送達があつたものとみなす。

第七章　期間

（裁判所に対する訴訟行為をする者のための法定期間の延長・法第五十六条）

第六六条① 裁判所は、裁判所に対する訴訟行為をすべき者の住居又は事務所の所在地と裁判所の所在地との距離及び交通通信の便否を考慮し、法定の期間を延長するのを相当と認めるときは、決定で、延長する期間を定めなければならない。

② 前項の規定は、宣告した裁判に対する上訴の提起期間には、これを適用しない。

（検察官に対する訴訟行為をする者のための法定期間の延長・法第五十六条）

第六六条の二① 検察官は、検察官に対する訴訟行為をすべき者の住居又は事務所の所在地と検察庁の所在地との距離及び交通通信の便否を考慮し、法定の期間を延長するのを相当と思料するときは、裁判官にその期間の延長を請求しなければならない。

② 裁判官は、前項の請求を理由があると認めるときは、すみやかに延長する期間を定めなければならない。

③ 前項の裁判は、検察官に告知することによつてその効力を生ずる。

④ 検察官は、前項の裁判の告知を受けたときは、直ちにこれを当該訴訟行為をすべき者に通知しなければならない。

第八章　被告人の召喚、勾引及び勾留

（召喚の猶予期間・法第五十七条）

第六七条① 被告人に対する召喚状の送達と出頭との間には、少くとも十二時間の猶予を置かなければならない。但し、特別の定のある場合は、この限りでない。

② 被告人に異議がないときは、前項の猶予期間を置かないことができる。

（勾引、勾留についての身体、名誉の保全）

第六八条 被告人の勾引又は勾留については、その身体及び名誉を保全することに注意しなければならない。

（裁判所書記官の立会・法第六十一条）

第六九条 法第六十一条の規定により被告人に対し被告事件を告げこれに関する陳述を聴く場合には、裁判所書記官を立ち会わせなければならない。

（勾留状の記載要件・法第六十四条）

第七〇条 勾留状には、法第六十四条に規定する事項の外、法第六十条第一項各号に定める事由を記載しなければならない。

（裁判長の令状の記載要件・法第六十九条）

第七一条 裁判長は、法第六十九条の規定により召喚状、勾引状又は勾留状を発する場合には、その旨を令状に記載しなければならない。

（勾引状、勾留状の原本の送付・法第七十条）

第七二条 検察官の指揮により勾引状又は勾留状を執行する場合には、これを発した裁判所又は裁判官は、その原本を検察官に送付しなければならない。

（勾引状の数通交付）

第七三条 勾引状は、数通を作り、これを検察事務官又は司法警察職員数人に交付することができる。

（勾引状、勾留状の謄本交付の請求）

第七四条 勾引状又は勾留状の執行を受けた被告人は、その謄本の交付を請求することができる。

（勾引状、勾留状執行後の処置）

第七五条① 勾引状又は勾留状を執行したときは、これに執行の場所及び年月日時を記載し、これを執行することができなかつたときは、その事由を記載して記名押印しなければならない。

② 勾引状又は勾留状の執行に関する書類は、執行を指揮した検察官又は裁判官を経由して、勾引状又は勾留状を発した裁判所又は裁判官にこれを差し出さなければならない。

③ 勾引状の執行に関する書類を受け取つた裁判所又は裁判官は、裁判所書記官に被告人が引致された年月日時を勾引状に記載させなければならない。

（嘱託による勾引状・法第六十七条）

第七六条① 嘱託によつて勾引状を発した裁判官は、勾引状の執行に関する書類を受け取つたときは、裁判所書記官に被告人が引致された年月日時を勾引状に記載させなければならない。

② 嘱託によつて勾引状を発した裁判官は、被告人を指定された裁判所に送致する場合には、勾引状に被告人が指定された裁判所に到着すべき期間を記載して記名押印しなければならない。

③ 勾引の嘱託をした裁判所又は裁判官は、勾引状の執行に関する書類を受け取つたときは、裁判所書記官に被告人が到着した年月日時を勾引状に記載させなければならない。

（裁判所書記官の立会・法第七十六条等）

第七七条 裁判所又は裁判官が法第七十六条又は第七十七条の処分をするときは、裁判所書記官を立ち会わせなければならない。

（調書の作成・法第七十六条等）

第七八条 法第七十六条又は第七十七条の処分については、調書を作らなければならない。

（勾留の通知・法第七十九条）

第七九条 被告人を勾留した場合において被告人に弁護人、法定代理人、保佐人、配偶者、直系の親族及び兄弟姉妹がないときは、被告人の申出により、その指定する者一人にその旨を通知しなければならない。

（被告人の移送）

第八〇条① 検察官は、裁判長の同意を得て、勾留されている被告人を他の刑事施設に移すことができる。

② 検察官は、被告人を他の刑事施設に移したときは、直ちにその旨及びその刑事施設を裁判所及び弁護人に通知しなければならない。被告人に弁護人がないときは、被告人の法定代理人、保佐人、配偶者、直系の親族及び兄弟姉妹のうち被告人の指定する者一人にその旨及びその刑事施設を通知しなければならない。

③ 前項の場合には、前条の規定を準用する。

（勾留の理由開示の請求の方式・法第八十二条）

第八一条① 勾留の理由の開示の請求は、請求をする者ごとに、各別の書面で、これをしなければならない。

② 法第八十二条第二項に掲げる者が前項の請求をするには、被告人との関係を書面で具体的に明らかにしなければならない。

（開示の請求の却下）

第八一条の二 前条の規定に違反してされた勾留の理由の開示の請求は、決定で、これを却下しなければならない。

（開示の手続・法第八十三条）

第八二条① 勾留の理由の開示をすべき期日を定めなければならない。

② 開示期日には、被告人を召喚しなければならない。

③ 開示期日は、検察官、弁護人及び補佐人並びに請求者にこれ

を通知しなければならない。

（公判期日における開示・法第八十三条）

第八三条① 勾留の理由の開示は、公判期日においても、これをすることができる。

② 公判期日において勾留の理由の開示をするには、あらかじめ、その旨及び開示をすべき公判期日を検察官、被告人、弁護人及び補佐人並びに請求者に通知しなければならない。

（開示の請求と開示期日）

第八四条 勾留の理由の開示をすべき期日とその請求があつた日との間には、五日以上を置くことはできない。但し、やむを得ない事情があるときは、この限りでない。

（開示期日の変更）

第八五条 裁判所は、やむを得ない事情があるときは、開示期日を変更することができる。

（被告人、弁護人の退廷中の開示・法第八十三条）

第八五条の二 開示期日において被告人又は弁護人が許可を受けないで退廷し、又は秩序維持のため裁判長から退廷を命ぜられたときは、その者の在廷しないままで勾留の理由の開示をすることができる。

（開示期日における意見陳述の時間の制限等・法第八十四条）

第八五条の三① 法第八十四条第二項本文に掲げる者が開示期日において意見を述べる時間は、各十分を超えることができない。

② 前項の者は、その意見の陳述に代え又はこれを補うため、書面を差し出すことができる。

（開示期日の調書）

第八六条 開示期日における手続については、調書を作り、裁判所書記官が署名押印し、裁判長が認印しなければならない。

（開示の請求の却下決定の送達）

第八六条の二 勾留の理由の開示の請求を却下する決定は、これを送達することを要しない。

（保釈の保証書の記載事項・法第九十四条）

第八七条 保釈の保証書には、保証金額及び何時でもその保証金を納める旨を記載しなければならない。

（執行停止についての意見の聴取・法第九十五条）

第八八条 勾留の執行を停止するには、検察官の意見を聴かなければならない。但し、急速を要する場合は、この限りでない。

第八九条 削除

（委託による執行停止・法第九十五条）

第九〇条 勾留されている被告人を親族、保護団体その他の者に委託して勾留の執行を停止するには、これらの者から何時でも召喚に応じ被告人を出頭させる旨の書面を差し出させなければならない。

（保証金の還付・法第九十六条、第三百四十三条等）

第九一条① 次の場合には、没取されなかつた保証金は、これを還付しなければならない。

一 勾留が取り消され、又は勾留状が効力を失つたとき。

二 保釈が取り消され又は効力を失つたため被告人が刑事施設に収容されたとき。

三 保釈が取り消され又は効力を失つた場合において、被告人が刑事施設に収容される前に、新たに、保釈の決定があつて保証金が納付されたとき又は勾留の執行が停止されたとき。

② 前項第三号の保釈の決定があつたときは、前に納付された保証金は、あらたな保証金の全部又は一部として納付されたものとみなす。

（上訴中の事件等の勾留に関する処分・法第九十七条）

第九二条① 上訴の提起期間内の事件でまだ上訴の提起がないものについて勾留の期間を更新すべき場合には、原裁判所が、その決定をしなければならない。

② 上訴中の事件で訴訟記録が上訴裁判所に到達していないものについて、勾留の期間を更新し、勾留を取り消し、又は保釈若しくは勾留の執行停止をし、若しくはこれを取り消すべき場合にも、前項と同様である。

③ 勾留の理由の開示をすべき場合には、前項の規定を準用する。

④ 上訴裁判所は、被告人が勾留されている事件について訴訟記録を受け取つたときは、直ちにその旨を原裁判所に通知しなければならない。

（禁錮以上の刑に処せられた被告人の収容手続・法第九十八条）

第九二条の二 法第三百四十三条において準用する法第九十八条の規定により被告人を刑事施設に収容するには、言い渡した刑並びに判決の宣告をした年月日及び裁判所を記載し、かつ、裁判長又は裁判官が相違ないことを証明する旨付記して認印した勾留状の謄本を被告人に示せば足りる。

第九章 押収及び捜索

（押収、捜索についての秘密、名誉の保持）

第九三条 押収及び捜索については、秘密を保ち、且つ処分を受ける者の名誉を害しないように注意しなければならない。

（差押状等の記載事項・法第百七条）

第九四条 差押状、記録命令付差押状又は捜索状には、必要があると認めるときは、差押え、記録命令付差押え又は捜索をすべき事由をも記載しなければならない。

（準用規定）

第九五条 差押状、記録命令付差押状又は捜索状については、第七十二条の規定を準用する。

（捜索証明書、押収品目録の作成者・法第百十九条等）

第九六条 法第百十九条又は第百二十条の証明書又は目録は、捜索、差押え又は記録命令付差押えが令状の執行によつて行われた場合には、その執行をした者がこれを作つて交付しなければならない。

（差押状等執行後の処置）

第九七条 差押状、記録命令付差押状又は捜索状の執行をした者は、速やかに執行に関する書類及び差し押さえた物を令状を発した裁判所に差し出さなければならない。検察官の指揮により執行をした場合には、検察官を経由しなければならない。

（押収物の処置）

第九八条 押収物については、喪失又は破損を防ぐため、相当の処置をしなければならない。

（差押状、記録命令付差押状の執行調書の記載）

第九九条① 差押状の執行をした者は、第九十六条若しくは前条又は法第百二十一条第一項若しくは第二項の処分をしたときは、その旨を調書に記載しなければならない。

② 記録命令付差押状の執行をした者が第九十六条又は前条の処分をしたときも、前項と同様とする。

（押収、捜索の立会い）

第一〇〇条① 差押状又は記録命令付差押状を発しないで押収をするときは、裁判所書記官を立ち会わせなければならない。

② 差押状、記録命令付差押状又は捜索状を執行するときは、それぞれ他の検察事務官、司法警察職員又は裁判所書記官を立ち会わせなければならない。

第十章 検証

（検証についての注意）

第一〇一条 検証をするについて、死体を解剖し、又は墳墓を発掘する場合には、礼を失わないように注意し、配偶者、直系の親族又は兄弟姉妹があるときは、これに通知しなければならない。

（被告人の身体検査の召喚状等の記載要件・法第六十三条等）

第一〇二条 被告人に対する身体の検査のための召喚状又は勾引状には、身体の検査のために召喚又は勾引する旨をも記載しなければならない。

（被告人以外の者の身体検査の召喚状等の記載要件・法第百三十六条等）

第一〇三条① 被告人以外の者に対する身体の検査のための召喚

状には、その氏名及び住居、被告人の氏名、罪名、出頭すべき年月日時及び場所、身体の検査のために召喚する旨並びに正当な理由がなく出頭しないときは過料又は刑罰に処せられ且つ勾引状を発することがある旨を記載し、裁判長が、これに記名押印しなければならない。

② 被告人以外の者に対する身体の検査のための勾引状には、その氏名及び住居、被告人の氏名、罪名、引致すべき場所、身体の検査のために勾引する旨、有効期間及びその期間経過後は執行に着手することができず令状はこれを返還しなければならない旨並びに発付の年月日を記載し、裁判長が、これに記名押印しなければならない。

（準用規定）

第一〇四条　身体の検査のためにする被告人以外の者に対する勾引については、第七十二条から第七十六条までの規定を準用する。

（検証の立会）

第一〇五条　検証をするときは、裁判所書記官を立ち会わせなければならない。

第十一章　証人尋問

（尋問事項書・法第三百四条等）

第一〇六条①　証人の尋問を請求した者は、裁判官の尋問の参考に供するため、速やかに尋問事項又は証人が証言すべき事項を記載した書面を差し出さなければならない。但し、公判期日において訴訟関係人にまず証人を尋問させる場合は、この限りでない。

② 前項但書の場合においても、裁判所は、必要と認めるときは、証人の尋問を請求した者に対し、前項本文の書面を差し出すべきことを命ずることができる。

③ 前二項の書面に記載すべき事項は、証人の証言により立証しようとする事項のすべてにわたらなければならない。

④ 公判期日外において証人の尋問をする場合を除いて、裁判長は、相当と認めるときは、第一項の規定にかかわらず、同項の書面を差し出さないことを許すことができる。

⑤ 公判期日外において証人の尋問をする場合には、速やかに相手方及びその弁護人の数に応ずる第一項の書面の謄本を裁判所に差し出さなければならない。

（請求の却下）

第一〇七条　前条の規定に違反してされた証人尋問の請求は、これを却下することができる。

（決定の告知・法第百五十七条の二等）

第一〇七条の二①　法第百五十七条の二第一項及び第百五十七条の三第一項の請求に対する決定、法第百五十七条の四第一項に規定する措置を採る旨の決定、法第百五十七条の五に規定する措置を採る旨の決定、法第百五十七条の六第一項及び第二項に規定する方法により証人尋問を行う旨の決定並びに同条第三項の規定により証人の尋問及び供述並びにその状況を記録媒体に記録する旨の決定は、公判期日前にする場合においても、これを送達することを要しない。

② 前項の場合には、速やかに、それぞれ決定の内容を訴訟関係人に通知しなければならない。

（映像等の送受信による通話の方法による尋問・法第百五十七条の六）

第一〇七条の三　法第百五十七条の六第二項の同一構内以外にある場所であつて裁判所の規則で定めるものは、同項に規定する方法による尋問に必要な装置の設置された他の裁判所の構内にある場所とする。

（尋問事項の告知等・法第百五十八条）

第一〇八条①　裁判所は、公判期日外において検察官、被告人又は弁護人の請求にかかる証人を尋問する場合には、第百六条第一項の書面を参考として尋問すべき事項を定め、相手方及びその弁護人に知らせなければならない。

② 相手方又はその弁護人は、書面で、前項の尋問事項に附加して、必要な事項の尋問を請求することができる。

（職権による公判期日外の尋問・法第百五十八条）

第一〇九条①　裁判所は、職権で公判期日外において証人を尋問する場合には、あらかじめ、検察官、被告人及び弁護人に尋問事項を知らせなければならない。

② 検察官、被告人又は弁護人は、書面で、前項の尋問事項に附加して、必要な事項の尋問を請求することができる。

（召喚状、勾引状の記載要件・法第百五十三条等）

第一一〇条①　証人に対する召喚状には、その氏名及び住居、被告人の氏名、罪名、出頭すべき年月日時及び場所並びに正当な理由がなく出頭しないときは過料又は刑罰に処せられ且つ勾引状を発することがある旨を記載し、裁判長が、これに記名押印しなければならない。

② 証人に対する勾引状には、その氏名及び住居、被告人の氏名、罪名、引致すべき年月日時及び場所、有効期間及びその期間経過後は執行に着手することができず令状はこれを返還しなければならない旨並びに発付の年月日を記載し、裁判長が、これに記名押印しなければならない。

（召喚の猶予期間・法第百四十三条の二）

第一一一条　証人に対する召喚状の送達と出頭との間には、少なくとも二十四時間の猶予を置かなければならない。ただし、急速を要する場合は、この限りでない。

（準用規定）

第一一二条　証人の勾引については、第七十二条から第七十六条までの規定を準用する。

（尋問上の注意、在廷証人）

第一一三条①　召喚により出頭した証人は、速やかにこれを尋問しなければならない。

② 証人が裁判所の構内（第百七条の三に規定する他の裁判所の構内を含む。）にいるときは、召喚をしない場合でも、これを尋問することができる。

（尋問の立会）

第一一四条　証人を尋問するときは、裁判所書記官を立ち会わせなければならない。

（人定尋問）

第一一五条　証人に対しては、まず、その人違でないかどうかを取り調べなければならない。

（宣誓の趣旨の説明等・法第百五十五条）

第一一六条　証人が宣誓の趣旨を理解することができる者であるかどうかについて疑があるときは、宣誓前に、この点について尋問し、且つ、必要と認めるときは、宣誓の趣旨を説明しなければならない。

（宣誓の時期・法第百五十四条）

第一一七条　宣誓は、尋問前に、これをさせなければならない。

（宣誓の方式・法第百五十四条）

第一一八条①　宣誓は、宣誓書によりこれをしなければならない。

② 宣誓書には、良心に従つて、真実を述べ何事も隠さず、又何事も附け加えないことを誓う旨を記載しなければならない。

③ 裁判長は、証人に宣誓書を朗読させ、且つこれに署名押印させなければならない。証人が宣誓書を朗読することができないときは、裁判長は、裁判所書記官にこれを朗読させなければならない。

④ 宣誓は、起立して厳粛にこれを行わなければならない。

（個別宣誓・法第百五十四条）

第一一九条　証人の宣誓は、各別にこれをさせなければならない。

（偽証の警告・法第百五十四条）

第一二〇条　宣誓をさせた証人には、尋問前に、偽証の罰を告げなければならない。

（証言拒絶権の告知等・法第百四十六条等）

第一二一条①　証人に対しては、尋問前に、自己又は法第百四十七条に規定する者が刑事訴追を受け、又は有罪判決を受ける虞のある証言を拒むことができる旨を告げなければならない。
② 裁判所は、法第百五十七条の二第二項の決定をした場合には、前項の規定にかかわらず、証人に対し、尋問前に、当該決定の内容及び法第百四十七条に規定する者が刑事訴追を受け、又は有罪判決を受けるおそれのある証言を拒むことができる旨を告げなければならない。
③ 裁判所は、法第百五十七条の三第二項の決定をした場合には、証人に対し、それ以後の尋問前に、当該決定の内容及び法第百四十七条に規定する者が刑事訴追を受け、又は有罪判決を受けるおそれのある証言を拒むことができる旨を告げなければならない。
④ 法第百四十九条に規定する者に対しては、必要と認めるときは、同条の規定により証言を拒むことができる旨を告げなければならない。

（証言の拒絶・法第百四十六条等）
第百二十二条① 証言を拒む者は、これを拒む事由を示さなければならない。
② 証言を拒む者がこれを拒む事由を示さないときは、過料その他の制裁を受けることがある旨を告げて、証言を命じなければならない。

（個別尋問）
第百二十三条① 証人は、各別にこれを尋問しなければならない。
② 後に尋問すべき証人が在廷するときは、退廷を命じなければならない。

（対質）
第百二十四条 必要があるときは、証人と他の証人又は被告人と対質させることができる。

（書面による尋問）
第百二十五条 証人が耳が聞えないときは、書面で問い、口がきけないときは、書面で答えさせることができる。

（公判期日外の尋問調書の閲覧等・法第百五十九条）
第百二十六条① 裁判所は、検察官、被告人又は弁護人が公判期日外における証人尋問に立ち会わなかつた場合において証人尋問調書が整理されたとき、又はその送付を受けたときは、速やかにその旨を立ち会わなかつた者に通知しなければならない。
② 被告人は、前項の尋問調書を閲覧することができる。
③ 被告人は、読むことができないとき、又は目の見えないときは、第一項の尋問調書の朗読を求めることができる。
④ 前二項の場合には、第五十条の規定を準用する。

（受命、受託裁判官の尋問・法第百六十三条）
第百二十七条 受命裁判官又は受託裁判官が証人を尋問する場合においても、第百六条第一項から第三項まで及び第五項、第百七条から第百九条まで（第百七条の三を除く。）並びに前条の手続は、裁判所がこれをしなければならない。

第十二章　鑑定

（宣誓・法第百六十六条）
第百二十八条① 鑑定人の宣誓は、鑑定をする前に、これをさせなければならない。
② 宣誓は、宣誓書によりこれをしなければならない。
③ 宣誓書には、良心に従つて誠実に鑑定をすることを誓う旨を記載しなければならない。

（鑑定の報告）
第百二十九条① 鑑定の経過及び結果は、鑑定人に鑑定書により又は口頭でこれを報告させなければならない。
② 鑑定人が数人あるときは、共同して報告をさせることができる。
③ 鑑定の経過及び結果を鑑定書により報告させる場合には、鑑定人に対し、鑑定書に記載した事項に関し公判期日において尋問を受けることがある旨を告げなければならない。

（裁判所外の鑑定）
第百三十条① 裁判所は、必要がある場合には、裁判所外で鑑定をさせることができる。
② 前項の場合には、鑑定に関する物を鑑定人に交付することができる。

（鑑定留置状の記載要件・法第百六十七条）
第百三十条の二 鑑定留置状には、被告人の氏名及び住居、罪名、公訴事実の要旨、留置すべき場所、留置の期間、鑑定の目的、有効期間及びその期間経過後は執行に着手することができず令状は返還しなければならない旨並びに発付の年月日を記載し、裁判長が記名押印しなければならない。

（看守の申出の方式・法第百六十七条）
第百三十条の三 法第百六十七条第三項の規定による申出は、被告人の看守を必要とする事由を記載した書面を差し出してしなければならない。

（鑑定留置期間の延長、短縮・法第百六十七条）
第百三十条の四 鑑定のためにする被告人の留置の期間の延長又は短縮は、決定でしなければならない。

（収容費の支払・法第百六十七条）
第百三十条の五① 裁判所は、鑑定のため被告人を病院その他の場所に留置した場合には、その場所の管理者の請求により、入院料その他の収容に要した費用を支払うものとする。
② 前項の規定により支払うべき費用の額は、裁判所の相当と認めるところによる。

（準用規定）
第百三十一条 鑑定のためにする被告人の留置については、この規則に特別の定のあるもののほか、勾留に関する規定を準用する。但し、保釈に関する規定は、この限りでない。

（準用規定）
第百三十二条 鑑定人が死体を解剖し、又は墳墓を発掘する場合には、第百一条の規定を準用する。

（鑑定許可状の記載要件・法第百六十八条）
第百三十三条① 法第百六十八条の許可状には、有効期間及びその期間経過後は許可された処分に着手することができず令状はこれを返還しなければならない旨並びに発付の年月日をも記載し、裁判長が、これに記名押印しなければならない。
② 鑑定人のすべき身体の検査に関し条件を附した場合には、これを前項の許可状に記載しなければならない。

（鑑定のための閲覧等）
第百三十四条① 鑑定人は、鑑定について必要がある場合には、裁判長の許可を受けて、書類及び証拠物を閲覧し、若しくは謄写し、又は被告人に対し質問する場合若しくは証人を尋問する場合にこれに立ち会うことができる。
② 前項の規定にかかわらず、法第百五十七条の六第四項に規定する記録媒体は、謄写することができない。
③ 鑑定人は、被告人に対する質問若しくは証人の尋問を求め、又は裁判長の許可を受けてこれらの者に対し直接に問を発することができる。

（準用規定）
第百三十五条 鑑定については、勾引に関する規定を除いて、前章の規定を準用する。

第十三章　通訳及び翻訳

（準用規定）
第百三十六条 通訳及び翻訳については、前章の規定を準用する。

第十四章　証拠保全

（処分をすべき裁判官・法第百七十九条）
第百三十七条① 証拠保全の請求は、次に掲げる地を管轄する地方裁判所又は簡易裁判所の裁判官にこれをしなければならない。
一　押収（記録命令付差押えを除く。）については、押収すべき物の所在地
二　記録命令付差押えについては、電磁的記録を記録させ又は印刷させるべき者の現在地
三　捜索又は検証については、捜索又は検証すべき場所、身体又は物の所在地

四　証人の尋問については、証人の現在地
五　鑑定については、鑑定の対象の所在地又は現在地

②　鑑定の処分の請求をする場合において前項第五号の規定によることができないときは、その処分をするのに最も便宜であると思料する地方裁判所又は簡易裁判所の裁判官にその請求をすることができる。

第一三八条（請求の方式・法第百七十九条）①　証拠保全の請求は、書面でこれをしなければならない。

②　前項の書面には、次に掲げる事項を記載しなければならない。
一　事件の概要
二　証明すべき事実
三　証拠及びその保全の方法
四　証拠保全を必要とする事由

③　証拠保全を必要とする事由は、これを疎明しなければならない。

第十五章　訴訟費用

第一三八条の二（請求先裁判所・法第百八十七条の二）　法第百八十七条の二の請求は、公訴を提起しない処分をした検察官が所属する検察庁の所在地を管轄する地方裁判所又は簡易裁判所にこれをしなければならない。

第一三八条の三（請求の方式・法第百八十七条の二）　法第百八十七条の二の請求は、次に掲げる事項を記載した書面でこれをしなければならない。
一　訴訟費用を負担すべき者の氏名、年齢、職業及び住居
二　前号に規定する者が被疑者でないときは、被疑者の氏名及び年齢
三　罪名及び被疑事実の要旨
四　公訴を提起しない処分をしたこと。
五　訴訟費用を負担すべき理由
六　負担すべき訴訟費用

第一三八条の四（資料の提供・法第百八十七条の二）　法第百八十七条の二の請求をするには、次に掲げる資料を提供しなければならない。
一　訴訟費用を負担すべき理由が存在することを認めるべき資料
二　負担すべき訴訟費用の額の算定に必要な資料

第一三八条の五（請求書の謄本の差出し、送達・法第百八十七条の二）①　法第百八十七条の二の請求をするときは、検察官は、請求と同時に訴訟費用の負担を求められた者の数に応ずる請求書の謄本を裁判所に差し出さなければならない。

②　裁判所は、前項の謄本を受け取つたときは、遅滞なく、これを訴訟費用の負担を求められた者に送達しなければならない。

第一三八条の六（意見の聴取・法第百八十七条の二）　法第百八十七条の二の請求について決定をする場合には、訴訟費用の負担を求められた者の意見を聴かなければならない。

第一三八条の七（請求の却下・法第百八十七条の二）　法第百八十七条の二の請求が法令上の方式に違反しているとき、又は訴訟費用を負担させないときは、決定で請求を却下しなければならない。

第十六章　費用の補償

第一三八条の八（準用規定）　書面による法第百八十八条の四の補償の請求については、第二百二十七条及び第二百二十八条の規定を準用する。

第一三八条の九（裁判所書記官による計算・法第百八十八条の三等）　法第百八十八条の二第一項又は第百八十八条の四の補償の決定をする場合には、裁判所は、裁判所書記官に補償すべき費用の額の計算をさせることができる。

第二編　第一審

第一章　捜査

第一三九条（令状請求の方式）①　令状の請求は、書面でこれをしなければならない。

②　逮捕状の請求書には、謄本一通を添附しなければならない。

第一四〇条（令状請求の却下）　裁判官が令状の請求を却下するには、請求書にその旨を記載し、記名押印してこれを請求者に交付すれば足りる。

第一四一条（令状請求書の返還）　裁判官は、令状を発し、又は令状の請求を却下したときは、前条の場合を除いて、速やかに令状の請求書を請求者に返還しなければならない。

第一四一条の二（逮捕状請求権者の指定、変更の通知）　国家公安委員会又は都道府県公安委員会は、法第百九十九条第二項の規定により逮捕状を請求することができる司法警察員を指定したときは、国家公安委員会においては最高裁判所に、都道府県公安委員会においてはその所在地を管轄する地方裁判所にその旨を通知しなければならない。その通知の内容に変更を生じたときも、同様である。

第一四二条（逮捕状請求書の記載要件）①　逮捕状の請求書には、次に掲げる事項その他逮捕状に記載することを要する事項及び逮捕状発付の要件たる事項を記載しなければならない。
一　被疑者の氏名、年齢、職業及び住居
二　罪名及び被疑事実の要旨
三　被疑者の逮捕を必要とする事由
四　請求者の官公職氏名
五　請求者が警察官たる司法警察員であるときは、法第百九十九条第二項の規定による指定を受けた者である旨
六　七日を超える有効期間を必要とするときは、その旨及び事由
七　逮捕状を数通必要とするときは、その旨及び事由
八　同一の犯罪事実又は現に捜査中である他の犯罪事実についてその被疑者に対し前に逮捕状の請求又はその発付があつたときは、その旨及びその犯罪事実

②　被疑者の氏名が明らかでないときは、人相、体格その他被疑者を特定するに足りる事項でこれを指定しなければならない。

③　被疑者の年齢、職業又は住居が明らかでないときは、その旨を記載すれば足りる。

第一四三条（資料の提供）　逮捕状を請求するには、逮捕の理由（逮捕の必要を除く逮捕状発付の要件をいう。以下同じ。）及び逮捕の必要があることを認めるべき資料を提供しなければならない。

第一四三条の二（逮捕状請求者の陳述聴取等）　逮捕状の請求を受けた裁判官は、必要と認めるときは、逮捕状の請求をした者の出頭を求めてその陳述を聴き、又はその者に対し書類その他の物の提示を求めることができる。

第一四三条の三（明らかに逮捕の必要がない場合）　逮捕状の請求を受けた裁判官は、逮捕の理由があると認める場合においても、被疑者の年齢及び境遇並びに犯罪の軽重及び態様その他諸般の事情に照らし、被疑者が逃亡する虞がなく、かつ、罪証を隠滅する虞がない等明らかに逮捕の必要がないと認めるときは、逮捕状の請求を却下しなければならない。

第一四四条（逮捕状の記載要件）　逮捕状には、請求者の官公職氏名をも記載しなければならない。

第一四五条（逮捕状の作成）　逮捕状は、逮捕状請求書及びその記載を利用してこれを作ることができる。

（数通の逮捕状）

第一四六条　逮捕状は、請求により、数通を発することができる。

（勾留請求書の記載要件・法第二百四条等）

第一四七条①　被疑者の勾留の請求書には、次に掲げる事項を記載しなければならない。

一　被疑者の氏名、年齢、職業及び住居

二　罪名、被疑事実の要旨及び被疑者が現行犯人として逮捕された者であるときは、罪を犯したことを疑うに足りる相当な理由

三　法第六十条第一項各号に定める事由

四　検察官又は司法警察員がやむを得ない事情によつて法に定める時間の制限に従うことができなかつたときは、その事由

五　被疑者に弁護人があるときは、その氏名

②　被疑者の年齢、職業若しくは住居、罪名又は被疑事実の要旨の記載については、これらの事項が逮捕状請求書の記載と同一であるときは、前項の規定にかかわらず、その旨を請求書に記載すれば足りる。

③　第一項の場合には、第百四十二条第二項及び第三項の規定を準用する。

（資料の提供・法第二百四条等）

第一四八条①　被疑者の勾留を請求するには、次に掲げる資料を提供しなければならない。

一　その逮捕が逮捕状によるときは、逮捕状請求書並びに逮捕の年月日時及び場所、引致の年月日時、送致する手続をした年月日時及び送致を受けた年月日時が記載されそれぞれその記載についての記名押印のある逮捕状

二　その逮捕が現行犯逮捕であるときは、前号に規定する事項を記載した調書その他の書類

三　法に定める勾留の理由が存在することを認めるべき資料

②　検察官又は司法警察員がやむを得ない事情によつて法に定める時間の制限に従うことができなかつたときは、これを認めるべき資料をも提供しなければならない。

（勾留状の記載要件・法第二百七条等）

第一四九条　被疑者に対して発する勾留状には、勾留の請求の年月日をも記載しなければならない。

（書類の送付）

第一五〇条　裁判官は、被疑者を勾留したときは、速やかにこれに関する書類を検察官に送付しなければならない。

（被疑者の勾留期間の再延長・法第二百八条の二）

第一五〇条の二　法第二百八条の二の規定による期間の延長は、やむを得ない事由があるときに限り、することができる。

（期間の延長の請求・法第二百八条等）

第一五一条①　法第二百八条第二項又は第二百八条の二の規定による期間の延長の請求は、書面でこれをしなければならない。

②　前項の書面には、やむを得ない事由及び延長を求める期間を記載しなければならない。

（資料の提供等・法第二百八条等）

第一五二条　前条第一項の請求をするには、勾留状を差し出し、且つやむを得ない事由があることを認めるべき資料を提供しなければならない。

（期間の延長の裁判・法第二百八条等）

第一五三条①　裁判官は、第百五十一条第一項の請求を理由があるものと認めるときは、勾留状に延長する期間及び理由を記載して記名押印し、且つ裁判所書記官をしてこれを検察官に交付させなければならない。

②　前項の延長の裁判は、同項の交付をすることによつてその効力を生ずる。

③　裁判所書記官は、勾留状を検察官に交付する場合には、勾留状に交付の年月日を記載して記名押印しなければならない。

④　検察官は、勾留状の交付を受けたときは、直ちに刑事施設職員をしてこれを被疑者に示させなければならない。

⑤　第百五十一条第一項の請求については、第百四十条、第百四十一条及び第百五十条の規定を準用する。

（謄本交付の請求・法第二百八条等）

第一五四条　前条第一項の裁判があつたときは、被疑者は、その裁判の記載のある勾留状の謄本の交付を請求することができる。

（差押え等の令状請求書の記載要件・法第二百十八条）

第一五五条①　差押え、記録命令付差押え、捜索又は検証のための令状の請求書には、次に掲げる事項を記載しなければならない。

一　差し押さえるべき物、記録させ若しくは印刷させるべき電磁的記録及びこれを記録させ若しくは印刷させるべき者又は捜索し若しくは検証すべき場所、身体若しくは物

二　請求者の官公職氏名

三　被疑者又は被告人の氏名（被疑者又は被告人が法人であるときは、その名称）

四　罪名及び犯罪事実の要旨

五　七日を超える有効期間を必要とするときは、その旨及び事由

六　法第二百十八条第二項の場合には、差し押さえるべき電子計算機に電気通信回線で接続している記録媒体であつて、その電磁的記録を複写すべきものの範囲

七　日出前又は日没後に差押え、記録命令付差押え、捜索又は検証をする必要があるときは、その旨及び事由

②　身体検査令状の請求書には、前項に規定する事項のほか、法第二百十八条第五項に規定する事項を記載しなければならない。

③　被疑者又は被告人の氏名又は名称が明らかでないときは、その旨を記載すれば足りる。

（資料の提供・法第二百十八条等）

第一五六条①　前条第一項の請求をするには、被疑者又は被告人が罪を犯したと思料されるべき資料を提供しなければならない。

②　郵便物、信書便物又は電信に関する書類で法令の規定に基づき通信事務を取り扱う者が保管し、又は所持するもの（被疑者若しくは被告人から発し、又は被疑者若しくは被告人に対して発したものを除く。）の差押えのための令状を請求するには、その物が被疑事件又は被告事件に関係があると認めるに足りる状況があることを認めるべき資料を提供しなければならない。

③　被疑者又は被告人以外の者の身体、物又は住居その他の場所についての捜索のための令状を請求するには、差し押さえるべき物の存在を認めるに足りる状況があることを認めるべき資料を提供しなければならない。

（身体検査令状の記載要件・法第二百十九条）

第一五七条　身体検査令状には、正当な理由がなく身体の検査を拒んだときは過料又は刑罰に処せられることがある旨をも記載しなければならない。

（逮捕状等の返還に関する記載）

第一五七条の二　逮捕状又は法第二百十八条第一項の令状には、有効期間内であつても、その必要がなくなつたときは、直ちにこれを返還しなければならない旨をも記載しなければならない。

（処罰等の請求・法第二百二十二条）

第一五八条　法第二百二十二条第七項の規定により身体の検査を拒んだ者を過料に処し又はこれに賠償を命ずべき旨の請求は、請求者の所属の官公署の所在地を管轄する地方裁判所又は簡易裁判所にこれをしなければならない。

（鑑定留置請求書の記載要件・法第二百二十四条）

第一五八条の二①　鑑定のためにする被疑者の留置の請求書には、次に掲げる事項を記載しなければならない。

一　被疑者の氏名、年齢、職業及び住居

二　罪名及び被疑事実の要旨

三　請求者の官公職氏名

四　留置の場所

五　留置を必要とする期間
六　鑑定の目的
七　鑑定人の氏名及び職業
八　被疑者に弁護人があるときは、その氏名

②　前項の場合には、第百四十二条第二項及び第三項の規定を準用する。

（鑑定処分許可請求書の記載要件・法第二百二十五条）

第一五九条①　法第二百二十五条第一項の許可の請求書には、次に掲げる事項を記載しなければならない。
一　請求者の官公職氏名
二　被疑者又は被告人の氏名（被疑者又は被告人が法人であるときは、その名称）
三　罪名及び犯罪事実の要旨
四　鑑定人の氏名及び職業
五　鑑定人が立ち入るべき住居、邸宅、建造物若しくは船舶、検査すべき身体、解剖すべき死体、発掘すべき墳墓又は破壊すべき物
六　許可状が七日を超える有効期間を必要とするときは、その旨及び事由

②　前項の場合には、第百五十五条第三項の規定を準用する。

（証人尋問請求書の記載要件・法第二百二十六条等）

第一六〇条①　法第二百二十六条又は第二百二十七条の証人尋問の請求は、次に掲げる事項を記載した書面でこれをしなければならない。
一　証人の氏名、年齢、職業及び住居
二　被疑者又は被告人の氏名（被疑者又は被告人が法人であるときは、その名称）
三　罪名及び犯罪事実の要旨
四　証明すべき事実
五　尋問事項又は証人が証言すべき事項
六　法第二百二十六条又は第二百二十七条に規定する事由
七　被疑者に弁護人があるときは、その氏名

②　前項の場合には、第百五十五条第三項の規定を準用する。

（資料の提供・法第二百二十六条）

第一六一条　法第二百二十六条の証人尋問を請求するには、同条に規定する事由があることを認めるべき資料を提供しなければならない。

（証人尋問の立会・法第二百二十八条）

第一六二条　法第二百二十六条又は第二百二十七条の証人尋問の請求を受けた裁判官は、捜査に支障を生ずる虞がないと認めるときは、被告人、被疑者又は弁護人をその尋問に立ち会わせることができる。

（書類の送付・法第二百二十六条等）

第一六三条　裁判官は、法第二百二十六条又は第二百二十七条の請求により証人を尋問したときは、速やかにこれに関する書類を検察官に送付しなければならない。

第二章　公訴

（起訴状の記載要件・法第二百五十六条）

第一六四条①　起訴状には、法第二百五十六条に規定する事項の外、次に掲げる事項を記載しなければならない。
一　被告人の年齢、職業、住居及び本籍。但し、被告人が法人であるときは、事務所並びに代表者又は管理人の氏名及び住居
二　被告人が逮捕又は勾留されているときは、その旨

②　前項第一号に掲げる事項が明らかでないときは、その旨を記載すれば足りる。

（起訴状の謄本等の差出し等・法第二百七十一条等）

第一六五条①　検察官は、公訴の提起と同時に被告人の数に応ずる起訴状の謄本を裁判所に差し出さなければならない。但し、やむを得ない事情があるときは、公訴の提起後、速やかにこれを差し出さなければならない。

②　検察官は、公訴の提起と同時に、検察官又は司法警察員に差し出された弁護人選任書を裁判所に差し出さなければならない。同時に差し出すことができないときは、起訴状にその旨を記載し、且つ公訴の提起後、速やかにこれを差し出さなければならない。

③　検察官は、公訴の提起前に法の規定に基づいて裁判官が付した弁護人があるときは、公訴の提起と同時にその旨を裁判所に通知しなければならない。

④　第一項の規定は、略式命令の請求をする場合には、適用しない。

（証明資料の差出・法第二百五十五条）

第一六六条　公訴を提起するについて、犯人が国外にいたこと又は犯人が逃げ隠れていたため有効に起訴状若しくは略式命令の謄本の送達ができなかつたことを証明する必要があるときは、検察官は、公訴の提起後、速やかにこれを証明すべき資料を裁判所に差し出さなければならない。但し、裁判官に事件につき予断を生ぜしめる虞のある書類その他の物を差し出してはならない。

（逮捕状、勾留状の差出・法第二百八十条）

第一六七条①　検察官は、逮捕又は勾留されている被告人について公訴を提起したときは、速やかにその裁判所の裁判官に逮捕状又は逮捕状及び勾留状を差し出さなければならない。逮捕又は勾留された後釈放された被告人について公訴を提起したときも、同様である。

②　裁判官は、第百八十七条の規定により他の裁判所の裁判官が勾留に関する処分をすべき場合には、直ちに前項の逮捕状及び勾留状をその裁判官に送付しなければならない。

③　裁判官は、第一回の公判期日が開かれたときは、速やかに逮捕状、勾留状及び勾留に関する処分の書類を裁判所に送付しなければならない。

（公訴取消の方式・法第二百五十七条）

第一六八条　公訴の取消は、理由を記載した書面でこれをしなければならない。

（審判請求書の記載要件・法第二百六十二条）

第一六九条　法第二百六十二条の請求書には、裁判所の審判に付せられるべき事件の犯罪事実及び証拠を記載しなければならない。

（請求の取下の方式・法第二百六十三条）

第一七〇条　法第二百六十二条の請求の取下は、書面でこれをしなければならない。

（書類等の送付）

第一七一条　検察官は、法第二百六十二条の請求を理由がないものと認めるときは、請求書を受け取つた日から七日以内に意見書を添えて書類及び証拠物とともにこれを同条に規定する裁判所に送付しなければならない。意見書には、公訴を提起しない理由を記載しなければならない。

（請求等の通知）

第一七二条①　前条の送付があつたときは、裁判所書記官は、速やかに法第二百六十二条の請求があつた旨を被疑者に通知しなければならない。

②　法第二百六十二条の請求の取下があつたときは、裁判所書記官は、速やかにこれを検察官及び被疑者に通知しなければならない。

（被疑者の取調・法第二百六十五条）

第一七三条①　法第二百六十二条の請求を受けた裁判所は、被疑者の取調をするときは、裁判所書記官を立ち会わせなければならない。

②　前項の場合には、調書を作り、裁判所書記官が署名押印し、裁判長が認印しなければならない。

③　前項の調書については、第三十八条第二項第三号前段、第三項、第四項及び第六項の規定を準用する。

（審判に付する決定・法第二百六十六条）

第一七四条①　法第二百六十六条第二号の決定をするには、裁判書に起訴状に記載すべき事項を記載しなければならない。

② 前項の決定の謄本は、検察官及び被疑者にもこれを送達しなければならない。

（審判に付する決定後の処分・法第二百六十七条）

第一七五条 裁判所は、法第二百六十六条第二号の決定をした場合には、速やかに次に掲げる処分をしなければならない。

一 事件をその裁判所の審判に付したときは、裁判書を除いて、書類及び証拠物を事件について公訴の維持にあたる弁護士に送付する。

二 事件を他の裁判所の審判に付したときは、裁判書をその裁判所に、書類及び証拠物を事件について公訴の維持にあたる弁護士に送付する。

第三章 公判

第一節 公判準備及び公判手続

（起訴状の謄本の送達等・法第二百七十一条）

第一七六条① 裁判所は、起訴状の謄本を受け取つたときは、直ちにこれを被告人に送達しなければならない。

② 裁判所は、起訴状の謄本の送達ができなかつたときは、直ちにその旨を検察官に通知しなければならない。

（弁護人選任に関する通知・法第二百七十二条等）

第一七七条 裁判所は、公訴の提起があつたときは、遅滞なく、被告人に対し、弁護人を選任することができる旨及び貧困その他の事由により弁護人を選任することができないときは弁護人の選任を請求することができる旨の外、死刑又は無期若しくは長期三年を超える懲役若しくは禁錮にあたる事件については、弁護人がなければ開廷することができない旨をも知らせなければならない。但し、被告人に弁護人があるときは、この限りでない。

（弁護人のない事件の処置・法第二百八十九条等）

第一七八条① 裁判所は、公訴の提起があつた場合において被告人に弁護人がないときは、遅滞なく、被告人に対し、死刑又は無期若しくは長期三年を超える懲役若しくは禁錮にあたる事件については、弁護人を選任するかどうかを、その他の事件については、法第三十六条の規定による弁護人の選任を請求するかどうかを確めなければならない。

② 裁判所は、前項の処置をするについては、被告人に対し、一定の期間を定めて回答を求めることができる。

③ 第一項前段の事件について、前項の期間内に回答がなく又は弁護人の選任がないときは、裁判長は、直ちに被告人のため弁護人を選任しなければならない。

（第一回公判期日前における訴訟関係人の準備）

第一七八条の二 訴訟関係人は、第一回の公判期日前に、できる限り証拠の収集及び整理をし、審理が迅速に行われるように準備しなければならない。

（検察官、弁護人の氏名の告知等）

第一七八条の三 裁判所は、検察官及び弁護人の訴訟の準備に関する相互の連絡が、公訴の提起後すみやかに行なわれるようにするため必要があると認めるときは、裁判所書記官に命じて、検察官及び弁護人の氏名を相手方に知らせる等適当な措置をとらせなければならない。

（第一回公判期日の指定）

第一七八条の四 第一回の公判期日を定めるについては、その期日前に訴訟関係人がなすべき訴訟の準備を考慮しなければならない。

（審理に充てることのできる見込み時間の告知）

第一七八条の五 裁判所は、公判期日の審理が充実して行なわれるようにするため相当と認めるときは、あらかじめ、検察官又は弁護人に対し、その期日の審理に充てることのできる見込みの時間を知らせなければならない。

（第一回公判期日前における検察官、弁護人の準備の内容）

第一七八条の六① 検察官は、第一回の公判期日前に、次のことを行なわなければならない。

一 法第二百九十九条第一項本文の規定により、被告人又は弁護人に対し、閲覧する機会を与えるべき証拠書類又は証拠物があるときは、公訴の提起後なるべくすみやかに、その機会を与えること。

二 第二項第三号の規定により弁護人が閲覧する機会を与えた証拠書類又は証拠物について、なるべくすみやかに、法第三百二十六条の同意をするかどうか又はその取調の請求に関し異議がないかどうかの見込みを弁護人に通知すること。

② 弁護人は、第一回の公判期日前に、次のことを行なわなければならない。

一 被告人その他の関係者に面接する等適当な方法によつて、事実関係を確かめておくこと。

二 前項第一号の規定により検察官が閲覧する機会を与えた証拠書類又は証拠物について、なるべくすみやかに、法第三百二十六条の同意をするかどうか又はその取調の請求に関し異議がないかどうかの見込みを検察官に通知すること。

三 法第二百九十九条第一項本文の規定により、検察官に対し、閲覧する機会を与えるべき証拠書類又は証拠物があるときは、なるべくすみやかに、これを提示してその機会を与えること。

③ 検察官及び弁護人は、第一回の公判期日前に、前二項に掲げることを行なうほか、相手方と連絡して、次のことを行なわなければならない。

一 起訴状に記載された訴因若しくは罰条を明確にし、又は事件の争点を明らかにするため、相互の間でできる限り打ち合わせておくこと。

二 証拠調その他の審理に要する見込みの時間等裁判所が開廷回数の見通しをたてるについて必要な事項を裁判所に申し出ること。

（証人等の氏名及び住居を知る機会を与える場合等）

第一七八条の七 第一回の公判期日前に、法第二百九十九条第一項本文の規定により、訴訟関係人が、相手方に対し、証人、鑑定人、通訳人又は翻訳人の氏名及び住居を知る機会を与える場合には、なるべく早い時期に、その機会を与えるようにしなければならない。法第二百九十九条の四第二項の規定により、被告人又は弁護人に対し、証人、鑑定人、通訳人又は翻訳人の氏名又は住居を知る機会を与えないで、氏名に代わる呼称又は住居に代わる連絡先を知る機会を与える場合も同様とする。

（証人等の氏名及び住居の開示に係る措置の通知・法第二百九十九条の四）

第一七八条の八① 法第二百九十九条の四第五項の規定による通知は、書面でしなければならない。

② 前項の書面には、次に掲げる事項を記載しなければならない。

一 検察官がとつた法第二百九十九条の四第一項から第四項までの規定による措置に係る者の氏名又は住居

二 検察官がとつた措置が法第二百九十九条の四第一項又は第三項の規定によるものであるときは、弁護人に対し付した条件又は指定した時期若しくは方法

三 検察官がとつた措置が法第二百九十九条の四第二項又は第四項の規定によるものであるときは、被告人又は弁護人に対し知る機会を与えた氏名に代わる呼称又は住居に代わる連絡先

四 検察官が証拠書類又は証拠物について法第二百九十九条の四第三項又は第四項の規定による措置をとつたときは、当該証拠書類又は証拠物を識別するに足りる事項

（証人等の氏名及び住居の開示に関する裁定の請求の方式・法第二百九十九条の五）

第一七八条の九① 法第二百九十九条の五第一項の規定による裁定の請求は、書面を差し出してこれをしなければならない。

② 被告人又は弁護人は、前項の請求をしたときは、速やかに、同項の書面の謄本を検察官に送付しなければならない。

③ 裁判所は、第一項の規定にかかわらず、公判期日においては、同項の請求を口頭ですることを許すことができる。

第一七八条の一〇（証人等の呼称又は連絡先の通知・法第二百九十九条の六） ① 裁判所は、法第二百九十九条の六第二項の規定により、検察官がとつた法第二百九十九条の四第二項若しくは第四項の規定による措置に係る者の氏名若しくは住居が記載され若しくは記録されている部分の閲覧又は謄写を禁じた場合において、弁護人の請求があるときは、弁護人に対し、氏名にあつてはこれに代わる呼称を、住居にあつてはこれに代わる連絡先を知らせなければならない。

② 裁判所は、法第二百九十九条の六第三項の規定により、検察官がとつた法第二百九十九条の四第一項から第四項までの規定による措置に係る者若しくは裁判所がとつた法第二百九十九条の五第二項の規定による措置に係る者の氏名若しくは住居が記載され若しくは記録されている部分の閲覧を禁じ、又は当該部分の朗読の求めを拒んだ場合において、被告人の請求があるときは、被告人に対し、氏名にあつてはこれに代わる呼称を、住居にあつてはこれに代わる連絡先を知らせなければならない。

第一七八条の一一（公判期日外の尋問調書の閲覧等の制限） ① 裁判所は、検察官がとつた法第二百九十九条の四第一項から第四項までの規定による措置に係る者若しくは裁判所がとつた法第二百九十九条の五第二項の規定による措置に係る者若しくはこれらの親族の身体若しくは財産に害を加え又はこれらの者を畏怖させ若しくは困惑させる行為がなされるおそれがあると認める場合において、検察官及び被告人又は弁護人の意見を聴き、相当と認めるときは、被告人が第百二十六条（第百三十五条及び第百三十六条において準用する場合を含む。以下この条において同じ。）第一項の尋問調書を第百二十六条第二項の規定により閲覧し、又は同条第三項の規定により朗読を求めるについて、このうち当該措置に係る者の氏名若しくは住居が記載され若しくは記録されている部分の閲覧を禁じ、又は当該部分の朗読の求めを拒むことができる。ただし、当該措置に係る者の供述の証明力の判断に資するような被告人その他の関係者との利害関係の有無を確かめることができなくなるときその他の被告人の防御に実質的な不利益を生ずるおそれがあるときは、この限りでない。

② 裁判所は、前項の規定により、検察官がとつた法第二百九十九条の四第一項から第四項までの規定による措置に係る者若しくは裁判所がとつた法第二百九十九条の五第二項の規定による措置に係る者の氏名若しくは住居が記載され若しくは記録されている部分の閲覧を禁じ、又は当該部分の朗読の求めを拒んだ場合において、被告人又は弁護人の請求があるときは、被告人に対し、氏名にあつてはこれに代わる呼称を、住居にあつてはこれに代わる連絡先を知らせなければならない。

第一七八条の一二（証拠決定された証人等の氏名等の通知） ① 裁判所は、法第二百九十九条の四第一項又は法第二百九十九条の五第二項の規定により氏名についての措置がとられた者について、証人、鑑定人、通訳人又は翻訳人として尋問する旨の決定を公判期日前にした場合には、第百九十一条第二項の規定にかかわらず、その氏名を検察官及び弁護人に通知する。

② 裁判所は、法第二百九十九条の四第二項の規定により氏名についての措置がとられた者について、証人、鑑定人、通訳人又は翻訳人として尋問する旨の決定を公判期日前にした場合には、第百九十一条第二項の規定にかかわらず、その氏名に代わる呼称を訴訟関係人に通知する。

第一七八条の一三（第一回公判期日における在廷証人） 検察官及び弁護人は、証人として尋問を請求しようとする者で第一回の公判期日において取り調べられる見込みのあるものについて、これを在廷させるように努めなければならない。

第一七八条の一四（検察官、弁護人の準備の進行に関する問合せ等） 裁判所は、裁判所書記官に命じて、検察官又は弁護人に訴訟の準備の進行に関し問い合わせ又はその準備を促す処置をとらせることができる。

第一七八条の一五（検察官、弁護人との事前の打合せ） ① 裁判所は、適当と認めるときは、第一回の公判期日前に、検察官及び弁護人を出頭させた上、公判期日の指定その他訴訟の進行に関し必要な事項について打合せを行なうことができる。ただし、事件につき予断を生じさせるおそれのある事項にわたることはできない。

② 前項の処置は、合議体の構成員にこれをさせることができる。

第一七八条の一六（還付等に関する規定の活用） 検察官は、公訴の提起後は、その事件に関し押収している物について、被告人及び弁護人が訴訟の準備をするに当たりなるべくその物を利用することができるようにするため、法第二百二十二条第一項の規定により準用される法第百二十三条（押収物の還付等）の規定の活用を考慮しなければならない。

第一七九条（第一回の公判期日・法第二百七十五条） ① 被告人に対する第一回の公判期日の召喚状の送達は、起訴状の謄本を送達する前には、これをすることができない。

② 第一回の公判期日と被告人に対する召喚状の送達との間には、少くとも五日の猶予期間を置かなければならない。但し、簡易裁判所においては、三日の猶予期間を置けば足りる。

③ 被告人に異議がないときは、前項の猶予期間を置かないことができる。

第一七九条の二 削除

第一七九条の三（公判期日に出頭しない者に対する処置） 公判期日に召喚を受けた被告人その他の者が正当な理由がなく出頭しない場合には、法第五十八条（被告人の勾引）、第九十六条（保釈の取消等）及び第百五十条から第百五十三条まで（証人に対する制裁等）の規定等の活用を考慮しなければならない。

第一七九条の四（公判期日の変更の請求・法第二百七十六条） ① 訴訟関係人は、公判期日の変更を必要とする事由が生じたときは、直ちに、裁判所に対し、その事由及びそれが継続する見込の期間を具体的に明らかにし、且つ、診断書その他の資料によりこれを疎明して、期日の変更を請求しなければならない。

② 裁判所は、前項の事由をやむを得ないものと認める場合の外、同項の請求を却下しなければならない。

第一七九条の五（私選弁護人差支の場合の処置・法第二百八十九条等） ① 法第三十条に掲げる者が選任した弁護人は、公判期日の変更を必要とする事由が生じたときは、直ちに、前条第一項の手続をする外、その事由及びそれが継続する見込期間を被告人及び被告人以外の選任者に知らせなければならない。

② 裁判所は、前項の事由をやむを得ないものと認める場合において、その事由が長期にわたり審理の遅延を来たす虞があると思料するときは、同項に掲げる被告人及び被告人以外の選任者に対し、一定の期間を定めて、他の弁護人を選任するかどうかの回答を求めなければならない。

③ 前項の期間内に回答がなく又は他の弁護人の選任がないときは、次の例による。但し、著しく被告人の利益を害する虞があるときは、この限りでない。

一 弁護人がなければ開廷することができない事件については、法第二百八十九条第二項の規定により、被告人のため他の弁護人を選任して開廷することができる。

二 弁護人がなくても開廷することができる事件については、弁護人の出頭をまたないで開廷することができる。

第一七九条の六（国選弁護人差支えの場合の処置・法第三十六条等） 法の規定により裁判所若しくは裁判長又は裁判官が付した弁護人は、期日の変更を必要とする事由が生じたときは、直ちに、第百七十九条の四第一項の手続をするほか、その事由及びそれが継続する見込みの期間を被告人に知らせなければならない。

（期日変更についての意見の聴取・法第二百七十六条）

第一八〇条　公判期日を変更するについては、あらかじめ、職権でこれをする場合には、検察官及び被告人又は弁護人の意見を、請求によりこれをする場合には、相手方又はその弁護人の意見を聴かなければならない。但し、急速を要する場合は、この限りでない。

（期日変更請求の却下決定の送達・法第二百七十六条）

第一八一条　公判期日の変更に関する請求を却下する決定は、これを送達することを要しない。

（公判期日の不変更・法第二百七十七条）

第一八二条①　裁判所は、やむを得ないと認める場合の外、公判期日を変更することができない。

②　裁判所がその権限を濫用して公判期日を変更したときは、訴訟関係人は、書面で、裁判所法第八十条の規定により当該裁判官に対して監督権を行う裁判所に不服の申立をすることができる。

（不出頭の場合の資料・法第二百七十八条）

第一八三条①　被告人は、公判期日に召喚を受けた場合において精神又は身体の疾病その他の事由により出頭することができないと思料するときは、直ちにその事由を記載した書面及びその事由を明らかにすべき医師の診断書その他の資料を裁判所に差し出さなければならない。

②　前項の規定により医師の診断書を差し出すべき場合において被告人が貧困のためこれを得ることができないときは、裁判所は、医師に被告人に対する診断書の作成を嘱託することができる。

③　前二項の診断書には、病名及び病状の外、その精神又は身体の病状において、公判期日に出頭することができるかどうか、自ら又は弁護人と協力して適当に防禦権を行使することができるかどうか及び出頭し又は審理を受けることにより生命又は健康状態に著しい危険を招くかどうかの点に関する医師の具体的な意見が記載されていなければならない。

（診断書の不受理等・法第二百七十八条）

第一八四条①　裁判所は、前条の規定による医師の診断書が同条に定める方式に違反しているときは、これを受理してはならない。

②　裁判所は、前条の診断書が同条に定める方式に違反していない場合においても、その内容が疑わしいと認めるときは、診断書を作成した医師を召喚して医師としての適格性及び診断書の内容に関しこれを証人として尋問し、又は他の適格性のある公平な医師に対し被告人の病状についての鑑定を命ずる等適当な措置を講じなければならない。

（不当な診断書・法第二百七十八条）

第一八五条　裁判所は、医師が第百八十三条の規定による診断書を作成するについて、故意に、虚偽の記載をし、同条に定める方式に違反し、又は内容を不明りようなものとしその他相当でない行為があつたものと認めるときは、厚生労働大臣若しくは医師をもつて組織する団体がその医師に対し適当と認める処置をとることができるようにするためにその旨をこれらの者に通知し、又は法令によつて認められている他の適当な処置をとることができる。

（準用規定）

第一八六条　公判期日に召喚を受けた被告人以外の者及び公判期日の通知を受けた者については、前三条の規定を準用する。

（勾留に関する処分をすべき裁判官・法第二百八十条）

第一八七条①　公訴の提起があつた後第一回の公判期日までの勾留に関する処分は、公訴の提起を受けた裁判所の裁判官がこれをしなければならない。但し、事件の審判に関与すべき裁判官は、その処分をすることができない。

②　前項の規定によるときは同項の処分をすることができない場合には、同項の裁判官は、同一の地に在る地方裁判所又は簡易裁判所の裁判官にその処分を請求しなければならない。但し、急速を要する場合又は同一の地にその処分を請求すべき他の裁判所の裁判官がない場合には、同項但書の規定にかかわらず、自らその処分をすることを妨げない。

③　前項の請求を受けた裁判官は、第一項の処分をしなければならない。

④　裁判官は、第一項の処分をするについては、検察官、被告人又は弁護人の出頭を命じてその陳述を聴くことができる。必要があるときは、これらの者に対し、書類その他の物の提出を命ずることができる。但し、事件の審判に関与すべき裁判官は、事件につき予断を生ぜしめる虞のある書類その他の物の提出を命ずることができない。

⑤　地方裁判所の支部は、第一項及び第二項の規定の適用については、これを当該裁判所と別個の地方裁判所とみなす。

（出頭拒否の通知・法第二百八十六条の二）

第一八七条の二　勾留されている被告人が召喚を受けた公判期日に出頭することを拒否し、刑事施設職員による引致を著しく困難にしたときは、刑事施設の長は、直ちにその旨を裁判所に通知しなければならない。

（出頭拒否についての取調べ・法第二百八十六条の二）

第一八七条の三①　裁判所は、法第二百八十六条の二の規定により被告人の出頭をまたないで公判手続を行うには、あらかじめ、同条に定める事由が存在するかどうかを取り調べなければならない。

②　裁判所は、前項の規定による取調べをするについて必要があると認めるときは、刑事施設職員その他の関係者の出頭を命じてその陳述を聴き、又はこれらの者に対し報告書の提出を命ずることができる。

③　第一項の規定による取調は、合議体の構成員にさせることができる。

（不出頭のまま公判手続を行う旨の告知・法第二百八十六条の二）

第一八七条の四　法第二百八十六条の二の規定により被告人の出頭をまたないで公判手続を行う場合には、裁判長は、公判廷でその旨を訴訟関係人に告げなければならない。

（証拠調べの請求の時期・法第二百九十八条）

第一八八条　証拠調べの請求は、公判期日前にも、これをすることができる。ただし、公判前整理手続において行う場合を除き、第一回の公判期日前は、この限りでない。

（証拠調を請求する場合の書面の提出・法第二百九十八条）

第一八八条の二①　証人、鑑定人、通訳人又は翻訳人の尋問を請求するときは、その氏名及び住居を記載した書面を差し出さなければならない。

②　証拠書類その他の書面の取調を請求するときは、その標目を記載した書面を差し出さなければならない。

（証人尋問の時間の申出・法第二百九十八条）

第一八八条の三①　証人の尋問を請求する者は、証人の尋問に要する見込みの時間を申し出なければならない。

②　証人の尋問を請求した者の相手方は、証人を尋問する旨の決定があつたときは、その尋問に要する見込みの時間を申し出なければならない。

③　職権により証人を尋問する旨の決定があつたときは、検察官及び被告人又は弁護人は、その尋問に要する見込みの時間を申し出なければならない。

（証拠調の請求の方式・法第二百九十八条）

第一八九条①　証拠調の請求は、証拠と証明すべき事実との関係を具体的に明示して、これをしなければならない。

②　証拠書類その他の書面の一部の取調を請求するには、特にその部分を明確にしなければならない。

③　裁判所は、必要と認めるときは、証拠調の請求をする者に対し、前二項に定める事項を明らかにする書面の提出を命ずることができる。

④　前各項の規定に違反してされた証拠調の請求は、これを却下することができる。

（証拠の厳選・法第二百九十八条）

第一八九条の二　証拠調べの請求は、証明すべき事実の立証に必要な証拠を厳選して、これをしなければならない。

（証拠決定・法第二百九十八条等）

第一九〇条①　証拠調又は証拠調の請求の却下は、決定でこれをしなければならない。

②　前項の決定をするについては、証拠調の請求に基く場合には、相手方又はその弁護人の意見を、職権による場合には、検察官及び被告人又は弁護人の意見を聴かなければならない。

③　被告人が出頭しないでも証拠調を行うことができる公判期日に被告人及び弁護人が出頭していないときは、前項の規定にかかわらず、これらの者の意見を聴かないで、第一項の決定をすることができる。

（証拠決定の送達）

第一九一条①　証人、鑑定人、通訳人又は翻訳人を尋問する旨の決定は、公判期日前にこれをする場合においても、これを送達することを要しない。

②　前項の場合には、直ちにその氏名を訴訟関係人に通知しなければならない。

（証人等の出頭）

第一九一条の二　証人、鑑定人、通訳人又は翻訳人を尋問する旨の決定があつたときは、その取調を請求した訴訟関係人は、これらの者を期日に出頭させるように努めなければならない。

（証人尋問の準備）

第一九一条の三　証人の尋問を請求した検察官又は弁護人は、証人その他の関係者に事実を確かめる等の方法によつて、適切な尋問をすることができるように準備しなければならない。

（証拠決定についての提示命令）

第一九二条　証拠調の決定をするについて必要があると認めるときは、訴訟関係人に証拠書類又は証拠物の提示を命ずることができる。

（証拠調の請求の順序・法第二百九十八条）

第一九三条①　検察官は、まず、事件の審判に必要と認めるすべての証拠の取調を請求しなければならない。

②　被告人又は弁護人は、前項の請求が終つた後、事件の審判に必要と認める証拠の取調を請求することができる。

第一九四条及び第一九五条　削除

（人定質問）

第一九六条　裁判長は、検察官の起訴状の朗読に先だち、被告人に対し、その人違でないことを確めるに足りる事項を問わなければならない。

（法第二百九十条の二第一項の申出がされた旨の通知の方式）

第一九六条の二　法第二百九十条の二第三項後段の規定による通知は、書面でしなければならない。ただし、やむを得ない事情があるときは、この限りでない。

（公開の法廷で明らかにされる可能性があると思料する事項の告知・法第二百九十条の二）

第一九六条の三　検察官は、法第二百九十条の二第一項又は第三項の決定があつた場合において、事件の性質、審理の状況その他の事情を考慮して、被害者特定事項のうち被害者の氏名及び住所以外に公開の法廷で明らかにされる可能性があると思料する事項があるときは、裁判所及び被告人又は弁護人にこれを告げるものとする。

（呼称の定め・法第二百九十条の二）

第一九六条の四　裁判所は、法第二百九十条の二第一項又は第三項の決定をした場合において、必要があると認めるときは、被害者の氏名その他の被害者特定事項に係る名称に代わる呼称を定めることができる。

（決定の告知・法第二百九十条の二）

第一九六条の五①　裁判所は、法第二百九十条の二第一項若しくは第三項の決定又は同条第四項の規定によりこれらの決定を取り消す決定をしたときは、公判期日においてこれをした場合を除き、速やかに、その旨を訴訟関係人に通知しなければならない。同条第一項の決定をしないこととしたときも、同様とする。

②　裁判所は、法第二百九十条の二第一項の決定又は同条第四項の規定により当該決定を取り消す決定をしたときは、速やかに、その旨を同条第一項の申出をした者に通知しなければならない。同項の決定をしないこととしたときも、同様とする。

（公開の法廷で明らかにされる可能性があると思料する事項の告知・法第二百九十条の三）

第一九六条の六　検察官及び被告人又は弁護人は、法第二百九十条の三第一項の決定があつた場合において、事件の性質、審理の状況その他の事情を考慮して、証人等特定事項のうち証人等の氏名及び住所以外に公開の法廷で明らかにされる可能性があると思料する事項があるときは、裁判所及び相手方又はその弁護人にこれを告げるものとする。

（呼称の定め・法第二百九十条の三）

第一九六条の七　裁判所は、法第二百九十条の三第一項の決定をした場合において、必要があると認めるときは、証人等の氏名その他の証人等特定事項に係る名称に代わる呼称を定めることができる。

（決定の告知・法第二百九十条の三）

第一九六条の八①　裁判所は、法第二百九十条の三第一項の決定又は同条第二項の規定により当該決定を取り消す決定をしたときは、公判期日においてこれをした場合を除き、速やかに、その旨を訴訟関係人に通知しなければならない。同条第一項の決定をしないこととしたときも、同様とする。

②　裁判所は、法第二百九十条の三第一項の決定又は同条第二項の規定により当該決定を取り消す決定をしたときは、速やかに、その旨を同条第一項の申出をした者に通知しなければならない。同項の決定をしないこととしたときも、同様とする。

（被告人の権利保護のための告知事項・法第二百九十一条）

第一九七条①　裁判長は、起訴状の朗読が終つた後、被告人に対し、終始沈黙し又個々の質問に対し陳述を拒むことができる旨の外、陳述をすることもできる旨及び陳述をすれば自己に不利益な証拠ともなり又利益な証拠ともなるべき旨を告げなければならない。

②　裁判長は、必要と認めるときは、被告人に対し、前項に規定する事項の外、被告人が充分に理解していないと思料される被告人保護のための権利を説明しなければならない。

（簡易公判手続によるための処置・法第二百九十一条の二）

第一九七条の二　被告人が法第二百九十一条第四項の機会に公訴事実を認める旨の陳述をした場合には、裁判長は、被告人に対し簡易公判手続の趣旨を説明し、被告人の陳述がその自由な意思に基づくかどうか及び法第二百九十一条の二に定める有罪の陳述に当たるかどうかを確めなければならない。ただし、裁判所が簡易公判手続によることができず又はこれによることが相当でないと認める事件については、この限りでない。

（弁護人等の陳述）

第一九八条①　裁判所は、検察官が証拠調のはじめに証拠により証明すべき事実を明らかにした後、被告人又は弁護人にも、証拠により証明すべき事実を明らかにすることを許すことができる。

②　前項の場合には、被告人又は弁護人は、証拠とすることができず、又は証拠としてその取調を請求する意思のない資料に基いて、裁判所に事件について偏見又は予断を生ぜしめる虞のある事項を述べることはできない。

（争いのない事実の証拠調べ）

第一九八条の二　訴訟関係人は、争いのない事実については、誘導尋問、法第三百二十六条第一項の書面又は供述及び法第三百二十七条の書面の活用を検討するなどして、当該事実及び証拠の内容及び性質に応じた適切な証拠調べが行われるよう努めなければならない。

（犯罪事実に関しないことが明らかな情状に関する証拠の取調べ）

第一九八条の三 犯罪事実に関しないことが明らかな情状に関する証拠の取調べは、できる限り、犯罪事実に関する証拠の取調べと区別して行うよう努めなければならない。

（取調べの状況に関する立証）

第一九八条の四 検察官は、被告人又は被告人以外の者の供述に関し、その取調べの状況を立証しようとするときは、できる限り、取調べの状況を記録した書面その他の取調べ状況に関する資料を用いるなどして、迅速かつ的確な立証に努めなければならない。

（証拠調の順序）

第一九九条① 証拠調については、まず、検察官が取調を請求した証拠で事件の審判に必要と認めるすべてのものを取り調べ、これが終つた後、被告人又は弁護人が取調を請求した証拠で事件の審判に必要と認めるものを取り調べるものとする。但し、相当と認めるときは、随時必要とする証拠を取り調べることができる。

② 前項の証拠調が終つた後においても、必要があるときは、更に証拠を取り調べることを妨げない。

（証人尋問の順序・法第三百四条）

第一九九条の二① 訴訟関係人がまず証人を尋問するときは、次の順序による。

一 証人の尋問を請求した者の尋問（主尋問）
二 相手方の尋問（反対尋問）
三 証人の尋問を請求した者の再度の尋問（再主尋問）

② 訴訟関係人は、裁判長の許可を受けて、更に尋問することができる。

（主尋問・法第三百四条等）

第一九九条の三① 主尋問は、立証すべき事項及びこれに関連する事項について行う。

② 主尋問においては、証人の供述の証明力を争うために必要な事項についても尋問することができる。

③ 主尋問においては、誘導尋問をしてはならない。ただし、次の場合には、誘導尋問をすることができる。

一 証人の身分、経歴、交友関係等で、実質的な尋問に入るに先だつて明らかにする必要のある準備的な事項に関するとき。
二 訴訟関係人に争のないことが明らかな事項に関するとき。
三 証人の記憶が明らかでない事項についてその記憶を喚起するため必要があるとき。
四 証人が主尋問者に対して敵意又は反感を示すとき。
五 証人が証言を避けようとする事項に関するとき。
六 証人が前の供述と相反するか又は実質的に異なる供述をした場合において、その供述した事項に関するとき。
七 その他誘導尋問を必要とする特別の事情があるとき。

④ 誘導尋問をするについては、書面の朗読その他証人の供述に不当な影響を及ぼすおそれのある方法を避けるように注意しなければならない。

⑤ 裁判長は、誘導尋問を相当でないと認めるときは、これを制限することができる。

（反対尋問・法第三百四条等）

第一九九条の四① 反対尋問は、主尋問に現われた事項及びこれに関連する事項並びに証人の供述の証明力を争うために必要な事項について行う。

② 反対尋問は、特段の事情のない限り、主尋問終了後直ちに行わなければならない。

③ 反対尋問においては、必要があるときは、誘導尋問をすることができる。

④ 裁判長は、誘導尋問を相当でないと認めるときは、これを制限することができる。

（反対尋問の機会における新たな事項の尋問・法第三百四条）

第一九九条の五① 証人の尋問を請求した者の相手方は、裁判長の許可を受けたときは、反対尋問の機会に、自己の主張を支持する新たな事項についても尋問することができる。

② 前項の規定による尋問は、同項の事項についての主尋問とみなす。

（供述の証明力を争うために必要な事項の尋問・法第三百四条）

第一九九条の六 証人の供述の証明力を争うために必要な事項の尋問は、証人の観察、記憶又は表現の正確性等証言の信用性に関する事項及び証人の利害関係、偏見、予断等証人の信用性に関する事項について行う。ただし、みだりに証人の名誉を害する事項に及んではならない。

（再主尋問・法第三百四条等）

第一九九条の七① 再主尋問は、反対尋問に現われた事項及びこれに関連する事項について行う。

② 再主尋問については、主尋問の例による。

③ 第百九十九条の五の規定は、再主尋問の場合に準用する。

（補充尋問・法第三百四条）

第一九九条の八 裁判長又は陪席の裁判官がまず証人を尋問した後にする訴訟関係人の尋問については、証人の尋問を請求した者、相手方の区別に従い、前六条の規定を準用する。

（職権による証人の補充尋問・法第三百四条）

第一九九条の九 裁判所が職権で証人を取り調べる場合において、裁判長又は陪席の裁判官が尋問した後、訴訟関係人が尋問するときは、反対尋問の例による。

（書面又は物の提示・法第三百四条等）

第一九九条の一〇① 訴訟関係人は、書面又は物に関しその成立、同一性その他これに準ずる事項について証人を尋問する場合において必要があるときは、その書面又は物を示すことができる。

② 前項の書面又は物が証拠調を終つたものでないときは、あらかじめ、相手方にこれを閲覧する機会を与えなければならない。ただし、相手方に異議がないときは、この限りでない。

（記憶喚起のための書面等の提示・法第三百四条等）

第一九九条の一一① 訴訟関係人は、証人の記憶が明らかでない事項についてその記憶を喚起するため必要があるときは、裁判長の許可を受けて、書面（供述を録取した書面を除く。）又は物を示して尋問することができる。

② 前項の規定による尋問については、書面の内容が証人の供述に不当な影響を及ぼすことのないように注意しなければならない。

③ 第一項の場合には、前条第二項の規定を準用する。

（図面等の利用・法第三百四条等）

第一九九条の一二① 訴訟関係人は、証人の供述を明確にするため必要があるときは、裁判長の許可を受けて、図面、写真、模型、装置等を利用して尋問することができる。

② 前項の場合には、第百九十九条の十第二項の規定を準用する。

（証人尋問の方法・法第三百四条等）

第一九九条の一三① 訴訟関係人は、証人を尋問するに当たつては、できる限り個別的かつ具体的で簡潔な尋問によらなければならない。

② 訴訟関係人は、次に掲げる尋問をしてはならない。ただし、第二号から第四号までの尋問については、正当な理由がある場合は、この限りでない。

一 威嚇的又は侮辱的な尋問
二 すでにした尋問と重複する尋問
三 意見を求め又は議論にわたる尋問
四 証人が直接経験しなかつた事実についての尋問

（関連性の明示・法第二百九十五条）

第一九九条の一四① 訴訟関係人は、立証すべき事項又は主尋問若しくは反対尋問に現れた事項に関連する事項について尋問する場合には、その関連性が明らかになるような尋問をすることその他の方法により、裁判所にその関連性を明らかにしなければならない。

② 証人の観察、記憶若しくは表現の正確性その他の証言の信用

性に関連する事項又は証人の利害関係、偏見、予断その他の証人の信用性に関連する事項について尋問する場合も、前項と同様とする。

（**陪席裁判官の尋問・法第三百四条**）

第二〇〇条　陪席の裁判官は、証人、鑑定人、通訳人又は翻訳人を尋問するには、あらかじめ、その旨を裁判長に告げなければならない。

（**裁判長の尋問・法第三百四条**）

第二〇一条①　裁判長は、必要と認めるときは、何時でも訴訟関係人の証人、鑑定人、通訳人又は翻訳人に対する尋問を中止させ、自らその事項について尋問することができる。

②　前項の規定は、訴訟関係人が法第二百九十五条の制限の下において証人その他前項に規定する者を充分に尋問することができる権利を否定するものと解釈してはならない。

（**傍聴人の退廷**）

第二〇二条　裁判長は、被告人、証人、鑑定人、通訳人又は翻訳人が特定の傍聴人の面前（証人については、法第百五十七条の五第二項に規定する措置を採る場合並びに法第百五十七条の六第一項及び第二項に規定する方法による場合を含む。）で充分な供述をすることができないと思料するときは、その供述をする間、その傍聴人を退廷させることができる。

（**訴訟関係人の尋問の機会・法第三百四条**）

第二〇三条　裁判長は、証人、鑑定人、通訳人又は翻訳人の尋問をする場合には、訴訟関係人に対し、これらの者を尋問する機会を与えなければならない。

（**証拠書類等の取調の方法・法第三百五条等**）

第二〇三条の二①　裁判長は、訴訟関係人の意見を聴き、相当と認めるときは、請求により証拠書類又は証拠物中書面の意義が証拠となるものの取調をするについての朗読に代えて、その取調を請求した者、陪席の裁判官若しくは裁判所書記官にその要旨を告げさせ、又は自らこれを告げることができる。

②　裁判長は、訴訟関係人の意見を聴き、相当と認めるときは、職権で証拠書類又は証拠物中書面の意義が証拠となるものの取調をするについての朗読に代えて、自らその要旨を告げ、又は陪席の裁判官若しくは裁判所書記官にこれを告げさせることができる。

（**簡易公判手続による場合の特例・法第三百七条の二**）

第二〇三条の三　簡易公判手続によつて審判をする旨の決定があつた事件については、第百九十八条、第百九十九条及び前条の規定は、適用しない。

（**証拠の証明力を争う機会・法第三百八条**）

第二〇四条　裁判長は、裁判所が適当と認める機会に検察官及び被告人又は弁護人に対し、反証の取調の請求その他の方法により証拠の証明力を争うことができる旨を告げなければならない。

（**異議申立の事由・法第三百九条**）

第二〇五条①　法第三百九条第一項の異議の申立は、法令の違反があること又は相当でないことを理由としてこれをすることができる。但し、証拠調に関する決定に対しては、相当でないことを理由としてこれをすることはできない。

②　法第三百九条第二項の異議の申立は、法令の違反があることを理由とする場合に限りこれをすることができる。

（**異議申立の方式、時期・法第三百九条**）

第二〇五条の二　異議の申立は、個々の行為、処分又は決定ごとに、簡潔にその理由を示して、直ちにしなければならない。

（**異議申立に対する決定の時期・法第三百九条**）

第二〇五条の三　異議の申立については、遅滞なく決定をしなければならない。

（**異議申立が不適法な場合の決定・法第三百九条**）

第二〇五条の四　時機に遅れてされた異議の申立、訴訟を遅延させる目的のみでされたことの明らかな異議の申立、その他不適法な異議の申立は、決定で却下しなければならない。但し、時機に遅れてされた異議の申立については、その申し立てた事項が重要であつてこれに対する判断を示すことが相当であると認めるときは、時機に遅れたことを理由としてこれを却下してはならない。

（**異議申立が理由のない場合の決定・法第三百九条**）

第二〇五条の五　異議の申立を理由がないと認めるときは、決定で棄却しなければならない。

（**異議申立が理由のある場合の決定・法第三百九条**）

第二〇五条の六①　異議の申立を理由があると認めるときは、異議を申し立てられた行為の中止、撤回、取消又は変更を命ずる等その申立に対応する決定をしなければならない。

②　取り調べた証拠が証拠とすることができないものであることを理由とする異議の申立を理由があると認めるときは、その証拠の全部又は一部を排除する決定をしなければならない。

（**重ねて異議を申し立てることの禁止・法第三百九条**）

第二〇六条　異議の申立について決定があつたときは、その決定で判断された事項については、重ねて異議を申し立てることはできない。

（**職権による排除決定**）

第二〇七条　裁判所は、取り調べた証拠が証拠とすることができないものであることが判明したときは、職権でその証拠の全部又は一部を排除する決定をすることができる。

（**釈明等**）

第二〇八条①　裁判長は、必要と認めるときは、訴訟関係人に対し、釈明を求め、又は立証を促すことができる。

②　陪席の裁判官は、裁判長に告げて、前項に規定する処置をすることができる。

③　訴訟関係人は、裁判長に対し、釈明のための発問を求めることができる。

（**訴因、罰条の追加、撤回、変更・法第三百十二条**）

第二〇九条①　訴因又は罰条の追加、撤回又は変更は、書面を差し出してこれをしなければならない。

②　前項の書面には、被告人の数に応ずる謄本を添附しなければならない。

③　裁判所は、前項の謄本を受け取つたときは、直ちにこれを被告人に送達しなければならない。

④　検察官は、前項の送達があつた後、遅滞なく公判期日において第一項の書面を朗読しなければならない。

⑤　法第二百九十条の二第一項又は第三項の決定があつたときは、前項の規定による書面の朗読は、被害者特定事項を明らかにしない方法でこれを行うものとする。この場合においては、検察官は、被告人に第一項の書面を示さなければならない。

⑥　法第二百九十条の三第一項の決定があつた場合における第四項の規定による書面の朗読についても、前項と同様とする。この場合において、同項中「被害者特定事項」とあるのは「証人等特定事項」とする。

⑦　裁判所は、第一項の規定にかかわらず、被告人が在廷する公判廷においては、口頭による訴因又は罰条の追加、撤回又は変更を許すことができる。

（**弁論の分離・法第三百十三条**）

第二一〇条　裁判所は、被告人の防禦が互に相反する等の事由があつて被告人の権利を保護するため必要があると認めるときは、検察官、被告人若しくは弁護人の請求により又は職権で、決定を以て、弁論を分離しなければならない。

（**意見陳述の申出がされた旨の通知の方式・法第二百九十二条の二**）

第二一〇条の二　法第二百九十二条の二第二項後段に規定する通知は、書面でしなければならない。ただし、やむを得ない事情があるときは、この限りでない。

（**意見陳述が行われる公判期日の通知**）

第二一〇条の三①　裁判所は、法第二百九十二条の二第一項の規定により意見の陳述をさせる公判期日を、その陳述の申出をした者に通知しなければならない。

②　裁判所は、前項の通知をしたときは、当該公判期日において

前項に規定する者に法第二百九十二条の二第一項の規定による意見の陳述をさせる旨を、訴訟関係人に通知しなければならない。

（**意見陳述の時間**）
第二一〇条の四　裁判長は、法第二百九十二条の二第一項の規定による意見の陳述に充てることのできる時間を定めることができる。

（**意見の陳述に代わる措置等の決定の告知**）
第二一〇条の五　法第二百九十二条の二第七項の決定は、公判期日前にする場合においても、送達することを要しない。この場合においては、速やかに、同項の決定の内容を、法第二百九十二条の二第一項の規定による意見の陳述の申出をした者及び訴訟関係人に通知しなければならない。

（**意見を記載した書面が提出されたことの通知**）
第二一〇条の六　裁判所は、法第二百九十二条の二第七項の規定により意見を記載した書面が提出されたときは、速やかに、その旨を検察官及び被告人又は弁護人に通知しなければならない。

（**準用規定**）
第二一〇条の七①　法第二百九十二条の二の規定による意見の陳述については、第百十五条及び第百二十五条の規定を準用する。

②　法第二百九十二条の二第六項において準用する法第百五十七条の四に規定する措置を採る旨の決定については、第百七条の二の規定を準用する。法第二百九十二条の二第六項において準用する法第百五十七条の五に規定する措置を採る旨の決定並びに法第二百九十二条の二第六項において準用する法第百五十七条の六第一項及び第二項に規定する方法により意見の陳述を行う旨の決定についても同様とする。

③　法第二百九十二条の二第六項において準用する法第百五十七条の六第二項に規定する方法による意見の陳述については、第百七条の三の規定を準用する。

（**最終陳述・法第二百九十三条**）
第二一一条　被告人又は弁護人には、最終に陳述する機会を与えなければならない。

（**弁論の時期**）
第二一一条の二　検察官、被告人又は弁護人は、証拠調べの後に意見を陳述するに当たつては、証拠調べ後できる限り速やかに、これを行わなければならない。

（**弁論の方法**）
第二一一条の三　検察官、被告人又は弁護人は、証拠調べの後に意見を陳述するに当たり、争いのある事実については、その意見と証拠との関係を具体的に明示して行わなければならない。

（**弁論時間の制限**）
第二一二条　裁判長は、必要と認めるときは、検察官、被告人又は弁護人の本質的な権利を害しない限り、これらの者が証拠調の後にする意見を陳述する時間を制限することができる。

（**公判手続の更新**）
第二一三条①　開廷後被告人の心神喪失により公判手続を停止した場合には、公判手続を更新しなければならない。

②　開廷後長期間にわたり開廷しなかつた場合において必要があると認めるときは、公判手続を更新することができる。

（**更新の手続**）
第二一三条の二　公判手続を更新するには、次の例による。

一　裁判長は、まず、検察官に起訴状（起訴状訂正書又は訴因若しくは罰条を追加若しくは変更する書面を含む。）に基いて公訴事実の要旨を陳述させなければならない。但し、被告人及び弁護人に異議がないときは、その陳述の全部又は一部をさせないことができる。

二　裁判長は、前号の手続が終つた後、被告人及び弁護人に対し、被告事件について陳述する機会を与えなければならない。

三　更新前の公判期日における被告人若しくは被告人以外の者の供述を録取した書面又は更新前の公判期日における裁判所の検証の結果を記載した書面並びに更新前の公判期日において取り調べた書面又は物については、職権で証拠書類又は証拠物として取り調べなければならない。但し、裁判所は、証拠とすることができないと認める書面又は物及び証拠とするのを相当でないと認め且つ訴訟関係人が取り調べないことに異議のない書面又は物については、これを取り調べない旨の決定をしなければならない。

四　裁判長は、前号本文に掲げる書面又は物を取り調べる場合において訴訟関係人が同意したときは、その全部若しくは一部を朗読し又は示すことに代えて、相当と認める方法でこれを取り調べることができる。

五　裁判長は、取り調べた各個の証拠について訴訟関係人の意見及び弁解を聴かなければならない。

（**弁論の再開請求の却下決定の送達**）
第二一四条　終結した弁論の再開の請求を却下する決定は、これを送達することを要しない。

（**公判廷の写真撮影等の制限**）
第二一五条　公判廷における写真の撮影、録音又は放送は、裁判所の許可を得なければ、これをすることができない。但し、特別の定のある場合は、この限りでない。

（**判決宣告期日の告知・法第二百八十四条等**）
第二一六条①　法第二百八十四条又は第二百八十五条に掲げる事件について判決の宣告のみをすべき公判期日の召喚状には、その公判期日に判決を宣告する旨をも記載しなければならない。

②　前項の事件について、同項の公判期日を刑事施設職員に通知して召喚する場合には、その公判期日に判決の宣告をする旨をも通知しなければならない。この場合には、刑事施設職員は、被告人に対し、その旨をも通知しなければならない。

（**破棄後の手続**）
第二一七条　事件が上訴裁判所から差し戻され、又は移送された場合には、次の例による。

一　第一回の公判期日までの勾留に関する処分は、裁判所がこれを行う。

二　第百八十八条ただし書の規定は、これを適用しない。

三　証拠保全の請求又は法第二百二十六条若しくは第二百二十七条の証人尋問の請求は、これをすることができない。

第二節　争点及び証拠の整理手続

第一款　公判前整理手続

第一目　通則

（**審理予定の策定・法第三百十六条の二等**）
第二一七条の二①　裁判所は、公判前整理手続においては、充実した公判の審理を継続的、計画的かつ迅速に行うことができるように公判の審理予定を定めなければならない。

②　訴訟関係人は、法及びこの規則に定める義務を履行することにより、前項の審理予定の策定に協力しなければならない。

（**公判前整理手続に付する旨の決定等についての意見の聴取・法第三百十六条の二**）
第二一七条の三　法第三百十六条の二第一項の決定又は同項の請求を却下する決定をするについては、あらかじめ、職権でこれをする場合には、検察官及び被告人又は弁護人の意見を、請求によりこれをする場合には、相手方又はその弁護人の意見を聴かなければならない。

（**公判前整理手続に付する旨の決定等の送達・法第三百十六条の二**）
第二一七条の四　法第三百十六条の二第一項の決定及び同項の請求を却下する決定は、これを送達することを要しない。

（**弁護人を必要とする旨の通知・法第三百十六条の四等**）
第二一七条の五　裁判所は、事件を公判前整理手続に付したときは、遅滞なく、被告人に対し、弁護人がなければ公判前整理手続を行うことができない旨のほか、当該事件が第百七十七条に規定する事件以外の事件である場合には、弁護人がなければ開廷することができない旨をも知らせなければならない。ただし、被告人に弁護人があるときは、この限りでない。

（**公判前整理手続期日の指定・法第三百十六条の六**）

第二一七条の六　公判前整理手続期日を定めるについては、その期日前に訴訟関係人がすべき準備を考慮しなければならない。

（**公判前整理手続期日の変更の請求・法第三百十六条の六**）

第二一七条の七①　訴訟関係人は、公判前整理手続期日の変更を必要とする事由が生じたときは、直ちに、裁判長に対し、その事由及びそれが継続する見込みの期間を具体的に明らかにして、期日の変更を請求しなければならない。

②　裁判長は、前項の事由をやむを得ないものと認める場合のほか、同項の請求を却下しなければならない。

（**公判前整理手続期日の変更についての意見の聴取・法第三百十六条の六**）

第二一七条の八　公判前整理手続期日を変更するについては、あらかじめ、職権でこれをする場合には、検察官及び被告人又は弁護人の意見を、請求によりこれをする場合には、相手方又はその弁護人の意見を聴かなければならない。

（**公判前整理手続期日の変更に関する命令の送達・法第三百十六条の六**）

第二一七条の九　公判前整理手続期日の変更に関する命令は、これを送達することを要しない。

（**公判前整理手続期日の不変更・法第三百十六条の六**）

第二一七条の一〇　裁判長は、やむを得ないと認める場合のほか、公判前整理手続期日を変更することができない。

（**被告人の公判前整理手続期日への出頭についての通知・法第三百十六条の九**）

第二一七条の一一　裁判所は、被告人に対し公判前整理手続期日に出頭することを求めたときは、速やかに、その旨を検察官及び弁護人に通知しなければならない。

（**公判前整理手続を受命裁判官にさせる旨の決定の送達・法第三百十六条の十一**）

第二一七条の一二　合議体の構成員に命じて公判前整理手続をさせる旨の決定は、これを送達することを要しない。

（**公判前整理手続期日における決定等の告知**）

第二一七条の一三　公判前整理手続期日においてした決定又は命令は、これに立ち会つた訴訟関係人には送達又は通知することを要しない。

（**決定の告知・法第三百十六条の五**）

第二一七条の一四　公判前整理手続において法第三百十六条の五第七号から第九号までの決定をした場合には、その旨を検察官及び被告人又は弁護人に通知しなければならない。

（**公判前整理手続調書の記載要件・法第三百十六条の十二**）

第二一七条の一五①　公判前整理手続調書には、次に掲げる事項を記載しなければならない。

一　被告事件名及び被告人の氏名
二　公判前整理手続をした裁判所又は受命裁判官、年月日及び場所
三　裁判官及び裁判所書記官の官氏名
四　出頭した検察官の官氏名
五　出頭した被告人、弁護人、代理人及び補佐人の氏名
六　出頭した通訳人の氏名
七　通訳人の尋問及び供述
八　証明予定事実その他の公判期日においてすることを予定している事実上及び法律上の主張
九　証拠調べの請求その他の申立て
十　証拠と証明すべき事実との関係（証拠の標目自体によって明らかである場合を除く。）
十一　取調べを請求する証拠が法第三百二十八条の証拠であるときは、その旨
十二　法第三百九条の異議の申立て及びその理由
十三　法第三百二十六条の同意
十四　訴因又は罰条の追加、撤回又は変更に関する事項（起訴状の訂正に関する事項を含む。）
十五　証拠開示に関する裁定に関する事項
十六　法第三百十六条の二十三第三項において準用する法第二百九十九条の五第一項の規定による裁定に関する事項
十七　決定及び命令。ただし、次に掲げるものを除く。
イ　証拠調べの順序及び方法を定める決定（法第百五十七条の二第一項の請求に対する決定を除く。）（法第三百十六条の五第八号）
ロ　主任弁護人及び副主任弁護人以外の弁護人の申立て、請求、質問等の許可（第二十五条）
ハ　証拠決定についての提示命令（第百九十二条）
十八　事件の争点及び証拠の整理の結果を確認した旨並びにその内容

②　前項に掲げる事項以外の事項であつても、公判前整理手続期日における手続中、裁判長又は受命裁判官が訴訟関係人の請求により又は職権で記載を命じた事項は、これを公判前整理手続調書に記載しなければならない。

（**公判前整理手続調書の署名押印、認印・法第三百十六条の十二**）

第二一七条の一六①　公判前整理手続調書には、裁判所書記官が署名押印し、裁判長又は受命裁判官が認印しなければならない。

②　裁判長に差し支えがあるときは、他の裁判官の一人が、その事由を付記して認印しなければならない。

③　地方裁判所の一人の裁判官、簡易裁判所の裁判官又は受命裁判官に差し支えがあるときは、裁判所書記官が、その事由を付記して署名押印しなければならない。

④　裁判所書記官に差し支えがあるときは、裁判長又は受命裁判官が、その事由を付記して認印しなければならない。

（**公判前整理手続調書の整理・法第三百十六条の十二**）

第二一七条の一七　公判前整理手続調書は、各公判前整理手続期日後速やかに、遅くとも第一回公判期日までにこれを整理しなければならない。

（**公判前整理手続調書の記載に対する異議申立て等・法第三百十六条の十二**）

第二一七条の一八　公判前整理手続調書については、法第五十一条第一項及び第二項本文並びに第五十二条並びにこの規則第四十八条の規定を準用する。この場合において、法第五十二条中「公判期日における訴訟手続」とあるのは「公判前整理手続期日における手続」と、第四十八条中「裁判長」とあるのは「裁判長又は受命裁判官」と読み替えるものとする。

（**公判前整理手続に付された場合の特例・法第三百十六条の二**）

第二一七条の一九　法第三百十六条の二第一項の決定があった事件については、第百七十八条の六第一項並びに第二項第二号及び第三号、第百七十八条の七、第百七十八条の十三並びに第百九十三条の規定は、適用しない。

第二目　争点及び証拠の整理

（**証明予定事実等の明示方法・法第三百十六条の十三等**）

第二一七条の二〇①　検察官は、法第三百十六条の十三第一項又は第三百十六条の二十一第一項に規定する書面に証明予定事実を記載するについては、事件の争点及び証拠の整理に必要な事項を具体的かつ簡潔に明示しなければならない。

②　被告人又は弁護人は、法第三百十六条の十七第一項又は第三百十六条の二十二第一項の規定により証明予定事実その他の公判期日においてすることを予定している事実上及び法律上の主張を明らかにするについては、事件の争点及び証拠の整理に必要な事項を具体的かつ簡潔に明示しなければならない。

（**証明予定事実の明示における留意事項・法第三百十六条の十三等**）

第二一七条の二一　検察官及び被告人又は弁護人は、証明予定事

実を明らかにするに当たつては、事実とこれを証明するために用いる主要な証拠との関係を具体的に明示することその他の適当な方法によつて、事件の争点及び証拠の整理が円滑に行われるように努めなければならない。

（**期限の告知・法第三百十六条の十三等**）

第二一七条の二二　公判前整理手続において、法第三百十六条の十三第四項、第三百十六条の十六第二項（法第三百十六条の二十一第四項において準用する場合を含む。）、第三百十六条の十七第三項、第三百十六条の十九第二項（法第三百十六条の二十二第四項において準用する場合を含む。）、第三百十六条の二十一第三項又は第三百十六条の二十二第三項に規定する期限を定めた場合には、これを検察官及び被告人又は弁護人に通知しなければならない。

（**期限の厳守・法第三百十六条の十三等**）

第二一七条の二三　訴訟関係人は、前条に規定する期限が定められた場合には、これを厳守し、事件の争点及び証拠の整理に支障を来さないようにしなければならない。

（**期限を守らない場合の措置・法第三百十六条の十六等**）

第二一七条の二四　裁判所は、公判前整理手続において法第三百十六条の十六第二項（法第三百十六条の二十一第四項において準用する場合を含む。）、第三百十六条の十七第三項、第三百十六条の十九第二項（法第三百十六条の二十二第四項において準用する場合を含む。）、第三百十六条の二十一第三項又は第三百十六条の二十二第三項に規定する期限を定めた場合において、当該期限までに、意見若しくは主張が明らかにされず、又は証拠調べの請求がされない場合においても、公判の審理を開始するのを相当と認めるときは、公判前整理手続を終了することができる。

（**証人等の氏名及び住居の開示に関する措置に係る準用規定・法第三百十六条の二十三**）

第二一七条の二五　第百七十八条の八から第百七十八条の十一までの規定は、検察官が法第三百十六条の二十三第二項において準用する法第二百九十九条の四第一項から第四項までの規定による措置をとつた場合について準用する。この場合において、第百七十八条の九第三項中「公判期日」とあるのは「公判前整理手続期日」と読み替えるものとする。

第三目　証拠開示に関する裁定

（**証拠不開示の理由の告知・法第三百十六条の十五等**）

第二一七条の二六　検察官は、法第三百十六条の十五第一項若しくは第二項（法第三百十六条の二十一第四項において準用する場合を含む。）又は第三百十六条の二十第一項（法第三百十六条の二十二第五項において準用する場合を含む。）の規定により被告人又は弁護人から開示の請求があつた証拠について、これを開示しない場合には、被告人又は弁護人に対し、開示しない理由を告げなければならない。

（**証拠開示に関する裁定の請求の方式・法第三百十六条の二十五等**）

第二一七条の二七①　法第三百十六条の二十五第一項又は第三百十六条の二十六第一項の規定による証拠開示に関する裁定の請求は、書面を差し出してこれをしなければならない。

②　前項の請求をした者は、速やかに、同項の書面の謄本を相手方又はその弁護人に送付しなければならない。

③　裁判所は、第一項の規定にかかわらず、公判前整理手続期日においては、同項の請求を口頭ですることを許すことができる。

（**証拠標目一覧表の記載事項・法第三百十六条の二十七**）

第二一七条の二八　法第三百十六条の二十七第二項の一覧表には、証拠ごとに、その種類、供述者又は作成者及び作成年月日のほか、同条第一項の規定により証拠の提示を命ずるかどうかの判断のために必要と認める事項を記載しなければならない。

第二款　期日間整理手続

（**準用規定**）

第二一七条の二九　期日間整理手続については、前款（第二百十七条の十九を除く。）の規定を準用する。この場合において、これらの規定（見出しを含む。）中「公判前整理手続期日」とあるのは「期日間整理手続期日」と、「公判前整理手続調書」とあるのは「期日間整理手続調書」と読み替えるほか、第二百十七条の二から第二百十七条の十二までの見出し、第二百十七条の十四（見出しを含む。）、第二百十七条の十五の見出し及び同条第一項第十七号イ、第二百十七条の十六から第二百十七条の十八までの見出し、第二百十七条の二十（見出しを含む。）、第二百十七条の二十一の見出し、第二百十七条の二十二（見出しを含む。）、第二百十七条の二十三の見出し、第二百十七条の二十四及び第二百十七条の二十六（これらの規定の見出しを含む。）、第二百十七条の二十七の見出し及び同条第一項並びに前条（見出しを含む。）中「法」とあるのは「法第三百十六条の二十八第二項において準用する法」と、第二百十七条の二十五中「法第三百十六条の二十三第二項」とあるのは「法第三百十六条の二十八第二項において準用する法第三百十六条の二十三」と、第二百十七条の十五第一項第十七号イ中「法第百五十七条の二第一項」とあるのは「法第百五十七条の二第一項又は第百五十七条の三第一項」と、第二百十七条の十七中「第一回公判期日」とあるのは「期日間整理手続終了後の最初の公判期日」と読み替えるものとする。

第三款　公判手続の特例

（**審理予定に従つた公判の審理の進行**）

第二一七条の三〇①　裁判所は、公判前整理手続又は期日間整理手続に付された事件については、公判の審理を当該公判前整理手続又は期日間整理手続において定められた予定に従つて進行させるように努めなければならない。

②　訴訟関係人は、公判の審理が公判前整理手続又は期日間整理手続において定められた予定に従つて進行するよう、裁判所に協力しなければならない。

（**公判前整理手続等の結果を明らかにする手続・法第三百十六条の三十一**）

第二一七条の三一①　公判前整理手続又は期日間整理手続に付された事件について、当該公判前整理手続又は期日間整理手続の結果を明らかにするには、公判前整理手続調書若しくは期日間整理手続調書を朗読し、又はその要旨を告げなければならない。法第三百十六条の二第三項（法第三百十六条の二十八第二項において準用する場合を含む。）に規定する書面についても、同様とする。

②　裁判所は、前項の規定により公判前整理手続又は期日間整理手続の結果を明らかにする場合には、裁判所書記官に命じて行わせることができる。

③　法第二百九十条の二第一項又は第三項の決定があつたときは、前二項の規定による公判前整理手続調書又は期日間整理手続調書の朗読又は要旨の告知は、被害者特定事項を明らかにしない方法でこれを行うものとする。法第三百十六条の二第三項（法第三百十六条の二十八第二項において準用する場合を含む。）に規定する書面についても、同様とする。

④　法第二百九十条の三第一項の決定があつた場合における第一項又は第二項の規定による公判前整理手続調書又は期日間整理手続調書の朗読又は要旨の告知は、証人等特定事項を明らかにしない方法でこれを行うものとする。法第三百十六条の二第三項（法第三百十六条の二十八第二項において準用する場合を含む。）に規定する書面についても、同様とする。

（**やむを得ない事由の疎明・法第三百十六条の三十二**）

第二一七条の三二　公判前整理手続又は期日間整理手続に付された事件について、公判前整理手続又は期日間整理手続において請求しなかつた証拠の取調べを請求するには、やむを得ない事由によつてその証拠の取調べを請求することができなかつたことを疎明しなければならない。

（やむを得ない事由により請求することができなかつた証拠の取調べの請求・法第三百十六条の三十二）
第二一七条の三三　公判前整理手続又は期日間整理手続に付された事件について、やむを得ない事由により公判前整理手続又は期日間整理手続において請求することができなかつた証拠の取調べを請求するときは、その事由がやんだ後、できる限り速やかに、これを行わなければならない。

第三節　被害者参加

（被害者参加の申出がされた旨の通知の方式・法第三百十六条の三十三）
第二一七条の三四　法第三百十六条の三十三第二項後段の規定による通知は、書面でしなければならない。ただし、やむを得ない事情があるときは、この限りでない。
（委託の届出等・法第三百十六条の三十四等）
第二一七条の三五①　法第三百十六条の三十四及び第三百十六条の三十六から第三百十六条の三十八までに規定する行為を弁護士に委託した被害者参加人は、当該行為を当該弁護士に行わせるに当たり、あらかじめ、委託した旨を当該弁護士と連署した書面で裁判所に届け出なければならない。
②　前項の規定による届出は、審級ごとにしなければならない。
③　第一項の書面に委託した行為を特定する記載がないときは、法第三百十六条の三十四及び第三百十六条の三十六から第三百十六条の三十八までに規定するすべての行為を委託したものとみなす。
④　第一項の規定による届出は、弁論が併合された事件であつて、当該被害者参加人が手続への参加を許されたものについてもその効力を有する。ただし、当該被害者参加人が、手続への参加を許された事件のうち当該届出の効力を及ぼさない旨の申述をしたものについては、この限りでない。
⑤　第一項の規定による届出をした被害者参加人が委託の全部又は一部を取り消したときは、その旨を書面で裁判所に届け出なければならない。
（代表者選定の求めの記録化・法第三百十六条の三十四）
第二一七条の三六　法第三百十六条の三十四第三項（同条第五項において準用する場合を含む。次条において同じ。）の規定により公判期日又は公判準備に出席する代表者の選定を求めたときは、裁判所書記官は、これを記録上明らかにしなければならない。
（選定された代表者の通知・法第三百十六条の三十四）
第二一七条の三七　法第三百十六条の三十四第三項の規定により公判期日又は公判準備に出席する代表者に選定された者は、速やかに、その旨を裁判所に通知しなければならない。
（意見陳述の時期・法第三百十六条の三十八）
第二一七条の三八　法第三百十六条の三十八第一項の規定による意見の陳述は、法第二百九十三条第一項の規定による検察官の意見の陳述の後速やかに、これをしなければならない。
（意見陳述の時間・法第三百十六条の三十八）
第二一七条の三九　裁判長は、法第三百十六条の三十八第一項の規定による意見の陳述に充てることのできる時間を定めることができる。
（決定の告知・法第三百十六条の三十三等）
第二一七条の四〇①　裁判所は、法第三百十六条の三十三第一項の申出に対する決定又は同項の決定を取り消す決定をしたときは、速やかに、その旨を同項の申出をした者に通知しなければならない。
②　裁判所は、法第三百十六条の三十四第四項（同条第五項において準用する場合を含む。第四項において同じ。）の規定により公判期日又は公判準備への出席を許さない旨の決定をしたときは、速やかに、その旨を出席を許さないこととされた者に通知しなければならない。
③　裁判所は、法第三百十六条の三十六第一項、第三百十六条の三十七第一項又は第三百十六条の三十八第一項の申出に対する決定をしたときは、速やかに、その旨を当該申出をした者に通知しなければならない。
④　裁判所は、法第三百十六条の三十三第一項の申出に対する決定若しくは同項の決定を取り消す決定、法第三百十六条の三十四第四項の規定による公判期日又は公判準備への出席を許さない旨の決定、法第三百十六条の三十六第一項、第三百十六条の三十七第一項若しくは第三百十六条の三十八第一項の申出に対する決定、法第三百十六条の三十九第一項に規定する措置を採る旨の決定若しくは同項の決定を取り消す決定又は同条第四項若しくは第五項に規定する措置を採る旨の決定をしたときは、公判期日においてこれをした場合を除き、速やかに、その旨を訴訟関係人に通知しなければならない。

第四節　公判の裁判

（判決書への引用）
第二一八条　地方裁判所又は簡易裁判所においては、判決書には、起訴状に記載された公訴事実又は訴因若しくは罰条を追加若しくは変更する書面に記載された事実を引用することができる。
第二一八条の二　地方裁判所又は簡易裁判所においては、簡易公判手続又は即決裁判手続によつて審理をした事件の判決書には、公判調書に記載された証拠の標目を特定して引用することができる。
（調書判決）
第二一九条①　地方裁判所又は簡易裁判所においては、上訴の申立てがない場合には、裁判所書記官に判決主文並びに罪となるべき事実の要旨及び適用した罰条を判決の宣告をした公判期日の調書の末尾に記載させ、これをもつて判決書に代えることができる。ただし、判決宣告の日から十四日以内でかつ判決の確定前に判決書の謄本の請求があつたときは、この限りでない。
②　前項の記載については、判決をした裁判官が、裁判所書記官とともに署名押印しなければならない。
③　前項の場合には、第四十六条第三項及び第四項並びに第五十五条後段の規定を準用する。
（公訴棄却の決定の送達の特例・法第三百三十九条）
第二一九条の二①　法第三百三十九条第一項第一号の規定による公訴棄却の決定は、被告人に送達することを要しない。
②　前項の決定をした場合において被告人に弁護人があるときは、弁護人にその旨を通知しなければならない。
（上訴期間等の告知）
第二二〇条　有罪の判決の宣告をする場合には、被告人に対し、上訴期間及び上訴申立書を差し出すべき裁判所を告知しなければならない。
（保護観察の趣旨等の説示・法第三百三十三条）
第二二〇条の二　保護観察に付する旨の判決の宣告をする場合には、裁判長は、被告人に対し、保護観察の趣旨その他必要と認める事項を説示しなければならない。
（判決宣告後の訓戒）
第二二一条　裁判長は、判決の宣告をした後、被告人に対し、その将来について適当な訓戒をすることができる。
（判決の通知・法第二百八十四条）
第二二二条　法第二百八十四条に掲げる事件について被告人の不出頭のまま判決の宣告をした場合には、直ちにその旨及び判決主文を被告人に通知しなければならない。但し、代理人又は弁護人が判決の宣告をした公判期日に出頭した場合は、この限りでない。
（刑法第二十五条の二第一項の規定による保護観察の判決の通知等）
第二二二条の二①　裁判所は、刑法（明治四十年法律第四十五号）第二十五条の二第一項の規定により保護観察に付する旨の判決の宣告をしたときは、速やかに、判決書の謄本若しくは抄本又は保護観察を受けるべき者の氏名、年齢、住居、罪名、判決の主文、犯罪事実の要旨及び宣告の年月日を記載した書面をその者の保護観察を担当すべき保護観察所の長に送付しなければならない。この場合において、裁判所は、その者が保護観察の期間中遵守すべき特別の事項に関する意見を記載した書面を添付しなければならない。

② 前項前段の書面には、同項後段に規定する意見以外の裁判所の意見その他保護観察の資料となるべき事項を記載した書面を添付することができる。

（保護観察の成績の報告）

第二二二条の三 保護観察に付する旨の判決をした裁判所は、保護観察の期間中、保護観察所の長に対し、保護観察を受けている者の成績について報告を求めることができる。

（執行猶予取消請求の方式・法第三百四十九条）

第二二二条の四 刑の執行猶予の言渡の取消の請求は、取消の事由を具体的に記載した書面でしなければならない。

（資料の差出し・法第三百四十九条）

第二二二条の五 刑の執行猶予の言渡しの取消しの請求をするには、取消しの事由があることを認めるべき資料を差し出さなければならない。その請求が刑法第二十六条の二第二号又は第二十七条の五第二号の規定による猶予の言渡しの取消しを求めるものであるときは、保護観察所の長の申出があつたことを認めるべき資料をも差し出さなければならない。

（請求書の謄本の差出し、送達・法第三百四十九条等）

第二二二条の六① 刑法第二十六条の二第二号又は第二十七条の五第二号の規定による猶予の言渡しの取消しを請求するときは、検察官は、請求と同時に請求書の謄本を裁判所に差し出さなければならない。

② 裁判所は、前項の謄本を受け取つたときは、遅滞なく、これを猶予の言渡を受けた者に送達しなければならない。

（口頭弁論請求権の通知等・法第三百四十九条の二）

第二二二条の七① 裁判所は、刑法第二十六条の二第二号又は第二十七条の五第二号の規定による猶予の言渡しの取消しの請求を受けたときは、遅滞なく、猶予の言渡しを受けた者に対し、口頭弁論を請求することができる旨及びこれを請求する場合には弁護人を選任することができる旨を知らせ、かつ、口頭弁論を請求するかどうかを確かめなければならない。

② 前項の規定により口頭弁論を請求するかどうかを確めるについては、猶予の言渡を受けた者に対し、一定の期間を定めて回答を求めることができる。

（出頭命令・法第三百四十九条等）

第二二二条の八 裁判所は、猶予の言渡の取消の請求を受けた場合において必要があると認めるときは、猶予の言渡を受けた者に出頭を命ずることができる。

（口頭弁論・法第三百四十九条の二）

第二二二条の九 法第三百四十九条の二第二項の規定による口頭弁論については、次の例による。

一 裁判長は、口頭弁論期日を定めなければならない。

二 口頭弁論期日には、猶予の言渡を受けた者に出頭を命じなければならない。

三 口頭弁論期日は、検察官及び弁護人に通知しなければならない。

四 裁判所は、検察官、猶予の言渡を受けた者若しくは弁護人の請求により、又は職権で、口頭弁論期日を変更することができる。

五 口頭弁論は、公開の法廷で行う。法廷は、裁判官及び裁判所書記官が列席し、かつ、検察官が出席して開く。

六 猶予の言渡を受けた者が期日に出頭しないときは、開廷することができない。但し、正当な理由がなく出頭しないときは、この限りでない。

七 猶予の言渡を受けた者の請求があるとき、又は公の秩序若しくは善良の風俗を害する虞があるときは、口頭弁論を公開しないことができる。

八 口頭弁論については、調書を作らなければならない。

（準用規定・法第三百五十条）

第二二二条の一〇 法第三百五十条の請求については、第二百二十二条の四、第二百二十二条の五前段及び第二百二十二条の八の規定を準用する。

第四章 即決裁判手続

第一節 即決裁判手続の申立て

（書面の添付・法第三百五十条の十六）

第二二二条の一一 即決裁判手続の申立書には、法第三百五十条の十六第三項に定める手続をしたことを明らかにする書面を添付しなければならない。

（同意確認のための国選弁護人選任の請求・法第三百五十条の十七）

第二二二条の一二 法第三百五十条の十七第一項の請求は、法第三百五十条の十六第三項の確認を求めた検察官が所属する検察庁の所在地を管轄する地方裁判所の所在地（その支部の所在地を含む。）に在る簡易裁判所の裁判官にこれをしなければならない。

（同意確認のための私選弁護人選任の申出・法第三百五十条の十七）

第二二二条の一三 その資力（法第三十六条の二に規定する資力をいう。第二百八十条の三第一項において同じ。）が基準額（法第三十六条の三第一項に規定する基準額をいう。第二百八十条の三第一項において同じ。）以上である被疑者が法第三百五十条の十七第一項の請求をする場合においては、同条第二項において準用する法第三十一条の二第一項の申出をすべき弁護士会は法第三十七条の三第二項の規定により法第三百五十条の十六第三項の確認を求めた検察官が所属する検察庁の所在地を管轄する地方裁判所の管轄区域内に在る弁護士会とし、当該弁護士会が法第三百五十条の十七第二項において準用する法第三十七条の三第三項の規定により通知をすべき地方裁判所は当該検察庁の所在地を管轄する地方裁判所とする。

第二節 公判準備及び公判手続の特例

（即決裁判手続の申立ての却下）

第二二二条の一四① 裁判所は、即決裁判手続の申立てがあつた事件について、法第三百五十条の二十二各号のいずれかに該当する場合には、決定でその申立てを却下しなければならない。法第二百九十一条第四項の手続に際し、被告人が起訴状に記載された訴因について有罪である旨の陳述をしなかつた場合も、同様とする。

② 前項の決定は、これを送達することを要しない。

（即決裁判手続の申立てを却下する決定等をした場合の措置・法第三百五十条の二十二等）

第二二二条の一五① 即決裁判手続の申立てを却下する裁判書には、その理由が法第三百五十条の二十二第一号若しくは第二号に該当すること又は法第二百九十一条第四項の手続に際し、被告人が起訴状に記載された訴因について有罪である旨の陳述をしなかつたことであるときは、その旨を記載しなければならない。

② 法第三百五十条の二十二の決定を取り消す裁判書には、その理由が法第三百五十条の二十五第一項第一号、第二号又は第四号に該当すること（同号については、被告人が起訴状に記載された訴因について有罪である旨の陳述と相反するか又は実質的に異なつた供述をしたことにより同号に該当する場合に限る。）となつたことであるときは、その旨を記載しなければならない。

（弁護人選任に関する通知・法第三百五十条の二十三）

第二二二条の一六 裁判所は、死刑又は無期若しくは長期三年を超える懲役若しくは禁錮に当たる事件以外の事件について、即決裁判手続の申立てがあつたときは、第百七十七条の規定にかかわらず、遅滞なく、被告人に対し、弁護人を選任することができる旨及び貧困その他の事由により弁護人を選任することができないときは弁護人の選任を請求することができる旨のほか、弁護人がなければ法第三百五十条の二十二の手続を行う公判期日及び即決裁判手続による公判期日を開くことができない旨をも知らせなければならない。ただし、被告人に弁護人があるときは、この限りでない。

（弁護人のない事件の処置・法第三百五十条の二十三）

第二二二条の一七① 裁判所は、即決裁判手続の申立てがあつた場合において、被告人に弁護人がないときは、第百七十八条の規定にかかわらず、遅滞なく、被告人に対し、弁護人を選任するかどうかを確かめなければならない。

② 裁判所は、前項の処置をするについては、被告人に対し、一定の期間を定めて回答を求めなければならない。

③ 前項の期間内に回答がなく又は弁護人の選任がないときは、裁判長は、直ちに被告人のため弁護人を選任しなければならない。

（公判期日の指定・法第三百五十条の二十一）

第二二二条の一八 法第三百五十条の二十一の公判期日は、できる限り、公訴が提起された日から十四日以内の日を定めなければならない。

（即決裁判手続による場合の特例）

第二二二条の一九 即決裁判手続によつて審判をする旨の決定があつた事件については、第百九十八条、第百九十九条及び第二百三条の二の規定は、適用しない。

第二二二条の二〇① 即決裁判手続によつて審理し、即日判決の言渡しをした事件の公判調書については、判決の言渡しをした公判期日から二十一日以内にこれを整理すれば足りる。

② 前項の場合には、その公判調書の記載の正確性についての異議の申立期間との関係においては、その公判調書を整理すべき最終日にこれを整理したものとみなす。

第二二二条の二一① 即決裁判手続によつて審理し、即日判決の言渡しをした事件について、裁判長の許可があるときは、裁判所書記官は、第四十四条第一項第十九号及び第二十二号に掲げる記載事項の全部又は一部を省略することができる。ただし、控訴の申立てがあつた場合は、この限りでない。

② 検察官及び弁護人は、裁判長が前項の許可をする際に、意見を述べることができる。

第三編　上訴

第一章　通則

（上訴放棄の申立裁判所・法第三百五十九条等）

第二二三条 上訴放棄の申立は、原裁判所にしなければならない。

（上訴取下の申立裁判所・法第三百五十九条等）

第二二三条の二① 上訴取下の申立は、上訴裁判所にこれをしなければならない。

② 訴訟記録を上訴裁判所に送付する前に上訴の取下をする場合には、その申立書を原裁判所に差し出すことができる。

（上訴取下の申立の方式・法第三百五十九条等）

第二二四条 上訴取下の申立は、書面でこれをしなければならない。但し、公判廷においては、口頭でこれをすることができる。この場合には、その申立を調書に記載しなければならない。

（同意書の差出・法第三百六十条）

第二二四条の二 法第三百五十三条又は第三百五十四条に規定する者は、上訴の放棄又は取下をするときは、同時に、被告人のこれに同意する旨の書面を差し出さなければならない。

（上訴権回復請求の方式・法第三百六十二条）

第二二五条 上訴権回復の請求は、書面でこれをしなければならない。

（上訴権回復請求の理由の疎明・法第三百六十三条）

第二二六条 上訴権回復の理由となる事実は、これを疎明しなければならない。

（刑事施設に収容中の被告人の上訴・法第三百六十六条）

第二二七条① 刑事施設に収容されている被告人が上訴をするには、刑事施設の長又はその代理者を経由して上訴の申立書を差し出さなければならない。

② 刑事施設の長又はその代理者は、原裁判所に上訴の申立書を送付し、かつ、これを受け取つた年月日を通知しなければならない。

第二二八条 刑事施設に収容されている被告人が上訴の提起期間内に上訴の申立書を刑事施設の長又はその代理者に差し出したときは、上訴の提起期間内に上訴をしたものとみなす。

（刑事施設に収容中の被告人の上訴放棄等・法第三百六十七条等）

第二二九条 刑事施設に収容されている被告人が上訴の放棄若しくは取下げ又は上訴権回復の請求をする場合には、前二条の規定を準用する。

（上訴等の通知）

第二三〇条 上訴、上訴の放棄若しくは取下又は上訴権回復の請求があつたときは、裁判所書記官は、速やかにこれを相手方に通知しなければならない。

第二三一条から第二三四条まで 削除

第二章　控訴

（訴訟記録等の送付）

第二三五条 控訴の申立が明らかに控訴権の消滅後にされたものである場合を除いては、第一審裁判所は、公判調書の記載の正確性についての異議申立期間の経過後、速やかに訴訟記録及び証拠物を控訴裁判所に送付しなければならない。

（控訴趣意書の差出期間・法第三百七十六条）

第二三六条① 控訴裁判所は、訴訟記録の送付を受けたときは、速やかに控訴趣意書を差し出すべき最終日を指定してこれを控訴申立人に通知しなければならない。控訴申立人に弁護人があるときは、その通知は、弁護人にもこれをしなければならない。

② 前項の通知は、通知書を送達してこれをしなければならない。

③ 第一項の最終日は、控訴申立人に対する前項の送達があつた日の翌日から起算して二十一日目以後の日でなければならない。

④ 第二項の通知書の送達があつた場合において第一項の最終日の指定が前項の規定に違反しているときは、第一項の規定にかかわらず、控訴申立人に対する送達があつた日の翌日から起算して二十一日目の日を最終日とみなす。

（訴訟記録到達の通知）

第二三七条 控訴裁判所は、前条の通知をする場合には、同時に訴訟記録の送付があつた旨を検察官又は被告人で控訴申立人でない者に通知しなければならない。被告人に弁護人があるときは、その通知は、弁護人にこれをしなければならない。

（期間経過後の控訴趣意書）

第二三八条 控訴裁判所は、控訴趣意書を差し出すべき期間経過後に控訴趣意書を受け取つた場合においても、その遅延がやむを得ない事情に基くものと認めるときは、これを期間内に差し出されたものとして審判をすることができる。

（主任弁護人以外の弁護人の控訴趣意書・法第三十四条）

第二三九条 控訴趣意書は、主任弁護人以外の弁護人もこれを差し出すことができる。

（控訴趣意書の記載）

第二四〇条 控訴趣意書には、控訴の理由を簡潔に明示しなければならない。

（控訴趣意書の謄本）

第二四一条 控訴趣意書には、相手方の数に応ずる謄本を添附しなければならない。

（控訴趣意書の謄本の送達）

第二四二条 控訴裁判所は、控訴趣意書を受け取つたときは、速やかにその謄本を相手方に送達しなければならない。

（答弁書）

第二四三条① 控訴の相手方は、控訴趣意書の謄本の送達を受けた日から七日以内に答弁書を控訴裁判所に差し出すことができる。

② 検察官が相手方であるときは、重要と認める控訴の理由について答弁書を差し出さなければならない。

③ 裁判所は、必要と認めるときは、控訴の相手方に対し、一定の期間を定めて、答弁書を差し出すべきことを命ずることができる。

④ 答弁書には、相手方の数に応ずる謄本を添附しなければならない。

⑤ 控訴裁判所は、答弁書を受け取つたときは、速やかにその謄本を控訴申立人に送達しなければならない。

（被告人の移送）

第二四四条① 被告人が刑事施設に収容されている場合において公判期日を指定すべきときは、控訴裁判所は、その旨を対応する検察庁の検察官に通知しなければならない。

② 検察官は、前項の通知を受けたときは、速やかに被告人を控訴裁判所の所在地の刑事施設に移さなければならない。

③ 被告人が控訴裁判所の所在地の刑事施設に移されたときは、検察官は、速やかに被告人の移された刑事施設を控訴裁判所に通知しなければならない。

（受命裁判官の報告書）

第二四五条① 裁判長は、合議体の構成員に控訴申立書、控訴趣意書及び答弁書を検閲して報告書を作らせることができる。

② 公判期日には、受命裁判官は、弁論前に、報告書を朗読しなければならない。

（判決書の記載）

第二四六条 判決書には、控訴の趣意及び重要な答弁について、その要旨を記載しなければならない。この場合において、適当と認めるときは、控訴趣意書又は答弁書に記載された事実を引用することができる。

（最高裁判所への移送・法第四百六条）

第二四七条 控訴裁判所は、憲法の違反があること又は憲法の解釈に誤があることのみを理由として控訴の申立をした事件について、相当と認めるときは、訴訟関係人の意見を聴いて、決定でこれを最高裁判所に移送することができる。

（移送の許可の申請・法第四百六条）

第二四八条① 前条の決定は、最高裁判所の許可を受けてこれをしなければならない。

② 前項の許可は、書面でこれを求めなければならない。

③ 前項の書面には、原判決の謄本及び控訴趣意書の謄本を添附しなければならない。

（移送の決定の効力・法第四百六条）

第二四九条 第二百四十七条の決定があつたときは、控訴の申立があつた時に控訴趣意書に記載された理由による上告の申立があつたものとみなす。

（準用規定）

第二五〇条 控訴の審判については、特別の定のある場合を除いては、第二編中公判に関する規定を準用する。

第三章　上告

（訴訟記録の送付）

第二五一条 上告の申立が明らかに上告権の消滅後にされたものである場合を除いては、原裁判所は、公判調書の記載の正確性についての異議申立期間の経過後、速やかに訴訟記録を上告裁判所に送付しなければならない。

（上告趣意書の差出期間・法第四百十四条等）

第二五二条① 上告趣意書を差し出すべき最終日は、その指定の通知書が上告申立人に送達された日の翌日から起算して二十八日目以後の日でなければならない。

② 前項の規定による最終日の通知書の送達があつた場合において、その指定が同項の規定に違反しているときは、その送達があつた日の翌日から起算して二十八日目の日を最終日とみなす。

（判例の摘示）

第二五三条 判例と相反する判断をしたことを理由として上告の申立をした場合には、上告趣意書にその判例を具体的に示さなければならない。

（跳躍上告・法第四百六条）

第二五四条① 地方裁判所又は簡易裁判所がした第一審判決に対しては、その判決において法律、命令、規則若しくは処分が憲法に違反するものとした判断又は地方公共団体の条例若しくは規則が法律に違反するものとした判断が不当であることを理由として、最高裁判所に上告をすることができる。

② 検察官は、地方裁判所又は簡易裁判所がした第一審判決に対し、その判決において地方公共団体の条例又は規則が憲法又は法律に適合するものとした判断が不当であることを理由として、最高裁判所に上告をすることができる。

（跳躍上告と控訴・法第四百六条）

第二五五条 前条の上告は、控訴の申立があつたときは、その効力を失う。但し、控訴の取下又は控訴棄却の裁判があつたときは、この限りでない。

（違憲判断事件の優先審判）

第二五六条 最高裁判所は、原判決において法律、命令、規則又は処分が憲法に違反するものとした判断が不当であることを上告の理由とする事件については、原裁判所において同種の判断をしていない他のすべての事件に優先して、これを審判しなければならない。

（上告審としての事件受理の申立・法第四百六条）

第二五七条 高等裁判所がした第一審又は第二審の判決に対しては、その事件が法令（裁判所の規則を含む。）の解釈に関する重要な事項を含むものと認めるときは、上訴権者は、その判決に対する上告の提起期間内に限り、最高裁判所に上告審として事件を受理すべきことを申し立てることができる。但し、法第四百五条に規定する事由をその理由とすることはできない。

（申立の方式・法第四百六条）

第二五八条 前条の申立をするには、申立書を原裁判所に差し出さなければならない。

（原判決の謄本の交付・法第四百六条）

第二五八条の二① 第二百五十七条の申立があつたときは、原裁判所に対して法第四十六条の規定による判決の謄本の交付の請求があつたものとみなす。但し、申立人が申立の前に判決の謄本の交付を受けているときは、この限りでない。

② 前項本文の場合には、原裁判所は、遅滞なく判決の謄本を申立人に交付しなければならない。

③ 第一項但書又は前項の場合には、裁判所書記官は、判決の謄本を交付した日を記録上明らかにしておかなければならない。

（事件受理の申立理由書・法第四百六条）

第二五八条の三① 申立人は、前条第二項の規定による謄本の交付を受けたときはその日から、前条第一項但書の場合には第二百五十七条の申立をした日から十四日以内に理由書を原裁判所に差し出さなければならない。この場合には、理由書に相手方の数に応ずる謄本及び原判決の謄本を添附しなければならない。

② 前項の理由書には、第一審判決の内容を摘記する等の方法により、申立の理由をできる限り具体的に記載しなければならない。

（原裁判所の棄却決定・法第四百六条）

第二五九条 第二百五十七条の申立が明らかに申立権の消滅後にされたものであるとき、又は前条第一項の理由書が同項の期間内に差し出されないときは、原裁判所は、決定で申立を棄却しなければならない。

（申立書の送付等・法第四百六条）

第二六〇条① 原裁判所は、第二百五十八条の三第一項の理由書及び添附書類を受け取つたときは、前条の場合を除いて、速やかにこれを第二百五十八条の申立書とともに最高裁判所に送付しなければならない。

② 最高裁判所は、前項の送付を受けたときは、速やかにその年月日を検察官に通知しなければならない。

（事件受理の決定・法第四百六条）

第二六一条① 最高裁判所は、自ら上告審として事件を受理するのを相当と認めるときは、前条の送付を受けた日から十四日以内にその旨の決定をしなければならない。この場合において申立の理由中に重要でないと認めるものがあるときは、これを排除することができる。

② 最高裁判所は、前項の決定をしたときは、同項の期間内にこれを検察官に通知しなければならない。

（事件受理の決定の通知・法第四百六条）

第二六二条 最高裁判所は、前条第一項の決定をしたときは、速やかにその旨を原裁判所に通知しなければならない。

（事件受理の決定の効力等・法第四百六条）

第二六三条① 第二百六十一条第一項の決定があつたときは、第二百五十八条の三第一項の理由書は、その理由（第二百六十一条第一項後段の規定により排除された理由を除く。）を上告の理由とする上告趣意書とみなす。

② 前項の理由書の謄本を相手方に送達する場合において、第二百六十一条第一項後段の規定により排除された理由があるときは、同時にその決定の謄本をも送達しなければならない。

（申立の効力・法第四百六条）

第二六四条 第二百五十七条の申立は、原判決の確定を妨げる効力を有する。但し、申立を棄却する決定があつたとき、又は第二百六十一条第一項の決定がされないで同項の期間が経過したときは、この限りでない。

（被告人の移送・法第四百九条）

第二六五条 上告審においては、公判期日を指定すべき場合においても、被告人の移送は、これを必要としない。

（準用規定）

第二六六条 上告の審判については、特別の定のある場合を除いては、前章の規定を準用する。

（判決訂正申立等の方式・法第四百十五条）

第二六七条① 判決を訂正する申立は、書面でこれをしなければならない。

② 前項の書面には、申立の理由を簡潔に明示しなければならない。

③ 判決訂正の申立期間延長の申立については、前二項の規定を準用する。

（判決訂正申立の通知・法第四百十五条）

第二六八条 前条第一項の申立があつたときは、速やかにその旨を相手方に通知しなければならない。

（却下決定の送達・法第四百十五条）

第二六九条 判決訂正の申立期間延長の申立を却下する決定は、これを送達することを要しない。

（判決訂正申立についての裁判・法第四百十六条等）

第二七〇条① 判決訂正の申立についての裁判は、原判決をした裁判所を構成した裁判官全員で構成される裁判所がこれをしなければならない。但し、その裁判官が死亡した場合その他やむを得ない事情がある場合は、この限りでない。

② 前項但書の場合にも、原判決をするについて反対意見を表示した裁判官が多数となるように構成された裁判所においては、同項の裁判をすることができない。

第四章 抗告

（訴訟記録等の送付）

第二七一条① 原裁判所は、必要と認めるときは、訴訟記録及び証拠物を抗告裁判所に送付しなければならない。

② 抗告裁判所は、訴訟記録及び証拠物の送付を求めることができる。

（抗告裁判所の決定の通知）

第二七二条 抗告裁判所の決定は、これを原裁判所に通知しなければならない。

（準用規定）

第二七三条 法第四百二十九条及び第四百三十条の請求があつた場合には、前二条の規定を準用する。

（特別抗告申立書の記載・法第四百三十三条）

第二七四条 法第四百三十三条の抗告の申立書には、抗告の趣旨を簡潔に記載しなければならない。

（特別抗告についての調査の範囲・法第四百三十三条）

第二七五条 最高裁判所は、法第四百三十三条の抗告については、申立書に記載された抗告の趣意についてのみ調査をするものとする。但し、法第四百五条に規定する事由については、職権で調査をすることができる。

（準用規定）

第二七六条 法第四百三十三条の抗告の申立があつた場合には、第二百五十六条、第二百七十一条及び第二百七十二条の規定を準用する。

第四編 少年事件の特別手続

（審理の方針）

第二七七条 少年事件の審理については、懇切を旨とし、且つ事案の真相を明らかにするため、家庭裁判所の取り調べた証拠は、つとめてこれを取り調べるようにしなければならない。

（少年鑑別所への送致令状の記載要件・少年法第四十四条）

第二七八条① 少年法（昭和二十三年法律第百六十八号）第四十四条第二項の規定により発する令状には、少年の氏名、年齢及び住居、罪名、被疑事実の要旨、法第六十条第一項各号に定める事由、収容すべき少年鑑別所、有効期間及びその期間経過後は執行に着手することができず令状はこれを返還しなければならない旨並びに請求及び発付の年月日を記載し、裁判官が、これに記名押印しなければならない。

② 前項の令状の執行は、法及びこの規則中勾留状の執行に関する規定に準じてこれをしなければならない。

（国選弁護人・法第三十七条等）

第二七九条 少年の被告人に弁護人がないときは、裁判所は、なるべく、職権で弁護人を附さなければならない。

（家庭裁判所調査官の観護に付する決定の効力・少年法第四十五条）

第二八〇条 少年法第十七条第一項第一号の措置は、事件を終局させる裁判の確定によりその効力を失う。

（観護の措置が勾留とみなされる場合の国選弁護人選任の請求等・少年法第四十五条等）

第二八〇条の二① 少年法第四十五条第七号（同法第四十五条の二において準用する場合を含む。）の規定により被疑者に勾留状が発せられているものとみなされる場合における法第三十七条の二第一項の請求は、少年法第十九条第二項（同法第二十三条第三項において準用する場合を含む。次項及び次条第一項において同じ。）、第二十条第一項若しくは第六十二条第一項の決定をした家庭裁判所の裁判官、その所属する家庭裁判所の所在地を管轄する地方裁判所の裁判官又はその地方裁判所の所在地（その支部の所在地を含む。）に在る簡易裁判所の裁判官にこれをしなければならない。

② 前項に規定する場合における法第三十七条の四の規定による弁護人の選任に関する処分は、少年法第十九条第二項、第二十条第一項若しくは第六十二条第一項の決定をした家庭裁判所の裁判官、その所属する家庭裁判所の所在地を管轄する地方裁判所の裁判官又はその地方裁判所の所在地（その支部の所在地を含む。）に在る簡易裁判所の裁判官がこれをしなければならない。

③ 第一項の被疑者が同項の地方裁判所の管轄区域外に在る刑事施設に収容されたときは、同項の規定にかかわらず、法第三十七条の二第一項の請求は、その刑事施設の所在地を管轄する地方裁判所の裁判官又はその地方裁判所の所在地（その支部の所在地を含む。）に在る簡易裁判所の裁判官にこれをしなければな

らない。

④　前項に規定する場合における法第三十七条の四の規定による弁護人の選任に関する処分は、第二項の規定にかかわらず、前項の刑事施設の所在地を管轄する地方裁判所の裁判官又はその地方裁判所の所在地（その支部の所在地を含む。）に在る簡易裁判所の裁判官がこれをしなければならない。法第三十七条の五及び第三十八条の三第四項の規定による弁護人の選任に関する処分についても同様とする。

（観護の措置が勾留とみなされる場合の私選弁護人選任の申出・少年法第四十五条等）

第二八〇条の三①　少年法第四十五条第七号の規定により勾留状が発せられているものとみなされた被疑者でその資力が基準額以上であるものが法第三十七条の二第一項の請求をする場合においては、法第三十七条の三第二項の規定により法第三十一条の二第一項の申出をすべき弁護士会は少年法第十九条第二項、第二十条第一項又は第六十二条第一項の決定をした家庭裁判所の所在地を管轄する地方裁判所の管轄区域内に在る弁護士会とし、当該弁護士会が法第三十七条の三第三項の規定により通知をすべき地方裁判所は当該家庭裁判所の所在地を管轄する地方裁判所とする。

②　前項の被疑者が同項の地方裁判所の管轄区域外に在る刑事施設に収容された場合において、法第三十七条の二第一項の請求をするときは、前項の規定にかかわらず、法第三十七条の三第二項の規定により法第三十一条の二第一項の申出をすべき弁護士会は当該刑事施設の所在地を管轄する地方裁判所の管轄区域内に在る弁護士会とし、当該弁護士会が法第三十七条の三第三項の規定により通知をすべき地方裁判所は当該刑事施設の所在地を管轄する地方裁判所とする。

（勾留に代わる措置の請求・少年法第四十三条）

第二八一条　少年事件において、検察官が裁判官に対し勾留の請求に代え少年法第十七条第一項の措置を請求する場合には、第百四十七条から第百五十条までの規定を準用する。

（準用規定）

第二八二条　被告人又は被疑者が少年鑑別所に収容又は拘禁されている場合には、この規則中刑事施設に関する規定を準用する。

第五編　再審

（請求の手続）

第二八三条　再審の請求をするには、その趣意書に原判決の謄本、証拠書類及び証拠物を添えてこれを管轄裁判所に差し出さなければならない。

（準用規定）

第二八四条　再審の請求又はその取下については、第二百二十四条、第二百二十七条、第二百二十八条及び第二百三十条の規定を準用する。

（請求の競合）

第二八五条①　第一審の確定判決と控訴を棄却した確定判決とに対して再審の請求があつたときは、控訴裁判所は、決定で第一審裁判所の訴訟手続が終了するに至るまで、訴訟手続を停止しなければならない。

②　第一審又は第二審の確定判決と上告を棄却した確定判決とに対して再審の請求があつたときは、上告裁判所は、決定で第一審裁判所又は控訴裁判所の訴訟手続が終了するに至るまで、訴訟手続を停止しなければならない。

（意見の聴取）

第二八六条　再審の請求について決定をする場合には、請求をした者及びその相手方の意見を聴かなければならない。有罪の言渡を受けた者の法定代理人又は保佐人が請求をした場合には、有罪の言渡を受けた者の意見をも聴かなければならない。

第六編　略式手続

第二八七条　削除

（書面の添附・法第四百六十一条の二等）

第二八八条　略式命令の請求書には、法第四百六十一条の二第一項に定める手続をしたことを明らかにする書面を添附しなければならない。

（書類等の差出）

第二八九条①　検察官は、略式命令の請求と同時に、略式命令をするために必要があると思料する書類及び証拠物を裁判所に差し出さなければならない。

②　検察官は、前項の規定により被告人以外の者の供述録取書等（法第二百九十条の三第一項に規定する供述録取書等をいう。）であつて、その者が法第三百五十条の二第一項の合意に基づいて作成したもの又は同項の合意に基づいてされた供述を録取し若しくは記録したものを裁判所に差し出すときは、その差出しと同時に、合意内容書面（法第三百五十条の七第一項に規定する合意内容書面をいう。以下同じ。）を裁判所に差し出さなければならない。

③　前項の規定により合意内容書面を裁判所に差し出す場合において、当該合意の当事者が法第三百五十条の十第二項の規定により当該合意から離脱する旨の告知をしているときは、検察官は、あわせて、同項の書面を裁判所に差し出さなければならない。

④　第二項の規定により合意内容書面を裁判所に差し出した後、裁判所が略式命令をする前に、当該合意の当事者が法第三百五十条の十第二項の規定により当該合意から離脱する旨の告知をしたときは、検察官は、遅滞なく、同項の書面をその裁判所に差し出さなければならない。

（略式命令の時期等）

第二九〇条①　略式命令は、遅くともその請求のあつた日から十四日以内にこれを発しなければならない。

②　裁判所は、略式命令の謄本の送達ができなかつたときは、直ちにその旨を検察官に通知しなければならない。

（準用規定）

第二九一条　法第四百六十三条の二第二項の決定については、第二百十九条の二の規定を準用する。

（起訴状の謄本の差出等・法第四百六十三条）

第二九二条①　検察官は、法第四百六十三条第三項の通知を受けたときは、速やかに被告人の数に応ずる起訴状の謄本を裁判所に差し出さなければならない。

②　前項の場合には、第百七十六条の規定の適用があるものとする。

（書類等の返還）

第二九三条　裁判所は、法第四百六十三条第三項又は第四百六十五条第二項の通知をしたときは、直ちに第二百八十九条第一項の書類及び証拠物並びに合意内容書面及び法第三百五十条の十第二項の書面を検察官に返還しなければならない。

（準用規定）

第二九四条　正式裁判の請求、その取下又は正式裁判請求権回復の請求については、第二百二十四条から第二百二十八条まで及び第二百三十条の規定を準用する。

第七編　裁判の執行

（訴訟費用免除の申立等・法第五百条等）

第二九五条①　訴訟費用の負担を命ずる裁判の執行免除の申立又は裁判の解釈を求める申立若しくは裁判の執行についての異議の申立は、書面でこれをしなければならない。申立の取下についても、同様である。

②　前項の申立又はその取下については、第二百二十七条及び第二百二十八条の規定を準用する。

（免除の申立裁判所・法第五百条）

第二九五条の二①　訴訟費用の負担を命ずる裁判の執行免除の申立は、その裁判を言い渡した裁判所にしなければならない。但し、事件が上訴審において終結した場合には、全部の訴訟費用について、その上訴裁判所にしなければならない。

②前項の申立を受けた裁判所は、その申立について決定をしなければならない。但し、前項但書の規定による申立を受けた裁判所は、自ら決定をするのが適当でないと認めるときは、訴訟費用の負担を命ずる裁判を言い渡した下級の裁判所に決定をさせることができる。この場合には、その旨を記載し、かつ、裁判長が認印した送付書とともに申立書及び関係書類を送付するものとする。

③前項但書の規定による送付をしたときは、裁判所は、直ちにその旨を検察官に通知しなければならない。

（申立書が申立裁判所以外の裁判所に差し出された場合・法第五百条）

第二九五条の三　前条第一項の規定により申立をすべき裁判所以外の裁判所（事件の係属した裁判所に限る。）に申立書が差し出されたときは、裁判所は、すみやかに申立書を申立をすべき裁判所に送付しなければならない。この場合において申立書が申立期間内に差し出されたときは、申立期間内に申立があつたものとみなす。

（申立書の記載要件・法第五百条）

第二九五条の四　訴訟費用の負担を命ずる裁判の執行免除の申立書には、その裁判を言い渡した裁判所を表示し、かつ、訴訟費用を完納することができない事由を具体的に記載しなければならない。

（検察官に対する通知・法第五百条）

第二九五条の五　訴訟費用の負担を命ずる裁判の執行免除の申立書が差し出されたときは、裁判所は、直ちにその旨を検察官に通知しなければならない。

第八編　補則

（申立その他の申述の方式）

第二九六条①　裁判所又は裁判官に対する申立その他の申述は、書面又は口頭でこれをすることができる。但し、特別の定のある場合は、この限りでない。

②口頭による申述は、裁判所書記官の面前でこれをしなければならない。

③前項の場合には、裁判所書記官は、調書を作らなければならない。

（刑事収容施設に収容中又は留置中の被告人又は被疑者の申述）

第二九七条　刑事施設の長、留置業務管理者若しくは海上保安留置業務管理者又はその代理者は、刑事収容施設に収容され、又は留置されている被告人又は被疑者が裁判所又は裁判官に対して申立てその他の申述をしようとするときは、努めてその便宜を図り、ことに、被告人又は被疑者が自ら申述書を作ることができないときは、これを代書し、又は所属の職員にこれを代書させなければならない。

（書類の発送、受理等）

第二九八条①　書類の発送及び受理は、裁判所書記官がこれを取り扱う。

②訴訟関係人その他の者に対する通知は、裁判所書記官にこれをさせることができる。

③訴訟関係人その他の者に対し通知をした場合には、これを記録上明らかにしておかなければならない。

（裁判官に対する取調等の請求）

第二九九条①　検察官、検察事務官又は司法警察職員の裁判官に対する取調、処分又は令状の請求は、当該事件の管轄にかかわらず、これらの者の所属の官公署の所在地を管轄する地方裁判所又は簡易裁判所の裁判官にこれをしなければならない。但し、やむを得ない事情があるときは、最寄の下級裁判所の裁判官にこれをすることができる。

②前項の請求は、少年事件については、同項本文の規定にかかわらず、同項に規定する者の所属の官公署の所在地を管轄する家庭裁判所の裁判官にもこれをすることができる。

（令状の有効期間）

第三〇〇条　令状の有効期間は、令状発付の日から七日とする。但し、裁判所又は裁判官は、相当と認めるときは、七日を超える期間を定めることができる。

（書類、証拠物の閲覧等）

第三〇一条①　裁判長又は裁判官は、訴訟に関する書類及び証拠物の閲覧又は謄写について、日時、場所及び時間を指定することができる。

②裁判長又は裁判官は、訴訟に関する書類及び証拠物の閲覧又は謄写について、書類の破棄その他不法な行為を防ぐため必要があると認めるときは、裁判所書記官その他の裁判所職員をこれに立ち会わせ、又はその他の適当な措置を講じなければならない。

（裁判官の権限）

第三〇二条①　法において裁判所若しくは裁判長と同一の権限を有するものとされ、裁判所がする処分に関する規定の準用があるものとされ、又は裁判所若しくは裁判長に属する処分をすることができるものとされている受命裁判官、受託裁判官その他の裁判官は、その処分に関しては、この規則においても、同様である。

②法第二百二十四条又は第二百二十五条の請求を受けた裁判官は、その処分に関し、裁判所又は裁判長と同一の権限を有する。

（検察官及び弁護人の訴訟遅延行為に対する処置）

第三〇三条①　裁判所は、検察官又は弁護士である弁護人が訴訟手続に関する法律又は裁判所の規則に違反し、審理又は公判前整理手続若しくは期日間整理手続の迅速な進行を妨げた場合には、その検察官又は弁護人に対し理由の説明を求めることができる。

②前項の場合において、裁判所は、特に必要があると認めるときは、検察官については、当該検察官に対して指揮監督の権を有する者に、弁護人については、当該弁護士の属する弁護士会又は日本弁護士連合会に通知し、適当の処置をとるべきことを請求しなければならない。

③前項の規定による請求を受けた者は、そのとつた処置を裁判所に通知しなければならない。

（被告事件終結後の訴訟記録の送付）

第三〇四条①　裁判所は、被告事件の終結後、速やかに訴訟記録を第一審裁判所に対応する検察庁の検察官に送付しなければならない。

②前項の送付は、被告事件が上訴審において終結した場合には、当該被告事件の係属した下級の裁判所を経由してしなければならない。

（代替収容の場合における規定の適用）

第三〇五条　刑事収容施設及び被収容者等の処遇に関する法律第十五条第一項の規定により留置施設に留置される者については、留置施設を刑事施設と、留置業務管理者を刑事施設の長と、留置担当官（同法第十六条第二項に規定する留置担当官をいう。）を刑事施設職員とみなして、第六十二条第三項、第八十条第一項及び第二項、第九十一条第一項第二号及び第三号、第九十二条の二、第百五十三条第四項、第百八十七条の二、第百八十七条の三第二項、第二百十六条第二項、第二百二十七条（第百三十八条の八、第二百二十九条、第二百八十四条、第二百九十四条及び第二百九十五条第二項において準用する場合を含む。）、第二百二十八条（第百三十八条の八、第二百二十九条、第二百八十四条、第二百九十四条及び第二百九十五条第二項において準用する場合を含む。）、第二百二十九条、第二百四十四条、第二百八十条の二第三項及び第四項並びに第二百八十条の三第二項の規定を適用する。

○犯罪捜査のための通信傍受に関する法律（抄）（平成一一・八・一八 法一三七）

施行 平成一二・八・一五（平成一二政三九〇）
最終改正 令和四法六八

目次

第一章 総則

（目的）

第一条 この法律は、組織的な犯罪が平穏かつ健全な社会生活を著しく害していることにかんがみ、数人の共謀によって実行される組織的な殺人、薬物及び銃器の不正取引に係る犯罪等の重大犯罪において、犯人間の相互連絡等に用いられる電話その他の電気通信の傍受を行わなければ事案の真相を解明することが著しく困難な場合が増加する状況にあることを踏まえ、これに適切に対処するため必要な刑事訴訟法（昭和二十三年法律第百三十一号）に規定する電気通信の傍受を行う強制の処分に関し、通信の秘密を不当に侵害することなく事案の真相の的確な解明に資するよう、その要件、手続その他必要な事項を定めることを目的とする。

（定義）

第二条① この法律において「通信」とは、電話その他の電気通信であって、その伝送路の全部若しくは一部が有線（有線以外の方式で電波その他の電磁波を送り、又は受けるための電気的設備に附属する有線を除く。）であるもの又はその伝送路に交換設備があるものをいう。

② この法律において「傍受」とは、現に行われている他人間の通信について、その内容を知るため、当該通信の当事者のいずれの同意も得ないで、これを受けることをいう。

③ この法律において「通信事業者等」とは、電気通信を行うための設備（以下「電気通信設備」という。）を用いて他人の通信を媒介し、その他電気通信設備を他人の通信の用に供する事業を営む者及びそれ以外の者であって自己の業務のために不特定又は多数の者の通信を媒介することのできる電気通信設備を設置している者をいう。

④ この法律において「暗号化」とは、通信の内容を伝達する信号、通信日時に関する情報を伝達する信号その他の信号であって、電子計算機による情報処理の用に供されるもの（以下「原信号」という。）について、電子計算機及び変換符号（信号の変換処理を行うために用いる符号をいう。以下同じ。）を用いて変換処理を行うことにより、当該変換処理に用いた変換符号と対応する変換符号（以下「対応変換符号」という。）を用いなければ復元することができないようにすることをいい、「復号」とは、暗号化により作成された信号（以下「暗号化信号」という。）について、電子計算機及び対応変換符号を用いて変換処理を行うことにより、原信号を復元することをいう。

⑤ この法律において「一時的保存」とは、暗号化信号について、その復号がなされるまでの間に限り、一時的に記録媒体に記録して保存することをいう。

⑥ この法律において「再生」とは、一時的保存をされた暗号化信号（通信の内容を伝達する信号に係るものに限る。）の復号により復元された通信について、電子計算機を用いて、音の再生、文字の表示その他の方法により、人の聴覚又は視覚により認識することができる状態にするための処理をすることをいう。

第二章 通信傍受の要件及び実施の手続（抄）

（傍受令状）

第三条① 検察官又は司法警察員は、次の各号のいずれかに該当する場合において、当該各号に規定する犯罪（第二号及び第三号にあっては、その一連の犯罪をいう。）の実行、準備又は証拠隠滅等の事後措置に関する謀議、指示その他の相互連絡その他当該犯罪の実行に関連する事項を内容とする通信（以下この項において「犯罪関連通信」という。）が行われると疑うに足りる状況があり、かつ、他の方法によっては、犯人を特定し、又は犯行の状況若しくは内容を明らかにすることが著しく困難であるときは、裁判官の発する傍受令状により、電話番号その他発信元又は発信先を識別するための番号又は符号（以下「電話番号等」という。）によって特定された通信の手段（以下「通信手段」という。）であって、被疑者が通信事業者等との間の契約に基づいて使用しているもの（犯人による犯罪関連通信に用いられる疑いがないと認められるものを除く。）又は犯人による犯罪関連通信に用いられると疑うに足りるものについて、これを用いて行われた犯罪関連通信の傍受をすることができる。

一 別表第一又は別表第二に掲げる罪が犯されたと疑うに足りる十分な理由がある場合において、当該犯罪が数人の共謀によるもの（別表第二に掲げる罪にあっては、当該罪に当たる行為が、あらかじめ定められた役割の分担に従って行動する人の結合体により行われるものに限る。次号及び第三号において同じ。）であると疑うに足りる状況があるとき。

二 別表第一又は別表第二に掲げる罪が犯され、かつ、引き続き次に掲げる罪が犯されると疑うに足りる十分な理由がある場合において、これらの犯罪が数人の共謀によるものであると疑うに足りる状況があるとき。

イ 当該犯罪と同様の態様で犯されるこれと同一又は同種の別表第一又は別表第二に掲げる罪

ロ 当該犯罪の実行を含む一連の犯行の計画に基づいて犯される別表第一又は別表第二に掲げる罪

三 死刑又は無期若しくは長期二年以上の懲役若しくは禁錮に当たる罪が別表第一又は別表第二に掲げる罪と一体のものとしてその実行に必要な準備のために犯され、かつ、引き続き当該別表第一又は別表第二に掲げる罪が犯されると疑うに足りる十分な理由がある場合において、当該犯罪が数人の共謀によるものであると疑うに足りる状況があるとき。

＊令和四法六八（令和七・六・一六までに施行）による改正
第三号中「懲役若しくは禁錮」を「拘禁刑」に改める。（本文未織込み）

② 別表第一に掲げる罪であって、譲渡し、譲受け、貸付け、借受け又は交付の行為を罰するものについては、前項の規定にかかわらず、数人の共謀によるものであると疑うに足りる状況があることを要しない。

③ 前二項の規定による傍受は、通信事業者等の看守する場所で行う場合を除き、人の住居又は人の看守する邸宅、建造物若しくは船舶内においては、これをすることができない。ただし、住居主若しくは看守者又はこれらの者に代わるべき者の承諾がある場合は、この限りでない。

（令状請求の手続）

第四条① 傍受令状の請求は、検察官（検事総長が指定する検事に限る。以下この条及び第七条において同じ。）又は司法警察員（国家公安委員会又は都道府県公安委員会が指定する警視以上の警察官、厚生労働大臣が指定する麻薬取締官及び海上保安庁長官が指定する海上保安官に限る。以下この条及び第七条において同じ。）から地方裁判所の裁判官にこれをしなければならない。

② 検察官又は司法警察員は、前項の請求をする場合において、当該請求に係る被疑事実の全部又は一部と同一の被疑事実について、前に同一の通信手段を対象とする傍受令状の請求又はその発付があったときは、その旨を裁判官に通知しなければならない。

③ 第二十条第一項の許可又は第二十三条第一項の許可の請求は、第一項の請求をする際に、検察官又は司法警察員からこれをしなければならない。

（**傍受令状の発付**）

第五条① 前条第一項の請求を受けた裁判官は、同項の請求を理由があると認めるときは、傍受ができる期間として十日以内の期間を定めて、傍受令状を発する。

② 裁判官は、傍受令状を発する場合において、傍受の実施（通信の傍受をすること及び通信手段について直ちに傍受をすることができる状態で通信の状況を監視することをいう。以下同じ。）に関し、適当と認める条件を付することができる。

③ 裁判官は、前条第三項の請求があったときは、同項の請求を相当と認めるときは、当該請求に係る第二十条第一項の許可をするものとする。

④ 裁判官は、前項の規定により第二十条第一項の許可をするときは、傍受の実施の場所として、通信管理者等（通信手段の傍受の実施をする部分を管理する者（会社その他の法人又は団体にあっては、その役職員）又はこれに代わるべき者をいう。以下同じ。）の管理する場所を定めなければならない。この場合において、前条第三項の請求をした者から申立てがあり、かつ、当該申立てに係る傍受の実施の場所の状況その他の事情を考慮し、相当と認めるときは、指定期間（第二十条第一項に規定する指定期間をいう。以下この項において同じ。）における傍受の実施の場所及び指定期間以外の期間における傍受の実施の場所をそれぞれ定めるものとする。

（**傍受令状の記載事項**）

第六条① 傍受令状には、被疑者の氏名、被疑事実の要旨、罪名、罰条、傍受すべき通信、傍受の実施の対象とすべき通信手段、傍受の実施の方法及び場所、傍受ができる期間、傍受の実施に関する条件、有効期間及びその期間経過後は傍受の処分に着手することができず傍受令状はこれを返還しなければならない旨並びに発付の年月日その他最高裁判所規則で定める事項を記載し、裁判官が、これに記名押印しなければならない。ただし、被疑者の氏名については、これが明らかでないときは、その旨を記載すれば足りる。

② 裁判官は、前条第三項の規定により第二十条第一項の許可又は第二十三条第一項の許可をするときは、傍受令状にその旨を記載するものとする。

（**傍受ができる期間の延長**）

第七条① 地方裁判所の裁判官は、必要があると認めるときは、検察官又は司法警察員の請求により、十日以内の期間を定めて、傍受ができる期間を延長することができる。ただし、傍受ができる期間は、通じて三十日を超えることができない。

② 前項の延長は、傍受令状に延長する期間及び理由を記載し記名押印してこれをしなければならない。

（**同一事実に関する傍受令状の発付**）

第八条 裁判官は、傍受令状の請求があった場合において、当該請求に係る被疑事実に前に発付された傍受令状の被疑事実と同一のものが含まれるときは、同一の通信手段については、更に傍受をすることを必要とする特別の事情があると認めるときに限り、これを発付することができる。

（**変換符号及び対応変換符号の作成等**）

第九条 裁判所書記官その他の裁判所の職員は、次の各号に掲げる場合には、裁判官の命を受けて、当該各号に定める措置を執るものとする。

一 傍受令状に第二十条第一項の許可をする旨の記載があるとき 同項の規定による暗号化に用いる変換符号及びその対応変換符号を作成し、これらを通信管理者等に提供すること。

二 傍受令状に第二十三条第一項の許可をする旨の記載があるとき 次のイからハまでに掲げる措置

イ 第二十三条第一項の規定による暗号化に用いる変換符号を作成し、これを通信管理者等に提供すること。

ロ イの変換符号の対応変換符号及び第二十六条第一項の規定による暗号化に用いる変換符号を作成し、これらを検察官又は司法警察員が傍受の実施に用いるものとして指定した特定電子計算機（第二十三条第二項に規定する特定電子計算機をいう。）以外の機器において用いることができないようにするための技術的措置を講じた上で、これらを検察官又は司法警察員に提供すること。

ハ ロの検察官又は司法警察員に提供される変換符号の対応変換符号を作成し、これを保管すること。

（**傍受令状の提示**）

第一〇条① 傍受令状は、通信管理者等に示さなければならない。ただし、被疑事実の要旨については、この限りでない。

② 傍受ができる期間が延長されたときも、前項と同様とする。

（**必要な処分等**）

第一一条① 傍受の実施については、電気通信設備に傍受のための機器を接続することその他の必要な処分をすることができる。

② 検察官又は司法警察員は、検察事務官又は司法警察職員に前項の処分をさせることができる。

（**通信事業者等の協力義務**）

第一二条 検察官又は司法警察員は、通信事業者等に対して、傍受の実施に関し、傍受のための機器の接続その他の必要な協力を求めることができる。この場合においては、通信事業者等は、正当な理由がないのに、これを拒んではならない。

（**立会い**）

第一三条① 傍受の実施をするときは、通信管理者等を立ち会わせなければならない。通信管理者等を立ち会わせることができないときは、地方公共団体の職員を立ち会わせなければならない。

② 立会人は、検察官又は司法警察員に対し、当該傍受の実施に関し意見を述べることができる。

（**該当性判断のための傍受**）

第一四条① 検察官又は司法警察員は、傍受の実施をしている間に行われた通信であって、傍受令状に記載された傍受すべき通信（以下単に「傍受すべき通信」という。）に該当するかどうか明らかでないものについては、傍受すべき通信に該当するかどうかを判断するため、これに必要な最小限度の範囲に限り、当該通信の傍受をすることができる。

② 外国語による通信又は暗号その他その内容を即時に復元することができない方法を用いた通信であって、傍受の時にその内容を知ることが困難なため、傍受すべき通信に該当するかどうかを判断することができないものについては、その全部の傍受をすることができる。この場合においては、速やかに、傍受すべき通信に該当するかどうかの判断を行わなければならない。

（**他の犯罪の実行を内容とする通信の傍受**）

第一五条 検察官又は司法警察員は、傍受の実施をしている間に、傍受令状に被疑事実として記載されている犯罪以外の犯罪であって、別表第一若しくは別表第二に掲げるもの又は死刑若しくは無期若しくは短期一年以上の懲役若しくは禁錮に当たるものを実行したこと、実行していること又は実行することを内容とするものと明らかに認められる通信が行われたときは、当該通信の傍受をすることができる。

＊令和四法六八（令和七・六・一六までに施行）による改正
第一五条中「懲役若しくは禁錮」を「拘禁刑」に改める。
（本文未織込み）

（**医師等の業務に関する通信の傍受の禁止**）

第一六条 医師、歯科医師、助産師、看護師、弁護士（外国法事

務弁護士を含む。）、弁理士、公証人又は宗教の職にある者（傍受令状に被疑者として記載されている者を除く。）との間の通信については、他人の依頼を受けて行うその業務に関するものと認められるときは、傍受をしてはならない。

（相手方の電話番号等の探知）
第一七条① 検察官又は司法警察員は、傍受の実施をしている間に行われた通信について、これが傍受すべき通信若しくは第十五条の規定により傍受をすることができる通信に該当するものであるとき、又は第十四条の規定による傍受すべき通信に該当するかどうかの判断に資すると認めるときは、傍受の実施の場所において、当該通信の相手方の電話番号等の探知をすることができる。この場合においては、別に令状を必要としない。

② 検察官又は司法警察員は、通信事業者等に対して、前項の処分に関し、必要な協力を求めることができる。この場合においては、通信事業者等は、正当な理由がないのに、これを拒んではならない。

③ 検察官又は司法警察員は、傍受の実施の場所以外の場所において第一項の探知のための措置を必要とする場合には、当該措置を執ることができる通信事業者等に対し、同項の規定により行う探知である旨を告知して、当該措置を執ることを要請することができる。この場合においては、前項後段の規定を準用する。

（傍受の実施を中断し又は終了すべき時の措置）
第一八条 傍受令状の記載するところに従い傍受の実施を中断し又は終了すべき時に現に通信が行われているときは、その通信手段の使用（以下「通話」という。）が終了するまで傍受の実施を継続することができる。

（傍受の実施の終了）
第一九条 傍受の実施は、傍受の理由又は必要がなくなったときは、傍受令状に記載された傍受ができる期間内であっても、これを終了しなければならない。

（一時的保存を命じて行う通信傍受の実施の手続）
第二〇条① 検察官又は司法警察員は、裁判官の許可を受けて、通信管理者等に命じて、傍受令状の記載するところに従い傍受の実施をすることができる期間（前条の規定により傍受の実施を終了した後の期間を除く。）内において検察官又は司法警察員が指定する期間（当該期間の終期において第十八条の規定により傍受の実施を継続することができるときは、その継続することができる期間を含む。以下「指定期間」という。）に行われる全ての通信について、第九条第一号の規定により提供された変換符号を用いた原信号（通信の内容を伝達するものに限る。）の暗号化をさせ、及び当該暗号化により作成される暗号化信号について一時的保存をさせる方法により、傍受をすることができる。この場合における傍受の実施については、第十三条の規定は、適用しない。

②（略）

③ 検察官又は司法警察員は、第一項の規定による傍受をするときは、次条第七項の手続の用に供するため、通信管理者等に対し、同項の手続が終了するまでの間第一項の規定による傍受をする通信の相手方の電話番号等の情報を保存することを求めることができる。この場合においては、第十七条第二項後段の規定を準用する。

④ 通信管理者等が前項の電話番号等の情報を保存することができないときは、検察官又は司法警察員は、これを保存することができる通信事業者等に対し、次条第七項の手続の用に供するための要請である旨を告知して、同項の手続が終了するまでの間これを保存することを要請することができる。この場合においては、第十七条第三項後段の規定を準用する。

⑤―⑦（略）

第二一条① 検察官又は司法警察員は、前条第一項の規定による傍受をしたときは、傍受の実施の場所（指定期間以外の期間における傍受の実施の場所が定められているときは、その場所）において、通信管理者等に命じて、同項の規定により一時的保存をされた暗号化信号について、第九条第一号の規定により提供された対応変換符号を用いた復号をさせることにより、同項の規定による傍受をした通信を復元させ、同時に、復元された通信について、第三項から第六項までに定めるところにより、再生をすることができる。この場合における再生の実施（通信の再生をすること並びに一時的保存のために用いられた記録媒体について直ちに再生をすることができる状態で一時的保存の状況の確認及び暗号化信号の復号をすることをいう。以下同じ。）については、第十一条から第十三条までの規定を準用する。

②（略）

③ 検察官又は司法警察員は、第一項の規定による復号により復元された通信のうち、傍受すべき通信に該当する通信の再生をすることができるほか、傍受すべき通信に該当するかどうか明らかでないものについては、傍受すべき通信に該当するかどうかを判断するため、これに必要な最小限度の範囲に限り、当該通信の再生をすることができる。

④ 検察官又は司法警察員は、第一項の規定による復号により復元された通信のうち、外国語による通信又は暗号その他その内容を即時に復元することができない方法を用いた通信であって、再生の時にその内容を知ることが困難なため、傍受すべき通信に該当するかどうかを判断することができないものについては、その全部の再生をすることができる。この場合においては、速やかに、傍受すべき通信に該当するかどうかの判断を行わなければならない。

⑤ 検察官又は司法警察員は、第一項の規定による復号により復元された通信の中に、第十五条に規定する通信があるときは、当該通信の再生をすることができる。

⑥ 第十六条の規定は、第一項の規定による復号により復元された通信の再生をする場合について準用する。

⑦ 検察官又は司法警察員は、前条第一項の規定による傍受をした通信について、これが傍受すべき通信若しくは第五項の規定により再生をすることができる通信に該当するものであるとき、又は第三項若しくは第四項の規定による傍受すべき通信に該当するかどうかの判断に資すると認めるときは、同条第三項の規定による求め又は同条第四項の規定による要請に係る電話番号等のうち当該通信の相手方のものの開示を受けることができる。この場合においては、第十七条第一項後段の規定を準用する。

⑧⑨（略）

第二二条（略）

（特定電子計算機を用いる通信傍受の実施の手続）
第二三条① 検察官又は司法警察員は、裁判官の許可を受けて、通信管理者等に命じて、傍受の実施をしている間に行われる全ての通信について、第九条第二号イの規定により提供された変換符号を用いた原信号（通信の内容を伝達するものに限る。）の暗号化をさせ、及び当該暗号化により作成される暗号化信号を傍受の実施の場所に設置された特定電子計算機に伝送させた上で、次のいずれかの傍受をすることができる。この場合における傍受の実施については、第十三条の規定は適用せず、第二号の規定による傍受については、第二十条第三項及び第四項の規定を準用する。

一 暗号化信号を受信するのと同時に、第九条第二号ロの規定により提供された対応変換符号を用いて復号をし、復元された通信について、第三条及び第十四条から第十六条までに定めるところにより、傍受をすること。

二 暗号化信号を受信するのと同時に一時的保存をする方法により、当該暗号化信号に係る原信号によりその内容を伝達される通信の傍受をすること。

② 前項に規定する「特定電子計算機」とは、次に掲げる機能の全てを有する電子計算機をいう。

一 伝送された暗号化信号について一時的保存の処理を行う機能

二　伝送された暗号化信号について復号の処理を行う機能
三　前項第一号の規定による傍受をした通信にあってはその傍受と同時に、第四項の規定による再生をした通信にあってはその再生と同時に、全て、自動的に、暗号化の処理をして記録媒体に記録する機能
四　傍受の実施をしている間における通話の開始及び終了の年月日時、前項第一号の規定による傍受をした通信の開始及び終了の年月日時、第四項の規定による再生をした通信の開始及び終了の年月日時その他政令で定める事項に関する情報を伝達する原信号を作成し、当該原信号について、自動的に、暗号化の処理をして前号の記録媒体に記録する機能
五　第三号の記録媒体に記録される同号の通信及び前号の原信号について、前二号に掲げる機能により当該記録媒体に記録するのと同時に、暗号化の処理をすることなく他の記録媒体に記録する機能
六　入力された対応変換符号（第九条第二号ロの規定により提供されたものに限る。）が第二号に規定する復号以外の処理に用いられることを防止する機能
七　入力された変換符号（第九条第二号ロの規定により提供されたものに限る。）が第三号及び第四号に規定する暗号化以外の処理に用いられることを防止する機能
八　第一号に規定する一時的保存をされた暗号化信号について、第二号に規定する復号をした時に、全て、自動的に消去する機能

③　検察官及び司法警察員は、傍受令状に第一項の許可をする旨の記載がある場合には、同項に規定する方法によるほか、傍受の実施をすることができない。

④　検察官又は司法警察員は、第一項第二号の規定による傍受をしたときは、傍受の実施の場所において、同号の規定により一時的保存をした暗号化信号について、特定電子計算機（第二項に規定する特定電子計算機をいう。第六項及び第二十六条第一項において同じ。）を用いて、第九条第二号ロの規定により提供された対応変換符号を用いた復号をすることにより、第一項第二号の規定による傍受をした通信を復元し、同時に、復元された通信について、第二十一条第三項から第六項までの規定の例により、再生をすることができる。この場合における再生の実施については、第十一条、第十二条及び第二十一条第七項から第九項までの規定を準用する。

⑤⑥　（略）

第三章　通信傍受の記録等（抄）

（傍受をした通信の記録）

第二四条①　傍受をした通信（第二十条第一項の規定による再生をした傍受の場合にあっては、第二十一条第一項の規定による再生をした通信）については、全て、録音その他通信の性質に応じた適切な方法により記録媒体に記録しなければならない。この場合においては、第二十九条第三項又は第四項の手続の用に供するため、同時に、同一の方法により他の記録媒体に記録することができる。

②　傍受の実施（第二十条第一項の規定によるものの場合にあっては、第二十一条第一項の規定による再生の実施）を中断し又は終了するときは、その時に使用している記録媒体に対する記録を終了しなければならない。

（記録媒体の封印等）

第二五条①　前条第一項前段の規定により記録をした記録媒体（次項に規定する記録媒体を除く。）については、傍受の実施を中断し又は終了したときは、速やかに、立会人にその封印を求めなければならない。傍受の実施をしている間に記録媒体の交換をしたときその他記録媒体に対する記録が終了したときも、同様とする。

②　第二十一条第一項の規定による再生をした通信を前条第一項前段の規定により記録をした記録媒体については、再生の実施を中断し又は終了したときは、速やかに、立会人にその封印を求めなければならない。再生の実施をしている間に記録媒体の交換をしたときその他記録媒体に対する記録が終了したときも、同様とする。

③　前二項の記録媒体については、前条第一項後段の規定により記録をした記録媒体がある場合を除き、立会人にその封印を求める前に、第二十九条第三項又は第四項の手続の用に供するための複製を作成することができる。

④　立会人が封印をした記録媒体は、遅滞なく、傍受令状を発付した裁判官が所属する裁判所の裁判官に提出しなければならない。

（特定電子計算機を用いる通信傍受の記録等）

第二六条①　第二十三条第一項の規定による傍受をしたときは、前二条の規定にかかわらず、特定電子計算機及び第九条第二号ロの規定により提供された変換符号を用いて、傍受をした通信（同項第二号の規定による傍受の場合にあっては、第二十三条第四項の規定による再生をした通信。以下この項及び次項において同じ。）について、全て、暗号化をして記録媒体に記録するとともに、傍受の実施をしている間における通話の開始及び終了の年月日時、傍受をした通信の開始及び終了の年月日時その他政令で定める事項について、暗号化をして当該記録媒体に記録しなければならない。

②③　（略）

④　第一項の規定により記録をした記録媒体については、傍受の実施の終了後（傍受の実施を終了する時に第二十三条第一項第二号の規定により一時的保存をした暗号化信号であって同条第四項の規定による復号をしていないものがあるときは、再生の実施の終了後）、遅滞なく、前条第四項に規定する裁判官に提出しなければならない。

（傍受の実施の状況を記載した書面等の提出等）

第二七条①　検察官又は司法警察員は、傍受の実施の終了後、遅滞なく、次に掲げる事項を記載した書面を、第二十五条第四項に規定する裁判官に提出しなければならない。第七条の規定により傍受ができる期間の延長を請求する時も、同様とする。
一　傍受の実施の開始、中断及び終了の年月日時
二　第十三条第一項の規定による立会人の氏名及び職業
三　第十三条第二項の規定により立会人が述べた意見
四　傍受の実施をしている間における通話の開始及び終了の年月日時
五　傍受をした通信については、傍受の根拠となった条項、その開始及び終了の年月日時並びに通信の当事者の氏名その他その特定に資する事項
六　第十五条に規定する通信については、当該通信に係る犯罪の罪名及び罰条並びに当該通信が同条に規定する通信に該当すると認めた理由
七　傍受の実施をしている間において記録媒体の交換をした年月日時
八　第二十五条第一項の規定による封印の年月日時及び封印をした立会人の氏名
九　その他傍受の実施の状況に関し最高裁判所規則で定める事項

②　（略）

③　前二項に規定する書面の提出を受けた裁判官は、第一項第六号又は前項第四号の通信については、これが第十五条に規定する通信に該当するかどうかを審査し、これに該当しないと認めるときは、当該通信の傍受の処分を取り消すものとする。この場合においては、第三十三条第三項、第五項及び第六項の規定を準用する。

第二八条　（略）

（傍受記録の作成）

第二九条①　検察官又は司法警察員は、傍受の実施（第二十条第一項又は第二十三条第一項第二号の規定によるものを除く。以下この項において同じ。）を中断し又は終了したときは、その都度、速やかに、傍受をした通信の内容を刑事手続において使用

するための記録一通を作成しなければならない。傍受の実施をしている間に記録媒体の交換をしたときその他記録媒体に対する記録が終了したときも、同様とする。

② （略）

③ 第一項に規定する記録は、第二十四条第一項後段若しくは第二十六条第二項の規定により記録をした記録媒体又は第二十五条第三項の規定により作成した同条第一項の記録媒体の複製から、次に掲げる通信以外の通信の記録を消去して作成するものとする。

一 傍受すべき通信に該当する通信

二 第十四条第二項の規定により傍受をした通信であって、なおその内容を復元するための措置を要するもの

三 第十五条の規定により傍受をした通信及び第十四条第二項の規定により傍受をした通信であって第十五条に規定する通信に該当すると認められるに至ったもの

四 前三号に掲げる通信と同一の通話の機会に行われた通信

④ （略）

⑤ 第三項第二号又は前項第二号に掲げる通信の記録については、当該通信が傍受すべき通信及び第十五条に規定する通信に該当しないことが判明したときは、第一項に規定する記録又は第二項に規定する記録（以下「傍受記録」と総称する。）から当該通信の記録及び当該通信に係る第三項第四号又は前項第四号に掲げる通信の記録を消去しなければならない。ただし、当該通信と同一の通話の機会に行われた第三項第一号から第三号まで又は前項第一号から第三号までに掲げる通信があるときは、この限りでない。

⑥ 検察官又は司法警察員は、傍受記録を作成した場合において、他に第二十五条第四項又は第二十六条第四項の規定により裁判官に提出した記録媒体（以下「傍受の原記録」という。）以外の傍受をした通信（第二十一条第一項又は第二十三条第四項の規定により再生をした通信及びこれらの規定による復号により復元された通信を含む。次項において同じ。）の記録をした記録媒体又はその複製等（複製その他記録の内容の全部又は一部をそのまま記録した物及び書面をいう。以下同じ。）があるときは、その記録の全部を消去しなければならない。前項の規定により傍受記録から記録を消去した場合において、他に当該記録の複製等があるときも、同様とする。

⑦ 検察官又は司法警察員は、傍受をした通信であって、傍受記録に記録されたもの以外のものについては、その内容を他人に知らせ、又は使用してはならない。その職を退いた後も、同様とする。

（通信の当事者に対する通知）

第三〇条① 検察官又は司法警察員は、傍受記録に記録されている通信の当事者に対し、傍受記録を作成した旨及び次に掲げる事項を書面で通知しなければならない。

一 当該通信の開始及び終了の年月日時並びに相手方の氏名（判明している場合に限る。）

二 傍受令状の発付の年月日

三 傍受の実施の開始及び終了の年月日

四 傍受の実施の対象とした通信手段

五 傍受令状に記載された罪名及び罰条

六 第十五条に規定する通信については、その旨並びに当該通信に係る犯罪の罪名及び罰条

七 次条の規定による傍受記録の聴取等（聴取若しくは閲覧又は複製の作成をいう。以下この号において同じ。）及び第三十二条第一項の規定による傍受の原記録の聴取等の許可の請求並びに第三十三条第一項又は第二項の規定による不服申立てをすることができる旨

② 前項の通知は、通信の当事者が特定できない場合又はその所在が明らかでない場合を除き、傍受の実施が終了した後三十日以内にこれを発しなければならない。ただし、地方裁判所の裁判官は、捜査が妨げられるおそれがあると認めるときは、検察官又は司法警察員の請求により、六十日以内の期間を定めて、この項の規定により通知を発しなければならない期間を延長することができる。

③ 検察官又は司法警察員は、前項本文に規定する期間が経過した後に、通信の当事者が特定された場合又はその所在が明らかになった場合には、当該通信の当事者に対し、速やかに、第一項の通知を発しなければならない。この場合においては、前項ただし書の規定を準用する。

（傍受記録の聴取及び閲覧等）

第三一条 前条第一項の通知を受けた通信の当事者は、傍受記録のうち当該通信に係る部分を聴取し、若しくは閲覧し、又はその複製を作成することができる。

（傍受の原記録の聴取及び閲覧等）

第三二条① 傍受の原記録を保管する裁判官（以下「原記録保管裁判官」という。）は、傍受記録に記録されている通信の当事者が、前条の規定により、傍受記録のうち当該通信に係る部分を聴取し、若しくは閲覧し、又はその複製を作成した場合において、傍受記録の正確性の確認のために必要があると認めるときその他正当な理由があると認めるときは、当該通信の当事者の請求により、傍受の原記録のうち当該通信に相当する部分を聴取し、若しくは閲覧し、又はその複製を作成することを許可しなければならない。

② 原記録保管裁判官は、傍受をされた通信（第二十条第一項又は第二十三条第一項第二号の規定による傍受の場合にあっては、第二十一条第一項又は第二十三条第四項の規定による再生をされた通信）の内容の確認のために必要があると認めるときその他正当な理由があると認めるときは、傍受記録に記録されている通信以外の通信の当事者の請求により、傍受の原記録のうち当該通信に係る部分を聴取し、若しくは閲覧し、又はその複製を作成することを許可しなければならない。

③ 原記録保管裁判官は、傍受が行われた事件に関し、犯罪事実の存否の証明又は傍受記録の正確性の確認のために必要があると認めるときその他正当な理由があると認めるときは、検察官又は司法警察員の請求により、傍受の原記録のうち必要と認める部分を聴取し、若しくは閲覧し、又はその複製を作成することを許可することができる。ただし、複製の作成については、次に掲げる通信（傍受記録に記録されているものを除く。）に係る部分に限る。

一 傍受すべき通信に該当する通信

二 犯罪事実の存否の証明に必要な証拠となる通信（前号に掲げる通信を除く。）

三 前二号に掲げる通信と同一の通話の機会に行われた通信

④ 次条第三項（第二十七条第三項及び第二十八条第三項において準用する場合を含む。以下この項において同じ。）の規定により記録の消去を命じた裁判がある場合においては、前項の規定による複製を作成することの許可の請求は、同項の規定にかかわらず、当該裁判により消去を命じられた記録に係る通信が新たに同項第一号又は第二号に掲げる通信であって他にこれに代わるべき適当な証明方法がないものであることが判明するに至った場合に限り、傍受の原記録のうち当該通信及びこれと同一の通話の機会に行われた通信に係る部分について、することができる。ただし、当該裁判が次条第三項第二号に該当するとしてこれらの通信の記録の消去を命じたものであるときは、この請求をすることができない。

⑤ 原記録保管裁判官は、検察官により傍受記録又はその複製等の取調べの請求があった被告事件に関し、被告人の防御又は傍受記録の正確性の確認のために必要があると認めるときその他正当な理由があると認めるときは、被告人又はその弁護人の請求により、傍受の原記録のうち必要と認める部分を聴取し、若しくは閲覧し、又はその複製を作成することを許可することができる。ただし、被告人が当事者でない通信に係る部分の複製の作成については、当該通信の当事者のいずれかの同意がある場合に限る。

⑥ 検察官又は司法警察員が第三項の規定により作成した複製

は、傍受記録とみなす。この場合において、第三十条の規定の適用については、同条第一項中「次に掲げる事項」とあるのは「次に掲げる事項並びに第三十二条第三項の複製を作成することの許可があった旨及びその年月日」とし、同条第二項中「傍受の実施が終了した後」とあるのは「複製を作成した後」とする。

⑦ 傍受の原記録については、第一項から第五項までの規定による場合のほか、これを聴取させ、若しくは閲覧させ、又はその複製を作成させてはならない。ただし、裁判所又は裁判官が、刑事訴訟法の定めるところにより、検察官により傍受記録若しくはその複製等の取調べの請求があった被告事件又は傍受に関する刑事の事件の審理又は裁判のために必要があると認めて、傍受の原記録のうち必要と認める部分を取り調べる場合においては、この限りでない。

（不服申立て）

第三三条① 裁判官がした通信の傍受に関する裁判に不服がある者は、その裁判官が所属する裁判所に、その裁判の取消し又は変更を請求することができる。

② 検察官又は検察事務官がした通信の傍受又は再生に関する処分に不服がある者はその検察官又は検察事務官が所属する検察庁の所在地を管轄する地方裁判所に、司法警察職員がした通信の傍受又は再生に関する処分に不服がある者はその職務執行地を管轄する地方裁判所に、その処分の取消し又は変更（傍受の実施又は再生の実施の終了を含む。）を請求することができる。

③ 裁判所は、前項の請求により傍受又は再生の処分を取り消す場合において、次の各号のいずれかに該当すると認めるときは、検察官又は司法警察員に対し、その保管する傍受記録（前条第六項の規定により傍受記録とみなされたものを除く。以下この項において同じ。）及びその複製等のうち当該傍受又は再生の処分に係る通信及びこれと同一の通話の機会に行われた通信の記録並びに当該傍受の処分に係る一時的保存をされた暗号化信号の消去を命じなければならない。ただし、第三号に該当すると認める場合において、当該記録の消去を命ずることが相当でないと認めるときは、この限りでない。

一 当該傍受又は再生に係る通信が、第二十九条第三項各号又は第四項各号に掲げる通信のいずれにも当たらないとき。

二 当該傍受又は再生において、通信の当事者の利益を保護するための手続に重大な違法があるとき。

三 前二号に該当する場合を除き、当該傍受又は再生の手続に違法があるとき。

④ 前条第三項の複製を作成することの許可が取り消されたときは、検察官又は司法警察員は、その保管する同条第六項の規定によりみなされた傍受記録（その複製等を含む。）のうち当該取り消された許可に係る部分を消去しなければならない。

⑤ 第三項に規定する記録の消去を命ずる裁判又は前項に規定する複製を作成することの許可の取消しの裁判は、当該傍受記録又はその複製等について既に被告事件において証拠調べがされているときは、証拠から排除する決定がない限り、これを当該被告事件に関する手続において証拠として用いることを妨げるものではない。

⑥ 前項に規定する裁判があった場合において、当該傍受記録について既に被告事件において証拠調べがされているときは、当該被告事件に関する手続においてその内容を他人に知らせ又は使用する場合以外の場合においては、当該傍受記録について第三項の裁判又は第四項の規定による消去がされたものとみなして、第二十九条第七項の規定を適用する。

⑦ 第一項及び第二項の規定による不服申立てに関する手続については、この法律に定めるもののほか、刑事訴訟法第四百二十九条第一項及び第四百三十条第一項の請求に係る手続の例による。

（傍受の原記録の保管期間）

第三四条① 傍受の原記録は、第二十五条第四項若しくは第二十六条第四項の規定による提出の日から五年を経過する日又は傍受記録若しくはその複製等が証拠として取り調べられた被告事件若しくは傍受に関する刑事の事件の終結の日から六月を経過する日のうち最も遅い日まで保管するものとする。

② 原記録保管裁判官は、必要があると認めるときは、前項の保管の期間を延長することができる。

第四章 通信の秘密の尊重等

（関係者による通信の秘密の尊重等）

第三五条 検察官、検察事務官及び司法警察職員並びに弁護人その他通信の傍受若しくは再生に関与し、又はその状況若しくは傍受をした通信（再生をした通信を含む。）の内容を職務上知り得た者は、通信の秘密を不当に害しないように注意し、かつ、捜査の妨げとならないように注意しなければならない。

（国会への報告等）

第三六条 政府は、毎年、傍受令状の請求及び発付の件数、その請求及び発付に係る罪名、傍受の対象とした通信手段の種類、傍受の実施をした期間、傍受の実施をしている間における通話の回数、このうち第二十九条第三項第一号若しくは第三号又は第四項第一号若しくは第三号に掲げる通信が行われたものの数、第二十条第一項又は第二十三条第一項第一号若しくは第二号の規定による傍受の実施をしたときはその旨並びに傍受が行われた事件に関して逮捕した人員数を国会に報告するとともに、公表するものとする。ただし、罪名については、捜査に支障を生ずるおそれがあるときは、その支障がなくなった後においてこれらの措置を執るものとする。

（通信の秘密を侵す行為の処罰等）

第三七条① 捜査又は調査の権限を有する公務員が、その捜査又は調査の職務に関し、電気通信事業法（昭和五十九年法律第八十六号）第百七十九条第一項又は有線電気通信法（昭和二十八年法律第九十六号）第十四条第一項の罪を犯したときは、三年以下の懲役又は百万円以下の罰金に処する。

＊令和四法六八（令和七・六・一六までに施行）による改正
第一項中「懲役」を「拘禁刑」に改める。（本文未織込み）

② 前項の罪の未遂は、罰する。

③ 前二項の罪について告訴又は告発をした者は、検察官の公訴を提起しない処分に不服があるときは、刑事訴訟法第二百六十二条第一項の請求をすることができる。

第五章 補則

（刑事訴訟法との関係）

第三八条 通信の傍受に関する手続については、この法律に特別の定めがあるもののほか、刑事訴訟法による。

（最高裁判所規則）

第三九条 この法律に定めるもののほか、傍受令状の発付、傍受ができる期間の延長、記録媒体の封印及び提出、傍受の原記録の保管その他の取扱い、傍受の実施の状況を記載した書面の提出、第十五条に規定する通信に該当するかどうかの審査、通信の当事者に対する通知を発しなければならない期間の延長、裁判所が保管する傍受記録の聴取及び閲覧並びにその複製の作成並びに不服申立てに関する手続について必要な事項は、最高裁判所規則で定める。

附 則（抄）

（施行期日）

① この法律は、公布の日から起算して一年を超えない範囲内において政令で定める日（平成一二・八・一五—平成一二政三九〇）から施行する。

別表第一（第三条、第十五条関係）

一 大麻取締法（昭和二十三年法律第百二十四号）第二十四条（栽培、輸入等）又は第二十四条の二（所持、譲渡し等）の罪

二　覚醒剤取締法（昭和二十六年法律第二百五十二号）第四十一条（輸入等）若しくは第四十一条の二（所持、譲渡し等）の罪、同法第四十一条の三第一項第三号（覚醒剤原料の輸入等）若しくは第四号（覚醒剤原料の製造）の罪若しくはこれらの罪に係る同条第二項（営利目的の覚醒剤原料の輸入等）の罪若しくはこれらの罪の未遂罪又は同法第四十一条の四第一項第三号（覚醒剤原料の所持）若しくは第四号（覚醒剤原料の譲渡し等）の罪若しくはこれらの罪に係る同条第二項（営利目的の覚醒剤原料の所持、譲渡し等）の罪若しくはこれらの罪の未遂罪

三　出入国管理及び難民認定法（昭和二十六年政令第三百十九号）第七十四条（集団密航者を不法入国させる行為等）、第七十四条の二（集団密航者の輸送）又は第七十四条の四（集団密航者の収受等）の罪

四　麻薬及び向精神薬取締法（昭和二十八年法律第十四号）第六十四条（ジアセチルモルヒネ等の輸入等）、第六十四条の二（ジアセチルモルヒネ等の譲渡し、所持等）、第六十五条（ジアセチルモルヒネ等以外の麻薬の輸入等）、第六十六条（ジアセチルモルヒネ等以外の麻薬の譲渡し、所持等）、第六十六条の三（向精神薬の輸入等）又は第六十六条の四（向精神薬の譲渡し等）の罪

五　武器等製造法（昭和二十八年法律第百四十五号）第三十一条（銃砲の無許可製造）、第三十一条の二（銃砲弾の無許可製造）又は第三十一条の三第一号（銃砲及び銃砲弾以外の武器の無許可製造）の罪

六　あへん法（昭和二十九年法律第七十一号）第五十一条（けしの栽培、あへんの輸入等）又は第五十二条（あへん等の譲渡し、所持等）の罪

七　銃砲刀剣類所持等取締法（昭和三十三年法律第六号）第三十一条から第三十一条の四まで（けん銃等の発射、輸入、所持、譲渡し等）、第三十一条の七から第三十一条の九まで（けん銃実包の輸入、所持、譲渡し等）、第三十一条の十一第一項第二号（けん銃部品の輸入）若しくは第二項（未遂罪）又は第三十一条の十六第一項第二号（けん銃部品の所持）若しくは第三号（けん銃部品の譲渡し等）若しくは第二項（未遂罪）の罪

八　国際的な協力の下に規制薬物に係る不正行為を助長する行為等の防止を図るための麻薬及び向精神薬取締法等の特例等に関する法律（平成三年法律第九十四号）第五条（業として行う不法輸入等）の罪

九　組織的な犯罪の処罰及び犯罪収益の規制等に関する法律（平成十一年法律第百三十六号）第三条第一項第七号に掲げる罪に係る同条（組織的な殺人）の罪又はその未遂罪

別表第二（第三条、第十五条関係）

一　爆発物取締罰則（明治十七年太政官布告第三十二号）第一条（爆発物の使用）又は第二条（使用の未遂）の罪

二イ　刑法（明治四十年法律第四十五号）第百八条（現住建造物等放火）の罪又はその未遂罪

ロ　刑法第百九十九条（殺人）の罪又はその未遂罪

ハ　刑法第二百四条（傷害）又は第二百五条（傷害致死）の罪

ニ　刑法第二百二十条（逮捕及び監禁）又は第二百二十一条（逮捕等致死傷）の罪

ホ　刑法第二百二十四条から第二百二十八条まで（未成年者略取及び誘拐、営利目的等略取及び誘拐、身の代金目的略取等、所在国外移送目的略取及び誘拐、人身売買、被略取者等所在国外移送、被略取者引渡し等、未遂罪）の罪

ヘ　刑法第二百三十五条（窃盗）、第二百三十六条第一項（強盗）若しくは第二百四十条（強盗致死傷）の罪又はこれらの罪の未遂罪

ト　刑法第二百四十六条第一項（詐欺）、第二百四十六条の二（電子計算機使用詐欺）若しくは第二百四十九条第一項（恐喝）の罪又はこれらの罪の未遂罪

三　児童買春、児童ポルノに係る行為等の規制及び処罰並びに児童の保護等に関する法律（平成十一年法律第五十二号）第七条第六項（児童ポルノ等の不特定又は多数の者に対する提供等）又は第七項（不特定又は多数の者に対する提供等の目的による児童ポルノの製造等）の罪

刑法等の一部を改正する法律の施行に伴う関係法律整理法中経過規定　（令和四・六・一七法六八）（抄）

第四四一条から第四四三条まで　（刑法の同経過規定参照）

（犯罪捜査のための通信傍受に関する法律の一部改正に伴う経過措置）

第四九〇条　刑法等一部改正法等（刑法等の一部を改正する法律（令和四法六七）及び刑法等の一部を改正する法律の施行に伴う関係法律の整理等に関する法律（令和四法六八））の施行前にした行為に係る第四十六条の規定による改正後の犯罪捜査のための通信傍受に関する法律第三条第一項（第三号に係る部分に限る。）及び第十五条の規定の適用については、無期の懲役又は禁錮に当たる罪はそれぞれ無期拘禁刑に当たる罪と、有期の懲役又は禁錮に当たる罪はそれぞれその罪について定めた刑と長期及び短期を同じくする有期拘禁刑に当たる罪とみなす。

第五〇九条　（刑法の同経過規定参照）

刑法等の一部を改正する法律の施行に伴う関係法律整理法

附　則（令和四・六・一七法六八）（抄）

（施行期日）

①　この法律は、刑法等一部改正法（刑法等の一部を改正する法律（令和四法六七））施行日から施行する。ただし、次の各号に掲げる規定は、当該各号に定める日から施行する。

一　第五百九条の規定　公布の日

二　（略）

＊犯罪被害者等の権利利益の保護を図るための刑事手続に付随する措置に関する法律（抜粋）

（平成一二・五・一九法　七五）

（被害者等による公判記録の閲覧及び謄写）

第三条① 刑事被告事件の係属する裁判所は、第一回の公判期日後当該被告事件の終結までの間において、当該被告事件の被害者等若しくは当該被害者の法定代理人又はこれらの者から委託を受けた弁護士から、当該被告事件の訴訟記録の閲覧又は謄写の申出があるときは、検察官及び被告人又は弁護人の意見を聴き、閲覧又は謄写を求める理由が正当でないと認める場合及び犯罪の性質、審理の状況その他の事情を考慮して閲覧又は謄写をさせることが相当でないと認める場合を除き、申出をした者にその閲覧又は謄写をさせるものとする。

② 裁判所は、前項の規定により謄写をさせる場合において、謄写した訴訟記録の使用目的を制限し、その他適当と認める条件を付することができる。

③ 第一項の規定により訴訟記録を閲覧し又は謄写した者は、閲覧又は謄写により知り得た事項を用いるに当たり、不当に関係人の名誉若しくは生活の平穏を害し、又は捜査若しくは公判に支障を生じさせることのないよう注意しなければならない。

（同種余罪の被害者等による公判記録の閲覧及び謄写）

第四条① 刑事被告事件の係属する裁判所は、第一回の公判期日後当該被告事件の終結までの間において、次に掲げる者から、当該被告事件の訴訟記録の閲覧又は謄写の申出があるときは、被告人又は弁護人の意見を聴き、第一号又は第二号に掲げる者の損害賠償請求権の行使のために必要があると認める場合であって、犯罪の性質、審理の状況その他の事情を考慮して相当と認めるときは、申出をした者にその閲覧又は謄写をさせることができる。

一 被告人又は共犯により被告事件に係る犯罪行為と同様の態様で継続的に又は反復して行われたこれと同一又は同種の罪の犯罪行為の被害者

二 前号に掲げる者が死亡した場合又はその心身に重大な故障がある場合におけるその配偶者、直系の親族又は兄弟姉妹

三 第一号に掲げる者の法定代理人

四 前三号に掲げる者から委託を受けた弁護士

② 前項の申出は、検察官を経由してしなければならない。この場合においては、その申出をする者は、同項各号のいずれかに該当する者であることを疎明する資料を提出しなければならない。

③ 検察官は、第一項の申出があったときは、裁判所に対し、意見を付してこれを通知するとともに、前項の規定により提出を受けた資料があるときは、これを送付するものとする。

④ 前条第二項及び第三項の規定は、第一項の規定による訴訟記録の閲覧又は謄写について準用する。

（損害賠償命令の申立て）

第二三条① 次に掲げる罪に係る刑事被告事件（刑事訴訟法第四百五十一条第一項の規定により更に審判をすることとされたものを除く。）の被害者又はその一般承継人は、当該被告事件の係属する裁判所（地方裁判所に限る。）に対し、その弁論の終結までに、損害賠償命令（当該被告事件に係る訴因として特定された事実を原因とする不法行為に基づく損害賠償の請求（これに附帯する損害賠償の請求を含む。）について、その賠償を被告人に命ずることをいう。以下同じ。）の申立てをすることができる。

一 故意の犯罪行為により人を死傷させた罪又はその未遂罪

二 次に掲げる罪又はその未遂罪

イ 刑法（明治四十年法律第四十五号）第百七十六条から第百七十九条まで（強制わいせつ、強制性交等、準強制わいせつ及び準強制性交等、監護者わいせつ及び監護者性交等）の罪

ロ 刑法第二百二十条（逮捕及び監禁）の罪

ハ 刑法第二百二十四条から第二百二十七条まで（未成年者略取及び誘拐、営利目的等略取及び誘拐、身の代金目的略取等、所在国外移送目的略取及び誘拐、人身売買、被略取者等所在国外移送、被略取者引渡し等）の罪

ニ イからハまでに掲げる罪のほか、その犯罪行為にこれらの罪の犯罪行為を含む罪（前号に掲げる罪を除く。）

② 損害賠償命令の申立ては、次に掲げる事項を記載した書面を提出してしなければならない。

一 当事者及び法定代理人

二 請求の趣旨及び刑事被告事件に係る訴因として特定された事実その他請求を特定するに足りる事実

③ 前項の書面には、同項各号に掲げる事項その他最高裁判所規則で定める事項以外の事項を記載してはならない。

（損害賠償命令）

第三二条① 損害賠償命令の申立てについての裁判（第二十七条第一項の決定を除く。以下この条から第三十四条までにおいて同じ。）は、次に掲げる事項を記載した決定書を作成して行わなければならない。

一 主文

二 請求の趣旨及び当事者の主張の要旨

三 理由の要旨

四 審理の終結の日

五 当事者及び法定代理人

六 裁判所

② 損害賠償命令については、裁判所は、必要があると認めるときは、申立てにより又は職権で、担保を立てて、又は立てないで仮執行をすることができることを宣言することができる。

③ 第一項の決定書は、当事者に送達しなければならない。この場合においては、損害賠償命令の申立てについての裁判の効力は、当事者に送達された時に生ずる。

④ 裁判所は、相当と認めるときは、第一項の規定にかかわらず、決定書の作成に代えて、当事者が出頭する審理期日において主文及び理由の要旨を口頭で告知する方法により、損害賠償命令の申立てについての裁判を行うことができる。この場合においては、当該裁判の効力は、その告知がされた時に生ずる。

⑤ 裁判所は、前項の規定により損害賠償命令の申立てについての裁判を行った場合には、裁判所書記官に、第一項各号に掲げる事項を調書に記載させなければならない。

＊令和四法四八（令和八・五・二四までに施行）**による改正**
第三二条第一項中「第三十四条」を「第三十八条」に改め、同条を第三六条とする。（本文未織込み）

（異議の申立て等）

第三三条① 当事者は、損害賠償命令の申立てについての裁判に対し、前条第三項の規定による送達又は同条第四項の規定による告知を受けた日から二週間の不変期間内に、裁判所に異議の申立てをすることができる。

② 裁判所は、異議の申立てが不適法であると認めるときは、決定で、これを却下しなければならない。

③ 前項の決定に対しては、即時抗告をすることができる。

④ 適法な異議の申立てがあったときは、損害賠償命令の申立てについての裁判は、仮執行の宣言を付したものを除き、その効力を失う。

⑤ 適法な異議の申立てがないときは、損害賠償命令の申立てについての裁判は、確定判決と同一の効力を有する。

⑥ （略）

＊令和四法四八（令和八・五・二四までに施行）**による改正**

第三三条を第三七条とする。（本文未織込み）

（訴え提起の擬制等）

第三四条① 損害賠償命令の申立てについての裁判に対し適法な異議の申立てがあったときは、損害賠償命令の申立てに係る請求については、その目的の価額に従い、当該申立ての時に、当該申立てをした者が指定した地（その指定がないときは、当該申立ての相手方である被告人の普通裁判籍の所在地）を管轄する地方裁判所又は簡易裁判所に訴えの提起があったものとみなす。この場合においては、第二十三条第二項の書面を訴状と、第二十四条の規定による送達を訴状の送達とみなす。

②―④ （略）

＊令和四法四八（令和八・五・二四までに施行）**による改正**
第三四条を第三八条とする。（本文未織込み）

（異議後の判決）

第三七条① 仮執行の宣言を付した損害賠償命令に係る請求について第三十四条第一項の規定により訴えの提起があったものとみなされた場合において、当該訴えについてすべき判決が損害賠償命令と符合するときは、その判決において、損害賠償命令を認可しなければならない。ただし、損害賠償命令の手続が法律に違反したものであるときは、この限りでない。

② 前項の規定により損害賠償命令を認可する場合を除き、仮執行の宣言を付した損害賠償命令に係る請求について第三十四条第一項の規定により訴えの提起があったものとみなされた場合における当該訴えについてすべき判決においては、損害賠償命令を取り消さなければならない。

③ （略）

＊令和四法四八（令和八・五・二四までに施行）**による改正**
第三七条中「第三十四条第一項」を「第三十八条第一項」に改め、同条を第四一条とする。（本文未織込み）

附　則（令和四・五・二五法四八）（抄）

（施行期日）

第一条 この法律は、公布の日から起算して四年を超えない範囲内において政令で定める日から施行する。ただし、次の各号に掲げる規定は、当該各号に定める日から施行する。

一 （前略）附則第百二十五条の規定　公布の日

二 （前略）附則第八十六条（犯罪被害者等の権利利益の保護を図るための刑事手続に付随する措置に関する法律の一部改正）（中略）の規定　公布の日から起算して九月を超えない範囲内において政令で定める日

三 （略）

四 （前略）附則第八十七条中犯罪被害者等の権利利益の保護を図るための刑事手続に付随する措置に関する法律（平成十二年法律第七十五号）第四十条の改正規定（「第八十七条」の下に「、第八十七条の二」を加える部分に限る。）（中略）　公布の日から起算して二年を超えない範囲内において政令で定める日

五 （略）

（政令への委任）

第一二五条 （前略）この法律の施行に関し必要な経過措置は、政令で定める。

●少年法

（昭和二三・七・一五
法 一六八）

施行 昭和二四・一・一（附則）

改正 昭和二三法二五一、昭和二四法一四三・法二一二・法二四六、昭和二五法九六・法九八・法二〇四、昭和二六法五九、昭和二七法二六八、昭和二八法八六、昭和二九法一二六・法一六三、昭和六〇法四五、昭和六二法九九、平成七法九一、平成九法七四、平成一一法八七、平成一二法一四二、平成一五法一二一、平成一六法六二・法一五二・法一五三、平成一七法五〇・法一二三、平成一八法五八、平成一九法六八・法七三・法八八・法九六、平成二〇法七一、平成二二法二六、平成二三法五三・法六一、平成二五法八六、平成二六法二三、平成二八法六三、令和一法四六、令和三法四七、令和四法四八・法六八

目次

第一章 総則

第一条（**この法律の目的**） この法律は、少年の健全な育成を期し、非行のある少年に対して性格の矯正及び環境の調整に関する保護処分を行うとともに、少年の刑事事件について特別の措置を講ずることを目的とする。

第二条（**定義**）① この法律において「少年」とは、二十歳に満たない者をいう。

② この法律において「保護者」とは、少年に対して法律上監護教育の義務ある者及び少年を現に監護する者をいう。

一 少年

[1] 成年であるかどうかを定めるについては、年齢計算に関する法律及びこれにより準用される民法一四三条により、出生日から起算して二〇年後の応当日の前日をもって満二〇歳に達したものと解すべきである。（大阪高判昭29・2・9高刑七・一・六四）

[2] 抗告審は、原決定の当否を審査する性格を有するものであるから、原決定当時少年であった者が、保護処分決定に対する抗告審において成年に達した場合であっても、保護処分に付すべき少年であるかどうかは、原決定当時を標準とすべきである。（名古屋高決昭34・11・18高刑一二・九・九三七、少年百選四）

[3] 米国法により成年者として取り扱われるアメリカ人であっても、二〇歳未満の者には、少年法が適用される。（東京高判昭32・6・19家月九・六・五四）

二 年齢不明の場合の措置

[4] 家庭裁判所に送致された外国籍の者につき、生年月日と年齢を断定することはできないとして、その者にとって有利に二〇歳に満たない者であると認定した上で、刑事処分相当であるとして検察官送致を行った事例（東京家決平23・11・30判タ一四二六・二九九）

[5] 当初成人として地方裁判所に起訴されたが、満二〇歳に達していると認めるには合理的な疑いが残るとして公訴棄却の判決を受けた後、家庭裁判所に送致された外国人につき、二〇歳に満たない者であることを前提に処遇を検討した上、罪責及び情状に照らし刑事処分が相当であるとして、事件を検察官に送致した事例（横浜家決平28・10・17判時二三四三・一一四）

三 現に監護する者

[6] 法律上の保護者である父母があるのに、審判期日に保護者の呼出手続をしなかった場合において、実兄が審判期日に出席していても、これを直ちに保護者の出席と認めることはできない。（広島高岡山支決昭29・10・19家月六・一一・四二）

[7] 保護者として実父がある場合において、少年が実兄方に比較的長く同居していたというだけで、果たして同人が事実上の保護者としてどの程度少年を指導、監督していたかも明瞭でないから、裁判所が参考人として同人の陳述を聴くのは、親切な措置であるということはできても、同人の立会いなくして審判したのは違法でない。（東京高決昭34・6・10家月一一・九・一二六）

第二章 少年の保護事件

第一節 通則

第三条（**審判に付すべき少年**）① 次に掲げる少年は、これを家庭裁判所の審判に付する。

一 罪を犯した少年

二 十四歳に満たないで刑罰法令に触れる行為をした少年

三 次に掲げる事由があつて、その性格又は環境に照して、将来、罪を犯し、又は刑罰法令に触れる行為をする虞のある少年

イ 保護者の正当な監督に服しない性癖のあること。

ロ 正当の理由がなく家庭に寄り附かないこと。

ハ 犯罪性のある人若しくは不道徳な人と交際し、又はいかがわしい場所に出入すること。

ニ 自己又は他人の徳性を害する行為をする性癖のあること。

② 家庭裁判所は、前項第二号に掲げる少年及び同項第三号に掲げる少年で十四歳に満たない者については、都道府県知事又は児童相談所長から送致を受けたときに限り、これを審判に付することができる。

一 犯罪少年

1 責任能力の要否

[1] 保護処分は刑事責任ではなく対象者の要保護性を問題とすること、絶対的刑事責任無能力者たる触法少年も保護処分の対象とされていることとの均衡、虞犯〔ぐはん〕事由は刑事責任能力のない少年をも対象としていると解されること、非行時精神障害により責任無能力の少年が保護処分の対象にならないとすると、精神衛生法〔現・精神保健及び精神障害者福祉に関する法律〕上の措置入院の要件はないが保護の見地から在宅処遇が困難な場合の適当な処遇方法が失われることになること、保護処分執行機関たる医療少年院は刑事責任能力の有無を問わず精神障害のある者の処遇の受容体勢を備えていること等に鑑みると、保護処分の対象たる「罪を犯した少

年」につき刑事責任能力は要件でないと解すべきである。（東京家決昭60・1・11家月三七・六・九六）

[2] 犯行当時心神喪失の状態にあった少年の行為は罪とならず、少年は保護処分の対象としての適格性を欠くから保護処分に付することはできない。（広島家尾道支決昭60・4・25家月三七・一〇・一三二）

2 親告罪の告訴

[3] 法は非行少年の性格の矯正及び環境の調整に関し適切な保護処分を加えてその健全育成を期することを目的とするものであるから、家庭裁判所は親告罪の告訴がなく又は取り消された場合であっても、調査審判をし、適当と認める保護処分を行うことができる。（東京高決昭29・6・30高刑七・七・一〇八七、少年百選二七）

二 虞犯少年

1 虞犯事由の合憲性

[4] 本条一項三号イ及びニの規定は、過度に広範であるとも、不明確であるともいえず、憲法に違反しない。（最決平20・9・18家月六一・二・三〇九）

2 虞犯性

[5] 本条一項三号に定める虞犯少年に該当するためには、同号所定の事由全部が存する必要はなく、そのうち一個若しくは数個の事由が存すれば足りるが、同号所定の事由は、そのうちの一個若しくは数個が合して、その少年の性格又は環境に照らし、同人が将来罪を犯し又は刑罰法令に触れる行為をする危険が予測される程度のものであることを要し、その罪又は行為は単に一般的、抽象的な犯罪一般ではなく、ある程度具体性をもった犯罪の蓋然性があることを要すると解すべきである。（名古屋高決昭46・10・27家月二四・六・六六、少年百選八）

3 虞犯事実の同一性

[6] 特定の時期に一人の少年に成立する虞犯事実は一個であり、終局決定時を基準として、その時点までに存する少年のすべての虞犯行状・事由が審判の対象となる。（東京高決平29・12・19判タ一四六三・一二七）

4 虞犯の補充性

[7] 虞犯は少年保護の政策上、犯罪に至る前の段階で捕捉し保護する制度であるから、この段階を越えて既に犯罪に移行した場合は、これを虞犯少年としてではなく犯罪少年として処遇しなければ、保護の適正を期し難く、犯罪を構成する事実を虞犯として扱うことは許されない。（静岡家決昭43・8・27家月二一・四・一八一）

[8] 送致された犯罪事実と虞犯事実との間に事実の同一性が認められる場合には、前者が後者に優先し、また両事実間に同一性が認められない場合にも当該犯罪行為が少年の虞犯性の直接的現実化と認められる場合には、虞犯事実は犯罪事実に吸収され虞犯事実を独立して審判の対象とすることは許されないが（虞犯の補充性）、両者にこのような優先関係、吸収関係が認められない限り、犯罪事実とは独立に虞犯事実を認定し、これを少年審判の対象とするのが相当である。（旭川家決昭59・5・7家月三六・一一・一五六、少年百選一〇）

三 児童福祉機関等による先議

1 先議の対象となる少年

[9] 行為時一四歳未満の触法少年であるが、既に一四歳に達している少年は本条二項にいう「前項第二号に掲げる少年……で十四歳に満たない者」に当たらないと解すべきであるから、同項の定める児童福祉機関からの送致がなくても、家庭裁判所は審判をすることができる。（広島家決昭45・2・24家月二三・一一＝一二・一四〇）

[10] 本条一項二号、二項が、一四歳に満たない者について児童福祉機関から送致を受けたときに限り審判に付することができるとしているのは、単に家庭裁判所の審判権の範囲を画するためではなく責任能力の限界をも加味したものであり、行為時刑事責任年齢に達しない者については、既に一四歳に達していてもまず児童福祉機関に先議させその処置に委ねる趣旨と解すべきであるから、児童福祉機関からの送致を受けていない触法少年を審判に付することはできない。（広島家決昭45・5・18家月二二・一〇・一三二）

2 児童相談所長の送致を欠く場合の措置

[11] 一四歳以上の犯罪少年として送致された少年が、調査の結果一四歳未満の触法少年であることが判明した場合においては、家庭裁判所は、少年法三条二項により審判権を有せず同法一九条一項により審判不開始決定をすべきもののように考えられるが、家庭裁判所の保護的機能に着目し、事件を適切な処理機関に送致して少年の保護を図るという観点から、同法一八条一項を適用して児童福祉法上の措置を経るため知事又は児童相談所長に送致すべきである。（大阪家決昭46・1・20家月二三・八・一〇〇）

（判事補の職権）

第四条 第二十条第一項の決定以外の裁判は、判事補が一人でこれをすることができる。

（管轄）

第五条① 保護事件の管轄は、少年の行為地、住所、居所又は現在地による。

② 家庭裁判所は、保護の適正を期するため特に必要があると認めるときは、決定をもつて、事件を他の管轄家庭裁判所に移送することができる。

③ 家庭裁判所は、事件がその管轄に属しないと認めるときは、決定をもつて、これを管轄家庭裁判所に移送しなければならない。

（被害者等による記録の閲覧及び謄写）

第五条の二① 裁判所は、第三条第一項第一号又は第二号に掲げる少年に係る保護事件について、第二十一条の決定があつた後、最高裁判所規則の定めるところにより当該保護事件の被害者等（被害者又はその法定代理人若しくは被害者が死亡した場合若しくはその心身に重大な故障がある場合におけるその配偶者、直系の親族若しくは兄弟姉妹をいう。以下同じ。）又は被害者等から委託を受けた弁護士から、その保管する当該保護事件の記録（家庭裁判所が専ら当該少年の保護の必要性を判断するために収集したもの及び家庭裁判所調査官が家庭裁判所による当該少年の保護の必要性の判断に資するよう作成し又は収集したものを除く。）の閲覧又は謄写の申出があるときは、閲覧又は謄写を求める理由が正当でないと認める場合及び少年の健全な育成に対する影響、事件の性質、調査又は審判の状況その他の事情を考慮して閲覧又は謄写をさせることが相当でないと認める場合を除き、申出をした者にその閲覧又は謄写をさせるものとする。

② 前項の申出は、その申出に係る保護事件を終局させる決定が確定した後三年を経過したときは、することができない。

③ 第一項の規定により記録の閲覧又は謄写をした者は、正当な理由がないのに閲覧又は謄写により知り得た少年の氏名その他少年の身上に関する事項を漏らしてはならず、かつ、閲覧又は謄写により知り得た事項をみだりに用いて、少年の健全な育成を妨げ、関係人の名誉若しくは生活の平穏を害し、又は調査若しくは審判に支障を生じさせる行為をしてはならない。

参考 **少年審判規則**（昭和二三・一二・二一最高裁規三三）（抜粋）

（記録、証拠物の閲覧、謄写）

第七条① 保護事件の記録又は証拠物は、法第五条の二第一項の規定による場合又は当該記録若しくは証拠物を保管する裁判所の許可を受けた場合を除いては、閲覧又は謄写することができない。

② 付添人（法第六条の三の規定により選任された者を除く。以下同じ。）は、前項の規定にかかわらず、審判開始の決定があつた後は、保護事件の記録又は証拠物を閲覧することができる。

③ 裁判所は、保護事件の記録又は証拠物に、閲覧させることに

より人の身体若しくは財産に害を加え若しくは人を畏怖させ若しくは困惑させる行為又は人の名誉若しくは社会生活の平穏を著しく害する行為がなされるおそれがある事項が記載され又は記録されている部分があると認めるときは、付添人と少年との関係その他の事情を考慮し、付添人が前項の規定により当該記録又は証拠物を閲覧するに当たり、付添人に対し、当該事項であつて裁判所が指定するものについて、少年若しくは保護者に知らせてはならない旨の条件を付し、又は少年若しくは保護者に知らせる時期若しくは方法を指定することができる。ただし、付添人による審判の準備その他の審判の準備の上での支障を生ずるおそれがあるときは、この限りでない。

④ 裁判所は、前項本文の場合において、同項本文の規定による措置によつては同項本文に規定する行為を防止できないおそれがあると認めるときは、付添人による審判の準備その他の審判の準備の上での支障を生ずるおそれがあるときを除き、付添人が第二項の規定により当該記録又は証拠物を閲覧するについて、これらのうち前項本文に規定する部分であつて裁判所が指定するものの閲覧を禁ずることができる。この場合において、閲覧を禁じた部分にその人の氏名又は住居が記載され又は記録されている場合であつて、付添人の請求があるときは、付添人に対し、氏名にあつてはこれに代わる呼称を、住居にあつてはこれに代わる連絡先を知らせなければならない。

⑤ 裁判所は、前二項の規定による措置をとるには、あらかじめ、付添人の意見を聴かなければならない。

⑥ 裁判所は、第三項又は第四項の規定による措置をとるときは、付添人にその旨を通知しなければならない。この通知をするには、第三項の規定による措置にあつては裁判所が指定する事項を、第四項の規定による措置にあつては裁判所が指定する部分を特定してこれをしなければならない。

⑦ 裁判所は、第三項の規定により付した条件に付添人が違反したとき、又は同項の規定による時期若しくは方法の指定に付添人が従わなかつたときは、弁護士である付添人については当該弁護士の所属する弁護士会又は日本弁護士連合会に通知し、適当な処置をとるべきことを請求することができる。

⑧ 前項の規定による請求を受けた者は、そのとつた処置をその請求をした裁判所に通知しなければならない。

（閲覧又は謄写の手数料）

第五条の三 前条第一項の規定による記録の閲覧又は謄写の手数料については、その性質に反しない限り、民事訴訟費用等に関する法律（昭和四十六年法律第四十号）第七条から第十条まで及び別表第二の一の項の規定（同項上欄中「（事件の係属中に当事者等が請求するものを除く。）」とある部分を除く。）を準用する。

＊令和四法四八（令和八・五・二四までに施行）による改正
第五条の三中「別表第二の一の項」を「別表第三の一の項」に改める。（本文未織込み）

第二節　通告、警察官の調査等

（通告）

第六条① 家庭裁判所の審判に付すべき少年を発見した者は、これを家庭裁判所に通告しなければならない。

② 警察官又は保護者は、第三条第一項第三号に掲げる少年について、直接これを家庭裁判所に送致し、又は通告するよりも、先づ児童福祉法（昭和二十二年法律第百六十四号）による措置にゆだねるのが適当であると認めるときは、その少年を直接児童相談所に通告することができる。

（警察官等の調査）

第六条の二① 警察官は、客観的な事情から合理的に判断して、第三条第一項第二号に掲げる少年であると疑うに足りる相当の理由のある者を発見した場合において、必要があるときは、事件について調査をすることができる。

② 前項の調査は、少年の情操の保護に配慮しつつ、事案の真相を明らかにし、もつて少年の健全な育成のための措置に資することを目的として行うものとする。

③ 警察官は、国家公安委員会規則の定めるところにより、少年の心理その他の特性に関する専門的知識を有する警察職員（警察官を除く。）に調査（第六条の五第一項の処分を除く。）をさせることができる。

（調査における付添人）

第六条の三 少年及び保護者は、前条第一項の調査に関し、いつでも、弁護士である付添人を選任することができる。

（呼出し、質問、報告の要求）

第六条の四① 警察官は、調査をするについて必要があるときは、少年、保護者又は参考人を呼び出し、質問することができる。

② 前項の質問に当たつては、強制にわたることがあつてはならない。

③ 警察官は、調査について、公務所又は公私の団体に照会して必要な事項の報告を求めることができる。

（押収、捜索、検証、鑑定嘱託）

第六条の五① 警察官は、第三条第一項第二号に掲げる少年に係る事件の調査をするについて必要があるときは、押収、捜索、検証又は鑑定の嘱託をすることができる。

② 刑事訴訟法（昭和二十三年法律第百三十一号）中、司法警察職員の行う押収、捜索、検証及び鑑定の嘱託に関する規定（同法第二百二十四条を除く。）は、前項の場合に、これを準用する。この場合において、これらの規定中「司法警察員」とあるのは「司法警察員たる警察官」と、「司法巡査」とあるのは「司法巡査たる警察官」と読み替えるほか、同法第四百九十九条第一項中「検察官」とあるのは「警視総監若しくは道府県警察本部長又は警察署長」と、「政令」とあるのは「国家公安委員会規則」と、同条第三項中「国庫」とあるのは「当該都道府県警察又は警察署の属する都道府県」と読み替えるものとする。

（警察官の送致等）

第六条の六① 警察官は、調査の結果、次の各号のいずれかに該当するときは、当該調査に係る書類とともに事件を児童相談所長に送致しなければならない。

一 第三条第一項第二号に掲げる少年に係る事件について、その少年の行為が次に掲げる罪に係る刑罰法令に触れるものであると思料するとき。

イ 故意の犯罪行為により被害者を死亡させた罪

ロ イに掲げるもののほか、死刑又は無期若しくは短期二年以上の懲役若しくは禁錮に当たる罪

＊令和四法六八（令和七・六・一六までに施行）による改正
第一号ロ中「懲役若しくは禁錮」を「拘禁刑」に改める。
（本文未織込み）

二 前号に掲げるもののほか、第三条第一項第二号に掲げる少年に係る事件について、家庭裁判所の審判に付することが適当であると思料するとき。

② 警察官は、前項の規定により児童相談所長に送致した事件について、児童福祉法第二十七条第一項第四号の措置がとられた場合において、証拠物があるときは、これを家庭裁判所に送付しなければならない。

③ 警察官は、第一項の規定により事件を送致した場合を除き、児童福祉法第二十五条第一項の規定により調査に係る少年を児童相談所に通告するときは、国家公安委員会規則の定めるところにより、児童相談所に対し、同法による措置をとるについて参考となる当該調査の概要及び結果を通知するものとする。

（都道府県知事又は児童相談所長の送致）

第六条の七① 都道府県知事又は児童相談所長は、前条第一項（第一号に係る部分に限る。）の規定により送致を受けた事件については、児童福祉法第二十七条第一項第四号の措置をとらな

ければならない。ただし、調査の結果、その必要がないと認められるときは、この限りでない。

② 都道府県知事又は児童相談所長は、児童福祉法の適用がある少年について、たまたま、その行動の自由を制限し、又はその自由を奪うような強制的措置を必要とするときは、同法第三十三条、第三十三条の二及び第四十七条の規定により認められる場合を除き、これを家庭裁判所に送致しなければならない。

（家庭裁判所調査官の報告）

第七条① 家庭裁判所調査官は、家庭裁判所の審判に付すべき少年を発見したときは、これを裁判官に報告しなければならない。

② 家庭裁判所調査官は、前項の報告に先だち、少年及び保護者について、事情を調査することができる。

第三節　調査及び審判

（事件の調査）

第八条① 家庭裁判所は、第六条第一項の通告又は前条第一項の報告により、審判に付すべき少年があると思料するときは、事件について調査しなければならない。検察官、司法警察員、警察官、都道府県知事又は児童相談所長から家庭裁判所の審判に付すべき少年事件の送致を受けたときも、同様とする。

② 家庭裁判所は、家庭裁判所調査官に命じて、少年、保護者又は参考人の取調その他の必要な調査を行わせることができる。

（調査の方針）

第九条 前条の調査は、なるべく、少年、保護者又は関係人の行状、経歴、素質、環境等について、医学、心理学、教育学、社会学その他の専門的智識特に少年鑑別所の鑑別の結果を活用して、これを行うように努めなければならない。

（被害者等の申出による意見の聴取）

第九条の二 家庭裁判所は、最高裁判所規則の定めるところにより第三条第一項第一号又は第二号に掲げる少年に係る事件の被害者等から、被害に関する心情その他の事件に関する意見の陳述の申出があるときは、自らこれを聴取し、又は家庭裁判所調査官に命じてこれを聴取させるものとする。ただし、事件の性質、調査又は審判の状況その他の事情を考慮して、相当でないと認めるときは、この限りでない。

（付添人）

第一〇条① 少年並びにその保護者、法定代理人、保佐人、配偶者、直系の親族及び兄弟姉妹は、家庭裁判所の許可を受けて、付添人を選任することができる。ただし、弁護士を付添人に選任するには、家庭裁判所の許可を要しない。

② 保護者は、家庭裁判所の許可を受けて、付添人となることができる。

1 **一 弁護士たる付添人選任の効力** 被疑者の弁護人として選任届が提出されていても、同事件が家庭裁判所に保護事件として係属後本条により改めて付添人として選任しなければ、同弁護人をもって当然に付添人であるということはできない。（最決昭32・6・12刑集一一・六・一六五七、少年百選一五）

2 保護事件係属前、被疑者当時検察官に提出された弁護士を付添人に選任する付添人選任届は、それが事件記録とともに家庭裁判所に送付されたときは、家庭裁判所に対し、弁護士を付添人に選任する旨の届出があったものとして取り扱うのが相当である。（高松高決昭34・7・2家月一一・八・一三九）

3 **二 弁護士たる付添人の呼出しと審判出頭** 弁護士たる付添人には、保護事件に関する決定の基礎となるべき事項につき意見を述べ、資料を提供し、少年に対する適正な処分を導く活動が期待されているから、少年審判規則二五条二項に違反して審判期日に付添人の呼出しをせず、その出頭のないまま審判を行うことは、保護処分決定に重大な影響を及ぼす法令違反となる。（札幌高決昭53・12・15家月三一・九・五九、少年百選一六）

（呼出し及び同行）

第一一条① 家庭裁判所は、事件の調査又は審判について必要があると認めるときは、少年又は保護者に対して、呼出状を発して、その呼出しをすることができる。

② 家庭裁判所は、少年又は保護者が、正当な理由がなく、前項の規定による呼出しに応じないとき、又は応じないおそれがあるときは、その少年又は保護者に対して、同行状を発して、その同行をすることができる。

（緊急の場合の同行）

第一二条① 家庭裁判所は、少年が保護のため緊急を要する状態にあって、その福祉上必要であると認めるときは、前条第二項の規定にかかわらず、その少年に対して、同行状を発して、その同行をすることができる。

② 裁判長は、急速を要する場合には、前項の処分をし、又は合議体の構成員にこれをさせることができる。

1 **緊急同行状発付の要件** 少年法一一条、本条の規定からして、同行状は家庭裁判所の事件受理前に発付し得ないことは明らかである。電話連絡による緊急同行状発付要請がなされた場合において、少年審判規則九条二項の定める調書記載手続がなされていないときは、これを少年法六条の口頭による通告と解して受理を認めることはできず、緊急同行状発付は違法である。（高松家決昭46・8・25家月二四・四・二四六、少年百選二五）

（同行状の執行）

第一三条① 同行状は、家庭裁判所調査官がこれを執行する。

② 家庭裁判所は、警察官、保護観察官又は裁判所書記官をして、同行状を執行させることができる。

③ 裁判長は、急速を要する場合には、前項の処分をし、又は合議体の構成員にこれをさせることができる。

（証人尋問・鑑定・通訳・翻訳）

第一四条① 家庭裁判所は、証人を尋問し、又は鑑定、通訳若しくは翻訳を命ずることができる。

② 刑事訴訟法中、裁判所の行う証人尋問、鑑定、通訳及び翻訳に関する規定は、保護事件の性質に反しない限り、前項の場合に、これを準用する。

参考 **少年審判規則**（昭和二三・一二・二一最高裁規三三）（抜粋）

（証拠調べの申出）

第二九条の三 少年、保護者及び付添人は、家庭裁判所に対し、証人尋問、鑑定、検証その他の証拠調べの申出をすることができる。

（検察官による証拠調べの申出）

第三〇条の七 検察官は、検察官関与決定があつた事件において、その非行事実の認定に資するため必要な限度で、家庭裁判所に対し、証人尋問、鑑定、検証その他の証拠調べの申出をすることができる。

1 **非行事実の認定に関する証拠調べの範囲、限度、方法の決定と家庭裁判所の裁量** 非行事実の認定に当たっては、少年の人権に対する手続上の配慮を欠かせないのであって、証拠調べの範囲、限度、方法の決定も、家庭裁判所の完全な自由裁量に属するものではなく、少年法及び少年審判規則は、これをその合理的な裁量に委ねた趣旨である。（最決昭58・10・26刑集三七・八・一二六〇、少年百選四六……憲法三一条の法の適正手続の趣旨は保護処分の場合にも推及されるべきであり、特に否認事件における非行事実の認定に際しては、少年又は付添人に充分な立会いと反対尋問の機会を与える必要がある、とする団藤裁判官の補足意見がある）

[2] 強制性交の共同正犯で送致された少年が、被害者に暴行、脅迫を加えておらず、性交に対する被害者の同意があったとして非行事実を争った事案において、付添人が被害者や共犯少年の証人尋問を求めたにもかかわらず、裁判所がそれを実施せず、少年に反対尋問の機会を与えないまま、被害者等の供述調書によって非行事実の存在を認め、少年を少年院送致とした審判手続は、重要な客観的証拠がなく、被害者等の供述が決定的に重要であることからすれば、その合理的裁量を逸脱するものであって違法である。（東京高決令元・10・16判タ一四八一・八六）

[3] 強盗致傷の非行事実を認定して少年院送致とした家庭裁判所の決定が、抗告審で事実誤認を理由に取り消されて差し戻された場合において、受差戻審の家庭裁判所が検察官の申し出た証拠を取り調べなかったとしても、前記抗告審の決定が受差戻審に更なる証拠調べを求めたものではなく、前記証拠を取り調べることにより同決定の結論が覆る蓋然性も認められないことに加え、本件の審理経過や早期、迅速な処理が要請される少年保護事件の特質をも考慮すると、受差戻審の前記措置は、その合理的な裁量の範囲内のものである。（最決平20・7・11刑集六二・七・一九二七、重判平20刑訴八）

第一五条（検証、押収、捜索）① 家庭裁判所は、検証、押収又は捜索をすることができる。

② 刑事訴訟法中、裁判所の行う検証、押収及び捜索に関する規定は、保護事件の性質に反しない限り、前項の場合に、これを準用する。

第一六条（援助、協力）① 家庭裁判所は、調査及び観察のため、警察官、保護観察官、保護司、児童福祉司（児童福祉法第十二条の三第二項第六号に規定する児童福祉司をいう。第二十六条第一項において同じ。）又は児童委員に対して、必要な援助をさせることができる。

② 家庭裁判所は、その職務を行うについて、公務所、公私の団体、学校、病院その他に対して、必要な協力を求めることができる。

参考 **少年審判規則**（昭和二三・一二・二一最高裁規三三）（抜粋）

第二九条の五（追送書類等に関する通知） 家庭裁判所は、法第二十一条の決定をした後、当該決定をした事件について、検察官、保護観察所長、司法警察員、警察官、都道府県知事又は児童相談所長から書類、証拠物その他参考となる資料の送付を受けたときは、速やかにその旨を付添人に通知しなければならない。

一 家庭裁判所が捜査機関に対し補充捜査を促し又は求める権限

[1] 捜査機関は、少年の被疑事件を家庭裁判所に送致した後においても補充捜査をすることができ、家庭裁判所は、事実調査のため、捜査機関に対し、捜査権限の発動を促し、又は本条の規定に基づいて補充捜査を求めることができると解すべきである。（最決平2・10・24刑集四四・七・六三九、少年百選四八）→刑訴一九一条[2]

二 援助依頼により捜査機関から追送を受けた証拠を付添人に了知させなかった措置の適否

[2] 非行事実の存在が争われている事件の争点に関し、援助協力の依頼に応じた捜査機関から送付を受けた証拠は、付添人がある場合、特段の事情のない限り、送付を受けた旨を付添人に通知するのが相当であり、付添人がない場合には、証拠の重要性に応じてその内容の要点を少年に告げるなど少年に防御の機会を与える運用が望ましく、捜査機関に援助協力を依頼して回答を得ながら、その存在を付添人に了知させなかった家庭裁判所の措置は妥当性を欠く。（最決平10・4・21刑集五二・三・二〇九……回答は付添人が内容を了知していた捜査書類の要約等であり、証拠全体の中での重要性は低く、審判を通じ少年に防御の機会が保障され、回答の存在を知らなかったことにより防御上特段の不利益が生じたとはいえないなど回答の重要性、性質、審判全般における少年の具体的な防御の状況等に照らし、家庭裁判所の措置が裁量の範囲を逸脱した違法なものとまではいえないとした。審判手続の適正・十分な防御の機会付与の観点からは、家庭裁判所の措置は妥当性を欠くにとどまらず違法であるとする尾崎裁判官の意見がある）

第一七条（観護の措置）① 家庭裁判所は、審判を行うため必要があるときは、決定をもつて、次に掲げる観護の措置をとることができる。

一 家庭裁判所調査官の観護に付すること。

二 少年鑑別所に送致すること。

② 同行された少年については、観護の措置は、遅くとも、到着のときから二十四時間以内に、これを行わなければならない。検察官又は司法警察員から勾留又は逮捕された少年の送致を受けたときも、同様である。

③ 第一項第二号の措置においては、少年鑑別所に収容する期間は、二週間を超えることができない。ただし、特に継続の必要があるときは、決定をもつて、これを更新することができる。

④ 前項ただし書の規定による更新は、一回を超えて行うことができない。ただし、第三条第一項第一号に掲げる少年に係る死刑、懲役又は禁錮に当たる罪の事件でその非行事実（犯行の動機、態様及び結果その他の当該犯罪に密接に関連する重要な事実を含む。以下同じ。）の認定に関し証人尋問、鑑定若しくは検証を行うことを決定したもの又はこれを行つたものについて、少年を収容しなければ審判に著しい支障が生じるおそれがあると認めるに足りる相当の理由がある場合には、その更新は、更に二回を限度として、行うことができる。

＊令和四法六八（令和七・六・一六までに施行）**による改正**
第四項ただし書中「死刑、懲役又は禁錮」を「拘禁刑以上の刑」に改める。（本文未織込み）

⑤ 第三項ただし書の規定にかかわらず、検察官から再び送致を受けた事件が先に第一項第二号の措置がとられ、又は勾留状が発せられた事件であるときは、収容の期間は、これを更新することができない。

⑥ 裁判官が第四十三条第一項の請求により、第一項第一号の措置をとつた場合において、事件が家庭裁判所に送致されたときは、その措置は、これを第一項第一号の措置とみなす。

⑦ 裁判官が第四十三条第一項の請求により第一項第二号の措置をとつた場合において、事件が家庭裁判所に送致されたときは、その措置は、これを第一項第二号の措置とみなす。この場合には、第三項の期間は、家庭裁判所が事件の送致を受けた日から、これを起算する。

⑧ 観護の措置は、決定をもつて、これを取り消し、又は変更することができる。

⑨ 第一項第二号の措置については、収容の期間は、通じて八週間を超えることができない。ただし、その収容の期間が通じて四週間を超えることとなる決定を行うときは、第四項ただし書に規定する事由がなければならない。

⑩ 裁判長は、急速を要する場合には、第一項及び第八項の処分をし、又は合議体の構成員にこれをさせることができる。

一 観護措置の単位

[1] 観護措置は、少年審判のため少年を外部からの影響を受けないありのままの状態でその個性・環境を調査し観察把握することを目的とし、非行事実そのものを対象とするものではないが、非行事実を除外して少年を観察することはできない

から、同時に複数の非行事実につき送致された場合や、複数の非行事実につき併合して観護措置がとられた場合は格別、ある事実につき一旦観護措置をとった後他の事実が送致された場合において、後の事実につき新たに観護措置をとることが許されないとはいえない。（名古屋高決昭32・1・22家月八・一二・九五、少年百選三〇）

二　再度の観護措置

[2]　家庭裁判所は、抗告裁判所から差戻しを受けた事件が先に本条一項二号の観護措置が採られたものであっても、審判を行うため必要があるときは、改めて同号の観護措置を採ることができ、その場合の少年鑑別所に収容する期間は、先に採られた観護措置の残りの期間に限られない。（最決平5・11・24刑集四七・九・二一七、少年百選三三）

三　少年鑑別所に送致された少年の取調べ

[3]　事件が家庭裁判所に送致され、少年が観護措置中であっても、家庭裁判所の調査、審判並びに少年鑑別所の少年に対する資質鑑別に支障を及ぼさない限り、必要な取調べを行うことができると解すべきである。（大阪高判昭42・9・28高刑二〇・五・六一一、少年百選三一）

[4]　検察官が家庭裁判所に送致した少年の事件については、少年は既に捜査過程を離れ、保護手続によって取り扱われているのであるから、送致にかかる事件の捜査のため少年を取り調べることは、起訴後の被告人の取調べの場合と同様、許されない。（大阪高判昭43・7・25判時五二五・三）

（異議の申立て）

第一七条の二①　少年、その法定代理人又は付添人は、前条第一項第二号又は第三項ただし書の決定に対して、保護事件の係属する家庭裁判所に異議の申立てをすることができる。ただし、付添人は、選任者である保護者の明示した意思に反して、異議の申立てをすることができない。

②　前項の異議の申立ては、審判に付すべき事由がないことを理由としてすることはできない。

③　第一項の異議の申立てについては、家庭裁判所は、合議体で決定をしなければならない。この場合において、その決定には、原決定に関与した裁判官は、関与することができない。

④　第三十二条の三、第三十三条及び第三十四条の規定は、第一項の異議の申立てがあつた場合について準用する。この場合において、第三十三条第二項中「取り消して、事件を原裁判所に差し戻し、又は他の家庭裁判所に移送しなければならない」とあるのは、「取り消し、必要があるときは、更に裁判をしなければならない」と読み替えるものとする。

（特別抗告）

第一七条の三①　第三十五条第一項の規定は、前条第三項の決定について準用する。この場合において、第三十五条第一項中「二週間」とあるのは、「五日」と読み替えるものとする。

②　前条第四項及び第三十二条の二の規定は、前項の規定による抗告があつた場合について準用する。

（少年鑑別所送致の場合の仮収容）

第一七条の四①　家庭裁判所は、第十七条第一項第二号の措置をとつた場合において、直ちに少年鑑別所に収容することが著しく困難であると認める事情があるときは、決定をもつて、少年を仮に最寄りの少年院又は刑事施設の特に区別した場所に収容することができる。ただし、その期間は、収容した時から七十二時間を超えることができない。

②　裁判長は、急速を要する場合には、前項の処分をし、又は合議体の構成員にこれをさせることができる。

③　第一項の規定による収容の期間は、これを第十七条第一項第二号の措置により少年鑑別所に収容した期間とみなし、同条第三項の期間は、少年院又は刑事施設に収容した日から、これを起算する。

④　裁判官が第四十三条第一項の請求のあつた事件につき、第一項の収容をした場合において、事件が家庭裁判所に送致されたときは、その収容は、これを第一項の規定による収容とみなす。

（児童福祉法の措置）

第一八条①　家庭裁判所は、調査の結果、児童福祉法の規定による措置を相当と認めるときは、決定をもつて、事件を権限を有する都道府県知事又は児童相談所長に送致しなければならない。

②　第六条の七第二項の規定により、都道府県知事又は児童相談所長から送致を受けた少年については、決定をもつて、期限を付して、これに対してとるべき保護の方法その他の措置を指示して、事件を権限を有する都道府県知事又は児童相談所長に送致することができる。

一　本条二項の決定に対する抗告の可否

[1]　家庭裁判所による本条二項の送致決定は、強制的措置の許可申請に対し、これを許可する性質の決定であると解すべきであり、少年法三二条により抗告を認められる保護処分の決定に当たらない。（最決昭40・6・21刑集一九・四・四四八、少年百選九四）

二　本条二項の決定に対する特別抗告の可否→刑訴四三三条[6]

（審判を開始しない旨の決定）

第一九条①　家庭裁判所は、調査の結果、審判に付することができず、又は審判に付するのが相当でないと認めるときは、審判を開始しない旨の決定をしなければならない。

②　家庭裁判所は、調査の結果、本人が二十歳以上であることが判明したときは、前項の規定にかかわらず、決定をもつて、事件を管轄地方裁判所に対応する検察庁の検察官に送致しなければならない。

審判不開始決定と一事不再理の効力

[1]　審判不開始決定の際になされる非行事実の存否、犯罪の成否、要保護性の存否等事案の実体に関する事実上又は法律上の判断は、少年法の所期する少年審判の目的達成のためになされるものであって、刑罰権の存否決定のためになされる事実認定又は法律判断とは手続を異にする。それゆえ、審判不開始決定が事案の罪とならないことを理由とするものであっても、これを無罪の判決と同視すべきではなく、その判断に刑事訴訟におけるいわゆる既判力が生ずることはない。また、憲法三九条前段にいう「無罪とされた行為」とは、刑事訴訟における確定裁判によって無罪の判断を受けた行為を指すものと解すべきであるから、右の解釈は憲法のこの条項に抵触しない。（最大判昭40・4・28刑集一九・三・二四〇、少年百選六八）→刑訴三三七条[8]

[2]　少年の所在不明を理由に審判不開始決定がなされた場合には、事件の実体については未だ判断していないのであるから、その後所在が判明した段階で再度立件して審判に付しても、一事不再理の原則には反しない。（東京高決昭46・6・29家月二四・二・一四三）

（検察官への送致）

第二〇条①　家庭裁判所は、死刑、懲役又は禁錮に当たる罪の事件について、調査の結果、その罪質及び情状に照らして刑事処分を相当と認めるときは、決定をもつて、これを管轄地方裁判所に対応する検察庁の検察官に送致しなければならない。

＊令和四法六八（令和七・六・一六までに施行）による改正
第一項中「死刑、懲役又は禁錮」を「拘禁刑以上の刑」に改める。（本文未織込み）

②　前項の規定にかかわらず、家庭裁判所は、故意の犯罪行為により被害者を死亡させた罪の事件であつて、その罪を犯すとき十六歳以上の少年に係るものについては、同項の決定をしなければならない。ただし、調査の結果、犯行の動機及び態様、犯

行後の情況、少年の性格、年齢、行状及び環境その他の事情を考慮し、刑事処分以外の措置を相当と認めるときは、この限りでない。

[1] **一　刑事処分を相当と認めるとき**　本条一項の「刑事処分を相当と認めるとき」には、保護処分によってはもはや少年の矯正の見込みがない場合（いわゆる「保護不能」の場合）のほか、保護処分による矯正が不可能とまではいえないものの、事案の内容や社会に与える影響から保護処分に付するのが相当でない場合（いわゆる「保護不適」の場合）も含まれる。（東京高判平19・12・17高刑速平一九・三六〇）

[2] **二　逆送決定の記載**　逆送決定には、少年審判規則二四条により、罪となるべき事実及び適用罰条を示さなければならないが、当初検察官が送致した事件の事実全部につき家庭裁判所が審査した後、特にその一部につき検察官への逆送から除外する趣旨が認められない限り、たとえ逆送決定に一部の事実につき検察官への逆送がなされたものとされていなくとも、全部の事実につき検察官への逆送がなされたものと解すべきである。（名古屋高判昭29・3・30高刑七・五・六六七、少年百選一〇四）

[3] **三　抗告の可否**　検察官送致決定は、少年の実体的権利関係に未だ変動をもたらすものではないから、それに対する抗告はできない。（東京高決昭45・8・4家月二三・五・一〇八、少年百選七七）

四　特別抗告の可否↓刑訴四三三条[7]

五　公訴提起の適否

[4] 検察官送致決定の判断内容の誤りを理由として、同決定に基づく公訴提起の違法・無効を主張することはできない。（名古屋高判平30・3・23判時二四〇二・一一五）

六　逆送決定をした裁判官の除斥・忌避↓刑訴二〇条[12]

七　逆送決定と不利益変更の禁止↓三三条[3]

（**審判開始の決定**）

第二一条　家庭裁判所は、調査の結果、審判を開始するのが相当であると認めるときは、その旨の決定をしなければならない。

[1] **一　抗告の可否**　審判開始決定の取消しを求める抗告は許されない。（名古屋高決昭46・10・27家月二四・六・六六、少年百選七五）

[2] **二　審判期日への関係者の呼出し**　保護者が二人以上ある場合においては、そのうちの適当な者を呼び出せば足り、必ずしも全員を呼び出す必要はない。（東京高決昭32・11・24家月九・一一・一一九、少年百選一七）

[3] 少年事件における付添人は少年に対する保護処分が適正に行われるための協力者であるとともに、少年の利益の弁護者としての地位を有するのであるから、少年審判規則二五条二項の規定に違反して審判期日の呼出しをなさず、その出席なくしてなされた決定は違法である。（高松高決昭34・7・2家月一一・八・一三九）

（**審判の方式**）

第二二条①　審判は、懇切を旨として、和やかに行うとともに、非行のある少年に対し自己の非行について内省を促すものとしなければならない。

②　審判は、これを公開しない。

③　審判の指揮は、裁判長が行う。

参考　**少年審判規則**（昭和二三・一二・二一最高裁規三三）（抜粋）

（**審判期日における告知等**）

第二九条の二　裁判長は、第一回の審判期日の冒頭において、少年に対し、供述を強いられることはないことを分かりやすく説明した上、審判に付すべき事由の要旨を告げ、これについて陳述する機会を与えなければならない。この場合において、少年に付添人があるときは、当該付添人に対し、審判に付すべき事由について陳述する機会を与えなければならない。

（**裁判官の回避**）

第三二条　裁判官は、審判の公平について疑を生ずべき事由があると思料するときは、職務の執行を避けなければならない。

[1] **一　裁判官の回避を求める申立て**　憲法三七条一項の公平な裁判所の保障の趣旨は、少年保護事件にも当然に及び、公平に疑いを生ずべき事由のない裁判官による審判が手続の公正のため不可欠の前提であることは刑事手続と異ならないから、裁判官の回避について定める少年審判規則三二条は、少年側の回避を求める申立てを許したものと解すべきである。（東京高決平元・7・18家月四一・一〇・一六六、少年百選三九）

[2] **二　非公開の原則**　家庭裁判所における少年保護事件は訴訟事件に属しないから、審判を非公開としている本条二項の規定は、裁判の公開に関する憲法八二条に違反しない。（高松高決昭29・8・5高刑七・八・一二五五、少年百選三七）

[3] **三　不告不理の原則**　窃盗、毒物及び劇物取締法違反の罪の虞犯〔ぐはん〕性を有するとして送致のあった虞犯及び窃盗保護事件において、検察官から送致されていない窃盗の事実につき、司法警察員作成の送致書記載の虞犯事実中に具体的な記載がなかったにもかかわらず、少年法七条による新たな立件手続も経ないで非行事実として認定した原裁判所の取扱いは、不告不理の原則の意義を失わせるものである。この立件手続を欠いたほか、右窃盗の事実を虞犯とは別個独立の非行事実として取り扱う旨を少年に告知して弁解を聴いておらず、決定言渡しの際も虞犯から窃盗に関する部分を分離して、別個に右窃盗の事実を認定したことを少年に告げなかった原裁判所の一連の手続は、少年事件における適正手続の保障の趣旨に照らし、決定に影響を及ぼす法令の違反がある。（福岡高決平18・3・22家月五八・九・六四……原決定を取り消し、差し戻した事例）

四　非行事実の認定に関する証拠調べの範囲、順序、方法の決定と家庭裁判所の裁量↓一四条[1]

五　黙秘権告知の要否

[4] 少年保護事件の審理について、法に特別の定め（一四条、一五条参照）のない限り刑事訴訟法の一般的準用はないものと解すべきであるから、審理に当たり裁判官が少年に対し黙秘権の告知をしなかったとしても、違法とはいえない。（名古屋高決昭32・3・6家月九・三・五六、少年百選四〇）

[5] **六　非行事実認定の方法**　少年保護事件の手続においては、非行事実の認定についても自由な証明で足りる。（東京高決昭40・4・17家月一七・一二・一三四、少年百選四一）

[6] **七　自白法則の適用**　少年の自白に刑訴法三一九条一項にいう「任意にされたものでない疑」がある場合において、少年保護事件における非行事実の認定が少年の処遇決定に重大な影響のあることに鑑みると、同条項のように刑事裁判において長年確立されている合理的な証拠法則は少年保護事件にも適用され、任意性に疑いのある自白の証拠能力は否定すべきである。（仙台家決昭41・2・8家月一八・一一・九七、少年百選四二）

[7] **八　補強法則の適用**　保護処分の前提となる犯罪事実の認定には、誤判防止を趣旨とする憲法三八条三項が当然に適用され、自白のみで犯罪事実を認定することはできない。（福島家決昭39・7・13家月一七・一・一七〇、少年百選四三）

[8] **九　少年審判と伝聞法則**　保護事件の審判手続は訴訟手続ではないから、伝聞証拠に

関する刑訴法三二〇条の適用又は準用はない。（大阪高決昭28・1・16家月五・四・一一七）

9 少年保護事件においても伝聞の不確実性、危険性は十分顧慮されなければならないが、少年法所定の目的に鑑み、各証拠の内容、形式、他の証拠に現れる客観的情況との符合等、合理性が担保される限り、伝聞証拠であっても、裁判官の健全な判断により事実認定の資料となし得る。（仙台高決昭63・12・5家月四一・六・六九、少年百選四四）

10 **一〇 違法収集証拠**

児童福祉法三三条の一時保護の名目の下に、その目的を逸脱し、実質的に犯罪捜査目的の身柄拘束を行った捜査機関の行為は、令状主義を潜脱する違法逮捕というべきであり、その際に作成された少年の司法警察員らに対する供述調書は、極めて重大な違法かつ不公正な取調べに基づき作成されたものと認められるので、適正な手続の理念に照らし、その証拠能力は否定されるべきである。（名古屋家決昭49・3・20家月二六・一二・九九、少年百選四五）

11 **一一 非行事実の認定替え**

恐喝の共同正犯として送致された少年に対し、恐喝幇助〔ほうじょ〕の非行事実を認定するに際し、少年らが被害者を四人で取り囲んだとの事実は、送致事実に記載されておらず、関係証拠中にも被害者の供述調書にその趣旨の供述が記載されているにすぎないにもかかわらず、少年及び付添人に対して、同事実を告知し、同事実につき陳述する機会を与えた上で、さらに、必要に応じて反論・反証の機会を与える措置を講じないまま、同事実を少年の幇助行為として認定した審判手続は、適正手続の要請に反し、少年審判規則二九条の二の趣旨にも反して違法である。（東京高決平25・1・25家月六五・六・一二一、重判平25刑訴八）

12 **一二 要保護性判断における余罪の考慮**

少年が医薬品等を二回にわたり万引きしたという窃盗保護事件において、裁判所が、立件されていない大麻使用に関する事情を非行事実とほぼ並列的に掲げて要保護性を検討した上で少年を少年院送致としたことには、非行事実ではないが処分に実質的に大きな影響を与える可能性のある事情を、要保護性の判断として許容される限度を超えて、あたかも非行事実であるかのように扱い処分を導き出した法令違反がある。（大阪高決令元・9・12判時二四五二・九三）

（検察官の関与）

第二二条の二① 家庭裁判所は、第三条第一項第一号に掲げる少年に係る事件であつて、死刑又は無期若しくは長期三年を超える懲役若しくは禁錮に当たる罪のものにおいて、その非行事実を認定するための審判の手続に検察官が関与する必要があると認めるときは、決定をもつて、審判に検察官を出席させることができる。

＊令和四法六八（令和七・六・一六までに施行）による改正
第一項中「懲役若しくは禁錮」を「拘禁刑」に改める。（本文未織込み）

② 家庭裁判所は、前項の決定をするには、検察官の申出がある場合を除き、あらかじめ、検察官の意見を聴かなければならない。

③ 検察官は、第一項の決定があつた事件において、その非行事実の認定に資するため必要な限度で、最高裁判所規則の定めるところにより、事件の記録及び証拠物を閲覧し及び謄写し、審判の手続（事件を終局させる決定の告知を含む。）に立ち会い、少年及び証人その他の関係人に発問し、並びに意見を述べることができる。

（国選付添人）

第二二条の三① 家庭裁判所は、前条第一項の決定をした場合において、少年に弁護士である付添人がないときは、弁護士である付添人を付さなければならない。

② 家庭裁判所は、第三条第一項第一号に掲げる少年に係る事件であつて前条第一項に規定する罪のもの又は第三条第一項第二号に掲げる少年に係る事件であつて前条第一項に規定する罪に係る刑罰法令に触れるものについて、第十七条第一項第二号の措置がとられており、かつ、少年に弁護士である付添人がない場合において、事案の内容、保護者の有無その他の事情を考慮し、審判の手続に弁護士である付添人が関与する必要があると認めるときは、弁護士である付添人を付することができる。

③ 前二項の規定により家庭裁判所が付すべき付添人は、最高裁判所規則の定めるところにより、選任するものとする。

④ 前項（第二十二条の五第四項において準用する場合を含む。）の規定により選任された付添人は、旅費、日当、宿泊料及び報酬を請求することができる。

（被害者等による少年審判の傍聴）

第二二条の四① 家庭裁判所は、最高裁判所規則の定めるところにより第三条第一項第一号に掲げる少年に係る事件であつて次に掲げる罪のもの又は同項第二号に掲げる少年（十二歳に満たないで刑罰法令に触れる行為をした少年を除く。次項において同じ。）に係る事件であつて次に掲げる罪に係る刑罰法令に触れるもの（いずれも被害者を傷害した場合にあつては、これにより生命に重大な危険を生じさせたときに限る。）の被害者等から、審判期日における審判の傍聴の申出がある場合において、少年の年齢及び心身の状態、事件の性質、審判の状況その他の事情を考慮して、少年の健全な育成を妨げるおそれがなく相当と認めるときは、その申出をした者に対し、これを傍聴することを許すことができる。

一 故意の犯罪行為により被害者を死傷させた罪

二 刑法（明治四十年法律第四十五号）第二百十一条（業務上過失致死傷等）の罪

三 自動車の運転により人を死傷させる行為等の処罰に関する法律（平成二十五年法律第八十六号）第四条、第五条又は第六条第三項若しくは第四項の罪

② 家庭裁判所は、前項の規定により第三条第一項第二号に掲げる少年に係る事件の被害者等に審判の傍聴を許すか否かを判断するに当たつては、同号に掲げる少年が、一般に、精神的に特に未成熟であることを十分考慮しなければならない。

③ 家庭裁判所は、第一項の規定により審判の傍聴を許す場合において、傍聴する者の年齢、心身の状態その他の事情を考慮し、その者が著しく不安又は緊張を覚えるおそれがあると認めるときは、その不安又は緊張を緩和するのに適当であり、かつ、審判を妨げ、又はこれに不当な影響を与えるおそれがないと認める者を、傍聴する者に付き添わせることができる。

④ 裁判長は、第一項の規定により審判を傍聴する者及び前項の規定によりこの者に付き添う者の座席の位置、審判を行う場所における裁判所職員の配置等を定めるに当たつては、少年の心身に及ぼす影響に配慮しなければならない。

⑤ 第五条の二第三項の規定は、第一項の規定により審判を傍聴した者又は第三項の規定によりこの者に付き添つた者について、準用する。

（弁護士である付添人からの意見の聴取等）

第二二条の五① 家庭裁判所は、前条第一項の規定により審判の傍聴を許すには、あらかじめ、弁護士である付添人の意見を聴かなければならない。

② 家庭裁判所は、前項の場合において、少年に弁護士である付添人がないときは、弁護士である付添人を付さなければならない。

③ 少年に弁護士である付添人がない場合であつて、最高裁判所規則の定めるところにより少年及び保護者がこれを必要としない旨の意思を明示したときは、前二項の規定は適用しない。

④ 第二十二条の三第三項の規定は、第二項の規定により家庭裁判所が付すべき付添人について、準用する。

（被害者等に対する説明）

第二二条の六① 家庭裁判所は、最高裁判所規則の定めるところにより第三条第一項第一号又は第二号に掲げる少年に係る事件の被害者等から申出がある場合において、少年の健全な育成を妨げるおそれがなく相当と認めるときは、最高裁判所規則の定めるところにより、その申出をした者に対し、審判期日における審判の状況を説明するものとする。
② 前項の申出は、その申出に係る事件を終局させる決定が確定した後三年を経過したときは、することができない。
③ 第五条の二第三項の規定は、第一項の規定により説明を受けた者について、準用する。

（審判開始後保護処分に付しない場合）
第二三条① 家庭裁判所は、審判の結果、第十八条又は第二十条にあたる場合であると認めるときは、それぞれ、所定の決定をしなければならない。
② 家庭裁判所は、審判の結果、保護処分に付することができず、又は保護処分に付する必要がないと認めるときは、その旨の決定をしなければならない。
③ 第十九条第二項の規定は、家庭裁判所の審判の結果、本人が二十歳以上であることが判明した場合に準用する。

一 不処分決定に対する抗告の可否
[1] 本条二項による保護処分に付さない旨の決定に対しては、それが非行事実の認定を明示したものであっても、抗告をすることができない。（最決昭60・5・14刑集三九・四・二〇五、少年百選七八）
二 不処分決定と刑事補償
[2] 刑事補償法一条一項にいう「無罪の裁判」とは、刑訴法上の手続における無罪の確定裁判をいうところ、不処分決定は、刑訴法上の手続とは性質を異にする少年審判の手続における決定である上、不処分決定を経た事件について、刑事訴追をし、又は家庭裁判所の審判に付することを妨げる効力を有しないから、非行事実が認められないことを理由とするものであっても、「無罪の裁判」には当たらないと解すべきである。（最決平3・3・29刑集四五・三・一五八、憲百選II〔七版〕一三〇）→憲四〇条[2]

（保護処分の決定）
第二四条① 家庭裁判所は、前条の場合を除いて、審判を開始した事件につき、決定をもつて、次に掲げる保護処分をしなければならない。ただし、決定の時に十四歳に満たない少年に係る事件については、特に必要と認める場合に限り、第三号の保護処分をすることができる。
一 保護観察所の保護観察に付すること。
二 児童自立支援施設又は児童養護施設に送致すること。
三 少年院に送致すること。
② 前項第一号及び第三号の保護処分においては、保護観察所の長をして、家庭その他の環境調整に関する措置を行わせることができる。

一 保護処分決定と非行事実の特定
[1] 少年審判規則三六条が犯罪少年につき罪となるべき事実の記載を要求しているのは、保護処分の対象となった事件について一事不再理の効力が認められ、それは決定書に記載された事実のみに及ぶため（少年法四六条）、いかなる事実について保護処分を受けたかを決定書において明確にするためである。このため、罪となるべき事実は、これを特定し得るように記載しなければならず、これを欠くときは決定に影響を及ぼす法令違反として抗告理由となる。（大阪高決昭36・9・25家月一三・一一・一二一）
[2] 虞犯〔ぐはん〕少年に対する保護処分の決定の場合にも少年審判規則三六条の規定の類推適用を認めるべきであり、決定書には虞犯事由のいずれかに該当することを推知し得る程度に虞犯事実を具体的に記載することを要する。（大阪高決昭50・10・7家月二八・六・一三三、少年百選五六）
二 処遇選択の理由の摘示
[3] 保護処分決定において特定の保護処分を選択する理由は、極めて複雑な要素をもつ総合判断であってその性質上これを説示し尽くすことは困難であることに鑑みると、保護処分決定の言渡しに際し、その趣旨を懇切に説明し、これを十分に理解させるようにしなければならないことは別として（少年審判規則三五条一項参照）、決定書の理由として特定の保護処分を選択する理由を表示することは法の要求するところでない。（東京高決昭41・2・3家月一九・三・九八、少年百選五七……決定書で詳細に説示することが望ましいと付言した）
三 虞犯少年と少年院送致
[4] 少年院送致処分は保護処分中最も強制力を伴うものであり、少年の自由を拘束し、親権者の監護権を制限するものであること、虞犯少年は罪を犯した者ではなく、そのおそれがあるに過ぎない者であることから考えると、虞犯少年を少年院送致することが相当であるのは、虞犯性が著しい場合に限られ、性格矯正の必要性が強くても虞犯性の程度が低い場合には、他の保護処分あるいは保護的措置にとどめるべきである。（大阪高決昭47・5・23家月二五・一・一〇五、少年百選五八）
四 決定の時に一四歳に満たない少年の少年院送致
[5] 非行態様の悪質さに加え、非行を躊躇〔ちゅうちょ〕なく繰り返す常習性が、少年の資質上の問題性の根深さの徴表であることなどを指摘した上、児童相談所における一時保護等を経ても少年の内省が十分に深まっているとは認められないことから、もはや福祉的・開放的処遇では対応が困難であるとして、本条一項ただし書の「特に必要と認める場合」に当たるとした事例（東京高決平27・7・3判タ一四三一・一六二）

（没取）
第二四条の二① 家庭裁判所は、第三条第一項第一号及び第二号に掲げる少年について、第十八条、第十九条、第二十三条第二項又は前条第一項の決定をする場合には、決定をもつて、次に掲げる物を没取することができる。
一 刑罰法令に触れる行為を組成した物
二 刑罰法令に触れる行為に供し、又は供しようとした物
三 刑罰法令に触れる行為から生じ、若しくはこれによつて得た物又は刑罰法令に触れる行為の報酬として得た物
四 前号に記載した物の対価として得た物
② 没取は、その物が本人以外の者に属しないときに限る。但し、刑罰法令に触れる行為の後、本人以外の者が情を知つてその物を取得したときは、本人以外の者に属する場合であつても、これを没取することができる。

（家庭裁判所調査官の観察）
第二五条① 家庭裁判所は、第二十四条第一項の保護処分を決定するため必要があると認めるときは、決定をもつて、相当の期間、家庭裁判所調査官の観察に付することができる。
② 家庭裁判所は、前項の観察とあわせて、次に掲げる措置をとることができる。
一 遵守事項を定めてその履行を命ずること。
二 条件を附けて保護者に引き渡すこと。
三 適当な施設、団体又は個人に補導を委託すること。

（保護者に対する措置）
第二五条の二 家庭裁判所は、必要があると認めるときは、保護者に対し、少年の監護に関する責任を自覚させ、その非行を防止するため、調査又は審判において、自ら訓戒、指導その他の適当な措置をとり、又は家庭裁判所調査官に命じてこれらの措置をとらせることができる。

（決定の執行）
第二六条① 家庭裁判所は、第十七条第一項第二号、第十七条の四第一項並びに第二十四条第一項第二号及び第三号の決定をし

たときは、家庭裁判所調査官、裁判所書記官、法務事務官、法務教官、警察官、保護観察官又は児童福祉司をして、その決定を執行させることができる。

② 家庭裁判所は、第十七条第一項第二号、第十七条の四第一項並びに第二十四条第一項第二号及び第三号の決定を執行するため必要があるときは、少年に対して、呼出状を発して、その呼出しをすることができる。

③ 家庭裁判所は、少年が、正当な理由がなく、前項の規定による呼出しに応じないとき、又は応じないおそれがあるときは、その少年に対して、同行状を発して、その同行をすることができる。

④ 家庭裁判所は、少年が保護のため緊急を要する状態にあつて、その福祉上必要であると認めるときは、前項の規定にかかわらず、その少年に対して、同行状を発して、その同行をすることができる。

⑤ 第十三条の規定は、前二項の同行状に、これを準用する。

⑥ 裁判長は、急速を要する場合には、第一項及び第四項の処分をし、又は合議体の構成員にこれをさせることができる。

（少年鑑別所収容の一時継続）

第二六条の二 家庭裁判所は、第十七条第一項第二号の措置がとられている事件について、第十八条、第十九条、第二十条第一項、第二十三条第二項又は第二十四条第一項の決定をする場合において、必要と認めるときは、決定をもつて、少年を引き続き相当期間少年鑑別所に収容することができる。ただし、その期間は、七日を超えることはできない。

（同行状の執行の場合の仮収容）

第二六条の三 第二十四条第一項第三号の決定を受けた少年に対して第二十六条第三項又は第四項の同行状を執行する場合において、必要があるときは、その少年を仮に最寄の少年鑑別所に収容することができる。

（保護観察中の者に対する措置）

第二六条の四① 更生保護法（平成十九年法律第八十八号）第六十七条第二項の申請があつた場合において、家庭裁判所は、審判の結果、第二十四条第一項第一号の保護処分を受けた者がその遵守すべき事項を遵守せず、同法第六十七条第一項の警告を受けたにもかかわらず、なお遵守すべき事項を遵守しなかつたと認められる事由があり、その程度が重く、かつ、その保護処分によつては本人の改善及び更生を図ることができないと認めるときは、決定をもつて、第二十四条第一項第二号又は第三号の保護処分をしなければならない。

② 家庭裁判所は、前項の規定により二十歳以上の者に対して第二十四条第一項第三号の保護処分をするときは、その決定と同時に、本人が二十三歳を超えない期間内において、少年院に収容する期間を定めなければならない。

③ 前項に定めるもののほか、第一項の規定による保護処分に係る事件の手続は、その性質に反しない限り、第二十四条第一項の規定による保護処分に係る事件の手続の例による。

（競合する処分の調整）

第二七条① 保護処分の継続中、本人に対して有罪判決が確定したときは、保護処分をした家庭裁判所は、相当と認めるときは、決定をもつて、その保護処分を取り消すことができる。

② 保護処分の継続中、本人に対して新たな保護処分がなされたときは、新たな保護処分をした家庭裁判所は、前の保護処分をした家庭裁判所の意見を聞いて、決定をもつて、いずれかの保護処分を取り消すことができる。

（保護処分の取消し）

第二七条の二① 保護処分の継続中、本人に対し審判権がなかつたこと、又は十四歳に満たない少年について、都道府県知事若しくは児童相談所長から送致の手続がなかつたにもかかわらず、保護処分をしたことを認め得る明らかな資料を新たに発見したときは、保護処分をした家庭裁判所は、決定をもつて、その保護処分を取り消さなければならない。

② 保護処分が終了した後においても、審判に付すべき事由の存在が認められないにもかかわらず保護処分をしたことを認め得る明らかな資料を新たに発見したときは、前項と同様とする。ただし、本人が死亡した場合は、この限りでない。

③ 保護観察所、児童自立支援施設、児童養護施設又は少年院の長は、保護処分の継続中の者について、第一項の事由があることを疑うに足りる資料を発見したときは、保護処分をした家庭裁判所に、その旨の通知をしなければならない。

④ 第十八条第一項及び第十九条第二項の規定は、家庭裁判所が、第一項の規定により、保護処分を取り消した場合に準用する。

⑤ 家庭裁判所は、第一項の規定により、少年院に収容中の者の保護処分を取り消した場合において、必要があると認めるときは、決定をもつて、その者を引き続き少年院に収容することができる。但し、その期間は、三日を超えることはできない。

⑥ 前三項に定めるもののほか、第一項及び第二項の規定による第二十四条第一項の保護処分の取消しの事件の手続は、その性質に反しない限り、同項の保護処分に係る事件の手続の例による。

一 非行事実の不存在と保護処分からの解放

[1] 保護処分は、一面において、少年の身体の拘束等の不利益をも伴うものであるから、その基礎となる非行事実の認定については慎重を期さなければならず、非行事実が存在しないにもかかわらず誤って少年を保護処分に付することは許されない。誤って保護処分に付された少年を救済する手段としては、抗告のみでは必ずしも十分とはいえず、保護処分決定確定後にその基礎とされた非行事実の不存在が明らかにされた場合においても何らかの救済の途が開かれていなければならない。

少年審判の実務において、本条一項にいう「本人に対し審判権がなかつたこと……を認め得る明らかな資料を新たに発見したとき」とは、少年の年齢超過等が事後的に明らかにされた場合のみならず、非行事実がなかつたことを認め得る明らかな資料を新たに発見した場合を含むという解釈の下に、同項を保護処分の決定の確定した後に処分の基礎とされた非行事実の不存在が明らかにされた少年を将来に向かつて保護処分から解放する手続をも規定したものとして運用する取扱いが確立されており、このような解釈運用は、前記のような観点から、十分支持することができる。（最決昭58・9・5刑集三七・七・九〇一〈柏事件〉少年百選九〇）→三五条[7]

二 一部の非行事実の不存在が判明した場合と保護処分の取消し

[2] 少年法二四条一項各号［平成一九法六八による改正前］所定の保護処分は少年に対する自由の拘束、生活上の束縛等の点で不利益の程度を異にするから、その取消しの要否を判断するに当たっては、保護処分一般ではなく、その種類の点をも含め当該保護処分から解放すべきかどうかを判断すべきであり、保護処分の基礎となった複数の非行事実の一部が存在しないことが判明した場合には、残余の非行事実だけでは当該保護処分に付するだけの要保護性に欠け、これを維持することができないときに、当該保護処分を取り消すことができると解すべきである。（東京高決平2・11・20高刑四三・三・一九一、少年百選九一……仮に一部の非行事実（強姦、殺人）を除き、残余の非行事実（複数の窃盗）だけを基礎としても、少年院送致決定を取り消すべきものとは認められないとした）

三 保護処分取消しの時期（平成一二法一四二による本条二項追加前の事件）

[3] 保護処分の取消しは、保護処分が現に継続中である場合に限り許されるのであって、処分の執行が終了した後はこれを取り消す余地がない。（最決昭59・9・18刑集三八・九・二八〇五）

[4] 保護処分の取消しは、保護処分が現に継続中である場合に限り許され、少年の名誉の回復を目的とするものではない。

（最決平3・5・8家月四三・九・六八、少年百選九二）

5 **四 「審判に付すべき事由」の意義**

本条二項の「審判に付すべき事由」には、保護処分決定で認定された非行事実と事実の同一性があり、構成要件的評価が変わらない事実をも含むから、保護処分決定で認定された非行事実について、犯行日とされた日にその非行事実が認められないにしても、これと異なる日に同一内容の非行事実が認められ、両事実が両立しない関係にあって基本的事実関係において同一であり、事実の同一性が認められる場合には、審判に付すべき事由が存在したということができる。（最決平23・12・19刑集六五・九・一六六一、重判平24刑訴八）

6 **五 保護処分取消事件の手続**

事実の同一性がある範囲内で保護処分決定と異なる非行事実を認定するには、申立人に防御の機会を与える必要がある。（最決平23・12・19前出5）

7 保護処分を取り消さない旨の決定は、保護処分を今後も継続することを内容とする家庭裁判所の決定であるから、少年法二四条の保護処分の決定とその実質を異にするものではなく、保護処分取消事件につき「その性質に反しない限り、少年の保護事件の例による」としている少年審判規則五五条［平成二七最高裁規三による改正前］の趣旨を勘案すると、保護処分取消しを求める申立てに対するこれを取り消さない旨の決定に対しては、少年法三二条の準用により少年側の抗告が許されると解するのが相当である。（最決昭58・9・5前出1）

（**報告と意見の提出**）

第二八条 家庭裁判所は、第二十四条又は第二十五条の決定をした場合において、施設、団体、個人、保護観察所、児童福祉施設又は少年院に対して、少年に関する報告又は意見の提出を求めることができる。

（**委託費用の支給**）

第二九条 家庭裁判所は、第二十五条第二項第三号の措置として、適当な施設、団体又は個人に補導を委託したときは、その者に対して、これによつて生じた費用の全部又は一部を支給することができる。

（**証人等の費用**）

第三〇条① 証人、鑑定人、翻訳人及び通訳人に支給する旅費、日当、宿泊料その他の費用の額については、刑事訴訟費用に関する法令の規定を準用する。

② 参考人は、旅費、日当、宿泊料を請求することができる。

③ 参考人に支給する費用は、これを証人に支給する費用とみなして、第一項の規定を適用する。

④ 第二十二条の三第四項の規定により付添人に支給すべき旅費、日当、宿泊料及び報酬の額については、刑事訴訟法第三十八条第二項の規定により弁護人に支給すべき旅費、日当、宿泊料及び報酬の例による。

第三〇条の二 家庭裁判所は、第十六条第一項の規定により保護司又は児童委員をして、調査及び観察の援助をさせた場合には、最高裁判所の定めるところにより、その費用の一部又は全部を支払うことができる。

（**費用の徴収**）

第三一条① 家庭裁判所は、少年又はこれを扶養する義務のある者から証人、鑑定人、通訳人、翻訳人、参考人、第二十二条の三第三項（第二十二条の五第四項において準用する場合を含む。）の規定により選任された付添人及び補導を委託された者に支給した旅費、日当、宿泊料その他の費用並びに少年鑑別所及び少年院において生じた費用の全部又は一部を徴収することができる。

② 前項の費用の徴収については、非訟事件手続法（平成二十三年法律第五十一号）第百二十一条の規定を準用する。

（**被害者等に対する通知**）

第三一条の二① 家庭裁判所は、第三条第一項第一号又は第二号に掲げる少年に係る事件を終局させる決定をした場合において、最高裁判所規則の定めるところにより当該事件の被害者等から申出があるときは、その申出をした者に対し、次に掲げる事項を通知するものとする。ただし、その通知をすることが少年の健全な育成を妨げるおそれがあり相当でないと認められるものについては、この限りでない。

一 少年及びその法定代理人の氏名及び住居（法定代理人が法人である場合においては、その名称又は商号及び主たる事務所又は本店の所在地）

二 決定の年月日、主文及び理由の要旨

② 前項の申出は、同項に規定する決定が確定した後三年を経過したときは、することができない。

③ 第五条の二第三項の規定は、第一項の規定により通知を受けた者について、準用する。

第四節 抗告

（**抗告**）

第三二条 保護処分の決定に対しては、決定に影響を及ぼす法令の違反、重大な事実の誤認又は処分の著しい不当を理由とするときに限り、少年、その法定代理人又は付添人から、二週間以内に、抗告をすることができる。ただし、付添人は、選任者である保護者の明示した意思に反して、抗告をすることができない。

一 抗告の可否

1 抗告ができるとされた例

1 保護処分を取り消さない旨の決定（最決昭58・9・5刑集三七・七・九〇一〈柏事件〉少年百選七八）→二七条の二7

2 犯罪者予防更生法四三条の規定による戻し収容決定は、少年を少年院に拘束する点で、少年院送致決定と実質的に同種のものと考えられるから、抗告に関する規定の準用により、抗告が許される。（大阪高決昭33・7・7高刑一一・七・三八五、少年百選八七）

3 少年院法一一条の規定による収容継続決定は原保護処分の内容（収容期間）を拡張するもので、保護処分決定に準じる性質を有するから、少年法の抗告の手続が適用され、抗告ができる。（広島高決昭38・10・16家月一六・二・一〇二、少年百選八六）

2 抗告ができないとされた例

4 強制的措置許可決定（最決昭40・6・21刑集一九・四・四四八、少年百選九四）→一八条7

5 検察官送致決定（東京高決昭45・8・4家月二三・五・一〇八、少年百選七七）→二〇条3

6 審判開始決定（名古屋高決昭46・10・27家月二四・六・六六、少年百選七五）→二一条7

7 不処分決定（最決昭60・5・14刑集三九・四・二〇五、少年百選七六）→二三条7

二 抗告理由

8 少年の性格、行動歴、環境等の要保護性の基礎事実は、「重大な事実の誤認」の「事実」には当たらず、保護処分の当否の判断に必要な限度で考慮すれば足りる。（大阪高決昭53・1・31家月三〇・一一・八八）

9 少年を初等少年院に送致した原決定の処分は、特に短期処遇の勧告意見を付さなかった点において重すぎて不当である、とする抗告を棄却した事例（大阪高決平18・10・21家月五九・一〇・六一……理由においては、実質的な勧告の趣旨で一般短期処遇が相当であるとした）

10 **三 上訴の利益**

保護処分は刑事処分に伴う少年の不利益を排して適切な矯正教育を施そうとするものであり、刑事処分より利益なものであるから、特別少年院送致決定に対し刑事処分を求める抗告は、不利益な措置を求める主張であり、上訴の利益がなく不適法である。（広島高決昭55・10・20家月三三・六・六〇、少

年百選七九）

[11] 児童自立支援施設送致及び少年院送致は、保護観察よりも一般的、類型的に少年にとって不利益な処分であるから、保護観察決定に対して、児童自立支援施設送致や少年院送致を求めて抗告を申し立てることは認められない。（東京高決平28・1・27判タ一四二七・一四五）

（抗告裁判所の調査の範囲）

第三二条の二① 抗告裁判所は、抗告の趣意に含まれている事項に限り、調査をするものとする。

② 抗告裁判所は、抗告の趣意に含まれていない事項であつても、抗告の理由となる事由に関しては、職権で調査をすることができる。

（抗告裁判所の事実の取調べ）

第三二条の三① 抗告裁判所は、決定をするについて必要があるときは、事実の取調べをすることができる。

② 前項の取調べは、合議体の構成員にさせ、又は家庭裁判所の裁判官に嘱託することができる。

抗告審裁判所の裁量

[1] 非行事実の認定に関し、家庭裁判所が検討していなかった共犯者のアリバイ供述等の信用性を検討しなければ、被害者の供述等について最終的な信用性の判断ができないという事情の下で、抗告裁判所が、その点に関して必要な事実の取調べを行うことは、合理的な裁量の範囲内にある。（最決平17・3・30刑集五九・二・七九、重判平17刑訴一〇）

（抗告受理の申立て）

第三二条の四① 検察官は、第二十二条の二第一項の決定がされた場合においては、保護処分に付さない決定又は保護処分の決定に対し、同項の決定があつた事件の非行事実の認定に関し、決定に影響を及ぼす法令の違反又は重大な事実の誤認があることを理由とするときに限り、高等裁判所に対し、二週間以内に、抗告審として事件を受理すべきことを申し立てることができる。

② 前項の規定による申立て（以下「抗告受理の申立て」という。）は、申立書を原裁判所に差し出してしなければならない。この場合において、原裁判所は、速やかにこれを高等裁判所に送付しなければならない。

③ 高等裁判所は、抗告受理の申立てがされた場合において、抗告審として事件を受理するのを相当と認めるときは、これを受理することができる。この場合においては、その旨の決定をしなければならない。

④ 高等裁判所は、前項の決定をする場合において、抗告受理の申立ての理由中に重要でないと認めるものがあるときは、これを排除することができる。

⑤ 第三項の決定は、高等裁判所が原裁判所から第二項の申立書の送付を受けた日から二週間以内にしなければならない。

⑥ 第三項の決定があつた場合には、抗告があつたものとみなす。この場合において、第三十二条の二の規定の適用については、抗告受理の申立ての理由中第四項の規定により排除されたもの以外のものを抗告の趣意とみなす。

（抗告審における国選付添人）

第三二条の五① 前条第三項の決定があつた場合において、少年に弁護士である付添人がないときは、抗告裁判所は、弁護士である付添人を付さなければならない。

② 抗告裁判所は、第二十二条の三第二項に規定する事件（家庭裁判所において第十七条第一項第二号の措置がとられたものに限る。）について、少年に弁護士である付添人がなく、かつ、事案の内容、保護者の有無その他の事情を考慮し、抗告審の審理に弁護士である付添人が関与する必要があると認めるときは、弁護士である付添人を付することができる。

（準用）

第三二条の六 第三十二条の二、第三十二条の三及び前条に定めるもののほか、抗告審の審理については、その性質に反しない限り、家庭裁判所の審判に関する規定を準用する。

（抗告審の裁判）

第三三条① 抗告の手続がその規定に違反したとき、又は抗告が理由のないときは、決定をもつて、抗告を棄却しなければならない。

② 抗告が理由のあるときは、決定をもつて、原決定を取り消して、事件を原裁判所に差し戻し、又は他の家庭裁判所に移送しなければならない。

[1] **一 抗告提起期間内に抗告について裁判することの適否**

少年審判規則四三条は、抗告趣意を記載し完結した申立書による抗告を予定しており、抗告審は、事件受理後は、抗告提起期間内であると否とにかかわらず、いつでも裁判をすることができ、抗告提起期間内はこれを差し控えなければならないものではない。もっとも、抗告申立人が、申立てに際し、特に抗告提起期間内に抗告趣意を補充する旨明示の申出をしたときなどには、抗告提起期間内はその補充を待つことが運用上相当な場合もあり得る。（最決平9・10・6刑集五一・九・六九七、重判平9刑訴八）

[2] **二 取消し決定の拘束力**

受差戻審は、新たな証拠調べを行わない場合、抗告審決定が示した、原決定取消しに対する消極的否定的判断に拘束される。（最決平20・7・11刑集六二・七・一九二七、重判平20刑訴八……検察官の申し出た証拠を取り調べず、第一次抗告審の決定が示した消極的否定的判断に従い非行なしとして少年を保護処分に付さなかった受差戻審の決定に法令違反はないとした）↓一四条[3]

三 不利益変更の禁止

[3] 抗告権の行使を不当に制限することとならないよう、保護処分決定が抗告によって取り消された場合には、差戻しを受けた家庭裁判所は保護処分より不利益な処分をすることは許されず、当該事件を少年法二〇条により検察官送致することはできない。（最判平9・9・18刑集五一・八・五七一〈調布事件〉少年百選八四……少年保護手続には不利益変更禁止原則は適用されず、また刑事処分が保護処分より一般的・類型的に不利益とは解せないほか、仮に右原則の適用を肯定したとしても、検察官送致決定は単なる手続上の中間的処分にすぎずこれを不利益変更ということはできないとする井嶋裁判官の反対意見がある）↓刑訴三三八条[11]

（執行の停止）

第三四条 抗告は、執行を停止する効力を有しない。但し、原裁判所又は抗告裁判所は、決定をもつて、執行を停止することができる。

（再抗告）

第三五条① 抗告裁判所のした第三十三条の決定に対しては、憲法に違反し、若しくは憲法の解釈に誤りがあること、又は最高裁判所若しくは控訴裁判所である高等裁判所の判例と相反する判断をしたことを理由とする場合に限り、少年、その法定代理人又は付添人から、最高裁判所に対し、二週間以内に、特に抗告をすることができる。ただし、付添人は、選任者である保護者の明示した意思に反して、抗告をすることができない。

② 第三十二条の二、第三十二条の三、第三十二条の五第二項及び第三十二条の六から前条までの規定は、前項の場合に、これを準用する。この場合において、第三十三条第二項中「取り消して、事件を原裁判所に差し戻し、又は他の家庭裁判所に移送しなければならない」とあるのは、「取り消さなければならない。この場合には、家庭裁判所の決定を取り消して、事件を家庭裁判所に差し戻し、又は他の家庭裁判所に移送することができる」と読み替えるものとする。

[7] **職権による原決定の取消し**
本条所定の事由が認められない場合でも、原決定に少年法三二条所定の事由があってこれを取り消さなければ著しく正義に反すると認められるときは、最高裁判所は、その最終審裁判所としての責務に鑑み、職権により原決定を取り消すことができる。（最決昭58・9・5刑集三七・七・九〇一〈柏事件〉少年百選七八）→二七条の二[7]

（その他の事項）

第三六条　この法律で定めるものの外、保護事件に関して必要な事項は、最高裁判所がこれを定める。

第三七条から第三九条まで　削除

第三章　少年の刑事事件

第一節　通則

（準拠法例）

第四〇条　少年の刑事事件については、この法律で定めるものの外、一般の例による。

第二節　手続

（司法警察員の送致）

第四一条　司法警察員は、少年の被疑事件について捜査を遂げた結果、罰金以下の刑にあたる犯罪の嫌疑があるものと思料するときは、これを家庭裁判所に送致しなければならない。犯罪の嫌疑がない場合でも、家庭裁判所の審判に付すべき事由があると思料するときは、同様である。

（検察官の送致）

第四二条①　検察官は、少年の被疑事件について捜査を遂げた結果、犯罪の嫌疑があるものと思料するときは、第四十五条第五号本文に規定する場合を除いて、これを家庭裁判所に送致しなければならない。犯罪の嫌疑がない場合でも、家庭裁判所の審判に付すべき事由があると思料するときは、同様である。

② 前項の場合においては、刑事訴訟法の規定に基づく裁判官による被疑者についての弁護人の選任は、その効力を失う。

一「犯罪の嫌疑」の程度
[7] 検察官が、家裁送致の際に要求される犯罪の嫌疑の確実性の程度は、刑事事件の公訴提起の場合に比較してより低い程度で足り、検察官の補充捜査の責任も公訴提起の場合より軽減される。（大阪地判平6・9・30判時一五二六・一二二、少年百選二一……国賠事件）
二 本条違反の起訴→刑訴三三八条[10]

三 少年事件の不起訴と成人後の再起→刑訴二四七条[7]

（勾留に代る措置）

第四三条①　検察官は、少年の被疑事件においては、裁判官に対して、勾留の請求に代え、第十七条第一項の措置を請求することができる。但し、第十七条第一項第一号の措置は、家庭裁判所の裁判官に対して、これを請求しなければならない。

② 前項の請求を受けた裁判官は、第十七条第一項の措置に関して、家庭裁判所と同一の権限を有する。

③ 検察官は、少年の被疑事件においては、やむを得ない場合でなければ、裁判官に対して、勾留を請求することはできない。

[7] **「やむを得ない場合」**
本条三項、四八条一項の「やむを得ない場合」とは、刑訴法六〇条所定の勾留の要件を満たす場合において、当該裁判所所在地に少年鑑別所又は代用鑑別所がなく、あっても収容能力の関係から収容できない場合、又は少年の性行・罪質等から勾留によらなければ捜査の遂行上重大な支障を来すと認められる場合をいう。（横浜地決昭36・7・12下刑三・七＝八・八〇〇、少年百選一八）

（勾留に代る措置の効力）

第四四条①　裁判官が前条第一項の請求に基いて第十七条第一項第一号の措置をとつた場合において、検察官は、捜査を遂げた結果、事件を家庭裁判所に送致しないときは、直ちに、裁判官に対して、その措置の取消を請求しなければならない。

② 裁判官が前条第一項の請求に基いて第十七条第一項第二号の措置をとるときは、令状を発してこれをしなければならない。

③ 前項の措置の効力は、その請求をした日から十日とする。

（検察官へ送致後の取扱い）

第四五条　家庭裁判所が、第二十条第一項の規定によつて事件を検察官に送致したときは、次の例による。

一　第十七条第一項第一号の措置は、その少年の事件が再び家庭裁判所に送致された場合を除いて、検察官が事件の送致を受けた日から十日以内に公訴が提起されないときは、その効力を失う。公訴が提起されたときは、裁判所は、検察官の請求により、又は職権をもつて、いつでも、これを取り消すことができる。

二　前号の措置の継続中、勾留状が発せられたときは、その措置は、これによつて、その効力を失う。

三　第一号の措置は、その少年が満二十歳に達した後も、引き続きその効力を有する。

四　第十七条第一項第二号の措置は、これを裁判官のした勾留とみなし、その期間は、検察官が事件の送致を受けた日から、これを起算する。この場合において、その事件が先に勾留状の発せられた事件であるときは、この期間は、これを延長することができない。

五　検察官は、家庭裁判所から送致を受けた事件について、公訴を提起するに足りる犯罪の嫌疑があると思料するときは、公訴を提起しなければならない。ただし、送致を受けた事件の一部について公訴を提起するに足りる犯罪の嫌疑がないか、又は犯罪の情状等に影響を及ぼすべき新たな事情を発見したため、訴追を相当でないと思料するときは、この限りでない。送致後の情況により訴追を相当でないと思料するときも、同様である。

六　第十条第一項の規定により選任された弁護士である付添人は、これを弁護人とみなす。

七　第四号の規定により第十七条第一項第二号の措置が裁判官のした勾留とみなされた場合には、勾留状が発せられているものとみなして、刑事訴訟法中、裁判官による被疑者についての弁護人の選任に関する規定を適用する。

一 みなし勾留（本条四号）の基礎となる事実
[7] 少年法一七条一項二号の観護措置の効力はその基礎となった事実（甲）についてのみ生じ、これに追送致された事件（乙）が併合されても、乙事実についてだけ検察官送致決定（二〇条）があったときは本条四号の適用はない。しかし、甲事実と乙事実が同時に検察官送致された場合には、少年は甲事実との関係では本条四号により勾留されることになるので、乙事実につき勾留の要件が具備されていれば、乙事実についても勾留とみなされる効力が及ぶ。（福岡高那覇支判昭49・2・4家月二六・一二・九〇、少年百選一〇一）

二 罰金以下の刑に当たる罪と判明した場合
[2] 公訴提起当時、被告人は少年であり、かつ、本件事実（過失による通行禁止違反）は罰金以下の刑に当たる罪の事件であるから、少年法二〇条一項の趣旨に照らし、検察官が家庭裁判所から送致を受けた故意による通行禁止違反の事実と同一性が認められるからといって、公訴を提起することは許されない。（最判平26・1・20刑集六八・一・七九、重判平26刑訴一一）

三 送致事件の一部起訴
[3] 家庭裁判所から少年法二〇条による送致を受けた事件の一部に本条五号ただし書の事由がある場合において、その余の事件についてのみ起訴したとしても、起訴された事件自体が

起訴価値を有するときは、当該起訴は有効である。（東京高判昭60・12・9高刑三八・三・三五九、少年百選一〇五）

④ **四 余罪の公訴提起** 家庭裁判所が少年につき刑事処分相当として検察官に事件を送致した後、これと併合して審理できるような余罪が捜査機関に発覚したときにも、更にその余罪について家庭裁判所の審査を経由しなければ起訴することはできない。（最判昭28・3・26刑集七・三・六四一、少年百選二三）

第四五条の二 前条第一号から第四号まで及び第七号の規定は、家庭裁判所が、第十九条第二項又は第二十三条第三項の規定により、事件を検察官に送致した場合に準用する。

（訴訟費用の負担）

第四五条の三① 家庭裁判所が、先に裁判官により被疑者のため弁護人が付された事件について第二十三条第二項又は第二十四条第一項の決定をするときは、刑事訴訟法中、訴訟費用の負担に関する規定を準用する。この場合において、同法第百八十一条第一項及び第二項中「刑の言渡」とあるのは、「保護処分の決定」と読み替えるものとする。

② 検察官は、家庭裁判所が少年に訴訟費用の負担を命ずる裁判をした事件について、その裁判を執行するため必要な限度で、最高裁判所規則の定めるところにより、事件の記録及び証拠物を閲覧し、及び謄写することができる。

（保護処分等の効力）

第四六条① 罪を犯した少年に対して第二十四条第一項の保護処分がなされたときは、審判を経た事件について、刑事訴追をし、又は家庭裁判所の審判に付することができない。

② 第二十二条の二第一項の決定がされた場合において、同項の決定があつた事件につき、審判に付すべき事由の存在が認められないこと又は保護処分に付する必要がないことを理由とした保護処分に付さない旨の決定が確定したときは、その事件についても、前項と同様とする。

③ 第一項の規定は、第二十七条の二第一項の規定による保護処分の取消しの決定が確定した事件については、適用しない。ただし、当該事件につき同条第六項の規定によりその例によることとされる第二十二条の二第一項の決定がされた場合であつて、その取消しの理由が審判に付すべき事由の存在が認められないことであるときは、この限りでない。

一 「審判を経た事件」

① 「審判を経た事件」とは、保護処分の対象となった決定書記載の犯罪事実のみを指す。（最決昭36・9・20刑集一五・八・一五〇一、少年百選六六）

② **二 虞犯〔ぐはん〕事件と一事不再理の効力** 虞犯保護事件において、特定の犯罪事実を虞犯性を根拠付ける事実として認定し、一定の保護処分をしている場合には、本条の趣旨に鑑み、その犯罪事実を非行事実として更に審判に付することはできないと解するのが相当である。（東京高決平11・9・9家月五二・二・一七二）

③ **三 審判不開始決定と一事不再理の効力**→一九条⑦

四 不処分決定と一事不再理の効力 不処分決定は、それを経た事件について、刑事訴追をし、又は家庭裁判所の審判に付することを妨げる効力を有しない。（最決平3・3・29刑集四五・三・一五八、憲百選Ⅱ〔七版〕一三〇……平成一二法一四二による本条二項追加前の事件）

（時効の停止）

第四七条① 第八条第一項前段の場合においては第二十一条の決定があつてから、第八条第一項後段の場合においては送致を受けてから、保護処分の決定が確定するまで、公訴の時効は、その進行を停止する。

② 前項の規定は、第二十一条の決定又は送致の後、本人が満二十歳に達した事件についても、これを適用する。

（勾留）

第四八条① 勾留状は、やむを得ない場合でなければ、少年に対して、これを発することはできない。

② 少年を勾留する場合には、少年鑑別所にこれを拘禁することができる。

③ 本人が満二十歳に達した後でも、引き続き前項の規定によることができる。

一 やむを得ない場合→四三条⑦

二 勾留の場所

① 少年である被疑者の勾留場所については、少年法の法意を尊重しつつ、勾留場所が少年の成育に及ぼす影響、被疑者及び弁護人の防御権の行使と勾留後における捜査の必要との調和を考慮の上、個々の事案に即して決定すべきである。（福岡地決平2・2・16家月四二・五・一二二、少年百選一九……一七歳の少年の誘拐殺人被疑事件において少年鑑別所を勾留場所と指定した部分を取り消し、代用監獄とすることを求めた検察官の準抗告申立てを、捜査上重大な支障なしとして棄却した事例）

② 逆送された少年の勾留場所について、公訴提起後は、原則として拘置所に勾留し、少年鑑別所に勾留するのは例外である、として制度を運用することには十分合理性があるというべきである。（東京地決平17・9・13家月五八・六・七五……少年である被告人の情操保護を害するおそれが高く例外的に少年鑑別所に勾留することを相当ならしめる事情を見出すことはできないとして、被告人を少年鑑別所から拘置所に移監することに同意した原裁判に対する弁護人の準抗告の申立てを棄却した事例）

（取扱いの分離）

第四九条① 少年の被疑者又は被告人は、他の被疑者又は被告人と分離して、なるべく、その接触を避けなければならない。

② 少年に対する被告事件は、他の被告事件と関連する場合にも、審理に妨げない限り、その手続を分離しなければならない。

③ 刑事施設、留置施設及び海上保安留置施設においては、少年（刑事収容施設及び被収容者等の処遇に関する法律（平成十七年法律第五十号）第二条第四号の受刑者（同条第八号の未決拘禁者としての地位を有するものを除く。）を除く。）を二十歳以上の者と分離して収容しなければならない。

＊令和四法六八（令和七・六・一六までに施行）**による改正**

第三項中「同条第八号」を「同条第七号」に改める。（本文未織込み）

本条の趣旨

① 本条二項は、併合審理により少年が他の被告人から悪影響を受け又は事実の真相を陳述し得ない等の弊害を除去する法意によるものであるが、併合を絶対に禁じたものではなく、審理の妨げになるか否かの判断は裁判官の裁量に委ねられる。（最判昭24・8・18刑集三・九・一四八九、少年百選一〇七）

（審理の方針）

第五〇条 少年に対する刑事事件の審理は、第九条の趣旨に従つて、これを行わなければならない。

本条の趣旨

① 本条は絶対の遵守を要請する強行規定ではなく、裁判所に対し事情の許す限りなるべく遵守するよう努力を要請する訓示規定である。（最判昭24・12・8刑集三・一二・一九一五）

② 具体的事件の審理に当たりその調査の範囲、方法等をいかにするかは裁判官の良識とその妥当な裁量に一任されている。（最判昭24・8・18刑集三・九・一四八九、少年百選一〇七）

第三節　処分

① **少年法の理念と量刑判断**
少年の刑事事件の量刑については、少年法の定める特則の趣旨を考慮しなければならないが、犯罪の内容が重大、悪質で、社会秩序維持の見地や健全な正義感情等の面から厳しい処罰が要請され、被害者の処罰感情の強さを首肯できるような場合（猥褻目的拐取、監禁、強姦、殺人、死体遺棄事件）には、少年の未熟性、可塑性等にも適切な考慮を加えつつ、事案の程度、内容等と均衡のとれた刑を科すべきであり、またそれが、少年の改善更生にも適し、少年法の理念に沿うことにもなる。（東京高判平3・7・12高刑四四・二・一二三、少年百選一〇八）

（死刑と無期刑の緩和）
第五一条① 罪を犯すとき十八歳に満たない者に対しては、死刑をもつて処断すべきときは、無期刑を科する。
② 罪を犯すとき十八歳に満たない者に対しては、無期刑をもつて処断すべきときであつても、有期の懲役又は禁錮を科することができる。この場合において、その刑は、十年以上二十年以下において言い渡す。

＊令和四法六八（令和七・六・一六までに施行）による改正後
（死刑と無期拘禁刑の緩和）
第五一条① 罪を犯すとき十八歳に満たない者に対しては、死刑をもつて処断すべきときは、無期拘禁刑を科する。
② 罪を犯すとき十八歳に満たない者に対しては、無期拘禁刑をもつて処断すべきときであつても、有期拘禁刑を科することができる。この場合において、その刑は、十年以上二十年以下において言い渡す。

① **後段の趣旨**
本条後段［平成一二法一四二、平成二六法二三による改正前。現二項］は一〇年以上一五年以下の範囲内において定期刑を科す趣旨である。（最判昭25・11・9刑集四・一一・二二二七、少年百選一一〇）

（不定期刑）
第五二条① 少年に対して有期の懲役又は禁錮をもつて処断すべきときは、処断すべき刑の範囲内において、長期を定めるとともに、長期の二分の一（長期が十年を下回るときは、長期から五年を減じた期間。次項において同じ。）を下回らない範囲内において短期を定めて、これを言い渡す。この場合において、長期は十五年、短期は十年を超えることはできない。
② 前項の短期については、同項の規定にかかわらず、少年の改善更生の可能性その他の事情を考慮し特に必要があるときは、処断すべき刑の短期の二分の一を下回らず、かつ、長期の二分の一を下回らない範囲内において、これを定めることができる。この場合においては、刑法第十四条第二項の規定を準用する。
③ 刑の執行猶予の言渡をする場合には、前二項の規定は、これを適用しない。

＊令和四法六八（令和七・六・一六までに施行）による改正
第一項中「有期の懲役又は禁錮」を「有期拘禁刑」に改め、第三項中「言渡」を「言渡し」に改める。（本文未織込み）

① **一　少年の無期刑の減軽処理**
犯行時一八歳以上の少年に対し無期懲役刑を選択した場合は、法律上の減軽あるいは酌量減軽をしない限り無期懲役刑を宣告するほかなく、有期懲役刑で処断すべき場合は、無期懲役刑を酌量減軽して有期懲役刑で処断する場合も含め、本条一項、二項［平成二六法二三による改正前］の刑期の範囲内で不定期刑を言い渡すほかない。（大阪高判平17・9・7家月五八・三・一四九）

② **二　控訴審における不定期刑適用の基準時**
上訴審が破棄自判する場合は、自判の時を標準として本条の適用の可否を決すべきであるが、控訴を理由なしとして棄却する場合は、犯罪少年が成人となっていても、第一審判決時を基準に少年法適用の可否を決すべきである。（最決昭29・6・30家月六・七・八九、少年百選一一一）

③ **三　不定期刑と定期刑の軽重**
第一審の不定期刑を控訴審で定期刑に変更する場合、両者の刑の軽重は、不定期刑の中間位を標準とし、これを定期刑の刑期と比較対照してその長い方を重いとする、いわゆる中間位説によって決する。（最判昭32・9・20刑集一一・九・二三五三、少年百選一一二）→刑訴四〇二条⑨

（少年鑑別所収容中の日数）
第五三条 第十七条第一項第二号の措置がとられた場合においては、少年鑑別所に収容中の日数は、これを未決勾留の日数とみなす。

（換刑処分の禁止）
第五四条 少年に対しては、労役場留置の言渡をしない。

（家庭裁判所への移送）
第五五条 裁判所は、事実審理の結果、少年の被告人を保護処分に付するのが相当であると認めるときは、決定をもつて、事件を家庭裁判所に移送しなければならない。

① **一　裁判所の裁量**
本条を適用して被告人を保護処分に付することを相当と認めるか否かは、事実審裁判所の裁量に委ねられている。（最判昭25・10・10刑集四・一〇・一九五七、少年百選一一三）

② **二　原則逆送対象事件（少年法二〇条二項）における保護処分相当性の判断**
原則逆送対象事件について、本条の保護処分相当性を認めるには、当該事案の犯情において保護処分を許容し得る特段の事情が必要である。（東京高判平27・9・4東高刑六六・一～一二・八〇）

（懲役又は禁錮の執行）
第五六条① 懲役又は禁錮の言渡しを受けた少年（第三項の規定により少年院において刑の執行を受ける者を除く。）に対しては、特に設けた刑事施設又は刑事施設若しくは留置施設内の特に分界を設けた場所において、その刑を執行する。
② 本人が二十六歳に達するまでは、前項の規定による執行を継続することができる。
③ 懲役又は禁錮の言渡しを受けた十六歳に満たない少年に対しては、刑法第十二条第二項又は第十三条第二項の規定にかかわらず、十六歳に達するまでの間、少年院において、その刑を執行することができる。この場合において、その少年には、矯正教育を授ける。

＊令和四法六八（令和七・六・一六までに施行）による改正後
（拘禁刑の執行）
第五六条① 拘禁刑の言渡しを受けた少年（第三項の規定により少年院において刑の執行を受ける者を除く。）に対しては、特に設けた刑事施設又は刑事施設若しくは留置施設内の特に分界を設けた場所において、その刑を執行する。
②（略）
③ 拘禁刑の言渡しを受けた十六歳に満たない少年に対しては、刑法第十二条第二項の規定にかかわらず、十六歳に達するまでの間、少年院において、その刑を執行することができる。この場合において、その少年には、矯正教育を授ける。

（刑の執行と保護処分）
第五七条 保護処分の継続中、懲役、禁錮又は拘留の刑が確定したときは、先に刑を執行する。懲役、禁錮又は拘留の刑が確定してその執行前保護処分がなされたときも、同様である。

＊令和四法六八（令和七・六・一六までに施行）による改正
第五七条中「懲役、禁錮」を「拘禁刑」に改める。（本文末織込み）

（仮釈放）
第五八条① 少年のとき懲役又は禁錮の言渡しを受けた者については、次の期間を経過した後、仮釈放をすることができる。
一　無期刑については七年
二　第五十一条第二項の規定により言い渡した有期の刑については、その刑期の三分の一
三　第五十二条第一項又は同条第一項及び第二項の規定により言い渡した刑については、その刑の短期の三分の一
② 第五十一条第一項の規定により無期刑の言渡しを受けた者については、前項第一号の規定は適用しない。

＊令和四法六八（令和七・六・一六までに施行）による改正後
（仮釈放）
第五八条① 少年のとき拘禁刑の言渡しを受けた者については、次の期間を経過した後、仮釈放をすることができる。
一　無期拘禁刑については七年
二　第五十一条第二項の規定により言い渡した有期拘禁刑については、その刑期の三分の一
三　第五十二条第一項又は同条第一項及び第二項の規定により言い渡した拘禁刑については、その短期の三分の一
② 第五十一条第一項の規定により無期拘禁刑の言渡しを受けた者については、前項第一号の規定は適用しない。

（仮釈放期間の終了）
第五九条① 少年のとき無期刑の言渡しを受けた者が、仮釈放後、その処分を取り消されないで十年を経過したときは、刑の執行を受け終わつたものとする。
② 少年のとき第五十一条第二項又は第五十二条第一項若しくは同条第一項及び第二項の規定により有期の刑の言渡しを受けた者が、仮釈放後、その処分を取り消されないで仮釈放前に刑の執行を受けた期間と同一の期間又は第五十一条第二項の刑期若しくは第五十二条第一項の長期を経過したときは、そのいずれか早い時期において、刑の執行を受け終わつたものとする。

＊令和四法六八（令和七・六・一六までに施行）による改正
第一項中「無期刑」を「無期拘禁刑」に改め、第二項中「有期の刑」を「有期拘禁刑」に改める。（本文末織込み）

（人の資格に関する法令の適用）
第六〇条① 少年のとき犯した罪により刑に処せられてその執行を受け終り、又は執行の免除を受けた者は、人の資格に関する法令の適用については、将来に向つて刑の言渡を受けなかつたものとみなす。
② 少年のとき犯した罪について刑に処せられた者で刑の執行猶予の言渡を受けた者は、その猶予期間中、刑の執行を受け終つたものとみなして、前項の規定を適用する。
③ 前項の場合において、刑の執行猶予の言渡を取り消されたときは、人の資格に関する法令の適用については、その取り消されたとき、刑の言渡があつたものとみなす。

第四章　記事等の掲載の禁止

第六一条　家庭裁判所の審判に付された少年又は少年のとき犯した罪により公訴を提起された者については、氏名、年齢、職業、住居、容ぼう等によりその者が当該事件の本人であることを推知することができるような記事又は写真を新聞紙その他の出版物に掲載してはならない。

表現・報道の自由との関係
[1] 本条に違反する推知報道かどうかは、記事等により、不特定多数の一般人がその者を当該事件の本人であると推知することができるかどうかを基準にして判断すべきである。本件記事は、本人の実名と類似する仮名が用いられ、その経歴等が記載されているものの、本人と特定するに足りる事項の記載がないから、少年と面識等のない不特定多数の一般人が、少年が当該事件の本人であることを推知することができるとはいえず、本条の規定に違反するものではない。（最判平15・3・14民集五七・三・二二九、憲百選Ⅰ[七版]六七）→憲一三条[24]
[2] 本条は、罪を犯した少年に実名で報道されない権利を付与したものではなく、表現の自由との関係で同条が当然に優先するとは解されないから、社会の正当な関心事である重大事犯について実名報道することが直ちに権利侵害にはならず、少年の顔写真掲載も、表現内容・方法として不当なものとはいえず、不法行為に当たらない。（大阪高判平12・2・29判時一七一〇・一二一、メディア百選[二版]四八……不法行為による損害賠償請求事件。実名と顔写真の掲載は、少年の更生という優越的利益を上回る特段の公益目的がなく、右目的に必要かつ相当な手段・方法と認められない以上、不法行為に当たるとした原判決を取り消した）→憲一三条[23]

第五章　特定少年の特例

第一節　保護事件の特例

（検察官への送致についての特例）
第六二条① 家庭裁判所は、特定少年（十八歳以上の少年をいう。以下同じ。）に係る事件については、第二十条の規定にかかわらず、調査の結果、その罪質及び情状に照らして刑事処分を相当と認めるときは、決定をもつて、これを管轄地方裁判所に対応する検察庁の検察官に送致しなければならない。
② 前項の規定にかかわらず、家庭裁判所は、特定少年に係る次に掲げる事件については、同項の決定をしなければならない。ただし、調査の結果、犯行の動機、態様及び結果、犯行後の情況、特定少年の性格、年齢、行状及び環境その他の事情を考慮し、刑事処分以外の措置を相当と認めるときは、この限りでない。
一　故意の犯罪行為により被害者を死亡させた罪の事件であつて、その罪を犯すとき十六歳以上の少年に係るもの
二　死刑又は無期若しくは短期一年以上の懲役若しくは禁錮に当たる罪の事件であつて、その罪を犯すとき特定少年に係るもの（前号に該当するものを除く。）

＊令和四法六八（令和七・六・一六までに施行）による改正
第二号中「懲役若しくは禁錮」を「拘禁刑」に改める。（本文末織込み）

第六三条① 家庭裁判所は、公職選挙法（昭和二十五年法律第百号。他の法律において準用する場合を含む。）及び政治資金規正法（昭和二十三年法律第百九十四号）に規定する罪の事件（次項に規定する場合に係る同項に規定する罪の事件を除く。）であつて、その罪を犯すとき特定少年に係るものについて、前条第一項の規定により検察官に送致するかどうかを決定するに当たつては、選挙の公正の確保等を考慮して行わなければならない。
② 家庭裁判所は、公職選挙法第二百四十七条の罪又は同法第二百五十一条の二第一項各号に掲げる者が犯した同項に規定する罪、同法第二百五十一条の三第一項の組織的選挙運動管理者等が犯した同項に規定する罪若しくは同法第二百五十一条の四第一項各号に掲げる者が犯した同項に規定する罪の事件であつて、その罪を犯すとき特定少年に係るものについて、その罪質が選挙の公正の確保に重大な支障を及ぼすと認める場合には、前条第一項の規定にかかわらず、同項の決定をしなければならない。この場合においては、同条第二項ただし書の規定を準用

する。

第六四条（**保護処分についての特例**）① 第二十四条第一項の規定にかかわらず、家庭裁判所は、第二十三条の場合を除いて、審判を開始した事件につき、少年が特定少年である場合には、犯情の軽重を考慮して相当な限度を超えない範囲内において、決定をもつて、次の各号に掲げる保護処分のいずれかをしなければならない。ただし、罰金以下の刑に当たる罪の事件については、第一号の保護処分に限り、これをすることができる。

一 六月の保護観察所の保護観察に付すること。

二 二年の保護観察所の保護観察に付すること。

三 少年院に送致すること。

② 前項第二号の保護観察においては、第六十六条第一項に規定する場合に、同項の決定により少年院に収容することができるものとし、家庭裁判所は、同号の保護処分をするときは、その決定と同時に、一年以下の範囲内において犯情の軽重を考慮して同項の決定により少年院に収容することができる期間を定めなければならない。

③ 家庭裁判所は、第一項第三号の保護処分をするときは、その決定と同時に、三年以下の範囲内において犯情の軽重を考慮して少年院に収容する期間を定めなければならない。

④ 勾留され又は第十七条第一項第二号の措置がとられた特定少年については、未決勾留の日数は、その全部又は一部を、前二項の規定により定める期間に算入することができる。

⑤ 第一項の保護処分においては、保護観察所の長をして、家庭その他の環境調整に関する措置を行わせることができる。

第六五条（**この法律の適用関係**）① 第三条第一項（第三号に係る部分に限る。）の規定は、特定少年については、適用しない。

② 第十二条、第二十六条第四項及び第二十六条の二の規定は、特定少年である少年の保護事件（第二十六条の四第一項の規定による保護処分に係る事件を除く。）については、適用しない。

③ 第二十七条の二第五項の規定は、少年院に収容中の者について、前条第一項第二号又は第三号の保護処分を取り消した場合には、適用しない。

④ 特定少年である少年の保護事件に関する次の表の上欄に掲げるこの法律の規定の適用については、これらの規定中同表の中欄に掲げる字句は、同表の下欄に掲げる字句とする。

第四条	第二十条第一項	第六十二条第一項
第十七条の二第一項ただし書、第三十二条ただし書及び第三十五条第一項ただし書（第十七条の三第一項において読み替えて準用する場合を含む。）	選任者である保護者	第六十二条第一項の特定少年
第二十三条第一項	又は第二十条	、第六十二条又は第六十三条第二項
第二十四条の二第一項	前条第一項	第六十四条第一項
第二十五条第一項及び第二十七条の二第六項	第二十四条第一項	第六十四条第一項
第二十六条第一項及び第二項	並びに第二十四条第一項第二号及び第三号	及び第六十四条第一項第三号
第二十六条の三	第二十四条第一項第三号	第六十四条第一項第三号
第二十八条	第二十四条又は第二十五条	第二十五条又は第六十四条

第六六条（**保護観察中の者に対する収容決定**）① 更生保護法第六十八条の二の申請があつた場合において、家庭裁判所は、審判の結果、第六十四条第一項第二号の保護処分を受けた者がその遵守すべき事項を遵守しなかつたと認められる事由があり、その程度が重く、かつ、少年院において処遇を行わなければ本人の改善及び更生を図ることができないと認めるときは、これを少年院に収容する旨の決定をしなければならない。ただし、この項の決定により既に少年院に収容した期間が通算して同条第二項の規定により定められた期間に達しているときは、この限りでない。

② 次項に定めるもののほか、前項の決定に係る事件の手続は、その性質に反しない限り、この法律（この項を除く。）の規定による特定少年である少年の保護事件の手続の例による。

③ 第一項の決定をする場合においては、前項の規定によりその例によることとされる第十七条第一項第二号の措置における収容及び更生保護法第六十八条の三第一項の規定による留置の日数は、その全部又は一部を、第六十四条第二項の規定により定められた期間に算入することができる。

第二節 刑事事件の特例

第六七条① 第四十一条及び第四十三条第三項の規定は、特定少年の被疑事件（同項の規定については、第二十条第一項又は第六十二条第一項の決定があつたものに限る。）については、適用しない。

② 第四十八条第一項並びに第四十九条第一項及び第三項の規定は、特定少年の被疑事件（第二十条第一項又は第六十二条第一項の決定があつたものに限る。）の被疑者及び特定少年である被告人については、適用しない。

③ 第四十九条第二項の規定は、特定少年に対する被告事件については、適用しない。

④ 第五十二条、第五十四条並びに第五十六条第一項及び第二項の規定は、特定少年については、適用しない。

⑤ 第五十八条及び第五十九条の規定は、特定少年のとき刑の言渡しを受けた者については、適用しない。

⑥ 第六十条の規定は、特定少年のとき犯した罪により刑に処せられた者については、適用しない。

⑦ 特定少年である少年の刑事事件に関する次の表の上欄に掲げるこの法律の規定の適用については、これらの規定中同表の中欄に掲げる字句は、同表の下欄に掲げる字句とする。

第四十五条	第二十条第一項	第六十二条第一項
第四十五条の三第一項及び第四十六条第一項	第二十四条第一項	第六十四条第一項

第三節 記事等の掲載の禁止の特例

第六八条 第六十一条の規定は、特定少年のとき犯した罪により公訴を提起された場合における同条の記事又は写真については、適用しない。ただし、当該罪に係る事件について刑事訴訟法第四百六十一条の請求がされた場合（同法第四百六十三条第一項若しくは第二項又は第四百六十八条第二項の規定により通常の規定に従い審判をすることとなつた場合を除く。）は、この限りでない。

附 則（抄）

第五条（**経過規定**） 第六十条の規定は、この法律施行前、少年のとき犯した罪により死刑又は無期刑に処せられ、減刑その他の事由で刑期を満了し、又は刑の執行の免除を受けた者に対しても、これを適用する。

＊令和四法六八（令和七・六・一六までに施行）による改正
附則第五条中「無期刑」を「無期の刑法等の一部を改正する法律（令和四年法律第六十七号）第二条の規定による改正前の刑法（以下この条において「旧刑法」という。）第十二条に規定する懲役若しくは旧刑法第十三条に規定する禁錮」に改める。
（本文未織込み）

附　則（令和四・五・二五法四八）（抄）

（施行期日）

第一条　この法律は、公布の日から起算して四年を超えない範囲内において政令で定める日から施行する。ただし、次の各号に掲げる規定は、当該各号に定める日から施行する。

一　（前略）附則第百二十五条の規定　公布の日

二―五　（略）

（政令への委任）

第一二五条　（前略）この法律の施行に関し必要な経過措置は、政令で定める。

刑法等の一部を改正する法律の施行に伴う関係法律整理法中経過規定

（令和四・六・一七法六八）（抄）

第四四一条から第四四三条まで　（刑法の同経過規定参照）

（少年法の一部改正に伴う経過措置）

第四七七条①　刑法等一部改正法等（刑法等の一部を改正する法律（令和四法六七）及び刑法等の一部を改正する法律の施行に伴う関係法律の整理等に関する法律（令和四法六八））の施行前にした行為に係る新少年法第六条の六第一項（第一号ロに係る部分に限る。）、第十七条第四項ただし書、第二十条第一項、第二十二条の二第一項及び第六十二条第二項（第二号に係る部分に限る。）の規定の適用については、無期の懲役又は禁錮に当たる罪はそれぞれ無期拘禁刑に当たる罪と、有期の懲役又は禁錮に当たる罪はそれぞれその罪について定めた刑と長期及び短期を同じくする有期拘禁刑に当たる罪とみなす。

②　刑法等一部改正法等の施行前にした行為に係る少年法第四十一条及び第六十四条第一項ただし書の規定の適用については、旧拘留に当たる犯罪は、拘留に当たる犯罪とみなす。

③　刑法等一部改正法等の施行前に罪を犯した少年（少年法第二条第一項に規定する少年をいう。次項において同じ。）に対して死刑、懲役又は禁錮をもって処断すべき場合における刑の適用については、なお従前の例による。

④　懲役若しくは禁錮の言渡しを受けた少年に対する刑の執行又は少年のとき懲役若しくは禁錮の言渡しを受けた者に係る仮釈放をすることができるまでの期間及び仮釈放期間の終了については、なお従前の例による。

⑤　旧少年法第五十六条第一項（前項の規定によりなお従前の例によることとされる場合を含む。）の規定により刑の執行を受けた者に対する刑の執行の継続については、なお従前の例による。

⑥　保護処分の継続中、懲役、禁錮若しくは旧拘留の刑が確定したとき又は懲役、禁錮若しくは旧拘留の刑が確定してその執行前保護処分がなされたときにおける刑の執行については、なお従前の例による。

第五〇九条　（刑法の同経過規定参照）

刑法等の一部を改正する法律の施行に伴う関係法律整理法

附　則（令和四・六・一七法六八）（抄）

（施行期日）

①　この法律は、刑法等一部改正法（刑法等の一部を改正する法律（令和四法六七））施行日から施行する。ただし、次の各号に掲げる規定は、当該各号に定める日から施行する。

一　第五百九条の規定　公布の日

二　（略）

○刑事収容施設及び被収容者等の処遇に関する法律（抄）（平成一七・五・二五法五〇）

施行　平成一八・五・二四（平成一八政一九一）

題名改正　平成一八法五八（旧・刑事施設及び受刑者の処遇等に関する法律）

最終改正　令和四法六七

目次

第一編　総則(抄)

第一章　通則

（目的）

第一条　この法律は、刑事収容施設（刑事施設、留置施設及び海上保安留置施設をいう。）の適正な管理運営を図るとともに、被収容者、被留置者及び海上保安被留置者の人権を尊重しつつ、これらの者の状況に応じた適切な処遇を行うことを目的とする。

（定義）

第二条　この法律において、次の各号に掲げる用語の意義は、それぞれ当該各号に定めるところによる。

一　被収容者　刑事施設に収容されている者をいう。

二　被留置者　留置施設に留置されている者をいう。

三　海上保安被留置者　海上保安留置施設に留置されている者をいう。

四　受刑者　懲役受刑者、禁錮受刑者又は拘留受刑者をいう。

五　懲役受刑者　懲役の刑（国際受刑者移送法（平成十四年法律第六十六号）第十六条第一項第一号の共助刑を含む。以下同じ。）の執行のため拘置されている者をいう。

六　禁錮受刑者　禁錮の刑（国際受刑者移送法第十六条第一項第二号の共助刑を含む。以下同じ。）の執行のため拘置されている者をいう。

七　拘留受刑者　拘留の刑の執行のため拘置されている者をいう。

八　未決拘禁者　被逮捕者、被勾留者その他未決の者として拘禁されている者をいう。

九　被逮捕者　刑事訴訟法（昭和二十三年法律第百三十一号）の規定により逮捕されて留置されている者をいう。

十　被勾留者　刑事訴訟法の規定により勾留されている者をいう。

十一　死刑確定者　死刑の言渡しを受けて拘置されている者をいう。

十二　各種被収容者　被収容者であって、受刑者、未決拘禁者及び死刑確定者以外のものをいう。

＊令和四法六七（令和七・六・一六までに施行）による改正後

（定義）

第二条　（柱書略）

一—三　(略)

四　受刑者　拘禁刑受刑者又は拘留受刑者をいう。

五　拘禁刑受刑者　拘禁刑（国際受刑者移送法（平成十四年法

律第六十六号）第十六条第一項の規定により執行する共助刑を含む。次条第一号及び第十五条第一項第一号において同じ。）の執行のため拘置されている者をいう。

> 現六　（改正により削る）
> 六　（略、改正前の七）
> 七　未決拘禁者　被逮捕者、被勾留者その他未決の者として拘禁されている者をいう。（改正前の八）
> 八—十一　（略、改正前の九—十二）

第二章　刑事施設

（刑事施設）

第三条　刑事施設は、次に掲げる者を収容し、これらの者に対し必要な処遇を行う施設とする。

一　懲役、禁錮又は拘留の刑の執行のため拘置される者

> **＊令和四法六七**（令和七・六・一六までに施行）**による改正**
> 第一号中「懲役、禁錮」を「拘禁刑」に改める。（本文未織込み）

二　刑事訴訟法の規定により、逮捕された者であって、留置されるもの

三　刑事訴訟法の規定により勾留される者

四　死刑の言渡しを受けて拘置される者

五　前各号に掲げる者のほか、法令の規定により刑事施設に収容すべきこととされる者及び収容することができることとされる者

（被収容者の分離）

第四条①　被収容者は、次に掲げる別に従い、それぞれ互いに分離するものとする。

一　性別

二　受刑者（未決拘禁者としての地位を有するものを除く。）、未決拘禁者（受刑者又は死刑確定者としての地位を有するものを除く。）、未決拘禁者としての地位を有する受刑者、死刑確定者及び各種被収容者の別

三　懲役受刑者、禁錮受刑者及び拘留受刑者の別

②　前項の規定にかかわらず、受刑者に第九十二条又は第九十三条に規定する作業として他の被収容者に接して食事の配給その他の作業を行わせるため必要があるときは、同項第二号及び第三号に掲げる別による分離をしないことができる。

③　第一項の規定にかかわらず、適当と認めるときは、居室（被収容者が主として休息及び就寝のために使用する場所として刑事施設の長が指定する室をいう。次編第二章において同じ。）外に限り、同項第三号に掲げる別による分離をしないことができる。

> **＊令和四法六七**（令和七・六・一六までに施行）**による改正**
> 第一項第三号中「懲役受刑者、禁錮受刑者」を「拘禁刑受刑者」に改め、第二項中「第九十二条又は」を削る。（本文未織込み）

（実地監査）

第五条　法務大臣は、この法律の適正な施行を期するため、その職員のうちから監査官を指名し、各刑事施設について、毎年一回以上、これに実地監査を行わせなければならない。

（意見聴取）

第六条　刑事施設の長は、その刑事施設の適正な運営に資するため必要な意見を関係する公務所及び公私の団体の職員並びに学識経験のある者から聴くことに努めなければならない。

（刑事施設視察委員会）

第七条①　刑事施設に、刑事施設視察委員会（以下この章において「委員会」という。）を置く。

②　委員会は、その置かれた刑事施設を視察し、その運営に関し、刑事施設の長に対して意見を述べるものとする。

（組織等）

第八条①　委員会は、委員十人以内で組織する。

②　委員は、人格識見が高く、かつ、刑事施設の運営の改善向上に熱意を有する者のうちから、法務大臣が任命する。

③　委員の任期は、一年とする。ただし、再任を妨げない。

④　委員は、非常勤とする。

⑤　前各項に定めるもののほか、委員会の組織及び運営に関し必要な事項は、法務省令で定める。

（委員会に対する情報の提供及び委員の視察等）

第九条①　刑事施設の長は、刑事施設の運営の状況について、法務省令で定めるところにより、定期的に、又は必要に応じて、委員会に対し、情報を提供するものとする。

②　委員会は、刑事施設の運営の状況を把握するため、委員による刑事施設の視察をすることができる。この場合において、委員会は、必要があると認めるときは、刑事施設の長に対し、委員による被収容者との面接の実施について協力を求めることができる。

③　刑事施設の長は、前項の視察及び被収容者との面接について、必要な協力をしなければならない。

④　第百二十七条（第百四十四条において準用する場合を含む。）、第百三十五条（第百三十八条及び第百四十二条において準用する場合を含む。）及び第百四十条の規定にかかわらず、被収容者が委員会に対して提出する書面は、検査をしてはならない。

（委員会の意見等の公表）

第一〇条　法務大臣は、毎年、委員会が刑事施設の長に対して述べた意見及びこれを受けて刑事施設の長が講じた措置の内容を取りまとめ、その概要を公表するものとする。

（裁判官及び検察官の巡視）

第一一条　裁判官及び検察官は、刑事施設を巡視することができる。

（参観）

第一二条　刑事施設の長は、その刑事施設の参観を申し出る者がある場合において相当と認めるときは、これを許すことができる。

（刑務官）

第一三条①　刑務官は、法務省令で定めるところにより、法務大臣が刑事施設の職員のうちから指定する。

②　刑務官の階級は、法務省令でこれを定める。

③　刑務官には、被収容者の人権に関する理解を深めさせ、並びに被収容者の処遇を適正かつ効果的に行うために必要な知識及び技能を習得させ、及び向上させるために必要な研修及び訓練を行うものとする。

第三章　留置施設

（留置施設）

第一四条①　都道府県警察に、留置施設を設置する。

②　留置施設は、次に掲げる者を留置し、これらの者に対し必要な処遇を行う施設とする。

一　警察法（昭和二十九年法律第百六十二号）及び刑事訴訟法の規定により、都道府県警察の警察官が逮捕する者又は受け取る逮捕された者であって、留置されるもの

二　前号に掲げる者で、次条第一項の規定の適用を受けて刑事訴訟法の規定により勾留されるもの

三　前二号に掲げる者のほか、法令の規定により留置施設に留置することができることとされる者

第一五条①　第三条各号に掲げる者は、次に掲げる者を除き、刑事施設に収容することに代えて、留置施設に留置することができる。

一　懲役、禁錮又は拘留の刑の執行のため拘置される者（これらの刑の執行以外の逮捕、勾留その他の事由により刑事訴訟法その他の法令の規定に基づいて拘禁される者としての地位を有するものを除く。）

＊**令和四法六七**（令和七・六・一六までに施行）**による改正**
第一号中「懲役、禁錮」を「拘禁刑」に改める。（本文未織込み）

二　死刑の言渡しを受けて拘置される者
三　少年法（昭和二十三年法律第百六十八号）第十七条の四第一項、少年院法（平成二十六年法律第五十八号）第百三十三条第二項又は少年鑑別所法（平成二十六年法律第五十九号）第百二十三条の規定により仮に収容される者
四　逃亡犯罪人引渡法（昭和二十八年法律第六十八号）第五条第一項、第十七条第二項若しくは第二十五条第一項、国際捜査共助等に関する法律（昭和五十五年法律第六十九号）第二十三条第一項又は国際刑事裁判所に対する協力等に関する法律（平成十九年法律第三十七号）第二十一条第一項若しくは第三十五条第一項の規定により拘禁される者

② 法務大臣は、国家公安委員会に対し、前項の規定による留置に関する留置施設の運営の状況について説明を求め、又は同項の規定により留置された者の処遇について意見を述べることができる。

（留置業務管理者等）
第一六条① 留置施設に係る留置業務を管理する者（以下「留置業務管理者」という。）は、警視庁、道府県警察本部又は方面本部（第二十条において「警察本部」という。）に置かれる留置施設にあっては警視以上の階級にある警察官のうちから警視総監、道府県警察本部長又は方面本部長（以下「警察本部長」という。）が指名する者とし、警察署に置かれる留置施設にあっては警察署長とする。
② 留置施設に係る留置業務に従事する警察官（以下「留置担当官」という。）には、被留置者の人権に関する理解を深めさせ、並びに被留置者の処遇を適正かつ効果的に行うために必要な知識及び技能を習得させ、及び向上させるために必要な研修及び訓練を行うものとする。
③ 留置担当官は、その留置施設に留置されている被留置者に係る犯罪の捜査に従事してはならない。

（被留置者の分離）
第一七条① 被留置者は、次に掲げる別に従い、それぞれ互いに分離するものとする。
一　性別
二　受刑者としての地位を有する者か否かの別
② 前項の規定にかかわらず、留置施設の規律及び秩序の維持その他管理運営上必要がある場合において、被留置者の処遇上支障を生ずるおそれがないと認めるときは、同項第二号に掲げる別による分離をしないことができる。

（実地監査）
第一八条　警察本部長は、都道府県公安委員会（道警察本部の所在地を包括する方面以外の方面にあっては、方面公安委員会。以下「公安委員会」という。）の定めるところにより、この法律の適正な施行を期するため、その職員のうちから監査官を指名し、各留置施設について、毎年一回以上、これに実地監査を行わせなければならない。

（巡察）
第一九条　警察庁長官は、国家公安委員会の定めるところにより、被留置者の処遇の斉一を図り、この法律の適正な施行を期するため、その指名する職員に留置施設を巡察させるものとする。

（留置施設視察委員会）
第二〇条① 警察本部に、留置施設視察委員会（以下この章において「委員会」という。）を置く。
② 委員会は、その置かれた警察本部に係る都道府県警察の管轄区域内にある留置施設（道警察本部にあってはその所在地を包括する方面の区域内にある留置施設、方面本部にあっては当該方面の区域内にある留置施設）を視察し、その運営に関し、留置業務管理者に対して意見を述べるものとする。

（組織等）
第二一条① 委員会の委員（以下この条及び次条第二項において「委員」という。）は、人格識見が高く、かつ、留置施設の運営の改善向上に熱意を有する者のうちから、公安委員会が任命する。
② 委員は、非常勤とする。
③ 委員又は委員であった者は、職務に関して知り得た秘密を漏らしてはならない。
④ 前三項に定めるもののほか、委員の定数及び任期その他委員会の組織及び運営に関し必要な事項は、条例で定める。この場合において、委員の定数及び任期については、国家公安委員会の定める基準を参酌するものとする。

（委員会に対する情報の提供及び委員の視察等）
第二二条① 留置業務管理者は、留置施設の運営の状況（第百九十条第一項又は第二百八条第一項の規定による措置に関する事項を含む。）について、公安委員会の定めるところにより、定期的に、又は必要に応じて、委員会に対し、情報を提供するものとする。
② 委員会は、留置施設の運営の状況を把握するため、委員による留置施設の視察をすることができる。この場合において、委員会は、必要があると認めるときは、留置業務管理者に対し、委員による被留置者との面接の実施について協力を求めることができる。
③ 留置業務管理者は、前項の視察及び被留置者との面接について、必要な協力をしなければならない。
④ 第二百二十二条の規定にかかわらず、被留置者が委員会に対して提出する書面は、検査をしてはならない。

（委員会の意見等の公表）
第二三条　警察本部長は、毎年、委員会が留置業務管理者に対して述べた意見及びこれを受けて留置業務管理者が講じた措置の内容を取りまとめ、その概要を公表するものとする。

（刑事施設に関する規定の準用）
第二四条　第六条、第十一条及び第十二条の規定は、留置施設について準用する。この場合において、第六条及び第十二条中「刑事施設の長」とあるのは、「留置業務管理者」と読み替えるものとする。

第四章　海上保安留置施設

（第二五条から第二九条まで）（略）

第二編　被収容者等の処遇（抄）

第一章　処遇の原則

（受刑者の処遇の原則）
第三〇条　受刑者の処遇は、その者の年齢、資質及び環境に応じ、その自覚に訴え、改善更生の意欲の喚起及び社会生活に適応する能力の育成を図ることを旨として行うものとする。

（未決拘禁者の処遇の原則）
第三一条　未決拘禁者の処遇に当たっては、未決の者としての地位を考慮し、その逃走及び罪証の隠滅の防止並びにその防御権の尊重に特に留意しなければならない。

（死刑確定者の処遇の原則）
第三二条① 死刑確定者の処遇に当たっては、その者が心情の安定を得られるようにすることに留意するものとする。
② 死刑確定者に対しては、必要に応じ、民間の篤志家の協力を求め、その心情の安定に資すると認められる助言、講話その他の措置を執るものとする。

第二章　刑事施設における被収容者の処遇（抄）

第一節　収容の開始

（収容開始時の告知）
第三三条① 刑事施設の長は、被収容者に対し、その刑事施設における収容の開始に際し、被収容者としての地位に応じ、次に掲げる事項を告知しなければならない。その刑事施設に収容さ

れている被収容者がその地位を異にするに至ったときも、同様とする。

一　物品の貸与及び支給並びに自弁に関する事項
二　第四十八条第一項に規定する保管私物その他の金品の取扱いに関する事項
三　保健衛生及び医療に関する事項
四　宗教上の行為、儀式行事及び教誨に関する事項
五　書籍等（書籍、雑誌、新聞紙その他の文書図画（信書を除く。）をいう。以下同じ。）の閲覧に関する事項
六　第七十四条第一項に規定する遵守事項
七　面会及び信書の発受に関する事項
八　懲罰に関する事項
九　審査の申請を行うことができる措置、審査の申請をすべき行政庁及び審査の申請期間その他の審査の申請に関する事項
十　第百六十三条第一項の規定による申告を行うことができる行為、申告先及び申告期間その他の同項の規定による申告に関する事項
十一　苦情の申出に関する事項

②　前項の規定による告知は、法務省令で定めるところにより、書面で行う。

（識別のための身体検査）

第三四条①　刑務官は、被収容者について、その刑事施設における収容の開始に際し、その者の識別のため必要な限度で、その身体を検査することができる。その後必要が生じたときも、同様とする。

②　女子の被収容者について前項の規定により検査を行う場合には、女子の刑務官がこれを行わなければならない。ただし、女子の刑務官がその検査を行うことができない場合には、男子の刑務官が刑事施設の長の指名する女子の職員を指揮して、これを行うことができる。

第二節　処遇の態様

（未決拘禁者の処遇の態様）

第三五条①　未決拘禁者（刑事施設に収容されているものに限る。以下この章において同じ。）の処遇（運動、入浴又は面会の場合その他の法務省令で定める場合における処遇を除く。次条第一項及び第三十七条第一項において同じ。）は、居室外において行うことが適当と認める場合を除き、昼夜、居室において行う。

②　未決拘禁者（死刑確定者としての地位を有するものを除く。）の居室は、罪証の隠滅の防止上支障を生ずるおそれがある場合には、単独室とし、それ以外の場合にあっても、処遇上共同室に収容することが適当と認める場合を除き、できる限り、単独室とする。

③　未決拘禁者は、罪証の隠滅の防止上支障を生ずるおそれがある場合には、居室外においても相互に接触させてはならない。

（死刑確定者の処遇の態様）

第三六条①　死刑確定者の処遇は、居室外において行うことが適当と認める場合を除き、昼夜、居室において行う。

②　死刑確定者の居室は、単独室とする。

③　死刑確定者は、居室外においても、第三十二条第一項に定める処遇の原則に照らして有益と認められる場合を除き、相互に接触させてはならない。

（各種被収容者の処遇の態様）

第三七条①　各種被収容者（刑事施設に収容されているものに限る。以下この章において同じ。）の処遇は、居室外において行うことが適当と認める場合を除き、昼夜、居室において行う。

②　各種被収容者の居室は、処遇上共同室に収容することが適当と認める場合を除き、できる限り、単独室とする。

第三節　起居動作の時間帯等

（起居動作の時間帯等）

第三八条　刑事施設の長は、法務省令で定めるところにより、次に掲げる時間帯を定め、これを被収容者に告知するものとする。

一　食事、就寝その他の起居動作をすべき時間帯
二　受刑者（刑事施設に収容されているものに限る。以下この章において同じ。）については、第八十六条第一項に規定する矯正処遇等の時間帯及び余暇に充てられるべき時間帯

＊令和四法六七（令和七・六・一六まで施行）による改正　第二号中「第八十六条第一項」を「第八十七条第一項」に改める。（本文未織込み）

（余暇活動の援助等）

第三九条①　刑事施設の長は、被収容者に対し、刑事施設の規律及び秩序の維持その他管理運営上支障を生ずるおそれがない限り、余暇時間帯等（受刑者にあっては余暇に充てられるべき時間帯をいい、その他の被収容者にあっては食事、就寝その他の起居動作をすべき時間帯以外の時間帯をいう。次項において同じ。）において自己契約作業（その者が刑事施設の外部の者との請負契約により行う物品の製作その他の作業をいう。以下同じ。）を行うことを許すものとする。

②　刑事施設の長は、法務省令で定めるところにより、被収容者に対し、自己契約作業、知的、教育的及び娯楽的活動、運動競技その他の余暇時間帯等における活動について、援助を与えるものとする。

第四節　物品の貸与等及び自弁（抄）

（物品の貸与等）

第四〇条①　被収容者には、次に掲げる物品（書籍等を除く。以下この節において同じ。）であって、刑事施設における日常生活に必要なもの（第四十二条第一項各号に掲げる物品を除く。）を貸与し、又は支給する。

一　衣類及び寝具
二　食事及び湯茶
三　日用品、筆記具その他の物品

②　被収容者には、前項に定めるもののほか、法務省令で定めるところにより、必要に応じ、室内装飾品その他の刑事施設における日常生活に用いる物品（第四十二条第一項各号に掲げる物品を除く。）を貸与し、又は嗜好品（酒類を除く。以下同じ。）を支給することができる。

（自弁の物品の使用等）

第四一条①　刑事施設の長は、受刑者が、次に掲げる物品（次条第一項各号に掲げる物品を除く。次項において同じ。）について、自弁のものを使用し、又は摂取したい旨の申出をした場合において、その者の処遇上適当と認めるときは、法務省令で定めるところにより、これを許すことができる。

一　衣類
二　食料品及び飲料
三　室内装飾品
四　嗜好品
五　日用品、文房具その他の刑事施設における日常生活に用いる物品

②　刑事施設の長は、受刑者以外の被収容者が、前項各号に掲げる物品及び寝具について自弁のものを使用し、又は摂取したい旨の申出をした場合には、刑事施設の規律及び秩序の維持その他管理運営上支障を生ずるおそれがある場合並びに第十二節の規定により禁止される場合を除き、法務省令で定めるところにより、これを許すものとする。

第四二条及び第四三条　（略）

第五節　金品の取扱い

（第四四条から第五五条まで）（略）

第六節　保健衛生及び医療（抄）

（保健衛生及び医療の原則）
第五六条 刑事施設においては、被収容者の心身の状況を把握することに努め、被収容者の健康及び刑事施設内の衛生を保持するため、社会一般の保健衛生及び医療の水準に照らし適切な保健衛生上及び医療上の措置を講ずるものとする。

（運動）
第五七条 被収容者には、日曜日その他法務省令で定める日を除き、できる限り戸外で、その健康を保持するため適切な運動を行う機会を与えなければならない。ただし、公判期日への出頭その他の事情により刑事施設の執務時間内にその機会を与えることができないときは、この限りでない。

第五八条から第六一条まで （略）

（診療等）
第六二条① 刑事施設の長は、被収容者が次の各号のいずれかに該当する場合には、速やかに、刑事施設の職員である医師等（医師又は歯科医師をいう。以下同じ。）による診療（栄養補給の処置を含む。以下同じ。）を行い、その他必要な医療上の措置を執るものとする。ただし、第一号に該当する場合において、その者の生命に危険が及び、又は他人にその疾病を感染させるおそれがないときは、その者の意思に反しない場合に限る。
一 負傷し、若しくは疾病にかかっているとき、又はこれらの疑いがあるとき。
二 飲食物を摂取しない場合において、その生命に危険が及ぶおそれがあるとき。
② 刑事施設の長は、前項に規定する場合において、傷病の種類又は程度等に応じ必要と認めるときは、刑事施設の職員でない医師等による診療を行うことができる。
③ 刑事施設の長は、前二項の規定により診療を行う場合において、必要に応じ被収容者を刑事施設の外の病院又は診療所に通院させ、やむを得ないときは被収容者を刑事施設の外の病院又は診療所に入院させることができる。

（指名医による診療）
第六三条① 刑事施設の長は、負傷し、又は疾病にかかっている被収容者が、刑事施設の職員でない医師等を指名して、その診療を受けることを申請した場合において、傷病の種類及び程度、刑事施設に収容される前にその医師等による診療を受けていたことその他の事情に照らして、その被収容者の医療上適当であると認めるときは、刑事施設内において、自弁によりその診療を受けることを許すことができる。
② 刑事施設の長は、前項の規定による診療を受けることを許す場合において、同項の診療を行う医師等（以下この条において「指名医」という。）の診療方法を確認するため、又はその後にその被収容者に対して刑事施設において診療を行うため必要があるときは、刑事施設の職員をしてその診療に立ち会わせ、若しくはその診療に関して指名医に質問させ、又は診療録の写しその他のその診療に関する資料の提出を求めることができる。
③ 指名医は、その診療に際し、刑事施設の長が法務省令で定めるところにより指示する事項を遵守しなければならない。
④ 刑事施設の長は、第一項の規定による診療を受けることを許した場合において、その指名医が、第二項の規定により刑事施設の長が行う措置に従わないとき、前項の規定により刑事施設の長が指示する事項を遵守しないとき、その他その診療を継続することが不適当であるときは、これを中止し、以後、その指名医の診療を受けることを許さないことができる。

第六四条 （略）

（養護のための措置等）
第六五条① 刑事施設の長は、老人、妊産婦、身体虚弱者その他の養護を必要とする被収容者について、その養護を必要とする事情に応じ、傷病者のための措置に準じた措置を執るものとする。
② 刑事施設の長は、被収容者が出産するときは、やむを得ない場合を除き、刑事施設の外の病院、診療所又は助産所に入院させるものとする。

第六六条 （略）

第七節 宗教上の行為等

（一人で行う宗教上の行為）
第六七条 被収容者が一人で行う礼拝その他の宗教上の行為は、これを禁止し、又は制限してはならない。ただし、刑事施設の規律及び秩序の維持その他管理運営上支障を生ずるおそれがある場合は、この限りでない。

（宗教上の儀式行事及び教誨）
第六八条① 刑事施設の長は、被収容者が宗教家（民間の篤志家に限る。以下この項において同じ。）の行う宗教上の儀式行事に参加し、又は宗教家の行う宗教上の教誨を受けることができる機会を設けるように努めなければならない。
② 刑事施設の長は、刑事施設の規律及び秩序の維持その他管理運営上支障を生ずるおそれがある場合には、被収容者に前項に規定する儀式行事に参加させず、又は同項に規定する教誨を受けさせないことができる。

第八節 書籍等の閲覧

（自弁の書籍等の閲覧）
第六九条 被収容者が自弁の書籍等を閲覧することは、この節及び第十二節の規定による場合のほか、これを禁止し、又は制限してはならない。

第七〇条① 刑事施設の長は、被収容者が自弁の書籍等を閲覧することにより次の各号のいずれかに該当する場合には、その閲覧を禁止することができる。
一 刑事施設の規律及び秩序を害する結果を生ずるおそれがあるとき。
二 被収容者が受刑者である場合において、その矯正処遇の適切な実施に支障を生ずるおそれがあるとき。
三 被収容者が未決拘禁者である場合において、罪証の隠滅の結果を生ずるおそれがあるとき。
② 前項の規定により閲覧を禁止すべき事由の有無を確認するため自弁の書籍等の翻訳が必要であるときは、法務省令で定めるところにより、被収容者にその費用を負担させることができる。この場合において、被収容者が負担すべき費用を負担しないときは、その閲覧を禁止する。

（新聞紙に関する制限）
第七一条 刑事施設の長は、法務省令で定めるところにより、被収容者が取得することができる新聞紙の範囲及び取得方法について、刑事施設の管理運営上必要な制限をすることができる。

（時事の報道に接する機会の付与等）
第七二条① 刑事施設の長は、被収容者に対し、日刊新聞紙の備付け、報道番組の放送その他の方法により、できる限り、主要な時事の報道に接する機会を与えるように努めなければならない。
② 刑事施設の長は、第三十九条第二項の規定による援助の措置として、刑事施設に書籍等を備え付けるものとする。この場合において、備え付けた書籍等の閲覧の方法は、刑事施設の長が定める。

第九節 規律及び秩序の維持 （抄）

（刑事施設の規律及び秩序）
第七三条① 刑事施設の規律及び秩序は、適正に維持されなければならない。
② 前項の目的を達成するため執る措置は、被収容者の収容を確保し、並びにその処遇のための適切な環境及びその安全かつ平穏な共同生活を維持するため必要な限度を超えてはならない。

（遵守事項等）
第七四条① 刑事施設の長は、被収容者が遵守すべき事項（以下この章において「遵守事項」という。）を定める。
② 遵守事項は、被収容者としての地位に応じ、次に掲げる事項を具体的に定めるものとする。

一　犯罪行為をしてはならないこと。
二　他人に対し、粗野若しくは乱暴な言動をし、又は迷惑を及ぼす行為をしてはならないこと。
三　自身を傷つける行為をしてはならないこと。
四　刑事施設の職員の職務の執行を妨げる行為をしてはならないこと。
五　自己又は他の被収容者の収容の確保を妨げるおそれのある行為をしてはならないこと。
六　刑事施設の安全を害するおそれのある行為をしてはならないこと。
七　刑事施設内の衛生又は風紀を害する行為をしてはならないこと。
八　金品について、不正な使用、所持、授受その他の行為をしてはならないこと。
九　正当な理由なく、第九十二条若しくは第九十三条に規定する作業を怠り、又は第八十五条第一項各号、第百三条若しくは第百四条に規定する指導を拒んではならないこと。

＊令和四法六七（令和七・六・一六までに施行）**による改正**
第九号中「第九十二条若しくは」を削り、「第八十五条第一項各号」を「第八十六条第一項各号」に改める。（本文未織込み）

十　前各号に掲げるもののほか、刑事施設の規律及び秩序を維持するため必要な事項
十一　前各号に掲げる事項について定めた遵守事項又は第九十六条第四項（第百六条の二第二項において準用する場合を含む。）に規定する特別遵守事項に違反する行為を企て、あおり、唆し、又は援助してはならないこと。

③　前二項のほか、刑事施設の長又はその指定する職員は、刑事施設の規律及び秩序を維持するため必要がある場合には、被収容者に対し、その生活及び行動について指示することができる。

（**身体の検査等**）
第七五条①　刑務官は、刑事施設の規律及び秩序を維持するため必要がある場合には、被収容者について、その身体、着衣、所持品及び居室を検査し、並びにその所持品を取り上げて一時保管することができる。
②　第三十四条第二項の規定は、前項の規定による女子の被収容者の身体及び着衣の検査について準用する。
③　刑務官は、刑事施設の規律及び秩序を維持するため必要がある場合には、刑事施設内において、被収容者以外の者（弁護人又は刑事訴訟法第三十九条第一項に規定する弁護人となろうとする者（以下「弁護人等」という。）を除く。）の着衣及び携帯品を検査し、並びにその者の携帯品を取り上げて一時保管することができる。
④　前項の検査は、文書図画の内容の検査に及んではならない。

（**受刑者の隔離**）
第七六条①　刑事施設の長は、受刑者が次の各号のいずれかに該当する場合には、その者を他の被収容者から隔離することができる。この場合においては、その者の処遇は、運動、入浴又は面会の場合その他の法務省令で定める場合を除き、昼夜、居室において行う。
一　他の被収容者と接触することにより刑事施設の規律及び秩序を害するおそれがあるとき。
二　他の被収容者から危害を加えられるおそれがあり、これを避けるために他に方法がないとき。
②　前項の規定による隔離の期間は、三月とする。ただし、特に継続の必要がある場合には、刑事施設の長は、一月ごとにこれを更新することができる。
③　刑事施設の長は、前項の期間中であっても、隔離の必要がなくなったときは、直ちにその隔離を中止しなければならない。
④　第一項の規定により受刑者を隔離している場合には、刑事施設の長は、三月に一回以上定期的に、その受刑者の健康状態について、刑事施設の職員である医師の意見を聴かなければならない。

（**制止等の措置**）
第七七条①　刑務官は、被収容者が自身を傷つけ若しくは他人に危害を加え、逃走し、刑事施設の職員の職務の執行を妨げ、その他刑事施設の規律及び秩序を著しく害する行為をし、又はこれらの行為をしようとする場合には、合理的に必要と判断される限度で、その行為を制止し、その被収容者を拘束し、その他その行為を抑止するため必要な措置を執ることができる。
②　刑務官は、被収容者以外の者が次の各号のいずれかに該当する場合には、合理的に必要と判断される限度で、その行為を制止し、その行為をする者を拘束し、その他その行為を抑止するため必要な措置を執ることができる。
一　刑事施設に侵入し、その設備を損壊し、刑事施設の職員の職務執行を妨げ、又はこれらの行為をまさにしようとするとき。
二　刑務官の要求を受けたのに刑事施設から退去しないとき。
三　被収容者の逃走又は刑事施設の職員の職務執行の妨害を、現場で、援助し、あおり、又は唆すとき。
四　被収容者に危害を加え、又はまさに加えようとするとき。
③　前二項の措置に必要な警備用具については、法務省令で定める。

（**捕縄、手錠及び拘束衣の使用**）
第七八条①　刑務官は、被収容者を護送する場合又は被収容者が次の各号のいずれかの行為をするおそれがある場合には、法務省令で定めるところにより、捕縄又は手錠を使用することができる。
一　逃走すること。
二　自身を傷つけ、又は他人に危害を加えること。
三　刑事施設の設備、器具その他の物を損壊すること。
②　刑務官は、被収容者が自身を傷つけるおそれがある場合において、他にこれを防止する手段がないときは、刑事施設の長の命令により、拘束衣を使用することができる。ただし、捕縄又は手錠と同時に使用することはできない。
③　前項に規定する場合において、刑事施設の長の命令を待ついとまがないときは、刑務官は、その命令を待たないで、拘束衣を使用することができる。この場合には、速やかに、その旨を刑事施設の長に報告しなければならない。
④　拘束衣の使用の期間は、三時間とする。ただし、刑事施設の長は、特に継続の必要があると認めるときは、通じて十二時間を超えない範囲内で、三時間ごとにその期間を更新することができる。
⑤　刑事施設の長は、前項の期間中であっても、拘束衣の使用の必要がなくなったときは、直ちにその使用を中止させなければならない。
⑥　被収容者に拘束衣を使用し、又はその使用の期間を更新した場合には、刑事施設の長は、速やかに、その被収容者の健康状態について、刑事施設の職員である医師の意見を聴かなければならない。
⑦　捕縄、手錠及び拘束衣の制式は、法務省令で定める。

（**保護室への収容**）
第七九条①　刑務官は、被収容者が次の各号のいずれかに該当する場合には、刑事施設の長の命令により、その者を保護室に収容することができる。
一　自身を傷つけるおそれがあるとき。
二　次のイからハまでのいずれかに該当する場合において、刑事施設の規律及び秩序を維持するため特に必要があるとき。
イ　刑務官の制止に従わず、大声又は騒音を発するとき。
ロ　他人に危害を加えるおそれがあるとき。
ハ　刑事施設の設備、器具その他の物を損壊し、又は汚損するおそれがあるとき。
②　前項に規定する場合において、刑事施設の長の命令を待つい

とまがないときは、刑務官は、その命令を待たないで、その被収容者を保護室に収容することができる。この場合には、速やかに、その旨を刑事施設の長に報告しなければならない。

③ 保護室への収容の期間は、七十二時間以内とする。ただし、特に継続の必要がある場合には、刑事施設の長は、四十八時間ごとにこれを更新することができる。

④ 刑事施設の長は、前項の期間中であっても、保護室への収容の必要がなくなったときは、直ちにその収容を中止させなければならない。

⑤ 被収容者を保護室に収容し、又はその収容の期間を更新した場合には、刑事施設の長は、速やかに、その被収容者の健康状態について、刑事施設の職員である医師の意見を聴かなければならない。

⑥ 保護室の構造及び設備の基準は、法務省令で定める。

（武器の携帯及び使用）

第八〇条① 刑務官は、法務省令で定める場合に限り、小型武器を携帯することができる。

② 刑務官は、被収容者が次の各号のいずれかに該当する場合には、その事態に応じ合理的に必要と判断される限度で、武器を使用することができる。

一 暴動を起こし、又はまさに起こそうとするとき。

二 他人に重大な危害を加え、又はまさに加えようとするとき。

三 刑務官が携帯し、又は刑事施設に保管されている武器を奪取し、又はまさに奪取しようとするとき。

四 凶器を携帯し、刑務官が放棄を命じたのに、これに従わないとき。

五 刑務官の制止に従わず、又は刑務官に対し暴行若しくは集団による威力を用いて、逃走し、若しくは逃走しようとし、又は他の被収容者の逃走を助けるとき。

③ 刑務官は、被収容者以外の者が次の各号のいずれかに該当する場合には、その事態に応じ合理的に必要と判断される限度で、武器を使用することができる。

一 被収容者が暴動を起こし、又はまさに起こそうとする場合において、その現場で、これらに参加し、又はこれらを援助するとき。

二 被収容者に重大な危害を加え、又はまさに加えようとするとき。

三 刑務官が携帯し、又は刑事施設に保管されている武器を奪取し、又はまさに奪取しようとするとき。

四 銃器、爆発物その他の凶器を携帯し、又は使用して、刑事施設に侵入し、若しくはその設備を損壊し、又はこれらの行為をまさにしようとするとき。

五 暴行又は脅迫を用いて、被収容者を奪取し、若しくは解放し、又はこれらの行為をまさにしようとするとき。

④ 前二項の規定による武器の使用に際しては、刑法（明治四十年法律第四十五号）第三十六条若しくは第三十七条に該当する場合又は次の各号のいずれかに該当する場合を除いては、人に危害を加えてはならない。

一 刑務官において他に被収容者の第二項各号に規定する行為を抑止する手段がないと信ずるに足りる相当の理由があるとき。

二 刑務官において他に被収容者以外の者の前項各号に規定する行為を抑止する手段がないと信ずるに足りる相当の理由があるとき。ただし、同項第二号に掲げる場合以外の場合にあっては、その者が刑務官の制止に従わないで当該行為を行うときに限る。

（収容のための連戻し）

第八一条 刑務官は、被収容者が次の各号のいずれかに該当する場合には、当該各号に定める時から四十八時間以内に着手したときに限り、これを連れ戻すことができる。

一 逃走したとき　逃走の時

二 第九十六条第一項の規定による作業又は第百六条の二第一項の規定による外出若しくは外泊の場合において、刑事施設の長が指定した日時までに刑事施設に帰着しなかったとき　その日時

第八二条及び第八三条 （略）

第十節　矯正処遇の実施等（抄）

第一款　通則（抄）

（矯正処遇）

第八四条① 受刑者には、矯正処遇として、第九十二条又は第九十三条に規定する作業を行わせ、並びに第百三条及び第百四条に規定する指導を行う。

② 矯正処遇は、処遇要領（矯正処遇の目標並びにその基本的な内容及び方法を受刑者ごとに定める矯正処遇の実施の要領をいう。以下この条及び次条第一項において同じ。）に基づいて行うものとする。

③ 処遇要領は、法務省令で定めるところにより、刑事施設の長が受刑者の年齢を考慮し、その資質及び環境の調査の結果に基づき定めるものとする。

④ 処遇要領は、必要に応じ、受刑者の希望を参酌して定めるものとする。これを変更しようとするときも、同様とする。

⑤ 矯正処遇は、必要に応じ、医学、心理学、教育学、社会学その他の専門的知識及び技術を活用して行うものとする。

＊令和四法六七（令和七・六・一六までに施行）による改正後

（矯正処遇）

第八四条① 受刑者には、矯正処遇として、第九十三条に規定する作業を行わせ、並びに第百三条及び第百四条に規定する指導を行う。

②（略）

③ 処遇要領は、法務省令で定めるところにより、刑事施設の長が受刑者の年齢を考慮し、その資質及び環境の調査の結果に基づき、できる限り速やかに定めるものとし、矯正処遇の目標並びに第九十三条に規定する作業並びに第百三条及び第百四条に規定する指導ごとの内容及び方法をできる限り具体的に記載するものとする。

④（略）

⑤ 刑事施設の長は、第二項の規定にかかわらず、処遇要領を定めるまでの間は、受刑者の年齢、その時点において把握している資質及び環境を考慮し、必要と認められる範囲内において、法務省令で定めるところにより、矯正処遇を行うものとする。

（改正により追加）

⑥（略、改正前の⑤）

（被害者等の心情等の考慮）

第八四条の二① 刑事施設の長は、処遇要領を定めるに当たっては、法務省令で定めるところにより、被害者等（受刑者が刑を言い渡される理由となった犯罪により害を被った者（以下この項において「被害者」という。）又はその法定代理人若しくは被害者が死亡した場合若しくはその心身に重大な故障がある場合におけるその配偶者、直系の親族若しくは兄弟姉妹をいう。以下この節において同じ。）の被害に関する心情、被害者等の置かれている状況及び第三項の規定により聴取した心情等を考慮するものとする。処遇要領を変更しようとするときも、同様とする。

② 刑事施設の長は、矯正処遇を行うに当たっては、前項の心情及び状況並びに次項の規定により聴取した心情等を考慮するものとする。

③ 刑事施設の長は、法務省令で定める受刑者について、被害者等から、被害に関する心情、被害者等の置かれている状況又は当該受刑者の生活及び行動に関する意見（以下この節において「心情等」という。）を述べたい旨の申出があったときは、法務省令で定めるところにより、当該心情等を聴取するものとする。ただし、当該被害に係る事件の性質、当該被害者等と当該受刑者との関係その他の被害者等に関する事情を考慮して相当

でないと認めるときは、この限りでない。

＊令和四法六七（令和七・六・一六までに施行）による改正
第八四条の二を第八五条とする。（本文未織込み）

（刑執行開始時及び釈放前の指導等）

第八五条① 受刑者には、矯正処遇を行うほか、次の各号に掲げる期間において、当該各号に定める指導を行う。

一 刑の執行開始後の法務省令で定める期間　受刑の意義その他矯正処遇の実施の基礎となる事項並びに刑事施設における生活及び行動に関する指導

二 釈放前における法務省令で定める期間　釈放後の社会生活において直ちに必要となる知識の付与その他受刑者の帰住及び釈放後の生活に関する指導

② 前項第二号に掲げる期間における受刑者の処遇は、できる限り、これにふさわしい設備と環境を備えた場所で行うものとし、必要に応じ、第百六条の二第一項の規定による外出又は外泊を許し、その他円滑な社会復帰を図るため必要な措置を執るものとする。

③ 刑事施設の長は、法務省令で定める基準に従い、第一項各号に定める指導を行う日及び時間を定める。

＊令和四法六七（令和七・六・一六までに施行）による改正
第八五条を第八六条とする。（本文未織込み）

（集団処遇）

第八六条① 矯正処遇及び前条第一項の規定による指導（以下「矯正処遇等」という。）は、その効果的な実施を図るため、必要に応じ、受刑者を集団に編成して行うものとする。

② 前項の場合において、第四条第一項の規定にかかわらず、居室外に限り、同項第一号に掲げる別による分離をしないことができる。

＊令和四法六七（令和七・六・一六までに施行）による改正
第八六条を第八七条とする。（本文未織込み）

（刑事施設外処遇）

第八七条 矯正処遇等は、その効果的な実施を図るため必要な限度において、刑事施設の外の適当な場所で行うことができる。

＊令和四法六七（令和七・六・一六までに施行）による改正
第八七条を第八八条とする。（本文未織込み）

（制限の緩和）

第八八条① 受刑者の自発性及び自律性を涵養するため、刑事施設の規律及び秩序を維持するための受刑者の生活及び行動に対する制限は、法務省令で定めるところにより、第三十条の目的を達成する見込みが高まるに従い、順次緩和されるものとする。

② 前項の場合において、第三十条の目的を達成する見込みが特に高いと認められる受刑者の処遇は、法務省令で定めるところにより、開放的施設（収容を確保するため通常必要とされる設備又は措置の一部を設けず、又は講じない刑事施設の全部又は一部で法務大臣が指定するものをいう。以下同じ。）で行うことができる。

＊令和四法六七（令和七・六・一六までに施行）による改正
第八八条を第八九条とする。（本文未織込み）

参考 **刑事施設及び被収容者の処遇に関する規則**（平成一八・五・二三法務五七）（抜粋）

（制限の緩和）

第四八条① 刑事施設の規律及び秩序を維持するための受刑者の生活及び行動に対する制限は、開始時指導が終了した受刑者について、第一種、第二種、第三種又は第四種の区分（以下「制限区分」という。）を指定し、又はその指定を変更し、その制限区分の指定に応じ次条に定めるところにより処遇を行うことにより、順次緩和するものとする。

② 刑事施設の長は、開始時指導を終了した後速やかに、法第三十条の目的を達成する見込みを評価し、その評価に応じて、制限区分を指定するものとする。

③ 刑事施設の長は、定期的に、及び随時、前項の見込みを評価し、適当であると認めるときは、その評価に応じて、制限区分の指定を変更するものとする。

（居室の指定等）

第四九条① 第一種の制限区分に指定されている受刑者の居室は、収容を確保するため通常必要とされる設備又は措置の全部又は一部を設けず、又は講じない室を指定するものとする。

② 第二種又は第三種の制限区分に指定されている受刑者の居室は、刑事施設の規律及び秩序の維持に支障を生ずるおそれがない場合において、処遇上適当と認めるときに限り、前項の室を指定することができるものとする。

③ 第一種又は第二種の制限区分に指定されている受刑者については、矯正処遇等は、主として居室棟外の適当な場所で行うものとし、処遇上適当と認めるときは法第八十七条の規定により刑事施設の外の適当な場所で行うことができるものとする。

④ 第三種の制限区分に指定されている受刑者については、矯正処遇等は、刑事施設内において、主として居室棟外の適当な場所で行うものとする。

⑤ 第四種の制限区分に指定されている受刑者については、矯正処遇等は、刑事施設内において、特に必要がある場合を除き、居室棟内で行うものとする。

⑥ （略）

（開放的施設における処遇）

第五〇条 法第八十八条第二項の規定による開放的施設での処遇は、第一種の制限区分に指定されている受刑者について行うことができるものとする。

（優遇措置）

第八九条 刑事施設の長は、受刑者の改善更生の意欲を喚起するため、次に掲げる処遇について、法務省令で定めるところにより、一定の期間ごとの受刑態度の評価に応じた優遇措置を講ずるものとする。

一 第四十条第二項の規定により物品を貸与し、又は支給すること。

二 第四十一条第一項の規定により自弁の物品の使用又は摂取を許すこと。

三 第百十一条の面会をすることができる時間又は回数を定めること。

四 その他法務省令で定める処遇

＊令和四法六七（令和七・六・一六までに施行）による改正
第八九条を第九〇条とする。（本文未織込み）

参考 **刑事施設及び被収容者の処遇に関する規則**（平成一八・五・二三法務五七）（抜粋）

（優遇措置）

第五三条 優遇措置は、次に定めるところにより、受刑者について、その受刑態度の評価に基づき優遇区分を指定し、その区分に応じて処遇を行うことにより、講ずるものとする。

一 優遇区分は、第一類、第二類、第三類、第四類及び第五類の区分とする。

二 刑事施設の長は、四月から九月まで又は十月から翌年三月までの期間（以下「評価期間」という。）の初日以前から継続して刑事施設において刑の執行を受けている受刑者又は評価期間の末日に優遇区分の指定を受けている受刑者であって、その評価期間内に一月以上刑の執行を受けたものについて、その評価期間が経過した後十日以内に、その評価期間における受刑態度の評価に基づき、優遇区分を指定するものとする。

三―八 （略）

九 第一類から第四類までの優遇区分に指定されている受刑者には、法及びこの規則の規定の範囲内で、次条に定めるところによる処遇を行うものとする。

（処遇内容）

第五四条① 第一類の優遇区分に指定されている受刑者には、次に掲げる処遇を行うものとする。

一 法第四十条第二項の規定により、室内装飾品その他の刑事施設における日常生活に用いる物品を貸与し、又は一月に一回以上、嗜好品を支給すること。

二 法第四十一条第一項の規定により、寝衣、室内装飾品、サンダル、座布団及び余暇時間帯における娯楽的活動に用いる物品について、自弁のものの使用を許すこと。

三 法第四十一条第一項の規定により、食料品及び飲料について一月に一回以上、嗜好品について一月に二回以上、自弁のものの摂取を許すこと。

四 面会をすることができる時間を第一類の優遇区分に指定されている受刑者以外の受刑者が面会をすることができる時間のおおむね二倍に定めること。

五 面会をすることができる回数を一月につき七回以上に定めること。

六 受刑者が発信を申請することができる信書の通数を一月につき十通以上に定めること。

七 刑事施設の長が第一類の優遇区分に指定されている受刑者に行う処遇として定めるもの

② 第二類の優遇区分に指定されている受刑者には、次に掲げる処遇を行うものとする。

一 法第四十一条第一項の規定により、室内装飾品、サンダル及び座布団について、自弁のものの使用を許すこと。

二 法第四十一条第一項の規定により、嗜好品について、一月に二回以上、自弁のものの摂取を許すこと。

三 面会をすることができる回数を一月につき五回以上に定めること。

四 受刑者が発信を申請することができる信書の通数を一月につき七通以上に定めること。

五 刑事施設の長が第二類の優遇区分に指定されている受刑者に行う処遇として定めるもの

③ 第三類の優遇区分に指定されている受刑者には、次に掲げる処遇を行うものとする。

一 法第四十一条第一項の規定により、室内装飾品、サンダル及び座布団について、自弁のものの使用を許すこと。

二 法第四十一条第一項の規定により、嗜好品について、一月に一回以上、自弁のものの摂取を許すこと。

三 面会をすることができる回数を一月につき三回以上に定めること。

四 受刑者が発信を申請することができる信書の通数を一月につき五通以上に定めること。

五 刑事施設の長が第三類の優遇区分に指定されている受刑者に行う処遇として定めるもの

④ 第四類の優遇区分に指定されている受刑者には、次に掲げる処遇を行うものとする。

一 受刑者が発信を申請することができる信書の通数を一月につき五通以上に定めること。

二 刑事施設の長が第四類の優遇区分に指定されている受刑者に行う処遇として定めるもの

第九〇条及び第九一条 （略）

＊令和四法六七（令和七・六・一六までに施行）**による改正**
第九〇条を第九一条とし、第九一条を第九二条とする。（本文未織込み）

第二款　作業（抄）

（懲役受刑者の作業）

第九二条 懲役受刑者（刑事施設に収容されているものに限る。以下この節において同じ。）に行わせる作業は、懲役受刑者ごとに、刑事施設の長が指定する。

＊令和四法六七（令和七・六・一六までに施行）**により第九二条削る**（本文未織込み）

（禁錮受刑者等の作業）

第九三条 刑事施設の長は、禁錮受刑者（刑事施設に収容されているものに限る。以下この節において同じ。）又は拘留受刑者（刑事施設に収容されているものに限る。）が刑事施設の長の指定する作業を行いたい旨の申出をした場合には、法務省令で定めるところにより、その作業を行うことを許すことができる。

＊令和四法六七（令和七・六・一六までに施行）**による改正後**
（受刑者の作業）
第九三条 刑事施設の長は、受刑者に対し、その改善更生及び円滑な社会復帰を図るため必要と認められる場合には、作業を行わせるものとする。ただし、作業を行わせることが相当でないと認めるときは、この限りでない。

（作業の実施）

第九四条① 作業は、できる限り、受刑者の勤労意欲を高め、これに職業上有用な知識及び技能を習得させるように実施するものとする。

② 受刑者に職業に関する免許若しくは資格を取得させ、又は職業に必要な知識及び技能を習得させる必要がある場合において、相当と認めるときは、これらを目的とする訓練を作業として実施する。

＊令和四法六七（令和七・六・一六までに施行）**による改正**
第二項中「受刑者に」を「刑事施設の長は、」に、「必要がある場合において」を「ことが改善更生及び円滑な社会復帰に資すると認められる受刑者に対し」に改める。（本文未織込み）

（作業の条件等）

第九五条① 刑事施設の長は、法務省令で定める基準に従い、一日の作業時間及び作業を行わない日を定める。

＊令和四法六七（令和七・六・一六までに施行）**による改正**
第一項中「一日の作業時間及び作業を行わない日」を「作業を行う日及び時間」に改める。（本文未織込み）

② 刑事施設の長は、作業を行う受刑者の安全及び衛生を確保するため必要な措置を講じなければならない。

③ 受刑者は、前項の規定により刑事施設の長が講ずる措置に応じて、必要な事項を守らなければならない。

④ 第二項の規定により刑事施設の長が講ずべき措置及び前項の規定により受刑者が守らなければならない事項は、労働安全衛生法（昭和四十七年法律第五十七号）その他の法令に定める労働者の安全及び衛生を確保するため事業者が講ずべき措置及び労働者が守らなければならない事項に準じて、法務大臣が定める。

（外部通勤作業）

第九六条① 刑事施設の長は、刑法第二十八条（国際受刑者移送法第二十一条において読み替えて適用する場合を含む。）、少年法第五十八条又は国際受刑者移送法第二十二条の規定により仮釈放を許すことができる期間を経過した懲役受刑者又は禁錮受刑者が、第八十八条第二項の規定により開放的施設において処遇を受けていることその他の法務省令で定める事由に該当する場合において、その円滑な社会復帰を図るため必要があるときは、刑事施設の職員の同行なしに、その受刑者を刑事施設の外の事業所（以下この条において「外部事業所」という。）に通勤させて作業を行わせることができる。

＊令和四法六七（令和七・六・一六までに施行）**による改正**
第一項中「懲役受刑者又は禁錮受刑者が、第八十八条第二項」を「拘禁刑受刑者が、第八十九条第二項」に改める。（本文未織込み）

② 前項の規定による作業（以下「外部通勤作業」という。）は、外部事業所の業務に従事し、又は外部事業所が行う職業訓練を受けることによって行う。

③ 受刑者に外部通勤作業を行わせる場合には、刑事施設の長

は、法務省令で定めるところにより、当該外部事業所の事業主（以下この条において「外部事業主」という。）との間において、受刑者の行う作業の種類、作業時間、受刑者の安全及び衛生を確保するため必要な措置その他外部通勤作業の実施に関し必要な事項について、取決めを行わなければならない。

④　刑事施設の長は、受刑者に外部通勤作業を行わせる場合には、あらかじめ、その受刑者が外部通勤作業に関し遵守すべき事項（以下この条において「特別遵守事項」という。）を定め、これをその受刑者に告知するものとする。

⑤　特別遵守事項は、次に掲げる事項を具体的に定めるものとする。

一　指定された経路及び方法により移動しなければならないこと。

二　指定された時刻までに刑事施設に帰着しなければならないこと。

三　正当な理由なく、外部通勤作業を行う場所以外の場所に立ち入ってはならないこと。

四　外部事業主による作業上の指示に従わなければならないこと。

五　正当な理由なく、犯罪性のある者その他接触することにより矯正処遇の適切な実施に支障を生ずるおそれがある者と接触してはならないこと。

⑥　刑事施設の長は、外部通勤作業を行う受刑者が遵守事項又は特別遵守事項を遵守しなかった場合その他外部通勤作業を不適当とする事由があると認める場合には、これを中止することができる。

（作業収入）

第九七条　作業の実施による収入は、国庫に帰属する。

（作業報奨金）

第九八条①　刑事施設の長は、作業を行った受刑者に対しては、釈放の際（その者が受刑者以外の被収容者となったときは、その際）に、その時における報奨金計算額に相当する金額の作業報奨金を支給するものとする。

②　刑事施設の長は、法務省令で定めるところにより、毎月、その月の前月において受刑者が行った作業に対応する金額として、法務大臣が定める基準に従い、その作業の成績その他就業に関する事項を考慮して算出した金額を報奨金計算額に加算するものとする。ただし、釈放の日の属する月における作業に係る加算は、釈放の時に行う。

③　前項の基準は、作業の種類及び内容、作業に要する知識及び技能の程度等を考慮して定める。

④　刑事施設の長は、受刑者がその釈放前に作業報奨金の支給を受けたい旨の申出をした場合において、その使用の目的が、自弁物品等の購入、親族の生計の援助、被害者に対する損害賠償への充当等相当なものであると認めるときは、第一項の規定にかかわらず、法務省令で定めるところにより、その支給の時における報奨金計算額に相当する金額の範囲内で、申出の額の全部又は一部の金額を支給することができる。この場合には、その支給額に相当する金額を報奨金計算額から減額する。

⑤　受刑者が次の各号のいずれかに該当する場合において、当該各号に定める日から起算して六月を経過する日までに刑事施設に収容されなかったときは、その者の報奨金計算額は、零とする。

一　逃走したとき　逃走した日

二　第八十三条第二項の規定により解放された場合において、同条第三項に規定する避難を必要とする状況がなくなった後速やかに同項に規定する場所に出頭しなかったとき　避難を必要とする状況がなくなった日

三　外部通勤作業又は第百六条の二第一項の規定による外出若しくは外泊の場合において、刑事施設の長が指定した日時までに刑事施設に帰着しなかったとき　その日

第九九条から第一〇二条まで　（略）

第三款　各種指導

（改善指導）

第一〇三条①　刑事施設の長は、受刑者に対し、犯罪の責任を自覚させ、健康な心身を培わせ、並びに社会生活に適応するのに必要な知識及び生活態度を習得させるため必要な指導を行うものとする。

②　次に掲げる事情を有することにより改善更生及び円滑な社会復帰に支障があると認められる受刑者に対し前項の指導を行うに当たっては、その事情の改善に資するよう特に配慮しなければならない。

一　麻薬、覚せい剤その他の薬物に対する依存があること。

二　暴力団員による不当な行為の防止等に関する法律（平成三年法律第七十七号）第二条第六号に規定する暴力団員であること。

三　その他法務省令で定める事情

③　刑事施設の長は、第一項の指導を行うに当たっては、被害者等の被害に関する心情、被害者等の置かれている状況及び第八十四条の二第三項の規定により聴取した心情等を考慮するものとする。

④　刑事施設の長は、法務省令で定めるところにより、被害者等から、第八十四条の二第三項の規定により聴取した心情等を受刑者に伝達することを希望する旨の申出があったときは、第一項の指導を行うに当たり、当該心情等を受刑者に伝達するものとする。ただし、その伝達をすることが当該受刑者の改善更生を妨げるおそれがあるときその他当該被害者に係る事件の性質、矯正処遇の実施状況その他の処遇に関する事情を考慮して相当でないと認めるときは、この限りでない。

＊令和四法六七（令和七・六・一六までに施行）による改正
第三項及び第四項中「第八十四条の二第三項」を「第八十五条第三項」に改める。（本文未織込み）

（教科指導）

第一〇四条①　刑事施設の長は、社会生活の基礎となる学力を欠くことにより改善更生及び円滑な社会復帰に支障があると認められる受刑者に対しては、教科指導（学校教育法（昭和二十二年法律第二十六号）による学校教育の内容に準ずる内容の指導をいう。次項において同じ。）を行うものとする。

②　刑事施設の長は、前項に規定するもののほか、学力の向上を図ることが円滑な社会復帰に特に資すると認められる受刑者に対し、その学力の状況に応じた教科指導を行うことができる。

（指導の日及び時間）

第一〇五条　刑事施設の長は、法務省令で定める基準に従い、前二条の規定による指導を行う日及び時間を定める。

第四款　社会復帰支援等

（社会復帰支援）

第一〇六条①　刑事施設の長は、受刑者の円滑な社会復帰を図るため、釈放後に自立した生活を営む上での困難を有する受刑者に対しては、その意向を尊重しつつ、次に掲げる支援を行うものとする。

一　適切な住居その他の宿泊場所を得ること及び当該宿泊場所に帰住することを助けること。

二　医療及び療養を受けることを助けること。

三　就業又は修学を助けること。

四　前三号に掲げるもののほか、受刑者が健全な社会生活を営むために必要な援助を行うこと。

②　前項の支援は、その効果的な実施を図るため必要な限度において、刑事施設の外の適当な場所で行うことができる。

③　刑事施設の長は、第一項の支援を行うに当たっては、矯正処遇の実施状況、第八十四条の二第三項の規定により聴取した心情等その他の被害者等に関する事情及び受刑者が社会復帰をするに際し支援を必要とする事情を考慮するものとする。

④　刑事施設の長は、第一項の支援を行うに当たっては、保護観察所の長と連携を図るように努めなければならない。

＊令和四法六七（令和七・六・一六までに施行）による改正
第三項中「第八十四条の二第三項」を「第八十五条第三項」に改める。（本文未織込み）

（外出及び外泊）
第一〇六条の二①　刑事施設の長は、刑法第二十八条（国際受刑者移送法第二十一条において読み替えて適用する場合を含む。）、少年法第五十八条又は国際受刑者移送法第二十二条の規定により仮釈放を許すことができる期間を経過した懲役受刑者又は禁錮受刑者が、第八十八条第二項の規定により開放的施設において処遇を受けていることその他の法務省令で定める事由に該当する場合において、その円滑な社会復帰を図るため、刑事施設の外において、その者が、釈放後の住居又は就業先の確保その他の一身上の重要な用務を行い、更生保護に関係のある者を訪問し、その他その釈放後の社会生活に有用な体験をする必要があると認めるときは、刑事施設の職員の同行なしに、外出し、又は七日以内の期間を定めて外泊することを許すことができる。ただし、外泊については、その受刑者に係る刑が六月以上執行されている場合に限る。

＊令和四法六七（令和七・六・一六までに施行）による改正
第一項中「懲役受刑者又は禁錮受刑者が、第八十八条第二項」を「拘禁刑受刑者が、第八十九条第二項」に改める。（本文未織込み）

②　第九十六条第四項、第五項（第四号を除く。）及び第六項の規定は、前項の規定による外出及び外泊について準用する。

参考　**刑事施設及び被収容者の処遇に関する規則**（平成一八・五・二三法務五七）（抜粋）

（法第百六条第一項に規定する法務省令で定める事由）
第六五条　法第百六条第一項に規定する法務省令で定める事由は、次に掲げる事由とする。
一　法第八十八条第二項の規定により開放的施設において処遇を受けていること。
二　第一種の制限区分に指定されていること。
三　仮釈放を許す決定がされていること。

（刑期不算入）
第一〇七条　前条第一項の規定による外泊をした者が、刑事施設の長が指定した日時までに刑事施設に帰着しなかった場合には、その外泊の期間は、刑期に算入しない。ただし、自己の責めに帰することのできない事由によって帰着することができなかった場合は、この限りでない。

（外出等に要する費用）
第一〇八条　第百六条の二第一項の規定による外出又は外泊に要する費用については、受刑者が負担することができない場合又は刑事施設の長が相当と認める場合には、その全部又は一部を国庫の負担とする。

第五款　未決拘禁者としての地位を有する受刑者

第一〇九条①　未決拘禁者としての地位を有する受刑者についての第八十四条第一項及び第八十九条の規定の適用については、第八十四条第一項中「矯正処遇として」とあるのは「未決の者としての地位を損なわない限度で、かつ、その拘禁の期間を考慮して可能な範囲内で、矯正処遇として」と、第八十九条第三号中「第百十一条」とあるのは「第百十九条において準用する第百十一条」とする。

②　未決拘禁者としての地位を有する受刑者については、第八十六条から第八十八条まで、第九十六条、第百六条第二項及び第百六条の二から前条までの規定は、適用しない。

＊令和四法六七（令和七・六・一六までに施行）による改正
第一項中「及び第八十九条」を「及び第九十条」に、「第八十九条第三号」を「第九十条第三号」に改め、第二項中「第八十六条から第八十八条」を「第八十七条から第八十九条」に改める。（本文未織込み）

第十一節　外部交通（抄）

第一款　受刑者についての留意事項

第一一〇条　この節の定めるところにより、受刑者に対し、外部交通（面会、信書の発受及び第百四十六条第一項に規定する通信をいう。以下この条において同じ。）を行うことを許し、又はこれを禁止し、差し止め、若しくは制限するに当たっては、適正な外部交通が受刑者の改善更生及び円滑な社会復帰に資するものであることに留意しなければならない。

第二款　面会（抄）

第一目　受刑者

（面会の相手方）
第一一一条①　刑事施設の長は、受刑者（未決拘禁者としての地位を有するものを除く。以下この目において同じ。）に対し、次に掲げる者から面会の申出があったときは、第百四十八条第三項又は次節の規定により禁止される場合を除き、これを許すものとする。
一　受刑者の親族
二　婚姻関係の調整、訴訟の遂行、事業の維持その他の受刑者の身分上、法律上又は業務上の重大な利害に係る用務の処理のため面会することが必要な者
三　受刑者の更生保護に関係のある者、受刑者の釈放後にこれを雇用しようとする者その他の面会により受刑者の改善更生に資すると認められる者

②　刑事施設の長は、受刑者に対し、前項各号に掲げる者以外の者から面会の申出があった場合において、その者との交友関係の維持その他面会することを必要とする事情があり、かつ、面会により、刑事施設の規律及び秩序を害する結果を生じ、又は受刑者の矯正処遇の適切な実施に支障を生ずるおそれがないと認めるときは、これを許すことができる。

（面会の立会い等）
第一一二条　刑事施設の長は、刑事施設の規律及び秩序の維持、受刑者の矯正処遇の適切な実施その他の理由により必要があると認める場合には、その指名する職員に、受刑者の面会に立ち会わせ、又はその面会の状況を録音させ、若しくは録画させることができる。ただし、受刑者が次に掲げる者と面会する場合には、刑事施設の規律及び秩序を害する結果を生ずるおそれがあると認めるべき特別の事情がある場合を除き、この限りでない。
一　自己に対する刑事施設の長の措置その他自己が受けた処遇に関し調査を行う国又は地方公共団体の機関の職員
二　自己に対する刑事施設の長の措置その他自己が受けた処遇に関し弁護士法（昭和二十四年法律第二百五号）第三条第一項に規定する職務を遂行する弁護士

（面会の一時停止及び終了）
第一一三条①　刑事施設の職員は、次の各号のいずれかに該当する場合には、その行為若しくは発言を制止し、又はその面会を一時停止させることができる。この場合においては、面会の一時停止のため、受刑者又は面会の相手方に対し面会の場所からの退出を命じ、その他必要な措置を執ることができる。
一　受刑者又は面会の相手方が次のイ又はロのいずれかに該当する行為をするとき。
イ　次条第一項の規定による制限に違反する行為
ロ　刑事施設の規律及び秩序を害する行為
二　受刑者又は面会の相手方が次のイからホまでのいずれかに該当する内容の発言をするとき。
イ　暗号の使用その他の理由によって、刑事施設の職員が理

解できないもの
ロ 犯罪の実行を共謀し、あおり、又は唆すもの
ハ 刑事施設の規律及び秩序を害する結果を生ずるおそれのあるもの
ニ 受刑者の矯正処遇の適切な実施に支障を生ずるおそれのあるもの
ホ 特定の用務の処理のため必要であることを理由として許された面会において、その用務の処理のため必要な範囲を明らかに逸脱するもの

② 刑事施設の長は、前項の規定により面会が一時停止された場合において、面会を継続させることが相当でないと認めるときは、その面会を終わらせることができる。

（面会に関する制限）

第一一四条① 刑事施設の長は、受刑者の面会に関し、法務省令で定めるところにより、面会の相手方の人数、面会の場所、日及び時間帯、面会の時間及び回数その他面会の態様について、刑事施設の規律及び秩序の維持その他管理運営上必要な制限をすることができる。

② 前項の規定により面会の回数について制限をするときは、その回数は、一月につき二回を下回ってはならない。

第二目 未決拘禁者

（面会の相手方）

第一一五条 刑事施設の長は、未決拘禁者（受刑者又は死刑確定者としての地位を有するものを除く。以下この目において同じ。）に対し、他の者から面会の申出があったときは、第百四十八条第三項又は次節の規定により禁止される場合を除き、これを許すものとする。ただし、刑事訴訟法の定めるところにより面会が許されない場合は、この限りでない。

（弁護人等以外の者との面会の立会い等）

第一一六条① 刑事施設の長は、その指名する職員に、未決拘禁者の弁護人等以外の者との面会に立ち会わせ、又はその面会の状況を録音させ、若しくは録画させるものとする。ただし、刑事施設の規律及び秩序を害する結果並びに罪証の隠滅の結果を生ずるおそれがないと認める場合には、その立会い並びに録音及び録画（次項において「立会い等」という。）をさせないことができる。

② 刑事施設の長は、前項の規定にかかわらず、未決拘禁者の第百十二条各号に掲げる者との面会については、刑事施設の規律及び秩序を害する結果又は罪証の隠滅の結果を生ずるおそれがあると認めるべき特別の事情がある場合を除き、立会い等をさせてはならない。

（面会の一時停止及び終了）

第一一七条 第百十三条（第一項第二号ホを除く。）の規定は、未決拘禁者の面会について準用する。この場合において、同項中「各号のいずれか」とあるのは「各号のいずれか（弁護人等との面会の場合にあっては、第一号ロに限る。）」と、同項第二号ニ中「受刑者の矯正処遇の適切な実施に支障」とあるのは「罪証の隠滅の結果」と読み替えるものとする。

（面会に関する制限）

第一一八条① 未決拘禁者の弁護人等との面会の日及び時間帯は、日曜日その他政令で定める日以外の日の刑事施設の執務時間内とする。

② 前項の面会の相手方の人数は、三人以内とする。

③ 刑事施設の長は、弁護人等から前二項の定めによらない面会の申出がある場合においても、刑事施設の管理運営上支障があるときを除き、これを許すものとする。

④ 刑事施設の長は、第一項の面会に関し、法務省令で定めるところにより、面会の場所について、刑事施設の規律及び秩序の維持その他管理運営上必要な制限をすることができる。

⑤ 第百十四条の規定は、未決拘禁者と弁護人等以外の者との面会について準用する。この場合において、同条第二項中「一月につき二回」とあるのは、「一日につき一回」と読み替えるものとする。

第三目 未決拘禁者としての地位を有する受刑者

（第一一九条）（略）

第四目 死刑確定者

（面会の相手方）

第一二〇条① 刑事施設の長は、死刑確定者（未決拘禁者としての地位を有するものを除く。以下この目において同じ。）に対し、次に掲げる者から面会の申出があったときは、第百四十八条第三項又は次節の規定により禁止される場合を除き、これを許すものとする。
一 死刑確定者の親族
二 婚姻関係の調整、訴訟の遂行、事業の維持その他の死刑確定者の身分上、法律上又は業務上の重大な利害に係る用務の処理のため面会することが必要な者
三 面会により死刑確定者の心情の安定に資すると認められる者

② 刑事施設の長は、死刑確定者に対し、前項各号に掲げる者以外の者から面会の申出があった場合において、その者との交友関係の維持その他面会することを必要とする事情があり、かつ、面会により刑事施設の規律及び秩序を害する結果を生ずるおそれがないと認めるときは、これを許すことができる。

（面会の立会い等）

第一二一条 刑事施設の長は、その指名する職員に、死刑確定者の面会に立ち会わせ、又はその面会の状況を録音させ、若しくは録画させるものとする。ただし、死刑確定者の訴訟の準備その他の正当な利益の保護のためその立会い又は録音若しくは録画をさせないことを適当とする事情がある場合において、相当と認めるときは、この限りでない。

（面会の一時停止及び終了等）

第一二二条 第百十三条（第一項第二号ニを除く。）及び第百十四条の規定は、死刑確定者の面会について準用する。この場合において、同条第二項中「一月につき二回」とあるのは、「一日につき一回」と読み替えるものとする。

第五目 未決拘禁者としての地位を有する死刑確定者

（第一二三条）（略）

第六目 各種被収容者

（面会の相手方）

第一二四条 刑事施設の長は、各種被収容者に対し、他の者から面会の申出があったときは、第百四十八条第三項及び次節の規定により禁止される場合を除き、これを許すものとする。

（各種被収容者の面会の立会い等）

第一二五条 第百十二条、第百十三条（第一項第二号ニ及びホを除く。）及び第百十四条の規定は、各種被収容者の面会について準用する。この場合において、第百十二条第一項中「受刑者の矯正処遇の適切な実施その他の」とあるのは「その他の」と、第百十四条第二項中「一月につき二回」とあるのは「一日につき一回」と読み替えるものとする。

第三款 信書の発受（抄）

第一目 受刑者

（発受を許す信書）

第一二六条 刑事施設の長は、受刑者（未決拘禁者としての地位を有するものを除く。以下この目において同じ。）に対し、この目、第百四十八条第三項又は次節の規定により禁止される場合を除き、他の者との間で信書を発受することを許すものとする。

（信書の検査）

第一二七条① 刑事施設の長は、刑事施設の規律及び秩序の維

持、受刑者の矯正処遇の適切な実施その他の理由により必要があると認める場合には、その指名する職員に、受刑者が発受する信書について、検査を行わせることができる。

② 次に掲げる信書については、前項の検査は、これらの信書に該当することを確認するために必要な限度において行うものとする。ただし、第三号に掲げる信書について、刑事施設の規律及び秩序を害する結果を生ずるおそれがあると認めるべき特別の事情がある場合は、この限りでない。

一 受刑者が国又は地方公共団体の機関から受ける信書

二 受刑者が自己に対する刑事施設の長の措置その他自己が受けた処遇に関し調査を行う国又は地方公共団体の機関に対して発する信書

三 受刑者が自己に対する刑事施設の長の措置その他自己が受けた処遇に関し弁護士法第三条第一項に規定する職務を遂行する弁護士（弁護士法人及び弁護士・外国法事務弁護士共同法人を含む。以下この款において同じ。）との間で発受する信書

（信書の発受の禁止）

第一二八条 刑事施設の長は、犯罪性のある者その他受刑者が信書を発受することにより、刑事施設の規律及び秩序を害し、又は受刑者の矯正処遇の適切な実施に支障を生ずるおそれがある者（受刑者の親族を除く。）については、受刑者がその者との間で信書を発受することを禁止することができる。ただし、婚姻関係の調整、訴訟の遂行、事業の維持その他の受刑者の身分上、法律上又は業務上の重大な利害に係る用務の処理のため信書を発受する場合は、この限りでない。

（信書の内容による差止め等）

第一二九条① 刑事施設の長は、第百二十七条の規定による検査の結果、受刑者が発受する信書について、その全部又は一部が次の各号のいずれかに該当する場合には、その発受を差し止め、又はその該当箇所を削除し、若しくは抹消することができる。同条第二項各号に掲げる信書について、これらの信書に該当することを確認する過程においてその全部又は一部が次の各号のいずれかに該当することが判明した場合も、同様とする。

一 暗号の使用その他の理由によって、刑事施設の職員が理解できない内容のものであるとき。

二 発受によって、刑罰法令に触れることとなり、又は刑罰法令に触れる結果を生ずるおそれがあるとき。

三 発受によって、刑事施設の規律及び秩序を害する結果を生ずるおそれがあるとき。

四 威迫にわたる記述又は明らかな虚偽の記述があるため、受信者を著しく不安にさせ、又は受信者に損害を被らせるおそれがあるとき。

五 受信者を著しく侮辱する記述があるとき。

六 発受によって、受刑者の矯正処遇の適切な実施に支障を生ずるおそれがあるとき。

② 前項の規定にかかわらず、受刑者が国又は地方公共団体の機関との間で発受する信書であってその機関の権限に属する事項を含むもの及び受刑者が弁護士との間で発受する信書であってその受刑者に係る弁護士法第三条第一項に規定する弁護士の職務に属する事項を含むものについては、その発受の差止め又はその事項に係る部分の削除若しくは抹消は、その部分の全部又は一部が前項第一号から第三号までのいずれかに該当する場合に限り、これを行うことができる。

（信書に関する制限）

第一三〇条① 刑事施設の長は、法務省令で定めるところにより、受刑者が発する信書の作成要領、その発信の申請の日及び時間帯、受刑者が発信を申請する信書の通数並びに受刑者の信書の発受の方法について、刑事施設の管理運営上必要な制限をすることができる。

② 前項の規定により受刑者が発信を申請する信書の通数について制限をするときは、その通数は、一月につき四通を下回ってはならない。

（発信に要する費用）

第一三一条 信書の発信に要する費用については、受刑者が負担することができない場合において、刑事施設の長が発信の目的に照らし相当と認めるときは、その全部又は一部を国庫の負担とする。

（発受を禁止した信書等の取扱い）

第一三二条① 刑事施設の長は、第百二十八条、第百二十九条又は第百四十八条第三項の規定により信書の発受を禁止し、又は差し止めた場合にはその信書を、第百二十九条の規定により信書の一部を削除した場合にはその削除した部分を保管するものとする。

② 刑事施設の長は、第百二十九条の規定により信書の記述の一部を抹消する場合には、その抹消する部分の複製を作成し、これを保管するものとする。

③ 刑事施設の長は、受刑者の釈放の際、前二項の規定により保管する信書の全部若しくは一部又は複製（以下この章において「発受禁止信書等」という。）をその者に引き渡すものとする。

④ 刑事施設の長は、受刑者が死亡した場合には、法務省令で定めるところにより、その遺族等に対し、その申請に基づき、発受禁止信書等を引き渡すものとする。

⑤ 前二項の規定にかかわらず、発受禁止信書等の引渡しにより刑事施設の規律及び秩序の維持に支障を生ずるおそれがあるときは、これを引き渡さないものとする。次に掲げる場合において、その引渡しにより刑事施設の規律及び秩序の維持に支障を生ずるおそれがあるときも、同様とする。

一 釈放された受刑者が、釈放後に、発受禁止信書等の引渡しを求めたとき。

二 受刑者が、第五十四条第一項各号のいずれかに該当する場合において、発受禁止信書等の引渡しを求めたとき。

⑥ 第五十三条第一項、第五十四条第一項並びに第五十五条第二項及び第三項の規定は、受刑者に係る発受禁止信書等（前項の規定により引き渡さないこととされたものを除く。）について準用する。この場合において、同条第三項中「第一項の申請」とあるのは、「第百三十二条第四項の申請」と読み替えるものとする。

⑦ 第五項の規定により引き渡さないこととした発受禁止信書等は、受刑者の釈放若しくは死亡の日又は受刑者が第五十四条第一項各号のいずれかに該当することとなった日から起算して三年を経過した日に、国庫に帰属する。

（受刑者作成の文書図画）

第一三三条 刑事施設の長は、受刑者が、その作成した文書図画（信書を除く。）を他の者に交付することを申請した場合には、その交付につき、受刑者が発する信書に準じて検査その他の措置を執ることができる。

第二目 未決拘禁者

（発受を許す信書）

第一三四条 刑事施設の長は、未決拘禁者（受刑者又は死刑確定者としての地位を有するものを除く。以下この目において同じ。）に対し、この目、第百四十八条第三項又は次節の規定により禁止される場合を除き、他の者との間で信書を発受することを許すものとする。ただし、刑事訴訟法の定めるところにより信書の発受が許されない場合は、この限りでない。

（信書の検査）

第一三五条① 刑事施設の長は、その指名する職員に、未決拘禁者が発受する信書について、検査を行わせるものとする。

② 次に掲げる信書については、前項の検査は、これらの信書に該当することを確認するために必要な限度において行うものとする。ただし、第三号に掲げる信書について、刑事施設の規律及び秩序を害する結果又は罪証の隠滅の結果を生ずるおそれがあると認めるべき特別の事情がある場合は、この限りでない。

一 未決拘禁者が弁護人等から受ける信書

二 未決拘禁者が国又は地方公共団体の機関から受ける信書

三　未決拘禁者が自己に対する刑事施設の長の措置その他自己が受けた処遇に関し弁護士法第三条第一項に規定する職務を遂行する弁護士から受ける信書

③　刑事施設の長は、刑事施設の規律及び秩序を害する結果並びに罪証の隠滅の結果を生ずるおそれがないと認める場合には、前二項の規定にかかわらず、第一項の検査を行わせないことができる。

（信書の内容による差止め等）

第一三六条　第百二十九条から第百三十三条までの規定は、未決拘禁者が発受する信書について準用する。この場合において、第百二十九条第一項中「第百二十七条」とあるのは「第百三十五条」と、同項第六号中「受刑者の矯正処遇の適切な実施に支障」とあるのは「罪証の隠滅の結果」と、同条第二項中「第三号まで」とあるのは「第三号まで又は第六号」と、第百三十条第一項中「申請する信書」とあるのは「申請する信書（弁護人等に対して発するものを除く。）」と、同条第二項中「一月につき四通」とあるのは「一日につき一通」と、第百三十二条第一項中「第百二十八条、第百二十九条」とあるのは「第百二十九条」と、同条第五項第二号及び第七項中「第五十四条第一項各号」とあるのは「第五十四条第一項第一号又は第二号」と、同条第六項中「第五十四条第一項」とあるのは「第五十四条第一項（第三号を除く。）」と読み替えるものとする。

第三目　未決拘禁者としての地位を有する受刑者

（第一三七条及び第一三八条）（略）

第四目　死刑確定者

（発受を許す信書）

第一三九条①　刑事施設の長は、死刑確定者（未決拘禁者としての地位を有するものを除く。以下この目において同じ。）に対し、この目、第百四十八条第三項又は次節の規定により禁止される場合を除き、次に掲げる信書を発受することを許すものとする。

一　死刑確定者の親族との間で発受する信書

二　婚姻関係の調整、訴訟の遂行、事業の維持その他の死刑確定者の身分上、法律上又は業務上の重大な利害に係る用務の処理のため発受する信書

三　発受により死刑確定者の心情の安定に資すると認められる信書

②　刑事施設の長は、死刑確定者に対し、前項各号に掲げる信書以外の信書の発受について、その発受の相手方との交友関係の維持その他その発受を必要とする事情があり、かつ、その発受により刑事施設の規律及び秩序を害するおそれがないと認めるときは、これを許すことができる。

（信書の検査）

第一四〇条①　刑事施設の長は、その指名する職員に、死刑確定者が発受する信書について、検査を行わせるものとする。

②　第百二十七条第二項の規定は、前項の検査について準用する。

（信書の内容による差止め等）

第一四一条　第百二十九条（第一項第六号を除く。）及び第百三十条から第百三十三条までの規定は、死刑確定者が発受する信書について準用する。この場合において、第百二十九条第一項中「第百二十七条」とあるのは「第百四十条」と、第百三十条第二項中「一月につき四通」とあるのは「一日につき一通」と、第百三十二条第一項中「第百二十八条、第百二十九条」とあるのは「第百二十九条」と、同条第五項第二号及び第七項中「第五十四条第一項各号」とあるのは「第五十四条第一項第一号又は第二号」と、同条第六項中「第五十四条第一項」とあるのは「第五十四条第一項（第三号を除く。）」と読み替えるものとする。

第五目　未決拘禁者としての地位を有する死刑確定者　及び　第六目　各種被収容者

（第一四二条から第一四四条まで）（略）

第四款　被告人又は被疑者である被収容者の面会及び信書の発受

（第一四五条）（略）

第五款　電話等による通信

（電話等による通信）

第一四六条①　刑事施設の長は、受刑者（未決拘禁者としての地位を有するものを除く。以下この款において同じ。）に対し、第八十八条第二項の規定により開放的施設において処遇を受けていることその他の法務省令で定める事由に該当する場合において、その者の改善更生又は円滑な社会復帰に資すると認めるときその他相当と認めるときは、電話その他政令で定める電気通信の方法による通信を行うことを許すことができる。

> **＊令和四法六七**（令和七・六・一六までに施行）**による改正**
> 第一項中「第八十八条第二項」を「第八十九条第二項」に改める。（本文未織込み）

②　第百三十一条の規定は、前項の通信について準用する。

（通信の確認等）

第一四七条①　刑事施設の長は、刑事施設の規律及び秩序の維持、受刑者の矯正処遇の適切な実施その他の理由により必要があると認める場合には、その指名する職員に、前条第一項の通信の内容を確認するため、その通信を受けさせ、又はその内容を記録させることができる。

②　第百十三条第一項（第一号イを除く。）及び第二項の規定は、前条第一項の通信について準用する。

第六款　外国語による面会等

第一四八条①　刑事施設の長は、被収容者又はその面会等（面会又は第百四十六条第一項に規定する通信をいう。以下この条において同じ。）の相手方が国語に通じない場合には、外国語による面会等を許すものとする。この場合において、発言又は通信の内容を確認するため通訳又は翻訳が必要であるときは、法務省令で定めるところにより、その被収容者にその費用を負担させることができる。

②　刑事施設の長は、被収容者又はその信書の発受の相手方が国語に通じない場合その他相当と認める場合には、外国語による信書の発受を許すものとする。この場合において、信書の内容を確認するため翻訳が必要であるときは、法務省令で定めるところにより、その被収容者にその費用を負担させることができる。

③　被収容者が前二項の規定により負担すべき費用を負担しないときは、その面会等又は信書の発受を許さない。

第十二節　賞罰

（褒賞）

第一四九条　刑事施設の長は、被収容者が次の各号のいずれかに該当する場合には、法務省令で定めるところにより、賞金又は賞品の授与その他の方法により褒賞を行うことができる。

一　人命を救助したとき。

二　第八十二条第一項に規定する応急の用務に服して、功労があったとき。

三　前二号に掲げるもののほか、賞揚に値する行為をしたとき。

（懲罰の要件等）

第一五〇条①　刑事施設の長は、被収容者が、遵守事項若しくは第九十六条第四項（第百六条の二第二項において準用する場合を含む。）に規定する特別遵守事項を遵守せず、又は第七十四条第三項の規定に基づき刑事施設の職員が行った指示に従わなかった場合には、その被収容者に懲罰を科することができる。

② 懲罰を科するに当たっては、懲罰を科せられるべき行為（以下この節において「反則行為」という。）をした被収容者の年齢、心身の状態及び行状、反則行為の性質、軽重、動機及び刑事施設の運営に及ぼした影響、反則行為後におけるその被収容者の態度、受刑者にあっては懲罰がその者の改善更生に及ぼす影響その他の事情を考慮しなければならない。
③ 懲罰は、反則行為を抑制するのに必要な限度を超えてはならない。

（懲罰の種類）
第一五一条① 受刑者に科する懲罰の種類は、次のとおりとする。
一 戒告
二 第九十三条の規定による作業の十日以内の停止
三 第四十一条第一項の規定による自弁の物品の使用又は摂取の一部又は全部の十五日以内の停止
四 書籍等（被告人若しくは被疑者としての権利の保護又は訴訟の準備その他の権利の保護に必要と認められるものを除く。第三項第三号及び次条第一項第三号において同じ。）の閲覧の一部又は全部の三十日以内の停止
五 報奨金計算額の三分の一以内の削減
六 三十日以内（懲罰を科する時に二十歳以上の者について、特に情状が重い場合には、六十日以内）の閉居
② 前項第二号から第五号までの懲罰にあっては二種類以上を併せて、同項第六号の懲罰（以下この節において「閉居罰」という。）にあっては同項第五号の懲罰と併せて科することができる。
③ 受刑者以外の被収容者に科する懲罰の種類は、次のとおりとする。
一 戒告
二 第四十一条第二項の規定による自弁の物品の使用又は摂取の一部又は全部の十五日以内の停止
三 書籍等の閲覧の一部又は全部の三十日以内の停止
四 閉居罰
④ 前項第二号及び第三号の懲罰は、併せて科することができる。

＊令和四法六七（令和七・六・一六までに施行）による改正後
（懲罰の種類）
第一五一条① （柱書略）
一 （略）
現二 （改正により削る）
二―五 （略、改正前の三―六）
② 前項第二号から第四号までの懲罰にあっては二種類以上を併せて、同項第五号の懲罰（以下この節において「閉居罰」という。）にあっては同項第四号の懲罰と併せて科することができる。
③④ （略）

（閉居罰の内容）
第一五二条① 閉居罰においては、次に掲げる行為を停止し、法務省令で定めるところにより、居室内において謹慎させる。
一 第四十一条の規定により自弁の物品（刑事施設の長が指定する物品を除く。）を使用し、又は摂取すること。
二 宗教上の儀式行事に参加し、又は他の被収容者と共に宗教上の教誨を受けること。
三 書籍等を閲覧すること。
四 自己契約作業を行うこと。
五 面会すること（弁護人等と面会する場合及び被告人若しくは被疑者としての権利の保護又は訴訟の準備その他の権利の保護に必要と認められる場合を除く。）。
六 信書を発受すること（弁護人等との間で信書を発受する場合及び被告人若しくは被疑者としての権利の保護又は訴訟の準備その他の権利の保護に必要と認められる場合を除く。）。
② 閉居罰を科されている被収容者については、第五十七条の規定にかかわらず、その健康の保持に支障を生じない限度において、法務省令で定める基準に従い、運動を制限する。
③ 閉居罰を科されている受刑者には、謹慎の趣旨に反しない限度において、矯正処遇等を行うものとする。

（反則行為に係る物の国庫への帰属）
第一五三条 刑事施設の長は、懲罰を科する場合において、刑事施設の規律及び秩序を維持するため必要があるときは、次に掲げる物を国庫に帰属させることができる。ただし、反則行為をした被収容者以外の者に属する物については、この限りでない。
一 反則行為を組成した物
二 反則行為の用に供し、又は供しようとした物
三 反則行為によって生じ、若しくはこれによって得た物又は反則行為の報酬として得た物
四 前号に掲げる物の対価として得た物

（反則行為の調査）
第一五四条① 刑事施設の長は、被収容者が反則行為をした疑いがあると思料する場合には、反則行為の有無及び第百五十条第二項の規定により考慮すべき事情並びに前条の規定による処分の要件の有無について、できる限り速やかに調査を行わなければならない。
② 刑事施設の長は、前項の調査をするため必要があるときは、刑務官に、被収容者の身体、着衣、所持品及び居室を検査させ、並びにその所持品を取り上げて一時保管させることができる。
③ 第三十四条第二項の規定は、前項の規定による女子の被収容者の身体及び着衣の検査について準用する。
④ 刑事施設の長は、受刑者について、反則行為をした疑いがあると思料する場合において、必要があるときは、法務省令で定めるところにより、他の被収容者から隔離することができる。この場合においては、その者の処遇は、運動、入浴又は面会の場合その他の法務省令で定める場合を除き、昼夜、居室において行う。
⑤ 前項の規定による隔離の期間は、二週間とする。ただし、刑事施設の長は、やむを得ない事由があると認めるときは、二週間に限り、その期間を延長することができる。
⑥ 刑事施設の長は、前項の期間中であっても、隔離の必要がなくなったときは、直ちにその隔離を中止しなければならない。

（懲罰を科する手続）
第一五五条① 刑事施設の長は、被収容者に懲罰を科そうとする場合には、法務省令で定めるところにより、その聴取をする三人以上の職員を指名した上、その被収容者に対し、弁解の機会を与えなければならない。この場合においては、その被収容者に対し、あらかじめ、書面で、弁解をすべき日時又は期限及び懲罰（第百五十三条の規定による処分を含む。次項及び次条において同じ。）の原因となる事実の要旨を通知するとともに、被収容者を補佐すべき者を刑事施設の職員のうちから指名しなければならない。
② 前項前段の規定による指名を受けた職員は、懲罰を科することの適否及び科すべき懲罰の内容について協議し、これらの事項についての意見及び被収容者の弁解の内容を記載した報告書を刑事施設の長に提出しなければならない。

（懲罰の執行）
第一五六条① 刑事施設の長は、懲罰を科するときは、被収容者に対し、懲罰の内容及び懲罰の原因として認定した事実の要旨を告知した上、直ちにその執行をするものとする。ただし、反省の情が著しい場合その他相当の理由がある場合には、その執行を延期し、又はその全部若しくは一部の執行を免除することができる。
② 刑事施設の長は、閉居罰の執行に当たっては、その被収容者の健康状態について、刑事施設の職員である医師の意見を聴かなければならない。

第十三節　不服申立て

第一款　審査の申請及び再審査の申請

（**審査の申請**）

第一五七条① 次に掲げる刑事施設の長の措置に不服がある者は、書面で、当該刑事施設の所在地を管轄する矯正管区の長に対し、審査の申請をすることができる。

一 第四十一条第二項の規定による自弁の物品の使用又は摂取を許さない処分

二 第四十九条の規定による領置されている現金の使用又は第五十条の規定による保管私物若しくは領置されている金品の交付を許さない処分

三 第六十三条第一項の規定による診療を受けることを許さない処分又は同条第四項の規定による診療の中止

四 第六十七条に規定する宗教上の行為の禁止又は制限

五 第七十条第一項又は第七十一条の規定による書籍等の閲覧の禁止又は制限

六 第七十条第二項の規定による費用を負担させる処分

七 第七十六条第一項の規定による隔離

八 第九十八条第一項の規定による作業報奨金の支給に関する処分

九 第百条第二項（第八十二条第二項において準用する場合を含む。）の規定による障害手当金の支給に関する処分

十 第百条第四項（第八十二条第二項において準用する場合を含む。）の規定による特別手当金の支給に関する処分

十一 第百二十八条（第百三十八条において準用する場合を含む。）の規定又は第百二十九条、第百三十条第一項若しくは第百三十三条（これらの規定を第百三十六条（第百四十五条においてその例による場合を含む。次号において同じ。）、第百三十八条、第百四十一条、第百四十二条及び第百四十四条において準用する場合を含む。）の規定による信書の発受又は文書図画の交付の禁止、差止め又は制限

十二 第百三十二条第五項前段（第百三十六条、第百三十八条、第百四十一条、第百四十二条及び第百四十四条において準用する場合を含む。）の規定による発受禁止信書等の引渡しをしない処分（第百三十二条第三項（第百三十六条、第百三十八条、第百四十一条、第百四十二条及び第百四十四条において準用する場合を含む。）の規定による引渡しに係るものに限る。）

十三 第百四十八条第一項又は第二項の規定による費用を負担させる処分

十四 第百五十条第一項の規定による懲罰

十五 第百五十三条の規定による物を国庫に帰属させる処分

十六 第百五十四条第四項の規定による隔離

② 前項の規定による審査の申請（以下この節において単に「審査の申請」という。）は、これを行う者が自らしなければならない。

（**審査の申請期間**）

第一五八条① 審査の申請は、措置の告知があった日の翌日から起算して三十日以内にしなければならない。

② 天災その他前項の期間内に審査の申請をしなかったことについてやむを得ない理由があるときは、同項の規定にかかわらず、その理由がやんだ日の翌日から起算して一週間以内に限り、審査の申請をすることができる。

③ 刑事施設の長が誤って法定の期間よりも長い期間を審査の申請期間として教示した場合において、その教示された期間内に審査の申請がされたときは、その審査の申請は、法定の期間内にされたものとみなす。

（**行政不服審査法の準用**）

第一五九条 行政不服審査法（平成二十六年法律第六十八号）第十五条、第十八条第三項、第十九条第二項及び第四項、第二十二条第一項及び第五項、第二十三条、第二十五条第一項、第二項及び第六項、第二十六条、第二十七条並びに第三十九条の規定は、審査の申請について準用する。この場合において、同法第二十五条第二項中「審査請求人の申立てにより又は職権で」とあるのは、「職権で」と読み替えるものとするほか、必要な技術的読替えは、政令で定める。

（**調査**）

第一六〇条① 矯正管区の長は、職権で、審査の申請に関して必要な調査をするものとする。

② 矯正管区の長は、前項の調査をするため必要があるときは、刑事施設の長に対し、報告若しくは資料その他の物件の提出を命じ、又はその指名する職員をして、審査の申請人その他の関係者に対し質問をさせ、若しくは物件の提出を求めさせ、これらの者が提出した物件を留め置かせ、若しくは検証を行わせることができる。

（**裁決**）

第一六一条① 矯正管区の長は、審査の申請を受けたときは、できる限り九十日以内に裁決をするよう努めるものとする。

② 行政不服審査法第四十五条第一項及び第二項、第四十六条第一項本文及び第二項（第二号を除く。）、第四十七条（ただし書及び第二号を除く。）、第四十八条、第五十条第一項及び第三項、第五十一条並びに第五十二条第一項及び第二項の規定は、審査の申請の裁決について準用する。この場合において、同法第五十一条第三項中「掲示し、かつ、その旨を官報その他の公報又は新聞紙に少なくとも一回掲載して」とあるのは、「掲示して」と読み替えるものとするほか、必要な技術的読替えは、政令で定める。

（**再審査の申請**）

第一六二条① 審査の申請の裁決に不服がある者は、書面で、法務大臣に対し、再審査の申請をすることができる。

② 前項の規定による再審査の申請（以下この節において単に「再審査の申請」という。）は、審査の申請についての裁決の告知があった日の翌日から起算して三十日以内にしなければならない。

③ 第百五十七条第二項、第百五十八条第二項、第百六十条及び前条第一項並びに行政不服審査法第十五条、第十八条第三項、第十九条第二項及び第四項、第二十三条、第二十五条第一項、第二項及び第六項、第二十六条、第二十七条、第三十九条、第四十六条第一項本文及び第二項（第二号を除く。）、第四十七条（ただし書及び第二号を除く。）、第四十八条、第五十条第一項、第五十一条、第五十二条第一項及び第二項、第六十二条第二項並びに第六十四条第一項から第三項までの規定は、再審査の申請について準用する。この場合において、同法第二十五条第二項中「審査請求人の申立てにより又は職権で」とあるのは「職権で」と、同法第五十一条第三項中「掲示し、かつ、その旨を官報その他の公報又は新聞紙に少なくとも一回掲載して」とあるのは「掲示して」と読み替えるものとするほか、必要な技術的読替えは、政令で定める。

第二款　事実の申告

（**矯正管区の長に対する事実の申告**）

第一六三条① 被収容者は、自己に対する刑事施設の職員による行為であって、次に掲げるものがあったときは、政令で定めるところにより、書面で、その事実を当該刑事施設の所在地を管轄する矯正管区の長に対し、申告することができる。

一 身体に対する違法な有形力の行使

二 違法又は不当な捕縄、手錠又は拘束衣の使用

三 違法又は不当な保護室への収容

② 前項の規定による申告は、その申告に係る事実があった日の翌日から起算して三十日以内にしなければならない。

③ 第百五十七条第二項、第百五十八条第二項及び第三項並びに第百六十条並びに行政不服審査法第十八条第三項、第二十二条第一項及び第五項、第二十三条、第二十七条並びに第三十九条の規定は、第一項の規定による申告について準用する。この場合において必要な技術的読替えは、政令で定める。

（通知）
第一六四条① 前条第一項の規定による申告が適法であるときは、矯正管区の長は、その申告に係る事実の有無について確認し、その結果をその申告をした者に通知するものとする。ただし、その者が釈放されたときは、この限りでない。
② 前条第一項の規定による申告が法定の期間経過後にされたものであるとき、その他不適法であるときは、矯正管区の長は、その旨をその申告をした者に通知するものとする。この場合においては、前項ただし書の規定を準用する。
③ 第百六十一条第一項並びに行政不服審査法第五十条第一項及び第三項の規定は、前二項の規定による通知について準用する。この場合において必要な技術的読替えは、政令で定める。
④ 矯正管区の長は、前条第一項に規定する事実があったことを確認した場合において、必要があると認めるときは、同様の行為の再発の防止のため必要な措置その他の措置を執るものとする。

（法務大臣に対する事実の申告）
第一六五条① 被収容者は、前条第一項又は第二項の規定による通知を受けた場合において、その内容に不服があるときは、政令で定めるところにより、書面で、法務大臣に対し、第百六十三条第一項に規定する事実を申告することができる。
② 前項の規定による申告は、前条第一項又は第二項の規定による通知を受けた日の翌日から起算して三十日以内にしなければならない。
③ 第百五十七条第二項、第百五十八条第二項、第百六十条、第百六十一条第一項並びに前条第一項、第二項及び第四項並びに行政不服審査法第十八条第三項、第二十三条、第二十七条、第三十九条及び第五十条第一項の規定は、第一項の規定による申告について準用する。この場合において必要な技術的読替えは、政令で定める。

第三款　苦情の申出

（法務大臣に対する苦情の申出）
第一六六条① 被収容者は、自己に対する刑事施設の長の措置その他自己が受けた処遇について、書面で、法務大臣に対し、苦情の申出をすることができる。
② 第百五十七条第二項の規定は、前項の苦情の申出について準用する。
③ 法務大臣は、苦情の申出を受けたときは、これを誠実に処理し、処理の結果を苦情の申出をした者に通知しなければならない。ただし、その者が釈放されたときは、この限りでない。

（監査官に対する苦情の申出）
第一六七条① 被収容者は、自己に対する刑事施設の長の措置その他自己が受けた処遇について、口頭又は書面で、第五条の規定により実地監査を行う監査官（以下この節において単に「監査官」という。）に対し、苦情の申出をすることができる。
② 第百五十七条第二項の規定は、前項の苦情の申出について準用する。
③ 監査官は、口頭による苦情の申出を受けるに当たっては、刑事施設の職員を立ち会わせてはならない。
④ 前条第三項の規定は、監査官が苦情の申出を受けた場合について準用する。

（刑事施設の長に対する苦情の申出）
第一六八条① 被収容者は、自己に対する刑事施設の長の措置その他自己が受けた処遇について、口頭又は書面で、刑事施設の長に対し、苦情の申出をすることができる。
② 第百五十七条第二項の規定は、前項の苦情の申出について準用する。
③ 被収容者が口頭で第一項の苦情の申出をしようとするときは、刑事施設の長は、その指名する職員にその内容を聴取させることができる。
④ 第百六十六条第三項の規定は、刑事施設の長が苦情の申出を受けた場合について準用する。

第四款　雑則

（秘密申立て）
第一六九条① 刑事施設の長は、被収容者が、審査の申請等（審査の申請、再審査の申請又は第百六十三条第一項若しくは第百六十五条第一項の規定による申告をいう。次項及び次条において同じ。）をし、又は法務大臣若しくは監査官に対し苦情の申出をするに当たり、その内容を刑事施設の職員に秘密にすることができるように、必要な措置を講じなければならない。
② 第百二十七条（第百四十四条において準用する場合を含む。）、第百三十五条（第百三十八条及び第百四十二条において準用する場合を含む。）及び第百四十条の規定にかかわらず、審査の申請等又は苦情の申出の書面は、検査をしてはならない。

（不利益取扱いの禁止）
第一七〇条 刑事施設の職員は、被収容者が審査の申請等又は苦情の申出をしたことを理由として、その者に対し不利益な取扱いをしてはならない。

第十四節　釈放（抄）

（受刑者の釈放）
第一七一条 受刑者の釈放は、次の各号に掲げる場合の区分に応じ、当該各号に定める期間内に、できる限り速やかに行う。
一　釈放すべき日があらかじめ定められている場合　その日の午前中
二　不定期刑の終了による場合　更生保護法（平成十九年法律第八十八号）第四十四条第二項の通知が刑事施設に到達した日の翌日の午前中
三　政令で行われる恩赦による場合であって、当該恩赦に係る政令の規定の公布の日が釈放すべき日となる場合　その日のうち
四　前三号に掲げる場合以外の場合　釈放の根拠となる文書が刑事施設に到達した時から十時間以内

（被勾留者の釈放）
第一七二条 被勾留者（刑事施設に収容されているものに限る。以下この条において同じ。）の釈放は、次に掲げる事由が生じた後直ちに行う。
一　被告人の勾留の期間が満了したこと。
二　刑事訴訟法第三百四十五条の規定により勾留状が効力を失ったこと（被勾留者が公判廷にある場合に限る。）。
三　検察官の釈放の指揮又は通知を受けたこと。

第一七三条及び第一七四条　（略）

（帰住旅費等の支給）
第一七五条 釈放される被収容者に対しては、その帰住を助けるため必要な旅費又は衣類を支給するものとする。

第十五節　死亡

（第一七六条及び第一七七条）（略）

第十六節　死刑の執行

（死刑の執行）
第一七八条① 死刑は、刑事施設内の刑場において執行する。
② 日曜日、土曜日、国民の祝日に関する法律（昭和二十三年法律第百七十八号）に規定する休日、一月二日、一月三日及び十二月二十九日から十二月三十一日までの日には、死刑を執行しない。

（解縄）
第一七九条 死刑を執行するときは、絞首された者の死亡を確認してから五分を経過した後に絞縄を解くものとする。

第三章　留置施設における被留置者の処遇

（第一八〇条から第二四〇条まで）（略）

第四章　海上保安留置施設における海上保安被留置者の処遇

（第二四一条から第二八五条まで）（略）

第三編　補則（抄）

第一章　代替収容の場合における刑事訴訟法等の適用

第二八六条　第十五条第一項の規定により留置施設に留置される者については、留置施設を刑事施設と、留置担当官を刑事施設職員と、留置業務管理者を刑事施設の長とみなして、刑事訴訟法第六十四条第一項、第六十五条第三項、第七十条第二項、第七十三条第二項、第七十八条、第八十条後段、第九十八条第一項及び第二項、第二百八十六条の二、第三百六十六条、第三百六十七条並びに第四百八十一条第二項、更生保護法第十三条（同法第二十二条、第二十五条第三項、第三十六条第三項（同法第三十九条第五項において準用する場合を含む。）、第六十三条第十項、第七十三条第五項、第七十三条の四第三項及び第七十六条第四項において準用する場合を含む。）、第二十七条第三項、第三十三条、第三十五条第二項、第三十六条第二項（同法第三十七条第三項（同法第四十五条において準用する場合を含む。）及び第三十九条第五項において準用する場合を含む。）、第三十九条第四項、第四十四条、第五十四条第二項、第五十五条第二項、第八十二条、第八十六条、第九十条第二項及び第九十三条並びに民事訴訟法（平成八年法律第百九号）第百二条第三項の規定を適用する。

＊令和四法四八（令和八・五・二四までに施行）**による改正**
第二八六条中「第百二条第三項」を「第九十九条第三項」に改める。（本文未織込み）

第二章　労役場及び監置場（抄）

（労役場及び監置場の附置等）

第二八七条①　労役場及び監置場は、それぞれ、法務大臣が指定する刑事施設に附置する。

②　監置の裁判の執行を受ける者は、最寄りの地に監置場がないとき、又は最寄りの監置場に留置の余力がないときは、刑事施設内の特に区別した場所に留置することができる。

③　労役場及び監置場については、第五条、第六条、第十一条及び第十二条の規定を準用する。

④　刑事施設視察委員会は、刑事施設に附置された労役場及び監置場の運営に関しても、第七条第二項に規定する事務を行うものとする。この場合においては、第九条及び第十条の規定を準用する。

（労役場留置者の処遇）

第二八八条　労役場に留置されている者（以下「労役場留置者」という。）の処遇については、その性質に反しない限り、前編第二章中の懲役受刑者に関する規定を準用する。

＊令和四法六七（令和七・六・一六までに施行）**による改正後**

第二八八条①　**（労役場留置者の処遇）**　労役場に留置されている者（以下「労役場留置者」という。）に行わせる作業は、労役場留置者ごとに、当該労役場が附置された刑事施設の長が指定する。

②　労役場が附置された刑事施設の長は、法務省令で定める基準に従い、一日の作業時間及び作業を行わない日を定める。

③　前二項に定めるもののほか、労役場留置者の処遇については、その性質に反しない限り、前編第二章中の受刑者に関する規定を準用する。この場合において、第七十四条第二項第九号中「第九十三条に規定する作業を怠り、又は第八十六条第一項各号、第百三条若しくは第百四条に規定する指導を拒んではならない」とあるのは、「第二百八十八条第一項に規定する作業を怠ってはならない」と読み替えるものとする。

第二八九条　（略）

第三章　司法警察職員

第二九〇条①　刑事施設の長は、刑事施設における犯罪（労役場及び監置場における犯罪を含む。次項において同じ。）について、刑事訴訟法の規定による司法警察員としての職務を行う。

②　刑事施設の職員（刑事施設の長を除く。）であって、刑事施設の長がその刑事施設の所在地を管轄する地方裁判所に対応する検察庁の検事正と協議をして指名したものは、刑事施設における犯罪について、法務大臣の定めるところにより、刑事訴訟法の規定による司法警察職員としての職務を行う。

第四章　条約の効力

第二九一条　この法律に規定する面会及び信書の発受に関する事項について条約に別段の定めがあるときは、その規定による。

第五章　罰則

第二九二条　第二十一条第三項の規定に違反して秘密を漏らした者は、一年以下の懲役又は百万円以下の罰金に処する。

＊令和四法六七（令和七・六・一六までに施行）**による改正**
第二九二条中「懲役」を「拘禁刑」に改める。（本文未織込み）

第二九三条①　第八十三条第二項（第二百八十八条及び第二百八十九条第一項において準用する場合を含む。）の規定により解放された被収容者（刑法第九十七条に規定する者に該当するものに限る。）、労役場留置者又は監置場留置者が、第八十三条第三項（第二百八十八条及び第二百八十九条第一項において準用する場合を含む。）の規定に違反して刑事施設又は指定された場所に出頭しないときは、一年以下の懲役に処する。

＊令和四法六七（令和七・六・一六までに施行）**による改正**
第一項中「第二百八十八条」を「第二百八十八条第三項」に、「懲役」を「拘禁刑」に改める。（本文未織込み）

②　刑事施設に収容されている受刑者が次の各号のいずれかに該当する場合も、前項と同様とする。

一　外部通勤作業の場合において、そのための通勤の日を過ぎて刑事施設に帰着しないとき。

二　第百六条の二第一項の規定による外出又は外泊の場合において、その外出の日又は外泊の期間の末日を過ぎて刑事施設に帰着しないとき。

③　第二百十五条第二項の規定により解放された被留置者（刑法第九十七条に規定する者に該当するものに限る。）が、第二百十五条第三項の規定に違反して留置施設又は指定された場所に出頭しないときも、第一項と同様とする。

附　則（抄）

（施行期日）

第一条　この法律は、公布の日から起算して一年を超えない範囲内において政令で定める日（平成一八・五・二四―平成一八政一九二）から施行する。（後略）

附　則（令和四・五・二五法四八）（抄）

（施行期日）

第一条　この法律は、公布の日から起算して四年を超えない範囲内において政令で定める日から施行する。ただし、次の各号に掲げる規定は、当該各号に定める日から施行する。

一　（前略）附則第百二十五条の規定　公布の日

二―五　（略）

（政令への委任）

第一二五条　（前略）この法律の施行に関し必要な経過措置は、政令で定める。

附　則（令和四・六・一七法六七）（抄）

（施行期日）

①　この法律は、公布の日から起算して三年を超えない範囲内に

おいて政令で定める日から施行する。ただし、次の各号に掲げる規定は、当該各号に定める日から施行する。

一　（略）

二　第四条（刑事収容施設及び被収容者等の処遇に関する法律の一部改正）（中略）の規定　公布の日から起算して一年六月を超えない範囲内において政令で定める日

（経過措置）

②　この法律の施行に伴い必要な経過措置その他の事項は、別に法律で定めるところによる。

刑法等の一部を改正する法律の施行に伴う関係法律整理法中経過規定　（令和四・六・一七法六八）（抄）

第四四一条から第四四三条まで　（刑法の同経過規定参照）

（受刑者に関する経過措置）

第四五九条　当分の間、刑法等一部改正法（刑法等の一部を改正する法律（令和四法六七））第五条の規定による改正後の刑事収容施設及び被収容者等の処遇に関する法律（平成十七年法律第五十号。以下この節において「新刑事収容施設法」という。）第二条第四号の受刑者には、懲役の刑（第五十三条の規定による改正前の国際受刑者移送法（以下「旧国際受刑者移送法」という。）第十六条第一項第一号の共助刑を含む。）の執行のため拘置されている者（以下「懲役受刑者」という。）、禁錮の刑（同項第二号の共助刑を含む。）の執行のため拘置されている者（以下「禁錮受刑者」という。）及び旧拘留の刑の執行のため拘置されている者（以下この節において「旧拘留受刑者」という。）を含むものとする。

（懲役受刑者の作業に関する経過措置）

第四六〇条　懲役受刑者の作業については、新刑事収容施設法第九十三条及び第九十五条第一項の規定は適用せず、刑法等一部改正法第五条の規定による改正前の刑事収容施設及び被収容者等の処遇に関する法律（以下この節において「旧刑事収容施設法」という。）第九十二条及び第九十五条第一項の規定は、なおその効力を有する。

（禁錮受刑者及び旧拘留受刑者の作業に関する経過措置）

第四六一条　禁錮受刑者及び旧拘留受刑者の作業については、新刑事収容施設法第九十三条の規定は適用せず、旧刑事収容施設法第九十三条の規定は、なおその効力を有する。

（懲罰に関する経過措置）

第四六二条　禁錮受刑者及び旧拘留受刑者に科する懲罰については、新刑事収容施設法第百五十一条第一項及び第二項の規定は適用せず、旧刑事収容施設法第百五十一条第一項及び第二項の規定は、なおその効力を有する。

（新刑事収容施設法の適用関係）

第四六三条　当分の間、次の表の上欄に掲げる新刑事収容施設法の規定の適用については、これらの規定中同表の中欄に掲げる字句は、それぞれ同表の下欄に掲げる字句とする。

上欄	中欄	下欄
第三条第一号	拘禁刑又は拘留	拘禁刑、拘留、刑法等の一部を改正する法律（令和四年法律第六十七号。以下「刑法等一部改正法」という。）第二条の規定による改正前の刑法（明治四十年法律第四十五号。以下「旧刑法」という。）第十二条に規定する懲役（以下「懲役」という。）、旧刑法第十三条に規定する禁錮（以下「禁錮」という。）又は旧刑法第十六条に規定する拘留（以下「旧拘留」という。）
第四条第一項第三号	拘禁刑受刑者及び拘留受刑者	拘禁刑受刑者、拘留受刑者、懲役受刑者（懲役の刑（刑法等の一部を改正する法律の施行に伴う関係法律の整理等に関する法律（令和四年法律第六十八号。以下「整理法」という。）第五十三条の規定による改正前の国際受刑者移送法第十六条第一項第一号の共助刑を含む。以下同じ。）の執行のため拘置されている者をいう。以下同じ。）、禁錮受刑者（禁錮の刑（同項第二号の共助刑を含む。以下同じ。）の執行のため拘置されている者をいう。以下同じ。）及び旧拘留受刑者（旧拘留の刑の執行のため拘置されている者をいう。）
第四条第二項	第九十三条	第九十三条又は整理法第四百六十条若しくは第四百六十一条の規定によりなお効力を有することとされる刑法等一部改正法第五条の規定による改正前の第九十二条若しくは第九十三条
第十五条第一項第一号	拘禁刑又は拘留	拘禁刑、拘留、懲役、禁錮又は旧拘留
第七十四条第二項第九号	第九十三条	第九十三条若しくは整理法第四百六十条若しくは第四百六十一条の規定によりなお効力を有することとされる刑法等一部改正法第五条の規定による改正前の第九十二条若しくは第九十三条
第八十四条第一項及び第三項	第九十三条	第九十三条又は整理法第四百六十条若しくは第四百六十一条の規定によりなお効力を有することとされる刑法等一部改正法第五条の規定による改正前の第九十二条若しくは第九十三条
第九十六条第一項及び第百六条の二第一項	少年法第五十八条又は	少年法第五十八条若しくは
	拘禁刑受刑者	拘禁刑受刑者又は整理法第四百四十二条の規定によりなお従前の例によることとされる旧刑法第二十八条、整理法第四百九十一条第八項の規定により読み替えて適用される刑法第二十八条、整理法第四百七十七条第四項の規定によりなお従前の例によることとされる整理法第十四条の規定による改正前の少年法第五十八条若しくは整理法第四百九十一条第七項の規定により適用される国際受刑者移送法第二十二条の規定により仮釈放を許すことができる期間を経過した懲役受刑者若しくは禁錮受刑者

第五〇九条　（刑法の同経過規定参照）

刑法等の一部を改正する法律の施行に伴う関係法律整理法

附　則（令和四・六・一七法六八）（抄）

（施行期日）

①　この法律は、刑法等一部改正法施行日から施行する。ただし、次の各号に掲げる規定は、当該各号に定める日から施行する。

一　第五百九条の規定　公布の日

二　（略）

＊更生保護法（抜粋）（平成一九・六・一五 法 八 八）

第一章　総則（抄）

第一節　目的等（抄）

（**目的**）

第一条　この法律は、犯罪をした者及び非行のある少年に対し、社会内において適切な処遇を行うことにより、再び犯罪をすることを防ぎ、又はその非行をなくし、これらの者が善良な社会の一員として自立し、改善更生することを助けるとともに、恩赦の適正な運用を図るほか、犯罪予防の活動の促進等を行い、もって、社会を保護し、個人及び公共の福祉を増進することを目的とする。

（**運用の基準**）

第三条　犯罪をした者又は非行のある少年に対してこの法律の規定によりとる措置は、当該措置を受ける者の性格、年齢、経歴、心身の状況、家庭環境、交友関係、被害者等（犯罪若しくは刑罰法令に触れる行為により害を被った者（以下この条において「被害者」という。）又はその法定代理人若しくは被害者が死亡した場合若しくはその心身に重大な故障がある場合におけるその配偶者、直系の親族若しくは兄弟姉妹をいう。以下同じ。）の被害に関する心情、被害者等の置かれている状況等を十分に考慮して、当該措置を受ける者に最もふさわしい方法により、その改善更生のために必要かつ相当な限度において行うものとする。

第二節　中央更生保護審査会（抄）

（**設置及び所掌事務**）

第四条①　法務省に、中央更生保護審査会（以下「審査会」という。）を置く。

②　審査会は、次に掲げる事務をつかさどる。

一　特赦、特定の者に対する減刑、刑の執行の免除又は特定の者に対する復権の実施についての申出をすること。

二　地方更生保護委員会がした決定について、この法律及び行政不服審査法（平成二十六年法律第六十八号）の定めるところにより、審査を行い、裁決をすること。

三　前二号に掲げるもののほか、この法律又は他の法律によりその権限に属させられた事項を処理すること。

第三節　地方更生保護委員会（抄）

（**所掌事務**）

第一六条　地方更生保護委員会（以下「地方委員会」という。）は、次に掲げる事務をつかさどる。

一　刑法（明治四十年法律第四十五号）第二十八条の行政官庁として、仮釈放を許し、又はその処分を取り消すこと。

二　刑法第三十条の行政官庁として、仮出場を許すこと。

三　少年院からの仮退院又は退院を許すこと。

四　少年院からの仮退院中の者について、少年院に戻して収容する旨の決定の申請をし、又は仮退院を許す処分を取り消すこと。

五　少年法（昭和二十三年法律第百六十八号）第五十二条第一項又は同条第一項及び第二項の規定により言い渡された刑（以下「不定期刑」という。）について、その執行を受け終わったものとする処分をすること。

六　保護観察所の事務を監督すること。

七　前各号に掲げるもののほか、この法律又は他の法律によりその権限に属させられた事項を処理すること。

> **＊令和四法五二（令和六・四・一施行）による改正前**
>
> **第一六条**（柱書略）
>
> 一―五（略）
>
> 六　婦人補導院からの仮退院を許し、又はその処分を取り消すこと。（改正により削られた）
>
> 七・八（略、改正後の六・七）

第四節　保護観察所（抄）

（**所掌事務**）

第二九条　保護観察所は、次に掲げる事務をつかさどる。

一　保護観察を実施すること。

> **＊令和四法五二（令和六・四・一施行）による改正前**
>
> 一　この法律及び売春防止法の定めるところにより、保護観察を実施すること。

二　犯罪の予防を図るため、世論を啓発し、社会環境の改善に努め、及び地域住民の活動を促進すること。

三　前二号に掲げるもののほか、この法律その他の法令によりその権限に属させられた事項を処理すること。

第五節　保護観察官及び保護司

（**保護観察官**）

第三一条①　地方委員会の事務局及び保護観察所に、保護観察官を置く。

②　保護観察官は、医学、心理学、教育学、社会学その他の更生保護に関する専門的知識に基づき、保護観察、調査、生活環境の調整その他犯罪をした者及び非行のある少年の更生保護並びに犯罪の予防に関する事務に従事する。

（**保護司**）

第三二条　保護司は、保護観察官で十分でないところを補い、地方委員会又は保護観察所の長の指揮監督を受けて、保護司法（昭和二十五年法律第二百四号）の定めるところに従い、それぞれ地方委員会又は保護観察所の所掌事務に従事するものとする。

第二章　仮釈放等（抄）

第一節　仮釈放及び仮出場（抄）

（**法定期間経過の通告**）

第三三条　刑事施設の長又は少年院の長は、懲役又は禁錮の刑の執行のため収容している者について、刑法第二十八条又は少年法第五十八条第一項に規定する期間が経過したときは、その旨を地方委員会に通告しなければならない。

> **＊令和四法六七（令和七・六・一六までに施行）による改正**
>
> 第三三条中「懲役又は禁錮の刑」を「拘禁刑」に改める。（本文未織込み）

（**仮釈放及び仮出場の申出**）

第三四条①　刑事施設の長又は少年院の長は、懲役又は禁錮の刑の執行のため収容している者について、前条の期間が経過し、かつ、法務省令で定める基準に該当すると認めるときは、地方委員会に対し、仮釈放を許すべき旨の申出をしなければならない。

> **＊令和四法六七（令和七・六・一六までに施行）による改正**
>
> 第一項中「懲役又は禁錮の刑」を「拘禁刑」に改める。（本文未織込み）

②　刑事施設の長は、拘留の刑の執行のため収容している者又は労役場に留置している者について、法務省令で定める基準に該当すると認めるときは、地方委員会に対し、仮出場を許すべき旨の申出をしなければならない。

（**申出によらない審理の開始等**）

第三五条①　地方委員会は、前条の申出がない場合であっても、必要があると認めるときは、仮釈放又は仮出場を許すか否かに関する審理を開始することができる。

②　地方委員会は、前項の規定により審理を開始するに当たって

は、あらかじめ、審理の対象となるべき者が収容されている刑事施設（労役場に留置されている場合には、当該労役場が附置された刑事施設）の長又は少年院の長の意見を聴かなければならない。

（仮釈放の審理における委員による面接等）

第三七条① 地方委員会は、仮釈放を許すか否かに関する審理においては、その構成員である委員をして、審理対象者と面接させなければならない。ただし、その者の重い疾病若しくは傷害により面接を行うことが困難であると認められるとき又は法務省令で定める場合であって面接の必要がないと認められるときは、この限りでない。

② 地方委員会は、仮釈放を許すか否かに関する審理において必要があると認めるときは、審理対象者について、保護観察所の長に対し、事項を定めて、第八十二条第一項の規定による生活環境の調整を行うことを求めることができる。

③ 前条第二項の規定は、仮釈放を許すか否かに関する審理における調査について準用する。

（被害者等の意見等の聴取）

第三八条① 地方委員会は、仮釈放を許すか否かに関する審理を行うに当たり、法務省令で定めるところにより、審理対象者が刑を言い渡される理由となった犯罪に係る被害者等から、審理対象者の仮釈放、仮釈放中の保護観察及び第八十二条第一項の規定による生活環境の調整に関する意見並びに被害に関する心情（以下この条において「意見等」という。）を述べたい旨の申出があったときは、当該意見等を聴取するものとする。ただし、当該被害に係る事件の性質、審理の状況その他の事情を考慮して相当でないと認めるときは、この限りでない。

② 地方委員会は、前項の被害者等の居住地を管轄する保護観察所の長に対し、同項の申出の受理に関する事務及び同項の規定による意見等の聴取を円滑に実施するための事務を嘱託することができる。

③ 地方委員会は、第一項の規定により仮釈放中の保護観察に関する意見を聴取した場合において、同項の審理対象者について刑法第二十八条の規定による仮釈放を許す処分をしたときは、当該審理対象者の仮釈放中の保護観察をつかさどることとなる保護観察所の長に対し、当該意見その他の仮釈放中の保護観察の実施に必要な事項を通知するものとする。

④ 地方委員会は、第一項の規定により第八十二条第一項の規定による生活環境の調整に関する意見を聴取した場合において、必要があると認めるときは、第一項の審理対象者について同条第一項の規定による生活環境の調整を行う保護観察所の長に対し、当該意見その他の同項の規定による生活環境の調整の実施に必要な事項を通知するものとする。

（仮釈放及び仮出場を許す処分）

第三九条① 刑法第二十八条の規定による仮釈放を許す処分及び同法第三十条の規定による仮出場を許す処分は、地方委員会の決定をもってするものとする。

② 地方委員会は、仮釈放又は仮出場を許す処分をするに当たっては、釈放すべき日を定めなければならない。

③ 地方委員会は、仮釈放を許す処分をするに当たっては、第五十一条第二項第五号の規定により宿泊すべき特定の場所を定める場合その他特別の事情がある場合を除き、第八十二条第一項の規定による住居の調整の結果に基づき、仮釈放を許される者が居住すべき住居を特定するものとする。

④ 地方委員会は、第一項の決定をした場合において、当該決定を受けた者について、その釈放までの間に、刑事施設の規律及び秩序を害する行為をしたこと、予定されていた釈放後の住居、就業先その他の生活環境に著しい変化が生じたことその他その釈放が相当でないと認められる特別の事情が生じたと認めるときは、仮釈放又は仮出場を許すか否かに関する審理を再開しなければならない。この場合においては、当該決定は、その効力を失う。

⑤ 第三十六条の規定は、前項の規定による審理の再開に係る判断について準用する。

参考 **犯罪をした者及び非行のある少年に対する社会内における処遇に関する規則**（平成二〇・四・二三法務二八）（抜粋）

（仮釈放許可の基準）

第二八条 法第三十九条第一項に規定する仮釈放を許す処分は、懲役又は禁錮の刑の執行のため刑事施設又は少年院に収容されている者について、悔悟の情及び改善更生の意欲があり、再び犯罪をするおそれがなく、かつ、保護観察に付することが改善更生のために相当であると認めるときにするものとする。ただし、社会の感情がこれを是認すると認められないときは、この限りでない。

（仮釈放中の保護観察）

第四〇条 仮釈放を許された者は、仮釈放の期間中、保護観察に付する。

第二節 少年院からの仮退院

（仮退院を許す処分）

第四一条 地方委員会は、保護処分の執行のため少年院に収容されている者（第六十八条の五第一項に規定する収容中の特定保護観察処分少年を除く。第四十六条第一項において同じ。）について、少年院法（平成二十六年法律第五十八号）第十六条に規定する処遇の段階が最高段階に達し、仮に退院させることが改善更生のために相当であると認めるとき、その他仮に退院させることが改善更生のために特に必要であると認めるときは、決定をもって、仮退院を許すものとする。

（準用）

第四二条 第三十五条から第三十八条まで、第三十九条第二項から第五項まで及び第四十条の規定は、少年院からの仮退院について準用する。この場合において、第三十五条第一項中「前条」とあるのは「少年院法第百三十五条」と、第三十八条第一項中「刑」とあるのは「保護処分」と、「犯罪」とあるのは「犯罪又は刑罰法令に触れる行為」と読み替えるものとする。

第三節 収容中の者の不定期刑の終了（抄）

（刑事施設等に収容中の者の不定期刑の終了の申出）

第四三条 刑事施設の長又は少年院の長は、不定期刑の執行のため収容している者について、その刑の短期が経過し、かつ、刑の執行を終了するのを相当と認めるときは、地方委員会に対し、刑の執行を受け終わったものとすべき旨の申出をしなければならない。

（刑事施設等に収容中の者の不定期刑の終了の処分）

第四四条① 地方委員会は、前条に規定する者について、同条の申出があった場合において、刑の執行を終了するのを相当と認めるときは、決定をもって、刑の執行を受け終わったものとしなければならない。

② 地方委員会は、前項の決定をしたときは、速やかに、その対象とされた者が収容されている刑事施設の長又は少年院の長に対し、その旨を書面で通知するとともに、当該決定を受けた者に対し、当該決定をした旨の証明書を交付しなければならない。

③ 第一項の決定の対象とされた者の刑期は、前項の通知が刑事施設又は少年院に到達した日に終了するものとする。

第四節 収容中の者の退院（抄）

（少年法第二十四条第一項第三号又は第六十四条第一項第三号の保護処分の執行のため少年院に収容中の者の退院を許す処分）

第四六条① 地方委員会は、保護処分の執行のため少年院に収容されている者について、少年院の長の申出があった場合において、退院させてその保護処分を終了させるのを相当と認めるとき（二十三歳を超えて少年院に収容されている者については、少年院法第百三十九条第一項に規定する事由に該当しなくなったと認めるときその他退院させてその保護処分を終了させるのを相当と認めるとき）は、決定をもって、これを許さなければならない。

② 地方委員会は、前項の決定をしたときは、当該決定を受けた者に対し、当該決定をした旨の証明書を交付しなければならない。

（収容中の特定保護観察処分少年の退院を許す処分）

第四七条の二 地方委員会は、第六十八条の五第一項に規定する収容中の特定保護観察処分少年について、少年院法第十六条に規定する処遇の段階が最高段階に達し、退院させて再び保護観察を実施することが改善更生のために相当であると認めるとき、その他退院させて再び保護観察を実施することが改善更生のために特に必要であると認めるときは、決定をもって、その退院を許すものとする。

第三章　保護観察（抄）

第一節　通則（抄）

（保護観察の対象者）

第四八条 次に掲げる者（以下「保護観察対象者」という。）に対する保護観察の実施については、この章の定めるところによる。

一　少年法第二十四条第一項第一号又は第六十四条第一項第一号若しくは第二号の保護処分に付されている者（以下「保護観察処分少年」という。）

二　少年院からの仮退院を許されて第四十二条において準用する第四十条の規定により保護観察に付されている者（以下「少年院仮退院者」という。）

三　仮釈放を許されて第四十条の規定により保護観察に付されている者（以下「仮釈放者」という。）

四　刑法第二十五条の二第一項若しくは第二十七条の三第一項又は薬物使用等の罪を犯した者に対する刑の一部の執行猶予に関する法律（平成二十五年法律第五十号）第四条第一項の規定により保護観察に付されている者（以下「保護観察付執行猶予者」という。）

（保護観察の実施方法）

第四九条① 保護観察は、保護観察対象者の改善更生を図ることを目的として、その犯罪又は非行に結び付く要因及び改善更生に資する事項を的確に把握しつつ、第五十七条及び第六十五条の三第一項に規定する指導監督並びに第五十八条に規定する補導援護を行うことにより実施するものとする。

② 保護観察処分少年又は少年院仮退院者に対する保護観察は、保護処分の趣旨を踏まえ、その者の健全な育成を期して実施しなければならない。

③ 保護観察所の長は、保護観察を適切に実施するため、保護観察対象者の改善更生に資する援助を行う関係機関等に対し第三十条の規定により必要な情報の提供を求めるなどして、当該関係機関等との間の緊密な連携の確保に努めるものとする。

（一般遵守事項）

第五〇条① 保護観察対象者は、次に掲げる事項（以下「一般遵守事項」という。）を遵守しなければならない。

一　再び犯罪をすることがないよう、又は非行をなくすよう健全な生活態度を保持すること。

二　次に掲げる事項を守り、保護観察官及び保護司による指導監督を誠実に受けること。

イ　保護観察官又は保護司の呼出し又は訪問を受けたときは、これに応じ、面接を受けること。

ロ　保護観察官又は保護司から、労働又は通学の状況、収入又は支出の状況、家庭環境、交友関係その他の生活の実態を示す事実であって指導監督を行うため把握すべきものを明らかにするよう求められたときは、これに応じ、その事実を申告し、又はこれに関する資料を提示すること。

ハ　保護観察官又は保護司から、健全な生活態度を保持するために実行し、又は継続している行動の状況、特定の犯罪的傾向を改善するための専門的な援助を受けることに関してとった行動の状況、被害者等の被害を回復し、又は軽減するためにとった行動の状況その他の行動の状況を示す事実であって指導監督を行うため把握すべきものを明らかにするよう求められたときは、これに応じ、その事実を申告し、又はこれに関する資料を提示すること。

三　保護観察に付されたときは、速やかに、住居を定め、その地を管轄する保護観察所の長にその届出をすること（第三十九条第三項（第四十二条において準用する場合を含む。）又は第七十八条の二第一項において準用する第六十八条の七第一項の規定により住居を特定された場合及び次条第二項第五号の規定により宿泊すべき特定の場所を定められた場合を除く。）。

四　前号の届出に係る住居（第三十九条第三項（第四十二条及び第四十七条の三において準用する場合を含む。）又は第六十八条の七第一項（第七十八条の二第一項において準用する場合を含む。）の規定により住居を特定された場合には当該住居、次号の転居の許可を受けた場合には当該許可に係る住居）に居住すること（次条第二項第五号の規定により宿泊すべき特定の場所を定められた場合を除く。）。

五　転居（第四十七条の二の決定又は少年法第六十四条第二項の規定により定められた期間（以下「収容可能期間」という。）の満了により釈放された場合に前号の規定により居住することとされている住居に転居する場合を除く。）又は七日以上の旅行をするときは、あらかじめ、保護観察所の長の許可を受けること。

② 刑法第二十七条の三第一項又は薬物使用等の罪を犯した者に対する刑の一部の執行猶予に関する法律第四条第一項の規定により保護観察に付する旨の言渡しを受けた者（以下「保護観察付一部猶予者」という。）が仮釈放中の保護観察に引き続きこれらの規定による保護観察に付されたときは、第七十八条の二第一項において準用する第六十八条の七第一項の規定により住居を特定された場合及び次条第二項第五号の規定により宿泊すべき特定の場所を定められた場合を除き、仮釈放中の保護観察の終了時に居住することとされていた前項第三号の届出に係る住居（第三十九条第三項の規定により住居を特定された場合には当該住居、前項第五号の転居の許可を受けた場合には当該許可に係る住居）につき、同項第三号の届出をしたものとみなす。

（特別遵守事項）

第五一条① 保護観察対象者は、一般遵守事項のほか、遵守すべき特別の事項（以下「特別遵守事項」という。）が定められたときは、これを遵守しなければならない。

② 特別遵守事項は、次条に定める場合を除き、第五十二条の定めるところにより、これに違反した場合に第七十二条第一項及び第七十三条の二第一項、刑法第二十六条の二、第二十七条の五及び第二十九条第一項並びに少年法第二十六条の四第一項及び第六十六条第一項に規定する処分がされることがあることを踏まえ、次に掲げる事項について、保護観察対象者の改善更生のために特に必要と認められる範囲内において、具体的に定めるものとする。

一　犯罪性のある者との交際、いかがわしい場所への出入り、遊興による浪費、過度の飲酒その他の犯罪又は非行に結び付くおそれのある特定の行動をしてはならないこと。

二　労働に従事すること、通学することその他の再び犯罪をすることがなく又は非行のない健全な生活態度を保持するために必要と認められる特定の行動を実行し、又は継続すること。

三　七日未満の旅行、離職、身分関係の異動その他の指導監督を行うため事前に把握しておくことが特に重要と認められる生活上又は身分上の特定の事項について、緊急の場合を除き、あらかじめ、保護観察官又は保護司に申告すること。

四　医学、心理学、教育学、社会学その他の専門的知識に基づく特定の犯罪的傾向を改善するための体系化された手順による処遇として法務大臣が定めるものを受けること。

五　法務大臣が指定する施設、保護観察対象者を監護すべき者の居宅その他の改善更生のために適当と認められる特定の場所であって、宿泊の用に供されるものに一定の期間宿泊して指導監督を受けること。

六　善良な社会の一員としての意識の涵養及び規範意識の向上に資する地域社会の利益の増進に寄与する社会的活動を一定の時間行うこと。

七　更生保護事業法（平成七年法律第八十六号）の規定により更生保護事業を営む者その他の適当な者が行う特定の犯罪的傾向を改善するための専門的な援助であって法務大臣が定める基準に適合するものを受けること。

八　その他指導監督を行うため特に必要な事項

（**特別遵守事項の特則**）

第五一条の二①　薬物使用等の罪を犯した者に対する刑の一部の執行猶予に関する法律第四条第一項の規定により保護観察に付する旨の言渡しを受けた者については、次条第四項の定めるところにより、規制薬物等（同法第二条第一項に規定する規制薬物等をいう。以下同じ。）の使用を反復する犯罪的傾向を改善するための前条第二項第四号に規定する処遇を受けることを猶予期間中の保護観察における特別遵守事項として定めなければならない。ただし、これに違反した場合に刑法第二十七条の五に規定する処分がされることがあることを踏まえ、その改善更生のために特に必要とは認められないときは、この限りでない。

②　第四項の場合を除き、前項の規定により定められた猶予期間中の保護観察における特別遵守事項を刑法第二十七条の二の規定による猶予の期間の開始までの間に取り消す場合における第五十三条第四項の規定の適用については、同項中「必要」とあるのは、「特に必要」とする。

③　第一項の規定は、同項に規定する者について、次条第二項及び第三項の定めるところにより仮釈放中の保護観察における特別遵守事項を釈放の時までに定める場合に準用する。この場合において、第一項ただし書中「第二十七条の五」とあるのは、「第二十九条第一項」と読み替えるものとする。

④　第一項に規定する者について、仮釈放を許す旨の決定をした場合においては、前項の規定による仮釈放中の保護観察における特別遵守事項の設定及び第一項の規定による猶予期間中の保護観察における特別遵守事項の設定は、釈放の時までに行うものとする。

⑤　前項の場合において、第三項において準用する第一項の規定により定められた仮釈放中の保護観察における特別遵守事項を釈放までの間に取り消す場合における第五十三条第二項の規定の適用については、同項中「必要」とあるのは、「特に必要」とし、第一項の規定により定められた猶予期間中の保護観察における特別遵守事項を釈放までの間に取り消す場合における同条第四項の規定の適用については、同項中「刑法第二十七条の二の規定による猶予の期間の開始までの間に、必要」とあるのは、「釈放までの間に、特に必要」とする。

（**特別遵守事項の設定及び変更**）

第五二条①　保護観察所の長は、保護観察処分少年について、法務省令で定めるところにより、少年法第二十四条第一項第一号又は第六十四条第一項第一号若しくは第二号の保護処分をした家庭裁判所の意見を聴き、これに基づいて、特別遵守事項を定めることができる。これを変更するときも、同様とする。

②　地方委員会は、少年院仮退院者又は仮釈放者について、保護観察所の長の申出により、法務省令で定めるところにより、決定をもって、特別遵守事項を定めることができる。保護観察所の長の申出により、これを変更するときも、同様とする。

③　前項の場合において、少年院からの仮退院又は仮釈放を許す旨の決定による釈放の時までに特別遵守事項を定め、又は変更するときは、保護観察所の長の申出を要しないものとする。

④　地方委員会は、保護観察付一部猶予者について、刑法第二十七条の二の規定による猶予の期間の開始の時までに、法務省令で定めるところにより、決定をもって、特別遵守事項（猶予期間中の保護観察における特別遵守事項に限る。以下この項及び次条第四項において同じ。）を定め、又は変更することができる。この場合において、仮釈放中の保護観察付一部猶予者について、特別遵守事項を定め、又は変更するときは、保護観察所の長の申出によらなければならない。

⑤　保護観察所の長は、刑法第二十五条の二第一項の規定により保護観察に付されている保護観察付執行猶予者について、その保護観察の開始に際し、法務省令で定めるところにより、同項の規定により保護観察に付する旨の言渡しをした裁判所の意見を聴き、これに基づいて、特別遵守事項を定めることができる。

⑥　保護観察所の長は、前項の場合のほか、保護観察付執行猶予者について、法務省令で定めるところにより、当該保護観察所の所在地を管轄する地方裁判所、家庭裁判所又は簡易裁判所に対し、定めようとする又は変更しようとする特別遵守事項の内容を示すとともに、必要な資料を提示して、その意見を聴いた上、特別遵守事項を定め、又は変更することができる。ただし、当該裁判所が不相当とする旨の意見を述べたものについては、この限りでない。

（**特別遵守事項の取消し**）

第五三条①　保護観察所の長は、保護観察処分少年又は保護観察付執行猶予者について定められている特別遵守事項（遵守すべき期間が定められている特別遵守事項であって当該期間が満了したものその他その性質上一定の事実が生ずるまでの間遵守すべきこととされる特別遵守事項であって当該事実が生じたものを除く。以下この条において同じ。）につき、必要がなくなったと認めるときは、法務省令で定めるところにより、これを取り消すものとする。

②　地方委員会は、保護観察所の長の申出により、少年院仮退院者又は仮釈放者について定められている特別遵守事項につき、必要がなくなったと認めるときは、法務省令で定めるところにより、決定をもって、これを取り消すものとする。

③　前条第三項の規定は、前項の規定により特別遵守事項を取り消す場合について準用する。

④　地方委員会は、保護観察付一部猶予者について定められている特別遵守事項につき、刑法第二十七条の二の規定による猶予の期間の開始までの間に、必要がなくなったと認めるときは、法務省令で定めるところにより、決定をもって、これを取り消すものとする。この場合において、仮釈放中の保護観察付一部猶予者について定められている特別遵守事項を取り消すときは、保護観察所の長の申出によらなければならない。

（**生活行動指針**）

第五六条①　保護観察所の長は、保護観察対象者について、保護観察における指導監督を適切に行うため必要があると認めるときは、法務省令で定めるところにより、当該保護観察対象者の改善更生に資する生活又は行動の指針（以下「生活行動指針」という。）を定めることができる。

②　保護観察所の長は、前項の規定により生活行動指針を定めたときは、法務省令で定めるところにより、保護観察対象者に対し、当該生活行動指針の内容を記載した書面を交付しなければならない。

③　保護観察対象者は、第一項の規定により生活行動指針が定められたときは、これに即して生活し、及び行動するよう努めなければならない。

（**指導監督の方法**）

第五七条①　保護観察における指導監督は、次に掲げる方法によって行うものとする。

一　面接その他の適当な方法により保護観察対象者と接触を保ち、その行状を把握すること。

二　保護観察対象者が一般遵守事項及び特別遵守事項（以下「遵守事項」という。）を遵守し、並びに生活行動指針に即して生活し、及び行動するよう、必要な指示その他の措置をとること（第四号に定めるものを除く。）。

三　特定の犯罪的傾向を改善するための専門的処遇を実施すること。

四　保護観察対象者が、更生保護事業法の規定により更生保護事業を営む者その他の適当な者が行う特定の犯罪的傾向を改善するための専門的な援助であって法務大臣が定める基準に適合するものを受けるよう、必要な指示その他の措置をとること。

五　保護観察対象者が、当該保護観察対象者が刑又は保護処分を言い渡される理由となった犯罪又は刑罰法令に触れる行為に係る被害者等の被害の回復又は軽減に誠実に努めるよう、必要な指示その他の措置をとること。

②　保護観察所の長は、前項の指導監督を適切に行うため特に必要があると認めるときは、保護観察対象者に対し、当該指導監督に適した宿泊場所を供与することができる。

③　保護観察所の長は、第一項第四号に規定する措置をとろうとするときは、あらかじめ、同号に規定する援助を受けることが保護観察対象者の意思に反しないことを確認するとともに、当該援助を提供することについて、これを行う者に協議しなければならない。ただし、第五十一条第二項第七号の規定により当該援助を受けることを特別遵守事項として定めている場合は、保護観察対象者の意思に反しないことを確認することを要しない。

④　保護観察所の長は、第一項第四号に規定する措置をとったときは、同号に規定する援助の状況を把握するとともに、当該援助を行う者と必要な協議を行うものとする。

⑤　第五十一条第二項第四号に規定する処遇を受けることを特別遵守事項として定められた保護観察対象者について、第一項第四号に規定する措置をとったときは、当該処遇は、当該保護観察対象者が受けた同号に規定する援助の内容に応じ、その処遇の一部を受け終わったものとして実施することができる。

⑥　保護観察所の長は、第一項第五号に規定する措置をとる場合において、第三十八条第三項の規定により同項に規定する事項が通知され又は第六十五条第一項の規定により同項に規定する心情等を聴取したときは、当該通知された事項又は当該聴取した心情等を踏まえるものとする。

（補導援護の方法）

第五八条　保護観察における補導援護は、保護観察対象者が自立した生活を営むことができるようにするため、その自助の責任を踏まえつつ、次に掲げる方法によって行うものとする。

一　適切な住居その他の宿泊場所を得ること及び当該宿泊場所に帰住することを助けること。

二　医療及び療養を受けることを助けること。

三　職業を補導し、及び就職を助けること。

四　教養訓練の手段を得ることを助けること。

五　生活環境を改善し、及び調整すること。

六　社会生活に適応させるために必要な生活指導を行うこと。

七　前各号に掲げるもののほか、保護観察対象者が健全な社会生活を営むために必要な助言その他の措置をとること。

（保護者に対する措置）

第五九条　保護観察所の長は、必要があると認めるときは、保護観察に付されている少年（少年法第二条第一項に規定する少年であって、保護観察処分少年又は少年院仮退院者に限る。）の保護者（同条第二項に規定する保護者をいう。）に対し、その少年の監護に関する責任を自覚させ、その改善更生に資するため、指導、助言その他の適当な措置をとることができる。

（保護観察の実施者）

第六一条①　保護観察における指導監督及び補導援護は、保護観察対象者の特性、とるべき措置の内容その他の事情を勘案し、保護観察官又は保護司をして行わせるものとする。

②　前項の補導援護は、保護観察対象者の改善更生を図るため有効かつ適切であると認められる場合には、更生保護事業法の規定により更生保護事業を営む者その他の適当な者に委託して行うことができる。

（応急の救護）

第六二条①　保護観察所の長は、保護観察対象者が、適切な医療、食事、住居その他の健全な社会生活を営むために必要な手段を得ることができないため、その改善更生が妨げられるおそれがある場合には、当該保護観察対象者が公共の衛生福祉に関する機関その他の機関からその目的の範囲内で必要な応急の救護を得られるよう、これを援護しなければならない。

②　前項の規定による援護によっては必要な応急の救護が得られない場合には、保護観察所の長は、予算の範囲内で、自らその救護を行うものとする。

③　前項の救護は、更生保護事業法の規定により更生保護事業を営む者その他の適当な者に委託して行うことができる。

④　保護観察所の長は、第一項又は第二項の規定による措置をとるに当たっては、保護観察対象者の自助の責任の自覚を損なわないよう配慮しなければならない。

（被害者等の心情等の聴取及び伝達）

第六五条①　保護観察所の長は、法務省令で定めるところにより、保護観察対象者が刑又は保護処分を言い渡される理由となった犯罪又は刑罰法令に触れる行為に係る被害者等から、被害に関する心情、当該被害者等の置かれている状況又は保護観察対象者の生活若しくは行動に関する意見（以下この条において「心情等」という。）を述べたい旨の申出があったときは、当該心情等を聴取するものとする。ただし、当該被害に係る事件の性質その他の事情を考慮して相当でないと認めるときは、この限りでない。

②　保護観察所の長は、法務省令で定めるところにより、保護観察対象者について、前項の被害者等から、同項の規定により聴取した心情等の伝達の申出があったときは、当該保護観察対象者に伝達するものとする。ただし、その伝達をすることが当該保護観察対象者の改善更生を妨げるおそれがあり、又は当該被害に係る事件の性質、保護観察の実施状況その他の事情を考慮して相当でないと認めるときは、この限りでない。

③　保護観察所の長は、第一項の被害者等の居住地を管轄する他の保護観察所の長に対し、前二項の申出の受理及び第一項の規定による心情等の聴取に関する事務を嘱託することができる。この場合において、前項ただし書の規定により当該保護観察所の長が心情等の伝達をしないこととするときは、あらかじめ、当該他の保護観察所の長の意見を聴かなければならない。

第一節の二　規制薬物等に対する依存がある保護観察対象者に関する特則（抄）

（保護観察の実施方法）

第六五条の二　規制薬物等に対する依存がある保護観察対象者に対する保護観察は、その改善更生を図るためその依存を改善することが重要であることに鑑み、これに資する医療又は援助を行う病院、公共の衛生福祉に関する機関その他の者との緊密な連携を確保しつつ実施しなければならない。

（指導監督の方法）

第六五条の三①　規制薬物等に対する依存がある保護観察対象者に対する保護観察における指導監督は、第五十七条第一項に掲げるもののほか、次に掲げる方法によって行うことができる。

一　規制薬物等に対する依存の改善に資する医療を受けるよう、必要な指示その他の措置をとること。

二　公共の衛生福祉に関する機関その他の適当な者が行う規制薬物等に対する依存を改善するための専門的な援助であって法務大臣が定める基準に適合するものを受けるよう、必要な指示その他の措置をとること。

②　第五十七条第三項及び第四項の規定は前項各号に規定する措置について、同条第五項の規定は前項第二号に規定する措置について、それぞれ準用する。この場合において、第五十七条第三項及び第四項中「援助」とあるのは「医療又は援助」と、同

条第五項中「第五十一条第二項第四号に規定する処遇」とあるのは「規制薬物等の使用を反復する犯罪的傾向を改善するための第五十一条第二項第四号に規定する処遇」と読み替えるものとする。

第二節　保護観察処分少年（抄）

（少年法第二十四条第一項第一号の保護処分の期間）

第六六条　保護観察処分少年（少年法第二十四条第一項第一号の保護処分に付されているものに限る。次条及び第六十八条において同じ。）に対する保護観察の期間は、当該保護観察処分少年が二十歳に達するまで（その期間が二年に満たない場合には、二年）とする。ただし、同条第三項の規定により保護観察の期間が定められたときは、当該期間とする。

（警告及び少年法第二十六条の四第一項の決定の申請）

第六七条①　保護観察所の長は、保護観察処分少年が、遵守事項を遵守しなかったと認めるときは、当該保護観察処分少年に対し、これを遵守するよう警告を発することができる。

②　保護観察所の長は、前項の警告を受けた保護観察処分少年が、なお遵守事項を遵守せず、その程度が重いと認めるときは、少年法第二十六条の四第一項の決定の申請をすることができる。

（家庭裁判所への通告等）

第六八条①　保護観察所の長は、保護観察処分少年について、新たに少年法第三条第一項第三号に掲げる事由があると認めるときは、家庭裁判所に通告することができる。

②　前項の規定による通告があった場合において、当該通告に係る保護観察処分少年が十八歳以上であるときは、これを十八歳に満たない少年法第二条第一項の少年とみなして、同法第二章の規定を適用する。

③　家庭裁判所は、前項の規定により十八歳に満たない少年法第二条第一項の少年とみなされる保護観察処分少年に対して同法第二十四条第一項第一号又は第三号の保護処分をする場合において、当該保護観察処分少年が二十歳以上であるときは、保護処分の決定と同時に、その者が二十三歳を超えない期間内において、保護観察の期間又は少年院に収容する期間を定めなければならない。

（少年法第六十六条第一項の決定の申請）

第六八条の二　保護観察所の長は、特定保護観察処分少年（保護観察処分少年のうち、少年法第六十四条第一項第二号の保護処分に付されているものをいう。以下同じ。）が、遵守事項を遵守せず、その程度が重いと認めるときは、同法第六十六条第一項の決定の申請をすることができる。ただし、当該特定保護観察処分少年について、その収容可能期間が満了しているときは、この限りでない。

（収容中の特定保護観察処分少年の保護観察の停止）

第六八条の四①　特定保護観察処分少年について、少年法第六十六条第一項の決定があったときは、第四十七条の二の決定による釈放までの間又は収容可能期間の満了までの間、当該特定保護観察処分少年の保護観察は、停止するものとする。

②　前項の規定により保護観察を停止されている特定保護観察処分少年については、第四十九条、第五十条、第五十一条第一項、第五十二条、第五十三条、第五十六条から第五十八条まで、第六十条から第六十五条の四まで、第六十八条の二、第六十九条及び第七十条の規定は、適用しない。

③　特定保護観察処分少年の保護観察の期間は、少年法第六十六条第一項の決定によってその進行を停止し、第四十七条の二の決定により釈放された時又は収容可能期間が満了した時からその進行を始める。

（収容中の特定保護観察処分少年に係る特別遵守事項の設定等）

第六八条の五①　地方委員会は、少年法第六十六条第一項の決定により少年院に収容されている特定保護観察処分少年（以下「収容中の特定保護観察処分少年」という。）について、第四十七条の二の決定による釈放の時又は収容可能期間の満了の時までに、法務省令で定めるところにより、決定をもって、特別遵守事項を定め、又は変更することができる。

②　地方委員会は、収容中の特定保護観察処分少年について定められている特別遵守事項につき、必要がなくなったと認めるときは、第四十七条の二の決定による釈放までの間又は収容可能期間の満了までの間に、法務省令で定めるところにより、決定をもって、これを取り消すものとする。

③　収容中の特定保護観察処分少年について、少年法第六十六条第一項の決定があったときにその者に対する保護観察をつかさどっていた保護観察所の長（第四十七条の三において準用する第三十九条第三項の規定又は第六十八条の七第一項の規定により当該収容中の特定保護観察処分少年の住居が特定された場合には、その地を管轄する保護観察所の長）は、その保護観察の実施状況その他の事情を考慮し必要があると認めるときは、特別遵守事項の設定、変更又は取消しに関し、地方委員会に対して意見を述べるものとする。

（収容時又は収容中における特定保護観察処分少年に係る少年院の長との連携）

第六八条の六①　特定保護観察処分少年が少年法第六十六条第一項の決定により少年院に収容されたときは、当該決定があったときにその者に対する保護観察をつかさどっていた保護観察所の長は、その保護観察の実施状況その他の事情を考慮し、少年院の長に対して意見を述べるものとする。

②　前条第三項の保護観察所の長は、収容中の特定保護観察処分少年について、少年院における矯正教育の状況を把握するとともに、必要があると認めるときは、第四十七条の二の決定による釈放後又は収容可能期間の満了後の保護観察の実施に関し、少年院の長の意見を聴くものとする。

（保護観察の解除）

第六九条　保護観察所の長は、保護観察処分少年について、保護観察を継続する必要がなくなったと認めるときは、保護観察を解除するものとする。

第三節　少年院仮退院者（抄）

（少年院への戻し収容の申請）

第七一条　地方委員会は、保護観察所の長の申出により、少年院仮退院者（少年法第二十四条第一項第三号の保護処分に付されているものに限る。以下この条から第七十三条までにおいて同じ。）が遵守事項を遵守しなかったと認めるときは、当該少年院仮退院者を少年院に送致した家庭裁判所に対し、これを少年院に戻して収容する旨の決定の申請をすることができる。ただし、二十三歳に達している少年院仮退院者については、少年院法第百三十九条第一項に規定する事由に該当すると認めるときに限る。

（少年院への戻し収容の決定）

第七二条①　前条の申請を受けた家庭裁判所は、当該申請に係る少年院仮退院者について、相当と認めるときは、これを少年院に戻して収容する旨の決定をすることができる。

②　家庭裁判所は、前項の決定をする場合において、二十三歳に満たない少年院仮退院者を二十歳を超えて少年院に収容する必要があると認めるときは、当該決定と同時に、その者が二十三歳を超えない期間内において、少年院に収容する期間を定めることができる。その者が既に二十歳に達しているときは、当該決定と同時に、二十三歳を超えない期間内において、少年院に収容する期間を定めなければならない。

③　家庭裁判所は、二十三歳に達している少年院仮退院者について第一項の決定をするときは、当該決定と同時に、その者が二十六歳を超えない期間内において、少年院に収容する期間を定めなければならない。

④　家庭裁判所は、第一項の決定に係る事件の審理に当たっては、医学、心理学、教育学、社会学その他の専門的知識を有す

る者及び保護観察所の長の意見を聴かなければならない。

⑤　前三項に定めるもののほか、第一項の決定に係る事件の手続は、その性質に反しない限り、十八歳に満たない少年の保護処分に係る事件の手続の例による。

（少年法第六十四条第一項第三号の保護処分に付されている少年院仮退院者の仮退院の取消し）

第七三条の二①　地方委員会は、保護観察所の長の申出により、少年院仮退院者（少年法第六十四条第一項第三号の保護処分に付されているものに限る。第七十三条の四第一項において同じ。）が遵守事項を遵守せず、少年院に収容するのを相当と認めるときは、決定をもって、第四十一条の規定による仮退院を許す処分を取り消すものとする。

②　前項の規定により仮退院を許す処分が取り消されたときは、仮退院中の日数は、少年法第六十四条第三項の規定により定められた期間に算入するものとする。

（少年院仮退院者の退院を許す処分）

第七四条①　地方委員会は、少年院仮退院者について、保護観察所の長の申出があった場合において、保護観察を継続する必要がなくなったと認めるとき（二十三歳を超える少年院仮退院者については、少年院法第百三十九条第一項に規定する事由に該当しなくなったと認めるときその他保護観察を継続する必要がなくなったと認めるとき）は、決定をもって、退院を許さなければならない。

②　第四十六条第二項の規定は、前項の決定について準用する。

第四節　仮釈放者（抄）

（仮釈放の取消し）

第七五条①　刑法第二十九条第一項の規定による仮釈放の取消しは、仮釈放者に対する保護観察をつかさどる保護観察所の所在地を管轄する地方委員会が、決定をもってするものとする。

②　刑法第二十九条第一項第四号に該当することを理由とする前項の決定は、保護観察所の長の申出によらなければならない。

③　刑事訴訟法第四百八十四条から第四百八十九条までの規定は、仮釈放を取り消された者の収容について適用があるものとする。

（保護観察の停止）

第七七条①　地方委員会は、保護観察所の長の申出により、仮釈放者の所在が判明しないため保護観察が実施できなくなったと認めるときは、決定をもって、保護観察を停止することができる。

②　前項の規定により保護観察を停止されている仮釈放者の所在が判明したときは、その所在の地を管轄する地方委員会は、直ちに、決定をもって、その停止を解かなければならない。

③　前項の決定は、急速を要するときは、第二十三条第一項の規定にかかわらず、一人の委員ですることができる。

④　第一項の規定により保護観察を停止されている仮釈放者が第六十三条第二項又は第三項の引致状により引致されたときは、第二項の決定があったものとみなす。

⑤　仮釈放者の刑期は、第一項の決定によってその進行を停止し、第二項の決定があった時からその進行を始める。

⑥　地方委員会は、仮釈放者が第一項の規定により保護観察を停止されている間に遵守事項を遵守しなかったことを理由として、仮釈放の取消しをすることができない。

⑦　地方委員会は、第一項の決定をした後、保護観察の停止の理由がなかったことが明らかになったときは、決定をもって、同項の決定を取り消さなければならない。

⑧　前項の規定により第一項の決定が取り消された場合における仮釈放者の刑期の計算については、第五項の規定は、適用しない。

第五節　保護観察付執行猶予者（抄）

＊令和四法六七（令和七・六・一六までに施行）による改正後

第一款　通則（改正により追加）

（保護観察の仮解除）

第八一条①　刑法第二十五条の二第二項又は第二十七条の三第二項（薬物使用等の罪を犯した者に対する刑の一部の執行猶予に関する法律第四条第二項において準用する場合を含む。以下この条において同じ。）の規定による保護観察を仮に解除する処分は、保護観察所の長が、保護観察付執行猶予者について、遵守事項及び生活行動指針の遵守状況その他法務省令で定める事項を考慮し、現に健全な生活態度を保持しており、保護観察を仮に解除しても、当該生活態度を保持し、善良な社会の一員として自立し、改善更生することができると認めるときにするものとする。

②　刑法第二十五条の二第二項又は第二十七条の三第二項の規定により保護観察を仮に解除されている保護観察付執行猶予者については、第四十九条、第五十一条から第五十八条まで、第六十一条、第六十二条、第六十五条から第六十五条の四まで、第七十九条及び前条の規定は、適用しない。

③　刑法第二十五条の二第二項又は第二十七条の三第二項の規定により保護観察を仮に解除されている保護観察付執行猶予者に対する第五十条及び第六十三条の規定の適用については、第五十条第一項中「以下「一般遵守事項」という」とあるのは「第二号ロ及びハ並びに第三号に掲げる事項を除く」と、同項第二号中「守り、保護観察官及び保護司による指導監督を誠実に受ける」とあるのは「守る」と、同項第五号中「転居（第四十七条の二の決定又は少年法第六十四条第二項の規定により定められた期間（以下「収容可能期間」という。）の満了により釈放された場合に前号の規定により居住することとされている住居に転居する場合を除く。）又は七日以上の旅行」とあるのは「転居」と、第六十三条第二項第二号中「遵守事項」とあるのは「第八十一条第三項の規定により読み替えて適用される第五十条第一項に掲げる事項」とする。

④　第一項に規定する処分があったときは、その処分を受けた保護観察付執行猶予者について定められている特別遵守事項は、その処分と同時に取り消されたものとみなす。

⑤　保護観察所の長は、刑法第二十五条の二第二項又は第二十七条の三第二項の規定により保護観察を仮に解除されている保護観察付執行猶予者について、その行状に鑑み再び保護観察を実施する必要があると認めるときは、これらの規定による処分を取り消さなければならない。

＊令和四法六七（令和七・六・一六までに施行）による改正後

⑥　刑法第二十五条の二第二項の規定により保護観察を仮に解除されている保護観察付執行猶予者が、同条第一項の規定により保護観察に付された場合には、同条第二項の規定による処分は、その効力を失う。（改正により追加）

＊令和四法六七（令和七・六・一六までに施行）により第二款（第八一条の二―第八一条の五）追加

第二款　再保護観察付執行猶予者に関する特則

（保護観察の実施方法）

第八一条の二　刑法第二十五条の二第一項の規定により保護観察に付されている期間中に更に同項の規定により保護観察に付された保護観察付執行猶予者（以下「再保護観察付執行猶予者」という。）に対する保護観察は、当該再保護観察付執行猶予者が保護観察に付されている期間中に犯罪をしたことを踏まえ、当該犯罪に結び付いた要因の的確な把握に留意して実施しなければならない。

（鑑別の求め）

第八一条の三　保護観察所の長は、再保護観察付執行猶予者について、保護観察に付されている期間中に更に刑法第二十五条の二第一項の規定により付された保護観察（次条において「再度の保護観察」という。）の開始に際し、前条に規定する要因を的確に把握するため、少年鑑別所の長に対し、当該再保護観察付執行猶予者の鑑別を求めるものとする。ただし、保護観察の実施のために特に必要とは認められないときは、この限りでない。

第八一条の四及び第八一条の五　（略）

第四章　生活環境の調整（抄）

（収容中の者に対する生活環境の調整）

第八二条① 保護観察所の長は、刑の執行のため刑事施設に収容されている者又は刑若しくは保護処分の執行のため少年院に収容されている者（以下「収容中の者」と総称する。）について、その社会復帰を円滑にするため必要があると認めるときは、その者の家族その他の関係人を訪問して協力を求めることその他の方法により、釈放後の住居、就業先その他の生活環境の調整を行うものとする。

② 地方委員会は、前項の規定による調整が有効かつ適切に行われるよう、保護観察所の長に対し、調整を行うべき住居、就業先その他の生活環境に関する事項について必要な指導及び助言を行うほか、同項の規定による調整が複数の保護観察所において行われる場合における当該保護観察所相互間の連絡調整を行うものとする。

③ 地方委員会は、前項の措置をとるに当たって必要があると認めるときは、収容中の者との面接、関係人に対する質問その他の方法により、調査を行うことができる。

④ 第二十五条第二項及び第三十六条第二項の規定は、前項の調査について準用する。

（保護観察付執行猶予の裁判確定前の生活環境の調整）

第八三条　保護観察所の長は、刑法第二十五条の二第一項の規定により保護観察に付する旨の言渡しを受け、その裁判が確定するまでの者について、保護観察を円滑に開始するため必要があると認めるときは、その者の同意を得て、前条第一項に規定する方法により、その者の住居、就業先その他の生活環境の調整を行うことができる。

（勾留中の被疑者に対する生活環境の調整）

第八三条の二① 保護観察所の長は、勾留されている被疑者であって検察官が罪を犯したと認めたものについて、身体の拘束を解かれた場合の社会復帰を円滑にするため必要があると認めるときは、その者の同意を得て、第八十二条第一項に規定する方法により、釈放後の住居、就業先その他の生活環境の調整を行うことができる。

② 保護観察所の長は、前項の規定による調整を行うに当たっては、同項の被疑者の刑事上の手続に関与している検察官の意見を聴かなければならない。

③ 保護観察所の長は、前項に規定する検察官が捜査に支障を生ずるおそれがあり相当でない旨の意見を述べたときは、第一項の規定による調整を行うことができない。

第五章　更生緊急保護等（抄）

第一節　更生緊急保護（抄）

（更生緊急保護）

第八五条① この節において「更生緊急保護」とは、次に掲げる者が、刑事上の手続又は保護処分による身体の拘束を解かれた後、親族からの援助を受けることができず、若しくは公共の衛生福祉に関する機関その他の機関から医療、宿泊、職業その他の保護を受けることができない場合又はこれらの援助若しくは保護のみによっては改善更生することができないと認められる場合に、緊急に、その者に対し、金品を給与し、又は貸与し、宿泊場所を供与し、宿泊場所への帰住、医療、療養、就職又は教養訓練を助け、職業を補導し、社会生活に適応させるために必要な生活指導を行い、生活環境の改善又は調整を図ること等により、その者が進んで法律を守る善良な社会の一員となることを援護し、その速やかな改善更生を保護することをいう。

一　懲役、禁錮又は拘留の刑の執行を終わった者
二　懲役、禁錮又は拘留の刑の執行の免除を得た者
三　懲役又は禁錮につき刑の全部の執行猶予の言渡しを受け、その裁判が確定するまでの者
四　前号に掲げる者のほか、懲役又は禁錮につき刑の全部の執行猶予の言渡しを受け、保護観察に付されなかった者
五　懲役又は禁錮につき刑の一部の執行猶予の言渡しを受け、その猶予の期間中保護観察に付されなかった者であって、その刑のうち執行が猶予されなかった部分の期間の執行を終わったもの
六　検察官が直ちに訴追を必要としないと認めた者
七　罰金又は科料の言渡しを受けた者
八　労役場から出場し、又は仮出場を許された者
九　少年院から退院し、又は仮退院を許された者（保護観察に付されている者を除く。）

＊令和四法六七（令和七・六・一六までに施行）による改正
第一項第一号及び第二号中「懲役、禁錮」を「拘禁刑」に改め、第三号、第四号及び第五号中「懲役又は禁錮」を「拘禁刑」に改める。（本文未織込み）

② 更生緊急保護は、その対象となる者の改善更生のために必要な限度で、国の責任において、行うものとする。

③ 更生緊急保護は、保護観察所の長が、自ら行い、又は更生保護事業法の規定により更生保護事業を営む者その他の適当な者に委託して行うものとする。

④ 更生緊急保護は、その対象となる者が刑事上の手続又は保護処分による身体の拘束を解かれた後六月を超えない範囲内において、その意思に反しない場合に限り、行うものとする。ただし、その者の改善更生を保護するため特に必要があると認められるときは、第一項の措置のうち、金品の給与又は貸与及び宿泊場所の供与については更に六月を、その他のものについては更に一年六月を、それぞれ超えない範囲内において、これを行うことができる。

⑤ 更生緊急保護を行うに当たっては、その対象となる者が公共の衛生福祉に関する機関その他の機関から必要な保護を受けることができるようあっせんするとともに、更生緊急保護の効率化に努めて、その期間の短縮と費用の節減を図らなければならない。

⑥ 更生緊急保護に関し職業のあっせんの必要があると認められるときは、公共職業安定所は、更生緊急保護を行う者の協力を得て、職業安定法（昭和二十二年法律第百四十一号）の規定に基づき、更生緊急保護の対象となる者の能力に適当な職業をあっせんすることに努めるものとする。

第五章の二　更生保護に関するその他の援助（抄）

（刑執行終了者等に対する援助）

第八八条の二　保護観察所の長は、刑執行終了者等の改善更生を図るため必要があると認めるときは、その者の意思に反しないことを確認した上で、その者に対し、更生保護に関する専門的知識を活用し、情報の提供、助言その他の必要な援助を行うことができる。

第七章　審査請求等（抄）

第二節　審査請求（抄）

（審査請求）

第九二条　この法律の規定により地方委員会が決定をもってした処分に不服がある者は、審査会に対し、審査請求をすることができる。

附　則（令和四・五・二五法五二）（抄）

（施行期日）

第一条　この法律は、令和六年四月一日から施行する。ただし、次の各号に掲げる規定は、当該各号に定める日から施行する。

一　（前略）附則（中略）第三十八条の規定　公布の日

二―四（略）

第三八条（**政令への委任**）（前略）この法律の施行に関し必要な経過措置は、政令で定める。

附　則（令和四・六・一七法六七）（抄）

（**施行期日**）

① この法律は、公布の日から起算して三年を超えない範囲内において政令で定める日から施行する。ただし、次の各号に掲げる規定は、当該各号に定める日から施行する。

一（略）

二（前略）第六条（更生保護法の一部改正）（中略）の規定　公布の日から起算して一年六月を超えない範囲内において政令で定める日

（**経過措置**）

② この法律の施行に伴い必要な経過措置その他の事項は、別に法律で定めるところによる。

刑法等の一部を改正する法律の施行に伴う関係法律整理法中経過規定

（令和四・六・一七法六八）（抄）

第四四一条から第四四三条まで（刑法の同経過規定参照）

（**遵守事項及び指導監督に関する経過措置**）

第四六四条① 刑法等一部改正法（刑法等の一部を改正する法律（令和四法六七））第六条の規定による改正後の更生保護法（平成十九年法律第八十八号。以下「第二号改正後更生保護法」という。）第五十条第一項（第二号ハに係る部分に限る。）、第五十一条第二項（第七号に係る部分に限る。）及び第五十七条第一項（第四号に係る部分に限る。）の規定は、次に掲げる者に対する保護観察については、適用しない。

一 刑法等一部改正法第六条の規定の施行前に次に掲げる決定又は言渡しを受け、これにより保護観察に付されている者

イ 少年法第二十四条第一項第一号又は第六十四条第一項第一号若しくは第二号の保護処分の決定

ロ 少年院からの仮退院を許す旨の決定

ハ 仮釈放を許す旨の決定

ニ 刑法第二十五条の二第一項若しくは第二十七条の三第一項又は薬物使用等の罪を犯した者に対する刑の一部の執行猶予に関する法律第四条第一項の規定による保護観察に付する旨の言渡し

二 刑法等一部改正法第六条の規定の施行前に刑法第二十七条の三第一項又は薬物使用等の罪を犯した者に対する刑の一部の執行猶予に関する法律第四条第一項の規定による保護観察に付する旨の言渡しを受けた後、刑法等一部改正法附則第一項第二号に掲げる規定の施行の日（以下「刑法等一部改正法第二号施行日」という。）から新刑法（刑法等一部改正法第二条の規定による改正後の刑法）第二十七条の二の規定による猶予の期間の開始の時までに前号ハの決定を受け、同決定により保護観察に付されている者

② 刑法等一部改正法第二号施行日から刑法等一部改正法施行日の前日までの間における前項の規定の適用については、同項第二号中「新刑法第二十七条の二」とあるのは、「刑法第二十七条の二」とする。

（**仮解除及び仮解除の取消しに関する経過措置**）

第四六五条① 刑法等一部改正法第六条の規定の施行前に刑法第二十五条の二第一項若しくは第二十七条の三第一項又は薬物使用等の罪を犯した者に対する刑の一部の執行猶予に関する法律第四条第一項の規定による保護観察に付する旨の言渡しを受けた保護観察付執行猶予者に対する刑法第二十五条の二第二項又は第二十七条の三第二項（薬物使用等の罪を犯した者に対する刑の一部の執行猶予に関する法律第四条第二項において準用する場合を含む。以下この条において同じ。）の規定による保護観察を仮に解除する処分については、刑法等一部改正法第六条の規定による改正前の更生保護法（以下この条において「第二号改正前更生保護法」という。）第八十一条第一項の規定により保護観察所の長がした申出であって地方更生保護委員会が同項の決定をしていないものは、刑法等一部改正法第六条の規定の施行後は、当該申出がされていないものとみなして、第二号改正後更生保護法第八十一条第一項の規定を適用する。

② 刑法等一部改正法第六条の規定の施行前に刑法第二十五条の二第二項又は第二十七条の三第二項の規定による保護観察を仮に解除する処分を受けた保護観察付執行猶予者の当該処分の取消しについては、第二号改正前更生保護法第八十一条第五項の規定により保護観察所の長がした申出であって地方更生保護委員会が同項の決定をしていないものは、刑法等一部改正法第六条の規定の施行後は、当該申出がされていないものとみなして、第二号改正後更生保護法第八十一条第五項の規定を適用する。

③ 刑法等一部改正法第六条の規定の施行前に刑法第二十五条の二第二項又は第二十七条の三第二項の規定による保護観察を仮に解除する処分を受けた保護観察付執行猶予者に対する第二号改正前更生保護法第八十一条第五項の規定による当該処分の取消しに係る審査請求については、なお従前の例による。

（**刑事施設の長又は少年院の長の通告、申出又は遵守事項の通知に関する経過措置**）

第四六七条 懲役、禁錮又は旧拘留の刑の執行のために刑事施設又は少年院に収容されている者に係る新更生保護法第三十三条、第三十四条、第五十四条第二項及び第五十五条第二項の規定の適用については、新更生保護法第三十三条中「拘禁刑」とあるのは「刑法等の一部を改正する法律（令和四年法律第六十七号）第二条の規定による改正前の刑法第十二条に規定する懲役（以下「懲役」という。）又は同法第十三条に規定する禁錮（以下「禁錮」という。）の刑」と、新更生保護法第三十四条第一項中「拘禁刑」とあるのは「懲役又は禁錮の刑」と、同条第二項中「拘留」とあるのは「刑法等の一部を改正する法律第二条の規定による改正前の刑法第十六条に規定する拘留」と、新更生保護法第五十四条第二項中「拘禁刑の」とあるのは「懲役若しくは禁錮の刑の」と、「拘禁刑が」とあるのは「懲役又は禁錮の刑が」と、新更生保護法第五十五条第二項中「拘禁刑」とあるのは「懲役若しくは禁錮の刑」とする。

（**更生緊急保護等に関する経過措置**）

第四六八条 新更生保護法第五章及び第八十八条の二の規定の適用については、懲役、禁錮又は旧拘留の刑の執行を終わった者は新更生保護法第八十五条第一項第一号に掲げる者と、懲役、禁錮又は旧拘留の刑の執行の免除を得た者は同項第二号に掲げる者と、懲役又は禁錮につき刑の全部の執行猶予の言渡しを受け、その裁判が確定するまでの者は同項第三号に掲げる者と、懲役又は禁錮につき刑の全部の執行猶予の言渡しを受け、保護観察に付されなかった者（その裁判が確定するまでの者を除く。）は同項第四号に掲げる者と、懲役又は禁錮につき刑の一部の執行猶予の言渡しを受け、その猶予の期間中保護観察に付されなかった者であって、その刑のうち執行が猶予されなかった部分の期間の執行を終わったものは同項第五号に掲げる者とみなす。

第五〇九条（刑法の同経過規定参照）

刑法等の一部を改正する法律の施行に伴う関係法律整理法

附　則（令和四・六・一七法六八）（抄）

（**施行期日**）

① この法律は、刑法等一部改正法施行日から施行する。ただし、次の各号に掲げる規定は、当該各号に定める日から施行する。

一 第五百九条の規定　公布の日

二（前略）第四百六十四条、第四百六十五条（中略）の規定　刑法等一部改正法第二号施行日

●労働契約法（平成一九・一二・五 法 一二八）

施行 平成二〇・三・一（平成二〇政一〇）
改正 平成二四法五六、平成三〇法七一

目次

第一章 総則

（目的）

第一条 この法律は、労働者及び使用者の自主的な交渉の下で、労働契約が合意により成立し、又は変更されるという合意の原則その他労働契約に関する基本的事項を定めることにより、合理的な労働条件の決定又は変更が円滑に行われるようにすることを通じて、労働者の保護を図りつつ、個別の労働関係の安定に資することを目的とする。

（定義）

第二条① この法律において「労働者」とは、使用者に使用されて労働し、賃金を支払われる者をいう。

② この法律において「使用者」とは、その使用する労働者に対して賃金を支払う者をいう。

一 労働者の範囲→労基九条判

二 労働契約上の使用者→六条

[1] 法人格が全くの形骸にすぎず法人格を否認すべき場合といえるためには、単に当該会社の業務に対し他の会社又は株主らが、株主たる権利を行使し、利用することにより、当該株式会社に対し支配を及ぼしているというのみでは足りず、当該会社の業務執行、財産管理、会計区分等の実態を総合考慮して、法人としての実体が形骸にすぎないかどうかを判断するべきである。（東京地判平13・7・25労判八一三・一五〈黒川建設事件〉労働百選[一〇版]二）

[2] 法人格の濫用による法人格否認の法理は、法人格を否認することによって、法人の背後にあってこれを道具として利用して支配している者について、法的効果を帰属させ、又は責任追及を可能にするものであるから、法人を道具として意のままに支配しているという「支配の要件」と違法又は不当な目的という「目的の要件」の双方を満たすことが必要である。（大阪高判平15・1・30労判八四五・五〈大阪空港事業事件〉）

[3] 親会社による子会社の実質的・現実的支配がなされている状況の下において、労働組合を壊滅させる等の違法・不当な目的で子会社の解散決議がなされ、かつ、子会社が真実解散されたものではなく偽装解散であると認められる場合、すなわち、子会社の解散決議後、親会社が自ら同一の事業を再開継続したり、親会社の支配する別の子会社によって同一の事業が継続されているような場合には、子会社の従業員は、親会社による法人格の濫用の程度が顕著かつ明白であるとして、親会社に対して、子会社解散後も継続的、包括的な雇用契約上の責任を追及することができる。（大阪高判平19・10・26労判九七五・五〇〈第一交通産業ほか（佐野第一交通）事件〉労働百選[一〇版]六六）

（労働契約の原則）

第三条① 労働契約は、労働者及び使用者が対等の立場における合意に基づいて締結し、又は変更すべきものとする。

② 労働契約は、労働者及び使用者が、就業の実態に応じて、均衡を考慮しつつ締結し、又は変更すべきものとする。

③ 労働契約は、労働者及び使用者が仕事と生活の調和にも配慮しつつ締結し、又は変更すべきものとする。

④ 労働者及び使用者は、労働契約を遵守するとともに、信義に従い誠実に、権利を行使し、及び義務を履行しなければならない。

⑤ 労働者及び使用者は、労働契約に基づく権利の行使に当たっては、それを濫用することがあってはならない。

一 採用の自由

[1] 使用者は、憲法二二条、二九条等で保障された財産権、営業その他広く経済活動の自由の一環として契約締結の自由を有し、自己の営業のための労働者の採用について、法律その他による特別の制限がない限りいかなる者をいかなる条件で採用するかを原則として自由に決定することができる。また、使用者が労働者の採否決定に当たり、その思想、信条を調査し、右の者からこれに関する事項について申告を求めることも、違法行為とはいえない。（最大判昭48・12・12民集二七・一一・一五三六〈三菱樹脂事件〉労働百選[一〇版]八）↓六条[15]、労基三条[7]、憲三章[8]

[2] B型肝炎ウイルスの感染経路や労働能力との関係について、社会的な誤解や偏見が存在する状況下では、B型肝炎ウイルスが血液中に常在するキャリアであるという情報を、本人の同意なしに取得されない権利はプライバシー権として保護されるべきであるので、企業は、特段の事情がない限り、採用に当たり、応募者に対し、B型肝炎ウイルス感染の血液検査を実施して感染の有無についての情報を取得するための調査を行ってはならず、調査の必要性が存在する場合でも、応募者本人に対し、その目的や必要性について告知し、同意を得た場合でなければ、B型肝炎ウイルス感染についての情報を取得することはできない。（東京地判平15・6・20労判八五四・五〈B型肝炎ウイルス感染検査事件〉）

二 業務命令と不法行為

[3] 組合員バッジの取外し命令に従わない労働者に対して、本来の業務から同人を外し、構内に積もった火山灰の除去作業を命ずる業務命令は、その作業が職場環境整備のために必要であって苛酷な業務でもないことから労働契約上の義務の範囲に含まれていること、命令の目的はバッジ取外し命令に従わない労働者を職場規律維持の上で支障の少ない作業に従事させることにあり、懲罰のためのものではないことに鑑みると、不法行為を構成するとはいえない。（最判平5・6・11労判六三二・一〇〈国鉄鹿児島自動車営業所事件〉労働百選[一〇版]二四）

三 労働者の思想信条・プライバシー侵害と不法行為

[4] 企業秩序侵害のおそれがないのに、会社の方針として職制を通じ、当該労働者が共産党員又はその同調者であることのみを理由として、職場の内外で監視させ、会社の経営方針に批判的な者であるなどとその思想を非難し、この者との接触・交際をしないように他の従業員に働きかけ、さらにロッカーを無断で開け私物を写真撮影する行為は、労働者の名誉、プライバシーあるいはその人格的利益を侵害するもので、不法行為を構成する。（最判平7・9・5労判六八〇・二八〈関西電力事件〉労働百選[一〇版]一三）

四 違法な教育訓練命令と不法行為

[5] 就業規則の規定等に基づき使用者が労働者に命じ得る教育訓練の内容、時期、方法は使用者の裁量的判断に委ねられているといえるが、労働契約の内容や教育訓練の目的に照らして不合理なものであってはならないし、その実施に当たって労働者の人格を不当に侵害するものであってはならない。作業に支障を来さず、顧客に不快感を与えることもなく、また勤務時間中の組合活動にも当たらないと解される国労のマー

ク入りベルトを着用した労働者に対して、腹痛を訴え入院するまで長時間にわたり就業規則全文の機械的書き写しを命じたことは、合理的な理由なく労働者に肉体的、精神的苦痛を与えたもので不法行為を構成する。（仙台高秋田支判平4・12・25労判六九〇・一三〈JR東日本（本荘保線区）事件〉……上告審（最判平8・2・23労判六九〇・一二）は右判断を是認）

五　HIV感染の告知及び感染を理由とする解雇

6　使用者は被用者に対し、雇用契約上の付随義務として、被用者の職場における健康に配慮する義務を負っているから、使用者が疾病に罹患した被用者にその旨を告知することは、特段の事情のない限り許されるが、告知をすることが著しく社会的相当性の範囲を逸脱する場合には違法であり、告知をした使用者は被用者に対して人格権侵害の不法行為責任を負う。HIV感染の事実を告知するのは、告知後の混乱やパニックに対処し得る医療者に限られるべきであり、使用者が被用者にHIV感染の事実を告知したことは違法である。

使用者が被用者のHIV感染を理由に解雇することは、著しく社会的相当性の範囲を逸脱した違法行為であり、不法行為が成立する。

HIV感染に関する情報は極めて秘密性の高いものであり、派遣先の使用者が、派遣された労働者のHIV感染の事実をその従業員や派遣元の使用者に告知することは、プライバシーの侵害として不法行為となる。（東京地判平7・3・30労判六六七・一四、重判平7労働六）

7　看護師が別病院で受けたHIV検査の結果（陽性）に関する情報を、本人の勤務する病院の院長などが、本人の同意を得ないで労務管理目的で共有することは、個人情報保護法一六条［現一八条］一項の禁止する目的外利用に当たる。そして、HIV感染者に対する偏見や差別がなお存在している事件当時の状況からすると、この情報は、他人に知られたくない個人情報であり、それを本人の同意を得ないまま同法に違反して取り扱った場合には、特段の事情のない限り、プライバシー侵害の不法行為が成立する（慰謝料等の支払が命じられた）。（福岡高判平27・1・29労判一一二一・五〈社会医療法人天神会事件〉労働百選［一〇版］一五）

六　性同一性障害者の服装に対する規制

8　会社が当面の混乱を避けるため生物学的には男性である性同一性障害の労働者に対して、女性の容姿をして就労することを禁止する服務命令を発したことには一応理由があるものの、本件労働者が女性の容姿をした就労とこれに伴う配慮を求めることにも相応の理由があり、労働者の業務内容、就労環境等について、労働者の申出に基づき会社と労働者の双方の事情を踏まえた適切な配慮をした場合においても、なお、女性の容姿をした労働者を就労させることが、会社における企業秩序又は業務遂行に著しい支障を来すとは認められないので、当該服務命令に違反したことを理由とする懲戒解雇の相当性は認められない。（東京地決平14・6・20労判八三〇・一三〈性同一性障害者解雇事件〉）

七　退職後の競業避止義務と競業行為の差止め

9　労働者の退職後の競業避止義務については、労働者の職務内容が使用者の営業秘密に直接関わるために特別な当事者の信頼関係から合意がなくても当然に生じる場合と、特別の合意によって初めて創設される場合とがあるが、前者の場合には、その禁止期間、禁止行為の範囲や場所を具体化した約定については、禁止内容が不当なものでない限り原則として有効と解され、後者の場合には、競業行為の禁止の内容が必要最小限度にとどまり、かつ十分な代償措置が執られていなければならない。また、労働者に退職後の競業避止義務を負わせる特約に基づいて競業行為の差止請求をするに当たっては、当該競業行為によって使用者の営業上の利益が現に侵害されているか、又は侵害される具体的なおそれがあることを要する。（東京地決平7・10・16労判六九〇・七五〈東京リーガルマインド事件〉）

八　退職後の競業行為と不法行為

10　金属工作機械部品の製造等を業とするX会社を、退職後の競業避止義務に関する特約等の定めなく退職した従業員において、別会社を事業主体として、X会社と同種の事業を営み、その取引先から継続的に仕事を受注した行為は、それが前記取引先の営業担当であったことに基づく人的関係等を利用して行われたものであり、前記取引先に対する売上高が別会社の売上高の八～九割を占めるようになり、X会社における前記取引先からの受注額が減少したとしても、X会社の営業秘密に係る情報を用いたり、信用をおとしめるなどの不当な方法で営業活動を行ったものではなく、退職直後にX会社の営業が弱体化した状況を殊更利用したともいえない事情の下では、社会通念上自由競争の範囲を逸脱するものではなく、X会社に対する不法行為に当たらない。（最判平22・3・25民集六四・二・五六二〈三佳テック事件〉重判平22民一〇）

九　競業避止と退職金の減額↓労基一一条2

11　労働者が会社を退職後、同社と競業関係に立つ広告代理業を営んだ場合に、右労働者が同社から賃金削減を含む厳しい対応をされたため退職に至り、生活のために右営業を営むに至ったこと、また右営業によって同社に大きな影響を与えていないことを考えると、退職後六箇月以内に同業他社に就職した場合には退職金を支給しない旨の定めは同人には適用されない。（名古屋高判平2・8・31労民四一・四・六五六〈中部日本広告社事件〉）

第四条（**労働契約の内容の理解の促進**）① 使用者は、労働者に提示する労働条件及び労働契約の内容について、労働者の理解を深めるようにするものとする。

② 労働者及び使用者は、労働契約の内容（期間の定めのある労働契約に関する事項を含む。）について、できる限り書面により確認するものとする。

労働契約締結過程における説明義務違反↓労基一五条判

第五条（**労働者の安全への配慮**）使用者は、労働契約に伴い、労働者がその生命、身体等の安全を確保しつつ労働することができるよう、必要な配慮をするものとする。

一　業務上傷病に関する判例↓労災七条判

二　安全配慮義務の根拠・内容

1　国は公務員に対し、国が公務遂行のために設置すべき場所、施設若しくは器具等の設置管理又は公務員が国の指示の下に遂行する公務の管理に当たって、公務員の生命及び健康等を危険から保護するよう配慮すべき義務（安全配慮義務）を、信義則上の付随義務として負う。右の安全配慮義務の具体的内容は、公務員の職種、地位及びこの義務が問題となる当該具体的状況等によって異なる。（最判昭50・2・25民集二九・二・一四三〈自衛隊車両整備工場事件〉労働百選［九版］四七）

2　雇用契約における使用者は、労働者に対し、国が公務員に対して負うと同様の安全配慮義務を負う。使用者が労働者に、会社社屋内を勤務場所、就寝場所として宿直勤務を命じた場合、安全配慮義務として、右社屋内に盗賊等が容易に侵入できないような物的設備、あるいは万一侵入しても盗賊からの危害を免れられるような物的設備を施すとともに、これが困難であるときには宿直員を増員するとか宿直員に十分な安全教育を行うなどの義務を負う。（最判昭59・4・10民集三八・六・五五七〈川義事件〉重判昭59民四）

3　〈労働者が長時間労働により疲労困憊［こんぱい］し、鬱病に罹患［りかん］した後に自殺した事案において〉使用者は、その雇用する労働者に対して、業務の遂行に伴う疲労や心理的負荷等が過度に蓄積して労働者の心身の健康を損なうことがないよう注意する義務を負い、使用者に代わって業務上の指揮監督権限を有する者は、この注意義務の内容に従ってその権限を行使しなければならない。部下である労働者が恒常的に著しく長時間にわたり業務に従事し、その健康状態が悪化していることを認識しながら、その負担を軽減させるための措置を採らなかった上司には過失が認められ、使用者は民法七一五条に基づく損害賠償責任を負う。

ある業務に従事する特定の労働者の性格が同種の業務に従事する労働者の個性の多様さとして通常想定される範囲を外れない限り、裁判所は、使用者の賠償すべき額を決定するに当たり、その性格及びこれに基づく業務遂行の態様等を心因的要因としてしんしゃくすることはできない。（最判平12・3・24民集五四・三・一一五五〈電通事件〉労働百選[一〇版]四九）

[4] メンタルヘルスに関する神経科への通院、病名、薬剤の処方等の情報は、労働者のプライバシーに属する情報であり、人事考課等に影響し得る事柄として通常は職場において知られることなく就労を継続しようとすることが想定される情報であるため、使用者は、必ずしも労働者からこれらの情報に関する申告がなくても、その健康に関わる労働環境等に十分な注意を払うべき安全配慮義務を負っている。労働者がこれらの情報を使用者に申告しなかったことをもって、使用者の安全配慮義務違反に基づく損害賠償において過失相殺をすることはできない。（最判平26・3・24労判一〇九四・二二〈東芝（鬱病・解雇）事件〉重判平26労働五）

[5] 基本給の中に時間外労働八〇時間分を組み込まれ、三六協定の特別延長条項に記載されていた臨時の特別の事情とは無関係に、恒常的に三六協定に定める一箇月四五時間の時間外労働を超える時間外労働がなされていた会社で、従業員が長時間労働により死亡したという事案において、取締役は、現実の労働状況を認識することが十分に容易な立場にあり、その認識をもとに、担当業務を執行し、また、取締役会を構成する一員として取締役会での議論を通して、労働者の生命・健康を損なうことがないような体制を構築すべき義務を負うのであり、それにもかかわらず、悪意又は重大な過失により、会社が行うべき労働者の生命・健康を損なうことがないような体制の構築と長時間労働の是正方策の実行に関して任務懈怠があるから、それによって招いた従業員の死亡という結果について、会社法四二九条一項に基づく責任を負う。（大阪高判平23・5・25労判一〇三三・二四〈大庄ほか事件〉会社法百選[四版]A27）

三 社外工に対する安全配慮義務

[6] 会社の下請企業の労働者が同会社で社外工として労務を提供するに当たり、会社の管理する設備、工具等を用い、事実上会社の指揮監督を受けており、その作業内容も会社の従業員である本工とほとんど同じである場合には、会社は下請企業の労働者との間に特別な社会的接触の関係に入ったものであり、信義則上、右労働者に対し安全配慮義務を負う。（最判平3・4・11労判五九〇・一四〈三菱重工業神戸造船所事件〉民百選Ⅱ[四版]四）

四 安全配慮義務違反の立証責任

[7] 国家公務員が国に対して安全配慮義務違反に基づく損害賠償を請求する訴訟において、右義務の内容を特定し、かつ、義務違反に該当する事実を主張・立証する責任は、国の義務違反を主張する原告にある。（最判昭56・2・16民集三五・一・五六〈航空自衛隊芦屋分遣隊事件〉民訴百選Ⅱ[補正]一二一）

五 安全配慮義務の履行補助者

[8] 国は自衛隊員を自衛隊車両に公務として乗車させる場合に、安全配慮義務として、車両自体から生ずる危険を防止するためこれを十分に整備し、車両の運転者として適任者を選任し、かつ、車両の運行から生ずる危険を防止するために運転者に必要な安全上の注意を与える義務を負うが、運転者が道路交通法等に基づいて当然に負うべき通常の注意義務の遵守は、右安全配慮義務の内容に含まれない。したがって、右安全配慮義務の履行補助者に運転上の注意義務違反があっても、国の安全配慮義務違反があるものとすることはできない。（最判昭58・5・27民集三七・四・四七七〈陸上自衛隊第三三一会計隊事件〉交通事故百選[五版]二九）

六 安全配慮義務違反の効果

[9] 安全配慮義務違反による損害賠償請求権は、損害が発生した時に成立し、同時にその権利を行使することが可能になるが、じん肺については、じん肺法上の各管理区分の決定に相当する病状に基づく損害はそれぞれ質的に異なるものであるから、重い決定に相当する病状に基づく損害は、その決定を受けた時に発生し、その時点から損害賠償請求権を行使することが可能となる。したがって、安全配慮義務違反によりじん肺に罹患したことを理由とする損害賠償請求権の消滅時効は、最終の行政上の決定を受けた時から進行する。（最判平6・2・22民集四八・二・四四一〈日鉄鉱業事件〉民百選Ⅰ[八版]四四）

[10] 雇用者の安全配慮義務違反によりじん肺に罹患し、じん肺によって死亡した場合の損害については、死亡の時から損害賠償請求権の消滅時効が進行する。（最判平16・4・27労判八七二・一三〈筑豊じん肺訴訟〉）→民一六六条[11]

[11] 安全配慮義務違反を理由とする債務不履行に基づく損害賠償債務は、民法四一二条三項により債権者から履行の請求を受けた時から遅滞に陥る。

会社との間の雇用契約ないしこれに準ずる法律関係の当事者でない労働者の遺族は、安全配慮義務違反を理由とする債務不履行により固有の慰謝料請求権を取得するものとは解せない。（最判昭55・12・18民集三四・七・八八八〈大石塗装・鹿島建設事件〉労働百選[一〇版]五〇）

七 損害賠償の算定基準

[12] 在留期間を超えて日本に残留している外国人が、就労中に労災事故で被災し後遺障害を残す傷害を負った場合に、その逸失利益については、予測される就労可能期間あるいは滞在可能期間内は日本での収入等を基礎とし、その後は想定される出国先（多くは母国）での収入等を基礎として算定するのが合理的であり、その際の就労可能期間は、同人が出入国管理法二四条四号ロにより最終的には退去を強制されることを考えると、長期にわたるものと認めることはできない。（最判平9・1・28民集五一・一・七八〈改進社事件〉労働百選[七版]一一三）→民七〇九条[114]

第二章 労働契約の成立及び変更

（労働契約の成立）

第六条 労働契約は、労働者が使用者に使用されて労働し、使用者がこれに対して賃金を支払うことについて、労働者及び使用者が合意することによって成立する。

[1] **一 （労働契約の）成立**

労働者と使用者との間に黙示の雇用契約が成立したといえるためには、単に事実上の使用従属関係があるというだけでなく、雇用条件決定の経緯、指揮命令関係の有無・内容、労務管理の有無・程度、賃金の支払方法等諸般の事情に照らして、労働者が使用者の指揮命令の下に労務を供給する意思を有し、これに対し、使用者がその対価として賃金を支払う意思を有するものと推認され、社会通念上、両者間で雇用契約を締結する旨の意思表示の合致があったと評価できるに足りる事情があることが必要である。（東京高判平5・12・22労判六六四・八一〈大映映像ほか事件〉）

[2] ① 請負人による労働者に対する指揮命令がなく、注文者が労働者に直接具体的な指揮命令をして作業を行わせている場合には、請負契約という法形式が採られていたとしても請負契約と評価することはできず、注文者と労働者との間に雇

用契約が締結されていないのであれば、これら三者間の関係は、派遣法二条一号にいう労働者派遣に該当すると解すべきであり、職安法四条六項にいう労働者供給に該当する余地はない。

②　派遣法の趣旨及びその取締法規としての性質、さらには派遣労働者を保護する必要性等に鑑みれば、仮に派遣法に違反する労働者派遣が行われた場合においても、特段の事情のない限り、そのことだけによっては派遣労働者と派遣元との間の雇用契約が無効になることはないと解すべきである。

本件では、注文者は、請負人による労働者の採用に関与していたとは認められず、労働者が請負人から支給を受けていた給与等の額を注文者が事実上決定していた事情もうかがわれず、かえって、請負人は、配置を含む労働者の具体的な就業態様を一定の限度で決定し得る地位にあったものであるので、注文者と労働者との間に雇用契約関係が黙示的に成立していたと評価することはできない。（最判平21・12・18民集六三・一〇・二七五四〈パナソニックプラズマディスプレイ（パスコ）事件〉労働百選[一〇版]八一）

二　労使慣行

[3]　民法九二条により法的効力のある労使慣行が成立していると認められるためには、同種の行為又は事実が一定範囲において長期間反復継続して行われていたこと、労使双方が明示的にこれによることを排除・排斥していないことのほか、当該慣行が労使双方の規範意識によって支えられていることを要する。（大阪高判平5・6・25労判六七九・三二〈商大八戸ノ里ドライビングスクール事件〉労働百選[一〇版]二九……最判平7・3・9労判六七九・三〇、労働百選[八版]三二により支持された）

三　（労働契約の）承継

[4]　営業譲渡に伴い譲渡人がその従業員と締結していた労働契約が当然に譲受人に承継されるものではないから、労働契約が営業譲渡に伴い譲渡人から譲受人に承継されるか否かは、譲受人と譲渡人との間でその旨の特別の合意が成立しているか否かによる。

譲渡人と譲受人の間の合意のうち、①賃金等の労働条件を相当程度引き下げる改訂に異議のある従業員については個別に排除する、②この目的を達成するために従業員全員に退職届を提出させて譲受人が再雇用するという形式を採り、退職届を提出しない従業員は譲渡人の解散を理由に解雇する旨の合意部分は、民法九〇条に反するものとして無効となる。そうすると、労働条件引下げに異議を述べ解雇された従業員の労働契約上の地位も、譲渡人と従業員との労働契約を譲受人との関係に移行させるという合意の原則部分に従って譲受人に承継されることとなる。（東京高判平17・5・31労判八九八・一六〈勝英自動車学校事件〉……最決平18・5・16労判九三四・九八により支持された）

[5]　営業譲渡に際して、譲渡人と従業員との間の雇用契約関係を譲受人が承継するかどうかは、譲渡契約当事者の合意により自由に定められるべきものであり、営業譲渡の性質として雇用契約関係が当然に譲受人に承継されることになるものと解することはできない。（東京高判平17・7・13労判八九九・一九〈東京日新学園事件〉労働百選[一〇版]六五……原告労働者を承継する合意があったと認めることはできないとして承継を否定した例）

[6]　労働契約の承継のいかんが労働者の地位に重大な変更をもたらし得るものであることから、分割会社が分割計画書を作成するに先立ち、承継される営業に従事する個々の労働者との間で協議を行わせ、当該労働者の希望等をも踏まえつつ分割会社に承継の判断をさせることによって、労働者の保護を図ろうとする五条協議（商法等改正法［平成一二法九〇］附則五条一項に定める協議）の趣旨からすると、承継法三条に基づき労働契約が承継対象となった特定の労働者との関係において五条協議が全く行われなかった場合、及び、五条協議が行われた場合であっても、その際の分割会社からの説明や協議の内容が著しく不十分で法が五条協議を求めた趣旨に反することが明らかな場合、当該労働者は同法三条の定める労働契約承継の効力を争うことができる。

分割会社は、七条措置として、会社分割に当たり、その雇用する労働者の理解と協力を得るよう努めるものとされているが（承継法七条）、これは努力義務を課したもので、これに違反したこと自体は労働契約承継の効力を左右するものではなく、七条措置において十分な情報提供等がされなかったがために五条協議がその実質を欠くことになったといった特段の事情がある場合に、五条協議義務違反の有無を判断する一事情として七条措置のいかんが問題になるにとどまる。（最判平22・7・12民集六四・五・一三三三〈日本IBM事件〉労働百選[一〇版]六七……労働契約承継の効力を争うことができる場合には該当しないとされた事例）→会社七六四条[1]

[7]　会社分割の際に、承継される事業に主として従事する労働者の承継会社への労働契約の承継が、承継法所定の手続によるのではなく、分割会社との合意解約と承継会社との新規契約の締結により転籍するという方法により行われ、その結果、承継後の労働条件が承継前より不利になった事案で、当該労働者は、承継前の労働契約がそのまま承継されるという利益を、同法所定の異議申出の機会が与えられないまま、一方的に奪われたものであって、転籍の合意は公序良俗に反して無効であり、また、こうした場合には、適法な異議申出があったのと同じ効果が認められて、承継前の労働契約がそのまま承継されるべきである。（神戸地尼崎支判平26・4・22労判一〇九六・四四〈阪神バス事件〉重判平26労働七）

四　定年後の再雇用

[8]　定年年齢到達後も「業務の都合によって会社が特に必要と認めた場合は嘱託として再雇用することがある」との就業規則の規定の下に、定年退職後も特段の欠格事由のない限り当該労働者を直ちに嘱託として再雇用するとの労働慣行が確立している場合、営業成績や健康状態で特段の欠格事由のない労働者については、定年退職した日の翌日に再雇用契約が成立したものといえる。（最判昭51・3・8労判二四五・二四〈大栄交通事件〉）

[9]　六五歳までの雇用確保措置を定める高年法九条は、事業主に対し私法上の継続雇用義務を課したものとまではいえない。

同法の改正経緯を踏まえると、事業主が転籍型の継続雇用制度を採用する場合、事業主と転籍先との間に同一企業グループの関係が存在するとともに、転籍後も高年齢者の雇用が確保されるような関係性が認められなければならないと解するのが相当である。これらの関係性が認められる本件制度は、同条一項二号で定める継続雇用制度に適合するものであり、事業主に同号違反を理由とした債務不履行や不法行為は成立しない。（大阪高判平21・11・27労判一〇〇四・一一二〈NTT西日本事件〉）

[10]　継続雇用基準を満たしている本件労働者については雇用継続の期待に合理的な理由が認められ、また、この労働者を継続雇用することなく雇用が終了したとすることに客観的に合理的で社会通念上相当といえる事情も認められない本件事実関係の下では、高年法の趣旨等に鑑み、継続雇用されたのと同様の雇用関係が存続しているとみるのが相当であり、その労働条件については本件継続雇用規程の定めに従うことになる。（最判平24・11・29労判一〇六四・一三〈津田電気計器事件〉重判平25労働二）

[11]　定年後の継続雇用としてどのような労働条件を提示するかについては一定の裁量があるとしても、提示した労働条件が、無年金・無収入の期間の発生を防ぐという趣旨に照らして到底容認できないような低額の給与水準であったり、社会通念に照らし当該労働者にとって到底受け入れ難いような職務内容を提示するなど実質的に継続雇用の機会を与えたとは

認められない場合においては、当該事業者の対応は改正高年法［平成二四法七八］の趣旨に明らかに反するものであるといわざるを得ない。（名古屋高判平28・9・28労判一一四六・二二〈トヨタ自動車事件〉重判平28労働六）

五　採用内定

12　大学卒業予定者が企業の求人募集に応募し、採用試験に合格した結果、文書で採用内定の通知を受けて誓約書を提出し、企業の側でも採用内定通知のほかには労働契約締結のための特段の意思表示をすることが予定されていなかったことを考慮すると、本件採用内定通知と誓約書の提出があいまって、企業と採用内定者との間に、就労の始期を大学卒業直後とし、それまでの間誓約書記載の取消事由に基づく解約権を留保した労働契約が成立したといえる。

右の留保解約権に基づく採用内定の取消事由は、採用内定当時知ることができず、また知ることが期待できないような事実であって、これを理由として採用内定を取り消すことが解約権留保の趣旨、目的に照らして客観的に合理的と認められ社会通念上相当として是認できるものに限られる。（最判昭54・7・20民集三三・五・五八二〈大日本印刷事件〉労働百選〔一〇版〕九）

13　採用通知に採用日、配置先、採用職種及び身分が具体的に明示されており、右採用通知の外には労働契約締結のための特段の意思表示をすることが予定されていなかった場合に、採用通知により採用内定の一態様として、企業と応募者の間に、効力発生の始期を右採用通知に明示された日とする労働契約が成立したものと解される。

市公安条例等違反の現行犯として逮捕され、起訴猶予処分を受ける程度の違法行為をした事実が判明し、このことを理由になされた採用内定の取消しは、解約権留保の趣旨、目的に照らして社会通念上相当として是認することができる。（最判昭55・5・30民集三四・三・四六四〈電電公社近畿電通局事件〉重判昭55労働七）

六　採用内々定

14　一〇月一日付けで正式内定を行うことを前提として七月初旬に会社の人事事務担当者名でなされた内々定通知によって始期付解約権留保付労働契約が成立したとはいえないが、会社が採用内定直前の九月三〇日頃突然内々定者に対して行った内々定の取消通知は、経営環境の急速な悪化により新規学卒者の採用計画を取り止めるなどという極めて簡単なものであり、その後も会社が誠実な態度で説明・対応をしたとはいい難いことからすると、本件内々定取消しは、労働契約締結過程における信義則に反し、内々定者の就労への期待利益を侵害する不法行為を構成する。（福岡高判平23・3・10労判一〇二〇・八二〈コーセーアールイー（第二）事件〉重判平23労働二）

七　試用期間

15　雇用契約において、採否決定の当初は労働者の適格性の有無について必要な調査を行い適切な判定資料を十分に収集できないため、後日の調査や観察に基づく最終的決定を留保する趣旨で、一定の合理的な期間解約権を留保する試用期間を定めることも、合理性をもち有効である。それゆえ、右の留保解約権に基づく解雇は、通常の解雇と全く同一に論ずることはできず、通常の解雇の場合よりも広い範囲における解雇の自由が認められてしかるべきである。

しかしながら、一旦特定企業との間で試用期間を付した雇用関係に入った者は、当該企業との雇用関係の継続の期待の下に他企業への就職の機会と可能性を放棄したものであることを考慮すると、右の留保解約権の行使は、解約権留保の趣旨、目的に照らして、客観的に合理的な理由が存し社会通念上相当として是認され得る場合にのみ許される。（最大判昭48・12・12民集二七・一一・一五三六〈三菱樹脂事件〉労働百選〔一〇版〕一〇）→三条⑦、労基三条⑦、憲三章⑧

16　労働者の新規採用に当たり、その適性を評価・判断するために雇用契約に期間を設けた場合には、右期間の満了により契約が当然に終了する旨の明確な合意が成立しているなどの特段の事情が認められる場合を除き、右期間は契約の存続期間ではなく、試用期間であると解するのが相当である。

試用期間付雇用契約により雇用された労働者が、試用期間の付いていない労働者と同じ職場で同じ職務に従事し、使用者の取扱いにも格段変わったところがなく、また、試用期間満了時に本採用に関する契約書作成の手続がとられていない場合には、これを解約権留保付雇用契約と解するのが相当である。（最判平2・6・5民集四四・四・六六八〈神戸弘陵学園事件〉労働百選〔一〇版〕一一）

17　試用目的の期間が試用期間とは認められず、有期労働契約とされた例（最判平28・12・1労判一一五六・五〈福原学園事件〉）→一九条⑤

第七条　労働者及び使用者が労働契約を締結する場合において、使用者が合理的な労働条件が定められている就業規則を労働者に周知させていた場合には、労働契約の内容は、その就業規則で定める労働条件によるものとする。ただし、労働契約において、労働者及び使用者が就業規則の内容と異なる労働条件を合意していた部分については、第十二条に該当する場合を除き、この限りでない。

一　就業規則の法的性質

1　経営主体が企業における労働条件を定型的に定めた就業規則は、一種の社会的規範としての性質を有するだけでなく、それが合理的な労働条件を定めているものである限り、経営主体と労働者との間の労働条件はその就業規則によるという事実たる慣習が成立しているものとして、その法的規範性が認められるに至っている（民法九二条参照）。したがって、当該事業場の労働者は、就業規則の存在及び内容を現実に知っていると否とにかかわらず、また、これに対して個別に同意を与えたかどうかを問わず、当然にその適用を受けることになる。（最大判昭43・12・25民集二二・一三・三四五九〈秋北バス事件〉労働百選〔一〇版〕二〇）→一〇条⑦

2　就業規則が労働者に対し一定の事項につき使用者の業務命令に服すべき旨を定めているときは、そのような就業規則の規定内容が合理的なものである限りにおいて、当該具体的労働契約の内容をなしているものということができ、使用者はこの労働契約に基づいて業務命令を発することができる。（最判昭61・3・13労判四七〇・六〈電電公社帯広局事件〉労働百選〔七版〕二七）

二　就業規則の拘束力と周知

3　就業規則が法的規範としての性質を有するものとして拘束力を生ずるためには、その内容を適用を受ける事業場の労働者に周知させる手続が採られていることを要する。（最判平15・10・10労判八六一・五〈フジ興産事件〉労働百選〔一〇版〕二一）→一五条③

4　退職金規定の変更につき、使用者は全体朝礼で概略的な説明をしただけで、説明文書の配布・回覧や説明会の開催など具体的に説明する努力を何ら払っておらず、従業員に対し実質的な周知がされたものとはいえない。（東京高判平19・10・30労判九六四・七二〈中部カラー事件〉）

三　合理的な労働条件

5　郵便関連の屋外業務に従事する有期雇用労働者について、加齢による事故等が懸念されること等を考慮して、満六五歳に達した日以後は契約を更新しない旨を定めた就業規則条項は、本条にいう合理的な労働条件を定めたものということができる。（最判平30・9・14労判一一九四・五〈日本郵便（更新上限）事件〉重判令元労働八）→一九条④

第八条（**労働契約の内容の変更**）　労働者及び使用者は、その合意により、労働契約の内容である労働条件を変更することができる。

[1] **一　労働条件変更の合意の成否**

期間の定めのない雇用契約から一年の有期契約への変更、賃金の減額、退職金制度の廃止、生理休暇・特別休暇の無給化等多岐にわたる労働条件の変更につき、数分の社長説明及び個別面談での口頭説明によって、その全体及び詳細を理解し記憶に留めることは到底不可能であり、使用者による労働条件の変更合意の申込みの内容の特定が不十分であるから、口頭による労働条件の変更の合意が成立したと認めることはできない。（東京高判平20・3・25労判九五九・六一〈東武スポーツ（宮の森カントリー倶楽部・労働条件変更）事件〉重判平20労働五）

[2] **二　黙示の合意**

使用者が一方的に賃金を減額したのに対して労働者が不満ながら異議を述べずにこれを受領してきたからといって、これをもって賃金の減額に労働者が黙示の承諾をしたとはいえない。（大阪高判平3・12・25労民四二・六・九七三〈京都広告事件〉）

第九条（就業規則による労働契約の内容の変更）　使用者は、労働者と合意することなく、就業規則を変更することにより、労働者の不利益に労働契約の内容である労働条件を変更することはできない。ただし、次条の場合は、この限りでない。

[1] **同意による就業規則の不利益変更の効力**

労働条件は、労働者と使用者との個別の合意によって変更することができ、このことは、就業規則に定められている労働条件を労働者の不利益に変更する場合であっても、その合意に際して就業規則の変更が必要とされることを除き、異ならない。もっとも、それが賃金や退職金に関するものである場合には、労働者の同意の有無については、当該変更を受け入れる旨の労働者の行為の有無だけでなく、当該変更により労働者にもたらされる不利益の内容及び程度、労働者により当該行為がされるに至った経緯及びその態様、当該行為に先立つ労働者への情報提供又は説明の内容等に照らして、当該行為が労働者の自由な意思に基づいてされたものと認めるに足りる合理的な理由が客観的に存在するか否かという観点からも、判断されるべきである。

本件の退職金支給基準変更による不利益の内容等及び同意書への署名押印に至った経緯等を踏まえると、本件基準変更について、労働者が同意するか否かを自ら判断するために必要十分な情報を与えられていたというためには、基準変更の必要性等についての情報提供や説明だけでは足りず、退職金額が〇円となる可能性が高くなることや、同意書案の記載と異なり著しく均衡を欠く結果となることなど、労働者に生ずる具体的な不利益の内容や程度についても、情報提供や説明がされる必要があった。（最判平28・2・19民集七〇・二・一二三〈山梨県民信用組合事件〉労働百選[一〇版]二三）

第一〇条　使用者が就業規則の変更により労働条件を変更する場合において、変更後の就業規則を労働者に周知させ、かつ、就業規則の変更が、労働者の受ける不利益の程度、労働条件の変更の必要性、変更後の就業規則の内容の相当性、労働組合等との交渉の状況その他の就業規則の変更に係る事情に照らして合理的なものであるときは、労働契約の内容である労働条件は、当該変更後の就業規則に定めるところによるものとする。ただし、労働契約において、労働者及び使用者が就業規則の変更によっては変更されない労働条件として合意していた部分については、第十二条に該当する場合を除き、この限りでない。

[1] **一　就業規則の不利益変更**

就業規則の作成又は変更によって、労働者の既得の権利を奪い、あるいは不利益な労働条件を一方的に課すことは原則として許されないが、労働条件の統一的かつ画一的処理の要請から、当該条項が合理的なものである限り個別の同意がなくても労働者に適用される。

五五歳停年制を新たに定めた就業規則の改正は、諸般の事情から合理的なもので有効と解される。（最大判昭43・12・25民集二二・一三・三四五九〈秋北バス事件〉労働百選[一〇版]二〇）→七条[1]

[2] 当該就業規則条項が合理的なものであるとは、当該就業規則の作成又は変更が、その必要性及び内容の両面からみて、それによって労働者が被ることになる不利益の程度を考慮しても、なお当該労使関係における当該条項の法的規範性を是認できるだけの合理性を有するものであることをいう。特に、賃金、退職金など労働者にとって重要な権利、労働条件に関し実質的な不利益を及ぼす就業規則の作成又は変更については、当該条項が、そのような不利益を労働者に法的に受忍させることを許容できるだけの高度の必要性に基づいた合理的な内容のものである場合において、その効力を生ずる。（最判昭63・2・16民集四二・二・六〇〈大曲市農業協同組合事件〉労働百選[六版]二四）

[3] 就業規則条項の合理性の有無は、具体的には、就業規則の変更によって労働者が被る不利益の程度、使用者側の変更の必要性の内容・程度、変更後の就業規則の内容自体の相当性、代償措置その他関連する他の労働条件の改善状況、労働組合等との交渉の経緯、他の労働組合又は他の従業員の対応、同種事項に関する我が国社会における一般的状況等を総合考慮して判断すべきである。（最判平9・2・28民集五一・二・七〇五〈第四銀行事件〉労働百選[一〇版]二二）

[4] 五五歳以上の行員の役職や職階に関する制度を変更し、賃金を減額するという内容の本件就業規則変更は、企業経営上、賃金水準切下げの差し迫った必要性があったわけではないにもかかわらず、短期的にみれば高年層の行員にのみ賃金についての大幅な不利益を負担させているものであり、このような制度改正の場合には、一方的に不利益を受ける労働者について不利益性を緩和するなどの経過措置を設けることによる適切な救済を併せ図るべきである。本件の経過措置はその内容、程度に照らし、本件就業規則等変更の当時既に五五歳に近づいていた上告人らにとっては、救済ないし緩和措置としての効果が十分ではないのであり、したがって、上告人らとの関係で賃金面における本件就業規則等変更の内容の相当性を肯定することはできない。また、行員の約七三パーセントを組織する多数組合が変更に同意していたとしても、上告人らの被る不利益性の程度や内容を勘案すると、賃金面における変更の合理性を判断する際に、多数組合の同意を大きな考慮要素と評価することは相当ではない。（最判平12・9・7民集五四・七・二〇七五〈みちのく銀行事件〉労働百選[七版]二八②）

[5] 年功序列型の賃金制度の、人事考課査定に基づく成果主義型の賃金制度への変更は、賃金額の顕著な減少となる可能性があるという点で不利益変更に当たるといえるが、主力商品の競争が激化した経営状況の中で、従業員の労働生産性を高めて競争力を強化する高度の必要性があること、新賃金制度の内容については、従業員に対して支給する賃金原資総額を減少させるものではなく、賃金原資の配分の仕方をより合理的なものに改めようとするものであり、また人事評価制度についても最低限度必要とされる程度の合理性があることからすると、相当なものであったといえること、さらに従業員に変更内容の概要を通知して周知に努め、一部の従業員の所属する労働組合との団体交渉を通じて、労使間の合意により円滑に賃金制度の変更を行おうと努めていたこと、それなりの緩和措置としての意義を有する経過措置が採られたことからすると、合理性が認められる。（東京高判平18・6・22労判九

二〇・五〈ノイズ研究所事件〉重判平18労働六）

二　就業規則の拘束力と周知→七条③④

（就業規則の変更に係る手続）

第一一条　就業規則の変更の手続に関しては、労働基準法（昭和二十二年法律第四十九号）第八十九条及び第九十条の定めるところによる。

（就業規則違反の労働契約）

第一二条　就業規則で定める基準に達しない労働条件を定める労働契約は、その部分については、無効とする。この場合において、無効となった部分は、就業規則で定める基準による。

（法令及び労働協約と就業規則との関係）

第一三条　就業規則が法令又は労働協約に反する場合には、当該反する部分については、第七条、第十条及び前条の規定は、当該法令又は労働協約の適用を受ける労働者との間の労働契約については、適用しない。

第三章　労働契約の継続及び終了

◆【労働契約の展開】

一　就労請求権

① 労働契約においては、労働者は労務提供義務を、使用者は賃金支払義務を負担するのが、その最も基本的な法律関係であるから、労働者の就労請求権について労働契約等に特別の定めがある場合又は業務の性質上労働者が労務の提供について特別の利益を有する場合を除いて、一般的には労働者は就労請求権を有するものではない。（東京高決昭33・8・2労民九・五・八三一〈読売新聞社事件〉労働百選［一〇版］二五）

二　配転

② 会社の労働協約及び就業規則に、会社は業務上の都合により従業員に転勤を命ずることができる旨の定めがあり、現に会社では全国にある営業所等の間で転勤を頻繁に行っており、また、労働者の採用に際し勤務地を限定する合意がなされなかった場合、会社は個別的同意なしに右労働者に転勤を命ずることができる。しかし、使用者の転勤命令権も無制約に行使できるものではなく、転勤命令に業務上の必要性が存しない場合、若しくは労働者に対し通常甘受すべき程度を著しく超える不利益を負わせる場合には、当該転勤命令は権利の濫用となる。この判断において、労働者の生活上の不利益が転勤に伴い通常甘受すべき程度のものである場合には、業務上の必要性は余人をもって替え難いという高度のものであることを要せず、労働力の適切配置、業務の能率増進、労働者の能力開発、勤務意欲の高揚、業務運営の円滑化などのためのものでよい。（最判昭61・7・14労判四七七・六〈東亜ペイント事件〉労働百選［一〇版］六二）

③ 就業規則に配転に関する規定があり、我が国経済の変化に伴い、配転の機会が増え、その対象や範囲も拡張するのが一般的な傾向であることに鑑みると、十数年ないし二十数年の間ほぼ継続して機械工として就労してきたとしても、このことから直ちに当該労働者を機械工以外の職種には一切就かせないという合意が成立したものとはいえず、使用者は、業務運営上の必要性がある場合には、労働者の個別的合意なしに職種の変更を命じることができる。ただし、永年従事してきた職種を変更するときは労働者の利益に重大な影響を及ぼすから、職種変更の命令権は安易に行使すべきものではないが、当該職種変更が、工場の移転による機械工職種の廃止に伴ってやむを得ず行われたものであり、また職種の変更により労働者が被る不利益も通常受忍すべき限度を著しく超えていない場合には、配転命令は権利の濫用には当たらない。（東京高判昭62・12・24労民三八・五＝六・六八一〈日産自動車村山工場事件〉……本件につき上告審（最判平元・12・7労判五五四・六）は右判断を是認し、上告を棄却した）

④ 労働者の内部通報等の行為に反感を抱いて、業務上の必要性とは無関係に行われた配転命令につき、その動機が不当であること等の事情から、権利の濫用に当たるとされた例（東京高判平23・8・31労判一〇三五・四二〈オリンパス事件〉……最決平24・6・28【平23オ二〇八八】（上告不受理）により確定）

⑤ 退職従業員補充のための東京都内に存する事業所間の異動命令につき、通勤時間が従来の約五〇分から約一時間四五分となり、子供の保育に支障がでる場合であっても、転居をすれば、別会社で働く夫の通勤時間が約四〇分から約一時間となるとしても、保育の支障は容易に解消することができたという場合には、当該労働者の負うことになる不利益は、必ずしも小さくはないが、なお通常甘受すべき程度を著しく超えるとまではいえない。（最判平12・1・28労判七七四・七〈ケンウッド事件〉）

⑥ 労働者の配置に関する配慮について定めた育児介護休業法二六条の定める事業主の配慮には、配置の変更をしないことや介護等の負担を軽減させるための積極的な措置を講ずることまでは含まれないが、事業主には、就業場所の変更により育児や介護の実施の困難さを避けることができるのであれば、これを避け、避けられない場合には、より負担が軽減される措置をすることが求められるのであり、そうした配慮の有無程度は、配転命令を受けた労働者の不利益が通常甘受すべき程度を著しく超えるか否かの判断に影響を及ぼす。（大阪高判平18・4・14労判九一五・六〇〈ネスレ日本事件〉）

三　降格・減給

⑦ 一旦備わっていると判断された職務遂行能力が、営業実績や勤務評価が低い場合にこれを備えないものとして降格させることを予定していない一般的な職能資格制度の下では、労働者の自由意思に基づいてなされた同意等の法的根拠なく、使用者が降格や職能給の減額措置を行うことはできない。（東京地判平12・1・31労判七八五・四五〈アーク証券事件〉労働百選［九版］六〇）

⑧ 労働契約の内容として、成果主義による基本給の降給が定められている場合であっても、降給が許容されるためには、さらに降給が決定される過程に合理性があること、その過程が従業員に告知されてその言い分を聞く等の公正な手続が存することが必要である。降給の仕組み自体に合理性と公正さが認められ、その仕組みに沿った降給の措置が採られた場合には、個々の従業員の評価の過程に、特に不合理ないし不公正な事情が認められない限り、当該降給の措置は当該仕組みに沿って行われたものとして許容される。（東京地判平16・3・31労判八七三・三三〈エーシーニールセン・コーポレーション事件〉）

⑨ 就業規則において、配転に伴い賃金の減額があり得る旨の規定があった場合でも、給与の減額は合理的な範囲で行われる必要があり、その合理性の判断に際しては、当該給与の減額によって労働者の受ける不利益性の程度（当該給与の減額に伴ってなされた配転による労働の軽減の程度を含む。）、労働者の能力や勤務状況等の労働者側における帰責性の程度及びそれに対する使用者側の適切な評価の有無、会社の経営状況等業務上の必要性の有無、代償措置の有無、従業員側との交渉の経緯等を総合考慮して判断されるべきである。（東京高判平16・4・15労判八八四・九三〈日本ドナルドソン青梅工場事件〉）

四　休職

⑩ 職種や業務内容を限定せずに雇用契約を締結した労働者が、私傷病により休職となった以後に復職の意思を表示した場合、休職前の業務について労務の提供が十全にはできないとしても、使用者は、その労働者の能力、経験、地位、使用者の規模や業種、その社員の配置や異動の実情、難易等を考慮して、配置替え等により現実に配置可能な業務の有無を検討し、これがある場合には、当該労働者を復職不可能として

期間満了による退職扱いにすることはできない。（大阪地判平11・10・4労判七七一・二五〈東海旅客鉄道事件〉労働百選[一〇版]七六）

[11] 起訴休職制度の趣旨は、刑事事件で起訴された従業員をそのまま就業させると、職務内容又は公訴事実の内容によっては、職場秩序が乱されたり、企業の社会的信用が害され、また、労務の継続的な給付や企業活動の円滑な遂行に障害が生ずることを避けることにある。したがって、起訴休職の規定の適用が認められるためには、当該従業員の就労により右障害の生ずるおそれがある場合でなければならず、また、休職によって被る従業員の不利益の程度が、起訴の対象となった事実が確定的に認められた場合に行われる可能性のある懲戒処分の内容と比較して明らかに均衡を欠く場合ではないことを要する。（東京地判平11・2・15労判七六〇・四六〈全日本空輸事件〉労働百選[一〇版]六四）

第一四条（出向）使用者が労働者に出向を命ずることができる場合において、当該出向の命令が、その必要性、対象労働者の選定に係る事情その他の事情に照らして、その権利を濫用したものと認められる場合には、当該命令は、無効とする。

出向

[1] ある事業場における特定の業務を協力会社である別会社に業務委託するに伴い、その委託された業務に従事していた労働者に出向が命じられた場合において、入社時及び出向発令時の就業規則に社外勤務条項（出向条項）があり、また当該労働者に適用される労働協約にも同様の社外勤務条項（出向条項）があり、さらに労働協約である社外勤務協定において、出向労働者の利益に配慮した詳細な規定が設けられていたという事情の下では、会社は労働者の個別的同意なしに出向を命じることができる。

出向は、その期間が長期化した場合でも、出向元との労働契約関係の存続自体が形骸化していなければ、直ちに転籍と同視して個別的同意を要するとまではいえない。当初三年間の出向を三度にわたり延長する本件出向延長措置には合理性があり、これにより労働者が著しい不利益を受けるものともいえないので権利濫用とはいえない。（最判平15・4・18労判八四七・一四〈新日本製鐵事件〉労働百選[一〇版]六三）

第一五条（懲戒）使用者が労働者を懲戒することができる場合において、当該懲戒が、当該懲戒に係る労働者の行為の性質及び態様その他の事情に照らして、客観的に合理的な理由を欠き、社会通念上相当であると認められない場合は、その権利を濫用したものとして、当該懲戒は、無効とする。

一 企業秩序と懲戒

[1] 企業は、その存立と事業の円滑な運営にとって必要不可欠な企業秩序を確保するために、必要な諸事項を規則をもって一般的に定め、あるいは具体的に労働者に指示、命令することができ、また、企業秩序に違反する行為があった場合には、違反の内容、態様、程度等を明らかにして、違反者に対して制裁として懲戒処分を行うことができる。

労働者は労働契約を締結することによって労務提供義務を負うとともに、これに付随して企業秩序遵守義務を負う。（最判昭52・12・13民集三一・七・一〇三七〈富士重工業事件〉労働百選[五版]一二）

[2] 企業は、その存立を維持し目的たる事業の円滑な運営を図るため、それを構成する人的要素及びその所有し管理する物的施設の両者を総合し合理的・合目的的に配備組織して企業秩序を定立し、この企業秩序の下にその活動を行うものであって、企業は、その構成員に対してこれに服することを求め得べく、その物的施設を許諾された目的以外に利用してはならない旨を、一般的に規則をもって定め、又は具体的に指示、命令することができ、これに違反する行為をする者がある場合には、企業秩序を乱すものとして、当該行為者に対し、その行為の中止、原状回復等必要な指示、命令を発し、又は規則に定めるところに従い制裁として懲戒処分を行うことができる。（最判昭54・10・30民集三三・六・六四七〈国鉄札幌運転区事件〉労働百選[一〇版]八八）→労組◆【補章 争議行為】[一二三条の一三の後][13]

[3] 使用者が労働者を懲戒するには、あらかじめ就業規則において懲戒の種別及び事由を定めておくことを要する。（最判平15・10・10労判八六一・五〈フジ興産事件〉労働百選[一〇版]二一）→七条[3]

二 懲戒権の濫用

[4] 使用者の懲戒権の行使は、労働者の非違行為の性質、態様、結果及び情状等に照らして客観的に合理的理由を欠き社会通念上相当として是認することができない場合、権利の濫用として無効になる。（最判昭58・9・16労判四一五・一六〈ダイハツ工業事件〉）

[5] 使用者の懲戒権の行使は、企業秩序維持の観点から労働契約関係に基づく使用者の権能として行われるものであるが、就業規則所定の懲戒事由に該当する事実が存在する場合であっても、当該具体的事情の下において、それが客観的に合理的な理由を欠き、社会通念上相当なものとして是認することができないときには、権利の濫用として無効になる。

職場で就業時間中に管理職に対して暴行したことなどを理由として、暴行事件から七年以上経過した後になされた本件諭旨退職処分は、処分時点においてそのような重い懲戒処分を必要とする客観的に合理的な理由を欠くものといわざるを得ず、社会通念上相当なものとして是認することはできない。（最判平18・10・6労判九二五・一一〈ネスレ日本事件〉労働百選[一〇版]五四）

三 企業秩序違反の調査

[6] 企業秩序の違反行為があった場合に、企業は懲戒処分を行うため事実関係を調査することができるが、これに対して労働者は、右調査に協力することが職務の内容となっているか、若しくは労務遂行上必要かつ合理的であると認められる場合を除いて、右調査に協力する義務を負わない。（最判昭52・12・13前出[1]）

[7] 会社が、従業員による同僚への誹謗中傷メールの送信や多量の私用メールの送受信に関して調査を行うために、会社が所有し管理するファイルサーバー上で当該労働者に事前に告知せずにデータの調査を行うことについては、こうしたファイルサーバーには業務に何らかの関連を有する情報が保存されていると判断されるので、調査の必要が存する以上、メール送信者の精神的自由を侵害するとはいえないし、事前の不告知についても、事前の継続的な監視とは異なり、既に送受信されたメールを特定の目的で事後に調査するものであることや事前の告知による調査への影響を考慮に入れると、不当とはいえない。（東京地判平14・2・26労判八二五・五〇〈日経クイック情報事件〉）

四 所持品検査

[8] 使用者が従業員に対して金品の不正隠匿の摘発・防止のために行う所持品検査は、これを必要とする合理的理由に基づいて、一般的に妥当な方法と程度で、しかも職場の従業員に対して画一的に実施されるものでなければならず、このような所持品検査が就業規則等明示の根拠に基づいて行われるときは、特段の事情のない限り従業員は検査を受忍すべき義務を負う。使用者が就業規則の規定に基づき、また労働組合の了承を得て、電車運転手ら乗務員全員に対し、自然に脱靴せざるを得ないような状況の下で靴の中の検査を行った場合、乗務員の脱靴拒否は懲戒解雇事由に該当する。（最判昭43・8・2民集二二・八・一六〇三〈西日本鉄道事件〉労働百選

一〇版五八〉

[9] **五 勤務時間中のプレート着用** 日本電信電話公社就業規則で禁止されている政治活動は、人事院規則一四―七所定の政治的行為とは異なり、一般私企業の就業規則が禁止の対象としているところと同様、社会通念上政治的と認められる活動をいう。

右公社の職員が勤務時間中に「ベトナム侵略反対、米軍立川基地拡張阻止」と記載したプレートを着用し、これを職場の同僚に訴え掛けることは、右公社就業規則で禁止している政治活動に当たり、職員が全注意力を職務遂行のために用いることを定めた、同就業規則の職務専念義務に違反するとともに、他の職員の職務への集中を妨げるものとして、同就業規則所定の懲戒事由に該当する。（最判昭52・12・13民集三一・七・九七四〈電電公社目黒電報電話局事件〉労働百選一〇版五六）

[10] **六 無許可ビラ配布** 就業規則において企業内でのビラ配布を許可制としている場合に、形式的にこれに違反しても、実質的にビラ配布が企業秩序を乱すおそれのない特別の事情が認められるときは、右規定の違反とならない。管理責任者の許可なくなされたビラ配布が、休憩時間中に休憩室等で平穏裏に行われたとしても、上司の適法な命令に抗議する目的でなされたもので、その内容も、上司の適法な命令に抗議し、職場内での違法な政治活動等を唆すことを含み、職場規律を乱すおそれのある場合、右規定の違反となる。（最判昭52・12・13前出[9]）↓労基三四条[2]

[11] 会社の許可を得ずに政党の機関紙号外と参議院議員選挙法定ビラを六十数枚配布した場合に、配布が昼休み中に数分間、工場の食堂において平穏裏になされるなど工場の秩序を乱すおそれのないときには、無許可のビラ配布を禁じ懲戒事由とする就業規則の規定の違反といえない。（最判昭58・11・1労判四一七・二一〈明治乳業事件〉）

[12] **七 会社批判のビラ配布** 就業時間外に会社の社宅において労働者が配布したビラが、大部分事実に基づかず、又は会社を非難中傷する内容を含み、労働者の会社に対する不信感を醸成するものである場合、当該ビラ配布は就業規則所定の懲戒事由に該当し、これに対してなされた譴責〔けんせき〕処分も、懲戒権者に認められた裁量権を逸脱しているとはいえない。（最判昭58・9・8労判四一五・二九〈関西電力事件〉労働百選一〇版五二）

[13] **八 内部告発** 内部告発の内容の根幹的部分が真実ないしは内部告発者において真実と信じるについて相当な理由があるか、内部告発の目的が公益性を有するか、内部告発の内容自体の当該組織体等にとっての重要性、内部告発の手段・方法の相当性等を総合的に考慮して、当該内部告発が正当と認められた場合には、当該組織体等としては、内部告発者に対し、当該内部告発により、仮に名誉、信用等を毀損されたとしても、これを理由として懲戒解雇をすることは許されない。（大阪地堺支判平15・6・18労判八五五・二二〈大阪いずみ市民生協事件〉重判平15労働七）

[14] **九 企業外非行** 営利目的の会社がその名誉、信用等社会的評価を維持することはその存立、運営にとって不可欠なので、会社の社会的評価に重大な悪影響を与える従業員の行為については、職務遂行と直接関係のない私生活上のものでも規制を及ぼすことができるが、就業規則等所定の懲戒事由たる「会社の体面を著しく汚したとき」とは、会社の社会的評価に及ぼす悪影響が相当重大であると客観的に評価される場合でなければならない。労働者が企業外の政治活動で逮捕、起訴され、これが広く報道されたため会社の社会的信用に悪影響を与えたとしても、犯行が破廉恥な動機、目的によるものでなく、有罪判決の刑も罰金二〇〇〇円と比較的軽く、かつ、会社は従業員三万人を擁する大企業で、当該労働者の地位は一工員にすぎない場合には、その行為はいまだ右懲戒事由たる「会社の体面を著しく汚したとき」に該当するとはいえない。（最判昭49・3・15民集二八・二・二六五〈日本鋼管事件〉）

[15] **一〇 経歴詐称** 労働者の学歴あるいは職歴は、労働者の提供する労働力自体の内容、性質、能力等を評価するための重要な要素であるから、労働契約の締結に際し使用者から申告を求められた場合、労働者はこれについて正確に申告すべき信義則上の義務を負う。労働者の経歴詐称が、もし使用者が労働者の真実の経歴を知っていたならば労働契約を締結しなかったであろうと認められる程の重大なものである場合には、それは当事者の信頼関係を基礎とした労働契約関係あるいは労働者の採用方針や配置計画に重大な影響を及ぼすものであるから、右経歴詐称が労働契約締結時に生じた事由であり、また、そのため業務遂行に現実的、具体的な支障が生じていなくても、使用者は労働者を懲戒処分することができる。（東京地判昭54・3・8労判三二〇・四三〈スーパーバッグ事件〉）

[16] **一一 無断欠勤** 被害妄想などの何らかの精神的な不調を抱えて欠勤している労働者に対し、精神科医による健康診断を実施してその診断結果等に応じて休職等の措置を検討し経過をみるなどの対応をとることなく、労働者の出勤しない理由が存在しない事実に基づくものであることから直ちにその欠勤を正当な理由なく無断でされたものとして論旨退職の懲戒処分の措置をとった使用者の対応は適切なものとはいい難い。よって、当該労働者の欠勤は就業規則所定の懲戒事由たる「正当な理由のない無断欠勤」に当たらず、本件処分は無効である。（最判平24・4・27労判一〇五五・五〈日本ヒューレット・パッカード事件〉重判平24労働二）

[17] **一二 懲戒時に認識されていなかった非違行為** 懲戒当時に使用者が認識していなかった非違行為は、当時懲戒の理由とされていなかったのであるから、特段の事情のない限り、その存在をもって当該懲戒の有効性を根拠付けることはできない。（最判平8・9・26労判七〇八・三一〈山口観光事件〉労働百選一〇版五三）

（解雇）

第一六条 解雇は、客観的に合理的な理由を欠き、社会通念上相当であると認められない場合は、その権利を濫用したものとして、無効とする。

[1] **一 解雇権の濫用** 使用者の解雇権の行使も、客観的に合理的な理由を欠き社会通念上相当として是認することができない場合には、権利の濫用として無効となる。（最判昭50・4・25民集二九・四・四五六〈日本食塩事件〉労働百選五版九七）↓労組二章[3]

[2] 労働者に解雇事由がある場合においても、当該具体的事情の下で解雇に処することが著しく不合理で社会通念上相当と是認できないときには、解雇の意思表示は解雇権の濫用として無効となる。放送局のアナウンサーが、二週間の内に二度寝過ごしたためニュースを放送できなかったことは、就業規則所定の解雇事由に該当するが、右事故につき同人のみを責めるのは酷であり、同人の平素の勤務成績は別段悪くなく、同人は右事故につき非を認め謝罪の意を表明している等の事情が認められるときには、同人を解雇することはいささか苛酷にすぎ、社会的に相当なものとして是認することはできない。（最判昭52・1・31労判二六八・一七〈高知放送事件〉労働百選一〇版七二）

[3] **二 整理解雇** 会社の一事業部門の閉鎖に伴い同部門の従業員全員に対してなした整理解雇は、右事業部門の閉鎖が企業の合理的運営上やむを得ない必要に基づいており、右事業部門に勤務する

従業員を他の事業部門の同一あるいは類似の職種に配転する余地がなく、解雇対象者の選定が客観的・合理的基準に基づくものであること、の三要件を充足する場合に有効となる。また、労働協約や就業規則における人事協議（同意）条項に基づく協議（同意）を経ない場合、その他労働者に対する十分な説明を欠くなど手続上の信義則に違反した場合には、整理解雇は権利の濫用として無効となる。（東京高判昭54・10・29労民三〇・五・一〇〇二〈東洋酸素事件〉労働百選[一〇版]七四）

[4] 整理解雇が有効か否かを判断するに当たっては、人員削減の必要性、解雇回避努力、人選の合理性、手続の相当性の四要素を考慮するのが相当であるが、使用者は、人員削減の必要性、解雇回避努力、人選の合理性の三要素についてその存在を主張立証する責任があり、これらの三要素を総合して整理解雇が正当であるとの結論に到達した場合には、次に、労働者が、手続の不相当性等使用者の信義に反する対応等について主張立証する責任があることになり、これが立証できた場合には先に判断した整理解雇に正当性があるとの判断が覆ることになる。（東京地決平18・1・13判時一九三五・一六八〈コマキ事件〉）

[5] 会社更生手続の中で管財人が行った解雇についても解雇権濫用法理は当然適用される。

会社は、①本件解雇当時、破綻的清算を回避し利害関係人の損失の分担の上で成立した更生計画の履行として、事業規模に応じた人員規模にするために人員を削減する必要があり、また、本件解雇後営業利益が飛躍的に改善したとしても、人員削減の必要性の判断の基準時点は本件解雇時であり、本件解雇以後の事情により本件解雇時点で人員削減の必要性がなかったとまで推認することはできないこと、②賃金減額による人件費圧縮、特別早期退職・希望退職の募集等一定の解雇回避努力を行ったこと、③恣意が入る余地がない人選基準を作成し、それを労働組合に提示した上で、同基準に基づいて解雇対象者を選定したこと、また、④労働組合とそれぞれ一三回の団体交渉を行って右の諸事情等を説明し、解雇対象者には所定退職金の他に特別退職金と賃金五か月分の一時金を支給して不利益を緩和する措置を採りその理解を得るよう努めていることから、本件解雇は管財人が有する権限の濫用とは認められない。（東京高判平26・6・5労経速二二二三・三〈日本航空（パイロット等）事件〉）

三 変更解約告知

[6] 雇用契約により特定された職種等の労働条件を変更するために、新契約締結の申込みを伴う雇用契約の解約を行うことは、当該労働条件の変更が会社の業務運営にとって必要不可欠であり、その必要性が労働条件の変更によって労働者が受ける不利益を上回っていて、労働条件の変更を伴う新契約締結の申込みがそれに応じない場合の解雇を正当化するに足るやむを得ないものと認められ、かつ、解雇を回避するための努力が十分に尽くされているときには有効である。（東京地決平7・4・13労民四六・二・七二〇〈スカンジナビア航空事件〉労働百選[一〇版]七五）

[7] 講学上いわゆる変更解約告知といわれるものは、その実質は、労働条件変更のために行われる解雇であるが、労働条件変更については、就業規則の変更によってされるべきものであり、ドイツ法と異なって明文のない我が国においては、変更解約告知という独立の類型を設けることは相当でない。本件解雇の意思表示は、その実質は整理解雇にほかならないのであるから、整理解雇と同様の厳格な要件が必要である。（大阪地判平10・8・31労判七五一・三八〈大阪労働衛生センター第一病院事件〉）

四 解雇期間中の賃金

[8] ユニオン・ショップ協定に基づく解雇が無効で、解雇期間中の労働者の労務提供の不履行が使用者の責めに帰すべき事由による場合、労働者は反対給付としての賃金請求権を失わない。（最判昭59・3・29労判四二七・一七〈清心会事件〉）

[9] 使用者の責めに帰すべき事由によって解雇された労働者が、解雇期間内に他の職に就いて得た利益は、副業的なもので解雇がなくても当然取得し得る等の特段の事情がない限り、民法五三六条二項ただし書［現同項後段］に基づき使用者に償還すべきものと解される。しかし、労基法二六条の規定は、労働者が民法五三六条二項にいう「債権者の責に帰すべき事由」によって解雇された場合にも適用があるから、使用者は、労働者の賃金額から同人が得た右利益の額を労基法一二条一項所定の平均賃金の四割の限度においてしか控除することができない。（最判昭37・7・20民集一六・八・一六五六〈米軍山田部隊事件〉労働百選[五版]四二）

[10] 使用者の責めに帰すべき事由によって解雇された労働者が解雇期間中に他の職に就いて得た利益（中間利益）の額を使用者が支払うべき賃金額から控除するに際しては、右賃金額のうち労基法一二条一項所定の平均賃金の六割に達するまでの部分については利益控除の対象とすることが禁止されていると解される。したがって、使用者が労働者に対して有する解雇期間中の賃金支払債務のうち平均賃金額の六割を超える部分から当該賃金の支給対象期間と時期的に対応する期間内に得た中間利益の額を控除することは許され、右利益の額が平均賃金額の四割を超える場合には、更に平均賃金算定の基礎に算入されない賃金（同条四項所定の賃金）の全額を対象として利益額を控除することが許される。そして、賃金から控除し得る中間利益は、その利益の発生した期間が右賃金の支給の対象となる期間と時期的に対応するものであることを要し、ある期間を対象として支給される賃金からそれとは時期的に異なる期間内に得た利益を控除することは許されない。（最判昭62・4・2労判五〇六・二〇〈あけぼのタクシー事件〉労働百選[一〇版]七七……最判平18・3・28労判九三三・一二〈いずみ福祉会事件〉も同旨）

五 退職勧奨

[11] 退職勧奨は、勧奨対象となった労働者の自発的な退職意思の形成を働きかけるための説得活動であるが、これに応じるか否かは対象とされた労働者の自由な意思に委ねられるべきものである。したがって、使用者の説得活動が、そのための手段・方法において社会通念上相当と認められる範囲を逸脱しない限り、正当な業務行為として行い得るが、労働者の自発的な退職意思を形成する本来の目的実現のために社会通念上相当と認められる限度を超えて、当該労働者に対して不当な心理的圧力を加えたり、又は、その名誉感情を不当に害するような言辞を用いたりし、その自由な退職意思の形成を妨げる不当な行為ないし言動をする場合は不法行為を構成する。（東京地判平23・12・28労経速二一三三・三〈日本ＩＢＭ事件〉）

六 合意解約

[12] 自主退職しなければ懲戒解雇になると誤信してなされた退職の意思表示には動機の錯誤が認められ、その動機は使用者に表示されていたといえるから、要素の錯誤に当たり無効であるとされた例（東京地判平23・3・30労判一〇二八・五〈富士ゼロックス事件〉）

第四章　期間の定めのある労働契約

第一七条（契約期間中の解雇等） ① 使用者は、期間の定めのある労働契約（以下この章において「有期労働契約」という。）について、やむを得ない事由がある場合でなければ、その契約期間が満了するまでの間において、労働者を解雇することができない。

② 使用者は、有期労働契約について、その有期労働契約により労働者を使用する目的に照らして、必要以上に短い期間を定めることにより、その有期労働契約を反復して更新することのな

いよう配慮しなければならない。

[1] **期間途中の解雇** 期間の定めのある労働契約は、民法六二八条により、やむを得ない事由があるときに限り期間内解除ができるにとどまり、就業規則の解雇事由の解釈に当たっても、雇用期間の中途でなされなければならないほどのやむを得ない事由の発生が必要である。（福岡高決平14・9・18労判八四〇・五二〈安川電機八幡工場事件〉）

[2] 本条一項の「やむを得ない事由」は、期間の定めのない労働契約の解雇の有効要件である「客観的に合理的な理由を欠き、社会通念上相当であると認められない場合」（一六条）よりも厳格なものである。本件有期労働契約の期間途中解雇は、整理解雇の四要件（考慮要素）に照らし「客観的に合理的な理由を欠き、社会通念上相当であると認められない場合」に該当し、したがって「やむを得ない事由」があるとは解し得ず、無効である。（宇都宮地栃木支決平21・4・28労判九八二・五〈プレミアライン（仮処分）事件〉）

[3] 有期労働契約の期間途中の解雇を「やむを得ない事由」がなく無効とし、労働契約上の地位確認請求及び契約期間満了後の賃金支払請求を認容した原審は、労働者（第一審原告）の主張によれば第一審口頭弁論終結時において最後の更新後の労働契約の契約期間が満了していたことが明らかであるから、この事実をしんしゃくせず、契約期間の満了により本件労働契約の終了の効果が発生するか否かを判断することなく上記請求を認容した点について判断を遺脱したものである。（最判令元・11・7労判一二二三・五〈朝日建物管理事件〉重判令2民訴五）↓民訴一五七条[11]

（有期労働契約の期間の定めのない労働契約への転換）

第一八条① 同一の使用者との間で締結された二以上の有期労働契約（契約期間の始期の到来前のものを除く。以下この条において同じ。）の契約期間を通算した期間（次項において「通算契約期間」という。）が五年を超える労働者が、当該使用者に対し、現に締結している有期労働契約の契約期間が満了する日までの間に、当該満了する日の翌日から労務が提供される期間の定めのない労働契約の締結の申込みをしたときは、使用者は当該申込みを承諾したものとみなす。この場合において、当該申込みに係る期間の定めのない労働契約の内容である労働条件は、現に締結している有期労働契約の内容である労働条件（契約期間を除く。）と同一の労働条件（当該労働条件（契約期間を除く。）について別段の定めがある部分を除く。）とする。

② 当該使用者との間で締結された一の有期労働契約の契約期間が満了した日と当該使用者との間で締結されたその次の有期労働契約の契約期間の初日との間にこれらの契約期間のいずれにも含まれない期間（これらの契約期間が連続すると認められるものとして厚生労働省令で定める基準に該当する場合の当該いずれにも含まれない期間を除く。以下この項において「空白期間」という。）があり、当該空白期間が六月（当該空白期間の直前に満了した一の有期労働契約の契約期間（当該一の有期労働契約を含む二以上の有期労働契約の契約期間の間に空白期間がないときは、当該二以上の有期労働契約の契約期間を通算した期間。以下この項において同じ。）が一年に満たない場合にあっては、当該一の有期労働契約の契約期間に二分の一を乗じて得た期間を基礎として厚生労働省令で定める期間）以上であるときは、当該空白期間前に満了した有期労働契約の契約期間は、通算契約期間に算入しない。

（有期労働契約の更新等）

第一九条 有期労働契約であって次の各号のいずれかに該当するものの契約期間が満了する日までの間に労働者が当該有期労働契約の更新の申込みをした場合又は当該契約期間の満了後遅滞なく有期労働契約の締結の申込みをした場合であって、使用者が当該申込みを拒絶することが、客観的に合理的な理由を欠き、社会通念上相当であると認められないときは、使用者は、従前の有期労働契約の内容である労働条件と同一の労働条件で当該申込みを承諾したものとみなす。

一 当該有期労働契約が過去に反復して更新されたことがあるものであって、その契約期間の満了時に当該有期労働契約を更新しないことにより当該有期労働契約を終了させることが、期間の定めのない労働契約を締結している労働者に解雇の意思表示をすることにより当該期間の定めのない労働契約を終了させることと社会通念上同視できると認められること。

二 当該労働者において当該有期労働契約の契約期間の満了時に当該有期労働契約が更新されるものと期待することについて合理的な理由があるものであると認められること。

[1] **有期労働契約の更新拒絶** 期間の定めある労働契約が反復更新され、実質的に期間の定めない労働契約と異ならない状態で存続している場合、雇止めは実質において解雇に当たり、解雇に関する法理が類推して適用される。したがって、経済事情の変動により剰員が生じる等の特段の事情が存しない限り、期間満了を理由とする雇止めは信義則上許されない。（最判昭49・7・22民集二八・五・九二七〈東芝柳町工場事件〉労働百選[五版]二五）

[2] 期間二箇月の契約の五回にわたる更新によって期間の定めのない労働契約と実質的に異ならない関係が生じたということのできない臨時工についても、臨時的作業のために雇用されるものではなく、その雇用関係はある程度の継続が期待されていることから、契約期間満了による雇止めには解雇に関する法理が類推適用されるが、右雇用関係が面接だけの比較的簡単な採用手続で締結された短期的有期契約を前提としている以上、雇止めの効力を判断する基準は、期間の定めのない契約を締結し終身雇用の期待の下にある本工の場合とはおのずと差異がある。工場の業績悪化により人員削減をする必要があり、余剰人員を他部門に配転する余地もない場合、本工につき希望退職者の募集をすることなく臨時工の雇止めをしたとしても、不合理ということはできない。（最判昭61・12・4労判四八六・六〈日立メディコ事件〉労働百選[一〇版]八〇）

[3] タクシー会社の臨時雇運転手において、その雇用期間は契約書上は一年とされているものの、この会社では契約更新を拒絶した事例がなく、本雇運転手への登用は臨時雇運転手の中から行われていたという事情の下においては、雇用期間の実質は期間の定めのない雇用契約に類似するものであって、契約期間満了後も雇用を継続することに合理性を肯認することができるので、特段の事情がなければ、更新拒絶は信義則に照らし許されない。（大阪高判平3・1・16労判五八一・三六〈龍神タクシー事件〉）

[4] 六回ないし九回更新されてきた有期労働契約を、満六五歳以後は更新しない旨の就業規則条項に基づき更新しなかった本件各雇止めについて、当該就業規則条項が労働者に周知され、同条項により満六五歳以降は契約が更新されない旨の説明書面が交付されていた等の事情から、雇止めの時点において、当該各労働者が契約期間満了後も雇用が継続されるものと期待することに合理的な理由があったということはできないとされた例（最判平30・9・14労判一一九四・五〈日本郵便（更新上限）事件〉重判令元労働八）↓七条[5]

[5] 期間一年で更新限度が三年の有期労働契約について、無期労働契約への移行が労働者の勤務成績を考慮して使用者が必要と認めた場合であることが規程上、明記され、労働者もそれを十分に認識していた場合には、当該労働者が雇用の流動性のある大学教員であることや、同一使用者の下で、更新限度期間満了後に無期労働契約とならなかった者が複数いたことも考慮すれば、この労働契約が、更新限度期間の満了時に

当然に無期労働契約となることを内容とするものであったと解することはできない。（最判平28・12・1労判一一五六・五〈福原学園事件〉）

注　働き方改革を推進するための関係法律の整備に関する法律（平成三〇法七一）により、労働契約法旧第二〇条は削られた。参考のため、削られた規定を短時間労働者及び有期雇用労働者の雇用管理の改善等に関する法律第八条の後に掲げた。

第五章　雑則

（船員に関する特例）

第二〇条①　第十二条及び前章の規定は、船員法（昭和二十二年法律第百号）の適用を受ける船員（次項において「船員」という。）に関しては、適用しない。

②　船員に関しては、第七条中「第十二条」とあるのは「船員法（昭和二十二年法律第百号）第百条」と、第十条中「第十二条」とあるのは「船員法第百条」と、第十一条中「労働基準法（昭和二十二年法律第四十九号）第八十九条及び第九十条」とあるのは「船員法第九十七条及び第九十八条」と、第十三条中「前条」とあるのは「船員法第百条」とする。

（適用除外）

第二一条①　この法律は、国家公務員及び地方公務員については、適用しない。

②　この法律は、使用者が同居の親族のみを使用する場合の労働契約については、適用しない。

附　則（抄）

（施行期日）

第一条　この法律は、公布の日から起算して三月を超えない範囲内において政令で定める日（平成二〇・三・一―平成二〇政一〇）から施行する。

附　則（平成二四・八・一〇法五六）（抄）

（施行期日）

①　この法律は、公布の日から施行する。ただし、第二条（労働契約法の一部改正）並びに次項（中略）の規定は、公布の日から起算して一年を超えない範囲内において政令で定める日（平成二五・四・一―平成二四政二六七）から施行する。

（経過措置）

②　第二条の規定による改正後の労働契約法（以下「新労働契約法」という。）第十八条の規定は、前項ただし書に規定する規定の施行の日以後の日を契約期間の初日とする期間の定めのある労働契約について適用し、同項ただし書に規定する規定の施行の日前の日が初日である期間の定めのある労働契約の契約期間は、同条第一項に規定する通算契約期間には、算入しない。

労
働

●労働基準法

（昭和二二・四・七 法 四 九）

施行（附則参照）

改正　昭和二二法九七、昭和二四法七〇・法一六六、昭和二五法二九〇、昭和二七法二八七、昭和二九法一七一、昭和三一法一二六、昭和三三法一三三、昭和三四法一三七、昭和三七法一六一、昭和四〇法一三〇、昭和四二法一〇八、昭和四三法九九、昭和四四法六四、昭和四七法五七、昭和五一法三四、昭和五八法七八、昭和五九法八七、昭和六〇法四五（昭和六〇法八九）・法五六・法八九、昭和六二法九九、平成三法七六、平成四法九〇、平成五法七九、平成七法一〇七、平成九法九二、平成一〇法一一二、平成一一法八七・法一〇二・法一〇四・法一五一・法一六〇、平成一三法三五・法一一二・法一一八、平成一四法九八・法一〇〇・法一〇二、平成一五法一〇四、平成一六法七六・法一四七、平成一七法一〇二、平成一八法八二、平成一九法一二八、平成二〇法八九、平成二四法四二、平成二七法三一、平成二九法四五、平成三〇法七一、令和二法一三、令和四法六八

目次

第一章　総則

第一条（**労働条件の原則**）① 労働条件は、労働者が人たるに値する生活を営むための必要を充たすべきものでなければならない。

② この法律で定める労働条件の基準は最低のものであるから、労働関係の当事者は、この基準を理由として労働条件を低下させてはならないことはもとより、その向上を図るように努めなければならない。

第二条（**労働条件の決定**）① 労働条件は、労働者と使用者が、対等の立場において決定すべきものである。

② 労働者及び使用者は、労働協約、就業規則及び労働契約を遵守し、誠実に各〻その義務を履行しなければならない。

第三条（**均等待遇**）　使用者は、労働者の国籍、信条又は社会的身分を理由として、賃金、労働時間その他の労働条件について、差別的取扱をしてはならない。

一　労働条件の範囲

[1]　本条は、雇入れ後における労働条件についての制限であり、雇入れそのものを制限する規定ではない。したがって、特定の思想、信条を有することを理由として雇入れを拒んでも、本条違反とはならない。（最大判昭48・12・12民集二七・一一・一五三六〈三菱樹脂事件〉労働百選[一〇版]八）→労契三条[7]・六条[15]、憲三章[8]

二　国籍による差別

[2]　普通地方公共団体が、管理職に昇任する職員を日本国籍を有する者に限定する措置には合理的な理由があり、本条にも、憲法一四条一項にも違反しない。（最大判平17・1・26民集五九・一・一二八〈東京都管理職選考受験資格事件〉憲百選Ⅰ[七版]四）→憲一条[4]＊[5]・一四条[78]

三　政治的信条による差別

[3]　私立学校の教員の採用に際してなされた、学校内で政治活動をしないとの特約も有効である。（最判昭27・2・22民集六・二・二五八〈十勝女子商業事件〉労働百選[七版]六）

四　社会的身分

[4]　本条の社会的身分とは、自己の意思によって逃れることのできない社会的な分類を指し、正社員と臨時社員の区別は、雇用契約の内容の差異から生じる契約上の地位であるから、本条の社会的身分には該当しない。（長野地上田支判平8・3・15労判六九〇・三二〈丸子警報器事件〉労働百選[八版]一九……同一（価値）労働同一賃金の原則を明言する実定法規定は未だ存在せず、公序となっていると解することもできないが、右原則の基礎にある均等待遇の理念は、賃金格差の違法性判断において、一つの重要な判断要素として考慮されるべきものとし、職種、作業内容、勤務時間と日数、その他の活動への関与などが同一であるのに、正社員との顕著な賃金格差を維持拡大しつつ臨時社員の雇用を長期間継続した場合、臨時社員の賃金が同じ勤続年数の正社員の八割以下となるときは公序良俗違反となるとして、損害賠償請求を認容した事例。ただし現在、このような問題は、短時間労働者及び有期雇用労働者の雇用管理の改善等に関する法律八条、九条によって規律されている）

第四条（**男女同一賃金の原則**）　使用者は、労働者が女性であることを理由として、賃金について、男性と差別的取扱いをしてはならない。

一　男女同一賃金の原則

[1]　男性と女性で異なった賃金支給基準が決められている場合、特段の事情が認められない限り、女性であることを理由とした差別的取扱いと推認される。この場合に、労働契約の賃金の部分は本条に違反し無効となり、女性労働者は労基法一三条に基づき、男性労働者に支払われた金額との差額分の賃金請求をすることができる。（秋田地判昭50・4・10労民二六・二・三八八〈秋田相互銀行事件〉労働百選[五版]三六）

[2]　採用時の経緯、経験及び担当職務から男女間の初任給格差が合理的であるとしても、その後六年経過し、当該女性労働者の職務内容、責任、技能等のいずれの点でも勤続年数及び年齢が比較的近い男性社員と比較して劣らないようになった時点で、会社はこの者の基本給を男性のそれ並（平均基本給）までに是正する必要があり、これを怠ることは本条違反の賃金差別に当たる。この場合に当該労働者は、使用者の賃金変更の具体的な意思表示を前提とした賃金差額請求はできないが、不法行為に基づき右賃金差別と相当因果関係に立つ損害の賠償を請求することができる。（東京地判平4・8・27労判六一一・一〇〈日ソ図書事件〉重判平4労働一）

[3]　扶養親族を有する世帯主たる行員に家族手当及び世帯手当を支給するにつき、男性行員には、妻に所得税法上の扶養控除対象限度額を超える所得があるかどうかにかかわらず右手当を支給し、女性行員には、夫に右限度額を超える所得があると右手当を支給しない取扱いは、男女の性別のみによる賃金の差別扱いであり、本条に違反し無効である。（仙台高判平4・1・10労民四三・一・一〈岩手銀行事件〉労働百選[八版]一

七）

④「家族手当は三条に掲げる親族を実際に扶養している世帯主である従業員に対して支給する」との家族手当支給規程について、右の世帯主を住民票上の世帯主ではなく、実質上一家の生計の主たる担い手たる者とする運用は、家族手当が家族数の増加によって生ずる生計費等の不足を補うための生活補助費的性質が強い事実に鑑みると、不合理なものとはいえない。またその際に、夫婦のうち収入の多い方を一家の生計の主たる担い手とする基準も、明確かつ一義的なものであり不合理とはいえない。さらに、家族手当の支給申請に際して女性にのみ夫の収入証明書や家族手当不支給証明書等を要求することも、この当時被告会社においては通例夫の方が収入が高かったことを考えると、女性の不当な差別とはいえない。（東京地判平元・1・26労民四〇・一・一〈日産自動車事件〉）

⑤ 家族を有する世帯主の従業員には実年齢に対応した本人給を支払う一方、非世帯主及び独身の世帯主たる従業員には二六歳のみなし年齢による据置きの本人給を支払う賃金の支給基準は、男性従業員に対しては非世帯主や独身の世帯主であっても実年齢に応じた給与を支払っていることなどに鑑みれば、その適用の結果が女性従業員に一方的に不利になることを容認して制定したものと推認できるので、本条に違反する。

勤務地を限定しない従業員には実年齢に対応した本人給を支払う一方、勤務地を限定している従業員には二六歳のみなし年齢による据置きの本人給を支払う賃金の支給基準も、当該基準が、右の世帯主・非世帯主基準につき労働基準監督署の指導を受けた後に従前の取扱いを維持するために設けられたとみられることなどに鑑みると、女性が一般に広域配転を希望しないことに着目し、その適用の結果が女性従業員に一方的に不利になることを容認して制定したものと推認できるので、本条に違反する。（東京地判平6・6・16労判六五一・一五〈三陽物産事件〉労働百選[六版]二八）

二 昇進・昇格における差別↓雇均六条①～④

三 男女差別定年制↓雇均六条⑤

（強制労働の禁止）

第五条 使用者は、暴行、脅迫、監禁その他精神又は身体の自由を不当に拘束する手段によつて、労働者の意思に反して労働を強制してはならない。

（中間搾取の排除）

第六条 何人も、法律に基いて許される場合の外、業として他人の就業に介入して利益を得てはならない。

[参考] **職業安定法**（昭和二二・一一・三〇法一四一）（抜粋）

（定義）

第四条①―⑦（略）

⑧ この法律において「労働者供給」とは、供給契約に基づいて労働者を他人の指揮命令を受けて労働に従事させることをいい、労働者派遣事業の適正な運営の確保及び派遣労働者の保護等に関する法律（中略）第二条第一号に規定する労働者派遣に該当するものを含まないものとする。

⑨―⑬（略）

（労働者供給事業の禁止）

第四四条 何人も、次条に規定する場合を除くほか、労働者供給事業を行い、又はその労働者供給事業を行う者から供給される労働者を自らの指揮命令の下に労働させてはならない。

[参考] **労働者派遣事業の適正な運営の確保及び派遣労働者の保護等に関する法律**（昭和六〇・七・五法八八）（抜粋）

（用語の意義）

第二条 この法律において、次の各号に掲げる用語の意義は、当該各号に定めるところによる。

一 労働者派遣 自己の雇用する労働者を、当該雇用関係の下に、かつ、他人の指揮命令を受けて、当該他人のために労働に従事させることをいい、当該他人に対し当該労働者を当該他人に雇用させることを約してするものを含まないものとする。

二 派遣労働者 事業主が雇用する労働者であつて、労働者派遣の対象となるものをいう。

三 労働者派遣事業 労働者派遣を業として行うことをいう。

四 紹介予定派遣 労働者派遣のうち、第五条第一項の許可を受けた者（以下「派遣元事業主」という。）が労働者派遣の役務の提供の開始前又は開始後に、当該労働者派遣に係る派遣労働者及び当該派遣労働者に係る労働者派遣の役務の提供を受ける者（第三章第四節を除き、以下「派遣先」という。）について、職業安定法その他の法律の規定による許可を受けて、又は届出をして、職業紹介を行い、又は行うことを予定してするものをいい、当該職業紹介により、当該派遣労働者が当該派遣先に雇用される旨が、当該労働者派遣の役務の提供の終了前に当該派遣労働者と当該派遣先との間で約されるものを含むものとする。

【業務の範囲】

第四条① 何人も、次の各号のいずれかに該当する業務について、労働者派遣事業を行つてはならない。

一 港湾運送業務（港湾労働法（昭和六十三年法律第四十号）第二条第二号に規定する港湾運送の業務及び同条第一号に規定する港湾以外の港湾において行われる当該業務に相当する業務として政令で定める業務をいう。）

二 建設業務（土木、建築その他工作物の建設、改造、保存、修理、変更、破壊若しくは解体の作業又はこれらの作業の準備の作業に係る業務をいう。）

三 警備業法（昭和四十七年法律第百十七号）第二条第一項各号に掲げる業務その他その業務の実施の適正を確保するためには業として行う労働者派遣（次節並びに第二十三条第二項、第四項及び第五項において単に「労働者派遣」という。）により派遣労働者に従事させることが適当でないと認められる業務として政令で定める業務

② 厚生労働大臣は、前項第三号の政令の制定又は改正の立案をしようとするときは、あらかじめ、労働政策審議会の意見を聴かなければならない。

③ 労働者派遣事業を行う事業主から労働者派遣の役務の提供を受ける者は、その指揮命令の下に当該労働者派遣に係る派遣労働者を第一項各号のいずれかに該当する業務に従事させてはならない。

「他人の就業に介入し」の意味

① 本条の「他人の就業に介入し」とは、労基法上の労働関係の当事者間に第三者が介在して、その労働関係の開始、存続等について媒介又は周旋をなすなど、その労働関係について何らかの因果関係を有する関与をなす場合をいう。（最決昭31・3・29刑集一〇・三・四一五）

（公民権行使の保障）

第七条 使用者は、労働者が労働時間中に、選挙権その他公民としての権利を行使し、又は公の職務を執行するために必要な時間を請求した場合においては、拒んではならない。但し、権利の行使又は公の職務の執行に妨げがない限り、請求された時刻を変更することができる。

公職の就任と解雇

① 労働者の公職への就任を使用者の承認にかからしめ、その承認を得ずして公職に就任した者を懲戒解雇する旨の就業規則の条項は、本条の趣旨に反し無効と解される。（最判昭38・6・21民集一七・五・七五四〈十和田観光事件〉労働百選[八版]一五）

第八条 削除

（定義）

第九条 この法律で「労働者」とは、職業の種類を問わず、事業

労働

又は事務所（以下「事業」という。）に使用される者で、賃金を支払われる者をいう。

① **労働者の範囲** 塗料製法の指導、研究に従事し、直接上司の指揮命令に服することなく、また遅刻、早退等によって給与を減額されることがない者も、毎日一定時間勤務し、これに対し一定額の本給と残業手当が支給されている場合には、本条の労働者といえる。（最判昭37・5・18民集一六・五・一一〇八〈大平製紙事件〉労働百選[五版]四）

② 自己所有のトラックを持ち込んでいる運転手について、持ち込み先会社の業務遂行に関する指示が運送物品、運送先及び納入時刻に限定され、運転方法には及ばず、一般の従業員のような勤務時間の規制もなく、運送量に対応した出来高で報酬が支払われ、トラックの購入費やガソリン代等も同人が自ら負担し、所得税の源泉徴収や社会保険料の控除が行われずに、同人が右報酬を事業所得として確定申告していたという事実関係がある場合、同人は自己の危険と計算の下で運送業務に従事していたものであり、労基法及び労災保険法上の労働者には該当しない。（最判平8・11・28労判七一四・一四〈横浜南労基署長事件〉労働百選[一〇版]一）

③ 本条の「労働者」に当たるか否かは、雇用、請負等の法形式にかかわらず、その実態が使用従属関係の下における労務の提供と評価するにふさわしいものであるかどうかによって判断すべきものである。そして、実際の使用従属関係の有無については、業務遂行上の指揮監督関係の存否・内容、支払われる報酬の性格・額、使用者とされる者と労働者とされる者との間における具体的な仕事の依頼、業務指示等に対する諾否の自由の有無、時間的及び場所的拘束性の有無・程度、労務提供の代替性の有無、業務用機材等機械・器具の負担関係、専属性の程度、使用者の服務規律の適用の有無、公租などの公的負担関係、その他諸般の事情を総合的に考慮して判断するのが相当である。（東京高判平14・7・11労判八三二・一三〈新宿労基署長事件〉重判平14労働二）

④ 医師国家試験に合格し、医療行為を業として行う資格を有する医師である研修医が行う臨床研修は、教育的な側面を有しているが、医療行為等に従事するという労務遂行の側面も有しているのであり、病院の開設者の指揮監督の下にこれを行ったと評価することができる限り、研修医は本条所定の労働者に当たる。（最判平17・6・3民集五九・五・九三八〈関西医科大研修医事件〉重判平17労働一）

⑤ マンションの内装工事に従事していた一人親方の大工は、この工事に従事するに当たり、元請会社はもとより、内装工事を請け負った工務店の指揮監督の下に労務を提供していたものと評価することはできず、工務店から支払われた報酬は、仕事の完成に対して支払われたものであって、労務の提供の対価として支払われたものとみることは困難であり、その大工の自己使用の道具の持込み使用状況、工務店に対する専属性の程度等に照らしても、大工は労基法上の労働者に該当せず、労災保険法上の労働者にも該当しない。（最判平19・6・28労判九四〇・一一〈藤沢労基署長事件〉）

第一〇条 この法律で使用者とは、事業主又は事業の経営担当者その他その事業の労働者に関する事項について、事業主のために行為をするすべての者をいう。

第一一条 この法律で賃金とは、賃金、給料、手当、賞与その他名称の如何を問わず、労働の対償として使用者が労働者に支払うすべてのものをいう。

一 退職金の性格

① 就業規則においてその支給条件があらかじめ明確に規定され、会社が当然に支払義務を負う退職金は、本条の「労働の対償」としての賃金に該当し、その支払については労基法二四条の諸原則が適用される。（最判昭43・5・28労判七六・六三〈住友化学事件〉重判昭43労働八）

二 競業避止と退職金

② 退職後一定期間内に同業他社に就職した場合の退職金の支給額を、一般の自己都合による退職の場合の半額と定めることも、退職金が功労報償的性格を併せ持つことを考えると、必ずしも合理性のない措置とはいえない。この場合の退職金の定めは、制限違反の就職をしたことにより勤務中の功労に対する評価が減殺され、退職金の権利そのものが一般の自己都合による退職の場合の半額の限度においてしか発生しない趣旨と解され、右の定めは、労基法一六条、二四条及び民法九〇条等の規定に違反しない。（最判昭52・8・9労経速九五八・二五〈三晃社事件〉労働百選[七版]四八）

三 懲戒解雇と退職金

③ 賃金の後払い的要素の強い退職金の全額を不支給とするには、当該労働者の永年の勤続の功を抹消してしまうほどの重大な不信行為が必要であるが、そのような強度な背信性のない場合、常に退職金を全額支給すべきであるとはいえず、当該不信行為の具体的内容と被解雇者の勤続の功などの個別的事情に応じて、一定割合を支給すべきである。（東京高判平15・12・11労判八六七・五〈小田急電鉄事件〉労働百選[一〇版]三四……度重なる痴漢行為による逮捕を理由に懲戒解雇された従業員に対して、本来の退職金の支給額の三割を認容）

四 賞与の支給日在籍要件

④ 「賞与は決算期ごとの業績により支給日に在籍している者に対し支給する」旨の就業規則の規定は、内容において合理性を有する。この場合に、右決算期間中勤務しながら支給日前に退職した労働者には、賞与請求権が生じない。（最判昭57・10・7労判三九九・一一〈大和銀行事件〉労働百選[八版]三七）

五 労務受領拒否と賃金支払義務

⑤ 労働契約において職種や業務内容が特定していない場合、労働者が現に就業を命じられた特定の業務での労務提供が十全にはできなくても、その能力、経験、地位、当該企業の規模、業種、労働者の配置の実情等に照らして、当該労働者が他の業務での就労は可能で、それに配置される現実的可能性があり、かつ、当該労働者が就労を申し出ているならば、なお債務の本旨に従った履行の提供があると解される。会社に雇用されて以来二一年以上にわたり建築工事現場の現場監督業務に従事してきたとしても、労働契約上職種や業務内容がこれに特定されていない労働者が、私傷病のためその業務に従事できないとしても、事務作業に係る労務提供が可能で、かつ、それを申し出ている場合には、そこへの配置の現実的可能性を検討することなく、債務の本旨に従った労務提供ができないとして自宅治療を命じ、その間の賃金を支払わないことは許されない。（最判平10・4・9労判七三六・一五〈片山組事件〉労働百選[一〇版]二六）

六 年俸額の決定

⑥ 期間の定めのない雇用契約における年俸制において、使用者と労働者との間で、新年度の賃金額についての合意が成立しない場合は、年俸額決定のための成果・業績評価基準、年俸額決定手続、減額の限界の有無、不服申立手続等が制度化されて就業規則等に明示され、かつ、その内容が公正な場合に限り、使用者に評価決定権があるというべきであり、これらの要件が満たされていない場合には、前年度の年俸額が次年度の年俸額となる。（東京高判平20・4・9労判九五九・六〈日本システム開発研究所事件〉労働百選[一〇版]三三）

第一二条 ① この法律で平均賃金とは、これを算定すべき事由の発生した日以前三箇月間にその労働者に対し支払われた賃金の総額を、その期間の総日数で除した金額をいう。ただし、その金額は、次の各号の一によつて計算した金額を下つてはならない。

一　賃金が、労働した日若しくは時間によつて算定され、又は出来高払制その他の請負制によつて定められた場合においては、賃金の総額をその期間中に労働した日数で除した金額の百分の六十

二　賃金の一部が、月、週その他一定の期間によつて定められた場合においては、その部分の総額をその期間の総日数で除した金額と前号の金額の合算額

② 前項の期間は、賃金締切日がある場合においては、直前の賃金締切日から起算する。

③ 前二項に規定する期間中に、次の各号のいずれかに該当する期間がある場合においては、その日数及びその期間中の賃金は、前二項の期間及び賃金の総額から控除する。

一　業務上負傷し、又は疾病にかかり療養のために休業した期間

二　産前産後の女性が第六十五条の規定によつて休業した期間

三　使用者の責めに帰すべき事由によつて休業した期間

四　育児休業、介護休業等育児又は家族介護を行う労働者の福祉に関する法律（平成三年法律第七十六号）第二条第一号に規定する育児休業又は同条第二号に規定する介護休業（同法第六十一条第三項（同条第六項において準用する場合を含む。）に規定する介護をするための休業を含む。第三十九条第十項において同じ。）をした期間

五　試みの使用期間

④ 第一項の賃金の総額には、臨時に支払われた賃金及び三箇月を超える期間ごとに支払われる賃金並びに通貨以外のもので支払われた賃金で一定の範囲に属しないものは算入しない。

⑤ 賃金が通貨以外のもので支払われる場合、第一項の賃金の総額に算入すべきものの範囲及び評価に関し必要な事項は、厚生労働省令で定める。

⑥ 雇入後三箇月に満たない者については、第一項の期間は、雇入後の期間とする。

⑦ 日日雇い入れられる者については、その従事する事業又は職業について、厚生労働大臣の定める金額を平均賃金とする。

⑧ 第一項乃至第六項によつて算定し得ない場合の平均賃金は、厚生労働大臣の定めるところによる。

第二章　労働契約

（この法律違反の契約）

第一三条　この法律で定める基準に達しない労働条件を定める労働契約は、その部分については無効とする。この場合において、無効となつた部分は、この法律で定める基準による。

（契約期間等）

第一四条①　労働契約は、期間の定めのないものを除き、一定の事業の完了に必要な期間を定めるもののほかは、三年（次の各号のいずれかに該当する労働契約にあつては、五年）を超える期間について締結してはならない。

一　専門的な知識、技術又は経験（以下この号及び第四十一条の二第一項第一号において「専門的知識等」という。）であつて高度のものとして厚生労働大臣が定める基準に該当する専門的知識等を有する労働者（当該高度の専門的知識等を必要とする業務に就く者に限る。）との間に締結される労働契約

二　満六十歳以上の労働者との間に締結される労働契約（前号に掲げる労働契約を除く。）

② 厚生労働大臣は、期間の定めのある労働契約の締結時及び当該労働契約の期間の満了時において労働者と使用者との間に紛争が生ずることを未然に防止するため、使用者が講ずべき労働契約の期間の満了に係る通知に関する事項その他必要な事項についての基準を定めることができる。

③ 行政官庁は、前項の基準に関し、期間の定めのある労働契約を締結する使用者に対し、必要な助言及び指導を行うことができる。

本条違反の労働契約

[1] 私立大学の嘱託専任講師の嘱託期間を二年と定めている場合、一年を超える期間の定めは本条に違反し無効で右期間は一年に短縮されるが、この期間満了後も労働者が労務に従事し、使用者がこれを知りながら異議を述べないときは、民法六二九条一項により黙示の更新がなされたものとみなされ、以後期間の定めのない契約として継続する。（平成一五法一〇四による改正前の事案）（札幌高判昭56・7・16労民三二・三＝四・五〇二〈旭川大学事件〉労働百選[七版]一二）

（労働条件の明示）

第一五条①　使用者は、労働契約の締結に際し、労働者に対して賃金、労働時間その他の労働条件を明示しなければならない。この場合において、賃金及び労働時間に関する事項その他の厚生労働省令で定める事項については、厚生労働省令で定める方法により明示しなければならない。

② 前項の規定によつて明示された労働条件が事実と相違する場合においては、労働者は、即時に労働契約を解除することができる。

③ 前項の場合、就業のために住居を変更した労働者が、契約解除の日から十四日以内に帰郷する場合においては、使用者は、必要な旅費を負担しなければならない。

労働契約締結過程における説明義務違反

[1] 中途採用者の初任給について、新卒同年次定期採用者の下限に位置づけるという内部の運用基準があるにもかかわらず、求人の際に、新卒同年次定期採用者の平均的給与を受けることができると誤信させるような説明が行われていた場合には、本条一項違反が成立し、かつ雇用契約締結過程における信義則にも反するので、使用者は当該中途採用者の精神的損害について不法行為責任を負う。（東京高判平12・4・19労判七八七・三五〈日新火災海上保険事件〉労働百選[一〇版]七）

（賠償予定の禁止）

第一六条　使用者は、労働契約の不履行について違約金を定め、又は損害賠償額を予定する契約をしてはならない。

一　留学費用の返還

[1] 会社が負担した海外留学費用を労働者の退社時に返還を求めることが本条違反となるか否かは、それが労働契約の不履行に関する違約金ないし損害賠償額の予定であるのか、それとも費用の負担が会社からの労働者に対する貸付けで、本来労働契約とは独立して返済すべきもので、一定期間労働した場合に返還義務を免除する特約を付したものかを、当該海外留学の実態等を考慮し、当該海外留学が業務性を有しその費用を会社が負担すべきものか、当該合意が労働者の自由意思を不当に拘束し労働関係の継続を強要するものかによって判断すべきである。

本件海外留学は、業務命令の形式を採っているものの、労働者個人の意向による部分が大きく、留学中の行動は全て労働者が個人として利益を享受することができ、業務との関連性は抽象的、間接的なものにとどまり、費用債務免除までの期間が五年であることなどを考慮すると、本条には違反しない。（東京地判平14・4・16労判八二七・四〇〈野村證券事件〉）

[2] 中途採用された従業員に対して雇用契約の締結の際に支給され、一年以内に自発的に退職した場合には全額返還するものとされている「サイニングボーナス」［給与月額支給分の約二倍に相当］について、その性質、態様、報酬約定の内容に照らし、その返還規定は従業員の意思に反して労働を強制することになる不当な拘束手段といえるから本条に違反する。（東京地判平15・3・31労判八四九・七五〈日本ポラロイド事件〉）

[3] 海外研修員派遣制度により、米国企業での研修業務とともに会社の指示に従った調査業務にも従事した場合、その派遣費用は業務遂行のための費用として本来会社が負担すべきで

あり、したがって、帰国後五年以内に退職した場合の費用の返済を定めた規定は、本条の違約金の定めに当たり無効となる。〈東京地判平10・3・17労判七三四・一五〈富士重工業事件〉〉

二 競業避止と退職金→一一条[2]、労契三条[17]

第一七条（**前借金相殺の禁止**）使用者は、前借金その他労働することを条件とする前貸の債権と賃金を相殺してはならない。

第一八条（**強制貯金**）① 使用者は、労働契約に附随して貯蓄の契約をさせ、又は貯蓄金を管理する契約をしてはならない。

② 使用者は、労働者の貯蓄金をその委託を受けて管理しようとする場合においては、当該事業場に、労働者の過半数で組織する労働組合があるときはその労働組合、労働者の過半数で組織する労働組合がないときは労働者の過半数を代表する者との書面による協定をし、これを行政官庁に届け出なければならない。

③ 使用者は、労働者の貯蓄金をその委託を受けて管理する場合においては、貯蓄金の管理に関する規程を定め、これを労働者に周知させるため作業場に備え付ける等の措置をとらなければならない。

④ 使用者は、労働者の貯蓄金をその委託を受けて管理する場合において、貯蓄金の管理が労働者の預金の受入であるときは、利子をつけなければならない。この場合において、その利子が、金融機関の受け入れる預金の利率を考慮して厚生労働省令で定める利率による利子を下るときは、その厚生労働省令で定める利率による利子をつけたものとみなす。

⑤ 使用者は、労働者の貯蓄金をその委託を受けて管理する場合において、労働者がその返還を請求したときは、遅滞なく、これを返還しなければならない。

⑥ 使用者が前項の規定に違反した場合において、当該貯蓄金の管理を継続することが労働者の利益を著しく害すると認められるときは、行政官庁は、使用者に対して、その必要な限度の範囲内で、当該貯蓄金の管理を中止すべきことを命ずることができる。

⑦ 前項の規定により貯蓄金の管理を中止すべきことを命ぜられた使用者は、遅滞なく、その管理に係る貯蓄金を労働者に返還しなければならない。

第一九条（**解雇制限**）① 使用者は、労働者が業務上負傷し、又は疾病にかかり療養のために休業する期間及びその後三十日間並びに産前産後の女性が第六十五条の規定によつて休業する期間及びその後三十日間は、解雇してはならない。ただし、使用者が、第八十一条の規定によつて打切補償を支払う場合又は天災事変その他やむを得ない事由のために事業の継続が不可能となつた場合においては、この限りでない。

② 前項但書後段の場合においては、その事由について行政官庁の認定を受けなければならない。

一 「業務上」の判断

[1] 本条一項において業務上の傷病によって療養している者の解雇を制限をしている趣旨は、労働者が業務上の疾病によって労務を提供できないときは自己の責めに帰すべき事由による債務不履行であるとはいえないことから、使用者が打切補償（八一条）を支払う場合又は天災事故その他やむを得ない事由のために事業の継続が不可能となった場合でない限り、労働者が労働災害補償としての療養（七五条、七六条）のための休業を安心して行えるよう配慮したところにあるので、本条一項の業務上の疾病かどうかは、労働災害補償制度における「業務上」の疾病かどうかと判断を同じくする。〈東京高判平23・2・23労判一〇二二・五〈東芝事件〉〉

二 労災保険法の給付者への打切補償による解雇制限の解除

[2] 労災保険法に基づく保険給付の実質は、使用者の労基法上の災害補償義務を政府が保険給付の形式で行うものであると解するのが相当であるから、労災保険法上の療養補償給付を受ける労働者は、解雇制限に関する本条一項の適用に関しては、同項ただし書が打切補償の根拠規定として掲げる労基法八一条にいう同法七五条の規定によって補償を受ける労働者に含まれる。〈最判平27・6・8民集六九・四・一〇四七〈専修大学事件〉労働百選[一〇版]七一〉

第二〇条（**解雇の予告**）① 使用者は、労働者を解雇しようとする場合においては、少くとも三十日前にその予告をしなければならない。三十日前に予告をしない使用者は、三十日分以上の平均賃金を支払わなければならない。但し、天災事変その他やむを得ない事由のために事業の継続が不可能となつた場合又は労働者の責に帰すべき事由に基いて解雇する場合においては、この限りでない。

② 前項の予告の日数は、一日について平均賃金を支払つた場合においては、その日数を短縮することができる。

③ 前条第二項の規定は、第一項但書の場合にこれを準用する。

一 予告なしの解雇

[1] 使用者が本条所定の予告期間を置かず、また予告手当の支払をしないで労働者に解雇の通知をした場合、その通知は即時解雇としては効力を生じないが、使用者が即時解雇に固執する趣旨でない限り、通知後本条所定の三〇日の期間を経過するか、又は通知後に本条所定の予告手当の支払をしたときのいずれかのときから、通常解雇の効力が生ずる。〈最判昭35・3・11民集一四・三・四〇三〈細谷服装事件〉労働百選[一〇版]七〇〉

二 除外認定

[2] 労働者の責めに帰すべき事由による解雇については、行政官庁の除外認定は解雇の効力発生要件ではない。〈最決昭29・9・28裁判集刑九八・八四七〈日本通信社事件〉労働百選[五版]二二〉

第二一条 前条の規定は、左の各号の一に該当する労働者については適用しない。但し、第一号に該当する者が一箇月を超えて引き続き使用されるに至つた場合、第二号若しくは第三号に該当する者が所定の期間を超えて引き続き使用されるに至つた場合又は第四号に該当する者が十四日を超えて引き続き使用されるに至つた場合においては、この限りでない。

一 日日雇い入れられる者

二 二箇月以内の期間を定めて使用される者

三 季節的業務に四箇月以内の期間を定めて使用される者

四 試の使用期間中の者

第二二条（**退職時等の証明**）① 労働者が、退職の場合において、使用期間、業務の種類、その事業における地位、賃金又は退職の事由（退職の事由が解雇の場合にあつては、その理由を含む。）について証明書を請求した場合においては、使用者は、遅滞なくこれを交付しなければならない。

② 労働者が、第二十条第一項の解雇の予告がされた日から退職の日までの間において、当該解雇の理由について証明書を請求した場合においては、使用者は、遅滞なくこれを交付しなければならない。ただし、解雇の予告がされた日以後に労働者が当該解雇以外の事由により退職した場合においては、使用者は、当該退職の日以後、これを交付することを要しない。

③ 前二項の証明書には、労働者の請求しない事項を記入してはならない。

④ 使用者は、あらかじめ第三者と謀り、労働者の就業を妨げる

ことを目的として、労働者の国籍、信条、社会的身分若しくは労働組合運動に関する通信をし、又は第一項及び第二項の証明書に秘密の記号を記入してはならない。

第二三条①（金品の返還） 使用者は、労働者の死亡又は退職の場合において、権利者の請求があつた場合においては、七日以内に賃金を支払い、積立金、保証金、貯蓄金その他名称の如何を問わず、労働者の権利に属する金品を返還しなければならない。

② 前項の賃金又は金品に関して争がある場合においては、使用者は、異議のない部分を、同項の期間中に支払い、又は返還しなければならない。

第三章　賃金

第二四条①（賃金の支払） 賃金は、通貨で、直接労働者に、その全額を支払わなければならない。ただし、法令若しくは労働協約に別段の定めがある場合又は厚生労働省令で定める賃金について確実な支払の方法で厚生労働省令で定めるものによる場合においては、通貨以外のもので支払い、また、法令に別段の定めがある場合又は当該事業場の労働者の過半数で組織する労働組合があるときはその労働組合、労働者の過半数で組織する労働組合がないときは労働者の過半数を代表する者との書面による協定がある場合においては、賃金の一部を控除して支払うことができる。

② 賃金は、毎月一回以上、一定の期日を定めて支払わなければならない。ただし、臨時に支払われる賃金、賞与その他これに準ずるもので厚生労働省令で定める賃金（第八十九条において「臨時の賃金等」という。）については、この限りでない。

一　賃金債権の譲渡

[1] 国家公務員等退職手当法に基づく国家公務員又は公社職員の退職手当受給権については、その譲渡を禁止する規定がないから、右権利の譲渡自体を無効と解することはできないが、右退職手当も労基法一一条の賃金に該当し、本条の直接払の原則が適用されると解されるから、譲受人は国又は公社にその支払を求めることはできない。（最判昭43・3・12民集二二・三・五六二〈小倉電話局事件〉労働百選[七版]四二）

二　相殺

[2] 本条の賃金全額払の原則によれば、賃金債権に対して債務不履行に基づく損害賠償債権をもって相殺することは許されない。（最判昭31・11・2民集一〇・一一・一四一三〈関西精機事件〉労働百選[五版]三七）

[3] 本条の賃金全額払の原則によれば、賃金債権に対して不法行為に基づく損害賠償債権をもって相殺することも許されない。（最大判昭36・5・31民集一五・五・一四八二〈日本勧業経済会事件〉）

三　調整的相殺

[4] 賃金支払事務においては、賃金減額事由が賃金支払日に接着して生じた等のため賃金過払のあることは避け難く、これを調整するため後に支払われるべき賃金から控除することには合理的理由がある。この場合の過払賃金の不当利得返還請求権を自働債権とし、その後の給与請求権を受働債権とする相殺は、過払のあった時期と賃金の清算調整の実を失わない程度に合理的に接着した時期においてなされ、また、あらかじめ労働者に予告されるとかその額が多額にわたらないとか、労働者の経済生活の安定を脅かすおそれのないときには、本条の全額払の原則に違反しない。

昭和三三年一二月一五日に支給された賃金中に九四〇円の過払があった場合に、翌年一月二〇日頃に労働者にこの返納あるいは翌月分の賃金からの控除を通知し、三月二一日に支給される賃金二万二九六〇円からなした減額は、本条の全額払の原則に違反しない。（最判昭44・12・18民集二三・一二・二四九五〈福島県教組事件〉労働百選[一〇版]三一）

四　労働者の同意による相殺

[5] 使用者が労働者の同意を得て相殺により賃金を控除することは、右同意が労働者の自由意思に基づいてなされたものであると認めるに足りる合理的な理由が客観的に存在するときには、本条の全額払の原則に違反しない。労働者が会社や銀行等から住宅資金の貸付けを受けるに当たり、退職時には退職金等から融資残債務を一括返済し、銀行等への返済については会社に対して返済手続を委任する約定をし、会社がこれに基づいて、自己貸付金の残金一括返済請求権、及び右委任に基づく銀行等の貸付金の残金返済のための返済費用前払請求権（民法六四九条）をもって退職金債権等と相殺した場合に、返済の手続等を労働者が自発的に依頼し、右貸付けが低利かつ相当長期の分割弁済を予定しており、その利子の一部を会社が負担するような措置がとられているときには、労働者の相殺の同意はその自由意思に基づくものと認めるに足りる合理的な理由が客観的に存在したものといえる。（最判平2・11・26民集四四・八・一〇八五〈日新製鋼事件〉労働百選[一〇版]三二）

五　賃金債権の放棄

[6] 賃金に当たる退職金債権の放棄の意思表示は、労働者の自由な意思に基づくものであることが明確な場合は有効である。退職後直ちに競業他社に就職することが判明しており、また、在職中の経費使用についての疑惑に係る損害の一部を補塡するために、会社の求めに応じて労働者が退職金債権を放棄した場合、右退職金債権の放棄の意思表示は、労働者の自由な意思に基づくものであると認めるに足る合理的理由が客観的に存在しており、有効と解される。（最判昭48・1・19民集二七・一・二七〈シンガー・ソーイング・メシーン・カムパニー事件〉労働百選[八版]三四）

六　チェック・オフ協定

[7] チェック・オフも労働者の賃金の一部を控除するものにほかならないから、本条一項ただし書の要件を具備する必要があり、事業場の労働者の過半数を組織していない労働組合との間で、書面によらずになされるチェック・オフは、本条一項違反となる。（最判平元・12・11民集四三・一二・一七八六〈済生会中央病院事件〉重判平元労働八）

[8] 使用者が有効なチェック・オフを行うためには、チェック・オフ協定の締結の外に、個々の組合員から、賃金から控除した組合費相当分を労働組合に支払うことにつき委任を受ける必要がある。チェック・オフが開始された後でも、組合員からその中止の申入れを受けたときには、使用者は当該組合員に対するチェック・オフを中止しなければならない。（最判平5・3・25労判六五〇・六〈エッソ石油事件〉労働百選[一〇版]八六）

七　賃金の控除の範囲

[9] 労働者の経済生活を脅かすことがないようにするという本条の立法趣旨からすれば、労使協定を根拠に行う使用者による労働者の賃金からの控除は、民執法一五二条一項及び民法五一〇条に照らし、控除限度は「賃金額」の四分の一にとどまるべきであり、それを超える控除は本条一項違反で無効となる。また、その控除限度を算定する前提となる「賃金額」は、通勤手当及び公租公課を除外した額とするのが相当である。（東京地判平21・11・16労判一〇〇一・三九〈不二タクシー事件〉……各月の給与から所得税・社会保険料等を差し引いた額が四四万円を超えないケース）

八　争議行為と賃金↓労組◘【補章　争議行為】〔一三条の一三の後〕[17]～[20]

第二五条（非常時払） 使用者は、労働者が出産、疾病、災害その他厚生労働省令で定める非常の場合の費用に充てるために請求する場合においては、支払期日前であつても、既往の労働に対する賃金を支払わなければならない。

（休業手当）
第二六条　使用者の責に帰すべき事由による休業の場合においては、使用者は、休業期間中当該労働者に、その平均賃金の百分の六十以上の手当を支払わなければならない。

[1]　一　**民法五三六条二項との関係**
本条の休業手当の制度は、労働者の生活保障という観点から設けられたものであることを考えると、本条の「使用者の責に帰すべき事由」とは、取引における一般原則たる過失責任主義とは異なる観点を踏まえた概念というべきであって、民法五三六条二項の「債権者の責に帰すべき事由」よりも広く、使用者側に起因する経営、管理上の障害を含むものと解される。（最判昭62・7・17民集四一・五・一二八三、一三五〇〈ノース・ウエスト航空事件〉労働百選[一〇版]九九）↓労組◘【補章　争議行為】〔一三条の一三の後〕[20]
二　**一部ストと休業手当**↓労組◘【補章　争議行為】〔一三条の一三の後〕[19]

（出来高払制の保障給）
第二七条　出来高払制その他の請負制で使用する労働者については、使用者は、労働時間に応じ一定額の賃金の保障をしなければならない。

（最低賃金）
第二八条　賃金の最低基準に関しては、最低賃金法（昭和三十四年法律第百三十七号）の定めるところによる。

[参考]　**最低賃金法**（昭和三四・四・一五法一三七）（抜粋）

（目的）
第一条　この法律は、賃金の低廉な労働者について、賃金の最低額を保障することにより、労働条件の改善を図り、もつて、労働者の生活の安定、労働力の質的向上及び事業の公正な競争の確保に資するとともに、国民経済の健全な発展に寄与することを目的とする。

（最低賃金額）
第三条　最低賃金額（最低賃金において定める賃金の額をいう。以下同じ。）は、時間によつて定めるものとする。

（最低賃金の効力）
第四条①　使用者は、最低賃金の適用を受ける労働者に対し、その最低賃金額以上の賃金を支払わなければならない。
②　最低賃金の適用を受ける労働者と使用者との間の労働契約で最低賃金額に達しない賃金を定めるものは、その部分については無効とする。この場合において、無効となつた部分は、最低賃金と同様の定をしたものとみなす。
③　次に掲げる賃金は、前二項に規定する賃金に算入しない。
一　一月をこえない期間ごとに支払われる賃金以外の賃金で厚生労働省令で定めるもの
二　通常の労働時間又は労働日の賃金以外の賃金で厚生労働省令で定めるもの
三　当該最低賃金において算入しないことを定める賃金
④　第一項及び第二項の規定は、労働者がその都合により所定労働時間若しくは所定労働日の労働をしなかつた場合又は使用者が正当な理由により労働者に所定労働時間若しくは所定労働日の労働をさせなかつた場合において、労働しなかつた時間又は日に対応する限度で賃金を支払わないことを妨げるものではない。

（地域別最低賃金の原則）
第九条①　賃金の低廉な労働者について、賃金の最低額を保障するため、地域別最低賃金（一定の地域ごとの最低賃金をいう。以下同じ。）は、あまねく全国各地域について決定されなければならない。
②　地域別最低賃金は、地域における労働者の生計費及び賃金並びに通常の事業の賃金支払能力を考慮して定められなければならない。
③　前項の労働者の生計費を考慮するに当たつては、労働者が健康で文化的な最低限度の生活を営むことができるよう、生活保護に係る施策との整合性に配慮するものとする。

（地域別最低賃金の決定）
第一〇条①　厚生労働大臣又は都道府県労働局長は、一定の地域ごとに、中央最低賃金審議会又は地方最低賃金審議会（以下「最低賃金審議会」という。）の調査審議を求め、その意見を聴いて、地域別最低賃金の決定をしなければならない。
②　厚生労働大臣又は都道府県労働局長は、前項の規定による最低賃金審議会の意見の提出があつた場合において、その意見により難いと認めるときは、理由を付して、最低賃金審議会に再審議を求めなければならない。

（派遣中の労働者の地域別最低賃金）
第一三条　労働者派遣事業の適正な運営の確保及び派遣労働者の保護等に関する法律（昭和六十年法律第八十八号）第四十四条第一項に規定する派遣中の労働者（第十八条において「派遣中の労働者」という。）については、その派遣先の事業（同項に規定する派遣先の事業をいう。第十八条において同じ。）の事業場の所在地を含む地域について決定された地域別最低賃金において定める最低賃金額により第四条の規定を適用する。

第二九条から第三一条まで　削除

第四章　労働時間、休憩、休日及び年次有給休暇

（労働時間）
第三二条①　使用者は、労働者に、休憩時間を除き一週間について四十時間を超えて、労働させてはならない。
②　使用者は、一週間の各日については、労働者に、休憩時間を除き一日について八時間を超えて、労働させてはならない。

[1]　一　**労働時間の概念**
本条の労働時間とは、労働者が使用者の指揮命令下に置かれている時間をいい、それは、労働者の行為が使用者の指揮命令下に置かれたものと評価できるか否かにより客観的に定まるものであって、労働契約、就業規則、労働協約等の定めのいかんにより決定されるべきものではない。
労働者が、就業を命じられた業務の準備行為等を事業所内において行うことを使用者から義務付けられ、又はこれを余儀なくされたときは、当該行為を所定労働時間外において行うものとされている場合であっても、特段の事情のない限り、使用者の指揮命令下に置かれたものと評価することができ、当該行為に要した時間は、それが社会通念上必要と認められる限り、労基法上の労働時間に該当する。（昭和六二法九九による改正前の事案）（最判平12・3・9民集五四・三・八〇一〈三菱重工業長崎造船所事件〉労働百選[一〇版]三五）
[2]　不活動仮眠時間においても、労働契約上の役務の提供が義務付けられている場合には、労働からの解放が保障されているとはいえず、労働者は使用者の指揮命令下に置かれていることとなるので、当該時間は労基法上の労働時間に当たる。（最判平14・2・28民集五六・二・三六一〈大星ビル管理事件〉労働百選[一〇版]三六）
[3]　警備会社における二四時間連続勤務の警備員に四時間設けられている仮眠時間について、その時間は、仮眠室における待機と警報や電話等に対して直ちに相当の対応をすることが労働契約上の義務となっていたとしても、実作業への従事の必要性が皆無に等しいなど実質的に警備員として相当の対応をすべき義務付けがなされていないと認めることができる場合には、その仮眠時間は労働時間には当たらない。（東京高判平17・7・20労判八九九・一三〈ビル代行事件〉……上告不受理（最決平18・6・13労経速一九四八・一二））
[4]　就業規則上、平日の始業時刻は午前九時、終業時刻は午後六時とされていたマンションの住込みの管理員について、①所定労働時間外においても会社の指示に従い断続的な業務に従事していたこと、②午前七時から午後一〇時までの間は、所定労働時間外であっても、管理員業務のためのマニュアルの記載に基づき住民等からの要望に随時対応できるように事実上待機せざるを得ない状態に置かれており、会社もその事

実を認識していたので、住民等からの要望への対応についても会社からの黙示の指示があったというべきことからすると、平日の午前七時から午後一〇時までの時間は休憩時間の一時間を除き、管理員室隣の居室における不活動時間も含めて、会社の指揮命令下に置かれており、本条の労働時間に当たる。ただし、病院への通院や犬の運動に要した時間は、業務とは関係のない私的行為であり、会社の指揮命令下にあったとはいえない。（最判平19・10・19民集六一・七・二五五五〈大林ファシリティーズ事件〉重判平19労働八）

[5]
二　三六協定と週四〇時間規制違反の罪
本条一項と二項とは規制の内容及び趣旨等を異にすることに照らすと、本条一項違反の罪が成立する場合においても、その週内の一日単位の時間外労働の規制違反について本条二項違反の罪が成立し、それぞれの行為は社会的見解上別個のものと評価すべきであって、両罪は併合罪の関係にあると解するのが相当である。（最決平22・12・20刑集六四・八・一三一二、重判平23刑一〇）

第三二条の二① 使用者は、当該事業場に、労働者の過半数で組織する労働組合がある場合においてはその労働組合、労働者の過半数で組織する労働組合がない場合においては労働者の過半数を代表する者との書面による協定により、又は就業規則その他これに準ずるものにより、一箇月以内の一定の期間を平均し一週間当たりの労働時間が前条第一項の労働時間を超えない定めをしたときは、同条の規定にかかわらず、その定めにより、特定された週において同項の労働時間又は特定された日において同条第二項の労働時間を超えて、労働させることができる。

② 使用者は、厚生労働省令で定めるところにより、前項の協定を行政官庁に届け出なければならない。

[1] **就業規則等による特定**
本条の「特定」の要件を満たすためには、労働者の労働時間を早期に明らかにし、勤務の不均等配分が労働者の生活にいかなる影響を及ぼすかを明示して、労働者が労働時間外における生活設計を立てられるように配慮することが必要不可欠であり、法定労働時間を超過する勤務時間のみならず、変形期間内の各日及び週の所定労働時間を全て特定する必要がある。

変形労働時間制における勤務変更条項を就業規則等において定めるに当たっては、本条が労働時間の「特定」を要求している趣旨に鑑み、一旦特定された労働時間の変更が使用者の恣意によりみだりに変更されることを防止するとともに、労働者に勤務変更が行われる場合を了知させるため、変更が許される例外的、限定的事由を具体的に記載し、その場合に限って勤務変更を行う旨定めることを要する。（広島高判平14・6・25労判八三五・四三〈JR西日本事件〉労働百選[一〇版]三七）

第三二条の三① 使用者は、就業規則その他これに準ずるものにより、その労働者に係る始業及び終業の時刻をその労働者の決定に委ねることとした労働者については、当該事業場の労働者の過半数で組織する労働組合がある場合においてはその労働組合、労働者の過半数で組織する労働組合がない場合においては労働者の過半数を代表する者との書面による協定により、次に掲げる事項を定めたときは、その協定で第二号の清算期間として定められた期間を平均し一週間当たりの労働時間が第三十二条第一項の労働時間を超えない範囲内において、同条の規定にかかわらず、一週間において同項の労働時間又は一日において同条第二項の労働時間を超えて、労働させることができる。

一　この項の規定による労働時間により労働させることができることとされる労働者の範囲
二　清算期間（その期間を平均し一週間当たりの労働時間が第三十二条第一項の労働時間を超えない範囲内において労働させる期間をいい、三箇月以内の期間に限るものとする。以下この条及び次条において同じ。）
三　清算期間における総労働時間
四　その他厚生労働省令で定める事項

② 清算期間が一箇月を超えるものである場合における前項の規定の適用については、同項各号列記以外の部分中「労働時間を超えない」とあるのは「労働時間を超えず、かつ、当該清算期間をその開始の日以後一箇月ごとに区分した各期間（最後に一箇月未満の期間を生じたときは、当該期間。以下この項において同じ。）ごとに当該各期間を平均し一週間当たりの労働時間が五十時間を超えない」と、「同項」とあるのは「同条第一項」とする。

③ 一週間の所定労働日数が五日の労働者について第一項の規定により労働させる場合における同項の規定の適用については、同項各号列記以外の部分（前項の規定により読み替えて適用する場合を含む。）中「第三十二条第一項の労働時間」とあるのは「第三十二条第一項の労働時間（当該事業場の労働者の過半数で組織する労働組合がある場合においてはその労働組合、労働者の過半数で組織する労働組合がない場合においては労働者の過半数を代表する者との書面による協定により、労働時間の限度について、当該清算期間における所定労働日数を同条第二項の労働時間に乗じて得た時間とする旨を定めたときは、当該清算期間における日数を七で除して得た数をもつてその時間を除して得た時間）」と、「同項」とあるのは「同条第一項」とする。

④ 前条第二項の規定は、第一項各号に掲げる事項を定めた協定について準用する。ただし、清算期間が一箇月以内のものであるときは、この限りでない。

第三二条の三の二 使用者が、清算期間が一箇月を超えるものであるときの当該清算期間中の前条第一項の規定により労働させた期間が当該清算期間より短い労働者について、当該労働させた期間を平均し一週間当たり四十時間を超えて労働させた場合においては、その超えた時間（第三十三条又は第三十六条第一項の規定により延長し、又は休日に労働させた時間を除く。）の労働については、第三十七条の規定の例により割増賃金を支払わなければならない。

第三二条の四① 使用者は、当該事業場に、労働者の過半数で組織する労働組合がある場合においてはその労働組合、労働者の過半数で組織する労働組合がない場合においては労働者の過半数を代表する者との書面による協定により、次に掲げる事項を定めたときは、第三十二条の規定にかかわらず、その協定で第二号の対象期間として定められた期間を平均し一週間当たりの労働時間が四十時間を超えない範囲内において、当該協定（次項の規定による定めをした場合においては、その定めを含む。）で定めるところにより、特定された週において同条第一項の労働時間又は特定された日において同条第二項の労働時間を超えて、労働させることができる。

一　この条の規定による労働時間により労働させることができることとされる労働者の範囲
二　対象期間（その期間を平均し一週間当たりの労働時間が四十時間を超えない範囲内において労働させる期間をいい、一箇月を超え一年以内の期間に限るものとする。以下この条及び次条において同じ。）
三　特定期間（対象期間中の特に業務が繁忙な期間をいう。第三項において同じ。）
四　対象期間における労働日及び当該労働日ごとの労働時間（対象期間を一箇月以上の期間ごとに区分することとした場合においては、当該区分による各期間のうち当該対象期間の初日の属する期間（以下この条において「最初の期間」という。）における労働日及び当該労働日ごとの労働時間並びに当該最初の期間を除く各期間における労働日数及び総労働時間）

五　その他厚生労働省令で定める事項

② 使用者は、前項の協定で同項第四号の区分をし当該区分による各期間のうち最初の期間を除く各期間における労働日数及び総労働時間を定めたときは、当該各期間の初日の少なくとも三十日前に、当該事業場に、労働者の過半数で組織する労働組合がある場合においてはその労働組合、労働者の過半数で組織する労働組合がない場合においては労働者の過半数を代表する者の同意を得て、厚生労働省令で定めるところにより、当該労働日数を超えない範囲内において当該各期間における労働日及び当該労働日ごとの労働時間を定めなければならない。

③ 厚生労働大臣は、労働政策審議会の意見を聴いて、厚生労働省令で、対象期間における労働日数の限度並びに一日及び一週間の労働時間の限度並びに対象期間（第一項の協定で特定期間として定められた期間を除く。）及び同項の協定で特定期間として定められた期間における連続して労働させる日数の限度を定めることができる。

④ 第三十二条の二第二項の規定は、第一項の協定について準用する。

第三二条の四の二 使用者が、対象期間中の前条の規定により労働させた期間が当該対象期間より短い労働者について、当該労働させた期間を平均し一週間当たり四十時間を超えて労働させた場合においては、その超えた時間（第三十三条又は第三十六条第一項の規定により延長し、又は休日に労働させた時間を除く。）の労働については、第三十七条の規定の例により割増賃金を支払わなければならない。

第三二条の五① 使用者は、日ごとの業務に著しい繁閑の差が生ずることが多く、かつ、これを予測した上で就業規則その他これに準ずるものにより各日の労働時間を特定することが困難であると認められる厚生労働省令で定める事業であつて、常時使用する労働者の数が厚生労働省令で定める数未満のものに従事する労働者については、当該事業場に、労働者の過半数で組織する労働組合がある場合においてはその労働組合、労働者の過半数で組織する労働組合がない場合においては労働者の過半数を代表する者との書面による協定があるときは、第三十二条第二項の規定にかかわらず、一日について十時間まで労働させることができる。

② 使用者は、前項の規定により労働者に労働させる場合においては、厚生労働省令で定めるところにより、当該労働させる一週間の各日の労働時間を、あらかじめ、当該労働者に通知しなければならない。

③ 第三十二条の二第二項の規定は、第一項の協定について準用する。

第三三条①（災害等による臨時の必要がある場合の時間外労働等） 災害その他避けることのできない事由によつて、臨時の必要がある場合においては、使用者は、行政官庁の許可を受けて、その必要の限度において第三十二条から前条まで若しくは第四十条の労働時間を延長し、又は第三十五条の休日に労働させることができる。ただし、事態急迫のために行政官庁の許可を受ける暇がない場合においては、事後に遅滞なく届け出なければならない。

② 前項ただし書の規定による届出があつた場合において、行政官庁がその労働時間の延長又は休日の労働を不適当と認めるときは、その後にその時間に相当する休憩又は休日を与えるべきことを、命ずることができる。

③ 公務のために臨時の必要がある場合においては、第一項の規定にかかわらず、官公署の事業（別表第一に掲げる事業を除く。）に従事する国家公務員及び地方公務員については、第三十二条から前条まで若しくは第四十条の労働時間を延長し、又は第三十五条の休日に労働させることができる。

（休憩）

第三四条① 使用者は、労働時間が六時間を超える場合においては少くとも四十五分、八時間を超える場合においては少くとも一時間の休憩時間を労働時間の途中に与えなければならない。

② 前項の休憩時間は、一斉に与えなければならない。ただし、当該事業場に、労働者の過半数で組織する労働組合がある場合においてはその労働組合、労働者の過半数で組織する労働組合がない場合においては労働者の過半数を代表する者との書面による協定があるときは、この限りでない。

③ 使用者は、第一項の休憩時間を自由に利用させなければならない。

一　休憩時間の不付与

[1] 昼の休憩時間に食事に行くときを除いて作業現場から離れることを禁じられ、半ば使用者の指揮命令権の拘束下にある場合、休憩を与える債務の不完全な履行になると解される。この場合に労働者は、債務不履行を理由に精神的損害について慰謝料請求をなすことはできるが、同じ理由で賃金相当額の損害賠償請求をなすことはできない。（最判昭54・11・13判タ四〇二・六四〈住友化学工業事件〉労働百選[五版]四七）

二　休憩時間の自由利用

[2] 本条三項により、労働者は休憩時間中使用者の指揮命令権の拘束を離れ、この時間を自由に利用することができ、ビラ配布等のために利用することも自由である。しかしながら、休憩時間の利用が企業施設内において行われる場合には、使用者の企業施設に対する管理権の合理的な行使として是認される範囲内での適法な規制による制約、あるいはその他企業秩序維持の要請に基づく規律による制約を免れることはできない。休憩時間中であっても、企業施設の管理や他の労働者の休憩時間自由利用を妨げるおそれのある企業内での集会、貼紙、ビラ配布等を施設管理者の許可にかからせることは、右の合理的な制約ということができる。（最判昭52・12・13民集三一・七・九七四〈電電公社目黒電報電話局事件〉労働百選[一〇版]五六）→労契一五条[10]

（休日）

第三五条① 使用者は、労働者に対して、毎週少くとも一回の休日を与えなければならない。

② 前項の規定は、四週間を通じ四日以上の休日を与える使用者については適用しない。

（時間外及び休日の労働）

第三六条① 使用者は、当該事業場に、労働者の過半数で組織する労働組合がある場合においてはその労働組合、労働者の過半数で組織する労働組合がない場合においては労働者の過半数を代表する者との書面による協定をし、厚生労働省令で定めるところによりこれを行政官庁に届け出た場合においては、第三十二条から第三十二条の五まで若しくは第四十条の労働時間（以下この条において「労働時間」という。）又は前条の休日（以下この条において「休日」という。）に関する規定にかかわらず、その協定で定めるところによつて労働時間を延長し、又は休日に労働させることができる。

② 前項の協定においては、次に掲げる事項を定めるものとする。

一　この条の規定により労働時間を延長し、又は休日に労働させることができることとされる労働者の範囲

二　対象期間（この条の規定により労働時間を延長し、又は休日に労働させることができる期間をいい、一年間に限るものとする。第四号及び第六項第三号において同じ。）

三　労働時間を延長し、又は休日に労働させることができる場合

四　対象期間における一日、一箇月及び一年のそれぞれの期間について労働時間を延長して労働させることができる時間又は労働させることができる休日の日数

五　労働時間の延長及び休日の労働を適正なものとするために必要な事項として厚生労働省令で定める事項

③ 前項第四号の労働時間を延長して労働させることができる時間は、当該事業場の業務量、時間外労働の動向その他の事情を考慮して通常予見される時間外労働の範囲内において、限度時間を超えない時間に限る。

④ 前項の限度時間は、一箇月について四十五時間及び一年について三百六十時間（第三十二条の四第一項第二号の対象期間として三箇月を超える期間を定めて同条の規定により労働させる場合にあつては、一箇月について四十二時間及び一年について三百二十時間）とする。

⑤ 第一項の協定においては、第二項各号に掲げるもののほか、当該事業場における通常予見することのできない業務量の大幅な増加等に伴い臨時的に第三項の限度時間を超えて労働させる必要がある場合において、一箇月について労働時間を延長して労働させ、及び休日において労働させることができる時間（第二項第四号に関して協定した時間を含め百時間未満の範囲内に限る。）並びに一年について労働時間を延長して労働させることができる時間（同号に関して協定した時間を含め七百二十時間を超えない範囲内に限る。）を定めることができる。この場合において、第一項の協定に、併せて第二項第二号の対象期間において労働時間を延長して労働させる時間が一箇月について四十五時間（第三十二条の四第一項第二号の対象期間として三箇月を超える期間を定めて同条の規定により労働させる場合にあつては、一箇月について四十二時間）を超えることができる月数（一年について六箇月以内に限る。）を定めなければならない。

⑥ 使用者は、第一項の協定で定めるところによつて労働時間を延長して労働させ、又は休日において労働させる場合であつても、次の各号に掲げる時間について、当該各号に定める要件を満たすものとしなければならない。

一 坑内労働その他厚生労働省令で定める健康上特に有害な業務について、一日について労働時間を延長して労働させた時間 二時間を超えないこと。

二 一箇月について労働時間を延長して労働させ、及び休日において労働させた時間 百時間未満であること。

三 対象期間の初日から一箇月ごとに区分した各期間に当該各期間の直前の一箇月、二箇月、三箇月、四箇月及び五箇月の期間を加えたそれぞれの期間における労働時間を延長して労働させ、及び休日において労働させた時間の一箇月当たりの平均時間 八十時間を超えないこと。

⑦ 厚生労働大臣は、労働時間の延長及び休日の労働を適正なものとするため、第一項の協定で定める労働時間の延長及び休日の労働について留意すべき事項、当該労働時間の延長に係る割増賃金の率その他の必要な事項について、労働者の健康、福祉、時間外労働の動向その他の事情を考慮して指針を定めることができる。

⑧ 第一項の協定をする使用者及び労働組合又は労働者の過半数を代表する者は、当該協定で労働時間の延長及び休日の労働を定めるに当たり、当該協定の内容が前項の指針に適合したものとなるようにしなければならない。

⑨ 行政官庁は、第七項の指針に関し、第一項の協定をする使用者及び労働組合又は労働者の過半数を代表する者に対し、必要な助言及び指導を行うことができる。

⑩ 前項の助言及び指導を行うに当たつては、労働者の健康が確保されるよう特に配慮しなければならない。

⑪ 第三項から第五項まで及び第六項（第二号及び第三号に係る部分に限る。）の規定は、新たな技術、商品又は役務の研究開発に係る業務については適用しない。

[1] **一 過半数代表者**

本条の「労働者の過半数を代表する者」とは、民主的な手続によって選出されることを要するが、役員を含めた全従業員によって構成される親睦団体の代表者は、この者に該当しないから、同人が締結した三六協定は無効である。（東京高判平9・11・17労民四八・五＝六・六三三〈トーコロ事件〉……上告審（最判平13・6・22労判八〇八・一一、労働百選[一〇版]三九）は右判断を是認）

[2] **二 労働者の時間外労働義務**

使用者が、いわゆる三六協定を締結し、これを労基署長に届け出、また、就業規則に当該三六協定の範囲内で業務上やむを得ない事由があれば労働者に時間外労働をさせることができる旨を定めている場合、就業規則の規定が合理的なものである限り、労働者は労働契約上の時間外労働義務を負う。「生産目標達成のため必要ある場合」や「業務の内容によりやむを得ない場合」は、いささか概括的ではあるが、需給関係に即応した生産計画を立てる企業の必要性に鑑みると、相当性を欠くとはいえない。製品の品質及び歩留り向上を所管する労働者について、歩留り実績がこの者の予想した数値を大幅に下回り、そのため当初の生産計画の実現に支障を来たし、緊急にその是正措置を講ずる必要性がある場合、三六協定所定の右場合に当たり、したがって、当該労働者に時間外労働を命じることができる。（最判平3・11・28民集四五・八・一二七〇〈日立製作所武蔵工場事件〉労働百選[一〇版]三八）

（時間外、休日及び深夜の割増賃金）

第三十七条① 使用者が、第三十三条又は前条第一項の規定により労働時間を延長し、又は休日に労働させた場合においては、その時間又はその日の労働については、通常の労働時間又は労働日の賃金の計算額の二割五分以上五割以下の範囲内でそれぞれ政令で定める率以上の率で計算した割増賃金を支払わなければならない。ただし、当該延長して労働させた時間が一箇月について六十時間を超えた場合においては、その超えた時間の労働については、通常の労働時間の賃金の計算額の五割以上の率で計算した割増賃金を支払わなければならない。

② 前項の政令は、労働者の福祉、時間外又は休日の労働の動向その他の事情を考慮して定めるものとする。

③ 使用者が、当該事業場に、労働者の過半数で組織する労働組合があるときはその労働組合、労働者の過半数で組織する労働組合がないときは労働者の過半数を代表する者との書面による協定により、第一項ただし書の規定により割増賃金を支払うべき労働者に対して、当該割増賃金の支払に代えて、通常の労働時間の賃金が支払われる休暇（第三十九条の規定による有給休暇を除く。）を厚生労働省令で定めるところにより与えることを定めた場合において、当該労働者が当該休暇を取得したときは、当該労働者の同項ただし書に規定する時間を超えた時間の労働のうち当該取得した休暇に対応するものとして厚生労働省令で定める時間の労働については、同項ただし書の規定による割増賃金を支払うことを要しない。

④ 使用者が、午後十時から午前五時まで（厚生労働大臣が必要であると認める場合においては、その定める地域又は期間については午後十一時から午前六時まで）の間において労働させた場合においては、その時間の労働については、通常の労働時間の賃金の計算額の二割五分以上の率で計算した割増賃金を支払わなければならない。

⑤ 第一項及び前項の割増賃金の基礎となる賃金には、家族手当、通勤手当その他厚生労働省令で定める賃金は算入しない。

[参考] **労働基準法第三十七条第一項の時間外及び休日の割増賃金に係る率の最低限度を定める政令**（平成六・一・四政五）

労働基準法第三十七条第一項の政令で定める率は、同法第三十三条又は第三十六条第一項の規定により延長した労働時間の労働については二割五分とし、これらの規定により労働させた休日の労働については三割五分とする。

[1] **一 本条の趣旨・義務の内容**

本条は、使用者に割増賃金を支払わせることによって、時間外労働等を抑制し、もって労働時間に関する労基法の規定を遵守させるとともに、労働者への補償を行おうとする趣旨と解される。また、本条は、本条等に定められた方法により算定された額を下回らない額の割増賃金を支払うことを義務付けるにとどまり、使用者が、労働契約に基づき、本条等に定められた方法以外の方法により算定される手当を時間外労働等に対する対価として支払うこと自体が直ちに本条に反するものではない。（最判令2・3・30民集七四・三・五四九〈国際自動車事件〉労働百選[一〇版]四〇……後出[3][7]も同旨）→[6]

[2] **二 違法な時間外労働と割増賃金**
労基法三三条又は三六条所定の条件を充足せずになされた違法な時間外労働又は休日労働に対しても、使用者は本条一項により割増賃金の支払義務を負い、この義務の不履行については一一九条一号の罰則の適用を免れない。（最判昭35・7・14刑集一四・九・一一三九〈小島撚糸事件〉労働百選[三版]五四）

[3] **三 割増賃金としての対価性**
雇用契約上のある手当が、時間外労働、休日労働及び深夜労働に対する対価として支払われるものとされているか否かは、雇用契約に係る契約書等の記載内容のほか、使用者の労働者に対する当該手当や割増賃金に関する説明の内容、労働者の実際の労働時間等の勤務状況などの事情を考慮して判断されるが、当該手当の支払によって割増賃金の全部又は一部を支払ったものといえるために、労働者が当該手当を上回る金額の割増賃金の発生を認識して直ちに支払を請求できる仕組み、その仕組みが誠実に実行されていること、基本給と手当の適切な金額バランス、その他労働者の福祉を損なう要因がないことは必須ではない。（最判平30・7・19労判一一八六・五〈日本ケミカル事件〉重判平30労働三）

[4] **四 概算払と割増賃金支払義務**
基本給を月額四一万円としたうえで、月間総労働時間が一八〇時間を超える場合には一時間当たり一定額を別途支払い、一四〇時間未満の場合には一時間当たり一定額を減額する旨が約定され、基本給について通常の労働時間に当たる部分と時間外割増賃金に当たる部分とを判別することができない本件事案においては、月間一八〇時間以内の労働時間中の時間外労働についても、使用者は、月額四一万円の基本給とは別に、割増賃金を支払う義務がある。（最判平24・3・8労判一〇六〇・五〈テックジャパン事件〉重判平24労働一）

[5] **五 歩合給と割増賃金支払義務**
タクシー会社の乗務員に支払われる歩合給に関し、労基法上の時間外及び深夜労働が行われたときにも金額が増加せず、また、右の歩合給のうちで通常の労働時間の賃金に当たる部分と時間外及び深夜の割増賃金に当たる部分とを判別することもできない場合には、当該歩合給の支給により時間外及び深夜の割増賃金が支払われたとすることは困難であり、使用者は、乗務員の時間外及び深夜労働につき、本条及び労基法施行規則一九条一項六号の規定に従って計算した額の割増賃金を支払う義務を負う。（最判平6・6・13労判六五三・一二〈高知県観光事件〉労働百選[九版]三八）

[6] 深夜労働、残業及び休日労働の各時間数に応じて割増金が支払われることとされる一方で、通常の労働時間の賃金の一部を構成する歩合給の算定に当たり、売上高等の一定割合に相当する金額から割増金と同額が控除される旨のタクシー会社乗務員に適用される本件賃金規則の定めは、割増金の額がそのまま歩合給の減額につながり、また、割増金の額が大きくなれば歩合給が〇円となって出来高払制の賃金部分について通常の労働時間の賃金に当たる部分がなくなるという仕組みを定めるものであるところ、このような仕組みは、実質において、出来高払制の下で元来は歩合給として支払うことが予定されている賃金を、時間外労働等がある場合には、その一部につき名目のみを割増金に置き換えて支払うものであるといえる。本件賃金規則における割増金は、その一部に時間外労働等に対する対価として支払われるものが含まれているとしても、通常の労働時間の賃金である歩合給として支払われるべき部分を相当程度含んでいるものと解さざるを得ず、割増金として支払われる賃金のうちどの部分が時間外労働等に対する対価に当たるかは明らかでないから、通常の労働時間の賃金に当たる部分と本条の定める割増賃金に当たる部分とを判別することはできないこととなり、使用者による割増金の支払によっては、本条の定める割増賃金が支払われたということはできない。（最判令2・3・30前出[1]）

[7] **六 年俸制と割増賃金支払義務**
勤務医の雇用契約上、時間外労働等に対する割増賃金が年俸一七〇〇万円に含まれることが合意されていた事案において、本条の定める割増賃金を支払ったとすることができるか否かを判断するためには、労働契約における基本給等の定めにつき、通常の労働時間の賃金に当たる部分と割増賃金に当たる部分とを判別できることが必要であるところ、本件合意ではこの判別をすることができず、本件の年俸の支払により時間外労働及び深夜労働に対する割増賃金が支払われたということはできない。（最判平29・7・7労判一一六八・四九〈医療法人社団康心会事件〉重判平29労働三……勤務医の給与額が相当高額であったこと等から労働者としての保護に欠けるおそれはないとして同人からの割増賃金請求等を棄却した原判決を破棄、差し戻した例）

（**時間計算**）
第三八条① 労働時間は、事業場を異にする場合においても、労働時間に関する規定の適用については通算する。
② 坑内労働については、労働者が坑口に入つた時刻から坑口を出た時刻までの時間を、休憩時間を含め労働時間とみなす。但し、この場合においては、第三十四条第二項及び第三項の休憩に関する規定は適用しない。

第三八条の二① 労働者が労働時間の全部又は一部について事業場外で業務に従事した場合において、労働時間を算定し難いときは、所定労働時間労働したものとみなす。ただし、当該業務を遂行するためには通常所定労働時間を超えて労働することが必要となる場合においては、当該業務に関しては、厚生労働省令で定めるところにより、当該業務の遂行に通常必要とされる時間労働したものとみなす。
② 前項ただし書の場合において、当該業務に関し、当該事業場に、労働者の過半数で組織する労働組合があるときはその労働組合、労働者の過半数で組織する労働組合がないときは労働者の過半数を代表する者との書面による協定があるときは、その協定で定める時間を同項ただし書の当該業務の遂行に通常必要とされる時間とする。
③ 使用者は、厚生労働省令で定めるところにより、前項の協定を行政官庁に届け出なければならない。

[1] **事業場外労働**
海外ツアーにおける本件添乗業務は、業務の内容があらかじめ具体的に確定されており、さらに、派遣先会社は、添乗員に対して、あらかじめ業務の具体的指示をし、旅行日程の途中で必要に応じて個別の指示をし、旅行日程の終了後は業務の遂行状況等につき詳細な報告を受けるものとされている。このような業務の性質、内容やその遂行の態様、状況等、派遣先会社と添乗員との間の業務に関する指示及び報告の方法、内容やその実施の態様、状況等に鑑みると、本件添乗業務については、これに従事する添乗員の勤務の状況を具体的に把握することが困難であったとは認め難く、本条一項の「労働時間を算定し難いとき」に当たるとはいえない。（最判平26・1・24労判一〇八八・五〈阪急トラベルサポート（派遣添乗員・第二）事件〉労働百選[一〇版]四一）

第三八条の三① 使用者が、当該事業場に、労働者の過半数で組織する労働組合があるときはその労働組合、労働者の過半数で組織する労働組合がないときは労働者の過半数を代表する者との書面による協定により、次に掲げる事項を定めた場合において、労働者を第一号に掲げる業務に就かせたときは、当該労働者は、厚生労働省令で定めるところにより、第二号に掲げる時間労働したものとみなす。

一　業務の性質上その遂行の方法を大幅に当該業務に従事する労働者の裁量にゆだねる必要があるため、当該業務の遂行の手段及び時間配分の決定等に関し使用者が具体的な指示をすることが困難なものとして厚生労働省令で定める業務のうち、労働者に就かせることとする業務（以下この条において「対象業務」という。）

二　対象業務に従事する労働者の労働時間として算定される時間

三　対象業務の遂行の手段及び時間配分の決定等に関し、当該対象業務に従事する労働者に対し使用者が具体的な指示をしないこと。

四　対象業務に従事する労働者の労働時間の状況に応じた当該労働者の健康及び福祉を確保するための措置を当該協定で定めるところにより使用者が講ずること。

五　対象業務に従事する労働者からの苦情の処理に関する措置を当該協定で定めるところにより使用者が講ずること。

六　前各号に掲げるもののほか、厚生労働省令で定める事項

② 前条第三項の規定は、前項の協定について準用する。

第三八条の四① 賃金、労働時間その他の当該事業場における労働条件に関する事項を調査審議し、事業主に対し当該事項について意見を述べることを目的とする委員会（使用者及び当該事業場の労働者を代表する者を構成員とするものに限る。）が設置された事業場において、当該委員会がその委員の五分の四以上の多数による議決により次に掲げる事項に関する決議をし、かつ、使用者が、厚生労働省令で定めるところにより当該決議を行政官庁に届け出た場合において、第二号に掲げる労働者の範囲に属する労働者を当該事業場における第一号に掲げる業務に就かせたときは、当該労働者は、厚生労働省令で定めるところにより、第三号に掲げる時間労働したものとみなす。

一　事業の運営に関する事項についての企画、立案、調査及び分析の業務であつて、当該業務の性質上これを適切に遂行するにはその遂行の方法を大幅に労働者の裁量に委ねる必要があるため、当該業務の遂行の手段及び時間配分の決定等に関し使用者が具体的な指示をしないこととする業務（以下この条において「対象業務」という。）

二　対象業務を適切に遂行するための知識、経験等を有する労働者であつて、当該対象業務に就かせたときは当該決議で定める時間労働したものとみなされることとなるものの範囲

三　対象業務に従事する前号に掲げる労働者の範囲に属する労働者の労働時間として算定される時間

四　対象業務に従事する第二号に掲げる労働者の範囲に属する労働者の労働時間の状況に応じた当該労働者の健康及び福祉を確保するための措置を当該決議で定めるところにより使用者が講ずること。

五　対象業務に従事する第二号に掲げる労働者の範囲に属する労働者からの苦情の処理に関する措置を当該決議で定めるところにより使用者が講ずること。

六　使用者は、この項の規定により第二号に掲げる労働者の範囲に属する労働者を対象業務に就かせたときは第三号に掲げる時間労働したものとみなすことについて当該労働者の同意を得なければならないこと及び当該同意をしなかつた当該労働者に対して解雇その他不利益な取扱いをしてはならないこと。

七　前各号に掲げるもののほか、厚生労働省令で定める事項

② 前項の委員会は、次の各号に適合するものでなければならない。

一　当該委員会の委員の半数については、当該事業場に、労働者の過半数で組織する労働組合がある場合においてはその労働組合、労働者の過半数で組織する労働組合がない場合においては労働者の過半数を代表する者に厚生労働省令で定めるところにより任期を定めて指名されていること。

二　当該委員会の議事について、厚生労働省令で定めるところにより、議事録が作成され、かつ、保存されるとともに、当該事業場の労働者に対する周知が図られていること。

三　前二号に掲げるもののほか、厚生労働省令で定める要件

③ 厚生労働大臣は、対象業務に従事する労働者の適正な労働条件の確保を図るために、労働政策審議会の意見を聴いて、第一項各号に掲げる事項その他同項の委員会が決議する事項について指針を定め、これを公表するものとする。

④ 第一項の規定による届出をした使用者は、厚生労働省令で定めるところにより、定期的に、同項第四号に規定する措置の実施状況を行政官庁に報告しなければならない。

⑤ 第一項の委員会においてその委員の五分の四以上の多数による議決により第三十二条の二第一項、第三十二条の三第一項、第三十二条の四第一項及び第二項、第三十二条の五第一項、第三十四条第二項ただし書、第三十六条第一項、第二項及び第五項、第三十七条第三項、第三十八条の二第二項、前条第一項並びに次条第四項、第六項及び第九項ただし書に規定する事項について決議が行われた場合における第三十二条の二第一項、第三十二条の三第一項、第三十二条の四第一項から第三項まで、第三十二条の五第一項、第三十四条第二項ただし書、第三十六条、第三十七条第三項、第三十八条の二第二項、前条第一項並びに次条第四項、第六項及び第九項ただし書の規定の適用については、第三十二条の二第一項中「協定」とあるのは「協定若しくは第三十八条の四第一項に規定する委員会の決議（第百六条第一項を除き、以下「決議」という。）」と、第三十二条の三第一項、第三十二条の四第一項から第三項まで、第三十二条の五第一項、第三十四条第二項ただし書、第三十六条第二項及び第五項から第七項まで、第三十七条第三項、第三十八条の二第二項、前条第一項並びに次条第四項、第六項及び第九項ただし書中「協定」とあるのは「協定又は決議」と、第三十二条の四第二項中「同意を得て」とあるのは「同意を得て、又は決議に基づき」と、第三十六条第一項中「届け出た場合」とあるのは「届け出た場合又は決議を行政官庁に届け出た場合」と、「その協定」とあるのは「その協定又は決議」と、同条第八項中「又は労働者の過半数を代表する者」とあるのは「若しくは労働者の過半数を代表する者又は同項の決議をする委員」と、「当該協定」とあるのは「当該協定又は当該決議」と、同条第九項中「又は労働者の過半数を代表する者」とあるのは「若しくは労働者の過半数を代表する者又は同項の決議をする委員」とする。

第三九条（年次有給休暇）① 使用者は、その雇入れの日から起算して六箇月間継続勤務し全労働日の八割以上出勤した労働者に対して、継続し、又は分割した十労働日の有給休暇を与えなければならない。

② 使用者は、一年六箇月以上継続勤務した労働者に対しては、雇入れの日から起算して六箇月を超えて継続勤務する日（以下「六箇月経過日」という。）から起算した継続勤務年数一年ごとに、前項の日数に、次の表の上欄に掲げる六箇月経過日から起算した継続勤務年数の区分に応じ同表の下欄に掲げる労働日を加算した有給休暇を与えなければならない。ただし、継続勤務した期間を六箇月経過日から一年ごとに区分した各期間（最後に一年未満の期間を生じたときは、当該期間）の初日の前日の属する期間において出勤した日数が全労働日の八割未満である者に対しては、当該初日以後の一年間においては有給休暇を与えることを要しない。

六箇月経過日から起算した継続勤務年数	労働日
一年	一労働日

二年	二労働日
三年	四労働日
四年	六労働日
五年	八労働日
六年以上	十労働日

③　次に掲げる労働者（一週間の所定労働時間が厚生労働省令で定める時間以上の者を除く。）の有給休暇の日数については、前二項の規定にかかわらず、これらの規定による有給休暇の日数を基準とし、通常の労働者の一週間の所定労働日数として厚生労働省令で定める日数（第一号において「通常の労働者の週所定労働日数」という。）と当該労働者の一週間の所定労働日数又は一週間当たりの平均所定労働日数との比率を考慮して厚生労働省令で定める日数とする。

一　一週間の所定労働日数が通常の労働者の週所定労働日数に比し相当程度少ないものとして厚生労働省令で定める日数以下の労働者

二　週以外の期間によつて所定労働日数が定められている労働者については、一年間の所定労働日数が、前号の厚生労働省令で定める日数に一日を加えた日数を一週間の所定労働日数とする労働者の一年間の所定労働日数その他の事情を考慮して厚生労働省令で定める日数以下の労働者

④　使用者は、当該事業場に、労働者の過半数で組織する労働組合があるときはその労働組合、労働者の過半数で組織する労働組合がないときは労働者の過半数を代表する者との書面による協定により、次に掲げる事項を定めた場合において、第一号に掲げる労働者の範囲に属する労働者が有給休暇を時間を単位として請求したときは、前三項の規定による有給休暇の日数のうち第二号に掲げる日数については、これらの規定にかかわらず、当該協定で定めるところにより時間を単位として有給休暇を与えることができる。

一　時間を単位として有給休暇を与えることができることとされる労働者の範囲

二　時間を単位として与えることができることとされる有給休暇の日数（五日以内に限る。）

三　その他厚生労働省令で定める事項

⑤　使用者は、前各項の規定による有給休暇を労働者の請求する時季に与えなければならない。ただし、請求された時季に有給休暇を与えることが事業の正常な運営を妨げる場合においては、他の時季にこれを与えることができる。

⑥　使用者は、当該事業場に、労働者の過半数で組織する労働組合がある場合においてはその労働組合、労働者の過半数で組織する労働組合がない場合においては労働者の過半数を代表する者との書面による協定により、第一項から第三項までの規定による有給休暇を与える時季に関する定めをしたときは、これらの規定による有給休暇の日数のうち五日を超える部分については、前項の規定にかかわらず、その定めにより有給休暇を与えることができる。

⑦　使用者は、第一項から第三項までの規定による有給休暇（これらの規定により使用者が与えなければならない有給休暇の日数が十労働日以上である労働者に係るものに限る。以下この項及び次項において同じ。）の日数のうち五日については、基準日（継続勤務した期間を六箇月経過日から一年ごとに区分した各期間（最後に一年未満の期間を生じたときは、当該期間）の初日をいう。以下この項において同じ。）から一年以内の期間に、労働者ごとにその時季を定めることにより与えなければならない。ただし、第一項から第三項までの規定による有給休暇を当該有給休暇に係る基準日より前の日から与えることとしたときは、厚生労働省令で定めるところにより、労働者ごとにその時季を定めることにより与えなければならない。

⑧　前項の規定にかかわらず、第五項又は第六項の規定により第一項から第三項までの規定による有給休暇を与えた場合においては、当該与えた有給休暇の日数（当該日数が五日を超える場合には、五日とする。）分については、時季を定めることにより与えることを要しない。

⑨　使用者は、第一項から第三項までの規定による有給休暇の期間又は第四項の規定による有給休暇の時間については、就業規則その他これに準ずるもので定めるところにより、それぞれ、平均賃金若しくは所定労働時間労働した場合に支払われる通常の賃金又はこれらの額を基準として厚生労働省令で定めるところにより算定した額の賃金を支払わなければならない。ただし、当該事業場に、労働者の過半数で組織する労働組合がある場合においてはその労働組合、労働者の過半数で組織する労働組合がない場合においては労働者の過半数を代表する者との書面による協定により、その期間又はその時間について、それぞれ、健康保険法（大正十一年法律第七十号）第四十条第一項に規定する標準報酬月額の三十分の一に相当する金額（その金額に、五円未満の端数があるときは、これを切り捨て、五円以上十円未満の端数があるときは、これを十円に切り上げるものとする。）又は当該金額を基準として厚生労働省令で定めるところにより算定した金額を支払う旨を定めたときは、これによらなければならない。

⑩　労働者が業務上負傷し、又は疾病にかかり療養のために休業した期間及び育児休業、介護休業等育児又は家族介護を行う労働者の福祉に関する法律第二条第一号に規定する育児休業又は同条第二号に規定する介護休業をした期間並びに産前産後の女性が第六十五条の規定によつて休業した期間は、第一項及び第二項の規定の適用については、これを出勤したものとみなす。

一　年休権の法的性格

[1]　本条一項、二項の要件が充足されたとき、当該労働者は法律上当然に各項所定日数の年次有給休暇の権利を取得し、使用者はこれを与える義務を負う。そして、労働者が右の休暇日数の範囲内で具体的な休暇の始期と終期を特定して本条三項［現五項］の時季指定をしたときは、客観的に同項ただし書所定の事由が存在し、かつ、これを理由として使用者が時季変更権を行使しない限り、この指定によって当該労働日における労働者の就労義務は消滅する。（最判昭48・3・2民集二七・二・一九一〈林野庁白石営林署事件〉労働百選［一〇版］四三……最判昭48・3・2民集二七・二・二一〇〈国鉄郡山工場事件〉も同旨）

二　全労働日の意味

[2]　本条一項の全労働日とは、労働者が労働契約上労働義務を課せられている日をいう。（最判平4・2・18労判六〇九・一二〈エス・ウント・エー事件〉）

[3]　本条一項及び二項の定める出勤率の要件は、労働者の責めに帰すべき事由による欠勤率が特に高い者をその対象から除外する趣旨で定められたものであることに照らすと、前年度の総暦日の中で、就業規則や労働協約等に定められた休日以外の不就労日のうち、労働者の責めに帰すべき事由によるとはいえないものは、不可抗力や使用者側に起因する経営、管理上の障害による休業日等のように当事者間の衡平等の観点から出勤日数に算入するのが相当でなく全労働日から除かれるべきものは別として、出勤率の算定に当たっては、出勤日数に算入すべきものとして全労働日に含まれる。（最判平25・6・6民集六七・五・一一八七〈八千代交通事件〉重判平25労働一……無効な解雇により就労することができなかった日は、出勤日数に算入すべきものとして全労働日に含まれるものとした）

[4]　派遣労働者においては、全労働日は、使用者から派遣先において就業すべき日とされた日をいう。（東京高判平11・8・17労判七七二・三五〈ユニ・フレックス事件〉）

三　継続勤務

[5]　一年の間に何回かに分けて雇用契約が締結されるという場合、継続勤務か否かの判断は、労働者の心身の疲労を回復させ、労働力の維持培養を図るという年次有給休暇の制度趣旨

を踏まえ、勤務の実態、当該雇用契約の期間、各雇用契約ごとに契約を終了させ、新たに雇用契約を締結するという形態をとる理由、雇用契約と次に締結される雇用契約との間隔、雇用契約締結の際の採用手続及び有給休暇が付与されている他の労働者との均衡等を総合的に考慮して、実質的な観点から行うべきである。（東京高判平11・9・30労判七八〇・八〇〈日本中央競馬会事件〉）

四　時季指定

[6]　本条一項が年次有給休暇の分割を認め、同三項［現五項］が休暇の時季の指定を第一次的に労働者の意思にかからしめている趣旨を考えると、同項にいう「時季」とは、季節をも含めた時期を意味するものと解される。（最判昭48・3・2前出[1]）

[7]　勤務割の変更は前々日までになすとの労働協約の規定があるとき、年休取得者の代替要員を確保するために、就業規則に年休請求は前々日までになすべしとの定めをおくことは、合理性を有する。（最判昭57・3・18民集三六・三・三六六〈電電公社此花電報電話局事件〉重判昭57労働二）

五　時季変更権の行使

[8]　労働者の年次有給休暇の請求（時季指定）に対する使用者の時季変更権の行使が、労働者の指定した休暇期間の開始又は経過後になされた場合でも、労働者の休暇請求自体が右期間の始期に極めて接近してなされたため使用者において時季変更権を行使するか否かを事前に判断する時間的余裕がなかったときには、客観的に時季変更権を行使し得る事由が存し、かつ、その行使が遅滞なくされた場合、適法な時季変更権の行使があったものと認められる。

電報取扱業務について、休暇で欠員ができ代行者の補充がない限り業務に支障が生ずる場合に、年休の請求が遅れたため右欠員の補充が困難であれば、「事業の正常な運営を妨げる場合」に当たるといえる。（最判昭57・3・18前出[7]）

[9]　本条の趣旨は、使用者に対し、できる限り労働者が指定した時季に休暇を取得できるよう状況に応じた配慮をすることを要請しているものと解することができ、そのような配慮をせずに時季変更権を行使することは許されない。このことは、勤務割によりあらかじめ定められていた勤務予定日に休暇の時季指定がなされた場合でも同じであり、使用者は、労働者が指定した日に休暇が取れるように、代替勤務者を確保して勤務割を変更することが客観的に可能であるときにはそのための配慮をすることが要請される。使用者がその配慮をしなかった結果、代替勤務者が配置されなかったときは、必要配置人員を欠くことをもって本条四項ただし書［現五項ただし書］にいう「事業の正常な運営を妨げる場合」に当たるとはいえない。（最判昭62・9・22労判五〇三・六〈横手統制電話中継所事件〉重判昭62労働四）

[10]　労働者が長期かつ連続の年次有給休暇を取得しようとする場合には、使用者において代替勤務者を確保することの困難さが増すなど事業の正常な運営に支障を来す蓋然性が高くなり、使用者の業務計画、他の労働者の休暇予定等との事前の調整を図る必要が生じる。しかも、労働者が時季指定をした時点では、使用者にとって、当該事業場での業務量の程度、代替勤務者確保の有無、同時季に年休の時季指定をする他の労働者の人数等を正確に判断することは困難であるので、労働者が、右の調整を経ることなく長期かつ連続の年次有給休暇の時季指定をした場合には、使用者の時季変更権の行使については、右休暇が事業運営にどのような支障をもたらすか、右休暇の時季、期間につきどの程度の修正、変更を行うかに関し、使用者にある程度の裁量的判断の余地を認めざるを得ない。

通信社の社会部内において、専門的知識を要する当該労働者の担当職務を支障なく代替し得る記者の確保が企業運営上困難である状況の下では、約一箇月に及ぶ夏期休暇を二回に分けて取得して欲しいとして行った使用者の時季変更権の行使は、本条三項［現五項］に反する不合理なものとはいえない。（最判平4・6・23民集四六・四・三〇六〈時事通信社事件〉労働百選[一〇版]四五）

[11]　職場の代表を集めた技能訓練の期間中に訓練参加者から行われた時季指定に対しては、訓練を一部でも欠席することが、予定された知識、技能の修得に不足を生じさせ、訓練の目的を十全に達成することができない結果を招く場合には、使用者は、当該請求に係る年休の期間における具体的な訓練の内容が、これを欠席しても予定された知識、技能の修得に不足を生じさせないものであると認められない限り、事業の正常な運営を妨げるものとして時季変更権を行使することができる。（最判平12・3・31民集五四・三・一二五五〈NTT事件〉重判平12労働四）

六　計画年休の効力

[12]　会社と従業員の過半数を組織する労働組合（過半数組合）との間で締結された書面による協定で、年休の時季指定が集団的統一的に特定された場合、その日数についてこの労働者の時季指定権と使用者の時季変更権はともに排除され、その効果は、協定の適用につき著しく不合理又は不公正な事情がない限り、当該協定の適用対象とされた事業場の全従業員に及ぶ。

会社と過半数組合との間で締結された、一〇日間の連続休日のうち七月二五日と二六日を計画年休とし、各人の有する年休のうち二日を年初にこれに当てることを内容とした書面による協定は、締結時に反対組合からも意見を聴取していること、計画年休充当日数は二日であること、適用除外労働者がいるが、これは使用者の恣意によるものではなく、高度な業務上の必要性によるものであることを考えると、右にいう不合理又は不公正な事情があるとはいえない。（福岡高判平6・3・24労民四五・一＝二・一二三〈三菱重工業長崎造船所事件〉労働百選[七版]六二）

七　計画年休の変更

[13]　労働協約において、法内休暇と協定休暇、自由休暇と計画休暇の区別を問わず、年次有給休暇を一律に本条所定の基準により取り扱うこととしている場合、計画休暇の時季変更権の行使は、本条三項ただし書［現五項ただし書］の「事業の正常な運営を妨げる場合」で、計画決定時には予測できなかった事態発生の可能性が生じた場合に限り許される。また、この場合においても、右事態発生の予測が可能になってから合理的な期間内に時季変更権が行使されなければならない。〔昭和六二法九九による改正前の事案〕（最判昭58・9・30民集三七・七・九九三〈高知郵便局事件〉重判昭58労働一……計画年休（五項［現六項］）新設前の判断）

八　年休の利用目的

[14]　年次有給休暇の利用目的は労基法の関知しないところであり、休暇をどのように利用するかは、使用者の干渉を許さず労働者の自由である。

労働者が所属する事業場において、業務の正常な運営の阻害を目的として全員一斉に休暇届を提出して職場を離脱する一斉休暇闘争は、実質上年次有給休暇に名を借りた同盟罷業にほかならず、本来の年次有給休暇権の行使ではないから、当該労働者には賃金請求権が発生しない。しかし、休暇中の労働者が他の事業場における争議行為等に参加したことは、その者の年次有給休暇の成否に何ら影響しない。（最判昭48・3・2前出[1]）

[15]　春闘等の統一行動参加のため労働組合が事業場の労働者の三割について行った年次有給休暇請求の指示は、使用者の適法な時季変更権の行使があった場合にこれを無視してまで集会に参加することを指示したものでなく、また、事業場における事業の正常な運営の阻害を目的としたものでない場合には、労働者が右指示の下に年次休暇を取得して就労しなかったことをもって、年次休暇に名を借りた同盟罷業ということはできない。したがって、右不就労に対する懲戒処分は無効

となる。（最判昭61・12・18労判四八七・一四〈夕張南高校事件〉労働百選[五版]一〇八）

[16] 年休取得者が年休取得日における自己の事業場でのストライキ（年休日特定後設定されたもの）に積極的に参加した場合には、事業場における正常な勤務体制を前提とする年休制度の趣旨に反し年休の効果は認められない。（最判平3・11・19民集四五・八・一二三六〈国鉄津田沼電車区事件〉労働百選[一〇版]四四）

[17] 労働者の年次有給休暇の請求につき、事業の正常な運営に支障を生ずることが予想される場合、労働者が休暇を必要とする事情を明らかにするならば使用者において時季変更権の行使を差し控えることもあり得るとして、労働者に右事情の説明を求めることは適法である。（最判昭57・3・18前出[7]）

九 年休取得と不利益取扱い

[18] 年休期間中の賃金支払を義務付けている本条四項［現七項］の規定の趣旨から、使用者は、年休取得日の属する期間に対応する賞与の計算上この日を欠勤として扱うことはできない。（最判平4・2・18前出[2]）

[19] 労基法附則一三四条［現一三六条］の規定は使用者の努力義務を定めたものであって、労働者の年次有給休暇取得を理由とする不利益取扱いの私法上の効果を否定する効力まではもたない。こうした不利益取扱いは、その趣旨、目的、労働者が失う経済的利益の程度、年次有給休暇の取得に対する事実上の抑止力の強弱等諸般の事情を総合して、年次有給休暇権の行使を抑制し、ひいては労基法が労働者に右権利を保障した趣旨を実質的に失わせるものと認められるものでない限り、公序に違反して無効となるものではない。タクシー会社における労働協約が、勤務予定表作成後に欠勤した者に対する皆勤手当の不支給・減額措置につき、年次有給休暇の取得日を欠勤日に含めていたとしても、かかる措置が車両の実働率の低下を防ぐことを目的とするもので、年次有給休暇取得への抑止力も大きくはなく、公序に違反するとはいえない。（最判平5・6・25民集四七・六・四五八五〈沼津交通事件〉労働百選[七版]六三）

（労働時間及び休憩の特例）

第四〇条① 別表第一第一号から第三号まで、第六号及び第七号に掲げる事業以外の事業で、公衆の不便を避けるために必要なものその他特殊の必要あるものについては、その必要避くべからざる限度で、第三十二条から第三十二条の五までの労働時間及び第三十四条の休憩に関する規定について、厚生労働省令で別段の定めをすることができる。

② 前項の規定による別段の定めは、この法律で定める基準に近いものであって、労働者の健康及び福祉を害しないものでなければならない。

（労働時間等に関する規定の適用除外）

第四一条 この章、第六章及び第六章の二で定める労働時間、休憩及び休日に関する規定は、次の各号の一に該当する労働者については適用しない。

一 別表第一第六号（林業を除く。）又は第七号に掲げる事業に従事する者

二 事業の種類にかかわらず監督若しくは管理の地位にある者又は機密の事務を取り扱う者

三 監視又は断続的労働に従事する者で、使用者が行政官庁の許可を受けたもの

一 本条二号の管理監督者

[1] 本条の規定に該当する者（管理監督者）が時間外手当支給の対象外とされるのは、その者が、経営者と一体的な立場において、労働時間、休憩及び休日等に関する規制の枠を超えて活動することを要請されてもやむを得ないものといえるような重要な職務と権限を付与され、また、それゆえに賃金等の待遇及びその勤務態様において、他の一般労働者に比べて優遇措置が講じられている限り、厳格な労働時間等の規制をしなくてもその保護に欠けるところがないという趣旨に出たものと解される。したがって、管理監督者に該当するといえるためには、その役職の名称だけでなく、実質的に以上のような法の趣旨が充足されるような立場にあると認められるものでなければならない。（東京高判平17・3・30労判九〇五・七二〈神代学園ミューズ音楽院事件〉労働百選[一〇版]四二……音楽学校の教務課長、教務部長、事業部長の管理監督者性が否定された例）

[2] 管理監督者に当たるといえるためには、①職務内容、権限及び責任に照らし、労務管理を含め、企業全体の事業経営に関する重要事項にどのように関与しているか、②その勤務態様が労働時間等に対する規制になじまないものであるか否か、③給与（基本給、役付手当等）及び一時金において、管理監督者にふさわしい待遇がされているか否かなどの諸点から判断すべきである。（東京地判平20・1・28労判九五三・一〇〈日本マクドナルド事件〉……ファストフード店の店長が、①から③のいずれの基準も満たしていないとして、管理監督者性が否定された例）

[3] タクシー会社の営業部次長が、多数の乗務員を直接に指導・監督する立場にあり、乗務員の採用決定においても重要な役割を果たしており、出退勤時間についても唯一の上司というべき専務から何らの指示も受けておらず、会社への連絡だけで出先から帰宅することができる状況にあったこと、加えて、従業員の中の最高額の賃金を支払われ、取締役や主要な従業員の出席する経営協議会のメンバーであり、専務に代わり会社の代表として会議等へ出席していたことなどの事情を総合考慮すれば、管理監督者に該当する。（福岡地判平19・4・26労判九四八・四一〈姪浜タクシー事件〉）

二 適用除外と深夜割増

[4] 労基法三七条三項［現四項］は、労働が一日のうちのどのような時間帯に行われるかに着目して深夜労働に関し一定の規制をする点で、労働時間に関する労基法中の他の規定とはその趣旨目的を異にする。また、本条は、第四章、第六章等で定める労働時間、休憩及び休日に関する規定を適用しない労働者として、本条二号は管理監督者等を、本条一号は別表第一第六号（林業を除く。）又は第七号に掲げる事業に従事する者を定めているが、その一方で、第六章中の年少者に係る深夜業の規制について定める六一条四項は、右各事業については同条一項ないし三項の深夜業の規制に関する規定を適用しない旨別途規定している。こうした定めは、本条にいう「労働時間、休憩及び休日に関する規定」には、深夜業の規制に関する規定は含まれていないことを前提とするものと解される。以上によれば、本条二号によって三七条三項［現四項］の適用が除外されることはなく、管理監督者に該当する労働者は同項に基づく深夜割増賃金を請求することができる。もっとも、管理監督者の所定賃金が労働協約、就業規則その他によって一定額の深夜割増賃金を含める趣旨で定められていることが明らかな場合には、その額の限度では当該労働者が深夜割増賃金の支払を受けることを認める必要はない。（最判平21・12・18労判一〇〇〇・五〈ことぶき事件〉）

第四一条の二① 賃金、労働時間その他の当該事業場における労働条件に関する事項を調査審議し、事業主に対し当該事項について意見を述べることを目的とする委員会（使用者及び当該事業場の労働者を代表する者を構成員とするものに限る。）が設置された事業場において、当該委員会がその委員の五分の四以上の多数による議決により次に掲げる事項に関する決議をし、かつ、使用者が、厚生労働省令で定めるところにより当該決議を行政官庁に届け出た場合において、第二号に掲げる労働者の範囲に属する労働者（以下この項において「対象労働者」という。）であつて書面その他の厚生労働省令で定める方法によりその同意を得たものを当該事業場における第一号に掲げる業務に

就かせたときは、この章で定める労働時間、休憩、休日及び深夜の割増賃金に関する規定は、対象労働者については適用しない。ただし、第三号から第五号までに規定する措置のいずれかを使用者が講じていない場合は、この限りでない。

一 高度の専門的知識等を必要とし、その性質上従事した時間と従事して得た成果との関連性が通常高くないと認められるものとして厚生労働省令で定める業務のうち、労働者に就かせることとする業務（以下この項において「対象業務」という。）

二 この項の規定により労働する期間において次のいずれにも該当する労働者であつて、対象業務に就かせようとするものの範囲

イ 使用者との間の書面その他の厚生労働省令で定める方法による合意に基づき職務が明確に定められていること。

ロ 労働契約により使用者から支払われると見込まれる賃金の額を一年間当たりの賃金の額に換算した額が基準年間平均給与額（厚生労働省において作成する毎月勤労統計における毎月きまつて支給する給与の額を基礎として厚生労働省令で定めるところにより算定した労働者一人当たりの給与の平均額をいう。）の三倍の額を相当程度上回る水準として厚生労働省令で定める額以上であること。

三 対象業務に従事する対象労働者の健康管理を行うために当該対象労働者が事業場内にいた時間（この項の委員会が厚生労働省令で定める労働時間以外の時間を除くことを決議したときは、当該決議に係る時間を除いた時間）と事業場外において労働した時間との合計の時間（第五号ロ及びニ並びに第六号において「健康管理時間」という。）を把握する措置（厚生労働省令で定める方法に限る。）を当該決議で定めるところにより使用者が講ずること。

四 対象業務に従事する対象労働者に対し、一年間を通じ百四日以上、かつ、四週間を通じ四日以上の休日を当該決議及び就業規則その他これに準ずるもので定めるところにより使用者が与えること。

五 対象業務に従事する対象労働者に対し、次のいずれかに該当する措置を当該決議及び就業規則その他これに準ずるもので定めるところにより使用者が講ずること。

イ 労働者ごとに始業から二十四時間を経過するまでに厚生労働省令で定める時間以上の継続した休息時間を確保し、かつ、第三十七条第四項に規定する時刻の間において労働させる回数を一箇月について厚生労働省令で定める回数以内とすること。

ロ 健康管理時間を一箇月又は三箇月についてそれぞれ厚生労働省令で定める時間を超えない範囲内とすること。

ハ 一年に一回以上の継続した二週間（労働者が請求した場合においては、一年に二回以上の継続した一週間）（使用者が当該期間において、第三十九条の規定による有給休暇を与えたときは、当該有給休暇を与えた日を除く。）について、休日を与えること。

ニ 健康管理時間の状況その他の事項が労働者の健康の保持を考慮して厚生労働省令で定める要件に該当する労働者に健康診断（厚生労働省令で定める項目を含むものに限る。）を実施すること。

六 対象業務に従事する対象労働者の健康管理時間の状況に応じた当該対象労働者の健康及び福祉を確保するための措置であつて、当該対象労働者に対する有給休暇（第三十九条の規定による有給休暇を除く。）の付与、健康診断の実施その他の厚生労働省令で定める措置のうち当該決議で定めるものを使用者が講ずること。

七 対象労働者のこの項の規定による同意の撤回に関する手続

八 対象業務に従事する対象労働者からの苦情の処理に関する措置を当該決議で定めるところにより使用者が講ずること。

九 使用者は、この項の規定による同意をしなかつた対象労働者に対して解雇その他不利益な取扱いをしてはならないこと。

十 前各号に掲げるもののほか、厚生労働省令で定める事項

② 前項の規定による届出をした使用者は、厚生労働省令で定めるところにより、同項第四号から第六号までに規定する措置の実施状況を行政官庁に報告しなければならない。

③ 第三十八条の四第二項、第三項及び第五項の規定は、第一項の委員会について準用する。

④ 第一項の決議をする委員は、当該決議の内容が前項において準用する第三十八条の四第三項の指針に適合したものとなるようにしなければならない。

⑤ 行政官庁は、第三項において準用する第三十八条の四第三項の指針に関し、第一項の決議をする委員に対し、必要な助言及び指導を行うことができる。

第五章　安全及び衛生

第四二条 労働者の安全及び衛生に関しては、労働安全衛生法（昭和四十七年法律第五十七号）の定めるところによる。

第四三条から第五五条まで 削除

第六章　年少者

（最低年齢）

第五六条① 使用者は、児童が満十五歳に達した日以後の最初の三月三十一日が終了するまで、これを使用してはならない。

② 前項の規定にかかわらず、別表第一第一号から第五号までに掲げる事業以外の事業に係る職業で、児童の健康及び福祉に有害でなく、かつ、その労働が軽易なものについては、行政官庁の許可を受けて、満十三歳以上の児童をその者の修学時間外に使用することができる。映画の製作又は演劇の事業については、満十三歳に満たない児童についても、同様とする。

（年少者の証明書）

第五七条① 使用者は、満十八才に満たない者について、その年齢を証明する戸籍証明書を事業場に備え付けなければならない。

② 使用者は、前条第二項の規定によつて使用する児童については、修学に差し支えないことを証明する学校長の証明書及び親権者又は後見人の同意書を事業場に備え付けなければならない。

（未成年者の労働契約）

第五八条① 親権者又は後見人は、未成年者に代つて労働契約を締結してはならない。

② 親権者若しくは後見人又は行政官庁は、労働契約が未成年者に不利であると認める場合においては、将来に向つてこれを解除することができる。

第五九条 未成年者は、独立して賃金を請求することができる。親権者又は後見人は、未成年者の賃金を代つて受け取つてはならない。

（労働時間及び休日）

第六〇条① 第三十二条の二から第三十二条の五まで、第三十六条、第四十条及び第四十一条の二の規定は、満十八才に満たない者については、これを適用しない。

② 第五十六条第二項の規定によつて使用する児童についての第三十二条の規定の適用については、同条第一項中「一週間について四十時間」とあるのは「、修学時間を通算して一週間について四十時間」と、同条第二項中「一日について八時間」とあるのは「、修学時間を通算して一日について七時間」とする。

③ 使用者は、第三十二条の規定にかかわらず、満十五歳以上で満十八歳に満たない者については、満十八歳に達するまでの間（満十五歳に達した日以後の最初の三月三十一日までの間を除く。）、次に定めるところにより、労働させることができる。

一 一週間の労働時間が第三十二条第一項の労働時間を超えない範囲内において、一週間のうち一日の労働時間を四時間以内に短縮する場合において、他の日の労働時間を十時間まで延長すること。

二　一週間について四十八時間以下の範囲内で厚生労働省令で定める時間、一日について八時間を超えない範囲内において、第三十二条の二又は第三十二条の四及び第三十二条の四の二の規定の例により労働させること。

（**深夜業**）

第六一条① 使用者は、満十八才に満たない者を午後十時から午前五時までの間において使用してはならない。ただし、交替制によつて使用する満十六才以上の男性については、この限りでない。

② 厚生労働大臣は、必要であると認める場合においては、前項の時刻を、地域又は期間を限つて、午後十一時及び午前六時とすることができる。

③ 交替制によつて労働させる事業については、行政官庁の許可を受けて、第一項の規定にかかわらず午後十時三十分まで労働させ、又は前項の規定にかかわらず午前五時三十分から労働させることができる。

④ 前三項の規定は、第三十三条第一項の規定によつて労働時間を延長し、若しくは休日に労働させる場合又は別表第一第六号、第七号若しくは第十三号に掲げる事業若しくは電話交換の業務については、適用しない。

⑤ 第一項及び第二項の時刻は、第五十六条第二項の規定によつて使用する児童については、第一項の時刻は、午後八時及び午前五時とし、第二項の時刻は、午後九時及び午前六時とする。

（**危険有害業務の就業制限**）

第六二条① 使用者は、満十八才に満たない者に、運転中の機械若しくは動力伝導装置の危険な部分の掃除、注油、検査若しくは修繕をさせ、運転中の機械若しくは動力伝導装置にベルト若しくはロープの取付け若しくは取りはずしをさせ、動力によるクレーンの運転をさせ、その他厚生労働省令で定める危険な業務に就かせ、又は厚生労働省令で定める重量物を取り扱う業務に就かせてはならない。

② 使用者は、満十八才に満たない者を、毒劇薬、毒劇物その他有害な原料若しくは材料又は爆発性、発火性若しくは引火性の原料若しくは材料を取り扱う業務、著しくじんあい若しくは粉末を飛散し、若しくは有害ガス若しくは有害放射線を発散する場所又は高温若しくは高圧の場所における業務その他安全、衛生又は福祉に有害な場所における業務に就かせてはならない。

③ 前項に規定する業務の範囲は、厚生労働省令で定める。

（**坑内労働の禁止**）

第六三条 使用者は、満十八才に満たない者を坑内で労働させてはならない。

（**帰郷旅費**）

第六四条 満十八才に満たない者が解雇の日から十四日以内に帰郷する場合においては、使用者は、必要な旅費を負担しなければならない。ただし、満十八才に満たない者がその責めに帰すべき事由に基づいて解雇され、使用者がその事由について行政官庁の認定を受けたときは、この限りでない。

第六章の二　妊産婦等

（**坑内業務の就業制限**）

第六四条の二 使用者は、次の各号に掲げる女性を当該各号に定める業務に就かせてはならない。

一　妊娠中の女性及び坑内で行われる業務に従事しない旨を使用者に申し出た産後一年を経過しない女性　坑内で行われるすべての業務

二　前号に掲げる女性以外の満十八歳以上の女性　坑内で行われる業務のうち人力により行われる掘削の業務その他の女性に有害な業務として厚生労働省令で定めるもの

（**危険有害業務の就業制限**）

第六四条の三① 使用者は、妊娠中の女性及び産後一年を経過しない女性（以下「妊産婦」という。）を、重量物を取り扱う業務、有害ガスを発散する場所における業務その他妊産婦の妊娠、出産、哺育等に有害な業務に就かせてはならない。

② 前項の規定は、同項に規定する業務のうち女性の妊娠又は出産に係る機能に有害である業務につき、厚生労働省令で、妊産婦以外の女性に関して、準用することができる。

③ 前二項に規定する業務の範囲及びこれらの規定によりこれらの業務に就かせてはならない者の範囲は、厚生労働省令で定める。

（**産前産後**）

第六五条① 使用者は、六週間（多胎妊娠の場合にあつては、十四週間）以内に出産する予定の女性が休業を請求した場合においては、その者を就業させてはならない。

② 使用者は、産後八週間を経過しない女性を就業させてはならない。ただし、産後六週間を経過した女性が請求した場合において、その者について医師が支障がないと認めた業務に就かせることは、差し支えない。

③ 使用者は、妊娠中の女性が請求した場合においては、他の軽易な業務に転換させなければならない。

[1] 賃金引上げ対象者から前年の稼働率が八〇パーセント以下の者を除くという労働協約の規定は、年次有給休暇、生理休暇、産前産後の休業、育児時間、労働災害による休業、同盟罷業等、労基法あるいは労組法上の権利に基づく不就労を稼働率算定の基礎としている限りにおいて、これら権利の行使を抑制するものとして公序に反し無効となる。（最判平元・12・14民集四三・一二・一八九五〈日本シェーリング事件〉重判平元労働六）

[2] 給与規程（就業規則）上、支給対象期間の出勤率が九〇パーセント以上であることが賞与の支給要件とされている場合において、本条の産後休業日及び育児休業法一〇条〔現二三条一項〕に基づく勤務時間短縮措置による育児時間を欠勤日数に算入した結果、出勤率が九〇パーセントに満たないことを理由に賞与の支給をしないことは、労働者の権利行使に対する事実上の抑止力は相当強いものであり、出勤した日数に産前産後休業の日数及び勤務時間短縮措置による短縮時間分を含めないものとしている部分は、労働者の権利行使を抑制し、労基法等が右権利を保障した趣旨を実質的に失わせるものというべきであるから、公序に反して無効である。他方、この一部無効は、その部分と可分である賞与支給の根拠条項の効力に影響を及ぼすものではなく、給与規程上の賞与算定の計算式に基づき、産前産後休業の日数及び勤務時間短縮措置による短縮時間分の長さに応じて賞与を減額していくこととする条項は、労働者の権利行使を抑制し、労基法等が右権利を保障した趣旨を実質的に失わせるとまでは認められず、これをもって直ちに公序に反して無効なものということはできない。（最判平15・12・4労判八六二・一四〈東朋学園事件〉労働百選[八版]五〇）

第六六条① 使用者は、妊産婦が請求した場合においては、第三十二条の二第一項、第三十二条の四第一項及び第三十二条の五第一項の規定にかかわらず、一週間について第三十二条第一項の労働時間、一日について同条第二項の労働時間を超えて労働させてはならない。

② 使用者は、妊産婦が請求した場合においては、第三十三条第一項及び第三項並びに第三十六条第一項の規定にかかわらず、時間外労働をさせてはならず、又は休日に労働させてはならない。

③ 使用者は、妊産婦が請求した場合においては、深夜業をさせてはならない。

（**育児時間**）

第六七条① 生後満一年に達しない生児を育てる女性は、第三十四条の休憩時間のほか、一日二回各々少なくとも三十分、その生児を育てるための時間を請求することができる。

② 使用者は、前項の育児時間中は、その女性を使用してはならない。

参考 **育児休業、介護休業等育児又は家族介護を行う労働者の福祉に関する法律**（平成三・五・一五法七六）（抜粋）

（目的）

第一条　この法律は、育児休業及び介護休業に関する制度並びに子の看護休暇及び介護休暇に関する制度を設けるとともに、子の養育及び家族の介護を容易にするため所定労働時間等に関し事業主が講ずべき措置を定めるほか、子の養育又は家族の介護を行う労働者等に対する支援措置を講ずること等により、子の養育又は家族の介護を行う労働者等の雇用の継続及び再就職の促進を図り、もってこれらの者の職業生活と家庭生活との両立に寄与することを通じて、これらの者の福祉の増進を図り、あわせて経済及び社会の発展に資することを目的とする。

（定義）

第二条　この法律（中略）において、次の各号に掲げる用語の意義は、当該各号に定めるところによる。

一　育児休業　労働者（日々雇用される者を除く。以下（中略）次章から第八章まで（中略）において同じ。）が、次章に定めるところにより、その子（民法（明治二十九年法律第八十九号）第八百十七条の二第一項の規定により労働者が当該労働者との間における同項に規定する特別養子縁組の成立について家庭裁判所に請求した者（当該請求に係る家事審判事件が裁判所に係属している場合に限る。）であって、当該労働者が現に監護するもの、児童福祉法（昭和二十二年法律第百六十四号）第二十七条第一項第三号の規定により同法第六条の四第二号に規定する養子縁組里親である労働者に委託されている児童及びその他これらに準ずる者として厚生労働省令で定める者に、厚生労働省令で定めるところにより委託されている者を含む。（中略）以下同じ。）を養育するためにする休業をいう。

二—五　（略）

（育児休業の申出）

第五条①　労働者は、その養育する一歳に満たない子について、その事業主に申し出ることにより、育児休業（第九条の二第一項に規定する出生時育児休業を除く。以下この条から第九条までにおいて同じ。）をすることができる。ただし、期間を定めて雇用される者にあっては、その養育する子が一歳六か月に達する日までに、その労働契約（労働契約が更新される場合にあっては、更新後のもの。第三項、第九条の二第一項（中略）において同じ。）が満了することが明らかでない者に限り、当該申出をすることができる。

②　前項の規定にかかわらず、労働者は、その養育する子が一歳に達する日（以下「一歳到達日」という。）までの期間（当該子を養育していない期間を除く。）内に二回の育児休業（第七項に規定する育児休業申出によりする育児休業を除く。）をした場合には、当該子については、厚生労働省令で定める特別の事情がある場合を除き、前項の規定による申出をすることができない。

③　労働者は、その養育する一歳から一歳六か月に達するまでの子について、次の各号のいずれにも該当する場合（厚生労働省令で定める特別の事情がある場合には、第二号に該当する場合）に限り、その事業主に申し出ることにより、育児休業をすることができる。ただし、期間を定めて雇用される者（当該子の一歳到達日において育児休業をしている者であって、その翌日を第六項に規定する育児休業開始予定日とする申出をするものを除く。）にあっては、当該子が一歳六か月に達する日までに、その労働契約が満了することが明らかでない者に限り、当該申出をすることができる。

一　当該申出に係る子について、当該労働者又はその配偶者が、当該子の一歳到達日において育児休業をしている場合

二　当該子の一歳到達日後の期間について休業することが雇用の継続のために特に必要と認められる場合として厚生労働省令で定める場合に該当する場合

三　当該子の一歳到達日後の期間において、この項の規定による申出により育児休業をしたことがない場合

④　労働者は、その養育する一歳六か月から二歳に達するまでの子について、次の各号のいずれにも該当する場合（前項の厚生労働省令で定める特別の事情がある場合には、第二号に該当する場合）に限り、その事業主に申し出ることにより、育児休業をすることができる。

一　当該申出に係る子について、当該労働者又はその配偶者が、当該子の一歳六か月に達する日（以下「一歳六か月到達日」という。）において育児休業をしている場合

二　当該子の一歳六か月到達日後の期間について休業することが雇用の継続のために特に必要と認められる場合として厚生労働省令で定める場合に該当する場合

三　当該子の一歳六か月到達日後の期間において、この項の規定による申出により育児休業をしたことがない場合

⑤　第一項ただし書の規定は、前項の規定による申出について準用する。この場合において、第一項ただし書中「一歳六か月」とあるのは、「二歳」と読み替えるものとする。

⑥　第一項、第三項及び第四項の規定による申出（以下「育児休業申出」という。）は、厚生労働省令で定めるところにより、その期間中は育児休業をすることとする一の期間について、その初日（以下「育児休業開始予定日」という。）及び末日（以下「育児休業終了予定日」という。）とする日を明らかにして、しなければならない。この場合において、次の各号に掲げる申出にあっては、第三項の厚生労働省令で定める特別の事情がある場合を除き、当該各号に定める日を育児休業開始予定日としなければならない。

一　第三項の規定による申出　当該申出に係る子の一歳到達日の翌日（当該申出をする労働者の配偶者が同項の規定による申出により育児休業をする場合には、当該育児休業に係る育児休業終了予定日の翌日以前の日）

二　第四項の規定による申出　当該申出に係る子の一歳六か月到達日の翌日（当該申出をする労働者の配偶者が同項の規定による申出により育児休業をする場合には、当該育児休業に係る育児休業終了予定日の翌日以前の日）

⑦　第一項ただし書、第二項、第三項（第一号及び第二号を除く。）、第四項（第一号及び第二号を除く。）、第五項及び前項後段の規定は、期間を定めて雇用される者であって、その締結する労働契約の期間の末日を育児休業終了予定日（中略）とする育児休業をしているものが、当該育児休業に係る子について、当該労働契約の更新に伴い、当該更新後の労働契約の期間の初日を育児休業開始予定日とする育児休業申出をする場合には、これを適用しない。

（育児休業申出があった場合における事業主の義務等）

第六条①　事業主は、労働者からの育児休業申出があったときは、当該育児休業申出を拒むことができない。ただし、当該事業主と当該労働者が雇用される事業所の労働者の過半数で組織する労働組合があるときはその労働組合、その事業所の労働者の過半数で組織する労働組合がないときはその労働者の過半数を代表する者との書面による協定で、次に掲げる労働者のうち育児休業をすることができないものとして定められた労働者に該当する労働者からの育児休業申出があった場合は、この限りでない。

一　当該事業主に引き続き雇用された期間が一年に満たない労働者

二　前号に掲げるもののほか、育児休業をすることができないこととすることについて合理的な理由があると認められる労働者として厚生労働省令で定めるもの

②③　（略）

④　第一項ただし書（中略）の規定は、労働者が前条第七項に規定する育児休業申出をする場合には、これを適用しない。

（育児休業期間）

第九条①　育児休業申出をした労働者がその期間中は育児休業をすることができる期間（以下「育児休業期間」という。）は、育児休業開始予定日とされた日から育児休業終了予定日とされた日（中略）までの間とする。

②　次の各号に掲げるいずれかの事情が生じた場合には、育児休業期間は、前項の規定にかかわらず、当該事情が生じた日（第三号に掲げる事情が生じた場合にあっては、その前日）に終了する。

一　育児休業終了予定日とされた日の前日までに、子の死亡その他の労働者が育児休業申出に係る子を養育しないことと

なった事由として厚生労働省令で定める事由が生じたこと。

二　育児休業終了予定日とされた日の前日までに、育児休業申出に係る子が一歳（第五条第三項の規定による申出により育児休業をしている場合にあっては一歳六か月、同条第四項の規定による申出により育児休業をしている場合にあっては二歳）に達したこと。

三　育児休業終了予定日とされた日までに、育児休業申出をした労働者について、労働基準法（昭和二十二年法律第四十九号）第六十五条第一項若しくは第二項の規定により休業する期間、第九条の五第一項に規定する出生時育児休業期間、第十五条第一項に規定する介護休業期間又は新たな育児休業期間が始まったこと。

③　（略）

（出生時育児休業の申出）

第九条の二①　労働者は、その養育する子について、その事業主に申し出ることにより、出生時育児休業（育児休業のうち、この条から第九条の五までに定めるところにより、子の出生の日から起算して八週間を経過する日の翌日まで（出産予定日前に当該子が出生した場合にあっては当該出生の日から当該出産予定日から起算して八週間を経過する日の翌日までとし、出産予定日後に当該子が出生した場合にあっては当該出産予定日から当該出生の日から起算して八週間を経過する日の翌日までとする。（中略））の期間内に四週間以内の期間を定めてする休業をいう。以下同じ。）をすることができる。ただし、期間を定めて雇用される者にあっては、その養育する子の出生の日（出産予定日前に当該子が出生した場合にあっては、当該出産予定日）から起算して八週間を経過する日の翌日から六月を経過する日までに、その労働契約が満了することが明らかでない者に限り、当該申出をすることができる。

②―④　（略）

（出生時育児休業申出があった場合における事業主の義務等）

第九条の三①　事業主は、労働者からの出生時育児休業申出があったときは、当該出生時育児休業申出を拒むことができない。ただし、労働者からその養育する子について出生時育児休業申出がなされた後に、当該労働者から当該出生時育児休業申出をした日に養育していた子について新たに出生時育児休業申出がなされた場合は、この限りでない。

②―⑤　（略）

（出生時育児休業期間等）

第九条の五①　出生時育児休業申出をした労働者がその期間中は出生時育児休業をすることができる期間（以下「出生時育児休業期間」という。）は、出生時育児休業開始予定日とされた日（中略）から出生時育児休業終了予定日とされた日（中略）までの間とする。

②　出生時育児休業申出をした労働者（事業主と当該労働者が雇用される事業所の労働者の過半数で組織する労働組合があるときはその労働組合、その事業所の労働者の過半数で組織する労働組合がないときはその労働者の過半数を代表する者との書面による協定で、出生時育児休業期間中に就業させることができるものとして定められた労働者に該当するものに限る。）は、当該出生時育児休業申出に係る出生時育児休業開始予定日とされた日の前日までの間、事業主に対し、当該出生時育児休業申出に係る出生時育児休業期間において就業することができる日その他の厚生労働省令で定める事項（以下この条において「就業可能日等」という。）を申し出ることができる。

③　前項の規定による申出をした労働者は、当該申出に係る出生時育児休業開始予定日とされた日の前日までは、その事業主に申し出ることにより当該申出に係る就業可能日等を変更し、又は当該申出を撤回することができる。

④　事業主は、労働者から第二項の規定による申出（前項の規定による変更の申出を含む。）があった場合には、当該申出に係る就業可能日等（前項の規定により就業可能日等が変更された場合にあっては、その変更後の就業可能日等）の範囲内で日時を提示し、厚生労働省令で定めるところにより、当該申出に係る出生時育児休業開始予定日とされた日の前日までに当該労働者の同意を得た場合に限り、厚生労働省令で定める範囲内で、当該労働者を当該日時に就業させることができる。

⑤　前項の同意をした労働者は、当該同意の全部又は一部を撤回することができる。ただし、第二項の規定による申出に係る出生時育児休業開始予定日とされた日以後においては、厚生労働省令で定める特別の事情がある場合に限る。

⑥⑦　（略）

（不利益取扱いの禁止）

第一〇条　事業主は、労働者が育児休業申出等（育児休業申出及び出生時育児休業申出をいう。以下同じ。）をし、若しくは育児休業をしたこと又は第九条の五第二項の規定による申出若しくは同条第四項の同意をしなかったことその他の同条第二項から第五項までの規定に関する事由であって厚生労働省令で定めるものを理由として、当該労働者に対して解雇その他不利益な取扱いをしてはならない。

（不利益取扱いの禁止）

第一六条　事業主は、労働者が介護休業申出をし、又は介護休業をしたことを理由として、当該労働者に対して解雇その他不利益な取扱いをしてはならない。

（子の看護休暇の申出）

第一六条の二①　小学校就学の始期に達するまでの子を養育する労働者は、その事業主に申し出ることにより、一の年度において五労働日（その養育する小学校就学の始期に達するまでの子が二人以上の場合にあっては、十労働日）を限度として、負傷し、若しくは疾病にかかった当該子の世話又は疾病の予防を図るために必要なものとして厚生労働省令で定める当該子の世話を行うための休暇（以下「子の看護休暇」という。）を取得することができる。

②　子の看護休暇は、一日の所定労働時間が短い労働者として厚生労働省令で定めるもの以外の者は、厚生労働省令で定めるところにより、厚生労働省令で定める一日未満の単位で取得することができる。

③　第一項の規定による申出は、厚生労働省令で定めるところにより、子の看護休暇を取得する日（前項の厚生労働省令で定める一日未満の単位で取得するときは子の看護休暇の開始及び終了の日時）を明らかにして、しなければならない。

④　第一項の年度は、事業主が別段の定めをする場合を除き、四月一日に始まり、翌年三月三十一日に終わるものとする。

（子の看護休暇の申出があった場合における事業主の義務等）

第一六条の三①　事業主は、労働者からの前条第一項の規定による申出があったときは、当該申出を拒むことができない。

②　第六条第一項ただし書及び第二項の規定は、労働者からの前条第一項の規定による申出があった場合について準用する。この場合において、第六条第一項第一号中「一年」とあるのは「六月」と、同項第二号中「定めるもの」とあるのは「定めるもの又は業務の性質若しくは業務の実施体制に照らして、第十六条の二第二項の厚生労働省令で定める一日未満の単位で子の看護休暇を取得することが困難と認められる業務に従事する労働者（同項の規定による厚生労働省令で定める一日未満の単位で取得しようとする者に限る。）」（中略）と読み替えるものとする。

（準用）

第一六条の四　第十六条の規定は、第十六条の二第一項の規定による申出及び子の看護休暇について準用する。

（生理日の就業が著しく困難な女性に対する措置）

第六八条　使用者は、生理日の就業が著しく困難な女性が休暇を請求したときは、その者を生理日に就業させてはならない。

7　**生理休暇の欠勤扱い**

労基法六七条〔昭和六〇法四五による改正後の本条〕は、生理休暇を有給とすることまで保障したものでなく、また、産前産後の休業と異なり平均賃金の計算や年次有給休暇の基礎となる出勤日の算定について特別の扱いを受けるものとしていないことから、これを有給とするか否か、また出勤扱いとするか否かは、原則として労使間の合意に委ねられているものと解される。

労働協約等において生理休暇を欠勤扱いとし、何らかの形で経済的不利益を与えることは、その趣旨、目的、労働者が失う経済的利益の程度、生理休暇取得に対する抑止力の程度等を勘案し、生理休暇の取得を著しく困難とし本法が生理休暇の規定を置いた趣旨を失わせるものと認められない限り、本条違反とはならない。〔昭和六〇法四五による改正前の事案〕（最判昭60・7・16民集三九・五・一〇二三〈エヌ・ビー・シー工業事件〉重判昭60労働四）

第七章　技能者の養成

（徒弟の弊害排除）
第六九条①　使用者は、徒弟、見習、養成工その他名称の如何を問わず、技能の習得を目的とする者であることを理由として、労働者を酷使してはならない。

②　使用者は、技能の習得を目的とする労働者を家事その他技能の習得に関係のない作業に従事させてはならない。

（職業訓練に関する特例）
第七〇条　職業能力開発促進法（昭和四十四年法律第六十四号）第二十四条第一項（同法第二十七条の二第二項において準用する場合を含む。）の認定を受けて行う職業訓練を受ける労働者について必要がある場合においては、その必要の限度で、第十四条第一項の契約期間、第六十二条及び第六十四条の三の年少者及び妊産婦等の危険有害業務の就業制限、第六十三条の年少者の坑内労働の禁止並びに第六十四条の二の妊産婦等の坑内業務の就業制限に関する規定について、厚生労働省令で別段の定めをすることができる。ただし、第六十三条の年少者の坑内労働の禁止に関する規定については、満十六歳に満たない者に関しては、この限りでない。

第七一条　前条の規定に基いて発する厚生労働省令は、当該厚生労働省令によつて労働者を使用することについて行政官庁の許可を受けた使用者に使用される労働者以外の労働者については、適用しない。

第七二条　第七十条の規定に基づく厚生労働省令の適用を受ける未成年者についての第三十九条の規定の適用については、同条第一項中「十労働日」とあるのは「十二労働日」と、同条第二項の表六年以上の項中「十労働日」とあるのは「八労働日」とする。

第七三条　第七十一条の規定による許可を受けた使用者が第七十条の規定に基いて発する厚生労働省令に違反した場合においては、行政官庁は、その許可を取り消すことができる。

第七四条　削除

第八章　災害補償

（療養補償）
第七五条①　労働者が業務上負傷し、又は疾病にかかつた場合においては、使用者は、その費用で必要な療養を行い、又は必要な療養の費用を負担しなければならない。

②　前項に規定する業務上の疾病及び療養の範囲は、厚生労働省令で定める。

（休業補償）
第七六条①　労働者が前条の規定による療養のため、労働することができないために賃金を受けない場合においては、使用者は、労働者の療養中平均賃金の百分の六十の休業補償を行わなければならない。

②　使用者は、前項の規定により休業補償を行つている労働者と同一の事業場における同種の労働者に対して所定労働時間労働した場合に支払われる通常の賃金の、一月から三月まで、四月から六月まで、七月から九月まで及び十月から十二月までの各区分による期間（以下四半期という。）ごとの一箇月一人当り平均額（常時百人未満の労働者を使用する事業場については、厚生労働省において作成する毎月勤労統計における当該事業場の属する産業に係る毎月きまつて支給する給与の四半期の労働者一人当りの一箇月平均額。以下平均給与額という。）が、当該労働者が業務上負傷し、又は疾病にかかつた日の属する四半期における平均給与額の百分の百二十をこえ、又は百分の八十を下るに至つた場合においては、使用者は、その上昇し又は低下した比率に応じて、その上昇し又は低下するに至つた四半期の次の次の四半期において、前項の規定により当該労働者に対して行つている休業補償の額を改訂し、その改訂をした四半期に属する最初の月から改訂された額により休業補償を行わなければならない。改訂後の休業補償の額の改訂についてもこれに準ずる。

③　前項の規定により難い場合における改訂の方法その他同項の規定による改訂について必要な事項は、厚生労働省令で定める。

判　労働者災害補償保険法一四条の休業補償給付→労災一四条

（障害補償）
第七七条　労働者が業務上負傷し、又は疾病にかかり、治つた場合において、その身体に障害が存するときは、使用者は、その障害の程度に応じて、平均賃金に別表第二に定める日数を乗じて得た金額の障害補償を行わなければならない。

（休業補償及び障害補償の例外）
第七八条　労働者が重大な過失によつて業務上負傷し、又は疾病にかかり、且つ使用者がその過失について行政官庁の認定を受けた場合においては、休業補償又は障害補償を行わなくてもよい。

（遺族補償）
第七九条　労働者が業務上死亡した場合においては、使用者は、遺族に対して、平均賃金の千日分の遺族補償を行わなければならない。

（葬祭料）
第八〇条　労働者が業務上死亡した場合においては、使用者は、葬祭を行う者に対して、平均賃金の六十日分の葬祭料を支払わなければならない。

（打切補償）
第八一条　第七十五条の規定によつて補償を受ける労働者が、療養開始後三年を経過しても負傷又は疾病がなおらない場合においては、使用者は、平均賃金の千二百日分の打切補償を行い、その後はこの法律の規定による補償を行わなくてもよい。

（分割補償）
第八二条　使用者は、支払能力のあることを証明し、補償を受けるべき者の同意を得た場合においては、第七十七条又は第七十九条の規定による補償に替え、平均賃金に別表第三に定める日数を乗じて得た金額を、六年にわたり毎年補償することができる。

（補償を受ける権利）
第八三条①　補償を受ける権利は、労働者の退職によつて変更されることはない。

②　補償を受ける権利は、これを譲渡し、又は差し押えてはならない。

（他の法律との関係）
第八四条①　この法律に規定する災害補償の事由について、労働者災害補償保険法（昭和二十二年法律第五十号）又は厚生労働省令で指定する法令に基づいてこの法律の災害補償に相当する給付が行なわれるべきものである場合においては、使用者は、補償の責を免れる。

②　使用者は、この法律による補償を行つた場合においては、同一の事由については、その価額の限度において民法による損害賠償の責を免れる。

労働者災害補償保険給付と損害賠償との調整→労災一二条の四判・附六四条判

第八五条（**審査及び仲裁**）① 業務上の負傷、疾病又は死亡の認定、療養の方法、補償金額の決定その他補償の実施に関して異議のある者は、行政官庁に対して、審査又は事件の仲裁を申し立てることができる。
② 行政官庁は、必要があると認める場合においては、職権で審査又は事件の仲裁をすることができる。
③ 第一項の規定により審査若しくは仲裁の申立てがあつた事件又は前項の規定により行政官庁が審査若しくは仲裁を開始した事件について民事訴訟が提起されたときは、行政官庁は、当該事件については、審査又は仲裁をしない。
④ 行政官庁は、審査又は仲裁のために必要であると認める場合においては、医師に診断又は検案をさせることができる。
⑤ 第一項の規定による審査又は仲裁の申立て及び第二項の規定による審査又は仲裁の開始は、時効の完成猶予及び更新に関しては、これを裁判上の請求とみなす。

第八六条① 前条の規定による審査及び仲裁の結果に不服のある者は、労働者災害補償保険審査官の審査又は仲裁を申し立てることができる。
② 前条第三項の規定は、前項の規定により審査又は仲裁の申立てがあつた場合に、これを準用する。

第八七条（**請負事業に関する例外**）① 厚生労働省令で定める事業が数次の請負によつて行われる場合においては、災害補償については、その元請負人を使用者とみなす。
② 前項の場合、元請負人が書面による契約で下請負人に補償を引き受けさせた場合においては、その下請負人もまた使用者とする。但し、二以上の下請負人に、同一の事業について重複して補償を引き受けさせてはならない。
③ 前項の場合、元請負人が補償の請求を受けた場合においては、補償を引き受けた下請負人に対して、まず催告すべきことを請求することができる。ただし、その下請負人が破産手続開始の決定を受け、又は行方が知れない場合においては、この限りでない。

第八八条（**補償に関する細目**） この章に定めるものの外、補償に関する細目は、厚生労働省令で定める。

第九章 就業規則

第八九条（**作成及び届出の義務**） 常時十人以上の労働者を使用する使用者は、次に掲げる事項について就業規則を作成し、行政官庁に届け出なければならない。次に掲げる事項を変更した場合においても、同様とする。
一 始業及び終業の時刻、休憩時間、休日、休暇並びに労働者を二組以上に分けて交替に就業させる場合においては就業時転換に関する事項
二 賃金（臨時の賃金等を除く。以下この号において同じ。）の決定、計算及び支払の方法、賃金の締切り及び支払の時期並びに昇給に関する事項
三 退職に関する事項（解雇の事由を含む。）
三の二 退職手当の定めをする場合においては、適用される労働者の範囲、退職手当の決定、計算及び支払の方法並びに退職手当の支払の時期に関する事項
四 臨時の賃金等（退職手当を除く。）及び最低賃金額の定めをする場合においては、これに関する事項
五 労働者に食費、作業用品その他の負担をさせる定めをする場合においては、これに関する事項
六 安全及び衛生に関する定めをする場合においては、これに関する事項
七 職業訓練に関する定めをする場合においては、これに関する事項
八 災害補償及び業務外の傷病扶助に関する定めをする場合においては、これに関する事項
九 表彰及び制裁の定めをする場合においては、その種類及び程度に関する事項
十 前各号に掲げるもののほか、当該事業場の労働者のすべてに適用される定めをする場合においては、これに関する事項

参考 **高年齢者等の雇用の安定等に関する法律**（昭和四六・五・二五法六八）（抜粋）

第八条（**定年を定める場合の年齢**） 事業主がその雇用する労働者の定年（以下単に「定年」という。）の定めをする場合には、当該定年は、六十歳を下回ることができない。ただし、当該事業主が雇用する労働者のうち、高年齢者が従事することが困難であると認められる業務として厚生労働省令で定める業務に従事している労働者については、この限りでない。

第九条（**高年齢者雇用確保措置**）① 定年（六十五歳未満のものに限る。以下この条において同じ。）の定めをしている事業主は、その雇用する高年齢者の六十五歳までの安定した雇用を確保するため、次の各号に掲げる措置（中略）のいずれかを講じなければならない。
一 当該定年の引上げ
二 継続雇用制度（現に雇用している高年齢者が希望するときは、当該高年齢者をその定年後も引き続いて雇用する制度をいう。以下同じ。）の導入
三 当該定年の定めの廃止
② 継続雇用制度には、事業主が、特殊関係事業主（当該事業主の経営を実質的に支配することが可能となる関係にある事業主その他の当該事業主と特殊の関係のある事業主として厚生労働省令で定める事業主をいう。以下この項及び第十条の二第一項において同じ。）との間で、当該事業主の雇用する高年齢者であつてその定年後に雇用されることを希望するものをその定年後に当該特殊関係事業主が引き続いて雇用することを約する契約を締結し、当該契約に基づき当該高年齢者の雇用を確保する制度が含まれるものとする。
③④（略）

第一〇条の二（**高年齢者就業確保措置**） 定年（六十五歳以上七十歳未満のものに限る。以下この条において同じ。）の定めをしている事業主又は継続雇用制度（高年齢者を七十歳以上まで引き続いて雇用する制度を除く。以下この項において同じ。）を導入している事業主は、その雇用する高年齢者（中略）について、次に掲げる措置を講ずることにより、六十五歳から七十歳までの安定した雇用を確保するよう努めなければならない。ただし、当該事業主が、（中略）創業支援等措置を講ずることにより、その雇用する高年齢者について、定年後等（定年後又は継続雇用制度の対象となる年齢の上限に達した後をいう。以下この条において同じ。）又は第二号の六十五歳以上継続雇用制度の対象となる年齢の上限に達した後七十歳までの間の就業を確保する場合は、この限りでない。
一 当該定年の引上げ
二 六十五歳以上継続雇用制度（その雇用する高年齢者が希望するときは、当該高年齢者をその定年後等も引き続いて雇用する制度をいう（中略）。）の導入
三 当該定年の定めの廃止
②—⑤（略）

第九〇条（**作成の手続**）① 使用者は、就業規則の作成又は変更について、当該事業場に、労働者の過半数で組織する労働組合がある場合においてはその労働組合、労働者の過半数で組織する労働組合がない場合においては労働者の過半数を代表する者の意見を聴かなければならない。
② 使用者は、前条の規定により届出をなすについて、前項の意見を記した書面を添付しなければならない。

第九一条（**制裁規定の制限**） 就業規則で、労働者に対して減給の制裁を定める場合

においては、その減給は、一回の額が平均賃金の一日分の半額を超え、総額が一賃金支払期における賃金の総額の十分の一を超えてはならない。

（法令及び労働協約との関係）

第九二条① 就業規則は、法令又は当該事業場について適用される労働協約に反してはならない。

② 行政官庁は、法令又は労働協約に牴触する就業規則の変更を命ずることができる。

（労働契約との関係）

第九三条 労働契約と就業規則との関係については、労働契約法（平成十九年法律第百二十八号）第十二条の定めるところによる。

第十章 寄宿舎

（寄宿舎生活の自治）

第九四条① 使用者は、事業の附属寄宿舎に寄宿する労働者の私生活の自由を侵してはならない。

② 使用者は、寮長、室長その他寄宿舎生活の自治に必要な役員の選任に干渉してはならない。

（寄宿舎生活の秩序）

第九五条① 事業の附属寄宿舎に労働者を寄宿させる使用者は、左の事項について寄宿舎規則を作成し、行政官庁に届け出なければならない。これを変更した場合においても同様である。

一 起床、就寝、外出及び外泊に関する事項
二 行事に関する事項
三 食事に関する事項
四 安全及び衛生に関する事項
五 建設物及び設備の管理に関する事項

② 使用者は、前項第一号乃至第四号の事項に関する規定の作成又は変更については、寄宿舎に寄宿する労働者の過半数を代表する者の同意を得なければならない。

③ 使用者は、第一項の規定により届出をなすについて、前項の同意を証明する書面を添附しなければならない。

④ 使用者及び寄宿舎に寄宿する労働者は、寄宿舎規則を遵守しなければならない。

（寄宿舎の設備及び安全衛生）

第九六条① 使用者は、事業の附属寄宿舎について、換気、採光、照明、保温、防湿、清潔、避難、定員の収容、就寝に必要な措置その他労働者の健康、風紀及び生命の保持に必要な措置を講じなければならない。

② 使用者が前項の規定によつて講ずべき措置の基準は、厚生労働省令で定める。

（監督上の行政措置）

第九六条の二① 使用者は、常時十人以上の労働者を就業させる事業、厚生労働省令で定める危険な事業又は衛生上有害な事業の附属寄宿舎を設置し、移転し、又は変更しようとする場合においては、前条の規定に基づいて発する厚生労働省令で定める危害防止等に関する基準に従い定めた計画を、工事着手十四日前までに、行政官庁に届け出なければならない。

② 行政官庁は、労働者の安全及び衛生に必要であると認める場合においては、工事の着手を差し止め、又は計画の変更を命ずることができる。

第九六条の三① 労働者を就業させる事業の附属寄宿舎が、安全及び衛生に関し定められた基準に反する場合においては、行政官庁は、使用者に対して、その全部又は一部の使用の停止、変更その他必要な事項を命ずることができる。

② 前項の場合において行政官庁は、使用者に命じた事項について必要な事項を労働者に命ずることができる。

第十一章 監督機関

（監督機関の職員等）

第九七条① 労働基準主管局（厚生労働省の内部部局として置かれる局で労働条件及び労働者の保護に関する事務を所掌するものをいう。以下同じ。）、都道府県労働局及び労働基準監督署に労働基準監督官を置くほか、厚生労働省令で定める必要な職員を置くことができる。

② 労働基準主管局の局長（以下「労働基準主管局長」という。）、都道府県労働局長及び労働基準監督署長は、労働基準監督官をもつてこれに充てる。

③ 労働基準監督官の資格及び任免に関する事項は、政令で定める。

④ 厚生労働省に、政令で定めるところにより、労働基準監督官分限審議会を置くことができる。

⑤ 労働基準監督官を罷免するには、労働基準監督官分限審議会の同意を必要とする。

⑥ 前二項に定めるもののほか、労働基準監督官分限審議会の組織及び運営に関し必要な事項は、政令で定める。

第九八条 削除

（労働基準主管局長等の権限）

第九九条① 労働基準主管局長は、厚生労働大臣の指揮監督を受けて、都道府県労働局長を指揮監督し、労働基準に関する法令の制定改廃、労働基準監督官の任免教養、監督方法についての規程の制定及び調整、監督年報の作成並びに労働政策審議会及び労働基準監督官分限審議会に関する事項（労働政策審議会に関する事項については、労働条件及び労働者の保護に関するものに限る。）その他この法律の施行に関する事項をつかさどり、所属の職員を指揮監督する。

② 都道府県労働局長は、労働基準主管局長の指揮監督を受けて、管内の労働基準監督署長を指揮監督し、監督方法の調整に関する事項その他この法律の施行に関する事項をつかさどり、所属の職員を指揮監督する。

③ 労働基準監督署長は、都道府県労働局長の指揮監督を受けて、この法律に基く臨検、尋問、許可、認定、審査、仲裁その他この法律の実施に関する事項をつかさどり、所属の職員を指揮監督する。

④ 労働基準主管局長及び都道府県労働局長は、下級官庁の権限を自ら行い、又は所属の労働基準監督官をして行わせることができる。

（女性主管局長の権限）

第一〇〇条① 厚生労働省の女性主管局長（厚生労働省の内部部局として置かれる局で女性労働者の特性に係る労働問題に関する事務を所掌するものの局長をいう。以下同じ。）は、厚生労働大臣の指揮監督を受けて、この法律中女性に特殊の規定の制定、改廃及び解釈に関する事項をつかさどり、その施行に関する事項については、労働基準主管局長及びその下級の官庁の長に勧告を行うとともに、労働基準主管局長が、その下級の官庁に対して行う指揮監督について援助を与える。

② 女性主管局長は、自ら又はその指定する所属官吏をして、女性に関し労働基準主管局若しくはその下級の官庁又はその所属官吏の行つた監督その他に関する文書を閲覧し、又は閲覧せしめることができる。

③ 第百一条及び第百五条の規定は、女性主管局長又はその指定する所属官吏が、この法律中女性に特殊の規定の施行に関して行う調査の場合に、これを準用する。

（労働基準監督官の権限）

第一〇一条① 労働基準監督官は、事業場、寄宿舎その他の附属建設物に臨検し、帳簿及び書類の提出を求め、又は使用者若しくは労働者に対して尋問を行うことができる。

② 前項の場合において、労働基準監督官は、その身分を証明する証票を携帯しなければならない。

第一〇二条 労働基準監督官は、この法律違反の罪について、刑事訴訟法に規定する司法警察官の職務を行う。

第一〇三条 労働者を就業させる事業の附属寄宿舎が、安全及び衛生に関して定められた基準に反し、且つ労働者に急迫した危険がある場合においては、労働基準監督官は、第九十六条の三の規定による行政官庁の権限を即時に行うことができる。

（監督機関に対する申告）

第一〇四条① 事業場に、この法律又はこの法律に基いて発する命令に違反する事実がある場合においては、労働者は、その事実を行政官庁又は労働基準監督官に申告することができる。

② 使用者は、前項の申告をしたことを理由として、労働者に対して解雇その他不利益な取扱をしてはならない。

監督機関の調査義務

1 本条一項に基づく労働者の申告は、労働基準監督官の使用者に対する監督権発動の有力な契機をなすものではあるが、監督官はこれに対応して調査などの措置を採るべき職務上の作為義務までを負うものではない。（東京高判昭56・3・26労経速一〇八八・一七〈東京労基局長事件〉）

2 監督機関は、労基法等の労働関係法規の違反による労働者に対する権利侵害を認識し得る場合において、これに対して行政的監督の権限を行使しないことがその合理的な判断として許される範囲を逸脱したときは、その不作為は、当該労働者との関係において国家賠償法一条所定の違法行為に当たる。この不作為の違法性の判断は、当該事業場において当該労働者について生じあるいは生じる可能性のある労働関係法規違反による権利侵害の内容や程度、監督機関が知り得た事情、監督機関が採り得る手段、当該手段による権利侵害排除の可能性の有無、程度、当該手段を採ることにより労働者に及ぼす不利益の有無、程度等の諸事情を考慮して、個別的に検討する必要がある。（大津地判平15・3・24判時一八三一・三〈滋賀・知的障害者虐待損害賠償事件〉社会保障百選[五版]一〇五）

（報告等）

第一〇四条の二① 行政官庁は、この法律を施行するため必要があると認めるときは、厚生労働省令で定めるところにより、使用者又は労働者に対し、必要な事項を報告させ、又は出頭を命ずることができる。

② 労働基準監督官は、この法律を施行するため必要があると認めるときは、使用者又は労働者に対し、必要な事項を報告させ、又は出頭を命ずることができる。

（労働基準監督官の義務）

第一〇五条 労働基準監督官は、職務上知り得た秘密を漏してはならない。労働基準監督官を退官した後においても同様である。

第十二章　雑則

（国の援助義務）

第一〇五条の二 厚生労働大臣又は都道府県労働局長は、この法律の目的を達成するために、労働者及び使用者に対して資料の提供その他必要な援助をしなければならない。

（法令等の周知義務）

第一〇六条① 使用者は、この法律及びこれに基づく命令の要旨、就業規則、第十八条第二項、第二十四条第一項ただし書、第三十二条の二第一項、第三十二条の三第一項、第三十二条の四第一項、第三十二条の五第一項、第三十四条第二項ただし書、第三十六条第一項、第三十七条第三項、第三十八条の二第二項、第三十八条の三第一項並びに第三十九条第四項、第六項及び第九項ただし書に規定する協定並びに第三十八条の四第一項及び同条第五項（第四十一条の二第三項において準用する場合を含む。）並びに第四十一条の二第一項に規定する決議を、常時各作業場の見やすい場所へ掲示し、又は備え付けること、書面を交付することその他の厚生労働省令で定める方法によつて、労働者に周知させなければならない。

② 使用者は、この法律及びこの法律に基いて発する命令のうち、寄宿舎に関する規定及び寄宿舎規則を、寄宿舎の見易い場所に掲示し、又は備え付ける等の方法によつて、寄宿舎に寄宿する労働者に周知させなければならない。

（労働者名簿）

第一〇七条① 使用者は、各事業場ごとに労働者名簿を、各労働者（日日雇い入れられる者を除く。）について調製し、労働者の氏名、生年月日、履歴その他厚生労働省令で定める事項を記入しなければならない。

② 前項の規定により記入すべき事項に変更があつた場合においては、遅滞なく訂正しなければならない。

（賃金台帳）

第一〇八条 使用者は、各事業場ごとに賃金台帳を調製し、賃金計算の基礎となる事項及び賃金の額その他厚生労働省令で定める事項を賃金支払の都度遅滞なく記入しなければならない。

（記録の保存）

第一〇九条 使用者は、労働者名簿、賃金台帳及び雇入れ、解雇、災害補償、賃金その他労働関係に関する重要な書類を五年間保存しなければならない。

第一一〇条 削除

（無料証明）

第一一一条 労働者及び労働者になろうとする者は、その戸籍に関して戸籍事務を掌る者又はその代理者に対して、無料で証明を請求することができる。使用者が、労働者及び労働者になろうとする者の戸籍に関して証明を請求する場合においても同様である。

（国及び公共団体についての適用）

第一一二条 この法律及びこの法律に基いて発する命令は、国、都道府県、市町村その他これに準ずべきものについても適用あるものとする。

（命令の制定）

第一一三条 この法律に基いて発する命令は、その草案について、公聴会で労働者を代表する者、使用者を代表する者及び公益を代表する者の意見を聴いて、これを制定する。

（付加金の支払）

第一一四条 裁判所は、第二十条、第二十六条若しくは第三十七条の規定に違反した使用者又は第三十九条第九項の規定による賃金を支払わなかつた使用者に対して、労働者の請求により、これらの規定により使用者が支払わなければならない金額についての未払金のほか、これと同一額の付加金の支払を命ずることができる。ただし、この請求は、違反のあつた時から五年以内にしなければならない。

付加金の支払義務

1 本条の付加金の支払義務は、使用者が割増賃金等を支払わない場合に当然発生するものではなく、労働者の請求により裁判所が付加金の支払を命ずることによつて初めて発生するものと解すべきであるから、使用者に労基法三七条の違反があつても、裁判所がその支払を命ずるまで（訴訟手続上は事実審の口頭弁論終結時まで）に使用者が未払割増賃金の支払を完了しその義務違反の状況が消滅したときには、もはや裁判所は付加金の支払を命ずることはできない。（最判平26・3・6判時二二一九・一三六）

2 労働者は、付加金の支払を命ずる判決確定の日の翌日から支払済みに至るまで、年五分の割合による遅延損害金の支払を請求できる。（平成二九法四四による民法改正前の事案）（最判昭50・7・17労判二三四・一七〈江東ダイハツ自動車事件〉）

（時効）

第一一五条 この法律の規定による賃金の請求権はこれを行使することができる時から五年間、この法律の規定による災害補償その他の請求権（賃金の請求権を除く。）はこれを行使することができる時から二年間行わない場合においては、時効によつて消滅する。

（経過措置）

第一一五条の二 この法律の規定に基づき命令を制定し、又は改廃するときは、その命令で、その制定又は改廃に伴い合理的に

労働

必要と判断される範囲内において、所要の経過措置（罰則に関する経過措置を含む。）を定めることができる。

（適用除外）

第一一六条① 第一条から第十一条まで、次項、第百十七条から第百十九条まで及び第百二十一条の規定を除き、この法律は、船員法（昭和二十二年法律第百号）第一条第一項に規定する船員については、適用しない。

② この法律は、同居の親族のみを使用する事業及び家事使用人については、適用しない。

> 1 本条二項は、同居の親族のみを使用する事業を労基法上の事業から除外する趣旨であり、同居の親族を除外する規定でない（父の営む事業で、父の使用従属下で労務を提供していた左官工の労働者性を肯定し、労災保険の適用を認めた）。（甲府地判平22・1・12労判一〇〇一・一九〈国・甲府労基署長（甲野左官工業）事件〉）

第十三章 罰則

第一一七条 第五条の規定に違反した者は、これを一年以上十年以下の懲役又は二十万円以上三百万円以下の罰金に処する。

> **＊令和四法六八（令和七・六・一六までに施行）による改正**
> 第一一七条中「これを」を削り、「懲役」を「拘禁刑」に改める。（本文未織込み）

第一一八条① 第六条、第五十六条、第六十三条又は第六十四条の二の規定に違反した者は、これを一年以下の懲役又は五十万円以下の罰金に処する。

> **＊令和四法六八（令和七・六・一六までに施行）による改正**
> 第一項中「これを」を削り、「懲役」を「拘禁刑」に改める。（本文未織込み）

② 第七十条の規定に基づいて発する厚生労働省令（第六十三条又は第六十四条の二の規定に係る部分に限る。）に違反した者についても前項の例による。

第一一九条 次の各号のいずれかに該当する者は、六箇月以下の懲役又は三十万円以下の罰金に処する。

一 第三条、第四条、第七条、第十六条、第十七条、第十八条第一項、第十九条、第二十条、第二十二条第四項、第三十二条、第三十四条、第三十五条、第三十六条第六項、第三十七条、第三十九条（第七項を除く。）、第六十一条、第六十二条、第六十四条の三から第六十七条まで、第七十二条、第七十五条から第七十七条まで、第七十九条、第八十条、第九十四条第二項、第九十六条又は第百四条第二項の規定に違反した者

二 第三十三条第二項、第九十六条の二第二項又は第九十六条の三第一項の規定による命令に違反した者

三 第四十条の規定に基づいて発する厚生労働省令に違反した者

四 第七十条の規定に基づいて発する厚生労働省令（第六十二条又は第六十四条の三の規定に係る部分に限る。）に違反した者

> **＊令和四法六八（令和七・六・一六までに施行）による改正**
> 第一一九条中「六箇月以下の懲役」を「六月以下の拘禁刑」に改める。（本文未織込み）

第一二〇条 次の各号のいずれかに該当する者は、三十万円以下の罰金に処する。

一 第十四条、第十五条第一項若しくは第三項、第十八条第七項、第二十二条第一項から第三項まで、第二十三条から第二十七条まで、第三十二条の二第二項（第三十二条の三第四項、第三十二条の四第四項及び第三十二条の五第三項において準用する場合を含む。）、第三十二条の五第二項、第三十三条第一項ただし書、第三十八条の二第三項（第三十八条の三第二項において準用する場合を含む。）、第三十九条第七項、第五十七条から第五十九条まで、第六十四条、第六十八条、第八十九条、第九十条第一項、第九十一条、第九十五条第一項若しくは第二項、第九十六条の二第一項、第百五条（第百条第三項において準用する場合を含む。）又は第百六条から第百九条までの規定に違反した者

二 第七十条の規定に基づいて発する厚生労働省令（第十四条の規定に係る部分に限る。）に違反した者

三 第九十二条第二項又は第九十六条の三第二項の規定による命令に違反した者

四 第百一条（第百条第三項において準用する場合を含む。）の規定による労働基準監督官又は女性主管局長若しくはその指定する所属官吏の臨検を拒み、妨げ、若しくは忌避し、その尋問に対して陳述をせず、若しくは虚偽の陳述をし、帳簿書類の提出をせず、又は虚偽の記載をした帳簿書類の提出をした者

五 第百四条の二の規定による報告をせず、若しくは虚偽の報告をし、又は出頭しなかつた者

第一二一条① この法律の違反行為をした者が、当該事業の労働者に関する事項について、事業主のために行為した代理人、使用人その他の従業者である場合においては、事業主に対しても各本条の罰金刑を科する。ただし、事業主（事業主が法人である場合においてはその代表者、事業主が営業に関し成年者と同一の行為能力を有しない未成年者又は成年被後見人である場合においてはその法定代理人（法定代理人が法人であるときは、その代表者）を事業主とする。次項において同じ。）が違反の防止に必要な措置をした場合においては、この限りでない。

② 事業主が違反の計画を知りその防止に必要な措置を講じなかつた場合、違反行為を知り、その是正に必要な措置を講じなかつた場合又は違反を教唆した場合においては、事業主も行為者として罰する。

附 則（抄）

第一二二条 この法律施行の期日は、勅令で、これを定める（第一条乃至第四一条、第六〇条、第六一条、第六四条乃至第六六条、第七五条乃至第九四条、第九七条乃至第一〇五条、第一〇六条第一項、第一〇七条乃至第一二一条及び附則の大部分は昭和二二・九・一施行―昭和二二政一七〇。その他の規定は昭和二二・一一・一施行―昭和二二政二二七）。

第一二三条 工場法、工業労働者最低年齢法、労働者災害扶助法、商店法、黄燐燐寸製造禁止法及び昭和十四年法律第八十七号（青年学校令ニ依リ就学セシメラルベキ者ノ就業時間ニ関スル法律）は、これを廃止する。

第一三六条 使用者は、第三十九条第一項から第四項までの規定による有給休暇を取得した労働者に対して、賃金の減額その他不利益な取扱いをしないようにしなければならない。

第一三七条 期間の定めのある労働契約（一定の事業の完了に必要な期間を定めるものを除き、その期間が一年を超えるものに限る。）を締結した労働者（第十四条第一項各号に規定する労働者を除く。）は、労働基準法の一部を改正する法律（平成十五年法律第百四号）附則第三条に規定する措置が講じられるまでの間、民法第六百二十八条の規定にかかわらず、当該労働契約の期間の初日から一年を経過した日以後においては、その使用者に申し出ることにより、いつでも退職することができる。

第一三八条 削除

第一三九条① 工作物の建設の事業（災害時における復旧及び復興の事業に限る。）その他これに関連する事業として厚生労働省令で定める事業に関する第三十六条の規定の適用については、当分の間、同条第五項中「時間（第二項第四号に関して協定した時間を含め百時間未満の範囲内に限る。）」とあるのは「時間」と、「同号」とあるのは「第二項第四号」とし、同条第六

項（第二号及び第三号に係る部分に限る。）の規定は適用しない。

② 前項の規定にかかわらず、工作物の建設の事業その他これに関連する事業として厚生労働省令で定める事業については、令和六年三月三十一日（同日及びその翌日を含む期間を定めている第三十六条第一項の協定に関しては、当該協定に定める期間の初日から起算して一年を経過する日）までの間、同条第二項第四号中「一箇月及び」とあるのは、「一日を超え三箇月以内の範囲で前項の協定をする使用者及び労働組合若しくは労働者の過半数を代表する者が定める期間並びに」とし、同条第三項から第五項まで及び第六項（第二号及び第三号に係る部分に限る。）の規定は適用しない。

第一四〇条① 一般乗用旅客自動車運送事業（道路運送法（昭和二十六年法律第百八十三号）第三条第一号ハに規定する一般乗用旅客自動車運送事業をいう。）の業務、貨物自動車運送事業（貨物自動車運送事業法（平成元年法律第八十三号）第二条第一項に規定する貨物自動車運送事業をいう。）の業務その他の自動車の運転の業務として厚生労働省令で定める業務に関する第三十六条の規定の適用については、当分の間、同条第五項中「時間（第二項第四号に関して協定した時間を含め百時間未満の範囲内に限る。）並びに一年について労働時間を延長して労働させることができる時間（同号に関して協定した時間を含め七百二十時間を超えない範囲内に限る。）を定めることができる。この場合において、第一項の協定に、併せて第二項第二号の対象期間において労働時間を延長して労働させる時間が一箇月について四十五時間（第三十二条の四第一項第二号の対象期間として三箇月を超える期間を定めて同条の規定により労働させる場合にあつては、一箇月について四十二時間）を超えることができる月数（一年について六箇月以内に限る。）を定めなければならない」とあるのは、「時間並びに一年について労働時間を延長して労働させることができる時間（第二項第四号に関して協定した時間を含め九百六十時間を超えない範囲内に限る。）を定めることができる」とし、同条第六項（第二号及び第三号に係る部分に限る。）の規定は適用しない。

② 前項の規定にかかわらず、同項に規定する業務については、令和六年三月三十一日（同日及びその翌日を含む期間を定めている第三十六条第一項の協定に関しては、当該協定に定める期間の初日から起算して一年を経過する日）までの間、同条第二項第四号中「一箇月及び」とあるのは、「一日を超え三箇月以内の範囲で前項の協定をする使用者及び労働組合若しくは労働者の過半数を代表する者が定める期間並びに」とし、同条第三項から第五項まで及び第六項（第二号及び第三号に係る部分に限る。）の規定は適用しない。

第一四一条① 医業に従事する医師（医療提供体制の確保に必要な者として厚生労働省令で定める者に限る。）に関する第三十六条の規定の適用については、当分の間、同条第二項第四号中「における一日、一箇月及び一年のそれぞれの期間について」とあるのは「における」とし、同条第三項中「限度時間」とあるのは「限度時間並びに労働者の健康及び福祉を勘案して厚生労働省令で定める時間」とし、同条第五項及び第六項（第二号及び第三号に係る部分に限る。）の規定は適用しない。

② 前項の場合において、第三十六条第一項の協定に、同条第二項各号に掲げるもののほか、当該事業場における通常予見することのできない業務量の大幅な増加等に伴い臨時的に前項の規定により読み替えて適用する同条第三項の厚生労働省令で定める時間を超えて労働させる必要がある場合において、同条第二項第四号に関して協定した時間を超えて労働させることができる時間（同号に関して協定した時間を含め、同条第五項に定める時間及び月数並びに労働者の健康及び福祉を勘案して厚生労働省令で定める時間を超えない範囲内に限る。）その他厚生労働省令で定める事項を定めることができる。

③ 使用者は、第一項の場合において、第三十六条第一項の協定で定めるところによつて労働時間を延長して労働させ、又は休日において労働させる場合であつても、同条第六項に定める要件並びに労働者の健康及び福祉を勘案して厚生労働省令で定める時間を超えて労働させてはならない。

④ 前三項の規定にかかわらず、医業に従事する医師については、令和六年三月三十一日（同日及びその翌日を含む期間を定めている第三十六条第一項の協定に関しては、当該協定に定める期間の初日から起算して一年を経過する日）までの間、同条第二項第四号中「一箇月及び」とあるのは、「一日を超え三箇月以内の範囲で前項の協定をする使用者及び労働組合若しくは労働者の過半数を代表する者が定める期間並びに」とし、同条第三項から第五項まで及び第六項（第二号及び第三号に係る部分に限る。）の規定は適用しない。

⑤ 第三項の規定に違反した者は、六箇月以下の懲役又は三十万円以下の罰金に処する。

***令和四法六八**（令和七・六・一六までに施行）**による改正**
第五項中「六箇月以下の懲役」を「六月以下の拘禁刑」に改める。（本文未織込み）

第一四二条 鹿児島県及び沖縄県における砂糖を製造する事業に関する第三十六条の規定の適用については、令和六年三月三十一日（同日及びその翌日を含む期間を定めている同条第一項の協定に関しては、当該協定に定める期間の初日から起算して一年を経過する日）までの間、同条第五項中「時間（第二項第四号に関して協定した時間を含め百時間未満の範囲内に限る。）」とあるのは「時間」と、「同号」とあるのは「第二項第四号」とし、同条第六項（第二号及び第三号に係る部分に限る。）の規定は適用しない。

第一四三条① 第百九条の規定の適用については、当分の間、同条中「五年間」とあるのは、「三年間」とする。

② 第百十四条の規定の適用については、当分の間、同条ただし書中「五年」とあるのは、「三年」とする。

③ 第百十五条の規定の適用については、当分の間、同条中「賃金の請求権はこれを行使することができる時から五年間」とあるのは、「退職手当の請求権はこれを行使することができる時から五年間、この法律の規定による賃金（退職手当を除く。）の請求権はこれを行使することができる時から三年間」とする。

別表第一（第三十三条、第四十条、第四十一条、第五十六条、第六十一条関係）

一 物の製造、改造、加工、修理、洗浄、選別、包装、装飾、仕上げ、販売のためにする仕立て、破壊若しくは解体又は材料の変造の事業（電気、ガス又は各種動力の発生、変更若しくは伝導の事業及び水道の事業を含む。）
二 鉱業、石切り業その他土石又は鉱物採取の事業
三 土木、建築その他工作物の建設、改造、保存、修理、変更、破壊、解体又はその準備の事業
四 道路、鉄道、軌道、索道、船舶又は航空機による旅客又は貨物の運送の事業
五 ドック、船舶、岸壁、波止場、停車場又は倉庫における貨物の取扱いの事業
六 土地の耕作若しくは開墾又は植物の栽植、栽培、採取若しくは伐採の事業その他農林の事業
七 動物の飼育又は水産動植物の採捕若しくは養殖の事業その他の畜産、養蚕又は水産の事業
八 物品の販売、配給、保管若しくは賃貸又は理容の事業
九 金融、保険、媒介、周旋、集金、案内又は広告の事業
十 映画の製作又は映写、演劇その他興行の事業
十一 郵便、信書便又は電気通信の事業
十二 教育、研究又は調査の事業
十三 病者又は虚弱者の治療、看護その他保健衛生の事業
十四 旅館、料理店、飲食店、接客業又は娯楽場の事業
十五 焼却、清掃又はと畜場の事業

別表第二　身体障害等級及び災害補償表（第七十七条関係）

等級	災害補償
第一級	一三四〇日分
第二級	一一九〇日分
第三級	一〇五〇日分
第四級	九二〇日分
第五級	七九〇日分
第六級	六七〇日分
第七級	五六〇日分
第八級	四五〇日分
第九級	三五〇日分
第一〇級	二七〇日分
第一一級	二〇〇日分
第一二級	一四〇日分
第一三級	九〇日分
第一四級	五〇日分

別表第三　分割補償表（第八十二条関係）

種別	等級	災害補償
障害補償	第一級	二四〇日分
	第二級	二一三日分
	第三級	一八八日分
	第四級	一六四日分
	第五級	一四二日分
	第六級	一二〇日分
	第七級	一〇〇日分
	第八級	八〇日分
	第九級	六三日分
	第一〇級	四八日分
	第一一級	三六日分
	第一二級	二五日分
	第一三級	一六日分
	第一四級	九日分
遺族補償		一八〇日分

附　則（平成三〇・七・六法七一）（抄）

（施行期日）

第一条　この法律は、平成三十一年四月一日から施行する。ただし、次の各号に掲げる規定は、当該各号に定める日から施行する。

一　（前略）附則第三十条の規定　公布の日

二　（略）

三　第一条中労働基準法第百三十八条の改正規定　令和五年四月一日

（中小事業主に関する経過措置）

第三条①　中小事業主（その資本金の額又は出資の総額が三億円（小売業又はサービス業を主たる事業とする事業主については五千万円、卸売業を主たる事業とする事業主については一億円）以下である事業主及びその常時使用する労働者の数が三百人（小売業を主たる事業とする事業主については五十人、卸売業又はサービス業を主たる事業とする事業主については百人）以下である事業主をいう。第四項（中略）において同じ。）の事業に係る協定（新労基法（第一条の規定による改正後の労働基準法）第百三十九条第二項に規定する事業、第百四十条第二項に規定する業務、第百四十一条第四項に規定する者及び第百四十二条に規定する事業に係るものを除く。）についての前条の規定の適用については、「平成三十一年四月一日」とあるのは、「令和二年四月一日」とする。

②　前項の規定により読み替えられた前条の規定によりなお従前の例によることとされた協定をする使用者及び労働組合又は労働者の過半数を代表する者は、当該協定をするに当たり、新労基法第三十六条第一項から第五項までの規定により当該協定に定める労働時間を延長して労働させ、又は休日において労働させることができる時間数を勘案して協定をするように努めなければならない。

③　政府は、前項に規定する者に対し、同項の協定に関して、必要な情報の提供、助言その他の支援を行うものとする。

④　行政官庁は、当分の間、中小事業主に対し新労基法第三十六条第九項の助言及び指導を行うに当たっては、中小企業における労働時間の動向、人材の確保の状況、取引の実態その他の事情を踏まえて行うよう配慮するものとする。

（罰則に関する経過措置）

第二九条　この法律（附則第一条第三号に掲げる規定にあっては、当該規定）の施行前にした行為並びにこの附則の規定によりなお従前の例によることとされる場合（中略）におけるこの法律の施行後にした行為に対する罰則の適用については、なお従前の例による。

（政令への委任）

第三〇条　この附則に規定するもののほか、この法律の施行に伴い必要な経過措置（罰則に関する経過措置を含む。）は、政令で定める。

刑法等の一部を改正する法律の施行に伴う関係法律整理法中経過規定（令和四・六・一七法六八）（抄）

第四四一条から第四四三条まで（刑法の同経過規定参照）

第五〇九条（刑法の同経過規定参照）

刑法等の一部を改正する法律の施行に伴う関係法律整理法

附　則（令和四・六・一七法六八）（抄）

（施行期日）

①　この法律は、刑法等一部改正法（刑法等の一部を改正する法律（令和四法六七））施行日から施行する。ただし、次の各号に掲げる規定は、当該各号に定める日から施行する。

一　第五百九条の規定　公布の日

二　（略）

●雇用の分野における男女の均等な機会及び待遇の確保等に関する法律（抄）（昭和四七・七・一 法 一一三）

施行　昭和四七・七・一（附則）
改正　昭和五八法七八、昭和六〇法四五、平成三法七六、平成七法一〇七、平成九法九二、平成一一法八七・法一〇四・法一六〇、平成一三法一一二、平成一四法五四・法九八、平成一八法八二、平成二〇法二六、平成二四法二七、平成二六法六七、平成二八法一七、平成二九法四五、令和一法二四（令和二法一四）、令和四法六八
題名改正　昭和六〇法四五（旧・勤労婦人福祉法）、平成九法九二（旧・雇用の分野における男女の均等な機会及び待遇の確保等女子労働者の福祉の増進に関する法律）、平成九法九二（旧・雇用の分野における男女の均等な機会及び待遇の確保等女性労働者の福祉の増進に関する法律）

目次

第一章　総則

（目的）
第一条　この法律は、法の下の平等を保障する日本国憲法の理念にのつとり雇用の分野における男女の均等な機会及び待遇の確保を図るとともに、女性労働者の就業に関して妊娠中及び出産後の健康の確保を図る等の措置を推進することを目的とする。

（基本的理念）
第二条① この法律においては、労働者が性別により差別されることなく、また、女性労働者にあつては母性を尊重されつつ、充実した職業生活を営むことができるようにすることをその基本的理念とする。
② 事業主並びに国及び地方公共団体は、前項に規定する基本的理念に従つて、労働者の職業生活の充実が図られるように努めなければならない。

（啓発活動）
第三条　国及び地方公共団体は、雇用の分野における男女の均等な機会及び待遇の確保等について国民の関心と理解を深めるとともに、特に、雇用の分野における男女の均等な機会及び待遇の確保を妨げている諸要因の解消を図るため、必要な啓発活動を行うものとする。

（男女雇用機会均等対策基本方針）
第四条① 厚生労働大臣は、雇用の分野における男女の均等な機会及び待遇の確保等に関する施策の基本となるべき方針（以下「男女雇用機会均等対策基本方針」という。）を定めるものとする。
② 男女雇用機会均等対策基本方針に定める事項は、次のとおりとする。
一 男性労働者及び女性労働者のそれぞれの職業生活の動向に関する事項
二 雇用の分野における男女の均等な機会及び待遇の確保等について講じようとする施策の基本となるべき事項
③ 男女雇用機会均等対策基本方針は、男性労働者及び女性労働者のそれぞれの労働条件、意識及び就業の実態等を考慮して定められなければならない。
④ 厚生労働大臣は、男女雇用機会均等対策基本方針を定めるに当たつては、あらかじめ、労働政策審議会の意見を聴くほか、都道府県知事の意見を求めるものとする。
⑤ 厚生労働大臣は、男女雇用機会均等対策基本方針を定めたときは、遅滞なく、その概要を公表するものとする。
⑥ 前二項の規定は、男女雇用機会均等対策基本方針の変更について準用する。

第二章　雇用の分野における男女の均等な機会及び待遇の確保等

一　**一般的均等待遇**→労基三条判
二　**男女同一賃金の原則**→労基四条判

第一節　性別を理由とする差別の禁止等

（性別を理由とする差別の禁止）
第五条　事業主は、労働者の募集及び採用について、その性別にかかわりなく均等な機会を与えなければならない。

[1] **男女別コース制**
男性職員は主に重要な仕事を担当し将来の幹部職員へ昇進することを期待されたものとして採用・処遇し、女性職員は主に定型的・補助的な職務を担当するものとして採用・処遇し、採用の方法も右に応じて異ならせる「男女別コース制」は、従業員の募集・採用について女性に男性と均等の機会を与えない点において、男女を差別し、法の下の平等に反しているが、昭和六一年四月一日施行の本法においても労働者の募集及び採用については均等な機会を与えることが使用者の努力義務にとどまること、従来採用については使用者は広い選択の自由を有すると考えられてきたこと等に照らし、昭和四四年ないし四九年当時においては、民法九〇条にいう公の秩序に違反したということはできない。（東京地判昭61・12・4労民三七・六・五一二〈日本鉄鋼連盟事件〉）

第六条　事業主は、次に掲げる事項について、労働者の性別を理由として、差別的取扱いをしてはならない。
一 労働者の配置（業務の配分及び権限の付与を含む。）、昇進、降格及び教育訓練
二 住宅資金の貸付けその他これに準ずる福利厚生の措置であつて厚生労働省令で定めるもの
三 労働者の職種及び雇用形態の変更
四 退職の勧奨、定年及び解雇並びに労働契約の更新

[1] 一　**昇進・昇格における差別**
① 組合間差別の回復措置として、一定の等級の男性職員について勤務成績や能力に基づく選考をせずに勤続年数だけを基準にして一律昇格させた場合、男女同一の採用試験で採用され、業務内容も男女の区別がなく同一であった女性職員について、右昇格措置が採られた男性職員と同一の等級に在職し、右の昇格基準に該当する者があったにもかかわらず何らの昇格措置を講じなかったことは、女性職員に対し差別的取扱いをするものであり、合理的理由がない限り、公の秩序に反するものとして不法行為となる。
② 昇格における男女差別は労基法四条の賃金差別とは別個の問題であり、同条の適用はない。（東京地判平2・7・4労民四一・四・五一三〈社会保険診療報酬支払基金事件〉）労働百

選[六版]三〇）

[2] 副参事という資格について、男性がほぼ年功的運用に基づき昇格しているにもかかわらず、女性はほとんど昇格していないというのは女性であることを理由とする差別であり、昇格の有無は賃金の多寡に直接関わるものであることからすると、これは賃金の差別と同様に観念できる。賃金差別の場合に、賃金差別がない場合の基準（賃金額）が労働契約の内容となるのと同様に、資格についても、たとえ特定の資格を付与すべき基準が定められていない場合であっても、差別のために一定の限度を超えて資格の付与がされていないときには、その限度をもって「基準」に該当すると解することができ、労基法一三条などの類推適用により資格が付与されたものとして扱うことができる。（東京高判平12・12・22労判七九六・五〈芝信用金庫事件〉労働百選[七版]三一）

[3] 高卒男性社員は入社後一三年次にその大半が課長代理に昇格しているのに対し、高卒女性社員は同年次で昇格する者はなく、これと連動して賃金等についても男女間に著しい格差が生じているのは、男女をコース別に採用・処遇していることによるものである。原告女性が入社した当時は、この男女コース別の採用・処遇が公序に反していたとまではいえないが、改正均等法が施行された平成一一年四月以降は、このような男女のコース別処遇を維持することは、本条に違反するとともに、不合理な差別として公序に反することとなったというべきであり、会社は原告らが被った精神的苦痛に対する慰謝料を支払う義務がある。（東京地判平14・2・20労判八二二・一三〈野村證券事件〉労働百選[八版]一八）

[4] 勤続期間が近似する同年齢の男女間で、職務の内容や困難度に同質性が認められるにもかかわらず、賃金について相当な格差がある場合には、その格差が生じたことについて合理的な理由が認められない限り、性の違いによって生じたものと推認することができる。本件では男女別コース制下で生じた格差を是正するために職掌転換制度が設けられたが、これはTOEIC六〇〇点以上を転換の要件とするなど転換のチャンスが広い制度とはいえず、転換を目指す労働者の努力を支援する配慮をした制度とも認められないため、格差の違法性の判断に影響を与えるものとはいえない。（東京高判平20・1・31労判九五九・八五〈兼松事件〉労働百選[一〇版]一六）

二 男女差別定年制

[5] 定年年齢を男性六〇歳、女性五五歳と定める就業規則の規定は、会社の活用策いかんで女性従業員の貢献度を上げ得る職種が相当多いこと、女性従業員の労働の質量が向上しないのに賃金が上昇するとの不均衡は生じていないこと、少なくとも六〇歳前後まで男女とも通常の職務遂行能力に欠けるところがないことなどを勘案すると、右規定は合理的な理由なく女性を差別するもので、民法九〇条に反し無効と解される。（昭和六〇法四五による雇用機会均等法制定前の事件）（最判昭56・3・24民集三五・二・三〇〇〈日産自動車事件〉民百選I[八版]一四）

三 旧均等法下の努力義務

[6] 均等法八条（平成九年法九二による改正前の規定）は、労働者の配置及び昇進について男女の均等な取扱いをする事業主の努力義務を定めるものであり、同条に違反しても行政上の規制や罰則の対象とならないし、民事上もただちに債務不履行や不法行為を構成するものではない。しかし、法の定めた趣旨を満たしていない状況があれば、報告を求めたり、助言、指導、勧告といった行政的措置はとられるのであり、同条が単なる訓示規定ではなく、実効性のある規定であることは均等法自体が予定している。事業主が法の定めた実現目標を達成するための努力をなんら行わず、均等な取扱いが行われていない実態を積極的に維持すること、あるいは、配置及び昇進についての男女差別を更に拡大するような措置をとることは同条の趣旨に反するものであり、不法行為の違法性判断の基準とすべき雇用関係の私法秩序に違反し不法行為が成立する。（東京高判平19・6・28労判九四六・七六〈昭和シェル石油事件〉）

（性別以外の事由を要件とする措置）

第七条 事業主は、募集及び採用並びに前条各号に掲げる事項に関する措置であつて労働者の性別以外の事由を要件とするもののうち、措置の要件を満たす男性及び女性の比率その他の事情を勘案して実質的に性別を理由とする差別となるおそれがある措置として厚生労働省令で定めるものについては、当該措置の対象となる業務の性質に照らして当該措置の実施が当該業務の遂行上特に必要である場合、事業の運営の状況に照らして当該措置の実施が雇用管理上特に必要である場合その他の合理的な理由がある場合でなければ、これを講じてはならない。

（女性労働者に係る措置に関する特例）

第八条 前三条の規定は、事業主が、雇用の分野における男女の均等な機会及び待遇の確保の支障となつている事情を改善することを目的として女性労働者に関して行う措置を講ずることを妨げるものではない。

（婚姻、妊娠、出産等を理由とする不利益取扱いの禁止等）

第九条① 事業主は、女性労働者が婚姻し、妊娠し、又は出産したことを退職理由として予定する定めをしてはならない。

② 事業主は、女性労働者が婚姻したことを理由として、解雇してはならない。

③ 事業主は、その雇用する女性労働者が妊娠したこと、出産したこと、労働基準法（昭和二十二年法律第四十九号）第六十五条第一項の規定による休業を請求し、又は同項若しくは同条第二項の規定による休業をしたことその他の妊娠又は出産に関する事由であつて厚生労働省令で定めるものを理由として、当該女性労働者に対して解雇その他不利益な取扱いをしてはならない。

④ 妊娠中の女性労働者及び出産後一年を経過しない女性労働者に対してなされた解雇は、無効とする。ただし、事業主が当該解雇が前項に規定する事由を理由とする解雇でないことを証明したときは、この限りでない。

一 結婚退職制

[1] 女性労働者のみにつき結婚を退職事由とすることは、性別を理由として差別し、かつ、結婚の自由を制限するものであって、しかもその合理的根拠を見出し得ないから、労働協約・就業規則・労働契約中、女性結婚退職制に係る部分は公の秩序に違反し無効である。（昭和六〇法四五による雇用機会均等法制定前の事件）（東京地判昭41・12・20労民一七・六・一四〇七〈住友セメント事件〉労働百選[三版]一九）

二 妊娠中の軽易業務への転換を契機とした降格

[2] 妊娠中の軽易業務への転換を契機としてなされた女性労働者の降格措置は、本条三項の趣旨・目的に照らせば、原則として同項の禁止する不利益取扱いに当たるが、労働者が受ける有利・不利な影響の内容や程度、事業主による説明内容その他の経緯、労働者の意向等に照らして、労働者が自由な意思に基づいて降格を承諾したものと認めるに足りる合理的な理由が客観的に存在するとき、又は、事業主の業務上の必要性の内容や程度、労働者が受ける有利・不利な影響の内容や程度に照らして、同項の趣旨・目的に実質的に反しないと認められる特段の事情が存在するときは、同項違反とならない。（最判平26・10・23民集六八・八・一二七〇〈広島中央保健生協（C生協病院）事件〉労働百選[一〇版]一八）

（指針）

第一〇条① 厚生労働大臣は、第五条から第七条まで及び前条第一項から第三項までの規定に定める事項に関し、事業主が適切に対処するために必要な指針（次項において「指針」という。）を定めるものとする。

② 第四条第四項及び第五項の規定は指針の策定及び変更につい

て準用する。この場合において、同条第四項中「聴くほか、都道府県知事の意見を求める」とあるのは、「聴く」と読み替えるものとする。

第二節　事業主の講ずべき措置等

（職場における性的な言動に起因する問題に関する雇用管理上の措置等）

第一一条① 事業主は、職場において行われる性的な言動に対するその雇用する労働者の対応により当該労働者がその労働条件につき不利益を受け、又は当該性的な言動により当該労働者の就業環境が害されることのないよう、当該労働者からの相談に応じ、適切に対応するために必要な体制の整備その他の雇用管理上必要な措置を講じなければならない。

② 事業主は、労働者が前項の相談を行つたこと又は事業主による当該相談への対応に協力した際に事実を述べたことを理由として、当該労働者に対して解雇その他不利益な取扱いをしてはならない。

③ 事業主は、他の事業主から当該事業主の講ずる第一項の措置の実施に関し必要な協力を求められた場合には、これに応ずるように努めなければならない。

④ 厚生労働大臣は、前三項の規定に基づき事業主が講ずべき措置等に関して、その適切かつ有効な実施を図るために必要な指針（次項において「指針」という。）を定めるものとする。

⑤ 第四条第四項及び第五項の規定は、指針の策定及び変更について準用する。この場合において、同条第四項中「聴くほか、都道府県知事の意見を求める」とあるのは、「聴く」と読み替えるものとする。

セクシュアル・ハラスメント

[1] 職場において上司が、部下の女性の異性関係を、社内関係者に乱脈であると非難し、かつ会社内外の関係者に相手方の個人名を具体的に挙げて噂するなどしてその評価を低下させ、これらの結果当該女性を退職に至らしめた行為は、当該女性の名誉感情その他の人格権を害するもので不法行為を構成する。また、使用者は、労働者の労務遂行に際しその人格的尊厳を侵す事由の発生を防止し、これに適切に対処して労働者が働きやすい環境を保つよう配慮する注意義務を負っており、労働者を選任監督する立場にある者が右注意義務を怠った場合には、この者以外に使用者も民法七一五条による不法行為責任を負う。（福岡地判平4・4・16労判六〇七・六〈福岡セクシュアル・ハラスメント訴訟〉労働百選[一〇版]一七）

[2] 職場において、男性上司が部下の女性に対してその地位を利用して行った性的言動は、その行為の態様、行為者である男性の職務上の地位、年齢、被害女性の年齢、婚姻歴の有無、両者のそれまでの関係、当該言動の行われた場所、その言動の反復・継続性、被害女性の対応等を総合的に見て、それが社会的に不相当とされる程度のものである場合には、性的自由あるいは性的自己決定権等の人格権を侵害するものとして違法となる。（名古屋高金沢支判平8・10・30労判七〇七・三七〈金沢セクシュアル・ハラスメント訴訟〉）

[3] 性的自由の侵害行為の場合、逃げたり声を上げるなど直接的抵抗をする被害者は一部で、選択可能な対応方法について考えを巡らせたり、加害者の説得に努めたりすることがあるとされており、特にそれが職場内で行われた場合には、上下関係による抑圧や、同僚との友好的関係を保とうとしたり、あるいは事件が公になると会社にいづらくなるといった気持ちが働くため、直接的抵抗をしなかったからといって、わいせつ行為に対する被害者の対応が不自然なものということはできない。部下に対する身体的接触行為が、接触の態様、程度、目的、相手方に与えた不快感の程度、当事者の職務上の関係、それが行われた時間や場所等から判断して、社会通念上許される限度を超える場合には、相手方の性的自由又は人格権に対する侵害に当たる。（東京高判平9・11・20労判七二八・一二〈横浜セクシュアル・ハラスメント訴訟〉）

[4] 女子トイレに男子従業員が侵入していたことを発見した原告女子従業員が上司（店長）に適切かつ迅速な対応を求めたにもかかわらず、会社は発見者に警察や社外に口外しないように指示・要請しながら、事件当日に侵入者から事情を聞くことを怠った上、その後も事実を確認する努力もしなかったことは、使用者として職場環境侵害に対し誠実かつ適正に対処すべき義務を怠ったものといわざるを得ず、原告が受けた精神的苦痛に対し慰謝料を支払うべき義務を負う。（仙台地判平13・3・26労判八〇八・一三〈仙台セクシュアル・ハラスメント訴訟〉）

[5] 会社の方針や取組を理解しセクハラ防止のために部下職員を指導すべき立場にある男性管理職二名が、職場において女性従業員に対し一年余にわたり強い不快感や嫌悪感ないし屈辱感等を与える発言を繰り返していたことについて、被害者から明白な拒否の姿勢を示されておらず、また、当該行為について会社から事前に警告や注意等を受けていなかったとしても、これらは男性管理職に有利にしんしゃくし得る事情とはいえず、当該男性管理職を出勤停止三〇日又は一〇日とした処分は、懲戒処分として重きに失し、社会通念上相当性を欠くということはできず、有効とされた事例（最判平27・2・26労判一一〇九・五〈海遊館事件〉重判平27労働七）

（職場における性的な言動に起因する問題に関する国、事業主及び労働者の責務）

第一一条の二① 国は、前条第一項に規定する不利益を与える行為又は労働者の就業環境を害する同項に規定する言動を行つてはならないことその他当該言動に起因する問題（以下この条において「性的言動問題」という。）に対する事業主その他国民一般の関心と理解を深めるため、広報活動、啓発活動その他の措置を講ずるように努めなければならない。

② 事業主は、性的言動問題に対するその雇用する労働者の関心と理解を深めるとともに、当該労働者が他の労働者に対する言動に必要な注意を払うよう、研修の実施その他の必要な配慮をするほか、国の講ずる前項の措置に協力するように努めなければならない。

③ 事業主（その者が法人である場合にあつては、その役員）は、自らも、性的言動問題に対する関心と理解を深め、労働者に対する言動に必要な注意を払うように努めなければならない。

④ 労働者は、性的言動問題に対する関心と理解を深め、他の労働者に対する言動に必要な注意を払うとともに、事業主の講ずる前条第一項の措置に協力するように努めなければならない。

（職場における妊娠、出産等に関する言動に起因する問題に関する雇用管理上の措置等）

第一一条の三① 事業主は、職場において行われるその雇用する女性労働者に対する当該女性労働者が妊娠したこと、出産したこと、労働基準法第六十五条第一項の規定による休業を請求し、又は同項若しくは同条第二項の規定による休業をしたことその他の妊娠又は出産に関する事由であつて厚生労働省令で定めるものに関する言動により当該女性労働者の就業環境が害されることのないよう、当該女性労働者からの相談に応じ、適切に対応するために必要な体制の整備その他の雇用管理上必要な措置を講じなければならない。

② 第十一条第二項の規定は、労働者が前項の相談を行い、又は事業主による当該相談への対応に協力した際に事実を述べた場合について準用する。

③ 厚生労働大臣は、前二項の規定に基づき事業主が講ずべき措置等に関して、その適切かつ有効な実施を図るために必要な指針（次項において「指針」という。）を定めるものとする。

④ 第四条第四項及び第五項の規定は、指針の策定及び変更について準用する。この場合において、同条第四項中「聴くほか、

都道府県知事の意見を求める」とあるのは、「聴く」と読み替えるものとする。

（職場における妊娠、出産等に関する言動に起因する問題に関する国、事業主及び労働者の責務）

第一一条の四① 国は、労働者の就業環境を害する前条第一項に規定する言動を行つてはならないことその他当該言動に起因する問題（以下この条において「妊娠・出産等関係言動問題」という。）に対する事業主その他国民一般の関心と理解を深めるため、広報活動、啓発活動その他の措置を講ずるように努めなければならない。

② 事業主は、妊娠・出産等関係言動問題に対するその雇用する労働者の関心と理解を深めるとともに、当該労働者が他の労働者に対する言動に必要な注意を払うよう、研修の実施その他の必要な配慮をするほか、国の講ずる前項の措置に協力するように努めなければならない。

③ 事業主（その者が法人である場合にあつては、その役員）は、自らも、妊娠・出産等関係言動問題に対する関心と理解を深め、労働者に対する言動に必要な注意を払うように努めなければならない。

④ 労働者は、妊娠・出産等関係言動問題に対する関心と理解を深め、他の労働者に対する言動に必要な注意を払うとともに、事業主の講ずる前条第一項の措置に協力するように努めなければならない。

（妊娠中及び出産後の健康管理に関する措置）

第一二条 事業主は、厚生労働省令で定めるところにより、その雇用する女性労働者が母子保健法（昭和四十年法律第百四十一号）の規定による保健指導又は健康診査を受けるために必要な時間を確保することができるようにしなければならない。

第一三条① 事業主は、その雇用する女性労働者が前条の保健指導又は健康診査に基づく指導事項を守ることができるようにするため、勤務時間の変更、勤務の軽減等必要な措置を講じなければならない。

② 厚生労働大臣は、前項の規定に基づき事業主が講ずべき措置に関して、その適切かつ有効な実施を図るために必要な指針（次項において「指針」という。）を定めるものとする。

③ 第四条第四項及び第五項の規定は、指針の策定及び変更について準用する。この場合において、同条第四項中「聴くほか、都道府県知事の意見を求める」とあるのは、「聴く」と読み替えるものとする。

（男女雇用機会均等推進者）

第一三条の二 事業主は、厚生労働省令で定めるところにより、第八条、第十一条第一項、第十一条の二第二項、第十一条の三第一項、第十一条の四第二項、第十二条及び前条第一項に定める措置等並びに職場における男女の均等な機会及び待遇の確保が図られるようにするために講ずべきその他の措置の適切かつ有効な実施を図るための業務を担当する者を選任するように努めなければならない。

第三節 事業主に対する国の援助

第一四条 国は、雇用の分野における男女の均等な機会及び待遇が確保されることを促進するため、事業主が雇用の分野における男女の均等な機会及び待遇の確保の支障となつている事情を改善することを目的とする次に掲げる措置を講じ、又は講じようとする場合には、当該事業主に対し、相談その他の援助を行うことができる。

一 その雇用する労働者の配置その他雇用に関する状況の分析

二 前号の分析に基づき雇用の分野における男女の均等な機会及び待遇の確保の支障となつている事情を改善するに当たつて必要となる措置に関する計画の作成

三 前号の計画で定める措置の実施

四 前三号の措置を実施するために必要な体制の整備

五 前各号の措置の実施状況の開示

第三章 紛争の解決

第一節 紛争の解決の援助等

（苦情の自主的解決）

第一五条 事業主は、第六条、第七条、第九条、第十二条及び第十三条第一項に定める事項（労働者の募集及び採用に係るものを除く。）に関し、労働者から苦情の申出を受けたときは、苦情処理機関（事業主を代表する者及び当該事業場の労働者を代表する者を構成員とする当該事業場の労働者の苦情を処理するための機関をいう。）に対し当該苦情の処理をゆだねる等その自主的な解決を図るように努めなければならない。

（紛争の解決の促進に関する特例）

第一六条 第五条から第七条まで、第九条、第十一条第一項及び第二項（第十一条の三第二項において準用する場合を含む。）、第十一条の三第一項、第十二条並びに第十三条第一項に定める事項についての労働者と事業主との間の紛争については、個別労働関係紛争の解決の促進に関する法律（平成十三年法律第百十二号）第四条、第五条及び第十二条から第十九条までの規定は適用せず、次条から第二十七条までに定めるところによる。

（紛争の解決の援助）

第一七条① 都道府県労働局長は、前条に規定する紛争に関し、当該紛争の当事者の双方又は一方からその解決につき援助を求められた場合には、当該紛争の当事者に対し、必要な助言、指導又は勧告をすることができる。

② 第十一条第二項の規定は、労働者が前項の援助を求めた場合について準用する。

第二節 調停

（調停の委任）

第一八条① 都道府県労働局長は、第十六条に規定する紛争（労働者の募集及び採用についての紛争を除く。）について、当該紛争の当事者（以下「関係当事者」という。）の双方又は一方から調停の申請があつた場合において当該紛争の解決のために必要があると認めるときは、個別労働関係紛争の解決の促進に関する法律第六条第一項の紛争調整委員会（以下「委員会」という。）に調停を行わせるものとする。

② 第十一条第二項の規定は、労働者が前項の申請をした場合について準用する。

（調停）

第一九条① 前条第一項の規定に基づく調停（以下この節において「調停」という。）は、三人の調停委員が行う。

② 調停委員は、委員会の委員のうちから、会長があらかじめ指名する。

第二〇条 委員会は、調停のため必要があると認めるときは、関係当事者又は関係当事者と同一の事業場に雇用される労働者その他の参考人の出頭を求め、その意見を聴くことができる。

第二一条 委員会は、関係当事者からの申立てに基づき必要があると認めるときは、当該委員会が置かれる都道府県労働局の管轄区域内の主要な労働者団体又は事業主団体が指名する関係労働者を代表する者又は関係事業主を代表する者から当該事件につき意見を聴くものとする。

第二二条 委員会は、調停案を作成し、関係当事者に対しその受諾を勧告することができる。

第二三条① 委員会は、調停に係る紛争について調停による解決の見込みがないと認めるときは、調停を打ち切ることができる。

② 委員会は、前項の規定により調停を打ち切つたときは、その旨を関係当事者に通知しなければならない。

（時効の完成猶予）

第二四条 前条第一項の規定により調停が打ち切られた場合において、当該調停の申請をした者が同条第二項の通知を受けた日から三十日以内に調停の目的となつた請求について訴えを提起したときは、時効の完成猶予に関しては、調停の申請の時に、訴えの提起があつたものとみなす。

（**訴訟手続の中止**）

第二五条① 第十八条第一項に規定する紛争のうち民事上の紛争であるものについて関係当事者間に訴訟が係属する場合において、次の各号のいずれかに掲げる事由があり、かつ、関係当事者の共同の申立てがあるときは、受訴裁判所は、四月以内の期間を定めて訴訟手続を中止する旨の決定をすることができる。

一 当該紛争について、関係当事者間において調停が実施されていること。

二 前号に規定する場合のほか、関係当事者間に調停によつて当該紛争の解決を図る旨の合意があること。

② 受訴裁判所は、いつでも前項の決定を取り消すことができる。

③ 第一項の申立てを却下する決定及び前項の規定により第一項の決定を取り消す決定に対しては、不服を申し立てることができない。

（**資料提供の要求等**）

第二六条 委員会は、当該委員会に係属している事件の解決のために必要があると認めるときは、関係行政庁に対し、資料の提供その他必要な協力を求めることができる。

（**厚生労働省令への委任**）

第二七条 この節に定めるもののほか、調停の手続に関し必要な事項は、厚生労働省令で定める。

第四章 雑則（抄）

（**調査等**）

第二八条① 厚生労働大臣は、男性労働者及び女性労働者のそれぞれの職業生活に関し必要な調査研究を実施するものとする。

② 厚生労働大臣は、この法律の施行に関し、関係行政機関の長に対し、資料の提供その他必要な協力を求めることができる。

③ 厚生労働大臣は、この法律の施行に関し、都道府県知事から必要な調査報告を求めることができる。

（**報告の徴収並びに助言、指導及び勧告**）

第二九条① 厚生労働大臣は、この法律の施行に関し必要があると認めるときは、事業主に対して、報告を求め、又は助言、指導若しくは勧告をすることができる。

② 前項に定める厚生労働大臣の権限は、厚生労働省令で定めるところにより、その一部を都道府県労働局長に委任することができる。

（**公表**）

第三〇条 厚生労働大臣は、第五条から第七条まで、第九条第一項から第三項まで、第十一条第一項及び第二項（第十一条の三第二項、第十七条第二項及び第十八条第二項において準用する場合を含む。）、第十一条の三第一項、第十二条並びに第十三条第一項の規定に違反している事業主に対し、前条第一項の規定による勧告をした場合において、その勧告を受けた者がこれに従わなかつたときは、その旨を公表することができる。

第三一条 （略）

（**適用除外**）

第三二条 第二章第一節、第十三条の二、同章第三節、前章、第二十九条及び第三十条の規定は、国家公務員及び地方公務員に、第二章第二節（第十三条の二を除く。）の規定は、一般職の国家公務員（行政執行法人の労働関係に関する法律（昭和二十三年法律第二百五十七号）第二条第二号の職員を除く。）、裁判所職員臨時措置法（昭和二十六年法律第二百九十九号）の適用を受ける裁判所職員、国会職員法（昭和二十二年法律第八十五号）の適用を受ける国会職員及び自衛隊法（昭和二十九年法律第百六十五号）第二条第五項に規定する隊員に関しては適用しない。

第五章 罰則

第三三条 第二十九条第一項の規定による報告をせず、又は虚偽の報告をした者は、二十万円以下の過料に処する。

附 則（抄）

（**令和八年三月三十一日までの間の男女雇用機会均等推進者の業務**）

② 令和八年三月三十一日までの間は、第十三条の二中「並びに」とあるのは、「、女性の職業生活における活躍の推進に関する法律（平成二十七年法律第六十四号）第八条第一項に規定する一般事業主行動計画に基づく取組及び同法第二十条の規定による情報の公表の推進のための措置並びに」とする。

●短時間労働者及び有期雇用労働者の雇用管理の改善等に関する法律（抜粋）

（平成五・六・一八 法 七六）

題名改正 平成三〇法七一（旧・短時間労働者の雇用管理の改善等に関する法律）
最終改正 令和一法二四

（目的）
第一条 この法律は、我が国における少子高齢化の進展、就業構造の変化等の社会経済情勢の変化に伴い、短時間・有期雇用労働者の果たす役割の重要性が増大していることに鑑み、短時間・有期雇用労働者について、その適正な労働条件の確保、雇用管理の改善、通常の労働者への転換の推進、職業能力の開発及び向上等に関する措置等を講ずることにより、通常の労働者との均衡のとれた待遇の確保等を図ることを通じて短時間・有期雇用労働者がその有する能力を有効に発揮することができるようにし、もってその福祉の増進を図り、あわせて経済及び社会の発展に寄与することを目的とする。

（定義）
第二条① この法律において「短時間労働者」とは、一週間の所定労働時間が同一の事業主に雇用される通常の労働者（当該事業主に雇用される通常の労働者と同種の業務に従事する当該事業主に雇用される労働者にあっては、厚生労働省令で定める場合を除き、当該労働者と同種の業務に従事する当該通常の労働者）の一週間の所定労働時間に比し短い労働者をいう。
② この法律において「有期雇用労働者」とは、事業主と期間の定めのある労働契約を締結している労働者をいう。
③ この法律において「短時間・有期雇用労働者」とは、短時間労働者及び有期雇用労働者をいう。

（労働条件に関する文書の交付等）
第六条① 事業主は、短時間・有期雇用労働者を雇い入れたときは、速やかに、当該短時間・有期雇用労働者に対して、労働条件に関する事項のうち労働基準法（昭和二十二年法律第四十九号）第十五条第一項に規定する厚生労働省令で定める事項以外のものであって厚生労働省令で定めるもの（次項及び第十四条第一項において「特定事項」という。）を文書の交付その他厚生労働省令で定める方法（次項において「文書の交付等」という。）により明示しなければならない。
② 事業主は、前項の規定に基づき特定事項を明示するときは、労働条件に関する事項のうち特定事項及び労働基準法第十五条第一項に規定する厚生労働省令で定める事項以外のものについても、文書の交付等により明示するように努めるものとする。

（就業規則の作成の手続）
第七条① 事業主は、短時間労働者に係る事項について就業規則を作成し、又は変更しようとするときは、当該事業所において雇用する短時間労働者の過半数を代表すると認められるものの意見を聴くように努めるものとする。
② 前項の規定は、事業主が有期雇用労働者に係る事項について就業規則を作成し、又は変更しようとする場合について準用する。この場合において、「短時間労働者」とあるのは、「有期雇用労働者」と読み替えるものとする。

（不合理な待遇の禁止）
第八条 事業主は、その雇用する短時間・有期雇用労働者の基本給、賞与その他の待遇のそれぞれについて、当該待遇に対応する通常の労働者の待遇との間において、当該短時間・有期雇用労働者及び通常の労働者の業務の内容及び当該業務に伴う責任の程度（以下「職務の内容」という。）、当該職務の内容及び配置の変更の範囲その他の事情のうち、当該待遇の性質及び当該待遇を行う目的に照らして適切と認められるものを考慮して、不合理と認められる相違を設けてはならない。

参考 労働契約法（平成三〇法七一による改正前のもの）（抜粋）
（期間の定めがあることによる不合理な労働条件の禁止）
旧第二〇条 有期労働契約を締結している労働者の労働契約の内容である労働条件が、期間の定めがあることにより同一の使用者と期間の定めのない労働契約を締結している労働者の労働契約の内容である労働条件と相違する場合においては、当該労働条件の相違は、労働者の業務の内容及び当該業務に伴う責任の程度（以下この条において「職務の内容」という。）、当該職務の内容及び配置の変更の範囲その他の事情を考慮して、不合理と認められるものであってはならない。
（平成三〇法七一により削られた）

[1] 労契法二〇条［平成三〇法七一改正前。本条に対応］は、職務の内容等の違いに応じた均衡のとれた処遇を求める規定であり、有期労働契約のうち同条に違反する労働条件の相違を設ける部分は無効となるが、同条の効力により無期契約労働者の労働条件と同一のものとなるものではない。
同条にいう「期間の定めがあることにより」とは、有期契約労働者と無期契約労働者との労働条件の相違が期間の定めの有無に関連して生じたものであることをいう。本件諸手当に係る労働条件の相違は、契約社員と正社員とで異なる就業規則が適用されることにより生じているものであり、期間の定めの有無に関連して生じたものであるといえる。
同条にいう「不合理と認められるもの」とは、有期契約労働者と無期契約労働者との労働条件の相違が不合理であると評価することができるものであることをいい、その判断は規範的評価を伴うものであるから、不合理であるとの評価を基礎付ける事実については同条違反を主張する者（労働者）が、不合理であるとの評価を妨げる事実については同条違反を争う者（使用者）が、それぞれ主張立証責任を負う。
本件の皆勤手当、無事故手当、作業手当、給食手当、通勤手当は、その趣旨・目的、支給に相違が生じた諸事情を踏まえると、契約社員に支給しない又は低額支給とすることは不合理と認められるが、従業員の住宅費用を補助する趣旨の本件住宅手当は、転居を伴う配転が予定される正社員にのみ支給することも不合理とは認められない。（最判平30・6・1民集七二・二・八八〈ハマキョウレックス事件〉労働百選［一〇版］八二……平成三〇法七一による改正前の労契法二〇条に関する事案）→民訴◆【証明責任】［二七九条の前］29

[2] 定年退職者の有期労働契約による再雇用の場合、長期雇用は通常予定されておらず、定年後再雇用労働者は、定年退職まで無期契約労働者として賃金の支給を受けてきた者であり、一定の要件を満たせば老齢厚生年金の支給を受けることも予定されているという事情は、不合理性の判断において、労契法二〇条［平成三〇法七一改正前。本条に対応］の「その他の事情」として考慮されることとなる。
労働者の賃金が複数の賃金項目から構成されている場合、不合理性の判断に当たっては、賃金の総額を比較することのみによるのではなく、当該賃金項目の趣旨を個別に考慮すべきである。なお、ある賃金項目の有無・内容が、他の賃金項目の有無・内容を踏まえて決定される場合、そのような事情も、個々の賃金項目の不合理性の判断に当たり考慮される。
本件においては、正社員には基本給、能率給及び職務給を支給し、嘱託再雇用乗務員には基本賃金及び歩合給を支給するという相違があるところ、嘱託乗務員と正社員間の基本賃金額や歩合給係数、合計額の比較や団体交渉の経緯、老齢厚生年金の支給や調整給等を総合考慮すると、嘱託乗務員と正社員との職務内容並びに職務の内容及び配置の変更範囲が同一であるといった事情を踏まえても、これらの相違は不合理とは認められない。（最判平30・6・1民集七二・二・二〇二

〈長澤運輸事件〉重判平30労働一〇……平成三〇法七一による改正前の労契法二〇条に関する事案）

③ 有期契約労働者と無期契約労働者の間の労働条件の相違が退職金の支給に係るものであったとしても、それが労契法旧二〇条にいう不合理と認められるものに当たる場合はあり得るものと考えられる。もっとも、その判断に当たっては、他の労働条件の相違と同様に、当該使用者における退職金の性質やこれを支給することとされた目的を踏まえて同条所定の諸事情を考慮することにより、当該労働条件の相違が不合理と評価することができるものか否かを検討すべきである。（最判令2・10・13民集七四・七・一九〇一〈メトロコマース事件〉重判令2労働七……賞与について同旨、最判令2・10・13労判一二二九・七七〈大阪医科薬科大学事件〉。いずれも結論としては不合理と認められるものに当たらないとされた事例。平成三〇法七一による改正前の労契法二〇条に関する事案）

④ 労契法旧二〇条にいう不合理と認められるか否かの判断に当たっては、賃金以外の労働条件の相違についても、個々の労働条件の趣旨を個別に考慮すべきものと解するのが相当である。

正社員に夏期冬期休暇が与えられているのは、労働から離れる機会を与えることにより心身の回復を図るという目的によるものであると解されること等から、そのような趣旨は時給制契約社員にも妥当するというべきであり、職務内容の違い等を考慮しても時給制契約社員に前記休暇を与えないという労働条件の相違は不合理であると評価することができる。（最判令2・10・15労判一二二九・五〈日本郵便（佐賀）事件〉……平成三〇法七一による改正前の労契法二〇条に関する事案）

（通常の労働者と同視すべき短時間・有期雇用労働者に対する差別的取扱いの禁止）

第九条 事業主は、職務の内容が通常の労働者と同一の短時間・有期雇用労働者（第十一条第一項において「職務内容同一短時間・有期雇用労働者」という。）であって、当該事業所における慣行その他の事情からみて、当該事業主との雇用関係が終了するまでの全期間において、その職務の内容及び配置が当該通常の労働者の職務の内容及び配置の変更の範囲と同一の範囲で変更されることが見込まれるもの（次条及び同項において「通常の労働者と同視すべき短時間・有期雇用労働者」という。）については、短時間・有期雇用労働者であることを理由として、基本給、賞与その他の待遇のそれぞれについて、差別的取扱いをしてはならない。

⑦ 正社員と同一内容の職務に従事している短時間準社員（貨物自動車運転手）について、同人が締結している有期労働契約は反復更新により無期労働契約と同視することが社会通念上相当と認められ、また、転勤・出向、チーフ・運行管理者等への任命等の点で正社員との間に実際上ほとんど違いがないことに鑑みると、契約が終了するまでの全期間において職務の内容及び配置が正社員と同一の範囲で変更されると見込まれるものといえる。この準社員と正社員との賞与の差、休日賃金分の差等はパートタイム労働者であることを理由とした差別的取扱いに当たり、不法行為として損害賠償請求が認められる。（大分地判平25・12・10労判一〇九〇・四四〈ニヤクコーポレーション事件〉労働百選九版七八……平成二六法二七による改正前の八条［改正後の本条に相当］に関する事案）

（賃金）

第一〇条 事業主は、通常の労働者との均衡を考慮しつつ、その雇用する短時間・有期雇用労働者（通常の労働者と同視すべき短時間・有期雇用労働者を除く。次条第二項及び第十二条において同じ。）の職務の内容、職務の成果、意欲、能力又は経験その他の就業の実態に関する事項を勘案し、その賃金（通勤手当その他の厚生労働省令で定めるものを除く。）を決定するように努めるものとする。

（教育訓練）

第一一条① 事業主は、通常の労働者に対して実施する教育訓練であって、当該通常の労働者が従事する職務の遂行に必要な能力を付与するためのものについては、職務内容同一短時間・有期雇用労働者（通常の労働者と同視すべき短時間・有期雇用労働者を除く。以下この項において同じ。）が既に当該職務に必要な能力を有している場合その他の厚生労働省令で定める場合を除き、職務内容同一短時間・有期雇用労働者に対しても、これを実施しなければならない。

② 事業主は、前項に定めるもののほか、通常の労働者との均衡を考慮しつつ、その雇用する短時間・有期雇用労働者の職務の内容、職務の成果、意欲、能力及び経験その他の就業の実態に関する事項に応じ、当該短時間・有期雇用労働者に対して教育訓練を実施するように努めるものとする。

（福利厚生施設）

第一二条 事業主は、通常の労働者に対して利用の機会を与える福利厚生施設であって、健康の保持又は業務の円滑な遂行に資するものとして厚生労働省令で定めるものについては、その雇用する短時間・有期雇用労働者に対しても、利用の機会を与えなければならない。

（通常の労働者への転換）

第一三条 事業主は、通常の労働者への転換を推進するため、その雇用する短時間・有期雇用労働者について、次の各号のいずれかの措置を講じなければならない。

一 通常の労働者の募集を行う場合において、当該募集に係る事業所に掲示すること等により、その者が従事すべき業務の内容、賃金、労働時間その他の当該募集に係る事項を当該事業所において雇用する短時間・有期雇用労働者に周知すること。

二 通常の労働者の配置を新たに行う場合において、当該配置の希望を申し出る機会を当該配置に係る事業所において雇用する短時間・有期雇用労働者に対して与えること。

三 一定の資格を有する短時間・有期雇用労働者を対象とした通常の労働者への転換のための試験制度を設けることその他の通常の労働者への転換を推進するための措置を講ずること。

（事業主が講ずる措置の内容等の説明）

第一四条① 事業主は、短時間・有期雇用労働者を雇い入れたときは、速やかに、第八条から前条までの規定により措置を講ずべきこととされている事項（労働基準法第十五条第一項に規定する厚生労働省令で定める事項及び特定事項を除く。）に関し講ずることとしている措置の内容について、当該短時間・有期雇用労働者に説明しなければならない。

② 事業主は、その雇用する短時間・有期雇用労働者から求めがあったときは、当該短時間・有期雇用労働者と通常の労働者との間の待遇の相違の内容及び理由並びに第六条から前条までの規定により措置を講ずべきこととされている事項に関する決定をするに当たって考慮した事項について、当該短時間・有期雇用労働者に説明しなければならない。

③ 事業主は、短時間・有期雇用労働者が前項の求めをしたことを理由として、当該短時間・有期雇用労働者に対して解雇その他不利益な取扱いをしてはならない。

●労働者災害補償保険法（抄）（昭和二二・四・七 法 五 〇）

施行　昭和二二・九・一（昭和二二政一七一）

改正　昭和二三法七一、昭和二四法八二・法一六六、昭和二五法一二五・法二九〇、昭和二六法四六・法七八、昭和二七法二八七、昭和三〇法三九・法一三一、昭和三一法一二六、昭和三三法一二六、昭和三四法一四八、昭和三五法二九、昭和三七法六七・法一四〇・法一六一、昭和三九法一一八、昭和四〇法一三〇、昭和四四法八三・法八五、昭和四五法一三・法八八、昭和四八法八五、昭和四九法一一五、昭和五一法三二、昭和五三法五四、昭和五五法一〇四、昭和五七法六六、昭和五九法八七、昭和六〇法三四・法四八・法一〇五・法一〇六・法一〇七・法一〇八、昭和六一法五九・法九三、平成二法四〇、平成六法五六・法九五、平成七法三五、平成八法四二・法八二、平成九法四八、平成一〇法一一二、平成一一法八七・法一〇二・法一六〇、平成一二法一二四、平成一三法一〇一・法一五三、平成一四法一七一、平成一七法五〇・法一〇八・法一二三、平成一九法三〇、平成二二法一五・法七一、平成二四法二七・法五一・法六三、平成二六法二八・法四二・法六九、平成二七法一七、平成二九法四五、令和二法一四・法四〇、令和四法六八

目次

第一章　総則（抄）

第一条【目的】　労働者災害補償保険は、業務上の事由、事業主が同一人でない二以上の事業に使用される労働者（以下「複数事業労働者」という。）の二以上の事業の業務を要因とする事由又は通勤による労働者の負傷、疾病、障害、死亡等に対して迅速かつ公正な保護をするため、必要な保険給付を行い、あわせて、業務上の事由、複数事業労働者の二以上の事業の業務を要因とする事由又は通勤により負傷し、又は疾病にかかつた労働者の社会復帰の促進、当該労働者及びその遺族の援護、労働者の安全及び衛生の確保等を図り、もつて労働者の福祉の増進に寄与することを目的とする。

「労働者」の概念→労基九条[2][3][5]・一一六条[1]

第二条【管掌】　労働者災害補償保険は、政府が、これを管掌する。

第二条の二【目的達成の方策】　労働者災害補償保険は、第一条の目的を達成するため、業務上の事由、複数事業労働者の二以上の事業の業務を要因とする事由又は通勤による労働者の負傷、疾病、障害、死亡等に関して保険給付を行うほか、社会復帰促進等事業を行うことができる。

第三条【適用事業、非適用事業】　①　この法律においては、労働者を使用する事業を適用事業とする。

②　前項の規定にかかわらず、国の直営事業及び官公署の事業（労働基準法（昭和二十二年法律第四十九号）別表第一に掲げる事業を除く。）については、この法律は、適用しない。

法施行前の業務による災害と保険給付

[1]　労働者の疾病が労災保険法施行前に従事した業務を原因とするものであつても、その発病が同法施行後であれば、同法による保険給付の対象となり得る。（最判平5・2・16民集四七・二・四七三〈和歌山労基署長事件〉社会保障百選[三版]六〇）

第四条　削除

第五条　（略）

第二章　保険関係の成立及び消滅

第六条【保険関係の成立及び消滅】　保険関係の成立及び消滅については、徴収法（編注・労働保険の保険料の徴収等に関する法律。以下同じ。）の定めるところによる。

第三章　保険給付（抄）

第一節　通則（抄）

第七条【保険給付の種類】　①　この法律による保険給付は、次に掲げる保険給付とする。

一　労働者の業務上の負傷、疾病、障害又は死亡（以下「業務災害」という。）に関する保険給付

二　複数事業労働者（これに類する者として厚生労働省令で定めるものを含む。以下同じ。）の二以上の事業の業務を要因とする負傷、疾病、障害又は死亡（以下「複数業務要因災害」という。）に関する保険給付（前号に掲げるものを除く。以下同じ。）

三　労働者の通勤による負傷、疾病、障害又は死亡（以下「通勤災害」という。）に関する保険給付

四　二次健康診断等給付

②　前項第三号の通勤とは、労働者が、就業に関し、次に掲げる移動を、合理的な経路及び方法により行うことをいい、業務の性質を有するものを除くものとする。

一　住居と就業の場所との間の往復

二　厚生労働省令で定める就業の場所から他の就業の場所への移動

三　第一号に掲げる往復に先行し、又は後続する住居間の移動（厚生労働省令で定める要件に該当するものに限る。）

③　労働者が、前項各号に掲げる移動の経路を逸脱し、又は同項各号に掲げる移動を中断した場合においては、当該逸脱又は中断の間及びその後の同項各号に掲げる移動は、第一項第三号の通勤としない。ただし、当該逸脱又は中断が、日常生活上必要な行為であつて厚生労働省令で定めるものをやむを得ない事由により行うための最小限度のものである場合は、当該逸脱又は中断の間を除き、この限りでない。

一　作業中断中の災害

[1]　大工である労働者が元同僚と仕事上のことから争いを起こし、建築現場付近の路上で頭を殴打され、それがもとで死亡した場合に、元同僚の暴力の直接の原因が労働者自身の嘲笑的態度などの挑発にあるときには、同人の死亡は、その業務に起因したものとはいえない。（最判昭49・9・2民集二八・

六・一二三五〈倉敷労基署長事件〉社会保障百選[四版]五二）

二 出張中の災害

[2] 労働者が宿泊を伴う出張をしている場合は、出張の全過程について事業主の支配下にあるので、原則として業務遂行性が認められ、また、出張に伴う宿泊に当然付随する行為から生じた災害は、反証のない限り業務起因性も推定される。出張中の宿舎において食事に通常伴う程度の飲酒をした労働者が、酔いのために階段で足を踏み外したため転落して死亡した事故は、業務と全く関連のない私的行為によるものとはいえず、業務起因性が認められる。（福岡高判平5・4・28労判六四八・八二〈大分労基署長事件〉労働百選[九版]四四）

[3] 海外出張中の宿泊先で労働者が第三者の加害行為（強盗殺人）により死亡した事故は、事故当時、滞在国内において日本人を含む外国人が宿泊先のホテル内で強盗殺人の被害に遭う事件が発生し、本件事故が発生した都市においても日本人が被害者となる犯罪事件が複数発生しており、また、本件事故が発生したホテルの宿泊者に対する安全対策が十分であったとはいい難いという状況の下では、業務に内在する危険性が現実化したものとして、業務起因性が認められる。（徳島地判平14・1・25労判八二一・八一〈鳴門労基署長事件〉）

三 社外行事中の災害

[4] 業務災害として、労災保険法に基づく保険給付の対象となるには、それが業務上の事由によるものであることが必要であり、そのための要件の一つとして、労働者が労働契約に基づき事業主の支配下にある状態において、当該災害が発生したことが必要である。外国人研修生との親睦目的の歓送迎会に、上司の意向等により参加せざるを得なかった労働者が、業務を一時中断して途中参加し、その終了後業務に戻るに当たり、上司に代わって研修生を居宅に送る途中で交通事故に遭い死亡した場合において、当該労働者は、本件事故の際、会社の支配下にあったというべきで、当該死亡は業務上の災害に当たる。（最判平28・7・8労判一一四五・六〈行橋労基署長事件〉労働百選[一〇版]四六）

四 急性脳・心臓疾患の業務起因性

[5] 都立高等学校の教員が、勤務先において労作型の不安定狭心症を発症して病院に運ばれ、治療と安静を必要とする状況にあったにもかかわらず、当日は病院から勤務先に戻り公務に従事せざるを得ず、翌日も検査を受けたのみで公務に従事せざるを得なかったという事情の下では、翌日同人が心筋梗塞により死亡したことは、狭心症の発作を起こしたにもかかわらず引き続き公務に従事せざるを得なかったという、公務に内在する危険が現実化したことによるものとみることができ、心筋梗塞の発症と公務との間には相当因果関係がある。（最判平8・1・23労判六八七・一六〈地公災基金東京都支部長（町田高校）事件〉労働百選[七版]六七……地方公務員災害補償法上の事件）

[6] 本態性高血圧症の持病を持つ郵便局の副課長が、医師により診察及び日常生活上の指導を受けるように指示されていたにもかかわらずこれを遵守せず、食事・運動療法もしないなど必要な血圧コントロールを怠っていた一方、同人にとって平常日は二時間の超過勤務が常態となっており、死亡の五日前には休日出勤をしていたとしても、その業務内容には、肉体的、精神的に過重労働と認め得るものはなかったという事情の下では、同人が脳出血により死亡したことは、血圧のコントロール不良による高血圧症の増悪に起因するものであり、公務に起因するものとは認めることはできない。（最判平8・1・23労判六八七・一八〈昭和郵便局事件〉……国家公務員災害補償法上の事件）

[7] 電気工であった労働者が、電柱のつり上げ作業時に電柱やクレーンのフック等が落下した事故によって軽傷を負った二日後に、脳内出血又はくも膜下出血を発症して死亡したことは、同人が右事故による精神的・肉体的なストレスを受けながら、厳寒期に地上約一〇メートルの電柱上で工事を行っており、他方、同人の基礎疾患が血管破裂の寸前まで進行していたとみるのは困難であるという事情の下では、右事故及びその後の業務の遂行により同人の基礎疾患が自然的経過を超えて急激に悪化したことによって生じたものとみられるから、業務上の死亡に当たる。（最判平9・4・25労判七二二・一三〈大館労基署長事件〉社会保障百選[四版]五六）

[8] 時間外労働が一日平均七時間を超える不規則で過重な勤務を長期間にわたって継続してきた支店長付き運転手がくも膜下出血を発症した事案につき、同人がその基礎疾患（脳動脈りゅう）を有していた蓋然性は高いが、当該くも膜下出血の発症は、長期間にわたる過重な業務の継続と発症直前の長時間の業務があいまってもたらされた過重な精神的・身体的負荷が、同人の基礎疾患をその自然的経過を超えて増悪させたことによって生じたものとみるのが相当であるから、業務上の疾病に当たる。（最判平12・7・17労判七八五・六〈横浜南労基署長（東京海上横浜支店）事件〉労働百選[一〇版]四七）

[9] 看護師がくも膜下出血を発症し死亡した事案につき、発症前六か月間の時間外労働時間数は月平均で約五四時間であり、指針が例示する八〇時間ないし一〇〇時間に達していないが、同人が行っていた業務は身体の不自由な患者の介助など身体的負担の高いものであった上、不規則な夜間交代制勤務によって身体的・精神的に高い負荷が与えられていたなど業務が質的に過重であったことを加味すると、同人が従事していた業務（公務）は、その基礎疾患たる脳動脈瘤を自然的経過を超えて増悪させる要因となり得る負荷のある業務であったと認められる。（大阪高判平20・10・30労判九七七・四二〈国・国立循環器病センター事件〉）

五 鬱病による自殺と業務起因性

[10] 業務と精神疾患の発症や増悪との間に相当因果関係が肯定されるためには、単に業務が他の原因と共働して精神疾患を発症若しくは増悪させた原因であると認められるだけでは足りず、当該業務自体が、社会通念上、当該精神疾患を発症若しくは増悪させる一定程度以上の危険性を内在又は随伴していることが必要である。そして、業務と鬱病の発症・増悪との間の相当因果関係の存否を判断するに当たっては、鬱病に関する医学的知見を踏まえて、発症前の業務内容及び生活状況並びにこれらが労働者に与える心身的負荷の有無や程度、さらには当該労働者の基礎疾患等の身体的要因や、鬱病に親和的な性格等の個体側の要因等を具体的かつ総合的に検討し、社会通念に照らして判断するのが相当である。（名古屋高判平15・7・8労判八五六・一四〈豊田労基署長事件〉社会保障百選[四版]五五……自動車会社車両設計課係長の鬱病発症とそれに基づく自殺に対し業務起因性が認められた事例）→一二条の二の二[1]

六 上司発言による自殺

[11] 上司である係長による「存在が目障りだ」、「お前は会社を食いものにしている、給料泥棒」などの発言により自殺したケースで、社会通念上、客観的にみて精神疾患を発症させる程度に過重な心理的負荷を受けており、他に業務外の心理的負荷や本人の個体側の脆弱性も認められないことから、業務に内在ないし随伴する危険が現実化したものとして精神障害を発症したと認めるのが相当である。（東京地判平19・10・15労判九五〇・五〈国・静岡労基署長事件〉……業務起因性を肯定）

七 その他の疾患の業務起因性

[12] 四日間にわたって国内出張をした後、一日おいただけで、一四日間に六つの国と地域を回る過密日程の海外出張に出かけ、一二日間にわたり休日もなく連日長時間の海外勤務を続けていた労働者がせん孔性十二指腸潰瘍を発症した事案につき、本件疾病は、同人の有していた基礎疾病等が本件各出張という特に過重な業務の遂行によりその自然の経過を超えて急激に悪化したことによって発症したものとみるのが相当であり、業務上の疾病に当たる。（最判平16・9・7労判八八

○・四二〈神戸東労基署長（ゴールドリングジャパン）事件〉社会保障百選[四版]五八）

八 業務の過重性の判断基準

13 業務の危険性の判断は、当該労働者と同種の平均的な労働者、すなわち、何らかの個体側の脆弱性を有しながらも、当該労働者と職種、職場における立場、経験等の点で同種の者であって、特段の勤務軽減まで必要とせずに通常業務を遂行することができる者を基準とすべきである。（東京地判平21・5・20労判九九〇・一一九〈渋谷労基署長（小田急レストランシステム）事件〉……自殺の業務起因性を肯定した事例）

14 業務起因性の判断は平均的な労働者を基準とするのが自然であるが、労働に従事する労働者は必ずしも平均的な労働能力を有しているわけではなく、身体に障害を抱えている労働者もいることを考慮すると、少なくとも、身体障害者であることを前提として業務に従事させた場合に、その障害とされている基礎疾患が悪化して災害が発生した場合には、その業務起因性の判断基準は、当該労働者が基準となるというべきである。（名古屋高判平22・4・16労判一〇〇六・五〈国・豊橋労基署長（マツヤデンキ）事件〉……身体障害者の致死的不整脈による心停止の業務起因性を肯定した事例）

九 「通勤災害」の要件

15 労働者が帰宅途中、交差点から自宅とは反対方向に約一四〇メートルの地点にある商店で夕食の材料を購入することは「往復の通路を逸脱」する場合に当たり、交差点から約四〇メートルの地点で遭遇した事故は「通勤災害」とはいえない。（札幌高判平元・5・8労判五四一・二七〈札幌中央労基署長事件〉労働百選[七版]六六）

16 JRの助役が社外の飲食店での管理者会とその後の懇親会に参加した帰途に遭遇した事故は、管理者会が業務としての性格を持っていたこと、懇親会は同一の場所で約五五分間程度行われたにすぎず、出された料理とアルコールも少量であったことなどからすると、就業と関連性のある帰宅行為の途上での事故として、通勤災害に当たる。（仙台地判平9・2・25労判七一四・三五〈大河原労基署長事件〉）

17 営業所と同一建物内にある社宅につき、営業所長として赴任を命じられた被災者にとっては、他の住居を選択することは事実上著しく困難であったうえ、本件社宅への入居はそれ自体営業所長としての職務の一環であったと評価できるため、本件社宅は「就業の場所」と同視するのが相当であり、勤務日前日に帰省先自宅から本件社宅へ自家用車で移動する途上で発生した事故は通勤災害に該当する。（名古屋高判平18・3・15労判九一四・五〈高山労基署長事件〉）

第八条【給付基礎日額】 ① 給付基礎日額は、労働基準法第十二条の平均賃金に相当する額とする。この場合において、同条第一項の平均賃金を算定すべき事由の発生した日は、前条第一項第一号から第三号までに規定する負傷若しくは死亡の原因である事故が発生した日又は診断によつて同項第一号から第三号までに規定する疾病の発生が確定した日（以下「算定事由発生日」という。）とする。

② 労働基準法第十二条の平均賃金に相当する額を給付基礎日額とすることが適当でないと認められるときは、前項の規定にかかわらず、厚生労働省令で定めるところによつて政府が算定する額を給付基礎日額とする。

③ 前二項の規定にかかわらず、複数事業労働者の業務上の事由、複数事業労働者の二以上の事業の業務を要因とする事由又は複数事業労働者の通勤による負傷、疾病、障害又は死亡により、当該複数事業労働者、その遺族その他厚生労働省令で定める者に対して保険給付を行う場合における給付基礎日額は、前二項に定めるところにより当該複数事業労働者を使用する事業ごとに算定した給付基礎日額に相当する額を合算した額を基礎として、厚生労働省令で定めるところによつて政府が算定する額とする。

第八条の二【休業給付基礎日額】 ① 休業補償給付、複数事業労働者休業給付又は休業給付（以下この条において「休業補償給付等」という。）の額の算定の基礎として用いる給付基礎日額（以下この条において「休業給付基礎日額」という。）については、次に定めるところによる。

一 次号に規定する休業補償給付等以外の休業補償給付等については、前条の規定により給付基礎日額として算定した額を休業給付基礎日額とする。

二 一月から三月まで、四月から六月まで、七月から九月まで及び十月から十二月までの各区分による期間（以下この条及び第四十二条第二項において「四半期」という。）ごとの平均給与額（厚生労働省において作成する毎月勤労統計における毎月きまつて支給する給与の額を基礎として厚生労働省令で定めるところにより算定した労働者一人当たりの給与の一箇月平均額をいう。以下この号において同じ。）が、算定事由発生日の属する四半期（この号の規定により算定した額（以下この号において「改定日額」という。）を休業給付基礎日額とすることとされている場合にあつては、当該改定日額を休業補償給付等の額の算定の基礎として用いるべき最初の四半期の前々四半期）の平均給与額の百分の百十を超え、又は百分の九十を下るに至つた場合において、その上昇し、又は低下するに至つた四半期の翌々四半期に属する最初の日以後に支給すべき事由が生じた休業補償給付等については、その上昇し、又は低下した比率を基準として厚生労働大臣が定める率を前条の規定により給付基礎日額として算定した額（改定日額を休業給付基礎日額とすることとされている場合にあつては、当該改定日額）に乗じて得た額を休業給付基礎日額とする。

② 休業補償給付等を支給すべき事由が生じた日が当該休業補償給付等に係る療養を開始した日から起算して一年六箇月を経過した日以後の日である場合において、次の各号に掲げる場合に該当するときは、前項の規定にかかわらず、当該各号に定める額を休業給付基礎日額とする。

一 前項の規定により休業給付基礎日額として算定した額が、厚生労働省令で定める年齢階層（以下この条において単に「年齢階層」という。）ごとに休業給付基礎日額の最低限度額として厚生労働大臣が定める額のうち、当該休業補償給付等を受けるべき労働者の当該休業補償給付等を支給すべき事由が生じた日の属する四半期の初日（次号において「基準日」という。）における年齢の属する年齢階層に係る額に満たない場合　当該年齢階層に係る額

二 前項の規定により休業給付基礎日額として算定した額が、年齢階層ごとに休業給付基礎日額の最高限度額として厚生労働大臣が定める額のうち、当該休業補償給付等を受けるべき労働者の基準日における年齢の属する年齢階層に係る額を超える場合　当該年齢階層に係る額

③ 前項第一号の厚生労働大臣が定める額は、毎年、年齢階層ごとに、厚生労働省令で定めるところにより、当該年齢階層に属するすべての労働者を、その受けている一月当たりの賃金の額（以下この項において「賃金月額」という。）の高低に従い、二十の階層に区分し、その区分された階層のうち最も低い賃金月額に係る階層に属する労働者の受けている賃金月額のうち最も高いものを基礎とし、労働者の年齢階層別の就業状態その他の事情を考慮して定めるものとする。

④ 前項の規定は、第二項第二号の厚生労働大臣が定める額について準用する。この場合において、前項中「最も低い賃金月額に係る」とあるのは、「最も高い賃金月額に係る階層の直近下位の」と読み替えるものとする。

第八条の三【年金給付基礎日額】 ① 年金たる保険給付の額の算定の基礎として用いる給付基礎日額（以下この条において「年金給付基礎日額」という。）については、次に定めるところによる。

一 算定事由発生日の属する年度（四月一日から翌年三月三十一日までをいう。以下同じ。）の翌々年度の七月以前の分とし

て支給する年金たる保険給付については、第八条の規定により給付基礎日額として算定した額を年金給付基礎日額とする。

二　算定事由発生日の属する年度の翌々年度の八月以後の分として支給する年金たる保険給付については、第八条の規定により給付基礎日額として算定した額に当該年金たる保険給付を支給すべき月の属する年度の前年度（当該月が四月から七月までの月に該当する場合にあつては、前々年度）の平均給与額（厚生労働省において作成する毎月勤労統計における毎月きまつて支給する給与の額を基礎として厚生労働省令で定めるところにより算定した労働者一人当たりの給与の平均額をいう。以下この号及び第十六条の六第二項において同じ。）を算定事由発生日の属する年度の平均給与額で除して得た率を基準として厚生労働大臣が定める率を乗じて得た額を年金給付基礎日額とする。

②　前条第二項から第四項までの規定は、年金給付基礎日額について準用する。この場合において、同条第二項中「休業補償給付等を支給すべき事由が生じた日が当該休業補償給付等に係る療養を開始した日から起算して一年六箇月を経過した日以後の日である」とあるのは「年金たる保険給付を支給すべき事由がある」と、「前項」とあるのは「次条第一項」と、「休業給付基礎日額」とあるのは「年金給付基礎日額」と、同項第一号中「休業補償給付等」とあるのは「年金たる保険給付」と、「支給すべき事由が生じた日」とあるのは「支給すべき月」と、「四半期の初日（次号」とあるのは「年度の八月一日（当該月が四月から七月までの月に該当する場合にあつては、当該年度の前年度の八月一日。以下この項」と、「年齢の」とあるのは「年齢（遺族補償年金、複数事業労働者遺族年金又は遺族年金を支給すべき場合にあつては、当該支給をすべき事由に係る労働者の死亡がなかつたものとして計算した場合に得られる当該労働者の基準日における年齢。次号において同じ。）の」と、同項第二号中「休業補償給付等」とあるのは「年金たる保険給付」と読み替えるものとする。

第八条の四から第一二条の二まで（略）

第一二条の二の二【給付制限】①　労働者が、故意に負傷、疾病、障害若しくは死亡又はその直接の原因となつた事故を生じさせたときは、政府は、保険給付を行わない。

②　労働者が故意の犯罪行為若しくは重大な過失により、又は正当な理由がなくて療養に関する指示に従わないことにより、負傷、疾病、障害若しくは死亡若しくはこれらの原因となつた事故を生じさせ、又は負傷、疾病若しくは障害の程度を増進させ、若しくはその回復を妨げたときは、政府は、保険給付の全部又は一部を行わないことができる。

[1] **鬱病による自殺と本条一項の「故意」**　本条一項の趣旨は、業務と関わりのない労働者の自由な意思によって発生した事故は業務との因果関係が中断される結果、業務起因性がないことを確認的に示したものであり、自殺行為のように外形的に労働者の意思的行為と見られる行為によって事故が発生した場合であっても、その行為が業務に起因して発生した鬱病の症状として発現したと認められる場合には、労働者の自由な意思に基づく行為とはいえないから、同項にいう故意には該当しない。（名古屋高判平15・7・8労判八五六・一四〈豊田労基署長事件〉社会保障百選[四版]五五）→七条[10]

第一二条の三（略）

第一二条の四【政府による求償権の取得】①　政府は、保険給付の原因である事故が第三者の行為によつて生じた場合において、保険給付をしたときは、その給付の価額の限度で、保険給付を受けた者が第三者に対して有する損害賠償の請求権を取得する。

②　前項の場合において、保険給付を受けるべき者が当該第三者から同一の事由について損害賠償を受けたときは、政府は、その価額の限度で保険給付をしないことができる。

一　損害賠償からの保険給付額の控除と過失相殺の先後

[1] 労災保険法による保険給付の対象となる事故が第三者の行為によって生じた場合、支払済みの保険給付の額は第三者が労働者に対して支払うべき損害賠償の額から控除されるが、損害賠償額の算定に当たり労働者の過失を斟酌〔しんしゃく〕すべきときには、まず過失相殺を行った上、その残額から保険給付額を控除すべきである。（最判平元・4・11民集四三・四・二〇九〈高田建設事件〉社会保障百選[五版]六七）

二　加害者との示談と保険給付義務

[2] いわゆる第三者行為災害による労災保険給付の受給権者が第三者の自己に対する損害賠償債務の全部又は一部を免除した場合、政府はその限度で保険給付の義務を免れる。この場合に保険給付が行われたとしても、政府は、給付額と残存債務の差額については第三者に対する求償権を取得することはできない。（最判昭38・6・4民集一七・五・七一六〈小野運送事件〉社会保障百選[五版]六二）

三　損害賠償債務の履行による保険給付請求権の代位取得の可否

[3] 労災保険法に基づく保険給付と不法行為による損害賠償とは制度の趣旨・目的を異にするものであるから、保険給付は賠償された損害に代わる権利とはいえず、したがって、労働者の業務上の災害に関して損害賠償債務を履行した使用者は、賠償された損害に対応する保険給付請求権を代位取得しない。（最判平元・4・27民集四三・四・二七八〈三共自動車事件〉社会保障百選[四版]七〇）

四　保険給付により賠償責任を免れる損害の範囲

[4] 労災保険法に基づく保険給付の限度で民事損害賠償請求権の減縮が認められる、両者が「同一の事由」の関係にある場合とは、両者の対象となる損害が同性質のものである場合をいい、単に同一の事故から生じた損害であることをいうものではない。そして、損害賠償の対象となる損害のうち、右保険給付の対象となる損害と同性質であるといえるのは、財産的損害のうちの消極損害（いわゆる逸失利益）のみであり、積極損害（入院雑費、付添看護費等）及び精神的損害（慰謝料）は含まれない。（最判昭62・7・10民集四一・五・一二〇二〈青木鉛鉄事件〉社会保障百選[五版]六〇）

[5] 労災保険法における労働福祉事業の一環として支給される特別支給金は、被災労働者の福祉の増進を図るためのもので、損害賠償義務の履行との関係についての調整規定も置かれていないことに照らすと、被災労働者の損害を塡補する性質を有するものとはいえず、これを損害賠償の額から控除することはできない。（最判平8・2・23民集五〇・二・二四九〈コック食品事件〉社会保障百選[五版]六六）

[6] 労働者が不法行為によって死亡した場合において、相続人が、労災保険制度における遺族補償年金の支給を受け、又は支給を受けることが確定したときは、損害賠償額の算定に当たって、同年金との損益相殺的な調整の対象となるのは、同年金の塡補の対象となる被扶養利益の喪失による損害と同性質であり、かつ相互補完性を有する逸失利益等の消極損害の元本であり、遅延損害金は対象とはならず、また、制度の予定するところと異なって同年金の支給が著しく遅滞するなどの特段の事情のない限り、その塡補の対象となる損害は不法行為の時に塡補されたものと法的に評価して損益相殺的な調整をすることが公平の見地からみて相当である。（最大判平27・3・4民集六九・二・一七八〈フォーカスシステムズ事件〉社会保障百選[五版]六五）

五　労働者の直接請求権と国が代位取得した直接請求権の優先関係

[7] 本条一項は、被害労働者の二重利得及び加害者の免責を禁止する趣旨のものであり、同項により国に移転した直接請求

権の行使によって、労災保険給付によっても塡補されない損害についての被害労働者の直接請求権の行使が妨げられるべきではないこと及び自賠責保険金額の限度での確実な被害者救済という自賠法一六条一項の趣旨から、業務上災害である交通事故により被害を受けた労働者が、加害車両を被保険自動車とする自賠責保険の保険会社に対して、労災保険給付を受けてもなお塡補されない損害について、自賠法一六条一項に基づき損害賠償額の請求をする場合、本条一項により国に移転した直接請求権が行使され、その被害労働者の直接請求権の額と国に移転した直接請求権の額の合計額が自賠責保険金額を超えるときであっても、被害労働者は、国に優先して保険会社から自賠責保険金額の限度で支払を受けることができる。（最判平30・9・27民集七二・四・四三二〈保険金請求事件〉重判平30民七）

第一二条の五【受給権と退職、その譲渡及び差押えの禁止】① 保険給付を受ける権利は、労働者の退職によつて変更されることはない。

② 保険給付を受ける権利は、譲り渡し、担保に供し、又は差し押えることができない。

第一二条の六及び第一二条の七　（略）

第二節　業務災害に関する保険給付（抄）

第一二条の八【業務災害に関する保険給付の種類】① 第七条第一項第一号の業務災害に関する保険給付は、次に掲げる保険給付とする。

一　療養補償給付
二　休業補償給付
三　障害補償給付
四　遺族補償給付
五　葬祭料
六　傷病補償年金
七　介護補償給付

② 前項の保険給付（傷病補償年金及び介護補償給付を除く。）は、労働基準法第七十五条から第七十七条まで、第七十九条及び第八十条に規定する災害補償の事由又は船員法（昭和二十二年法律第百号）第八十九条第一項、第九十一条第一項、第九十二条本文、第九十三条及び第九十四条に規定する災害補償の事由（同法第九十一条第一項にあつては、労働基準法第七十六条第一項に規定する災害補償の事由に相当する部分に限る。）が生じた場合に、補償を受けるべき労働者若しくは遺族又は葬祭を行う者に対し、その請求に基づいて行う。

③ 傷病補償年金は、業務上負傷し、又は疾病にかかつた労働者が、当該負傷又は疾病に係る療養の開始後一年六箇月を経過した日において次の各号のいずれにも該当するとき、又は同日後次の各号のいずれにも該当することとなつたときに、その状態が継続している間、当該労働者に対して支給する。

一　当該負傷又は疾病が治つていないこと。
二　当該負傷又は疾病による障害の程度が厚生労働省令で定める傷病等級に該当すること。

④ 介護補償給付は、障害補償年金又は傷病補償年金を受ける権利を有する労働者が、その受ける権利を有する障害補償年金又は傷病補償年金の支給事由となる障害であつて厚生労働省令で定める程度のものにより、常時又は随時介護を要する状態にあり、かつ、常時又は随時介護を受けているときに、当該介護を受けている間（次に掲げる間を除く。）、当該労働者に対し、その請求に基づいて行う。

一　障害者の日常生活及び社会生活を総合的に支援するための法律（平成十七年法律第百二十三号）第五条第十一項に規定する障害者支援施設（以下「障害者支援施設」という。）に入所している間（同条第七項に規定する生活介護（以下「生活介護」という。）を受けている場合に限る。）
二　障害者支援施設（生活介護を行うものに限る。）に準ずる施設として厚生労働大臣が定めるものに入所している間
三　病院又は診療所に入院している間

第一三条【療養補償給付】① 療養補償給付は、療養の給付とする。

② 前項の療養の給付の範囲は、次の各号（政府が必要と認めるものに限る。）による。

一　診察
二　薬剤又は治療材料の支給
三　処置、手術その他の治療
四　居宅における療養上の管理及びその療養に伴う世話その他の看護
五　病院又は診療所への入院及びその療養に伴う世話その他の看護
六　移送

③ 政府は、第一項の療養の給付をすることが困難な場合その他厚生労働省令で定める場合には、療養の給付に代えて療養の費用を支給することができる。

一　「治癒」の認定基準

[1] 療養補償給付及び休業補償給付の不支給決定の原因となる「治癒」とは、労働者の傷病の状態が固定して引き続き療養する必要がなくなったと認められる場合であり、疾病の場合には、急性症状が消退し、慢性症状は持続していても、その症状が安定し療養を継続しても医療効果を期待することができない状態に至ったと認められる場合をいう。（大阪高判平元・1・26労判五三・八二〈和歌山労基署長事件〉）

二　「治癒」の立証責任

[2] 労働者は、療養補償給付ないし休業補償給付を受給しようとする場合、請求にかかる給付について自己に受給資格があることを証明する責任がある。このことは、一旦給付決定を受けた後の請求についても同様であるから、労基署長が請求に対して「治癒」を理由に不支給決定をした場合でも、処分権者の側で請求者の傷病が治癒したことを証明しなければならないとはいえない。（東京高判平5・12・21労民四四・六・八三五〈新宿労基署長事件〉）

第一四条【休業補償給付】① 休業補償給付は、労働者が業務上の負傷又は疾病による療養のため労働することができないために賃金を受けない日の第四日目から支給するものとし、その額は、一日につき給付基礎日額の百分の六十に相当する額とする。ただし、労働者が業務上の負傷又は疾病による療養のため所定労働時間のうちその一部分についてのみ労働する日若しくは賃金が支払われる休暇（以下この項において「部分算定日」という。）又は複数事業労働者の部分算定日に係る休業補償給付の額は、給付基礎日額（第八条の二第二項第二号に定める額（以下この項において「最高限度額」という。）を給付基礎日額とすることとされている場合にあつては、同号の規定の適用がないものとした場合における給付基礎日額）から部分算定日に対して支払われる賃金の額を控除して得た額（当該控除して得た額が最高限度額を超える場合にあつては、最高限度額に相当する額）の百分の六十に相当する額とする。

② 休業補償給付を受ける労働者が同一の事由について厚生年金保険法（昭和二十九年法律第百十五号）の規定による障害厚生年金又は国民年金法（昭和三十四年法律第百四十一号）の規定による障害基礎年金を受けることができるときは、当該労働者に支給する休業補償給付の額は、前項の規定にかかわらず、同項の額に別表第一第一号から第三号までに規定する場合に応じ、それぞれ同表第一号から第三号までの政令で定める率のうち傷病補償年金について定める率を乗じて得た額（その額が政令で定める額を下回る場合には、当該政令で定める額）とする。

休業補償給付請求権の発生要件

[7] 本条一項に規定する休業補償給付は、労働者が業務上の傷病により療養のため労働不能の状態にあって賃金を受けることができない場合に支給されるものであり、この条件を具備する限り、休日又は出勤停止処分等の理由で労働者が賃金請求権を有しない日であっても差し支えない。（最判昭58・10・13民集三七・八・一一〇八〈浜松労基署長事件〉社会保障百選[三版]五六）

第一四条の二【休業補償給付を行わない場合】 労働者が次の各号のいずれかに該当する場合（厚生労働省令で定める場合に限る。）には、休業補償給付は、行わない。

一　刑事施設、労役場その他これらに準ずる施設に拘禁されている場合

二　少年院その他これに準ずる施設に収容されている場合

第一五条【障害補償給付】 ①　障害補償給付は、厚生労働省令で定める障害等級に応じ、障害補償年金又は障害補償一時金とする。

②　障害補償年金又は障害補償一時金の額は、それぞれ、別表第一又は別表第二に規定する額とする。

障害等級の認定

[1] 労災保険法施行規則別表第一所定の障害等級の認定に当たり、膝関節部における機能障害とこれより派生した神経症状とが包括して一個の身体障害と評価される場合には、その等級は前者の障害等級によるべきであり、同規則一四条三項の規定により等級を繰り上げるべきではない。（最判昭55・3・27民集三四・三・二一七〈玉名労基署長事件〉社会保障百選[三版]五八）

[2] 作業中の眼瞼［がんけん］部の負傷による視力障害と視野障害とは、同一又は相関連して生ずる機能障害とはみることができず、また、一方について補償がなされれば他方についても補償がなされたものと評価し得る特段の合理的理由があるともいえないから、両者の併合繰り上げによる等級認定を行うべきである。（高松高判昭52・7・19訟月二三・七・一二九一〈池田労基署長事件〉）

第一五条の二【障害補償年金】 障害補償年金を受ける労働者の当該障害の程度に変更があつたため、新たに別表第一又は別表第二中の他の障害等級に該当するに至つた場合には、政府は、厚生労働省令で定めるところにより、新たに該当するに至つた障害等級に応ずる障害補償年金又は障害補償一時金を支給するものとし、その後は、従前の障害補償年金は、支給しない。

第一六条【遺族補償給付】 遺族補償給付は、遺族補償年金又は遺族補償一時金とする。

第一六条の二【遺族補償年金―受給権者】 ①　遺族補償年金を受けることができる遺族は、労働者の配偶者、子、父母、孫、祖父母及び兄弟姉妹であつて、労働者の死亡の当時その収入によつて生計を維持していたものとする。ただし、妻（婚姻の届出をしていないが、事実上婚姻関係と同様の事情にあつた者を含む。以下同じ。）以外の者にあつては、労働者の死亡の当時次の各号に掲げる要件に該当した場合に限るものとする。

一　夫（婚姻の届出をしていないが、事実上婚姻関係と同様の事情にあつた者を含む。以下同じ。）、父母又は祖父母については、六十歳以上であること。

二　子又は孫については、十八歳に達する日以後の最初の三月三十一日までの間にあること。

三　兄弟姉妹については、十八歳に達する日以後の最初の三月三十一日までの間にあること又は六十歳以上であること。

四　前三号の要件に該当しない夫、子、父母、孫、祖父母又は兄弟姉妹については、厚生労働省令で定める障害の状態にあること。

②　労働者の死亡の当時胎児であつた子が出生したときは、前項の規定の適用については、将来に向かつて、その子は、労働者の死亡の当時その収入によつて生計を維持していた子とみなす。

③　遺族補償年金を受けるべき遺族の順位は、配偶者、子、父母、孫、祖父母及び兄弟姉妹の順序とする。

遺族補償年金の受給権者

[1] 本条一項括弧書にいう「事実上婚姻関係と同様の事情にあつた者」には、重婚的内縁関係にある者、すなわち被災者に法律上の妻が存在する者は含まれない。（広島高判昭56・7・30労民三二・三＝四・五一〇〈広島労基署長事件〉）

[2] 婚姻関係が実体を失って形骸化し、かつ、その状態が固定化して近い将来解消される見込みのないとき、すなわち、事実上の離婚状態にある場合には、婚姻の届出をした者であってももはや本条にいう配偶者には当たらず、重婚的内縁関係にある者が「事実上婚姻関係と同様の事情にあった者」に該当する。（東京地判平10・5・27労判七三九・六五〈中央労基署長事件〉社会保障百選[三版]五九）

第一六条の三【同前―額】 ①　遺族補償年金の額は、別表第一に規定する額とする。

②　遺族補償年金を受ける権利を有する者が二人以上あるときは、遺族補償年金の額は、前項の規定にかかわらず、別表第一に規定する額をその人数で除して得た額とする。

③　遺族補償年金の額の算定の基礎となる遺族の数に増減を生じたときは、その増減を生じた月の翌月から、遺族補償年金の額を改定する。

④　遺族補償年金を受ける権利を有する遺族が妻であり、かつ、当該妻と生計を同じくしている遺族補償年金を受けることができる遺族がない場合において、当該妻が次の各号の一に該当するに至つたときは、その該当するに至つた月の翌月から、遺族補償年金の額を改定する。

一　五十五歳に達したとき（別表第一の厚生労働省令で定める障害の状態にあるときを除く。）。

二　別表第一の厚生労働省令で定める障害の状態になり、又はその事情がなくなつたとき（五十五歳以上であるときを除く。）。

第一六条の四【同前―消滅】 ①　遺族補償年金を受ける権利は、その権利を有する遺族が次の各号の一に該当するに至つたときは、消滅する。この場合において、同順位者がなくて後順位者があるときは、次順位者に遺族補償年金を支給する。

一　死亡したとき。

二　婚姻（届出をしていないが、事実上婚姻関係と同様の事情にある場合を含む。）をしたとき。

三　直系血族又は直系姻族以外の者の養子（届出をしていないが、事実上養子縁組関係と同様の事情にある者を含む。）となつたとき。

四　離縁によつて、死亡した労働者との親族関係が終了したとき。

五　子、孫又は兄弟姉妹については、十八歳に達した日以後の最初の三月三十一日が終了したとき（労働者の死亡の時から引き続き第十六条の二第一項第四号の厚生労働省令で定める障害の状態にあるときを除く。）。

六　第十六条の二第一項第四号の厚生労働省令で定める障害の状態にある夫、子、父母、孫、祖父母又は兄弟姉妹については、その事情がなくなつたとき（夫、父母又は祖父母については、労働者の死亡の当時六十歳以上であつたとき、子又は孫については、十八歳に達する日以後の最初の三月三十一日までの間にあるとき、兄弟姉妹については、十八歳に達する日以後の最初の三月三十一日までの間にあるか又は労働者の死亡の当時六十歳以上であつたときを除く。）。

②　遺族補償年金を受けることができる遺族が前項各号の一に該当するに至つたときは、その者は、遺族補償年金を受けることができる遺族でなくなる。

第一六条の五　（略）

第一六条の六【遺族補償一時金】①　遺族補償一時金は、次の場合に支給する。

一　労働者の死亡の当時遺族補償年金を受けることができる遺族がないとき。

二　遺族補償年金を受ける権利を有する者の権利が消滅した場合において、他に当該遺族補償年金を受けることができる遺族がなく、かつ、当該労働者の死亡に関し支給された遺族補償年金の額の合計額が当該権利が消滅した日において前号に掲げる場合に該当することとなるものとしたときに支給されることとなる遺族補償一時金の額に満たないとき。

②　前項第二号に規定する遺族補償年金の額の合計額を計算する場合には、同号に規定する権利が消滅した日の属する年度（当該権利が消滅した日の属する月が四月から七月までの月に該当する場合にあつては、その前年度。以下この項において同じ。）の七月以前の分として支給された遺族補償年金の額については、その現に支給された額に当該権利が消滅した日の属する年度の前年度の平均給与額を当該遺族補償年金の支給の対象とされた月の属する年度の前年度（当該月が四月から七月までの月に該当する場合にあつては、前々年度）の平均給与額で除して得た率を基準として厚生労働大臣が定める率を乗じて得た額により算定するものとする。

第一六条の七【同前―受給権者】①　遺族補償一時金を受けることができる遺族は、次の各号に掲げる者とする。

一　配偶者

二　労働者の死亡の当時その収入によつて生計を維持していた子、父母、孫及び祖父母

三　前号に該当しない子、父母、孫及び祖父母並びに兄弟姉妹

②　遺族補償一時金を受けるべき遺族の順位は、前項各号の順序により、同項第二号及び第三号に掲げる者のうちにあつては、それぞれ、当該各号に掲げる順序による。

第一六条の八【同前―額】①　遺族補償一時金の額は、別表第二に規定する額とする。

②　第十六条の三第二項の規定は、遺族補償一時金の額について準用する。この場合において、同項中「別表第一」とあるのは、「別表第二」と読み替えるものとする。

第一六条の九　（略）

第一七条【葬祭料】　葬祭料は、通常葬祭に要する費用を考慮して厚生労働大臣が定める金額とする。

第一八条【傷病補償年金】①　傷病補償年金は、第十二条の八第三項第二号の厚生労働省令で定める傷病等級に応じ、別表第一に規定する額とする。

②　傷病補償年金を受ける者には、休業補償給付は、行わない。

第一八条の二【同前―障害の程度に変更があつた場合】　傷病補償年金を受ける労働者の当該障害の程度に変更があつたため、新たに別表第一中の他の傷病等級に該当するに至つた場合には、政府は、厚生労働省令で定めるところにより、新たに該当するに至つた傷病等級に応ずる傷病補償年金を支給するものとし、その後は、従前の傷病補償年金は、支給しない。

第一九条【傷病補償年金と労働基準法第一九条第一項との関係】　業務上負傷し、又は疾病にかかつた労働者が、当該負傷又は疾病に係る療養の開始後三年を経過した日において傷病補償年金を受けている場合又は同日後において傷病補償年金を受けることとなつた場合には、労働基準法第十九条第一項の規定の適用については、当該使用者は、それぞれ、当該三年を経過した日又は傷病補償年金を受けることとなつた日において、同法第八十一条の規定により打切補償を支払つたものとみなす。

第一九条の二【介護補償給付】　介護補償給付は、月を単位として支給するものとし、その月額は、常時又は随時介護を受ける場合に通常要する費用を考慮して厚生労働大臣が定める額とする。

第二〇条【省令への委任】　この節に定めるもののほか、業務災害に関する保険給付について必要な事項は、厚生労働省令で定める。

第二節の二　複数業務要因災害に関する保険給付

第二〇条の二【複数業務要因災害に関する保険給付の種類】　第七条第一項第二号の複数業務要因災害に関する保険給付は、次に掲げる保険給付とする。

一　複数事業労働者療養給付

二　複数事業労働者休業給付

三　複数事業労働者障害給付

四　複数事業労働者遺族給付

五　複数事業労働者葬祭給付

六　複数事業労働者傷病年金

七　複数事業労働者介護給付

第二〇条の三【複数事業労働者療養給付】①　複数事業労働者療養給付は、複数事業労働者がその従事する二以上の事業の業務を要因として負傷し、又は疾病（厚生労働省令で定めるものに限る。以下この節において同じ。）にかかつた場合に、当該複数事業労働者に対し、その請求に基づいて行う。

②　第十三条の規定は、複数事業労働者療養給付について準用する。

第二〇条の四【複数事業労働者休業給付】①　複数事業労働者休業給付は、複数事業労働者がその従事する二以上の事業の業務を要因とする負傷又は疾病による療養のため労働することができないために賃金を受けない場合に、当該複数事業労働者に対し、その請求に基づいて行う。

②　第十四条及び第十四条の二の規定は、複数事業労働者休業給付について準用する。この場合において、第十四条第一項中「労働者が業務上の」とあるのは「複数事業労働者がその従事する二以上の事業の業務を要因とする」と、同条第二項中「別表第一第一号から第三号までに規定する場合に応じ、それぞれ同表第一第一号から第三号までの政令で定める率のうち傷病補償年金について定める率」とあるのは「第二十条の八第二項において準用する別表第一第一号から第三号までに規定する場合に応じ、それぞれ同表第一号から第三号までの政令で定める率のうち複数事業労働者傷病年金について定める率」と読み替えるものとする。

第二〇条の五【複数事業労働者障害給付】①　複数事業労働者障害給付は、複数事業労働者がその従事する二以上の事業の業務を要因として負傷し、又は疾病にかかり、治つたとき身体に障害が存する場合に、当該複数事業労働者に対し、その請求に基づいて行う。

②　複数事業労働者障害給付は、第十五条第一項の厚生労働省令で定める障害等級に応じ、複数事業労働者障害年金又は複数事業労働者障害一時金とする。

③　第十五条第二項及び第十五条の二並びに別表第一（障害補償年金に係る部分に限る。）及び別表第二（障害補償一時金に係る部分に限る。）の規定は、複数事業労働者障害給付について準用する。この場合において、これらの規定中「障害補償年金」とあるのは「複数事業労働者障害年金」と、「障害補償一時金」とあるのは「複数事業労働者障害一時金」と読み替えるものとする。

第二〇条の六【複数事業労働者遺族給付】①　複数事業労働者遺族給付は、複数事業労働者がその従事する二以上の事業の業務を要因として死亡した場合に、当該複数事業労働者の遺族に対し、その請求に基づいて行う。

②　複数事業労働者遺族給付は、複数事業労働者遺族年金又は複数事業労働者遺族一時金とする。

③　第十六条の二から第十六条の九まで並びに別表第一（遺族補償年金に係る部分に限る。）及び別表第二（遺族補償一時金に係る部分に限る。）の規定は、複数事業労働者遺族給付について準用する。この場合において、これらの規定中「遺族補償年金」とあるのは「複数事業労働者遺族年金」と、「遺族補償一時金」とあるのは「複数事業労働者遺族一時金」と読み替えるも

のとする。

第二〇条の七【複数事業労働者葬祭給付】① 複数事業労働者葬祭給付は、複数事業労働者がその従事する二以上の事業の業務を要因として死亡した場合に、葬祭を行う者に対し、その請求に基づいて行う。

② 第十七条の規定は、複数事業労働者葬祭給付について準用する。

第二〇条の八【複数事業労働者傷病年金】① 複数事業労働者傷病年金は、複数事業労働者がその従事する二以上の事業の業務を要因として負傷し、又は疾病にかかつた場合に、当該負傷又は疾病に係る療養の開始後一年六箇月を経過した日において次の各号のいずれにも該当するとき、又は同日後次の各号のいずれにも該当することとなつたときに、その状態が継続している間、当該複数事業労働者に対して支給する。

一 当該負傷又は疾病が治つていないこと。

二 当該負傷又は疾病による障害の程度が第十二条の八第三項第二号の厚生労働省令で定める傷病等級に該当すること。

② 第十八条、第十八条の二及び別表第一（傷病補償年金に係る部分に限る。）の規定は、複数事業労働者傷病年金について準用する。この場合において、第十八条第二項中「休業補償給付」とあるのは「複数事業労働者休業給付」と、同表中「傷病補償年金」とあるのは「複数事業労働者傷病年金」と読み替えるものとする。

第二〇条の九【複数事業労働者介護給付】① 複数事業労働者介護給付は、複数事業労働者障害年金又は複数事業労働者傷病年金を受ける権利を有する複数事業労働者が、その受ける権利を有する複数事業労働者障害年金又は複数事業労働者傷病年金の支給事由となる障害であつて第十二条の八第四項の厚生労働省令で定める程度のものにより、常時又は随時介護を要する状態にあり、かつ、常時又は随時介護を受けているときに、当該介護を受けている間（次に掲げる間を除く。）、当該複数事業労働者に対し、その請求に基づいて行う。

一 障害者支援施設に入所している間（生活介護を受けている場合に限る。）

二 第十二条の八第四項第二号の厚生労働大臣が定める施設に入所している間

三 病院又は診療所に入院している間

② 第十九条の二の規定は、複数事業労働者介護給付について準用する。

第二〇条の一〇【省令への委任】 この節に定めるもののほか、複数事業要因災害に関する保険給付について必要な事項は、厚生労働省令で定める。

第三節 通勤災害に関する保険給付

第二一条【通勤災害に関する保険給付の種類】 第七条第一項第三号の通勤災害に関する保険給付は、次に掲げる保険給付とする。

一 療養給付

二 休業給付

三 障害給付

四 遺族給付

五 葬祭給付

六 傷病年金

七 介護給付

第二二条【療養給付】① 療養給付は、労働者が通勤（第七条第一項第三号の通勤をいう。以下同じ。）により負傷し、又は疾病（厚生労働省令で定めるものに限る。以下この節において同じ。）にかかつた場合に、当該労働者に対し、その請求に基づいて行う。

② 第十三条の規定は、療養給付について準用する。

第二二条の二【休業給付】① 休業給付は、労働者が通勤による負傷又は疾病に係る療養のため労働することができないために賃金を受けない場合に、当該労働者に対し、その請求に基づいて行なう。

② 第十四条及び第十四条の二の規定は、休業給付について準用する。この場合において、第十四条第一項中「業務上の」とあるのは「通勤による」と、同条第二項中「別表第一第一号から第三号までに規定する場合に応じ、それぞれ同表第一号から第三号までの政令で定める率のうち傷病補償年金について定める率」とあるのは「第二十三条第二項において準用する別表第一第一号から第三号までに規定する場合に応じ、それぞれ同表第一号から第三号までの政令で定める率のうち傷病年金について定める率」と読み替えるものとする。

③ 療養給付を受ける労働者（第三十一条第二項の厚生労働省令で定める者を除く。）に支給する休業給付であつて最初に支給すべき事由の生じた日に係るものの額は、前項において準用する第十四条第一項の規定にかかわらず、同項の額から第三十一条第二項の厚生労働省令で定める額に相当する額を減じた額とする。

第二二条の三【障害給付】① 障害給付は、労働者が通勤により負傷し、又は疾病にかかり、なおつたとき身体に障害が存する場合に、当該労働者に対し、その請求に基づいて行なう。

② 障害給付は、第十五条第一項の厚生労働省令で定める障害等級に応じ、障害年金又は障害一時金とする。

③ 第十五条第二項及び第十五条の二並びに別表第一（障害補償年金に係る部分に限る。）及び別表第二（障害補償一時金に係る部分に限る。）の規定は、障害給付について準用する。この場合において、これらの規定中「障害補償年金」とあるのは「障害年金」と、「障害補償一時金」とあるのは「障害一時金」と読み替えるものとする。

第二二条の四【遺族給付】① 遺族給付は、労働者が通勤により死亡した場合に、当該労働者の遺族に対し、その請求に基づいて行なう。

② 遺族給付は、遺族年金又は遺族一時金とする。

③ 第十六条の二から第十六条の九まで並びに別表第一（遺族補償年金に係る部分に限る。）及び別表第二（遺族補償一時金に係る部分に限る。）の規定は、遺族給付について準用する。この場合において、これらの規定中「遺族補償年金」とあるのは「遺族年金」と、「遺族補償一時金」とあるのは「遺族一時金」と読み替えるものとする。

第二二条の五【葬祭給付】① 葬祭給付は、労働者が通勤により死亡した場合に、葬祭を行なう者に対し、その請求に基づいて行なう。

② 第十七条の規定は、葬祭給付について準用する。

第二三条【傷病年金】① 傷病年金は、通勤により負傷し、又は疾病にかかつた労働者が、当該負傷又は疾病に係る療養の開始後一年六箇月を経過した日において次の各号のいずれにも該当するとき、又は同日後次の各号のいずれにも該当することとなつたときに、その状態が継続している間、当該労働者に対して支給する。

一 当該負傷又は疾病が治つていないこと。

二 当該負傷又は疾病による障害の程度が第十二条の八第三項第二号の厚生労働省令で定める傷病等級に該当すること。

② 第十八条、第十八条の二及び別表第一（傷病補償年金に係る部分に限る。）の規定は、傷病年金について準用する。この場合において、第十八条第二項中「休業補償給付」とあるのは「休業給付」と、同表中「傷病補償年金」とあるのは「傷病年金」と読み替えるものとする。

第二四条【介護給付】① 介護給付は、障害年金又は傷病年金を受ける権利を有する労働者が、その受ける権利を有する障害年金又は傷病年金の支給事由となる障害であつて第十二条の八第四項の厚生労働省令で定める程度のものにより、常時又は随時介護を要する状態にあり、かつ、常時又は随時介護を受けているときに、当該介護を受けている間（次に掲げる間を除く。）、当該労働者に対し、その請求に基づいて行う。

一 障害者支援施設に入所している間（生活介護を受けている

場合に限る。）

二　第十二条の八第四項第二号の厚生労働大臣が定める施設に入所している間

三　病院又は診療所に入院している間

②　第十九条の二の規定は、介護給付について準用する。

第二五条【省令への委任】この節に定めるもののほか、通勤災害に関する保険給付について必要な事項は、厚生労働省令で定める。

第四節　二次健康診断等給付

第二六条【二次健康診断等給付の請求、給付の範囲】①　二次健康診断等給付は、労働安全衛生法（昭和四十七年法律第五十七号）第六十六条第一項の規定による健康診断又は当該健康診断に係る同条第五項ただし書の規定による健康診断のうち、直近のもの（以下この項において「一次健康診断」という。）において、血圧検査、血液検査その他業務上の事由による脳血管疾患及び心臓疾患の発生にかかわる身体の状態に関する検査であつて、厚生労働省令で定めるものが行われた場合において、当該検査を受けた労働者がそのいずれの項目にも異常の所見があると診断されたときに、当該労働者（当該一次健康診断の結果その他の事情により既に脳血管疾患又は心臓疾患の症状を有すると認められるものを除く。）に対し、その請求に基づいて行う。

②　二次健康診断等給付の範囲は、次のとおりとする。

一　脳血管及び心臓の状態を把握するために必要な検査（前項に規定する検査を除く。）であつて厚生労働省令で定めるものを行う医師による健康診断（一年度につき一回に限る。以下この節において「二次健康診断」という。）

二　二次健康診断の結果に基づき、脳血管疾患及び心臓疾患の発生の予防を図るため、面接により行われる医師又は保健師による保健指導（二次健康診断ごとに一回に限る。次項において「特定保健指導」という。）

③　政府は、二次健康診断の結果その他の事情により既に脳血管疾患又は心臓疾患の症状を有すると認められる労働者については、当該二次健康診断に係る特定保健指導を行わないものとする。

第二七条【二次健康診断の結果についての労働安全衛生法の適用】二次健康診断を受けた労働者から当該二次健康診断の実施の日から三箇月を超えない期間で厚生労働省令で定める期間内に当該二次健康診断の結果を証明する書面の提出を受けた事業者（労働安全衛生法第二条第三号に規定する事業者をいう。）に対する同法第六十六条の四の規定の適用については、同条中「健康診断の結果（当該健康診断」とあるのは、「健康診断及び労働者災害補償保険法第二十六条第二項第一号に規定する二次健康診断の結果（これらの健康診断」とする。

第二八条【省令への委任】この節に定めるもののほか、二次健康診断等給付について必要な事項は、厚生労働省令で定める。

第三章の二　社会復帰促進等事業

（第二九条）（略）

第四章　費用の負担（抄）

第三〇条【保険料】労働者災害補償保険事業に要する費用にあてるため政府が徴収する保険料については、徴収法の定めるところによる。

第三一条　（略）

第三二条【国庫負担】国庫は、予算の範囲内において、労働者災害補償保険事業に要する費用の一部を補助することができる。

第四章の二　特別加入（抄）

第三三条【特別加入できる者】次の各号に掲げる者（第二号、第四号及び第五号に掲げる者にあつては、労働者である者を除く。）の業務災害、複数業務要因災害及び通勤災害に関しては、この章に定めるところによる。

一　厚生労働省令で定める数以下の労働者を使用する事業（厚生労働省令で定める事業を除く。第七号において「特定事業」という。）の事業主で徴収法第三十三条第三項の労働保険事務組合（以下「労働保険事務組合」という。）に同条第一項の労働保険事務の処理を委託するものである者（事業主が法人その他の団体であるときは、代表者）

二　前号の事業主が行う事業に従事する者

三　厚生労働省令で定める種類の事業を労働者を使用しないで行うことを常態とする者

四　前号の者が行う事業に従事する者

五　厚生労働省令で定める種類の作業に従事する者

六　この法律の施行地外の地域のうち開発途上にある地域に対する技術協力の実施の事業（事業の期間が予定される事業を除く。）を行う団体が、当該団体の業務の実施のため、当該開発途上にある地域（業務災害、複数業務要因災害及び通勤災害に関する保護制度の状況その他の事情を考慮して厚生労働省令で定める国の地域を除く。）において行われる事業に従事させるために派遣する者

七　この法律の施行地内において事業（事業の期間が予定される事業を除く。）を行う事業主が、この法律の施行地外の地域（業務災害、複数業務要因災害及び通勤災害に関する保護制度の状況その他の事情を考慮して厚生労働省令で定める国の地域を除く。）において行われる事業に従事させるために派遣する者（当該事業が特定事業に該当しないときは、当該事業に使用される労働者として派遣する者に限る。）

第三四条【小事業主及びその事業に従事する者に関する取扱い】①　前条第一号の事業主が、同号及び同条第二号に掲げる者を包括して当該事業について成立する保険関係に基づきこの保険による業務災害、複数業務要因災害及び通勤災害に関する保険給付を受けることができる者とすることにつき申請をし、政府の承認があつたときは、第三章第一節から第三節まで及び第三章の二の規定の適用については、次に定めるところによる。

一　前条第一号及び第二号に掲げる者は、当該事業に使用される労働者とみなす。

二　前条第一号又は第二号に掲げる者が業務上負傷し、若しくは疾病にかかつたとき、その負傷若しくは疾病についての療養のため当該事業に従事することができないとき、その負傷若しくは疾病が治つた場合において身体に障害が存するとき、又は業務上死亡したときは、労働基準法第七十五条から第七十七条まで、第七十九条及び第八十条に規定する災害補償の事由が生じたものとみなす。

三　前条第一号及び第二号に掲げる者の給付基礎日額は、当該事業に使用される労働者の賃金の額その他の事情を考慮して厚生労働大臣が定める額とする。

四　前条第一号又は第二号に掲げる者の事故が徴収法第十条第二項第二号の第一種特別加入保険料が滞納されている期間中に生じたものであるときは、政府は、当該事故に係る保険給付の全部又は一部を行わないことができる。これらの者の業務災害の原因である事故が前条第一号の事業主の故意又は重大な過失によつて生じたものであるときも、同様とする。

②　前条第一号の事業主は、前項の承認があつた後においても、政府の承認を受けて、同号及び同条第二号に掲げる者を包括して保険給付を受けることができる者としないこととすることができる。

③　政府は、前条第一号の事業主がこの法律若しくは徴収法又はこれらの法律に基づく厚生労働省令の規定に違反したときは、第一項の承認を取り消すことができる。

④　前条第一号及び第二号に掲げる者の保険給付を受ける権利は、第二項の規定による承認又は前項の規定による第一項の承認の取消しによつて変更されない。これらの者が同条第一号及び第二号に掲げる者でなくなつたことによつても、同様とする。

[1] **特別加入に基づく保険関係の成立範囲**
土木工事及び重機の賃貸事業を行っていた事業主が、その労働者を土木工事にのみ従事させており、重機の賃貸は労働者を使用せずに行っていた場合、労災保険の特別加入の申請とその承認に基づく保険関係は、土木工事に関係する建設事業についてのみ成立し、重機の賃貸業務については成立しないから、事業主は、重機の賃貸業務に起因する死亡等に関して労災保険法上の保険給付を受けることはできない。（最判平9・1・23労判七一六・六〈姫路労基署長事件〉社会保障百選[四版]六〇）

[2] 保険関係の成立する事業は、主として場所的な独立性を基準とし、当該一定の場所において一定の組織の下に相関連して行われる作業の一体を単位として区分される。これを、建設の事業を行う事業主にあてはめると、建設現場での事業と本店等での営業等の事業はそれぞれ別個の事業となるので、同事業主は、その使用する労働者を営業等の事業に従事させていないときは、営業等の事業は特別加入の承認を受けることができないので、同事業にかかる業務に起因して死亡しても、その遺族は本法に基づく保険給付を受けることはできない。（最判平24・2・24民集六六・三・一一八五〈国・広島中央労基署長（A工業）事件〉社会保障百選[五版]五五）

第三五条及び第三六条　（略）

第三七条【省令への委任】　この章に定めるもののほか、第三十三条各号に掲げる者の業務災害、複数業務要因災害及び通勤災害に関し必要な事項は、厚生労働省令で定める。

第五章　不服申立て及び訴訟

（第三八条から第四一条まで）（略）

第六章　雑則（抄）

第四二条【消滅時効】　① 療養補償給付、休業補償給付、葬祭料、介護補償給付、複数事業労働者療養給付、複数事業労働者休業給付、複数事業労働者葬祭給付、複数事業労働者介護給付、療養給付、休業給付、葬祭給付、介護給付及び二次健康診断等給付を受ける権利は、これらを行使することができる時から二年を経過したとき、障害補償給付、遺族補償給付、複数事業労働者障害給付、複数事業労働者遺族給付、障害給付及び遺族給付を受ける権利は、これらを行使することができる時から五年を経過したときは、時効によつて消滅する。

② 第八条の二第一項第二号の規定による四半期ごとの平均給与額又は第八条の三第一項第二号の規定による年度の平均給与額が修正されたことにより、第八条の二第一項第二号、第八条の三第一項第二号又は第十六条の六第二項（第二十条の六第三項若しくは第二十二条の四第三項において準用する場合又は第五十八条第一項、第六十条の二第一項若しくは第六十一条第一項の規定によりその例によることとされる場合を含む。）に規定する厚生労働大臣が定める率を厚生労働大臣が、第八条第二項に規定する政府が算定する額を政府がそれぞれ変更した場合において、当該変更に伴いその額が再び算定された保険給付があるときは、当該保険給付に係る第十一条の規定による未支給の保険給付の支給を受ける権利については、会計法（昭和二十二年法律第三十五号）第三十一条第一項の規定を適用しない。

注　平成二九法四四・法四五による改正前の事案

保険給付請求権の消滅時効―起算点

[1] 障害補償給付請求権の消滅時効は、民法七二四条の類推適用により、当該業務に起因して発生した傷病の症状が固定し、かつ、当該労働者がその障害の業務起因性を知った時から進行する。（名古屋高判昭61・5・19労民三七・二＝三・二五〇〈高山労基署長事件〉）

[2] 障害補償給付請求権の消滅時効は、業務に起因して発生した傷病の症状が固定し、かつ、当該傷病の業務起因性が認識可能となった時から進行すると解すべきであり、民法七二四条の類推適用により被災労働者が業務起因性を認識した時を時効の起算点とするのは妥当でない。（名古屋高判平3・4・24労民四二・二・三三五〈大垣労基署長事件〉）

第四三条から第五〇条まで　（略）

第七章　罰則

（第五一条から第五四条まで）（略）

附　則（抄）

第五五条【施行期日】　この法律施行の期日は、勅令で、これを定める（昭和二二・九・一施行―昭和二二政一七二）。

第五七条【労働者災害扶助責任保険法の廃止】　① 労働者災害扶助責任保険法は、これを廃止する。

②―⑤　（略）

第六四条【年金給付と損害賠償との関係】　① 労働者又はその遺族が障害補償年金若しくは遺族補償年金、複数事業労働者障害年金若しくは複数事業労働者遺族年金又は障害年金若しくは遺族年金（以下この条において「年金給付」という。）を受けるべき場合（当該年金給付を受ける権利を有することとなつた時に、当該年金給付に係る障害補償年金前払一時金若しくは遺族補償年金前払一時金若しくは複数事業労働者障害年金前払一時金、複数事業労働者遺族年金前払一時金又は障害年金前払一時金若しくは遺族年金前払一時金（以下この条において「前払一時金給付」という。）を請求することができる場合に限る。）であつて、同一の事由について、当該労働者を使用している事業主又は使用していた事業主から民法その他の法律による損害賠償（以下単に「損害賠償」といい、当該年金給付によつて塡補される損害を塡補する部分に限る。）を受けることができるときは、当該損害賠償については、当分の間、次に定めるところによるものとする。

一　事業主は、当該労働者又はその遺族の年金給付を受ける権利が消滅するまでの間、その損害の発生時から当該年金給付に係る前払一時金給付を受けるべき時までのその損害の発生時における法定利率により計算される額を合算した場合における当該合算した額が当該前払一時金給付の最高限度額に相当する額となるべき額（次号の規定により損害賠償の責めを免れたときは、その免れた額を控除した額）の限度で、その損害賠償の履行をしないことができる。

二　前号の規定により損害賠償の履行が猶予されている場合において、年金給付又は前払一時金給付の支給が行われたときは、事業主は、その損害の発生時から当該支給が行われた時までのその損害の発生時における法定利率により計算される額を合算した場合における当該合算した額が当該年金給付又は前払一時金給付の額となるべき額の限度で、その損害賠償の責めを免れる。

② 労働者又はその遺族が、当該労働者を使用している事業主又は使用していた事業主から損害賠償を受けることができる場合であつて、保険給付を受けるべきときに、同一の事由について、損害賠償（当該保険給付によつて塡補される損害を塡補する部分に限る。）を受けたときは、政府は、労働政策審議会の議を経て厚生労働大臣が定める基準により、その価額の限度で、保険給付をしないことができる。ただし、前項に規定する年金給付を受けるべき場合において、次に掲げる保険給付については、この限りでない。

一　年金給付（労働者又はその遺族に対して、各月に支給されるべき額の合計額が厚生労働省令で定める算定方法に従い当該年金給付に係る前払一時金給付の最高限度額（当該前払一時金給付の支給を受けたことがある者にあつては、当該支給を受けた額を控除した額とする。）に相当する額に達するまでの間についての年金給付に限る。）

二　障害補償年金差額一時金及び第十六条の六第一項第二号の場合に支給される遺族補償一時金、複数事業労働者障害年金差額一時金及び第二十条の六第三項において読み替えて準用する第十六条の六第一項第二号の場合に支給される複数事業労働者遺族一時金並びに障害年金差額一時金及び第二十二条の四第三項において読み替えて準用する第十六条の六第一項第二号の場合に支給される遺族一時金

三　前払一時金給付

一　損害賠償額からの将来の年金給付の控除の可否―使用者行為災害

[1] 使用者の行為による災害において、政府が労働者に対し労災保険法又は厚生年金保険法に基づく保険給付をした場合には、使用者は、同一の事由については、その価額の限度において民法による損害賠償の責めを免れるが、これは政府が現実に保険金を給付して損害を填補したときに限られ、いまだ現実の給付がないときには、たとえ年金による将来の給付額が確定していても、受給権者が使用者に対し損害賠償を請求するに当たり、この額を損害額から控除することを要しない。（昭和五五法一〇四により本条による調整がなされる前の事案）（最判昭52・10・25民集三一・六・八三六〈三共自動車事件〉労働百選[一〇版]五一……最大判平5・3・24民集四七・四・三〇三九、社会保障百選[五版]三八は、遺族年金につき、支給を受けることが確定した額の限度で損害額から控除すべきものとしており、判例変更がなされたものと解される）

二　損害賠償額からの将来の年金給付の控除の可否―第三者行為災害

[2] 労災保険法により、第三者の行為による災害について政府が受給権者に保険給付をしたときに、受給権者の第三者に対する損害賠償請求権が国に移転し、受給権者がこれを失うのは、政府が現実に保険金を給付して損害を填補したときに限られ、いまだ現実の給付がないときには、たとえ年金による将来の給付額が確定していても、受給権者が第三者に対して損害賠償請求をするに当たり、この額を損害額から控除することを要しない。（最判昭52・5・27民集三一・三・四二七〈仁田原事件〉重判昭52民九……前出[1]の注記参照）

別表（略）

○会社分割に伴う労働契約の承継等に関する法律

（平成一二・五・三一 法 一〇三）

施行 平成一三・四・一（附則参照）
題名改正 平成一七法八七（旧・会社の分割に伴う労働契約の承継等に関する法律）
最終改正 平成二六法九一

（目的）
第一条 この法律は、会社分割が行われる場合における労働契約の承継等に関し会社法（平成十七年法律第八十六号）の特例等を定めることにより、労働者の保護を図ることを目的とする。

（労働者等への通知）
第二条① 会社（株式会社及び合同会社をいう。以下同じ。）は、会社法第五編第三章及び第五章の規定による分割（吸収分割又は新設分割をいう。以下同じ。）をするときは、次に掲げる労働者に対し、通知期限日までに、当該分割に関し、当該会社が当該労働者との間で締結している労働契約を当該分割に係る承継会社等（吸収分割にあっては同法第七百五十七条に規定する吸収分割承継会社、新設分割にあっては同法第七百六十三条第一項に規定する新設分割設立会社をいう。以下同じ。）が承継する旨の分割契約等（吸収分割にあっては吸収分割契約（同法第七百五十七条の吸収分割契約をいう。以下同じ。）、新設分割にあっては新設分割計画（同法第七百六十二条第一項の新設分割計画をいう。以下同じ。）をいう。以下同じ。）における定めの有無、第四条第三項に規定する異議申出期限日その他厚生労働省令で定める事項を書面により通知しなければならない。
一 当該会社が雇用する労働者であって、承継会社等に承継される事業に主として従事するものとして厚生労働省令で定めるもの
二 当該会社が雇用する労働者（前号に掲げる労働者を除く。）であって、当該分割契約等にその者が当該会社との間で締結している労働契約を承継会社等が承継する旨の定めがあるもの
② 前項の分割をする会社（以下「分割会社」という。）は、労働組合法（昭和二十四年法律第百七十四号）第二条の労働組合（以下単に「労働組合」という。）との間で労働協約を締結しているときは、当該労働組合に対し、通知期限日までに、当該分割に関し、当該労働協約を承継会社等が承継する旨の当該分割契約等における定めの有無その他厚生労働省令で定める事項を書面により通知しなければならない。
③ 前二項及び第四条第三項第一号の「通知期限日」とは、次の各号に掲げる場合に応じ、当該各号に定める日をいう。
一 株式会社が分割をする場合であって当該分割に係る分割契約等について株主総会の決議による承認を要するとき 当該株主総会（第四条第三項第一号において「承認株主総会」という。）の日の二週間前の日の前日
二 株式会社が分割をする場合であって当該分割に係る分割契約等について株主総会の決議による承認を要しないとき又は合同会社が分割をする場合 吸収分割契約が締結された日又は新設分割計画が作成された日から起算して、二週間を経過する日

（承継される事業に主として従事する労働者に係る労働契約の承継）
第三条 前条第一項第一号に掲げる労働者が分割会社との間で締結している労働契約であって、分割契約等に承継会社等が承継する旨の定めがあるものは、当該分割契約等に係る分割の効力が生じた日に、当該承継会社等に承継されるものとする。

第四条① 第二条第一項第一号に掲げる労働者であって、分割契約等にその者が分割会社との間で締結している労働契約を承継会社等が承継する旨の定めがないものは、同項の通知がされた日から異議申出期限日までの間に、当該分割会社に対し、当該労働契約が当該承継会社等に承継されないことについて、書面により、異議を申し出ることができる。
② 分割会社は、異議申出期限日を定めるときは、第二条第一項の通知がされた日と異議申出期限日との間に少なくとも十三日間を置かなければならない。
③ 前二項の「異議申出期限日」とは、次の各号に掲げる場合に応じ、当該各号に定める日をいう。
一 第二条第三項第一号に掲げる場合 通知期限日の翌日から承認株主総会の日の前日までの期間の範囲内で分割会社が定める日
二 第二条第三項第二号に掲げる場合 同号の吸収分割契約又は新設分割計画に係る分割の効力が生ずる日の前日までの日で分割会社が定める日
④ 第一項に規定する労働者が同項の異議を申し出たときは、会社法第七百五十九条第一項、第七百六十一条第一項、第七百六十四条第一項又は第七百六十六条第一項の規定にかかわらず、当該労働者が分割会社との間で締結している労働契約は、分割契約等に係る分割の効力が生じた日に、承継会社等に承継されるものとする。

（その他の労働者に係る労働契約の承継）
第五条① 第二条第一項第二号に掲げる労働者は、同項の通知がされた日から前条第三項に規定する異議申出期限日までの間に、分割会社に対し、当該労働者が当該分割会社との間で締結している労働契約が承継会社等に承継されることについて、書面により、異議を申し出ることができる。
② 前条第二項の規定は、前項の場合について準用する。
③ 第一項に規定する労働者が同項の異議を申し出たときは、会社法第七百五十九条第一項、第七百六十一条第一項、第七百六十四条第一項又は第七百六十六条第一項の規定にかかわらず、当該労働者が分割会社との間で締結している労働契約は、承継会社等に承継されないものとする。

（労働協約の承継等）
第六条① 分割会社は、分割契約等に、当該分割会社と労働組合との間で締結されている労働協約のうち承継会社等が承継する部分を定めることができる。
② 分割会社と労働組合との間で締結されている労働協約に、労働組合法第十六条の基準以外の部分が定められている場合において、当該部分の全部又は一部について当該分割会社と当該労働組合との間で分割契約等の定めに従い当該承継会社等に承継させる旨の合意があったときは、当該合意に係る部分は、会社法第七百五十九条第一項、第七百六十一条第一項、第七百六十四条第一項又は第七百六十六条第一項の規定により、分割契約等の定めに従い、当該分割の効力が生じた日に、当該承継会社等に承継されるものとする。
③ 前項に定めるもののほか、分割会社と労働組合との間で締結されている労働協約については、当該労働組合の組合員である労働者と当該分割会社との間で締結されている労働契約が承継会社等に承継されるときは、会社法第七百五十九条第一項、第七百六十一条第一項、第七百六十四条第一項又は第七百六十六条第一項の規定にかかわらず、当該分割の効力が生じた日に、当該承継会社等と当該労働組合との間で当該労働協約（前項に規定する合意に係る部分を除く。）と同一の内容の労働協約が締結されたものとみなす。

（労働者の理解と協力）
第七条 分割会社は、当該分割に当たり、厚生労働大臣の定めるところにより、その雇用する労働者の理解と協力を得るよう努めるものとする。

（指針）
第八条 厚生労働大臣は、この法律に定めるもののほか、分割会社及び承継会社等が講ずべき当該分割会社が締結している労働契約及び労働協約の承継に関する措置に関し、その適切な実施

を図るために必要な指針を定めることができる。

附　則（抄）

（施行期日）

第一条　この法律は、商法等の一部を改正する法律（平成十二年法律第九十号）の施行の日（平成一三・四・一）から施行する。（後略）

○労働審判法

（平成一六・五・一二法四五）

施行　平成一八・四・一（附則参照）
最終改正　令和四法六八

（目的）

第一条　この法律は、労働契約の存否その他の労働関係に関する事項について個々の労働者と事業主との間に生じた民事に関する紛争（以下「個別労働関係民事紛争」という。）に関し、裁判所において、裁判官及び労働関係に関する専門的な知識経験を有する者で組織する委員会が、当事者の申立てにより、事件を審理し、調停の成立による解決の見込みがある場合にはこれを試み、その解決に至らない場合には、労働審判（個別労働関係民事紛争について当事者間の権利関係を踏まえつつ事案の実情に即した解決をするために必要な審判をいう。以下同じ。）を行う手続（以下「労働審判手続」という。）を設けることにより、紛争の実情に即した迅速、適正かつ実効的な解決を図ることを目的とする。

（管轄）

第二条①　労働審判手続に係る事件（以下「労働審判事件」という。）は、相手方の住所、居所、営業所若しくは事務所の所在地を管轄する地方裁判所、個別労働関係民事紛争が生じた労働者と事業主との間の労働関係に基づいて当該労働者が現に就業し若しくは最後に就業した当該事業主の事業所の所在地を管轄する地方裁判所又は当事者が合意で定める地方裁判所の管轄とする。

②　労働審判事件は、日本国内に相手方（法人その他の社団又は財団を除く。）の住所及び居所がないとき、又は住所及び居所が知れないときは、その最後の住所地を管轄する地方裁判所の管轄に属する。

③　労働審判事件は、相手方が法人その他の社団又は財団（外国の社団又は財団を除く。）である場合において、日本国内にその事務所若しくは営業所がないとき、又はその事務所若しくは営業所の所在地が知れないときは、代表者その他の主たる業務担当者の住所地を管轄する地方裁判所の管轄に属する。

④　労働審判事件は、相手方が外国の社団又は財団である場合において、日本国内にその事務所又は営業所がないときは、日本における代表者その他の主たる業務担当者の住所地を管轄する地方裁判所の管轄に属する。

（移送）

第三条①　裁判所は、労働審判事件の全部又は一部がその管轄に属しないと認めるときは、申立てにより又は職権で、これを管轄裁判所に移送する。

②　裁判所は、労働審判事件がその管轄に属する場合においても、事件を処理するために適当と認めるときは、申立てにより又は職権で、当該労働審判事件の全部又は一部を他の管轄裁判所に移送することができる。

（代理人）

第四条①　労働審判手続については、法令により裁判上の行為をすることができる代理人のほか、弁護士でなければ代理人となることができない。ただし、裁判所は、当事者の権利利益の保護及び労働審判手続の円滑な進行のために必要かつ相当と認めるときは、弁護士でない者を代理人とすることを許可することができる。

②　裁判所は、前項ただし書の規定による許可を取り消すことができる。

（労働審判手続の申立て）

第五条①　当事者は、個別労働関係民事紛争の解決を図るため、裁判所に対し、労働審判手続の申立てをすることができる。

②　前項の申立ては、申立書を裁判所に提出してしなければならない。

③　前項の申立書には、次に掲げる事項を記載しなければならない。

一　当事者及び法定代理人
二　申立ての趣旨及び理由

（不適法な申立ての却下）

第六条　裁判所は、労働審判手続の申立てが不適法であると認めるときは、決定で、その申立てを却下しなければならない。

（労働審判委員会）

第七条　裁判所は、労働審判官一人及び労働審判員二人で組織する労働審判委員会で労働審判手続を行う。

（労働審判官の指定）

第八条　労働審判官は、地方裁判所が当該地方裁判所の裁判官の中から指定する。

（労働審判員）

第九条①　労働審判員は、この法律の定めるところにより、労働審判委員会が行う労働審判手続に関与し、中立かつ公正な立場において、労働審判事件を処理するために必要な職務を行う。

②　労働審判員は、労働関係に関する専門的な知識経験を有する者のうちから任命する。

③　労働審判員は、非常勤とし、前項に規定するもののほか、その任免に関し必要な事項は、最高裁判所規則で定める。

④ 労働審判員には、別に法律で定めるところにより手当を支給し、並びに最高裁判所規則で定める額の旅費、日当及び宿泊料を支給する。

（**労働審判員の指定**）

第一〇条① 労働審判委員会を組織する労働審判員は、労働審判事件ごとに、裁判所が指定する。

② 裁判所は、前項の規定により労働審判員を指定するに当たっては、労働審判員の有する知識経験その他の事情を総合的に勘案し、労働審判委員会における労働審判員の構成について適正を確保するように配慮しなければならない。

（**労働審判員の除斥**）

第一一条① 労働審判員の除斥については、非訟事件手続法（平成二十三年法律第五十一号）第十一条並びに第十三条第二項、第四項、第八項及び第九項の規定（忌避に関する部分を除く。）を準用する。

② 労働審判員の除斥についての裁判は、労働審判員の所属する地方裁判所がする。

（**決議等**）

第一二条① 労働審判委員会の決議は、過半数の意見による。

② 労働審判委員会の評議は、秘密とする。

（**労働審判手続の指揮**）

第一三条 労働審判手続は、労働審判官が指揮する。

（**労働審判手続の期日等**）

第一四条① 労働審判官は、労働審判手続の期日を定めて、事件の関係人を呼び出さなければならない。

② 裁判所書記官は、前項の期日について、その経過の要領を記録上明らかにしなければならない。

③ 裁判所書記官は、労働審判官が命じた場合には、第一項の期日について、調書を作成しなければならない。

（**迅速な手続**）

第一五条① 労働審判委員会は、速やかに、当事者の陳述を聴いて争点及び証拠の整理をしなければならない。

② 労働審判手続においては、特別の事情がある場合を除き、三回以内の期日において、審理を終結しなければならない。

（**手続の非公開**）

第一六条 労働審判手続は、公開しない。ただし、労働審判委員会は、相当と認める者の傍聴を許すことができる。

（**証拠調べ等**）

第一七条① 労働審判委員会は、職権で事実の調査をし、かつ、申立てにより又は職権で、必要と認める証拠調べをすることができる。

② 証拠調べについては、民事訴訟の例による。

＊令和四法四八（令和八・五・二四までに施行）**による改正後**

② 証拠調べについては、民事訴訟法（平成八年法律第百九号）第二編第四章（第百七十九条、第百八十二条、第百八十五条第一項後段、第二項及び第三項、第百八十七条第三項及び第四項、第百八十八条、第百八十九条、第百九十二条から第百九十五条まで（これらの規定を同法第二百一条第五項、第二百十条及び第二百十六条において準用する場合を含む。）、第二百条、第二百二条（同法第二百十条において準用する場合を含む。）、第二百五条第二項、第二百六条（同法第二百十条において準用する場合を含む。）、第二百七条第二項、第二百八条、第二百九条、第二百十五条第二項、第二百十五条の二第二項から第四項まで、第二百十五条の四、第二百二十四条（同法第二百二十九条第二項、第二百三十一条の三第一項及び第二百三十二条第一項において準用する場合を含む。）、第二百二十五条、第二百二十七条第二項、第二百二十九条第四項から第六項まで、第二百三十条、第二百三十二条第二項及び第三項、第二百三十二条の二並びに第二百三十九条を除く。）の規定を準用する。この場合において、同法第二百五条第三項中「事項又は前項の規定によりファイルに記録された事項若しくは同項の記録媒体に記録された事項」とあり、及び同法第二百十五条第四項中「事項又は第二項の規定によりファイルに記録された事項若しくは同項の記録媒体に記録された事項」とあるのは「事項」と、同法第二百三十一条の二第二項中「方法又は最高裁判所規則で定める電子情報処理組織を使用する方法」とあるのは「方法」と、同法第二百三十一条の三第二項中「若しくは送付し、又は最高裁判所規則で定める電子情報処理組織を使用する」とあるのは「又は送付する」と読み替えるものとする。

（**調停が成立した場合の費用の負担**）

第一八条 各当事者は、調停が成立した場合において、その支出した費用のうち調停条項中に費用の負担についての定めがないものを自ら負担するものとする。

（**審理の終結**）

第一九条 労働審判委員会は、審理を終結するときは、労働審判手続の期日においてその旨を宣言しなければならない。

（**労働審判**）

第二〇条① 労働審判委員会は、審理の結果認められる当事者間の権利関係及び労働審判手続の経過を踏まえて、労働審判を行う。

② 労働審判においては、当事者間の権利関係を確認し、金銭の支払、物の引渡しその他の財産上の給付を命じ、その他個別労働関係民事紛争の解決をするために相当と認める事項を定めることができる。

③ 労働審判は、主文及び理由の要旨を記載した審判書を作成して行わなければならない。

④ 前項の審判書は、当事者に送達しなければならない。この場合においては、労働審判の効力は、当事者に送達された時に生ずる。

⑤ 前項の規定による審判書の送達については、民事訴訟法（平成八年法律第百九号）第一編第五章第四節（第百四条及び第百十条から第百十三条までを除く。）の規定を準用する。

＊令和四法四八（令和八・五・二四までに施行）**による改正**

第五項中「（平成八年法律第百九号）」を削り、「第百四条及び第百十条から第百十三条まで」を「第百条第二項、第百四条、第三款及び第四款」に改める。（本文未織込み）

⑥ 労働審判委員会は、相当と認めるときは、第三項の規定にかかわらず、審判書の作成に代えて、すべての当事者が出頭する労働審判手続の期日において労働審判の主文及び理由の要旨を口頭で告知する方法により、労働審判を行うことができる。この場合においては、労働審判の効力は、告知された時に生ずる。

⑦ 裁判所は、前項前段の規定により労働審判が行われたときは、裁判所書記官に、その主文及び理由の要旨を、調書に記載させなければならない。

（**異議の申立て等**）

第二一条① 当事者は、労働審判に対し、前条第四項の規定による審判書の送達又は同条第六項の規定による労働審判の告知を受けた日から二週間の不変期間内に、裁判所に異議の申立てをすることができる。

② 裁判所は、異議の申立てが不適法であると認めるときは、決定で、これを却下しなければならない。

③ 適法な異議の申立てがあったときは、労働審判は、その効力を失う。

④ 適法な異議の申立てがないときは、労働審判は、裁判上の和解と同一の効力を有する。

⑤ 前項の場合において、各当事者は、その支出した費用のうち労働審判に費用の負担についての定めがないものを自ら負担するものとする。

（**訴え提起の擬制**）

第二二条① 労働審判に対し適法な異議の申立てがあったときは、労働審判手続の申立てに係る請求については、当該労働審判が行われた際に労働審判事件が係属していた地方裁判所に訴えの提起があったものとみなす。この場合において、当該請求について民事訴訟法第一編第二章第一節の規定により日本の裁判所が管轄権を有しないときは、提起があったものとみなされた訴えを却下するものとする。

② 前項の規定により訴えの提起があったものとみなされる事件（同項後段の規定により却下するものとされる訴えに係るものを除く。）は、同項の地方裁判所の管轄に属する。

③ 第一項の規定により訴えの提起があったものとみなされたときは、民事訴訟法第百三十七条、第百三十八条及び第百五十八条の規定の適用については、第五条第二項の申立書を訴状とみなす。

＊令和四法四八（令和八・五・二四までに施行）**による改正**

第三項中「、第百三十八条」を「から第百三十八条まで」に改める。（本文未織込み）

（労働審判の取消し）

第二三条① 第二十条第四項の規定により審判書を送達すべき場合において、次に掲げる事由があるときは、裁判所は、決定で、労働審判を取り消さなければならない。

一 当事者の住所、居所その他送達をすべき場所が知れないこと。

二 第二十条第五項において準用する民事訴訟法第百七条第一項の規定により送達をすることができないこと。

三 外国においてすべき送達について、第二十条第五項において準用する民事訴訟法第百八条の規定によることができず、又はこれによっても送達をすることができないと認められること。

四 第二十条第五項において準用する民事訴訟法第百八条の規定により外国の管轄官庁に嘱託を発した後六月を経過してもその送達を証する書面の送付がないこと。

② 前条の規定は、前項の規定により労働審判が取り消された場合について準用する。

（労働審判をしない場合の労働審判事件の終了）

第二四条① 労働審判委員会は、事案の性質に照らし、労働審判手続を行うことが紛争の迅速かつ適正な解決のために適当でないと認めるときは、労働審判事件を終了させることができる。

② 第二十二条の規定は、前項の規定により労働審判事件が終了した場合について準用する。この場合において、同条第一項中「当該労働審判が行われた際に労働審判事件が係属していた」とあるのは、「労働審判事件が終了した際に当該労働審判事件が係属していた」と読み替えるものとする。

（労働審判手続の申立ての取下げ）

第二四条の二 労働審判手続の申立ては、労働審判が確定するまで、その全部又は一部を取り下げることができる。

（費用の負担）

第二五条 裁判所は、労働審判事件が終了した場合（第十八条及び第二十一条第五項に規定する場合を除く。）において、必要と認めるときは、申立てにより又は職権で、当該労働審判事件に関する手続の費用の負担を命ずる決定をすることができる。

（事件の記録の閲覧等）

第二六条① 当事者及び利害関係を疎明した第三者は、裁判所書記官に対し、労働審判事件の記録の閲覧若しくは謄写、その正本、謄本若しくは抄本の交付又は労働審判事件に関する事項の証明書の交付を請求することができる。

② 民事訴訟法第九十一条第四項及び第五項並びに第九十二条の規定は、前項の記録について準用する。

＊令和四法四八（令和八・五・二四までに施行）**による改正**

第二項中「第九十二条」を「第九十二条（第九項及び第十項を除く。）」に改める。（本文未織込み）

（訴訟手続の中止）

第二七条 労働審判手続の申立てがあった事件について訴訟が係属するときは、受訴裁判所は、労働審判事件が終了するまで訴訟手続を中止することができる。

（即時抗告）

第二八条① 第二十五条の規定による決定に対しては、即時抗告をすることができる。

② 第六条、第二十一条第二項、第二十三条第一項及び第二十五条の規定による決定に対する即時抗告は、執行停止の効力を有する。

（当事者に対する住所、氏名等の秘匿）

第二八条の二 労働審判手続における申立てその他の申述については、民事訴訟法第一編第八章の規定を準用する。この場合において、同法第百三十三条第一項中「当事者」とあるのは「当事者又は参加人（労働審判法第二十九条第二項において準用する民事調停法（昭和二十六年法律第二百二十二号）第十一条の規定により労働審判手続に参加した者をいう。第百三十三条の四第一項、第二項及び第七項において同じ。）」と、同法第百三十三条の二第二項中「訴訟記録等（訴訟記録又は第百三十二条の四第一項の処分の申立てに係る事件の記録をいう。第百三十三条の四第一項及び第二項において同じ。）」とあるのは「労働審判事件の記録」と、同法第百三十三条の四第一項中「者は、訴訟記録等」とあるのは「当事者若しくは参加人又は利害関係を疎明した第三者は、労働審判事件の記録」と、同条第二項中「当事者」とあるのは「当事者又は参加人」と、「訴訟記録等」とあるのは「労働審判事件の記録」と、同条第七項中「当事者」とあるのは「当事者若しくは参加人」と読み替えるものとする。

＊令和四法四八（令和八・五・二四までに施行）**による改正後**

（当事者に対する住所、氏名等の秘匿）

第二八条の二 労働審判手続における申立てその他の申述については、民事訴訟法第一編第八章（第百三十三条の三第二項を除く。）の規定を準用する。この場合において、同法第百三十三条第一項中「当事者」とあるのは「当事者又は参加人（労働審判法第二十九条第二項において準用する民事調停法（昭和二十六年法律第二百二十二号）第十一条の規定により労働審判手続に参加した者をいう。第百三十三条の四第一項、第二項及び第七項において同じ。）」と、同条第三項中「訴訟記録等（訴訟記録又は第百三十二条の四第一項の処分の申立てに係る事件の記録をいう。以下この章において同じ。）」とあるのは「労働審判事件の記録」と、「について訴訟記録等の閲覧等（訴訟記録の閲覧等、非電磁的証拠収集処分記録の閲覧等又は電磁的証拠収集処分記録の閲覧等をいう。以下この章において同じ。）」とあるのは「の閲覧若しくは謄写又はその謄本若しくは抄本の交付」と、同法第百三十三条の二第一項中「に係る訴訟記録等の閲覧等」とあるのは「の閲覧若しくは謄写又はその謄本若しくは抄本の交付」と、同条第二項中「訴訟記録等中」とあるのは「労働審判事件の記録中」と、同項及び同条第三項中「に係る訴訟記録等の閲覧等」とあるのは「の閲覧若しくは謄写、その正本、謄本若しくは抄本の交付又はその複製」と、同法第百三十三条の三第一項中「記載され、又は記録された書面又は電磁的記録」とあるのは「記載された書面」と、「当該書面又は電磁的記録」とあるのは「当該書面」と、「又は電磁的記録その他これに類する書面又は電磁的記録に係る訴訟記録等の閲覧等」とあるのは「その他これに類する書面の閲覧若しくは謄写又はその謄本若しくは抄本の交付」と、同法第百三十三条の四第一項中「者は、訴訟記録等」とあるのは「当事者若しくは参加人又は利害関係を疎明した第三者は、労働審判事件の記録」と、同条第二項中「当事者」とあるのは「当事者又は参加人」と、「訴訟記録等の存する」とあるのは「労働審判事件の記録の存する」と、「訴訟記録等の閲覧等」とあるのは「閲覧若しくは謄写、その正本、謄本若しくは抄本の交付又はその複製」と、同条第七項中「当事者」とあるのは「当事者若しくは参加人」と読み替えるものとする。

（非訟事件手続法及び民事調停法の準用）
第二九条① 特別の定めがある場合を除いて、労働審判事件に関しては、非訟事件手続法第二編の規定（同法第十二条（同法第十四条及び第十五条において準用する場合を含む。）、第二十七条、第四十条、第四十二条の二、第五十二条、第五十三条及び第六十五条の規定を除く。）を準用する。この場合において、同法第四十三条第四項中「第二項」とあるのは、「労働審判法第五条第三項」と読み替えるものとする。
② 民事調停法（昭和二十六年法律第二百二十二号）第十一条、第十二条、第十六条及び第三十六条の規定は、労働審判事件について準用する。この場合において、同法第十一条中「調停の」とあるのは「労働審判手続の」と、「調停委員会」とあるのは「労働審判委員会」と、同法第十二条第一項中「調停手続」とあるのは「労働審判手続」と、「調停委員会」とあるのは「労働審判委員会」と、「調停の」とあるのは「調停又は労働審判の」と、「調停前の措置」とあるのは「調停又は労働審判前の措置」と、同法第三十六条第一項中「前二条」とあるのは「労働審判法（平成十六年法律第四十五号）第三十一条及び第三十二条」と読み替えるものとする。

（最高裁判所規則）
第三〇条 この法律に定めるもののほか、労働審判手続に関し必要な事項は、最高裁判所規則で定める。

（不出頭に対する制裁）
第三一条 労働審判官の呼出しを受けた事件の関係人が正当な理由がなく出頭しないときは、裁判所は、五万円以下の過料に処する。

（措置違反に対する制裁）
第三二条 当事者が正当な理由がなく第二十九条第二項において準用する民事調停法第十二条の規定による措置に従わないときは、裁判所は、十万円以下の過料に処する。

（評議の秘密を漏らす罪）
第三三条 労働審判員又は労働審判員であった者が正当な理由がなく評議の経過又は労働審判官若しくは労働審判員の意見若しくはその多少の数を漏らしたときは、三十万円以下の罰金に処する。

（人の秘密を漏らす罪）
第三四条 労働審判員又は労働審判員であった者が正当な理由がなくその職務上取り扱ったことについて知り得た人の秘密を漏らしたときは、一年以下の懲役又は五十万円以下の罰金に処する。

＊令和四法六八（令和七・六・一六までに施行）による改正
第三四条中「懲役」を「拘禁刑」に改める。（本文未織込み）

附　則（抄）

（施行期日）
第一条 この法律は、公布の日から起算して二年を超えない範囲内において政令で定める日（平成一八・四・一―平成一七政三〇三）から施行する。ただし、第九条の規定は、公布の日から起算して一年六月を超えない範囲内において政令で定める日（平成一七・一〇・一―平成一七政三〇三）から施行する。

附　則（令和四・五・二五法四八）（抄）

（施行期日）
第一条 この法律は、公布の日から起算して四年を超えない範囲内において政令で定める日から施行する。ただし、次の各号に掲げる規定は、当該各号に定める日から施行する。
一 （前略）附則第百二十五条の規定 公布の日
二 （前略）附則（中略）第九十八条（労働審判法の一部改正）（中略）の規定 公布の日から起算して九月を超えない範囲内において政令で定める日
三―五 （略）

（政令への委任）
第一二五条 （前略）この法律の施行に関し必要な経過措置は、政令で定める。

刑法等の一部を改正する法律の施行に伴う関係法律整理法中経過規定（令和四・六・一七法六八）（抄）
第四四一条から第四四三条まで （刑法の同経過規定参照）
第五〇九条 （刑法の同経過規定参照）

刑法等の一部を改正する法律の施行に伴う関係法律整理法
附　則（令和四・六・一七法六八）（抄）

（施行期日）
① この法律は、刑法等一部改正法（刑法等の一部を改正する法律（令和四法六七））施行日から施行する。ただし、次の各号に掲げる規定は、当該各号に定める日から施行する。
一 第五百九条の規定 公布の日
二 （略）

●労働組合法

（昭和二四・六・一
法一七四）

施行　昭和二四・六・一〇（昭和二四政二〇一）
改正　昭和二五法七九・法八四・法一三九、昭和二六法二〇三、昭和二七法二八八、昭和二九法二一二、昭和三四法一三七、昭和三七法一四〇・法一六一、昭和四一法六四、昭和四六法六七・法一三〇、昭和五三法三九、昭和五五法八五、昭和五八法七八、昭和五九法二五、昭和六三法八二、平成五法八九、平成一一法八七・法一〇二・法一〇四・法一五一・法一六〇、平成一四法四五・法九八、平成一六法八四（平成一六法一四〇）・法一四〇・法一四七、平成一七法八七・法一〇二、平成一八法五〇、平成一九法一二九、平成二〇法二六、平成二三法五三、平成二四法四二、平成二六法六七・法六九、令和四法六八

目次

第一章　総則

（目的）

第一条①　この法律は、労働者が使用者との交渉において対等の立場に立つことを促進することにより労働者の地位を向上させること、労働者がその労働条件について交渉するために自ら代表者を選出することその他の団体行動を行うために自主的に労働組合を組織し、団結することを擁護すること並びに使用者と労働者との関係を規制する労働協約を締結するための団体交渉をすること及びその手続を助成することを目的とする。

②　刑法（明治四十年法律第四十五号）第三十五条の規定は、労働組合の団体交渉その他の行為であつて前項に掲げる目的を達成するためにした正当なものについて適用があるものとする。但し、いかなる場合においても、暴力の行使は、労働組合の正当な行為と解釈されてはならない。

1　**刑法独自の違法性阻却事由の判断**　争議行為に際して行われた犯罪構成要件に該当する行為について刑法上の違法性阻却事由の有無を判断する場合には、その行為が争議行為に際して行われたものであるという事実をも含め、当該行為の具体的状況等諸般の事情を考慮して、それが法秩序全体の見地から許容されるべきものであるか否かを判定しなければならない。（最大判昭48・4・25刑集二七・三・四一八〈国労久留米駅事件〉刑百選Ⅰ八版一六）→◘【補章　争議行為】［一三条の一三の後］3

（労働組合）

第二条　この法律で「労働組合」とは、労働者が主体となつて自主的に労働条件の維持改善その他経済的地位の向上を図ることを主たる目的として組織する団体又はその連合団体をいう。但し、左の各号の一に該当するものは、この限りでない。

一　役員、雇入解雇昇進又は異動に関して直接の権限を持つ監督的地位にある労働者、使用者の労働関係についての計画と方針とに関する機密の事項に接し、そのためにその職務上の義務と責任とが当該労働組合の組合員としての誠意と責任とに直接にてい触する監督的地位にある労働者その他使用者の利益を代表する者の参加を許すもの

二　団体の運営のための経費の支出につき使用者の経理上の援助を受けるもの。但し、労働者が労働時間中に時間又は賃金を失うことなく使用者と協議し、又は交渉することを使用者が許すことを妨げるものではなく、且つ、厚生資金又は経済上の不幸若しくは災厄を防止し、若しくは救済するための支出に実際に用いられる福利その他の基金に対する使用者の寄附及び最小限の広さの事務所の供与を除くものとする。

三　共済事業その他福利事業のみを目的とするもの

四　主として政治運動又は社会運動を目的とするもの

1　**一　「管理職組合」の団体交渉適格**　使用者の利益代表者の参加を許す労働組合は、本条の要件を欠き、労組法五条一項により労働委員会の救済手続を享受することはできないが、かような組合も使用者と対等関係に立ち自主的に結成された統一的な団体であれば同法七条二号の「労働者の代表者」に含まれるので、利益代表者の参加により適正な団体交渉の遂行を期し難い特別な事情を使用者において明らかにした場合は格別、当該組合に利益代表者が参加していたとしても、また参加していないことを使用者に対し明らかにしていないとしても、そのこと自体が団体交渉拒否の正当な理由になるものではない。

本件においては、人事部長及び人事部、総合企画部及び総務部の次長、課長及び担当職は、使用者の利益代表者に含まれるが、これらの者が組織対象者とされておらず、又は組合に参加していない以上、本件組合は本条の労働組合に当たる。（東京高判平12・2・29労判八〇七・七〈セメダイン事件〉労働百選八版八五……上告棄却（最決平13・6・14労判八〇七・五））

2　**二　混合組合の法的性格**　地公法は、登録された職員団体となる場合を除き、職員団体の構成員を同法が適用される一般職の地方公務員に限定する旨の規定を置いておらず、同法及び労組法は、一般職の地方公務員が労働団体に加入することを制限する旨の規定を置いていないことからすれば、地公法適用組合員と労組法適用組合員とにより構成される混合組合の存在を許容していると解すべきであり、そうした混合組合は、代表される組合員に対し適用される法律の区別に従い、地公法の職員団体及び労組法上の労働組合としての複合的な法的性格を有すると解すべきである。（東京高判平26・3・18別冊中労時一四六〇・三七〈国・中労委（大阪府教委・大阪教育合同労組）事件〉……混合組合は、その労組法適用組合員の労働条件等に関する団交拒否について、不当労働行為救済の申立人適格がある）

（労働者）

第三条　この法律で「労働者」とは、職業の種類を問わず、賃金、給料その他これに準ずる収入によつて生活する者をいう。

1　**労組法上の「労働者」**　民間放送会社とその放送管弦楽団との間に締結された自由出演契約について、楽団員を会社の事業組織のなかに組み入れておくことによって不可欠な演奏労働力を恒常的に確保しようとしたものであること、契約の文言上は楽団員には会社の出演発注を断ることが禁止されていないが当事者の認識としては原則として発注に応じて出演すべき義務があることを前提としていたこと、会社が楽団員に出演を求め楽団員が原則としてこれに従うべき基本的関係がある以上楽団員の演奏労働力の処分につき会社が指揮命令の権能を有しないとはい

えないこと、楽団員の報酬は芸術的価値を評価したものというより演奏という労務提供の対価とみるのが相当であることからすれば、楽団員は労組法の適用を受ける労働者に当たる。（最判昭51・5・6民集三〇・四・四三七〈CBC管弦楽団労組事件〉労働百選[八版]三）

[2] オペラ公演を主催する財団と出演基本契約を締結して各公演に出演していた契約メンバーについて、出演基本契約は契約メンバーを各公演の実施に不可欠な歌唱労働力として財団の組織に組み入れていたものであること、当事者の認識や契約の実際の運用においては契約メンバーは財団からの出演の申込みに応ずべき関係にあったといえること、出演基本契約の内容は財団により一方的に決定され契約メンバーの側に交渉の余地があったとはいえないこと、契約メンバーは財団の指揮監督の下において歌唱の労務を提供しており時間的にも場所的にも一定の拘束を受けていたこと、超過稽古手当を含む報酬は歌唱の労務の提供それ自体の対価であるとみるのが相当であることなどの事情を総合考慮すれば、契約メンバーは労組法上の労働者に当たる。（最判平23・4・12民集六五・三・九四三〈国・中労委（新国立劇場運営財団）事件〉重判平23労働一①）

[3] 親会社製品の修理補修等を業とする会社と業務委託契約を締結して修理補修業務を行っていたカスタマーエンジニア（CE）について、CEは会社の事業遂行に不可欠な労働力としてその恒常的な確保のために会社の組織に組み入れられていたものであること、業務委託契約の内容は会社が一方的に決定していたこと、時間外手当等を含むCEの報酬は労務提供の対価としての性質を有するものといえること、当事者の認識や契約の実際の運用においてCEは基本的に会社による業務の依頼に応ずべき関係にあったといえること、CEは会社の指定する業務遂行方法に従いその指揮監督の下に労務の提供を行っており、場所的にも時間的にも一定の拘束を受けていたものといえることなどの事情を総合考慮すれば、CEは労組法上の労働者に当たる。（最判平23・4・12労判一〇二六・二七〈国・中労委（INAXメンテナンス）事件〉労働百選[一〇版]三）

[4] 親会社が製造する音響製品等の修理等を業とする会社と業務委託契約を締結して出張修理業務に従事する個人代行店について、個人代行店が会社の事業の遂行に必要な労働力として、その恒常的な確保のために会社の組織に組み入れられていること、会社が個人代行店との間の契約内容を一方的に決定していること、個人代行店に支払われる委託料は、実質的には労務の提供の対価としての性質を有すること、個人代行店は、会社による個別の出張修理業務の依頼に応ずべき関係にあること、個人代行店は、会社の指定する業務遂行方法に従い、その指揮監督の下に労務の提供を行っており、かつ、その業務について場所的にも時間的にも相応の拘束を受けていることという諸事情に鑑みると、他社製品の修理業務の受注割合、修理業務における従業員の関与の態様、法人等代行店の業務やその契約内容との等質性などにおいて、なお独立の事業者としての実態を備えていると認めるべき特段の事情がない限り、労組法上の労働者に当たる。（最判平24・2・21民集六六・三・九五五〈ビクターサービスエンジニアリング事件〉……差戻し後控訴審・東京高判平25・1・23労判一〇七〇・八七では、独立の事業者と認めるべき特段の事情の存否について、これを否定する判断がなされ、労働者性が肯定された）

第四条 削除

第二章 労働組合

一 脱退の自由

[1] 労働組合の組合員は、その意思により組合員としての地位を離れる脱退の自由を有する。

労働組合から脱退しないことを義務付ける使用者と労働者間の合意は、脱退の自由という重要な権利を奪い組合の統制への永続的な服従を強いるものであるから、公序良俗に反し無効である。（最判平19・2・2民集六一・一・八六〈東芝労働組合小向支部・東芝事件〉労働百選[一〇版]八四）→憲二八条[6]、民九〇条[7]

二 ユニオン・ショップ協定

[2] ユニオン・ショップ協定による労働組合への加入強制は、労働者の組合選択の自由及び他の労働組合の団結権を侵害する場合には許されず、したがってその効力は、締結組合から脱退あるいは除名されても他の労働組合に加入している者については及ばない。（最判平元・12・14民集四三・一二・二〇五一〈三井倉庫港運事件〉労働百選[一〇版]八三）

[3] ユニオン・ショップ協定に基づき使用者が労働組合に対し解雇義務を負うのは、当該労働者が正当な理由がなく労働組合に加入せず、又は労働組合から有効に脱退し若しくは除名された場合に限定され、除名が無効な場合には、使用者は解雇義務を負わない。したがって、労働者の除名が無効な場合には、ユニオン・ショップ協定に基づいて使用者の行う解雇も、客観的に合理的な理由を欠き社会的に相当なものとして是認することはできないから、他に解雇の合理性を裏付ける特段の事由がない限り解雇権の濫用として無効となる。（最判昭50・4・25民集二九・四・四五六〈日本食塩事件〉労働百選[五版]九七）→労契一六条[7]

三 便宜供与

1 在籍専従

[4] 職員が休暇を取って職員団体の業務に専従し得ることは、憲法二八条が保障する勤労者の団結権等に内在し、又はそれから当然に派生する固有の権利とはいえない。（最大判昭40・7・14民集一九・五・一一九八〈和歌山市教組事件〉公務員百選七五）

2 組合休暇

[5] 就業規則上、組合休暇は、職員の請求に基づき、所属長が業務に支障がないと判断したときにそれを許可することとされている場合でも、組合活動のうち一定の会議に出席するための休暇には原則として許可を与えるべきこととされ、職員が一人休むことによって通常生じる程度の業務の支障は不許可事由たる業務の支障には当たらないという線で運用が行われていた以上、右会議出席のための休暇の請求に対し、許可を与えたとしても上司らが業務を補助すれば著しい業務の支障が生じなかったにもかかわらずなされた不許可の判断は、合理性を欠く違法なものである。（最判昭52・10・13労経速九六六・七〈向日町郵便局事件〉）

[6] 組合休暇の制度が便宜供与の一種であるとしても、その運用基準などを勘案すれば、便宜供与であることから直ちに、右組合休暇は職場における労使関係が正常な状態にある場合に限って与えられるとは解し難く、組合の闘争により正常な労使関係が失われている場合でも、組合休暇の不承認が組合活動に対する牽制〔けんせい〕手段としてなされたときには、右不承認は不当労働行為となる。（最判昭51・6・3労判二五四・二〇〈全逓都城郵便局事件〉公務員百選七四）

3 組合事務所

[7] ① 労働協約中の組合事務所貸与に関する概括的条項に基づく事務所の無償貸与は、労働協約上の便宜供与を目的とした使用貸借というべきであり、右の労働協約が効力を失った場合、右使用貸借契約は、契約に定めた目的に従った使用を終わったものとしてその旨の告知により終了する。

② 組合事務所の使用関係の終了につき労働法的見地から制約を加えるべきものとしても、係争事務室の使用について会社に切実な必要があり、また会社は組合に対して代替事務室を提供して引き続き便宜供与を図る旨申し出ているのであるから、会社側には事務所の使用関係を終了させる合理的理由がある。（東京高判昭54・1・29労判三一五・五五〈ラジオ関

東事件〉）

四　組合財政

1　組合員の協力義務

8 労働組合員が組合に対して負う組合費納入義務等の協力義務は、労働者の労働条件の維持改善その他経済的地位の向上という組合の目的達成のために必要な範囲に限られる。組合の政治的・社会的活動を直ちに労働組合の目的の範囲外のものということはできないが、それに対する組合員の協力義務については、当該活動の内容・性質、組合員に求められる協力の内容・程度・態様等を比較考量し、多数決原理に基づく組合活動の実効性と組合員個人の基本的利益の調和という観点から、組合の統制力と組合員の協力義務の範囲に合理的な限定を加えることが必要である。（最判昭50・11・28民集二九・一〇・一六九八〈国労広島地本事件〉労働百選[一〇版]八五）→9 10

2　組合費納入義務の範囲

イ　他組合の闘争に対する支援活動

9 他組合の闘争に対する支援活動は組合員の経済的地位の向上という労働組合の目的と関連性を持ち、またそれは何ら組合員の一般的利益に反するものでもないから、多数決により右支援活動とそのための費用の負担が決定された場合には、組合員はこれに協力する義務を負う。（最判昭50・11・28前出8）

ロ　政治活動

10 労働組合が政治活動をし、あるいはそのための費用を基金から支出すること自体は法的には許されているが、政治活動に対し個々の組合員の協力を義務付けることは原則として許されない。ただし、労働者の権利利益に直接関係する立法や行政措置の促進又は反対のための活動については、組合員には費用負担を含め協力義務がある。

日米安全保障条約反対闘争のような政治活動については、そのための費用負担を含め、多数決により組合員の協力を強制することは許されない。しかし、そうした活動に参加して不利益処分を受けた組合員に対する救援費用徴収決議については組合員に協力義務がある。

労働組合が組織として支持政党・統一候補を決定してその選挙運動を推進することが自由であるとしても、組合員に対してこれへの協力を強制することは許されず、また、選挙運動のための資金の拠出を組合員に強制することも許されない。（最判昭50・11・28前出8）

八　違法争議行為

11 労働組合が公共企業体等労働関係法〔平成二六法六七による改正後の行政執行法人の労働関係に関する法律〕違反の争議行為への参加を組合員に強制することは許されず、かかる争議行為のための費用の拠出を強制することも許されない。ただし、単に将来の状況いかんによっては違法な争議行為の費用に充てられるかもしれないという程度の未必的可能性があるにとどまる場合や、闘争の一部に違法な争議行為が含まれているとしても、闘争全体としては違法性のない行為を主体としている場合には、組合員には協力義務がある。

違法な争議行為により処分を受けた組合員の救援活動については、組合員には協力義務がある。（最判昭50・11・28民集二九・一〇・一六三四〈国労広島地本事件〉労働法の判例[三版]五〇）

3　組合財産の所有形態

12 権利能力なき社団に当たる労働組合の財産は組合員の総有に属するから、総組合員の同意による総有の廃止その他の処分をしない限りは、脱退した組合員は、右財産の共有持分権又は分割請求権を有しない。（最判昭32・11・14民集一一・一二・一九四三〈品川白煉瓦事件〉労働百選[五版]五九）

五　統制

1　統制権の根拠

13 労働組合の組合員に対する統制権は、一般の組織的団体のそれと異なり、労働組合の団結権を確保するために必要であり、かつ、合理的な範囲内においては、労働者の団結権保障の一環として、憲法二八条の精神に由来し、同条による団結権保障の効果として、労働組合は、その目的を達成するために必要であり、かつ、合理的な範囲内において、その組合員に対する統制権を有する。（最大判昭43・12・4刑集二二・一三・一四二五〈三井美唄労組事件〉憲百選Ⅱ[七版]一四四）→14

2　統制事項

14 労働組合が、選挙において特定の候補者の支持を決定して選挙運動を推進することは、組合の活動として許されるものであり、また、組合の決定に反して立候補しようとする組合員に対し、立候補を思いとどまるよう勧告又は説得することも、それが単なる勧告又は説得にとどまる限り、統制権の行使として許される。しかし、立候補取りやめの要求に従わないことを理由に当該組合員を処分することは、公職選挙における立候補の自由の重要性に鑑みると、統制権の限界を超える違法なものである。（最大判昭43・12・4前出13）

15 公職選挙において組合の推薦する特定の候補者以外の立候補者を支持する組合員の選挙運動を一般的・包括的に制限・禁止し、これに違反した組合員は統制違反として処分される旨の労働組合の大会決議は、組合の統制権の限界を超え無効である。（最判昭44・5・2裁判集民九五・二五七〈中里鉱業所労組事件〉労働百選[七版]九三）

16 ① 組合内で一旦決定されたことに対する批判活動は、組合内部の統一と団結の維持が特に侵害されるおそれがないという特段の事情がない限り、統制処分の対象になるものというべきであるが、決定事項について組合員間で意見交換をすることは、それが単なる意見交換にとどまっている限りは、組合内部の統一と団結の維持が特に侵害されるおそれのないものとして、あるいはいまだ制裁を課するほどの違法性のないものとして、統制処分の対象にはならない。

② 組合運営上の一般的事項やいまだ決定されていない事項については、組合民主主義の観点からして、組合員の言論の自由は最大限に尊重されるべきであるから、組合員が執行部批判を新聞社等の外部に対して行い、それによって組合内部に何らかの混乱が生じたとしても、それが虚偽の事実を述べたり、事実を歪曲したり、中傷や悪意に満ちた個人攻撃に当たると評価される場合を除き、統制処分の対象にはならない。

本件において組合員が新聞社等に対して行った執行部批判活動は、中傷や悪意に満ちた個人攻撃に当たるものであるから、統制処分の対象となる。（名古屋地判平12・6・28労判七九五・四三〈名古屋・東京管理職ユニオン事件〉）

3　統制処分の手続

17 ① 組合大会における組合員の除名決議は、組合規約所定の無記名投票によらずに起立採決の方法によって行われた場合には無効である。

② 規約上、統制処分を行うには査問委員会において被処分者本人に弁明の機会を与えなければならないと定められている場合には、右弁明の機会を与えることは除名処分の効力要件である。

③ 査問委員会での手続に代わって被処分者に弁明の機会が与えられるべき組合大会の開催が、規約所定の大会五日前までに被処分者に通知されていない場合には、右大会において適法に弁明の機会を与えたことにはならない。（東京高判昭56・1・29労民三二・一＝四・三六三〈山梨貸切自動車事件〉労働百選[五版]五七）

六　組合規約違反の決議

18 組合規約中に解散決議の採決方法につき直接無記名投票によるとの定めがある場合、それ以外の採決方法によってなされた解散決議は、決議に参加した者全員があらかじめその方法によることを同意していたと認められるときを除けば、客観的にみてその方法によらざるを得ないと認めるに足りる特

段の事情が存しない限り無効である。（最判昭49・9・30労判二一八・四四〈名古屋ダイハツ労組事件〉）↓一〇条②

（労働組合として設立されたものの取扱）

第五条① 労働組合は、労働委員会に証拠を提出して第二条及び第二項の規定に適合することを立証しなければ、この法律に規定する手続に参与する資格を有せず、且つ、この法律に規定する救済を与えられない。但し、第七条第一号の規定に基く個々の労働者に対する保護を否定する趣旨に解釈されるべきではない。

② 労働組合の規約には、左の各号に掲げる規定を含まなければならない。

一 名称

二 主たる事務所の所在地

三 連合団体である労働組合以外の労働組合（以下「単位労働組合」という。）の組合員は、その労働組合のすべての問題に参与する権利及び均等の取扱を受ける権利を有すること。

四 何人も、いかなる場合においても、人種、宗教、性別、門地又は身分によつて組合員たる資格を奪われないこと。

五 単位労働組合にあつては、その役員は、組合員の直接無記名投票により選挙されること、及び連合団体である労働組合又は全国的規模をもつ労働組合にあつては、その役員は、単位労働組合の組合員又はその組合員の直接無記名投票により選挙された代議員の直接無記名投票により選挙されること。

六 総会は、少くとも毎年一回開催すること。

七 すべての財源及び使途、主要な寄附者の氏名並びに現在の経理状況を示す会計報告は、組合員によつて委嘱された職業的に資格がある会計監査人による正確であることの証明書とともに、少くとも毎年一回組合員に公表されること。

八 同盟罷業は、組合員又は組合員の直接無記名投票により選挙された代議員の直接無記名投票の過半数による決定を経なければ開始しないこと。

九 単位労働組合にあつては、その規約は、組合員の直接無記名投票による過半数の支持を得なければ改正しないこと、及び連合団体である労働組合又は全国的規模をもつ労働組合にあつては、その規約は、単位労働組合の組合員又はその組合員の直接無記名投票により選挙された代議員の直接無記名投票による過半数の支持を得なければ改正しないこと。

① **一 資格審査の瑕疵**〔かし〕**と救済命令の取消し** 本条一項による労働組合の資格審査は、労働組合が労組法二条及び本条二項に適合することを促進するという国家の立法目的を達成するために行われるものであり、使用者の利益を保障するためのものではない。したがって、資格審査の方法ないし手続に瑕疵があり、若しくは審査の結果に誤りがあるとしても、使用者は、当該組合が二条の要件を具備しないことを不当労働行為の成立を否定する事由として主張して当該組合のために発せられた救済命令の取消しを求め得るにすぎず、右の瑕疵若しくは誤りのみを理由として救済命令の取消しを求めることはできない。（最判昭32・12・24民集一一・一四・二三三六〈日通会津若松支店事件〉行政百選Ⅱ［六版］二〇〇）

② **二 資格審査の時期** 不当労働行為救済の申立てをした労働組合が労組法二条及び本条二項の規定に適合することは、救済命令を発するための要件であって、不当労働行為についての審査手続に入るための要件ではないから、当該組合が右各規定に適合するか否かに関する審査の決定は、救済命令を発する時までになされていれば足りる。（最判昭62・3・20労判五〇〇・三二〈東京光の家事件〉）

（交渉権限）

第六条 労働組合の代表者又は労働組合の委任を受けた者は、労働組合又は組合員のために使用者又はその団体と労働協約の締結その他の事項に関して交渉する権限を有する。

団体交渉

1 団体交渉権限の委任↓七条⑱

2 団体交渉の使用者側当事者↓七条⑲

（不当労働行為）

第七条 使用者は、次の各号に掲げる行為をしてはならない。

一 労働者が労働組合の組合員であること、労働組合に加入し、若しくはこれを結成しようとしたこと若しくは労働組合の正当な行為をしたことの故をもつて、その労働者を解雇し、その他これに対して不利益な取扱いをすること又は労働者が労働組合に加入せず、若しくは労働組合から脱退することを雇用条件とすること。ただし、労働組合が特定の工場事業場に雇用される労働者の過半数を代表する場合において、その労働者がその労働組合の組合員であることを雇用条件とする労働協約を締結することを妨げるものではない。

二 使用者が雇用する労働者の代表者と団体交渉をすることを正当な理由がなくて拒むこと。

三 労働者が労働組合を結成し、若しくは運営することを支配し、若しくはこれに介入すること、又は労働組合の運営のための経費の支払につき経理上の援助を与えること。ただし、労働者が労働時間中に時間又は賃金を失うことなく使用者と協議し、又は交渉することを使用者が許すことを妨げるものではなく、かつ、厚生資金又は経済上の不幸若しくは災厄を防止し、若しくは救済するための支出に実際に用いられる福利その他の基金に対する使用者の寄附及び最小限の広さの事務所の供与を除くものとする。

四 労働者が労働委員会に対し使用者がこの条の規定に違反した旨の申立てをしたこと若しくは中央労働委員会に対し第二十七条の十二第一項の規定による命令に対する再審査の申立てをしたこと又は労働委員会がこれらの申立てに係る調査若しくは審問をし、若しくは当事者に和解を勧め、若しくは労働関係調整法（昭和二十一年法律第二十五号）による労働争議の調整をする場合に労働者が証拠を提示し、若しくは発言をしたことを理由として、その労働者を解雇し、その他これに対して不利益な取扱いをすること。

① **一 本条の「使用者」** 一般に使用者とは労働契約上の雇用主をいうが、雇用主以外の事業主であっても、雇用主から労働者の派遣を受けて自己の業務に従事させ、その労働者の基本的な労働条件等について、雇用主と部分的とはいえ同視できる程度に現実的かつ具体的に支配、決定することができる地位にある場合には、その限りにおいて、本条の「使用者」に当たる。

放送制作会社が、請負会社からの派遣従業員につき、番組編成日程表等を通じて、作業の日時、時間、場所、内容等その業務の細部にわたるまで自ら決定し、派遣従業員は、制作会社から支給・貸与される器材等を使用し、同社の作業秩序に組み込まれて同社従業員と共に番組制作業務に従事しており、また、派遣従業員の作業は、全て制作会社のディレクターの指揮監督下に置かれていたという事実関係の下では、制作会社は、派遣従業員の勤務時間の割り振り、労務提供の態様、作業環境等の基本的な労働条件等については、本条にいう「使用者」に当たる。（最判平7・2・28民集四九・二・五五九〈朝日放送事件〉労働百選［一〇版］四）

② 国鉄改革法は、採用手続の各段階における国鉄と設立委員の権限を明確に分離して規定しており、このことに同法及び関係法令の規定内容を併せて考えれば、同法は、設立委員自身が不当労働行為を行った場合は別として、専ら国鉄が採用候補者の選定及び採用候補者名簿の作成に当たり組合差別をしたという場合には、本条の適用上、専ら国鉄、次いで国鉄

清算事業団にその責任を負わせることとしたものと解さざるを得ない。このような国鉄改革法の規定する法律関係の下においては、設立委員ひいては承継法人（ＪＲ各社等）が本条にいう「使用者」として不当労働行為の責任を負うものではない。（最判平15・12・22民集五七・一一・二三三五〈ＪＲ北海道等（国労不採用）事件〉労働百選［一〇版］一〇三……二裁判官の反対意見あり）

③　証券取引所が、自主廃業した証券会社の再建策の検討や同社従業員の雇用確保等について一定の影響を及ぼしていたとしても、証券取引所や証券関係の業界で同社の従業員を再雇用しなければならないという程に同従業員の基本的労働条件等を支配決定することができる地位にあったということはできず、本件証券取引所は右証券会社従業員との関係で本条の「使用者」には該当しない。（東京地判平16・5・17労判八七六・五〈大阪証券取引所事件〉重判平16労働七）

④　団体交渉の申入れがなされた時点で、組合員である派遣労働者と近い将来において労働契約関係が成立する現実的かつ具体的な可能性が存する状態にあった派遣先会社は、当該時点において、労働契約関係ないしそれに隣接ないし近似する関係を基盤として成立する労使関係上の一方当事者として、団体交渉の申入れに応じるべき本条の使用者に該当していたというべきである。（東京地判平23・3・17労判一〇三四・八七〈クボタ事件〉）

⑤　使用者の利益代表者に近接する職制上の地位にある者が使用者の意を体して支配介入を行った場合には、使用者との間で具体的な意思の連絡がなくとも、使用者の不当労働行為と評価することができる。（最判平18・12・8労判九二九・五〈ＪＲ東海事件〉重判平19労働一）

二　不利益取扱い

１　労働組合の正当な行為

⑥　本条一号の「労働組合の正当な行為」といえるためには、組合員の行う活動が、労働条件の維持改善その他の経済的地位の向上を目指して行うもので、かつ、それが、所属組合の自主的、民主的運営を志向する意思表明行為であると評価することができることが必要であり、かつ、それをもって足りる。こうした活動が、組合機関による正式な意思決定や授権に基づいておらず、組合による積極的な支持がいまだ得られていないものであったり、他面において政党員の活動としての性格を持つものであっても、労働組合の正当な行為に該当することを妨げるものではない。（東京高判平7・6・22労判六八八・一五〈千代田化工建設事件〉……最判平8・1・26労判六八八・一四により支持された）

２　「故をもって」

⑦　使用者の取引先である第三者が、その被用者の組合活動を嫌悪して同人の解雇を使用者に強要し、使用者はその要求を入れなければ自己の営業の続行が不可能になるとの判断の下に同人を解雇した場合でも、組合活動家を排除しようとする右第三者の意図は、その強要により、その意図を知りつつ解雇を行った使用者の意思に直結し、そのまま使用者の意思内容を形成するから、右解雇は不当労働行為意思に基づくものということができる。（最判昭46・6・15民集二五・四・五一六〈山恵木材事件〉労働百選［五版］六四）

⑧　人事考課、学科試験、論文試験からなる昇格試験制度の下で、人事考課において使用者が不当労働行為意思に基づく差別的な低位の査定をしたとしても、他方で学科試験及び論文試験の各得点も低く、人事考課における差別的な査定がなかったとしても合格の可能性が認められない場合には、筆記試験が単に名目的なもの又は形骸化されたものでなく、その運用規定の内容も不合理なものでなく、かつ、筆記試験の実施及び採点が不公正・不公平と認められない限り、使用者の不当労働行為意思と不合格の間には相当因果関係を欠き、不当労働行為は成立しない。（東京高判平12・4・19労判七八三・三六〈芝信用金庫事件〉重判平12労働一〇）

３　雇入れ拒否と不当労働行為

⑨　雇入れの拒否は、それが従前の雇用契約関係における不利益な取扱いにほかならないとして不当労働行為の成立を肯定することができる場合に当たるなどの特段の事情がない限り、本条一号本文にいう不利益取扱いに当たらない。（最判平15・12・22前出②……二裁判官の反対意見あり）

４　経営譲渡時の組合員の不採用と不当労働行為

⑩　旧病院の経営者から経営譲渡を受けて新病院を開設した使用者が、旧病院の看護職員については、中立組合員二名を除き、採用を希望する者全員と採用面接をし労働条件面で折合いのついた者全員を採用したにもかかわらず、右二名については採用面接を行わずに不採用としたことは、同人らの従来からの組合活動を嫌悪してなされたものというべきであり、本条一号及び三号の不当労働行為に当たる。

本件における旧病院職員の新病院への採用の実態は、新規採用というよりも雇用関係の承継に等しいものであり、本条一号本文前段の不利益取扱いの禁止が雇入れに適用されるか否かを論じるまでもなく、本件不採用には同規定の適用がある。（東京高判平14・2・27労判八二四・一七〈青山会事件〉）

５　賃金・一時金のスト・カットと不当労働行為

⑪　会社が夏季一時金の算定の基礎となる出勤率を計算するに当たり、ストライキによる不就労を欠勤として扱った措置は、会社が従来従業員による組合結成を嫌悪し、組合員らに脱退を勧告していたなどの事実に照らして、それがストライキに対する制裁として行われたものと認められる場合には、本条一号の不当労働行為に当たる。（最判昭58・2・24労判四〇八・五〇〈西日本重機事件〉重判昭58労働六）

６　出向先の門前での情宣活動の正当性

⑫　労働組合が、組合員に対する出向命令に反対するため、早朝約五〇分間にわたり、住宅街にある出向先工場の正門前で行ったビラ配布やシュプレヒコールなどの情宣活動は、出向先会社に不安動揺を与え、出向の実施に不当な影響をもたらすものであるから、正当な組合活動とはいえない。（東京高判平5・2・10労民四四・一・九五〈国鉄高崎地本事件〉重判平5労働七……最判平11・6・11労判七六二・一六により支持された）

７　学校内におけるビラ配布

⑬　私立学校に勤務する労働組合員による職員室におけるビラ配布が、就業規則所定の許可を得ず行われた場合でも、ビラの内容が組合の日常活動に関するものであり、配布の方法も平穏であって、業務に支障をもたらさなかった上、配布がなされたのは生徒が職員室に入室する頻度の少ない時間帯であったという事情の下では、学校内の職場規律を乱すおそれがなく、また、生徒に対する教育的配慮に欠けるおそれもない特別の事情が認められるので、当該ビラ配布は就業規則違反には当たらない。そして、本件ビラ配布を理由に行った懲戒処分は、学校側の組合嫌悪の姿勢や処分の経緯等に照らせば、不当労働行為に当たる。（最判平6・12・20民集四八・八・一四九六〈倉田学園事件〉重判平6労働八）

８　組合バッジ着用

⑭　ＪＲの職員である労働組合員による就業時間中の組合バッジの着用は、実質的に企業秩序を乱すおそれのない特別の事情が認められる場合を除き、職務専念義務、就業中の組合活動禁止、及び社員の服装の整正を定めた就業規則の規定に違反するところ、本件バッジ着用には実質的に企業秩序を乱すおそれのない特別の事情が認められるとはいえない上、ＪＲにおいて職場規律の回復を図るためにバッジ着用を禁止することには合理的な理由があり、不当労働行為意思に基づくものともいえないので、バッジを着用した組合員に対して厳重注意処分と夏季手当の五パーセント減額を行ったことは、本条一号又は三号所定の不当労働行為には当たらない。（東京高判平9・10・30労判七二八・四九〈ＪＲ東海事件〉……最判平10・7・17労判七四四・一五により支持された）

15 ＪＲの職員である労働組合員の組合バッジ着用は就業規則に違反する組合活動であるが、本件においてバッジ着用を理由としてなされた訓告又は厳重注意処分等は、当該組合を弱体化して社内から排除する意図を決定的な動機としてなされたものと認められ、本条三号にいう支配介入に当たる。（東京高判平11・2・24労判七六三・三四〈ＪＲ東日本事件〉労働百選[七版]九七②……上告不受理（最決平11・11・11労判七七〇・三二））

三　団体交渉

1　共同交渉

16 複数の労働組合が共同して使用者に対して団体交渉を求めるには、組合相互間において統一された意思決定の下に統一された行動をとることができる団結の条件、すなわち統一意思と統制力が確立されていることが必要であり、この条件が欠けているときは、使用者が共同交渉を行うことを約している場合、共同交渉が確立した労使慣行になっている場合その他共同交渉に応ずることが合理的かつ相当であると認められる特段の事情がある場合でない限り、使用者は共同交渉の申入れを拒否できる。（最判昭60・12・13労判四六五・六〈旭ダイヤモンド工業事件〉労働百選[八版]一一二）

2　職場交渉

17 労働組合としての実体を持たず、組合の単なる下部組織にすぎない支部・分会は、独自の団体交渉権を有するものではなく、組合中央からその団体交渉権、協約締結権の委任を受けた場合に限り、団体交渉を行い協約を締結することができる。（福岡高判昭48・12・7判時七四二・一〇三〈三井鉱山三池鉱業所事件〉労働百選[五版]八七）→◘【補章　争議行為】〔一二条の一三の後〕8

3　団体交渉権限の委任

18 本条にいう団体交渉権限の受任者には団体（法人及び権利能力なき社団）も含まれる。（大阪高判昭57・3・17労民三三・二・三二一〈姫路赤十字病院事件〉労働百選[六版]一一六）

4　団体交渉の使用者側担当者

19 使用者に交渉委員として指名された者が労働協約締結権限までは与えられていなかったとしても、それを理由に交渉を拒否できるものではなく、交渉権限が与えられている以上、交渉の申入れには応じた上で、合意が成立したときにはこれを協約締結権者に具申して協約が成立するよう努力すべきである。（最判昭51・6・3労判二五四・二〇〈全逓都城郵便局事件〉）

5　団交事項

20 職場の再編成の問題は、従業員の待遇ないし労働条件と密接な関連性を有する事項であるから、団体交渉の対象となり得る。（東京高判昭34・12・23労民一〇・六・一〇五六〈栃木化成事件〉労働百選[初版]九一）

21 日本プロ野球選手会は日本プロフェッショナル野球組織に対し団体交渉をする権利を有しており、大阪バファローズとオリックス野球クラブの間の営業譲渡及び参加資格の統合に伴う日本プロ野球選手会組合員の労働条件に関する件は義務的団体交渉事項に該当する。（東京高決平16・9・8労判八七九・九〇〈日本プロフェッショナル野球組織事件〉重判平16労働六……ただし仮処分申立てについての保全の必要性は否定された）

22 非組合員である労働者の労働条件に関する問題は、当然には義務的団交事項に当たるものではないが、それが将来にわたり組合員の労働条件、権利等に影響を及ぼす可能性が大きく、組合員の労働条件との関わりが強い場合には、義務的団交事項に当たる。（東京高判平19・7・31労判九四六・五八〈国・中労委（根岸病院）事件〉重判平20労働一……使用者の行おうとしている初任給の引下げが、将来、組合員間で賃金格差を生じさせ団結力を減殺するおそれがあることなどを理由に、義務的団交事項に該当するとした例）

6　誠実交渉義務

23 使用者は、自己の主張を相手方が理解し、納得することを目指して、誠意をもって団体交渉に当たらなければならず、労働組合の要求や主張に対する回答や自己の主張の根拠を具体的に説明したり、必要な資料を提示するなどし、また、結局において労働組合の要求に対し譲歩することができないとしても、その論拠を示して反論するなどの努力をすべき義務があるのであり、合意を求める労働組合の努力に対しては、右のような誠実な対応を通じて合意達成の可能性を模索する義務がある。（東京地判平元・9・22労判五四八・六四〈カール・ツアイス事件〉労働百選[一〇版]一〇四）

24 使用者は、必要に応じてその主張の論拠を説明し、その裏付けとなる資料を提示するなどして、誠実に団体交渉に応ずべき義務（誠実交渉義務）を負い、この義務に違反することは、本条二号の不当労働行為に該当する。（最判令4・3・18労判一二六四・二〇〈山形県・県労委（国立大学法人山形大学）事件〉）→二七条の一二②

25 使用者は労働組合に対し、団体交渉事項である賃金制度について、常に制度の公開や関連資料の提示をしなければならないものではなく、労働組合が賃金その他の労働条件に関する具体的な要求をすることなく、単に賃金制度に関する資料の提示を求めているような場合には、使用者は資料を提示しなくとも、その提示できない合理的理由を述べれば誠実交渉義務違反とはいえない。（東京地判平14・2・27労判八三〇・六六〈日本ＩＢＭ事件〉……資料不提示の理由を具体的に説明しなかった点のみを誠実交渉義務違反とした）

7　団交における合意の成否

26 包括的な事項に関する団体交渉において労使間に合意が成立したというためには、特段の事情のない限り、交渉事項の全体について確定的な意思の合致があったことが必要である。

会社再建計画についての労使交渉において、組合側の雇用保障や人事協議条項の要求に対し、会社側が、自らの提案の受諾を条件として一部これに同意する旨を表明したとしても、暫定的ないし仮定的な譲歩を行ったにすぎないから、団体交渉において合意が成立したものということはできず、その書面化を拒否することは不当労働行為には当たらない。（最判平7・1・24労判六七五・六〈文祥堂事件〉）

8　行き詰まりによる交渉の打切り

27 団体交渉の拒否に対する救済命令の発令当時に、労働組合の要求について会社との間で主張が対立し、いずれかの譲歩により交渉が進展する見込みがなく、交渉を継続する余地がない場合には、会社の団体交渉拒否に正当な理由がないとはいえない。（最判平4・2・14労判六一四・六〈池田電器事件〉）

四　支配介入

1　支配介入の救済申立て適格

28 労働委員会による不当労働行為救済制度は、労働者の団結権及び団体行動権の保護を目的とし、これらの権利を侵害する使用者の一定の行為を不当労働行為として禁止した本条の規定の実効性を担保するために設けられたことに照らせば、使用者が支配介入を行ったことを理由とする救済申立てについては、当該労働組合のほか、その組合員も申立て適格を有する。（最判平16・7・12労判八七五・五〈京都市交通局事件〉重判平16労働三）

2　支配介入の意思

29 客観的に組合活動に対する非難と組合活動を理由とする不利益取扱の暗示とを含むものと認められる発言により、組合の運営に対し影響を及ぼした事実がある以上、たとえ、発言者にこの点につき主観的認識乃至目的がなかったとしても、なお本条三号にいう組合の運営に対する介入があったものと解するのが相当である。（最判昭29・5・28民集八・五・九九〇〈山岡内燃機事件〉労働百選[五版]七四）

3　言論の自由と支配介入

30 団体交渉が決裂して組合がストライキを検討している時期

に、会社が組合員に宛てた社長声明文を全事業所に掲示し、その中で、組合執行部の態度を批判するとともに、会社側としても「重大な決意」をせざるを得ないとして「節度ある行動」をとるように呼び掛け、その結果組合内部にストライキに反対する動きが現われ、多くの脱落者が生じた場合、右社長声明文の掲示は、ストライキをいつどのような方法で行うかという、組合が自主的に判断して行動すべき組合の内部運営の問題に対する支配介入に当たる。（最判昭57・9・10労経速一一三四・五〈プリマハム事件〉労働百選[八版]一一三）

[31] 郵便局長が、A組合と対立するB組合の結成が準備されている時期に、自宅での歓談又は執務室での会合に際して、特定の職員に対して、A組合の闘争主義を批判する旨の発言を行ったことについては、その妥当性が疑われることは否定できないが、A組合の結成運営に対する支配介入が成立するとまではいえない。（最判昭58・12・20後出[33]）

4　施設管理権の行使と支配介入

[32] 労働組合によるビラ貼りが正当な組合活動といえる場合でも、使用者のビラ撤去行為は、相当な手続・方法により行われるのであれば、支配介入には当たらない。（中労委昭50・6・18労判二三二・七〇〈商大自動車教習所事件〉）

[33] 労働組合が使用者の許諾を得ずに企業の施設を利用して開催した集会に対し、使用者が解散命令を発することは、組合に対して施設の利用を許諾しないことが使用者の施設管理権の濫用であると認められる特段の事情がある場合を除いては、支配介入には当たらない。（最判昭58・12・20労判四二一・二〇〈新宿郵便局事件〉公務員百選七八）

[34] 使用者が労働組合による企業施設の利用を拒否する行為を通して、労働組合の弱体化を図ろうとする場合には不当労働行為が成立し得るが、使用者が組合集会等のための企業施設の利用を労働組合に許諾するかどうかは、原則として、使用者の自由な判断に委ねられており、使用者はその利用を受忍する義務を負うものではないから、企業施設につき使用者の有する権利の濫用であると認められる特段の事情がある場合を除いては、使用者が利用を許諾しないとしても、直ちに団結権を侵害し、不当労働行為を構成するということはできない。

労働組合による組合活動のための食堂の利用に関し、使用者が条件付きで利用を認めるなど合理的な提案をしている一方で、労働組合側は、食堂の無許可利用を続けてきた上、組合に食堂利用権があることを前提とするような提案を維持したという事情の下では、使用者が食堂の利用を許諾しないことは、その権利の濫用であると認めるべき特段の事情がある

とはいえず、組合の弱体化を図ろうとしたものとも断じ得ないから、不当労働行為は成立しない。（最判平7・9・8労判六七九・一一〈オリエンタルモーター事件〉労働百選[一〇版]一〇六）

5　便宜供与の廃止と支配介入

[35] 使用者と労働組合との協定に基づいて行われてきたチェック・オフの廃止は、労働組合の活動・運営や労使関係に影響を与えるものと解されるから、使用者がこれを廃止するには、労働組合にチェック・オフ廃止による不利益を与えてもなお廃止せざるを得ない相当な理由があることが必要であり、また、廃止に当たっては、労働組合への理由の説明、善後措置等についての協議、十分な猶予期間の設定などの手続的配慮をすることが必要である。このような要件を欠くチェック・オフの廃止が、廃止の目的、動機、その時期や状況、廃止が労働組合の運営や活動に及ぼし得る不利益・影響等を総合考慮し、労働組合の弱体化、運営・活動への妨害効果を持つといえる場合には、支配介入に当たる。（東京高判平30・8・30労判一一八七・五〈国・中労委（大阪市〔チェック・オフ〕）事件〉）

6　チェック・オフの中止申入れ拒否

[36] 労働組合の内部抗争の結果、従前の組合との同一性を主張する二つの組合が併存するに至った後、一方の組合の組合員からチェック・オフの中止申入れがあったにもかかわらず、会社が組合の併存状況を認識しながら、一方の組合の存在を否認し、従前の組合との協定に依拠してチェック・オフを継続し、他方の組合に組合費相当額を引き渡したことは、支配介入に当たる。（最判平7・2・23民集四九・二・二八一〈ネスレ日本事件〉）→二七条の二[9]

五　企業解散と不当労働行為

[37] 不当労働行為制度は企業の存在を前提とするから、会社解散の決議が労働組合を壊滅させる目的でなされた場合でも、それが虚偽・仮装のものでない限りは、不当労働行為の問題を生ずる余地はない。（東京高決昭37・12・4労民一三・六・一一七二〈三協紙器事件〉労働百選[五版]六七）

六　併存組合との団体交渉を操作しての不当労働行為

1　使用者の中立保持義務

[38] 複数組合併存下にあっては、使用者はいずれの組合との関係でも誠実に団体交渉を行わなければならず、各組合の性格・傾向等により差別的な扱いをすることは許されない。しかしながら、使用者が各組合の組織力・交渉力に応じた合理的・合目的的な対応をすることは右の平等取扱義務に反するものではなく、多数組合との間では一定の条件の下に合意が

成立するに至ったが、少数組合との間ではなお意見が対立しているという場合に、使用者が少数組合に対しても同一条件を受諾することを求めて強い態度に出たとしても、これを非難することはできない。ただし、このような使用者の態度であっても、団体交渉が、当該交渉事項につき少数組合に対する嫌悪を決定的動機としてなされた行為の結果を維持するために形式的に行われていると認められる特段の事情がある場合には、右団体交渉の結果としてとられている使用者の行為についても本条三号の不当労働行為が成立する。（最判昭60・4・23民集三九・三・七三〇〈日産自動車事件〉労働百選[一〇版]一〇七）

2　前提条件への固執

[39] 同一企業内に併存するAB二つの労働組合のうち、少数派であるB組合が、年末一時金の交渉において使用者の要求した「生産性向上に協力すること」という条件の受諾を拒否したため労働協約を締結することができず、その結果B組合員のみが右一時金の支給を受けられなかった場合において、右条件は抽象的であり、また、当時はいわゆる生産性向上運動が深刻な労使紛争にまで発展した時期であったから、B組合が右条件の受諾を拒否するのは無理からぬことであるのに、使用者が右条件につき十分に説明をしないまま右条件に固執して交渉の決裂をもたらしたときには、使用者はかかる状況を利してB組合を弱体化させようとの意図を有していたものと評価されてもやむを得ず、右使用者の行為を全体として見れば、本条一号及び三号の不当労働行為が成立する。（最判昭59・5・29民集三八・七・八〇二〈日本メール・オーダー事件〉労働百選[七版]一二四）

七　組合事務所・掲示板貸与における組合間差別と不当労働行為

[40] 使用者が労働組合に対し組合事務所・掲示板を貸与するか否かは原則としてその自由に委ねられているが、同一企業内に複数の組合が併存している場合には使用者は各組合に対し中立的な態度を保持すべきであるから、一方の組合に事務所等を貸与しておきながら他方の組合に対して一切これを拒否することは、かかる措置をなすにつき合理的な理由が存しない限り、他方の組合の活動力を低下させその弱体化を図ろうとする意図を推認され、本条三号の不当労働行為に該当する。（最判昭62・5・8労判四九六・六〈日産自動車事件〉）

八　査定差別による不当労働行為

[41] A組合所属の組合員に対する昭和五〇年の夏季及び年末一時金の人事考課率が同組合と対立的状態にあるB組合の組合員に比し全体として著しく低位にあること、A組合の結成前

の賞与に関する人事考課においては後にA組合員となった者とB組合員となった者の平均考課率にほとんど差がなく、これらの者の勤務成績に全体として隔たりがなかったものと推定されること、その後右両者の勤務成績に隔たりが生じたことをうかがわせる事情がないこと、使用者がA組合結成後同組合を嫌悪しA組合員を他の諸種の事項について差別待遇していること、A組合を脱退しB組合に加入した者の考課率が脱退後にわかに上昇していること等を考え合わせると、会社によるA組合員に対する昭和五〇年の一時金に関する低査定は、A組合を弱体化すべく同組合への所属を理由に行ったものとみるほかなく、本条一号及び三号に該当する不当労働行為である。（最判昭61・1・24労判四六七・六〈紅屋商事事件〉労働百選[七版]一一五）→二七条の一二[6]

[42] 本条一号前段にいう不利益取扱いを主張する者は、当該組合員に対する低査定の事実のほかに、当該組合員が組合員以外の者と能力、勤務実績において同等であることを主張、立証する必要がある。従業員の能力、勤務実績等の資料は使用者が保有しているのが通常であり、使用者がこれを明らかにしない限り、その立証に困難が伴うことは否定できないから、当該組合員が自己の把握し得る限りにおいて具体的根拠を挙げて組合員以外の者と能力や勤務実績が劣らないことを立証すれば、能力、勤務実績の同等性を推認することも許される。そして、組合ないし当該組合員に対し以前から不当労働行為が継続的にあるいは繰り返して行われてきたために当該組合員の能力が正当に評価されず勤務実績を積む機会を与えられなかった結果勤務実績が悪化したと認められる場合には、その影響を除外して判断する必要がある。

使用者が当該労働組合の存在や組合活動を嫌悪していたこと等が立証できれば、当該労働者が組合員であることないしは組合活動をしたことの故に当該不利益取扱いをしようとしたとの使用者の意欲を推認することができる。この場合、使用者は、当該労働者が不利益に取り扱われるだけの合理的理由が存することの反証に成功しないときは、当該不利益取扱いは、当該労働者が組合員であることないしは組合活動をしたことの故であると認めることができる。（東京高判平15・12・17労判八六八・二〇〈オリエンタルモーター事件〉労働百選[一〇版]一〇二）

九 不当労働行為の司法救済

[43] 本条の規定は、単に労働委員会が救済命令を発するための要件を定めたにとどまらず、労働組合と使用者との間でも私法上の効力を有するものと解すべきであって、右規定に基づき労働組合は使用者に対して団体交渉を求める法律上の地位を有し、使用者はこれに応ずべき地位に立つものである。（東京高判昭62・1・27労民三八・一・一〈国鉄団体交渉拒否事件〉労働百選[五版]八九……本件につき上告審（最判平3・4・23労判五八九・六、労働百選[八版]一二〇）は右判断を是認）

[44] 本条は、憲法二八条に由来し、労働者の団結権・団体行動権を保障するための規定であるから、これに違反する法律行為は当然に無効である。（最判昭43・4・9民集二二・四・八四五〈医療法人新光会事件〉労働百選[六版]一二七）

（損害賠償）

第八条 使用者は、同盟罷業その他の争議行為であつて正当なものによつて損害を受けたことの故をもつて、労働組合又はその組合員に対し賠償を請求することができない。

一 違法な争議行為の責任

[1] 労働組合の役員らの平和的説得の範囲を超えるピケッティングにより争議行為が違法となる場合、ピケッティングの決定に関与し、又はこれを遂行した組合員及び支援労組員の行為が法的評価の対象外となるとはいえない。この場合に、それらの者は民法七一九条一項により共同不法行為に基づく損害賠償責任を、また労働組合は民法四四条一項［平成一八法五〇による改正前のもの。一般社団法人及び一般財団法人に関する法律七八条に相当］の類推適用により不法行為の損害賠償責任を負う。（東京地判平4・5・6労民四三・二＝三・五四〇〈書泉事件〉労働百選[一〇版]九七）

二 直接の労使関係に立たない者に対する団体行動の正当性

[2] 労働組合が労働条件の改善を目的として行う団体行動である限り、直接には労使関係に立たない者に対する要請等の行動も、憲法二八条による団体行動権の保障の対象に含まれ得るが、このような団体行動については、争議行為とは異なり、自由権的効果に同条の保障の意義があり、当該団体行動を受ける者の権利、利益を侵害することは許されないから、これを行う主体、目的、態様等の諸般の事情を考慮して、社会通念上相当と認められる行為に限り、その正当性を肯定すべきである。

日本の船員により組織された労働組合が、日本の海運会社が外国法人との定期傭船契約に基づき運行している外国船に対して、便宜置籍船への対抗策の一環として行ったタラップ前におけるピケッティングや実力行使による荷役作業の阻止は、平和的説得の範囲を超えており、態様面において社会通念上相当なものとは認められず、右組合及びその役員は、海運会社及び外国法人に対し、不法行為に基づく損害賠償責任を負う。（東京高判平11・6・23労判七六七・二七〈東海商船（荷役）事件〉重判平11労働七）

（基金の流用）

第九条 労働組合は、共済事業その他福利事業のために特設した基金を他の目的のために流用しようとするときは、総会の決議を経なければならない。

（解散）

第一〇条 労働組合は、左の事由によつて解散する。

一 規約で定めた解散事由の発生

二 組合員又は構成団体の四分の三以上の多数による総会の決議

労働組合の分裂

[1] 脱退組合員の組合財産持分分割請求権（最判昭32・11・14民集一一・一二・一九四三〈品川白煉瓦事件〉労働百選[五版]五九）→二章[12]

[2] 労働組合内部のグループの対立抗争が甚だしいために組合が統一的組織体として存続し活動することが事実上困難になり、ついにあるグループの組合員が当該組合（旧組合）から集団的に離脱して新組合を結成し、新組合と残留組合員による組合（残存組合）とが対峙［たいじ］する事態が生じたとしても、旧組合は組織的同一性を損なわずに残存組合として存続し、新組合は旧組合とは組織上全く別個の存在であるとみられるのが通常であって、ただ、旧組合における内部対立によりその統一的な存続・活動が極めて高度かつ永続的に困難となり、そのため旧組合員の集団的離脱及びそれに続く新組合の結成という事態が生じた場合に、初めて組合の分裂という法理を導入すべきか否かにつき検討する余地が生ずる。（最判昭49・9・30労判二一八・四四〈名古屋ダイハツ労組事件〉労働百選[八版]九〇）

（法人である労働組合）

第一一条① この法律の規定に適合する旨の労働委員会の証明を受けた労働組合は、その主たる事務所の所在地において登記することによつて法人となる。

② この法律に規定するものの外、労働組合の登記に関して必要な事項は、政令で定める。

③ 労働組合に関して登記すべき事項は、登記した後でなければ第三者に対抗することができない。

（代表者）

第一二条① 法人である労働組合には、一人又は数人の代表者を置かなければならない。
② 代表者が数人ある場合において、規約に別段の定めがないときは、法人である労働組合の事務は、代表者の過半数で決する。

（**法人である労働組合の代表**）
第一二条の二 代表者は、法人である労働組合のすべての事務について、法人である労働組合を代表する。ただし、規約の規定に反することはできず、また、総会の決議に従わなければならない。

（**代表者の代表権の制限**）
第一二条の三 法人である労働組合の管理については、代表者の代表権に加えた制限は、善意の第三者に対抗することができない。

（**代表者の代理行為の委任**）
第一二条の四 法人である労働組合の管理については、代表者は、規約又は総会の決議によつて禁止されていないときに限り、特定の行為の代理を他人に委任することができる。

（**利益相反行為**）
第一二条の五 法人である労働組合が代表者の債務を保証することその他代表者以外の者との間において法人である労働組合と代表者との利益が相反する事項については、代表者は、代表権を有しない。この場合においては、裁判所は、利害関係人の請求により、特別代理人を選任しなければならない。

（**一般社団法人及び一般財団法人に関する法律の準用**）
第一二条の六 一般社団法人及び一般財団法人に関する法律（平成十八年法律第四十八号）第四条及び第七十八条（第八条に規定する場合を除く。）の規定は、法人である労働組合について準用する。

（**清算中の法人である労働組合の能力**）
第一三条 解散した法人である労働組合は、清算の目的の範囲内において、その清算の結了に至るまではなお存続するものとみなす。

（**清算人**）
第一三条の二 法人である労働組合が解散したときは、代表者がその清算人となる。ただし、規約に別段の定めがあるとき、又は総会において代表者以外の者を選任したときは、この限りでない。

（**裁判所による清算人の選任**）
第一三条の三 前条の規定により清算人となる者がないとき、又は清算人が欠けたため損害を生ずるおそれがあるときは、裁判所は、利害関係人の請求により、清算人を選任することができる。

（**清算人の解任**）
第一三条の四 重要な事由があるときは、裁判所は、利害関係人の請求により、清算人を解任することができる。

（**清算人及び解散の登記**）
第一三条の五① 清算人は、解散後二週間以内に、主たる事務所の所在地において、その氏名及び住所並びに解散の原因及び年月日の登記をしなければならない。
② 清算中に就職した清算人は、就職後二週間以内に、主たる事務所の所在地において、その氏名及び住所の登記をしなければならない。

（**清算人の職務及び権限**）
第一三条の六① 清算人の職務は、次のとおりとする。
一 現務の結了
二 債権の取立て及び債務の弁済
三 残余財産の引渡し
② 清算人は、前項各号に掲げる職務を行うために必要な一切の行為をすることができる。

（**債権の申出の催告等**）
第一三条の七① 清算人は、その就職の日から二月以内に、少なくとも三回の公告をもつて、債権者に対し、一定の期間内にその債権の申出をすべき旨の催告をしなければならない。この場合において、その期間は、二月を下ることができない。
② 前項の公告には、債権者がその期間内に申出をしないときは清算から除斥されるべき旨を付記しなければならない。ただし、清算人は、知れている債権者を除斥することができない。
③ 清算人は、知れている債権者には、各別にその申出の催告をしなければならない。
④ 第一項の公告は、官報に掲載してする。

（**期間経過後の債権の申出**）
第一三条の八 前条第一項の期間の経過後に申出をした債権者は、法人である労働組合の債務が完済された後まだ権利の帰属すべき者に引き渡されていない財産に対してのみ、請求をすることができる。

（**清算中の法人である労働組合についての破産手続の開始**）
第一三条の九① 清算中に法人である労働組合の財産がその債務を完済するのに足りないことが明らかになつたときは、清算人は、直ちに破産手続開始の申立てをし、その旨を公告しなければならない。
② 清算人は、清算中の法人である労働組合が破産手続開始の決定を受けた場合において、破産管財人にその事務を引き継いだときは、その任務を終了したものとする。
③ 前項に規定する場合において、清算中の法人である労働組合が既に債権者に支払い、又は権利の帰属すべき者に引き渡したものがあるときは、破産管財人は、これを取り戻すことができる。
④ 第一項の規定による公告は、官報に掲載してする。

（**残余財産の帰属**）
第一三条の一〇① 解散した法人である労働組合の財産は、規約で指定した者に帰属する。
② 規約で権利の帰属すべき者を指定せず、又はその者を指定する方法を定めなかつたときは、代表者は、総会の決議を経て、当該法人である労働組合の目的に類似する目的のために、その財産を処分することができる。
③ 前二項の規定により処分されない財産は、国庫に帰属する。

（**特別代理人の選任等に関する事件の管轄**）
第一三条の一一 次に掲げる事件は、法人である労働組合の主たる事務所の所在地を管轄する地方裁判所の管轄に属する。
一 特別代理人の選任に関する事件
二 法人である労働組合の清算人に関する事件

（**不服申立ての制限**）
第一三条の一二 法人である労働組合の清算人の選任の裁判に対しては、不服を申し立てることができない。

（**裁判所の選任する清算人の報酬**）
第一三条の一三 裁判所は、第十三条の三の規定により法人である労働組合の清算人を選任した場合には、法人である労働組合が当該清算人に対して支払う報酬の額を定めることができる。この場合においては、裁判所は、当該清算人の陳述を聴かなければならない。

◆【補章 争議行為】

一 争議行為の正当性

1 生産管理

[1] 憲法は勤労者の団体行動権を保障しているが、争議権の無制限な行使を許容し、それが国民の平等権、自由権、財産権等の基本的人権に絶対的に優位することを是認するものではないから、労働者が労働争議において、使用者側の自由意思を剥奪又は極度に抑圧し、あるいはその財産に対する支配を阻止し、私有財産制度の基幹を揺るがすような行為をすることは許されない。
労働者が、生産管理中の工場から、争議期間中の賃金支払に充てる目的でほしいままに資材を工場外に搬出する行為は、窃盗罪を構成する。（最大判昭25・11・15刑集四・一一・二

二五七〈山田鋼業事件〉憲百選II[七版]A12)

2　ピケッティング

[2]　同盟罷業は必然的に使用者の業務の正常な運営を阻害するものであるが、その本質は労働者が労働契約上負っている労働義務の不履行にあり、その手段方法は労働者が団結してその労働力を使用者に利用させないことにあるのであって、その対抗手段として使用者が行おうとする業務遂行行為を暴行脅迫をもって妨害することは、同盟罷業の本質とその手段方法を逸脱したものであり、正当な争議行為ということはできない。

争議中の新聞社の活版工場内において、使用者が非組合員である従業員を用いて版組作業を遂行しようとしたのに対し、組合員がスクラムを組んでそれを妨げた行為は、正当な争議行為とはいえない。(最大判昭27・10・22民集六・九・八五七〈朝日新聞社小倉支店事件〉労働百選[四版]五二)

[3]　国鉄労働組合の組合員が、労働争議に際して、信号所の勤務員に対し職務放棄と職場大会への参加を勧誘、説得する目的で、駅長の禁止に反して右信号所に立ち入る行為、及び、右信号所に通ずる階段に多数の組合員と共に立ち並んでピケットの配置に付いた上、鉄道公安職員による実力行使に対抗する等の目的で右信号所に立ち入る行為は、刑法上の違法性を欠くものではない。(最大判昭48・4・25刑集二七・三・四一八〈国労久留米駅事件〉刑百選I[八版]一六)→一条[7]

[4]　労働組合がストライキの期間中に、非組合員らによる営業用自動車の運行を阻止するために、説得活動の範囲を超えて、自動車の前に座り込むなどして当該自動車を労働組合側の排他的占有下に置いてしまう行為は、正当な争議行為とはいえない。(最判平4・10・2労判六一九・八〈御國ハイヤー事件〉労働百選[一〇版]九五)

3　操業の自由

[5]　使用者は、正当な争議行為によって業務の正常な運営が阻害されることを受忍すべきであるが、ストライキ中であっても業務の遂行を停止しなければならないものではなく、操業継続のために必要な対抗措置を採ることができるから、使用者が操業を継続するために必要な業務は、それが争議手段への対抗措置として行われたものであるからといって、威力業務妨害罪によって保護されるべき業務としての性格を失うものではない。(最決昭53・11・15刑集三二・八・一八五五〈山陽電気軌道事件〉労働百選[五版]一二七)

4　政治スト

[6]　政治的目的のために行われた争議行為は、憲法二八条による保護を受けず、正当な争議行為とはいえない。(最大判昭48・4・25刑集二七・四・五四七〈全農林警職法事件〉労働百選[一〇版]五)→憲二八条[10]

5　同情スト(産業別統一支援スト)

[7]　産業別労働組合がその傘下の一企業別労働組合の争議を支援するために他の傘下企業別労働組合に指令して実施させたストライキは、右の争議が一企業の労使間限りのものであり、かつ、他の企業が争議の当事者たる企業に対する影響力を行使してその争議を解決し得るような企業の結合性が認められない場合には、正当な争議行為とはいえない。(東京地判昭50・10・21労民二六・五・八七〇〈杵島炭鉱事件〉重判昭50労働七)

6　職場闘争

[8]　労働組合の下部組織は、本部から団体交渉権限の委任を受けていた場合でも、交渉不調に際し独自の判断で争議行為をなし得るものではない。(福岡高判昭48・12・7判時七四二・一〇三〈三井鉱山三池鉱業所事件〉労働百選[四版]六五)→七条[17]

7　病院でのスト

[9]　精神病院の薬剤師・看護婦が、投配薬、診療の補助、看護等の業務を放棄する争議行為を行っても、労働関係調整法三六条に違反するものではない。

精神病院の従業員が争議行為を行うに当たっては、あらかじめ患者の生命・身体の保全に遺憾なきを期するとともに、緊急事態発生の客観的危険性が現われた場合には、管理者の善後措置に協力すべき義務があり、右保全の措置を怠り又は右協力義務に違反すれば、争議行為は正当性の範囲を逸脱する。しかし、争議行為により患者の治療に支障を来す事態が発生したというだけの理由で、直ちにその争議行為が不当になるものとはいえない。(最判昭39・8・4民集一八・七・一二六三〈新潟精神病院事件〉労働百選[五版]九九)

8　団体交渉を経ない争議行為

[10]　憲法二八条が労働者に団体行動権を保障したのは、労働者に、団体交渉に際し使用者と対等の立場を与えようとしたものであるから、労働組合の団交申入れ及び要求事項について使用者がまだ回答をせず、労使の対立状態が生じていない間に抜打ち的に開始された争議行為は、右保障の目的を逸脱するものとして正当でない。(浦和地判昭35・3・30労民一一・二・二八〇〈富士文化工業事件〉労働百選[五版]一一三)

9　争議行為の前倒し実施

[11]　旅客鉄道運輸事業という公益事業を業務とする企業において、当初通告したストライキ開始時刻を突如繰り上げて、一定の期間を置くことなく直ちにストライキを行えば、同社の業務の遂行に重大な混乱をもたらし、乗客にも多大な不利益を被らせることになることを労働組合は十分に認識していたという状況下で、ストライキを一二時間前倒しして実施し、その通告も実施の五分前に行われたにすぎず、その結果、列車の運行に重大な混乱を生じさせることとなった本件ストライキは、その手続、手段、態様において正当性を欠き、全体として違法な争議行為に当たる。(東京高判平13・9・11労判八一七・五七〈国鉄千葉動労事件〉)

10　リボン闘争

[12]　ホテル業を営む会社の従業員からなる労働組合が、ホテル内において就業時間中に、組合員たる従業員が各自「要求貫徹」等と記入したリボンを着用するといういわゆるリボン闘争を実施した場合において、その主たる目的が、結成後まもない同組合の内部における組合員間の連帯感ないし仲間意識の高揚、団結強化への士気の鼓舞という効果を重視して、組合の体造りをすることにあったなどの事情があるときには、右リボン闘争は、就業時間中の組合活動であって正当性を有しない。(最判昭57・4・13民集三六・四・六五九〈大成観光事件〉労働百選[一〇版]八七)

11　ビラ貼り

[13]　①　労働組合又はその組合員が、使用者の所有し管理する物的施設をその許諾を得ずに組合活動のために利用することは、これらの者に対しその利用を許さないことが当該施設につき使用者が有する権利の濫用であると認められる特段の事情がある場合を除いては、使用者の施設管理権を侵し企業秩序を乱すものであって、正当な組合活動には当たらない。

②　国鉄労働組合の組合員が、職員詰所に設置され組合員の利用が許されているロッカーに、要求事項等を記載したビラを当局の許可を得ないで貼付する行為は、ビラの大きさ、色彩、枚数等に照らし、貼付されたビラが職員等の目に直ちに触れ、組合活動に関する訴え掛けの効果を及ぼすものとみられる場合には、正当な組合活動ということはできない。(最判昭54・10・30民集三三・六・六四七〈国鉄札幌運転区事件〉労働百選[一〇版]八八)→労契一五条[2]

二　争議行為の懲戒責任

1　個人責任の有無

[14]　労働者の争議行為は集団的行動ではあるが、その集団性のゆえに参加者個人の行為としての側面が当然に失われるものではないから、違法な争議行為に参加して服務規律に違反した者は懲戒責任を免れない。(最判昭53・7・18民集三二・五・一〇三〇〈全逓東北地本事件〉重判昭53労働二)

2　幹部責任

[15]　組合の中央委員会が船舶入渠[にゅうきょ]作業阻止の指令を

発し、組合員数百名を船渠付近に集合させたため、諸施設の占拠その他の暴力行動が発生した場合においては、中央闘争委員は暴力行動を行わせようと企図したわけではなく、また指令の文言もかかる行動を命じてはいなかったとしても、当該時点で入渠作業阻止の命令を発するならば組合員が群衆心理にかられて暴力沙汰を引き起こすことは当然予想されるのに、軽々しくかかる指令を発し、しかも危険防止のために適切な措置を採らなかったことは、重大な失態である。それゆえ、現場において入渠阻止を指揮した委員はもとより、右の指令を決議して、その発令・執行に当たり危険防止の措置を採らなかった委員も、違法争議行為についての責任を免れることはできない。（東京高判昭30・10・28労民六・六・八四三〈三井造船玉野事件〉）

16 **3 平和義務違反の争議行為と懲戒**

懲戒処分は、企業秩序の違反に対し使用者によって科せられる一種の制裁罰であるが、平和義務に違反する争議行為は単なる契約上の債務の不履行であり、個々の組合員がこれに参加することも労働契約上の債務の不履行にすぎないから、当該参加者を懲戒処分に付することはできない。（最判昭43・12・24民集二二・一三・三一九四〈弘南バス事件〉労働百選[一〇版]九六）

三 争議行為と賃金

17 **1 賃金カットの範囲**

ストライキの場合における家族手当の削減が昭和二三年頃から昭和四四年までの間は就業規則上の規定に基づいて実施されており、その後右規定が削除されてからは、同様の規定が社員賃金規則細部取扱のうちに従業員の過半数で組織された労働組合の意見を徴した上で設けられ、その後も同様の取扱いが異議なく行われてきたという事実関係の下では、ストライキの場合における家族手当の削減は労使間の慣行となっていたものであり、このような慣行の下においてなされたストライキ期間中の家族手当の削減は違法とはいえない。（最判昭56・9・18民集三五・六・一〇二八〈三菱重工業長崎造船所事件〉労働百選[一〇版]九八）

18 **2 外勤拒否と賃金**

労働組合が、争議行為の手段として組合員に会社の出張・外勤命令を拒否させ、右命令の指定した時間に内勤業務に従事させた場合において、右命令は組合の争議行為を否定するようなものではなく、また、従来の慣行を無視した信義則に反するものともいえないから、組合員が右命令に従わずに内勤業務に従事したことは、債務の本旨に従った労務の提供とはいえない。また、会社は右命令を事前に発したことにより、出張・外勤以外の労務の受領をあらかじめ拒絶したものと解すべきであるから、組合員が提供した内勤業務についての労務を受領したものともいえない。それゆえ、会社はこれに対応する賃金の支払義務を負うものではない。（最判昭60・3・7労判四四九・四九〈水道機工事件〉労働百選[八版]一〇四）

19 **3 部分スト・一部ストと賃金・休業手当**

使用者は争議権の行使たるストライキに対する介入・制御をなし得ず、また団交においてどのような回答を与えるかは使用者の自由である以上、団交決裂の結果ストライキに突入したことを一般に使用者の責めに帰することはできないから、労働者の一部によるストライキが原因でストライキ不参加労働者の労働義務の履行が不能となった場合には、使用者が不当労働行為意思その他不当な目的を持って殊更ストライキを行わせたなどの特別の事情がない限り、右ストライキは民法五三六条二項の「債権者の責に帰すべき事由」には当たらず、ストライキ不参加労働者は賃金請求権を失う。（最判昭62・7・17民集四一・五・一三五〇〈ノース・ウエスト航空事件〉労働百選[一〇版]九九）

20 航空会社の一営業所におけるストライキにより予定飛行便の運航ができなくなったため、同便の経由する他の営業所における労働者らの就労が無価値になったとして会社が休業を命じた場合において、会社側の職業安定法四四条（労働者供給事業の禁止）違反を疑われる行為が右ストライキの発生を招いたものであるとしても、会社側が一応合理性のある改善案を発表したのに対し、組合がこれに納得せずにストライキを実施したものである以上、当該ストライキは専ら組合の主体的判断とその責任に基づいて行われたものとみるべきであって、右休業命令は会社側に起因する経営・管理上の障害によるものとはいえないから、右労働者らは会社に対して休業手当を請求することはできない。（最判昭62・7・17民集四一・五・一二八三〈ノース・ウエスト航空事件〉労働百選[一〇版]九九）→労基二六条[7]

四 ロックアウト

21 使用者の行ういわゆるロックアウトは、個々の具体的な労働争議における労使間の交渉態度、経過、組合側の争議行為の態様、それにより使用者側の受ける打撃の程度等に関する具体的諸事情に照らし、衡平の見地からみて、使用者側が自らに著しく不利な圧力を受けるのを阻止し、労使間の勢力の均衡を回復するための対抗防衛手段として相当なものと認められる場合には、正当な争議行為として是認され、使用者はロックアウト期間中における賃金支払義務を免れる。（最判昭50・4・25民集二九・四・四八一〈丸島水門事件〉労働百選[一〇版]一〇〇）

22 ロックアウトが衡平の見地からみて労働者側の争議行為に対する対抗防衛手段として相当なものと認められることは、その開始の際のみならず、これを継続するについても必要である。

当初は対抗的・防衛的なものとして適法に開始されたロックアウトであっても、その継続につれて組合は弱体化していったのに対し、会社は組織の大きくなった第二組合員及び非組合員によって平常時に近い営業を行うようになるなど、客観情勢が会社側に極めて有利に進展した場合には、右ロックアウトは正当性を欠くに至ったものである。（最判昭52・2・28労判二七八・六一〈第一小型ハイヤー事件〉）

23 事前通告なし又は三分前の通告で六回にわたり時限ストライキを繰り返したため、取引先からの信用が損なわれ使用者が甚大な損害を被り、また、当該争議行為における要求が使用者と所属組合との間で一旦成立した合意を覆すようなものであり、しかも、これを所属組合を脱退直後に持ち出すという労使間の信義からみて相当といえない交渉態度、経過の下でなされたロックアウトは、やむを得ないものであり、労働者の争議行為が暴力的態様のものではなかったとしても、対抗防衛手段としての相当性が認められるとされた例（最判平18・4・18民集六〇・四・一五四八〈安威川生コンクリート工業事件〉重判平18労働四）

第三章 労働協約

第一四条（労働協約の効力の発生） 労働組合と使用者又はその団体との間の労働条件その他に関する労働協約は、書面に作成し、両当事者が署名し、又は記名押印することによつてその効力を生ずる。

[1] **労働協約の書面性**

労働協約は複雑な交渉過程を経て団体交渉が最終的に妥結した事項につき締結されるものであることから、口頭による合意や必要な様式を備えない書面による合意のままでは後日合意の有無やその内容につき紛争が生じやすい。したがって、労働協約は、書面に作成され、かつ、両当事者がこれに署名し又は記名押印しない限り、仮に労働組合と使用者との間に労働条件その他に関する合意が成立したとしても、これに労働協約としての規範的効力を付与することはできないと解すべきである。（最判平13・3・13民集五五・二・三九五〈都

南自動車教習所事件〉労働百選［一〇版］九〇）

第一五条（労働協約の期間） ① 労働協約には、三年をこえる有効期間の定をすることができない。

② 三年をこえる有効期間の定をした労働協約は、三年の有効期間の定をした労働協約とみなす。

③ 有効期間の定がない労働協約は、当事者の一方が、署名し、又は記名押印した文書によつて相手方に予告して、解約することができる。一定の期間を定める労働協約であつて、その期間の経過後も期限を定めず効力を存続する旨の定があるものについて、その期間の経過後も、同様とする。

④ 前項の予告は、解約しようとする日の少くとも九十日前にしなければならない。

一 一部解約の可否

[1] 労働協約は、その全部を一体として解約するのが原則であるが、協約中に客観的に他の部分と分別できる部分があり、当事者も分別して取り扱われることを予想し得たと考えるのが合理的である場合には、その部分の一部解約は可能である。（東京高決平6・10・24労判六七五・六七〈ソニー事件（第二次抗告審）〉労働百選［六版］九七……同旨・東京地決平6・3・29労判六五五・四九〈ソニー事件（第一次一審）〉重判平6労働七）

[2] 一方当事者が労働協約の一部の条項のみを取り出して解約することは原則として許されないが、その条項の独立性の程度、定められた事項の性質をも考慮したとき事情変更により条項を維持することが不可能又は著しく妥当性を欠くか、合意解約のための十分な交渉を経たか、協約全体の解約より穏当な手段といえるかを総合的に勘案して、例外的に一部解約が許される場合がある。（東京高判平17・2・24労判八九二・二九〈日本IBM事件〉重判平17労働三……労働組合からの一部解約が有効と認められた事例）

二 余後効

[3] 労働協約の失効後においても、なお存続する労働契約の内容を規律する補充規範が必要であり、就業規則等の右補充規範たり得る合理的基準がない限り、従前妥当してきた労働協約が労働契約の内容を補充して労働契約関係を規律する。（札幌地判平11・8・30労判七七九・六九〈鈴蘭交通事件〉労働百選［九版］九二）

（基準の効力）

第一六条 労働協約に定める労働条件その他の労働者の待遇に関する基準に違反する労働契約の部分は、無効とする。この場合において無効となつた部分は、基準の定めるところによる。労働契約に定がない部分についても、同様とする。

一 具体的に発生した賃金請求権の処分・変更

[1] 組合員に既に具体的に発生している賃金請求権を、事後に締結された労働協約によって処分又は変更することは許されない。（最判平元・9・7労判五四六・六〈香港上海銀行事件〉重判平元労働五）

[2] 賃金請求権のうち具体的に発生していたものについては、組合員の特別の授権がない限り、労働協約により支払を猶予することはできない。

労働協約により支払が猶予され、猶予期間経過後の取扱いは労使協議の上、合意をもって決定するとされていた賃金債権については、猶予期間の経過後、その後の取扱いについて協議をするのに通常必要な期間を超えて協議が行われなかったとき、又はその期間内に協議が開始されても合理的期間内に合意に至らなかったときには、弁済期が到来する。賃金債権の支払を猶予する本件労働協約は、会社の経営状態が悪化するなか経営を改善するために締結されたものであるところ、その後当該部門が閉鎖された以上、経営を改善するという支払猶予の理由は失われたのであるから、遅くとも当該部門閉鎖日には支払が猶予された賃金債権の弁済期が到来したというべきである。（最判平31・4・25労判一二〇八・五〈平尾事件〉重判令元労働一一）

二 組合員に不利な条項と規範的効力

[3] 労働協約の規範的効力は労働者の団結権と統制力、集団規制力を尊重することにより労働者の労働条件の統一的引上げを図ったものであるから、従前の労働条件を切り下げる内容の労働協約についてもその趣旨に反しない限り原則として規範的効力が及ぶと解される。しかし、一定の労働者に対して賃金の切下げとなるなど著しい労働条件の低下を含む不利益を認容する労働協約を締結するような場合には、個々の労働者の授権が必要とまではいえないが、労働組合内部における討論を経て組合大会や組合員投票などによって明示あるいは黙示の授権がなされるなど、その意思が使用者と労働組合の交渉過程に反映されない限り、組合員全員に規範的効力が及ぶものではない。

本件労働協約は事務補職にある労働者の労働条件を著しく切り下げるものであるが、事務補職の労働者を含めた委員による団体交渉、緊急拡大組合委員会の決議を経て妥結に至っていることに照らせば、その成立過程には事務補職の労働者の意思も反映されており、本件労働協約の規範的効力はそれら労働者に対しても及ぶ。（神戸地姫路支判昭63・7・18労判五二三・四六〈神姫バス事件〉労働百選［六版］九五）

[4] 営業引継ぎに伴い雇用を引き継いだ労働者の定年年齢を六三歳から五七歳に、また退職金の支給基準率を七一・〇から五一・〇に引き下げる労働協約の不利益変更も、従来から勤務してきた労働者の定年年齢との統一の必要と、会社の悪化した経営状態の再建策から行われたものであり、組合の討議も十分に尽くされ、一部組合員をことさらに不利益に取り扱うことを目的としておらず、また、引き下げられた水準も同業他社のそれと比べて低水準のものではないことを総合的に判断すると、労働者の個別的な同意や授権がなくてもその規範的効力が認められる。（最判平9・3・27労判七一三・二七〈朝日火災海上保険事件〉労働百選［一〇版］九一）

[5] ① 高年層の労働者の賃金を引き下げる労働協約について、規約において協約締結は大会決議事項とされていること、また従来は代議員会の決議だけでよかったが、それは労働条件の不利益変更の場合ではなかったので本件の先例とはならないこと、しかも協約内容について当該労働者にとっての不利益が極めて大きいことに鑑みると、大会決議のない協約は無効と解すべきである。

② 使用者側には、協約の締結が代議員会による決議で足り、組合大会を要しないということに信頼があったとはいえないし、仮にそのような信頼があったとしても、労働協約の内容の不利益性に照らしてみると、そのような信頼を保護すべき場合であるとはいえない。（東京高判平12・7・26労判七八九・六〈中根製作所事件〉重判平12労働九……上告不受理（最決平12・11・28労判七九七・一二））

三 労働協約失効後の労働条件

[6] 本件労働協約の規範的効力は解約により失効したとしても、協約が規定していた労働条件は、長年の規律により協約失効時点において組合員の労働契約の内容とされていたと認めるのが相当であるから、新たな労働協約の成立や就業規則の合理的改訂・制定が行われない限り、組合員の労働契約を規律するものとして存続するものと解すべきである。（東京地判平25・1・17労判一〇七〇・一〇四〈音楽之友社事件〉重判平25労働七）

四 債務的効力

[7] 労働協約の労働時間に関する規定の効力をめぐり労働組合と会社との間に紛争が生じた場合、右協約部分の効力の存否を裁判所の判決によって公権的に確定することが、同紛争の

解決にとって必要かつ適切であると認められるときは、労働組合が会社に対し右協約部分の履行を求める請求権を有することの確認請求は、訴えの利益がある。（大阪高判昭55・4・24労民三一・二・五二四〈佐野安船渠事件〉）

第一七条（**一般的拘束力**）一の工場事業場に常時使用される同種の労働者の四分の三以上の数の労働者が一の労働協約の適用を受けるに至つたときは、当該工場事業場に使用される他の同種の労働者に関しても、当該労働協約が適用されるものとする。

一　同種の労働者

[1] 本条の「同種の労働者」に当たるか否かは、作業内容の性質によって決すべきでなく、労働組合の組織や労働協約の趣旨等の関連で決すべきである。組合加入を認めておらず、当該協約条項の拡張適用を予定していない準社員は、同種の労働者とはいえない。（最判昭59・10・18労判四五八・四〈日野自動車工業事件〉労働百選[五版]四四）

二　拡張適用される部分

[2] 本条により拡張適用される労働協約の範囲は、労働条件及び労働者の待遇について定めた、いわゆる規範的部分に限られ、在籍専従に関する労働協約の定めは、拡張適用される規範的部分に属さない。（最判昭48・11・8労判一九〇・二九〈三菱重工業長崎造船所事件〉）

三　未組織労働者への拡張適用

[3] 本条の適用に当たっては、労働協約の規範的効力が同種の労働者に及ぶ範囲について何らの限定もなく、また、労働協約の労働条件の一部を捉えて有利、不利をいうことは適当でないから、労働協約に定める基準が一部の点で未組織の同種労働者の労働条件よりも不利益であっても、そのことだけで右の不利益部分について同種労働者への拡張適用ができないと解することはできないが、未組織労働者は労働組合の意思決定に関与できないことから、労働協約によって特定の未組織労働者にもたらされる不利益の程度・内容、労働協約が締結されるに至った経緯、当該労働者が組合員資格を認められているかどうか等に照らして、労働協約を当該労働者に適用することが著しく不合理であると認められる特段の事情があるときには、労働協約は拡張適用されない。

労働協約により、定年年齢が六歳引き下げられ退職扱いとなり、それと同時に退職金の額が従来の基準によって算出される金額より減額されるという大きな不利益が生じ、かつ当該労働者に組合員資格が認められていないという事実関係の下では、本条による労働協約の当該労働者への拡張適用は認められない。（最判平8・3・26民集五〇・四・一〇〇八〈朝日火災海上保険事件〉労働百選[一〇版]九二）

四　少数派組合員への拡張適用

[4] 本条は、当該労働協約の適用を受けるに至った労働者以外の者が未組織労働者である場合に適用される規定であり、右少数労働者が他組合の組合員である場合には、同組合の団結権、団体交渉権等を尊重する必要があるため、適用がないものと解される。（大阪高判昭55・4・24労民三一・二・五二四〈佐野安船渠事件〉）

第一八条（**地域的の一般的拘束力**）① 一の地域において従業する同種の労働者の大部分が一の労働協約の適用を受けるに至つたときは、当該労働協約の当事者の双方又は一方の申立てに基づき、労働委員会の決議により、厚生労働大臣又は都道府県知事は、当該地域において従業する他の同種の労働者及びその使用者も当該労働協約（第二項の規定により修正があつたものを含む。）の適用を受けるべきことの決定をすることができる。

② 労働委員会は、前項の決議をする場合において、当該労働協約に不適当な部分があると認めたときは、これを修正することができる。

③ 第一項の決定は、公告によつてする。

第四章　労働委員会

第一節　設置、任務及び所掌事務並びに組織等

第一九条（**労働委員会**）① 労働委員会は、使用者を代表する者（以下「使用者委員」という。）、労働者を代表する者（以下「労働者委員」という。）及び公益を代表する者（以下「公益委員」という。）各同数をもつて組織する。

② 労働委員会は、中央労働委員会及び都道府県労働委員会とする。

③ 労働委員会に関する事項は、この法律に定めるもののほか、政令で定める。

第一九条の二（**中央労働委員会**）① 国家行政組織法（昭和二十三年法律第百二十号）第三条第二項の規定に基づいて、厚生労働大臣の所轄の下に、中央労働委員会を置く。

② 中央労働委員会は、労働者が団結することを擁護し、及び労働関係の公正な調整を図ることを任務とする。

③ 中央労働委員会は、前項の任務を達成するため、第五条、第十一条、第十八条及び第二十六条の規定による事務、不当労働行為事件の審査等（第七条、次節及び第三節の規定による事件の処理をいう。以下同じ。）に関する事務、労働争議のあつせん、調停及び仲裁に関する事務並びに労働関係調整法第三十五条の二及び第三十五条の三の規定による事務その他法律（法律に基づく命令を含む。）に基づき中央労働委員会に属させられた事務をつかさどる。

第一九条の三（**中央労働委員会の委員の任命等**）① 中央労働委員会は、使用者委員、労働者委員及び公益委員各十五人をもつて組織する。

② 使用者委員は使用者団体の推薦（使用者委員のうち四人については、行政執行法人（独立行政法人通則法（平成十一年法律第百三号）第二条第四項に規定する行政執行法人をいう。以下この項、次条第二項第二号及び第十九条の十第一項において同じ。）の推薦）に基づいて、労働者委員は労働組合の推薦（労働者委員のうち四人については、行政執行法人の労働関係に関する法律（昭和二十三年法律第二百五十七号）第二条第二号に規定する職員（以下この章において「行政執行法人職員」という。）が結成し、又は加入する労働組合の推薦）に基づいて、公益委員は厚生労働大臣が使用者委員及び労働者委員の同意を得て作成した委員候補者名簿に記載されている者のうちから両議院の同意を得て、内閣総理大臣が任命する。

③ 公益委員の任期が満了し、又は欠員を生じた場合において、国会の閉会又は衆議院の解散のために両議院の同意を得ることができないときは、内閣総理大臣は、前項の規定にかかわらず、厚生労働大臣が使用者委員及び労働者委員の同意を得て作成した委員候補者名簿に記載されている者のうちから、公益委員を任命することができる。

④ 前項の場合においては、任命後最初の国会で両議院の事後の承認を求めなければならない。この場合において、両議院の事後の承認が得られないときは、内閣総理大臣は、直ちにその公益委員を罷免しなければならない。

⑤ 公益委員の任命については、そのうち七人以上が同一の政党に属することとなつてはならない。

⑥ 中央労働委員会の委員（次条から第十九条の九までにおいて単に「委員」という。）は、非常勤とする。ただし、公益委員のうち二人以内は、常勤とすることができる。

第一九条の四（**委員の欠格条項**）① 禁錮以上の刑に処せられ、その執行を終わるまで、又は執行を受けることがなくなるまでの者は、委員となることができない。

＊令和四法六八（令和七・六・一六までに施行）による改正
第二項中「禁錮」を「拘禁刑」に改める。（本文末織込み）

② 次の各号のいずれかに該当する者は、公益委員となることができない。

一 国会又は地方公共団体の議会の議員

二 行政執行法人の役員、行政執行法人職員又は行政執行法人職員が結成し、若しくは加入する労働組合の組合員若しくは役員

（委員の任期等）

第一九条の五① 委員の任期は、二年とする。ただし、補欠の委員の任期は、前任者の残任期間とする。

② 委員は、再任されることができる。

③ 委員の任期が満了したときは、当該委員は、後任者が任命されるまで引き続き在任するものとする。

（公益委員の服務）

第一九条の六① 常勤の公益委員は、在任中、次の各号のいずれかに該当する行為をしてはならない。

一 政党その他の政治的団体の役員となり、又は積極的に政治運動をすること。

二 内閣総理大臣の許可のある場合を除くほか、報酬を得て他の職務に従事し、又は営利事業を営み、その他金銭上の利益を目的とする業務を行うこと。

② 非常勤の公益委員は、在任中、前項第一号に該当する行為をしてはならない。

（委員の失職及び罷免）

第一九条の七① 委員は、第十九条の四第一項に規定する者に該当するに至つた場合には、その職を失う。公益委員が同条第二項各号のいずれかに該当するに至つた場合も、同様とする。

② 内閣総理大臣は、委員が心身の故障のために職務の執行ができないと認める場合又は委員に職務上の義務違反その他委員たるに適しない非行があると認める場合には、使用者委員及び労働者委員にあつては中央労働委員会の同意を得て、公益委員にあつては両議院の同意を得て、その委員を罷免することができる。

③ 前項の規定により、内閣総理大臣が中央労働委員会に対して、使用者委員又は労働者委員の罷免の同意を求めた場合には、当該委員は、その議事に参与することができない。

④ 内閣総理大臣は、公益委員のうち六人が既に属している政党に新たに属するに至つた公益委員を直ちに罷免するものとする。

⑤ 内閣総理大臣は、公益委員のうち七人以上が同一の政党に属することとなつた場合（前項の規定に該当する場合を除く。）には、同一の政党に属する者が六人になるように、両議院の同意を得て、公益委員を罷免するものとする。ただし、政党所属関係に異動のなかつた委員を罷免することはできないものとする。

（委員の給与等）

第一九条の八 委員は、別に法律の定めるところにより俸給、手当その他の給与を受け、及び政令の定めるところによりその職務を行うために要する費用の弁償を受けるものとする。

（中央労働委員会の会長）

第一九条の九① 中央労働委員会に会長を置く。

② 会長は、委員が公益委員のうちから選挙する。

③ 会長は、中央労働委員会の会務を総理し、中央労働委員会を代表する。

④ 中央労働委員会は、あらかじめ公益委員のうちから委員の選挙により、会長に故障がある場合において会長を代理する委員を定めておかなければならない。

（地方調整委員）

第一九条の一〇① 中央労働委員会に、行政執行法人とその行政執行法人職員との間に発生した紛争その他の事件で地方において中央労働委員会が処理すべきものとして政令で定めるものに係るあつせん若しくは調停又は第二十四条の二第五項の規定による手続に参与させるため、使用者、労働者及び公益をそれぞれ代表する地方調整委員を置く。

② 地方調整委員は、中央労働委員会の同意を得て、政令で定める区域ごとに厚生労働大臣が任命する。

③ 第十九条の五第一項本文及び第二項、第十九条の七第二項並びに第十九条の八の規定は、地方調整委員について準用する。この場合において、第十九条の七第二項中「内閣総理大臣」とあるのは「厚生労働大臣」と、「使用者委員及び労働者委員にあつては中央労働委員会の同意を得て、公益委員にあつては両議院」とあるのは「中央労働委員会」と読み替えるものとする。

（中央労働委員会の事務局）

第一九条の一一① 中央労働委員会にその事務を整理させるために事務局を置き、事務局に会長の同意を得て厚生労働大臣が任命する事務局長及び必要な職員を置く。

② 事務局に、地方における事務を分掌させるため、地方事務所を置く。

③ 地方事務所の位置、名称及び管轄区域は、政令で定める。

（都道府県労働委員会）

第一九条の一二① 都道府県知事の所轄の下に、都道府県労働委員会を置く。

② 都道府県労働委員会は、使用者委員、労働者委員及び公益委員各十三人、各十一人、各九人、各七人又は各五人のうち政令で定める数のものをもつて組織する。ただし、条例で定めるところにより、当該政令で定める数に使用者委員、労働者委員及び公益委員各二人を加えた数のものをもつて組織することができる。

③ 使用者委員は使用者団体の推薦に基づいて、労働者委員は労働組合の推薦に基づいて、公益委員は使用者委員及び労働者委員の同意を得て、都道府県知事が任命する。

④ 公益委員の任命については、都道府県労働委員会における別表の上欄に掲げる公益委員の数（第二項ただし書の規定により公益委員の数を同項の政令で定める数に二人を加えた数とする都道府県労働委員会にあつては当該二人を加えた数）に応じ、それぞれ同表の下欄に定める数以上の公益委員が同一の政党に属することとなつてはならない。

⑤ 公益委員は、自己の行為によつて前項の規定に抵触するに至つたときは、当然退職するものとする。

⑥ 第十九条の三第六項、第十九条の四第一項、第十九条の五、第十九条の七第一項前段、第二項及び第三項、第十九条の八、第十九条の九並びに前条第一項の規定は、都道府県労働委員会について準用する。この場合において、第十九条の三第六項ただし書中「、常勤」とあるのは「、条例で定めるところにより、常勤」と、第十九条の七第二項中「内閣総理大臣」とあるのは「都道府県知事」と、「使用者委員及び労働者委員にあつては中央労働委員会の同意を得て、公益委員にあつては両議院」とあるのは「都道府県労働委員会」と、同条第三項中「内閣総理大臣」とあるのは「都道府県知事」と、「使用者委員又は労働者委員」とあるのは「都道府県労働委員会の委員」と、前条第一項中「厚生労働大臣」とあるのは「都道府県知事」と読み替えるものとする。

（労働委員会の権限）

第二〇条 労働委員会は、第五条、第十一条及び第十八条の規定によるもののほか、不当労働行為事件の審査等並びに労働争議のあつせん、調停及び仲裁をする権限を有する。

（会議）

第二一条① 労働委員会は、公益上必要があると認めたときは、その会議を公開することができる。

② 労働委員会の会議は、会長が招集する。

③ 労働委員会は、使用者委員、労働者委員及び公益委員各一人以上が出席しなければ、会議を開き、議決することができない。

④ 議事は、出席委員の過半数で決し、可否同数のときは、会長の決するところによる。

（**強制権限**）
第二二条① 労働委員会は、その事務を行うために必要があると認めたときは、使用者又はその団体、労働組合その他の関係者に対して、出頭、報告の提出若しくは必要な帳簿書類の提出を求め、又は委員若しくは労働委員会の職員（以下単に「職員」という。）に関係工場事業場に臨検し、業務の状況若しくは帳簿書類その他の物件を検査させることができる。
② 労働委員会は、前項の臨検又は検査をさせる場合においては、委員又は職員にその身分を証明する証票を携帯させ、関係人にこれを呈示させなければならない。

（**秘密を守る義務**）
第二三条 労働委員会の委員若しくは委員であつた者又は職員若しくは職員であつた者は、その職務に関して知得した秘密を漏らしてはならない。中央労働委員会の地方調整委員又は地方調整委員であつた者も、同様とする。

（**公益委員のみで行う権限**）
第二四条① 第五条及び第十一条の規定による事件の処理並びに不当労働行為事件の審査等（次条において「審査等」という。）並びに労働関係調整法第四十二条の規定による事件の処理には、労働委員会の公益委員のみが参与する。ただし、使用者委員及び労働者委員は、第二十七条第一項（第二十七条の十七の規定により準用する場合を含む。）の規定により調査（公益委員の求めがあつた場合に限る。）及び審問を行う手続並びに第二十七条の十四第一項（第二十七条の十七の規定により準用する場合を含む。）の規定により和解を勧める手続に参与し、又は第二十七条の七第四項及び第二十七条の十二第二項（第二十七条の十七の規定により準用する場合を含む。）の規定による行為をすることができる。
② 中央労働委員会は、常勤の公益委員に、中央労働委員会に係属している事件に関するもののほか、行政執行法人職員の労働関係の状況その他中央労働委員会の事務を処理するために必要と認める事項の調査を行わせることができる。

（**合議体等**）
第二四条の二① 中央労働委員会は、会長が指名する公益委員五人をもつて構成する合議体で、審査等を行う。
② 前項の規定にかかわらず、次の各号のいずれかに該当する場合においては、公益委員の全員をもつて構成する合議体で、審査等を行う。
一 前項の合議体が、法令の解釈適用について、その意見が前に中央労働委員会のした第五条第一項若しくは第十一条第一項又は第二十七条の十二第一項（第二十七条の十七の規定により準用する場合を含む。）の規定による処分に反すると認めた場合
二 前項の合議体を構成する者の意見が分かれたため、その合議体としての意見が定まらない場合
三 前項の合議体が、公益委員の全員をもつて構成する合議体で審査等を行うことを相当と認めた場合
四 第二十七条の十第三項（第二十七条の十七の規定により準用する場合を含む。）の規定による異議の申立てを審理する場合
③ 都道府県労働委員会は、公益委員の全員をもつて構成する合議体で、審査等を行う。ただし、条例で定めるところにより、会長が指名する公益委員五人又は七人をもつて構成する合議体で、審査等を行うことができる。この場合において、前項（第一号及び第四号を除く。）の規定は、都道府県労働委員会について準用する。
④ 労働委員会は、前三項の規定により審査等を行うときは、一人又は数人の公益委員に審査等の手続（第五条第一項、第十一条第一項、第二十七条の四第一項（第二十七条の十七の規定により準用する場合を含む。）、第二十七条の七第一項（当事者若しくは証人に陳述させ、又は提出された物件を留め置く部分を除き、第二十七条の十七の規定により準用する場合を含む。）、第二十七条の十第二項並びに同条第四項及び第二十七条の十二第一項（第二十七条の十七の規定により準用する場合を含む。）の規定による処分並びに第二十七条の二十の申立てを除く。次項において同じ。）の全部又は一部を行わせることができる。
⑤ 中央労働委員会は、公益を代表する地方調整委員に、中央労働委員会が行う審査等の手続のうち、第二十七条第一項（第二十七条の十七の規定により準用する場合を含む。）の規定により調査及び審問を行う手続並びに第二十七条の十四第一項（第二十七条の十七の規定により準用する場合を含む。）の規定により和解を勧める手続の全部又は一部を行わせることができる。この場合において、使用者を代表する地方調整委員及び労働者を代表する地方調整委員は、これらの手続（調査を行う手続にあつては公益を代表する地方調整委員の求めがあつた場合に限る。）に参与することができる。

（**中央労働委員会の管轄等**）
第二五条① 中央労働委員会は、行政執行法人職員の労働関係に係る事件のあつせん、調停、仲裁及び処分（行政執行法人職員が結成し、又は加入する労働組合に関する第五条第一項及び第十一条第一項の規定による処分については、政令で定めるものに限る。）について、専属的に管轄するほか、二以上の都道府県にわたり、又は全国的に重要な問題に係る事件のあつせん、調停、仲裁及び処分について、優先して管轄する。
② 中央労働委員会は、第五条第一項、第十一条第一項及び第二十七条の十二第一項の規定による都道府県労働委員会の処分を取り消し、承認し、若しくは変更する完全な権限をもつて再審査し、又はその処分に対する再審査の申立てを却下することができる。この再審査は、都道府県労働委員会の処分の当事者のいずれか一方の申立てに基づいて、又は職権で、行うものとする。

（**規則制定権**）
第二六条① 中央労働委員会は、その行う手続及び都道府県労働委員会が行う手続に関する規則を定めることができる。
② 都道府県労働委員会は、前項の規則に違反しない限りにおいて、その会議の招集に関する事項その他の政令で定める事項に関する規則を定めることができる。

第二節 不当労働行為事件の審査の手続

（**不当労働行為事件の審査の開始**）
第二七条① 労働委員会は、使用者が第七条の規定に違反した旨の申立てを受けたときは、遅滞なく調査を行い、必要があると認めたときは、当該申立てが理由があるかどうかについて審問を行わなければならない。この場合において、審問の手続においては、当該使用者及び申立人に対し、証拠を提出し、証人に反対尋問をする充分な機会が与えられなければならない。
② 労働委員会は、前項の申立てが、行為の日（継続する行為にあつてはその終了した日）から一年を経過した事件に係るものであるときは、これを受けることができない。

参考 **労働組合法施行令**（昭和二四・六・二九政二三一）（抜粋）
（**法第二十七条第一項の申立ての管轄**）
第二七条① 法第二十七条第一項の労働委員会は、不当労働行為の当事者である労働者、労働組合その他の労働者の団体若しくは使用者の住所地若しくは主たる事務所の所在地を管轄する都道府県労働委員会又は不当労働行為が行われた地を管轄する都道府県労働委員会とする。ただし、法第七条第四号に掲げる不当労働行為に関しては、当該不当労働行為に係る同号の労働委員会も、法第二十七条第一項の労働委員会であるものとする。
②―⑤（略）

参考 **労働委員会規則**（昭和二四・八・四中労委規一）（抜粋）
（**申立て**）
第三二条① 使用者が労組法第七条の規定に違反した旨の申立ては、申立書を管轄委員会に提出して行う。
② 申立書には、次の各号に掲げる事項を記載し、申立人が氏名

又は名称を記載しなければならない。

一　申立人の氏名及び住所（申立人が労働組合その他権限ある団体である場合には、その名称、代表者の氏名及び主たる事務所の所在地）

二　被申立人の氏名及び住所（被申立人が法人その他の団体である場合には、その名称、代表者の氏名及び主たる事務所の所在地）

三　不当労働行為を構成する具体的事実

四　請求する救済の内容

五　申立ての日付

③—⑥　（略）

（申立ての却下）

第三三条①　申立てが次の各号の一に該当するときは、委員会は、公益委員会議の決定により、その申立てを却下することができる。

一　申立てが第三十二条に定める要件を欠き補正されないとき。

二　労働組合が申立人である場合に、その労働組合が労組法第五条の規定により労組法の規定に適合する旨の立証をしないとき。

三　申立て（地方公労法［地方公営企業等の労働関係に関する法律］第十二条の規定による解雇にかかるものを除く。）が行為の日（継続する行為にあつてはその終了した日）から一年を経過した事件にかかるものであるとき。

四　地方公労法第十二条の規定による解雇にかかる申立てが、当該解雇がなされた日から二月を経過した後になされたものであるとき。

五　申立人の主張する事実が不当労働行為に該当しないことが明らかなとき。

六　請求する救済の内容が、法令上又は事実上実現することが不可能であることが明らかなとき。

七　申立人の所在が知れないとき、申立人が死亡し若しくは消滅し、かつ、申立人の死亡若しくは消滅の日の翌日から起算して六箇月以内に申立てを承継するものから承継の申出がないとき、又は申立人が申立てを維持する意思を放棄したものと認められるとき。

②—④　（略）

（申立ての取下げ）

第三四条①　申立人は、命令書の写しが交付されるまでは、いつでも、申立ての全部又は一部を取り下げることができる。

②③　（略）

④　取り下げられた部分については、申立ては、初めから係属しなかつたものとみなす。

⑤　（略）

（審査委員）

第三七条①　会長は、労組法第二十四条の二第四項の規定に基づき、公益委員（不当労働行為事件の審査等を部会で行うときは、当該部会を構成する公益委員。以下この項、次条及び第三十九条において同じ。）の全員による審査に代えて、公益委員のうちから一人又は数人の委員（以下「審査委員」という。）を選び、審査を担当させることができる。この場合において、数人の審査委員を選任したときは、このうちの一人を委員長に指名しなければならない。

②　（略）

（審査の実効確保の措置）

第四〇条　委員会は、当事者から申立てがあつたとき、又は会長が必要があると認めるときは、公益委員会議の決定により、当事者に対し、審査中であつても、審査の実効を確保するため必要な措置を執ることを勧告することができる。

（調査の手続）

第四一条の二①　調査を開始するときは、委員会は、遅滞なく、その旨を当事者に通知し、申立人に申立理由を疎明するための証拠の提出を求めるとともに、申立書の写しを被申立人に送付し、それに対する答弁書及びその理由を疎明するための証拠の提出を求めなければならない。

②　被申立人は、申立書の写しが送付された日から原則として三十日以内に、前項に規定する答弁書を提出しなければならない。ただし、被申立人は、当該答弁書の提出に代えて、会長が指定する期日に出頭して口頭により答弁することができる。

③　前項の規定は、委員会が、迅速な審査を行うため、労組法第二十七条の十八の規定により定めた審査の期間の目標の達成状況その他の審査の実施状況等を勘案し、公益委員会議の決定により、前項に規定する答弁書の提出の期限について別段の定めをすることを妨げない。

④　第一項に規定する答弁書には、申立てに対する答弁を記載するほか、申立書に記載された事実に対する認否及び申立書に記載された主張に対する反論を具体的に記載しなければならない。

⑤　労組法第七条第二号に規定する不当労働行為に係る事件については、第二項の規定にかかわらず、会長は、調査を開始した後速やかに期日を指定し、被申立人に対して、当該期日に出頭して口頭により答弁することを求めることができる。

⑥　会長は、必要と認めるときは、当事者又は関係人の出頭を求めてその陳述を聴き、その他適当な方法により、争点及び証拠の整理、労組法第二十七条の六第一項に規定する審査の計画を定めるための調査等必要な調査を行うことができる。

⑦　第二項から前項までの場合において、会長は、相当と認めるときは、当事者又は関係人（以下この項において「当事者等」という。）の出頭に代えて、当事者等の使用に係る電子計算機であつて委員会の使用に係る電子計算機と接続した際に委員会が指定するプログラムを正常に稼働させられる機能を備えているものと委員会の使用に係る電子計算機とを電気通信回線で接続し、又は当事者等の使用に係る電話機と委員会の使用に係る電話機とを電話回線で接続し、委員会と当事者等が相互に映像と音声の送受信又は音声の送受信により相手の状態を認識しながら通話をすることができる方法によつて当事者等を手続に関与させることができる。

⑧　会長は、調査を行うに当たり、必要があると認めるときは、使用者委員及び労働者委員の参与を求めることができる。

⑨—⑪　（略）

（審問の手続）

第四一条の七①　審問は、当事者の立会いの下で行う。ただし、当事者が出頭しない場合でも適当と認めたときは、これを行うことを妨げない。

②　審問は、公開する。ただし、公益委員会議が必要と認めたときは、これを公開しないことができる。

③　審問には、当事者自身又は前条第三項の規定により指定された者が、出頭しなければならない。ただし、当事者は、会長の許可を得て、補佐人を伴つて出頭することができる。

④　審問の期日及び場所は、そのたびごとに、あらかじめ審問を行う手続に参与を申し出た委員及び当事者に、書面又は口頭で通知しなければならない。

⑤　審問は、できる限り、争点及び証拠の整理が終了した後に集中して行わなければならない。

⑥　審問期日の変更の申出は、相当の理由がない限り、認めてはならない。

⑦　会長は、労組法第二十七条の十一の規定に基づき、審問を妨げる者に対し退廷を命じ、その他審問廷の秩序を維持するために必要な措置を執ることができる。

⑧　担当職員は、審問の要領を記録した審問調書を作成して、署名又は記名押印しなければならない。当事者その他の者の陳述は、その正確な要旨を記載し、又は速記等によつて逐語的に記録して、これを審問調書の一部としなければならない。

⑨　当事者又は関係人は、審問調書を閲覧することができる。この場合、当事者その他の者の陳述の記載について異議が述べられたときは、その旨を審問調書に付記しなければならない。

（証人等出頭命令）

第四一条の一四①　労組法第二十七条の七第四項に規定する証人等出頭命令（以下「証人等出頭命令」という。）は、当事者から申立てがあつたとき、又は会長が必要と認めたときに、公益委員会議の決定により、委員会がこれを行う。

②　公益委員会議は、証人等出頭命令をしようとする場合には、調査又は審問を行う手続に参与する委員の意見を求めるものとする。

③　証人等出頭命令は、出頭しない場合における法律上の制裁を

明らかにした通知書により行う。

④ 前項の通知書には、委員会名（決定を部会で行つたときは、委員会名及び部会名。第四十一条の十九第四項第七号及び第四十一条の二十二第二項において同じ。）を記載し、会長が署名又は記名押印しなければならない。

⑤ 委員会が証人等出頭命令を通知するときは、労組法第二十七条の十第一項又は第三項の規定により、審査の申立て又は異議の申立てができることを教示しなければならない。

⑥ 第四十一条の十の規定は証人等出頭命令の申立てについて、第四十一条の十一の規定は第三項の通知書についてそれぞれ準用する。

（物件提出命令）

第四一条の一九① 物件提出命令は、当事者から申立てがあつたとき、又は会長が必要と認めたときに、公益委員会議の決定により、委員会がこれを行う。

② 当事者からの物件提出命令の申立ては、労組法第二十七条の七第六項各号に掲げる事項を記載した書面を提出してしなければならない。

③ 公益委員会議において物件提出命令をしようとする場合には、会長は物件の所持者を審尋しなければならない。

④ 物件提出命令は、次に掲げる事項を記載した通知書により行う。

一 事件の表示
二 提出を求める物件の表示及び趣旨
三 物件所持者の氏名又は名称及び住所又は所在地
四 提出すべき期限及び場所
五 証明すべき事実
六 提出しない場合における法律上の制裁
七 委員会名

⑤ 前項の通知書には、会長が署名又は記名押印しなければならない。

⑥ 第四十一条の十四第二項及び第五項の規定は、物件提出命令の決定手続について準用する。

（合議）

第四二条① 事件が命令を発するのに熟したときは、会長は、公益委員会議を開き合議を行う。

② 公益委員会議は、合議に先立つて、調査又は審問を行う手続に参与した委員の出席を求め、その意見を聴かなければならない。ただし、出席がないときは、この限りでない。この場合において、意見書の提出による旨の申出があつたときは、意見書の提出をもつて意見の聴取に代えることができる。

③ 合議は、公開しない。

④ 委員会は、合議の結果により、審問を再開することができる。

（救済命令等）

第四三条① 委員会は、合議により、申立人の請求に係る救済を理由があると判定したときは救済の全部又は一部を認容する命令を、理由がないと判定したときは申立てを棄却する命令を、遅滞なく、書面によつて発しなければならない。

② 前項の命令書には、次の各号に掲げる事項を記載し、会長が署名又は記名押印するとともに、判定に関与した委員の氏名を記載しなければならない。

一 命令書である旨の表示
二 当事者の表示
三 主文（請求に係る救済の全部若しくは一部を認容する旨及びその履行方法の具体的内容又は申立てを棄却する旨）
四 理由（認定した事実及び法律上の根拠）
五 判定の日付
六 委員会名（部会が労組法第二十七条の十二第一項の救済命令等（以下「救済命令等」という。）を発する場合には、委員会名及び部会名）

③（略）

④ 委員会は、事件の内容に照らし、申立書その他当事者から提出された書面等により、命令を発するに熟すると認めるときは、審問を経ないで命令を発することができる。

（命令の履行）

第四五条① 前条の規定により救済の全部又は一部を認容する命令につき命令書の写しが交付されたときは、使用者は、遅滞なくその命令を履行しなければならない。

② 命令を発した委員会の会長は、使用者に対し、命令の履行に関して報告を求めることができる。

【事件の解決のための勧告】

第四五条の八 会長は、審査の途中において、相当と認めるときは、調査又は審問を行う手続に参与する委員の意見を聴いて、会長及び当該委員の見解を示し、当事者に対して事件の解決のための勧告を行うことができる。

第四五条の九 前条に規定する勧告は、当事者の氏名、勧告の日付を記載し、会長及び調査又は審問を行う手続に参与する委員が署名又は記名押印した書面により行うものとする。

1 **救済申立ての期間―継続する行為** 昇給の考課査定に際し、使用者が労働組合の組合員について組合員であることを理由に他の従業員より低く査定した場合、賃金差別の意図は賃金支払によつて具体化されるのであり、右査定とこれに基づく各月の賃金支払は一体として一個の不当労働行為といえる。そうすると、右査定に基づく賃金が支払われている限り不当労働行為は継続することになるから、最後の賃金支払時から一年以内になされたその救済申立ては適法といえる。（最判平3・6・4民集四五・五・九八四〈紅屋商事事件〉労働百選[一〇版]一〇九）

（公益委員の除斥）

第二七条の二① 公益委員は、次の各号のいずれかに該当するときは、審査に係る職務の執行から除斥される。

一 公益委員又はその配偶者若しくは配偶者であつた者が事件の当事者又は法人である当事者の代表者であり、又はあつたとき。
二 公益委員が事件の当事者の四親等以内の血族、三親等以内の姻族又は同居の親族であり、又はあつたとき。
三 公益委員が事件の当事者の後見人、後見監督人、保佐人、保佐監督人、補助人又は補助監督人であるとき。
四 公益委員が事件について証人となつたとき。
五 公益委員が事件について当事者の代理人であり、又はあつたとき。

② 前項に規定する除斥の原因があるときは、当事者は、除斥の申立てをすることができる。

（公益委員の忌避）

第二七条の三① 公益委員について審査の公正を妨げるべき事情があるときは、当事者は、これを忌避することができる。

② 当事者は、事件について労働委員会に対し書面又は口頭をもつて陳述した後は、公益委員を忌避することができない。ただし、忌避の原因があることを知らなかつたとき、又は忌避の原因がその後に生じたときは、この限りでない。

（除斥又は忌避の申立てについての決定）

第二七条の四① 除斥又は忌避の申立てについては、労働委員会が決定する。

② 除斥又は忌避の申立てに係る公益委員は、前項の規定による決定に関与することができない。ただし、意見を述べることができる。

③ 第一項の規定による決定は、書面によるものとし、かつ、理由を付さなければならない。

（審査の手続の中止）

第二七条の五 労働委員会は、除斥又は忌避の申立てがあつたときは、その申立てについての決定があるまで審査の手続を中止しなければならない。ただし、急速を要する行為についてはこの限りでない。

（審査の計画）

第二七条の六① 労働委員会は、審問開始前に、当事者双方の意見を聴いて、審査の計画を定めなければならない。

② 前項の審査の計画においては、次に掲げる事項を定めなければならない。
一 調査を行う手続において整理された争点及び証拠（その後の審査の手続における取調べが必要な証拠として整理されたものを含む。）
二 審問を行う期間及び回数並びに尋問する証人の数
三 第二十七条の十二第一項の命令の交付の予定時期
③ 労働委員会は、審査の現状その他の事情を考慮して必要があると認めるときは、当事者双方の意見を聴いて、審査の計画を変更することができる。
④ 労働委員会及び当事者は、適正かつ迅速な審査の実現のため、審査の計画に基づいて審査が行われるよう努めなければならない。

（証拠調べ）

第二十七条の七① 労働委員会は、当事者の申立てにより又は職権で、調査を行う手続においては第二号に掲げる方法により、審問を行う手続においては次の各号に掲げる方法により証拠調べをすることができる。
一 事実の認定に必要な限度において、当事者又は証人に出頭を命じて陳述させること。
二 事件に関係のある帳簿書類その他の物件であつて、当該物件によらなければ当該物件により認定すべき事実を認定することが困難となるおそれがあると認めるもの（以下「物件」という。）の所持者に対し、当該物件の提出を命じ、又は提出された物件を留め置くこと。
② 労働委員会は、前項第二号の規定により物件の提出を命ずる処分（以下「物件提出命令」という。）をするかどうかを決定するに当たつては、個人の秘密及び事業者の事業上の秘密の保護に配慮しなければならない。
③ 労働委員会は、物件提出命令をする場合において、物件に提出を命ずる必要がないと認める部分又は前項の規定により配慮した結果提出を命ずることが適当でないと認める部分があるときは、その部分を除いて、提出を命ずることができる。
④ 調査又は審問を行う手続に参与する使用者委員及び労働者委員は、労働委員会が第一項第一号の規定により当事者若しくは証人に出頭を命ずる処分（以下「証人等出頭命令」という。）又は物件提出命令をしようとする場合には、意見を述べることができる。
⑤ 労働委員会は、職権で証拠調べをしたときは、その結果について、当事者の意見を聴かなければならない。
⑥ 物件提出命令の申立ては、次に掲げる事項を明らかにしてしなければならない。
一 物件の表示
二 物件の趣旨
三 物件の所持者
四 証明すべき事実
⑦ 労働委員会は、物件提出命令をしようとする場合には、物件の所持者を審尋しなければならない。
⑧ 労働委員会は、物件提出命令をする場合には、第六項各号（第三号を除く。）に掲げる事項を明らかにしなければならない。

第二十七条の八① 労働委員会が証人に陳述させるときは、その証人に宣誓をさせなければならない。
② 労働委員会が当事者に陳述させるときは、その当事者に宣誓をさせることができる。

第二十七条の九 民事訴訟法（平成八年法律第百九号）第百九十六条、第百九十七条及び第二百一条第二項から第四項までの規定は、労働委員会が証人に陳述させる手続に、同法第二百十条の規定において準用する同法第二百一条第二項の規定は、労働委員会が当事者に陳述させる手続について準用する。

（不服の申立て）

第二十七条の一〇① 都道府県労働委員会の証人等出頭命令又は物件提出命令（以下この条において「証人等出頭命令等」という。）を受けた者は、証人等出頭命令等について不服があるときは、証人等出頭命令等を受けた日から一週間以内（天災その他この期間内に審査の申立てをしなかつたことについてやむを得ない理由があるときは、その理由がやんだ日の翌日から起算して一週間以内）に、その理由を記載した書面により、中央労働委員会に審査を申し立てることができる。
② 中央労働委員会は、前項の規定による審査の申立てを理由があると認めるときは、証人等出頭命令等の全部又は一部を取り消す。
③ 中央労働委員会の証人等出頭命令等を受けた者は、証人等出頭命令等について不服があるときは、証人等出頭命令等を受けた日から一週間以内（天災その他この期間内に異議の申立てをしなかつたことについてやむを得ない理由があるときは、その理由がやんだ日の翌日から起算して一週間以内）に、その理由を記載した書面により、中央労働委員会に異議を申し立てることができる。
④ 中央労働委員会は、前項の規定による異議の申立てを理由があると認めるときは、証人等出頭命令等の全部若しくは一部を取り消し、又はこれを変更する。
⑤ 審査の申立て又は異議の申立ての審理は、書面による。
⑥ 中央労働委員会は、職権で審査申立人又は異議申立人を審尋することができる。

（審問廷の秩序維持）

第二十七条の一一 労働委員会は、審問を妨げる者に対し退廷を命じ、その他審問廷の秩序を維持するために必要な措置を執ることができる。

（救済命令等）

第二十七条の一二① 労働委員会は、事件が命令を発するのに熟したときは、事実の認定をし、この認定に基づいて、申立人の請求に係る救済の全部若しくは一部を認容し、又は申立てを棄却する命令（以下「救済命令等」という。）を発しなければならない。
② 調査又は審問を行う手続に参与する使用者委員及び労働者委員は、労働委員会が救済命令等を発しようとする場合は、意見を述べることができる。
③ 第一項の事実の認定及び救済命令等は、書面によるものとし、その写しを使用者及び申立人に交付しなければならない。
④ 救済命令等は、交付の日から効力を生ずる。

1 **一 労働委員会の裁量権**

労組法が労働委員会による救済命令の方法を採用したのは、使用者の不当労働行為によって生じた状態を右命令によって直接是正することにより、正常な集団的労使関係秩序の迅速な回復、確保を図るとともに、労使関係について専門的知識経験を有する労働委員会に対し、その裁量により個々の事案に応じた適切な是正措置を決定し、これを命ずる権限を委ねる趣旨に出たものである。このような労働委員会の裁量権は広範なものではあるが、右の趣旨・目的に由来する一定の限界が存するのであって、救済命令は、不当労働行為による被害の救済としての性質を持つものでなければならない。しかし、法が労働委員会に広い裁量権を与えた趣旨に徴すると、裁判所は、その裁量権の行使が右の趣旨・目的に照らして是認される範囲を超え、又は著しく不合理であって濫用にわたると認められるものでない限り、当該命令を違法とすべきではない。（最大判昭52・2・23民集三一・一・九三〈第二鳩タクシー事件〉労働百選［一〇版］一〇八）→4

2 団体交渉事項に関して合意の成立する見込みがない場合であっても、使用者が労働組合に対する誠実交渉義務を尽くしていないときは、その後誠実に団体交渉に応ずるに至れば、労働組合は当該団体交渉に関して使用者から十分な説明や資料の提示を受けることができるようになるとともに、組合活動一般についても労働組合の交渉力の回復や労使間のコミュニケーションの正常化が図られるから、誠実交渉命令を発することは、不当労働行為によって発生した侵害状態を除去、是正し、正常な集団的労使関係秩序の迅速な回復、確保を図ることに資するものであって、直ちに救済命令制度の本来の趣旨、目的に由来する限界を逸脱するとはいえない。また、右のような場合であっても、使用者が誠実に団体交渉に応ずること自体は可能であり、侵害状態がある以上、救済の必要性がないともいえないから、労働委員会は誠実交渉命令を発することができる。（最判令4・3・18労判一二六四・二〇〈山形県・県労委（国立大学法人山形大学）事件〉）→七条24

3 不当労働行為救済の申立てがあった場合、労働委員会は、使用者の行為が労組法七条に違反するかどうかをその裁量により判断して救済命令を発する権限を持たないので、裁判所は、救済命令中の右の点に関する労働委員会の判断を審査してそれが誤りであると認めるときには、当該命令を違法なものとして取り消すことができる。（最判昭53・11・24労判三一二・五四〈寿建築研究所事件〉）

二 バックペイと中間収入の控除

4 労働委員会が使用者に対して不当労働行為により解雇された労働者の原職復帰と共にバックペイの支払を命ずる場合において、被解雇者が解雇期間中他で就労して収入を得ていたときには、労働委員会は、被解雇者個人の経済的被害を救済するという観点のみでなく、解雇が組合活動一般に与えた侵害を除去するという観点をも併せ考慮して、合理的裁量により右中間収入の控除の要否及びその程度を決定しなければならない。

不当労働行為による被解雇者がタクシー運転手であって、解雇後遅くとも約一箇月後には他のタクシー会社に雇用されて従前に近い収入を得ており、また当時タクシー運転手の同業他社への転職が比較的頻繁かつ容易であったため、解雇による被解雇者への打撃が僅少で、組合活動に対する制約的効果にも通常の場合とはかなり異なるものがあった場合には、中間収入を全く控除せずバックペイの支払を命じた救済命令は、特段の理由のない限り、裁量権行使の合理的な限度を超えた違法なものである。（最大判昭52・2・23前出7、労働百選〔一〇版〕一〇八）

三 将来の不作為命令

5 先になされた不当労働行為が単なる一回性のものでなく、審問終結当時には既に解消されていても、再び繰り返されるおそれが多分にあると認められる場合には、その予想される将来の不当労働行為が過去の不当労働行為と同種若しくは類似のものである限り、労働委員会はあらかじめこれを禁止する不作為命令を発するを妨げない。（最判昭37・10・9民集一六・一〇・二〇八四〈栃木化成事件〉労働百選〔五版〕七六）

四 昇給・昇格差別に対する救済方法

6 組合員に対する賞与の人事考課率の査定差別が労組法七条一号・三号に該当するとされる以上、これに対する救済措置として、使用者に対し、右査定差別の結果である組合員と非組合員間の考課率平均の差を組合員の考課率に上積みさせ、それによって得られる考課率に基づき賞与を再計算した金額と既に支給した金額との差額の支給を命ずることも、労働委員会に委ねられた裁量権の行使として許される。（最判昭61・1・24労判四六七・六〈紅屋商事事件〉労働百選〔七版〕一一五）→七条41

五 ポスト・ノーティス

7 使用者の行為が不当労働行為と認定されたことを関係者に周知させ、同種行為の再発を抑制しようとする趣旨のポスト・ノーティス命令において、「深く反省する」、「再びかかる行為を繰り返さないことを誓約します」との文言が用いられていても、それは同種行為を繰り返さない旨を強調する意味を有するにすぎず、使用者に反省の意思表明を要求することが本旨ではないと解されるから、憲法一九条に違反しない。（最判平2・3・6労判五八四・三八〈医療法人社団・亮正会事件〉重判平2労働二）

六 条件付救済命令

8 不当労働行為制度の趣旨は、労使間にあるべき正常な関係がゆがめられた場合にそれを除去して正常な関係に戻し、将来の安定した労使関係を確立するところにあるから、労働者側にも非のある場合に、救済の条件として労働者側に謝罪等不利益な行為を要求することは右の制度趣旨に合致する。また、労働者側に対するかような行為の要請はあくまでも救済命令の条件にすぎず、労働者側にそれ自体として何らかの行為を命令しているわけではないので、救済命令の名宛人が使用者であることと矛盾するものではないから、条件付救済命令は適法である。（東京高判昭53・4・27労民二九・二・二六二〈延岡郵便局事件〉労働百選〔五版〕七七）

七 チェック・オフの不当継続への救済

9 従前の組合の内部抗争により二つの組合が併存するに至った後、中立組合員からのチェック・オフの中止申入れにもかかわらず、会社がチェック・オフを継続し、他方の組合に組合費相当額を引き渡したことが支配介入に当たる場合でも、使用者に対して、控除した組合費相当額を、組合員個人でなく中立組合に支払うように命ずる救済命令は、労働委員会の裁量権の限界を超える。（最判平7・2・23民集四九・二・二八一〈ネスレ日本事件〉労働百選〔九版〕一〇七）→七条36

八 救済の必要性

10 労働委員会による救済命令の制度は、使用者の不当労働行為により生じた事実上の状態を右命令によって是正することにより、正常な集団的労使関係秩序を回復させることを目的とするものであって、使用者に対し懲罰を課することを目的とするものではないから、使用者による不当労働行為の成立が認められる場合であっても、それによって生じた状態が既に是正され、正常な集団的労使関係秩序が回復されたときには、労働委員会は、救済の必要性がないものとして救済申立てを棄却できる。（最判昭58・12・20労判四二一・二〇〈新宿郵便局事件〉）

11 ストライキに対する報復としてなされた不当な賃金カットに対し労働組合が救済を申し立てた事案において、当該賃金カットを受けた組合員が命令の発付前に組合員資格を喪失したとしても、組合固有の救済利益は消滅せず、救済内容がカット分賃金の支払などのように組合員個人の雇用関係上の権利利益の回復という形をとっている場合、当該組合員が積極的に右権利利益を放棄する旨の意思を表示したり、組合の申立てを通じて右権利利益の回復を図る意思のないことを表明したりしない限り、組合はかかる内容の救済を求めることができる。（最判昭61・6・10民集四〇・四・七九三〈旭ダイヤモンド工業事件〉労働百選〔一〇版〕一一〇）

九 救済命令の名宛人たる使用者

12 救済命令の名宛人たる「使用者」は、法律上独立した権利義務の主体であることを要するというべきであって、企業主体である法人組織の構成部分にすぎないものは、右の「使用者」には当たらず、これを名宛人として救済命令を発することは許されない。（最判昭60・7・19民集三九・五・一二六六〈済生会中央病院事件〉）

一〇 命令発令後の事情変化と命令の効力

13 救済命令で使用者に対し労働組合への金員の支払が命ぜられた場合において、組合員が存在しなくなったことなどにより組合が自然消滅した場合には、組合が清算法人として存続していたとしても、救済命令の拘束力は失われ、その結果、救済命令の取消しを求める訴えの利益は失われる。（最判平7・2・23民集四九・二・三九三〈ネスレ日本・日高乳業事件〉）

14 所有する船舶の一部につき船舶運航代理業者との間で裸傭船契約（船舶の賃貸借契約）を結び、それを前提として、自らを傭船者とする定期傭船契約を締結するとともに、雇用する船員は全て中立組合の組合員でなければならないとする労働協約の更新を拒否するなどした使用者の行為について、前記各契約に係る船舶を自らの運航業務に使用する場合は申立組合の組合員の乗り組んでいる船舶を使用しなければならないこと、申立組合が前記各契約等について団体交渉を申し入れたときはこれに誠実に応じなければならないことなどを命じた労働委員会の救済命令は、使用者が船舶の運航事業を営む会社として存続し、申立組合も多数の船員等を組合員とする産業別労働組合として存続しているという事実関係の下では、使用者に雇用されている申立組合の組合員がいなくなり、裸傭船契約の対象とされていない使用者の所有船舶がなくなるという発令後の事情変更によっても、使用者による救済命令の履行が客観的に不可能であるとまではいえず、その履行が救済の手段方法としての意味をおよそ有しないとまでいうことはできないから、救済命令はその効力を失ったとはいえず、取消しを求める訴えの利益は失われない。（最判平24・4・27民集六六・六・三〇〇〇〈広島県・広島県労委（熊谷海事工業）事件〉重判平24労働八）→行訴九条56

（救済命令等の確定）

第二七条の一三① 使用者が救済命令等について第二十七条の十九第一項の期間内に同項の取消しの訴えを提起しないときは、救済命令等は、確定する。

② 使用者が確定した救済命令等に従わないときは、労働委員会は、使用者の住所地の地方裁判所にその旨を通知しなければならない。この通知は、労働組合及び労働者もすることができる。

（和解）

第二七条の一四① 労働委員会は、審査の途中において、いつでも、当事者に和解を勧めることができる。

② 救済命令等が確定するまでの間に当事者間で和解が成立し、当事者双方の申立てがあつた場合において、労働委員会が当該和解の内容が当事者間の労働関係の正常な秩序を維持させ、又は確立させるため適当と認めるときは、審査の手続は終了する。

③ 前項に規定する場合において、和解（前項の規定により労働委員会が適当と認めたものに限る。次項において同じ。）に係る事件について既に発せられている救済命令等は、その効力を失う。

④ 労働委員会は、和解に金銭の一定額の支払又はその他の代替物若しくは有価証券の一定の数量の給付を内容とする合意が含まれる場合は、当事者双方の申立てにより、当該合意について和解調書を作成することができる。

⑤ 前項の和解調書は、強制執行に関しては、民事執行法（昭和五十四年法律第四号）第二十二条第五号に掲げる債務名義とみなす。

⑥ 前項の規定による債務名義についての執行文の付与は、労働委員会の会長が行う。民事執行法第二十九条後段の執行文及び文書の謄本の送達も、同様とする。

⑦ 前項の規定による執行文付与に関する異議についての裁判は、労働委員会の所在地を管轄する地方裁判所においてする。

⑧ 第四項の和解調書並びに第六項後段の執行文及び文書の謄本の送達に関して必要な事項は、政令で定める。

（再審査の申立て）

第二七条の一五① 使用者は、都道府県労働委員会の救済命令等の交付を受けたときは、十五日以内（天災その他この期間内に再審査の申立てをしなかつたことについてやむを得ない理由があるときは、その理由がやんだ日の翌日から起算して一週間以内）に中央労働委員会に再審査の申立てをすることができる。ただし、この申立ては、救済命令等の効力を停止せず、救済命令等は、中央労働委員会が第二十五条第二項の規定による再審査の結果、これを取り消し、又は変更したときは、その効力を失う。

② 前項の規定は、労働組合又は労働者が中央労働委員会に対して行う再審査の申立てについて準用する。

（再審査と訴訟との関係）

第二七条の一六 中央労働委員会は、第二十七条の十九第一項の訴えに基づく確定判決によつて都道府県労働委員会の救済命令等の全部又は一部が支持されたときは、当該救済命令等について、再審査することができない。

（再審査の手続への準用）

第二七条の一七 第二十七条第一項、第二十七条の二から第二十七条の九まで、第二十七条の十第三項から第六項まで及び第二十七条の十一から第二十七条の十四までの規定は、中央労働委員会の再審査の手続について準用する。この場合において、第二十七条の二第一項第四号中「とき」とあるのは「とき又は事件について既に発せられている都道府県労働委員会の救済命令等に関与したとき」と読み替えるものとする。

（審査の期間）

第二七条の一八 労働委員会は、迅速な審査を行うため、審査の期間の目標を定めるとともに、目標の達成状況その他の審査の実施状況を公表するものとする。

第三節　訴訟

（取消しの訴え）

第二七条の一九① 使用者が都道府県労働委員会の救済命令等について中央労働委員会に再審査の申立てをしないとき、又は中央労働委員会が救済命令等を発したときは、使用者は、救済命令等の交付の日から三十日以内に、救済命令等の取消しの訴えを提起することができる。この期間は、不変期間とする。

② 使用者は、第二十七条の十五第一項の規定により中央労働委員会に再審査の申立てをしたときは、その申立てに対する中央労働委員会の救済命令等に対してのみ、取消しの訴えを提起することができる。この訴えについては、行政事件訴訟法（昭和三十七年法律第百三十九号）第十二条第三項から第五項までの規定は、適用しない。

③ 前項の規定は、労働組合又は労働者が行政事件訴訟法の定めるところにより提起する取消しの訴えについて準用する。

労働組合の消滅と取消訴訟→二七条の一二13

（緊急命令）

第二七条の二〇 前条第一項の規定により使用者が裁判所に訴えを提起した場合において、受訴裁判所は、救済命令等を発した労働委員会の申立てにより、決定をもつて、使用者に対し判決の確定に至るまで救済命令等の全部又は一部に従うべき旨を命じ、又は当事者の申立てにより、若しくは職権でこの決定を取り消し、若しくは変更することができる。

緊急命令

7 いわゆる緊急命令の申立ての許否を決するに当たつて、受訴裁判所は、当該救済命令の適否及びいわゆる即時救済の必要性の有無について審査することができるが、緊急命令の手続においては確定的に救済命令の適否を判断することは要請されていないから、右の審査は、緊急命令の手続の過程に現われた疎明資料により、当該救済命令の認定判断に重大な疑義があるかどうかを検討すれば足りる。（東京高決昭54・8・9労民三〇・四・八二六〈吉野石膏事件〉労働百選七版一二九）

（証拠の申出の制限）

第二七条の二一 労働委員会が物件提出命令をしたにもかかわらず物件を提出しなかつた者（審査の手続において当事者でなかつた者を除く。）は、裁判所に対し、当該物件提出命令に係る物件により認定すべき事実を証明するためには、当該物件に係る証拠の申出をすることができない。ただし、物件を提出しなかつたことについて正当な理由があると認められる場合は、この限りでない。

第四節　雑則

（**中央労働委員会の勧告等**）

第二七条の二二　中央労働委員会は、都道府県労働委員会に対し、この法律の規定により都道府県労働委員会が処理する事務について、報告を求め、又は法令の適用その他当該事務の処理に関して必要な勧告、助言若しくはその委員若しくは事務局職員の研修その他の援助を行うことができる。

（**抗告訴訟の取扱い等**）

第二七条の二三①　都道府県労働委員会は、その処分（行政事件訴訟法第三条第二項に規定する処分をいい、第二十四条の二第四項の規定により公益委員がした処分及び同条第五項の規定により公益を代表する地方調整委員がした処分を含む。次項において同じ。）に係る行政事件訴訟法第十一条第一項（同法第三十八条第一項において準用する場合を含む。次項において同じ。）の規定による都道府県を被告とする訴訟について、当該都道府県を代表する。

②　都道府県労働委員会は、公益委員、事務局長又は事務局の職員でその指定するものに都道府県労働委員会の処分に係る行政事件訴訟法第十一条第一項の規定による都道府県を被告とする訴訟又は都道府県労働委員会を当事者とする訴訟を行わせることができる。

（**費用弁償**）

第二七条の二四　第二十二条第一項の規定により出頭を求められた者又は第二十七条の七第一項第一号（第二十七条の十七の規定により準用する場合を含む。）の証人は、政令の定めるところにより、費用の弁償を受けることができる。

（**行政手続法の適用除外**）

第二七条の二五　労働委員会がする処分（第二十四条の二第四項の規定により公益委員がする処分及び同条第五項の規定により公益を代表する地方調整委員がする処分を含む。）については、行政手続法（平成五年法律第八十八号）第二章及び第三章の規定は、適用しない。

（**審査請求の制限**）

第二七条の二六　労働委員会がする処分（第二十四条の二第四項の規定により公益委員がする処分及び同条第五項の規定により公益を代表する地方調整委員がする処分を含む。）又はその不作為については、審査請求をすることができない。

第五章　罰則

第二八条　救済命令等の全部又は一部が確定判決によつて支持された場合において、その違反があつたときは、その行為をした者は、一年以下の禁錮若しくは百万円以下の罰金に処し、又はこれを併科する。

＊令和四法六八（令和七・六・一六までに施行）による改正
第二八条中「禁錮」を「拘禁刑」に改める。（本文未織込み）

第二八条の二　第二十七条の八第一項（第二十七条の十七の規定により準用する場合を含む。）の規定により宣誓した証人が虚偽の陳述をしたときは、三月以上十年以下の懲役に処する。

＊令和四法六八（令和七・六・一六までに施行）による改正
第二八条の二中「懲役」を「拘禁刑」に改める。（本文未織込み）

第二九条　第二十三条の規定に違反した者は、一年以下の懲役又は三十万円以下の罰金に処する。

＊令和四法六八（令和七・六・一六までに施行）による改正
第二九条中「懲役」を「拘禁刑」に改める。（本文未織込み）

第三〇条　第二十二条の規定に違反して報告をせず、若しくは虚偽の報告をし、若しくは帳簿書類の提出をせず、又は同条の規定に違反して出頭をせず、若しくは同条の規定による検査を拒み、妨げ、若しくは忌避した者は、三十万円以下の罰金に処する。

第三一条　法人の代表者又は法人若しくは人の代理人、使用人その他の従業者が、その法人又は人の業務に関して前条の違反行為をしたときは、行為者を罰するほか、その法人又は人に対しても同条の刑を科する。

第三二条　使用者が第二十七条の二十の規定による裁判所の命令に違反したときは、五十万円（当該命令が作為を命ずるものであるときは、その命令の日の翌日から起算して不履行の日数が五日を超える場合にはその超える日数一日につき十万円の割合で算定した金額を加えた金額）以下の過料に処する。第二十七条の十三第一項（第二十七条の十七の規定により準用する場合を含む。）の規定により確定した救済命令等に違反した場合も、同様とする。

第三二条の二　次の各号のいずれかに該当する者は、三十万円以下の過料に処する。

一　正当な理由がないのに、第二十七条の七第一項第一号（第二十七条の十七の規定により準用する場合を含む。）の規定による処分に違反して出頭せず、又は陳述をしない者

二　正当な理由がないのに、第二十七条の七第一項第二号（第二十七条の十七の規定により準用する場合を含む。）の規定による処分に違反して物件を提出しない者

三　正当な理由がないのに、第二十七条の八（第二十七条の十七の規定により準用する場合を含む。）の規定による処分に違反して宣誓をしない者

第三二条の三　第二十七条の八第二項（第二十七条の十七の規定により準用する場合を含む。）の規定により宣誓した当事者が虚偽の陳述をしたときは、三十万円以下の過料に処する。

第三二条の四　第二十七条の十一（第二十七条の十七の規定により準用する場合を含む。）の規定による処分に違反して審問を妨げた者は、十万円以下の過料に処する。

第三三条①　法人である労働組合の清算人は、次の各号のいずれかに該当する場合には、五十万円以下の過料に処する。

一　第十三条の五に規定する登記を怠つたとき。

二　第十三条の七第一項又は第十三条の九第一項の規定による公告を怠り、又は不正の公告をしたとき。

三　第十三条の九第一項の規定による破産手続開始の申立てを怠つたとき。

四　官庁又は総会に対し、不実の申立てをし、又は事実を隠ぺいしたとき。

②　前項の規定は、法人である労働組合の代表者が第十一条第二項の規定に基いて発する政令で定められた登記事項の変更の登記をすることを怠つた場合において、その代表者につき準用する。

附　則（抄）

①　この法律施行の期日は、公布の日から起算して三十日を越えない期間内において、政令で定める（昭和二四・六・一〇施行―昭和二四政二〇一）。

別表（第十九条の十二関係）

十五人	七人
十三人	六人
十一人	五人
九人	四人
七人	三人
五人	二人

刑法等の一部を改正する法律の施行に伴う関係法律整理法中経過規定

（令和四・六・一七法六八）（抄）

第四四一条から第四四三条まで　（刑法の同経過規定参照）

第五〇九条　（刑法の同経過規定参照）

刑法等の一部を改正する法律の施行に伴う関係法律整理法

附　則（令和四・六・一七法六八）（抄）

（施行期日）

①　この法律は、刑法等一部改正法（刑法等の一部を改正する法律（令和四法六七））施行日から施行する。ただし、次の各号に掲げる規定は、当該各号に定める日から施行する。

一　第五百九条の規定　公布の日

二　（略）

○労働関係調整法（昭和二一・九・二七法二五）

施行　昭和二一・一〇・一三（昭和二一勅四七七）

最終改正　平成二六法六九

目次

第一章　総則

第一条【法の目的】　この法律は、労働組合法と相俟つて、労働関係の公正な調整を図り、労働争議を予防し、又は解決して、産業の平和を維持し、もつて経済の興隆に寄与することを目的とする。

第二条【当事者の態度】　労働関係の当事者は、互に労働関係を適正化するやうに、労働協約中に、常に労働関係の調整を図るための正規の機関の設置及びその運営に関する事項を定めるやうに、且つ労働争議が発生したときは、誠意をもつて自主的にこれを解決するやうに、特に努力しなければならない。

第三条【政府の態度】　政府は、労働関係に関する主張が一致しない場合に、労働関係の当事者が、これを自主的に調整することに対し助力を与へ、これによつて争議行為をできるだけ防止することに努めなければならない。

第四条【自主的解決の努力】　この法律は、労働関係の当事者が、直接の協議又は団体交渉によつて、労働条件その他労働関係に関する事項を定め、又は労働関係に関する主張の不一致を調整することを妨げるものでないとともに、又、労働関係の当事者が、かかる努力をする責務を免除するものではない。

第五条【迅速な処理】　この法律によつて労働関係の調整をなす場合には、当事者及び労働委員会その他の関係機関は、できるだけ適宜の方法を講じて、事件の迅速な処理を図らなければならない。

第六条【労働争議】　この法律において労働争議とは、労働関係の当事者間において、労働関係に関する主張が一致しないで、そのために争議行為が発生してゐる状態又は発生する虞がある状態をいふ。

第七条【争議行為】　この法律において争議行為とは、同盟罷業、怠業、作業所閉鎖その他労働関係の当事者が、その主張を貫徹することを目的として行ふ行為及びこれに対抗する行為であつて、業務の正常な運営を阻害するものをいふ。

第八条【公益事業、その指定、公表】　①　この法律において公益事業とは、次に掲げる事業であつて、公衆の日常生活に欠くことのできないものをいう。

一　運輸事業

二　郵便、信書便又は電気通信の事業

三　水道、電気又はガスの供給の事業

四　医療又は公衆衛生の事業

②　内閣総理大臣は、前項の事業の外、国会の承認を経て、業務の停廃が国民経済を著しく阻害し、又は公衆の日常生活を著しく危くする事業を、一年以内の期間を限り、公益事業として指定することができる。

③　内閣総理大臣は、前項の規定によつて公益事業の指定をしたときは、遅滞なくその旨を、官報に告示するの外、新聞、ラヂオ等適宜の方法により、公表しなければならない。

第八条の二【特別調整委員】　①　中央労働委員会及び都道府県労働委員会に、その行う労働争議の調停又は仲裁に参与させるため、中央労働委員会にあつては厚生労働大臣が、都道府県労働委員会にあつては都道府県知事がそれぞれ特別調整委員を置くことができる。

②　中央労働委員会に置かれる特別調整委員は、厚生労働大臣が、都道府県労働委員会に置かれる特別調整委員は、都道府県知事が任命する。

③　特別調整委員は、使用者を代表する者、労働者を代表する者及び公益を代表する者とする。

④　特別調整委員のうち、使用者を代表する者は使用者団体の推薦に基づいて、労働者を代表する者は労働組合の推薦に基づいて、公益を代表する者は当該労働委員会の使用者を代表する委員（行政執行法人の労働関係に関する法律（昭和二十三年法律第二百五十七号）第二十五条に規定する行政執行法人担当使用者委員（次条において「行政執行法人担当使用者委員」という。）を除く。）及び労働者を代表する委員（同法第二十五条に規定する行政執行法人担当労働者委員（次条において「行政執行法人担当労働者委員」という。）を除く。）の同意を得て、任命されるものとする。

⑤　特別調整委員は、政令で定めるところにより、その職務を行ふために要する費用の弁償を受けることができる。

⑥　特別調整委員に関する事項は、この法律に定めるものの外、

政令でこれを定める。

第八条の三【中央労働委員会における一般企業担当委員のみの参与】 中央労働委員会が第十条のあつせん員候補者の委嘱及びその名簿の作成、第十二条第一項ただし書の労働委員会の同意、第十八条第四号の労働委員会の決議その他政令で定める事務を処理する場合には、これらの事務の処理には、使用者を代表する委員のうち行政執行法人担当使用者委員以外の委員（第二十一条第一項において「一般企業担当使用者委員」という。）、労働者を代表する委員のうち行政執行法人担当労働者委員以外の委員（第二十一条第一項において「一般企業担当労働者委員」という。）並びに公益を代表する委員のうち会長があらかじめ指名する十人の委員及び会長（第二十一条第一項及び第三十一条の二において「一般企業担当公益委員」という。）のみが参与する。この場合において、中央労働委員会の事務の処理に関し必要な事項は、政令で定める。

第九条【届出義務】 争議行為が発生したときは、その当事者は、直ちにその旨を労働委員会又は都道府県知事に届け出なければならない。

第二章　斡旋

第一〇条【あつせん員名簿】 労働委員会は、斡旋員候補者を委嘱し、その名簿を作製して置かなければならない。

第一一条【あつせん員候補者】 斡旋員候補者は、学識経験を有する者で、この章の規定に基いて労働争議の解決につき援助を与へることができる者でなければならないが、その労働委員会の管轄区域内に住んでゐる者でなくても差し支へない。

第一二条【あつせん員の指名】 ① 労働争議が発生したときは、労働委員会の会長は、関係当事者の双方若しくは一方の申請又は職権に基いて、斡旋員名簿に記されてゐる者の中から、斡旋員を指名しなければならない。但し、労働委員会の同意を得れば、斡旋員名簿に記されてゐない者を臨時の斡旋員に委嘱することもできる。

② 労働組合法第十九条の十第一項に規定する地方において中央労働委員会が処理すべき事件として政令で定めるものについては、中央労働委員会の会長は、前項の規定にかかわらず、関係当事者の双方若しくは一方の申請又は職権に基づいて、同条第一項に規定する地方調整委員のうちから、あつせん員を指名する。ただし、中央労働委員会の会長が当該地方調整委員のうちからあつせん員を指名することが適当でないと認める場合は、この限りでない。

第一三条【あつせん員の任務】 斡旋員は、関係当事者間を斡旋し、双方の主張の要点を確め、事件が解決されるやうに努めなければならない。

第一四条【同前】 斡旋員は、自分の手では事件が解決される見込がないときは、その事件から手を引き、事件の要点を労働委員会に報告しなければならない。

第一四条の二【費用弁償】 斡旋員は、政令で定めるところにより、その職務を行ふために要する費用の弁償を受けることができる。

第一五条【命令への委任】 斡旋員候補者に関する事項は、この章に定めるものの外命令でこれを定める。

第一六条【自主的解決】 この章の規定は、労働争議の当事者が、双方の合意又は労働協約の定により、別の斡旋方法によつて、事件の解決を図ることを妨げるものではない。

第三章　調停

第一七条【労働組合法第二〇条の調停】 労働組合法第二十条の規定による労働委員会による労働争議の調停は、この章の定めるところによる。

第一八条【調停の開始】 労働委員会は、次の各号のいずれかに該当する場合に、調停を行う。

一　関係当事者の双方から、労働委員会に対して、調停の申請がなされたとき。

二　関係当事者の双方又は一方から、労働協約の定めに基づいて、労働委員会に対して調停の申請がなされたとき。

三　公益事業に関する事件につき、関係当事者の一方から、労働委員会に対して、調停の申請がなされたとき。

四　公益事業に関する事件につき、労働委員会が職権に基づいて、調停を行う必要があると決議したとき。

五　公益事業に関する事件又はその事件が規模が大きいため若しくは特別の性質の事業に関するものであるために公益に著しい障害を及ぼす事件につき、厚生労働大臣又は都道府県知事から、労働委員会に対して、調停の請求がなされたとき。

第一九条【調停委員会】 労働委員会による労働争議の調停は、使用者を代表する調停委員、労働者を代表する調停委員及び公益を代表する調停委員から成る調停委員会を設け、これによつて行ふ。

第二〇条【労使代表委員の同数】 調停委員会の、使用者を代表する調停委員と労働者を代表する調停委員とは、同数でなければならない。

第二一条【調停委員の指名】 ① 使用者を代表する調停委員は労働委員会の使用者を代表する委員（中央労働委員会にあつては、一般企業担当使用者委員）又は特別調整委員のうちから、労働者を代表する調停委員は労働委員会の労働者を代表する委員（中央労働委員会にあつては、一般企業担当労働者委員）又は特別調整委員のうちから、公益を代表する調停委員は労働委員会の公益を代表する委員（中央労働委員会にあつては、一般企業担当公益委員）又は特別調整委員のうちから労働委員会の会長がこれを指名する。

② 労働組合法第十九条の十第一項に規定する地方において中央労働委員会が処理すべき事件として政令で定めるものについては、中央労働委員会の会長は、前項の規定にかかわらず、同条第一項に規定する地方調整委員のうちから、調停委員を指名する。ただし、中央労働委員会の会長が当該地方調整委員のうちから調停委員を指名することが適当でないと認める場合は、この限りでない。

第二二条【委員長】 調停委員会に、委員長を置く。委員長は、調停委員会で、公益を代表する調停委員の中から、これを選挙する。

第二三条【会議】 ① 調停委員会は、委員長がこれを招集し、その議事は、出席者の過半数でこれを決する。

② 調停委員会は、使用者を代表する調停委員及び労働者を代表する調停委員が出席しなければ、会議を開くことはできない。

第二四条【意見の聴取】 調停委員会は、期日を定めて、関係当事者の出頭を求め、その意見を徴さなければならない。

第二五条【出席の禁止】 調停をなす場合には、調停委員会は、関係当事者及び参考人以外の者の出席を禁止することができる。

第二六条【調停案、調停案に関する疑義、争議行為の制限】 ① 調停委員会は、調停案を作成して、これを関係当事者に示し、その受諾を勧告するとともに、その調停案は理由を附してこれを公表することができる。この場合必要があるときは、新聞又はラヂオによる協力を請求することができる。

② 前項の調停案が関係当事者の双方により受諾された後、その調停案の解釈又は履行について意見の不一致が生じたときは、関係当事者は、その調停案を提示した調停委員会にその解釈又は履行に関する見解を明らかにすることを申請しなければならない。

③ 前項の調停委員会は、前項の申請のあつた日から十五日以内に、関係当事者に対して、申請のあつた事項について解釈又は履行に関する見解を示さなければならない。

④ 前項の解釈又は履行に関する見解が示されるまでは、関係当事者は、当該調停案の解釈又は履行に関して争議行為をなすことができない。但し、前項の期間が経過したときは、この限りでない。

第二七条【公益事業に関する事件の優先的取扱い】 公益事業に関する事件の調停については、特に迅速に処理するために、必要な優先的取扱がなされなければならない。

第二八条【自主的解決】 この章の規定は、労働争議の当事者が、双方の合意又は労働協約の定により、別の調停方法によつて事件の解決を図ることを妨げるものではない。

第四章　仲裁

第二九条【労働組合法第二〇条の仲裁】 労働組合法第二十条の規定による労働委員会による労働争議の仲裁は、この章の定めるところによる。

第三〇条【仲裁の開始】 労働委員会は、左の各号の一に該当する場合に、仲裁を行ふ。

一　関係当事者の双方から、労働委員会に対して、仲裁の申請がなされたとき。

二　労働協約に、労働委員会による仲裁の申請をなさなければならない旨の定がある場合に、その定に基いて、関係当事者の双方又は一方から、労働委員会に対して、仲裁の申請がなされたとき。

第三一条【仲裁委員会】 労働委員会による労働争議の仲裁は、三人以上の奇数の仲裁委員をもつて組織される仲裁委員会を設け、これによつて行う。

第三一条の二【同前―委員の指名】 仲裁委員は、労働委員会の公益を代表する委員又は特別調整委員のうちから、関係当事者が合意により選定した者につき、労働委員会の会長が指名する。ただし、関係当事者の合意による選定がされなかつたときは、労働委員会の会長が、関係当事者の意見を聴いて、労働委員会の公益を代表する委員（中央労働委員会にあつては、一般企業担当公益委員）又は特別調整委員のうちから指名する。

第三一条の三【同前―委員長】 仲裁委員会に、委員長を置く。委員長は、仲裁委員が互選する。

第三一条の四【同前―議事】 ①仲裁委員会は、委員長が招集する。

②仲裁委員会は、仲裁委員の過半数が出席しなければ、会議を開き、議決することができない。

③仲裁委員会の議事は、仲裁委員の過半数でこれを決する。

第三一条の五【同前―労働委員会の委員の意見陳述】 関係当事者のそれぞれが指名した労働委員会の使用者を代表する委員又は特別調整委員及び労働者を代表する委員又は特別調整委員は、仲裁委員会の同意を得て、その会議に出席し、意見を述べることができる。

第三二条【出席の禁止】 仲裁をなす場合には、仲裁委員会は、関係当事者及び参考人以外の者の出席を禁止することができる。

第三三条【裁定】 仲裁裁定は、書面に作成してこれを行ふ。その書面には効力発生の期日も記さなければならない。

第三四条【裁定の効力】 仲裁裁定は、労働協約と同一の効力を有する。

第三五条【自主的解決】 この章の規定は、労働争議の当事者が、双方の合意又は労働協約の定により、別の仲裁方法によつて事件の解決を図ることを妨げるものではない。

第四章の二　緊急調整

第三五条の二【決定の条件、中央労働委員会の意見聴取、公表】 ①内閣総理大臣は、事件が公益事業に関するものであるため、又はその規模が大きいため若しくは特別の性質の事業に関するものであるために、争議行為により当該業務が停止されるときは国民経済の運行を著しく阻害し、又は国民の日常生活を著しく危くする虞があると認める事件について、その虞が現実に存するときに限り、緊急調整の決定をすることができる。

②内閣総理大臣は、前項の決定をしようとするときは、あらかじめ中央労働委員会の意見を聴かなければならない。

③内閣総理大臣は、緊急調整の決定をしたときは、直ちに、理由を附してその旨を公表するとともに、中央労働委員会及び関係当事者に通知しなければならない。

第三五条の三【中央労働委員会の任務】 ①中央労働委員会は、前条第三項の通知を受けたときは、その事件を解決するため、最大限の努力を尽さなければならない。

②中央労働委員会は、前項の任務を遂行するため、その事件について、左の各号に掲げる措置を講ずることができる。

一　斡旋を行ふこと。

二　調停を行ふこと。

三　仲裁を行ふこと（第三十条各号に該当する場合に限る。）。

四　事件の実情を調査し、及び公表すること。

五　解決のため必要と認める措置をとるべきことを勧告すること。

③前項第二号の調停は、第十八条各号に該当しない場合であつても、これを行ふことができる。

第三五条の四【優先処理】 中央労働委員会は、緊急調整の決定に係る事件については、他のすべての事件に優先してこれを処理しなければならない。

第三五条の五【審査請求】 第三十五条の二の規定により内閣総理大臣がした決定については、審査請求をすることができない。

第五章　争議行為の制限禁止等

第三六条【安全保持】 工場事業場における安全保持の施設の正常な維持又は運行を停廃し、又はこれを妨げる行為は、争議行為としてでもこれをなすことはできない。

第三七条【予告期間】 ①公益事業に関する事件につき関係当事者が争議行為をするには、その争議行為をしようとする日の少なくとも十日前までに、労働委員会及び厚生労働大臣又は都道府県知事にその旨を通知しなければならない。

②緊急調整の決定があつた公益事業に関する事件については、前項の規定による通知は、第三十八条に規定する期間を経過した後でなければこれをすることができない。

第三八条【緊急調整中の争議行為の禁止】 緊急調整の決定をなした旨の公表があつたときは、関係当事者は、公表の日から五十日間は、争議行為をなすことができない。

第三九条【第三七条違反の罪】 ①第三十七条の規定の違反があつた場合においては、その違反行為について責任のある使用者若しくはその団体、労働者の団体又はその他の者若しくはその団体は、これを十万円以下の罰金に処する。

②前項の規定は、そのものが、法人であるときは、理事、取締役、執行役その他法人の業務を執行する役員に、法人でない団体であるときは、代表者その他業務を執行する役員にこれを適用する。

③一個の争議行為に関し科する罰金の総額は、十万円を超えることはできない。

④法人、法人でない使用者又は労働者の組合、争議団等の団体であつて解散したものに、第一項の規定を適用するについては、その団体は、なほ存続するものとみなす。

第四〇条【罰則】 ①第三十八条の規定の違反があつた場合においては、その違反行為について責任のある使用者若しくはその団体、労働者の団体又はその他の者若しくはその団体は、これを二十万円以下の罰金に処する。

②前条第二項から第四項までの規定は、前項の場合に準用する。この場合において同条第三項中「十万円」とあるのは、「二十万円」と読み替へるものとする。

第四一条　削除

第四二条【労働委員会による処罰請求】 第三十九条の罪は、労働委員会の請求を待つてこれを論ずる。

第四三条【退場の命令】 調停又は仲裁をなす場合において、その公正な進行を妨げる者に対しては、調停委員会の委員長又は仲裁委員会の委員長は、これに退場を命ずることができる。

附　則

第一条　この法律施行の期日は、勅令でこれを定める（昭和二一・一〇・一三施行―昭和二一勅四七七）。

第二条　労働争議調停法は、これを廃止する。

●私的独占の禁止及び公正取引の確保に関する法律（昭和二二・四・一四法五四）

施行（附則参照）
改正 昭和二二法九一・法一九五、昭和二三法二〇七・法二六八、昭和二四法一〇三・法一三四・**法二一四**、昭和二六法一九二・法二一一・政二六一、昭和二七法二五七・法二六八、昭和二八**法二五九**、昭和二九法一二七、昭和三一法一二〇・法一三四、昭和三二法一四二・法一八七、昭和三四法一二九、昭和三六法一一一、昭和三七法一三四・法一四〇・法一五二・法一六一、昭和三八法五三、昭和三九法一二一・法一五二、昭和四〇法一四三、昭和四一法二五・法一一一、昭和四二法三一、昭和四四法三三、昭和四九法二三、昭和五二**法六三**、昭和五三法三六、昭和五六法七五、昭和五七法六九・法八三、昭和五八法七八・法八二、昭和六一法二五・法九三、平成二法六五、平成三法四二、平成四法八七・法一〇七、平成五法八九、平成八法八二・法八三・法九五・法一一〇、平成九**法八七**・法一〇二・法一二〇、平成一〇**法八一**・法九〇・法一〇七・法一三一、平成一一法八〇・法一〇二・法一〇四・法一二五・法一四六・法一五一・法一六〇、平成一二**法七六**・法九一・法九二・法九六、平成一三法四一・法八〇・法一二九、平成一四法四五・**法四七**・法六五・法九八・法一五二、平成一五法二三・法五四・法一一九、平成一六法三四・法七六・法八八（平成一七法三五・法八七）、平成一七**法三五**・法三八・法八七、平成一八法六六・法一〇九、平成二二**法五一**、平成二三法五三、平成二四法四二、平成二五**法一〇〇**、平成二六法六七・法六九、平成二八法一〇八、令和一法一六・**法四五**、令和四法四八・法六八

目次

第一章　総則

第一条【目的】 この法律は、私的独占、不当な取引制限及び不公正な取引方法を禁止し、事業支配力の過度の集中を防止して、結合、協定等の方法による生産、販売、価格、技術等の不当な制限その他一切の事業活動の不当な拘束を排除することにより、公正且つ自由な競争を促進し、事業者の創意を発揮させ、事業活動を盛んにし、雇傭及び国民実所得の水準を高め、以て、一般消費者の利益を確保するとともに、国民経済の民主的で健全な発達を促進することを目的とする。

第二条【定義】 ① この法律において「事業者」とは、商業、工業、金融業その他の事業を行う者をいう。事業者の利益のためにする行為を行う役員、従業員、代理人その他の者は、次項又は第三章の規定の適用については、これを事業者とみなす。

② この法律において「事業者団体」とは、事業者としての共通の利益を増進することを主たる目的とする二以上の事業者の結合体又はその連合体をいい、次に掲げる形態のものを含む。ただし、二以上の事業者の結合体又はその連合体であつて、資本又は構成事業者の出資を有し、営利を目的として商業、工業、金融業その他の事業を営むことを主たる目的とし、かつ、現にその事業を営んでいるものを含まないものとする。

一　二以上の事業者が社員（社員に準ずるものを含む。）である社団法人その他の社団

二　二以上の事業者が理事又は管理人の任免、業務の執行又はその存立を支配している財団法人その他の財団

三　二以上の事業者を組合員とする組合又は契約による二以上の事業者の結合体

③ この法律において「役員」とは、理事、取締役、執行役、業務を執行する社員、監事若しくは監査役若しくはこれらに準ずる者、支配人又は本店若しくは支店の事業の主任者をいう。

④ この法律において「競争」とは、二以上の事業者がその通常の事業活動の範囲内において、かつ、当該事業活動の施設又は態様に重要な変更を加えることなく次に掲げる行為をし、又はすることができる状態をいう。

一　同一の需要者に同種又は類似の商品又は役務を供給すること

二　同一の供給者から同種又は類似の商品又は役務の供給を受けること

⑤ この法律において「私的独占」とは、事業者が、単独に、又は他の事業者と結合し、若しくは通謀し、その他いかなる方法をもつてするかを問わず、他の事業者の事業活動を排除し、又は支配することにより、公共の利益に反して、一定の取引分野における競争を実質的に制限することをいう。

⑥ この法律において「不当な取引制限」とは、事業者が、契約、協定その他何らの名義をもつてするかを問わず、他の事業者と共同して対価を決定し、維持し、若しくは引き上げ、又は数量、技術、製品、設備若しくは取引の相手方を制限する等相互にその事業活動を拘束し、又は遂行することにより、公共の利益に反して、一定の取引分野における競争を実質的に制限することをいう。

⑦ この法律において「独占的状態」とは、同種の商品（当該同種の商品に係る通常の事業活動の施設又は態様に重要な変更を加えることなく供給することができる商品を含む。）（以下この項において「一定の商品」という。）並びにこれとその機能及び効用が著しく類似している他の商品で国内において供給されたもの（輸出されたものを除く。）の価額（当該商品に直接課される租税の額に相当する額を控除した額とする。）又は国内において供給された同種の役務の価額（当該役務の提供を受ける者に当該役務に関して課される租税の額に相当する額を控除した額とする。）の政令で定める最近の一年間における合計額が千億円を超える場合における当該一定の商品又は役務に係る一定の事業分野において、次に掲げる市場構造及び市場における弊害があることをいう。

一　当該一年間において、一の事業者の事業分野占拠率（当該一定の商品並びにこれとその機能及び効用が著しく類似して

いる他の商品で国内において供給されたもの（輸出されたものを除く。）又は国内において供給された当該役務の数量（数量によることが適当でない場合にあつては、これらの価額とする。以下この号において同じ。）のうち当該事業者が供給した当該一定の商品並びにこれとその機能及び効用が著しく類似している他の商品又は役務の数量の占める割合をいう。以下この号において同じ。）が二分の一を超え、又は二の事業者のそれぞれの事業分野占拠率の合計が四分の三を超えていること。

二　他の事業者が当該事業分野に属する事業を新たに営むことを著しく困難にする事情があること。

三　当該事業者の供給する当該一定の商品又は役務につき、相当の期間、需給の変動及びその供給に要する費用の変動に照らして、価格の上昇が著しく、又はその低下がきん少であり、かつ、当該事業者がその期間次のいずれかに該当していること。

イ　当該事業者の属する政令で定める業種における標準的な政令で定める種類の利益率を著しく超える率の利益を得ていること。

ロ　当該事業者の属する事業分野における事業者の標準的な販売費及び一般管理費に比し著しく過大と認められる販売費及び一般管理費を支出していること。

⑧　経済事情が変化して国内における生産業者の出荷の状況及び卸売物価に著しい変動が生じたときは、これらの事情を考慮して、前項の金額につき政令で別段の定めをするものとする。

⑨　この法律において「不公正な取引方法」とは、次の各号のいずれかに該当する行為をいう。

一　正当な理由がないのに、競争者と共同して、次のいずれかに該当する行為をすること。

イ　ある事業者に対し、供給を拒絶し、又は供給に係る商品若しくは役務の数量若しくは内容を制限すること。

ロ　他の事業者に、ある事業者に対する供給を拒絶させ、又は供給に係る商品若しくは役務の数量若しくは内容を制限させること。

二　不当に、地域又は相手方により差別的な対価をもつて、商品又は役務を継続して供給することであつて、他の事業者の事業活動を困難にさせるおそれがあるもの

三　正当な理由がないのに、商品又は役務をその供給に要する費用を著しく下回る対価で継続して供給することであつて、他の事業者の事業活動を困難にさせるおそれがあるもの

四　自己の供給する商品を購入する相手方に、正当な理由がないのに、次のいずれかに掲げる拘束の条件を付けて、当該商品を供給すること。

イ　相手方に対しその販売する当該商品の販売価格を定めてこれを維持させることその他相手方の当該商品の販売価格の自由な決定を拘束すること。

ロ　相手方の販売する当該商品を購入する事業者の当該商品の販売価格を定めて相手方をして当該事業者にこれを維持させることその他相手方をして当該事業者の当該商品の販売価格の自由な決定を拘束させること。

五　自己の取引上の地位が相手方に優越していることを利用して、正常な商慣習に照らして不当に、次のいずれかに該当する行為をすること。

イ　継続して取引する相手方（新たに継続して取引しようとする相手方を含む。ロにおいて同じ。）に対して、当該取引に係る商品又は役務以外の商品又は役務を購入させること。

ロ　継続して取引する相手方に対して、自己のために金銭、役務その他の経済上の利益を提供させること。

ハ　取引の相手方からの取引に係る商品の受領を拒み、取引の相手方から取引に係る商品を受領した後当該商品を当該取引の相手方に引き取らせ、取引の相手方に対して取引の対価の支払を遅らせ、若しくはその額を減じ、その他取引の相手方に不利益となるように取引の条件を設定し、若しくは変更し、又は取引を実施すること。

六　前各号に掲げるもののほか、次のいずれかに該当する行為であつて、公正な競争を阻害するおそれがあるもののうち、公正取引委員会が指定するもの

イ　不当に他の事業者を差別的に取り扱うこと。

ロ　不当な対価をもつて取引すること。

ハ　不当に競争者の顧客を自己と取引するように誘引し、又は強制すること。

ニ　相手方の事業活動を不当に拘束する条件をもつて取引すること。

ホ　自己の取引上の地位を不当に利用して相手方と取引すること。

ヘ　自己又は自己が株主若しくは役員である会社と国内において競争関係にある他の事業者とその取引の相手方との取引を不当に妨害し、又は当該事業者が会社である場合において、その会社の株主若しくは役員をその会社の不利益となる行為をするように、不当に誘引し、唆し、若しくは強制すること。

注　第九項第六号の「指定」のうち、事業分野を問わず一般的に

指定した告示（一般指定）

参考　**不公正な取引方法**（昭和五七・六・一八公取委告一五）
改正　平成二一公取委告一八

①　**（共同の取引拒絶）**
正当な理由がないのに、自己と競争関係にある他の事業者（以下「競争者」という。）と共同して、次の各号のいずれかに掲げる行為をすること。
一　ある事業者から商品若しくは役務の供給を受けることを拒絶し、又は供給を受ける商品若しくは役務の数量若しくは内容を制限すること。
二　他の事業者に、ある事業者から商品若しくは役務の供給を受けることを拒絶させ、又は供給を受ける商品若しくは役務の数量若しくは内容を制限させること。

②　**（その他の取引拒絶）**
不当に、ある事業者に対し取引を拒絶し若しくは取引に係る商品若しくは役務の数量若しくは内容を制限し、又は他の事業者にこれらに該当する行為をさせること。

③　**（差別対価）**
私的独占の禁止及び公正取引の確保に関する法律（昭和二十二年法律第五十四号。以下「法」という。）第二条第九項第二号に該当する行為のほか、不当に、地域又は相手方により差別的な対価をもつて、商品若しくは役務を供給し、又はこれらの供給を受けること。

④　**（取引条件等の差別取扱い）**
不当に、ある事業者に対し取引の条件又は実施について有利な又は不利な取扱いをすること。

⑤　**（事業者団体における差別取扱い等）**
事業者団体若しくは共同行為からある事業者を不当に排斥し、又は事業者団体の内部若しくは共同行為においてある事業者を不当に差別的に取り扱い、その事業者の事業活動を困難にさせること。

⑥　**（不当廉売）**
法第二条第九項第三号に該当する行為のほか、不当に商品又は役務を低い対価で供給し、他の事業者の事業活動を困難にさせるおそれがあること。

⑦　**（不当高価購入）**
不当に商品又は役務を高い対価で購入し、他の事業者の事業活動を困難にさせるおそれがあること。

⑧　**（ぎまん的顧客誘引）**
自己の供給する商品又は役務の内容又は取引条件その他これらの取引に関する事項について、実際のもの又は競争者に係るものよりも著しく優良又は有利であると顧客に誤認させることにより、競争者の顧客を自己と取引するように不当に誘引すること。

⑨ **（不当な利益による顧客誘引）**
正常な商慣習に照らして不当な利益をもつて、競争者の顧客を自己と取引するように誘引すること。

⑩ **（抱き合わせ販売等）**
相手方に対し、不当に、商品又は役務の供給に併せて他の商品又は役務を自己又は自己の指定する事業者から購入させ、その他自己又は自己の指定する事業者と取引するように強制すること。

⑪ **（排他条件付取引）**
不当に、相手方が競争者と取引しないことを条件として当該相手方と取引し、競争者の取引の機会を減少させるおそれがあること。

⑫ **（拘束条件付取引）**
法第二条第九項第四号又は前項に該当する行為のほか、相手方とその取引の相手方との取引その他相手方の事業活動を不当に拘束する条件をつけて、当該相手方と取引すること。

⑬ **（取引の相手方の役員選任への不当干渉）**
自己の取引上の地位が相手方に優越していることを利用して、正常な商慣習に照らして不当に、取引の相手方である会社に対し、当該会社の役員（法第二条第三項の役員をいう。以下同じ。）の選任についてあらかじめ自己の指示に従わせ、又は自己の承認を受けさせること。

⑭ **（競争者に対する取引妨害）**
自己又は自己が株主若しくは役員である会社と国内において競争関係にある他の事業者とその取引の相手方との取引について、契約の成立の阻止、契約の不履行の誘引その他いかなる方法をもつてするかを問わず、その取引を不当に妨害すること。

⑮ **（競争会社に対する内部干渉）**
自己又は自己が株主若しくは役員である会社と国内において競争関係にある会社の株主又は役員に対し、株主権の行使、株式の譲渡、秘密の漏えいその他いかなる方法をもつてするかを問わず、その会社の不利益となる行為をするように、不当に誘引し、そそのかし、又は強制すること。

一　事業者（本条一項）

[1] 事業とは、何らかの経済的利益の供給に対応し反対給付を反覆継続して受ける経済活動を指し、その主体の法的性格は問うところではない。（最判平元・12・14民集四三・一二・二〇七八〈都営芝浦屠場事件〉経済百選[二版]一）

[2] 無償供給をしていた期間について、これを有償供給のための準備期間であると捉え、有償供給と一体のものとして独禁法上の事業に当たるとした事例（山口地下関支判平18・1・16審決集五二・九一八〈豊北町福祉バス事件〉）→◆【不公正な取引方法】［本条の後］[33]

[3] 「その主体の法的性格はもとより、主観的な目的も問わない」として、専ら詐欺的目的を持つ者だとしても「事業者」に該当し得るとした事例（大阪高判平10・1・29審決集四四・五五五〈豊田商事事件〉独禁百選[六版]三①）

[4] 薬局開設者の利益のためにする行為を行う管理薬剤師を本条一項後段により事業者とみなした事例（排令平19・6・18審決集五四・四七四〈滋賀県薬剤師会事件〉）→八条[4]

二　事業者団体（本条二項）

[5] 事業者としての共通の利益は構成員である二以上の事業者に共通のものであれば足りる。（東京高判昭26・11・30高民四・一四・五二九〈大阪綜合食品事件〉独禁百選[初版]六四）

三　競争（本条四項）

[6] 独禁法は公正かつ自由な競争を促進するために競争を制限ないし阻害する一定の行為及び状態を規制する法律であり、公正競争阻害性の判断は不可能であるから、不公正な取引方法が成立するためには市場画定が必要であるし、市場画定の主張立証責任は相手方の行為が不公正な取引方法に該当すると主張する側にある。（東京高判平19・1・31審決集五三・一〇四六〈ウインズ汐留差止請求事件〉重判平19経済三）

[7] 七名の需要者のいずれに対しても、供給者七名が本条四項の意味での競争を行っていることを認定した上で、そのような場合には、七名の需要者を一括した「一定の取引分野」が形成されているということができる、とした事例（判審平19・2・14審決集五三・六八二〈石油備蓄基地保全等工事談合事件〉）→七条[8]

[8] 複数の事業者が供給する可能性があるという意味での潜在的競争関係を認定することによって本条四項にいう「競争」の存在を認める旨を判示し、また、当該可能性を減ずるような事態を行為者が自ら認識・了承して招いたのであるならば、それによって競争不能であると主張するのは禁反言の法理に反すると判示した事例（東京高判平20・12・19審決集五五・九七四〈郵便区分機類談合事件差戻審〉経済百選[二版]二三）→[41]・七条[14]

[9] 特定の駅のタクシー待機場所について、需要者の数の多さ、需要者が近隣の他の駅等に移動した上でタクシーに乗車することは想定し難いこと、当該駅の近辺にタクシー待機に適した場所がないこと、などを認定して、当該タクシー待機場所におけるタクシー利用者を本条四項にいう「同一の需要者」とする競争があると認定した事例（大阪高判平26・10・31審決集六一・二六〇〈神鉄タクシー事件〉経済百選[二版]八六）

四　私的独占（本条五項）

1　他の事業者の事業活動の排除

イ　排除の判断基準

[10] 排除行為に該当するか否かは、自らの市場支配力の形成・維持・強化という観点からみて正常な競争手段の範囲を逸脱するような人為性を有するものであり、競争者が市場に参入することを著しく困難にするなどの効果を持つものといえるか否かによって決すべきものである。（最判平22・12・17民集六四・八・二〇六七〈NTT東日本FTTHサービス事件〉経済百選[二版]七）

[11] 川上市場での取引拒絶によって川下市場で排除が生じたか否かが問題となる事案において、具体的には、競争者が川上市場において行為者に代わり得る取引先を確保することの難易、川下商品役務の特性、行為の態様、行為者及び競争者の川下市場における地位及び競争条件の差異、行為の継続期間等の諸要素を総合的に考慮して判断すべきものと解される。（最判平22・12・17前出[10]）

[12] [10]と同様の一般論を述べつつ、排除効果の成否のみに関係する考慮要素として[11]とほぼ同内容のものを挙げて、人為性は別途判断される余地を残した事例（最判平27・4・28民集六九・三・五一八〈JASRAC事件〉経済百選[二版]八）

ロ　排除の諸態様

[13] 日本医療食協会と日清医療食品は、医療用食品の登録制度、製造工場認定制度及び販売業者認定制度を利用して、医療用食品を製造・販売しようとする事業者の事業活動を排除した。（勧審平8・5・8審決集四三・二〇九、経済百選[二版]一四）

[14] パチンコ機メーカーの工業組合の組合員のうち特許権等を有する一〇社とその権利の管理運営会社とが結合・通謀して、パチンコ機製造のために不可欠な特許プールを組織し、組合員以外の者に特許等の許諾を拒絶することにより参入を排除した。（勧審平9・8・6審決集四四・二三八、経済百選[二版]一〇）

[15] 特許プールであっても、競争制限的な内部規制が存在せず、新規参入の防止を方針として掲げることもなく、パチスロ機の製造に不可欠な特許権等を網羅しているわけでもない場合は、私的独占に該当しない。（東京高判平15・6・4【平14ネ四〇八五】〈パチスロ特許プール事件〉重判平15経済四）

[16] 公立病院の医療用ベッドのほとんど全てを供給している製造販売業者が、都立病院の入札事務担当者に、その製品に適合する仕様書の作成を働きかけるなどして、そのベッドのみが納入できるようにし、他の医療用ベッド製造業者の事業活

動を排除した。（勧審平10・3・31審決集四四・三六二〈パラマウントベッド事件〉経済百選[二版]一五）

[17] 放射性医薬品の原料の生産販売数量で世界の大部分を占める外国事業者が、我が国の二社との間で一〇年間の排他的購入契約を締結し、他の外国事業者を排除した。（勧審平10・9・3審決集四五・一四八、経済百選[二版]八八）

[18] 北海道の有力新聞社が函館地区における夕刊紙の新規参入に対して、多数の新聞題字の商標登録出願、通信社による配信の阻止、広告料金の大幅な割引等により事業活動を排除した。（同審平12・2・28審決集四六・一四四〈北海道新聞社事件〉経済百選[初版]一四）

[19] 業務店向け音楽放送を供給する事業者が、競争者の顧客のみに対して安い価格を提示して自社の顧客とし、市場シェアを六八パーセント程度から七二パーセント程度へと増加させた。（勧審平16・10・13審決集五一・五一八〈有線ブロードネットワークス事件〉経済百選[二版]一一）

[20] パソコンのCPUを供給する事業者が、自社との取引を必要とし自社からのリベートを受けることを強く望む五社のパソコンメーカー（市場での合計購入シェア約七七パーセント）に対し、自社の競争者との取引を抑えることを条件としてリベートを支払う契約をして、市場シェアを約七六パーセントから約八九パーセントへと増加させた。（勧審平17・4・13審決集五二・三四一〈インテル事件〉経済百選[二版]一二）

[21] 特定のアンプル生地管輸入の排除の意図・目的をもって、当該加工業者の輸入生地管に係る事業活動を排除し、また、他のアンプル加工業者に輸入生地管を取り扱うことを萎縮させ、ひいては競争者であるアンプルメーカーの事業活動を排除する蓋然性の極めて高い行為を行った。（判審平18・6・5審決集五三・一九五〈ニプロ事件〉経済百選[初版]一三）→[36]

[22] 川上市場を独占するXが川下市場においてAと競争している場合において、Aに対する川上役務の価格を最終需要者に対する川下役務の価格よりも高くする行為の単独かつ一方的な取引拒絶ないし廉売としての側面により川下市場でAを排除する効果をもたらした。（最判平22・12・17前出[10]）

[23] 需要者が当該行為者の役務をどれだけ利用したかにかかわらず同額を徴収する取引を需要者と行うことによって競争者を排除した。（最判平27・4・28前出[12]）

[24] 八尾空港において機上渡し給油による航空燃料の八割を供給する事業者が、自社の取引先需要者に競争者から機上渡し給油を受けないようにさせることにより、当該競争者の事業活動を排除した。（東京地判令4・2・10【令3行ウ四】〈マイナミ空港サービス事件〉）

ハ　行為と排除効果との間の因果関係

[25] 行為終了後、既存の競争者の状況に変化がないのに新規参入が起こったことをもって、当該行為と競争制限状態との間に因果関係があるとした事例（最判平22・12・17前出[10]）

[26] 行為者である著作権管理事業者が、需要者である放送事業者の使用量にかかわらず一律の料金を徴収しているという行為について、競争者である著作権管理事業者から需要者が購入していないのは行為者の行為によるというよりも競争者の準備が不十分であるために需要者が困惑・混乱したことに主たる原因がある、著作権者が競争者に管理を委託しないのは行為者の行為のために需要者が競争者から買おうとしないと誤信したためであるにすぎないから行為者の行為には著作権者が競争者に委託しないようにさせる効果があったとまではいえない、などとして、行為者の行為には競争者の参入を抑制する効果があったことが疑われるが排除効果があったとまで断ずることはなお困難である、とした事例（判審平24・6・12審決集五九・一・五九〈JASRAC事件〉重判平24経済二……[12]の最高裁判決により別の論点を理由に取り消された）

2　他の事業者の事業活動の支配

イ　支配の意味

[27] 他の事業者の事業活動の支配とは、原則として何らかの意味において他の事業者に制約を加えその事業活動における自由なる決定を奪うことをいう。（東京高判昭32・12・25高民一〇・一二・七四三〈野田醤油事件〉経済百選[初版]一八）

ロ　支配の諸態様

[28] 東洋製罐は、本州製罐、四国製罐、北海製罐及び三国金属の株式の所有等を通じ、これら四社を自己の意向に従って営業させ、特に、北海製罐に対しては、その販売地域及び製造缶型について制限し、その株式総数の二九パーセントを取得しているほか、役員を事実上兼任させている。（勧審昭47・9・18審決集一九・八七〈東洋製罐事件〉経済百選[二版]一六）

[29] 日本医療食協会と日清医療食品が、医療用食品の製造業者の販売先と販売業者の仕入先、販売先、販売価格、販売地域及び販売活動を制限する行為（勧審平8・5・8前出[13]）

[30] 公立病院の医療用ベッドのほとんど全てを供給している製造販売業者が、都立病院への販売業者による入札で、落札業者を決定し、その者が落札できるよう他の販売業者に指示したり、入札協力金を供与する行為（勧審平10・3・31前出[16]）

[31] 需要者である農協から施主代行業務を任せられた施主代行者が、供給者である施工業者に対し、受注予定者を決定し、入札価格を指示する行為（排令平27・1・16審決集六一・一四二〈福井県経済農業協同組合連合会事件〉経済百選[二版]一七）

3　一定の取引分野

[32] ADSLサービスでなくFTTHサービスを選好する需要者が現に存在していたことを指摘し、その需要者からみた需要の代替性を基準として一定の取引分野の画定を行った事例（最判平22・12・17前出[10]）

4　競争の実質的制限

[33] 競争の実質的制限とは、競争自体が減少して、特定の事業者又は事業者集団がその意思で、ある程度自由に、価格、品質、数量、その他各般の条件を左右することによって、市場を支配することができる状態を形成、維持、強化することをいう。（東京高判平21・5・29審決集五六・二・二六二〈NTT東日本FTTHサービス事件〉経済百選[初版]一四二）

[34] 排除行為の直接の対象とならなかった既存の競争者に牽制力がないことに言及して、競争の実質的制限すなわち市場支配力の形成・維持・強化という結果が生じていたとした事例（最判平22・12・17前出[10]）

[35] 再販売価格の指示と維持により東京都内におけるキッコーマン印の小売価格を斉一とし、それと同格の三印の価格を同一にならしめることによって、四印の価格面の競争が全く抑圧されていること（東京高判昭32・12・25前出[27]）

[36] 既に市場支配力を有する事業者が、競争力のある競争者の商品の輸入を制限又は抑制して品質・価格による競争が生じ又は生じ得る状況を現出させないようにしていること（判審平18・6・5前出[21]）

五　不当な取引制限（本条六項）

1　他の事業者と共同して（他の事業者と共同して……相互に）

イ　意思の連絡を必要とすること

[37] 共同行為の成立には、外形的な行動の一致があるだけではなく、何らかの意思の連絡が必要であるが、事前の会合や情報交換により、他社の行動を予測し、同調的行動をとった場合には、意思の連絡が認められる。（判審昭24・8・30審決集一・六二〈湯浅木材事件〉独禁百選[三版]九）

[38] 「共同して」に当たるためには、「意思の連絡」が必要であり、「意思の連絡」とは、相互に同内容又は同種の行為を実施することを認識・予測し、これと歩調をそろえる意思があることであって、相互に他の事業者の当該行為を認識し、暗黙のうちに認容することで足りる。（東京高判平7・9・25審決集四二・三九三〈東芝ケミカル事件差戻審〉経済百選[二版]二一）

[39] 取決めに基づいた行動をとることを互いに認識し認容して歩調を合わせるという意思の連絡が形成されたものといえると述べて、「共同して……相互に」の要件を充足するとした事例（最判平24・2・20民集六六・二・七九六〈多摩談合事件〉経済百選[二版]二〇）→[52][66]・七条の二[9]

ロ　意思の連絡の立証

[40] 特定の事業者が、他の事業者との間で対価引上げ行為に関する情報交換をしたことと、同一又はこれに準ずる行動に出たこととを立証できる場合には、当該行動が他の事業者の行動と無関係に独自の判断によって行われたことを示す特段の事情が認められない限り、意思の連絡があるものと推認できるとした事例（東京高判平7・9・25前出[38]）

[41] 二社のうち情報の提示を受けた者のみが入札に参加する行為が相当以前から行われていたこと、一方が一般競争入札の導入に反対し、他方が情報の提示の継続を要請したこと、二社は自社に情報の提示のあった物件のみ入札に参加しており、その間は九九パーセントを超える落札率であったことなどを考慮して、情報の提示のあった者が入札に参加し、情報の提示のなかった者は入札に参加しないことにより、情報の提示のあった者が受注できるようにする旨の黙示的な意思の連絡が認められるとされた事例（東京高判平20・12・19前出[8]）→七条[14]

[42] 意思の連絡の立証においては、その形成過程について日時、場所等をもって具体的に特定することまでを要しない。（東京高判平18・12・15審決集五三・一〇〇〇〈大石組事件〉経済百選[初版]二三）

[43] 加藤化学が、価格協定の中心メンバーによる会合に参加せず、会合参加者との面談によってもその内容を具体的に認識しなかったことや、普段においても面談後においても逸脱行動をとっていたことなどを根拠に、意思の連絡に加わったとはいえないとした事例（判審令元・9・30審決集六六・一〈段ボール用でん粉事件〉重判令元経済一）

ハ　意思決定権者でないものによる連絡交渉

[44] 「共同して……相互に」の要件に関し、事業者間に「意思の連絡」があったというためには、ある事業者の従業者が他の事業者と接触した結果、当該従業者が得た自らの入札価格に影響を及ぼす情報が当該従業者から事業者の意思決定権者に報告され、意思決定権者の決定ないし事業活動に影響を及ぼしたことが主張立証される必要がある。（東京地判令元・5・9審決集六六・四五七〈奥村組土木興業事件〉重判令元経済二）

[45] 入札に至るまでの従業者と他の事業者との間の連絡状況、これを踏まえた当該従業者の属する事業者及び他の事業者の対応、当該従業者と同人の属する事業者の意思決定権者との関係、実際に行われた入札結果及びこれを受けた各事業者の対応など、入札の前後において認められる間接事実によって、事業者の意思決定権者が、従業者と他の事業者との間での情報交換等によって得た受注調整等に関する情報を把握していたと推認し、事業者間に「意思の連絡」があったと認定した事例（東京地判令元・5・9前出[44]）

2　相互に

イ　競争関係の要否

[46] 共同行為の主体となる「事業者」は、規定の文言の上では限定はないけれども、相互に競争関係にある独立の事業者をいう。（東京高判昭28・3・9高民六・九・四三五〈新聞販路協定事件〉経済百選[二版]一八……旧四条〔昭和二八法二五九により削除〕違反の成否を判断するに際して、不当な取引制限における「相互に」の要件を参考とした事例）

[47] 不当な取引制限の主体となる事業者は、実質的に競争関係にあった者であれば足り、同質的競争関係にある者や取引段階を同じくする者である必要はない。（東京高判平5・12・14高刑四六・三・三二二〈シール談合事件〉経済百選[二版]一九）

[48] 複数の競争者による合意に関与したオンワード商事が、発注企業から発注のための準備作業の委託を受け、発注に係る見積り合わせには参加しなかったという意味で、他の合意参加者とは競争関係になかったという事案で、オンワード商事の行為も不当な取引制限に該当するとした事例（排令平30・7・12審決集六五・二・八〈全日空制服事件〉）

ロ　一方的拘束

[49] 当事者の一方だけに制限を課する行為は、制限の相互性を欠き、不当な取引制限に該当しない。（東京高判昭28・12・7高民六・一三・八六八〈東宝・新東宝事件〉独禁百選[二版]八）

[50] 指名業者四社のうち特定の一社のみが工事を受注することとし、他の三社はその一社が受注できるように協力する旨の合意であっても、相互拘束に当たるとした事例（勧審平14・12・4審決集四九・二四三〈四国ロードサービス事件〉重判平14経済六）

3　拘束・遂行

イ　拘束と遂行の関係

[51] 相互拘束を伴わない共同遂行は、不当な取引制限に該当しない。（東京高判昭28・12・7前出[49]）

ロ　拘束

[52] 各社が、本来的には自由に入札価格を決めることができるはずのところを、取決めに制約されて意思決定を行うことになった、と指摘して、「その事業活動を拘束し」の要件を充足するとした事例（最判平24・2・20前出[39]）→[66]・七条の二[9]

[53] 協定内容の実施に向けて努力する意思を持ち、他の者もこれに従うものと考えて当該協定を締結した場合には、その実効性を担保する制裁等の定めがなくとも、「相互にその事業活動を拘束し」の要件を充足する。（最判昭59・2・24刑集三八・四・一二八七〈石油価格協定刑事事件〉経済百選[二版]二九）

ハ　拘束の諸態様

[54] 最高価格を共同して維持する行為（判審昭27・4・4審決集四・一〈醤油最高価格協定事件〉独禁百選[五版]二三）

[55] 販売する相手方を制限する行為（東京高判昭61・6・13行裁三七・六・七六五〈旭砿末事件〉経済百選[二版]二七）

[56] フランチャイザーがフランチャイジーの価格を引き上げる行為（勧審平3・10・18審決集三八・一〇四〈ダストコントロール製品レンタル料金事件〉独禁百選[五版]二六）

[57] 市場占有率を合意する行為（東京高判平12・2・23審決集四六・七三三〈ダクタイル鋳鉄管事件〉経済百選[二版]二六）

[58] 購入に係る共同行為（排令平20・10・17審決集五五・六九二〈溶融メタル事件〉）

[59] 基準価格を共同して定める行為（東京高判平20・4・4審決集五五・七九一〈元詰種子価格協定事件〉経済百選[二版]二五）

4　公共の利益

[60] 「公共の利益に反して」とは、原則として独禁法の直接の法益である自由競争秩序に反することであるが、行為が形式的に右に該当する場合でも、右法益とその行為によって守られる利益とを比較衡量して、一般消費者の利益の確保、国民経済の民主的で健全な発達という同法の究極の目的に実質的に反しない例外的な場合を不当な取引制限行為から除外する趣旨である。（最判昭59・2・24前出[53]、経済百選[二版]五）↓[76]・八九条[7]

[61] 東京都による水道メーターの指名競争入札の受注に関し、受注予定会社、受注予定価格を決定する合意は、指名競争入札の機能を失わせる上、中小企業の事業活動の不利を補正するための中小企業基本法等により認められる諸方策とはかけ離れたものであり、独禁法の目的に実質的に反しない例外的なものには当たらない。（最決平12・9・25刑集五四・七・六八九）

5　一定の取引分野

[62] 「一定の取引分野」とは、本条四項にいう「競争」の行われる場である。（判審平15・6・27審決集五〇・一四〈郵便区分機類談合事件〉重判平15経済五）

[63]「一定の取引分野」の決定は、「取引段階」等既定の概念による必要はなく、取引の対象・地域・態様等により、共同行為の対象となる取引及びその影響範囲を検討し、競争が実質的に制限される範囲を画定してなされる。（東京高判平5・12・14前出47、経済百選[二版]二）

[64]「一定の取引分野」とは、そこにおける競争が共同行為によって実質的に制限されているか否かを判断するために画定されるものであるが、価格カルテル等の不当な取引制限における共同行為は、特定の取引分野における競争の実質的制限をもたらすことを目的及び内容としていることや、行政処分の対象として必要な範囲で市場を画定するという観点からは、共同行為の対象外の商品役務との代替性や対象である商品役務の相互の代替性等について厳密な検証を行う実益は乏しいから、通常の場合には、その共同行為が対象としている取引及びそれにより影響を受ける範囲を検討して、一定の取引分野を画定すれば足りる。（東京高判平28・5・25審決集六三・三〇四〈日本エア・リキード事件〉重判平28経済三）

[65]競争入札物件一件のみを「一定の取引分野」とし不当な取引制限の成立を認めた事例（排令平29・12・12審決集六四・二四七〈個人防護具事件〉重判平30経済一）

6 競争の実質的制限

イ 定義

[66]本条六項の「一定の取引分野における競争を実質的に制限する」とは、当該取引に係る市場が有する競争機能を損なうことをいい、本件基本合意のような一定の入札市場における受注調整の基本的な方法や手順等を取り決める行為によって競争制限が行われる場合には、当該取決めによって、その当事者である事業者らがその意思で当該入札市場における落札者及び落札価格をある程度自由に左右することができる状態をもたらすことをいう。（最判平24・2・20前出39）→52・七条の二9

[67]本条六項の「一定の取引分野における競争の実質的制限」というためには、一定の取引分野における競争を完全に排除し、価格等を完全に支配することまでは必要がなく、一定の取引分野における競争自体を減少させ、特定の事業者又は事業者集団がその意思で、ある程度自由に、価格、数量、品質その他各般の条件を左右することによって、市場を支配することができる状態をもたらすことで足り、このような趣旨における市場支配的状態を形成・維持・強化することをいう。（東京高判平22・12・10審決集五七・二・二二二〈モディファイヤー事件〉）→73

ロ 商品・役務の一部のみについて合意がされた場合

[68]本件合意に参加した一四社の国際航空貨物利用運送事業における市場占有率が七割を超えていることや、本件合意の対象となった本件四料金の国際航空貨物利用運送業務の運賃及び料金に占める割合が一二パーセント程度に達していることを考え併せると、本件合意は、国際航空貨物利用運送業務の取引分野における競争を実質的に制限すると認めるのが相当であるとされた事例（東京高判平24・10・26審決集五九・二・一五〈ケイラインロジスティックス事件〉）

ハ 需要者による競争圧力

[69]需要者である任天堂に強力な価格交渉力があった、情報操作により交渉を有利に進めていた、などとする供給者側の主張を事実認定の問題として否定し、供給者二社の価格協定による競争の実質的制限を認定した事例（判審平25・7・29審決集六〇・一・一四四〈シャープ事件〉経済百選[二版]二二）

7 違反行為の主体

[70]カルテル対象商品の直接の販売を行っていたのが富士電線販賣であったという事案で、富士電線工業が富士電線販賣を通じて本件販売事業を行っていたことや他の事業者との会合に出席していたこと等を認定して、富士電線工業を不当な取引制限の主体とした事例（判審平27・5・22審決集六二・一〈富士電線工業事件〉重判平27経済三）

8 成立時期

[71]価格についての合意がなされた場合には、決定された内容が実施に移されることや実施時期が現実に到来することは、不当な取引制限の成立に必要ではない。（最判昭59・2・24前出53）→八九条7

[72]共通の意思の形成後かつ取引の開始前の時期に公取委の審査が開始され、共通の意思が事実上なくなっていた事案において、不当な取引制限が成立するとされた事例（排令平20・12・18審決集五五・七〇四〈ニンテンドーＤＳＬｉｔｅ用液晶モジュール事件〉）

9 終了時期

イ 立入検査等による一斉終了

[73]不当な取引制限とは、事業者間の相互拘束、言い換えれば、相互に拘束し続けることを違反行為とするから、その違反行為の終了時期は、各事業者が当該拘束から解放されて、自由に事業活動を実施することとなった時点と解すべきである。それゆえ、不当な取引制限は、各事業者が相互拘束は解消されたと認識して事業活動を行うまで継続し、価格カルテルについては、事業者間の合意が破棄されるか、破棄されなくても当該合意による相互拘束が消滅したと認められる特段の事情が生ずるまで継続する。（東京高判平22・12・10前出67）

ロ 一部の違反者の離脱

[74]事業者が受注調整を行う合意から離脱したと認められるためには、離脱の意思を参加者に明示的に伝達することまでは要しないが、離脱者の内心における離脱の決意だけでは足りず、離脱者の行動等から他の参加者がその離脱の事実をうかがい知るに十分な事情の存在が必要である。（東京高判平15・3・7審決集四九・六二四〈岡崎管工審決取消訴訟〉経済百選[二版]三〇）→七条6

[75]調査開始日前の減免申請のための減免規則様式第一号の提出を行い、本件商品に係る自社の営業担当者に受注予定者を決定する行為を行わない旨の指示を行ったことにより、当該者の違反行為が終了したとされた事例（排令平24・1・19審決集五八・一・二六六〈本田技研工業発注ワイヤーハーネス談合事件〉）

10 事業法規制・行政指導・発注者指示等があった場合

[76]法律に直接の根拠を持たない価格に関する行政指導であっても、これを必要とする事情がある場合に、これに対処するため社会通念上相当と認められる方法によって行われ、「一般消費者の利益を確保するとともに、国民経済の民主的で健全な発達を促進する」という独禁法の究極の目的に実質的に抵触しないものである限り、これを違法とすべき理由はない。そして、価格に関する事業者間の合意が形式的に独禁法に違反するようにみえる場合であっても、それが適法な行政指導に従い、これに協力して行われたものであるときは、その違法性が阻却される。（最判昭59・2・24前出53、経済百選[二版]一二七）→行手◆【行政指導と独禁法】〔三六条の二の後〕1

[77]発注者である防衛庁調達実施本部から提示された最低商議価格を基に落札され、指名競争入札制度が形骸化していたとしても、それらは、調達実施本部において指示し、要請し、あるいは主導したものではなく、現に指名業者は入札における自由競争が妨げられていたわけではないから、指名業者が行った受注調整は、指名競争入札における競争を実質的に制限したものである。（最決平17・11・21刑集五九・九・一五九七〈防衛庁石油燃料談合事件上告審〉重判平17刑一〇）

11 国際的な取引における本条六項の適用

[78]国外で合意されたカルテルであっても、それが我が国の自由競争経済秩序を侵害する場合には、独禁法の排除措置命令及び課徴金納付命令に関する規定の適用を認めていると解するのが相当である。（最判平29・12・12民集七一・一〇・一九五八〈ブラウン管事件〉国際百選[三版]一八）

[79]価格カルテルが国外で合意されたものであっても、当該カ

ルテルが我が国に所在する者を取引の相手方とする競争を制限するものであるなど、価格カルテルにより競争機能が損なわれることとなる市場に我が国が含まれる場合には、当該カルテルは、我が国の自由競争経済秩序を侵害する（[78]を満たす）ものということができる。（最判平29・12・12前出[78]）

[80] 我が国、英国、フランス、イタリアのマリンホースの製造販売業者八社の間で、各国の需要者が見積合わせの方法で発注する特定マリンホースの受注予定者を決定し、受注予定者以外の者は受注予定者が定めた価格で受注できるように協力するとの合意の下に、受注予定者が受注していた行為において、特定マリンホースのうち我が国に所在する需要者が発注するものの取引分野について不当な取引制限とされた事例（排令平20・2・20審決集五四・五一二〈マリンホース事件〉経済百選[二版]八七）

[81] カルテル対象となった基幹部品（ブラウン管）を購入して最終製品（ブラウン管テレビ）を製造販売する者が国外に所在したところ、それらは国内に所在する親会社等の子会社等であったという事案において、子会社等が行う最終製品の製造販売業全体を親会社等が統括・遂行していたこと、親会社等はその一環としてカルテル対象となった基幹部品の購入先・購入価格・購入数量等の重要な取引条件を決定し、その購入を子会社等に指示し、購入させていたこと、基幹部品の供給者との取引条件に関する交渉等を親会社等が自ら直接行っていたところカルテルはそこで提示される価格を拘束するものであったことを掲げて、カルテル対象となった基幹部品の購入取引を親会社等と子会社等が経済活動として一体となって行ったものと評価できるから、本件カルテルは我が国に所在する者を取引の相手方とする取引に係る市場が有する競争機能を損なうものであった（[79]を満たした）ということができるとした事例（最判平29・12・12前出[78]）

[82] カルテル合意が行われた一次部品（サスペンション）の唯一の取引相手方が、合意参加者のうち一社における二次部品（ＨＧＡ）の製造部門であり、しかもこれが国外に所在したという事案において、当該取引相手方から二次部品を購入する国内所在の最終製品（ＨＤＤ）の製造販売業者が、一次部品の仕様を定め、合意参加者と直接交渉をして価格を決定し、当該取引相手方に当該価格で購入させ二次部品を製造させて購入していたということに言及して、カルテル合意行為が本条六項に該当するとした事例（排令平30・2・9審決集六四・二七八〈ＨＤＤ用サスペンション事件〉）

六　不公正な取引方法（本条九項）→◆【不公正な取引方法】［本条の後］判

◆【不公正な取引方法】

注　不公正な取引方法（本法二条九項、不公正告）に関する判例は、ここにまとめて掲げる。

目次

一　総論（「正当な理由がないのに」「不当に」「公正な競争を阻害するおそれ」）

1　競争阻害の程度

[1] 不公正な取引方法は、一定の取引分野における競争を実質的に制限するものと認められる程度のものである必要はなく、ある程度において公正な自由競争を妨げるものと認められる場合で足りる。（判審昭28・3・28審決集四・一一九〈第一次大正製薬事件〉独禁百選[初版]三二）

[2] 公正競争阻害性については、具体的競争阻害効果の発生やその高度の蓋然性までは要件になっておらず、一般的抽象的な危険性で足りる。（東京高判令元・11・27審決集六六・四七六〈土佐あき農協事件〉重判令2経済五）→二二条[7]

[3] 「公正な競争を阻害するおそれ」は、具体的な競争減殺効果の発生を要するものではないが、漠然とした可能性の程度でもって足りると解すべきではなく、当該行為の競争に及ぼす量的又は質的な影響を個別に判断して、その成否を決することが必要である。（判審平20・9・16審決集五五・三八〇〈マイクロソフト非係争条項事件〉経済百選[二版]九三）→[74]

2　正当化理由

[4] 正当な理由とは、専ら公正な競争秩序を維持する見地からみた観念であり、取引の相手方の事業活動における自由な競争を阻害するおそれのないことをいうものであって、競争秩序の維持とは直接に関係のない事業経営上又は取引上の観点等からみた合理性ないし必要性は「正当な理由」には該当しない。（最判昭50・7・10民集二九・六・八八八〈和光堂事件〉経済百選[二版]六八）→[59][66][67]

[5] 商品の安全性確保は、一般消費者の利益に資するものなので、ある取引方法の不当性の有無の判断において考慮すべき要因の一つである。（大阪高判平5・7・30審決集四〇・六五一

[6] 〈東芝昇降機サービス事件〉経済百選[二版]六四）→[53][111]
販売方法拘束行為が、顧客に満足感を与え、自社商品に対する顧客の信頼（ブランドイメージ）を保持するために行ったものであることを理由として正当化された事例（最判平10・12・18民集五二・九・一八六六〈資生堂東京販売事件〉経済百選[二版]七一①）→[69][81]

[7] 競争を阻害する行為であっても、当該行為の目的や当該目的を達成する手段としての必要性・合理性の有無・程度からみて、公正な競争秩序に悪影響を及ぼすおそれがあるとはいえない特段の事情が認められるときには、正当化され公正競争阻害性がないとされる。（判審平13・8・1審決集四八・三〈SCE事件〉経済百選[二版]七〇）→[60][71][77][82]

二 共同取引拒絶（独禁二条九項一号・不公正告一項）

1 共同して

[8] 「共同して」の基準を不当な取引制限におけるそれと同様に解し、本件事案において意思の連絡があったと認定した事例（東京高判平22・1・29審決集五六・二・四九八〈着うた事件〉経済百選[二版]五一）→二一条[4]

2 正当な理由がないのに

イ 他の事業者への影響

[9] 競争者同士の共同供給拒絶が行われたが、被拒絶者が現に他から仕入れて事業を行っていることを理由に、公正競争阻害性の成立を否定し、「正当な理由がないのに」とは言えないとした事例（大阪高判平17・7・5審決集五二・八五六〈関西国際空港新聞販売事件〉経済百選[初版]一二二）→二四条[4]

ロ 正当化理由

[10] 手形交換所規則による不渡手形の排除等手形信用制度の維持という公益的目的のための取引停止は正当な理由がある。（東京高判昭58・11・17審決集三〇・一六一、経済百選[二版]四二）

[11] 商品の安全に関する自主基準設定の目的が、競争政策の観点から見て是認し得るものであり、かつ、基準の内容及び実施方法が右自主基準の設定目的を達成するために合理的なものである場合には、正当な理由があり、不公正な取引方法に該当しない余地がある。（東京地判平9・4・9審決集四四・六三五〈日本遊戯銃協同組合事件〉経済百選[二版]六）→二五条[8][24]

[12] [25] 射幸性を抑制する観点からの法令改正により改正前基準による遊技機を設置できなくなるところ、これを円滑に撤去する計画決議を遵守する誓約書を提出しない事業者に対して、中古遊技機の設置に必要な保証書作成等を拒絶させた行為について、パチンコホール事業に与える弊害の程度は小さくないものの、本件措置が達成しようとする事項の公益性、重要性に照らせば目的の正当性が認められ、手段としての相当性も否定できないから、「正当な理由」が認められる。（東京地決令3・3・30判時二四九四・八二〈遊技機保証書作成等拒絶事件〉）

三 単独取引拒絶等（不公正告二項）

1 他の事業者の排除

[13] 例えば、市場における有力な事業者が競争者を市場から排除するなどの独禁法上不当な目的を達成するための手段として取引拒絶を行い、このため、相手方の事業活動が困難となるおそれが生じたというような場合には、このような取引拒絶行為は、もはや取引先選択権の正当な行使であるとは評価できず、公正競争阻害性がある。（東京地判平23・7・28審決集五八・二・二二七〈東京スター銀行対三菱東京UFJ銀行事件〉経済百選[二版]五四）

[14] ロックマン工事を施工する際に必要なロックマン機械の大部分を販売している者がロックマン機械の販売を拒絶する行為（勧審平12・10・31審決集四七・三一七〈ロックマン事件〉経済百選[二版]五二）

[15] 他に容易に取引先を見いだし得ないような事情の下に、取引の相手方の事業活動を困難に陥らせる以外に格別の理由がなく、取引を拒絶する行為（東京高判平14・12・5審決集四九・七八八〈ノエビア事件〉経済百選[初版]一二七）

2 違法目的の実効性確保

[16] メーカーが、他の事業者をして、廉売を行っている販売業者に対して取引拒絶するようにさせる行為（勧審平13・7・27審決集四八・一八七〈松下電器産業間接取引拒絶事件〉経済百選[二版]五五）

3 正当化理由

[17] 拒絶者が、他の取引との比較において妥当な価格を提示し、適切な過程を経て交渉を行ったという事案で、公正競争阻害性の成立を否定した事例（東京地判平23・7・28前出[13]）

四 差別対価（独禁二条九項二号・不公正告三項）

1 準取引拒絶型差別対価

[18] 価格カルテルを行っている建材メーカーが販売価格の維持のために工事店の組織化を図り、アウトサイダーの組織加入を促進するため、中間業者に対して加入者向け販売の場合と非加入者向け販売の場合とで価格を差別する行為（勧審昭55・2・7審決集二六・八五〈東洋リノリューム事件〉経済百選[二版]五七）

2 略奪廉売型差別対価

[19] 行為者の安い方の価格がコスト割れでない場合には、特段の事情が認められない限り、公正競争阻害性がある（「不当に」に該当する）とは言えない。特段の事情が認められるのは、行為者が既に一定の市場において大きなシェアを占め、強大な競争力を有していると認められる場合に限られると解すべきであり、したがって、具体的には、市場の構造ないし動向、行為者の市場における地位（マーケットシェア）、行為者と競争事業者との供給コストの差及び価格差を設けた行為者の主観的意図等を総合的に勘案して、公正競争阻害性の有無を判断すべきである。（東京高判平17・4・27審決集五二・七八九〈トーカイ事件〉経済百選[二版]五六①）

[20] 原価割れがない事案においては、たとえ差別対価であっても、それを規制することが価格競争を萎縮・減衰させることのないよう慎重に認定を行う必要があり、公正競争阻害性（「不当に」）の成否の判断に当たっても、原価割れの有無がその判断要素となる。（東京高判平17・5・31審決集五二・八一八〈日本瓦斯事件〉経済百選[二版]五六②）

[21] ある地域（石川県）において新聞の販売につき有力な地位を有する事業者が、他の地域（富山県）において実質的に同一の新聞をより低い価格で販売し、当該他の地域における競争者に多大の影響を与える行為（東京高決昭32・3・18行裁八・三・四四三〈北国新聞事件〉経済百選[初版]五七）

五 取引条件等の差別取扱い（不公正告四項）

[22] 自動車の補修用ガラスの東日本最大手の卸売事業者が、積極的に輸入品を取り扱う取引先に対し卸売価格を引き上げ、配送の回数を減らす行為（勧審平12・2・2審決集四六・三九四〈オートグラス東日本事件〉経済百選[二版]五八）

[23] 大分県農協が、同農協に対する販売委託に加え、商系業者等に個人出荷を行っていたこねぎ生産者に対して、野菜価格安定事業の対象であって補給金を受けられる味一ねぎの銘柄での販売を認めず、かつ集出荷施設を利用できないようにすることによって、出荷量の減少をはじめとする不利益を与える行為（排令平30・2・23審決集六四・二九一〈大分県農業協同組合味一ねぎ事件〉重判平30経済七）

六 事業者団体における差別取扱い等（不公正告五項）

[24] 農業協同組合が、組合員たる事業者に対して、組合の意向に反する出荷先に産品を出荷したことを理由として、販売委託の受付け、資金貸出しを拒否し、組合施設の使用等について差別を設け、さらにかかる組合員に対して脱退を勧告する行為（勧審昭32・3・7審決集八・五四〈浜中村主畜農業協同組合事件〉独禁百選[六版]六七）

七 不当廉売（独禁二条九項三号・不公正告六項）

1 三号と不公正告六項との関係

[25] 法適用上、三号に該当すれば不公正告六項には該当しないという意味では両者は並列の関係に立つ。そして、三号の「供給に要する費用を著しく下回る対価」とは不公正告六項が念頭に置く低い対価の典型例である。（東京高判平19・11・28審決集五四・六九九〈ヤマト運輸対郵政事件〉経済百選[二版]六二……平成二一法五一・平成二一公取委告一八による改正前の法令に関する判示を改正後の相当規定へと読み替えて示した）↓[29]

[26] 仕入価格を下回る価格（つまり、供給に要する費用を著しく下回る価格）による廉売だけでなく、仕入価格を下回らず、仕入価格に販売経費を加えた価格を下回る価格による廉売も行われていた事案において、これらの廉売が包括的に不公正告六項に該当するとされた事例（排令平18・5・16審決集五三・八六七〈濱口石油事件〉重判平18経済四……平成二一法五一・平成二一公取委告一八による改正前の法令に関する判示を改正後の相当規定へと読み替えて示した）[30][34][35][50][110]・二四条[5][11]

2　対価要件

イ　供給に要する費用を著しく下回る対価（三号）

[27] 「供給に要する費用を著しく下回る対価」とは、実質的仕入価格を下回る価格をいう。（東京高判平16・9・29【平14ネ一四一三】〈ダイコクI事件〉）

ロ　低い対価（不公正告六項）

[28] 不当廉売価格とは、単に市場価格を下回るというのではなく、その原価を下回る価格をいう。（東京高決昭50・4・30後出[31]）

[29] 商品又は役務の対価が営業原価に販売費及び一般管理費を加えた総販売原価を上回るときは、事業者の効率性によって達成した対価とみることができるのに対し、商品又は役務の対価が総販売原価を下回るときは、通常は、採算を度外視した競争阻害的な効果を有すると考えられる。したがって、三号では総販売原価を著しく下回る対価での継続的供給であれば原則として不公正な取引方法となることを規定しており、不公正告六項では総販売原価を下回る対価であれば「不当な対価」の要件を満たすことを規定していると解するのが相当である。（東京高判平19・11・28前出[25]……平成二一法五一・平成二一公取委告一八による改正前の法令に関する判示を改正後の相当規定へと読み替えて示した）

[30] 企業会計上は、複数の事業に共通する費用が存在する場合、これを当該費用の発生により各事業が便益を受ける程度等に応じ、各事業者が実情に即して合理的に選択した配賦基準に従って配賦されることが一般的である。当該事件で問題となっている事業だけを営んだ場合に必要となる費用であれば実際には複数の事業に共通する費用であっても当該事件で問題となっている事業だけに配賦するという「スタンドアローンコスト方式」は、費用の算定という本来は統一的な会計基準に従って行われるべき計算過程について、特定の事業についてのみ競争政策的観点から変更を加えるものであり、政策論としてはともかく、法解釈として直ちに採用することはできない。（東京高判平19・11・28前出[25]）

ハ　内部補助

[31] 不当廉売の要件である原価を下回る価格での販売の有無の判断において、原価を形成する要因が、当該事業者にのみ妥当する特殊な事情によるものであるときは、これを考慮の外に置き、そのような事情のない一般の独立の事業者の責任において、その規模の企業を維持するために経済上通常計上すべき費目を基準としなければならない。（東京高決昭50・4・30高民二八・二・一七四〈中部読売新聞社事件〉経済百選[二版]六〇）↓[28]

3　公正競争阻害性全般

[32] 「正当な理由がないのに」に当たるかどうかは、行為の意図・目的、態様、競争関係の実態及び市場の状況等を総合考慮して判断すべきものである。（最判平元・12・14民集四三・一二・二〇七八〈都営芝浦屠場事件〉経済百選[二版]五九）

4　他の事業者の事業活動を困難にさせるおそれ

イ　他の事業者の事業活動

[33] 競争者の事業活動が困難となるおそれがあるか否かは、行為者と競合する事業部分において検討判断すべきであり、競争者の事業活動のうち行為者と競合しない部分をも含めた全体の状況を考慮して判断する必要はない。（山口地下関支判平18・1・16審決集五二・九一八〈豊北町福祉バス事件〉）↓二条[2]

ロ　困難にさせるおそれ

[34] 被疑廉売行為者の市場占有率が第五位・最大七・八パーセントであり、被害を受けていると称する競争者は対価を減少させる一方で売上げ及び収益を増やしており、被疑廉売行為者や他の事業者と比較して対価が高額であるにもかかわらず第一位の市場占有率を維持していることなどを挙げて、被疑廉売行為には他の事業者の事業活動を困難にさせるおそれがないとした事例（東京高判平19・11・28前出[25]）

ハ　市場価格を超える対価

[35] 市場価格を超える対価は、競争事業者を排除する競争阻害的効果を有しないから、不当廉売とする理由はない。（東京高判平19・11・28前出[25]）

ニ　複数の事業者による並行的不当廉売

[36] 一方のガソリンスタンドが他方のガソリンスタンドと同額に引き下げたことを契機として、それ以降、互いに販売価格の引下げを繰り返していた、という事案で、双方の行為がそれぞれ不当廉売行為に該当するとした事例（排令平19・11・27審決集五四・五〇二〈シンエネ・東日本宇佐美事件〉経済百選[二版]六一①②）

5　正当化理由

[37] と場料の値上げに生産者が敏感に反応して、集荷量の減少、都食肉市場の卸売価格ひいて都民に対する小売価格の高騰を招く可能性があるため、かかる事態を回避して集荷量の確保及び価格の安定を図るとの政策目的達成のための廉売行為であったことを主たる考慮要素として公正競争阻害性を否定した事例（最判平元・12・14前出[32]）

[38] 季節落ち商品や在庫数が乏しくなり魅力的な展示ができなくなったために販売力の低下した商品等を売り切る目的で値下げ販売することは、売り切らずに保管ないし廃棄する場合のコスト等を考慮すると、正当化理由があるものと評価される。（知財高判平19・4・5【平18ネ一〇〇三六】〈ファーストリテイリング事件〉）

ハ　不当顧客誘引・取引強制（不公正告八項─一〇項）

1　顧客

[39] 不当表示の成否は、自然科学的にみて当該表示内容が誤っているか否かを基準とするのではなく、顧客の認識からみて当該表示内容が誤っているか否かを基準として判断する。（判審平11・10・1審決集四六・四二〈宇多商会事件〉独禁百選[六版]一〇八……平成二一法四九による改正前に景表法が独禁法の特別法であった時期の景表法事例）

[40] 不当表示の成否は、健全な常識を備えた顧客の認識を基準として判断すべきであり、それほど多くない数の顧客が当該表示を誤りと認識するとしてもそれは法が保護すべき顧客の認識とはいいがたい。（東京高判平16・10・19判時一九〇四・一二八〈ヤマダ電機対コジマ事件〉消費百選[二版]一一……平成二一法四九による改正前に景表法が独禁法の特別法であった時期の景表法事例）

[41] 問題となった表示がそのまま妥当する顧客が全国的には八四・五パーセント存在するとしても、北海道内では八パーセント程度しか存在しないことを理由に、当該表示を不当表示とした事例（排除命令平19・1・25排命集二五・三一二〈ゆうパック翌日配達事件〉……平成二一法四九による改正前に景表法が独禁法の特別法であった時期の景表法事例）

2　不当顧客誘引の場合の公正競争阻害性

[42] 不当顧客誘引の場合の「公正な競争を阻害するおそれがあ

る」の要件は、顧客の誤認がありさえすれば通常は満たされる。（判審平3・11・21審決集三八・三〈日本交通公社事件〉経済百選[初版]一三九……平成二一法四九による改正前に景表法が独禁法の特別法であった時期の景表法事例）

3 ぎまん的顧客誘引（不公正告八項）

イ 景表法に違反せず独禁法に違反する例

[43] 素人に対して報奨金等の過大な収入が容易に得られることを暗示してマルチ商法のディストリビューターとなるように誘引する行為（勧審昭50・6・13審決集二二・一一〈ホリディマジック事件〉経済百選[初版]六五……ディストリビューターとなるため、景表法上の「一般消費者」に該当しない可能性がある）

ロ 不当表示の主体

[44] 「表示内容の決定に関与した事業者」であれば不当表示の主体と認めるべきである。「表示内容の決定に関与した事業者」には、「自ら若しくは他の者と共同して積極的に表示の内容を決定した事業者」のみならず、「他の者の表示内容に関する説明に基づきその内容を定めた事業者」や「他の事業者にその決定をゆだねた事業者」も含まれる。「他の者の表示内容に関する説明に基づきその内容を定めた事業者」とは、他の事業者が決定したあるいは決定する表示内容についてその事業者から説明を受けてこれを了承しその表示を自己の表示とすることを了承した事業者をいい、また、「他の事業者にその決定をゆだねた事業者」とは、自己が表示内容を決定することができるにもかかわらず他の事業者に表示内容の決定を任せた事業者をいう。（東京高判平20・5・23審決集五五・八四二〈ベイクルーズ事件〉経済百選[二版]一二八②……平成二一法四九による改正前に景表法が独禁法の特別法であった時期の景表法事例）→[46]

[45] 同一持株会社グループ内の形式的な供給名義人から契約業務を全面的に受託している者が不当表示の主体とされた事例（排除命令平18・3・24排命集二五・一五五〈日本航空ジャパン事件〉……平成二一法四九による改正前に景表法が独禁法の特別法であった時期の景表法事例）

ハ 故意過失の要否

[46] 命令を発するには、不当表示行為すなわち違反行為があれば足り、それ以上に、そのことについて故意・過失は要しない。違反要件とは別個に命令の発令要件としての故意・過失を観念することは相当でない。（東京高判平20・5・23前出[44]……平成二一法四九による改正前に景表法が独禁法の特別法であった時期の景表法事例）

ニ 著しく

[47] 不公正な取引方法で要件とされる「著しく」とは、誇張・誇大が社会一般に許容されている程度を超えていることを指し、その成否の判断は、当該表示を誤認して需要者が誘引されるか否かで判断され、その誤認がなければ需要者が誘引されることは通常はないであろうと認められる程度に達する誇大表示であれば足りる。（東京高判平14・6・7審決集四九・五七九〈カンキョー事件〉経済百選[初版]一三五……平成二一法四九による改正前に景表法が独禁法の特別法であった時期の景表法事例）

4 不当利益供与（不公正告九項）

イ 違反行為の例

[48] ルームクーラーの販売において、業界の商慣行から懸け離れた景品を顧客の全てに提供して顧客を自己と取引するように誘引する行為（勧審昭43・2・6審決集一四・九九〈綱島商店事件〉経済百選[初版]一三四）

[49] 証券会社が顧客との取引関係を維持又は拡大するために、一部の顧客に対して有価証券売買等に伴う損失補塡を行う行為（最判平12・7・7民集五四・六・一七六七〈野村證券損失補塡事件〉経済百選[二版]一二三）→会社四二三条[16]

ロ 相手方

[50] 宅配便の取次所となるべきコンビニのフランチャイザーに対して利益を供与したのであって、宅配便の需要者に対して利益を供与したのではないことを理由に、不公正告九項の適用を否定した事例（東京高判平19・11・28前出[25]）

ハ 低い価格

[51] 景品や懸賞等のような、売買契約の本質的要素に関わらない部分での利益の提供と異なり、低い価格によって顧客に利益を供与する行為は、独禁法の禁じる不当廉売に該当する場合に限って違反となる。（東京地判平16・2・13【平14ワ五六〇三】〈ダイコクⅡ事件〉重判平16経済四）

5 抱き合わせ販売等（不公正告一〇項）

イ 不要品強要型

[52] 人気の高い家庭用テレビゲームソフトの第二次卸売業者が小売業者に対して、それを小売業者に販売する条件として同社に在庫となっていた他の家庭用テレビゲームソフトを小売業者が購入することを条件とする行為（判審平4・2・28審決集三八・四一〈ドラクエⅣ事件〉経済百選[初版]六九）

[53] メーカー系エレベーター保守業者が当該メーカー製造に係るエレベーターの設置されている建物所有者による修理のための部品の注文に対し、これを拒絶し、又は売り渋ったり、取替え・調整工事込みでなければ注文に応じないとの条件を付ける行為（大阪高判平5・7・30前出[5]、経済百選[二版]六四）

ロ 他者排除型

[54] 有力なパソコンソフト作成事業者が、一般消費者の需要が大きい表計算ソフト市場で自社ソフトの市場占拠率が一位であることを背景に、取引先パソコン製造販売業者等に対し、自社の表計算ソフトの供給に併せて自社のワープロソフトを購入させ、さらに、自社の表計算ソフト及びワープロソフトの供給に併せて自社のスケジュール管理ソフトを購入させることにより、ワープロソフト及びスケジュール管理ソフトの有力な競争者を排除する行為（勧審平10・12・14審決集四五・一五三〈マイクロソフトエクセル事件〉経済百選[二版]六三）

[55] 主たる商品を購入した後に必要となる補完的商品に係る市場において特定の商品を購入させる行為も抱き合わせに該当する。（東京地判令3・9・30【令元ワ三五一六七】〈プラザー工業事件〉重判令3経済七）

[56] ある商品を購入するに際し、客観的にみて少なからぬ顧客が行為者から従たる商品の購入を余儀なくされるような場合には、当該従たる商品を購入させたと解すべきである。（東京地判令3・9・30前出[55]）

九 垂直的制限

1 共通する行為要件

イ 相手方

[57] 行為者（メーカー）と卸売業者との間の契約が、委託販売と称するものであっても、その実態において、小売業者から代金を回収できない場合の危険を卸売業者が負担しているなど、商品の所有権が行為者から直接に小売業者へと移転するのではなく、一旦卸売業者に帰属するものと認められる場合には、真正の委託販売とは認められず、卸売業者は行為者にとっての「相手方」に該当する。（判審昭52・11・28審決集二四・一〇六〈森永乳業事件〉独禁百選[六版]八二）

[58] 「相手方」とは取引の相手方を意味しており、取引の相手方が誰であるかはその取引の実態に即して判断すべきである。（東京高判令元・11・27前出[2]）

ロ 拘束

[59] 「拘束」があるというためには、必ずしもその取引条件に従うことが契約上の義務として定められていることを要せず、それに従わない場合に経済上なんらかの不利益を伴うことにより現実にその実効性が確保されていれば足りる。（最判昭50・7・10前出[4]、経済百選[二版]六六）

[60] 「拘束」の有無を判断する際には、拘束者の観点からの検討に加え、被拘束者の観点からの検討が必要であり、補足的に当該商品の一般的な価格動向等の検討も有用である。（判審平13・8・1前出[7]）

独
禁

[61] 拘束は、競争を人為的に妨げる側面を有する。（東京高判令元・11・27前出[2]）

2 排他条件付取引（不公正告一一項）

イ 競争阻害の程度

[62] 排他条件付取引の公正競争阻害性の有無は、行為者の排他条件付取引によって、行為者と競争関係にある事業者にとってどの程度利用可能な流通経路が閉鎖的状態に置かれるかによって決定されるべきである。（東京高判昭59・2・17行裁三五・二一・一四四〈東洋精米機事件〉経済百選[二版]六五）

[63] 有力な事業者によって排他条件付取引が行われている場合においても、一定の取引の分野の市場構造の特殊性等からして、既に各販売業者が事実上特定の事業者の系列に組み込まれており、その事業者の製品だけしか取り扱わない実態となっているなど特段の事情がある場合には、公正競争阻害性が認められない余地が生ずる。（東京高判昭59・2・17前出[62]）

ロ 正当化理由

[64] 製造委託契約の最中及び終了後に、同種又は類似の製品の製造を受託者に対して禁止する契約条項を置くことが、ノウハウ保護の観点から正当化された事例（大阪地判平18・4・27判時一九五八・一五五〈メディオン対サンクス製薬事件〉）

[65] 行為者の多大な投資の回収等のためには取引の相手方の肖像権等の集合的処理・窓口の一元化が望ましいとして、取引の相手方が他の事業者とも取引することを拘束する行為が正当化されるとした事例（知財高判平20・2・25【平18ネ一〇〇七二】〈プロ野球選手肖像権訴訟〉）

3 再販売価格の拘束（独禁二条九項四号）

イ 競争への影響

[66] 市場において有力でない事業者が行う再販売価格維持は、たとえそれによって、行為者とその競争者との間における競争関係が強化されるとしても、それが必ずしも相手方たる当該商品の販売業者間において自由な価格競争が行われた場合と同様な経済的効果をもたらすものでない以上、競争阻害性のあることを否定できない。（最判昭50・7・10前出[4]）

ロ 正当化理由

[67] 単に通常の意味において正当のごとくみえる場合すなわち競争秩序の維持とは直接関係のない事業経営上又は取引上の観点等からみて合理性ないし必要性があるにすぎない場合などは、「正当な理由」があるとすることはできない。（最判昭50・7・10前出[4]）

[68] 再販売価格拘束行為が、中小小売業者の生き残りを図るためのものであったという主張は、価格競争を否定するものであり、目的として正当ではない。本件行為が、当該事業を産業・文化として維持するためのものであったという主張は、独禁法の法目的と直接に関係しない上、手段としても必要かつ相当であったともいえない。（東京高判平23・4・22審決集五八・二・一〈ハマナカ事件〉経済百選[二版]六九）

4 拘束条件付取引（不公正告一二項）

イ 競争停止型拘束条件付取引であって独禁法二条九項四号に該当しない行為

[69] 化粧品メーカーが小売店に対して対面販売という販売方法を行わせる行為（最判平10・12・18前出[6]）

[70] 使い捨てコンタクトレンズの元売業者が、小売業者に対し、広告において小売価格を表示させないようにする行為（排令平22・12・1審決集五七・二・五〇〈ジョンソン・エンド・ジョンソン事件〉経済百選[二版]七五）

[71] ゲームソフトの元売業者が、販売業者に対し、横流し禁止を指示する行為（判審平13・8・1前出[7]）

[72] 外国事業者が、国内の取引相手方による役務供給価格を拘束した行為（勧審平15・11・25審決集五〇・三八九〈二〇世紀フォックスジャパン事件〉経済百選[初版]八一……商品の価格ではないので四号に該当しない）

ロ 他者排除型拘束条件付取引であって不公正告一一項に該当しない行為

[73] 競争者のうち特定の者のみに対して取引を拒絶するよう、自らの取引の相手方を拘束する行為（排令平21・12・10審決集五六・二・七九〈大分大山町農業協同組合事件〉経済百選[二版]七四）

ハ その他の行為

[74] ライセンシーが保有する特定の特許権をライセンサーや他のライセンシーに対して行使することを禁ずる旨の「非係争条項」をライセンス契約に盛り込むことによって、将来に向けた研究開発意欲を損なう蓋然性をもたらす行為（判審平20・9・16前出[3]）

[75] 自社グループが運営する宿泊予約サイトに宿泊施設を掲載する宿泊施設運営業者と締結する契約において、自社サイトに掲載する宿泊施設に係る宿泊料金及び部屋数について、他の販売経路と同等又は他の販売経路よりも有利なものとする条件を定め、遵守させていた行為（確約認定令4・3・16〈Booking.com 同等性条件事件〉……同旨の事例として確約認定令4・6・2〈エクスペディア同等性条件事件〉）

[76] 有力で差別化されたスマートフォン向けアプリストアの運営に当たり、デジタルコンテンツの販売等について、アウトリンクを禁止し、アプリ提供事業者に自社が指定する課金方法以外の販売方法を用意することを断念させる行為（公取委令3・9・2発表〈アップルアウトリンク禁止等事件〉重判令3経済四）

ニ 価格維持効果

[77] 拘束条件付取引により当該商品の価格が維持されるおそれがあると認められる場合には、公正競争阻害性がある。（判審平13・8・1前出[7]）

ホ 市場閉鎖効果

[78] 拘束条件付取引により、市場閉鎖効果、すなわち新規参入者や既存の競争者にとって、代替的な取引先を容易に確保することができなくなり、事業活動に要する費用が引き上げられる、新規参入者や新商品開発等の意欲が損なわれるといった、新規参入者や既存の競争者が排除される又はこれらの取引機会が減少するような状態をもたらすおそれが生じる場合には、公正な競争を阻害するおそれがあるというべきである。その判断に当たっては、当該行為に係る取引及びそれにより影響を受ける範囲を検討した上で、ブランド間及びブランド内の競争の状況、垂直的制限行為を行う事業者の市場における地位、当該行為の対象となる取引先事業者の事業活動に及ぼす影響、当該取引先事業者の数及び市場における地位を総合的に考慮すべきである。（東京高判令元・11・27前出[2]）

[79] 公正競争阻害性（市場閉鎖効果の発生）を肯定するには、競争者の取引機会が減少するような状態をもたらすおそれがあれば足り、その状態の生じたことを具体的な根拠をもって立証することまでは要しない。（東京高判令元・11・27前出[2]）

ヘ 非係争条項の場合

[80] [74]と同様の無償許諾契約等が相手方の研究開発意欲を阻害するおそれや行為者の有力な地位が強化されるおそれを有すると認めるに足りず、公正競争阻害性が認められないとされた事例（判審平31・3・13審決集六五・一・二六三〈クアルコム事件〉重判令元経済七）

ト 正当化理由

[81] 化粧品の販売において対面販売を義務付けることは、商品の特性からみてそれなりの合理性があり、他の取引先にも同等な制限が課せられているなら、公正競争阻害性はない。（最判平10・12・18前出[6]）

[82] 前出[81]と異なり、販売先の選定の拘束に関しては、「それなりの合理性」があるだけでは正当化されず、当該行為の目的や当該目的を達成する手段としての必要性・合理性の有無・程度をみて正当化の有無を判断する。（判審平13・8・1

前出[7]）

一〇　優越的地位の濫用（独禁二条九項五号）

1　優越的地位濫用と公正競争阻害性

[83]　独禁法二条九項五号該当行為が不公正な取引方法の一つとして規制されているのは、取引の相手方の自由かつ自主的な判断による取引を阻害するとともに、当該取引の相手方はその競争者との関係において競争上不利となる一方で、行為者はその競争者との関係において競争上有利となるおそれがあり、このような行為は公正な競争を阻害するおそれがあるといえるからである。（東京高判令3・3・3審決集六七・四四四〈ラルズ事件〉重判令3経済六）↓二〇条の六[7]

2　優越的地位

[84]　甲が乙に対して優越した地位にあるとは、乙にとって甲との取引の継続が困難になることが事業経営上大きな支障を来すため、甲が乙にとって著しく不利益な要請等を行っても、乙がこれを受け入れざるを得ないような場合をいい、その判断においては、取引依存度、市場における地位、取引先変更可能性、その他取引を必要とする事情を総合判断する。（東京高判令3・3・3前出[83]）

[85]　取引依存度が一〇パーセント程度であっても、他の諸事情を総合考慮すれば、優越的地位が認められる。（判審令2・3・25審決集六六・一八四〈ダイレックス事件〉）

[86]　特定の事業部門や営業拠点など特定の事業の経営のみに大きな支障を来す場合であっても、当該特定の事業が当該事業者の経営全体の中で相対的に重要なものである場合などには、「事業経営上大きな支障を来す」ことがあり得る。（東京高判令3・3・3前出[83]）

[87]　事業経営上大きな支障を来す場合に該当するといえるためには、必ずしも相手方が倒産に瀕するような事業経営上の支障が生じることまでは必要ではない。（判審令元・10・2審決集六六・五三〈エディオン事件〉）

[88]　納入業者がブランド力のある商品や消費者に人気のある商品を小売業者に販売していることのみをもって、直ちにこれら納入業者に対する小売業者の優越的な地位が否定されるものではない。（判審平31・2・20審決集六五・一・九五〈山陽マルナカ事件〉重判令元経済八）

3　優越的地位の成立時期と濫用

[89]　フランチャイズ基本契約の締結により優越的地位が成立したが締結までの段階では優越的地位が成立していなかったとされたために、フランチャイズ基本契約の内容（裁判所の契約解釈によって拡張された部分を含む）に沿った行為については濫用が成立しないとされた事例（東京高判平24・6・20審決集五九・二・一一三〈セブン－イレブン深夜営業等差止請求事件〉）

4　不利益行為の認定

イ　判断基準

[90]　相手方にあらかじめ計算できない不利益を与える場合はもとより、条件等があらかじめ明確であっても、相手方が得る直接の利益等を勘案して合理的と認められる範囲を超えた負担となり、相手方に不利益を与えることとなる場合などには、不利益行為に該当する。（東京高判令3・3・3前出[83]）

[91]　不利益行為該当性の認定には、著しく過大な不利益が生じることまでは必要ない。（判審令元・10・2前出[87]）

[92]　直接の利益には、計測可能でないものも含まれるが、不利益行為と直接結びついた実際に生じる利益をいい、将来の取引が有利になるというような間接的な利益を含まない。（判審令元・10・2前出[87]）

ロ　取引に係る商品役務以外の商品役務を購入させること（五号イ）

[93]　総合スーパーによる納入業者に対する商品購入強制（判審平31・2・20前出[88]）

[94]　銀行が貸付けの相手方に対して金利スワップを併せて売る行為（勧審平17・12・26審決集五二・四三六〈三井住友銀行事件〉経済百選[二版]七六）

ハ　経済上の利益を提供させること（五号ロ）

[95]　総合スーパーによる納入業者に対する従業員等派遣（判審平31・2・20前出[88]）

[96]　総合スーパーによる納入業者に対する協賛金提供要請やイベント開催のための金銭提供要請（判審平31・2・20前出[88]）

ニ　相手方に不利益となるような取引条件の設定・変更並びに取引実施（五号ハ）

[97]　金融機関による両建預金（融資に当たり定期預金をすることを条件とすること）の押し付け（最判昭52・6・20民集三一・四・四四九〈岐阜商工信用組合事件〉経済百選[二版]一二二）↓◆【違反行為の私法上の効力】［二六条の後］[7]、民九一条[4]

[98]　あらかじめ納入業者との間で納入価格について協議することなく、納入業者の仕入価格を下回る価格で納入するよう一方的に指示する等して、等級、産地等からみて同種の商品の一般の卸売価格に比べて著しく低い価格をもって通常時に比べ多量に納入するよう要請する行為（勧審平17・1・7審決集五一・五四三〈ユニー事件〉）

[99]　コンビニ本部が、加盟店に対し、販売期限を経過した商品を見切り販売することを禁止し原価相当額の負担を軽減する機会を失わせる行為（排令平21・6・22審決集五六・二・六〈セブン－イレブン排除措置命令事件〉経済百選[二版]七八）

[100]　購入者が供給者の見積価格を下げさせて取引していた事案において、供給者が支出した原価にも満たないとみられる部分について濫用に当たるとされた事例（大阪地判平22・5・25判時二〇九二・一〇六〈フジオフードシステム事件〉）

[101]　自社が運営するオンラインモールにおいて送料無料施策を一律に実施するため、同施策の不参加店舗を不利にする取扱いを示唆したり、参加店舗に不利益を生じさせたりする行為（公取委令3・12・6発表〈楽天市場送料無料事件〉）

5　利用して

[102]　優越的地位が認められる場合に不利益行為を行えば、通常は、優越的地位を利用してこれを行ったものと認められる。（東京高判令3・3・3前出[83]）

6　違反行為の終了時期↓二〇条の六[1][2]

7　違反行為の個数

[103]　[83]の規制趣旨に照らせば、独禁法二条九項五号イ～ハに該当する複数の行為が、複数の取引先に対して行われても、それが組織的、計画的に一連のものとして実行されているなど、一体として評価できる場合には、一つの違反行為として規制される。（東京高判令3・3・3前出[83]）↓二〇条の六[1]

一一　競争者に対する取引妨害（不公正告一四項）

1　違反主体

[104]　被排除者と直接競争関係に立つわけではないが、被排除者と競争関係に立つ者からの委託を受けてその者と意思を通じて販売活動を行う者は、不公正告一四項の行為の主体となる余地がある。（東京高判平17・1・27審決集五一・九五一〈日本テクノ事件控訴審〉）↓[109]

2　不公正告一四項に該当する行為の例

イ　誹謗［ひぼう］中傷・虚偽又は不確かな情報の流布

[105]　競争者が自己との契約に違反しているとの自己の認識を当該競争者の取引先複数に知らせたが、実際には契約違反はなかったと判断され、そうであれば当該競争者に関する誹謗中傷に該当し直ちに公正競争阻害性があるとされた事例（東京地決平23・3・30【平22ヨ二〇一二五】〈ドライアイス仮処分申立事件〉経済百選[二版]一二一）↓二四条[6]

[106]　明確な根拠なく、競争者の開発した特定自動投与装置において自社の医薬品を使用できないと説明する行為（確約認定令2・3・11〈日本メジフィジックス事件〉）

ロ　物理的取引妨害

[107]　魚市場において約八五パーセントの占拠率を有する鮮魚介類の卸売業者が魚市場内にバリケードを築き買受人が競争者

のせりに参加することを妨害する行為〈勧審昭35・2・9審決集一〇・一七〈熊本魚事件〉独禁百選[初版]三五〉

[108] 行為者の親会社である電鉄会社が整備したものではあるが市有地に所在するタクシー待機場所において、他のタクシー事業者が乗客を獲得することをドアの前に立ちはだかるなどして妨害する行為〈大阪高判平26・10・31審決集六一・二六〇〈神鉄タクシー事件〉経済百選[二版]八六〉→二四条[7][8][10]

八 既存契約の解除の誘引による取引妨害

[109] 競争関係にある他の事業者と既に契約を締結している顧客に対して、その不履行ないし契約解消を誘引する行為が、手段方法のいかんを問わず直ちに不公正告一四項に該当するということはない。新たな商品・役務の選択を提示することと自体は自由競争の範囲内と解されるからである。〈東京高判平17・1・27前出[104]〉

[110] 競争者の宅配便の集配ネットワークを形成しているコンビニに対して自己の取次所となるよう働きかけても、その手段において不当であると認められない限り、不公正告一四項には該当しない。〈東京高判平19・11・28前出[25]〉

ニ 部品供給の独占を背景とした取引妨害

[111] メーカー系エレベーター保守業者が、部品交換を要する故障を起こしたエレベーターのユーザーが普段の保守契約を自社でなく独立系保守業者と結んでいることを理由として、三か月も先の納期を指定したという事案で、当該メーカー用部品を当該メーカー系保守業者が一手に取り扱っていること、部品の在庫管理を容易に行えること、ユーザーが他社製エレベーターに切り替えることは難しいこと、エレベーターの故障は迅速な回復が望まれるものであること、などに触れた上で、不公正告一四項の不当性の成立を認めた事例〈大阪高判平5・7・30前出[5]、経済百選[二版]六四〉

[112] [111]と同種の事件について、当該メーカー製昇降機の保守分野において自己と競争関係にある独立系保守業者と同昇降機の所有者等との取引を不当に妨害している、と明言した審決〈勧審平14・7・26審決集四九・一六八〈三菱電機ビルテクノサービス事件〉〉

ホ 間接的取引拒絶による取引妨害

[113] 有力なテニスラケットメーカーの日本子会社が、親会社に対し、国外の正規販売業者が日本の並行輸入業者へ上級者向け硬式テニス用テニスラケットを販売しないようにさせる行為〈確約認定令4・3・25〈アメアジャパン・ウィルソン事件〉〉

[114] 間接取引拒絶が、競争者を「徹底的に攻撃していくとの方針の下」で「突如」行われたという点と、中高年層の顧客が十八番とする歌謡曲を当該間接取引拒絶によって通信カラオケ機器に搭載できなくなった被拒絶者は事業において大きな打撃を受けたという点とを掲げて、当該間接取引拒絶が不公正告一四項に該当するとした事例〈判審平21・2・16審決集五五・五〇〇〈第一興商事件〉経済百選[二版]八二〉

[115] 行為者による間接取引拒絶によって、行為者が有力取引先として選定した事業者の少なくとも過半と取引することが競争者にとって困難となったことを理由に、不公正告一四項を適用した事例〈排令平23・6・9審決集五八・一・一八九〈ディー・エヌ・エー事件〉経済百選[二版]八五〉

[116] 行為者による間接取引拒絶によって、少なくとも二八名の取引先が非組合員から生コンを購入しないようにしていることを認定して、不公正告一四項を適用した事例〈排令平27・2・27審決集六一・一五三〈岡山県北生コンクリート協同組合事件〉重判平27経済八〉

ヘ その他の取引妨害

[117] 入札において、前職における受注者側との人的つながりを利用して、提出期限前に技術提案書の添削を受けたり、技術評価点及び順位について情報を漏洩［ろうえい］させたりして、他の入札参加者との取引を妨害する行為〈排令平30・6・14審決集六五・二・一〈フジタ事件〉〉

[118] ホームページリニューアルの業務発注を検討している市町村等に対する受注に向けた営業活動において、コンテンツ管理システムについて、オープンソースソフトウェアを避けることが情報セキュリティ対策上必須であるという正確でない情報を記載した仕様書等の案を配付するなどして、オープンソースソフトウェアのシステムを取り扱う事業者の受注競争参加を困難にさせるよう働き掛ける行為〈確約認定令4・6・30〈サイネックス・スマートバリュー事件〉〉

ト 複数手段の組合せによる取引妨害

[119] 競争者の顧客への間接的働き掛け、競争者の商品を扱う小売業者への働き掛け、及び、競争者の協賛を受ける競技大会の主催者等への働き掛け、によって、取引を妨害する行為〈勧審平15・11・27審決集五〇・三九八〈ヨネックス事件〉経済百選[二版]八四〉

3 正当化理由

[120] 病院のタクシー待機レーンの利用調整が不調となれば病院の運営管理に支障を来し混乱をもたらすおそれがあるなどの事情があるとして、病院が同レーンの使用について特定のタクシー業者に優先的な地位を与え業者間の自由な競争に一定の制約を与えた行為を正当化した事例〈広島高判平15・10・15【平15ネ八五】〈病院タクシー待機レーン事件〉〉

[121] 行為者の競争者が著作権を侵害している旨の誤った情報を行為者が当該競争者の取引先に告知したという事案においても、当該競争者が著作権を侵害していると行為者が考えたことに相当の理由がある場合には、正当化される。〈東京高判平18・9・7審決集五三・一〇三二〈教文館事件〉〉

第二章 私的独占及び不当な取引制限

第二条の二【定義】 ① この章において「市場占有率」とは、一定の取引分野において一定の期間内に供給される商品若しくは役務の数量のうち一若しくは二以上の事業者が供給し、若しくは供給を受ける当該商品若しくは役務の数量の占める割合又は一定の取引分野において一定の期間内に供給される商品若しくは役務の価額のうち一若しくは二以上の事業者が供給し、若しくは供給を受ける当該商品若しくは役務の価額の占める割合をいう。

② この章において「子会社等」とは、事業者の子会社（法人がその総株主（総社員を含む。以下同じ。）の議決権（株主総会において決議をすることができる事項の全部につき議決権を行使することができない株式についての議決権を除き、会社法（平成十七年法律第八十六号）第八百七十九条第三項の規定により議決権を有するものとみなされる株式についての議決権及び社債、株式等の振替に関する法律（平成十三年法律第七十五号）第百四十七条第一項又は第百四十八条第一項の規定により発行者に対抗することができない株式に係る議決権を含む。以下この項及び次項において同じ。）の過半数を有する他の会社をいう。この場合において、法人及びその一若しくは二以上の子会社又は法人の一若しくは二以上の子会社がその総株主の議決権の過半数を有する他の会社は、当該法人の子会社とみなす。以下この項において同じ。）若しくは親会社（会社を子会社とする他の会社をいう。以下この項において同じ。）又は当該事業者と親会社が同一である他の会社をいう。

③ この章において「完全子会社等」とは、事業者の完全子会社（法人がその総株主の議決権の全部を有する他の会社をいう。この場合において、法人及びその一若しくは二以上の完全子会社又は法人の一若しくは二以上の完全子会社がその総株主の議決権の全部を有する他の会社は、当該法人の完全子会社とみなす。以下この章及び第五章において同じ。）若しくは完全親会社（会社を完全子会社とする他の会社をいう。以下この項において同じ。）又は当該事業者と完全親会社が同一である他の会社をいう。

④　この章において「供給子会社等」とは、第七条の二第一項又は第七条の九第一項若しくは第二項に規定する違反行為のうちいずれかの違反行為（第十三項及び第十四項を除き、以下この条において単に「違反行為」という。）をした事業者の子会社等であつて、当該違反行為に係る一定の取引分野において当該違反行為に係る商品又は役務を供給したものをいう。

⑤　この章において「違反供給子会社等」とは、供給子会社等であつて、違反行為をした事業者の当該違反行為に係る一定の取引分野において当該違反行為をしたものをいう。

⑥　この章において「非違反供給子会社等」とは、供給子会社等であつて、違反行為をした事業者の当該違反行為に係る一定の取引分野において当該違反行為をしていないものをいう。

⑦　この章において「特定非違反供給子会社等」とは、非違反供給子会社等のうち、違反行為をした事業者と完全子会社等の関係にあるものであつて、他の者に当該違反行為に係る商品又は役務を供給することについて当該事業者から指示を受け、又は情報を得た上で、当該指示又は情報に基づき当該商品又は役務を供給したものをいう。

⑧　この章において「購入子会社等」とは、違反行為をした事業者の子会社等であつて、当該違反行為に係る一定の取引分野において当該違反行為に係る商品又は役務の供給を受けたものをいう。

⑨　この章において「違反購入子会社等」とは、購入子会社等であつて、違反行為をした事業者の当該違反行為に係る一定の取引分野において当該違反行為をしたものをいう。

⑩　この章において「非違反購入子会社等」とは、購入子会社等であつて、違反行為をした事業者の当該違反行為に係る一定の取引分野において当該違反行為をしていないものをいう。

⑪　この章において「特定非違反購入子会社等」とは、非違反購入子会社等のうち、違反行為をした事業者と完全子会社等の関係にあるものであつて、他の者から当該違反行為に係る商品又は役務の供給を受けることについて当該事業者から指示を受け、又は情報を得た上で、当該指示又は情報に基づき当該商品又は役務の供給を受けたものをいう。

⑫　この章において「事前通知」とは、第七条の二第一項又は第七条の九第一項若しくは第二項の規定により課徴金の納付を命ずる場合において、第六十二条第四項において読み替えて準用する第五十条第一項の規定により公正取引委員会が違反行為をした事業者に対してする通知をいう。

⑬　この章において「実行期間」とは、第七条の二第一項又は第七条の九第一項に規定する違反行為をした事業者に係る当該違反行為の実行としての事業活動を行つた日（当該事業者に対し当該違反行為について第四十七条第一項第一号、第三号若しくは第四号に掲げる処分、第百二条第一項若しくは第二項に規定する処分又は第百三条の三各号に掲げる処分が最初に行われた日（当該事業者に対し当該処分が行われなかつたときは、当該事業者が当該違反行為について事前通知を受けた日）の十年前の日前であるときは、同日）から当該違反行為の実行としての事業活動がなくなる日までの期間をいう。

⑭　この章において「違反行為期間」とは、第七条の九第二項に規定する違反行為をした事業者に係る当該違反行為をした日（当該事業者に対し当該違反行為について第四十七条第一項第一号、第三号若しくは第四号に掲げる処分、第百二条第一項若しくは第二項に規定する処分又は第百三条の三各号に掲げる処分が最初に行われた日（当該事業者に対し当該処分が行われなかつたときは、当該事業者が当該違反行為について事前通知を受けた日）の十年前の日前であるときは、同日）から当該違反行為がなくなる日までの期間をいう。

⑮　この章（第七条の四を除く。）において「調査開始日」とは、違反行為に係る事件について第四十七条第一項第一号、第三号若しくは第四号に掲げる処分、第百二条第一項若しくは第二項に規定する処分又は第百三条の三各号に掲げる処分が最初に行われた日（当該処分が行われなかつたときは、当該違反行為をした事業者が当該違反行為について事前通知を受けた日）をいう。

一　実行期間（本条一三項）

1　当該違反行為の実行としての事業活動を行った日

[1]　「実行としての事業活動を行った日」と規定した趣旨は、不当な取引制限の合意の拘束力の及ぶ事業活動が行われた日以降について、実現された値上げの程度等を捨象して、不当な利得の発生を擬制し、これを課徴金として剝奪しようとするものであるから、値上げカルテルの合意により値上げ予定日が定められ、その日からの値上げに向けて交渉が行われた場合には、当該予定日以降の取引には合意の拘束力が及んでいると解され、現実にその日に値上げが実現したか否かにかかわらず、その日が「行った日」となる。（判審平19・6・19審決集五四・七八〈ポリプロピレン事件〉経済百選[二版]一〇三）

2　当該違反行為の実行としての事業活動がなくなる日

[2]　「なくなる日」は、合意の相互拘束力が解消され、競争制限的な事業活動がされなくなった日を指すから、原則として、違反行為者相互間での拘束状態を解消させるための外部的徴表が必要である。しかし、外部的徴表がなくても、違反行為者全員が合意と離れて事業活動を行う状態が固定化され、合意の実効性が確定的に失われた場合は、違反行為がなくなったと認められ、「なくなる日」はその前日となる。（判審平19・6・19前出[1]）

[3]　違反行為終了前に受注調整に係る入札が行われて受注予定者が落札し、落札物件の契約が違反行為終了後に締結された場合には、違反行為終了日より後である契約締結日が「なくなる日」となる。（判審平22・11・10審決集五七・一・三〇三〈ストーカ炉談合事件〉）

二　違反行為期間（本条一四項）

当該違反行為がなくなる日

[4]　取締役会において、違反行為を取りやめる旨を決議し、その旨を自社の取引先需要者及び被排除者たる競争者に通知したことにより、当該違反行為はなくなっているものと認められる。（納令令3・2・19【令3納一】〈マイナミ空港サービス事件〉）→七条の九[1]

第三条【私的独占・不当な取引制限の禁止】 事業者は、私的独占又は不当な取引制限をしてはならない。

第四条及び第五条　削除

第六条【国際的協定等の規制】 事業者は、不当な取引制限又は不公正な取引方法に該当する事項を内容とする国際的協定又は国際的契約をしてはならない。

一　不当な取引制限に該当する事項を内容とする国際的協定

[1]　我が国のレーヨン糸の製造業者三社が、国外において、西欧事業者らとの間で輸出地域、輸出限度量、最低販売価格を決定することは、当該地域向け輸出取引の分野における競争を実質的に制限するものであり、不当な取引制限に該当する事項を内容とする国際的協定である。（勧審昭47・12・27審決集一九・一二四〈化学繊維国際カルテル事件〉経済百選[初版]九一）

二　不公正な取引方法に該当する事項を内容とする国際的契約

[2]　商品の継続的輸入に関する国際的契約中の条項で、我が国の輸入総代理店が、国際的契約終了後当該契約対象商品と競合する商品の取扱い及び製造を禁止され、また、当該商品の国内における再販売価格を維持するように義務付けられる旨を内容とするものは、不公正な取引方法に該当する事項を内容とする国際的契約である。（最判昭50・11・28民集二九・一〇・一五九二〈天野製薬事件〉経済百選[初版]九三）

第七条【排除措置命令】 ① 第三条又は前条の規定に違反する行為があるときは、公正取引委員会は、第八章第二節に規定する手続に従い、事業者に対し、当該行為の差止め、事業の一部の譲渡その他これらの規定に違反する行為を排除するために必要な措置を命ずることができる。

② 公正取引委員会は、第三条又は前条の規定に違反する行為が既になくなつている場合においても、特に必要があると認めるときは、第八章第二節に規定する手続に従い、次に掲げる者に対し、当該行為が既になくなつている旨の周知措置その他当該行為が排除されたことを確保するために必要な措置を命ずることができる。ただし、当該行為がなくなつた日から七年を経過したときは、この限りでない。

一 当該行為をした事業者

二 当該行為をした事業者が法人である場合において、当該法人が合併により消滅したときにおける合併後存続し、又は合併により設立された法人

三 当該行為をした事業者が法人である場合において、当該法人から分割により当該行為に係る事業の全部又は一部を承継した法人

四 当該行為をした事業者から当該行為に係る事業の全部又は一部を譲り受けた事業者

一 排除措置命令の名宛人

[1] 違反行為の終了後、違反行為者の法人格は合併により消滅したが、違反行為に係る事業が人的・物的にほぼ同一性を保ったまま存続会社に承継され、存続会社の当該事業が消滅会社の当該事業と実質的に同視でき、かつ、当該事業につき「特に必要があると認めるとき」の要件が認められる場合には、存続会社に排除措置を命じることができないとはいえない。（判審平20・4・16審決集五五・七五〈荏原由倉ハイドロテック事件〉……平成二一法五一による改正前の本条二項に関する事例）

二 違反行為を排除するために必要な措置の内容

[2] 東京都内で行われている再販売価格維持による私的独占を排除するために、都外の地域における再販売価格維持をも排除しなければ不十分であるなら、排除措置命令の地域的範囲が拡大しても、必要な措置に当たる。（東京高判昭32・12・25高民一〇・一二・七四三〈野田醬油事件〉経済百選[初版]一八）

[3] 不当な取引制限に対する排除措置として、違反行為に関与していた営業担当者を違反の対象である工事に係る営業業務から配置転換し、今後五年間同業務に従事させないことが事業者に命じられた事例（勧審平17・11・18審決集五二・三八五〈鋼橋談合事件〉）

[4] 特定の納入業者に限定せずに濫用行為を行っていたのであるから、将来の優越的地位濫用行為を防止するため、対象納入業者だけではなく、取引関係にある全ての納入業者に対して排除措置の通知を命じることが、必要かつ相当である。（判審令元・10・2審決集六六・五三〈エディオン事件〉）↓◆【不公正な取引方法】〔二条の後〕[87]・二〇条の六[4]

三 公正取引委員会の承認を求める措置の合法性

[5] 違法な価格協定の破棄を命ずるとともに、その命令に基づいて採った措置を取引先及び需要者に周知徹底させ、周知徹底の方法についてあらかじめ公正取引委員会の承認を受けなければならないとした排除措置命令は、承認について公正取引委員会が有する裁量にも客観的基準があるから、それが主文に示されないからといって、主文の内容が不特定であるとはいえない。（最決昭52・4・13審決集二四・二三四〈石油価格協定過料事件〉経済百選[二版]九五）

四 「特に必要があると認めるとき」の要件

[6] 事業者が既に受注調整行為から離脱していても、受注調整の経緯、離脱の経緯、営業担当者の今後の受注調整に対する親和的な発言、受注調整行為から一度離脱したものの短期間で復帰した経緯を考慮すると、離脱の状態を確保するための措置をとる必要が特に存在するということができ、「特に必要があると認めるとき」の要件を満たす。（東京高判平15・3・7審決集四九・六二四〈岡崎管工審決取消訴訟〉経済百選[二版]三〇）↓二条[74]

[7] 「特に必要があると認めるとき」の要件に該当するか否かの判断については、我が国における独禁法の運用機関として競争政策について専門的な知見を有する公正取引委員会の専門的な裁量が認められる。（最判平19・4・19審決集五四・六五七〈郵便区分機類談合事件〉経済百選[二版]九六……違反行為が長年にわたり恒常的に行われてきたこと、一般競争入札の導入に反対したこと、違反行為の取りやめは自発的な意思に基づくものではなく、外部的要因によるものにすぎないこと、寡占状態にあるために一般的には違反行為を行いやすいこと、違反行為の存否を争っていることを基礎として、公正取引委員会が「特に必要があると認めるとき」の要件に該当するとした判断は、合理性を欠くものといえず、裁量権の逸脱、濫用はないとされた例）↓六一条[1]

[8] 他の会社に事業を承継させて、事業を行っておらず、株主総会で解散決議をした上、清算を結了した旨の登記を経由しているため、事業を再開する見込みがほとんどない者は、違反行為を再び行うおそれがあるといえないから、市場における競争秩序の十分な回復の有無にかかわらず、排除措置を命ずる実益はなく、その必要があるとは認められない。（判審平19・2・14審決集五三・六八二〈石油備蓄基地保全等工事談合事件〉）↓二条[7]

[9] 違反行為終了後、発注方法が指名競争入札から一般競争入札に変更されたなどの事情から、違反事業者の入札への参加、受注が激減し、違反事業者の影響力が回復すると見込まれる事情も認められないので、将来同様の違反行為が再び行われるおそれがあると認めることはできないし、市場において違反行為の結果が残存していて、競争秩序の回復が不十分であると認めることもできないとして、「特に必要があると認めるとき」に該当しないとされた例（判審平19・2・14審決集五三・六一一〈コスモ石油事件〉）

[10] 違反事業者が、違反行為の対象である事業の全部を他の事業者に譲渡し、又は承継させて、自らは当該事業から撤退した場合は、特段の事情がない限り、同様の違反行為を再び行うおそれはなく、事業撤退により現在の競争秩序には関与しなくなるから、「特に必要があると認めるとき」に該当しない。しかし、事業の譲渡又は承継の相手方事業者が自らの百パーセント子会社であるなど、違反行為者の完全な支配下にある場合は、当該違反行為者に対し、相手方事業者の違反行為を抑止するために必要な措置を講じさせることが適当と認められる限り、「特に必要があると認めるとき」に該当する。（判審平20・4・16審決集五五・三〈東京都ポンプ設備談合事件〉）

[11] 「特に必要があると認めるとき」とは、排除措置命令の時点では既に違反行為がなくなっているが、当該違反行為が繰り返されるおそれがある場合や、当該違反行為の結果が残存しており競争秩序の回復が不十分である場合などをいう。（東京高判平20・9・26審決集五五・九一〇〈ごみ焼却炉談合審決取消請求事件〉重判平20経済一）

[12] 本条二項の趣旨は、必要に応じて排除措置を命ずることにより、当該違反行為に係る市場のあるべき競争秩序の回復・維持を図る目的を達成することにあるから、排除措置の対象となる違反行為には、措置の必要性の観点からみて既に行われた違反行為と同一性を有する違反行為も含めて、措置の必要性を判断できる。（東京高判平20・9・26前出[11]）

[13] 入札談合事件においては、一般に競争回避の意識と協調関係を強固に形成するものであって、当該違反行為終了後も直ちにはそれらが解消されるものではないと考えられるから、「特に必要があると認めるとき」の判断に当たってはこのような特殊性を考慮して検討する必要がある。（東京高判平20・

9・26前出[17]

[14] **五 排除措置命令と平等原則**
公正取引委員会がその専門的な判断によって受注調整をした二社に対し排除措置を命じ、発注者の郵政省に対しては再発防止を文書で要請するにとどめたことは、憲法一四条一項に違反しない。（東京高判平20・12・19審決集五五・九七四〈郵便区分機類談合事件差戻審〉）↓二条[8][41]

第七条の二【不当な取引制限に係る課徴金納付命令】 ① 事業者が、不当な取引制限又は不当な取引制限に該当する事項を内容とする国際的協定若しくは国際的契約であつて、商品若しくは役務の対価に係るもの又は商品若しくは役務の供給量若しくは購入量、市場占有率若しくは取引の相手方を実質的に制限することによりその対価に影響することとなるものをしたときは、公正取引委員会は、第八章第二節に規定する手続に従い、当該事業者に対し、第一号から第三号までに掲げる額の合計額に百分の十を乗じて得た額及び第四号に掲げる額の合算額に相当する額の課徴金を国庫に納付することを命じなければならない。ただし、その額が百万円未満であるときは、その納付を命ずることができない。

一 当該違反行為（商品又は役務を供給することに係るものに限る。以下この号において同じ。）に係る一定の取引分野において当該事業者及びその特定非違反供給子会社等が供給した当該商品又は役務（当該事業者に当該特定非違反供給子会社等が供給したもの及び当該事業者又は当該特定非違反供給子会社等が当該事業者の供給子会社等に供給したものを除く。）並びに当該一定の取引分野において当該事業者及び当該特定非違反供給子会社等が当該事業者の供給子会社等に供給した当該商品又は役務（当該供給子会社等（違反供給子会社等又は特定非違反供給子会社等である場合に限る。）が他の者に当該商品又は役務を供給するために当該事業者又は当該特定非違反供給子会社等から供給を受けたものを除く。）の政令で定める方法により算定した、当該違反行為に係る実行期間における売上額

二 当該違反行為（商品又は役務の供給を受けることに係るものに限る。以下この号において同じ。）に係る一定の取引分野において当該事業者及びその特定非違反購入子会社等が供給を受けた当該商品又は役務（当該事業者から当該特定非違反購入子会社等が供給を受けたもの及び当該事業者又は当該特定非違反購入子会社等が当該事業者の購入子会社等から供給を受けたものを除く。）並びに当該一定の取引分野において当該事業者及び当該特定非違反購入子会社等が当該事業者の購入子会社等から供給を受けた当該商品又は役務（当該購入子会社等（違反購入子会社等又は特定非違反購入子会社等である場合に限る。）が他の者から供給を受けて当該事業者又は当該特定非違反購入子会社等に供給したものを除く。）の政令で定める方法により算定した、当該違反行為に係る実行期間における購入額

三 当該違反行為に係る商品又は役務の全部又は一部の製造、販売、管理その他の当該商品又は役務に密接に関連する業務として政令で定めるものであつて、当該事業者及びその完全子会社等（当該違反行為をしていないものに限る。次号において同じ。）が行つたものの対価の額に相当する額として政令で定める方法により算定した額

四 当該違反行為に係る商品若しくは役務を他の者（当該事業者の供給子会社等並びに当該違反行為をした他の事業者及びその供給子会社等を除く。）に供給しないこと又は他の者（当該事業者の購入子会社等並びに当該違反行為をした他の事業者及びその購入子会社等を除く。）から当該商品若しくは役務の供給を受けないことに関し、手数料、報酬その他名目のいかんを問わず、当該事業者及びその完全子会社等が得た金銭その他の財産上の利益に相当する額として政令で定める方法により算定した額

② 前項の場合において、当該事業者が次の各号のいずれかに該当する者（その者の一又は二以上の子会社等が当該各号のいずれにも該当しない場合を除く。）であるときは、同項中「百分の十」とあるのは、「百分の四」とする。

一 資本金の額又は出資の総額が三億円以下の会社並びに常時使用する従業員の数が三百人以下の会社及び個人であつて、製造業、建設業、運輸業その他の業種（次号から第四号までに掲げる業種及び第五号の政令で定める業種を除く。）に属する事業を主たる事業として営むもの

二 資本金の額又は出資の総額が一億円以下の会社並びに常時使用する従業員の数が百人以下の会社及び個人であつて、卸売業（第五号の政令で定める業種を除く。）に属する事業を主たる事業として営むもの

三 資本金の額又は出資の総額が五千万円以下の会社並びに常時使用する従業員の数が百人以下の会社及び個人であつて、サービス業（第五号の政令で定める業種を除く。）に属する事業を主たる事業として営むもの

四 資本金の額又は出資の総額が五千万円以下の会社並びに常時使用する従業員の数が五十人以下の会社及び個人であつて、小売業（次号の政令で定める業種を除く。）に属する事業を主たる事業として営むもの

五 資本金の額又は出資の総額がその業種ごとに政令で定める金額以下の会社並びに常時使用する従業員の数がその業種ごとに政令で定める数以下の会社及び個人であつて、その政令で定める業種に属する事業を主たる事業として営むもの

六 協業組合その他の特別の法律により協同して事業を行うことを主たる目的として設立された組合（組合の連合会を含む。）のうち、政令で定めるところにより、前各号に定める業種ごとに当該各号に定める規模に相当する規模のもの

③ 第一項の規定により課徴金の納付を命ずる場合において、当該事業者が公正取引委員会又は当該違反行為に係る事件について第四十七条第二項の規定により指定された審査官その他の当該事件の調査に関する事務に従事する職員による当該違反行為に係る課徴金の計算の基礎となるべき事実に係る事実の報告又は資料の提出の求めに応じなかつたときは、公正取引委員会は、当該事業者に係る実行期間のうち当該事実の報告又は資料の提出が行われず課徴金の計算の基礎となるべき事実を把握することができない期間における第一項各号に掲げる額を、当該事業者、その特定非違反供給子会社等若しくは特定非違反購入子会社等又は当該違反行為に係る商品若しくは役務を供給する他の事業者若しくは当該商品若しくは役務の供給を受ける他の事業者から入手した資料その他の資料を用いて、公正取引委員会規則で定める合理的な方法により推計して、課徴金の納付を命ずることができる。

一 課徴金制度の趣旨

[1] 課徴金制度は、カルテルの摘発に伴う不利益を増大させてその経済的誘因を小さくし、カルテルの予防効果を強化することを目的として、刑事罰や損害賠償制度に加えて設けられたものであり、カルテル禁止の実効性確保のための行政上の措置として機動的に発動できるようにしたものである。（最判平17・9・13民集五九・七・一九五〇〈機械保険カルテル課徴金事件〉経済百選[二版]九九）↓[3][17]

[2] 本条は、課徴金賦課の要件として、事業者又はその従業員の故意、過失、違法性の認識、違法性の認識可能性といった主観的要素を要求しておらず、課徴金制度が、既存の刑事罰とは別個に独禁法違反行為を抑止するための行政上の措置として設けられている趣旨に照らすと、主観的要素を要件とすべきことは憲法上要請されているとはいえない。（東京高判平24・2・17審決集五八・二・一二七〈郵便区分機類談合課徴金審決取消請求事件〉）↓[6]

[3] カルテル行為を理由に、刑事事件において法人に対する罰

金刑が確定し、国から同法人に対し不当利得返還請求訴訟が提起されている場合に、同一のカルテル行為を理由に同法人に対し課徴金納付を命ずることは、憲法三九条、二九条、三一条に違反しない。（最判平10・10・13判時一六六二・八三〈シール談合事件〉行政百選Ⅰ[七版]一一二）

二　課徴金の額の算定方式

[4] 課徴金の額の算定方式が、実行期間の違反行為の対象商品又は役務の売上額に一定率を乗ずる方式を採っているのは、課徴金制度が行政上の措置であるため、算定基準も明確であることが望ましく、制度の積極的かつ効率的な運営により抑止効果を確保するためには算定が容易なことが必要だからであって、個々の事案ごとに経済的利益を算定することは適切ではないとして、そのような算定方式が採用されていると解されるから、課徴金の額はカルテルによって実際に得られた不当な利得の額と一致しなければならないものではない。（最判平17・9・13前出[1]）→[17]

三　課徴金納付命令と平等原則

[5] 違反行為が広範に及んでいることがうかがわれる場合においても、公正取引委員会が、行政運営における実効性の観点から、対象を違反行為による社会的影響の大きい部分に限定した上で、調査を行って違反行為の存否を確定し、法的措置の対象にすることには合理性があり、平等原則に反しない。（判審平18・4・26審決集五三・五七〈長谷川土木事件〉）

四　対価に係るもの（本条一項柱書）

[6] 自由な競争の中での合理的な価格決定を目的とする入札制度において、入札談合行為を行い受注予定者を決定し、その者の入札価格で受注価格を決定することを可能とする行為は、単に受注予定者に「仕事」を確保させるにとどまらず、入札における価格競争を回避して受注価格の低落防止を直接の目的とするものであって、そのような対価の維持を直接の目的とする合意は、「対価に係る」合意に該当する。（東京高判平24・2・17前出[2]）

五　当該商品又は役務（本条一項一号）

1　入札談合以外の事件における基準

[7] 「当該商品」とは、違反行為の対象商品の範ちゅうに属する商品であって、違反行為である相互拘束を受けたものをいうが、課徴金制度の趣旨及び課徴金の算定方法に照らせば、違反行為の対象商品の範ちゅうに属する商品については、違反行為を行った事業者又は事業者団体が、明示的又は黙示的に当該行為の対象から除外するなど当該商品が違反行為である相互拘束から除外されていることを示す事情が認められない限り、違反行為による拘束が及んでいるものとして、課徴金算定の対象となる当該商品に含まれる。（東京高判平22・11・26審決集五七・二・一九四〈出光興産課徴金審決取消請求事件〉）

[8] 違反行為者である原告の全額出資の子会社であっても、原告とは別個の法人格を有し、法律上も独立の取引主体として活動している以上、そのような子会社に販売した商品が違反行為の対象である商品から除外されていると認めることはできない。（東京高判平22・11・26前出[7]）

2　入札談合事件における基準

[9] 課徴金制度の趣旨に鑑みると、「当該……役務」とは、談合の基本合意が違反行為である本件においては、基本合意の対象とされた工事であって、基本合意に基づく受注調整等の結果、具体的な競争制限効果が発生するに至ったものをいう。（最判平24・2・20民集六六・二・七九六〈多摩談合事件〉重判平24経済㈡）→二条[39][52][66]

[10] 基本合意の対象となっている物件については、当該物件が基本合意に基づく受注調整の対象から除外されたと認めるに足りる特段の事情のない限り、基本合意に基づく受注調整がされ、具体的な競争制限効果が発生したと推認するのが相当であり、このような推認の下では、「当該……役務」の該当性を認めるためには、必ずしも基本合意に基づき受注予定者が決定されるに至った具体的経緯が明らかにされることや、当該物件につき受注調整がされたことを裏付ける直接証拠が存在することを要しない。（東京高判平26・11・21審決集六一・二二八〈岩手談合タカヤ事件〉経済百選[二版]一〇五）

[11] 「当該商品又は役務」とは、受注調整にあっては、受注調整手続に上程されることによって具体的に競争制限効果が発生するに至ったものを指すが、課徴金には当該事業者の不当な取引制限を防止するための制裁的要素があることを考慮すると、当該事業者が直接又は間接に関与した受注調整手続の結果、競争制限効果が発生したことを要する。（東京高判平16・2・20審決集五〇・七〇八〈土屋企業事件〉経済百選[二版]一〇二）

[12] 受注調整において、ある物件の受注希望者が名宛人だけであったことから、名宛人が受注予定者となり、受注した場合にも、基本合意に基づいて受注予定者が決定され、具体的に競争制限効果が発生するに至った物件といえるから、その物件は「当該商品又は役務」に該当する。（判審平16・3・29審決集五〇・二二五〈大王工務店事件〉）

[13] 受注予定者とは別の基本合意参加者が、受注調整の経過を認識した上で、受注予定者の入札価格より五〇万円低い価格で落札した場合には、受注調整の経過を認識し、受注調整の成果を利用して落札したといえるから、その物件は「当該商品又は役務」に該当する。（東京高判平22・1・29審決集五六・二・四七六〈多摩談合植木組等事件〉）

[14] 基本合意に基づく個別調整によって第一回入札への参加者が受注予定者と原告の二社となり、受注予定者が失格したため第二回入札で原告のみが入札して落札したという事案で、具体的な競争制限効果があったと認定された事例（東京高判令元・5・15審決集六六・四七一〈常盤工業事件〉重判令元経済㈢）

3　国外で引き渡された商品・役務

[15] 独禁法二条[81]の事案において、国外で引き渡された商品であっても「当該商品又は役務」に該当するとした事例（最判平29・12・12民集七一・一〇・一九五八〈ブラウン管事件〉国際百選[三版]一八）

4　複数の違反行為の対象となった商品・役務

[16] 課徴金制度は単なる不当な利得の剝奪にとどまらない目的を持つので、複数の違反行為が別個に行われたのであれば、同一の物件について重複して課徴金を課すべきこととなってもやむを得ない。しかし本件では、全国合意に基づく販売価格の引上げを具体的に実現するために近畿合意が行われたものと評価できるので、複数の違反行為が別個に行われたとはいえない。（判審令2・8・31【平22判一七】〈シャッター事件〉重判令2経済㈡）

六　売上額（本条一項一号）

1　基本的な考え方

[17] 売上額の意義については、事業者の事業活動から生ずる収益から費用を差し引く前の数値を意味し、損害保険業においては、保険契約者に対して提供される役務すなわち損害保険の引受けの対価である営業保険料の合計額が売上額である。（最判平17・9・13前出[1]）→[4]

2　引渡基準と契約基準

[18] 売上額の算出について、独禁法施行令五条の定める引渡基準でなく同六条の定める契約基準が適用されるための「著しい差異を生ずる事情がある」かどうかの判断は、引渡基準による対価の合計額と契約により定められた対価の額の合計額の間に著しい差異が生ずる蓋然性が類型的又は定性的に認められるかどうかを判断して決すれば足り、同条の適用の可否の判断については、公正取引委員会に一定の裁量的判断の余地がある。（東京高判平18・2・24審決集五二・七四四〈東燃ゼネラル石油課徴金事件〉重判平18経済㈢）

3　契約基準における論点

[19] 契約書に記載された請負代金額が事後的に変更される可能

性が高く、その全額が売上げとして計上される見込みは乏しかったとの事情が存したとしても、実行期間内に契約書記載どおりの内容の契約が成立したと認められ、かつ、実行期間内に請負代金額の変更の合意等がされた事実が認められない以上、契約書記載の請負代金額が売上額となる。（東京高判平21・10・2審決集五六・二・三八三〈宮地鐵工所審決取消請求事件〉）

4　子会社等に対する売上げ

[20] 全額出資の子会社に対する売上げで、同一企業内の加工部門への物資の移動と同視できるものは、課徴金の算定の対象から除外される。（判審昭59・2・2審決集三〇・五六〈レンゴー事件〉独禁百選[五版]三三）

5　税金相当額の取扱い

[21] 実行期間における契約で定められた対価額を合計して売上額を算定する際に、消費税相当額を控除しないことは違法ではない。（最判平10・10・13前出[3]）

[22] 軽油引取税においては、軽油の引取りを行う者が納税義務者であり、元売業者は特別徴収義務者として販売先から軽油の対価とともに軽油引取税の支払を受け、これを販売先に代わって納付したものであって、契約上も同税相当額が明確に区分されているから、軽油引取税は販売代金部分とは法的性質を異にした金員であり、商品の対価に含まれず、課徴金の基礎となる売上額には含まれない。（判審平17・2・22審決集五一・二九二〈防衛庁石油燃料談合課徴金事件〉）

6　共同企業体の場合

[23] 共同企業体方式によって請負契約が締結された場合、各構成員が現実に取得する代金は、ＪＶ比率で按分［あんぶん］した額ないしは共同企業体内部で取り決めた各構成員の請負代金取得額であるから、その額をもって各構成員の「売上額」とするのが相当である。（東京高判平20・6・20審決集五五・八五六〈栗本鐵工所事件〉）

[24] 共同企業体の構成員が、発注者に対し、工事途中で脱退した構成員がある場合及び構成員のいずれかが工事途中で破産した場合には、残存構成員が当該工事を完成することを約束し、その場合に、脱退者の出資割合は当然に残存構成員に移転することを合意しているときは、脱退後の残存構成員の売上額は、原契約で定められた対価である。（東京高判平20・6・20前出[23]）

第七条の三【課徴金の加算】① 前条第一項の規定により課徴金の納付を命ずる場合において、当該事業者が次の各号のいずれかに該当する者であるときは、同項（同条第二項において読み替えて適用する場合を含む。）中「合算額」とあるのは、「合算額に一・五を乗じて得た額」とする。ただし、当該事業者が、第三項の規定の適用を受ける者であるときは、この限りでない。

一　当該違反行為に係る事件についての調査開始日から遡り十年以内に、前条第一項又は第七条の九第一項若しくは第二項の規定による命令（当該命令が確定している場合に限る。）、次条第七項若しくは第七条の七第三項の規定による通知又は第六十三条第二項の規定による決定（以下この項において「納付命令等」という。）を受けたことがある者（当該納付命令等の日以後において当該違反行為をしていた場合に限る。）

二　前号に該当する者を除き、当該違反行為に係る事件についての調査開始日から遡り十年以内に、その完全子会社が納付命令等（当該納付命令等の日において当該事業者の完全子会社である場合に限る。）を受けたことがある者（当該納付命令等の日以後において当該違反行為をしていた場合に限る。）

三　前二号に該当する者を除き、当該違反行為に係る事件についての調査開始日から遡り十年以内に納付命令等を受けたことがある他の事業者たる法人と合併した事業者たる法人又は当該他の事業者たる法人から当該納付命令等に係る違反行為に係る事業の全部若しくは一部を譲り受け、若しくは分割により当該事業の全部若しくは一部を承継した事業者たる法人（当該合併、譲受け又は分割の日以後において当該違反行為をしていた場合に限る。）

② 前条第一項の規定により課徴金の納付を命ずる場合において、当該事業者が次の各号のいずれかに該当する者であるときは、同項（同条第二項において読み替えて適用する場合を含む。）中「合算額」とあるのは、「合算額に一・五を乗じて得た額」とする。ただし、当該事業者が、次項の規定の適用を受ける者であるときは、この限りでない。

一　単独で又は共同して、当該違反行為をすることを企て、かつ、他の事業者に対し当該違反行為をすること又はやめないことを要求し、依頼し、又は唆すことにより、当該違反行為をさせ、又はやめさせなかつた者

二　単独で又は共同して、他の事業者の求めに応じて、継続的に他の事業者に対し当該違反行為に係る商品又は役務に係る対価、供給量、購入量、市場占有率又は取引の相手方について指定した者

三　前二号に掲げる者のほか、単独で又は共同して、次のいずれかに該当する行為であつて、当該違反行為を容易にすべき重要なものをした者

イ　他の事業者に対し当該違反行為をすること又はやめないことを要求し、依頼し、又は唆すこと。

ロ　他の事業者に対し当該違反行為に係る商品又は役務に係る対価、供給量、購入量、市場占有率、取引の相手方その他当該違反行為の実行としての事業活動について指定すること（専ら自己の取引について指定することを除く。）。

ハ　他の事業者に対し公正取引委員会の調査の際に当該違反行為又は当該違反行為に係る課徴金の計算の基礎となるべき事実に係る資料を隠蔽し、若しくは仮装すること又は当該事実に係る虚偽の事実の報告若しくは資料の提出をすることを要求し、依頼し、又は唆すこと。

ニ　他の事業者に対し次条第一項第一号、第二項第一号から第四号まで若しくは第三項第一号若しくは第二号に規定する事実の報告及び資料の提出又は第七条の五第一項の規定による協議の申出を行わないことを要求し、依頼し、又は唆すこと。

③ 前条第一項の規定により課徴金の納付を命ずる場合において、当該事業者が、第一項各号のいずれか及び前項各号のいずれかに該当する者であるときは、同条第一項（同条第二項において読み替えて適用する場合を含む。）中「合算額」とあるのは、「合算額に二を乗じて得た額」とする。

違反行為の主導による加算（本条二項）

[1] 他の四社に会合の開催を呼び掛け、受注調整を開始することを提案し、受注調整の方法について話し合うことを働きかけるなどした違反事業者が、本条二項［改正前の七条の二第八項］一号に該当するとされた事例［令和一法四五による改正前の事例］（納令平25・12・20審決集六〇・一・四六二〈東京電力地中送電ケーブル工事談合事件〉）

[2] 基本合意の下に各工事についての受注予定者を指定していた三社が、本条二項［改正前の七条の二第八項］二号に該当するとされた事例［令和一法四五による改正前の事例］（納令平24・10・17審決集五九・一・二九三〈土佐国道事務所等土木工事談合事件〉）

[3] 今後は受注調整を行わない旨を表明した事業者に対して、他の事業者と共同して、当該違反行為をやめないことを依頼し、以後、受注予定者が受注できるように協力させた違反事業者が、本条二項［改正前の七条の二第八項］三号イに該当するとされた事例［令和一法四五による改正前の事例］（納令平26・1・31審決集六〇・一・四七一〈関西電力架空送電工事談合事件〉経済百選[二版]一〇七）

[4] 当該事業者が発注者に提示すべき価格低減率の連絡を受注予定者から受けて、これを基に、受注予定者以外の各事業者

が発注者に提示すべき価格低減率を調整した上で、それぞれ指定することなどにより、受注予定者が確実に受注できるようにしていた違反事業者が、本条二項［改正前の七条の二第八項］三号ロに該当するとされた事例［令和一法四五による改正前の事例］（納平25・12・20審決集六〇・一・四四二〈東京電力本店特定架空送電工事談合事件〉）

第七条の四【報告等に基づく課徴金の減免】① 公正取引委員会は、第七条の二第一項の規定により課徴金を納付すべき事業者が次の各号のいずれにも該当する者であるときは、同項の規定にかかわらず、当該事業者に対し、課徴金の納付を命じないものとする。

一 公正取引委員会規則で定めるところにより、単独で、当該違反行為をした事業者のうち最初に公正取引委員会に当該違反行為に係る事実の報告及び資料の提出を行つた者（当該事実の報告及び資料の提出が当該違反行為に係る事件についての調査開始日（第四十七条第一項第四号に掲げる処分又は第百二条第一項に規定する処分が最初に行われた日をいう。以下この条において同じ。）（当該処分が行われなかつたときは、当該事業者が当該違反行為について事前通知を受けた日をいう。次号及び次項において同じ。）以後に行われた場合を除く。）

二 当該違反行為に係る事件についての調査開始日以後において、当該違反行為をしていない者

② 第七条の二第一項の場合において、公正取引委員会は、当該事業者が第一号及び第五号に該当する者であるときは減算前課徴金額（前二条の規定により計算した課徴金の額をいう。以下この条及び次条において同じ。）に百分の二十を乗じて得た額を、第二号及び第五号又は第三号及び第五号に該当する者であるときは減算前課徴金額に百分の十を乗じて得た額を、第四号及び第五号に該当する者であるときは減算前課徴金額に百分の五を乗じて得た額を、それぞれ当該減算前課徴金額から減額するものとする。

一 公正取引委員会規則で定めるところにより、単独で、当該違反行為をした事業者のうち二番目に公正取引委員会に当該違反行為に係る事実の報告及び資料の提出を行つた者（当該事実の報告及び資料の提出が当該違反行為に係る事件についての調査開始日以後に行われた場合を除く。）

二 公正取引委員会規則で定めるところにより、単独で、当該違反行為をした事業者のうち三番目に公正取引委員会に当該違反行為に係る事実の報告及び資料の提出を行つた者（当該事実の報告及び資料の提出が当該違反行為に係る事件についての調査開始日以後に行われた場合を除く。）

三 公正取引委員会規則で定めるところにより、単独で、当該違反行為をした事業者のうち四番目又は五番目に公正取引委員会に当該違反行為に係る事実の報告及び資料の提出（第四十五条第一項に規定する報告又は同条第四項の措置その他により既に公正取引委員会によつて把握されている事実に係るものを除く。次号において同じ。）を行つた者（当該事実の報告及び資料の提出が当該違反行為に係る事件についての調査開始日以後に行われた場合を除く。）

四 公正取引委員会規則で定めるところにより、単独で、当該違反行為をした事業者のうち六番目以降に公正取引委員会に当該違反行為に係る事実の報告及び資料の提出を行つた者（当該事実の報告及び資料の提出が当該違反行為に係る事件についての調査開始日以後に行われた場合を除く。）

五 当該違反行為に係る事件についての調査開始日以後において、当該違反行為をしていない者

③ 第七条の二第一項の場合において、公正取引委員会は、当該事業者が第一号及び第三号に該当する者であるときは減算前課徴金額に百分の十を乗じて得た額を、第二号及び第三号に該当する者であるときは減算前課徴金額に百分の五を乗じて得た額を、それぞれ当該減算前課徴金額から減額するものとする。

一 当該違反行為に係る第一項第一号又は前項第一号から第三号までに規定する事実の報告及び資料の提出を行つた者の数が五に満たない場合において、当該違反行為に係る事件についての調査開始日以後公正取引委員会規則で定める期日までに、公正取引委員会規則で定めるところにより、単独で、公正取引委員会に当該違反行為に係る事実の報告及び資料の提出（第四十七条第一項各号に掲げる処分又は第百二条第一項に規定する処分その他により既に公正取引委員会によつて把握されている事実に係るものを除く。次号において同じ。）を行つた者（第一項第一号又は前項第一号から第三号までに規定する事実の報告及び資料の提出を行つた者の数とこの号に規定する事実の報告及び資料の提出を行つた者の数を合計した数が五以下であり、かつ、この号に規定する事実の報告及び資料の提出を行つた者の数を合計した数が三以下である場合に限る。）

二 当該違反行為に係る事件についての調査開始日以後公正取引委員会規則で定める期日までに、公正取引委員会規則で定めるところにより、単独で、公正取引委員会に当該違反行為に係る事実の報告及び資料の提出を行つた者（前号に該当する者を除く。）

三 前二号に規定する事実の報告及び資料の提出を行つた日以後において、当該違反行為をしていない者

④ 第七条の二第一項に規定する違反行為をした事業者のうち二以上の事業者（会社である場合に限る。）が、公正取引委員会規則で定めるところにより、共同して、公正取引委員会に当該違反行為に係る事実の報告及び資料の提出を行つた場合において、第一号に該当し、かつ、第二号又は第三号のいずれかに該当する者であるときに限り、当該事実の報告及び資料の提出を単独で行つたものとみなして、当該事実の報告及び資料の提出を行つた二以上の事業者について前三項の規定を適用する。この場合における第一項第一号、第二項第一号から第四号まで並びに前項第一号及び第二号に規定する事実の報告及び資料の提出を行つた事業者の数の計算については、当該二以上の事業者をもつて一の事業者とする。

一 当該二以上の事業者が、当該事実の報告及び資料の提出の時において相互に子会社等の関係にあること。

二 当該二以上の事業者のうち、当該二以上の事業者のうちの他の事業者と共同して当該違反行為をしたものが、当該他の事業者と共同して当該違反行為をした全期間（当該事実の報告及び資料の提出を行つた日から遡り十年以内の期間に限る。）において、当該他の事業者と相互に子会社等の関係にあつたこと。

三 当該二以上の事業者のうち、当該二以上の事業者のうちの他の事業者と共同しては当該違反行為をしていないものについて、次のいずれかに該当する事実があること。

イ その者が当該二以上の事業者のうちの他の事業者に対して当該違反行為に係る事業の全部若しくは一部を譲渡し、又は分割により当該違反行為に係る事業の全部若しくは一部を承継させ、かつ、当該他の事業者が当該譲渡又は分割の日から当該違反行為を開始したこと。

ロ その者が、当該二以上の事業者のうちの他の事業者から当該違反行為に係る事業の全部若しくは一部を譲り受け、又は分割により当該違反行為に係る事業の全部若しくは一部を承継し、かつ、当該譲受け又は分割の日から当該違反行為を開始したこと。

⑤ 公正取引委員会は、第一項第一号、第二項第一号から第四号まで又は第三項第一号若しくは第二号に規定する事実の報告及び資料の提出を受けたときは、当該事業者に対し、速やかに文書をもつてその旨を通知するものとする。

⑥ 公正取引委員会は、次条第一項の合意（同条第二項各号に掲げる行為をすることを内容とするものを含む。）をした場合を除

き、第一項第一号、第二項第一号から第四号まで又は第三項第一号若しくは第二号に規定する事実の報告及び資料の提出を行つた事業者に対し第七条の二第一項の規定による命令又は次項若しくは第七条の七第三項の規定による通知をするまでの間、当該事業者に対し、当該違反行為に係る事実の報告又は資料の提出を追加して求めることができる。

⑦　公正取引委員会は、第一項の規定により課徴金の納付を命じないこととしたときは、同項の規定に該当する事業者がした違反行為に係る事件について当該事業者以外の事業者に対し第七条の二第一項の規定による命令をする際に（同項の規定による命令をしない場合にあつては、公正取引委員会規則で定める時までに）、これと併せて当該事業者に対し、文書をもつてその旨を通知するものとする。

[7] **調査開始日（本条一項一号）**
原告が関係していない違反行為Aを中心とした立入検査が、原告が関係する違反行為Bに関する立入検査でもあったと認定され、原告が対象とされていない立入検査の日が調査開始日とされて、本条三項二号［改正前の七条の二第一二項一号］の期日より後にされた原告の減免申請を受け入れずに行われた課徴金納付命令が是認された事例［令和一法四五による改正前の事例］（東京高判平25・12・20審決集六〇・二・一〇八〈愛知電線事件〉経済百選[二版]一〇六）→四七条[2]

第七条の五【報告等事業者との合意に基づく課徴金の減額】

①　公正取引委員会は、前条第二項第一号から第四号まで又は第三項第一号若しくは第二号に規定する事実の報告及び資料の提出を行つた事業者（以下この条において「報告等事業者」という。）から次の各号に掲げる行為についての協議の申出があつたときは、報告等事業者との間で協議を行うものとし、当該事実及び資料により得られ、並びに第一号に掲げる行為により報告し、又は提出する事実又は資料により得られることが見込まれる事件の真相の解明に資するものとして公正取引委員会規則で定める事項に係る事実の内容その他の事情を考慮して、公正取引委員会規則で定めるところにより、報告等事業者との間で、報告等事業者が同号に掲げる行為をし、かつ、公正取引委員会が第二号に掲げる行為をすることを内容とする合意をすることができる。

一　次に掲げる行為

イ　当該協議において、公正取引委員会に対し、報告し、又は提出する旨の申出を行つた事実又は資料を当該合意後直ちに報告し、又は提出すること。

ロ　前条第二項第一号から第四号まで若しくは第三項第一号若しくは第二号に規定する事実の報告及び資料の提出又はイに掲げる行為により得られた事実又は資料に関し、公正取引委員会の求めに応じ、事実の報告、資料の提出、公正取引委員会による報告等事業者の物件の検査（ハ及び次項第一号ロにおいて単に「検査」という。）の承諾その他の行為を行うこと。

ハ　公正取引委員会による調査により判明した事実に関し、公正取引委員会の求めに応じ、事実の報告、資料の提出、検査の承諾その他の行為を行うこと。

二　減算前課徴金額に次のイ又はロに掲げる事業者の区分に応じ、当該イ又はロに定める割合（次項第二号において「上限割合」という。）の範囲内において当該合意において定める特定の割合（同号及び第三項において「特定割合」という。）を乗じて得た額を、当該減算前課徴金額から減額すること。

イ　前条第二項第一号から第四号までに規定する事実の報告及び資料の提出を行つた事業者　百分の四十以下

ロ　前条第三項第一号又は第二号に規定する事実の報告及び資料の提出を行つた事業者　百分の二十以下

②　公正取引委員会は、前項の協議において報告等事業者により説明された同項第一号に掲げる行為により得られる事実又は資料が事件の真相の迅速な解明に必要であることに加えて、報告等事業者が同号の合意後に当該事件についての新たな事実又は資料であつて同項の公正取引委員会規則で定める事項に係る事実に係るものを把握する蓋然性が高いと認められる場合において、当該新たな事実又は資料の報告又は提出に当該合意後一定の期間を要する事情があると認めるときは、報告等事業者に対し、当該協議において、報告等事業者が同号に掲げる行為に加えて第一号に掲げる行為をすることを当該合意の内容に含めるとともに、公正取引委員会が同項第二号に掲げる行為をすることに代えて第二号に掲げる行為をすることを当該合意の内容とするよう求めることができる。

一　次に掲げる行為

イ　当該合意後、当該新たな事実又は資料を把握したときは、直ちに、公正取引委員会に当該新たな事実又は資料の報告又は提出を行うこと。

ロ　イに掲げる行為により得られた事実又は資料に関し、公正取引委員会の求めに応じ、事実の報告、資料の提出、検査の承諾その他の行為を行うこと。

二　減算前課徴金額に、特定割合を下限とし、これに報告等事業者が前号に掲げる行為をすることに対し減算前課徴金額を更に減ずることができる割合として公正取引委員会規則で定めるところにより当該合意において定める割合を加算した割合（上限割合以下の割合に限る。）を上限とする範囲内において、公正取引委員会が当該行為により得られた前項の公正取引委員会規則で定める事項に係る事実の内容を評価して決定する割合（次項及び第五項において「評価後割合」という。）を乗じて得た額を、当該減算前課徴金額から減額すること。

③　第七条の二第一項の場合において、公正取引委員会は、第一項の合意（前項各号に掲げる行為をすることを内容とするものを含む。以下この条及び次条において同じ。）があるときは、前条第二項又は第三項の規定により減額する額に加えて、当該合意の内容に応じ、減算前課徴金額に特定割合又は評価後割合を乗じて得た額を、当該減算前課徴金額から減額するものとする。

④　第一項の合意は、公正取引委員会及び報告等事業者が署名又は記名押印をした書面により、その内容を明らかにしてするものとする。

⑤　公正取引委員会は、第二項第二号に掲げる行為をすることを内容とする第一項の合意をする場合には、同号に規定する公正取引委員会による評価及び評価後割合の決定の方法を前項の書面に記載するものとする。

⑥　第一項の協議において、公正取引委員会は、報告等事業者に対し、報告等事業者が同項第一号イに掲げる行為により報告し、又は提出することができる事実又は資料の概要について説明を求めることができる。

⑦　公正取引委員会は、第一項の合意が成立しなかつた場合（報告等事業者が第二項の求めに応じず、第一項各号に掲げる行為をすることのみを内容とする合意が成立したときを除く。）には、公正取引委員会が同項の協議における報告等事業者の説明の内容を記録した、文書その他の物件を証拠とすることができない。

⑧　協議の申出の期限その他の第一項の協議に関し必要な手続は、公正取引委員会規則で定める。

⑨　報告等事業者は、第一項の協議を行うに当たり、代理人（弁護士又は弁護士法人に限る。次項及び第十一項において「特定代理人」という。）を選任することができる。

⑩　公正取引委員会は、第一項の協議を行うに当たり、当該協議の相手方となる報告等事業者に対し、特定代理人を選任することができる旨を書面により教示するものとする。

⑪　報告等事業者が第九項の規定により特定代理人を選任した場合における第一項及び第四項の規定の適用については、第一項中「との間で協議」とあるのは「又は特定代理人（第九項に規定する特定代理人をいう。第四項において同じ。）との間で協

議」と、第四項中「及び報告等事業者」とあるのは「並びに報告等事業者及び特定代理人」とする。

第七条の六【課徴金の減免等の不適用】 公正取引委員会が、第七条の四第一項第一号、第二項第一号から第四号まで又は第三項第一号若しくは第二号に規定する事実の報告及び資料の提出を行つた事業者に対し第七条の二第一項の規定による命令又は第七条の四第七項の規定による通知をするまでの間に、次の各号のいずれかに該当する事実があると認めるときは、同条第一項から第三項まで及び前条第三項の規定にかかわらず、これらの規定は、適用しない。

一 当該事業者（当該事業者が第七条の四第四項に規定する事実の報告及び資料の提出を行つた者であるときは、当該事業者及び当該事業者と共同して当該事実の報告及び資料の提出を行つた他の事業者のうち、いずれか一以上の事業者。以下この号から第三号までにおいて同じ。）が報告した事実若しくは提出した資料又は当該事業者がした前条第一項第一号若しくは第二項第一号に掲げる行為により得られた事実若しくは資料に虚偽の内容が含まれていたこと。

二 当該事業者（第七条の四第一項第一号に規定する事実の報告及び資料の提出を行つた事業者に限る。）が、同条第六項の規定による求めに対し、事実の報告若しくは資料の提出をせず、又は虚偽の事実の報告若しくは資料の提出をしたこと。

三 当該事業者（第七条の四第二項第一号から第四号まで又は第三項第一号若しくは第二号に規定する事実の報告及び資料の提出を行つた事業者に限る。）が、同条第六項の規定による求めに対し、虚偽の事実の報告又は資料の提出をしたこと。

四 当該事業者がした当該違反行為に係る事件において、当該事業者が、他の事業者に対し（当該事業者が第七条の四第四項に規定する事実の報告及び資料の提出を行つた者であるときは、当該事業者及び当該事業者と共同して当該事実の報告及び資料の提出を行つた他の事業者のうちいずれか一以上の事業者が、当該事業者及び当該事業者と共同して当該事実の報告及び資料の提出を行つた他の事業者以外の事業者に対し）第七条の二第一項に規定する違反行為をすることを強要し、又は当該違反行為をやめることを妨害していたこと。

五 当該事業者が、他の事業者に対し（当該事業者が第七条の四第四項に規定する事実の報告及び資料の提出を行つた者であるときは、当該事業者及び当該事業者と共同して当該事実の報告及び資料の提出を行つた他の事業者のうちいずれか一以上の事業者が、当該事業者及び当該事業者と共同して当該事実の報告及び資料の提出を行つた他の事業者以外の事業者に対し）同条第一項第一号、第二項第一号から第四号まで若しくは第三項第一号若しくは第二号に規定する事実の報告及び資料の提出又は前条第一項の協議の申出を行うことを妨害していたこと。

六 当該事業者が、正当な理由なく、第七条の四第一項第一号、第二項第一号から第四号まで若しくは第三項第一号若しくは第二号に規定する事実の報告及び資料の提出を行つた旨又は前条第一項の合意若しくは協議を行つた旨を第三者に対し（当該事業者が第七条の四第四項に規定する事実の報告及び資料の提出を行つた者であるときは、当該事業者及び当該事業者と共同して当該事実の報告及び資料の提出を行つた他の事業者のうちいずれか一以上の事業者が、当該事業者及び当該事業者と共同して当該事実の報告及び資料の提出を行つた他の事業者以外の者に対し）明らかにしたこと。

七 当該事業者が、前条第一項の合意に違反して当該合意に係る行為を行わなかつたこと。

第七条の七【課徴金納付命令前に罰金の刑が確定した場合の調整】 ① 公正取引委員会は、第七条の二第一項の場合において、同一事件について、当該事業者に対し、罰金の刑に処する確定裁判があるときは、同条、第七条の三、第七条の四第二項若しくは第三項又は第七条の五第三項の規定により計算した額に代えて、その額から当該罰金額の二分の一に相当する金額を控除した額を課徴金の額とするものとする。ただし、第七条の二、第七条の三、第七条の四第二項若しくは第三項又は第七条の五第三項の規定により計算した額が当該罰金額の二分の一に相当する金額を超えないとき、又は当該控除後の額が百万円未満であるときは、この限りでない。

② 前項ただし書の場合においては、公正取引委員会は、課徴金の納付を命ずることができない。

③ 公正取引委員会は、前項の規定により課徴金の納付を命じない場合には、罰金の刑に処せられた事業者に対し、当該事業者がした第七条の二第一項に規定する違反行為に係る事件について当該事業者以外の事業者に対し同項の規定による命令をする際に（当該命令をしない場合にあつては、公正取引委員会規則で定める時までに）、これと併せて文書をもつてその旨を通知するものとする。

第七条の八【課徴金の納付等】 ① 第七条の二第一項の規定による命令を受けた者は、同条、第七条の三、第七条の四第二項若しくは第三項、第七条の五第三項又は前条第一項の規定により計算した課徴金を納付しなければならない。

② 第七条の二、第七条の三、第七条の四第二項若しくは第三項、第七条の五第三項又は前条第一項の規定により計算した課徴金の額に一万円未満の端数があるときは、その端数は、切り捨てる。

③ 第七条の二第一項に規定する違反行為をした事業者が法人である場合において、当該法人が合併により消滅したときは、当該法人がした違反行為並びに当該法人が受けた同項の規定による命令、第七条の四第七項及び前条第三項の規定による通知並びに第六十三条第二項の規定による決定（以下この項及び次項において「命令等」という。）は、合併後存続し、又は合併により設立された法人がした違反行為及び当該合併後存続し、又は合併により設立された法人が受けた命令等とみなして、第七条の二からこの条までの規定を適用する。

④ 第七条の二第一項に規定する違反行為をした事業者が法人である場合において、当該法人がその一若しくは二以上の子会社等に対して当該違反行為に係る事業の全部を譲渡し、又は当該法人（会社である場合に限る。）がその一若しくは二以上の子会社等に対して分割により当該違反行為に係る事業の全部を承継させ、かつ、合併以外の事由により消滅したときは、当該法人がした違反行為及び当該法人が受けた命令等は、当該事業の全部若しくは一部を譲り受け、又は分割により当該事業の全部若しくは一部を承継した子会社等（以下「特定事業承継子会社等」という。）がした違反行為及び当該特定事業承継子会社等が受けた命令等とみなして、同条からこの条までの規定を適用する。この場合において、当該特定事業承継子会社等が二以上あるときは、第七条の二第一項中「当該事業者に対し」とあるのは「特定事業承継子会社等（第七条の八第四項に規定する特定事業承継子会社等をいう。以下この項及び同条第一項において同じ。）に対し、この項の規定による命令を受けた他の特定事業承継子会社等と連帯して」と、第一項中「受けた者は」とあるのは「受けた特定事業承継子会社等は、同項の規定による命令を受けた他の特定事業承継子会社等と連帯して」とする。

⑤ 前二項の場合において、第七条の四及び第七条の五の規定の適用に関し必要な事項は、政令で定める。

⑥ 実行期間の終了した日から七年を経過したときは、公正取引委員会は、当該違反行為に係る課徴金の納付を命ずることができない。

[7] **会社の清算手続と課徴金**
会社の清算手続中に納付命令が発せられ、納付命令書謄本が送達された場合、既に当該会社には国庫に課徴金を納付すべき義務が発生しており、同義務の消滅が確定しない限り、清算手続は結了せず、法人格は存続するから、当該会社は納付命令の名宛人となる。〔令和一法四五による改正前の事例〕（判審平20・7・29審決集五五・三三九〈大木建設事件〉）

第七条の九【私的独占に係る課徴金納付命令】① 事業者が、私的独占（他の事業者の事業活動を支配することによるものに限る。）であつて、当該他の事業者（以下この項において「被支配事業者」という。）が供給する商品若しくは役務の対価に係るもの又は被支配事業者が供給する商品若しくは役務の供給量、市場占有率若しくは取引の相手方を実質的に制限することによりその対価に影響することとなるものをしたときは、公正取引委員会は、第八章第二節に規定する手続に従い、当該事業者に対し、第一号及び第二号に掲げる額の合計額に百分の十を乗じて得た額並びに第三号に掲げる額の合算額に相当する額の課徴金を国庫に納付することを命じなければならない。ただし、その額が百万円未満であるときは、その納付を命ずることができない。

一 当該事業者及びその特定非違反供給子会社等が被支配事業者に供給した当該商品又は役務（当該被支配事業者が当該違反行為に係る一定の取引分野において当該商品又は役務を供給するために必要な商品又は役務を含む。次号及び第三号において同じ。）並びに当該一定の取引分野において当該事業者及び当該特定非違反供給子会社等が供給した当該商品又は役務（当該事業者に当該特定非違反供給子会社等が供給したもの並びに当該事業者又は当該特定非違反供給子会社等が被支配事業者及び当該事業者の供給子会社等に供給したものを除く。）並びに当該一定の取引分野において当該事業者及び当該特定非違反供給子会社等が当該事業者の供給子会社等に供給した当該商品又は役務（当該供給子会社等（違反供給子会社等又は特定非違反供給子会社等である場合に限る。）が他の者に当該商品又は役務を供給するために当該事業者又は当該特定非違反供給子会社等から供給を受けたものを除く。）の政令で定める方法により算定した、当該違反行為に係る実行期間における売上額

二 当該違反行為に係る商品又は役務の全部又は一部の製造、販売、管理その他の当該商品又は役務に密接に関連する業務として政令で定めるものであつて、当該事業者及びその完全子会社等（当該違反行為をしていないものに限る。次号において同じ。）が行つたものの対価の額に相当する額として政令で定める方法により算定した額

三 当該違反行為に係る商品若しくは役務を他の者（当該事業者の供給子会社等並びに当該違反行為をした他の事業者及びその供給子会社等を除く。）に供給しないことに関し、手数料、報酬その他名目のいかんを問わず、当該事業者及びその完全子会社等が得た金銭その他の財産上の利益に相当する額として政令で定める方法により算定した額

② 事業者が、私的独占（他の事業者の事業活動を排除することによるものに限り、前項の規定に該当するものを除く。）をしたときは、公正取引委員会は、第八章第二節に規定する手続に従い、当該事業者に対し、当該違反行為に係る一定の取引分野において当該事業者及びその特定非違反供給子会社等が供給した商品又は役務（当該一定の取引分野において当該商品又は役務を供給する他の事業者に供給したものを除く。）並びに当該一定の取引分野において当該商品又は役務を供給する他の事業者（当該事業者の供給子会社等を除く。）に当該事業者及び当該特定非違反供給子会社等が供給した当該商品又は役務（当該他の事業者が当該商品又は役務を供給するために必要な商品又は役務を含む。）並びに当該一定の取引分野において当該事業者及び当該特定非違反供給子会社等が当該事業者の供給子会社等に供給した当該商品又は役務（当該供給子会社等（違反供給子会社等又は特定非違反供給子会社等である場合に限る。）が他の者に当該商品又は役務を供給するために当該事業者又は当該特定非違反供給子会社等から供給を受けたものを除く。）の政令で定める方法により算定した、当該違反行為に係る違反行為期間における売上額に、百分の六を乗じて得た額に相当する額の課徴金を国庫に納付することを命じなければならない。ただし、その額が百万円未満であるときは、その納付を命ずることができない。

③ 第七条の二第三項、第七条の三第一項（ただし書を除く。）、第七条の七並びに前条第一項から第四項まで及び第六項の規定は、第一項に規定する違反行為が行われた場合について準用する。この場合において、次の表の上欄に掲げる規定中同表の中欄に掲げる字句は、それぞれ同表の下欄に掲げる字句に読み替えるものとする。

第七条の二第三項	第一項の	第七条の九第一項の
	第一項各号	第七条の九第一項各号
	若しくは特定非違反購入子会社等又は	又は
第七条の三第一項	前条第一項の	第七条の九第一項の
	同項（同条第二項において読み替えて適用する場合を含む。）	同項
第七条の七第一項	第七条の二第一項	第七条の九第一項
	同条、第七条の三、第七条の四第二項若しくは第七条の五第三項	同項又は同条第三項において読み替えて準用する第七条の二第三項若しくは第七条の三第一項（ただし書を除く。）
第七条の七第一項ただし書	第七条の二、第七条の三、第七条の四第二項若しくは第三項若しくは第七条の五第三項	第七条の九第一項又は同条第三項において読み替えて準用する第七条の二第三項若しくは第七条の三第一項（ただし書を除く。）
第七条の七第二項	前項ただし書	第七条の九第三項において読み替えて準用する前項ただし書
第七条の七第三項	前項	第七条の九第三項において読み替えて準用する前項
	第七条の二第一項	同条第一項
前条第一項	第七条の二第一項	次条第一項
	同条、第七条の三、第七条の四第二項若しくは第三項、第七条の五第三項又は	同項又は同条第三項において読み替えて準用する第七条の二第三項、第七条の三第一項（ただし書を除く。）若しくは
前条第二項	第七条の二、第七条の三、第七条の四第二項若しくは第三項、第七条の五第三項又は	次条第一項又は同条第三項において読み替えて準用する第七条の二第三項、第七条の三第一項（ただし書を除く。）若しくは
前条第三項	第七条の二第一項	次条第一項
	第七条の四第七項及び	同条第三項において読み替えて準用する
	通知並びに	通知及び
	第七条の二からこの条まで	次条第一項並びに同条第三項において読み替えて準用する第七条の二第三項、第

	項	七条の三第一項（ただし書を除く。）、前条及び第一項から次項まで並びに次条第三項において準用する第六項
前条第四項	第七条の二第一項	次条第一項
	同条からこの条まで	同項並びに同条第三項において読み替えて準用する第七条の二第三項、第七条の三第一項（ただし書を除く。）、前条及び第一項からこの項まで並びに次条第三項において準用する第六項
	特定事業承継子会社等（第七条の八第四項に規定する特定事業承継子会社等をいう。以下この項及び同条第一項において同じ。）	特定事業承継子会社等
	、第一項	、同条第三項において読み替えて準用する第一項
	受けた特定事業承継子会社等は、同項	受けた特定事業承継子会社等（同条第三項において読み替えて準用する第四項に規定する特定事業承継子会社等をいう。以下この項において同じ。）は、同条第一項

④ 第七条の二第三項、第七条の三第一項（ただし書を除く。）、第七条の七並びに前条第一項から第四項まで及び第六項の規定は、第二項に規定する違反行為が行われた場合について準用する。この場合において、次の表の上欄に掲げる規定中同表の中欄に掲げる字句は、それぞれ同表の下欄に掲げる字句に読み替えるものとする。

第七条の二	第一項の	第七条の九第二項の
第三項	実行期間	違反行為期間
	第一項各号に掲げる	第七条の九第二項に規定する
	若しくは特定非違反購入子会社等又は	又は
第七条の三第一項	前条第一項の	第七条の九第二項の
	同項（同条第二項において読み替えて適用する場合を含む。）	同項
	合算額	売上額
第七条の七第一項	第七条の二第一項	第七条の九第二項
	同条、第七条の三、第七条の四第二項若しくは第三項又は第七条の五第三項	同項又は同条第四項において読み替えて準用する第七条の二第三項若しくは第七条の三第一項（ただし書を除く。）
第七条の七第一項ただし書	第七条の二、第七条の三、第七条の四第二項若しくは第三項若しくは第七条の五第三項	第七条の九第二項又は同条第四項において読み替えて準用する第七条の二第三項若しくは第七条の三第一項（ただし書を除く。）
第七条の七第二項	前項ただし書	第七条の九第四項において読み替えて準用する前項ただし書
第七条の七第三項	前項	第七条の九第四項において読み替えて準用する前項
	第七条の二第一項	同条第二項
前条第一項	第七条の二第一項	次条第二項
	同条、第七条の三、第七条の四第二項若しくは第三項、第七条の五第三項又は	同項又は同条第四項において読み替えて準用する第七条の二第三項、第七条の三第一項（ただし書を除く。）若しくは
前条第二項	第七条の二、第七条の三、第七条の四第二項若しくは第三項、第七条の五第三項又は	次条第二項又は同条第四項において読み替えて準用する第七条の二第三項、第七条の三第一項（ただし書を除く。）若しくは
前条第三項	第七条の二第一項	次条第二項
	第七条の四第七項及び	同条第四項において読み替えて準用する
	通知並びに	通知及び
	第七条の二からこの条まで	次条第二項並びに同条第四項において読み替えて準用する第七条の二第三項、第七条の三第一項（ただし書を除く。）、前条並びに第一項から次項まで及び第六項
前条第四項	第七条の二第一項	次条第二項
	同条からこの条まで	同項並びに同条第四項において読み替えて準用する第七条の二第三項、第七条の三第一項（ただし書を除く。）、前条並びに第一項からこの項まで及び第六項
	特定事業承継子会社等（第七条の八第四項に規定する特定事業承継子会社等をいう。以下この項及び同条第一項において同じ。）	特定事業承継子会社等
	、第一項	、同条第四項において読み替えて準用する第一項
	受けた特定事業承継子会社等	受けた特定事業承継子会社等（同条第四項において読

	は、同項	み替えて準用する第四項に規定する特定事業承継子会社等をいう。以下この項において同じ。）は、同条第二項
前条第六項	実行期間	違反行為期間

[1] **排除型私的独占の課徴金額算定**　当該違反行為に係る一定の取引分野において違反事業者が供給した商品又は役務（以下「商品等」）の売上額と、当該一定の取引分野において商品等を供給する他の事業者に違反事業者が供給した商品等の売上額の合計額を課徴金額の算定基礎とした事例（納令令3・2・19【令3納一】〈マイナミ空港サービス事件〉）→二条の二[4]

第三章　事業者団体

第八条【事業者団体に対する規制】　事業者団体は、次の各号のいずれかに該当する行為をしてはならない。

一　一定の取引分野における競争を実質的に制限すること。

二　第六条に規定する国際的協定又は国際的契約をすること。

三　一定の事業分野における現在又は将来の事業者の数を制限すること。

四　構成事業者（事業者団体の構成員である事業者をいう。以下同じ。）の機能又は活動を不当に制限すること。

五　事業者に不公正な取引方法に該当する行為をさせるようにすること。

一　事業者団体の行為

[1]　事業者団体の何らかの機関で決定がされた場合、その決定が構成員によって実質的に団体の決定として遵守すべきものとして認識されているときは、その機関が正式の意思決定機関であるか否かに関わりなく、当該決定は団体の決定である。（判審平7・7・10審決集四二・三〈大阪バス協会事件〉経済百選[二版]三六）→◆【事業法・独禁法以外の規制と独禁法】［三条の後］[2]

二　事業者の数の制限（本条三号）

[2]　本条三号は、本条一号と異なり、競争の実質的制限に至らなくても、競争政策上看過することができない影響を競争に及ぼすこととなる場合を対象としており、当該事業者団体に加入しなければ参入等をすることが一般に困難な状況があれば、入会希望者の入会を制限することが参入等を事実上抑制する効果を有し、「現在又は将来の事業者の数を制限すること」に該当する。（東京高判令3・1・21審決集六七・六一五〈神奈川県LPガス協会事件〉重判令3経済二）

[3]　独禁法一条の目的に照らして、専ら公正な競争秩序維持の見地からみて正当な理由がある場合には、たとえ外形上現在又は将来の事業者の数を制限する行為であったとしても、不当とはいえず、本条三号に該当しない。（東京高判令3・1・21前出[2]）

三　構成事業者の機能・活動の制限（本条四号）

1　構成事業者

[4]　独禁法二条一項後段によって事業者とみなされる管理薬剤師が、事業者団体の正会員であることにより受ける便宜を医薬品販売業者の利益のために供している場合には、本条四号の適用については、当該医薬品販売業者も構成事業者に該当する。（排令平19・6・18審決集五四・四七四〈滋賀県薬剤師会事件〉）→二条[4]

2　諸態様

[5]　大阪バス協会が、決定に係る運賃が道路運送法上の認可運賃の範囲内にある限りで、出発地が大阪府内にある学校遠足向け輸送の取引における運賃を決定すること（判審平7・7・10前出[1]）

[6]　東日本おしぼり協同組合による得意先争奪の禁止、紛争の仲裁、得意先返還等の措置（勧審平7・4・24審決集四二・一一九、経済百選[二版]四一）

[7]　三重県バス協会が、会員の貸切バスの増車の認可申請について、増車申請を制限すること（勧審平2・2・2審決集三六・三五〈三重県バス協会事件〉独禁百選[五版]四四）

[8]　広島県石油商業組合が、安値販売を抑制する目的で、安値看板、チラシ等の配布、旗振り等の行動等を制限する自粛ルールを決定し、遵守させること（判審平8・6・13判時一五七一・三五〈広島県石油商組事件〉重判平8経済四）

[9]　上伊那歯科医師会が「適正配置要項」により会員である歯科医の歯科医療機関開設の申出につき承認又は不承認の決定を行うこと（勧審平3・3・12審決集三七・七三、独禁百選[五版]五五）

[10]　浜北市医師会による看板以外の広告の媒体、時期の制限、看板の設置場所の制限等を内容とする広告自粛規程の決定及び違反看板の撤去（勧審平11・1・25審決集四五・一八五〈浜北市医師会事件〉独禁百選[六版]四六）

[11]　教科書協会が、会員の製作する教科書のページ数、色刷りページ数の割合等に関する規格を決定し、会員に遵守させること（勧審平11・11・2審決集四六・三四七〈教科書協会事件〉独禁百選[六版]四八）

[12]　東京湾水先区水先人会が、利用者の水先に係る個人指名を受け付けないことなどにより、各会員が自らの判断により利用者と契約して水先を引き受けることを制限し、各会員に代わって利用者から収受した水先料を頭割りを基本とする計算方法により各会員に配分すること（排令平27・4・15審決集六二・三二五〈東京湾水先区水先人会事件〉）

3　一号との関係

[13]　市場占拠率五〇パーセント以上の製品の価格制限には本条一号違反が、約一三パーセントから約二七パーセントの製品の価格制限には本条四号違反が成立する。（勧審昭48・6・29審決集二〇・四一）

[14]　倉庫保管料の届出料金の引上げ決定が、決定を契機に実勢料金の引上げに努力するという程度の認識しかなく、届出料金の引上げに連動して実勢料金の引上げが行われ得るような状況にもない場合には、競争の実質的制限はなく、本条一号違反は成立しないが、会員が自由になし得る届出を拘束するものとして、本条四号違反が成立する。（判審平12・4・19審決集四七・三〈日本冷蔵倉庫協会事件〉経済百選[二版]三九）

四　事業者に不公正な取引方法に該当する行為をさせるようにすること（本条五号）→◆【不公正な取引方法】［二条の後］[判]

第八条の二【排除措置命令】　①　前条の規定に違反する行為があるときは、公正取引委員会は、第八章第二節に規定する手続に従い、事業者団体に対し、当該行為の差止め、当該団体の解散その他当該行為の排除に必要な措置を命ずることができる。

②　第七条第二項の規定は、前条の規定に違反する行為に準用する。

③　公正取引委員会は、事業者団体に対し、第一項又は前項において準用する第七条第二項に規定する措置を命ずる場合において、特に必要があると認めるときは、第八章第二節に規定する手続に従い、当該団体の役員若しくは管理人又はその構成事業者（事業者の利益のためにする行為を行う役員、従業員、代理人その他の者が構成事業者である場合には、当該事業者を含む。第二十六条第一項において同じ。）に対しても、第一項又は前項において準用する第七条第二項に規定する措置を確保するために必要な措置を命ずることができる。

第八条の三【課徴金納付命令】　第二条の二（第十四項を除く。）、第七条の二、第七条の四（第四項第二号及び第三号を除く。）、第七条の五、第七条の六並びに第七条の八第一項、第二項及び第六項の規定は、第八条第一号（不当な取引制限に相当する行為をする場合に限る。）又は第二号（不当な取引制限に該当する事項を内容とする国際的協定又は国際的契約をする場合に限る。）の規定に違反する行為が行われた場合について準用する。この場合において、次の表の上欄に掲げる規定中同表の中欄に掲げる字句は、それぞれ同表の下欄に掲げる字句に読み替えるものとする。

第二条の二第二項	この章	この章（第八条の三において読み替えて準用する第七条の四第四項第一号を除く。）
第二条の二第四項	第七条の二第一項又は第七条の九第一項若しくは第二項に規定する違反行為のうちいずれかの違反行為（第十三項及び第十四項を除き、	第八条の三に規定する違反行為（
	事業者	事業者団体の構成事業者（事業者団体の利益のためにする行為を行う役員、従業員、代理人その他の者が構成事業者である場合には、当該事業者を含む。以下この章において「特定事業者」という。）
第二条の二第五項	事業者	事業者団体
	をしたもの	の実行としての事業活動をしたもの
第二条の二第六項	事業者	事業者団体
	をしていないもの	の実行としての事業活動をしていないもの
第二条の二第七項	事業者と	事業者団体の特定事業者と
	事業者から	特定事業者から
第二条の二第八項	事業者	事業者団体の特定事業者
第二条の二第九項	事業者	事業者団体
	をしたもの	の実行としての事業活動をしたもの
第二条の二第十項	事業者	事業者団体
	をしていないもの	の実行としての事業活動をしていないもの
第二条の二第十一項	事業者と	事業者団体の特定事業者と
	事業者から	特定事業者から
第二条の二第十二項	第七条の二第一項又は第七条の九第一項若しくは第二項	第八条の三
	事業者	事業者団体の特定事業者
第二条の二第十三項	第七条の二第一項又は第七条の九第一項に規定する違反行為をした	違反行為をした事業者団体の
	事業者	特定事業者
第二条の二第十五項	事業者	事業者団体の特定事業者
第七条の二第一項各号列記以外の部分	事業者が	事業者団体が
	事業者に	事業者団体の特定事業者に
第七条の二第一項各号	事業者	特定事業者
第七条の二第一項第三号	をしていない	の実行としての事業活動をしていない
第七条の二第一項第四号	違反行為をした	違反行為をした事業者団体の
第七条の二第二項及び第三項	当該事業者	当該特定事業者
第七条の四第一項各号列記以外の部分	事業者	特定事業者
第七条の四第一項第一号	違反行為をした	違反行為をした事業者団体の
	事業者	特定事業者
第七条の四第一項第二号	をしていない	の実行としての事業活動をしていない
第七条の四第二項各号列記以外の部分	事業者	特定事業者
	前二条	同条
第七条の四第二項第一号から第四号まで	事業者	事業者団体の特定事業者
第七条の四第二項第五号	をしていない	の実行としての事業活動をしていない
第七条の四第三項各号列記以外の部分	事業者	特定事業者
第七条の四第三項第三号	をしていない	の実行としての事業活動をしていない
第七条の四第四項各号列記以外の部分	第七条の二第一項に規定する違反行為をした	第八条第一号（不当な取引制限に相当する行為をする場合に限る。）又は第二号（不当な取引制限に該当する事項を内容とする国際的協定又は国際的契約をする場合に限る。）の規定に違反する行為をした事業者団体の
	事業者	特定事業者
	第一号に該当し、かつ、第二号又は第三号のいずれかに該当	第一号に該当する

	する	
第七条の四第四項第一号	事業者	特定事業者
	子会社等	子会社等（特定事業者の子会社（第二条の二第二項に規定する子会社をいう。）若しくは親会社（同項に規定する親会社をいう。以下この号において同じ。）又は当該特定事業者と親会社が同一である他の会社をいう。）
第七条の四第五項及び第六項	事業者	特定事業者
第七条の四第七項	事業者	特定事業者
	した違反行為	行つた同項第一号に規定する事実の報告及び資料の提出
第七条の五第一項各号列記以外の部分	行つた事業者	行つた特定事業者
	報告等事業者	特定報告等事業者
第七条の五第一項第一号ロ	報告等事業者	特定報告等事業者
第七条の五第一項第二号	事業者	特定事業者
第七条の五第二項、第四項、第六項、第七項及び第九項から第十一項まで	報告等事業者	特定報告等事業者
第七条の六（第四号を除く。）	事業者	特定事業者
第七条の六	事業者がした	事業者団体がした
第四号	、当該事業者	、当該特定事業者
	他の事業者	他の特定事業者
	（当該事業者	（当該特定事業者
	及び当該事業者	及び当該特定事業者
	一以上の事業者	一以上の特定事業者
	以外の事業者	以外の特定事業者
	をする	の実行としての事業活動を行う
	をやめる	の実行としての事業活動をやめる
第七条の八第一項	同条、第七条の三	同条
	、第七条の五第三項又は前条第一項	又は第七条の五第三項
第七条の八第二項	第七条の二、第七条の三	第七条の二
	、第七条の五第三項又は前条第一項	又は第七条の五第三項

第三章の二　独占的状態

第八条の四【競争回復措置命令】① 独占的状態があるときは、公正取引委員会は、第八章第二節に規定する手続に従い、事業者に対し、事業の一部の譲渡その他当該商品又は役務について競争を回復させるために必要な措置を命ずることができる。ただし、当該措置により、当該事業者につき、その供給する商品若しくは役務の供給に要する費用の著しい上昇をもたらす程度に事業の規模が縮小し、経理が不健全になり、又は国際競争力の維持が困難になると認められる場合及び当該商品又は役務について競争を回復するに足りると認められる他の措置が講ぜられる場合は、この限りでない。

② 公正取引委員会は、前項の措置を命ずるに当たつては、次の各号に掲げる事項に基づき、当該事業者及び関連事業者の事業活動の円滑な遂行並びに当該事業者に雇用されている者の生活の安定について配慮しなければならない。

一　資産及び収支その他の経理の状況
二　役員及び従業員の状況
三　工場、事業場及び事務所の位置その他の立地条件
四　事業設備の状況
五　特許権、商標権その他の無体財産権の内容及び技術上の特質
六　生産、販売等の能力及び状況
七　資金、原材料等の取得の能力及び状況
八　商品又は役務の供給及び流通の状況

第四章　株式の保有、役員の兼任、合併、分割、株式移転及び事業の譲受け

第九条【事業支配力過度集中の規制】① 他の国内の会社の株式（社員の持分を含む。以下同じ。）を所有することにより事業支配力が過度に集中することとなる会社は、これを設立してはならない。

② 会社（外国会社を含む。以下同じ。）は、他の国内の会社の株式を取得し、又は所有することにより国内において事業支配力が過度に集中することとなる会社となつてはならない。

③ 前二項において「事業支配力が過度に集中すること」とは、会社及び子会社その他当該会社が株式の所有により事業活動を支配している他の国内の会社の総合的事業規模が相当数の事業分野にわたつて著しく大きいこと、これらの会社の資金に係る取引に起因する他の事業者に対する影響力が著しく大きいこと又はこれらの会社が相互に関連性のある相当数の事業分野においてそれぞれ有力な地位を占めていることにより、国民経済に大きな影響を及ぼし、公正かつ自由な競争の促進の妨げとなることをいう。

④ 次に掲げる会社は、当該会社及びその子会社の総資産の額（公正取引委員会規則で定める方法による資産の合計金額をいう。以下この項において同じ。）で国内の会社に係るものを公正取引委員会規則で定める方法により合計した額が、それぞれ当該各号に掲げる金額を下回らない範囲内において政令で定める金額を超える場合には、毎事業年度終了の日から三月以内に、公正取引委員会規則で定めるところにより、当該会社及びその子会社の事業に関する報告書を公正取引委員会に提出しなければならない。ただし、当該会社が他の会社の子会社である場合は、この限りでない。

一　子会社の株式の取得価額（最終の貸借対照表において別に付した価額があるときは、その価額）の合計額の当該会社の総資産の額に対する割合が百分の五十を超える会社（次号において「持株会社」という。）　六千億円

二　銀行業、保険業又は第一種金融商品取引業（金融商品取引法（昭和二十三年法律第二十五号）第二十八条第一項に規定

する第一種金融商品取引業をいう。次条第三項及び第四項において同じ。）を営む会社（持株会社を除く。） 八兆円

三 前二号に掲げる会社以外の会社 二兆円

⑤ 前二項において「子会社」とは、会社がその総株主の議決権（株主総会において決議をすることができる事項の全部につき議決権を行使することができない株式についての議決権を除き、会社法第八百七十九条第三項の規定により議決権を有するものとみなされる株式についての議決権を含む。以下この条から第十一条まで、第二十二条第三号及び第七十条の四第一項において同じ。）の過半数を有する他の国内の会社をいう。この場合において、会社及びその一若しくは二以上の子会社又は会社の一若しくは二以上の子会社がその総株主の議決権の過半数を有する他の国内の会社は、当該会社の子会社とみなす。

⑥ 前項の場合において、会社が有する議決権並びに会社及びその一若しくは二以上の子会社又は会社の一若しくは二以上の子会社が有する議決権には、社債、株式等の振替に関する法律第百四十七条第一項又は第百四十八条第一項の規定により発行者に対抗することができない株式に係る議決権を含むものとする。

⑦ 新たに設立された会社は、当該会社がその設立時において第四項に規定する場合に該当するときは、公正取引委員会規則で定めるところにより、その設立の日から三十日以内に、その旨を公正取引委員会に届け出なければならない。

◆**【企業結合規制の総論】**

注 一〇条及び一三条から一七条までの企業結合規制全体に共通する問題に関する事例は、ここにまとめて掲げる。具体的には、共通する違反要件及び届出要件・審査手続である。違反要件や届出要件のうち、各条に特有の問題に関する事例は、当該各条の後に掲げる。

一 競争上懸念される行動が起こりやすくなるか否か（あるいは公取委のいう「結合関係」の有無）

1 水平型企業結合の場合

イ 意思決定への関与・連動、利害関係の発生

[1] 東芝の子会社であるWH社が原子燃料工業の株式を取得してグループ傘下に入れようとしたところ、東芝は、原子燃料工業と競争関係にあるGNFグループの株式を間接的に二二パーセント保有しており、欧州委員会との約束によりGNFグループへの経営関与はしないものの経営成果に強い利害を持っている、という事案で、東芝及びWHグループとGNFグループとの間において結合関係が形成されていないとは評価できないとされた事例（平成20年度企業結合事例3〈ウェスティングハウス・原子燃料工業〉）

[2] 株式取得により議決権保有比率が九・五〇パーセントから一六・六一パーセントに上昇するものの、取得会社と被取得会社は今後も経営戦略、ブランド、販売網のいずれも独立して維持していくとしていることや役員兼任がないことなどから、両者の間には結合関係は発生しないとした事例（平成20年度企業結合事例4〈トヨタ自動車・富士重工業〉）

[3] 当事会社は、複数の被保有会社についてそれぞれ、一〇パーセント超・第一位の議決権保有があるが一〇パーセントを僅かに上回る程度である、という場合に、第二位以下の株主との議決権保有比率格差が大きくなく役員兼任もない被保有会社や、役員兼任があるものの被保有会社の需要者が一定の議決権を持つために当事会社と利害が一致しないという被保有会社について、当事会社との結合関係を否定した事例（平成23年度企業結合事例2〈新日鐵・住金〉）

[4] 当事会社が被保有会社について一〇パーセント超・第一位の議決権を保有し、役員を兼任し、一部製品の製造受委託等の業務提携関係が存在するため、結合関係があるとされた事例（平成23年度企業結合事例2〈新日鐵・住金〉）

[5] 同一事業を営む四社に出資する七社のうち四社が並行的に企業結合を行う事例において、ある被出資会社の役員等が出資会社からの出向者のみで構成され、出向元の人事権に服しているため、出向元の利益を図るインセンティブを持っており、かつ、株主間契約に基づいて一定の拒否権を持つために当該被出資会社の事業上の意思決定に重要な影響を及ぼし得ることから、並行的企業結合に伴う出資関係の変動により、被出資会社間の利害が共通化するにとどまらない協調インセンティブが生じるおそれがあり、これに加えて価格等の重要情報が共有されるおそれも指摘して、協調的関係が生じる蓋然性が高いとした事例（平成28年度企業結合事例3〈出光・昭和シェル＝JX・東燃ゼネラル〉重判平29経済三）↓[40][69]

ロ 情報の入手・共有

[6] 電気銅と伸銅品の両方の事業をそれぞれ営む当事会社二社が伸銅品の事業のみを共同出資会社に承継させ統合するという場合に、電気銅が伸銅品にとって不可欠の原材料であり、電気銅の約四〇パーセントが伸銅品に使用され電気銅供給者にとっても伸銅品供給者が重要な顧客となっていることに着目し、電気銅は、統合対象の伸銅品と「密接に関連する商品」であるとして、伸銅品事業を営む共同出資会社の運営を通じた電気銅に係る秘密情報の共有化が懸念され、[65]のような問題解消措置がとられた事例（平成21年度企業結合事例3〈三井金属鉱業・住友金属鉱山〉）

[7] 共同出資会社の設立によって出資元会社二社の間で価格等の情報が共有されることが懸念されたものの、出資元会社同士が競争関係にある市場には共同出資会社が参入しないため情報共有のおそれはないとされた事例（平成23年度企業結合事例8〈カンタス・日本航空〉）

2 垂直型企業結合の場合

イ ロ・ハの前提となる結合関係

[8] 川上会社による川下会社の議決権保有比率を九・九一パーセントから一九・九一パーセントに引き上げる株式取得について、順位が第一位であること、第二位以下の他の株主との間の議決権保有比率の格差が大きいこと、両社の間に取引関係や共同研究開発等を行う関係があること、川上会社が本件株式取得を機に川下会社の経営陣の交代を実現させたこと、などを総合的に考慮し、本件株式取得によって結合関係が形成されるに至ったとされた事例（令和3年度企業結合事例1〈日本製鉄・東京製綱〉）

ロ 投入物閉鎖・顧客閉鎖

[9] 川下市場で約三五パーセントの日本精工が川上市場で約五〇パーセントの天辻鋼球を完全子会社としても、両者は多くの取引先と多くの取引をすることを望むとみられるため、川上・川下のいずれにおいても競争者の排除は起きないから違反なしとされた事例（平成17年度企業結合事例7〈日本精工・天辻鋼球製作所〉）

[10] 川下市場の事業活動にとって川上当事会社の提供するデータベースが必要不可欠であるため、投入物閉鎖を行う能力を有しており、投入物閉鎖を行えば自らの利益を増加させることができるためそのインセンティブもあるとした事例（令和元年度企業結合事例8〈エムスリー・日本アルトマーク〉重判令元経済五）↓[11][59]

ハ 情報の入手

[11] 川上当事会社と川下当事会社の間で競争事業者の秘密情報が共有され、川下当事会社がこれを自己に有利に用いることにより、市場の閉鎖性・排他性の問題が生じる可能性があるとした事例（令和元年度企業結合事例8〈エムスリー・日本アルトマーク〉）↓[10]

[12] 川下当事会社が川上当事会社を通じて川下競争者の仕入価格を知ることができるようになっても、川下商品の原価に占める川上商品の比率が小さいため、川下商品に関する協調的行動が生じやすくなるとはいえないとされた事例（平成25年度企業結合事例3〈日本電工・中央電気工業〉）

3 混合型企業結合の場合

イ　組合せ供給などによって排除をもたらす行動

[13] 製薬会社にとって一方当事会社の提供する医療情報データベースは必要不可欠であり、当該データベースの提供に併せて他方当事会社の医薬品情報提供プラットフォームを利用させたり、当該データベースの提供に様々な条件を付けたりする組合せ提供等により、他方当事会社と競争関係にあるプラットフォーム運営事業者が排除される可能性が高いため、市場閉鎖の能力があり、これにより利益を増加させることができるためそのインセンティブもあるとした事例（令和元年度企業結合事例8〈エムスリー・日本アルトマーク〉）→[10]

[14] 据置型超音波観測装置を独占的に供給する当事会社Hと超音波内視鏡を潜在的に供給可能な当事会社Fとの混合型企業結合により、据置型超音波観測装置と超音波内視鏡の組合せ供給を行う能力とインセンティブが生じ、また、超音波内視鏡を競争者Aから購入する需要者におけるHの据置型超音波観測装置との接続性の確保のためにAの秘密情報がHを経由してFに入手されることによって、Aに対する排除効果が生じる蓋然性があるとされた事例（令和2年度企業結合事例4〈富士フイルム・日立製作所〉）

ロ　将来あり得た競争を控える行動

[15] それぞれ異なる地理的本拠を持つ地方銀行の企業結合の事案において、一方のみが支店を置く地域では、将来当事会社の支店同士の競争が起こる可能性が失われる懸念があるが、これまでそうした競争は生じたことがなく、他の供給者の存在、参入可能性、隣接市場からの競争圧力も認められるとして、弊害発生の蓋然性を否定した事例（平成27年度企業結合事例10〈肥後銀行・鹿児島銀行〉）

二　一定の取引分野（市場画定）

1　基準となる需要者

[16] 映画館の市場を考える場合、丸の内・有楽町界隈には東京都及び近郊一円から観客が参集するので、それらの観客全体が需要者だとすれば旧東京市内の全域を供給者の範囲として市場画定がなされることは否定し得ないけれども、映画館の多数が特定の地域に近接して存在するときは、おのずからその地域に集合する観客群を生じるので、当該観客群のみを需要者の範囲とみるならば旧東京市内よりも狭い地域を供給者の範囲として市場画定がなされるというべきである。（東京高判昭26・9・19高民四・一四・四九七〈東宝・スバル〉経済百選〔二版〕四）→一六条[7]

[17] 航空会社の企業結合において、需要者が各都市間を移動することを目的として航空サービスを選択・利用していることを踏まえて、当事会社が競合する国際線七路線をそれぞれ検討対象市場とした事例（平成23年度企業結合事例8〈カンタス・日本航空〉）

[18] 鉄道会社の企業結合において、地域ごとの需要者の存在を想起しつつ、両当事会社の駅が徒歩一五分以内で近接している地区二つを結ぶ組み合わせによって得られる一〇の区間をそれぞれ検討対象市場とした事例（平成18年度企業結合事例12〈阪急・阪神〉）

[19] ドラッグストアの企業結合において、地域ごとの需要者を想起しつつ、立地状況等に応じて、各店舗の商圏と考えられる店舗から半径五〇〇メートル～二キロメートルの範囲を地理的範囲とする多数の市場を画定した事例（令和元年度企業結合事例9〈マツモトキヨシ・ココカラファイン〉）

[20] 株価指数先物取引所の企業結合において、需要者には、東証のTOPIX先物取引と大証の日経225先物取引との間の代替性が高いと考える「選択的ユーザー」と、専らTOPIX先物取引のみを利用する「TOPIXコアユーザー」の、二種類が存在するという場合に、選択的ユーザーの存在に着目し、そのような需要者からみれば東証と大証は競争関係にあるから、企業結合審査の対象となるとされ、[66]のような問題解消措置が条件とされた事例（平成24年度企業結合事例10〈東証・大証〉）

2　需要の代替性

[21] [16]において、丸の内・有楽町界隈に集合する映画の観客群を需要者とした場合、供給者の範囲には、銀座地区の映画館は含まれるが、日本橋や人形町近辺の劇場は含まれず、また、地区内ではあっても新橋演舞場と歌舞伎座は映画興行に使用されないため含まれない、とされた事例（東京高判昭26・9・19前出[16]）

[22] ファイルフォーマットや配信方法が異なっても消費者は電子書籍を閲覧できるようになったから、電子書籍間については需要の代替性が存在するが、一般にオンライン市場では著作権処理、多様な規格・フォーマットの分立といった制約を背景として魅力あるコンテンツが十分供給されておらず、この制約が解消されていない現時点では、電子書籍と一般書籍の間の需要及び供給の代替性は限定的であるとされた事例（平成28年度企業結合事例11〈ヤフー・イーブックイニシアティブ〉）

3　供給の代替性

[23] アミノ酸系調味料、酵母エキス系調味料及びエキス系調味料の相互間には製造設備等がほぼ同様であるために供給の代替性があることを一つの根拠として、これらを総合した天然複合調味料という市場を画定したところ、セーフハーバーに該当したため、違反なしとされた事例（平成20年度企業結合事例1〈キリン・協和発酵〉）

[24] 中華麺、和麺、焼きそば等の麺の種類が異なっても、商品の形状（例えばカップ麺）に共通性があれば製造設備が基本的に共通であり供給の代替性があるとして、商品の形状ごとに一つの市場を観念したところ、セーフハーバーには該当しなかったが、検討対象となる市場の数が大幅に減った事例（平成18年度企業結合事例2〈日清食品・明星食品〉）

[25] 当事会社の商品役務と他の商品役務との間に一定の供給代替性があるとしつつ、供給者の構成が一致しているわけではなく、供給者の市場シェアも相当程度異なっていることを理由に、まとめて一つの一定の取引分野とはしなかった事例（平成26年度企業結合事例3〈王子・中越パルプ〉）

4　国境を越えた市場

[26] 供給者が世界中の需要者に対してほぼ同一の価格水準で商品を供給していることと、需要者が世界各地の供給者から商品を購入していることとに触れた上で、供給者だけでなく需要者も世界全体に所在する世界市場を画定した事例（類例多数）（平成22年度企業結合事例1〈BHPビリトン・リオティント〉）

[27] 国内販売価格は、おおむね、世界的企業が毎月公示する価格フォーミュラにより決定されているものの、実際には日本国内の地域ブロックごとの市況や需給バランスを勘案して価格を決定する者もいるために、国内の地域ブロックごとに市場を画定した事例（平成22年度企業結合事例8〈JX日鉱日石エネルギー・三井丸紅液化ガス〉）

5　研究開発中の商品・役務

[28] 当事会社が研究開発中で現時点では製造販売していない医薬品について、一方当事会社が高い確度で上市し、他方当事会社が一定程度の蓋然性で上市するという場合に、企業結合審査の対象とした事例（平成26年度企業結合事例4〈ノバルティス・GSK〉）

6　商品・役務の無料供給

[29] 無料ニュース配信事業を一定の取引分野として画定した事例（令和2年度企業結合事例10〈Zホールディングス・LINE〉）

三　競争の実質的制限

1　一般論

[30] 「競争の実質的制限」とは、競争自体が減少して、特定の事業者又は事業者集団が、その意思で、ある程度自由に、価格、品質、数量、その他各般の条件を左右することによって、市場を支配することができる形態が現れているか、又は

少なくとも現れようとする程度に至っている状態をいう。（東京高判昭26・9・19前出[16]）

2 内発的な牽制力

[31] 鉄鉱石の生産のみを共同化し販売等は共同化しないという企業結合について、総費用のうち多くの割合を占める生産費用が完全に共通化するため、価格水準が一致しやすくなると判断された事例（平成22年度企業結合事例1〈BHPビリトン・リオティント〉）

[32] 当事会社と結合関係があるとされた会社が、当事会社と完全に一体化して事業活動を行うような強固な関係ではなく、当事会社と一定程度の競争を行う関係があることを、違反なしとする理由の一つとした事例（平成23年度企業結合事例2〈新日鐵・住金〉）

[33] 議決権保有比率が二〇・九パーセントとなる少数株式取得の事案で、結合関係があるとした上で、被取得会社が取得側グループの一員であることを鮮明にすることを目的として掲げていることや、当事会社間で事業提携を計画していることに鑑みて、当事会社間の結合関係の程度は必ずしも弱いものではないとした事例（平成26年度企業結合事例3〈王子・中越パルプ〉）

[34] 新日鐵住金が、共英製鋼の議決権の二〇パーセント超を保有し単独第一位であるため、ガイドラインに基づき当然に新日鐵住金と共英製鋼との間に結合関係があるとしつつ、他方で、議決権が二〇パーセントを超える程度であり、非常勤社外監査役一名の兼任のみであり、他に有力な株主がいて、業務提携関係がなく、取引関係もごく少額にとどまり、新日鐵住金が共英製鋼の競争上センシティブな情報にアクセスすることもできないことに加え、さらには、他に有力な競争事業者もいることも踏まえて、共英製鋼は、大阪製鐵（新日鐵住金の子会社）と東京鋼鐵（今回の企業結合計画によれば大阪製鐵の子会社となる）に対する一定程度の競争圧力となると評価した事例（平成27年度企業結合事例3〈大阪製鐵・東京鋼鐵〉）

3 他の供給者からの牽制力

[35] 問題解消措置をとらずに合併がなされれば他の供給者による有効な牽制力は期待できないが、生産設備の譲渡、技術援助、原材料供給などの問題解消措置をとれば他の供給者による有効な牽制力を期待できるとして、たとえば鉄道用レールについては問題解消措置をとらなければ当事会社の合計市場シェアが一〇〇パーセントであるなどの事実関係のある合併が容認された事例（同審昭44・10・30審決集一六・四六〈八幡製鉄・富士製鉄〉経済百選[二版]四五）

[36] 他事業から収集するデータや需要者を異にする市場との間接ネットワーク効果を勘案しても、有力な競争事業者からの牽制力を弱める事情があるとはいえないとされた事例（令和2年度企業結合事例10〈Zホールディングス・LINE〉）↓[29]

[37] 他の供給者グループの中で少数株式所有の関係にある二社について、情報遮断を公取委に約束している商品については独立して事業を行うものとして扱い（他の供給者の数が多くなる）、情報遮断を公取委に約束していない商品については、慎重に審査する観点から、二社が一体となって事業を行うものとして扱った上で、他の供給者による牽制力の程度を評価した事例（平成27年度企業結合事例1〈日本製紙・特種東海製紙〉）

[38] 航空運送の事業分野においては、運賃が事前に公表され全ての需要者に同等に適用されるため安売りが容易に発見されること、従来の実績においても協調的行動がとられていること、新規航空会社が割安価格で参入した際に既存大手三社がそろって対抗的割安価格を設定し制裁したケースがあること、などから、大手三社のうち二社が統合した場合、他の大手一社による牽制力は期待できず、協調的行動による競争の実質的制限のおそれがあるとして、違反のおそれがあるとされた事例（平14・3・15公表〈日本航空・日本エアシステム〉）

[39] 協調的行動が起こりやすい市場であることを示す根拠として、競争事業者の数が少ないか少数の有力な事業者に市場シェアが集中している、過去の協調的行動からみて供給余力が発揮されそうにない、代理店を通じて他社商品の販売価格に関する情報を入手することが可能である、需要の変動が大きくなく商品のライフサイクルも短くない、ほぼ同時期にほぼ同内容の値上げを長期間にわたり継続的に行っている、といった点を挙げた事例（平成26年度企業結合事例3〈王子・中越パルプ〉）

[40] 同一市場における並行的企業結合の事案において、企業結合後の両当事会社が相互に有力な競争者になり得るとして単独行動による競争の実質的制限の蓋然性を否定しつつ、企業結合後の両当事会社間で協調的行動を採るおそれがあり、その他の供給者や需要者からの牽制力も働かないと考えられるとして、協調的行動による競争の実質的制限の蓋然性は肯定した事例（平成28年度企業結合事例3〈出光・昭和シェル＝JX・東燃ゼネラル〉重判平29経済(三)）↓[5][69]

4 輸入圧力

[41] 輸入圧力について、市場画定の段階で考慮できる可能性もあるとしながら、競争の実質的制限の成否の判断の中で考慮し、違反のおそれがないとする理由の一つとした事例（平成23年度企業結合事例2〈新日鐵・住金〉）

5 隣接市場からの牽制力

[42] 当事会社の企業結合後の市場シェアは一〇〇パーセントであるとしながら、データの制約等のため検討対象市場には含めなかった商品を隣接市場からの競争圧力として考慮し、違反なしとした事例（平成22年度企業結合事例2〈北越紀州製紙・東洋ファイバー〉）

[43] 粒状塩カルの需要者には液状塩カルは選択肢とならないが、液状塩カルの需要者には粒状塩カルも選択肢となるという場合において、粒状塩カルの市場と液状塩カルの市場をそれぞれ画定し、液状塩カルの市場の検討において粒状塩カルを隣接市場として考慮した事例（平成25年度企業結合事例1〈トクヤマ・セントラル硝子〉）

6 需要者からの牽制力

[44] 需要者が電力会社で、電力自由化により設備投資額を減らすインセンティブをもち、価格交渉力も持っているため、需要者による競争圧力を理由の一つとして違反なしとした事例（平成16年度企業結合事例4・5〈電力用電線〉）

[45] 医薬品の最終的な使用者は患者であり、薬剤費は患者が負担するが、処方権は医師にあって、医師には安価な医薬品を選択するインセンティブが働きにくいため、需要者からの競争圧力を期待できないとされた事例（平成20年度企業結合事例1〈キリン・協和発酵〉）

[46] 問題となる商品を原材料とする製品と他の製品とが下流市場で活発な競争を行っているため、当該競争の圧力が検討対象市場にも及ぶとされた事例（平成24年度企業結合事例1〈大建工業・C&H〉）

[47] 電子書籍小売業者が電子書籍取次業者を変更するのは容易であること、電子書籍取次業者の取引先である出版社と電子書籍小売業者は、両者間の直接取引に切り替える能力とインセンティブを有していること、そして実際にも直接取引が行われているため、電子書籍取次業者が小売価格に転嫁することを予想される電子書籍小売業者が自己の取り分を増加させてそれを電子書籍取次業者が小売価格に転嫁すると、消費者が直接取引により供給する電子書籍小売業者からの購入に切り替えると予想されることから、需要者からの競争圧力が認められるとした事案（平成28年度企業結合事例12〈メディアドゥ・出版デジタル機構〉）

7 その他の牽制力

[48] 通常考慮される牽制力のほかに、当事会社も供給者となるが必ずしも制御できない「せり」の存在、企業結合後も競争への影響がない大口需要者と検討対象市場の需要者である小口需要者とを差別的に取り扱うことが卸売市場法によって禁

止されており、日々の価格公表や仲卸業者の存在などによって差別的取扱い禁止の実効性が担保されていること、などもあわせて考慮して、競争を実質的に制限することとならないとされた事例（令和3年度企業結合事例8〈東京青果・東一神田青果〉）

8　効率性

[49]　効率性については、効率性の向上が企業結合に固有の成果であるか（固有性）、効率性の向上が実現可能であるか（実現可能性）、効率性の向上による成果が需要者に還元されるものであるか（需要者の厚生の増大可能性）、という観点から判断することとなるところ、本件事案では、効率性の実現時期が未定であって、固有性、実現可能性のほか、需要者の厚生が増大するメカニズムについても十分説明されていない上に、当事会社の市場シェアが非常に高くなり、独占に近い状況がもたらされるので、たとえ当事会社の主張する効率性の向上が実現したとしても、当事会社が価格引下げなどの競争的な行動をとるとは認められない、として、効率性の向上が考慮されなかった事例（平成24年度企業結合事例10〈東証・大証〉）

9　経営状況

[50]　取得会社が全株式を取得しようとする被取得会社が、その親会社も含めて、著しく業績の悪化が進んでいることを一つの理由として、違反なしとされた事例（平成21年度企業結合事例5〈エクシング・BMB〉）

[51]　被株式取得会社が業績不振であることが、株式取得会社と被株式取得会社との競争よりも株式取得会社と他の競争事業者との競争のほうが同等以上に活発であることを支える事実として用いられた事例（平25・7・19公表〈イオン・ダイエー〉）

[52]　被株式取得会社が実質的に債務超過に陥っており、本件企業結合がなければ倒産して市場から退出する蓋然性が高く、株式取得会社以外の第三者による救済可能性は低いと考えられるが、その可能性を十分検討しておらず、より競争制限的でない企業結合がないとまではいえないとされた事例（平成30年度企業結合事例7〈USEN・キャンシステム〉）→[72]

10　最小最適規模の観点から因果関係が否定される場合

[53]　企業結合によってほぼ独占になるとしても、最小最適規模との関係で市場規模が十分に大きくなく、複数の事業者で需要を分け合うと効率的な事業者であっても採算が取れず、競争を維持することが困難な場合には、当該企業結合により競争を実質的に制限することとならないとされた事例（平成30年度企業結合事例10〈ふくおかFG・十八銀行〉）→[71]

11　企業結合による競争状況の悪化がない場合

[54]　GEは潜在的には国内市場に参入する可能性があるが、既に国内供給者に技術移転をしているため国内供給者との技術格差はなく、需要者は国内拠点が整備された国内供給者に主に発注しようとするため、GEの競争圧力は非常に小さいことを理由に、GEと日立の原子力事業の統合が違反なしとされた事例（平成19年度企業結合事例1〈日立製作所・ゼネラルエレクトリック〉）

[55]　国内線については、一方の出資元会社は日本の航空会社の協力がなければ規制によって参入できず、他方の出資元会社は共同出資会社の形態により参入が容易になり、顧客にとっては選択肢が増えるため、違反なしとされた事例（平成23年度企業結合事例8〈カンタス・日本航空〉）

[56]　問題となった多くの検討対象市場のうち本則市場と呼ばれる金融商品市場の上場関連業務の市場については、一方の当事会社である大証の存在感がほとんどなく、企業結合による競争状況への影響はないとした事例（平成24年度企業結合事例10〈東証・大証〉）

[57]　「本件企業結合により」過去と同様の一斉価格改定が「よりやりやすくなるとは言え」ないとして、違反の成立を否定した事例（平成27年度企業結合事例1〈日本製紙・特種東海製紙〉）

12　事業所管官庁の規制の考慮

[58]　当事会社が託送供給を行う際に他の電気小売業者に対する排除行為を行いやすくなるとはいえないとする理由の一つとして、電気事業法による託送供給に対する規制に言及した事例（平成25年度企業結合事例7〈中部電力・ダイヤモンドパワー〉）

13　並行的企業結合の場合

[59]　同一の市場において複数の企業結合計画が同時に進行している場合に、全ての計画が実行されたと仮定した場合の状況を念頭に置いて競争の実質的制限の有無を検討した事例（平成23年度企業結合事例6〈ハードディスク〉……[39][44]も同様の処理をしていた）

四　企業結合が実行済みである場合

[60]　当事会社の一方が他方の株式に係る議決権を全部取得した後に審査が行われたとみられる事例（令和元年度企業結合事例8〈エムスリー・日本アルトマーク〉重判令元経済五）→[10]

五　問題解消措置

1　牽制力ある競争者を創出する措置等

[61]　他の金融機関に対して設定金額まで債権譲渡を行う、本件統合までに設定金額に満たなかった場合には統合後一年以内に追加的に不足額相当の債権譲渡を行う、という問題解消措置がとられた事例（平成30年度企業結合事例10〈ふくおかFG・十八銀行〉）

[62]　問題が生じ得る市場の商品に係る有形資産、無形資産、従業員等を含む製造販売事業を第三者に譲渡する、譲渡先は、能力とインセンティブを持つ独立した事業者から選定して公取委の同意を得ることとし、措置完了までは独立した第三者（監視受託者）の監視の下、他の事業から切り離して対象事業を販売に適した形で管理する、一定期間内に譲渡先との契約締結に至らなかった場合には、独立した第三者（事業処分受託者）が公取委の同意を得た上で譲渡先を指定し、譲渡を実行する、といった問題解消措置がとられた事例（令和2年度企業結合事例3〈DIC・BASFカラー&エフェクトジャパン〉）

[63]　当事会社の商品役務のうち一部のみが違反要件を満たすおそれがあるにすぎず、また、当該懸念は一定期間経過後には解消する見込みであるという場合に、合併後五年間に限定して、当該商品のコストベースでの引取権を商社に与えて有効な牽制力ある競争者とする、という問題解消措置がとられた事例（平成23年度企業結合事例2〈新日鐵・住金〉）

[64]　競争者も商品の製造が可能になるよう特許及び製造ノウハウをライセンスするとともに、自社生産が可能になるまでフルコストベースでOEM供給や役務受託を行い、受注活動に必要な情報を提供する、必要な場合には相当量の取引を譲渡すべく需要者リストを提供するとともに営業支援活動に従事させる、といった問題解消措置がとられた事例（平成28年度企業結合事例5〈新日鐵住金・日新製鋼〉重判平29経済四）

[65]　[38]のような大手二社の統合に際し、協調的行動をとると考えられる他の大手一社でなく新規航空会社に譲るため羽田空港の発着枠を返上し新規航空会社を施設面等で支援し、当事会社は一律一〇パーセントの値下げをして少なくとも三年間は値上げしないと約束する、という問題解消措置をとれば、国土交通省による新規航空会社への支援とあいまって、競争の実質的制限の問題を解消できるとされた事例（平成13年度企業結合事例10〈日本航空・日本エアシステム〉）

[66]　東証の株価指数であるTOPIXをロンドンの世界有数の取引所にライセンスする条件を改定し、日本時間の午前九時から午後三時の間にも当該ロンドンの取引所が合理的ライセンス条件でTOPIX先物取引をすることができるようにする、などという問題解消措置がとられた事例（平成24年度企業結合事例10〈東証・大証〉）

[67]　新規参入者にとって必須であるUO鋼管や自動溶接機を合

理的かつ非差別的条件で新規参入者に供給する、という問題解消措置がとられた事例（平成23年度企業結合事例2〈新日鐵・住金〉）

2　協調的行動の懸念を解消する情報遮断措置等

68 少数株式取得による協調的行動の維持・強化が特に懸念された事案において、両当事会社が独立して事業活動を行い、製造・販売に関する秘密情報を共有しないこと等の問題解消措置がとられた事例（平成26年度企業結合事例3〈王子・中越パルプ〉）

69 5のような出資関係の変動に伴う協調的関係が生じる懸念を解消するため、並行的企業結合を行う当事会社がそれぞれ出資比率を引き下げる又は全ての株式を譲渡する、出向役員等を非常勤監査役一名に限定する又は全員引き揚げる、統合実行日から人事評価に関与しない、株主として会社法上認められる権利を行使しない、情報遮断措置を実施する、といった問題解消措置がとられた事例（平成28年度企業結合事例3〈出光・昭和シェル＝JX・東燃ゼネラル〉重判平29経済三）↓39

3　需要者に生じ得る不利益を防止する措置等

70 新興市場への上場関連業務について、現実的でない構造的措置を求めず、上場関連手数料の決定を、需要者と利害が共通する者を多数とする諮問委員会の判断にかからしめる、という問題解消措置をとれば、取引所の公共的機能や金融庁の監督の効果とあいまって、競争の実質的制限の問題を解消できるとされた事例（平成24年度企業結合事例10〈東証・大証〉）

71 不当な金利引上げが生じないようモニタリングを行う措置がとられた事例（平成30年度企業結合事例10〈ふくおかFG・十八銀行〉）↓53

72 企業結合前後の競争状況に実質的な差異を生じさせないよう、解約違約金条項等を撤廃することによって、需要者の取引の切替え及び競争者による顧客獲得に係る障害を解消する問題解消措置がとられた事例（平成30年度企業結合事例7〈USEN・キャンシステム〉）↓52

4　将来生じ得る懸念を払拭する措置等

73 未成熟な市場において、現在は水平型企業結合による競争の実質的制限の蓋然性が認められないとしても、将来の懸念は払拭しきれない場合に、公取委への定期報告、その内容に対して弊害発生蓋然性を指摘された場合の対応の約束、排他的取引条件の撤廃という措置がとられた事例（令和2年度企業結合事例10〈Zホールディングス・LINE〉）↓29

5　排除効果の懸念を解消する措置等

74 垂直的企業結合による投入物閉鎖の懸念を解消するため、期間の定めなく、川下当事会社の競争事業者に対して、川上当事会社が、供給拒絶若しくは価格、内容、品質等の取引条件について差別的取扱いを行わない、という問題解消措置がとられた事例（令和元年度企業結合事例8〈エムスリー・日本アルトマーク〉）

75 垂直型企業結合により、上流のデータベース提供事業における差別的取扱いにより、下流の健康関連アプリ提供事業で排除効果が生ずるおそれがあるため、需要者である一般消費者の同意を要件として、一〇年間、無料で、一定の健康関連データを下流市場の競争者に提供する問題解消措置がとられた事例（令和2年度企業結合事例6〈グーグル・フィットビット〉）

76 垂直的企業結合により当事会社が競争事業者の事業に関する非公知情報を共有して排除効果をもたらす懸念が生じたために、川上当事会社は当該情報を川下当事会社の役員及び従業員に開示しないよう周知徹底する、当該情報へのアクセス不要な役員及び従業員は当該情報にアクセスできないようにする、当該情報にアクセスできる役員又は従業員は当該情報を利用して競争に影響を与え得る川下当事会社の業務には従事させないという問題解消措置がとられた事例（令和元年度企業結合事例8〈エムスリー・日本アルトマーク〉）

77 情報遮断措置をとるため、競争事業者の秘密情報に接する者については、数年間、競争事業者と競争関係に立つ関連部門への異動制限を行う措置がとられた事例（令和元年度企業結合事例6〈トヨタ自動車・パナソニック〉）

78 混合型企業結合により起こり得る投入物閉鎖の懸念を解消するため、期間の定めなく、抱き合わせに類する組合せ提供等を行わないという問題解消措置がとられた事例（令和元年度企業結合事例8〈エムスリー・日本アルトマーク〉）

79 混合型企業結合により、健康関連データベース提供事業で得られたデータをデジタル広告関連事業に使用することで、後者の市場で排除効果が生じる可能性があるため、当該データを後者の事業に使用せず、他のデータセットからの分離を維持する問題解消措置がとられた事例（令和2年度企業結合事例6〈グーグル・フィットビット〉）↓75

6　届出後に問題解消措置が設計された場合

80 届出後に問題解消措置が設計された場合に、企業結合届出規則七条三項による変更報告書に当該問題解消措置を書き込むことによって、届出書に当該問題解消措置が盛り込まれているという形とし、独禁法一〇条九項一号を使った実行確保を可能とした事例（類例多数）（平成23年度企業結合事例2〈新日鐵・住金〉）

7　届出後に企業結合形態が変更された場合

81 両当事会社による単純な合併であるため一五条による届出、第二次審査を含む審査、その結果としての排除措置命令を行わない旨の通知がなされた後、株式取得によって一方当事会社を完全子会社化した上で同日に合併するという形態に変更されたために、あらためて一〇条による届出がなされ、翌営業日に排除措置命令を行わない旨の通知がなされた事例（平成23年度企業結合事例2〈新日鐵・住金〉）

六　届出要件を満たさない場合

82 届出要件を満たさないが、買収に係る対価の総額が大きく、かつ、国内の需要者に影響を与えると見込まれたことから、審査が行われた事例（令和2年度企業結合事例6〈グーグル・フィットビット〉……同様の事例として前出10）

第一〇条【会社による株式の取得・所有の規制】　① 会社は、他の会社の株式を取得し、又は所有することにより、一定の取引分野における競争を実質的に制限することとなる場合には、当該株式を取得し、又は所有してはならず、及び不公正な取引方法により他の会社の株式を取得し、又は所有してはならない。

② 会社であつて、その国内売上高（国内において供給された商品及び役務の価額の最終事業年度における合計額として公正取引委員会規則で定めるものをいう。以下同じ。）と当該会社が属する企業結合集団（会社及び当該会社の子会社並びに当該会社の親会社であつて他の会社の子会社でないもの及び当該親会社の子会社（当該会社及び当該会社の子会社を除く。）から成る集団をいう。以下同じ。）に属する当該会社以外の会社等（会社、組合（外国における組合に相当するものを含む。以下この条において同じ。）その他これらに類似する事業体をいう。以下この条において同じ。）の国内売上高を公正取引委員会規則で定める方法により合計した額（以下「国内売上高合計額」という。）が二百億円を下回らない範囲内において政令で定める金額を超えるもの（以下この条において「株式取得会社」という。）は、他の会社であつて、その国内売上高と当該他の会社の子会社の国内売上高を公正取引委員会規則で定める方法により合計した額が五十億円を下回らない範囲内において政令で定める金額を超えるもの（以下この条において「株式発行会社」という。）の株式の取得をしようとする場合（金銭又は有価証券の信託に係る株式について、自己が、委託者若しくは受益者となり議決権を行使することができる場合又は議決権の行使について受託者に指図を行うことができる場合において、受託者に株式発行会社の株式の取得をさせようとする場合を含む。）において、当該株式取得会社が当該取得の後において所有することとなる当該株

式発行会社の株式に係る議決権の数と、当該株式取得会社の属する企業結合集団に属する当該株式取得会社以外の会社等（第四項において「当該株式取得会社以外の会社等」という。）が所有する当該株式発行会社の株式に係る議決権の数とを合計した議決権の数の当該株式発行会社の総株主の議決権の数に占める割合が、百分の二十を下回らない範囲内において政令で定める数値（複数の数値を定めた場合にあつては、政令で定めるところにより、それぞれの数値）を超えることとなるときは、公正取引委員会規則で定めるところにより、あらかじめ当該株式の取得に関する計画を公正取引委員会に届け出なければならない。ただし、あらかじめ届出を行うことが困難である場合として公正取引委員会規則で定める場合は、この限りでない。

③ 前項の場合において、当該株式取得会社が当該取得の後において所有することとなる当該株式発行会社の株式に係る議決権には、金銭又は有価証券の信託に係る株式に係る議決権（委託者又は受益者が行使し、又はその行使について受託者に指図を行うことができるものに限る。）、当該株式取得会社が銀行業又は保険業を営む会社（保険業を営む会社にあつては、公正取引委員会規則で定める会社を除く。次項並びに次条第一項及び第二項において同じ。）であり、かつ、他の国内の会社（銀行業又は保険業を営む会社その他公正取引委員会規則で定める会社を除く。次項並びに次条第一項及び第二項において同じ。）の株式の取得をしようとする場合における当該株式取得会社が当該取得の後において所有することとなる株式に係る議決権及び当該株式取得会社が第一種金融商品取引業を営む会社であり、かつ、業務として株式の取得をしようとする場合における当該株式取得会社が当該取得の後において所有することとなる株式に係る議決権を含まないものとし、金銭又は有価証券の信託に係る株式に係る議決権で、自己が、委託者若しくは受益者として行使し、又はその行使について指図を行うことができるもの（公正取引委員会規則で定める議決権を除く。次項において同じ。）及び社債、株式等の振替に関する法律第百四十七条第一項又は第百四十八条第一項の規定により発行者に対抗することができない株式に係る議決権を含むものとする。

④ 第二項の場合において、当該株式取得会社以外の会社等が所有する当該株式発行会社の株式に係る議決権には、金銭又は有価証券の信託に係る株式に係る議決権（委託者又は受益者が行使し、又はその行使について受託者に指図を行うことができるものに限る。）、当該株式取得会社以外の会社等が銀行業又は保険業を営む会社である場合における当該株式取得会社以外の会社等が所有する他の国内の会社の株式に係る議決権及び当該株式取得会社以外の会社等が第一種金融商品取引業を営む会社である場合における当該株式取得会社以外の会社等が業務として所有する株式に係る議決権を含まないものとし、金銭又は有価証券の信託に係る株式に係る議決権で、自己が、委託者若しくは受益者として行使し、又はその行使について指図を行うことができるもの及び社債、株式等の振替に関する法律第百四十七条第一項又は第百四十八条第一項の規定により発行者に対抗することができない株式に係る議決権を含むものとする。

⑤ 会社の子会社である組合（民法（明治二十九年法律第八十九号）第六百六十七条第一項に規定する組合契約によつて成立する組合、投資事業有限責任組合契約に関する法律（平成十年法律第九十号）第二条第二項に規定する投資事業有限責任組合（次条第一項第四号において単に「投資事業有限責任組合」という。）及び有限責任事業組合契約に関する法律（平成十七年法律第四十号）第二条に規定する有限責任事業組合並びに外国の法令に基づいて設立された団体であつてこれらの組合に類似するもの（以下この項において「特定組合類似団体」という。）に限る。以下この項において同じ。）の組合員（特定組合類似団体の構成員を含む。以下この項において同じ。）が組合財産（特定組合類似団体の財産を含む。以下この項において同じ。）として株式発行会社の株式の取得をしようとする場合（金銭又は有価証券の信託に係る株式について、会社の子会社である組合の組合員の全員が、委託者若しくは受益者となり議決権を行使することができる場合又は議決権の行使について受託者に指図を行うことができる場合において、受託者に株式発行会社の株式の取得をさせようとする場合を含む。）には、当該組合の親会社（当該組合に二以上の親会社がある場合にあつては、当該組合の親会社のうち他のすべての親会社の子会社であるものをいう。以下この項において同じ。）が、そのすべての株式の取得をしようとするものとみなし、会社の子会社である組合の組合財産に株式発行会社の株式が属する場合（会社の子会社である組合の組合財産に属する金銭又は有価証券の信託に係る株式について、当該組合の組合員の全員が、委託者若しくは受益者となり議決権を行使することができる場合又は議決権の行使について受託者に指図を行うことができる場合を含む。）には、当該組合の親会社が、そのすべての株式を所有するものとみなして、第二項の規定を適用する。

⑥ 第二項及び前項の「子会社」とは、会社がその総株主の議決権の過半数を有する株式会社その他の当該会社がその経営を支配している会社等として公正取引委員会規則で定めるものをいう。

⑦ 第二項及び第五項の「親会社」とは、会社等の経営を支配している会社として公正取引委員会規則で定めるものをいう。

⑧ 第二項の規定による届出を行つた会社は、届出受理の日から三十日を経過するまでは、当該届出に係る株式の取得をしてはならない。ただし、公正取引委員会は、その必要があると認める場合には、当該期間を短縮することができる。

⑨ 公正取引委員会は、第十七条の二第一項の規定により当該届出に係る株式の取得に関し必要な措置を命じようとする場合には、前項本文に規定する三十日の期間又は同項ただし書の規定により短縮された期間（公正取引委員会が株式取得会社に対してそれぞれの期間内に公正取引委員会規則で定めるところにより必要な報告、情報又は資料の提出（以下この項において「報告等」という。）を求めた場合においては、前項の届出受理の日から百二十日を経過した日と全ての報告等を受理した日から九十日を経過した日とのいずれか遅い日までの期間）（以下この条において「通知期間」という。）内に、株式取得会社に対し、第五十条第一項の規定による通知をしなければならない。ただし、次に掲げる場合は、この限りでない。

一 当該届出に係る株式の取得に関する計画のうち、第一項の規定に照らして重要な事項が当該計画において行われることとされている期限までに行われなかつた場合

二 当該届出に係る株式の取得に関する計画のうち、重要な事項につき虚偽の記載があつた場合

三 当該届出に係る株式の取得に関し、第四十八条の二の規定による通知をした場合において、第四十八条の三第一項に規定する期間内に、同項の規定による認定の申請がなかつたとき。

四 当該届出に係る株式の取得に関し、第四十八条の二の規定による通知をした場合において、第四十八条の三第一項の規定による認定の申請に係る取下げがあつたとき。

五 当該届出に係る株式の取得に関し、第四十八条の二の規定による通知をした場合において、第四十八条の三第一項の規定による認定の申請について同条第六項の規定による決定があつたとき。

六 当該届出に係る株式の取得に関し、第四十八条の五第一項（第一号に係る部分に限る。）の規定による第四十八条の三第三項の認定（同条第八項の規定による変更の認定を含む。）の取消しがあつた場合

七 当該届出に係る株式の取得に関し、第四十八条の五第一項（第二号に係る部分に限る。）の規定による第四十八条の三第三項の認定（同条第八項の規定による変更の認定を含む。）の取消しがあつた場合

⑩ 前項第一号の規定に該当する場合において、公正取引委員会は、第十七条の二第一項の規定により当該届出に係る株式の取

得に関し必要な措置を命じようとするときは、同号の期限から起算して一年以内に前項本文の通知をしなければならない。

⑪　第九項第三号の規定に該当する場合において、公正取引委員会は、第十七条の二第一項の規定により当該届出に係る株式の取得に関し必要な措置を命じようとするときは、通知期間に六十日を加算した期間内に、第九項本文の通知をしなければならない。

⑫　第九項第四号の規定に該当する場合において、公正取引委員会は、第十七条の二第一項の規定により当該届出に係る株式の取得に関し必要な措置を命じようとするときは、通知期間に第四十八条の二の規定による通知の日から同号の取下げがあつた日までの期間に相当する期間を加算した期間内に、第九項本文の通知をしなければならない。

⑬　第九項第五号の規定に該当する場合において、公正取引委員会は、第十七条の二第一項の規定により当該届出に係る株式の取得に関し必要な措置を命じようとするときは、通知期間に九十日を加算した期間内に、第九項本文の通知をしなければならない。

⑭　第九項第六号の規定に該当する場合において、公正取引委員会は、第十七条の二第一項の規定により当該届出に係る株式の取得に関し必要な措置を命じようとするときは、第四十八条の五第一項の規定による決定の日から起算して一年以内に第九項本文の通知をしなければならない。

[1]　一　**株式の取得・所有**　共同出資に係る有限責任事業組合の設立による事業統合について自発的な事前相談がなされ、株式の取得に当たらないためか、適用条文を明示しないまま審査結果が公表された事例（平成22年度企業結合事例3〈旭化成ケミカルズ・三菱化学〉）

[2]　審判開始決定の約一年前に実行済みであった株式取得について、株式の処分が命令された事例（同審昭48・7・17審決集二〇・六二〈広島電鉄・広島バス〉経済百選[二版]四四……「法令の適用」欄によれば、「所有」ではなく「取得」の事例であるとされているように見える）

二　**他の企業結合形態と共通する問題**↓◈【企業結合規制の総論】〔一〇条の前〕[判]

[3]　三　**届出義務**　①キヤノンが東芝メディカルの新株予約権等を取得し、新株予約権行使までの間、議決権付株式は第三者が保有するが、②キヤノンの株式取得につき企業結合審査において承認が得られることを条件にキヤノンが新株予約権をもとに東芝メディカルの株式を取得する、というスキームがとられる場合に、キヤノンが公取委に届出を行う前に①が実行されたことは、①が全体のスキームの一部を構成することに鑑みると、事前届出制度の趣旨を逸脱し、本条二項の規定に違反する行為につながるおそれがあるとして、注意が行われた事例（平成28年度企業結合事例10〈キヤノン・東芝メディカルシステムズ〉）

第一一条【銀行業・保険業を営む会社による議決権の取得等の規制】①　銀行業又は保険業を営む会社は、他の国内の会社の議決権をその総株主の議決権の百分の五（保険業を営む会社にあつては、百分の十。次項において同じ。）を超えて有することとなる場合には、その議決権を取得し、又は保有してはならない。ただし、公正取引委員会規則で定めるところによりあらかじめ公正取引委員会の認可を受けた場合及び次の各号のいずれかに該当する場合は、この限りでない。

一　担保権の行使又は代物弁済の受領により株式を取得し、又は所有することにより議決権を取得し、又は保有する場合

二　他の国内の会社が自己の株式の取得を行つたことにより、その総株主の議決権に占める所有する株式に係る議決権の割合が増加した場合

三　金銭又は有価証券の信託に係る信託財産として株式を取得し、又は所有することにより議決権を取得し、又は保有する場合

四　投資事業有限責任組合の有限責任組合員（以下この号において「有限責任組合員」という。）となり、組合財産として株式を取得し、又は所有することにより議決権を取得し、又は保有する場合。ただし、有限責任組合員が議決権を行使することができる場合、議決権の行使について有限責任組合員が投資事業有限責任組合の無限責任組合員に指図を行うことができる場合及び当該議決権を有することとなつた日から政令で定める期間を超えて当該議決権を保有する場合を除く。

五　民法第六百六十七条第一項に規定する組合契約で会社に対する投資事業を営むことを約するものによつて成立する組合（一人又は数人の組合員にその業務の執行を委任しているものに限る。）の組合員（業務の執行を委任された者を除く。以下この号において「非業務執行組合員」という。）となり、組合財産として株式を取得し、又は所有することにより議決権を取得し、又は保有する場合。ただし、非業務執行組合員が議決権を行使することができる場合、議決権の行使について非業務執行組合員が業務の執行を委任された者に指図を行うことができる場合及び当該議決権を有することとなつた日から前号の政令で定める期間を超えて当該議決権を保有する場合を除く。

六　前各号に掲げる場合のほか、他の国内の会社の事業活動を拘束するおそれがない場合として公正取引委員会規則で定める場合

②　前項第一号から第三号まで及び第六号の場合（同項第三号の場合にあつては、当該議決権を取得し、又は保有する者以外の委託者又は受益者が議決権を行使することができる場合及び議決権の行使について当該委託者又は受益者が受託者に指図を行うことができる場合を除く。）において、他の国内の会社の議決権をその総株主の議決権の百分の五を超えて有することとなつた日から一年を超えて当該議決権を保有しようとするときは、公正取引委員会規則で定めるところにより、あらかじめ公正取引委員会の認可を受けなければならない。この場合における公正取引委員会の認可は、同項第三号の場合を除き、銀行業又は保険業を営む会社が当該議決権を速やかに処分することを条件としなければならない。

③　公正取引委員会は、前二項の認可をしようとするときは、あらかじめ内閣総理大臣に協議しなければならない。

④　前項の内閣総理大臣の権限は、金融庁長官に委任する。

第一二条　削除

第一三条【役員兼任の規制】①　会社の役員又は従業員（継続して会社の業務に従事する者であつて、役員以外の者をいう。以下この条において同じ。）は、他の会社の役員の地位を兼ねることにより一定の取引分野における競争を実質的に制限することとなる場合には、当該役員の地位を兼ねてはならない。

②　会社は、不公正な取引方法により、自己と国内において競争関係にある他の会社に対し、自己の役員がその会社の役員若しくは従業員の地位を兼ね、又は自己の従業員がその会社の役員の地位を兼ねることを認めるべきことを強制してはならない。

[1]　一　**株式取得と並行する役員兼任**　株式取得とほぼ同時に開始された役員兼任について、株式取得とは別個に、単独で本条違反を構成するとされた事例（同審昭48・7・17審決集二〇・六二〈広島電鉄・広島バス〉経済百選[二版]四四）↓一〇条[2]

二　**他の企業結合形態と共通する問題**↓◈【企業結合規制の総論】〔一〇条の前〕[判]

第一四条【会社以外の者による株式の取得・所有の規制】　会社以外の者は、会社の株式を取得し、又は所有することにより一定

の取引分野における競争を実質的に制限することとなる場合には、当該株式を取得し、又は所有してはならず、及び不公正な取引方法により会社の株式を取得し、又は所有してはならない。

第一五条【合併の規制】 ① 会社は、次の各号のいずれかに該当する場合には、合併をしてはならない。

一　当該合併によつて一定の取引分野における競争を実質的に制限することとなる場合

二　当該合併が不公正な取引方法によるものである場合

② 会社は、合併をしようとする場合において、当該合併をしようとする会社（以下この条において「合併会社」という。）のうち、いずれか一の会社に係る国内売上高合計額が二百億円を下回らない範囲内において政令で定める金額を超え、かつ、他のいずれか一の会社に係る国内売上高合計額が五十億円を下回らない範囲内において政令で定める金額を超えるときは、公正取引委員会規則で定めるところにより、あらかじめ当該合併に関する計画を公正取引委員会に届け出なければならない。ただし、すべての合併会社が同一の企業結合集団に属する場合は、この限りでない。

③ 第十条第八項から第十四項までの規定は、前項の規定による届出に係る合併の制限及び公正取引委員会がする第十七条の二第一項の規定による命令について準用する。この場合において、第十条第八項及び第十項から第十四項までの規定中「株式の取得」とあるのは「合併」と、同条第九項中「株式の取得」とあるのは「合併」と、「が株式取得会社」とあるのは「が合併会社のうち少なくとも一の会社」と、「、株式取得会社」とあるのは「、合併会社」と読み替えるものとする。

> **他の企業結合形態と共通する問題**→◆【企業結合規制の総論】〔一〇条の前〕判

第一五条の二【共同新設分割・吸収分割の規制】 ① 会社は、次の各号のいずれかに該当する場合には、共同新設分割（会社が他の会社と共同してする新設分割をいう。以下同じ。）をし、又は吸収分割をしてはならない。

一　当該共同新設分割又は当該吸収分割によつて一定の取引分野における競争を実質的に制限することとなる場合

二　当該共同新設分割又は当該吸収分割が不公正な取引方法によるものである場合

② 会社は、共同新設分割をしようとする場合において、次の各号のいずれかに該当するときは、公正取引委員会規則で定めるところにより、あらかじめ当該共同新設分割に関する計画を公正取引委員会に届け出なければならない。ただし、すべての共同新設分割をしようとする会社が同一の企業結合集団に属する場合は、この限りでない。

一　当該共同新設分割をしようとする会社のうち、いずれか一の会社（当該共同新設分割で設立する会社にその事業の全部を承継させようとするもの（以下この項において「全部承継会社」という。）に限る。）に係る国内売上高合計額が二百億円を下回らない範囲内において政令で定める金額を超え、かつ、他のいずれか一の会社（全部承継会社に限る。）に係る国内売上高合計額が五十億円を下回らない範囲内において政令で定める金額を超えるとき。

二　当該共同新設分割をしようとする会社のうち、いずれか一の会社（全部承継会社に限る。）に係る国内売上高合計額が二百億円を下回らない範囲内において政令で定める金額を超え、かつ、他のいずれか一の会社（当該共同新設分割で設立する会社にその事業の重要部分を承継させようとするもの（以下この項において「重要部分承継会社」という。）に限る。）の当該承継の対象部分に係る国内売上高が三十億円を下回らない範囲内において政令で定める金額を超えるとき。

三　当該共同新設分割をしようとする会社のうち、いずれか一の会社（全部承継会社に限る。）に係る国内売上高合計額が五十億円を下回らない範囲内において政令で定める金額を超え、かつ、他のいずれか一の会社（重要部分承継会社に限る。）の当該承継の対象部分に係る国内売上高が百億円を下回らない範囲内において政令で定める金額を超えるとき（前号に該当するときを除く。）。

四　当該共同新設分割をしようとする会社のうち、いずれか一の会社（重要部分承継会社に限る。）の当該承継の対象部分に係る国内売上高が百億円を下回らない範囲内において政令で定める金額を超え、かつ、他のいずれか一の会社（重要部分承継会社に限る。）の当該承継の対象部分に係る国内売上高が三十億円を下回らない範囲内において政令で定める金額を超えるとき。

③ 会社は、吸収分割をしようとする場合において、次の各号のいずれかに該当するときは、公正取引委員会規則で定めるところにより、あらかじめ当該吸収分割に関する計画を公正取引委員会に届け出なければならない。ただし、すべての吸収分割をしようとする会社が同一の企業結合集団に属する場合は、この限りでない。

一　当該吸収分割をしようとする会社のうち、分割をしようとするいずれか一の会社（当該吸収分割でその事業の全部を承継させようとするもの（次号において「全部承継会社」という。）に限る。）に係る国内売上高合計額が二百億円を下回らない範囲内において政令で定める金額を超え、かつ、分割によつて事業を承継しようとする会社に係る国内売上高合計額が五十億円を下回らない範囲内において政令で定める金額を超えるとき。

二　当該吸収分割をしようとする会社のうち、分割をしようとするいずれか一の会社（全部承継会社に限る。）に係る国内売上高合計額が五十億円を下回らない範囲内において政令で定める金額を超え、かつ、分割によつて事業を承継しようとする会社に係る国内売上高合計額が二百億円を下回らない範囲内において政令で定める金額を超えるとき（前号に該当するときを除く。）。

三　当該吸収分割をしようとする会社のうち、分割をしようとするいずれか一の会社（当該吸収分割でその事業の重要部分を承継させようとするもの（次号において「重要部分承継会社」という。）に限る。）の当該分割の対象部分に係る国内売上高が百億円を下回らない範囲内において政令で定める金額を超え、かつ、分割によつて事業を承継しようとする会社に係る国内売上高合計額が五十億円を下回らない範囲内において政令で定める金額を超えるとき。

四　当該吸収分割をしようとする会社のうち、分割をしようとするいずれか一の会社（重要部分承継会社に限る。）の当該分割の対象部分に係る国内売上高が三十億円を下回らない範囲内において政令で定める金額を超え、かつ、分割によつて事業を承継しようとする会社に係る国内売上高合計額が二百億円を下回らない範囲内において政令で定める金額を超えるとき（前号に該当するときを除く。）。

④ 第十条第八項から第十四項までの規定は、前二項の規定による届出に係る共同新設分割及び吸収分割の制限並びに公正取引委員会がする第十七条の二第一項の規定による命令について準用する。この場合において、第十条第八項及び第十項から第十四項までの規定中「株式の取得」とあるのは「共同新設分割又は吸収分割」と、同条第九項中「株式の取得」とあるのは「共同新設分割又は吸収分割」と、「が株式取得会社」とあるのは「が共同新設分割をしようとし、又は吸収分割をしようとする会社のうち少なくとも一の会社」と、「、株式取得会社」とあるのは「、共同新設分割をしようとし、又は吸収分割をしようとする会社」と読み替えるものとする。

> **他の企業結合形態と共通する問題**→◆【企業結合規制の総論】〔一〇条の前〕判

第一五条の三【共同株式移転の規制】 ① 会社は、次の各号のいずれかに該当する場合には、共同株式移転（会社が他の会社と共同してする株式移転をいう。以下同じ。）をしてはならない。

一 当該共同株式移転によつて一定の取引分野における競争を実質的に制限することとなる場合

二 当該共同株式移転が不公正な取引方法によるものである場合

② 会社は、共同株式移転をしようとする場合において、当該共同株式移転をしようとする会社のうち、いずれか一の会社に係る国内売上高合計額が二百億円を下回らない範囲内において政令で定める金額を超え、かつ、他のいずれか一の会社に係る国内売上高合計額が五十億円を下回らない範囲内において政令で定める金額を超えるときは、公正取引委員会規則で定めるところにより、あらかじめ当該共同株式移転に関する計画を公正取引委員会に届け出なければならない。ただし、すべての共同株式移転をしようとする会社が同一の企業結合集団に属する場合は、この限りでない。

③ 第十条第八項から第十四項までの規定は、前項の規定による届出に係る共同株式移転の制限及び公正取引委員会がする第十七条の二第一項の規定による命令について準用する。この場合において、第十条第八項及び第十項から第十四項までの規定中「株式の取得」とあるのは「共同株式移転」と、同条第九項中「株式の取得」とあるのは「共同株式移転」と、「が株式取得会社」とあるのは「が共同株式移転をしようとする会社のうち少なくとも一の会社」と、「、株式取得会社」とあるのは「、共同株式移転をしようとする会社」と読み替えるものとする。

他の企業結合形態と共通する問題→◆【企業結合規制の総論】〔一〇条の前〕[判]

第一六条【事業の譲受け等の規制】 ① 会社は、次に掲げる行為をすることにより、一定の取引分野における競争を実質的に制限することとなる場合には、当該行為をしてはならず、及び不公正な取引方法により次に掲げる行為をしてはならない。

一 他の会社の事業の全部又は重要部分の譲受け

二 他の会社の事業上の固定資産の全部又は重要部分の譲受け

三 他の会社の事業の全部又は重要部分の賃借

四 他の会社の事業の全部又は重要部分についての経営の受任

五 他の会社と事業上の損益全部を共通にする契約の締結

② 会社であつて、その会社に係る国内売上高合計額が二百億円を下回らない範囲内において政令で定める金額を超えるものは、次の各号のいずれかに該当する場合には、公正取引委員会規則で定めるところにより、あらかじめ事業又は事業上の固定資産（以下この条において「事業等」という。）の譲受けに関する計画を公正取引委員会に届け出なければならない。ただし、事業等の譲受けをしようとする会社及び当該事業等の譲渡をしようとする会社が同一の企業結合集団に属する場合は、この限りでない。

一 国内売上高が三十億円を下回らない範囲内において政令で定める金額を超える他の会社の事業の全部の譲受けをしようとする場合

二 他の会社の事業の重要部分又は事業上の固定資産の全部若しくは重要部分の譲受けをしようとする場合であつて、当該譲受けの対象部分に係る国内売上高が三十億円を下回らない範囲内において政令で定める金額を超えるとき。

③ 第十条第八項から第十四項までの規定は、前項の規定による届出に係る事業等の譲受けの制限及び公正取引委員会がする第十七条の二第一項の規定による命令について準用する。この場合において、第十条第八項及び第十項から第十四項までの規定中「株式の取得」とあるのは「事業又は事業上の固定資産の譲受け」と、同条第九項中「株式の取得」とあるのは「事業又は事業上の固定資産の譲受け」と、「株式取得会社」とあるのは「事業又は事業上の固定資産の譲受けをしようとする会社」と読み替えるものとする。

[1] **一 事業の賃借**

契約では劇場の共同経営となっていても、当事者の一が他の当事者の所有する映画館の経営に任じ、その事業の実権を収め、その対価として資金を融資し、劇場の収益の一部を与えるということは、事業の賃借の一態様である。（東京高判昭26・9・19高民四・一四・四九七〈東宝・スバル〉経済百選[二版]四）

二 他の企業結合形態と共通する問題→◆【企業結合規制の総論】〔一〇条の前〕[判]

第一七条【脱法行為の禁止】 何らの名義を以てするかを問わず、第九条から前条までの規定による禁止又は制限を免れる行為をしてはならない。

[1] **一 間接の株式取得**

我が国最大の楽器会社が材料購入先に資金を提供してその名義により競争会社の株式を取得したことは、会社による株式取得の制限の規制の脱法行為となる。（勧審昭32・1・30審決集八・五一〈日本楽器事件〉経済百選[初版]四六）

[2] **二 自己が所有するのと同様の株式の所有**

証券会社が関係会社の株式を五パーセント所有し、さらに他会社にその株式の所有を依頼するに当たり、(1)自己の承諾なく他に譲渡しないこと、(2)自己がその取得価格で買い戻すことができることとの覚書を締結して、自己が所有していると同様の状態においていることは、金融会社による株式保有の制限の規制の脱法行為となる。（勧審平3・11・11審決集三八・一二五〈野村證券株式所有事件〉独禁百選[六版]五六）

第一七条の二【排除措置命令】 ① 第十条第一項、第十一条第一項、第十五条第一項、第十五条の二第一項、第十五条の三第一項、第十六条第一項又は前条の規定に違反する行為があるときは、公正取引委員会は、第八章第二節に規定する手続に従い、事業者に対し、株式の全部又は一部の処分、事業の一部の譲渡その他これらの規定に違反する行為を排除するために必要な措置を命ずることができる。

② 第九条第一項若しくは第二項、第十三条、第十四条又は前条の規定に違反する行為があるときは、公正取引委員会は、第八章第二節に規定する手続に従い、当該違反行為者に対し、株式の全部又は一部の処分、会社の役員の辞任その他これらの規定に違反する行為を排除するために必要な措置を命ずることができる。

[1] 一五条一項に違反する合併が計画され、当該合併の実行の事前に、本条一項に基づき、問題解消措置を義務づける排除措置命令がなされた事例（同審昭44・10・30審決集一六・四六〈八幡製鉄・富士製鉄〉経済百選[二版]四五）

第一八条【合併等の無効の訴え】 ① 公正取引委員会は、第十五条第二項及び同条第三項において読み替えて準用する第十条第八項の規定に違反して会社が合併した場合においては、合併の無効の訴えを提起することができる。

② 前項の規定は、第十五条の二第二項及び第三項並びに同条第四項において読み替えて準用する第十条第八項の規定に違反して会社が共同新設分割又は吸収分割をした場合に準用する。この場合において、前項中「合併の無効の訴え」とあるのは、「共同新設分割又は吸収分割の無効の訴え」と読み替えるものとする。

③ 第一項の規定は、第十五条の三第二項及び同条第三項において読み替えて準用する第十条第八項の規定に違反して会社が共同株式移転をした場合に準用する。この場合において、第一項中「合併の無効の訴え」とあるのは、「共同株式移転の無効の

訴え」と読み替えるものとする。

第五章　不公正な取引方法

第一八条の二【定義】　①　この章において「違反行為期間」とは、第二十条の二から第二十条の六までに規定する違反行為のうちいずれかの違反行為をした事業者に係る当該違反行為をした日（当該事業者に対し当該違反行為について第四十七条第一項第一号、第三号又は第四号に掲げる処分が最初に行われた日（当該事業者に対し当該処分が行われなかつたときは、当該事業者が当該違反行為について事前通知（第二十条の二から第二十条の六までの規定により課徴金の納付を命ずる場合において、第六十二条第四項において読み替えて準用する第五十条第一項の規定により公正取引委員会が第二十条の二から第二十条の六までに規定する違反行為のうちいずれかの違反行為をした事業者に対してする通知をいう。次項において同じ。）を受けた日）の十年前の日前であるときは、同日）から当該違反行為がなくなる日までの期間をいう。

②　この章において「調査開始日」とは、第二十条の二から第二十条の五までに規定する違反行為のうちいずれかの違反行為に係る事件について第四十七条第一項第一号、第三号又は第四号に掲げる処分が最初に行われた日（当該処分が行われなかつたときは、当該違反行為をした事業者が当該違反行為について事前通知を受けた日）をいう。

第一九条【不公正な取引方法の禁止】　事業者は、不公正な取引方法を用いてはならない。

第二〇条【排除措置命令】　①　前条の規定に違反する行為があるときは、公正取引委員会は、第八章第二節に規定する手続に従い、事業者に対し、当該行為の差止め、契約条項の削除その他当該行為を排除するために必要な措置を命ずることができる。

②　第七条第二項の規定は、前条の規定に違反する行為に準用する。

排除措置の対象・内容等→七条[判]

第二〇条の二【特定の共同取引拒絶を繰り返した場合の課徴金納付命令】　事業者が、次の各号のいずれかに該当する者であつて、第十九条の規定に違反する行為（第二条第九項第一号に該当するものに限る。）をしたときは、公正取引委員会は、第八章第二節に規定する手続に従い、当該事業者に対し、違反行為期間における、当該違反行為において当該事業者がその供給を拒絶し、又はその供給に係る商品若しくは役務の数量若しくは内容を制限した事業者の競争者に対し供給した同号イに規定する商品又は役務と同一の商品又は役務（同号ロに規定する違反行為にあつては、当該事業者が同号ロに規定する他の事業者（以下この条において「拒絶事業者」という。）に対し供給した同号ロに規定する商品又は役務と同一の商品又は役務（当該拒絶事業者が当該同一の商品又は役務を供給するために必要な商品又は役務を含む。）、拒絶事業者がその供給を拒絶し、又はその供給に係る商品若しくは役務の数量若しくは内容を制限した事業者の競争者に対し当該事業者が供給した当該同一の商品又は役務及び拒絶事業者が当該事業者に対し供給した当該同一の商品又は役務）の政令で定める方法により算定した売上額に百分の三を乗じて得た額に相当する額の課徴金を国庫に納付することを命じなければならない。ただし、当該事業者が当該違反行為に係る行為について第七条の二第一項（第八条の三において読み替えて準用する場合を含む。次条から第二十条の五までにおいて同じ。）若しくは第七条の九第一項若しくは第二項の規定による命令（当該命令が確定している場合に限る。第二十条の四及び第二十条の五において同じ。）、第七条の四第七項若しくは第七条の七第三項の規定による通知若しくは第六十三条第二項の規定による決定を受けたとき、又はこの条の規定による課徴金の額が百万円未満であるときは、その納付を命ずることができない。

一　当該違反行為に係る事件についての調査開始日から遡り十年以内に、前条の規定による命令（第二条第九項第一号に係るものに限る。次号において同じ。）又はこの条の規定による命令を受けたことがある者（当該命令が確定している場合に限る。次号において同じ。）

二　当該違反行為に係る事件についての調査開始日から遡り十年以内に、その完全子会社が前条の規定による命令（当該命令の日において当該事業者の完全子会社である場合に限る。）又はこの条の規定による命令（当該命令の日において当該事業者の完全子会社である場合に限る。）を受けたことがある者

第二〇条の三【特定の差別対価を繰り返した場合の課徴金納付命令】　事業者が、次の各号のいずれかに該当する者であつて、第十九条の規定に違反する行為（第二条第九項第二号に該当するものに限る。）をしたときは、公正取引委員会は、第八章第二節に規定する手続に従い、当該事業者に対し、違反行為期間における、当該違反行為において当該事業者が供給した同号に規定する商品又は役務の政令で定める方法により算定した売上額に百分の三を乗じて得た額に相当する額の課徴金を国庫に納付することを命じなければならない。ただし、当該事業者が当該違反行為に係る行為について第七条の二第一項、第七条の九第一項若しくは第二項若しくは次条の規定による命令（当該命令が確定している場合に限る。）、第七条の四第七項若しくは第七条の七第三項の規定による通知若しくは第六十三条第二項の規定による決定を受けたとき、又はこの条の規定による課徴金の額が百万円未満であるときは、その納付を命ずることができない。

一　当該違反行為に係る事件についての調査開始日から遡り十年以内に、第二十条の規定による命令（第二条第九項第二号に係るものに限る。次号において同じ。）又はこの条の規定による命令を受けたことがある者（当該命令が確定している場合に限る。次号において同じ。）

二　当該違反行為に係る事件についての調査開始日から遡り十年以内に、その完全子会社が第二十条の規定による命令（当該命令の日において当該事業者の完全子会社である場合に限る。）又はこの条の規定による命令（当該命令の日において当該事業者の完全子会社である場合に限る。）を受けたことがある者

第二〇条の四【特定の不当廉売を繰り返した場合の課徴金納付命令】　事業者が、次の各号のいずれかに該当する者であつて、第十九条の規定に違反する行為（第二条第九項第三号に該当するものに限る。）をしたときは、公正取引委員会は、第八章第二節に規定する手続に従い、当該事業者に対し、違反行為期間における、当該違反行為において当該事業者が供給した同号に規定する商品又は役務の政令で定める方法により算定した売上額に百分の三を乗じて得た額に相当する額の課徴金を国庫に納付することを命じなければならない。ただし、当該事業者が当該違反行為に係る行為について第七条の二第一項、第七条の九第一項若しくは第二項の規定による命令、第七条の四第七項若しくは第七条の七第三項の規定による通知若しくは第六十三条第二項の規定による決定を受けたとき、又はこの条の規定による課徴金の額が百万円未満であるときは、その納付を命ずることができない。

一　当該違反行為に係る事件についての調査開始日から遡り十年以内に、第二十条の規定による命令（第二条第九項第三号に係るものに限る。次号において同じ。）又はこの条の規定による命令を受けたことがある者（当該命令が確定している場合に限る。次号において同じ。）

二　当該違反行為に係る事件についての調査開始日から遡り十年以内に、その完全子会社が第二十条の規定による命令（当該命令の日において当該事業者の完全子会社である場合に限る。）又はこの条の規定による命令（当該命令の日において当該事業者の完全子会社である場合に限る。）を受けたことがある者

第二〇条の五【特定の再販売価格拘束を繰り返した場合の課徴金納付命令】 事業者が、次の各号のいずれかに該当する者であつて、第十九条の規定に違反する行為（第二条第九項第四号に該当するものに限る。）をしたときは、公正取引委員会は、第八章第二節に規定する手続に従い、当該事業者に対し、違反行為期間における、当該違反行為において当該事業者が供給した同号に規定する商品の政令で定める方法により算定した売上額に百分の三を乗じて得た額に相当する額の課徴金を国庫に納付することを命じなければならない。ただし、当該事業者が当該違反行為に係る行為について第七条の二第一項若しくは第七条の九第一項若しくは第二項の規定による命令、第七条の四第七項若しくは第七条の七第三項の規定による通知若しくは第六十三条第二項の規定による決定を受けたとき、又はこの条の規定による課徴金の額が百万円未満であるときは、その納付を命ずることができない。

一　当該違反行為に係る事件についての調査開始日から遡り十年以内に、第二十条の規定による命令（第二条第九項第四号に係るものに限る。次号において同じ。）又はこの条の規定による命令を受けたことがある者（当該命令が確定している場合に限る。次号において同じ。）

二　当該違反行為に係る事件についての調査開始日から遡り十年以内に、その完全子会社が第二十条の規定による命令（当該命令の日において当該事業者の完全子会社である場合に限る。）又はこの条の規定による命令（当該命令の日において当該事業者の完全子会社である場合に限る。）を受けたことがある者

第二〇条の六【特定の優越的地位濫用をした場合の課徴金納付命令】 事業者が、第十九条の規定に違反する行為（第二条第九項第五号に該当するものであつて、継続してするものに限る。）をしたときは、公正取引委員会は、第八章第二節に規定する手続に従い、当該事業者に対し、違反行為期間における、当該違反行為の相手方との間における政令で定める方法により算定した売上額（当該違反行為が商品又は役務の供給を受ける相手方に対するものである場合は当該違反行為の相手方との間における政令で定める方法により算定した購入額とし、当該違反行為の相手方が複数ある場合は当該違反行為のそれぞれの相手方との間における政令で定める方法により算定した売上額又は購入額の合計額とする。）に百分の一を乗じて得た額に相当する額の課徴金を国庫に納付することを命じなければならない。ただし、その額が百万円未満であるときは、その納付を命ずることができない。

① 一個の違反行為につき相手方が複数ある場合における違反行為期間においては、一律に認定することとし、「当該行為をした日」とは、複数の相手方のうちいずれかの相手方に対して最初の当該行為をした日をいい、「当該行為がなくなる日」とは、複数の相手方の全ての相手方に対して当該行為が行われなくなった日をいう。（東京高判令3・3・3審決集六七・四四四〈ラルズ事件〉重判令3経済六）→◆【不公正な取引方法】［二条の後］83

② 事業者の違反行為が、組織的、計画的に行われる場合に、「当該行為が行われなくなった」とされるには、当該事業者における代表者等が違反行為を今後行わないとの意思決定を行い、これを内部的に周知することを要し、既に事業者が相手方に対して要請行為を行っている場合には、そうした要請行為を解消する必要がある。（東京高判令3・3・3前出①）

③ 優越的地位の認定において、営業拠点といった特定の事業における諸事情を重視する場合があるとしても、課徴金制度には算定基準の明確性や算定の容易性が求められるため、「当該行為の相手方」は、事業者単位で把握し、その「購入額」を基準として算定する。（東京高判令3・3・3前出①）

④ 形式的には販売実績に応じて支払われる割戻金であっても、実質的に仕入実績に応じて支払われるものと変わらない場合には、独禁法施行令の規定する割戻金に該当し、課徴金額算定の基礎となる購入額から控除すべきである。（判審令元・10・2審決集六六・五三〈エディオン事件〉）→◆【不公正な取引方法】［二条の後］87・七条④

第二〇条の七【不当な取引制限に係る規定の準用】 第七条の二第三項並びに第七条の八第一項から第四項まで及び第六項の規定は、第二十条の二から前条までに規定する違反行為が行われた場合について準用する。この場合において、次の表の上欄に掲げる規定中同表の中欄に掲げる字句は、それぞれ同表の下欄に掲げる字句に読み替えるものとする。

第七条の二第三項	第一項の	第二十条の二から第二十条の六までの
	実行期間	第十八条の二第一項に規定する違反行為期間
	第一項各号に掲げる	第二十条の二から第二十条の六までに規定する
	当該事業者、その特定非違反供給子会社等若しくは特定非違反購入子会社等	当該事業者
第七条の八第一項	第七条の二第一項	第二十条の二から第二十条の六まで
	同条、第七条の三、第七条の四第二項若しくは第三項、第七条の五第三項又は前条第一項	これらの規定又は第二十条の七において読み替えて準用する第七条の二第三項
第七条の八第二項	第七条の二、第七条の三、第七条の四第二項若しくは第三項、第七条の五第三項又は前条第一項	第二十条の二から第二十条の六までの規定又は第二十条の七において読み替えて準用する第七条の二第三項
第七条の八第三項	第七条の二第一項	第二十条の二から第二十条の六まで
	並びに当該法人が受けた同項の規定による命令、第七条の四第七項及び前条第三項の規定による通知並びに第六十三条第二項の規定による決定（以下この項及び次項において「命令等」という。）は、合併後存続し、又は合併により法人が設立された違反行為及び当該合併後存続し、又は合併により設立さ	は、合併後存続し、又は合併により設立された法人がした違反行為

	れた法人が受けた命令等	
	第七条の二からこの条まで	これらの規定並びに第二十条の七において読み替えて準用する第七条の二第三項並びに第一項から次項まで及び第六項
第七条の八第四項	第七条の二第一項に	第二十条の二から第二十条の六までに
	違反行為及び当該法人が受けた命令等	違反行為
	違反行為及び当該特定事業承継子会社等が受けた命令等	違反行為
	同条からこの条まで	これらの規定並びに第二十条の七において読み替えて準用する第七条の二第三項並びに第一項からこの項まで及び第六項
	第七条の二第一項中「当該	第二十条の二から第二十条の六までの規定中「、当該
	特定事業承継子会社等（第七条の八第四項に規定する特定事業承継子会社等をいう。以下この項及び同条第一項において同じ。）に対し、この項	、特定事業承継子会社等に対し、この条
	、第一項	、第二十条の七において読み替えて準用する第一項
	受けた特定事業承継子会社等は、同項	受けた特定事業承継子会社等（第二十条の七において読み替えて準用する第四項に規定する特定事業承継子会社等をいう。以下この項において同じ。）は、これら
第七条の八第六項	実行期間	第十八条の二第一項に規定する違反行為期間

第六章　適用除外

第二一条【知的財産法による権利行使】 この法律の規定は、著作権法、特許法、実用新案法、意匠法又は商標法による権利の行使と認められる行為にはこれを適用しない。

権利の行使と認められない行為

① 本条は、特許権等が独占権であることに鑑み、特許権等の権利行使と認められる場合には独禁法を適用しないことを確認的に規定したものであって、発明、考案、意匠の創作を奨励し、産業の発達に寄与することを目的とする特許制度等の趣旨を逸脱し、又は上記目的に反するような不当な権利行使については、同法の適用が除外されるものではない。（知財高判平18・7・20【平18ネ一〇〇一五】経済百選〔二版〕九二）→③

② 著作権法等による権利の行使とみられるような行為であっても、競争秩序に与える影響を勘案した上で、知的財産保護制度の趣旨を逸脱し、又は同制度の目的に反すると認められる場合には、本条にいう「権利の行使と認められる行為」とは評価されない。（判審平13・8・1審決集四八・三〈SCE事件〉重判平13経済三）

③ 被控訴人がその支配的地位を背景に許諾数量の制限を通じて市場における実質的な需給調整を行うなどしている場合には、その具体的事情によっては、特許権等の不当な権利行使として、許諾数量制限について独禁法上の問題が生じ得る可能性がある。（知財高判平18・7・20前出①）

④ 著作隣接権に基づく原盤権の利用許諾の拒絶行為についても、それが意思の連絡の下に共同してなされたものであることに触れつつ、「権利の行使と認められる行為」には該当しないとした事例（東京高判平22・1・29審決集五六・二・四九八〈着うた事件〉経済百選〔二版〕五一）→◆【不公正な取引方法】〔三条の後〕⑧

⑤ 特許権に基づく差止請求権及び損害賠償請求権の行使が、競争者に対する取引妨害に該当せず、特許法の趣旨・目的を逸脱しないから、権利の濫用に当たらないとした事例（知財高判令4・3・29【令2ネ一〇〇五七】〈リコーインクカートリッジ事件〉）

第二二条【組合の行為】 この法律の規定は、次の各号に掲げる要件を備え、かつ、法律の規定に基づいて設立された組合（組合の連合会を含む。）の行為には、これを適用しない。ただし、不公正な取引方法を用いる場合又は一定の取引分野における競争を実質的に制限することにより不当に対価を引き上げることとなる場合は、この限りでない。

一　小規模の事業者又は消費者の相互扶助を目的とすること。
二　任意に設立され、かつ、組合員が任意に加入し、又は脱退することができること。
三　各組合員が平等の議決権を有すること。
四　組合員に対して利益分配を行う場合には、その限度が法令又は定款に定められていること。

一　適用除外の趣旨

① 本条の趣旨は、単独では大企業に対抗できない中小事業者によって設立された相互扶助を目的とする組合の事業活動の独立性をある程度確保したまま、単一事業体として共同経済事業を行うことを許容するところにある。（東京高判令元・11・27審決集六六・四七六〈土佐あき農協事件〉重判令2経済五）→◆【不公正な取引方法】〔三条の後〕②

② 本条ただし書に挙げられた場合に該当すれば、文理上、独禁法の規定がそのまま適用され、当該共同事業が市場において有力な地位にある必要はない。（東京高判令元・11・27前出①）

二　小規模の事業者の判断基準

③ 従業員数、資本又は出資の総額、総資産額、生産数量、営業所数等が判断基準となる。（勧審昭45・7・3審決集一七・八〇）

三　二号が満たされない例

④ 歯科用品小売販売業者の組合が、組合加入の要件として、開業地域の組合員の了承を得ていること、歯科用品店に五年以上勤務した経験があること及び特例販売業の許可を受けていることを求めている場合（勧審昭62・8・11審決集三四・二六〈北海道歯科用品協同組合事件〉独禁百選〔四版〕五三）

四　組合の行為

⑤ コンクリート二次製品の製造販売業者の組合が、あらかじめ、需要者ごとに契約予定者として組合員のうち一社を割り当て、その販売価格に係る設計価格からの値引き率を一〇パーセント以内とすることを決定することは、組合の実施する販売について定めたものではなく、組合員等の需要者に対する製品の販売について取引の相手方及び対価を定めたものであって、本条に規定する組合の行為に該当しない。（排令平

27・1・14審決集六一・一三八〈網走管内コンクリート製品協同組合事件〉経済百選[二版]一三二）

第二三条【再販売価格拘束】 ① この法律の規定は、公正取引委員会の指定する商品であつて、その品質が一様であることを容易に識別することができるものを生産し、又は販売する事業者が、当該商品の販売の相手方たる事業者とその商品の再販売価格（その相手方たる事業者又はその相手方たる事業者の販売する当該商品を買い受けて販売する事業者がその商品を販売する価格をいう。以下同じ。）を決定し、これを維持するためにする正当な行為については、これを適用しない。ただし、当該行為が一般消費者の利益を不当に害することとなる場合及びその商品を販売する事業者がする行為にあつてはその商品を生産する事業者の意に反してする場合は、この限りでない。

② 公正取引委員会は、次の各号に該当する場合でなければ、前項の規定による指定をしてはならない。

一 当該商品が一般消費者により日常使用されるものであること。

二 当該商品について自由な競争が行われていること。

③ 第一項の規定による指定は、告示によつてこれを行う。

④ 著作物を発行する事業者又はその発行する物を販売する事業者が、その物の販売の相手方たる事業者とその物の再販売価格を決定し、これを維持するためにする正当な行為についても、第一項と同様とする。

⑤ 第一項又は前項に規定する販売の相手方たる事業者には、次に掲げる法律の規定に基づいて設立された団体を含まないものとする。ただし、第七号及び第十号に掲げる法律の規定に基づいて設立された団体にあつては、事業協同組合、事業協同小組合、協同組合連合会、商工組合又は商工組合連合会が当該事業協同組合、協同組合連合会、商工組合又は商工組合連合会を直接又は間接に構成する者の消費の用に供する第二項に規定する商品又は前項に規定する物を買い受ける場合に限る。

一 国家公務員法（昭和二十二年法律第百二十号）

二 農業協同組合法（昭和二十二年法律第百三十二号）

三 消費生活協同組合法（昭和二十三年法律第二百号）

四 水産業協同組合法（昭和二十三年法律第二百四十二号）

五 行政執行法人の労働関係に関する法律（昭和二十三年法律第二百五十七号）

六 労働組合法（昭和二十四年法律第百七十四号）

七 中小企業等協同組合法（昭和二十四年法律第百八十一号）

八 地方公務員法（昭和二十五年法律第二百六十一号）

九 地方公営企業等の労働関係に関する法律（昭和二十七年法律第二百八十九号）

十 中小企業団体の組織に関する法律（昭和三十二年法律第百八十五号）

十一 国家公務員共済組合法（昭和三十三年法律第百二十八号）

十二 地方公務員等共済組合法（昭和三十七年法律第百五十二号）

十三 森林組合法（昭和五十三年法律第三十六号）

⑥ 第一項に規定する事業者は、同項に規定する再販売価格を決定し、これを維持するための契約をしたときは、公正取引委員会規則の定めるところにより、その契約の成立の日から三十日以内に、その旨を公正取引委員会に届け出なければならない。ただし、公正取引委員会規則の定める場合は、この限りでない。

一 一項による適用除外の趣旨

[1] 販売業者の不当廉売又はおとり販売等による、製造業者の商標の信用の毀損、あるいは他の販売業者の利益が不当に害されることなどの防止が指定商品を独禁法の適用除外とした理由である。（最判昭50・7・11民集二九・六・九五一〈明治商事事件〉経済百選[初版]七三）

二 四項にいう「著作物」の範囲

[2] ゲームソフトは、昭和二八年の本条制定当時には存在しておらず、また、書籍・雑誌・新聞・レコード盤のいずれかとその機能・効用を同一にするものではないし、著作物再販制度が独禁法上原則として違法として禁止される再販売価格維持行為に対する例外的措置であることからすると、再販適用除外の対象とすべき著作物に該当しない。（判審平13・8・1審決集四八・三〈SCE事件〉経済百選[二版]七〇）

三 五項により適用除外とならないもの

[3] 化粧品メーカーと生協の役員等の個人又は関連法人を名義人とする実質的な生協との再販売価格維持契約（同審平7・11・30審決集四二・九七〈資生堂事件〉経済百選[初版]七四）

◆【事業法・独禁法以外の規制と独禁法】

一 他の法律に規定された適用除外

[1] 大洋州航路において特定自動車運送業務を行っている三社が、海上運送法二九条の二の規定に基づきあらかじめ国土交通大臣に届け出ていた運賃に関する協定で定めた荷主一律の運賃を個々の荷主に対してほとんど適用していなかったことから、独禁法の適用除外を定めた海上運送法二八条四号の適用除外を認めず、三社の間の、安値により他社の取引を相互に奪わず、荷主ごとに、運賃を引き上げ又は維持する旨の合意が不当な取引制限に該当するとされた事例（排令平26・3・18審決集六〇・一・四二五〈大洋州航路自動車運送業務カルテル事件〉重判平26経済七）

二 適用除外以外の規制

[2] 貸切バス事業者の団体が認可運賃の下限を下回る道路運送法上違法な運賃を決定しても、原則として「競争を実質的に制限すること」という要件に該当しないが、認可運賃と乖離〔かいり〕する実勢運賃による競争が平穏公然と行われ、実勢運賃による競争の実態が、競争を制限する協定に排除措置を命ずることを容認し得る程度にまで肯定的に評価されるときは、特段の事情があり、独禁法八条一号に違反する。（判審平7・7・10審決集四二・三〈大阪バス協会事件〉経済百選[二版]三六……特段の事情の立証はなく、違反しないとされた例）

[3] 事業者の行為の内容が、法律や法律の個別規定を執行するために制定された省令等で明確に規定され、羈束〔きそく〕されている場合、当該事業者が自由にその内容を決定することはできないのであるから、事業者の共同意思に基づく行為と評価できず、独禁法二条の適用の前提を欠く。（東京地判平17・4・22【平15行ウ四三四】〈NTT東西接続約款認可取消訴訟〉メディア百選一〇六）

[4] 新潟運輸支局等が新潟交通圏のタクシー事業者に対し新自動認可運賃の枠内で特定の運賃区分に移行することや、小型車について初乗距離短縮運賃を設定しないことを求める行政指導をした事実はなく、二六社が新自動認可運賃に移行することばかりでなく、新自動認可運賃の枠内での特定の運賃区分に移行すること及び小型車について初乗距離短縮運賃を設定しないことまで合意したことは、指導の範囲を明らかに超えているから、正当化されない。（東京高判平28・9・2審決集六三・三二四〈新潟市タクシー運賃協定事件〉経済百選[二版]三一）

[5] 原告が被告に対して請求する接続に関する総務大臣の認可がない以上、電気通信事業法上、被告はそのような接続に応じてはならない義務を課されている状況にあるといえるのであって、にもかかわらず、独禁法により、このような接続をしなければならない義務を被告に課すことは、被告に相互に矛盾する法的義務を課すことにほかならないことを考えると、独禁法二四条に基づき、被告に対してこのような接続を請求することはできない。（東京地判平26・6・19審決集六一・二四三〈ソフトバンク対NTT事件〉経済百選[二版]一一〇）

↓二四条[9]

第七章　差止請求及び損害賠償

第二四条【差止請求】 第八条第五号又は第十九条の規定に違反する行為によつてその利益を侵害され、又は侵害されるおそれがある者は、これにより著しい損害を生じ、又は生ずるおそれがあるときは、その利益を侵害する事業者若しくは事業者団体又は侵害するおそれがある事業者若しくは事業者団体に対し、その侵害の停止又は予防を請求することができる。

一　請求の可否

[1]　弁護士会の懲戒処分は行訴法所定の抗告訴訟の対象となる行政処分に当たり、同法三条七項に抗告訴訟として差止めの訴えが法定されている以上、これによらずに本条に基づくその性質上民事の差止請求に係る訴えによることは、不適法として却下を免れない。（東京高判平28・10・27審決集六三・四〇〇〈弁護士懲戒事件〉）

二　訴訟要件か実体要件か

[2]　本条の文言は、実体法上の差止請求権の発生要件事実を定めたものであり、これを満たすか否かは本案前の問題ではない。（東京地判平16・3・18審決集五〇・七六六〈日本テクノ事件一審〉）

三　利益侵害

[3]　本条にいう利益とは、公正かつ自由な競争が行われている市場において取引を行っていく上で得られる利益をいうのであって、組合員がそのような利益を侵害されたことを理由として組合それ自体に利益侵害が生じたということはできない。（東京地判平19・10・15審決集五四・六九六〈東京都石油商業組合事件〉）

四　著しい損害

[4]　「著しい損害を生じ、又は生ずるおそれがあるとき」の要件は、不公正な取引方法のうち差止めを認める必要がある行為を限定して取り出すためのものであり、したがって、損害賠償請求が認められるために必要な違法性よりも高度の違法性が認められることを求める要件であって、その存否は、当該違反行為及び損害の態様や程度等を勘案して判断する。（大阪高判平17・7・5審決集五二・八五六〈関西国際空港新聞販売事件〉経済百選[初版]一二二）→◆【不公正な取引方法】〔二条の後〕[9]

[5]　本条にいう「著しい損害」の要件は、一般に差止請求を認容するには損害賠償請求を認容する場合よりも高度の違法性を要するとされていることを踏まえつつ、不正競争防止法等他の法律に基づく差止請求権との均衡や過度に厳格な要件を課した場合は差止請求の制度の利用価値が減殺されることにも留意しつつ定められたものであって、例えば、当該事業者が市場から排除されるおそれがある場合や新規参入が阻止されている場合等独禁法違反行為によって回復し難い損害が生ずる場合や、金銭賠償では救済として不十分な場合等がこの要件に該当する。（東京高判平19・11・28審決集五四・六九九〈ヤマト運輸対郵政事件〉経済百選[二版]一一九）→◆【不公正な取引方法】〔二条の後〕[25][29][30][34][35][50][110]

[6]　違反行為を放置すれば被害者の事業の継続が困難となること等を指摘し、行為の態様や経緯等を併せ考えて、「著しい損害」の成立を認めた事例（東京地決平23・3・30【平22ヨ二〇一二五】〈ドライアイス仮処分申立事件〉経済百選[二版]一二一）→◆【不公正な取引方法】〔二条の後〕[105]

[7]　[5]と同じ一般論を述べた上で、物理的妨害を受けたタクシー事業者が営業区域内の他のタクシー待機場所で乗客を獲得し営業を行っていることを指摘して、「著しい損害」がないとした事例（神戸地判平26・1・14審決集六〇・二・二一四〈神鉄タクシー事件〉）→[8]・◆【不公正な取引方法】〔二条の後〕[108]

[8]　競争が行われる「同一の需要者」の範囲を二条[9]のように狭く設定することによって、原告タクシー事業者は乗客を獲得する機会をほぼ完全に奪われたと判断し、物理的妨害が組織的に用いられたことにも触れて、それらの損害の内容、程度、独禁法違反行為の態様等を総合勘案し、著しい損害を認定した事例（大阪高判平26・10・31審決集六一・二六〇〈神鉄タクシー事件〉経済百選[二版]一一八）

五　その侵害の停止又は予防

[9]　不公正な取引方法に係る規制に違反する行為が不作為によるものである場合もあり得ることから考えると、差止請求の対象である「その侵害の停止又は予防」は、不作為による損害を停止又は予防するための作為を含むと解するのが相当である。（東京地判平26・6・19審決集六一・二四三〈ソフトバンク対NTT事件〉経済百選[二版]一二〇）→◆【事業法・独禁法以外の規制と独禁法】〔二三条の後〕[5]

[10]　被告が、原告の自動車の前に立ちはだかるなどの物理的実力により、原告の車両がタクシー待機場所に進入することを妨害したり、原告が旅客となろうとする者と契約を締結することを妨害したりすることを禁止した事例（大阪高判平26・10・31前出[8]）

六　差止めの必要性

[11]　差止請求の要件としての「不公正な取引方法に該当する行為」は、事実審口頭弁論の終結時において、差止めを必要とする程度に持続する状態で現存することを要し、主観訴訟である差止請求を基礎付ける利益侵害、著しい損害も、事実審口頭弁論の終結時に現存し、又は発生の蓋然性があることを要する。（東京高判平19・11・28前出[5]）

独禁

第二五条【損害賠償】 ①　第三条、第六条又は第十九条の規定に違反する行為をした事業者（第六条の規定に違反する行為をした事業者にあつては、当該国際的協定又は国際的契約において、不当な取引制限をし、又は不公正な取引方法を自ら用いた事業者に限る。）及び第八条の規定に違反する行為をした事業者団体は、被害者に対し、損害賠償の責めに任ずる。

②　事業者及び事業者団体は、故意又は過失がなかつたことを証明して、前項に規定する責任を免れることができない。

注　民法の規定に基づく損害賠償請求に係る判例であっても、その多くの判示は、本条に基づく損害賠償請求と共通する問題に関するものである。そこで以下においては、両者を区別せずまとめて掲げた。民法の規定に基づく損害賠償請求に特有の問題に関するものである場合のみ、そのことを明示している。

一　本条と民法上の不法行為との関係

[1]　本条一項に定める違反行為によって損害を被った者であっても、その行為が民法上の不法行為に該当する限り、民法の規定に基づき損害賠償の請求をすることができる。（最判平元・12・8民集四三・一一・一二五九〈鶴岡灯油事件〉経済百選[二版]一一二②）→民七〇九条[88]

[2]　本条一項の損害賠償請求権と民法七〇九条の損害賠償請求権は、訴訟物が同一であると解することはできない。（東京高判平25・3・15審決集五九・二・三一一〈熱海市焼却炉二五条訴訟〉経済百選[二版]一一三）

二　原告適格

[3]　損害賠償請求訴訟においては、訴訟物たる当該損害賠償請求権を有すると主張している者である限り原告適格に欠けるところはない。違反者からの間接的購入者であっても原告適格を有する。（最判平元・12・8前出[1]）

三　損害賠償責任を負う者の範囲

[4]　損害賠償請求の対象となった物件について個別調整に参加していた者は、落札者でなくとも、共同不法行為責任を負う。（東京高判平22・10・1審決集五七・二・三八五〈星和電機事件〉重判平22経済八）

[5] 基本合意に参加してはいたが、損害賠償請求の対象となった物件についての個別調整に参加していなかった被告について、当該被告が基本合意に参加していることが当該個別調整を容易にしたとも当該被告が当該個別調整に加担したともいえないとして、原告の請求を棄却した事例（東京高判平18・2・17審決集五二・一〇〇三〈岡崎管工損害賠償事件〉）

[6] いわゆる官製談合の事案において、発注者側の担当者（本件では町長）に共同不法行為責任を認めた事例（東京高判平23・3・23審決集五七・二・四三七〈小淵沢町発注工事談合〉）

四 違反行為の認定

1 本条に基づく訴訟における独禁法違反の認定

[7] 本条による損害賠償請求をする原告は、被告の行為が独禁法に違反することを立証する必要がある。公取委の排除措置命令等の確定によってその立証が不要となるわけではない。（東京高判平24・12・21審決集五九・二・二五六〈ナイガイ対ニプロ事件〉経済百選[二版]一三）

2 独禁法違反と民法七〇九条の権利・利益侵害の関係

[8] 独禁法違反行為が直ちに私法上の不法行為に該当するとはいえないが、事業者は自由な競争市場で商品を販売できる利益を有しており、同法違反行為が特定の事業者の右利益を侵害する場合には、特段の事情のない限り、その行為は私法上も違法である。（東京地判平9・4・9審決集四四・六三五〈日本遊戯銃協同組合事件〉経済百選[二版]一一六）

[9] 新聞業特殊指定が禁ずる押し紙であり不公正な取引方法に該当するとしながら、諸事実を総合考慮して、不法行為として損害賠償の対象となる程度の違法性は認め難いとした事例（名古屋高判平15・1・24【平14ネ二四七】〈岐阜新聞事件〉）

3 入札談合事件において立証を要する行為

[10] 談合した事業者に損害賠償を請求するためには、原告が、請求原因事実として、ある工事について受注予定業者が事前に合意されていたこと、当該事業者がその合意に参加していたこと、その合意で決定された受注予定業者、入札においてその受注予定業者が落札したことをいずれも主張立証しなければならない。（東京高判平18・10・5判時一九六〇・二八〈米軍厚木基地事件〉）

[11] 談合を理由とする損害賠償請求において、談合の事実は原告の立証責任に属するが、直接証拠がなくても、間接事実を立証し、これを総合することによって談合の事実を証明することが可能であり、談合の日時、場所、参加者等を個々具体的に証明しなくてもよい。（津地判平13・7・5審決集四八・六四五〈四日市市鋳鉄管談合住民訴訟〉）

[12] 被告らが基本合意をしたことは推認されるが、損害賠償請求の対象となった物件について、個別調整をした証拠がなく、入札に参加したアウトサイダーに対して協力の要請をした証拠もないことなどを挙げて、請求を棄却した事例（東京高判平19・11・28審決集五四・七四六〈熱海市焼却炉七〇九条訴訟〉）

五 損害の有無、損害額の算定

1 価格協定・入札談合の場合

イ 基本的な考え方

[13] 価格協定の実施により商品の購入者が被る損害は、現実購入価格と、この価格協定が実施されなかったとすれば形成されていたであろう価格（想定購入価格）との差額である。（最判平元・12・8前出[7]）

[14] 間接的購入者である消費者が石油元売業者に対して損害賠償を求めるためには、元売仕切価格の引上げが、卸売価格への転嫁を経て、現実の小売価格の上昇をもたらしたこと、及び、価格協定がなければ現実の小売価格より安い小売価格が形成されていたことを消費者側が立証することが必要である。（最判昭62・7・2民集四一・五・七八五〈東京灯油事件〉経済百選[二版]一二一①）

ロ 直前価格・直後価格による推認

[15] 価格協定の実施当時から消費者が商品を購入する時点までの間に当該商品の小売価格形成の前提となる経済条件、市場構造その他の経済的要因等に変動がない限り、当該価格協定の実施直前の小売価格（直前価格）をもって想定購入価格と推認するのが相当である。（最判平元・12・8前出[7]）

[16] 違反行為以前にも同様の行為が存在していた疑いがある場合には、直前の落札価格を想定落札価格と推認するのは妥当でなく、違反行為が終了した直後の落札価格が違反行為の影響を受けない自由な競争による価格と認められ、かつ、相当数の落札があり違反行為の直後の落札価格（直後価格）を合理的に算定できるときは、当該価格形成の前提となる経済条件、市場構造その他の経済的要因等に変動がない限り、直後価格をもって想定落札価格と推認することが合理的である。（東京高判平18・2・17前出[5]）

ハ 具体的な判断

[17] [15]にいう推認が許されない場合には、直前価格のほか、商品の価格形成上の特性及び経済的変動の内容、程度その他の価格形成要因を総合検討してこれを推計しなければならない。（最判平元・12・8前出[7]……民訴法二四八条の制定前において具体的な推計方法を判示した最高裁判決）

[18] 工事を既設業者以外の会社が受注することは、合理的な技術的及び経済的理由から不利であるため、談合なしに入札が行われたとしても、既設業者が実際に行った入札額を下回る金額で入札が行われたと認めることはできないときは、談合によって発注者に具体的な損害が生じたとはいえない。（東京地判平14・1・31審決集四八・八〇二〈東京都上水道談合住民訴訟〉）

[19] 被告と指名業者の一部が個別調整をしていたとしても、被告の落札価格は他の指名業者（アウトサイダー）との自由な競争の下で形成されたものと評価するほかないとして、損害の発生を否定した事例（京都地判平23・5・24判時二一二〇・七八〈福知山市焼却炉談合訴訟〉）

ニ 官製談合の場合の過失相殺等

[20] 発注者の一部役職員が入札談合に協力していた場合は、当該一部役職員が独禁法違反行為者と共同して不法行為を行ったと見るべきであり、発注者による違反行為者に対する損害賠償請求について過失相殺をすることは相当でない。（東京高判平24・2・2審決集五八・二・三八〇〈道路公団小原第一橋事件〉）→[6]

2 優越的地位の濫用の場合

[21] 見切り販売禁止行為は、廃棄処分前に売れ残り商品を見切り販売することにより損失を回避する機会を奪うものであるから、これにより被った経済的不利益は、見切り販売の妨害行為がなければ回避できたであろう損害を意味し、具体的には、ある時間以降に見切り販売を行った場合の利益から行わなかった場合の利益を控除した額に相当する損害を被ったというべきである。（東京高判平25・8・30審決集六〇・二・二六一〈セブン-イレブン見切り販売禁止損害賠償事件〉経済百選[二版]一一五）→二六条[7]

[22] 優越的地位の濫用に該当する返品によって被った損害額として認められるのは、全返品金額から、瑕疵［かし］返品金額、瑕疵返品以外の返品米の客観的価値及び既払金の合計額を控除した額である。（札幌高判平31・3・7【平30ネ一七一】〈セコマ事件〉重判令元経済九）

3 排除行為の場合

[23] 排除行為がなければ契約が継続したと相当因果関係が認められる期間は一年であり、当該契約による一年間の純利益が得べかりし利益となるとした上で、統計に基づく利益率から一年間の契約金額の三三パーセントを損害額と認定した。（大阪高判平5・7・30審決集四〇・六五一〈東芝昇降機サービス事件〉経済百選[二版]六四）→◆【不公正な取引方法】［二条の後］[53]

[24] 排除行為を指示した組合から認証された製品の仕入れができなくなることを恐れて被排除者との間の取引を中止したと

すれば、取引全部を中止するのが自然であるから、原告との取引が完全に中止されるに至った三店との取引のみを排除行為と相当因果関係のある損害と認め、被排除者と三店との取引が一年間継続した場合に期待される売上げを推定し、粗利益率は五〇パーセントを下らないとして、売上喪失額の五割を損害額と認めた。（東京地判平9・4・9前出[8]）→◆【不公正な取引方法】［二条の後］[11]

[25] 排除行為前の市場シェアを基本としつつ、本件商品の品質や評価等に係る事情を総合考慮して、排除行為がなかった場合の市場シェアを推定し、それを維持できた期間を約半年間と推定して、推定売上額を算出し、これと実際の売上げとの差額から売上喪失額を導き、粗利益率は五〇パーセントを下らないとして、売上喪失額の五割を損害額と認めた。（東京地判平9・4・9前出[8]）

六 入札談合をした落札業者と発注者との契約に違約金条項がある場合

[26] 発注者は、違約金条項に定められた損害賠償を本条に基づく訴訟において請求することができる。（東京高判平23・9・9審決集五八・二・二九二〈道路公団奥津内川橋事件〉）

[27] 入札談合の場合には契約締結より前に談合が行われていることに触れた上で、本件における違約金条項について、損害の立証が可能な場合には更にその超過額の請求をなし得るものと契約解釈をした事例（東京高判平22・10・1前出[4]）

[28] 本件における違約金条項について、損害賠償額の予定であると契約解釈をした事例（東京高判平23・9・9前出[26]）

[29] 違約金条項は損害賠償額の予定であると契約解釈をする場合であっても、契約の当事者でない他の個別調整参加者に対しては、違約金条項に定めた額を超過する部分について損害賠償請求をすることができる。（東京高判平23・9・9前出[26]……実際の損害額が違約金条項に定めた額を超過しないとされ、結論としては請求棄却）

[30] 契約書において「乙」とされた落札業者がAとBの共同企業体であり、乙に対する公取委の命令が確定することを条件として賠償金条項に基づく支払を義務付けていた場合において、「乙」とは「A及びB」であると契約解釈をして、Aのみについて命令が確定したにすぎないときには賠償金条項に基づく支払義務は発生しないとした事例（最判平26・12・19審決集六一・四六四〈川崎市下水管きょ談合訴訟〉重判平27民一）

七 住民訴訟に固有の論点

[31] 地方自治法上の住民訴訟の前提となる監査請求が、談合行為を理由として、その不法行為責任を追及することを目的とする場合、個別の工事ごとに談合行為と参加者等を特定することが必要であり、監査請求の対象が公正取引委員会によって独禁法違反行為として特定された行為と同一であるというのみでは、監査請求の対象が特定されているとはいえない。（東京高判平14・12・24審決集四九・八一三〈座間市工事談合住民訴訟〉）

[32] 地方公共団体が、排除措置命令の確定まで独禁法違反行為を原因とする不法行為に基づく損害賠償請求権を行使しないこととすると、地方公共団体の損害の回復が遅れる上に、時効が完成するおそれもあるから、将来的に排除措置命令が確定した場合には本条に基づく損害賠償請求権の行使が可能になるとしても、そのことだけでは、不法行為に基づく損害賠償請求権の不行使を正当化する理由にならない。（最判平21・4・28判時二〇四七・一一三〈尼崎市焼却炉談合住民訴訟〉自治百選[四版]一〇三）→自治二四二条の二[42]

第二六条【損害賠償請求権の主張の前提、時効】 ① 前条の規定による損害賠償の請求権は、第四十九条に規定する排除措置命令（排除措置命令がされなかつた場合にあつては、第六十二条第一項に規定する納付命令（第八条第一号又は第二号の規定に違反する行為をした事業者団体の構成事業者に対するものを除く。））が確定した後でなければ、裁判上主張することができない。

② 前項の請求権は、同項の排除措置命令又は納付命令が確定した日から三年を経過したときは、時効によつて消滅する。

主張できることとなる損害賠償請求権の範囲

[1] 本条によって主張できることとなる損害賠償請求権は、排除措置命令等において違反行為と認定された行為に基づいて発生するものに限られる。（東京高判平25・8・30審決集六〇・二・二六一〈セブン‐イレブン見切り販売禁止損害賠償事件〉経済百選[二版]一一五）→二五条[21]、民訴二四八条[5]

◆**【違反行為の私法上の効力】**

一 基本的な考え方

[1] 一九条に違反した契約の私法上の効力については、その契約が公序良俗に反するとされるような場合は格別として、同条が強行法規であるからとの理由で直ちに無効であると解すべきではない。（最判昭52・6・20民集三一・四・四四九〈岐阜商工信用組合事件〉経済百選[二版]一二二……両建預金を伴う貸付けの実質金利の利息制限法違反を認め、その違反状態が是正され得ることを考慮して、貸付契約を有効とした例）→◆【不公正な取引方法】［二条の後］[97]、行総◇【Ⅰ】[18]、民九〇条[39]・九一条[4]

[2] 独禁法に違反する私法上の行為の効力は、直ちに無効になるとはいえないが、違反行為の目的、その態様、違法性の強弱、その明確性の程度等に照らし、当該行為を有効として同法の規定する措置に委ねたのでは、その目的が十分に達せられない場合には、公序良俗に違反するものとして民法九〇条により無効となる。（東京高判平9・7・31判時一六二四・五五〈花王化粧品販売事件〉重判平9経済三……独禁法違反はなかったとされた例）→◆【不公正な取引方法】［二条の後］[81]

二 具体例

[3] 旧一〇条二項［昭和二八法二五九による改正前のもの］に違反する法律状態をもたらす原因となる法律行為は、これを保護すべきではなく、一〇二条［現附則二条］の趣旨から考えても、独禁法施行後に同法に違反する株式取得の契約の実現は阻止されるべきであるから、旧一〇条二項に違反する契約自体は、それが任意に履行されない限り、その効力がない。（東京高判昭28・12・1下民四・一二・一七九一〈白木屋事件〉独禁百選[二版]一二五）

[4] 談合を理由に入札が無効とされることは、入札者にとって予想された事態の現実化にすぎず、談合に基づく入札を有効とすると、国民全体が不利益を受けるから、談合に基づく入札は無効であり、これを申込みとしてされる契約も、公序良俗違反性を検討するまでもなく、当然に無効である。（東京高判平13・2・8審決集四七・六九〇〈シール談合不当利得返還請求事件〉経済百選[二版]一〇〇）→行総◇【Ⅱ】[150]

[5] 本件受注調整行為は談合行為であって、不当な取引制限行為の中でも明らかに性質上自由競争秩序を阻害するのみならず、一般消費者の利益を害する行為として社会通念上容認できない。そして、本件売買契約は、受注調整行為によって競争を消滅させた後に、受注調整会社が当該行為から具体的利益を得るための手段として行われたことからすると、本件売買契約と受注調整行為は密接不可分な関係にあり、本件売買契約を無効にしなければ独禁法の趣旨が没却されるから、本件売買契約は公序良俗に反して無効である。（東京地判平23・6・27審決集五八・二・三九五〈防衛庁石油燃料談合不当利得返還請求事件〉）

第八章　公正取引委員会

第一節　設置、任務及び所掌事務並びに組織等

第二七条【設置・任務】① 内閣府設置法（平成十一年法律第八十九号）第四十九条第三項の規定に基づいて、第一条の目的を達成することを任務とする公正取引委員会を置く。
② 公正取引委員会は、内閣総理大臣の所轄に属する。

第二七条の二【所掌事務】 公正取引委員会は、前条第一項の任務を達成するため、次に掲げる事務をつかさどる。
一　私的独占の規制に関すること。
二　不当な取引制限の規制に関すること。
三　不公正な取引方法の規制に関すること。
四　独占的状態に係る規制に関すること。
五　所掌事務に係る国際協力に関すること。
六　前各号に掲げるもののほか、法律（法律に基づく命令を含む。）に基づき、公正取引委員会に属させられた事務

第二八条【職権行使の独立性】 公正取引委員会の委員長及び委員は、独立してその職権を行う。

第二九条【公正取引委員会の組織等】① 公正取引委員会は、委員長及び委員四人を以て、これを組織する。
② 委員長及び委員は、年齢が三十五年以上で、法律又は経済に関する学識経験のある者のうちから、内閣総理大臣が、両議院の同意を得て、これを任命する。
③ 委員長の任免は、天皇が、これを認証する。
④ 委員長及び委員は、これを官吏とする。

第三〇条【委員長等の任期】① 委員長及び委員の任期は、五年とする。但し、補欠の委員長及び委員の任期は、前任者の残任期間とする。
② 委員長及び委員は、再任されることができる。
③ 委員長及び委員は、年齢が七十年に達したときには、その地位を退く。
④ 委員長又は委員の任期が満了し、又は欠員を生じた場合において、国会の閉会又は衆議院の解散のため両議院の同意を得ることができないときは、内閣総理大臣は、前条第二項に規定する資格を有する者のうちから、委員長又は委員を任命することができる。この場合においては、任命後最初の国会で両議院の事後の承認を得なければならない。

第三一条【委員長等の身分保障】 委員長及び委員は、次の各号のいずれかに該当する場合を除いては、在任中、その意に反して罷免されることがない。
一　破産手続開始の決定を受けた場合
二　懲戒免官の処分を受けた場合
三　この法律の規定に違反して刑に処せられた場合
四　禁錮以上の刑に処せられた場合

> **＊令和四法六八（令和七・六・一六までに施行）による改正**
> 第四号中「禁錮」を「拘禁刑」に改める。（本文未織込み）

五　公正取引委員会により、心身の故障のため職務を執ることができないと決定された場合
六　前条第四項の場合において、両議院の事後の承認を得られなかつたとき。

第三二条【委員長等の罷免】 前条第一号又は第三号から第六号までの場合においては、内閣総理大臣は、その委員長又は委員を罷免しなければならない。

第三三条【委員長】① 委員長は、公正取引委員会の会務を総理し、公正取引委員会を代表する。
② 公正取引委員会は、あらかじめ委員のうちから、委員長が故障のある場合に委員長を代理する者を定めておかなければならない。

第三四条【議決方法】① 公正取引委員会は、委員長及び二人以上の委員の出席がなければ、議事を開き、議決することができない。
② 公正取引委員会の議事は、出席者の過半数を以て、これを決する。可否同数のときは、委員長の決するところによる。
③ 公正取引委員会が第三十一条第五号の規定による決定をするには、前項の規定にかかわらず、本人を除く全員の一致がなければならない。
④ 委員長が故障のある場合の第一項の規定の適用については、前条第二項に規定する委員長を代理する者は、委員長とみなす。

第三五条【事務総局の組織】① 公正取引委員会の事務を処理させるため、公正取引委員会に事務総局を置く。
② 事務総局に事務総長を置く。
③ 事務総長は、事務総局の局務を統理する。
④ 事務総局に官房及び局を置く。
⑤ 内閣府設置法第十七条第二項から第八項までの規定は、前項の官房及び局の設置、所掌事務の範囲及び内部組織について準用する。
⑥ 第四項の規定に基づき置かれる官房及び局の数は、三以内とする。
⑦ 事務総局の職員中には、検察官、任命の際現に弁護士たる者又は弁護士の資格を有する者を加えなければならない。
⑧ 前項の検察官たる職員の掌る職務は、この法律の規定に違反する事件に関するものに限る。

> **検察官たる職員の職務**
> 7 検察官と総理府事務官を兼任する職員であっても、「検察官たる職員」として職務の制限を受けるが、本条五項［現八項］は、公正取引委員会が独禁法違反なしと判断した事件についての事後の関与を排斥するものでないから、公正取引委員会の不問処分を争う訴訟において同委員会の指定代理人として行動することは、同項に違反しない。（東京地判昭35・7・27行裁一一・七・二〇七五〈消団連事件〉）

第三五条の二【事務総局の地方事務所】① 公正取引委員会の事務総局の地方機関として、所要の地に地方事務所を置く。
② 前項の地方事務所の名称、位置及び管轄区域は、政令で定める。
③ 第一項の地方事務所には、所要の地にその支所を置き、地方事務所の事務を分掌させることができる。
④ 前項の支所の名称、位置及び管轄区域は、内閣府令で定める。

第三六条【委員長等の報酬】① 委員長及び委員の報酬は、別に定める。
② 委員長及び委員の報酬は、在任中、その意に反してこれを減額することができない。

第三七条【政治活動・営利活動の禁止】 委員長、委員及び政令で定める公正取引委員会の職員は、在任中、次の各号のいずれかに該当する行為をすることができない。
一　国会若しくは地方公共団体の議会の議員となり、又は積極的に政治運動をすること。
二　内閣総理大臣の許可のある場合を除くほか、報酬のある他の職務に従事すること。
三　商業を営み、その他金銭上の利益を目的とする業務を行うこと。

第三八条【意見公表の禁止】 委員長、委員及び公正取引委員会の職員は、事件に関する事実の有無又は法令の適用について、意見を外部に発表してはならない。但し、この法律に規定する場合又はこの法律に関する研究の結果を発表する場合は、この限りでない。

第三九条【秘密漏示等の禁止】 委員長、委員及び公正取引委員会の職員並びに委員長、委員又は公正取引委員会の職員であった者は、その職務に関して知得した事業者の秘密を他に漏し、又は窃用してはならない。

秘密の意義

[1]　本条は、独禁法が事業者のプライバシーの保護に責任を持つことを明らかにし、公正取引委員会の企業秘密保護に対する一般の信頼を確保して、その権限行使の円滑適正を図ったものであるから、本条にいう事業者の秘密とは、非公知の事実であって、事業者が秘匿を望み、客観的に見てもそれを秘匿することにつき合理的な理由があるものをいう。（東京地判昭53・7・28刑月一〇・六～八・一一六二〈エポキシ樹脂事件〉）

第四〇条【一般的な調査】　公正取引委員会は、その職務を行うために必要があるときは、公務所、特別の法令により設立された法人、事業者若しくは事業者の団体又はこれらの職員に対し、出頭を命じ、又は必要な報告、情報若しくは資料の提出を求めることができる。

第四一条【調査の嘱託】　公正取引委員会は、その職務を行うために必要があるときは、公務所、特別の法令により設立された法人、学校、事業者、事業者の団体、学識経験ある者その他の者に対し、必要な調査を嘱託することができる。

第四二条【公聴会】　公正取引委員会は、その職務を行うために必要があるときは、公聴会を開いて一般の意見を求めることができる。

第四三条【必要な事項の公表】　公正取引委員会は、この法律の適正な運用を図るため、事業者の秘密を除いて、必要な事項を一般に公表することができる。

第四三条の二【外国競争当局に対する情報提供】　①　公正取引委員会は、この法律に相当する外国の法令を執行する当局（以下この条において「外国競争当局」という。）に対し、その職務（この法律に規定する公正取引委員会の職務に相当するものに限る。次項において同じ。）の遂行に資すると認める情報の提供を行うことができる。ただし、当該情報の提供を行うことが、この法律の適正な執行に支障を及ぼし、その他我が国の利益を侵害するおそれがあると認められる場合は、この限りでない。

②　公正取引委員会は、外国競争当局に対し前項に規定する情報の提供を行うに際し、次に掲げる事項を確認しなければならない。

一　当該外国競争当局が、公正取引委員会に対し、前項に規定する情報の提供に相当する情報の提供を行うことができること。

二　当該外国において、前項の規定により提供する情報のうち秘密として提供するものについて、当該外国の法令により、我が国と同じ程度の秘密の保持が担保されていること。

三　当該外国競争当局において、前項の規定により提供する情報が、その職務の遂行に資する目的以外の目的で使用されないこと。

③　第一項の規定により提供される情報については、外国における裁判所又は裁判官の行う刑事手続に使用されないよう適切な措置がとられなければならない。

第四四条【国会に対する報告等】　①　公正取引委員会は、内閣総理大臣を経由して、国会に対し、毎年この法律の施行の状況を報告しなければならない。

②　公正取引委員会は、内閣総理大臣を経由して国会に対し、この法律の目的を達成するために必要な事項に関し、意見を提出することができる。

第二節　手続

第四五条【事件調査の端緒】　①　何人も、この法律の規定に違反する事実があると思料するときは、公正取引委員会に対し、その事実を報告し、適当な措置をとるべきことを求めることができる。

②　前項に規定する報告があつたときは、公正取引委員会は、事件について必要な調査をしなければならない。

③　第一項の規定による報告が、公正取引委員会規則で定めるところにより、書面で具体的な事実を摘示してされた場合において、当該報告に係る事件について、適当な措置をとり、又は措置をとらないこととしたときは、公正取引委員会は、速やかに、その旨を当該報告をした者に通知しなければならない。

④　公正取引委員会は、この法律の規定に違反する事実又は独占的状態に該当する事実があると思料するときは、職権をもつて適当な措置をとることができる。

措置請求の性格

[1]　独禁法の目的規定及び報告者が当然に事件処理手続に関与し得る地位を認められていないことからみて、本条一項は報告者に対して公正取引委員会に適当な措置を要求することができる具体的な権利を与えたものではない。（最判昭47・11・16民集二六・九・一五七三、行政百選Ⅰ[七版]一二二）

第四六条【独占的状態規制に関する主務大臣の意見】　①　公正取引委員会は、独占的状態に該当する事実があると思料する場合において、前条第四項の措置をとることとしたときは、その旨を当該事業者の営む事業に係る主務大臣に通知しなければならない。

②　前項の通知があつた場合には、当該主務大臣は、公正取引委員会に対し、独占的状態の有無及び第八条の四第一項ただし書に規定する競争を回復するに足りると認められる他の措置に関し意見を述べることができる。

第四七条【行政調査】　①　公正取引委員会は、事件について必要な調査をするため、次に掲げる処分をすることができる。

一　事件関係人又は参考人に出頭を命じて審尋し、又はこれらの者から意見若しくは報告を徴すること。

二　鑑定人に出頭を命じて鑑定させること。

三　帳簿書類その他の物件の所持者に対し、当該物件の提出を命じ、又は提出物件を留めて置くこと。

四　事件関係人の営業所その他必要な場所に立ち入り、業務及び財産の状況、帳簿書類その他の物件を検査すること。

②　公正取引委員会が相当と認めるときは、政令で定めるところにより、公正取引委員会の職員を審査官に指定し、前項の処分をさせることができる。

③　前項の規定により職員に立入検査をさせる場合においては、これに身分を示す証明書を携帯させ、関係者に提示させなければならない。

④　第一項の規定による処分の権限は、犯罪捜査のために認められたものと解釈してはならない。

一　被疑事実等の告知書

[1]　公正取引委員会が立入検査等の調査の際に告知したとおりの違反事件名や名宛人を最後まで維持しなければならないとする法律上の根拠は全くなく、告知内容や適用法条が最終的な処分の内容や適用法条と異なっても差し支えない。（東京高判平22・4・23審決集五七・二・一一七〈アスカム事件〉）

[2]　立入検査の際に交付される被疑事実等の告知書の記載などによって、減免制度の適用において調査開始日が到来したとされる違反行為の範囲が判断された事例（東京高判平25・12・20審決集六〇・二・一〇八〈愛知電線事件〉経済百選[二版]一〇六）→七条の四[1]

二　留置書類の謄写拒否

[3]　本条一項三号及び二項に基づいて審査官が留置した書類について、物件の所持者が行った謄写の求めに審査官が応じないことは、本条一項の処分に該当しないので、これに異議申立てをすることはできない。（公取委決平10・2・13審決集四四・四二三）

三　弁護士依頼者間秘匿特権等

[4]　「弁護士・依頼者秘匿特権」が、憲法や現行法制度の下で具体的な権利又は利益として保障されていると解すべき理由

は見出し難い。「弁護士の職務活動の成果（ワーク・プロダクト）の法理」も、現行法制度の下で当然に認められている法理であると解すべき根拠は見出し難い。〔東京高判平25・9・12審決集六〇・二・一六七〈ＪＡＳＲＡＣ閲覧謄写許可取消請求事件〉〕

四　立入検査と令状主義

5　本条によって行う立入検査は、事件関係人の承諾を前提とし、正当な理由なく承諾を拒むことを認めない趣旨で刑罰の制裁を設けたにとどまり、公正取引委員会の直接の実力行使を認めたものではないから、令状なくしてこれを行っても憲法三五条に違反しない。〔判審昭43・10・11審決集一五・八四〈森永商事事件〉〕

五　任意の供述調書の性格

6　審判事件記録閲覧謄写制度〔平成二五法一〇〇による改正前に存在した制度〕が存在する以上、供述者は供述内容が開示されることはないと期待して供述するわけではない。民事裁判所による文書提出命令によって供述調書が開示されることとなっても、公正取引委員会には本条一項一号に基づき刑罰の間接強制によって審尋等をする権限があるのであるから、審査業務に著しい支障をもたらすこととはならない。〔東京高決平19・2・16金判一三〇三・五八〈五洋建設事件〉〕

7　前出6と同様の判示をしつつ、他方で、未調査の別件の端緒が含まれるものについては文書提出命令申立てを却下した事例〔大阪地決平20・9・10【平19モ三四七】〈住友金属工業株主文書提出命令申立事件〉〕

第四八条【行政調査の調書の作成】　公正取引委員会は、事件について必要な調査をしたときは、その要旨を調書に記載し、かつ、特に前条第一項に規定する処分があつたときは、処分をした年月日及びその結果を明らかにしておかなければならない。

第四八条の二【排除措置計画の認定の申請をすることができる旨の通知】　公正取引委員会は、第三条、第六条、第八条、第九条第一項若しくは第二項、第十条第一項、第十一条第一項、第十三条、第十四条、第十五条第一項、第十五条の二第一項、第十五条の三第一項、第十六条第一項、第十七条又は第十九条の規定に違反する事実があると思料する場合において、その疑いの理由となつた行為について、公正かつ自由な競争の促進を図る上で必要があると認めるときは、当該行為をしている者に対し、次に掲げる事項を書面により通知することができる。ただし、第五十条第一項（第六十二条第四項において読み替えて準用する場合を含む。）の規定による通知をした後は、この限りでない。

一　当該行為の概要
二　違反する疑いのある法令の条項
三　次条第一項の規定による認定の申請をすることができる旨

第四八条の三【排除措置計画の認定】　①　前条の規定による通知を受けた者は、疑いの理由となつた行為を排除するために必要な措置を自ら策定し、実施しようとするときは、公正取引委員会規則で定めるところにより、その実施しようとする措置（以下この条から第四十八条の五までにおいて「排除措置」という。）に関する計画（以下この条及び第四十八条の五において「排除措置計画」という。）を作成し、これを当該通知の日から六十日以内に公正取引委員会に提出して、その認定を申請することができる。

②　排除措置計画には、次に掲げる事項を記載しなければならない。

一　排除措置の内容
二　排除措置の実施期限
三　その他公正取引委員会規則で定める事項

③　公正取引委員会は、第一項の規定による認定の申請があつた場合において、その排除措置計画が次の各号のいずれにも適合すると認めるときは、その認定をするものとする。

一　排除措置が疑いの理由となつた行為を排除するために十分なものであること。
二　排除措置が確実に実施されると見込まれるものであること。

④　前項の認定は、文書によつて行い、認定書には、委員長及び第六十五条第一項の規定による合議に出席した委員がこれに記名押印しなければならない。

⑤　第三項の認定は、その名宛人に認定書の謄本を送達することによつて、その効力を生ずる。

⑥　公正取引委員会は、第一項の規定による認定の申請があつた場合において、その排除措置計画が第三項各号のいずれかに適合しないと認めるときは、決定でこれを却下しなければならない。

⑦　第四項及び第五項の規定は、前項の規定による決定について準用する。この場合において、第四項及び第五項中「認定書」とあるのは、「決定書」と読み替えるものとする。

⑧　第三項の認定を受けた者は、当該認定に係る排除措置計画を変更しようとするときは、公正取引委員会規則で定めるところにより、公正取引委員会の認定を受けなければならない。

⑨　第三項から第七項までの規定は、前項の規定による変更の認定について準用する。

1　取引上の地位が自社との関係で劣っている納入業者に対して代金を減額した行為や金銭提供をさせた行為について、納入業者に対する金銭的価値の回復を含む確約計画が認定された事例〔確約認定令2・9・10〈アマゾンジャパン減額等事件〉〕

第四八条の四【排除措置命令に係る規定・課徴金納付命令に係る規定の適用除外】　第七条第一項及び第二項（第八条の二第二項及び第二十条第二項において準用する場合を含む。）、第七条の二第一項（第八条の三において読み替えて準用する場合を含む。）、第七条の九第一項及び第二項、第八条の二第一項及び第三項、第十七条の二、第二十条第一項並びに第二十条の二から第二十条の六までの規定は、公正取引委員会が前条第三項の認定（同条第八項の規定による変更の認定を含む。次条、第六十五条、第六十八条第一項及び第七十六条第二項において同じ。）をした場合において、当該認定に係る疑いの理由となつた行為及び排除措置に係る行為については、適用しない。ただし、次条第一項の規定による決定があつた場合は、この限りでない。

第四八条の五【排除措置計画の認定の取消し】　①　公正取引委員会は、次の各号のいずれかに該当するときは、決定で、第四十八条の三第三項の認定を取り消さなければならない。

一　第四十八条の三第三項の認定を受けた排除措置計画に従つて排除措置が実施されていないと認めるとき。
二　第四十八条の三第三項の認定を受けた者が虚偽又は不正の事実に基づいて当該認定を受けたことが判明したとき。

②　第四十八条の三第四項及び第五項の規定は、前項の規定による決定について準用する。この場合において、同条第四項及び第五項中「認定書」とあるのは、「決定書」と読み替えるものとする。

③　第一項の規定による第四十八条の三第三項の認定の取消しがあつた場合において、当該取消しが第七条第二項ただし書（第八条の二第二項及び第二十条第二項において準用する場合を含む。以下この項において同じ。）に規定する期間の満了する日の二年前の日以後にあつたときは、当該認定に係る疑いの理由となつた行為に対する第七条第二項（第八条の二第二項及び第二十条第二項において準用する場合を含む。）又は第八条の二第三項の規定による命令は、第七条第二項ただし書の規定にかかわらず、当該取消しの決定の日から二年間においても、することができる。

④　前項の規定は、第七条の二第一項（第八条の三において読み替えて準用する場合を含む。）、第七条の九第一項若しくは第二

項又は第二十条の二から第二十条の六までの規定による命令について準用する。この場合において、前項中「第七条第二項ただし書（第八条の二第二項及び第二十条第二項において」とあるのは「第七条の八第六項（第七条の九第三項及び第八条の三において準用する場合並びに第七条の九第四項及び第二十条の七において読み替えて」と、「、第七条第二項ただし書」とあるのは「、第七条の八第六項」と読み替えるものとする。

第四八条の六【排除確保措置計画の認定の申請をすることができる旨の通知】 公正取引委員会は、第三条、第六条、第八条又は第十九条の規定に違反する疑いの理由となつた行為が既になくなつている場合においても、公正かつ自由な競争の促進を図る上で特に必要があると認めるときは、第一号に掲げる者に対し、第二号に掲げる事項を書面により通知することができる。ただし、第五十条第一項（第六十二条第四項において読み替えて準用する場合を含む。）の規定による通知をした後は、この限りでない。

一 次に掲げる者

イ 疑いの理由となつた行為をした者

ロ 疑いの理由となつた行為をした者が法人である場合において、当該法人が合併により消滅したときにおける合併後存続し、又は合併により設立された法人

ハ 疑いの理由となつた行為をした者が法人である場合において、当該法人から分割により当該行為に係る事業の全部又は一部を承継した法人

ニ 疑いの理由となつた行為をした者から当該行為に係る事業の全部又は一部を譲り受けた者

二 次に掲げる事項

イ 疑いの理由となつた行為の概要

ロ 違反する疑いのあつた法令の条項

ハ 次条第一項の規定による認定の申請をすることができる旨

第四八条の七【排除確保措置計画の認定】 ① 前条の規定による通知を受けた者は、疑いの理由となつた行為が排除されたことを確保するために必要な措置を自ら策定し、実施しようとするときは、公正取引委員会規則で定めるところにより、その実施しようとする措置（以下この条から第四十八条の九までにおいて「排除確保措置」という。）に関する計画（以下この条及び第四十八条の九において「排除確保措置計画」という。）を作成し、これを当該通知の日から六十日以内に公正取引委員会に提出して、その認定を申請することができる。

② 排除確保措置計画には、次に掲げる事項を記載しなければならない。

一 排除確保措置の内容

二 排除確保措置の実施期限

三 その他公正取引委員会規則で定める事項

③ 公正取引委員会は、第一項の規定による認定の申請があつた場合において、その排除確保措置計画が次の各号のいずれにも適合すると認めるときは、その認定をするものとする。

一 排除確保措置が疑いの理由となつた行為が排除されたことを確保するために十分なものであること。

二 排除確保措置が確実に実施されると見込まれるものであること。

④ 第四十八条の三第四項及び第五項の規定は、前項の規定による認定について準用する。

⑤ 公正取引委員会は、第一項の規定による認定の申請があつた場合において、その排除確保措置計画が第三項各号のいずれかに適合しないと認めるときは、決定でこれを却下しなければならない。

⑥ 第四十八条の三第四項及び第五項の規定は、前項の規定による決定について準用する。この場合において、同条第四項及び第五項中「認定書」とあるのは、「決定書」と読み替えるものとする。

⑦ 第三項の認定を受けた者は、当該認定に係る排除確保措置計画を変更しようとするときは、公正取引委員会規則で定めるところにより、公正取引委員会の認定を受けなければならない。

⑧ 第三項から第六項までの規定は、前項の規定による変更の認定について準用する。

確約計画の内容→四八条の三⑦

第四八条の八【排除措置命令に係る規定・課徴金納付命令に係る規定の適用除外】 第七条第一項及び第二項（第八条の二第二項及び第二十条第二項において準用する場合を含む。）、第七条の二第一項（第八条の三において読み替えて準用する場合を含む。）、第七条の九第一項及び第二項、第八条の二第一項及び第三項、第二十条第一項並びに第二十条の二から第二十条の六までの規定は、公正取引委員会が前条第三項の認定（同条第七項の規定による変更の認定を含む。次条、第六十五条、第六十八条第二項及び第七十六条第二項において同じ。）をした場合において、当該認定に係る疑いの理由となつた行為及び排除確保措置に係る行為については、適用しない。ただし、次条第一項の規定による決定があつた場合は、この限りでない。

第四八条の九【排除確保措置計画の認定の取消し】 ① 公正取引委員会は、次の各号のいずれかに該当するときは、決定で、第四十八条の七第三項の認定を取り消さなければならない。

一 第四十八条の七第三項の認定を受けた排除確保措置計画に従つて排除確保措置が実施されていないと認めるとき。

二 第四十八条の七第三項の認定を受けた者が虚偽又は不正の事実に基づいて当該認定を受けたことが判明したとき。

② 第四十八条の三第四項及び第五項の規定は、前項の規定による決定について準用する。この場合において、同条第四項及び第五項中「認定書」とあるのは、「決定書」と読み替えるものとする。

③ 第一項の規定による第四十八条の七第三項の認定の取消しがあつた場合において、当該取消しが第七条第二項ただし書（第八条の二第二項及び第二十条第二項において準用する場合を含む。以下この項において同じ。）に規定する期間の満了する日の二年前の日以後にあつたときは、当該認定に係る疑いの理由となつた行為に対する第七条第二項（第八条の二第二項及び第二十条第二項において準用する場合を含む。）又は第八条の二第三項の規定による命令は、第七条第二項ただし書の規定にかかわらず、当該取消しの決定の日から二年間においても、することができる。

④ 前項の規定は、第七条の二第一項（第八条の三において読み替えて準用する場合を含む。）、第七条の九第一項若しくは第二項又は第二十条の二から第二十条の六までの規定による命令について準用する。この場合において、前項中「第七条第二項ただし書（第八条の二第二項及び第二十条第二項において」とあるのは「第七条の八第六項（第七条の九第三項及び第八条の三において準用する場合並びに第七条の九第四項及び第二十条の七において読み替えて」と、「、第七条第二項ただし書」とあるのは「、第七条の八第六項」と読み替えるものとする。

第四九条【排除措置命令前の意見聴取義務】 公正取引委員会は、第七条第一項若しくは第二項（第八条の二第二項及び第二十条第二項において準用する場合を含む。）、第八条の二第一項若しくは第三項、第十七条の二又は第二十条第一項の規定による命令（以下「排除措置命令」という。）をしようとするときは、当該排除措置命令の名宛人となるべき者について、意見聴取を行わなければならない。

第五〇条【意見聴取の通知の方式】 ① 公正取引委員会は、前条の意見聴取を行うに当たつては、意見聴取を行うべき期日までに相当な期間をおいて、排除措置命令の名宛人となるべき者に対し、次に掲げる事項を書面により通知しなければならない。

一 予定される排除措置命令の内容

二 公正取引委員会の認定した事実及びこれに対する法令の適用

三　意見聴取の期日及び場所
四　意見聴取に関する事務を所掌する組織の名称及び所在地

② 前項の書面においては、次に掲げる事項を教示しなければならない。
一　意見聴取の期日に出頭して意見を述べ、及び証拠を提出し、又は意見聴取の期日への出頭に代えて陳述書及び証拠を提出することができること。
二　意見聴取が終結する時までの間、第五十二条の規定による証拠の閲覧又は謄写を求めることができること。

第五一条【代理人】 ① 前条第一項の規定による通知を受けた者（以下この節において「当事者」という。）は、代理人を選任することができる。

② 代理人は、各自、当事者のために、意見聴取に関する一切の行為をすることができる。

第五二条【証拠の閲覧・謄写】 ① 当事者は、第五十条第一項の規定による通知があつた時から意見聴取が終結する時までの間、公正取引委員会に対し、当該意見聴取に係る事件について公正取引委員会の認定した事実を立証する証拠の閲覧又は謄写（謄写については、当該証拠のうち、当該当事者若しくはその従業員が提出したもの又は当該当事者若しくはその従業員の供述を録取したものとして公正取引委員会規則で定めるものの謄写に限る。以下この条において同じ。）を求めることができる。この場合において、公正取引委員会は、第三者の利益を害するおそれがあるときその他正当な理由があるときでなければ、その閲覧又は謄写を拒むことができない。

② 前項の規定は、当事者が、意見聴取の進行に応じて必要となつた証拠の閲覧又は謄写を更に求めることを妨げない。

③ 公正取引委員会は、前二項の閲覧又は謄写について日時及び場所を指定することができる。

第五三条【意見聴取の主宰】 ① 意見聴取は、公正取引委員会が事件ごとに指定するその職員（以下「指定職員」という。）が主宰する。

② 公正取引委員会は、前項に規定する事件について審査官の職務を行つたことのある職員その他の当該事件の調査に関する事務に従事したことのある職員を意見聴取を主宰する職員として指定することができない。

第五四条【意見聴取の期日における審理の方式】 ① 指定職員は、最初の意見聴取の期日の冒頭において、当該意見聴取に係る事件について第四十七条第二項の規定により指定された審査官その他の当該事件の調査に関する事務に従事した職員（次項及び第三項並びに第五十六条第一項において「審査官等」という。）に、予定される排除措置命令の内容、公正取引委員会の認定した事実及び第五十二条第一項に規定する証拠のうち主要なもの並びに公正取引委員会の認定した事実に対する法令の適用を意見聴取の期日に出頭した当事者に対し説明させなければならない。

② 当事者は、意見聴取の期日に出頭して、意見を述べ、及び証拠を提出し、並びに指定職員の許可を得て審査官等に対し質問を発することができる。

③ 指定職員は、意見聴取の期日において必要があると認めるときは、当事者に対し質問を発し、意見の陳述若しくは証拠の提出を促し、又は審査官等に対し説明を求めることができる。

④ 意見聴取の期日における意見聴取は、公開しない。

第五五条【陳述書・証拠の提出】 当事者は、意見聴取の期日への出頭に代えて、指定職員に対し、意見聴取の期日までに陳述書及び証拠を提出することができる。

第五六条【続行期日の指定】 ① 指定職員は、意見聴取の期日における当事者による意見陳述、証拠提出及び質問並びに審査官等による説明（第五十八条第一項及び第二項において「当事者による意見陳述等」という。）の結果、なお意見聴取を続行する必要があると認めるときは、さらに新たな期日を定めることができる。

② 前項の場合においては、当事者に対し、あらかじめ、次回の意見聴取の期日及び場所を書面により通知しなければならない。ただし、意見聴取の期日に出頭した当事者に対しては、当該意見聴取の期日においてこれを告知すれば足りる。

第五七条【当事者の不出頭等の場合における意見聴取の終結】 ① 指定職員は、当事者が正当な理由なく意見聴取の期日に出頭せず、かつ、第五十五条に規定する陳述書又は証拠を提出しない場合には、当該当事者に対し改めて意見を述べ、及び証拠を提出する機会を与えることなく、意見聴取を終結することができる。

② 指定職員は、前項に規定する場合のほか、当事者が意見聴取の期日に出頭せず、かつ、第五十五条に規定する陳述書又は証拠を提出しない場合において、当該当事者の意見聴取の期日への出頭が相当期間引き続き見込めないときは、当該当事者に対し、期限を定めて陳述書及び証拠の提出を求め、当該期限が到来したときに意見聴取を終結することができる。

第五八条【意見聴取の調書及び報告書】 ① 指定職員は、意見聴取の期日における当事者による意見陳述等の経過を記載した調書を作成し、当該調書において、第五十条第一項第一号及び第二号に掲げる事項に対する当事者の陳述の要旨を明らかにしておかなければならない。

② 前項に規定する調書は、意見聴取の期日における当事者による意見陳述等が行われた場合には各期日ごとに、当該当事者による意見陳述等が行われなかつた場合には意見聴取の終結後速やかに作成しなければならない。

③ 第一項に規定する調書には、提出された証拠（第五十五条の規定により陳述書及び証拠が提出されたときは、提出された陳述書及び証拠）を添付しなければならない。

④ 指定職員は、意見聴取の終結後速やかに、当該意見聴取に係る事件の論点を整理し、当該整理された論点を記載した報告書を作成し、第一項に規定する調書とともに公正取引委員会に提出しなければならない。

⑤ 当事者は、第一項に規定する調書及び前項に規定する報告書の閲覧を求めることができる。

第五九条【意見聴取の再開】 ① 公正取引委員会は、意見聴取の終結後に生じた事情に鑑み必要があると認めるときは、指定職員に対し、前条第四項の規定により提出された報告書を返戻して意見聴取の再開を命ずることができる。

② 第五十六条第二項本文の規定は、前項の場合について準用する。

第六〇条【意見聴取の調書・報告書の参酌】 公正取引委員会は、排除措置命令に係る議決をするときは、第五十八条第一項に規定する調書及び同条第四項に規定する報告書の内容を十分に参酌してしなければならない。

第六一条【排除措置命令の方式及び効力発生】 ① 排除措置命令は、文書によつて行い、排除措置命令書には、違反行為を排除し、又は違反行為が排除されたことを確保するために必要な措置並びに公正取引委員会の認定した事実及びこれに対する法令の適用を示し、委員長及び第六十五条第一項の規定による合議に出席した委員がこれに記名押印しなければならない。

② 排除措置命令は、その名あて人に排除措置命令書の謄本を送達することによつて、その効力を生ずる。

排除措置命令書における理由の提示

[7] 命令書には排除措置を命ずる要件を満たす旨の判断の基礎となった公正取引委員会の認定事実が明確に特定して示されてはいないが、命令書の記載を全体としてみればそれを知り得るという場合に、当該命令書は理由提示の観点から違法とはいえないとした事例（最判平19・4・19審決集五四・六五七〈郵便区分機類談合事件〉経済百選[二版]九六）→七条[7]

[2] 優越的地位の濫用行為の相手方である特定納入業者について何ら具体的な特定がされておらず、名宛人において、いずれの相手方に対する自己の行為が優越的地位の濫用に該当すると評価されたかを具体的に了知し得ないため、本件で命令

書の一部としてではない形で特定納入業者の一覧表が提供されたことを考慮しても、排除措置命令を取り消すべきであるとした事例（東京高判令2・12・11審決集六七・四三四〈山陽マルナカ事件〉重判令3経済五）

第六二条【課徴金納付命令の手続】 ① 第七条の二第一項（第八条の三において読み替えて準用する場合を含む。）、第七条の九第一項若しくは第二項又は第二十条の二から第二十条の六までの規定による命令（以下「納付命令」という。）は、文書によつて行い、課徴金納付命令書には、納付すべき課徴金の額、課徴金の計算の基礎及び課徴金に係る違反行為並びに納期限を記載し、委員長及び第六十五条第一項の規定による合議に出席した委員がこれに記名押印しなければならない。

② 納付命令は、その名宛人に課徴金納付命令書の謄本を送達することによつて、その効力を生ずる。

③ 第一項の課徴金の納期限は、課徴金納付命令書の謄本を発する日から七月を経過した日とする。

④ 第四十九条から第六十条までの規定は、納付命令について準用する。この場合において、第五十条第一項第一号中「予定される排除措置命令の内容」とあるのは「納付を命じようとする課徴金の額」と、同項第二号中「公正取引委員会の認定した事実及びこれに対する法令の適用」とあり、及び第五十二条第一項中「公正取引委員会の認定した事実」とあるのは「課徴金の計算の基礎及び課徴金に係る違反行為」と、第五十四条第一項中「予定される排除措置命令の内容、公正取引委員会の認定した事実及び第五十二条第一項に規定する証拠のうち主要なもの並びに公正取引委員会の認定した事実に対する法令の適用」とあるのは「納付を命じようとする課徴金の額、課徴金の計算の基礎及び課徴金に係る違反行為並びに第六十二条第四項の規定により読み替えて準用する第五十二条第一項に規定する証拠のうち主要なもの」と読み替えるものとする。

一　課徴金納付命令書における理由の提示→七条の二[4]

二　課徴金納付命令確定後の不服

[1] 排除措置命令と課徴金納付命令のいずれも争わず確定させた違反者が、排除措置命令又は課徴金納付命令を争ったために課徴金の納付命令が遅れた他の違反者は自己に対するものよりも有利な命令を受けた（終期が早く認定されたため相対的に低額の課徴金であった）ことを根拠として、国家賠償請求や義務付けの訴えをしたという事案で、請求を退けた事例（東京地判平22・4・28審決集五七・二・二六九〈三井化学国家賠償請求等事件〉）

[2] 六一条[2]と同様の理由で、課徴金納付命令を取り消すべきであるとした事例（東京高判令2・12・11審決集六七・四三四〈山陽マルナカ事件〉重判令3経済五）

第六三条【課徴金納付命令後に罰金の刑が確定した場合の調整】 ① 第七条の二第一項又は第七条の九第一項若しくは第二項の規定により公正取引委員会が納付命令を行つた後、同一事件について、当該納付命令を受けた者に対し、罰金の刑に処する確定裁判があつたときは、公正取引委員会は、決定で、当該納付命令に係る課徴金の額を、その額から当該裁判において命じられた罰金額の二分の一に相当する金額を控除した額に変更しなければならない。ただし、当該納付命令に係る課徴金の額が当該罰金額の二分の一に相当する金額を超えないとき、又は当該変更後の額が百万円未満となるときは、この限りでない。

② 前項ただし書の場合においては、公正取引委員会は、決定で、当該第七条の二第一項又は第七条の九第一項若しくは第二項の規定による納付命令を取り消さなければならない。

③ 前二項の規定による決定は、文書によつて行い、決定書には、公正取引委員会の認定した事実及びこれに対する法令の適用を記載し、委員長及び第六十五条第一項の規定による合議に出席した委員がこれに記名押印しなければならない。

④ 第一項及び第二項の規定による決定は、その名宛人に決定書の謄本を送達することによつて、その効力を生ずる。

⑤ 公正取引委員会は、第一項及び第二項の場合において、変更又は取消し前の納付命令に基づき既に納付された金額（第六十九条第二項に規定する延滞金を除く。）で、還付すべきものがあるときは、遅滞なく、金銭で還付しなければならない。

[1] 罰金刑の確定裁判を待つと課徴金納付命令の除斥期間が満了してしまう事件において、先に課徴金納付命令を行い、独禁法七条の二第一四項［現一九項］でなく、本条によって罰金半額の控除を行った事例（課徴金控除審決平21・11・9審決集五六・二・四五五〈GL鋼板事件〉）

第六四条【競争回復措置命令の手続】 ① 第八条の四第一項の規定による命令（以下「競争回復措置命令」という。）は、文書によつて行い、競争回復措置命令書には、独占的状態に係る商品又は役務について競争を回復させるために必要な措置並びに公正取引委員会の認定した事実及びこれに対する法令の適用を示し、委員長及び次条第一項の規定による合議に出席した委員がこれに記名押印しなければならない。

② 競争回復措置命令は、その名宛人に競争回復措置命令書の謄本を送達することによつて、その効力を生ずる。

③ 競争回復措置命令は、確定しなければ執行することができない。

④ 第四十九条から第六十条までの規定は、競争回復措置命令について準用する。

⑤ 公正取引委員会は、前項において準用する第五十条第一項の規定による通知をしようとするときは、当該事業者の営む事業に係る主務大臣に協議し、かつ、公聴会を開いて一般の意見を求めなければならない。

第六五条【命令・決定の議決方法】 ① 排除措置命令、納付命令、競争回復措置命令、第四十八条の三第三項の認定及び第四十八条の七第三項の認定並びにこの節の規定による決定（第七十条第二項に規定する支払決定を除く。以下同じ。）は、委員長及び委員の合議によらなければならない。

② 第三十四条第一項、第二項及び第四項の規定は、前項の合議について準用する。

③ 競争回復措置命令をするには、前項において準用する第三十四条第二項の規定にかかわらず、三人以上の意見が一致しなければならない。

合議に関与できる委員

[1] 公正取引委員会の委員が、任命前に特定の事件の審査に深く関与し、定足数に照らして当該委員が合議に加わる必要がない場合、また当事者との身分関係、事件の結果と直接関係のある財産的利害、事件に関する個人的偏見や予断を示す言動があるなど、公平さが疑問とされる事由がある場合には、当該委員が関与した処分は、審判者の公平の確保という準司法手続に関する法の基本原則に違反し、違法である。（東京高判平6・2・25高民四七・一・一七〈東芝ケミカル事件〉経済百選[初版]一一〇①）↓行手一九条[1]

第六六条【合議の非公開】 公正取引委員会の合議は、公開しない。

第六七条【公務所等の意見】 関係のある公務所又は公共的な団体は、公共の利益を保護するため、公正取引委員会に対して意見を述べることができる。

第六八条【排除措置計画等の認定、排除措置命令・競争回復措置命令確定の後の行政調査】 ① 公正取引委員会は、第四十八条の三第三項の認定をした後においても、特に必要があるときは、第四十八条の五第一項各号のいずれかに該当しているかどうかを確かめるために必要な処分をし、又はその職員をして処分をさせることができる。

② 公正取引委員会は、第四十八条の七第三項の認定をした後においても、特に必要があるときは、第四十七条の規定により、第四十八条の九第一項各号のいずれかに該当しているかどうかを確かめるために必要な処分をし、又はその職員をして処分をさせることができる。

③ 公正取引委員会は、排除措置命令をした後又は競争回復措置命令が確定した後においても、特に必要があるときは、第四十七条の規定により、これらの命令において命じた措置が講じられているかどうかを確かめるために必要な処分をし、又はその職員をして処分をさせることができる。

第六九条【課徴金納付の延滞への対応】 ① 公正取引委員会は、課徴金をその納期限までに納付しない者があるときは、督促状により期限を指定してその納付を督促しなければならない。

② 公正取引委員会は、前項の規定による督促をしたときは、その督促に係る課徴金の額につき年十四・五パーセントを超えない範囲内において政令で定める割合で、納期限の翌日からその納付の日までの日数により計算した延滞金を徴収することができる。ただし、延滞金の額が千円未満であるときは、この限りでない。

③ 前項の規定により計算した延滞金の額に百円未満の端数があるときは、その端数は、切り捨てる。

④ 公正取引委員会は、第一項の規定による督促を受けた者がその指定する期限までにその納付すべき金額を納付しないときは、国税滞納処分の例により、その督促に係る課徴金及び第二項に規定する延滞金を徴収することができる。

⑤ 前項の規定による徴収金の先取特権の順位は、国税及び地方税に次ぐものとし、その時効については、国税の例による。

会社更生法上の位置付け

[7] 独禁法の課徴金は、本条五項［現四項］により、国税滞納処分の例によって徴収できることとなっているから、会社更生法二条一五項が定義する「租税等の請求権」に該当することとなるのであって、明文がないのに、同法一四二条二号にいう「更生手続開始前の罰金等の請求権」に該当すると解釈することはできない。したがって、同条の債権届出を怠った場合の独禁法上の課徴金は、会社更生法二〇四条により、更生計画認可の決定があったときに免責となる。（東京高判平25・5・17審決集六〇・二・二二〈オリエンタル白石事件〉重判平25経済五）

第七〇条【特定事業承継子会社等に対する課徴金の還付】 ① 公正取引委員会は、第七条の八第四項（第七条の九第三項若しくは第四項又は第二十条の七において読み替えて準用する場合を含む。）の規定により第七条の二第一項、第七条の九第一項若しくは第二項又は第二十条の二から第二十条の六までの規定による課徴金の納付を命じた場合において、これらの規定による納付命令に基づき既に納付された金額で、還付すべきものがあるとき（第六十三条第五項に規定する場合を除く。）は、遅滞なく、金銭で還付しなければならない。

② 公正取引委員会は、前項の金額を還付する場合には、当該金額の納付があつた日の翌日から起算して一月を経過する日の翌日からその還付のための支払決定をした日までの期間の日数に応じ、その金額に年七・二五パーセントを超えない範囲内において政令で定める割合を乗じて計算した金額をその還付すべき金額に加算しなければならない。

③ 前条第二項ただし書及び第三項の規定は、前項の規定により加算する金額について準用する。

第七〇条の二【認可申請の却下】 ① 公正取引委員会は、第十一条第一項又は第二項の認可の申請があつた場合において、当該申請を理由がないと認めるときは、決定でこれを却下しなければならない。

② 第四十五条第二項の規定は、前項の認可の申請があつた場合について準用する。

③ 第六十三条第三項及び第四項の規定は、第一項の規定による決定について準用する。

第七〇条の三【認可・排除措置命令・競争回復措置命令の取消し・変更】 ① 公正取引委員会は、第十一条第一項又は第二項の認可をした場合において、その認可の要件である事実が消滅し、又は変更したと認めるときは、決定でこれを取り消し、又は変更することができる。

② 第四十九条から第六十条まで並びに第六十三条第三項及び第四項の規定は、前項の規定による決定について準用する。

③ 公正取引委員会は、経済事情の変化その他の事由により、排除措置命令又は競争回復措置命令を維持することが不適当であると認めるときは、決定でこれを取り消し、又は変更することができる。ただし、排除措置命令又は競争回復措置命令の名宛人の利益を害することとなる場合は、この限りでない。

④ 第六十三条第三項及び第四項の規定は、前項の規定による決定について準用する。

排除措置命令の取消し・変更

[7] 昭和三〇年一二月二七日付けキッコーマン株式会社（旧野田醤油株式会社）に対する排除措置命令主文において、同社の製造するしょうゆの再販売価格について、名義又は形式若しくは方法を問わず、自己の意思を表示することを禁止しているが、排除措置命令以降のしょうゆの流通経路の変化、流通の各段階における取引及び価格形成の実態、商品の多様化の状況等を総合的に勘案し、これを取り消す。（変更審決平5・6・28審決集四〇・二四一、経済百選[初版]一〇〇②）

第七〇条の四【緊急停止命令】 ① 裁判所は、緊急の必要があると認めるときは、公正取引委員会の申立てにより、第三条、第六条、第八条、第九条第一項若しくは第二項、第十条第一項、第十一条第一項、第十三条、第十四条、第十五条第一項、第十五条の二第一項、第十五条の三第一項、第十六条第一項、第十七条又は第十九条の規定に違反する疑いのある行為をしている者に対し、当該行為、議決権の行使若しくは会社の役員の業務の執行を一時停止すべきことを命じ、又はその命令を取り消し、若しくは変更することができる。

② 前項の規定による裁判は、非訟事件手続法（平成二十三年法律第五十一号）により行う。

「緊急の必要」

[7] 新聞発行業者の不当な廉価販売の疑いのある行為により、競争紙の購読を中止して当該紙への切替えが続出しているという事態を放置すると、他の競争業者も各種の対抗手段を講ずることとなり、その地域における新聞販売業の公正な競争秩序は阻害され、回復し難い状況となることは明らかである。（東京高決昭50・4・30高民二八・二・一七四〈中部読売新聞社事件〉メディア百選[二版]八八）

第七〇条の五【緊急停止命令の執行免除】 ① 前条第一項の規定による裁判については、裁判所の定める保証金又は有価証券（社債、株式等の振替に関する法律第二百七十八条第一項に規定する振替債を含む。次項において同じ。）を供託して、その執行を免れることができる。

② 前項の規定により供託をした場合において、前条第一項の規定による裁判が確定したときは、裁判所は、公正取引委員会の申立てにより、供託に係る保証金又は有価証券の全部又は一部を没取することができる。

③ 前条第二項の規定は、前二項の規定による裁判について準用する。

第七〇条の六【送達すべき書類】 送達すべき書類は、この法律に規定するもののほか、公正取引委員会規則で定める。

第七〇条の七【送達に関する民事訴訟法の規定の準用】 書類の送

独禁

達については、民事訴訟法（平成八年法律第百九号）第九十九条、第百一条、第百三条、第百五条、第百六条、第百八条及び第百九条の規定を準用する。この場合において、同法第九十九条第一項中「執行官」とあるのは「公正取引委員会の職員」と、同法第百八条中「裁判長」とあり、及び同法第百九条中「裁判所」とあるのは「公正取引委員会」と読み替えるものとする。

> ＊令和四法四八（令和八・五・二四までに施行）による改正後
> **第七〇条の七【送達に関する民事訴訟法の規定の準用】** 書類の送達については、民事訴訟法（平成八年法律第百九号）第百条第一項、第百一条、第百二条の二、第百三条、第百五条、第百六条及び第百八条の規定を準用する。この場合において、同項中「裁判所」とあり、及び同条中「裁判長」とあるのは「公正取引委員会」と、同法第百一条第一項中「執行官」とあるのは「公正取引委員会の職員」と読み替えるものとする。

第七〇条の八【公示送達】 ① 公正取引委員会は、次に掲げる場合には、公示送達をすることができる。
一 送達を受けるべき者の住所、居所その他送達をすべき場所が知れない場合
二 外国においてすべき送達について、前条において読み替えて準用する民事訴訟法第百八条の規定によることができず、又はこれによつても送達をすることができないと認めるべき場合
三 前条において読み替えて準用する民事訴訟法第百八条の規定により外国の管轄官庁に嘱託を発した後六月を経過してもその送達を証する書面の送付がない場合
② 公示送達は、送達すべき書類を送達を受けるべき者にいつでも交付すべき旨を公正取引委員会の掲示場に掲示することにより行う。
③ 公示送達は、前項の規定による掲示を始めた日から二週間を経過することによつて、その効力を生ずる。
④ 外国においてすべき送達についてした公示送達にあつては、前項の期間は、六週間とする。

第七〇条の九【電子情報処理組織を使用した処分通知等】 公正取引委員会の職員が、情報通信技術を活用した行政の推進等に関する法律（平成十四年法律第百五十一号）第三条第九号に規定する処分通知等であつてこの法律又は公正取引委員会規則の規定により書類の送達により行うこととしているものに関する事務を、情報通信技術を活用した行政の推進等に関する法律第七条第一項の規定により同法第六条第一項に規定する電子情報処理組織を使用して行つたときは、第七十条の七において読み替えて準用する民事訴訟法第百九条の規定による送達に関する事項を記載した書面の作成及び提出に代えて、当該事項を当該電子情報処理組織を使用して公正取引委員会の使用に係る電子計算機（入出力装置を含む。）に備えられたファイルに記録しなければならない。

> ＊令和四法四八（令和八・五・二四までに施行）による改正
> 第七〇条の九中「第百九条」を「第百条第一項」に改め、「含む」の下に「。第八十一条第三項において同じ」を加える。
> （本文未織込み）

第七〇条の一〇【政令への委任】 この法律に定めるものを除くほか、公正取引委員会の調査に関する手続その他事件の処理及び第七十条の五第一項の供託に関し必要な事項は、政令で定める。

第七〇条の一一【行政手続法の適用除外】 公正取引委員会がする排除措置命令、納付命令、競争回復措置命令及び第七十条の二第一項に規定する認可の申請に係る処分並びにこの節の規定による認定、決定その他の処分（第四十七条第二項の規定によつて審査官がする処分及びこの節の規定によつて指定職員がする処分を含む。）については、行政手続法（平成五年法律第八十八号）第二章及び第三章の規定は、適用しない。

第七〇条の一二【審査請求の制限】 公正取引委員会の排除措置命令、納付命令及び競争回復措置命令並びにこの節の規定による認定、決定その他の処分（第四十七条第二項の規定による審査官の処分及びこの節の規定による指定職員の処分を含む。）又はその不作為については、審査請求をすることができない。

第三節　雑則

第七一条【不公正な取引方法の特殊指定の制定手続】 公正取引委員会は、特定の事業分野における特定の取引方法を第二条第九項第六号の規定により指定しようとするときは、当該特定の取引方法を用いる事業者と同種の事業を営む事業者の意見を聴き、かつ、公聴会を開いて一般の意見を求め、これらの意見を十分に考慮した上で、これをしなければならない。

第七二条【不公正な取引方法の指定の方式】 第二条第九項第六号の規定による指定は、告示によつてこれを行う。

第七三条 削除

第七四条【告発】 ① 公正取引委員会は、第十二章に規定する手続による調査により犯則の心証を得たときは、検事総長に告発しなければならない。
② 公正取引委員会は、前項に定めるもののほか、この法律の規定に違反する犯罪があると思料するときは、検事総長に告発しなければならない。
③ 前二項の規定による告発に係る事件について公訴を提起しない処分をしたときは、検事総長は、遅滞なく、法務大臣を経由して、その旨及びその理由を、文書をもつて内閣総理大臣に報告しなければならない。

第七五条【参考人等の旅費・手当】 第四十七条第一項第一号若しくは第二号又は第二項の規定により出頭又は鑑定を命ぜられた参考人又は鑑定人は、政令で定めるところにより、旅費及び手当を請求することができる。

第七六条【公正取引委員会による規則の制定】 ① 公正取引委員会は、その内部規律、事件の処理手続及び届出、認可又は承認の申請その他の事項に関する必要な手続について規則を定めることができる。
② 前項の規定により事件の処理手続について規則を定めるに当たつては、排除措置命令、納付命令、競争回復措置命令、第四十八条の三第三項の認定及び第四十八条の七第三項の認定並びに前節の規定による決定（以下「排除措置命令等」という。）の名宛人となるべき者が自己の主張を陳述し、及び立証するための機会が十分に確保されること等当該手続の適正の確保が図られるよう留意しなければならない。

第九章　訴訟

◆【公正取引委員会の命令に係る抗告訴訟】

一 **法律上の利益**
[1] 排除措置命令は、名宛人以外の第三者に対する関係において違反行為の存在を確定する効果を有するものではないから、名宛人以外の第三者には行政事件訴訟法九条にいう「法律上の利益」がない。（最判昭50・11・28民集二九・一〇・一五九二〈ノボ事件〉経済百選[初版]九三）
[2] 平成二五法一〇〇による改正前の制度の下、排除型私的独占を根拠とする排除措置命令を取り消す審決の取消しを求める原告適格が名宛人の競争者にあるか否かが争われた事案において、排除措置命令が取り消された場合に著しい業務上の被害を直接的に受けるおそれがあると認められる競争者には原告適格があるとした上で、事案に当てはめ、当該競争者は名宛人の独占が長く続いた後参入した唯一の競争者であることに言及し、原告適格を肯定した事例（東京高判平25・11・1審決集六〇・二・二二〈JASRAC事件〉経済百選[二版]一一二）

二 **審理の対象**

③ 命令の取消しを求める争訟においては、命令の当否が争われるので、命令後の事情は考慮されない。（判審平25・7・29審決集六〇・一・一四四〈シャープ事件〉経済百選［二版］一二二）

④ **三　執行停止**

行為を行っていないと本訴において主張している名宛人に対し、「共同して行っていた」行為を取りやめたことを確認する取締役会決議をし取引先や自社従業員に通知・周知徹底させる排除措置命令について、「共同して行っていた」という記載は行為の特定のために必要であるとし、取引先に一般消費者を含まないことなどにも言及した上で、行訴法二五条の「重大な損害」を否定した事例（東京地決平28・12・14審決集六三・三七五〈奥村組土木興業執行停止申立事件〉）

⑤ 本件排除措置命令は違反行為をしていたことを自認するかのような文言による通知・周知徹底を求めていないことなどに言及して、行訴法二五条の「重大な損害」を否定した事例（東京地決平29・7・31審決集六四・四三五〈土佐あき農協執行停止申立事件〉）

第七七条【排除措置命令等に係る抗告訴訟の被告】 排除措置命令等に係る行政事件訴訟法（昭和三十七年法律第百三十九号）第三条第一項に規定する抗告訴訟については、公正取引委員会を被告とする。

第七八条【差止請求訴訟における担保提供命令】① 第二十四条の規定による侵害の停止又は予防に関する訴えが提起されたときは、裁判所は、被告の申立てにより、決定で、相当の担保を立てるべきことを原告に命ずることができる。

② 前項の申立てをするには、同項の訴えの提起が不正の目的（不正の利益を得る目的、他人に損害を加える目的その他の不正の目的をいう。）によるものであることを疎明しなければならない。

第七九条【差止請求訴訟の公正取引委員会への通知等】① 裁判所は、第二十四条の規定による侵害の停止又は予防に関する訴えが提起されたときは、その旨を公正取引委員会に通知するものとする。

② 裁判所は、前項の訴えが提起されたときは、公正取引委員会に対し、当該事件に関するこの法律の適用その他の必要な事項について、意見を求めることができる。

③ 公正取引委員会は、第一項の訴えが提起されたときは、裁判所の許可を得て、裁判所に対し、当該事件に関するこの法律の適用その他の必要な事項について、意見を述べることができる。

第八〇条【差止請求訴訟における書類の提出等】① 裁判所は、第二十四条の規定による侵害の停止又は予防に関する訴訟においては、当事者の申立てにより、当事者に対し、当該侵害行為について立証するため必要な書類の提出を命ずることができる。ただし、その書類の所持者においてその提出を拒むことについて正当な理由があるときは、この限りでない。

② 裁判所は、前項ただし書に規定する正当な理由があるかどうかの判断をするため必要があると認めるときは、書類の所持者にその提示をさせることができる。この場合においては、何人も、その提示された書類の開示を求めることができない。

③ 裁判所は、前項の場合において、第一項ただし書に規定する正当な理由があるかどうかについて前項後段の書類を開示してその意見を聴くことが必要であると認めるときは、当事者等（当事者（法人である場合にあつては、その代表者）又は当事者の代理人（訴訟代理人及び補佐人を除く。）、使用人その他の従業者をいう。次条第一項において同じ。）、訴訟代理人又は補佐人に対し、当該書類を開示することができる。

④ 前三項の規定は、第二十四条の規定による侵害の停止又は予防に関する訴訟における当該侵害行為について立証するため必要な検証の目的の提示について準用する。

＊令和四法四八（令和八・五・二四までに施行）**による改正後**

第八〇条【差止請求訴訟における書類の提出等】① 裁判所は、第二十四条の規定による侵害の停止又は予防に関する訴訟においては、当事者の申立てにより、当事者に対し、当該侵害行為について立証するため必要な書類又は電磁的記録（電子的方式、磁気的方式その他人の知覚によつては認識することができない方式で作られる記録であつて、電子計算機による情報処理の用に供されるものをいう。以下同じ。）の提出を命ずることができる。ただし、その書類の所持者又はその電磁的記録を利用する権限を有する者においてその提出を拒むことについて正当な理由があるときは、この限りでない。

② 裁判所は、前項ただし書に規定する正当な理由があるかどうかの判断をするため必要があると認めるときは、書類の所持者又は電磁的記録を利用する権限を有する者にその提示をさせることができる。この場合においては、何人も、その提示された書類又は電磁的記録の開示を求めることができない。

③ 裁判所は、前項の場合において、第一項ただし書に規定する正当な理由があるかどうかについて前項後段の書類又は電磁的記録を開示してその意見を聴くことが必要であると認めるときは、当事者等（当事者（法人である場合にあつては、その代表者）又は当事者の代理人（訴訟代理人及び補佐人を除く。）、使用人その他の従業者をいう。次条第一項において同じ。）、訴訟代理人又は補佐人に対し、当該書類又は当該電磁的記録を開示することができる。

④ （略）

第八一条【差止請求訴訟における秘密保持命令】① 裁判所は、第二十四条の規定による侵害の停止又は予防に関する訴訟において、その当事者が保有する営業秘密（不正競争防止法（平成五年法律第四十七号）第二条第六項に規定する営業秘密をいう。以下同じ。）について、次に掲げる事由のいずれにも該当することにつき疎明があつた場合には、当事者の申立てにより、決定で、当事者等、訴訟代理人又は補佐人に対し、当該営業秘密を当該訴訟の追行の目的以外の目的で使用し、又は当該営業秘密に係るこの項の規定による命令を受けた者以外の者に開示してはならない旨を命ずることができる。ただし、その申立ての時までに当事者等、訴訟代理人又は補佐人が第一号に規定する準備書面の閲読又は同号に規定する証拠の取調べ若しくは開示以外の方法により当該営業秘密を取得し、又は保有していた場合は、この限りでない。

一　既に提出され、若しくは提出されるべき準備書面に当事者の保有する営業秘密が記載され、又は既に取り調べられ、若しくは取り調べられるべき証拠（前条第三項の規定により開示された書類を含む。）の内容に当事者の保有する営業秘密が含まれること。

二　前号の営業秘密が当該訴訟の追行の目的以外の目的で使用され、又は当該営業秘密が開示されることにより、当該営業秘密に基づく当事者の事業活動に支障を生ずるおそれがあり、これを防止するため当該営業秘密の使用又は開示を制限する必要があること。

② 前項の規定による命令（以下「秘密保持命令」という。）の申立ては、次に掲げる事項を記載した書面でしなければならない。

一　秘密保持命令を受けるべき者

二　秘密保持命令の対象となるべき営業秘密を特定するに足りる事実

三　前項各号に掲げる事由に該当する事実

③ 秘密保持命令が発せられた場合には、その決定書を秘密保持命令を受けた者に送達しなければならない。

④ 秘密保持命令は、秘密保持命令を受けた者に対する決定書の送達がされた時から、効力を生ずる。

⑤ 秘密保持命令の申立てを却下した裁判に対しては、即時抗告をすることができる。

*令和四法四八（令和八・五・二四までに施行）による改正後
第八一条【差止請求訴訟における秘密保持命令】 ①（柱書略）
一 既に提出され、若しくは提出されるべき準備書面に当事者の保有する営業秘密が記載され、又は既に取り調べられ、若しくは取り調べられるべき証拠（前条第三項の規定により開示された書類又は電磁的記録を含む。）の内容に当事者の保有する営業秘密が含まれること。
二 （略）
② （略）
③ 秘密保持命令が発せられた場合には、その電子決定書（民事訴訟法第百二十二条において準用する同法第二百五十二条第一項の規定により作成された電磁的記録（同法第百二十二条において準用する同法第二百五十三条第二項の規定により裁判所の使用に係る電子計算機に備えられたファイルに記録されたものに限る。）をいう。以下同じ。）を秘密保持命令を受けた者に送達しなければならない。
④ 秘密保持命令は、秘密保持命令を受けた者に対する電子決定書の送達がされた時から、効力を生ずる。
⑤ （略）

第八二条【秘密保持命令の取消し】 ① 秘密保持命令の申立てをした者又は秘密保持命令を受けた者は、訴訟記録の存する裁判所（訴訟記録の存する裁判所がない場合にあつては、秘密保持命令を発した裁判所）に対し、前条第一項に規定する要件を欠くこと又はこれを欠くに至つたことを理由として、秘密保持命令の取消しの申立てをすることができる。
② 秘密保持命令の取消しの申立てについての裁判があつた場合には、その決定書をその申立てをした者及び相手方に送達しなければならない。

*令和四法四八（令和八・五・二四までに施行）による改正
第二項中「決定書」を「電子決定書」に改める。（本文未織込み）

③ 秘密保持命令の取消しの申立てについての裁判に対しては、即時抗告をすることができる。
④ 秘密保持命令を取り消す裁判は、確定しなければその効力を生じない。
⑤ 裁判所は、秘密保持命令を取り消す裁判をした場合において、秘密保持命令の取消しの申立てをした者又は相手方以外に当該秘密保持命令が発せられた訴訟において当該営業秘密に係る秘密保持命令を受けている者があるときは、その者に対し、直ちに、秘密保持命令を取り消す裁判をした旨を通知しなければならない。

第八三条【訴訟記録の閲覧等の請求の通知等】 ① 秘密保持命令が発せられた訴訟（すべての秘密保持命令が取り消された訴訟を除く。）に係る訴訟記録につき、民事訴訟法第九十二条第一項の決定があつた場合において、当事者から同項に規定する秘密記載部分の閲覧等の請求があり、かつ、その請求の手続を行つた者が当該訴訟において秘密保持命令を受けていない者であるときは、裁判所書記官は、同項の申立てをした当事者（その請求をした者を除く。第三項において同じ。）に対し、その請求後直ちに、その請求があつた旨を通知しなければならない。
② 前項の場合において、裁判所書記官は、同項の請求があつた日から二週間を経過する日までの間（その請求の手続を行つた者に対する秘密保持命令の申立てがその日までにされた場合にあつては、その申立てについての裁判が確定するまでの間）、その請求の手続を行つた者に同項の秘密記載部分の閲覧等をさせてはならない。
③ 前二項の規定は、第一項の請求をした者に同項の秘密記載部分の閲覧等をさせることについて民事訴訟法第九十二条第一項の申立てをした当事者のすべての同意があるときは、適用しない。

第八四条【損害額に関する求意見】 ① 第二十五条の規定による損害賠償に関する訴えが提起されたときは、裁判所は、公正取引委員会に対し、同条に規定する違反行為によつて生じた損害の額について、意見を求めることができる。
② 前項の規定は、第二十五条の規定による損害賠償の請求が、相殺のために裁判上主張された場合に、これを準用する。

1 公正取引委員会の意見は、裁判所が損害の存否、額を判断するに当たつての一つの参考資料にすぎず、裁判所の判断を何ら拘束するものでない。（最判昭62・7・2民集四一・五・七八五〈灯油損害賠償事件〉経済百選二版一一二①）→二五条14

第八四条の二【差止請求訴訟の管轄】 ① 第二十四条の規定による侵害の停止又は予防に関する訴えについて、民事訴訟法第四条及び第五条の規定により次の各号に掲げる裁判所が管轄権を有する場合には、それぞれ当該各号に定める裁判所にも、その訴えを提起することができる。
一 東京高等裁判所の管轄区域内に所在する地方裁判所（東京地方裁判所を除く。）、大阪地方裁判所、名古屋地方裁判所、広島地方裁判所、福岡地方裁判所、仙台地方裁判所、札幌地方裁判所又は高松地方裁判所　東京地方裁判所
二 大阪高等裁判所の管轄区域内に所在する地方裁判所（大阪地方裁判所を除く。）　東京地方裁判所又は大阪地方裁判所
三 名古屋高等裁判所の管轄区域内に所在する地方裁判所（名古屋地方裁判所を除く。）　東京地方裁判所又は名古屋地方裁判所
四 広島高等裁判所の管轄区域内に所在する地方裁判所（広島地方裁判所を除く。）　東京地方裁判所又は広島地方裁判所
五 福岡高等裁判所の管轄区域内に所在する地方裁判所（福岡地方裁判所を除く。）　東京地方裁判所又は福岡地方裁判所
六 仙台高等裁判所の管轄区域内に所在する地方裁判所（仙台地方裁判所を除く。）　東京地方裁判所又は仙台地方裁判所
七 札幌高等裁判所の管轄区域内に所在する地方裁判所（札幌地方裁判所を除く。）　東京地方裁判所又は札幌地方裁判所
八 高松高等裁判所の管轄区域内に所在する地方裁判所（高松地方裁判所を除く。）　東京地方裁判所又は高松地方裁判所
② 第二十四条の規定による請求を含む数個の請求を一の訴えで第二十四条の規定による請求を含む数個の請求をする場合における民事訴訟法第七条の規定の適用については、同条中「第四条から前条まで（第六条第三項を除く。）」とあるのは、「第四条から前条まで（第六条第三項を除く。）及び私的独占の禁止及び公正取引の確保に関する法律第八十四条の二第一項」とする。

第八四条の三【刑事訴訟の第一審の裁判権】 第八十九条から第九十一条までの罪に係る訴訟の第一審の裁判権は、地方裁判所に属する。

第八四条の四【刑事訴訟の管轄】 前条に規定する罪に係る事件について、刑事訴訟法（昭和二十三年法律第百三十一号）第二条の規定により第八十四条の二第一項各号に掲げる裁判所が管轄権を有する場合には、それぞれ当該各号に定める裁判所も、その事件を管轄することができる。

第八五条【排除措置命令等に係る抗告訴訟等の専属管轄】 次に掲げる訴訟及び事件は、東京地方裁判所の管轄に専属する。
一 排除措置命令等に係る行政事件訴訟法第三条第一項に規定する抗告訴訟
二 第七十条の四第一項、第七十条の五第一項及び第二項、第九十七条並びに第九十八条に規定する事件

第八五条の二【損害賠償に係る訴訟の第一審の裁判権】 第二十五条の規定による損害賠償に係る訴訟の第一審の裁判権は、東京地方裁判所に属する。

第八六条【東京地方裁判所における合議体】 ① 東京地方裁判所は、第八十五条各号に掲げる訴訟及び事件並びに前条に規定する訴訟については、三人の裁判官の合議体で審理及び裁判をする。
② 前項の規定にかかわらず、東京地方裁判所は、同項の訴訟及び事件について、五人の裁判官の合議体で審理及び裁判をする

旨の決定をその合議体ですることができる。

③　前項の場合には、判事補は、同時に三人以上合議体に加わり、又は裁判長となることができない。

第八七条【東京高等裁判所における合議体】　東京地方裁判所がした第八十五条第一号に掲げる訴訟若しくは第八十五条の二に規定する訴訟についての終局判決に対する控訴又は第八十五条第二号に掲げる事件についての決定に対する抗告が提起された東京高等裁判所においては、当該控訴又は抗告に係る事件について、五人の裁判官の合議体で審理及び裁判をする旨の決定をその合議体ですることができる。

第八七条の二【差止請求訴訟の移送】　裁判所は、第二十四条の規定による侵害の停止又は予防に関する訴えが提起された場合において、他の裁判所に同一又は同種の行為に係る同条の規定による訴訟が係属しているときは、当事者の住所又は所在地、尋問を受けるべき証人の住所、争点又は証拠の共通性その他の事情を考慮して、相当と認めるときは、申立てにより又は職権で、訴訟の全部又は一部について、当該他の裁判所又は当該訴えにつき第八十四条の二第一項の規定により管轄権を有する他の裁判所に移送することができる。

第八八条【法務大臣権限法の適用除外】　排除措置命令等に係る行政事件訴訟法第三条第一項に規定する抗告訴訟については、国の利害に関係のある訴訟についての法務大臣の権限等に関する法律（昭和二十二年法律第百九十四号）第六条の規定は、適用しない。

第十章　雑則

第八八条の二【政令・規則における経過措置の規定】　この法律に基づき、政令又は公正取引委員会規則を制定し、又は改廃する場合においては、その政令又は公正取引委員会規則で、その制定又は改廃に伴い合理的に必要と判断される範囲内において、所要の経過措置（罰則に関する経過措置を含む。）を定めることができる。

第十一章　罰則

第八九条【不当な取引制限等の罪】　①　次の各号のいずれかに該当するものは、五年以下の懲役又は五百万円以下の罰金に処する。

一　第三条の規定に違反して私的独占又は不当な取引制限をした者

二　第八条第一号の規定に違反して一定の取引分野における競争を実質的に制限したもの

②　前項の未遂罪は、罰する。

＊令和四法六八（令和七・六・一六までに施行）**による改正**　第一項中「懲役」を「拘禁刑」に改める。（本文末織込み）

1　**一　不当な取引制限の罪の既遂の時期**　事業者が他の事業者と共同して相互にその事業活動を拘束すべき合意に達した場合において、この合意により、公共の利益に反して、一定の取引分野における競争が実質的に制限されたものと認められるときには、本条一項一号の罪は直ちに既遂となる。（最判昭59・2・24刑集三八・四・一二八七〈石油価格協定刑事件〉経済百選〔二版〕二九）→二条71

2　**二　不当な取引制限の罪からの離脱**　不当な取引制限の罪において、犯行継続中における共犯関係からの離脱が認められるためには、行為者が犯行から離脱する旨の意思を表明し、これに対して他の共犯者らが特段の異議を唱えなかったというだけでは足りず、行為者において客観的に見て犯行の継続阻止に十分な措置をとることが必要である。（東京高判平19・9・21審決集五四・七七三〈鋼橋談合供給者刑事件〉経済百選〔二版〕一二五）

3　**三　入札談合における発注者の職員による関与**　発注者の責任者である副総裁が担当理事の割り付けによる受注調整を知りながら、それを了承することを繰り返してきた行為は、自分達の利益を図るために、独禁法違反の犯行にとって極めて重要かつ不可欠な役割を果たしているのであるから、共謀の上、これを自己の犯罪行為として行った者として、身分なき共謀共同正犯の責任を負う。（東京高判平20・7・4審決集五五・一〇五七〈鋼橋談合道路公団副総裁刑事事件〉）

4　発注者である下水道事業団の職員が、情を知りながら、指名業者に工事件名、予算金額等を教示し、指名業者による不当な取引制限の罪の犯行を容易にしたことは、同罪の幇助〔ほうじょ〕に当たる。（東京高判平8・5・31高刑四九・二・三二〇〈日本下水道事業団談合事件〉経済百選〔二版〕一二四）

四　事業者と事業者団体

5　不当な取引制限行為が事業者団体により行われた場合でも、これが同時に事業者団体を構成する各事業者の従業者によりその業務に関して行われたと観念し得る事情のあるときは、右行為の刑責を事業者団体のほか各事業者に対して問うことも許され、いずれに対し刑責を問うかは、公正取引委員会ないし検察官の合理的裁量に委ねられる。（最判昭59・2・24前出1、経済百選〔二版〕三五）

第九〇条【確定排除措置命令違反等の罪】　次の各号のいずれかに該当するものは、二年以下の懲役又は三百万円以下の罰金に処する。

一　第六条又は第八条第二号の規定に違反して不当な取引制限に該当する事項を内容とする国際的協定又は国際的契約をしたもの

二　第八条第三号又は第四号の規定に違反したもの

三　排除措置命令又は競争回復措置命令が確定した後においてこれに従わないもの

＊令和四法六八（令和七・六・一六までに施行）**による改正**　第九〇条中「懲役」を「拘禁刑」に改める。（本文末織込み）

第九一条【銀行業・保険業を営む会社による議決権の取得等の規制違反の罪】　第十一条第一項の規定に違反して株式を取得し、若しくは所有し、若しくは同条第二項の規定に違反して株式を所有した者又はこれらの規定による禁止若しくは制限につき第十七条の規定に違反した者は、一年以下の懲役又は二百万円以下の罰金に処する。

＊令和四法六八（令和七・六・一六までに施行）**による改正**　第九一条中「懲役」を「拘禁刑」に改める。（本文末織込み）

第九一条の二【届出等に係る義務違反の罪】　次の各号のいずれかに該当する者は、二百万円以下の罰金に処する。

一　第九条第四項の規定に違反して報告書を提出せず、又は虚偽の記載をした報告書を提出した者

二　第九条第七項の規定に違反して届出をせず、又は虚偽の記載をした届出書を提出した者

三　第十条第二項の規定に違反して届出をせず、又は虚偽の記載をした届出書を提出した者

四　第十条第八項の規定に違反して株式の取得をした者

五　第十五条第二項の規定に違反して届出をせず、又は虚偽の記載をした届出書を提出した者

六　第十五条第三項において読み替えて準用する第十条第八項の規定に違反して合併による設立又は変更の登記をした者

七　第十五条の二第二項及び第三項の規定に違反して届出をせず、又は虚偽の記載をした届出書を提出した者

八　第十五条の二第四項において読み替えて準用する第十条第八項の規定に違反して共同新設分割による設立の登記又は吸収分割による変更の登記をした者

九　第十五条の三第二項の規定に違反して届出をせず、又は虚偽の記載をした届出書を提出した者
十　第十五条の三第三項において読み替えて準用する第十条第八項の規定に違反して共同株式移転による設立の登記をした者
十一　第十六条第二項の規定に違反して届出をせず、又は虚偽の記載をした届出書を提出した者
十二　第十六条第三項において読み替えて準用する第十条第八項の規定に違反して第十六条第一項第一号又は第二号に該当する行為をした者
十三　第二十三条第六項の規定に違反して届出をせず、又は虚偽の記載をした届出書を提出した者

第九二条【懲役及び罰金の併科】 第八十九条から第九十一条までの罪を犯した者には、情状により、懲役及び罰金を併科することができる。

＊令和四法六八（令和七・六・一六までに施行）**による改正**
第九二条中「懲役」を「拘禁刑」に改める。（本文未織込み）

第九三条【秘密漏示等の罪】 第三十九条の規定に違反した者は、一年以下の懲役又は百万円以下の罰金に処する。

＊令和四法六八（令和七・六・一六までに施行）**による改正**
第九三条中「懲役」を「拘禁刑」に改める。（本文未織込み）

第九四条【行政調査の拒否等の罪】 次の各号のいずれかに該当する者は、一年以下の懲役又は三百万円以下の罰金に処する。
一　第四十七条第一項第一号又は第二項の規定による事件関係人又は参考人に対する処分に違反して出頭せず、陳述をせず、若しくは虚偽の陳述をし、又は報告をせず、若しくは虚偽の報告をした者
二　第四十七条第一項第二号又は第二項の規定による鑑定人に対する処分に違反して出頭せず、鑑定をせず、又は虚偽の鑑定をした者
三　第四十七条第一項第三号又は第二項の規定による物件の所持者に対する処分に違反して物件を提出しない者
四　第四十七条第一項第四号又は第二項の規定による検査を拒み、妨げ、又は忌避した者

＊令和四法六八（令和七・六・一六までに施行）**による改正**
第九四条中「懲役」を「拘禁刑」に改める。（本文未織込み）

第九四条の二【一般的調査の拒否等の罪】 第四十条の規定による処分に違反して出頭せず、報告、情報若しくは資料を提出せず、又は虚偽の報告、情報若しくは資料を提出した者は、三百万円以下の罰金に処する。

第九四条の三【秘密保持命令違反の罪】 ①　秘密保持命令に違反した者は、五年以下の懲役若しくは五百万円以下の罰金に処し、又はこれを併科する。

＊令和四法六八（令和七・六・一六までに施行）**による改正**
第一項中「懲役」を「拘禁刑」に改める。（本文未織込み）

②　前項の罪は、告訴がなければ公訴を提起することができない。
③　第一項の罪は、日本国外において同項の罪を犯した者にも適用する。

第九五条【両罰規定】 ①　法人の代表者又は法人若しくは人の代理人、使用人その他の従業者が、その法人又は人の業務又は財産に関して、次の各号に掲げる規定の違反行為をしたときは、行為者を罰するほか、その法人又は人に対しても、当該各号に定める罰金刑を科する。
一　第八十九条　五億円以下の罰金刑
二　第九十条第三号（第七条第一項又は第八条の二第一項若しくは第三項の規定による命令（第三条又は第八条第一号の規定に違反する行為の差止めを命ずる部分に限る。）に違反した場合を除く。）　三億円以下の罰金刑
三　第九十四条　二億円以下の罰金刑
四　第九十条第一号、第二号若しくは第三号（第七条第一項又は第八条の二第一項若しくは第三項の規定による命令（第三条又は第八条第一号の規定に違反する行為の差止めを命ずる部分に限る。）に違反した場合に限る。）、第九十一条、第九十一条の二又は第九十四条の二　各本条の罰金刑
②　法人でない団体の代表者、管理人、代理人、使用人その他の従業者がその団体の業務又は財産に関して、次の各号に掲げる規定の違反行為をしたときは、行為者を罰するほか、その団体に対しても、当該各号に定める罰金刑を科する。
一　第八十九条　五億円以下の罰金刑
二　第九十条第三号（第七条第一項又は第八条の二第一項若しくは第三項の規定による命令（第三条又は第八条第一号の規定に違反する行為の差止めを命ずる部分に限る。）に違反した場合を除く。）　三億円以下の罰金刑
三　第九十四条　二億円以下の罰金刑
四　第九十条第一号、第二号若しくは第三号（第七条第一項又は第八条の二第一項若しくは第三項の規定による命令（第三条又は第八条第一号の規定に違反する行為の差止めを命ずる部分に限る。）に違反した場合に限る。）又は第九十四条の二　各本条の罰金刑
③　法人の代表者又は法人若しくは人の代理人、使用人その他の従業者が、その法人又は人の業務に関し、前条第一項の違反行為をしたときは、その行為者を罰するほか、その法人又は人に対して三億円以下の罰金刑を、その人に対して同項の罰金刑を科する。
④　第一項又は第二項の規定により第八十九条の違反行為につき法人若しくは人又は団体に罰金刑を科する場合における時効の期間は、同条の罪についての時効の期間による。
⑤　第二項の場合においては、代表者又は管理人が、その訴訟行為につきその団体を代表するほか、法人を被告人又は被疑者とする場合の訴訟行為に関する刑事訴訟法の規定を準用する。
⑥　第三項の規定により前条第一項の違反行為につき法人又は人に罰金刑を科する場合における時効の期間は、同項の罪についての時効の期間による。

7　事業者たる法人の従業者である自然人が、その所属する法人の業務に関して、独禁法八九条一項一号に違反する行為をした場合には、行為者たる自然人及びその所属する法人は、いずれも、本条一項及び八九条一項一号により処罰される。（最判昭59・2・24刑集三八・四・一二八七〈石油価格協定刑事事件〉経済百選[二版]三五）

第九五条の二【法人の代表者に対する罰則】 第八十九条第一項第一号、第九十条第一号若しくは第三号又は第九十一条の違反があつた場合においては、その違反の計画を知り、その防止に必要な措置を講ぜず、又はその違反行為を知り、その是正に必要な措置を講じなかつた当該法人（第九十条第一号又は第三号の違反があつた場合における当該法人で事業者団体に該当するものを除く。）の代表者に対しても、各本条の罰金刑を科する。

第九五条の三【事業者団体の代表者等に対する罰則】 ①　第八十九条第一項第二号又は第九十条の違反があつた場合においては、その違反の計画を知り、その防止に必要な措置を講ぜず、又はその違反行為を知り、その是正に必要な措置を講じなかつた当該事業者団体の理事その他の役員若しくは管理人又はその構成事業者（事業者の利益のためにする行為を行う役員、従業員、代理人その他の者が構成事業者である場合には、当該事業者を含む。）に対しても、それぞれ各本条の罰金刑を科する。

② 前項の規定は、同項に掲げる事業者団体の理事その他の役員若しくは管理人又はその構成事業者が法人その他の団体である場合においては、当該団体の理事その他の役員又は管理人に、これを適用する。

第九五条の四【事業者団体の解散の宣告】 ① 裁判所は、十分な理由があると認めるときは、第八十九条第一項第二号又は第九十条に規定する刑の言渡しと同時に、事業者団体の解散を宣告することができる。

② 前項の規定により解散が宣告された場合には、他の法令の規定又は定款その他の定めにかかわらず、事業者団体は、その宣告により解散する。

第九六条【公正取引委員会の専属告発】 ① 第八十九条から第九十一条までの罪は、公正取引委員会の告発を待つて、これを論ずる。

② 前項の告発は、文書をもつてこれを行う。

③ 公正取引委員会は、第一項の告発をするに当たり、その告発に係る犯罪について、前条第一項又は第百条第一項第一号の宣告をすることを相当と認めるときは、その旨を前項の文書に記載することができる。

④ 第一項の告発は、公訴の提起があつた後は、これを取り消すことができない。

専属告発の裁量権の逸脱

[7] 公正取引委員会は、一般的に独禁法違反の犯罪があると思料するときは、告発義務が課されており、特に専属告発については、ごく例外を除いては、裁量権を逸脱する違法な告発はない。（東京高判平5・5・21高刑四六・二・一〇八、独禁百選[六版]一三〇）

第九七条【排除措置命令違反に関する過料】 排除措置命令に違反したものは、五十万円以下の過料に処する。ただし、その行為につき刑を科するべきときは、この限りでない。

例外的に処罰しない場合

[7] 排除措置命令違反行為があった場合には、原則として、当該行為をした者を過料に処すべきであるが、違反行為の態様、程度その他諸般の事情を考慮して、処罰を必要としないと認めるときは、上記の者を処罰しない旨の決定をすることもできる。本件不当表示事件では、日刊新聞紙等での公示命令が履行されなかったのであるが、名宛人は、本件商品の不当表示を早期に取りやめた上、不当表示をしていた事実をウェブサイトや店頭の告知で公表し、商品の回収や代金の返還にも応じて、一般消費者の誤認やその結果の排除に努めていたのであって、処罰しない旨の決定をすることができる。（最決平20・3・6審決集五四・六九二〈ビームス排除措置命令違反事件〉）

第九八条【緊急停止命令違反に関する過料】 第七十条の四第一項の規定による裁判に違反したものは、三十万円以下の過料に処する。

第九九条 削除

第一〇〇条【特許等の取消し等の宣告】 ① 第八十九条又は第九十条の場合において、裁判所は、情状により、刑の言渡しと同時に、次に掲げる宣告をすることができる。ただし、第一号の宣告をするのは、その特許権又は特許発明の専用実施権若しくは通常実施権が、犯人に属している場合に限る。

一 違反行為に供せられた特許権の特許又は特許発明の専用実施権若しくは通常実施権は取り消されるべき旨

二 判決確定後六月以上三年以下の期間、政府との間に契約をすることができない旨

② 前項第一号の宣告をした判決が確定したときは、裁判所は、判決の謄本を特許庁長官に送付しなければならない。

③ 前項の規定による判決の謄本の送付があつたときは、特許庁長官は、その特許権の特許又は特許発明の専用実施権若しくは通常実施権を取り消さなければならない。

第十二章 犯則事件の調査等

第一〇一条【質問・検査・領置等】 ① 公正取引委員会の職員（公正取引委員会の指定を受けた者に限る。以下この章において「委員会職員」という。）は、犯則事件（第八十九条から第九十一条までの罪に係る事件をいう。以下この章において同じ。）を調査するため必要があるときは、犯則嫌疑者若しくは参考人（以下この項において「犯則嫌疑者等」という。）に対して出頭を求め、犯則嫌疑者等に対して質問し、犯則嫌疑者等が所持し若しくは置き去つた物件を検査し、又は犯則嫌疑者等が任意に提出し若しくは置き去つた物件を領置することができる。

② 委員会職員は、犯則事件の調査について、官公署又は公私の団体に照会して必要な事項の報告を求めることができる。

第一〇二条【臨検・捜索・差押え等】 ① 委員会職員は、犯則事件を調査するため必要があるときは、公正取引委員会の所在地を管轄する地方裁判所又は簡易裁判所の裁判官があらかじめ発する許可状により、臨検、捜索、差押え又は記録命令付差押え（電磁的記録（電子的方式、磁気的方式その他人の知覚によつては認識することができない方式で作られる記録であつて、電子計算機による情報処理の用に供されるものをいう。以下同じ。）を保管する者その他電磁的記録を利用する権限を有する者に命じて必要な電磁的記録を記録媒体に記録させ、又は印刷させた上、当該記録媒体を差し押さえることをいう。以下同じ。）をすることができる。

＊令和四法四八（令和八・五・二四までに施行）**による改正**
第一項中「（電子的方式、磁気的方式その他人の知覚によつては認識することができない方式で作られる記録であつて、電子計算機による情報処理の用に供されるものをいう。以下同じ。）」を削る。（本文未織込み）

② 差し押さえるべき物件が電子計算機であるときは、当該電子計算機に電気通信回線で接続している記録媒体であつて、当該電子計算機で作成若しくは変更をした電磁的記録又は当該電子計算機で変更若しくは消去をすることができることとされている電磁的記録を保管するために使用されていると認めるに足りる状況にあるものから、その電磁的記録を当該電子計算機又は他の記録媒体に複写した上、当該電子計算機又は当該他の記録媒体を差し押さえることができる。

③ 前二項の場合において、急速を要するときは、委員会職員は、臨検すべき場所、捜索すべき場所、身体若しくは物件、差し押さえるべき物件又は電磁的記録を記録させ、若しくは印刷させるべき者の所在地を管轄する地方裁判所又は簡易裁判所の裁判官があらかじめ発する許可状により、これらの項の処分をすることができる。

④ 委員会職員は、第一項又は前項の許可状（第百十四条の三第四項及び第五項を除き、以下この章において「許可状」という。）を請求する場合においては、犯則事件が存在すると認められる資料を提供しなければならない。

⑤ 前項の請求があつた場合においては、地方裁判所又は簡易裁判所の裁判官は、臨検すべき場所、捜索すべき場所、身体若しくは物件、差し押さえるべき物件又は記録させ、若しくは印刷させるべき電磁的記録及びこれを記録させ、若しくは印刷させるべき者並びに請求者の官職及び氏名、有効期間、その期間経過後は執行に着手することができずこれを返還しなければならない旨、交付の年月日並びに裁判所名を記載し、自己の記名押印した許可状を委員会職員に交付しなければならない。この場合において、犯則嫌疑者の氏名（法人については、名称）又は犯則の事実が明らかであるときは、これらの事項をも記載しなければならない。

⑥ 第二項の場合においては、許可状に、前項に規定する事項の

ほか、差し押さえるべき電子計算機に電気通信回線で接続している記録媒体であつて、その電磁的記録を複写すべきものの範囲を記載しなければならない。

⑦　委員会職員は、許可状を他の委員会職員に交付して、臨検、捜索、差押え又は記録命令付差押えをさせることができる。

第一〇三条【通信事務を取り扱う者に対する差押え】①　委員会職員は、犯則事件を調査するため必要があるときは、許可状の交付を受けて、犯則嫌疑者から発し、又は犯則嫌疑者に対して発した郵便物、信書便物又は電信についての書類で法令の規定に基づき通信事務を取り扱う者が保管し、又は所持するものを差し押さえることができる。

②　委員会職員は、前項の規定に該当しない郵便物、信書便物又は電信についての書類で法令の規定に基づき通信事務を取り扱う者が保管し、又は所持するものについては、犯則事件に関係があると認めるに足りる状況があるものに限り、許可状の交付を受けて、これを差し押さえることができる。

③　委員会職員は、前二項の規定による処分をした場合においては、その旨を発信人又は受信人に通知しなければならない。ただし、通知によつて犯則事件の調査が妨げられるおそれがある場合は、この限りでない。

第一〇三条の二【通信履歴の電磁的記録の保全要請】①　委員会職員は、差押え又は記録命令付差押えをするため必要があるときは、電気通信を行うための設備を他人の通信の用に供する事業を営む者又は自己の業務のために不特定若しくは多数の者の通信を媒介することのできる電気通信を行うための設備を設置している者に対し、その業務上記録している電気通信の送信元、送信先、通信日時その他の通信履歴の電磁的記録のうち必要なものを特定し、三十日を超えない期間を定めて、これを消去しないよう、書面で求めることができる。この場合において、当該電磁的記録について差押え又は記録命令付差押えをする必要がないと認めるに至つたときは、当該求めを取り消さなければならない。

②　前項の規定により消去しないよう求める期間については、特に必要があるときは、三十日を超えない範囲内で延長することができる。ただし、消去しないよう求める期間は、通じて六十日を超えることができない。

③　第一項の規定による求めを行う場合において、必要があるときは、みだりに当該求めに関する事項を漏らさないよう求めることができる。

第一〇三条の三【電磁的記録に係る記録媒体の差押えに代わる処分】①　差し押さえるべき物件が電磁的記録に係る記録媒体であるときは、委員会職員は、その差押えに代えて次に掲げる処分をすることができる。

一　差し押さえるべき記録媒体に記録された電磁的記録を他の記録媒体に複写し、印刷し、又は移転した上、当該他の記録媒体を差し押さえること。

二　差押えを受ける者に差し押さえるべき記録媒体に記録された電磁的記録を他の記録媒体に複写させ、印刷させ、又は移転させた上、当該他の記録媒体を差し押さえること。

第一〇四条【臨検・捜索・差押え等の夜間執行の制限】①　臨検、捜索、差押え又は記録命令付差押えは、許可状に夜間でも執行することができる旨の記載がなければ、日没から日の出までの間には、してはならない。

②　日没前に開始した臨検、捜索、差押え又は記録命令付差押えは、必要があると認めるときは、日没後まで継続することができる。

第一〇五条【許可状の提示】臨検、捜索、差押え又は記録命令付差押えの許可状は、これらの処分を受ける者に提示しなければならない。

第一〇六条【身分の証明】委員会職員は、この章の規定により質問、検査、領置、臨検、捜索、差押え又は記録命令付差押えをするときは、その身分を示す証票を携帯し、関係者の請求があつたときは、これを提示しなければならない。

第一〇七条【臨検・捜索・差押え等に際しての必要な処分】

①　委員会職員は、臨検、捜索、差押え又は記録命令付差押えをするため必要があるときは、錠をはずし、封を開き、その他必要な処分をすることができる。

②　前項の処分は、領置物件、差押物件又は記録命令付差押物件についても、することができる。

第一〇七条の二【処分を受ける者に対する協力要請】臨検すべき物件又は差し押さえるべき物件が電磁的記録に係る記録媒体であるときは、委員会職員は、臨検又は捜索若しくは差押えを受ける者に対し、電子計算機の操作その他の必要な協力を求めることができる。

第一〇八条【処分中の出入りの禁止】委員会職員は、この章の規定により質問、検査、領置、臨検、捜索、差押え又は記録命令付差押えをする間は、何人に対しても、許可を受けないでその場所に出入りすることを禁止することができる。

第一〇九条【所有者等の立会い】①　委員会職員は、人の住居又は人の看守する邸宅若しくは建造物その他の場所で臨検、捜索、差押え又は記録命令付差押えをするときは、その所有者若しくは管理者（これらの者の代表者、代理人その他これらの者に代わるべき者を含む。）又はこれらの者の使用人若しくは同居の親族で成年に達した者を立ち会わせなければならない。

②　前項の場合において、同項に規定する者を立ち会わせることができないときは、その隣人で成年に達した者又はその地の警察官若しくは地方公共団体の職員を立ち会わせなければならない。

③　女子の身体について捜索するときは、成年の女子を立ち会わせなければならない。ただし、急速を要する場合は、この限りでない。

第一一〇条【警察官の援助】委員会職員は、臨検、捜索、差押え又は記録命令付差押えをするに際し必要があるときは、警察官の援助を求めることができる。

第一一一条【犯則調査の調書の作成】委員会職員は、この章の規定により質問、検査、領置、臨検、捜索、差押え又は記録命令付差押えをしたときは、その処分を行つた年月日及びその結果を記載した調書を作成し、質問を受けた者又は立会人に示し、これらの者とともにこれに署名押印しなければならない。ただし、質問を受けた者又は立会人が署名押印せず、又は署名押印することができないときは、その旨を付記すれば足りる。

第一一二条【領置目録等の作成等】委員会職員は、領置、差押え又は記録命令付差押えをしたときは、その目録を作成し、領置物件、差押物件若しくは記録命令付差押物件の所有者、所持者若しくは保管者（第百三条の三の規定による処分を受けた者を含む。）又はこれらの者に代わるべき者にその謄本を交付しなければならない。

第一一三条【領置物件等の処置】運搬又は保管に不便な領置物件、差押物件又は記録命令付差押物件は、その所有者又は所持者その他委員会職員が適当と認める者に、その承諾を得て、保管証を徴して保管させることができる。

第一一四条【領置物件等の還付等】①　公正取引委員会は、領置物件、差押物件又は記録命令付差押物件について留置の必要がなくなつたときは、その返還を受けるべき者にこれを還付しなければならない。

②　公正取引委員会は、前項の領置物件、差押物件又は記録命令付差押物件の返還を受けるべき者の住所若しくは居所がわからないため、又はその他の事由によりこれを還付することができない場合においては、その旨を公告しなければならない。

③　前項の公告に係る領置物件、差押物件又は記録命令付差押物件について、公告の日から六月を経過しても還付の請求がないときは、これらの物件は、国庫に帰属する。

第一一四条の二【移転した上で差し押さえた記録媒体の交付等】

①　公正取引委員会は、第百三条の三の規定により電磁的記録を移転し、又は移転させた上差し押さえた記録媒体について留置の必要がなくなつた場合において、差押えを受けた者と当該記

録媒体の所有者、所持者又は保管者とが異なるときは、当該差押えを受けた者に対し、当該記録媒体を交付し、又は当該電磁的記録の複写を許さなければならない。

② 前条第二項の規定は、前項の規定による交付又は複写について準用する。

③ 前項において準用する前条第二項の規定による公告の日から六月を経過しても前項の交付又は複写の請求がないときは、その交付をし、又は複写をさせることを要しない。

第一一四条の三【鑑定等の嘱託】① 委員会職員は、犯則事件を調査するため必要があるときは、学識経験を有する者に領置物件、差押物件若しくは記録命令付差押物件についての鑑定を嘱託し、又は通訳若しくは翻訳を嘱託することができる。

② 前項の規定による鑑定の嘱託を受けた者（第四項及び第五項において「鑑定人」という。）は、公正取引委員会の所在地を管轄する地方裁判所又は簡易裁判所の裁判官の許可を受けて、当該鑑定に係る物件を破壊することができる。

③ 前項の許可の請求は、委員会職員からこれをしなければならない。

④ 前項の請求があつた場合において、裁判官は、当該請求を相当と認めるときは、犯則嫌疑者の氏名（法人については、名称）、罪名、破壊すべき物件及び鑑定人の氏名並びに請求者の官職及び氏名、有効期間、その期間経過後は執行に着手することができずこれを返還しなければならない旨、交付の年月日及び裁判所名を記載し、自己の記名押印した許可状を委員会職員に交付しなければならない。

⑤ 鑑定人は、第二項の処分を受ける者に前項の許可状を示さなければならない。

第一一五条【公正取引委員会への報告】委員会職員は、犯則事件の調査を終えたときは、調査の結果を公正取引委員会に報告しなければならない。

第一一六条【検察官への引継ぎ】① 公正取引委員会は、犯則事件の調査の結果、第七十四条第一項の規定により告発した場合において、領置物件、差押物件又は記録命令付差押物件があるときは、これを領置目録、差押目録又は記録命令付差押目録とともに引き継がなければならない。

② 前項の領置物件、差押物件又は記録命令付差押物件が第百十三条の規定による保管に係るものである場合においては、同条の保管証をもつて引き継ぐとともに、その旨を同条の保管者に通知しなければならない。

③ 前二項の規定により領置物件、差押物件又は記録命令付差押物件が引き継がれたときは、当該物件は、刑事訴訟法の規定によつて押収されたものとみなす。

第一一七条【行政手続法の適用除外】この章の規定に基づいて公正取引委員会又は委員会職員がする処分及び行政指導については、行政手続法第二章から第四章までの規定は、適用しない。

第一一八条【審査請求の制限】この章の規定による公正取引委員会又は委員会職員の処分又はその不作為については、審査請求をすることができない。

附　則（抄）

第一条【施行期日】この法律の施行の期日は、各規定について命令を以てこれを定める（第二七条から第四四条まで、第一一三条及び第一一四条は昭和二二・七・一施行―昭和二二政一一四。その他は昭和二二・七・二〇施行―昭和二二政一四二）。

第二条【本法違反の契約の失効】各規定施行の際現に存する契約で、当該規定に違反するものは、当該規定の施行の日からその効力を失う。

附　則（令和四・五・二五法四八）（抄）

（施行期日）

第一条　この法律は、公布の日から起算して四年を超えない範囲内において政令で定める日から施行する。ただし、次の各号に掲げる規定は、当該各号に定める日から施行する。

一　（前略）附則第百二十五条の規定　公布の日

二―五　（略）

（私的独占の禁止及び公正取引の確保に関する法律の一部改正に伴う経過措置）

第三四条　前条の規定による改正後の私的独占の禁止及び公正取引の確保に関する法律第八十一条第三項及び第四項並びに第八十二条第二項の規定は、施行日以後に提起される同法第二十四条の規定による侵害の停止又は予防に関する訴えにおける秘密保持命令の送達及び効力の発生時期について適用し、施行日前に提起された私的独占の禁止及び公正取引の確保に関する法律第二十四条の規定による侵害の停止又は予防に関する訴えにおける秘密保持命令の送達及び効力の発生時期については、なお従前の例による。

（政令への委任）

第一二五条　この附則に定めるもののほか、この法律の施行に関し必要な経過措置は、政令で定める。

刑法等の一部を改正する法律の施行に伴う関係法律整理法中経過規定
（令和四・六・一七法六八）（抄）

第四四一条から第四四三条まで　（刑法の同経過規定参照）

第五〇九条　（刑法の同経過規定参照）

刑法等の一部を改正する法律の施行に伴う関係法律整理法

附　則（令和四・六・一七法六八）（抄）

（施行期日）

① この法律は、刑法等一部改正法（刑法等の一部を改正する法律（令和四法六七））施行日から施行する。ただし、次の各号に掲げる規定は、当該各号に定める日から施行する。

一　第五百九条の規定　公布の日

二　（略）

●特許法（抄）

（昭和三四・四・一三法一二一）

施行 昭和三五・四・一（昭和三四法一二二）
改正 昭和三七法一四〇・法一六一、昭和三九法一四八、昭和四〇法八一、昭和四一法九八・法一一一、昭和四五法九一、昭和四六法四二・法九六、昭和四八法一〇、昭和五〇法四六、昭和五三法二七・法三〇、昭和五六法四五、昭和五七法八三、昭和五八法七八、昭和五九法二三・法二四、昭和六〇法四一、昭和六二法二七、昭和六三法九一、平成二法三〇、平成五法二六・法八九、平成六法一一六、平成七法九一、平成八法六八・法一一〇、平成一〇法五一、平成一一法四一・法四三・法一五一・法一六〇・法二二〇、平成一三法九六、平成一四法二四・法一〇〇、平成一五法四七・法六一・法一〇八、平成一六法七六・法七九・法八四・法一二〇・法一四七、平成一七法七五・法一〇二、平成一八法五五・法一〇九、平成二〇法一六、平成二三法六三、平成二四法三〇、平成二六法三六・法六九、平成二七法五五、平成二八法五一・法一〇八（平成三〇法三三）、平成二九法四五、平成三〇法三三、令和一法三、令和三法二四・法三七・法四二、令和四法四八・法六八

目次

第一章 総則（抄）

第一条（目的） この法律は、発明の保護及び利用を図ることにより、発明を奨励し、もつて産業の発達に寄与することを目的とする。

[1] 特許権侵害訴訟において、特許権者の権利行使その他の行為の目的、必要性及び合理性、態様、当該行為による競争制限の程度などの諸事情に照らし、特許権者による特許権の行使が公正な競争を阻害するおそれがある場合には、その権利行使が特許法の目的である「産業の発達」を阻害し又は特許制度の趣旨を逸脱するものとして、権利の濫用（民法一条三項）に当たり得る。（東京地判令2・7・22【平29ワ四〇三三七】〈情報記憶装置及び着脱可能装置事件〉）

第二条（定義） ① この法律で「発明」とは、自然法則を利用した技術的思想の創作のうち高度のものをいう。
② この法律で「特許発明」とは、特許を受けている発明をいう。
③ この法律で発明について「実施」とは、次に掲げる行為をいう。
一 物（プログラム等を含む。以下同じ。）の発明にあつては、その物の生産、使用、譲渡等（譲渡及び貸渡しをいい、その物がプログラム等である場合には、電気通信回線を通じた提供を含む。以下同じ。）、輸出若しくは輸入又は譲渡等の申出（譲渡等のための展示を含む。以下同じ。）をする行為
二 方法の発明にあつては、その方法の使用をする行為
三 物を生産する方法の発明にあつては、前号に掲げるもののほか、その方法により生産した物の使用、譲渡等、輸出若しくは輸入又は譲渡等の申出をする行為
④ この法律で「プログラム等」とは、プログラム（電子計算機に対する指令であつて、一の結果を得ることができるように組み合わされたものをいう。以下この項において同じ。）その他電子計算機による処理の用に供する情報であつてプログラムに準ずるものをいう。

[1] **一 自然法則の利用** 専ら人間の精神的活動を介在させた原理や法則、社会科学上の原理や法則、人為的な取決めを利用した創作は、自然法則を利用したものとはいえない。（東京地判平15・1・20判時一八〇九・三〈資金別貸借対照表事件〉特許百選[三版]三）

[2] 数学的課題の解法ないし数学的な計算手順そのものは、純然たる学問上の法則であって、何ら自然法則を利用するものではないから、本条一項にいう発明ということはできない。また、既存の演算装置を用いて数式を演算することは、前記数学的課題の解法ないし数学的な計算手順を実現するものにほかならないから、これにより自然法則を利用した技術的思想が付加されるものではなく、数式を演算する装置は、当該装置自体に何らかの技術的思想に基づく創作が認められない限り、発明となり得ない。（知財高判平20・2・29判時二〇一二・九七〈ビット集まり短縮表現生成装置事件〉）

[3] **二 発明未完成** 当業者［当該特許発明の属する技術の分野における通常の知識を有する者］が反復実施して目的とする技術効果を挙げることができる程度にまで具体的・客観的なものとして構成されていないものは、発明として未完成であって、本条一項にいう発明とはいえない。出願発明が発明として未完成のものである場合、特許法二九条一項柱書にいう発明に当たらないことを理由として拒絶することは、法の当然に予定し、また、要請するところである。（最判昭52・10・13民集三一・六・八〇五〈薬物製品事件〉特許百選[五版]五二）

[4] **三 反復可能性** 「自然法則を利用した」発明であるためには、反復可能性が必要であるが、反復可能性とは「植物の新品種を育種し増殖する方法」に係る発明に関しては、その特性に鑑み、科学的にその植物を再現することが当業者において可能であれば足り、その確率が高いことを要しない。（最判平12・2・29民集五四・二・七〇九〈黄桃の育種増殖法事件〉特許百選[五版]五三）

[5] **四 発明のカテゴリ** 方法の発明と物を生産する方法の発明とは、明文上判然と区別され、与えられる特許権の効力も明確に異なっている。当該発明がいずれの発明に該当するかは、まず、特許請求の範囲の記載に基づいて判定すべきものである。（最判平11・7・16民集五三・六・九五七〈生理活性物質測定法事件〉特許百選[五版]二）→一〇〇条[1]

[6] **五 用途発明の実施** 用途発明とは、既知の物質について未知の性質を発見し、当該性質に基づき顕著な効果を有する新規な用途を創作したことを特徴とするものであるから、用途発明における本条三項にいう「実施」とは、新規な用途に使用するために既知の物質を生産、使用、譲渡等をする行為に限られる。（知財高判

平28・7・28【平28ネ一〇〇二三】〈メニエール病治療薬事件〉特許百選[五版]三三）

第三条①**（期間の計算）** この法律又はこの法律に基く命令の規定による期間の計算は、次の規定による。

一　期間の初日は、算入しない。ただし、その期間が午前零時から始まるときは、この限りでない。

二　期間を定めるのに月又は年をもつてしたときは、暦に従う。月又は年の始から期間を起算しないときは、その期間は、最後の月又は年においてその起算日に応当する日の前日に満了する。ただし、最後の月に応当する日がないときは、その月の末日に満了する。

② 特許出願、請求その他特許に関する手続（以下単に「手続」という。）についての期間の末日が行政機関の休日に関する法律（昭和六十三年法律第九十一号）第一条第一項各号に掲げる日に当たるときは、その日の翌日をもつてその期間の末日とする。

第四条から第七条まで　（略）

第八条①**（在外者の特許管理人）** 日本国内に住所又は居所（法人にあつては、営業所）を有しない者（以下「在外者」という。）は、政令で定める場合を除き、その者の特許に関する代理人であつて日本国内に住所又は居所を有するもの（以下「特許管理人」という。）によらなければ、手続をし、又はこの法律若しくはこの法律に基づく命令の規定により行政庁がした処分を不服として訴えを提起することができない。

② 特許管理人は、一切の手続及びこの法律又はこの法律に基づく命令の規定により行政庁がした処分を不服とする訴訟について本人を代理する。ただし、在外者が特許管理人の代理権の範囲を制限したときは、この限りでない。

第九条から第一四条まで　（略）

第一五条（在外者の裁判籍） 在外者の特許権その他特許に関する権利については、特許管理人があるときはその住所又は居所をもつて、特許管理人がないときは特許庁の所在地をもつて民事訴訟法（平成八年法律第百九号）第五条第四号の財産の所在地とみなす。

第一六条　（略）

第一七条①**（手続の補正）** 手続をした者は、事件が特許庁に係属している場合に限り、その補正をすることができる。ただし、次条から第十七条の五までの規定により補正をすることができる場合を除き、願書に添付した明細書、特許請求の範囲、図面若しくは要約書、第四十一条第四項若しくは第四十三条第一項（第四十三条の二第二項（第四十三条の三第三項において準用する場合を含む。）及び第四十三条の三第三項において準用する場合を含む。）に規定する書面又は第百二十条の五第二項若しくは第百三十四条の二第一項の訂正若しくは訂正審判の請求書に添付した訂正した明細書、特許請求の範囲若しくは図面について補正をすることができない。

② 第三十六条の二第二項の外国語書面出願の出願人は、前項本文の規定にかかわらず、同条第一項の外国語書面及び外国語要約書面について補正をすることができない。

③ 特許庁長官は、次に掲げる場合は、相当の期間を指定して、手続の補正をすべきことを命ずることができる。

一　手続が第七条第一項から第三項まで又は第九条の規定に違反しているとき。

二　手続がこの法律又はこの法律に基づく命令で定める方式に違反しているとき。

三　手続について第百九十五条第一項から第三項までの規定により納付すべき手数料を納付しないとき。

④ 手続の補正（手数料の納付を除く。）をするには、次条第二項に規定する場合を除き、手続補正書を提出しなければならない。

第一七条の二①**（願書に添付した明細書、特許請求の範囲又は図面の補正）** 特許出願人は、特許をすべき旨の査定の謄本の送達前においては、願書に添付した明細書、特許請求の範囲又は図面について補正をすることができる。ただし、第五十条の規定による通知を受けた後は、次に掲げる場合に限り、補正をすることができる。

一　第五十条（第百五十九条第二項（第百七十四条第二項において準用する場合を含む。）及び第百六十三条第二項において準用する場合を含む。以下この項において同じ。）の規定による通知（以下この条において「拒絶理由通知」という。）を最初に受けた場合において、第五十条の規定により指定された期間内にするとき。

二　拒絶理由通知を受けた後第四十八条の七の規定による通知を受けた場合において、同条の規定により指定された期間内にするとき。

三　拒絶理由通知を受けた後更に拒絶理由通知を受けた場合において、最後に受けた拒絶理由通知に係る第五十条の規定により指定された期間内にするとき。

四　拒絶査定不服審判を請求する場合において、その審判の請求と同時にするとき。

② 第三十六条の二第二項の外国語書面出願の出願人が、誤訳の訂正を目的として、前項の規定により明細書、特許請求の範囲又は図面について補正をするときは、その理由を記載した誤訳訂正書を提出しなければならない。

③ 第一項の規定により明細書、特許請求の範囲又は図面について補正をするときは、誤訳訂正書を提出してする場合を除き、願書に最初に添付した明細書、特許請求の範囲又は図面（第三十六条の二第二項の外国語書面出願にあつては、同条第八項の規定により明細書、特許請求の範囲及び図面とみなされた同条第二項に規定する外国語書面の翻訳文（誤訳訂正書を提出して明細書、特許請求の範囲又は図面について補正をした場合にあつては、翻訳文又は当該補正後の明細書、特許請求の範囲若しくは図面）。第三十四条の二第一項及び第三十四条の三第一項において同じ。）に記載した事項の範囲内においてしなければならない。

④ 前項に規定するもののほか、第一項各号に掲げる場合において特許請求の範囲について補正をするときは、その補正前に受けた拒絶理由通知において特許をすることができないものか否かについての判断が示された発明と、その補正後の特許請求の範囲に記載される事項により特定される発明とが、第三十七条の発明の単一性の要件を満たす一群の発明に該当するものとなるようにしなければならない。

⑤ 前二項に規定するもののほか、第一項第一号、第三号及び第四号に掲げる場合（同項第一号に掲げる場合にあつては、拒絶理由通知と併せて第五十条の二の規定による通知を受けた場合に限る。）において特許請求の範囲についてする補正は、次に掲げる事項を目的とするものに限る。

一　第三十六条第五項に規定する請求項の削除

二　特許請求の範囲の減縮（第三十六条第五項の規定により請求項に記載した発明を特定するために必要な事項を限定するものであつて、その補正前の当該請求項に記載された発明とその補正後の当該請求項に記載される発明の産業上の利用分野及び解決しようとする課題が同一であるものに限る。）

三　誤記の訂正

四　明りようでない記載の釈明（拒絶理由通知に係る拒絶の理由に示す事項についてするものに限る。）

⑥ 第百二十六条第七項の規定は、前項第二号の場合に準用する。

1「明細書又は図面に記載した事項」とは、当業者によって、明細書又は図面の全ての記載を総合することにより導かれる技術的事項であり、補正が、このようにして導かれる技術的事項との関係において、新たな技術的事項を導入しないものであるときは、当該補正は、「明細書又は図面に記載した事項の範囲内において」するものといえる。（知財高判平20・5・30判時二〇〇九・四七〈ソルダーレジスト事件〉特許百選[五版]七八……平成六法一一六による改正前の特許法一七条二項に関する事例）

第一七条の三（要約書の補正） 特許出願人は、経済産業省令で定める期間内に限り、願書に添付した要約書について補正をすることができる。

第一七条の四及び第一七条の五 （略）

第一八条（手続の却下）① 特許庁長官は、第十七条第三項の規定により手続の補正をすべきことを命じた者が同項の規定により指定した期間内にその補正をしないとき、又は特許権の設定の登録を受ける者が第百八条第一項に規定する期間内に特許料を納付しないときは、その手続を却下することができる。

② 特許庁長官は、第十七条第三項の規定により第百九十五条第三項の規定による手数料の納付をすべきことを命じた特許出願人が第十七条第三項の規定により指定した期間内にその手数料の納付をしないときは、当該特許出願を却下することができる。

第一八条の二（不適法な手続の却下）① 特許庁長官は、不適法な手続であつて、その補正をすることができないものについては、その手続を却下するものとする。ただし、第三十八条の二第一項各号に該当する場合は、この限りでない。

② 前項の規定により却下しようとするときは、手続をした者に対し、その理由を通知し、相当の期間を指定して、弁明を記載した書面（以下「弁明書」という。）を提出する機会を与えなければならない。

第一九条から第二四条まで （略）

第二五条（外国人の権利の享有） 日本国内に住所又は居所（法人にあつては、営業所）を有しない外国人は、次の各号の一に該当する場合を除き、特許権その他特許に関する権利を享有することができない。

一 その者の属する国において、日本国民に対しその国民と同一の条件により特許権その他特許に関する権利の享有を認めているとき。

二 その者の属する国において、日本国がその国民に対し特許権その他特許に関する権利の享有を認める場合には日本国民に対しその国民と同一の条件により特許権その他特許に関する権利の享有を認めることとしているとき。

三 条約に別段の定があるとき。

[1] 本条一号及び二号にいう「その者の属する国」は、我が国によつて外交上承認された国家に限られるものではなく、また、外交上の未承認国に対し、相互主義の適用を認めるに当たつて我が国政府によるその旨の決定及び宣明を必要とするものではない。（最判昭52・2・14判時八四一・二六〈東ドイツ事件〉特許百選[四版]九八）

第二六条（条約の効力） 特許に関し条約に別段の定があるときは、その規定による。

第二七条（特許原簿への登録）① 次に掲げる事項は、特許庁に備える特許原簿に登録する。

一 特許権の設定、存続期間の延長、移転、信託による変更、消滅、回復又は処分の制限

二 専用実施権の設定、保存、移転、変更、消滅又は処分の制限

三 特許権又は専用実施権を目的とする質権の設定、移転、変更、消滅又は処分の制限

四 仮専用実施権の設定、保存、移転、変更、消滅又は処分の制限

② 特許原簿は、その全部又は一部を磁気テープ（これに準ずる方法により一定の事項を確実に記録して置くことができる物を含む。以下同じ。）をもつて調製することができる。

③ この法律に規定するもののほか、登録に関して必要な事項は、政令で定める。

第二八条（特許証の交付）① 特許庁長官は、特許権の設定の登録があつたとき、第七十四条第一項の規定による請求に基づく特許権の移転の登録があつたとき、又は願書に添付した明細書、特許請求の範囲若しくは図面の訂正をすべき旨の決定若しくは審決が確定した場合において、その登録があつたときは、特許権者に対し、特許証を交付する。

② 特許証の再交付については、経済産業省令で定める。

第二章 特許及び特許出願（抄）

（特許の要件）

第二九条① 産業上利用することができる発明をした者は、次に掲げる発明を除き、その発明について特許を受けることができる。

一 特許出願前に日本国内又は外国において公然知られた発明

二 特許出願前に日本国内又は外国において公然実施をされた発明

三 特許出願前に日本国内又は外国において、頒布された刊行物に記載された発明又は電気通信回線を通じて公衆に利用可能となつた発明

② 特許出願前にその発明の属する技術の分野における通常の知識を有する者が前項各号に掲げる発明に基いて容易に発明をすることができたときは、その発明については、同項の規定にかかわらず、特許を受けることができない。

一 産業上の利用可能性

[1] あらかじめ撮影しておいた手術領域の画像と、手術時の手術器具の位置情報を重ね合わせて画像を表示する方法は、人間を診断する方法に該当する医療行為であり、産業上の利用可能性が認められないため、特許対象とならない。（東京高判平14・4・11判時一八二八・九九〈外科手術再生光学表示方法装置事件〉特許百選[五版]五七）

二 発明者

[2] 発明者とは、自然法則を利用した高度な技術的思想の創作に関与した者、すなわち、当該技術的思想を当業者が実施できる程度にまで具体的・客観的なものとして構成する創作活動に関与した者を指す。当該発明について、例えば、管理者として、部下の研究者に対して一般的管理をした者や、一般的な助言・指導を与えた者や、補助者として、研究者の指示に従い、単にデータをとりまとめた者又は実験を行った者や、発明者に資金を提供したり、設備利用の便宜を与えることにより、発明の完成を援助した者又は委託した者等は、発明者には当たらない。もとより、発明者となるためには、一人の者がすべての過程に関与することが必要なわけではなく、共同で関与することでも足りるというべきであるが、複数の者が共同発明者となるためには、課題を解決するための着想及びその具体化の過程において、一体的・連続的な協力関係の下に、それぞれが重要な貢献をなすことを要する。（知財高判平20・5・29判時二〇一八・一四六〈ガラス多孔体事件〉特許百選[四版]二八）

[3] 機械に関する発明については、一般に、着想の段階で、これを具体化した結果を予測することが可能であり、着想提供をもって発明者を確定できる場合も少なくないが、化学、医

薬の分野については、一般に、着想を具体化した結果を事前に予測することは困難であり、着想がそのまま発明の成立に結び付き難く、着想を具体化して初めて発明の成立に創作的な貢献をしたといえる。（東京地判平14・8・27判時一八一〇・一〇二〈細粒核事件〉特許百選[四版]二九）

三　公知

[4] 発明の内容が、発明者のために秘密を保つべき関係にある者に知られたとしても、本条一項一号にいう「公然知られた」には当たらないが、この発明者のために秘密を保つべき関係は、法律上又は契約上秘密保持の義務を課せられることによって生ずるほか、すでに昭和五八～五九年当時から、社会通念上又は商慣習上、発明者側の特段の明示的な指示や要求がなくとも、秘密扱いとすることが暗黙のうちに求められ、かつ、期待される場合においても生ずるものであったというべきである。（東京高判平12・12・25【平11行ケ三六八】特許百選[四版]一〇）

四　公用

[5] 「公然実施」については、不特定多数の者の前で実施をしたことにより当該発明の内容を知り得る状況となったことを要するものであり、単に当該発明の実施品が存在したというだけでは、特許取得の妨げとはならない。この場合において、当該発明が物の発明である場合にあっては、当該発明の実施品が、当業者にとって当該実施品を完全に再現可能なほどに分析することが可能な状態にあることまでは必要でないが、当業者が利用可能な分析技術を用いて当該発明の実施品を分析することにより、特許請求の範囲に記載されている物に該当するかどうかの判断が可能な状態にあることを要する。そして、発明の実施品が市場において販売されている場合には、特段の事情のない限り、当該実施品を分析してその構成ないし組成を知り得るのが通常というべきである。（東京地判平17・2・10判時一九〇六・一四四〈ブラニュート顆粒事件〉特許百選[四版]一一）

五　頒布された刊行物

[6] 本条一項三号にいう頒布された刊行物とは、公衆に対し頒布により公開されることを目的として複製された文書、図画その他これに類する情報伝達媒体であって、頒布されたものを指すところ、ここに公衆に対し頒布により公開することを目的として複製されたものであるということができるものは、必ずしも公衆の閲覧を期待してあらかじめ公衆の要求を満たすことができるとみられる相当程度の部数が原本から複製されて広く公衆に提供されているようなものではなく、原本自体が公衆の自由な閲覧に供され、かつ、その複写物が公衆からの要求に即応して遅滞なく交付される体制が整っているならば、公衆からの要求を待ってその都度原本から複写して交付されるものであっても差し支えない。（最判昭55・7・4民集三四・四・五七〇〈一眼レフカメラ事件〉特許百選[二版]二二）

[7] 外国特許出願に係る明細書の原本を複製したマイクロフィルムが、同国特許庁に備えられ、いつでも公衆がディスプレイスクリーンでその内容を閲覧し、その複写物の交付を受けることができる状態にあるときは、当該マイクロフィルムは、「外国において頒布された刊行物」に当たる。（最判昭61・7・17民集四〇・五・九六一〈第二次箱尺事件〉特許百選[四版]一二）

六　進歩性

[8] 進歩性の判断に際して、当該出願当時の技術水準の認定のため、当該出願後に頒布された刊行物を資料とすることは差し支えない。（最判昭51・4・30判タ三六〇・一四八〈気体レーザ放電装置事件〉特許百選[三版]二〇）

[9] 容易想到性を判断するに当たっては、当該発明が目的とした解決課題（作用・効果等）を的確に把握した上で、それとの関係で解決課題の設定が容易であったか及び課題解決のために特定の構成を採用することが容易であったか否かを総合的に判断することが必要かつ不可欠となる。（知財高判平23・1・31判時二一〇七・一三一〈換気扇フィルター事件〉特許百選[五版]六六）

[10] 発明の容易想到性は、主引用発明に副引用発明を適用する動機付けや阻害要因の有無のほか、当該発明における予測し難い顕著な効果の有無等も考慮して判断される。（知財高判平29・11・21【平29行ケ一〇〇三三】〈アレルギー性眼疾患治療薬事件〉重判平30知財一）→一八一条[2]

[11] 引用発明との相違点に係る特許発明の構成を当業者が容易に想到し得た場合でも、特許発明に引用発明と比較した有利な効果が認められ、それが特許出願時の技術水準から当業者が予測し得る範囲を超えた顕著な効果といえる場合には、特許発明の進歩性を認める余地があるが、顕著な効果は、明細書にその記載があるか、又は、明細書の記載から当業者がその効果を推論できるものでない限り、進歩性判断の考慮要素とすることはできない。（知財高判平29・9・11【平28行ケ一〇〇五六】〈コーヒー飲料事件〉）

[12] 医薬化合物の進歩性の判断に際して顕著な効果の有無を検討する場合には、当該発明の構成が当該発明の効果を奏するものとして当業者が予測できたかどうか、当該発明の効果が当該発明の構成から当業者が予測することができた範囲の効果を超える顕著なものであるか否かが検討されるべきである。（最判令元・8・27判時二四四六・三七〈アレルギー性眼疾患治療薬事件上告審〉重判令元知財一……[10]の上告審）

[13] 引用発明として主張された発明が本条一項三号にいう「刊行物に記載された発明」であって、当該刊行物に化合物が一般式の形式で記載され、当該一般式が膨大な数の選択肢を有する場合には、特定の選択肢に係る技術的思想を積極的あるいは優先的に選択すべき事情がない限り、当該特定の選択肢に係る具体的な技術的思想を抽出することはできず、これを引用発明と認定することはできない。（知財高判平30・4・13判時二四二七・九一〈ピリミジン誘導体事件〉特許百選[五版]六七）→一二三条[2]

七　選択発明の特許性

[14] 特許に係る発明が、先行の公知文献に記載された発明にその下位概念として包含されるときは、当該発明は、先行の公知となった文献に具体的に開示されておらず、かつ、先行の公知文献に記載された発明と比較して顕著な特有の効果、すなわち先行の公知文献に記載された発明によって奏される効果とは異質の効果、又は同質の効果であるが際立って優れた効果を奏する場合を除き、特許性を有しない。（知財高判平29・6・14【平28行ケ一〇〇三七】〈液晶表示素子事件〉特許百選[五版]六一）

第二九条の二　特許出願に係る発明が当該特許出願の日前の他の特許出願又は実用新案登録出願であつて当該特許出願後に第六十六条第三項の規定により同項各号に掲げる事項を掲載した特許公報（以下「特許掲載公報」という。）の発行若しくは出願公開又は実用新案法（昭和三十四年法律第百二十三号）第十四条第三項の規定により同項各号に掲げる事項を掲載した実用新案公報（以下「実用新案掲載公報」という。）の発行がされたものの願書に最初に添付した明細書、特許請求の範囲若しくは実用新案登録請求の範囲又は図面（第三十六条の二第二項の外国語書面出願にあつては、同条第一項の外国語書面）に記載された発明又は考案（その発明又は考案をした者が当該特許出願に係る発明の発明者と同一の者である場合におけるその発明又は考案を除く。）と同一であるときは、その発明については、前条第一項の規定にかかわらず、特許を受けることができない。ただし、当該特許出願の時にその出願人と当該他の特許出願又は実用新案登録出願の出願人とが同一の者であるときは、この限りでない。

[1] 抽象的又は当業者の技術常識を参酌してもなお技術内容の

開示が不十分な発明や、創作された技術内容が当業者であれば何人でも反復実施してその目的とする技術効果をあげることができる程度に構成されていない未完成の発明は、本条の「発明」に該当しない。（知財高判令2・11・10【令2行ケ一〇〇〇五】〈ガラス板合紙用木材パルプ及びガラス板用合紙事件〉）

（発明の新規性の喪失の例外）

第三〇条①　特許を受ける権利を有する者の意に反して第二十九条第一項各号のいずれかに該当するに至つた発明は、その該当するに至つた日から一年以内にその者がした特許出願に係る発明についての同項及び同条第二項の規定の適用については、同条第一項各号のいずれかに該当するに至らなかつたものとみなす。

②　特許を受ける権利を有する者の行為に起因して第二十九条第一項各号のいずれかに該当するに至つた発明（発明、実用新案、意匠又は商標に関する公報に掲載されたことにより同項各号のいずれかに該当するに至つたものを除く。）も、その該当するに至つた日から一年以内にその者がした特許出願に係る発明についての同項及び同条第二項の規定の適用については、前項と同様とする。

③　前項の規定の適用を受けようとする者は、その旨を記載した書面を特許出願と同時に特許庁長官に提出し、かつ、第二十九条第一項各号のいずれかに該当するに至つた発明が前項の規定の適用を受けることができる発明であることを証明する書面（次項において「証明書」という。）を特許出願の日から三十日以内に特許庁長官に提出しなければならない。

④　証明書を提出する者がその責めに帰することができない理由により前項に規定する期間内に証明書を提出することができないときは、同項の規定にかかわらず、その理由がなくなつた日から十四日（在外者にあつては、二月）以内でその期間の経過後六月以内にその証明書を特許庁長官に提出することができる。

[1]　特許出願した発明が内外の特許公報に掲載されることは、本条一項にいう「刊行後に発表」することには該当しない。（最判平元・11・10民集四三・一〇・一一一六〈第三級環式アミン事件〉特許百選[五版]六三……平成二三法六三により削除された旧本条一項に関する事例。現本条二項にいう「特許を受ける権利を有する者の行為に起因して」の要件に関する先例としてなお意義を有する）

第三一条　削除

（特許を受けることができない発明）

第三二条　公の秩序、善良の風俗又は公衆の衛生を害するおそれがある発明については、第二十九条の規定にかかわらず、特許を受けることができない。

[1]　公の秩序を害するおそれがある発明とは、発明の本来の目的が公の秩序を害するおそれがあり、したがってその目的に沿う実施が必然的に公の秩序を害するおそれがある発明をいう。（東京高判昭61・12・25無体一八・三・五七九〈紙幣事件〉特許百選[五版]五六）

（特許を受ける権利）

第三三条①　特許を受ける権利は、移転することができる。

②　特許を受ける権利は、質権の目的とすることができない。

③　特許を受ける権利が共有に係るときは、各共有者は、他の共有者の同意を得なければ、その持分を譲渡することができない。

④　特許を受ける権利が共有に係るときは、各共有者は、他の共有者の同意を得なければ、その特許を受ける権利に基づいて取得すべき特許権について、仮専用実施権を設定し、又は他人に仮通常実施権を許諾することができない。

一　出願人名義の無断変更に対する救済

[1]　特許を受ける権利を有する者が特許出願を行った後、無権原の第三者が偽造した譲渡証書を添付して特許庁に対して出願人名義を変更した場合、特許を受ける権利を有する者は、自らが特許を受ける権利を有する旨の確認判決を得て、特許庁に対して単独で名義変更することができる。〔旧法事件〕（東京地判昭38・6・5下民一四・六・一〇七四〈粉末定量供給装置事件〉特許百選[三版]二六）

二　発明者名誉権侵害に対する救済

[2]　特許公報や特許証に発明者の氏名が記載されない場合には、真の発明者は、発明者名誉権に基づき、侵害の差止めを請求できる。（大阪地判平14・5・23判時一八二五・一一六〈「希土類の回収方法」事件〉特許百選[四版]二七）

[3]　発明をした者がその氏名を特許証等に「発明者」として記載されることは、発明者の名誉といった人格的利益に関するものであって、法的に保護されるとみる余地がある。しかし、このような発明者名誉権は飽くまでも特許制度を前提として認められる人格権であるから、単に発明を完成することにより当然に法的に保護されることになるものではなく、発明が新規性、進歩性等の特許要件を満たさず、特許を受けることができないとする旨の拒絶査定が確定した場合には、当該発明の完成により発明者名誉権が発生したとしても、これが法的に保護され、その侵害が不法行為となることはない。（東京地判平26・9・11【平26ワ三六七二】特許百選[五版]九二）

三　冒認出願であることの主張立証責任

[4]　冒認を理由とする無効審判請求において、出願人ないしその承継者である特許権者は、特許出願が当該特許に係る発明の発明者自身又は発明者から特許を受ける権利を承継した者によりされたことについての主張立証責任を負う。（知財高判平18・1・19【平17行ケ一〇一九三】〈緑化吹き付け資材事件〉）

第三四条①　特許出願前における特許を受ける権利の承継は、その承継人が特許出願をしなければ、第三者に対抗することができない。

②　同一の者から承継した同一の特許を受ける権利について同日に二以上の特許出願があつたときは、特許出願人の協議により定めた者以外の者の承継は、第三者に対抗することができない。

③　同一の者から承継した同一の発明及び考案についての特許を受ける権利及び実用新案登録を受ける権利について同日に特許出願及び実用新案登録出願があつたときも、前項と同様とする。

④　特許出願後における特許を受ける権利の承継は、相続その他の一般承継の場合を除き、特許庁長官に届け出なければ、その効力を生じない。

⑤　特許を受ける権利の相続その他の一般承継があつたときは、承継人は、遅滞なく、その旨を特許庁長官に届け出なければならない。

⑥　同一の者から承継した同一の特許を受ける権利の承継について同日に二以上の届出があつたときは、届出をした者の協議により定めた者以外の者の届出は、その効力を生じない。

⑦　第三十九条第六項及び第七項の規定は、第二項、第三項及び前項の場合に準用する。

（仮専用実施権）

第三四条の二①　特許を受ける権利を有する者は、その特許を受ける権利に基づいて取得すべき特許権について、その特許出願の願書に最初に添付した明細書、特許請求の範囲又は図面に記載した事項の範囲内において、仮専用実施権を設定することができる。

②　仮専用実施権に係る特許出願について特許権の設定の登録があつたときは、その特許権について、当該仮専用実施権の設定

行為で定めた範囲内において、専用実施権が設定されたものとみなす。

③　仮専用実施権は、その特許出願に係る発明の実施の事業とともにする場合、特許を受ける権利を有する者の承諾を得た場合及び相続その他の一般承継の場合に限り、移転することができる。

④　仮専用実施権者は、特許を受ける権利を有する者の承諾を得た場合に限り、その仮専用実施権に基づいて取得すべき専用実施権について、他人に仮通常実施権を許諾することができる。

⑤　仮専用実施権に係る特許出願について、第四十四条第一項の規定による特許出願の分割があつたときは、当該特許出願の分割に係る新たな特許出願に係る特許を受ける権利に基づいて取得すべき特許権について、当該仮専用実施権の設定行為で定めた範囲内において、仮専用実施権が設定されたものとみなす。ただし、当該設定行為に別段の定めがあるときは、この限りでない。

⑥　仮専用実施権は、その特許出願について特許権の設定の登録があつたとき、その特許出願が放棄され、取り下げられ、若しくは却下されたとき又はその特許出願について拒絶をすべき旨の査定若しくは審決が確定したときは、消滅する。

⑦　仮専用実施権者は、第四項又は次条第七項本文の規定による仮通常実施権者があるときは、これらの者の承諾を得た場合に限り、その仮専用実施権を放棄することができる。

⑧　第三十三条第二項から第四項までの規定は、仮専用実施権に準用する。

（仮通常実施権）

第三四条の三①　特許を受ける権利を有する者は、その特許を受ける権利に基づいて取得すべき特許権について、その特許出願の願書に最初に添付した明細書、特許請求の範囲又は図面に記載した事項の範囲内において、他人に仮通常実施権を許諾することができる。

②　前項の規定による仮通常実施権に係る特許出願について特許権の設定の登録があつたときは、当該仮通常実施権を有する者に対し、その特許権について、当該仮通常実施権の設定行為で定めた範囲内において、通常実施権が許諾されたものとみなす。

③　前条第二項の規定により、同条第四項の規定による仮通常実施権に係る仮専用実施権について専用実施権が設定されたものとみなされたときは、当該仮通常実施権を有する者に対し、その専用実施権について、当該仮通常実施権の設定行為で定めた範囲内において、通常実施権が許諾されたものとみなす。

④　仮通常実施権は、その特許出願に係る発明の実施の事業とともにする場合、特許を受ける権利を有する者（仮専用実施権に基づいて取得すべき専用実施権についての仮通常実施権にあつては、特許を受ける権利を有する者及び仮専用実施権者）の承諾を得た場合及び相続その他の一般承継の場合に限り、移転することができる。

⑤　第一項若しくは前条第四項又は実用新案法第四条の二第一項の規定による仮通常実施権に係る第四十一条第一項の先の出願の願書に最初に添付した明細書、特許請求の範囲若しくは実用新案登録請求の範囲又は図面（当該先の出願が第三十六条の二第二項の外国語書面出願である場合にあつては、同条第一項の外国語書面）に記載された発明に基づいて第四十一条第一項の規定による優先権の主張があつたときは、当該仮通常実施権を有する者に対し、当該優先権の主張を伴う特許出願に係る特許を受ける権利に基づいて取得すべき特許権について、当該仮通常実施権の設定行為で定めた範囲内において、仮通常実施権が許諾されたものとみなす。ただし、当該設定行為に別段の定めがあるときは、この限りでない。

⑥　仮通常実施権に係る特許出願について、第四十四条第一項の規定による特許出願の分割があつたときは、当該仮通常実施権を有する者に対し、当該特許出願の分割に係る新たな特許出願に係る特許を受ける権利に基づいて取得すべき特許権について、当該仮通常実施権の設定行為で定めた範囲内において、仮通常実施権が許諾されたものとみなす。ただし、当該設定行為に別段の定めがあるときは、この限りでない。

⑦　前条第五項本文の規定により、同項に規定する新たな特許出願に係る特許を受ける権利に基づいて取得すべき特許権についての仮専用実施権（以下この項において「新たな特許出願に係る仮専用実施権」という。）が設定されたものとみなされたときは、当該新たな特許出願に係るもとの特許出願に係る特許を受ける権利に基づいて取得すべき特許権についての仮専用実施権に基づいて取得すべき専用実施権についての仮通常実施権を有する者に対し、当該新たな特許出願に係る仮専用実施権に基づいて取得すべき専用実施権について、当該仮通常実施権の設定行為で定めた範囲内において、仮通常実施権が許諾されたものとみなす。ただし、当該設定行為に別段の定めがあるときは、この限りでない。

⑧　実用新案法第四条の二第一項の規定による仮通常実施権に係る実用新案登録出願について、第四十六条第一項の規定による出願の変更があつたときは、当該仮通常実施権を有する者に対し、当該出願の変更に係る特許出願に係る特許を受ける権利に基づいて取得すべき特許権について、当該仮通常実施権の設定行為で定めた範囲内において、仮通常実施権が許諾されたものとみなす。ただし、当該設定行為に別段の定めがあるときは、この限りでない。

⑨　意匠法（昭和三十四年法律第百二十五号）第五条の二第一項の規定による仮通常実施権に係る意匠登録出願について、第四十六条第二項の規定による出願の変更があつたときは、当該仮通常実施権を有する者に対し、当該出願の変更に係る特許出願に係る特許を受ける権利に基づいて取得すべき特許権について、当該仮通常実施権の設定行為で定めた範囲内において、仮通常実施権が許諾されたものとみなす。ただし、当該設定行為に別段の定めがあるときは、この限りでない。

⑩　仮通常実施権は、その特許出願について特許権の設定の登録があつたとき、その特許出願が放棄され、取り下げられ、若しくは却下されたとき又はその特許出願について拒絶をすべき旨の査定若しくは審決が確定したときは、消滅する。

⑪　前項に定める場合のほか、前条第四項の規定又は第七項本文の規定による仮通常実施権は、その仮専用実施権が消滅したときは、消滅する。

⑫　第三十三条第二項及び第三項の規定は、仮通常実施権に準用する。

（登録の効果）

第三四条の四①　仮専用実施権の設定、移転（相続その他の一般承継によるものを除く。）、変更、消滅（混同又は第三十四条の二第六項の規定によるものを除く。）又は処分の制限は、登録しなければ、その効力を生じない。

②　前項の相続その他の一般承継の場合は、遅滞なく、その旨を特許庁長官に届け出なければならない。

（仮通常実施権の対抗力）

第三四条の五　仮通常実施権は、その許諾後に当該仮通常実施権に係る特許を受ける権利若しくは仮専用実施権又は当該仮通常実施権に係る特許を受ける権利に関する仮専用実施権を取得した者に対しても、その効力を有する。

（職務発明）

第三五条①　使用者、法人、国又は地方公共団体（以下「使用者等」という。）は、従業者、法人の役員、国家公務員又は地方公務員（以下「従業者等」という。）がその性質上当該使用者等の業務範囲に属し、かつ、その発明をするに至つた行為がその使用者等における従業者等の現在又は過去の職務に属する発明（以下「職務発明」という。）について特許を受けたとき、又は職務発明について特許を受ける権利を承継した者がその発明について特許を受けたときは、その特許権について通常実施権を有する。

②　従業者等がした発明については、その発明が職務発明である

場合を除き、あらかじめ、使用者等に特許を受ける権利を取得させ、使用者等に特許権を承継させ、又は使用者等のため仮専用実施権若しくは専用実施権を設定することを定めた契約、勤務規則その他の定めの条項は、無効とする。

③ 従業者等がした職務発明については、契約、勤務規則その他の定めにおいてあらかじめ使用者等に特許を受ける権利を取得させることを定めたときは、その特許を受ける権利は、その発生した時から当該使用者等に帰属する。

④ 従業者等は、契約、勤務規則その他の定めにより職務発明について使用者等に特許を受ける権利を取得させ、使用者等に特許権を承継させ、若しくは使用者等のため専用実施権を設定したとき、又は契約、勤務規則その他の定めにより職務発明について使用者等のため仮専用実施権を設定した場合において、第三十四条の二第二項の規定により専用実施権が設定されたものとみなされたときは、相当の金銭その他の経済上の利益（次項及び第七項において「相当の利益」という。）を受ける権利を有する。

⑤ 契約、勤務規則その他の定めにおいて相当の利益について定める場合には、相当の利益の内容を決定するための基準の策定に際して使用者等と従業者等との間で行われる協議の状況、策定された当該基準の開示の状況、相当の利益の内容の決定について行われる従業者等からの意見の聴取の状況等を考慮して、その定めたところにより相当の利益を与えることが不合理であると認められるものであつてはならない。

⑥ 経済産業大臣は、発明を奨励するため、産業構造審議会の意見を聴いて、前項の規定により考慮すべき状況等に関する事項について指針を定め、これを公表するものとする。

⑦ 相当の利益についての定めがない場合又はその定めたところにより相当の利益を与えることが第五項の規定により不合理であると認められる場合には、第四項の規定により受けるべき相当の利益の内容は、その発明により使用者等が受けるべき利益の額、その発明に関連して使用者等が行う負担、貢献及び従業者等の処遇その他の事情を考慮して定めなければならない。

一 職務発明の成立要件

[1] 技術部門の最高責任者であり、かつ、その地位に基づき、会社における当該分野技術の改良を試みるなどの具体的任務を有していた者による発明については、会社から具体的な命令や指示を受けていなかった場合でも、職務発明に当たる。〔旧法事件〕（最判昭43・12・13民集二二・一三・二九七二〈石灰窒素の製造炉事件〉特許百選[五版]九四）

[2] 従業者が当該発明をすることを本来の職務と明示されておらず、自発的に研究テーマを見つけて発明を完成した場合であっても、その従業者の本来の職務内容から客観的に見て、その従業者がそのような発明を試みそれを完成させるよう努力することが、使用者との関係で一般的に予定され期待されており、かつ、その発明の完成を容易にするため、使用者が従業者に対し便宜を供与しその研究開発を援助するなど、使用者が発明完成に寄与している場合をも含む。〔平成一六法七九による改正前の事件〕（大阪地判平6・4・28判時一五四二・一一五〈マホービン事件〉特許百選[三版]三三）

二 相当利益〔対価〕請求権

1 法的性質

[3] 勤務規則等に定められた対価は、これが本条所定の対価の一部に当たると解し得ることは格別、それが直ちに相当の対価の全部に当たると見ることはできない。従業者等は、当該勤務規則等に対価に関する条項がある場合においても、これによる対価の額が本条に従って定められる対価の額に満たないときは、本条の規定に基づき、その不足する額に相当する対価の支払を求めることができる。〔平成一六法七九による改正前の事件〕（最判平15・4・22民集五七・四・四七七〈オリンパス事件〉特許百選[五版]九八）

2 消滅時効の起算点

[4] 相当対価請求権の消滅時効の起算点は、原則として特許を受ける権利の承継時である。（知財高判令2・6・30【平30ネ一〇〇六二】〈FeliCa 事件〉）

[5] 勤務規則等に、対価の支払時期に関する条項がある場合には、その支払時期が相当の対価の支払を受ける権利の消滅時効の起算点となる。（最判平15・4・22前出[3]）→民一六六条[19]

3 独占の利益

[6] 使用者等は、職務発明について特許を受ける権利又は特許権を承継することがなくとも当該発明について本条一項が規定する通常実施権を有することに鑑みれば、本条四項［平成一六法七九による改正前のもの］にいう「その発明により使用者等が受けるべき利益の額」は、自己実施の場合は、単なる通常実施権（法定通常実施権）を超えたものの承継により得た利益と解すべきである。そして、特許を受ける権利については、特許法六五条の定める補償金請求権ないしは特許登録後に生じる法的独占権に由来する独占的実施の利益あるいは第三者に対する実施許諾による実施料収入等の利益であると解すべきである。ここでいう「独占の利益」とは、①特許権者が自らは実施せず、当該特許発明の実施を他社に許諾し、これにより実施料収入を得ている場合における当該実施料収入がこれに該当し、また、②特許権者が他社に実施許諾をせずに当該特許発明を独占的に実施している場合（自己実施の場合）における、他社に当該特許発明の実施を禁止したことに基づいて使用者が挙げた利益、すなわち、他社に対する禁止権の効果として、他社に実施許諾していた場合に予想される売上高と比較してこれを上回る売上高を得たことに基づく利益（法定通常実施権による減額後のもの）が、これに該当する。（知財高判平21・2・26判時二〇五三・七四〈キヤノン事件〉特許百選[四版]三三）

4 勤務規則等の定めにより対価を支払うことの合理性

[7] 平成一六年法律七九号による本条の改正の趣旨は、同改正前の旧本条四項に基づく相当対価の算定が、個別の使用者等と従業者等間の事情が反映されにくい、相当対価の額の予測可能性が低い、従業者等が職務発明規程の策定や相当対価の算定に関与できていないとの問題があるという認識を前提に、相当対価の算定に当たっては、支払に至る手続面を重視し、そこに問題がない限りは、使用者等と従業者等であらかじめ定めた自主的な取決めを尊重すべきであるというところにある。そうであれば、使用者の発明規程が従業者らの意見を反映して策定されておらず、その内容が事前に従業者らに知らされておらず、相当対価の算定に当たって従業者らの意見を斟酌［しんしゃく］する機会も存在しない場合において、当該発明規程に従って対価を算定することは、従業者らの実質的関与がないままに相当対価の算定を行うことになり、本条四項の趣旨を大きく逸脱することになるから、算定の結果の当否を問うまでもなく、当該発明規程に基づいて相当対価を支払わないとしたことは、不合理である。（知財高判平27・7・30【平26ネ一〇一二六】〈野村證券事件〉特許百選[五版]九五）

5 外国の特許を受ける権利に対する本条の類推適用

[8] 従業者等が職務発明に係る外国の特許を受ける権利を使用者等に譲渡した場合において、当該外国の特許を受ける権利の譲渡に伴う対価請求については、本条三項及び四項［平成一六法七九による改正前のもの］の規定が類推適用される。（最判平18・10・17民集六〇・八・二八五三〈日立製作所事件〉特許百選[五版]九九）→法適用◈【Ⅳ 特許権】［三章名の後］[6]

（特許出願）

第三六条① 特許を受けようとする者は、次に掲げる事項を記載した願書を特許庁長官に提出しなければならない。

一 特許出願人の氏名又は名称及び住所又は居所

二 発明者の氏名及び住所又は居所

② 願書には、明細書、特許請求の範囲、必要な図面及び要約書

を添付しなければならない。

③ 前項の明細書には、次に掲げる事項を記載しなければならない。

一 発明の名称
二 図面の簡単な説明
三 発明の詳細な説明

④ 前項第三号の発明の詳細な説明の記載は、次の各号に適合するものでなければならない。

一 経済産業省令で定めるところにより、その発明の属する技術の分野における通常の知識を有する者がその実施をすることができる程度に明確かつ十分に記載したものであること。
二 その発明に関連する文献公知発明（第二十九条第一項第三号に掲げる発明をいう。以下この号において同じ。）のうち、特許を受けようとする者が特許出願の時に知つているものがあるときは、その文献公知発明が記載された刊行物の名称その他のその文献公知発明に関する情報の所在を記載したものであること。

⑤ 第二項の特許請求の範囲には、請求項に区分して、各請求項ごとに特許出願人が特許を受けようとする発明を特定するために必要と認める事項のすべてを記載しなければならない。この場合において、一の請求項に係る発明と他の請求項に係る発明とが同一である記載となることを妨げない。

⑥ 第二項の特許請求の範囲の記載は、次の各号に適合するものでなければならない。

一 特許を受けようとする発明が発明の詳細な説明に記載したものであること。
二 特許を受けようとする発明が明確であること。
三 請求項ごとの記載が簡潔であること。
四 その他経済産業省令で定めるところにより記載されていること。

⑦ 第二項の要約書には、明細書、特許請求の範囲又は図面に記載した発明の概要その他経済産業省令で定める事項を記載しなければならない。

一 発明の要旨の認定

[1] 特許出願に係る発明の要旨の認定に際しては、特許請求の範囲の記載に基づいてされるべきであり、特許請求の範囲の記載の技術的意義が一義的に明確に理解することができないとか、あるいは、一見してその記載が誤記であることが明細書の発明の詳細な説明の記載に照らして明らかである場合などの特段の事情がない限り、明細書の発明の詳細な説明の記載を参酌することは許されない。（最判平3・3・8民集四五・三・一二三〈リパーゼ事件〉特許百選[五版]五八）

二 実施可能要件

[2] 実施可能要件を充足するためには、明細書の発明の詳細な説明において、当業者が、明細書の発明の詳細な記載及び出願時の技術常識に基づき、過度の試行錯誤を要することなく、物の発明については、その物を生産し、かつ、使用することができる程度の記載があること、方法の発明については、その方法を使用することができる程度の記載があることを要する。（知財高判平29・2・2【平28行ケ一〇〇〇二】〈新規な葉酸代謝拮抗薬の組み合わせ療法事件〉）

[3] 医薬の用途発明においては、一般に、物質名、化学構造等が示されることのみによっては、当該用途の有用性及びそのための当該医薬の有効量を予測することは困難であり、当該医薬を当該用途に使用することができないから、医薬の用途発明において実施可能要件を満たすためには、明細書の発明の詳細な説明は、その医薬を製造することができるだけでなく、出願時の技術常識に照らして、医薬としての有用性を当業者が理解できるように記載される必要がある。（東京地判平29・12・6【平27ワ二三〇八七】〈抗ウィルス剤事件第一審〉）

三 サポート要件

1 サポート要件の判断基準

[4] 特許請求の範囲の記載が、本条六項一号に規定されるサポート要件に適合するか否かは、特許請求の範囲の記載と発明の詳細な説明の記載とを対比し、特許請求の範囲に記載された発明が、発明の詳細な説明に記載された発明で、発明の詳細な説明の記載により当業者が当該発明の課題を解決できると認識できる範囲のものであるか否か、また、その記載や示唆がなくとも当業者が出願時の技術常識に照らし当該発明の課題を解決できると認識できる範囲のものであるかによる。（知財高判平17・11・11判時一九一一・四八〈パラメータ特許事件〉特許百選[五版]七〇）

[5] サポート要件を充足するには、明細書に接した当業者が、特許請求された発明が明細書に記載されていると合理的に認識できれば足り、また、課題の解決についても、当業者において、技術常識も踏まえて課題が解決できるであろうとの合理的な期待が得られる程度の記載があれば足りる。（知財高判令2・7・2判時二四七七・八一〈ボロン酸化合物製剤事件〉）

2 実施可能要件とサポート要件の関係

[6] 「特許請求の範囲の記載」が本条六項一号に適合するか否か、すなわち「特許請求の範囲の記載」が「特許を受けようとする発明が発明の詳細な説明に記載したものである」か否かを判断するに当たっては、その前提として「発明の詳細な説明」がどのような技術的事項を開示しているかを把握することが必要となる。そして、同号の規定は、「特許請求の範囲」の記載に関してその要件を定めた規定であること、及び、発明の詳細な説明において開示された技術的事項と対比して広すぎる独占権の付与を排除するために設けられた規定であることに照らすならば、同号の要件の適合性を判断する前提としての「発明の詳細な説明」の開示内容の理解の在り方は、前記の点を判断するのに必要かつ合理的な方法によるべきである。他方、「発明の詳細な説明」の記載に関しては、本条四項一号が、独立して「発明が解決しようとする課題及びその解決手段その他の……技術上の意義を理解するために必要な事項」及び「(発明の）実施をすることができる程度に明確かつ十分に記載した」との要件を定めているので、同項所定の要件への適合性を欠く場合は、そのこと自体で、その出願は拒絶理由を有し、又は、独立の無効理由（特許法一二三条一項四号）となるところ、本条六項一号の規定の解釈に当たり、「発明の詳細な説明において開示された技術的事項と対比して広すぎる独占権の付与を排除する」という同号の趣旨から離れて、本条四項一号の要件適合性を判断するのと全く同様の手法によって解釈、判断することは、同一事項を二重に判断することになりかねない。仮に、発明の詳細な説明の記載が本条四項一号所定の要件を欠く場合に、常に本条六項一号の要件を欠くという関係に立つような解釈を許容するとしたならば、本条四項一号の規定を、本条六項一号のほかに別個独立の特許要件として設けた存在意義が失われることになる。（知財高判平22・1・28判時二〇七三・一〇五〈フリバンセリン事件〉特許百選[五版]七一）

四 明確性要件

[7] 明確性要件の充足性は、特許請求の範囲の記載、明細書の記載及び図面並びに出願時の当業者の技術常識を基礎として、特許請求の範囲の記載が、第三者に不測の不利益を及ぼすほどに不明確であるか否かという観点から判断される。（知財高判令2・11・5【令元行ケ一〇一三二】〈ブルニアンリンク作成デバイス及びキット事件〉）

[8] 物の発明についての特許に係る特許請求の範囲にその物の製造方法が記載されている場合において、当該特許請求の範囲の記載が本条六項二号にいう「発明が明確であること」という要件に適合するといえるのは、出願時において当該物をその構造又は特性により直接特定することが不可能であるか、又はおよそ実際的でないという事情が存在するときに限られる。（最判平27・6・5民集六九・四・七〇〇〈プラバスタチンナトリウム事件〉特許百選[五版]四①）

⑨ 物の発明についての特許請求の範囲に物の製造方法が記載されている場合（いわゆるプロダクト・バイ・プロセス・クレームの場合）であっても、当該製造方法が当該物のどのような構造又は特性を表しているのかが、特許請求の範囲、明細書、図面の記載や技術常識から明確であれば、本条六項二号との関係で問題とすべきプロダクト・バイ・プロセス・クレームに当たるとみる必要はなく、同号の要件を欠くとはいえない。（知財高判平28・11・8【平28行ケ一〇〇二五】〈ロール苗搭載樋付田植機事件〉）

第三六条の二 （略）

第三七条 二以上の発明については、経済産業省令で定める技術的関係を有することにより発明の単一性の要件を満たす一群の発明に該当するときは、一の願書で特許出願をすることができる。

（共同出願）
第三八条 特許を受ける権利が共有に係るときは、各共有者は、他の共有者と共同でなければ、特許出願をすることができない。

（特許出願の日の認定）
第三八条の二① 特許庁長官は、特許出願が次の各号のいずれかに該当する場合を除き、特許出願に係る願書を提出した日を特許出願の日として認定しなければならない。
一 特許を受けようとする旨の表示が明確でないと認められるとき。
二 特許出願人の氏名若しくは名称の記載がなく、又はその記載が特許出願人を特定できる程度に明確でないと認められるとき。
三 明細書（外国語書面出願にあつては、明細書に記載すべきものとされる事項を第三十六条の二第一項の経済産業省令で定める外国語で記載した書面。以下この条において同じ。）が添付されていないとき（次条第一項に規定する方法により特許出願をするときを除く。）。

② 特許庁長官は、特許出願が前項各号のいずれかに該当するときは、特許を受けようとする者に対し、特許出願について補完をすることができる旨を通知しなければならない。
③ 前項の規定による通知を受けた者は、経済産業省令で定める期間内に限り、その補完をすることができる。
④ 前項の規定により補完をするには、経済産業省令で定めるところにより、手続の補完に係る書面（以下「手続補完書」という。）を提出しなければならない。ただし、同項の規定により明細書について補完をする場合には、手続補完書の提出と同時に明細書を提出しなければならない。
⑤ 第三項の規定により明細書について補完をする場合には、手続補完書の提出と同時に第三十六条第二項の必要な図面（外国語書面出願にあつては、必要な図面でこれに含まれる説明を第三十六条の二第一項の経済産業省令で定める外国語で記載したもの。以下この条において同じ。）を提出することができる。
⑥ 第二項の規定による通知を受けた者が第三項に規定する期間内にその補完をしたときは、その特許出願は、手続補完書を提出した時にしたものとみなす。この場合において、特許庁長官は、手続補完書を提出した日を特許出願の日として認定するものとする。
⑦ 第四項ただし書の規定により提出された明細書は願書に添付して提出したものと、第五項の規定により提出された図面は願書に添付して提出したものとみなす。
⑧ 特許庁長官は、第二項の規定による通知を受けた者が第三項に規定する期間内にその補完をしないときは、その特許出願を却下することができる。
⑨ 特許を受けようとする者が第二項の規定による通知を受ける前に、その通知を受けた場合に執るべき手続を執つたときは、経済産業省令で定める場合を除き、当該手続は、その通知を受けたことにより執つた手続とみなす。

第三八条の三 （略）

（明細書又は図面の一部の記載が欠けている場合の通知等）
第三八条の四① 特許庁長官は、特許出願の日の認定に際して、願書に添付されている明細書又は図面（外国語書面出願にあつては、明細書に記載すべきものとされる事項を第三十六条の二第一項の経済産業省令で定める外国語で記載した書面又は必要な図面でこれに含まれる説明を同項の経済産業省令で定める外国語で記載したもの。以下この条において同じ。）について、その一部の記載が欠けていることを発見したときは、その旨を特許出願人に通知しなければならない。
② 前項の規定による通知を受けた者は、経済産業省令で定める期間内に限り、明細書又は図面について補完をすることができる。
③ 前項の規定によりその補完をするには、経済産業省令で定めるところにより、明細書又は図面の補完に係る書面（以下この条及び第六十七条第三項第六号において「明細書等補完書」という。）を提出しなければならない。
④ 第一項の規定による通知を受けた者が第二項に規定する期間内にその補完をしたときは、その特許出願は、第一項又は第六項の規定にかかわらず、明細書等補完書を提出した時にしたものとみなす。ただし、その補完が第四十一条第一項の規定による優先権の主張又は第四十三条第一項、第四十三条の二第一項（第四十三条の三第三項において準用する場合を含む。）若しくは第四十三条の三第一項若しくは第二項の規定による優先権の主張を伴う特許出願に係るものであつて、かつ、前項の規定により提出した明細書等補完書に記載した内容が経済産業省令で定める範囲内にあるときは、この限りでない。
⑤ 第二項の補完をした特許出願が、第三十八条の二第一項第一号又は第二号に該当する場合であつて、その補完に係る手続補完書を第三項の規定により明細書等補完書を提出した後に提出したときは、その特許出願は、前項の規定にかかわらず、当該手続補完書を提出した時にしたものとみなす。
⑥ 第二項の規定によりその補完をした明細書又は図面は、願書に添付して提出したものとみなす。
⑦ 第二項の補完をした者は、経済産業省令で定める期間内に限り、第三項の規定により提出した明細書等補完書を取り下げることができる。
⑧ 前項の規定による明細書等補完書の取下げがあつたときは、その補完は、されなかつたものとみなす。
⑨ 第三十八条の二第九項の規定は、第一項の規定による通知を受ける前に執つた手続に準用する。
⑩ 前各項の規定は、第四十四条第一項の規定による特許出願の分割に係る新たな特許出願、第四十六条第一項又は第二項の規定による出願の変更に係る特許出願及び第四十六条の二第一項の規定による実用新案登録に基づく特許出願については、適用しない。

（特許出願の放棄又は取下げ）
第三八条の五 特許出願人は、その特許出願について仮専用実施権を有する者があるときは、その承諾を得た場合に限り、その特許出願を放棄し、又は取り下げることができる。

（先願）
第三九条① 同一の発明について異なつた日に二以上の特許出願があつたときは、最先の特許出願人のみがその発明について特許を受けることができる。
② 同一の発明について同日に二以上の特許出願があつたときは、特許出願人の協議により定めた一の特許出願人のみがその発明について特許を受けることができる。協議が成立せず、又は協議をすることができないときは、いずれも、その発明について特許を受けることができない。
③ 特許出願に係る発明と実用新案登録出願に係る考案とが同一である場合において、その特許出願及び実用新案登録出願が異

なつた日にされたものであるときは、特許出願人は、実用新案登録出願人より先に出願をした場合にのみその発明について特許を受けることができる。

④ 特許出願に係る発明と実用新案登録出願に係る考案とが同一である場合（第四十六条の二第一項の規定による実用新案登録に基づく特許出願（第四十四条第二項（第四十六条第六項において準用する場合を含む。）の規定により当該特許出願の時にしたものとみなされるものを含む。）に係る発明とその実用新案登録に係る考案とが同一である場合を除く。）において、その特許出願及び実用新案登録出願が同日にされたものであるときは、出願人の協議により定めた一の出願人のみが特許又は実用新案登録を受けることができる。協議が成立せず、又は協議をすることができないときは、特許出願人は、その発明について特許を受けることができない。

⑤ 特許出願若しくは実用新案登録出願が放棄され、取り下げられ、若しくは却下されたとき、又は特許出願について拒絶をすべき旨の査定若しくは審決が確定したときは、その特許出願又は実用新案登録出願は、第一項から前項までの規定の適用については、初めからなかつたものとみなす。ただし、その特許出願について第二項後段又は前項後段の規定に該当することにより拒絶をすべき旨の査定又は審決が確定したときは、この限りでない。

⑥ 特許庁長官は、第二項又は第四項の場合は、相当の期間を指定して、第二項又は第四項の協議をしてその結果を届け出るべき旨を出願人に命じなければならない。

⑦ 特許庁長官は、前項の規定により指定した期間内に同項の規定による届出がないときは、第二項又は第四項の協議が成立しなかつたものとみなすことができる。

第四〇条 削除

（特許出願等に基づく優先権主張）

第四一条① 特許を受けようとする者は、次に掲げる場合を除き、その者が特許又は実用新案登録を受ける権利を有する特許出願又は実用新案登録出願であつて先にされたもの（以下「先の出願」という。）の願書に最初に添付した明細書、特許請求の範囲若しくは実用新案登録請求の範囲又は図面（先の出願が外国語書面出願である場合にあつては、外国語書面）に記載された発明に基づいて優先権を主張することができる。ただし、先の出願について仮専用実施権を有する者があるときは、その特許出願の際に、その承諾を得ている場合に限る。

一 その特許出願が先の出願の日から一年以内にされたものでない場合（その特許出願が故意に先の出願の日から一年以内にされなかつたものでないと認められる場合であつて、かつ、その特許出願が経済産業省令で定める期間内に経済産業省令で定めるところによりされたものである場合を除く。）

二 先の出願が第四十四条第一項の規定による特許出願の分割に係る新たな特許出願、第四十六条第一項若しくは第二項の規定による出願の変更に係る特許出願若しくは第四十六条の二第一項の規定による実用新案登録に基づく特許出願又は実用新案法第十一条第一項において準用するこの法律第四十四条第一項の規定による実用新案登録出願の分割に係る新たな実用新案登録出願若しくは実用新案法第十条第一項若しくは第二項の規定による出願の変更に係る実用新案登録出願である場合

三 先の出願が、その特許出願の際に、放棄され、取り下げられ、又は却下されている場合

四 先の出願について、その特許出願の際に、査定又は審決が確定している場合

五 先の出願について、その特許出願の際に、実用新案法第十四条第二項に規定する設定の登録がされている場合

② 前項の規定による優先権の主張を伴う特許出願に係る発明のうち、当該優先権の主張の基礎とされた先の出願の願書に最初に添付した明細書、特許請求の範囲若しくは実用新案登録請求の範囲又は図面（当該先の出願が外国語書面出願である場合にあつては、外国語書面）に記載された発明（当該先の出願が同項若しくは実用新案法第八条第一項の規定による優先権の主張又は第四十三条第一項、第四十三条の二第一項（第四十三条の三第三項において準用する場合を含む。）若しくは第四十三条の三第一項若しくは第二項（これらの規定を同法第十一条第一項において準用する場合を含む。）の規定による優先権の主張を伴う出願である場合には、当該先の出願についての優先権の主張の基礎とされた出願に係る出願の際の書類（明細書、特許請求の範囲若しくは実用新案登録請求の範囲又は図面に相当するものに限る。）に記載された発明を除く。）についての第二十九条、第二十九条の二本文、第三十条第一項及び第二項、第三十九条第一項から第四項まで、第六十九条第二項第二号、第七十二条、第七十九条、第八十一条、第八十二条第一項、第百四条（第六十五条第六項（第百八十四条の十第二項において準用する場合を含む。）において準用する場合を含む。）並びに第百二十六条第七項（第十七条の二第六項、第百二十条の五第九項及び第百三十四条の二第九項において準用する場合を含む。）、同法第七条第三項及び第十七条、意匠法第二十六条、第三十一条第二項及び第三十二条第二項並びに商標法（昭和三十四年法律第百二十七号）第二十九条並びに第三十三条の二第一項及び第三十三条の三第一項（これらの規定を同法第六十八条第三項において準用する場合を含む。）の規定の適用については、当該特許出願は、当該先の出願の時にされたものとみなす。

③ 第一項の規定による優先権の主張を伴う特許出願の願書に最初に添付した明細書、特許請求の範囲又は図面（外国語書面出願にあつては、外国語書面）に記載された発明のうち、当該優先権の主張の基礎とされた先の出願の願書に最初に添付した明細書、特許請求の範囲若しくは実用新案登録請求の範囲又は図面（当該先の出願が外国語書面出願である場合にあつては、外国語書面）に記載された発明（当該先の出願が同項若しくは実用新案法第八条第一項の規定による優先権の主張又は第四十三条第一項、第四十三条の二第一項（第四十三条の三第三項において準用する場合を含む。）若しくは第四十三条の三第一項若しくは第二項（これらの規定を同法第十一条第一項において準用する場合を含む。）の規定による優先権の主張を伴う出願である場合には、当該先の出願についての優先権の主張の基礎とされた出願に係る出願の際の書類（明細書、特許請求の範囲若しくは実用新案登録請求の範囲又は図面に相当するものに限る。）に記載された発明を除く。）については、当該特許出願について特許掲載公報の発行又は出願公開がされた時に当該先の出願について出願公開又は実用新案掲載公報の発行がされたものとみなして、第二十九条の二本文又は同法第三条の二本文の規定を適用する。

④ 第一項の規定による優先権を主張しようとする者は、その旨及び先の出願の表示を記載した書面を経済産業省令で定める期間内に特許庁長官に提出しなければならない。

（先の出願の取下げ等）

第四二条① 前条第一項の規定による優先権の主張の基礎とされた先の出願は、その出願の日から経済産業省令で定める期間を経過した時に取り下げたものとみなす。ただし、当該先の出願が放棄され、取り下げられ、若しくは却下されている場合、当該先の出願について査定若しくは審決が確定している場合、当該先の出願について実用新案法第十四条第二項に規定する設定の登録がされている場合又は当該先の出願に基づく全ての優先権の主張が取り下げられている場合には、この限りでない。

② 前条第一項の規定による優先権の主張を伴う特許出願の出願人は、先の出願の日から経済産業省令で定める期間を経過した後は、その主張を取り下げることができない。

③ 前条第一項の規定による優先権の主張を伴う特許出願が先の出願の日から経済産業省令で定める期間内に取り下げられたときは、同時に当該優先権の主張が取り下げられたものとみなす。

（パリ条約による優先権主張の手続）

第四三条① パリ条約第四条D(1)の規定により特許出願について優先権を主張しようとする者は、その旨並びに最初に出願をし若しくは同条C(4)の規定により最初の出願とみなされた出願をし又は同条A(2)の規定により最初に出願をしたものと認められたパリ条約の同盟国の国名及び出願の年月日を記載した書面を経済産業省令で定める期間内に特許庁長官に提出しなければならない。

② 前項の規定による優先権の主張をした者は、最初に出願をし、若しくはパリ条約第四条C(4)の規定により最初の出願とみなされた出願をし、若しくは同条A(2)の規定により最初に出願をしたものと認められたパリ条約の同盟国の認証がある出願の年月日を記載した書面、その出願の際の書類で明細書、特許請求の範囲若しくは実用新案登録請求の範囲及び図面に相当するものの謄本又はこれらと同様な内容を有する公報若しくは証明書であつてその同盟国の政府が発行したものを次の各号に掲げる日のうち最先の日から一年四月以内に特許庁長官に提出しなければならない。

一 当該最初の出願若しくはパリ条約第四条C(4)の規定により当該最初の出願とみなされた出願又は同条A(2)の規定により当該最初の出願と認められた出願の日

二 その特許出願が第四十一条第一項の規定による優先権の主張を伴う場合における当該優先権の主張の基礎とした出願の日

三 その特許出願が前項、次条第一項（第四十三条の三第三項において準用する場合を含む。）又は第四十三条の三第一項若しくは第二項の規定による他の優先権の主張を伴う場合における当該優先権の主張の基礎とした出願の日

③ 第一項の規定による優先権の主張をした者は、最初の出願若しくはパリ条約第四条C(4)の規定により最初の出願とみなされた出願又は同条A(2)の規定により最初の出願と認められた出願の番号を記載した書面を前項に規定する書類とともに特許庁長官に提出しなければならない。ただし、同項に規定する書類の提出前にその番号を知ることができないときは、当該書面に代えてその理由を記載した書面を提出し、かつ、その番号を知つたときは、遅滞なく、その番号を記載した書面を提出しなければならない。

④ 第一項の規定による優先権の主張をした者が第二項に規定する期間内に同項に規定する書類を提出しないときは、当該優先権の主張は、その効力を失う。

⑤ 第二項に規定する書類に記載されている事項を電磁的方法（電子的方法、磁気的方法その他の人の知覚によつて認識することができない方法をいう。）によりパリ条約の同盟国の政府又は工業所有権に関する国際機関との間で交換することができる場合として経済産業省令で定める場合において、第一項の規定による優先権の主張をした者が、第二項に規定する期間内に、出願の番号その他の当該事項を交換するために必要な事項として経済産業省令で定める事項を記載した書面を特許庁長官に提出したときは、前二項の規定の適用については、第二項に規定する書類を提出したものとみなす。

⑥ 特許庁長官は、第二項に規定する期間内に同項に規定する書類又は前項に規定する書面の提出がなかつたときは、第一項の規定による優先権の主張をした者に対し、その旨を通知しなければならない。

⑦ 前項の規定による通知を受けた者は、経済産業省令で定める期間内に限り、第二項に規定する書類又は第五項に規定する書面を特許庁長官に提出することができる。

⑧ 第六項の規定による通知を受けた者がその責めに帰することができない理由により前項に規定する期間内に第二項に規定する書類又は第五項に規定する書面を提出することができないときは、前項の規定にかかわらず、経済産業省令で定める期間内に、その書類又は書面を特許庁長官に提出することができる。

⑨ 第七項又は前項の規定により第二項に規定する書類又は第五項に規定する書面の提出があつたときは、第四項の規定は、適用しない。

（パリ条約の例による優先権主張）

第四三条の二① パリ条約第四条D(1)の規定により特許出願について優先権を主張しようとしたにもかかわらず、同条C(1)に規定する優先期間（以下この項において「優先期間」という。）内に優先権の主張を伴う特許出願をすることができなかつた者は、経済産業省令で定める期間内に経済産業省令で定めるところによりその特許出願をしたときは、優先期間の経過後であつても、同条の規定の例により、その特許出願について優先権を主張することができる。ただし、故意に、優先期間内にその特許出願をしなかつたと認められる場合は、この限りでない。

② 前条の規定は、前項の規定により優先権を主張する場合に準用する。

第四三条の三① 次の表の上欄に掲げる者が同表の下欄に掲げる国においてした出願に基づく優先権は、パリ条約第四条の規定の例により、特許出願について、これを主張することができる。

上欄	下欄
日本国民又はパリ条約の同盟国の国民（パリ条約第三条の規定により同盟国の国民とみなされる者を含む。次項において同じ。）	世界貿易機関の加盟国
世界貿易機関の加盟国の国民（世界貿易機関を設立するマラケシュ協定附属書一C第一条3に規定する加盟国の国民をいう。次項において同じ。）	パリ条約の同盟国又は世界貿易機関の加盟国

② パリ条約の同盟国又は世界貿易機関の加盟国のいずれにも該当しない国（日本国民に対し、日本国と同一の条件により優先権の主張を認めることとしているものであつて、特許庁長官が指定するものに限る。以下この項において「特定国」という。）の国民がその特定国においてした出願に基づく優先権及び日本国民又はパリ条約の同盟国の国民若しくは世界貿易機関の加盟国の国民が特定国においてした出願に基づく優先権は、パリ条約第四条の規定の例により、特許出願について、これを主張することができる。

③ 前二条の規定は、前二項の規定により優先権を主張する場合に準用する。

（特許出願の分割）

第四四条① 特許出願人は、次に掲げる場合に限り、二以上の発明を包含する特許出願の一部を一又は二以上の新たな特許出願とすることができる。

一 願書に添付した明細書、特許請求の範囲又は図面について補正をすることができる時又は期間内にするとき。

二 特許をすべき旨の査定（第百六十三条第三項において準用する第五十一条の規定による特許をすべき旨の査定及び第百六十条第一項に規定する審査に付された特許出願についての特許をすべき旨の査定を除く。）の謄本の送達があつた日から三十日以内にするとき。

三 拒絶をすべき旨の最初の査定の謄本の送達があつた日から三月以内にするとき。

② 前項の場合は、新たな特許出願は、もとの特許出願の時にしたものとみなす。ただし、新たな特許出願が第二十九条の二に規定する他の特許出願又は実用新案法第三条の二に規定する特許出願に該当する場合におけるこれらの規定の適用及び第三十条第三項の規定の適用については、この限りでない。

③ 第一項に規定する新たな特許出願をする場合における第四十三条第二項（第四十三条の二第二項（前条第三項において準用する場合を含む。）及び前条第三項において準用する場合を含む。）の規定の適用については、第四十三条第二項中「最先の日から一年四月以内」とあるのは、「最先の日から一年四月又は新たな特許出願の日から三月のいずれか遅い日まで」とする。

④ 第一項に規定する新たな特許出願をする場合には、もとの特

許出願について提出された書面又は書類であつて、新たな特許出願について第三十条第三項、第四十一条第四項又は第四十三条第一項及び第二項（これらの規定を第四十三条の二第二項（前条第三項において準用する場合を含む。）及び前条第三項において準用する場合を含む。）の規定により提出しなければならないものは、当該新たな特許出願と同時に特許庁長官に提出されたものとみなす。

⑤　第一項第二号に規定する三十日の期間は、第四条又は第百八条第三項の規定により同条第一項に規定する期間が延長されたときは、その延長された期間を限り、延長されたものとみなす。

⑥　第一項第三号に規定する三月の期間は、第四条の規定により第百二十一条第一項に規定する期間が延長されたときは、その延長された期間を限り、延長されたものとみなす。

⑦　第一項に規定する新たな特許出願をする者がその責めに帰することができない理由により同項第二号又は第三号に規定する期間内にその新たな特許出願をすることができないときは、これらの規定にかかわらず、その理由がなくなつた日から十四日（在外者にあつては、二月）以内でこれらの規定に規定する期間の経過後六月以内にその新たな特許出願をすることができる。

第四五条　削除

（出願の変更）

第四六条①　実用新案登録出願人は、その実用新案登録出願を特許出願に変更することができる。ただし、その実用新案登録出願の日から三年を経過した後は、この限りでない。

②　意匠登録出願人は、その意匠登録出願を特許出願に変更することができる。ただし、その意匠登録出願について拒絶をすべき旨の最初の査定の謄本の送達があつた日から三月を経過した後又はその意匠登録出願の日から三年を経過した後（その意匠登録出願について拒絶をすべき旨の最初の査定の謄本の送達があつた日から三月以内の期間を除く。）は、この限りでない。

③　前項ただし書に規定する三月の期間は、意匠法第六十八条第一項において準用するこの法律第四条の規定により意匠法第四十六条第一項に規定する期間が延長されたときは、その延長された期間を限り、延長されたものとみなす。

④　第一項又は第二項の規定による出願の変更があつたときは、もとの出願は、取り下げたものとみなす。

⑤　第一項の規定による出願の変更をする者がその責めに帰することができない理由により同項ただし書に規定する期間内にその出願の変更をすることができないとき、又は第二項の規定による出願の変更をする者がその責めに帰することができない理由により同項ただし書に規定する三年の期間内にその出願の変更をすることができないときは、これらの規定にかかわらず、その理由がなくなつた日から十四日（在外者にあつては、二月）以内でこれらの規定に規定する期間の経過後六月以内にその出願の変更をすることができる。

⑥　第四十四条第二項から第四項までの規定は、第一項又は第二項の規定による出願の変更の場合に準用する。

第四六条の二　（略）

第三章　審査（抄）

（審査官による審査）

第四七条①　特許庁長官は、審査官に特許出願を審査させなければならない。

②　審査官の資格は、政令で定める。

（審査官の除斥）

第四八条　第百三十九条（第六号及び第七号を除く。）の規定は、審査官について準用する。

（特許出願の審査）

第四八条の二　特許出願の審査は、その特許出願についての出願審査の請求をまつて行なう。

（出願審査の請求）

第四八条の三①　特許出願があつたときは、何人も、その日から三年以内に、特許庁長官にその特許出願について出願審査の請求をすることができる。

②　第四十四条第一項の規定による特許出願の分割に係る新たな特許出願、第四十六条第一項若しくは第二項の規定による出願の変更に係る特許出願又は第四十六条の二第一項の規定による実用新案登録に基づく特許出願については、前項の期間の経過後であつても、その特許出願の分割、出願の変更又は実用新案登録に基づく特許出願の日から三十日以内に限り、出願審査の請求をすることができる。

③　出願審査の請求は、取り下げることができない。

④　第一項の規定により出願審査の請求をすることができる期間内に出願審査の請求がなかつたときは、この特許出願は、取り下げたものとみなす。

⑤　前項の規定により取り下げられたものとみなされた特許出願の出願人は、経済産業省令で定める期間内に限り、経済産業省令で定めるところにより、出願審査の請求をすることができる。ただし、故意に、第一項に規定する期間内にその特許出願について出願審査の請求をしなかつたと認められる場合は、この限りでない。

⑥　前項の規定によりされた出願審査の請求は、第一項に規定する期間が満了する時に特許庁長官にされたものとみなす。

⑦　前三項の規定は、第二項に規定する期間内に出願審査の請求がなかつた場合に準用する。

⑧　第五項（前項において準用する場合を含む。以下この項において同じ。）の規定により特許出願について出願審査の請求をした場合において、その特許出願について特許権の設定の登録があつたときは、その特許出願が第四項（前項において準用する場合を含む。）の規定により取り下げられたものとみなされた旨が掲載された特許公報の発行後その特許出願について第五項の規定による出願審査の請求があつた旨が掲載された特許公報の発行前に善意に日本国内において当該発明の実施である事業をしている者又はその事業の準備をしている者は、その実施又は準備をしている発明及び事業の目的の範囲内において、その特許権について通常実施権を有する。

第四八条の四及び第四八条の五　（略）

（優先審査）

第四八条の六　特許庁長官は、出願公開後に特許出願人でない者が業として特許出願に係る発明を実施していると認める場合において必要があるときは、審査官にその特許出願を他の特許出願に優先して審査させることができる。

（文献公知発明に係る情報の記載についての通知）

第四八条の七　審査官は、特許出願が第三十六条第四項第二号に規定する要件を満たしていないと認めるときは、特許出願人に対し、その旨を通知し、相当の期間を指定して、意見書を提出する機会を与えることができる。

（拒絶の査定）

第四九条　審査官は、特許出願が次の各号のいずれかに該当するときは、その特許出願について拒絶をすべき旨の査定をしなければならない。

一　その特許出願の願書に添付した明細書、特許請求の範囲又は図面についてした補正が第十七条の二第三項又は第四項に規定する要件を満たしていないとき。

二　その特許出願に係る発明が第二十五条、第二十九条、第二十九条の二、第三十二条、第三十八条又は第三十九条第一項から第四項までの規定により特許をすることができないものであるとき。

三　その特許出願に係る発明が条約の規定により特許をすることができないものであるとき。

四　その特許出願が第三十六条第四項第一号若しくは第六項又は第三十七条に規定する要件を満たしていないとき。

五　前条の規定による通知をした場合であつて、その特許出願が明細書についての補正又は意見書の提出によつてもなお第三十六条第四項第二号に規定する要件を満たすこととならないとき。

六　その特許出願が外国語書面出願である場合において、当該特許出願の願書に添付した明細書、特許請求の範囲又は図面に記載した事項が外国語書面に記載した事項の範囲内にないとき。

七　その特許出願人がその発明について特許を受ける権利を有していないとき。

> **1** **一つの特許出願における複数の請求項に係る発明のいずれか一つが、特許法二九条等の規定により特許をすることができないものであるときは、当該特許出願全体を拒絶すべきである。**（東京高判平14・1・31判時一八〇四・一〇八〈複合軸受装置を備えるモータ事件〉特許百選[三版]四三）

（**拒絶理由の通知**）

第五〇条　審査官は、拒絶をすべき旨の査定をしようとするときは、特許出願人に対し、拒絶の理由を通知し、相当の期間を指定して、意見書を提出する機会を与えなければならない。ただし、第十七条の二第一項第一号又は第三号に掲げる場合（同項第一号に掲げる場合にあつては、拒絶の理由の通知と併せて次条の規定による通知をした場合に限る。）において、第五十三条第一項の規定による却下の決定をするときは、この限りでない。

> **1** 引用例を挙げて特許法二九条二項に当たる旨の拒絶理由通知をした場合に、出願発明は右引用例に記載されている発明と同一であり同条一項三号に当たるとして拒絶の審決をすることは、右通知に係る拒絶理由において右引用例に出願発明と同一と見られ得る発明が記載されている旨の示唆があると理解することができない特段の事情があるときには、改めて拒絶通知を要する。（東京高判昭59・9・26無体一六・三・六三八〈アゾ顔料の後処理法事件〉特許百選[三版]四二）

（**既に通知された拒絶理由と同一である旨の通知**）

第五〇条の二　審査官は、前条の規定により特許出願について拒絶の理由を通知しようとする場合において、当該拒絶の理由が、他の特許出願（当該特許出願と当該他の特許出願の少なくともいずれか一方に第四十四条第二項の規定が適用されたことにより当該特許出願と同時にされたこととなつているものに限る。）についての前条（第百五十九条第二項（第百七十四条第二項において準用する場合を含む。）及び第百六十三条第二項において準用する場合を含む。）の規定による通知（当該特許出願についての出願審査の請求前に当該特許出願の出願人がその内容を知り得る状態になかつたものを除く。）に係る拒絶の理由と同一であるときは、その旨を併せて通知しなければならない。

（**特許査定**）

第五一条　審査官は、特許出願について拒絶の理由を発見しないときは、特許をすべき旨の査定をしなければならない。

第五二条　（略）

（**補正の却下**）

第五三条①　第十七条の二第一項第一号又は第三号に掲げる場合（同項第一号に掲げる場合にあつては、拒絶の理由の通知と併せて第五十条の二の規定による通知をした場合に限る。）において、願書に添付した明細書、特許請求の範囲又は図面についてした補正が第十七条の二第三項から第六項までの規定に違反しているものと特許をすべき旨の査定の謄本の送達前に認められたときは、審査官は、決定をもつてその補正を却下しなければならない。

②　前項の規定による却下の決定は、文書をもつて行い、かつ、理由を付さなければならない。

③　第一項の規定による却下の決定に対しては、不服を申し立てることができない。ただし、拒絶査定不服審判を請求した場合における審判においては、この限りでない。

（**訴訟との関係**）

第五四条①　審査において必要があると認めるときは、特許異議の申立てについての決定若しくは審決が確定し、又は訴訟手続が完結するまでその手続を中止することができる。

②　訴えの提起又は仮差押命令若しくは仮処分命令の申立てがあつた場合において、必要があると認めるときは、裁判所は、査定が確定するまでその訴訟手続を中止することができる。

第五五条から第六三条まで　削除

第三章の二　出願公開

（**出願公開**）

第六四条①　特許庁長官は、特許出願の日から一年六月を経過したときは、特許掲載公報の発行をしたものを除き、その特許出願について出願公開をしなければならない。次条第一項に規定する出願公開の請求があつたときも、同様とする。

②　出願公開は、次に掲げる事項を特許公報に掲載することにより行う。ただし、第四号から第六号までに掲げる事項については、当該事項を特許公報に掲載することが公の秩序又は善良の風俗を害するおそれがあると特許庁長官が認めるときは、この限りでない。

一　特許出願人の氏名又は名称及び住所又は居所

二　特許出願の番号及び年月日

三　発明者の氏名及び住所又は居所

四　願書に添付した明細書及び特許請求の範囲に記載した事項並びに図面の内容

五　願書に添付した要約書に記載した事項

六　外国語書面出願にあつては、外国語書面及び外国語要約書面に記載した事項

七　出願公開の番号及び年月日

八　前各号に掲げるもののほか、必要な事項

③　特許庁長官は、願書に添付した要約書の記載が第三十六条第七項の規定に適合しないときその他必要があると認めるときは、前項第五号の要約書に記載した事項に代えて、自ら作成した事項を特許公報に掲載することができる。

（**出願公開の請求**）

第六四条の二①　特許出願人は、次に掲げる場合を除き、特許庁長官に、その特許出願について出願公開の請求をすることができる。

一　その特許出願が出願公開されている場合

二　その特許出願が第四十三条の二第一項（第四十三条の三第三項において準用する場合を含む。）又は第四十三条の三第一項若しくは第二項の規定による優先権の主張を伴う特許出願であつて、第四十三条第二項（第四十三条の二第二項（第四十三条の三第三項において準用する場合を含む。）及び第四十三条の三第三項において準用する場合を含む。）に規定する書類及び第四十三条第五項（第四十三条の二第二項（第四十三条の三第三項において準用する場合を含む。）及び第四十三条の三第三項において準用する場合を含む。）に規定する書面が特許庁長官に提出されていないものである場合

三　その特許出願が外国語書面出願であつて第三十六条の二第二項に規定する外国語書面の翻訳文が特許庁長官に提出されていないものである場合

②　出願公開の請求は、取り下げることができない。

第六四条の三　出願公開の請求をしようとする特許出願人は、次に掲げる事項を記載した請求書を特許庁長官に提出しなければならない。

一　請求人の氏名又は名称及び住所又は居所

二　出願公開の請求に係る特許出願の表示

（**出願公開の効果等**）

第六五条①　特許出願人は、出願公開があつた後に特許出願に係る発明の内容を記載した書面を提示して警告をしたときは、そ

の警告後特許権の設定の登録前に業としてその発明を実施した者に対し、その発明が特許発明である場合にその実施に対し受けるべき金銭の額に相当する額の補償金の支払を請求することができる。当該警告をしない場合においても、出願公開がされた特許出願に係る発明であることを知つて特許権の設定の登録前に業としてその発明を実施した者に対しては、同様とする。

② 前項の規定による請求権は、特許権の設定の登録があつた後でなければ、行使することができない。

③ 特許出願人は、その仮専用実施権者又は仮通常実施権者が、その設定行為で定めた範囲内において当該特許出願に係る発明を実施した場合については、第一項に規定する補償金の支払を請求することができない。

④ 第一項の規定による請求権の行使は、特許権の行使を妨げない。

⑤ 出願公開後に特許出願が放棄され、取り下げられ、若しくは却下されたとき、特許出願について拒絶をすべき旨の査定若しくは審決が確定したとき、第百十二条第六項の規定により特許権が初めから存在しなかつたものとみなされたとき（更に第百十二条の二第二項の規定により特許権が初めから存在していたものとみなされたときを除く。）、第百十四条第二項の取消決定が確定したとき、又は第百二十五条ただし書の場合を除き特許を無効にすべき旨の審決が確定したときは、第一項の請求権は、初めから生じなかつたものとみなす。

⑥ 第百一条、第百四条から第百四条の三まで、第百五条から第百五条の二の十二まで、第百五条の四から第百五条の七まで及び第百六十八条第三項から第六項まで並びに民法（明治二十九年法律第八十九号）第七百十九条及び第七百二十四条（不法行為）の規定は、第一項の規定による請求権を行使する場合に準用する。この場合において、当該請求権を有する者が特許権の設定の登録前に当該特許出願に係る発明の実施の事実及びその実施をした者を知つたときは、同条第一号中「被害者又はその法定代理人が損害及び加害者を知った時」とあるのは、「特許権の設定の登録の日」と読み替えるものとする。

[1] 出願公開後に補正のあった場合、その補正が、願書に最初に添付した明細書又は図面に記載した事項の範囲内において補正前の登録請求の範囲を減縮するものであって、第三者の実施している物品が補正の前後を通じて考案の技術的範囲に属するときは、補正の後に再度の警告等により第三者が補正後の登録請求の範囲の内容を知ることを要しない。（最判昭63・7・19民集四二・六・四八九（アースベルト事件））特許百選［五版］七六

第四章　特許権

第一節　特許権（抄）

（特許権の設定の登録）

第六六条① 特許権は、設定の登録により発生する。

② 第百七条第一項の規定による第一年から第三年までの各年分の特許料の納付又はその納付の免除若しくは猶予があつたときは、特許権の設定の登録をする。

③ 前項の登録があつたときは、次に掲げる事項を特許公報に掲載しなければならない。ただし、第五号に掲げる事項については、その特許出願について出願公開がされているときは、この限りでない。

一 特許権者の氏名又は名称及び住所又は居所
二 特許出願の番号及び年月日
三 発明者の氏名及び住所又は居所
四 願書に添付した明細書及び特許請求の範囲に記載した事項並びに図面の内容
五 願書に添付した要約書に記載した事項
六 特許番号及び設定の登録の年月日
七 前各号に掲げるもののほか、必要な事項

④ 第六十四条第三項の規定は、前項の規定により同項第五号の要約書に記載した事項を特許公報に掲載する場合に準用する。

（存続期間）

第六七条① 特許権の存続期間は、特許出願の日から二十年をもつて終了する。

② 前項に規定する存続期間は、特許権の設定の登録が特許出願の日から起算して五年を経過した日又は出願審査の請求があつた日から起算して三年を経過した日のいずれか遅い日（以下「基準日」という。）以後にされたときは、延長登録の出願により延長することができる。

③ 前項の規定により延長することができる期間は、基準日から特許権の設定の登録の日までの期間に相当する期間から、次の各号に掲げる期間を合算した期間（これらの期間のうち重複する期間がある場合には、当該重複する期間を合算した期間を除いた期間）に相当する期間を控除した期間（以下「延長可能期間」という。）を超えない範囲内の期間とする。

一 その特許出願に係るこの法律（第三十九条第六項及び第五十条を除く。）、実用新案法若しくは工業所有権に関する手続等の特例に関する法律（平成二年法律第三十号）又はこれらの法律に基づく命令の規定による通知又は命令（特許庁長官又は審査官が行うものに限る。）があつた場合において当該通知又は命令を受けた場合に執るべき手続が執られたときにおける当該通知又は命令があつた日から当該執るべき手続が執られた日までの期間

二 その特許出願に係るこの法律又はこの法律に基づく命令（次号、第五号及び第十号において「特許法令」という。）の規定による手続を執るべき期間の延長があつた場合における当該手続を執るべき期間が経過した日から当該手続をした日までの期間

三 その特許出願に係る特許法令の規定による手続であつて当該手続を執るべき期間の定めがあるものについて特許法令の規定により出願人が当該手続を執るべき期間の経過後であつても当該手続を執ることができる場合において当該手続をしたときにおける当該手続を執るべき期間が経過した日から当該手続をした日までの期間

四 その特許出願に係るこの法律若しくは工業所有権に関する手続等の特例に関する法律（第八号及び第九号において「特許法関係法令」という。）の規定による処分又は通知について出願人の申出その他の行為により当該処分又は通知を保留した場合における当該申出その他の行為があつた日から当該処分又は通知を保留する理由がなくなつた日までの期間

五 その特許出願に係る特許法令の規定による特許料又は手数料の納付について当該特許料又は手数料の軽減若しくは免除又は納付の猶予の決定があつた場合における当該軽減若しくは免除又は納付の猶予に係る申請があつた日から当該決定があつた日までの期間

六 その特許出願に係る第三十八条の四第七項の規定による明細書等補完書の取下げがあつた場合における当該明細書等補完書が同条第三項の規定により提出された日から同条第七項の規定により当該明細書等補完書が取り下げられた日までの期間

七 その特許出願に係る拒絶査定不服審判の請求があつた場合における次のイからハまでに掲げる区分に応じて当該イからハまでに定める期間

イ 第百五十九条第三項（第百七十四条第二項において準用する場合を含む。）において準用する第五十一条の規定による特許をすべき旨の審決があつた場合　拒絶をすべき旨の査定の謄本の送達があつた日から当該審決の謄本の送達があつた日までの期間

ロ 第百六十条第一項（第百七十四条第二項において準用する場合を含む。）の規定による更に審査に付すべき旨の審決があつた場合　拒絶をすべき旨の査定の謄本の送達があつた日から当該審決の謄本の送達があつた日までの期間

ハ　第百六十三条第三項において準用する第五十一条の規定による特許をすべき旨の査定があつた場合　拒絶をすべき旨の査定の謄本の送達があつた日から当該特許をすべき旨の査定の謄本の送達があつた日までの期間

八　その特許出願に係る特許法関係法令の規定による処分について行政不服審査法（平成二十六年法律第六十八号）の規定による審査請求に対する裁決が確定した場合における当該審査請求の日から当該裁決の謄本の送達があつた日までの期間

九　その特許出願に係る特許法関係法令の規定による処分について行政事件訴訟法（昭和三十七年法律第百三十九号）の規定による訴えの判決が確定した場合における当該訴えの提起の日から当該訴えの判決が確定した日までの期間

十　その特許出願に係る特許法令の規定による手続が中断し、又は中止した場合における当該手続が中断し、又は中止した期間

④　第一項に規定する存続期間（第二項の規定により延長されたときは、その延長の期間を加えたもの。第六十七条の五第三項ただし書、第六十八条の二及び第百七条第一項において同じ。）は、その特許発明の実施について安全性の確保等を目的とする法律の規定による許可その他の処分であつて当該処分の目的、手続等からみて当該処分を的確に行うには相当の期間を要するものとして政令で定めるものを受けることが必要であるために、その特許発明の実施をすることができない期間があつたときは、五年を限度として、延長登録の出願により延長することができる。

（存続期間の延長登録）

第六十七条の二①　前条第二項の延長登録の出願をしようとする者は、次に掲げる事項を記載した願書を特許庁長官に提出しなければならない。

一　出願人の氏名又は名称及び住所又は居所
二　特許番号
三　延長を求める期間
四　特許出願の番号及び年月日
五　出願審査の請求があつた年月日

②　前項の願書には、経済産業省令で定めるところにより、同項第三号に掲げる期間の算定の根拠を記載した書面を添付しなければならない。

③　前条第二項の延長登録の出願は、特許権の設定の登録の日から三月（出願をする者がその責めに帰することができない理由により当該期間内に出願をすることができないときは、その理由がなくなつた日から十四日（在外者にあつては、二月）を経過する日までの期間（当該期間が九月を超えるときは、九月））以内にしなければならない。ただし、同条第一項に規定する存続期間の満了後は、することができない。

④　特許権が共有に係るときは、各共有者は、他の共有者と共同でなければ、前条第二項の延長登録の出願をすることができない。

⑤　前条第二項の延長登録の出願があつたときは、同条第一項に規定する存続期間は、延長されたものとみなす。ただし、その出願について拒絶をすべき旨の査定が確定し、又は次条第三項の延長登録があつたときは、この限りでない。

⑥　前条第二項の延長登録の出願があつたときは、第一項各号に掲げる事項を特許公報に掲載しなければならない。

第六十七条の三①　審査官は、第六十七条第二項の延長登録の出願が次の各号のいずれかに該当するときは、その出願について拒絶をすべき旨の査定をしなければならない。

一　その特許権の設定の登録が基準日以後にされていないとき。
二　その延長を求める期間がその特許権の存続期間に係る延長可能期間を超えているとき。
三　その出願をした者が当該特許権者でないとき。
四　その出願が前条第四項に規定する要件を満たしていないとき。

②　審査官は、第六十七条第二項の延長登録の出願について拒絶の理由を発見しないときは、延長登録をすべき旨の査定をしなければならない。

③　前項の査定があつたときは、延長登録をする。

④　前項の延長登録があつたときは、次に掲げる事項を特許公報に掲載しなければならない。

一　特許権者の氏名又は名称及び住所又は居所
二　特許番号
三　第六十七条第二項の延長登録の出願の番号及び年月日
四　延長登録の年月日
五　延長の期間
六　特許出願の番号及び年月日
七　出願審査の請求があつた年月日

第六十七条の四　第四十七条第一項、第五十条、第五十二条及び第百三十九条（第七号を除く。）の規定は、第六十七条第二項の延長登録の出願の審査について準用する。この場合において、第百三十九条第六号中「不服を申し立てられた」とあるのは、「第六十七条第二項の延長登録の出願があつた特許権に係る特許出願の」と読み替えるものとする。

第六十七条の五①　第六十七条第四項の延長登録の出願をしようとする者は、次に掲げる事項を記載した願書を特許庁長官に提出しなければならない。

一　出願人の氏名又は名称及び住所又は居所
二　特許番号
三　延長を求める期間（五年以下の期間に限る。）
四　第六十七条第四項の政令で定める処分の内容

②　前項の願書には、経済産業省令で定めるところにより、延長の理由を記載した資料を添付しなければならない。

③　第六十七条第四項の延長登録の出願は、同項の政令で定める処分を受けた日から政令で定める期間内にしなければならない。ただし、同条第一項に規定する存続期間の満了後は、することができない。

④　第六十七条の二第四項から第六項までの規定は、第六十七条第四項の延長登録の出願について準用する。この場合において、第六十七条の二第五項ただし書中「次条第三項」とあるのは「第六十七条の七第三項」と、同条第六項中「第一項各号」とあるのは「第六十七条の五第一項各号」と読み替えるものとする。

第六十七条の六　（略）

第六十七条の七①　審査官は、第六十七条第四項の延長登録の出願が次の各号のいずれかに該当するときは、その出願について拒絶をすべき旨の査定をしなければならない。

一　その特許発明の実施に第六十七条第四項の政令で定める処分を受けることが必要であつたとは認められないとき。
二　その特許権者又はその特許権についての専用実施権若しくは通常実施権を有する者が第六十七条第四項の政令で定める処分を受けていないとき。
三　その延長を求める期間がその特許発明の実施をすることができなかつた期間を超えているとき。
四　その出願をした者が当該特許権者でないとき。
五　その出願が第六十七条の五第四項において準用する第六十七条の二第四項に規定する要件を満たしていないとき。

②　審査官は、第六十七条第四項の延長登録の出願について拒絶の理由を発見しないときは、延長登録をすべき旨の査定をしなければならない。

③　前項の査定があつたときは、延長登録をする。

④　前項の延長登録があつたときは、次に掲げる事項を特許公報に掲載しなければならない。

一　特許権者の氏名又は名称及び住所又は居所
二　特許番号
三　第六十七条第四項の延長登録の出願の番号及び年月日
四　延長登録の年月日
五　延長の期間

六　第六十七条第四項の政令で定める処分の内容

[1]　特許権の存続期間の延長登録出願の理由となった薬事法〔現・医薬品、医療機器等の品質、有効性及び安全性の確保等に関する法律〕一四条一項による製造販売の承認（後行処分）に先行して、後行処分の対象となった医薬品（後行医薬品）と有効成分並びに効能及び効果を同じくする医薬品（先行医薬品）について同項による製造販売の承認（先行処分）がされている場合であっても、先行医薬品が延長登録出願に係る特許権のいずれの請求項に係る特許発明の技術的範囲にも属しないときは、先行処分がされていることを根拠として、当該特許権の特許発明の実施に後行処分を受けることが必要であったとは認められないということはできず、本条一項一号に該当しない。（最判平23・4・28民集六五・三・一六五四〈パシーフカプセル三〇ミリグラム事件〉特許百選[四版]五九）

[2]　医薬品の製造販売につき先行処分と出願理由処分がされている場合については、先行処分と出願理由処分とを比較した結果、先行処分の対象となった医薬品の製造販売が、出願理由処分の対象となった医薬品の製造販売をも包含すると認められるときには、延長登録出願に係る特許発明の実施に出願理由処分を受けることが必要であったとは認められないこととなる。そして、出願理由処分を受けることが特許発明の実施に必要であったか否かは、飽くまで先行処分と出願理由処分とを比較して判断すべきであり、特許発明の発明特定事項に該当する全ての事項によって判断すべきものではない。（最判平27・11・17民集六九・七・一九一二〈ベバシズマブ事件〉特許百選[五版]三一）

第六十七条の八　第六十七条の四前段の規定は、第六十七条第四項の延長登録の出願の審査について準用する。この場合において、第六十七条の四前段中「第七号」とあるのは、「第六号及び第七号」と読み替えるものとする。

（特許権の効力）

第六十八条　特許権者は、業として特許発明の実施をする権利を専有する。ただし、その特許権について専用実施権を設定したときは、専用実施権者がその特許発明の実施をする権利を専有する範囲については、この限りでない。

一　**消尽の抗弁**

[1]　特許権者又は特許権者から許諾を受けた実施権者が我が国において特許製品を譲渡した場合には、当該特許製品については特許権はその目的を達したものとして消尽し、もはや特許権者は、当該特許製品を使用し、譲渡し又は貸し渡す行為等に対し、特許権に基づく差止請求権等を行使することはできない。（最判平9・7・1民集五一・六・二二九九〈BBS事件〉特許百選[五版]二六）→一〇〇条[6]、法適用◈【Ⅳ　特許権】〔三章名の後〕[7]

[2]　特許権者又は専用実施権者が、我が国において、特許製品の生産にのみ用いる物（第三者が生産し、譲渡する等すれば特許法一〇一条一号に該当することとなるもの。以下「一号製品」という）を譲渡した場合には、当該一号製品については特許権はその目的を達成したものとして消尽し、もはや特許権の効力は、当該一号製品の使用、譲渡等（特許法二条三項一号にいう使用、譲渡等、輸出若しくは輸入又は譲渡等の申出をいう。以下同じ）には及ばず、特許権者は、当該一号製品がそのままの形態を維持する限りにおいては、当該一号製品について特許権を行使することは許されない。しかし、その後、第三者が当該一号製品を用いて特許製品を生産した場合においては、特許発明の技術的範囲に属しない物を用いて新たに特許発明の技術的範囲に属する物が作出されていることから、当該生産行為や、特許製品の使用、譲渡等の行為について、特許権の行使が制限されるものではない。なお、このような場合であっても、特許権者において、当該一号製品を用いて特許製品の生産が行われることを黙示的に承諾していると認められる場合には、特許権の効力は、当該一号製品を用いた特許製品の生産や、生産された特許製品の使用、譲渡等には及ばない。そして、この理は、我が国の特許権者（関連会社などこれと同視するべき者を含む）が国外において一号製品を譲渡した場合についても、同様に当てはまる。（知財高判平26・5・16判時二二二四・一四六①〈iPhone 事件〉特許百選[五版]二五）→一〇二条[19]

二　**「新たな製造」の再抗弁**

[3]　特許権者等が我が国において譲渡した特許製品につき加工や部材の交換がされ、それにより当該特許製品と同一性を欠く特許製品が新たに製造されたものと認められるときは、特許権者は、その特許製品について、特許権を行使することが許される。特許製品の新たな製造に当たるかどうかについては、当該特許製品の属性、特許発明の内容、加工及び部材の交換の態様のほか、取引の実情等も総合考慮して判断すべきである。（最判平19・11・8民集六一・八・二九八九〈インクタンク事件〉特許百選[五版]二二）→法適用◈【Ⅳ　特許権】〔三章名の後〕[2]

三　**並行輸入の抗弁**

[4]　我が国の特許権者又はこれと同視し得る者が国外において特許製品を譲渡した場合においては、特許権者は、譲受人に対しては、当該製品について販売先ないし使用地域から我が国を除外する旨を譲受人との間で合意した場合を除き、譲受人から特許製品を譲り受けた第三者及びその後の転得者に対しては、譲受人との間で右の旨を合意した上、特許製品にこれを明確に表示した場合を除いて、当該製品について我が国において特許権を行使することは許されない。（最判平9・7・1前出[7]）→法適用◈【Ⅳ　特許権】〔三章名の後〕[7]

（第六十七条第四項の規定により存続期間が延長された場合の特許権の効力）

第六十八条の二　第六十七条第四項の規定により同条第一項に規定する存続期間が延長された場合（第六十七条の五第四項において準用する第六十七条の二第五項本文の規定により延長されたものとみなされた場合を含む。）の当該特許権の効力は、その延長登録の理由となつた第六十七条第四項の政令で定める処分の対象となつた物（その処分においてその物の使用される特定の用途が定められている場合にあつては、当該用途に使用されるその物）についての当該特許発明の実施以外の行為には、及ばない。

[1]　医薬品の成分を対象とする物の特許発明の場合、存続期間が延長された特許権の効力は、具体的な政令処分で定められた「成分、分量、用法、用量、効能及び効果」によって特定された「物」、及び、これと医薬品として実質同一なものに及ぶ。相手方が製造等する製品（対象製品）が、具体的な政令処分で定められた「成分、分量、用法、用量、効能及び効果」において異なる部分が存する場合でも、当該部分が僅かな差異又は全体的にみて形式的な差異にすぎないときは、対象製品は、医薬品として政令処分の対象となった物と実質同一なものに含まれ、存続期間が延長された特許権の効力の及ぶ範囲に属するものと解するべきである。政令処分で定められた「成分」に関する差異、「分量」の数量的差異又は「用法、用量」の数量的差異に限定した場合、僅かな差異又は全体的にみて形式的な差異かどうかは、特許発明の内容に基づき、その内容との関連で、政令処分において定められた「成分、分量、用法、用量、効能及び効果」によって特定された「物」と対象製品との技術的特徴及び作用効果の同一性を比較検討して、当業者の技術常識を踏まえて判断すべきである。（知財高判平29・1・20判時二三六一・七三〈オキサリプラティヌム事件〉特許百選[五版]三二）

（特許権の効力が及ばない範囲）

第六九条① 特許権の効力は、試験又は研究のためにする特許発明の実施には、及ばない。

② 特許権の効力は、次に掲げる物には、及ばない。

一 単に日本国内を通過するに過ぎない船舶若しくは航空機又はこれらに使用する機械、器具、装置その他の物

二 特許出願の時から日本国内にある物

③ 二以上の医薬（人の病気の診断、治療、処置又は予防のため使用する物をいう。以下この項において同じ。）を混合することにより製造されるべき医薬の発明又は二以上の医薬を混合して医薬を製造する方法の発明に係る特許権の効力は、医師又は歯科医師の処方せんにより調剤する行為及び医師又は歯科医師の処方せんにより調剤する医薬には、及ばない。

[1] 特許権の存続期間終了後に特許発明に係る医薬品と有効成分等を同じくする後発医薬品を製造販売することを目的として、その製造につき薬事法［現・医薬品、医療機器等の品質、有効性及び安全性の確保等に関する法律］所定の承認申請をするため、特許権の存続期間中に、特許発明の技術的範囲に属する化学物質又は医薬品を生産し、これを使用して右申請書に添付すべき資料を得るのに必要な試験を行うことは、本条一項にいう「試験又は研究のためにする特許発明の実施」に当たり、特許権の侵害とはならない。（最判平11・4・16民集五三・四・六二七〈膵臓疾患治療剤事件〉特許百選[五版]二一）

[2] 先発医薬品の承認申請に必要な臨床試験も、本条一項の「試験又は研究のためにする特許発明の実施」に該当する。（知財高判令3・2・9【令2ネ一〇〇五二】〈ウイルス及び治療法におけるそれらの使用事件〉重判令3知財二）

（特許発明の技術的範囲）

第七〇条① 特許発明の技術的範囲は、願書に添付した特許請求の範囲の記載に基づいて定めなければならない。

② 前項の場合においては、願書に添付した明細書の記載及び図面を考慮して、特許請求の範囲に記載された用語の意義を解釈するものとする。

③ 前二項の場合においては、願書に添付した要約書の記載を考慮してはならない。

一 技術的範囲の解釈

1 明細書の発明の詳細な説明等の考慮

[1] 特許発明の技術的範囲の解釈に当たり、特許請求の範囲の用語、文章を理解し、正しく技術的意義を把握するためには、明細書の発明の詳細な説明の記載等を検討せざるを得ないのであり、特許請求の範囲の文言が一義的に明確なものであるか否かにかかわらず、明細書の発明の詳細な説明の記載及び図面を考慮して、特許請求の範囲に記載された用語の意義を解釈すべきである。（知財高判平18・9・28【平18ネ一〇〇〇七】〈ゲームボーイアドバンス事件〉）

2 プロダクト・バイ・プロセス・クレーム

[2] 物の発明についての特許に係る特許請求の範囲にその物の製造方法が記載されている場合であっても、その特許発明の技術的範囲は、当該製造方法により製造された物と構造、特性等が同一である物として確定される。（最判平27・6・5民集六九・四・九〇四〈プラバスタチンナトリウム事件〉特許百選[五版]四②）

3 機能的クレーム

[3] クレームの記載が、機能的、抽象的な表現で記載されている場合、クレームの記載に加えて明細書の発明の詳細な説明の記載を参酌し、そこに開示された具体的な構成に示されている技術的思想に基づき、技術的範囲を確定すべきである。（東京地判平10・12・22判時一六七四・一五二〈磁気媒体リーダー事件〉特許百選[四版]六三）

4 出願経過の参酌

[4] 特許権侵害訴訟において、特許権者である原告が、当該特許権の技術的範囲の解釈について、別件である特許無効審判手続において述べた主張と明らかに矛盾する主張をすることは、訴訟における信義誠実の原則に照らして、許されない。また禁反言の趣旨に照らしても、許されない。（東京地判平13・3・30判時一七五三・一二八〈連続壁体造成工法事件〉特許百選[四版]七七）

二 均等

1 均等の成立要件

[5] 特許権侵害訴訟において、特許請求の範囲に記載された構成中に相手方が製造等する製品又は用いる方法（対象製品等）と異なる部分が存する場合であっても、①右部分が特許発明の本質的部分ではなく、②右部分を対象製品等におけるものと置き換えても、特許発明の目的を達することができ、同一の作用効果を奏するものであって、③右のように置き換えることに、当業者が、対象製品等の製造等の時点において容易に想到することができたものであり、④対象製品等が、特許発明の特許出願時における公知技術と同一又は当業者がこれから右出願時に容易に推考できたものではなく、かつ、⑤対象製品等が特許発明の特許出願手続において特許請求の範囲から意識的に除外されたものに当たるなどの特段の事情もないときは、右対象製品等は、特許請求の範囲に記載された構成と均等なものとして、特許発明の技術的範囲に属する。（最判平10・2・24民集五二・一・一一三〈ボールスプライン事件〉特許百選[五版]八）

2 均等の各要件の主張立証責任

[6] 均等の第一要件ないし第五要件の主張立証責任については、均等が、特許請求の範囲の記載を文言上解釈し得る範囲を超えて、これと実質的に同一なものとして容易に想到することのできるものと認定される範囲内で認められるべきものであることからすれば、かかる範囲内であるために要する事実である第一要件ないし第三要件については、対象製品等が特許発明と均等であると主張する者が主張立証責任を負い、他方、対象製品等が前記均等の範囲内にあっても、均等の法理の適用が除外されるべき場合である第四要件及び第五要件については、対象製品等について均等の法理の適用を否定する者が主張立証責任を負う。（知財高判平28・3・25判時二三〇六・八七〈マキサカルシトール侵害差止請求事件控訴審〉特許百選[五版]九……[8]の原審）

3 第一要件

[7] 特許発明の実質的価値は、その技術分野における従来技術と比較した貢献の程度に応じて定められることからすれば、特許発明の本質的部分は、特許請求の範囲及び明細書の記載、特に明細書記載の従来技術との比較から認定されるべきであり、そして、①従来技術と比較して特許発明の貢献の程度が大きいと評価される場合には、特許請求の範囲の記載の一部について、これを上位概念化したものとして認定され、②従来技術と比較して特許発明の貢献の程度がそれほど大きくないと評価される場合には、特許請求の範囲の記載とほぼ同義のものとして認定される。（知財高判平28・3・25前出[6]）

4 第五要件

[8] 出願人が、特許出願時に、特許請求の範囲に記載された構成中の対象製品等と異なる部分につき、対象製品等に係る構成を容易に想到することができたにもかかわらず、これを特許請求の範囲に記載しなかった場合であっても、それだけでは、対象製品等が特許発明の特許出願手続において特許請求の範囲から意識的に除外されたものに当たるなどの特段の事情が存するとはいえない。もっとも、このような場合であっても、出願人が、特許出願時に、その特許に係る特許発明について、特許請求の範囲に記載された構成中の対象製品等と異なる部分につき、特許請求の範囲に記載された構成を対象製品等に係る構成と置き換えることができるものであることを明細書等に記載するなど、客観的、外形的にみて、対象製

品等に係る構成が特許請求の範囲に記載された構成を代替すると認識しながらあえて特許請求の範囲に記載しなかった旨を表示していたといえるときには、当該出願人において、対象製品等が特許発明の技術的範囲に属しないことを承認したと解されるような行動をとったものということができるから、対象製品等が特許発明の特許出願手続において特許請求の範囲から意識的に除外されたものに当たるなどの特段の事情が存するというべきである。（最判平29・3・24民集七一・三・三五九〈マキサカルシトール侵害差止請求事件上告審〉特許百選[五版]一〇……⑥⑦の上告審）

⑨ 出願過程において拒絶理由通知を受けた後に発明の構成要件を追加する減縮補正が行われた場合でも、引用例と特許発明の構成態様の相違点や当該相違点を説明する意見書の記載内容に鑑みれば、当該減縮補正により当該構成要件を充足しない構成を特許請求の範囲から意識的に除外したということはできない。（東京地判平30・12・21【平29ワ一八一八四】〈骨切術用開大器事件〉重判令元知財二）

第七一条① 特許発明の技術的範囲については、特許庁に対し、判定を求めることができる。

② 特許庁長官は、前項の規定による求があつたときは、三名の審判官を指定して、その判定をさせなければならない。

③ 第百三十一条第一項、第百三十一条の二第一項本文、第百三十二条第一項及び第二項、第百三十三条、第百三十三条の二、第百三十四条第一項、第三項及び第四項、第百三十五条、第百三十六条第一項及び第二項、第百三十七条第二項、第百三十八条、第百三十九条（第六号及び第七号を除く。）、第百四十条から第百四十四条まで、第百四十四条の二第一項及び第三項から第五項まで、第百四十五条第二項から第七項まで、第百四十六条、第百四十七条第一項及び第二項、第百五十条第一項から第五項まで、第百五十一条から第百五十四条まで、第百五十五条第一項、第百五十七条並びに第百六十九条第三項、第四項及び第六項の規定は、第一項の判定について準用する。この場合において、第百三十五条中「審決」とあるのは「決定」と、第百四十五条第二項中「前項に規定する審判以外の審判」とあるのは「判定の審理」と、同条第五項ただし書中「公の秩序又は善良の風俗を害するおそれがあるとき」とあるのは「審判長が必要があると認めるとき」と、第百五十一条中「第百四十七条」とあるのは「第百四十七条第一項及び第二項」と、第百五十五条第一項中「審決が確定するまで」とあるのは「判定の謄本が送達されるまで」と読み替えるものとする。

＊令和四法四八（令和八・五・二四までに施行）**による改正後**

③ 第百三十一条第一項、第百三十一条の二第一項本文、第百三十二条第一項及び第二項、第百三十三条、第百三十三条の二、第百三十四条第一項、第三項及び第四項、第百三十五条、第百三十六条第一項及び第二項、第百三十七条第二項、第百三十八条、第百三十九条（第六号及び第七号を除く。）、第百四十条から第百四十四条まで、第百四十四条の二第一項及び第三項から第五項まで、第百四十五条第二項から第八項まで、第百四十六条、第百四十七条第一項、第二項及び第三項（民事訴訟法第百六十条の二第一項の規定の準用に係る部分に限る。）、第百五十条第一項から第五項まで、第百五十一条から第百五十四条まで、第百五十五条第一項、第百五十七条並びに第百六十九条第三項、第四項及び第六項の規定は、第一項の判定について準用する。この場合において、第百三十五条中「審決」とあるのは「決定」と、第百四十五条第二項中「前項に規定する審判以外の審判」とあるのは「判定の審理」と、同条第六項ただし書中「公の秩序又は善良の風俗を害するおそれがあるとき」とあるのは「審判長が必要があると認めるとき」と、第百五十一条中「第百四十七条」とあるのは「第百四十七条第一項、第二項及び第三項（民事訴訟法第百六十条の二第一項の規定の準用に係る部分に限る。）」と、第百五十五条第一項中「審決が確定するまで」とあるのは「判定の謄本が送達されるまで」と読み替えるものとする。

④ 前項において読み替えて準用する第百三十五条の規定による決定に対しては、不服を申し立てることができない。

⑦ 判定は、特許庁の単なる意見の表明であって、所詮、鑑定的性質を有するにとどまる。（最判昭43・4・18民集二二・四・九三六〈加熱膨潤装置事件〉特許百選[五版]八〇）→行審一条⑤

第七一条の二（略）

（他人の特許発明等との関係）

第七二条 特許権者、専用実施権者又は通常実施権者は、その特許発明がその特許出願の日前の出願に係る他人の特許発明、登録実用新案若しくは登録意匠若しくはこれに類似する意匠を利用するものであるとき、又はその特許権がその特許出願の日前の出願に係る他人の意匠権若しくは商標権と抵触するときは、業としてその特許発明の実施をすることができない。

（共有に係る特許権）

第七三条① 特許権が共有に係るときは、各共有者は、他の共有者の同意を得なければ、その持分を譲渡し、又はその持分を目的として質権を設定することができない。

② 特許権が共有に係るときは、各共有者は、契約で別段の定をした場合を除き、他の共有者の同意を得ないでその特許発明の実施をすることができる。

③ 特許権が共有に係るときは、各共有者は、他の共有者の同意を得なければ、その特許権について専用実施権を設定し、又は他人に通常実施権を許諾することができない。

⑦ 共有に係る特許権の共有者が自ら特許発明の実施をしているというためには、当該実施行為の法的な帰属主体であることが必要であり、通常は、当該実施行為を自己の名義及び計算により行っていることが必要である。（東京地判平29・4・27【平27ワ五五六】〈ふぐ刺身機事件〉）

（特許権の移転の特例）

第七四条① 特許が第百二十三条第一項第二号に規定する要件に該当するとき（その特許が第三十八条の規定に違反してされたときに限る。）又は同項第六号に規定する要件に該当するときは、当該特許に係る発明について特許を受ける権利を有する者は、経済産業省令で定めるところにより、その特許権者に対し、当該特許権の移転を請求することができる。

② 前項の規定による請求に基づく特許権の移転の登録があつたときは、その特許権は、初めから当該登録を受けた者に帰属していたものとみなす。当該特許権に係る発明についての第六十五条第一項又は第百八十四条の十第一項の規定による請求権についても、同様とする。

③ 共有に係る特許権について第一項の規定による請求に基づきその持分を移転する場合においては、前条第一項の規定は、適用しない。

第七五条 削除

第七六条（略）

（専用実施権）

第七七条① 特許権者は、その特許権について専用実施権を設定することができる。

② 専用実施権者は、設定行為で定めた範囲内において、業としてその特許発明の実施をする権利を専有する。

③ 専用実施権は、実施の事業とともにする場合、特許権者の承諾を得た場合及び相続その他の一般承継の場合に限り、移転することができる。

④ 専用実施権者は、特許権者の承諾を得た場合に限り、その専用実施権について質権を設定し、又は他人に通常実施権を許諾することができる。

⑤ 第七十三条の規定は、専用実施権に準用する。

[1] 特許権の実施契約の締結に際し、将来当該特許が無効になっても契約金等の返還をしない旨合意されていたところ、後に当該特許が無効とされた事例において、実施権者は、発明の技術的範囲についての認識の誤りについて、実施契約に要素の錯誤があったと主張して、不当利得返還請求を行うことは許されないとされた事例（知財高判平21・1・28判時二〇四四・一三〇〈石風呂装置事件〉特許百選[四版]九四）

（通常実施権）

第七八条① 特許権者は、その特許権について他人に通常実施権を許諾することができる。

② 通常実施権者は、この法律の規定により又は設定行為で定めた範囲内において、業としてその特許発明の実施をする権利を有する。

[1] **一 通常実施権の法的性質**
許諾による通常実施権の設定を受けた者は、実施契約の範囲内で特許発明を実施することができるが、その実施権を専有するわけではなく、単に特許権者に対し実施を容認すべきことを請求する権利を有するにすぎない。（最判昭48・4・20民集二七・三・五八〇〈隧道管押抜工法事件〉特許百選[五版]一〇〇）

[2] **二 完全通常実施権の対外的効力**
完全通常実施権といえども、本来通常実施権であり、特許権者は当然には他の無承諾実施権者の行為を排除する義務を負うものではない。無権限の第三者が実施した場合にも、実施権者の実施それ自体は何ら妨げられるわけではなく、実施権者の有する権利には排他性が認められず、さらに、条文上も通常実施権者に差止請求権を認めることは困難である。第三者の利用によって独占性は妨げられるものの、実施自体には何ら支障はなく、債権者代位制度を転用する必要性も認められない。一方、完全独占的通常実施権については、権利者自身も実施しない義務を負っており、実施権者には独占の期待利益が認められ、固有の権利として損害賠償請求をなし得る。（大阪地判昭59・12・20無体一六・三・八〇三〈ヘアーブラシ意匠事件〉特許百選[五版]一〇二）

（先使用による通常実施権）

第七九条 特許出願に係る発明の内容を知らないで自らその発明をし、又は特許出願に係る発明の内容を知らないでその発明をした者から知得して、特許出願の際現に日本国内においてその発明の実施である事業をしている者又はその事業の準備をしている者は、その実施又は準備をしている発明及び事業の目的の範囲内において、その特許出願に係る特許権について通常実施権を有する。

[1] **一 発明の同一性**
先使用権が認められるためには、先使用権の主張の対象となる製品に具現された技術的思想が特許発明と同じ内容の発明でなければならない。（知財高判平30・4・4【平29ネ一〇〇九〇】〈医薬事件〉）

[2] **二 事業の準備**
本条にいう「事業の準備」とは、その発明につき、いまだ事業の実施の段階には至らないものの、即時実施の意図を有しており、かつ、その即時実施の意図が客観的に認識できる態様、程度において表明されていることを意味する。（最判昭61・10・3民集四〇・六・一〇六八〈ウォーキングビーム式加熱炉事件〉特許百選[五版]二七）

[3] **三 実施又は準備をしている発明の範囲**
実施又は準備をしている発明とは、特許出願の際に先使用権者が現に日本国内において実施又は準備していた実施形式に限定されるものではなく、その実施形式に具現されている技術的思想すなわち発明の範囲をいうものであり、したがって先使用権の効力は、特許出願の際に先使用権者が現に実施又は準備していた実施形式だけではなく、これに具現された発明と同一性を失わない範囲内における実施形式にも及ぶ。（最判昭61・10・3前出[2]）

[4] **四 実施権者の手足による先使用権の主張**
事業設備を有する他人に発注して、自己のためにのみ物品を製造させ、その引渡しを受けて、これを他に転売する場合等も、実施の事業と認められる。（最判昭44・10・17民集二三・一〇・一七七七〈地球儀型トランジスターラジオ意匠事件〉特許百選[五版]二八）

（特許権の移転の登録前の実施による通常実施権）

第七九条の二① 第七十四条第一項の規定による請求に基づく特許権の移転の登録の際現にその特許権、その特許権についての専用実施権又はその特許権若しくは専用実施権についての通常実施権を有していた者であつて、その特許権の移転の登録前に、特許が第百二十三条第一項第二号に規定する要件に該当すること（その特許が第三十八条の規定に違反してされたときに限る。）又は同項第六号に規定する要件に該当することを知らないで、日本国内において当該発明の実施である事業をしているもの又はその事業の準備をしているものは、その実施又は準備をしている発明及び事業の目的の範囲内において、その特許権について通常実施権を有する。

② 当該特許権者は、前項の規定により通常実施権を有する者から相当の対価を受ける権利を有する。

（無効審判の請求登録前の実施による通常実施権）

第八〇条① 次の各号のいずれかに該当する者であつて、特許無効審判の請求の登録前に、特許が第百二十三条第一項各号のいずれかに規定する要件に該当することを知らないで、日本国内において当該発明の実施である事業をしているもの又はその事業の準備をしているものは、その実施又は準備をしている発明及び事業の目的の範囲内において、その特許を無効にした場合における特許権又はその際現に存する専用実施権について通常実施権を有する。

一 同一の発明についての二以上の特許のうち、その一を無効にした場合における原特許権者

二 特許を無効にして同一の発明について正当権利者に特許をした場合における原特許権者

三 前二号に掲げる場合において、特許無効審判の請求の登録の際現にその無効にした特許に係る特許権についての専用実施権又はその特許権若しくは専用実施権についての通常実施権を有する者

② 当該特許権者又は専用実施権者は、前項の規定により通常実施権を有する者から相当の対価を受ける権利を有する。

第八一条及び第八二条 （略）

（不実施の場合の通常実施権の設定の裁定）

第八三条① 特許発明の実施が継続して三年以上日本国内において適当にされていないときは、その特許発明の実施をしようとする者は、特許権者又は専用実施権者に対し通常実施権の許諾について協議を求めることができる。ただし、その特許発明に係る特許出願の日から四年を経過していないときは、この限りでない。

② 前項の協議が成立せず、又は協議をすることができないときは、その特許発明の実施をしようとする者は、特許庁長官の裁定を請求することができる。

第八四条から第九一条の二まで （略）

（自己の特許発明の実施をするための通常実施権の設定の裁定）

第九二条① 特許権者又は専用実施権者は、その特許発明が第七十二条に規定する場合に該当するときは、同条の他人に対しその特許発明の実施をするための通常実施権又は実用新案権若し

くは意匠権についての通常実施権の許諾について協議を求めることができる。

② 前項の協議を求められた第七十二条の他人は、その協議を求めた特許権者又は専用実施権者に対し、これらの者がその協議により通常実施権又は実用新案権若しくは意匠権についての通常実施権の許諾を受けて実施をしようとする特許発明の範囲内において、通常実施権の許諾について協議を求めることができる。

③ 第一項の協議が成立せず、又は協議をすることができないときは、特許権者又は専用実施権者は、特許庁長官の裁定を請求することができる。

④ 第二項の協議が成立せず、又は協議をすることができない場合において、前項の裁定の請求があつたときは、第七十二条の他人は、第七項において準用する第八十四条の規定によりその者が答弁書を提出すべき期間として特許庁長官が指定した期間内に限り、特許庁長官の裁定を請求することができる。

⑤ 特許庁長官は、第三項又は前項の場合において、当該通常実施権を設定することが第七十二条の他人又は特許権者若しくは専用実施権者の利益を不当に害することとなるときは、当該通常実施権を設定すべき旨の裁定をすることができない。

⑥ 特許庁長官は、前項に規定する場合のほか、第四項の場合において、第三項の裁定の請求について通常実施権を設定すべき旨の裁定をしないときは、当該通常実施権を設定すべき旨の裁定をすることができない。

⑦ 第八十四条、第八十四条の二、第八十五条第一項及び第八十六条から前条までの規定は、第三項又は第四項の裁定に準用する。

（公共の利益のための通常実施権の設定の裁定）

第九三条① 特許発明の実施が公共の利益のため特に必要であるときは、その特許発明の実施をしようとする者は、特許権者又は専用実施権者に対し通常実施権の許諾について協議を求めることができる。

② 前項の協議が成立せず、又は協議をすることができないときは、その特許発明の実施をしようとする者は、経済産業大臣の裁定を請求することができる。

③ 第八十四条、第八十四条の二、第八十五条第一項及び第八十六条から第九十一条の二までの規定は、前項の裁定に準用する。

（通常実施権の移転等）

第九四条① 通常実施権は、第八十三条第二項、第九十二条第三項若しくは第四項若しくは前条第二項、実用新案法第二十二条第三項又は意匠法第三十三条第三項の裁定による通常実施権を除き、実施の事業とともにする場合、特許権者（専用実施権についての通常実施権にあつては、特許権者及び専用実施権者）の承諾を得た場合及び相続その他の一般承継の場合に限り、移転することができる。

② 通常実施権者は、第八十三条第二項、第九十二条第三項若しくは第四項若しくは前条第二項、実用新案法第二十二条第三項又は意匠法第三十三条第三項の裁定による通常実施権を除き、特許権者（専用実施権についての通常実施権にあつては、特許権者及び専用実施権者）の承諾を得た場合に限り、その通常実施権について質権を設定することができる。

③ 第八十三条第二項又は前条第二項の裁定による通常実施権は、実施の事業とともにする場合に限り、移転することができる。

④ 第九十二条第三項、実用新案法第二十二条第三項又は意匠法第三十三条第三項の裁定による通常実施権は、その通常実施権者の当該特許権、実用新案権又は意匠権が実施の事業とともに移転したときはこれらに従つて移転し、その特許権、実用新案権又は意匠権が実施の事業と分離して移転したとき、又は消滅したときは消滅する。

⑤ 第九十二条第四項の裁定による通常実施権は、その通常実施権者の当該特許権、実用新案権又は意匠権に従つて移転し、その特許権、実用新案権又は意匠権が消滅したときは消滅する。

⑥ 第七十三条第一項の規定は、通常実施権に準用する。

（質権）

第九五条 特許権、専用実施権又は通常実施権を目的として質権を設定したときは、質権者は、契約で別段の定をした場合を除き、当該特許発明の実施をすることができない。

第九六条 （略）

（特許権等の放棄）

第九七条① 特許権者は、専用実施権者又は質権者があるときは、これらの者の承諾を得た場合に限り、その特許権を放棄することができる。

② 専用実施権者は、質権者又は第七十七条第四項の規定による通常実施権者があるときは、これらの者の承諾を得た場合に限り、その専用実施権を放棄することができる。

③ 通常実施権者は、質権者があるときは、その承諾を得た場合に限り、その通常実施権を放棄することができる。

（登録の効果）

第九八条① 次に掲げる事項は、登録しなければ、その効力を生じない。

一 特許権の移転（相続その他の一般承継によるものを除く。）、信託による変更、放棄による消滅又は処分の制限

二 専用実施権の設定、移転（相続その他の一般承継によるものを除く。）、変更、消滅（混同又は特許権の消滅によるものを除く。）又は処分の制限

三 特許権又は専用実施権を目的とする質権の設定、移転（相続その他の一般承継によるものを除く。）、変更、消滅（混同又は担保する債権の消滅によるものを除く。）又は処分の制限

② 前項各号の相続その他の一般承継の場合は、遅滞なく、その旨を特許庁長官に届け出なければならない。

1 本条一項は、権利の得喪に伴い権利の帰属が問題となる当事者間において、当該権利の得喪の効果を認めることの支障にはならない。（知財高判令2・8・20【令2ネ一〇〇一六】）（結ばない靴ひも事件）

2 専用実施権の設定を受けていても登録を受けていない限り、専用実施権に基づいて差止め、損害賠償請求等の権利主張することは許されないが、独占的通常実施権としての効力は有する。（大阪地判昭59・12・20無体一六・三・八〇三〈ヘアーブラシ意匠事件〉特許百選[五版]一〇二）

（通常実施権の対抗力）

第九九条 通常実施権は、その発生後にその特許権若しくは専用実施権又はその特許権についての専用実施権を取得した者に対しても、その効力を有する。

第二節　権利侵害

（差止請求権）

第一〇〇条① 特許権者又は専用実施権者は、自己の特許権又は専用実施権を侵害する者又は侵害するおそれがある者に対し、その侵害の停止又は予防を請求することができる。

② 特許権者又は専用実施権者は、前項の規定による請求をするに際し、侵害の行為を組成した物（物を生産する方法の特許発明にあつては、侵害の行為により生じた物を含む。第百二条第一項において同じ。）の廃棄、侵害の行為に供した設備の除却その他の侵害の予防に必要な行為を請求することができる。

一 方法特許と本条一項に基づく請求

1 方法の発明の特許権者は、本条一項に基づき当該方法の使用の差止めを請求することができるが、物の生産方法の発明と異なり、当該方法を使用して生産された物の生産及び販売については、差止請求をすることができない。（最判平11・7・16民集五三・六・九五七〈生理活性物質測定法事件〉特許百選[五版]一）→二条5

[2] **二　本条二項にいう「侵害の予防に必要な行為」**　「侵害の予防に必要な行為」とは、特許発明の内容、現に行われ又は将来行われるおそれがある侵害行為の態様、特許権者が行使する差止請求権の具体的内容等に照らし、差止請求権の行使を実効あらしめるものであって、かつ、それが差止請求権の実現のために必要な範囲内のものであることを要する。（最判平11・7・16前出[7]、特許百選[五版]二）

[3] **三　方法の一部の第三者による実施**　複数の工程からなる方法の発明のうちの一部を自ら実施していない者であっても、他人を道具として実施しているものといえる場合には、方法を使用する者に当たる。（東京地判平13・9・20判時一七六四・一一二〈電着画像形成方法事件〉特許百選[三版]七二）

[4] 複数の工程からなる方法の発明において、相手方が途中の工程まで行い、第三者が相手方の製品を使用して、相手方の指定した方法により、相手方の作業に引き続いて残余の工程を実施している場合は、相手方と第三者は共同で方法発明を実施したといえるから、相手方は特許権の直接侵害に当たる行為をしたといえる。（大阪地判令3・2・18【平29ワ一〇七一六】〈手摺の取付装置と取付方法事件〉重判令3知財一）

[5] **四　専用実施権設定後の特許権者による差止請求の許否**　特許権者は、その特許権について専用実施権を設定したときであっても、当該特許権に基づく差止請求権を行使することができる。（最判平17・6・17民集五九・五・一〇七四〈生体高分子構造探索方法事件〉特許百選[五版]一〇三）

[6] **五　属地主義の原則**　特許法における属地主義の原則とは、各国の特許権が、その成立、移転、効力等につき当該国の法律によって定められ、特許権の効力が当該国の領域内においてのみ認められることを意味する。（最判平9・7・1民集五一・六・二二九九〈BBS事件〉特許百選[五版]二六）→六八条[7]、法適用◆【Ⅳ特許権】［三章名の後］[7]

[7] **六　FRAND宣言をしている特許による差止請求権の行使**　FRAND宣言をしている特許権による差止請求権の行使については、相手方において、特許権者がFRAND宣言をしたことに加えて、相手方がFRAND条件によるライセンスを受ける意思を有する者であることの主張立証に成功した場合には、権利の濫用に当たり許されない。（知財高決平26・5・16判時二二二四・一四六②〈iPhone仮処分事件〉特許百選[五版]三〇①）

（侵害とみなす行為）

第一〇一条　次に掲げる行為は、当該特許権又は専用実施権を侵害するものとみなす。

一　特許が物の発明についてされている場合において、業として、その物の生産にのみ用いる物の生産、譲渡等若しくは輸入又は譲渡等の申出をする行為

二　特許が物の発明についてされている場合において、その物の生産に用いる物（日本国内において広く一般に流通しているものを除く。）であつてその発明による課題の解決に不可欠なものにつき、その発明が特許発明であること及びその物がその発明の実施に用いられることを知りながら、業として、その生産、譲渡等若しくは輸入又は譲渡等の申出をする行為

三　特許が物の発明についてされている場合において、その物を業としての譲渡等又は輸出のために所持する行為

四　特許が方法の発明についてされている場合において、業として、その方法の使用にのみ用いる物の生産、譲渡等若しくは輸入又は譲渡等の申出をする行為

五　特許が方法の発明についてされている場合において、その方法の使用に用いる物（日本国内において広く一般に流通しているものを除く。）であつてその発明による課題の解決に不可欠なものにつき、その発明が特許発明であること及びその物がその発明の実施に用いられることを知りながら、業として、その生産、譲渡等若しくは輸入又は譲渡等の申出をする行為

六　特許が物を生産する方法の発明についてされている場合において、その方法により生産した物を業としての譲渡等又は輸出のために所持する行為

[1] **一　「にのみ」の意義**　特定の用途以外の用途に使用される抽象的ないしは試験的な可能性さえあれば間接侵害の規定の適用がないということになれば、その規定の趣旨が没却されることになりかねないことに徴すれば、「特許発明に係る物の生産に使用する以外の用途」は、右のような抽象的ないしは試験的な使用の可能性では足らず、社会通念上、経済的、商業的ないしは実用的であると認められる用途であることを要する。ただし、規定の仕方及び立法趣旨に照らせば、対象物件が特許発明に係る物の生産以外の用途を有するものと認められるときは、同規定の適用を求める特許権者においてその用途が社会通念上、経済的、商業的ないしは実用的なものでないことの立証責任を負う。（東京地判昭56・2・25無体一三・一・一三九〈交換レンズ事件〉特許百選[三版]七九）

[2] **二　「発明による課題の解決に不可欠なもの」**　「発明による課題の解決に不可欠なもの」とは、特許請求の範囲に記載された発明の構成要素とは異なる概念であり、当該発明の構成要素以外の物であっても、物の生産や方法の使用に用いられる物も含まれ得るが、他方、特許請求の範囲に記載された発明の構成要素であっても、その発明が解決しようとする課題とは無関係に従来から必要とされていたものは、「発明による課題の解決に不可欠なもの」には当たらない。（東京地判平16・4・23判時一八九二・八九〈プリント基板メッキ用治具事件〉）

[3] 組合せに係る特許製品の発明においては、既存の部材自体は、その発明が解決しようとする課題とは無関係に従来から必要とされていたものに過ぎず、既存の部材が当該発明のためのものとして製造販売等がされているなど、特段の事情がない限り、既存の部材は、「その発明による課題の解決に不可欠なもの」に該当しない。（東京地判平25・2・28【平23ワ一九四三五】〈ピオグリタゾン事件〉特許百選[五版]一二）

[4] **三　「その方法の使用に用いる物」**　方法の発明の使用に用いる物の生産に用いられる物の製造、譲渡等（間接の間接）については、本条五号は及ばない。（知財高判平17・9・30判時一九〇四・四七〈一太郎事件〉特許百選[五版]一六）

[5] **四　「その発明の実施に用いられることを知りながら」**　物の生産、譲渡等が特許発明の実施に用いられることを知りながらしたというためには、当該部品等の性質、その客観的利用状況、提供方法等に照らし、当該部品等を購入等する者のうち例外的とはいえない範囲の者が当該製品を特許権侵害に利用する蓋然性が高い状況が現に存在し、部品等の生産、譲渡等をする者において、そのことを認識、認容していることを要し、またそれで足りる。（大阪地判平30・12・13判時二四七八・七四〈プログラマブル・コントローラにおける異常発生時にラダー回路を表示する装置事件〉）

（損害の額の推定等）

第一〇二条①　特許権者又は専用実施権者が故意又は過失により自己の特許権又は専用実施権を侵害した者に対しその侵害により自己が受けた損害の賠償を請求する場合において、その者がその侵害の行為を組成した物を譲渡したときは、次の各号に掲げる額の合計額を、特許権者又は専用実施権者が受けた損害の額とすることができる。

一　特許権者又は専用実施権者がその侵害の行為がなければ販売することができた物の単位数量当たりの利益の額に、自己

の特許権又は専用実施権を侵害した者が譲渡した物の数量（次号において「譲渡数量」という。）のうち当該特許権者又は専用実施権者の実施の能力に応じた数量（同号において「実施相応数量」という。）を超えない部分（その全部又は一部に相当する数量を当該特許権者又は専用実施権者が販売することができないとする事情があるときは、当該事情に相当する数量（同号において「特定数量」という。）を控除した数量）を乗じて得た額

二　譲渡数量のうち実施相応数量を超える数量又は特定数量がある場合（特許権者又は専用実施権者が、当該特許権者の特許権についての専用実施権の設定若しくは通常実施権の許諾又は当該専用実施権者の専用実施権についての通常実施権の許諾をし得たと認められない場合を除く。）におけるこれらの数量に応じた当該特許権又は専用実施権に係る特許発明の実施に対し受けるべき金銭の額に相当する額

②　特許権者又は専用実施権者が故意又は過失により自己の特許権又は専用実施権を侵害した者に対しその侵害により自己が受けた損害の賠償を請求する場合において、その者がその侵害の行為により利益を受けているときは、その利益の額は、特許権者又は専用実施権者が受けた損害の額と推定する。

③　特許権者又は専用実施権者は、故意又は過失により自己の特許権又は専用実施権を侵害した者に対し、その特許発明の実施に対し受けるべき金銭の額に相当する額の金銭を、自己が受けた損害の額としてその賠償を請求することができる。

④　裁判所は、第一項第二号及び前項に規定する特許発明の実施に対し受けるべき金銭の額に相当する額を認定するに当たつては、特許権者又は専用実施権者が、自己の特許権又は専用実施権に係る特許発明の実施の対価について、当該特許権又は専用実施権の侵害があつたことを前提として当該特許権又は専用実施権を侵害した者との間で合意をするとしたならば、当該特許権者又は専用実施権者が得ることとなるその対価を考慮することができる。

⑤　第三項の規定は、同項に規定する金額を超える損害の賠償の請求を妨げない。この場合において、特許権又は専用実施権を侵害した者に故意又は重大な過失がなかつたときは、裁判所は、損害の賠償の額を定めるについて、これを参酌することができる。

一　一項

1　「侵害行為がなければ販売することができた物」

[7]　本条一項一号の「侵害行為がなければ販売することができた物」とは、侵害行為によってその販売数量に影響を受ける特許権者の製品、すなわち、侵害品と市場において競合関係に立つ特許権者の製品であれば足りる。（知財高判令2・2・28判時二四六四・六一〈美容器事件〉重判令2知財一）

[2]　特許権者が甲、乙二件の特許権を有し、そのうち甲のみについて自ら実施品αを販売していた場合において、被告製品βが乙特許の侵害品であり、かつ、αとβが市場において競合関係にある場合には、βは、「侵害の行為がなければ販売することができた物」に当たる。（東京高判平11・6・15判時一六九七・九六〈蓄熱材製造方法事件〉特許百選[四版]八三）

2　「単位数量当たりの利益額」

[3]　本条一項一号の「単位数量当たりの利益の額」は、特許権者の製品の売上高から特許権者において上記製品を製造販売することによりその製造販売に直接関連して追加的に必要となった経費を控除した限界利益の額であり、その主張立証責任は特許権者側にある。（知財高判令2・2・28前出[7]）

[4]　特許発明を実施した特許権者の製品において、特許発明の特徴部分がその一部分にすぎない場合でも、特許権者の製品の販売によって得られる限界利益の全額が特許権者の逸失利益と事実上推定されるが、当該特徴部分が原告製品の販売による利益の全てに貢献しているといえない場合は、上記事実上の推定が一部覆滅される。（知財高判令2・2・28前出[7]）

3　「実施の能力」

[5]　本条一項一号の「実施の能力」は、潜在的な能力で足り、生産委託等の方法により、侵害品の販売数量に対応する数量の製品を供給することが可能な場合も実施の能力があり、その主張立証責任は特許権者側にある。（知財高判令2・2・28前出[7]）

4　「販売することができないとする事情」

[6]　本条一項一号の「販売することができないとする事情」は、侵害行為と特許権者の製品の販売減少との相当因果関係を阻害する事情をいい、例えば、①特許権者と侵害者の業務態様や価格等に相違が存在すること（市場の非同一性）、②市場における競合品の存在、③侵害者の営業努力（ブランド力、宣伝広告）、④侵害品及び特許権者の製品の性能（機能、デザイン等特許発明以外の特徴）に相違が存在することなどの事情がこれに該当し、その主張立証責任は侵害者側にある。（知財高判令2・2・28前出[7]）

5　取引価格の下落による損害

[7]　特許権を侵害する後発医薬品の薬価収載に起因して先発医薬品の薬価及び取引価格が下落した場合には、薬価下落前の取引価格を前提として本条一項一号の損害額を算定することが許される。（東京地判平29・7・27判時二三五九・八四〈マキサカルシトール損害賠償請求事件〉）→一〇三条[2]

二　二項

1　法的性質と適用要件

[8]　本条二項は、民法の原則の下では、特許権侵害によって特許権者が被った損害の賠償を求めるためには、特許権者において、損害の発生及び額、これと特許権侵害行為との間の因果関係を主張、立証しなければならないところ、その立証等には困難が伴い、その結果、妥当な損害の塡補がされないという不都合が生じ得ることに照らして、侵害者が侵害行為によって利益を受けているときは、その利益額を特許権者の損害額と推定するとして、立証の困難性の軽減を図った規定である。同項は、損害額の立証の困難性を軽減する趣旨で設けられた規定であって、その効果も推定にすぎないことからすれば、同項を適用するための要件を、殊更厳格なものとする合理的な理由はない。したがって、特許権者に、侵害者による特許権侵害行為がなかったならば利益が得られたであろうという事情が存在する場合には、同項の適用が認められると解すべきであり、特許権者と侵害者の業務態様等に相違が存在するなどの諸事情は、推定された損害額を覆滅する事情として考慮されるのが相当である。そして、同項の適用に当たり、特許権者において、当該特許発明を実施していることを要件とするものではない。（知財高判平25・2・1判時二一七九・三六〈紙おむつ処理容器事件〉特許百選[五版]三九）

2　「侵害行為による利益」

[9]　本条二項の侵害者が侵害行為により侵害者が受けた利益の額とは、原則として、侵害者が得た利益全額であり、利益全額について同項による推定が及ぶが、侵害者の側で、侵害者が得た利益の一部又は全部について、特許権者が受けた損害との相当因果関係が欠けることを主張立証した場合には、その限度で上記推定が覆滅される。（知財高判令元・6・7判時二四三〇・三四〈二酸化炭素含有粘性組成物事件〉）

[10]　本条二項にいう利益の額は、侵害者の侵害品の製品の売上高から、侵害者において侵害品を製造販売することによりその製造販売に直接関連して追加的に必要となった経費を控除した限界利益の額であり、その主張立証責任は特許権者側にある。（知財高判令元・6・7前出[9]）

3　推定の覆滅

[11]　本条二項における推定の覆滅については、同条一項一号の事情と同様に、侵害者が主張立証責任を負うものであり、侵害者が得た利益と特許権者が受けた損害との相当因果関係を阻害する事情がこれに当たる。例えば、①特許権者と侵害者の業務態様等に相違が存在すること（市場の非同一性）、②

市場における競合品の存在、③侵害者の営業努力（ブランド力、宣伝広告）、④侵害品の性能（機能、デザイン等特許発明以外の特徴）などの事情を推定覆滅の事情として考慮することができる。特許発明が侵害品の部分のみに実施されているという事情も推定覆滅の事情として考慮することができるが、そのことをもって直ちに推定の覆滅が認められるのではなく、上記特許発明が実施されている部分の侵害品中における位置付け、当該特許発明の顧客誘引力等の事情を総合的に考慮して覆滅の可否が判断される。（知財高判令元・6・7前出⑨）

12 本条二項による損害額の推定は、他の共有者の存在により直ちに共有持分割合に応じて比例して覆滅されるということはできず、他の共有者による実施の事実及び実施割合又は他の共有者に支払うべき実施料相当額についての侵害者の主張、立証に応じて、個別に覆滅の可否を検討する必要がある。（東京地判平28・12・6判時二三三六・九二〈遮断弁事件〉）

13 特許権が他の共有者との共有であること及び他の共有者が特許発明の実施により利益を受けていることは、本条二項による推定の覆滅事由となり得るものであり、侵害者が、特許権が他の共有者との共有であることを主張立証したときは、同項による推定は他の共有者の共有持分割合による同条三項に基づく実施料相当額の損害額の限度で覆滅され、また、侵害者が、他の共有者が特許発明を実施していることを主張立証したときは、同条二項による推定は他の共有者の実施の程度（共有者間の実施による利益額の比）に応じて按分した損害額の限度で覆滅される。（知財高判令2・9・30判時二五〇八・六一〈光照射装置事件〉）→一二六条③

4 独占的通常実施権者による請求の許否

14 独占的通常実施権の侵害による損害の賠償請求の場合においても、実用新案法二九条一項［現二項。本条二項に相当］を類推適用し得る。（東京地判平10・5・29判時一六六三・一二九、特許百選[四版]九五）

三 三項

1 法的性質

15 本条三項の「その特許発明の実施に対し受けるべき金銭の額に相当する額」とは、特許権者等が侵害者から得べかりし実施料相当額をいい、不当利得（民法七〇三条）における受益者の利得の額及び権利者の損失の額に相当する。（知財高判平27・11・12判時二二八七・九一〈生海苔の共回り防止装置事件〉特許百選[五版]二三）

2 実施料率

16 本条三項による損害は、原則として、侵害品の売上高を基準とし、そこに、実施に対し受けるべき料率を乗じて算定される。実施に対して受けるべき料率は、①当該特許発明の実際の実施許諾契約における実施料率や、それが明らかでない場合には業界における実施料の相場等を考慮しつつ、②当該特許発明自体の価値すなわち特許発明の技術内容や重要性、他のものによる代替可能性、③当該特許発明を当該製品に用いた場合の売上げ及び利益への貢献や侵害の態様、④特許権者と侵害者との競業関係や特許権者の営業方針等訴訟に現れた諸事情を総合考慮して、合理的な料率として算定される。（知財高判令元・6・7前出⑨）

3 独占的通常実施権者による請求の許否

17 独占的通常実施権者が侵害によって受けた損害額について、本条三項は類推適用される。（東京地判平17・5・31判時一九六九・一〇八〈誘導電力分配システム事件〉）

4 損害不発生の抗弁

18 本条三項に基づく請求において、権利者は、損害の発生について主張立証する必要はなく、権利侵害の事実と通常受けるべき金銭の額を主張立証すれば足りるが、侵害者は、損害の発生があり得ないことを抗弁として主張できる。（最判平9・3・11民集五一・三・一〇五五〈小僧寿し商標事件〉特許百選[五版]四三）

5 FRAND宣言をしている特許による損害賠償請求権の行使

19 FRAND宣言された必須特許に基づく損害賠償請求においては、FRAND条件によるライセンス料相当額を超える請求を許すことは、当該規格に準拠しようとする者の信頼を損なうとともに特許発明を過度に保護することとなり、特許発明に係る技術の社会における幅広い利用をためらわせるなどの弊害を招き、特許法の目的である「産業の発達」（同法一条）を阻害するおそれがあり合理性を欠くものといえる。一方、必須宣言特許に基づく損害賠償請求であっても、FRAND条件によるライセンス料相当額の範囲内にある限りにおいては、その行使を制限することは、発明への意欲を削ぎ、技術の標準化の促進を阻害する弊害を招き、同様に同法の目的である「産業の発達」を阻害するおそれがあるから、合理性を欠くというべきである。（知財高判平26・5・16判時二二二四・一四六①〈iPhone事件〉特許百選[五版]三〇②）→六八条②

6 専用実施権設定後の特許権者による損害賠償請求の許否

20 専用実施権を設定した特許権者は、侵害者との間でライセンス契約を締結して実施料を取得する可能性が全く存在しないため、本条三項に基づく請求をすることはできないが、侵害行為により専用実施権者から実施料を取得する機会を失った場合には、民法七〇九条に基づく請求をすることができる。（知財高判平26・12・4判時二二七六・九〇〈フラットワーク物品を供給するための装置事件〉）

（過失の推定）
第一〇三条 他人の特許権又は専用実施権を侵害した者は、その侵害の行為について過失があつたものと推定する。

1 侵害行為をした者において、商標権者による当該商標の使用許諾を信じ、そう信じるにつき正当な理由がある場合には、過失がない。（大阪地判平29・4・10判時二三六四・八八〈観光甲子園事件〉……本条を準用する商標法三九条に関する事案）

2 本条は、均等侵害の事案にも適用される。（東京地判平29・7・27判時二三五九・八四〈マキサカルシトール損害賠償請求事件〉）→一〇二条⑦

（生産方法の推定）
第一〇四条 物を生産する方法の発明について特許がされている場合において、その物が特許出願前に日本国内において公然知られた物でないときは、その物と同一の物は、その方法により生産したものと推定する。

1 本条の推定が働くときは、原告の主張すべき要件事実は、「被告がその特許権を侵害していること」を除いた残余の事実だけで足りる。このような本条の規定が働く場合には、「被告がその特許権を侵害していること」になるのであるから、この推定を覆すためには、被告としては、単に自ら実施している方法を開示するだけでは不十分であって、更に、その方法が特許発明の方法と異なっている方法であって、特許権を侵害するものではないことまで主張し、かつ、立証しなければならない。（東京高判昭57・6・30無体一四・二・四八四〈ジピリダモール事件〉特許百選[二版]八〇）

（具体的態様の明示義務）
第一〇四条の二 特許権又は専用実施権の侵害に係る訴訟において、特許権者又は専用実施権者が侵害の行為を組成したものとして主張する物又は方法の具体的態様を否認するときは、相手方は、自己の行為の具体的態様を明らかにしなければならない。ただし、相手方において明らかにすることができない相当の理由があるときは、この限りでない。

第一〇四条の三（**特許権者等の権利行使の制限**）① 特許権又は専用実施権の侵害に係る訴訟において、当該特許が特許無効審判により又は当該特許権の存続期間の延長登録が延長登録無効審判により無効にされるべきものと認められるときは、特許権者又は専用実施権者は、相手方に対しその権利を行使することができない。

② 前項の規定による攻撃又は防御の方法については、これが審理を不当に遅延させることを目的として提出されたものと認められるときは、裁判所は、申立てにより又は職権で、却下の決定をすることができる。

③ 第百二十三条第二項の規定は、当該特許に係る発明について特許無効審判を請求することができる者以外の者が第一項の規定による攻撃又は防御の方法を提出することを妨げない。

[1] **一 無効の抗弁** 侵害訴訟の被告が無効審判請求を行い、審決取消訴訟を提起せずに無効不成立の審決を確定させた場合、同一当事者間の侵害訴訟において同一の事実及び同一の証拠に基づく無効理由を本条一項による特許無効の抗弁として主張することは、特段の事情がない限り、訴訟上の信義則に反するものであり、民訴法二条の趣旨に照らし許されない。（知財高判平30・12・18判時二四三一＝二四三二・二〇六〈美肌ローラー事件〉）

二 訂正の再抗弁

[2] 本条一項にいう「当該特許が特許無効審判により……無効にされるべきものと認められるとき」は、当該特許について訂正審判請求あるいは訂正請求がなされた場合は、将来その訂正が認められ、訂正の効力が確定したときにおいても、当該特許が無効審判により無効とされるべきものと認められるかどうかによって判断されるべきである。（東京地判平19・2・27判タ一二五三・二四一〈多関節搬送装置事件〉特許百選[五版]一三）

[3] 特許に無効理由が存在する場合であっても、①適法な訂正請求（又は訂正審判請求）がされ（訂正請求及び訂正審判請求が制限されるためにこれをすることができない場合には、訂正請求（又は訂正審判請求）できる時機には、必ずこのような訂正を請求する予定である旨の主張）、②上記訂正により無効理由が解消されるとともに、③訂正後の特許請求の範囲に対象製品が属するときは、本条一項により権利行使が制限される場合に当たらない。（知財高判平30・9・4【平29ネ一〇一〇五】〈抗ウイルス剤事件控訴審〉）

[4] 訂正の再抗弁の主張に際しては、実際に適法な訂正請求等を行っていることが訴訟上必要であり、訂正請求等が可能であるにもかかわらず、これを実施しない当事者による訂正の再抗弁の主張は許されない。なお、無効の抗弁が、実際に無効審判請求をしなくても主張できると解される一方で、訂正の再抗弁は、実際に訂正審判等をする必要が求められるが、これは、無効の抗弁が、客観的根拠を有する証拠等に基づいて主張する必要があるのに対し、訂正の再抗弁は、所定の要件さえ満たせば特許権者において随意の範囲にて主張することが可能であることに由来する相違であって、両者の扱いに不合理な差別はない。ただし、特許権者が訂正請求等を行おうとしても、それが法律上困難である場合には、公平の観点から、その事情を個別に考察して、訂正請求等の要否を決すべきである。（知財高判平26・9・17判時二二四七・一〇三〈共焦点分光分析事件〉特許百選[五版]一八）

[5] 特許権者が、事実審の口頭弁論終結時までに訂正の再抗弁を主張しなかったにもかかわらず、その後に訂正審決等が確定したことを理由に事実審の判断を争うことは、訂正の再抗弁を主張しなかったことについてやむを得ないといえるだけの特段の事情がない限り、特許権の侵害に係る紛争の解決を不当に遅延させるものとして、本条及び特許法一〇四条の四の各規定の趣旨に照らして許されない。また、原審で主張された無効の抗弁に係る無効理由とは別の無効理由に係る別件審決に対する審決取消訴訟が係属中であり、別件審決が確定していないために、上告人が、原審の口頭弁論終結時までに、当該無効の抗弁に係る無効理由を解消するための訂正審判の請求又は訂正の請求をすることが法律上できないとしても、原審において訂正の再抗弁を主張することができなかったとはいえないから、上記特段の事情があるとはいえない。（最判平29・7・10民集七一・六・八六一〈シートカッター事件〉特許百選[五版]二〇）→民訴三一二条[11]

三 二項の趣旨と対抗主張

[6] 本条二項の趣旨は、無効主張についての審理、判断によって訴訟遅延が生ずることを防ぐことにあり、このような趣旨に照らすと、無効主張を否定する「対抗主張」も、審理を不当に遅延させることを目的として提出されたものと認められれば、却下される。（最判平20・4・24民集六二・五・一二六二〈ナイフ加工装置事件〉特許百選[五版]一九）→民訴三一二条[10]

第一〇四条の四（**主張の制限**） 特許権若しくは専用実施権の侵害又は第六十五条第一項若しくは第百八十四条の十第一項に規定する補償金の支払の請求に係る訴訟の終局判決が確定した後に、次に掲げる決定又は審決が確定したときは、当該訴訟の当事者であつた者は、当該終局判決に対する再審の訴え（当該訴訟を本案とする仮差押命令事件の債権者に対する損害賠償の請求を目的とする訴え並びに当該訴訟を本案とする仮処分命令事件の債権者に対する損害賠償及び不当利得返還の請求を目的とする訴えを含む。）において、当該決定又は審決が確定したことを主張することができない。

一 当該特許を取り消すべき旨の決定又は無効にすべき旨の審決

二 当該特許権の存続期間の延長登録を無効にすべき旨の審決

三 当該特許の願書に添付した明細書、特許請求の範囲又は図面の訂正をすべき旨の決定又は審決であつて政令で定めるもの

第一〇五条（**書類の提出等**）① 裁判所は、特許権又は専用実施権の侵害に係る訴訟においては、当事者の申立てにより、当事者に対し、当該侵害行為について立証するため、又は当該侵害の行為による損害の計算をするため必要な書類の提出を命ずることができる。ただし、その書類の所持者においてその提出を拒むことについて正当な理由があるときは、この限りでない。

② 裁判所は、前項本文の申立てに係る書類が同項本文の書類に該当するかどうか又は同項ただし書に規定する正当な理由があるかどうかの判断をするため必要があると認めるときは、書類の所持者にその提示をさせることができる。この場合においては、何人も、その提示された書類の開示を求めることができない。

③ 裁判所は、前項の場合において、第一項本文の申立てに係る書類が同項本文の書類に該当するかどうか又は同項ただし書に規定する正当な理由があるかどうかについて前項後段の書類を開示してその意見を聴くことが必要であると認めるときは、当事者等（当事者（法人である場合にあつては、その代表者）又は当事者の代理人（訴訟代理人及び補佐人を除く。）、使用人その他の従業者をいう。以下同じ。）、訴訟代理人又は補佐人に対し、当該書類を開示することができる。

④ 裁判所は、第二項の場合において、同項後段の書類を開示して専門的な知見に基づく説明を聴くことが必要であると認めるときは、当事者の同意を得て、専門委員（民事訴訟法第一編第五章第二節第一款に規定する専門委員をいう。第百五条の二の六第四項において同じ。）に対し、当該書類を開示することができる。

⑤ 前各項の規定は、特許権又は専用実施権の侵害に係る訴訟に

おける当該侵害行為について立証するため必要な検証の目的の提示について準用する。

＊令和四法四八（令和八・五・二四までに施行）による改正後

（書類の提出等）

第一〇五条① 裁判所は、特許権又は専用実施権の侵害に係る訴訟においては、当事者の申立てにより、当事者に対し、当該侵害行為について立証するため、又は当該侵害の行為による損害の計算をするため必要な書類又は電磁的記録（電子的方式、磁気的方式その他人の知覚によつては認識することができない方式で作られる記録であつて、電子計算機による情報処理の用に供されるものをいう。以下同じ。）の提出を命ずることができる。ただし、その書類の所持者又はその電磁的記録を利用する権限を有する者においてその提出を拒むことについて正当な理由があるときは、この限りでない。

② 裁判所は、前項本文の申立てに係る書類若しくは電磁的記録が同項本文の書類若しくは電磁的記録に該当するかどうか又は同項ただし書に規定する正当な理由があるかどうかの判断をするため必要があると認めるときは、書類の所持者又は電磁的記録を利用する権限を有する者にその提示をさせることができる。この場合においては、何人も、その提示された書類又は電磁的記録の開示を求めることができない。

③ 裁判所は、前項の場合において、第一項本文の申立てに係る書類若しくは電磁的記録が同項本文の書類若しくは電磁的記録に該当するかどうか又は同項ただし書に規定する正当な理由があるかどうかについて前項後段の書類又は電磁的記録を開示してその意見を聴くことが必要であると認めるときは、当事者等（当事者（法人である場合にあつては、その代表者）又は当事者の代理人（訴訟代理人及び補佐人を除く。）、使用人その他の従業者をいう。以下同じ。）、訴訟代理人又は補佐人に対し、当該書類又は当該電磁的記録を開示することができる。

④ 裁判所は、第二項の場合において、同項後段の書類又は電磁的記録を開示して専門的な知見に基づく説明を聴くことが必要であると認めるときは、当事者の同意を得て、専門委員（民事訴訟法第一編第五章第二節第一款に規定する専門委員をいう。第百五条の二の六第四項において同じ。）に対し、当該書類又は当該電磁的記録を開示することができる。

⑤ （略）

（査証人に対する査証の命令）

第一〇五条の二① 裁判所は、特許権又は専用実施権の侵害に係る訴訟においては、当事者の申立てにより、立証されるべき事実の有無を判断するため、相手方が所持し、又は管理する書類又は装置その他の物（以下「書類等」という。）について、確認、作動、計測、実験その他の措置をとることによる証拠の収集が必要であると認められる場合において、特許権又は専用実施権を相手方が侵害したことを疑うに足りる相当な理由があると認められ、かつ、申立人が自ら又は他の手段によつては、当該証拠の収集を行うことができないと見込まれるときは、相手方の意見を聴いて、査証人に対し、査証を命ずることができる。ただし、当該証拠の収集に要すべき時間又は査証を受けるべき当事者の負担が不相当なものとなることその他の事情により、相当でないと認めるときは、この限りでない。

② 査証の申立ては、次に掲げる事項を記載した書面でしなければならない。

一 特許権又は専用実施権を相手方が侵害したことを疑うに足りる相当な理由があると認められるべき事由

二 査証の対象とすべき書類等を特定するに足りる事項及び書類等の所在地

三 立証されるべき事実及びこれと査証により得られる証拠との関係

四 申立人が自ら又は他の手段によつては、前号に規定する証拠の収集を行うことができない理由

五 第百五条の二の四第二項の裁判所の許可を受けようとする場合にあつては、当該許可に係る措置及びその必要性

③ 裁判所は、第一項の規定による命令をした後において、同項ただし書に規定する事情により査証をすることが相当でないと認められるに至つたときは、その命令を取り消すことができる。

④ 査証の命令の申立てについての決定に対しては、即時抗告をすることができる。

（査証人の指定等）

第一〇五条の二の二① 査証は、査証人がする。

② 査証人は、裁判所が指定する。

③ 裁判所は、円滑に査証をするために必要と認められるときは、当事者の申立てにより、執行官に対し、査証人が査証をするに際して必要な援助をすることを命ずることができる。

（忌避）

第一〇五条の二の三① 査証人について誠実に査証をすることを妨げるべき事情があるときは、当事者は、その査証人が査証をする前に、これを忌避することができる。査証人が査証をした場合であつても、その後に、忌避の原因が生じ、又は当事者がその原因があることを知つたときは、同様とする。

② 民事訴訟法第二百十四条第二項から第四項までの規定は、前項の忌避の申立て及びこれに対する決定について準用する。この場合において、同条第二項中「受訴裁判所、受命裁判官又は受託裁判官」とあるのは、「裁判所」と読み替えるものとする。

（査証）

第一〇五条の二の四① 査証人は、第百五条の二第一項の規定による命令が発せられたときは、査証をし、その結果についての報告書（以下「査証報告書」という。）を作成し、これを裁判所に提出しなければならない。

② 査証人は、査証をするに際し、査証の対象とすべき書類等が所在する査証を受ける当事者の工場、事務所その他の場所（次項及び次条において「工場等」という。）に立ち入り、又は査証を受ける当事者に対し、質問をし、若しくは書類等の提示を求めることができるほか、装置の作動、計測、実験その他査証のために必要な措置として裁判所の許可を受けた措置をとることができる。

③ 執行官は、第百五条の二の二第三項の必要な援助をするに際し、査証の対象とすべき書類等が所在する査証を受ける当事者の工場等に立ち入り、又は査証を受ける当事者に対し、査証人を補助するため、質問をし、若しくは書類等の提示を求めることができる。

④ 前二項の場合において、査証を受ける当事者は、査証人及び執行官に対し、査証に必要な協力をしなければならない。

＊令和四法四八（令和八・五・二四までに施行）による改正後

⑤ 第一項の規定により裁判所に提出された査証報告書については、民事訴訟法第百三十二条の十三の規定は、適用しない。

（改正により追加）

（査証を受ける当事者が工場等への立入りを拒む場合等の効果）

第一〇五条の二の五 査証を受ける当事者が前条第二項の規定による査証人の工場等への立入りの要求若しくは質問若しくは書類等の提示の要求又は装置の作動、計測、実験その他査証のために必要な措置として裁判所の許可を受けた措置の要求に対し、正当な理由なくこれらに応じないときは、裁判所は、立証されるべき事実に関する申立人の主張を真実と認めることができる。

（査証報告書の写しの送達等）

第一〇五条の二の六① 裁判所は、査証報告書が提出されたときは、その写しを、査証を受けた当事者に送達しなければならない。

② 査証を受けた当事者は、査証報告書の写しの送達を受けた日から二週間以内に、査証報告書の全部又は一部を申立人に開示しないことを申し立てることができる。

③ 裁判所は、前項の規定による申立てがあつた場合において、

正当な理由があると認めるときは、決定で、査証報告書の全部又は一部を申立人に開示しないこととすることができる。

④ 裁判所は、前項に規定する正当な理由があるかどうかについて査証報告書の全部又は一部を開示してその意見を聴くことが必要であると認めるときは、当事者等、訴訟代理人、補佐人又は専門委員に対し、査証報告書の全部又は一部を開示することができる。ただし、当事者等、補佐人又は専門委員に対し、査証報告書の全部又は一部を開示するときは、あらかじめ査証を受けた当事者の同意を得なければならない。

⑤ 第二項の規定による申立てを却下する決定及び第三項の査証報告書の全部又は一部を開示しないこととする決定に対しては、即時抗告をすることができる。

（査証報告書の閲覧等）

第一〇五条の二の七① 申立人及び査証を受けた当事者は、前条第二項に規定する期間内に査証を受けた当事者の申立てがなかつたとき、又は同項の規定による申立てについての裁判が確定したときは、裁判所書記官に対し、同条第三項の規定により全部を開示しないこととされた場合を除き、査証報告書（同項の規定により一部を開示しないこととされた場合にあつては、当該一部の記載を除く。）の閲覧若しくは謄写又はその正本、謄本若しくは抄本の交付を請求することができる。

② 前項に規定する場合のほか、何人も、その提出された査証報告書の閲覧若しくは謄写、その正本、謄本若しくは抄本の交付又はその複製を求めることができない。

③ 民事訴訟法第九十一条第四項及び第五項の規定は、第一項に規定する査証報告書について準用する。この場合において、同条第四項中「前項」とあるのは「特許法第百五条の二の七第一項」と、「当事者又は利害関係を疎明した第三者」とあるのは「申立人又は査証を受けた当事者」と読み替えるものとする。

（査証人の証言拒絶権）

第一〇五条の二の八① 査証人又は査証人であつた者が査証に関して知得した秘密に関する事項について証人として尋問を受ける場合には、その証言を拒むことができる。

② 民事訴訟法第百九十七条第二項の規定は、前項の場合に準用する。

（査証人の旅費等）

第一〇五条の二の九 査証人に関する旅費、日当及び宿泊料並びに査証料及び査証に必要な費用については、その性質に反しない限り、民事訴訟費用等に関する法律（昭和四十六年法律第四十号）中これらに関する規定の例による。

（最高裁判所規則への委任）

第一〇五条の二の一〇 この法律に定めるもののほか、第百五条の二から前条までの規定の実施に関し必要な事項は、最高裁判所規則で定める。

（第三者の意見）

第一〇五条の二の一一① 民事訴訟法第六条第一項各号に定める裁判所は、特許権又は専用実施権の侵害に係る訴訟の第一審において、当事者の申立てにより、必要があると認めるときは、他の当事者の意見を聴いて、広く一般に対し、当該事件に関するこの法律の適用その他の必要な事項について、相当の期間を定めて、意見を記載した書面の提出を求めることができる。

② 民事訴訟法第六条第一項各号に定める裁判所が第一審としてした特許権又は専用実施権の侵害に係る訴訟についての終局判決に対する控訴が提起された東京高等裁判所は、当該控訴に係る訴訟において、当事者の申立てにより、必要があると認めるときは、他の当事者の意見を聴いて、広く一般に対し、当該事件に関するこの法律の適用その他の必要な事項について、相当の期間を定めて、意見を記載した書面の提出を求めることができる。

③ 当事者は、裁判所書記官に対し、前二項の規定により提出された書面の閲覧若しくは謄写又はその正本、謄本若しくは抄本の交付を請求することができる。

④ 民事訴訟法第九十一条第五項の規定は、第一項及び第二項の規定により提出された書面の閲覧及び謄写について準用する。

＊令和四法四八（令和八・五・二四までに施行）**による改正後**

（第三者の意見）

第一〇五条の二の一一① 民事訴訟法第六条第一項各号に定める裁判所は、特許権又は専用実施権の侵害に係る訴訟の第一審において、当事者の申立てにより、必要があると認めるときは、他の当事者の意見を聴いて、広く一般に対し、当該事件に関するこの法律の適用その他の必要な事項について、相当の期間を定めて、その者の選択により書面又は電磁的方法（民事訴訟法第百三十二条の二第一項に規定する電磁的方法をいう。以下この条において同じ。）のいずれかにより意見を提出することを求めることができる。

② 民事訴訟法第六条第一項各号に定める裁判所が第一審としてした特許権又は専用実施権の侵害に係る訴訟についての終局判決に対する控訴が提起された東京高等裁判所は、当該控訴に係る訴訟において、当事者の申立てにより、必要があると認めるときは、他の当事者の意見を聴いて、広く一般に対し、当該事件に関するこの法律の適用その他の必要な事項について、相当の期間を定めて、その者の選択により書面又は電磁的方法のいずれかにより意見を提出することを求めることができる。

③ 当事者は、裁判所書記官に対し、前二項の規定により提出された書面の閲覧若しくは謄写若しくはその正本、謄本若しくは抄本の交付又はこれらの規定により電磁的方法によつて提出された意見に係る電磁的記録の閲覧若しくは複写若しくはその内容の全部若しくは一部を証明した書面の交付若しくはその内容の全部若しくは一部を証明した電磁的記録の提供を請求することができる。

④ 民事訴訟法第九十一条第五項（同法第九十一条の二第四項において準用する場合を含む。）の規定は、第一項及び第二項の規定により提出された書面の閲覧及び謄写並びにこれらの規定により電磁的方法によつて提出された意見に係る電磁的記録の閲覧及び複写について準用する。

⑤ 第一項及び第二項の規定により裁判所に提出された書面及び電磁的記録を記録した記録媒体については、民事訴訟法第百三十二条の十三の規定は、適用しない。（改正により追加）

（損害計算のための鑑定）

第一〇五条の二の一二 特許権又は専用実施権の侵害に係る訴訟において、当事者の申立てにより、裁判所が当該侵害の行為による損害の計算をするため必要な事項について鑑定を命じたときは、当事者は、鑑定人に対し、当該鑑定をするため必要な事項について説明しなければならない。

（相当な損害額の認定）

第一〇五条の三 特許権又は専用実施権の侵害に係る訴訟において、損害が生じたことが認められる場合において、損害額を立証するために必要な事実を立証することが当該事実の性質上極めて困難であるときは、裁判所は、口頭弁論の全趣旨及び証拠調べの結果に基づき、相当な損害額を認定することができる。

（秘密保持命令）

第一〇五条の四① 裁判所は、特許権又は専用実施権の侵害に係る訴訟において、その当事者が保有する営業秘密（不正競争防止法（平成五年法律第四十七号）第二条第六項に規定する営業秘密をいう。以下同じ。）について、次に掲げる事由のいずれにも該当することにつき疎明があつた場合には、当事者の申立てにより、決定で、当事者等、訴訟代理人又は補佐人に対し、当該営業秘密を当該訴訟の追行の目的以外の目的で使用し、又は当該営業秘密に係るこの項の規定による命令を受けた者以外の者に開示してはならない旨を命ずることができる。ただし、その申立ての時までに当事者等、訴訟代理人又は補佐人が第一号に規定する準備書面の閲読又は同号に規定する証拠の取調べ若しくは開示以外の方法により当該営業秘密を取得し、又は保有していた場合は、この限りでない。

一 既に提出され若しくは提出されるべき準備書面に当事者の保有する営業秘密が記載され、又は既に取り調べられ若しくは取り調べられるべき証拠（第百五条第三項の規定により開示された書類、第百五条の二の四第一項の規定により提出された査証報告書の全部若しくは一部又は第百五条の七第四項の規定により開示された書面を含む。）の内容に当事者の保有する営業秘密が含まれること。

＊令和四法四八（令和八・五・二四までに施行）による改正
第一号中「書類」を「書類若しくは電磁的記録」に、「書面を」を「書面若しくは電磁的記録を」に改める。（本文未織込み）

二　前号の営業秘密が当該訴訟の追行の目的以外の目的で使用され、又は当該営業秘密が開示されることにより、当該営業秘密に基づく当事者の事業活動に支障を生ずるおそれがあり、これを防止するため当該営業秘密の使用又は開示を制限する必要があること。

②　前項の規定による命令（以下「秘密保持命令」という。）の申立ては、次に掲げる事項を記載した書面でしなければならない。

一　秘密保持命令を受けるべき者

二　秘密保持命令の対象となるべき営業秘密を特定するに足りる事実

三　前項各号に掲げる事由に該当する事実

③　秘密保持命令が発せられた場合には、その決定書を秘密保持命令を受けた者に送達しなければならない。

＊令和四法四八（令和八・五・二四までに施行）による改正後
③　秘密保持命令が発せられた場合には、その電子決定書（民事訴訟法第百二十二条において準用する同法第二百五十二条第一項の規定により作成された電磁的記録（同法第百二十二条において準用する同法第二百五十三条第二項の規定により裁判所の使用に係る電子計算機（入出力装置を含む。）に備えられたファイルに記録されたものに限る。）をいう。次項及び次条第二項において同じ。）を秘密保持命令を受けた者に送達しなければならない。

④　秘密保持命令は、秘密保持命令を受けた者に対する決定書の送達がされた時から、効力を生ずる。

＊令和四法四八（令和八・五・二四までに施行）による改正
第四項中「決定書」を「電子決定書」に改める。（本文未織込み）

⑤　秘密保持命令の申立てを却下した裁判に対しては、即時抗告をすることができる。

1　特許権侵害差止仮処分事件は、本条一項にいう「侵害に係る訴訟」に当たる。（最決平21・1・27民集六三・一・二七一〈液晶モニター事件〉特許百選五版四六）

（秘密保持命令の取消し）

第一〇五条の五①　秘密保持命令の申立てをした者又は秘密保持命令を受けた者は、訴訟記録の存する裁判所（訴訟記録の存する裁判所がない場合にあっては、秘密保持命令を発した裁判所）に対し、前条第一項に規定する要件を欠くこと又はこれを欠くに至ったことを理由として、秘密保持命令の取消しの申立てをすることができる。

②　秘密保持命令の取消しの申立てについての裁判があった場合には、その決定書をその申立てをした者及び相手方に送達しなければならない。

＊令和四法四八（令和八・五・二四までに施行）による改正
第二項中「決定書」を「電子決定書」に改める。（本文未織込み）

③　秘密保持命令の取消しの申立てについての裁判に対しては、即時抗告をすることができる。

④　秘密保持命令を取り消す裁判は、確定しなければその効力を生じない。

⑤　裁判所は、秘密保持命令を取り消す裁判をした場合において、秘密保持命令の取消しの申立てをした者又は相手方以外に当該秘密保持命令が発せられた訴訟において当該営業秘密に係る秘密保持命令を受けている者があるときは、その者に対し、直ちに、秘密保持命令を取り消す裁判をした旨を通知しなければならない。

（訴訟記録の閲覧等の請求の通知等）

第一〇五条の六①　秘密保持命令が発せられた訴訟（すべての秘密保持命令が取り消された訴訟を除く。）に係る訴訟記録につき、民事訴訟法第九十二条第一項の決定があった場合において、当事者から同項に規定する秘密記載部分の閲覧等の請求があり、かつ、その請求の手続を行った者が当該訴訟において秘密保持命令を受けていない者であるときは、裁判所書記官は、同項の申立てをした当事者（その請求をした者を除く。第三項において同じ。）に対し、その請求後直ちに、その請求があった旨を通知しなければならない。

②　前項の場合において、裁判所書記官は、同項の請求があった日から二週間を経過する日までの間（その請求の手続を行った者に対する秘密保持命令の申立てがその日までにされた場合にあっては、その申立てについての裁判が確定するまでの間）、その請求の手続を行った者に同項の秘密記載部分の閲覧等をさせてはならない。

③　前二項の規定は、第一項の請求をした者に同項の秘密記載部分の閲覧等をさせることについて民事訴訟法第九十二条第一項の申立てをした当事者のすべての同意があるときは、適用しない。

（当事者尋問等の公開停止）

第一〇五条の七①　特許権又は専用実施権の侵害に係る訴訟における当事者等が、その侵害の有無についての判断の基礎となる事項であって当事者の保有する営業秘密に該当するものについて、当事者本人若しくは法定代理人又は証人として尋問を受ける場合においては、裁判所は、裁判官の全員一致により、その当事者等が公開の法廷で当該事項について陳述をすることにより当該営業秘密に基づく当事者の事業活動に著しい支障を生ずることが明らかであることから当該事項について十分な陳述をすることができず、かつ、当該陳述を欠くことにより他の証拠のみによっては当該事項を判断の基礎とすべき特許権又は専用実施権の侵害の有無についての適正な裁判をすることができないと認めるときは、決定で、当該事項の尋問を公開しないで行うことができる。

②　裁判所は、前項の決定をするに当たっては、あらかじめ、当事者等の意見を聴かなければならない。

③　裁判所は、前項の場合において、必要があると認めるときは、当事者等にその陳述すべき事項の要領を記載した書面の提示をさせることができる。この場合においては、何人も、その提示された書面の開示を求めることができない。

＊令和四法四八（令和八・五・二四までに施行）による改正
第三項中「記載した書面」の下に「又はこれに記載すべき事項を記録した電磁的記録」を、「提示された書面」の下に「又は電磁的記録」を加える。（本文未織込み）

④　裁判所は、前項後段の書面を開示してその意見を聴くことが必要であると認めるときは、当事者等、訴訟代理人又は補佐人に対し、当該書面を開示することができる。

＊令和四法四八（令和八・五・二四までに施行）による改正
第四項中「の書面」の下に「又は電磁的記録」を、「当該書面」の下に「又は当該電磁的記録」を加える。（本文未織込み）

⑤　裁判所は、第一項の規定により当該事項の尋問を公開しない

で行うときは、公衆を退廷させる前に、その旨を理由とともに言い渡さなければならない。当該事項の尋問が終了したときは、再び公衆を入廷させなければならない。

（**信用回復の措置**）
第一〇六条　故意又は過失により特許権又は専用実施権を侵害したことにより特許権者又は専用実施権者の業務上の信用を害した者に対しては、裁判所は、特許権者又は専用実施権者の請求により、損害の賠償に代え、又は損害の賠償とともに、特許権者又は専用実施権者の業務上の信用を回復するのに必要な措置を命ずることができる。

第三節　特許料（抄）

（**特許料**）
第一〇七条①　特許権の設定の登録を受ける者又は特許権者は、特許料として、特許権の設定の登録の日から第六十七条第一項に規定する存続期間（同条第四項の規定により延長されたときは、その延長の期間を加えたもの）の満了までの各年について、一件ごとに、六万千六百円を超えない範囲内で政令で定める額に一請求項につき四千八百円を超えない範囲内で政令で定める額を加えた額を納付しなければならない。
②　前項の規定は、国に属する特許権には、適用しない。
③　第一項の特許料は、特許権が国又は第百九条若しくは第百九条の二の規定若しくは他の法令の規定による特許料の軽減若しくは免除（以下この項において「減免」という。）を受ける者を含む者の共有に係る場合であつて持分の定めがあるときは、第一項の規定にかかわらず、国以外の各共有者ごとに同項に規定する特許料の金額（減免を受ける者にあつては、その減免後の金額）にその持分の割合を乗じて得た額を合算して得た額とし、国以外の者がその額を納付しなければならない。
④　前項の規定により算定した特許料の金額に十円未満の端数があるときは、その端数は、切り捨てる。
⑤　第一項の特許料の納付は、経済産業省令で定めるところにより、特許印紙をもつてしなければならない。ただし、経済産業省令で定める場合には、経済産業省令で定めるところにより、現金をもつて納めることができる。
第一〇八条から第一一二条の三まで　（略）

第五章　特許異議の申立て

（**特許異議の申立て**）
第一一三条　何人も、特許掲載公報の発行の日から六月以内に限り、特許庁長官に、特許が次の各号のいずれかに該当することを理由として特許異議の申立てをすることができる。この場合において、二以上の請求項に係る特許については、請求項ごとに特許異議の申立てをすることができる。
一　その特許が第十七条の二第三項に規定する要件を満たしていない補正をした特許出願（外国語書面出願を除く。）に対してされたこと。
二　その特許が第二十五条、第二十九条、第二十九条の二、第三十二条又は第三十九条第一項から第四項までの規定に違反してされたこと。
三　その特許が条約に違反してされたこと。
四　その特許が第三十六条第四項第一号又は第六項（第四号を除く。）に規定する要件を満たしていない特許出願に対してされたこと。
五　外国語書面出願に係る特許の願書に添付した明細書、特許請求の範囲又は図面に記載した事項が外国語書面に記載した事項の範囲内にないこと。

（**決定**）
第一一四条①　特許異議の申立てについての審理及び決定は、三人又は五人の審判官の合議体が行う。
②　審判官は、特許異議の申立てに係る特許が前条各号のいずれかに該当すると認めるときは、その特許を取り消すべき旨の決定（以下「取消決定」という。）をしなければならない。
③　取消決定が確定したときは、その特許権は、初めから存在しなかつたものとみなす。
④　審判官は、特許異議の申立てに係る特許が前条各号のいずれかに該当すると認めないときは、その特許を維持すべき旨の決定をしなければならない。
⑤　前項の決定に対しては、不服を申し立てることができない。

（**申立ての方式等**）
第一一五条①　特許異議の申立てをする者は、次に掲げる事項を記載した特許異議申立書を特許庁長官に提出しなければならない。
一　特許異議申立人及び代理人の氏名又は名称及び住所又は居所
二　特許異議の申立てに係る特許の表示
三　特許異議の申立ての理由及び必要な証拠の表示
②　前項の規定により提出した特許異議申立書の補正は、その要旨を変更するものであつてはならない。ただし、第百十三条に規定する期間が経過する時又は第百二十条の五第一項の規定による通知がある時のいずれか早い時までにした前項第三号に掲げる事項についてする補正は、この限りでない。
③　審判長は、特許異議申立書の副本を特許権者に送付しなければならない。
④　第百二十三条第四項の規定は、特許異議の申立てがあつた場合に準用する。

（**審判官の指定等**）
第一一六条　第百三十六条第二項及び第百三十七条から第百四十四条までの規定は、第百十四条第一項の合議体及びこれを構成する審判官に準用する。

（**審判書記官**）
第一一七条①　特許庁長官は、各特許異議申立事件について審判書記官を指定しなければならない。
②　第百四十四条の二第三項から第五項までの規定は、前項の審判書記官に準用する。

（**審理の方式等**）
第一一八条①　特許異議の申立てについての審理は、書面審理による。
②　共有に係る特許権の特許権者の一人について、特許異議の申立てについての審理及び決定の手続の中断又は中止の原因があるときは、その中断又は中止は、共有者全員についてその効力を生ずる。

（**参加**）
第一一九条①　特許権についての権利を有する者その他特許権に関し利害関係を有する者は、特許異議の申立てについての決定があるまでは、特許権者を補助するため、その審理に参加することができる。
②　第百四十八条第四項及び第五項並びに第百四十九条の規定は、前項の規定による参加人に準用する。

（**証拠調べ及び証拠保全**）
第一二〇条　第百五十条及び第百五十一条の規定は、特許異議の申立てについての審理における証拠調べ及び証拠保全に準用する。

（**職権による審理**）
第一二〇条の二①　特許異議の申立てについての審理においては、特許権者、特許異議申立人又は参加人が申し立てない理由についても、審理することができる。
②　特許異議の申立てについての審理においては、特許異議の申立てがされていない請求項については、審理することができない。

（**申立ての併合又は分離**）
第一二〇条の三①　同一の特許権に係る二以上の特許異議の申立てについては、その審理は、特別の事情がある場合を除き、併合するものとする。
②　前項の規定により審理を併合したときは、更にその審理の分離をすることができる。

（申立ての取下げ）

第一二〇条の四①　特許異議の申立ては、次条第一項の規定による通知があつた後は、取り下げることができない。

②　第百五十五条第三項の規定は、特許異議の申立ての取下げに準用する。

（意見書の提出等）

第一二〇条の五①　審判長は、取消決定をしようとするときは、特許権者及び参加人に対し、特許の取消しの理由を通知し、相当の期間を指定して、意見書を提出する機会を与えなければならない。

②　特許権者は、前項の規定により指定された期間内に限り、願書に添付した明細書、特許請求の範囲又は図面の訂正を請求することができる。ただし、その訂正は、次に掲げる事項を目的とするものに限る。

一　特許請求の範囲の減縮

二　誤記又は誤訳の訂正

三　明瞭でない記載の釈明

四　他の請求項の記載を引用する請求項の記載を当該他の請求項の記載を引用しないものとすること。

③　二以上の請求項に係る願書に添付した特許請求の範囲の訂正をする場合には、請求項ごとに前項の訂正の請求をすることができる。ただし、特許異議の申立てが請求項ごとにされた場合にあつては、請求項ごとに同項の訂正の請求をしなければならない。

④　前項の場合において、当該請求項の中に一の請求項の記載を他の請求項が引用する関係その他経済産業省令で定める関係を有する一群の請求項（以下「一群の請求項」という。）があるときは、当該一群の請求項ごとに当該請求をしなければならない。

⑤　審判長は、第一項の規定により指定した期間内に第二項の訂正の請求があつたときは、第一項の規定により通知した特許の取消しの理由を記載した書面並びに訂正の請求書及びこれに添付された訂正した明細書、特許請求の範囲又は図面の副本を特許異議申立人に送付し、相当の期間を指定して、意見書を提出する機会を与えなければならない。ただし、特許異議申立人から意見書の提出を希望しない旨の申出があるとき、又は特許異議申立人に意見書を提出する機会を与える必要がないと認められる特別の事情があるときは、この限りでない。

⑥　審判長は、第二項の訂正の請求が同項ただし書各号に掲げる事項を目的とせず、又は第九項において読み替えて準用する第百二十六条第五項から第七項までの規定に適合しないときは、特許権者及び参加人にその理由を通知し、相当の期間を指定して、意見書を提出する機会を与えなければならない。

⑦　第二項の訂正の請求がされた場合において、その特許異議申立事件において先にした訂正の請求があるときは、当該先の請求は、取り下げられたものとみなす。

⑧　第二項の訂正の請求は、同項の訂正の請求書に添付された訂正した明細書、特許請求の範囲又は図面について第十七条の五第一項の補正をすることができる期間内に限り、取り下げることができる。この場合において、第二項の訂正の請求を第三項又は第四項の規定により請求項ごとに又は一群の請求項ごとにしたときは、その全ての請求を取り下げなければならない。

⑨　第百二十六条第四項から第七項まで、第百二十七条、第百二十八条、第百三十一条第一項、第三項及び第四項、第百三十一条の二第一項、第百三十二条第三項及び第四項並びに第百三十三条第一項、第三項及び第四項の規定は、第二項の場合に準用する。この場合において、第百二十六条第七項中「第一項ただし書第一号又は第二号」とあるのは、「特許異議の申立てがされていない請求項に係る第一項ただし書第一号又は第二号」と読み替えるものとする。

（決定の方式）

第一二〇条の六①　特許異議の申立てについての決定は、次に掲げる事項を記載した文書をもつて行わなければならない。

一　特許異議申立事件の番号

二　特許権者、特許異議申立人及び参加人並びに代理人の氏名又は名称及び住所又は居所

三　決定に係る特許の表示

四　決定の結論及び理由

五　決定の年月日

②　特許庁長官は、決定があつたときは、決定の謄本を特許権者、特許異議申立人、参加人及び特許異議の申立てについての審理に参加を申請してその申請を拒否された者に送達しなければならない。

（決定の確定範囲）

第一二〇条の七　特許異議の申立てについての決定は、特許異議申立事件ごとに確定する。ただし、次の各号に掲げる場合には、それぞれ当該各号に定めるところにより確定する。

一　請求項ごとに特許異議の申立てがされた場合であつて、一群の請求項ごとに第百二十条の五第二項の訂正の請求がされた場合　当該一群の請求項ごと

二　請求項ごとに特許異議の申立てがされた場合であつて、前号に掲げる場合以外の場合　当該請求項ごと

（審判の規定等の準用）

第一二〇条の八①　第百三十三条、第百三十三条の二、第百三十四条第四項、第百三十五条、第百五十二条、第百六十八条、第百六十九条第三項から第六項まで及び第百七十条の規定は、特許異議の申立てについての審理及び決定に準用する。

②　第百十四条第五項の規定は、前項において準用する第百三十五条の規定による決定に準用する。

第六章　審判（抄）

（拒絶査定不服審判）

第一二一条①　拒絶をすべき旨の査定を受けた者は、その査定に不服があるときは、その査定の謄本の送達があつた日から三月以内に拒絶査定不服審判を請求することができる。

②　拒絶査定不服審判を請求する者がその責めに帰することができない理由により前項に規定する期間内にその請求をすることができないときは、同項の規定にかかわらず、その理由がなくなつた日から十四日（在外者にあつては、二月）以内でその期間の経過後六月以内にその請求をすることができる。

第一二二条　削除

（特許無効審判）

第一二三条①　特許が次の各号のいずれかに該当するときは、その特許を無効にすることについて特許無効審判を請求することができる。この場合において、二以上の請求項に係るものについては、請求項ごとに請求することができる。

一　その特許が第十七条の二第三項に規定する要件を満たしていない補正をした特許出願（外国語書面出願を除く。）に対してされたとき。

二　その特許が第二十五条、第二十九条、第二十九条の二、第三十二条、第三十八条又は第三十九条第一項から第四項までの規定に違反してされたとき（その特許が第三十八条の規定に違反してされた場合にあつては、第七十四条第一項の規定による請求に基づき、その特許に係る特許権の移転の登録があつたときを除く。）。

三　その特許が条約に違反してされたとき。

四　その特許が第三十六条第四項第一号又は第六項（第四号を除く。）に規定する要件を満たしていない特許出願に対してされたとき。

五　外国語書面出願に係る特許の願書に添付した明細書、特許請求の範囲又は図面に記載した事項が外国語書面に記載した事項の範囲内にないとき。

六　その特許がその発明について特許を受ける権利を有しない者の特許出願に対してされたとき（第七十四条第一項の規定による請求に基づき、その特許に係る特許権の移転の登録があつたときを除く。）。

七　特許がされた後において、その特許権者が第二十五条の規定により特許権を享有することができない者になつたとき、又はその特許が条約に違反することとなつたとき。

八　その特許の願書に添付した明細書、特許請求の範囲又は図面の訂正が第百二十六条第一項ただし書若しくは第五項から第七項まで（第百二十条の五第九項又は第百三十四条の二第九項において準用する場合を含む。）、第百二十条の五第二項ただし書又は第百三十四条の二第一項ただし書の規定に違反してされたとき。

② 特許無効審判は、利害関係人（前項第二号（特許が第三十八条の規定に違反してされたときに限る。）又は同項第六号に該当することを理由として特許無効審判を請求する場合にあつては、特許を受ける権利を有する者）に限り請求することができる。

③ 特許無効審判は、特許権の消滅後においても、請求することができる。

④ 審判長は、特許無効審判の請求があつたときは、その旨を当該特許権についての専用実施権者その他その特許に関し登録した権利を有する者に通知しなければならない。

> [1] 通常実施権者が、実施許諾を受けた権利について無効審判を請求することは、特段の事情のない限り、信義則に反するものではない。〈東京高判昭60・7・30無体一七・二・三四四〈蛇口接続金具意匠事件〉特許百選[四版]四〇〉
>
> [2] 特許無効審判請求を不成立とした審決に対する取消しの訴えの利益は、特許権消滅後であっても、特許権の存続期間中にされた行為について、何人に対しても、損害賠償又は不当利得返還の請求が行われたり、刑事罰が科されたりする可能性が全くなくなつたと認められる特段の事情がない限り、失われることはない。〈知財高判平30・4・13判時二四二七・九一〈ピリミジン誘導体事件〉特許百選[五版]八二〉↓一二九条[13]

第一二四条　削除

第一二五条　特許を無効にすべき旨の審決が確定したときは、特許権は、初めから存在しなかつたものとみなす。ただし、特許が第百二十三条第一項第七号に該当する場合において、その特許を無効にすべき旨の審決が確定したときは、特許権は、その特許が同号に該当するに至つた時から存在しなかつたものとみなす。

（延長登録無効審判）

第一二五条の二① 第六十七条の三第三項の延長登録が次の各号のいずれかに該当するときは、その延長登録を無効にすることについて延長登録無効審判を請求することができる。

一　その延長登録が基準日以後にされていない場合の出願に対してされたとき。

二　その延長登録により延長された期間がその特許権の存続期間に係る延長可能期間を超えているとき。

三　その延長登録が当該特許権者でない者の出願に対してされたとき。

四　その延長登録が第六十七条の二第四項に規定する要件を満たしていない出願に対してされたとき。

② 前項の延長登録無効審判は、利害関係人に限り請求することができる。

③ 第百二十三条第三項及び第四項の規定は、第一項の規定による延長登録無効審判の請求について準用する。

④ 第六十七条の三第三項の延長登録を無効にすべき旨の審決が確定したときは、その延長登録による特許権の存続期間の延長は、初めからされなかつたものとみなす。ただし、延長登録が第一項第二号に該当する場合において、その特許権の存続期間に係る延長可能期間を超える期間の延長登録を無効にすべき旨の審決が確定したときは、当該超える期間について、その延長がされなかつたものとみなす。

⑤ 前項本文の規定により初めからされなかつたものとみなされた延長登録による特許権の存続期間の延長に係る当該延長の期間又は同項ただし書の規定により延長がされなかつたものとみなされた期間内にされた第六十七条第四項の延長登録の出願が特許庁に係属しているときは、当該出願は、取り下げられたものとみなす。

⑥ 第四項本文の規定により初めからされなかつたものとみなされた延長登録による特許権の存続期間の延長に係る当該延長の期間又は同項ただし書の規定により延長がされなかつたものとみなされた期間内にされた第六十七条第四項の延長登録の出願に係る第六十七条の七第三項の延長登録がされているときは、当該延長登録による特許権の存続期間の延長は、初めからされなかつたものとみなす。

第一二五条の三① 第六十七条の七第三項の延長登録が次の各号のいずれかに該当するときは、その延長登録を無効にすることについて延長登録無効審判を請求することができる。

一　その延長登録がその特許発明の実施に第六十七条第四項の政令で定める処分を受けることが必要であつたとは認められない場合の出願に対してされたとき。

二　その延長登録が、その特許権者又はその特許権についての専用実施権若しくは通常実施権を有する者が第六十七条第四項の政令で定める処分を受けていない場合の出願に対してされたとき。

三　その延長登録により延長された期間がその特許発明の実施をすることができなかつた期間を超えているとき。

四　その延長登録が当該特許権者でない者の出願に対してされたとき。

五　その延長登録が第六十七条の五第四項において準用する第六十七条の二第四項に規定する要件を満たしていない出願に対してされたとき。

② 前条第二項及び第三項の規定は、前項の規定による延長登録無効審判の請求について準用する。

③ 第六十七条の七第三項の延長登録を無効にすべき旨の審決が確定したときは、その延長登録による特許権の存続期間の延長は、初めからされなかつたものとみなす。ただし、延長登録が第一項第三号に該当する場合において、その特許発明の実施をすることができなかつた期間を超える期間の延長登録を無効にすべき旨の審決が確定したときは、当該超える期間について、その延長がされなかつたものとみなす。

> [1] 本条一項一号の特許発明の実施に必要な処分の内容は、存続期間延長制度の趣旨に照らし、特許法の観点から実質的に判断すべきである。（知財高判令3・3・25【令2行ケ一〇〇九七】〈止痒剤事件〉）↓一七九条[1]
>
> [2] 延長登録がされた「用途」の一部について、特許法六七条二項［現四項］の政令で定める処分を受けることが必要であったとは認められない場合には、その部分のみを無効審判において無効にすることができる。（知財高判令3・3・25前出[1]）

（訂正審判）

第一二六条① 特許権者は、願書に添付した明細書、特許請求の範囲又は図面の訂正をすることについて訂正審判を請求することができる。ただし、その訂正は、次に掲げる事項を目的とするものに限る。

一　特許請求の範囲の減縮

二　誤記又は誤訳の訂正

三　明瞭でない記載の釈明

四　他の請求項の記載を引用する請求項の記載を当該他の請求項の記載を引用しないものとすること。

② 訂正審判は、特許異議の申立て又は特許無効審判が特許庁に係属した時からその決定又は審決（請求項ごとに申立て又は請求がされた場合にあつては、その全ての決定又は審決）が確定するまでの間は、請求することができない。

③　二以上の請求項に係る願書に添付した特許請求の範囲の訂正をする場合には、請求項ごとに第一項の規定による請求をすることができる。この場合において、当該請求項の中に一群の請求項があるときは、当該一群の請求項ごとに当該請求をしなければならない。

④　願書に添付した明細書又は図面の訂正をする場合であつて、請求項ごとに第一項の規定による請求をしようとするときは、当該明細書又は図面の訂正に係る請求項の全て（前項後段の規定により一群の請求項ごとに第一項の規定による請求をする場合にあつては、当該明細書又は図面の訂正に係る請求項を含む一群の請求項の全て）について行わなければならない。

⑤　第一項の明細書、特許請求の範囲又は図面の訂正は、願書に添付した明細書、特許請求の範囲又は図面（同項ただし書第二号に掲げる事項を目的とする訂正の場合にあつては、願書に最初に添付した明細書、特許請求の範囲又は図面（外国語書面出願に係る特許にあつては、外国語書面））に記載した事項の範囲内においてしなければならない。

⑥　第一項の明細書、特許請求の範囲又は図面の訂正は、実質上特許請求の範囲を拡張し、又は変更するものであつてはならない。

⑦　第一項ただし書第一号又は第二号に掲げる事項を目的とする訂正は、訂正後における特許請求の範囲に記載されている事項により特定される発明が特許出願の際独立して特許を受けることができるものでなければならない。

⑧　訂正審判は、特許権の消滅後においても、請求することができる。ただし、特許が取消決定により取り消され、又は特許無効審判により無効にされた後は、この限りでない。

[1]　いわゆる「除くクレーム」による訂正については、明細書又は図面の記載によって開示された技術的事項に新たな事項を導入しないものである限り、本条三項［現五項］の「明細書又は図面に記載した事項の範囲内」の訂正に当たる。（知財高判平20・5・30判時二〇〇九・四七〈ソルダーレジスト事件〉特許百選[五版]七八）

[2]　「Aは分枝を有するアルキレン基」を「Aは分枝を有することあるアルキレン基」と訂正することは、「分枝を有しないアルキレン基」をも含むことになり、請求範囲の拡張となるため、訂正は認められない。（最判昭47・12・14民集二六・一〇・一八八八〈フェノチアジン誘導体製法事件〉特許百選[五版]七七）

[3]　「実質上特許請求の範囲を拡張し、又は変更するもの」であるか否かの判断は、訂正の前後の特許請求の範囲の記載を基準としてされるべきであり、「実質上」の拡張又は変更に当たるかどうかは、訂正により、訂正前の特許請求の範囲の表示を信頼する第三者に不測の不利益を与えることになるかどうかの観点から決する。（知財高判令2・9・30判時二五〇八・六一〈光照射装置事件〉）→一〇二条[13]

[4]　特許異議申立事件における訂正請求については、訂正審判とは異なり、訂正の対象となっている請求項ごとに個別にその許否を判断すべきである。（最判平20・7・10民集六二・七・一九〇五〈発光ダイオード事件〉特許百選[四版]四五……平成一五法四七による改正前の一二〇条の四第二項の事例）

第一二七条　特許権者は、専用実施権者又は質権者があるときは、これらの者の承諾を得た場合に限り、訂正審判を請求することができる。

[1]　特許権者に対して第三者が無効審判請求をしたのに対して、特許権者が無効理由を解消させるべく行う訂正審判請求について、通常実施権者が承諾をしないことは、直ちには信義則違反の問題を生じない。（東京高判平16・10・27【平16ネ二九九五】〈貯留浸透タンク事件〉）

[2]　特許権者が訂正をする場合には、権利範囲の減縮がない場合でも、常に通常実施権者の承諾が必要である。（東京地判平28・7・13【平25ワ一九四一八】〈累進多焦点レンズ及び眼鏡レンズ事件〉）

第一二八条　願書に添付した明細書、特許請求の範囲又は図面の訂正をすべき旨の審決が確定したときは、その訂正後における明細書、特許請求の範囲又は図面により特許出願、出願公開、特許をすべき旨の査定又は審決及び特許権の設定の登録がされたものとみなす。

第一二九条及び第一三〇条　削除

第一三一条（審判請求の方式）①　審判を請求する者は、次に掲げる事項を記載した請求書を特許庁長官に提出しなければならない。
一　当事者及び代理人の氏名又は名称及び住所又は居所
二　審判事件の表示
三　請求の趣旨及びその理由

②　特許無効審判を請求する場合における前項第三号に掲げる請求の理由は、特許を無効にする根拠となる事実を具体的に特定し、かつ、立証を要する事実ごとに証拠との関係を記載したものでなければならない。

③　訂正審判を請求する場合における第一項第三号に掲げる請求の趣旨及びその理由は、経済産業省令で定めるところにより記載したものでなければならない。

④　訂正審判を請求するときは、請求書に訂正した明細書、特許請求の範囲又は図面を添付しなければならない。

第一三一条の二（審判請求書の補正）①　前条第一項の規定により提出した請求書の補正は、その要旨を変更するものであつてはならない。ただし、当該補正が次の各号のいずれかに該当するときは、この限りでない。
一　特許無効審判以外の審判を請求する場合における前条第一項第三号に掲げる請求の理由についてされるとき。
二　次項の規定による審判長の許可があつたものであるとき。
三　第百三十三条第一項（第百二十条の五第九項及び第百三十四条の二第九項において準用する場合を含む。）の規定により、当該請求書について補正をすべきことを命じられた場合において、当該命じられた事項についてされるとき。

②　審判長は、特許無効審判を請求する場合における前条第一項第三号に掲げる請求の理由の補正がその要旨を変更するものである場合において、当該補正が審理を不当に遅延させるおそれがないことが明らかなものであり、かつ、次の各号のいずれかに該当する事由があると認めるときは、決定をもつて、当該補正を許可することができる。
一　当該特許無効審判において第百三十四条の二第一項の訂正の請求があり、その訂正の請求により請求の理由を補正する必要が生じたこと。
二　前号に掲げるもののほか当該補正に係る請求の理由を審判請求時の請求書に記載しなかつたことにつき合理的な理由があり、被請求人が当該補正に同意したこと。

③　前項の補正の許可は、その補正に係る手続補正書が第百三十四条第一項の規定による請求書の副本の送達の前に提出されたときは、これをすることができない。

④　第二項の決定又はその不作為に対しては、不服を申し立てることができない。

第一三二条（共同審判）①　同一の特許権について特許無効審判又は延長登録無効審判を請求する者が二人以上あるときは、これらの者は、共同して審判を請求することができる。

②　共有に係る特許権について特許権者に対し審判を請求するときは、共有者の全員を被請求人として請求しなければならない。

③　特許権又は特許を受ける権利の共有者がその共有に係る権利について審判を請求するときは、共有者の全員が共同して請求

④ 第一項若しくは前項の規定により審判を請求した者又は第二項の規定により審判を請求された者の一人について、審判手続の中断又は中止の原因があるときは、その中断又は中止は、全員についてその効力を生ずる。

（方式に違反した場合の決定による却下）
第一三三条① 審判長は、請求書が第百三十一条の規定に違反しているときは、請求人に対し、相当の期間を指定して、請求書について補正をすべきことを命じなければならない。

② 審判長は、前項に規定する場合を除き、審判事件に係る手続について、次の各号の一に該当するときは、相当の期間を指定して、その補正をすべきことを命ずることができる。

一 手続が第七条第一項から第三項まで又は第九条の規定に違反しているとき。

二 手続がこの法律又はこの法律に基づく命令で定める方式に違反しているとき。

三 手続について第百九十五条第一項又は第二項の規定により納付すべき手数料を納付しないとき。

③ 審判長は、前二項の規定により、審判事件に係る手続について、その補正をすべきことを命じた者がこれらの規定により指定した期間内にその補正をしないとき、又はその補正が第百三十一条の二第一項の規定に違反するときは、決定をもつてその手続を却下することができる。

④ 前項の決定は、文書をもつて行い、かつ、理由を付さなければならない。

（不適法な手続の却下）
第一三三条の二① 審判長は、審判事件に係る手続（審判の請求を除く。）において、不適法な手続であつてその補正をすることができないものについては、決定をもつてその手続を却下することができる。

② 前項の規定により却下しようとするときは、手続をした者に対し、その理由を通知し、相当の期間を指定して、弁明書を提出する機会を与えなければならない。

③ 第一項の決定は、文書をもつて行い、かつ、理由を付さなければならない。

第一三四条 （略）

（特許無効審判における訂正の請求）
第一三四条の二① 特許無効審判の被請求人は、前条第一項若しくは第二項、次条、第百五十三条第二項又は第百六十四条の二第二項の規定により指定された期間内に限り、願書に添付した明細書、特許請求の範囲又は図面の訂正を請求することができる。ただし、その訂正は、次に掲げる事項を目的とするものに限る。

一 特許請求の範囲の減縮

二 誤記又は誤訳の訂正

三 明瞭でない記載の釈明

四 他の請求項の記載を引用する請求項の記載を当該他の請求項の記載を引用しないものとすること。

② 二以上の請求項に係る願書に添付した特許請求の範囲の訂正をする場合には、請求項ごとに前項の訂正の請求をすることができる。ただし、特許無効審判が請求項ごとに請求された場合にあつては、請求項ごとに同項の訂正の請求をしなければならない。

③ 前項の場合において、当該請求項の中に一群の請求項があるときは、当該一群の請求項ごとに当該請求をしなければならない。

④ 審判長は、第一項の訂正の請求書及びこれに添付された訂正した明細書、特許請求の範囲又は図面を受理したときは、これらの副本を請求人に送達しなければならない。

⑤ 審判官は、第一項の訂正の請求が同項ただし書各号に掲げる事項を目的とせず、又は第九項において読み替えて準用する第百二十六条第五項から第七項までの規定に適合しないことについて、当事者又は参加人が申し立てない理由についても、審理することができる。この場合において、当該理由により訂正の請求を認めないときは、審判長は、審理の結果を当事者及び参加人に通知し、相当の期間を指定して、意見を申し立てる機会を与えなければならない。

⑥ 第一項の訂正の請求がされた場合において、その審判事件において先にした訂正の請求があるときは、当該先の請求は、取り下げられたものとみなす。

⑦ 第一項の訂正の請求は、同項の訂正の請求書に添付された訂正した明細書、特許請求の範囲又は図面について第十七条の五第二項の補正をすることができる期間内に限り、取り下げることができる。この場合において、第一項の訂正の請求を第二項又は第三項の規定により請求項ごとに又は一群の請求項ごとにしたときは、その全ての請求を取り下げなければならない。

⑧ 第百五十五条第三項の規定により特許無効審判の請求が請求項ごとに取り下げられたときは、第一項の訂正の請求は、当該請求項ごとに取り下げられたものとみなし、特許無効審判の審判事件に係る全ての請求が取り下げられたときは、当該審判事件に係る同項の訂正の請求は、全て取り下げられたものとみなす。

⑨ 第百二十六条第四項から第八項まで、第百二十七条、第百二十八条、第百三十一条第一項、第三項及び第四項、第百三十一条の二第一項、第百三十二条第三項及び第四項並びに第百三十三条第一項、第三項及び第四項の規定は、第一項の場合に準用する。この場合において、第百二十六条第七項中「第一項ただし書第一号又は第二号」とあるのは、「特許無効審判の請求がされていない請求項に係る第一項ただし書第一号又は第二号」と読み替えるものとする。

> 7 二以上の請求項に係る無効審判請求においては、無効理由の存否は請求項ごとに独立して判断されるのであり、個々の請求項ごとの審判が同時に進行していると考えるのが、無効審判制度の趣旨に沿うものである。そうすると、無効審判の審決において認められた訂正の効力についても、個々の請求項ごとに生ずると解するのが相当である。本条四項のいわゆるみなし取下げの規定は、平成一五年法律四七号による改正により導入されたものであるが、前記のような無効審判制度を前提としていることは明らかであるから、その効果も請求項ごとに生じると解するのが相当である。（知財高決平19・6・20判時一九九七・一一九〈水路壁面改良事件〉）

（取消しの判決があつた場合における訂正の請求）
第一三四条の三 審判長は、特許無効審判の審決（審判の請求に理由がないとするものに限る。）に対する第百八十一条第一項の規定による取消しの判決が確定し、同条第二項の規定により審理を開始するときは、その判決の確定の日から一週間以内に被請求人から申立てがあつた場合に限り、被請求人に対し、願書に添付した明細書、特許請求の範囲又は図面の訂正を請求するための相当の期間を指定することができる。

第一三五条 （略）

（審判の合議制）
第一三六条① 審判は、三人又は五人の審判官の合議体が行う。

② 前項の合議体の合議は、過半数により決する。

③ 審判官の資格は、政令で定める。

第一三七条及び第一三八条 （略）

（審判官の除斥）
第一三九条 審判官は、次の各号のいずれかに該当するときは、その職務の執行から除斥される。

一 審判官又はその配偶者若しくは配偶者であつた者が事件の当事者、参加人若しくは特許異議申立人であるとき、又はあつたとき。

二 審判官が事件の当事者、参加人若しくは特許異議申立人の四親等内の血族、三親等内の姻族若しくは同居の親族であるとき、又はあつたとき。

特許

三　審判官が事件の当事者、参加人又は特許異議申立人の後見人、後見監督人、保佐人、保佐監督人、補助人又は補助監督人であるとき。
四　審判官が事件について証人又は鑑定人となつたとき。
五　審判官が事件について当事者、参加人若しくは特許異議申立人の代理人であるとき、又はあつたとき。
六　審判官が事件について不服を申し立てられた査定に審査官として関与したとき。
七　審判官が第六十七条第二項の延長登録の出願に係る事件についてその特許権に係る特許出願の審査においてその査定に審査官として関与したとき。
八　審判官が事件について直接の利害関係を有するとき。

第一四〇条　前条に規定する除斥の原因があるときは、当事者又は参加人は、除斥の申立をすることができる。

（審判官の忌避）

第一四一条①　審判官について審判の公正を妨げるべき事情があるときは、当事者又は参加人は、これを忌避することができる。

②　当事者又は参加人は、事件について審判官に対し書面又は口頭をもつて陳述をした後は、審判官を忌避することができない。ただし、忌避の原因があることを知らなかつたとき、又は忌避の原因がその後に生じたときは、この限りでない。

第一四二条から第一四四条の二まで　（略）

（審判における審理の方式）

第一四五条①　特許無効審判及び延長登録無効審判は、口頭審理による。ただし、審判長は、当事者若しくは参加人の申立てにより又は職権で、書面審理によるものとすることができる。

②　前項に規定する審判以外の審判は、書面審理による。ただし、審判長は、当事者の申立により又は職権で、口頭審理によるものとすることができる。

③　審判長は、第一項又は前項ただし書の規定により口頭審理による審判をするときは、その期日及び場所を定め、当事者及び参加人に対し、期日の呼出しを行わなければならない。

④　民事訴訟法第九十四条（期日の呼出し）の規定は、前項の期日の呼出しに準用する。

⑤　第一項又は第二項ただし書の規定による口頭審理は、公開して行う。ただし、公の秩序又は善良の風俗を害するおそれがあるときは、この限りでない。

⑥　審判長は、当事者若しくは参加人の申立てにより又は職権で、経済産業省令で定めるところにより、審判官及び審判書記官並びに当事者及び参加人が映像と音声の送受信により相手の状態を相互に認識しながら通話をすることができる方法によつて、第三項の期日における手続を行うことができる。

⑦　第三項の期日に出頭しないで前項の手続に関与した当事者及び参加人は、その期日に出頭したものとみなす。

＊令和四法四八（令和八・五・二四までに施行）による改正後

第一四五条①—③　（略）

④　前項の期日の呼出しは、呼出状の送達、当該事件について出頭した者に対する期日の告知その他相当と認める方法によつてする。

⑤　呼出状の送達及び当該事件について出頭した者に対する期日の告知以外の方法により第三項の期日の呼出しをしたときは、期日に出頭しない当事者若しくは参加人、証人又は鑑定人に対し、法律上の制裁その他期日の不遵守による不利益を帰することができない。ただし、これらの者が期日の呼出しを受けた旨を記載した書面を提出したときは、この限りでない。（改正により追加）

⑥—⑧　（略、改正前の⑤—⑦）

第一四六条及び第一四七条　（略）

（参加）

第一四八条①　第百三十二条第一項の規定により審判を請求することができる者は、審理の終結に至るまでは、請求人としてその審判に参加することができる。

②　前項の規定による参加人は、被参加人がその審判の請求を取り下げた後においても、審判手続を続行することができる。

③　審判の結果について利害関係を有する者は、審理の終結に至るまでは、当事者の一方を補助するためその審判に参加することができる。

④　前項の規定による参加人は、一切の審判手続をすることができる。

⑤　第一項又は第三項の規定による参加人について審判手続の中断又は中止の原因があるときは、その中断又は中止は、被参加人についても、その効力を生ずる。

第一四九条　（略）

（証拠調及び証拠保全）

第一五〇条①　審判に関しては、当事者若しくは参加人の申立により又は職権で、証拠調をすることができる。

②　審判に関しては、審判請求前は利害関係人の申立により、審判の係属中は当事者若しくは参加人の申立により又は職権で、証拠保全をすることができる。

③　前項の規定による審判請求前の申立は、特許庁長官に対してしなければならない。

④　特許庁長官は、第二項の規定による審判請求前の申立てがあつたときは、証拠保全に関与すべき審判官及び審判書記官を指定する。

⑤　審判長は、第一項又は第二項の規定により職権で証拠調又は証拠保全をしたときは、その結果を当事者及び参加人に通知し、相当の期間を指定して、意見を申し立てる機会を与えなければならない。

⑥　第一項又は第二項の証拠調又は証拠保全は、当該事務を取り扱うべき地の地方裁判所又は簡易裁判所に嘱託することができる。

第一五一条　（略）

（職権による審理）

第一五二条　審判長は、当事者又は参加人が法定若しくは指定の期間内に手続をせず、又は第百四十五条第三項の規定により定めるところに従つて出頭しないときであつても、審判手続を進行することができる。

第一五三条①　審判においては、当事者又は参加人が申し立てない理由についても、審理することができる。

②　審判長は、前項の規定により当事者又は参加人が申し立てない理由について審理したときは、その審理の結果を当事者及び参加人に通知し、相当の期間を指定して、意見を申し立てる機会を与えなければならない。

③　審判においては、請求人が申し立てない請求の趣旨については、審理することができない。

（審理の併合又は分離）

第一五四条①　当事者の双方又は一方が同一である二以上の審判については、その審理の併合をすることができる。

②　前項の規定により審理の併合をしたときは、さらにその審理の分離をすることができる。

（審判の請求の取下げ）

第一五五条①　審判の請求は、審決が確定するまでは、取り下げることができる。

②　審判の請求は、第百三十四条第一項の答弁書の提出があつた後は、相手方の承諾を得なければ、取り下げることができない。

③　二以上の請求項に係る特許の二以上の請求項について特許無効審判を請求したときは、その請求は、請求項ごとに取り下げることができる。

④　請求項ごとに又は一群の請求項ごとに訂正審判を請求したときは、その請求の取下げは、その全ての請求について行わなければならない。

（審理の終結の通知）

第一五六条① 審判長は、特許無効審判以外の審判においては、事件が審決をするのに熟したときは、審理の終結を当事者及び参加人に通知しなければならない。

② 審判長は、特許無効審判においては、事件が審決をするのに熟した場合であつて第百六十四条の二第一項の審決の予告をしないとき、又は同項の審決の予告をした場合であつて同条第二項の規定により指定した期間内に被請求人が第百三十四条の二第一項の訂正の請求若しくは第十七条の五第二項の補正をしないときは、審理の終結を当事者及び参加人に通知しなければならない。

③ 審判長は、必要があるときは、前二項の規定による通知をした後であつても、当事者若しくは参加人の申立てにより又は職権で、審理の再開をすることができる。

④ 審決は、第一項又は第二項の規定による通知を発した日から二十日以内にしなければならない。ただし、事件が複雑であるとき、その他やむを得ない理由があるときは、この限りでない。

（審決）

第一五七条① 審決があつたときは、審判は、終了する。

② 審決は、次に掲げる事項を記載した文書をもつて行わなければならない。

一 審判の番号

二 当事者及び参加人並びに代理人の氏名又は名称及び住所又は居所

三 審判事件の表示

四 審決の結論及び理由

五 審決の年月日

③ 特許庁長官は、審決があつたときは、審決の謄本を当事者、参加人及び審判に参加を申請してその申請を拒否された者に送達しなければならない。

> 7 審決書に記載すべき理由としては、当該発明の属する技術の分野における通常の知識を有する者の技術上の常識又は技術水準とされる事実など、これらの者にとって顕著な事実について判断を示す場合であるなど特段の事由がない限り、審判における最終的な判断として、その判断の根拠を証拠による事実認定に基づき具体的に明示することを要するとして、特許を無効とする審決が適法な理由を欠き違法とされた事例（最判昭59・3・13判時一一一九・一三五（非水溶性モノアゾ染料の製法事件）特許百選［三版］四九）

（拒絶査定不服審判における特則）

第一五八条 審査においてした手続は、拒絶査定不服審判においても、その効力を有する。

第一五九条① 第五十三条の規定は、拒絶査定不服審判に準用する。この場合において、第五十三条第一項中「第十七条の二第一項第一号又は第三号」とあるのは「第十七条の二第一項第一号、第三号又は第四号」と、「補正が」とあるのは「補正（同項第一号又は第三号に掲げる場合にあつては、拒絶査定不服審判の請求前にしたものを除く。）が」と読み替えるものとする。

② 第五十条及び第五十条の二の規定は、拒絶査定不服審判において査定の理由と異なる拒絶の理由を発見した場合に準用する。この場合において、第五十条ただし書中「第十七条の二第一項第一号又は第三号に掲げる場合（同項第一号に掲げる場合にあつては、拒絶の理由の通知と併せて次条の規定による通知をした場合に限る。）」とあるのは、「第十七条の二第一項第一号（拒絶の理由の通知と併せて次条の規定による通知をした場合に限るものとし、拒絶査定不服審判の請求前に補正をしたときを除く。）、第三号（拒絶査定不服審判の請求前に補正をしたときを除く。）又は第四号に掲げる場合」と読み替えるものとする。

③ 第五十一条、第六十七条の三第二項から第四項まで及び第六十七条の七第二項から第四項までの規定は、拒絶査定不服審判の請求を理由があるとする場合における当該審判について準用する。

第一六〇条① 拒絶査定不服審判において査定を取り消すときは、さらに審査に付すべき旨の審決をすることができる。

② 前項の審決があつた場合における判断は、その事件について審査官を拘束する。

③ 第一項の審決をするときは、前条第三項の規定は、適用しない。

第一六一条から**第一六三条**まで （略）

第一六四条① 審査官は、第百六十二条の規定による審査において特許をすべき旨の査定をするときは、審判の請求に係る拒絶をすべき旨の査定を取り消さなければならない。

② 審査官は、前項に規定する場合を除き、前条第一項において準用する第五十三条第一項の規定による却下の決定をしてはならない。

③ 審査官は、第一項に規定する場合を除き、当該審判の請求について査定をすることなくその審査の結果を特許庁長官に報告しなければならない。

第一六四条の二から**第一六六条**まで （略）

（審決の効力）

第一六七条 特許無効審判又は延長登録無効審判の審決が確定したときは、当事者及び参加人は、同一の事実及び同一の証拠に基づいてその審判を請求することができない。

> 7 無効審判の請求が先行事件審決の確定前になされたものであり、本条の定める効力が当該無効審判に及ばないとしても、それを奇貨として、先行事件におけるのと同様の主張を審決取消事由として訴訟で行うことは、実質的に前訴の蒸し返しに当たり、訴訟上の信義則に反するものとして許されない。（知財高判平30・6・19【平29行ケ一〇一五三】〈熱間プレス用めっき鋼板事件〉）

（審決の確定範囲）

第一六七条の二 審決は、審判事件ごとに確定する。ただし、次の各号に掲げる場合には、それぞれ当該各号に定めるところにより確定する。

一 請求項ごとに特許無効審判の請求がされた場合であつて、一群の請求項ごとに第百三十四条の二第一項の訂正の請求がされた場合 当該一群の請求項ごと

二 一群の請求項ごとに訂正審判の請求がされた場合 当該一群の請求項ごと

三 請求項ごとに審判の請求がされた場合であつて、第一号に掲げる場合以外の場合 当該請求項ごと

（訴訟との関係）

第一六八条① 審判において必要があると認めるときは、特許異議の申立てについての決定若しくは他の審判の審決が確定し、又は訴訟手続が完結するまでその手続を中止することができる。

② 訴えの提起又は仮差押命令若しくは仮処分命令の申立てがあつた場合において、必要があると認めるときは、裁判所は、審決が確定するまでその訴訟手続を中止することができる。

③ 裁判所は、特許権又は専用実施権の侵害に関する訴えの提起があつたときは、その旨を特許庁長官に通知するものとする。その訴訟手続が完結したときも、また同様とする。

④ 特許庁長官は、前項に規定する通知を受けたときは、その特許権についての審判の請求の有無を裁判所に通知するものとする。その審判の請求書の却下の決定、審決又は請求の取下げがあつたときも、また同様とする。

⑤ 裁判所は、前項の規定によりその特許権についての審判の請求があつた旨の通知を受けた場合において、当該訴訟において第百四条の三第一項の規定による攻撃又は防御の方法を記載した書面がその通知前に既に提出され、又はその通知後に最初に提出されたときは、その旨を特許庁長官に通知するものとす

る。

⑥　特許庁長官は、前項に規定する通知を受けたときは、裁判所に対し、当該訴訟の訴訟記録のうちその審判において審判官が必要と認める書面の写しの送付を求めることができる。

*令和四法四八（令和八・五・二四までに施行）による改正後

⑥　特許庁長官は、前項に規定する通知を受けたときは、裁判所に対し、当該訴訟の訴訟記録のうちその審判において審判官が必要と認める書面の写し又は当該訴訟の電磁的訴訟記録（民事訴訟法第九十一条の二第一項に規定する電磁的訴訟記録をいう。）に記録されている事項のうちその審判において審判官が必要と認めるものを出力した書面の送付を求めることができる。

第一六九条及び第一七〇条　（略）

第七章　再審（抄）

（再審の請求）

第一七一条①　確定した取消決定及び確定審決に対しては、当事者又は参加人は、再審を請求することができる。

②　民事訴訟法第三百三十八条第一項及び第二項並びに第三百三十九条（再審の事由）の規定は、前項の再審の請求に準用する。

第一七二条から第一七四条まで　（略）

（再審により回復した特許権の効力の制限）

第一七五条①　取り消し、若しくは無効にした特許に係る特許権若しくは無効にした存続期間の延長登録に係る特許権が再審により回復した場合又は拒絶をすべき旨の審決があつた特許出願若しくは特許権の存続期間の延長登録の出願について再審により特許権の設定の登録若しくは特許権の存続期間を延長した旨の登録があつた場合において、その特許が物の発明についてされているときは、特許権の効力は、当該取消決定又は審決が確定した後再審の請求の登録前に善意に輸入し、又は日本国内において生産し、若しくは取得した当該物には、及ばない。

②　取り消し、若しくは無効にした特許に係る特許権若しくは無効にした存続期間の延長登録に係る特許権が再審により回復したとき、又は拒絶をすべき旨の審決があつた特許出願若しくは特許権の存続期間の延長登録の出願について再審により特許権の設定の登録若しくは特許権の存続期間を延長した旨の登録があつたときは、特許権の効力は、当該取消決定又は審決が確定した後再審の請求の登録前における次に掲げる行為には、及ばない。

一　当該発明の善意の実施

二　特許が物の発明についてされている場合において、善意に、その物の生産に用いる物の生産、譲渡等若しくは輸入又は譲渡等の申出をした行為

三　特許が物の発明についてされている場合において、善意に、その物を譲渡等又は輸出のために所持した行為

四　特許が方法の発明についてされている場合において、善意に、その方法の使用に用いる物の生産、譲渡等若しくは輸入又は譲渡等の申出をした行為

五　特許が物を生産する方法の発明についてされている場合において、善意に、その方法により生産した物を譲渡等又は輸出のために所持した行為

第一七六条　取り消し、若しくは無効にした特許に係る特許権若しくは無効にした存続期間の延長登録に係る特許権が再審により回復したとき、又は拒絶をすべき旨の審決があつた特許出願若しくは特許権の存続期間の延長登録の出願について再審により特許権の設定の登録若しくは特許権の存続期間を延長した旨の登録があつたときは、当該取消決定又は審決が確定した後再審の請求の登録前に善意に日本国内において当該発明の実施である事業をしている者又はその事業の準備をしている者は、その実施又は準備をしている発明及び事業の目的の範囲内において、その特許権について通常実施権を有する。

第一七七条　削除

第八章　訴訟（抄）

（審決等に対する訴え）

第一七八条①　取消決定又は審決に対する訴え及び特許異議申立書、審判若しくは再審の請求書又は第百二十条の五第二項若しくは第百三十四条の二第一項の訂正の請求書の却下の決定に対する訴えは、東京高等裁判所の専属管轄とする。

②　前項の訴えは、当事者、参加人又は当該特許異議の申立てについての審理、審判若しくは再審に参加を申請してその申請を拒否された者に限り、提起することができる。

③　第一項の訴えは、審決又は決定の謄本の送達があつた日から三十日を経過した後は、提起することができない。

④　前項の期間は、不変期間とする。

⑤　審判長は、遠隔又は交通不便の地にある者のため、職権で、前項の不変期間について附加期間を定めることができる。

⑥　審判を請求することができる事項に関する訴えは、審決に対するものでなければ、提起することができない。

[7]

一　訴えの利益

実用新案登録を受ける権利の共有者が、その共有に係る権利を目的とする実用新案登録出願の拒絶査定を受けて共同で審判を請求し、請求が成り立たない旨の審決を受けた場合、右共有者の提起する審決取消訴訟は、共有者が全員で提起することを要するいわゆる固有必要的共同訴訟である。（最判平7・3・7民集四九・三・九四四〈磁気治療器事件〉特許百選[五版]八四）→民訴四〇条[2]

[2]　共有者の一人は、共有に係る権利の無効審決がなされたときは、権利の消滅を防ぐ保存行為として、単独で当該無効審決の取消訴訟を提起できる。（最判平14・2・22民集五六・二・三四八〈ETNIES 商標事件〉特許百選[五版]八三）→民二四九条[5]、民訴四〇条[26]

[3]　複数の者が共同して無効審判を請求した場合の審決に対して、当該請求人の一部のみが提起する当該審決の取消訴訟は、適法である。（最判平12・2・18判時一七〇三・一五九〈嗜好食品の製造方法事件〉特許百選[五版]八五）

[4]　共同での特許無効審判請求に対し無効審決がされたところ、被請求人である特許権者が、共同審判請求人の一部のみを被告として当該審決の取消訴訟を提起したにとどまり、被告とされなかった共同審判請求人との関係で出訴期間を経過した場合には、同人との関係で当該無効審決が確定し、当該特許権は対世的に遡って無効となるから、上記審決取消訴訟は、訴えの利益を欠く不適法なものとして却下される。（知財高判平30・12・18判時二四一二・四三〈読み取り装置事件〉）

二　審理の対象

[5]　無効審判における判断の対象となるべき無効原因は、具体的に特定されたそれであることを要し、たとえ同じく発明の新規性に関するものであっても、例えば、特定の公知事実との対比における無効の主張と、他の公知事実との対比における無効の主張とは、それぞれ別個の理由をなす。そして、審決の取消訴訟においては、審判の手続において審理判断されなかった公知事実との対比における無効原因は、審決を違法とし、又はこれを適法とする理由として主張することができない。〔旧法事件〕（最大判昭51・3・10民集三〇・二・七九〈メリヤス編機事件〉特許百選[五版]八二）→行訴七条[7]

[6]　審決取消訴訟において、無効審判請求における従たる引用例を主たる引用例とし、無効審判請求における主たる引用例を従たる引用例とする新たな無効理由に係る主張について審理判断することは、引用例がいずれも審判において審理されたものであり、当事者双方が当該訴訟において審理判断することを認め、特許庁における審理判断を経由することを望んでおらず、当事者の主張立証が尽くされている場合には、許される。（知財高判平29・1・17判タ一四四〇・一三七〈物品の表面装飾構造及びその加工方法事件〉特許百選[五版]八七）

（被告適格）

第一七九条　前条第一項の訴えにおいては、特許庁長官を被告としなければならない。ただし、特許無効審判若しくは延長登録無効審判又はこれらの審判の確定審決に対する第百七十一条第一項の再審の審決に対するものにあつては、その審判又は再審の請求人又は被請求人を被告としなければならない。

> ①　特許法一四八条一項の参加人は、本条ただし書の請求人として、被告適格を有する。（知財高中間判令2・12・2【令2行ケ一〇〇九六】〈止痒剤事件〉）→一二五条の三①②

（出訴の通知等）

第一八〇条①　裁判所は、前条ただし書に規定する訴えの提起があつたときは、遅滞なく、その旨を特許庁長官に通知しなければならない。

②　裁判所は、前項の場合において、訴えが請求項ごとに請求された特許無効審判又はその審判の確定審決に対する再審の審決に対するものであるときは、当該訴えに係る請求項を特定するために必要な書類を特許庁長官に送付しなければならない。

（審決取消訴訟における特許庁長官の意見）

第一八〇条の二①　裁判所は、第百七十九条ただし書に規定する訴えの提起があつたときは、特許庁長官に対し、当該事件に関するこの法律の適用その他の必要な事項について、意見を求めることができる。

②　特許庁長官は、第百七十九条ただし書に規定する訴えの提起があつたときは、裁判所の許可を得て、裁判所に対し、当該事件に関するこの法律の適用その他の必要な事項について、意見を述べることができる。

③　特許庁長官は、特許庁の職員でその指定する者に前二項の意見を述べさせることができる。

（審決又は決定の取消し）

第一八一条①　裁判所は、第百七十八条第一項の訴えの提起があつた場合において、当該請求を理由があると認めるときは、当該審決又は決定を取り消さなければならない。

②　審判官は、前項の規定による審決又は決定の取消しの判決が確定したときは、更に審理を行い、審決又は決定をしなければならない。この場合において、審決又は決定の取消しの判決が、第百二十条の五第二項又は第百三十四条の二第一項の訂正の請求がされた一群の請求項のうち一部の請求項について確定したときは、審判官は、審理を行うに際し、当該一群の請求項のうちその他の請求項についての審決又は決定を取り消さなければならない。

> ①　取消判決の拘束力は、判決主文が導き出されるのに必要な事実認定及び法律判断にわたる。（最判平4・4・28民集四六・四・二四五〈高速旋回式バレル研磨法事件〉特許百選[五版]八六）→行訴三三条①
>
> ②　特定の引用例に基づく容易想到性を肯定ないし否定する事実の主張立証をすることなく前訴判決を確定させた後、再び開始された審判手続において、前訴と同一の引用例から、前訴と同一で訂正されていない発明につき、容易想到性の主張立証を許すことは、訴訟経済に反し、行政事件訴訟法三三条一項の規定の趣旨に照らし、問題がある。（知財高判平29・11・21【平29行ケ一〇〇〇三】〈アレルギー性眼疾患治療薬事件〉重判平30知財一）→二九条⑩

第一八二条　（略）

（合議体の構成）

第一八二条の二　第百七十八条第一項の訴えに係る事件については、五人の裁判官の合議体で審理及び裁判をする旨の決定をその合議体ですることができる。

第一八三条　（略）

（被告適格）

第一八四条　前条第一項の訴えにおいては、次に掲げる者を被告としなければならない。

一　第八十三条第二項、第九十二条第四項又は第九十三条第二項の裁定については、通常実施権者又は特許権者若しくは専用実施権者

二　第九十二条第三項の裁定については、通常実施権者又は第七十二条の他人

第一八四条の二　削除

第九章　特許協力条約に基づく国際出願に係る特例

（第一八四条の三から第一八四条の二〇まで）（略）

第十章　雑則（抄）

第一八五条及び第一八六条　（略）

（特許表示）

第一八七条　特許権者、専用実施権者又は通常実施権者は、経済産業省令で定めるところにより、物の特許発明におけるその物若しくは物を生産する方法の特許発明におけるその方法により生産した物（以下「特許に係る物」という。）又はその物の包装にその物又は方法の発明が特許に係る旨の表示（以下「特許表示」という。）を附するように努めなければならない。

（虚偽表示の禁止）

第一八八条　何人も、次に掲げる行為をしてはならない。

一　特許に係る物以外の物又はその物の包装に特許表示又はこれと紛らわしい表示を付する行為

二　特許に係る物以外の物であつて、その物又はその物の包装に特許表示又はこれと紛らわしい表示を付したものの譲渡等又は譲渡等のための展示をする行為

三　特許に係る物以外の物の生産若しくは使用をさせるため、又は譲渡等をするため、広告にその物の発明が特許に係る旨を表示し、又はこれと紛らわしい表示をする行為

四　方法の特許発明におけるその方法以外の方法を使用させるため、又は譲渡し若しくは貸し渡すため、広告にその方法の発明が特許に係る旨を表示し、又はこれと紛らわしい表示をする行為

第一八九条から第一九二条まで　（略）

（特許公報）

第一九三条①　特許庁は、特許公報を発行する。

②　特許公報には、この法律に規定するもののほか、次に掲げる事項を掲載しなければならない。

一　出願公開後における拒絶をすべき旨の査定若しくは特許出願の放棄、取下げ若しくは却下又は特許権の存続期間の延長登録の出願の取下げ

二　出願公開後における特許を受ける権利の承継

三　出願公開後における第十七条の二第一項の規定による願書に添付した明細書、特許請求の範囲又は図面の補正（同項ただし書各号の規定によりしたものにあつては、誤訳訂正書の提出によるものに限る。）

四　第四十八条の三第五項（同条第七項において準用する場合を含む。）の規定による出願審査の請求

五　特許権の消滅（存続期間の満了によるもの及び第百十二条第四項又は第五項の規定によるものを除く。）又は回復（第百十二条の二第二項の規定によるものに限る。）

六　特許異議の申立て若しくは審判若しくは再審の請求又はこれらの取下げ

七　特許異議の申立てについての確定した決定、審判の確定審決又は再審の確定した決定若しくは確定審決（特許権の設定の登録又は出願公開がされたものに限る。）

八　訂正した明細書及び特許請求の範囲に記載した事項並びに図面の内容（訂正をすべき旨の確定した決定又は確定審決があつたものに限る。）

九　裁定の請求若しくはその取下げ又は裁定

十　第百七十八条第一項の訴えについての確定判決（特許権の

設定の登録又は出願公開がされたものに限る。）

第一九四条から第一九五条の二の二まで　（略）

（行政手続法の適用除外）

第一九五条の三　この法律又はこの法律に基づく命令の規定による処分については、行政手続法（平成五年法律第八十八号）第二章及び第三章の規定は、適用しない。

（行政不服審査法の規定による審査請求の制限）

第一九五条の四　査定、取消決定若しくは審決及び特許異議申立書、審判若しくは再審の請求書若しくは第百二十条の五第二項若しくは第百三十四条の二第一項の訂正の請求書の却下の決定並びにこの法律の規定により不服を申し立てることができないこととされている処分又はこれらの不作為については、行政不服審査法の規定による審査請求をすることができない。

[7] 本条にいう「査定」には特許査定も含まれる。（知財高判平27・6・10判時二三六〇・三六、特許百選[五版]八八……旧行政不服審査法下での事件）

第十一章　罰則（抄）

（侵害の罪）

第一九六条　特許権又は専用実施権を侵害した者（第百一条の規定により特許権又は専用実施権を侵害する行為とみなされる行為を行つた者を除く。）は、十年以下の懲役若しくは千万円以下の罰金に処し、又はこれを併科する。

＊令和四法六八（令和七・六・一六までに施行）**による改正**
第一九六条中「懲役」を「拘禁刑」に改める。（本文未織込み）

第一九六条の二　第百一条の規定により特許権又は専用実施権を侵害する行為とみなされる行為を行つた者は、五年以下の懲役若しくは五百万円以下の罰金に処し、又はこれを併科する。

＊令和四法六八（令和七・六・一六までに施行）**による改正**
第一九六条の二中「懲役」を「拘禁刑」に改める。（本文未織込み）

（詐欺の行為の罪）

第一九七条　詐欺の行為により特許、特許権の存続期間の延長登録、特許異議の申立てについての決定又は審決を受けた者は、三年以下の懲役又は三百万円以下の罰金に処する。

＊令和四法六八（令和七・六・一六までに施行）**による改正**
第一九七条中「懲役」を「拘禁刑」に改める。（本文未織込み）

（虚偽表示の罪）

第一九八条　第百八十八条の規定に違反した者は、三年以下の懲役又は三百万円以下の罰金に処する。

＊令和四法六八（令和七・六・一六までに施行）**による改正**
第一九八条中「懲役」を「拘禁刑」に改める。（本文未織込み）

第一九九条　（略）

（秘密を漏らした罪）

第二〇〇条　特許庁の職員又はその職にあつた者がその職務に関して知得した特許出願中の発明に関する秘密を漏らし、又は盗用したときは、一年以下の懲役又は五十万円以下の罰金に処する。

＊令和四法六八（令和七・六・一六までに施行）**による改正**
第二〇〇条中「懲役」を「拘禁刑」に改める。（本文未織込み）

第二〇〇条の二　査証人又は査証人であつた者が査証に関して知得した秘密を漏らし、又は盗用したときは、一年以下の懲役又は五十万円以下の罰金に処する。

＊令和四法六八（令和七・六・一六までに施行）**による改正**
第二〇〇条の二中「懲役」を「拘禁刑」に改める。（本文未織込み）

（秘密保持命令違反の罪）

第二〇〇条の三①　秘密保持命令に違反した者は、五年以下の懲役若しくは五百万円以下の罰金に処し、又はこれを併科する。

＊令和四法六八（令和七・六・一六までに施行）**による改正**
第一項中「懲役」を「拘禁刑」に改める。（本文未織込み）

②　前項の罪は、告訴がなければ公訴を提起することができない。

③　第一項の罪は、日本国外において同項の罪を犯した者にも適用する。

（両罰規定）

第二〇一条①　法人の代表者又は法人若しくは人の代理人、使用人その他の従業者が、その法人又は人の業務に関し、次の各号に掲げる規定の違反行為をしたときは、行為者を罰するほか、その法人に対して当該各号で定める罰金刑を、その人に対して各本条の罰金刑を科する。

一　第百九十六条、第百九十六条の二又は前条第一項　三億円以下の罰金刑

二　第百九十七条又は第百九十八条　一億円以下の罰金刑

②　前項の場合において、当該行為者に対してした前条第二項の告訴は、その法人又は人に対しても効力を生じ、その法人又は人に対してした告訴は、当該行為者に対しても効力を生ずるものとする。

③　第一項の規定により第百九十六条、第百九十六条の二又は前条第一項の違反行為につき法人又は人に罰金刑を科する場合における時効の期間は、これらの規定の罪についての時効の期間による。

第二〇二条から第二〇四条まで　（略）

附　則

この法律の施行期日は、別に法律で定める（昭和三五・四・一施行―昭和三四法一二二）。

別表　（略）

附　則（令和三・五・二一法四二）（抄）

（施行期日）

第一条　この法律は、公布の日から起算して一年を超えない範囲内において政令で定める日（令和四・四・一―令和三政二五六）から施行する。ただし、次の各号に掲げる規定は、当該各号に定める日から施行する。

一　（前略）附則第九条の規定　公布の日

二　第一条中特許法第百五条の四第一項第一号の改正規定（中略）　公布の日から起算して一月を経過した日（令和三・六・二一）

三　第一条中特許法第七十一条第三項の改正規定（中略）、同法第百四十五条に二項を加える改正規定（中略）　公布の日から起算して六月を超えない範囲内において政令で定める日（令和三・一〇・一―令和三政二五六）

四　（略）

五　第一条中特許法（中略）第四十一条第一項第一号の改正規定、同法第四十三条の二第一項の改正規定、同法第四十八条の三第五項の改正規定（中略）　公布の日から起算して二年を超えない範囲内において政令で定める日（令和五・四・一―令和四政二五〇）

（政令への委任）

第九条　この附則に規定するもののほか、この法律の施行に関し必要な経過措置は、政令で定める。

附則（令和四・五・二五法四八）（抄）

（施行期日）

第一条 この法律は、公布の日から起算して四年を超えない範囲内において政令で定める日から施行する。ただし、次の各号に掲げる規定は、当該各号に定める日から施行する。

一 （前略）附則第百二十五条の規定　公布の日

二―五 （略）

（特許法の一部改正に伴う経過措置）

第五二条① 前条の規定による改正後の特許法（次項において「改正後特許法」という。）第百五条の二の十一（特許法第六十五条第六項（同法第百八十四条の十第二項において準用する場合を含む。）及び実用新案法（昭和三十四年法律第百二十三号）第三十条において準用する場合を含む。）の規定は、施行日以後に提起される特許権、特許権についての専用実施権、実用新案権若しくは実用新案権についての専用実施権（以下この条において「特許権等」という。）の侵害に関する訴え又は特許法第六十五条第一項の規定による請求若しくは同法第百八十四条の十第一項の規定による請求（以下この条において「出願公開補償金等の請求」という。）に関する訴えにおける意見の提出について適用し、施行日前に提起された特許権等の侵害に関する訴え又は出願公開補償金等の請求に関する訴えにおける意見の提出については、なお従前の例による。

② 改正後特許法第百五条の四第三項及び第四項並びに第百五条の五第二項（これらの規定を特許法第六十五条第六項（同法第百八十四条の十第二項において準用する場合を含む。）、実用新案法第三十条、意匠法（昭和三十四年法律第百二十五号）第四十一条及び商標法（昭和三十四年法律第百二十七号）第三十九条（同法第十三条の二第五項において準用する場合を含む。）において準用する場合を含む。）の規定は、施行日以後に提起される特許権等、意匠権、意匠権についての専用実施権、商標権若しくは商標権についての専用使用権の侵害に関する訴え又は出願公開補償金等の請求、意匠法第六十条の十二第一項の規定による請求若しくは商標法第十三条の二第一項の規定による請求に関する訴えにおける秘密保持命令の送達及び効力の発生時期について適用し、施行日前に提起された特許権等、意匠権、意匠権についての専用実施権、商標権若しくは商標権についての専用使用権の侵害に関する訴え又は出願公開補償金等の請求、意匠法第六十条の十二第一項の規定による請求若しくは商標法第十三条の二第一項の規定による請求に関する訴えにおける秘密保持命令の送達及び効力の発生時期については、なお従前の例による。

（政令への委任）

第一二五条 この附則に定めるもののほか、この法律の施行に関し必要な経過措置は、政令で定める。

刑法等の一部を改正する法律の施行に伴う関係法律整理法（令和四・六・一七法六八）（抄）

第四四一条から第四四三条まで （刑法の同経過規定参照）

第五〇九条 （刑法の同経過規定参照）

附則（令和四・六・一七法六八）（抄）

（施行期日）

① この法律は、刑法等一部改正法（刑法等の一部を改正する法律（令和四法六七））施行日から施行する。ただし、次の各号に掲げる規定は、当該各号に定める日から施行する。

一 第五百九条の規定　公布の日

二 （略）

○不正競争防止法（抄）（平成五・五・一九 法四七）

施行 平成六・五・一（平成六政四四）
最終改正 令和四法六八

目次

第一章 総則

（目的）

第一条 この法律は、事業者間の公正な競争及びこれに関する国際約束の的確な実施を確保するため、不正競争の防止及び不正競争に係る損害賠償に関する措置等を講じ、もって国民経済の健全な発展に寄与することを目的とする。

（定義）

第二条① この法律において「不正競争」とは、次に掲げるものをいう。

一 他人の商品等表示（人の業務に係る氏名、商号、商標、標章、商品の容器若しくは包装その他の商品又は営業を表示するものをいう。以下同じ。）として需要者の間に広く認識されているものと同一若しくは類似の商品等表示を使用し、又はその商品等表示を使用した商品を譲渡し、引き渡し、譲渡若しくは引渡しのために展示し、輸出し、輸入し、若しくは電気通信回線を通じて提供して、他人の商品又は営業と混同を生じさせる行為

二 自己の商品等表示として他人の著名な商品等表示と同一若しくは類似のものを使用し、又はその商品等表示を使用した商品を譲渡し、引き渡し、譲渡若しくは引渡しのために展示し、輸出し、輸入し、若しくは電気通信回線を通じて提供する行為

三 他人の商品の形態（当該商品の機能を確保するために不可欠な形態を除く。）を模倣した商品を譲渡し、貸し渡し、譲渡若しくは貸渡しのために展示し、輸出し、又は輸入する行為

四 窃取、詐欺、強迫その他の不正の手段により営業秘密を取得する行為（以下「営業秘密不正取得行為」という。）又は営業秘密不正取得行為により取得した営業秘密を使用し、若しくは開示する行為（秘密を保持しつつ特定の者に示すことを含む。次号から第九号まで、第十九条第一項第六号、第二十一条及び附則第四条第一号において同じ。）

五 その営業秘密について営業秘密不正取得行為が介在したことを知って、若しくは重大な過失により知らないで営業秘密を取得し、又はその取得した営業秘密を使用し、若しくは開示する行為

六 その取得した後にその営業秘密について営業秘密不正取得行為が介在したことを知って、又は重大な過失により知らないでその取得した営業秘密を使用し、又は開示する行為

七 営業秘密を保有する事業者（以下「営業秘密保有者」という。）からその営業秘密を示された場合において、不正の利益を得る目的で、又はその営業秘密保有者に損害を加える目的で、その営業秘密を使用し、又は開示する行為

八 その営業秘密について営業秘密不正開示行為（前号に規定する場合において同号に規定する目的でその営業秘密を開示する行為又は秘密を守る法律上の義務に違反してその営業秘密を開示する行為をいう。以下同じ。）であること若しくはその営業秘密について営業秘密不正開示行為が介在したことを知って、若しくは重大な過失により知らないで営業秘密を取得し、又はその取得した営業秘密を使用し、若しくは開示する行為

九 その取得した後にその営業秘密について営業秘密不正開示行為があったこと若しくはその営業秘密について営業秘密不正開示行為が介在したことを知って又は重大な過失により知らないでその取得した営業秘密を使用し、又は開示する行為

十 第四号から前号までに掲げる行為（技術上の秘密（営業秘密のうち、技術上の情報であるものをいう。以下同じ。）を使用する行為に限る。以下この号において「不正使用行為」という。）により生じた物を譲渡し、引き渡し、譲渡若しくは引渡しのために展示し、輸出し、輸入し、又は電気通信回線を通じて提供する行為（当該物を譲り受けた者（その譲り受けた時に当該物が不正使用行為により生じた物であることを知らず、かつ、知らないことにつき重大な過失がない者に限る。）が当該物を譲渡し、引き渡し、譲渡若しくは引渡しのために展示し、輸出し、輸入し、又は電気通信回線を通じて提供する行為を除く。）

十一 窃取、詐欺、強迫その他の不正の手段により限定提供データを取得する行為（以下「限定提供データ不正取得行為」という。）又は限定提供データ不正取得行為により取得した限定提供データを使用し、若しくは開示する行為

十二 その限定提供データについて限定提供データ不正取得行為が介在したことを知って限定提供データを取得し、又はその取得した限定提供データを使用し、若しくは開示する行為

十三 その取得した後にその限定提供データについて限定提供データ不正取得行為が介在したことを知ってその取得した限定提供データを開示する行為

十四 限定提供データを保有する事業者（以下「限定提供データ保有者」という。）からその限定提供データを示された場合において、不正の利益を得る目的で、又はその限定提供データ保有者に損害を加える目的で、その限定提供データを使用する行為（その限定提供データの管理に係る任務に違反して行うものに限る。）又は開示する行為

十五 その限定提供データについて限定提供データ不正開示行為（前号に規定する場合において同号に規定する目的でその限定提供データを開示する行為をいう。以下同じ。）であること若しくはその限定提供データについて限定提供データ不正開示行為が介在したことを知って限定提供データを取得し、又はその取得した限定提供データを使用し、若しくは開示する行為

十六 その取得した後にその限定提供データについて限定提供データ不正開示行為があったこと又はその限定提供データについて限定提供データ不正開示行為が介在したことを知ってその取得した限定提供データを開示する行為

十七 営業上用いられている技術的制限手段（他人が特定の者以外の者に影像若しくは音の視聴、プログラムの実行若しくは情報（電磁的記録（電子的方式、磁気的方式その他人の知覚によっては認識することができない方式で作られる記録であって、電子計算機による情報処理の用に供されるものをいう。以下同じ。）に記録されたものに限る。以下この号、次号及び第八項において同じ。）の処理又は影像、音、プログラムその他の情報の記録をさせないために用いているものを除く。）により制限されている影像若しくは音の視聴、プログラムの実行若しくは情報の処理又は影像、音、プログラムその他の情報の記録（以下この号において「影像の視聴等」という。）を当該技術的制限手段の効果を妨げることにより可能とする機能を有する装置（当該装置を組み込んだ機器及び当該装置の部品一

式であって容易に組み立てることができるものを含む。）、当該機能を有するプログラム（当該プログラムが他のプログラムと組み合わされたものを含む。）若しくは指令符号（電子計算機に対する指令であって、当該指令のみによって一の結果を得ることができるものをいう。次号において同じ。）を記録した記録媒体若しくは記憶した機器を譲渡し、引き渡し、譲渡若しくは引渡しのために展示し、輸出し、若しくは輸入し、若しくは当該機能を有するプログラム若しくは指令符号を電気通信回線を通じて提供する行為（当該装置又は当該プログラムが当該機能以外の機能を併せて有する場合にあっては、影像の視聴等を当該技術的制限手段の効果を妨げることにより可能とする用途に供するために行うものに限る。）又は影像の視聴等を当該技術的制限手段の効果を妨げることにより可能とする役務を提供する行為

＊令和四法四八（令和八・五・二四までに施行）による改正
第十七号中「いう。）に」を「いう。以下同じ。）に」に改める。（本文未織込み）

十八　他人が特定の者以外の者に影像若しくは音の視聴、プログラムの実行若しくは情報の処理又は影像、音、プログラムその他の情報の記録をさせないために営業上用いている技術的制限手段により制限されている影像若しくは音の視聴、プログラムの実行若しくは情報の処理又は影像、音、プログラムその他の情報の記録（以下この号において「影像の視聴等」という。）を当該技術的制限手段の効果を妨げることにより可能とする機能を有する装置（当該装置を組み込んだ機器及び当該装置の部品一式であって容易に組み立てることができるものを含む。）、当該機能を有するプログラム（当該プログラムが他のプログラムと組み合わされたものを含む。）若しくは指令符号を記録した記録媒体若しくは記憶した機器を当該特定の者以外の者に譲渡し、引き渡し、譲渡若しくは引渡しのために展示し、輸出し、若しくは輸入し、若しくは当該機能を有するプログラム若しくは指令符号を電気通信回線を通じて提供する行為（当該装置又は当該プログラムが当該機能以外の機能を併せて有する場合にあっては、影像の視聴等を当該技術的制限手段の効果を妨げることにより可能とする用途に供するために行うものに限る。）又は影像の視聴等を当該技術的制限手段の効果を妨げることにより可能とする役務を提供する行為

十九　不正の利益を得る目的で、又は他人に損害を加える目的で、他人の特定商品等表示（人の業務に係る氏名、商号、商標、標章その他の商品又は役務を表示するものをいう。）と同一若しくは類似のドメイン名を使用する権利を取得し、若しくは保有し、又はそのドメイン名を使用する行為

二十　商品若しくは役務若しくはその広告若しくは取引に用いる書類若しくは通信にその商品の原産地、品質、内容、製造方法、用途若しくは数量若しくはその役務の質、内容、用途若しくは数量について誤認させるような表示をし、又はその表示をした商品を譲渡し、引き渡し、譲渡若しくは引渡しのために展示し、輸出し、輸入し、若しくは電気通信回線を通じて提供し、若しくはその表示をして役務を提供する行為

二十一　競争関係にある他人の営業上の信用を害する虚偽の事実を告知し、又は流布する行為

二十二　パリ条約（商標法（昭和三十四年法律第百二十七号）第四条第一項第二号に規定するパリ条約をいう。）の同盟国、世界貿易機関の加盟国又は商標法条約の締約国において商標に関する権利（商標権に相当する権利に限る。以下この号において単に「権利」という。）を有する者の代理人若しくは代表者又はその行為の日前一年以内に代理人若しくは代表者であった者が、正当な理由がないのに、その権利を有する者の承諾を得ないでその権利に係る商標と同一若しくは類似の商標をその権利に係る商品若しくは役務と同一若しくは類似の商品若しくは役務に使用し、又は当該商標を使用したその権利に係る商品と同一若しくは類似の商品を譲渡し、引き渡し、譲渡若しくは引渡しのために展示し、輸出し、輸入し、若しくは電気通信回線を通じて提供し、若しくは当該商標を使用してその権利に係る役務と同一若しくは類似の役務を提供する行為

②　この法律において「商標」とは、商標法第二条第一項に規定する商標をいう。

③　この法律において「標章」とは、商標法第二条第一項に規定する標章をいう。

④　この法律において「商品の形態」とは、需要者が通常の用法に従った使用に際して知覚によって認識することができる商品の外部及び内部の形状並びにその形状に結合した模様、色彩、光沢及び質感をいう。

⑤　この法律において「模倣する」とは、他人の商品の形態に依拠して、これと実質的に同一の形態の商品を作り出すことをいう。

⑥　この法律において「営業秘密」とは、秘密として管理されている生産方法、販売方法その他の事業活動に有用な技術上又は営業上の情報であって、公然と知られていないものをいう。

⑦　この法律において「限定提供データ」とは、業として特定の者に提供する情報として電磁的方法（電子的方法、磁気的方法その他人の知覚によっては認識することができない方法をいう。次項において同じ。）により相当量蓄積され、及び管理されている技術上又は営業上の情報（秘密として管理されているものを除く。）をいう。

⑧　この法律において「技術的制限手段」とは、電磁的方法により影像若しくは音の視聴、プログラムの実行若しくは情報の処理又は影像、音、プログラムその他の情報の記録を制限する手段であって、視聴等機器（影像若しくは音の視聴、プログラムの実行若しくは情報の処理又は影像、音、プログラムその他の情報の記録のために用いられる機器をいう。以下この項において同じ。）が特定の反応をする信号を記録媒体に記録し、若しくは送信する方式又は視聴等機器が特定の変換を必要とするよう影像、音、プログラムその他の情報を変換して記録媒体に記録し、若しくは送信する方式によるものをいう。

⑨　この法律において「プログラム」とは、電子計算機に対する指令であって、一の結果を得ることができるように組み合わされたものをいう。

⑩　この法律において「ドメイン名」とは、インターネットにおいて、個々の電子計算機を識別するために割り当てられる番号、記号又は文字の組合せに対応する文字、番号、記号その他の符号又はこれらの結合をいう。

⑪　この法律にいう「物」には、プログラムを含むものとする。

第二章　差止請求、損害賠償等（抄）

（差止請求権）

第三条①　不正競争によって営業上の利益を侵害され、又は侵害されるおそれがある者は、その営業上の利益を侵害する者又は侵害するおそれがある者に対し、その侵害の停止又は予防を請求することができる。

②　不正競争によって営業上の利益を侵害され、又は侵害されるおそれがある者は、前項の規定による請求をするに際し、侵害の行為を組成した物（侵害の行為により生じた物を含む。第五条第一項において同じ。）の廃棄、侵害の行為に供した設備の除却その他の侵害の停止又は予防に必要な行為を請求することができる。

（損害賠償）

第四条　故意又は過失により不正競争を行って他人の営業上の利益を侵害した者は、これによって生じた損害を賠償する責めに任ずる。ただし、第十五条の規定により同条に規定する権利が消滅した後にその営業秘密又は限定提供データを使用する行為によって生じた損害については、この限りでない。

（**損害の額の推定等**）

第五条① 第二条第一項第一号から第十六号まで又は第二十二号に掲げる不正競争（同項第四号から第九号までに掲げるものにあっては、技術上の秘密に関するものに限る。）によって営業上の利益を侵害された者（以下この項において「被侵害者」という。）が故意又は過失により自己の営業上の利益を侵害した者に対しその侵害により自己が受けた損害の賠償を請求する場合において、その者がその侵害の行為を組成した物を譲渡したときは、その譲渡した物の数量（以下この項において「譲渡数量」という。）に、被侵害者がその侵害の行為がなければ販売することができた物の単位数量当たりの利益の額を乗じて得た額を、被侵害者の当該物に係る販売その他の行為を行う能力に応じた額を超えない限度において、被侵害者が受けた損害の額とすることができる。ただし、譲渡数量の全部又は一部に相当する数量を被侵害者が販売することができないとする事情があるときは、当該事情に相当する数量に応じた額を控除するものとする。

② 不正競争によって営業上の利益を侵害された者が故意又は過失により自己の営業上の利益を侵害した者に対しその侵害により自己が受けた損害の賠償を請求する場合において、その者がその侵害の行為により利益を受けているときは、その利益の額は、その営業上の利益を侵害された者が受けた損害の額と推定する。

③ 第二条第一項第一号から第九号まで、第十一号から第十六号まで、第十九号又は第二十二号に掲げる不正競争によって営業上の利益を侵害された者は、故意又は過失により自己の営業上の利益を侵害した者に対し、次の各号に掲げる不正競争の区分に応じて当該各号に定める行為に対し受けるべき金銭の額に相当する額の金銭を、自己が受けた損害の額としてその賠償を請求することができる。

一 第二条第一項第一号又は第二号に掲げる不正競争 当該侵害に係る商品等表示の使用

二 第二条第一項第三号に掲げる不正競争 当該侵害に係る商品の形態の使用

三 第二条第一項第四号から第九号までに掲げる不正競争 当該侵害に係る営業秘密の使用

四 第二条第一項第十一号から第十六号までに掲げる不正競争 当該侵害に係る限定提供データの使用

五 第二条第一項第十九号に掲げる不正競争 当該侵害に係るドメイン名の使用

六 第二条第一項第二十二号に掲げる不正競争 当該侵害に係る商標の使用

④ 前項の規定は、同項に規定する金額を超える損害の賠償の請求を妨げない。この場合において、その営業上の利益を侵害した者に故意又は重大な過失がなかったときは、裁判所は、損害の賠償の額を定めるについて、これを参酌することができる。

（**技術上の秘密を取得した者の当該技術上の秘密を使用する行為等の推定**）

第五条の二 技術上の秘密（生産方法その他政令で定める情報に係るものに限る。以下この条において同じ。）について第二条第一項第四号、第五号又は第八号に規定する行為（営業秘密を取得する行為に限る。）があった場合において、その行為をした者が当該技術上の秘密を使用する行為により生ずる物の生産その他技術上の秘密を使用したことが明らかな行為として政令で定める行為（以下この条において「生産等」という。）をしたときは、その者は、それぞれ当該各号に規定する行為（営業秘密を使用する行為に限る。）として生産等をしたものと推定する。

（**具体的態様の明示義務**）

第六条 不正競争による営業上の利益の侵害に係る訴訟において、不正競争によって営業上の利益を侵害され、又は侵害されるおそれがあると主張する者が侵害の行為を組成したものとして主張する物又は方法の具体的態様を否認するときは、相手方は、自己の行為の具体的態様を明らかにしなければならない。ただし、相手方において明らかにすることができない相当の理由があるときは、この限りでない。

（**書類の提出等**）

第七条① 裁判所は、不正競争による営業上の利益の侵害に係る訴訟においては、当事者の申立てにより、当事者に対し、当該侵害行為について立証するため、又は当該侵害の行為による損害の計算をするため必要な書類の提出を命ずることができる。ただし、その書類の所持者においてその提出を拒むことについて正当な理由があるときは、この限りでない。

＊令和四法四八（令和八・五・二四までに施行）**による改正**
第一項中「必要な書類」の下に「又は電磁的記録」を、ただし書中「所持者」の下に「又はその電磁的記録を利用する権限を有する者」を加える。（本文未織込み）

② 裁判所は、前項本文の申立てに係る書類が同項本文の書類に該当するかどうか又は同項ただし書に規定する正当な理由があるかどうかの判断をするため必要があると認めるときは、書類の所持者にその提示をさせることができる。この場合においては、何人も、その提示された書類の開示を求めることができない。

＊令和四法四八（令和八・五・二四までに施行）**による改正後**
② 裁判所は、前項本文の申立てに係る書類若しくは電磁的記録が同項本文の書類若しくは電磁的記録に該当するかどうか又は同項ただし書に規定する正当な理由があるかどうかの判断をするため必要があると認めるときは、書類の所持者又は電磁的記録を利用する権限を有する者にその提示をさせることができる。この場合においては、何人も、その提示された書類又は電磁的記録の開示を求めることができない。

③ 裁判所は、前項の場合において、第一項本文の申立てに係る書類が同項本文の書類に該当するかどうか又は同項ただし書に規定する正当な理由があるかどうかについて前項後段の書類を開示してその意見を聴くことが必要であると認めるときは、当事者等（当事者（法人である場合にあっては、その代表者）又は当事者の代理人（訴訟代理人及び補佐人を除く。）、使用人その他の従業者をいう。以下同じ。）、訴訟代理人又は補佐人に対し、当該書類を開示することができる。

＊令和四法四八（令和八・五・二四までに施行）**による改正後**
③ 裁判所は、前項の場合において、第一項本文の申立てに係る書類若しくは電磁的記録が同項本文の書類若しくは電磁的記録に該当するかどうか又は同項ただし書に規定する正当な理由があるかどうかについて前項後段の書類又は電磁的記録を開示してその意見を聴くことが必要であると認めるときは、当事者等（当事者（法人である場合にあっては、その代表者）又は当事者の代理人（訴訟代理人及び補佐人を除く。）、使用人その他の従業者をいう。以下同じ。）、訴訟代理人又は補佐人に対し、当該書類又は当該電磁的記録を開示することができる。

④ 裁判所は、第二項の場合において、同項後段の書類を開示して専門的な知見に基づく説明を聴くことが必要であると認めるときは、当事者の同意を得て、民事訴訟法（平成八年法律第百九号）第一編第五章第二節第一款に規定する専門委員に対し、当該書類を開示することができる。

＊令和四法四八（令和八・五・二四までに施行）**による改正**
第四項中「の書類」の下に「又は電磁的記録」を、「当該書類」の下に「又は当該電磁的記録」を加える。（本文未織込み）

⑤ 前各項の規定は、不正競争による営業上の利益の侵害に係る訴訟における当該侵害行為について立証するため必要な検証の目的の提示について準用する。

（**損害計算のための鑑定**）

第八条 不正競争による営業上の利益の侵害に係る訴訟において、当事者の申立てにより、裁判所が当該侵害の行為による損害の計算をするため必要な事項について鑑定を命じたときは、当事者は、鑑定人に対し、当該鑑定をするため必要な事項について説明しなければならない。

（相当な損害額の認定）

第九条 不正競争による営業上の利益の侵害に係る訴訟において、損害が生じたことが認められる場合において、損害額を立証するために必要な事実を立証することが当該事実の性質上極めて困難であるときは、裁判所は、口頭弁論の全趣旨及び証拠調べの結果に基づき、相当な損害額を認定することができる。

（秘密保持命令）

第一〇条① 裁判所は、不正競争による営業上の利益の侵害に係る訴訟において、その当事者が保有する営業秘密について、次に掲げる事由のいずれにも該当することにつき疎明があった場合には、当事者の申立てにより、決定で、当事者等、訴訟代理人又は補佐人に対し、当該営業秘密を当該訴訟の追行の目的以外の目的で使用し、又は当該営業秘密に係るこの項の規定による命令を受けた者以外の者に開示してはならない旨を命ずることができる。ただし、その申立ての時までに当事者等、訴訟代理人又は補佐人が第一号に規定する準備書面の閲読又は同号に規定する証拠の取調べ若しくは開示以外の方法により当該営業秘密を取得し、又は保有していた場合は、この限りでない。

一 既に提出され若しくは提出されるべき準備書面に当事者の保有する営業秘密が記載され、又は既に取り調べられ若しくは取り調べられるべき証拠（第七条第三項の規定により開示された書類又は第十三条第四項の規定により開示された書面を含む。）の内容に当事者の保有する営業秘密が含まれること。

> ***令和四法四八**（令和八・五・二四までに施行）**による改正**
> 第一号中「書類」を「書類若しくは電磁的記録」に、「書面を」を「書面若しくは電磁的記録を」に改める。（本文未織込み）

二 前号の営業秘密が当該訴訟の追行の目的以外の目的で使用され、又は当該営業秘密が開示されることにより、当該営業秘密に基づく当事者の事業活動に支障を生ずるおそれがあり、これを防止するため当該営業秘密の使用又は開示を制限する必要があること。

② 前項の規定による命令（以下「秘密保持命令」という。）の申立ては、次に掲げる事項を記載した書面でしなければならない。

一 秘密保持命令を受けるべき者

二 秘密保持命令の対象となるべき営業秘密を特定するに足りる事実

三 前項各号に掲げる事由に該当する事実

③ 秘密保持命令が発せられた場合には、その決定書を秘密保持命令を受けた者に送達しなければならない。

> ***令和四法四八**（令和八・五・二四までに施行）**による改正後**
> ③ 秘密保持命令が発せられた場合には、その電子決定書（民事訴訟法第百二十二条において準用する同法第二百五十二条第一項の規定により作成された電磁的記録（同法第百二十二条において準用する同法第二百五十三条第二項の規定により裁判所の使用に係る電子計算機（入出力装置を含む。）に備えられたファイルに記録されたものに限る。）をいう。次項及び次条第二項において同じ。）を秘密保持命令を受けた者に送達しなければならない。

④ 秘密保持命令は、秘密保持命令を受けた者に対する決定書の送達がされた時から、効力を生ずる。

> ***令和四法四八**（令和八・五・二四までに施行）**による改正**
> 第四項中「決定書」を「電子決定書」に改める。（本文未織込み）

⑤ 秘密保持命令の申立てを却下した裁判に対しては、即時抗告をすることができる。

第一一条及び第一二条 （略）

（当事者尋問等の公開停止）

第一三条① 不正競争による営業上の利益の侵害に係る訴訟における当事者等が、その侵害の有無についての判断の基礎となる事項であって当事者の保有する営業秘密に該当するものについて、当事者本人若しくは法定代理人又は証人として尋問を受ける場合においては、裁判所は、裁判官の全員一致により、その当事者等が公開の法廷で当該事項について陳述をすることにより当該営業秘密に基づく当事者の事業活動に著しい支障を生ずることが明らかであることから当該事項について十分な陳述をすることができず、かつ、当該陳述を欠くことにより他の証拠のみによっては当該事項を判断の基礎とすべき不正競争による営業上の利益の侵害の有無についての適正な裁判をすることができないと認めるときは、決定で、当該事項の尋問を公開しないで行うことができる。

② 裁判所は、前項の決定をするに当たっては、あらかじめ、当事者等の意見を聴かなければならない。

③ 裁判所は、前項の場合において、必要があると認めるときは、当事者等にその陳述すべき事項の要領を記載した書面の提示をさせることができる。この場合においては、何人も、その提示された書面の開示を求めることができない。

> ***令和四法四八**（令和八・五・二四までに施行）**による改正**
> 第三項中「記載した書面」の下に「又はこれに記載すべき事項を記録した電磁的記録」を、「提示された書面」の下に「又は電磁的記録」を加える。（本文未織込み）

④ 裁判所は、前項後段の書面を開示してその意見を聴くことが必要であると認めるときは、当事者等、訴訟代理人又は補佐人に対し、当該書面を開示することができる。

> ***令和四法四八**（令和八・五・二四までに施行）**による改正**
> 第四項中「の書面」の下に「又は電磁的記録」を、「当該書面」の下に「又は当該電磁的記録」を加える。（本文未織込み）

⑤ 裁判所は、第一項の規定により当該事項の尋問を公開しないで行うときは、公衆を退廷させる前に、その旨を理由とともに言い渡さなければならない。当該事項の尋問が終了したときは、再び公衆を入廷させなければならない。

（信用回復の措置）

第一四条 故意又は過失により不正競争を行って他人の営業上の信用を害した者に対しては、裁判所は、その営業上の信用を害された者の請求により、損害の賠償に代え、又は損害の賠償とともに、その者の営業上の信用を回復するのに必要な措置を命ずることができる。

（消滅時効）

第一五条① 第二条第一項第四号から第九号までに掲げる不正競争のうち、営業秘密を使用する行為に対する第三条第一項の規定による侵害の停止又は予防を請求する権利は、次に掲げる場合には、時効によって消滅する。

一 その行為を行う者がその行為を継続する場合において、その行為により営業上の利益を侵害され、又は侵害されるおそれがある営業秘密保有者がその事実及びその行為を行う者を知った時から三年間行わないとき。

二 その行為の開始の時から二十年を経過したとき。

② 前項の規定は、第二条第一項第十一号から第十六号までに掲げる不正競争のうち、限定提供データを使用する行為に対する第三条第一項の規定による侵害の停止又は予防を請求する権利について準用する。この場合において、前項第一号中「営業秘

密保有者」とあるのは、「限定提供データ保有者」と読み替えるものとする。

第三章　国際約束に基づく禁止行為

（外国の国旗等の商業上の使用禁止）

第一六条① 何人も、外国の国旗若しくは国の紋章その他の記章であって経済産業省令で定めるもの（以下「外国国旗等」という。）と同一若しくは類似のもの（以下「外国国旗等類似記章」という。）を商標として使用し、又は外国国旗等類似記章を商標として使用した商品を譲渡し、引き渡し、譲渡若しくは引渡しのために展示し、輸出し、輸入し、若しくは電気通信回線を通じて提供し、若しくは外国国旗等類似記章を商標として使用して役務を提供してはならない。ただし、その外国国旗等の使用の許可（許可に類する行政処分を含む。以下同じ。）を行う権限を有する外国の官庁の許可を受けたときは、この限りでない。

② 前項に規定するもののほか、何人も、商品の原産地を誤認させるような方法で、同項の経済産業省令で定める外国の国の紋章（以下「外国紋章」という。）を使用し、又は外国紋章を使用した商品を譲渡し、引き渡し、譲渡若しくは引渡しのために展示し、輸出し、輸入し、若しくは電気通信回線を通じて提供し、若しくは外国紋章を使用して役務を提供してはならない。ただし、その外国紋章の使用の許可を行う権限を有する外国の官庁の許可を受けたときは、この限りでない。

③ 何人も、外国の政府若しくは地方公共団体の監督用若しくは証明用の印章若しくは記号であって経済産業省令で定めるもの（以下「外国政府等記号」という。）と同一若しくは類似のもの（以下「外国政府等類似記号」という。）をその外国政府等記号が用いられている商品若しくは役務と同一若しくは類似の商品若しくは役務の商標として使用し、又は外国政府等類似記号を当該商標として使用した商品を譲渡し、引き渡し、譲渡若しくは引渡しのために展示し、輸出し、輸入し、若しくは電気通信回線を通じて提供し、若しくは外国政府等類似記号を当該商標として使用して役務を提供してはならない。ただし、その外国政府等記号の使用の許可を行う権限を有する外国の官庁の許可を受けたときは、この限りでない。

（国際機関の標章の商業上の使用禁止）

第一七条 何人も、その国際機関（政府間の国際機関及びこれに準ずるものとして経済産業省令で定める国際機関をいう。以下この条において同じ。）と関係があると誤認させるような方法で、国際機関を表示する標章であって経済産業省令で定めるものと同一若しくは類似のもの（以下「国際機関類似標章」という。）を商標として使用し、又は国際機関類似標章を商標として使用した商品を譲渡し、引き渡し、譲渡若しくは引渡しのために展示し、輸出し、輸入し、若しくは電気通信回線を通じて提供し、若しくは国際機関類似標章を商標として使用して役務を提供してはならない。ただし、その国際機関の許可を受けたときは、この限りでない。

（外国公務員等に対する不正の利益の供与等の禁止）

第一八条① 何人も、外国公務員等に対し、国際的な商取引に関して営業上の不正の利益を得るために、その外国公務員等に、その職務に関する行為をさせ若しくはさせないこと、又はその地位を利用して他の外国公務員等にその職務に関する行為をさせ若しくはさせないようにあっせんをさせることを目的として、金銭その他の利益を供与し、又はその申込み若しくは約束をしてはならない。

② 前項において「外国公務員等」とは、次に掲げる者をいう。

一 外国の政府又は地方公共団体の公務に従事する者

二 公共の利益に関する特定の事務を行うために外国の特別の法令により設立されたものの事務に従事する者

三 一又は二以上の外国の政府又は地方公共団体により、発行済株式のうち議決権のある株式の総数若しくは出資の金額の総額の百分の五十を超える当該株式の数若しくは出資の金額を直接に所有され、又は役員（取締役、監査役、理事、監事及び清算人並びにこれら以外の者で事業の経営に従事しているものをいう。）の過半数を任命され若しくは指名されている事業者であって、その事業の遂行に当たり、外国の政府又は地方公共団体から特に権益を付与されているものの事務に従事する者その他これに準ずる者として政令で定める者

四 国際機関（政府又は政府間の国際機関によって構成される国際機関をいう。次号において同じ。）の公務に従事する者

五 外国の政府若しくは地方公共団体又は国際機関の権限に属する事務であって、これらの機関から委任されたものに従事する者

第四章　雑則（抄）

（適用除外等）

第一九条① 第三条から第十五条まで、第二十一条（第二項第七号に係る部分を除く。）及び第二十二条の規定は、次の各号に掲げる不正競争の区分に応じて当該各号に定める行為については、適用しない。

一 第二条第一項第一号、第二号、第二十号及び第二十二号に掲げる不正競争　商品若しくは営業の普通名称（ぶどうを原料又は材料とする物の原産地の名称であって、普通名称となったものを除く。）若しくは同一若しくは類似の商品若しくは営業について慣用されている商品等表示（以下「普通名称等」と総称する。）を普通に用いられる方法で使用し、若しくは表示をし、又は普通名称等を普通に用いられる方法で使用し、若しくは表示をした商品を譲渡し、引き渡し、譲渡若しくは引渡しのために展示し、輸出し、輸入し、若しくは電気通信回線を通じて提供する行為（同項第二十号及び第二十二号に掲げる不正競争の場合にあっては、普通名称等を普通に用いられる方法で表示をし、又は使用して役務を提供する行為を含む。）

二 第二条第一項第一号、第二号及び第二十二号に掲げる不正競争　自己の氏名を不正の目的（不正の利益を得る目的、他人に損害を加える目的その他の不正の目的をいう。以下同じ。）でなく使用し、又は自己の氏名を不正の目的でなく使用した商品を譲渡し、引き渡し、譲渡若しくは引渡しのために展示し、輸出し、輸入し、若しくは電気通信回線を通じて提供する行為（同号に掲げる不正競争の場合にあっては、自己の氏名を不正の目的でなく使用して役務を提供する行為を含む。）

三 第二条第一項第一号に掲げる不正競争　他人の商品等表示が需要者の間に広く認識される前からその商品等表示と同一若しくは類似の商品等表示を使用する者又はその商品等表示に係る業務を承継した者がその商品等表示を不正の目的でなく使用し、又はその商品等表示を不正の目的でなく使用した商品を譲渡し、引き渡し、譲渡若しくは引渡しのために展示し、輸出し、輸入し、若しくは電気通信回線を通じて提供する行為

四 第二条第一項第二号に掲げる不正競争　他人の商品等表示が著名になる前からその商品等表示と同一若しくは類似の商品等表示を使用する者又はその商品等表示に係る業務を承継した者がその商品等表示を不正の目的でなく使用し、又はその商品等表示を不正の目的でなく使用した商品を譲渡し、引き渡し、譲渡若しくは引渡しのために展示し、輸出し、輸入し、若しくは電気通信回線を通じて提供する行為

五 第二条第一項第三号に掲げる不正競争　次のいずれかに掲げる行為

イ 日本国内において最初に販売された日から起算して三年を経過した商品について、その商品の形態を模倣した商品を譲渡し、貸し渡し、譲渡若しくは貸渡しのために展示し、輸出し、又は輸入する行為

ロ 他人の商品の形態を模倣した商品を譲り受けた者（その譲り受けた時にその商品が他人の商品の形態を模倣した商品であることを知らず、かつ、知らないことにつき重大な

過失がない者に限る。）がその商品を譲渡し、貸し渡し、譲渡若しくは貸渡しのために展示し、輸出し、又は輸入する行為

六　第二条第一項第四号から第九号までに掲げる不正競争　取引によって営業秘密を取得した者（その取得した時にその営業秘密について営業秘密不正開示行為であること又はその営業秘密について営業秘密不正取得行為若しくは営業秘密不正開示行為が介在したことを知らず、かつ、知らないことにつき重大な過失がない者に限る。）がその取引によって取得した権原の範囲内においてその営業秘密を使用し、又は開示する行為

七　第二条第一項第十号に掲げる不正競争　第十五条第一項の規定により同項に規定する権利が消滅した後にその営業秘密を使用する行為により生じた物を譲渡し、引き渡し、譲渡若しくは引渡しのために展示し、輸出し、輸入し、又は電気通信回線を通じて提供する行為

八　第二条第一項第十一号から第十六号までに掲げる不正競争　次のいずれかに掲げる行為

イ　取引によって限定提供データを取得した者（その取得した時にその限定提供データについて限定提供データ不正開示行為であること又はその限定提供データについて限定提供データ不正取得行為若しくは限定提供データ不正開示行為が介在したことを知らない者に限る。）がその取引によって取得した権原の範囲内においてその限定提供データを開示する行為

ロ　その相当量蓄積されている情報が無償で公衆に利用可能となっている情報と同一の限定提供データを取得し、又はその取得した限定提供データを使用し、若しくは開示する行為

九　第二条第一項第十七号及び第十八号に掲げる不正競争　技術的制限手段の試験又は研究のために用いられる同項第十七号及び第十八号に規定する装置、これらの号に規定するプログラム若しくは指令符号を記録した記録媒体若しくは記憶した機器を譲渡し、引き渡し、譲渡若しくは引渡しのために展示し、輸出し、若しくは輸入し、若しくは当該プログラム若しくは指令符号を電気通信回線を通じて提供する行為又は技術的制限手段の試験又は研究のために行われるこれらの号に規定する役務を提供する行為

②　前項第二号又は第三号に掲げる行為によって営業上の利益を侵害され、又は侵害されるおそれがある者は、次の各号に掲げる行為の区分に応じて当該各号に定める者に対し、自己の商品又は営業との混同を防ぐのに適当な表示を付すべきことを請求することができる。

一　前項第二号に掲げる行為　自己の氏名を使用する者（自己の氏名を使用した商品を自ら譲渡し、引き渡し、譲渡若しくは引渡しのために展示し、輸出し、輸入し、又は電気通信回線を通じて提供する者を含む。）

二　前項第三号に掲げる行為　他人の商品等表示と同一又は類似の商品等表示を使用する者及びその商品等表示に係る業務を承継した者（その商品等表示を使用した商品を自ら譲渡し、引き渡し、譲渡若しくは引渡しのために展示し、輸出し、輸入し、又は電気通信回線を通じて提供する者を含む。）

第一九条の二及び第二〇条　（略）

第五章　罰則

（罰則）

第二一条①　次の各号のいずれかに該当する者は、十年以下の懲役若しくは二千万円以下の罰金に処し、又はこれを併科する。

一　不正の利益を得る目的で、又はその営業秘密保有者に損害を加える目的で、詐欺等行為（人を欺き、人に暴行を加え、又は人を脅迫する行為をいう。次号において同じ。）又は管理侵害行為（財物の窃取、施設への侵入、不正アクセス行為（不正アクセス行為の禁止等に関する法律（平成十一年法律第百二十八号）第二条第四項に規定する不正アクセス行為をいう。）その他の営業秘密保有者の管理を害する行為をいう。次号において同じ。）により、営業秘密を取得した者

二　詐欺等行為又は管理侵害行為により取得した営業秘密を、不正の利益を得る目的で、又はその営業秘密保有者に損害を加える目的で、使用し、又は開示した者

三　営業秘密を営業秘密保有者から示された者であって、不正の利益を得る目的で、又はその営業秘密保有者に損害を加える目的で、その営業秘密の管理に係る任務に背き、次のいずれかに掲げる方法でその営業秘密を領得した者

イ　営業秘密記録媒体等（営業秘密が記載され、又は記録された文書、図画又は記録媒体をいう。以下この号において同じ。）又は営業秘密が化体された物件を横領すること。

ロ　営業秘密記録媒体等の記載若しくは記録について、又は営業秘密が化体された物件について、その複製を作成すること。

ハ　営業秘密記録媒体等の記載又は記録であって、消去すべきものを消去せず、かつ、当該記載又は記録を消去したように仮装すること。

四　営業秘密を営業秘密保有者から示された者であって、その営業秘密の管理に係る任務に背いて前号イからハまでに掲げる方法により領得した営業秘密を、不正の利益を得る目的で、又はその営業秘密保有者に損害を加える目的で、その営業秘密の管理に係る任務に背き、使用し、又は開示した者

五　営業秘密を営業秘密保有者から示されたその役員（理事、取締役、執行役、業務を執行する社員、監事若しくは監査役又はこれらに準ずる者をいう。次号において同じ。）又は従業者であって、不正の利益を得る目的で、又はその営業秘密保有者に損害を加える目的で、その営業秘密の管理に係る任務に背き、その営業秘密を使用し、又は開示した者（前号に掲げる者を除く。）

六　営業秘密を営業秘密保有者から示されたその役員又は従業者であった者であって、不正の利益を得る目的で、又はその営業秘密保有者に損害を加える目的で、その在職中に、その営業秘密の管理に係る任務に背いてその営業秘密の開示の申込みをし、又はその営業秘密の使用若しくは開示について請託を受けて、その営業秘密をその職を退いた後に使用し、又は開示した者（第四号に掲げる者を除く。）

七　不正の利益を得る目的で、又はその営業秘密保有者に損害を加える目的で、第二号若しくは前三号の罪又は第三項第二号の罪（第二号及び前三号の罪に当たる開示によって営業秘密を取得して、その営業秘密を使用し、又は開示した者

八　不正の利益を得る目的で、又はその営業秘密保有者に損害を加える目的で、第二号若しくは第四号から前号までの罪又は第三項第二号の罪（第二号及び第四号から前号までの罪に当たる開示に係る部分に限る。）に当たる開示が介在したことを知って営業秘密を取得して、その営業秘密を使用し、又は開示した者

九　不正の利益を得る目的で、又はその営業秘密保有者に損害を加える目的で、自己又は他人の第二号若しくは第四号から前号まで又は第三項第三号の罪に当たる行為（技術上の秘密を使用する行為に限る。以下この号及び次条第一項第二号において「違法使用行為」という。）により生じた物を譲渡し、引き渡し、譲渡若しくは引渡しのために展示し、輸出し、輸入し、又は電気通信回線を通じて提供した者（当該物が違法使用行為により生じた物であることの情を知らないで譲り受け、当該物を譲渡し、引き渡し、譲渡若しくは引渡しのために展示し、輸出し、輸入し、又は電気通信回線を通じて提供した者を除く。）

＊令和四法六八（令和七・六・一六までに施行）**による改正**
第一項中「懲役」を「拘禁刑」に改める。（本文未織込み）

②次の各号のいずれかに該当する者は、五年以下の懲役若しくは五百万円以下の罰金に処し、又はこれを併科する。

一　不正の目的をもって第二条第一項第一号又は第二十号に掲げる不正競争を行った者

二　他人の著名な商品等表示に係る信用若しくは名声を利用して不正の利益を得る目的で、又は当該信用若しくは名声を害する目的で第二条第一項第二号に掲げる不正競争を行った者

三　不正の利益を得る目的で第二条第一項第三号に掲げる不正競争を行った者

四　不正の利益を得る目的で、又は営業上技術的制限手段を用いている者に損害を加える目的で、第二条第一項第十七号又は第十八号に掲げる不正競争を行った者

五　商品若しくは役務若しくはその広告若しくは取引に用いる書類若しくは通信にその商品の原産地、品質、内容、製造方法、用途若しくは数量又はその役務の質、内容、用途若しくは数量について誤認させるような虚偽の表示をした者（第一号に掲げる者を除く。）

六　秘密保持命令に違反した者

七　第十六条、第十七条又は第十八条第一項の規定に違反した者

＊令和四法六八（令和七・六・一六までに施行）による改正
第二項中「懲役」を「拘禁刑」に改める。（本文未織込み）

③次の各号のいずれかに該当する者は、十年以下の懲役若しくは三千万円以下の罰金に処し、又はこれを併科する。

一　日本国外において使用する目的で、第一項第一号又は第三号の罪を犯した者

二　相手方に日本国外において第一項第二号又は第四号から第八号までの罪に当たる使用をする目的があることの情を知って、これらの罪に当たる開示をした者

三　日本国内において事業を行う営業秘密保有者の営業秘密について、日本国外において第一項第二号又は第四号から第八号までの罪に当たる使用をした者

＊令和四法六八（令和七・六・一六までに施行）による改正
第三項中「懲役」を「拘禁刑」に改める。（本文未織込み）

④第一項（第三号を除く。）並びに前項第一号（第一項第三号に係る部分を除く。）、第二号及び第三号の罪の未遂は、罰する。

⑤第二項第六号の罪は、告訴がなければ公訴を提起することができない。

⑥第一項各号（第九号を除く。）、第三項第一号若しくは第二号又は第四項（第一項第九号に係る部分を除く。）の罪は、日本国内において事業を行う営業秘密保有者の営業秘密について、日本国外においてこれらの罪を犯した者にも適用する。

⑦第二項第六号の罪は、日本国外において同号の罪を犯した者にも適用する。

⑧第二項第七号（第十八条第一項に係る部分に限る。）の罪は、刑法（明治四十年法律第四十五号）第三条の例に従う。

⑨第一項から第四項までの規定は、刑法その他の罰則の適用を妨げない。

⑩次に掲げる財産は、これを没収することができる。

一　第一項、第三項及び第四項の罪の犯罪行為により生じ、若しくは当該犯罪行為により得た財産又は当該犯罪行為の報酬として得た財産

二　前号に掲げる財産の果実として得た財産、同号に掲げる財産の対価として得た財産、これらの財産の対価として得た財産その他同号に掲げる財産の保有又は処分に基づき得た財産

⑪組織的な犯罪の処罰及び犯罪収益の規制等に関する法律（平成十一年法律第百三十六号。以下「組織的犯罪処罰法」という。）第十四条及び第十五条の規定は、前項の規定による没収について準用する。この場合において、組織的犯罪処罰法第十四条中「前条第一項各号又は第四項各号」とあるのは、「不正競争防止法第二十一条第十項各号」と読み替えるものとする。

⑫第十項各号に掲げる財産を没収することができないとき、又は当該財産の性質、その使用の状況、当該財産に関する犯人以外の者の権利の有無その他の事情からこれを没収することが相当でないと認められるときは、その価額を犯人から追徴することができる。

第二二条①　法人の代表者又は法人若しくは人の代理人、使用人その他の従業者が、その法人又は人の業務に関し、次の各号に掲げる規定の違反行為をしたときは、行為者を罰するほか、その法人に対して当該各号に定める罰金刑を、その人に対して各本条の罰金刑を科する。

一　前条第三項第一号（同条第一項第一号に係る部分に限る。）、第二号（同条第一項第二号、第七号及び第八号に係る部分に限る。）若しくは第三号（同条第一項第二号、第七号及び第八号に係る部分に限る。）又は第四項（同条第三項第一号（同条第一項第一号に係る部分に限る。）、第二号（同条第一項第二号、第七号及び第八号に係る部分に限る。）及び第三号（同条第一項第二号、第七号及び第八号に係る部分に限る。）に係る部分に限る。）　十億円以下の罰金刑

二　前条第一項第一号、第二号、第七号、第八号若しくは第九号（同項第四号から第六号まで又は同条第三項第三号（同条第一項第四号から第六号までに係る部分に限る。）の罪に係る違法使用行為（以下この号及び第三項において「特定違法使用行為」という。）をした者が該当する場合を除く。）又は第四項（同条第一項第一号、第二号、第七号、第八号及び第九号（特定違法使用行為をした者が該当する場合を除く。）に係る部分に限る。）　五億円以下の罰金刑

三　前条第二項　三億円以下の罰金刑

②前項の場合において、当該行為者に対してした前条第二項第六号の罪に係る同条第五項の告訴は、その法人又は人に対しても効力を生じ、その法人又は人に対してした告訴は、当該行為者に対しても効力を生ずるものとする。

③第一項の規定により前条第一項第一号、第二号、第七号、第八号若しくは第九号（特定違法使用行為をした者が該当する場合を除く。）、第二項、第三項第一号（同条第一項第一号に係る部分に限る。）、第二号（同条第一項第二号、第七号及び第八号に係る部分に限る。）若しくは第三号（同条第一項第二号、第七号及び第八号に係る部分に限る。）又は第四項（同条第一項第一号、第二号、第七号、第八号及び第九号（特定違法使用行為をした者が該当する場合を除く。）並びに同条第三項第一号（同条第一項第一号に係る部分に限る。）、第二号（同条第一項第二号、第七号及び第八号に係る部分に限る。）及び第三号（同条第一項第二号、第七号及び第八号に係る部分に限る。）に係る部分に限る。）の違反行為につき法人又は人に罰金刑を科する場合における時効の期間は、これらの規定の罪についての時効の期間による。

第六章　刑事訴訟手続の特例（抄）

（営業秘密の秘匿決定等）

第二三条①　裁判所は、第二十一条第一項、第三項若しくは第四項の罪又は前条第一項（第三号を除く。）の罪に係る事件を取り扱う場合において、当該事件の被害者若しくは当該被害者の法定代理人又はこれらの者から委託を受けた弁護士から、当該事件に係る営業秘密を構成する情報の全部又は一部を特定させることとなる事項を公開の法廷で明らかにされたくない旨の申出があるときは、被告人又は弁護人の意見を聴き、相当と認めるときは、その範囲を定めて、当該事項を公開の法廷で明らかにしない旨の決定をすることができる。

②前項の申出は、あらかじめ、検察官にしなければならない。この場合において、検察官は、意見を付して、これを裁判所に通知するものとする。

③裁判所は、第一項に規定する事件を取り扱う場合において、検察官又は被告人若しくは弁護人から、被告人その他の者の保

有する営業秘密を構成する情報の全部又は一部を特定させることとなる事項を公開の法廷で明らかにされたくない旨の申出があるときは、相手方の意見を聴き、当該事項が犯罪の証明又は被告人の防御のために不可欠であり、かつ、当該事項が公開の法廷で明らかにされることにより当該営業秘密に基づく被告人その他の者の事業活動に著しい支障を生ずるおそれがあると認める場合であって、相当と認めるときは、その範囲を定めて、当該事項を公開の法廷で明らかにしない旨の決定をすることができる。

④ 裁判所は、第一項又は前項の決定（以下「秘匿決定」という。）をした場合において、必要があると認めるときは、検察官及び被告人又は弁護人の意見を聴き、決定で、営業秘密構成情報特定事項（秘匿決定により公開の法廷で明らかにしないこととされた営業秘密を構成する情報の全部又は一部を特定させることとなる事項をいう。以下同じ。）に係る名称その他の表現に代わる呼称その他の表現を定めることができる。

⑤ 裁判所は、秘匿決定をした事件について、営業秘密構成情報特定事項を公開の法廷で明らかにしないことが相当でないと認めるに至ったとき、又は刑事訴訟法（昭和二十三年法律第百三十一号）第三百十二条の規定により罰条が撤回若しくは変更されたため第一項に規定する事件に該当しなくなったときは、決定で、秘匿決定の全部又は一部及び当該秘匿決定に係る前項の決定（以下「呼称等の決定」という。）の全部又は一部を取り消さなければならない。

第二四条から第三一条まで　（略）

第七章　没収に関する手続等の特例（抄）

（第三者の財産の没収手続等）

第三二条① 第二十一条第十項各号に掲げる財産である債権等（不動産及び動産以外の財産をいう。第三十四条において同じ。）が被告人以外の者（以下この条において「第三者」という。）に帰属する場合において、当該第三者が被告事件の手続への参加を許されていないときは、没収の裁判をすることができない。

② 第二十一条第十項の規定により、地上権、抵当権その他の第三者の権利がその上に存在する財産を没収しようとする場合において、当該第三者が被告事件の手続への参加を許されていないときも、前項と同様とする。

③ 組織的犯罪処罰法第十八条第三項から第五項までの規定は、地上権、抵当権その他の第三者の権利がその上に存在する財産を没収する場合において、第二十一条第十一項において準用する組織的犯罪処罰法第十五条第二項の規定により当該権利を存続させるべきときについて準用する。

④ 第一項及び第二項に規定する財産の没収に関する手続については、この法律に特別の定めがあるもののほか、刑事事件における第三者所有物の没収手続に関する応急措置法（昭和三十八年法律第百三十八号）の規定を準用する。

第三三条及び第三四条　（略）

第八章　保全手続（抄）

（没収保全命令）

第三五条① 裁判所は、第二十一条第一項、第三項及び第四項の罪に係る被告事件に関し、同条第十項の規定により没収することができる財産（以下「没収対象財産」という。）に当たると思料するに足りる相当な理由があり、かつ、当該財産を没収するため必要があると認めるときは、検察官の請求により、又は職権で、没収保全命令を発して、当該財産につき、その処分を禁止することができる。

② 裁判所は、地上権、抵当権その他の権利がその上に存在する財産について没収保全命令を発した場合又は発しようとする場合において、当該権利が没収により消滅すると思料するに足りる相当な理由がある場合であって当該財産を没収するため必要があると認めるとき、又は当該権利が仮装のものであると思料するに足りる相当の理由があると認めるときは、検察官の請求により、又は職権で、附帯保全命令を別に発して、当該権利の処分を禁止することができる。

③ 裁判官は、前二項に規定する理由及び必要があると認めるときは、公訴が提起される前であっても、検察官又は司法警察員（警察官たる司法警察員については、国家公安委員会又は都道府県公安委員会が指定する警部以上の者に限る。）の請求により、前二項に規定する処分をすることができる。

④ 前三項に定めるもののほか、これらの規定による処分については、組織的犯罪処罰法第四章第一節及び第三節の規定による没収保全命令及び附帯保全命令による処分の禁止の例による。

第三六条　（略）

第九章　没収及び追徴の裁判の執行及び保全についての国際共助手続等（抄）

（共助の実施）

第三七条① 外国の刑事事件（当該事件において犯されたとされている犯罪に係る行為が日本国内において行われたとした場合において、当該行為が第二十一条第一項、第三項又は第四項の罪に当たる場合に限る。）に関して、当該外国から、没収若しくは追徴の確定裁判の執行又は没収若しくは追徴のための財産の保全の共助の要請があったときは、次の各号のいずれかに該当する場合を除き、当該要請に係る共助をすることができる。

一　共助犯罪（共助の要請において犯されたとされている犯罪をいう。以下この項において同じ。）に係る行為が日本国内において行われたとした場合において、日本国の法令によればこれについて刑罰を科すことができないと認められるとき。

二　共助犯罪に係る事件が日本国の裁判所に係属するとき、又はその事件について日本国の裁判所において確定判決を経たとき。

三　没収の確定裁判の執行の共助又は没収のための保全の共助については、共助犯罪に係る行為が日本国内において行われたとした場合において、要請に係る財産が日本国の法令によれば共助犯罪について没収の裁判をし、又は没収保全をすることができる財産に当たるものでないとき。

四　追徴の確定裁判の執行の共助又は追徴のための保全の共助については、共助犯罪に係る行為が日本国内において行われたとした場合において、日本国の法令によれば共助犯罪について追徴の裁判をし、又は追徴保全をすることができる場合に当たるものでないとき。

五　没収の確定裁判の執行の共助については要請に係る財産を有し又はその財産の上に地上権、抵当権その他の権利を有すると思料するに足りる相当な理由のある者が、追徴の確定裁判の執行の共助については当該裁判を受けた者が、自己の責めに帰することのできない理由により、当該裁判に係る手続において自己の権利を主張することができなかったと認められるとき。

六　没収又は追徴のための保全の共助については、要請国の裁判所若しくは裁判官のした没収若しくは追徴のための保全の裁判に基づく要請である場合又は没収若しくは追徴の裁判の確定後の要請である場合を除き、共助犯罪に係る行為が行われたと疑うに足りる相当な理由がないとき、又は当該行為が日本国内で行われたとした場合において第三十五条第一項又は前条第一項に規定する理由がないと認められるとき。

② 地上権、抵当権その他の権利がその上に存在する財産に係る没収の確定裁判の執行の共助をするに際し、日本国の法令により当該財産を没収するとすれば当該権利を存続させるべき場合に当たるときは、これを存続させるものとする。

第三八条から第四〇条まで　（略）

附　則（抄）

（施行期日）

第一条　この法律は、公布の日から起算して一年を超えない範囲内において政令で定める日（平成六・五・一―平成六政四四）から施行する。

附　則（令和四・五・二五法四八）（抄）

（施行期日）

第一条　この法律は、公布の日から起算して四年を超えない範囲内において政令で定める日から施行する。ただし、次の各号に掲げる規定は、当該各号に定める日から施行する。

一　（前略）附則第百二十五条の規定　公布の日

二―五　（略）

（不正競争防止法の一部改正に伴う経過措置）

第七七条　前条の規定による改正後の不正競争防止法第十条第三項及び第四項並びに第十一条第二項の規定は、施行日以後に提起される不正競争（同法第二条第一項に規定する不正競争をいう。以下この条において同じ。）による営業上の利益の侵害に関する訴えにおける秘密保持命令の送達及び効力の発生時期について適用し、施行日前に提起された不正競争による営業上の利益の侵害に関する訴えにおける秘密保持命令の送達及び効力の発生時期については、なお従前の例による。

（罰則に関する経過措置）

第一二四条　この法律の施行前にした行為及びこの附則の規定によりなお従前の例によることとされる場合におけるこの法律の施行後にした行為に対する罰則の適用については、なお従前の例による。

（政令への委任）

第一二五条　この附則に定めるもののほか、この法律の施行に関し必要な経過措置は、政令で定める。

刑法等の一部を改正する法律の施行に伴う関係法律整理法中経過規定（令和四・六・一七法六八）（抄）

第四四一条から第四四三条まで　（刑法の同経過規定参照）

第五〇九条　（刑法の同経過規定参照）

刑法等の一部を改正する法律の施行に伴う関係法律整理法

附　則（令和四・六・一七法六八）（抄）

（施行期日）

①　この法律は、刑法等一部改正法（刑法等の一部を改正する法律（令和四法六七））施行日から施行する。ただし、次の各号に掲げる規定は、当該各号に定める日から施行する。

一　第五百九条の規定　公布の日

二　（略）

●著作権法（抄）

（昭和四五・五・六 法 四 八）

施行 昭和四六・一・一（附則）
改正 昭和五三法四九、昭和五六法四五、昭和五八法七八、昭和五九法二三・**法四六**、昭和六〇**法六二**、昭和六一**法六四**、昭和六三法八七、平成一法四三、平成三法六三、平成四法一〇六、平成五法八九、平成六法一一二、平成七法九一、平成八法一一七、平成九**法八六**、平成一〇法一〇一、平成一一法四三（平成一一法二二〇）・**法七七**・法一六〇・法二二〇（平成一二法一三一）、平成一二法五六・法一三一、平成一三法一四〇、平成一四**法七二**、平成一五法六一・法八五・法一一九、平成一六法八四・法九二・法一二〇（平成一六法九二）・法一四七、平成一七法七五、平成一八法五〇・**法一二一**、平成二〇法八一、平成二一**法五三**・法七三、平成二三法六五、平成二四法三二・**法四三**、平成二五法八四、平成二六法三五・法六九、平成二七法四六、平成二八法五一・法一〇八、平成二九法四五、平成三〇法三〇・法三九・法七二、令和二法四八、令和三法三七・**法五二**、令和四法四八・法六八

目次

第一章 総則

第一節 通則

（目的）
第一条 この法律は、著作物並びに実演、レコード、放送及び有線放送に関し著作者の権利及びこれに隣接する権利を定め、これらの文化的所産の公正な利用に留意しつつ、著作者等の権利の保護を図り、もつて文化の発展に寄与することを目的とする。

（定義）
第二条① この法律において、次の各号に掲げる用語の意義は、当該各号に定めるところによる。
一 著作物 思想又は感情を創作的に表現したものであつて、文芸、学術、美術又は音楽の範囲に属するものをいう。
二 著作者 著作物を創作する者をいう。
三 実演 著作物を、演劇的に演じ、舞い、演奏し、歌い、口演し、朗詠し、又はその他の方法により演ずること（これらに類する行為で、著作物を演じないが芸能的な性質を有するものを含む。）をいう。
四 実演家 俳優、舞踊家、演奏家、歌手その他実演を行う者及び実演を指揮し、又は演出する者をいう。
五 レコード 蓄音機用音盤、録音テープその他の物に音を固定したもの（音を専ら影像とともに再生することを目的とするものを除く。）をいう。
六 レコード製作者 レコードに固定されている音を最初に固定した者をいう。
七 商業用レコード 市販の目的をもつて製作されるレコードの複製物をいう。
七の二 公衆送信 公衆によつて直接受信されることを目的として無線通信又は有線電気通信の送信（電気通信設備で、その一の部分の設置の場所が他の部分の設置の場所と同一の構内（その構内が二以上の者の占有に属している場合には、同一の者の占有に属する区域内）にあるものによる送信（プログラムの著作物の送信を除く。）を除く。）を行うことをいう。
八 放送 公衆送信のうち、公衆によつて同一の内容の送信が同時に受信されることを目的として行う無線通信の送信をいう。
九 放送事業者 放送を業として行う者をいう。
九の二 有線放送 公衆送信のうち、公衆によつて同一の内容の送信が同時に受信されることを目的として行う有線電気通信の送信をいう。
九の三 有線放送事業者 有線放送を業として行う者をいう。
九の四 自動公衆送信 公衆送信のうち、公衆からの求めに応じ自動的に行うもの（放送又は有線放送に該当するものを除く。）をいう。
九の五 送信可能化 次のいずれかに掲げる行為により自動公衆送信し得るようにすることをいう。
イ 公衆の用に供されている電気通信回線に接続している自動公衆送信装置（公衆の用に供する電気通信回線に接続することにより、その記録媒体のうち自動公衆送信の用に供する部分（以下この号において「公衆送信用記録媒体」という。）に記録され、又は当該装置に入力される情報を自動公衆送信する機能を有する装置をいう。以下同じ。）の公衆送信用記録媒体に情報を記録し、情報が記録された記録媒体を当該自動公衆送信装置の公衆送信用記録媒体として加え、若しくは情報が記録された記録媒体を当該自動公衆送信装置の公衆送信用記録媒体に変換し、又は当該自動公衆

送信装置に情報を入力すること。

ロ　その公衆送信用記録媒体に情報が記録され、又は当該自動公衆送信装置に情報が入力されている自動公衆送信装置について、公衆の用に供されている電気通信回線への接続（配線、自動公衆送信装置の始動、送受信用プログラムの起動その他の一連の行為により行われる場合には、当該一連の行為のうち最後のものをいう。）を行うこと。

九の六　特定入力型自動公衆送信　放送を受信して同時に、公衆の用に供されている電気通信回線に接続している自動公衆送信装置に情報を入力することにより行う自動公衆送信（当該自動公衆送信のために行う送信可能化を含む。）をいう。

九の七　放送同時配信等　放送番組又は有線放送番組の自動公衆送信（当該自動公衆送信のために行う送信可能化を含む。以下この号において同じ。）のうち、次のイからハまでに掲げる要件を備えるもの（著作権者、出版権者若しくは著作隣接権者（以下「著作権者等」という。）の利益を不当に害するおそれがあるもの又は広く国民が容易に視聴することが困難なものとして文化庁長官が総務大臣と協議して定めるもの及び特定入力型自動公衆送信を除く。）をいう。

イ　放送番組の放送又は有線放送番組の有線放送が行われた日から一週間以内（当該放送番組又は有線放送番組が同一の名称の下に一定の間隔で連続して放送され、又は有線放送されるものであつてその間隔が一週間を超えるものである場合には、一月以内でその間隔に応じて文化庁長官が定める期間内）に行われるもの（当該放送又は有線放送が行われるより前に行われるものを除く。）であること。

ロ　放送番組又は有線放送番組の内容を変更しないで行われるもの（著作権者等から当該自動公衆送信に係る許諾が得られていない部分を表示しないことその他のやむを得ない事情により変更されたものを除く。）であること。

ハ　当該自動公衆送信を受信して行う放送番組又は有線放送番組のデジタル方式の複製を防止し、又は抑止するための措置として文部科学省令で定めるものが講じられているものであること。

九の八　放送同時配信等事業者　人的関係又は資本関係において文化庁長官が定める密接な関係（以下単に「密接な関係」という。）を有する放送事業者又は有線放送事業者から放送番組又は有線放送番組の供給を受けて放送同時配信等を業として行う事業者をいう。

十　映画製作者　映画の著作物の製作に発意と責任を有する者をいう。

十の二　プログラム　電子計算機を機能させて一の結果を得ることができるようにこれに対する指令を組み合わせたものとして表現したものをいう。

十の三　データベース　論文、数値、図形その他の情報の集合物であつて、それらの情報を電子計算機を用いて検索することができるように体系的に構成したものをいう。

十一　二次的著作物　著作物を翻訳し、編曲し、若しくは変形し、又は脚色し、映画化し、その他翻案することにより創作した著作物をいう。

十二　共同著作物　二人以上の者が共同して創作した著作物であつて、その各人の寄与を分離して個別的に利用することができないものをいう。

十三　録音　音を物に固定し、又はその固定物を増製することをいう。

十四　録画　影像を連続して物に固定し、又はその固定物を増製することをいう。

十五　複製　印刷、写真、複写、録音、録画その他の方法により有形的に再製することをいい、次に掲げるものについては、それぞれ次に掲げる行為を含むものとする。

イ　脚本その他これに類する演劇用の著作物　当該著作物の上演、放送又は有線放送を録音し、又は録画すること。

ロ　建築の著作物　建築に関する図面に従つて建築物を完成すること。

十六　上演　演奏（歌唱を含む。以下同じ。）以外の方法により著作物を演ずることをいう。

十七　上映　著作物（公衆送信されるものを除く。）を映写幕その他の物に映写することをいい、これに伴つて映画の著作物において固定されている音を再生することを含むものとする。

十八　口述　朗読その他の方法により著作物を口頭で伝達すること（実演に該当するものを除く。）をいう。

十九　頒布　有償であるか又は無償であるかを問わず、複製物を公衆に譲渡し、又は貸与することをいい、映画の著作物又は映画の著作物において複製されている著作物にあつては、これらの著作物を公衆に提示することを目的として当該映画の著作物の複製物を譲渡し、又は貸与することを含むものとする。

二十　技術的保護手段　電子的方法、磁気的方法その他の人の知覚によつて認識することができない方法（次号及び第二十二号において「電磁的方法」という。）により、第十七条第一項に規定する著作者人格権若しくは著作権、出版権又は第八十九条第一項に規定する実演家人格権若しくは同条第六項に規定する著作隣接権（以下この号、第三十条第一項第二号、第百十三条第七項並びに第百二十条の二第一号及び第四号において「著作権等」という。）を侵害する行為の防止又は抑止（著作権等を侵害する行為の結果に著しい障害を生じさせることによる当該行為の抑止をいう。第三十条第一項第二号において同じ。）をする手段（著作権等を有する者の意思に基づくことなく用いられているものを除く。）であつて、著作物、実演、レコード、放送又は有線放送（以下「著作物等」という。）の利用（著作者又は実演家の同意を得ないで行つたとしたならば著作者人格権又は実演家人格権の侵害となるべき行為を含む。）に際し、これに用いられる機器が特定の反応をする信号を記録媒体に記録し、若しくは送信する方式又は当該機器が特定の変換を必要とするよう著作物、実演、レコード若しくは放送若しくは有線放送に係る音若しくは影像を変換して記録媒体に記録し、若しくは送信する方式によるものをいう。

二十一　技術的利用制限手段　電磁的方法により、著作物等の視聴（プログラムの著作物にあつては、当該著作物を電子計算機において実行する行為を含む。以下この号及び第百十三条第六項において同じ。）を制限する手段（著作権者等の意思に基づくことなく用いられているものを除く。）であつて、著作物等の視聴に際し、これに用いられる機器が特定の反応をする信号を記録媒体に記録し、若しくは送信する方式又は当該機器が特定の変換を必要とするよう著作物、実演、レコード若しくは放送若しくは有線放送に係る音若しくは影像を変換して記録媒体に記録し、若しくは送信する方式によるものをいう。

二十二　権利管理情報　第十七条第一項に規定する著作者人格権若しくは著作権、出版権又は第八十九条第一項から第四項までの権利（以下この号において「著作権等」という。）に関する情報であつて、イからハまでのいずれかに該当するもののうち、電磁的方法により著作物、実演、レコード又は放送若しくは有線放送に係る音若しくは影像とともに記録媒体に記録され、又は送信されるもの（著作物等の利用状況の把握、著作物等の利用の許諾に係る事務処理その他の著作権等の管理（電子計算機によるものに限る。）に用いられていないものを除く。）をいう。

イ　著作物等、著作権等を有する者その他政令で定める事項を特定する情報

ロ　著作物等の利用を許諾する場合の利用方法及び条件に関する情報

ハ　他の情報と照合することによりイ又はロに掲げる事項を特定することができることとなる情報

二十三　著作権等管理事業者　著作権等管理事業法（平成十二年法律第百三十一号）第二条第三項に規定する著作権等管理事業者をいう。

二十四　国内　この法律の施行地をいう。

二十五　国外　この法律の施行地外の地域をいう。

② この法律にいう「美術の著作物」には、美術工芸品を含むものとする。

③ この法律にいう「映画の著作物」には、映画の効果に類似する視覚的又は視聴覚的効果を生じさせる方法で表現され、かつ、物に固定されている著作物を含むものとする。

④ この法律にいう「写真の著作物」には、写真の製作方法に類似する方法を用いて表現される著作物を含むものとする。

⑤ この法律にいう「公衆」には、特定かつ多数の者を含むものとする。

⑥ この法律にいう「法人」には、法人格を有しない社団又は財団で代表者又は管理人の定めがあるものを含むものとする。

⑦ この法律において、「上演」、「演奏」又は「口述」には、著作物の上演、演奏又は口述で録音され、又は録画されたものを再生すること（公衆送信又は上映に該当するものを除く。）及び著作物の上演、演奏又は口述を電気通信設備を用いて伝達すること（公衆送信に該当するものを除く。）を含むものとする。

⑧ この法律にいう「貸与」には、いずれの名義又は方法をもつてするかを問わず、これと同様の使用の権原を取得させる行為を含むものとする。

⑨ この法律において、第一項第七号の二、第八号、第九号の二、第九号の四、第九号の五、第九号の七若しくは第十三号から第十九号まで又は前二項に掲げる用語については、それぞれこれらを動詞の語幹として用いる場合を含むものとする。

一　一項一号（著作物）

[1] 思想又は感情とは、人間の精神的活動全般を指し、創作的に表現したものとは、厳格な意味での独創性があるとか他に類例がないとかが要求されているわけではなく、思想又は感情の外部的表現に著作者の個性が何らかの形で現れていれば足り、文芸、学術、美術、音楽の範疇に属するというのも、知的、文化的精神活動の所産全般を指す。（東京高判昭62・2・19無体一九・一・三〇〈当落予想表事件〉著作百選[三版]六）

[2] 城の定義について、学問的思想そのものであって、その表現形式に創作性は認められないとして、著作物性を否定した事例（東京地判平6・4・25判時一五〇九・一三〇〈日本の城事件〉著作百選[五版]二）

[3] 雑誌の最終号における挨拶文につき、誰が創作しても同様の表現となるようなありふれた表現は、創作性を欠き著作物とはいえない。（東京地判平7・12・18知的裁二七・四・七八七〈ラストメッセージ事件〉著作百選[五版]三）↓二章三節五款[1]

[4] 交通標語については、長さや内容において内在的な制約があることに鑑みると、そもそも著作物性が認められない場合も多く、創作性が認められる場合にも、その同一性ないし類似性の認められる範囲は、一般に狭いものとならざるを得ず、いわゆるデッドコピーを禁止するだけにとどまることも少なくない。（東京高判平13・10・30判時一七七三・一二七〈交通標語事件〉）

[5] 新聞記事の見出しについて、著作物性を否定した上で、ホームページ上の無断使用について不法行為の成立を肯定した事例（知財高判平17・10・6【平17ネ一〇〇四九】〈ヨミウリオンライン事件〉著作百選[五版]一一四）

[6] 自己の作品に対する感慨等が述べられている作家の手紙につき、著作物性が肯定された事例（東京高判平12・5・23判時一七二五・一六五〈三島由紀夫手紙事件〉著作百選[五版]四九）↓六〇条[1]

[7] 一般に、地図は、個性的表現の余地が少なく、著作権の保護を受ける範囲が狭いのが通例であるが、素材の取捨選択、配列及びその表示の方法に関して、作成者の個性、学識、経験等が重要であるから、なおそこに創作性の表出がある。（富山地判昭53・9・22無体一〇・二・四五四〈住宅地図事件〉著作百選[三版]一八）

[8] 撮影対象が平面的な作品である場合には、正面から撮影する以外に選択する余地がない上、光線の照射方法における配慮も、原画を忠実に再現するためにされるものであり、独自に何かを付け加えるものでないから、創作性は認められない。（東京地判平10・11・30知的裁三〇・四・九五六〈版画の写真事件〉著作百選[五版]一一）

[9] 建築の著作物として保護される建築物は、造形美術としての美術性を有するものであることを要し、通常のありふれた建築物は、これに当たらない。（大阪高判平16・9・29【平15ネ三五七五】〈積水ハウス事件〉著作百選[六版]一三）

[10] 建築物の設計図は、設計士としての専門的知識に基づき、依頼者からの様々な要望、及び、立地その他の環境的条件と法的規制等の条件を総合的に勘案して決定される設計事項をベースとして作成されるものであり、その創作性は、作図上の表現方法やその具体的な表現内容に作成者の個性が発揮されている場合に認められると解すべきである。もっとも、その作図上の表現方法や建築物の具体的な表現内容が、実用的、機能的で、ありふれたものであったり、選択の余地がほとんどないような場合には、創作的な表現とはいえないというべきである。（知財高判平27・5・25【平26ネ一〇一三〇】〈マンション設計図事件〉著作百選[六版]一二）

[11] 写真の表現上の創作性がある部分とは、構図、シャッターチャンス、撮影ポジション・アングルの選択、撮影時刻、露光時間、レンズ及びフィルムの選択等において工夫したことにより表現された映像をいうと解すべきである。お祭りの写真のように客観的に存在する建造物及び動きのある神輿、興丁、見物人を被写体とする場合には、客観的に存在する被写体自体を著作物として特定の者に独占させる結果となることは相当ではないものの、撮影者がとらえた、お祭りのある一瞬の風景を、構図、撮影ポジション・アングルの選択、露光時間、レンズ及びフィルムの選択等を工夫したことにより効果的な映像として再現し、これにより撮影者の思想又は感情を創作的に表現したとみ得る場合は、その写真によって表現された映像における創作的表現を保護すべきである。なお、被写体自体が創作的表現になり得ると解すると、同一の撮影場所であれば、誰が撮影したとしても同一となるものを保護することを意味することになるとの反論があり得るものの、本件写真のように、撮影者が人々の動きのある神幸祭のある一瞬の風景を、前記のような構図、撮影ポジション・アングルの選択、露光時間、レンズ及びフィルムの選択等を工夫して撮影し、これを再現した、その創作的表現を保護するのであれば、特段の弊害は生じない。（東京地判平20・3・13判時二〇三三・一〇二〈祇園祭写真事件〉）

[12] 応用美術に関するこれまでの多数の下級審裁判例の存在とタイプフェイスに関する最高裁の判例によれば、本条二項は単なる例示規定であり、一品制作の美術工芸品と量産される美術工芸品との間に客観的に見た場合の差異は存しないのであるから、本条一項一号の定義規定からすれば、量産される美術工芸品であっても、全体が美的鑑賞目的のために制作されるものであれば、美術の著作物として保護される。また、本条一項一号の前記定義規定からすれば、実用目的の応用美術であっても、実用目的に必要な構成と分離して、美的鑑賞の対象となる美的特性を備えている部分を把握できるものについては、本条一項一号に含まれることが明らかな「思想又は感情を創作的に表現した（純粋）美術の著作物」と客観的に同一なものとみることができるのであるから、当該部分を本条一項一号の美術の著作物として保護すべきである。（知財高判平26・8・28判時二二三八・九一〈ファッションショー事件〉著作百選[六版]六）

[13] 応用美術には様々なものがあり、表現態様も多様であるか

ら、明文の規定なく、応用美術に一律に適用すべきものとして、「美的」という観点からの高い創作性の判断基準を設定することは、相当とはいえない。特に、実用品自体が応用美術である場合、当該表現物につき、実用的な機能に係る部分とそれ以外の部分とを分けることは、相当に困難を伴うことが多いものと解されるところ、前記両部分を区別できないものについては、常に著作物性を認めないと考えることは、実用品自体が応用美術であるものの大半について著作物性を否定することにつながる可能性があり、相当とはいえない。「美的」という概念は、多分に主観的な評価に係るものであり、何をもって「美」と捉えるかについては個人差も大きく、客観的観察をしてもなお一定の共通した認識を形成することが困難な場合が多いから、判断基準になじみにくいものといえる。（知財高判平27・4・14判時二二六七・九一〈TRIPP TRAPP事件〉著作百選[六版]七）

[14] 印刷用書体が著作物といえるためには、従来の印刷用書体に比して顕著な特徴を有するといった独創性を備え、かつ、それ自体が美術鑑賞の対象となり得る美的特性を備えていなければならない。（最判平12・9・7民集五四・七・二四八一〈ゴナ書体事件〉著作百選[六版]九）

[15] フラダンスの振付けが舞踊の著作物と認められた事例（大阪地判平30・9・20判時二四一六・四二、重判平30知財三）

[16] 漫画において一定の名称、容貌、役割等の特徴を有するものとして反復して描かれている登場人物のいわゆるキャラクターは、漫画の具体的表現から昇華した登場人物の人格ともいうべき抽象的概念であって、具体的表現そのものではなく、それ自体が思想又は感情を創作的に表現したものということはできないから、著作物には当たらない。（最判平9・7・17民集五一・六・二七一四〈ポパイ・ネクタイ事件〉著作百選[五版]二七）↓五一条[7]

二 一項二号（著作者）

[17] インタビュアーの口述を基に作成された雑誌記事について、あらかじめ用意された質問に口述者が回答した内容が執筆者側の企画、方針等に応じて取捨選択され、執筆者によって更に表現上の加除訂正が加えられて文章が作成され、その過程において口述者の手が加えられていない場合には、口述者は、単に文章作成のための素材を提供したものにとどまるものであるから、文章の著作者とはいえない。（東京地判平10・10・29知的裁三〇・四・八一二〈スマップインタビュー記事事件〉著作百選[五版]二九）

三 一項九号の五（送信可能化）

[18] 公衆の用に供されている電気通信回線に接続することにより、当該装置に入力される情報を受信者からの求めに応じ自動的に送信する機能を有する装置は、あらかじめ設定された単一の機器宛てに送信する機能しか有しない場合であっても、当該装置を用いて行われる送信が自動公衆送信であるといえるときは、自動公衆送信装置に当たる。（最判平23・1・18民集六五・一・一二一〈まねきTV事件〉著作百選[六版]八三）↓[25]・二三条[2]・九九条の二[7]

[19] 著作権者の許諾なく、大量の漫画等の画像をウェブサイト上に掲載し、一般ユーザーの閲覧を誘引することで広告収入を得ることを専らの目的とし、その際、第三者が管理する物を含め、複数のサーバを複雑に組み合わせて利用することで、大量の漫画等の画像データを効率よく送信可能にすると同時に、サイト運営者の匿名性も高めるように設計・運営された本件ウェブサイトの運営に関与した被告人がなしたリバースプロキシの設定は、送信可能化（本条一項九号の五イ）に当たる。（福岡地判令3・6・2【令元わ一一八二】〈漫画村事件〉重判令3知財四）↓二三条[5]

四 一項一〇号（映画製作者）

[20] 映画の製作に「発意」を有するとは、必ずしも最初にその映画の企画を立案することを要するものではなく、第三者の働きかけによりその映画を製作する意思を有するに至った場合も含む。（東京地判平15・1・20判時一八二三・一四六〈超時空要塞マクロス事件〉）

五 一項一一号（二次的著作物）

[21] 連載漫画について、ある者が各回ごとの具体的なストーリーを創作し、これを小説形式の原稿にし、別の者がおおむねその原稿に依拠して漫画を作成するという手順を繰り返して漫画化された場合には、右連載漫画は右原稿を原著作物とする二次的著作物である。（最判平13・10・25判時一七六七・一一五〈キャンディ・キャンディ事件〉著作百選[六版]四九）↓二八条[7]

六 一項一二号（共同著作物）

[22] 古典の英訳作業において、原典を理解できない外国人が、英訳文の校訂等を行った場合につき、右外国人は、英訳版につき共同著作者となるとされた事例（大阪高判昭55・6・26無体一二・一・二六六〈英訳平家物語事件〉著作百選[三版]四四）

七 一項一五号（複製）

[23] 複製とは、既存の著作物に依拠し、その内容及び形式を覚知させるに足りるものを再製することをいい、既存の著作物と同一性のある作品が作成されても、それが既存の著作物に依拠して再製されたものでないときは、その複製をしたことに当たらない。既存の著作物に接する機会がなく、その存在、内容を知らなかったことにつき過失があると否とにかかわらず、著作権侵害の責めを負わない。〔旧法事件〕（最判昭53・9・7民集三二・六・一一四五〈ワン・レイニー・ナイト・イン・トーキョー事件〉著作百選[六版]四二）↓二一条[7]

八 三項（映画の著作物）

[24] ロールプレイングゲームソフトは、CD-ROM中に収録されたプログラムに基づいて抽出された影像についてのデータが、ディスプレイの画面上の指定された位置に順次表示されることによって、全体が動きのある連続的な影像となって表現されるものであり、コンピュータ・グラフィックスを駆使するなどして、動画の影像もリアルな連続的な動きを持ったものであり、影像に連動された効果音や背景音楽とあいまって臨場感を高めるなどの工夫がされており、アニメーション映画の技法を使用して、創作的に表現されているため、本条三項に規定する「映画の効果に類似する視覚的又は視聴覚的効果を生じさせる方法で表現され、かつ、物に固定されている著作物」であり、著作権法一〇条一項七号所定の「映画の著作物」に当たる。（最判平14・4・25民集五六・四・八〇八〈中古ゲームソフト事件〉著作百選[六版]六二）↓二六条[7]

九 五項（公衆）

[25] 事業者との関係等を問題にされることなく、サービスを利用する契約を締結することによりサービスを利用することができる利用者は、事業者からみて、不特定の者として公衆に当たる。（最判平23・1・18前出[18]）↓二三条[2]・九九条の二[7]

[26] 「特定」とは、著作権者の保護と著作物利用者の便宜を調整して著作権の及ぶ範囲を合目的な領域に設定しようとする著作権法二二条の趣旨からみると、演奏権の主体と演奏を聞かせようとする目的の相手方との間に個人的な結合関係があることをいうものと解される。音楽教室事業者である控訴人からみて、その生徒は、その人数に関わりなく、いずれも「不特定」の者に当たり、「公衆」になる。（知財高判令3・3・18判タ一四九七・一三三〈音楽教室事件〉重判令3知財三）↓二二条[3]

（著作物の発行）

第三条① 著作物は、その性質に応じ公衆の要求を満たすことができる相当程度の部数の複製物が、第二十一条に規定する権利を有する者若しくはその許諾（第六十三条第一項の規定による利用の許諾をいう。以下この項、次条第一項、第四条の二及び第六十三条を除き、以下この章及び次章において同じ。）を得た者又は第七十九条の出版権の設定を受けた者若しくはその複製許諾（第八十条第三項の規定による複製の許諾をいう。以下同じ。）を得た者によつて作成され、頒布された場合（第二十六条、第二十六条の二第一項又は第二十六条の三に規定する権利を有する者の権利を害しない場合に限る。）において、発行されたものとする。

② 二次的著作物である翻訳物の前項に規定する部数の複製物が第二十八条の規定により第二十一条に規定する権利と同一の権利を有する者又はその許諾を得た者によつて作成され、頒布された場合（第二十八条の規定により第二十六条、第二十六条の二第一項又は第二十六条の三に規定する権利と同一の権利を有する者の権利を害しない場合に限る。）には、その原著作物は、発行されたものとみなす。

③ 著作物がこの法律による保護を受けるとしたならば前二項の権利を有すべき者又はその者からその著作物の利用の承諾を得た者は、それぞれ前二項の権利を有する者又はその許諾を得た者とみなして、前二項の規定を適用する。

（著作物の公表）

第四条① 著作物は、発行され、又は第二十二条から第二十五条までに規定する権利を有する者若しくはその許諾（第六十三条第一項の規定による利用の許諾をいう。）を得た者若しくは第七十九条の出版権の設定を受けた者若しくはその公衆送信許諾（第八十条第三項の規定による公衆送信の許諾をいう。以下同じ。）を得た者によつて上演、演奏、上映、公衆送信、口述若しくは展示の方法で公衆に提示された場合（建築の著作物にあつては、第二十一条に規定する権利を有する者又はその許諾（第六十三条第一項の規定による利用の許諾をいう。）を得た者によつて建設された場合を含む。）において、公表されたものとする。

② 著作物は、第二十三条第一項に規定する権利を有する者又はその許諾を得た者若しくは第七十九条の出版権の設定を受けた者若しくはその公衆送信許諾を得た者によつて送信可能化された場合には、公表されたものとみなす。

③ 二次的著作物である翻訳物が、第二十八条の規定により第二十二条から第二十四条までに規定する権利と同一の権利を有する者若しくはその許諾を得た者によつて上演、演奏、上映、公衆送信若しくは口述の方法で公衆に提示され、又は第二十八条の規定により第二十三条第一項に規定する権利と同一の権利を有する者若しくはその許諾を得た者によつて送信可能化された場合には、その原著作物は、公表されたものとみなす。

④ 美術の著作物又は写真の著作物は、第四十五条第一項に規定する者によつて同項の展示が行われた場合には、公表されたものとみなす。

⑤ 著作物がこの法律による保護を受けるとしたならば第一項から第三項までの権利を有すべき者又はその者からその著作物の利用の承諾を得た者は、それぞれ第一項から第三項までの権利を有する者又はその許諾を得た者とみなして、これらの規定を適用する。

（レコードの発行）

第四条の二 レコードは、その性質に応じ公衆の要求を満たすことができる相当程度の部数の複製物が、第九十六条に規定する権利を有する者又はその許諾（第百三条において準用する第六十三条第一項の規定による利用の許諾をいう。第四章第二節及び第三節において同じ。）を得た者によつて作成され、頒布された場合（第九十七条の二第一項又は第九十七条の三第一項に規定する権利を有する者の権利を害しない場合に限る。）において、発行されたものとする。

（条約の効力）

第五条 著作者の権利及びこれに隣接する権利に関し条約に別段の定めがあるときは、その規定による。

第二節　適用範囲

（保護を受ける著作物）

第六条 著作物は、次の各号のいずれかに該当するものに限り、この法律による保護を受ける。

一 日本国民（わが国の法令に基づいて設立された法人及び国内に主たる事務所を有する法人を含む。以下同じ。）の著作物

二 最初に国内において発行された著作物（最初に国外において発行されたが、その発行の日から三十日以内に国内において発行されたものを含む。）

三 前二号に掲げるもののほか、条約によりわが国が保護の義務を負う著作物

[1] 文学的及び美術的著作物の保護に関するベルヌ条約は、普遍的価値を有する一般国際法上の義務を締約国に負担させるものではなく、我が国は、未承認国である北朝鮮の国民の著作物について、同条約の同盟国の国民の著作物として保護する義務を同条約により負うものではない。（最判平23・12・8民集六五・九・三二七五〈北朝鮮映画事件〉著作百選[六版]一〇九）→民七〇九条[34]、法適用◆【V 著作権】[三章名の後][5]

（保護を受ける実演）

第七条 実演は、次の各号のいずれかに該当するものに限り、この法律による保護を受ける。

一 国内において行われる実演

二 次条第一号又は第二号に掲げるレコードに固定された実演

三 第九条第一号又は第二号に掲げる放送において送信される実演（実演家の承諾を得て送信前に録音され、又は録画されているものを除く。）

四 第九条の二各号に掲げる有線放送において送信される実演（実演家の承諾を得て送信前に録音され、又は録画されているものを除く。）

五 前各号に掲げるもののほか、次のいずれかに掲げる実演

イ 実演家、レコード製作者及び放送機関の保護に関する国際条約（以下「実演家等保護条約」という。）の締約国において行われる実演

ロ 次条第三号に掲げるレコードに固定された実演

ハ 第九条第三号に掲げる放送において送信される実演（実演家の承諾を得て送信前に録音され、又は録画されているものを除く。）

六 前各号に掲げるもののほか、次のいずれかに掲げる実演

イ 実演及びレコードに関する世界知的所有権機関条約（以下「実演・レコード条約」という。）の締約国において行われる実演

ロ 次条第四号に掲げるレコードに固定された実演

七 前各号に掲げるもののほか、次のいずれかに掲げる実演

イ 世界貿易機関の加盟国において行われる実演

ロ 次条第五号に掲げるレコードに固定された実演

ハ 第九条第四号に掲げる放送において送信される実演（実演家の承諾を得て送信前に録音され、又は録画されているものを除く。）

八 前各号に掲げるもののほか、視聴覚的実演に関する北京条約の締約国の国民又は当該締約国に常居所を有する者である実演家に係る実演

（保護を受けるレコード）

第八条 レコードは、次の各号のいずれかに該当するものに限り、この法律による保護を受ける。

一 日本国民をレコード製作者とするレコード

二 レコードでこれに固定されている音が最初に国内において固定されたもの

三 前二号に掲げるもののほか、次のいずれかに掲げるレコード

イ 実演家等保護条約の締約国の国民（当該締約国の法令に基づいて設立された法人及び当該締約国に主たる事務所を有する法人を含む。以下同じ。）をレコード製作者とするレコード

ロ レコードでこれに固定されている音が最初に実演家等保

護条約の締約国において固定されたもの
四　前三号に掲げるもののほか、次のいずれかに掲げるレコード
イ　実演・レコード条約の締約国の国民（当該締約国の法令に基づいて設立された法人及び当該締約国に主たる事務所を有する法人を含む。以下同じ。）をレコード製作者とするレコード
ロ　レコードでこれに固定されている音が最初に実演・レコード条約の締約国において固定されたもの
五　前各号に掲げるもののほか、次のいずれかに掲げるレコード
イ　世界貿易機関の加盟国の国民（当該加盟国の法令に基づいて設立された法人及び当該加盟国に主たる事務所を有する法人を含む。以下同じ。）をレコード製作者とするレコード
ロ　レコードでこれに固定されている音が最初に世界貿易機関の加盟国において固定されたもの
六　前各号に掲げるもののほか、許諾を得ないレコードの複製からのレコード製作者の保護に関する条約（第百二十一条の二第二号において「レコード保護条約」という。）により我が国が保護の義務を負うレコード

（保護を受ける放送）
第九条　放送は、次の各号のいずれかに該当するものに限り、この法律による保護を受ける。
一　日本国民である放送事業者の放送
二　国内にある放送設備から行なわれる放送
三　前二号に掲げるもののほか、次のいずれかに掲げる放送
イ　実演家等保護条約の締約国の国民である放送事業者の放送
ロ　実演家等保護条約の締約国にある放送設備から行われる放送
四　前三号に掲げるもののほか、次のいずれかに掲げる放送
イ　世界貿易機関の加盟国の国民である放送事業者の放送
ロ　世界貿易機関の加盟国にある放送設備から行われる放送

（保護を受ける有線放送）
第九条の二　有線放送は、次の各号のいずれかに該当するものに限り、この法律による保護を受ける。
一　日本国民である有線放送事業者の有線放送（放送を受信して行うものを除く。次号において同じ。）
二　国内にある有線放送設備から行われる有線放送

第二章　著作者の権利（抄）

第一節　著作物

（著作物の例示）
第一〇条①　この法律にいう著作物を例示すると、おおむね次のとおりである。
一　小説、脚本、論文、講演その他の言語の著作物
二　音楽の著作物
三　舞踊又は無言劇の著作物
四　絵画、版画、彫刻その他の美術の著作物
五　建築の著作物
六　地図又は学術的な性質を有する図面、図表、模型その他の図形の著作物
七　映画の著作物
八　写真の著作物
九　プログラムの著作物
②　事実の伝達にすぎない雑報及び時事の報道は、前項第一号に掲げる著作物に該当しない。
③　第一項第九号に掲げる著作物に対するこの法律による保護は、その著作物を作成するために用いるプログラム言語、規約及び解法に及ばない。この場合において、これらの用語の意義は、次の各号に定めるところによる。
一　プログラム言語　プログラムを表現する手段としての文字その他の記号及びその体系をいう。
二　規約　特定のプログラムにおける前号のプログラム言語の用法についての特別の約束をいう。
三　解法　プログラムにおける電子計算機に対する指令の組合せの方法をいう。

（二次的著作物）
第一一条　二次的著作物に対するこの法律による保護は、その原著作物の著作者の権利に影響を及ぼさない。

（編集著作物）
第一二条①　編集物（データベースに該当するものを除く。以下同じ。）でその素材の選択又は配列によつて創作性を有するものは、著作物として保護する。
②　前項の規定は、同項の編集物の部分を構成する著作物の著作者の権利に影響を及ぼさない。

[1]　標準的なアメリカ語の単語、熟語、慣用句を使用頻度に従って選び出し、これらを見出し語としてアルファベット順に配列し、日本語訳を付し、慣用句、文例、日本語訳を付した英和辞典につき、語句及び文例等の選択、配列に創意を凝らして創作されたものとして、編集著作物に当たるとされた事例（東京高判昭60・11・14無体一七・三・五四四〈アメリカ語要語集事件〉著作百選[三版]三二）

[2]　著作権法により編集著作物として保護されるのは、編集物に具現された素材の選択・配列における創作性であり、素材それ自体の価値や素材の収集の労力は、同法によって保護されるものではないから、仮に原告が事実情報の収集に相当の労力を費やし、その保有する情報に高い価値を認め得るとしても、そのことをもって原告リストの著作物性を認めることはできない。（東京地判平11・2・25判時一六七七・一三〇〈松本清張映画化リスト事件〉著作百選[三版]三六）

（データベースの著作物）
第一二条の二①　データベースでその情報の選択又は体系的な構成によつて創作性を有するものは、著作物として保護する。
②　前項の規定は、同項のデータベースの部分を構成する著作物の著作者の権利に影響を及ぼさない。

[1]　本件データベースは、日本国内に実在する国産又は国内の自動車メーカーの海外子会社によって日本国内販売向けに海外で製造された四輪自動車であると判断した自動車のデータ並びにダミーデータ及び代表データを収録したものであると認められるが、以上のような実在の自動車を選択した点については、国内の自動車整備業者向けに製造販売される自動車のデータベースにおいて、通常されるべき選択であって、本件データベースに特有のものとはいえないから、情報の選択に創作性があるとは認められない。（東京地中間判平13・5・25判時一七七四・一三二〈車検データベース事件〉著作百選[六版]一五）

[2]　職業分類体系によって電話番号情報を職業別に分類したデータベースについて、検索の利便性の観点から、個々の職業を分類し、階層的に組み合わせることにより、全職業を網羅するように構成されたものであって、独自の工夫が施されたものであり、全体として体系的な構成によって創作性を有するデータベースの著作物である。（東京地判平12・3・17判時一七一四・一二八〈タウンページデータベース事件〉著作百選[六版]五）

（権利の目的とならない著作物）
第一三条　次の各号のいずれかに該当する著作物は、この章の規定による権利の目的となることができない。
一　憲法その他の法令

二　国若しくは地方公共団体の機関、独立行政法人（独立行政法人通則法（平成十一年法律第百三号）第二条第一項に規定する独立行政法人をいう。以下同じ。）又は地方独立行政法人（地方独立行政法人法（平成十五年法律第百十八号）第二条第一項に規定する地方独立行政法人をいう。以下同じ。）が発する告示、訓令、通達その他これらに類するもの

三　裁判所の判決、決定、命令及び審判並びに行政庁の裁決及び決定で裁判に準ずる手続により行われるもの

四　前三号に掲げるものの翻訳物及び編集物で、国若しくは地方公共団体の機関、独立行政法人又は地方独立行政法人が作成するもの

第二節　著作者

（著作者の推定）

第一四条　著作物の原作品に、又は著作物の公衆への提供若しくは提示の際に、その氏名若しくは名称（以下「実名」という。）又はその雅号、筆名、略称その他実名に代えて用いられるもの（以下「変名」という。）として周知のものが著作者名として通常の方法により表示されている者は、その著作物の著作者と推定する。

[1]　本条は、著作者として権利行使しようとする者の立証の負担を軽減するため、自らが創作したことの立証に代えて、著作物に実名等の表示があれば著作者と推定するというものであるが、本条の文言からして「推定する」というものにすぎず、推定の効果を争う者が反対事実の証明に成功すれば、推定とは逆の認定をして差し支えないことになる。（知財高判平18・2・27【平17ネ一〇一〇〇】〈ジョン万次郎像事件〉著作百選[五版]一一〇）

[2]　多数の判例及びその解説を収録した雑誌の「編者」として表示された者について、著作者の推定が及ぶとした上でその覆滅を認めた事例（知財高決平28・11・11判時二三三三・二三、著作百選[六版]一八）

（職務上作成する著作物の著作者）

第一五条①　法人その他使用者（以下この条において「法人等」という。）の発意に基づきその法人等の業務に従事する者が職務上作成する著作物（プログラムの著作物を除く。）で、その法人等が自己の著作の名義の下に公表するものの著作者は、その作成の時における契約、勤務規則その他に別段の定めがない限り、その法人等とする。

②　法人等の発意に基づきその法人等の業務に従事する者が職務上作成するプログラムの著作物の著作者は、その作成の時における契約、勤務規則その他に別段の定めがない限り、その法人等とする。

[1]　法人等と雇用関係にある者が「法人等の業務に従事する者」に当たることは明らかであるが、雇用関係の存否が争われた場合には、「法人等の業務に従事する者」に当たるか否かは、法人等と著作物を作成した者との関係を実質的に見たときに、法人等の指揮監督下において労務を提供するという実態にあり、法人等がその者に対して支払う金銭が労務提供の対価であると評価できるかどうかを、業務態様、指揮監督の有無、対価の額及び支払方法等に関する具体的事情を総合的に考慮して判断すべきである。（最判平15・4・11判時一八二二・一三三〈RGBアドベンチャー事件〉著作百選[六版]二三）

[2]　講習用に作成された資料に、講師名として従業者の氏名が付されるにとどまる場合は、当該資料は会社の著作名義で公表されたものと認めることはできず、従業者がその著作者というべきである。（知財高判平18・10・19【平18ネ一〇〇二七】〈講習資料事件〉著作百選[五版]三五）

（映画の著作物の著作者）

第一六条　映画の著作物の著作者は、その映画の著作物において翻案され、又は複製された小説、脚本、音楽その他の著作物の著作者を除き、制作、監督、演出、撮影、美術等を担当してその映画の著作物の全体的形成に創作的に寄与した者とする。ただし、前条の規定の適用がある場合は、この限りでない。

[1]　映画の企画段階から完成に至るまでの全製作過程に関与し、監督を務め、内容を決定し、自ら撮影、編集作業の全般にわたって指示を行った者が、映画の著作物の「全体的形成に創作的に寄与した者」として、映画の著作物の著作者であるとされた事例（知財高判平18・9・13判時一九五六・一四八〈キャロル・ラストライブ事件〉著作百選[六版]二九）

[2]　旧法（昭和四五法四八による全部改正前の著作権法）の下において、著作物とは、精神的創作活動の所産たる思想感情が外部に顕出されたものを意味すると解される。そして、映画は、脚本家、監督、演出者、俳優、撮影や録音等の技術者など多数の者が関与して創り出される総合著作物であるから、旧法の下における映画の著作物の著作者については、その全体的形成に創作的に寄与した者が誰であるかを基準として判断すべきであって、映画の著作物であるという一事をもって、その著作者が映画製作者のみであると解するのは相当ではない。また、旧法の下において、実際に創作活動をした自然人ではなく、団体が著作者となる場合があり得るとしても、映画の著作物につき、旧法六条によって、著作者として表示された映画製作会社がその著作者となることが帰結されるものでもない。同条は、その文言、規定の置かれた位置に鑑み、飽くまで著作権の存続期間に関する規定と解すべきであり、団体が著作者とされるための要件及びその効果を定めたものと解する余地はない。（最判平21・10・8判時二〇六四・一二〇〈チャップリン事件〉著作百選[六版]七九）→五四条[2]

第三節　権利の内容

第一款　総則

（著作者の権利）

第一七条①　著作者は、次条第一項、第十九条第一項及び第二十条第一項に規定する権利（以下「著作者人格権」という。）並びに第二十一条から第二十八条までに規定する権利（以下「著作権」という。）を享有する。

②　著作者人格権及び著作権の享有には、いかなる方式の履行をも要しない。

[1]　同一の行為により著作財産権と著作者人格権とが侵害された場合であっても、著作財産権侵害に基づく慰謝料請求と著作者人格権侵害に基づく慰謝料請求とは、訴訟物を異にする別個の請求である。（最判昭61・5・30民集四〇・四・七二五〈パロディ事件第二次上告審〉著作百選[五版]五〇）→民訴二四六条[6]

第二款　著作者人格権

（公表権）

第一八条①　著作者は、その著作物でまだ公表されていないもの（その同意を得ないで公表された著作物を含む。以下この条において同じ。）を公衆に提供し、又は提示する権利を有する。当該著作物を原著作物とする二次的著作物についても、同様とする。

②　著作者は、次の各号に掲げる場合には、当該各号に掲げる行為について同意したものと推定する。

一　その著作物でまだ公表されていないものの著作権を譲渡した場合　当該著作物をその著作権の行使により公衆に提供

し、又は提示すること。

二　その美術の著作物又は写真の著作物でまだ公表されていないものの原作品を譲渡した場合　これらの著作物をその原作品による展示の方法で公衆に提示すること。

三　第二十九条の規定によりその映画の著作物の著作権が映画製作者に帰属した場合　当該著作物をその著作権の行使により公衆に提供し、又は提示すること。

③　著作者は、次の各号に掲げる場合には、当該各号に掲げる行為について同意したものとみなす。

一　その著作物でまだ公表されていないものを行政機関（行政機関の保有する情報の公開に関する法律（平成十一年法律第四十二号。以下「行政機関情報公開法」という。）第二条第一項に規定する行政機関をいう。以下同じ。）に提供した場合（行政機関情報公開法第九条第一項の規定による開示する旨の決定の時までに別段の意思表示をした場合を除く。）　行政機関情報公開法の規定により行政機関の長が当該著作物を公衆に提供し、又は提示すること（当該著作物に係る歴史公文書等（公文書等の管理に関する法律（平成二十一年法律第六十六号。以下「公文書管理法」という。）第二条第六項に規定する歴史公文書等をいう。以下同じ。）が行政機関の長から公文書管理法第八条第一項の規定により国立公文書館等（公文書管理法第二条第三項に規定する国立公文書館等をいう。以下同じ。）に移管された場合（公文書管理法第十六条第一項の規定による利用をさせる旨の決定の時までに当該著作物の著作者が別段の意思表示をした場合を除く。）にあつては、公文書管理法第十六条第一項の規定により国立公文書館等の長（公文書管理法第十五条第一項に規定する国立公文書館等の長をいう。以下同じ。）が当該著作物を公衆に提供し、又は提示することを含む。）。

二　その著作物でまだ公表されていないものを独立行政法人等（独立行政法人等の保有する情報の公開に関する法律（平成十三年法律第百四十号。以下「独立行政法人等情報公開法」という。）第二条第一項に規定する独立行政法人等をいう。以下同じ。）に提供した場合（独立行政法人等情報公開法第九条第一項の規定による開示する旨の決定の時までに別段の意思表示をした場合を除く。）　独立行政法人等情報公開法の規定により当該独立行政法人等が当該著作物を公衆に提供し、又は提示すること（当該著作物に係る歴史公文書等が当該独立行政法人等から公文書管理法第十一条第四項の規定により国立公文書館等に移管された場合（公文書管理法第十六条第一項の規定による利用をさせる旨の決定の時までに当該著作物の著作者が別段の意思表示をした場合を除く。）にあつては、公文書管理法第十六条第一項の規定により国立公文書館等の長が当該著作物を公衆に提供し、又は提示することを含む。）。

三　その著作物でまだ公表されていないものを地方公共団体又は地方独立行政法人に提供した場合（開示する旨の決定の時までに別段の意思表示をした場合を除く。）　情報公開条例（地方公共団体又は地方独立行政法人の保有する情報の公開を請求する住民等の権利について定める当該地方公共団体の条例をいう。以下同じ。）の規定により当該地方公共団体の機関又は地方独立行政法人が当該著作物を公衆に提供し、又は提示すること（当該著作物に係る歴史公文書等が当該地方公共団体又は地方独立行政法人から公文書管理条例（地方公共団体又は地方独立行政法人の保有する歴史公文書等の適切な保存及び利用について定める当該地方公共団体の条例をいう。以下同じ。）に基づき地方公文書館等（歴史公文書等の適切な保存及び利用を図る施設として公文書管理条例が定める施設をいう。以下同じ。）に移管された場合（公文書管理条例の規定（公文書管理法第十六条第一項の規定に相当する規定に限る。以下この条において同じ。）による利用をさせる旨の決定の時までに当該著作物の著作者が別段の意思表示をした場合を除く。）にあつては、公文書管理条例の規定により地方公文書館等の長（地方公文書館等が地方公共団体の施設である場合にあつてはその属する地方公共団体の長をいい、地方公文書館等が地方独立行政法人の施設である場合にあつてはその施設を設置した地方独立行政法人をいう。以下同じ。）が当該著作物を公衆に提供し、又は提示することを含む。）。

四　その著作物でまだ公表されていないものを国立公文書館等に提供した場合（公文書管理法第十六条第一項の規定による利用をさせる旨の決定の時までに別段の意思表示をした場合を除く。）　同項の規定により国立公文書館等の長が当該著作物を公衆に提供し、又は提示すること。

五　その著作物でまだ公表されていないものを地方公文書館等に提供した場合（公文書管理条例の規定による利用をさせる旨の決定の時までに別段の意思表示をした場合を除く。）　公文書管理条例の規定により地方公文書館等の長が当該著作物を公衆に提供し、又は提示すること。

④　第一項の規定は、次の各号のいずれかに該当するときは、適用しない。

一　行政機関情報公開法第五条の規定により行政機関の長が同条第一号ロ若しくはハ若しくは同条第二号ただし書に規定する情報が記録されている著作物でまだ公表されていないものを公衆に提供し、若しくは提示するとき、又は行政機関情報公開法第七条の規定により行政機関の長が著作物でまだ公表されていないものを公衆に提供し、若しくは提示するとき。

二　独立行政法人等情報公開法第五条の規定により独立行政法人等が同条第一号ロ若しくはハ若しくは同条第二号ただし書に規定する情報が記録されている著作物でまだ公表されていないものを公衆に提供し、若しくは提示するとき、又は独立行政法人等情報公開法第七条の規定により独立行政法人等が著作物でまだ公表されていないものを公衆に提供し、若しくは提示するとき。

三　情報公開条例（行政機関情報公開法第十三条第二項及び第三項の規定に相当する規定を設けているものに限る。第五号において同じ。）の規定により地方公共団体の機関又は地方独立行政法人が著作物でまだ公表されていないもの（行政機関情報公開法第五条第一号ロ又は同条第二号ただし書に規定する情報に相当する情報が記録されているものに限る。）を公衆に提供し、又は提示するとき。

四　情報公開条例の規定により地方公共団体の機関又は地方独立行政法人が著作物でまだ公表されていないもの（行政機関情報公開法第五条第一号ハに規定する情報に相当する情報が記録されているものに限る。）を公衆に提供し、又は提示するとき。

五　情報公開条例の規定で行政機関情報公開法第七条の規定に相当するものにより地方公共団体の機関又は地方独立行政法人が著作物でまだ公表されていないものを公衆に提供し、又は提示するとき。

六　公文書管理法第十六条第一項の規定により国立公文書館等の長が行政機関情報公開法第五条第一号ロ若しくはハ若しくは同条第二号ただし書に規定する情報又は独立行政法人等情報公開法第五条第一号ロ若しくはハ若しくは同条第二号ただし書に規定する情報が記録されている著作物でまだ公表されていないものを公衆に提供し、又は提示するとき。

七　公文書管理条例（公文書管理法第十八条第二項及び第四項の規定に相当する規定を設けているものに限る。）の規定により地方公文書館等の長が著作物でまだ公表されていないもの（行政機関情報公開法第五条第一号ロ又は同条第二号ただし書に規定する情報に相当する情報が記録されているものに限る。）を公衆に提供し、又は提示するとき。

八　公文書管理条例の規定により地方公文書館等の長が著作物でまだ公表されていないもの（行政機関情報公開法第五条第一号ハに規定する情報に相当する情報が記録されているものに限る。）を公衆に提供し、又は提示するとき。

[1] 中学校の学年文集に掲載された詩について、三〇〇名以上という多数の者の要求を満たすに足りる部数の複製物が作成、頒布されたものであるから、公表されたものと認められる。（東京地判平12・2・29判時一七一五・七六〈中田英寿の詩事件〉著作百選[六版]三二）

第一九条（氏名表示権）

① 著作者は、その著作物の原作品に、又はその著作物の公衆への提供若しくは提示に際し、その実名若しくは変名を著作者名として表示し、又は著作者名を表示しないこととする権利を有する。その著作物を原著作物とする二次的著作物の公衆への提供又は提示に際しての原著作物の著作者名の表示についても、同様とする。

② 著作物を利用する者は、その著作者の別段の意思表示がない限り、その著作物につきすでに著作者が表示しているところに従つて著作者名を表示することができる。

③ 著作者名の表示は、著作物の利用の目的及び態様に照らし著作者が創作者であることを主張する利益を害するおそれがないと認められるときは、公正な慣行に反しない限り、省略することができる。

④ 第一項の規定は、次の各号のいずれかに該当するときは、適用しない。

一 行政機関情報公開法、独立行政法人等情報公開法又は情報公開条例の規定により行政機関の長、独立行政法人等又は地方公共団体の機関若しくは地方独立行政法人が著作物を公衆に提供し、又は提示する場合において、当該著作物につき既にその著作者が表示しているところに従つて著作者名を表示するとき。

二 行政機関情報公開法第六条第二項の規定、独立行政法人等情報公開法第六条第二項の規定又は情報公開条例の規定で行政機関情報公開法第六条第二項の規定に相当するものにより行政機関の長、独立行政法人等又は地方公共団体の機関若しくは地方独立行政法人が著作物を公衆に提供し、又は提示する場合において、当該著作物の著作者名の表示を省略することとなるとき。

三 公文書管理法第十六条第一項の規定又は公文書管理条例の規定（同項の規定に相当する規定に限る。）により国立公文書館等の長又は地方公文書館等の長が著作物を公衆に提供し、又は提示する場合において、当該著作物につき既にその著作者が表示しているところに従つて著作者名を表示するとき。

[1] 大学助教授が弟子の症例報告を全面的に引用しながら、引用である旨の脚注を脱落させ、さらにその後発行された自己の著書の中では、かえって自己の著作物として引用した行為が、弟子の氏名表示権を侵害したものとされた事例（大阪地判昭60・5・29無体一七・二・二八一、著作百選[二版]七五）

第二〇条（同一性保持権）

① 著作者は、その著作物及びその題号の同一性を保持する権利を有し、その意に反してこれらの変更、切除その他の改変を受けないものとする。

② 前項の規定は、次の各号のいずれかに該当する改変については、適用しない。

一 第三十三条第一項（同条第四項において準用する場合を含む。）、第三十三条の二第一項、第三十三条の三第一項又は第三十四条第一項の規定により著作物を利用する場合における用字又は用語の変更その他の改変で、学校教育の目的上やむを得ないと認められるもの

二 建築物の増築、改築、修繕又は模様替えによる改変

三 特定の電子計算機においては実行し得ないプログラムの著作物を当該電子計算機において実行し得るようにするため、又はプログラムの著作物を電子計算機においてより効果的に実行し得るようにするために必要な改変

四 前三号に掲げるもののほか、著作物の性質並びにその利用の目的及び態様に照らしやむを得ないと認められる改変

[1] 他人の著作物を素材として利用しても、その表現形式上の本質的な特徴を感得させないような態様においてこれを利用する行為は、原著作物の同一性保持権を侵害しない。（最判平10・7・17判時一六五一・五六〈「諸君！」事件〉著作百選[五版]四七）

[2] 新聞や雑誌に投稿した俳句につき、選者が必要としたときは添削をした上で掲載することができるとの事実たる慣習があったと認められ、俳句雑誌に投稿した俳句を選者が添削をして同雑誌に掲載したことにつき、本件の添削改変行為は俳句界の事実たる慣習に従ったものであり、違法な無断改変と評価することはできない。（東京高判平10・8・4判時一六六七・一三一〈俳句の添削事件〉著作百選[三版]五四）

[3] 出版の編集長が漫画家の原画の絵柄、せりふ等を改変した行為について、外形上同一性保持権を侵害するが、漫画家が絵柄やせりふの変更を事前に同意していたこと、締切期限を大幅に遅れて原画を提出したこと、長時間にわたる修正の要求や説得が拒否され編集長としては他に取り得る手段のない状況に追い込まれていたことから、前記漫画家に重大な懈怠、背信行為があり、同一性保持権に基づく請求は権利の濫用に該当するとされた事例（東京地判平8・2・23知的裁二八・一・五四〈やっぱりブスが好き事件〉）

[4] ゲームソフトにおける主人公の人物像を規定するパラメータを想定外の数値に置き換えるメモリーカードの使用により、右ゲームソフトのストーリーが本来予定されていた範囲を超えて展開される場合、右メモリーカードの使用は、右ゲームソフトの著作物の同一性保持権を侵害する。よって、専らあるゲームソフトの改変のみを目的とするメモリーカードを輸入、販売し、他人の使用を意図して流通に置く行為は、他人の使用によるゲームソフトの同一性保持権の侵害を惹起［じゃっき］したものとして、不法行為に基づく賠償責任を負う。（最判平13・2・13民集五五・一・八七〈ときめきメモリアル事件〉著作百選[六版]三三）

[5] 観音像の仏頭部のすげ替え行為は、観音像の創作的部分に改変を加えたものであると認められる。（知財高判平22・3・25判時二〇八六・一一四〈駒込大観音像事件〉著作百選[六版]三九）→六〇条[3]・一一三条[2]・一一五条[2]

[6] 大学校舎新築のため、構内にある建築物を移築する行為について、経済的・実用的に必要な増改築であって、本条二項二号により許容されるとされた事例（東京地決平15・6・11判時一八四〇・一〇六〈ノグチルーム事件〉著作百選[六版]三八）→六〇条[2]・一一六条[1]

[7] 複合商業施設内の庭園内に工作物を設置する行為は、著作者である債権者の意に反した本件庭園の改変には当たるものの、本条二項二号（模様替え）が類推適用される結果、同一性保持権の侵害は成立しない。（大阪地決平25・9・6判時二二二二・九三〈新梅田シティ事件〉著作百選[六版]三五）

[8] 本条二項四号にいう「やむを得ないと認められる改変」に該当するというためには、利用の目的及び態様において、著作権者の同意を得ない改変を必要とする要請が、本条二項一号及び二号の法定された例外的場合と同程度に存在することが必要である。（東京高判平3・12・19知的裁二三・三・八二三〈法政大学懸賞論文事件〉著作百選[五版]四五）

[9] 漫画を批評する書籍において、右漫画に描かれた人物が醜く描かれており、名誉感情を侵害するおそれがある場合、当該人物に目隠しをした行為について、目隠しによる改変によって名誉感情を侵害するおそれが小さくなっており、「やむを得ない改変」であると認められた事例（東京高判平12・4・25判時一七二四・一二四〈脱ゴーマニズム宣言事件〉著作百選[五版]四六）→三二条[3]

[10] インターネット上の短文投稿サイト「ツイッター」におい

て、著作物である写真が無断で画像付きツイートの一部として用いられ、さらに無断でリツイートされるに際し、HTMLプログラムやCSSプログラム等により、位置や大きさなどを指定されたために画像が改変された場合、同一性保持権が侵害されているということができ、右改変の主体はリツイート者である。（知財高判平30・4・25判時二三八二・二四、著作百選［六版］六二）→二三条④

第三款　著作権に含まれる権利の種類

［1］**著作権と所有権との関係**　所有権は有体物をその客体とする権利であるから、美術の著作物の原作品の所有権は、その有体物に対する排他的支配権能であるにとどまり、無体物である美術の著作物自体を直接排他的に支配する権能ではなく、著作権消滅後は、著作物は公有に帰し、何人も著作者の人格権を害しない限り自由に利用できる。（最判昭59・1・20民集三八・一・一〈顔真卿事件〉著作百選［六版］一）→民二〇六条⑦

第二一条（複製権）　著作者は、その著作物を複製する権利を専有する。

［1］著作物の複製とは、既存の著作物に依拠し、その内容及び形式を覚知させるに足りるものを再製することをいうから、既存の著作物と同一性のある作品が作成されても、それが既存の著作物に依拠して再製されたものでないときは、その複製をしたことには当たらず、著作権侵害の問題を生ずる余地はない。［旧法事件］（最判昭53・9・7民集三二・六・一一四五〈ワン・レイニー・ナイト・イン・トーキョー事件〉著作百選［六版］四二）→二条㉓

［2］照明器具の宣伝用カタログに掲載された和室の写真において、和室の床の間に掛けられた掛け軸に小さく描かれた書について、墨の濃淡等の表現形式が再現されているとはいい難いため、写真に写った書を目にした通常の注意力を有する一般人が、右書の美的要素を直接感得することはできないとして、右写真のカタログ掲載行為は複製に当たらないとされた事例（東京高判平14・2・18判時一七八六・一三六〈雪月花事件〉著作百選［六版］五三）

［3］放送番組等の複製物を取得することを可能にするサービスにおいて、サービスを提供する者が、その管理、支配下において、テレビアンテナで受信した放送を複製の機能を有する機器に入力していて、当該機器に録画の指示がされると放送番組等の複製が自動的に行われる場合、その録画の指示を当該サービスの利用者がするものであっても、当該サービス提供者はその複製の主体と解すべきである。複製の主体の判断に当たっては、複製の対象、方法、複製への関与の内容、程度等の諸要素を考慮して、誰が当該著作物の複製をしているといえるかを判断するのが相当であるところ、前記の場合、サービス提供者は、単に複製を容易にするための環境等を整備しているにとどまらず、その管理、支配下において、放送を受信して複製機器に対して放送番組等に係る情報を入力するという、複製機器を用いた放送番組等の複製の実現における枢要な行為をしており、複製時におけるサービス提供者の前記各行為がなければ、当該サービスの利用者が録画の指示をしても、放送番組等の複製をすることはおよそ不可能なのであり、サービス提供者を複製の主体というに十分であるからである。（最判平23・1・20民集六五・一・三九九〈ロクラクⅡ事件〉著作百選［六版］八二）

［4］複製行為の主体とは、複製の意思をもって自ら複製行為を行う者をいう。独立した事業者として、営利を目的としていわゆる自炊代行サービスの内容を自ら決定し、スキャン複製に必要な機器及び事務所を準備・確保した上で、インターネットで宣伝広告を行うことにより不特定多数の一般顧客である利用者を誘引し、その管理・支配の下で、利用者から送付された書籍を裁断し、スキャナで読み込んで電子ファイルを作成することにより書籍を複製し、当該電子ファイルの検品を行って利用者に納品し、利用者から対価を得る本件サービスを行っている事業者は、利用者と対等な契約主体であり、営利を目的とする独立した事業主体として、本件サービスにおける複製行為を行っているのであるから、自炊代行サービスにおける複製行為の主体である。（知財高判平26・10・22判時二二四六・九二〈自炊代行事件〉著作百選［六版］六六）→三〇条②

第二二条（上演権及び演奏権）　著作者は、その著作物を、公衆に直接見せ又は聞かせることを目的として（以下「公に」という。）上演し、又は演奏する権利を専有する。

［1］スナックの経営者が、カラオケ装置とテープを備え、客に歌唱を勧め、客の選択した曲目の再生による伴奏により、他の客の面前で歌唱させるなどにより客の歌唱を管理し、もって店の雰囲気作りをし、客の来集を図って利益を上げることを意図しているときは、その歌唱の主体として演奏権侵害による不法行為責任を負う。（最判昭63・3・15民集四二・三・一一九九〈カラオケ事件〉著作百選［六版］八一）

［2］カラオケ装置のリースは、カラオケ装置のリース契約を締結した場合において、当該装置が専ら音楽著作物を上映し又は演奏して公衆に直接見せ又は聞かせるために使用されるものであるときは、リース契約の相手方に対し、当該音楽著作物の著作権者との間で著作物使用許諾契約を締結すべきことを告知するだけでなく、前記相手方が当該著作権者との間で著作物使用許諾契約を締結し又は申込みをしたことを確認した上でカラオケ装置を引き渡すべき条理上の注意義務を負う。（最判平13・3・2民集五五・二・一八五、著作百選［六版］八九）

［3］音楽教室における演奏の利用主体の判断に当たっては、演奏の対象、方法、演奏への関与の内容、程度等の諸要素を考慮し、誰が当該音楽著作物の演奏をしているかを判断するのが相当である。（知財高判令3・3・18判タ一四九七・一三三〈音楽教室事件〉重判令3知財三）→二条㉖

第二二条の二（上映権）　著作者は、その著作物を公に上映する権利を専有する。

第二三条（公衆送信権等）①　著作者は、その著作物について、公衆送信（自動公衆送信の場合にあつては、送信可能化を含む。）を行う権利を専有する。

②　著作者は、公衆送信されるその著作物を受信装置を用いて公に伝達する権利を専有する。

［1］本件サービスは、MP3ファイルの交換に係る分野については、利用者をして、市販のレコードを複製したMP3ファイルを自動公衆送信及び送信可能化させるためのサービスという性質を有すること、本件サービスにおいて、送信者がMP3ファイルの自動公衆送信及び送信可能化を行うことは被告の管理の下に行われていること、被告も自己の営業上の利益を図って、送信者に前記行為をさせていたことから、被告は、本件各管理著作物の自動公衆送信及び送信可能化を行っているものと評価することができる。（東京地中間判平15・1・29判時一八一〇・二九〈ファイルローグ事件〉）

［2］自動公衆送信の主体は、当該装置が受信者からの求めに応じ情報を自動的に送信することができる状態を作り出す行為を行う者であり、公衆の用に供されている電気通信に接続す

ることにより、当該装置に入力される情報を受信者からの求めに応じ自動的に送信する機能を有する装置が、公衆の用に供されている電気通信回線に接続しており、これに継続的に情報が入力されている場合には、当該装置に情報を入力する者が送信の主体である。（最判平23・1・18民集六五・一・一二一〈まねきTV事件〉著作百選[六版]八三）→二条18 25・九九条の二1

3 正規の購入者がシリアルナンバー等を入力しなければ使用できないアクティベーション機能が付されたソフトウェアをネットオークションに出品し、当該シリアルナンバー等を入力しなくとも無制限に使用できるようにしたクラック版が蔵置されたサイトのダウンロード先をネットオークションの落札者にあえて教示し、かつ、これらの起動・実行方法を教示するマニュアル書面を提供する者の行為は、公衆送信権侵害に当たるものと評価された事例（東京地判平30・1・30【平29ワ三一八三七】）

4 インターネット上の短文投稿サイト「ツイッター」において、著作物である写真が無断で画像付きツイートの一部として用いられ、さらに無断でリツイートされた場合、当該リツイートによる写真データの自動公衆送信の主体は、リツイート先のURL開設者であって、リツイート者ではない。著作権侵害行為の主体が誰であるかは、行為の対象、方法、行為への関与の内容、程度等の諸般の事情を総合的に考慮して、規範的に解釈すべきであり、カラオケ法理と呼ばれるものも、その適用の一場面であると解されるところ、本件においてリツイート者らを自動公衆送信の主体というべき事情は認め難い。（知財高判平30・4・25判時二三八二・二四、著作百選[六版]六二）→二〇条10・二一条3・二三条2・九九条の二1

5 リバースプロキシの設定が、公衆送信権侵害に当たるとされた事例（福岡地判令3・6・2【令元わ一一八二】〈漫画村事件〉重判令3知財四）→二条19

（口述権）

第二四条 著作者は、その言語の著作物を公に口述する権利を専有する。

（展示権）

第二五条 著作者は、その美術の著作物又はまだ発行されていない写真の著作物をこれらの原作品により公に展示する権利を専有する。

（頒布権）

第二六条① 著作者は、その映画の著作物をその複製物により頒布する権利を専有する。

② 著作者は、映画の著作物において複製されているその著作物を当該映画の著作物の複製物により頒布する権利を専有する。

1 公衆に提示することを目的としない家庭用テレビゲーム機に用いられる映画の著作物の複製物の譲渡については、当該著作物の複製物を公衆に譲渡する権利は、一旦適法に譲渡されたことにより、その目的を達成したものとして消尽し、もはや著作権の効力は、当該複製物を公衆に再譲渡する行為には及ばない。（最判平14・4・25民集五六・四・八〇八〈中古ゲームソフト事件〉著作百選[六版]六二）→二条24

2 映画の著作物については、配給制度の下における取引形態である後段頒布（著作権法二条一項一九号）については権利消尽が認められないという例外が認められるが、市場において一般消費者に対して複製物を頒布する場合のように複製物が公衆に頒布される場合（前段頒布）には、原則どおり第一譲渡により頒布権は消尽し、その後の譲渡に対しては頒布権の効力は及ばない。（東京地判平14・1・31判時一七九一・一四二〈映画ビデオソフト事件〉）

3 公衆に提示することを目的としない映画の著作物については、当該著作物の頒布権は、一旦適法に譲渡（第一譲渡）されるとその目的を達成したものとして消尽し、その後の再譲渡にはもはや著作権の効力は及ばないと解されているところ、譲渡契約が解除された場合には、適法な第一譲渡があったとはいえず、消尽は成立しない。（東京地判平24・7・11判時二一七五・九八、著作百選[六版]六三）

（譲渡権）

第二六条の二① 著作者は、その著作物（映画の著作物を除く。以下この条において同じ。）をその原作品又は複製物（映画の著作物において複製されている著作物にあつては、当該映画の著作物の複製物を除く。以下この条において同じ。）の譲渡により公衆に提供する権利を専有する。

② 前項の規定は、著作物の原作品又は複製物で次の各号のいずれかに該当するものの譲渡による場合には、適用しない。

一 前項に規定する権利を有する者又はその許諾を得た者により公衆に譲渡された著作物の原作品又は複製物

二 第六十七条第一項若しくは第六十九条の規定による裁定又は万国著作権条約の実施に伴う著作権法の特例に関する法律（昭和三十一年法律第八十六号）第五条第一項の規定による許可を受けて公衆に譲渡された著作物の複製物

三 第六十七条の二第一項の規定の適用を受けて公衆に譲渡された著作物の複製物

四 前項に規定する権利を有する者又はその承諾を得た者により特定かつ少数の者に譲渡された著作物の原作品又は複製物

五 国外において、前項に規定する権利に相当する権利を害することなく、又は同項に規定する権利に相当する権利を有する者若しくはその承諾を得た者により譲渡された著作物の原作品又は複製物

（貸与権）

第二六条の三 著作者は、その著作物（映画の著作物を除く。）をその複製物（映画の著作物において複製されている著作物にあつては、当該映画の著作物の複製物を除く。）の貸与により公衆に提供する権利を専有する。

1 特定の第三者に貸与することのみを許諾されたプログラムにつき、当該第三者以外で、貸与者と人的結合関係にない者にプログラムを貸与した行為は、貸与権を侵害する。（東京地判平16・6・18判時一八八一・一〇一、著作百選[五版]六五）

（翻訳権、翻案権等）

第二七条 著作者は、その著作物を翻訳し、編曲し、若しくは変形し、又は脚色し、映画化し、その他翻案する権利を専有する。

1 言語の著作物の翻案とは、既存の著作物に依拠し、かつ、その表現上の本質的な特徴の同一性を維持しつつ、具体的表現に修正、増減、変更等を加えて、新たに思想又は感情を創作的に表現することにより、これに接する者が既存の著作物の表現上の本質的な特徴を直接感得することのできる別の著作物を創作する行為をいう。（最判平13・6・28民集五五・四・八三七〈江差追分事件〉著作百選[六版]四四）

2 英字新聞の記事の抄訳を分類して配列した文書を作成、頒布する行為は、右文書が伝達しようとした出来事の選択、配列が右新聞のそれとほぼ同一であるから、新聞社が右新聞について有する編集著作権を侵害するとされた事例（東京高判平6・10・27知的裁二六・三・一一五一〈ウォール・ストリート・ジャーナル事件〉著作百選[五版]一〇〇）

3 （携帯電話機用インターネット・ゲームにおける魚の引寄せ画面についての翻案権侵害の主張に際して）著作権者が、まとまりのある著作物のうちから一部を捨象して特定の部分のみを対比の対象として主張した場合、相手方において、まとまりのある著作物のうち捨象された部分を含めて主張立証することは、魚の引寄せ画面の範囲内のものである限り、訴訟物の観点からそれが許されないと解すべき理由はない。（知財高判平

24・8・8判時二二六五・四二〈釣りゲーム事件〉著作百選[六版]四五）

[4] 表現に選択の余地がない場合には、その表現が共通するとしても著作権侵害とはいえないが、逆に、表現に選択の余地があるからといって、必ずしも常にそれが著作権侵害といえるわけではない。（知財高判平24・8・8前出[3]）

（二次的著作物の利用に関する原著作者の権利）

第二八条 二次的著作物の原著作物の著作者は、当該二次的著作物の利用に関し、この款に規定する権利で当該二次的著作物の著作者が有するものと同一の種類の権利を専有する。

[7] 連載漫画について、ある者が各回ごとの具体的なストーリーを創作し、これを小説形式の原稿にし、別の者がその原稿に依拠して漫画を作成するという手順を繰り返して漫画化された場合には、右連載漫画は右原稿を原著作物とする二次的著作物である。右連載漫画の利用に関し、原著作物の著作者である原作者は、二次的著作物の著作者である右漫画家と同一の種類の権利を有し、右漫画家の権利は原作者との合意によらなければ行使できない。（最判平13・10・25判時一七六七・一一五〈キャンディ・キャンディ事件〉著作百選[六版]四九）
↓二条[21]

第四款 映画の著作物の著作権の帰属

第二九条① 映画の著作物（第十五条第一項、次項又は第三項の規定の適用を受けるものを除く。）の著作権は、その著作者が映画製作者に対し当該映画の著作物の製作に参加することを約束しているときは、当該映画製作者に帰属する。

② 専ら放送事業者が放送又は放送同時配信等のための技術的手段として製作する映画の著作物（第十五条第一項の規定の適用を受けるものを除く。）の著作権のうち次に掲げる権利は、映画製作者としての当該放送事業者に帰属する。

一 その著作物を放送する権利及び放送されるその著作物について、有線放送し、特定入力型自動公衆送信を行い、又は受信装置を用いて公に伝達する権利

二 その著作物を放送同時配信等する権利及び放送同時配信等されるその著作物を受信装置を用いて公に伝達する権利

三 その著作物を複製し、又はその複製物により放送事業者に頒布する権利

③ 専ら有線放送事業者が有線放送又は放送同時配信等のための技術的手段として製作する映画の著作物（第十五条第一項の規定の適用を受けるものを除く。）の著作権のうち次に掲げる権利は、映画製作者としての当該有線放送事業者に帰属する。

一 その著作物を有線放送する権利及び有線放送されるその著作物を受信装置を用いて公に伝達する権利

二 その著作物を放送同時配信等する権利及び放送同時配信等されるその著作物を受信装置を用いて公に伝達する権利

三 その著作物を複製し、又はその複製物により有線放送事業者に頒布する権利

[7] 本条一項により映画製作者が映画の著作物の著作権を取得するためには、著作物と認められるに足る映画が完成することが必要であるから、参加約束のみによっていまだ完成されていない映画について製作者が著作権を取得することはない。しかし、製作が途中で打ち切られても、撮影済みフィルムが編集され、打ち切り時点までに製作されたものに創作性が認められれば、その限りで映画製作者は著作権を取得する。（東京高判平5・9・9判時一四七七・二七〈三沢市勢映画事件〉著作百選[六版]二八）

第五款 著作権の制限

[7] **いわゆるフェアユースの法理** 著作権法上、「フェアユースの法理」に相当する一般条項は存在せず、著作権が制限されるのは、同法三〇条ないし四九条所定の場合に限定される。（東京地判平7・12・18知的裁二七・四・七八七〈ラストメッセージ事件〉著作百選[六版]二七）
↓二条[3]

（私的使用のための複製）

第三〇条① 著作権の目的となつている著作物（以下この款において単に「著作物」という。）は、個人的に又は家庭内その他これに準ずる限られた範囲内において使用すること（以下「私的使用」という。）を目的とするときは、次に掲げる場合を除き、その使用する者が複製することができる。

一 公衆の使用に供することを目的として設置されている自動複製機器（複製の機能を有し、これに関する装置の全部又は主要な部分が自動化されている機器をいう。）を用いて複製する場合

二 技術的保護手段の回避（第二条第一項第二十号に規定する信号の除去若しくは改変その他の当該信号の効果を妨げる行為（記録又は送信の方式の変換に伴う技術的な制約によるものを除く。）を行うこと又は同号に規定する特定の変換を必要とするよう変換された著作物、実演、レコード若しくは放送若しくは有線放送に係る音若しくは影像の復元を行うことにより、当該技術的保護手段によつて防止される行為を可能とし、又は当該技術的保護手段によつて抑止される行為の結果に障害を生じないようにすること（著作権等を有する者の意思に基づいて行われるものを除く。）をいう。第百十三条第七項並びに第百二十条の二第一号及び第二号において同じ。）により可能となり、又はその結果に障害が生じないようになつた複製を、その事実を知りながら行う場合

三 著作権を侵害する自動公衆送信（国外で行われる自動公衆送信であつて、国内で行われたとしたならば著作権の侵害となるべきものを含む。）を受信して行うデジタル方式の録音又は録画（以下この号及び次項において「特定侵害録音録画」という。）を、特定侵害録音録画であることを知りながら行う場合

四 著作権（第二十八条に規定する権利（翻訳以外の方法により創作された二次的著作物に係るものに限る。）を除く。以下この号において同じ。）を侵害する自動公衆送信（国外で行われる自動公衆送信であつて、国内で行われたとしたならば著作権の侵害となるべきものを含む。）を受信して行うデジタル方式の複製（録音及び録画を除く。以下この号において同じ。）（当該著作権に係る著作物のうち当該複製がされる部分の占める割合、当該部分が自動公衆送信される際の表示の精度その他の要素に照らし軽微なものを除く。以下この号及び次項において「特定侵害複製」という。）を、特定侵害複製であることを知りながら行う場合（当該著作物の種類及び用途並びに当該特定侵害複製の態様に照らし著作権者の利益を不当に害しないと認められる特別な事情がある場合を除く。）

② 前項第三号及び第四号の規定は、特定侵害録音録画又は特定侵害複製であることを重大な過失により知らないで行う場合を含むものと解釈してはならない。

③ 私的使用を目的として、デジタル方式の録音又は録画の機能を有する機器（放送の業務のための特別の性能その他の私的使用に通常供されない特別の性能を有するもの及び録音機能付きの電話機その他の本来の機能に附属する機能として録音又は録画の機能を有するものを除く。）であつて政令で定めるものにより、当該機器によるデジタル方式の録音又は録画の用に供される記録媒体であつて政令で定めるものに録音又は録画を行う者は、相当な額の補償金を著作権者に支払わなければならない。

[1] 本条によれば、著作物は、個人的に又は家庭内その他これに準ずる限られた範囲内に使用することを目的とする場合には、その使用する者が複製できる旨が規定されているが、企業その他の団体において、内部的に業務上利用するために著作物を複製する行為は、その目的が個人的な使用にあるとはいえず、かつ家庭内に準ずる限られた範囲内における使用に当たるとはいえない。（東京地判昭52・7・22無体九・二・五三四〈舞台装置事件〉著作百選[六版]六五）

[2] 本条一項は、個人の私的な領域における活動の自由を保障する必要性があり、また閉鎖的な私的領域内での零細な利用にとどまるのであれば、著作権者への経済的打撃が少ないことなどに鑑みて規定されたものである。そのため、同条項の要件として、著作物の使用範囲を「個人的に又は家庭内その他これに準ずる限られた範囲内において使用することを目的とする」（私的使用目的）ものに限定するとともに、これに加えて、複製行為の主体について「その使用する者が複製する」との限定を付すことによって、個人的又は家庭内のような閉鎖的な私的領域における零細な複製のみを許容し、私的複製の過程に外部の者が介入することを排除し、私的複製の量を抑制するとの趣旨・目的を実現しようとしたものと解される。いわゆる自炊代行サービスにおける複製行為が、利用者個人が私的領域内で行い得る行為にすぎず、利用者が複製する著作物を決定するものであったとしても、独立した複製代行業者として右サービスを営む事業者が著作物である書籍の電子ファイル化という複製をすることは、私的複製の過程に外部の者が介入することにほかならず、複製の量が増大し、私的複製の量を抑制するとの同条項の趣旨・目的が損なわれ、著作権者が実質的な不利益を被るおそれがあるから、「その使用する者が複製する」との要件を充足しない。（知財高判平26・10・22判時二二四六・九二〈自炊代行事件〉著作百選[六版]六六）↓三一条[4]

（付随対象著作物の利用）

第三〇条の二① 写真の撮影、録音、録画、放送その他これらと同様に事物の影像又は音を複製し、又は複製を伴うことなく伝達する行為（以下この項において「複製伝達行為」という。）を行うに当たつて、その対象とする事物又は音（以下この項において「複製伝達対象事物等」という。）に付随して対象となる事物又は音（複製伝達対象事物等の一部を構成するものとして対象となる事物又は音を含む。以下この項において「付随対象事物等」という。）に係る著作物（当該複製伝達行為により作成され、又は伝達されるもの（以下この条において「作成伝達物」という。）のうち当該著作物の占める割合、当該作成伝達物における当該著作物の再製の精度その他の要素に照らし当該作成伝達物において当該著作物が軽微な構成部分となる場合における当該著作物に限る。以下この条において「付随対象著作物」という。）は、当該付随対象著作物の利用により利益を得る目的の有無、当該付随対象事物等の当該複製伝達対象事物等からの分離の困難性の程度、当該作成伝達物において当該付随対象著作物が果たす役割その他の要素に照らし正当な範囲内において、当該複製伝達行為に伴つて、いずれの方法によるかを問わず、利用することができる。ただし、当該付随対象著作物の種類及び用途並びに当該利用の態様に照らし著作権者の利益を不当に害することとなる場合は、この限りでない。

② 前項の規定により利用された付随対象著作物は、当該付随対象著作物に係る作成伝達物の利用に伴つて、いずれの方法によるかを問わず、利用することができる。ただし、当該付随対象著作物の種類及び用途並びに当該利用の態様に照らし著作権者の利益を不当に害することとなる場合は、この限りでない。

（検討の過程における利用）

第三〇条の三 著作権者の許諾を得て、又は第六十七条第一項、第六十八条第一項若しくは第六十九条の規定による裁定を受けて著作物を利用しようとする者は、これらの利用についての検討の過程（当該許諾を得、又は当該裁定を受ける過程を含む。）における利用に供することを目的とする場合には、その必要と認められる限度において、いずれの方法によるかを問わず、当該著作物を利用することができる。ただし、当該著作物の種類及び用途並びに当該利用の態様に照らし著作権者の利益を不当に害することとなる場合は、この限りでない。

（著作物に表現された思想又は感情の享受を目的としない利用）

第三〇条の四 著作物は、次に掲げる場合その他の当該著作物に表現された思想又は感情を自ら享受し又は他人に享受させることを目的としない場合には、その必要と認められる限度において、いずれの方法によるかを問わず、利用することができる。ただし、当該著作物の種類及び用途並びに当該利用の態様に照らし著作権者の利益を不当に害することとなる場合は、この限りでない。

一 著作物の録音、録画その他の利用に係る技術の開発又は実用化のための試験の用に供する場合

二 情報解析（多数の著作物その他の大量の情報から、当該情報を構成する言語、音、影像その他の要素に係る情報を抽出し、比較、分類その他の解析を行うことをいう。第四十七条の五第一項第二号において同じ。）の用に供する場合

三 前二号に掲げる場合のほか、著作物の表現についての人の知覚による認識を伴うことなく当該著作物を電子計算機による情報処理の過程における利用その他の利用（プログラムの著作物にあつては、当該著作物の電子計算機における実行を除く。）に供する場合

（図書館等における複製等）

第三一条① 国立国会図書館及び図書、記録その他の資料を公衆の利用に供することを目的とする図書館その他の施設で政令で定めるもの（以下この条及び第百四条の十の四第三項において「図書館等」という。）においては、次に掲げる場合には、その営利を目的としない事業として、図書館等の図書、記録その他の資料（次項及び第六項において「図書館資料」という。）を用いて著作物を複製することができる。

一 図書館等の利用者の求めに応じ、その調査研究の用に供するために、公表された著作物の一部分（国若しくは地方公共団体の機関、独立行政法人又は地方独立行政法人が一般に周知させることを目的として作成し、その著作の名義の下に公表する広報資料、調査統計資料、報告書その他これらに類する著作物（次項及び次条第二項において「国等の周知目的資料」という。）その他の著作物の全部の複製物の提供が著作権者の利益を不当に害しないと認められる特別な事情があるものとして政令で定めるものにあつては、その全部）の複製物を一人につき一部提供する場合

二 図書館資料の保存のため必要がある場合

三 他の図書館等の求めに応じ、絶版その他これに準ずる理由により一般に入手することが困難な図書館資料（以下この条において「絶版等資料」という。）の複製物を提供する場合

② 特定図書館等においては、その営利を目的としない事業として、当該特定図書館等の利用者（あらかじめ当該特定図書館等にその氏名及び連絡先その他文部科学省令で定める情報（次項第三号及び第八項第一号において「利用者情報」という。）を登録している者に限る。第四項及び第百四条の十の四第四項において同じ。）の求めに応じ、その調査研究の用に供するために、公表された著作物の一部分（国等の周知目的資料その他の著作物の全部の公衆送信が著作権者の利益を不当に害しないと認められる特別な事情があるものとして政令で定めるものにあつては、その全部）について、次に掲げる行為を行うことができる。ただし、当該著作物の種類（著作権者若しくはその許諾を得た者又は第七十九条の出版権の設定を受けた者若しくはその公衆送信許諾を得た者による当該著作物の公衆送信（放送又は有線放送を除き、自動公衆送信の場合にあつては送信可能化を

含む。以下この条において同じ。）の実施状況を含む。第百四条の十の四第四項において同じ。）及び用途並びに当該特定図書館等が行う公衆送信の態様に照らし著作権者の利益を不当に害することとなる場合は、この限りでない。

一　図書館資料を用いて次号の公衆送信のために必要な複製を行うこと。

二　図書館資料の原本又は複製物を用いて公衆送信を行うこと（当該公衆送信を受信して作成された電磁的記録（電子的方式、磁気的方式その他人の知覚によつては認識することができない方式で作られる記録であつて、電子計算機による情報処理の用に供されるものをいう。以下同じ。）による著作物の提供又は提示を防止し、又は抑止するための措置として文部科学省令で定める措置を講じて行うものに限る。）。

③　前項に規定する特定図書館等とは、図書館等であつて次に掲げる要件を備えるものをいう。

一　前項の規定による公衆送信に関する業務を適正に実施するための責任者が置かれていること。

二　前項の規定による公衆送信に関する業務に従事する職員に対し、当該業務を適正に実施するための研修を行つていること。

三　利用者情報を適切に管理するために必要な措置を講じていること。

四　前項の規定による公衆送信のために作成された電磁的記録に係る情報が同項に定める目的以外の目的のために利用されることを防止し、又は抑止するために必要な措置として文部科学省令で定める措置を講じていること。

五　前各号に掲げるもののほか、前項の規定による公衆送信に関する業務を適正に実施するために必要な措置として文部科学省令で定める措置を講じていること。

④　第二項の規定により公衆送信された著作物を受信した特定図書館等の利用者は、その調査研究の用に供するために必要と認められる限度において、当該著作物を複製することができる。

⑤　第二項の規定により著作物の公衆送信を行う場合には、第三項に規定する特定図書館等を設置する者は、相当な額の補償金を当該著作物の著作権者に支払わなければならない。

⑥　第一項各号に掲げる場合のほか、国立国会図書館においては、図書館資料の原本を公衆の利用に供することによるその滅失、損傷若しくは汚損を避けるために当該原本に代えて公衆の利用に供するため、又は絶版等資料に係る著作物を次項若しくは第八項の規定により自動公衆送信（送信可能化を含む。以下この条において同じ。）に用いるため、電磁的記録を作成する場合には、必要と認められる限度において、当該図書館資料に係る著作物を記録媒体に記録することができる。

⑦　国立国会図書館は、絶版等資料に係る著作物について、図書館等又はこれに類する外国の施設で政令で定めるものにおいて公衆に提示することを目的とする場合には、前項の規定により記録媒体に記録された当該著作物の複製物を用いて自動公衆送信を行うことができる。この場合において、当該図書館等においては、その営利を目的としない事業として、次に掲げる行為を行うことができる。

一　当該図書館等の利用者の求めに応じ、当該利用者が自ら利用するために必要と認められる限度において、自動公衆送信された当該著作物の複製物を作成し、当該複製物を提供すること。

二　自動公衆送信された当該著作物を受信装置を用いて公に伝達すること（当該著作物の伝達を受ける者から料金（いずれの名義をもつてするかを問わず、著作物の提供又は提示につき受ける対価をいう。第九項第二号及び第三十八条において同じ。）を受けない場合に限る。）。

⑧　国立国会図書館は、次に掲げる要件を満たすときは、特定絶版等資料に係る著作物について、第六項の規定により記録媒体に記録された当該著作物の複製物を用いて、自動公衆送信（当該自動公衆送信を受信して行う当該著作物のデジタル方式の複製を防止し、又は抑止するための措置として文部科学省令で定める措置を講じて行うものに限る。以下この項及び次項において同じ。）を行うことができる。

一　当該自動公衆送信が、当該著作物をあらかじめ国立国会図書館に利用者情報を登録している者（次号において「事前登録者」という。）の用に供することを目的とするものであること。

二　当該自動公衆送信を受信しようとする者が当該自動公衆送信を受信する際に事前登録者であることを識別するための措置を講じていること。

⑨　前項の規定による自動公衆送信を受信した者は、次に掲げる行為を行うことができる。

一　自動公衆送信された当該著作物を自ら利用するために必要と認められる限度において複製すること。

二　次のイ又はロに掲げる場合の区分に応じ、当該イ又はロに定める要件に従つて、自動公衆送信された当該著作物を受信装置を用いて公に伝達すること。

イ　個人的に又は家庭内において当該著作物が閲覧される場合の表示の大きさと同等のものとして政令で定める大きさ以下の大きさで表示する場合　営利を目的とせず、かつ、当該著作物の伝達を受ける者から料金を受けずに行うこと。

ロ　イに掲げる場合以外の場合　公共の用に供される施設であつて、国、地方公共団体又は一般社団法人若しくは一般財団法人その他の営利を目的としない法人が設置するもののうち、自動公衆送信された著作物の公の伝達を適正に行うために必要な法に関する知識を有する職員が置かれているものにおいて、営利を目的とせず、かつ、当該著作物の伝達を受ける者から料金を受けずに行うこと。

⑩　第八項の特定絶版等資料とは、第六項の規定により記録媒体に記録された著作物に係る絶版等資料のうち、著作権者若しくはその許諾を得た者又は第七十九条の出版権の設定を受けた者若しくはその複製許諾若しくは公衆送信許諾を得た者の申出を受けて、国立国会図書館の館長が当該申出のあつた日から起算して三月以内に絶版等資料に該当しなくなる蓋然性が高いと認めた資料を除いたものをいう。

⑪　前項の申出は、国立国会図書館の館長に対し、当該申出に係る絶版等資料が当該申出のあつた日から起算して三月以内に絶版等資料に該当しなくなる蓋然性が高いことを疎明する資料を添えて行うものとする。

[7] 本条一号［現一項一号］は、図書館に対して、複製物提供業務を行うことを義務付けるものではなく、また、図書館の利用者に対して、蔵書の複製権を付与するものでもない。（東京高判平7・11・8知的裁二七・四・七七八〈多摩市立図書館事件〉）

第三二条（引用）①　公表された著作物は、引用して利用することができる。この場合において、その引用は、公正な慣行に合致するものであり、かつ、報道、批評、研究その他の引用の目的上正当な範囲内で行なわれるものでなければならない。

②　国等の周知目的資料は、説明の材料として新聞紙、雑誌その他の刊行物に転載することができる。ただし、これを禁止する旨の表示がある場合は、この限りでない。

[7] 引用とは、紹介、参照、評論その他の目的で自己の著作物中に他人の著作物の原則として一部を採用することをいい、そのためには引用を含む著作物の表現形式上、引用して利用する側の著作物と、引用される側の著作物とを明瞭に区別して認識することができ、かつ、右両者の間に前者が主、後者が従の関係がある場合でなければならない。（旧法事件）（最判昭55・3・28民集三四・三・二四四〈パロディ事件第一次上告

箸〉著作百選[六版]六八〉

[2] 引用して利用する側の著作物と、引用されて利用される側の著作物との間には、明瞭に区別して認識できること、主従の関係のあることが必要であるが、引用著作物が言語著作物であり、被引用著作物が美術著作物である場合も同様であり、読者の一般的観念に照らして、美術著作物が言語著作物の記述に対する理解を補足し、あるいは右記述の例証ないし参考資料として、右記述の把握に資するように構成されており、美術著作物がそのような付従的性質のものである場合に、言語著作物が主、美術著作物が従の関係にある。本件美術著作物は、それ自体鑑賞性を有し、独立性を有しており、従とは認められない。（東京高判昭60・10・17無体一七・三・四六二〈藤田画伯事件〉著作百選[五版]七二）

[3] 漫画が表現する意見に対する批評、批判、反論を目的とした書籍に、右漫画の複数カットを収録した行為について、引用されたのが漫画のごく一部のカットにすぎず、批評に必要な限度を超えておらず、かりに右カットに独立した鑑賞性があったとしても、書籍が主、漫画が従の関係が成立する。（東京高判平12・4・25判時一七二四・一二四〈脱ゴーマニズム宣言事件〉著作百選[五版]四六）→二〇条[9]

[4] 他人の著作物を引用して利用することが許されるためには、引用して利用する方法や態様が公正な慣行に合致したものであり、かつ、引用の目的との関係で正当な範囲内、すなわち、社会通念に照らして合理的な範囲内のものであることが必要である。絵画鑑定証書に添付するために当該絵画の縮小コピーを作製する行為は引用としての利用に当たる。（知財高判平22・10・13判時二〇九二・一三五〈絵画の鑑定証書事件〉著作百選[六版]七〇）

[5] 本条一項における引用としての利用が適法とされるためには、利用者が自己の著作物中で他人の著作物を利用した場合であることは要件ではない。（知財高判平22・10・13前出[4]）

[6] ドキュメンタリー映画の資料映像として報道用映像を利用するにあたり、報道用映像の著作権者名の表示を行わなかったことが、「公正な慣行」に合致しないとされた事例（知財高判平30・8・23【平30ネ一〇〇二三】）

（教科用図書等への掲載）

第三三条① 公表された著作物は、学校教育の目的上必要と認められる限度において、教科用図書（学校教育法（昭和二十二年法律第二十六号）第三十四条第一項（同法第四十九条、第四十九条の八、第六十二条、第七十条第一項及び第八十二条において準用する場合を含む。）に規定する教科用図書をいう。以下同じ。）に掲載することができる。

② 前項の規定により著作物を教科用図書に掲載する者は、その旨を著作者に通知するとともに、同項の規定の趣旨、著作物の種類及び用途、通常の使用料の額その他の事情を考慮して文化庁長官が定める算出方法により算出した額の補償金を著作権者に支払わなければならない。

③ 文化庁長官は、前項の算出方法を定めたときは、これをインターネットの利用その他の適切な方法により公表するものとする。

④ 前三項の規定は、高等学校（中等教育学校の後期課程を含む。）の通信教育用学習図書及び教科用図書に係る教師用指導書（当該教科用図書を発行する者の発行に係るものに限る。）への著作物の掲載について準用する。

（教科用図書代替教材への掲載等）

第三三条の二① 教科用図書に掲載された著作物は、学校教育の目的上必要と認められる限度において、教科用図書代替教材（学校教育法第三十四条第二項又は第三項（これらの規定を同法第四十九条、第四十九条の八、第六十二条、第七十条第一項及び第八十二条において準用する場合を含む。以下この項において同じ。）の規定により教科用図書に代えて使用することができる同法第三十四条第二項に規定する教材をいう。以下この項及び次項において同じ。）に掲載し、及び教科用図書代替教材の当該使用に伴つていずれの方法によるかを問わず利用することができる。

② 前項の規定により教科用図書に掲載された著作物を教科用図書代替教材に掲載しようとする者は、あらかじめ当該教科用図書を発行する者にその旨を通知するとともに、同項の規定の趣旨、同項の規定による著作物の利用の態様及び利用状況、前条第二項に規定する補償金の額その他の事情を考慮して文化庁長官が定める算出方法により算出した額の補償金を著作権者に支払わなければならない。

③ 文化庁長官は、前項の算出方法を定めたときは、これをインターネットの利用その他の適切な方法により公表するものとする。

（教科用拡大図書等の作成のための複製等）

第三三条の三① 教科用図書に掲載された著作物は、視覚障害、発達障害その他の障害により教科用図書に掲載された著作物を使用することが困難な児童又は生徒の学習の用に供するため、当該教科用図書に用いられている文字、図形等の拡大その他の当該児童又は生徒が当該著作物を使用するために必要な方式により複製することができる。

② 前項の規定により複製する教科用の図書その他の複製物（点字により複製するものを除き、当該教科用図書に掲載された著作物の全部又は相当部分を複製するものに限る。以下この項において「教科用拡大図書等」という。）を作成しようとする者は、あらかじめ当該教科用図書を発行する者にその旨を通知するとともに、営利を目的として当該教科用拡大図書等を頒布する場合にあつては、第三十三条第二項に規定する補償金の額に準じて文化庁長官が定める算出方法により算出した額の補償金を当該著作物の著作権者に支払わなければならない。

③ 文化庁長官は、前項の算出方法を定めたときは、これをインターネットの利用その他の適切な方法により公表するものとする。

④ 障害のある児童及び生徒のための教科用特定図書等の普及の促進等に関する法律（平成二十年法律第八十一号）第五条第一項又は第二項の規定により教科用図書に掲載された著作物に係る電磁的記録の提供を行う者は、その提供のために必要と認められる限度において、当該著作物を利用することができる。

（学校教育番組の放送等）

第三四条① 公表された著作物は、学校教育の目的上必要と認められる限度において、学校教育に関する法令の定める教育課程の基準に準拠した学校向けの放送番組又は有線放送番組において放送し、有線放送し、地域限定特定入力型自動公衆送信（特定入力型自動公衆送信のうち、専ら当該放送に係る放送対象地域（放送法（昭和二十五年法律第百三十二号）第九十一条第二項第二号に規定する放送対象地域をいい、これが定められていない放送にあつては、電波法（昭和二十五年法律第百三十一号）第十四条第三項第二号に規定する放送区域をいう。）において受信されることを目的として行われるものをいう。以下同じ。）を行い、又は放送同時配信等（放送事業者、有線放送事業者又は放送同時配信等事業者が行うものに限る。第三十八条第三項、第三十九条並びに第四十条第二項及び第三項において同じ。）を行い、及び当該放送番組用又は有線放送番組用の教材に掲載することができる。

② 前項の規定により著作物を利用する者は、その旨を著作者に通知するとともに、相当な額の補償金を著作権者に支払わなければならない。

（学校その他の教育機関における複製等）

第三五条① 学校その他の教育機関（営利を目的として設置されているものを除く。）において教育を担任する者及び授業を受ける者は、その授業の過程における利用に供することを目的とする場合には、その必要と認められる限度において、公表された著作物を複製し、若しくは公衆送信（自動公衆送信の場合にあつては、送信可能化を含む。以下この条において同じ。）を行い、又は公表された著作物であつて公衆送信されるものを受信装置を用いて公に伝達することができる。ただし、当該著作物の種類及び用途並びに当該複製の部数及び当該複製、公衆送信又は伝達の態様に照らし著作権者の利益を不当に害することとなる場合は、この限りでない。

② 前項の規定により公衆送信を行う場合には、同項の教育機関を設置する者は、相当な額の補償金を著作権者に支払わなければならない。

③ 前項の規定は、公表された著作物について、第一項の教育機関における授業の過程において、当該授業を直接受ける者に対して当該著作物をその原作品若しくは複製物を提供し、若しくは提示して利用する場合又は当該著作物を第三十八条第一項の規定により上演し、演奏し、上映し、若しくは口述して利用する場合において、当該授業が行われる場所以外の場所において当該授業を同時に受ける者に対して公衆送信を行うときには、適用しない。

第三六条（試験問題としての複製等）① 公表された著作物については、入学試験その他人の学識技能に関する試験又は検定の目的上必要と認められる限度において、当該試験又は検定の問題として複製し、又は公衆送信（放送又は有線放送を除き、自動公衆送信の場合にあつては送信可能化を含む。次項において同じ。）を行うことができる。ただし、当該著作物の種類及び用途並びに当該公衆送信の態様に照らし著作権者の利益を不当に害することとなる場合は、この限りでない。

② 営利を目的として前項の複製又は公衆送信を行う者は、通常の使用料の額に相当する額の補償金を著作権者に支払わなければならない。

7 本条一項にいう試験又は検定とは、公正な実施のために、試験、検定の問題として利用する著作物が何であるかということ自体を秘密にする必要があり、複製について事前に著作権者の許諾を得ることが困難であるような試験又は検定をいい、教科書準拠テストはこれに当たらない。（東京地判平15・3・28判時一八三四・九五〈教科書準拠国語テスト事件〉）

第三七条（視覚障害者等のための複製等）① 公表された著作物は、点字により複製することができる。

② 公表された著作物については、電子計算機を用いて点字を処理する方式により、記録媒体に記録し、又は公衆送信（放送又は有線放送を除き、自動公衆送信の場合にあつては送信可能化を含む。次項において同じ。）を行うことができる。

③ 視覚障害者その他視覚による表現の認識が困難な者（以下この項及び第百二条第四項において「視覚障害者等」という。）の福祉に関する事業を行う者で政令で定めるものは、公表された著作物であつて、視覚によりその表現が認識される方式（視覚及び他の知覚により認識される方式を含む。）により公衆に提供され、又は提示されているもの（当該著作物以外の著作物で、当該著作物において複製されているものその他当該著作物と一体として公衆に提供され、又は提示されているものを含む。以下この項及び同条第四項において「視覚著作物」という。）について、専ら視覚障害者等で当該方式によつては当該視覚著作物を利用することが困難な者の用に供するために必要と認められる限度において、当該視覚著作物に係る文字を音声にすることその他当該視覚障害者等が利用するために必要な方式により、複製し、又は公衆送信を行うことができる。ただし、当該視覚著作物について、著作権者又はその許諾を得た者若しくは第七十九条の出版権の設定を受けた者若しくはその複製許諾若しくは公衆送信許諾を得た者により、当該方式による公衆への提供又は提示が行われている場合は、この限りでない。

第三七条の二（聴覚障害者等のための複製等） 聴覚障害者その他聴覚による表現の認識に障害のある者（以下この条及び次条第五項において「聴覚障害者等」という。）の福祉に関する事業を行う者で次の各号に掲げる利用の区分に応じて政令で定めるものは、公表された著作物であつて、聴覚によりその表現が認識される方式（聴覚及び他の知覚により認識される方式を含む。）により公衆に提供され、又は提示されているもの（当該著作物以外の著作物で、当該著作物において複製されているものその他当該著作物と一体として公衆に提供され、又は提示されているものを含む。以下この条において「聴覚著作物」という。）について、専ら聴覚障害者等で当該方式によつては当該聴覚著作物を利用することが困難な者の用に供するために必要と認められる限度において、それぞれ当該各号に掲げる利用を行うことができる。ただし、当該聴覚著作物について、著作権者又はその許諾を得た者若しくは第七十九条の出版権の設定を受けた者若しくはその複製許諾若しくは公衆送信許諾を得た者により、当該聴覚障害者等が利用するために必要な方式による公衆への提供又は提示が行われている場合は、この限りでない。

一 当該聴覚著作物に係る音声について、これを文字にすることその他当該聴覚障害者等が利用するために必要な方式により、複製し、又は自動公衆送信（送信可能化を含む。）を行うこと。

二 専ら当該聴覚障害者等向けの貸出しの用に供するため、複製すること（当該聴覚著作物に係る音声を文字にすることその他当該聴覚障害者等が利用するために必要な方式による当該音声の複製と併せて行うものに限る。）。

第三八条（営利を目的としない上演等）① 公表された著作物は、営利を目的とせず、かつ、聴衆又は観衆から料金を受けない場合には、公に上演し、演奏し、上映し、又は口述することができる。ただし、当該上演、演奏、上映又は口述について実演家又は口述を行う者に対し報酬が支払われる場合は、この限りでない。

② 放送される著作物は、営利を目的とせず、かつ、聴衆又は観衆から料金を受けない場合には、有線放送し、又は地域限定特定入力型自動公衆送信を行うことができる。

③ 放送され、有線放送され、特定入力型自動公衆送信が行われ、又は放送同時配信等（放送又は有線放送が終了した後に開始されるものを除く。）が行われる著作物は、営利を目的とせず、かつ、聴衆又は観衆から料金を受けない場合には、受信装置を用いて公に伝達することができる。通常の家庭用受信装置を用いてする場合も、同様とする。

④ 公表された著作物（映画の著作物を除く。）は、営利を目的とせず、かつ、その複製物の貸与を受ける者から料金を受けない場合には、その複製物（映画の著作物において複製されている著作物にあつては、当該映画の著作物の複製物を除く。）の貸与により公衆に提供することができる。

⑤ 映画フィルムその他の視聴覚資料を公衆の利用に供することを目的とする視聴覚教育施設その他の施設（営利を目的として設置されているものを除く。）で政令で定めるもの及び聴覚障害者等の福祉に関する事業を行う者で前条の政令で定めるもの（同条第二号に係るものに限り、営利を目的として当該事業を行うものを除く。）は、公表された映画の著作物を、その複製物の貸与を受ける者から料金を受けない場合には、その複製物の貸与により頒布することができる。この場合において、当該頒布を行う者は、当該映画の著作物又は当該映画の著作物において複製されている著作物につき第二十六条に規定する権利を有する者（第二十八条の規定により第二十六条に規定する権利と同一の権利を有する者を含む。）に相当な額の補償金を支払わなければならない。

第三九条（時事問題に関する論説の転載等）① 新聞紙又は雑誌に掲載して発行された政治上、経済上又は社会上の時事問題に関する論説（学術的な性質を有するものを除く。）は、他の新聞紙若しくは雑誌に転載し、又は放送し、有線放送し、地域限定特定入力型自動公衆送信を行い、若しくは放送同時配信等を行うことができる。ただし、これらの利用を禁止する旨の表示がある場合は、この限りでない。

② 前項の規定により放送され、有線放送され、地域限定特定入力型自動公衆送信が行われ、又は放送同時配信等が行われる論説は、受信装置を用いて公に伝達することができる。

（政治上の演説等の利用）

第四〇条① 公開して行われた政治上の演説又は陳述及び裁判手続（行政庁の行う審判その他裁判に準ずる手続を含む。第四十二条第一項において同じ。）における公開の陳述は、同一の著作者のものを編集して利用する場合を除き、いずれの方法によるかを問わず、利用することができる。

② 国若しくは地方公共団体の機関、独立行政法人又は地方独立行政法人において行われた公開の演説又は陳述は、前項の規定によるものを除き、報道の目的上正当と認められる場合には、新聞紙若しくは雑誌に掲載し、又は放送し、有線放送し、地域限定特定入力型自動公衆送信を行い、若しくは放送同時配信等を行うことができる。

＊令和四法四八（令和八・五・二四までに施行）**による改正**
第一項中「第四十二条第一項」の下に「及び第四十二条の二」を加える。（本文未織込み）

③ 前項の規定により放送され、有線放送され、地域限定特定入力型自動公衆送信が行われ、又は放送同時配信等が行われる演説又は陳述は、受信装置を用いて公に伝達することができる。

（時事の事件の報道のための利用）

第四一条 写真、映画、放送その他の方法によつて時事の事件を報道する場合には、当該事件を構成し、又は当該事件の過程において見られ、若しくは聞かれる著作物は、報道の目的上正当な範囲内において、複製し、及び当該事件の報道に伴つて利用することができる。

1 暴力団組長の襲名披露の模様を収録したビデオ映画をニュース番組で放送した行為が、本条に該当するとされた事例（大阪地判平5・3・23判時一四六四・一三九〈山口組事件〉メディア百選［二版］九四）

（裁判手続等における複製）

第四二条① 著作物は、裁判手続のために必要と認められる場合及び立法又は行政の目的のために内部資料として必要と認められる場合には、その必要と認められる限度において、複製することができる。ただし、当該著作物の種類及び用途並びにその複製の部数及び態様に照らし著作権者の利益を不当に害することとなる場合は、この限りでない。

② 次に掲げる手続のために必要と認められる場合についても、前項と同様とする。

一 行政庁の行う特許、意匠若しくは商標に関する審査、実用新案に関する技術的な評価又は国際出願（特許協力条約に基づく国際出願等に関する法律（昭和五十三年法律第三十号）第二条に規定する国際出願をいう。）に関する国際調査若しくは国際予備審査に関する手続

二 行政庁の行う品種（種苗法（平成十年法律第八十三号）第二条第二項に規定する品種をいう。）に関する審査又は登録品種（同法第二十条第一項に規定する登録品種をいう。）に関する調査に関する手続

三 行政庁の行う特定農林水産物等（特定農林水産物等の名称の保護に関する法律（平成二十六年法律第八十四号）第二条第二項に規定する特定農林水産物等をいう。以下この号において同じ。）についての同法第六条の登録又は外国の特定農林水産物等についての同法第二十三条第一項の指定に関する手続

四 行政庁若しくは独立行政法人の行う薬事（医療機器（医薬品、医療機器等の品質、有効性及び安全性の確保等に関する法律（昭和三十五年法律第百四十五号）第二条第四項に規定する医療機器をいう。）及び再生医療等製品（同条第九項に規定する再生医療等製品をいう。）に関する事項を含む。以下この号において同じ。）に関する審査若しくは調査又は行政庁若しくは独立行政法人に対する薬事に関する報告に関する手続

五 前各号に掲げるもののほか、これらに類するものとして政令で定める手続

＊令和四法四八（令和八・五・二四までに施行）**による改正後**

（裁判手続における公衆送信等）

第四二条の二 著作物は、民事訴訟法（平成八年法律第百九号。他の法律において準用し、又はその例による場合を含む。）の規定により電磁的記録を用いて行い、又は映像若しくは音声の送受信を伴つて行う裁判手続のために必要と認められる限度において、公衆送信（自動公衆送信の場合にあつては、送信可能化を含む。）を行い、又は受信装置を用いて公に伝達することができる。ただし、当該著作物の種類及び用途並びに当該公衆送信又は伝達の態様に照らし著作権者の利益を不当に害することとなる場合は、この限りでない。（改正により追加）

（行政機関情報公開法等による開示のための利用）

第四二条の二 行政機関の長、独立行政法人等又は地方公共団体の機関若しくは地方独立行政法人は、行政機関情報公開法、独立行政法人等情報公開法又は情報公開条例の規定により著作物を公衆に提供し、又は提示することを目的とする場合には、それぞれ行政機関情報公開法第十四条第一項（同項の規定に基づく政令の規定を含む。）に規定する方法、独立行政法人等情報公開法第十五条第一項に規定する方法（同項の規定に基づき当該独立行政法人等が定める方法（行政機関情報公開法第十四条第一項の規定に基づく政令で定める方法以外のものを除く。）を含む。）又は情報公開条例で定める方法（行政機関情報公開法第十四条第一項（同項の規定に基づく政令の規定を含む。）に規定する方法以外のものを除く。）により開示するために必要と認められる限度において、当該著作物を利用することができる。

＊令和四法四八（令和八・五・二四までに施行）**による改正**
第四二条の二を第四二条の三とする。（本文未織込み）

（公文書管理法等による保存等のための利用）

第四二条の三① 国立公文書館等の長又は地方公文書館等の長は、公文書管理法第十五条第一項の規定又は公文書管理条例の規定（同項の規定に相当する規定に限る。）により歴史公文書等を保存することを目的とする場合には、必要と認められる限度において、当該歴史公文書等に係る著作物を複製することができる。

② 国立公文書館等の長又は地方公文書館等の長は、公文書管理法第十六条第一項の規定又は公文書管理条例の規定（同項の規定に相当する規定に限る。）により著作物を公衆に提供し、又は提示することを目的とする場合には、それぞれ公文書管理法第十九条（同条の規定に基づく政令の規定を含む。以下この項において同じ。）に規定する方法又は公文書管理条例で定める方法（同条に規定する方法以外のものを除く。）により利用をさせるために必要と認められる限度において、当該著作物を利用することができる。

＊令和四法四八（令和八・五・二四までに施行）**による改正**
第四二条の三を第四二条の四とする。（本文未織込み）

（国立国会図書館法によるインターネット資料及びオンライン資料の収集のための複製）

第四三条① 国立国会図書館の館長は、国立国会図書館法（昭和二十三年法律第五号）第二十五条の三第一項の規定により同項に規定するインターネット資料（以下この条において「インターネット資料」という。）又は同法第二十五条の四第三項の規定により同項に規定するオンライン資料を収集するために必要

と認められる限度において、当該インターネット資料又は当該オンライン資料に係る著作物を国立国会図書館の使用に係る記録媒体に記録することができる。

② 次の各号に掲げる者は、当該各号に掲げる資料を提供するために必要と認められる限度において、当該各号に掲げる資料に係る著作物を複製することができる。

一 国立国会図書館法第二十四条及び第二十四条の二に規定する者 同法第二十五条の三第三項の求めに応じ提供するインターネット資料

二 国立国会図書館法第二十四条及び第二十四条の二に規定する者以外の者 同法第二十五条の四第一項の規定により提供する同項に規定するオンライン資料

（放送事業者等による一時的固定）

第四四条① 放送事業者は、第二十三条第一項に規定する権利を害することなく放送し、又は放送同時配信等することができる著作物を、自己の放送又は放送同時配信等（当該放送事業者と密接な関係を有する放送同時配信等事業者が放送番組の供給を受けて行うものを含む。）のために、自己の手段又は当該著作物を同じく放送し、若しくは放送同時配信等することができる他の放送事業者の手段により、一時的に録音し、又は録画することができる。

② 有線放送事業者は、第二十三条第一項に規定する権利を害することなく有線放送し、又は放送同時配信等することができる著作物を、自己の有線放送（放送を受信して行うものを除く。）又は放送同時配信等（当該有線放送事業者と密接な関係を有する放送同時配信等事業者が有線放送番組の供給を受けて行うものを含む。）のために、自己の手段により、一時的に録音し、又は録画することができる。

③ 放送同時配信等事業者は、第二十三条第一項に規定する権利を害することなく放送同時配信等することができる著作物を、自己の放送同時配信等のために、自己の手段又は自己と密接な関係を有する放送事業者若しくは有線放送事業者の手段により、一時的に録音し、又は録画することができる。

④ 前三項の規定により作成された録音物又は録画物は、録音又は録画の後六月（その期間内に当該録音物又は録画物を用いてする放送、有線放送又は放送同時配信等があつたときは、その放送、有線放送又は放送同時配信等の後六月）を超えて保存することができない。ただし、政令で定めるところにより公的な記録保存所において保存する場合は、この限りでない。

（美術の著作物等の原作品の所有者による展示）

第四五条① 美術の著作物若しくは写真の著作物の原作品の所有者又はその同意を得た者は、これらの著作物をその原作品により公に展示することができる。

② 前項の規定は、美術の著作物の原作品を街路、公園その他一般公衆に開放されている屋外の場所又は建造物の外壁その他一般公衆の見やすい屋外の場所に恒常的に設置する場合には、適用しない。

（公開の美術の著作物等の利用）

第四六条 美術の著作物でその原作品が前条第二項に規定する屋外の場所に恒常的に設置されているもの又は建築の著作物は、次に掲げる場合を除き、いずれの方法によるかを問わず、利用することができる。

一 彫刻を増製し、又はその増製物の譲渡により公衆に提供する場合

二 建築の著作物を建築により複製し、又はその複製物の譲渡により公衆に提供する場合

三 前条第二項に規定する屋外の場所に恒常的に設置するために複製する場合

四 専ら美術の著作物の複製物の販売を目的として複製し、又はその複製物を販売する場合

[1] 本条柱書の趣旨は、美術の著作物の原作品が、不特定多数の者が自由に見ることができるような屋外の場所に恒常的に設置された場合、仮に、当該著作物の利用に対して著作権に基づく権利主張を何らの制限なく認めることになると、一般人の行動の自由を過度に抑制することになって好ましくないこと、このような場合には、一般人による自由利用を許すのが社会的慣行に合致していること、さらに、多くは著作者の意思にも沿うと解して差し支えないこと等の点を総合考慮して、屋外の場所に恒常的に設置された美術の著作物については、一般人による利用を原則的に自由としたものといえる。右趣旨に照らすならば、同条所定の「一般公衆に開放されている屋外の場所」又は「一般公衆の見やすい屋外の場所」とは、不特定多数の者が見ようとすれば自由に見ることができる広く開放された場所を指すと解するのが相当であり、「恒常的に設置する」とは、社会通念上、ある程度の長期にわたり継続して、不特定多数の者の観覧に供する状態に置くことを指すと解するのが相当である。（東京地判平13・7・25判時一七五八・一三七〈バス車体絵画事件〉著作百選[六版]七六）

[2] 本条四号は、同条柱書が、一般人の行動に対する過度の制約の回避、社会的慣行の尊重及び著作者の合理的意思等を考慮して、一般人の著作物の利用を自由としたことに対して、仮に、専ら複製物の販売を目的として複製する行為についてまで、著作物の利用を自由にした場合には、著作権者に対する著しい経済的不利益を与えることになりかねないため、本条柱書の原則に対する例外を設けたものである。そうすると、本条四号に該当するか否かについては、著作物を利用した書籍等の体裁及び内容、著作物の利用態様、利用目的などを客観的に考慮して、「専ら」美術の著作物の複製物の販売を目的として複製し、又はその複製物を販売する例外的な場合に当たるといえるか否か検討すべきことになる。（東京地判平13・7・25前出[1]）

（美術の著作物等の展示に伴う複製等）

第四七条① 美術の著作物又は写真の著作物の原作品により、第二十五条に規定する権利を害することなく、これらの著作物を公に展示する者（以下この条において「原作品展示者」という。）は、観覧者のためにこれらの展示する著作物（以下この条及び第四十七条の六第二項第一号において「展示著作物」という。）の解説若しくは紹介をすることを目的とする小冊子に当該展示著作物を掲載し、又は次項の規定により当該展示著作物を上映し、若しくは当該展示著作物について自動公衆送信（送信可能化を含む。同項及び同号において同じ。）を行うために必要と認められる限度において、当該展示著作物を複製することができる。ただし、当該展示著作物の種類及び用途並びに当該複製の部数及び態様に照らし著作権者の利益を不当に害することとなる場合は、この限りでない。

② 原作品展示者は、観覧者のために展示著作物の解説又は紹介をすることを目的とする場合には、その必要と認められる限度において、当該展示著作物を上映し、又は当該展示著作物について自動公衆送信を行うことができる。ただし、当該展示著作物の種類及び用途並びに当該上映又は自動公衆送信の態様に照らし著作権者の利益を不当に害することとなる場合は、この限りでない。

③ 原作品展示者及びこれに準ずる者として政令で定めるものは、展示著作物の所在に関する情報を公衆に提供するために必要と認められる限度において、当該展示著作物について複製し、又は公衆送信（自動公衆送信の場合にあつては、送信可能化を含む。）を行うことができる。ただし、当該展示著作物の種類及び用途並びに当該複製又は公衆送信の態様に照らし著作権者の利益を不当に害することとなる場合は、この限りでない。

[1] たとえ観覧者のためであっても、実質的に見て鑑賞用の豪華本や画集といえるようなものは、「小冊子」に当たらない。（東京地判平元・10・6無体二一・三・七四七〈レオナール・フジタ展事件〉著作百選[三版]八六）

（美術の著作物等の譲渡等の申出に伴う複製等）
第四七条の二　美術の著作物又は写真の著作物の原作品又は複製物の所有者その他のこれらの譲渡又は貸与の権原を有する者が、第二十六条の二第一項又は第二十六条の三に規定する権利を害することなく、その原作品又は複製物を譲渡し、又は貸与しようとする場合には、当該権原を有する者又はその委託を受けた者は、その申出の用に供するため、これらの著作物について、複製又は公衆送信（自動公衆送信の場合にあつては、送信可能化を含む。）（当該複製により作成される複製物を用いて行うこれらの著作物の複製又は当該公衆送信を受信して行うこれらの著作物の複製を防止し、又は抑止するための措置その他の著作権者の利益を不当に害しないための措置として政令で定める措置を講じて行うものに限る。）を行うことができる。

（プログラムの著作物の複製物の所有者による複製等）
第四七条の三①　プログラムの著作物の複製物の所有者は、自ら当該著作物を電子計算機において実行するために必要と認められる限度において、当該著作物を複製することができる。ただし、当該実行に係る複製物の使用につき、第百十三条第五項の規定が適用される場合は、この限りでない。

②　前項の複製物の所有者が当該複製物（同項の規定により作成された複製物を含む。）のいずれかについて滅失以外の事由により所有権を有しなくなつた後には、その者は、当該著作権者の別段の意思表示がない限り、その他の複製物を保存してはならない。

（電子計算機における著作物の利用に付随する利用等）
第四七条の四①　電子計算機における利用（情報通信の技術を利用する方法による利用を含む。以下この条において同じ。）に供される著作物は、次に掲げる場合その他これらと同様に当該著作物の電子計算機における利用を円滑又は効率的に行うために当該電子計算機における利用に付随する利用に供することを目的とする場合には、その必要と認められる限度において、いずれの方法によるかを問わず、利用することができる。ただし、当該著作物の種類及び用途並びに当該利用の態様に照らし著作権者の利益を不当に害することとなる場合は、この限りでない。

一　電子計算機において、著作物を当該著作物の複製物を用いて利用する場合又は無線通信若しくは有線電気通信の送信がされる著作物を当該送信を受信して利用する場合において、これらの利用のための当該電子計算機による情報処理の過程において、当該情報処理を円滑又は効率的に行うために当該著作物を当該電子計算機の記録媒体に記録するとき。

二　自動公衆送信装置を他人の自動公衆送信の用に供することを業として行う者が、当該他人の自動公衆送信の遅滞若しくは障害を防止し、又は送信可能化された著作物の自動公衆送信を中継するための送信を効率的に行うために、これらの自動公衆送信のために送信可能化された著作物を記録媒体に記録する場合

三　情報通信の技術を利用する方法により情報を提供する場合において、当該提供を円滑又は効率的に行うための準備に必要な電子計算機による情報処理を行うことを目的として記録媒体への記録又は翻案を行うとき。

②　電子計算機における利用に供される著作物は、次に掲げる場合その他これらと同様に当該著作物の電子計算機における利用を行うことができる状態を維持し、又は当該状態に回復することを目的とする場合には、その必要と認められる限度において、いずれの方法によるかを問わず、利用することができる。ただし、当該著作物の種類及び用途並びに当該利用の態様に照らし著作権者の利益を不当に害することとなる場合は、この限りでない。

一　記録媒体を内蔵する機器の保守又は修理を行うために当該機器に内蔵する記録媒体（以下この号及び次号において「内蔵記録媒体」という。）に記録されている著作物を当該内蔵記録媒体以外の記録媒体に一時的に記録し、及び当該保守又は修理の後に、当該内蔵記録媒体に記録する場合

二　記録媒体を内蔵する機器をこれと同様の機能を有する機器と交換するためにその内蔵記録媒体に記録されている著作物を当該内蔵記録媒体以外の記録媒体に一時的に記録し、及び当該同様の機能を有する機器の内蔵記録媒体に記録する場合

三　自動公衆送信装置を他人の自動公衆送信の用に供することを業として行う者が、当該自動公衆送信装置により送信可能化された著作物の複製物が滅失し、又は毀損した場合の復旧の用に供するために当該著作物を記録媒体に記録するとき。

（電子計算機による情報処理及びその結果の提供に付随する軽微利用等）
第四七条の五①　電子計算機を用いた情報処理により新たな知見又は情報を創出することによつて著作物の利用の促進に資する次の各号に掲げる行為を行う者（当該行為の一部を行う者を含み、当該行為を政令で定める基準に従つて行う者に限る。）は、公衆への提供等（公衆への提供又は提示をいい、送信可能化を含む。以下同じ。）が行われた著作物（以下この条及び次条第二項第二号において「公衆提供等著作物」という。）（公表された著作物又は送信可能化された著作物に限る。）について、当該各号に掲げる行為の目的上必要と認められる限度において、当該行為に付随して、いずれの方法によるかを問わず、利用（当該公衆提供等著作物のうちその利用に供される部分の占める割合、その利用に供される部分の量、その利用に供される際の表示の精度その他の要素に照らし軽微なものに限る。以下この条において「軽微利用」という。）を行うことができる。ただし、当該公衆提供等著作物に係る公衆への提供等が著作権を侵害するものであること（国外で行われた公衆への提供等にあつては、国内で行われたとしたならば著作権の侵害となるべきものであること）を知りながら当該軽微利用を行う場合その他当該公衆提供等著作物の種類及び用途並びに当該軽微利用の態様に照らし著作権者の利益を不当に害することとなる場合は、この限りでない。

一　電子計算機を用いて、検索により求める情報（以下この号において「検索情報」という。）が記録された著作物の題号又は著作者名、送信可能化された検索情報に係る送信元識別符号（自動公衆送信の送信元を識別するための文字、番号、記号その他の符号をいう。第百十三条第二項及び第四項において同じ。）その他の検索情報の特定又は所在に関する情報を検索し、及びその結果を提供すること。

二　電子計算機による情報解析を行い、及びその結果を提供すること。

三　前二号に掲げるもののほか、電子計算機による情報処理により、新たな知見又は情報を創出し、及びその結果を提供する行為であつて、国民生活の利便性の向上に寄与するものとして政令で定めるもの

②　前項各号に掲げる行為の準備を行う者（当該行為の準備のための情報の収集、整理及び提供を政令で定める基準に従つて行う者に限る。）は、公衆提供等著作物について、同項の規定による軽微利用の準備のために必要と認められる限度において、複製若しくは公衆送信（自動公衆送信の場合にあつては、送信可能化を含む。以下この項及び次条第二項第二号において同じ。）を行い、又はその複製物による頒布を行うことができる。ただし、当該公衆提供等著作物の種類及び用途並びに当該複製又は頒布の部数及び当該複製、公衆送信又は頒布の態様に照らし著作権者の利益を不当に害することとなる場合は、この限りでない。

（翻訳、翻案等による利用）
第四七条の六①　次の各号に掲げる規定により著作物を利用することができる場合には、当該著作物について、当該規定の例により当該各号に定める方法による利用を行うことができる。

一　第三十条第一項、第三十三条第一項（同条第四項において準用する場合を含む。）、第三十四条第一項、第三十五条第一項又は前条第二項　翻訳、編曲、変形又は翻案

二　第三十一条第一項（第一号に係る部分に限る。）、第二項、第四項、第七項（第一号に係る部分に限る。）若しくは第九項（第一号に係る部分に限る。）、第三十二条、第三十六条第一項、第三十七条第一項若しくは第二項、第三十九条第一項、第四十条第二項、第四十一条又は第四十二条　翻訳

＊令和四法四八（令和八・五・二四までに施行）**による改正**
第二号中「、第四十一条又は第四十二条」を「又は第四十一条から第四十二条の二まで」に改める。（本文未織込み）

三　第三十三条の二第一項、第三十三条の三第一項又は第四十七条　変形又は翻案

四　第三十七条第三項　翻訳、変形又は翻案

五　第三十七条の二　翻訳又は翻案

六　第四十七条の三第一項　翻案

②　前項の規定により創作された二次的著作物は、当該二次的著作物の原著作物を同項各号に掲げる規定（次の各号に掲げる二次的著作物にあつては、当該各号に定める規定を含む。以下この項及び第四十八条第三項第二号において同じ。）により利用することができる場合には、原著作物の著作者その他の当該二次的著作物の利用に関して第二十八条に規定する権利を有する者との関係においては、当該二次的著作物を前項各号に掲げる規定に規定する著作物に該当するものとみなして、当該各号に掲げる規定による利用を行うことができる。

一　第四十七条第一項の規定により同条第二項の規定による展示著作物の上映又は自動公衆送信を行うために当該展示著作物を複製することができる場合に、前項の規定により創作された二次的著作物　同条第二項

二　前条第二項の規定により公衆提供等著作物について複製、公衆送信又はその複製物による頒布を行うことができる場合に、前項の規定により創作された二次的著作物　同条第一項

①　著作権法四三条二号［平成三〇法三〇により削除。現本条一項二号］には、翻案の一態様である要約によって利用する場合も含む。さらに、同条が適用される場合には、著作権法二〇条二項四号所定の「やむを得ないと認められる改変」に該当し、同一性保持権を侵害しない。（東京地判平10・10・30判時一六七四・一三二〈「血液型と性格の社会史」事件〉著作百選［六版］七二）

（複製権の制限により作成された複製物の譲渡）

第四七条の七　第三十条の二第二項、第三十条の三、第三十条の四、第三十一条第一項（第一号に係る部分に限る。以下この条において同じ。）若しくは第七項（第一号に係る部分に限る。以下この条において同じ。）、第三十二条、第三十三条第一項（同条第四項において準用する場合を含む。）、第三十三条の二第一項、第三十三条の三第一項若しくは第四項、第三十四条第一項、第三十五条第一項、第三十六条第一項、第三十七条、第三十七条の二（第二号を除く。以下この条において同じ。）、第三十九条第一項、第四十条第一項若しくは第二項、第四十一条から第四十二条の二まで、第四十二条の三第二項、第四十六条、第四十七条第一項若しくは第三項、第四十七条の二、第四十七条の四又は第四十七条の五の規定により複製することができる著作物は、これらの規定の適用を受けて作成された複製物（第三十一条第一項若しくは第七項、第三十六条第一項又は第四十二条の規定に係る場合にあつては、映画の著作物の複製物（映画の著作物において複製されている著作物にあつては、当該映画の著作物の複製物を含む。以下この条において同じ。）を除く。）の譲渡により公衆に提供することができる。ただし、第三十条の三、第三十一条第一項若しくは第七項、第三十三条の二第一項、第三十三条の三第一項若しくは第四項、第三十五条第一項、第三十七条第三項、第三十七条の二、第四十一条から第四十二条の二まで、第四十二条の三第二項、第四十七条第一項若しくは第三項、第四十七条の二、第四十七条の四若しくは第四十七条の五の規定の適用を受けて作成された著作物の複製物（第三十一条第一項若しくは第七項又は第四十二条の規定に係る場合にあつては、映画の著作物の複製物を除く。）を第三十条の三、第三十一条第一項若しくは第七項、第三十三条の二第一項、第三十三条の三第一項若しくは第四項、第三十五条第一項、第三十七条第三項、第三十七条の二、第四十一条から第四十二条の二まで、第四十二条の三第二項、第四十七条第一項若しくは第三項、第四十七条の二、第四十七条の四若しくは第四十七条の五に定める目的以外の目的のために公衆に譲渡する場合又は第三十条の四の規定の適用を受けて作成された著作物の複製物を当該著作物に表現された思想若しくは感情を自ら享受し若しくは他人に享受させる目的のために公衆に譲渡する場合は、この限りでない。

＊令和四法四八（令和八・五・二四までに施行）**による改正**
第四七条の七中「から第四十二条の二まで、第四十二条の三第二項」を「、第四十二条、第四十二条の三、第四十二条の四第二項」に改める。（本文未織込み）

（出所の明示）

第四八条①　次の各号に掲げる場合には、当該各号に規定する著作物の出所を、その複製又は利用の態様に応じ合理的と認められる方法及び程度により、明示しなければならない。

一　第三十二条、第三十三条第一項（同条第四項において準用する場合を含む。）、第三十三条の二第一項、第三十三条の三第一項、第三十七条第一項、第四十二条又は第四十七条第一項の規定により著作物を複製する場合

二　第三十四条第一項、第三十七条第三項、第三十七条の二、第三十九条第一項、第四十条第一項若しくは第二項、第四十七条第二項若しくは第三項又は第四十七条の二の規定により著作物を利用する場合

三　第三十二条の規定により著作物を複製以外の方法により利用する場合又は第三十五条第一項、第三十六条第一項、第三十八条第一項、第四十一条、第四十六条若しくは第四十七条の五第一項の規定により著作物を利用する場合において、その出所を明示する慣行があるとき。

＊令和四法四八（令和八・五・二四までに施行）**による改正**
第三号中「第四十一条」の下に「、第四十二条の二」を加える。（本文未織込み）

②　前項の出所の明示に当たつては、これに伴い著作者名が明らかになる場合及び当該著作物が無名のものである場合を除き、当該著作物につき表示されている著作者名を示さなければならない。

③　次の各号に掲げる場合には、前二項の規定の例により、当該各号に規定する二次的著作物の原著作物の出所を明示しなければならない。

一　第四十条第一項、第四十六条又は第四十七条の五第一項の規定により創作された二次的著作物をこれらの規定により利用する場合

二　第四十七条の六第一項の規定により創作された二次的著作物を同条第二項の規定の適用を受けて同条第一項各号に掲げる規定により利用する場合

（複製物の目的外使用等）

第四九条①　次に掲げる者は、第二十一条の複製を行つたものとみなす。

一　第三十条第一項、第三十条の三、第三十一条第一項第一号、第二項第一号、第四項、第七項第一号若しくは第九項第一号、第三十三条の二第一項、第三十三条の三第一項若しくは第四項、第三十五条第一項、第三十七条第三項、第三十七条の二本文（同条第二号に係る場合にあつては、同号。次項第一号において同じ。）、第四十一条から第四十二条の三ま

で、第四十三条第二項、第四十四条第一項から第三項まで、第四十七条第一項若しくは第三項、第四十七条の二又は第四十七条の五第一項に定める目的以外の目的のために、これらの規定の適用を受けて作成された著作物の複製物（次項第一号又は第二号の複製物に該当するものを除く。）を頒布し、又は当該複製物によつて当該著作物の公衆への提示（送信可能化を含む。以下同じ。）を行つた者

＊令和四法四八（令和八・五・二四までに施行）**による改正**
第一号中「から第四十二条の三まで」を「、第四十二条、第四十二条の三、第四十二条の四」に改める。（本文未織込み）

二　第三十条の四の規定の適用を受けて作成された著作物の複製物（次項第三号の複製物に該当するものを除く。）を用いて、当該著作物に表現された思想又は感情を自ら享受し又は他人に享受させる目的のために、いずれの方法によるかを問わず、当該著作物を利用した者

三　第四十四条第四項の規定に違反して同項の録音物又は録画物を保存した放送事業者、有線放送事業者又は放送同時配信等事業者

四　第四十七条の三第一項の規定の適用を受けて作成された著作物の複製物（次項第四号の複製物に該当するものを除く。）を頒布し、又は当該複製物によつて当該著作物の公衆への提示を行つた者

五　第四十七条の三第二項の規定に違反して同項の複製物（次項第四号の複製物に該当するものを除く。）を保存した者

六　第四十七条の四又は第四十七条の五第二項に定める目的以外の目的のために、これらの規定の適用を受けて作成された著作物の複製物（次項第六号又は第七号の複製物に該当するものを除く。）を用いて、いずれの方法によるかを問わず、当該著作物を利用した者

②　次に掲げる者は、当該二次的著作物の原著作物につき第二十七条の翻訳、編曲、変形又は翻案を、当該二次的著作物につき第二十一条の複製を、それぞれ行つたものとみなす。

一　第三十条第一項、第三十一条第一項第一号、第二項第一号、第四項、第七項第一号若しくは第九項第一号、第三十三条の二第一項、第三十三条の三第一項、第三十五条第一項、第三十七条第三項、第三十七条の二本文、第四十一条、第四十二条又は第四十七条第一項若しくは第三項に定める目的以外の目的のために、第四十七条の六第二項の規定の適用を受けて同条第一項各号に掲げるこれらの規定により作成された二次的著作物の複製物を頒布し、又は当該複製物によつて当該二次的著作物の公衆への提示を行つた者

二　第三十条の三又は第四十七条の五第一項に定める目的以外の目的のために、これらの規定の適用を受けて作成された二次的著作物の複製物を頒布し、又は当該複製物によつて当該二次的著作物の公衆への提示を行つた者

三　第三十条の四の規定の適用を受けて作成された二次的著作物の複製物を用いて、当該二次的著作物に表現された思想又は感情を自ら享受し又は他人に享受させる目的のために、いずれの方法によるかを問わず、当該二次的著作物を利用した者

四　第四十七条の六第二項の規定の適用を受けて第四十七条の三第一項の規定により作成された二次的著作物の複製物を頒布し、又は当該複製物によつて当該二次的著作物の公衆への提示を行つた者

五　第四十七条の三第二項の規定に違反して前号の複製物を保存した者

六　第四十七条の四に定める目的以外の目的のために、同条の規定の適用を受けて作成された二次的著作物の複製物を用いて、いずれの方法によるかを問わず、当該二次的著作物を利用した者

七　第四十七条の五第二項に定める目的以外の目的のために、第四十七条の六第二項の規定の適用を受けて第四十七条の五第二項の規定により作成された二次的著作物の複製物を用いて、いずれの方法によるかを問わず、当該二次的著作物を利用した者

（著作者人格権との関係）
第五〇条　この款の規定は、著作者人格権に影響を及ぼすものと解釈してはならない。

第四節　保護期間

（保護期間の原則）
第五一条①　著作権の存続期間は、著作物の創作の時に始まる。
②　著作権は、この節に別段の定めがある場合を除き、著作者の死後（共同著作物にあつては、最終に死亡した著作者の死後。次条第一項において同じ。）七十年を経過するまでの間、存続する。

[1]　連載漫画においては、後続の漫画に登場する人物が、先行する漫画に登場する人物と同一と認められる限り、当該登場人物については、最初に掲載された漫画の著作権の保護期間によるべきである。（最判平9・7・17民集五一・六・二七一四〈ポパイ・ネクタイ事件〉著作百選[六版]七八）↓二条[16]

（無名又は変名の著作物の保護期間）
第五二条①　無名又は変名の著作物の著作権は、その著作物の公表後七十年を経過するまでの間、存続する。ただし、その存続期間の満了前にその著作者の死後七十年を経過していると認められる無名又は変名の著作物の著作権は、その著作者の死後七十年を経過したと認められる時において、消滅したものとする。
②　前項の規定は、次の各号のいずれかに該当するときは、適用しない。
一　変名の著作物における著作者の変名がその者のものとして周知のものであるとき。
二　前項の期間内に第七十五条第一項の実名の登録があつたとき。
三　著作者が前項の期間内にその実名又は周知の変名を著作者名として表示してその著作物を公表したとき。

（団体名義の著作物の保護期間）
第五三条①　法人その他の団体が著作の名義を有する著作物の著作権は、その著作物の公表後七十年（その著作物がその創作後七十年以内に公表されなかつたときは、その創作後七十年）を経過するまでの間、存続する。
②　前項の規定は、法人その他の団体が著作の名義を有する著作物の著作者である個人が同項の期間内にその実名又は周知の変名を著作者名として表示してその著作物を公表したときは、適用しない。
③　第十五条第二項の規定により法人その他の団体が著作者である著作物の著作権の存続期間に関しては、第一項の著作物に該当する著作物以外の著作物についても、当該団体が著作の名義を有するものとみなして同項の規定を適用する。

（映画の著作物の保護期間）
第五四条①　映画の著作物の著作権は、その著作物の公表後七十年（その著作物がその創作後七十年以内に公表されなかつたときは、その創作後七十年）を経過するまでの間、存続する。
②　映画の著作物の著作権がその存続期間の満了により消滅したときは、当該映画の著作物の利用に関するその原著作物の著作権は、当該映画の著作物の著作権とともに消滅したものとする。
③　前二条の規定は、映画の著作物の著作権については、適用しない。

[1]　昭和二八年に団体の著作名義をもって公表された映画の著作権については、本条一項の施行日の前日である平成一五年一二月三一日の終了をもって保護期間が満了しており、本条

一項の適用はない。（最判平19・12・18民集六一・九・三四六〇〈シェーン事件〉著作百選[五版]九〇）

[2] 著作者が自然人である著作物の旧法（昭和四五法四八による全部改正前の著作権法）による著作権の存続期間については、当該自然人が著作者である旨がその実名をもって表示され、当該著作物が公表された場合には、それにより当該著作者の死亡の時点を把握することができる以上、仮に団体名義の表示があったとしても、旧法六条ではなく旧法三条が適用され、前記時点を基準に定められる。（最判平21・10・8判時二〇六四・一二〇〈チャップリン事件〉著作百選[六版]七九）↓一六条[2]

第五五条 削除

（継続的刊行物等の公表の時）
第五六条① 第五十二条第一項、第五十三条第一項及び第五十四条第一項の公表の時は、冊、号又は回を追つて公表する著作物については、毎冊、毎号又は毎回の公表の時によるものとし、一部分ずつを逐次公表して完成する著作物については、最終部分の公表の時によるものとする。

② 一部分ずつを逐次公表して完成する著作物については、継続すべき部分が直近の公表の時から三年を経過しても公表されないときは、すでに公表されたもののうちの最終の部分をもつて前項の最終部分とみなす。

（保護期間の計算方法）
第五七条 第五十一条第二項、第五十二条第一項、第五十三条第一項又は第五十四条第一項の場合において、著作者の死後七十年又は著作物の公表後七十年若しくは創作後七十年の期間の終期を計算するときは、著作者が死亡した日又は著作物が公表され若しくは創作された日のそれぞれ属する年の翌年から起算する。

（保護期間の特例）
第五八条 文学的及び美術的著作物の保護に関するベルヌ条約により創設された国際同盟の加盟国、著作権に関する世界知的所有権機関条約の締約国又は世界貿易機関の加盟国である外国をそれぞれ文学的及び美術的著作物の保護に関するベルヌ条約、著作権に関する世界知的所有権機関条約又は世界貿易機関を設立するマラケシュ協定の規定に基づいて本国とする著作物（第六条第一号に該当するものを除く。）で、その本国において定められる著作権の存続期間が第五十一条から第五十四条までに定める著作権の存続期間より短いものについては、その本国において定められる著作権の存続期間による。

第五節 著作者人格権の一身専属性等

（著作者人格権の一身専属性）
第五九条 著作者人格権は、著作者の一身に専属し、譲渡することができない。

（著作者が存しなくなつた後における人格的利益の保護）
第六〇条 著作物を公衆に提供し、又は提示する者は、その著作物の著作者が存しなくなつた後においても、著作者が存しているとしたならばその著作者人格権の侵害となるべき行為をしてはならない。ただし、その行為の性質及び程度、社会的事情の変動その他によりその行為が当該著作者の意を害しないと認められる場合は、この限りでない。

[1] 故人である作家の私信について、公表を予定しないものであり、本条ただし書該当の事情は認められないとされた事例（東京高判平12・5・23判時一七二五・一六五〈三島由紀夫手紙事件〉著作百選[五版]四九）↓二条[6]

[2] 本条ただし書は、著作物の改変に該当する行為であっても、その行為の性質及び程度、社会的事情の変動その他によりその行為が著作者の意を害しないと認められる場合には、許容されることを規定している。そして、著作者の意を害しないという点は、前記の各点に照らして客観的に認められることを要するものであるところ、公共目的のために必要に応じた大きさの建物を建築するためのものであって、その方法においても、著作物の現状を可能な限り復元する態様での建物等の解体移設工事は、著作者の意を害しないものとして、本条ただし書の適用を受けるものというべきである。（東京地決平15・6・11判時一八四〇・一〇六〈ノグチルーム事件〉著作百選[六版]三八）↓二〇条[6]・一一六条[1]

[3] 観音像の仏頭部をすげ替える行為は、故人である著作者の意を害しないと認められる場合に該当するとは認められない。（知財高判平22・3・25判時二〇八六・一一四〈駒込大観音像事件〉著作百選[六版]三九）↓二〇条[5]・一一三条[2]・一一五条[2]

第六節 著作権の譲渡及び消滅（抄）

（著作権の譲渡）
第六一条① 著作権は、その全部又は一部を譲渡することができる。

② 著作権を譲渡する契約において、第二十七条又は第二十八条に規定する権利が譲渡の目的として特掲されていないときは、これらの権利は、譲渡した者に留保されたものと推定する。

[1] プログラムの著作権譲渡契約において、翻案権が譲渡の目的として特掲されていないため、本条二項により、翻案権は、プログラムの著作権の譲渡人に留保されたものと推定されるが、当事者間において、右プログラムについて、将来、改良がされることがあること、著作権の譲渡人はその改良に積極的に協力するが、改良につき、主体として責任をもって行うのは著作権の譲受人であることが当然の前提となっており、譲受人が本件プログラムの翻案をすることが当然の前提となっていたと認められる等の事情が認められ、本条二項の推定は覆り、本件プログラムの著作権は、翻案権を含め、譲受人に譲渡されたものと認めるのが相当である。（知財高判平18・8・31判時二〇二二・一四四〈システムK2事件〉著作百選[四版]七二）

[2] 著作権の譲渡契約がなされた場合に直ちに著作権全部の譲渡を意味すると解すると著作権者（譲渡人）の保護に欠けるおそれがあることから、翻案権や二次的著作物の利用に関する原著作者の権利等を譲渡する場合には、これを特に掲げて明確な契約を締結することを要求した本条二項の趣旨からすれば、「特掲され」たというためには、譲渡の対象にこれらの権利が含まれる旨が契約書等に明記されることが必要であり、契約書に、単に「著作権等一切の権利を譲渡する」というような包括的な記載をするだけでは足りず、譲渡対象権利として、著作権法二七条や二八条の権利を具体的に挙げることにより、当該権利が譲渡の対象となっていることを明記する必要がある。（大阪高決平23・3・31判時二一六七・八一〈ひこにゃん事件〉著作百選[六版]九八）

[3] 祭りのイメージキャラクターのイラストに関する著作権譲渡契約書において、譲渡対象として翻案権等が特掲されておらず、翻案権は譲渡人に留保されたものと推定されるものの、契約書及び仕様書において、キャラクターの立体使用の予定が明示されており、立体使用を予定しているキャラクターを自由に使用する旨が定められているという規定の内容に加えて、イラストがイメージキャラクターとして各種行事や広報活動に広く利用することを予定して採用されたものであることなどを総合勘案すると、本条二項の推定を覆す事情が認められ、イラストに基づいて立体物を作成する権利（翻案権）は、譲渡されたものと認められる。（大阪高決平23・3・31前出[2]）

第六二条（略）

第七節　権利の行使（抄）

（著作物の利用の許諾）

第六三条① 著作権者は、他人に対し、その著作物の利用を許諾することができる。

② 前項の許諾を得た者は、その許諾に係る利用方法及び条件の範囲内において、その許諾に係る著作物を利用することができる。

③ 利用権（第一項の許諾に係る著作物を前項の規定により利用することができる権利をいう。次条において同じ。）は、著作権者の承諾を得ない限り、譲渡することができない。

④ 著作物の放送又は有線放送についての第一項の許諾は、契約に別段の定めがない限り、当該著作物の録音又は録画の許諾を含まないものとする。

⑤ 著作物の放送又は有線放送及び放送同時配信等について許諾（第一項の許諾をいう。以下この項において同じ。）を行うことができる者が、特定放送事業者等（放送事業者又は有線放送事業者のうち、放送同時配信等を業として行い、又はその者と密接な関係を有する放送同時配信等事業者が業として行う放送同時配信等のために放送番組若しくは有線放送番組を供給しており、かつ、その事実を周知するための措置として、文化庁長官が定める方法により、放送同時配信等が行われている放送番組又は有線放送番組の名称、その放送又は有線放送の時間帯その他の放送同時配信等の実施状況に関する情報として文化庁長官が定める情報を公表しているものをいう。以下この項において同じ。）に対し、当該特定放送事業者等の放送番組又は有線放送番組における著作物の利用の許諾を行つた場合には、当該許諾に際して別段の意思表示をした場合を除き、当該許諾には当該著作物の放送同時配信等（当該特定放送事業者等と密接な関係を有する放送同時配信等事業者が当該放送番組又は有線放送番組の供給を受けて行うものを含む。）の許諾を含むものと推定する。

⑥ 著作物の送信可能化について第一項の許諾を得た者が、その許諾に係る利用方法及び条件（送信可能化の回数又は送信可能化に用いる自動公衆送信装置に係るものを除く。）の範囲内において反復して又は他の自動公衆送信装置を用いて行う当該著作物の送信可能化については、第二十三条第一項の規定は、適用しない。

（利用権の対抗力）

第六三条の二 利用権は、当該利用権に係る著作物の著作権を取得した者その他の第三者に対抗することができる。

（共同著作物の著作者人格権の行使）

第六四条① 共同著作物の著作者人格権は、著作者全員の合意によらなければ、行使することができない。

② 共同著作物の各著作者は、信義に反して前項の合意の成立を妨げることができない。

③ 共同著作物の著作者は、そのうちからその著作者人格権を代表して行使する者を定めることができる。

④ 前項の権利を代表して行使する者の代表権に加えられた制限は、善意の第三者に対抗することができない。

（共有著作権の行使）

第六五条① 共同著作物の著作権その他共有に係る著作権（以下この条において「共有著作権」という。）については、各共有者は、他の共有者の同意を得なければ、その持分を譲渡し、又は質権の目的とすることができない。

② 共有著作権は、その共有者全員の合意によらなければ、行使することができない。

③ 前二項の場合において、各共有者は、正当な理由がない限り、第一項の同意を拒み、又は前項の合意の成立を妨げることができない。

④ 前条第三項及び第四項の規定は、共有著作権の行使について準用する。

第六六条（略）

第八節　裁定による著作物の利用

（著作権者不明等の場合における著作物の利用）

第六七条① 公表された著作物又は相当期間にわたり公衆に提供され、若しくは提示されている事実が明らかである著作物は、著作権者の不明その他の理由により相当な努力を払つてもその著作権者と連絡することができない場合として政令で定める場合は、文化庁長官の裁定を受け、かつ、通常の使用料の額に相当するものとして文化庁長官が定める額の補償金を著作権者のために供託して、その裁定に係る利用方法により利用することができる。

② 国、地方公共団体その他これらに準ずるものとして政令で定める法人（以下この項及び次条において「国等」という。）が前項の規定により著作物を利用しようとするときは、同項の規定にかかわらず、同項の規定による供託を要しない。この場合において、国等が著作権者と連絡をすることができるに至つたときは、同項の規定により文化庁長官が定める額の補償金を著作権者に支払わなければならない。

③ 第一項の裁定を受けようとする者は、著作物の利用方法その他政令で定める事項を記載した申請書に、著作権者と連絡することができないことを疎明する資料その他政令で定める資料を添えて、これを文化庁長官に提出しなければならない。

④ 第一項の規定により作成した著作物の複製物には、同項の裁定に係る複製物である旨及びその裁定のあつた年月日を表示しなければならない。

（裁定申請中の著作物の利用）

第六七条の二① 前条第一項の裁定（以下この条において単に「裁定」という。）の申請をした者は、当該申請に係る著作物の利用方法を勘案して文化庁長官が定める額の担保金を供託した場合には、裁定又は裁定をしない処分を受けるまでの間（裁定又は裁定をしない処分を受けるまでの間に著作権者と連絡をすることができるに至つたときは、当該連絡をすることができるに至つた時までの間）、当該申請に係る利用方法と同一の方法により、当該申請に係る著作物を利用することができる。ただし、当該著作物の著作者が当該著作物の出版その他の利用を廃絶しようとしていることが明らかであるときは、この限りでない。

② 国等が前項の規定により著作物を利用しようとするときは、同項の規定にかかわらず、同項の規定による供託を要しない。

③ 第一項の規定により作成した著作物の複製物には、同項の規定の適用を受けて作成された複製物である旨及び裁定の申請をした年月日を表示しなければならない。

④ 第一項の規定により著作物を利用する者（以下「申請中利用者」という。）（国等を除く。次項において同じ。）が裁定を受けたときは、前条第一項の規定にかかわらず、同項の補償金のうち第一項の規定により供託された担保金の額に相当する額（当該担保金の額が当該補償金の額を超えるときは、当該額）については、同条第一項の規定による供託を要しない。

⑤ 申請中利用者は、裁定をしない処分を受けたとき（当該処分を受けるまでの間に著作権者と連絡をすることができるに至つた場合を除く。）は、当該処分を受けた時までの間における第一項の規定による著作物の利用に係る使用料の額に相当するものとして文化庁長官が定める額の補償金を著作権者のために供託しなければならない。この場合において、同項の規定により供託された担保金の額のうち当該補償金の額に相当する額（当該補償金の額が当該担保金の額を超えるときは、当該額）については、当該補償金を供託したものとみなす。

⑥ 申請中利用者（国等に限る。）は、裁定をしない処分を受けた後に著作権者と連絡をすることができるに至つたときは、当該処分を受けた時までの間における第一項の規定による著作物の利用に係る使用料の額に相当するものとして文化庁長官が定める額の補償金を著作権者に支払わなければならない。

⑦申請中利用者は、裁定又は裁定をしない処分を受けるまでの間に著作権者と連絡をすることができるに至つたときは、当該連絡をすることができるに至つた時までの間における第一項の規定による著作物の利用に係る使用料の額に相当する額の補償金を著作権者に支払わなければならない。

⑧第四項、第五項又は前項の場合において、著作権者は、前条第一項又はこの条第五項若しくは前項の補償金を受ける権利に関し、第一項の規定により供託された担保金から弁済を受けることができる。

⑨第一項の規定により担保金を供託した者は、当該担保金の額が前項の規定により著作権者が弁済を受けることができる額を超えることとなつたときは、政令で定めるところにより、その全部又は一部を取り戻すことができる。

（**著作物の放送等**）

第六八条① 公表された著作物を放送し、又は放送同時配信等しようとする放送事業者又は放送同時配信等事業者は、その著作権者に対し放送若しくは放送同時配信等の許諾につき協議を求めたがその協議が成立せず、又はその協議をすることができないときは、文化庁長官の裁定を受け、かつ、通常の使用料の額に相当するものとして文化庁長官が定める額の補償金を著作権者に支払つて、その著作物を放送し、又は放送同時配信等することができる。

②前項の規定により放送され、又は放送同時配信等される著作物は、有線放送し、地域限定特定入力型自動公衆送信を行い、又は受信装置を用いて公に伝達することができる。この場合において、当該有線放送、地域限定特定入力型自動公衆送信又は伝達を行う者は、第三十八条第二項及び第三項の規定の適用がある場合を除き、通常の使用料の額に相当する額の補償金を著作権者に支払わなければならない。

（**商業用レコードへの録音等**）

第六九条 商業用レコードが最初に国内において販売され、かつ、その最初の販売の日から三年を経過した場合において、当該商業用レコードに著作権者の許諾を得て録音されている音楽の著作物を録音して他の商業用レコードを製作しようとする者は、その著作権者に対し録音又は譲渡による公衆への提供の許諾につき協議を求めたが、その協議が成立せず、又はその協議をすることができないときは、文化庁長官の裁定を受け、かつ、通常の使用料の額に相当するものとして文化庁長官が定める額の補償金を著作権者に支払つて、当該録音又は譲渡による公衆への提供をすることができる。

（**裁定に関する手続及び基準**）

第七〇条① 第六十七条第一項、第六十八条第一項又は前条の裁定の申請をする者は、実費を勘案して政令で定める額の手数料を納付しなければならない。

②前項の規定は、同項の規定により手数料を納付すべき者が国であるときは、適用しない。

③文化庁長官は、第六十八条第一項又は前条の裁定の申請があつたときは、その旨を当該申請に係る著作権者に通知し、相当の期間を指定して、意見を述べる機会を与えなければならない。

④文化庁長官は、第六十七条第一項、第六十八条第一項又は前条の裁定の申請があつた場合において、次の各号のいずれかに該当すると認めるときは、これらの裁定をしてはならない。

一 著作者がその著作物の出版その他の利用を廃絶しようとしていることが明らかであるとき。

二 第六十八条第一項の裁定の申請に係る著作権者がその著作物の放送又は放送同時配信等の許諾を与えないことについてやむを得ない事情があるとき。

⑤文化庁長官は、前項の裁定をしない処分をしようとするとき（第七項の規定により裁定をしない処分をする場合を除く。）は、あらかじめ申請者にその理由を通知し、弁明及び有利な証拠の提出の機会を与えなければならないものとし、当該裁定をしない処分をしたときは、理由を付した書面をもつて申請者にその旨を通知しなければならない。

⑥文化庁長官は、第六十七条第一項の裁定をしたときは、その旨を官報で告示するとともに申請者に通知し、第六十八条第一項又は前条の裁定をしたときは、その旨を当事者に通知しなければならない。

⑦文化庁長官は、申請中利用者から第六十七条第一項の裁定の申請を取り下げる旨の申出があつたときは、当該裁定をしない処分をするものとする。

⑧前各項に規定するもののほか、この節に定める裁定に関し必要な事項は、政令で定める。

第九節 補償金等（抄）

（**文化審議会への諮問**）

第七一条 文化庁長官は、次に掲げる事項を定める場合には、文化審議会に諮問しなければならない。

一 第三十三条第二項（同条第四項において準用する場合を含む。）、第三十三条の二第二項又は第三十三条の三第二項の算出方法

二 第六十七条第一項、第六十七条の二第五項若しくは第六十八条第一項又は第六十九条の補償金の額

（**補償金の額についての訴え**）

第七二条① 第六十七条第一項、第六十七条の二第五項若しくは第六十八条第一項又は第六十九条の規定に基づき定められた補償金の額について不服がある当事者は、これらの規定による裁定（第六十七条の二第五項又は第六項に係る場合にあつては、第六十七条第一項の裁定をしない処分）があつたことを知つた日から六月以内に、訴えを提起してその額の増減を求めることができる。

②前項の訴えにおいては、訴えを提起する者が著作物を利用する者であるときは著作権者を、著作権者であるときは著作物を利用する者を、それぞれ被告としなければならない。

第七三条及び第七四条 （略）

第十節 登録（抄）

（**実名の登録**）

第七五条① 無名又は変名で公表された著作物の著作者は、現にその著作権を有するかどうかにかかわらず、その著作物についてその実名の登録を受けることができる。

②著作者は、その遺言で指定する者により、死後において前項の登録を受けることができる。

③実名の登録がされている者は、当該登録に係る著作物の著作者と推定する。

1 真の著作者でない者の名義でなされた著作者実名登録の抹消は、著作者でない著作権者でも請求し得る。（東京地判平8・8・30判時一五八七・一三九）

（**第一発行年月日等の登録**）

第七六条① 著作権者又は無名若しくは変名の著作物の発行者は、その著作物について第一発行年月日の登録又は第一公表年月日の登録を受けることができる。

②第一発行年月日の登録又は第一公表年月日の登録がされている著作物については、これらの登録に係る年月日において最初の発行又は最初の公表があつたものと推定する。

（**創作年月日の登録**）

第七六条の二① プログラムの著作物の著作者は、その著作物について創作年月日の登録を受けることができる。ただし、その著作物の創作後六月を経過した場合は、この限りでない。

②前項の登録がされている著作物については、その登録に係る年月日において創作があつたものと推定する。

（**著作権の登録**）

第七七条 次に掲げる事項は、登録しなければ、第三者に対抗することができない。

一　著作権の移転若しくは信託による変更又は処分の制限
二　著作権を目的とする質権の設定、移転、変更若しくは消滅（混同又は著作権若しくは担保する債権の消滅によるものを除く。）又は処分の制限

第七八条　（略）

（プログラムの著作物の登録に関する特例）

第七八条の二　プログラムの著作物に係る登録については、この節の規定によるほか、別に法律で定めるところによる。

第三章　出版権

（出版権の設定）

第七九条①　第二十一条又は第二十三条第一項に規定する権利を有する者（以下この章において「複製権等保有者」という。）は、その著作物について、文書若しくは図画として出版すること（電子計算機を用いてその映像面に文書又は図画として表示されるようにする方式により記録媒体に記録し、当該記録媒体に記録された当該著作物の複製物により頒布することを含む。次条第二項及び第八十一条第一号において「出版行為」という。）又は当該方式により記録媒体に記録された当該著作物の複製物を用いて公衆送信（放送又は有線放送を除き、自動公衆送信の場合にあつては送信可能化を含む。以下この章において同じ。）を行うこと（次条第二項及び第八十一条第二号において「公衆送信行為」という。）を引き受ける者に対し、出版権を設定することができる。

②　複製権等保有者は、その複製権又は公衆送信権を目的とする質権が設定されているときは、当該質権を有する者の承諾を得た場合に限り、出版権を設定することができるものとする。

（出版権の内容）

第八〇条①　出版権者は、設定行為で定めるところにより、その出版権の目的である著作物について、次に掲げる権利の全部又は一部を専有する。
一　頒布の目的をもつて、原作のまま印刷その他の機械的又は化学的方法により文書又は図画として複製する権利（原作のまま前条第一項に規定する方式により記録媒体に記録された電磁的記録として複製する権利を含む。）
二　原作のまま前条第一項に規定する方式により記録媒体に記録された当該著作物の複製物を用いて公衆送信を行う権利

②　出版権の存続期間中に当該著作物の著作者が死亡したとき、又は、設定行為に別段の定めがある場合を除き、出版権の設定後最初の出版行為又は公衆送信行為（第八十三条第二項及び第八十四条第三項において「出版行為等」という。）があつた日から三年を経過したときは、複製権等保有者は、前項の規定にかかわらず、当該著作物について、全集その他の編集物（その著作者の著作物のみを編集したものに限る。）に収録して複製し、又は公衆送信を行うことができる。

③　出版権者は、複製権等保有者の承諾を得た場合に限り、他人に対し、その出版権の目的である著作物の複製又は公衆送信を許諾することができる。

④　第六十三条第二項、第三項及び第六項並びに第六十三条の二の規定は、前項の場合について準用する。この場合において、第六十三条第三項中「著作権者」とあるのは「第七十九条第一項の複製権等保有者及び出版権者」と、同条第六項中「第二十三条第一項」とあるのは「第八十条第一項（第二号に係る部分に限る。）」と読み替えるものとする。

（出版の義務）

第八一条　出版権者は、次の各号に掲げる区分に応じ、その出版権の目的である著作物につき当該各号に定める義務を負う。ただし、設定行為に別段の定めがある場合は、この限りでない。
一　前条第一項第一号に掲げる権利に係る出版権者（次条において「第一号出版権者」という。）　次に掲げる義務
イ　複製権等保有者からその著作物を複製するために必要な原稿その他の原品若しくはこれに相当する物の引渡し又はその著作物に係る電磁的記録の提供を受けた日から六月以内に当該著作物について出版行為を行う義務
ロ　当該著作物について慣行に従い継続して出版行為を行う義務
二　前条第一項第二号に掲げる権利に係る出版権者（次条第一項第二号及び第百四条の十の三第二号ロにおいて「第二号出版権者」という。）　次に掲げる義務
イ　複製権等保有者からその著作物について公衆送信を行うために必要な原稿その他の原品若しくはこれに相当する物の引渡し又はその著作物に係る電磁的記録の提供を受けた日から六月以内に当該著作物について公衆送信行為を行う義務
ロ　当該著作物について慣行に従い継続して公衆送信行為を行う義務

（著作物の修正増減）

第八二条①　著作者は、次に掲げる場合には、正当な範囲内において、その著作物に修正又は増減を加えることができる。
一　その著作物を第一号出版権者が改めて複製する場合
二　その著作物について第二号出版権者が公衆送信を行う場合

②　第一号出版権者は、その出版権の目的である著作物を改めて複製しようとするときは、その都度、あらかじめ著作者にその旨を通知しなければならない。

（出版権の存続期間）

第八三条①　出版権の存続期間は、設定行為で定めるところによる。

②　出版権は、その存続期間につき設定行為に定めがないときは、その設定後最初の出版行為等があつた日から三年を経過した日において消滅する。

（出版権の消滅の請求）

第八四条①　出版権者が第八十一条第一号（イに係る部分に限る。）又は第二号（イに係る部分に限る。）の義務に違反したときは、複製権等保有者は、出版権者に通知してそれぞれ第八十条第一項第一号又は第二号に掲げる権利に係る出版権を消滅させることができる。

②　出版権者が第八十一条第一号（ロに係る部分に限る。）又は第二号（ロに係る部分に限る。）の義務に違反した場合において、複製権等保有者が三月以上の期間を定めてその履行を催告したにもかかわらず、その期間内にその履行がされないときは、複製権等保有者は、出版権者に通知してそれぞれ第八十条第一項第一号又は第二号に掲げる権利に係る出版権を消滅させることができる。

③　複製権等保有者である著作者は、その著作物の内容が自己の確信に適合しなくなつたときは、その著作物の出版行為等を廃絶するために、出版権者に通知してその出版権を消滅させることができる。ただし、当該廃絶により出版権者に通常生ずべき損害をあらかじめ賠償しない場合は、この限りでない。

第八五条　削除

（出版権の制限）

第八六条①　第三十条の二から第三十条の四まで、第三十一条第一項及び第七項（第一号に係る部分に限る。）、第三十二条、第三十三条第一項（同条第四項において準用する場合を含む。）、第三十三条の二第一項、第三十三条の三第一項及び第四項、第三十四条第一項、第三十五条第一項、第三十六条第一項、第三十七条、第三十七条の二、第三十九条第一項、第四十条第一項及び第二項、第四十一条から第四十二条の二まで、第四十二条の三第二項、第四十六条、第四十七条第一項及び第三項、第四十七条の二、第四十七条の四並びに第四十七条の五の規定は、出版権の目的となつている著作物の複製について準用する。この場合において、第三十条の二第一項ただし書及び第二項ただし書、第三十条の三、第三十条の四ただし書、第三十一条第一項第一号、第三十五条第一項ただし書、第四十二条第一項ただし書、第四十七条第一項ただし書及び第三項ただし書、第四十七条の二、第四十七条の四第一項ただし書及び第二項ただし書並びに第四十七条の五第一項ただし書及び第二項ただし書中

「著作権者」とあるのは「出版権者」と、同条第一項ただし書中「著作権を」とあるのは「出版権を」と、「著作権の」とあるのは「出版権の」と読み替えるものとする。

> ＊令和四法四八（令和八・五・二四までに施行）による改正
> 第一項中「から第四十二条の二まで、第四十二条の三第二項」を「、第四十二条、第四十二条の三、第四十二条の四第二項」に改める。（本文未織込み）

② 次に掲げる者は、第八十条第一項第一号の複製を行つたものとみなす。

一 第三十条第一項に定める私的使用の目的又は第三十一条第四項若しくは第九項第一号に定める目的以外の目的のために、これらの規定の適用を受けて原作のまま印刷その他の機械的若しくは化学的方法により文書若しくは図画として複製することにより作成された著作物の複製物（原作のまま第七十九条第一項に規定する方式により記録媒体に記録された電磁的記録として複製することにより作成されたものを含む。）を頒布し、又は当該複製物によつて当該著作物の公衆への提示を行つた者

二 前項において準用する第三十条の三、第三十一条第一項第一号若しくは第七項第一号、第三十三条の二第一項、第三十三条の三第一項若しくは第四項、第三十五条第一項、第三十七条第三項、第三十七条の二本文（同条第二号に係る場合にあつては、同号）、第四十一条から第四十二条の二まで、第四十二条の三第二項、第四十七条第一項若しくは第三項、第四十七条の二又は第四十七条の五第一項に定める目的以外の目的のために、これらの規定の適用を受けて作成された著作物の複製物を頒布し、又は当該複製物によつて当該著作物の公衆への提示を行つた者

> ＊令和四法四八（令和八・五・二四までに施行）による改正
> 第二号中「から第四十二条の二まで、第四十二条の三第二項」を「、第四十二条、第四十二条の三、第四十二条の四第二項」に改める。（本文未織込み）

三 前項において準用する第三十条の四の規定の適用を受けて作成された著作物の複製物を用いて、当該著作物に表現された思想又は感情を自ら享受し又は他人に享受させる目的のために、いずれの方法によるかを問わず、当該著作物を利用した者

四 前項において準用する第四十七条の四又は第四十七条の五第二項に定める目的以外の目的のために、これらの規定の適用を受けて作成された著作物の複製物を用いて、いずれの方法によるかを問わず、当該著作物を利用した者

③ 第三十条の二から第三十条の四まで、第三十一条第二項（第二号に係る部分に限る。）、第五項、第七項前段及び第八項、第三十二条第一項、第三十三条の二第一項、第三十三条の三第四項、第三十五条第一項、第三十六条第一項、第三十七条第二項及び第三項、第三十七条の二（第二号を除く。）、第四十条第一項、第四十一条、第四十二条の二、第四十二条の三第二項、第四十六条、第四十七条第二項及び第三項、第四十七条の二、第四十七条の四並びに第四十七条の五の規定は、出版権の目的となつている著作物の公衆送信について準用する。この場合において、第三十条の二第一項ただし書及び第二項ただし書、第三十条の三、第三十条の四ただし書、第三十一条第五項、第三十五条第一項ただし書、第三十六条第一項ただし書、第四十七条第二項ただし書及び第三項ただし書、第四十七条の二、第四十七条の四第一項ただし書及び第二項ただし書並びに第四十七条の五第一項ただし書及び第二項ただし書中「著作権者」とあるのは「出版権者」と、第三十一条第二項中「著作権者の」とあるのは「出版権者の」と、「著作権者若しくはその許諾を得た者又は第七十九条の出版権の設定を受けた者若しくは」とあるのは「第七十九条の出版権の設定を受けた者又は」と、第四十七条の五第一項ただし書中「著作権を」とあるのは「出版権を」と、「著作権の」とあるのは「出版権の」と読み替えるものとする。

> ＊令和四法四八（令和八・五・二四までに施行）による改正
> 第三項中「第四十二条の三第二項」を「第四十二条の三、第四十二条の四第二項」に改め、「第三十六条第一項ただし書」の下に「、第四十二条の二ただし書」を加える。（本文未織込み）

（出版権の譲渡等）

第八七条 出版権は、複製権等保有者の承諾を得た場合に限り、その全部又は一部を譲渡し、又は質権の目的とすることができる。

（出版権の登録）

第八八条① 次に掲げる事項は、登録しなければ、第三者に対抗することができない。

一 出版権の設定、移転、変更若しくは消滅（混同又は複製権若しくは公衆送信権の消滅によるものを除く。）又は処分の制限

二 出版権を目的とする質権の設定、移転、変更若しくは消滅（混同又は出版権若しくは担保する債権の消滅によるものを除く。）又は処分の制限

② 第七十八条（第三項を除く。）の規定は、前項の登録について準用する。この場合において、同条第一項、第二項、第四項、第八項及び第九項中「著作権登録原簿」とあるのは、「出版権登録原簿」と読み替えるものとする。

第四章　著作隣接権（抄）

第一節　総則

（著作隣接権）

第八九条① 実演家は、第九十条の二第一項及び第九十条の三第一項に規定する権利（以下「実演家人格権」という。）並びに第九十一条第一項、第九十二条第一項、第九十二条の二第一項、第九十五条の二第一項及び第九十五条の三第一項に規定する権利並びに第九十四条の二及び第九十五条の三第三項に規定する報酬並びに第九十五条第一項に規定する二次使用料を受ける権利を享有する。

② レコード製作者は、第九十六条、第九十六条の二、第九十七条の二第一項及び第九十七条の三第一項に規定する権利並びに第九十七条第一項に規定する二次使用料及び第九十七条の三第三項に規定する報酬を受ける権利を享有する。

③ 放送事業者は、第九十八条から第百条までに規定する権利を享有する。

④ 有線放送事業者は、第百条の二から第百条の五までに規定する権利を享有する。

⑤ 前各項の権利の享有には、いかなる方式の履行をも要しない。

⑥ 第一項から第四項までの権利（実演家人格権並びに第一項及び第二項の報酬及び二次使用料を受ける権利を除く。）は、著作隣接権という。

（著作者の権利と著作隣接権との関係）

第九〇条 この章の規定は、著作者の権利に影響を及ぼすものと解釈してはならない。

第二節　実演家の権利

（氏名表示権）

第九〇条の二① 実演家は、その実演の公衆への提供又は提示に際し、その氏名若しくはその芸名その他氏名に代えて用いられるものを実演家名として表示し、又は実演家名を表示しないこととする権利を有する。

② 実演を利用する者は、その実演家の別段の意思表示がない限り、その実演につき既に実演家が表示しているところに従つて実演家名を表示することができる。

③ 実演家名の表示は、実演の利用の目的及び態様に照らし実演家がその実演の実演家であることを主張する利益を害するおそれがないと認められるとき又は公正な慣行に反しないと認められるときは、省略することができる。

④ 第一項の規定は、次の各号のいずれかに該当するときは、適用しない。

一 行政機関情報公開法、独立行政法人等情報公開法又は情報公開条例の規定により行政機関の長、独立行政法人等又は地方公共団体の機関若しくは地方独立行政法人が実演を公衆に提供し、又は提示する場合において、当該実演につき既にその実演家が表示しているところに従つて実演家名を表示するとき。

二 行政機関情報公開法第六条第二項の規定、独立行政法人等情報公開法第六条第二項の規定又は情報公開条例の規定で行政機関情報公開法第六条第二項の規定に相当するものにより行政機関の長、独立行政法人等又は地方公共団体の機関若しくは地方独立行政法人が実演を公衆に提供し、又は提示する場合において、当該実演の実演家名の表示を省略することとなるとき。

三 公文書管理法第十六条第一項の規定又は公文書管理条例の規定（同項の規定に相当する規定に限る。）により国立公文書館等の長又は地方公文書館等の長が実演を公衆に提供し、又は提示する場合において、当該実演につき既にその実演家が表示しているところに従つて実演家名を表示するとき。

（同一性保持権）

第九〇条の三① 実演家は、その実演の同一性を保持する権利を有し、自己の名誉又は声望を害するその実演の変更、切除その他の改変を受けないものとする。

② 前項の規定は、実演の性質並びにその利用の目的及び態様に照らしやむを得ないと認められる改変又は公正な慣行に反しないと認められる改変については、適用しない。

（録音権及び録画権）

第九一条① 実演家は、その実演を録音し、又は録画する権利を専有する。

② 前項の規定は、同項に規定する権利を有する者の許諾を得て映画の著作物において録音され、又は録画された実演については、これを録音物（音を専ら影像とともに再生することを目的とするものを除く。）に録音する場合を除き、適用しない。

（放送権及び有線放送権）

第九二条① 実演家は、その実演を放送し、又は有線放送する権利を専有する。

② 前項の規定は、次に掲げる場合には、適用しない。

一 放送される実演を有線放送する場合

二 次に掲げる実演を放送し、又は有線放送する場合

イ 前条第一項に規定する権利を有する者の許諾を得て録音され、又は録画されている実演

ロ 前条第二項の実演で同項の録音物以外の物に録音され、又は録画されているもの

（送信可能化権）

第九二条の二① 実演家は、その実演を送信可能化する権利を専有する。

② 前項の規定は、次に掲げる実演については、適用しない。

一 第九十一条第一項に規定する権利を有する者の許諾を得て録画されている実演

二 第九十一条第二項の実演で同項の録音物以外の物に録音され、又は録画されているもの

（放送等のための固定）

第九三条① 実演の放送について第九十二条第一項に規定する権利を有する者の許諾を得た放送事業者は、その実演を放送及び放送同時配信等のために録音し、又は録画することができる。ただし、契約に別段の定めがある場合及び当該許諾に係る放送番組と異なる内容の放送番組に使用する目的で録音し、又は録画する場合は、この限りでない。

② 次に掲げる者は、第九十一条第一項の録音又は録画を行つたものとみなす。

一 前項の規定により作成された録音物又は録画物を放送若しくは放送同時配信等の目的以外の目的又は同項ただし書に規定する目的のために使用し、又は提供した者

二 前項の規定により作成された録音物又は録画物の提供を受けた放送事業者又は放送同時配信等事業者で、これらを更に他の放送事業者又は放送同時配信等事業者の放送又は放送同時配信等のために提供したもの

（放送のための固定物等による放送）

第九三条の二① 第九十二条第一項に規定する権利を有する者がその実演の放送を許諾したときは、契約に別段の定めがない限り、当該実演は、当該許諾に係る放送のほか、次に掲げる放送において放送することができる。

一 当該許諾を得た放送事業者が前条第一項の規定により作成した録音物又は録画物を用いてする放送

二 当該許諾を得た放送事業者からその者が前条第一項の規定により作成した録音物又は録画物の提供を受けてする放送

三 当該許諾を得た放送事業者から当該許諾に係る放送番組の供給を受けてする放送（前号の放送を除く。）

② 前項の場合において、同項各号に掲げる放送において実演が放送されたときは、当該各号に規定する放送事業者は、相当な額の報酬を当該実演に係る第九十二条第一項に規定する権利を有する者に支払わなければならない。

（放送等のための固定物等による放送同時配信等）

第九三条の三① 第九十二条の二第一項に規定する権利（放送同時配信等に係るものに限る。以下この項及び第九十四条の三第一項において同じ。）を有する者（以下「特定実演家」という。）が放送事業者に対し、その実演の放送同時配信等（当該放送事業者と密接な関係を有する放送同時配信等事業者が放送番組の供給を受けて行うものを含む。）の許諾を行つたときは、契約に別段の定めがない限り、当該許諾を得た実演（当該実演に係る第九十二条の二第一項に規定する権利について著作権等管理事業者による管理が行われているもの又は文化庁長官が定める方法により当該実演に係る特定実演家の氏名若しくは名称、放送同時配信等の許諾の申込みを受け付けるための連絡先その他の円滑な許諾のために必要な情報であつて文化庁長官が定めるものの公表がされているものを除く。）について、当該許諾に係る放送同時配信等のほか、次に掲げる放送同時配信等を行うことができる。

一 当該許諾を得た放送事業者が当該実演について第九十三条第一項の規定により作成した録音物又は録画物を用いてする放送同時配信等

二 当該許諾を得た放送事業者と密接な関係を有する放送同時配信等事業者が当該放送事業者から当該許諾に係る放送番組の供給を受けてする放送同時配信等

② 前項の場合において、同項各号に掲げる放送同時配信等が行われたときは、当該放送事業者又は放送同時配信等事業者は、通常の使用料の額に相当する額の報酬を当該実演に係る特定実演家に支払わなければならない。

③ 前項の報酬を受ける権利は、著作権等管理事業者であつて全国を通じて一個に限りその同意を得て文化庁長官が指定するものがあるときは、当該指定を受けた著作権等管理事業者（以下この条において「指定報酬管理事業者」という。）によつてのみ行使することができる。

④ 文化庁長官は、次に掲げる要件を備える著作権等管理事業者でなければ、前項の規定による指定をしてはならない。

一 営利を目的としないこと。

二 その構成員が任意に加入し、又は脱退することができること。

三 その構成員の議決権及び選挙権が平等であること。

四 第二項の報酬を受ける権利を有する者（次項及び第七項において「権利者」という。）のためにその権利を行使する業務

を自ら的確に遂行するに足りる能力を有すること。

⑤ 指定報酬管理事業者は、権利者のために自己の名をもつてその権利に関する裁判上又は裁判外の行為を行う権限を有する。

⑥ 文化庁長官は、指定報酬管理事業者に対し、政令で定めるところにより、第二項の報酬に係る業務に関して報告をさせ、若しくは帳簿、書類その他の資料の提出を求め、又はその業務の執行方法の改善のため必要な勧告をすることができる。

⑦ 指定報酬管理事業者が第三項の規定により権利者のために請求することができる報酬の額は、毎年、指定報酬管理事業者と放送事業者若しくは放送同時配信等事業者又はその団体との間において協議して定めるものとする。

⑧ 前項の協議が成立しないときは、その当事者は、政令で定めるところにより、同項の報酬の額について文化庁長官の裁定を求めることができる。

⑨ 第七十条第三項、第六項及び第八項、第七十一条（第二号に係る部分に限る。）、第七十二条第一項、第七十三条本文並びに第七十四条第一項（第四号及び第五号に係る部分に限る。第十一項において同じ。）及び第二項の規定は、第二項の報酬及び前項の裁定について準用する。この場合において、第七十条第三項中「著作権者」とあり、及び同条第六項中「申請者に通知し、第六十八条第一項又は前条の裁定をしたときは、その旨を当事者」とあるのは「当事者」と、第七十四条第二項中「著作権者」とあるのは「第九十三条の三第三項に規定する指定報酬管理事業者」と読み替えるものとする。

⑩ 前項において準用する第七十二条第一項の訴えにおいては、訴えを提起する者が放送事業者若しくは放送同時配信等事業者又はその団体であるときは指定報酬管理事業者を、指定報酬管理事業者であるときは放送事業者若しくは放送同時配信等事業者又はその団体を、それぞれ被告としなければならない。

⑪ 第九項において準用する第七十四条第一項及び第二項の規定による報酬の供託は、指定報酬管理事業者の所在地の最寄りの供託所にするものとする。この場合において、供託をした者は、速やかにその旨を指定報酬管理事業者に通知しなければならない。

⑫ 私的独占の禁止及び公正取引の確保に関する法律（昭和二十二年法律第五十四号）の規定は、第七項の協議による定め及びこれに基づいてする行為については、適用しない。ただし、不公正な取引方法を用いる場合及び関連事業者の利益を不当に害することとなる場合は、この限りでない。

⑬ 第二項から前項までに定めるもののほか、第二項の報酬の支払及び指定報酬管理事業者に関し必要な事項は、政令で定める。

（特定実演家と連絡することができない場合の放送同時配信等）

第九四条① 第九十三条の二第一項の規定により同項第一号に掲げる放送において実演が放送される場合において、当該放送を行う放送事業者又は当該放送事業者と密接な関係を有する放送同時配信等事業者は、次に掲げる措置の全てを講じてもなお当該実演に係る特定実演家と連絡することができないときは、契約に別段の定めがない限り、その事情につき、著作権等管理事業者であつて全国を通じて一個に限りその同意を得て文化庁長官が指定したもの（以下この条において「指定補償金管理事業者」という。）の確認を受け、かつ、通常の使用料の額に相当する額の補償金であつて特定実演家に支払うべきものを指定補償金管理事業者に支払うことにより、放送事業者にあつては当該放送に用いる録音物又は録画物を用いて、放送同時配信等事業者にあつては当該放送に係る放送番組の供給を受けて、当該実演の放送同時配信等を行うことができる。

一 当該特定実演家の連絡先を保有している場合には、当該連絡先に宛てて連絡を行うこと。

二 著作権等管理事業者であつて実演について管理を行つているものに対し照会すること。

三 前条第一項に規定する公表がされているかどうかを確認すること。

四 放送同時配信等することを予定している放送番組の名称、当該特定実演家の氏名その他の文化庁長官が定める情報を文化庁長官が定める方法により公表すること。

② 前項の確認を受けようとする放送事業者又は放送同時配信等事業者は、同項各号に掲げる措置の全てを適切に講じてもなお放送同時配信等しようとする実演に係る特定実演家と連絡することができないことを疎明する資料を指定補償金管理事業者に提出しなければならない。

③ 第一項の規定により補償金を受領した指定補償金管理事業者は、同項の規定により放送同時配信等された実演に係る特定実演家から請求があつた場合には、当該特定実演家に当該補償金を支払わなければならない。

④ 前条第四項の規定は第一項の規定による指定について、同条第五項から第十三項までの規定は第一項の補償金及び指定補償金管理事業者について、それぞれ準用する。この場合において、同条第四項第四号中「第二項の報酬を受ける権利を有する者（次項及び第七項において「権利者」という。）のためにその権利を行使する」とあるのは「次条第一項の確認及び同項の補償金に係る」と、同条第五項中「権利者」とあるのは「特定実演家」と、同条第六項中「第二項の報酬」とあるのは「次条第一項の確認及び同項の補償金」と、同条第七項中「第三項の規定により権利者のために請求することができる報酬」とあるのは「次条第一項の規定により受領する補償金」と読み替えるものとする。

（放送される実演の有線放送）

第九四条の二 有線放送事業者は、放送される実演を有線放送した場合（営利を目的とせず、かつ、聴衆又は観衆から料金（いずれの名義をもつてするかを問わず、実演の提示につき受ける対価をいう。第九十五条第一項において同じ。）を受けない場合を除く。）には、当該実演（著作隣接権の存続期間内のものに限り、第九十二条第二項第二号に掲げるものを除く。）に係る実演家に相当な額の報酬を支払わなければならない。

（商業用レコードに録音されている実演の放送同時配信等）

第九四条の三① 放送事業者、有線放送事業者又は放送同時配信等事業者は、第九十一条第一項に規定する権利を有する者の許諾を得て商業用レコード（送信可能化されたレコードを含む。次項、次条第一項、第九十六条の三第一項及び第二項並びに第九十七条第一項及び第三項において同じ。）に録音されている実演（当該実演に係る第九十二条の二第一項に規定する権利について著作権等管理事業者による管理が行われているもの又は文化庁長官が定める方法により当該実演に係る特定実演家の氏名若しくは名称、放送同時配信等の許諾の申込みを受け付けるための連絡先その他の円滑な許諾のために必要な情報であつて文化庁長官が定めるものの公表がされているものを除く。）について放送同時配信等を行うことができる。

② 前項の場合において、商業用レコードを用いて同項の実演の放送同時配信等を行つたときは、放送事業者、有線放送事業者又は放送同時配信等事業者は、通常の使用料の額に相当する額の補償金を当該実演に係る特定実演家に支払わなければならない。

③ 前項の補償金を受ける権利は、著作権等管理事業者であつて全国を通じて一個に限りその同意を得て文化庁長官が指定するものがあるときは、当該著作権等管理事業者によつてのみ行使することができる。

④ 第九十三条の三第四項の規定は前項の規定による指定について、同条第五項から第十三項までの規定は第二項の補償金及び前項の規定による指定を受けた著作権等管理事業者について、それぞれ準用する。この場合において、同条第四項第四号中「第二項の報酬」とあるのは「第九十四条の三第二項の補償金」と、同条第七項及び第十項中「放送事業者」とあるのは「放送事業者、有線放送事業者」と読み替えるものとする。

（商業用レコードの二次使用）

第九五条① 放送事業者及び有線放送事業者（以下この条及び第九十七条第一項において「放送事業者等」という。）は、第九十一条第一項に規定する権利を有する者の許諾を得て実演が録音されている商業用レコードを用いた放送又は有線放送を行つた場合（営利を目的とせず、かつ、聴衆又は観衆から料金を受けずに、当該放送を受信して同時に有線放送を行つた場合を除く。）には、当該実演（第七条第一号から第六号までに掲げる実演で著作隣接権の存続期間内のものに限る。次項から第四項までにおいて同じ。）に係る実演家に二次使用料を支払わなければならない。

② 前項の規定は、実演家等保護条約の締約国については、当該締約国であつて、実演家等保護条約第十六条1(a)(i)の規定に基づき実演家等保護条約第十二条の規定を適用しないこととしている国以外の国の国民をレコード製作者とするレコードに固定されている実演に係る実演家について適用する。

③ 第八条第一号に掲げるレコードについて実演家等保護条約の締約国により与えられる実演家等保護条約第十二条の規定による保護の期間が第一項の規定により実演家が保護を受ける期間より短いときは、当該締約国の国民をレコード製作者とするレコードに固定されている実演に係る実演家が同項の規定により保護を受ける期間は、第八条第一号に掲げるレコードについて当該締約国により与えられる実演家等保護条約第十二条の規定による保護の期間による。

④ 第一項の規定は、実演・レコード条約の締約国（実演家等保護条約の締約国を除く。）であつて、実演・レコード条約第十五条(3)の規定により留保を付している国の国民をレコード製作者とするレコードに固定されている実演に係る実演家については、当該留保の範囲に制限して適用する。

⑤ 第一項の二次使用料を受ける権利は、国内において実演を業とする者の相当数を構成員とする団体（その連合体を含む。）でその同意を得て文化庁長官が指定するものがあるときは、当該団体によつてのみ行使することができる。

⑥ 文化庁長官は、次に掲げる要件を備える団体でなければ、前項の指定をしてはならない。

一 営利を目的としないこと。

二 その構成員が任意に加入し、又は脱退することができること。

三 その構成員の議決権及び選挙権が平等であること。

四 第一項の二次使用料を受ける権利を有する者（以下この条において「権利者」という。）のためにその権利を行使する業務をみずから的確に遂行するに足りる能力を有すること。

⑦ 第五項の団体は、権利者から申込みがあつたときは、その者のためにその権利を行使することを拒んではならない。

⑧ 第五項の団体は、前項の申込みがあつたときは、権利者のために自己の名をもつてその権利に関する裁判上又は裁判外の行為を行う権限を有する。

⑨ 文化庁長官は、第五項の団体に対し、政令で定めるところにより、第一項の二次使用料に係る業務に関して報告をさせ、若しくは帳簿、書類その他の資料の提出を求め、又はその業務の執行方法の改善のため必要な勧告をすることができる。

⑩ 第五項の団体が同項の規定により権利者のために請求することができる二次使用料の額は、毎年、当該団体と放送事業者等又はその団体との間において協議して定めるものとする。

⑪ 前項の協議が成立しないときは、その当事者は、政令で定めるところにより、同項の二次使用料の額について文化庁長官の裁定を求めることができる。

⑫ 第七十条第三項、第六項及び第八項、第七十一条（第二号に係る部分に限る。）並びに第七十二条から第七十四条までの規定は、前項の裁定及び二次使用料について準用する。この場合において、第七十条第三項中「著作権者」とあるのは「当事者」と、第七十二条第二項中「著作物を利用する者」とあるのは「第九十五条第一項の放送事業者等」と、「著作権者」とあるのは「同条第五項の団体」と、第七十四条中「著作権者」とあるのは「第九十五条第五項の団体」と読み替えるものとする。

⑬ 私的独占の禁止及び公正取引の確保に関する法律の規定は、第十項の協議による定め及びこれに基づいてする行為については、適用しない。ただし、不公正な取引方法を用いる場合及び関連事業者の利益を不当に害することとなる場合は、この限りでない。

⑭ 第五項から前項までに定めるもののほか、第一項の二次使用料の支払及び第五項の団体に関し必要な事項は、政令で定める。

[7] 本条一項により二次使用料の支払を受けることのできる実演家は、放送又は有線放送に用いられた商業用レコードに収録された実演を行った実演家に限られ、商業用レコードに実演が収録されているかどうかにかかわりなく音楽実演家の全てに二次使用料を受ける権利が与えられているものではない。（東京地判昭57・5・31無体一四・二・三九七）

（譲渡権）

第九五条の二① 実演家は、その実演をその録音物又は録画物の譲渡により公衆に提供する権利を専有する。

② 前項の規定は、次に掲げる実演については、適用しない。

一 第九十一条第一項に規定する権利を有する者の許諾を得て録画されている実演

二 第九十一条第二項の実演で同項の録音物以外の物に録音され、又は録画されているもの

③ 第一項の規定は、実演（前項各号に掲げるものを除く。以下この条において同じ。）の録音物又は録画物で次の各号のいずれかに該当するものの譲渡による場合には、適用しない。

一 第一項に規定する権利を有する者又はその許諾を得た者により公衆に譲渡された実演の録音物又は録画物

二 第百三条において準用する第六十七条第一項の規定による裁定を受けて公衆に譲渡された実演の録音物又は録画物

三 第百三条において準用する第六十七条の二第一項の規定の適用を受けて公衆に譲渡された実演の録音物又は録画物

四 第一項に規定する権利を有する者又はその承諾を得た者により特定かつ少数の者に譲渡された実演の録音物又は録画物

五 国外において、第一項に規定する権利に相当する権利を害することなく、又は同項に規定する権利に相当する権利を有する者若しくはその承諾を得た者により譲渡された実演の録音物又は録画物

（貸与権等）

第九五条の三① 実演家は、その実演をそれが録音されている商業用レコードの貸与により公衆に提供する権利を専有する。

② 前項の規定は、最初に販売された日から起算して一月以上十二月を超えない範囲内において政令で定める期間を経過した商業用レコード（複製されているレコードのすべてが当該商業用レコードと同一であるものを含む。以下「期間経過商業用レコード」という。）の貸与による場合には、適用しない。

③ 商業用レコードの公衆への貸与を営業として行う者（以下「貸レコード業者」という。）は、期間経過商業用レコードの貸与により実演を公衆に提供した場合には、当該実演（著作隣接権の存続期間内のものに限る。）に係る実演家に相当な額の報酬を支払わなければならない。

④ 第九十五条第五項から第十四項までの規定は、前項の報酬を受ける権利について準用する。この場合において、同条第十項中「放送事業者等」とあり、及び同条第十二項中「第九十五条第一項の放送事業者等」とあるのは、「第九十五条の三第三項の貸レコード業者」と読み替えるものとする。

⑤ 第一項に規定する権利を有する者の許諾に係る使用料を受ける権利は、前項において準用する第九十五条第五項の団体によつて行使することができる。

⑥ 第九十五条第七項から第十四項までの規定は、前項の場合について準用する。この場合においては、第四項後段の規定を準

用する。

第三節　レコード製作者の権利

（複製権）

第九六条　レコード製作者は、そのレコードを複製する権利を専有する。

（送信可能化権）

第九六条の二　レコード製作者は、そのレコードを送信可能化する権利を専有する。

（商業用レコードの放送同時配信等）

第九六条の三①　放送事業者、有線放送事業者又は放送同時配信等事業者は、商業用レコード（当該商業用レコードに係る前条に規定する権利（放送同時配信等に係るものに限る。以下この項及び次項において同じ。）について著作権等管理事業者による管理が行われているもの又は文化庁長官が定める方法により当該商業用レコードに係る同条に規定する権利を有する者の氏名若しくは名称、放送同時配信等の許諾の申込みを受け付けるための連絡先その他の円滑な許諾のために必要な情報であつて文化庁長官が定めるものの公表がされているものを除く。次項において同じ。）を用いて放送同時配信等を行うことができる。

②　前項の場合において、商業用レコードを用いて放送同時配信等を行つたときは、放送事業者、有線放送事業者又は放送同時配信等事業者は、通常の使用料の額に相当する額の補償金を当該商業用レコードに係る前条に規定する権利を有する者に支払わなければならない。

③　前項の補償金を受ける権利は、著作権等管理事業者であつて全国を通じて一個に限りその同意を得て文化庁長官が指定するものがあるときは、当該著作権等管理事業者によつてのみ行使することができる。

④　第九十三条の三第四項の規定は前項の規定による指定について、同条第五項から第十三項までの規定は第二項の補償金及び前項の規定による指定を受けた著作権等管理事業者について、それぞれ準用する。この場合において、同条第四項第四号中「第二項の報酬」とあるのは「第九十六条の三第二項の補償金」と、同条第七項及び第十項中「放送事業者」とあるのは「放送事業者、有線放送事業者」と読み替えるものとする。

（商業用レコードの二次使用）

第九七条①　放送事業者等は、商業用レコードを用いた放送又は有線放送を行つた場合（営利を目的とせず、かつ、聴衆又は観衆から料金（いずれの名義をもつてするかを問わず、レコードに係る音の提示につき受ける対価をいう。）を受けずに、当該放送を受信して同時に有線放送を行つた場合を除く。）には、そのレコード（第八条第一号から第四号までに掲げるレコードで著作隣接権の存続期間内のものに限る。）に係るレコード製作者に二次使用料を支払わなければならない。

②　第九十五条第二項及び第四項の規定は、前項に規定するレコード製作者について準用し、同条第三項の規定は、前項の規定により保護を受ける期間について準用する。この場合において、同条第二項から第四項までの規定中「国民をレコード製作者とするレコードに固定されている実演に係る実演家」とあるのは「国民であるレコード製作者」と、同条第三項中「実演家が保護を受ける期間」とあるのは「レコード製作者が保護を受ける期間」と読み替えるものとする。

③　第一項の二次使用料を受ける権利は、国内において商業用レコードの製作を業とする者の相当数を構成員とする団体（その連合体を含む。）でその同意を得て文化庁長官が指定するものがあるときは、当該団体によつてのみ行使することができる。

④　第九十五条第六項から第十四項までの規定は、第一項の二次使用料及び前項の団体について準用する。

（譲渡権）

第九七条の二①　レコード製作者は、そのレコードをその複製物の譲渡により公衆に提供する権利を専有する。

②　前項の規定は、レコードの複製物で次の各号のいずれかに該当するものの譲渡による場合には、適用しない。

一　前項に規定する権利を有する者又はその許諾を得た者により公衆に譲渡されたレコードの複製物

二　第百三条において準用する第六十七条第一項の規定による裁定を受けて公衆に譲渡されたレコードの複製物

三　第百三条において準用する第六十七条の二第一項の規定の適用を受けて公衆に譲渡されたレコードの複製物

四　前項に規定する権利を有する者又はその承諾を得た者により特定かつ少数の者に譲渡されたレコードの複製物

五　国外において、前項に規定する権利に相当する権利を害することなく、又は同項に規定する権利に相当する権利を有する者若しくはその承諾を得た者により譲渡されたレコードの複製物

（貸与権等）

第九七条の三①　レコード製作者は、そのレコードをそれが複製されている商業用レコードの貸与により公衆に提供する権利を専有する。

②　前項の規定は、期間経過商業用レコードの貸与による場合には、適用しない。

③　貸レコード業者は、期間経過商業用レコードの貸与によりレコードを公衆に提供した場合には、当該レコード（著作隣接権の存続期間内のものに限る。）に係るレコード製作者に相当な額の報酬を支払わなければならない。

④　第九十七条第三項の規定は、前項の報酬を受ける権利の行使について準用する。

⑤　第九十五条第六項から第十四項までの規定は、第三項の報酬及び前項において準用する第九十七条第三項に規定する団体について準用する。この場合においては、第九十五条の三第四項後段の規定を準用する。

⑥　第一項に規定する権利を有する者の許諾に係る使用料を受ける権利は、第四項において準用する第九十七条第三項の団体によつて行使することができる。

⑦　第五項の規定は、前項の場合について準用する。この場合において、第五項中「第九十五条第六項」とあるのは、「第九十五条第七項」と読み替えるものとする。

第四節　放送事業者の権利

（複製権）

第九八条　放送事業者は、その放送又はこれを受信して行なう有線放送を受信して、その放送に係る音又は影像を録音し、録画し、又は写真その他これに類似する方法により複製する権利を専有する。

（再放送権及び有線放送権）

第九九条①　放送事業者は、その放送を受信してこれを再放送し、又は有線放送する権利を専有する。

②　前項の規定は、放送を受信して有線放送を行なう者が法令の規定により行なわなければならない有線放送については、適用しない。

（送信可能化権）

第九九条の二①　放送事業者は、その放送又はこれを受信して行う有線放送を受信して、その放送を送信可能化する権利を専有する。

②　前項の規定は、放送を受信して自動公衆送信を行う者が法令の規定により行わなければならない自動公衆送信に係る送信可能化については、適用しない。

1　自動公衆送信の主体は、当該装置が受信者からの求めに応じ自動的に送信することができる状態を作り出す行為を行う者であり、公衆の用に供されている電気通信回線に接続することにより、当該装置に入力される情報を受信者からの求めに応じ自動的に送信する機能を有する装置が、公衆の用に供されている電気通信回線に接続しており、これに継続的に情報が入力されている場合には、当該装置に情報を入力する者が送

信の主体である。（最判平23・1・18民集六五・一・一二一〈まねきTV事件〉著作百選［六版］八三）↓二条⑱㉕・二三条②

（テレビジョン放送の伝達権）

第一〇〇条 放送事業者は、そのテレビジョン放送又はこれを受信して行なう有線放送を受信して、影像を拡大する特別の装置を用いてその放送を公に伝達する権利を専有する。

第五節 有線放送事業者の権利

（複製権）

第一〇〇条の二 有線放送事業者は、その有線放送を受信して、その有線放送に係る音又は影像を録音し、録画し、又は写真その他これに類似する方法により複製する権利を専有する。

（放送権及び再有線放送権）

第一〇〇条の三 有線放送事業者は、その有線放送を受信してこれを放送し、又は再有線放送する権利を専有する。

（送信可能化権）

第一〇〇条の四 有線放送事業者は、その有線放送を受信してこれを送信可能化する権利を専有する。

（有線テレビジョン放送の伝達権）

第一〇〇条の五 有線放送事業者は、その有線テレビジョン放送を受信して、影像を拡大する特別の装置を用いてその有線放送を公に伝達する権利を専有する。

第六節 保護期間

（実演、レコード、放送又は有線放送の保護期間）

第一〇一条① 著作隣接権の存続期間は、次に掲げる時に始まる。

一 実演に関しては、その実演を行つた時

二 レコードに関しては、その音を最初に固定した時

三 放送に関しては、その放送を行つた時

四 有線放送に関しては、その有線放送を行つた時

② 著作隣接権の存続期間は、次に掲げる時をもつて満了する。

一 実演に関しては、その実演が行われた日の属する年の翌年から起算して七十年を経過した時

二 レコードに関しては、その発行が行われた日の属する年の翌年から起算して七十年（その音が最初に固定された日の属する年の翌年から起算して七十年を経過する時までの間に発行されなかつたときは、その音が最初に固定された日の属する年の翌年から起算して七十年）を経過した時

三 放送に関しては、その放送が行われた日の属する年の翌年から起算して五十年を経過した時

四 有線放送に関しては、その有線放送が行われた日の属する年の翌年から起算して五十年を経過した時

第七節 実演家人格権の一身専属性等

（実演家人格権の一身専属性）

第一〇一条の二 実演家人格権は、実演家の一身に専属し、譲渡することができない。

（実演家の死後における人格的利益の保護）

第一〇一条の三 実演を公衆に提供し、又は提示する者は、その実演の実演家の死後においても、実演家が生存しているとしたならばその実演家の人格権の侵害となるべき行為をしてはならない。ただし、その行為の性質及び程度、社会的事情の変動その他によりその行為が当該実演家の意を害しないと認められる場合は、この限りでない。

第八節 権利の制限、譲渡及び行使等並びに登録

（抄）

（著作隣接権の制限）

第一〇二条① 第三十条第一項（第四号を除く。第九項第一号において同じ。）、第三十条の二から第三十二条まで、第三十五条、第三十六条、第三十七条第三項、第三十七条の二（第一号を除く。次項において同じ。）、第三十八条第二項及び第四項、第四十一条から第四十三条まで、第四十四条（第二項を除く。）、第四十六条から第四十七条の二まで、第四十七条の四並びに第四十七条の五の規定は、著作隣接権の目的となつている実演、レコード、放送又は有線放送の利用について準用し、第三十条第三項及び第四十七条の七の規定は、著作隣接権の目的となつている実演又はレコードの利用について準用し、第三十三条から第三十三条の三までの規定は、著作隣接権の目的となつている放送又は有線放送の利用について準用し、第四十四条第二項の規定は、著作隣接権の目的となつている実演、レコード又は有線放送の利用について準用する。この場合において、第三十条第一項第三号中「自動公衆送信（国外で行われる自動公衆送信」とあるのは「送信可能化（国外で行われる送信可能化」と、「含む。）」とあるのは「含む。）に係る自動公衆送信」と、第四十四条第一項中「第二十三条第一項」とあるのは「第九十二条第一項、第九十二条の二第一項、第九十六条の二、第九十九条第一項又は第百条の三」と、同条第二項中「第二十三条第一項」とあるのは「第九十二条第一項、第九十二条の二第一項、第九十六条の二又は第百条の三」と、同条第三項中「第二十三条第一項」とあるのは「第九十二条の二第一項又は第九十六条の二」と読み替えるものとする。

② 前項において準用する第三十二条、第三十三条第一項（同条第四項において準用する場合を含む。）、第三十三条の二第一項、第三十三条の三第一項、第三十七条第三項、第三十七条の二、第四十二条若しくは第四十七条の規定又は次項若しくは第四項の規定により実演若しくはレコード又は放送若しくは有線放送に係る音若しくは影像（以下「実演等」と総称する。）を複製する場合において、その出所を明示する慣行があるときは、これらの複製の態様に応じ合理的と認められる方法及び程度により、その出所を明示しなければならない。

③ 第三十三条の三第一項の規定により教科用図書に掲載された著作物を複製することができる場合には、同項の規定の適用を受けて作成された録音物において録音されている実演又は当該録音物に係るレコードを複製し、又は同項に定める目的のためにその複製物の譲渡により公衆に提供することができる。

④ 視覚障害者等の福祉に関する事業を行う者で第三十七条第三項の政令で定めるものは、同項の規定の適用を受けて作成された録音物において録音されている実演又は当該録音物に係るレコードについて、複製し、又は同項に定める目的のために、送信可能化を行い、若しくはその複製物の譲渡により公衆に提供することができる。

⑤ 著作隣接権の目的となつている実演であつて放送されるものは、地域限定特定入力型自動公衆送信を行うことができる。ただし、当該放送に係る第九十九条の二第一項に規定する権利を有する者の権利を害することとなる場合は、この限りでない。

⑥ 前項の規定により実演の送信可能化を行う者は、第一項において準用する第三十八条第二項の規定の適用がある場合を除き、当該実演に係る第九十二条の二第一項に規定する権利を有する者に相当な額の補償金を支払わなければならない。

⑦ 前二項の規定は、著作隣接権の目的となつているレコードの利用について準用する。この場合において、前項中「第九十二条の二第一項」とあるのは、「第九十六条の二」と読み替えるものとする。

⑧ 第三十九条第一項又は第四十条第一項若しくは第二項の規定により著作物を放送し、又は有線放送することができる場合には、その著作物の放送若しくは有線放送について、これを受信して有線放送し、若しくは影像を拡大する特別の装置を用いて公に伝達し、又はその著作物の放送について、地域限定特定入力型自動公衆送信を行うことができる。

⑨ 次に掲げる者は、第九十一条第一項、第九十六条、第九十八条又は第百条の二の録音、録画又は複製を行つたものとみな

す。

一　第一項において準用する第三十条第一項、第三十条の三、第三十一条第一項第一号、第二項第一号、第四項、第七項第一号若しくは第九項第一号、第三十三条の二第一項、第三十三条の三第一項若しくは第四項、第三十五条第一項、第三十七条第三項、第三十七条の二第二号、第四十一条から第四十二条の三まで、第四十三条第二項、第四十四条第一項から第三項まで、第四十七条第一項若しくは第三項、第四十七条の二又は第四十七条の五第一項に定める目的以外の目的のために、これらの規定の適用を受けて作成された実演等の複製物を頒布し、又は当該複製物によつて当該実演、当該レコードに係る音若しくは当該放送若しくは有線放送に係る音若しくは影像の公衆への提示を行つた者

> **＊令和四法四八**（令和八・五・二四までに施行）**による改正**
> 第一号中「から第四十二条の三まで」を「、第四十二条、第四十二条の三、第四十二条の四」に改める。（本文未織込み）

二　第一項において準用する第三十条の四の規定の適用を受けて作成された実演等の複製物を用いて、当該実演等を自ら享受し又は他人に享受させる目的のために、いずれの方法によるかを問わず、当該実演等を利用した者

三　第一項において準用する第四十四条第四項の規定に違反して同項の録音物又は録画物を保存した放送事業者、有線放送事業者又は放送同時配信等事業者

四　第一項において準用する第四十七条の四又は第四十七条の五第二項に定める目的以外の目的のために、これらの規定の適用を受けて作成された実演等の複製物を用いて、いずれの方法によるかを問わず、当該実演等を利用した者

五　第三十三条の三第一項又は第三十七条第三項に定める目的以外の目的のために、第三項若しくは第四項の規定の適用を受けて作成された実演若しくはレコードの複製物を頒布し、又は当該複製物によつて当該実演若しくは当該レコードに係る音の公衆への提示を行つた者

（実演家人格権との関係）

第一〇二条の二　前条の著作隣接権の制限に関する規定（同条第七項及び第八項の規定を除く。）は、実演家人格権に影響を及ぼすものと解釈してはならない。

（著作隣接権の譲渡、行使等）

第一〇三条　第六十一条第一項の規定は著作隣接権の譲渡について、第六十二条第一項の規定は著作隣接権の消滅について、第六十三条及び第六十三条の二の規定は実演、レコード、放送又は有線放送の利用の許諾について、第六十五条の規定は著作隣接権が共有に係る場合について、第六十六条の規定は著作隣接権を目的として質権が設定されている場合について、第六十七条、第六十七条の二（第一項ただし書を除く。）、第七十条（第三項から第五項までを除く。）、第七十一条（第二号に係る部分に限る。）、第七十二条、第七十三条並びに第七十四条第三項及び第四項の規定は著作隣接権者と連絡することができない場合における実演、レコード、放送又は有線放送の利用について、第六十八条、第七十条（第四項第一号及び第七項を除く。）、第七十一条（第二号に係る部分に限る。）、第七十二条、第七十三条本文及び第七十四条の規定は著作隣接権者に協議を求めたがその協議が成立せず、又はその協議をすることができない場合における実演、レコード、放送又は有線放送の利用について、第七十一条（第一号に係る部分に限る。）及び第七十四条の規定は第百二条第一項において準用する第三十三条から第三十三条の三までの規定による放送又は有線放送の利用について、それぞれ準用する。この場合において、第六十三条第六項中「第二十三条第一項」とあるのは「第九十二条の二第一項、第九十六条の二、第九十九条の二第一項又は第百条の四」と、第六十八条第二項中「第三十八条第二項及び第三項」とあるのは「第百二条第一項において準用する第三十八条第二項」と読み替えるものとする。

第一〇四条　（略）

第五章　著作権等の制限による利用に係る補償金

（抄）

第一節　私的録音録画補償金（抄）

（私的録音録画補償金を受ける権利の行使）

第一〇四条の二①　第三十条第三項（第百二条第一項において準用する場合を含む。以下この節において同じ。）の補償金（以下この節において「私的録音録画補償金」という。）を受ける権利は、私的録音録画補償金を受ける権利を有する者（次項及び次条第四号において「権利者」という。）のためにその権利を行使することを目的とする団体であつて、次に掲げる私的録音録画補償金の区分ごとに全国を通じて一個に限りその同意を得て文化庁長官が指定するものがあるときは、それぞれ当該指定を受けた団体（以下この節において「指定管理団体」という。）によつてのみ行使することができる。

一　私的使用を目的として行われる録音（専ら録画とともに行われるものを除く。次条第二号イ及び第百四条の四において「私的録音」という。）に係る私的録音録画補償金

二　私的使用を目的として行われる録画（専ら録音とともに行われるものを含む。次条第二号ロ及び第百四条の四において「私的録画」という。）に係る私的録音録画補償金

② 指定管理団体は、権利者のために自己の名をもつて私的録音録画補償金を受ける権利に関する裁判上又は裁判外の行為を行う権限を有する。

第一〇四条の三　（略）

（私的録音録画補償金の支払の特例）

第一〇四条の四①　第三十条第三項の政令で定める機器（以下この条及び次条において「特定機器」という。）又は記録媒体（以下この条及び次条において「特定記録媒体」という。）を購入する者（当該特定機器又は特定記録媒体が小売に供された後最初に購入するものに限る。）は、その購入に当たり、指定管理団体から、当該特定機器又は特定記録媒体を用いて行う私的録音又は私的録画に係る私的録音録画補償金の一括の支払として、第百四条の六第一項の規定により当該特定機器又は特定記録媒体について定められた額の私的録音録画補償金の支払の請求があつた場合には、当該私的録音録画補償金を支払わなければならない。

② 前項の規定により私的録音録画補償金を支払つた者は、指定管理団体に対し、その支払に係る特定機器又は特定記録媒体を専ら私的録音及び私的録画以外の用に供することを証明して、当該私的録音録画補償金の返還を請求することができる。

③ 第一項の規定による支払の請求を受けて私的録音録画補償金が支払われた特定機器により同項の規定による支払の請求を受けて私的録音録画補償金が支払われた特定記録媒体に私的録音又は私的録画を行う者は、第三十条第三項の規定にかかわらず、当該私的録音又は私的録画を行うに当たり、私的録音録画補償金を支払うことを要しない。ただし、当該特定機器又は特定記録媒体が前項の規定により私的録音録画補償金の返還を受けたものであるときは、この限りでない。

（製造業者等の協力義務）

第一〇四条の五　前条第一項の規定により指定管理団体が私的録音録画補償金の支払を請求する場合には、特定機器又は特定記録媒体の製造又は輸入を業とする者（次条第三項において「製造業者等」という。）は、当該私的録音録画補償金の支払の請求及びその受領に関し協力しなければならない。

> [1] 本条が製造業者等の協力義務を法定し、また、指定管理団体が認可を受ける際には製造業者の意見を聴かなければならないと著作権法一〇四条の六第三項で規定されている以上、「上乗せ・納付方式」に協力しない事実関係があれば、その

違反について損害賠償義務を負担すべき場合のあることは否定することができない。製造業者等が協力義務に違反したときに、指定管理団体（本件では控訴人）に対する直截の債務とはならないとしても、その違反に至った経緯や違反の態様によってはそれについて指定管理団体が被った損害を賠償しなければならない場合も想定される。（知財高判平23・12・22判時二一四五・七五〈録画補償金事件〉著作百選[六版]六七）

[2] チューナーとしてデジタルチューナーのみを搭載する録画機器にあっては、録画される対象が「アナログデジタル変換が行われた影像」であるとの著作権法施行令一条二項三号の要件を充足しないから、同号所定の特定機器に該当するものと認めることはできない。本条所定の協力義務違反があるとするには、著作権法施行令一条二項の対象機器であることが認められる必要があるところ、これが認められないので、本条所定の協力義務に違反するということはできない。（知財高判平23・12・22前出[7]）

第一〇四条の六及び第一〇四条の七　（略）

（著作権等の保護に関する事業等のための支出）

第一〇四条の八①　指定管理団体は、私的録音録画補償金（第百四条の四第一項の規定に基づき支払を受けるものに限る。）の額の二割以内で政令で定める割合に相当する額を、著作権及び著作隣接権の保護に関する事業並びに著作物の創作の振興及び普及に資する事業のために支出しなければならない。

② 文化庁長官は、前項の政令の制定又は改正の立案をしようとするときは、文化審議会に諮問しなければならない。

③ 文化庁長官は、第一項の事業に係る業務の適正な運営を確保するため必要があると認めるときは、指定管理団体に対し、当該業務に関し監督上必要な命令をすることができる。

第一〇四条の九及び第一〇四条の一〇　（略）

第二節　図書館等公衆送信補償金（抄）

（図書館等公衆送信補償金を受ける権利の行使）

第一〇四条の一〇の二①　第三十一条第五項（第八十六条第三項及び第百二条第一項において準用する場合を含む。第百四条の十の四第二項及び第百四条の十の五第二項において同じ。）の補償金（以下この節において「図書館等公衆送信補償金」という。）を受ける権利は、図書館等公衆送信補償金を受ける権利を有する者（次項及び次条第四号において「権利者」という。）のためにその権利を行使することを目的とする団体であつて、全国を通じて一個に限りその同意を得て文化庁長官が指定するものがあるときは、当該指定を受けた団体（以下この節において「指定管理団体」という。）によつてのみ行使することができる。

② 指定管理団体は、権利者のために自己の名をもつて図書館等公衆送信補償金を受ける権利に関する裁判上又は裁判外の行為を行う権限を有する。

第一〇四条の一〇の三　（略）

（図書館等公衆送信補償金の額）

第一〇四条の一〇の四①　第百四条の十の二第二項の規定により指定管理団体が図書館等公衆送信補償金を受ける権利を行使する場合には、指定管理団体は、図書館等公衆送信補償金の額を定め、文化庁長官の認可を受けなければならない。これを変更しようとするときも、同様とする。

② 前項の認可があつたときは、図書館等公衆送信補償金の額は、第三十一条第五項の規定にかかわらず、その認可を受けた額とする。

③ 指定管理団体は、第一項の認可の申請に際し、あらかじめ、図書館等を設置する者の団体で図書館等を設置する者の意見を代表すると認められるものの意見を聴かなければならない。

④ 文化庁長官は、第一項の認可の申請に係る図書館等公衆送信補償金の額が、第三十一条第二項の規定の趣旨、図書館等公衆送信に係る著作物の種類及び用途並びに図書館等公衆送信の態様に照らした著作権者等の利益に与える影響、図書館等公衆送信により電磁的記録を容易に取得することができることにより特定図書館等の利用者が受ける便益その他の事情を考慮した適正な額であると認めるときでなければ、その認可をしてはならない。

⑤ 文化庁長官は、第一項の認可をするときは、文化審議会に諮問しなければならない。

第一〇四条の一〇の五から第一〇四条の一〇の八まで　（略）

第三節　授業目的公衆送信補償金（抄）

（授業目的公衆送信補償金を受ける権利の行使）

第一〇四条の一一①　第三十五条第二項（第百二条第一項において準用する場合を含む。第百四条の十三第二項及び第百四条の十四第二項において同じ。）の補償金（以下この節において「授業目的公衆送信補償金」という。）を受ける権利は、授業目的公衆送信補償金を受ける権利を有する者（次項及び次条第四号において「権利者」という。）のためにその権利を行使することを目的とする団体であつて、全国を通じて一個に限りその同意を得て文化庁長官が指定するものがあるときは、当該指定を受けた団体（以下この節において「指定管理団体」という。）によつてのみ行使することができる。

② 指定管理団体は、権利者のために自己の名をもつて授業目的公衆送信補償金を受ける権利に関する裁判上又は裁判外の行為を行う権限を有する。

第一〇四条の一二　（略）

（授業目的公衆送信補償金の額）

第一〇四条の一三①　第百四条の十一第一項の規定により指定管理団体が授業目的公衆送信補償金を受ける権利を行使する場合には、指定管理団体は、授業目的公衆送信補償金の額を定め、文化庁長官の認可を受けなければならない。これを変更しようとするときも、同様とする。

② 前項の認可があつたときは、授業目的公衆送信補償金の額は、第三十五条第二項の規定にかかわらず、その認可を受けた額とする。

③ 指定管理団体は、第一項の認可の申請に際し、あらかじめ、授業目的公衆送信が行われる第三十五条第一項の教育機関を設置する者の団体で同項の教育機関を設置する者の意見を代表すると認められるものの意見を聴かなければならない。

④ 文化庁長官は、第一項の認可の申請に係る授業目的公衆送信補償金の額が、第三十五条第一項の規定の趣旨、公衆送信（自動公衆送信の場合にあつては、送信可能化を含む。）に係る通常の使用料の額その他の事情を考慮した適正な額であると認めるときでなければ、その認可をしてはならない。

⑤ 文化庁長官は、第一項の認可をしようとするときは、文化審議会に諮問しなければならない。

第一〇四条の一四から第一〇四条の一七まで　（略）

第六章　紛争処理（抄）

（著作権紛争解決あつせん委員）

第一〇五条①　この法律に規定する著作権に関する紛争につきあつせんによりその解決を図るため、文化庁に著作権紛争解決あつせん委員（以下この章において「委員」という。）を置く。

② 委員は、文化庁長官が、著作権又は著作隣接権に係る事項に関し学識経験を有する者のうちから、事件ごとに三人以内を委嘱する。

（あつせんの申請）

第一〇六条　この法律に規定する権利に関し紛争が生じたときは、当事者は、文化庁長官に対し、あつせんの申請をすることができる。

第一〇七条及び第一〇八条　（略）

（あつせん）

第一〇九条①　委員は、当事者間をあつせんし、双方の主張の要点を確かめ、実情に即して事件が解決されるように努めなければならない。

② 委員は、事件が解決される見込みがないと認めるときは、あつせんを打ち切ることができる。

第一一〇条及び第一一一条　（略）

第七章　権利侵害

（差止請求権）

第一一二条① 著作者、著作権者、出版権者、実演家又は著作隣接権者は、その著作者人格権、著作権、出版権、実演家人格権又は著作隣接権を侵害する者又は侵害するおそれがある者に対し、その侵害の停止又は予防を請求することができる。

② 著作者、著作権者、出版権者、実演家又は著作隣接権者は、前項の規定による請求をするに際し、侵害の行為を組成した物、侵害の行為によつて作成された物又は専ら侵害の行為に供された機械若しくは器具の廃棄その他の侵害の停止又は予防に必要な措置を請求することができる。

1 キャバレーの営業主が楽団に、営業時間中音楽を演奏させ来集した客に聴取させていること、楽団はキャバレー主の依頼により、その営業のために演奏をなしているのであって、営業主の営業所を借り受けて独自の演奏興行をなしているものではないこと、演奏曲目は一応楽団に委されているが、営業主がその営業計画に従って指図し得る余地が残されていること、事業主はその演奏によって営業上多大の収益を挙げていること、等の事実が認定されて、その音楽著作物の使用は営業主の意思に基づいて行われているとされた事例（旧法事件）（大阪地判昭42・8・21判時四九六・六二〈ミカド事件〉）

2 侵害行為の主体たる者でなく、侵害の幇助（ほうじょ）行為を現に行う者であっても、(1)幇助者による幇助行為の内容・性質、(2)現に行われている著作権侵害行為に対する幇助者の管理・支配の程度、(3)幇助者の利益と著作権侵害行為との結び付き等を総合して観察したときに、幇助者の行為が当該著作権侵害行為に密接な関わりを有し、当該幇助者が幇助行為を中止する条理上の義務があり、かつ当該幇助行為を中止して著作権侵害の事態を除去できるような場合には、当該幇助行為を行う者は侵害主体に準じるものと評価できる。（大阪地判平15・2・13判時一八四二・一二〇〈ヒットワン事件〉著作百選[六版]八五）

（侵害とみなす行為）

第一一三条① 次に掲げる行為は、当該著作者人格権、著作権、出版権、実演家人格権又は著作隣接権を侵害する行為とみなす。

一 国内において頒布する目的をもつて、輸入の時において国内で作成したとしたならば著作者人格権、著作権、出版権、実演家人格権又は著作隣接権の侵害となるべき行為によつて作成された物を輸入する行為

二 著作者人格権、著作権、出版権、実演家人格権又は著作隣接権を侵害する行為によつて作成された物（前号の輸入に係る物を含む。）を、情を知つて、頒布し、頒布の目的をもつて所持し、若しくは頒布する旨の申出をし、又は業として輸出し、若しくは業としての輸出の目的をもつて所持する行為

② 送信元識別符号又は送信元識別符号以外の符号その他の情報であつてその提供が送信元識別符号の提供と同一若しくは類似の効果を有するもの（以下この項及び次項において「送信元識別符号等」という。）の提供により侵害著作物等（著作権（第二十八条に規定する権利（翻訳以外の方法により創作された二次的著作物に係るものに限る。）を除く。以下この項及び次項において同じ。）、出版権又は著作隣接権を侵害して送信可能化が行われた著作物等をいい、国外で行われる送信可能化であつて国内で行われたとしたならばこれらの権利の侵害となるべきものが行われた著作物等を含む。以下この項及び次項において同じ。）の他人による利用を容易にする行為（同項において「侵害著作物等利用容易化」という。）であつて、第一号に掲げるウェブサイト等（同項及び第百十九条第二項第四号において「侵害著作物等利用容易化ウェブサイト等」という。）において又は第二号に掲げるプログラム（次項及び同条第二項第五号において「侵害著作物等利用容易化プログラム」という。）を用いて行うものは、当該行為に係る著作物等が侵害著作物等であることを知つていた場合又は知ることができたと認めるに足りる相当の理由がある場合には、当該侵害著作物等に係る著作権、出版権又は著作隣接権を侵害する行為とみなす。

一 次に掲げるウェブサイト等

イ 当該ウェブサイト等において、侵害著作物等に係る送信元識別符号等（以下この条及び第百十九条第二項において「侵害送信元識別符号等」という。）の利用を促す文言が表示されていること、侵害送信元識別符号等が強調されていることその他の当該ウェブサイト等における侵害送信元識別符号等の提供の態様に照らし、公衆を侵害著作物等に殊更に誘導するものであると認められるウェブサイト等

ロ イに掲げるもののほか、当該ウェブサイト等において提供されている侵害送信元識別符号等の数、当該数が当該ウェブサイト等において提供されている送信元識別符号等の総数に占める割合、当該侵害送信元識別符号等の利用に資する分類又は整理の状況その他の当該ウェブサイト等における侵害送信元識別符号等の提供の状況に照らし、主として公衆による侵害著作物等の利用のために用いられるものであると認められるウェブサイト等

二 次に掲げるプログラム

イ 当該プログラムによる送信元識別符号等の提供に際し、侵害送信元識別符号等の利用を促す文言が表示されていること、侵害送信元識別符号等が強調されていることその他の当該プログラムによる侵害送信元識別符号等の提供の態様に照らし、公衆を侵害著作物等に殊更に誘導するものであると認められるプログラム

ロ イに掲げるもののほか、当該プログラムにより提供されている侵害送信元識別符号等の数、当該数が当該プログラムにより提供されている送信元識別符号等の総数に占める割合、当該侵害送信元識別符号等の利用に資する分類又は整理の状況その他の当該プログラムによる侵害送信元識別符号等の提供の状況に照らし、主として公衆による侵害著作物等の利用のために用いられるものであると認められるプログラム

③ 侵害著作物等利用容易化ウェブサイト等の公衆への提示を行つている者（当該侵害著作物等利用容易化ウェブサイト等と侵害著作物等利用容易化ウェブサイト等以外の相当数のウェブサイト等とを包括しているウェブサイト等において、単に当該公衆への提示の機会を提供しているに過ぎない者（著作権者等からの当該侵害著作物等利用容易化ウェブサイト等において提供されている侵害送信元識別符号等の削除に関する請求に正当な理由なく応じない状態が相当期間にわたり継続していることその他の著作権者等の利益を不当に害すると認められる特別な事情がある場合を除く。）を除く。）又は侵害著作物等利用容易化プログラムの公衆への提供等を行つている者（当該公衆への提供等のために用いられているウェブサイト等とそれ以外の相当数のウェブサイト等とを包括しているウェブサイト等又は当該侵害著作物等利用容易化プログラム及び侵害著作物等利用容易化プログラム以外の相当数のプログラムの公衆への提供等のために用いられているウェブサイト等において、単に当該侵害著作物等利用容易化プログラムの公衆への提供等の機会を提供しているに過ぎない者（著作権者等からの当該侵害著作物等利用容易化プログラムにより提供されている侵害送信元識別符号等の削除に関する請求に正当な理由なく応じない状態が相当期間にわたり継続していることその他の著作権者等の利益を不当に害すると認められる特別な事情がある場合を除く。）を除く。）が、当該侵害著作物等利用容易化ウェブサイト等において又は当該侵害著作物等利用容易化プログラムを用いて他人による侵害著

作物等利用容易化に係る送信元識別符号等の提供が行われている場合であつて、かつ、当該送信元識別符号等に係る著作物等が侵害著作物等であることを知つている場合又は知ることができたと認めるに足りる相当の理由がある場合において、当該侵害著作物等利用容易化を防止する措置を講ずることが技術的に可能であるにもかかわらず当該措置を講じない行為は、当該侵害著作物等に係る著作権、出版権又は著作隣接権を侵害する行為とみなす。

④　前二項に規定するウェブサイト等とは、送信元識別符号のうちインターネットにおいて個々の電子計算機を識別するために用いられる部分が共通するウェブページ（インターネットを利用した情報の閲覧の用に供される電磁的記録で文部科学省令で定めるものをいう。以下この項において同じ。）の集合物（当該集合物の一部を構成する複数のウェブページであつて、ウェブページ相互の関係その他の事情に照らし公衆への提示が一体的に行われていると認められるものとして政令で定める要件に該当するものを含む。）をいう。

⑤　プログラムの著作物の著作権を侵害する行為によつて作成された複製物（当該複製物の所有者によつて第四十七条の三第一項の規定により作成された複製物並びに第一項第一号の輸入に係るプログラムの著作物の複製物及び当該複製物の所有者によつて同条第一項の規定により作成された複製物を含む。）を業務上電子計算機において使用する行為は、これらの複製物を使用する権原を取得した時に情を知つていた場合に限り、当該著作権を侵害する行為とみなす。

⑥　技術的利用制限手段の回避（技術的利用制限手段により制限されている著作物等の視聴を当該技術的利用制限手段の効果を妨げることにより可能とすること（著作権者等の意思に基づいて行われる場合を除く。）をいう。次項並びに第百二十条の二第一号及び第二号において同じ。）を行う行為は、技術的利用制限手段に係る研究又は技術の開発の目的上正当な範囲内で行われる場合その他著作権者等の利益を不当に害しない場合を除き、当該技術的利用制限手段に係る著作権、出版権又は著作隣接権を侵害する行為とみなす。

⑦　技術的保護手段の回避又は技術的利用制限手段の回避を行うことをその機能とする指令符号（電子計算機に対する指令であつて、当該指令のみによつて一の結果を得ることができるものをいう。）を公衆に譲渡し、若しくは貸与し、公衆への譲渡若しくは貸与の目的をもつて製造し、輸入し、若しくは所持し、若しくは公衆の使用に供し、又は公衆送信し、若しくは送信可能化する行為は、当該技術的保護手段に係る著作権等又は当該技術的利用制限手段に係る著作権、出版権若しくは著作隣接権を侵害する行為とみなす。

⑧　次に掲げる行為は、当該権利管理情報に係る著作者人格権、著作権、出版権、実演家人格権又は著作隣接権を侵害する行為とみなす。

一　権利管理情報として虚偽の情報を故意に付加する行為

二　権利管理情報を故意に除去し、又は改変する行為（記録又は送信の方式の変換に伴う技術的な制約による場合その他の著作物又は実演等の利用の目的及び態様に照らしやむを得ないと認められる場合を除く。）

三　前二号の行為が行われた著作物若しくは実演等の複製物を、情を知つて、頒布し、若しくは頒布の目的をもつて輸入し、若しくは所持し、又は当該著作物若しくは実演等を情を知つて公衆送信し、若しくは送信可能化する行為

⑨　第九十四条の二、第九十五条の三第三項若しくは第九十七条の三第三項に規定する報酬又は第九十五条第一項若しくは第九十七条第一項に規定する二次使用料を受ける権利は、前項の規定の適用については、著作隣接権とみなす。この場合において、前条中「著作隣接権者」とあるのは「著作隣接権者（次条第九項の規定により著作隣接権とみなされる権利を有する者を含む。）」と、同条第一項中「著作隣接権を」とあるのは「著作隣接権（同項の規定により著作隣接権とみなされる権利を含む。）を」とする。

⑩　国内において頒布することを目的とする商業用レコード（以下この項において「国内頒布目的商業用レコード」という。）を自ら発行し、又は他の者に発行させている著作権者又は著作隣接権者が、当該国内頒布目的商業用レコードと同一の商業用レコードであつて、専ら国外において頒布することを目的とするもの（以下この項において「国外頒布目的商業用レコード」という。）を国外において自ら発行し、又は他の者に発行させている場合において、情を知つて、当該国外頒布目的商業用レコードを国内において頒布する目的をもつて輸入する行為又は当該国外頒布目的商業用レコードを国内において頒布し、若しくは国内において頒布する目的をもつて所持する行為は、当該国外頒布目的商業用レコードが国内で頒布されることにより当該国内頒布目的商業用レコードの発行により当該著作権者又は著作隣接権者の得ることが見込まれる利益が不当に害されることとなる場合に限り、それらの著作権又は著作隣接権を侵害する行為とみなす。ただし、国内において最初に発行された日から起算して七年を超えない範囲内において政令で定める期間を経過した国内頒布目的商業用レコードと同一の国外頒布目的商業用レコードを輸入する行為又は当該国外頒布目的商業用レコードを国内において頒布し、若しくは国内において頒布する目的をもつて所持する行為については、この限りでない。

⑪　著作者の名誉又は声望を害する方法によりその著作物を利用する行為は、その著作者人格権を侵害する行為とみなす。

[1]　本条一項二号の適用を受けるためには、著作権侵害である旨の判決が確定している必要はなく、仮処分決定、未確定の第一審判決等の公権的判断で足りる。（東京地判平7・10・30判時一五六〇・二四〈システムサイエンス事件〉著作百選[五版]六七）

[2]　観音像の仏頭部をすげ替える行為は、著作者人格権を侵害するものとみなされる。（知財高判平22・3・25判時二〇八六・一一四〈駒込大観音像事件〉著作百選[六版]三九）→二〇条[5]・六〇条[3]・一一五条[2]

[3]　著作者が政治的傾向ないし思想的立場からの一面的な評価を受け、名誉又は声望を害される方法によりその著作物を利用した場合、著作者人格権を侵害するものとみなされる。（東京地判平25・7・16【平24ワ二四五七二】〈漫画 on Web 事件〉）

第一一三条の二（**善意者に係る譲渡権の特例**）　著作物の原作品若しくは複製物（映画の著作物の複製物（映画の著作物において複製されている著作物にあつては、当該映画の著作物の複製物を含む。）を除く。以下この条において同じ。）、実演の録音物若しくは録画物又はレコードの複製物の譲渡を受けた時において、当該著作物の原作品若しくは複製物、実演の録音物若しくは録画物又はレコードの複製物がそれぞれ第二十六条の二第二項各号、第九十五条の二第三項各号又は第九十七条の二第二項各号のいずれにも該当しないものであることを知らず、かつ、知らないことにつき過失がない者が当該著作物の原作品若しくは複製物、実演の録音物若しくは録画物又はレコードの複製物を公衆に譲渡する行為は、第二十六条の二第一項、第九十五条の二第一項又は第九十七条の二第一項に規定する権利を侵害する行為でないものとみなす。

第一一四条（**損害の額の推定等**）①　著作権者等が故意又は過失により自己の著作権、出版権又は著作隣接権を侵害した者に対しその侵害により自己が受けた損害の賠償を請求する場合において、その者がその侵害の行為によつて作成された物を譲渡し、又はその侵害の行為を組成する公衆送信（自動公衆送信の場合にあつては、送信可能化を含む。）を行つたときは、その譲渡した物の数量又はその公衆送信が公衆によつて受信されることにより作成された著作物若しくは実演等の複製物（以下この項において「受信複製

物」という。）の数量（以下この項において「譲渡等数量」という。）に、著作権者等がその侵害の行為がなければ販売することができた物（受信複製物を含む。）の単位数量当たりの利益の額を乗じて得た額を、著作権者等の当該物に係る販売その他の行為を行う能力に応じた額を超えない限度において、著作権者等が受けた損害の額とすることができる。ただし、譲渡等数量の全部又は一部に相当する数量を著作権者等が販売することができないとする事情があるときは、当該事情に相当する数量に応じた額を控除するものとする。

② 著作権者、出版権者又は著作隣接権者が故意又は過失によりその著作権、出版権又は著作隣接権を侵害した者に対しその侵害により自己が受けた損害の賠償を請求する場合において、その者がその侵害の行為により利益を受けているときは、その利益の額は、当該著作権者、出版権者又は著作隣接権者が受けた損害の額と推定する。

③ 著作権者、出版権者又は著作隣接権者は、故意又は過失によりその著作権、出版権又は著作隣接権を侵害した者に対し、その著作権、出版権又は著作隣接権の行使につき受けるべき金銭の額に相当する額を自己が受けた損害の額として、その賠償を請求することができる。

④ 著作権者又は著作隣接権者は、前項の規定によりその著作権又は著作隣接権を侵害した者に対し損害の賠償を請求する場合において、その著作権又は著作隣接権が著作権等管理事業法第二条第一項に規定する管理委託契約に基づき著作権等管理事業者が管理するものであるときは、当該著作権等管理事業者が定める同法第十三条第一項に規定する使用料規程のうちその侵害の行為に係る著作物等の利用の態様について適用されるべき規定により算出したその著作権又は著作隣接権に係る著作物等の使用料の額（当該額の算出方法が複数あるときは、当該複数の算出方法によりそれぞれ算出した額のうち最も高い額）をもつて、前項に規定する金銭の額とすることができる。

⑤ 第三項の規定は、同項に規定する金額を超える損害の賠償の請求を妨げない。この場合において、著作権、出版権又は著作隣接権を侵害した者に故意又は重大な過失がなかつたときは、裁判所は、損害の賠償の額を定めるについて、これを参酌することができる。

[7] 職業写真家である原告著作権者による被告出版社に対する損害賠償請求について、原告は出版業を行っておらず、その他原告に被告による侵害行為がなかったならば出版による利益と同等の利益が得られたであろうという事情は見当たらないとして本条二項の適用を否定した事例（東京地判平25・7・19【平23ワ七八五】〈HONDA CB 750 事件〉）

[2] 本条二項の適用が認められるためには、著作権者が侵害者と同様の方法で著作物を利用して利益を得られる蓋然性があることが必要である。原告映像制作会社は、他社と契約すること等により、本件作品を利用してDVDを製造販売する方法を有しており、被告と同様の方法で著作物を利用し、同様の利益を得られる蓋然性があったものと認められ、原告会社が自己の作品をDVD化して製造販売し、著作権料のみならず、その販売利益を享受している事実がある以上、原告会社は、本件作品についてもこれを利用し、被告と同様の利益を得られる蓋然性があったということができる。（東京地判平17・3・15判時一八九四・一一〇〈グッドバイ・キャロル事件〉）

（具体的態様の明示義務）

第一一四条の二 著作者人格権、著作権、出版権、実演家人格権又は著作隣接権の侵害に係る訴訟において、著作者、著作権者、出版権者、実演家又は著作隣接権者が侵害の行為を組成したもの又は侵害の行為によつて作成されたものとして主張する物の具体的態様を否認するときは、相手方は、自己の行為の具体的態様を明らかにしなければならない。ただし、相手方において明らかにすることができない相当の理由があるときは、この限りでない。

（書類の提出等）

第一一四条の三① 裁判所は、著作者人格権、著作権、出版権、実演家人格権又は著作隣接権の侵害に係る訴訟においては、当事者の申立てにより、当事者に対し、当該侵害の行為について立証するため、又は当該侵害の行為による損害の計算をするため必要な書類の提出を命ずることができる。ただし、その書類の所持者においてその提出を拒むことについて正当な理由があるときは、この限りでない。

② 裁判所は、前項本文の申立てに係る書類が同項本文の書類に該当するかどうか又は同項ただし書に規定する正当な理由があるかどうかの判断をするため必要があると認めるときは、書類の所持者にその提示をさせることができる。この場合においては、何人も、その提示された書類の開示を求めることができない。

③ 裁判所は、前項の場合において、第一項本文の申立てに係る書類が同項本文の書類に該当するかどうか又は同項ただし書に規定する正当な理由があるかどうかについて前項後段の書類を開示してその意見を聴くことが必要であると認めるときは、当事者等（当事者（法人である場合にあつては、その代表者）又は当事者の代理人（訴訟代理人及び補佐人を除く。）、使用人その他の従業者をいう。第百十四条の六第一項において同じ。）、訴訟代理人又は補佐人に対し、当該書類を開示することができる。

④ 裁判所は、第二項の場合において、同項後段の書類を開示して専門的な知見に基づく説明を聴くことが必要であると認めるときは、当事者の同意を得て、民事訴訟法（平成八年法律第百九号）第一編第五章第二節第一款に規定する専門委員に対し、当該書類を開示することができる。

⑤ 前各項の規定は、著作者人格権、著作権、出版権、実演家人格権又は著作隣接権の侵害に係る訴訟における当該侵害の行為について立証するため必要な検証の目的の提示について準用する。

＊令和四法四八（令和八・五・二四までに施行）による改正後

（書類の提出等）

第一一四条の三① 裁判所は、著作者人格権、著作権、出版権、実演家人格権又は著作隣接権の侵害に係る訴訟においては、当事者の申立てにより、当事者に対し、当該侵害の行為について立証するため、又は当該侵害の行為による損害の計算をするため必要な書類又は電磁的記録の提出を命ずることができる。ただし、その書類の所持者又はその電磁的記録を利用する権限を有する者においてその提出を拒むことについて正当な理由があるときは、この限りでない。

② 裁判所は、前項本文の申立てに係る書類若しくは電磁的記録が同項本文の書類若しくは電磁的記録に該当するかどうか又は同項ただし書に規定する正当な理由があるかどうかの判断をするため必要があると認めるときは、書類の所持者又は電磁的記録を利用する権限を有する者にその提示をさせることができる。この場合においては、何人も、その提示された書類又は電磁的記録の開示を求めることができない。

③ 裁判所は、前項の場合において、第一項本文の申立てに係る書類若しくは電磁的記録が同項本文の書類若しくは電磁的記録に該当するかどうか又は同項ただし書に規定する正当な理由があるかどうかについて前項後段の書類又は電磁的記録を開示してその意見を聴くことが必要であると認めるときは、当事者等（当事者（法人である場合にあつては、その代表者）又は当事者の代理人（訴訟代理人及び補佐人を除く。）、使用人その他の従業者をいう。第百十四条の六第一項において同じ。）、訴訟代理人又は補佐人に対し、当該書類又は当該電磁的記録を開示することができる。

④ 裁判所は、第二項の場合において、同項後段の書類又は電磁的記録を開示して専門的な知見に基づく説明を聴くことが必要であると認めるときは、当事者の同意を得て、民事訴訟法第一

編第五章第二節第一款に規定する専門委員に対し、当該書類又は当該電磁的記録を開示することができる。

⑤（略）

（鑑定人に対する当事者の説明義務）

第一一四条の四　著作権、出版権又は著作隣接権の侵害に係る訴訟において、当事者の申立てにより、裁判所が当該侵害の行為による損害の計算をするため必要な事項について鑑定を命じたときは、当事者は、鑑定人に対し、当該鑑定をするため必要な事項について説明しなければならない。

（相当な損害額の認定）

第一一四条の五　著作権、出版権又は著作隣接権の侵害に係る訴訟において、損害が生じたことが認められる場合において、損害額を立証するために必要な事実を立証することが当該事実の性質上極めて困難であるときは、裁判所は、口頭弁論の全趣旨及び証拠調べの結果に基づき、相当な損害額を認定することができる。

（秘密保持命令）

第一一四条の六①　裁判所は、著作者人格権、著作権、出版権、実演家人格権又は著作隣接権の侵害に係る訴訟において、その当事者が保有する営業秘密（不正競争防止法（平成五年法律第四十七号）第二条第六項に規定する営業秘密をいう。以下同じ。）について、次に掲げる事由のいずれにも該当することにつき疎明があつた場合には、当事者の申立てにより、決定で、当事者等、訴訟代理人又は補佐人に対し、当該営業秘密を当該訴訟の追行の目的以外の目的で使用し、又は当該営業秘密に係るこの項の規定による命令を受けた者以外の者に開示してはならない旨を命ずることができる。ただし、その申立ての時までに当事者等、訴訟代理人又は補佐人が第一号に規定する準備書面の閲読又は同号に規定する証拠の取調べ若しくは開示以外の方法により当該営業秘密を取得し、又は保有していた場合は、この限りでない。

一　既に提出され若しくは提出されるべき準備書面に当事者の保有する営業秘密が記載され、又は既に取り調べられ若しくは取り調べられるべき証拠（第百十四条の三第三項の規定により開示された書類を含む。）の内容に当事者の保有する営業秘密が含まれること。

二　前号の営業秘密が当該訴訟の追行の目的以外の目的で使用され、又は当該営業秘密が開示されることにより、当該営業秘密に基づく当事者の事業活動に支障を生ずるおそれがあり、これを防止するため当該営業秘密の使用又は開示を制限する必要があること。

②　前項の規定による命令（以下「秘密保持命令」という。）の申立ては、次に掲げる事項を記載した書面でしなければならない。

一　秘密保持命令を受けるべき者

二　秘密保持命令の対象となるべき営業秘密を特定するに足りる事実

三　前項各号に掲げる事由に該当する事実

③　秘密保持命令が発せられた場合には、その決定書を秘密保持命令を受けた者に送達しなければならない。

④　秘密保持命令は、秘密保持命令を受けた者に対する決定書の送達がされた時から、効力を生ずる。

⑤　秘密保持命令の申立てを却下した裁判に対しては、即時抗告をすることができる。

＊令和四法四八（令和八・五・二四までに施行）による改正後

（秘密保持命令）

第一一四条の六①（柱書略）

一　既に提出され若しくは提出されるべき準備書面に当事者の保有する営業秘密が記載され、又は既に取り調べられ若しくは取り調べられるべき証拠（第百十四条の三第三項の規定により開示された書類又は電磁的記録を含む。）の内容に当事者の保有する営業秘密が含まれること。

二（略）

②（略）

③　秘密保持命令が発せられた場合には、その電子決定書（民事訴訟法第百二十二条において準用する同法第二百五十二条第一項の規定により作成された電磁的記録（同法第百二十二条において準用する同法第二百五十三条第二項の規定により裁判所の使用に係る電子計算機（入出力装置を含む。）に備えられたファイルに記録されたものに限る。）をいう。次項及び次条第二項において同じ。）を秘密保持命令を受けた者に送達しなければならない。

④　秘密保持命令は、秘密保持命令を受けた者に対する電子決定書の送達がされた時から、効力を生ずる。

⑤（略）

（秘密保持命令の取消し）

第一一四条の七①　秘密保持命令の申立てをした者又は秘密保持命令を受けた者は、訴訟記録の存する裁判所（訴訟記録の存する裁判所がない場合にあつては、秘密保持命令を発した裁判所）に対し、前条第一項に規定する要件を欠くこと又はこれを欠くに至つたことを理由として、秘密保持命令の取消しの申立てをすることができる。

②　秘密保持命令の取消しの申立てについての裁判があつた場合には、その決定書をその申立てをした者及び相手方に送達しなければならない。

＊令和四法四八（令和八・五・二四までに施行）による改正

第二項中「決定書」を「電子決定書」に改める。（本文未織込み）

③　秘密保持命令の取消しの申立てについての裁判に対しては、即時抗告をすることができる。

④　秘密保持命令を取り消す裁判は、確定しなければその効力を生じない。

⑤　裁判所は、秘密保持命令を取り消す裁判をした場合において、秘密保持命令の取消しの申立てをした者又は相手方以外に当該秘密保持命令が発せられた訴訟において当該営業秘密に係る秘密保持命令を受けている者があるときは、その者に対し、直ちに、秘密保持命令を取り消す裁判をした旨を通知しなければならない。

（訴訟記録の閲覧等の請求の通知等）

第一一四条の八①　秘密保持命令が発せられた訴訟（全ての秘密保持命令が取り消された訴訟を除く。）に係る訴訟記録につき、民事訴訟法第九十二条第一項の決定があつた場合において、当事者から同項に規定する秘密記載部分の閲覧等の請求があり、かつ、その請求の手続を行つた者が当該訴訟において秘密保持命令を受けていない者であるときは、裁判所書記官は、同項の申立てをした当事者（その請求をした者を除く。第三項において同じ。）に対し、その請求後直ちに、その請求があつた旨を通知しなければならない。

②　前項の場合において、裁判所書記官は、同項の請求があつた日から二週間を経過する日までの間（その請求の手続を行つた者に対する秘密保持命令の申立てがその日までにされた場合にあつては、その申立てについての裁判が確定するまでの間）、その請求の手続を行つた者に同項の秘密記載部分の閲覧等をさせてはならない。

③　前二項の規定は、第一項の請求をした者に同項の秘密記載部分の閲覧等をさせることについて民事訴訟法第九十二条第一項の申立てをした当事者のすべての同意があるときは、適用しない。

（名誉回復等の措置）

第一一五条　著作者又は実演家は、故意又は過失によりその著作者人格権又は実演家人格権を侵害した者に対し、損害の賠償に代えて、又は損害の賠償とともに、著作者又は実演家であることを確保し、又は訂正その他著作者若しくは実演家の名誉若しくは声望を回復するために適当な措置を請求することができる。

[1] 単に原告著作物の本件テレビドラマへの翻案に当たってストーリーや表題が改変されたというのみではなく、女性の自立、女性の権利の擁護のための著述活動、社会的活動の一つとして、現代の結婚や女性の自立についての原告の思想、社員の妻に及ぶ企業の支配の批判等の表現として著述された原告著作物が、そのような思想、批判が汲み取れないものに改変され、実在の人物をモデルに、同人の承諾を得て、夫の海外単身赴任という事件をきっかけに、主婦が社会的に目覚め、自分の道を模索して自立しようとする姿を表現した原告著作物が、社会的な視野の狭い浅はかな妻が夫との同伴を求めて大騒ぎしたが、結局は反省して夫の単身赴任を受け入れるという話に改変された上、日本有数のテレビ局において午後九時からの五四分間という視聴者の極めて多い時間に放映されたもので、本件テレビドラマによる原告著作物についての右のような態様の同一性保持権の侵害によって原告はその社会的な名誉声望を毀損され著しい精神的苦痛を被ったものと認められるとして、謝罪広告を命ずる必要が認められる。（東京地判平5・8・30知的裁二五・二・三一〇〈目覚め〉事件）

[2] 故人の著作にかかる観音像の仏頭部をすげ替える行為は、著作者が生存していたとすればその著作者人格権の侵害となるべき行為であるが、観音像を制作した目的、仏頭を交換した動機、交換のための仏頭の制作者の経歴、仏像は信仰の対象となるものであること等を考慮するならば、本件において、原状回復措置を命ずることは、適当ではないというべきであり、故人である著作者の名誉声望を維持するためには、事実経緯を広告文の内容として摘示、告知すれば足りる。（知財高判平22・3・25判時二〇八六・一一四〈駒込大観音像事件〉著作百選[六版]三九）→二〇条[5]・六〇条[3]・一一三条[2]

（著作者又は実演家の死後における人格的利益の保護のための措置）

第一一六条① 著作者又は実演家の死後においては、その遺族（死亡した著作者又は実演家の配偶者、子、父母、孫、祖父母又は兄弟姉妹をいう。以下この条において同じ。）は、当該著作者又は実演家について第六十条又は第百一条の三の規定に違反する行為をする者又はするおそれがある者に対し第百十二条の請求を、故意又は過失により著作者人格権又は実演家人格権を侵害する行為又は第六十条若しくは第百一条の三の規定に違反する行為をした者に対し前条の請求をすることができる。

② 前項の請求をすることができる遺族の順位は、同項に規定する順序とする。ただし、著作者又は実演家が遺言によりその順位を別に定めた場合は、その順序とする。

③ 著作者又は実演家は、遺言により、遺族に代えて第一項の請求をすることができる者を指定することができる。この場合において、その指定を受けた者は、当該著作者又は実演家の死亡の日の属する年の翌年から起算して七十年を経過した後（その経過する時に遺族が存する場合にあつては、その存しなくなつた後）においては、その請求をすることができない。

[1] 故人である著作者から本条三項にいう「指定」を受けていたことについて疎明がされていないとして、仮処分申立てが却下された事例（東京地決平15・6・11判時一八四〇・一〇六〈ノグチ・ルーム事件〉著作百選[六版]三八）→二〇条[6]・六〇条[2]

（共同著作物等の権利侵害）

第一一七条① 共同著作物の各著作者又は各著作権者は、他の著作者又は他の著作権者の同意を得ないで、第百十二条の規定による請求又はその著作権の侵害に係る自己の持分に対する損害の賠償の請求若しくは自己の持分に応じた不当利得の返還の請求をすることができる。

② 前項の規定は、共有に係る著作権又は著作隣接権の侵害について準用する。

（無名又は変名の著作物に係る権利の保全）

第一一八条① 無名又は変名の著作物の発行者は、その著作物の著作者又は著作権者のために、自己の名をもつて、第百十二条、第百十五条若しくは第百十六条第一項の請求又はその著作物の著作者人格権若しくは著作権の侵害に係る損害の賠償の請求若しくは不当利得の返還の請求を行なうことができる。ただし、著作者の変名がその者のものとして周知のものである場合及び第七十五条第一項の実名の登録があつた場合は、この限りでない。

② 無名又は変名の著作物の複製物にその実名又は周知の変名が発行者名として通常の方法により表示されている者は、その著作物の発行者と推定する。

第八章 罰則

第一一九条① 著作権、出版権又は著作隣接権を侵害した者（第三十条第一項（第百二条第一項において準用する場合を含む。第三項において同じ。）に定める私的使用の目的をもつて自ら著作物若しくは実演等の複製を行つた者、第百十三条第二項、第三項若しくは第六項から第八項までの規定により著作権、出版権若しくは著作隣接権（同項の規定による場合にあつては、同条第九項の規定により著作隣接権とみなされる権利を含む。第百二十条の二第五号において同じ。）を侵害する行為とみなされる行為を行つた者、第百十三条第十項の規定により著作権若しくは著作隣接権を侵害する行為とみなされる行為を行つた者又は次項第三号若しくは第六号に掲げる者を除く。）は、十年以下の懲役若しくは千万円以下の罰金に処し、又はこれを併科する。

＊令和四法六八（令和七・六・一六までに施行）による改正
第一項中「懲役」を「拘禁刑」に改める。（本文未織込み）

② 次の各号のいずれかに該当する者は、五年以下の懲役若しくは五百万円以下の罰金に処し、又はこれを併科する。

一 著作者人格権又は実演家人格権を侵害した者（第百十三条第八項の規定により著作者人格権又は実演家人格権を侵害する行為とみなされる行為を行つた者を除く。）

二 営利を目的として、第三十条第一項第一号に規定する自動複製機器を著作権、出版権又は著作隣接権の侵害となる著作物又は実演等の複製に使用させた者

三 第百十三条第一項の規定により著作権、出版権又は著作隣接権を侵害する行為とみなされる行為を行つた者

四 侵害著作物等利用容易化ウェブサイト等の公衆への提示を行つた者（当該侵害著作物等利用容易化ウェブサイト等と侵害著作物等利用容易化ウェブサイト等以外の相当数のウェブサイト等（第百十三条第四項に規定するウェブサイト等をいう。以下この号及び次号において同じ。）とを包括しているウェブサイト等において、単に当該公衆への提示の機会を提供したに過ぎない者（著作権者等からの当該侵害著作物等利用容易化ウェブサイト等において提供されている侵害送信元識別符号等の削除に関する請求に正当な理由なく応じない状態が相当期間にわたり継続していることその他の著作権者等の利益を不当に害すると認められる特別な事情がある場合を除く。）を除く。）

五 侵害著作物等利用容易化プログラムの公衆への提供等を行つた者（当該公衆への提供等のために用いられているウェブサイト等とそれ以外の相当数のウェブサイト等とを包括しているウェブサイト等又は当該侵害著作物等利用容易化プログラム及び侵害著作物等利用容易化プログラム以外の相当数のプログラムの公衆への提供等のために用いられているウェブサイト等において、単に当該侵害著作物等利用容易化プログ

ラムの公衆への提供等の機会を提供したに過ぎない者（著作権者等からの当該侵害著作物等利用容易化プログラムにより提供されている侵害送信元識別符号等の削除に関する請求に正当な理由なく応じない状態が相当期間にわたり継続していたことその他の著作権者等の利益を不当に害すると認められる特別な事情がある場合を除く。）

六　第百十三条第五項の規定により著作権を侵害する行為とみなされる行為を行つた者

＊令和四法六八（令和七・六・一六までに施行）**による改正**
第二項中「懲役」を「拘禁刑」に改める。（本文未織込み）

③　次の各号のいずれかに該当する者は、二年以下の懲役若しくは二百万円以下の罰金に処し、又はこれを併科する。

一　第三十条第一項に定める私的使用の目的をもつて、録音録画有償著作物等（録音され、又は録画された著作物又は実演等（著作権又は著作隣接権の目的となつているものに限る。）であつて、有償で公衆に提供され、又は提示されているもの（その提供又は提示が著作権又は著作隣接権を侵害しないものに限る。）をいう。）の著作権を侵害する自動公衆送信（国外で行われる自動公衆送信であつて、国内で行われたとしたならば著作権の侵害となるべきものを含む。）又は著作隣接権を侵害する送信可能化（国外で行われる送信可能化であつて、国内で行われたとしたならば著作隣接権の侵害となるべきものを含む。）に係る自動公衆送信を受信して行うデジタル方式の録音又は録画（以下この号及び次項において「有償著作物等特定侵害録音録画」という。）を、自ら有償著作物等特定侵害録音録画であることを知りながら行つて著作権又は著作隣接権を侵害した者

二　第三十条第一項に定める私的使用の目的をもつて、著作物（著作権の目的となつているものに限る。以下この号において同じ。）であつて有償で公衆に提供され、又は提示されているもの（その提供又は提示が著作権を侵害しないものに限る。）の著作権（第二十八条に規定する権利（翻訳以外の方法により創作された二次的著作物に係るものに限る。）を除く。以下この号及び第五項において同じ。）を侵害する自動公衆送信（国外で行われる自動公衆送信であつて、国内で行われたとしたならば著作権の侵害となるべきものを含む。）を受信して行うデジタル方式の複製（録音及び録画を除く。以下この号において同じ。）（当該著作物のうち当該複製がされる部分の占める割合、当該部分が自動公衆送信される際の表示の精度その他の要素に照らし軽微なものを除く。以下この号及び第五項において「有償著作物特定侵害複製」という。）を、自ら有償著作物特定侵害複製であることを知りながら行つて著作権を侵害する行為（当該著作物の種類及び用途並びに当該有償著作物特定侵害複製の態様に照らし著作権者の利益を不当に害しないと認められる特別な事情がある場合を除く。）を継続的に又は反復して行つた者

＊令和四法六八（令和七・六・一六までに施行）**による改正**
第三項中「懲役」を「拘禁刑」に改める。（本文未織込み）

④　前項第一号に掲げる者には、有償著作物等特定侵害録音録画を、自ら有償著作物等特定侵害録音録画であることを重大な過失により知らないで行つて著作権又は著作隣接権を侵害した者を含むものと解釈してはならない。

⑤　第三項第二号に掲げる者には、有償著作物特定侵害複製を、自ら有償著作物特定侵害複製であることを重大な過失により知らないで行つて著作権を侵害する行為を継続的に又は反復して行つた者を含むものと解釈してはならない。

[1]　適法用途にも著作権侵害用途にも利用できるファイル共有ソフトWinnyをインターネットを通じて不特定多数の者に公開、提供した場合、当該ソフトの提供者において、当該ソフトを利用して現に行われようとしている具体的な著作権侵害を認識、認容しながら、その公開、提供を行い、実際に当該著作権侵害が行われた場合や、当該ソフトの性質、その客観的利用状況、提供方法などに照らし、同ソフトを入手する者のうち例外的とはいえない範囲の者が同ソフトを著作権侵害に利用する蓋然性が高いと認められる場合で、提供者もそのことを認識、認容しながら同ソフトの公開、提供を行い、実際にそれを用いて著作権侵害（正犯行為）が行われたときに限り、当該ソフトの公開、提供行為はそれらの著作権侵害の幇助［ほうじょ］行為に当たる。（最決平23・12・19刑集六五・九・一三八〇〈Winny事件〉著作百選[六版]九五）

[2]　本条一号［平成一九法一二一による改正前のもの］は著作権等を侵害した者を処罰する旨規定し、著作権法一〇条一項九号は、著作物の例示の一つとしてプログラムの著作物を掲げ、同法二条一項一〇号の二はプログラムの意義として、電子計算機を機能させて一の結果を得ることができるようにこれに対する指令を組み合わせたものとして表現したものをいうと定めている。とすれば、プログラムの認識の程度は、当該侵害の対象とされているものがプログラムであるとの認識があれば十分であり、さらに付加して個々のプログラムごとにその具体的内容を他のプログラムと識別できる程度に認識していることまでは不要であるというべきである。また、行為者が当該著作物の権利者は具体的に誰かとの認識までは必要ではなく、権利者が存在するとの認識があれば足りる。（東京地判昭63・3・23判時一二八四・一五五、著作百選[三版]一一三）

第一二〇条　第六十条又は第百一条の三の規定に違反した者は、五百万円以下の罰金に処する。

第一二〇条の二　次の各号のいずれかに該当する者は、三年以下の懲役若しくは三百万円以下の罰金に処し、又はこれを併科する。

一　技術的保護手段の回避若しくは技術的利用制限手段の回避を行うことをその機能とする装置（当該装置の部品一式であつて容易に組み立てることができるものを含む。）若しくは技術的保護手段の回避若しくは技術的利用制限手段の回避を行うことをその機能とするプログラムの複製物を公衆に譲渡し、若しくは貸与し、公衆への譲渡若しくは貸与の目的をもつて製造し、輸入し、若しくは所持し、若しくは公衆の使用に供し、又は当該プログラムを公衆送信し、若しくは送信可能化する行為（当該装置又は当該プログラムが当該機能以外の機能を併せて有する場合にあつては、著作権等を侵害する行為を技術的保護手段の回避により可能とし、又は第百十三条第六項の規定により著作権、出版権若しくは著作隣接権を侵害する行為とみなされる行為を技術的利用制限手段の回避により可能とする用途に供するために行うものに限る。）をした者

二　業として公衆からの求めに応じて技術的保護手段の回避又は技術的利用制限手段の回避を行つた者

三　第百十三条第二項の規定により著作権、出版権又は著作隣接権を侵害する行為とみなされる行為を行つた者

四　第百十三条第七項の規定により技術的保護手段に係る著作権等又は技術的利用制限手段に係る著作権、出版権若しくは著作隣接権を侵害する行為とみなされる行為を行つた者

五　営利を目的として、第百十三条第八項の規定により著作者人格権、著作権、出版権、実演家人格権又は著作隣接権を侵害する行為とみなされる行為を行つた者

六　営利を目的として、第百十三条第十項の規定により著作権又は著作隣接権を侵害する行為とみなされる行為を行つた者

＊令和四法六八（令和七・六・一六までに施行）**による改正**
第一二〇条の二中「懲役」を「拘禁刑」に改める。（本文未織込み）

第一二一条　著作者でない者の実名又は周知の変名を著作者名として表示した著作物の複製物（原著作物の著作者でない者の実名又は周知の変名を原著作物の著作者名として表示した二次的著作物の複製物を含む。）を頒布した者は、一年以下の懲役若しくは百万円以下の罰金に処し、又はこれを併科する。

＊令和四法六八（令和七・六・一六までに施行）**による改正**
第一二一条中「懲役」を「拘禁刑」に改める。（本文未織込み）

第一二一条の二　次の各号に掲げる商業用レコード（当該商業用レコードの複製物（二以上の段階にわたる複製に係る複製物を含む。）を含む。）を商業用レコードとして複製し、その複製物を頒布し、その複製物を頒布の目的をもつて所持し、又はその複製物を頒布する旨の申出をした者（当該各号の原盤に音を最初に固定した日の属する年の翌年から起算して七十年を経過した後において当該複製、頒布、所持又は申出を行つた者を除く。）は、一年以下の懲役若しくは百万円以下の罰金に処し、又はこれを併科する。
一　国内において商業用レコードの製作を業とする者が、レコード製作者からそのレコード（第八条各号のいずれかに該当するものを除く。）の原盤の提供を受けて製作した商業用レコード
二　国外において商業用レコードの製作を業とする者が、実演家等保護条約の締約国の国民、世界貿易機関の加盟国の国民又はレコード保護条約の締約国の国民（当該締約国の法令に基づいて設立された法人及び当該締約国に主たる事務所を有する法人を含む。）であるレコード製作者からそのレコード（第八条各号のいずれかに該当するものを除く。）の原盤の提供を受けて製作した商業用レコード

＊令和四法六八（令和七・六・一六までに施行）**による改正**
第一二一条の二中「懲役」を「拘禁刑」に改める。（本文未織込み）

第一二二条　第四十八条又は第百二条第二項の規定に違反した者は、五十万円以下の罰金に処する。

第一二二条の二①　秘密保持命令に違反した者は、五年以下の懲役若しくは五百万円以下の罰金に処し、又はこれを併科する。

＊令和四法六八（令和七・六・一六までに施行）**による改正**
第一項中「懲役」を「拘禁刑」に改める。（本文未織込み）

②　前項の罪は、国外において同項の罪を犯した者にも適用する。

第一二三条①　第百十九条第一項から第三項まで、第百二十条の二第三号から第六号まで、第百二十一条の二及び前条第一項の罪は、告訴がなければ公訴を提起することができない。
②　前項の規定は、次に掲げる行為の対価として財産上の利益を受ける目的又は有償著作物等の提供若しくは提示により著作権者等の得ることが見込まれる利益を害する目的で、次の各号のいずれかに掲げる行為を行うことにより犯した第百十九条第一項の罪については、適用しない。
一　有償著作物等について、原作のまま複製された複製物を公衆に譲渡し、又は原作のまま公衆送信（自動公衆送信の場合にあつては、送信可能化を含む。次号において同じ。）を行うこと（当該有償著作物等の種類及び用途、当該譲渡の部数、当該譲渡又は公衆送信の態様その他の事情に照らして、当該有償著作物等の提供又は提示により著作権者等の得ることが見込まれる利益が不当に害されることとなる場合に限る。）。
二　有償著作物等について、原作のまま複製された複製物を公衆に譲渡し、又は原作のまま公衆送信を行うために、当該有償著作物等を複製すること（当該有償著作物等の種類及び用途、当該複製の部数及び態様その他の事情に照らして、当該有償著作物等の提供又は提示により著作権者等の得ることが見込まれる利益が不当に害されることとなる場合に限る。）。
③　前項に規定する有償著作物等とは、著作物又は実演等（著作権、出版権又は著作隣接権の目的となつているものに限る。）であつて、有償で公衆に提供され、又は提示されているもの（その提供又は提示が著作権、出版権又は著作隣接権を侵害するもの（国外で行われた提供又は提示にあつては、国内で行われたとしたならばこれらの権利の侵害となるべきもの）を除く。）をいう。
④　無名又は変名の著作物の発行者は、その著作物に係る第一項に規定する罪について告訴をすることができる。ただし、第百十八条第一項ただし書に規定する場合及び当該告訴が著作者の明示した意思に反する場合は、この限りでない。

第一二四条①　法人の代表者（法人格を有しない社団又は財団の管理人を含む。）又は法人若しくは人の代理人、使用人その他の従業者が、その法人又は人の業務に関し、次の各号に掲げる規定の違反行為をしたときは、行為者を罰するほか、その法人に対して当該各号に定める罰金刑を、その人に対して各本条の罰金刑を科する。
一　第百十九条第一項若しくは第二項第三号から第六号まで又は第百二十二条の二第一項　三億円以下の罰金刑
二　第百十九条第二項第一号若しくは第二号又は第百二十条から第百二十二条まで　各本条の罰金刑
②　法人格を有しない社団又は財団について前項の規定の適用がある場合には、その代表者又は管理人がその訴訟行為につきその社団又は財団を代表するほか、法人を被告人又は被疑者とする場合の刑事訴訟に関する法律の規定を準用する。
③　第一項の場合において、当該行為者に対してした告訴又は告訴の取消しは、その法人又は人に対しても効力を生じ、その法人又は人に対してした告訴又は告訴の取消しは、当該行為者に対しても効力を生ずるものとする。
④　第一項の規定により第百十九条第一項若しくは第二項又は第百二十二条の二第一項の違反行為につき法人又は人に罰金刑を科する場合における時効の期間は、これらの規定の罪についての時効の期間による。

附　則（令和三・六・二法五二）（抄）

（施行期日）
第一条　この法律は、令和四年一月一日から施行する。ただし、次の各号に掲げる規定は、当該各号に定める日から施行する。
一　附則第七条の規定　公布の日
二　（略）
三　第一条中著作権法第三条第一項の改正規定、同法第四条第一項の改正規定、同法第三十一条の改正規定、同法第三十八条第一項の改正規定、同法第四十七条の六第一項第二号の改正規定、同法第四十七条の七の改正規定、同法第四十九条第一項第一号の改正規定（「若しくは第三項後段」を「、第三項第一号若しくは第五項第一号」に改める部分に限る。）、同条第二項第一号の改正規定、同法第八十六条の改正規定及び同法第百二条第九項第一号の改正規定（「若しくは第三項後段」を「、第三項第一号若しくは第五項第一号」に改める部分に限る。）（中略）　公布の日から起算して一年を超えない範囲内において政令で定める日（令和四・五・一―令和四政一八四）
四　第二条（著作権法の一部改正）の規定　公布の日から起算して二年を超えない範囲内において政令で定める日

（政令への委任）
第七条　附則第二条から前条までに規定するもののほか、この法律の施行に関し必要な経過措置（罰則に係る経過措置を含む。）は、政令で定める。

附　則（令和四・五・二五法四八）（抄）

（施行期日）
第一条　この法律は、公布の日から起算して四年を超えない範囲内において政令で定める日から施行する。ただし、次の各号に掲げる規定は、当該各号に定める日から施行する。

一 （前略）附則第百二十五条の規定 公布の日

二―五 （略）

（著作権法の一部改正に伴う経過措置）

第六二条 前条の規定による改正後の著作権法第百十四条の六第三項及び第四項並びに第百十四条の七第二項の規定は、施行日以後に提起される著作者人格権、著作権、出版権、実演家人格権又は著作隣接権の侵害に係る訴えにおける秘密保持命令の送達及び効力の発生について適用し、施行日前に提起された著作者人格権、著作権、出版権、実演家人格権又は著作隣接権の侵害に係る訴えにおける秘密保持命令の送達及び効力の発生時期については、なお従前の例による。

（罰則に関する経過措置）

第一二四条 この法律の施行前にした行為及びこの附則の規定によりなお従前の例によることとされる場合におけるこの法律の施行後にした行為に対する罰則の適用については、なお従前の例による。

（政令への委任）

第一二五条 この附則に定めるもののほか、この法律の施行に関し必要な経過措置は、政令で定める。

刑法等の一部を改正する法律の施行に伴う関係法律整理法中経過規定 （令和四・六・一七法六八）（抄）

第四四一条から第四四三条まで （刑法の同経過規定参照）

第五〇九条 （刑法の同経過規定参照）

刑法等の一部を改正する法律の施行に伴う関係法律整理法

附 則 （令和四・六・一七法六八）（抄）

（施行期日）

① この法律は、刑法等一部改正法（刑法等の一部を改正する法律（令和四法六七））施行日から施行する。ただし、次の各号に掲げる規定は、当該各号に定める日から施行する。

一 第五百九条の規定 公布の日

二 （略）

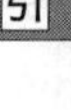

判　例　年　月　日　索　引

本書に収録したすべての判例を年月日順に掲げ，掲載箇所を法令名略語，条数，判例番号で示した。同一法令の条数は（.）で，異なる法令の間では（,）で区切る。

さ

し

事 件 名 索 引

通称としての「事件名」のある判例を五十音順に掲げた。掲載箇所を，法令名略語・条数・判例番号で示す。なお，同一事件の通称が法分野によってやや異なるもの，あるいはここに掲げた通称を本書では採用せず別の通称を付したものがあり，ここに掲げた通称と本書の掲載箇所の通称が異なることがある。利用に当たって注意されたい。また，ある通称が他の法分野では使用されていないこともあるが，この場合にも，ここでは掲載箇所を示した。

(へ)

ⓢ そ

す

せ

ⓢ

こ

き

3

総合事項索引

引用の範囲は本書収録法令(参考法令等を除く)及び行政法総論とし，同一法令の条数は(.)で，異なる法令条数間は(,)で区切る。法令名の略語は巻末の法令名略語一覧を参照。

なお，検索事項が判例特有のものについても判例番号をもって摘示した。

あ

い

法令略称解

太告	太政官布告
法	法律
勅	勅令
政	政令
条	条約
告	告示
法務	法務省令
労	労働省令
最高裁規	最高裁判所規則
国公委規	国家公安委員会規則
中労委規	中央労働委員会規則
公取委告	公正取引委員会告示
法務告	法務省告示
外告	外務省告示

判例略称解

最	最高裁判所
最大	最高裁判所大法廷
高	高等裁判所
知財高	知的財産高等裁判所
支（○○高△△支）	○○高等裁判所△△支部
地	地方裁判所
支（○○地△△支）	○○地方裁判所△△支部
家	家庭裁判所
簡	簡易裁判所
大	大審院
大連判	大審院連合部判決
大民連判	大審院民事連合部判決
大民刑連判	大審院民事刑事連合部判決
大刑連決	大審院刑事連合部決定
大刑判	大審院刑事部付帯私訴判決
控	控訴院
朝鮮高院	朝鮮高等法院
判	判決
中間判	中間判決
決	決定
審	家事審判
命	命令
判審	公正取引委員会審判審決
同審	公正取引委員会同意審決
勧審	公正取引委員会勧告審決
排令	公正取引委員会排除措置命令
納令	公正取引委員会課徴金納付命令
公取委決	公正取引委員会決定
確約認定	公正取引委員会による確約計画の認定
中労委	中央労働委員会命令

法　令　名　略　語

太字体（ゴシック体）の略語の法令は，その右に掲げたページに収録してあることを示す。

あ

あっせん利得　公職にある者等のあっせん行為による利得等の処罰に関する法律
安保約　日本国とアメリカ合衆国との間の相互協力及び安全保障条約

い

育介　育児休業、介護休業等育児又は家族介護を行う労働者の福祉に関する法律……2097
遺言準拠法　遺言の方式の準拠法に関する法律……1687
遺産債権行使則　民法第九百九条の二に規定する法務省令で定める額を定める省令……635
遺失　遺失物法
一般法人　一般社団法人及び一般財団法人に関する法律……664

か

会更　会社更生法……1661
外国裁判権　外国等に対する我が国の民事裁判権に関する法律……1312
会社　会社法……787
会社計算　会社計算規則……1156
会社則　会社法施行規則……1090
会社法整備法　会社法の施行に伴う関係法律の整備等に関する法律……1086
覚醒剤　覚醒剤取締法……1823
家事　家事事件手続法……1489
学教　学校教育法
割賦　割賦販売法……380
仮登記担保　仮登記担保契約に関する法律……709
環境影響評価　環境影響評価法
環境基　環境基本法

き

議院証言　議院における証人の宣誓及び証言等に関する法律
偽造カード　偽造カード等及び盗難カード等を用いて行われる不正な機械式預貯金払戻し等からの預貯金者の保護等に関する法律……511
旧借地　借地法……728, 729
旧借家　借家法……732
供　供託法
教基　教育基本法……375
行執労　行政執行法人の労働関係に関する法律
行審　行政不服審査法……274
行政情報公開　行政機関の保有する情報の公開に関する法律……327
行組　国家行政組織法……165
行訴　行政事件訴訟法……288
行総　行政法総論……143
行手　行政手続法……261
金商　金融商品取引法……1206
金融サービス　金融サービスの提供に関する法律

け

刑　刑法……1688
警　警察法
刑事収容　刑事収容施設及び被収容者等の処遇に関する法律……2039
刑事収容則　刑事施設及び被収容者の処遇に関する規則……2047, 2050
警職　警察官職務執行法……361
刑訴　刑事訴訟法……1827
刑訴規　刑事訴訟規則……1982
軽犯　軽犯罪法……1814
景表　不当景品類及び不当表示防止法
憲　日本国憲法……15
憲改　日本国憲法の改正手続に関する法律
建基　建築基準法
元号　元号法
検察　検察庁法
検審　検察審査会法……1888

こ

小　小切手法……1304
戸　戸籍法……738
公益信託　公益信託ニ関スル法律
公益通報　公益通報者保護法
公益法人　公益社団法人及び公益財団法人の認定等に関する法律……686
公害犯罪　人の健康に係る公害犯罪の処罰に関する法律……1809
公害紛争　公害紛争処理法
航空強取　航空機の強取等の処罰に関する法律……1809
後見登記　後見登記等に関する法律……748
更生　更生保護法……2059
公選　公職選挙法……87
高年　高年齢者等の雇用の安定等に関する法律……2100
公文書管理　公文書等の管理に関する法律
雇均　雇用の分野における男女の均等な機会及び待遇の確保等に関する法律……2106
雇均則　雇用の分野における男女の均等な機会及び待遇の確保等に関する法律施行規則
国際海運　国際海上物品運送法……1282
国際売買約　国際物品売買契約に関する国際連合条約
国事代行　国事行為の臨時代行に関する法律
国籍　国籍法……76
国賠　国家賠償法……312
国連憲章　国際連合憲章
国連平和維持　国際連合平和維持活動等に対する協力に関する法律
個人情報　個人情報の保護に関する法律……337
子奪取　国際的な子の奪取の民事上の側面に関する条約の実施に関する法律
国会　国会法……78
国旗国歌　国旗及び国歌に関する法律
国公　国家公務員法……168
個別労紛　個別労働関係紛争の解決の促進に関する法律

さ

裁　裁判所法……120
財　財政法
最事規　最高裁判所裁判事務処理規則……120
最賃　最低賃金法……2086
裁判員　裁判員の参加する刑事裁判に関する法律……127
裁判員辞退令　裁判員の参加する刑事裁判に関する法律第十六条第八号に規定するやむを得ない事由を定める政令……129
裁判外紛争解決　裁判外紛争解決手続の利用の促進に関する法律
差別的言動　本邦外出身者に対する不当な差別的言動の

有斐閣 判例六法® 令和5年版

令和4年12月9日発行

編集代表 佐伯仁志
酒巻匡
道垣内弘人
荒木尚志

発行者 江草貞治

発行所 株式会社 有斐閣

〔101-0051〕 東京都千代田区神田神保町2-17
http://www.yuhikaku.co.jp/

印刷者 藤森康彰
印刷所 共同印刷株式会社
製本所 共同印刷株式会社
装幀 ナカムラグラフ

★定価はケースに表示してあります。

ISBN978-4-641-00343-9

判例集・法律雑誌略称解

本書で資料とした判例集・法律雑誌等の略称とその正式名称を掲げる。

大審院時代のものと最高裁判所時代のものに分け、便宜的に、裁判所(事務当局)が編集・刊行に関与しているもの、関係官庁の編集・刊行に係るもの、その他のものの順に掲げた。

大審院時代

民録　大審院民事判決録
行録　行政裁判所判決録
民集　大審院民事判例集
刑録　大審院刑事判決録
刑集　大審院刑事判例集

新聞　法律新聞
裁判例　大審院裁判例(法律新聞別冊)
判決全集　大審院判決全集
評論　法律学説判例評論全集
法学　法学(東北帝国大学法学会)

最高裁判所時代

民集　最高裁判所民事判例集
裁判集民　最高裁判所裁判集 民事
高民　高等裁判所民事判例集
下民　下級裁判所民事裁判例集
行月　行政裁判月報
行裁　行政事件裁判例集
不法下民　不法行為に関する下級裁判所民事裁判例集
家月　家庭裁判月報
東高民　東京高等裁判所判決時報 民事
刑集　最高裁判所刑事判例集
裁判集刑　最高裁判所裁判集 刑事
高刑　高等裁判所刑事判例集
高刑判特　高等裁判所刑事判決特報
高刑裁特　高等裁判所刑事裁判特報
一審刑　第一審刑事裁判例集
下刑　下級裁判所刑事裁判例集
刑月　刑事裁判月報
東高刑　東京高等裁判所判決時報 刑事
労民　労働関係民事裁判例集
無体　無体財産権関係民事・行政裁判例集
知的裁　知的財産権関係民事・行政裁判例集
裁時　裁判所時報

訟月　訟務月報
税資　税務訴訟資料
高刑速　高等裁判所刑事裁判速報集
命令集　不当労働行為事件命令集
審決集　公正取引委員会審決集
排命集　公正取引委員会排除命令集

判タ　判例タイムズ
判時　判例時報
ジュリ　ジュリスト
判自　判例地方自治
登記先例　登記関係先例集
登研　登記研究
登情　月刊登記情報
交民　交通事故民事裁判例集
金法　旬刊金融法務事情／金融法務事情
金判　金融・商事判例
商事法務　旬刊商事法務
労判　労働判例
労経速　労働経済判例速報
労旬　労働法律旬報
別冊中労時　別冊中央労働時報
賃社　賃金と社会保障
法ニュース　消費者法ニュース
証取被害　証券取引被害判例セレクト
体系　判例体系

判例評釈雑誌略称解

本書で調査の対象とした判例評釈雑誌等の略称とその正式名称を掲げる。

百選【初版】【二版】　判例百選(昭35)［第二版］(昭40)
続百選【初版】【二版】　続判例百選(昭35)［第二版］(昭40)
重判　重要判例解説(ジュリスト臨時増刊)(昭44～)

憲百選【初版】【二版】【三版】　憲法判例百選(昭38)［新版］(昭43)［第三版］(昭49)
憲法の判例【初版】【二版】【三版】　憲法の判例(昭41)［第二版］(昭46)［第三版］(昭52)
憲法の基本判例【初版】【二版】　憲法の基本判例(昭60)［第二版］(平8)
憲百選Ⅰ【初版】【二版】【三版】【四版】【五版】【六版】【七版】　憲法判例百選Ⅰ(昭55)［第二版］(昭63)［第三版］(平6)［第四版］(平12)［第五版］(平19)［第六版］(平25)［第七版］(令元)
憲百選Ⅱ【初版】【二版】【三版】【四版】【五版】【六版】【七版】　憲法判例百選Ⅱ(昭55)［第二版］(昭63)［第三版］(平6)［第四版］(平12)［第五版］(平19)［第六版］(平25)［第七版］(令元)
マスコミ百選【初版】【二版】　マスコミ判例百選(昭46)［第二版］(昭60)
メディア百選【初版】【二版】　メディア判例百選(平17)［第二版］(平30)
行政百選【初版】【増補】【二版】　行政判例百選(昭37)［増補版］(昭40)［新版］(昭45)
行政百選Ⅰ【初版】【二版】【三版】【四版】【五版】【六版】【七版】　行政判例百選Ⅰ(昭54)［第二版］(昭62)［第三版］(平5)［第四版］(平11)［第五版］(平18)［第六版］(平24)［第七版］(平29)
行政百選Ⅱ【初版】【二版】【三版】【四版】【五版】【六版】【七版】　行政判例百選Ⅱ(昭54)［第二版］(昭62)［第三版］(平5)［第四版］(平11)［第五版］(平18)［第六版］(平24)［第七版］(平29)
公務員百選　公務員判例百選(昭61)
自治百選【初版】【二版】【三版】【四版】　地方自治判例百選(昭56)［第二版］(平5)［第三版］(平15)［第四版］(平25)
租税百選【初版】【二版】【三版】【四版】【五版】【六版】【七版】　租税判例百選(昭43)［第二版］(昭58)［第三版］(平4)［第四版］(平17)［第五版］(平23)［第六版］(平28)［第七版］(令3)
収用百選　土地収用判例百選(昭43)
街づくり百選　街づくり・国づくり判例百選(平元)
公害・環境判例【初版】【二版】　公害・環境判例(昭49)［第二版］(昭55)
公害百選　公害・環境判例百選(平6)
環境百選【初版】【二版】【三版】　環境法判例百選(平16)［第二版］(平23)